Lutz Röhrich

Lexikon der sprichwörtlichen Redensarten

HERDER / SPEKTRUM
Band 4800

Das Buch

Der „Röhrich" informiert in leichtverständlicher Sprache und wissenschaftlich fundiert über Bedeutung, Herkunft und Anwendung von rund 15 000 Redensarten. Die Jugend- und Werbesprache unserer Zeit wurde dabei ebenso berücksichtigt wie fremdsprachliche Entsprechungen zu deutschen Redensarten. Etwa 1 000 Abbildungen aus zeitgenössischen Quellen veranschaulichen den Ursprung vieler sprichwörtlicher Redensarten und bieten damit ein einzigartiges Anschauungsmaterial von kulturhistorischer Bedeutung. Umfangreiche Literaturangaben und kurze Zusammenfassungen des gegenwärtigen Forschungsstandes runden dieses einzigartige Werk ab.
Interessant und anregend für alle, die praktisch oder theoretisch mit Wort und Bild arbeiten oder auch einfach nur Spaß an der Vielfalt und Treffsicherheit des gesprcochenen Wortes haben:
„...nicht einfach ein Zitatenbuch oder eine Spickfibel..., (sondern) eine überaus gründliche Arbeit, die tief in die Kulturgeschichte und ins kollektive Gedächtnis der Deutschen führt" (Kölner Stadt-Anzeiger).

Der Autor

Lutz Röhrich, geb. 1922, em. ordentlicher Professor für Volkskunde und Germanische Philologie an der Universität Freiburg i. Br., bis 1991 Direktor des Instituts für Volkskunde und des Deutschen Volksliedarchivs. Mehrere Aufenthalte als Gastprofessor in den USA. Mitglied der Österr. Akad. d. Wiss. und der Königl. Gustaf-Adolfs-Akad. in Uppsala. Mehrfacher Preisträger: 1. Chicago Folklore Prize (1974); Oberrheinischer Kulturpreis, Univ. Basel (1984); Brüder-Grimm-Preis, Univ. Marburg (1985); Internationaler Preis Pitrè (Sigilo d'oro), Palermo (1985); Europäischer Märchenpreis, Wetzlar (1991).
Zahlreiche Publikationen auf dem Gebiet der Volksprosa (Märchen, Sage, Witz, Sprichwort) und des Volksliedes sowie weitere wisssenschaftliche Publikationen. Herausgeber von: Motive. Freiburger Folkloristische Forschungen (München 1971 ff.); Artes Populares. Studia Ethnographica et Folkloristica (Bern 1976 ff.). Mitherausgeber von: Handbuch des Volksliedes (München 1973 und 1975); Enzyklopädie des Märchens (Berlin/New York 1977 ff.)

Lutz Röhrich

Lexikon der sprichwörtlichen Redensarten

Band 1
A–Dutzend

Herder
Freiburg · Basel · Wien

Gedruckt auf umweltfreundlichem,
chlorfrei gebleichtem Papier

Vierte Auflage

Herstellung: Freiburger Graphische Betriebe 1999
Umschlaggestaltung: Joseph Pölzelbauer
Umschlagmotiv: „Katz und Maus spielen“ – „Die Katze läßt das Mausen nicht“; Holzschnitt um 1500. Die Umschrift lautet: „Hüte dich vor den Katzen, die vorne lecken und hinten kratzen“
(S. 817–827; 945–947 in diesem Lexikon)
ISBN 3-451-04800-0

ABKÜRZUNGSVERZEICHNIS

a.a.O. = am angegebenen Ort
AaTh. = Aarne-Thompson
Abb. = Abbildung(en)
Abk. = Abkürzung
Adj. = Adjektiv
Adv. = Adverb
ahd. = althochdeutsch
ähnl. = ähnlich
alem. = alemannisch
allg. = allgemein
altdt. = altdeutsch
amer. = amerikanisch
Anon. = Anonym(us)
anord. = altnordisch
Apostelg. = Apostelgeschichte
Art. = Artikel
A.T. = Altes Testament
Aufl. = Auflage
Auftr. = Auftritt
Ausdr. = Ausdruck, Ausdrücke
Ausg. = Ausgabe
bad. = badisch
bair. = bairisch
Bd., Bde. = Band, Bände
Bdtg. = Bedeutung(en)
Beisp. = Beispiel(e)
berl. = berlinisch
bes. = besonders
betr. = betreffend
bez. = bezeichnet
Bez. = Bezeichnung(en)
bibl. = biblisch
Bibl. = Bibliothek
bildl. = bildlich
B.P. = Bolte-Polívka
bzgl. = bezüglich
bzw. = beziehungsweise
christl. = christlich
dän. = dänisch
ders. = derselbe
desgl. = desgleichen
d.h. = das heißt
d.i. = das ist
Diss. = Dissertation
DS. = Deutsche Sagen der Brüder Grimm
dt. = deutsch
Dtl. = Deutschland
Dt. Fremdwb. = Deutsches Fremdwörterbuch
Dt.Rwb. = Deutsches Rechtswörterbuch
Dt.Wb. = Deutsches Wörterbuch der Brüder Grimm
E.B. = Erk-Böhme: Dt. Liederhort
ebd. = ebenda
ebenf. = ebenfalls
ed. = ediert
eigentl. = eigentlich
els. = elsässisch
EM. = Enzyklopädie des Märchens
engl. = englisch
Engl. = England
entspr. = entsprechend
Eph. = Epheserbrief
erg. = ergänzt
ersch. = erschienen
erzgeb. = erzgebirgisch
etc. = etcetera
etw. = etwas
etymol. = etymologisch
euphemist. = euphemistisch
europ. = europäisch
ev. = evangelisch
f., ff. = folgende Seite(n) folgende(s) Jahr(e)
fem. = femininum
FFC. = Folklore Fellows Communications
finn. = finnisch
fläm. = flämisch
fränk. = fränkisch
Frankr. = Frankreich
fries. = friesisch
frz. = französisch
FS. = Festschrift
gebräuchl. = gebräuchlich
Gen. = Genitiv
germ. = germanisch
Ges.W. = Gesammelte Werke

Gesch.	= Geschichte
geschichtl.	= geschichtlich
Ggwt.	= Gegenwart
griech.	= griechisch
GSA.	= Gesamtabenteuer
H.	= Hälfte
hamb.	= hamburgisch
hd.	= hochdeutsch
HdA.	= Handwörterbuch des dt. Aberglaubens
hebr.	= hebräisch
Hebr.	= Hebräerbrief
Hes.	= Hesekiel
hess.	= hessisch
Hess.Bl.f. Vkde.	= Hessische Blätter für Volkskunde
Hg.	= Herausgeber
hg.v.	= herausgegeben von
hist.	= historisch
hl.	= heilig
holl.	= holländisch
holst.	= holsteinisch
HRG.	= Handwörterbuch zur dt. Rechtsgesch.
Hs., Hss.	= Handschrift(en)
idg.	= indogermanisch
i.J.	= im Jahre
ill.	= illustriert
Ill.	= Illustration
intrans.	= intransitiv
iron.	= ironisch
ital.	= italienisch
i.S.v.	= im Sinne von
Jak.	= Jakobus
Jb.	= Jahrbuch
jem.	= jemand(en, es)
Jer.	= Jeremias
Jes.	= Jesaias
Jh., Jhh.	= Jahrhundert(e)
jidd.	= jiddisch
Joh.	= Johannes
jüd.	= jüdisch
Kap.	= Kapitel
kath.	= katholisch
kaufm.	= kaufmännisch
KHM.	= Kinder- u. Hausmärchen der Brüder Grimm
köl.	= kölnisch
Kol.	= Kolosserbrief
Kön.	= Könige
Konj.	= Konjunktiv
Kor.	= Korintherbrief
Kr.	= Kreis

lat.	= lateinisch
Lexer	= Mhd. Handwb. v. M. Lexer
lit.	= literarisch
Lit.	= Literatur
Lit.Ver.	= Bibliothek des Lit. Vereins Stuttgart
Luk.	= Lukas
lux.	= luxemburgisch
MA.	= Mittelalter
ma.	= mittelalterlich
Makk.	= Makkabäer
Mal.	= Maleachi
Mark.	= Markus
masc.	= masculinum
Matth.	= Matthäus
Mda., Mdaa.	= Mundart(en)
mdal.	= mundartlich
mdl.	= mündlich
mdt.	= mitteldeutsch
meckl.	= mecklenburgisch
mehrf.	= mehrfach
mhd.	= mittelhochdeutsch
mlat.	= mittellateinisch
mnd.	= mittelniederdeutsch
mndl.	= mittelniederländisch
Mos.	= Moses
moselfr.	= moselfränkisch
Mot.	= Motiv-Index v. Stith Thompson
MSD	= Müllenhoff-Scherer; Denkmäler
n.Chr.	= nach Christi Geburt
ndd.	= niederdeutsch
ndl.	= niederländisch
Ndr.	= Neudruck
neutr.	= neutrum
nhd.	= neuhochdeutsch
nordd.	= norddeutsch
norw.	= norwegisch
Nr.	= Nummer
N.T.	= Neues Testament
o.ä.	= oder ähnlich(es)
obd.	= oberdeutsch
oesterr.	= österreichisch
Offenb.	= Offenbarung
öffentl.	= öffentlich
o.J.	= ohne Jahresangabe
oldenb.	= oldenburgisch
o.O.	= ohne Ortsangabe
ostdt.	= ostdeutsch
ostmdt.	= ostmitteldeutsch
ostpr.	= ostpreußisch

Pauly = Der kleine Pauly. Lexikon der Antike
PBB. = Paul und Braunes Beiträge
pfälz. = pfälzisch
Plur. = Plural
polit. = politisch
poln. = polnisch
pomm. = pommerisch
Pred. = Prediger
preuß. = preußisch
Ps. = Psalm
RA. = Grimm: Dt. Rechtsaltertümer
Rda., Rdaa. = Redensart(en)
rdal. = redensartlich
RGA. = Reallexikon der germ. Altertumskunde v. Hoops
RGG. = Religion in Geschichte und Gegenwart
rhein. = rheinisch
Rheinl. = Rheinland
rhet. = rhetorisch
Richter = Buch der Richter
Röm. = Römerbrief
röm. = römisch
rom. = romanisch
rotw. = rotwelsch
rum. = rumänisch
russ. = russisch
RVV. = Religionsgeschichtl. Versuche u. Vorarbeiten
S. = Seite
s. = siehe
Sam. = Samuel
s. d. = siehe dort
sächs. = sächsisch
schles. = schlesisch
schlesw.-holst. = schleswig-holsteinisch
schwäb. = schwäbisch
schweiz. = schweizerisch
siebenb. = siebenbürgisch
Sir. = Sirach
slaw. = slawisch
s. o. = siehe oben
sog. = sogenannt
sold. = soldatensprachlich
Sp. = Spalte
span. = spanisch
sprachl. = sprachlich
sprw. = sprichwörtlich
Sprw. = Sprichwort
Sprww. = Sprichwörter
Str. = Strophe
stud. = studentensprachlich
student. = studentisch
s. u. = siehe unten
Subst. = Substantiv
südd. = süddeutsch
suddt. = sudetendeutsch
Sz. = Szene
Thess. = Thessalonicher
thür. = thüringisch
tir. = tirolisch
Tob. = Tobias
tschech. = tschechisch
u. = und
u. a. = und andere, unter anderem
u. ä. = und ähnliche(s)
Übers. = Übersetzung
übertr. = übertragen
Übertr. = Übertragung
umg. = umgangssprachlich
Urspr. = Ursprung
urspr. = ursprünglich
usw. = und so weiter
u. U. = unter Umständen
V. = Vers
v. Chr. = vor Christi Geburt
verbr. = verbreitet
vermutl. = vermutlich
vgl. = vergleiche
Vkde. = Volkskunde
W. = Werke
WA. = Weimarer Ausg.
wahrscheinl. = wahrscheinlich
Wb., Wbb. = Wörterbuch (-bücher)
WF. = Western Folklore
weibl. = weiblich
westf. = westfälisch
wien. = wienerisch
Wndg., Wndgn. = Wendung(en)
wörtl. = wörtlich
ZA. = Zentralarchiv d. dt. Volkserzählung in Marburg
z. B. = zum Beispiel
zit. = zitiert
Zs., Zss. = Zeitschrift(en)
Zs. f. d. A. = Zeitschrift f. dt. Altertum

Zs. f. dt. Mdaa.	=	Zeitschrift für dt. Mundarten
Zs. f. dt. Ph.	=	Zeitschrift für dt. Philologie
Zs. f. d. U.	=	Zeitschrift für den dt. Unterricht
Zs. f. dt. Wortf.	=	Zeitschrift für dt. Wortforschung
Zs. f. Vkde	=	Zeitschrift für Volkskunde
z. T.	=	zum Teil
z. Zt.	=	zur Zeit
*	=	erschlossen
↗	=	siehe

VORWORT ZUR NEUAUSGABE

Das ‚Lexikon der sprichwörtlichen Redensarten' hat nach seinem ersten Erscheinen im Jahre 1973 innerhalb von zehn Jahren fünf Auflagen erlebt. Es ist außerdem 1977 in einer ungekürzten Taschenbuchausgabe (Kassette mit 4 Bänden) herausgekommen, die inzwischen ebenfalls in 5. Auflage erschienen ist. Damit hat das Werk eine ungewöhnlich breite Leserschaft erreicht. Zum internationalen Erfolg beigetragen hat nicht zuletzt auch die Tatsache, daß das Werk 1974 den 1. Chicago Folklore Prize gewonnen hat, für ein Werk deutscher Sprache sicher eine ehrenvolle Auszeichnung.
Alle Neuauflagen waren bislang unveränderte Reprints der Erstauflage. Inzwischen hat sich allerdings das in Freiburg aufgebaute deutsche Sprichwörter- und Redensarten-Archiv vervielfacht und eine völlige Neubearbeitung und Erweiterung des Lexikons notwendig gemacht. Was sind ihre Arbeitsprinzipien und Methoden? Wo liegen die Schwerpunkte der Umgestaltung? Was darf man von ihr erwarten?
Zuvörderst verdankt die Neuauflage den über 200 Besprechungen, die das Lexikon in großen und kleinen Zeitungen, in Wochenblättern ebenso wie in volkskundlichen und philologischen Fachzeitschriften erfahren hat, wesentliche Anregungen. Namentlich erwähnt seien die Rezensionen von Leopold Schmidt[1], Wolfgang Mieder[2], Anton Meden[3], Karlheinz Daniels[4] und Horst Beintker[5]. Darüber hinaus hat das ‚Lexikon der sprichwörtlichen Redensarten' einen vielfältigen Briefwechsel ausgelöst. Zahlreiche Korrespondenten haben Wünsche angemeldet oder auf Lücken aufmerksam gemacht, die nun geschlossen werden konnten. Ausdrücklich hervorgehoben seien die Beiträge von Dr. M. A. van den Broek, Amsterdam, Johannes Bücher, Bonn-Beuel, Dr. Hans Dittrich, Köln, Dr. h. c. Georg Duthaler-Gfeller, Basel, Dr. jur. Alfred Gleiss, Stuttgart, Prof. Dr. Gertrud Greciano, Strasbourg, Erich Heise, Kronshagen, Prof. Dr. Jarmo Korhonen, Oulu (Finnland), Prof. Dr. Ricarda Liver, Bern, Fritz K. Mathys, Basel, Dr. Claus Riessner, Rom, Prof. Dr. Ingrid Schellbach-Kopra, Helsinki, Otto Schnitzler (Israel), Siegfried Ulbricht, Lüdenscheid. Für alle Ergänzungen sind Autor und Redaktion herzlich dankbar.
Wie schon am äußeren Umfang zu erkennen, hat die Zahl der Stichworte um ca. 50% zugenommen, so daß aus einem Zweibänder nun ein dreibändiges Lexikon entstanden ist. Wenn trotz dieses beträchtlichen Zuwachses an neuen Stichworten noch immer Lücken bemerkt werden sollten, ist der Herausgeber dankbar für jeden Fingerzeig. Manche Korrespondenten suchten in unserem Lexikon freilich auch Dinge, die es gar nicht bieten konnte und wollte, z. B. Sprichwörter, Zitate oder literarische Wendungen, die nicht volksläufig sind.
Auch bei der Neubearbeitung wurde eine ‚Vollständigkeit' nicht angestrebt. Noch immer bestimmt das Prinzip der Erklärungsbedürftigkeit die Auswahl: Aufgenommen wurden vorzugsweise sprichwörtliche Redensarten, die einer kulturhistorischen Herleitung bedürfen. Wendungen wie ‚die Hände in den Schoß legen', ‚gegen den Strom schwimmen' etc. werden zwar metaphorisch gebraucht, d. h., sie sind nicht immer nur wörtlich zu verstehen. Dennoch bedarf es keiner Erläuterung, was damit gemeint ist, also auch

---

[1] *L. Schmidt:* Sprichwörtliche deutsche Redensarten. Lesefrüchte und Randbemerkungen zu Lutz Röhrichs ‚Lexikon der sprichwörtlichen Redensarten', in: Österr. Zs. f. Vkde. 77 (1974), S. 81–130.
[2] in: Fabula 15 (1974), S. 136–144.
[3] in: Blätter für den Deutschlehrer 3 (1979).
[4] in: Muttersprache 93 (1983).
[5] in: Theol. Lit. Ztg. 104 (1979).

keines Lexikonartikels. Bei Wendungen dagegen wie ,Maulaffen feilhalten', ,dastehen wie ein Ölgötze', ,ein Schnippchen schlagen', ,am Hungertuch nagen' sind die Substantive erklärungsbedürftig[6]. Es gibt aber auch sprichwörtliche Redensarten, bei denen die Einzelwörter durchaus geläufig und verständlich sind; dennoch benötigen sie eine kultur- und sprachhistorische Erklärung, wie z. B. ,Kohldampf schieben', ,jem. durch den Kakao ziehen', ,ins Bockshorn jagen', ,an jem. einen Narren gefressen haben', ,etw. auf die lange Bank schieben' etc. Gerade erstarrte Sprachschichten müssen erläutert werden. Oft enthält die Sprache solche altertümlichen Wendungen, die nur noch phraseologisch weitergegeben werden, wie z. B. ,fröhliche Urständ feiern', ,nicht viel Federlesens, Aufhebens machen', ,Reißaus nehmen', ,eine Scharte auswetzen', ,ein Ritter sonder Furcht und Tadel', ,durch die Lappen gehen'. Immer mehr Gegenstände der alten Volkskultur sind ja erklärungsbedürftig geworden.

Das Lexikon wird vor allem dann herangezogen werden, wenn es um eine Rückübertragung der Metaphorik aus der Metasprache ins Nicht-Bildhafte geht. Dabei muß man dichterische Metaphern als individuelle Hervorbringungen von den traditionellen der Umgangssprache scheiden. Der Gebrauch von Metaphern ist nämlich kein Vorrecht dichterischer Ausdrucksweise. Nur sind die Metaphern der Volkssprache durch vielfachen Gebrauch vertraut; sie sind bereits Klischee geworden. Aber nicht jeder hat das phraseologische Bewußtsein oder die Phantasie, die übertragene Bedeutung sofort zu verstehen. Wenn sie ihren ursprünglichen Realbereich verlassen, nehmen Worte und Wendungen schnell einen bildhaft-figurativen Sinn ein; z. B. ,eine Ehrenrunde drehen': die Wendung gehört primär in den Bereich des Sports, übertragen umschreibt sie euphemistisch die Wiederholung einer Schulklasse. Oder: es gibt blaue Briefumschläge; aber der sprichwörtliche ,blaue Brief' braucht nicht unbedingt blau zu sein. Gemeint sind die Briefe, die die Leitung einer Schule an die Eltern verschickt, wenn ein Schüler durchgefallen oder seine Versetzung gefährdet ist; auch der Kündigungsbrief einer Firma kann damit gemeint sein. Oft genug gehen wörtlich-reale und übertragene Bedeutung nebeneinander her. Z. B. ,der Ofen ist aus' kann bedeuten: im Zimmer ist es kalt, weil der Ofen ausgegangen ist; in übertragener Bedeutung aber auch: ,Ich will mit ihm nichts mehr zu tun haben, die Freundschaft (Liebe) ist zu Ende'. Das Reizvolle an diesem ,In-Gänsefüßchen-Sprechen' ist die Verbildlichungsstrategie, faszinierend wegen der visuellen Phantasie und Kreativität der Sprache.

Das Verstehen der Sprache setzt zunächst einmal die Kenntnis der realen Hintergründe voraus. Die Aneignung von ,symbolischer Kultur', der Erwerb von Sprachbildlichkeit ist dann ein weiterer Prozeß, der sich über einen großen Teil der Kindheit eines Menschen hinzieht oder sich über sein ganzes Leben lang erstrecken kann. Dann kann fast jedes Wort auch bildhaft eingesetzt werden. Sprichwort- und Redensartenbilder sind vieldeutig und laden zu immer neuen Kombinationen ein. Aber zunächst wirken sie rätselhaft und verlangen eine Auflösung. Hierzu will das Lexikon Hilfestellungen leisten.

Stark erweitert wurde der Nachweis fremdsprachlicher Parallelen, insbesondere aus dem Französischen und Englischen. Bei verwandten Redensarten in anderen Sprachen ist dabei stets zu unterscheiden zwischen Parallelen, Äquivalenten und Varianten. Ganz sicherlich sind ,Idiotismen' nicht unbedingt etwas Sprachspezifisches oder gar Ausdruck eines Nationalcharakters, zumal viele von einer Sprache in die andere übergegangen sind oder einem gemeinsamen Erbe entstammen. Manche Entsprechungen in anderen Sprachen sind auch nur Scheinentsprechungen[7]. Sprichwörtliche Redensarten sind andererseits nur innerhalb einer Sprachgemeinschaft verständlich. Ein Sprachfremder kann z. B. lernen, was

[6] Vgl. *H. Burger, Annelies Buhofer u. A. Sialm:* Handbuch der Phraseologie (Berlin 1982), S. 35.

[7] Vgl. *H. W. Klein:* Die volkstümlichen sprichwörtlichen Vergleiche im Lateinischen und in den romanischen Sprachen (Diss. Tübingen 1937).

im Deutschen ‚grün‘ bedeutet, auch was ein ‚Zweig‘ ist; daß aber die sprichwörtliche Koppelung ‚grüner Zweig‘ im Kontext der Rede ‚Wohlhabenheit, Glück‘ etc. bedeutet, ist ihm ohne genaue Kenntnis des Deutschen unverständlich. Wie schwer mag sich da mancher Übersetzer tun! So hat tatsächlich einer einmal das französische ‚manger à belles dents‘ ‚mit schönen Zähnen essen‘ übersetzt, was aber ‚tüchtig zulangen‘ besagt. Ähnlich gelagerte Probleme gibt es manchmal auch mit den zahlreichen Entlehnungen aus dem Englischen. Wenn man heutzutage umgangssprachlich das Wort ‚checken‘ im Sinne von ‚begreifen, kapieren‘ gebraucht, so wird dem Verb ‚to check‘ eine Bedeutung zugemessen, die es im Englischen nicht hat. Eine literarische Passage bei Erich Kästner: „Der junge Mann wünschte Hals- und Beinbruch“ lautet – zurückübersetzt – in der finnischen Ausgabe: ‚Er wünschte, daß Hals und Glieder brächen‘ – aber das genau ist keine Idiomatik mehr, d. h., eine wörtliche Übersetzung der Bestandteile eines Phraseologismus gibt nicht den Sinn wieder, eben weil die Bedeutung nicht wörtlich zu nehmen ist[8].

Obwohl das Lexikon von der hochdeutschen Umgangssprache der Gegenwart ausgeht, gehört zu den Erweiterungen der Neubearbeitung ein stärkeres Einbeziehen der Mundarten. Dies war schon ein Gebot von der Sache her, weil Mundartwendungen oft den älteren Sprachbestand widerspiegeln. Neue Mundartwörterbücher haben sich – zum Glück mehr als frühere Unternehmen – gerade auch der sprichwörtlichen Redensarten angenommen. So verdanken wir manche Anregungen dem ‚Badischen Wörterbuch‘, dem ‚Frankfurter Wörterbuch‘ oder dem neuen ‚Sudetendeutschen Wörterbuch‘, aber auch den älteren Mundartwörterbüchern des Schwäbischen, Bairischen, Schweizerdeutschen, des Rheinischen, Schleswig-Holsteinischen, des Sächsischen und Mecklenburgischen. Der Zusammenschluß von BRD und DDR macht den unterschiedlichen Sprachgebrauch plötzlich bewußter, denn so manche Redensart ist nicht im gesamten deutschen Sprachgebiet bekannt, z. B. ‚zum Schur tun‘ = zum Verdruß. Diese Wendung gehört nach Mittel- und Ostdeutschland. Eine andere redensartliche Wendung, die im Westen weithin ungebräuchlich ist, wäre etwa ‚jemand etwas aus dem Kreuz leiern‘, d. h., jemand etwas abschwatzen (z. B. bei Ulrich Plensdorf, Die neuen Leiden des jungen W.).

Ausgiebig konsultiert wurden das Dt. Wb. der Brüder Grimm, aber auch Sachlexika, insbesondere das Handwörterbuch des deutschen Aberglaubens (HdA), sowie andere Wörterbücher, die z. T. freilich noch nicht abgeschlossen sind, wie die Enzyklopädie des Märchens (EM.), das Handwb. der dt. Rechtsgesch. (HRG.), das Reallexikon der germ. Altertumskunde u. a. Noch mehr als bisher sind die Artikel durch weiterführende Literaturangaben ergänzt worden. Hierfür bildeten die grundsätzlichen, weit ausgreifenden und systematischen bibliographischen Arbeiten Wolfgang Mieders[9] eine zuverlässige Hilfe. Vielfach ergänzt wurde ferner die abschließende Bibliographie, die die gängigsten parömiologischen Grundwerke und Einzeluntersuchungen aufführt.

Die Hauptattraktion des Lexikons beruhte schon seither auf seiner Bebilderung. Insbesondere durch historische Illustrationen sollte auch ‚ad oculos‘ demonstriert werden, was ‚Kerbhölzer‘, ‚Daumenschrauben‘ oder ‚Scheuklappen‘ eigentlich sind; oder was man sich unter einem ‚Lockvogel‘ oder einem ‚Heftelmacher‘ vorzustellen hat; und wie ein ‚Eiertanz‘, ein ‚Pranger‘, ‚Pfingstochse‘, ein ‚Rohrspatz‘ oder eine ‚Goldwaage‘ aussehen. Im Sinne des Prinzips ‚Wörter und Sachen‘ – oder besser: ‚Wörter durch Sachen‘ sind Bildbelege äußerst wichtige Dokumente. ‚Bildlore‘ hat sich nicht zufällig als ein neuer Forschungszweig der Folkloristik etabliert[10]. Die Neubearbei-

[8] *I. Schellbach-Kopra:* Finnisch-deutsche Idiomatik (Porvoo/Helsinki, Juva 1985), S. 18.

[9] *W. Mieder:* International Bibliography of Expressions (Frankfurt a. M. 1977); *ders.:* International Proverb Scholarship: An Annotated Bibliography, (New York 1982), *ders.:* Investigations of Proverbs, Proverbial Expressions, Quotations and Clichés (Bern, Frankfurt a. M., New York 1984).

[10] Vgl. *N. A. Bringéus:* Bildlore (Lund 1981, dt. Übers.: ‚Volkstümliche Bilderkunde‘, München 1982).

tung des Redensartenlexikons zeichnet sich vor allem durch einen erheblichen Zuwachs an Abbildungen aus. Das graphische Werk mehrerer Illustratoren ist daraufhin systematisch durchgesehen worden, von Gustave Doré[11] bis zu Wilhelm Busch und Olaf Gulbransson[12]. Schon immer haben sich auch die Bilderbogen-Produzenten der Sprichwörter und Redensarten angenommen, um ihre Lehrinhalte illustriert weiterzugeben, in München[13] ebenso wie in Neuruppin[14]. Bei der Erschließung weiterer Bildquellen wurden im Freiburger Archiv zwei Schwerpunkte gesetzt: ein gegenwartsbezogener insofern, als die fast tägliche Bilderflut an Sprichwort- und Redensarten-Illustrationen aus der Tagespresse wenigstens beispielhaft vertreten sein sollte. Journalistische Redensart-Paraphrasen beziehen sich zwar meist auf flüchtige Tagesereignisse, die bald vergessen sein werden. Aber wo sie künstlerisch relevant sind, oder wenn sie sich bei manchen Redensartenfeldern massiv häufen, durfte dieser Gegenwartsaspekt nicht fehlen. Wir danken insbesondere Herrn Horst Haitzinger für seine großzügige Erlaubnis, einige seiner hervorragenden politischen Karikaturen abzudrucken. Mehr als andere Künstler weiß er in fast täglich neuen Kreationen die Sprache beim Wort zu nehmen[15]. Ebenso wichtig ist die historische Dokumentation. Hier ist vor allem eine Reihe von älteren Emblem-Büchern systematisch auf ihre Sprichwort- und Redensartbestände durchmustert worden. Kein Zweifel, daß die emblematische Literatur insbesondere des 17. Jahrhunderts erheblich zur Ausbreitung, Etablierung und Konsolidierung von Sprichwörtern und Redensarten beigetragen hat, nicht zuletzt durch die beigegebenen Illustrationen.

Seit dem ersten Erscheinen des ‚Lexikons der sprichwörtlichen Redensarten' ist in der Linguistik eine lebhafte und grundsätzliche Debatte über die Begriffsbestimmung und Systematisierung der ‚Phraseologie' entbrannt. Dabei sind Sprichwörter und Redensarten freilich nur ein Teilaspekt. Doch das ganze Untersuchungsgebiet der Phraseologie ist in den letzten Jahren häufig beackert worden. Genannt seien insbesondere die Arbeiten von Harald Burger[16], Karlheinz Daniels[17], Josip Matešić[18] und Gertrud Greciano[19]. Die genannten Untersuchungen haben zunächst einmal die Rolle der Parömiologie auch für die Linguistik deutlich gemacht. Phraseologismen – wie man in der Linguistik sagt – bestimmen nämlich stärker noch als der bloße Wortschatz die Spezifik einer Sprache[20]. Diesbezügliche sprachwissenschaftliche Arbeiten konnten ihrerseits nicht ohne Rückwirkung auf die volkskundlich-kulturhistorische Parömiologie bleiben. Vor allem hat sich Klaus Dieter Pilz[21] für eine objektivere und international verbindliche Terminologie eingesetzt und sich gegen den nur umgangssprachlichen, sozusagen noch vorwissenschaftlichen Begriff ‚sprichwörtliche Redensart' ausgesprochen. So ging es für die Neuauflage des Redensarten-Lexikons einerseits darum, den Begriff ‚sprichwörtliche Redensart' präziser zu definieren, andererseits aber doch auch

11 *Gustave Doré:* Das graphische Werk (München 1975).
12 *Olaf Gulbransson:* Sprüche und Wahrheiten (München 1975).
13 Eine lustige Gesellschaft. 100 Münchener Bilderbogen (Zürich 1978).
14 *G. Zaepernick:* Neuruppiner Bilderbogen der Firma Gustav Kühn (Leipzig 1972); *Th. Kohlmann:* Neuruppiner Bilderbogen (Berlin 1981).
15 Vgl. *E. Feldmann:* Interview mit einem Märchenkarikaturisten: Horst Haitzinger, in: ‚... und so leben sie noch heute'? Katalog einer Ausstellung des Inst. f. Vkde. der Univ. Freiburg i. Br. (Freiburg 1990), S. 64–68.

16 *H. Burger:* Idiomatik des Deutschen, Germanistische Arbeitshefte 16 (Tübingen 1973).
17 *K. H. Daniels:* Neue Aspekte zum Thema Phraseologie in der deutschen Sprachforschung, in: Muttersprache 93 (1983), S. 142–170.
18 *J. Matešić* (Hrsg.): Phraseologie und ihre Aufgaben, Mannheimer Beiträge zur slavischen Philologie 3 (Heidelberg 1983).
19 *G. Greciano:* Signification et denotation en Allemand. La semantique des expressions idiomatiques, Recherches Linguistiques IX (Paris 1983); *dies.* (ed.): Europhras 88. Phraséologie Contrastive. Actes du Colloque International (Strasbourg 1989).
20 wie Anm. 19.
21 *K. D. Pilz:* Phraseologie. Versuch einer interdisziplären Abgrenzung, Begriffsbestimmung und Systematisierung ..., 2 Bde. (Göppingen 1978); *ders.:* Phraseologie. Redensartenforschung (Stuttgart 1981); *ders.:* Zur Terminologie der Phraseologie, in: Muttersprache 93 (1983), S. 336–350.

benachbarte und verwandte phraseologische Verbindungen als Untergattungen abzugrenzen, sie gegebenenfalls einzubeziehen oder auch aus dem Lexikon auszuschließen.

Die Vielfalt der alten wie der neuen Nomenklatur ergibt zunächst ein terminologisches Chaos. Durch- und nebeneinander werden folgende Termini gebraucht: ‚Redewendung', ‚Redensarten', ‚Redewendungen', ‚stehende Wendungen', ‚feste Ausdrücke', ‚Phrasen', ‚Floskeln', ‚Formeln', ‚Ausdrucksweisen'[22]. Die englische und französische Wissenschaftssprache benutzen das vom Lateinischen abgeleitete ‚Locution'. Aber wahrscheinlich ist das Wort ‚Redensart' selbst nur eine Lehn-Übersetzung von französisch ‚façon de parler'. Termini wie ‚Ausdruck' oder ‚expression' sind wohl zu blaß und nichtssagend. Das metaphorische Bild unterscheidet die ‚sprichwörtliche Redensart' von der bloßen ‚Redewendung'. Sprichwörtliche Redensarten sind aber auch nicht nur ‚fixierte Wortgefüge'. Außer ‚Fixiertheit' gehört vor allem Wiederholung zu ihren wesentlichen Merkmalen: der Hörer weiß – bewußt oder unbewußt –, daß er das Gesagte schon einmal gehört hat, ein Prozeß, der in der Psychologie als ‚Déjà-vu-Effekt' bekannt ist. Wesentlich zur sprichwörtlichen Redensart gehört das Verwurzeltsein der sprachlichen Formel in der Sprechtradition. ‚Sprichwörtlich' werden, heißt wiederholt, im kollektiven Bewußtsein üblich werden. Man hat linguistisch darum auch von ‚wiederholter Rede' gesprochen. Es geht um sprachliche Elemente, die nicht eigens produziert, sondern nur reproduziert zu werden brauchen, um vorfabrizierte Formeln, ‚patterned speech'.

Für den Gesamtkomplex werden in der Linguistik Begriffe bevorzugt, die entweder von griechisch ‚idioma' oder ‚phrasis' abgeleitet sind, wie ‚Idiotismen' oder ‚Phraseologie'. ‚Idiomatisch' ist nun freilich die ganze Sprache und nicht nur ihre feststehenden Formeln. Das Wort ‚Phraseologie' ist andererseits schon insofern problematisch, weil es – analog zum Begriff ‚Folklore' – sowohl die in einer Sprache auftretenden Redewendungen bezeichnet als auch die sich damit befassende Wissenschaft! Schließlich wird das Wort ‚Phrase' im Deutschen meist nur abschätzig verwendet im Sinne von ‚leerem Gerede', ‚bloßen Redensarten'. „Ein Phrasendrescher wird nicht ernst genommen, aber wer eine Fremdsprache idiomatisch spricht, darf mit Bewunderung rechnen"[23].

‚Sprichwort' und ‚sprichwörtliche Redensarten' bedeuten für den Linguisten indes nur einen Teilaspekt der vielen Möglichkeiten von ‚phraseologischen Einheiten'. In der Tat deckt schon allein der Begriff ‚sprichwörtliche Redensart' einen großen – vielleicht allzu großen – Bereich in zu undifferenzierter Weise ab. Löst man diesen Begriff auf, so erkennt man recht unterschiedliche ‚phraseologische Einheiten', deren Klassifikation nicht ganz einfach ist, weil sich die Begriffe mannigfach überlappen. Es ergibt sich eine Vielfalt von Bezeichnungen, wie ‚Topoi', ‚Phrasen', ‚Parolen', ‚Idiome', ‚Formeln' (z. B. Zwillingsformeln, Gruß- und Anredeformeln), ‚Floskeln', ‚Klischees', ‚Slogans', ‚Schablonen', ‚Vergleiche', ‚Stereotype und feste Syntagmen', ‚geflügelte Worte', ‚Mode- und Schlagworte'. Die Fakten, die von dieser Terminologie umschrieben werden, sind recht verschiedenartig, und alle definitorische Logik und Stringenz wird nicht vermeiden können, daß es auch künftig fließende Übergänge und Zweifelsfälle geben wird. Hier ist es außerordentlich schwer, eine Begriffssystematik zu entwikkeln.

Unter einer ‚phraseologischen Einheit' versteht die Linguistik eine Verbindung von zwei oder mehr Wörtern, wenn diese eine durch die syntaktischen und semantischen Regularitäten der Verknüpfung nicht voll erklärbare Einheit bilden[24]. Ein Beispiel bietet die Redensart ‚ins Gras beißen': Die Wortverbindung ist ungewöhnlich; man erwartet anderes. Aber ‚in den Pfirsich beißen' oder ‚ins Gras fallen' haben nichts mit der Bedeutung ‚sterben' zu tun, und Wendungen wie ‚in die Wiese beißen' oder ‚ins Gras schnappen' wären

[22] Vgl. *H. Thun:* Probleme der Phraseologie (Diss. Tübingen 1976), S. XV.

[23] Vgl. *H. Thun:* (wie Anm. 22), S. XV.

[24] Handbuch (wie Anm. 6), S. 1.

nicht die traditionell-gebräuchlichen Formulierungen[25].

Ebenso allgemein wie ‚phraseologische Verbindung' ist der Terminus technicus ‚fixiertes Wortgefüge', den Harald Thun einzuführen versucht hat[26]. Eine ‚sprichwörtliche Redensart' im Sinne unseres Lexikons ist aber nicht identisch mit ‚Phrasem' oder ‚Phraseologismus'. Es gibt Tausende von fixen Wortverbindungen, die darum noch keine ‚sprichwörtliche Redensarten' sind. Ausdrücke wie ‚heißer Herbst', ‚strammer Max' oder der ‚springende Punkt' bilden mit Sicherheit eine ‚phraseologische Verbindung', sind aber keine ‚sprichwörtlichen Redensarten'. Ebensowenig Einwort-Phraseologien wie ‚Elefantenhochzeit', ‚Kanonenbootdiplomatie', ‚Puddingabitur', wie ‚Hans-Guck-in-die-Luft', ‚Stehaufmännchen', ‚Hasenfuß', ‚Schlitzohr', ‚Sommerloch', ‚Beziehungskiste', ‚Pantoffelkino' (für Fernsehen) etc., zumal sich mit den Hilfsverben ‚sein' oder ‚haben' jede phraseologische Verbindung in eine sprichwörtliche Redensart umfunktionieren ließe: ‚ein alter Hase sein', ‚hoch zu Roß sein', ‚Marotten haben' oder ‚eine Pechsträhne haben'. Doch kann jedes Wort ‚sprichwörtlich' werden, wenn es metaphorisch gebraucht wird. Das Wort ‚Wäsche' beispielsweise ist zunächst frei verfügbar. Wortverbindungen wie ‚Wäsche waschen', ‚Wäsche trocknen', ‚Wäsche bügeln' sind möglich und üblich zum Bezeichnen der Vorgänge, wie man mit ‚Wäsche' umgeht. Für die Wortverbindung ‚schmutzige Wäsche' gilt dies auch, aber in dieser Kombination ‚schmutzige Wäsche waschen' ist die phraseologische Verbindung auch sprichwörtlich verwendbar. Wenn es etwa in einem Zeitungsartikel heißt: „Im Parlament ist wieder einmal schmutzige Wäsche gewaschen worden", so wird jedermann klar, daß die phraseologische Verbindung diesmal einen sprichwörtlichen, d. h. übertragenen Sinn erhalten hat und nicht wörtlich zu verstehen ist.

Es gibt Lexeme, die nur in sprichwörtlichem Gebrauch auftreten, z. B. Wörter wie ‚Bockshorn', ‚Fettnäpfchen', ‚Garaus', ‚Bohnenstroh', ‚Bürstenbinder', ‚Goldwaage'. Es sind zusammengesetzte Substantive, die nur in Verbindung mit traditionell-feststehenden Verben vorkommen. Worte wie ‚Kriegsfuß' oder ‚Hasenpanier' erscheinen beispielsweise nur in der Verbindung ‚mit jemand auf Kriegsfuß stehen' bzw. ‚das Hasenpanier ergreifen'. Das gilt nicht nur für Substantive; es gibt auch Verben, die praktisch nur in phraseologischen Verbindungen vorkommen, z. B. ‚rümpfen' nur in ‚die Nase rümpfen'. Linguistisch werden ‚sprichwörtliche Redensarten' auch als ‚Wortgruppen-Lexeme' bezeichnet. Wortgruppenlexeme stehen nicht für sich allein. Sie können nur innerhalb eines Satzes Verwendung finden. Es fehlt ihnen das Subjekt, wie z. B. bei ‚mit dem Zaunpfahl winken', ‚mit offenen Augen schlafen', ‚sich einen hinter die Binde gießen'. In jedem Fall muß noch ein Subjekt eingesetzt werden. Hier bleibe ich bei meiner seitherigen Definition, wonach eine ‚sprichwörtliche Redensart' im Gegensatz zum ‚Sprichwort' als ein ‚offener verbaler Ausdruck' bestimmt wird. Andere Definitionen bestätigen diese Auffassung. So erklärt Dagmar Burkhart: Eine sprichwörtliche Redensart ist kein Satz, sondern eine prädikative Wortgruppe. Deshalb treten Redensarten in Sammlungen stets in Infinitivform auf, z. B. ‚einen Knüppel zwischen die Beine werfen', ‚im Trüben fischen'. Die Anwendung sprichwörtlicher Redensarten benötigt also ein Subjekt, ein Objekt und eine diesen entsprechende Verbalform: ‚Er fischt im Trüben', ‚Ihr habt im Trüben gefischt'; ‚Sie warfen ihm Knüppel zwischen die Beine' etc.[27]

Daneben gibt es aber ‚Phraseologismen', die doch einen ganzen Satz ausmachen: ‚Das geht auf keine Kuhhaut!', ‚Wiedersehn macht Freude!', ‚Es ist höchste Eisenbahn!', ‚Alles für die Katz!', ‚Es wird einem nichts geschenkt!', ‚So jung kommen wir nicht mehr zusammen!'. Es handelt sich hier um ganze Sätze, die aber doch noch nicht eigentlich Sprichwörter sind. Es sind Feststellungen, häufig Ausrufe, die ohne Kontext sinnlos sind. Man kann in solchen

[25] Handbuch (wie Anm. 6), S. 2f.

[26] *H. Thun:* (wie Anm. 22).

[27] Vgl. *D. Burkhart:* Die semiotischen Dimensionen des russischen Sprichworts, in: *K. D. Seemann (Hrsg.):* Beiträge zur Russischen Volksdichtung (Berlin 1987), S. 14.

Fällen auch von Gemeinplätzen oder Routineformeln reden: ‚Der Mensch ist ein Gewohnheitstier', ‚Mein lieber Freund und Kupferstecher', ‚Das nennst du aufgegessen (aufgeräumt, sauber etc.)', ‚Ehrlich gesagt', ‚Das kannst du vergessen' etc. Zu den von den Linguisten so genannten ‚Phraseo-Schablonen' gehören ferner formelhafte Grüße (‚Grüß Gott', ‚Guten Tag', ‚Servus' etc.), Fragen nach dem Ergehen oder auch Dankesformeln (‚Vielen Dank!') oder auch die variablen Antworten auf die Frage ‚Wie geht's!', tradierte Antworten auf bestimmte häufig wiederkehrende (oder auch lästige) Fragen wie: ‚Was ist los?' (‚Was nicht angebunden ist!'), ‚Was sollen wir machen?' (‚Kopf stehen und lachen') etc. In der Nähe stehen andere verblose Redensarten und deklarative Mitteilungen, wie z. B. ‚Ende der Debatte!' oder Interjektionen wie ‚Feurio!', ‚Mordio!', ‚Ach, du grüne Neune!' etc.

Mit Sicherheit gehören in ein Redensarten-Lexikon die sogenannten ‚Zwillingsformeln' vom Strukturtyp ‚klipp und klar', ‚frank und frei', ‚mit Fug und Recht', ‚in Hülle und Fülle', ‚gang und gäbe', auch wenn diese Wortverbindungen keine verbalen Ausdrücke sind. In der Linguistik werden sie als ‚phraseologische Wortpaare' bezeichnet. Zwillingsformeln sind in der alten Auflage in Sammelartikeln (‚Ach und Krach' – die stabreimenden bei ‚Bausch und Bogen') summarisch behandelt worden; sie bedürfen aber z. T. eigener Artikel, gerade weil sie oft alte Rechts- und Glaubensvorstellungen enthalten und darum heutzutage erklärungsbedürftig sind.

Mehr als bisher sind die stereotypen Vergleiche in das Lexikon einbezogen worden, also Wendungen von der Struktur ‚saufen wie ein Bürstenbinder', ‚sich freuen wie ein Schneekönig', ‚dastehen wie ein begossener Pudel' etc. Hier gab es auch eine Reihe neuerer Forschungen zu berücksichtigen[28]. Es geht um traditionelle Vergleichsformeln mit oder ohne ‚wie'. Die Terminologie der Linguistik spricht von ‚fixierten Vergleichen', ‚phraseologischen Vergleichen' oder auch von ‚komparativen Phraseologismen'. Strukturell bestehen sie aus einem Vergleichsobjekt (comparandum), einem Vergleichsmaß (comparatum) und einer Vergleichspartikel (Konjunktion)[29], wobei häufig mit Kontrasten (Antinomien, binären Oppositionen) gearbeitet wird: ‚sich verhalten wie ein Elefant im Porzellanladen', ‚klar wie dicke Tinte'. Worte, die besonders zu einem Vergleich einladen, sind im Deutschen z. B.: dumm, faul, frech, klug, schlau, dick, hungrig, alt, weiß. In vielen Fällen kann man den redensartlichen Vergleich in ein Wort zusammenziehen, oft aber auch nicht. Der Sprachgebrauch ist hier sehr kompliziert und wohl kaum in Regeln zu fassen: Warum kann man ‚saudumm', aber nicht ‚dumm wie eine Sau' sein? Warum ‚rotzfrech', aber nicht ‚oskarfrech'? Warum kann man ‚baumstark' und ‚lammfromm' sagen, aber nicht ‚tannenschlank', sondern nur ‚gertenschlank'? In vielen Fällen gibt es eine semantische Differenzierung, je nach dem Vergleichsobjekt; z. B. meint ‚weiß wie Schnee': sehr sauber, ‚weiß wie die Wand', aber blaß[30]. Vor allem stehen bestimmte Tiere sinnbildlich für bestimmte menschliche Eigenschaften: Biene für Fleiß, Schwein für Schmutz, Wolf für Hunger, Schlange für listige Klugheit, Hund für Müdigkeit (aber auch für Treue), Fuchs für Schlauheit, Lamm (Hammel) für Geduld, Schnecke für Langsamkeit usw. Manche Substantive haben zu unterschiedlichen Vergleichen Anlaß gegeben, z. B. Fisch: ‚stumm wie ein Fisch', ‚kalt wie ein Fisch', ‚sich wohlfühlen wie ein Fisch im Wasser'. Auch Adjektive können mit unterschiedlichen Substantiven im Vergleich gekoppelt werden. Man kann ‚stark wie ein Baum', ‚wie ein Bär', ‚wie ein Stier', oder ‚wie ein Löwe' sein. Neben den einfachen, einleuchtenden und logischen Vergleichen ‚hungrig wie ein Wolf', ‚schwarz wie ein Rabe' (Kohle, Pech, Ruß), wobei sich das ‚tertium comparationis' jeweils leicht ein-

---

28 Vgl. *H. Schick:* Synchron-diachrone Untersuchungen zu volkstümlichen Vergleichen des Deutschen, Französischen und Spanischen (Mag. Arbeit Freiburg i. Br. 1978); *L. Röhrich u. W. Mieder:* Sprichwort, Sammlung Metzler 154 (Stuttgart 1977), S. 23–25; *R. Hessky:* Sprach- und kulturspezifische Züge phraseologischer Vergleiche, in: Europhras (wie Anm. 19).

29 *R. Hessky:* (wie Anm. 28), S. 1.

30 Vgl. *R. Hessky* (wie Anm. 28), S. 4.

stellt, gibt es doch auch ausgeprochen erklärungsbedürftige redensartliche Vergleiche, z. B. ‚alt wie Methusalem', ‚bekannt wie ein bunter Hund', ‚faul wie die Sünde', ‚dastehen wie Pik Sieben'. Im umgangssprachlichen Gebrauch heben sprichwörtliche Vergleiche oft das Negative, Unvorteilhafte oder Lächerliche hervor: ‚dumm wie Bohnenstroh', ‚sich winden wie ein Aal', ‚dasitzen wie ein Häufchen Elend'. Phraseologische Vergleiche haben vielfach eine verstärkende, intensivierende Funktion und verleihen einer Aussage ein erhöhtes Maß an Expressivität[31].

Immer mehr ist auch Gegenwartsidiomatik in das Lexikon aufgenommen worden, nicht nur überliefertes oder historisches Wortmaterial. So folgen z. B. bestimmte Slogans der Werbesprache den Bauformen des Sprichworts, wie etwa ‚Neckermann macht's möglich', ‚Persil bleibt Persil', ‚Im Falle eines Falles ...', ‚Abends fort – Morgens dort' (Reklame für Güterbeförderung durch die Bahn), ‚Fahr und spar!', ‚Nicht warten – gleich starten!' (Werbung für Autobatterien). Werbung erhält durch Sprichwörter eine Emotionalisierung; die Sprichwörter bekommen darin einen Erinnerungswert. In einer Marketing-Gesellschaft wird Werbesprache immer beherrschender und hat z. T. sogar bereits die Mundarten ergriffen. Ähnlich hat die Sportsprache viele Wendungen zur modernen Sprachentwicklung beigetragen: ‚ein Eigentor schießen', ‚Durchstehvermögen haben', ‚den Startschuß geben', ‚in die Endrunde gehen', ‚Spitzenreiter der Saison sein' etc. Insbesondere die Sprache der Massenmedien, voran die Zeitungssprache, neigt zu solchen standardisierten Ausdrücken. Bedeutend ist der Sprichwortgebrauch in der modernen Publizistik bei Schlagzeilen und in Werbeslogans. Überhand genommen haben schließlich die Wendungen aus der Sprache der Technik, wie z. B. ‚Gas geben', ‚auf Touren kommen', ‚eine Panne haben', ‚Lautsprecher abstellen – Schalldämpfer aufsetzen' (sagt man zu einem Überlauten), ‚grünes Licht geben', ‚etwas unterbelichtet sein'. Man kann jedenfalls von einer Technisierung der Sprache sprechen. Immer mehr fachsprachliche Ausdrücke werden Allgemeingut.

Viele neu entstehende Wendungen und Parolen kommen aus Schlagworten. Der politische Slogan kann schnell zum Sprichwort werden, z. B. ‚Vierzig (35) Stunden sind genug'. Schnell entstehen neue Begriffe, insbesondere im Zusammenhang mit veränderten politischen Konstellationen. So hat uns das Jahr 1989 nacheinander die ‚Vogel-Metaphern', ‚Wendehals' und ‚Mauerspecht' beschert. Manchmal werden Aussprüche von Politikern (fast) sprichwörtlich, vor allem wenn sie so prägnant und zutreffend sind wie M. Gorbatschows Wort ‚Wer zu spät kommt, den bestraft das Leben' (Herbst 1989, anläßlich des 40. DDR-Jubiläums). Kleine Sprichwörter zeigen dabei oft große Wirkungen.

Wortprägungen bekannter Persönlichkeiten wären zunächst einmal als ‚Zitate' zu bezeichnen. Die Abgrenzung von Sprichwörtlichem zum ‚Zitat' und zum ‚geflügelten Wort' ist jedoch nicht immer problemlos. Die Linguisten sprechen in beiden Fällen von ‚wiederholter Rede'[32], womit freilich die Herkunfts- wie die Rezeptionsfrage ausgeklammert bleibt. Zitate sind für den Linguisten zunächst einmal ‚Autor-Phraseologismen', d. h. individuelle Erfindungen, die aber sehr wohl sprichwörtlich werden können; z. B. ‚nicht alle Blütenträume reifen'. Und natürlich hat ein Autor auch das Recht, traditionell vorgegebene Metaphern zu mischen. Gerade Kontaminationen sind oft literarischer Herkunft, z. B. ‚sang- und klanglos baden gehen' (Christa Wolf).

Der früheste schriftliche Beleg eines Sprichworts oder einer Redensart muß nicht unbedingt auch deren Ursprung darstellen. Vielmehr können Sprichwörter und Redensarten durchaus längst schon populär gewesen sein, bevor sie in die Literatur aufgenommen wurden[33]. Gegenüber den literarischen und historischen Bele-

[31] Vgl. *L. Röhrich u. W. Mieder* (wie Anm. 28), S. 111–114; *W. Mieder:* Das Sprichwort in unserer Zeit (Frauenfeld 1975).

[32] Vgl. *E. Coseriu:* Einführung in die Allgemeine Sprachwissenschaft (Tübingen 1988), S. 276.

[33] Vgl. *L. Röhrich u. W. Mieder* (wie Anm. 28), S. 26.

gen ist oft auch Skepsis angezeigt. Literaturbelege entsprechen nicht unbedingt auch der volkstümlichen Ausdrucksweise. Sind Wendungen wie ‚die Gretchenfrage stellen', ‚gegen Windmühlen kämpfen', ‚den Gang nach Canossa antreten' oder ‚das Ei des Columbus' nun geflügelte Worte oder sprichwörtliche Redensarten? Hier gibt es offenbar Übergänge. Außerdem geht bei immer mehr ‚geflügelten Worten' das Zitat-Bewußtsein verloren. Das gilt z. B. für viele aus der Bibel stammende Wendungen, wie z. B. ‚von Gott verlassen sein', ‚jemand stehen die Haare zu Berge' (Hiob 4,15), ‚Bubenstück' (Ps. 41,9), ‚die Böcke von den Schafen trennen' (Matth. 25,32)[34], ‚Wer anderen eine Grube gräbt, fällt selbst hinein' (Spr. Sal. 26,27). Auffällig ist, daß in protestantischen Gesellschaften, wie in Deutschland, Skandinavien, England und in den USA mehr auf die Bibel angespielt wird als in katholischen[35]. Biblische Zitate – aber ebenso solche aus den Klassikern der Literatur – werden wie Sprichwörter oder Redensarten gebraucht, oft auch abgewandelt – unbewußt oder in parodistischer Absicht – und sie dürfen deshalb auch in einem Lexikon der sprichwörtlichen Redensarten nicht fehlen. Auch manche Titel aus der neuen Literatur oder aus Filmen haben mittlerweile schon sprichwörtlichen Charakter angenommen wie z. B. ‚Manche mögen's heiß', ‚Ein Hauch von Nerz' oder ‚Gruppenbild mit Dame'. Prägungen dieser Art müssen deshalb aufgenommen und nachgewiesen werden. Sogar Operettentexte wurden zu sprichwörtlichen Merksätzen: ‚Glücklich ist, wer vergißt, / was nicht mehr zu ändern ist' (Fledermaus). Viele Redensarten und Sprichwörter sind abgekürzte Refrains aus Volksliedern oder Schlagern, wie z. B. ‚Trink, trink, Brüderlein, trink!', ‚Wenn du noch eine Schwiegermutter hast', ‚Schnaps, das war sein letztes Wort', ‚Es gibt kein Bier auf Hawaii', ‚Siehste wohl, da kimmt er', ‚Wer soll das bezahlen?', ‚Marmor, Stein und Eisen bricht …', ‚Balla, balla'. Man darf in einem Redensarten-Lexikon sehr wohl erwarten, etwas über die Herkunft und das Alter solcher sprichwörtlich gewordener Schlager-Zitate zu erfahren.

Neu hinzugekommen sind ferner viele Ausdrücke der sogenannten Jugendsprache. Erklärungsbedürftig ist hierbei das meiste für die Erwachsenen, die bei dem rasanten Tempo der Entwicklung der jugendlichen Sondersprache schon lange nicht mehr mitkommen. Da geht es nicht nur um den ‚Null Bock'. Interessant ist die Entwicklung vor allem, wenn gebräuchliche Worte der Umgangssprache auf der Jugendebene einen anderen Inhalt oder eine andere Frequenz bekommen, z. B. bei Worten wie ‚stark', ‚echt', ‚irre', ‚unheimlich', ‚geil', ‚tierisch', ‚logo', ‚anmachen', ‚etwas bringen', ‚auf etwas abfahren', ‚sich einen abfrieren' etc. Wie bei allen Modeerscheinungen wechselt der Sprachgebrauch rasch. Das meiste wird morgen schon hoffnungslos veraltet wirken und bedarf deshalb der lexikalischen Dokumentation von heute. Mit Recht schreibt Dieter E. Zimmer: „Nichts ist so konservativ wie unser Sprachgehör. An allem, was es einmal gelernt hat, hält es zäh fest. Nur das klingt immer richtig. Wenn sich die Sprache draußen die Freiheit nimmt, von dieser Norm abzuweichen, schreit es unhörbar auf: ‚Sprachverfall, Sprachverderb!'"[36].

Beobachtet werden kann auch eine Neigung zu verkürzten Zitierweisen, zum nur noch andeutenden Fragment in der umgangssprachlichen Verwendung von Sprichwörtern. Wer nur sagt: ‚De mortuis' oder ‚De gustibus', der traut dem anderen zu, daß er aufgrund seiner Lateinkenntnisse den Rest selbst ergänzen kann: ‚De gustibus non est disputandum' oder ‚De mortuis nil nisi bene'. Das ist natürlich recht bildungsbürgerlich gedacht[37]. Aber beim Zitieren von Redensarten und Sprichwörtern spielt das Prinzip der Ersparnis eine große Rolle. Und es gilt erst recht bei dem Bekanntheitsgrad deutschsprachiger Sprichwörter. Es genügt zu sagen ‚Was man nicht im Kopf hat …', weil

[34] Vgl. *W. Mieder:* Not By Bread Alone. Proverbs of the Bible (Shelburne/Vermont 1990); *C. Földes:* Die Bibel als Quelle phraseologischer Wendungen, in: Proverbium 7 (1990), S. 57–75.
[35] Vgl. *E. Coseriu* (wie Anm. 32), S. 277.

[36] Die Zeit, Nr. 17, 1981.
[37] Vgl. *M. Lüthi:* Volksliteratur und Hochliteratur (Bern u. München 1970), S. 11.

jeder Gesprächspartner weiß, wie es weitergeht und wie es gemeint ist. Ähnlich die Anspielung: ‚Wenn Engel reisen …' Wenn Sprichwörter, die normalerweise ganze Sätze bilden, nur angerissen, angetippt werden, könnte man dies den redensartlichen Gebrauch eines Sprichworts nennen. Sprichwort- und Zitatfragmente erfüllen nicht selten die formalen Bedingungen von sprichwörtlichen Redensarten. In der linguistischen Terminologie ist ein Sprichwort als abgeschlossener Satz ein ‚Phraseo-Text', die Redensart als ein nicht abgeschlossener Satz ein ‚Phrasem'. Gleichwohl gibt es fließende Übergänge. Die Wendung ‚im Glashaus sitzen' hat sich mit Sicherheit erst aus dem Sprichwort entwickelt: ‚Wer im Glashaus sitzt, soll nicht mit Steinen werfen'. Ein Beispiel für die Nähe und Abhängigkeit von Sprw. und Rda. gibt gleich das erste (neue) Stichwort des Lexikons: A. ‚Wer A sagt, muß auch B sagen' – so lautet ein bekanntes Sprw., dessen Elemente nun aber auch einzeln, herausgelöst aus der Gesamtstruktur, in einen anderen Satz eingefügt, d. h., eben redensartlich verwendet werden können: z. B. in einem Werbetext: ‚Sie haben A gesagt …', d. h.: Sie haben schon einmal gekauft, also sollten Sie bei dem gewählten Produkt bleiben und wieder kaufen, oder in einer Mahnung: ‚Du hast A gesagt … du mußtest wissen, was du tatest; beklag dich nun nicht." Aber nicht alle Sprichwörter lassen sich in sprichwörtliche Redensarten umfunktionieren.

Es gibt einen konservativen wie auch einen innovativen Gebrauch von sprichwörtlichen Redensarten. Dabei wird dem Gewohnten oft bewußt gegengesteuert. So spielen die Abwandlungen von Redensarten und Sprichwörtern, das ‚Anti-Sprichwort' und die ‚Anti-Redensart' eine immer größere Rolle[38]: Parodien, Verballhornungen, Verfremdungen, Mischungen von Sprichwörtern etc. Eine Kontamination aus verschiedenen Phraseologismen hebt eine traditionelle Wendung schlagzeilenartig erst ins Bewußtsein: ‚Alte Liebe rostet doch'. Oder man kehrt den Sprichwortsatz einfach um: ‚Ohne Preis kein Fleiß' – ‚Ein fetter Hahn tut's selten gut'. Die geringfügigsten und unauffälligsten Änderungen sind oft die witzigsten: ‚Hummer ist der beste Koch' – ‚Sich legen bringt Segen' – ‚Scheich und Scheich gesellt sich gern'. Recht beliebt sind auch Erweiterungen des vorgegebenen Sprichworts: ‚Liebe macht blind und nicht selten ein Kind'. Die Vermischung zweier Sprichwörter und ihrer Bildlichkeit führen fast immer zu einem komischen Konflikt, z. B.: ‚Manch geschenkter Gaul ist aller Laster Anfang' – ‚Seid verschlungen, Millionen'. Die Ironisierung von sprichwörtlichen Redensarten hat z. T. schon eine lange Geschichte. Die Wendung ‚das geht durch Mark und Bein' wird schon lange meist nur noch ironisch gebraucht in der Form: ‚Das geht durch Mark und Pfennig'. Der Hauptgrund für den Trend zum Anti-Sprichwort liegt darin, daß die den meisten Sprichwörtern zugrunde liegende altväterliche Moral nicht mehr in die heutige gesellschaftliche Wirklichkeit paßt. Gerade weil Sprichwörter didaktisch sind, weil sie Erfahrungen und Weisheit lehren, Moral predigen, weil sie als ‚Wahrwörter' Autorität beanspruchen und weil sie oft und zu oft wiederholt worden sind, fordern sie kritischen Widerspruch heraus. Es ist jedenfalls frappant, wie das Sprichwort, das doch lange als traditionsbeharrendes Genre galt, zu Innovationen fähig ist, bzw. diese geradezu verlangt. Das Sprichwort überlebt, aber es überlebt vornehmlich in einer verfremdeten Variation. Dabei sind die Neuhervorbringungen keineswegs gleichgültige Sprachspielereien, sie sind vielmehr durchaus angemessener Ausdruck ihrer Entstehungszeit. Für eine Epoche, in der die Ethik der Leistungsgesellschaft vor allem von vielen Angehörigen der jungen Generation massiv in Frage gestellt wird, mutieren Anti-Sprichwörter das alte Loblied des Fleißes auffallend oft in ein Lob der Faulheit: ‚Arbeit adelt – wir bleiben bürgerlich', – ‚Arbeit macht Spaß – und Spaß wird nicht gemacht', – ‚Arbeit ist aller Laster Anfang' – ‚Morgenstund mit Gold im Mund, ist mitunter ungesund' – ‚Es gibt viel zu tun, lassen wir es bleiben'. Die Gegenwart erlebt geradezu einen Boom von Anti-Sprichwörtern. Auch Sponti-Sprü-

[38] *W. Mieder:* Antisprichwörter, 3 Bde. (Wiesbaden 1982–1985); Vgl. *L. Röhrich:* Anti-Sprichwörter. Zu einem neuen Buch von Wolfg. Mieder, in: Muttersprache 93 (1983), S. 351–354.

che und Graffiti sind mittlerweile ein selbständiger Sammel- und Forschungsgegenstand der Folkloristik geworden[39]. Eine nicht geringe Zahl von Sammlungen aus dem deutschsprachigen wie angelsächsischen Raum hat jedenfalls bewiesen, wie stark auf diesem Gebiet mit sprichwörtlichen Formeln gearbeitet wird, wie sehr aber auch schlagkräftige Wandsprüche ihrerseits Sprichwortcharakter annehmen können: ‚Wer sich nicht wehrt, lebt verkehrt' – ‚Brot für die Welt – aber die Wurst bleibt hier!'. Manche Sponti-Sprüche sind mittlerweile zu ganzen Modeserien weiterentwickelt worden, wie etwa die Varianten von ‚Ich denke, mich trifft der Schlag' ('laust der Affe', ‚ich werde verrückt' etc.), ‚Ich denke, mich tritt (streift) ein Pferd' (Bus), ‚... mein Hamster bohnert', ‚... mich knutscht ein Elch', ‚... mich bumst ein Bär' etc. Einem anderen Strukturmodell folgt die Reihe ‚Stell dir vor, es ist Krieg und keiner geht hin', ‚... es ist Krieg, und keiner geht drauf', ‚... es sind Wahlen und keiner geht hin', ‚... es gibt Freibier und keiner weiß, wo', oder die Serie ‚Lieber fernsehmüde als radioaktiv', ‚lieber instandbesetzen als kaputtbesitzen', ‚lieber Gott als tot', ‚lieber krankfeiern als gesundschuften', ‚lieber einen Bauch vom Trinken als einen Buckel vom Arbeiten', ‚lieber 'ne sechs als überhaupt keine persönliche Note' etc. Ebenso wie beim Sprichwort[40] kann man auch bei den Redensarten die Tendenz zur strukturgleichen Serienbildung beobachten. Aus der Grundform ‚das Gras wachsen hören' haben sich Wendungen weiterentwickelt, wie z. B. ‚die Mücken husten hören', ‚die Flöhe an der Wand niesen hören' etc. Auch fremdsprachliche Parallelen zeigen manchmal überraschenderweise strukturelle Nähe trotz sprachbildlicher Fremdheit. Für verfrühtes, allzu vorschnelles Handeln gebraucht man im Deutschen ‚Das Fell des Bären verkaufen, ehe man ihn erlegt hat'. In anderen Sprachen sagt man statt dessen: ‚Die Haut verkaufen, ehe man die Kuh hat', ‚über das Fell streiten, ehe man das Lamm hat', ‚einen Fisch verkaufen, bevor er gefangen ist', ‚die Eier verkaufen, bevor die Küken ausgebrütet sind', ‚für die Wiege sorgen, bevor man das Kind hat', ‚das Messer schleifen, noch ehe das Kalb geworfen ist', ‚Stoff weben, während das Schaf noch die Wolle trägt' etc. Die Bilder sind verschieden, aber das Strukturmodell bleibt stets das gleiche und ist offenbar in ganz unterschiedlichen Kulturbereichen beheimatet. Für den Phraseologismus ‚Eulen nach Athen tragen' in der Bedeutung ‚etwas Überflüssiges tun, etwas an einen Ort bringen, wo es ohnehin zuviel davon gibt', sagen die Engländer ‚carry coals to Newcastle' (Kohlen nach Newcastle tragen – in eines der Zentren des Kohlebergbaus in Großbritannien), die Russen: ‚mit dem eigenen Samowar nach Tula fahren' (– in die Stadt, die durch ihre Samowarherstellung bekannt geworden ist), die Ungarn ‚a Dunába vizet hord' (Wasser in die Donau tragen, in den größten Fluß des Landes), und selbst im Deutschen gibt es dafür außerdem noch ‚Wasser in die Elbe schütten'. Es gibt also ‚Wanderidiome', die in den meisten Sprachen mit ähnlichem kulturellem Hintergrund anzutreffen sind. Seit langem weiß man, daß Sprichwörter nach bestimmten Strukturtypen gebaut sind[41], aber man weiß nicht, was die Produktivität einer Struktur ausmacht, wie eigenständig und beständig Neubildungen oder Variationen sind. Es gibt unterschiedliche Grade von Festigkeit der Wortverbindungen, verschiedene Stabilität. Die Einbeziehung strukturalistischer Überlegungen über Festigkeit und Variabilität von redensartlichen Klischees war jedenfalls auch eine reizvolle Perspektive für die Lexikonneubearbeitung.

Ein Problem des Wörterbuchs ist immer, daß es nicht die aktuelle Sprechsituation wiedergibt, nicht den tatsächlichen Sprechakt. Aber schließlich galt es, auch funktionalistische Aspekte mehr als seit-

[39] *Allan Walker Read:* Classic American Graffiti (Paris 1935, Reprint [Maledicta] Waukesha/Wisconsin 1977); deutschsprachig: zahlreiche Sammlungen erschienen im Eichborn-Verlag (ges. v. W. Hau), im F. Coppenrath-Verlag (T. Capelle), Wilhelm Heyne-Verlag (Hrsg. R. Bülow) und Verlag R. G. Fischer (Hrsg. K. Soachtzy u. A. Schmude).

[40] Vgl. *W. Mieder:* (wie Anm. 38).

[41] *M. Kuusi:* Towards an International Type-System of Proverbs, in: Proverbium 19 (1972), S. 699–735.

her zu berücksichtigen. Die Fragestellung lautet: Was leistet die Phraseologie in der Kommunikation? Welche Sprechfunktion Redensarten haben, zeigt sich oft erst, wenn man sich bemüht, sie in einem Text auszuwechseln. So ergeben sich schon sehr verschiedene Stilebenen, wenn in einem Text statt ‚den Mund halten' eingesetzt wird ‚den Schnabel, die Klappe, das Maul, die Schnauze halten'. ‚Jemand über's Maul fahren' ist gröber als ihm nur ‚über den Mund zu fahren'. Sprichwörtliche Redensarten haben oft sehr spezifische Bedeutungen. ‚Jemandem lacht das Herz im Leibe' bedeutet eben mehr als nur ‚sich freuen'. ‚Mit einer wahren Leichenbittermiene herumlaufen' bedeutet eben nicht nur ‚traurig sein'; die Redensart impliziert unterschwellig auch zur Schau getragene, oder gar geheuchelte, professionelle Trauer, für die es mit den ‚Krokodilstränen' dann allerdings auch noch andere Variationen der Umschreibung gibt. Manche sprichwörtliche Redensarten werden nur ironisch gebraucht, z. B. ‚Da brat mir einer einen Storch!' – ‚Jemand ist gut zu Fuß unter der Nase'. Die Beliebtheit von Redensarten liegt in ihrer oft drastischen Hyperbolik begründet: ‚den Magen in der Kniekehle', ‚den Kopf in der Schlinge tragen', ‚als Kind zu heiß gebadet worden sein', ‚die Engel singen hören', ‚das sieht ein Blinder mit dem Krückstock'. Es hängt mit der Natur der phraseologischen Ausdrucksweise zusammen, daß Redensarten häufig in negativer Konnotation vorkommen: Kommentar, Kritik, Karikatur dienen vorzugsweise einer negativen Charakteristik. Von einem wirklich klugen und gescheiten Menschen wird man nicht sagen, er höre ‚das Gras wachsen'. Eher wird das gesagt von einem Eingebildeten, der sich nur klug dünkt. Andererseits kann man etwa das Sprichwort ‚Unkraut vergeht nicht' nur auf sich selbst beziehen, nicht dagegen auf einen Gesprächspartner. Erst der Redekontext zeigt, daß eine Redensart u. U. mehrere Funktionen haben kann. Hier lassen sich schwer objektive Gesprächsregeln aufstellen. Vielmehr hat jeder sozusagen sein ‚inneres Wörterbuch' für das, was richtig oder falsch, möglich oder unmöglich ist. Es gibt Texte, in denen redensartliche Formeln besonders häufig sind, z. B. bei Liebeserklärungen (Liebesbriefen, in volkstümlichen Liebesliedern) und Schlagern. In allen diesen Fällen erleichtern vorgeprägte Redewendungen das individuelle Formulierungsproblem. Erst recht werden abstrakte Abhandlungen leichter verarbeitet, wenn die Anschaulichkeit phraseologisch gestaltet wird. Davon hat sogar ein Philosoph wie Theodor W. Adorno in seinen Reflexionen, die er unter dem Titel ‚Minima Moralia' veröffentlichte (Frankfurt a. M. 1983), Gebrauch gemacht. Zu einem nicht geringen Teil hat er sie nämlich unter Sprichwort- oder Redensarten-Überschriften gestellt wie ‚Fisch im Wasser', ‚Kind mit dem Bade', ‚Grau in grau', ‚Halblang', ‚Katze aus dem Sack', ‚Bangemachen gilt nicht' usw. Insofern müssen Redensarten nicht unbedingt Klischees sein, sie können als Stilmittel sehr bewußter Rhetorik eingesetzt werden.

Sprichwörter und sprichwörtliche Redensarten vermitteln nicht nur erprobte ‚Volksweisheit'. Oft tradieren sie auch unkritisch Vorurteile, die sie damit verfestigen, d. h., Sprichwörter gehören auch zu den Ausdrucksformen verbaler Aggression und sind darum stets in der politischen Propaganda eingesetzt worden. Das galt schon für die Flugschriften der Reformationszeit, und es gilt noch für die politische Rhetorik des 20. Jahrhunderts. Was in Sprichwörtern über Franzosen und Engländer, aber auch über Schweden, Spanier oder Türken formuliert wurde, liest sich für die Betroffenen nicht angenehm und wird auch noch nicht dadurch entschuldigt, daß sich der Volksspott auch über die Deutschen selbst oder über die Vertreter ihrer Regionen und Stämme, über Hessen, Schwaben, Bayern, Preußen etc. ergießt. Die Völker sind heute unter dem gemeinsamen europäischen Dach einander nähergerückt, und da haben solche Ethnostereotypen nur noch historische Bedeutung. Gleichwohl wird den Leser auch heute vielleicht noch interessieren, warum man von einem ‚stolzen Spanier' spricht, warum man einen ‚Türken baut', warum ‚die Preußen nicht so schnell schießen', oder warum oder wo man sich ‚französisch verabschiedet'. Ethnische Vorurteile beruhen ja fast immer auf Gegenseitigkeit. So schiebt es z. B. der französische Redensartenschatz den Deutschen in die Schuhe, daß sie gerne einen ,Streit vom Zaune brechen', denn die französische Redensart lautet: ,Chercher une querelle d'allemand'. Unter dem Stichwort ,deutsch' finden sich jedenfalls genug wenig schmeichelhafte Heterostereotypen versammelt. Bei einem anderen Stichwort hatte das Herausgeberteam weitaus größere Bedenken. So fehlt ein Stichwort ,Jude, jüdisch'. Die zu diesem Umfeld gehörigen Sprichwörter und Redensarten sind zahlreich. Überwiegend enthalten sie Negativ-Aussagen. Sie sind der sprachliche Niederschlag jahrhundertelanger Judenverfolgung und sie lieferten auch der Nazipresse die sprachliche Munition. Um eine Perpetuierung dieses Wortschatzes nicht zu fördern, um einen eventuellen Rücklauf antijüdischer Sprichwörter und Redensarten in jedem Fall zu verhindern, werden sie hier nicht aufgeführt. Sie gehören in eine Abhandlung über die Geschichte des Antisemitismus, aber nicht in ein Gebrauchslexikon. Zum Glück sind Redensarten dieser Art aus dem Sprachschatz der Gegenwart, insbesondere dem Sprachgebrauch der jungen Generation, verschwunden, und sie sollten auch nicht mutwillig wieder aus der Versenkung geholt werden. Dazu wollte dieses Lexikon jedenfalls keine Handreichung bieten. Es möchte andererseits durchaus gegen verbale Aggression sensibilisieren. Wer z. B. das Lexikon mit feministischen Augen durchblättert, dem muß auffallen, wieviele Redensarten ausgesprochen frauenfeindlich sind und zum männlich-aggressiven Macho-Wortschatz gehören, z. B. wenn es um Schwängern und Schwangerschaft geht oder um die Schilderung oder die redensartlichen Vergleiche von weiblichen Attributen. Viele Phraseologien aus dem Bereich der Liebe und der Liebeswerbung sind aus dem Vokabular des Krieges genommen: eine Frau wird ,erobert' wie eine feindliche Stadt, ,errungen' wie ein Sieg, und sie ,fällt' wie eine Festung. Man kann eine Frau ,umlegen', ,aufs Kreuz legen' wie einen Gegner im Zweikampf. Das gleiche könnte für die Metaphorik der Jagd beobachtet werden. Wie im mittelalterlichen Drachenkampf ist die Frau die Trophäe des Siegers. Die herkömmliche Liebessprache ist jedenfalls immer männlich erobernd und verletzend-aggressiv. Entsprechendes gilt auch für soziale Verunglimpfungen, z. B. unter den Stichworten ,Schneider', ,Metzger', ,Seiler', ,Nachtwächter' etc.

Deutlicher als bisher sollte bei der Neubearbeitung schließlich vermerkt werden, was noch der lebendigen, gesprochenen Umgangssprache zugehört und was andererseits ausgestorben oder nur noch literarisch nachweisbar ist. Grundsätzlich haben wir versucht, ein Lexikon zu erarbeiten, in dem man nicht nur nachschlagen kann, sondern auch zum Vergnügen sich festlesen soll. Linguistischer Fachjargon macht bei aller Hochachtung vor differenzierten Definitionen und Terminologien noch kein kulturhistorisches Lexikon aus. Schließlich möchte das Werk seinen deutschen Benutzern helfen, ihre Muttersprache bewußter zu erleben und Ausländern das Sprachverständnis erleichtern. Dazu gehört auch das Prinzip einer allgemein verständlichen Ausdrucksweise, die auch von Nicht-Fachleuten verstanden wird. Das Interesse für sprichwörtliche Redensarten setzt eine gewisse Distanz zur Sprache voraus, ein Sich-Bewußtmachen, die Sprache nicht einfach nur zu ge- oder verbrauchen, sondern sie sozusagen von außen zu betrachten. Das Lexikon möchte zu einem kreativen Umgang mit Phraseologie anregen. Es möchte Freude am Wortspiel wecken, am sprachlichen Experiment.

Bleibt zum Schluß noch die angenehme Pflicht, einer ganzen Reihe von Persönlichkeiten zu danken, die dem Lexikon aktive Mitarbeit haben angedeihen lassen: Längere Zeit waren (in chronologischer Abfolge) Frau Magdalen Rubbert-Frank, Frau Elisabeth Reich, Herr Gerald Tantzen und Frau Maria Rayers M. A. über das ABM-Programm vermittelte festangestellte Mitglieder des Redaktionsstabes. Alle haben sich nach Kräften um die Neufassung von Artikeln, die Erschließung von Quellen und die bibliographische Einarbeitung von Sekundärliteratur verdient gemacht. Einzelne Beiträge oder gelegentliche Mithilfe verdankt das Lexikon außerdem meinen Mitarbeitern Dr. Waltraud Linder-Beroud und Dr. Reinhold Möller. Mein Freund, Prof. Jean Courtois, Lyon, hat in selbstloser Kleinarbeit ungezählte französische Parallel-Redensarten beigesteuert, die dem Lexikon eine weitere Öffnung zur Internationalität und zum interethnischen Vergleich eingebracht haben. Mit besonderer Dankbarkeit gedenke ich des befruchtenden Gedankenaustauschs mit dem Freund und Kollegen Prof. Dr. Wolfgang Mieder, Burlington (Vermont, USA). Seine zahlreichen biblio- und monographischen Arbeiten zur Parömiologie haben für das Lexikon eine bedeutende Hilfe geleistet. Nicht vergessen sei die Leistung meiner langjährigen Sekretärin, Frau Hannelore Kretschmer, die die oftmals nur schwer lesbaren handschriftlichen Manuskripte in Reinschrift gebracht hat. Über allen Redaktionsarbeiten wachte wieder wie bei der Erstausgabe meine bewährte Assistentin, Frau Gertraud Meinel. Sie hat nicht nur ungezählte Artikel umgeschrieben oder neu gefaßt, sondern auch dank ihrer Umsicht und Organisationsbegabung das Redensarten- und Bildarchiv aufgebaut, das die Grundlage der Artikel-Vergabe und Neubearbeitung wurde. Ohne ihre unermüdliche und selbstlose Hilfe hätte ich die anstehenden Arbeiten allein nicht bewältigen können.

EINLEITUNG

Was ist eine ‚sprichwörtliche Redensart'? Die Antwort auf diese Frage setzt bereits die Beantwortung einer zweiten voraus: Was ist ein ‚Sprichwort'?

Wie schon der Name sagt, gehören die sprichwörtlichen Redensarten in die Nähe der Sprichwörter; und doch sind sie keine. Die Unterschiede bestehen vor allem in Form, Struktur und Funktion. Ein Sprichwort hat die Form eines abgeschlossenen Satzes in fester und unveränderlicher Formulierung, z. B. ‚Hunger ist der beste Koch.' – ‚Wer lang hustet, wird alt.' Oft wird die Form des Sprichworts durch Stabreim, End- oder Binnenreim noch besonders gefestigt: ‚Glück und Glas – wie leicht bricht das.' – ‚Was ich nicht weiß, macht mich nicht heiß.' – ‚Einem geschenkten Gaul schaut man nicht ins Maul.' – ‚Je öller, je döller!'

Eine sprichwörtliche Redensart dagegen ist ein verbaler bildhafter Ausdruck, wie z. B. ‚für jemand die Kastanien aus dem Feuer holen' – ‚einen ins Bockshorn jagen' – ‚einem ein X für ein U vormachen' – ‚einem den Daumen drücken'. Diese sprichwörtlichen Redensarten müssen erst in einen Satz eingefügt werden, um eine feste Aussage zu ergeben; als verbale Ausdrücke sind sie veränderlich nach Zeit und Person: Wer drückt wem, wann, wofür den Daumen? Alles dies muß erst formuliert werden. In diesem Sinn sind die sprichwörtlichen Redensarten noch ungeformter sprachlicher Rohstoff. Natürlich könnte man, etwa durch die Einkleidung in einen formelhaften Rahmen oder in einen imperativischen Lehrsatz, auch Redensarten das Gewand eines Sprichworts geben, etwa: ‚Man soll niemand ins Bockshorn jagen.' – ‚Man darf keinem ein X für ein U vormachen.' – ‚Hole nie für einen anderen die Kastanien aus dem Feuer.' – ‚Daumendrücken schadet nie.' Aber solche künstlichen Sentenzen wären noch lange keine Sprichwörter; sie haben in diesem Wortlaut keine feste Tradition. Manchmal freilich ist unser Sprachgefühl nicht so sicher. Was hat z. B. Vorrang: die Redensart ‚gute Miene zum bösen Spiel machen' oder das Sprichwort ‚Man muß gute Miene zum bösen Spiel machen'? Mit dem imperativischen Anspruch – ‚Jeder kehre vor seiner eigenen Tür!', ‚Man soll ...', ‚Man muß ...' oder ‚Man darf ...' – hat das Sprichwort eine generalisierende Form angenommen. Es drückt in der Regel einen allgemeingültigen Satz aus, der entweder eine Erfahrung des täglichen Lebens (‚Neue Besen kehren gut.'), ein Urteil oder eine Meinung (‚Ein Sperling in der Hand ist besser als eine Taube auf dem Dach.'), eine Warnung (‚Verliebe dich oft, verlobe dich selten, heirate nie!' – ‚Es ist nicht alles Gold, was glänzt.'), eine Vorschrift oder Klugheitsregel enthält (‚Man soll den Tag nicht vor dem Abend loben.'). Viele Sprichwörter sprechen eine Sozialkritik aus (‚Als Adam grub und Eva spann, wo war denn da der Edelmann?') oder eine Religionskritik (‚Der beste Patron ist der Tierarzt.') oder schließlich einfache Haushaltsregeln (‚Ein gebranntes Kind scheut das Feuer.').

Unter einem Sprichwort verstehen wir also einen festgeprägten Satz, der eine unser Verhalten betreffende Einsicht oder eine Aufforderung zu einem bestimmten Verhalten ausspricht. Demgegenüber weisen sprichwörtliche Redensarten keine feste Prägung auf; sie sind in ihrer Tendenz beliebig einsetzbar; sie sind wertfrei, nicht normativ. Ihre offene Form des verbalen Ausdrucks bringt es mit sich, daß sprichwörtliche Redensarten auch keinen festen Inhalt und schon gar keine lehrhafte oder ethische Tendenz haben können. Sie bieten keine ‚Spruchweisheit'. Erst dadurch, daß sie zu Sätzen vervollständigt werden, bekommen sie einen Inhalt.

Es gibt allerdings auch einige Redensarten, die eine feste Form haben, starre phraseologische Verbindungen, die selbst schon einen Satz für sich bilden, ohne daß man sie deshalb schon zu den Sprichwörtern zählen dürfte. Dazu gehören Ausrufe wie z. B. ‚Das geht auf keine Kuhhaut!' – ‚Das geht über die Hutschnur!' – ‚Das ist gehupft wie gesprungen!' – ‚Viel Geschrei und wenig Wolle!' – ‚Hals und Beinbruch!' und andere. Auch andere Wendungen kommen praktisch nur in ganz bestimmten Sätzen vor, obwohl ein Satz natürlich strenggenommen keine sprichwörtliche Wendung ist[1], z. B. ‚Es ist höchste Eisenbahn!' – ‚Da hast du die Bescherung!' – ‚Jetzt ist Sense!' – ‚Du ahnst es nicht!'

Aber auch diese feststehenden und abgeschlossenen sprichwörtlichen Formeln, wie man sie vielleicht bezeichnen kann, haben keinen Eigenwert, stellen keine selbständige Aussage dar, sondern müssen sich auf etwas Vorhergesagtes beziehen.

Die an sich klaren Unterschiede der Form schließen jedoch nicht aus, daß es Übergänge von Sprichwörtern zu Redensarten und umgekehrt gibt, und nicht immer ist eine scharfe Grenzziehung möglich. Es gibt z. B. das Sprichwort ‚Durch Schaden wird man klug'. Aber man kann natürlich auch redensartlich sagen: ‚Er ist durch Schaden klug geworden'. Es ist ebensogut möglich, im Sprichwort zu sagen: ‚Mit großen Herren ist nicht gut Kirschen essen' wie in redensartlicher Anwendung: ‚Mit Herrn X ist nicht gut Kirschen essen'. Ein bekanntes Sprichwort heißt: ‚Ein gebranntes Kind scheut das Feuer'. Aber Bert Brecht läßt z.B. seine Mutter Courage redensartlich sagen: „Ich bin ein gebranntes Kind". Ganz frei gestaltete auch Goethe Redensarten zu sprichwörtlicher Weisheit um:

> Wer sich nicht nach der Decke streckt,
> dem bleiben die Füße unbedeckt.

Die Grenzen zwischen Sprichwort und sprichwörtlicher Redensart werden in dem Augenblick fließend, wo Sprichwörter bzw. Redensarten in einen dichterischen Text eingeflochten werden.

Wo Sprichwort und Redensart nebeneinander vorkommen, läßt es sich oft schon in den älteren Sprachschichten nicht mehr entscheiden, was das Primäre ist. Gelegentlich wird durch Hinzufügen eines Subjekts aus einer Redensart ein Sprichwort. Aber es werden auch Sprichwörter zu Redensarten. Doch sind diese Fälle im Grunde Ausnahmen. Abgesehen von einer recht schmalen Randzone der Übergänge, sind sprichwörtliche Redensarten doch durchaus eigenständige Gebilde. Sie stehen von Anfang an neben den Sprichwörtern und haben mit diesen nicht zu viele Berührungspunkte; d. h. nur in relativ wenigen Fällen gibt es für eine sprichwörtliche Redensart auch ein paralleles Sprichwort.

Mit dem Sprichwort gemeinsam aber hat die sprichwörtliche Redensart das sprechende, kräftige und einprägsame Bild, das ebenso wie das Sprichwort in seinem Wortlaut traditionell festgefügt ist. Es heißt ‚Maulaffen feilhalten', nicht etwa ‚Maulaffen verkaufen'. Es heißt ‚ins Bockshorn jagen', nicht aber ‚ins Bockshorn treiben' – so jedenfalls nach unserem heutigen Sprachgebrauch und Sprachgefühl.

Das ‚Sprichwörtliche' einer Redensart liegt darin, daß sie in ihrem Wortlaut relativ konstant ist. Redensarten sind ‚patterned speech'[2]. Man kann zwar inividuell variieren, ob man sagen will: ‚Er zuckte die Achseln' oder: ‚Er zuckte seine Achseln'. Bei der sprichwörtlichen Redensart aber ist es nicht möglich, derartige Verän-

[1] Der Begriff ‚Wendung' meint ganz allgemein eine häufig auftretende Wortgruppe, die aus Verb und Objekt, Adjektiv und Substantiv, Präposition und Substantiv oder ähnlichen Verbindungen besteht; *Wolf Friederich:* Moderne deutsche Idiomatik. Systematisches Wörterbuch mit Definitionen und Beispielen (München 1966), S. 8f.

[2] Der Begriff ‚sprichwörtliche Redensart' erscheint hier weitgehend synonym mit dem Begriff der ‚idiomatischen Redewendung', den W. Friederich (a.a.O., S. 9) folgendermaßen definiert: „Idiomatische Redewendungen sind solche Wendungen, deren Sinn ein anderer ist als die Summe der Einzelbedeutungen der Wörter ..., z. B. ‚etwas durch den Kakao ziehen' hat weder mit Kakao noch mit ziehen das geringste zu tun. Es ist deutlich, daß Wendungen wie ‚die Katze im Sack kaufen'; ‚etwas für bare Münze nehmen'; ‚ins Garn gehen'; ‚durch die Bank'; ‚von echtem Schrot und Korn' mit den genannten Dingen (Katze, Sack, Münze, Nuß, Ruder, Garn, Bank, Schrot, Korn) heute nichts mehr zu tun haben und darum ‚idiomatisch' sind."

derungen vorzunehmen. Es heißt nicht: ‚etwas auf seine leichte Achsel nehmen', sondern eben: ‚etwas auf die leichte Achsel nehmen'. Redensarten zeigen eine relativ starre Formulierung, die nur selten den Ersatz bedeutungsähnlicher Wörter oder Erweiterungen durch andere Wörter gestattet. Man spricht deshalb auch von ‚stehenden' Redensarten. Die Redensart ist also ein Bildwort in überlieferter Ausdrucksform.

Ein Problem, das freilich noch nicht näher untersucht worden ist, ist die Formbeständigkeit bzw. Wandlungsfähigkeit sprichwörtlicher Redensarten, die Frage der Ablösung einer sprichwörtlichen Formulierung durch andere und neuere. Zur Geschichte einer sprichwörtlichen Redensart gehört jedenfalls mehr als nur der Nachweis ihres Herkommens. Es muß vielmehr untersucht werden, wann sie ihre heute feststehende Form erhalten hat. Sprache ist immer in lebendiger Bewegung, und ‚endgültig' ist in ihr nichts, selbst wenn eine sprichwörtliche Redensart jahrhundertelang in derselben Form nachweisbar ist oder wenn ihr Wortlaut für unser heutiges Sprachgefühl eindeutig fixiert ist. Das ‚Kerbholz' beispielsweise kennt unser Redensartschatz ausschließlich in dieser einen Form: ‚etwas auf dem Kerbholz haben'. In der Sprache des 16. Jahrhunderts gab es aber daneben die Formulierung ‚an ein Kerbholz reden' oder ‚aufs Kerbholz reden', d.h. etwas versprechen, ohne ernstlich an die Erfüllung zu denken, blind darauf losreden. Die Variabilität der Fassung einer Redensart war früher z.T. sehr viel größer als heute. Wir können bei bestimmten Redensarten geradezu verfolgen, wie sie von variablen Formen schließlich zu einer festen Form übergegangen und so für den allgemeinen Sprachgebrauch erstarrt sind.

Zu den formalen Kennzeichen einer sprichwörtlichen Redensart gehört in der Regel auch der zusammengesetzte Ausdruck. Weder das treffende Einzelwort noch ein Schlagwort machen schon eine sprichwörtliche Redensart aus. Der Ausdruck ‚Vetternwirtschaft' (meist mundartlich schwäb. ‚Vetterleswirtschaft') ist z.B. nur ein bildkräftiger Ausdruck; dagegen die Wendung ‚Die Vetternstraße ziehen' eine sprichwörtliche Redensart. ‚Auf zwei Sätteln reiten' ist wieder eine sprichwörtliche Redensart; ‚umsatteln' dagegen eine bloße Metapher. Worte wie ‚verballhornen' oder ‚salbadern' sind noch keine Redensarten, wenn ihnen auch die bildliche Verwendung eigentümlich ist. Doch treten viele bildlich gebrauchte Wörter fast immer nur in bestimmten Fügungen auf, so z.B. ‚Luftschloß' nur in der Wortverbindung ‚Luftschlösser bauen', ‚ausbaden' nur in der Fügung ‚etwas ausbaden müssen', so daß wir solche Wendungen hier mit einbeziehen müssen. ‚Schabab' ist z.B. ein redensartlich gebrauchtes Einzelwort, das in einem Redensartenlexikon erklärt werden muß. Die Abgrenzung zwischen Einzelwort und Redensart ist freilich nicht immer vollständig klar und überzeugend möglich, und es geht dabei nicht ohne Überschneidungen und Kompromisse ab. Wo Einzelwörter in solchen festen Fügungen vornehmlich auftreten und wo deren Wortgeschichte sprachlich oder kulturgeschichtlich aufschlußreich ist, haben wir sie mit in das Lexikon aufgenommen. So wird z.B. etwas über den ‚weißen Raben' oder auch über die ‚Rabeneltern' zu finden sein, dagegen nicht das bloße Schimpfwort ‚Rabenaas'. Ähnlich: ‚Dreck' im gewöhnlichen Sinne des Wertlosen wäre auch in stehenden Wendungen wie ‚sich um jeden Dreck kümmern' oder ‚im Dreck stecken' nicht in unser Lexikon aufzunehmen gewesen; dagegen sind erklärungsbedürftige Redensarten Wendungen wie ‚Dreck am Stecken haben' oder ‚durch Dreck und Speck'. So werden oft innerhalb eines und desselben Wortfeldes ganz verschiedene Bedeutungsrichtungen deutlich.

Man könnte natürlich jede einfache Benennung, z.B. auch jedes originelle Schimpfwort, in eine Redensart umprägen. Es müßten dann folgerichtig auch Begriffe wie z.B. ‚Backfisch', ‚Twen', ‚Teenager' oder ‚Starlet' aufgenommen werden. Aber hier zeichnen sich deutlich die Grenzen und Aufgaben ab zwischen einem Wörterbuch der Umgangssprache der Gegenwart, das es ja bereits gibt und dem wir viel verdanken, und einem Wörterbuch der sprichwörtlichen Redensar-

ten. Das bloße Einzelwort haben wir nicht aufgenommen, auch wenn es noch so bildkräftig erscheint.
Auch das ‚Schlagwort‘ besteht im allgemeinen nur aus einem Wort, doch es gibt auch ganze schlagwortartige Wendungen, die dann in der Nähe der redensartlichen Wendungen stehen können, z. B. ‚auf die Barrikaden gehen‘ – ‚die Initiative ergreifen‘ – ‚das Banner hochhalten‘. Das Kriterium dessen, was davon hier aufgenommen wurde, ist die Erklärungsbedürftigkeit. So sind allgemein bekannte Schlagworte der Gegenwartssprache und Tagespolitik weniger aufgenommen als historische und unverständlich gewordene. Verschiedentlich wurden auch einige formelhafte Wendungen oder einfache idiomatische Ausdrücke aufgenommen, weil sie doch der eine oder andere in einem Lexikon sprichwörtlicher Redensarten suchen wird und darum nicht enttäuscht werden soll.
Der Begriff ‚sprichwörtliche Redensart‘ ist nicht eindeutig festgelegt. Unser Auswahlprinzip ist darum nicht immer straff durchgeführt. Im ganzen ist die Grenze dessen, was man noch als sprichwörtliche Redensart bezeichnen kann, wohl eher zu weit als zu eng abgesteckt worden.
Von allen Teilgebieten der sprachlichen Volksüberlieferung gelten die sprichwörtlichen Redensarten als das unscheinbarste. Unter den ‚einfachen Formen‘ sind sie die einfachsten. So einfach allerdings diese Form auch erscheint, so zeigt sie – ebenso wie die des Sprichworts – die Tendenz zu einer gewissen formalen Prägnanz und Geschliffenheit wie z. B. die Tendenz zum Reim oder zur Alliteration, zur Kontrasttechnik usw. (z. B. ‚Viel Geschrei und wenig Wolle‘).
Für die Strukturanalyse der sprichwörtlichen Redensarten gilt mutatis mutandis das gleiche, was Matti Kuusi für die Sprichwörter entwickelt hat: „Es gibt drei Aspekte, nach denen man die Sprichwörter zu Gruppen zusammenfassen kann: 1. nach der Idee, 2. nach der Struktur, 3. nach dem Baukern. Sprichwörter mit der gleichen Idee sind synonyme Sprichwörter. Sprichwörter, die nach gleichem Schema gebildet sind, bilden strukturgleiche Sprichwörter. Sprichwörter, die sich um gleiche bzw. sinngleiche Bilder oder Wortfiguren gruppieren, sind baukerngleiche Sprichwörter“[3].
Es gibt bei der Ausbildung von Sprichwörtern gewisse Form-Modelle, die auch in den Bereich der Redensarten hinüberwirken. Nach demselben Form-Modell verlaufen z. B. ‚Lieber den Spatz in der Hand als die Taube auf dem Dach‘. – ‚Lieber eine Laus im Pott als gar kein Fleisch‘. – ‚Lieber scheintot im Massengrab‘. Oder: ‚Besser Unrecht leiden als Unrecht tun‘. – ‚Besser ein guter Freund als zehn Freunde‘. – ‚Besser zehnmal verdorben als einmal gestorben‘. – ‚Besser ein Bär ohne Schwanz als ein Schwanz ohne Bär‘. Luther übersetzt Luk 6,45: „Wes das Herz voll ist, des geht der Mund über“. Nach demselben Formmodell gebaut ist das schwäbische Sprichwort: ‚Wes der Magen voll ist, läuft das Maul über‘. Und noch das Dichterwort folgt solchen Form-Modellen, wenn Schiller etwa in ‚Wallensteins Tod‘ (I, 4) schreibt: „Was der frohe Mut mich sprechen ließ im Überfluß des Herzens“. Die einfachsten formalen Redensartenschemata sind die sog. Zwillingsformeln, Wortpaare in starren phraseologischen Verbindungen, die durch Stabreim oder Endreim gebunden sind. Sie haben meist eine rhythmische oder klangliche Bindung, die eine fast unveränderbare Reihenfolge der Glieder bewirkt, z. B. ‚in Bausch und Bogen‘ – ‚verraten und verkauft‘ – ‚in Hülle und Fülle‘ – ‚in Saus und Braus‘ – ‚Knall auf Fall‘ – ‚klipp und klar‘. Zwillingsformeln sind, falls sie ungleich lange Wörter enthalten, nach dem Gesetz der wachsenden Glieder geordnet, d. h. zuerst steht das kürzere, dann das längere Wort, z. B. ‚Roß und Reiter‘ – ‚Lust und Liebe‘ – ‚Nacht und Nebel‘ – ‚nie und nimmer‘ – ‚tun und lassen‘. Auch steht gewöhnlich das Wichtigere oder Wertvollere voran: ‚Mensch und Tier‘ – ‚Hund und Katze‘ – ‚Sonne und Mond‘ – ‚Katze und Maus‘. Beliebt als Mittel zur Verstärkung ist auch die Wiederholung des gleichen Wortes, z. B. in den redensartlichen Formeln ‚Schlag auf Schlag‘ –

[3] *Matti Kuusi:* Ein Vorschlag für die Terminologie der parömiologischen Strukturanalyse, in: Proverbium (1966), S. 97f.

,Wurst wider Wurst'. Selbst noch heutige literarische oder politisch schlagwortartige Prägungen verlaufen nach dem Wortpaarschema der älteren Zwillingsformeln, z.B. ,Soll und Haben' – ,Schuld und Sühne' – ,Ost und West' – ,Frieden und Freundschaft'. Nicht jeder Zwillingsformel konnte freilich in unserem Wörterbuch ein besonderer Artikel gewidmet werden. Doch fassen die Stichworte ,Ach' und ,Bausch' eine größere Zahl von ihnen als Sammelartikel zusammen.

So wie immer neue Zwillingsformeln oder auch redensartliche Vergleiche nach derselben formalen Struktur entstehen, werden auch sonst neue Redensarten nach dem typischen Form-Modell älterer Redensarten geprägt, die dann immer wieder abgewandelt und variiert werden. Zu der sprichwörtlichen Redensart ,viel Geschrei und wenig Wolle' gehören z.B. als Parallelformen: ,viel Geschrei und wenig Milch' oder: ,viel Geschrei und wenig Ei'. Eine besonders reiche Variantenbildung hat etwa auch die Redensart: ,Es geht mir ein Licht auf'. Daran hat sich angeschlossen: ,mir geht ein Seifensieder auf' (weil der Seifensieder gleichzeitig auch Kerzen herstellte) – ,mir geht eine Kerzenfabrik auf' – ,eine Gasfabrik' – ,mir geht eine Petroleumlampe auf' – ,eine Stallaterne' usw. Ähnlich häufige Variationen bildete: ,mit dem Zaunpfahl winken', wofür man z.B. auch ,mit dem Laternenpfahl' oder ,Scheunentor winken' hören kann.

Solche Variantenbildungen sind z.T. oikotypisch, regional oder nach verschiedenen Sprachbereichen differenziert. Der deutschen Redensart ,zwei Fliegen mit einer Klappe schlagen' entspricht englisch ,to kill two birds with one stone' (zwei Vögel mit einem Stein töten); italienisch: ,prendere due colombi con una fava' (zwei Tauben mit einer Bohne fangen) und schon lateinisch: ,duo parietes de eadem fidelia dealbare' (zwei Wände aus demselben Tünchgefäß weißen)[4].

Gibt es einerseits die Neigung der sprichwörtlichen Redensarten zur Ausschmükkung und zur Variantenbildung bis zur parodierenden Umbildung, so steht auf der anderen Seite die Tendenz zur Verkürzung. Manche Redensarten sind durch Verkürzung aus sprachlich längeren Wendungen entstanden, so z.B. ,einem eins auswischen' aus ursprünglichem ,einem ein Auge auswischen'. Ähnlich: ,einem etwas anhängen' aus ,einem ein Schandzeichen anhängen'. Wieder andere sprichwörtliche Redensarten sind die Kurzformen von längeren Sprüchen und Vierzeilern, die sich immer mehr auf eine Zeile reduzierten, z. B. ,mit ihm ist nicht gut Kirschen essen' aus: ,mit großen Herren ist nicht gut Kirschen essen; sie spucken einem die Steine ins Gesicht'. Je bekannter Sprichwort und Redensart durch häufige Anwendung und vielfachen Gebrauch werden – und Sprichwort bedeutet ja dem Wortsinn nach ,vielgesprochenes Wort' –, desto mehr neigen sie zur Verkürzung, desto mehr genügt die bloße Andeutung. Nur so erklären sich die häufigen Reduktionen zu Kümmerformen und Schwundstufen.

Zu den einfachen Formen und Strukturen redensartlicher Aussage gehören auch die sprichwörtlichen oder redensartlichen Vergleiche wie z. B. ,arm wie eine Kirchenmaus' – ,dumm wie Bohnenstroh' – ,frech wie Oskar' – ,zittern wie Espenlaub' – ,aufgeputzt wie ein Pfingstochse' – ,wie sauer Bier anbieten' – ,auffahren wie von der Tarantel gestochen'. Besonders massiert treten sie etwa in den Artikeln ,dumm', ,dastehen wie ...', ,dasitzen wie ...' auf. Manche dieser redensartlichen Vergleiche wie z. B. die stehenden Farbvergleiche ,rot wie Blut' – ,weiß wie Schnee' – ,grün wie Gras' können durch viele Jahrhunderte zurückverfolgt werden. Während es für das Lateinische, Französische und Englische gute Arbeiten über den sprichwörtlichen Vergleich gibt, steht die Forschung für den deutschen Sprachbereich noch ganz in den Anfängen[5].

[4] Vgl. *Karl Knortz:* Die Insekten in Sitte, Sage und Literatur (Annaberg 1910), S. 96.

[5] Vgl. *F. J. Wilstack:* A Dictionary of Similes (London 1917); *I. V. Zingerle:* Farbvergleiche im Mittelalter, in: Germania 9 (1864), S. 385–402; *A. Taylor:* Proverbial Comparisons and Similes from California, Folklore Studies 3 (Berkeley – Los Angeles 1954); *H. W. Klein:* Die volkstümlichen sprichwörtlichen Vergleiche im Lateinischen und in den romanischen Sprachen, Diss. Tübingen (Würzburg 1936); *W. Widmer:* Volkstümliche Vergleiche im Französischen nach dem Typus „Rouge comme un Coq" (Diss. Basel 1929).

Zahlreiche stehende Vergleiche sind von vornherein auf Witz und Groteske aufgebaut, so z. B. die verschiedenen Varianten des Klischees ‚Klar wie Kristall'. In den Variationen heißt es dann: ‚Klar wie Kloßbrühe' – ‚dicke Tinte' – ‚Schuhwichse' – ‚Zwetschgenbrühe' – ‚Mehlsuppe' usw. Alle diese Wendungen bedeuten: unumstritten, völlig, durchsichtig. Tatsächlich entspricht nur die erste – literarische – Fassung ‚Klar wie Kristall' dieser Bedeutung. Aber gerade sie ist nicht volkstümlich. Alle volkstümlichen redensartlichen Vergleiche in diesem Wortfeld sind vielmehr scherzhaft, ironisch gemeint. Denn weder Kloßbrühe noch dicke Tinte oder Schuhwichse sind durchsichtig. Gerade die redensartlichen Vergleiche neigen besonders zur Variationenbildung, vielleicht weil sie sich rasch abnützen; z. T. sind die Variationen auch geographisch, regional unterschieden. So heißt es z. B. je nach Landschaft: ‚Lügen, daß sich die Balken biegen' – ‚wie ein Lügenmeister' – ‚wie eine Leichenrede' – ‚wie geschmiert' – ‚wie gedruckt' – ‚wie ein Buch' – ‚wie telegraphiert' – ‚wie Münchhausen' – ‚wie der Wetterdienst'.
Die sprichwörtlichen Vergleiche sind sprachlich und oikotypisch gebunden. Unserem ‚sich benehmen wie der Elefant im Porzellanladen' entspricht englisch ‚like a bull in a chinashop' – dasselbe Denkmodell, aber keine Übersetzung.
Die stehenden Vergleiche sind zum überwiegenden Teil umgangssprachlich. Sie können aber auch literarisch sein und eine gewisse Stilfärbung besitzen, z. B. ‚singen wie eine Nachtigall' – ‚tief wie das Grab' – ‚schön wie der junge Frühling'. Im volkstümlich umgangssprachlichen Bereich sind dagegen Wortspiele sehr beliebt, z. B. ‚ausreißen wie Schafleder', wobei ‚ausreißen' doppelsinnig in den beiden Bedeutungen ‚zerreißen' und ‚flüchten' gebraucht wird, oder ‚etwas aus der Armenkasse kriegen', d. h. Prügel bekommen (Wortspiel mit ‚Arm'), ‚Einfälle wie ein altes Haus haben'. Besonders häufig sind Namensscherze, z. B. ‚nach Bethlehem gehen' für: zu Bett gehen; ‚nicht von Gebersdorf stammen': geizig sein. Oft genügt nur die Veränderung eines Buchstabens, um eine komische Wirkung hervorzurufen. Aus ‚schlank wie eine Tanne' wird ‚schlank wie eine Tonne'.
Über den eigentlichen Gebrauchsbeginn, die Entstehung oder Geburt sozusagen einer sprichwörtlichen Redensart wissen wir so gut wie in keinem Fall Bescheid. Wenn wir von einer Wendung sagen, sie sei ‚sprichwörtlich', ist sie ja bereits Kollektivgut und hat dann meist schon einen mehr oder weniger langen Gebrauch hinter sich. Vermutlich sind aber sprichwörtliche Redensarten zunächst vielfach nur Augenblicksbildungen, die dann wegen ihrer treffenden Formulierung Anklang fanden und weiterhin gebraucht wurden. Zuerst prägt ein einzelner eine Wendung; er selbst oder ein anderer setzt sie in Umlauf. Auf dieselbe Art entstehen und verbreiten sich auch Sprichwörter. Nur manchmal ist ihr literarischer Ursprung nachweisbar. Der Spruch ‚Wer nicht liebt Wein, Weib und Gesang, der bleibt ein Narr sein Leben lang' wird allgemein Martin Luther zugeschrieben – allerdings erst seit dem späten 18. Jahrhundert. Und ebenso ist der ‚Ölgötze' des redensartlichen Vergleichs ‚dastehen wie ein Ölgötze' primär eine Lutherische Prägung, d. h. also ein Zitat, das anonym geworden ist. ‚Irren ist menschlich' (lat. ‚errare humanum est') beruht ursp. auf einem geänderten Zitat („errasse humanum est") des Kirchenvaters Hieronymus (57. Brief, 12) und wurde auch von Pope aufgegriffen (‚To err is human, to forgive divine'), und Sir Francis Bacon hat das Wort ‚Wissen ist Macht' (‚Knowledge is power') geprägt[6].
In derselben Weise gibt es auch auf dem Gebiet der sprichwörtlichen Redensarten ‚gesunkenes Kulturgut', d. h. ehedem literarische Wendungen und Zitate, die schließlich zum allgemeinen Gebrauch absanken. ‚Zitate' freilich sind keine sprichwörtlichen Redensarten. Wir verlangen vielmehr von sprichwörtlichen Redensarten, daß sie in der Volkssprache geläufig und populär sind. Sie sind bildhafte Ausdrücke, die man nicht mehr zu erfinden braucht, weil sie eben schon vor-

[6] *Archer Taylor:* The Proverb and an Index to the Proverb (Cambridge 1931; Ndr. Hatboro – Copenhagen 1962), S. 34ff.

geprägt und in der volkstümlichen Sprache vorrätig sind. Häufigkeit und Anonymität ihres Auftretens sind ihre Merkmale. Im allgemeinen ist der erste Urheber einer sprichwörtlichen Redensart ebenso unbekannt wie der eines Volksliedes oder eines Märchens. Die oben genannten Ausnahmen bestätigen nur die Regel. Selbst wenn man den Dichter oder Komponisten eines Volksliedes nachweisen kann – und in Hunderten von Fällen kann man dies bekanntlich –, bleibt das betreffende Lied dennoch ein Volkslied aufgrund seiner Häufigkeit, seiner Funktion und volkstümlichen Anonymität. Das gleiche läßt sich auf Redensart und Zitat übertragen: Ein Zitat wird dann zu einer Redensart, wenn es anonym, verfügbar geworden ist, wenn eben nicht mehr ‚zitiert' wird. In dem Augenblick, wo bei einem Zitat der literarische Urheber vergessen wird, ist der Schritt zur Redensart schon getan.

Ein Beispiel ist die Redensart ‚in einem Wolkenkuckucksheim leben'. Wer weiß – auch welcher ‚Gebildete' weiß –, daß diese Wendung die Schopenhauersche Übersetzung eines Wortes von Aristophanes ist? Aber viel bekanntere und näher liegende Beispiele sind etwa die biblischen Wendungen vom ‚Wolf im Schafspelz' – von ‚den Fleischtöpfen Ägyptens' – vom ‚Im-Zaumhalten der Zunge' – von ‚den Haaren, die zu Berge stehen'. Diese Zitate sind ganz in den volkssprachlichen Redensartenschatz integriert worden. Nur der sehr bibelfeste Leser ahnt noch von fern ihren Zitatcharakter als ‚geflügelte Worte'. Der Gebrauch von sprichwörtlichen Redensarten biblischen Ursprungs ist längst kein Zeichen der Bibelfestigkeit mehr, sondern Merkmal der Redensart ist gerade das Nicht-mehr-Wissen um die Quelle, im Unterschied zum Bibelzitat. Es gehört zum Wesen der sprichwörtlichen Redensart, daß sich der Sprecher der Herkunft des sprachlichen Bildes nicht mehr bewußt ist. Wendungen wie ‚aus der Not eine Tugend machen' oder ‚durch Abwesenheit glänzen' gehören trotz ihres primären Zitatcharakters durchaus in ein Redensartenlexikon, weil eben das Zitatbewußtsein in diesen Fällen schon sehr verblaßt ist. Auch wenn im volkstümlichen Sprachgebrauch das Zitatsbewußtsein verschwunden ist, bleibt dem Wissenden, der seinen Büchmann nicht nur im Bücherschrank, sondern auch im Hinterkopf hat, das Zitat natürlich noch immer ein Dichterwort. Dennoch bestehen die Unterschiede nicht nur in der Funktion und subjektiven Bewußtseinslage. Das rechte Zitat ist ein wörtliches Zitat. Wird es volksläufig, so verliert es oft genug seinen genauen Wortlaut. So sind manche Redensarten nur noch die entstellte und verballhornte Schwundstufe und Stümmelform von geflügelten Worten wie z.B. Schillers Wort (‚Wallensteins Tod' III,15): „Daran erkenn' ich meine Pappenheimer". Ähnlich: „Spiegelberg, ik kenne Dir". – Was von Goethes ‚Götz von Berlichingen' in der Erinnerung der Umgangssprache übrigbleibt, offenbart nur einen beklagenswerten Schrumpfungsprozeß. Andererseits ist es oft die sprachschöpferische Kraft eines Dichters, die einer Redensart die bleibende Form gibt. Gerade bei den älteren Belegen weiß man oft nicht, ob sie in dieser Formulierung wirklich im Volksmund gelebt haben oder ob sie nur eine glückliche Erfindung des betreffenden Schriftstellers sind. Sogar wenn eine bestimmte Redensart auch bei anderen Schriftstellern vorkommt, so bleibt immer noch die Möglichkeit, daß sie von dem ersten Schriftsteller aus als Zitat ihren Weg genommen hat[7].

In manchen Fällen ist es durchaus umstritten, ob die betreffende Wendung primär Zitat oder Redensart ist, z.B. bei ‚seine verdammte Pflicht und Schuldigkeit tun'. Im allgemeinen freilich ist die Häufigkeit des Auftretens ein Kriterium dafür, ob es sich um eine individuelle literarische Wendung oder schon um eine volkstümliche sprichwörtliche Redensart handelt. Bestimmte bildhafte Ausdrücke und Wendungen etwa in der Sprache des 15./16. Jahrhunderts, z.B. bei Luther, Sebastian Brant, bei Thomas Murner, bei Geiler von Kaysersberg und allen diesen

[7] Vgl. *Wolfgang Schmidt-Hidding:* Sprichwörtliche Redensarten. Abgrenzung – Aufgaben der Forschung, in: Rhein. Jb. f. Vkde. 7 (1956), S. 114.

Autoren, die für die Frühgeschichte der sprichwörtlichen Redensarten eine so wichtige Quelle darstellen, müssen zunächst einmal natürlich als Zitate behandelt werden. Aber die Heranziehung neuerer Varianten, insbesondere aus den Mundarten, der Vergleich mit bestimmten regionalen und landschaftsspezifischen Ausdrücken zeigt dann doch oft, daß die betreffenden Autoren diese Wendungen nicht selbst geprägt haben können, sondern daß sie dem Volk ihrer Zeit wirklich ‚aufs Maul gesehen' hatten, daß sie wußten, wie man unter Landsknechten und Bettlern, Dirnen und kriminellem Gesindel ihrer Zeit zu sprechen gewohnt war[8]. Umgekehrt gibt es natürlich auch abgesunkenes Zitatgut. Vieles, was z. B. im 15. und 16. Jahrhundert noch als Zitat empfunden wurde, ist später das Gemeingut weiter Kreise geworden. Immer gibt es, wie in allen Volksüberlieferungen, die Doppelbewegung: von oben nach unten und von unten nach oben. Wir treffen literarische Belege natürlich immer erst dort, wo sprichwörtliche Redensarten anfangen, literaturfähig zu werden. Dieser Prozeß erreicht aber gerade mit der Reformationszeit einen Höhepunkt.

Zu allen Zeiten war die *Bibel* eine unerschöpfliche Quelle. Auf die Prägung sprichwörtlicher Redensarten hat sie weniger im Zeitalter der Bekehrung eingewirkt als vor allem im Reformationszeitalter, wo Luthers volkstümliche Bibelübersetzung eine Fülle von Worten und Wendungen in die allgemeine Sprache trug, denen man heute ihren biblischen Ursprung oft kaum mehr anmerkt. Daß biblische Zitate zu frei verfügbaren Redensarten geworden sind, liegt weitgehend an der bewußt volkstümlichen Art, in der Luther die Bibel eindeutschte. Aber auch schon die Kirchenväter zitierten und gebrauchten viele biblische Zitatweisheit. Später brachten die Bibelübersetzungen in die verschiedenen Sprachen einen ständigen Zustrom von Material. Biblischen Ursprungs sind z. B. die Redensarten ‚im siebenten Himmel sein' – ‚sein Licht unter den Scheffel stellen' – ‚die Spreu vom Weizen sondern' – ‚einem das Maul stopfen' – ‚das Herz ausschütten' – ‚einem das Leben sauer machen'. Obwohl die biblischen Sprichwörter und Redensarten oft zusammengestellt wurden, ist der Rezeptionsprozeß, d. h. die Frage, wie die biblischen Passagen unter das Volk gedrungen sind, bislang nicht wirklich erforscht worden. Nicht geklärt ist die Frage, welche Bibelstellen in Sprichwort und Redensart besonders volkstümlich geworden sind, wie sie wechseln in der Benutzung und Ausdrucksweise, welche Bibelzitate redensartlich am meisten dem Wechsel ausgesetzt waren und was jeweils die genaue Quelle der betreffenden Formulierung ist. Vom wörtlichen Bibelzitat bis zur ungenauen Reminiszenz und schließlich auch bis zur stilistischen Nachbildung und Parodierung (z. B. bei Bert Brecht) lassen sich alle Stadien ablesen.

Nicht alle Redensarten, die aus der Heiligen Schrift ihren gemeineuropäischen Ursprung zu haben scheinen, sind wirklich biblischen Ursprungs, d. h. in der Bibel erstmalig belegt. Manche sind schon vor ihrer Aufnahme in die Bibel sprichwörtlich gewesen. In jedem einzelnen Fall stellt sich darum die genetische Frage, was schon im hebräischen und griechischen Urtext bzw. in den lateinischen Übertragungen stand, was sozusagen schon vor der Eindeutschung bildhafter Ausdruck war, wieweit Luther redensartenschöpferisch gewirkt oder wieweit er bereits vorhandene parömiologische Wendungen für die Bibelübersetzung benutzt hat. Wenn es z. B. heißt: „Es wird dir schwer sein, wider den Stachel zu lecken" (Apostelg. 26, 14), so ist das eine sprw. Phrase, die schon Pindar, Aischylos und Euripides kannten.

Bei Büchmann wird die Wendung ‚in den Wind reden' als biblisches Zitat nach 1. Kor 14, 9 erklärt („... denn ihr werdet in den Wind reden"). Dennoch ist die Wendung schon vor Luthers Bibelübersetzung geläufige Redensart gewesen. – ‚Mit jemand Salz essen', d. h. sich mit jemand verbünden, ist eine alte Redensart im Griechischen, lange bevor Lukas sie benutzte. Und solche Überlegungen gelten nicht nur für das Neue Testament. Hosea erfand nicht die Redensart ‚Wind säen

[8] Vgl. *R. Gruenter:* Thomas Murners satirischer Wortschatz, in: Euphorion 53 (1959), S. 26.

und Sturm ernten‘ (Hosea VII,7). ‚Eine sanfte Antwort kommt zornig zurück‘ war schon Aischylos so gut bekannt wie Salomon, und Homer benutzte ‚Gleiches will zu Gleichem‘, was unserem ‚gleich und gleich gesellt sich gern‘ entspricht, noch ehe dieses Sprichwort im Buch Sirach seinen Platz fand[9]. – Viele sprichwörtliche Redensarten sind jedoch wirklich primäre Bibelzitate, bei deren häufiger Benutzung nur das Zitatbewußtsein abhanden gekommen ist. Man wird sie also nicht im ‚Büchmann‘, sondern zunächst in einem Redensartenlexikon suchen.

Die Sprache hat sowohl die Neigung zur Abstraktion wie zur Bildhaftigkeit. In ihrer Bildlichkeit sind die sprichwörtlichen Redensarten das Gegenteil der Abstraktion. ‚Rot werden‘ ist z. B. eine metaphorische Umschreibung für das abstrakte ‚sich schämen‘, aber doch noch keine bildliche Redensart; ihre Bildwahl müßte noch stärker sein wie z. B. in der Wendung ‚in Grund und Boden versinken wollen‘. – Für das abstrakte ‚Angst haben‘ könnte treten: ‚Es läuft einem eiskalt über den Rücken‘, wobei nicht zu entscheiden ist, was früher ist: die abstrahierende oder die bildhaft-konkrete Ausdrucksweise. Die Mundarten haben oft viel stärkere Bilder als die abgeschliffene allgemeine Umgangssprache. So sagt man z. B. statt ‚vor Müdigkeit gähnen‘: ‚nach dem Bettzipfel schnappen‘, statt ‚heftig lachen‘: ‚sich einen Ast lachen‘ oder gar: ‚sich einen Bruch lachen‘. Die Bildhaftigkeit neigt sogar zu grotesken Übertreibungen wie etwa in der Wendung: ‚darüber lachen selbst die ältesten Suppenhühner‘. Neben der Neigung zur Übertreibung begegnen auch Euphemismen zur Verhüllung von Dingen oder Vorgängen, die man nicht gern beim rechten Namen nennt. Sie häufen sich z. B. beim Stichwort ‚Teufel‘. Oder es wird für den prügelnden Stock der Ausdruck ‚ungebrannte Asche‘ gesetzt, für ‚stehlen‘: ‚lange Finger machen‘. Und vor allem gehören hierher die unzähligen redensartlichen Umschreibungen für ‚sterben‘, die in einem Sammelartikel unter dem Stichwort ‚zeitlich‘ (‚das Zeitliche segnen‘) zusammengestellt sind. Ebensohäufig wird man – allerdings unter den verschiedensten Stichworten – verhüllende Redensarten aus der sexuellen und skatologischen Sphäre finden, z. B. ‚sie hat Kürbisse gesteckt‘ (sie ist schwanger), ‚der Backofen ist eingefallen‘ (sie hat geboren); ‚... wo auch der Kaiser zu Fuß hingeht‘.

Ein Sprichwort *kann* bildhaft sein; es muß aber nicht. Es gibt zahlreiche Sprichwörter, die ohne jeden bildlichen Ausdruck und ohne jede Übertragung auskommen, z. B. ‚Aller Anfang ist schwer‘ – ‚Ende gut – alles gut‘. Sprichwörtliche Redensarten dagegen sind in der Regel bildlich: ‚sich um des Kaisers Bart streiten‘ – ‚sich mit fremden Federn schmücken‘ – ‚Krokodilstränen weinen‘. Das ursprüngliche Bild ist meist völlig verblaßt oder durch die kulturhistorische und zivilisatorische Entwicklung überholt und unverständlich geworden, z. B. ‚jem. auf den Leim gehen‘ – ‚durch die Lappen gehen‘.

Manche Redensarten lassen sich sowohl ‚eigentlich‘ wie auch ‚übertragen‘ verwenden, meist werden sie aber nur in übertragenem Sinne gebraucht, z. B. ‚Öl ins Feuer gießen‘ – ‚mir geht ein Licht auf‘ – ‚die Zelte abbrechen‘ – ‚über den Berg sein‘.

Entbehrt ein redensartlicher Ausdruck des sprichwörtlichen Bildes, so spricht man gewöhnlich nur von ‚Redensarten‘. Dabei ist der Begriff ‚sprichwörtliche Redensart‘ erst von dem der einfachen Redensart abgeleitet. Beide Bezeichnungen kommen im 17. Jahrhundert auf: ‚Redensart‘ als Lehnübersetzung von frz. ‚façon de parler‘ erstmalig bei Joh. Arndt ‚Vom wahren Christentum‘ (Frankfurt a. M. 1605). Der Terminus ‚sprichwörtliche Redensart‘ findet sich zuerst 1683 in Justus Georg Schottels ‚Ausführlicher Arbeit von der Teutschen Hauptsprache‘ (S. 1102 ff.). Beides ist nicht das gleiche, d. h. nicht jede Redensart oder ‚stehende Wendung‘ kann man schon als ‚sprichwörtlich‘ bezeichnen. ‚Einfache Redensarten‘ sind zunächst einmal schwächer, blässer, weniger bildhaft und farbkräftig, etwa ‚etwas über den Haufen werfen‘ – ‚auf die schiefe Bahn geraten‘.

‚Mit den Achseln zucken‘ ist z. B. nur eine gewöhnliche Redensart, die keiner Erklärung bedarf. Als Gebärde des Zweifels,

---

[9] Vgl. *A. Taylor:* The Proverb, a. a. O., S. 59.

der Gleichgültigkeit wird sie allgemein geübt, und sie ist oft konkret so gemeint wie ausgesprochen. Anders aber etwa die Redensarten ,etwas auf die leichte Achsel nehmen' (= es für unbedeutend ansehen und deshalb vernachlässigen) oder gar ,auf beiden Achseln tragen' (= es mit beiden Parteien halten). Diese Redensarten sind meist nur noch bildlich gebraucht, ohne daß der Sprechende beim Gebrauch dieser Redensarten noch die Vorstellung einer Achsel zu haben braucht. Sie dürfen darum als sprichwörtliche Redensarten betrachtet werden. Desgleichen z.B. die Redensart ,Oberwasser bekommen'. Für denjenigen, der nichts mehr von oberschlächtigen Mühlrädern weiß, hat diese Wendung den Bereich der bloßen Metapher verlassen und ist zum unverständlichen sprichwörtlichen Bild geworden. Alle diese sprachlichen Bilder haben ihre ehemalige Wirklichkeit eingebüßt, ihre wörtliche Bedeutung ist verlorengegangen.

Die Metaphorik unserer Sprache machen wir uns meist nicht bewußt, d.h., die Sprache gibt uns traditionelle Begriffsbilder an die Hand, die wir gebrauchen, ohne daß wir ihres Ursprungs innewerden. Wir schieben etwas ,auf die lange Bank', ohne uns die ,Bank' dabei vorzustellen; wir machen mit etwas ,kurzen Prozeß', ohne an ein Gerichtsverfahren zu denken. Man hängt etwas ,an die große Glocke', ohne daß dabei von einem Kirchturm geläutet werden müßte[10].

Unsere Gegenwart liebt das Bild wie keine andere Zeit zuvor. Sie ist das Zeitalter der Photographie, der Illustrierten, des Films und des Fernsehens. Je mehr Bilder aber von außen in unser Bewußtsein eindringen, desto mehr geht die Bildhaftigkeit der Sprache verloren. Hinzu kommt, daß sich im Laufe der individuellen Entwicklung das Bildbewußtsein wandelt. Im Alter von 5 Jahren empfindet und erlebt ein Kind die metaphorischen Ausdrücke der Erwachsenensprache noch ganz konkret. So ist unser Sprachbewußtsein, das sich nur auf unseren individuellen Sprachbesitz stützt, kein objektives und allgemeingültiges Kriterium[11]. Aber man wird sagen dürfen: Je stärker und ungewöhnlicher ein sprachliches Bild ist, desto eher werden wir von sprichwörtlichen Redensarten sprechen können.

Das Sprichwort meint häufig etwas anderes, als der Wortlaut sagt, z.B. ,Der Teufel scheißt immer auf den großen Haufen'. Und genauso verhält es sich mit den sprichwörtlichen Redensarten: sie stehen ,out of context', d.h., sie verletzen in gewisser Weise die gewöhnlichen Konversationsregeln, und zwar durch ihre ungewöhnliche Form und Syntax.

Vielfach verläuft die sprachgeschichtliche Entwicklung so, daß sich eine Redensart immer mehr von ihrem Realbereich entfernt. Eine gewisse Erklärungsbedürftigkeit ist darum ein Kennzeichen der Gattung. Wenn eine Redewendung neben ihrem eigentlichen und wörtlichen Sinn noch eine übertragen-bildliche Bedeutung hat und wenn gar ihre heutige Gebrauchsfunktion sich so weit von der primären Bedeutung der Einzelwörter entfernt hat, daß der ursprüngliche Sinn gar nicht oder kaum mehr empfunden wird, dann bezeichnen wir sie eben als ,sprichwörtliche Redensart'. ,Am Hungertuch nagen' – ,in die Tretmühle kommen' – ,etwas auf dem Kerbholz haben' – ,Maulaffen feilhalten' sind z.B. solche erklärungsbedürftigen sprichwörtlichen Redensarten, die einen durchaus nachweisbaren Realsinn gehabt haben, die aber heutzutage nur noch bildlich verstanden werden. Ja sogar der ursprüngliche Sinn der Einzelwörter ist meist unverständlich geworden, weil er zu weit noch in das vortechnische Zeitalter zurückreicht, als daß wir heute noch wüßten, was Kerbhölzer, Tretmühlen, Maulaffen, Hungertücher und dgl. dereinst waren und bedeuteten. Alle unsere sprichwörtlichen Redensarten sind Überbleibsel, ,Survivals', insofern als sie Elemente einer geistigen oder materiellen Kultur sind, die in früheren Zeiten einen anderen Sinn und eine andere Funktion gehabt haben als heute. Der Charakter als ,Survival'

[10] Vgl. *H. Reimann:* Vergnügliches Handbuch der deutschen Sprache (Düsseldorf – Wien 1964), S. 29ff.

[11] Vgl. *W. Schmidt-Hidding:* Sprichwörtliche Redensart, a.a.O., S. 119.

macht sie überhaupt erst zu sprichwörtlichen Redensarten[12].

Es geht bei den einzelnen Stichwörtern dieses Lexikons nicht nur um die Herkunft des sprachlichen Bildes, sondern es ist gleich wichtig, auch der Bedeutungsgeschichte einer Wendung nachzugehen. Dabei ist immer zu unterscheiden zwischen dem Alter einer Redensart als solcher, d.h. ihrem bildlichen und nicht mehr auf die reale Sphäre bezogenen Sprachgebrauch und dem ursprünglichen Realsinn der Einzelworte. Beide Termini können u. U. zeitlich weit auseinanderfallen. Ein gutes Beispiel gibt die Entwicklung der Rda. ‚etwas aus dem Ärmel schütteln'.

Eine Mehrzahl von historisch geordneten Belegen zeigt die Kontinuität oder auch den Wandel einer Redensart in ihrem Wortlaut wie in ihrer Bedeutungsentwicklung. Eine größere Zahl von Belegen spiegelt den Grad der Popularität und ihr soziales Milieu. Die Wörterbücher und Sprichwortsammlungen lassen uns in dieser Hinsicht oft genug im Stich. Es zeigt sich bei diesen Entwicklungsprozessen die Tendenz der Sprache, ein einmal gefundenes sprachliches Bild zu präzisieren und zu vervollständigen, oder im Bedarfsfall auch zu modernisieren. Es entsprechen sich in ihrem Sinn z.B. die beiden Redensarten ‚er ist in allen Sätteln gerecht' und ‚er ist Hansdampf in allen Gassen'; doch ist ihr kulturelles Milieu ganz verschieden.

Nicht mehr verstandenes parömiologisches Wortgut wird durch neues ersetzt, oder es macht eben einen Bedeutungswandel durch. Das alte Rechtssprichwort ‚Aller guten Dinge sind drei' ist etwa ein interessantes Beispiel für einen solchen Bedeutungswandel. Ursprünglich meint es, alljährlich sollten drei Thinge abgehalten werden. Daraus hat sich ein neuzeitliches Sprichwort entwickelt, das seinen Sinn von der Bedeutung der Dreizahl im Volksglauben bezieht[13]. Ist dieser Sprachwandel schon sehr früh eingetreten, so vollzieht er sich an anderer Stelle noch vor unseren Augen, so z. B. bei der Redensart ‚kurze Fünfzehn machen'. Sie stammt aus dem mittelalterlichen sog. Puffspiel, bei dem man dem Gegner mit einem Schlag 15 Steine wegnehmen konnte (mhd. auch ‚der fünfzehen spiln'), und meint soviel wie: ‚nicht viele Umstände', ‚kurzen Prozeß machen'. Heute bezeichnen die Arbeiter im rheinisch-westfälischen Industriegebiet mitunter ihre Frühstückspause als ‚kurze Fünfzehn machen'. Der Wortsinn einer Redensart kann sich geradezu ins Gegenteil verkehren wie z. B. bei ‚einem heimleuchten' – einst eine Höflichkeitspflicht, jetzt eine grobe Drohung. Auch der Wortlaut der ohnehin nicht mehr verstandenen Redensart ‚das geht auf keine Kuhhaut' ist völlig zersagt worden. Noch vor kurzem wurde aus der lebendigen Umgangssprache notiert: ‚das geht auf keinen Kuhhaufen'. Dies sind nicht nur Erscheinungen eines Sprachverfalls oder allgemeiner des Sprachwandels. Es gehört vielmehr geradezu zur Begriffsbestimmung der Redensarten, daß uns ihre einstige und primäre Bildwirklichkeit nicht mehr bewußt ist. In manchen Fällen sind Redensarten auch in die Kinderfolklore abgesunken wie z. B. der ehemalige Frauenschwur ‚Hand aufs Herz', womit Kinder gelegentlich unter sich etwas unverbrüchlich versichern. Die sprichwörtliche Regel ‚der Ältere teilt, der Jüngere wählt' (bzw. ‚kiest', wie es in der älteren Sprache heißt), ist schon dem Sachsenspiegelrecht bekannt. Und nach diesem Prinzip teilen Kinder noch heutzutage.

Wo sprichwörtliche Redensarten ihren Sinn verändern, ist es oft schwer zu entscheiden, ob ein Mißverständnis vorliegt oder eine bewußte Umgestaltung. Nicht selten vollzieht sich neben dem Formwandel gleichzeitig ein Bedeutungswandel. Gute Beispiele geben unsere Stichworte ‚Pappenheimer', ‚Tapet' und ‚Laus'. Der ältere Sinn von ‚jem. eine Laus in den Pelz setzen' entspricht keiner seiner heutigen Bedeutungen, sondern meint soviel wie ‚Eulen nach Athen tragen', d. h. etwas völlig Überflüssiges tun, denn in einem Pelz gab es normalerweise schon so viele

[12] *Matti Kuusi:* Regen bei Sonnenschein – Zur Weltgeschichte einer Redensart, FFC. 171 (Helsinki 1957), S. 388.

[13] Vgl. *Mathilde Hain:* Sprichwort und Rätsel, in: Deutsche Philologie im Aufriß III (2. Aufl. Berlin 1967), Sp. 2727–2754.

Pieter Bruegel: Die niederländischen Sprichwörter (Spreekwoordenschilderij), 1559

Läuse, daß man sie nicht erst dorthin zu bringen brauchte.
So manche ursprünglich sinnvolle Redensart hat im ausgehenden Mittelalter die Bedeutung ‚etwas Sinnloses tun' angenommen, z.B. ‚die Gänse beschlagen', ganz einfach deshalb, weil der ehemalige Wirklichkeitsbezug kulturhistorisch außer Kurs kam und den Menschen nicht mehr geläufig war. In dieser Weise hat ja auch Bruegel die Redensarten festgehalten: Sein Redensartenbild war für ihn kein primärer Selbstzweck, sondern es ist eine verkehrte und törichte Welt, die Bruegel weniger humoristisch als vielmehr pessimistisch und bittersatirisch geschildert hat. Es ist vorwiegend ein falsches, sinnloses und zweckloses Verhalten der Menschen, das redensartlich umschrieben dargestellt wird. Was die Leute auch immer tun auf dem Bild, ob sie ‚den Brunnen zuschütten, nachdem das Kalb darin ertrunken ist', ob sie ‚den Mantel nach dem Wind hängen', ‚Federn in den Wind streuen', ‚beim Teufel zur Beichte gehen', ‚sich gegenseitig an der Nase herumführen', ‚hinter dem Netz fischen' – alles ist vergeblich, närrisch, und diese Deutung wird noch unterstrichen durch die Dumpfheit der Gesichter. Die verkehrte Welt wird ganz buchstäblich als auf dem Kopf stehend dargestellt. Das große Haus in der linken Bildhälfte ist ein Gasthaus zur verkehrten Welt, auf dessen Schild das Kreuz nach unten zeigt.
Die Schwelle vom Spätmittelalter zur Neuzeit bedeutete offenbar für viele Redensarten den Übergang von der konkreten zur übertragenen Auffassung. In einem neuen sprachlichen Bewußtwerden empfand man nun plötzlich, daß viele Redewendungen der älteren Zeit nicht mehr ‚wirklich' aufzufassen waren, sondern nur noch ‚bildlich', d.h. erst jetzt wurden sie zu eigentlichen Redensarten, die nach ihrem Ursprung nicht mehr voll verstanden, sondern nur noch als sprachliche Bilder weitergeschleppt wurden und als Bilder auch gemalt werden konnten. Vor und nach Bruegel hat die Bildlichkeit des sprachlichen Ausdrucks die Maler und Graphiker immer wieder verlockt, diese Bildlichkeit der Sprache auch ins Bild umzusetzen. Das war aber erst möglich, als die Sprachbildlichkeit schon metaphorisch aufgefaßt und nicht mehr realiter verstanden wurde.
Dank der Großzügigkeit des Verlages hat dieses Buch von den Bildquellen einen reichlichen Gebrauch machen können. Das Bild macht die Metaphorik der Sprache ja erst deutlich. In dem Augenblick, in dem man die sprichwörtlichen Redensarten bildlich dargestellt sieht, wird einem erst voll bewußt, welchen scheinbar unsinnigen und surrealen Gehalt die Sprache mit sich herumschleppt, und das unbewußte Empfinden der Surrealität, aber auch das unterschwellige Wissen um die Anspielung macht ja eigentlich gerade die rhetorische Wirksamkeit sprichwörtlicher Redensarten aus.
Manche Redensarten beziehen sich auf Realien, die es heute nicht mehr gibt, und nur die Kenntnis der zugehörigen Sachgüter aufgrund historischer Bildzeugnisse macht die Redensart dann verständlich.
Bestimmte idiomatische Ausdrücke, wie z.B. ‚in den sauren Apfel beißen' – ‚alles in einen Topf werfen' – ‚den Kopf in den Sand stecken' – ‚sich nicht in die Karten sehen lassen' u.a. werden zwar auch mit übertragener, bildhafter Bedeutung in den allgemeinen Sprachgebrauch übernommen, doch ist ihre Bedeutung ohne weiteres aus dem ursprünglichen Bereich ableitbar. Sie brauchen daher in einem Lexikon nicht eigens erklärt zu werden. Andere Redensarten sind ohnehin nicht erklärbar. Sie sind so phantastisch, daß sie keinen Wirklichkeitshintergrund zu haben scheinen, und sie haben offenbar ihre Entstehung der bloßen Freude am kräftig surrealen Sprachbild, der Lust am Paradoxen zu verdanken, wie z.B. ‚das Kind mit dem Bade ausschütten' – ‚einem Honig ums Maul schmieren' – ‚einen Besen fressen' – ‚das Gras wachsen hören' – ‚große Rosinen im Kopf haben' – ‚es ist ihm eine Laus über die Leber gelaufen' – ‚leben wie Gott in Frankreich' – ‚Krokodilstränen vergießen'. Weder die Bibel noch eine außerbiblische Legende lassen Gott gerade in Frankreich ein besonderes Wohlleben führen, und wer hat wirklich schon ein Krokodil weinen sehen? Und doch führt uns auch die Geschichte dieser grotesk-phantastischen Sprachbilder z.T.

in literarisch und kulturhistorisch sehr bedeutsame Zusammenhänge. Die Erforschung der sprichwörtlichen Redensarten ist jedenfalls eines der reizvollsten Gebiete der Sprachforschung und Volkskunde wegen der vielfachen Aufschlüsse, die in kulturgeschichtlicher Hinsicht daraus zu entnehmen sind. Viele unserer Sprachbilder entstammen einer recht fernen Vergangenheit, deren Lebensumstände und Gewohnheiten uns fremd oder geradezu unverständlich geworden sind. Aus den verschiedensten Bezirken des Lebens sind sie in die allgemeine Sprache eingemündet, und so finden wir alle nur möglichen Kulturschichten in der sprachlichen Ablagerung. Kauf und Handel, Landarbeit und Handwerk, Schifffahrt und Seemannsleben aller Zeiten haben in unserem Redensartenschatz ihren Niederschlag hinterlassen. Eine Darstellung der sprichwörtlichen Redensarten nach ihrer stofflichen Herkunft wäre natürlich weit reizvoller und aufschlußreicher als die schematisch-alphabetische Reihenfolge, weil sich erst dann die kulturgeschichtliche und volkskundliche Zuordnung der einzelnen Redensarten abzeichnen würde. Um so mehr mag es die Aufgabe dieses Vorworts sein, einiges durch das Alphabet Getrennte wieder in einen sinnvollen Zusammenhang zu rükken.

Ein erstaunlich großer Teil des Redensartengutes entstammt dem alten *Rechtsleben*. Besonders der Anteil der sprichwörtlichen Formeln ist hierbei groß. Schon der ‚Sachsenspiegel' kennt redensartliche stabreimende Zwillingsformeln wie: ‚Haus und Hof' – ‚Haut und Haar', ‚Kind und Kegel' oder ‚gang und gäbe'. Andere sprichwörtliche Redensarten aus dem mittelalterlichen Rechtsleben sind: ‚etwas von der Hand weisen' – ‚den Stuhl vor die Tür setzen' – ‚in den Wind schlagen' – ‚das geht über die Hutschnur'. In vielen sprichwörtlichen Redensarten spiegeln sich ältere Strafen wider, z.B. ‚an den Pranger stellen' und ‚Spießruten laufen'. Von der mittelalterlichen Folter kommen die Wendungen: ‚auf die Folter spannen' – ‚Daumenschrauben anlegen' – ‚wie gerädert sein'. Ältere Rechtsformen der Verurteilung und des Strafvollzugs sind noch erhalten in den Redensarten ‚über einen den Stab brechen' – ‚die Henkersmahlzeit einnehmen' – ‚eine Galgenfrist setzen' – ‚einen für vogelfrei erklären' – ‚mit Hängen und Würgen'.

Auf Maßnahmen einer unparaphierten Volksjustiz weist die Wendung ‚einem aufs Dach steigen'. Aus dem Ordalwesen kommt: ‚für einen durchs Feuer gehen' und ‚ein heißes Eisen anfassen'. Obwohl zahllose sprichwörtliche Redensarten abgesunkenes Rechtsgut sind, ist uns dies meist nicht mehr bewußt, weil diese Rechtsformen nicht mehr gelten. Sie leben nur noch als Survivals und nur noch als bloße Bilder ohne realen Hintergrund in unserer Sprache weiter. Nicht jeder, der sagt: ‚ich kann meine Hand für ihn ins Feuer legen', denkt daran, daß er sich dem Wortsinn nach zu einem Gottesurteil bereit erklärt hat[14].

Obwohl zahlreiche Sammlungen und Darstellungen vorliegen, wie z.B. Arbeiten von Graf, Dietherr, Künssberg, Cohen, Günther, Winkler u.a. (s. Lit.-Verz.), ist das Problem der Rechtssprichwörter und rechtlichen Redensarten doch noch nicht grundlegend genug erörtert worden.

Noch viel weniger sind bis jetzt die Redensarten systematisch untersucht worden, die ihre Herkunft den *Standessprachen*, insbesondere bestimmten Handwerksgruppen, dem Handel und Kaufmannswesen zu verdanken haben. Berufsständische Eigenprägungen sind aus fast allen Lebensbereichen in die allgemeine Sprache übernommen worden, insbesondere fast aus jedem Handwerk. Aus der Welt des Schmiedes kommt: ‚in einer Sache gut beschlagen sein' – ‚Ränke schmieden' – ‚Hammer oder Amboß sein' – ‚vor die rechte Schmiede kommen'. Vom Schuhmacher: ‚bei seinem Leisten bleiben' – ‚alles über einen Leisten schlagen' – ‚wissen, wo einen der Schuh drückt'. Vom Müller: ‚das ist Wasser auf seiner Mühle'. Vom Bergmann: ‚eine Schicht feiern' (auch: ‚eine schlaue

[14] *W. Schmidt-Hidding:* Sprichwörtliche Redensarten, a.a.O., S. 123; vgl. *Lutz Röhrich* und *Gertraud Meinel:* Reste mittelalterlicher Gottesurteile in sprichwörtlichen Redensarten, in: Alemannisches Jahrbuch 1970, S. 341–346.

Schicht fahren': wenig arbeiten) – ,eine Kluft tut sich auf' – ,etwas herausschlagen' – ,die Sache nimmt einen guten Gang' – ,ein Eigengrübler sein'[15]. Vom Winzer: ,einen vollen (armen, schlechten) Herbst machen' – ,er säuft sich durch ein Fuderfaß' – ,sich das Kellerrecht ausbehalten' – ,Wat is dat e Geräppels' (kleines Wachstum von Trauben) – ,einem reinen Wein einschenken' – ,den Wein taufen'. Aus der Welt des Handels und des Kaufmanns kommen die Redensarten: ,ein Ausbund von Tugend' – ,in Kauf nehmen' – ,Kapital aus etwas schlagen'. Ebenso häufig sind die Redensarten aus dem Bereich der Schiffahrt und des Seemannslebens, z. B.: ,mit jemand im selben Boot sitzen' – ,ans Ruder kommen' – ,das Steuer herumwerfen' – ,mit vollen Segeln fahren' – ,einen ins Schlepptau nehmen' – ,etwas vom Stapel lassen'[16]. Aus dem Bereich der Jagd sind genommen: ,sich ins Gehege kommen' – ,einem auf die Sprünge helfen' – ,wissen, wie der Hase läuft' – ,einem das Fell über die Ohren ziehen' – ,durch die Lappen gehen' – ,ins Garn gehen'[17]. Aus der Soldatensprache und der Terminologie des Kriegswesens kommen die Redensarten: ,grobes Geschütz auffahren' – ,wie aus der Pistole geschossen' – ,wie eine Bombe einschlagen' – ,einen unter Beschuß nehmen'. Und nicht zuletzt hat die bäuerliche Welt so manche rdal. Ausdrücke beigesteuert: ,leeres Stroh dreschen' – ,durch die Hechel ziehen' (,durchhecheln') – ,einem zeigen, was eine Harke ist'.

Ein nicht geringer Teil von sprichwörtlichen Redensarten hat seinen Ursprung im *brauchtümlichen* Volksleben. Dazu gehören z. B. die heutigem Verständnis sonst ganz unverständlich gewordenen Wendungen wie: ,unter die Haube kommen' – ,das Fell versaufen' – ,blauen Montag machen' – ,in den April schikken' – ,unter einer Decke stecken' – ,nicht viel Federlesens machen'. Auch unsere Stichworte ,Fasnacht' und ,Gast' schöpfen weitgehend aus den volkskundlichen Kategorien von Sitte und Brauch. Einblick in die volkstümlichen Vorstellungen von Maß und Gewicht gewähren die Stichworte ,Dutzend' (,im Dutzend billiger' – ,Bäckerdutzend') und ,Zweiundsiebzig'. Viele Redensarten stammen von Sport und Spiel, insbesondere vom Kartenspiel: ,die Karten aufdecken' – ,sich nicht in die Karten gucken lassen' – ,die Trümpfe in der Hand behalten'.

Einen starken Anteil an der Entstehung der sprichwörtlichen Redensarten hat sodann der *Volksglauben*. Beziehungen zu ihm zeigen Stichworte wie ,Alraun', ,Diebsdaumen', ,Drache', ,Drachensaat', ,Stern' (,unter einem guten Stern geboren sein'), ,Himmel' (,im 7. Himmel sein'). Redensarten sind nicht selten euphemistische Umschreibungen für tabuierte Ausdrücke aus den Sinnbezirken der Jagd, der Krankheit, vor allem der Geisteskrankheiten, des Geschlechtslebens, insbesondere aber des Todes, was die zahllosen Umschreibungen für ,sterben' zeigen, die im Artikel ,zeitlich' (,das Zeitliche segnen') zusammengefaßt sind[18].

Andere Redensarten haben ihre Entsprechung in Hand-, Kopf- oder Fuß-*Gebärden,* d.h., sie sind als Gesten wirklich einmal ausgeführt worden, z. B.: ,durch die Finger sehen' – ,ätsch Gäbele' u.a. Die ,Sprachgebärde' tritt in diesen Fällen an die Stelle der Gebärdensprache; die Redensart ist oft ein relikthafter Ersatz der Geste[19].

Daß sprichwörtliche Redensarten auch Schwundstufen aus allen möglichen kulturellen Bereichen sein können, wurde

[15] Vgl. *Herbert Wolf:* Studien zur deutschen Bergmannssprache, in: Mitteldeutsche Forschungen 11 (Tübingen 1958); *Lutz Röhrich* und *Gertraud Meinel:* Redensarten aus dem Bereich von Handwerk und Gewerbe, in: Alemannisches Jahrbuch (Bühl/Baden 1973).

[16] *F. Cowan:* Dictionary of the Proverbs and Proverbial Phrases of the English Language Relating to the Sea (Greenesburgh, Pennsylvania 1894); *Rudolf Eckart:* Niederdeutsche Sprichwörter und volkstümliche Redensarten (Braunschweig 1893).

[17] Vgl. *Lutz Röhrich* und *Gertraud Meinel:* Redensarten aus dem Bereich der Jagd und der Vogelstellerei, in: Et multum et multa, Festgabe für Kurt Lindner (Berlin – New York 1971), S. 313–323.

[18] Vgl. *Lutz Röhrich:* Gebärde – Metapher – Parodie. Studien zur Sprache und Volksdichtung (Düsseldorf 1967), S. 41 ff.; *ders.:* Tabus in Volksbräuchen, Sagen und Märchen, in: Festschrift für Werner Neuse (Berlin 1967), S. 8 ff.

[19] Vgl. *Lutz Röhrich:* Gebärde – Metapher – Parodie, a. a. O., S. 7 ff.

schon mehrfach dargelegt. Oftmals sind sie Relikte von *Volkserzählungen.* Bis in den Anfang unseres Jahrhunderts war es üblich, Redensarten, die erst in verhältnismäßig junger Zeit belegt sind, auf urzeitliche mythologische Vorstellungen zurückzuführen, z.B. ‚unter den Hammer kommen‘ auf den Hammer des Gottes Thor, ‚Schwein haben‘ auf den Eber des Gottes Freyr. Es hat zu dieser speziellen Thematik vor einigen Jahrzehnten ein bekanntes Buch gegeben, das auch in einer 2. Auflage erschienen ist und neuerdings sogar einen Nachdruck erlebt hat. Es handelt sich um das Werk von Heinrich Leßmann ‚Der deutsche Volksmund im Lichte der Sage‘ (Berlin 1922). Vor diesem Buch kann nicht nachdrücklich genug gewarnt werden. Es stimmt in ihm so gut wie nichts. Dieses Werk ist ein Nachklang der mythologischen Folkloristenschule des 19. Jahrhunderts, die in jeder kulturellen Äußerung Nachklänge der germanischen oder der antiken Göttersagen erblickte. Die Redensarten ‚etwas auf die leichte Schulter nehmen‘ und ‚einem die kalte Schulter zeigen‘ bringt Leßmann z.B. in Verbindung zur antiken Sage von Pelops; die Wendung ‚mit den Wölfen heulen‘ mit den Werwolfsagen. ‚Gegen den Tod ist kein Kraut gewachsen‘ stellt er direkt zusammen mit dem Grimmschen Märchen von den drei Schlangenblättern (KHM. 16), ‚vor die rechte Schmiede kommen‘ mit der Erzählung vom Schmied zu Jüterbog, ‚wissen, wo einen der Schuh drückt‘ mit dem Aschenputtelmärchen (KHM. 21). Nicht alle Deutungen Leßmanns sind so ‚an den Haaren herbeigezogen‘ wie gerade die eben genannten. Aber sie sind trotzdem nicht richtiger. Darum eben ist dieses Buch so gefährlich und irreführend. Andererseits zeigt unser Lexikon, daß in der Tat doch nicht wenige sprichwörtliche Redensarten die Schwundstufen von z.T. ausgestorbenen Volkserzählungen sind, wie z.B.: ‚viel Geschrei und wenig Wolle‘ – ‚das geht auf keine Kuhhaut‘ – ‚die Katze im Sack kaufen‘[20].

Häufig sind Sagen, Schwänke und Anekdoten ätiologisch (d.h. Ursachen erklärend) zur Erklärung von Redensarten entstanden, wie unter den Stichworten ‚Bockshorn‘ und ‚Hornberg‘, ‚Stein‘, ‚Haarbeutel‘, ‚Katze‘ oder ‚Fisimatenten‘ nachzulesen ist. Es gibt schließlich auch literarische Erzählungen, die eigens zur Illustration von Sprichwörtern und Redensarten erfunden worden sind, wie z.B. zu ‚einmal ist keinmal‘ eine gleichbetitelte Geschichte in Joh. Peter Hebels ‚Schatzkästlein‘. Gewiß sind solche anekdotischen Herleitungen möglich, aber sie sind nur in seltenen Fällen beweisbar. Es gibt geradezu die Gattung der ‚Sprichwort-Geschichte‘[21]. Weitaus am häufigsten haben sich *Fabeln* zu sprichwörtlichen Redensarten verkürzt, z.B.: ‚sich nicht in die Höhle des Löwen wagen‘ – ‚kein Wässerchen trüben können‘ – ‚sich mit fremden Federn schmücken‘ – ‚saure Trauben‘.

Gelegentlich wird ein und derselbe Fabelinhalt sogar mit verschiedenen Redensarten umschrieben, z.B.: ‚für einen anderen die Kastanien aus dem Feuer holen‘ und ‚sich für einen anderen die Finger (Pfoten) verbrennen‘. In diesen Fällen handelt es sich zumeist um international verbreitete Redensarten, die sich bis in die gemeineuropäische Äsop-Tradition zurückverfolgen lassen. So manche dieser Redensarten ist nicht erst mittelalterlich oder neuzeitlich aus der Fabel hervorgewachsen, sondern hat schon im antiken parömiologischen Gut als Redensart neben der motivgleichen Fabel bestanden. Das griechische Wort ainos bedeutet sowohl ‚Fabel‘ als ‚Sprichwort‘, und offenbar sind schon in der Antike so manche Fabeln nur um ein bereits vorhandenes Sprichwort herum gedichtet worden. Die Verbindung Sprichwort – Fabel scheint ebenso ein Charakteristikum der orientalischen wie auch

[20] Vgl. *Lutz Röhrich:* Sprichwörtliche Redensarten aus Volkserzählungen, in: Volk – Sprache – Dichtung, Festgabe für Kurt Wagner (Gießen 1960), S. 247–275.

[21] Vgl. *Elfriede Moser-Rath:* Predigtmärlein der Barockzeit, in: Fabula, Supplement-Serie A 5 (Berlin 1964), S. 59f.; *Antonio Cornazano:* Sprichwortnovellen, übersetzt von Albert Wesselski (Neuausgabe Hanau 1967); *Lutz Röhrich:* Johann Peter Hebels Kalendergeschichten zwischen Volksdichtung und Literatur (Lörrach 1972), S. 14ff.

der Sprichwörter so mancher schriftlosen Völker zu sein. Viele Redensarten afrikanischer und asiatischer Völker sind für uns ganz unverständlich, wenn wir nicht die Volkserzählungen kennen, die sinngleich dahinter stehen[22].

Alle Zeiten haben ihre Spuren in unserem Redensartenschatz hinterlassen, und auch in der *Moderne* ist neben dem Absterben von älterem überlebtem Wortgut noch ein starker Zuwachs an neuem und neuestem zu beobachten. Auch die unmittelbare Gegenwartssprache ist mit aufgenommen worden (‚balla' oder ‚Bart').

Nicht immer sind die Quellen trotz aller Gegenwartsnähe leicht zu ermitteln. Fernsehen, Film, moderne Theaterstücke, Operette und Musicals, triviale Romane und humoristische Schriften sind zweifellos wichtige Verbreitungsvehikel. Leichter erkennbar sind Redensarten, die ihre Entstehung erst der technischen Welt verdanken, z. B. ‚auf Draht sein' – ‚auf der Leitung stehen' – ‚höchste Eisenbahn' – ‚Dampf ablassen' – ‚eine neue Platte auflegen' – ‚Sand ins Getriebe streuen' – ‚grünes Licht für ein Unternehmen geben' – ‚100 000 auf dem Buckel haben' – ‚die Pupille auf Null drehen' – ‚keine Antenne für etwas haben'. Allenthalben zeigt sich in der Gegenwart die Technisierung der Sprache. Die Entscheidung darüber, wieweit solche Redensarten in unser Lexikon aufzunehmen waren, lag an ihrer Erklärungsbedürftigkeit. Die meisten bedürfen eigentlich keiner Erklärung. Solange noch vereinzelt Dampfzüge fahren, bleibt es noch verständlich, wenn man im redensartlichen Vergleich sagt: ‚er schnauft wie eine Lokomotive'. Aber vielleicht gehört dies in der nächsten Generation bereits zu den erklärungsbedürftigen Sprachbildern. Manche moderne Redensarten werden, gerade weil sie Mode sind, für jünger gehalten, als sie in Wirklichkeit sind. Es ist jedenfalls immer wieder überraschend zu bemerken, wie ganz jung und modern erscheinende Redensarten oft auf ein schon recht erhebliches Alter zurückblicken. Wenn E. B. Tylor in seinem Buch ‚Primitive culture' sagte, „that the age of proverbmaking is past", so gilt dies sicherlich nicht für die sprichwörtlichen Redensarten, die immer noch neu entstehen. Ihre Entwicklung ist keineswegs abgeschlossen. Auch in der politischen Rhetorik, in Zeitungsartikeln und Illustrierten spielen Sprichwort und Redensart eher eine zunehmende als rückläufige Rolle. Sprichwörtliche Redensarten finden sich in wachsendem Maße in politischen Leitartikeln und Reden von Politikern. „Man glaubt dem Bild eher als der direkten Behauptung, der volksläufigen Prägung eher als dem individuellen Wort"[23].

In der Gegenwart haben ferner bestimmte Werbeslogans durch die stetige Wiederholung der Reklame fast den Charakter von Sprichwörtern und Redensarten angenommen, z. B.: ‚Darauf einen Dujardin' – ‚Mach mal Pause, trink Coca-Cola' – ‚Laßt Blumen sprechen' – ‚Persil bleibt Persil' – ‚Dir und mir – Binding-Bier' – ‚Im Falle eines Falles klebt Uhu wirklich alles'.

Viele sprichwörtliche Redensarten sind sogar noch in ihrer Parodierung höchst lebendig, z. B.: ‚es geht mir durch Mark und Pfennig' – ‚jemand Moritz lehren' – ‚man hat's nicht leicht, aber leicht hat's einen' – ‚unter uns (katholischen) Pfarrerstöchtern' – ‚einen Bart mit Dauerwellen haben' – ‚aus der Falle rollen'.

Schon Friedrich Seiler hat in seiner ‚Deutschen Sprichwortkunde' und ebenso W. Gottschalk in seinem Buch über ‚Die sprichwörtlichen Redensarten der französischen Sprache' den Bestand an Redensarten aufgeteilt nach den Lebens- und Kulturbereichen, denen sie entnommen sind. Kapitelüberschriften heißen etwa: ‚Der Mensch und sein Körper', ‚Die Nahrung des Menschen', ‚Die Kleidung des Menschen', ‚Jagd', ‚Kriegs- und Ritterwesen', ‚Rechts- und Gerichtswesen', ‚Dorf und Stadt' usw. Solche Zuordnungen sind natürlich oft sehr problematisch, vor allem dann, wenn die Zuweisung zu bestimmten Lebensgebieten

[22] Vgl. *A. Taylor:* The Proverb, a. a. O., S. 27.

[23] *Max Lüthi:* Das Sprichwort in der Zeitung, in: Proverbium 15 (1970), S. 80.

aufgrund des Befundes der heutigen Umgangssprache und mit Hilfe unseres heutigen Bewußtseins erfolgt und nicht durch entsprechende historische Belege gesichert ist. Groß ist z.B. die Zahl der Redensarten, die man auf die ritterliche Kultur des Mittelalters zurückgeführt hat. Namentlich das Turnier- und Kampfwesen hat den Bildbereich für viele Redensarten abgegeben, z. B. ‚für jemand eine Lanze brechen' – ‚einem den Steigbügel halten' – ‚mit offenem Visier kämpfen' – ‚einen aus dem Sattel heben' – ‚einen in Harnisch bringen' – ‚etwas im Schilde führen' – ‚den Spieß umkehren' – ‚einem den Fehdehandschuh hinwerfen' und viele andere.

Sicherlich beziehen sich solche Redensarten auf mittelalterliche Kampf- und Turniersitten, doch gehen sie in den meisten Fällen nicht unmittelbar darauf zurück. Vielmehr handelt es sich um sprachliche Neubildungen einer späteren Zeit. Die Erstbelege für diese Wendungen tauchen häufig so spät auf, daß erst die Mittelalterbegeisterung der Romantik und der Historismus des 19. Jahrhunderts sie populär gemacht haben können. Ein bildhafter Ausdruck wie ‚jemand auf den Schild erheben' ist z.B. eine ganz späte Redensart, auch wenn sie archaisch anmutet und aus einem heroischen Zeitalter zu entstammen scheint. Gerade wo man gar Widerspiegelungen altgermanischer Lebensgewohnheiten in sprichwörtlichen Redensarten gesucht hat, lassen sich meist noch viel weniger unmittelbare Abstammungen nachweisen. Vielmehr sind manche derartige Redensarten, wie z.B. ‚auf der Bärenhaut liegen', erst um 1500 in humanistischen Kreisen geprägt worden, als sich die Forschung mit der Schilderung germanischer Sitten beschäftigte und die ‚Germania' des Tacitus neu entdeckt wurde. Aber das Problem liegt noch tiefer: Der Herkunftsbereich der sprachlichen Bilder muß nicht unbedingt auch der Ort ihrer ursprünglichen redensartlichen Funktion sein. Hat wirklich ein Hirte zuerst die Redensart vom ‚Schäfchen' gebraucht, das ‚ins trokkene gebracht wird', oder war es vielleicht doch eher ein Kaufmann? Fragen dieser Art sind von Gottschalk, Singer, Borchardt-Wustmann, Seiler u.a. noch gar nicht aufgeworfen worden. Eine Redensart braucht jedenfalls geschichtlich nicht der Zeit des Kulturgutes anzugehören, das ihr Wortlaut enthält und auf das sie abzielt. Die Redensart ‚seine Zelte abbrechen' entstammt z.B. nicht einem frühzeitlichen Nomadenleben, sondern ist erst eine Prägung des 20. Jahrhunderts. Die Herkunft des sprachlichen Bildes sagt also noch nichts über Anwendung, Gebrauch und Funktion der Redensart aus. Viel interessanter ist hierbei die Frage: Wo taucht die Redensart zuerst außerhalb ihres Bildbereiches auf, d.h. wo ist sie denn nun zum erstenmal ‚redensartlich'? Wie lebendig oder verblaßt ist dabei das Bildbewußtsein? Die Wendung ‚am Zuge sein' gehört dem Wortschatz des Schachspielers an. Daran denkt man jedoch heutzutage nicht mehr bei einer Zeitungsschlagzeile wie etwa ‚Jetzt ist Bonn am Zuge'. Wenn ein Dieb der Polizei ‚durch die Lappen gegangen' ist, denkt niemand mehr an ein Jägerfachwort.

Die lebendige Sprache bevorzugt immer den bildkräftigeren Ausdruck: Statt ‚jemand die Augen zu öffnen', ist es ausdruckskräftiger zu sagen, ‚ihm den Star stechen' – eigentlich ein medizinischer terminus technicus. Indem ein Fachausdruck zum Allgemeingut wird, wird er überhaupt erst bildhaft gebraucht und zur sprichwörtlichen Redensart; er hat seine primäre Wirklichkeitsebene verlassen und ist zum bloßen Sprachbild geworden.

Das Problem ‚Sprache und Wirklichkeit' stellt sich in fast jedem Fall wieder anders, und so hat doch auch die alphabetische Ordnung unseres Materials ihre Vorzüge, indem sie Verallgemeinerungen und eine vorschnelle kulturgeschichtliche Einordnung einer Redensart ausschließt. Oft ist eine solche überhaupt nicht durchführbar, oder die Sachzuordnung ist doch äußerst fraglich. Woher stammt z.B. die Redensart ‚im Stich lassen'? Gehört sie in die soziale Umwelt des Turnierstechens? Kommt sie von der Biene, die ihren Stachel in der Wunde zurückläßt? Bedeutet ‚im Stich lassen' eine liegengelassene Nadelarbeit, oder ist gar

das Kartenspiel der Ursprungsbereich der Redensart?
Hier helfen nur genaue Zusammenstellung und Sichtung historischer Belege.
In der Erklärung sprichwörtlicher Redensarten ist oft recht phantastisch drauf los fabuliert worden, ohne daß man sich immer den Kopf zerbrochen hat, ob ein angenommener Bedeutungswandel auch psychologisch wahrscheinlich und geschichtlich begründet sein könnte. Auf kaum einem anderen Gebiet der sprachlichen Volksüberlieferung gibt es so viele dilettantische Versuche. Die Zahl neuerer populärer Redensartenbücher geht in die Dutzende, oft in humoristischer Form und gewürzt mit Anekdoten. Fast jedes Jahr bringt neue populäre Redensartenbücher hervor[24]. Vor nicht allzu langer Zeit ist das Buch eines bekannten Rundfunkjournalisten unter dem Titel ‚Das geht auf keine Kuhhaut' erschienen, wobei gerade die den Titel abgebende Redensart – aber nicht nur diese – in absolut laienhafter Weise gedeutet wird. Solche sog. ‚Sachbücher' erleben indessen meist hohe Auflagen, vor allem wenn sie noch hübsch surrealistisch illustriert sind. Die Deutung von Redensarten ist in der Gegenwart überhaupt fast eine Modeerscheinung geworden. Mehrere illustrierte Zeitungen, daneben aber auch Tageszeitungen, Werbehefte von Versicherungen und Verkaufsorganisationen, Jugendzeitschriften usw. führen ihre regelmäßig wiederkehrende ‚Ecke' mit Redensartenerklärungen, und es ist oft recht verwunderlich, welche Meinungen dabei ‚ins Kraut schießen'.
Dilettantismus in der Erklärung von Redensarten hat es freilich zu allen Zeiten gegeben. Bei manchen Redensarten hat man im Laufe der Zeit eine ganze Reihe mehr oder weniger einleuchtender Erklärungen zusammengetragen, z.B. für: ‚ins Gras beißen' und ‚weder gehauen noch gestochen'. Unser Lexikon führt in solchen Fällen alle Erklärungsversuche an, warnt aber auch ebensohäufig vor allzu weit hergeholten, obschon gerade solche für den sprachgeschichtlichen Laien oft bestechend wirken. In einigen Fällen besonders umstrittener oder ganz gegensätzlich gedeuteter Redensarten hat sich der betreffende Artikel zu einer kleinen Monographie ausgewachsen, die den augenblicklichen Forschungsstand referiert, z.B. bei: ‚einen ins Bockshorn jagen' – ‚die schwarze Kuh hat ihn getreten' – ‚das heißt Otto Bellmann' – ‚wissen, wo Barthel den Most holt' – ‚einem aufs Dach steigen' – ‚auf die lange Bank schieben' – ‚das Blatt hat sich gewendet'; außerdem unter den Stichworten ‚Kuhhaut', ‚Horn', ‚Katze', ‚Teufel' u.a. An solchen Artikeln soll die Problematik der Redensartenforschung aufgezeigt werden. Im Grunde müßte zu jeder Redensart eine Monographie vorgelegt werden können, und viele Stichworte würden eine solche Einzeluntersuchung zweifellos lohnen. Aber es fehlt allenthalben an brauchbaren Vorarbeiten und Einzeluntersuchungen, und so bildet dieses Buch höchstens die Vorstudien zu einem Corpus der sprichwörtlichen Redensarten. Ihr Ursprung ist bisher nur in ganz geringem Maße wirklich erforscht. Ganz einsam steht noch immer die ‚Weltgeschichte einer Redensart' des finnischen Gelehrten Matti Kuusi, der weltweit jene Redensarten vergleichend untersucht hat, mit denen man die meteorologische Erscheinung ‚Regen bei Sonnenschein' bildlich umschreibt[25]. M. Kuusi ist dabei auf höchst überraschende Zusammenhänge gestoßen (s. Stichwort ‚Kirmes'). Aber Ursprung und Sinn vieler anderer Redensarten sind und bleiben im dunkeln. Zu den Redensarten, für die wir keine genügende Erklärung haben, gehören z.B. einige für alte Jungfern. Das

[24] Z.B. *Ludwig Göhring:* Volkstümliche Redensarten und Ausdrücke (München 1936); *H. H. Brunner:* 24 beliebte Redensarten (Zürich 1956); *Kurt Krüger-Lorenzen:* Das geht auf keine Kuhhaut (Düsseldorf 1960); *ders.:* ... aus der Pistole geschossen (Düsseldorf – Wien 1966); *Karl Erich Krack:* 1000 Redensarten unter die Lupe genommen (Stuttgart 1965) und Fischer-Bücherei Nr. 965 (Frankfurt – Hamburg 1969); Extrakte hieraus hat der Burda-Verlag in der Illustrierten ‚Moderne Frau' veröffentlicht; *Heinrich Raab:* Deutsche Redewendungen (2. Aufl. Wien – Köln 1964); *Hans Dittrich:* Redensarten auf der Goldwaage (Bonn 1970); *Hans-Josef Meier-Pfaller:* Das große Buch der Sprichwörter (München – Esslingen 1970).

[25] *M. Kuusi:* Regen bei Sonnenschein, a.a.O.

deutsche ‚Giritzenmoos' und ‚Flederwische feilhalten' ist ebenso unverständlich wie englisch ‚to lead apes in hell' („Affen in die Hölle führen')[26]. Dunkel bleiben Redensarten wie: ‚Das ist ihm ein gefundenes Fressen' (vgl. engl. ‚to be duck soup for him'), ‚Fersengeld geben' – ‚flöten gehen'. Selbst von den international bekannten Redensarten sind viele bis jetzt nicht befriedigend erklärt worden. Es ist eine bedauerliche Tatsache, daß eine gültige Erklärung oder Altersbestimmung in vielen Fällen noch keineswegs gegeben werden kann. Viele Redensarten sind nach wie vor in ihrer Entstehung rätselhaft und werden es vermutlich auch bleiben.

Die Erklärung unseres Redensartenschatzes ist jedenfalls keineswegs etwas Abgeschlossenes, sondern bedarf unablässiger weiterer Forschung. Weniger als an phantasievollen Deutungsversuchen ist dabei an der systematischen Erschließung älterer literarischer Quellen und an der Auffindung von Frühbelegen für einzelne Redensarten gelegen.

Wie bei allen oralen Volkstraditionen gibt es auch bei den sprichwörtlichen Redensarten mündliche und literarische Überlieferungen, die sich gegenseitig überschneiden. Stets ist von dem ältesten erreichbaren Beleg des betr. metaphorischen Ausdrucks auszugehen, was recht schwierig ist, da sich diese meist nur in der volkstümlichen Rede fortgepflanzten Wendungen der literarischen Fixierung oft jahrhundertelang entziehen.

Die Erforschung der sprichwörtlichen Redensarten steht hinter der der Sprichwörter noch weit zurück. Das ist kein Zufall. Die systematische Erschließung historischer Belege ist bei den sprichwörtlichen Redensarten wesentlich schwieriger als bei den Sprichwörtern. Für Sprichwörter besitzen wir seit dem 15. und 16. Jahrhundert die berühmten Sammlungen des Erasmus von Rotterdam, von Johannes Agricola, Sebastian Franck, Eucharius Eyering, Christoph Lehmann u.a., nicht aber für die Redensarten. Ignaz Zingerles und Samuel Singers Nachweise des mittelalterlichen parömiologischen Gutes erstrecken sich ebenfalls vorwiegend auf die Sprichwörter, nicht eigentlich – und nur in Ausnahmen – auf die Redensarten. Das gleiche gilt für das umfassende Compendium der lateinischen Sprichwörter und Sentenzen des Mittelalters von Hans Walther. Für die sprichwörtlichen Redensarten aber sind die meisten Quellen noch nicht ausgeschöpft, obwohl doch auch hier in jedem Fall nach dem ältesten Beleg, nach dem frühesten Auftreten der betreffenden Redensart zu fahnden wäre. So wird es in vielen Fällen unmöglich bleiben, eine Redensart auch nur ungefähr zeitlich und örtlich zu bestimmen. Vor allem werden die individuellen Anlässe und Ursprünge der meisten Redensarten im dunkeln bleiben müssen.

Auch ist der Quellenwert der Frühbelege umstritten. Nicht immer geben die mittelalterlichen oder auch frühneuzeitlichen Sammlungen einen wirklichen Beweis für eine lebendige Volkstradition ihrer Zeit. U. U. ist eine Redensart verhältnismäßig spät in die Schriftsprache aufgenommen worden und dort erst nachweisbar, nachdem sie vorher in Umgangssprache und Mundart lange Zeit bestanden hat; dies scheint z.B. der Fall zu sein bei der Wendung ‚in die Binsen gehen'. – Redensarten können eine Zeitlang Mode sein wie beliebte Schlagworte; sie können wie Schlager oder Witze plötzlich aus der Vergessenheit auftauchen und dann wieder für längere Zeit verschwinden, um eines Tages doch wieder als neu empfunden zu werden.

Entsprechend dem hohen Alter vieler Sprichwörter und sprichwörtlicher Redensarten leben in ihnen bisweilen ältere oder veraltete Sprach- und Wortformen weiter. Das Sprichwort ‚Wie die Alten sungen, so zwitschern auch die Jungen' bewahrt z.B. die veraltete Konjugationsform ‚sungen'. Eine altertümliche Deklinationsform enthält das Sprichwort ‚Es ist nichts so fein gesponnen, es kommt doch endlich an die Sonnen'[27]. Andere Beispiele geben die Wendungen: ‚Gut Ding will Weile haben' – ‚Wes Brot ich ess', des Lied ich sing'' – ‚gang und gäbe'

[26] Vgl. *A. Taylor:* The Proverb, a.a.O., S. 191f.

[27] Vgl. *A. Taylor:* The Proverb, a.a.O., S. 82.

– ‚wie er leibt und lebt'. Oder einzelne Wörter werden in heute nicht mehr üblichen Bedeutungen gebraucht, z. B. ‚schlecht und recht' (‚schlecht' bedeutet hier soviel wie ‚schlicht'); ‚Kind und Kegel', wobei ‚Kegel' die unehelichen Kinder meint.

Um dieses Buch nicht nur für die Gegenwartssprache, sondern auch als Nachschlagewerk bei der Lektüre älteren Schrifttums brauchbar zu machen, schien es geboten, auch eine größere Anzahl heute ausgestorbener Redensarten mit zu berücksichtigen, die dem heutigen Leser erklärungsbedürftig erscheinen müssen. Bestimmte Passagen der Dichtung, und u. U. sogar entscheidende, bleiben sonst unverständlich, wie etwa die sprichwörtliche Formel ‚Ihr gebt mir ja nichts dazu' in Goethes Ballade ‚Vor Gericht'; oder die Wendung ‚einem das Bad segnen' in Verbindung mit Schillers ‚Tell'. Das vorliegende Buch erklärt auch eine ganze Reihe von Redensarten, die aus dem lebendigen Gebrauch der Sprache ausgeschieden sind, wie etwa ‚ein Loch durch einen Brief reden' – ‚Gänse beschlagen' – ‚aus einem hohlen Hafen reden' – ‚das Maul in den Himmel stoßen' – und andere mehr. Oft erhellt erst die Sprachgeschichte die ursprüngliche Bedeutung einer Redensart. ‚Etwas dick haben' erklärt sich z. B. aus der mhd. Bedeutung von dick, mhd. dicke = oft, massenhaft: Was man in Masse hat, dessen wird man leicht überdrüssig. In der Wendung ‚mir zulieb' ist noch die mhd. Bedeutung von liebe = Freude erhalten, was mit Liebe im nhd. Sinne nicht identisch ist.

Jede sprichwörtliche Redensart hat einen Inhalt und eine Form; sie gehört zu einem bestimmten sprachlichen Raum, d. h., sie hat einen geographisch begrenzten Geltungsbreich; sie hat ein bestimmtes Alter. Alle Faktoren bedingen sich gegenseitig. Wichtig ist deshalb die Heranziehung der heutigen Mundarten, die nicht selten ältere Varianten unserer Redensarten treu bewahrt haben und so über ihren ursprünglichen Wortlaut und Sinn Aufschluß geben können. In manchen Fällen kann u. U. ein und dieselbe Redensart in verschiedenen Landschaften und Mundartgebieten unterschiedliche Bedeutung haben. Ein Beispiel bietet die Redensart ‚Butter bei die Fische'.

Dieses Lexikon geht von der hochdeutschen Umgangssprache der Gegenwart aus, und hinsichtlich der Mundartbelege kann es natürlich keine Summierung der regionalen Mundartwörterbücher bieten. Auch haben Mundartwörterbücher nur in sehr unterschiedlichem Maße sprichwörtliches Redensartengut aufgenommen. Wohl aber sind die Mundarten einbezogen bei den allgemeinen Redensarten, wenn ihr Gebrauch sich nicht auf eine Mundartlandschaft beschränkt. Beispiele dafür bieten etwa die Stichworte. ‚Ällbot', ‚Bach', ‚Bacchus', ‚Glocke' und viele andere. Unzählig sind demgegenüber natürlich die mundartlichen Redensarten nur lokaler Prägung; sie sind ortsgebunden und u. U. schon im Nachbarort nicht mehr oder kaum verständlich. Solche Redensarten konnten hier nicht alle berücksichtigt werden. So bedeutet etwa die Abkürzung ‚schweiz.' einen Beleg im Schweizerischen Idiotikon, ‚obersächs.' einen entsprechenden in dem Wörterbuch von Müller-Fraureuth, ohne daß jeweils die genaue Lokalisierung angegeben oder der Frage nachgegangen werden konnte, wie partiell oder lokal, kleinräumig oder großräumig die betreffende Redensart in diesen Mundartlandschaften verbreitet ist.

Eine nicht geringe Rolle bei der Ausbreitung vor allem neuerer Redensarten spielt die ehemalige Reichshauptstadt Berlin. Viele allgemein gewordene Redensarten sind zunächst einmal Berliner Lokalausdrücke gewesen. Oft handelt es sich um humoristische Erweiterungen oder Verfremdungen althergebrachter Wendungen, wie z. B.: ‚Spaß muß sin bei de Leiche, sonst jeht keener mit' oder ‚Vorsicht ist die Mutter der Porzellankiste'.

Auch Hamburg und Köln haben viele Redensarten ausgestrahlt, und in H. Lützelers bekanntem Vortrag und Büchlein über die ‚Philosophie des Kölner Humors' finden sich auch wichtige Hinweise auf Kölner Redensarten. Sprichwörtliche Redensarten der norddeutschen Küstenlandschaften zeigen wieder ein ganz anderes Gepräge als die binnenländischen. Fisch, Schiff und See sind dort das beständige Reservoir für die Bildwelt der Redensarten, und das ganze Leben wird unter diesem Aspekt verglichen[28].

Die regionale Streuung hat auch der Atlas der deutschen Volkskunde in den zwanziger Jahren bei einigen Redensartengruppen erfragt (Fragebogen Nr. 5), z. B.: „Mit welchen brauchüblichen Redensarten nötigt man den Gast zum Essen?" (‚Eßt und trinkt, der Topf steht draußen' – ‚schont die Butter' – ‚tut wie zu Hause, denn dort muß man sparen' – ‚langt zu, aber mir nicht in die Haare') oder: „Was sagt man, wenn jemand das Eßbesteck fallen läßt?" Insbesondere redensartliche Vergleiche, z. B. beim Feld ‚arm wie ...' zeigen eine starke regionale und landschaftliche Aufsplitterung. Die geographische Grenze zwischen der Wendung ‚wie der Ochs vor dem Berg' und der parallelen ‚wie die Kuh vor dem neuen Scheunentor' verläuft quer durch das deutsche Sprachgebiet. Offenbar ist die Elbe die Grenze. Andere Variationen von Redensarten gehen auf geographische Verschiedenheiten zurück. ‚Etwas Überflüssiges tun' ist je nach Ort ‚Wasser in den Rhein tragen', aber auch ‚zur Elbe', ‚zur Donau' oder ‚ins Meer'.

Es wäre interessant, die heutige Verbreitung der Redensarten, dieser und anderer, kennenzulernen. Wir haben hier jedenfalls ein sprechendes Beispiel dafür, daß auch in der Redensartenforschung neben die geschichtliche die geographische Betrachtungsweise treten muß. Manche Redensarten sind von Landschaft zu Landschaft, von Mundartgebiet zu Mundartgebiet verschieden. Dem Begriff ‚gleichgültig' entspricht z. B. berlinisch: ‚Jacke wie Hose' oder ‚das ist mir piepe'; wienerisch jedoch: ‚das ist mir wurscht' und ‚das ist mir powidl'.

Die Frage: Wieweit sind Redensarten Gemeingut der verschiedenen Sprachlandschaften oder wie weit differieren sie, ist noch kaum gestellt worden, und der Volkskunde-Atlas hat solche redensartlichen Metaphern nur in Ansätzen erfragt und bearbeitet[29]. Hinzu treten müßte jetzt eine wesentlich umfangreichere und differenziertere Befragung.

Volkskundliche Redensartenforschung hat sowohl regional-mundartliche Forschungsaufgaben als auch internationale. Benötigt wird heute einerseits die Aufarbeitung des Redensartenbestandes einzelner Mundartgebiete. Wieder andere Aufgaben hat die vergleichende Redensartenforschung, die bis jetzt ebenfalls nur in ganz geringen Ansätzen vorhanden ist. Zunächst ist zu fragen, welche sprichwörtlichen Redensarten überhaupt internationale Verbreitung besitzen. Dazu gehören z. B. Wendungen wie: ‚mit dem linken Fuß aufstehen' – ‚das Eis brechen' – ‚das Gras wachsen hören' – ‚trocken hinter den Ohren' (engl. ‚dry behind the ears'). Entsprechungen im Redensartengut anderer Völker können Parallelen aufgrund eines gemeinsamen Kulturerbes sein, z. B. sprichwörtlich gewordene Bibelzitate, Weiterwirken antiken parömiologischen Gutes, aber auch spätere Entlehnungen. Die Wege der Redensarten von einem Volk zum anderen sind noch wenig erforscht[30]. Ebenso wissen wir noch zu wenig darüber, wer die Mittler von einem Kulturkreis zum anderen sind. Man kann dabei ebensogut an die zweisprachige Grenzbevölkerung denken wie an die berufsmäßigen Wanderer, Spielleute und Handwerker in früherer Zeit, Soldaten und Seeleute bis auf unsere Tage. Hinzu kommt das Werk von Dichtern und Schriftstellern, d. h. übersetzte Literatur aller Zeiten. Nicht auf dem Weg des Kulturkontaktes durch Nachbarschaft oder Wanderung, sondern nur auf dem literarischen Weg über Karl May, Wildwestroman und Westernfilm sind

[28] Vgl. *Rudolf Eckart:* Niederdeutsche Sprichwörter und volkstümliche Redensarten, a. a. O.

[29] Vgl. die Untersuchung von *Gerda Grober-Glück* aufgrund des Atlas-Materials; vgl. auch dies.: Zur Verbreitung von Redensarten und Vorstellungen des Volksglaubens nach den Sammlungen des Atlas der deutschen Volkskunde, in: Zs. f. Vkde. 58 (1962), S. 41–47.

[30] Vgl. *Franz Dornseiff:* Die griechischen Wörter im Deutschen (Berlin 1950); *Jürgen Werner:* Altgriechische Sprichwörter (Diss. Leipzig 1957); *Reinhold Strömberg:* Greek Proverbs (Göteborg 1954); *A. Otto:* Die Sprichwörter und sprichwörtlichen Redensarten der Römer (Hildesheim 1965).

z. B. Redensarten der nordamerikanischen Indianer in unseren Sprachschatz eingedrungen, wie: ‚das Kriegsbeil begraben' – ‚die Friedenspfeife rauchen' – ‚in die ewigen Jagdgründe eingehen'. Aber nicht immer sind die Entwicklungswege so klar. Meistens sind sie undurchsichtig und verworren.

Regionale und internationale Redensartenforschung unterscheiden sich nicht nur durch die geographische Perspektive. Ursprung und Verbreitung der international gebräuchlichen Redensarten sind vorwiegend literarisch, während die nur einem Volk oder einer Volksgruppe eigenen Redensarten meistens nur mündlich fortleben. Den beiden unterschiedlichen Gruppen entsprechen auch unterschiedliche Forschungsaspekte und Methoden[31].

Wie die Märchen- und Volksliedforschung verlangt auch die Sprichwort- und Redensartenforschung international vergleichende Aspekte, eine gewiß lohnende Aufgabe, die aber bis jetzt nur in ganz wenigen Ansätzen praktisch versucht worden ist, wie z. B. in M. Kuusis schon genannter Untersuchung ‚Regen bei Sonnenschein'. Auch unserem Lexikon kam es in einzelnen Fällen darauf an, die internationale Verbreitung eines redensartlichen Schemas aufzuzeigen, gerade z. B. bei ‚Kirmes in der Hölle', oder auch bei der verschiedenen Übersetzung von biblischen Wendungen in die einzelnen Nationalsprachen, wie etwa im Falle ‚Perlen vor die Säue werfen'.

Andererseits gibt es absolut unübersetzbare Redensarten und Sprichwörter, wie z. B. ‚Women have to give and to forgive, men to get and to forget', oder: ‚eat what you can and can what you can't'. Während hier nur ein Sprachspiel vorliegt, das im Deutschen nicht nachzuahmen, aber doch wenigstens leicht verständlich ist, verhält es sich mit den Redensarten anderer Kulturkreise z. T. wesentlich schwieriger. Das Verständnis des Redensartenschatzes ist an die Zugehörigkeit zu dem betreffenden Sprachkreis gebunden. An extremen Fällen wird dies besonders deutlich. Völlig fremd ist uns etwa die Bilderwelt japanischer Redensarten. In jedem einzelnen Fall zeigt es sich, daß die Übersetzung der Einzelworte noch keinen Sinn ergibt, sondern kulturspezifisch bedingt ist, z. B.: ‚gegen die Schuppen unterm Kinn des Drachen stoßen' (= sich die Ungnade des Kaisers zuziehen) – ‚wohlriechende Fußspuren betreten' (= einem tugendhaften Beispiel folgen) – ‚mit einer Papierlaterne Reiskuchen stampfen' (= sich erfolglos bemühen, auch im Sinne von Impotenz) – ‚von seinem Reisgehalt getrennt werden' (= entlassen werden)[32]. Diese letzte Wendung stammt aus der Feudalzeit, wo das Gehalt in Reis ausgezahlt wurde. Aber jede einzelne der genannten Redensarten kann nur von dem kulturellen Hintergrund Ostasiens her verstanden werden, der eben ein anderer ist als der unsere. Wie soll ein Forscher bei einem ganz fremden Volk ‚Sprichwörter' und ‚sprichwörtliche Redensarten' als solche überhaupt erkennen? Goethe sagt zwar (in ‚Sprichwörtliches'):

Sprichwörter bezeichnen Nationen,
muß aber erst unter ihnen wohnen.

Doch ist bei völkerpsychologischen Schlüssen größte Vorsicht geboten. Für sprichwörtliche Redensarten gilt das noch viel mehr als für die Sprichwörter, die immerhin eine bewertbare Aussage machen. O. Weise hat aufgrund der zahlreichen von Schrader gesammelten Redensarten, die ‚trinken' oder noch häufiger ‚sich betrinken' umschreiben, volkscharakterologische Schlüsse gezogen, wie z. B. den, die Deutschen müßten ja wohl alle notorische Säufer sein. Diesen Argumenten folgt noch Fr. Seiler in seiner Sprichwortkunde. In den meisten Fällen erklärt sich aber Synonymenreichtum bzw. häufige Behandlung desselben Themas dadurch, daß es sich um einen affektgeladenen Begriff handelt. Daß das Trinken im Leben unseres Volkes eine besondere Rolle spielt, läßt sich jedenfalls leichter aus der Statistik des Wein- und Bierkonsums errechnen als

[31] *V. P. Anikin:* 10 Thesen, in: Proverbium 2 (1965), S. 31.

[32] Nach *Paul Emann:* Die Sprichwörter und bildlichen Ausdrücke der japanischen Sprache (2. Aufl. Tokio 1927).

aus der Tatsache, daß es im Deutschen so viele redensartliche Umschreibungen für ‚sich betrinken' gibt bzw. viele Sprichwörter, in denen es um das Trinken geht. Wenn mit der Wichtigkeit eines Begriffes oder einer Sache die Zahl der Bezeichnungen notwendig stiege, müßten wir viel mehr Ausdrücke für Gegenstände und Vorgänge etwa auf dem Gebiet von Technik und Sport haben. Oft erklärt sich Bezeichnungsvielheit bzw. immer neue Variationen gleicher oder ähnlicher Gedanken auch aus dem Bedürfnis, sich anders auszudrücken als der Gesprächspartner, oder als man sich selbst vorher ausgedrückt hat[33].

Schließlich muß noch etwas über die Funktion, den Gebrauchswert und das Stilregister der sprichwörtlichen Redensarten gesagt werden. Zwischen einer literarisch gehobenen Verwendung und einer ausgesprochenen Slang-Funktion von sprichwörtlichen Redensarten gibt es eine ziemlich große Spannweite ihrer möglichen Anwendung, d.h. die Gebrauchsfunktion und die Stilfärbung sind sehr unterschiedlich. ‚Gebildete' und ‚volkstümliche' Redensarten sind nicht im Prinzip oder in der Form verschieden, nur zeigen sie eine verschiedene soziale Schichtung ihrer Anwendung, verschieden große Verbreitung. Das Sprichwort ‚Man lernt, solange man lebt' hat z.B. mehr das Ansehen einer gebildeten Sentenz. Viel urwüchsiger und bildkräftiger drückt sich die Volkssprache bei gleichbleibendem Inhalt aus:

Man wird so alt wie 'ne Kuh
und lernt immer noch dazu.

Es gibt eine ganze Anzahl mehr literarisch-buchmäßiger Redensarten, wie z.B. ‚zwischen Scylla und Charybdis stehen', d.h. zwischen zwei Gefahren, oder ‚den Firnis der Kultur abstreifen', d.h. sich ungebunden, ohne Hemmungen benehmen; oder ‚mit Engelszungen reden'. Diese Wendungen gehören nicht in die einfache Alltagsrede. Dazu sind sie zu gewählt. Ausgesprochen papieren wirken die Wendungen: ‚einer Sache Abbruch (Eintrag) tun' und ‚etwas in Anschlag bringen'. Diese Redensarten sind farblos, aktenmäßig; sie haben keine Anschaulichkeit und erscheinen deshalb mehr als Kennzeichen eines Amtsstils. Geschraubt wirkt ‚die Honneurs machen', d.h. bei großem Empfang in einem vornehmen Hause jeden einzelnen der eintreffenden Gäste begrüßen. Ausgesprochen derbe Wendungen sind dagegen etwa: ‚einem über das Maul fahren', ‚das stinkt zum Himmel' und viele andere. Mit der Entstehung der sprichwörtlichen Redensarten in bestimmten Gesellschaftskreisen ist ihre ursprüngliche Stilfärbung verknüpft, und ein Teil von ihnen hat diese ursprüngliche stilistische Färbung bewahrt. Daneben gibt es aber eine mindestens ebenso große Anzahl von Redensarten, die ihrem Ursprung zum Trotz, in andere Stilschichten übergegangen sind. Wir können verfolgen, wie ursprünglich grobe oder familiäre Redewendungen in ihrer Wirkung allmählich verblassen und in die Literatursprache einziehen. Umgekehrt gibt es Redensarten, die in ‚exklusiven' Kreisen entstanden, mit der Zeit sich aber über die ganze Gesellschaft ausdehnen[34].

Es liegt in der Natur der Volkssprache, daß auch derbe, unflätige und oft obszöne Ausdrücke fallen. Selbst unappetitliche Stichworte, wie ‚Furz', ‚Pisse' und dergleichen, durften in diesem Wörterbuch nicht aus Prüderie ausgelassen werden. Hinzu kommt ein unverhältnismäßig großer Vorrat an Wendungen für trinken, betrunken sein, an Flüchen, Schimpfworten und Drohungen. Auch sie gehören zum ‚Volksvermögen', um mit Rühmkorf zu sprechen, der diesen Niederungen der Volkssprache ein ganzes Buch gewidmet hat. Ältere Redensartendarstellungen haben sich hier mancher Unterschlagung schuldig gemacht. So ist z.B. das aus Mundarten und Umgangssprache nicht wegzudenkende Wort ‚Arsch' von Borchardt-Wustmann einst züchtig beiseite gelassen worden.

Obwohl man immer wieder sagt: ‚Schreibe, wie du sprichst', warnen allerorten doch die Lehrer eines guten, geho-

[33] *Jürgen Werner:* Altgriechische Sprichwörter, a.a.O.

[34] *Elise Riesel:* Stilistik der deutschen Sprache (Moskau 1959), S. 193.

benen und gepflegten Stils vor dem unmäßigen Gebrauch sprichwörtlicher Redensarten[35], und sicher passen sie nicht in einen Beileidsbrief und auch nicht in eine wissenschaftliche Abhandlung oder in eine akademische Ansprache. Ganz bewußt bedienen sich ihrer aber alle, die sich an ein breiteres Publikum wenden: Zeitungen, die Werbung, die Reklame, die politische Propaganda. Redensarten verraten einen gewissen Mangel an Individualität, kollektive Existenz, Neigung zum Formelhaften und zu volkstümlichen Denkklischees. Sie sind Kennzeichen einer nicht individuellen Ausdrucksweise, die sich eben der vorgegebenen volkstümlichen Denkmodelle bedient. Und doch geben sprichwörtliche Redensarten der Sprache eine gewisse Frische und Natürlichkeit. Man kann mit Redensarten so manches ausdrücken, was man mit eigenen Worten nicht sagen möchte oder auch einfach nicht sagen kann. Es gibt sogar brauchmäßig geregelte Fälle, in denen man es von uns geradezu erwartet, uns formelhaft auszudrükken, z.B. bei Gratulationen und Kondolationen (‚herzliches Beileid'). Sprichwörtliche Redensarten sind die Rhetorik des einfachen Mannes. Er liebt die Redensarten, besonders die drastischen, und verwendet sie unbefangen in allen Sprachsituationen. Sie gehören vor allem zum mündlichen Sprechstil.

Für den Ausländer bedeuten Redensarten die höchste Stufe in der Aneignung der fremden Sprache. Die Schwierigkeit ihrer Verwendung besteht darin, daß „es ja das wesentliche Merkmal einer idiomatischen Wendung ist, daß sie *nicht* das bedeutet, was sich aus den Bedeutungen der Einzelwörter zu ergeben scheint"[36]. Sinn und Bildbewußtsein einer Redensart können nur aus der Funktion beurteilt werden, d.h. in Kenntnis der konkreten Anwendungszusammenhänge. Dieses Lexikon will jedoch vor allem ein historisches Wörterbuch sein, d.h. es gibt Antwort auf die Frage: ‚Woher kommt?', nicht auf die Frage: ‚Wann sagt man ...?'

Deshalb sind zur Benutzung des Lexikons noch einige technische Hinweise notwendig: In den einzelnen Artikeln sind eine oder mehrere Redensarten zusammengefaßt, sie bringen die Bedeutung, Hinweise auf die Anwendungssituation, historische Belege, auch Bildquellen zur Erklärung und, falls wissenschaftliche Untersuchungen zu einzelnen Problemen vorliegen, eine kurze Zusammenfassung der Ergebnisse. Am Schluß der Artikel finden sich weiterführende Literaturangaben. Am Ende des Lexikons befindet sich außerdem eine umfangreiche Bibliographie der wichtigsten Sprichwörter- und Redensartenliteratur.

Da die Einordnung der sprichwörtlichen Redensarten nach Stichworten in alphabetischer Reihenfolge problematisch ist, ist dem Band ein Register beigefügt worden. Das Register dient vorzugsweise zur Aufschlüsselung der Sammelartikel. Außerdem will es die Auffindung solcher Redensarten erleichtern, die nicht nach den Anfangsbuchstaben ihrer Einzelwörter behandelt sind. Man findet z.B. abgeleitete Verbalformen beim Grundwort, etwa ‚wie gerädert sein' bei ‚Rad'; ‚geschniegelt und gebügelt' bei ‚schniegeln'; ‚es hat geschnappt' bei ‚schnappen'; ‚gehupft wie gesprungen' unter ‚hüpfen'. Schließlich bringt das Register entsprechende Verweise, wenn auf eine Redensart noch unter anderen Stichworten Bezug genommen wird. Von einem Artikel erfolgen Verweise (↗) zu anderen, die ähnliche Redensarten anführen oder zu dem gleichen Sinnzusammenhang gehören.

Vieles verdankt dieses Wörterbuch selbstverständlich anderen lexikalischen Vorgängern, die im Literatur-Verzeichnis aufgeführt sind. Besonders hervorgehoben seien aber das Deutsche Wörterbuch der Brüder Grimm, das Deutsche Sprichwörter-Lexikon von K. Fr. W. Wander, das Zitatenlexikon geflügelter Worte von G. Büchmann, das Wörterbuch der deutschen Umgangssprache von Heinz Küpper, die Deutsche Idiomatik von W. Friederich und vor allem die ‚Sprichwörtlichen Redensarten im deutschen

[35] *W. Schmidt-Hidding:* Sprichwörtliche Redensarten, a.a.O., S. 123.
[36] *Wolf Friederich:* Moderne deutsche Idiomatik, a.a.O., S. 7.

Volksmund' von Borchardt-Wustmann-Schoppe sowie die 7. von Alfred Schirmer besorgte Auflage dieses Büchleins. Obwohl sich die Zahl der Stichworte gegenüber diesem einst maßgebenden Nachschlagebuch für sprichwörtliche Redensarten etwa verzehnfacht hat, ist dieses Werk uns doch darin vorbildlich geblieben, daß es für einen breiten interessierten Leserkreis bestimmt ist. Zur Lektüre des Buches sollten keine wissenschaftlichen Vorkenntnisse nötig sein. Wir haben uns bemüht, alles in allgemeinverständlicher Weise zu erklären. Die aus Platzersparnisgründen notwendigen zahlreichen Abkürzungen werden in dem beigegebenen Abkürzungsverzeichnis erklärt.

Zum Schluß ist es mir ein besonderes Bedürfnis, all denen herzlich zu danken, die bei der Bearbeitung des Materials mitgewirkt haben. Wesentlichen Anteil haben dabei meine früheren Mainzer und jetzigen Freiburger Mitarbeiter und Schüler: Dr. Peter Andraschke, Dr. Rolf W. Brednich, Werner Enzler, Rudolf Goerge, Heinke Hempel-Binder, Dr. Agnes Hostettler, Klaus König, Dr. Hannjost Lixfeld, Dr. Dietz-Rüdiger Moser, Ingrid Nürnberger, Dr. Eberhard Orth, Dr. Leander Petzoldt, Dr. Manfred Reinartz, Fritz Uhl †, Renate Wiehe. Die Deutsche Forschungsgemeinschaft hat dankenswerterweise zeitweilig durch eine Sachbeihilfe die Bezahlung einer wissenschaftlichen Hilfskraft für die vorausgegangenen Katalogisierungs- und lexikalischen Arbeiten unterstützt. Wissenschaftliche Hilfskräfte meines Freiburger Seminars haben diese Arbeiten fortgesetzt. Trotz der Mithilfe vieler wäre aber dieses Lexikon doch nie zum Abschluß gekommen ohne die aufopfernde und nimmermüde Tätigkeit meiner Freiburger Assistentin Gertraud Meinel. Sie hat eine große Zahl von Artikeln verfaßt, zahllose andere redigiert, Zitate und Literaturangaben überprüft, Abkürzungen und Zeichensetzung koordiniert und vor allem in der letzten und entscheidenden Phase der Arbeit die redaktionelle Arbeit umsichtig und energisch geleitet. Ihr gebührt darum mein ganz besonders herzlicher Dank.

A

A. *A gesagt haben:* zu Beginn sein Einverständnis erklärt, seine Einwilligung gegeben haben u. deshalb nicht mehr zurückkönnen, etw. fortführen müssen. Die Wndg. begegnet oft in der Form einer Zurechtweisung: ‚Du hast A gesagt': du mußtest wissen, was du tatest; beklag dich nun nicht.
Die Rda. spielt als eine Art Kurzform auf das bekannte Sprw. ‚Wer A sagt, muß auch B sagen' an: wer eine Sache begonnen hat, muß auch damit fortfahren u. die (oft unangenehmen) Konsequenzen tragen; wer einen Vertrag (leichtfertig) geschlossen hat, muß die Bedingungen erfüllen, auch wenn es schwerfällt. ‚A' steht hier, als erster Buchstabe des Alphabets, für den Beginn einer Angelegenheit, ‚B', als zweiter Buchstabe, für deren Fortführung in logischer Folge.

‚A gesagt haben'

Im Berlin. steht ‚A' auch für das ganze Alphabet u. sogar für eine ganze Sprache in den Rdaa.: ‚He hett dat A nich lehrt': er kann nicht lesen u. schreiben, ↗ABC, u. ‚Meine Juste lernt jetzt de franzesche A': sie lernt jetzt die frz. Sprache.
Etw. ist das A und O für jem.: eine Sache ist für ihn elementar wichtig, eine Lebensbedingung, die Grundvoraussetzung.
Im griech. Alphabet ist A der erste und O (Ω) der letzte Buchstabe; daher stammt die Rda. *das A und O von etw. sein:* Anfang und Ende, alles bei einer Sache sein.
Die Rda. beruht auf einigen Bibelstellen (Offenbarung 1,8; 21,6 u. 22,13). Bes. die christl. Kirche bedient sich daher der Zeichen A u. O zur symbolischen Umschreibung der Allmacht Gottes.
Von A bis Z: vom Anfang bis zum Ende, z. B. ‚Die Geschichte ist von A bis Z erfunden' (↗tz). Die Rda. stammt aus dem schulischen Elementarunterricht. Ähnl. *Das A ist nicht so schwer wie das Z.* Brendicke weist die Rda. für das 18. Jh. im berl. Raum nach: ‚Von A bis Zet' (S. 5); vgl. engl. ‚from A to Z' u. frz. ‚De A à Z'.

Lit.: *H. Brendicke:* Berliner Wortschatz zu den Zeiten Kaiser Wilhelms I. (Berlin 1897); *S. Mauermann:* Der richtige Berliner in Wörtern und Rdaa. (Berlin 1921, ²1925); *E. G. B.:* From A to Z, in: American Notes and Queries 2 (1924), S. 17.

Aal. Der Aal ist wegen seiner schleimigen Haut zum sprw. Bild des Glatten und Schlüpfrigen, wegen seiner Beweglichkeit zum Bild des leicht Entgleitenden und Lebhaften geworden.
Glatt wie ein Aal sein: listig, schlau, gerieben, diplomatisch, durchtrieben, raffiniert, doppelzüngig sein. Mit dem rdal. Vergleich *Er ist glatt wie ein Aal (aalglatt)* bez. man einen schlauen Menschen, der sich immer wieder entwindet, wenn man ihn gefaßt zu haben glaubt. Der *Aalglatte* ist genausowenig zu fangen wie ein Aal. Schon bei den Römern hieß es sprw. (Plautus: ‚Pseudolus' II, 4): „Anguilla est: elabitur" (Er ist ein Aal: er entwischt). Goethe (‚Faust', V. 5231): „Durch Drang und Menge aalgleich zu schlupfen". Rhein. heißt es noch heute: ‚Wie en Aal es er mir durchgewitscht'.
Die Beweglichkeit des Aals wird in der Volkssprache bildl. auf den Menschen übertr. Man sagt: *sich winden wie ein Aal:* einer Schwierigkeit, einer peinlichen Lage zu entschlüpfen suchen, sich aus einer Verlegenheit herauszuschlängeln wissen. Bei Walther von der Vogelweide (76,117;

Paul) heißt es: „Der sich dem man wint ûz der hant reht als ein âl". In Goethes ,Götz' (IV, 3) spricht Franz von Sickingen: „Laß sie sich wenden wie Äle in einer Reusse, sie sollen uns nicht entschlüpfen".
Viel ergiebiger und variabler als die lit. Belege sind die mdal., z.B. rhein. ,He hätt sich bi en Ol erausgeschlängelt' (aus der Verlegenheit); ,he krengelt (dräit) sich wie ene Ol'; ,das flutscht wie en Ol'; dagegen allerdings auch: ,Er krümmt sich (vor Schmerzen) wie ein Aal'. Doch wird das Sich-Winden des Aals meist als lustbetonte Bewegung gedeutet: *sich aalen* ist eine heute in ganz Dtl. verbreitete Wndg. mit der Bdtg.: sich faul dehnen und strekken, sich behaglich ausruhen, bes. an der Sonne und am Strand. Ihren Ausgang nahm sie wahrscheinl. in der 2. H. des 19. Jh. aus Ostmitteldtl. Dort besteht der Volksglaube, der Aal gehe nachts gerne an Land und werde in feuchten Wiesen häufig von der Sonne überrascht.
Den Aal beim Schwanze fassen: etw. verkehrt anfangen. Das Bild vom schlüpfrigen Aal ist bereits antik, aber erst im MA. ist auch von seinem Schwanz die Rede. Nur ist kaum zu unterscheiden, von wo die Neuerung ausging, da sie in Frankr. und in Dtl. gleichmäßig auftritt, zunächst in lat. Hss. des MA.: „Qui tenet anguillam per caudam, non habet illam" (MSD. XXII, 2, 192). In der Sammlung des Erasmus von Rotterdam heißt es: „Quod hodieque vulgo dicitur: anguillam cauda tenes" (,Adagia' 26v). In der mhd. Lit. ist die Rda. zuerst bei Heinrich von Melk (,Priesterleben', V. 166) belegt: „Ûz den handen si im sliffent, als der âl bî dem zagele". Bei dem Mystiker Heinrich Seuse heißt es (Dt. Schriften, hg. v. K. Bihlmeyer, Bd. 9, S. 16): „Swer den helen visch, der da haißet ein al, bi dem sweif wil haben und ein heiliges leben mit lawkeit wil an vahen, der wirt in baiden betrogen". „Dann ir habt euern man als den öl bei dem swantz" schreibt 1485 Kurfürst Albrecht von Brandenburg seiner Tochter. Im 16. Jh. heißt der Spruch bei Gartner (,Proverbia Dicteria' 1566, S. 48) und Seidel (,Loci Communes' 1572): „Non tenet anguillam, qui per caudam tenet illam. Wer einen Ahl hält bey dem Schwantz, dem bleibt er weder halb noch gantz". Auch Luther ist die Rda. sehr geläufig: „Er (der Kardinal Cajetan) dachte, er hette mich in der klappen, so hat er den ahl bey dem schwantze" (Eislebener Ausg. 1564, Bd. 1, S. 3); oder: „Aber ich besorge, ich werde zuletzt den ahl bey dem schwantze nicht halten, so ringet und dringet er sich zu drehen" (Burkhardt: Luthers Briefwechsel, Bd. 1, S. 293). Ebenso heißt es noch in der heutigen schweiz. Mda. ,Wer en Ol hät beim Schwanz, der hät-en nid halb und nid ganz'; ndd. ,He krigt den Aal bi den Steert', er will einen Vorteil erhaschen und fängt es unrecht an (vgl. auch frz. ,Qui prend l'anguille par la queue et la femme par la parole, peut dire qu'il ne tient rien' [veraltet]; engl. ,There's as much hold of his words as of a wet eel

,Den Aal beim Schwanze fassen'

by the tail', man kann sich an sein Wort so halten, wie bei einem nassen Aal an den Schwanz); vgl. auch ,das ↗Pferd beim Schwanz aufzäumen'.
Friedrich von Logau (1604–55) vergleicht das ,Aalglatte' mit den Versprechungen von Frauen und fühlt sich gleichermaßen betrogen:

Wer einen Aal beim Schwanz
und Weiber faßt bei Worten,
Wie feste der auch hält,
hält nichts an beiden Orten.

Kainis belegt einen ähnl. Spruch für Oesterr. (S. 7): ,Wer einen Aal nimmt beim Schwanz und eine Frau beim Wort, der bringt wenig fort'; vgl. engl.: ,to catch the eel of Science by the tail'.
Einen (kleinen) Aal haben: leicht betrunken sein. Die Rda. ist vor allem mdal. verbreitet, z.B. rhein. ,su voll wie en Ol'; moselfr. ,Er seift wie en Ol' oder ,He hot en Ol im Deppen'; ,Der hat aber en Aal!' Alle diese Wndgn., deren Herkunft noch nicht geklärt ist, bedeuten: er ist betrunken (↗trinken).

Lit.: *J. Hooper:* To catch the eel of Science by the tail, in: American Notes and Queries 7, 1 (1886), S. 138; *O. Keller:* Der Aal, in: ders.: Die antike Tierwelt 2 (Leipzig 1913), S. 357–359; *Singer* I, S. 159f.

Aas (toter, in Verwesung übergehender Tierkörper). Wird in seiner wörtl. Bdtg. noch in dem stehenden rdal. Vergleich *stinken wie ein Aas* gebraucht. Bildl. auf Personen übertr. ist Aas als Schimpfwort seit dem späten MA. belegt. Rüdiger von Müner nennt den Druckgeist Mahr „ein elbischez âz" (GSA. III, 60), und Hans Sachs gebraucht: „Du Aas! (vgl. frz. ,Charogne!') Ihr Äser! Du faules Aas!" In der ,Rockenphilosophie' (1705–06, Bd. 3, S. 264) wird gerügt: „Es ist nicht fein, wenn sie die Kinder wohl gar Donner-Ässer, Hagel-Ässer nennen". Sehr gebräuchl. sind noch heute die Verstärkungen ,Rabenaas' und ,Schindaas' (mdal. rhein. ,Schinoos'), eigentl. ein für den Schinder reifes Tier.
Ein Kuriosum in der Geschichte der Kirchenlieder ist die sog. ,Rabenaas-Strophe': „Ich bin ein rechtes Rabenaas, ein wahrer Sünden-Krüppel" ersch. seit 1840 in kirchl. Gesangbüchern. Man nimmt heute an, daß sie den parodierten Kirchenliedern der Barockzeit angehört. Der mit Friedrich Engels befreundete Fr. W. Wolff veröffentlichte diese Rabenaas-Strophe als angebliche Probe „aus einem alten Gesangbuche" ohne Verfasserangabe 1840 in den ,Schles. Provinzialblättern'. Populär wurde die Strophe wieder durch Thomas Mann, der sie in den ,Buddenbrooks' vollständig in einer Andacht „zu einer feierlichen, glaubensfesten und innigen Melodie" (I, S. 352) singen läßt:

Ich bin ein rechtes Rabenaas,
Ein wahrer Sündenkrüppel,
Der seine Sünden in sich fraß,
Als wie der Rost den Zwippel.
Ach Herr, so nimm mich Hund beim Ohr,
Wirf mir den Gnadenknochen vor
Und nimm mich Sündenlümmel
In deinen Gnadenhimmel.

Berl. wird Aas aber heute auch i.S.v. ,tüchtig' gebraucht: ,Er is 'n Aas uf de (Baß-)Jeije', ein Hauptkerl (↗Baßgeige). Vielleicht ist die Wertwandlung von der Schelte zum Lob unter dem Einfluß von frz. ,un as' (ein tüchtiger Kerl, urspr. As im Kartenspiel) vor sich gegangen. Jem., der alles besser weiß, ist ein ,kluges Aas'; ein Belesener ein ,gelehrtes Aas'; ein elegant Gekleideter ein ,feines Aas', meckl. gilt ,sötes Aas' auch als Bez. eines netten Mädchens oder eines reizenden Kindes. Schließlich bedeutet Aas auch allg. der Mensch, bes. in der Wndg. ,kein Aas', niemand, ↗Rabe.

Lit.: *Th. Mann:* Buddenbrooks. Verfall einer Familie (Berlin 1926); *P. Klemm:* Art. ,Rabenaasstrophe', in: RGG.V (³1960), Sp. 760.

ab. *Ab dafür!:* bekräftigende Redewndg. zum Abschluß einer Handlung, wie z.B. ,einverstanden!' oder ,das Geschäft ist getätigt!' Die Rda. ist um 1920 als Schieberausdr. aus dem Bakkaratspiel übernommen worden: haben die Spieler ihre Sätze gemacht, so bekundet der Bankhalter mit diesem Ruf, daß er einverstanden ist. ,Ab' meint: jetzt geht's los; mit ,dafür' drückt er aus, daß er alles, was an Beträgen gesetzt ist, halten will.
Ab durch die Mitte!: wegtreten!, voran!, marsch!; stammt aus dem ↗Spießrutenlaufen. Auf diesen Befehl hin wurde der Delinquent durch die Mitte der aus zwei

Gliedern Soldaten gebildeten Gasse getrieben. Der Ausdr., seit Anfang des 19. Jh. aus Kassel, dem Rheinl. und dem Vogtland bezeugt und bes. bei Soldaten, Sportlern und Schülern verbr., kann auch den Regieanweisungen von Bühnenstükken entnommen worden sein in der heutigen Bdtg. ‚verschwinde!'.

Ab nach Kassel!: hinaus!, fort! Die Rda. wurde mit dem Untertanenverkauf der hess. Landesfürsten an die Engländer zur Teilnahme am nordamer. Kolonialkrieg in Zusammenhang gebracht; die Sammelstelle war Kassel. Als 1870 Napoleon III. ins Exil nach Kassel-Wilhelmshöhe geschickt wurde, drang die Rda. mdal. durch. Vor 1870 ist die Aufforderung ‚Ab nach Kassel!' nirgends belegt; das erste schriftl. Zeugnis findet sich 1895 in Joseph Kürschners Buch: „Der große Krieg 1870/71 in Zeitberichten". Auf einem darin wiedergegebenen Flugblatt erscheint Napoleon III. als gebrochener Mann. Rechts und links von ihm stehen Moltke und Bismarck. Bismarck weist gebieterisch mit einem Arm nach Osten. Unter der Darstellung steht: „Ab nach Cassel!"

‚Ab nach Kassel'

Lit.: *J. Kürschner:* Der große Krieg 1870/71 in Zeitberichten (Berlin 1895); *A. Landau,* in: Mitteilungen zur jüd. Vkde., Bd. 10 (1908), S. 35 f; *Küpper* II, S. 37.

abbeißen. *Einen abbeißen* (auch: *abknappern*): einen (Schnaps) trinken, umg., bes. ostmdt., nach der gierigen Geste beim Ansetzen des Glases. Verbr. ist die Aufforderung: *Wir wollen noch einen abbeißen!* Der älteste Beleg steht für Berlin 1850 in der Sammlung Kollatz-Adam.

Keinen Faden abbeißen ↗ Maus.

Sich eher den Finger abbeißen ↗ Finger.

Den Heiligen die Füße abbeißen ↗ Fuß.

abblitzen. *Einen abblitzen lassen:* ihn kurz und schlagfertig (auch: schroff) abweisen; bes. bei Annäherungsversuchen oder Heiratsanträgen. Die Rda. ist erst seit etwa 1840 bezeugt (z. B. 1838 in Grabbes ‚Hermannsschlacht'). Das rdal. Bild stammt vom wirkungslosen Verpuffen des Schießpulvers, das bei den Gewehren vor und während der Befreiungskriege bisweilen mit blitzartiger Lichterscheinung von der Gewehrpfanne wegbrannte, ohne daß der Schuß losging; noch nicht in übertr. Sinne bei Ludwig Tieck (‚Novellenkranz' [1834], Bd. 4, S. 113): „Das Pulver war mir von der Pfanne abgeblitzt". Aus demselben Wirklichkeitsbereich stammen die Rdaa. ‚etw. auf der ↗ Pfanne haben' und ‚verpuffen'. Da heutzutage die altertümliche Gewehrkonstruktion nicht mehr bekannt ist, ist das zugrunde liegende Bild so abgeblaßt, daß das ältere ‚abblitzen lassen' oft zu ‚abblitzen' verkürzt wird.

abbrechen, Abbruch. *Brich dir (man) nichts ab! Brich dir nur keinen ab:* sei nicht so eingebildet, hochmütig, übertrieben vornehm; benimm dich nicht so gespreizt, rede nicht so geschwollen! Als Objekt des Abbrechens kommen zwei Möglichkeiten in Betracht: *Brich dir keinen Zacken aus der Krone!* (↗ Zacken), wobei die Krone eben Inbegriff der (eingebildeten) Vornehmheit ist. In der städtischen Umgangssprache wird aber auch zuweilen an Möbel mit empfindlichen Zieraten gedacht. Deshalb hört man auch: *Brich dir keine Verzierung ab!*

Vgl. frz. ‚Ne te casse rien!' i. S. v. ‚Reiß dir kein Bein aus!'

Einer Sache keinen Abbruch tun: es entsteht kein Schaden, keine Beeinträchtigung dadurch. Wie bei der Rda. *Das tut*

doch der Liebe keinen Abbruch erfolgte die Übertr. des Begriffes vom Bauwesen her.
Auf Abbruch heiraten: eine ältliche Person heiraten, mit deren baldigem Ableben zu rechnen ist. Die seit dem Ende des 19. Jh. bezeugte Rda. ist wohl eine scherzhafte Nachbildung der Wndg. *ein Haus auf Abbruch kaufen;* berl. ‚Se nimmt ihn (einen reichen alten Mann) uf Abbruch un behält de Baustelle'.

Abc. Die Rdaa., in denen das Abc eine Rolle spielt, sind sehr zahlreich; darin wird manchmal der allumfassende Charakter des Alphabets betont, manchmal die Wichtigkeit des Abc als Grundlage des Lernens und manchmal die strenge, unabänderliche Reihenfolge der Buchstabenordnung.

Bilder-Abc

Das Abc einer Sache (Wissenschaft) lernen: die Anfangsgründe, von Grund auf lernen. Das Abc ist der Anfang allen bewußten Lernens überhaupt und steht darum vergleichend für die Anfänge, die einfachsten Grundlagen jedes Wissensgebietes, z.B. ‚das Abc der Geometrie'; „daß Newton erst hier bemerkt, was zu dem Abc der prismatischen Erfahrungen gehört" (Goethe, Ausg. letzter Hand, Bd. 59, S. 157). Negativ gewendet: *Der kennt nicht einmal das Abc;* vgl. frz. ‚Il ne connaît pas son alphabet' (oder: *Der kann nicht einmal A sagen*): er kann gar nichts; *der versteht davon soviel wie eine Kuh vom Abc:* nichts; vgl. frz. ‚Il n'en connaît pas le B-A-BA'; *dein Abc verstehe ich nicht.* Übertr.: *einem das Abc aufsagen:* seine ganze, uneingeschränkte Meinung sagen. Bereits aus dem 16. Jh. bezeugt ist die Rda. *einen durchs Abc loben* (oder *preisen*), etwa so: a) er ist gescheit, b) er ist fleißig, c) er ist liebenswürdig usw.; scherzhaft fügt man wohl auch hinzu: ‚beim X werde ich anfangen'.
Das paßt in mein Abc nicht rein: es paßt nicht zu meinen Vorstellungen.
Ein Abc-Schütze sein: ein Schulanfänger. Schütze bez. schon im frühen 15. Jh. den Anfänger im Lernen. Die Übers. des lat. ‚tiro' = Rekrut, Neuling wurde wohl irrtüml. mit dem ital. ‚tirare' und dem frz. ‚tirer' = schießen in Zusammenhang gebracht.

Lit.: *K. Knortz:* Folkloristische Streifzüge (Oppeln 1899), S. 14; *I. Willke:* ABC-Bücher in Schweden. Ihre Entwicklung bis Ende des 19. Jhs. und ihre Beziehung zu Dtl. (Lund 1965).

Abend. *Es ist noch nicht aller Tage Abend:* die letzte Entscheidung ist noch nicht gefallen. In Luthers Briefen steht: „Ists doch noch nicht aller Tage Abend, so sind noch zwölf Stunden des Tages, es kann ja nicht immer wolkig seyn und Regen". Die Rda. wird heute sowohl zum Trost als auch in der Drohung gebraucht. Es ist indessen fraglich, ob sie auf das lat. Zitat (Livius XXXIX, 26,9) „Nondum omnium dierum solem occidisse" zurückgeht (vgl. auch das Sprw. ‚Man soll den Tag nicht vor dem Abend loben').
Er kann mich am Abend (besuchen)! Die Rda. bedeutet eine derbe Abweisung. Abend steht verhüllend für das tabuierte Wort ↗‚Arsch', und dementsprechend steht besuchen für ‚lecken'; etwa seit dem Ende des 19. Jh. gebräuchlich.
Die Wndg. *Was machen wir mit dem angebrochenen Abend?* ist als Euphemismus für ‚späten Abend' oder ‚Mitternacht' 1911 für Berlin belegt. Um die Wirkung durch den Kontrast zu steigern, ist auch

die Frage ‚Was machen wir mit dem angebrochenen (angerissenen) Vormittag?' am späten Abend gebräuchlich.

Lit.: *A. Taylor:* In the evening praise the day, in: Modern Language Notes 36 (1921), S. 115–118.

Abendmahl. *Das Abendmahl auf etw. nehmen;* diese Beteuerungsformel hat ihren Urspr. in den Gottesurteilen (Ordalien) des MA. Man glaubte die Schuld oder Unschuld eines Verdächtigten dadurch erweisen zu können, daß man ihm eine geweihte Hostie (‚Abendmahlsprobe'), auch ein Stück trockenen Brotes oder dürren Käses (‚Probebissen') in den Mund steckte. Konnte der Beschuldigte den Bissen leicht hinunterschlucken, so galt er für unschuldig, dagegen für schuldig, wenn ihm der Bissen im Hals steckenblieb oder wenn er ihn wieder von sich geben mußte. Die Abendmahlsprobe wurde insbesondere für Geistliche im Jahre 868 unter dem Namen ‚purgatio per sanctam Eucharistiam' eingeführt, bei der der Beschuldigte die Worte sprach: „corpus Domini sit mihi ad probationem hodie". In Zusammenhang mit diesem Ordalbrauch stehen auch andere Wndgn. und Beteuerungsformeln wie: ‚Daß mir das Brot im Halse steckenbleibe!' und ‚Ich will mir den Tod an diesem Bissen essen!' Vgl. auch ‚Gift auf etw. nehmen' (↗Gift); ‚für jem. durchs Feuer gehen' und ‚die Hand dafür ins Feuer legen' (↗Feuer).

Lit.: *Jac. Grimm:* Rechtsaltertümer II, S. 597; *Richter-Weise,* Nr. 1; *H. Nottarp:* Gottesurteile (Bamberg 1949); *Ebel,* S. 5; *L. Röhrich* u. *G. Meinel:* Reste mittelalterlicher Gottesurteile in sprichwörtlichen Redensarten, S. 342f.

Aber. Das Aber wird in mehreren Rdaa. verwendet; so sagt man: *Da ist ein Aber dabei, jede Sache hat ihr Aber:* ihre Schwierigkeiten; vgl. frz. ‚C'est là le hic!' oder *Kein Mensch ist ohne Aber:* ohne Fehler. Der Sinn stimmt in allen Rdaa. überein: gegen alles und jeden gibt es einen Einwand.
Bes. häufig ist die Verbindung von *Wenn und Aber.* Überall in Dtl. kennt man den Reim ‚Haber – Wenn und Aber', der sich auch bei G. A. Bürger findet (1815). ↗Wenn.
Ein Aberchen haben: eine kleine Schwierigkeit haben, ist nur in der obersächs. Mda. (Müller-Fraureuth) belegt. Vgl. auch Goethe:

Ein Aber dabei.
Es wäre schön, was Guts zu kauen,
Müßte man nur nicht auch verdauen;
Es wäre herrlich, genug zu trinken;
Tät einem nur nicht Kopf und Knie sinken;
Hinüber zu schießen, das wären Possen,
Würde nur nicht wieder herübergeschossen;
Und jedes Mädchen wär gern bequem,
Wenn nur eine andre ins Kindbett käm.

(Hamburg. Ausg. I, 313)
abern: Einwände erheben.
Alle Wndgn. sind seit dem Ausgang des 18. Jh. belegt.

abfahren. *Bald abfahren müssen:* derber Ausdr. für sterben, ↗zeitlich.
Jem. abfahren lassen: ihn abweisen, meist auf den unerwünschten Freier bezogen, ↗Abfuhr.
Den Zug nicht abfahren lassen: die letzte Gelegenheit nicht verpassen. Die Rda. begegnet in der Form einer Warnung ‚Laß den Zug nicht abfahren!' und als Feststellung ‚Der Zug ist bereits abgefahren!', womit die Unwiderruflichkeit eines Geschehens ausgedrückt werden soll. Vgl. frz. ‚Il ne faut pas louper le coche'; wörtl. übersetzt: ‚Man darf die Postkutsche nicht verpassen'.
Auf etw. abfahren: sich begeistern für etw. Die Wndg. ist vor allem in der Jugendsprache der 80er Jahre sehr beliebt; oft in „Statements" wie: ‚Da fahr' ich voll drauf ab!'; ‚Da könnte ich nie drauf abfahren!' (Müller-Thurau, S. 99).

Lit.: *C. P. Müller-Thurau:* Laß uns mal 'ne Schnecke angraben. Sprache und Sprüche der Jugendszene (Düsseldorf-Wien 1984).

abfrieren. *Sich einen abfrieren:* sehr stark frieren. Diese Wndg. gehört zur saloppen Umgangsspr. Nach ihrem Muster werden viele Ausdr. gebildet: das Verbum wird reflexiv und bekommt ein ‚ab-' als Präfix: ‚sich abgeilen': sich beruhigen; ‚sich abhotten': sich befreien; ‚sich etw. abschminken': auf etw. verzichten.

Lit.: *C. P. Müller-Thurau:* Laß uns mal 'ne Schnecke angraben. Sprache und Sprüche der Jugendszene (Düsseldorf - Wien 1984).

Abfuhr. *Jem. eine Abfuhr erteilen:* ihn abweisen, sein Ansinnen energisch zurückweisen.
Eine (schwere) Abfuhr erleiden: eine Niederlage, Ablehnung hinnehmen müssen. Der Ausdr. kommt von ‚abführen'. Bei der student. Mensur wird ‚abgeführt'.

abgebrannt. *Abgebrannt sein:* (durch Brand) verarmt, mittellos (geworden), ohne Geld sein; bez. im 16. Jh. zunächst ganz wörtl. einen, dessen Haus durch Feuer zerstört ist. In der Soldatensprache des Dreißigjährigen Krieges erweiterte sich die Bdtg. zu ‚verarmt'. Bei Moscherosch (‚Gesichte Philanders' [1640], hg. v. Bobertag, S. 314) heißt es: „Vnderwegs stieße vns auff ein gut Gesell, den ich wol kante, der beklagte sich, daß er Abgebrant war, das ist nach der Feldsprach so viel, als daß er vmb alles kommen vnnd erarmet war, daß er alles zugesetzt vnnd verlohren hatte". Von da geht die Wndg. in der Bdtg. ‚ohne Geld' in die Studentensprache über. Gelegentlich tritt sie auch lit. auf; so heißt es im 8. Buch von Goethes ‚Dichtung und Wahrheit': „Da er es (das Geld) ablehnen wollte und mit einiger Schalkheit zu verstehen gab, daß er nicht so abgebrannt sei, als es aussehen möchte".
Die sprw. Sentenz *Dreimal umgezogen ist so gut wie einmal abgebrannt* wird als Zitat auf einen Ausspruch Benjamin Franklins zurückgeführt, findet sich aber auch in dt. Mdaa. ↗Brandbrief.

abgedroschen ↗Stroh.

abgefeimt. *Abgefeimt sein:* in allen Schlechtigkeiten erfahren sein. Abfeimen bedeutet urspr. den Schaum entfernen, der das Unreine, Überflüssige enthält. Sachlich und bedeutungsgeschichtl. ist der Ausdr. verwandt mit ‚raffiniert' oder ‚gerieben' und war schon zur Lutherzeit bekannt (Küpper).
In der Rda. ‚Jem. gehört zum Abschaum der Menschheit' ist die alte Verwendung von ‚feim' = Schaum bewahrt. Da das Wort heute nicht mehr verstanden wird, mußte es ersetzt werden.

abgehen. *Etw. geht gut ab* (↗ablaufen): es verläuft glücklich. Urspr. ein Ausdr. der Schützensprache, der sich auf das Abschießen von Feuerwaffen und die Explosion von Sprengkörpern bezieht.
Abgehen wie warme Semmeln: sich leicht verkaufen lassen, ↗Semmel.
Das geht mir (ihm) ab: dafür fehlt mir das Verständnis (ihm fehlt jedes Einfühlungsvermögen). Die Rda. ist seit 1900 bes. in Norddtl. üblich.
Sich nichts abgehen lassen: sich alles leisten, was man möchte, selbst wenn es auf Kosten anderer oder der Familie geschieht; egoistisch nur auf das eigene Wohl bedacht sein.

Lit.: *Küpper* II, S. 39; *Friederich,* S. 512.

abgemacht. *Abgemacht, Seife!:* abgemacht, einverstanden! ‚Seife' meint hier nicht das Waschmittel, sondern ist in der berl. Form ‚Seefe' auf frz. ‚c'est fait' zurückzuführen, das volksetymol. umgedeutet wurde; seit der 2. H. des 19. Jh. für Berlin bezeugt.
Gleichbedeutend ist *Abgemacht! Sela!* (aus frz. ‚c'est la'). Es ist allerdings auch eine andere Ableitung denkbar. ‚Sela' kommt nämlich als formelhafte Wndg. am Ende eines Abschnittes und zur Bez. eines Zwischengesanges in den Psalmen insgesamt 71mal vor, zuerst Ps. 3,3, wie in Habakuk 3,13, ↗Sela.

Lit.: *Küpper* I, S. 33; *Büchmann;* RGG. IV ([3]1960), Sp. 1204; *M. Jepsen-Föge:* Märchenhafte Deutschlandreise. Städte und Landschaften alter Märchen, Sagen und Legenden (Düsseldorf-Wien 1981), S. 292.

abgeschnitten. *Dreimal abgeschnitten und noch immer zu kurz:* viel zu kurz; viel zu lang; noch immer nicht in der gewünschten Form. Die Rda. ist ein Wortwitz und beruht eigentl. auf einem gedanklichen Kurzschluß, auf einer psychologischen Fehlleistung (Küpper).
Es war plötzlich wie abgeschnitten: etw. hört auf unerklärliche Weise plötzlich auf, z.B. eine Unterhaltung, ↗abschneiden.

abkanzeln. *Einen abkanzeln:* ihn zurechtweisen, ausschelten; urspr. ein kirchlicher Fachausdr. für ‚von der Kanzel herab verkündigen' (Aufgebote u.a.). Im 18. Jh.

wurde ‚abkanzeln' dann im Sinne der Sittenpredigt, des öffentl. Tadels in die Gemeinsprache übernommen. Dem gleichen Anschauungskreis entstammen auch die Rdaa.: ‚einem eine Strafpredigt halten' und ‚die ↗ Leviten lesen'. Vgl. frz. ‚faire un sermon à quelqu'un'; wörtl. ‚jem. eine Predigt halten'.

abkaufen. *Dem muß man jedes Wort vom Munde abkaufen:* er ist schwer zum Reden zu bringen; mdal. bes. obersächs.
Jem. etw. abkaufen: seiner Behauptung oder Zusicherung glauben. Diese Rda. wird häufiger in der Negierung gebraucht, wie z. B. *Das kaufe ich dir nicht ab* oder: *Das kauft ihm niemand ab,* und ist in ganz Deutschland geläufig. Im gleichen Sinne wird verwendet: ‚jemandem etwas abnehmen'.

abklappern. *Alles (bereits) abgeklappert haben:* überall nachgefragt haben, auf der Suche nach einem bestimmten Gegenstand in allen Geschäften gewesen sein. Die Wndg. wird meist als Entschuldigung gebraucht, wenn die Mühe vergebens war oder wenn der Erfolg lange auf sich warten ließ. Daneben ist die Rda. *die ganze Stadt nach etw. abgeklappert haben* gebräuchl., wobei der Bezug zum Urspr. der Wndg. völlig vergessen worden ist. Der Ausdr. ‚abklappern' stammt aus der Jägersprache. Bei der Jagd wurde das Wild mit Holzklappern aus seinen Verstecken aufgescheucht, ↗ Busch.

Lit.: *L. Röhrich* u. *G. Meinel:* Redensarten aus dem Bereich der Jagd und der Vogelstellerei, S. 314.

abklavieren. *Sich etw. abklavieren können:* etw. mühelos begreifen; gemeint ist an den Fingern abzählen, denn ‚klavieren' ist das nervöse Trommeln mit den Fingern. Die Rda. ist seit dem 19. Jh. bekannt, ↗ Arsch.

Ablaß. *Ablaß nach Rom tragen:* etw. Überflüssiges tun; gleichbedeutend schweiz. ‚Ablaß in Bern holen und kein Geld mitbringen'; vgl. ‚Eulen nach Athen tragen' (↗ Eule).

ablaufen. *Einen ablaufen lassen:* ihn zu nichts kommen lassen, ihm kein Gehör schenken. Urspr. ein Ausdr. aus der Fechtersprache. Für den Fechter kommt es darauf an, den gegnerischen Hieb an der eigenen Klinge ablaufen, d. h. abgleiten zu lassen.
Aus demselben Bildbereich kommt auch die Rda. *etw. läuft gut* (oder *schlecht*) ab. Urspr. wurde sie nur negativ gebraucht. Vielleicht gehört in denselben Zusammenhang die Rda. *An dem läuft alles ab:* bei ihm sind alle Ermahnungen fruchtlos, wenn man auch heute dabei meist an einen Regenguß denkt; vgl. ‚dastehen wie ein begossener ↗ Pudel', was ja ebenfalls von einem Ausgescholtenen gesagt wird. In diesem Sinne wird die Rda. nämlich schon 1649 bei Gerlingius (Nr. 46) gedeutet: „Asinus compluitur. Ein Esel lasset sich alles beregnen, und achtet es nicht, das ist, Er gibt auff keine schelt- oder dräu-wort. Er ist so naß, als er werden mag. Wann ich den Rock schüttle, so fället es alles ab". Vgl. frz. ‚C'est comme la pluie sur le dos d'un canard'; wörtl. ‚wie Regenwasser, das vom Rücken einer Ente heruntertrieft, ohne durch die Federn zu dringen'.
Sich die Schuhe ablaufen ist die einfachste Form aus einer ganzen Reihe von Rdaa., die alle bedeuten: keinen Weg, keine Mühe scheuen. In komischer Steigerung heißt es ferner: ‚sich die Füße (die Hakken, die Beine, den Arsch) ablaufen', ‚sich den Herzbändel abrennen' oder ‚dem Teufel ein Ohr ablaufen'.
Sich die Hörner ablaufen ↗ Horn.
Jem. den Rang ablaufen ↗ Rang.

Abracadabra. *Ein Abracadabra sprechen:* etw. beschwören. Diese lautmalerische Formel meint auch: Unverständliches murmeln. Im Engl. bedeutet ‚abracadabra': Kauderwelsch. In derselben Bdtg. gebraucht es Goethe (45,158): „den Sinn eines solchen Abracadabra zu entziffern." Über den Urspr. des Wortes gibt es verschiedene Erklärungen. Meist wird es auf ‚Abraxas' zurückgeführt. In dieser Form erscheint der Gottesname in den hellenistischen Zauberpapyri und auf zahlreichen Amulettsteinen des Altertums und des Mittelalters. Der Dämon Abraxas ist urspr. der Jahresgott; sein Name besteht aus 7 Buchstaben, entsprechend den 7 Tagen der Woche, und er hat den Zahlenwert 365, ebensoviel wie die Tage des Jahres. Eine andere Deutung will darin a = ab (Vater), b = ben (Sohn), ruach (= Geist) sehen, leitet es also aus dem Hebräischen ab. Ebenso eine dritte, die das Wort übersetzt: ‚Entfleuch diesem Worte gemäß!' ‚Nimm ab!' (mit Bezug auf das Abnehmen der Buchstaben in sog. magischen Schwindeformeln, bei denen – in Analogie zum erwünschten Abnehmen einer Krankheit – immer mehr Buchstaben weggelassen werden. Jedenfalls ist Abracadabra schon früh in entsprechenden Zaubertexten verwendet worden, z. B. schon bei dem Mediziner Q. Serenus Sammonicus um 200 n. Chr.

Lit.: *H. P. L.:* Abracadabra, in: American Notes and Queries 10, 11 (1909), S. 418; *F. Dornseiff:* Das Alphabet in Mystik und Magie (Leipzig-Berlin ²1925); *A. Jacoby:* Art. ‚Abracadabra' und ‚Abraxas' in: HdA. I, Sp. 95f, u. I, Sp. 99.

abrackern. *Sich mit einer Arbeit abrakkern:* sich durch eine mühevolle, harte Arbeit erschöpfen, abmühen. A. v. Chamisso gebraucht als einer der ersten Schriftsteller das Wort im Jahr 1809: „er ist sehr unglücklich ... und (verzeih' das Wort) rackert sich selber an sich selber ganz ab" (Chamisso, Werke, Bd. V [1836] S. 224).
Grundwort ist eine Ableitung zu Racker, urspr. ‚Schinder'; sich (ab)schinden ↗schinden ist die urspr. Form; ‚rack' in der Bdtg. steif, erschöpft ist dann umg. an die Stelle von ‚schinden' getreten.

Abraham. *Wie in Abrahams Schoß sitzen:* wie in der Seligkeit, wie im Paradies, in sehr guten Verhältnissen leben; ohne Sorgen, glücklich sein. Im bibl. Gleichnis vom ‚reichen Mann und dem armen Lazarus' (Luk. 16, 22) wird Lazarus von den Engeln in Abrahams Schoß getragen.
Die jüdische Legende hat die Abrahamsgeschichten der Genesis noch um viele Züge bereichert und dem Abraham dabei z. T. geradezu göttliche Funktionen zugeschrieben. Zu seinem Grabe hat sich eine Wallfahrt entwickelt. Eschatologisch ist der Glaube an die Verdienste Abrahams für die Frommen, die hoffen, mit Abraham zu Tisch liegen (Matth. 8, 11) oder in Abrahams Schoße ruhen zu dürfen. Vgl. engl. ‚Abraham's bosom'; frz. ‚le Sein d'Abraham' und ital. ‚il Seno di Abramo'. Unter Bezug auf die genannten Bibelstellen spielt die Rda. auch in der geistlichen Lit. eine Rolle. Wohl am bekanntesten ist die 3. Str. von Martin Schallings (1532–1608) ev. Kirchenlied ‚Herzlich lieb hab' ich dich, o Herr', die J. S. Bach an den Schluß seiner Johannespassion gesetzt hat:

Ach Herr, laß dein lieb' Engelein
Am letzten End' die Seele mein
In Abrahams Schoß tragen.

‚In Abrahams Schoß sitzen'

In der Kapuzinerpredigt (Schiller: ‚Wallensteins Lager', 8. Auftr.) wird gefragt: „Quid faciemus nos? Wie machen wir's, daß wir kommen in Abrahams Schoß?"
In der Wndg. *in Abrahams Schoß eingehen:* euphemist. Umschreibung für sterben (↗zeitlich), klingt die religiöse Bdtg. noch an. Aber sonst wird in der heutigen Volkssprache die Rda. oft nicht mehr auf die ewige Seligkeit, sondern säkularisiert und materialistisch nur noch auf die wirtschaftliche Geborgenheit bezogen.
Das Kinderspiel von der ‚goldenen Brücke', in dem sich das gefangene Kind für Himmel oder Hölle, für Engel oder Teufel entscheiden muß, hat die ma. Vorstellung von Abrahams Schoß in der Alternative zwischen Himmel und Hölle

bewahrt. Das Kind, das als ‚Engel' gilt, wird auf den verschränkten Armen der Brückenwächter gewogen mit dem Vers: „Wir wiegen (tragen) den Engel in Abrahams Schoß". Das Spiel war bereits im 16. Jh. bekannt und wird durch Rabelais, Geiler von Kaysersberg und Joh. Fischart lit. bezeugt. Lit. Belege über die Rda., die sich auf Volksdichtung und Volkssprache auswirkten, finden sich vor allem in der ‚Legenda Aurea' des 13. Jh., wo der sterbende Bischof Martin von Tours den Teufel voller Überzeugung abweist: „Ich werde kommen in Abrahams Schoß", in der ‚Straßburger Chronik' um 1400, wo im Zusammenhang mit Christi Abstieg zur Vorhölle vom ‚synus Abrahae' die Rede ist und im Alsfelder Passionsspiel (um 1500). Durch spätere Schuldramen und Volksschauspiele über den reichen Prasser und den armen Lazarus wurden die alten Vorstellungen von Abrahams Schoß weit verbreitet.

Auch in die Mdaa. ist die bibl. Wndg. eingedrungen, z. B. sagen Seeleute, die in der Mecklenburger Bucht einen guten Ankerplatz gefunden haben, voller Befriedigung: ‚Nu liggen wi, as wenn wi in Abrahams Schot liggen'. Wenn jem. eine günstige Heirat in Aussicht hat, sagt man von ihm: ‚Denn kriggt he dat bi ehr so gaut, as set he in Abrahams Schot' (Mecklenb.). Auch ost- und westpreußische Rdaa. umschreiben das Gefühl sicheren Geborgenseins: ‚He huckt (sloapt) wie en Abrahams Schoot'.

In Anlehnung an Joh. 8,57f. bedeutet ndd. ‚He hett all Abraham seen': nicht mehr jung und unerfahren sein, die Fünfzig überschritten haben; vgl. ndl. ‚Abram gezien hebben'. Das Gegenteil bedeutet die Rda. ‚Damals warst du noch in Abrahams Wurstkessel': du warst noch nicht geboren.

Lit.: *J. C. Gilmour:* Abraham's bosom, in: American Notes and Queries 9,1 (1898), S. 516; *P. Haupt:* Abraham's Bosom, in: American Journal of Philology 42 (1921), S. 162–167; *S. U. Palme:* Skogen är fuller af Abraham, in: Tidskrift för Nordisk Folkminnesforskning 7 (1951), S. 10–14; *Büchmann,* RGG. I (³1957), Sp. 68–71; *M. Hain:* „In Abrahams Schoß". Eine volkskundliche Skizze zu einem großen Thema, in: Festschrift Matthias Zender – Studien zu Volkskultur, Sprache u. Landesgeschichte, hg. v. Edith Ennen u. Günter Wiegelmann, Bd. I (Bonn 1972), S. 447–454; *A. Schreiber:* Art. ‚Abraham', in: EM. I, Sp. 22–26.

Abrede. *Etw. in Abrede stellen:* etw. bestreiten, leugnen. Diese Form der Rda. ist erst seit dem frühen 19. Jh. belegt und geht auf die ältere Form ‚in abreden sein, stehen' zurück. Diese ist schon 1461 belegt in ‚Frankfurts Reichskorrespondenz' 2, 165: „das er der abesage in abridde sij."
Die Wndg. ist bes. häufig in Gerichtsakten belegt, so z. B. 1654 in Abels ‚Gerichtshändel'. S. 60: „es könne ... nicht in Abred stehen, daß ..."

Abreibung. *Jem. eine Abreibung erteilen (verpassen):* jem. schlagen, prügeln. Die ‚abreybung' war früher ein Begriff aus der Tierpflege: hier bedeutete sie eine Reinigung, bes. der Pferde, die durch Striegeln u. Reiben des Fells erzielt wird; belegt seit 1682: „... ihres (Ochsen) mit strigelung und abreibung wol zu pflegen."
Kurt Tucholski gebraucht die Rda. in der heutigen Bdtg.: „wenn du berlinerst, dann kriegst du die erste große Abreibung", sagt der Vater zu seinem Sohn (1930).

Abschied. *Seinen Abschied nehmen:* aus dem Dienst ausscheiden, bes. von Soldaten und Beamten gesagt.
Es gibt eine Reihe von Rdaa., die bedeuten, daß jem. verschwindet, ohne sich anständig zu verabschieden, ohne seine Schulden zu bezahlen oder seinen sonstigen Verpflichtungen nachzukommen. So sagt man obersächs. ‚den Abschied hinter der Tür nehmen', schwäb. ‚französisch Abschied nehmen', ostpr. ‚polnisch Abschied nehmen' oder auch ‚einen stumpfen Abschied nehmen'; vgl. frz. ‚filer à l'anglaise'; wörtl. ‚sich englisch verdrükken'.
Allg. verbreitet ist der gleichbedeutende rdal. Vergleich: *Er nimmt Abschied wie der Teufel – mit Gestank.* Nach dem Volksglauben hinterläßt der ↗Teufel, wenn er durch ein heiliges Wort oder Zeichen verscheucht wird, einen entsetzlichen Schwefelgestank.

abschneiden. *Da könnte sich mancher andre eine Scheibe* (auch: *ein Stück*) *davon abschneiden:* daran sollte man sich ein Beispiel nehmen. Die Wndg. ist anerkennend gemeint, während die Aufforderung: *Da kannst du dir eine Scheibe von*

abschneiden! einen gewissen Tadel enthält. Diese junge Rda. ist in Mitteldtl. bes. häufig.
In einer Sache (Prüfung) gut abschneiden: ein gutes Ergebnis erzielen.

Absehen. *Sein Absehen auf etw. richten; es auf etw.* oder *auf jem. abgesehen haben:* etw. bezwecken, jem. treffen, verletzen, angreifen wollen, aber auch jem. heiraten wollen; vgl. frz. ‚jeter son dévolu sur quelqu'un' (dévolu: altfrz.: Wahl).
Absehen (auch Absicht) hieß die Kimme (kleine Kerbe) am Visier des Gewehrs. Bei Wallhausen ‚Kriegskunst zu Fuß' (1618, S. 38) heißt es: „Ehe du Feuer gibst, bringest du den Kopf zum Absehen der Muskete". Im selben, eigentl. Sinn auch in Grimmelshausen ‚Simplicissimus': „Dieser Corporal hätte ... mehr ermeldten Printz fleissig im Gesicht und vor seinem Absehen behalten": mit der geladenen Büchse an der Wange, um sofort auf ihn abdrücken zu können. Ebenso noch bei Gottsched: „Jede Scheibe hat nur einen Zweck (d.h. Ziel), nach welchem viele zielen durch ihre Absichten". Aus dem wörtl. Sinne von ‚Visier' wird ‚Absicht', dann im übertr. Sinn ‚Richtung des Geistes auf etw.'.
Es ist noch an kein Absehen zu denken: das Ende einer Sache ist noch nicht zu erkennen (zu erwarten).

Abseits. *Im Abseits stehen:* nicht Mittelpunkt des Geschehens sein, im ↗Schatten stehen. Die Rda. ist urspr. ein Ausdr. der Sportsprache und bez. da eine bestimmte Konstellation bei Fußball-, Handball-, Rugby- und Hockeyspielen. Das Wort hat in dieser Wndg. nichts mit dem dt. ‚Abseits', i.S.v. beiseite gemein, sondern wurde aus engl. ‚off side' eingedeutscht.

Lit.: *Koch:* Off side = abseits, in: Zs. des allg. dt. Sprachvereins 18 (1903), S. 172.

Absolution. *Jem. Absolution erteilen:* jem. etw. vergeben, ihn von etw. freisprechen. Die Rda. ist religiösen Urspr. und im 14. Jh. bei den dt. Mystikern belegt (1343): „sô wirhit di absoluzie und die bîchte sunderlîche gnade." Matth. 16,19; 18,18 und Joh. 20,22f. bilden den Hintergrund der Geschichte der Absolution; sie bedeutet in kirchlicher Sicht: Lossprechung von Sünden und Sündenstrafen durch den dazu bevollmächtigten Priester an Gottes Stelle. Im 18. Jh. wurde dieser kirchenrechtliche Begriff auch in säkularisiertem Gebrauch verwendet i.S.v. Vergebung.

Lit.: *W. Jannasch:* Art, ‚Absolution', in: RGG. I ([3]1957), Sp. 78–79.

abspeisen. *Einen abspeisen:* sich jem. gegenüber geizig zeigen, jem. eine unbefriedigende Antwort geben, einer Bitte in unbefriedigender Weise entsprechen, jem. unverrichteter Dinge wieder gehen lassen, abfertigen.
Wahrscheinl. bezieht sich die Rda. auf einen alten, aber bis heute üblichen Brauch bei der Brautwerbung. Der Freier, der das Einverständnis seines Mädchens bereits besitzt, erhält die endgültige Antwort, ob er auch ihrer Familie willkommen ist, bei einer gemeinsamen Mahlzeit. Eine bestimmte Speise, die ihm gereicht wird, gilt als Symbol der Aufnahme in die Familie oder als Abweisung. Diese Speisen haben in verschiedenen Landschaften oft sogar entgegengesetzte Bdtgn. So spielt z.B. in der Schweiz der meistens viele Jahrzehnte aufbewahrte ‚Familienkäse' eine wichtige Rolle. Nur bei besonderen Anlässen wird von ihm gegessen. Darf auch der Freier von ihm kosten, ist er damit symbolisch in die Familie aufgenommen worden. Dagegen lehnt man in Hessen und auf dem Hunsrück einen Freier ab, wenn man ihn statt mit Wurst und Schinken nur mit Käse ‚abspeist'. Meistens bedeutet in Dtl. und Oesterr. ein Gericht mit Eiern eine gute Antwort, Bayern kennt dafür sogar den Ausdruck ‚Ja-Gerichte', in Frankr. jedoch gelten gekochte Eier als Symbol einer Absage, da sich die Lebenskeime, die die Eier enthielten, ja nun nicht mehr entwickeln können. Tischte man in Oldenb. Rüben oder Kartoffeln, in Thür. Wurst, im südl. Westfalen ein geschmiertes Butterbrot oder im Nassauischen Zwetschgenmus auf, bedeutete dies eine unzweifelhafte Absage. Der Freier wurde also einfach ‚abgespeist', Begründungen und Erklärungen hielt man für überflüssig. Daß die jungen Leute damit nicht immer einverstanden waren,

zeigt die Äußerung: *Ich lasse mich doch nicht einfach abspeisen!,* die heute meistens in übertr. Bdtg. *(mit Worten abspeisen)* gebraucht wird; vgl. frz. ‚Je ne m'en laisserai pas conter'; wörtl.: ‚Ich lasse mir keine Märchen erzählen'.
Auch ein Zusammenhang mit der früher üblichen Armenspeisung ist denkbar. Lästige Bittsteller wurden zwar gespeist, aber danach sofort weggeschickt.
Die Rda. ist bereits im 16. Jh. gut bekannt, Kirchhoff gebraucht sie im ‚Wendunmuth': „hinfurter wolter keinen armen mehr so schmal abspeisen", und auch Hans Sachs ist sie nicht fremd. Bei J. E. Schlegel finden wir: „Glauben Sie nicht, daß ich mich mit einer solchen Antwort abspeisen lasse" (Werke, ed. J. H. Schlegel [1761–70], II, 374); ähnl. bei Goethe: „Da wollt er mich mit leeren Worten abspeisen". In Schlesw.-Holst. sagt man von einem, der seinem Gast weder Essen noch Trinken angeboten hat: ‚De hett mi mit drögen Mund afspiest'.
Jem. abspeisen bezeugt Adelung (1793) auch i.S.v. ‚jem. das Abendmahl reichen' (Bd. I, S. 111). In dieser Bdtg. erscheint der Ausdr. auch in Depinys ‚Österr. Sagenbuch', S. 278, Nr. 361: „Ein Frevler ließ sich in der Michaelerkirche in Steyr an einem Tag zehnmal abspeisen. Der Teufel holte ihn bei lebendem Leib und fuhr mit ihm durch die Mauer, das Loch ist noch zu sehen".
In manchen Kirchen gibt es auch sog. ‚Speisgitter' zum Empfang der Hostie (Hupfauf, S. 60).

Lit.: *P. Sartori:* Sitte und Brauch, Teil I (Leipzig 1910), S. 53 f.; *H. Bächtold:* Die Gebräuche bei Verlobung und Hochzeit mit besonderer Berücksichtigung der Schweiz (Basel 1914), S. 41 ff.; *E. Hupfauf:* Sagen, Brauchtum und Mundart im Zillertal (Innsbruck 1965), S. 59–60; *B. Denecke:* Hochzeit (München 1971), S. 7 ff.; *E. Shorter:* Die Geburt der modernen Familie; dt. v. G. Klipper (Reinbek bei Hamburg 1977), bes. S. 166–167.

abstauben. *Etw. abstauben:* etw. entwenden, sich unerlaubt aneignen; auch: etw. bes. günstig erwerben (z.B. im Ausverkauf) oder durch dringliches Bitten geschenkt bekommen (was der andere nicht mehr braucht, auf dem Dachboden ‚verstauben' läßt) oder durch Betteln erhalten.
Ein Zusammenhang der Wndg. mit dem Gewerbe des Müllers ist denkbar, der sich von dem Mehl(staub) angeblich einen Teil zurückbehielt, so daß sich die Bauern übervorteilt fühlten.
Berl. ‚Die Böme im Dierjarten abstoben': eine alte Jungfer werden.
Hat jem. in der Pfalz nichts zu tun, so sagt man zu ihm: ‚Geh in de Keller und staab Briketts ab'.
Schweiz. ‚eini abstaube': mit einer Frau schlafen.

Abstimmung. *Eine Abstimmung mit den Füßen vornehmen:* weggehen, auch: wegbleiben. Von einer ‚Abstimmung mit den Füßen' redet man dann, wenn in einem diktatorisch regierten Land, in dem freie Wahlen nicht gestattet sind, die Bewohner das Land zu verlassen suchen. ↗Fuß.
Harmlosere Bdtg. besitzt die Wndg. in bezug auf das Verhalten von Studierenden, die den Lehrveranstaltungen fernbleiben, wenn sie uninteressant oder niveaulos sind, oder wenn ihnen der Dozent nicht zusagt.

abstinken. *Jem. ist abgestunken:* jem. hat keinen Erfolg gehabt; er ist ohne Applaus von der Bühne abgegangen. Der Ausdr. gehört zur Sprache der Schauspieler und Artisten. Doch ist er hier nicht entstanden, sondern aus der Volkssprache entlehnt. (Vgl. Schwäb. Wb. ‚abstinken': mit Gestank abziehen, mit Schmach abziehen. Denkt man daran, daß Pech und Schwefel die Attribute des Teufels sind, so liegt die Erklärung der Rda. auf der Hand).
In ma. Darstellungen und Erzählungen zieht der Teufel immer dann mit Gestank ab, wenn er von einem Engel, einem frommen Menschen bei der Ausführung eines bösen Plans gestört und sein Vorhaben vereitelt wurde. Manche ma. Darstellungen versuchten dieses Abstinken des geprellten Teufels sogar bildl. zum Ausdr. zu bringen, indem sie dem Fliehenden eine eklige Wolke anhingen.

Lit.: *A. Wünsche:* Der Sagenkreis vom geprellten Teufel (Wien 1905); *A. J. Storfer:* Teufelsspuren in der Sprache, in: Atlantis 2 (1935), S. 104; *L. Röhrich:* Teufelsmärchen und Teufelssagen, in: ders.: Sage und Märchen. Erzählforschung heute (Freiburg 1976), S. 252–272.

abtakeln. *Abgetakelt sein:* ungepflegt aussehen; alt und gebrechlich geworden sein. In der Seemannssprache wendet man ‚abtakeln' auf ein Schiff an, das nicht mehr seetüchtig ist und daher aus dem Dienst gezogen wird; die Wndg. ist seit dem 19. Jh. üblich.

Lit.: *O. G. Sverrisdóttir:* Land in Sicht (Frankfurt/M. 1987), S. 104–105.

abwarten. Die Rda. *Abwarten und Tee trinken!*, mit der man einen Ungeduldigen beruhigt und zu geduldigem Warten auffordert, ist seit der 2. H. des 19. Jh. belegt. Die Rda. gehörte urspr. vielleicht einmal in den Mund eines Arztes, der seine Patienten ermahnte, die Weiterentwicklung der Krankheitszeichen abzuwarten und vorerst Kräutertee zu trinken. Vielleicht ist auch an die Berliner lit. Salons der Biedermeierzeit zu denken, in denen der Tee erst zu vorgerückter Stunde gereicht worden sein soll.

Lit.: *H. Meyer:* Der richtige Berliner in Wörtern und Rdaa. (München [10]1965).

Abwesenheit. *Durch (seine) Abwesenheit glänzen:* abwesend sein. Im alten Rom war es Sitte, bei Leichenbegängnissen die Bilder der Vorfahren (‚imagines maiorum') der Leiche voranzutragen. Nun berichtet Tacitus in den ‚Annalen' (3. Buch, 76. Kap.), unter der Regierung des Kaisers Tiberius sei Junia, die Witwe des Cassius und Schwester des Brutus, gestorben und mit allen Ehren bestattet worden: „sed praefulgebant Cassius atque Brutus eo ipso, quod effigies eorum non videbantur". (Aber Cassius und Brutus leuchteten gerade dadurch hervor, daß ihre Bildnisse nicht zu sehen waren). Es war nämlich verboten, bei öffentl. Aufzügen die Bilder der Mörder Caesars zu zeigen. Dieses Tacitus-Zitat hat Marie Joseph de Chénier (1764–1811) in seiner Tragödie ‚Tibère' (I,1) so wiedergegeben: „Brutus et Cassius brillaient par leur absence". (Brutus und Cassius glänzten durch ihre Abwesenheit). Das Zitatbewußtsein ist der Rda. verlorengegangen. In der Volkssprache ist nur noch die Bdtg. einer unecht-großartigen Umschreibung für Abwesenheit übriggeblieben. Die Rda. ist allerdings nur in der Umgangssprache üblich; mdal. fehlt sie völlig (dagegen rdal. frz. ‚briller par son absence'; ndl. ‚schitteren door zijn afwezigheid').

Lit.: *Büchmann; Küpper.*

ach. *Mit Ach und Krach:* noch gerade eben, mit knapper Not. Die Rda. ist seit dem 16. Jh. bezeugt und hat einen Bedeutungswandel durchgemacht; sie meinte zunächst: ‚mit Ächzen und Krächzen' (mit Ach-Seufzen und Stöhnen). G. A. Bürger dichtet:

> Von Kling und Klang, von Ach
> und Krach
> Ward rund umher das Echo wach.

Die Wndg. ist bes. in der Studentensprache beliebt, etwa auf das Bestehen eines Examens angewandt, und deshalb auch in scherzhaftes Lat. übertr. worden: *cum acho et cracho* oder *acho crachoque*. Sie gehört zu den zahlreichen endreimenden Zwillingsformeln der dt. Spache wie: ‚unter Dach und Fach', ‚mit Sack und Pack', ‚ohne Saft und Kraft', ‚Knall und Fall', ‚Salz und Schmalz', ‚außer Rand und Band', ‚Sang und Klang', ‚mit Rat und Tat', ‚Habchen und Babchen', ‚Handel und Wandel', ‚in Saus und Braus', ‚mit Dreck und Speck', ‚Weg und Steg', ‚Krethi und Plethi', ‚Stein und Bein', ‚Freud und Leid', ‚Glimpf und Schimpf', ‚auf Schritt und Tritt', ‚nach bestem Wissen und Gewissen', ‚in Not und Tod', ‚Lug und Trug', ‚Gruß und Kuß', ‚Gut und Blut', ‚Schutz und Trutz', in Hülle und Fülle', ‚Würde und Bürde', ‚dann und wann', ‚schlecht und recht', ‚de- und wehmütig', ‚mein und dein', ‚weit und breit', ‚pfiffig und kniffig', ‚toll und voll', ‚stumm und dumm', ‚hüben und drüben', ‚schalten und walten', ‚hangen und bangen', ‚hegen und pflegen', ‚sterben und verderben', ‚scheiden und meiden', ‚singen und klingen', ‚herzen und scherzen', ‚lügen und trügen', ‚rütteln und schütteln', ‚geschniegelt und gebügelt', ‚gerüttelt und geschüttelt', ↗Bausch und Bogen.

Lit.: *G. Salomon:* Die Entstehung und Entwicklung der dt. Zwillingsformeln (Braunschweig 1919).

Achillesferse. *Einen an seiner Achillesferse treffen; das ist seine Achillesferse:* die schwache, verwundbare Stelle eines sonst tüchtigen Menschen.

Nach der griech. Sage tauchte die Meeresgöttin Thetis ihren Sohn Achilles, um ihn unverletzlich zu machen, in das Wasser des Styx; nur die Ferse, an der sie ihn hielt, blieb unbenetzt und daher verwundbar. Nach der 107. Fabel des Hygin (um 10 v. Chr.) tötete Apollo in der Gestalt des Paris den Achilles durch einen Pfeilschuß in die Ferse. Hier war die „Stelle, wo er sterblich war" (vgl. Schiller ‚Don Carlos' I,6). Die Rda. ist wohl z. Zt. des Humanismus aufgekommen, aber erst im Anfang des 19. Jh. lit. belegt (vgl. frz. ‚le talon d'Achille'; engl. ‚the heel of Achilles'; ndl. ‚Achilleshiel' oder ‚Achillespees').
Unverwundbarkeit des menschlichen Körpers ist ein Wunschzustand heroisch-kriegerischen, vielleicht auch jägerischen Denkens. Dem entgegen steht die ebenfalls ubiquitäre Erkenntnis, daß nichts unsterblich ist. Mythische und sagenhafte Parallelen zur homerischen Erzählung von der Achillesferse sind zahlreich: Das ind. Mahabharata-Epos berichtet von Krischna, daß er, nur an der Fußsohle verwundbar, dort von einem Pfeil getroffen worden sei. Der Siegfried des Nibelungenliedes gewinnt eine unverletzliche Hornhaut durch ein Bad im Blut des von ihm erschlagenen Drachen bis auf eine Stelle zwischen den Schulterblättern, wo ein Lindenblatt gelegen hatte. Dort trifft ihn der tödliche Speer Hagens. Der sarazenische Riese Ferraú in Ariostos ‚Orlando Furioso' ist nur am Nabel, die indianischen Götter Manitu und Kwa sind nur am Kopf, der Regenbogendämon der ostafrikan. Massai nur an einer Stelle im Nacken, der Apachenheld ‚Metal Old Man' nur unter der Achselhöhle verwundbar etc. Die vgl. Erzählforschung spricht von ‚vulnerable spot', vom ‚wunden Punkt', und hat das Motiv weltweit nachgewiesen.

Lit.: *O. Berthold:* Die Unverwundbarkeit in Sage und Aberglaube der Griechen (Gießen 1911); *A. de Cock:* De Achilleshiel, in: Vkde. 23 (1912), S. 185–193; *ders.:* De Onwondbaarheid en de Achilleshiel, in: ders.: Studien en Essays over oude Volksvertelsels (Antwerpen 1919), S. 311; *N. Nathan:* On the hip, in: American Notes and Queries 197 (1952), S. 74; *K. Ranke:* Art. ‚Achillesferse', in: EM. I (1977), Sp. 59–61.

Achse. *Auf Achse sein:* (dienstlich, geschäftlich) unterwegs sein; auch: immer beschäftigt, immer in Aktion, Bewegung sein. ‚Auf Achse' ist eine saloppe Umschreibung für die Fortbewegung mittels eines Eisenbahnzugs oder Autos; sie ist seit Ende des 19. Jh. belegt.

Achsel. *Etw. auf seine Achseln (Schultern) nehmen:* eine Sache und deren Folgen auf sich nehmen, die Verantwortung dafür übernehmen. Gleichbedeutend sind die Rdaa.: ‚etw. auf seine ↗ Kappe nehmen'.
Etw. auf die leichte Achsel (Schulter) nehmen; etw. für leicht, unwichtig oder unbedeutend ansehen und deshalb vernachlässigen oder nicht beachten. Die Achsel selbst ist weder leicht noch schwer; ‚leichte Achsel' meint eigentl. die weniger tragfähige Schulter, auf der man nur leichtere Lasten zu tragen gewohnt ist. Nicht mehr im wörtl., sondern im bildl., zur Rda. gewordenen Sinn findet sich die Wndg. bereits seit frühnhd. Zeit, so in der ‚Zimmerischen Chronik' (II, S. 435): „Solchs gab graf Wilhalmen wenig zu schaffen, nams uf die leicht achsel und schluegs in wind". Ähnl. schon im Lat. bei Horaz (Sat. 2,3,172): „sinu laxo ferre aliquid" (eigentl.: etw. nachlässig im weiten Bausch [der Toga] tragen).
Auf beiden Achseln tragen (mdal. z.T. noch erweitert, z.B. bad. ‚auf zwei Achseln Wasser tragen'): es mit keinem (von zweien) verderben wollen, es mit beiden Parteien halten, wie ein Träger, der die Last bald auf die linke, bald auf die rechte Schulter schiebt. Die Rda. ist schon in den Kampfschriften der Reformationszeit ganz geläufig. Bei Valentin Holl (1525/26) wird von einer Frau gesagt:

Wan sy kann lachen, wainen, wann sy will,
Vnd schießen ferr vnd nach zum zil,
Auff baiden achßlen tragen.

Ähnl. in Murners ‚Mühle von Schwindelsheim' (V. 595):

Mit beyden achslen kan ich gigen,
Wo ich nit wil bieten Welsch figen.

In einem makkaronischen Gedicht, das u.a. in der ‚Zimmerischen Chronik' (IV, 21) bewahrt worden ist, wird von Nürnberg gesagt:

Witz habuit Nürnberg, achsla tragavit utraque
Rathschlegis vestris sensit in esse metum.

Vgl. auch ‚den ↗ Mantel auf beiden Schultern tragen'.
Das Schimpfwort ‚Achselträger' für einen unaufrichtigen, schwankenden Höfling begegnet im Ausgang des 16. Jh. bei Nikodemus Frischlin und wurde im Sinne der heutigen Schelte ‚Konjunkturritter' bald sehr beliebt.
Einen über die Achsel ansehen: ihn mit geringschätzigem Blick (‚Achselblick') ansehen, ihn verachten. Der früheste bekannte mhd. Beleg steht im Nibelungenlied (Str. 447), wo von Brünhild gesagt wird: „mit smielendem (lächelndem) munde si über achsel sach". In Seb. Brants ‚Narrenschiff' (1494) heißt es: „Man sicht den über die Achslen an". Auch im Frz. ist die Rda. ‚regarder quelqu'un par-dessus l'épaule' geläufig (vgl. ndl. ‚iemand over de schouder aanzien', ‚over zijne schouders zien'). Die dt. Mdaa. kennen noch mancherlei Varianten der Rda., z. B. schweiz. ‚Du hättest zuerst über deine Achsel sehen sollen', vor deiner eigenen Tür kehren sollen (1677 zum erstenmal belegt); bair. ‚über die Achsel naus blasen', wobei die Andeutung des leichten Gewichtes die geringschätzige Meinung noch vermehrt; bair. ‚über die Achsel naus!', ich denke gar nicht daran; ähnl. ‚über die Achsel nüber', im Gegenteil (‚Der ist nobel. – Ja, über die Achsel nüber'). Vgl. ‚jem. die kalte ↗ Schulter zeigen'.
Mit den Achseln zucken: etw. mit Bedauern ablehnen; urspr. eine Reflexbewegung zu Abwehr und Selbstschutz; seit dem 17. Jh. als Rda. mit dem Sinn der Zurückweisung; vgl. frz. ‚hausser les épaules'.
Die Füße über die Achsel nehmen: die Beine unter den Arm nehmen (↗ Bein); mdal., bes. schweiz. geläufig.

Lit.: *H. Burger:* Die Achseln zucken – Zur sprachl. Kodierung nicht-sprachl. Kommunikation, in: Wirkendes Wort 26 (1976), S. 311–334.

Acht. *Jem. (etw.) in Acht und Bann tun:* jem. strengstens verurteilen, verdammen, etw. nicht zulassen, verbieten. Die Wndg. hat die Erinnerung an die früher bei bes. schweren Vergehen gleichzeitig verhängte Bestrafung durch Reichsacht und Kirchenbann durch Staat und Kirche bewahrt. Vgl. frz. ‚mettre quelqu'un au ban de l'Empire' (veraltet).

Lit.: *H. Siuts:* Bann und Acht und ihre Grundlagen im Totenglauben, in: Schriften zur Volksforschung, Bd. 1 (Berlin 1959), S. 14ff., 112f., 133f., 140ff.; *Th. Bühler:* Wüstung und Fehde, in: Schweiz. Arch. f. Vkde. 66 (1970), S. 1–27.

Achte. *Eine Achte bauen:* vom Fahrrad stürzen. Der scherzhafte sprachl. Vergleich beruht auf der Beobachtung, daß beim Sturz sich das Vorderrad oft stark verbiegt und die Form einer Acht annehmen kann.
Jem. achtkantig hinauswerfen: jem. mit aller Entschiedenheit abweisen, meist als Drohung ausgesprochen.

Ackermann ↗ Bauklotz.

Acta. *Etw. ad acta legen:* auf eine Sache (vorderhand) nicht eingehen, sie unberücksichtigt lassen. Die Rda. stammt aus der lat. Amtssprache. Wenn sich eine Behörde auf ein eingegangenes Gesuch (Bittschrift, Beschwerde usw.) nicht einließ und keinerlei Beschluß darüber faßte, so ließ sie es mit dem Vermerk ‚Ad acta!' zu den in der Sache bereits vorhandenen Akten legen. Erst seit dem 18. Jh. in übertr. Sinne gebraucht; vgl. frz. ‚renvoyer ...' oder ‚remettre aux calendes grecques'; wörtl. eine Sache ‚bis zu den griech. Kalenden hinausschieben' ↗ Calendas.
Zum selben Bildbereich gehören die selteneren Rdaa.: *von einer Sache Akt nehmen:* (amtlich) Kenntnis davon nehmen, und *Darüber sind die Akten noch nicht geschlossen:* die Sache läuft noch.

Lit.: *Richter-Weise,* S. 16.

ad absurdum. *Ad absurdum führen:* eine sinnlose weil widernatürliche Entscheidung, Aufgabe oder Aussage durch ebenso sinnlose Behauptungen oder Antworten paralysieren, so daß diese selbst als absurd erwiesen werden. Diese Erzählstruktur kommt in zahlreichen motivlichen Abwandlungen in vielen Volkserzählungen vor, insbesondere in solchen Kontexten, in denen es um sinnlose Prozeßentscheidungen, Forderungen Aufgaben, unlösbare Rätsel etc. geht. Meist wird dabei die Sinnlosigkeit einer richterlichen Entscheidung dem Richter durch eine ebenso unsinnige oder unglaubhafte Behauptung demonstriert.

Lit.: *J. de Vries:* Die Märchen von klugen Rätsellösern (FFC. 73) (Helsinki 1928); *F. M. Goebel:* Art. ‚Ad absurdum führen' in: HdM. I, Sp. 11–14; *K. Ranke:* Art. ‚Ad absurdum führen', in: EM. I, Sp. 79–85.

Adam. *Den alten Adam ausziehen* (auch *ersäufen*): ein neuer Mensch werden. In seinen Briefen (Röm. 6,6; Eph. 4,22; Kol. 3,9) spricht der Apostel Paulus von dem ‚alten Menschen' als dem Urheber der Sünde und des Todes und dem ‚neuen Menschen', d.h. dem in christl. Geist Neugeborenen. Dieser Gegensatz wurde im späten dt. MA. in Wort und Sitte volkstümlich, so daß z.B. in Halberstadt am Aschermittwoch ein armer Missetäter als ‚Adam' (hebr. ādām = Mensch) aus der Kirche gejagt wurde, während der Fastenzeit barfuß betteln mußte und an den Kirchentüren Speise erhielt, bis er am Gründonnerstag beim Abendmahl friedlich wieder aufgenommen und dann als gereinigt entlassen wurde, ein Reinigungssinnbild für die ganze Stadt (Repertorium librorum trium Ioannis Boemi de omnium gentium ritibus, Augsburg 1520).

Der ‚alte Adam' begegnet uns schon in einem 465 verfaßten Gedicht des Sidonius Apollinaris (Opera, ed. Baret [Paris 1878], S. 561) auf den Opfertod Christi, in dem Christus in der Menschwerdung angeredet wird:

Expers peccati pro peccatoribus amplum
Fis pretium, veteremque novus vice faenoris Adam,
Dum moreris, de morte rapis.

In der dt. Sprache ist die Wndg. erst durch Luther volkstümlich geworden. Während er in seiner Übers. des N.T. an den angeführten Stellen die Wndgn. ‚der alte Mensch' gebraucht, spricht er in seinen sonstigen Schriften und bes. in seinen Predigten häufig vom ‚alten Adam.', so schon 1518 in seiner Ausg. der ‚Theologia Deutsch', des Büchleins eines Mystikers aus der 2. H. des 14. Jh.: „Von rechtem Unterschied und Verstand, was der alt und neu Mensche sei, was Adam und was Gottes Kind sei, und wie Adam in uns ersterben und Christus erstehen soll"; in übertr. Anwendung auch 1524 in der Schrift ‚Von Kaufshandlung und Wucher': „Der Faulenzer alter Adam, der nicht gerne arbeitet, um sein Brot zu erwerben".

Die Rda. *den alten Adam ausziehen* wurde dann bald allg. (daneben auch *der alte Adam regt sich:* die Erbsünde, das alte Laster tritt wieder hervor). Der Hildesheimer Chronist Oldekop gebraucht gern die Wndg. „unsen olden Adam castien" (kasteien); Chr. Lehmann schreibt (1639, Entschuldigen 13): „Das ist die alte Adams Rhethoric, daß man die Schuld Gott oder andern Menschen gibt"; (Gleißnerei 105): „Viel seynd der Meinung, es könne niemand in Himmel kommen, als in einer Mascarad von Lambspeltz, sonst so einer in seiner alten Adamshaut dem alltags Kleid dahin kömmt, der werde in die eusserste Finsternüß geworffen!" Jean Paul (‚Quintus Fixlein'): „Der Mensch denkt hundertmal, er habe den alten Adam ausgezogen, indes er ihn nur zurückgeschlagen, wie man die Unterschwarte des Schinkens zwar unterhöhlet und aufrollet, aber doch mit auffsetzt und noch dazu mit Blumen garniert". Bekannt sind die Verse in Mörikes ‚Fußreise' (1827):

So fühlt auch mein alter, lieber
Adam Herbst- und Frühlingsfieber ...
Also bist du nicht so schlimm, o alter
Adam, wie die strengen Lehrer sagen.

Dem bibl. Urspr. der Rda. entspricht es, daß sie auch in den anderen europ. Sprachen vorhanden ist; vgl. frz. ‚dépouiller le vieil Adam, le vieil homme'; engl. ‚to lay aside (to shake off) the old Adam', ‚to put off the old man'; ndl. ‚de oude Adam afleggen', ‚Adams rok uittrekken'.

Der Spruch:

Als Adam grub und Eva spann,
Wo war denn da der Edelmann?

zeigt keine direkte Übernahme aus der bibl. Erzählung; dort (Gen. 3,19–23) wird nur die Verweisung Adams zur Bebauung der Erde ausgesprochen. Das Spinnen Evas weist auf außerbibl. jüd. Legenden hin, die noch bis über das MA. hinaus weiterüberliefert wurden und auch in der bildenden Kunst seit dem 12. Jh. ihren Niederschlag fanden. Lit. tritt der Spruch zuerst in Engl. auf, und zwar anläßlich des von Wat Tyler geführten Bauernaufstandes von 1381. Der in der Gegend von London versammelte Bauernhaufe holte einen wegen Irrlehren eingesperrten Priester namens John Ball aus dem Gefängnis. Als Text zu seiner Predigt nahm er den Spruch:

Whan Adam delf and Eva span,
Who was than a gentleman.

,Als Adam grub und Eva spann ...'

Dementsprechend war der Inhalt der Predigt gegen die gesellschaftliche Ungleichheit gerichtet und der Ausgangspunkt schwerer Ausschreitungen. Von nun an taucht der Vers bald als Spruch, bald als Liedstrophe, bald als Rda. immer wieder auf. In Dtl. bringt sie der Bauernkrieg von 1525 wieder in Erinnerung. In seinem ,Weltbuch' schreibt Seb. Franck (1534):

Wo oder wer war der Edelmann,
Da Adam reutet und Eva spann?

Das Wiederaufleben des Zweizeilers im 20. Jh. ging vom Lied der Jugendbewegung aus. 1923 war das Lied ,Wir sind des Geyers schwarze Haufen', das unsere Strophe enthält, in das Liedgut des Wandervogels eingeführt worden.

Die geistige Grundlage der Rda. geht aus ihrer Geschichte hervor. Der schwer bedrängte Bauernstand berief sich im Anschluß an die theologischen Bewegungen des 14. Jh. auf einen sozialen Urzustand der Gleichheit aller Menschen. Für die häretische Theologie handelte es sich dabei um die Gleichheit vor Gott, für den Bauern jedoch um eine Gleichheit aufgrund der Arbeit. Die spruchmäßige Ausdrucksform schließt in erstaunlicher Schlagkraft beide Gedankengänge zusammen, die theologische Begründung wie die gesellschaftskritische, revolutionäre Folgerung.

Im Adamskostüm gehen: nackt herumlaufen (auf Männer bezogen). Surrealistisch-witzig wird die Nacktheit als eine andere Form von Bekleidetsein aufgefaßt. Die Wndg. ist in Dtl. seit Anfang des 20. Jh. bekannt, aber auch in anderen Sprachen geläufig (vgl. frz. ,l'habit du père Adam'; ,se promener en costume d'Adam'; engl. ,in Adam's suit'; ndl. ,in Adamskleren', ,in Paradijskostuum').

Ganz außer Adam sein: atemlos, eine seit 1900 geläufige Wortwitzelei, die auf der Lautähnlichkeit zwischen Adam, Odem und Atem beruht.

Bei Adam und Eva anfangen: in einer Rede weit ausholen, vom ersten Anfang an beginnen; vgl. frz. ,remonter au déluge'; wörtl. ,bis zur Sintflut zurückgehen', ↗Sintflut.

Von Adam und Eva abstammen: uralt, altmodisch sein. Die Rda. wird auf Gegenstände, aber auch auf überholte Ansichten bezogen.

Nach Adam Riese ↗Riese.

Lit.: *R. F. Smith:* When Adam delved and Eve span, who was then the gentleman?, in: American Notes and Queries 4,10 (1872), S. 17; *J. Kirchner:* Die Darstellung des ersten Menschenpaares in der bildenden Kunst (Stuttgart 1903); *S. Resnikow:* The Cultural History of a Democratic Proverb: ,When Adam dalf, and Eve span, who was thanne a gentelman?, in: Journal of English and Germanic Philology 36 (1937), S. 391–405; *L. Schmidt:* Als Adam grub und Eva spann, in: Das dt. Volkslied, 46 (1944), S. 36–40; *W. Steinitz:* Dt. Volkslieder demokratischen Charakters (Berlin 1954), S. 9–11; *Küpper; Büchmann; Friederich,* S. 306; *L. Röhrich:* Adam und Eva. Das erste Menschenpaar in Volkskunst und Volksdichtung (Stuttgart 1968); *A. B. Friedman:* When Adam delved ...: Contexts of an Historic Proverb, in: Harvard English Studies 5 (1974), S. 213–230; *I. Fröhlich:* Art. ,Adam' in: EM. I, Sp. 85–89; *L. Röhrich:* Art. ,Adam und Eva', in: EM. I, Sp. 89–99; *ders.:* Adam und Eva in der Volksliteratur, in: F. Link (Hg.): Paradigmata (Berlin 1989), S. 253–279.

Ader. *Es ist keine gute Ader an ihm:* er taugt ganz und gar nichts. Die Adern galten von der Antike bis ins MA. vielfach als Sitz des Seelen- und Gemütslebens (daher wohl auch frz. ,veine' = Ader und Glück; mauvaise veine = Unglück). Man glaubte, im Menschen seien gute und böse Adern vereinigt, daher sagt man bis heute von einem bösen Menschen: ,Es ist keine gute Ader an ihm' und rühmt von einem vortrefflichen: ,An dem ist keine falsche Ader'. In den niederoesterr. ,Flinserln'

Joh. Gabr. Seidls (1828ff.) heißt es von einem Kind: ‚Ka Tüpferl, ka Stäuberl, ka Unaderl hat's" (kein Unäderchen, d.h. keinen Makel).
Dementspr.: *Er hat eine leichte Ader:* er neigt etw. zum Leichtsinn. *Es schlägt mir keine Ader danach:* ich habe keine Neigung, keine Begabung dafür.
In dem Lied: ‚Wahre Freundschaft soll nicht wanken', heißt es zur Bestätigung der Treue:

Keine Ader soll mir schlagen,
wenn ich nicht an dich gedacht ...

Er hat keine Ader von seinem Vater: er ist ganz anders geartet als sein Vater. Allg. üblich sind Wndgn. wie *eine poetische (lyrische, musikalische) Ader* haben. In Süddtl. kennt man auch ‚Ein bißchen regt ein Aderle', ein bißchen macht Lust auf mehr.
Jem. zur Ader lassen: ihm Geld abnehmen. Urspr. war der Aderlaß gemeint, der in der Medizin eine wichtige Rolle spielte, ↗Aderlaß, ↗schröpfen.

Aderlaß. *Etw. bedeutet einen gewaltigen Aderlaß:* eine Sache bringt nur (materiellen) Verlust. Schon für 1789 ist dieser bildl. Ausdr. belegt: „er hatte nach diesem harten Aderlaß (= Bezahlung eines Rechtsberaters) kaum so viel übrig, daß er noch einige Tage leben konnte". (Dt. Wb. [Neubearb. Leipzig 1983], Sp. 1481).

‚Es bedeutet einen gewaltigen Aderlaß'

Der Aderlaß, ein Mittel der Humoralmedizin von der Antike bis z.T. noch in die Neuzeit, ist fast allen Natur- und Kulturvölkern bekannt. Bei diesem alten Behandlungsverfahren wird durch Einstich oder Einschnitt in die Ellbogenvene Blut entnommen.

‚Jemanden zur Ader lassen'

Gelegentlich liest man auch, daß ein Krieg einen ‚gewaltigen Aderlaß' bedeutet habe; und dies ist dann sehr wörtlich zu verstehen.

Lit.: *K. J. Bauer:* Geschichte der Aderlässe (München 1870); *A. Strubell:* Der Aderlaß (Berlin 1905); *A. Castiglioni:* Der Aderlaß, in: Ciba-Zeitschrift 66 (1954), S. 2186–2216.

Adler. *Als Adler keine Fliegen fangen:* sich nicht mit Kleinigkeiten abgeben. Vgl. das Sprw.: ‚Der Adler fängt keine Fliegen', „das ist, ein großer Herr bekümmert sich nicht mit Lumpen Sachen". In Adelungs Wörterbuch von 1774 steht: ‚Ein Adler hecket keine Tauben' und in Lipperheides Sprww.-Sammlung: ‚Der Adler fängt keine Mücken'.
In sprachl. Bildern wird immer die Stärke und Schnelligkeit des Adlers betont.
‚Adler zeugen Adler' will besagen, daß Großes nur von wahrhaft Großem stammt. *Einen Adlerblick haben:* einen scharfen, durchdringenden, alles in Schnelligkeit erkennenden Blick haben.
Auf Adlersflügeln davonfliegen: geistig eine enorme Entwicklung hinter sich haben; ebenso: *Jem. wachsen Adlersflügel,* so bei Franck (1539): „die inn den herren hoffen, den wirt kraft gemert, den wachsen adlerflügel."
Wie auf Adlersflügeln gebettet (getragen) werden: mit Schutz und Hilfe einer großen Macht, eines Mächtigen Gefahren sicher überstehen (vgl. 2. Mos. 19,4); bes. in der Metaphorik des Kirchenliedes: „Lobe den Herren, der alles so herrlich regieret / der dich auf Adlers Gefieder so sicher geführet ..."

Lit.: *O. Keller:* Der Adler, in: ders.: Die antike Tierwelt 2 (Leipzig 1913), S. 1–12; *E. Hoffmann-Krayer:* Art. ‚Adler' in: HdA. I, Sp. 174–189; *L. Brown:* Eagles (London 1955); *G. B. Tennyson:* An eagle can look at the sun, in: American Notes and Queries 3 (1964/65),

S. 41–42; *H.-J. Uther:* Art. ‚Adler', in: EM. I, Sp. 106–111; *E.* u. *L. Gattiker:* Die Vögel im Volksglauben (Wiesbaden 1989), S. 458–473.

Advocatus diaboli. *Den Advocatus diaboli spielen:* alles Belastende (wie der Teufel vor Gottes Thron) als Ankläger vorbringen, alles darlegen, was gegen eine Person oder Sache spricht.
Urspr. bezieht sich die Wndg. auf das Verfahren der kath. Kirche bei Selig- u. Heiligsprechungen (beatificatio u. canonisatio). Bei den sorgfältigen u. langwierigen Verhandlungen der Congregatio rituum werden die Verdienste des Verstorbenen geprüft und festgestellt, ob sich seine Verehrung nach seinem Tode lange genug erhalten hatte. Der ‚Promotor fidei' hat alle Hinderungsgründe gegen eine Selig- bzw. Heiligsprechung vorzutragen, der Volksmund nannte ihn ‚advocatus diaboli' (ital. ‚avvocato del diavolo').
Der Ausdr. wird heute auch im profanen Bereich benutzt. So kann jem. von sich sagen, daß er ‚den Advocatus diaboli spielen (machen) wolle', wenn es darum geht, daß sich alle Versammelten ein richtiges Urteil (z. B. über einen Bewerber, einen Prüfling) bilden sollen. Vgl. auch frz. ‚se faire l'avocat du diable' (Büchmann).

Affe. *Seinem Affen Zucker geben:* ausgelassen lustig sein, im Rausch lustig sein, sich in Komik überbieten, seiner Neigung nachgehen, seiner Eitelkeit frönen. Bei der Rda. ist zunächst an den Affen in Zoologischen Gärten zu denken, der bes. possierlich ist, wenn man ihn durch Zucker erfreut. Hier ist aber zugleich die Vorstellung einbeschlossen, daß ein Mensch, der sich in bestimmter Weise benimmt, ein solches Tier in sich trägt. Seit 1719 ist die Rda. nachweisbar (Zs. f. dt. Wortf. I, S. 251). 1737 sagt C. F. Henrici alias Picander in seinen ‚Ernst-Scherzhaften und Satyrischen Gedichten' von verliebten Herren:

> Und wenn sie, krumm und tief gebückt,
> Ein Mäulchen obenhin erhaschen,
> So sind sie durch und durch erquickt,
> Und wie ein Äffchen so vergnüget,
> Wenn es ein Stückchen Zucker krieget.

Häufiger erscheint diese Rda. im 19. Jh., so z. B. bei K. v. Holtei: „Außer diesem Gesange lagen in der Partitur wenig Mittel, sich geltend zu machen; sie diente Juliens Darstellung mehr zur Folie, während ich nachher im ‚Hanns Jürge' meinem Affen Zucker gab" (Vierzig Jahre, VI [Breslau 1846], S. 24).
Im gleichen Sinne bedient sich ihrer der ndd. Dichter Fritz Reuter: „Na, der (Kellner) bringt sie (die Flasche Wein), und wir geben unserm Affen Zucker und werden fidel wie die Maikäwer um Pfingsten" (Werke, ed. Seelmann, IV, S. 48).
Dagegen tritt die Rda. bei Theodor Fontane 1898 in verhüllter Form auf. Die Domina Adelheid verwendet sie dort im Gespräch mit ihrem Bruder: „Ja, Dubslav, was soll das nun alles wieder? Du gibst da deinem Zeisig mal wieder ein gutes Stück Zucker. Ich sage Zeisig, weil ich nicht verletzlich werden will". – An einer anderen Stelle finden wir: „Da habe ich demissioniert und dem Affen meiner Eitelkeit das Zuckerbrot gegeben" (Fontane, I, 4, S. 342).
Die Rda. ist in Mdaa. und in der Umgangssprache kaum anzutreffen. Lediglich in Hans Meyers ‚Richtigem Berliner' ist sie in Dialektform nachgewiesen: ‚Er hat sein' Affen Zucka jeje'm' (seiner Eitelkeit die Zügel schießen lassen).
Den Affen loslassen: lustig sein, sich einen vergnügten Tag machen; junge Rda., die in einem obersächs. bekannten Gassenhauer ihren Niederschlag gefunden hat:

> Traugott, laß den Affen los,
> Kleene Kinder sind nicht groß,
> Große Kinder sind nicht kleen,
> Traugott, laß den Affen steh'n!

Einen Affen (sitzen) haben: betrunken sein, ist spätestens seit Beginn des 19. Jh. allg. geläufig; die Herleitung ist unsicher. Man hat versucht, die Rda. auf die angebliche Trunksucht des Affen zurückzuführen; Lutz Mackensen hält eine scherzhafte Verwechslung von tschech. ‚opit se' = sich betrinken und ‚opice' = Affe für möglich. Auch ist darauf verwiesen worden, daß in einigen Sprachen, so im Ital., Span., Portugiesischen, Engl. und Tschech. Affe sowohl das Tier als auch den Rausch bez. R. Riegler hat eine mythologische Deutung versucht, indem er den Blick auf gewisse krankheitsdämonologische Vorstellungen richtete, nach de-

1

2

3

nen ein berauschter Mensch von bestimmten Tieren (unter anderem auch von einem Affen) besessen wäre (in: Wörter u. Sachen 6 [1914/15], S. 194ff.). Wander will eine mhd. Nebenbdtg. von Affe (= Larve, Maske) für diese Rda. verantwortlich machen. Endlich ist auch eine Beziehung der Rda. zu dem Affen (= Tornister) der Soldaten oder auch zu dem Affen, den der Gaukler auf der Schulter trägt, nicht gänzlich auszuschließen. Von Moritz v. Schwind existiert eine Zeichnung aus dem Jahre 1838, die die Unterschrift trägt: ‚einen Affen sitzen haben'. Sie zeigt einen heimkehrenden Zecher, der nach der Türklinke tastet und dem ein Affe auf der Schulter hockt. Sich betrinken heißt dementspr. *sich einen Affen holen* (oder *kaufen*).

Ich denke, mich laust (kratzt) der Affe! Ich dachte, der Affe soll mich lausen und *Es war, als hätte mich der Affe gelaust:* ich war erschrocken, plötzlich sehr verdutzt. Die Rdaa. sind der Ausdr. hochgradigen

4

1/2 ‚Mich laust der Affe'
3 ‚Affentheater'
4 ‚Affe, was hast du für schöne Jungen!'
5 ‚Einen Affen sitzen haben'
6 ‚Modeaffe'
7 ‚Affentanz'

6

5

7

Erstaunens, unangenehmer Überraschung und höchster Verwunderung. Auch viele mdal. Wndgn. kennen dieses sprachl. Bild; wahrscheinl. sind sie sogar der Ausgangspunkt dafür. Die Übertr. der Rdaa. ins Hd. und ihre Verbreitung wird wohl im 19. Jh. von Berlin ausgegangen sein, wo die Wndgn. ‚Ik denke, der Affe laust mir' und in etw. gebildeterer Form: ‚Ik denke, mir soll der Affe frisieren' bes. häufig und beliebt sind. In Ostpr. heißt es ähnl. ‚Ök docht, mî sult de Åp luse', im Rheinl. dienen die Wndgn. ‚Do messt ich jo vom Affen gelaust sein'; ‚Du bös wal vam Affen gefluht?' und: ‚Du kanns mich ens den Affen fluhe (luse)!' als abschlägige Antworten.

Zur Abweisung eines lästigen Fragers gebraucht man die Rda. *Ich flöhe Affen, willst du den Sack aufhalten?* Ähnl. mdal. im Rheinl. ‚Wat duj dor? – Den Affen floje, on ge sollt de Stert fashale'. Diese Rdaa. und z. B. auch das westf. Sprw. ‚Wat van Apen kümt, will lusen; wat van Katten kümt, will musen' beruhen auf der Beobachtung, daß sich die Affen selbst oder auch gegenseitig eifrig das Fell durchsuchen. Es hat dabei den Anschein, als ob sie Läuse oder Flöhe entdeckten und diese dann voller Genuß verzehrten. In Wirklichkeit suchen sie aber nur nach den kleinen, salzhaltigen Hautschuppen im Fell oder auch in den Haaren eines Menschen, wenn sie Gelegenheit dazu erhalten. Diese bot sich dann, wenn die Gaukler oder Kameltreiber mit ihren Affen im Kreis einer staunenden Menge erschienen, die natürlich nichts von dem eigentl. Grund des ‚Lausens' ahnte. Der Gaukler ließ seinen possierlichen Affen Kunststücke vorführen, Lose verkaufen und mit einem Hut das Geld einsammeln, oder hatte ihn ruhig auf seiner Schulter sitzen. Wenn dann der Affe plötzlich auf den Rücken oder die Schulter eines Zuschauers sprang, um sofort bei ihm nach Läusen, d.h. den Schuppen auf dem Kopf zu suchen, war der Betroffene natürlich sehr erschrocken und peinlich berührt, weil nun alle anderen glauben mußten, daß er Ungeziefer herumtrage, das der Affe sofort entdeckt habe. Die Schadenfreude und der Spott der Umstehenden, die sich an seinem verdutzten Gesichtsausdruck weideten, waren groß und zogen immer mehr Schaulustige an, was der Gaukler ja gerade beabsichtigt hatte. Der rdal. Vergleich aus dem Rheinl. ‚De mischt e Gesicht, als wenn e vom Affen gelaust wure wär' weist deutlich auf diesen Zusammenhang. Kinder hatten das unerfreuliche Erlebnis mit dem Affen oft noch unvermuteter, wenn sie so glücklich waren, auf dem mitgeführten Kamel reiten zu dürfen. Meist saß auf ihm noch ein Affe, den sie nicht gleich bemerkten und der ihnen plötzlich die Haare durchsuchte. Der berl. rdal. Vergleich ‚Er sitzt wie der Affe uf't Kamel', er reitet sehr ungeschickt, deutet darauf hin, daß es tatsächlich üblich war, Affen auf dem Kopf des Kamels oder an dessen Hals geklammert reiten zu lassen.

Einen alten Affen (etw.) lehren: etw. Vergebliches tun. So sagt man an der Nahe: ‚Der will ach alde Affe lerne Gesichter schneide', er versucht etw. Aussichtsloses; im gleichen Sinne in der Eifel: ‚Dau moss ken alen Aff lehren Konsten (Künste) machen'. Die Rda. ist schon recht alt, denn Thomas Murner gebraucht sie in seiner ‚Narrenbeschwörung' (58):

Ich lehr' vil eh'r einen Affen geygen,
denn eine böse Zunge schweigen.

Vgl. frz. ‚On n'apprend pas aux vieux singes à faire la grimace' (wörtl.: Den alten Affen macht man keine Grimassen vor) i.S.v.: Von der Jugend läßt man sich nicht belehren.

Schon früh wurde der Affe wegen seines Nachahmungstalents zum Sinnbild der Nachahmungssucht. Albertus Magnus wurde von seinen Gegnern ‚Affe des Aristoteles' genannt. Entspr. heißt es umgekehrt *Ich bin doch nicht dein Affe:* ich lasse mir von dir nichts vormachen, ich tanze nicht nach deiner Pfeife.

Thomas Murner kannte noch viele solcher Rdaa., die heute nicht mehr gebräuchl. sind und für die sich auch keine späteren lit. Zeugnisse beibringen lassen. Es muß deshalb vermutet werden, daß es sich hierbei um individuelle Prägungen Murners handelt, die in den allg. Sprachgebrauch nicht eingedrungen sind. In seiner ‚Narrenbeschwörung' finden wir: *Affen scheren, den Affen im Garn finden, es einem Affen an den Hintern schreiben:* etw. auf eine schmutzige Weise veröffentlichen, *den Affen in Purpur kleiden.* Anstelle der Rda. ↗‚Maulaffen feilhalten' erscheint gelegentlich auch die verkürzte Form *Affen feil haben,* so z.B. bei Andreas Gryphius.

Einen Affen gefressen haben: ‚einen ↗ Narren gefressen haben'. *Du bist wohl vom (wilden, giftigen* oder *blauen) Affen gebissen?:* du bist wohl toll, nicht bei Trost. Bei der in neuerer Zeit aufgekommenen Rda., die wahrscheinl. von Berlin ausging, wird auf den Biß eines tollwütigen Tieres angespielt.

An das behende Umherspringen des Affen denkt man, wenn man von *affenartiger Geschwindigkeit* spricht oder von *einen Affenzahn draufhaben.* Mit anderen Worten findet sich der Ausdr. in der Ev. Kirchenzeitung vom 22. April 1848: „Während der Engländer auch in der Auflösung Maß und Gesetz kennt, erfreut sich der Franzose mit äffischer Beweglichkeit und prinziploser Hast an dem Umsturz als solchem". Auch Gesner schreibt in seinem ,Tierbuch' (S. 8): „Von der Geschwindigkeit deß Affens ist ein Sprichwort erwachsen, damit man anzeigen will, wenn einer seiner Sach und Kunst stäts nachgehet, so spricht man, er ist so hurtig wie ein Aff".

Als ein Teufelstier par excellence, geradezu als ,figura diaboli', galt der Affe dem MA. Wenn Mechthild von Magdeburg im 13. Jh. von einer Verstorbenen sagt, sie habe den „Affen der Welt" von sich geworfen, dann meint sie die weltliche Eitelkeit, Sündhaftigkeit und Teufelsverfallenheit.

Seit dem ,Physiologus', dem Basis-Kompendium einer christlichem Zoologie, hat der Affe etw. mit dem Sündenfall zu tun, z.B. bei der Darstellung von Adams Benennung der Tiere; da sitzt unmittelbar vor ihm ein Affe, der vom Apfel frißt, was den Sündenfall vorwegnimmt. Die Situation des apfelfressenden Affen ist also nicht primär humoristisch. Es gibt auch eine misogyne Verbindung zwischen Affe und Eva. Das MA. brachte den Affen meist in Verbindung mit weiblichen Eigenschaften: Nachäffen, häufiger simia als simius.

Der Affe steht auch in Verbindung mit der Sünde der Superbia, dem Verlangen zu sein wie Gott.

Die ,similitudo hominis', die Menschenähnlichkeit des Affen hat schon die ma. Wissenschaft beschäftigt. Wegen seiner scheinbar menschlichen Eigenschaften galt der Affe auch als extrem häßlich, als ,turpissima bestia', weil er ,quam similis nobis' war.

Vielfältig sind auch die Wortverbindungen mit Affe. Luther verwendet die nicht mehr gebräuchl. Rda. *jem. auf einen Affenschwanz führen:* ihn irreführen: „Und er (Christus) habe seine liebe braut, die christenheit auf einen affenschwanz gefüret als ein teuscher oder blastücker".

Etw. ist eine Affenschande: eine große (wahre) Schande; soll auf ndd. ,Apenschanne' zurückgehen, das seinerseits aus ,apenbare Schanne' verkürzt ist. Jedoch ist diese Deutung nicht zweifelsfrei gesichert.

Zu jem. eine Affenliebe haben (hegen): seine übertriebene, blinde Liebe auf jem. richten, bes. die maßlose Liebe der Eltern zu ihren Kindern wird damit bez. Wahrscheinl. stützt sich diese Rda. auf die Beobachtung des bes. innigen Beisammenseins der Affenmutter mit ihren Jungen.

,Der Närrisch aff gedenckt geschwind/Er hab auff Erd das schönste Kind' – ,Affenliebe'

,Ape, wat hest du moje Jungen' (Ostfries.) und ,Ap, wat hest du wackere Kinner' (Oldenb.): Ausdr. des Spottes, wenn Eltern voller Affenliebe ihre Kinder für die schönsten und begabtesten halten. Gleiche Bdtg. haben die Feststellungen: ,Der Affe kennt nichts Schöneres als seine Jungen und der Narr nichts Klügeres als seine Taten'; ,Kein Affe, er schwört, er, habe die schönsten Kinder', die vermutl. auf der Aesopischen Fabel ,Von dem Affen und seinem Kinde' beruhen. Dort wird der Affe verspottet, weil er von Jupiter fordert, seine überaus häßlichen Kinder als die schönsten anzuerkennen. Aesop berichtet, die Affenmutter halte ihr häßlichstes Kind für das schönste. Wird sie gejagt, so preßt sie das ihr liebere Kind an sich und läßt es dann fallen; das vernachlässigte, das sich an sie klammert, wird gerettet. Diese Geschichte hat bes. weite Verbreitung erlangt.

Die drei Affen ↗sehen (,Nichts sehen, nichts sagen, nichts hören').

Mit Affenmünze bezahlen: nicht bezahlen; vgl. frz. ,payer en monnaie de singes'.

Ein Affentheater aufführen: ein unnatürliches übertriebenes Gebaren zeigen.

Etw. ist ein (wahrer) Affentanz: es ist ein tolles Treiben; der Freude wird ungehemmt Ausdruck gegeben. Die Rda. steht vermutl. mit den possierlichen Sprüngen der Affen auf den Leierkästen in Zusammenhang, die mitgeführt wurden, um die Leute anzulocken. Im MA. hatte das Wort ‚Affentanz' allerdings einen anderen Sinn; es bezeichnete vor allem die Eitelkeit und Torheit der Welt. Schon im 13. Jh. gebraucht Hugo von Trimberg in seinem ‚Renner' die Begriffe geradezu synonym:

Was ist werltlicher eren glanz
denne toren froude und affentanz?

(Hammerstein, S. 79).

Hier herrscht eine Affenhitze: eine sehr große Hitze; das Wort ‚Affen-' hat hier eine steigernde oder auch wertmindernde Bdtg. Der Ausdr. ist Ende des vorigen Jh. in Berlin nachgewiesen, heute aber gesamtdt. vertreten. Er ist in dieser Wortverknüpfung vielleicht aus *Hitze wie im Affenstall* verkürzt.

Ein Modeaffe sein: sich stets nach der neuesten Mode richten, auf seine Kleidung übertriebenen Wert legen.

‚Affengeil' ist ein Modewort der Jugendsprache und bedeutet ‚sehr gut'. Es geht auf mhd. ‚geil' = froh zurück und hat in der alternativen Sprache jeden Bezug zur Sexualität verloren.

Lit.: *O. Keller:* Der Affe, in: ders.: Die antike Tierwelt 1 (Leipzig 1909), S. 3–10; *E. Kuhl:* Shakespeare's ‚Lead Apes in Hell', in: Studies in Philology (Univ. of North Carolina, Chapel Hill) 22 (1925), S. 453 ff.; *A. Verwaetermeulen:* In den aap gelogeerd zijn, in: Biekorf 39 (1933), S. 16–17; *B. J. Whiting:* Old maids lead apes in hell, in: Englische Studien 70 (1936), S. 377–381; *H. Morgenthaler:* Die Gesellschaft zum Affen in Bern (Bern 1937); *W. C. McDermott:* The Ape in Antiquity (1938); *H. W. Janson:* Apes and Ape Lore in the Middle Ages and the Renaissance, in: Journal of the Warburg and Courtauld Institute 20 (London 1952); *G. B. Needham:* New Light on, Maids Leading Apes in Hell, in: Journal of American Folklore 75 (1962), S. 106–119; *J. Vandier d'Abbadie:* Les singes familiers dans l'ancienne Egypte, in: Revue d'Egyptologie 16 (1964), 17 (1965), 18 (1966) *J. A. W. Bennett:* An ape, is an ape, be she clothed in purpure, in: American Notes and Queries 211 (1966), S. 254; *R. Hammerstein:* Diabolus in Musica (Bern–München 1974), bes. S. 75–80; *R. u. S. Scherda:* Art. ‚Affe', in: EM. I, Sp. 137–146; *M. Bowden:* Ape-men: fact or fallacy? (Bromley 1977); *G. Göbel* u. *D. Hüppner:* Der Affe in Erzählungen der Völker, in: Hess. Bl. f. Volks- u. Kulturforschung 18 (1985), S. 77–92; *Th. Zaunschirm:* Affe und Papagei – Mimesis und Sprache in der Kunst, in: Kunsthistoriker. Mitteilungen d. Österr. Kunsthistorikerverbandes, Jg. 1 (1984), Nr. 4, Jg. 2 (1985), Nr. 1, S. 14 ff. *J. Leibbrand:* Speculum Bestialitatis. Die Tiergestalten der Fastnacht und des Karnevals im Kontext christlicher Allegorese (= Kulturgesch. Forschungen 11), (Diss. Freiburg 1986, München 1989), S. 90 ff.

Ägypten. Die Rda. von der *ägyptischen Finsternis* bezieht sich auf 2. Mos. 10,22 („Da war eine dicke Finsternis in ganz Ägyptenland drei Tage"). Modern umg. spricht man auch davon, wenn z. B. der elektrische Strom vorübergehend aussetzt.

Sich nach den Fleischtöpfen Ägyptens (zurück-)sehnen ↗ Fleischtopf.

Lit.: *E. Brunner-Traut, O. Spies, N. Salem:* Art. ‚Ägypten', in: EM. I, Sp. 175–227.

Ahnung ↗ blaß.

Akazie. *Wie stehn die Akazien?:* Wie geht es? (↗ Aktie).

Es ist, um auf die Akazien zu klettern oder *zum Auf-die-Akazien-Klettern:* es ist zum Verzweifeln, nicht auszuhalten. Die Rda. ist nach dem 1. Weltkrieg aufgekommen als Verstärkung der Wndg. ‚auf die ↗ Palme klettern', weil durch die Dornen das Erklettern der Akazie weit qualvoller ist.

Akten ↗ Acta.

Aktie. *Seine Aktien steigen* (oder *fallen*): das Unternehmen, an dem er beteiligt ist, wirft größeren (oder geringeren) Gewinn ab, übertr. die Aussichten auf den Erfolg seiner Bestrebungen und Hoffnungen mehren (oder mindern) sich. Die Rda. ist gegen Ende des 18. Jh. aus dem Börsenleben übernommen worden. Sie findet sich z. B. in Ifflands Drama ‚Der Spieler' von 1798 (III, 6): „Wie es scheint, sind die Actien gefallen. – Ha ha ha! der Seelenschmerz ist außer Cours gekommen!" Freiligrath schreibt am 18. 4. 1835 in einem Brief an H. Jerrentrup: „Während meine dichterischen Aktien von Tag zu Tag steigen, ist mein spießbürgerlicher Stern in cadente domo", d. h. im Niedergang (Werke, hg. v. Schwering, Bd. 6, S. 32).

Häufig begegnet die Rda. in Frageform: *Wie stehn die Aktien?* (auch verdreht zu: ‚Wie stehn die Akazien?'): Wie geht es? Die Wndg. hat auch Eingang in die Mdaa.

gefunden, etwa rhein. ‚Wie stont die Aktien?', wie geht es? und ‚Stohn die Aktien esu?', steht die Sache so?

Alarm. *Alarm schlagen:* eine Warnung ausgeben, die Öffentlichkeit informieren, auch: sich aufregen über eine mißglückte Sache.
Falschen Alarm geben: zur Vorsicht warnen, obwohl es gar nicht nötig wäre; vgl. engl. ‚a false alarm'.

Lit.: *A. Taylor:* A false alarm, in: Western Folklore 22 (1963), S. 271.

Alibi. *Ein (einwandfreies) Alibi besitzen:* als Verdächtigter einen (nachprüfbaren) Nachweis (für die Polizei) erbringen können, sich zum Zeitpunkt einer Straftat (Einbruch, Überfall, Mord) an einem anderen (entfernten) Ort befunden zu haben u. damit für das Verbrechen als Täter ausgeschlossen zu sein.
Das substantivierte Adverb (lat. ‚alibi': anderswo, anderwärts) ist im Dt. seit der 2. Hälfte des 18. Jh. üblich u. wahrscheinl. über das gleichbedeutende frz. ‚alibi' eingedrungen.
Sich ein sicheres Alibi verschaffen: sich vorsorglich absichern, um sich vor einem evtl. Verdacht reinigen zu können, aber auch: trotz Verwicklung oder Schuld die Ermittler in die Irre führen, von sich selbst abzulenken versuchen.
Kein Alibi haben: keinen Nachweis (Zeugen) der Abwesenheit vom Tatort erbringen können.
Auf eine fragwürdige (kriminelle) Angelegenheit bezogen spricht man auch in übertr. Bdtg. von einer ‚Alibi-Funktion', wenn dadurch eine Entlastung erfolgt, von einem Strafverfahren abgesehen wird.

Alles. *Alles frisch!* Durch einen Reklamegag der Backwarenindustrie, die mit einem Aufkleber ‚Alles frisch!' auf sich und ihre Produkte aufmerksam machte, ist eine ganze Flut parodierender Aufkleber und Sprüche entstanden. So etwa: ‚Alles in Butter', ‚Alles Beschiß', ‚Alles (nur) Schau'.
Alles auf einmal haben wollen heißt engl. ‚to have the egg and also the halfpenny that you buy it with'.

Lit.: *Crescent:* The Egg and the Halfpenny, in: American Notes and Queries 5, 1 (1874), S. 57; *K. Daniels:* Alles frisch?. in: Der Sprachdienst 26 (1982), S. 36 bis 41.

Alp. Verschiedene Rdaa. vom Alp zeugen von dem alten Volksglauben an gefährliche Druckgeister: *einen Alptraum haben; Alpdrücken haben; es lag mir wie ein Alp auf der Brust; mir fiel ein Alp vom Herzen.*

‚Alpträume haben'

Der vom Alptraum befallene Schläfer hat die Vorstellung, daß ein dämonisches Wesen tierischer oder menschlicher Gestalt seine Brust preßt, so daß er kaum Atem zu holen vermag. Aus diesem Zustand hochgradiger Angst befreit ihn eine energische Abwehrbewegung, ein Aufschrei oder dgl. Der Schläfer erwacht aufgeregt, in Schweiß gebadet, tief Atem holend, der Alp ist von der Brust gewichen.
Die aus dem Alptraumerlebnis entwikkelte Sage vom Alp gehört zu den ältesten und verbreitetsten mythischen Vorstellungen der Menschheit. In Dtl. gibt es für den Druckgeist verschiedene Bez.: ndd. ‚Mahr', obd. ‚Schrättel' und mdt. ‚Alb'; dieses in die Schriftsprache aufgenommene Wort ist identisch mit Alb, Alf (vgl. die aus dem Engl. übernommenen ‚Elfen'). Schon in der mhd. Lit. begegnen rdal. Zeugnisse für das Alpdrücken, z. B. „mich drucket heint der alp so hart, dasz mir aus gieng der oten", und: „dô kom si rehte als ein alp ûf mich geslichen" (Lexer I, 39).

Lit.: *F. Ranke:* Art. ‚Alp', in: HdA. I, Sp. 281; *W. E. Peuckert:* Art. ‚Alb', in: Handwb. der Sage (Göttingen 1961–62), Sp. 186–250; *G. Lixfeld:* Der Alp. Analyse eines Sagentyps (masch. Mag.-Arbeit) (Freiburg i. Br. 1979).

Alraune. Die mit Alraune gebildeten Rdaa. stehen in Beziehung zum Volksglauben. Die Alraune (Mandragora) ist eine Wurzel von menschenähnlicher Gestalt, die zu zauberischen Zwecken verwendet wurde. Der Mandragora-Glaube ist orientalischen Ursprungs und auf verschiedenen Wegen, bes. durch die gelehrt-magische Lit., nach Mitteleuropa gelangt. Im Ahd. gab man der Zauberwurzel einen altheimischen Namen (ahd. Glossen setzen alrûna für lat. mandragora).
Schon im klassischen Altertum wurde das Nachtschattengewächs Mandragora zum Liebeszauber und als Betäubungsmittel benutzt. Die schlafbringende Wirkung der Pflanze spiegelt sich auch in den Rdaa. Von einem trägen und schläfrigen Menschen sagt man *Er hat Alraun gegessen;* vgl. lat. ‚bibere mandragoram' (Sprichwörtersammlung des Erasmus von Rotterdam, 684); vgl. *einen Alraun im Leib haben* (KHM. 183).
Offenbar iron. gemeint ist der aus Nordthür. bezeugte sprw. Vergleich *munter wie ein Alräunchen.* Die Menschenähnlichkeit der Wurzelform hat schon früh zu Vergleichen geführt; der Meistersinger Michael Beheim sagt z. B.: „Eitze schaust grad aus wei d' Olrau".
Im Volksglauben gilt die Alraun-Wurzel als Glück und Reichtum bringend. Von einem, der schnell reich geworden ist, sagte man in der Gegend von Dortmund: ‚De hat 'n Alraun'; in Wien vermutet man von einem, der Glück im Spiel hat: ‚Der muß a Oraunl im Sack haben'. In Nordhausen/Harz heißt es: ‚He leift wie en Alrinechen' (er kennt alle Geheimnisse). Goethe läßt im ‚Faust' II den Mephisto sprechen:

Da stehen sie umher und staunen,
Vertrauen nicht dem hohen Fund,
Der eine faselt von Alraunen,
Der andre von dem schwarzen Hund.

Lit.: *A. T. Stark:* Der Alraun. Ein Beitrag zur Pflanzensagenkunde (Baltimore 1917); *H. Marzell:* Art. ‚Alraun', in: HdA. I, Sp. 312–324; *W. E. Peuckert:* Art. ‚Alraune', in: Handwb. der Sage, 2. Lieferung (Göttingen 1962), Sp. 403–422.

‚Alraune'

alt. *Alt wie Methusalem:* sehr alt; so alt, daß man es gar nicht mehr ausrechnen kann. Der rdal. Vergleich bezieht sich auf 1. Mos. 5,25–27 („Methusala war hundertsiebenundachtzig Jahre alt und zeugte Lamech; und lebte darnach siebenhundertzweiundachtzig Jahre und zeugte Söhne und Töchter; daß sein ganzes Alter ward neunhundertneunundsechzig Jahre"); vgl. frz. ‚vieux comme Methusalem'; engl. ‚as old as Methusalah'; ndl. ‚zo oud as Methusalem'. Der Begriff wurde durch Bernhard Shaws Werk ‚Back to Methusalah' (1921), dt. Übers. von Siegfried Trebitsch ‚Zurück zu Methusalem' (1923) im internationalen Sprachgebrauch wieder geläufiger (Büchmann).
So alt wie der Böhmerwald (Bremer, Harzer, Duisburger, Thüringer, Westerwald); auch mdal., z. B. ‚Hei is sau aalt, as de Düringer Wahld'. Der rdal. Vergleich stammt deutlich aus der Wechselbalgsage. Der Wechselbalg wird durch irgendeine merkwürdige Hantierung seiner Pflegemutter, z. B. durch das Brauen von Bier in Eierschalen, zum Sprechen veranlaßt. Dadurch, daß er als Wickelkind schon sprechen kann, sowie durch das Eingeständnis seines hohen Alters

zeigt er, daß er nicht zu den Menschen, sondern zur dämonischen Welt gehört. Im Mittelpunkt der Sagen steht häufig ein solcher Altersvers, z. B.

I, so bin ik doch su alt
Wie der gruße Harzerwald,
Su was heb' ik net gesahn
In mein lange, lange La'm (Leben),

oder:

Su bin ik doch sau oolt,
Wie de Böhmerwoold,
Dreimal ehacket un dreimal ekohlt
(dreimal abgehackt und dreimal verbrannt).

Nachdem der Wechselbalg sich so verraten hat, muß er zu den Seinen zurückkehren, die dafür das gestohlene Kind wiederbringen. Der Spruch hat oft die Sage selbst an Lebenskraft überdauert und ist als Rda. (mit starken lokalen Abweichungen) noch ganz geläufig.

Alt und grau werden stammt aus 1. Sam. 12,2: „Ich aber bin alt und grau geworden".

Alter Schwede ↗ Schwede.

‚Der Ältere teilt, der Jüngere wählt'

‚Der Ältere teilt, der Jüngere wählt (kiest)', ist ein Rechtsgrundsatz, der auf 1. Mos. 13,5–11 zurückgeht und durch die Schriften des Augustinus (bes. ‚De civitate Dei' 1, XVI c.20) verbreitet wurde. Der älteste dt. Beleg ist der Bericht Nithards über die Teilung des Fränk. Reiches zwischen Lothar und Karl dem Kahlen unter Kaiser Ludwig d. Deutschen.

Die sprw. Regel ist auch dem Sachsenspiegelrecht bekannt und dort bildl. dargestellt worden.

Die Wndg.: *alt aussehen:* etw. vergeblich tun, Mißerfolg haben, ist in der heutigen Jugendsprache geläufig.

Die ganz jung erscheinende Wndg. *Alter Mann ist doch kein D-Zug* taucht bereits vor dem 1. Weltkrieg in einem Soldatenlied auf:

Die Aufsicht hat der Leutnant,
Die Ruhe haben wir.
Ein alter Mann ist kein D-Zug,
Er ist nur Passagier.

Nicht alt werden bei jem.: kein alter Mann werden, nicht lange aushalten bei jem., findet sich schon im Vincentius Ladislaus, wo es (I, 5) der Diener von seiner Dienstdauer dem Herrn gegenüber gebraucht, bei dem er nicht alt werden will; vgl. frz. ‚Ne pas faire de vieux os chez quelqu'un' (wörtl.: ‚Bei jem. werden einem die Knochen nicht alt'). Dann erscheint die Rda. allg. i. S. v. nicht aushalten.

Wer sich früh zu Bett legen will, pflegt wohl zu sagen: ‚heute werde ich nicht alt'.

Alles beim alten lassen: jede Veränderung vermeiden, wird oft als beruhigende Feststellung ‚Es bleibt also alles beim alten' gebraucht. Den Wunsch, daß alles beim alten bleiben solle, läßt Goethe im ‚Faust' I, in der Szene vor dem Tor einen Bürger aussprechen:

Herr Nachbar, ja! so laß ich's auch geschehn:
Sie mögen sich die Köpfe spalten,
Mag alles durch einander gehn;
Doch nur zu Hause bleib's beim alten.

Im Gegensatz dazu steht die Rda. *am Alten rütteln.*

Auf seine alten Tage ↗ Tag.

‚Wie die Alten sungen, so zwitschern auch die Jungen': die Kinder richten sich nach ihren Eltern, sie übernehmen alte Gewohnheiten. Die Wndg. ist durch das Lied vom Sperling: ‚Unterm Dach, juchhe ...' bis heute allg. verbreitet geblieben.

Für den Alten Fritzen arbeiten ↗ Preußen.

Lit.: *G. Beyeri:* Dissertatio de proverbio juridico: Major dividit et Minor eligit (Der ältere theilt, der jüngere kieset) (Vitebergae 1712); *H. v. Voltelini:* Der Ältere teilt, der Jüngere wählt, in: Zs. der Savigny-Stiftung für Rechtsgeschichte (Germanist. Abt.) 36 (1915), S. 478; *G. Kahlo:* Die Verse in den Sagen und Märchen (Berlin 1919), S. 102ff.; *L. Röhrich:* Sprw. Rdaa. aus Volkserzählungen, S. 262; *J. Koepp:* Das Volkslied in der Volksgemeinschaft, in: A. Spamer: Die dt. Volkskunde, 2 Bde. (Berlin 1934), I, S. 306; *R. Schenda:* Art. ‚Alte Leute', in: EM. I, Sp. 373–380; *ders.:* Das Elend der Alten Leute (Düsseldorf 1972);

ders.: Häßliche Alte – lüsterne Greise? Bilder der Dritten Generation in Märchen, Sagen, Sprichwörtern, in R. Boeckler u. K. Dirschauer (Hg.): Emanzipiertes Alter, Bd. I (Göttingen 1990), S. 149–161; *R. Wildhaber:* Der Altersvers des Wechselbalges und die übrigen Altersverse (= FFC 235) (Helsinki 1985).

Altenhausen. *Von Altenhausen sein:* zu den Alten gehören, Wortspiel mit dem Ortsnamen Altenhausen bei Neuhaldensleben. In einem Schwank von Hans Sachs (,Die Hausmägde im Pflug') sagt eine alte Jungfer:

... bey meinen Tagen
Hab ich der Heyrat viel verschlagen.
Die mich wolten, die wolt ich nit.
Also mir jetzundt auch geschieht.
Des bin ich schier von Altenhausen.

Altes Haus ↗ Haus.

Altenteil. *Sich auf sein Altenteil zurückziehen (setzen):* wird von dem Vater oder von den Eltern gesagt, die sich im Alter von der Arbeit und Leitung der Hauswirtschaft zurückziehen und sich zur Ruhe setzen. Unter Altenteil versteht man die Leistungen, die zur Versorgung der ,Altenteiler' (oder ,Altsitzer', ,Auszügler') bei der Übergabe des Besitzes an ihre Kinder festgesetzt werden. In übertr. Sinn bedeutet die Rda.: sich von seinen Ämtern, von der öffentl. Tätigkeit zurückziehen, aus dem Berufsleben ausscheiden.

Jem. aufs Altenteil abschieben: jem. von seinem langjährigen Arbeitsplatz verdrängen wollen, den er noch weiterhin gut ausfüllen kann.

Lit.: *J. Grimm:* Rechtsaltertümer I, S. 674ff.

Alter. *Zunehmen an Alter und Weisheit,* Rda. nach Luk. 2,52 in Luthers Verdeutschung. *In einem biblischen Alter sein:* sehr alt sein; beruht auf den hohen Altersangaben der Erzväter im A.T.

In das gefährliche Alter kommen: in eine Lebensphase, in der der Mensch zu Unüberlegtheiten neigt.

Altweibermühle. ↗ Weibermühle.

Altweibersommer. *Einen (schönen) Altweibersommer haben:* schöne, warme, sonnige Herbsttage haben. Urspr. benannte man so die im Herbst umherfliegenden Spinngewebe (schriftsprachl. seit Adelung 1801); diese herbstlichen Sommerfäden werden von dem Volksglauben als ein Gespinst von Elfen, Zwergen oder von Maria selbst angesehen; daher werden sie auch ,Mariengarn', ,Marienseide' genannt und als Überbleibsel vom Rocken der gen Himmel aufsteigenden Maria angesehen. Die Jahreszeit selbst wird auch ,Witwensömmerli' (schweiz.), ,Frauen-, Gallen-, Metten- oder auch nur Weibersommer' genannt; vgl. engl. ,Indian Summer'.

Lit.: *A. Lehmann:* Altweiber-Sommer (Diss. Berlin 1911); *L. Mackensen:* Art. ,Altweibersommer' in: HdA. I. Sp. 352–357; *K. Vilkuna:* Der Altweibersommer, in: ders.: Finnisches Brauchtum im Jahreslauf (= FFC 206) (Helsinki 1969), S. 242–244.

Amen. *Das ist (kommt) so sicher (so wahr) wie das Amen in der Kirche (in der Bibel):* das ist ganz sicher, das wird gewiß eintreffen, daran ist kein Zweifel. Gerlingius verzeichnet 1649 (unter Nr. 105): „Folium Sibyllae. ,Tis so waar alse Aamen".

Ja und amen zu etw. sagen; sein Ja und Amen zu etw. geben: einverstanden sein, ausdrücklich zustimmen; auch mdal., z.B. meckl. ,Nu segg man Amen!' (gib deine Zustimmung). Die Rda. bezieht sich auf Bibelstellen, wie etwa 5. Mos. 27,15–26; Matth. 5,37; 2. Kor. 1,20; Offenb. 22,20.

Zum Amen in die Kirche kommen: in letzter Minute (auch: zu spät) kommen.

Es ist aus und amen: es hat definitiv ein Ende; das Leben ist zu Ende.

Lit.: *F. Pfister:* Art. ,Amen' in: HdA. I, Sp. 364–366; *W. Jannasch:* Art. ,Amen' in: RGG. I, ([3]1957) Sp. 308–309.

Amerika. Amerika wird rdal. als ↗ ,Neue Welt', als Land der Freiheit und der ,unbegrenzten Möglichkeiten' bez. Goethe schrieb in den ,Zahmen Xenien' ein ,Gastgeschenk', den ,Vereinigten Staaten' gewidmet:

Amerika, du hast es besser
als unser Kontinent, der alte,
hast keine verfallenen Schlösser
und keine Basalte.
Dich stört nicht im Innern
zu lebendiger Zeit
unnützes Erinnern
und vergeblicher Streit.

In Heinrich Heines Romanzero ,Jetzt wohin?' wird auf die Auswanderer-Welle des 19. Jh. angespielt:

Manchmal kommt mir in den Sinn,
nach Amerika zu segeln,
nach dem großen Freiheitsstall,
der bewohnt von Gleichheitsflegeln.

Da zunächst jeder, der wollte, im Land der unbegrenzten Möglichkeiten sein Glück machen und reich werden konnte, gaben sich die ‚Daheimgebliebenen' oft den kuriosesten Vorstellungen über ihre Verwandten in Amerika hin: man glaubte sie unermeßlich reich. Der ‚Onkel aus Amerika' ist sprw. für einen reichen Verwandten geworden.

Ein ndd. Spruch verdeutlicht, warum so viele Deutsche nach Amerika ausgewandert sind: ‚Der hier sien Broot hett, he bruukt nich na Amerika um Botter to reisen'.

Lit.: *P. Assion* (Hg.): Der große Aufbruch. Studien zur Amerikaauswanderung (Hess. Bl. f. Volks- u. Kulturforschung 17) (Marburg 1985); *ders.:* Von Hessen in die Neue Welt. Eine Sozial- und Kulturgeschichte der hess. Amerikaauswanderung (Frankfurt/M. 1987); *Th. Gish* and *R. Spuler* (eds.): Eagle in the New World. German Immigration to Texas and America (Houston [Tex.] 1986); *P. Boerner:* Amerikabilder der europ. Lit.: Wunschprojektion und Kritik, in: Amerikastudien 23 (o.J.), S. 40–50.

Amok. *Amok laufen:* in blinder Wut umherlaufen (und töten). Der Ausdr. kommt von malaiisch ‚amuk, amok': Wut. Auf den malaiischen Inseln wurde bei Eingeborenen eine Art wütende Geistesgestörtheit beobachtet, die mit einem Mordtrieb einhergeht: der Amokläufer sticht im Laufen wahllos Menschen nieder, bis er selbst zusammenbricht.

In der Psychologie wird das Amoklaufen auch als Sonderform des Selbstmords angesehen. Eine aufgestaute Aggressivität entlädt sich nach außen.

Der Ausdr. kam vom engl. ‚to run amuck' ins Dt.

Lit.: *Trekane:* To run amuck, in: American Notes and Queries 3,8 (1865), S. 89; *A. F. Robbins:* Running amuck, in: American Notes and Queries 9, 2 (1898), S. 406; *G. M. Fenn:* Running amuck (London 1901); *Emeritus:* Running amuck, in: American Notes and Queries 9, 10 (1902), S. 307.

Amt. *In Amt und Würden sein:* eine berufliche Stellung einnehmen, ein Amt, eine Pfarrstelle innehaben.

Ähnl. Verbindungen ohne End- und Stabreim sind die folgenden Zwillingsformeln mit Dingwörtern: Ach und Weh (vgl. Goethes ‚Heideröslein': „half ihm doch kein Weh und Ach") – in Acht und Bann – Art und (Berliner) Weise – über Berg und Tal – Bomben und Granaten – Brief und Siegel – Dichten und Trachten – in Fleisch und Blut – mit Feuer und Schwert – mit Fug und Recht – in Grund und Boden – Hals und Bein (brechen) – über Hals und Kopf – mit Hand und Mund – Hand und Fuß (haben) – mit Hängen und Würgen – Haut und Knochen – auf Heller und Pfennig – Hopfen und Malz – Hunger und Durst – Jahr und Tag – in Ketten und Banden – Kraut und Rüben – über Land und Meer – Leben und Treiben – mit Leib und Seele – durch Mark und Bein (scherzhaft durch Mark und Pfennig) – ohne Maß und Ziel – Mittel und Wege – Mord und Totschlag – Mühe und Arbeit – mit Mühe und Not (vgl. Goethes ‚Erlkönig': „erreicht den Hof mit Müh und Not") – zu Nutz und Frommen – an Ort und Stelle – Pflicht und Schuldigkeit – in Reih und Glied – in Ruh und Frieden – in Sack und Asche – hinter Schloß und Riegel – ohne Sinn und Verstand – mit Spießen und Stangen – Spott und Hohn – Stadt und Land – Sünde und Schande – Tag und Nacht – Tisch und Bett (früher: bank und bette) – auf Tod und Leben – auf Treu und Glauben – zu Wasser und zu Lande – mit Rat und Tat – Zeit und Stunde. Zwillingsformeln mit Eigenschafts- und Umstandswörtern sind: alt und jung – angst und bange – früh und spät – hier und dort – hin und wieder – hoch und teuer – krumm und lahm – kurz und bündig – kurz und gut – über kurz oder lang – lang und breit – lieb und wert – nackt und bloß – recht und billig – steif und fest – voll und ganz – wohl oder übel. Auch aus Verbindungen von Tätigkeitswörtern entstehen Zwillingsformeln wie: drehen und wenden – dichten und trachten – grünen und blühen – hören und sehen – hungern und dürsten – kehren und wenden (alter Ausdr. bei Grenzbestimmungen) – kommen und gehen – lachen und weinen – leben und sterben – säen und ernten – sein und bleiben – sengen und brennen – stehen und liegen lassen – suchen und finden – tun und lassen – wagen und gewinnen – zittern und zagen.

Erstunken und erlogen – nicht gehauen und gestochen – gestiefelt und gespornt – verbrieft und besiegelt – verraten und verkauft – verriegelt und verschlossen.

Lit.: ↗ach.

Amtsmiene. *Eine Amtsmiene aufsetzen:* sich wichtig tun, ernst und würdevoll dreinschauen, um andere einzuschüchtern.

Amtsschimmel. *Den Amtsschimmel reiten:* sich bürokratisch verhalten; *der Amtsschimmel wiehert (trabt, braucht wieder Futter):* es herrscht die Verwaltungsbürokratie. Der Amtsschimmel hat vermutlich

,Den Amtsschimmel wiehern lassen'

nichts mit dem Schimmelpilz auf alten vergilbten Amtsakten zu tun, sondern geht wohl tatsächlich auf die früheren berittenen Amtsboten zurück. Eine andere Erklärung will darin das ,simile', den vorgedruckten Musterentscheid der oesterr. Kanzleien sehen, nach denen der ,Similereiter' jeden neuen Fall erledigt.

Lit.: *A. J. Storfer:* Wörter und ihre Schicksale (1935), S. 312f.

anbeißen. *Zum Anbeißen aussehen:* sehr schön und frisch aussehen; vgl. frz. ,Belle à croquer', wird nur von einem hübschen Mädchen gesagt.

Nicht anbeißen wollen: nicht darauf eingehen; *angebissen haben:* ein Ansinnen freudig aufgreifen. Die Rdaa. beziehen sich auf den Fang von Fischen und anderen Tieren durch Köder und Lockspeisen, die sie entweder unberührt lassen oder gierig verschlingen; vgl. frz. ,mordre à l'hameçon', i.S.v. ,hereinfallen'.

Lit.: *L. Röhrich* u. *G. Meinel:* Redensarten aus dem Bereich der Jagd und der Vogelstellerei, S. 313–323.

Andacht. *Aufgehen in der Andacht zum Unbedeutenden:* sich in völlig unwichtigen Kleinigkeiten verlieren, ihnen die größte Aufmerksamkeit widmen.

Das Schlagwort von der ,Andacht zum Unbedeutenden' wurde von Sulpiz Boisserée, die ,Deutschen Wälder' der Gebrüder Grimm betreffend, geprägt. Boisserée schreibt an Goethe am 27. Oktober 1815 über A. W. Schlegels Rezension der ,Dt. Wälder' in den Heidelberger Jahrbüchern: „Schlegel lobt an ihnen, was zu loben ist, aber das nichtige, kleinliche Sinnbildeln und Wortdeuteln, ihre ganze Andacht zum Unbedeutenden, verspottet er mit grimmigem Witz."

Wilhelm Scherer greift in seiner Würdigung von Jacob Grimm dieses kennzeichnende Schlagwort wieder auf und gibt ihm einen positiven Sinn: „Als Spottname war es gemeint, als Ehrenname lebt es unter uns fort. Und nichts kann man finden, um das Wesen der Brüder besser zu bezeichnen als: Andacht zum Unbedeutenden" (S. 124). Von Jacob Grimm soll der Ausdr. ,Philologie ist die Andacht zum Kleinen' stammen.

Lit.: *S. Boisserée:* Briefwechsel, Tagebücher, Bd. II (Neudr. Göttingen 1970), S. 72; *W. Scherer:* Jacob Grimm; Neudr. d. 2. Aufl. besorgt v. S.v.d. Schulenburg (Berlin 1921).

anders. *Ja, Bauer! das ist ganz was anders* (,Was anders ist des Schulzen Kuh!'); so (oder ähnl.) lautet die Pointe eines volkstümlichen Schwankes, die sich als Rda. verselbständigt hat. Sie ist heute noch vielerorts bekannt, meist ohne daß die zugrunde liegende Schwankerzählung noch bewußt ist.

Als Erklärung der Rda. erzählt man sich z.B. an der Fränk. Saale folgende Geschichte: „Einem Häcker wurde vom Ochsen des Amtmanns die einzige Kuh getötet. Er lief zum Amtmann und sagte: Haltens z'Gnaden, Herr Amtmann, mei' Kuh hat Ihne Ihre Ochse tot gestoße. – So, rief der Amtmann, dann fälle ich das Urteil, daß der Schaden sofort in Geld zu ersetzen ist; mein Ochse kostet 15 Karlin (à 11 Gulden). – Haltens zu Gnaden, Herr Amtmann, sagte jetzt der Häcker pfiffig, ich han mich versproche, es is umgekehrt, Ihne Ihr Ochs hat mei Kuh totgestoße; sie hat mich 9 Karlin kost; ich will mei Geld. – Da rief der Amtmann: Ja, Bauer, das ist was ganz anderes!"

Der Schwank ist verschiedentlich lit. bearbeitet worden, z. B. in Karl Wilh. Ramlers (1725–98) Fabel ‚Der Junker und der Bauer'. Ihre unmittelbare Quelle ist die Fabel Michael Richeys ‚Duo cum faciunt idem, non est idem'. Fritz Reuter hat in seinen ‚Läuschen un Rimels' den Stoff ebenfalls lit. bearbeitet.

Der Schwank ist alt und kommt in verschiedenen Sprachen vor. Den ältesten bekannten Beleg bietet Erasmus von Rotterdam in ‚Ecclesiastae sive de ratione concionandi' (2. Ausg. 1536, S. 454); Martin Luther erzählt den Schwank 1546 in seinen ‚Tischreden' (Eisleben 1566, S. 612), aber schon Philipp Melanchthon hörte in Tübingen Kolleg bei einem Professor der Rechte, der bei einem jeden Fall, wo das Recht des Niederen zugunsten des Mächtigen gebeugt wurde, zu sagen pflegte: „Das ist des Schultheißen Kuh!"

Lit.: *A. L. Stiefel:* Sprichwörter-Anekdoten aus Franken, in: Zs. f. Vkde. 18 (1908), S. 447f., Nr. 4; *L. Röhrich:* Sprw. Rdaa. aus Volkserzählungen, S. 253f.

Angebinde, anbinden, angebunden. *Etw. zum Angebinde geben:* ein Festgeschenk machen. Die Rda. kommt von der seit dem 16. Jh. bezeugten Sitte, Bräuten, Wöchnerinnen und neugeborenen Kindern mit einem Seidenband ein Geschenk an den Hals oder den Arm anzubinden. Seit dem Ende des 17. Jh. bedeutet Angebinde allg. Geschenk zum Geburts- oder Namenstag. Goethe schreibt:

Zarter Blumen leicht Gewinde
Flecht ich dir zum Angebinde.

In Grillparzers Drama ‚Ein treuer Diener seines Herrn' (1830, 2. Akt) erinnert Otto von Meran die Königin:

Du weißt, wir feiern heute
Das Wiegenfest des Kleinen, deines Sohns.
Die Herren sind, die Fraun bei uns versammelt
Und binden ihn mit kleinen Gaben an.

Konnte der Gratulant dem Geburtstagskind das Angebinde nicht selbst anbinden, so fügte er der übersandten Gabe das Seidenband in einem besonderen ‚Anbindbrieflein' bei. Dieses Wort erscheint auch als Titel von Büchern Wolfh. Spangenbergs (1611) und Ed. Gärteners (1659). Als Paul Fleming einen Geburtstag der Liebsten fern von ihr verbringen mußte, klagt er in einem Gedicht:

Wie glückhaft war ich doch zu jener Zeit zu schätzen,
Da ich in Gegenwart sie kunte binden an.

Als die Erinnerung an die ursprüngliche Sitte mehr und mehr verblaßte, hat man Angebinde nicht allein auf Geldgeschenk beschränkt, sondern wandte den Ausdr. auf jede Festgabe und jeden festlichen Schenkanlaß an. Neben anbinden kommt bei Geschenken an Wöchnerinnen und Täuflinge auch die Form ‚einbinden', ‚Eingebinde' vor, weil das Geschenk in ein Tuch oder auch in die Windeln eingebunden wurde. Noch zu Beginn unseres Jh. wurde mancherorts, z. B. in Sachsen, das Geldgeschenk in den Patenbrief gelegt und in das Steckkissen des Kindes gesteckt.

Einen anbinden: ihn festhalten. Die Rda. hat ihren Ursprung in dem Brauch, jem. so lange festzuhalten, bis er sich durch ein Lösegeld oder Trinkgeld befreit. Am bekanntesten ist das Anbinden des Bräutigams im Hochzeitsbrauchtum. Die Dorfkinder spannen eine Schnur über die Straße und halten das Brautpaar beim Verlassen der Kirche so lange fest, bis der Bräutigam sich mit Geld loskauft. Auf ähnl. Weise wurden der Gutsherr oder der Gutsverwalter beim Beginn der Ernte von den Schnittern und Landarbeitern, der Bauherr beim Betreten des im Bau befindlichen Hauses von den Bauhandwerkern angebunden (auch: ‚mit der Schnur verzogen' oder ‚geschnürt') und nicht eher aus dem Hause gelassen, als bis er etw. zum besten gegeben hatte.

Mit einem anbinden: feindlich mit ihm zusammengeraten, Händel, Streit anfangen. Die Rda. stammt aus der Sprache der Fechter: Beim Beginn eines Ganges binden die Kontrahenten die Klingen, indem sie sie kreuzweise aneinanderlegen. Die Fechter banden sich auch gegenseitig den Degen an das Handgelenk, damit die Waffe während des Kampfes nicht weggeschlagen werden konnte (↗Portepee). Die Wndg. hat heute die allgemeine Bdtg.: sich mit einem zu schaffen machen, ebenso wie *anbändeln:* ein Liebesverhältnis beginnen.

,Mit einem anbinden'

Einen Bären anbinden: Geld schuldig bleiben (↗Bär); *ein Kalb anbinden:* sich erbrechen (↗Kalb).
Angebunden sein: nicht wegkönnen, nicht über seine Zeit frei verfügen können, wegen der Familie, wegen des Berufs oder aus anderen Gründen an einen bestimmten Ort gebunden sein.

,Kurz angebunden sein'

Kurz angebunden sein: in mürrischer, abweisender Stimmung sein, barsch, unwillig oder schnippisch antworten, sich nicht weitläufig auslassen. Das Bild der Wndg. kommt wohl von dem kurz angebundenen Hofhund, der als bissig gilt. Luther hat diese Rda. bereits unter seinen Sprww. notiert und gebraucht sie auch sonst: „Wäre der Bauer ungeduldig und kurz angebunden".

Lit.: *J. J. Hornus:* Über die alterthümliche Sitte der Angebinde bei Deutschen, Slaven und Litauern (Prag 1855); *J. Grimm:* Über Schenken und Geben, in: Kleinere Schriften, Bd. 2 (Berlin 1865), S. 173–210; Zs. f. d. A., 53 (1912), S. 152 ff.; *Richter-Weise,* Nr. 3; HdA. I, Sp. 435; *D. Dünninger:* Wegsperre und Lösung. Formen und Motive eines dörflichen Hochzeitsbrauches (Berlin 1967); *E. Mehl:* Woher kommt der Ausdr. ,mit jem. anbinden' (oesterr. ,anbandeln')?, in: Muttersprache 78 (1968), S. 50; *O. Holzapfel:* Zur Phänomenologie des Ringbrauchtums, in: Zs. f. Vkde. 64 (1968), bes. S. 46; *L. Kretzenbacher:* „Anbinden" als Kultidee und als Devotionalform, in: Bair. Jb. f. Vkde. [1976/77], S. 150–156.

Angel, angeln. *Die Angel auswerfen:* sein Glück versuchen, etw. zu erlangen suchen, aber auch: sich vorsichtig vortasten, vorfühlen, um etw. auszukundschaften, sich abwartend verhalten nach einem Angebot, jem. neugierig machen, anlocken.
In die Angel beißen: die Hinterlist nicht bemerken und darauf hereinfallen.
Mit einer goldenen (silbernen) Angel fischen: für eine Sache mehr aufwenden, als sie einträgt, aber auch: jem. durch Geld für seine Absichten zu gewinnen suchen. Diese Rdaa. beziehen sich auf das Fanggerät (Rute mit Schnur und Köder) beim Fischen.
Die Wndg. *Angeln legen* kann sich ebenfalls darauf beziehen oder auf die ,Fußangeln', die ,Fallstricke', ↗Fußangel, ↗Fallstrick.
Nach etw. angeln: es (mühsam) zu bekommen suchen, auch: nach etw. tasten, um es ergreifen zu können, z. B. nach den Pantoffeln unter dem Bett.

,Sich eine Frau angeln'

Sich einen Mann (eine Frau) angeln: sich bemühen, einen geeigneten Heiratskandidaten zu finden, auch in der Form einer scherzhaften Feststellung gebräuchlich: *sich (endlich) einen Mann geangelt haben:* einen Partner gefunden haben.
Auf die Türangel, den Drehpunkt der Tür beziehen sich die folgenden Rdaa.: *Alles (die Welt) aus den Angeln heben wollen:* alles umstürzen, grundlegend verändern, umgestalten wollen, ↗Welt.
Jem. zwischen Tür und Angel abfertigen: ihn abweisend behandeln, ihn nicht zum Eintreten und Verweilen auffordern, ↗Tür.
Der Angelpunkt von etw. sein: der Kernpunkt, die Hauptsache sein, um die sich alles dreht. Der Ausdr. wird bereits seit dem 18. Jh. metaphorisch verwendet.

Lit.: *O. G. Sverrisdóttir:* Land in Sicht (Frankfurt/M. 1987), S. 150–151.

angeschrieben. *Gut (schlecht) angeschrieben sein:* bei jem. viel (wenig) gelten. Der Rda. liegen bibl. Vorstellungen zugrunde: In 2. Mos. 32,32 wird zuerst das ‚Buch des Lebens' erwähnt, in dem der Herr die Gerechten anschreibt und aus dem er die Sünder tilgt (vgl. Ps. 69,29 und Luk. 10,20; Hebr. 12,23; vor allem aber Offenb. 3,5; 5,1–2; 17,8; 20,12 und 15); entspr. frz. ‚être bien (mal) noté', ‚être bien (mal) dans les papiers du quelqu'un'; engl. ‚to be in a person's (black) books', ‚to stand well in a person's books'; ndl. ‚goed (slecht) aangeschreven staan' und ‚in een goed blaadje staan'; ↗Kuhhaut. Eine spätere Deutung bezieht die Rda. auf den Lehrer, der die Leistungen seiner Schüler anschreibt. Auch die Rda., ‚bei jem. eine gute Nummer haben' weist auf diesen Zusammenhang.

Angesicht. *Das (An)gesicht abwenden:* aus Rücksichtnahme oder Schamgefühl nicht auf etw. Anstößiges blicken, aber auch aus Verlegenheit wegschauen oder um zu verstehen zu geben, keinerlei Kontakt zu wünschen. Die Rda. hat einen Bezug zu 1. Mos. 9,29, wo es vom Verhalten der Söhne Noahs heißt: „und ihr Angesicht war abgewandt, daß sie ihres Vaters Blöße nicht sahen".
Ähnl. Bdtg. besitzt die ebenfalls urspr. bibl. Wndg. *sein Angesicht verhüllen:* aus Furcht oder Ehrfurcht sein Gesicht bedekken, wie es von Moses berichtet wird (2. Mos. 3,6), als Gott zu ihm aus dem brennenden Dornbusch sprach: „Und Mose verhüllte sein Angesicht; denn er fürchtete sich, Gott anzuschauen".
Die Wndg. *Von Angesicht zu Angesicht* beruht auf 2. Mos. 33, V. 11: „Der Herr aber redete mit Mose von Angesicht zu Angesicht, wie ein Mann mit seinem Freunde redet". Der Ausdr. für eine direkte mdl. Kommunikation begegnet auch im Engl.: ‚from face to face'.
Aus dem 4. Buch Mose 6,25 stammt der die evang. Gottesdienste beschließende ‚Aaronitische Segen': „Der Herr segne dich und behüte dich, der Herr lasse sein Angesicht leuchten über dir und sei dir gnädig".
Im Schweiße seines Angesichts ↗Schweiß.
Im profanen Bereich sind nur wenige Rdaa. bekannt, z.B. *Jem. nicht ins Angesicht schauen dürfen:* ihm möglichst aus dem Weg gehen, einem nicht unter die Augen kommen dürfen, ↗Auge.
Bes. drastisch umschreiben die folgenden Vergleiche das abstoßende oder furchterregende Aussehen eines Menschen: *Wenn sein (An)gesicht am Himmel stünde, die Bauern würden zu Wetter läuten,* d.h. ein Unheil abwehrendes Mittel gebrauchen, und: *Wenn sein (ihr) (An)gesicht an der Küchentür stünde, so ginge kein Hund hinein,* vgl. ndl. ‚Stond haar aangezigt aan eene keukendeur, daar kwam nooit hond in'.

angetan ↗antun.

angezapft ↗anzapfen.

angezogen. Von etw. (magisch) angezogen werden: sich einer Faszination nicht entziehen können. Feuer und Wasser besitzen eine solche ‚Anziehungskraft', aber beispielsweise auch die Musik, die Menschen und Tiere anlocken kann. In der Sage vom Schlangenbann oder vom Rattenfänger und in vielen Märchen wird dies geschildert. Aber auch in der Lit. wird eindringlich gestaltet, wie sich ein Mensch von etw. so angezogen fühlt, daß er seinem Schicksal nicht entgehen kann,

z. B. in Goethes ,Fischer' oder in Mörikes ,Feuerreiter'.

Sich von jem. angezogen fühlen: große Sympathie empfinden, dem Zauber der Liebe erliegen, jem. ,anziehend' finden. In seinem Gedicht ,Neue Liebe, neues Leben' hat Goethe seine Gefühle zu Lili gestaltet, deren Liebreiz er erlag, bis er sich schließlich doch davon befreite und die Verbindung löste, die ihn einzuengen drohte. Die 3. Str. lautet:

Und an diesem Zauberfädchen,
Das sich nicht zerreißen läßt,
Hält das liebe, lose Mädchen
Mich so wider Willen fest;
Muß in ihrem Zauberkreise
Leben nun auf ihre Weise.
Die Verändrung, ach wie groß!
Liebe! Liebe! laß mich los!

Lit.: *E. S. Gifford:* Liebeszauber (Stuttgart 1964); *C. Just:* Magische Musik im Märchen (Diss. Freiburg 1990).

Angst. Die Unsicherheit und Gefahr, das Risiko bei Transport und Sendung von Waren, hieß früher ,Angst'; eine Wortbedeutung, die in Wendungen wie ,uf sine kost und anxt' oder ,uf ihre Angst' zum Ausdr. kommt.

Panische Angst ↗Panik, panisch.

Es mit der Angst (zu tun) kriegen: ängstlich werden; vgl. engl. ,to be in a funk'. *Jem. angst und bange machen:* jem. einschüchtern, Angst machen; die Rda. fußt auf Sirach 4, 19 ↗bange.

Mehr Angst als Vaterlandsliebe (haben) besitzen: so große Angst haben, daß diese das Handeln bestimmt. Die Rda. ist in Kriegszeiten entstanden, nach Küpper allerdings noch vor dem 1. Weltkrieg.

Mit ,Angströhre' ist umg. der Zylinderhut gemeint. Er wurde vor allem bei feierlichen Anlässen und Beerdigungen getragen, oft von einfachen Leuten, die sich mit dieser Kopfbedeckung äußerst unwohl fühlten und sich in der Öffentlichkeit zu blamieren fürchteten.

Im Engl. ist um 1800 ,anxiety-hat' belegt (Küpper).

Der Titel von Peter Handkes Roman ,Die Angst des Torwarts beim Elfmeter' (Frankfurt/M. 1970) wurde vielfach abgewandelt, z. B.: ,Die Angst des Autofahrers vor der Raststätte'.

Lit.: *C. H. Livingston:* To be in a funk, in: Modern Language Notes 55 (1940), S. 265–270; *M. Wandruska:* Angst und Mut (Stuttgart 1950), bes. das Kapitel ,Der Wortschatz der Angst', S. 11–80; *H. Bergenholtz:* Das Wortfeld ,Angst' (Stuttgart 1980); *H. Küpper:* Illustriertes Lexikon der dt. Umgangssprache, Bd. 1 (Stuttgart 1982); *L. Röhrich:* Sage – Märchen – Volksglauben. Kollektive Angst und ihre Bewältigung, in: G. Eifler, O. Saame u. P. Schneider (Hg.): Angst und Hoffnung. Grundperspektiven der Weltauslegung (Mainzer Universitätsgespräche 1983/84), S. 173–202 (mit weiterführender Lit.). *J. Delumeau:* Angst im Abendland, 2 Bde. (Reinbek bei Hamburg 1985); *W. Leppenies:* Die Wissenschaft und die Angst, in: ,Die Zeit' vom 1. VIII. 1987.

Angstgegner. *Seinem Angstgegner begegnen:* im Wettkampf mit einem Überlegenen zu rechnen haben, den man zu Recht fürchten muß. Die moderne Wndg. stammt aus der Sprache des Sports. Wenn ein bekannter Sportler schon mehrfach gegen einen anderen verloren hat, wird dieser, bes. in den Medien, als sein ,Angstgegner' bez. Der Ausdr. kann sich aber auch auf eine ganze Mannschaft beziehen, z. B. beim Fußball, wenn die Auslosung das Aufeinandertreffen ungleich starker Gegner bedingt.

Angsthase ↗Hase.

anhaben. *Einem nichts anhaben können:* ihm nicht schaden können. Die Rda. hat sich frühnhd. entwickelt aus mhd. ,einem anehaben' = sich an jem. halten, Hand an ihn legen. Urspr. bedeutete die Wndg.: an dem kann man nichts greifen, er gibt sich keine Blöße, man kann keinen Anhalt zur Schädigung an ihm finden. Im mhd. Rabenschlacht-Gedicht (431) heißt es: „si habten in an vil vaste mit slegen" (= sie griffen ihn an). In der Lebensbeschreibung Wilwolts von Schaumburg (1507) werden die Landsknechte aufgefordert, auf den Feind loszugehen, mit dem Zusatz: „ob sie was an ihm haben mochten". Der ältere, durchaus wörtl. zu verstehende Sinngehalt wurde später abgeschwächt und verallgemeinert.

Bei Luther ist der Übergang von der wörtl. Bdtg. zum rdal. Bild bereits eingetreten; er schreibt: „Denn würde er zu Wort kommen, möcht man ihm nichts anhaben"; und in seiner Bibelübers. (Jer. 15,20) heißt es: „Ob sie wider dich streiten, sollen sie dir doch nichts anhaben; denn ich bin bei dir, daß ich dir helfe". In den Mdaa. hat *jem. etw. anhaben* vielfach die Bdtg.: ihm durch Behexen schaden; z.B. meckl. ‚In de Twölften kanen se eenen licht wat anheben‘; ↗antun.

Lit.: *R. Aman* (ed.): Maledicta. The International Journal of Verbal Aggression 1 ff. (1977 ff.); *A. Dundes* (ed.): The Evil Eye. A Folklore Casebook (New York – London 1981); *Th. Hauschild:* Der böse Blick. Ideengeschichtliche und sozialpsychologische Untersuchungen (Berlin ²1982).

Anhalter. *Per Anhalter fahren, vom Anhalter Bahnhof fahren:* an der Straße Autos anhalten, um von ihnen mitgenommen zu werden (‚Autostop‘). Die Rdaa. entstanden im 2. Weltkrieg und enthalten einen spezifisch berl. Wortwitz, der in der scherzhaften Gleichsetzung von Anhalter Bahnhof (dem ehedem größten Bahnhof Berlins) und dem Anhalten der Autos beruht.

1

2

1/2 ‚Einem etwas anhängen‘

anhängen. *Einem etw. (eins) anhängen:* hinter seinem Rücken Nachteiliges von ihm sagen, böse Nachrede führen, verleumden; ähnl. auch mdal., z.B. ostpr. ‚einem Rad und Galgen anhängen‘, mit den ärgsten Schimpfworten ausschelten. Das Bild der Rda. stammt aus dem Rechtsbrauch des MA., bestimmte Missetäter wie Gotteslästerer, Schmäher, zänkische Weiber als ehrlose Menschen schon äußerlich zu kennzeichnen. Man hängte ihnen den ‚Klapperstein‘, ‚Lasterstein‘,

‚Klapperstein‘ von Mühlhausen

‚Pag-‘ oder ‚Bagstein‘ um und ließ sie ihn durch die Straßen der Stadt oder um das Rathaus schleppen. Im Mühldorfer Stadtrecht aus der 2. H. des 14. Jh. heißt es: „Wellich leicht weib baget (mhd. bâgen = zanken, streiten) mit worten, die sie vermeiden sollen, wider eine purgerin oder wider ir genössin, der soll der Fronpot den bagstein um irn Hals hängen". Trunksüchtige Weiber wurden zum Tragen von Schandflaschen oder Holzklötzen in Form von Flaschen verurteilt. Den an den Pranger gestellten Personen hängte man eine Tafel, ein Stück Blech oder einen Zettel um, worauf die Ursache der entehrenden Bestrafung zu entnehmen war. Möglicherweise geht auch der Ausdr. ‚Schandfleck‘ auf solche Bräuche zurück; vgl. die im 17./18. Jh. sehr beliebte Wndg. ‚einem einen Schandflecken anhängen‘. Thomas Murner verwendet z.B. Ausdrücke wie ‚ein spettlin (Tuchfetzen), ein lotter spettlin anhencken‘ oder ‚ein blechly, ein kläpperlein anhencken‘, auch ‚ein schellen anhencken‘. Hans Sachs sagt von den Mädchen, die sich über die Burschen lustig machen:

Ihr habt das Jar und die Fastnacht
Uns junge Gesellen seer veracht,
Manchem ein plechlein angeschlagen;

und von Leuten, die beim Tanzen müßig zusahen:

Die teten giftig Nachred treiben
Von den tanzeten Mann und Weiben,
Hingen idem ein Schantlappen an.

Ein Übergang zu einem harmloseren Anhängen ist dann die bekannte Neckerei, daß einer dem anderen einen Strohhalm, einen Lappen, ein Stück Papier oder dgl. an den Rock steckt, um den Spott der Vorübergehenden auf den Geneckten zu lenken.

Lit.: *Richter-Weise,* Nr. 4; *Göhring,* Nr. 9. S. 6–8. *R. Schmidt-Wiegand:* Art. ‚Lasterstein', in: HRG. II (1978), Sp. 1629–31; *R. Süss:* Hochgericht u. Lasterstein. Rechtsleben im alten Freiburg (Freiburg 1980).

Anker. *Den Anker lichten (einholen):* sich zur Abreise entschließen, in See stechen, (fröhlich) zu neuen Ufern aufbrechen, so wie es in dem ‚Matrosenlied' von W. Gerhard 1817 heißt: „Auf, Matrosen, die Anker gelichtet!"

Vor Anker gehen: seßhaft werden, eine feste Bindung eingehen, heiraten, in der Seemannsspr. aber auch: an die Theke in der Kneipe gehen.

Den Anker werfen: sich in Sicherheit bringen, die Reise unterbrechen oder beenden.

‚Den Anker werfen'

Vor Anker liegen: nicht weiterkommen, auch eine Umschreibung für allg. Stillstand.

Alle diese Rdaa. werden auch außerhalb der Seemannssprache i. S. v. abreisen bzw. sich niederlassen verwendet. Das Wort ‚Anker' geht auf lat. ‚ancora' = Haken zurück und ist schon in ahd. Zeit belegt. In der poetischen Sprache spielt der ‚Anker der Hoffnung' (‚Hoffnungsanker') eine große Rolle; überhaupt ist der Anker das Symbol der Hoffnung. Der Ursprung dieses Gedankens: Wurde ein Segelschiff durch Sturm auf eine Felsenküste oder auf Untiefen zugetrieben, warf man den Anker aus, um ein Auflaufen zu verhindern. Daß der Anker bzw. die Ankerkette hielten, war dann die letzte Hoffnung. In dem bekannten Kirchenlied ‚Es kommt ein Schiff geladen' von Daniel Sudermann von 1626 (Evang. Kirchengesangbuch Nr. 4) heißt es in der 3. Str.:

Der Anker haft' auf Erden,
da ist das Schiff an Land ...

Lit.: *O. G. Sverrisdóttir:* Land in Sicht (Frankfurt/M. 1987), S. 134–137.

ankerben. *Einem etw. ankerben:* ihm etw. nachtragen, ↗ Kerbholz.

Ankratz, ankratzen. *(Guten) Ankratz haben:* sehr begehrt sein, viel umworben werden. Wird vor allem von jungen Mädchen gebraucht, um die sich die Männer werbend drängen.

Die Herkunft der Rda. ist noch nicht eindeutig geklärt. Man hat sie ebenso vom Einlaß begehrenden Kratzen des Hundes an der Haustüre herleiten wollen wie aus der Mode des Kratzfußes, womit einst höfliche Verehrer ihre Dame begrüßten. Da die Wndg. ‚Ankratz haben' und ‚viel Ankrehens haben' dasselbe meinen, ist auch die Herleitung von der Beobachtung eines Hahnes denkbar (vgl. auch ‚Hahn im Korbe sein'), der vor den Hennen den Boden kratzt und ihnen Würmer und Körner überläßt, um sich damit bemerkbar und beliebt zu machen. Damit erklärte sich auch die urspr. Beschränkung der Rda. auf Mädchen. Obersächs. ‚sich bei jem. ankratzen (einkratzen)', sich einschmeicheln, sich lieb Kind machen; berl. ‚sich 'n Bräutjam ankratzen', sich einen Mann angeln.

Urspr. ist die Rda. nur von Mädchen gebraucht worden. Wenn sie später auch auf

Männer angewandt wurde, so war eben ihr Anlaß in Vergessenheit geraten. Die Rda. stammt aus dem 16. Jh., war eine Zeitlang verschollen und ist jetzt wieder in der Teenagersprache aufgetaucht.
Zu Ankratz und ankratzen gehört auch das Wort ‚ankrähen'. Während man obersächs. von den Mädchen, die beim Tanz sitzen bleiben, sagt ‚sie haben keinen Ankratz', heißt es von ihnen westf., daß sie ‚gar keinen Ânkrieg hewwen und ümmer op der langen ↗Bank sitten'. Dieses ‚Ânkrieg' ist aber wohl soviel wie hd. ‚Ankräh', und dazu stimmt die aus dem 16./17. Jh. bezeugte Rda. ‚viel Ankrehens haben'. Der Prediger Mathesius (1504–65) sagt in seiner ‚Sarepta oder Bergpostille' (Bd. 2, S. 57): „Bergwerck haben viel Ankrehens", und Lehmann schreibt 1639 (S. 711; Schönheit 50): „Schöne Leute ... haben viel ankrehens". Im Gegensatz dazu steht die Rda. ‚Da kräht kein ↗Hahn danach'.
Jem. ankratzen: leicht verwunden, kam bei den Soldaten 1870/71 auf; seit 1933 wird es als Euphemismus für das Hinrichten gebraucht. Im 20. Jh. erscheint die Wndg. in erweiterter Bdtg. als *angekratzt sein:* nicht mehr jung, nicht mehr ganz gesund und kräftig sein. Die Rda. beruht auf dem Vergleich mit Gegenständen, die bei langem Gebrauch Kratzer und leichte Schäden erhalten, ihre Schönheit verlieren.

Lit.: *O. Weise:* Ankratz haben, in: Zs. f. hdt. Mdaa. 7 (1906), S. 13); *Richter-Weise,* Nr. 5; *Göhring,* Nr. 10, S. 8; *Krüger-Lorenzen* I, S. 16.

anlaufen. *Einen anlaufen lassen:* ihm unerwartet Widerstand leisten, ihn feindlich empfangen, ihn gehörig abfertigen, abkanzeln; stammt vermutlich aus der Sprache des Turnierwesens oder der Jäger. Der Ritter hielt seinem Gegner beim Turnier die Lanze vor und ließ ihn anlaufen. Ähnl. läßt der Jäger das Wildschwein auf den ihm entgegengehaltenen Spieß anlaufen. So heißt es schon im Nibelungenlied (Str. 938); „daz swîn vil zorneclîche lief an den küenen helet sâ". Mhd. aneloufen war auch der übliche Ausdr. für das Heranlaufen zu kriegerischem Angriff; frühnhd. ist es auf geistige Kämpfe bildl. übertragen worden. Luther verwendet die Rda. „Dawidder sol ein Christ oder zween ... vnser maur sein, daran sie anlauffen vnd zuscheitern gehen". Noch im heutigen volkstümlichen Sprachgebrauch heißt es z. B. vom abgewiesenen Freier ‚Dee is bi de Diern schön anlopen' (meckl.).
Jem. ist häßlich angelaufen: er hat sich getäuscht, ist betrogen worden.
Etw. anlaufen lassen: eine Aktion, ein Unternehmen beginnen (starten), in Gang bringen. Wahrscheinl. von der Technik (Rad, Motor, Maschine) her übertr.
Eine Sache erst einmal anlaufen lassen: abwarten, wie sich alles entwickelt, bevor neue Entscheidungen getroffen werden.

anmachen. *Etw. (jem.) macht einen (echt) an:* jem. findet starkes Gefallen an einer Sache oder Person.
Jem. anmachen: jem. ansprechen und ihm zeigen, daß man an ihm Gefallen gefunden hat. Davon abgeleitet dann das Subst. ‚Anmache'.
Diese Wndgn. sind speziell in der Jugend- und Szenensprache entstanden, sie gehen langsam in die normale Umgangssprache über; häufig auch der Ausruf: ‚Das macht mich echt an!': das gefällt mir.

Lit.: *C. P. Müller-Thurau:* Laß' uns mal 'ne Schnecke angraben: Sprache und Sprüche der Jugendszene (Düsseldorf – Wien 1984).

Anno. Die Wndgn. *von Anno eins her, von Anno dazumal* umschreiben längst Vergangenes und Vergessens, wie die Rda. *Anno Leipzig-einundleipzig,* die 1913 aufkam, als der Jahrhunderttag der Völkerschlacht gefeiert wurde. Die Endsilbe -zig verknüpft die Dekadenzahl mit der Stadt Leipzig, so daß sich der Ausdr. auf den Dt.-Frz. Krieg 1870/71 und die Völkerschlacht bei Leipzig 1813 bezieht.
Anno Tobak: vor langer Zeit, zu der Zeit, in der das Tabakrauchen aufkam. Tobak könnte auch eine Entstellung aus domini (anno domini: im Jahr des Herrn) sein oder ein Hüllwort, weil der Name Gottes nicht vergeblich geführt werden soll (↗Tabak). Die in Ostpreußen bekannte Rda. *Anno Wind* ist eine Verkürzung aus ‚Anno ent (eins) als de grote Wind wär' und leitet sich von dem Orkan her, der 1801 in Königsberg wütete. Im Sudetengebiet war

auch gebräuchlich: ‚anno elbe, anno neuni, wie der große Schnee gfalln is'. Eine ähnl. Wndg. ist *Anno Schnee*.
In Frankr. vergleicht man das Vergangene mit den Veränderungen der Mode ‚Cela est du temps des collets montés' = es ist noch aus der Zeit der stehenden Halskragen; heute ungebräuchl.

anpumpen. ↗ Pump.

anschaffen. *Etw. anschaffen:* sich etw. besorgen, käuflich erwerben, aber auch in übertr. Sinne: sich ein Mädchen, einen Kerl, einen Liebhaber, einen Schatz suchen, sich ein Kind ‚anschaffen'.
Anschaffen gehen: der Tätigkeit einer Prostituierten nachgehen, um viel Geld beizubringen (für den Zuhälter).

anscheißen. *Jem. anscheißen:* ihn grob anfahren, zurechtweisen. *Scheiß dich nicht an!* sagt man zu jem., der sich aus Angst zu etw. nicht entschließen kann. Im Suddt. sind verschiedene Rdaa. verbreitet, z.B.: ‚Ich scheiß dich o mit Erdäpplkasch' (Kartoffelbrei), Ausruf des Zorns, oder: ‚Dejs scheißt an Totn ou': Das ärgert mich über alle Maßen. ‚Den scheißt ka Hund mehr o' sagt man von einem, der seine (einflußreiche) Stellung verloren hat. ‚Der is ze dumm, daß'n de Taubn oscheißn' (Suddt. Wb. I, S. 401).

anschießen. *Jem. anschießen:* ihn (versehentlich) verwunden, in übertr. Bdtg. heute auch: jem. angreifen, z. B. einem unliebsamen Politiker Vorwürfe machen, durch verleumderische Herabsetzung die Position von jem. gefährden, sein Ansehen untergraben. Urspr. bedeutet der jägersprachl. Ausdr.: ein Wild durch einen Schuß verletzen, es aber nicht tödlich treffen. Im Suddt. ist die Rda. ‚eine Frau anschießen' eine Umschreibung für schwängern.

anschirren. *Jem. anschirren:* ihn anspannen, ihm wie einem Zugtier das Geschirr anlegen, ihn zur Arbeit zwingen, keine Freiheiten gestatten.
Das Wort ‚anschirren' wurde im 17. Jh. zu dem Subst. ‚Geschirr' i.S.v. Leder- und Riemenwerk der Zug- und Reittiere gebildet; in übertr. Bdtg. meint es auch: sich ankleiden, sich bes. herausputzen. Im Suddt. heißt es z.B.: ‚Zahn Pfahre (zehn Pferde) sein ehr ogeschorrt ols ejne Froue' und im Sinne von ‚aufgedonnert': ‚Er ist angeschirrt wie ein Pfingstochse (wie ein Hochzeitspferd)', oder es heißt verächtlich: ‚A oegeschärrter Oaffe is a schien'.

Anschluß. *Anschluß suchen* wird vor allem von heiratslustigen Menschen gebraucht; *den Anschluß verpassen:* keinen Ehepartner finden, auch: rückständig sein, nicht mit der Zeit gehen.
Schwer (oder *leicht) Anschluß finden:* in einer neuen Umgebung nur langsam (schnell) Bekannte oder Freunde finden. Diese Rdaa. sind wohl erst im ausgehenden 19. Jh. entstanden und gehen auf den Anschluß im Eisenbahnverkehr zurück. Das Dt. Wb. der Brüder Grimm kennt 1854 zwar den Anschluß im Postverkehr, aber noch nicht unsere Redensarten.

anschreiben. *Anschreiben lassen (müssen):* Schulden machen, unter ständigem Geldmangel leiden und daher beim Kaufmann borgen, auch: sich vom Wirt die Zeche stunden lassen. Dies war noch vor einigen Jahrzehnten bei ärmeren Familien die Regel, wenn man Lebensmittel kaufen mußte, aber kein Geld vorhanden war. Die Fehlbeträge wurden von den Kaufleuten in ein eigens dafür eingerichtetes Buch eingetragen, was man ‚anschreiben' nannte, da diese Notiz früher auf eine an der Wand hängende Tafel geschrieben wurde. Bei der nächsten Lohnzahlung wurden die meist geringen Beträge für das Lebensnotwendigste wieder beglichen, bis nach kurzer Zeit erneut Schulden gemacht werden mußten.
Gut (schlecht) angeschrieben sein ↗ angeschrieben.

anschwärzen ↗ schwarz.

anspinnen. *Da spinnt sich etw. an:* ein Liebesverhältnis scheint gerade zu beginnen nach den ersten Schwierigkeiten der Kontaktaufnahme. Die Rda. bezieht sich auf den Spinnvorgang, dessen jeweiliger Beginn mit bes. Schwierigkeiten verbunden war, bevor der Faden gleichmäßig entste-

hen konnte. In den Spinnstuben bestand früher auch Gelegenheit für die jungen Leute, sich (wenn auch unter ständiger Beobachtung) kennenzulernen. Die erfahrenen Älteren sahen meist sehr früh, wenn sich ein Paar zusammenfand, oft noch bevor sich die Liebenden selbst ihrer Gefühle füreinander richtig bewußt waren.
In der Gegenwart wird das Verb ‚anspinnen‘ in verschiedenen Wndgn. gebraucht, die immer den Beginn von etw. beinhalten: *Verhandlungen anspinnen,* d.h. einleiten, *Verbindungen anspinnen mit jem.:* Kontakte suchen oder *Beziehungen zu jem. anspinnen:* aufnehmen oder anknüpfen.

Anstand. *Den Anstand verletzen:* gegen die allg. üblichen gesellschaftlichen Normen verstoßen, sich außerhalb von Sitte u. Moral stellen, Anstoß erregen, ↗Anstoß.
Wenigstens den Anstand wahren: nach außen hin so tun, als ob alles in Ordnung sei, z.B. in einer zerrütteten Ehe, einer in sich verfeindeten Familie, in einer Gruppe, einem Verein, in denen Uneinigkeit herrscht.
Der Anstand verbietet es einem: man wagt manches nicht zu tun, man scheut das Urteil der Öffentlichkeit.
Als Anstandsdame dabeisein, die Anstandsdame spielen: ein Liebespaar begleiten, um den Ruf der Frau nicht zu gefährden (veraltet); die ‚Anstandsdame‘ wurde auch ‚Tugenddrache‘ oder ‚Anstandswauwau‘ betitelt; vgl. engl. ‚Play old goose berry‘.
Den (letzten) Anstandsrest von ... verloren haben: sich jenseits der gesellschaftlichen Regeln benehmen, sich ungesittet verhalten. Der ‚Anstandsrest‘ war im 19. Jh. das aus Höflichkeit zurückgelassene Stück Butter oder Brot (Kuchen) auf dem Teller nach dem Essen als Zeichen, daß man so satt geworden war, daß man gar nicht alles aufessen konnte.

‚Die Anstandsdame spielen‘

Lit.: *R. R.:* To Play Goose berry, in: American Notes and Queries 9, 1 (1898), S. 452; *N. Elias:* Über den Prozeß der Zivilisation, 2 Bde., (Bern u. München 1969); *H. Trümpy:* Anstandsbücher als vkdl. Quellen, in: Probleme der Gegenwartsvolkskunde (Wien 1985), S. 153–169.

Anstoß. *Jem. ein Stein des Anstoßes sein:* ihm im Wege, hinderlich sein, sein Ärgernis erregen. Die Rda. ist bibl. Herkunft. Jes. 8, 14 heißt es: „so wird er ein Heiligtum sein; aber ein Stein des Anstoßes und ein Fels des Ärgernisses den beiden Häusern Israels“, während 1. Petr. 2,8 von einem „Stein des Anstoßes“ und Röm. 9,32.33 von einem „Stein des Anlaufens“ gesprochen wird. Entspr. auch in anderen Sprachen, z.B. frz. ‚C'est une pierre de scandale‘ (gehobene Sprache).
Anstoß erregen bei jem.: durch Worte oder Verhalten jem. kränken, was aber auch unbeabsichtigt geschehen kann.
An etw. Anstoß nehmen: sich durch etw. beleidigt fühlen, die Sitte oder den Anstand für verletzt halten.
Den Anstoß zu etw. geben: einwirken auf etw., damit die Sache in Bewegung kommt, damit etw. Entscheidendes unternommen wird. Diese Rda. unterscheidet sich grundlegend von den vorherigen, da sie das ‚Stoßen‘ als ‚Antreiben‘, d.h. Vorwärtsbewegen als aktiven Vorgang umschreibt.

anstreichen. *Dem werde ich's schon ordentlich anstreichen:* den werde ich tüchtig verprügeln. Diese Androhung der Strafe benutzt die Doppeldeutigkeit von ‚Streich‘ und ‚streichen‘ in übertr. Bdtg. Vgl. suddt. ‚Ech war dr dei freches Maul astreichn‘: ich werde dich ohrfeigen; ‚das Arschloch anstreichen‘: prügeln.

Anton. *Anton, steck den Degen ein!* Titel einer Posse von Kalisch, die 1859 in Berlin auf Aschers Narrenfest aufgeführt und als Anspielung auf die Kriegsgelüste des frz. Kaisers Napoleon III. betrachtet wurde. Durch häufige Wiederholung wurde das Wort bald zur Rda.; es wird angewandt, um im Ernst oder auch scherzhaft die Angriffs- und Streitlust zu dämpfen.
Anton, zieh die Bremse an! wird gebraucht, wenn es beim Wandern steil bergab geht. Die Wndg. stammt aus einem gleichnamigen Schwank von Franz Arnold und Ernst Bach. In übertr. Sinne mahnt die Rda. zu ruhiger Überlegung, zur Dämpfung einer Erregung oder Leidenschaft, zur Überwindung heftigen Zorns.

Antonius. *Daß dich Sanct-Antoni ankomme!* ist eine Verfluchung und Verwünschung zu einer schweren Krankheit, dem sog. ‚Antoniusfeuer' (vgl. engl. ‚Anthony's fire'), auch als ‚Antoniplage' und ‚Antoniraach' bez. Man glaubte, der hl. Antonius könne davor bewahren oder die Krankheit heilen, wenn man ihn inständig darum bitte, doch fürchtete man gleichzeitig auch, daß er sie als Strafe verhängen würde; wenn er nicht genügend Verehrung fand, auch aus Rache. Die Römer nannten die Krankheit ‚ignis sacer' (heiliges Feuer), im MA. breitete sie sich aus und wurde zu einer gefürchteten Geißel der Menschheit, der viele zum Opfer fielen. Erst 1630 wurde ihre Ursache durch Tuillier entdeckt (Bauer, S. 53): ein Pilz (Claviceps purpurea) verursacht das sog. ‚Mutterkorn' im Getreide. Die Körner in den Ähren werden schwarz; werden sie mit den übrigen, gesunden zusammen gemahlen, kann das in ihnen enthaltene Gift brennende Schmerzen verursachen, es läßt die Glieder schwarz werden, so daß sie wie verbrannt aussehen und amputiert werden müssen. Im MA. führte diese Vergiftung häufig zu geistiger Verwirrung und zum Tode. Ahnungslos aßen sich die Leute mit Mehlspeisen und Brot krank.
Der hl. Antonius der Einsiedler (um 251–356) galt als Schutzheiliger der an der Mutterkornvergiftung, dem Ergotismus, Erkrankten, die in den Klöstern des 1095 eigens dafür gegründeten Antoniterordens versorgt wurden.
Im Feldarzneibuch von Gersdorf (1517) ist das Gebet eines Mannes überliefert, dessen rechter Fuß durch die Krankheit bereits abgefallen und dessen Hand angeschwollen war:

> O heiliger Antoni groß,
> Erwirb uns Gnad' ohn' Unterloß.
> Ablaß der Sünden, Gottes Huld und Gunst,
> Behüt uns vor deiner schweren Brunst.

Das Kloster Isenheim im Elsaß war ein Zentrum für die Pflege der Erkrankten durch die Antoniter. Matthias Grünewald schuf dafür sein berühmtes Hauptwerk, den ‚Isenheimer Altar', der heute im Unterlinden-Museum in Colmar aufgestellt ist. Urspr. diente vor allem die eindringliche Kreuzigungsszene dieses Wandelaltars zu einer Art Schocktherapie für die Hilfesuchenden. Vor ihrer endgültigen Aufnahme in das Kloster mußten sie eine Nacht vor dem Bild des Gekreuzigten verbringen, um dann willig ihr eigenes Leid auf sich zu nehmen und sich in die Regeln und Anordnungen der Ordensbrüder zu schicken. Auf einem Ausschnitt der Bildtafel ‚Versuchung des hl. Antonius' ist ein Krankheitsdämon mit den Symptomen des ‚Ergotismus gangraenosus' von Grünewald dargestellt worden, die er wohl aus eigener Anschauung kannte.
Der Stoßseufzer: *Hilf heiliger Antonius!* gilt Antonius von Padua (1195–1231), einem Heiligen, der als Nothelfer für hoffnungslose Fälle zuständig ist. Sein Grab in der Basilica del Santo in Padua ist das heutige Zentrum des Antoniuskultes. Um Verlorenes oder Gestohlenes wieder zu erhalten, wallfahrtet oder betet man zu Antonius.
In Dtl. ist der hl. Antonius bes. zuständig für alles, was man nicht finden kann (‚Patron der Liederlichen'), deshalb heißt es bei Katholiken: *Da mußt du dich an den hl. Antonius wenden.* Dies soll in vielen Fällen zum Erfolg geführt haben, da man sich nach dem Gebet plötzlich erinnerte, wo der vermißte Gegenstand sein könnte.
Die Vorstellungen von dem Wirken des hl. Antonius von Padua haben sich verschiedentlich mit denen des Einsiedlers gleichen Namens vermischt.

Lit.: *P. Sartori:* Art. ‚Antonius, der Einsiedler' u. ‚Antonius von Padua, hl.', in: HdA. I, Sp. 503–507;

E. Stemplinger: Art. ‚Antoniusfeuer', in: HdA. I, Sp. 507–508; *V. H. Bauer:* Das Antoniusfeuer in Kunst und Medizin (Berlin – Heidelberg – New York 1973); *K. Lussi:* Der hl. Antonius von Padua in Wettersegen, in: Schweiz. Volkskunde 78 (1988), S. 49–57.

antun. *Es einem angetan haben, einem etw. antun:* urspr. ihm einen magischen Schaden zufügen, ihn verhexen. Antun zusammen mit dem unbestimmten ‚es' ist eine verhüllende Ausdrucksweise für den Schaden- oder Liebeszauber, den man bes. den Hexen zuschrieb; so heute noch mdal., z. B. meckl. ‚De Hexen kanen eenen wat andaun'. Zunächst verstand man unter antun im wörtl. Sinne das Anheften, Anlegen oder Anhängen eines Zaubergegenstandes.

Die Rda. ist lexikalisch zuerst 1691 gebucht bei Kaspar Stieler in ‚Der Teutschen Sprache Stammbaum' (2355): „Es ist mir angethan worden", ist aber sicherlich älter; z. B. gebraucht Joh. Fischart bereits 1575 (‚Gargantua', Ndr. S. 406) in übertr. Bdtg. „der jhnen solche schmach anthat". Im heutigen Gebrauch der Umgangssprache ist die Rda. ganz abgeschwächt und bedeutet: ganz in den Bann einer Sache oder Person geraten. Vom alten Liebeszauber (daher auch seit dem 18. Jh. ‚bezaubernd', entzückend) ist die Wndg. schließlich auf die rein ästhetische Wirkung jeden Liebreizes erweitert worden. Man kann sagen: ‚Diese Musik, diese schöne Gegend hat es mir angetan'. Dagegen lebt noch etw. von dem alten Tabu-Charakter der Rda. in der ebenfalls verhüllenden Wndg. *sich etw. antun:* sich das Leben nehmen.

Ganz dazu angetan sein (nicht dazu angetan sein): starke Tendenz oder Wirkung haben (nicht die Wirkung haben), z. B. ‚Der Streit ist ganz dazu angetan, die Freundschaft zu zerstören', ↗anhaben.

Lit.: *E. S. Gifford:* Liebeszauber (Stuttgart 1964); *L. Honko:* Krankheitsprojektile. Untersuchung über eine urtümliche Krankheitserklärung (= FFC 178) (Helsinki [2]1967).

Antwort. *Von jem. Antwort heischen:* energisch Auskunft fordern. Ähnl.: *Jem. Rede und Antwort stehen müssen* ↗Rede.

Um eine Antwort nicht herumkommen: eine klare Aussage machen müssen, keine weiteren Ausflüchte gebrauchen können.

Auf etw. keine Antwort wissen: auf eine Frage stumm bleiben, auch: keinen Rat geben können, keinen Ausweg finden, nicht weiterwissen.

Jem. die Antwort schuldig bleiben (müssen): nichts zu erwidern haben. *Jem. die Antwort verweigern:* keinerlei Auskünfte geben.

Jem. keiner Antwort würdigen: ihn verächtlich (wie Luft) behandeln, ihn mit Nichtachtung strafen.

Etw. bedarf keiner Antwort: es ist völlig klar.

Die Wndg. ‚um Antwort wird gebeten', die häufig in abgekürzter Form als ‚U. A. w. g.' unter Einladungskarten steht, findet sich bereits bei 1. Makk. 12, 18, wo es heißt: „Und bitten um Antwort". Kotzebue schrieb einen Schwank unter dem Titel: ‚U. A. w. g. oder die Einladungskarte', der 1818 veröffentlicht wurde (Büchmann).

Gelegentlich werden auch Gegenmaßnahmen als ‚Antwort' bez., vor allem bei kriegerischen Auseinandersetzungen und da bes., wenn es sich um regel- oder gar (völker-)rechtswidrige Maßnahmen handelt. In solchen Fällen ist der Ausdr. ‚gerechte Antwort' sehr beliebt.

anzapfen. *Jem. anzapfen:* jem. um Geld bitten, auch anzüglich anfragen. Hergeleitet vom Anzapfen eines Fasses, um die Flüssigkeit zu entnehmen. Die Rda. begegnet bereits im 16. Jh. in übertr. Bdtg. In Hans Sachs' bekanntem Fastnachtsspiel ‚Das heiß Eisen' sagt der betrogene Mann: „mei frau zepfft mich an mit diesen stücken".

Angezapft, Halbscheid, ausgeleckt und umgestürzt sagt man in manchen Mdaa. (z. B. südd.), wenn man seine Kaffeetasse ausgetrunken hat und nicht mehr weitertrinken will; dabei setzt man die leere Tasse umgekehrt auf den Tisch. Die Rda. gehört eigentl. zu einem Tiermärchen vom Typ AaTh. 15 (vgl. KHM. 2 ‚Katze und Maus in Gesellschaft'). Im Böhmerwald wird sie etwa folgendermaßen erzählt: Dou wor a Bauer, der hot Strah ghockt hinterm Stodl. Dou is a Fichserl kummer. Hot der Bauer gsogt: „No, Fichserl, wou kummst denn du her?" Hot der Fuchs gsogt: „Af der Kindstauf wor ich heint". „Sue, auf der

Kindstauf? Wei hoißt denn offer das Kind?" Hot er gsogt: „Angezapft!", der Fuchs. Is er wieder weiterzuogn.
Zum Brauchtum des Münchner Oktoberfestes, dem bekanntesten bayerischen Volksfest, gehört der Anstich des ersten Bierfasses durch den Münchner Oberbürgermeister, eine Amtshandlung, die der damalige OB. Thomas Wimmer vor 40 Jahren zum ersten Mal vollzogen hat. Diese wichtigste Amtshandlung des Stadtoberhauptes wird beendet durch die feierliche Vollzugsmeldung ‚O'zapft is!'

Lit.: *U. Benzel:* Volkserzählungen aus dem nördl. Böhmerwald (Marburg 1957); *ders.:* Die dörfliche Kultur der suddt. Gemeinde Roßhaupt (Diss. Marburg 1954), S. 86f.; *L. Röhrich:* Sprw. Rdaa. aus Volkserzählungen, S. 268; *G. Möhler:* Das Münchner Oktoberfest (München – Wien – Zürich 1981); *R. Baueru. F. Fenzl:* 175 Jahre Oktoberfest (München 1985).

anzetteln. *Eine Sache anzetteln:* etw. ins Werk setzen, vorbereiten, anstiften. Die Rda. stammt urspr. aus der Fachsprache der Weber und bedeutet: den Anfang eines Gewebes herrichten, die Fäden aufspannen, wobei ‚Zettel' (nicht verwandt mit Zettel = Papierblättchen) die Längsfäden des Gewebes darstellen. Wie andere Ausdr. des Spinnens und Webens (‚etw. anspinnen', ‚Hirngespinst', ‚Lügengewebe' u.a.) ist anzetteln früh in den bildl. Gebrauch übergegangen. Übertr. wurde es zunächst im guten wie im schlechten Sinne gebraucht (z.B. 1561 bei Maaler: „Krieg und Hader, Heil anzetteln"). Heute wird es nur noch für das Anstiften von Komplotten und Intrigen verwendet; so auch mdal., z.B. schwäb. ‚Der Preuß häb's (den Krieg) wieder a'zettelt'. Die heutige Einschränkung auf den schlechten Sinn soll sich zuerst im Ndd. vollzogen haben.

Anzug. *Im Anzug sein:* in Vorbereitung sein, oft als Hinweis, daß etw. drohend bevorsteht und sich unaufhaltsam nähert; z.B. heißt es: *ein Gewitter (Unwetter) ist im Anzug,* d.h., es zieht drohend herauf.
Jem. aus dem Anzug stoßen: ihn tüchtig verprügeln, ↗schlagen.
Aus dem Anzug kippen: die Fassung verlieren, ↗Latschen, ↗Socken.
Der ‚blaue Anton' als Bez. von Arbeitsoveralls ist umgangssprachlich auch als Name für den feierlichen Sonntagsanzug geläufig.
Etw. ist erster Anzug: etw. ist allerbeste Qualität; ↗Garnitur.

Apfel. *In den sauren Apfel beißen (müssen):* sich zu etw. Unangenehmen entschließen, etw. Unangenehmes auf sich nehmen (müssen). Die Rda. ist nicht weiter erklärungsbedürftig: saure Äpfel ißt niemand gern; sie werden deshalb bildl. für jedes notwendige Übel gesetzt.
Die Rda. findet sich schon in einem Brief Luthers: „obgleich E.k.f.g. (Eure kurfürstliche Gnaden) ein wenig hat müssen wermuth essen und in einen sauren apfel beißen" (De Wette, Briefe, Bd. 4, S. 347). Auch in des Ritters Hans von Schweinichen Tagebuch (um 1660). „Habe ich doch in einen sauren Apfel beißen müssen". Eigentümlich verschoben 1639 bei Lehmann, S. 240, (Geduld 47): „Laß die Kugel außlauffen, vnd beiß derweil in einen sawren Apffel". Die Wndg. ist noch in der heutigen Umgangssprache ganz gebräuchl., mdal. z.T. noch erweitert, etwa schwäb. ‚Mr muß in manche saure Aepfel beiße, bis mr en süße findt'. Auch von einem verdrießlich Aussehenden sagt man, er sehe aus, als habe er in einen sauren Apfel gebissen. Die Rda. wird auch verhüllend für ‚sterben' gebraucht (↗zeitlich), z.B. meckl. ‚Dee hett tidig in'n suren Appel biten müßt', er hat zeitig sterben müssen.
Für einen Apfel und ein Ei (auch ‚für ein Ei und ein Butterbrot'): für eine Kleinigkeit, weit unter dem Wert, fast umsonst. Im allg. sind Apfel, Ei und Brot so reichlich vorhanden, daß man davon verschenken kann, ohne selbst ärmer zu werden. Die Rdaa. sind im 18. Jh. allg. bekannt, dürf-

‚Für einen Appel und ein Ei'

ten aber mdal. älter sein. Sie umschreiben anschaulich den Begriff ↗nichts.

Äpfel braten: rdal. für Nichtstun, Beschäftigung mit unbedeutenden Dingen: ‚Er kann mehr als Äpfel braten', auch mit dem erweiternden iron. Zusatz: ‚Er kann sie auch essen'.

Äpfel nicht essen mögen: zur Liebe keine Lust haben. Im Gegensatz dazu bedeutet *Äpfel essen mögen:* nicht impotent sein. Beide Rdaa. gebrauchen verhüllend den Apfel als sexuelles Symbol u. beziehen sich auf den ‚verbotenen Apfel' beim Sündenfall (1. Mos. 2,9 u. 3,2–6), ↗Frucht.

‚Den verbotenen Apfel essen'

Noch einen Apfel mit einem zu schälen haben: noch ein Hühnchen (↗Huhn) mit ihm zu rupfen haben; vgl. ndl. ‚een appeltje met jemand te schillen hebben'; frz. ‚avoir des petits pois à écosser ensemble'; engl. ‚to have a bone to pick with a person'; ‚to have a nut to crack with a person'.

Da bleiben soviel Äpfel als Birnen: eine Sache ist unentschieden. Die Rda. findet sich schon bei Joh. Fischart („Da pleiben so vil Oepfel als bieren"; ‚Bienenkorb' 86b), ist aber sonst relativ selten belegt.

‚Der Apfel fällt nicht weit vom Stamm' sagt man, wenn Kinder in Aussehen oder Verhalten sehr den Eltern ähnlich sind. Parodistisch wird dann häufig daraus: ‚Der Apfel fällt nicht weit vom Birnbaum (Pferd)'.

Äpfel mit Birnen verwechseln: einen unzulässigen Vergleich anstellen.

Es konnte kein Apfel zur Erde (fallen) meint, daß es sehr eng war oder daß das Gedränge sehr groß war.

Schwitzen wie ein Apfelbutzen: sehr stark schwitzen, daß einem das Wasser nur so herunterläuft. Der rdal. Vergleich ist in den 70er Jahren im süddt. Raum bekannt geworden.

Drauflosstürzen wie die Sau auf den Äppelkrotze bedeutet in Rheinhessen: bes. gierig auf etw. sein. Im Schwäb. heißt dies: ‚gierig wie die ↗Gans auf den Apfelbutzen'.

Gerührt wie Apfelmus sein ↗gerührt.

Jem. veräppeln: jem. verkohlen, verspotten.

Lit.: *F. S. A.:* Eve's Apple, in: American Notes and Queries 2,6 (1858), S. 329; *A. Fath:* Am Jakobstage werden die Äpfel gesalzen, in: Pfälz. Museum und Heimat (1927), S. 78; *R. Jente:* Der Apfel fällt nicht weit vom Stamm, in: Publications of the Modern Language Association 48 (1933), S. 26–30); *M. B. Ogle:* Apple of the eye, in: Transactions of the American Philological Association 73 (1942), S. 181–191; *E. Bammel:* Das Wort vom Apfelbäumchen (1962); *W. E. Spengler:* Art. ‚Apfel, Apfelbaum', in: EM. I, Sp. 622–625.

‚Noch einen Apfel mit einem zu schälen haben'

Apostel. *Per pedes apostolorum, auf dem Apostelpferde reiten* (mhd. ‚der zwelfboten pfert rîten‘): zu Fuß gehen. Die Rda. bezieht sich auf Matth. 10,5.7.11 und andere Stellen des N.T., in denen Jesus die Befehlsform „gehet hin ...“ gebraucht (ital. ‚andare sul cavallo di San Francesco‘, weil die armen Bettelmönche im Gegensatz zu den reichen Benediktinern zu Fuß zu reisen pflegten; vgl. ‚auf Schusters Rappen‘ und ähnl. Ausdrücke).
Die scherzhafte Anwendung der Rda. ist in der Studentensprache aufgekommen und in dieser Form erstmalig 1757 belegt. Schon 1755 bezeichnete man in Hamburg (1781 in Pommern) die Füße und Beine als ‚Apostelpferde‘ (ndl. ‚op zijn apostelpaarden‘). Ansätze zur Ausbildung der Rda. liegen freilich schon viel früher. Im 16. Jh. erzählt die ‚Zimmerische Chronik‘ (III, 429), wie sich der Bürgermeister von Buchen zu Fuß zum Reichstag von Speyer aufmacht: „und kam also per pedes geen Speier uf den reichstag geritten. Da zaicht er sich nun gleich bei der andern reichstetten gesanten an nach laut seins bevelchs. Die wollten sich seiner und seiner herren von Buchen einfalt zu krank lachen, gleichwol das nit in seiner gegenwurte beschach, und dieweil dieses gesanten comitatus hin und wider under den stenden erschall, do ward er nur der apostel genannt, dieweil er sein botschaft und befelch nur zu fueß uß richten thette“.
Die Rda. ist auch mdal. vorhanden, z.B. westf. ‚up dem Apostelpearde riden‘, in Hamburg ‚Spann dine Apostelpeer an‘. Ein ‚Apostelreiter‘ ist ein schlechter Reiter, der besser zu Fuß gehen würde. Zusammensetzungen mit Apostel haben überhaupt meist schlechte Bdtg. ‚Apostelbier‘ wurde um 1850 in Bayern ein Bier genannt, „wo zwölf an einem Seidel zu trinken haben“; ähnl. gilt der ‚Apostelwein‘ als schlechter Wein. Die von einem willenlosen Menschen meckl. gebräuchl. Rda. ‚Denn kann'n nachts henstellen as Apostel‘ geht auf die Apostelfiguren in den Nischen der Kirchen zurück; *dastehen wie ein hölzerner Apostel* ↗ Johannes.
Einen Apostel machen: einen sehr hohen Bogenwurf machen. Die vor allem bair. bezeugte Rda. ist beim Ballspiel gebräuchl., wohl daher, weil man den Ball gleichsam fast bis zu den Aposteln im Himmel zu werfen dachte.

Apotheke. *Ein Geschäft ist eine Apotheke:* die Preise sind in diesem Geschäft sehr hoch, die Waren scheinen überteuert zu sein. Man spricht dann auch von ‚Apothekerpreisen‘. Vgl. ndd.: ‚Dat sünd Aftekerpriesen‘: das ist zuviel, zu teuer.

Appetit. ‚Der Appetit kommt beim Essen‘, sagt man aus Erfahrung und meint in übertr. Bdtg., daß die Lust zu etw. sich bei näherer Beschäftigung, bei der Vertiefung in eine Arbeit (Aufgabe) schon einstellen wird.
‚Appetit‘ wird in manchen Sprüchen auch als Umschreibung von sexueller Stimulation gebraucht, wie z.B. in Alem.: ‚Appetit derfsch der hole, aber gveschpert wird dahoim“ oder im Ndd.: „Appetit dröffs di öwwerall halen“, sagg de Frau to eren Mann, „män Sattätten dröffs di blooß to Huus!“ (Büld, S. 3 u. 103).

Lit.: *H. Büld:* Ndd. Schwanksprüche zwischen Ems und Issel (Münster 1981).

April. *Einen in den April schicken:* ihn am 1. April auf irgendeine Weise anführen und zum Narren halten.
Die Sitte der Aprilscherze ist im 17. Jh. in Dtl., ähnl. wie in Frankr., Holland und Engl. bezeugt. Noch heute besteht in Dtl. überall der scherzhafte Brauch, am 1. April jem. mit einem drolligen Auftrag oer einer lächerlichen Botschaft in den April zu schicken. Meist sollen dabei (in der Apotheke) irgendwelche unmöglichen Dinge besorgt werden wie Mückenfett, Hahneneier, Gänsemilch, getrockneter Schnee, Stecknadelsamen, schwarze Kreide oder Buckelblau. Im ganzen dt. Sprachgebiet kennt man den volkstümlichen Reim: ‚Am ersten April schickt man die Narren hin, wo man will‘; ebenso in zahlreichen mdal. Varianten, z.B. niederrhein. ‚Aprilgeck, steck de Nos in den Kafeedreck‘.
Die Rda. ‚in den April schicken‘ begegnet zuerst 1618 in Bayern. Der Gefoppte heißt ‚Aprilnarr‘. Dieses Wort erscheint als Nachbildung des engl. ‚Aprilfool‘ zuerst Ende des 17. Jh. Die Sitte des Aprilschikkens ist noch relativ jung und stammt

wahrscheinl. aus Frankr. Vermutl. hängt sie zusammen mit der Verlegung des Neujahrstages durch Karl IX. im Jahre 1564 vom 1. April auf den 1. Januar. Ein Rest der dadurch weggefallenen Neujahrsgeschenke sind die Scheingeschenke und scherzhaften Bestellungen am 1. April.

‚Aprilnarr‘ (‚Narrenfresser‘)

Wenn der Geprellte, der ‚in den April geschickt wurde‘, unverrichteter Dinge zurückkommt, schreien die anderen: ‚Poisson d'Avril!‘ (Aprilfisch). Und die Kinder hängen in Frankreich am 1. April ihren Altersgenossen oder den älteren Menschen heimlich aus Papier ausgeschnittene Fische an den Rücken.
Man hat allerdings das Aprilschicken auch noch anders zu deuten und herzuleiten versucht, so u. a. vom Termin des röm. Narrenfestes, vom Augsburger Reichstag vom 1. April 1530 oder vom Herumschikken Christi von Kaiphas zu Pilatus und Herodes am Abend vor der Kreuzigung (‚von Pontius zu ↗Pilatus schicken‘). So deutet der meckl. Volksmund ‚Dat Aprilschicken is Sünn', up'n iersten April is ja uns' Herr Christus von Herodes nach Pilatus schickt worden‘.
Auch in der Lit. ist der Brauch bezeugt, z.B. in dem engl. Roman ‚Clarissa Harlowe‘ von Richardson (übers. v. J. D. Michaelis [Göttingen ²1749]) heißt es: „sie werden jene dadurch April schicken“ (Clar. III, 73) und an anderer Stelle: „So hat sie mich April schicken wollen“ (send me upon a fool's errand, Clar. V, 188). Goethe dichtet (epigrammatisch):

Willst du den März nicht ganz verlieren,
So laß nicht in April dich führen.
Den ersten April mußt überstehn,
Dann kann dir manches Gute geschehn.

Schließlich ist der April wegen seines veränderlichen Wetters personifiziert und zum Bild der Unbeständigkeit geworden. Allg. bekannt ist die Wetterregel ‚April, April, der weiß nicht, was er will‘ und ‚April – frißt der Lämmer viel‘. Rdal. Vergleiche dieser Art sind schon in mhd. Zeit bezeugt, z.B. „als aberellen weter vert ir wille“ (Benecke-Müller-Zarncke, Mhd. WB. I, 5). Luther schreibt 1526 (‚Vier tröstliche Psalmen‘): „(David) muste auch erfaren, das fürsten hulde aprilwetter were“.

‚Ein Gesicht wie Aprilwetter‘

Und in Grimmelshausens ‚Simplicissimus‘ (I, 84) heißt es: „weil seine lüfftige Gottheit nur auf des Printzen Aprillenwetterischer Gunst bestand“. Andere Wndgn. sind umg. noch ganz geläufig, z.B. *Er ist launisch wie der April; ein Gesicht wie Aprilenwetter:* zwischen Lachen und Weinen.

Lit.: *J. A. Walz:* Zum Sprachgebrauch des 18. Jh., in: Zs. f. dt. Wortf., 12 (1910), S. 173 ff.; *Richter-Weise,* Nr. 6; HdA. I, Sp. 555–567 (Art. ‚April‘ von *G. Jungbauer); H. Hungerland:* In den April schicken, in: Niedersachsen, 3. Oster 1921, 26. Jg., Nr. 14, S. 305 ff.; *S. Stich:* April-Scherze der Handwerker, in: Das dt. Volkslied 45 (1943), S. 62; *H. Wolf-Beranek:* Zum Aprilscherz in den Sudetenländern, in: Zs. f. Vkde. 64 (1968), S. 223 ff.; *S. Metken:* Poisson d'Avril, in: Volkskunst 2 (1981), S. 106–113.

Äquatortaufe ↗Taufe.

Arbeit. *Sich an die Arbeit machen:* etw. beginnen, seinen Plan verwirklichen, emsig zu Werke gehen. *Etw. (gerade) in Arbeit haben:* voll damit beschäftigt sein, es aber noch nicht beendet haben, ähnl.: *mitten in der Arbeit stecken:* keine Ablenkung wünschen. *Sich in die Arbeit stürzen:* voller Eifer sein, nichts anderes mehr kennen, auch: Probleme dadurch verdrängen, Kummer vergessen (wollen). Vgl. Vergils Lehrgedicht ‚Georgica' (I, 145f.): „Labor omnia vicit improbus" (Unablässige Arbeit besiegt alles).

Jem. geht die Arbeit gut von der Hand: er ist geschickt, flink u. fleißig, er kommt rasch voran.

Sich viel Arbeit mit etw. (jem.) machen: sich sehr viel Mühe geben, sich bes. anstrengen, oft anerkennend gesagt.

Gute Arbeit geleistet (verrichtet) haben: etw. gründlich erledigt haben, für seine Tatkraft u. Tüchtigkeit gelobt werden.

Trotz der mit ihr verbundenen Anstrengung wurde die Arbeit über viele Jahrhunderte hoch geachtet. Lit. Aussagen darüber begegnen mehrfach bereits in der Antike. Schon Hesiod (um 700 v. Chr. geboren) sagt in seinem Lehrgedicht ‚Werke und Tage', Vers 309: „Arbeit schändet nicht", was sprw. Bekanntheit erlangt hat. Fast ein Sprw. wurde auch die Devise des Benediktinerordens ‚Bete und arbeite' (Ora et labora). Die Arbeit gewinnt im Laufe der Zeit immer mehr an Wertschätzung, sie gereicht dem Menschen sogar zur Ehre. So heißt es in Schillers ‚Glocke': „Arbeit ist des Bürgers Zierde". Bereits Luther stellte fest: „Von Arbeit stirbet kein Mensch", und dem, der über zu viele Aufgaben stöhnt, kann heute noch immer tröstend gesagt werden: ‚Die Arbeit hat noch keinen Menschen umgebracht'. Dagegen heißt es jedoch auch drastisch: ‚Von der Arbeit krepieren die Pferde', d.h. Stärkere als der Mensch.

Bereits von J. Fischart stammen die sprw. gewordenen Verse:

> Arbeit vnd fleiß, das sind die flügel,
> So füren vber Stram (Strom) und hügel

(‚Das Glückhafft Schiff von Zürich' [Straßburg 1576], V. 81–82).

Auch die bekannte Wndg. ‚Arbeit macht das Leben süß' ist lit. Herkunft. Es ist die Anfangszeile des Liedes ‚Arbeit' von Gottlob Wilhelm Burmann (1737–1805), das er 1777 in seinen ‚Kleinen Liedern für keine Jünglinge' veröffentlichte. Die scherzhafte Fortsetzung heißt: ‚Faulheit stärkt die Glieder', was den Lobpreis der Arbeit relativiert.

Auf dem Arbeitsethos des 19. Jh. beruhen verschiedene Sprww. mit erzieherischer Tendenz: ‚Arbeit kommt vor dem Spiel' oder: ‚Erst die Arbeit, dann das Vergnügen'. Vgl. engl. ‚Business before pleasure'. Nach Ciceros ‚Iucundi acti labores' (‚De finibus' II, 32, 105) zitieren wir: ‚Nach getaner Arbeit ist gut ruhn'. Auch Goethe schätzte den gesunden Wechsel von Anstrengung und Erholung, denn er rät in seiner Ballade ‚Der Schatzgräber' (1797):

> Tages Arbeit! Abends Gäste!
> Saure Wochen! Frohe Feste!
> Sei dein künftig Zauberwort.

Die Wndg. *Wie die Arbeit, so der Lohn* meint den gerechten Ausgleich gegenseitiger Interessen und Erwartungen; doch die bittere Erfahrung lehrt: ‚Von Arbeit wird man nicht reich', oder es heißt sogar rdal.: *Etw. ist verlorene Arbeit:* alle Mühe ist umsonst, die Anstrengung bringt nichts ein.

Die Entstehung der Arbeit wird ätiologisch als Folge des Sündenfalls im A.T. erklärt: sie gilt als Strafe des ersten Menschenpaares nach 1. Mos. 3, 19: „Im Schweiße deines Angesichts sollst du dein Brot essen".

Von einem leistungsunwilligen Menschen heißt es verächtlich: *Der hat die Arbeit nicht erfunden* oder: *Dem ist die getane Arbeit die liebste.*

Als Trost für einen, der sich andererseits für unabkömmlich hält oder auch zur Beschwichtigung des eigenen schlechten Gewissens sagt man: ‚Die Arbeit läuft einem nicht davon (ist kein Hase)' und mdal. im Sudd.: ‚Da Arwet es ka Frusch, die huppt neg wag': sie bleibt liegen, sie erledigt sich nicht von alleine.

Iron. heißt es auch: ‚Das sind die gesündesten Leute, die beim Essen schwitzen und bei der Arbeit frieren'.

In unserem Jh. sind zahlreiche Sprw.-Parodien entstanden, die die Ablehnung der als ‚typisch bürgerlich' betrachteten Wertschätzung der Arbeit beinhalten: ‚Arbeit adelt – wir bleiben bürgerlich'; ‚Arbeit ist aller Laster Anfang'; ‚Wer die Arbeit kennt und sich nicht drückt, der ist verrückt'; ‚Arbeit macht Spaß, und Spaß wird nicht gemacht'; ‚Arbeit ist Silber, Nichtstun ist Gold'. Oder es heißt: ‚Hoch die Arbeit, daß keiner drankommt', vgl. sudd.: ‚Ar houts an liebstn, wenn de Arbt dreimettrfuffzich huch is'.

Im Schwäb., in dem das ‚Schaffen' in allg. bis heute hohem Ansehen steht, hört man doch zuweilen im Sagte-Sprw.: ‚Arbeit macht's Leabe süß, hot der seal Tagwerker gsait', ‚I mag die süße Sache it (nicht); oder es heißt resignierend: ‚Wenn d'Arbeit alle reich mache tät, war der Ochs reicher als der Bauer'.

Mit der fortschreitenden Industrialisierung entstand die Arbeiterklasse, die ein neues Selbtbewußtsein entwickelte. Dies kommt in Georg Herweghs 1863 gedichtetem ‚Bundeslied' für den Allgemeinen deutschen Arbeiterverein zum Ausdruck, dessen Verse als Aufruf zu verstehen sind:

Mann der Arbeit, aufgewacht!
Und erkenne deine Macht!
Alle Räder stehen still,
Wenn dein starker Arm es will.

Die Probleme starker Arbeitslosigkeit führen zur Forderung ‚Recht auf Arbeit', die auf ein frz. Schlagwort ‚Le droit au travail' von Charles Fourier (1772–1837) zurückgeht, das er 1808 formulierte (Büchmann).

Lit.: *Anon.:* Business before pleasure, in: American Notes and Queries 188 (1945), S. 283; ‚Arbeit und Volksleben' (= Veröffentlichungen des Inst. f. mitteleurop. Volksforschung a. d. Univ. Marburg 4) (Göttingen 1967); *B. v. Gemmingen:* Semantische Studien zum Wortfeld ‚Arbeit' im Französischen (Tübingen 1973); *J. R. Klima:* Art. ‚Arbeit', in: EM. I, Sp. 723–733.

Arbeiterdenkmal. *Arbeiterdenkmal spielen:* sich ausruhen und sich dabei auf sein Werkzeug (seine Schaufel) stützen, nur zusehen und bewegungslos wie eine Statue dastehen. Die Rda. verweist scherzhaft auf die oft zu beobachtende Tatsache, daß bei Arbeiten in der Öffentlichkeit (z. B. beim Straßenbau) meist nur einer wirklich etw. tut, während die Umstehenden diesen Vorgang voller Interesse verfolgen und begutachten, ohne selbst tätig zu werden.

Argusaugen. *Argusaugen haben; einen mit Argusaugen bobachten (hüten):* ihn scharfblickend und mißtrauisch beobachten; ein strenger und genauer Aufpasser oder Wächter sein.

Argos Panoptes (der Allessehende) ist eine Gestalt der griech. Sage. Dieser Hirte hatte am ganzen Körper Augen, weshalb ihn die eifersüchtige Hera zum Hüter der in eine Kuh verwandelten Io bestimmte. Der Götterbote Hermes aber schläferte ihn durch den Ton seiner Hirtenflöte ein, tötete ihn und setzte seine Augen in den Pfauenschweif ein.

Schon in der Antike diente der Name des Argos zu rdal. Vergleichen, z. B. lat ‚Argum fallere' = den vorsichtigsten Menschen täuschen. Auch im MA. sind ähnl. Wndgn. in lat. Form bezeugt, z. B.

Cautius in terris vos exercete, fidelis,
Desuper intentans oculatus prospicit Argus.

Dt. ist der Begriff Argusaugen seit 1696 belegt. In Schillers ‚Kabale und Liebe' (III, 6) spricht Wurm von dem Major, der ihn „den ganzen Tag wie ein Argus hütet", und in ‚Maria Stuart' (II, 8) wird der Graf von Leicester „vom Argusblick der Eifersucht gehütet". Vgl. Abb. S. 98.

Ariadnefaden ↗ Faden.

Arkadien. *Er ist in Arkadien geboren:* er ist ein einfacher und unverbildeter Mensch. Die Arkadier, ein einfaches Volk von Jägern und Hirten des Peloponnes, galten als der einfältigste griech. Stamm, die Landschaft, in der sie lebten, als friedlich und anmutig. Daher war schon in der Antike ‚Arcadium germen, Arcadius juvenis' sprw. Zur Zeit der dt. Klassik feierte man Arkadien als das Land der Unschuld und des Friedens. Schiller begann sein Gedicht ‚Resignation' mit den Worten: „Auch ich war in Arkadien geboren ..."; Goethe wählte für seine ‚Italienische Reise' den Wahlspruch „Et in Arcadia ego!"; Rückert sang in seinen ‚Aprilreiseblättern':

Auch ich war in Arkadien geboren
Und ward daraus entführt vom neid'schen Glücke.
Ist hier der Rückweg? fragt ich jede Brücke;

‚Argusaugen'

Der Eingang hier? fragt ich an allen Toren.

Im Studentenlied („Als noch Arkadiens goldene Tage mich jungen Burschen angelacht ...") und in der Operette („Als ich einst Prinz war von Arkadien", Arie aus ‚Orpheus in der Unterwelt' von Jacques Offenbach) lebt die Erinnerung an das Idealgefilde der alten Welt fort.

Lit.: *Büchmann* (mit ausführlicher Darlegung des Goethe-Zitates und seiner lit. Vorgeschichte).

arm. Der rdal. Vergleich *arm wie Hiob (Job)* stützt sich auf das ganze bibl. Buch Hiob oder auch speziell auf Hiob 17,6 („Er hat mich zum Sprichwort unter den Leuten gemacht"); auch frz. ‚pauvre comme Job'. Der weniger häufige rdal. Vergleich *arm wie Lazarus* beruht auf Luk. 16,20.

Da es in der Kirche keine Speisekammer gibt, bedeutet *arm wie eine Kirchenmaus:* sehr arm (seit dem 18. Jh. bezeugt); entspr. engl. ‚as poor as a churchmouse', ebenso frz. ‚gueux comme un rat d'église' (veraltet), ↗Kirchenmaus. Gleichbedeutend: *arm, schmierig, aber brav. Armer Teufel* ↗Teufel; *armer Judas* ↗Judas. Daneben gibt es in den Mdaa. eine Fülle von rdal. Vergleichen der Armut, z. B. schwäb. ‚Dear isch so arm, daß d'Mäus in dr Schublad mit verheinate Auga rumloffet'; ‚Dear isch so noate, daß 'm 's dürr Holz auf'm Heard nemma brennt'; ‚Dear isch so nixig dra, daß 'm 's Kraut im Hafa nemme siadet'; ‚Dear haut nix as Läus, und dia send krank'; ‚Dear vermag 's Wasser an d'r Supp net' (Schindlmayr, S. 13).

Jetzt hat die arme Seele Ruh ↗Seele.

Es ist nicht wie bei armen Leuten: scherzhafte, iron. Aufforderung an einen Gast, doch beim Essen zuzugreifen. Man will damit andeuten, daß alles reichlich vorhanden ist. Ein schwäb. Spruch lautet: ‚Bei de arme Leut muß ma's Koche lerne und bei de reiche s' Spare'.

Lit.: *L. Dilcher:* Der dt. Pauperismus und seine Lit. (Diss. Frankfurt/M. 1957); *Ch. Sachße* u. *F. Tennstedt:* Geschichte der Armenfürsorge in Deutschland vom Spätmittelalter bis zum 1. Weltkrieg (Stuttgart

1980); *dies.:* Bettler, Gauner und Proleten. Armut u. Armenfürsorge in der dt. Geschichte (Reinbek bei Hamburg 1983); *H.-W. Nörtershäuser:* Art: ‚Arm und reich', in: EM.I, Sp. 789–794; *K. D. Sievers:* Volkskultur und Armut, in: Kieler Bl. z. Vkde 21 (1989), S. 5–24.

Arm. *Einem unter die Arme greifen:* ihm in einer augenblicklichen Not oder Verlegenheit behilflich sein. Die urspr. Vorstellung ist, daß man einem Strauchelnden oder Umsinkenden beispringt und ihn unter den Armen umfängt, ehe er zu Fall kommt; oder daß der Sekundant dem Fechtenden den Arm stützt. Von einem Hilfsbedürftigen sagt Lehmann 1639 (Helffen 52; S. 387): „Es hat mancher flüggel, kan sich aber nicht auffschwingen, wenn man ihm nicht unter die Arm greifft".

Heute wird die Rda. vielfach nur noch bildl. gebraucht, wenn wir einem Hilfsbedürftigen etwa mit Geld oder mit einem guten Rat unter die Arme greifen. Das Bild ist aber doch noch zu handgreiflich, als daß man solche Wndgn. anders als mit leisem Spott und mit dem deutlichen Gefühl der schiefen Ausdrucksweise gebrauchen könnte; vgl. etwa die berl. Parodie eines Tischgespräches: ‚Freilein, derf ick Ihnen mit 'n bisken Appelmus (auch: Krabbensalat) unter de Arme jreifen?'

Einen auf den Arm (aufs Ärmchen) nehmen: ihn zum besten haben, verspotten, anführen, necken. Auf den Arm nimmt man das kleine Kind; in übertr. Bdtg. wird also der Geneckte wie ein Kind behandelt. („Etwa seit 1850" lt. Küpper); vgl. engl.: ‚to pull one's leg'.

Einen langen Arm haben: großen Einfluß haben. Der Arm gibt die Reichweite eines Menschen an. Die Rda. gehört dem 19. Jh. an, entspr. frz. ‚avoir le bras long', ist aber schon in der Antike vorgebildet. So finden sich schon in den ‚Heroiden' von Ovid (V. 13,54) die Verse: „An nescias longas regibus esse manus". Im 16. Jh. hieß es deshalb gleichbedeutend noch ‚lange Hände haben'.

Die Feststellung *Er hat zu kurze Arme* (ndl. ‚Zijne armen zijn te kort') wendet die Rda. ins Negative und deutet den voraussichtlichen Mißerfolg an, der auf geringem Einfluß, zu wenig Kapital, aber auch auf geistigem Unvermögen beruht. ‚Die Arme sind zu kurz' wird auch von einem Weitsichtigen gesagt, weil er ein Schriftstück weit weg von den Augen halten muß, um es ohne Brille lesen zu können.

Jem. in den Arm fallen: noch gerade rechtzeitig etw. zu verhindern wissen, energisch eingreifen, gegen eine aggressive Handlung vorgehen.

Jem. in die Arme laufen: zufällig begegnen. Diese Wndg. braucht der Verärgerte, der ein Zusammentreffen gerade vermeiden wollte.

Sich jem. in die Arme werfen: seine Zuflucht zu jem. nehmen, sich seiner Gewalt freiwillig unterordnen. Die Rda. hat immer mehr einen negativen Sinn erhalten und wird meist auf junge Mädchen oder Frauen angewandt, die allzu leicht bereit sind, die Geliebte oder Frau eines ihnen bisher Unbekannten zu werden. In der Wndg. *sich dem Vergnügen (Laster) in die Arme werfen* ist die Bedeutungsverschlechterung bes. auffallend.

‚Mit verschränkten Armen dabeistehen'

Mit verschränkten Armen dabeistehen (oder *zusehen):* sich völlig passiv verhalten, untätig bleiben, nicht helfen. Die Rda. beruht auf einer Gleichgültigkeitsgebärde und kann sie ersetzen. Auch im älteren Recht waren solche Gebärden üblich, wie Darstellungen aus dem ‚Sachsenspiegel' erweisen.

Auch die Rda. *einen mit offenen Armen*

aufnehmen (empfangen): einen sehnlich Erwarteten oder auch einen unverhofften lieben Besuch freudig begrüßen, steht symbolisch für eine Geste, ebenso die Wndg. *jem. dem Gegner (Laster) in die Arme treiben,* jedoch in negativer Bdtg.
Mit zertanen Armen beten: mit offenen, im Gegensatz zu gefalteten Händen – vor allem vor Schlachten – beten; ist bes. in der Schweiz „ein alteidgenössischer Brauch" gewesen (Ochsenheim).
Die Wndgn. *die Arme freihaben, die Arme freibekommen* und *sich die Arme freihalten,* urspr. auf den Kampf bezogen, meinen heute: keine Behinderung haben, nach freien Entschlüssen handeln können; Zeit und Kraft für neue Aufgaben besitzen.
Der rechte Arm von jem. sein: seine Stütze, seine beste Hilfe sein; ↗Hand.
Mit dem krummen Arme kommen: Geschenke bringen.
Etw. mit dem weichen Arme umfassen: eine Angelegenheit milde behandeln, günstig entscheiden.
Bis über beide Arme in etw. hineingreifen (auch *stecken, verschuldet sein*): sehr tief in etw. hineingeraten, zu hoch verschuldet sein, so daß fremde Hilfe nötig erscheint. Dieselbe Bdtg. hat die Wndg. ‚bis zu den Schultern'.
Mit den Armen höher greifen, als die Hände reichen: die gesteckten Ziele sind unerreichbar; Erhofftes kann sich nicht erfüllen.
Die Beine unter den Arm nehmen: schnell laufen, sich beeilen.
Den Kopf unter dem Arm tragen: schwerkrank, todkrank sein. Die Rda. beruht auf der Vorstellung, daß Gespenster häufig ohne Kopf erscheinen, den sie unter dem Arm tragen, und geht wohl auch auf bildl. Darstellungen der Heiligenlegenden zurück, in denen enthauptete Märtyrer ihren Kopf tragen, wie z.B. Alban, Dionysius, Exuperius, Felix und Regula, Firminus und Nikasius.
Einen am steifen (ausgestreckten) Arm verhungern lassen: Drohung oder Warnung eines Kraftmenschen; vielleicht nach dem Vorbild Augusts des Starken, Kurfürsten von Sachsen.

Lit.: *W. F. Prideaux:* To pull one's leg, in: American Notes and Queries 11,8 (1913), S. 213; *S. J. Looker:* With open arms, in: American Notes and Queries 188 (1945), S. 152; *P. Ochsenheim:* Beten mit ‚zertanen armen' – ein alteidgenössischer Brauch, in: Schweiz. Archiv f. Vkde. 75 (1979), S. 129–172; *V. Ruke-Dravina:* Hand, Arm and Finger in Latvian and Swedish Phraseology: a comparison, in: Proverbium paratum 1 (1980), S. 63–81.

Armee. *Zur großen Armee abberufen (versammelt) werden, abgehen* (auch mdal., z.B. schles. ‚zur grussa Armee geschappert'), ist einer der vielen verhüllenden Ausdrücke für sterben (↗zeitlich).
Die Wndg. ist in dieser Form erst im 19. Jh. in militärischen Kreisen aufgekommen. Th. Fontane schreibt z.B. 1894 in ‚Meine Kinderjahre' (18. Kap.): „Ja, der alte Flemming ... ist nun auch schon zur großen Armee. Alles marschiert ab ..." Im älteren Nhd. findet sich für unsere heutige Rda. wiederholt die Wndg. ‚zu dem alten Haufen gehen (fahren)'. Die Verstorbenen werden alle im Jenseits beisammen gedacht, eine zahllose Schar, gegen die die Zahl der Lebenden nur klein ist.
Der Tod als Anführer eines großen Heeres findet sich schon in der mhd. Umschreibung für sterben: ‚in des tôdes schar varn'. Nikolaus Höningers ‚Weltspiegel oder Narren-Schiff' (1574) kennt „dem alten hauffen zuschicken", jem. Tod herbeiführen. Im ‚Buch der Liebe' vom Jahre 1587 heißt es: „Euer Vater ist zu dem alten Haufen (gegangen)"; oder in der ‚Zimmerischen Chronik': „Darauf fuhr der from Künig zum alten Haufen". Der alte Haufen ist die Totenschar, doch tritt Haufe schon mhd. in der Bdtg. ‚Kriegerschar' auf. Später wird der alte Haufen das ‚große Heer' genannt worden sein, denn das Wort Armee ist erst z.Zt. des Dreißigjähr. Krieges in die dt. Sprache eingedrungen.
Die Rda. hat offenbar urspr. gelautet ‚zu dem großen (alten) Heere abgehen'. Der älteste Beleg findet sich bei Hans van Ghetelen ‚Dat Narrenschyp' (Lübeck 1497), einer ndd. Bearbeitung von Seb. Brants ‚Narrenschiff': „in olde heer ghaen". Heer bez. allerdings nicht bloß eine Armee, sondern urspr. auch jede große Menge. Aus der Fassung ‚zu dem großen Heere abgehen' ist wohl später, indem man Heer und Armee fälschlich

gleichsetzte, die jetzt gebräuchl. Wndg. geworden, wozu die Vorstellung vom ‚Soldatenhimmel' trat.

Es ist möglich, daß für die Einbürgerung der Rda. das Schicksal der ‚großen Armee' Napoleons in Rußland 1812 beigetragen hat. Vielleicht besteht auch ein Zusammenhang mit der bibl. Vision in Hes. 37, wo es V. 10 in der Sprache der Lutherbibel von den Verstorbenen heißt: „Und ihrer war ein sehr großes Heer", d.h. eine zahllose Menge. Die Antike hatte übrigens eine ähnl. Redewndg. für die gleiche Sache: griech. οἱ πλείονες, d.h. ‚die vielen', war eine volkstümlich euphemist. Umschreibung für die Toten, ebenso lat. ‚plures'; z.B. ‚ad plures abire', sterben. Mit dem gleichen Wort ‚die große Armee' bezeichnete man in der Inflationszeit nach dem 1. Weltkrieg das ‚Heer' der Arbeitlosen.

Lit.: *R. Neubauer:* ‚Er ist zur großen Armee abgegangen', in: Zs. f. Vkde. 14 (1904), S. 313–316; *L. Günther:* Wörter und Namen, S. 36; *Mengis:* Art. ‚Geisterschlacht, -kampf', in: HdA. III, Sp. 546–549; *S. Baum:* Plötzlich und unerwartet. Todesanzeigen (Düsseldorf 1980).

Ärmel. *Etw. aus dem Ärmel (*auch *aus den Ärmeln)schütteln:* etw. Schwieriges leicht und mühelos, wie spielend, oder scheinbar gleichgültig ausführen; bes. von Dingen gesagt, die sonst eine genaue Vorbereitung erfordern, z.B. eine Rede aus dem Ärmel schütteln. Joh. Christoph Adelung leitet in seinem ‚Versuch eines grammatisch-kritischen Wb.' 1774 (I, 388) diese Rda. „von den weiten Ärmeln der Geistlichen" ab, „daher es auch bes. von Predigten, die ohne Zubereitung gehalten werden, gebraucht wird". Doch kommen die weiten Ärmel aus der spätma. Mode, und auch der Realsinn der Rda. muß auf eine Zeit zurückgehen, in der Ärmel so geräumig waren, daß man etw. darin verbergen oder aufbewahren konnte, was man dort nicht vermutete. Dafür gibt es genug reale Beispiele; etwa in einem schwäb. Beleg: „Anno 1399 hatten sich 5 Zünfft gesamelt mit iren Paneren in den Oermelen haimlich". In Fischarts ‚Gargantua' heißt es: „.. Und konnten sich nicht wehren, so voll haten sie die Ermel gesteckt". Seb. Brant sagt im ‚Narrenschiff' vom Narren:

Das man jn ouch füer witzig halt,
Bis jm die pfif uß dem ermel falt,

d.h., bis man seine Narrheit erkennt (weitere Belege vgl. Trübner I, S. 126). Die Taschen in den Ärmeln dienten später auch den Taschenspielern und Gauklern bei ihren Tricks.

So sagt man noch heute: *Das ist einer mit Ärmeln:* das ist ein geriebener, abgefeimter Schlauberger. Auf die Möglichkeit, etw. in den Ärmeln zu verstecken, spielt auch das abfällige Sprw. an: ‚Pfaffen haben weite Ärmel'; auch das ältere Sprw. ‚In Franziskanerärmel und Diebsgewissen geht viel' verbindet ebenfalls beide Erklärungsmöglichkeiten. Als sprw. Rda., d.h. in übertr. Bdtg., ist die Wndg. ‚aus dem Ärmel schütteln' jedenfalls erst seit dem 18. Jh. bezeugt. Chr. Fr. Henrici (Picander) sagt in seinen ‚Ernst-Schertzhaften und satyrischen Gedichten' 1727–37 (III, 49):

Will man ein Ding geschwind ermitteln,
So ist das Sprichwort eingeführt:
Er kann es aus dem Ermel schütteln,
Eh sich ein hocus pocus rührt.
Hingegen wird es einem sauer
Kommt alles bey ihm langsam raus,
So heißt's: Er sieht als wie ein Bauer
Und wie Hannß ohne Ermel aus.

Auch heutzutage denkt man bei der Erklärung der Rda. meist an die Tricks von Zauberkünstlern. Die Rda. etw. hinter dem Ärmel haben: zurückhaltend, hinterlistig sein, seine Gesinnung und seinen wahren Charakter geschickt verbergen, beinhaltet einen ähnl. Gedanken. *Jem. über den Ärmel einladen:* eine Absage zu erwarten haben. Dagegen *einem bald die Ärmel zerreißen:* einen Gast zum Dableiben nötigen.

Er wird den Ärmel einzupassen wissen, wird von jem. gesagt, von dem man erwartet, daß er eine Sache in Ordnung zu bringen versteht. Diese Rda. bezieht sich auf eine der schwierigsten Arbeiten im Schneiderberuf und wurde auf allg. Schwierigkeiten übertragen.

Ich kann die Ärmel aufstreifen (hochkrempeln) versichert derjenige, der selbst mit zupacken will, weil er keine Arbeit scheut. Die Rda. stammt aus der Zeit, als noch Handmanschetten getragen wurden, die

‚Die Ärmel hochkrempeln'

bei den meisten Arbeiten hinderlich waren.

Leck mich am Ärmel ist eine verhüllende Wndg. für die bekannte Aufforderung des Götz von Berlichingen, deren letzter Bestandteil durch ein anlautgleiches Wort ersetzt wird (bekannt seit dem Ende des 19. Jh.). Ähnl. wird die Wndg. ‚im Ärmel' für einen verächtlichen Platz gebraucht; z. B. ostpreuß. ‚He kan mi öm Ärmel wanen (wohnen), denn brukt he keene Müd (Miete) to betaln' ↗ Arsch. *Auf den Ärmel binden* ↗ Bär; *Dreck am Ärmel haben* ↗ Dreck; *frech wie Rotz am Ärmel* ↗ frech.

Lit.: *Richter-Weise,* Nr. 149, S. 164f.; *Trübner* I, S. 126; *Küpper.*

Armenkasse. *Etw. aus der Armenkasse kriegen:* Prügel beziehen; auch als Drohung ‚Du kriegst was aus der Armenkasse!' Die Rda. beruht auf einem witzigen Wortspiel, in dem ‚Arm' nicht ‚besitzlos', sondern das Körperglied bedeutet, mit dem zugeschlagen wird; seit der 2. H. des 19. Jh. berl., nordostdt. und obersächs. bezeugt.

Armutszeugnis. *Sich ein Armutszeugnis ausstellen:* sein geistiges Unvermögen offenbaren, sich eine Blöße geben. Das Armutszeugnis bezog sich indessen urspr. nicht auf die geistige, sondern auf die tatsächliche Armut an Geld und Gütern. Wer das Armenrecht beantragte, d. h., wer staatliche Unterstützung in Anspruch nehmen wollte, der mußte eine behördliche Bescheinigung seiner Armut, das Armutszeugnis, vorlegen. In übertr. Bdtg. ist die Rda. seit der Mitte des 19. Jahrhunderts belegt.

Arsch. Umgangssprache und Mdaa. gebrauchen das derb-anstößige Wort Arsch in zahlreichen Wndgn. Das berühmte Kraftwort *Er kann mich am Arsch lecken* gehört eigentl. in die Nähe verwandter Wortprägungen, wie ‚Staub-, Fuß-, Speichel-Lecken', denn es soll ja ebenfalls eine Entwürdigung und Demütigung darstellen.

Die Aufforderung ist von Hause aus keineswegs nur ein derbes Kraftwort. Vielmehr wurde dem nackten Gesäß apotropäische Wirkung zugeschrieben. Die Weisung des nackten Hinterteils war eine

‚Den nackten Arsch weisen'

Abwehrgebärde, die nicht nur spöttisch-verächtliche, sondern urspr. zauberisch-ernste Hintergründe hatte. In Resten hat sich dieser Abwehrzauber noch bis zur Ggwt. erhalten. Glaubte man z. B. einer Hexe oder gar dem Teufel zu begegnen, so murmelte man den Kraftausdr. mehrere Male vor sich hin. Als Ausdr. der Teufelsdevotion mußten die Hexen bei ihren Zusammenkünften auf dem Blocksberg angeblich dem Teufel ‚den Arsch lecken' oder ihm in Gestalt eines Bockes den Hintern küssen.

Da leckst du mich am Arsch! kann allerdings auch Ausdr. hoher Verwunderung sein. In der Umgangssprache läßt sich derbe Ablehnung und höchste Verwunderung mit derselben Rda. zum Ausdr. bringen. Als Ausdr. des Staunens, der Verwunderung, ist der ‚schwäbische Gruß', z. B. unter Bekannten gebräuchlich, die sich lange nicht mehr gesehen haben: ‚Jetzt l. m. i. A. – wo kommst du her?' Er kann gebraucht werden, um ein Gespräch anzuknüpfen, um eine ins Stocken geratene Unterhaltung wieder in Gang zu bringen, um einem Gespräch eine andere Wndg. zu geben, und schließlich, um eine Unterhaltung endgültig abzubrechen.

‚Einen am Arsch lecken'

Lange vor Goethes ‚Götz von Berlichingen' (III, 4) findet sich die Rda. bei Luther: „Wenn man aber nun den Teufel kennt, so kann man leichtlich zu im sagen: Leck mich im Arsch". Frühbelege gibt es allenthalben in grobianischer Sprache, z. B. bei Hans Sachs (‚Der doctor mit der grosen nasen'):

Ey wie wol dus getroffen hast,
Peim ars im Schlaff, mein lieber Fricz,
Kump her vnd kües mich, da ich sicz!

Grimmelshausens ‚Simplicissimus' kennt die Rda. noch als konkrete Demütigung: „Hätten sie ihm Nasen und Ohren abgeschnitten, zuvor aber gezwungen, daß er ihrer Fünfen den Hindern lecken müssen"; oder an anderer Stelle: „Ich sagte: Du Flegel, sie haben dir deine Schafe wollen stehlen. Der Bauer antwortete: So wollte ich, daß sie mich und meine Schafe müßten im Hintern lecken".
Johann Beer (1655–1700) im ‚Narrenspital': „... hinfort sollst du mich nicht mehr streichen, aber wohl im Arsche lecken, du Hundsfutt, hast mich gehalten wie einen jungen Tanzbären, aber nun blase mir ins Loch dafür, du Henkersknecht!" Die frühesten Belege finden sich in Beleidigungsprozessen und -klagen des 14. Jh. Nach den Luzerner Ratsprotokollen soll eine Frau, Jenzis Vasbindz Weib, zu ihrem Manne gesagt haben: „Leck den gabelman und fach mir im ars an und kuss mir die mutzen im zünglin"; 1454 in einer Bamberger Beleidigungsklage: „Auch sprache sie, er solle sie im Arse lecken und an ihre Brüche küssen!" Goethe fand die Vorlage in der ‚Lebensbeschreibung Herrn Götzens von Berlichingen', 1731, wo es u. a. heißt: „... da schrie der Amtmann oben heraus, da schrie ich wieder zu ihme hinauf, er sollte mich hinten lekken ..." Kaspar Stieler formulierte 1691 vornehm und lat.: „Ich werde dich darumb nicht im Arsche lecken, non supplicabo tibi, nec instar numinis te venerabor ob rem eius modi".
Da mit zunehmender Verfeinerung die Rda. als zu anstößig empfunden wurde, hat sich in der Umgangssprache eine große Zahl von umschreibend-beschönigenden Rdaa. entwickelt, z. B. die Abk. ‚l. m. a.', die wiederum als ‚Laß mich allein!' ausgedeutet wird; ‚Leck mich am Ärmel'; ‚Du kannst mich'; ‚Du kannst mich am Abend besuchen'; ‚Du kannst mir im Mondschein begegnen'; ‚Götz von Berlichingen, III. Akt, 4. Szene!'; ‚Bei mir Götz von Berlichingen!', indem man also statt des Zitates selbst nur die Stelle nennt. Als euphemist. Umschreibung für diese Aufforderung kennt der Volkswitz noch viele Rdaa., z. B. ‚Küß mir den Ellenbogen'; ‚Kannst mi auf den Bank hinauflupfen, ro kann i selber'; ‚Kannst mir den Buckel küssen, wo die Haut ein Loch hat'; ‚Kannst mir den Buckel ‚runterrutschen (oder: hinaufsteigen)'; ‚Du kannst mir auf die Kirbe (Kirchweih) kommen'; ‚Kannst mi fünfern, hast um sechs Feierabend'; ‚Kannst mir sonst was tun'; ‚Kannst mi gern haben' (Wien); ‚Kannst mir den Zukker vom Kuchen lecken'; ‚Kannst mich küssen, wo ich schön bin (wo der Buckel ein Ende hat)'; ‚Blas mir den Hobel aus'; ‚Leck oich der Geer'; ‚Kannst mich neunundneunzigmal – ungeschoren lassen'.

,Leck mich am Auspuff'; eine mdal. Variante aus Schleswig lautet: ,Klei mi an Mors'. Vgl. auch frz. ,Mon cul!', umg. als Ausdr. der Empörung.
Die tabuierte Rda. ist u.a. durch folgende ebenfalls rdal. Umschreibungen paraphrasiert worden: ,Du kannst mich ergötzen', ,am Ärmel küssen', ,im Adler treffen', ,von hinten beriechen', ,als Briefmarke betrachten', ,am Marschieren nicht hindern', ,zu einer intimen Goethefeier begleiten'; ,Du kannst mir gewogen bleiben, am Hahnen riechen', ,am Ammersee ein Haus kaufen', ,meine Naturbrille putzen', ,in die Tasche steigen'; ,Du kannst mir den Buckel runterrutschen und dort, wo er den anständigen Namen verliert, mit der Zunge bremsen!' Auf die rdal. Aufforderungen gibt es auch eine ganze Anzahl rdal. witziger Erwiderungen, wie z.B.: ,Vor meinem ist auch kein Gitter!'; ,Das tät' ich nicht, und wenn er mit Zucker bestreut wär!'; ,Das hab' ich schon einer anderen Sau versprochen!'; ,Bedauere, ich bekomme Sodbrennen davon!'; ,Säue werden nicht geleckt, sie werden geschruppt!'; ,Häng deinen Arsch zuerst ein halb's Jahr in den Neckar!'; ,Schade, daß ich mir das Naschen abgewöhnt habe!'; ,Tut mir leid, der Arzt hat mir Diät verordnet!'; ,Wenn du deine Hose so schnell herunterziehst, wie ich die Zunge herausstrecke, warum nicht?'; ,Recht gern, wenn ich wüßte, welches dein Arsch und welches dein Gesicht wäre!'
In einer großen Zahl von vulgären Volksliedern spielt das bekannteste aller Goethe-Zitate ebenso eine Rolle wie in einer Reihe von Spruchprägungen, z.B.

Wenn jeder wüßte,
Was er mich könnte,
Und es auch täte –
Nie käme ich zum Sitzen.

Sage mir, was Du von mir willst,
Und ich sage Dir, was Du mich kannst.

Wenn Dich Haß und Neid umringen,
Denk an Götz von Berlichingen!

Trost gibt Dir in allen Dingen
Ritter Götz von Berlichingen.

Einem in den Arsch kriechen (z.T. mit dem witzigen Zusatz: ,sich darin umdrehen und den Eingang verteidigen'): sich jem. kriechend unterwürfig zeigen; sich bis zu schimpflicher Selbstaufgabe erniedrigen.
Ihm geht der Arsch (auf) mit Grundeis: er hat große Angst, bange Befürchtungen. Wenn nach starkem Frost das Grundeis losbricht, so entsteht polternder Lärm. Wegen dieses Geräusches und seiner Tiefenlage meint Grundeis hier den Durchfall, der als Begleiterscheinung von Angst und Feigheit auftritt. Die Rda. ist seit etwa 1760 belegt, aber sicher mdl. älter. Scheffel ersetzt sie in dem Gaudeamuslied ,Der erratische Block' von 1864 durch die gemilderte Form:

Und der spielt die traurigste Rolle,
Dem die Basis mit Grundeis ergeht.

,Einem in den Arsch kriechen'

Sich etw. am Arsch abfingern (abklavieren) können: etw. Selbstverständliches mit Leichtigkeit begreifen können. Die Rda. ist eine Groteskbildung zur Rda. ,sich etw. an den fünf Fingern abzählen können'.
Am Arsch der Welt: in abgelegener Gegend; sold. seit dem 2. Weltkrieg.
Den Arsch betrügen: sich erbrechen. Betrogen wird er, weil aus dem Munde hervorkommt, was normalerweise den Weg durch den After nimmt; sold. seit dem 1. Weltkrieg.
In zahlreichen anderen Redewndgn. ist das anstößige Wort Arsch durch verhüllende Umschreibungen ersetzt worden

(z.B. Sitzfläche, die vier oder fünf Buchstaben, Allerwertester, Erziehungsfläche, Hinterer, Südpol, Hintergestell, Hinterviertel, Podex, Popo, wo der Rücken seinen ehrlichen Namen verliert. Verlängerung des Rückens, Armloch, Armleuchter).
Jem. den Arsch versohlen: ihn prügeln, schlagen.

,Jem. den Arsch versohlen'

Den Arsch zukneifen: sterben, ähnl. *die Arschbacken zusammenkneifen,* ebenfalls metaphorisch in gleicher Bdtg., aber auch i.S.v. genau achtgeben, mutig sein. Die Wndg. galt im 2. Weltkrieg als Ermahnung der Soldaten, tapfer zu sein und nicht vor Angst zu ↗scheißen.
Der Arsch hat Feierabend (derb): jem. ist gestorben, ↗zeitlich.
Der Arsch ist ab: eine Sache ist erledigt.
Sich den Arsch abfrieren: unter sehr großer Kälte leiden müssen. *Arbeiten, daß einem das Wasser im Arsch kocht:* hart arbeiten müssen, ↗malochen.
Im brem.-ndd. Raum heißt es scherzhaft: ,Loop to, so schimmelt di de Eers nich', um jem. zum hurtigen Laufen aufzufordern.
Im (am) Arsch sein: erschöpft, kaputt sein.
Im (am) Arsche des Propheten! Beteuerungsformel, entstellt aus: ,Beim Barte des Propheten' ↗Bart.
Sich vor Ärger in den Arsch beißen können: sich sehr ärgern, etw. zutiefst bereuen.
Jem. hat den Arsch offen: er ist blöd.
Ein Arsch mit Ohren sein: ein häßliches (nichtssagendes) Gesicht haben, dumm sein. In vielen Volkserzählungen bewirkt die (angebliche) Identifizierung vom Gesäß mit dem Gesicht große Lächerlichkeit: „Den Lehrjungen, der den Arsch zum Fenster hinaushängt, grüßen die Passanten: ,Guten Tag, Meister!'" – Der Spottvogel fragt den das Kreuz grüßenden Pfarrer: „Warum nicht den Galgen, es ist das gleiche Holz?" Der Pfarrer: „Warum küßt ihr eure Frau auf den Mund und nicht auf den Arsch? Es ist doch die gleiche Haut?"
Schütze Arsch im (dritten) letzten Glied sein, sold.: unterster Mannschaftsdienstgrad sein. Im (dritten) letzten Glied stehen die Soldaten, von denen zu befürchten ist, daß sie das Bild der ganzen Mannschaft ungünstig beeinflussen.
Sich den Arsch vergolden lassen: pejorativ für: Einen Orden, eine Auszeichnung annehmen.
Sich den Arsch versilbern lassen: ein Strichjunge sein (Sprache der Homosexuellenszene).
Eine modische Überbetonung des Hinterteils in der Damenmode in der 2. Hälfte des 19. Jh. hieß ,cul de Paris'.
Das Arschloch schonen: sich erbrechen.
Jem. verarschen: jem. zum besten, zum Narren halten; vgl. engl. ,You're having me on' oder: ,You're putting me on'.

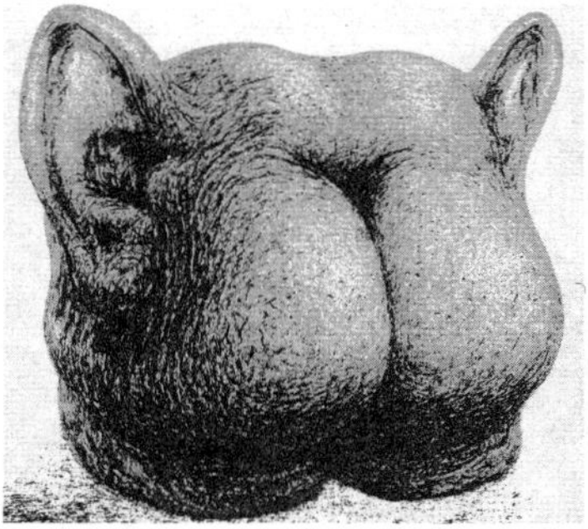

,Ein Arsch mit Ohren'

Lit.: *G. v. Berlichingen:* Lebens-Beschreibung (Nürnberg 1731, Nachdr. Hildesheim 1977); *J. Wegeli:* Das Gesäß im Völkerglauben: ein Beitrag zur Gluteralerotik, in: Anthropophyteia 9 (1912), S. 209–243; *M. Müller-Jabusch:* Götzens grober Gruß (München 1956); Die Eiserne Hand. Intelligenzblatt der Götz von Berlichingen Academie z. Erforschung u. Pflege des Schwäb. Grusses (Tübingen 1964–76); *M. A. Crane:* You're having me on, in: American Speech 40 (1965),

S. 159–160; *H. E. Schramm:* LMIA. Des Ritters Götz von Berlichingen denkwürdige Fensterrede (Gerlingen/Württ. 1967); *T. Budenz:* Götz tut immer gut! Anekdoten, Aussprüche, Kuriositäten, Witze, Begebenheiten, die das Götzwort bewirkte (Offenbach 1968); *K. Ranke:* Art. ‚Arsch', in: EM. I (1977), Sp. 823–827; Art. ‚Arsch', in: Goethe-Wörterbuch I (1978), Sp. 832; *H. Küpper:* ABC-Komiker bis Zwitschergemüse. Das Bundessoldatendeutsch (Wiesbaden 1978); *J. Zintl:* Prosodic Influences on the Meaning of ‚Leck mich am Arsch' in Bavarian, in: Maledicta 4 (1980), S. 91–95; *K. Wagenfeld:* Der ‚Allerwerteste' und der Volksmund des Münsterlandes, in: Ick will di maol wat seggen; Sprww. u. Rdaa. ... des Münsterlandes (Münster 1983), S. 199–224; *A. Dundes:* Sie mich auch! Das Hinter-Gründige in der dt. Psyche (Amer. Titel: ‚Life is like a chicken coop ladder') (Weinheim–Basel 1985); *H.-E. Schramm* (Hg.): Er kann mich hinden lekhen. Eine ergötzlich-hinterlecktuelle Dokumentation (Reutlingen 1987).

Art. *Aus der Art schlagen (fallen:)* diejenigen Eigenschaften, die der Art eigentümlich sind, die im Blute liegen, verlieren oder absichtlich ablegen, aber auch gute Eigenschaften und Talente zeigen, die bisher in der betreffenden Familie unbekannt waren. Die Bdtg. des Wortes ‚Art' = Geschlecht ist heute selten geworden. ‚Schlagen' hat hier dieselbe Bdtg. wie in der Wndg. ‚Er schlägt nach seinem Vater' oder ‚seinem Vater nach' (so schon ahd. „nah tien forderon ze slahenne an iro tugede"). Hierher gehören auch Prägungen wie: ‚Menschen-, Volksschlag', ‚ungeschlacht' und ‚Geschlecht'.

Die Rda. ‚aus der Art schlagen' ist seit frühnhd. Zeit bekannt; daneben steht die Form ‚aus dem Geschlecht schlagen'. Grimmelshausen hat dafür die Wndg. ‚sich ausärtlen'. Mit der Bedeutungsveränderung des Wortes ‚Art' hat sich auch der Sinn der Rda. verändert und meint meist nur noch neutral: sich nicht so (nicht in der Art) benehmen, wie es sich gehört. Ebenso sind die Rdaa. zu verstehen *das hat keine Art* und umgekehrt, *daß es eine Art hat.*

Etw. ist nicht gerade die feine (englische) Art: eine Handlungsweise ist grob, gemein. ‚Art' meint hier die schickliche Handlungsweise, die bes. den ‚steifen Engländern' beim ‚understatement' nachgesagt wird.

Asche. *Sich Asche aufs Haupt streuen, in Sack und Asche gehen (trauern)* und ähnl. Rdaa. sind bibl. Wndgn. Die Wortverbindung ‚Sack und Asche' kommt zuerst Ester 4,1 bei der Schilderung eines Trauerbrauches vor („Da Mardochai alles erfuhr, was geschehen war, zerriß er seine Kleider und legte einen Sack an und Asche und ging hinaus mitten in die Stadt und schrie laut und kläglich"); ähnl. V. 3; Jes. 58,5 („auf einem Sack und in der Asche liegen"). Nach 1. Makk. 3,47 wird die Asche auf das Haupt gestreut, und bei den Evangelisten Matth. 11,21 und Luk. 10,13 tritt der Begriff „Buße tun" hinzu; vgl. frz. ‚faire pénitence dans le sac et dans la cendre' (veraltet); engl. ‚to repent in sackcloth and ashes'; ndl. ‚in zak en as zitten'.

Ungebrannte Asche ist eine seit etwa 1600 bezeugte volkstümliche Umschreibung für ‚Stockprügel'. In Westfalen sagt man heute noch ‚ungebrannte Aske bruken'.

Wie ein Phönix aus der Asche ↗ Phönix.

Unter der Asche glimmen kann z. B. alter Haß. Die Rda. beruht auf dem alten Brauch, am Abend das Feuer im Herd mit Asche zu bedecken, um einem Brand vorzubeugen. Am Morgen wurde sie entfernt, die glimmende Kohle mußte angeblasen werden. Diesen täglichen Vorgang spiegelt die Rda. *Kohlen unter der Asche anblasen;* sie meint übertr.: Leidenschaften neu entfachen, die man längst beruhigt glaubte.

In Schutt und Asche legen (verwandeln, liegen, sinken): zerstören, zerstört sein, zerstört werden. Häufig als Drohung dem Feind gegenüber gebraucht und in Presse- und Rundfunkmeldungen während des 2. Weltkrieges von fremden und eigenen Städten berichtet.

Lit.: *I. Scheftelowitz:* Art. ‚Asche', in: HdA, I. Sp. 611–617; *J. R. Klima:* Art. ‚Asche', in: EM.I Sp. 855–859; *H. Stubbe:* Formen der Trauer. Eine kulturanthropologische Untersuchung (Berlin 1985); *Büchmann; Risse,* S. 302.

aschgrau. *Das geht ins Aschgraue:* ins Ungewisse, ins Unabsehbare, ins Unglaubliche. Die Zusammensetzung mit ‚Asche' hat hier nicht den Zweck, eine bestimmte Farbvorstellung zu erwecken, etwa die einer gewissen Schattierung des Graus, sondern einfach den Begriff der grauen, unerreichbaren Ferne zu steigern; so gebraucht der schles. Dichter Wenzel

Scherffer 1652 die Wndg. ‚aschgraue Ewigkeit‘ (verwandt sind Wortprägungen wie ‚pechschwarz‘, ‚feuerrot‘, ‚grasgrün‘). Thür. sagt man auch ‚Er hat sich taubengrau geärgert‘.
Wieder ganz anders zu verstehen ist *Das ging bis in die aschgraue Pechhütte.* Pechhütten lagen in der tiefsten Einsamkeit des Waldes, in Gegenden, aus denen das Holz schlecht abtransportiert werden konnte, so daß man es lieber zu Pech oder Holzkohle verarbeitete; der Zusatz ‚aschgrau‘ steigert nur den Begriff der Ferne und Abgeschiedenheit. Später nahm die Studentensprache den Ausdr. auf. Der Student nannte früher den Schuldturm und den Schuldenarrest ‚Pechhütte‘, und aus der Verbindung der Wndgn. ‚Schulden machen bis ins Aschgraue‘ und ‚Das führt schließlich in die Pechhütte‘ mag die Rda. von der ‚aschgrauen Pechhütte‘ entstanden sein, die dann auch angewandt wurde, wo von der urspr. Vorstellung nichts mehr übriggeblieben ist; z. B. *schlafen bis in die aschgraue Pechhütte:* bis ins Endlose.

Aßmann. *Das kannst du halten (*oder *machen) wie der Pfarrer Aßmann:* wie du willst, du hast freie Entscheidung; diese besonders in Westmitteldeutschland und Berlin verbreitete Redensart wird in der Zs. des Dt. Sprachvereins 39 (1924), S. 136ff. auf den kurhess. Pfarrer Carl Christian Raßmann zurückgeführt, der 1860 in Mecklar bei Hersfeld amtierte und wegen seiner Eigenmächtigkeit bekannt war. Seine oft eigenwillige Amtsführung soll er mit den Worten begründet haben: „Das mache ich, wie ich will“. Des Reimes wegen wurde hinzugefügt: „Der macht es wie der Pfarrer Nolte und Pfarrer Nolte hielt es immer, wie er wollte“.
Auch auf einen thür. Geistlichen wurde die Rda. zurückgeführt. Dieser soll durch den Wurf mit der Bibel einen vorüberlaufenden Hasen getötet haben. Herzog Karl August entschied: „Der Pfarrer Aßmann hat zwar keine Jagdberechtigung; mit den Hasen aber, die er mit der Bibel totwirft, kann er machen, was er will!“ – Auch andere Namensformen treten auf, z. B. Asmus, Rasmus, Nolte.

Ast. *Sich den eigenen Ast absägen* oder *(selbst) dem Ast absägen, auf dem man sitzt:* sich selbst empfindlichen Schaden zufügen, sich selbst eine wichtige Bedingung von Leben und Tätigkeit zerstören. Die Rda. ist umg. und mdal. allg. verbreitet. Schon das Lat. hat dafür verwandte Bilder, z. B. bei Cicero: „navem perforare, qua quis ipse naviget“ (das eigene Schiff durchlöchern); bei Horaz: „vineta sua caedere“ (die eigenen Weingärten abschneiden); bei Tibull: „messes suas urere“ (die eigene Ernte verbrennen). Die unsinnige Handlung, den Ast abzusägen, auf dem man gerade sitzt, bildet den Inhalt der Schwankerzählung vom ‚Ast absägen‘ (AaTh. 1240). Der Schwankheld ist unfähig, mit dem Fall des Astes auch seinen eigenen Sturz vorauszusehen.

‚Sich den eigenen Ast absägen‘

Ast ist auch im Volksmund ein geläufiges Bild für Buckel; daher *einen Ast haben:* einen Buckel haben; *etw. auf den Ast nehmen:* etw. auf den Buckel bzw. auf die Schulter nehmen. Auch die Rda. *sich einen Ast lachen:* heftig lachen, hängt mit dieser Bdtg. von Ast zusammen: so sehr lachen, daß man dabei aussieht, als hätte man einen Ast, d. h. Buckel. Die Rda. ist seit 1850 belegt, vgl. frz. ‚rire comme un bossu‘. Berl. wird die Redensart komisch erweitert zu: ‚Ik lach mir'n Ast un setz mir druff!‘, auch ausgedehnt zu einem Vers:

Gibt dir das Leben mal 'nen Puff,
Verziehe keine Miene!
Lach dir 'nen Ast und setz dich druff
Und bammle mit die Beene!

Oder (mit Wortspiel zwischen ‚grienen‘ und ‚grünen‘): ‚Man lacht sich 'n Ast un jrient 'n an‘. Das Schnarchen hört sich ge-

legentlich so an, wie wenn ein Ast durchgesägt werden müßte; so rhein. ,Wat hot de en dicke Ast, de kimmt gar nit dorich!'
Auf keinen grünen Ast kommen ↗Zweig.
Sich auf dem absteigenden Ast befinden: über den Höhepunkt hinaus sein, so daß es bergab geht. Diese Rda. bezieht sich auf den Brauch, den Stammbaum eines Geschlechtes darzustellen. Bei Eheschließung zwischen Blutsverwandten tritt Ahnenverlust ein. Die Familie kommt auf den absteigenden Ast.
Jem. die Äste stumpfen: ihn hart bestrafen, ihm auch seine Entwicklungsmöglichkeiten begrenzen, vgl. ,jem. die ↗Flügel beschneiden'.
Die Rdaa. *den dürren Ast kiesen (wählen)* und *auf dem dürren Ast sitzen:* alle Freude fliehen und sich ganz der Trauer um einen entfernten oder verstorbenen lieben Menschen hingeben und ihm für immer die Treue halten, beziehen sich auf die im MA. bes. beliebte Taubensymbolik. Konrad von Megenberg schreibt in seinem ,Buch der Natur' (S. 225 f.) darüber: „Turtur haizt ain turteltaub ... diu si hat irn gemahel liep und helt im allain trew, also vil, daz si ir kain ander liep nimt, wenn er gestirbt. und wenn sie witib ist, so fleugt sie neur auf die dürren est der paum und waint und ist traurig und singt niht ... Pei der turteltauben versten ich ain rain pider weip, diu allein irm ainigen liep trew helt und ist gedultig mit allen weipleichen zühten."
In Wolframs von Eschenbach ,Parzival' (57, 10 ff.) heißt es von Sigune, dem Urbild der Treue:

> Der jamer gap ir herzen wic,
> ir freude vant den dürren zwic,
> als noch diu turteltube tuot.
> Diu het ie denselben muot:
> swenn ir an trutscheft gebrast,
> ir triwe kos den dürren ast.

Außerdem ist die Taube auf dem dürren Ast das Gralszeichen.
Der ,Ackermann aus Böhmen' klagt nach dem Verlust seiner Frau (III. Kap., Z. 19 f.): „Bei trübem getranke, auf dürrem aste, betrübet, sware und zeherend beleibe ich und heule one underlaß!"
Auch im Volkslied lebt dieses Bild von der Taube auf dem dürren Ast als Symbol treuer Liebe und Trauer um den verlorenen Geliebten fort. In der ,Liebesprobe' (Straßburger Liederbuch von 1592) sagt das treue Mädchen dem unerkannten Geliebten:

> Da hatt man im ein jüngfrewlin geben
> So will ich beweinen mein leben
> Vnd mir nemmen ein eynigen muth,
> Gleich wie das turteltaeüblein thutt.
> Es fleügt wol auf ein dürren nast,
> Bringt vns ja weder laub noch grass ...

Etw. ist nicht ganz astrein: eine Sache ist nicht in Ordnung, nicht im Sinne des Gesetzes; eigentl.: wie ein Brett mit Astlöchern.

Lit.: *A. Hostettler-Freudenberg:* ,Die Liebesprobe'. Monographie einer Volksballade (Diss. Middelburg/ Nl. 1969); *H. Lixfeld:* Art. ,Ast absägen', in: EM. I, Sp. 912–916.

Atem. *Etw. Atem einhauchen:* eine Sache beleben. Der Atem steht oft stellvertretend für das Leben oder die Seele. In 1. Mos. 2, 7 wird der menschliche Körper, den Gott aus Lehm geformt hatte, durch das ,Atemgeben' Gottes belebt: „und er blies ihm ein den lebendigen Odem". Dieses Motiv des Anhauchens und Zum-Leben-Erweckens ist in zahllosen Volkserzählungen zu finden.
Etw. in einem Atemzug tun: etw. sehr schnell erledigen.

Lit.: *E. Stemplinger:* Art. ,Atem', in: HdA. I, Sp. 647; *J. R. Klima:* Art. ,Atem', in: EM. I, Sp. 933–937; *L. Röhrich:* Adam u. Eva in der Volksliteratur, in: F. Link (Hg.): Paradeigmata (Berlin 1989), S. 253–279.

aufbinden. *Einem etw. aufbinden:* ihm Unwahres als wahr ausgeben, einem etw. ,weismachen', ihn anführen.
Die Rda. kommt in diesem Sinne zuerst bei dem Prediger Joh. Balth. Schupp 1663 vor und ist dann auch in den Wbb. seit Stieler (1691) wiederholt im heutigen Sinne gebucht. Die Erklärung hat freilich Schwierigkeiten bereitet. Man hat darauf hingewiesen, daß auf Warenballen von den Kaufleuten ein Musterstück ,aufgebunden' worden sei, das durch seine ausgesuchte Beschaffenheit oft trügerische Vorstellungen über den Inhalt erregt habe; doch heißt ein solches Schaustück ↗Ausbund, nicht ,Aufbund'. Man hat sodann eine Lehnübers. von lat. ,imponere' angenommen. Wahrscheinlicher ist die umg. und mdal. geläufige Rda. eine Kür-

zung aus einer urspr. Vollform ‚einem etw. auf den Ärmel binden'. Diese Erklärung wird durch gleichbedeutende mdal. Varianten gestützt, z. B. ndl. ‚iemand iets op de mouw spelden' (wörtl: jem. etw. auf den Ärmel heften; ↗anhängen). „Einem etwas auf den Ärmel heften oder binden, figürlich doch nur im gemeinen Leben, seine Leichtgläubigkeit mißbrauchen" bucht auch 1774 Adelung in dem ‚Versuch eines grammatisch-kritischen Wörterbuches' (Bd. 1, Sp. 388) neben „einem etwas aufbinden, d.h. ihn bewegen, eine Unwahrheit zu glauben" (Bd. 1, Sp. 428). In der heute üblicheren Form ‚einem einen Bären aufbinden' (daneben obd. auch ‚einen Bären anbinden', was sonst ‚Schulden im Wirtshaus machen' bedeutet; ↗Bär) dient Bär offenbar nur zur Steigerung, um die Last der Lüge bes. deutlich zu machen.
Einem etw. auf die Nase binden ↗Nase.
Einem etw. auf die Seele binden ↗Seele.

aufbrummen. *Jem. etw. aufbrummen:* jem. eine Strafe auferlegen, eine unmäßige Arbeit geben; ↗brummen.

aufgedonnert. *Ist die aber aufgedonnert!* sagt man von einer Frau, die geschmacklos und aufdringlich angezogen ist. Die Rda., die seit dem 19. Jh. bekannt ist, hat mit Donner nichts zu tun, sondern enthält eine Entstellung von ital. ‚donna' = Dame. Urspr. meinte die Rda. ernsthaft: wie eine Dame gekleidet sein; erst später nahm sie die iron. Färbung an (Krüger-Lorenzen I, S. 19).
Aufgeputzt wie ein Pfingstochse sein ↗Pfingstochse.

Aufheben. *Ein großes Aufheben (viel Aufhebens) von etw. machen:* viele Worte darum machen, damit prahlen.
Die Rda. stammt aus der Sprache der (Schau-)Fechter, die vor Beginn des Kampfes ihre Degen mit umständlichen Zeremonien und prahlerischen Worten vom Boden ‚aufhoben'. In diesem Sinne wird die Rda. schon in den älteren Wbb. erklärt. Stieler sagt hierüber 1691 (S. 806): „in arte pugillatoria est colligere arma cum ceremoniis quibusdam, quod dicunt ein aufhebens machen". Ähnl. bucht Frisch 1741 (I, 431): „Das Aufheben, oder die Aufhebung, viel Aufhebens machen, viel Zubereitung zum Kampf machen, als die Klopf-Fechter, ridiculam adhibere praeparationem ad pugnam inanibus gesticulationibus arma ad duellum arripere".
Im Sinne der Fachsprache der Fechter verwenden auch die frühen lit. Belege den Ausdr. Das erste lit. Zeugnis bietet Johann Fischarts ‚Gargantua' (S. 402): „... wider zu seiner Kreutzstangen, mit der macht er ein auffhebens und satzt sich wieder zu Pferd". Bei Ayrer (II, 1003, 27) heißt es: „Berchting nimmt eins (ein Fechtschwert), macht ein auffhebents, gibt dem Jungen auch eins, thun ein gang zusammen". In übertr. Bdtg. erscheint die Rda. dann seit Abraham a Sancta Clara 1711 (‚Totenkapelle' 29): „mit allerley Schlitten allerhand Aufhebends machen". Wieland (XX, 60): „so viel Aufhebens und Prahlens davon zu machen". Lessing ‚Emilia Galotti' (I, 6): „auch war nicht viel Aufhebens davon zu machen". Bei Lessing blickt allerdings auch noch gelegentlich der alte und wörtl. Sinn der Wndg. durch: „Endlich scheinet der Hauptpastor Göze, nach so langem ärgerlichem Aufheben, welches nur bei der schlechtesten Art von Klopffechtern im Gebrauch ist, zur Klinge kommen und bei der Klinge bleiben zu wollen" (Sämtl. Schriften, hg. v. Lachmann, Bd. 10, S. 239, Nötige Antwort).
Da der Waffenbrauch der Fechter als umständlich, unnötig und überholt angesehen wurde, ist die Rda. im Laufe ihrer Entwicklung immer mehr nur noch in negativer Wndg. gebraucht worden: *nicht viel Aufhebens von etw. machen:* keine Umstände, nicht viele Worte machen, unauffällig über eine Sache hinweggehen, ihr keine weitere Beachtung schenken.
Auch ‚es mit einem aufnehmen', den Kampf mit ihm beginnen, sich dem Gegner gewachsen fühlen, geht möglicherweise auf das ‚Aufheben' oder ‚Aufnehmen' der Waffen vor dem Zweikampf zurück; vgl. nicht viel Federlesens machen', ↗Federlesen.

Lit.: *A. Kuntzemüller:* Zur Gesch. des substantivierten Infinitivs im Nhd., in: Zs. f. dt. Wortf. 4 (1903), S. 58–94, bes. S. 72f.

aufmutzen. *Einem etw. aufmutzen:* ihm etw. tadelnd hervorheben. In Luthers Bibelübers. heißt es Jes. Sirach 13,27: „Wenn aber ein Armer nicht recht getan hat, so kann man's aufmutzen". In Lessings ‚Freigeist' heißt es (II, 1): „Aus einer flüchtigen Anmerkung, die du mir gar nicht hättest aufmutzen sollen". Urspr. hatte aufmutzen noch keinen tadelnden Beigeschmack, sondern bedeutete dasselbe wie ‚aufputzen' (mhd. mutzen = schmücken, putzen), und noch Hans Sachs schreibt „mit Kleidung sich aufmützt" (Richter-Weise, Nr. 9).

aufnehmen. *Es mit einem aufnehmen (können):* sich ihm gewachsen fühlen. Fast gänzlich aus dem Bewußtsein geschwunden ist uns heute, daß in dieser Redewndg. das ‚es' sich auf die Waffe (in älterer, z. B. noch von Luther gebrauchter Form ‚das wafen') bezieht, die vor dem Zweikampf vom Boden aufgenommen wurde; ↗aufheben.

Lit.: *L. Günter:* Wörter und Namen, S. 34.

aufpassen. ↗Heftelmacher; ↗Luchs; ↗Schießhund.

aufschneiden. *(Gern) aufschneiden (wollen):* unwahre Heldentaten erzählen, unglaubhafte Erlebnisse berichten, übertreiben, angeben, prahlen. Der Ausdr. ist eine seit dem 17. Jh. bezeugte Kürzung der älteren Rda. *mit dem großen Messer aufschneiden* (ndd. ‚dat grote Messer gebruken'), die gebraucht wurde, wenn einer allzu ‚starke Stücke' auftischte. Schon das MA. sprach von einer ‚snidenden lüge' (Hartmann, Büchlein, 2,511).

Der bildl. Gebrauch der Rda. ist in Dedekinds ‚Grobianus' (durch C. Scheid [Erfurt 1615]) vollständig durchgedrungen, wenn er die Weisung gibt, bei Tische so viel Reiselügen zu erzählen, daß das Brotmesser Scharten und Zacken bekommt und der Gastgeber damit das Brot sägen kann. Mit dem großen Aufschneidmesser beschäftigt sich ein fliegendes Blatt vom Jahre 1621 sehr ausführlich, das den Titel trägt: „Ambassador des Lucifer, jetzo aus der Höllen in die Welt gesandt, ein großes Messer allda einzukaufen, damit man weidlich aufschneiden kann".

Eine schöne ‚Aufschneidergeschichte' erzählt Grimmelshausen von Simplicissimus in den ‚Kalendergeschichten': Simplicissimus befand sich eines Tages in einer Gesellschaft, „welche dergestalt zusammenschnitt, daß man ihre Lügen auch

‚Aufschneider'

hätte greifen mögen". (S. 20). Als nun Simplicissimus an die Reihe kommt, erzählt er ein Abenteuer, welches ihm auf der Jagd passierte: er gab einen Schuß auf eine Ente im Weiher ab, traf dabei gleichzeitig einen Hecht, einen Bienenstock mit Honig, erwischte einen Hasen bei den Ohren, diesen „schmiß ich ... aus allen Kräften wider den Boden und warf eine Kütt Feldhühner unversehens damit zu Tod". (S. 20). Hinter dem Baum fand er „einen Hirsch von 16 Enden, den bemeldete Kugel auch getroffen hatte, in den letzten Zügen liegen, wie nicht weniger auch gleich hinter diesem eine Sau sitzen ..." (S. 21). Seine Zuhörer wollen die Geschichte nun nicht recht glauben, und so gesteht Simplicissimus, daß er aufgeschnitten habe, aber „es hat mich ... die Anhörung Eurer Erzählungen verwähnt, daß ich glaubte, es müßte jedweder so etwas daherschneiden" (S. 21).

Noch bis in unser Jh. hing früher in manchen Bierstuben ein großes Aufschneid-

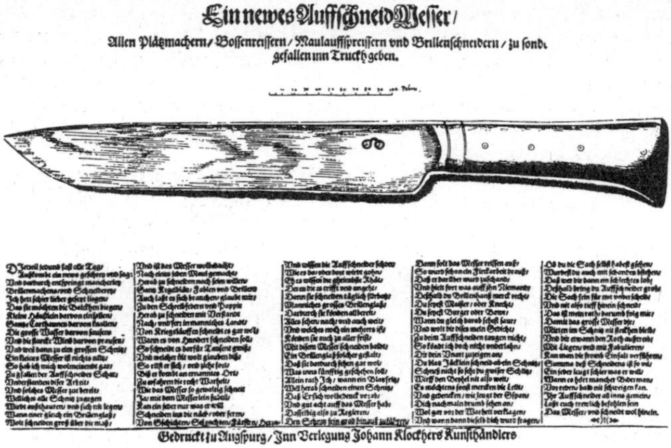

‚Aufschneidmesser'

messer mit einer Glocke an der Decke befestigt, an der man läuten konnte, wenn einer eine handgreifliche Lüge erzählte. Dem entspricht auch die bildl. Darstellung der Aufschneidmesser schon in Bilderbogen des 16. und 17. Jh. Ihre illustrierenden Holzschnitte enthalten meist erläuternde Verse, z. B.:

Man schaut dich mit verwundrung an,
Jung Alt so wol, alß Frau vnd Man
Das Auffschneidt Messer, Hör, ich frag
Ist nit darvon ein grose Sag?

Endlich knüpft sich an das Aufschneiden ein urspr. wohl frz. Schwank, der selbst eine Aufschneiderei im wörtl. wie im bildl. Sinne des Wortes ist. Ein Schmied erzählt: „Do er hette Morgenbrod gessen und das Brod angeschnitten, hett er durch das Brod mitten durch geschnitten, und durch seinen Leib und durch die Wand und seinen Nachbarn etlichermassen in Rücken verwundet". In Franken und Schwaben heißen lustige Geschichten, Schwänke und bes. Lügenerzählungen ‚Schnitze'. Gleichbedeutende Rdaa. wie aufschneiden sind: ‚starke Stücke auftischen' und (heute veraltet) ‚das ↗Beil zu weit werfen'.

Lit.: *K. Müller-Fraureuth:* Die dt. Lügendichtungen bis auf Münchhausen (Halle 1881, Neudr. Hildesheim 1965), S. 27f.; *J. Bolte:* Bilderbogen des 16. und 17. Jh., in: Zs. f. Vkde. 47 (1938), S. 3–18, bes. S. 6ff. (‚Das Aufschneid-Messer'); *Grimmelshausen:* Simplicianische Kalendergeschichten, hg. v. H. Gersch (Frankfurt/M. 1966); *E. Moser-Rath, J. Russell Reaver:* Art. ‚Aufschneider', in: EM. I, Sp. 983–989; *L. Röhrich:* Art. ‚Grimmelshausen', in: EM. VI, Sp. 195–205.

aufstehen. *Früh (früher) aufstehen müssen:* sich sehr zeitig ans Werk begeben, um etw. ausrichten, erreichen zu können. In Murners ‚Schelmenzunft' (angefügte Entschuldigung 89) heißt es:

Der miest warlich frieg uff stan!
Der jederman wol dienen kan
Und jedem stopffen wolt den mundt.

Um das fast Unmögliche zu vollbringen, allen Wünschen der Menschen gerecht zu werden, müßte nach Murners Ansicht selbst Gott früher aufstehen:

Er must warlichen frü uffston
Solt er eim jeden nach sym sinn
Regen, schynen (Sonnenschein) machen kinn!

(‚Narrenbeschwörung', 49, 12).

Die ‚Vossische' Zeitung schrieb nach Aufhebung von § 2 des Jesuitengesetzes: „Wer die Jesuiten gebrauchen, benutzen zu können glaubt, der irrt sich immer; sie stehen früher auf als selbst der gewiegteste Diplomat". Eine gewisse Anerkennung der überragenden Fähigkeiten anderer wird hier ausgedrückt; vgl. frz. ‚Il faudra se lever de bonne heure'. Ebenso geschieht dies in der heute sehr geläufigen Rda.: *Wer den betrügen will, muß früher aufstehen:* derjenige muß sich sehr anstrengen, ihm zuvorzukommen, denn es ist schwer, ihn zu überlisten. Eine noch größere Steigerung in den Bemühungen um Erfolg besagt die Rda. *aufstehen, ehe der Teufel Schuhe anhat.*

Dagegen sagt man iron. von einem bes. Langsamen: *Er steht früh auf, er muß helfen Mittag läuten.*

Mit dem linken Fuß (zuerst) aufstehen ↗Fuß.

auftauen. *Jem. taut auf (beginnt langsam aufzutauen):* jem. beginnt sich in einer Gesellschaft wohl zu fühlen, er beteiligt sich am Gespräch; jem. gewinnt Zutrauen und fängt an zu sprechen; er ‚wird (langsam) warm'. Vgl. das Lügenmärchen von den ‚eingefrorenen Worten'.

Lit.: *O. Weinreich:* Antiphanes u. Münchhausen. Das antike Lügenmärlein von den gefrorenen Worten und sein Fortleben im Abendland (= Sitzungsberichte der Wiener Akad. d. Wiss.en, phil.-hist. Kl. 220,4) (Wien – Leipzig 1942); *R. Goerge:* Art. ‚Gefrorene Worte' (AaTh. 1889F), in: EM.V, Sp. 846–849.

Aufwaschen. *Das ist ein Aufwaschen; das geht in einem Aufwasch(en):* das geht in einem hin; mehreres – meist unangenehme Pflichten – zusammen erledigen. Die erst seit dem 18. Jh. bezeugte Rda. kommt vom Geschirrspülen, das man in Preußen und Obersachsen ‚Aufwaschen' nennt. Von diesen Gebieten her haben sich Wort und Rda. zur heutigen allg. umg. Bdtg. verbreitet. Die Rda. ist lit. zuerst aus Th. G. v. Hippels Roman ‚Lebensläufe' (1778 ff.) belegt.

Augapfel. *Jem. Augapfel sein:* ihm sehr lieb und teuer sein, auch unentbehrlich wie das Auge, vgl. engl. ‚He is like the apple of his eye'. *An jem. Augapfel rühren:* seinen kostbarsten Besitz antasten, ihn zutiefst verletzen wollen.

Einen wie seinen Augapfel hüten ist eine bibl. Rda. (vgl. 5. Buch Mos. 32, 10 und Ps. 17, 8), kommt aber in ähnl. Form auch im Lat. ‚plus oculis suis amare' (mehr als seine Augen lieben) bei Catull († um 54 v. Chr.) vor und im Frz. ‚conserver quelqu'un comme la prunelle de l'œil' (inzwischen ungebräuchlich, heute heißt es: ‚garder quelqu'un comme la prunelle de ses yeux'); ebenfalls im Ndl. ‚iemand liefhebben als de appel zijner ogen' und im Engl. ‚to keep a person as the apple of one's eye'.

Auge. *Ein Auge zudrücken:* (ein Vergehen) milde beurteilen und nachsichtig behandeln. Wer ein Auge zudrückt, sieht weniger als der, der mit beiden Augen zusieht (Gegensatz ‚Vier Augen sehen mehr als zwei'). In den altdt. Weistümern, den bäuerlichen Rechtssatzungen, wird der Richter manchmal angewiesen, einen einäugigen Büttel mit einem einäugigen Pferde zu schicken, um anzudeuten, daß er unter Umständen Gnade vor Recht ergehen lassen solle. Eine neuere Steigerung der Rda. ist *beide Augen zudrücken:* etw., was man beobachten sollte, absichtlich übersehen. Die personifizierte Gerechtigkeit verhüllt beide Augen mit der Binde, um gerecht und ohne Ansehen der Person zu urteilen.

Seine Augen vor etw. verschließen: etw. ganz bewußt nicht wahrhaben wollen.

Jem. ein Auge zuhalten: jem. betrügen (vgl. die Historie 35 im Eulenspiegel-Volksbuch).

Die Augen schließen ist eine Umschreibung für sterben, ↗zeitlich.

Es fällt mir wie Schuppen von den Augen: jetzt begreife ich die Sache endlich. Die bibl. Rda. ist der Bekehrung des Saulus (Apostelg. 9, 18) entlehnt, ähnl. *die Augen gehen einem auf.*

Jem. die Augen öffnen: ihm die (bittere)

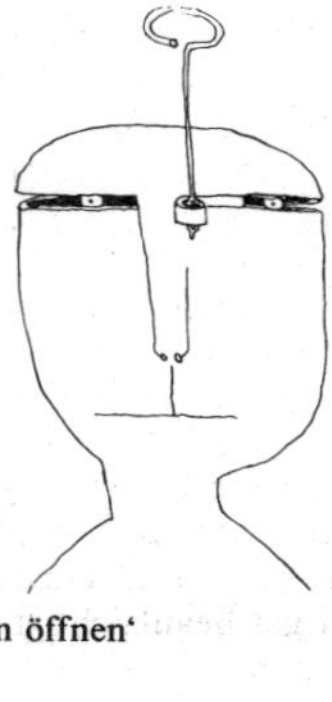

‚Die Augen öffnen'

Wahrheit zu verstehen geben über eine Person oder Sache.
Sich Augen machen: sich nach der Einfahrt ins Bergwerk etw. aufhalten, um sich an die Dunkelheit zu gewöhnen. Der einfache Gedankengang geht davon aus, daß man nicht sieht, weil man keine Augen hat (O. H. Werner, S. 48).
Die Augen in die Hand nehmen (ähnl. wie ‚Die Beine unter den Arm nehmen', tüchtig laufen): sehr genau zusehen. Allg. bekannt ist die Drohung ‚Wart, ich werd' dir die Augen aufknöpfen!', auch mdal. z.B. meckl.: ‚Ik will em de Ogen upknöpen!'; sächs. ruft man in scherzhaftem Lat. ‚Sperr oculos!' = sperr die Augen auf! Die anonym gewordene Wndg. ist urspr. ein Zitat und stammt aus A. F. E. Langbeins (1757–1835) Gedicht ‚Abenteuer des Pfarrers Schmolke und Schulmeisters Bakel' (Str. 14).
Andere bibl. Wndgn. sind: *in die Augen springen (fallen, stechen), ein Auge auf etw. haben (richten, werfen), etw. ins Auge fassen, im Auge behalten.* Mehrere dieser Wndgn. hat Bismarck in einer Rede wortspielerisch gegeneinandergesetzt; er sagt von Eugen Richter (Reden VII, 20): „Er hat seinen Entschluß kundgegeben, diese selbe Bahn scharf im Auge zu behalten. Nun, das ist eine Wendung, die ich aus dem administrativen Diktionär kenne. Wenn jemand auch nicht recht weiß, wie er es machen will, dann sagt er: ich werde die Sache im Auge behalten, und wenn Sie diese Vertröstung am Regierungstisch mitunter auch gehört haben, so werden Sie danach das Maß dessen, was einer ‚im Auge behält', finden können. Ich möchte darauf lieber das Maß des andern Sprichwortes anwenden, was eben sagt, daß man nicht viel im Auge behalten kann; es ist so wenig, daß man's ‚im Auge leiden kann'. So ist auch der Trost, den der Herr Vorredner für die Erfüllung der Reichsbedürfnisse im Auge behalten hat, so klein, daß man ihn allerdings im Auge leiden kann".
Etw. im Auge haben: ein bestimmtes Ziel verfolgen; *etw. (jem.) nicht aus den Augen lassen:* ständig einer Sache eingedenk sein, jem. genau beobachten, ihn verfolgen. ‚Das Auge des Herrn macht das Pferd fett', wo alles gut beaufsichtigt wird, gedeiht es, wächst der Wohlstand. Das sprachl. Bild stammt aus der Antike und ist bei verschiedenen Schriftstellern belegt. So steht z. B. bei Aristoteles zu lesen, daß jem. auf die Frage, was ein Pferd am meisten fett mache, antwortete: „Das Auge des Herrn". Im Mittelalter erscheint

‚Das Auge des Herrn macht das Pferd fett'

das Sprichwort dann in deutscher Form: „Waisst nicht noch, daz ich dâ waiss, dein selbers aug daz vich macht faiss". Ähnl. lautet ein griech. Sprw.: ‚Das Auge des Herrn macht die Kühe fett'.
Das Sprw. ‚Das Auge des Herrn sieht mehr als das des Knechts' gehört zu einer Tiererzählung (AaTh. 162). Im Dt. spricht

‚Das Auge des Gesetzes wacht'

man vom alles überwachenden ‚Auge des Gesetzes' oder auch vom ‚Auge Gottes', das alles sieht.

Etw. (jem.) aus den Augen verlieren: etw. (jem.) in Vergessenheit geraten lassen.

Der Ausdr. *ein böses Auge haben* beruht auf dem Glauben, daß der Blick gewisser Menschen schädlich wirke (↗Blick). Das Altertum war ganz und gar in dem Aberglauben an den ‚bösen Blick' befangen, und in Griechenland wie in Italien war die Furcht vor seinem schädlichen Einfluß verbreitet. Die Volksmeinung darüber hat sich vielerorts noch bis in den Volksglauben der Ggwt. erhalten. Der böse Blick wird denen zugeschrieben, die auch sonst als zauberkräftig gelten (Fahrenden, Hebammen, Hexen), und er wird gefürchtet für die am meisten gefährdeten Personen (Kinder, Bräute, Schwangere) oder bei wichtigen Verrichtungen. *Augen werfen:* durch den ‚bösen Blick' anderen Schaden zufügen. AaTh. 1006 verzeichnet unter ‚Casting Eyes' (Typ 1685): „Ordered to cast eyes on this or that, he kills animals and throws their eyes at the object" (K 1442). Der Ausdr. ‚einen Blick werfen', *sein Auge auf etw. werfen* wird von Wolfram von Eschenbach (‚Parzival' 510,2) mit einem etw. gewaltsamen Scherz konkretisiert:

maneger sîniu ougen bolt,
er möhts ûf einer slingen
zu senfterm wurfe bringen.

Das ‚Augen zuwerfen' wird im Märchen (KHM. 32) wörtl. genommen.

Ein Auge riskieren: heimlich seitwärts schauen, mit schnellem, neugierigem Blick eine verbotene Sache oder Situation zu beobachten wagen; erst seit dem 1. Drittel des 20. Jh. bezeugt.

Auge um Auge, Zahn um Zahn ist eine bibl. Rda. nach 2. Mos. 21,34 und 3. Mos. 24,20, 5. Mos. 19,21 und Matth. 5,38 in Luthers Übers.

Die mhd. Rdaa. *bei den Augen verbieten* und *einem an die Augen drohen* beziehen sich als Drohung auf die Strafe, einem die Augen auszureißen. Bei Caesarius v. Heisterbach (9,38) heißt es: „Praecipio tibi sub interminatione oculorum tuorum". Auch im mndl. ‚Lancelot' (V. 38457) wird die Wndg. gebraucht: „er gebôt hen bi haren ogen".

Sich die Augen ausweinen: so viel weinen, daß die Augen nichts mehr erkennen können. Die Rda. stammt aus dem Klagelied Jer. 2,11.

Einem gehen die Augen über: die Tränen kommen ihm. Die Wndg. beruht auf Luthers Übers. von Joh. 11,35, wo dies von Jesus gesagt wird. Goethe braucht sie in seiner Ballade ‚Der König von Thule':

Die Augen gingen ihm über
Sooft er trank daraus.

In veränderter Form schreibt Wilhelm Müller in seinem Gedicht ‚Der Glockenguß zu Breslau':

Die Augen gehn ihm über,
Es muß vor Freude sein.

Da bleibt kein Auge trocken: alle sind gerührt. In dem Gedicht ‚Paul. Eine Handzeichnung' von Joh. Daniel Falk (1768–1826) heißt es:

In schwarzen Trauerflören wallt
Beim Grabgeläut der Glocken
Zu unserm Kirchhof jung und alt:
Da bleibt kein Auge trocken.

‚Da bleibt keen Ooge drocken'

Die Rda. ist in Inhalt und Formgebung so naheliegend und einfach, daß sie wohl nicht erst als Zitat einem Gedicht entlehnt zu werden brauchte; doch ist die Rda. erst

vier Generationen nach Falk im Wortschatz der Umgangssprache nachweisbar. Eine ziemlich entgegengesetzte Bedeutung hat diese Rda. in neuerer Zeit gewonnen, wenn sie als ,Kommentar' bei vermeintlich oder wirklich aufregenden Ereignissen geäußert wird: wenn ein Blitzschlag kracht, wenn Granaten einschlagen, bei einem überraschenden Stich im Kartenspiel, bei – verbalen oder tätlichen – Auseinandersetzungen, beim Aufdekken eines Skandals, beim Hinweis auf eine interessante Bühnenshow, auf eine gut aussehende weibliche Person u. ä.
Mit einem lachenden und einem weinenden Auge ist in der heutigen dt. Sprache wohl ein anonym gewordenes Shakespearezitat. Im ,Hamlet' (I, 2) heißt es: „With one auspicious and one dropping eye", was die Schlegel-Tiecksche Übers. ,mit einem heitern, einem nassen Aug' wiedergibt. Doch liegt der Rda. vielleicht ein älteres Märchenmotiv zugrunde. So findet sich in einem rumän. Märchen ein Kaiser, der mit dem rechten Auge immer lacht, mit dem linken weint (M. Kremnitz: Rum. Märchen [Leipzig 1882], S. 238).
Bei Henssen trägt eine ungarndt. Märchenaufzeichnung den Titel ,Der König mit dem weinenden und dem lachenden Auge', in der es heißt (S. 61: „Jetz is der Keenig immer beim Fenster gstandn und hot immer nausgschaut, ob er net sein beste Kumerod, sein besten Kollege sehn werd kenne. Und er hot eahn holt nie gsehgn. Des eini Aug hot immer glacht, und des anderi Aug woar immer betriëbt. Und die Buebn – woaren obr immer der eini greßer wie der anderi – und ham den Keenig nich traut, den Voder, frogn, warum des eini Aug lachn tuet und des anderi Aug is betriëbt" (G. Henssen: Ungarndt. Volksüberlieferungen, Erzählungen und Lieder [Marburg 1959], S. 61 f.).
Mit offenen Augen schlafen: unaufmerksam sein. Die Rda. hat einen Bedeutungswandel durchgemacht und meinte in der Humanistenzeit noch: immer wachsam, auf der Hut sein, selbst im Schlaf. In der Emblematik ist deshalb der Hase ein Symbol der Wachsamkeit (vgl. Hasenschlaf, ↗Hase, ↗Löwe).
Die Wndg. *mit sehenden Augen nicht sehen* geht andererseits auf Matth. 13, 13 und Ps. 115, 5 zurück. Schon 1191 gebraucht der Minnesänger Heinrich v. Rugge die Wndgn.: „Wir sîn mit sehenden ougen blint" (Minnesangs Frühling 97, 40). *Seinen eigenen Augen nicht trauen:* etw. nicht glauben können (wollen). *Er hat Knöpfe vor den Augen* sagt man, wenn einer eine Sache sucht und nicht bemerkt, daß sie unmittelbar vor ihm liegt.

1

2

1/2 ,Mit offenen Augen schlafen'

Ein Auge voll (Schlaf) nehmen: ein wenig schlummern. *Die Augen schonen:* schlafen; die humorvolle Rda. ist seit dem 1. Weltkrieg, zunächst sold. aufgekommen. Obersächs. sagt man von einem Langschläfer ,Er schläft sich Maden in die Augen', er schläft so lange, bis er stinkig wird wie ein madiger Käse.
Ganz Auge sein: genauestens beobachten,

fasziniert sein, seinen Blick nicht lösen können.
Die allg. Wndg. *große Augen machen* (vor Erstaunen) wird in den Mdaa. mit sprw. Vergleichen z.T. noch originell erweitert, z.B. ostfries. ‚He makt Ogen as 'n tinnen Schöttel'; obersächs. ‚Die Augen aufreißen wie Käsenäppel'. *Seine Augen sind größer als der Magen (Mund)* sagt man von einem, der sich mehr auf den Teller gehäuft hat, als er bewältigen kann, vgl. ndl. ‚Zijn ogen zijn groter dan zijn maag'; engl. ‚His eyes are bigger than his belly (stomach)'; frz. ‚Il a les yeux plus grands que le ventre'; ital. ‚Ha più grandi gli occhi che la bocca'. Die Rda. gehört zu dem Sprw. ‚Man füllt den Bauch eher als das Auge', doch ist die Rda. bekannter. Schon in einer anonymen Sammlung von 1532 heißt es (Nr. 245): „Die Augen seyndt weitter denn der Bauch".
Mit dem linken (rechten) Auge in die rechte (linke) Westentasche sehen ↗ schielen; berl. ‚Er kiekt mit's rechte Ooge in de linke Westentasche'. Ähnl., aber mit anderer Bdtg. ostpr. ‚Er kiekt mit dem einen Aug' nach Keilchen (Klößen) und mit dem andern nach Speck', er möchte zwei Fliegen mit einer Klappe schlagen, zwei Vorteile gleichzeitig erlangen. Der Scharfsichtige *hat* oder *macht Augen wie ein Luchs* (oder *wie ein Falke). Augen machen wie ein gestochenes Kalb:* schmerzlich verblüfft, hilflos, dumm, töricht, stumpfsinnig dreinschauen wie ein verendendes Kalb. *Stielaugen wie die Setzeier machen:* auffällig nach etw. hinsehen.
Einem etw. aus den Augen schwören: ihn glauben machen, daß er falsch sieht, schon von H. Sachs (II, 412[b]) verwendet:

ja wilt dich keren an sein jehen
(an das, was er sagt),
so schwert er dirs ja aus den augen.

Einem Sand in die Augen streuen: ihn täuschen, ↗Sand; *einem die Augen auswischen:* ihn übervorteilen, vielfach mdal.
Mit einem blauen Auge davonkommen: mit einem geringen Schaden einer großen Gefahr entgehen, eigentl.: mit einem blauen Fleck neben dem Auge davonkommen, wo das Auge selbst gefährdet war. Das Auge ist die empfindlichste Stelle des Körpers; das kleinste Splitterchen richtet in ihm schon die peinlichste Störung an, deshalb auch mdal. bair. ‚kein Augweh', ‚koan Augwehle', gar nichts Übles, überhaupt nicht das mindeste; hess. ‚Noch nett suvill, wei mer im Aag leire kann', noch nicht soviel, wie man im Auge leiden kann, nichts. Ähnl. am Rhein ‚Dat ka mich en en Og lige', nicht das geringste. Diese Rda. ist schon bei Meister Eckhart bezeugt (‚Reden der Unterscheidung', Kleine Texte 117, S. 41, Z. 17–20): „Ja in der warheit, das wil got kein wiss nit, das wir als vil eigens haben, als mir in minen augen moechte ligen". Dieser Text wurde vielfach in den Übers. völlig mißverstanden (vgl. hierzu Luise Berthold: ‚Eine mißverstandene Eckhartstelle', in: Germ.-Rom. Monatsschrift, 15 [1927], S. 232f.).
Das hätte ins Auge gehen können: das hätte eine schlimme Wndg. nehmen können. Die um 1900 aufgekommene Rda. kennt die hochgradige Empfindlichkeit des Auges und faßt alles, was nicht das Auge verletzt, für weniger schlimm auf.
Das paßt wie die Faust aufs Auge: es paßt ganz und gar nicht, ↗Faust; *einem ein Dorn im Auge sein* ↗Dorn; *das Kalb ins Auge schlagen:* Anstoß erregen, ↗Kalb.
Einem schöne Augen machen; einem (einer) zu tief ins Auge geschaut haben: verliebt sein; obersächs. ‚mit den Augen klappern', verliebt und kokettierend umherblicken.
Um ihrer schönen Augen willen: unberechtigterweise Zugeständnisse machen, Vorteile geben. Die Rda. wurde nach Molières Stück ‚Précieuses ridicules' (Sz. 15) gebildet, wo es heißt: ‚pour leur beaux yeux'. Die Rda. *seiner schönen Augen halber* ist iron. gemeint. Vorgebildet erscheint sie bereits in einer Satire gegen Murner: ‚Ein schöner Dialogus zwischen einem Pfarrer und Schultheiß', wo der Schultheiß zum Pfarrer sagt: „Meint Ihr, man geb Euchs (Pfründe und Einkommen) Euers hübschen harß willen?"
Einem aus den Augen (aus dem Gesicht) geschnitten sein: ihm sehr ähnlich sehen. Die Rda. ist vermutl. eine relativ späte Vermischung zweier urspr. voneinander unabhängiger Wndgn. Nach alter Vorstellung gilt der Mensch als ein Kunstwerk des Schöpfers; so sagt Walther von der Vogelweide (53,25) von einer schönen Frau:

Got hâte ir wengel hôhen flîz:
er streich so tiure varwe dar,
sô reine rôt, sô reine wîz,
hie roeseloht, dort liljenvar.

Unserer Rda. näher steht Konrad von Würzburg, wenn er in seinem Epos ‚Der Trojanerkrieg' (V. 15285) die Ähnlichkeit der Jocundille mit ihrem Vater Achill schildert:

und ist ir lîp Achille
sô gar gelîch an allen sitten,
als ob sie von im sî gesnitten
und alerêrst von im gehouwen.

Daneben steht die ebenfalls ältere Wndg. *Das Kind sieht dem Vater aus den Augen*. Aus beiden Wndgn. bildete sich als Kontamination: *Das Kind ist dem Vater wie aus den Augen geschnitten*. Bei dem Barockdichter Andreas Gryphius (1616–64) begegnet die Rda. am frühesten in ihrer heutigen Form: „Ihr gleichet ihr (der Mutter) so eben, als wenn ihr ihr aus den Augen geschnitten wäret".

Ihm etw. an den Augen ablesen (absehen), die ältere Form dieser Rda. hieß ‚ihm etw. aus den Augen stehlen'. So schon mhd., z. B. in Ottokars ‚Oesterr. Reimchronik' (V. 85476):

den worten und dem dône
den ir ietweder hie
ûz sinem munde lie,
daz herze nicht gehal
wand ir ietweder stal
dem andern ûz den ougen
sînes herzen tougen.

Gnade vor deinen (meinen, seinen) Augen finden geht auf 1. Mos. 18,3 und andere bibl. Stellen zurück.

Unter vier Augen: ganz unter sich, ohne Zeugen, persönlich. *Es steht auf zwei Augen* sagt man von einer Familie, einem Geschlecht, wovon nur noch ein Namensträger (Erbe) existiert, aber auch von einem Land, einer Regierung, einer Partei, einem Industriewerk oder einer Organisation, wenn deren Schicksal von einem einzigen Menschen abhängt und bei seinem Weggang oder Tod eine unausfüllbare Lücke entsteht. Dagegen stammt die Rda. *auf seinen fünf* (auch *sieben, elf, achtzehn) Augen sitzenbleiben* (auch *beharren*): hartnäckig bei seiner Meinung bleiben, aus dem Würfelspiel, wo bisweilen unter den Spielern Streit entsteht, wieviel Augen einer geworfen hat. Die Rda. findet sich schon im 16. Jh. in Oldekops ‚Hildesheimer Chronik' (S. 55): „dat de von Salder up eren vif ogen beharden".

‚Aus den Augen, aus dem Sinn' ist ein bekanntes Sprw., das besagt: was man nicht mehr sieht, vergißt man schnell. Es wird bes. auf Liebende und ihr Schicksal bezogen, wenn sie sich für längere Zeit trennen müssen; vgl. engl. ‚out of sight, out of mind'.

Im Augenblick, nur einen Augenblick lang: so schnell, wie beim Blinzeln die Augen geöffnet und geschlossen werden. Noch im Langenholtenser Hegericht (1651) heißt es: „so lange augebra von der andern leuchtet". Erst bei Agricola (Nr. 442) kommt die Wndg. in der heutigen Form vor: „Wir Deutschen haben der Hiperbolen vil, damit etwas bald und schnell geschieht, Ynn einem nu was es geschehen, ynn einem augenblick. Denn wir können nichts behenders machen, denn einn aug auff vnd zutun. Wir sagen auch unverwarntersachen, vberplötzlich, unversehens."

Als ‚Augenpulver' bez. man eine sehr kleine Druckschrift oder eine völlig unleserliche Handschrift. Eine ‚Augenwischerei' ist ein betrügerisches Vorgehen, ↗ Augenwischerei.

Lit.: *J. Grimm:* Rechtsaltertümer I, S. 335; *M. Stewart:* Out of sight, out of mind, in: American Notes and Queries 3,8 (1865); *R. Radrowski:* Das Auge des Gesetzes wacht, in: Zs. d. allg. dt. Sprachvereins 24 (1909), S. 267; *S. Seligmann:* Der böse Blick und Verwandtes, 2 Bde. (Berlin 1910); *H. S. Jones:* A proverb in ‚Hamlet' (to cry with one eye and laugh with the other), in: Modern Language Notes 27 (1912), S. 210–211; *E. Bensley:* The eye is the window of the soul, in: American Notes and Queries 153 (1927), S. 68; *S. Seligmann:* Art. ‚Auge', in: HdA. I, Sp. 679–701; *E. Lerch:* L'èchapper belle (mit einem blauen Auge davonkommen): in: Revue Française 54 (1940), S. 202–226; *K. Meisen:* Der böse Blick und seine Abwehr in der Antike und im Frühchristentum, in: Rhein. Jb. v. Vkde. 1 (1950), S. 144–177; 3 (1952), S. 169–225; *R. Strömberg:* Griech. Sprww. (Göteborg 1961); *R. E. Peck:* ‚Out of Sight' is back in view, in: American Speech 41 (1966), S. 78–79; *Küpper; Krüger-Lorenzen* I, S. 20–23; *Büchmann; W. Gewehr:* Der Topos ‚Augen des Herzens'. Versuch einer Deutung durch die scholastische Erkenntnistheorie, in: Dt. Vierteljahresschrift für Lit. wiss. u. Geistesgeschichte 46 (1972), S. 626–649; *G. Monteiro:* Eyes in the glass, in: Proverbium 24 (1974), S. 955; *H. Lixfeld:* Art. ‚Augenwerfen', in: EM. I, Sp. 1006–1010; *H. Schipperges:* Die Welt des Auges (Freiburg i. Br. 1978); *W. Jaeger:* Augenvotive. Votivgaben, Votivbilder, Amulette (Sigmaringen 1979); *G. Schleusener-Eichholz:* Das Auge im MA., 2 Bde. (= Münstersche MA-Studien 35) (Münster 1980); *A. Dundes* (Hg.): The evil Eye (New York – London 1981); *Th. Hauschild:* Der böse Blick (Berlin [2]1982); *U. Jeggle:* Der Kopf des Körpers. Eine vkdl. Anatomie (Weinheim – Berlin 1986), S. 77–102; *G. Petschel:* Art. ‚Herr sieht mehr als Knecht', in: EM. VI, Sp. 863–866.

Augenwischerei. *Etw. ist nur (pure) Augenwischerei:* es ist reiner Betrug. Die Wndg. wird oft mit einer Geste verbunden, um anzudeuten, daß es um die Verdeckung von Mißständen geht, in der Hoffnung, daß man es nicht bemerkt, daß man nicht klar sehen kann.
Vermutl. besteht urspr. ein Zusammenhang mit der Scharlatanerie von Wunderheilern. Sie wischten die Augen der Kranken mit einer Salbe aus, ohne sie dadurch im geringsten zu heilen oder ihre Sehkraft zu stärken.

Augiasstall. *Einen Augiasstall reinigen:* eine durch lange Vernachlässigung entstandene sehr große Unordnung aufräumen.
Augias, König von Elis, hatte einen ungeheuren Rinderstall mit 3000 Rindern, deren Mist seit 30 Jahren nicht ausgeräumt worden war. Herkules vollbrachte die Riesenarbeit, ihn an einem Tag zu reinigen, indem er zwei Öffnungen in die Stallmauern riß, die Flüsse Alpheus und Peneus vereinigte und hindurchleitete, die den Unrat gründlich fortspülten. In übertr. Bdtg. ist die Wndg. schon im klassischen Altertum (griech. „τὴν Αὐγείου βουστασίαν ἀνακαθήρασθαι" (Lucian, Alex. 1); lat. ‚cloacas Augeae purgare' (Seneca, ‚Apoc.' 7), dt. erst im 19. Jh. belegt (vgl. frz. ‚nettoyer les écuries d'Augias'; engl. ‚to clean the Augean stables'; ndl. ‚een Augiasstal reinigen').

Augustin. *O du lieber Augustin!* Ausruf nach einem unerwarteten und als schwer empfundenen (materiellen) Verlust, der die weltschmerzliche Erkenntnis enthält: Es hat keinen Sinn, sich den Kopf zu zerbrechen mit der Sorge um den nächsten Tag, es kommt doch anders als gedacht! Es handelt sich um die Anfangszeile eines seit der Zeit um 1800 belegten Gassenhauers ironisch-pessimistischen Charakters, den die Wiener Lokalsage dem legendären Wiener Volkssänger und Dudelsackpfeifer Augustin in den Mund legt. Von dem Straßenmusikanten wird erzählt, er sei „im großen Pestjahr" (1679) nach einer durchzechten Nacht betrunken an einem Wegrand eingeschlafen und von Siechknechten, die ihn für tot hielten, auf den Pestwagen geladen und in die Pestgrube geworfen worden. Am nächsten Morgen sei er dort inmitten der Toten aufgewacht und habe mit Musik aufgespielt, bis ihn die Siechknechte wieder herausholten.
Der früheste Nachweis dieses kuriosen Geschehens findet sich in der Pestordnung der Wiener Medizinischen Fakultät aus dem Jahr 1679, die damit auf die Gefahr des Lebendigbegrabenwerdens aufmerksam machen wollte, jedoch dort ohne Namensnennung, auch ohne den Hinweis auf den glücklichen Ausgang. Wenige Jahre später berichten der schlesische Rechtskandidat Johann Konstantin Feigius, der 1683 in Wien weilte, und Abraham a Santa Clara von dem Ereignis. Die Erzählforschung geht davon aus, daß Feigius kein historischer Tatsachenbericht zu Ohren kam, sondern daß sich bald nach dem Pestjahr das seit dem 16. Jahrhundert belegte Motiv des Musikers, der nach einer durchzechten Nacht in einer Totengrube aufwacht, in der volkstümlichen Erzähltradition auf die Wiener Verhältnisse übertragen wurde. Den Namen ‚Augustin' erhielt der Musikant möglicherweise deshalb, weil die Pestordnung von 1679 mit einem Gebet an den hl. Augustinus schloß.
In Wien hat man dem ‚lieben Augustin' im 7. Bezirk ein Denkmal gesetzt. Die ‚Lieber Augustin'-Plastik an einem Haus in Lindau hat hingegen nichts mit dieser Figur zu tun. Sie gilt der Titelgestalt eines Romans von Horst Wolfram Geissler (München 1921 u.ö.), die dieser in Lindau angesiedelt hat.

Lit.: *L. Schmidt,* Der liebe Augustin. Die Wiener Lokalisierung einer Wandersage, in: ders., Volkserzählung (Berlin 1963), S. 211–224; *ders.:* Art. ‚Augustin, lieber', in: EM. I, Sp. 1015–1017.

aus. *Weder aus noch ein wissen:* keinen Ausweg mehr sehen. Die Rda. stammt in Luthers Verdeutschung aus dem A.T. (1. Kön. 3,7).

Bei jem. aus und ein gehen: häufig Besuche machen, verkehren.
Aus, dein treuer Vater!: Schluß! Fertig! Die um 1930 lit. belegte Wndg. soll sich auf den ‚Brief des Matthias Claudius an seinen Sohn', ein bekanntes Lesebuchstück, beziehen. Komische oder iron. Wirkung wird bei aller Ablehnung durch den Hinweis auf die väterliche Treue erzielt (Küpper).
Aus haben vor etw.: Abscheu, Schauder vor etw. haben. Diese sächs. Rda. kann sich aus Stellen wie in Fischarts ‚Flöhhatz': „Pfeu auß du Kammer voller Kommer" (S. 795) und „Pfeu auß ir Vihmägd, die ir stinckt" (S. 797) als Abk. entwickelt haben.
Etw. ist aus und vorbei: eine Sache ist endgültig fertig, beendet; jetzt ist definitiv Schluß. Die Wndg. wird oft bei Beendigung einer Liebesbeziehung gebraucht; vgl. engl. ‚over and out'; ‚all over' u. ‚past and gone'.

Lit.: *A. Wheeler:* All over, in: American Notes and Queries 9,12 (1903), S. 294; *E. S. Olszewska:* Past and gone, in: American Notes and Queries 211 (1966), S. 209; *W. D. Hand:* Over and Out. Magical divestment in Folk Belief and Custom, in: Miscellanea (Festschrift f. K. C. Peeters), (Antwerpen 1975), S. 287–294.

ausbaden ↗Bad.

ausbaldowern ↗baldowern.

Ausbund. *Ein Ausbund von Tugend sein* (ähnl. ‚ein Ausbund von Gelehrsamkeit, von Güte, von Frechheit oder von Schlechtigkeit'). Ein Ausbund wird derjenige genannt, der sich in einer dieser Eigenschaften bes. hervortut; ein Muster seiner Gattung. Die Rda., meist scherzhaft oder iron. gemeint, geht auf den früheren Kaufmannsbrauch zurück, bei einer Ware ein bes. gutes Stück außen auf die Packung zu binden, eben den Ausbund (mhd. überbunt; seit Geiler von Kaysersberg ußbund; die dazu erlesene Ware heißt mnd. ûtbundich). In diesem eigentl. Sinne läßt sich Ausbund freilich nicht mehr belegen, vielmehr nur in der übertr. Bdtg.: ‚das Beste seiner Art' seit dem Anfang des 16. Jh.; so z. B. bei Josua Maaler: ‚Die Teutsch Sprach' (Zürich 1561): „ein Ausbund aller Schöne", ferner bei Stieler (1691): „Ausbund aller Schelme, der Tugend, der Pferde, der Jungfern". Schon in Dürers ‚Reisetagebuch von Herzogenbuch' heißt es: „Pusch ist eine hübsche Stadt, hat eine ausbündige schöne Kirche". Für die Richtigkeit der Herleitung vom kaufmännischen Ausbund bei der verpackten Ware sprechen noch lebendige mdal. Varianten der Rda., z. B. berl. ‚Du bist der scheenste von't halbe Dutzend. Du kommst uf't Paket!'; erzgeb. ‚Du mußt ofs Dutzend drofgebunn war'n!'.

ausfressen. *Etw. ausgefressen haben:* heimlich eine Straftat, etw. Schlechtes begangen haben. Die Rda. ist auch mdal. verbreitet, z. B. heißt es in Berlin: ‚Er hat wat ausjefressen'. In der Schülersprache wird die Wndg. heute noch häufig gebraucht mit der speziellen Bdtg.: seinen Lehrern einen Streich gespielt haben, heimlich gegen die Schulordnung, gegen ein Verbot verstoßen haben und deshalb ein schlechtes Gewissen haben.
Etw. ausfressen wollen: im Übermut, aus Rachelust den Vorsatz zu einer bösen Tat fassen; voller Freude etw. vorbereiten, das anderen Ärger bringen wird und dafür gern die Folgen in Kauf nehmen. Die Herkunft der Rdaa. ist nicht ganz sicher. Man hat an einen sprachl. Vergleich mit dem Verhalten der Katze gedacht, die gern heimlich nascht und einen Topf ‚ausfrißt', wofür sie Strafe zu erwarten hat. Wahrscheinl. aber weisen diese Rdaa. auf einen alten Rechtsbrauch zurück und stehen im Zusammenhang mit der Hauswüstung: Wenn ein Schuldner nicht zahlen wollte oder konnte, wenn die Steuern bei ihm nicht einzutreiben waren, wurde bei dem Verurteilten eine Partialwüstung angeordnet, d. h. durch Zwangseinquartierung von ‚Fressern' wurden ihm Essen und Trinken in seinem eigenen Hause genommen. Alle Vorräte wurden von den Fremden aufgezehrt, bis der Schuldige entweder bezahlte oder Haus und Hof verließ, weil er keine Existenzgrundlage mehr dort hatte. Die Strafe des ‚Ausfressens' wurde im MA. häufig verwendet, wie aus Gerichtsakten hervorgeht und aus Verboten im 13. Jh. Auch in Frankreich und Italien war das ‚Ausfressen' bekannt. So

verbot z.B. 1285 das Pariser Parlament diese allg. Bestrafung und genehmigte sie nur noch in bes. Fällen. Nach der Aufhebung des Edikts von Nantes versuchte man in großem Maße, die Hugenotten durch das ‚Ausfressen', d.h. durch die Erschöpfung ihrer Vorräte zum kath. Glauben zurückzuzwingen oder ihre Macht durch die Vertreibung von ihrem Besitz zu brechen.

Die ndd. Rda. ‚Et is ein Utfräten', es geht in einem hin, scheint noch näher als die übrigen Wndgn. mit dieser ma. Strafe in Beziehung zu stehen. Sie dienst als Ermutigung zu einer Handlung, bei der Nachteile oder Strafen befürchtet werden müssen, die aber kaum das schon für andere böse Taten zu erwartende Strafmaß zu steigern vermögen.

Lit.: *N. Zahn:* Die Wüstung im ma. Recht unter bes. Berücksichtigung von Italien und Flandern (Diss. Basel 1956), S. 87ff.

ausgerechnet. *Ausgerechnet Bananen!:* ausgerechnet das! Die Rda. ist eigentl. ein Zitat aus einem nach dem 1. Weltkrieg aufgekommenen Schlager mit dem Kehrreim „ausgerechnet Bananen, Bananen verlangt sie von mir!" (Küpper).

aushecken. *Etw. aushecken:* etw. heimlich (im Schutz einer Hecke) vorbereiten, etw. Böses ausdenken, einen Streich planen, eine List ersinnen, eigentl.: etw. ausbrüten. Das seit dem 15. Jh. bezeugte ‚aushekken' beruht auf mhd. ‚hecken', das zu dem Stamm *‚hag' gehört i.S.v. sich fortpflanzen. Vgl. ‚hecken wie die Karnickel': sich vermehren, viele Nachkommen haben. ↗Heckethaler.

ausmerzen. *Etw. ausmerzen* (z.B. Fehler, Unkraut): etw. als untauglich ausschalten, ausscheiden, ganz beseitigen; wurde im Mhd. als ‚merzen' bez. (Kluge).

Ausmerzen ist ein altes landwirtschaftliches Wort, das seit dem 16. Jh. zu belegen ist und eigentl. und urspr. bis ins 18. Jh. nur von Schafen gebraucht wurde, die, weil zu schwach oder sonst zur Zucht unbrauchbar, aus der Herde ausgesondert wurden. Weil nun diese Ausscheidung in der Regel im März vorgenommen wurde, so ist sie ausmerzen genannt worden. Aus der Landwirtschaft ist dann der Ausdr. in das allg. Leben und seine Sprache übergegangen, so daß er seit dem 18. Jh. anfängt, ganz allg. zu bedeuten: etw. Unbrauchbares, Unpassendes aussondern. Luther hat das Wort auffallenderweise nicht, wohl aber sein Zeitgenosse Mathesius, der Pfarrer in Joachimstal in Böhmen: „Wie der Sohn Gottes am jüngsten Tage die reuigen Schafe und Böcke von seinen Schäflein ausheben oder ausmertzen wird". Das ausgemerzte Schaf heißt auch ‚Merzschaf'.

Lit.: *R. Neubauer:* Woher stammt das Wort „ausmerzen"?, in: Zs. f. Vkde., Bd. 13 (1903), S. 100–102; *A. Goetze:* ‚ausmerzen', in: Zs. f. dt. Wortf., 4 (1903), S. 326.

Ausnahme. *Die Ausnahme von der Regel sein:* nicht der Regel entsprechen.

Die Rda. ist dem röm. Recht entnommen: „die Exceptio gibt der Regula als Topos des Rechtslebens erst das volle Relief; die Ausnahme erklärt die Regel, öffnet das Auge für ihren urspr. Sinn, und macht klar, von welchen Grundlagen her die Regel formuliert worden ist. ‚Die Ausnahme bestätigt die Regel' (Exceptio confirmat regulam) in jenen Fällen, die nicht unter die Ausnahme fallen (Exceptio firmat regulam in casibus non exceptis) und hält fest, daß die Regula sonst als Generalklausel gelten solle". (Elsener, S. 38).

Lit.: *R. Pierpoint:* Exceptio probat regulam, in: American Notes and Queries 8,4 (1893), S. 495; *A. Götze:* Die Ausnahme bestätigt die Regel, in: Jahrbücher für das klass. Altertum, Geschichte und Lit. 27 (Berlin 1924), S. 264–265; *F. Elsener:* Keine Regel ohne Ausnahme. Gedanken zur Geschichte der dt. Rechtssprww., in: Festschrift für den 45. Dt. Juristentag (Karlsruhe 1964), S. 23–40.

ausreißen. *Ausreißen wie Schafleder* (seltener *Schafleder geben*): eiligst die Flucht ergreifen, sich schnell davonmachen. Die seit dem 16. Jh. bezeugte Rda. ist zunächst ganz wörtl. verstanden worden: Das weiche Schafleder reißt beim Spannen leichter als Schweins- oder Rindsleder. Obersächs. ‚Diß reißt aus wie Schaafleder', es ist unbegründet, hält nicht Stich (so bei G. Chr. Martini: Redner-Schatz [1704], Bd. 1, S. 240). In der heutigen Umgangssprache wird die Rda. aber nur noch iron.-witzig verstanden; sie spielt mit dem Doppelsinn des Wortes ausreißen = zer-

reißen und flüchten. Der Wortwitz ist derselbe wie in zahlreichen anderen sprw. Vergleichen, z. B. ‚aufrichtig wie ein Kuhschwanz', ‚Einfälle haben wie ein altes Haus', ‚klar wie Kloßbrühe', ‚klar wie dicke Tinte', ‚gerührt wie Apfelmus', ‚es inwendig haben wie die Ziegen den Speck'; reichhaltige Sammlung bei Fr. Seiler: Lehnsprichwort, 4 (1924).
Sich kein Bein dabei ausreißen ↗Bein.
Sich so stark fühlen, daß man Bäume ausreißen könnte ↗Baum.

Aussätziger. *Jem. meiden (fliehen) wie einen Aussätzigen:* jem. bewußt aus dem Wege gehen, eine Begegnung geradezu fürchten, ihn hassen, verachten, eigentl.: sich vor ihm ekeln, sich nicht infizieren wollen, ↗Pest.
Die wörtl. Bdtg. von ‚Aussätziger' (ahd. ‚ūzsaz (e)o' u. mhd. ‚ūzsetze' ist ja: ‚einer, der außen sitzen muß', weil die Leprakranken sich wegen der Ansteckungsgefahr von den menschlichen Siedlungen absondern mußten. Die Problematik für einen Betroffenen, der keine ärztliche Hilfe im MA. fand, schildert Hartmann von Aue eindringlich in seinem ‚Armen Heinrich'.
Noch heute gibt es in vielen tropischen Ländern isolierte Leprastationen, wo die Kranken aufopfernd gepflegt und mit dem Lebensnotwendigen versorgt werden.

Ausschlag. *Den Ausschlag geben:* etw. entscheiden. Das rdal. Bild stammt von dem ‚Ausschlagen' des Züngleins an der Waage. Die Wndg. ist seit dem 15. Jh. bekannt und kommt auch bei Luther mehrfach vor, z. B.: „Es ist kündig gnug, wenn man dich nach deyner zungen wiegen solt, wo der außschlag hynn fallen wurdt" (Antwort deutsch [1522]).
Die Wndg. *etw. ausschlagen:* von sich weisen, scharf ablehnen, stammt wohl aus der Fechtersprache, da ‚einen Streich ausschlagen' ihn durch einen Gegenschlag parieren bedeutet. Zahlreiche rdal. Vergleiche wurden hierzu gebildet, z. B. ‚Er schlägt's aus wie der Hund die Bratwurst, wie der Pfaff' das Opfer und der Bettler den Batzen'.

aussehen. *Wie siehst du denn (bloß) aus?* Diese Frage drückt das Erstaunen über ein auffallendes Aussehen aus, z. B. bei unschicklicher oder beschmutzter Kleidung eines Kindes. *Du siehst aber aus!* kann einen Tadel, aber auch die mitleidige Äußerung der Besorgnis bei krankem oder bekümmertem Aussehen bedeuten. Dagegen meint die Rda. *So siehst du aus!* du hast dich geirrt, das glaubst du ja selbst nicht! oder: das könnte dir so passen! *Ihr seht mir gerade danach aus!* das traue ich euch auf keinen Fall zu.
Daß man vom Aussehen und Verhalten eines Menschen auf das zu schließen versuchte, was er zuvor gegessen hatte, zeigen die folgenden Rdaa.: *Er sieht aus, als hätt' er Dosten gegessen* wird dann gesagt, wenn jem. bes. viel Kraft und männlichen Mut zeigt. Dosten, auch Wohlgemut genannt, galt als Aphrodisiakum. Die Schärfe des Pflanzensaftes wurde als anregendes Mittel genutzt (vgl. lat. ‚origanum tueri'). War jem. finster und von ernster Entschlossenheit, hieß es auch *Er sieht aus, als hätte er Kresse gegessen.* Verzieht jem. das Gesicht, als ob er sich vor etw. heftig geekelt habe, wird dazu scherzhaft bemerkt *Er sieht aus, als hätte er Maikäfer gefrühstückt* oder *als ob er einen Frosch verschluckt hätte.* Der Wütende, dessen Gesicht rot angelaufen ist, *sieht aus, als hätte er Krebse gegessen. Er sieht aus, als hätte er die Weisheit mit (Schöpf-) Löffeln gefressen* verspottet den Eingebildeten, der trotz seines lückenhaften Wissens von sich eingenommen und überheblich ist. Von einem Abgemagerten, der Hunger leiden muß, heißt es *Er sieht aus, als äß' er die Woche nur einmal.*
Zahlreich sind die rdal. Vergleiche für gutes, schlechtes oder bes. auffallendes Aussehen eines Menschen, wobei Tiervergleiche und witzige Übertreibungen sehr häufig und beliebt sind. Sauberes, frisches und gesundes Aussehen umschreiben die folgenden Wndgn.: *Jem. sieht aus, wie aus dem Ei gepellt:* sehr sauber und frisch. *Jem. sieht aus, als ob er aus dem Schächtelchen käme:* seine Kleidung scheint ladenneu zu sein, ↗Schachtel. Übertriebene Sorgfalt in der Kleidung wird bei einem Manne getadelt, da man glaubt, daß er andere Mängel damit verbergen will; *er sieht*

aus wie geschniegelt und gebügelt oder gar *wie ein Lackaffe.* Bes. die Landbevölkerung beobachtete mißtrauisch die wechselnden Modeströmungen der Städte und zog z. B. die eigene praktische Kleidung, die derben Schuhe den Lackschuhen der feinen Herren vor. Spöttisch heißt es von einem, der vornehm tut, aber seine Unbildung verrät *Er sieht aus wie ein Bonbon, das in den Dreck gefallen ist.*

Bei einem blühenden, gesunden Aussehen von Frauen und Mädchen sind Vergleiche mit Blumen und Früchten beliebt: *Sie sieht aus wie ein Borsdorfer (Stettiner) Apfel:* sie hat frische Gesichtsfarbe, zarte Haut. Die leuchtende Farbe der Pfingstrose macht sie bes. geeignet im rdal. Vergleich. Im Erzgebirge sagt man z. B. von einem kräftigen, rotbäckigen Mädchen ,Sie sieht aus wie eine Punining (Päonie). Häufig ist die Wndg. *aussehen wie Milch und Blut* (auch *wie das ewige Leben*): jugendlich, rosig. Dagegen glaubt man bei plötzlich stark verändertem und krankem Aussehen, daß eine boshafte Verwünschung vorliege. Die Rda. *Er sieht aus, als ob er beschrien wäre* heißt demnach: die Krankheit muß ihm angehext worden sein, ↗beschreien. Hat einer vor Schreck oder Übelkeit alle Farbe aus dem Gesicht verloren, werden sehr treffende Vergleiche gebraucht, die regional verschieden sind. In Sachsen sagt man z. B. ,jem. sieht aus wie Rotz und griene Bern' oder ,wie Braun-(Weiß-)Bier und Spucke', ↗Bier. (Vgl. auch HdA. I, Sp. 1279). Derart drastische Ausdrücke sind auch in die Lit. eingedrungen. Zuckmayer schreibt in seinem ,Schinderhannes' (2. Akt): „Du siehst ja aus wie geschissene Äppelbrei".

Eine Steigerung enthalten die Wndgn., die das schlechte Aussehen eines Menschen dem eines Toten vergleichen: *Jem. sieht aus wie ein Toter, wie eine Leiche, wie ein Gespenst* (vgl. Grimm, DS. 8). Dieses Erschrecken über das Aussehen eines anderen schildert ein ndd. Schwank, von dem sich die Rda. ,He sütt ut as Lüttmann, wenn he noch kên Hemd anhett', herleitet: „Zu Beginn des 19. Jh. lebte in Oldenburg ein Arzt namens Dr. Lüttmann, zu dem, ehe er noch aufgestanden war, früh ein Bauer ins Zimmer trat; hier erblickte der Bauer ein aufgestelltes Skelett, bei dessen Anblick er sich eilig davonmachte, so daß ihn Lüttmann, als er aufgestanden war, nicht mehr vorfand. Einige Stunden später drückte sich der Bauer an der gegenüberliegenden Seite der Straße vorbei, wurde aber von dem Diener des Arztes, der eben vor der Tür stand, bemerkt und dem letzteren genannt. ,He guter Freund', rief Lüttmann dem Bauer zu, ,Ihr wart ja heute früh bei mir'. – ,Bleibt mir drei Schritte vom Leibe', erwiderte der Bauer, ängstlich forteilend, ,ich hab' Ihn heut Morgen wol gesehen, als er noch kein Hemd anhatte'".

Ein bedauernswerter Mensch kann *aussehen wie das Leiden Christi, als habe er drei Tage am Galgen gehangen (im Grab gelegen), wie der Tod von Basel (von Warschau* oder *von Ypern),* ↗Tod.

Kann man Kummer, Not und Bestürzung vom Gesicht eines anderen ablesen, heißt es z. B. *Jem. sieht aus, als wenn ihm das Korn verhagelt wäre* (vgl. HdA. III, Sp. 1304), vgl. ndd. ,utsiehn als wenn em de Petersilje verhagelt war'; ndl. ,een gezicht trekken gelijk botermelk' und frz. ,il a bien l'air grêle' (veraltet).

Vom Schlechtgelaunten sagt man *Er sieht aus, als wäre ihm eine Laus über die Leber gelaufen;* vgl. frz. ,On dirait qu'il a mangé des pois qui ne voulaient pas cuire' (wörtl.: Er sieht aus, als hätte er Erbsen gegessen, die nicht weich gekocht werden konnten); und von dem, der hilflos aussieht: *Er sieht aus, als sei ihm die Frau weggelaufen, als wäre ihm die Butter vom Brote gefallen, als seien ihm (alle) Felle fortgeschwommen.* Die letzte Wndg. bezieht sich wahrscheinl. auf das Gerberhandwerk (vgl. HdA. II, Sp. 1322). Der Traurige *sieht aus wie drei Tage Regenwetter,* dem in Schlesien noch hinzugefügt wird ,und der vierte noch nicht hübsch'; vgl. ndl. ,en gezicht trekken als een oorwurm'; engl. ,to look like the tailend of a bad road'. Eine wütende Frau *sieht aus wie eine Rachegöttin, wie eine Furie,* aber auch *wie ein rächender Engel,* eine bibl. Vorstellung, die im Zusammenhang mit der Vertreibung aus dem Paradies steht.

Für das verwahrloste und merkwürdige Äußere eines Menschen gibt es treffende und humorvolle, auch spöttische Wndgn.: *Jem. sieht aus wie ein gerupftes Huhn, wie ein wildgewordener Handfeger, als käm' er vom Aschermittwoch,* so voller Staub ist er; der vom Regen Überraschte *sieht aus wie eine gebadete Maus, wie ein begossener Pudel.* Der Häßliche *sieht aus, als ob seine Mutter ein Rochen wäre.* Macht jem. eine lächerliche Figur, so sieht er aus, *wie ein Hampelmann, wie eine Schießbudenfigur,* die man auf Jahrmärkten ausstellt; der Dicke *sieht aus wie eine fette Sau,* eine kleine dicke Frau ‚sieht aus wie ein Pfannkuchen mit Been', wie in Sachsen scherzhaft bemerkt wird.

Hat jem. ein ausdrucksloses Gesicht mit Pausbacken, sieht er aus *wie ein Vollmond* oder *wie ein Posaunenengel.* Der rdal. Vergleich geht zurück auf die Bibelstelle Matth. 24,31: „Und er wird senden seine Engel mit hellen Posaunen". *Aussehen wie eine Vogelscheuche; wie das Leiden Christi (in Butter gebacken).*

Einer, der sich sehr steif bewegt, *sieht aus, als habe er ein Lineal verschluckt;* ist er müde und übernächtigt, sieht er aus *wie eine Nachteule;* eine Frau, die eine Brille tragen muß, *sieht aus wie eine Brillenschlange;* ein Verwahrloster *sieht aus wie durch den Kakao gezogen* oder *wie ein Strauchdieb,* vgl. frz. ‚avoir la mine de demander l'aumône au coin d'un bois' (veraltet).

Ist ein Raum in Unordnung geraten, sieht es darin aus *wie in einem Schweine- (Sau-) Stall* oder *wie in einer Räuberhöhle.*

Um die Dummheit eines Menschen zu bezeichnen, werden Tiervergleiche angestellt: *Jem. sieht aus wie ein gestochenes Kalb, wie eine Gans, wenn's donnert, wie eine Katze, wenn's blitzt* (vgl. HdA. V, Sp. 446), *wie eine Kuh (ein Ochs) vorm (neuen) Scheunentor (vorm Berg).*

Der Scheinheilige *sieht aus, als könnte er kein Wässerchen trüben,* eine Rda., die sich auf die Fabel vom Wolf und Lämmlein bezieht; derjenige, der es dick hinter den Ohren hat, *sieht aus, als ob er nicht auf fünf zählen könnte, und hat danach zehn im Ärmel.* Meckl. sagt man von zwei Schelmen, von denen einer nicht besser als der andere ist ‚as de een utsieht, heet de anner'. Viele weitere Beispiele sind bei Wander I, Sp. 196ff. zu finden.

Lit.: *R. Sprenger:* Aussehen wie der Tod von Ypern, in: Zs. f.d. U. 20 (1906), S. 135; *O. Weise:* Die volkstümlichen Vergleiche in den dt. Mdaa., in: Z. f. dt. Mda.-Forschung 1921; *W. Widmer:* Volkstümliche Vergleiche im Frz. nach dem Typus ‚Rouge comme un Coq' (Diss. Basel 1929); *H. W. Klein:* Die volkstümlichen sprw. Vergleiche im Lat. und in den rom. Sprachen, Diss. Tübingen (Würzburg 1936); *A. Taylor:* Proverbial Comparisons and Similes from California (= University of California Publications, Folklore Studies 3) (Berkeley – Los Angeles 1954).

aussitzen. *Etw. aussitzen (müssen):* eine schwierige (politische) Situation durchhalten müssen; sich auf langwierige Verhandlungen einstellen. Die Wndg. kann aber auch als Vorwurf für Untätigkeit gebraucht werden: *Er sitzt die Sache wieder einmal aus:* er läßt die Zeit für sich arbeiten, er wartet eine Entwicklung geduldig ab, ohne direkt einzugreifen.

‚Etwas aussitzen'

‚Einen ausstechen'

ausstechen. *Einen ausstechen:* ihn übertreffen, verdrängen. Die Rda. stammt aus dem Turnierwesen und ist aus der älteren

Vollform ‚aus dem Sattel stechen' verkürzt und dann auch auf andere Bereiche übertr. worden.
Einen bei jem. ausstechen: die Gunst eines anderen so stark gewinnen, daß sie der Vorgänger oder Konkurrent verliert. Urspr. auf den Zweikampf der Ritter zu Ehren einer Dame bezogen, wo der Unterlegene vom Sieger ‚ausgestochen' wurde und als Nebenbuhler nicht mehr in Betracht kam.

Austrag. *Etw. zum Austrag bringen:* durch eine Entscheidung das Ende herbeiführen; meist von Streit und Zwist gesagt. ‚Austragen' ist ein alter Rechtsausdr. und bedeutet: bis zu Ende tragen, zum Ende, zu einer Entscheidung bringen (1342: „daz wir ... uber ein komen sin und mit enander ûz getragen und geendt haben"; 1414: „mit rechte ... utdregen"). Das Rechtswort Austrag bedeutet also: Zu-Ende-Bringen einer Sache, friedliche Beilegung, Vergleich, Vereinbarung, schiedsrichterliche oder öffentl. richterliche Entscheidung; in übertr. Anwendung ist es seit dem 17. Jh. bezeugt. In der Ggwt. hat die Rda. weitgehend ihre alte Bdtg. verloren. Ganz neutral sagt man heute ‚Ein Sportfest wird zum Austrag gebracht' oder ‚Wettkämpfe kommen zum Austrag' (Dt. Rwb. I, 1122–25).

auswachsen. *Es ist zum Auswachsen:* es ist unerträglich, zum Verzweifeln; sächs. auch: das ist langweilig. Die Rda. setzt sich im 2. Drittel des 19. Jh. durch. Verwandt erscheinen die gleichbedeutenden Rdaa. ‚Das ist zum Aus-der-Haut-Fahren' und ‚Dabei kann man außer sich geraten'. Vielleicht dürfen die drei Rdaa. auch alle gleich gedeutet werden. Gemeint ist wohl: eine Sache ist so schlimm, daß man sich in seiner eigenen Gestalt nicht mehr wohl fühlt und aus ihr heraus möchte.

auswischen. *Einem eins auswischen:* ihm einen Streich spielen, eine Bosheit antun. Die Rda,. ist meist als Kürzung und Verharmlosung der älteren Wndg. ‚einem (im Nahkampf) ein Auge auswischen' erklärt worden. Es ist allerdings auch die harmlosere Entstehung aus mdal. auswischen = unvermutet einen Schlag (eine Ohrfeige) beibringen, möglich (↗Wischer).
Die Augen auswischen: übervorteilen, ↗Auge.

ausziehen. *Sich nicht eher (früher) ausziehen, als man sich schlafen legt (bis man schlafen geht):* sein Vermögen nicht vor seinem Tod aus den Händen geben.
Jem. bis aufs Hemd ausziehen: ihn ausplündern, ↗Hemd.
Den alten Adam ausziehen ↗Adam.
Die Kinderschuhe ausziehen: erwachsen werden, ↗Kind.
Etw. zieht einem die Stiefel aus: ist sehr unangenehm, beinahe unerträglich; oft bei stümperhaftem Musizieren gebraucht, ↗Stiefel.
Das Wort ‚ausziehen' besitzt noch andere Bdtgn., z. B. die Wohnung wechseln oder in die Welt hinausgehen. So: *Auf Abenteuer ausziehen:* etw. Aufregendes erleben wollen. Vgl. KHM.4: ‚Märchen von einem, der auszog das Fürchten zu lernen'.

aut. *Weder aut noch naut haben:* gar nichts, nicht das mindeste haben. Im westlichen Mitteldtl. sind aus ahd. eo-wiht (irgendein Ding) und neo-wiht (nicht irgendein Ding, nichts) die Formen uwet und nuwet, zusammengezogen ut und nut, und daraus dann nach nhd. Vokalismus aut und naut entwickelt worden. Der älteste Beleg für die Rda. findet sich wohl in der ‚Zimmerischen Chronik' (III, 412), wo es von den vertriebenen und beraubten Grafen heißt: „Domit hetten sie weder ut, noch nut mer, wie man spricht". Der Zusatz „wie man spricht" bedeutet, daß die Worte schon damals nur noch als Rda. aufgefaßt wurden. In neuerer Zeit wird die Form ‚aut oder naut' auch i. S. v. ‚es mag biegen oder brechen' gebraucht. So steht es in Münchhausens Reisen: „Im Fall der Not, und wenn es aut oder naut gilt, welches einem braven Weidmanne nicht selten begegnet, greift er lieber, wer weiß wozu".

Aweck. *Mit Aweck:* sehr geschickt, mit Schwung. Übernommen vom frz. ‚avec' und in die Studentensprache eingegangen, meinte ‚Avec' anfangs die Wunde, den Hieb bei der Mensur. ‚Mit Avec schlagen' hieß: mit Erfolg schlagen. Die um 1840 belegte Rda. wurde vor allem durch Berlin volkstümlich; berl. ‚mit'n jewissen Aweck', mit einem geschickten Handgriff, mit Leichtigkeit und Eleganz (Küpper).

Axt. *Die Axt an die Wurzel legen:* eine Sache gründlich beseitigen, radikal, d.h. von der Wurzel her ausrotten. Die Rda. ist bibl. Ursprungs (vgl. Matth. 3,10; Luk. 3,9). Bei Abraham a Sancta Clara (1644–1709) findet sie sich in der Form: „die Axt an den Baum setzen".

Der Axt einen Stiel finden: eine Handhabe finden, bes. gegen jem. Deutlich wird der Sinn der Rda. in dem auch selbständig überlieferten Spruch:

Wenn man einem übel will,
So findet man der Axt leicht einen Stiel.

Die Wndg. ist bereits 1587 im ‚Buch der Liebe' bezeugt: „ich wüst diesem beihel einen styl"; bei Christian Weise (‚Tobias' I, 15) heißt es: „so wird der Axt bald ein Stiel gefunden werden".

Einem den Stiel zu seiner Axt geben: seinem Feinde Hilfe und Rat erweisen, beruht auf einer Aesopischen Fabel.

Die Axt stracks hinwerfen: vorschnell aufgeben (‚die ↗Flinte ins Korn werfen').

Der Axt den Stiel nachwerfen: alles verloren geben.

Der stirbt nicht ohne Axt: einer ist so zählebig, daß er nur stirbt, wenn man ihn totschlägt. Die Rda. wird bes. von einem Kranken gebraucht, der wider Erwarten gesund geworden ist.

Ohne Axt in den Wald gehen: etw. anfangen, ohne die erforderlichen Mittel zur Ausführung zu besitzen.

Sich benehmen wie eine Axt im Walde: sehr ungesittet, rücksichtslos vorgehen.

Das Sprw. ‚Die Axt im Haus erspart den Zimmermann' will besagen, daß ein geeignetes Werkzeug sowie eine gewisse Geschicklichkeit mit seinem Umgang die Hilfe eines Fachmannes ersparen. Es stammt als Zitat aus F. Schillers Drama ‚Wilhelm Tell' (III, 1) von 1804: Tell hat gerade eine Reparatur mit der Zimmeraxt an seinem Haustor beendet. Indem er die Axt weglegt, sagt er zu seiner Frau: „Jetzt, mein' ich, hält das Tor auf Jahr und Tag. Die Axt im Haus erspart den Zimmermann".

Scherzhaft sagt man heute mitunter: ‚Die Axt im Hause erspart den Rundfunkmechaniker'; eigentl.: eine letztlich teure Reparatur ist fragwürdig; es ist einfacher und billiger, das Gerät gleich selbst zu demolieren.

Lit.: *W. Mieder:* Die Axt im Haus erspart den Zimmermann, in: Sprachspiegel 40 (1984), S. 137–142.

‚Einem den Stiel zu seiner Axt geben'

B

Babel, babylonisch. *Es ist ein wahres Babel (Sündenbabel):* es herrschen viel Verwirrung, Verfehlung und Sünde; vgl. ndl. ‚Het is een Babel van verwarring'.
Die Rda. beruht auf 1. Mos. 11, in dem vom Bau des babylonischen Turmes (18.–16. Jh. v. Chr.) berichtet wird, der bis in den Himmel reichen sollte. Er gilt als Sinnbild menschlicher Überheblichkeit und gleichzeitig menschlicher Ohnmacht. Gott gebietet Einhalt, indem er die Sprache verwirrt (1. Mos. 11, 7), so daß keiner mehr den anderen versteht und das gemeinsame Vorhaben unvollendet bleiben muß.
Noch in der heutigen Sprache der Politik und der Medien spielt diese bibl. Vorstellung eine Rolle, wenn es heißt: *Es herrschen (sind) babylonische Verhältnisse:* es gibt keine gemeinsame Sprachregelung.

Lit.: *H. Minkowski:* Aus dem Nebel der Vergangenheit steigt der Turm zu Babel [Rückentitel: Der Turm zu Babel] (Berlin 1960).

Bacchus. Els. ‚Der sieht so glickli üss wie der Bacheles uffem Faß'. Das els. Wb. (II, 8) erklärt den rdal. Vergleich irrig als durch ein altes Wirtshausschild veranlaßt. Es handelt sich dabei vermutl. um eine Verwechslung mit einer Verszeile des Dichters K. Boese „Mer hätte bald geglüejt wie uffem Fass der Baches", die er in Erinnerung an einen els. Faßreiter in einem Ensisheimer Wirtshaus gedichtet hatte (Els. Schatzkästel [1877], 206).
Es gibt zwar heute Wirtschaften ‚Zum Gambrinus', dem Gott oder König des ↗ Bieres, doch keine zum Bacchus. Es finden sich aber in der els. Volkskunst mehrfach geschnitzte Bacchusfiguren, sowohl als Faßreiter wie als Faßriegel, als Eckpfosten von Winzerhäusern, auf Trinkbechern und Pokalen. Bacchus gilt in diesem Sinne nicht eigentl. als röm. Gott des Weines, sondern es gibt im Elsaß einen verchristlichten Volksbacchus, das Patrozinium des hl. Bacchus, eines angeblich röm. Märtyrers. Sein Patronatstag ist der 7. Oktober, liegt also mitten in der Weinlese.
Der fröhliche Bacchus auf dem Faß ist jedoch weder der Weingott der Antike, noch der Heilige, noch der brave Bacchus, wie er im Trinklied des Al. Blumauer geschildert wird, oder der grobe Saufbold in seinem Gegenstück, einem Trinklied von G. A. Bürger, sondern der ‚Volksbachele', der fröhlich-heitere, rundlich-dicke Patron aller Zecher u. Schlemmer, wie er in

‚Glücklich wie der Bachus auf dem Faß'

zahlreichen Darstellungen im Straßburger ‚Musée d'Alsace' zu sehen ist.

Lit.: *A. Pfleger:* Bacchus auf dem Faß. Ein Beitrag zur els. Volkskunst, in: Elsaßland – Lothringer Heimat 17 (1937), S. 259ff.

Bach. *In den Bach fallen:* ins Meer fallen, im Meer ertrinken; *im Bach liegen:* im Meer ertrunken sein, den Seemannstod gefunden haben. Der Matrose fällt nie ins ‚Meer', sondern in den ‚Bach', ein typisches Beispiel für die verharmlosende und euphemist. untertreibende Ausdrucksweise der Seemannssprache; vielleicht hat die Rda. aber auch einen volksglaubensmäßigen Hintergrund.
In ganz anderem Zusammenhang sagt man in Oberösterreich bei anhaltendem Regen: *Es muß jem. in den Bach gefallen sein* (daß es nimmer aufhört zu regnen). Der Rda. liegt ein Analogieschluß zugrunde wie im volkstümlichen Regenzauber, wo jem. mit Wasser beschüttet oder gebadet wird, damit es regnet. Regnet es ununterbrochen, so folgert die Rda., so muß wohl jem. in den Bach gefallen sein.
Noch nicht über den Bach sein: das Schwierigste ist noch nicht überwunden, der Ausgang ist noch ungewiß, ↗ Berg.
‚Scho de Bach na!' (Schon den Bach hinunter!) sagt man schwäb. für eine verpaßte einmalige Gelegenheit.

Lit.: *W. Stammler:* Seemanns Brauch u. Glaube, in: Dt. Philologie im Aufriß III (Berlin 1957), Sp. 1876f.; *U. Zifreund:* Die dt. Regenlieder und ihre Beziehung zu Kult und Brauch (Diss. Marburg 1955), S. 154.

Backe. *Die Backen (den Mund) voll nehmen:* prahlen, viele Worte machen. Die Rda., die sich in diesem Sinne schon bei Lessing findet, erklärt sich von selbst.
Mit leeren Backen kauen: das Zusehen haben, vgl. auch frz. ‚mâcher à vide'.
Dem kann man ein Vaterunser durch die Backen blasen ↗ Vaterunser.
Dagegen: *Er hat Backen wie ein Amtmann:* er ist wohlgenährt; ↗ Wange.
Das Sprw. ‚Wie die Backen – so die Hakken' meint: wie man ißt, so arbeitet man auch.
Au Backe! ist zunächst ein Schmerzensausruf, der auf Backenschmerzen bei Zahnreißen oder beim Erhalten einer ‚Backpfeife' zurückgeht, dann aber verallgemeinert und bildl. als Ausruf der (freudigen oder unangenehmen) Überraschung, der Verwunderung, auch des Zweifels. A. Lasch dagegen lehnt die Verbindung mit Backe = Wange ab und stellt die Rda. zum Verb ↗ backen, das ndd. als grobe Abweisung gilt (‚Ik will di wat bakken!' ich will dir was andres tun!).
Au Backe, mein Zahn! ist eine junge Weiterbildung, wahrscheinl. im Zusammenhang mit einer das Wort illustrierenden Gebärde des Clowns Grock.

Lit.: *A. Lasch:* ‚Berlinisch'. Eine berl. Sprachgeschichte (Berlin o.J. [1928]), S. 195; *Küpper.*

backen, Backen. Ndd. *einem etw. backen (braten):* einem eine Unannehmlichkeit zufügen; ähnl. ndl. ‚iemand iets bakken', ‚iemand een papje koken' ↗ Backe.
Schnee im Ofen backen: etw. Sinnloses tun, bedeutet in Bayern: sein Vermögen verlieren, zugrunde gehen.
Nicht (ganz) gebacken sein: nicht bei Verstand sein.
Frisch gebacken sein: gerade eine Ausbildung beendet, eine Prüfung bestanden haben, auch: ein neues Amt übertragen bekommen. Vgl. Abb. S. 128
Backen bleiben: in der Schule nicht versetzt werden. Die schülersprachl. Rda. gehört zu engl. ‚back' = zurück, meint also ganz wörtl.: zurückbleiben (↗ pappen bleiben).
An de Backen und Banken! (auch *to 'm Back!*) ist in der Seemannssprache der Essensruf der Matrosen, kommt aber auch in anderem Zusammenhang vor, z.B. ‚Bei Sturm ist an Backen und Banken nicht zu denken'. Die (das) Back ist in der Seemannssprache eine Essensschüssel (spätlat. bacca = Wassergefäß). Die Back ist aber auch ein Teil der Schiffsmannschaft, die auf einer Fahrt eine Arbeits- und Wachgemeinschaft bildet und dann natürlich auch zusammen ißt. Rhein. kennt man ‚einem ob 'n Back liegen', zur Last fallen; Back meint auch hier den Eßnapf.

Lit.: *F. Eckstein:* Art. ‚Backen', in: HdA. I, Sp. 754–779; *E. Moser-Rath:* Art. ‚Backen, Backofen, Bäcker', in: EM. I, Sp. 1131–1137.

Bäcker. *Das Bäckerexamen machen:* den ganzen Tag zum Fenster hinaussehen, faulenzen. Iron. Handwerkerspott; seit dem 19. Jh. belegt.

‚Frisch gebacken'

Beim Becken! lautet in Mittel- und Oberdtl. die spöttisch ablehnende Antwort auf irgendeine zudringliche Frage oder Zumutung. Die Rda. ist vielleicht urspr. eine Abk. von ‚Das bekommst du beim Becken, aber nicht bei mir!' (↗Kuchen). Obd. ‚Da ist nicht alle Tage Backtag', dort gibt es wenig Essen und Vorräte, dort herrscht Mangel.

Spott über den Beruf des Bäckers kommt z. Ausdr. in Necknamen wie: Semmeldreher, Stutenknieper, Laiblschmied, Kringelbäcker, Pamelfritze, Schrippenarchitekt, Kipfelschmied, Bollenbäck, Gottesgabendrexler, Knöpflesbäck, Teigaffe, Mehlwurm, Teigbildhauer, Korinthenbäcker u. a. sowie in Spottversen wie z. B.:

„Hutzelbäck, verbrenn dei Weck";
„Bäck verreck im Ofeneck";
„Der Bäcker zählt: 1, 2, 3, 4
das fünfte gehört mir";
„Auf jedem Eck
sitzet ein Datschenbäck".

Auch die ndd. Wndg. ‚Brööd maakt fett, avers blots de Bäckers!' gehört in diesen Zusammenhang.

Auf die Fragen: ‚Wie alt ist das Brot? u. ‚Wie alt sind die Brezle?' etc. antwortet man im Schwarzwald: ‚Der Bäcker lebt noch' (Buchenberg, 1988).

‚Ein Bäckerdutzend' ↗dreizehn.

Lit.: *P. Y. Sébillot:* Traditions et superstitions de la boulangerie (Paris 1892); *R. Schömer:* Art. ‚Bäcker', in: HdA. I, Sp. 779–781; *G. Grober-Glück:* Motive u. Motivationen in Rdaa. u. Meinungen, Bd. I (Marburg 1974), S. 51, 369ff., 390ff.; *E. Moser-Rath:* Art. ‚Bakken, Backofen, Bäcker', in: EM. I, Sp. 1131–1137.

Backfisch. *Du benimmst dich wie ein Backfisch:* ein wenig schmeichelhafter Vorwurf für verspieltes, übermütiges Verhalten oder Betragen schwärmerischer, unreifer junger Mädchen. Die sprachgeschichtliche Ableitung des mehrdeutigen Wortes blieb lange Zeit umstritten. Wahrscheinl. meint es urspr. einen nur halbwegs ausgereiften Fisch, der lediglich zum Backen geeignet ist. Später übertrug man den Begriff auf Studienanfänger. Erstmals verwendet Erasmus Alberus (1550) die Bez. Backfisch für einen Bruder Studio. Nur wenige Jahre danach hatte der Begriff einen anderen Inhalt gewonnen. Vielleicht nach der Auffassung, die Wesensmerkmale des Unfertigen, Unvollkommenen, die dem Backfisch anhaften, entsprächen eher einem weiblichen Wesen, nennt Heinrich Bebel (1555) eine Halbwüchsige ‚Backfischlein' (‚Facetiae' 393). Aus dem Studentenjargon drang der Name in die Schriftsprache ein. Die Mdaa. haben ihn in dieser Bdtg. nicht aufgenommen, so volkstümlich das Wort auch zu sein scheint. In vielen Abwandlungen grassiert noch heute der Spruch:

Mit dreizehn Jahren und zwei Wochen
Da ist der Backfisch ausgekrochen.
Mit siebzehn Jahren, zehn Sekunden
Da ist der Backfisch schon verschwunden.

Abgeleitete Formen sind: ‚Backfischkaserne', ‚Backfischaquarium' = Mädchengymnasium oder Pensionat, Heimschule für Mädchen.

Auf Backfisch machen: sich jugendlicher kleiden, als es den eigenen vorgerückten Jahren entspricht. Eine gänzlich andere Bdtg. fand der Begriff in Norddeutschland: ‚He kreeg Backfisch' heißt schlesw.-holst.: eine Ohrfeige einstecken müssen.

Lit.: *J. F. Schütze:* Holst. Idiotikon (Hamburg 1800) 1. Teil, S. 55; *R. Eickhoff:* Wie ist das Wort „Backfisch" zu erklären? in: Zs. f. d. U. 14 (1900), S. 213–214; *A. Heintze:* Backfisch, in: Zs. f. d. U. 14 (1900), S. 273–274; *F. Teetz:* Zur Erklärung d. Wortes „Backfisch", in: Zs. f. d. U. 14 (1900), S. 662.

‚Gegen den Backofen gähnen'

Backofen. *Gegen den Backofen gähnen (jappen):* gegen einen Überlegenen, gegen etw. Unmögliches ankämpfen; aussichtslosen Widerstand leisten. Die nur ndd. verbreitete Rda. vergleicht die Öffnung des Backofens mit einem Mund: so weit ein Mensch auch seinen Mund aufsperrt, das Loch des Backofens ist auf jeden Fall größer. Der drastische Vergleich ist auch wiederholt in der Malerei bildl. dargestellt worden und auch lit. schon früh bezeugt. Bei Freidank (um 1230) steht der Spruch (126, 19):

Es dunket mich ein tumber sîn,
swer went den oven übergîn

(d. h. ‚Wer glaubt, den Ofen im Aufsperren des Mauls zu übertreffen'). In den ‚Proverbia communia' heißt es: „Est insufflare stultum fornacibus ore".

Der Backofen, der früher zu jedem Bauernhaus gehörte, spielt auch sonst in Rdaa. eine Rolle, z. B. obersächs. ‚Er ist hintern Backofen nicht weggekommen', ‚noch nie hinter seinem Backofen hervorgekommen', er ist unerfahren, untüchtig (vgl. hausbacken, nicht hervorragend, ↗Haus); bei Wilwolt von Schaumburg heißt es, Frauen seien tapfern Männern gewogen, „gedenkend, das dieselbig ehr oder depferlicher etwas von Frauen wagen oder tun dürfen, den heimbgebacken oder weibisch Männer"; schwächliche Kinder werden als ‚halbbacken', altmodische und rückständige Personen als ‚altbacken' bez.; bair. ist ‚nicht ausgebacken' nicht recht ausgeschlafen.

Der Backofen ist eingefallen (umgefallen): die Frau ist entbunden worden (insbes. umschreibend von außerehelicher Mutterschaft gesagt). Die Vorstellung vom Mutterleib als Backofen kennt auch Schiller, wenn er den Franz Moor (‚Räuber' I, 1) sagen läßt: „Das ist dein Bruder! – Das ist verdolmetscht: Er ist aus eben dem Ofen geschossen worden, aus dem du geschossen bist" (↗Ofen).

Die Rda. *Einen auf den Backofen setzen* (oder *schieben*) gebraucht man in Mecklenburg und Ostpr., wenn ein Jüngerer vor dem Älteren heiratet.

Das ist ein kalter Backofen: das ist eine unnütze Sache.

Lit.: *C. R. Schnitger:* „Gegen 'n backaven kann man nich jappen" in: Korrespondenzblatt des Vereins für ndd. Sprachforschung 30 (1909), S. 41; *C. Walther:* „Gegen 'n backaven kann man nich jappen" ebd., S. 57–59; 69–70; *S. Singer* I, S. 155; *V. v. Geramb:* Art. ‚Backofen', in: HdA. I, Sp. 781–791; *E. Moser-Rath:* Art. ‚Backen, Backofen, Bäcker', in: EM. I, Sp. 1131–1137.

Bad, baden. Das Bad hatte, wie schon bei den Griechen und Römern, im häusl. und öffentl. Volksleben des MA. und der frühen Neuzeit eine sehr große Bdtg. Es war die erste Pflicht des Hausherrn, dem

Gaste, der freilich oft schmutzig genug ankommen mochte, ein Bad bereiten zu lassen (vgl. Wolframs ‚Parzival‘ 166,21 ff., um 1210). Auch in ganz anderem Zusammenhang gab es brauchtümlich geregelte Bäder (Hochzeits- und Märzenbäder, Eh- und Heilbäder). Für die Zurichtung der öffentl. Bäder sorgten die in Zünften zusammengeschlossenen Bader. Eine Stadt wie München hatte schon im 15. Jh. mindestens vier öffentl. Bäder und Ulm 1489 bereits 168 Badestuben. Die Handwerksburschen waren z.B. verpflichtet, allwöchentlich zu baden; die Gesellen erhielten dazu rechtzeitig Feierabend und ein Badegeld. Man badete gewöhnlich samstags und betrachtete die körperliche Reinigung als Vorbereitung zur kirchlichen Feier des Sonntags. Es hieß sogar sprichwörtlich: „Man soll den Badetag halten wie den Sonntag".

Zu Beginn der Neuzeit wurde das Baden in den öffentl. Badestuben wegen vielfach beanstandeter Unsittlichkeit und wegen der Ansteckungsgefahr durch die ab Ende des 15. Jh. sich seuchenartig ausbreitende Syphilis eingeschränkt. Bis in den Anfang des 17. Jh. war jedoch die Benutzung von Schwitz- und Dampfbädern, die als ein vorzügliches Schutzmittel gegen den seit den Kreuzzügen in Deutschland sehr verbreiteten Aussatz (Lepra) galten, ganz allgemein. Es kann nicht überraschen, daß eine so verbreitete Sitte sich in zahlreichen sprw. Rdaa. und Formeln spiegelt, wobei auffällt, daß mehrere Rdaa., die mit dem Bad zusammenhängen, etw. Unangenehmes bedeuten, was mit der Beschaffenheit des Bades, mit der Wehrlosigkeit im Bade oder mit den verschiedenen älteren, etw. gewaltsamen Praktiken, die die Bader an dem Badenden vornahmen, zusammenhängt.

Einen ins Bad führen; einem ein schlimmes (sauberes) Bad anrichten: ihn mit Absicht in eine unangenehme oder gefährliche Lage bringen (entspr. *recht ins Bad kommen:* in eine solche Lage geraten). Der schlimme Sinn, der mit der Rda. *jem. ein Bad an(zu)richten* verbunden ist, beruht wohl auf einer spätma. Folterpraktik, bei der Delinquenten in einem von außen beheizbaren Raum schwitzen mußten, bis sie gestanden. Im 16. Jh. erscheint die Rda. schon verblaßt wie heute, z.B. in Murners ‚Narrenbeschwörung‘:

Guck für dich, an wem du bist,
Sunst wirt dir ein badt gerist

(‚zugerüstet‘); und in der Komödie ‚Hans Pfriem‘ von Martin Hayneccius (V. 145):

Ich sehe, sie werden ruhen nicht,
Bis sie mir ein Bad han zugericht.

Das schrecklichste Bad, glaubte man, erwarte die Sünder in der Hölle. Deshalb heißt es in Seb. Brants ‚Narrenschiff‘ (86,140):

Die tüfel sint gewiß der sel
Vnd tunt mit wüst triumphiren
Von eim bad in das ander füren,
Von itel kelt inn itel hitz.

In seinem Schwank ‚Das Höllenbad‘ schildert Hans Sachs die Hölle als ungeheure Badestube, wo die Teufel als Bader ehemalige Sünder bis aufs Blut schwitzen lassen. Auch die Redensart *einem einheizen:* ihm scharf zusetzen, stammt wohl von der Folterung durch ein zu heißes Bad.

‚Einem das Bad segnen‘

Einem das Bad segnen: Die Wndg. ist uns geläufig aus Schillers einprägsamen Worten aus dem ‚Tell‘ (I, 1): „... und mit der Axt hab' ich ihm 's Bad gesegnet!" Die Geschichte von dem ehebrecherischen Schweizervogt, der im Bad erschlagen ward, läßt sich zurückleiten bis ins ‚weiße Buch‘ des Archivs von Obwalden, d.h. bis ins 14. Jh. hinein. Die Stilisierung der Erzählung vom Vogt, dem mit der Axt das Bad gesegnet wurde, geht allerdings nur zurück auf Peter Etterlins Kronika von 1507: „ich will im das Bad gesegnen, dass er's keiner mer tut!" Schiller hat die Geschichte mitsamt dem Ausdr. dann aus Tschudis Chronik (1569) entnommen.

Obwohl die Wndg. also noch nicht zum urspr. Bestand der Schweizer Befreiungssage gehört, ist sie im Laufe der Zeit untrennbar mit ihr verbunden worden. Im Urner Spiel von Wilhelm Tell (vor 1545) z.B. heißt es: „do gab ich jm warms mit einem schlag und gsägnet jm mit einer achss das bad“. Aus der urspr. Situation des einen berühmten Falles geht die Wndg. dann in die große Literatur ein, z.B. in Fischarts ‚Geschichtklitterung‘ (Gargantua). Wie auf eine altbekannte sprw. Rda. spielt er darauf an: „man gesegnets im nit wie dem Salust mit Peitschen oder dem Schweitzerischen Amptmann mit der Achsst im Bad‘ (1575). Der Sprachgebrauch vom ‚gesegneten Bad‘ findet sich allerdings auch außerhalb der Sage. Die Rda. wird dabei im wörtl. wie im iron. Sinn gebraucht. In Römoldts ‚Hoffartspiel‘ (1564) steht der aufrichtige Wunsch der Königin an ihren aus dem Bade kommenden Gemahl: „Gott gesegn Euchs Bad“ unmittelbar neben dem Ausruf des Baderknechts, der den König zum Bad hinausgestäupt hat:

So muß man solcher Herren pflegen
und in (ihnen) also das Bad gesegen
daß sie sobald nicht wieder kommen!

Der iron. Gebrauch des Ausdr. überwiegt allerdings bei weitem, und insofern sind die populären Erklärungen, über dem zubereiteten Bad sei das Kreuzeszeichen gemacht worden, damit es wohl bekomme, falsch. Nur einige Belege: „Der Teufel sprach, ich gsegn Dirs Bad“ (Hans Sachs); „sy gesegnet mir das Bad mit fluchen und schelten“ (Oswald von Wolkenstein). Auch Götz von Berlichingen (Lebensbeschreibung) will dem aus dem Bade steigenden Bischof das Bad segnen. Ganz losgelöst vom Baden bedeutet die Rda. heute soviel wie: ihn tüchtig durchprügeln. In diesem Sinne heißt es auch im ndd. Lied vom ‚Kaufmann zu Stralsund‘ (um 1603):

Stralsunt dat is eine werde stat,
dar bereit men dem mönnick dat
küvenbat...

(Röhrich-Brednich: Dt. Volkslieder I, S. 268, Str. 11).

Einem ein (warmes) Bad übertun heißt, jem. einen schweren Handel anrichten oder etw. Schlimmes auf den Hals laden, daraus in abgekürzter Form ‚jem. baden‘: ihn schlagen, verprügeln. In Siebenbürgen sagt man: „Na, den hu[e]d em tichtig gebu[e]et“, er wurde gründlich verprügelt.

Jem. steckt tief im Bad bedeutet, er ist in großer (ökonomischer) Bedrängnis, in Schwierigkeiten, in einer unangenehmen Lage. Er hat dann Glück, wenn ihn jem. *aus dem Bade zieht* oder wenn er gar ohne Hilfe *sich trocken aus dem Bade ziehen* kann. In der Schweiz heißt ‚einen ins Bad schicken‘, ihn töten.

Das Bad austragen (ausgießen) müssen: für eines anderen Vergehen büßen; derber gelegentlich sogar: *das Bad austrinken (aussaufen) müssen.* Die aus diesen Rdaa. hervorgegangene und noch heute geläufige Kurzform *(etw.) ausbaden müssen* nimmt am Ende des 16. Jh. die übertr. Bdtg. an: die Folgen einer unangenehmen Angelegenheit tragen, für eigene oder fremde Schuld herhalten, für andere büßen müssen. Wie wir von den Baderegeln des Hans Sachs wissen, war es üblich, daß mehrere Personen nacheinander das gleiche Bad benutzten. Der letzte hatte das schmutzige Wasser auszugießen und das Bad zu säubern, also ‚auszubaden‘, woraus später dann spöttisch auch austrinken, aussaufen wurde. So z.B. mehrfach bei Abraham a Sancta Clara: „Dieses Bad muß ein jeder austrincken“ (‚Reim dich‘, 171); „Das Bad, so er andern zugericht, muste er selber austrincken“ (‚Judas‘ III, 543).

Zunächst bedeutete ‚ausbaden‘ nur: bis zu Ende baden, am Schluß baden; schon im 16. Jh. aber erhielt es in übertr. Anwendung den Sinn: ausgespielt haben; so schon spöttisch bei Hans Sachs (‚Der schönen Frauen Kugelplatz‘, 40):

Pald den ein Kegel nam ein schaden,
das er tut auf dem placz auspaden.

Denselben spöttischen Beiklang erhielt das transitive ‚ausbaden‘; daher erzählt Hans Sachs („Spieler mit dem Teufel‘ 27 u. 38) von einem Spieler, der „verlor all sein geld und ward so gepadet aus“; im Winkel des Domes findet er ein altes Teufelsbild und redet es an:

Du bist wohl auch so arm als ich.
Wer hat dich so gebadet aus?

Hinzu kommt noch ein rückbezügliches ‚sich ausbaden‘, d.h. beim Bezahlen des

Bades all sein Geld vertun, wie der Bräutigam in P. Rebhuns ‚Hochzeit zu Cana' ([1538], 1. Akt, V. 188):

Es ist mir vor mein beutel lehr,
ich hab mich fast gar außgebadt

(d.h. mich völlig ausgegeben). Wer zahlungsunfähig ist, der ‚hat sich ausgebadet', so noch in der heutigen Umgangssprache. Und schließlich mit sachlichem, innerem Objekt in Fischarts ‚Geschichtklitterung' (Neudruck, S. 331): „Dann der einmal einsteigt, der muß das Bad außbaden oder doch zahlen". Hieraus entwikkelt sich dann die heutige Bdtg., die im 18. Jh. voll erreicht ist. Adelung verzeichnet 1774 in dem ‚Versuch eines grammatisch-kritischen Wb.' (Bd. 1, Sp. 514): „Figürlich, aber nur im gemeinen Leben, etwas ausbaden müssen, d.i. für eines andern Vergehen büßen müssen". Gellert läßt in der Erzählung ‚Die beiden Knaben' den einen, der in eine Wassergrube springen will, durch den andern warnen:

Und kommst du drauf zum Vater naß hinein,
So hast du's da erst auszubaden.

Goethe schreibt: „Es ist ganz einerlei, vornehm oder gering sein, das Menschliche muß man immer ausbaden".

Schon frühzeitig hat ‚etw. ausbaden müssen' auch die Bdtg. erhalten: ein unfreiwilliges Bad bis zu Ende erleiden. So wird z.B. in der 3. Historie des Eulenspiegelvolksbuches berichtet, wie Eulenspiegel, nachdem ihm das Seil, auf dem er sich ‚dumlen' wollte, durchschnitten ist, in die Saale fällt: „Da fiel Ulnspiegel in das wasser mit grossem spot, und badet redtlichen in der Sal. Da wurden die bauren gar ser lachen, und die jungen rufften im fast nach, he bad nur wol uß usw. Du hast lang nach dem bad gerungen". In diesen Zusammenhang gehört wohl auch die umgangssprachl. Wndg. *baden gehen:* weggehen, ohne Erfolg gehabt zu haben; wirtschaftlich zugrunde gehen.

Der Ausdr. taucht zuerst im ‚Siebenb.-Sächs. Wb.' von Adolf Schullerus auf (1910), dann in Sammlungen aus Schlesien (1927) und Preußen (1935) in der Bedeutung von ‚geh weg', ‚mach, was du willst', ‚laß dich begraben', aber auch von ‚bankrott'. Erst nach dem 2. Weltkrieg erhält der Ausdr. seinen heute geläufigen Sinn von ‚mit etwas Mißerfolg erleiden', damit gleichsam ‚ins ↗Wasser fallen'.

An den ma. Brauch des Hochzeitsbades – aus Erfurt ist überliefert, daß es ‚ußbade' (Ausbad) hieß – erinnert die aus Baden und dem schweiz. Aargau belegte Rda. *zu tun haben wie die Braut im Bad:* sehr beschäftigt sein.

Baden und d'Bäckle et wäsche, wobei wohl die Hinterbacken gemeint sind, steht schwäb. für ‚die Hauptsache vergessen'.

Morgen nach dem Bad: du kommst zu spät. Von einem aussichtslosen Unterfangen hieß es früher: *einen Mohren weiß baden (waschen) wollen,* so in Martin Hayneccius' ‚Hans Pfriem oder Meister Keck' (1582):

Ich arbte vergeblich, sehe ich wol,
Niemand kein Mohr weisbaden sol.

↗Mohr.

Scherzhaft sagt man ‚Er ist ins Bad gereist', um die Abwesenheit eines Menschen, der im Gefängnis sitzt, vornehm zu vertuschen.

In ein Bad gehören: die gleiche Behandlung, Strafe verdienen (vgl. ‚über einen ↗Kamm geschoren sein').

‚In ein Bad gehören'

Mehrere Rdaa. haben das Bild vom Baden des Neugeborenen aufgegriffen:

Das Kind mit dem Bade ausschütten: das Gute mit dem Schlechten verwerfen, übereilt in Bausch und Bogen aburteilen. Die Rda. ist schon bei Luther bezeugt: „Man sol das kindt nicht mit dem Bad ausgießen" (Weim. Ausg. Bd. 20, S. 169). Seb. Franck (1541) gibt eine Erklärung der Rda.: „Wenn man den rechten Brauch und Mißbrauch miteinander aufhebt und ein Gespött daraus macht, das heißt

Zaum und Sattel mit dem Pferd zum Schinder führen, das Kind mit dem Bade ausschütten. Das Kind soll man baden und von seinem Wuste säubern, darnach das Bad so ausschütten und das Kind aufheben und einwickeln". Die Rda. wird in neuester Zeit auch parodiert: ‚Man muß das Bad so ausschütten, daß sich das Kind im Sande verläuft'.

‚Das Kind mit dem Bade ausschütten'

Wer als Kind ‚zu heiß gebadet' wurde, behält davon einen geistigen Schaden, ↗heiß.

Zu einem ungeratenen Menschen sagt man in Süddeutschland ‚Di hätt ma im erste Bad versäufe solle'. Auch eine weit verbreitete Volkslied-Wanderstrophe benützt diese Wendung:

Ei hätt mich meine Mutter
Im ersten Bad ertränkt
...
So wär ich doch gestorben
Als ein unschuldig Blut
Und hätte nicht erfahren
Wie falsche Liebe tut!

Im 17. Jh. kannte man noch die Rda. ‚mit in allen Pfützen baden' von einem Menschen, der sich mit schlechter Gesellschaft abgibt.

Das Bad in der Menge nehmen heißt es von Vertretern des öffentlichen Lebens, die – oft zum Verdruß der Sicherheitsbeamten – sich im Glücksgefühl des Umjubeltwerdens unter die Umstehenden mengen, um in Form von Händeschütteln, Schulterklopfen etc. unmittelbare körperliche Kontakte mit dem ‚Mann aus dem Volke' herzustellen. Mit dieser Geste versuchen vor allem Politiker, ihre Beliebtheit im Volke zu steigern; seltener ist es spontaner Ausdr. solcher Beliebtheit, wie z.B. bei John F. Kennedy. Doch eine wirkliche Kontaktnahme in Form eines Gesprächs mit einem sich so präsentierenden ‚Mann zum Anfassen' ist dabei meistens nicht möglich. Die Rda. ist Anfang der 60er Jahre aufgekommen und wurde in neuester Zeit besonders populär.

Lit.: *F. Bothe:* Etw. ausbaden müssen, in: Zs. f. dt. Unterr. 16 (1902), S. 710f.; *R. Sprenger:* Etw. ausbaden müssen, in: Zs. f. dt. Unterr. 17 (1903), S. 529; *E. Bäumer:* Die Geschichte des Badewesens (Breslau 1903); *C. Nohle:* Etw. ausbaden müssen, in: Zs. f. dt. Unterr. 19 (1905), S. 193f.; *G. Goetz:* Etw. ausbaden müssen, in: Zs. f. dt. Unterr. 20 (1906), S. 520f.; *A. Martin:* Dt. Badewesen in vergangenen Tagen (Jena 1906); *F. Söhns:* Etw. ausbaden müssen, in: Zs. f. dt. Unterr. 21 (1907), S. 487f.; *Richter-Weise,* Nr. 10; *Risse,* S. 234f.; *R. Hallo:* Vom Vogt von Wolfenschießen, dem mit der Axt das Bad gesegnet wurde, in: Schweiz. Arch. f. Vkde. 27 (1927), S. 1–26; *A. Martin:* Art. ‚Bad, baden', in: HdA. I, Sp. 796–850; *W. Anderson:* Der Schwank vom alten Hildebrand (Dorpat 1931); *N. Elias:* Über den Prozess der Zivilisation, 2 Bde. (Bern – München 1969); *K. Schier:* Art. ‚Badewesen' in: Reallex. d. German. Altertumskde. I (1973); *J. R. Klima* u. *K. Ranke:* Art. ‚Bad, baden' in: EM. I, Sp. 1137–1141; *H. P. Duerr:* Nacktheit und Scham (Frankfurt/M. 1988).

Bader. *Aus einem Bader ein Bischof werden:* aus niedrigem Stande zu hoher Würde emporsteigen. Schon Luther gebraucht die Wndg.: „Wir können nicht alle Bischof werden, man muß auch Bader haben". Bischof und Bader werden oft als Beispiele sozialer Gegensätzlichkeit einander gegenübergestellt, wobei die Einprägsamkeit der stabreimenden Formel zur Beliebtheit der Rda. beigetragen haben mag.

Bischof oder Bader werden: alles oder nichts erreichen. Luther kennt diese Formel ebenfalls und verwendet sie in der Bdtg. des lat. Sprw. ‚Aut Caesar aut nihil'. Ähnl. *Bischof wie Bader:* vom ersten bis zum letzten; keiner ausgenommen, wes Standes er auch sei. In der ‚Zimmerischen Chronik' heißt es (III, 571, 2): „es dorft im weder bischof oder bader einreden".

baff. *Baff sein:* überrascht, sprachlos, sichtlich verwirrt, meist in der Zusammensetzung *ganz einfach baff sein;* vgl. ndl. ‚paf staan'. Das Wort baff taucht schon im 17. Jh. lautmalend für den Schuß auf (vgl. mhd. baffen = bellen). Wer baff ist, steht gleichsam da, als ob er durch einen Knall erschreckt worden sei (wie der Hund des Jägers nach dem Schuß, der nicht sofort auf den Befehl reagiert).

Lit.: *W. Lehnemann:* Standessprache und Gemeinsprache, in: Der Deutschunterricht, Jg. 15, H. 1 (1963), S. 50ff.; *L. Röhrich* u. *G. Meinel:* Redensarten aus dem Bereich der Jagd und der Vogelstellerei, S. 313–323.

Bahn. *Bahn brechen:* in einer schwierigen Unternehmung den Anfang machen, so daß für andere der Weg frei ist. Die Wndg. ergibt sich aus der Grundbdtg. von Bahn = Schlagfläche, Durchhau durch einen Wald.

Freie Bahn haben: alle Schwierigkeiten aus dem Wege geräumt haben, von niemand behindert werden.

Etw. auf die Bahn bringen: etw. Neues einführen, zur Sprache bringen; so auch mdal., z.B. schweiz. ‚öppis uf d' Ban bringe'; ndl. ‚iets op de baan bringen'; westf. ‚dat sall wir (wieder) bei de ban', das soll wieder zum Vorschein kommen. Im Hintergrund der Rda. steht die Bdtg. von Bahn als geebnetem Platz, nämlich die Kampfbahn der Ritter. Bereits mhd. wird der Ausdr. ‚einen ze bane bringen', auf den Weg bringen, in übertr. Bdtg. verwendet; ebenso bei Hans Sachs: „Jederman nam die schwenck für gut, so si auf die ban hetten pracht". In Nicolaus Gryses ‚Leien Bibel' (Rostock 1604) wird Bahn mit Bein zu einer stabenden Formel verbunden: „denn de Sünde hefft anfenckliken ... den Dodt up de Bane unde Beene gebracht". Die Rda. lebt möglicherweise auch in verkürzter Form noch in den Ausdrücken ‚etw. (Neues) aufbringen' und ‚anbahnen' weiter.

Aus der Bahn geworfen werden: im Berufsleben scheitern. Auch diese Wndg. scheint dem Turnierwesen entlehnt zu sein: wer beim Kampf aus der Bahn geworfen wurde, war der Unterlegene.

Auf die schiefe Bahn geraten ↗schief.

Etw. in die richtigen Bahnen lenken: den besten Weg weisen, um einem vernünftigen Ziel zuzustreben.

In die gewohnten Bahnen zurückkehren: seine alten Gewohnheiten aufnehmen.

Bahnhof. *Immer nur Bahnhof verstehen:* schlecht hören (wollen), ↗Rhabarber. Diese Wndg. nennt Hans Fallada in seinem Roman ‚Wolf unter Wölfen' „die gängigste Redensart" der Inflationszeit. Sie entstand bei den kriegsmüden Soldaten am Ende des 1. Weltkrieges. Der Bahnhof wurde zum Symbol des Heimaturlaubs; jedes Gespräch, das sich nicht auf die Heimkehr bezog, wurde mit dieser Rda. abgebrochen.

Bescheid am Bahnhof wissen: sich im Leben auskennen, wendig und erfahren sein. Auch diese Wndg. ist sehr jung.

Anhalter Bahnhof fahren ↗Anhalter.

Großer Bahnhof: großer, offizieller Empfang am Bahnhof für Staatsoberhäupter und Regierungschefs, auch für berühmte Künstler und erfolgreiche Sportler, allg. großes Aufhebens um eine Person.

Balanceakt. ↗Drahtseil.

baldowern. *(Etw.) baldowern (ausbaldowern):* auskundschaften, die günstige Gelegenheit erspähen. Das hebr. ‚ba'al-dāwār' = Herr des Wortes, der Sache, ein ma. Euphemismus für den Teufel, dringt über jidd. ‚baldōwer' = der in Rede Stehende, der Betreffende mit der Bdtg. ‚Kundschafter' in die Gaunersprache ein u. besagt, daß der ‚Baldowerer' (Auskundschafter) mit z.T. kriminellen Methoden überall herumschnüffelt, um einen Diebstahl, Einbruch, Überfall o.ä. vorzubereiten. Das in diesem Jargon abgeleitete Verb gelangt im 19. Jh. in die Umgangssprache, vor allem in das Berlin., lit. bezeugt bei Fontane u. H. Fallada: „Da muß einer mindestens zwei Wochen lang baldowert haben" (‚Wer einmal aus dem Blechnapf frißt', 1961).

Baldowern meint auch die Methode, Menschen auf ihre Gesinnung zu prüfen oder ihre Meinung auszuhorchen, indem man eine provokative (meist nicht die eigene) Ansicht ins Feld führt.

Balg. In der älteren dt. Sprache war ‚Balg' eine Bez. für die menschl. Haut oder das tierische Fell, wie in der noch erhaltenen Rda.: *einen dicken Balg haben:* unempfindlich sein (↗Fell, ↗Schwarte). Des weiteren bezeichnete der Ausdr. ‚Balg' (mhd. balc) den Bauch. Daher die Rda.: *sich den Balg vollschlagen:* essen, was hineingeht, einen Wolfshunger stillen, „so doch der

wolf, was er schnapt, frisset, u. nicht aufhöret, er hab seinen balk erfüllet“ (H. W. Kirchhoff: ‚Wendunmut‘ [1581]).
In der Rda.: *jem. auf den Balg rücken:* sich ihm in aufdringlicher Weise nähern, ihn bedrängen, ist Balg allgemein i. S. v. ↗ Leib gebraucht, wie z. B. schon bei Luther (Dt. Schriften 6 [1578]): „wir müssen uns also mit dem alten balge schleppen u. martern, bis wir an jenem tage gar geistlich fleisch werden“. Desgl.: *eins auf den Balg bekommen:* verprügelt werden.
Dagegen ist in der Wndg. *jem. den Balg abziehen* wieder die Haut gemeint. Sie ist entstanden in Anlehnung an das Abziehen des Fells bei Tieren. Beim Tier ist Balg vor allem eine Bez. für das Fell des Fuchses: ‚ein jeder fuchs wart seines balgs‘ (Fischart, Gargantua, 159).
Nach einem alten Rechtsspruch galt beim Tode ausgeliehener Tiere der Balg, d. h. der Wert des Balgs mußte erstattet werden. Das Abziehen des Balgs stellte daher oft eine Beraubung dar, wie es – übertr. auf den Menschen – in der o. a. Wndg. zum Ausdr. kommt i. S. v.: betrügen, ausnutzen, ausbeuten.
Mit Balg wird aber auch das unartige, ungezogene Kind bezeichnet. Schlecht erzogene oder arme, hungrige Kinder wurden als ‚ungezogenes Balg‘, ‚elende Bälger‘ u. ä. bez.: „ich sehe so einen ungezogenen balg in der gesellschaft“ (J. Th. Hermes: Sophiens Reise von Memel nach Sachsen [^{3}1778]). Vgl. Wechselbalg.

Balken. *Den Balken im eigenen Auge nicht sehen, aber den Splitter im fremden* stammt aus bibl. Sprachgebrauch (Matth. 7,3–5 und Luk. 6,41: „Du Heuchler, zieh am ersten den Balken aus deinem Auge; darnach siehe zu, wie du den Splitter aus deines Bruders Auge ziehest“). Bei Hans Sachs: „Gesell, zeuch vor den balken aus deim aug, darnach das pechtlein (mhd. bâht = Unrat) klein zeuch aus des nechsten augen dein“.

‚Den Balken im eigenen Auge nicht sehen ...‘

An die Stelle des Balkens setzten andere Schriftsteller den schweren Kelterbaum der Weinpressen ein, so z. B. Seb. Brant (1494):

Wer jn sym oug eyn trotboum trag,
Der tüg jn druß, ee dann er sag:
Brůder, hab acht, ich sich an dir
Ein äglin (Fäserchen), die mißfallet mir.

Geiler von Kaysersberg setzt entspr. seiner Mda. den ‚torkelboum‘; vgl. frz. ‚voir

‚Den Balken im eigenen Auge nicht sehen‘

la paille dans l'œil de son voisin, et ne pas voir la poutre dans le sien'; engl. ‚to behold the mote in the eye of one's neighbour, but not the beam in one's own'; ndl. ‚de splinter in een anders oog wel zien, maar niet de balk in zijn eigen'. In dem satirischen Druck von Jacques Norenbault heißt es 1608 in Fläm.:

In eens anders ooghe een splinter siet
Ende in sijn eyghen den balcke niet.

Die bildl. Darstellungen des MA. nehmen das Gleichnis vielfach ganz wörtlich.
Lügen, daß sich die Balken biegen ↗ lügen.

Ball. *Der Ball ist rund.* Die Feststellung des bekannten Fußballtrainers Sepp Herberger wurde wegen ihrer Einfachheit zum geflügelten Wort. Sie besagt, daß beim Ballspiel alles im Fluß u. nichts entschieden ist, solange der Ball rollt. *Am Ball bleiben:* eine Sache nicht aus den Augen verlieren, sie konsequent weiterverfolgen. Auch diese Rda. stammt aus dem Fußballsport. Dagegen hat die Wndg. *den Ball zurückgeben* ihren Ursprung im Federballspiel, bei dem im wörtl. Sinn der Ball zurückgegeben wird. Heute wird sie nur noch gebraucht i.S.v.: schlagfertig sein, auf die gleiche Art antworten (frz.: ‚Renvoyer la balle').
Sich die Bälle zuspielen: sich in einer Debatte spielerisch einander die Argumente u. Stichworte liefern, wie im Handballspiel, das schon im Altertum ein beliebter Sport war. Ein ausschließlich mit der Hand gespieltes Ballspiel war das Uraniaballspiel mit einem apfelgroßen Ball, das Homer (ca. 800 v. Chr.) in seiner Odyssee beschrieb. Es handelte sich um ein tänzerisch beschwingtes Spiel, bei dem es darum ging, den anderen den Ball zuzuspielen.
Das Zuspielen der Bälle i. übertr. Sinne ist vor allem im polit. Bereich, d.h. unter Parteifreunden üblich. Auch das ist nicht neu, denn schon in einer ahd. (heute nicht mehr gebräuchl.) Wndg. heißt es: „Die sich miteinander vergleichen können, die schlagen einander den ballen zu" (ndl.: ‚elkander den bal toewerpen').
Auf den Ball gehen: ein Tanzfest besuchen. Der Begriff Ball für ein Tanzfest ist erst seit dem 18. Jh. geläufig, sein Urspr. jedoch nicht belegt. In Frankr. war der Ausdr. schon zur Zeit der ritterl. Turnierfeste an den ma. Höfen bekannt u. wurde erstmals 1385 in Amiens erwähnt. Erst im 17./18. Jh. wurde er auch in Dtl. gebräuchl., etwa zu der Zeit, als die für Ballspiele vorgesehenen Ballhäuser in Theater oder Tanzsäle umgewandelt wurden. Ob der Begriff Ball tatsächlich auf die frz. Turnierspiele zurückgeht, ist nicht erwiesen.
Die meisten Ballspiele waren an jahreszeitl. Ereignisse gebunden. So wurde als Frühlingsspiel vor allem das Osterballspiel bekannt, insbesondere in Norddtl. u. England. Alt u. jung zogen auf den Anger zum Ballschlagen. Abends beschloß ein Tanz das Spiel. Es hieß allgemein: „den Osterball feiern". Seitdem wurde mit dem Begriff Ball die Vorstellung eines Tanzfestes verbunden. In anderen Gegenden war mit dem Osterball der Brauch des Brautballholens verknüpft: am Ostertag holten die Burschen u. Mädchen des Dorfes bei den jungen Eheleuten, die zuletzt geheiratet hatten, den in ihrem Haus versteckten Brautball. Wenn sie ihn gefunden hatten, gingen sie im gemeinsamen Zug zum Wirtshaus. Dort wurde der Ball an der Decke befestigt u. damit der Tanz eingeleitet. Da in beiden Varianten des Osterballs mit dem Begriff Ball eine Tanzveranstaltung verbunden war, könnte die Rda. hier ihren Urspr. haben.
Auf den Feder(n)ball (Matratzenball) gehen: zu Bett gehen (↗ Feder, ↗ Matratze).
Ballern: mit Bällen (oder Kugeln) wild um sich schießen.
Jem. eine ballern: eine schallende Ohrfeige geben.

Lit.: *R. Schmekel:* Art. ‚Ballspiel', in: HdA. I, Sp. 859–863; *S. Mendner:* Das Ballspiel im Leben der Völker (Münster 1956); *K. Ranke:* Art. ‚Ball, Kugel', in: EM. I., Sp. 1146–1150; *D. Morris:* Das Spiel. Faszination u. Ritual des Fußballs (München 1981); *F. K. Mathys:* Die Ballspiele. Eine Kulturgeschichte in Bildern (Dortmund 1983).

Balla. *Balla sein:* nicht ganz bei Verstand, einfältig sein. In Wunsch und Bitte, auch im Ruf beim Spielen wird der Spielball in der Kindersprache als Balla bezeichnet. Wird ein Erwachsener so genannt, dann heißt das, daß er wie ein Kind zu behandeln ist, das noch nicht die volle Zurechnungsfähigkeit im Sinne der Erwachsenen besitzt. Die Soldaten gebrauchten im 2. Weltkrieg für einen beschränkten Menschen die Bez. *Kamerad Balla Balla*. Seit 1955 ist die erweiterte Wndg. *Vater doof, Mutter doof, Kind Balla-balla* allg. stud. bezeugt. Die Wndg. hat neuerdings Eingang in den Schlagertext gefunden.

Lit.: *U. H. Peters* u. *Johanne Peters:* Irre u. Psychiater (München 1974).

Ballhorn, Balhorn. *Etw. nach Johann Ballhorn verbessern, verballhornen, verballhornisieren:* eine Sache unzweckmäßig und lächerlich abändern in der Absicht, sie zu verbessern; ‚verschlimmbessern'; bremisch-niedersächs.: ‚dat is verbetert dör Jan Balhoorn', von einer lächerlichen und unnützen Verbesserung. Diese Rdaa. wurden zunächst nur auf Erzeugnisse der Buchdruckerkunst angewendet, heute spricht man jedoch auch von Verballhornungen der gesprochenen Sprache.

Die Wndgn. sind abgeleitet von dem Namen des Buchdruckers Johann Balhorn d.J., der im 16. Jh. in Lübeck wirkte. Von ihm und seinem Vater, Johann Balhorn d.Ä., gest. 1573, sind über 220 Drucke nachzuweisen und erhalten, Kinderfibeln, Reformationsschriften, Volkslit., geschichtl. und rechtswissenschaftliche Abhandlungen, darunter auch ‚korrigierte' Ausg., z.B. 1545 ‚De dorch M. Hermannum Bonnum Superintendenten tho Lübeck gecorrigereden Geistlyken Gesenge vnd Christlyken Leder, dorch Johann Balhorn in offentliyken Druck gegeuen', im gleichen Jahr ‚De klene Catechismus upt nie gebetert, tho Lübeck by Johann Balhorn gedrücket' und 1586 das Lübische Recht ‚Auffs Newe vbersehen, Corrigiret'. Vermutl. erregten solche korrigierten und ‚verschlimmbesserten' Ausg. den Widerspruch der Zeitgenossen, so daß der Verlag in Verruf kam, und vielleicht ist es schon eine Abwehr von seiten Balhorns, wenn er in einem der spätesten Balhorndrucke (1602) am Ende die Leser ermahnt: „so dar wat in tho verbetern war, dat woldi ein yder bröderlik corrigern, und ydt dem boeckdrücker antögen".

Bahnbrechend für die gesicherte Herleitung des Balhorn-Spruches wurde K.F.W. Wander (IV, Sp. 1529). Gestützt auf Autoren des 18. Jh., unter Ablehnung bestehender Irrtümer, kam er zu dem Schluß, allein der Druck des „korrigierten" lübischen Gesetzbuches vom Jahre 1586 habe Balhorn ganz ohne sein Verschulden der Lächerlichkeit preisgegeben. Den urkundlichen Beweis seiner Darlegungen lieferten P. Hagen und, auf ihn zurückgehend, H.-B. Spies. Die 1586 unter Zeitdruck herausgegebene Revision des Lübecker Gesetzbuches, das weit über die Stadt hinaus maßgebend war, brachte außer vielen Unzulänglichkeiten auch gänzlich neue, schikanöse Bestimmungen, die fast die gesamte Bevölkerung in Mitleidenschaft zogen. Das getäuschte Publikum mußte die „Korrektur" seiner Statuten (die Bez. mochte ihm positive Verbesserungen vorgespiegelt haben) als blanken Hohn empfinden. Da es kein anderes Objekt für seine Rache fand, vergalt es dem unschuldigen Buchdrucker „Gleiches mit Gleichem". Aller Wahrscheinlichkeit nach hatte Balhorn die Arbeit bona fide übernommen und, anders als die allein verantwortlichen Kommentatoren (Mitglieder des Lübecker Senats), seinen Namen auf dem Titelblatt nicht verschwiegen. Die 2. Aufl. der editio Balhorniana, so wurde das Lübecker Gesetzbuch in der juristischen Fachlit. zitiert, erschien bezeichnenderweise anonym. Weil aber seine mißlichen Bestimmungen, – sie riefen eine nicht abreißende Flut ärgerlicher Prozesse hervor –, bis ins 17. Jh. hinein in Kraft blieben und die Unzufriedenheit der Masse wachhielten, konnte die Rda., die ihnen sozusagen ihre Entstehung verdankte, volkstümlich werden.

Um 1650 taucht der heutige sprw. Sinn des Namens zuerst in der Lit. auf. In Johann Peter de Memels ‚Lustiger Gesellschaft' (Lübeck 1656) wird der verstorbene Balhorn als willkürlich „verbessernder" Übersetzer verhöhnt.

Die eigenen Landsleute haben seinen Namen auch später nicht geschont. Die Firma ging zwar in andere Hände über, aber sie hatte einen Ball und ein Horn im Druckzeichen und hielt die Erinnerung an Joh. Balhorn fest. Um 1800 gebrauchte man ‚verballhornen', ‚verballhornisieren' bes. im altev. dt. Sprachgebrauch. Damals hieß es beispielsweise im Holsteinischen

„von einer unnützen und possierlichen Bearbeitung": ‚dat is verbetert dör Jan Ballhorn'.
Der Name des Lübecker Buchdruckers ist in der meckl. Mda. bis heute ein Begriff geblieben und wird oft in Rdaa. verwendet; z.B. beim Kartenspiel: ‚Mit sonn (d.h. günstigen) Koorten kann Johann Ballhorn ok spälen', eine Herabsetzung, die er nicht verdient hat.
Eigenmächtigkeiten oder Eigentümlichkeiten eines Buchdruckers sind bei Balhorn nicht nachgewiesen ... Der Name Johann Balhorn ist ganz zu Unrecht in den schlechten Ruf gekommen, der ihm noch jetzt ... anhaftet. Die Träger dieses Namens ... sind vielmehr hervorragende Buchdrucker gewesen, die ihre Berufstüchtigkeit durch zahlreiche Erzeugnisse ihrer besonders auch für die niederdt. Lit. anerkannt wertvollen Presse erwiesen haben.

Lit.: *Wander* IV, Sp. 1529; *A. Kopp:* Joh. Balhorn (Lübeck 1906); *G. A. Brüggemann:* Wortschatz und Sprachform (Leipzig 1928), S. 100; *P. Hagen:* Der Ursprung der Rda. „Verbessert durch Johann Balhorn", in: Zs. f. Bücherfreunde N.F. 21 (1929), S. 10–17; *H.-B. Spies:* „Verbessert durch Johann Balhorn", in: Zs. d. Vereins f. Lübeckische Geschichte u. Altertumskunde 62 (1982), S. 285–292.

Ballon. *Einen Ballon kriegen:* im Gesicht hochrot werden (wie ein roter Luftballon); *einen auf den Ballon kriegen:* auf den Kopf geschlagen werden, eine Kopfverletzung erleiden. Der bildl. Ausdr. Ballon für den menschlichen Kopf stammt aus der Soldatensprache des 1. Weltkrieges.

Balz, balzen. *Balzen:* flirten, auf Brautwerbung gehen. Desgl. *auf die Balz gehen.* Die Wndg. stammt aus der Jägersprache u. bedeutet eigentl. Jagd auf balzende Vögel machen. Der Ausdr. ‚Balz' bezeichnete urspr. nur das Liebesspiel größerer Wald- u. Feldvögel u. ist vor allem von der Birkhuhn- u. Auerhahnbalz her bekannt. Im Laufe der Zeit wurde die Rda. ‚auf die Balz gehen' jedoch auch für das Liebeswerben junger Burschen gebräuchlich.

Lit.: *L. Röhrich* u. *G. Meinel:* Redensarten aus dem Bereich der Jagd und der Vogelstellerei. Festgabe für K. Lindner (Berlin – New York 1971), S. 313–323.

Bammel. *Einen Bammel haben:* eine unbestimmte Furcht hegen (↗bange). Die Rda. leitet sich von der schaukelnden u. baumelnden Hin- u. Herbewegung eines Bandes oder eines Pendels, insbesondere aber eines am Galgen Hängenden ab: „Am Galgen soll der Hund mir bammeln müssen" (H. Fallada: ‚Junger Herr – ganz groß' [Berlin 1965]). Deshalb wird die Wndg. hauptsächl. gebraucht i.S.v. Angst vor dem Strafgericht haben, z.B. der Eltern oder des Lehrers, wenn Kinder etwas ‚ausgefressen' haben (↗ausfressen).

Banane. *Ausgerechnet Bananen!:* häufig gebrauchter Ausruf i.S.v.: ‚auch das noch!'. Die Wndg. geht zurück auf einen nach dem 1. Weltkrieg entstandenen amerikanischen Tanzschlager, der unter dem engl. Titel ‚Yes, we have no bananas' – in dt. Fassung ‚Ausgerechnet Bananen' oder ‚Meier ist ein Don Juan' – bekannt wurde. Sein Kehrreim lautet:

Ausgerechnet Bananen,
Bananen verlangt sie von mir!

(Dt. Text: Beda; Originaltext u. Musik: Frank Silver u. Irving Stone).
Dich haben sie wohl mit der Banane aus dem Urwald geholt (gelockt) ist eine Rda. für einen dümmlichen Menschen, der nichts zu begreifen scheint.
Als *Bananenrepublik* bez. man ein kleines zuschußbedürftiges Land. Urspr. galt die Wndg. nur für ein kleines Land in den trop. Gebieten Amerikas, das nur vom Bananenexport lebt u. von US-Kapital abhängig ist.
Auf einer Bananenschale ausrutschen: über eine Kleinigkeit straucheln u. sein Amt verlieren. Die Rda. wird vor allem im polit. Bereich verwendet.

Lit.: *M. Sperr* [Hg.]: Das große Schlager-Buch (München 1978); *L.-W. Wolff* [Hg.]: Puppchen, du bist mein Augenstern. Dt. Schlager aus vier Jahrzehnten (München 1981).

Band, Bändel. *Außer Rand und Band sein* ↗Rand. *Am laufenden Band:* unablässig. Der um 1920 aufgekommene Ausdr. ist kurz nach Einführung des Fließbandes in Dtl. verbreitet worden.
Das spricht Bände!: das besagt sehr viel, das ist sehr aufschlußreich. Gemeint ist, daß die Äußerung gleichwertig ist mit dem Inhalt vieler Bücherbände.
Einen am Bändel haben: ihn in seiner Ge-

walt haben; ihn leiten, wie man will; in anderer Bdtg.: eine Liebschaft haben, an jem. gebunden sein, der einem in Liebe ergeben ist. Die Rda. geht zurück auf das Band, das als Zeichen der Liebe u. Freundschaft schon im MA. in vielen lit. Zeugnissen belegt ist. Vor allem in der Minnedichtung begegnet es mehrmals in den provenzalischen Liedern des Peire Vidal (um 1175–1215) wie auch bei Arnaut de Caracasse. Bei ihnen wird dem höfischen Ritter von der Dame seines Herzens außer einem Ring auch ein golddurchwirktes Band geschenkt, das als Zeichen der Freundschaft u. Liebe, aber auch als Schutzzeichen u. Glücksbringer mit Stolz getragen wird. Auch in der dt. Dichtung erscheint um 1215 das Band bei Herbort von Fritzlar in seinem ‚Liet von Troye':

durch der frouwen minne
truc er daz golt an siner hant
und ein guldin harbant
in den selben stunden
um sin houbet gebunden,

später bei Jörg Wickram in ‚Galmy' (1539), dem eine französische Quelle zugrunde liegt.

Daß die Vergabe von Bändern als Liebespfand ein wirklich geübter Brauch war, ist bes. durch Geiler von Kaysersberg (1445–1510) erwiesen, der mit vielen Belegstellen aus der ma. Liebeslyrik an dieser Art von Bindung harte Kritik übte. Auch der Satiriker J. M. Moscherosch (1601–69) geißelt diesen Brauch:

„Die andere Verliebte sind wunderlichen anzuschauen, u. möchte mancher meynen, er sähe einen Kram-Gaden aufgethan, oder in einen Pater-noster Laden, so mit mancherlei farben von Nesteln, Bändeln ...".

Offensichtlich hatten solche Äußerungen keinen Einfluß auf den traditionellen Brauch des Bänderschenkens, denn auch im älteren Volkslied finden sich zahlreiche Belege dafür, so in einem alten schles. Lied:

Was schenket sie ihm bald wieder?
Ein schönes Kränzelein.
Womit war es gebunden?
Mit lauter Liebeshand
Wol mit Jelänger je lieber
Mit lauter Liebesband.

Aber auch in außerdt. Liedern ist das Motiv des Bandes verwendet, wie etwa in dem aus dem Schwed. ins Dt. übernommenen, in dem das Band deutlich als das Symbol der Bindung zwischen den Liebenden erscheint:

Zum Tanze da geht ein Mädel mit goldenem Band:
Das schlingt sie dem Liebsten so fest um die Hand.

Ferner kehrte das Band im 17. Jh. in zahlreichen Namenstags- u. Geburtstagscarmina wieder, die geradezu ‚Bindebriefe' genannt wurden.

Noch im 18. Jh. erscheint das Motiv in der alten Verwendung als Liebespfand, das vom Mädchen an den Jüngling verschenkt wird, u. zwar bei Ch. F. Gellert (1744) in einem Schäferspiel, in dem ein Aufzug den Titel ‚Das Band' erhielt:

Bedenk es nur einmal: Ich schenk ihm jüngst ein Band
und knüpf es ihm dazu noch selber in die Hand.

In dieser Zeit wurde das Band aber auch so verwendet, daß es vom Mann an die Frau geschenkt wurde – so belegt bei Klopstock in seinem Gedicht ‚Das Rosenband', das von Franz Schubert vertont wurde:

Im Frühlingsschatten fand ich sie,
da band ich sie mit Rosenbändern ...

Vor allem ist hier aber auch Goethe zu nennen mit seinem bekannten Lied ‚Mit einem gemalten Band', aus dem zu ersehen ist, daß damals auch gemalte Bänder als Liebesgeschenke verehrt wurden:

Kleine Blumen, kleine Blätter
streuen mir mit leichter Hand
gute junge Frühlingsgötter
tändelnd auf ein duftig Band.

Auch in neuerer u. neuster Zeit erscheint das Band der Liebe in vielen Textstellen, u. a. in dem von K. Nachmann verfaßten Lied ‚Mariandl, -andl, -andl, aus dem Wachauer Landl, Landl, Landl' aus dem Tonfilm ‚Der Hofrat Geiger' (vertont von H. Lang): „du hast mein Herz am Bandl, Bandl, Bandl ..." in einer sprachl. Fassung, die der urspr. Rda. ‚jem. am Bändel haben' am nächsten kommt.

Einen am Bändel herumführen: ihn zum besten haben, vgl. frz. ‚tenir quelqu'un par les cordons', veraltet, dafür heute: ‚tenir quelqu'un en laisse' (wörtl.: jem. an der Leine führen), ↗Leine.

Etw. am Bändel (auch *am Schnürchen) haben:* es sicher beherrschen, so daß es einem geläufig ist; *alles am Bändel haben:* die volle Herrschaft erreicht haben, frei schalten können. Diese vor allem mdt. Rdaa. sind meist recht jung; sie sind entweder vom Leitseil der Haustiere oder (wahrscheinlicher) vom ↗Gängelband der kleinen Kinder hergeleitet. Die erzgeb. Rda. ,Die müssen vom Bändel zehren', d.h. vom Grundstock ihrer Habe, findet sich schon bei Hans Sachs:

Mein werkstatt die ließ ich zusperren,
Weib und Kind vom bändlein zehren.

Die Rda. *Band hauen gehen:* sich mit Besenbinden Geld verdienen müssen, verarmt sein, gehört auch in diesen Sinnzusammenhang. Mdal. ,Do werd d'r Bännel dairer wie d'r Sack' (da wird der Bändel teurer als der Sack), das Drum und Dran macht die Sache zu teuer; ndd. ,Wammet glik metm Bänneken binnet, bruket me hernägest kein Strick'; bair. ,'s Bandl bricht', der Geduldsfaden reißt, und ,Es hat mi beim Hosenbandl', ich bin in großer Verlegenheit, in äußerst kritischer Lage.

Lit.: *K. Meisen:* Liebespfänder in mittelalterlicher u. neuerer Zeit, in: Rhein. Jb. f. Vkde. 4 (1953), S. 142–204.

Bandagen. *Mit harten Bandagen kämpfen:* den Gegner nicht schonen. Die Rda. stammt aus dem Boxsport u. geht zurück auf die urspr. Gepflogenheit, die Hände des Boxers mit schützenden Bandagen zu umwickeln. Je härter diese waren, um so verletzender wurden die Schläge. Heute wird die Wndg. übertr. vor allem im polit. Bereich verwendet.

bange, bangen. *Angst und bange werden:* die Rda. ist bibl. Ursprungs. Jer. 50,43 heißt es vom König zu Babel: „Ihm wird so angst und bange werden wie einer Frau in Kindsnöten". Nach Sir. 4,19 sagen wir „angst und bange machen". „Bange und angst" steht 1. Makk. 13,2. Diese Zwillingsformel enthält zwei Wörter mit urspr. gleichem Wortstamm. ,Angst' steht in Zusammenhang mit ,eng' und bedeutet sowohl Mutlosigkeit als auch quälende Sorge, ist also ein bedrückender, beengender Zustand (↗Beklemmung). ,Bange' ist aus ,beange' = beengt (gedrückt, gepreßt) hervorgegangen. Die neuere Abwandlung *Bange machen gilt nicht!* ist mdal. und lit. seit dem frühen 19. Jh. belegt.

Mit Hangen und Bangen ↗Hangen.

,Ik bün nig bang un waar nig bang', ich bin und werde nicht furchtsam; so sagt man holst. zu einem, der sich für beherzt ausgibt, in Wirklichkeit aber ein Hasenfuß ist. Die Rda. bezieht sich auf das plattdt. Schwankmärchen vom Bauern Waghals (Wander I, Sp. 227). Eine ebenfalls iron. Bdtg. hat die Wndg. *Es ist ihm nicht bange, das Herz klopft ihm nur bis in die rechte Wade (das Herz ist ihm in die Hosentasche gefallen),* scherzhaft im Ndd.: ,Bang is hei nich, ober hei kann schnell loopen!'; vgl. ndl. ,Hij is niet bang, maar het hart popelt hem in't lijf'.

Bank. *Etw. auf die lange Bank schieben:* eine Entscheidung aufschieben, die Ausführung verzögern.

Die Rda. stammt aus der Welt des Rechts, doch ist bislang nicht eindeutig geklärt, welche Funktion die Bank dabei hatte. Es ist nicht auszuschließen, daß Bank stellvertretend für die Truhe steht, die als Vorläuferin des Aktenschrankes alle vom Richter zum Lagern bestimmten Sachen aufnahm u. darin der Urspr. der Rda. zu sehen ist, wie A. Götze darlegt. Entsprechende Zitatstellen lassen diesen Schluß ohne weiteres zu.

Als erste schreibt 1481 die Kurfürstin Anna von Brandenburg über einen Gerichtshandel: „Kombt it herauß, so underwindt sich der vater, euer sach zu treiben, damit sie zu einem end kombt ... sußt wurdt es dortinnen in die langen truhen gespilt" (Steinhausen, Privatbriefe des MA. I, 233). Die Truhe erscheint hier synonym mit Bank. Ähnl. im Sprachgebrauch Luthers: „Wo es also ins Recht keme, Hoffet ich, Es solte in die lange Druen komen, Wie es mit Paulo auch gescha". An anderer Stelle: „laßt der armen leüt hendel nit jar und tag in der langen truchen ligen zu irem mercklichem verderben".

Es könnte sich bei ,Truhe' jedoch auch um eine sekundäre Begriffsbildung handeln

u. der Urspr. der Rda. durchaus primär in der Verwendung der Bank als Sitzgelegenheit zu suchen sein, z. B. im Gerichtssaal. Das Urteil mußte im Sitzen gefunden werden (Sachsenspiegel 2.12; 3.69). Der Richter saß gewöhnlich auf einem Stuhl, die Schöffen nach der Ordnung auf der Schöffenbank. Daher heißt es nach dem Sachsenspiegel (3.69) auch: ‚bankes bidden'. Auch andere, vor allem ndd. Urkunden u. Statuten nennen die Gerichtsbank, Schöppenbank, ‚banca scabinorum'. Gewöhnlich ist von vier Bänken die Rede: ‚klagen binnen ver benken' (Bremer Statut); ‚binnen die vier benke' (Gaupp: Das alte magdeburg. u. hallische Recht [1826], 281).

Nach römischem Grundsatz durfte vor Sonnenaufgang kein Verfahren eröffnet werden u. nach Sonnenuntergang keines mehr fortgeführt werden, d. h. bis Sonnenuntergang mußte das Urteil gesprochen u. die Strafe vollzogen sein. Konnte bis dahin kein Urteil gefunden werden, so mußte der Prozeß verschoben werden, woraus sich oft eine sehr lange Frist (Ûfschub) ergab. Als Zeichen für den unerledigten Gerichtshandel wurden Stühle und Bänke umgeworfen: ‚und man warf allenthalben stuel u. benk ein, damit nichts aus der sach werde' (Zimmerische Chronik, 3,98).

Oft konnte kein Urteil zustande kommen, weil das Verfahren die Befragung der Schöffen zu jedem einzelnen Punkt vorsah: „und so seind gegangen aus gesetzter bank die geschworene schultesen u. schöffen u. haben sich beredt u. besprochen miteinander, darnach seint sie wieder sitzen gegangen in gericht u. hent geantwortet uf die vorfrage" (Eschborner Weistum 1447).

In vielen Fällen kam es bis zum Sonnenuntergang deshalb nicht zu dem erwarteten Urteil.

Der Streit wurde vor andere Urteiler gebracht, d. h. die Umstehenden konnten das Urteil eines Schöffen anfechten (daher die Rda.: ‚Umstände machen'; vgl. Umstand): „schilt ir ordel en ir genot, he sal des bankes bidden, en ander to vindene, so sal jene upstan, de 't ordel vant, unde der sal sik setten in sine stat unde vinde dat ime recht dünke" (Sachsenspiegel 3,69). Es gab u. a. auch gewohnheitsmäßiges Verzögern. So war es z. T. bei den Bauern üblich, zweimal ohne Ergebnis wiederzukommen u. erst nach dem dritten Beratungsgang ihr Urteil abzugeben (Glosse zum Sachsenspiegel 1,58). Ein gescholtenes Urteil konnte auf derselben Bank unter Vorsitz desselben Richters gefällt oder aber an ein höheres Gericht (mit höherer Schöffenzahl) verwiesen werden: In einem Urspringer Weistum vom Jahre 1545 heißt es: „... werden sie des urteils eins, so sollen sie es heraus sprechen, werden sie aber d. u. nicht eins, so mögen sie das urteil schieben bis zum nechsten gericht" (d. h. ein Gericht mit langer Schöffenbank).

Daß die Rda. mit der Schöffenbank zu tun hat, die wegen der langwierigen Verhörpraxis für den wiederholten Aufschub u. die Verlängerung der Prozeßdauer verantwortlich war, geht auch aus den folgenden Textstellen hervor: „doch damit meine Sache nicht in die lange Bank komme, sondern in kurzer verhör abgehandelt werde" (A. Gryphius, Senyanne [1663] 2,1 in dessen Teutschen Gedichten I [1698], 859).

Eine weitere Bestätigung dieses Sachverhalts findet sich in einem bei A. Götze vermerkten Zitat von Joh. Leonhard Frisch in seinem Teutsch-Latein. Wörterbuch 1 (1741) 57: „Auff die lange Bank schieben (in longi subsellii judicationem differe) ist so viel als aufschieben, bis ihrer mehr zu Gerichte sitzen, ut magno judicum concessu res definiatur".

Auch die Ratsbank gehört in diesen Zusammenhang, da es nach Eichhorn (Zs. für geschichtl. Rechtswissenschaft 2,165) die ‚rathsmannen' oder ‚rathsherrn' waren, die im MA. als ‚rathgeber' u. Schöffen bei Gericht mit ‚rathgeben' beschäftigt waren. Die Rda. ‚etw. auf die lange Bank schieben' bedeutete daher urspr. wohl nur: an ein anderes Gericht verweisen „en ordel ‚tien', ‚to rechte tien' " (Sachsenspiegel 2,12). Im Urspringer Weistum wird für ‚ziehen' das Synonym ‚schieben' gebraucht: „schieben bis zum nechsten gericht". Später wurde die Rda. allgemeiner gebraucht i. S. v. ‚einen Prozeß in die Länge ziehen'.

In den großen Rechtsstreit des Bistums

Worms, der beim Kammergericht anhängig war, greift 1499 Bischof Johann III. ein mit der Mahnung: „hat sich leider die Sach bißhero länger dann uns nutz verlängert, were zu besorgen, daß sie alsdann gantz uf die lange Bahn gesetzet würde". Vom ungerechten Richter des Evangeliums predigt Geiler von Kaysersberg (†1510): „der richter kert sich nüt doran, sunder thett ein toub or dorzu, und wolt sye nit erhören durch lange zeyt. Er richt die sach yemermeder uff den langen banck". Bei Geiler finden sich außerdem die Fassungen: „ob man dich uff den langen banck wisset ... man wisset in uff den langen banck", und: „so ... man die sach uff die langen banck zeucht".

Noch bei Lessing in einem Brief vom 12. Juni 1759 an seinen Vater heißt es: „Sie werden selbst wissen, wie sehr ein Prozeß in Sachsen auf die lange Bank geschoben werden kann".

Schwäb. heißt es ‚der Bank'; sonst hat die Rda. in den Mdaa. nur ausnahmsweise Fuß gefaßt – ein weiteres Zeichen dafür, daß sie eben aus Gerichtssaal und Aktenkammer stammt.

‚Durch die Bank'

Durch die Bank: vom ersten bis zum letzten, ohne Ausnahme, ohne Unterschied; eigentl. in der Reihenfolge, wie alle auf der Bank sitzen. Die Rda. ist von einer alten Tischsitte hergeleitet. Bei den Mahlzeiten wurden alle der Reihe nach ohne Bevorzugung bedient. Die lit. Belege reichen in mhd. Zeit zurück; um 1296 schildert die Livländische Reimchronik (V. 938ff.) eine reiche Mahlzeit und rühmt den Wirt wegen seiner guten Verpflegung:

> die wirtschaft was also getân,
> daz sie im alle sageten danc.
> rîche vnd arme durch die banc,
> der pflac man vollenclîch alsô,
> daz sie alle in gote waren vrô.

Auch im ma. Reichstag hatten die Bänke (z.B. die Fürstenbank) eine strenge Rangordnung; dies gilt in ländlichen Bereichen bis heute auch für die Sitzordnung in der Kirchenbank.

Die folgenden Rdaa. sprechen von der Bank des häuslichen Bereichs:

An der Bank anfangen und am Tisch aufhören: klein beginnen und gut enden.

Einen auf die Ofenbank setzen: ihn lange warten lassen, eine alem. Rda.

Jem. auf eine Bank mit einem andern setzen: ihn für gleichberechtigt oder nicht für besser halten (vgl. Lessing 6,226: „und ich habe Cramern geschmäht, daß ich ihn mit Popen auf eine Bank setze?").

Unter der Bank war der Platz für Minderwertiges und Verachtetes. So sagt Luther vom Papst: „er leszt das evangelium unter der bank ligen". Die Rda. *etw. unter die Bank legen* (auch *schieben* oder *stoßen*) bedeutet: es beiseite legen, wegwerfen, verbergen; *einen unter die Bank tun:* ihn herabsetzen.

Von der Bank fallen: uneheliche Kinder zeugen, vgl. bei Grimm: „Er ist mit der Dirne von der Bank gefallen", d.h., er hat mit ihr ein uneheliches Kind (Bankert) gezeugt.

Die Bänke des Tanzbodens sind in den beiden folgenden Rdaa. gemeint: obersächs. ‚die Bank scheuern' und thür. ‚mit Bankhansen tanzen', beim Tanz wiederholt sitzenbleiben.

Etw. auf allen Bänken singen: etw. von allen Dächern rufen, spielt auf die Bänkelsänger an, die sich bei Festen und Jahrmärkten auf Bänke stellten, um bes-

‚Auf allen Bänken singen'

‚Vor leeren Bänken'

ser gehört zu werden. In der Rda. *leeren Bänken predigen:* keine Zuhörer haben, sind zweifellos die Kirchenbänke gemeint. Heute wird sie aber meist im parlamentar. Bereich verwendet, wenn es für eine Rede keine Interessenten (mehr) gibt. Von allen Bänken des öffentl. Lebens sind nur noch die Fleischbank, die Geldbank und die Waschbank in den folgenden sprw. Rdaa. bewahrt worden:

Einen zur Bank hauen erinnert an die Fleischbank. Die Rda. meint eigentl.: jem. in Stücke zerhauen, wie man sie auf der Fleischbank des Metzgers zum Verkauf auslegte. So heißt es bei G. A. Bürger (‚Lied der Treue'): „Wir haun, als hackten wir Fleisch zur Bank". Die ältere Bdtg. ist aber: jem. verleumden. Das geht z. B. hervor aus einer Stelle in Leonhard Thurneissers 1584 erschienener Schrift ‚Notgedrungenes Ausschreiben', wo es heißt: „Hat mich redlichen über die Zunge springen lassen und zur Bank gehauen". Heute heißt einen zur Bank hauen soviel wie: ihn im Wortgefecht mundtot machen (vgl. ‚einen in die ↗Pfanne hauen').

Einen durch die Bank ziehen: lästern, schelten. Die Rda. stammt von der Hechelbank, auf der der Flachs gereinigt wurde. So heißt es im 17. Jh. bei Joh. B. Schuppius: „auß der Ursache haben die Herren Scholarchen ihn ... tapffer hergenommen, dadurch es verursacht worden den Aristotelem wider wacker durch die Banck zu ziehen", ↗Hechel.

Auf die Waschbank führen (kommen): Geschwätz, ‚Gewäsch' über jem. anstellen, wobei an den Einfluß von waschen in der Bdtg. ‚plaudern, klatschen' zu denken ist. Els. nennt man eine nicht aufhörende Schwätzerin ‚eine lewendige Wäschbank'. Thür. ‚Geld in den Bänken haben', Vorrat haben; meckl. ‚in Bänken hewwen', Vermögen besitzen. Beide Wndgn. sind durchaus mit der Vorstellung der Anlage des Geldes auf der Bank verbunden. Auf die Bank als Geldinstitut bezieht sich auch der rdal. Vergleich *so sicher wie die Bank* (ndl. ‚zo vast als de bank', frz. ‚comme la banque' (veraltet), engl. ‚his word is as good as the bank'.

Die Bank sprengen, seine Bank ist gesprengt: sein Bargeld ist zu Ende, er hat keine Kraft mehr; vgl. frz. ‚faire sauter la banque' i. S. v. einen ungedeckten Scheck ausstellen.

Auf der Bank der Spötter sitzen bezieht sich auf Ps. I, 1 in Luthers Bibelübersetzung.

Im politischen Bereich sind in neuester Zeit einige Wndgn. entstanden, die in ihrer Bildhaftigkeit von großer Aussagekraft sind. So weist *die harte Bank der Opposition* darauf hin, daß es ein hartes Brot ist, in der Opposition die vielfältigen Vorteile einer Regierungspartei entbehren zu müssen. ‚Hinterbänkler' aber sind Abgeordnete, die als Neulinge auf den

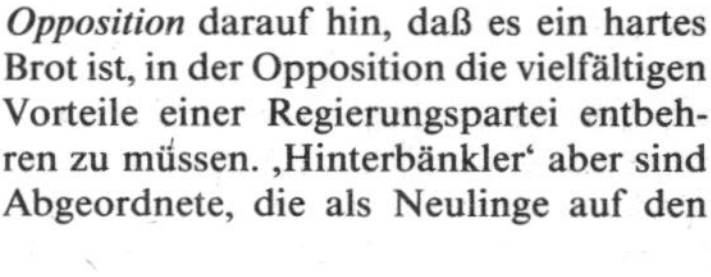

‚Die harte Bank der Opposition'

hinteren Plätzen sitzen müssen, oder auch sonst nicht durch besondere Aktivitäten auffallen.

Lit.: *J. Grimm:* RA. II, S.435ff., 485ff., 502ff.; *A. Götze:* Eine Rda. aus dem Rechtsleben, in: Zs. f. Deutschkunde, 38 (1924), S. 94–99 (zu: ‚auf die lange Bank schieben'); *Richter-Weise,* Nr. 12 und 13, S. 15–17; *L. Schmidt:* Bank und Stuhl und Thron, in: Antaios XII, 1 (1970), S. 85–103; *ders.:* Stuhl und Sessel. Zur Geschichte des europäischen Sitzmöbels, in: Studia Ethnographica et Folkloristica in Honorem Béla Gunda (Debrecen 1971), S. 349–359; *G. Buchda:* Art. ‚Gerichtsverfahren', in HRG. I, Sp. 1551–1563.

Bankerott, Bankrott. Bank(e)rott ist urspr. ein um 1500 aus der ital. Kaufmannssprache entlehnter Fachausdr. In südlichen Ländern betrieben die Geldwechsler früher ihre Geschäfte auf offener Straße. Bei Zahlungsunfähigkeit wurde die Bank des Händlers zerschlagen (ital. ‚banca rotta' = zerbrochene Bank). In der heutigen Umgangssprache wird die Wndg. auch bildl. gebraucht.

Bankrott machen; sich bankrott erklären: Schiffbruch erleiden, aufgeben. Statt dessen kennt die ältere Sprache auch die Wndg. ‚Bankrott spielen', die in ndd. Mdaa. heute noch lebendig ist (vgl. frz. ‚faire banqueroute'; engl. ‚to become a bankrupt'; ndl. ‚Bankroet gaan').

Lit.: *A. Schirmer:* Wb. d. dt. Kaufmannssprache (Straßburg 1911).

bar, Bargeld. *Bargeld lacht:* es wird weder geborgt noch gestundet. Die Wndg. läßt sich bis ins MA. zurückverfolgen u. kommt hauptsächlich in getrennter Schreibweise vor: ‚das baare geld', ‚die baare münze', auch ‚die blanken thaler'. Es ist damit das aus dem Beutel gezogene, auf den Tisch gezählte Geld gemeint, wenn es nicht ausdrücklich heißt: *bar auf die Hand* (↗Handgeld).

Urspr. gab es außerdem noch die Versionen: ‚baar geld kauft' u. ‚baar geld kauft wohlfeil', weil das Borgen schon in frühester Zeit recht teuer war:

und aufschlag machen in all wahr,
auf porg vil thewrer wann umb par.

(H. Sachs, I, 1558); „baar geld ist die losung; wer baar geld gibt, hat macht zu dingen; baren solt geben" (Geiler von Kaysersberg: ‚Der hellische lewe' [1517]).

Mit Bargeld wurden auch die Taglöhner u. Arbeiter entlohnt: „und man gab das geld bar uber denen, die da arbeiten" (dabant in manum) (2. Könige 12, 11).

‚Etw. für bare Münze nehmen' ↗Münze.

Oft wurde die nähere Bezeichnung weggelassen u. durch die Wndg. *in bar* oder *gegen bar* ersetzt. Vgl. Eiselein 50: ‚Baar gegen baar setzen' u. ‚Zale! ich will's bar sehen'.

Bär. Die verschiedenen Eigenschaften des Bären, seine Stärke und Schwerfälligkeit, seine unbeholfene Drolligkeit haben in vielen rdal. Vergleichen Ausdr. gefunden. Ein großer starker Mensch ist *ein Kerl wie ein Bär,* ein ‚Bärenkerl'; auch mdal. belegt, ‚n Kerl as'n Boar' in der Mark Brandenburg; ostpr.: ‚de is wie e Boar': strotzend vor Gesundheit u. ‚de heft Krefte wie e Boar'.

Weniger schmeichelhaft heißt es in Bremen u. Umgebung von einem rauhen, plumpen Menschen, ‚he is een Baar'. Fällt jem. durch linkisches Benehmen auf, dann sagt man in Nordostdeutschland: ‚Der ös so tolpatschig wie e Boar': ungeschickt.

Den belustigenden Eindruck, den der Bär durch seine Tapsigkeit hervorruft, gibt die schweiz. Rda. wieder: ‚Er isch e Bäremani': ein gutmütiger, im Denken u. Handeln etw. schwerfälliger Mensch. Auch ist der Bär ein vergleichsweise harmloses Raubtier, das – wenigstens im Märchen (KHM. 161: Schneeweißchen u. Rosenrot) – keinem Kinde etw. zuleide tut. Aber gerade seine liebenswerten Eigenschaften machen ihn in der Volkserzählung zum erkorenen Opfer seines gerissenen Begleiters, des Fuchses.

Von einem mürrischen Menschen sagt man: *Er brummt wie ein Bär;* man nennt ihn ‚Brummbär' oder ‚bärbeißig'; u. in den Mdaa., nordostdt.: ‚bromm doch nich wie e Boar!' Ähnl. ist es in der Bibel bezeugt: „wir brummen alle wie die Bären" (Jes. 59, 11). Für die Gemütslage übellauniger Menschen verfügt die Sprache über verwandte Formulierungen, beispielsweise Schlesw.-Holst. ‚He maakt n Gesicht as'n Bar': grimmig. ‚Er ist wie ein Bär, er trauert, wenn schön Wetter ist', damit meint man einen, der durch heiteres Wesen anderer verstimmt wird.

‚Ein ungeleckter Bär'

‚Einen Bärendienst erweisen'

‚Tanzen wie ein Bär'

‚Einen Bären anbinden'

‚Den Bärenführer spielen'

‚Einen Bären aufbinden'

Verbreitet sind auch die Wndgn. *Er schläft wie ein Bär* und in Ostpr.: ‚he schleppt wie e Boar': fest schlafen, Anspielung auf den Winterschlaf des Tieres. Dazu kommt *einen Bärenhunger haben,* letztere schon im 13. Jh. bei Reinmar von Zweter. Vgl. dagegen frz. ‚une faim de loup' (Wolfshunger).

Ein ungeleckter Bär: ein ungehobelter, grober Geselle, ist in ähnl. Form vielen europ. Sprachen bekannt, z. B. frz. ‚un ours mal léché'; ndl. ‚het is een ongelikte beer'. Die Rda. stammt aus dem bereits im Altertum bezeugten Volksglaubens, der Bär werde als gestaltloses unförmiges Stück Fleisch geboren und erst durch die Mutter in die richtige Form geleckt.

Die Emblematik des 16. und 17. Jh. ward nicht müde, das dankbare Thema der mütterlichen Fürsorge der Bärin, ins Pädagogische gewendet, zu variieren. Steht doch bei Demokrit: ‚wer soll den Bären lecken': wer soll die schwere Kulturarbeit ausführen? Nach den ‚Centurien' (1615), den

Emblembüchern des Joachim Camerarius, ist die Kunst mächtiger als die Natur. Sehr abgesunken erscheint das erzieherische Anliegen der Renaissance in der modernen saloppen Feststellung: ‚Dich hat der Bär geleckt': du hast schlechten Umgang gehabt oder: du bist aus keinen guten Händen gekommen.

Der Glaube an die verwandelnde Kraft der Kultur (‚die alle Welt beleckt') geht auch durch die Dichtung. Die dt. Lit. des 18. Jh. bietet zahlreiche Belege für die Wndg. (zuerst bei Gottsched 1752). Jean Paul gebraucht sie z. B. 1795 in ‚Quintus Fixlein': „Ein Opus, das, wenn ich es eben hinwerfe, gleich einem neugebornen Bären noch größer ist als eine Ratze, leck ich mit der Zeit zu einem breiten Landbären auf".

Die zoologische Merkwürdigkeit findet sich bei H. Heine. Er schreibt von einem „dt. Edelmann, dem diese Künste in der bärenleckenden Lutetia mühsam eingeübt worden": der in Paris unter Schwierigkeiten etwas dazugelernt hatte (H. Heine, ‚Reisebilder' [1830]).

An die lustigen Tanzbären der Jahrmärkte ist in den folgenden Rdaa. gedacht: *tanzen wie ein Bär:* unbeholfen tanzen; oft auf Menschen angewendet, ‚er macht lauter Bärensprünge': tanzt blind, ist ein plumper, ungelenker Tänzer.

Den Bären machen: zu niedrigen Dienstleistungen mißbraucht werden; der Jahrmarktsbär hatte zu tanzen, sooft es der Bärenführer befahl. Für die sinnbildliche Darstellung der beginnenden Neuzeit war dies ein beliebtes Thema. So erscheint der Bär in den ‚Emblemata moralia & bellica' (1615) des Jacob von Bruck: der Bärenführer mit Peitsche und Kette, dessen Geschöpf nach seiner Pfeife tanzen muß, versinnbildlicht die wohltätige Macht des Fürsten über das ohne seine Leitung zügellose Volk.

Aber nicht immer gelingt es, ‚einem Bären den Ring durch die Nase zu ziehen': ihn zu zähmen. Schlesw.-Holst.: ‚He is tagen as'n Bar': ohne Erziehung – oder in Nordostdtl. ‚dem oole Baare ös schlömm danze lehre': die Versäumnisse der Jugend bleiben meist irreparabel, aber auch unentschuldbar, ‚lernt doch ein Bär tanzen': Erziehung und Schule bilden selbst minder begabte Kinder. Rhein. heißt ‚den Bären machen' allerdings: in einer lustigen Gesellschaft der Ausgelassenste sein; oder auch: ‚den Bären loslassen': den Ausbrüchen der Lust u. des Mutwillens, aber auch den wilden Leidenschaften die Zügel schießen lassen; schweiz.: ‚er thued beret': benimmt sich wild u. ungezogen; ndl.: ‚Hij laat den beer los'; ‚die machen de Bär mit dir', sie halten dich zum Narren. Südd. kennt man schließlich noch ‚den Bären tanzen lassen', Spektakel machen, vgl. frz. ‚jouer au montreur d'ours' (wörtl.: als Tierbändiger auftreten) und ‚den Bärenführer spielen', den Fremdenführer machen.

Einen Bärendienst erweisen: eine unzweckmäßige Hilfeleistung geben, jem. ungewollt schaden; eine Rda., die aus der Volkserzählung erklärt wird. L. Göhring denkt an den Schwank vom Einsiedler und seinem jungen gezähmten Bären: Um die Mücken zu verjagen, die den schlafenden Einsiedler belästigen, wirft der Bär mit einem Stein auf sie, wodurch er die Mücken vertreibt, aber zugleich den Einsiedler tötet. Fabel wie Rda. sind europ. weit verbreitet.

Allg. bekannt war die Wndg. *Er ist ein Bäranbinder:* ein Flausenmacher; frz.: ‚C'est un donneur de bourdes'.

Für die aus dem 17. Jh. erstmals belegte Rda. *einen Bären anbinden:* Schulden machen (bes. im Wirtshaus), sind verschiedene Deutungen vorgeschlagen worden. Grimmelshausen verwendet sie im ‚Simplicissimus' (I, 289) im Sinne von einer durch nichts gerechtfertigten, leeren Prahlerei.

Ostpr.: ‚er hat einen guten Bären brummen': er hat Schulden u.: ‚die Bären brummen': die Gläubiger wollen bezahlt sein.

Recht unglaubwürdig ist die Erklärung, die J. L. Frisch 1741 in seinem ‚Teutsch-Lat.-Wb.' (I, 61 c) gibt: „einen Bären anbinden, oder anlegen ... Heißt Schulden machen, deren Glaubigern man immer richtige Zinse bringen muß, oder sie brummen".

Am wahrscheinlichsten ist die von Schütze (Holst. Idiotikon, 54) u. Müller-Fraureuth (Obersächs. Wb. I, 62) gegebene Erklärung: Bär sei mißverstandenes mdt. und ndd. ‚Bere, Bäre' = Abgabe.

Ähnl. erklärt Müller-Fraureuth die Rda. *einen Bären aufbinden:* aufschneiden, weismachen, aus einem Mißverständnis des Wortes Bär = Last, vgl. bern = tragen; mhd. bér = Schlag.

Auffällig scheint, daß die Grenzen der Anwendung beider Rdaa. lange Zeit hindurch fließend waren. Adelung bringt um 1800 für ‚den Bären anbinden' sowohl die Schuldenversion als auch die letztgenannte Bedeutung, läßt diese – das „einem etwas weismachen" – aber nur für Österreich gelten. Dagegen findet sich auch, ‚mir einen solchen Bären aufzubinden': solche Schulden aufzuhalsen, dazu das Sprw.: ‚Es ist besser einen Bären loslassen als einen Bären anbinden': besser Schulden bezahlen als machen.

Das Bären-aufbinden nach heutigem Sprachgebrauch findet sich erstmals 1663 in J. B. Schupps Schriften. Unter Beiziehung von Luther- u. Gryphiuszitaten hält Trübner die Wndg. für eine Übertragung des lat. imponere = den Leichtgläubigen täuschen. Doch ist vielleicht auch an den richtigen Bären und an eine Herleitung der Rda. aus der Jägersprache zu denken. Schon mhd. bezeugt ist die Wndg. ‚ich hete senfter einen bern zu dirre naht gebunden', woraus sich ergibt, daß man es als bes. schwer ansah, einen Bären zu fesseln. Wenn nun ein Jäger mit seinem Latein andern eine Jagdgeschichte aufbinden wollte, so konnte er sich einer solchen Heldentat rühmen. Darauf deutet schon 1668 die Stelle im ‚Simplicissimus' (I, 289): „daß ich ihnen, wenn ich nur aufschneiden wollen, seltsame Bären hätte anbinden können". Später ist ‚anbinden' durch ‚aufbinden' ersetzt worden, vermutlich, um eine Verwechslung mit ‚einen Bären anbinden' (= Schulden machen) zu vermeiden.

Sinnfällig erscheint die Rda. auch in der Negation, ostpr.: ‚De lett sick nich inne Boarestall bringe': dem ist nichts weis zu machen; und es mag ihm doch geschehn sein, „dasz er sich abendlicht für morgenlicht (hat) aufbinden lassen" (Jean Paul, ‚Der Komet' [1822] 3, 122).

‚Dä well all de Boare binge (binden)', sagt man in Nordostdtl. von einem Menschen, der alles wissen und erreichen möchte. Kaum noch gebräuchl. dürfte die früher häufig (so bei Hans Sachs) belegte Wndg. sein, *den Bären treiben:* den Kuppler, Gelegenheitsmacher spielen. Sie rührt wohl aus der Geringschätzung her, die das MA. dem fahrenden Volk entgegenbrachte.

Aus dem reichen Erfahrungsschatz von Predigern und Gewissensräten stammt *dem Bären ins Ohr blasen:* unter Lebensgefahr die Wahrheit aussprechen.

Es ist ihm noch kein Bär in den Weg gekommen: er weiß nichts von Anfechtung.

Sucht jem. lange vergeblich nach einem Gegenstand, der ihm geradezu in die Augen springen müßte, heißt es: *wenn es ein Bär wär, würde er dich beißen;* engl.: ‚If it were a bear, it would bite you'.

Weniger gefährlich taucht der Bär in Rdaa. auf, die Verblüffung u. Verwunderung ausdrücken: *Ja, daß dich der Bär herze!,* 1631, nach einer wahren Begebenheit bezeugt; oder: ‚Eck docht, mi klaut der Boar': als Ausdr. der Überraschung, aber auch des Geschmeicheltseins (in Nordostdtl.).

Der Volksglaube verbietet es, an ein bereits angezogenes Kleid hinten noch etwas anzunähen u. sagt, wie entschuldigend: ‚Denn klaut mi der Bar'.

Lit.: *Wander* I, Sp. 230–233; *H. Schrader:* Bilderschmuck, S. 218 ff.; *Richter-Weise,* Nr. 8; *Bolte-Polívka* II, S. 427–435; *W. E. Peuckert:* Art. ‚Bär', in: HdA. I, Sp. 881–905; *A. Taylor:* Proverb, S. 187; *Göhring,* S. 18–21; *Raab,* S. 22–34; *Küpper; Büchmann;* Bären anbinden, in: Zs. f. d. U. 21 (1907), S. 526; *A. Henkel* u. *A. Schöne* (Hg.): Emblemata. Hdb. z. Sinnbildkunst des XVI. u. XVII. Jh. (Stuttgart 1978), Sp. 441 f., 447; *H. J. Paproth:* Art. ‚Bär, Bären', in EM. I, Sp. 1194–1203; *J. Leibbrand:* Speculum Bestialitatis (Diss. Freiburg i. Br. 1986) (München 1989), S. 95 ff.

barbieren. *Jem. barbieren:* den Bart abschneiden, rasieren, übertr.: ihn betrügen, erniedrigen. Die Rda. bezieht sich auf das schimpfliche Abschneiden des Bartes, das im MA. als entehrende Strafe galt.

Schon bei den alten Griechen u. Römern war der Bart ein Zeichen von Mannhaftigkeit. Jedes Ausreißen oder Scheren des Bartes, das vor allem in Racheakten eine Rolle spielte, stellte eine grobe Erniedrigung dar. Deshalb wurden mannhafte Standfestigkeit, Stolz u. Geradlinigkeit durch auffälliges Drehen des Schnurrbartes ausgedrückt, oft auch – zum Beweis der Aufrichtigkeit – mit den provozieren-

den Worten: ‚Du kannst mir diesen Bart Haar um Haar ausreißen, wenn ich dich betrüge!' (Von daher auch die frz. Rdaa: ‚avoir la barbe au menton': ein entschlossener Mensch sein; ‚s'en toucher la barbe': nicht viel danach fragen; ‚Il se laisserait arracher la barbe poil à [par] poil': er läßt sich alles bieten.)
Auch bei den Germanen wurde das Barthaar allg. lang getragen, vor allem bei den Langobarden, die durch ihre auffallend lange Barttracht ihren Stammesnamen ‚Langobardi' (Langbärte) erhielten. Da sie die Urheber der ersten schriftl. Aufzeichnung der german. Volksrechte (7. Jh.) waren, die u. a. Knechten u. Unfreien das Wachsenlassen der Haupt- u. Barthaare untersagten (lex. burg. VI, 4), ist anzunehmen, daß auf sie auch die ma. Gesetze zurückgehen, die das unbefugte Scheren des Bartes unter schwere Strafe stellten (lex. sal. 28, 2).
Mit dem modischen Wechsel der Barttracht gerieten diese Gesetze jedoch in Vergessenheit, als das Ansehen einer Person nicht mehr vom Bart abhing u. entsprechend durch das Abrasieren nicht mehr beeinträchtigt werden konnte. Anders jedoch in der Türkei. Dort galt es noch bis ins 19./20. Jh. hinein als der größte Schimpf, wenn dem Besiegten der ↗Bart abgeschnitten wurde. (Vgl. auch: ‚Jem. über den ↗Löffel barbieren').

Lit.: *H. Carstens:* ‚Jemanden barbiren', in: Am Uhrds-Brunnen. Organ des Vereins für Verbreitung volksthüml.-wissenschaftl. Kunde, 4 (1886/87), S. 111; *G. Megas:* Der Bartlose im neugriech. Märchen (= FFC.157) (Helsinki 1955), S. 3-16; *R. Schmidt-Wiegand:* Art. ‚Haar' u. ‚Haarscheren' in: HRG. I, Sp. 1880–1887.

Bärenhaut. *Auf der Bärenhaut liegen:* faulenzen, sich dem Müßiggang hingeben; mdal., ‚oppe Boerehut ligge': sich ausruhen, nichts tun (nordostdt.). Wander bringt die Varianten: *Die Bärenhaut ist sein Unterbett,* vom Faulenzer; *er muß die Bärenhaut umhängen:* ein faules, tatenloses Leben führen.
Diese Rda. taucht zuerst im 16. Jh. in humanistischen Kreisen auf und schließt sich an eine Stelle der damals neuentdeckten ‚Germania' des Tacitus (Kap. 15, 22) an. Die ersten Belege finden sich 1509 bei Heinrich Bebel (‚Facetien'), 1575 bei Joh. Fischart (‚Geschichtklitterung') und 1579 bei Ritter Hans von Schweinichen, auch wiederholt im ‚Simplicissimus' ‚auf der faulen Bärenhaut liegen' (1, 256; 2, 81): durch Nichtstun korrumpiert werden. In scherzhafter Negation gebraucht Jean Paul die Wendung: „.. ebenso sind unsere Statuen keine müßigen Staatsbürger auf der Bärenhaut" (Titan 1, 43).
Allg. bekannt geworden ist die Rda. wohl erst durch das Studentenlied ‚Tacitus und die alten Deutschen' von A. Kunitz und W. Ruer, dessen 3. und 4. Strophe lauten:

An einem Sommerabend, im Schatten des heiligen Hains,
Da lagen auf Bärenhäuten zu beiden Seiten des Rheins
Verschiedene alte Germanen,
Als plötzlich mit freundlichem Gruß
Ein Römer kam: „Meine Herren!
Ich heiße Tacitus".

Dem röm. Historiker dürfte der Anblick von Kriegern im Fellkleid unter seinen eigenen Landsleuten nicht fremd gewesen sein. Die ‚signiferi" (Feldzeichenträger) im kaiserlich-römischen Heer empfingen als Auszeichnung eine Bärenhaut, über Helm und Panzer gelegt (Keller, Antike Tierwelt 1, 180). Nicht nur unsere noch unkultivierten Vorfahren, auch andere Barbaren bedienten sich ihrer: Im ersten messenischen Kriege (8. Jh. v. Chr.) fochten in Bärenfelle gehüllte Arkadier als Bundesgenossen der bedrohten einheimischen Bevölkerung gegen die auf dem Peleponnes vordrängenden Spartaner (Keller, a. a. O. 1, 176).
Selbst als die skandinavischen ↗Berserker ihr „Bärenkleid", das ihnen nach altem Glauben die Stärke des erlegten Tieres verlieh, abgelegt hatten, hielt man im Deutschland des ausgehenden MA. bis zu einem gewissen Grade an altgermanischen Lebensgewohnheiten fest. Das Bärenfell, Lagerstätte, Zeltteppich u. a. galt noch im 15. u. 16. Jh. als nützliches Reiseutensil und unentbehrlich für Feldzüge. Wer aber auf der Bärenhaut nicht verschimmeln wollte (Joh. Fischart, Gargantua 185[a]), fürchtete doch die demoralisierenden Folgen eines allzu müßigen Lagerlebens. Solche Erfahrungen mögen auch eine Erklärung sein für das Herabsinken des heroischen Kriegers der europäischen

Des erſten Bernhäuters Bildnus.

So ſah ich aus, ich erſter Bärenhäuter,
Den Namen ich bekam von Bärens Haut
Den ich erſchoß, daß mir nicht einmal graut,
Ob ich bekam gleich dazumal viel Neider.
So hoch mein vor Zeiten war geſtiegen,
So tief muß er im höchſten Schimpf jetzt liegen:
Man ſieht hieraus, was hochgeachtet wird heut,
Das ſtürzt der Neid in allzu kurzer Zeit.

Frühgeschichte zu dem immer mehr verachteten Bärenhäuter der Moderne.

Die Schelte ‚Bärenhäuter‘ für einen Faulenzer und Nichtstuer, auch für einen ungepflegten Menschen, ist heute selten, war aber vom 16. bis 18. Jh. sehr geläufig, wobei die im Deutschen Wörterbuch (I, Sp. 1128 f.) verzeichneten Belege teilweise die urspr. nicht abschätzige Vorstellung bezeugen: „bärenhäuter, du hast dich gehalten als ein resoluter kerl“ (Insel Felsenburg I, 32).

In unseren Tagen bedeutet ‚er ist ein Bärenhäuter‘: eigentlich nur noch Müßiggänger, Strolch, Faulpelz, grob, ungehobelt. Zur Erklärung des ‚teuschgegebenen Schandnamens Bärnhäuter‘ erzählt Grimmelshausen 1670 die Geschichte ‚Der erste Bärnhäuter‘. Die Erzählung erscheint in den Märchen der Brüder Grimm als Vorspann von KHM. 101 ‚Der Bärenhäuter‘.

Was der Barockdichter, angeregt durch Tacitus, schuf, war eine Ehrenrettung des mit Mut und Stärke begabten ‚Bärenhäuters‘, dessen Prüfungen die Leiden jener Zeit illustrieren. Zweifelsohne beeinflußt von Grimmelshausen griffen Brentano und Arnim den dankbaren Stoff auf. Als Binnenerzählung in Arnims Novelle ‚Isabella von Ägypten‘ erscheint die schauerlich-ironische ‚Geschichte des ersten Bärenhäuters‘, eines unglücklichen, zwiespältigen Wesens. Obwohl gestorben, tritt er in den Gang der Handlung ein, zuletzt so verflucht, daß ihn sein Geiz bis zum Jüngsten Tag nicht zur Ruhe kommen lassen wird, im scharfen Gegensatz zum frommen, freigebigen Helden des nachmaligen (gleichnamigen) Grimmschen Märchens (KMH. 101).

Ganz anders wirkt die possenhafte Heiterkeit in Uhlands Lustspiel ‚Die Bärenritter‘, dessen Inhalt sich auf die Formel ‚Braut gegen Bärenfell‘ bringen läßt.

Die Bärenhaut verkaufen, bevor man den Bären hat, oder ‚Des Bären Fell verkaufen, ehe der Bär gestorben ist‘: voreilig handeln, geht wohl auf den Schwank von den zwei reisenden Jägerburschen zurück, die ihrem Wirt versprachen, mit der Haut des noch unerlegten Bären zu bezahlen. Schwank und Rda. sind international; ägypt. ‚Man muß das Pantherfell nicht eher verschenken, bis man den Panther erlegt hat‘; lat. ‚Priusquam mactaris, excorias‘ u. ‚Ante lentem augere ollam‘; frz. ‚Il ne faut pas vendre la peau de l’ours, avant qu’il soit pris‘; engl. ‚to sell the skin before you have caught the bear‘. Frühbelege der Rda. finden sich in Thomas Murners ‚Narrenbeschwörung‘ von 1512 (V. 67):

(Die Priester) hondt die Berenhüt verkoufft.
Ee das ir einer in erloufft.

‚Die Bärenhaut verkaufen, bevor man den Bären hat‘

Dazu findet sich eine Parallelstelle in Murners ‚Von dem großen Lutherischen Narren' von 1522 (V. 740):

(Die Kardinäl) wollen doch betrachten nit,
Das sie die Berenhaut verkauffen,
Ee sie mit Jagen darumb lauffen.

Bei Lehmann (834) schließlich heißt es (‚Ungewiß' 9): „Es ist nicht gut Baernhaut kauffen, der Baer sey dann gestochen, wie auch nicht Kälber kauffen, ehe die Kuh gekälbert". Vergleiche die Wendung ‚für die Wiege sorgen, ehe das Kind geboren ist'.

Nordostdt.: ‚Das Bärenfell teilen, ehe er erlegt war': wenn Kinder vor dem Ableben der Eltern die Erbmasse an sich reißen.

An der Bärenhaut sind noch Klauen: die Sache hat noch ihre Schwierigkeiten; wenn jem. etw. versprochen hat, was noch zu erringen ist; dän. ‚Der er klo for björneskindet'.

Die Erzählung über die Rda. ist zum ersten Mal gedruckt in dem 1495 erschienenen ‚Hecatomythium' von Laurentius Abstemius, dem Bibliothekar des Herzogs von Urbino. In diesem Büchlein erzählt, in wörtl. Übers., das 49. Stück: Ein Gerber kommt zu einem Jäger, kauft von ihm eine Bärenhaut und gibt ihm das Geld dafür. Der Jäger sagt, derzeit habe er keine, verspricht aber, am nächsten Tage jagen zu gehen und ihm nach Erlegung eines Bären dessen Haut zu geben. Der Gerber ging mit ihm, voller Neugierde, in den Wald und stieg dort, um dem Kampfe mit dem Bären zuzusehen, auf einen gar hohen Baum. Furchtlos schritt der Jäger auf die Grube zu, wo sich der Bär verborgen hielt, ließ die Hunde hinein und zwang ihn herauszukommen; der Bär aber wich dem Speerwurf des Jägers aus und riß diesen nieder. Da nun der Jäger wußte, daß dieses Tier nie gegen Aas wütet, hielt er den Atem an und stellte sich tot. Der Bär beschnupperte ihn, und da er weder aus der Nase noch im Herzen einen Atem spürte, trollte er sich. Als der Gerber sah, daß das Tier abgezogen war und keinerlei Gefahr mehr bestand, stieg er von dem Baume herab, ging zu dem Jäger hin, der sich noch nicht aufzustehen getraute, hieß ihn aufstehen und fragte ihn dann, was ihm der Bär ins Ohr gesagt habe; und der Jäger: Er hat mich ermahnt, fortan das Fell des Bären nicht zu verkaufen, ehe ich ihn gefangen hätte (Aesopi Phrygis et aliorum fabulae, Venetiis, 1539, 45a).

Weitere Bearbeitungen dieser Fabel finden sich bei Joachim Camerarius in seiner zuerst 1538 erschienenen Fabelsammlung; dann in dt. Sprache bei Hans Wilhelm Kirchhoff in dem 87. Stück seines ‚Wendunmuth' (1563). Bei La Fontaine (livre V, fable 20):

Qu'il ne faut jamais
Vendre la peau de l'ours qu'on ne
l'ait mis par terre.

In dt. Übers. lautet sie:

Zwei Freunde, beide knapp bei Kasse,
Besuchen in der nächsten Gasse
Den Kürschner, und sie bieten an
Zum Kauf ein Bärenfell dem Mann.
Der fragt: „Wo ist das Fell, Ihr Herren?"
„Das, Meister, laßt Euch gar nicht scheren,
Den Pelz, den sehet Ihr sehr bald!
Der Bär? Der streift jetzt noch im Wald ...
„Ein Fell man nicht zu Markte trägt,
Bevor den Bären man erlegt!"

Auf La Fontaine beruht schließlich die Version von Hagedorns Fabel ‚Die Bärenhaut'. Auch Burkard Waldis kennt die Fabel von der leichtfertig verkauften Bärenhaut. Dies geht aus einer Anspielung in dem 88. Stück des IV. Buches des ‚Esopus' hervor, wo die Moral beginnt:

Die Haut soll man zu Marckt nit tragen.
Man hab denn erst den Beren geschlagen.

In Hans Sachsens Meistergesang vom Neujahrstag 1536 heißt es von einem frechen Jäger im Schwabenland, der im Wald einen Bären gesehen hat:

Nein in Marck det lauffen
Und det die Hawt verkauffen,
Halff auch den Leitkauff sawffen,
E er den Peren stach.

Eine merklich abweichende Variante der Erzählung kennt Luther. Schon 1520 sagt er in dem großen Sermon von dem Wucher (W.A. VI, 56): „Doch wollen itzt die reyche Kauffleut yhrs Geldis Gluck, und dasselb eytell on Ungluck, darzu anderer

Leut Willen und Mut vorkauffen, on wilchen es leytt, ob sie vorkauffen wollen, das heyst die dreytzehende Bern Haud vorkaufft": durch Verzicht auf angebotene Grundstückshypotheken den Kredithaien eine unerwartete, herbe Enttäuschung bereiten (jem. die Rechnung ohne den Wirt machen lassen).

Eine spätestens im 14. Jh. und wahrscheinl. im Engl. entstandene Variante setzt an die Stelle des Bären den Löwen; so auch noch bei Shakespeare (‚König Heinrich V.', IV,3):

The man, that once did sell the lion's skin
While the beast liv'd, was kill'd with hunting him.

Durch geschichtl. Nachrichten wissen wir, daß Kaiser Friedrich III. 1475 die Fabel bereits mdl. erzählt hat, d.h., es ist wahrscheinl. nicht nur mit einer nur schriftlichen und nur lit. Überlieferung zu rechnen, sondern auch mit einer mündlichen. Vermutl. war die Erzählung dem Kaiser durch irgendeinen Prediger bekanntgeworden, auch wenn das Exempel selbst bis jetzt von Abstemius nicht nachgewiesen werden konnte. Wenn es ein solches Predigt-Exempel gab, dann hat es sich wahrscheinl. an jene Stelle des 2. Makkabäerbuches (8,14) angeschlossen, wo von Nikanor die Rede ist, der die Juden verkaufte, ehe er sie gefangen hatte (‚qui Judaeos, prius quam comminus veniret, vendiderat'). Oder wie Seb. Brant für das ‚Narrenschiff' (12, V.25) 1494 übersetzt hatte:

Nycanor überschlug geryng,
Verkoufft das Wyltpret, ee ers fyng.

Von ihm ließe sich sagen: ‚Er ist ein Bärenstecher': ein Aufschneider, Prahler. ‚Er hat ein Bärenfell': er ist gegen jede rauhe Witterung abgehärtet, er ist unempfindlich. Schließlich bedeutet ‚den Bärenpelz machen': sich ruppig benehmen, seine rauhe Seite herauskehren.

Lit.: *O. Keller:* Die antike Tierwelt 1 (Leipzig 1909); *A. Wesselski:* Die Fabel eines Kaisers, in: Erlesenes (Prag 1928), S. 88–97; *H. Naumann:* Art. ‚Bärenhäuter', in: HdA.I, Sp. 910–912; *H. Rölleke:* Art. ‚Bärenhäuter', in: EM. I, Sp. 1225–1232; *L. Röhrich:* Art. ‚Grimmelshausen', in: EM. VI, Sp. 195–205.

Barrikaden. *Auf die Barrikaden gehen (steigen):* sich für eine Sache mutig engagieren; auch: sich ereifern, Widerstand leisten. Die Rda. geht zurück auf den frz. Begriff ‚barricade' = Straßenschanze, der vor allem seit der Frz. Revolution überall bekannt wurde. In Dtl. seit 1848 häufig gebrauchte Rda., auch in der Wndg.: *jem. auf die Barrikaden treiben:* ihn zum Widerstand anstacheln, insbesondere aber auch i.S.v.: die Geduld Gutgläubiger so lange ausnutzen u. auf die Probe stellen, bis es ihnen zuviel wird. Das kommt z. Ausdr. in iron. populären Wndgn. wie ‚das treibt selbst den katholischen Mittelstand auf die Barrikaden'.

‚Auf die Barrikaden gehen'

Bart. In zahlreichen Rdaa. spielt der Bart eine Rolle, sei es, daß er pars pro toto für den ganzen Mann steht, sei es als Zeichen der Manneswürde bei Beteuerung und Schwur, in Beziehung zum Sprechen und Essen, als empfindliche Stelle beim handgreiflichen Streit, bei Liebkosungen und Schmeicheleien, als Zeichen der Trauer oder schließlich als Bild des Alten, Überlebten und Rückständigen.

Einem um den Bart gehen: ihn umschmeicheln. Vollständig würde die Rda. lauten ‚mit der Hand um den Bart gehen', d.h. einem das Kinn streicheln, wie es schon in Homers ‚Ilias' (I,501ff.) von Thetis erzählt wird, die Zeus durch diese Schmeichelei für sich gewinnen will. Im mhd. Kudrun-Epos (Str. 386) geht die Tochter ihrem Vater um den Bart:

Der herre gie balde dâ er die maget vant.
In triuteclîcher wîse dô was der magede hant
an ir vater kinne. Si bat in vil sêre,
si sprach: ‚liebez vaterlîn,
heiz in hie ze hove singen mêre'.

‚Einem in den Bart greifen'

In denselben Sinnzusammenhang gehören *einem den Bart lang machen:* Versprechungen machen; *der Bart lacht ihm darob:* es ist ihm angenehm; *einem den Bart kraulen* (mdal. rhein. ‚enem em Bart krawele'): ihm schmeicheln. Auch die Form *einem Honig um den Bart schmieren* (mdal. rhein. ‚enem jet öm de Bart schmiere'; ‚enem jet öm de Bart schmuse') kommt in gleicher Bdtg. vor, ↗Honig.

Im Gegensatz zur schmeichelnden Gebärde steht die aggressive und drohende: *einem in den Bart greifen (fahren):* ihn beschimpfen, Streit mit ihm anfangen. Es galt als schwere Beleidigung, jem. Bart anzutasten. Die Rda. ist lit., z.B. in Seb. Brants ‚Narrenschiff' („einen an den Bart greifen"), aber noch in der Ggwt. mdal. reich belegt, etwa rhein. ‚Dem han ech en de Bart getast', den habe ich ausgeschimpft, oder: ‚De es mol düchtig om Bart gezoppt wore', dem haben sie tüchtig mitgespielt.

Einem etw. in den Bart reiben (werfen): ihm einen Vorwurf machen. So sagt z. B. Abraham a Sancta Clara (‚Judas' I, 104; II, 312): „Einem die Wahrheit in Barth reiben". Luther hat daneben noch: „Gott in den Bart greifen", ihm zu nahe treten, und: „dem todten Löwen den Bart reufen", den Mut an einem kühlen, wenn er unschädlich ist. Vom Starken heißt es: ‚Er läßt sich nicht im Barte kratzen', vom Hartnäckigen: ‚Er würde sich seinen Bart Haar für Haar ausrupfen lassen'. In heutiger Umgangssprache hört man gelegentlich auch den Verzweiflungsruf: ‚Das ist zum Bart ausreißen!', ↗Schwanz.

Der Bart gilt vielfach als Attribut eines wirklichen Mannes. Ndd.: ‚En Keerl ahn Bart is as'n Supp ahn Solt'; ‚Kuss ahn Bart, de smeckt as en Ei ahn Solt'. Obdt. Versionen: ‚E Kuß ohne Bart ist wie e Supp' ohne Salz; ‚E Kuß ohne Bart ist grad wie e saure Wurst ohne Esse'. ‚He hett en groot Wort un en lütten Bart': seine Worte sind nicht für voll zu nehmen. ‚Dar is em de Baart nich na wussen': er hat nicht das Recht, solch große Worte zu führen.

Von einem Stolzen heißt es ndd.: ‚He hett sien Bart dick maakt', oder: ‚He hett sik en basigen Baart stahn laten'. Von einem, der betrogen wurde: ‚Se hebbt em den Bart ahn Seep afnahmen'.

Das Einseifen und Beschneiden des Bartes durch den Barbier wurde übertr. zum allg. Bild der Menschenbehandlung. *Einem den Bart gut einseifen:* ihn übervorteilen; *einem den Bart abmachen (scheren, putzen):* ihn hart mitnehmen, ausschelten; *an meinem Barte soll er das Scheren nicht lernen:* ich möchte nicht das Versuchskaninchen sein; vgl. niederdeutsch: ‚Se wüllt an sien Bart dat Balbeern lehren' ↗barbieren.

Man wird ihm bald den letzten Bart abnehmen: er wird nicht mehr lange leben. *Der Bart ist ab:* die Sache ist endgültig erledigt, überstanden; das Unternehmen ist

‚Einem den Bart abmachen'

gescheitert. Die Wndg. ist ziemlich jung und vielleicht um 1890 aufgekommen, als auf den Vollbart Wilhelms I. und Friedrichs III. der Schnurrbart Wilhelms II. gefolgt war (‚Soldaten, tragt den Bart – nach des Kaisers Art!‘).

In Rußland galt während der Regierungszeit Peters des Großen die altrussische Barttracht als Zeichen der Reaktion u. Opposition. Peter ließ daher den widerspenstigen ‚Altgläubigen‘, die ihm bei der Europäisierung Rußlands im Wege standen, die langen Bärte – Wahrzeichen ihres Glaubens – rigoros abschneiden, auch wenn die Unglücklichen flehentlich um Gnade baten mit den Worten: „Schneid uns die Köpfe ab, aber rühre unsere Bärte nicht an!“

Laß dir keinen (grauen) Bart darum wachsen: ärgere dich nicht länger; hör mit der Trauer auf. Der Sinn der Rda. erklärt sich aus älterem Brauch, nach dem man sich zum Zeichen der Trauer den Bart unbeschnitten wachsen ließ. Joh. Agricola erklärt 1529 die Rda. (Nr. 161) folgendermaßen: „Welchen ettwas leidens widerfahren ist / vnd die do trawren / die lassen gemeyniglich bertte wachsen / da mit sie eusserlich yhren iamer vnnd vnfall menigklich beweisen / in dem daß sie leydt tragen ... die da betrübt sind / lassen faren alle wolfart vnd freuden / zeigen vnd beklagen iemmerlich yhren vnfal mit geberden vnd wandel. Zu solchen pflegt man also zu sagen / Laß dir keinen bart darumb wachsen ...“. Die Rda. ist heute weitgehend durch die jüngere Form verdrängt: ‚Laß dir keine grauen ↗Haare darum wachsen‘.

Der Schwur beim Bart geht auf sehr alte Volksglaubensvorstellungen zurück. Wir kennen ihn heute nur noch aus morgenländischen Erzählungen, z.B. aus den Märchen von 1001 Nacht, in denen es üblich ist, *beim Barte des Propheten* zu schwören; vgl. frz. ‚par la barbe du prophète‘. Aber auch das dt. MA. kannte den Schwur *bei meinem Barte:* bei meiner Ehre; so wahr ich hier stehe; vgl. frz. ‚par ma barbe‘. Heinrich der Löwe und Otto mit dem Bart schworen ‚sam mir mîn bart‘; vgl. Konrad von Würzburg ‚Otte mit dem barte‘ V. 253: „bî dem barte swern“; ähnl. im ‚Reinhart Fuchs‘:

Sam mir mîn bart,
so muoz der fuhs Reinhart
gewislîchen rûmen diz lant.

Beim Schwur selbst wurde der Bart berührt.

‚Bei meinem Barte‘

Um des Kaisers Bart streiten: sich um Dinge streiten, die des Streitens nicht wert sind, die sich vielleicht auch gar nicht entscheiden lassen. Die Rda. wurde auf die unergiebigen wissenschaftlichen Diskussionen darüber zurückgeführt, ob die röm. Kaiser, Karl der Große oder Friedrich Barbarossa einen Bart getragen hätten. Von dem Streit um Barbarossas Bart handelt das schwankhafte Gedicht ‚Von des Kaisers Bart‘ von Emanuel Geibel, wo es am Schluß heißt:

Zankt, wenn ihr sitzt beim Weine,
Nicht um des Kaisers Bart!

Wahrscheinl. liegt der heutigen Rda. aber eine volksetymol. Umdeutung zugrunde aus ‚um den Geißenbart streiten‘, übertr. aus lat. ‚de lana caprina rixari‘ = um Ziegenwolle streiten. Horaz (Episteln 1, 18, 15) macht sich über die müßige Streitfrage lustig, ob man Ziegenhaare (wie beim Schaf) auch als Wolle bezeichnen dürfe. Diese Rda. ist international geworden: ital. ‚disputar della lana caprina‘; engl. ‚to contend about a goats wool‘. Die Ziegenwolle wurde im Dt. erst zum Geißenbart, dieser dann zu des Kaisers Bart umgeprägt. Dies beweisen ebenso ältere lit. Belege (wie z.B. aus Hugos von Trimberg ‚Renner‘: „umb geiz wollen kriegen“) wie mdal. Varianten, z.B. ndl. ‚twisten um een geitenhaar‘. Sonst heißt es ndl. entspr. dem Dt. ‚spelen om's Keizers baard‘. Verwandt, aber mit einem anderen Grundbild sind die Rdaa. frz. ‚se battre de la chappe à l'évêque‘ (heute unbekannt) und ital. ‚disputar dell'ombra dell'asino‘.

Einem einen strohernen (auch *flächsernen) Bart flechten (drehen):* ihn hintergehen, ihm etw. aufbinden, ihn täuschen. Schon bei Luther: „weil sie im solch eine feine nasen drehen und einen solchen schönen ströern bart flechten“. Ähnl. in Thomas Murners ‚Schelmenzunft‘ und bei Joh. Agricola (Nr. 691): „Er macht yhm eynen bart von stro. Das ist / er vberredet yhn eyns dings / das offentlich erlogen ist ...“ Aus den Bauernkriegen von 1525 wird überliefert: „Die Bauern lassen sich keinen strowin Bart mehr flechten“, sie lassen sich nichts mehr vormachen. Jünger ist die Verwendung der Rda. in dem Reimspruch:

Wenn du die Sach' besiehest recht,
So ist's ein strohern Bartgeflecht.

Eyn stroen bart flechten

Ich hor ouch an der schelmen rott
Das ich kan thůn eyn gferbten spott
Und dir eyn sach fürhalten do
Du schwierst eyn eid im wer also
Wen du die sach besůhest recht
Eyn stroen bart hab ich dir geflecht

Schwäb. ist die Rda. noch in der Form belegt: ‚sich kein Stroh in den Bart flechten lassen‘.

‚Gott einen strohernen Bart flechten‘

Sehr altertümlich ist die Form der Wndg. *Gott einen strohernen Bart flechten,* ebenfalls bereits bei Luther belegt: „Herr Caiphas fienge an und machte Gott auch eine Nasen und ströern Bart“; vgl. frz. ‚faire barbe de paille à Dieu‘ (veraltet). Die Rda. ist auch dargestellt auf Bruegels 1557 entstandenem großen Rdaa.-Bild. Entstehung und Herkunft der Wndg. liegen jedoch im dunkeln.

Am wenigsten erklärungsbedürftig sind die Rdaa., die den Bart in seinen natürlichen Funktionen in das sprachl. Bild übernehmen, z.B. *etw. in den Bart brummen:* undeutlich vor sich hinreden, bes. murren, wird heute auch von einem gesagt, der gar keinen Bart trägt; vgl. frz. ‚murmurer dans sa barbe‘.

Sich den Bart streichen: Zufriedenheit ausdrücken; dies kann übertr. auch von einem Bartlosen gesagt werden.

Mit dem Bart wackeln: lachen, ist bes. in den rhein. Mdaa. verbreitet, z.B. ‚Do waggelte he met der Bart‘, da lachte er. ‚Has du jet gesat oder has de mom Bart gewaggelt?‘ ist eine beliebte Frage an einen, der undeutlich spricht. Ndd. wird Bart oft i.S.v. Mund verwendet, etwa ‚Hool dien Bart!‘, Halt deinen Mund! ‚Ik snak rein vun'n Bart‘, ich spreche, wie mir der Schnabel

gewachsen ist; ‚he snackt as em de Bart wussen is', er redet, ohne zu überlegen.
Bei Mundfunktionen ist der Bart oft mit beteiligt: *durch den Bart trinken:* langsam schlürfen; *er kann nicht mehr über den Bart spucken:* er ist betrunken; rhein. ‚E frißt (seift), dat em de Bart trippst'; ‚da geht ge te Bart', es schmeckt.
Bart kann auch i. S. v. ↗Hals stehen, z. B. *bis an den Bart in Arbeit stecken.* Schließlich ist der Bart das rdal. Maß des Erwachsenwerdens und der Männlichkeit: rhein. ‚Kerl mit Bärt', starke Männer; ‚Ruheg (Mull hallen), wer ke Bart hot!' (auf Frauen und Kinder bezogen); ndd. ‚Da is di de Bard noch nich naawussen', davon verstehst du noch nichts; ‚er kann noch nicht über den Bart spucken' (schlesw.-holst. ‚He kann noch ni öwer'n Bart speen'), er ist noch zu jung. Ostfries. heißt es von der plötzlich rauhen Stimme eines jungen Mannes im Stimmbruch: ‚He hatt den Bart in den Hals'.
In manchen jüngeren Rdaa. bezeichnet der Bart das Überlebte und Rückständige. *Einen Bart haben:* altbekannt, langweilig sein; verkürzt zu: *So'n Bart!,* bes. von Witzen gesagt (vgl. den frz. Ausruf ‚la barbe!', mit dem man eine langweilige Erzählung unterbricht oder umg. seine Ungeduld kundtut).
Die Rda. hat auch lustig parodierende Fortsetzungen gefunden, wie: ‚Das Ende des Bartes ist im Keller (auf der 16. Sohle) zu besichtigen', ‚von Ferne hört man das eintönige Summen der Bartwickelmaschine', ‚einen Bart mit Dauerwellen haben'. Der Bart selbst wird spöttisch ‚Fußsack', sein Träger ‚Rübezahl' oder ‚Weihnachtsmann' genannt. Doch wechselt die Bartmode; heute ist der ‚Kaiser-Wilhelm-Gedächtnis-Bart' wieder modern und gilt als jugendlich.

Lit.: *R. Köhler:* Des Kaisers Bart wachsen hören, in: Kleinere Schriften, Bd. III (Berlin 1900), S. 610f.; *Richter-Weise,* Nr. 15; HdA. I, Sp. 929–931 (Art. ‚Bart' von *E. Stemplinger); Göhring,* S. 23f.; *Singer* I, S. 38–40; *L. Röhrich:* ‚Kaiser Otto' oder ‚Heinrich von Kempten', in: Germ.-Rom. Monatsschrift, N. F. 1 (1951), S. 151 bis 154; *ders.:* Gebärdensprache und Sprachgebärde, S. 146; *A. Megas:* Der Bartlose im neugriech. Märchen (= FFC. 157) (Helsinki 1955); *Küpper; Büchmann; G. A. Megas* u. *K. Ranke:* Art. ‚Bart' und ‚Bartloser' in: EM. I, Sp. 1280–1288; *M. Jedding-Gesterling* u. *G. Brutscher* (Hg.): Die Frisur. Eine Kulturgeschichte der Haarmode von der Antike bis zur Gegenwart (München 1988).

Barte. *Die Barte zu weit werfen:* übertreiben; eine im 16. Jh. sehr gebräuchl. Rda. Barte ist ein altes Wort für das Doppelbeil. In neuerer Zeit ist mit der Sache das Wort in Vergessenheit geraten und in die Rda. ist Beil für Barte eingetreten (↗Beil). In den Mdaa. lebt das Wort vereinzelt weiter, z. B. thür. ‚einem in die Barte laufen', wider Willen auf jem. stoßen.
Die Barte stets bei sich haben: einen losen Mund haben.

Barthel. *Wissen, wo Barthel den Most holt:* sich zu helfen wissen, alle Schliche kennen; sehr gewandt, schlau und verschlagen sein (oft mit sexueller Bdtg.).
Die Rda. ist seit der 2. H. des 17. Jh. lit. belegt, z. B. in Grimmelshausens ‚Simplicissimus' (I, 139) und in Schnabels ‚Insel Felsenburg'. Es handelt sich um eine der interessantesten Rdaa., für die immer wieder neue Erklärungen vorgelegt worden sind, nicht alle freilich von gleicher Originalität und Stichhaltigkeit. Es ist z. B. an altfrz. Rdaa. erinnert worden, die von einem entschlossenen Bartole berichten, der seinen Weinberg verkauft habe, um neue Senker zu erhalten, also lächerlich und töricht handelte. In ähnl. Weise gibt es noch andere anekdotenhafte Erzählungen, die den angeblichen Urspr. der Rda. erklären. So leitet man die Wndg. auch von einem berühmten ital. Rechtsgelehrten Bartolus (gest. 1357) ab, über den auch im Frankr. des 16. Jh. ähnl. Rdaa. umliefen. Einer seiner dt. Schüler müßte dann die Wndg. im Dt. nachgebildet haben.
Ebenso soll sich der Ausdr. auf einen Schultheiß von Heilbronn beziehen. Dieser Barthel lebte im 13. Jh. und hätte sich auf billige Weise aus dem Rathauskeller mit Wein versorgt. Eine weitere Deutung bezieht sich darauf, daß nach altkirchl. (aber nicht bibl.) Überlieferung der Bräutigam auf der Hochzeit zu Kana, auf der Wein beschafft werden mußte, Bartholomäus oder Barthel geheißen habe (vgl. Joh. 2, 9: „Als aber der Speisemeister kostete den Wein, der Wasser gewesen war, und wußte nicht, von wannen er kam ... ruft der Speisemeister den Bräutigam ...").
Ferner hat man darauf hingewiesen, daß in Unterfranken eine bestimmte Art gro-

ßer Spitzkrüge, in denen man namentlich Most aus dem Keller heraufzuholen pflegt, Barthel genannt wird (‚Bartmannskrüge'); doch können diese Krüge auch umgekehrt ihren Namen erst von der Rda. erhalten haben.

Auch als ndd. hat man die Rda. zu erklären versucht: ‚He weet, wo Bartheld de Mus herhalt', er weiß, wo der Storch (Berthold, Name des Storches in manchen Gegenden Niederdtls.) die Mäuse, nämlich die kleinen Kinder, holt, er ist klug und gewitzt; er glaubt nicht mehr an den Klapperstorch.

Einleuchtender als alle die genannten Deutungen ist die aus der Gaunersprache. In dieser bedeutet das aus dem Hebr. stammende Wort ‚Barsel' = Eisen und ‚Moos' = Geld (aus hebr. mā'oth = kleine Münze). Der urspr. Sinn der Rda. wäre also: wissen, wo man mit dem Brecheisen an Geld kommt, d.h., wo man durch Einbruch etw. erbeuten kann, dann in besserem Sinne: alle Schliche kennen.

Freilich ist auch diese Erklärung nicht ohne Einwand, denn ‚Barsel' bedeutet rotw. lediglich das Eisen, wohl auch das Schließeisen, die Vorlegestange, während das Stemmeisen hebr. ‚schâbar barsel', rotw. ‚Schaberbartle' heißt. Immerhin wäre eine Verkürzung von Schaberbartle zu Bart(h)el, vielleicht auch aus Gründen umschreibender Verhüllung, denkbar. Wenn diese Erklärung stimmt, dann ist die ndl. Form der Rda. ‚weten waar Abraham de mosterd haalt' nur eine verderbte volkstüml. Variante.

Schließlich – und dies hat mindestens ebensoviel Glaubwürdigkeit als das vorher Gesagte – hat man an den Kalendertag des hl. Bartholomäus (24. August) angeknüpft, der für den Ausgang der Weinernte wichtig ist; er spielt im Bauern- und Winzerleben überall eine große Rolle als Lostag. Wichtig ist in diesem Zusammenhang eine Notiz aus Augsburg vom Jahre 1872, die besagt, daß alle Wirte ihre Schankgerechtigkeit verloren, wenn sie an Bartholomä noch keinen Most hatten. Allerdings kann sich diese Deutung nur auf den Obstmost beziehen, da der Traubenmost am 24. August noch nicht gemacht wird. Balthasar Schupp schreibt einmal: „Wo man Holz umb Weynachten, Korn umb Pfingsten und Wein umb Bartholomäi kauft, da wird Schmalhans endlich Küchenmeister". Der Witz der Rda. liegt vielleicht tatsächlich darin, daß man auf St.-Bartholomäus-Tag noch nicht Weinlese halten kann und daß demnach Barthel keinen Most hat. Derjenige, der dennoch weiß, ‚wo Barthel Most holt', muß also schon ein ganz bes. schlauer Mensch sein. Der Sinn der Rda. bliebe bei dieser Erklärung gewahrt.

Tatsächlich tritt der Bartholomäustag als wichtiger Termin des volkstüml. Kalenders in südd., bes. in schwäb. Wetterregeln häufig personifiziert als ‚Bartle' oder ‚Bâtle' auf. Es ist klar, daß der am Bartholomäustag, sei es aus Trauben, sei es aus Äpfeln gepreßte Most noch sehr sauer ist. Dies kommt zum Ausdr. in schwäb. Rdaa. wie: ‚Dear besseret se wia's Bartles Moscht, dear ischt zua Esse woara', oder: ‚Dea richt se wie Bartls Moscht, un den habbe mr uff de Mischthufe gschütt'. Schließlich in gereimter Form:

Bâtle roicht en wollfle (wohlfeilen) Moscht,
Beim Michl (29. September) er scho maier koscht.

Aber auch wenn der frühe Most noch nichts taugt, so sieht man am Bartholomäustag doch schon recht gut, in welchem Garten gutes Obst oder gute Trauben einen guten Most geben werden. Eine schwäb. Wetterregel heißt z.B.: ‚Wie der Bartholomäus sich hält, so ist der ganze Herbst bestellt'. Bartholomäus, der personifizierte 24. August, weiß also schon, wo der Most zu holen sein wird. In der Tat lautet die Rda. urspr.: ‚Barthel weiß, wo er den Most holt' – so steht sie in Simrocks ‚Sprichwörtern' und im Dt. Wb. der Brüder Grimm. Die ältesten Erklärungen dazu heißen: „Bartholomäi Tag ist der 24te August, da man mit einiger Wahrscheinlichkeit sehen mag, ob und wieviel Traubenmost desselben Jahres in den Reben zu holen sein werde"; so J. Eiselein im Jahre 1840. K. Riesel erklärt im Jahre 1856: „Demnach ist es der Barthel, von dem eine gute Weinernte abhängt, der Barthel holt oder bringt den Most, er weiß, wo der Most zu holen ist". Auch Herm. Fischer, der Herausgeber des Schwäb. Wb., erklärt: „Kommt wohl da-

her, daß man mit Sicherheit rechnen kann, daß es um Bartholomäi herum schon reifes Mostobst gibt".
Von dieser urspr. Rda. zweigen dann andere ab, die vermuten lassen, daß man die frühere Bdtg. mehr und mehr vergaß. Dazu gehört die mehrfach belegte schwäb. Scherzfrage: ‚Wo holt der Baatle den Moscht?', oder: ‚Waischt au, wau Bartle da Moscht holet?' Die Antwort lautet: ‚Beim Michel!', d.h. erst Ende September. Bekannte Drohungen sind: ‚I will der zaige, wo Bartle Moscht holt!'; ‚Dem will i sa, wo Bartle de Moscht holt!'

Lit.: *Wander* I, Sp. 241; *Richter-Weise,* Nr. 16; Zs. f. dt. Mdaa. III, S. 375; *O. Meisinger:* Hinz und Kunz (Dortmund 1924), S. 9; *A. Taylor:* Proverb, S. 194; *A. Bertsch:* Wb. der Kunden- und Gaunersprache (Berlin 1938), S. 39 und 103; *F. Thiele:* „Er weiß, wo Barthel den Most holt", in: The German Quarterly 12 (1939), S. 11–15; *Raab,* S. 25; *G. Gugitz:* Barthel, der den Most holt, in: Das Jahr und seine Feste im Volksbrauch Oesterreichs, 2 Bde. (Wien 1950), I, S. 77–83; Zs. f. dt. Wortf. X, S. 267; *R. Schenda:* Wo hat der Barthel den Most geholt, in: Stuttgarter Zeitung vom 5. Dezember 1964; *G. Schreiber:* Deutsche Weingeschichte (Köln 1980).

Bartputzer. *Zum Bartputzer gehen (müssen):* scherzhaft, spöttische Bez. für den Friseur, zu dessen Hauptaufgaben die Pflege des Bartes oder das Barbieren gehörten. Vgl. auch die Ausdr.: ‚Bartkratzer', ‚-schaber', ‚-schraper', ‚-schrubber', ‚-scherer', ‚-schinder' u. ‚-stutzer'.

Lit.: *G. Grober-Glück:* Motive u. Motivationen in Rdaa. u. Meinungen (Marburg 1974), Bd. I, S. 395–406, § 213 ff.

Baselemanes. *Baselemanes machen:* Umstände machen, weitschweifig sein. Die Wndg. ist entstanden aus span. ‚besa la mano' oder ‚beso las manos', womit der Handkuß gemeint ist, der im span. Hofzeremoniell eine wichtige Rolle einnahm. Dem Dt. ist diese Sitte fremd, sie mutet ihn unnatürlich und lächerlich an und wird von ihm als übertriebenes Gebaren gebrandmarkt. In der heutigen Bdtg. hat sich der Ausdr. im 18. Jh. durchgesetzt (Küpper). Vgl. frz. ‚faire des manières'.

Basiliskenblick. *Einen Basiliskenblick haben:* jem. mit stechenden Augen fixieren, ihn mit ‚vernichtendem Blick' anschauen. Der Basilisk ist ein Fabeltier des Altertums. Seine Eier sind tödlich, wenn man sie ißt (vgl. Jesaja 59, 5). Auch schon der Blick des Basilisken hat tödliche Wirkung. Plinius berichtet in ‚Nat. hist.' XXIX, 19, 66 von dem Fabeltier Basilisk, „einem ungeheuren Drachentier", das den Menschen durch seinen Blick töte.

Lit.: *S. Seligmann:* Der böse Blick u. Verwandtes (Berlin 1910, Nachdr. Hildesheim 1985), S. 141 f.; *Th. Hauschild:* Der Böse Blick (Berlin ²1982), S. 40–46; *H. Güntert:* Art. ‚Basilisk', in: HdA. I, Sp. 935–937; *H. J. Uther:* Art. ‚Basilisk', in: EM. I, Sp. 1311–1315.

baß. *Baß erstaunt sein:* sehr erstaunt, mehr als überrascht sein. Die Wndg. wird heute meist scherzhaft gebraucht, da das Wort ‚baß' (noch erhalten in ‚fürbaß') als altmodische Bez. empfunden wird, deren Gebrauch an sich leicht erheiternd wirken kann.

Basseltan. ‚Des mach ich for basseltan', zum Zeitvertreib. Die Mainzer Wndg., die auch in der Pfalz und in Baden bekannt ist, läßt noch deutlich die frz. Grundform ‚pour passer les temps' erkennen, wie sie vor allem auch in der Frankfurter Rda. ‚Deß is doch nor for Baßledant' oder der schwäb. Wndg. ‚für Passleta' (‚basledã') zum Ausdr. kommt.

Baßgeige. *Er is 'n Aas uf de Baßjeije;* Ausdr. der Bewunderung für einen tüchtigen Menschen. In der Volkssprache kann oft ein derber Ausdr. zu einem lobenden, im guten Sinn steigernden werden. Vielleicht beeinflußten die absonderliche Größe des Instruments und sein tiefer Ton die Wndg. Berl. hört man auch, wenn einer sinnlos betrunken ist: ‚Er sieht den Himmel für ne Baßjeije an'. Bekannter ist die Drohung: ‚Ich schlag dich, daß du meinst, der Himmel ist eine Baßgeige'. Im ‚Wehrwolf' von Hermann Löns (1910) findet sich eine Variante: „alles was recht ist, das ist ein aast uff die fiedel".
↗ Aas, ↗ Brunnen, ↗ Fiedel, ↗ Geige, ↗ Himmel.

Lit.: *M. Willberg:* Die Musik im Sprachgebrauch, in Sprww., in Rdaa., im Schrifttum, in: Die Muttersprache (1963), S. 202; *U. Förster:* Aas auf der Baßgeige', in: Sprachdienst 20 (1976), S. 27.

Bast. *Sich das Bast von den Händen ringen* ist vor allem durch G. A. Bürgers ‚Die

Pfarrerstochter von Taubenhain' (1781) bekanntgeworden („wild rang sie das Bast von den Händen"). Die Rda. hat aber durchaus ihre Entsprechungen in den Mdaa., etwa meckl. ‚den Bast sick ut de Fingern reten' oder derber ‚sick den Bast von de Rippen quälen'. Spöttisch heißt es obersächs. von einem, der heftig Beifall klatscht: ‚Mancher junge Fant klopft sich beinahe das Bast von den Händen'. Bast (masc. und neutr.) bedeutet mdal. ‚Haut, Fell', daher auch Wndgn. wie rhein. ‚He kreg wat op dem Bast', er bekommt Schläge, ndd. ‚upn Bast kom', ‚upn Bast sitn', bestrafen, zur Arbeit antreiben.

Basta. *Und damit basta!:* Fertig, Schluß, erledigt! Basta ist eine Imperativform und kommt von dem gleichlautenden span.-ital. ‚basta' = es genügt, es ist genug; das Wort ist wohl während des Dreißigjähr. Krieges durch die Vermittlung ausländischer Soldaten ins Dt. gedrungen und in den dt. Mdaa. auch heute noch gebräuchl., z. B. schwäb., rhein., meckl. heißt ‚basta machen' aufhören, etwa bei der Arbeit: ‚de Snitters möken basta'.

Batzen. *Seine Batzen zählen:* sein Geld zählen. Batzen sind die vor 1500 in der Schweiz geprägten Vierkreuzerstücke, so genannt nach dem Bätzen (Betz-Bär), der die Schauseite zierte. Diese Vierkreuzerstücke haben sich seit dem 15. Jh. auch in Dtl. verbreitet, vor allem in den unmittelbar an die Schweiz angrenzenden Regionen.

Der Bär verschwand aus dem Münzbild, aber der Name blieb u. wurde sogar zur Bez. von Geld schlechthin, wie es auch in den Wndgn. *das kostet Batzen, seine Batzen zusammenhalten* oder in dem Sprw. ‚ein Batzen im Säckel ist besser als ein langsamer Sechser' z. Ausdr. kommt. Auch die Rda. *fünfzehn Batzen für einen Gulden geben:* Gleiches mit Gleichem vergelten u. das Sprw. ‚Es ist ein guter Batzen, der einen Gulden spart': schön, wenn man mit kleinem Aufwand sein Ziel erreicht, zeigen, daß sein Wert trotz der geringen Münzeinheit durchaus einmal geschätzt war. Vgl. auch das Volkslied:

Ein Heller und ein Batzen,
die waren beide mein ... (↗Heller)

Nachdem später das Wort als Bez. einer Währungseinheit wohl nicht mehr verstanden wurde, rückte die andere Bdtg.: Klumpen, Masse in den Vordergrund, wie aus der Rda. *das kostet einen Batzen Geld* hervorgeht. Doch bestand zur gleichen Zeit die Vorstellung von geringem Geld. Sie führte im Laufe der Zeit auch zu allerlei Spottnamen zur Kennzeichnung kleiner Münzen, die sich oft durch starken Wertabfall auszeichneten. Es trat eine Verquickung mit dem abwertenden Ausdr. Batzen für Klumpen, Dreck ein, in der Annahme, daß die kleine, am Finger klebende Münze ein Dreck (Batze), d. h. nichts wert sei.

Dies kommt vor allem zum Ausdr. in der Wndg. *keinen Batzen wert sein* oder in schwäb. Wortzusammensetzungen wie: ‚Batzelaib': ein Laib Brot von geringer Qualität; entspr. für einen Armen oder Geizhals: ‚Batzlelaiblesverdrucker', ferner ‚Batzewecken', ‚Batzewurst' u. für einen armen Rentner ‚Batzewurstrentner', ‚Batzenhaus' oder ‚Batzehäusle' für ein Wirtshaus, in dem alles nur einen Batzen kostete, wo man z. B. ‚Batzebier' trank oder einen ‚Batzevierer': die geringste Weinsorte, von der ein Schoppen nur einen Batzen kostete.

Lit.: *H. U. Geiger:* Der Beginn der Gold- u. Dickmünzenprägung in Bern (Bern 1968), S. 97 ff.; *G. Hatz:* Münze u. Volk, in: Beiträge zur dt. Volks- u. Altertumskunde, 16 (1972/73), S. 11–32; Münzen in Brauch u. Aberglauben, Hrsg. German. Nationalmuseum Nürnberg (Mainz 1982), S. 232.

Bau. *Nicht aus dem Bau (Bude) herauskommen:* nicht aus seiner Wohnung gehen, nichts unternehmen. Das sprachl. Bild beruht auf einem Vergleich mit Tieren, die Höhlen bewohnen und sich selten blicken lassen; vgl. frz. ‚ne pas sortir de sa tanière' (Tierhöhle).

In den Bau gehen müssen: in Arrest, ins Gefängnis müssen, kommt aus der Soldatensprache des 1. Weltkriegs; vgl. frz. (umg.) ‚Aller au gnouf' (Soldatensprache), ‚... au bloc', ‚... au violon'.

Vom Bau sein: Fachmann, Kollege sein. Diese jüngere umg. Wndg. stammt sicher aus dem Theaterleben. ‚Er ist auch vom Bau', sagen die Schauspieler von einem Kollegen, den sie als einen der Ihren anerkennen. Ähnl. bezeichnet berl. ‚der ganze

Bau' alle, zunächst die Bauhandwerker, dann alle zum Bau Gehörenden.

Bauch. Die Rdaa. vom Bauch sind meist jüngerer umg. Herkunft und bedürfen kaum einer Erklärung. Älter ist lediglich *dem Bauch dienen:* gut leben. Luther übersetzte Röm. 16,18: „Denn solche dienen nicht dem Herrn Jesus Christus, sondern ihrem Bauche" und gebraucht auch sonst oft Wortbildungen wie ‚Bauchdiener', ‚Bauchdienerei' oder ‚Bauchknecht'. 1640 sagt Lehmann: „Die Familie Bauchknecht ist ein groß Geschlecht".
Vor jem. auf dem Bauche liegen: unterwürfig sein, beruht auf einer alten Geste der Unterwerfung.
Jüngere Rdaa. sind z. B.: *sich den Bauch vollschlagen:* beim Essen heftig zulangen; *aus dem Bauch reden* (schwäb. ‚aus dem hohlen Bauch schwätzen'): unbedachtes Zeug reden, das nicht aus dem Kopfe kommt. *Etw. nicht aus dem hohlen Bauch können:* etw. nicht ohne gründliche Stärkung und Sachkenntnis meistern können.
Einen schlauen Bauch haben: schlau, klug sein. Hängt vielleicht mit dem jidd. ‚bauchen' = kundig sein zusammen.

Ein voller Bauch studirt nicht gern!
sagte das Schwein, nachdem es sich satt gefressen.

Den Bauch halten vor Lachen spielt auf die Erschütterungen des Zwerchfelles an, die bei starkem Lachen verursacht werden; schon Goethe kennt ein „bauchschütterndes Lachen". *Den Bauch voll Wut haben:* sehr wütend sein, hängt mit der volkstüml. Vorstellung vom Sitz der Wut im Bauch (bes. in der Galle) zusammen. Obersächs. ‚sich etw. durch den Bauch stechen', hinterziehen, unterschlagen, meint wohl eigentl.: ohne Gewissensbisse etw. nach hinten, beiseite bringen (vielleicht im Gedanken an ein Taschenspielerkunststück).
Einem ein Loch in den Bauch reden (fragen) ↗Loch.
Sich gebauchpinselt fühlen (sächs. ‚sich gebauchmiezelt fühlen'): sich geschmeichelt fühlen; burschikos stud. Nachbildung zu ‚Ohrenkitzel', ‚Gaumenkitzel' usw.
Der Bauch dient häufig auch dem politischen Vergleich. Als Sitz des Magens u. der Verdauungsorgane nimmt er eine besondere Stellung gegenüber dem Kopf ein. Sind die polit. Verhältnisse in einem Staat z. B. ungesund, heißt es im Sprw.: ‚Der Bauch regiert den Kopf', verkürzt auch: ‚Der Bauch regiert'. Diese Metaphern stehen im Zusammenhang mit der Fabel vom Streit der Glieder mit dem Magen: Die einzelnen Körperteile sind in ihrer Funktion aufeinander angewiesen; keiner kann auf die Mitwirkung des anderen verzichten.

Lit.: *D. Peil:* Der Streit der Glieder mit dem Magen (Frankfurt/M. 1985).

bauen. *Auf Sand bauen* ↗Sand; *dem Feinde goldene Brücken bauen* ↗Brücke; *auf jem. Häuser bauen können* ↗Haus; *Hütten bauen* ↗Hütte; *Luftschlösser bauen* ↗Luftschloß.

Bauer. Der Gegensatz Stadt – Land hat zur Ausprägung einer ganzen Reihe von Rdaa. geführt, in denen – meist aus städt. Sicht – das Wort ‚Bauer' hochmütig zur Kennzeichnung grober, ungesitteter Art, der Dummheit und des tölpelhaften Wesens, bisweilen aber auch für Schlauheit oder für Tüchtigkeit gebraucht wird, ↗bauernschlau.
So fragt man einen Bauern aus: so lasse ich mich nicht ausfragen, als Antwort auf einen neugierigen Frager; vgl. ndl. ‚zo vraagt men de boeren de kunst af'.
Draufschlagen wie der Bauer auf den Wolf: sehr derb und grob dreinschlagen; ndd. ‚Wat versteit de Bur von Safran!' (ehemals ein wertvolles Kuchengewürz) oder ‚Wat weet de Bur von Gurkensalat!' (oft mit der Ergänzung ‚er ißt ihn mit der Mistgabel'); meckl. ‚Ick heff de Ollsch tau'n Buern brukt', ich habe sie übertölpelt, reingelegt; sächs. ‚mit der Bauernflinte schießen', grob werden. *Der Bauer haut ihm ins*

Genick: er fällt aus der angenommenen Rolle (eines feinen Mannes). Diese Rdaa. werden heute jedoch selten gebraucht.

Auf Bauernfang ausgehen: die Arglosigkeit und Leichtgläubigkeit der Bauern ausnutzen, seine Mitmenschen betrügen wollen. Nur die Sprww.: ,Die dümmsten Bauern haben die größten Kartoffeln' und ,Was der Bauer nicht kennt, frißt er nicht' werden noch häufig in die umg. Rede eingeflochten.

Bauer, das ist was andres! ↗ anders.

,Der Bauer ißt nichts ungesalzen' wird gebraucht als spöttische Bemerkung, wenn etw. auf den Boden gefallen ist, aber dennoch gegessen wird.

Die Rda. *einen Bauern opfern* stammt vom Schachspiel: eine relativ geringe Person wird geopfert, um eine gewichtigere schadlos zu halten (vor allem oft in der Politik gebraucht).

Als ,kalten Bauer' bez. man das Ejakulat im Falle von Onanie oder nächtlicher Pollution, im Gegensatz zum ,warmen Bauer', der geschlechtlichen Beiwohnung.

Dagegen bedeutet die verniedlichende Wndg. *ein Bäuerchen machen:* Erwartetes Aufstoßen eines Kleinkindes. Beim Saugen aus der Mutterbrust oder aus der Milchflasche wird Luft mitgeschluckt, die wieder heraus muß. Dieser Vorgang wurde benannt nach der als bäuerlich geltenden Sitte, zum Zeichen der Sättigung nach dem Essen laut zu rülpsen.

Lit.: *J. Müller:* Der Bauer im Spiegel des rhein. Sprw., in: Zs. d. Vereins f. rhein.-westf. Vkde. 15 (1918), S. 88–102; *A. Haas:* Der Bauer im pomm. Sprw., in: Heimatkalender für Pommern (1925), S. 47–51; *K. S. Kramer:* Art. ,Bauer', in EM. I, Sp. 1327–1338; *Th. Kohlmann (u. a.):* Das Bild vom Bauern. Vorstellungen u. Wirklichkeit vom 16. Jh. bis zur Ggwt. (=Schriften des Museums für Dt. Vkde. 3) (Berlin 1978); *H. Moller:* Wet dreams and the ejaculate, in: Maledicta 4 (1980), S. 249–251; *E. Moser-Rath:* Lustige Gesellschaft (Stuttgart 1984), S. 232–247.

Bauernjunge. Bei starkem Regen sagt man obersächs. ,Es dröscht Bauernjungen runter', auch ,Es regnet wie mit Bauernjungen'; berl. ,Et rejent Bauernjungs'. Die dicken Regentropfen werden mit Bauernjungen verglichen, wie umgekehrt ,Tropf' auch mit der Bdtg. ,Bauerntölpel' bekannt ist. Vgl. frz. ,Il pleut des hallebardes' (Hellebarden), ,... des cordes' (Schnüre), ,... comme vache qui pisse' (umg. wie eine pissende Kuh).

bauernschlau. *Bauernschlau sein:* auf pfiffige Weise seinen Vorteil geltend machen können, Mutterwitz besitzen. Während der Bauer in den frühen gedruckten Quellen zum rohen, ungezügelten Wesen degradiert wird u. er im Märchen in Mühsal u. Armseligkeit die niedrigsten Arbeiten verrichtet, wird er im Schwank als ein gewitzter Mensch dargestellt, der auf die Repressalien u. Schikanen seiner Dienstherren stets eine treffende Antwort weiß. Schwanksammlungen sind voll von entspr. Beispielen. In der Erzählung von der ,Kopfarbeit' z.B. (H. W. Fischer: Lachende Heimat [Darmstadt 1955]) beantwortet der Bauer die auf Kopfarbeit beruhende hohe Rechnung des Doktors, Pastors oder Notars mit einer durch die Kopfarbeit seiner Ochsen (im Joch) verursachten noch höheren Rechnung. Im Schwank ,Lauter Flegel' (H. Ruppel u. A. Häger: Der Schelm im Volke [Kassel 1952]) quittiert der Bauer im Amtszimmer die Aufforderung sich zu setzen nach kurzem Umherschauen mit der Bemerkung: „Wie bei mir in der Scheune, keine Stühle, aber lauter Flegel", u. in der Geschichte vom ,Akten schreiben, Akten dreschen' (L. Kiesgen u. W. Spael: Rhein. Volkshumor [Essen 1941]) soll der Bauer die mit weit auseinanderstehenden Zeilen geschriebenen Gerichtsakten teuer bezahlen u. beantwortet dies damit, daß er beim Dreschen für den Gerichtsherrn die Garben weit auseinanderlegt, sie nur halb ausdrischt u. dies ,Aktendreschen' nennt.

Solche ,Bauernschläue' gibt Überlegenheit und wird auch noch in heutiger Zeit leicht bewundernd und wohlwollend betrachtet.

Lit.: ↗ Bauer.

Bauklotz. *Bauklötze(r) staunen:* vor Verwunderung, Erstaunen sprachlos sein. Die Rda. ist um 1920 von Berlin ausgegangen.

S. A. Wolf betrachtet sie als Ergebnis eines Mißverständnisses. Sie bedeute nichts anderes als: vor Erstaunen große

Augen – berl.: ‚Jlotzoogen' oder ‚Jlotzen' – machen. Aus der Wndg. ‚da machste Jlotzen, wa?' wäre im Laufe der Zeit ‚da staunste Jlotzen' geworden u. durch Zuwanderung des synonymen Ausdrucks ‚Klozzer' aus dem Fränkischen schließlich ‚da staunste Klötze (Bauklötze)' entstanden.

Es ist aber auch nicht auszuschließen, daß die Rda. ihren Urspr. hat in dem kindlichen Spiel mit Bauklötzen, das immer neues Erstaunen hervorruft. Ob nun die eine oder andere Erklärung zutrifft, ist letztlich unerheblich, da gerade der surreale Gehalt den Reiz der Rda. ausmacht. Neuerdings ist sie noch ironisch parodiert worden: ‚Da staunst du Bauklötze mit Gummiecken!' Bauklötze mit Gummiecken gibt es nur in der Phantasie; sie sind ebenso ungewöhnlich wie das, worüber der andere staunen soll. Verwandte rdal. Ausrufe des Staunens sind: ‚Da staunste Backobst!', ‚da staunste Preßkohlen!' Unerklärt ist auch die etwa gleichzeitig, bes. obersächs. aufgekommene Rda. ‚Ackermann, da staunste!'.

Lit.: *S. A. Wolf:* Da staunste Bauklötzer, in: Muttersprache 73 (1963), S. 308–309.

Baum. In Sprw. und Rda. sind Bäume häufige Symbole für die Standhaftigkeit und Unbeugsamkeit eines Menschen, Sinnbilder von Stärke und Größe. Von einem Starken sagt man, er könne ‚Bäume ausreißen'. Man spricht von einem ‚Kerl wie einem Baum', von einem ‚baumstarken' Menschen. Noch stärker aber ist jem., dem nicht einmal ein Baum standhält: ostpr. ‚Dat es e Kerl, de kann Beem ute Eerd utriete'; häufig auch in der Form einer negativen Aussage: ‚Wie Bäumeausreißen ist mir's nicht gerade zumute' (von einem Genesenden, der sich noch matt fühlt).

Die ‚unbeugsame Eiche' ist ein Bild menschlichen Charakters: ‚Was schadet es der stolzen Eiche, wenn eine Sau sich daran reibt?!' – das meint: Beleidigungen von Kleinen können einen Selbstbewußten nicht erschüttern. ‚Alte Bäume lassen sich nicht mehr biegen'. Das meint: ‚Was Hänschen nicht lernt, lernt Hans nimmermehr'. ‚Einen alten Baum verpflanzt man nicht'. Andererseits ‚wachsen die Bäume nicht in den Himmel'; das Sprichwort

‚Alte Bäume lassen sich nicht mehr biegen'

zeigt die Begrenztheit menschlichen Strebens.

Jemand ‚schlägt Wurzeln'; er ist ‚verwurzelt' oder ‚entwurzelt'. ‚Krummes Holz' nennt man andererseits Menschen, deren Lebensweg nicht gradlinig verlaufen ist. ‚Wie der Baum, so die Früchte'; ‚An ihren Früchten sollt ihr sie erkennen' – Der ‚Apfel fällt nicht weit vom Stamm' – in all diesen Sprichwörtern und Emblembildern steht ‚Baum' für ‚Mensch': die Größe und Höhe von Bäumen meint hohen Rang, Stand oder Alter. Die Frucht von Bäumen steht für die Folgen von Taten, aber auch für Kinder und Enkel, das Aufwachsen und Beschneiden von Bäumen für Erziehung. Das Fällen von Bäumen steht für Niedergang, Katastrophen und Tod.

Zwischen Baum und Borke stecken: in einer kritischen Lage sein, aus der man weder vor noch zurück kann. Ähnl.: *Sich fühlen wie zwischen Baum und Borke:* eingeklemmt, in seiner Bewegungsfreiheit behindert sein, nur im Verborgenen gestattete Aktivitäten ausführen können. Das sprachl. Bild ist vom Beil genommen, das sich beim Behauen eines Baumes oft derartig einklemmt, daß es nicht mehr hin und her bewegt werden kann. Die stabreimende Zwillingsformel (↗Bausch und Bogen) ist heute nur noch ndd. geläufig, z. B. meckl. in der Form ‚twischen Bork (Rinde) und Bark (Birke) sitzen', auch ‚teuschen Bork un Bom stân', zwischen Tür und Angel stehen. Entspr. warnt das frz. Sprw. ‚Il ne faut pas mettre le doigt entre l'arbre et l'écorce' (man darf den Finger nicht zwischen Baum und Borke stecken) davor, sich in Zwistigkeiten zwischen Mann und Frau zu mischen, über-

,Auf den Bäumen wachsen'

haupt zwischen Personen, die eng miteinander verbunden sind.
Den dürren Baum reiten: gehenkt werden, was meist an laublosen Bäumen geschah. Dem entspricht die schwäb. Rda. ,er ist uffm dürra Bömle', verdorben.
Das geht über alle Bäume; das steigt auf die höchsten Bäume (Pappelbäume); das ist um auf die Bäume (Akazien) zu klettern: es ist unglaublich, es ist zum Verzweifeln (↗ Akazie). Die Wndg. begegnet schon in ,Familie Buchholz' von Julius Stinde, weswegen Berlin als Ausgangs- oder Vermittlungsort anzusehen ist.
Etw. hinter dem Baum gefunden haben: etw. besitzen, dessen Herkunft dunkel (unbekannt) ist, oft in Form einer Ausrede gebraucht.
Die Rda. *vom Baum der Erkenntnis essen* ist biblischen Urspr. und bezieht sich auf 1. Mos. 2,9 und 3,2–6 (frz. ,manger les fruits de l'arbre de la science'), wird aber oft in ganz anderem Sinn gebraucht, vor allem in negativ gewendeter Form: ,Er hat nicht vom Baum der Erkenntnis gegessen', er ist nicht sehr begabt.
Zwischen zwei Bäumen etw. wagen: Metapher für ein sexuelles Abenteuer, die auch im Volkslied begegnet.
Auf den Bäumen wachsen: mühelos und in großer Menge heranreifen. Die Wndg. bezieht sich auf die Volksglaubensvorstellung von der Kinderherkunft von Bäumen (,Kinderbaum'). Scherzhaft heißt es auch: ,In Sachsen, wo die schönen Mädchen auf den Bäumen wachsen' in Anspielung auf den ,Baum der Liebe', eine in der populären Druckgraphik beliebte Darstellung.
Den Wald vor Bäumen nicht sehen ↗ Wald.
Als eine Neuprägung eines politischen Sprww.-Slogans ist in bezug auf den Natur- und Umweltschutz die Wndg. entstanden: ,Wenn die Bäume fallen, stehen die Menschen auf'.

Lit.: *L. Fränkel:* Hinter dem Baum gefunden, in: Zs. f. d. U. 8 (1894), S. 544; *I. Beth:* Die Baumzeichnung in der dt. Graphik des 15. u. 16. Jahrhunderts (= Studien zur dt. Kunstgeschichte 13) (Straßburg 1910); *U. Holmberg:* Der Baum des Lebens (Helsingfors 1922); *H. Marzell:* Art. ,Baum' in: HdA. I, Sp. 954–958; *R. Bauerreiß:* Arbor vitae. Der ,Lebensbaum' und seine Verwendung in Liturgie, Kunst u. Brauchtum des Abendlandes (München 1938); *R. Marcus:* „The tree of life in proverbs", in: Journal of Biblical Literature 62 (1943), S. 117–120; *K. Koch:* Der Baumtest. Der Baumzeichenversuch als psychodiagnostisches Hilfsmittel (Bern 1954); *M. Lurker:* Der Baum in Glauben u. Kunst (= Studien zur dt. Kunstgeschichte 328) (Baden-Baden – Straßburg 1960); *D. Ward:* Art. ,Baum', in: EM. I, Sp. 1366–1374; *W. Danckert:* Symbol, Metapher, Allegorie im Lied der Völker, Bd. III (Bonn – Bad-Godesberg 1978), S. 951 ff.; *S. Selbmann:* Der Baum. Symbol und Schicksal des Menschen. Eine Ausstellung der Badischen Landesbibliothek (Karlsruhe 1984); *H. Gercke* (Hg.): Der Baum in Mythologie, Kunstgeschichte und Gegenwartskunst (Heidelberg 1985); *O. Mazal:* Der Baum. Ein Symbol des Lebens (Graz 1988); *L. Röhrich:* Der Baum in der Volksliteratur, in Märchen, Mythen und Riten, in: Germanistik aus interkultureller Perspektive. Hommage à G.-L. Fink (ed. A. Finck et G. Gréciano) (Strasbourg 1988), S. 9–26.

Baumeister. ↗ Einfall.

Baumöl. *Etw. geht einem ein wie Baumöl:* man hört es sehr gern. Die Wndg. wird zumeist dann gebraucht, wenn jem. eine Schmeichelei zu hören bekommt, die leicht übertrieben wirkt, die er aber so selbstverständlich aufnimmt (,schluckt'), als käme sie ihm zu u. wäre ernst gemeint. Berl. ,Et is zum Beboomölen', ostpr. ,Dat ös foorts tom bebommeelje' und obersächs. ,Is das nich gleich zum Boomeelschwitzen?' sind mdal. Varianten der Rda. *Es ist zum Bebaumölen (zum Baumölschwitzen):* es ist zum Verzweifeln, zum Verrücktwerden. Baumöl (d.i. minder-

wertiges, aus der letzten Pressung gewonnenes Olivenöl) steht hier für ‚Harn', wie andere mdal. Wndgn. erweisen, z. B. *einen schlagen, daß er Baumöl brunzt (seicht), bis er nach Baumöl stinkt.*
Sich bebaumölen meint eigentl.: sich in der Aufregung bepissen, hat aber mdal. verschiedene Bdtgn. angenommen, z. B. obersächs.: außer sich sein vor Freude oder Ärger, berl.: ängstlich sein.
Verbaumölen: zum Narren halten, weismachen; vgl. schlesw.-holst. ‚Lat ju nich bebomöhlen'; dies sagte am 9. 4. 1848 Major Michelsen, als man meldete, daß die Dänen seine Abteilung umgingen.
Im ‚Simplicissimus' Grimmelshausens steht ‚baumölen' für durchprügeln. Ölen ist ein älteres Synonym für schlagen; im Steir. ist Baumöl = Stockprügel. Urspr. war also *jem. verbaumölen:* einen mit einem Baum, d.h. einem Knüppel, verprügeln.

Bauplatz, Baustelle. In der großstädt. Umgangssprache sind Bauplatz und Baustelle sprachl. Bilder für die ‚Glatze', z. B. berl. ‚Der hat Baustellen zu verkoofen'; leipzigerisch: *Er hat einen Bauplatz zu verkaufen.* In Berlin sagt man von einem, der große Füße hat, auch: ‚Wo der hintritt, is jleich 'ne Baustelle'.

Bausch. *Eine Sache aufbauschen:* größer machen, ihr mehr Bedeutung beimessen als ihr zukommt. Bausch (mhd. bûsch) ist das Geschwollene, der Wulst. Die Wndg. stammt wohl aus der Kleidermode früherer Zeiten, als die Bauschärmel üblich waren.
In Bausch und Bogen: im ganzen, alles in allem; vor allem gebräuchl. in der Verbindung: etw. in Bausch und Bogen berechnen, bezahlen. Diese stabreimende Rda. hat sich wohl nur durch die Amtssprache bis in unsere Zeit hinein gehalten. Von der Nebenform *Pausch* hat die Kanzleisprache das lat. Adj. pauschalis gebildet, das noch heute in Begriffen wie Pausch(al)betrag, Pauschalsumme usw. lebendig ist. Eine Erklärung der Rda. hat bereits Jac. Grimm in seinem Wb. (I, Sp. 1198) gegeben: „Bei Grenzen heißt Bausch die auswärts, Boge die einwärts gehende Fläche, Bausch das Schwellende, Boge das Einbiegende, daher die Redensart ‚in Bausch und Bogen' – eins gegen das andere, im ganzen". Kauft man also ein Stück Land in Bausch und Bogen, so bedeutet das: Nach allg. Überschlag, ohne einzelnes genau gegeneinander abzuwägen; das Zuviel der einen Seite wird durch das Zuwenig der anderen Seite ausgeglichen.
‚In Bausch und Bogen (ver)kaufen' ist seit etwa 1700 in der Kaufmannssprache allg. und ohne Einschränkung auf bestimmte Warenarten gebräuchl. Später weitete sich der Anwendungsbereich der Rda. aus, und sie wurde sogar literaturfähig. Goethe gebraucht sie in den ‚Zahmen Xenien':

> Nehmt nur mein Leben hin in Bausch
> Und Bogen, wie ich's führe;
> Andre verschlafen ihren Rausch,
> Meiner steht auf dem Papiere.

Eine neuere Deutung der Rda. schlägt eine Ableitung aus dem Sprachgebrauch der Papiermühle vor: „Auf den abgelegten Bogen kam sogleich ein neues Filztuch, auf das der nächste Bogen aufgepreßt wurde, bis 181 Bogen zwischen 182 Filzen lagen, bis ein Pauscht, ‚ein Bausch Papier in Bogen', dastand" (Bockwitz, S. 62). Die Herleitung der Rda. aus diesem vereinzelten Vorgang hat allerdings wenig Wahrscheinlichkeit für sich.
‚In Bausch und Bogen' gehört zur Gruppe der stabreimenden Zwillingsformeln, die im dt. Redensartenschatz sehr reich vertreten ist, z. B.: zwischen Baum und Borke; an allen Ecken und Enden; auf Eid und Ehre; Feuer und Flamme; Freund und Feind; weder Fisch noch Fleisch; Geld und Gut; Gift und Galle; Glück und Glas; Grund und Grat; Haus und Hof; mit Haut und Haar; mit Herz und Hand; Himmel und Hölle; Hirt und Herde; Kaiser und König; Kalb und Kuh; mit Kind und Kegel; Kisten und Kasten; Kopf und Kragen; Küche und Keller; Land und Leute; Lappen und Lumpen; Mann und Maus; bei Nacht und Nebel; Nahrung und Notdurft; Roß und Reiter; in Samt und Seide; Schild und Schwert; mit Schimpf und Schande; Schloß und Schlüssel; Schmach und Schande; Speer und Spieß; Stecken und Stab; Stiefel und Sporn; über Stock und Stein; mit Stumpf und Stiel; vor Tag und

Tau; Tür und Tor; Tod und Teufel; Wald und Wiese; Wasser und Wein; Wind und Wasser; ohne Wissen und Willen; Witwen und Waisen; – ab und an; blank und bloß; braun und blau; durch dick und dünn; drauf und dran; drunter und drüber; einzig und allein; fix und fertig; frank und frei; ganz und gar; gang und gäbe; im großen und ganzen; grün und gelb; gut und gern; hoch und heilig; hü und hott; klipp und klar; kurz und klein (schlagen); je länger, je lieber; lieb und leid; los und ledig; niet- und nagelfest; null und nichtig; nun und nimmermehr; offen und ehrlich; samt und sonders; – ich bin und bleibe; nichts zu beißen noch zu brechen haben; biegen oder brechen; bitten und beten; drehn und deuteln; fasten und feiern; hoffen und harren; küssen und kosen; wie er leibt und lebt; sich nicht rücken noch rühren; singen und sagen; tun und treiben; nicht wanken noch weichen; zittern und zagen; (↗Ach und Krach).

Lit.: *H. Schrader:* Bilderschmuck, S. 443; *Richter-Weise,* Nr. 17; *Bockwitz:* Kulturgesch. des Papiers (Stettin 1935); *D. Puetzfeld:* Jetzt schlägts aber 13 (Berlin 1937), S. 16.

bayerisch ↗Ruhe.

beben ↗Wut.

becircen. *Jem. becircen:* ihn umschmeicheln, umgarnen, verführen – wie Circe (griech. Kirkē), die ränkevolle Zauberin der Antike, der es gelang, Odysseus zur Liebe zu verleiten. Circe war eine der größten mythischen Gestalten, deren verführerische Gaben von Homer in seiner ‚Odyssee' beschrieben u. somit der Nachwelt überliefert wurden. Auch Ovid berichtete in seinen ‚Metamorphosen' von ihren Zauberkünsten.

Lit.: *R. Wildhaber:* Kirke und die Schweine, in: Schweiz. Arch. f. Vkde. 47 (1951), S. 233–261; *A. Stasinopoulos-Skiadas:* Der Kirke-Mythos (Diss. Kiel 1967); *H.-P. Schönbeck:* Art. ‚Circe' in EM. III, Sp. 57–59.

Beckmann. *Mein Gott, Frau Beckmann!* Ausruf der Verwunderung. Die Identifizierung der Frau Beckmann ist bisher nicht geglückt. Der Ausdr. ist mdl. seit etwa 1920 bekannt und vorwiegend in nordd. Mdaa. belegt (Küpper).

Beckmesserei. *Beckmesserei betreiben:* kleinlich pedantische Rechthaberei, mit übertriebener Akribie Fehler anstreichen – eine Eigenschaft, die ihren Namen erhielt nach der Figur des Stadtschreibers Sixtus Beckmesser in Richard Wagners ‚Meistersinger von Nürnberg'. Diese wiederum geht zurück auf den Meistersinger Sixtus Beckmesser, der im 16. Jh. lebte u. zum Vergnügen seiner Mitmenschen Verse gedichtet u. Lieder gesungen hat. Seine Melodien waren noch lange beliebt. Wagner wollte in seiner komischen Figur des philisterhaften Nörglers, der in übertriebener Weise zu kritisieren pflegt, den Wiener Musikkritiker Eduard Hanslick verspotten und hatte sie deshalb urspr. Hans Lick genannt. Von dieser Bühnenfigur leitet sich auch ab der Ausdr. *beckmessern:* übergenaue Maßstäbe anlegen, kritiksüchtig sein.

bedeppert. *Bedeppert sein:* betroffen, niedergeschlagen, eingeschüchtert oder ratlos sein; z.B. ostpr.: ‚Ganz bedeppert schlich er nach Hause'. Für die Erklärung der Wndg. bieten sich zwei Möglichkeiten an: die Ableitung aus mhd. beteben = bedrücken oder aus dem Hebräischen. In der Gaunersprache bez. das Wort ‚bedeppert' einen Menschen, auf den so stark eingeredet worden ist, daß er unschlüssig und ratlos ist. Eine Ableitung von dem obd. mdal. Wort ‚Depp' = einfältiger Mensch, das dem 19. Jh. angehört, scheidet aus, weil bereits Grimmelshausen im ‚Simplicissimus' (VI, 2) das Wort gebraucht: „... die süße Betöberung deß Schlaffs".

bedient. *Bedient werden:* als Gast oder Kunde die Befriedigung seiner Wünsche erfahren. Die Wndg. begegnet im Geschäftsleben häufig in Form einer höflichen Frage: ‚Werden Sie schon bedient?'
Bedient sein: ausreichend versorgt worden sein, in übertr. Bdtg. aber ins Negative gewendet: etw. satt haben. Weitere Zumutungen werden oft durch die subjektive Feststellung: ‚Ich bin bedient!' zurückgewiesen, i.S.v.: Mir langt es jetzt; mir reicht's; ich habe schon zuviel gekriegt.
Sich (selbst) bedient haben: zugelangt haben, oft nach der Aufforderung eines

Gastgebers: ‚Bedienen Sie sich!' In übertr. Bdtg. meint die Wndg. auch: sich egoistisch selbst versorgt haben, sich (auf unerlaubte oder unfeine Weise) bereichert haben.

Beelzebub ↗Teufel.

Beeren. *In die Beeren gehen:* zu einem heimlichen Stelldichein, unbeobachtet sexuelle Abenteuer erleben. Die erot. Metapher begegnet als Umschreibung des vor- und außerehelichen Geschlechtsverkehrs gern im Volkslied, ↗Brombeeren.
Jem. in die Beeren schicken: jem. den Laufpaß geben, ihn vorübergehend wegschikken, sogar: in den Tod schicken wollen, ↗Binsen, ↗Pilze.

Lit.: *L. Röhrich:* Gebärde – Metapher – Parodie. Studien zur Sprache und Volksdichtung (Düsseldorf 1967), S. 79–80; *W. Danckert:* Symbol, Metapher, Allegorie im Lied der Völker, Bd. III (Bonn – Bad Godesberg 1978), S. 1085ff.; *G. Meinel:* Pflanzenmetaphorik im Volkslied, in: Jb. f. Volksliedforschung 27/28 (= Festschrift für L. Röhrich z. 60. Geburtstag) (Berlin 1982), S. 162–174.

Beet. ↗quer, Quere.

befriedricht. *Befriedricht sein:* befriedigt sein. Ein sprachl. Scherz seit 1850, vor allem für Berlin bezeugt; beruht auf der lautlichen Ähnlichkeit von ‚befriedigt' mit dem weitverbreiteten, vor allem in Preußen beliebten Vornamen Friedrich (Küpper).

begießen. *Eine Sache begießen:* mit einem Trunk bekräftigen oder feiern, meist in der Form: ‚Das müssen wir begießen', darauf müssen wir einen trinken! Diese schon im 16. Jh. bei dem Ritter von Schweinichen bezeugte Rda. ist heute noch sehr gebräuchl., z. B. beim Abschluß eines Geschäfts, nach bestandenem Examen, bei einem unerwarteten Wiedersehen usw.; vgl. frz. ‚arroser quelque chose'.
Sich die Nase begießen ↗Nase.

begraben. *Laß dich begraben!* (vor allem berl. ‚Laß dir bejraben!'): gib es auf! Du taugst nichts; wozu bist Du eigentl. noch auf der Welt; es ist so gut, als wenn Du schon tot wärst, und damit wäre nichts verloren.
Die scherzhafte Rda., als Kritik einer schlechten Leistung gebräuchl., ist seit etwa 1850 bezeugt. Sie bez. übertreibend einen Menschen, der so dumm ist, daß sein Leben eigentl. unbrauchbar ist. Daraus hat sich auch gebildet *Man hat vergessen, ihn zu begraben:* der Betreffende ist eine aus Versehen noch nicht bestattete Leiche.
Da möchte ich nicht (scheintot) begraben sein: da möchte ich nicht leben müssen.
Lebendig begraben sein: sich an einem Ort völlig isoliert fühlen, auch: durch eine Krankheit (Lähmung) keine Bewegungsfreiheit mehr besitzen, alle Lebensqualität eingebüßt haben. Die in übertr. Bdtg. übliche Wndg. bezieht sich auf die in früheren Jhh. aufgekommene Angst, tatsächlich begraben zu werden, ohne richtig tot zu sein, was manchmal vorgekommen sein mag, z. B. bei Epidemien. So berichtet z. B. die bekannte Kölner Stadtsage von ‚Richmodis von Aducht', daß diese in der Pestzeit ‚scheintot' begraben wurde und durch Grabräuber, die ihren Sarg öffneten, wieder zu sich kam und noch einige Zeit danach weiterlebte.
Lebendig begraben werden war auch eine Form der Hinrichtung. In Verdis ‚Aida' folgte treue Liebe dem Verurteilten ins Grab und ließ sich lebendig mit einmauern. Auch im Märchen begegnet diese Vorstellung. (KHM. 16: ‚Die drei Schlangenblätter').
Das Kriegsbeil begraben ↗Kriegsbeil.
Hier liegt der Hund begraben ↗Hund.

Lit.: *l. Röhrich:* Die erweckte Scheintote, in: Erzählungen des späten Mittelalters und ihr Weiterleben, Bd. II (Bern u. München 1967), S. 86ff., 415ff.; *R. Schenda:* Art. ‚Begräbnis', in: EM. II, Sp. 28–41; *J. de Voss:* Lebendig begraben. Analyse einer Metapher im expressionistischen Drama (Frankfurt/M. 1983).

Begräbnis. *Ein ehrliches Begräbnis erhalten:* eine der Sitte gemäße Bestattung erfahren. Die Wndg. wurde nach mehreren Bibelstellen (1. Mos. 23,6; Sir. 38,61 u. 2. Macc. 4,49) gebildet.
Ein unehrenhaftes Begräbnis zu erwarten haben: damit rechnen müssen, nicht einmal mit Erde bedeckt oder an einem ungeweihten Ort verscharrt zu werden, was als Schmach oder zusätzliche Strafe verstanden wurde. Die Kirche konnte Exkommu-

nizierten, ungetauften Kindern, aber auch Hingerichteten und Selbstmördern ein Begräbnis auf dem Friedhof (‚in geweihter Erde') verweigern. ↗ Ehre.

Lit.: *R. Schenda:* Art. ‚Begräbnis', in: EM. II, Sp. 28–41, bes. 32–33.

Begriff. *Schwer von Begriff sein:* lange brauchen, um etw. zu verstehen (dagegen schwäb. ‚Der ist kurz von Begriff', der ist unbegabt). *Keinen Begriff von etw. haben:* keine Ahnung haben. *Im Begriff des Begreifens sein:* gerade anfangen, etw. zu tun. Die sehr junge Rda. spielt scherzhaft mit den ähnl. lautenden Ausdr. ‚im Begriff stehen' und ‚begreifen'. ‚Des Begreifens' wird aus Freude am Unsinn hinzugesetzt (Küpper). Die Rda. *einen schönen Begriff von etw. bekommen* wird ironisch verwendet.

Beichte ↗ Narr.

beigeben. *Klein beigeben:* sich fügen, nachgeben, den Widerstand aufgeben; z.B. in Arnims ‚Schaubühne' 1839 (2,264): „Ihr seid desperate Leute hier, aber ihr werdet klein beigeben, wenn ihr die erste Stückkugel sausen hört". Die erst zu Beginn des 19. Jh. aufgekommene Rda. ist dem Kartenspiel entnommen: ‚klein beigeben' muß man, wenn man keine hohen Karten mehr besitzt.

Lit.: *C. Puetzfeld:* Jetzt schlägts aber 13 (Berlin 1937), S. 17.

Beihaspel. *Eine Beihaspel sein:* außerehelich geboren sein, eine Art unwillkommene ‚Beigabe', die auf dem Hof (in der Familie) nur geduldet und nebenbei mit aufgezogen wird. Die euphemist. Bez. steht in Zusammenhang mit der Flachsverarbeitung und der Spinnstube. Die Garnwinde war ein notwendiges Gerät, das zu jedem Hausstand gehörte. Die Haspel wurde deshalb oft reich verziert als Liebesgabe der Braut überreicht und besaß auch symbolische Bdtg. Eine ‚Beihaspel' hingegen war eigentl. ‚überflüssig', so daß die Wndg. als äußerst abwertend zu verstehen ist.

Beil. *Er wirft das Beil zu weit:* er ist ein Großsprecher, er schneidet auf, er lügt und übertreibt. Diese alte Rda. ist heute noch in den Mdaa. gebräuchl., z.B. schwäb. ‚den Beil zu weit 'naus werfen', eine Behauptung, einen Ausspruch überspannen.
Das Beilwerfen spielte im altdt. Kriegswesen und in der Rechtssymbolik eine Rolle. Bes. bei Grenzbestimmungen war es üblich, die Entscheidung über die Entfernung der Grenze von einem gewissen Punkte dem zukünftigen Besitzer in die Stärke seines Armes zu legen. Öfters begegnet in Urkunden die Bestimmung, daß ein Müller in dem Bach, der die Mühle treibt, so weit abwärts und aufwärts soll fischen dürfen, wie er von der Mühle aus ein Beil zu werfen vermag.
Im Bilde dieses Brauches konnte man von einem, der sich viel anmaßte, und dann weiter von einem, der Unglaubliches von sich berichtete, sagen: ‚Er wirft das Beil zu weit' (vgl. engl. ‚to throw the hatchet'). Die ältere Form der Rda. lautet ‚Er wirft die Barte zu weit', ↗ Barte. Grimmelshausen berichtet im ‚Simplicissimus' (III,411) von einem, der von seinen Reisen erzählt: „Warffe auch bißweilen das Beyl so weit, daß ich selbst vor ihm sorgte, wo ers wieder finden würde". Noch heute hört man ganz ähnl. in der Umgangssprache von einem Angeber ‚Der wirft das Beil so weit, daß er's nicht mehr holen kann'; vgl. KHM. 72.
Dem Beil einen Stiel wissen: ein Hilfsmittel kennen, Abhilfe wissen. Zuerst 1587 im ‚Buch der Liebe' (215d) bezeugt: „ich wüst diesem beihel einen stil". Später erscheint auch die Nebenform *der Axt einen Stiel wissen,* ↗ Axt.
Einen unter dem Beile (des Henkers) stekken lassen: ihn in der größten Gefahr verlassen.

Lit.: *J. Grimm:* Dt. Rechtsaltertümer I, S. 82f.; Dt. Rwb. I, Sp. 1465; *F. Sieber:* Beil und Beilwurf auf dem rückseitigen Gemälde des Annaberger Bergaltars, in: Zwischen Kunstgesch. und Vkde. Festschrift für W. Fraenger (Berlin 1960), S. 197–212.

Beilade. *An die Beilade gehen:* erwachsen sein, verfügungsberechtigt sein. Die vor allem im Tessin verbreitete Redensart bezieht sich auf die ‚Beilade', ein bes. Fach unter dem Deckel der Truhe, in dem die kostbarsten Dinge aufbewahrt wurden. Heranwachsenden war es selbstverständlich noch verwehrt, etw. daraus zu entnehmen.

Beileid. *Herzliches Beileid:* mitempfundene Trauer. Das Wort Beileid wurde im 17. Jh. von Paul Fleming geprägt. Obwohl es schon 1669 bei Schottelius gebucht ist, wurde es noch 1755 obd. nicht allg. verstanden und mit ‚Mitleid' verwechselt. Im 20. Jh. hat es sich dann allg. zur Bekundung des Mitgefühls bei Trauerfällen durchgesetzt, wohl unter dem Einfluß der gedruckten Beileidskarten. Vgl. frz. ‚Sincères condoléances'.

Bein. Die ältere Bdtg. Bein = Knochen zeigen noch Rdaa. *wie durch Mark und Bein* (↗Mark). *Fleisch und Bein, Stein und Bein* (↗Stein). *Bein von meinem Bein,* nach 1. Mos. 2,23; vgl. frz. ‚Os de mes os'; *ein Bein im Rücken haben:* sich sehr steif halten. Bei Geiler von Kaysersberg heißt es: „Er hat ein Schelmenbein im Knie stekken": er ist ein Schelm. Bei Joh. Fischart: „Gesellen, die ein Schelmenbein haben im Rücken". Hierher gehört auch die von Luther gebrauchte Wndg.: „schinden die Leute bis auf die Beine" (Erlanger Ausg. Bd. 42, S. 262). Schwäb. sagt man von einem recht bösen Menschen: ‚An dem ist kei guts Bei'. *Kein Bein* wird gebraucht für: niemand, berl. auch für: kein Gedanke. Das Gegenteil davon ist *alles, was Beine hat:* jedermann.

In der heute gebräuchl. buchstäblichen Bdtg. wird Bein in vielen Rdaa. gebraucht: *einem auf die Beine helfen:* ihn unterstützen, ihm aus bedrängter Lage helfen; seit dem 16. Jh. belegt, z. B. bei Joh. Fischart im ‚Bienenkorb', 202 a; vgl. frz. ‚aider quelqu'un à se remettre sur ses pieds' (Füße), ↗Fuß; *wieder auf die Beine kommen, wieder auf den Beinen sein* sagt man bes. von einem Genesenden (schon bei Luther bezeugt).

Die Beine übereinanderschlagen: mit gekreuzten (d. h. übereinandergeschlagenen) Beinen sitzen; eine lässige Sitzhaltung einnehmen, die bis heute als ungehörig gilt. Bildquellen erweisen, daß das Beinekreuzen urspr. eine Richtergebärde war, die die Befugnis zur Rechtsprechung öffentl. sichtbar werden ließ, ↗Engel.

‚Die Beine übereinanderschlagen'

Auf eigenen Beinen stehen: unabhängig sein, keiner Unterstützung bedürfen; vgl. frz. ‚voler de ses propres ailes' (wörtl.: mit eigenen Flügeln fliegen).

Fest auf beiden Beinen stehen: wissen, was man im Leben erreichen will; vgl. frz. ‚avoir les deux pieds sur terre' (wörtl.: mit beiden Füßen auf dem Boden stehen).

Seine Beine unter fremdem Tisch haben: keinen eigenen Haushalt führen, schmarotzen; ähnl.: *Er steckt die Beine unter seines Vaters Tisch:* er läßt sich von seinem Vater ernähren. Weit verbreitet sind auch: *sich auf die Beine (Strümpfe, Socken) machen:* sich davonmachen; *etw. auf die Beine bringen (stellen):* zustande bringen; die Rda. geht wohl vom Heer aus, das man bei der Mobilmachung auf die Beine brachte.

Einem Beine machen: ihn wegjagen, ihn zur Arbeit antreiben (schon bei Fischart). ‚Dir wer 'k Beene machen!' droht der Berliner dem an, den er so schlagen will, daß er davonläuft. *Sich die Beine vertreten:* spazierengehen; *sich die Beine in den Leib stehen:* lange im Stehen warten müssen; *die Beine in die Hand* (auch *unter die Arme*) *nehmen:* sich beim Gehen beeilen; vgl. frz. ‚prendre ses jambes à son cou' (wörtl.: seine Beine um den Hals legen); *viel auf den Beinen sein:* viel gehen, keine

Zeit haben; *sich die Beine ablaufen,* um etw. zu erlangen (auch mdal., z.B. schlesw.-holst. ‚Ik heff mi de Been dorna ut dat Liev lopen', ich habe keine Mühe gescheut, um es zu bekommen).

Das Gegenteil zu dieser Wndg. ist *sich kein Bein ausreißen:* sich nicht übermäßig anstrengen, eine Sache träge und langsam tun (‚Deshalb reiße ich mir kein Bein aus!'). Bei schwerem Ärger sagt man *Es ist zum Beinausreißen!* Einer, der große Unordnung sieht und nicht eingreifen darf, sagt: *Es ist, um mit beiden Beinen hineinzuspringen. Mit einem Bein bereits im Grab stehen:* todkrank sein, auf dem Sterbebett liegen (↗Grube).

Mit den (beiden) Beinen auf der Erde bleiben: sich nicht in Träumen und Spekulationen verlieren, sondern mit realen Tatsachen rechnen.

Kein Bein auf die Erde kriegen (bekommen): trotz aller Bemühungen wenig erfolgreich sein.

Immer wieder auf die Beine fallen: Glück im Unglück haben, keinen ernstlichen Schaden nehmen. Die Rda. enthält die häufige Beobachtung, daß eine Katze beim Sprung immer auf die Beine fällt und sich auch beim Sturz aus großer Höhe nicht verletzt; vgl. frz. ‚retomber toujours sur ses pieds'.

Mit dem linken Bein zuerst aufgestanden sein: schon am Morgen schlecht gelaunt sein. Das Aufstehen mit dem verkehrten Bein wurde als schlechtes Vorzeichen genommen (vgl. lat. ‚sinistro pede profectus'; ndl. ‚met het verkeerde been uit het bed stappen'; engl. ‚to get out of bed the wrong foot foremost'; frz. ‚se lever le cul, le derrière le premier' (ungebräuchl.), dafür heute: ‚s'être levé du pied gauche').

Kein Bein in etw. finden: keine Bedenken haben. Bein hat hier wieder die alte Bdtg. von Knochen. Die Rda. meinte also urspr. ‚keinen Knochen im Essen finden'. Den Gegensatz enthält die Wndg. ‚ein Haar in der Suppe finden' (↗Haar); vgl. auch ndl. ‚geen been (graten) in iets vinden', engl. ‚without finding bones in'.

Etw. ans Bein binden: etw. verloren geben, einen Verlust verschmerzen, namentlich von Geldsummen gebraucht, z.B. ‚Die 100 Mark binde ich ans Bein', d.h. ich opfere sie, ich gebe sie verloren. Zur Deutung dieser Rda. hat man verschiedene Vorschläge gemacht; die richtige Erklärung scheint folgende: Man sagte und sagt scherzend ‚Ich binde etw. ans Bein, unters Knie', wenn man es sich nicht zu Herzen gehen lassen will (vgl. die gegenteiligen Rdaa.: ‚einem etw. auf die Seele binden' und ‚einem etw. ans Herz legen'); z.B. els. ‚Er loßt's Kritz (Kreuz) nit uwr d'Strümpfbandel auf', er macht sich keine Sorgen. 1638 heißt es in einer Breslauer Leichenrede: „Er hat nicht einen schlechten oder geringen Kummer, der bald zu vergessen ist oder den man unter den Knien zubindet, wie man im Sprichwort redet".

Noch älter und deutlicher in dem Liederbuch der Hätzlerin aus dem Jahre 1471:

> Sie sprach: far hin mein lieber knecht ...
> Laß dir das laid dein haubt auch nit zerbrechen.
> Der knab der sprach: gern ich das tu,
> Bei dem knie so bind ichs zu,
> Das es mir in das herz nit mag geschlagen.

Die Rda. ist schon mhd. bezeugt, z.B. bei Walther von der Vogelweide (101,31): „Mîn leit bant ich ze beine", ich achtete mein Leid gering. In dem spätmhd. Lehrgedicht ‚Die Windsbekin' heißt es am Schluß von allerlei Ermahnungen: „die rede ze beine nicht enbint", d.h. achte diese Rede nicht gering. Mdal. sagt man noch heute von etw. Unbedeutendem ‚Das binde ich mir erst einmal unters Knie'. Daher auch: *noch etw. am Bein haben:* bezahlen oder leisten müssen; wenn man es auch – etwa wie ein Schellenband oder eine geringe Last – ans Bein gebunden hat, ist man es doch nicht los. Sächs. ‚Das kann noch ans Been loofen', das wird wohl noch Kosten machen.

Im übrigen hat die Rda. ‚ans Bein binden' im heutigen Sprachgebrauch eine weitere und konkreter zu verstehende Bdtg. angenommen: eine Sorge aufbürden, auch: einen behindern. Hierbei ist an die Bestrafungen zu denken, die etwa Festungsgefangene und Wilddiebe erleiden mußten: Man legte ihnen einen eisernen Ring um das Fußgelenk und band daran eine schwere Kugel, um die Missetäter oder Gefangenen an der Flucht zu hindern.

Auch die Rda. *einen Klotz (Knüppel) am Bein haben* heißt: in seiner Handlungsfreiheit eingeschränkt sein. Sie zeugt von dem noch heute üblichen Brauch, Weidetiere durch einen Knüppel, der an einer Kette zwischen ihren Vorderbeinen hängt, am Weglaufen zu hindern (↗Knüppel).

Einem ein Bein stellen: ihn in heimtückischer Weise zu Fall zu bringen suchen, indem man ihm plötzlich ein Bein vorhält; in übertr. Sinne: jem. hinterlistig Schaden zufügen, z.B. in Grimmelshausens ‚Simplicissimus' (I, 189): „wie er ihm ein Bein vorsetzen und zu Fall bringen möchte!". Auch bei Goethe im ‚Faust' (II. Teil, V. 6792): „Der Teufel stellt dir nächstens doch ein Bein" (vgl. ndl. ‚iemand een beentje zetten' u. frz. ‚faire un croc en jambe à quelqu'un').

Jem. Knüppel zwischen die Beine werfen: ihm Schwierigkeiten bereiten, seinen Erfolg hindern; vgl. frz. ‚jeter à quelqu'un des bâtons dans les roues' (wörtl.: jem. Knüppel in die Räder werfen), ↗Rad.

Jem. auf die Beine (Zehen, Hühneraugen) treten: ihn nachdrücklich ermahnen, seine Aufmerksamkeit erregen, ihn unter dem Tisch heimlich anstoßen; vgl. frz. ‚monter sur les pieds de quelqu'un' i. S. v.: einen ausstechen, ihm auf dem Kopf herumtanzen.

Von Kindesbeinen an ↗Kind.

Kalte Beine (Füße) kriegen: Angst bekommen ↗Fuß.

Vom Storch ins Bein gebissen werden ↗Storch.

Über seine eigenen Beine fallen kann der Ungeschickte, der sich selbst in Schwierigkeiten bringt.

Scherzhaft sagt man von einem, der ungelenke oder krumme Beine hat, daß bei ihm *die Beine verkehrt eingehängt (eingeschraubt) seien;* hat er einen langsamen, wackligen Gang, heißt es sogar: *Er geht, als wenn ihm die Beine in den Arsch gebohrt wären.*

Ein bes. großer Mensch *weiß oft nicht mit seinen Beinen wohin* und sagt selbst in gespielter Verzweiflung *Ich kann mir doch keinen Knoten in die Beine machen,* weil sie zu lang sind.

Ist ein junger Mensch zu rasch gewachsen und paßt ihm seine Kleidung nicht mehr, dann hat er *die Beine zu weit durch die Hosen gesteckt.*

Die berl. Rda. ‚Det hat noch lange Beene' meint: es hat noch lange Zeit, denn es hat sich noch nicht auf die Beine gemacht, es hat noch nicht begonnen.

Die Wndg. *nicht auf einem Bein stehen können* gilt als Ermutigung und Aufforderung, ein weiteres Glas Alkohol zu trinken; vgl. ndl. ‚Op een been kan men niet loopen (staan)' oder ‚Een goed Monik (Mönch) gaat niet alleen' und engl. ‚Wet the other eye!'. *Ich bin nicht auf einem Beine hergekommen* sagt der Gast, der noch etw. zu trinken wünscht.

In die Beine gehen kann einem der Alkohol, aber auch die Musik zum Tanz. Der Schreck dagegen *fährt jem. in die Beine* und lähmt ihn.

Humorvoll ist die Befürchtung, daß ein Gegenstand *Beine kriegen könnte,* d.h., daß er abhanden kommt, gestohlen wird.

Die Rda. *jüngere Beine haben:* frisch und beweglich sein und deshalb älteren Menschen eine Besorgung erledigen, einen Weg abnehmen können, wird als vorwurfsvoller Hinweis gegenüber dem Jüngeren gebraucht, wenn er nicht hilfsbereit genug ist (vgl. frz. ‚Il a encore ses jambes de quinze ans').

Auf Tiervergleichen beruhen die Wndgn.: *sich auf die Hinterbeine stellen:* sich wie ein störrisches Zugtier (Esel) mit aller Kraft gegen etw. sträuben, dagegen *sich auf die Hinterbeine setzen:* sich anstrengen, bes. in der Schule.

Den Schwanz zwischen die Beine nehmen: wie ein furchtsamer Hund rasch davonlaufen; vgl. frz. ‚porter la queue basse' (wörtl.: mit eingezogenem Schwanz herumlaufen).

Um einen bei einem Mißgeschick zu trösten, sagt der Berliner ‚Det is ja noch lange keen Beenbruch', es hätte schlimmer kommen können. In Dtl. allg. ist der Ausruf *Besser als ein Beinbruch!,* ↗Hals.

Lit.: *E. Stemplinger u.a.:* Art. ‚Bein', ‚Beinbruch', ‚Beine kreuzen, verschränken', in: HdA. I, Sp. 1010–1016; *H. J. Lixfeld:* Art. ‚Beinverschränkung', in: EM. II, Sp. 64–67.

Beispiel. *Ein Beispiel geben:* Vorbild sein, richtungweisend sein. Der Begriff ‚Beispiel' hatte zunächst ebensowenig wertenden Charakter wie die Wörter ‚beispielhaft': häufig vorkommend, oder ‚beispiel-

los': noch nie dagewesen. Dieser wurde erst aus dem Gesamtzusammenhang ersichtlich, wie aus folgenden Bibelstellen hervorgeht: „Du machst uns zum Beispiel unter den Heiden ..." (Ps. 44,15), „... daß er verstehe die Sprüche u. ihre Deutung, die Lehre der Weisen u. ihre Beispiele" (Spr. Sal. 1,6), „... ein Beispiel habe ich euch gegeben, daß ihr tut, wie ich euch getan habe" (Joh. 13,15).
In manchen Rdaa. wird die Bedeutung durch ergänzende Adjektive hervorgehoben: *mit gutem Beispiel vorangehen* bzw. *ein schlechtes Beispiel geben*. Dagegen drückt die Rda. *sich ein Beispiel an jem. nehmen:* sich jem. zum Vorbild nehmen, die Forderung nach einer positiven Lebenshaltung aus, so auch Schiller: „Erfreue unsern Vater, nimm ein Beispiel!"
Allg. bez. der Begriff ‚Beispiel' das aus allen anderen herausragende Vorbild eines Menschen, weiterhin das Muster einer Gattung, aber auch ausgewählte Proben aus einem Text, einer Erzählung, Fabel, Lehrdichtung, wie sie im MA. häufig zur Untermauerung von Predigten u. Reden beliebt waren. Sie haben zumeist eine beweisende oder erläuternde, manchmal auch eine auflockernde Funktion u. werden mit der Wndg. *zum Beispiel* eingeleitet oder in den Satz eingeschoben: „... Zum Beispiel meiner Erklärung kann ich den mehrmals erwähnten ägypt. Antonius anführen" (J. J. Winkelmann, Werke [Dresden 1808 ff.], 3,117).
Die Beispielerzählung (mhd. ‚bîspel', lat. ‚exemplum') ist erst in neuerer Zeit als belehrende und unterhaltende, moralisierende Gattung ins Blickfeld der Folkloristik getreten. Das Exemplum begegnet dabei in recht verschiedenen Anwendungsebenen und Funktionsbereichen. Es gibt zahlreiche Überschneidungen zu anderen lehrhaften Erzählkategorien, wie zum Predigtmärlein, zur Legende und Mirakelerzählung, zur Fabel, zum Sprichwort etc.
In der ma. u. nach-ma. Lit. fanden die Exempla Eingang in eigens zu diesem Zweck zusammengestellte Beispiel- oder Exemplasammlungen. Oft wurden auch *Exempel von Beispielen* oder *Beispiele von Exempeln* zitiert. Grimm u. Wander sahen in diesen Wndgn. eine Anhäufung von gleichen Ausdrücken für ein u. dasselbe (Tautologie, Pleonasmus), doch handelt es sich eher um eine genaue Differenzierung der sich ergänzenden u. nur z. T. überschneidenden Begriffe, wie auch aus den Rdaa. *als abschreckendes Beispiel*, ‚ein Exempel statuieren' ersichtlich ist. Das Exempel ist als ein aus einer Reihe von ähnl. Gegebenheiten herausgegriffenes Beispiel zu betrachten, wie außerdem aus der häufig als Einleitung eines erklärenden Zusatzes verwendeten Wndg. *um nur ein Beispiel herauszugreifen* deutlich wird (↗ Exempel).

Lit.: *V. Mylene:* Art. ‚Par exemple', in: Archivum Linguisticum 8 (1956), S. 38–50; *H. Bausinger:* ‚Zum Beispiel', in: Volksüberlieferung, FS für Kurt Ranke ... (Göttingen 1968), S. 9–18; *R. Schenda:* Stand u. Aufgaben der Exemplaforschung, in: Fabula 10 (1969), S. 69–85; *Ch. Daxelmüller:* Art. ‚Exemplum', in: EM. IV, Sp. 627–649; *W. Brückner:* Art. ‚Exempelsammlungen', in: EM. IV, Sp. 592–626.

beißen. *Nichts zu beißen und zu brechen* (auch *nichts zu nagen und zu beißen*) *haben:* nichts zu essen haben, weder Fleisch zum Beißen noch Brot zum Brechen. Die Rda. begegnet mehrfach in Grimms Märchen, z. B. in KHM. 15 u. 54.
Mdal. heißt es im Wolgadt.: ‚Der hot nix zu beissa un nix zu reissa'. Vgl. frz. ‚n'avoir rien à se mettre sous la dent'.
Ich dachte, was mich bisse: warum nicht gar; umg. vor allem in Norddtl. verbreitet.
Bei jem. auf Granit beißen: auf starken Widerstand stoßen.
Etw. beißt sich: es paßt nicht zueinander (z. B. Farben verschiedener Kleidungsstücke).
Ich beiße doch nicht! wird zu einem Zaghaften zur Beruhigung gesagt.
In den sauren Apfel beißen ↗ Apfel.
Ins Gras beißen ↗ Gras.

Lit.: *H. Hepding:* Art. ‚beißen, Biß', in: HdA. I, Sp. 1016–1023.

bekleckern. *Sich mit Ruhm bekleckern:* Mißerfolg haben, sich blamieren. Die jüngere, erst seit etwa 1850 für Berlin bezeugte Rda. ist eine scherzhafte Umformung der Wndg. ‚sich mit Ruhm bedekken', ironisch-wortwitzelnd, weil Mißerfolg als Fleck auf der Ehre aufgefaßt wird. – Berl. ist auch ‚Bekleckern Se sich man nich!', höhnisch, beim Beginn eines Wortwechsels, auf das ‚Begeifern' bei lebhaftem Redefluß anspielend.

bekloppt: nicht ganz bei Verstand, verrückt, nach dem 2. Weltkrieg zur sprw. Rda. erweitert: ‚Selig sind die Bekloppten, denn sie brauchen keinen Hammer' in parodistischem Anklang an die Seligpreisungen der Bergpredigt.

belichtet ↗unterbelichtet.

beliebt ↗angeschrieben, ↗Fuß, ↗Nummer.

Bellmann. *Das soll Otto Bellmann heißen* sagt man berl. von etw. ausgesucht Gutem, z.B. ‚Nu wer 'k Ihnen mal eenen Kognak jeben – der soll Otto Bellmann heeßen'.
In einer großen Zahl von Rdaa. kommen Personennamen vor, und zwar bes. häufig in berl. Wndgn., z.B. ‚So muß et kommen, sagt Neumann'; ‚Guten Morgen, Herr Fischer!'; ‚Da kennen Sie Buchholzen schlecht!'; ‚Mein Gott, Frau ↗Beckmann'; ‚Freudenberg, die Strippe reißt!'; ‚Grünemann, es kommt ein bös Gewitter' (bei Skatspielern üblich).
Es wird nicht immer gelingen, wie bei ↗Buchholz und ‚Freudenberg' (der ein Puppenspieler war), bestimmte hist. Persönlichkeiten für die betr. Rdaa. nachzuweisen. Psychologisch ist die Nennung eines Personennamens so zu erklären, daß der Inhalt der Rda. dadurch an Wahrscheinlichkeit gewinnt, ebenso wie ein Zitat, das man mit dem Namen des Gewährsmannes versieht. Aber hinter der Rda. ‚Otto Bellmann' steckt doch eine bestimmte Persönlichkeit, genaugenommen sogar deren zwei: eine Figur der lit. Satire und ein Studentenwitz.
Der bisher älteste Beleg für das Vorhandensein der Rda. findet sich in einem Brief, den Rahel Varnhagen am 21. September 1818 von Baden aus an Auguste Brede in Stuttgart schrieb: „... gestern weint' ich, anstatt zu lachen ... und nachher bekam ich eine halbe Stunde Krampfmigräne, die hieß Otto Bellmann, sagen die Berliner".
Es ist auffallend, daß der zeitlich nächste Beleg bei Rahels Bruder Ludwig Robert vorkommt. Dieser war der Verfasser einer Lokalposse ‚Lebende Wachsfiguren in Krähwinkel' (1827): Der Direktor eines Wachsfigurenkabinetts führt den Krähwinklern mit seinen ‚lebenden Wachsfiguren' eine Reihe von Bildern vor, u.a. eine Figur namens Otto Bellmann. Es ist der Typus eines in Wahrheit ungebildeten, dafür aber um so eingebildeteren, sich unfehlbar dünkenden Alleswissers, eine Anspielung auf bestimmte Vertreter der Berliner Journalistik.
Seitdem spielt die Figur Otto Bellmann in der Berliner Presse immer wieder als Personifikation eine Rolle. Sie wurde schnell zu einer stehenden Figur in der Berliner Lokalposse (z.B. ‚Otto Bellmann'. Posse mit Gesang von David Kalisch [Berlin 1857]; ferner ein Stück von H. Salingré: ‚Otto Bellmann auf der Leipziger Messe' [Berlin 1858]). Willibald Alexis schreibt: „Otto Bellmann, eine alte Berliner Maske, ist nun der stehende Scherzname für einen Kritiker geworden".
Daneben hat der Name aber schon vorher doch irgend etw. auch in dem Sinne bedeutet, wie er noch heute gebraucht wird, nämlich: nicht von schlechten Eltern, nicht von Pappe. Dafür spricht schon der oben genannte früheste Beleg bei Rahel Varnhagen. Der Name muß sich also wohl einmal auf eine wirkliche Person bezogen haben.
Wer aber war Otto Bellmann? Die hist. Zeugnisse verweisen in Studentenkreise der (1811 nach Breslau verlegten) Univ. Frankfurt a.d. Oder. Dort soll ein Schuhmacher namens Otto Bellmann gelebt haben, der rdal. in die Studentensprache einging (z.B. in einem Wortwechsel: ‚Das läßt sich Otto Bellmann nicht gefallen!'). Im Häuserregister von Frankfurt a.d.O. fand man für das Jahr 1798 tatsächlich einen Schuhmacher Johann Gotthilf Bellmann verzeichnet. Offenbar erst von hier aus ist die Rda. auch nach Berlin verpflanzt worden, wo sie dann völlig akklimatisiert und zur spezifisch berl. Rda. geworden ist. Sie ist allerdings auch in Berlin erst sehr allmählich populär geworden. Es ist z.B. auffallend, daß C.F. Trachsel (‚Glossarium der Berlinischen Wörter und Rdaa.' [Berlin 1873]) die Rda. noch nicht verzeichnet; sie fehlt auch noch in den ersten Aufl. des Buches von H. Meyer: ‚Der richtige Berliner'. Aber auch außerhalb Berlins hat sich die Rda.

vielfach erhalten und ist mdal. weitergebildet worden, z.B. meckl. ‚Dat was 'n Musikant, de sed Otto Bellmann', ein sehr guter Musikant; ‚'n Wäder, wat man so Otto Bellmann seggt', gutes Wetter; ‚'n richtigen Otto Bellmann', starker Knotenstock; ‚Dickbuuk Bellmann' heißt der Daumen im meckl. Fingerreim (↗Otto).

Lit.: *F. Sandvoss:* So spricht das Volk (Berlin 1861), S. 7; *H. Kügler:* Otto Bellmann. Eine Berliner Rda., in: Willibald-Alexis-Bund. Jb. 1928 (Berlin 1929), S. 29–46; *ders.:* „Die Berliner Redensart ‚Det heesst Otto Bellmann'", in: Zs. f. Dt. Phil. 73 (1954), S. 306–329.

bemoost. Das Wort bemoost begegnet bes. in traditionellen Verbindungen wie *bemoostes Haupt, bemooster Herr* u.a. Wer Moos anzusetzen beginnt, der wird alt, ist zu lange an einer Stelle gewesen. Bair.-oberpfälz. heißt es: ‚Es wachst iehms Mies aufm Mantel. Dieß sagt man von alten Studenten' (Zaupser, Bair.-oberpfälz. Id. [1789], S. 52).
In der Studentensprache des 19. Jh. ist der Begriff auf die Studenten der letzten Semester eingegrenzt worden; bekannt ist die Stelle in Goethes ‚Faust' (II. Teil, V. 6638): „bejahrt und noch Student, bemooster Herr!" Beim Abschied von der Universität nach bestandenem Examen erklingt noch heute in Studentenkreisen Gustav Schwabs Studentenlied ‚Bemooster Bursche zieh ich aus'.

Lit.: *W. Fabricius:* Zur Studentensprache, in: Zs. f. dt. Wortf. III (1902), S. 96.

benedeien. *Nichts zu benedeien haben:* nichts zu sagen, zu befehlen haben. Diese Rda., die sich an das lat. ‚benedicere' = gut reden, rühmen, preisen, Segen sprechen anschließt, ist vornehmlich im Rheinland gebräuchlich: ‚Dä (der) hät nix ze benedeie', oft auch mit der Vorsilbe ge-: ‚Du häs hej (hier) jar nix ze jebenedeie'.

Benedicite. *Einem das Benedicite machen:* ihm eine Strafpredigt halten. Der Bischof las nämlich den kanonischen Geistlichen jeden Tag einen Schriftabschnitt vor und knüpfte daran allerhand Rügen und Ermahnungen (Seiler, S. 277). Bei Thomas Murner in der ‚Schelmenzunft' (VIII, 37) heißt es:

Wer er meyn sun in solchen sachen,
Ich wolt im das benedicite machen!

Die Wndgn. *selten zum Benedicite kommen* und *wenig nach dem Benedicite fragen* bedeuten, daß den Gelegenheiten, eine Ermahnung zu erhalten, ausgewichen oder daß solchen Strafreden keine Beachtung geschenkt wird, weil sie zu häufig geschehen.
Einem das Benedicimus singen ↗Placebo.

berappen. *Berappen müssen:* bezahlen (burschikos). Kluge erklärt berappen = bezahlen in Rappen. Dem widerspricht aber, daß das Wort erst 1840 bezeugt ist; das Dt. Wb. verzeichnet es 1854 noch nicht. Der Rappen war aber bereits im 15. und 16. Jh. allg. Zahlungsmittel; er gilt noch heute in der Schweiz. Gerade aber in der Schweiz scheint das Wort berappen urspr. fremd zu sein; erst neuerdings hört man schweiz. ‚Es ist alls berappt'. Das Wort gehört vielmehr urspr. der Studenten- und der Gaunersprache an und ist aus der schwäb. Krämersprache und aus dem Rotw. ins Hd. und in die dt. Mdaa. eingedrungen.
Buttenwieser führt es auf eine hebräische Quelle zurück, u. zwar auf 2. Mos. 21, 19, wo es heißt: rappô jerappé = die Heilungskosten bezahlen. Wenn einer den anderen im Streit verletzt hat, muß er ihm die Versäumnis für die Zeit der Heilung ersetzen. Der Übergang von jerappé zu berappen scheint ebenso leicht wie der Bedeutungsübergang von ‚Heilung bezahlen' zum allg. Begriff ‚bezahlen'.
Die Berappungsarie singen: den Kellner zur Begleichung der Rechnung rufen, bes. bei Studenten beliebt, schon 1898 als Modeausdr. üblich.
Eine Scherzbildung zu berappen ist *St. Berappius,* der Schutzheilige des Steuerzahlers, der für Berlin seit 1960 bezeugt ist.

Lit.: *M. Buttenwieser:* Die Herkunft des Wortes berappen, in: Zs. f. Deutschkde. 36 (1922), S. 181f.; *L. Göhring,* S. 24; *S. A. Birnbaum:* Der Mogel, in: Zs. f. d. Ph. 74 (1955), S. 249; *H. Mauéu. L. Veit:* Münzen in Brauch u. Aberglauben (Mainz 1982).

Berchtesgaden. *Laß dir's bei den Berchtesgadenern drachseln;* die alte bair. Rda. erinnert noch heute an die Blütezeit der holzverarbeitenden Volkskunst im Berchtesgadener Land. Gemeint ist: Wenn dir etw. nicht gut genug ist, wenn dir dies oder das nicht ansteht, dann laß es dir bei der Berchtesgadener Heimindustrie drechseln.

Lit.: *M. Bachmann* u. *R. Langner:* Berchtesgadener Volkskunst (Leipzig 1957), S. 14.

Berg. *Berge versetzen (wollen)* ist ein bibl. Gleichnis für eine äußerste Wundertat; schon Hiob 9,5, im N.T. häufig verwendet i.S.v.: das Unmögliche möglich machen, z.B. Matth. 17,20 („Denn wahrlich, ich sage euch: So ihr Glauben habt wie ein Senfkorn, so mögt ihr sagen zu diesem Berge: Hebe dich von hinnen dorthin!, so wird er sich heben; und euch wird nichts unmöglich sein"; vgl. auch Matth. 21.21; Mark. 11,23; 1. Kor. 13,2).

Die Wndg. ist im Dt. erst durch Luthers Bibelübers. heimisch geworden. In der ‚Zimmerischen Chronik' (IV, 329,8) sagt ein Liebender, der vergebens um Erhörung fleht: „wenn ich trüeg ain großen berk in ain tiefes thal, es hülf mich nit". Wer sich wirklich vermißt, Berge versetzen zu wollen, d.h., Übermenschliches vollbringen zu wollen, ist ein Prahler, ein Großsprecher. Die beiden ital. Renaissancedichter Bojardo und Ariost erzählen in ihren Roland-Dichtungen von einem prahlerischen riesenhaften Mohrenhelden, namens Rodomonte, d.i. ‚Bergfortwälzer', daher: ‚Rodomontade' = Aufschneiderei.

Goldene Berge versprechen: unglaublich große und darum voraussichtlich nichtige Versprechungen machen; falsche Hoffnungen erwecken; vgl. frz. ‚promettre des montagnes d'or' (ungebräuchlich geworden); ‚promettre monts et merveilles' (wörtl.: Berge und Wunder versprechen); engl. ‚to promise a person whole mountains of gold'; ndl. ‚iemand gouden bergen geloven'.

Die Rda. ist bereits der Antike geläufig; bei Terenz (‚Phormio' I, 2,18) steht: „montes auri polliceri"; vgl. Aristophanes (‚Acharnes' 82), wo es vom Perserkönig heißt, er sitze „auf goldenen Bergen". Bei Persius (3,65) heißt es nur: „magnos montes (große Berge) promittere". Die Kirchenväter brauchten das Bild ebenfalls (Hieronymus: „Cum montes aureos pollicitus fueris"), und durch die geistliche Tradition ging es dann ins MA. über.

In Mythologie und Sage herrscht vielfach die Vorstellung, im Mittelpunkt der Erde stehe ein hoher Berg aus Gold, auf dem die Gottheit wohnt und sich auch das Paradies befindet (HdA. I, 1049). Vgl. den goldenen Berg im Märchen, auf dem das Lebenskraut wächst (KHM. 92: ‚Der König vom goldenen Berge').

Über alle Berge sein: weit fort sein, nicht mehr eingeholt werden können. Die Rda. findet sich zuerst bei Luther; „denn sie fürchteten sich, und weren lieber über alle Berge gewesen". Auch im ‚Alamodischen Politicus' (1671): „Obwohl das Fräulein ihm etliche Däncke in wärenden Ritterspielen zuerkannt hatte, so blieb doch alles Übrige in weiten Bergen". Verhüllend wird dieselbe Rda. ‚Dee is oewer alle Barge' meckl. auch von den aus dem Leben Geschiedenen gebraucht; der durch den Tod Erlöste ‚is ok oewern Barg' (↗zeitlich). Im Allgäu sagt man von einem Abwesenden: ‚Er ist über Berg und Bühel'. Vgl. engl.: ‚over the hills and far away', das in England zuerst von Gay in ‚The beggars' opera' verwendet wurde und auf einen Vers von J. Swift zurückgeht (1728):

Round the rocks and clifts to stray
O're the hills and far away.

(Noch nicht) über dem Berg sein: das Schlimmste, die Krise (noch nicht) überwunden haben; bes. auch von Kranken gesagt. Urspr. ist dabei an eine mühsame Wanderung über eine Bergeshöhe gedacht. Vgl. frz. ‚n'avoir pas encore dépassé le cap' (wörtl.: das Vorgebirge noch nicht umschifft haben).

In manchen Seminaren feierten die Schüler früher das ‚Bergfest', wenn sie die Hälfte der Zeit hinter sich gebracht hatten; nach dem Fest ging es dann bergab, d.h. dem Examen und der Entlassung zu, vgl. engl. ‚fall-semester' = Wintersemester.

Es geht mit ihm bergab: seine Kraft, sein Ansehen usw. nehmen ab.

Hinter dem Berg(e) halten: etw. Schwerwiegendes verheimlichen; schon von Luther bildl. gebraucht von einem, der seine Meinungen und Urteile nicht ausspricht, der nicht redet, wie er denkt, und überhaupt nicht offen zu Werk geht.

Trübner und Borchardt-Wustmann erklärten die Rda. aus der militärischen

Fachsprache: Das Geschütz mitsamt den Mannschaften ließ man hinter dem Berg in Deckung halten, um sie erst im günstigsten Augenblick hervorbrechen zu lassen. In dieser Funktion wird die Wndg. seit dem Dreißigjähr. Krieg gebraucht.
O. B. Schlutter hat indessen auf eine andere Deutungsmöglichkeit aufmerksam gemacht; er glaubt, daß die Rda. urspr. gelautet habe: ‚hinter der Berge (d.h. hinter dem Verbergenden) halten', und erinnert an die Gewohnheit der Frauen, „die schwerlich je etwas über die Gasse tragen, ohne die bergende Hülle ihrer Schürze darüber zu decken". Sie halten tatsächlich den getragenen Gegenstand ‚hinter dem Berge' (mhd. berc, masc. und neutr. = Umschließung, Verbergung). Dieser Erklärung hat sich neuerdings auch K. Spalding angeschlossen. Schlesw.-holst. heißt ‚Se hebbt wat achter'n Barg', sie haben etw. gespart.
Mit seiner Meinung nicht hinterm Berg halten: offen über etwas sprechen.
Sich hinterm Berg halten: in Sicherheit (Deckung) bleiben.
Hinter dem Berge (den Bergen) wohnen auch Leute: es gibt auch Dinge, die du nicht kennst. Schon in Sprw.Sammlungen des 16. Jh. verzeichnet, z.B. bei Luther, LV 59 Nr. 51: ‚Ihenest des berges sind auch leute'. Bei Grimmelshausen kritisch gegen die Überheblichkeit des Bildungsbürgertums verwendet.
Der kreißende Berg gebiert nur eine Maus. Auch: *der Berg kreißt und bringt ein Mäuslein hervor,* oder: *Der Berg hat ein Mäuslein geboren:* es wurde von einer Sache viel Aufhebens gemacht, aber schließlich ist wenig oder nichts dabei herausgekommen. Vgl. auch ndl. ‚De berg heeft een muis gebaard'; frz. ‚La montagne a enfanté une souris'; engl. ‚The mountain has brought forth a mouse'.
Die Vorstellung vom kreißenden Berg geht wahrscheinl. auf Mythen zurück, in denen der Berg als Sitz der Götter galt. Diese wurden oftmals mit dem Berg identifiziert. In einem syr. Mythos ist die Personifizierung bereits so weit entwickelt, daß man erzählen konnte, der Berg Pishaisha habe die Göttin Ischtar vergewaltigt. Anthropogonische Mythen erzählen von Bergen, die die Menschheit hervorgebracht hätten. Bei Äsop wird die Berggeburt jedoch bereits parodiert: „Mancher reißt den Mund gewaltig auf, doch seine Leistungen sind ganz unscheinbar; so gebiert der gewaltig stöhnende, kreißende Berg nur eine Maus".
Schon Phädrus gebrauchte die Wndg. in einer Fabel (4,22), dann auch Horaz: „parturiunt montes, nascetur ridiculus mus" (Ars Poetica, V. 139). Bei Luther heißt es: „Die Berge gehen schwanger, und wird eine Maus draus"; er meint damit ungeheure Anstrengungen, denen der Erfolg nicht entspricht.
Auch in Hartmanns von Aue ‚Erec' taucht die Geschichte auf, dann in einem Volkslied von 1632, ferner bei Rollenhagen im ‚Froschmeuseler' (1595) II 2, 14, 59–172,

‚Der Berg hat ein Mäuslein geboren'

wie auch in Fabeln von La Fontaine (‚La montagne qui accouche...') und Gleim (‚Der gebärende Berg'). Bei einem anonymen Autor des 12. Jh. ist die Geschichte erzählt unter dem Titel ‚De monte parturiente'. Darin ist die Rede von einer Schwangerschaft der Erde und nicht des Berges, wie auch bei Rollenhagen 64–73. Ulrich Boner macht im ‚Edelstein' (ca. 1330) eine Geschichte daraus, deren Schluß lautet: ‚dâz hat ein mûs getan'. Harder nimmt an, daß die Anschwellung der Erde infolge der Wühlarbeit eines Maulwurfs den ersten Anstoß zur Vorstellung einer Schwangerschaft gegeben hat und daß es erst später zur Vorstellung vom schwangeren Berg gekommen ist, wobei an die Stelle des Maulwurfs ein noch kleineres Tier – die Maus – gesetzt wurde. Wahrscheinl. handelt es sich jedoch nur um eine andere Version, die den neuzeitlichen Vorstellungen eher entsprach.

Den hölzernen Berg hinaufsteigen, mdal. in Moers ‚den höltern Berg herop gohn': westdt. Scherzwort für zu Bett gehen.

Jem. stehen die Haare zu Berge ↗Haar.

Dastehn wie der Ochs am Berge ↗Ochse.

‚Berg und Tal kommen nicht zusammen': eine beliebte Formel zur Darstellung von Gegensätzen, wie sie auch im Volkslied formelhaft ausgedrückt werden, z.B.

Zwischen Berg und tiefem Tal...

oder:

Ich stund auf hohen bergen,
schaut in das tiefe tal...

Bei Grimmelshausen (Simpl. IV. 15) ist nur dieser Teil als Fragment zitiert. Da es für die Menschen jedoch keine unüberwindlichen Gegensätze gibt, lautet die gebräuchlichere Version wie sie u.a. auch im Märchen ‚Die beiden Wanderer' (KHM. 107) vorkommt: ‚Berg u. Tal kommen nicht zusammen, aber die Menschen wohl'. Vgl. frz.: ‚Il n'y a que les montagnes qui ne se rencontrent pas' oder: ‚Deux montagnes se rencontrent jamais, mais les hommes se rencontrent'. Engl.: ‚Mountains cannot meet, but men can'.

‚Wenn der Berg nicht zum Propheten kommen will, muß der Prophet zum Berge gehen', wird gebraucht i.S.v.: ‚Da wir nicht tun können, wie (was) wir möchten, müssen wir tun, wie (was) wir können'. Das Sprw. soll von Mohammed, dem Stifter des Islam (570–632), stammen. Büchmann nennt als Quelle die 1631 n.Chr. abgefaßte Rezension der Anekdoten des arabischen Hodscha Nasreddin. Danach antwortete Dschocha auf die Bitte, zum Beweis seiner Heiligkeit ein Wunder zu vollbringen, er werde einem Baum befehlen, zu ihm zu kommen; dieser werde ihm gehorchen. Das Wunder mißlang, und Dschocha ging fort mit den Worten: „Die Propheten und die Heiligen sind nicht hochmütig und verblendet. Kommt der Palmbaum nicht zu mir, so gehe ich zu ihm". Daß in den europäischen Fassungen der Legende für den Baum der Berg gesetzt wurde, geht wahrscheinl. auf das christl. Wort vom Glauben zurück, der Berge versetzt (1. Kor. 13,2).

In einigen Versionen des Sprw. steht Mohammed an der Stelle des Propheten, z.B. engl.: ‚If the mountain will not go to Mahomet, let Mahomet go to the mountain'. In anderen wird die Rolle des Propheten auf alle Menschen übertragen, so frz.: ‚Si la montagne ne vient pas à nous, il faut aller à elle'.

Auf einem Berg von ↗Schulden sitzen, von einem Schuldenberg erdrückt werden: auf einer Ansammlung oder Anhäufung von Verbindlichkeiten (oder Gütern) sitzen, die abgetragen oder verkauft werden müßten (z.B. auch ‚Butterberg'), durch Fehlentwicklung jedoch zu einem unüberwindlich hohen Berg anwachsen, auf dem man (wie auf einer unverkäuflichen ↗Ware) sitzen bleibt oder von ihm erdrückt wird.

Lit.: *E. Solly:* ‚Over the Hills and Far away', in: Notes & Queries 5.6. (1876), S. 128; *E. Marshall:* ‚If the mountain will not go to Mahomet...', in: Notes & Queries, 7.1. (1886), S. 58; *O. B. Schlutter:* Glossographische Beiträge zur dt. Wortgeschichte, in: Zs. f. dt. Wortf., 14 (1912/13), S. 140f.; *F. Seiler:* Lehnsprichwort, S. 150; *F. Harder:* ‚Parturient montes, nascetur ridiculus mûs', in: Zs. f. Vkde. 35/36 (1925/26), S. 278–280; *L. Weiser:* Art. ‚Berg', in: HdA. I, Sp. 1043–1056; *Spalding* I, S. 259; *Büchmann; W. Danckert:* Symbol, Metapher, Allegorie im Lied der Völker, I (Bonn – Bad Godesberg 1976), S. 369–389; *D. Ward:* Art. ‚Berg', in: EM. II, Sp. 140–141.

Berlin. *Berlin bleibt doch Berlin* ↗Heimweh.

Bernhard. *Einen Bernhard machen:* einen Stein ver-hauen. Die Rda. ist fachsprachl.

noch immer bei den Steinmetzen üblich. Der ‚Bernhard' ist ein durch falsche Maße, falsches Abbretten und nicht verstandene Zeichnung verpfuschter, unbrauchbarer Stein, für den es nach oft tagelanger Arbeit natürlich keine Bezahlung gibt. Der Unglückliche muß den Spott seiner Kameraden ertragen und dazu noch etw. ausgeben. Seit der Frühgotik wurde der ‚Bernhard' feierlich in der Nähe der Hütte vergraben, der Hauptleidtragende wurde gepritscht und mußte den Leichentrunk bezahlen. Bei Grabungen am Regensburger Dom wurde kürzlich ein gotischer Wasserspeier in Stier-Gestalt gefunden, der offenbar den Bauleuten zersprungen und von ihnen begraben worden war.

Lit.: *E. Weiss:* Steinmetzart und Steinmetzgeist (Jena 1927), S. 61; Der Spiegel, Nr. 31 (1989), S. 141–142.

Berserker. *Wie ein Berserker wüten, kämpfen wie ein Berserker,* auch: *Eine Berserkerwut im Bauche haben:* durch außergewöhnlichen Ingrimm erregt sein und deshalb wilde, hemmungslose Angriffslust besitzen.

Berserker, aus dem Altnord. entlehnt, war urspr. nur die Bez. für das Bärenhemd (serkr = Hemd, Gewand; ber = Bär), in das sich die skandinavischen Krieger hüllten, um die Kraft des Bären durch das Fell auf sich zu übertragen. Dieser Glaube, daß die Stärke der wilden Tiere auf den Träger ihres Felles übergeht, ist eine bei Naturvölkern weitverbreitete Vorstellung. Berserker nannte man dann in Nordeuropa die Männer, die durch eine Bärenhaut ein solch furchterregendes Aussehen erhielten, daß man von ihnen glaubte, sie könnten zeitweilig wirkliche Bärengestalt annehmen. Ähnl. wie die Werwölfe wurden sie als Wesen zwischen Mensch und Tier mit übernatürl. Kräften gefürchtet. Die altisländ. Saga berichtet von ihrer blinden, tierischen Wut, der nichts widerstehen konnte, obwohl sie ohne Waffen kämpften.

Zu Sorgen und Arbeit hatte die Söhne
Arngrim gezeugt mit Eyfura.
Daß Schauer und Schrecken von Berserkerschwärmen
Über Land und Meer gleich Flammen lohten.

Es ist nicht auszuschließen, daß es sich bei den Berserkern um sakrale Männerbünde handelte, die dem Totengott Odin als Krieger dienten u. durch übermenschl. Einwirkung oder Zauber(mittel) in ekstatische Kampfeswut versetzt wurden. In der Inglinga-Saga heißt es: „Odin machte, daß seine Männer in der Schlacht ohne Brünnen kämpften u. rasend waren wie Hunde oder Wölfe, die in ihre Schilde bissen u. stark waren wie Bären oder Stiere; sie töteten die Männer, aber weder Feuer noch Eisen verletzte sie; das nannte man ‚berserkirgang'!"

Aus den Quellen ist nicht zu ersehen, ob die bis zur Raserei gesteigerte Kraftentfaltung der Berserker auf das Wirken göttlicher Mächte oder auf Stimulation durch Rauschgifte zurückzuführen war. Übereinstimmung herrscht jedoch bei allen Autoren darüber, daß sie in Verbänden auftraten, in ihrem Kampfesrausch ungeheure Kräfte entwickelten u. nach dem sog. Berserkergang in tiefe Erschöpfung fielen, d.h. das Auffallendste am Berserkertum war die (seit dem 9. Jh. lit. bezeugte) Ekstase u. der wilde Kampfeszorn. Von daher wird auch verständlich, daß der Name in späteren Sagas auch auf einzelne Gewalttäter ausgedehnt wurde.

In der neueren Lit. begegnet die Berserkerwut erstmals wieder im 19. Jh. (Goethe, ‚Dichtung u. Wahrheit'). Die rdal. Vergleiche *wütend wie ein Berserker sein* und *toben (schreien, kämpfen) wie ein Berserker* haben die Erinnerung an den Bärenhäuter bis heute lebendig erhalten (↗ Bärenhaut).

Lit.: *L. Weiser:* Altgerman. Jünglingsweihen u. Männerbünde (Bühl/Baden 1927); *W. Müller-Bergström:* Art. ‚Berserker', in: HdA. I, Sp. 1093–1094; *L. Huchting-Gminder:* Die Berserker der altisländ. Sagas, in: Nddt. Zs. f. Vkde. 11 (1933), S. 239–243; *W. Müller-Bergström:* Zur Berserkerfrage, in: Nddt. Zs. f. Vkde. 12 (1934), S. 240–244; *O. Höfler:* Kultische Geheimbünde der Germanen, 1. Bd. (Frankfurt/M. 1934); *E. Kaufmann:* Art. ‚Berserker', in: HRG. I, Sp. 384–385; *O. Höfler:* Art. ‚Berserker', in: RGA. II (1976), Sp. 298–304; *H. P. Duerr:* Traumzeit. Über die Grenze zwischen Wildnis u. Zivilisation (Frankfurt/M. 1978), S. 80, 267 ff.

berücken. *Jem. berücken:* ihn bezaubern. Es handelt sich um sprachl. Reste früheren Dämonenglaubens. Wenn wir eine Frau ‚berückend schön' nennen, so ist hier ein Ausdr. aus der magischen Welt ge-

wählt. Das ‚Berühren' ist eine Form der Bannung durch Schönheit, die auch in der Sage eine Rolle spielt, wenn bes. schöne jenseitige weibl. Wesen einen Mann in ihren Bann ziehen; vgl. die Sagen von Nixen oder die ‚Tannhäuserlegende'.
Der Ausdr. ‚berücken' ist aber auch eine fachsprachl. Bez. beim Fischen und Vogelfang in der Bdtg. ‚den Kopf verdrehen', d.h. das Netz über das zu fangende Tier werfen, das sich vergeblich wehrt.

Beruf, berufen. *Sich etw. zum Beruf machen:* sich dafür mit seiner Begabung und seinen Fähigkeiten einsetzen, etw. als seine eigenste Angelegenheit betrachten.
Seinen Beruf verfehlt haben: trotz seiner Ausbildung nichts Rechtes leisten, ohne Interesse und Erfolg arbeiten, meist als Tadel gebraucht, aber auch scherzhaft ins Positive gewendet; wenn für eine unerwartete außerberufliche Leistung gelobt werden soll.
Sich zu etw. berufen fühlen: sich selbst für auserwählt halten, sich zutrauen, eine schwierige Aufgabe bewältigen zu können. Vgl. Matth. 20,16: „Denn viele sind berufen, aber wenige sind auserwählt."
Etw. berufen ↗unberufen.

berühren. *Etw. nicht berühren dürfen:* einen Gegenstand, ein Kunstwerk, eine Ware nicht anfassen dürfen, oft als kurzer Hinweis gebraucht: ‚Bitte nicht berühren!'

‚Rühre mich nicht an'

Jem. nicht berühren dürfen: nahen Hautkontakt meiden, ein Tabu beachten müssen. Die Wndg. ist bibl. Herkunft und bezieht sich auf die Worte des Auferstandenen (Joh. 20,17): „Rühre mich nicht an! denn ich bin noch nicht aufgefahren zu meinem Vater", die nach der ‚Vulgata' „Noli me tangere" lauten.
Auch der scherzhafte Spruch:

Das Berühren der Figüren
mit den Pfoten ist verboten,

mit dem ein allzu stürmischer Liebhaber in die Schranken gewiesen wird, steht mit dieser Szene aus dem N.T. noch in Zusammenhang.
Etw. (nur flüchtig) berühren: ein Thema (kurz) streifen, etw. nur erwähnen.
Sich von etw. (schmerzlich, peinlich) berührt fühlen: davon (unangenehm) betroffen sein, Mitgefühl empfinden.

Bescheid. *Jem. (gehörig) Bescheid sagen* oder *stoßen:* ihn zurechtweisen, ihm nachdrücklich erklären, was ihm zukommt oder zusteht, 1819 bei Julius v. Voss für Berlin bezeugt.
Bescheid tun: Anweisung geben, Rede stehen, wird auch bildl. von der Erwiderung des Zutrinkens gebraucht und meint dann eigentl.: die Antwort auf den ausgebrachten Trinkspruch geben; so z.B. 1561 bei Maaler (60a): „das freundlich vnd holdsälig nöten ze trinken oder bescheid ze thun", was früher auch schon 1537 in dem ‚Dictionarium' von Dasypodius vorkommt; ferner 1575 in Joh. Fischarts ‚Geschichtklitterung' (Ndr. S. 148): „Schenck ein das Glaß: Thu bescheid".

bescheißen ↗scheißen.

Bescherung. *Da haben wir die Bescherung:* das erwartete Unglück ist eingetroffen.
Die ganze Bescherung: das alles. *Da liegt die ganze Bescherung* (auch *die ganze Pastete) auf der Erde:* ‚Bescheren' und ‚Bescherung' werden urspr. religiös verstanden („und segne, was Du uns bescheret hast"; ‚Weihnachtsbescherung'), dann aber auch häufig iron. im Sinne eines unerwünschten Beschenktwerdens, einer unangenehmen Überraschung gebraucht. So schon 1784 in Schillers ‚Kabale und Liebe' (II,5): Miller (lacht voller Bosheit):

„Gottlob! Gottlob! Da haben wir ja die Bescherung!" (das Unheil). Bescherungen bringen manchmal auch unangenehme Überraschungen, wofür Fritz Reuter in seiner Weihnachtsgeschichte ‚Wat bi 'ne Aewerraschung 'rute kamen kann' ein ergötzliches Beispiel bietet.

Lit.: *I. Seidel-Slotty:* „Da haben wir die Bescherung", in: Revue des études indoeuropéennes, 4 (1947), S. 27–33.

bescheuert. *Bescheuert sein:* total verrückt sein. Die Rda. bezieht sich auf die geistig Behinderten, die in der Anstalt Scheuern bei Nassau betreut und teilweise nur verwahrt werden.

beschlagen. *Gut beschlagen sein:* in einer Sache erfahren, kenntnisreich sein. Die übertr. Bdtg., die erst im 17. Jh. auftritt, ist wohl hergenommen von dem Pferd, dessen Huf der Schmied mit einem Eisen beschlägt, um ihm sicheren Gang zu verleihen. Die Rda. heißt frz. genau analog ‚ferré sur quelque chose'. Die Mdaa. haben die Wndg. z.T. noch verstärkt, z.B. siebenb. ‚Di äs af alle vären beschloen'; ostpreuß. ‚Dei ös beschlage wie Bötzke Schömmel'.

bescholten ↗unbescholten.

beschreien. *Die vier Wände beschreien:* sich dadurch als lebenskräftig erweisen, beruht auf einem alten Rechtsbrauch. Ein neugeborenes Kind mußte die vier Wände des Zimmers beschreien, damit es die Erbberechtigung erhielt. In diesem Sinne illustrierten schon die Sachsenspiegel-Hss. den Vorgang. Die Nachbarn, die das Schreien gehört hatten, galten vor Gericht als Zeugen.

Bereits im Jahre 1300 heißt es in einer Aufzeichnung: „dat sey eyn Kint tosamen hebben gehat, dat ... de wende beschregen hedde". Beschreien hatte urspr. nur einen guten Sinn, es bedeutete: öffentl. ausrufen, bekanntmachen, loben und rühmen. Es nahm jedoch immer mehr die Wndg. zum Negativen hin, denn es hieß auch ‚anklagen, vor Gericht bringen, verleumden, ins Gerede bringen', was wir heute als ‚verschreien' bezeichnen. Die Wndg. *sich beschreien* war bes. als Tadel für die Ärzte gedacht, die ihre Kunst selbst rühmten.

Bis heute erhalten aber hat sich die Furcht vor dem Beschreien, dem Schadenzauber durch das Wort, durch Lob und Bewundern. Die so häufig gebrauchten Wndgn. *Man darf es nicht beschreien, Beschreie es nicht!* und *Unberufen!* dienen der Abwehr des möglichen Unheils durch den Wortzauber, da jeder sich selbst oder einen andern beschreien kann. Dies geschieht entweder in voller Absicht durch abfällige Bemerkungen und Zauberformeln oder durch unvorsichtiges Bewundern, das auf verstecktem Neid beruht.

Wie Fluch und Segen wird dem Neid im

‚Die vier Wände beschreien'

Volksglauben eine große Wirkung zugeschrieben, er kann Krankheit oder gar Tod von Mensch und Vieh herbeiführen. Man spricht deshalb auch von ‚einem zu Tode Loben'. Zu einem Menschen, dessen Aussehen sich plötzlich verschlechtert hat, sagt man *Du siehst aus, wie wenn du beschrien wärest.*

Die Wirkung des Beschreiens wird aufgehoben, wenn man dem Beschreienden ins Gesicht sagt *Du hast mich beschrien!,* wenn man ihm etw. Böses wünscht oder in einem Absud von ‚Beschreikraut' badet. Am besten beugt man dem Unglück vor, indem man sich bei einem Lob sofort verwahrt und dreimal an die untere Seite einer Tischplatte klopft. Daß diese Verwahrung sogar schriftlich erfolgen kann, beweist ein Brief Goethes an Zelter, in dem er schreibt: „Zuerst also ist mir mein Zuhausebleiben für diesmal ganz wohl gerathen, wir wollen es aber nicht beschreien, sondern in stiller Bescheidenheit thätig hinleben". Da der Wortzauber häufig mit dem Blickzauber (‚böser Blick') verbunden ist, erscheint er so gefährlich, bes. für Menschen und Tiere in Übergangsstadien (Neugeborene, Kinder, Wöchnerinnen, Brautleute).

Lit.: HdA. I, Sp. 1096ff.; Dt. Wb. I, Sp. 1594ff.; *J. Grimm:* Rechtsaltertümer, S. 75, 76; Dt. Rwb. (Wb. der älteren dt. Rechtssprache), hg. v. der Preuß. Akad. d. Wissenschaften, 2 (Weimar 1932–35); *S. Seligmann:* Der böse Blick und Verwandtes, 2 Bde. (Berlin 1910); *K. Meisen:* Der böse Blick und seine Abwehr in der Antike und im Frühchristentum, in: Rhein. Jb. f. Vkde. I (1950), S. 144–177; III (1952), S. 169–225; *A. Dundes:* The Evil Eye (New York-London 1981); *Th. Hauschild:* Der böse Blick (Berlin [2]1982).

Besen. Der Besen – meist aus Birkenruten gefertigt – spielt im Volksglauben wie auch in Rechtsvorstellungen eine Rolle. So bedeutet z. B. *einen Besen vor die Türe stellen* nach westf. Sitte ein Zeichen von Mißachtung. Wenn zwei Nachbarinnen sich zankten und die eine dem Streit mit einer auffallenden Beleidigung ein Ende machen wollte, stellte sie einen Besen vor die Türe. In Zusammenhang damit steht auch die Rda. *einen mit Besen und Schemelbein bewirten:* jem. schlagen.

Das *Besentragen* war eine Ehrenstrafe. Die betroffene Person mußte barfüßig den Besen um die Kirche tragen u. sich dann vor die Kirchentüre legen, wo jeder, der wollte, über sie hinwegschreiten u. sie mit dem Besen schlagen durfte. In Holland u. auch andernorts wurden dem vor Gericht geschleppten Dieb als bes. peinliche, den Spott der Mitmenschen herausforderne Strafe Schere und Besen (als Sinnbild des Stäupens) auf den Rücken gebunden.

In manchen Wndgn. steht der Besen symbolisch für das Recht, das man hat oder sich nimmt, z. B. in *den Besen ausstecken* (den ↗Reif ausstecken). Im frühen MA. hatte jeder Haushalt die Befugnis, zu seinem eigenen Verbrauch Bier oder Wein herzustellen. Später durfte durch befristete Schankerlaubnis der Überschuß gegen Bezahlung abgegeben werden. Dieses Recht wechselte wöchentlich von Haus zu Haus. Wer an der Reihe war, mußte zum Zeichen für sein Schankrecht einen Bierwisch, Kranz, Strohbusch oder Besen an einem Stiel aus dem Dachfenster herausstecken.

Aus diesem Urspr. leitet sich der Name *Besenwirtschaft* (Straußwirtschaft) her, der heute noch gebräuchlich ist für Gasthäuser, die nur zu bestimmten Zeiten eigene Produkte verkaufen. Für dieses Recht steht auch die Wndg. *da steckt der Besen raus,* ndl.: ‚daar steekt de bezem uit'. Bruegel benutzte diese Wndg., um sie zusammen mit der Rda. *unterm Besen getraut* bildlich darzustellen. Der Kuß deu-

‚Unter dem Besen getraut'

tet an, daß sich hier ein Liebespaar ‚unter dem Besen' das Recht nimmt, wie ein Ehepaar zusammenzuleben, ohne verheiratet zu sein.

Den Besen auseinanderreißen ist eine ältere, heute vergessene Rda., die gebraucht wurde i.S.v.: eine Sache aus ihrem Zusammenhang reißen. Cicero nannte einen schlechten Menschen daher einen ‚zerrissenen Besen'.

Ich freß einen Besen! Diese Beteuerungsformel kennt man seit Beginn dieses Jh. als bes. Bekräftigung einer Aussage; das Versprechen ist ebenso absurd und unmöglich, wie wohl meist der Inhalt der Aussage, der damit bekräftigt wird.

Die aus Berlin stammende Rda. wird manchmal abgeschwächt durch den Zusatz ‚... aber schön weich gekocht'; andererseits gibt es auch noch groteske Steigerungen. So heißt es in Norddtl. oft: ‚Wenn das (nicht) wahr ist, freß ich einen Besen, und wenn's einer aus dem Schweinestall ist', ‚... mitsamt dem Stiel', oder – was man neuerdings hören kann – ‚... mitsamt der Putzfrau'. Vielleicht ist die Rda. entstanden in Erinnerung an die Degenschlucker, die einst auf den Jahrmärkten gelegentlich zu sehen waren. Doch ist diese Erklärung nicht wahrscheinlich, weil das Vergleichsmoment dabei zunächst der Stiel wäre; in der Rda. wird aber, wie der Zusatz ‚mitsamt dem Stiel' zeigt, zunächst einmal an den eigentlichen Besen, d.h. an die Borsten gedacht. Auch mdal. schließt das Wort Besen den Stiel durchaus nicht immer mit ein. Eher liegt hier eine sprachl. Neubildung vor in der Art der vielen formelhaften und rdal. Umschreibungen für ↗niemals.

‚Besen' als Schimpfwort für eine weibliche Person hat ein charakteristisches Arbeitsgerät der Frau pars pro toto einfach zur Person verselbständigt, die in ihrem Wesen rauh und ruppig wie ein Besen gedacht wird (schon gegen Ende des 18. Jh. zur Bez. der Magd); ähnl. die Rda. *nur mit Besen und Kochlöffel umgehen können.*

Mit fremden Besen kehren: fremde Kräfte zum eigenen Vorteil ausnutzen.

Einen auf den Besen laden: ihn verspotten, zum Narren halten (eigentl. ist wörtl. gemeint: einen beim Kehren mit hinausfegen). Die Rda. ist erst in neuerer Zeit aufgekommen und vermutlich aus der Soldatensprache übernommen.

‚Auf dem Besen flöten'

Auf dem Besen flöten: seine Wünsche wie ein Geisteskranker als Realitäten nehmen. Die Rda. begegnet bereits im 18. Jh. im Fläm.: ‚Hij fluit op den besem', und wird satirisch für einen Schwachkopf gebraucht. Auch die Kreuznacher Rda. ‚Auf eme Beeseschdiehl (Besenstiel) kammer kee Huppepfeif (Horn zum Blasen) mache' enthält dasselbe Bild.

Eine ganz andere Bdtg. hat die Rda. *einen Besenstiel verschluckt haben:* steif, ungelenk sein, sich nicht verbeugen können oder wollen; z.B. ‚Er geht, als hätt' er einen Besenstiel (auch: ein Lineal, einen Ladestock) verschluckt'. Vgl. frz. (umg.): ‚avoir avalé un balai'. Die Wndg. *steif wie ein Besenstiel* kommt z.B. in Viktor Scheffels Lied ‚Im schwarzen Walfisch zu Askalon' (1856) vor, aber ein ähnl. Bild kennt sogar schon das Liederbuch der Clara Hätzlerin:

> Tregt ainer den leib vffgestrackt,
> man seyt: Im steck ain scheytt ymm ruck,
> wa er get oder reit.

Vgl. frz. ‚raide comme un balai'.

Ähnl. spöttisch gemeint ist die Wndg.: *Wenn Gott will, so grünt ein Besenstiel:* unverdientes Glück haben.

Das Sprw. ‚Neue Besen kehren gut' wird auf den gemünzt, der sich bei Antritt einer neuen Stellung besondere Mühe gibt, dessen Eifer aber bald nachläßt. Es stammt aus dem 13. Jh. u. läßt sich zuerst in Freidanks ‚Bescheidenheit' nachweisen (Freidank 50,12). Es heißt dort:

> Der niuwe beseme kert vil wol,
> ê daz er stoubes werde vol.

Vgl. frz.: ‚Il n'est rien tel que balai neuf' u. engl.: ‚New brooms sweep clean'.
Es gibt aber auch Versionen, die eine andere Bdtg. haben. So eine Wndg. aus dem Aachener Raum: ‚Neue Besen kehren gut, aber die alten fegen die Hütten rein', wobei mit Hütten (Hötten) die Ecken u. Winkel gemeint sind, d.h. neue Bedienstete sind eifrig und energisch, aber die alten kennen sich bis in die letzten Winkel aus.
Der Begriff ‚neuer Besen' erfreut sich auch in der polit. Karikatur großer Beliebtheit, desgl. die Rda. *mit eisernem Besen kehren* (↗ eisern). Sie wird oft verwendet i.S.v.: rücksichtslos durchgreifen, denn gewöhnl. nimmt man einen Rutenbesen zum Auskehren oder ↗ Kehraus machen.

Lit.: „Hanging out the broom", in: Notes & Queries 3rd, 2 (1862), S. 484; 8th, 8 (1895), S. 274 f., 330 f., 8th, 9 (1896), S. 94 f., 435; „Putting out the besom", in: Notes & Queries 6th, 10 (1884), S. 526; 6th, 11 (1885), S. 78 f., 178; *J. Grimm:* RA. I, S. 237 u. 243, II, S. 308 ff.; *A. Haberlandt:* Art. ‚Besen' in HdA. I, Sp. 1129–1147; *K. Ranke:* Art. ‚Besen, Besenbinder' in: EM. II, Sp. 190–194.

Besenbinder. Besenbinder gelten als Mitglieder der untersten Gesellschaftsstufe und werden daher gerne zur Herausstellung von extremen Standesunterschieden als Gegenpart zum vornehmen Herrn genannt, wobei die Tätigkeit nicht als entehrend betrachtet wird. Doch gibt es Geschichten (z. B. vom Alten Fritz), in denen Besenbinder sich das Besenreis oder ganze Besen durch Diebstahl besorgten, um sie dann billig verkaufen zu können. Darauf geht wohl auch das Sprw. zurück:

1

2

3

4

1/2/3/4 ‚Neue Besen kehren gut'

‚Die Besen kann man am wohlfeilsten geben, die man fertig stiehlt‘.

Der Beruf des Besenbinders ist auch ein beliebtes Motiv von Märchen u. Sagen. So ist z. B. der Mann im Mond der Sage nach *ein Besenbinder, der das Besenreis* entweder *gestohlen* oder *am Sonntag gebunden hat.* Diese Wndg. wird dann gebraucht, wenn man ausdrücken will, daß etw. nicht mit rechten Dingen zugeht oder unerklärlich ist.

Dazu gehört der schwäb. Kinderreim

Des Male im Mau (Mond)
Was het er denn tau (getan)?
Hat Besereis gschnitte.
Jetzt isch er im Mau.

(Vgl. W. Wolf: Der Mond im dt. Volksglauben [Bühl 1929], S. 54–68). ↗Bürstenbinder.

Lit.: *K. Ranke:* Art. ‚Besen, Besenbinder‘, in: EM. II, Sp. 190–194.

‚Besessen sein‘

besessen. *Besessen sein:* von Fanatismus gepackt sein. Vom Urspr. her bedeutet die Wndg. soviel wie: im Besitz anderer, fremder Wesen (↗Besitz). In der Sprache des N. T. sind meist die bösen, unreinen Geister u. Teufel gemeint, wenn von ‚besessen‘ die Rede ist, so bei Matth. 4,24: „Und sie brachten zu ihm allerlei Kranke, mit mancherlei Seuchen u. Qual behaftet, die Besessenen ...“ oder in der Apostelgesch. (8,7): „Denn die unsauberen Geister fuhren aus vielen Besessenen mit großem Geschrei.“ Bei Markus (5,15) heißt es: „... und sahen den, der vom Teufel besessen war“ (↗Geist, ↗Teufel). Darüber hinaus wird die Wendung in Zusammenhang gebracht mit Feindschaft, Wut, Bosheit, Ehrgeiz, Fleiß, Wahrheitsliebe und ähnlichem.

Auch der rdal. Vergleich *wie besessen* kann auf unterschiedliche Weise gebraucht werden. Jem., der z. B. ‚von einer Idee besessen‘ ist, ‚arbeitet wie besessen‘, um sie zu Papier zu bringen. Wer sich fürchtet, ‚schreit wie besessen‘. Immer wird unterstellt, daß jem. von guten oder bösen Geistern gehetzt oder von Leidenschaften getrieben wird.

Lit.: *A. Franz:* Die kirchlichen Benediktionen im MA. (Freiburg 1909, Neudr. Graz 1960); *A. J. Storfer:* Teufelsspuren in der Sprache, in: Atlantis 2 (1935), S. 103; *L. Petzoldt:* Besessenheit in Sage u. Volksglauben, in: Rhein. Jb. f. Vkde. 15/16 (1964/65), S. 76–95; *Ch. Daxelmüller:* Art. ‚Besessenheit‘, in: EM. II, Sp. 195–205 (mit weiterführender Lit.).

Besitz, besitzen. *Im Besitz einer Sache sein:* etw. sein eigen nennen; *Besitz erwerben:* von jem. etw. kaufen, oder *jem. in den Besitz einer Sache einsetzen:* an jem. etwas verkaufen oder vererben.

Anstelle der heutigen Urkunden waren nach ma. Rechtsbrauch symbolische Handlungen vorgeschrieben. So galt z. B. ein grüner Zweig, den der vorige Besitzer dem Erwerber u. neuen Besitzer überreichte, als Symbol der Besitzeinsetzung u. -übergabe (vermutl. hat die Rda.: ‚auf keinen grünen Zweig kommen‘: zu keinem Besitz gelangen, hier ihren Ursprung, ↗Zweig).

Auf die Übergabe folgte die Inbesitznahme durch den neuen Eigentümer, die z. Ausdr. kommt in der Rda. *Etw. in Besitz nehmen:* Dinge, Tiere und Personen als Eigentum erklären. Auch diese Wndg. beruht auf alten Rechtsbräuchen. Bei einem Eigentumswechsel mußte der neue Herr sein Grundstück (meist auf einem dreibeinigen Stuhle) drei Tage hintereinander regelrecht ‚besitzen‘. Um sich als Eigentümer zu erweisen, mußte er auf seinem Land sitzen und seine Gäste bewirten, damit seine neue Rechtsstellung allen deutlich wurde.

Auch der Erbantritt geschah feierlich vor der Öffentlichkeit durch Umschreiten oder Umreiten des Landes. Fremde zeig-

‚Etwas in Besitz nehmen'

ten sich als neue Herren durch das Löschen und Wiederanzünden eines Feuers auf ihrem Grundstück. Mit dem Aufsetzen ihres Fußes auf das Land oder beim Überschreiten der Schwelle ihres Hauses symbolisierten sie ihr Recht. Äkker wurden durch Umhegen und Umpflügen zum Besitz.
Der Erwerb eines Besitzes war also stets mit einem besonderen Übernahmeritus verbunden, durch den er erst verbindliche Rechtskraft erhielt.
Wenn jem. auf diese Weise *zu Besitz gekommen* war, konnte er *an seinem Besitz hängen, an seinem Besitz kleben, seinen Besitz wie einen Schatz hüten* oder gar beruhigt auf ihm liegen: er konnte ihm nicht mehr streitig gemacht werden.
So brummt auch der Drache Fafnir in Richard Wagners ‚Siegfried' (II. Aufzug): „Ich lieg' und besitze – laßt mich schlafen!"
Von etw. Besitz ergreifen: etw. berühren und sich damit ganz zu eigen machen. Dies geschah ebenso durch gewisse Besitzergreifungszeichen (Namen, Symbole des Besitzers), mit denen wichtige Dinge gekennzeichnet wurden, um eine unlösliche, magische Wechselbeziehung herzustellen. Häuser, Ställe und Tiere erhielten Familienzeichen oder christliche Symbole (Kreuz, C, M, B), durch die sie gleichzeitig dem Schutz Gottes empfohlen wurden, dem sie angehören sollten.
Häufig wird die Wndg. passiv gebraucht, wenn z.B. ein anderes Wesen von jem. Besitz ergreift (↗besessen).

Nicht im Besitz seiner 5 Sinne sein: seiner Sinne nicht mächtig sein, geistig beschränkt sein; vgl. frz. ‚n'avoir pas tout son bon sens'. Gegensatz: *im vollen Besitz seiner geistigen Kräfte sein:* uneingeschränkt geschäftstüchtig sein.
Die Übertr. der Rda. auf den abstrakten Bereich zeigt sich auch in den Wndgn. *Mut besitzen* und *das Vertrauen von jem. besitzen.*

Lit.: *J. Grimm:* Das Wort des Besitzes, in: Kleinere Schriften (Berlin 1864, Neudr. Hildesheim 1965), Bd. I, S. 113–144; *M. Beth:* Art. ‚Besitz', in: HdA. I, Sp. 1152–1157; *P. Geiger:* Eigentum und Magie, in: Volkskundl. Gaben. John Meier zum 70. Geb. dargebracht (Berlin – Leipzig 1934), S. 36–44; *W. Ogris:* Art. ‚Besitz' u. ‚Besitzeinweisung', in: HRG. I, Sp. 389–394.

besser. *Besser als gut,* mhd.: ‚bezzer danne guot'. Die Wndg. begegnet schon früh im dt. Minnesang. Sie war eine beliebte Formel zur Steigerung des Guten u. wurde vor allem dann eingesetzt, wenn es galt, andere im Lob der Frauen zu übertreffen. Bei Rudolf von Fenis (ca. 1158–92), dem ersten schweiz. Minnesänger, der sie aus dem Provenzalischen übernahm, heißt es (Minnesangs Frühling 83,9): „wan diu vil guote ist noch bezzer dan guot". Später findet man die Wndg. auch bei anderen Dichtern, z.B. bei Walther von Klingen (1253–86): „guoter wîbe minne ist bezzer danne guot". Auch bei Tannhäuser (um 1250) begegnet sie: „diu ist noch bezzer danne gut".
Das Wort ‚besser' wird nicht immer als Steigerung von gut gebraucht, sondern dient in einzelnen Gesprächssituationen sogar dazu, ein weniger Gutes zu bezeichnen, so z.B. ‚wenn ein Genesender sagt: ‚Es geht mir besser'. Aus dieser Verwendung des Wortes geht der Gebrauch von besser als selbständigem Adj. hervor, das nicht mehr als Komparativ zu gut empfunden wird. So spricht man von ‚besseren Leuten'; ähnl. ein ‚besserer Laufbursche' und *eines Besseren belehren, sich eines Besseren besinnen, in Ermangelung eines Besseren* (frz.: ‚faute de mieux').
Die ‚bessere Hälfte' als Bez. für die Ehefrau (neuerdings auch für den Ehemann) ist eine Übers. des engl. ‚better half', das Sir Philip Sidney (1554–86) als erster verwandte.
Allerdings begegnet besser auch häufig in

komparativer Verwendung, zum Beispiel ‚besser als keen Hemd' (berl.) oder ‚besser als in die Bux geschissen', besser als nichts.

Schon bessere Tage gesehen haben wird von jem. gesagt, dessen soziale Stellung sich stark zum Negativen verändert hat. Meist unverschuldet durch Krieg oder Unglück, auch durch Arbeitslosigkeit und Krankheit kann er in diese Notlage geraten sein.

Die Rda. *Besser als sein Ruf sein* begegnet zuerst als Zitat bei Ovid, der von der Claudia Quinta sagt: „Ipsa sua melior fama" (Epistolae ex Ponto, I, 3, 143); dann bei Beaumarchais ‚Hochzeit des Figaro' (III, 5) und in Schillers ‚Maria Stuart' (III, 4): „Ich bin besser als mein Ruf".

Das bessere Teil erwählt haben ist eine Umgestaltung der Bibelstelle: „Maria hat das gute Teil erwählt" (Luk. 10, 42).

Häufig begegnet der Ausruf *Besser ist besser!* Er mahnt zur Vorsicht oder begleitet eine vorbeugende oder nochmals überprüfende Handlung.

Die Wndg. *Das wäre ja noch besser (schöner)* enthält sogar negative Bdtg. und meint: es kommt gar nicht in Frage.

Lit.: *A. H. Touber:* „bezzer danne guot." Das Leben einer Formel, in: Viertelj.schrift für Literaturwiss. u. Geistesgesch. 44 (1970), S. 1–8.

Beste. *Zum besten geben:* darbieten, in einem geselligen Kreise einen Beitrag zu leiblichem oder geistigem Genuß spenden; z. B. ‚eine Flasche Wein, eine Geschichte, einen Witz zum besten geben'. Die allg. Bdtg. der Rda. ist erst aus einer speziellen hervorgegangen und gehört urspr. nur in den Bereich der alten Wettkampfspiele. Da hieß ‚das Beste' der Preis, der für den besten Mann, d. h. für den Sieger (z. B. den besten Schützen), ausgesetzt war. So erzählt Joh. Fischart im ‚Glückhaften Schiff' (V. 97 ff.) von dem Straßburger Schießen im Jahre 1576, daß Züricher Schützen gefahren seien

Zu eim hauptschießen schön mit lust
Zugleich mit büchsen und armbrust,
Zu deren jedem war das best
Hundert gulden, on sonst den rest,

d. h. abgesehen von den anderen Preisen. So gebrauchen auch Goethe und Schiller ‚das Beste', auf alte Zeiten angewandt; im ‚Götz von Berlichingen' (I, 3): „da war ein Schneider von Stuttgart, der war ein trefflicher Bogenschütz, und hatte zu Cöln auf'm Schießen das Beste gewonnen"; und im ‚Tell' (IV, 3):

Aber heut will ich
Den Meisterschuß tun und das Beste mir
Im ganzen Umkreis des Gebirgs gewinnen.

‚Zum besten geben' bedeutet also eigentl.: bei einem Feste etw. als Preis, dann als Beitrag oder Hauptbeitrag zu den Kosten beisteuern. In Bayern und Tirol heißt noch heute der erste Schützenpreis ‚Das Best', auch ein ‚Kegelbest' gibt es da und eine ‚Bestenhalle'. In Norddtl. kommt der Name ‚Bestemann' für den Schützenkönig vor.

Etw. zum besten haben: etw. voraushaben, ist seit dem 17. Jh. belegt und in den Mdaa. z. T. noch immer lebendig, z. B. schwäb. ‚Er hat net viel zum besten' (von einem Kranken, an dessen Aufkommen gezweifelt wird). Schon im 17. Jh. begegnet die Wndg. ‚zum besten haben' in der Bdtg. ‚als Gewinn davontragen'. In ‚Jucundi Jucundissimi wunderlicher Lebensbeschreibung', einem Seitenstück zum ‚Simplicissimus' vom Jahre 1680, erzählt Jucundus: „Ich war ganz naß und hatte noch zum besten (d. h. den Gewinn, Vorteil), daß mich eine Bauersfrau ins Haus aufgenommen".

Erst seit dem 18. Jh. hat die Rda. ‚jem. zum besten haben' den noch heute gültigen Sinn angenommen: jem. necken, verspotten, foppen, aufziehen, zum Narren halten. Die Rda. bezieht sich nicht auf ‚das Beste', sondern auf ‚den Besten', allerdings meist in iron. Bdtg.: der Beste muß einen Spaß verstehen, er muß es vertragen, die Zielscheibe des Spottes zu sein. In Goethes Gedicht ‚Meine Wahl' (1815) heißt es:

Ich liebe mir den heitern Mann
Am meisten unter meinen Gästen:
Wer sich nicht selbst zum besten haben kann,
Der ist gewiß nicht von den Besten.

In den besten Jahren (im besten Alter) sein: im mittleren Mannesalter, auf der Höhe seiner Schaffenskraft stehen. Die Wndg. geht zurück auf H. Heines Gedicht

‚Mensch verspotte nicht den Teufel' (1826), wo es vom Teufel heißt:

Er ist nicht häßlich und ist nicht lahm,
Er ist ein lieber charmanter Mann,
Ein Mann in seinen besten Jahren.

Vgl. frz. ‚être dans sa fleur de l'âge' (wörtl.: in der Blüte seines Alters sein), ↗Blüte.

Mit etw. (jem.) steht es nicht zum besten: in finanzieller oder gesundheitlicher Hinsicht gibt es große Schwierigkeiten.

Das Beste von jem. im Auge haben: ihm nur helfen wollen, ihm ohne böse Hintergedanken zu seinem Vorteil gute Ratschläge erteilen, die er meist nicht als solche erkennt.

Die Aussage ‚Ich will nur dein Bestes' wird heute gern absichtlich mißverstanden und beantwortet mit: ‚Das möchte ich aber lieber selbst behalten!'

Das Beste aus etw. machen: nicht resignieren, sondern jeden kleinsten Vorteil wahrnehmen.

Sein Bestes getan haben: alle Kräfte eingesetzt, sich sehr angestrengt haben; vgl. frz. ‚avoir fait de son mieux'.

Das Beste ist für jem. gerade gut genug sagt man iron. zu einem Unbescheidenen. Goethe gebrauchte die Wndg. in seiner ‚Ital. Reise'. Im 2. Brief aus Neapel schrieb er am 3. März 1787: „In der Kunst ist das Beste gut genug".

Vergiß das Beste nicht! sagt man heute scherzhaft zu einem, der weggeht, um ihn zu erinnern, sein Geld nicht liegenzulassen. Urspr. begegnet diese Formel in Märchen und Schatzsagen, wo der Habgierige nur an die Schätze denkt und das Wichtigste, den Schlüssel oder die Zauberblume, in der Höhle, im Berg vergißt, so daß er den Eingang nicht mehr finden kann.

Iron. gemeint ist die westf. Feststellung ‚Du bist de Beste' mit dem humorvollen Zusatz: ‚wann de annern nich to Huus sind'.

Doppeldeutig erscheinen die Rdaa.: *sich von seiner besten Seite zeigen:* von seiner schlechtesten; vgl. frz. ‚se montrer de son meilleur côté, ... sous son jour le plus favorable' (wörtl.: sich von der besten Seite, unter seinem günstigsten Licht zeigen) und *auf dem besten Wege zu etw. sein:* im Begriff sein, Gefahr laufen.

Lit.: *R. Hildebrand:* Ges. Aufsätze und Vorträge zur dt. Philologie (1890), S. 45 ff.; *J. Grimm:* Dt. Rechtsaltertümer (Leipzig 1899, Ndr. Darmstadt 1974), Bd. I, S. 49, 502–516, Bd. II, S. 106–111; *L. Winter:* Die dt. Schatzsage (Diss. Köln 1925); *A. Jacoby:* Die Sage vom verlorenen Kind in der Schatzhöhle, in: Volkskundliche Ernte. Hepding-Festschrift (Gießen 1938); *H. Sebald:* Ich will ja nur Dein Bestes (Wien-Düsseldorf 1981).

Besuch. Wenn Messer oder Gabel beim Herunterfallen im Boden steckenbleiben, sagt man: *Es kommt Besuch.* Die anderen bei dieser Gelegenheit üblichen Rdaa., die durch den Atlas der dt. Vkde. (Frage 233d) erfaßt worden sind, lauten: ‚Es kommt ein Brief'; ‚Es kommt ein spitzer Bescheid'; ‚Es kommt ein hungriger Gast'; ‚Das Glück (Streit, Tod) kündigt sich an'.

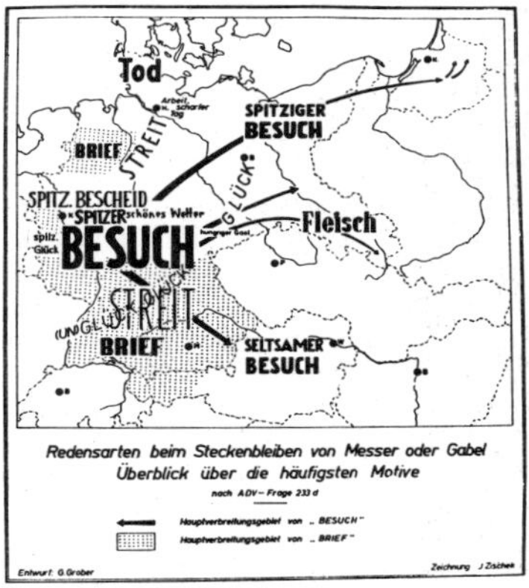

Redensarten beim Steckenbleiben von Messer oder Gabel
Überblick über die häufigsten Motive
nach ADV-Frage 233 d

Besuch kommt nach dem Volksglauben auch, wenn die Türe von alleine aufgeht oder der Wind sie öffnet, ferner wenn die Katze sich rechts oder links putzt. Je nachdem, wohin sie schaut oder wo sie sich putzt, wird Damen- oder Herrenbesuch erwartet, lieber, hoher, schöner oder seltener Besuch: ‚Putzt sie's Mäule, kommt ein Fräule, putzt sie's Öhrle, kommt ein Herrle. Putzt sie's Augerl, kommt ein Frauerl, putzt sie's Näsle, kommt ein Bäsle' usw.

Ein armenischer Besuch ist ein Besuch, der besonders lang ausgedehnt wird. Die Wndg. stammt aus dem Griechischen.

Die Wndg. *Besuch bekommen* wird auch umschreibend für den Beginn der Menstruation gebraucht wie die ähnl. Feststellung: ‚Die Tante Rosa ist angekommen'.

Lit.: *G. Grober-Glück:* Motive u. Motivationen in Rdaa. u. Meinungen, Bd. I (Marburg 1974), S. 176–180.

beten. *Jetzt hilft nur noch beten:* die Lage ist aussichtslos, der Mensch ist machtlos, nur Gott kann helfen.
Da hilft auch alles Beten nichts, oft mit dem Zusatz: *Da muß Mist hin:* man muß selbst eingreifen und zupacken, man kann sich nicht nur auf eine vage Hoffnung verlassen; vgl. schwäb. ‚Da hilft kei bete, da muaß Mist na‘; ähnl. ‚Da hilft kein Singen und kein Beten‘ ↗singen.
Die Benediktinerregel ‚Bete und arbeite‘ (↗‚Ora et labora‘) wurde parodiert zu

Bet' und arbeit', sagt die Welt:
Bete kurz, denn Zeit ist Geld.

Beton, Betonkopf. *Jem. Beton in die Waden spritzen:* ihm zu mehr Standfestigkeit verhelfen. Die Wndg. ist im Polit-Jargon 1982 aufgekommen.
Ein Betonkopf sein, auch: *zu den Betonköpfen (zur Betonriege) gehören:* starrsinnig an überholten Anschauungen festhalten, nicht mehr flexibel und lernfähig genug sein. Die modernen Rdaa. werden stark auf Politiker und Bürokraten bezogen, die keinerlei Anpassungsfähigkeit bei historischen Veränderungen zeigen.

Betrieb. *Betrieb machen:* sich amüsieren: Fröhlichkeit und Unruhe verbreiten. Ende des 19. Jh. aus der Studentensprache in die städt. Umgangssprache übernommen. Berl. sagt man ‚Is ja jakeen Betrieb!‘, wenn es nicht lebhaft und lustig hergeht.
Entspr. wird die Wndg. *eine Betriebsnudel sein* gebraucht für den, der immer etw. in Bewegung setzt u. organisiert, bei dem immer etw. ‚laufen‘ muß.

betrinken, betrunken ↗trinken.

Bett. *Einem sein Bett machen:* ihm behagliche Verhältnisse bereiten; heute vor allem *sich in ein gemachtes Bett legen* (bei einer gesicherten Heirat mit reicher Mitgift der Braut oder bei guter Stellung des Bräutigams): obersächs. ‚Er kommt in e gemachtes Bette‘, er findet alles bereit, er kommt sogleich in günstige Verhältnisse. Anders in Hamburg: ‚He is darmit to Bedde brocht‘, er ist hintergangen, eigentl. wohl: trotz seines Rechtsanspruchs zur Ruhe gebracht.
Das Bett hüten: krank sein; vgl. frz. ‚garder le lit‘; auch *ans Bett gefesselt sein,* bei langer Krankheit; vgl. frz. ‚être cloué au lit‘.

‚Das Bett hüten‘

Einem das Bett unterm Arsch wegnehmen: ihm sein letztes Hab und Gut wegnehmen.
Sie werden nicht mehr lange in einem Bett schlafen: mit ihrer Freundschaft (Liebe, Ehe) geht es zu Ende. Dagegen bringt die sprw. Wndg. ‚'s Bett macht's wieder wett‘ z. Ausdr., daß der Beischlaf jeden Ehestreit beendet u. Versöhnung schafft.
Statt ‚zu Bett gehen‘ sagt man auch mit scherzhaftem Wortspiel *nach Bethlehem* (auch *nach Bethanien*) *gehen;* so schon im 16. Jh. in der ‚Zimmerischen Chronik‘ (III, 233) bezeugt: „gleichwol sie bald hernach von einander geen Bethlehem schieden“; ähnl. noch heute in Südwestdtl. ‚nach Bettingen, nach Bettlach gehen‘; schles. ‚nach Liegnitz machen‘. Heute sagt man im gleichen Sinn ‚an der Matratze horchen‘, ‚auf den Matratzenball gehen‘ (↗Matratze).
Sich nach dem Bettzipfel sehnen, nach dem Bettzipfel schnappen (oder *gähnen*): sehr müde und schläfrig sein. Dagegen enthält die Wndg. *das Bett schonen wollen* eine scherzhafte Entschuldigung des Nachtschwärmers. *Sleep you well in your Bettgestell:* schlafen Sie gut! Scherzhaftes Gemisch aus dt. und engl. Wörtern um des Reimes willen; zugleich Ironisierung einer engl.-dt. Mischsprache.

Das Bett an 5 Zipfeln fassen wollen: mehr, als nötig oder möglich ist, tun wollen. Verlangt aber jem. zuviel oder Unmögliches, sollte er sich nicht über die Antwort ‚i kann's Bett net an siebe Zipfel hebe' wundern.

Sich weich betten: sich ein angenehmes Leben machen. Bekannt ist auch der sprw. Vergleich: ‚Wie man sich bettet, so liegt man', d.h., jeder ist für seine Lage selbst verantwortlich. Eine ähnl. Aussage findet sich schon bei Grimmelshausen (102,5) in dem Sprw. ‚Hast du dir wohl gebettet, magst du auch wohl liegen'.

Die nötige Bettschwere haben: genug getrunken haben, auch sehr müde sein, seit Ende des 19. Jh. gebräuchl.

Jüngeren Datums ist auch der Begriff ‚Betthupferle' für eine Süßigkeit, die vor dem Zubettgehen verzehrt wird. Das Betthupferle ist bei Kindern wie bei Erwachsenen gleichermaßen beliebt (nach dem Zähneputzen freilich schädlich für die Zähne).

‚M'r wann ens Bett, ass d'Litt heim kenne' findet scherzhafte Verwendung bei Gästen, die zu lange bleiben.

Mit den Hühnern zu Bett gehen ↗Huhn.

Von Tisch und Bett getrennt sein ↗Tisch.

Lit.: *C.* u. *M. Gray:* The Bed (London 1946); *R. Reynolds:* Beds (with many Noteworthy Instances of Lying on, under and about them) (London 1952); *G. Janneau:* Comme on fait son lit on se couche, in: L'Oeil (1956) Nr. 24, S. 48–63; *W. Stengel:* Alte Wohnkultur in Berlin u. in der Mark (Berlin 1958), Kap. ‚Das Bett', S. 129–172; *M. Eden* u. *R. Carrington:* The Philosophy of the Bed (London 1961); *L. Wright:* Warm and Snug. The History of the Bed (London 1962); *C. Catalani:* Het Bed. 5000 jaar waken en slapen (Bussum [Holland] 1968); *K. Ranke:* Art. ‚Bett', in: EM. II, Sp. 238–242 (mit weiterer Lit.); *P. Dibie:* Wie man sich bettet. Die Kulturgeschichte des Schlafzimmers (Stuttgart 1989).

Bettel. *Jem. den Bettel vor die Füße werfen:* voller Mißachtung die Arbeit niederlegen, im Zorn seinen Arbeitsplatz verlassen. Urspr. war ‚Bettel' eine Bez. für das Gebettelte, die Bettelei. Jem., der es bis zum Bettel gebracht hatte, war auf der niedrigsten Stufe angekommen. Mit Bettel ist allg. aber auch jede Art von Plunder, wertlosem Kram, Geringfügigkeit gemeint, vgl. rhein. ‚Wat duhn ek met sonem Bettel': was fange ich mit einem solchen wertlosen Kram an? Eine andere rhein. Rda. lautet: ‚Blif mech met dem Bettel vam Lif': verschone mich mit solchen dummen Sachen (Nichtigkeiten).

Betteln gehen: von Tür zu Tür gehen, im Lande umherziehen u. Almosen erbitten. Die Wndg. ist schon aus dem A.T. bekannt: „ich schäme mich betteln zu gehen, seine Kinder werden betteln gehen" (Hiob 20,10). Sie begegnet unter anderem auch in Murners ‚Schelmenzunft' (1512): „das ir müst an den bettel gan", desgl. in einem Gedicht von J. Schwarzenberg (1535):

> auch etlich der mit schad und schand
> den Bettel nehmen durch die land.

In neuerer Zeit wird sie jedoch meist in übertr. Sinn verwendet, z.B. ‚die Kunst geht betteln', d.h., sie kann sich nicht aus eigener Kraft erhalten u. ist auf Zuschüsse angewiesen.

Die Wndg. *um etw. betteln* stellt eine flehentliche Bitte dar, ein zumeist demütiges Verlangen nach Liebe, Freundschaft, Verständnis, nach Zuwendung, die andere nicht von sich aus geben (↗Bitte).

Einen Bettelbrief schreiben: schriftlich um Unterstützung bitten. Hierbei handelt es sich um ‚amtlich erlaubten' Bettel, wie u.a. auch aus der Schweizerchronik von J. Stumpf (2,106) hervorgeht: „es hat auch bemelter bischof in einem andern instrument erlaubt, dasz die nunnen mit biderber leuten stür und hilf möchtind das kloster bauwen, und im selbigen Bättelbrief verheiszt er ablasz der sünden denen, die daran steurend". Die Bettelerlaubnis stellte im MA. also einen Teil der Sozialfürsorge dar.

In neuerer Zeit versteht man unter Bettelbrief in der Hauptsache einen Brief, in dem man angebettelt wird. Nicht unüblich ist er als Bittgesuch, wenn es um Unterstützung bei der Organisation von Tagungen, Festen u. Feiern geht, die im Interesse der Allgemeinheit veranstaltet werden u. bestimmten förderungswürdigen Zwecken dienen.

Auch andere alte Begriffe haben einen leichten Bedeutungswandel erfahren wie z.B. das ‚Bettellied', das schon bei S. Franck (Sprww. 2,51) Erwähnung findet: „... u. singt jedermann das bettelliedlein, dem loch unter der nasen zulieb".

Für ein Bettelgeld arbeiten: einen beschämend geringen Lohn erhalten. In scherzhafter Umdeutung begegnet des öfteren auch die Wndg. ‚Er hat's im Griff wie die Betteleut die Läus': er weiß mit dem Problem fertig zu werden.

Bettelmann. *Bei Bettelmanns Umkehr wohnen:* in einer kümmerlichen, armseligen Gegend, am äußersten Ende einer Ortschaft wohnen; so z.B. bad. ‚Dort ist des Bettelmanns Umkehr!', eine ganz arme Gegend. Die bes. im Schwäb., Bad. und Schweiz. verbreitete Rda. spielt darauf an, daß Bettler manche Gegenden meiden und umkehren, sobald sie sehen, wie ärmlich dort alles ist und daher auch für den Bettler nichts zu holen bleibt.
Von einem ganz ärmlichen Leben sagt man auch *Da ist's wie auf der Betteleinkehr.* Ähnl. auch die Wndg.: ‚'s hat sie vermehrt wie's Bettlmas Supp', 's hat dreig'regnet!'
Bettler, Bettelmann u. Bettelleut haben von jeher den Spott oder die Mißachtung der Bürger auf sich gezogen. So hieß es von einem Ort, in dem viel gebettelt wurde: ‚O weh, in dem Dorf, wo der Vogt barfuß geht und der Pfarrer zum Betteln'.
Einen zum Bettler machen: ihn ausnutzen, um seine Habe bringen.
Den Bettler aufs Pferd setzen: es hilft wenig, jem. eine Chance zu geben, der nichts damit anzufangen weiß. Das wird bes. deutlich in der rhein. Variante, ‚Wenn ne Bettelmann op je Perd kömmt, ritt he et dut' (reitet er es zuschanden).

Lit.: *J. U. Schöll:* Abriß des Janner- u. Bettelwesens in Schwaben und der angränzenden Schweiz (Stuttgart 1793); *A. M. Dubler:* Armen- u. Bettlerwesen in der Gemeinen Herrschaft „Freie Ämter" (16.–18. Jh.) (Basel 1970); *H. O. Pelser:* Das Invalidenhaus als Beitrag zur Entwicklung der Kriegsopferversorgung, darin Kap. ‚Beute u. Bettel' (Diss. Freiburg i. Br. 1976), S. 19–29; *R. Schenda:* Art. ‚Bettler', in: EM. II, Sp. 243–258; *E. H. Rehermann:* Art. ‚Bettler: Die beiden B.', in: EM. II, Sp. 263–268.

Bettelsack. *Den Bettelsack umhängen müssen:* in Armut geraten, an den Türen sein Brot erbitten müssen. Pieter Bruegel stellt bildl. dar, daß dabei oft vergeblich angeklopft werden mußte, als wären die Leute taub. Sehr geläufig ist der Bettelsack durch das bekannte südbadisch-ale-

‚Den Bettelsack umhängen'

mannische Volkslied ‚In Mueter's Stübeli ...', wo es in Str. 2 und 3 heißt:

Mir wei go bettle go ...
Du nimmsch der Bettelsack un i der Korb.

Zwei Bettelsäcke in denselben Kochtopf ausschütten heißt es, wenn zwei Arme einander heiraten.

Bettelstab. *An den Bettelstab geraten:* verarmen, keine Reserven mehr haben. Die Wndg. stammt aus der Zeit, als es noch keine Sozialhilfe gab. Heute wird sie meist im übertr. Sinne gebraucht. Wenn z.B. jem. zu verschwenderisch mit seinem Geld umgeht, heißt es: Du wirst noch *an den Bettelstab kommen.*
Jem. an den Bettelstab bringen: ihn durch überzogene Ansprüche zu größeren Ausgaben verleiten, als er es sich leisten kann; ihn ausnehmen. Ebenso können eine Pleite oder ein Börsenkrach jem. an den Bettelstab bringen, so daß er im übertr. Sinn *den Bettelstab ergreifen* (in die Hand nehmen) muß, d.h. nicht mehr genügend Eigenmittel für seinen persönlichen Unterhalt hat.
In einigen Rdaa. werden bedeutungsmäßig die Begriffe Bettelstab u. Wanderstab gleichgesetzt. Häufig wird jedoch durch einen Zusatz differenziert, wie bei Grimmelshausens ‚Simplicissimus' (Ausg. 1967, hg. R. Tarot, S. 39), wo es heißt „das Brot am Bettelstab suchen". Auch im Märchen (u.a. KHM. 87: Der Arme u. der Reiche) begegnet der Bettelstab ebenso häufig wie in der allg. Literatur, da er we-

gen seiner Bildhaftigkeit gerne zur Veranschaulichung der Armut eingesetzt wird, ↗Stab.

Bettenberg ↗Berg.

Bettkante. *Den (die) würde ich nicht von der Bettkante stoßen:* dieser Mann (diese Frau) ist attraktiv, annehmbar, sexuell anziehend; d.h. für ein Liebesabenteuer gerade recht. Diese zweideutige Wndg. ist vermutl. noch recht jung. Sie wird von jungen Leuten gebraucht.

Beutel bezeichnet in den Rdaa. schon seit dem 15. Jh. meist speziell den Geldbeutel. *Sich in den Beutel* (oder *in seinen eigenen Beutel) lügen;* sich einreden, man habe einen großen Gewinn gehabt, wo man doch einen Schaden hatte; auch von einem gesagt, der etw. billiger gekauft zu haben behauptet, als er es wirklich gekauft hat. Es liegt die Vorstellung zugrunde, daß jem. sich vorlügt, er habe nach einem schlechten Geschäft noch mehr im Beutel, als wirklich darin ist. Christoph Lehmann führt 1639 (‚Betrügen' 15, S. 91) an: „Einer kaufft vnd sagt, er habs noch (das heißt noch einmal) so wohlfeil, vnd beleugt sich vnd sein Seckel".

‚Einem in den Beutel blasen'

Einem in den Beutel blasen: ihn mit Geld bestechen (heute kaum noch üblich). Im Jahre 1502 warf man den Leipziger Universitätsexaminatoren Bestechlichkeit vor und sagte von den Kandidaten: „sunder wer Beutelsamen zu säen hat, der mag gut Hoffnung haben; pauper ubique iacet" (‚der Arme liegt überall darnieder'). Ein *Beutelschneider* ist ein Dieb. Der Ausdr. geht auf einen Trick der Taschendiebe zurück, sie stehlen nicht das Geld aus dem Beutel, weil sie dabei viel zu leicht entdeckt werden könnten, sondern schneiden einfach den ganzen Beutel ab. Die Rda. stammt aus der Zeit, in der man den ledernen Geldbeutel außen am Gurt trug; zuerst belegt bei Weckherlin: „der beutelschneider hie hätt bald den Strang erhalten".

‚Beutelschneider'

Ebenfalls der Geldbeutel ist in den folgenden Rdaa. gemeint: *einem den Beutel fegen; auf den Beutel klopfen:* ihm Geld abnehmen. *Das geht an den Beutel; das reißt ein arges Loch in den Beutel;* vgl. frz. ‚Cela fait un trou dans le porte-monnaie'; *das schneidet in den Beutel:* das kostet viel Geld. *Den Daumen auf den Beutel halten:* nicht gern Geld ausgeben. *Aus eigenem Beutel zahlen;* vgl. frz. ‚payer de sa poche' (wörtl.: aus eigener Tasche zahlen), ↗Tasche. *Einen gefrorenen Beutel haben:* nicht gern etw. ausgeben. *Er hat den Beutel immer auf:* er ist verschwenderisch, freigebig. *Etw. in einen löchrigen Beutel legen:* vergebens etw. ausgeben, nicht sparen können. *Sein Beutel hat die Schwindsucht* (auch *ist durchlöchert); sich den Beutel spicken; sie zehren aus einem Beutel:* sie machen gemeinsame Kasse; *tief in den Beutel greifen:* viel ausgeben müssen.

beuteln. *Jem. (arg) beuteln:* ihn tüchtig mitnehmen, eigentl. ihn mächtig durchschütteln. ‚Beuteln' ist zuerst 1482 belegt u. meint urspr.: das Mehl durch den Beutel, durch das Sieb laufen lassen, z. B. in der Mühle oder beim Bäcker. Beuteln heißt also zunächst: sieben, aussondern. 1707 ist es erstmals in übertr. Bdtg. belegt: ‚den Kopf beuteln', den Kopf schütteln; später dann auch: ‚sich beuteln', sich schütteln. Wenn wir heute sagen ‚jem. beuteln' greifen wir auf die übertr. Bdtg. zurück, während die Rda. *einem die Seele aus dem Leibe beuteln* noch an die alte Bdtg. des Aussonderns anklingt, aber auch ‚schütteln' und ‚schlagen' heißen kann.

bewegen, bewegt. *Etw. bewegen wollen:* Veränderungen herbeiführen wollen.
Viel bewegt haben: (nach kurzer Zeit) neue Entwicklungen eingeleitet, Festgefahrenes wieder in Gang gebracht haben, heute bes. von aktiven, erfolgreichen Politikern gesagt; aber auch in übertr. Sinne von Anregungen u. Impulsen im geistigen, künstlerischen, religiösen, wissenschaftlichen Bereich gebraucht.
Bewegt sein: aus seiner Gemütsruhe gebracht, menschlich beeindruckt, tief berührt sein. Ähnl.: *sich bewegt zeigen:* seine Anteilnahme (Rührung) deutlich werden lassen.
Bewegte Zeiten erleben (erlebt haben): in Unsicherheiten, gesellschaftlichen, kulturellen, polit. u. sozialen Umbrüchen, kriegerischen Auseinandersetzungen, Gefahren leben müssen (viel durchgemacht haben) – aber auch auf persönliches Schicksal gewendet, das mit dem von Stürmen bewegten Meer verglichen wird: Auf und ab, Erfolg u. Mißerfolg, Glück u. Unglück, Gefahr u. Rettung, Hilfe u. Verzweiflung erleben, einen Aufruhr der Gefühle durchleiden (auf ein unruhiges, sorgenvolles Leben zurückblicken).

Bewerbchen. *Sich ein Bewerbchen machen:* einen Vorwand suchen, eine angeblich wichtige Angelegenheit vorschieben, um jem. sprechen (sehen) zu können, um ihm einen unverfänglichen Besuch abzustatten. Die bes. im mitteldt.-sächsischen Sprachgebrauch häufige Wndg. wird gern auf Schüler bezogen, die sich auf diese Weise beim Lehrer oder Pfarrer einzuschmeicheln suchen, aber auch auf junge Leute, die ‚anbandeln' möchten, oder deren Beziehung von ihnen noch geheimgehalten werden soll, obwohl es andere längst durch ihr auffälliges Verhalten gemerkt haben, ↗Gewerbe.

bezahlen. *Für alles (im Leben) irgendwann bezahlen müssen:* für etw. büßen, die Folgen tragen müssen: vgl. die Zeche bezahlen müssen ↗Zeche.
Scherzhaft heißt es berl.: ‚Mit Bezahlen wird das meiste Geld verplempert!'
Wer bezahlt die Musikanten? wird rdal. gefragt, wenn etw. unternommen wird, wobei voraussichtlich kein Gewinn gemacht wird, vielmehr nicht einmal die Kosten gedeckt sind. Ähnl. heißt es im Refrain eines Karneval-Schlagers von Willi Ostermann: „Wer soll das bezahlen?"
Sich (nicht) bezahlt machen: Vorteile bringen, (keinen) Gewinn abwerfen.

biegen. *Es geht auf Biegen und Brechen:* es geht ums Äußerste, es geht hart auf hart. Die stabreimende Wndg. kommt in dieser Form im Dt. erst seit der Mitte des 17. Jh. vor, doch ist die Gegenüberstellung von ‚biegen' und ‚brechen' weit älter; z. B. schreibt Luther (IV, 174, 24): „Aber die iungen bewmlin kan man besser biegen vnd ziehen, ob gleich ettliche druber zubrechen"; „Man boygets so lange, bis es bricht". Weckherlin (‚Geistliche und weltliche Gedichte' [Amsterdam 1648], S. 117): „Was dan nicht biegen will, muß brechen". (Parallelen aus anderen Sprachen bringt S. Singer II, S. 30 f.).
Lügen, daß sich die Balken biegen, ↗lügen.
Sich vor Lachen biegen ↗lachen.

Bien, Biehn. *Der Bie(h)n muß!* (ging es auch ans Leben): der Mann muß das tun; etw. muß auf alle Fälle irgendwie zu schaffen sein. Man gebraucht die Rda. mit oder ohne den Zusatz, um irgendeinen unvernünftigen, widersinnigen, lächerlichen Zwang zu charakterisieren. Die Wndg. ist 1849 zuerst bezeugt, und zu ihrer Erklärung müssen verschiedene Anekdoten herhalten, die aber vermutl. erst sekundär und ätiologisch ad hoc erfunden sind.
Einmal wird die Rda. auf eine Lügengeschichte von einem ausländischen Reisenden zurückgeführt, der in gewöhnlichen

Imkerkörben in Rußland Bienen in der Größe von Enten oder sogar Schafen gesehen haben wollte. Auf die Frage, wie denn diese Bienen durch das Flugloch des Korbes kämen, legte der Düsseldorfer Maler Wilhelm Camphausen in seiner Illustration von 1849 dem Aufschneider die treffende Antwort in den Mund: „Der Bien muß!“.

Selma Lagerlöf beendet den ‚Gösta Berling‘ (1891) mit einer ähnl. „alten Geschichte“, die sie in Dtl. spielen läßt, dem „wunderbaren Land im Süden“. Hier bleibt es der Geschicklichkeit des Bienenvolkes überlassen, wie es sich hindurchzwängt. Aber ihre „Riesenbienen“, Gebilde der Phantasie, symbolisieren menschliche Sehnsüchte, Wünsche, Begierden und Träume; sie müssen selbst sehen, wie sie mit dem harten Zwang gemeiner Wirklichkeit fertig werden (Selma Lagerlöf: ‚Skrifter‘, I [Stockholm 1961], S. 406).

Nach einer anderen Anekdote aus Offenbach wies der Buchhalter eines Geschäftshauses dem Chef der Firma das Konto eines Schuldners mit dem Namen Bien vor. ‚Der Bien-Soll‘, sagte der Buchhalter. ‚Was heißt hier Soll?‘ entgegnete der Chef sarkastisch, ‚der Bien muß!‘ (d. h. zahlen).

Lit.: *Wander* I, Sp. 372; *Büchmann; Wunderlich,* S. 57; *Krüger-Lorenzen* I, S. 34.

Biene. *Bienenfleißig sein:* unermüdlich tätig sein. Der ‚Bienenfleiß‘ ist sprw. Man sagt: ‚Sie ist fleißig wie eine Biene (Imme)‘; schweiz.: ‚flissig wie nes Beiji‘: überaus fleißig; bair.-österr.: ‚trogn wie a Paie‘: etw. emsig nach Hause schaffen.

Geschätzt wurde der Bienenfleiß allerdings nicht immer. Demokritos verabscheute die Bienen, weil sie wie der ‚Geizige arbeiten, als ob sie ewig leben würden“. Auch nach Ch. Dickens tun die Bienen des Guten zuviel: „... they work, but ... they overdo it ... And are human labourers to have no holidays because of the bees?“ (Our mutual friend, 94).

Diese u. a. Angriffe haben aber das Ansehen der „Wachs- und Honigvögelein“ (Abraham a Sancta Clara, 1644–1709) in antiker Mythologie und christlicher Legende nicht verdunkeln können. Ehr-

‚Bienenfleißig sein‘

furcht und Dankbarkeit des Menschen maßen ihnen übernatürliche Herkunft und übersinnliche Fähigkeiten bei.

Menschlich nahe, d. h. als ansprechbare Partnerin, erscheint die Biene schon im Lorcher Bienensegen (rheinfrk., 10. Jh.). In Lit. u. Volksdichtung spielt die Biene eine große Rolle u. wird z. T. sogar poetisch verklärt. Auch im Märchen wird ihre Dankbarkeit gerühmt (KHM. 62). Im Schlußabsatz des Märchens vom ‚Tischlein deck dich‘ (KHM. 36) bleiben Klugheit, Mut und Entschlossenheit eines so „schwachen Geschöpfes“ siegreich, wo List und Stärke versagen. Das Volkslied läßt „die lieben Bienlein summen/daher von grüner Au“ (‚Grüß Gott, du schöner Maien‘). „Die unverdross’ne Bienenschar“ (Paul Gerhardt: ‚Geh aus, mein Herz‘) ging und geht nicht nur durch die geistliche Dichtung (Friedrich v. Spee: ‚Trutznachtigall‘ [1649]), sondern auch in viele weltliche Kunstlieder ein. Schiller spricht zwar mitleidig-abschätzig von den „Bienensorgen“ der Menschen (‚Die Räuber‘, III, 2); für Jean Paul aber ist „liebe ... die bienenkönigin des jugendlichen gedankenschwarms“ (‚Der Komet‘ (1, 70 (1820–22).

Hatte man das Tier aus der animalischen Sphäre herausgehoben, so gewann es nicht nur menschliche, sondern auch allzumenschliche Züge. Für Gregor den Großen ist das harmlose Geschöpf ein Symbol der Hinterlist. Auch der Elsässer Matthias Holzwart (Emblemata, 1581) betrachtet die Biene als falsche Kreatur.

Zwar lobt er ihren Fleiß und Nutzen, stellt sie aber auf eine Stufe mit den ‚Katzen, die vorne lecken, hinten kratzen'. Ihr Abbild gibt er als das Emblem des giftigen Schmeichlers wieder.

Geiler von Kaysersberg vergleicht den Doppelzüngigen mit der „bin, die honig in dem maul tregt und hinden hat sie den angel" (‚Von den Sünden des Mundes' [1518]).

Eine harmlosere Rolle spielt der Stachel in der ndd. Rda.: ‚Er ist von der Beene jestoche': er geht gleich hoch, ist leicht erregbar, ↗Tarantel. Der Schweizer behauptet, ein übelgelaunter Mensch ‚schießt desume wie nes stächiges Beiji'.

In der Sprache des Imkers heißt *die Bienen brechen:* am Tage der Lese die Waben herausbrechen, um den Honig herauszunehmen.

Von einem reinlichen, geordneten Haushalt mag das Wort gelten: *Es ist, als wenn's die Bienen zusammengetragen hätten.*

Nichts mit der Küche u. kulinarischen Genüssen zu tun hat der witzige Ausdr. *Bienen braten:* große Umstände machen u. geringen Erfolg sehen.

In der trinkfrohen Pfalz ist der Vergleich ‚der sauft wie e Bien' weit verbreitet.

Die wissenschaftliche Forschung des 19. Jh. verwandelte die hl. Geschöpfe antiker Mythen, deren Namen die Priesterinnen der keuschesten Göttin u. die Pythia zu Delphi trugen, in bescheidene ‚Arbeitsbienen'. Sie sanken auch immer tiefer zu ‚Fabrikbienen', ‚kessen Bienen' (d.h. schlauen Dirnen), ‚Bruchbienen' (Soldatenhuren) herab.

Auch die Gaunersprache bemächtigte sich der unschuldigen Tiere. ‚Er hat Biene uff'm Kopp' bedeutet: ein mit Kopfläusen behaftetes Individuum, ‚Bienenzüchter sein': sich des Ungeziefers kaum noch erwehren können, ↗Imme. Kaum minder unerwünscht erscheint: ‚To have a bee in one's bonnet': einen Sparren haben, ↗Hummel.

Lit.: *E. Fehrle:* Die Keuschheit der Biene im Volksglauben, in: Alemannia 39 (1911), S. 45ff.; *O. Keller:* Die antike Tierwelt 2 (Leipzig 1913); *M. Sooder:* Bienen u. Bienenhalten in der Schweiz (= Schriften der Schweizer. Ges. f. Vk. 34) (Basel 1952); *K. Ranke* u. *J. R. Klima:* Art. ‚Biene', in: EM. II, Sp. 296–307; *L. Röhrich:* Bienenwohnungen zwischen Handwerk u. Volkskunst, in: Apimondia. Bienenmuseum u. Gesch. d. Bienenzucht (Bukarest 1979), S. 155ff.; *F. Lerner:* Biene u. Bienenkorb als Emblem, in: Apimondia (Bukarest 1979), S. 165ff.

Bienenhonig ↗Honig.

Bienenkorb. *Das kribbelt wie im Bienenkorb:* Es herrscht Leben, Unruhe, Bewegung. Zu den synonymen Rdaa. gehört der pfälz. Spruch ‚Do wusselt's wie ime Bienstock': Da geht es lustig (geschäftig) zu.

Dieser scherzhafte Vergleich entspricht nicht dem geordneten, harten Leben der Bienen, auch nicht der Bedeutung des Korbes, mit dessen Hilfe der Mensch die Bienen domestizierte. Wie diese selber galt ihre Behausung von der Antike bis ins späte Mittelalter als Sinnbild unschuldigen Lebens, des goldenen Zeitalters. Wegen ihrer exemplarischen staatlichen Ordnung sahen Ambrosius von Mailand (339–397) und viele nach ihm im Wohnsitz der Bienen das Abbild der wahren christlichen Gemeinde. In der bildenden Kunst erhielt dann auch der Mailänder Bischof, ihr Schutzpatron, sowie Bernhard von Clairvaux und Chrysostomos als Attribut den Bienenkorb: Zeichen süßer Beredsamkeit und wissenschaftlichen Eifers. Abraham a Sancta Clara verglich das Klosterdasein mit dem fleißigen, gehorsamen und keuschen Leben des Bienenvolkes.

Die Deutung des Bienenkorbsymbols als Sinnbild reiner Glaubensgemeinschaft bekämpften aufs schärfste die Anhänger Calvins, Philipp von Marnix im ‚Roomsche Byen-Korf' (1569) und sein Übersetzer und Bearbeiter Johann Fischart mit derb satirischer Polemik (‚Bienenkorb des heyl. römischen Immenschwarms', 1579).

Der erklärte Gegner des Gerichtswesens seiner Zeit, Charles Dickens, goß Spott und Hohn aus über den „juristischen Bienenkorb", Gray's Inn: „The whole legal hive was in a bustle" (The posthumous papers of the Pickwick Club, 741).

Die urspr. Bdtg. des alten Emblems (überströmende Fülle und Segen) verlor sich immer weiter. Das 1834 errichtete Grabmonument der Barbara Uttmann (sie führte im 16. Jh. im Erzgebirge die Spitzenklöppelei ein u. schuf so für die Bevölkerung eine Existenzmöglichkeit) stellt die geschäftstüchtige Handelsherrin auf einem Bienenkorb sitzend dar, dem Symbol des Fleißes. Heute ist er, jeden sakralen Charakters beraubt, zu einem Werbemittel geworden für Banken u. Sparkassen; ↗Biene.

Lit.: *L. Armbruster:* Der Bienenstand als völkerkundliches Denkmal (Neumünster 1926); *B. Schier:* Der Bienenstand in Mitteleuropa (Leipzig 1939).

Bienenschwarm. Als Bild lebhafter Bewegung wird das schwärmende Bienenvolk verwendet. *Da ist es immer wie in einem Bienenschwarm:* Da gehen viele Menschen ein und aus. Pfälz.: ‚Do geht's zu wie im Bieneschwam': es gibt dort Lärm und wilde Bewegung.

Im Ndd. kann der ‚Bienenschwarm' auch auf Stimmung u. Verhalten eines Menschen bezogen werden: ‚He is wie e Beeneschwarm': er ist leicht gereizt.

Wie harmlos auch der Anlaß des Schwärmens ist – die Bienen sind mit einer Königin auf der Suche nach einem neuen Wohnplatz –, so drohend erscheint der Anblick der schwarzen Traube. Als unheilbringendes Vorzeichen gilt der Bienenschwarm noch heute im Volksglauben: Bleibt etwa ein Bienenschwarm nicht in der Nähe, so will er einem Verhängnis (Krieg, Bergsturz) entfliehen, verfolgt er den Schläfer bis in den Traum, kündigt er ihm den Tod an. Aber der Imker weiß ihn zu würdigen, erwartet, berechnet das Schwärmen der Bienen, das ihm ja ein neues Bienenvolk beschert. Ein zu früher, ein zu später Eintritt ist ihm höchst unerwünscht, nach der alten, oft variierten Bauernregel (Pfälz.):

E Bieneschwam im Mai – e Fuder Hai,
e Bieneschwam im Jun – e fettes Huhn,
e Bieneschwam im Jul – e Federspul.

Bienenvölker, die nach Johanni (24. Juni) ausschwärmen, bleiben wertlos; sie können, nachdem die meisten Pflanzen geblüht haben, nicht mehr ausreichende Wintervorräte einsammeln.

Zugeflogene Schwärme gelten, über ihren wirtschaftlichen Wert hinaus, als Glücksbringer.

Der Bienenzüchter bemüht sich, die eigenen Bienen am Ausschwärmen zu hindern (oder den Schwarm wieder einzufangen), was durch sog. ‚Bienensegen' schon aus ahd. Zeit bezeugt wird, ↗Biene.

Bier. *Er braut Bier ohne Malz:* urspr. von dem Bierbrauer gesagt, der seinen Kunden ein dünnflüssiges Erzeugnis anbot, dann übertr. von allen Scharlatanen, die eine Sache trügerisch aus dem Nichts hervorzaubern wollen. Bildhaft verwendet die Rda. schon im 13. Jh. der Minnesänger Konrad Marner, indem er gegen seinen lit. Gegner Reginar den Vorwurf des Plagiats erhebt mit den Worten: „Du doene diep, du prûvest âne malz ein bier". Mehrfach spielt vor allem das ‚saure Bier' als Bild für etwas Unliebsames, Schlechtes oder Schädliches im Sprachschatz eine Rolle: *etw. ausbieten (ausschreien) wie sauer (saures) Bier:* eine Sache, die keinen Wert hat, mit vielen Worten und zu niedrigem Preis, aber vergeblich anbieten. Vgl. frz.: ‚Ce n'est pas de la petite bière' (wörtl.: Das ist kein kleines Bier), i.S.v.: Das ist etw. Wertvolles.

‚Einem das Bier verrufen'

Schon Hans Sachs sagt im Schwank vom bittersüßen Eheleben: „Wer meinst, der saures pier ausschrey?" Die Rda. ist auch bei Grimmelshausen belegt; in Christian Weises ‚Drei Erznarren' sagt Lieschen im Gespräch mit Chremes iron.: „Sie werden sich sehr um dich reißen, wie um das saure Bier". Die Rda. geht auf die ma. Sitte zurück, das fertig gebraute Bier ‚auszurufen', d.h. öffentl. bekanntzumachen. Daher stammen auch die Rdaa.: *Sie rufen*

einander das saure Bier aus: sie machen sich gegenseitig schlecht, einer enthüllt des andern schwache Seiten, und *einem das Bier verrufen:* ihn verleumden, üble Nachrede gegen ihn führen.
Ein Gesicht machen wie saures Bier: eine verdrießliche Miene machen, mdal. aus Baden und Obersachsen belegt; ‚Ich meinet, wann du einem in sein bier sehest, du solst es sauer machen', heißt es schon Anfang des 17. Jh.; bair. ‚Er hat's Griß wie's saure Bier', niemand reißt sich um ihn, er ist unbeliebt. Ein solcher Mensch *bessert sich* denn auch *wie saures Bier,* also nie.
Beim sauren Bier zusammenkommen: sich wegen einer strittigen Angelegenheit zusammenfinden. *Einen beim sauren Bier finden* steht schwäb. für ‚ihn bei einer Lüge ertappen', ähnl. siebenb.-sächs. ‚af'm soure Bär erwäschen', erwischen. Von einem trinkfesten Zecher sagt man in Süddtl. ‚Der lat's Bier au net suer were'. Geraten zwei solche Zecher im Wirtshaus miteinander in Streit, so nennt man das: *Sie haben sich das Bier ausgeschüttet,* rhein. ‚Die ham sich enanner s'Bier ausgesuff'.
Die Rolle, die das Bier im Studentenleben spielte, zeigt sich in manchen eigenen Zusammensetzungen, wie Bierjunge, -schisser, -verschiß, -bank, -baß, -bauch, -held, -idee (närrischer, verrückter Einfall; erst nach 1900 aufgekommen), -knoten (= Adamsapfel), -leiche (= sinnlos Betrunkener), -ruhe (= große Unerschütterlichkeit), -tisch, -ulk; vgl. auch ‚Biereifer' = großer Eifer, namentlich von Studenten, die sich mehr dem Bier als dem Studium zuwenden (2. H. des 19. Jh.).
Das ist nicht mein Bier: in dieser neu aufgekommenen Rda. bedeutet Bier soviel wie ‚Sache', ‚Angelegenheit'. In diesem Sinne sagt man im Rheinland ganz allgemein: ‚Dat is en ander Moß Bier'.
Eine Bierreise unternehmen: mehrere Wirtschaften nacheinander aufsuchen (19. Jh.). Eine neue Rda. ist *das Bier trokken 'runterwürgen müssen:* Bier ohne Schnaps trinken. Das Bild vom Herunterwürgen trockenen Brotes wurde witzig auf das Getränk übertragen. An den tropfnassen Wischlappen knüpft dagegen die schwäb. Rda. an: ‚Se hont g'schwitzt ärger as a Bierlump'.
Auch in zahlreichen anderen Rdaa. spielt das Bier eine Rolle, z. B. sagt man von einem Sparsamen, daß er *von einem Stoff Bier dreimal trinkt,* d. h. an drei Tagen, drei Tage lang. Und der geizige Sterbende, der seinen Erben nichts gönnen will, ‚stöt dat letzt Kann Beer mit de Föt üm'.
Von dem Unpünktlichen heißt es: ‚Er kommt stets, nachdem das Bier schon getrunken ist'. *Er sieht aus wie Weißbier* ist eine geläufige Rda., um eine kränkliche, blasse Gesichtsfarbe zu kennzeichnen; berl. noch etwas derber ‚Er sieht aus wie Braunbier mit Spucke'.
In Schwaben kennt man auch die ‚Bierschnecke' und den ‚Biertripper' als Krankheiten, die man vom Biergenuß bekommen kann. Von einem Sterbenden sagt man: *Für ihn ist das Bier schon bereitet* – nämlich im Jenseits.
Ndd. ‚Dat is stark Beer', das ist ein starkes Stück.
Er hat sich das Bier selbst gebraut: er ist selbst schuld. Schon im 13. Jh. verwendet Berthold von Regensburg, möglicherweise nach frz. Vorbild, in einer Predigt bildlich den Ausdruck: „Daz dû dir selber gebriuwen habest, daz trinck ouch selber", und in einem Fastnacht-Spiel zu Hildesheim um 1520 heißt es: „Ick will di helpen ein Ber bruwen,/ Dat schaltu allene drincken".
Ndd. ‚Seht, wat dat Beer deit!' bedeutet spöttische Verwunderung, vor allem, wenn jem. heftig aufbraust. *Wäre das Bier nur wieder im Fasse* ist ein Wunsch, daß etw. nicht geschehen sein möge. *Das Bier ist über eine Brücke (durch einen Graben) gefahren:* mit Wasser verdünnt.
Unter einem *Bieresel* versteht man im östl. Mitteldtl. einen Aufhocker, dem man Bier opfern muß, sonst schreit er und zerschlägt alles. Im Vogtland sagt man zu einem Kind, das überlaut lacht: *Du lachst wie der Bieresel.* Man benützt den Begriff auch als Schimpfwort, so schwäb.: ‚Host dei dumme Gosch net könna ufthua, du Bieresel?'
Man spricht heute umg. bei einem heißen trockenen Sommer von *Bierwetter,* oder von *Bierschnee,* wenn bei Inversionswetterlage der Wasserdampf aus den Brauereien zum Schnee gefriert, aber auch vom

Bier-König, und man stellt in Anlehnung an Shakespeare die ,bierernste' Frage: *Bier oder nicht Bier?*

Da im Gasthaus Sitzende nach dem Genuß von einigen Glas Bier gern großartige Reden führen (und dabei alle Weltprobleme lösen), spricht man – auch wenn anderswo schwungvolle, aber oberflächliche politische Reden gehalten werden – von ,Bierbank-Politikern'.

Lit.: *J. G. Th. Graesse:* Bierstudien. Ernst u. Scherz. Geschichte des Bieres ... (Dresden 1872, Nachdr. Leipzig 1975); *E. Huber:* Bier u. Bierbereitung (Berlin 1926); *F. Eckstein:* Art. ,Bier', in: HdA. I, Sp. 1255–1282; *L. Hermann:* Das Bier im Volksmund. Alte Sprww. u. Rdaa. (Berlin 1930); *H. Lüers:* Die wissenschaftl. Grundlagen von Mälzerei u. Brauerei (Nürnberg 1950); *M. Hoffmann:* 5000 Jahre Bier (Frankfurt/M. – Berlin 1956); *K. Hennies* u. *R. Spanner:* Die Brauerei im Bild. Der Werdegang des Bieres (Nürnberg [5]1964); *A. Hallema* u. *J. A. Emmens:* Het bier en zijn brouwers (Amsterdam 1968); *H. Jung:* Bier. Kunst u. Brauchtum (Dortmund [2]1970); *M. Jackson:* Das große Buch vom Bier (Stuttgart 1977); *H. Glöckle:* München, Bier, Oktoberfest – acht Jhh. Bier- u. Stadtgeschichte (Dachau 1985); *K. Ranke:* Art. ,Bier', in: EM. II, Sp. 308–316; *A. Koch:* „Bier und Burschenschaft – das gehört zusammen!", in: Hess. Bll. für Volks- u. Kulturforschung NF 20 (1986 [1987]), S. 185–193.

Bierlala. *,Is all got', seggt Bierlala:* es ist alles in Ordnung, es ist nur halb so schlimm. Die Wndg. stammt urspr. aus einer Volksliedstrophe (E. B. III, S. 540–542, Nr. 1756).

Lit.: *E. Seemann:* ,Is all got', seggt Bierlala, in: Volkskundliche Gaben. Festschrift John Meier (Berlin – Leipzig 1934), S. 187–198.

bigott. *Bigott (bigottisch) sein:* übertrieben fromm, frömmelnd, auch: scheinheilig sein. Das Wort ,bigott' ist im 18. Jh. aus frz. ,bigot' ins Dt. entlehnt, wobei es volksetymol. zu einer Assoziation der 2. Silbe mit ,Gott' kommt. Voraus liegt vielleicht eine altengl. Schwurformel ,bī god', vgl. nhd. ,Bei Gott', und die in den obd. Mdaa. geläufige Beteuerung ,bigott': wahrhaftig, fürwahr. Das Jidd. ,begotisch': fromm, gottbegnadet, ist eine weitere mögliche Quelle für das frz. Adj.

Möglich wäre auch eine Entlehnung aus einem span. ,(hombre de) bigote': (Mann mit) Knebelbart. Die moderne Bdtg. wäre dann von dem ernsten und finsteren Gesichtsausdr. übertr., den ein solcher Bart bewirkt.

Bild, Bildfläche. *Im Bilde sein:* sich über etw. im klaren sein, den Zusammenhang erfaßt haben. Die Rda. ist erst zu Beginn des 20. Jh. in militärischen Kreisen aufgekommen, zunächst in der verneinenden Form ,nicht im Bilde sein', d.h. sich bei taktischen und strategischen Aufgaben keine klare Vorstellung von der Sachlage machen können. Erst später ist die Wndg. auch auf nichtmilitärische Vorstellungen übertr. worden, ebenso die Rdaa.: *sich ein Bild von etw. machen:* sich eine Meinung bilden, und *jem. ins Bild setzen:* ihn genau informieren.

In Bildern reden: wie in Gleichnissen sehr anschaulich sprechen; vgl. frz. ,parler par symboles ... en images'.

Ein Bild ohne Gnade sein: schön, aber unfruchtbar sein, eine Anspielung auf die Gnadenbilder. Die Wndg. begegnet bereits 1447/78 in der Steinhöwelschen Übers. der Aesopischen Fabel ,Von dem Bild und dem Wolf' i. S. v. schön, aber unwissend.

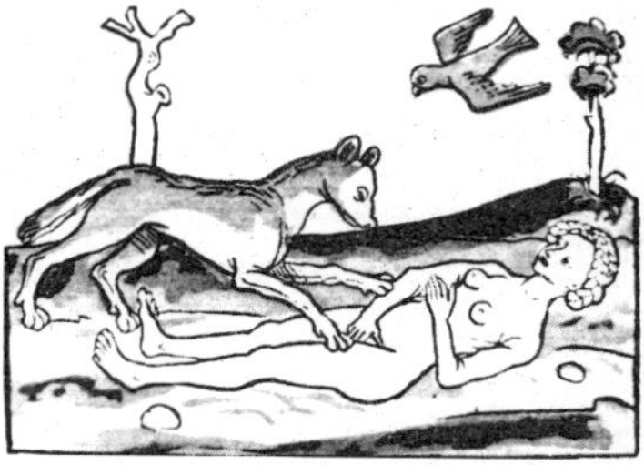

,Ein Bild ohne Gnade'

Ein Bild des Jammers sein: einen bes. traurigen Eindruck machen, im Gegensatz zu der Wndg. *ein Bild von einem Mädchen (Manne) sein:* sehr schön sein. Bild hat hier noch die urspr. Bdtg. von Gestalt.

Bild bedeutet urspr. gestaltetes Wesen, Gestalt voller zauberhafter Kraft, nicht Abbild (vgl. Mannsbild, Weibsbild, Unbilde). Notker gebraucht den Begriff ,ebanbilidi' i.S.v. Vorbild, noch nicht als Abbild oder Nachbildung.

Wolfs These, daß ,bil' zu den Wörtern mit numinosem Inhalt gehört, die urspr. die Kraft zu gestalten, das gestaltete Wesen meinen, wird unterstützt durch den Hinweis auf das ahd. Subst. bilidari = Töp-

fer, der Gestaltlosem eine Form gibt. Wenn Gott als Schöpfer ebenfalls als ‚pilidari' bezeichnet wird, soll damit die Vorstellung von seiner ungewöhnlichen Machtfülle verdeutlicht werden, die allen Dingen und Geschöpfen ihre eigene Form verleihen kann.
Damit kannst du keine Bilder 'rausstecken: darauf kannst du dir nichts einbilden. Die in Berlin aufgekommene Rda. bezieht sich urspr. auf die Auslagen der Straßenbilderhändler.
Ein schiefes Bild geben ↗schief.
Ein Bild für (die) Götter ↗Gott, Götter.
Sich ein Bildchen verdienen wollen: sich beliebt machen wollen, einschmeicheln.
Auf der Bildfläche erscheinen: zum Vorschein kommen. Die am Ende des 19. Jh. aufgekommene Rda. bezieht sich urspr. auf die Fläche des photograph. Bildes; erst etw. später (Beginn des 20. Jh.) und auf die Filmleinwand bezogen *von der Bildfläche verschwinden:* sich entfernen.
Zur Bildsäule erstarren (↗Salzsäule) (zu Stein erstarren): vor Schreck wie gelähmt sein; frz.: ‚être comme changé en pierre'.
Bildschön ist Dreck dagegen: zur Steigerung werden im 20. Jh. gern Gegensatzwörter verwendet.

Lit.: *Anon.:* „Im Bilde sein", in: Zs. des allgem. dt. Sprachvereins 30 (1915) Sp. 242; *F. Pfister:* Art. ‚Bild u. Bildzauber', in: HdA. I, Sp. 1282–1298; *A. Wolf:* Die germ. Sippe bil. in: Språkvetenskapliga Sällskapets Förhandlingar (Univ. Upsala 1928–1930); PBB. 66 (Halle 1942), S. 291 ff. (Ahd. bilidi von *Elis. Karg-Gasterstädt); W. Benjamin:* Das Kunstwerk im Zeitalter seiner techn. Reproduzierbarkeit (Frankfurt/M. 1963); *W. Brückner:* Bildnis u. Brauch (Berlin 1966); *ders.:* Art. ‚Bildnisstrafe' u. ‚Bildzauber', in: HRG.I, Sp. 424–430; *ders.:* Art. ‚Bild, Bildzauber', in: EM. II, Sp. 319–326; *N. A. Bringéus:* Volkstüml. Bilderkunde (München 1982); *H. Vekeman* u. *J. Müller-Hofstede:* Wort u. Bild (Erftstadt 1984); N. A. Bringéus (Ed.): Man and Picture (Lund 1986); *Ch. Pieske:* Bilder für jedermann (München 1988).

Bildung. *Die Bildung mit dem (Schöpf)Löffel gegessen (gefressen) haben* wird von jem. gesagt, der sehr gebildet (scherzh.: ‚gebüldet') tut u. bei jeder passenden u. unpassenden Gelegenheit sein Wissen anzubringen sucht. Der Begriff ‚gebildet' war zunächst nur in der Bedeutung ‚geschaffen' u. ‚Bildung' als das geschaffene Bildnis (auch als die ‚Gestalt') bekannt (↗Bild). Das geht aus vielen Belegstellen hervor, wie z.B. aus J. Pauli: ‚Schimpf u. Ernst', Kap. 344: „.. u. liessen seine bildung an die thürn machen ..." oder aus S. Franck; ‚Weltbuch' (195): „... ir münz ist papirin, viereckecht, darauf des künigs bildung getruckt". Später wurde der Begriff Bildung zunehmend für die kulturelle Bildung verwendet u. durch Zusätze wie ‚gelehrte', ‚wissenschaftliche', ‚feine', ‚vielseitige' ‚künstlerische' Bildung näher bez. Er umfaßt neben der beruflichen Ausbildung vor allem die Beherrschung der gesellschaftlichen Regeln u. das geistig-kulturelle Wissen des gehobenen Bürgertums.
Wie wenig die Bildungsversuche oft fruchteten, zeigt sich in erheiternden Aussprüchen u. Dialogen wie: ‚Ede, benemm di! häst doch Bildung!' oder ‚Du böst in de Stadt gewäst koche lehre?' – ‚Ne, schaiss, ech woar Bildung lehre!' Ähnl. auch die Antwort einer Dorfschönen auf die Frage, was sie im Pensionat gelernt habe: ‚Hä! Bildung, du Chue! (Kuh)'. Man konnte also nicht immer davon ausgehen, daß der Kochlehrling in der Stadt mit dem Schöpflöffel auch wirklich die feine Bildung erhielt, die man sich im Dorf vorstellte. Das führte dann auch zuweilen zu Verzweiflungsäußerungen, wie z.B. in dem Neckvers: „Äwerall dringt Bildung dorch, obber nich in Ensterborch (Insterburg)".

Lit.: *W. v. Humboldt:* Schriften zur Anthropologie u. Bildungslehre. Hg. v. A. Flitner (Düsseldorf–München 1964); *R. Dahrendorf:* Bildung ist Bürgerrecht (Hamburg 1968), (mit Lit.).

Bilwis. *Der Bilwis hat ihn geschossen:* er ist krank, geistesgestört. Diese Rda. bezieht sich auf eine Sagengestalt. Der Bilwis galt in seiner frühesten Form vor der christl. Umdeutung im 14. Jh. als menschenfeindlicher Naturdämon, der durch seine Geschosse Krankheiten verbreitete (↗Hexenschuß). Den ältesten Beleg für Bilwis gibt Wolfram von Eschenbach in seinem ‚Willehalm' (324,6):

si wolten, daz kein pilwiz
si dâ schüzze durh diu knie.

Von dem weitverbreiteten Glauben, daß plötzlich auftretende Schmerzen und Krankheiten durch Dämonen erregt werden, die mit ihren Geschossen (Pfeilen) auf die Menschen schießen, berichtet auch der Cod. Vindob. (2817):

dâ kom ich an bulwechsperg gangen,
dâ schôz mich der bulwechs,
dâ schôz mich die bulwechsin,
dâ schôz mich als ir ingesind.

Der Name des Dämons erscheint in Dtl. in verschiedener Lautung und Schreibung, er gilt als Substantivierung des engl. Adjektivs ,bilewit' = wohlwollend. Urspr. wurde er als Epitheton ornans für die heidnischen Götter und als euphemistischer Ausdruck für den schadenbringenden Naturdämon gebraucht, dessen Name tabu war (nach Singer). Im Etymolog. Wörterbuch v. Kluge wird der Name Bilwis als eine Zusammensetzung von germ. bil- = Wunderkraft mit einem Wort, das zum Stamm von ,wissen' gehört, erklärt.

Die Rda. *Er ist ein Pilwiskind:* ein Kind des Teufels, spiegelt die theologische Umdeutung des Dämons zu Zauberer und Hexe und seine Gleichsetzung mit dem Teufel. In diesem Sinne verwendet Berthold von Regensburg das Wort ,pilwis' in seinen Predigten (II, 70, 32). Joh. von Tepl stellt im ,Ackermann aus Böhmen' (Kap. VI) die ,bilwisse' neben die Zauberinnen und läßt sie wie die Hexen der Sage auf Böcken und Stäben reiten. So geschieht dies auch im Fastnachtsspiel, wenn es heißt: „die do sagen, das sie mit der Perchten und bilbissen oder truten farn auf den Pruckelberg". (Fastnachtspiele 1463).

Noch aus dem 16. Jh. sind Todesurteile aus Schlesien bekannt, die sich gegen ,pilwissen', d. h. Hexen, richten. Gryphius spricht im ,Horribilicribrifax' von der ,pileweissin' und in der ,Dornrose' von ,Büleweesse'.

Die weitere Entwicklung der Gestalt zeigt sich in der noch heute üblichen Rda. *vom Bilwis geschnitten sein.* Im 16. Jh. begann die Umwandlung des Bilwis zu einem Korndämon. Der Name wurde volksetymolog. zu ,Bilsen- und Binsenschneider' umgewandelt, indem man an Binsen und Bilsenkraut dachte. Bes. in Ostdtl. entwikkelte sich die Vorstellung von diesem Dämon, der Sicheln an den Füßen trägt und damit Schneisen ins Kornfeld schneidet. Die Erscheinung der abgemähten Halme an einigen Stellen des Feldes wird nun damit erklärt, daß sich der Bilwis den ihm zustehenden Getreidezehnt in der Nacht geschnitten habe, sie trägt aber auch die Bez. ,Wolfs- oder Hexenschnitt'.

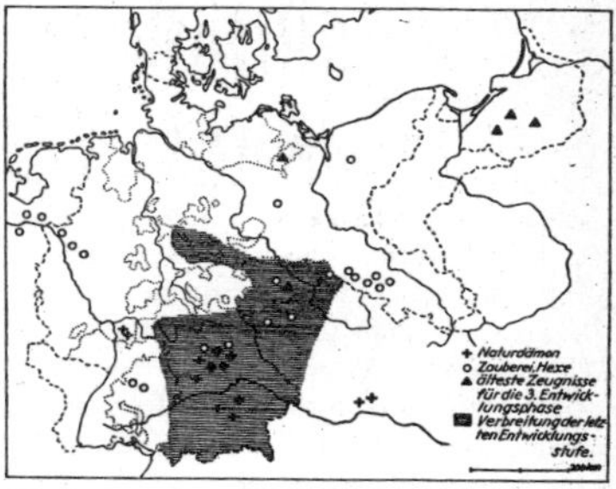

Bilwis. – Verbreitung

Heute ist der Bilwis als lebendige Gestalt eines Korndämons noch bekannt in Bayern, Sachsen und Thüringen; die ältesten Zeugnisse stammen aus Bayern und Österreich. Das Verbreitungsgebiet umfaßte auch größere Teile von Nord- und Ostdtl. in früherer Zeit, wie aus den Befragungen zum Dt. Volkskundeatlas hervorgeht.

Lit.: *L. Mackensen:* Art. ,Bilwis', in: HdA. I, Sp. 1308–1324; *W. Deboy:* Der Bilwis (Diss. Marburg 1954); *L. Honko:* Krankheitsprojektile (= FFC. 178) (Helsinki 1959); *Schönwerth-Winkler:* Oberpfälz. Sagen, Legenden, Märchen und Schwänke (Kallmünz o. J. [1967]). S. 29f.; *E. D. Güting:* Der Bilwis (Mag.arbeit Freiburg i. Br. 1973); *C. Lecouteux:* Der Bilwiz. Überlegungen zu seiner Entstehungs- und Entwicklungsgeschichte, in: Euphorion 82 (1988), Sp. 238–250.

Bimbam. *Heiliger Bimbam!* Dient als Tabuwort zum Ausdr. des Erstaunens und des Schreckens. Bimbam, eine lautmalerische Nachahmung des Glockenläutens, ist der scherzhafte Name eines fiktiven Heiligen.

bimsen. *Einen bimsen:* ihn mit allen Mitteln in die gewünschte Verfassung bringen.

Zum Glätten von Häuten und Pergament wurde schon in der Antike Bimsstein benutzt; später verwendeten ihn die Mönche in der gleichen Weise. Heute ist bimsen ein Fachausdr. aus der Sprache der Maler: mit Bimsstein glätten. Von da kam er in die Soldatensprache in der allg. Bdtg. ‚putzen‘. Hier wurde der Ausdr. noch weiter ausgeweitet; er bedeutete dann auch: den Soldaten herausputzen, in allen seinen soldatischen Eigenschaften. Das geschah durch stetiges Üben. So kam bimsen zu der Bdtg.: ständig üben lassen, drillen.

Gehörig bimsen müssen: tüchtig lernen, sich anstrengen müssen. Ein Stück ‚Bimsstein‘ war früher in jedem Hause vorhanden, um die Hände zu schrubben, die mit Seife allein nicht sauber wurden. Es war eine mühevolle Arbeit, bis sich der Erfolg zeigte. Auch von daher kann die Übertragung auf geistige Anstrengungen erfolgt sein. Die Wndg. war bes. in der Schüler- und Soldatensprache üblich.

Außerhalb der Soldatensprache hat sich noch entwickelt: *jem. verbimsen:* ihn verprügeln. Verbimsen heißt aber auch: sein Geld durchbringen, denn Bims ist ein Wort der Gaunersprache für Geld. – Alle Bdtgn. sind seit ungefähr 1850 auch mdal. nachgewiesen.

Binde, binden. *Einen hinter die Binde gießen:* ein Glas trinken (von alkohol. Getränken, bes. Schnaps), vielfach auch allg.: ↗trinken, ohne Rücksicht auf die Menge; vgl. frz. ‚s'en envoyer un derrière la cravate‘.

Er hat zu viel hinter die Binde gegossen: er ist betrunken. Die Rda., die erst um 1850 aufgekommen ist, geht davon aus, daß man unter Binde in dieser Zeit speziell die Halsbinde verstand, die dann bildl. für den Hals selbst gesetzt wird. Die Fassung ‚einen hinter die Binde kippen‘ zeigt, daß dabei zunächst an ein schnelles Trinken gedacht ist.

Einem eine Binde um die Augen legen: ihm die Tatsachen bewußt vorenthalten. *Jem. die Binde von den Augen nehmen (reißen):* ihm klar sagen, wie die Dinge liegen; ihm zeigen, was er nicht selbst erkennen konnte. Sieht einer den ihm bisher verborgenen Sachverhalt plötzlich selbst, sagt er, daß es ihm *wie eine Binde von den Augen gefallen* sei (vgl. ‚wie Schuppen von den Augen fallen‘).

Einem etw. auf die Seele binden ↗Seele; *einem etw. auf die Nase binden* ↗Nase.

Bindfäden. *Bindfäden regnen:* sehr stark regnen, so als wären die Tropfen an Bindfäden aufgereiht, die niemals abreißen, ↗Regen, regnen.

Weitere sprw. Vergleiche für starken Regen sind: ‚Es gießt in Strömen (wie aus Eimern, Kannen)‘ ‚Es schüttet‘; ‚Es regnet junge Hunde‘; vgl. engl. ‚Raining Cats and Dogs‘; vulgär: ‚Es schifft!‘

Binse. *In die Binsen gehen:* verlorengehen, verschwinden; ertrinken und verderben. Bereits Notker versuchte eine Worterklärung und leitete Binse von ‚bi nasz‘ her: ‚der binez, pezeichenet immortalitatem, wanda er io gruone ist fono dero nazi, an dero er stât, unde dannan er namon habet“ (Marc. Cap. 104). Obwohl diese Ableitung zweifelhaft ist, erscheint doch die Tatsache, daß Binsen am und im Wasser wachsen, für die Entstehung der Rda. wichtig.

Die aus dem 19. Jh. stammende Wndg. geht vermutlich auf die Jägersprache zurück, denn die vor dem Hund flüchtende Wildente rettete sich ins Wasser und versteckte sich in den Binsen. Damit war sie für den Jäger verloren, ähnlich wie das Wild, das ihm ‚in die Wicken ging‘ und in deren Ranken und Schlingen nicht mehr aufgefunden werden konnte. In übertr. Bdtg. kann heute z. B. ein Auftrag oder ein Angebot ‚in die Binsen gehen‘ und eine Sache ‚ins Wasser fallen‘. Außerdem benutzen wir die Rda. zur Umschreibung für ‚ins Wasser gehen‘ und sterben. ‚He (dat) is in de Binsen gahn‘ sagt man z. B. in Schlesw.-Holst., wenn jem. gestorben oder etw. entzweigegangen ist; vgl. ‚in die Wicken‘, ‚in die Rüben‘, ‚in die Pilze gehen‘.

Auch mit dem Fischgang kann die Rda. in Verbindung gebracht werden. Bes. in Ostpreußen wurden aus Binsen Reusen zum Fang von Krebsen und Fischen hergestellt. Was sich in den Binsen verfing, war verloren und mußte sterben. Darauf weist die in Preußen bekannte Wndg. ‚De es echt in de Binsen‘, er sitzt in der Klemme, seine Lage ist verzweifelt. Da die Binsen auch zum Ausbessern von schadhaften Stellen an Dächern und Fachwerk benutzt wurden, offenbarte der, der ‚in die Binsen gehen‘ mußte, ebenfalls seine Armut und besondere Notlage.

Die Verwünschung *Geh hin, wo die Binsen wachsen!* (↗Pfeffer) macht deutlich, daß mit den Binsen eigentl. das Wasser gemeint ist.
Daß die Binsen allg. bekannt waren, zeigen die rdal. Vergleiche ,den Kopf henken wie ein binz' und ndd. ,A es schlank wie e Bees'.

Lit.: *A. Englert:* Zu den Ausdrücken „in die Binsen gehen", „in die Pilze gehen", in: Zs. f. d. U. 7 (1893), S. 626; *B. Buckrucker:* „In die Binsen, in die Wicken gehen", in: Zs. f. d. U. 13 (1899), S. 281; *O. Weise:* In die Wicken gehen, flöten gehen und Verwandtes, in: Zs. f. hd. Mdaa. 3 (1902), S. 211–217; *W. Dickertmann:* „In die Binsen gehen", in: Muttersprache 69 (1959), S. 233–234; *P. Abl* u. *W. Seibicke:* „In die Binsen gehen", in: Muttersprache 70 (1960), S. 31; *L. Röhrich* u. *G. Meinel:* Rdaa. aus dem Bereich der Jagd und der Vogelstellerei, S. 319; *W. Danckert,* Symbolik III, S. 840 ff.

Binsenwahrheit. Die Feststellung *Das ist eine Binsenwahrheit* bezieht sich auf einen zwar richtigen, aber so selbstverständlichen Satz, daß es sich nicht lohnt, ihn auszusprechen oder gar zu diskutieren. Es ist also eine Wahrheit, die überall so bekannt und verbreitet ist wie die Binsen.
Im Gegensatz zu anderen Grasarten besitzen Binsen keine Knoten. Eine Binsenwahrheit ist demnach eine ,glatte Sache' ohne Verwicklungen und Verknotungen, d. h. ohne Schwierigkeiten. Die Rda. *Knoten in einer Binse suchen:* Besonderheiten und Schwierigkeiten dort suchen, wo keine vorhanden sind, weist auf die Entstehung unserer heutigen Rda. von der Binsenwahrheit; vgl. ndl. ,In gladde biezen zoekt hij knobbels'. Das zugrunde liegende Bild ist eine gelehrte Übernahme aus dem Lat., wo die Rda. ,nodum in scirpo quaerere', d. h. Stengelknoten auch an der Binse suchen, schon in den Komödien von Plautus und Terentius belegt ist. In Dtl. war die Wndg. schon lange bekannt, ehe sie sich allg. durchsetzte. In der Mitte des 16. Jh. schrieb Jakob Heerbrand: „Sucht dieser Mensch einen Knopf an einer Binzen". Das Schweiz. Idiotikon bringt einen Beleg von 1638: „Sonst find ich die Sach so klar, daß wer nicht will in der Binzen einen Knopf suchen, da nichts wegdisputieren kann". Verbreitet wurde diese Vorstellung seit Wieland, der feststellte: „Es gehört wirklich eine ganz eigene Liebhaberei, Knoten in Binsen zu finden, dazu, die Sache so außerordentlich schwer zu finden".
Man kann aber auch die Binsenwahrheit als ein Geheimnis der Binsen verstehen, das diese weiterverbreiteten, wie eine griech. Sage erzählt: In einem musikal. Wettstreit zwischen Apollon und Pan entschied sich der phrygische König Midas für Pan. Zur Strafe ließ ihm Apollon Eselsohren wachsen. Als der Friseur das Geheimnis des Königs entdeckte, vertraute er es der Erde an, indem er ein Loch in den Boden grub. Binsen fingen seine Worte auf und erzählten sie überall weiter. Vgl. M. Boskovic-Stulli: Narodna predaja o vladarevoj tajni (König Midas hat Eselsohren), Zagreb 1967.
Göhring (S. 30) versucht noch eine andere Erklärung. Er hält das Wort ,Binsenwahrheit' für die Eindeutschung eines jidd. Ausdr., dessen Sinn man zwar erfaßte, aber dessen sprachl. Bestandteile ähnl. klingenden dt. Silben angepaßt wurden. ,Bienemes' heißt: die Wahrheit begreifen. Der Nichtjude machte daraus ,Binsen' und fügte dann sinngemäß das Wort ,Wahrheit' hinzu, das in dem jidd. Wort enthalten war.
Eine sekundäre, aber doch amüsante ätiologische Erklärung versuchte auch A. Kußmaul (1822–1902) in seinen ,Jugenderinnerungen eines alten Arztes'. Er berichtet aus seiner Heidelberger Studentenzeit von einem törichten Menschen, der der ,Binsenbub' genannt wurde, weil er den Pfeiferauchern Binsen zum Reinigen der Pfeifen verkaufte. Da er wegen seiner geistigen Beschränktheit bekannt war, nannten die Studenten alles das eine Binsenwahrheit, was sogar der Binsenbub verstehen konnte. So hat das Unverständlichwerden der im Altertum geläufigen und zunächst durchaus durchschaubaren Rda. immer neue Sekundärerklärungen provoziert.

Birne. Die Birne ist neben dem ↗Apfel in Sprww. und Rdaa. sehr beliebt. *Die Birnen satt (dicke) haben:* genug von einer Sache haben, ihrer überdrüssig sein. Eine Variante dieser Rda. kennt schon Hans Sachs: „Ich hab der biren gnunck"; Birnen steht hier für Prügel, wie auch in Schumanns ,Nachtbüchlein' (26): „als er der byren genug hatte". In der Ggwt. sagt man dafür auch: ‚(Ich) danke für (Back-)-Obst (und Südfrüchte)'.

‚Ein reife Birne fällt oft in den Dreck'

Die Birnen reif werden lassen: den günstigen Zeitpunkt für etw. abwarten. *Dafür gebe ich keine faule Birne:* nichts; auch von einem Taugenichts: *Er ist keine faule Birne wert;* vgl. ndl. ‚Hij is geene rotte peer waard'. Von einem Drohenden sagt man: *Er hat ihm keine süßen Birnen versprochen.* Obersächs. und schles. *seine (sieben) gebackenen Birnen zusammennehmen (und abschieben):* mit all seinen Habseligkeiten abziehen.

‚Birnen pflücken' (erotische Anspielung)

Ein ‚Backbirnmännel' ist ein altes, zusammengeschrumpftes Männlein (zu Weihnachten werden aus getrockneten Früchten solche Hutzelmännchen gebastelt). Ein schwieriger Mensch ist ‚e kritische Bir'.

Im Volksmund wird auch der menschliche Kopf häufig als Birne bezeichnet: ‚sich die Birne zerbrechen'; ‚eins auf die Birne kriegen (geben)'; *Eine weiche Birne haben:* unzurechnungsfähig, dumm, beschränkt sein (unter Anspielung auf ‚Gehirnerweichung').

Mehr können als Birnen braten: bes. schlau und gerissen sein, wird von Abraham a Sancta Clara im ‚Narren-Nest' (II, 67) verwendet. Die mdal. Fassung der Rda. ‚Der kånn mehr as wia Birn siadn' erhält manchmal den Zusatz ‚er kånn sie esn a!' (Carinthia 143, S. 137).

Birnen vom Ulmenbaum fordern: Unmögliches verlangen.

Die Birnen sind gegessen: eine Sache ist erledigt, man kommt zu spät; eigentl.: erst nach Beendigung der Mahlzeit, vgl. ‚Der Zug ist abgefahren' ↗Zug.

Etw. zwischen Birnen und Käse versprechen: in der guten Laune nach dem Essen, beim Nachtisch; vgl. frz. ‚faire quelque chose entre la poire et le fromage' (wörtl.: etw. zwischen Birnen und Käse tun), i. S. v. etw. so nebenbei, oberflächlich tun, etw. verpfuschen.

Aus teigen Birnen böhmische Feigen machen: etw. Minderwertiges als bes. gut und begehrenswert hinstellen.

Lit.: *W. Danckert:* Symbol, Metapher, Allegorie im Lied der Völker, Bd. III (Bonn – Bad-Godesberg 1978), S. 1033 ff.

Biß. *Etw. hat Biß:* ist handfest, herzhaft, zum Hineinbeißen wie ein Apfel oder eine Knackwurst. Es handelt sich um eine neuzeitliche Wndg., die auch im übertr. Sinne für ein lit. Werk verwendet wird, um anzudeuten, daß es sich um eine zupackende Arbeit handelt, die die Dinge angreift u. beim Namen nennt. (Gegensatz: ‚Wischiwaschi').

Auf eine Sportmannschaft gemünzt ist die Wndg. ‚sie spielen ohne Biß', d. h. ohne Kampfgeist.

Bissen. *An einem harten Bissen zu kauen haben:* eine unangenehme Sache durchstehen müssen. Urspr. verband man mit dem Begriff ‚Bissen' das Lebensnotwendige, ein Stück Brot:

„... und ich wil euch einen Bissen Brots bringen" (1. Mos. 18, 5). Er ist die kleinste Mengenbez. einer festen Speise.

Im MA. hing oft das Leben eines Menschen von einem solchen Bissen ab, da er als Probebissen galt, mit dem ein Gottesurteil angerufen wurde. Zur Prüfung des Wahrheitsgehaltes seiner Aussage wurde einem des Diebstahls Beschuldigten, der sich als unschuldig ausgab, ein Stück Käse oder trockenes Brot von bestimmtem Gewicht in den Mund gestopft. Konnte er den Bissen ohne Mühe schlukken, war das ein Beweis für seine Unschuld. Blieb er ihm jedoch im Halse stecken, so galt er als schuldig u. der Erstickungstod als gerechte Strafe.

‚Der Bissen bleibt einem im Halse stecken'

Auf diesen Probebissen lassen sich viele Rdaa. zurückführen, so z.B.: *jem. bleibt der Bissen im Halse stecken,* d.h. er ist gelähmt vor Entsetzen (frz.: ‚j'ai le souffle coupé'). In Zusammenhang damit steht auch die Verwünschung: ‚der Bissen möge ihm im Halse stecken bleiben'. Ähnl.: *an einem schlechten Bissen kauen:* mit einer üblen Sache zu tun haben; *den Bissen schlucken:* das Unangenehme hinnehmen; *der Bissen quillt ihm im Halse:* er droht vor Unbehagen zu ersticken, die Sache wird immer unangenehmer.

Wie Forschungsergebnisse aus anderen Ländern zeigen, spielt der Bissen auch im außereurop. Raum eine große Rolle. Mit ihm sind gute, meist aber schlimme Vorbedeutungen verbunden. So gilt der zur Erde gefallene Bissen fast überall als nicht gegönnt. Dasselbe sagt man, wenn der Bissen drückt (↗Kloß im Halse). Nach jüd. Volksglauben darf man beim Essen nicht sprechen, damit der Bissen nicht in die falsche Kehle kommt (↗Kehle). Vielerorts glaubte man, daß Gott dem Adam, als er vom Apfel essen wollte, an die Kehle griff u. daß ihm der Bissen im Halse stecken blieb; womit der Adamsapfel erklärt wird (vgl. L. Röhrich, Adam u. Eva [Stuttgart 1968], S. 155).

Bei vielen Völkern galten die besten Bissen als Ehrenbissen, die z.B. den jungen Helden nach Beendigung einer siegreichen Schlacht gereicht wurden. Bei den Arabern ist es der Gast, der die besten Bissen erhält. Auf ähnl. Vorstellungen beruht wohl auch die bei uns bis heute noch erhaltene Rda. *Jem. die besten Bissen zustekken:* ihm Vorteile verschaffen. Andere Rdaa. wiederum drücken das Gegenteil aus: *Jem. die Bissen im Munde zählen,* d.h. ihm nichts gönnen. *Jem. die Bissen vom Munde wegnehmen:* ihn übervorteilen.

Auf eine hartnäckige Angelegenheit gemünzt ist der Ausspruch: *An dem Bissen hat er noch lange zu kauen,* d.h. er hat das Unangenehme noch lange nicht hinter sich. Ähnl. die Rda. *Das ist ein zäher Bissen:* sich mit einem hartnäckigen Verhandlungspartner abplagen müssen.

Keinen Bissen herunter (hinunter) bekommen (anrühren können): Angst haben vor einer unangenehmen Sache, Furcht vor ‚starken Brocken' (↗Brocken).

Eine neuere Wndg. ist: *Sich einen fetten Bissen angeln:* einen dicken Auftrag sichern, der großen Gewinn abwirft. Ähnl.: *Einen fetten Bissen abbekommen haben.* Beide Rdaa. sind als Begleiterscheinung der Ausschreibungs- und Vergabepraxis im Baugewerbe entstanden.

Auf den Ursprung, auf das Lebensnotwendige weist dagegen: *Sich jeden Bissen vom Munde absparen müssen:* nur unter äußerstem Verzicht sich oder anderen einen Wunsch erfüllen können (↗Mund).

Lit.: *F. Eckstein:* Art. ‚Bissen', in: HdA. I, Sp. 1343–1347; *L. Röhrich* u. *G. Meinel:* Reste ma. Gottesurteile in sprw. Rdaa., in: Alemannisches Jb. (Bühl/Baden 1970), S. 341–346; *A. Erler:* Art. ‚Gottesurteil', in: HRG. I, Sp. 1769–1773.

Bitte, bitten. *Einer aus der siebenten Bitte:* ein übler Kerl, ein lästiger, unerwünschter Mensch. Die siebente Bitte des Vaterunsers lautete: „Und erlöse uns von dem Übel!" Daher nennt man ‚einen aus der siebenten Bitte' einen Menschen, den man verabscheut, von dem man gerne erlöst sein möchte. *Eine aus der siebenten*

Bitte: ein widerwärtiges Frauenzimmer, auch eine öffentliche Dirne. Die Rda. ist vielleicht erst abgeleitet aus der älteren Wndg. von der ‚bösen Sieben' (↗sieben), oder aber es handelt sich um zwei verschiedene Wndgn., die durch Verkürzung ihren urspr. Sinn verloren haben u. zu einer neuen Rda. verschmolzen wurden. Obwohl es sich nach kirchlichem Verständnis bei den sieben bösen Geistern urspr. um männliche Teufel handelte (Matth. 12,45), ist der Begriff ‚Böse Sieben' als verkürzte Fassung der Wndg. ‚eine von den bösen Sieben' in der Hauptsache als Bez. einer verabscheuungswürdigen weibl. Person bekannt. Doch hat sich in manchen Gegenden im Zusammenhang mit der ‚siebenten Bitte' auch die urspr. Bdtg. erhalten, so in Frankfurt in der Rda. „Er sieht aus wie der Teufel in der 7ten Bitte in Luthers kleinem Catechismus – ist so dumm wie ein Heupferd" (Briefe der Frau Rat Goethe, hg. A. Koester [Leipzig 1904], S. 54). Auch bei E. Menzel (Alte Hausmittel [Frankfurt/M. ^{2}1901]) ist sie mdal. belegt: „... sieht aus wie der Deiwel von der siebte Bitt im kleine lutherische Katechismus".

Eine Erweiterung der Rda. findet sich 1803 in Seumes ‚Spaziergang nach Syrakus' (I, 22): „... ein Muster von einem alten häßlichen, keifigen Weibe, die schon seit vierzig Jahren aus der sechsten in die siebente Bitte getreten war".

Mit ähnl. Witz arbeitet auch die Rda. *Er versteht unter der fünften Bitte des Vaterunsers den Wirt mit der Kreide* (↗Vaterunser).

Da muß ich doch sehr bitten: Einspruch erheben.

Da hilft kein Bitten u. kein Beten (Betteln): das ist vergebliche Liebesmüh, ich lasse mich nicht beeindrucken.

Lit.: *F. Kluge:* Die böse Sieben, in: Zs. f. dt. Wortf. 1 (1901), S. 363–365; *F. Seiler:* Dt. Sprww.-kunde (München 1922), S. 278; *U. Masing:* Art. ‚Bitten: Wer bittet, wird bekommen', in: EM. II, Sp. 428–432.

bitter. *Einen (seinen) Bittern haben:* verstimmt sein; z.B. obersächs. ‚Wenn ich den Kerl nur sehe, habe ich gleich meinen Bittern' (sozusagen: getrunken), regt sich mir die Galle, habe ich ein bitteres Gefühl. Ähnl. *einen Bittern auf jem. haben:* ihm nicht gewogen sein. *Das ist bitter,* vermutl. verkürzt aus *Das ist eine bittere Pille:* das ist sehr unangenehm (↗Pille).

Etw. bitter nötig haben: sehr nötig haben. Bitter dient hierbei der Steigerung, wie bei ‚bitterkalt', ‚bitterer Ernst', ‚bitteres Unrecht', ‚bittere Not'.

Bla-Bla. *Bla-Bla reden:* dumm schwätzen, törichtes Zeug babbeln oder blabbern (preuß.), ‚Blech reden' (↗Blech). Die Rda. ist seit dem MA. geläufig u. erscheint zum erstenmal im Zusammenhang mit der Vorstellung vom schreibenden Teufel auf der ↗Kuhhaut. Der früheste Beleg findet sich in St. Georg auf der Reichenau in einem Wandfresko, das zwei schwatzende Frauen zeigt mit dem erläuternden Zusatz:

Ich wil hie shribvn,
Von disen tvmben wibvn,
Was hie wirt plapla gvsprochvn
Vppigs in der wochvn
Das wirt allvs wol gvdaht
So es wirt fvr den rihtvr braht.

Da es sich um eine lautmalerische Wndg. handelt, hat sie trotz veränderter Schreibweise bis heute ihren urspr. Sinn behalten. Frz.: ‚faire du bla-bla'.

Blackout. *Einen Blackout haben:* von plötzlichem Gedächtnisschwund befallen sein. Die Rda. stammt aus dem Engl. u. hat sich wegen ihrer Kürze u. Prägnanz allg. durchgesetzt. Sie wird zumeist gebraucht i. S. v.: ‚den Faden verlieren' oder ‚der Faden ist mir gerissen'.

blank. Die rdal. Verbindung *blank und bloß* zeigt, daß blank auch ‚entblößt' bedeutet. Von hier aus sind mehrere Rdaa. zu verstehen: *blank ziehen* und *mit einem blank stehen:* ihm mit entblößter Waffe gegenüberstehen; übertr.: in gespanntem Verhältnis zu jem. stehen, auf dem Kriegsfuß mit ihm leben (bereits im 17. Jh. belegt, doch heute weithin veraltet); *blank sein:* kein Geld haben, eigentlich: von Geld entblößt sein.

In moderner Bdtg. heißt diese Wndg. auch: sein Tagwerk erledigt haben. Blank bezieht sich hier auf den gesäuberten Arbeitstisch nach Fertigstellung der Arbeit (Küpper I, S. 69). *Jetzt hab' ich's blank:*

jetzt verstehe ich es; eigentl.: jetzt liegt es bloß und sichtbar vor mir.
Für die letzte Rda. ist allerdings auch eine andere Erklärung möglich: Es fällt auf, daß für Dinge, die Verstand und Geist betreffen, in Rdaa. immer Wörter wie hell, blitzend, klar usw. gebraucht werden (,es wird mir klar', ,Gedankenblitz', ,etw. leuchtet ein', ,er ist eine Leuchte', ,jetzt geht mir ein ↗Licht auf', ,helle sein'). ,Ich habe es blank' könnte in der gleichen Weise erklärt werden: es liegt klar vor mir. Ebenso ist vielleicht bei der ,blassen Ahnung', dem ,blassen Schimmer' usw. an die geringe Helle gedacht.

Blase. Wohl weil sie hohl ist, erscheint die Blase in verächtlichen Wndgn. Ndd. heißt ,mit 'n Blase vull Bohnen kommen' mit einem ungenügenden Einschüchterungsversuch keinen Erfolg haben. Bei Luther lesen wir: „einen mit dürren blasen und mit dreien erbeßen jagen".
Als Ausdr. der Verachtung gilt *die ganze Blase.* Gemeint ist eine unbedeutende Gesellschaft, eine unwürdige Sippschaft, gleichsam zusammengeblasenes, -gewürfeltes Volk. Um die Mitte des 19. Jh. begannen student. Corps andere, weniger straff organisierte student. Verbindungen so zu nennen. Bei dieser Bildung soll (nach Trübner und Küpper) an die Eiterblase gedacht worden sein, die Schlechtes, Ekelerregendes enthält. Denn in dem Ausdr. ,die ganze Blase' oder auch ,die faule Blase' schwingt immer etw. Negatives mit, ebenso in der iron. Bez. einer Menschenansammlung: ,eine nette Blase'.
Von den Blasen auf der Haut, die durch Verbrennen oder Ansteckung entstehen, hat man die Rda. abgeleitet: *Blasen ziehen:* schmerzliche, ärgerliche Stimmung machen, z.B. ,Das zog damals Blasen', es gab zur Verbitterung und bösen Bemerkungen Anlaß (↗Blut).

blasen. Die Rdaa.: *Das ist nicht nur so geblasen, Es läßt sich nicht gleich blasen* und *Man kann es nicht blasen* bedeuten: es ist nicht so leicht, wie sich die Sache ansieht, man braucht dazu Mühe, Fleiß und Zeit. Jac. Grimm bringt diese Rdaa. in Zusammenhang mit der Glasbläserei, zu der große Übung und Geschicklichkeit gehören.
Vielleicht aber beruhen diese Wndgn. auf der alten Vorstellung, daß die Seele, der Geist, auch das Leben durch Anblasen, Anhauchen übertr. werden kann, wie in 1. Mos. 2,7 und Joh. 20,22. Dieses Blasen war nachweislich schon bei Augustin in den Taufritus übergegangen (Ep. 105). Urspr. besaß nur Gott oder ein Dämon die Macht, seine Seele, seinen Geist und Willen durch ,Blasen' zu den Menschen zu bringen. Da es so leicht aussah, versuchte es auch der Mensch zu erlernen, doch für ihn wurde es zu einer schwierigen Kunst. Er nutzte sie, um seinen Willen auf einen anderen wirken zu lassen, um ihn zu schädigen, um ihm eine Krankheit anzublasen oder um ihn von einer solchen ,angeblasenen' (angeflogenen) Krankheit zu befreien.
Der alte, noch bei Kindern geübte Brauch, auf eine schmerzende Stelle zu blasen, steht hinter unserer noch häufig verwendeten Rda. *Etw. war wie weggeblasen:* es war plötzlich verschwunden, die zuerst in Herders ,Cid' vorkommt. Schon 1526 stellte sich Luther gegen den Brauch, Kindern bei Krankheiten in den Hals zu blasen. Wenn wir heute noch sagen, daß ,die Schmerzen (Warzen usw.) wie weggeblasen sind', bewahren wir sprachlich damit die lange bekämpften Vorstellungen und Praktiken der Volksmedizin.
Die Wndg. *geblasen sein:* weg oder tot sein, ist dagegen dem Damespiel entlehnt. Man spricht dabei von ,Blasen' (,Pfeifen'), wenn man seinem Gegner eine Dame oder einen Stein wegnimmt, mit dem er hätte schlagen können, es aber versäumte; vgl. ndl. ,geblazen zijn'; frz.: ,souffler quelque chose à quelqu'un'; engl. ,to blow' – alles Ausdrücke, die beim Damespiel gebraucht werden. Vgl. hierzu auch frz. ,Souffler n'est pas jouer' (wörtl.: blasen ist nicht spielen): Ausruf beim Damespiel: wer seinem Gegner eine Dame oder einen Stein weggenommen hat, darf noch einmal spielen.
Vielleicht stehen hiermit in Zusammenhang *Du kannst mir was blasen!* und *Ich werde dir gleich was blasen!* Diese grobe Ablehnung bedeutet: man wird dich enttäuschen, nicht das tun, was du erhoffst.

Nach Küpper bezeichnen diese Rdaa. das Geräusch, das entsteht, wenn jem. ‚pöh' macht. Ähnl. sagt man: ‚Ich werde dir gleich was husten!' oder ganz grob: ‚Jawohl, Blosarsch!' – *Blas mir den Hobel aus!* ↗Hobel.

Neue Rdaa. mit erotischer Bdtg. sind: *sich blasen lassen:* sich fellieren lassen und *sich einen blasen:* sich selber fellieren. Sie stammen aus dem Sprachbereich von Prostituierten und Homosexuellen. Die Flöte gilt dabei als phallisches Symbol, ↗Flöte.

Seit dem 19. Jh. ist mdal. die Wndg. *Blas mir auf den Kopf:* laß mich in Ruhe, ebenfalls als Ausdr. starker Ablehnung bekannt, der in Köln lautet: ‚Blôs mêr op et Häuv'. *Einen blasen:* ein Glas trinken. Blasen wurde von der starken Bewegung des Windes auf die heftige Bewegung verallgemeinert und dann nur noch zur Steigerung benutzt. Es bedeutet also hier: ‚stark trinken' und ist so schon im 19. Jh. im Rotw. und in Mdaa. nachgewiesen.

Die Rda. *Es ist nicht zu blasen:* es ist unglaublich und unerträglich, bezieht sich auf ein für Blasinstrumente gesetztes Stück, das zu schwer ist. Die Wndg. ist um 1850 für Berlin bezeugt.

Einem den Marsch blasen ↗Marsch.

In das gleiche Horn blasen ↗ Horn.

Staub in die Augen blasen sagte Geiler von Kaysersberg für ‚Sand in die Augen streuen'; vgl. frz. ‚jeter de la poudre aux yeux de quelqu'un' (wörtl.: jem. Pulver in die Augen werfen).

Kalt und warm aus einem Munde blasen: bald so, bald anders reden. Wird von einem Doppelzüngigen gesagt, der ins Gesicht lobt und hinter dem Rücken tadelt. In ähnl. Form kennt diese Wndg. Walther von der Vogelweide (29,10):

> Zwô zungen habent kalt und warm,
> die ligent in sîme rachen.

Reinmar von Zweter schreibt:

> Du blaeses kalt und hûches warm.

Im ‚Narrenschiff' (18,17) des Sebastian Brant heißt es:

> Wer tun wil, das eim jeden gfalt,
> der muß han otem warm und kalt.

Seit Luther steht die Form fest:

> Das heißt auff deudsch
> kalt vnd warm aus einem maul blasen.

(Warnung an seine lieben Deutschen, 1531)

Die Rda. geht zurück auf eine Fabel des lat. Dichters Avian (Ende des 4. Jh. n. Chr.) vom Satyr und Holzhauer, die Erasmus Alberus und Hans Sachs auch bearbeitet haben. Dieser erzählt, wie im Winter ein Pilgrim zu einem Satyr in die Wildnis kommt; es friert ihn so an den Händen, daß er hineinbläst, um sie mit seinem Hauch zu erwärmen. Der Satyr nimmt ihn gastlich auf und setzt ihm einen heißen Trank vor. Da bläst der Pilgrim diesen an, um ihn abzukühlen. Hans Sachs schließt:

> Der satirus auch das ersach
> und sprach zu im: Ich merke,
> daß deine zung und munt vermag
> widerwertige werke.
> Das kalte kannstu machen heiß,
> das heiß machstu kalt ...
> Wankel und unstet ist dein zung
> und auf zwu schneit geschliffen ...
> Weich von mir, ich trau dir nicht mer:
> Dein will ich wohl entraten.

Die Redenart kann aber auch einen positiven Sinn erhalten, wenn damit der Vielseitige, der auf zwei Achseln Tragende gemeint ist; vergleiche frz. ‚Ne vous fiez point à lui, il souffle le chaud et le froid'.

Einen, der erst begeistert tut und dann doch säumig handelt, vergleicht man in Nordwestdtl. mit einem schlechten Hirten: ‚He bläst fröh und drift late' (treibt spät aus).

Blasen und das Mehl im Maul behalten: viel versprechen und nichts geben wollen oder selbst Vorteile haben wollen, ohne dafür etw. einzusetzen. Die Wndg. ist mdal. in Hessen üblich: ‚He wil blose on ds meal im maul behale', aber auch im Westerwald in ähnl. Form: ‚Mer kann net blose on den Wend behalen'. Den ältesten Beleg gibt Notker:

> Nóh tú nemáht nieht fóllén múnt
> háben mélues únde dóh blásen.

(De partibus logicae – Pipers Ausg. I,595).

Einem etw. ins Ohr (in die Ohren) blasen oder *einem etw. einblasen:* ihn aufhetzen, Verleumdungen und Geheimnisse erzählen (vgl. ‚jem. einen Floh ins Ohr setzen'), ↗Federlesen (Abb.).

In der Schülersprache bedeutet *ein-* oder *vorblasen* einem Mitschüler helfen und vorsagen.

Von Tuten und Blasen keine Ahnung haben ↗tuten.
Auf dem letzten Loch blasen ist von den Blasinstrumenten her zu verstehen. Die Rda. bedeutet, daß jem. seine letzten Kraft- oder Geldreserven angebrochen hat und kurz vor dem Ende steht, denn das letzte Loch bez. den höchsten und dünnsten Ton des Instrumentes.
Blasen ist archaischer als Streichen. Vgl. die Funktion von magischen Blasinstrumenten im Märchen.
Trübsal blasen ↗Trübsal. *Das Lebenslicht ausblasen* ↗Lebenslicht. *Sich aufblasen wie ein Frosch* ↗Frosch.

Lit.: *W. Aly:* Art. ‚Blasen', in: HdA. I, Sp. 1354–1360; *I. Zingerle:* Die dt. Sprww. im MA., S. 101; *L. Berthold:* Ma. Sprww. S. 64f; *K. Leidecker:* Zauberklänge der Phantasie. Musikalische Motive und gesungene Verse im europäischen Märchengut (Diss. Saarbrükken 1983), S. 243f.

blaß. *Keine blasse (nicht die blasseste) Ahnung haben:* nicht das geringste Wissen von einer Sache haben, völlig in Unkenntnis von etw. sein.
‚Blaß' ist keine Bez. für eine Farbe, sondern deutet eher an, daß es sich allenfalls um einen Schimmer von Farbe handelt. Daher auch die Rda. *(nur) eine blasse Erinnerung haben* oder – in negativer Verwendung – *keinen blassen Schimmer, keinen blassen Dunst haben:* rein gar nichts wissen.
Dagegen deutet die vergleichende Rda. *blaß wie die Wand* (in Kölner Mda.: ‚Blaß wie en Wasserpöppche': Wasserpuppe) auf eine (verborgene) Krankheit oder einen erschreckten Zustand hin.
Auch menschl. Unzulänglichkeiten finden in entspr. Wndgn. ihren Ausdr., so z. B. in den Rdaa. *vor Neid erblassen* oder *aus ihm spricht der blasse Neid.* Ein schlecht aussehender Mensch wird häufig auch als *Bläßling* bez. u. ein farbloser, langweiliger Mensch als *blasse Figur* oder *blasser Typ.*

Lit.: *S. Ek:* „Bleikna som bast, svartna som jord. Uttryck för vrede eller sorg i norska folkvisor (Erblassen wie der Bast, schwarz werden wie die Erde. Ausdrücke für Zorn oder Trauer in den norwegischen Volksliedern)", Saga och sed (1959), S. 44–51; *W. Koch:* Farbnamen, in: Muttersprache 69 (1959),S. 9–14.

Blässe. *Von der Blässe des Gedankens angekränkelt* ist ein Zitat aus Shakespeares ‚Hamlet'; rdal. gebraucht für einen Menschen, der in Gedanken vertieft in seiner Studierstube hockt, kaum noch Berührung mit der Wirklichkeit hat u. schließlich auch seine Tatkraft einbüßt.
Anders die Wndg. *vornehme Blässe:* Nach heutiger Auffassung wird eine blasse Hautfarbe stets mit Krankheit oder schlechtem Gesundheitszustand verbunden. Das war nicht immer so. Im Gegenteil: keine gebräunte Haut zu haben, war lange das Vorrecht der oberen Stände, die nicht hart an der frischen Luft arbeiten mußten. Schon im späten MA. gibt es Belege dafür, daß die Blässe ein Zeichen von Adel war (vgl. ‚Tristan u. Isolde'). Später – im 17./18. Jh. – gingen die Damen u. Herren des Adels u. des gehobenen Bürgertums dazu über, sich ihre Gesichter weiß zu pudern, um sich deutlich von der gebräunten Hautfarbe der arbeitenden Bauern abzusetzen. Erst seit der Wandlung des Schönheitsideals im 19. Jahrhundert erhielt die Wendung ‚vornehme Blässe' ihren heutigen spöttisch-entschuldigenden Sinn (↗braun).

Blatt. *(Sich) kein Blatt vor den Mund nehmen:* sich ohne Scheu aussprechen, geradeheraus reden, sich rücksichtslos, unumwunden äußern, jem. tüchtig die Meinung sagen. Die Rda. spiegelt eine alte Theatersitte wider. Die Schauspieler machten sich unkenntlich, indem sie Blätter vor ihr Gesicht hielten. Sie konnten dann manches vorbringen, ohne später dafür zur Rechenschaft gezogen zu werden. Einen Beleg dafür gibt Francisci im ‚Sittenspiegel' (S. 638b), wo es heißt: „Ehe die Komödianten die Masken erfanden, haben sie das Gesicht mit Feigenblättern verstellt und also ihre Stichelreden vorgebracht".
Wer also kein Blatt vor den Mund nimmt, will sich nicht verstecken, sondern offen seine Meinung bekennen. Bei der Rda. kann wohl auch an ein Laub- oder Papierblatt gedacht worden sein, das man zur Abdämpfung der Stimme vor den Mund hält, so wie sonst die Hand, wenn man eine unangenehme Wahrheit nicht zu laut hören lassen will.
Ähnl. drückt es Joh. Fischart im ‚Gargan-

‚Kein Blatt vor den Mund nehmen'

tua' aus: „sie spotteten durch ein Rebblatt mit abgestollener Stimme", d.h. mit verhaltener Stimme (vgl. ndl. ‚geen blad voor de mond nemen'). Die Rda. findet sich schon mhd. bei Wirnt von Grafenberg in dem Artusroman ‚Wigalois' (V.10166): „Der rede wil ich dehein blat legen für mînen munt"; dann in lat. Form in der Sprww.-Sammlung des Humanisten Heinrich Bebel (Nr. 579); „Nullum folium ori apponere; id est: libere loqui"; dt. 1541 bei Seb. Franck: „Der wein nimpt keyn blat für das maul", und 1534 bei Luther: „Aber David feret heraus vnd nimpt kein blat fur das maul, machts grob vnd unvernunfftig gnug, vnd wil nichts verbeißen", sowie 1545: „so nimpt Christus kein blad fur den mund".

Ein unbeschriebenes Blatt sein: unwissend, unerfahren, harmlos sein, noch nichts erlebt haben. Die der lit. Sprache der Gebildeten angehörende sprw. Rda. geht auf die Antike zurück. Aristoteles schreibt in ‚De anima' III, 4: „ὥσπερ ἐν γραμματείῳ ᾧ μηδὲν ὑπάρχει ἐντελεχείᾳ γεγραμμένον" (= wie auf einer Tafel, auf der in Wirklichkeit nichts geschrieben steht). Plutarch setzt in ‚Ausspr. d. Philos.' (4, 11) ‚Blatt' (χαρτίον) für ‚Tafel'. Auf dieselbe Aristoteles-Stelle wird auch der lat. Ausdr. ‚tabula rasa' zurückgeführt (vgl. Büchmann).

Eine etw. andere Bdtg. hat die Rda. *ein unbeschriebenes Blatt für jem. sein.* Gemeint ist ein nur oberflächlich bekannter Mensch, von dem der andere so gut wie nichts weiß, dessen Fehler und Vorzüge er noch nicht durchschaut hat.

Kein unbeschriebenes Blatt mehr sein: nicht mehr naiv, unschuldig, unvoreingenommen, d.h. ohne Vorwissen sein – meist gebraucht i.S.v. aufgeklärt sein, keiner sexuellen Aufklärung mehr bedürfen.

Das Blatt (Blättchen) hat sich gewendet: die Verhältnisse haben sich (zum Guten oder zum Schlimmen) geändert. Die Rda. scheint in den meisten dt. Mdaa. üblich und noch allg. lebendig zu sein: schweiz. ‚'s Blettli het si c'chêrt'; schwäb. ‚Wenn sich 's Blättle wende tät!'; siebenb. ‚Det Bliet hut sich gedrêt'; ndl. ‚Het blad (blaadje) is (om)gekeerd'. Es fällt auf, daß der Gebrauch der präteritalen Form bei weitem überwiegt, vor allem in den älteren Belegen: ‚Da wandte sich das Blatt' heißt es gewöhnlich. Es ist außerdem festzustellen, daß die Rda. vorwiegend die Wndg. zum Schlimmen, den Beginn des Niedergangs bezeichnet. Andere Sprachen scheinen die Rda. nicht in entspr. Wndgn. zu kennen, vgl. frz. ‚La médaille est renversée' (veraltet), ‚Les camps sont intervertis' (wörtl.: Die Lager sind vertauscht); engl. ‚The tables are turned'; span. ‚Volvióse la tortilla' (der Eierkuchen ist gedreht).

Die dt. Rda. ist am frühesten 1534 in Seb. Francks ‚Weltbuch' (Vorrede) bezeugt: „Das blätlin wirt sich umbkören". Johannes Gerling verdeutscht ‚Nemesis' in des Erasmus ‚Adagia' mit den Worten: „Es wird sich das blat einmal umbkeren. Er wird der straffe nicht entgehen". J. J. Müller schreibt 1665: „Der gottlose Schlämmer empfahet sein Gutes in seinem Leben, der fromme Lazarus aber das Böse, und wirt das Blat erst nach diesem Leben umbgewendt, daß der Gottlose gepeiniget, der Fromme aber getröstet wird". In gereimter Form predigt Abraham a Sancta Clara:

Wenn das Blätlein sich wendet,
und der Wohlstand sich endet.

„Wenn sich das Blatt nicht völlig wendet", so will sich Lessings wackrer Tellheim nicht von seinem Entschlusse abbringen lassen. Die Rda. ist auf mannigfache Weise erklärt worden. Dabei hat man u.a. an das Kartenspiel gedacht: wer lange eine gute Karte bekommen hat, erhält nun eine schlechte und umgekehrt. Man hat zur Erklärung auch an die Guckkastenmänner gedacht, die, wenn sie auf den Jahrmärkten ihre Moritaten vorzeigten, gerufen haben könnten: ‚Das Blatt wendet sich', um mit dem neuen Bild auf eine neue spannende Wndg. ihrer gruseligen Geschichte aufmerksam zu machen. Aber für eine solche Erklärung ist die Rda. zu alt. Man hat schließlich auch an das Blatt eines Buches gedacht. Dafür spräche, daß es auch rdal. heißt: ‚Das steht auf einem andern Blatt', das ist etw. ganz anderes (s.u.); bad. ist für 1634 die erweiterte Form belegt: „wie hat sich das blädtlin so bald gewendt und umbgeschlagen". Doch muß sich die Rda. primär auf ein Blatt bezogen haben, das ‚sich', d.h. von selber, ohne menschliches Zutun, ‚wendet'; aber weder das Blatt eines Buches noch ein Kartenblatt wendet sich von selbst.

Eigenbewegung hat nur das lebendige Blatt eines Baumes. In der Landwirtschaft hat man es zweifellos schon in verhältnismäßig früher Zeit bemerkt, daß um Johannis die Blätter sich etw. senken oder auch auf die Seite legen (bes. die der Pappel). Aus der veränderten Stellung der Blätter erklärt es sich auch, wenn die Bäume nach Johannis den Regen durchlassen. Auch antike Naturkundige, wie Gellius und vor allem Plinius, haben diese Beobachtung schon beschrieben. Theophrast bespricht in der Pflanzengeschichte eine Eigentümlichkeit einiger Laubbäume. Ölbaum, Linde, Ulme und Weißpappel, sagt er da, kehren nach der Sommersonnenwende ihre Blätter um; an den gewendeten Blättern kann man feststellen, daß der längste Tag gewesen ist. In stärkerem oder schwächerem Grad geschieht das bei allen Bäumen: In diese Reihe von Naturbeobachtungen gehören auch einige dt. Wetterregeln, die sich auf den Veitstag (15. Juni) beziehen. So sagt ein hess. Vers: „Sankt Veit legt sich das Blatt auf die Seit".

In der Dahlenberger Gegend sagt man: ‚Na Jehanns wen't sik 't Blatt na' n Bom'. Hier wird die Wndg. mit der Einzahl ‚dat Blatt dreiht sik' noch von dem Naturvorgang gebraucht, der ja mit einem wichtigen Wendepunkt des Jahres zusammenfällt, dem Kürzerwerden der Tage, der Sonnenwende. Auf das Blatt des Baumes paßt also, was auf die papierenen Blätter nicht passen wollte: es dreht sich, und diese Zeit ist eine Zeitenwende: der längste Tag, die beste Zeit war gewesen, der Höhepunkt des Jahres ist überschritten. Der Ausdr. ‚Das Blatt hat sich gewendet', der zunächst nur den Wechsel der Jahreszeit, das Kürzerwerden der Tage bezeichnete, wurde allmählich zur Bez. jedes bedeutsamen Wechsels.

Das Blättlein umkehren: sich von einer neuen, meist unangenehmen Seite zeigen. Die Rda. findet sich schon in Murners ‚Narrenbeschwörung', 70 (vgl. ‚den Spieß umdrehen'). Seinen Charakter oder seine Gesinnung grundlegend ändern, heißt im Ndl. ‚omgekeerd (veranderd) als een blad'. Die westf. Rda. ‚dat Bleaeken noa dem Winne dreggen' entspricht der hochdt. Wndg. ‚den Mantel nach dem Winde hängen (tragen)', ↗Mantel.

Das steht auf einem andern Blatt: das gehört nicht in diesen Zusammenhang, das ist eine ganz andere Frage. Diese Rda. geht im Unterschied zur vorher erwähnten deutlich auf das Blatt im Buch zurück.

Mir schoß das Blatt: ich ahnte etwas. Herkunft und Entstehung dieser Rda. sind nicht sicher. Henisch erklärt 1616 in ‚Teutsche Sprach und Weißheit' (S. 407): „Das Blatt schoß ihm. Er ward bestürzt, aufgeregt, ahnte Wichtiges". Er erklärt Blatt mit ‚Herzblatt, Diaphragma', d.i. Zwerchfell. Die Wndg. steht in diesem Sinne schon um 1600 im Tagebuch des Ritters Hans von Schweinichen: „Da schoß i.f.g. (Ihrer fürstlichen Gnaden) das blatt, und wären diese Nacht gern fort gewesen". Frisch (1741) und Adelung (1774) in ihren Wbb. erklären Blatt als den Wirbel auf dem Kopf, der beim Kind offen steht und nur mit dünner Haut bezogen ist. Nun begegnet die Rda. aber gar nicht selten in der Bdtg. ‚aufmerksam werden', ohne daß dabei an ein Angstgefühl gedacht wird, so z.B. 1801 in J. J. Engels Roman ‚Herr Lorenz Stark' (Kap. 30): „Der Doktorin schoß auf der Stelle das Blatt", und in Kleists ‚Zerbrochenem Krug' (7. Auftr., V.938 ff.), wo Ruprecht sagt:

Nun schießt,
da ich Glock eilf das Pärchen hier begegne,
– Glock zehn Uhr zog ich immer ab –
das Blatt mir,

ebenso wie bei Fritz Reuter in ‚Schurr-Murr' (Werke, hg. v. Seelmann, Bd. 6, S. 7): „Den Ratsherren schütt dat Blatt bi dere Red". Freilich ist auch aus der Bdtg. ‚Wirbel auf dem Kopf, Fontanelle' für Blatt kaum eine Erklärung der Rda. zu gewinnen, ebensowenig wie aus dem Blatt an der Scheibe, woran man auch gedacht hat. Es könnte in der Rda. auch ein Zusammenhang zwischen Blatt und Blut bestehen, da beide Wörter auf eine gemeinsame idg. Wurzel *bhlo- (blühen) zurückgehen. Die Germanen hatten eine abergläubische Scheu vor dem Blut und nannten es deshalb euphemistisch ‚das purpurrot Blühende'. Verwechslungen zwischen Blatt und Blut sind durch mdal. verschiedene Aussprache (bloat) denkbar. Außerdem besteht in der Rda. ‚jem. schoß das Blut ins Gesicht', die bei einem Bericht über Erregung, Zorn oder Scham eines anderen gebraucht wird, ebenfalls die auffällige Verbindung von ‚Blut' und ‚schießen'. Würde man nun Blatt durch Blut in den angeführten Textstellen ersetzen, blieben sie trotzdem verständlich.

Die Wndg. *Das Blatt fiel ihm* läßt an die Bdtg. von Blatt als ‚Herz' oder ‚Sitz des Lebens' denken. In Luthers Tischreden (171 a) heißt es: „weil er aber nu sihet, das unsre kirche teglich wechst und seine pfarren werden wüst, möcht ihm das blatt auch schier fallen". In diesem Zusammenhang bedeutet die Wndg.: sich fürchten, bange werden. Sie entspricht damit der heutigen Rda. ‚Jem. fällt das Herz in die Hosen'.

Wenn der Jäger dem Wild ‚aufs Blatt schießt', gibt er ihm den tödlichen Schuß ins Herz. Vielleicht besteht hierin eine Beziehung zu unserer Rda. ‚Mir schoß das Blatt', die dann inhaltlich der Wndg. ‚Es gab mir einen Stich' nahekäme. Eine Textstelle in der ‚Insel Felsenburg' (1202): „das herzblatt begunte mir zu schieszen", weist mit der Zusammensetzung ‚herzblatt' ebenfalls auf das ‚Herz'. Dieser Text legt aber noch den weiteren Gedanken nahe, daß mit dem ‚herzblatt' das wichtigste, innere Blatt einer Pflanze gemeint sein kann, das sie unbedingt zu ihrem weiteren Wachstum braucht. Der Vergleich des Menschen mit Wachstum, Blühen und Vergehen der Pflanzen ist ja allg. beliebt und schon in der Bibel bezeugt:

Ein Mensch ist in seinem Leben wie Gras,
er blühet wie eine Blume auf dem Felde
(Ps. 103, 15).

Von dem Bild her, daß ‚der Salat schießt' oder sogar ‚etw. ins Kraut schießt', wäre auch die Rda. *Das Blättchen schoß mir:* die Augen gingen mir auf, zu erklären: eine schon vorhandene Ahnung, die nur im Verborgenen da war (wie das Herzblatt, das von den anderen Blättern verdeckt wurde), wird zur plötzlichen Gewißheit und so sichtbar, wie das innerste Blatt einer Pflanze, das auf einmal geschossen ist.

Gut Blatt! ist als Skatspielergruß bekannt. Auch die Rda. *ein gutes Blatt haben* stammt aus der Sprache der Kartenspieler u. bedeutet: mit der Zusammensetzung der Spielkarten zufrieden sein (↗Karte).

Mit *Blatt* wird vielfach auch die Tageszeitung bez. Es handelt sich um eine Verkürzung des Begriffs ‚Nachrichtenblatt' oder ‚Intelligenzblatt'. Daher auch die schwäb. Wndg.: ‚etw. uf'm Blättle habe': sehr gescheit sein. Wenn es dagegen heißt: *Der ist das reinste (Nachrichten-) Blättchen,* ist ein schwatzhafter Kerl gemeint.

Im Blatt (Blättchen) stehen: in der Zeitung stehen. Mit der Rda. ist zumeist die Verlobungsanzeige gemeint. *Etw. ins Blatt setzen:* ein Zeitungsinserat aufgeben.

Neueren Datums ist der Begriff ‚Blätterwald', der die ganze Presse umfaßt. Wenn es heißt: *Es rauscht im Blätterwald,* kann man sicher sein, daß sich alle Zeitungen einer bestimmten Sache angenommen haben u. sie an die Öffentlichkeit bringen, d.h., *es (das Ereignis) wandert durch den Blätterwald:* es wird großes Aufhebens davon gemacht.

Lit.: *E. Kück:* Wetterglaube in der Lüneburger Heide (1915), S. 72; *K. Meuli:* ‚Das Blatt hat sich gewendet', in: Schweiz. Arch. f. Vkde. 30 (1930), S. 41–50; *M. Rumpf:* Zur Entwicklung der Spielkartenfarben in der Schweiz, in Deutschland u. in Frankreich, in: Schweizer. Arch. f. Vkde. 72 (1976), S. 1–32.

blau. Die blaue Farbe hat im volkstümlichen Sprachgebrauch verschiedene Bdtg., wobei blau als Symbol der Treue rdal. merkwürdigerweise keine Rolle spielt.
Blau ist zunächst einmal die Farbe der unbestimmten Ferne (die ‚blaue Blume' der Romantik; das ‚blaue Licht' in Schatzsagen und Märchen, z. B. KHM. 116). Wenn man in die Ferne schaut, erscheint der Horizont bläulich, deshalb wird blau oft gebraucht, um etw. Entferntes oder Unbestimmtes zu bezeichnen: *Ins Blaue hineinreden* (oder *handeln*): ohne jeden Plan und jedes Ziel; vgl. den lat. Ausdr. für ein erfolgloses Bemühen: ‚in cassum iactare tela' = die Geschosse ins Leere schießen. Die seit 1933 vielfach in der Werbung der Reisebüros gebrauchte Wndg. *eine Fahrt ins Blaue machen:* eine Ausflugsfahrt mit unbekanntem oder ungenanntem Ziel unternehmen, ist an sich älter. Schon Zelter schreibt am 8. 9. 1829 an Goethe: „weil ich den Tag noch nicht bestimmen kann und ins Blaue einfahre". Der Ausdr. ‚Fahrt ins Blaue' ist jedoch auch doppeldeutig und kann auf den reichlichen Alkoholgenuß am Ende des Ausflugs anspielen. In ähnl. Sinn: *blaue Schlösser bauen* (↗ Luftschloß); *keine blaue Ahnung von etw. haben* (neben ‚blasse Ahnung').
Blau ist sodann (vor allem in der älteren Sprache) die Farbe der Täuschung, Verstellung und Lüge. In den älteren bildl. Darstellungen von Rdaa. (so auch in Bruegels Redensartenbild, aber auch bei mehreren anderen fläm. Malern und Graphikern) steht im Mittelpunkt der alternde Mann, der von seiner jungen Frau ‚einen blauen Mantel umgehängt' bekommt, d. h. von ihr betrogen wird. Der ndl. Ausdr. ‚de blauwe Huik' bezieht sich nicht nur auf den ungetreuen Ehemann, sondern weist allg. schon auf Lüge, Verstellung, Betrug hin. *Blaue Enten* sind schon frühnhd. Ausreden, Lügenmärchen. In der ‚Zimmerischen Chronik' (Mitte des 16. Jh.) ist (III, 99) sogar von „bloen argumenten" die Rede. In dieses Bedeutungsfeld von blau gehört an neueren Rdaa.: *Das Blaue vom Himmel herunterlügen* (oder *herunterreden*); *einen blau anlaufen lassen:* ihn betrügen; *jem. anlügen, daß er blau wird; sein blaues Wunder erleben* (↗ Wunder).
Na, so blau!: Für wie dumm hältst du mich eigentlich (Ausdr. des erstaunten Zweifels an der Wahrheit einer Erzählung); *blauen Dunst reden* und *einem blauen Dunst vormachen* (↗ Dunst); auch nur *einem Blaues vormachen:* einen betrügen. Im selben Sinne verwendet die Rda. schon Abraham a Sancta Clara: „Du wirst zu Hof sehen lauter Mahler, aber nur solche, die einem was Blaues für die Augen mahlen". In den Mdaa. hat sich dieser ältere Sinnbereich von blau noch deutlicher erhalten. Im Elsaß lautet ein Reim: ‚Enn blönn is nit z trönn', einem Blauen ist nicht zu trauen, und ‚einen blau machen' heißt dort: ihm etw. weismachen; rhein. ‚Du bruks mir ke

‚Den blauen Mantel umhängen'

blau Blömke fürtemake!'; vgl. holl. ‚Dat zijn maar blauwe bloempjes', das sind nur blaue Blümchen. Auch in den romanischen Sprachen ist Blau die Farbe der Lügenrede (vergleiche frz. ‚contes bleus' – Märchen).
Blau sein: betrunken sein. Diese neuere Rda. hängt wohl zusammen mit der schon wesentlich älteren Wndg. *Es wurde ihm blau vor den Augen* (z. B. bei einer Ohn-

macht oder eben im Rausch); vielleicht spielt die Rda. aber auch auf die blaue Nase des Trinkers an. Verstärkt hört man auch *blau wie eine Strandhaubitze* oder *blau wie ein (März-)Veilchen:* stark betrunken sein, ↗trinken. Der sprw. Vergleich beruht auf der scherzhaft-wortspielerischen Gleichsetzung der eigentlichen und der übertr. Bdtg. von blau. Eine neuere Wndg. ist die scherzhafte Feststellung: ‚Blau ist keine Farbe, blau ist ein Zustand'.

Jem. grün und blau schlagen: ihn stark verprügeln. Bei diesem Ausdr., den zuerst Ayrer in seinen Fastnachtsspielen 1618 bezeugt („Sam hab man uns plob und grün geschlagen"), ist sicher an blutunterlaufene Flecken gedacht, die alle möglichen Farben annehmen können. Ndl. sagt man ‚blond en blow slaan'; engl. ‚black and blue'. Dabei zeigt sich, daß blau zum festen Bestandteil dieser Zwillingsformeln gehört, während der andere Teil auswechselbar ist. Man kann sich auch *blau frieren* und *blau* (oder *schwarz) ärgern.*

Mit einem blauen Auge davonkommen; vgl. frz. ‚s'en tirer avec un œil au beurre noir' (wörtl.: mit einem in schwarzer Butter gekochten Auge davonkommen), (↗Auge).

Blau machen: nicht zur Arbeit gehen, ist gekürzt aus: *blauen Montag machen* (↗Montag).

Ganz anders ist das *blaue Blut* zu verstehen, das Adligen zugesprochen wird. Bei uns ist dieser Ausdr. etwa seit 1810 bekannt und wird meist scherzhaft gebraucht. Er stammt aus Spanien und ist eine Übers. des span. ‚sangre azul', das aber durchaus ernst gebraucht wurde, und zwar deshalb, weil die Adligen in Spanien meist einer nördlicheren Rasse angehörten als die meisten Spanier und ihr Blut in den Adern deutlich durch die Haut schimmerte; vgl. frz. ‚le sang bleu'.

Vom blauen Affen gebissen sein (↗Affe).

Auch in anderen Wndgn. und Ausdrükken spielt blau eine Rolle; es sei nur erinnert an: ‚blauer Heinrich', dicke Graupensuppe oder (neuer): Magermilch (nach dem Farbton der abgerahmten Milch); ‚blauer Brief', Mitteilung unangenehmen Inhalts, z. B. Entlassung, in der Schule: Versetzung zweifelhaft (von der blauen Farbe amtl. Briefumschläge); ‚blauer Lappen', (früherer) Hundertmarkschein; ‚blaue Bohnen' (↗Bohne); ‚der Blaue', Schutzmann (nach den bis 1936 und nach 1945 üblichen blauen Uniformen der Polizeibeamten); ↗blümerant.

Die Rdaa. *blau tragen* und *Es ist nur eine Blaue* beziehen sich auf einen in manchen Orten üblichen Brauch: gefallene Mädchen durften keine weiße Schürze mehr tragen und mußten auch bei Prozessionen in einer blauen erscheinen. Die Feststellung ‚Es ist nur eine Blaue' enthält deshalb Geringschätzung, denn kein anderes Mädchen wollte mit ihr gehen. Vgl. auch frz. ‚les bleus' als Bez. für die Rekruten bei der Kriegsmarine und allg. bei der Armee. Das ‚blaue Schiff' ist ein Symbol im Karneval, ↗Schiff.

Lit.: *H. Schewe:* Art. ‚blau', in: HdA. I, Sp. 1366–1386; *Richter-Weise,* Nr. 21, S. 25–27; *L. Lebeer:* ‚De blauwe Huyck', in: Gentsche Bijdragen tot de Kunstgeschiedenis, Bd. VI (Antwerpen 1939–40), S. 161–226; *O. Lauffer:* Farbensymbolik im dt. Volksbrauch (Hamburg 1948); *W. Koch:* Farbnamen, in: Muttersprache (1959), S. 9–14; *L. Röhrich:* Sprw. Rdaa. in bildl. Zeugnissen, S. 67–79; *M. de Meyer:* ‚De Blauwe Huyck', in: Proverbium 16 (1971), S. 564–575; *R. W. Brednich:* Die holländisch-flämischen Sprichwortbilderbogen vom Typus ‚De Blauwe Huyck', in: Miscellanea Prof. em. Dr. K. C. Peters (Antwerpen 1975); *W. Danckert:* Symbol, Metapher, Allegorie im Lied der Völker, Bd. I (Bonn – Bad Godesberg 1976), S. 430–439; *K. Meisig:* ‚Blaues Blut', in: Muttersprache 90 (1980), S. 181–184.

Blauäugig[keit]. *Blauäugig sein:* naiv, unerfahren, harmlos, gutgläubig, unkritisch sein. Die Farbe Blau als Augenfarbe ist bekannt als Sinnbild der Treue, Durchsichtigkeit u. Unverstelltheit. Blaue Augen gelten als Brunnen der Klarheit, als erfrischende Quelle, die Labung verspricht. So in einem Gedicht von Klaus Groth, das von J. Brahms vertont wurde (op. 59, Nr. 8):

> Dein blaues Auge hält so still,
> Ich blicke bis zum Grund.
> Du fragst mich, was ich sehen will?
> Ich sehe mich gesund.

Da Neugeborene zunächst immer blaue Augen haben, verbindet sich mit der Blauäugigkeit zugleich die Vorstellung von ‚naiv' und ‚unschuldig'. Unverhohlener Spott liegt in der Wndg. *man hat ihn (sie) nicht seiner (ihrer) schönen blauen Augen*

wegen genommen (z. B. bei der Auswahl von Bewerbern).
Thomas Mann ironisierte in seinem ‚Tonio Kröger‘ (1903) die Angehörigen der Oberschicht mit ihren blauen Augen u. sprach „von den zwar liebenswerten, aber vor allem auch geistlosen Vertretern dieser blonden u. blauäugigen Normalität“.
Wenn heute von ‚politischer Blauäugigkeit‘ die Rede ist, dann sind die Politiker gemeint, denen es an Wirklichkeitssinn fehlt, die unkritisch u. vertrauensselig, d. h. ‚blauäugig argumentieren‘.

Lit.: *H. Rölleke:* ‚Blauäugig‘, in: Wirkendes Wort 5 (1983) S. 273–274.

Blaustrumpf. Die Rda. *ein Blaustrumpf sein* besitzt im Dt. verschiedene Bdtgn., weil sie sich auf einen dt. und einen engl. Spottnamen bezieht.
Im 17. u. 18. Jh. nannte man die dt. Polizeidiener Blaustrumpf, weil sie farbige Strümpfe trugen. Von hier aus ergaben sich die älteren Bdtgn., wie ‚Häscher‘, ‚Verleumder‘, ‚Angeber‘ und sogar ‚Teufel‘, die die Mundartwbb. bei Blaustrumpf anführen. Durch Vermittlung von Leipziger und Hallischen Studenten drang dieser Spottname auch in das Schrifttum ein. Im Sinne von ‚Angeber‘ verwendeten dieses Wort z. B. schon Christian Weise (‚Böse Katharina‘, 1680) und Joh. Christian Günther. In Hinblick auf die Frauen meinte das Schimpfwort bes. Klatschsüchtige, die sich unberufen um alles kümmerten. „Der höllische Blaustrumpf“, d. h. der ↗‚Teufel‘, wird von Schiller gebraucht (‚Räuber“, II, 3). Als Schimpfwort im Volksmunde ist Blaustrumpf bereits 1688 für Halle bezeugt, wo Lehrer und Schüler des Gymnasiums „Schelme und Blaustrümpfe“ genannt worden waren, was öffentl. gerügt werden mußte (Hall. Tageblatt [1887], Nr. 96, 1. Beil.). Mit der Rda. ‚A is a rechter Blôstrumpf‘ meint man noch heute in Nürnberg einen Verräter.
Unabhängig davon besteht seit 1797(Jenaer Allg. Lit.-Zeitung, Nr. 384 [1797]) in Dtl. die Bez. Blaustrumpf für ein gelehrtes Frauenzimmer, eine Lehnübers. des engl. ‚blue-stocking‘ (vgl. frz. ‚bas-bleu‘; ndl. ‚blauwkous‘, dän. ‚blaastrømpe‘; schwed. ‚blästrumpe‘). Aber auch das engl. Wort galt urspr. nicht der Dame mit nur geistigen Interessen, die alles andere vernachlässigte, sondern wurde bereits 1653 für engl. Parlamentsmitglieder gebraucht, die alle gleich gekleidet waren.
Für die Verwendung von ‚blue-stocking‘ als Spottname für die gebildeten Damen gibt es verschiedene Erklärungen: Diese hätten blaue Strümpfe tragen sollen, um den Schmutz zu verbergen, weil ihre federgeübten Finger nicht dazukommen konnten, die Strümpfe zu waschen (Wander I, Sp. 397). Nach Büchmann galt ‚blue-stocking‘ zunächst nur der Kennzeichnung von Gesellschaften, deren Hauptzweck nicht Kartenspielen, sondern geistige Unterhaltung war. Der Gelehrte Benj. Stillingfleet (1702–71), der dabei immer in blauen Kniestrümpfen erschien, tat sich bei diesen Gesprächen im Kreis der Damen Montagu, Vesey und Ord als glänzender Unterhalter bes. hervor. Wahrscheinl. veranlaßte dies den Admiral Edward Boscawen, Viscount of Falmouth (1711–61), dazu, diese Versammlungen ‚Blaustrumpf-Klub‘ zu nennen, um zu betonen, daß in ihnen nicht die Kleidung, sondern die geistige Begabung der Mitglieder geschätzt wurde.
Die Aufzeichnungen der Tochter von Mrs. Montagu von 1816 enthalten noch eine andere Erklärung. Auf einer Abendgesellschaft ihrer Mutter sei Frau von Polignac als Gast aus Paris in blauseidenen Strümpfen erschienen. Alle weibl. Mitglieder des Klubs hätten daraufhin die neueste Pariser Mode nachgeahmt. Sie trugen dann blaue Strümpfe als Erkennungszeichen. In Dtl. wurde der Begriff Blaustrumpf zur Verspottung der Frauen erst vom ‚Jungen Deutschland‘ eingebürgert (Börne, Pariser Briefe 47).
Die Wndg. *kein Blaustrumpf sein wollen* gilt bei gebildeten Mädchen und Damen heute noch zur Verteidigung und Selbstbehauptung. Trotz geistiger Interessen und wissenschaftl. Berufe bemühen sie sich, dem alten Vorurteil und Vorwurf zu entgehen, ihre weiblichen Qualitäten dabei zu verlieren, indem sie beweisen, daß sich Weiblichkeit und Bildung gut vereinbaren lassen.

Lit.: *Richter-Weise,* S. 26f.; *A. Kopp:* ‚Blaustrumpf‘, in: Zs. f. dt. Wortf. 1 (1901), S. 73–75; *R. Sprenger:*

‚Blaustrumpf', in: Zs. f. dt. Wortf. 1 (1901), S. 366; *F. A. Stoett:* ‚Blauwkous', in: Nederlandsche Spreekworden, Spreekwijzen, Uitdrukkingen en Gezegden, Bd. I (Zutphen [4]1923), S. 96

Blech, blechen. Die Rdaa., in denen das Blech eine Rolle spielt, beruhen alle auf seinem Verhältnis zum Geld. Einerseits wird das Wort Blech selbst in seiner eigentl. Bdtg. gebraucht. Dabei ist an die älteren dünnen Münzen gedacht, z.B. an Goldblech: *Es fehlt ihm am Blech:* er hat kein Geld. Das Wort Blech für Geld stammt aus der Gaunersprache. Schon 1490 begegnet in rotw. Quellen ‚bläch plaphart' und 1510 ‚blechlin crützer'. In Joh. Fischarts ‚Gargantua' von 1594 heißt es (Bl. 49b): „viel ämpter und wenig blech". Auf diese Bdtg. geht auch unser Wort ‚blechen' = bezahlen zurück, das vor allem dann gebraucht wird, wenn jem. viel oder unrechtmäßig zahlen muß, z.B. *Dafür soll er mir blechen:* dafür soll er Buße zahlen, büßen; vgl. engl. ‚It will cost him sauce' u. frz. ‚Il me le paiera!' (wörtl.: Das muß er mir büßen!).
Andererseits wird das Wort Blech i.S.v. Eisenblech auch als unmittelbarer Gegensatz zu Geld gebraucht. So sagt man in Sachsen ‚Mein Geld ist auch kein Blech!', es ist nichts Minderwertiges, wie es das Blech gegenüber dem Edelmetall des Geldes wäre. Im Schwäb. erfährt es sogar eine beträchtliche Aufwertung, wie aus dem bestürzten Ruf ‚Heilig's Blechle' hervorgeht. Er findet hauptsächlich dann Verwendung, wenn jem. sich plötzlich erinnert, daß er etw. vergessen hat.
In der Bdtg. ‚etw. Wertloses', ‚Unsinniges' wird Blech in allen dt. Mdaa. gebraucht in den Rdaa.: *Das ist ja alles Blech!* oder *Blech reden.*
Um eine neuere Rda. handelt es sich bei der Wndg. ‚die Blechlawine rollt'. Damit sind die kilometerlangen Autoschlangen gemeint, die sich jeweils zu Beginn u. Ende der Hauptferienzeit über die Autobahn wälzen.
Das Material, aus dem Trompeten, Hörner, Posaunen, Tuben und alle die Zwischenstufen hergestellt sind, ist Messingblech (engl. ‚Brass'). Man spricht deshalb von ‚Blechbläsern' und ‚Blechmusik'. Allerdings wird unter ‚Blechmusik' gelegentlich auch minderwertige Musik verstanden, ganz gleich von welchen Instrumenten.
Scherzh. abgewandelt begegnet in der schweizer. mdal. Rda. ‚I bi nit bi der Blächmuusig': ich ‚bleche', d.h. zahle nichts.
Aufs Blech hauen (Blechtrommel): angeben, große Worte machen, prahlen, vgl. ‚auf die ↗Pauke hauen'.

Lit.: *F. Kluge:* Rotwelsch (1901) I, S. 20, 53; *E. Strübin:* Zur dt.-schweizer. Umgangssprache, in: Schweizer. Arch. f. Vkde. 72 (1976), S. 142; Münzen in Brauch u. Aberglauben (Mainz 1982).

Blechnapf. *Wer einmal aus dem Blechnapf frißt,* der Titel eines Romans von Hans Fallada (= Rudolf Ditzen), den er 1934 in Berlin veröffentlichte, wurde zur Rda. in bezug auf Vorbestrafte, von denen der Roman handelt. Die Schüssel der Strafgefangenen, aber auch das Kochgeschirr der Soldaten wird verächtlich als ‚Blechnapf' bezeichnet; vgl. frz. ‚la gamelle' (umg.): Schüssel, woraus die Soldaten und Sträflinge essen.

Lit.: *Büchmann.*

Blei. *Es liegt mir wie Blei in den Gliedern (Knochen)* sagt derjenige, der sich müde und erschöpft fühlt, weil ihm die geringste Bewegung nun wie eine ungeheure Anstrengung erscheint; vgl. frz. ‚J'ai comme du plomb dans les jambes' (in den Beinen). Auch der Schreck kann so lähmen, daß es einem ist, als seien die Glieder wie durch einen Zauber plötzlich schwerer geworden. Man kann nicht von der Stelle, *die Füße sind wie Blei:* beinahe zentnerschwer.
Eine unverdauliche Speise, aber auch eine bevorstehende Auseinandersetzung, ein gefürchtetes Vorhaben kann einem *wie Blei im Magen liegen;* vgl. frz. ‚avoir quelque chose sur l'estomac'.
Ein drückender Kummer *lastet bleischwer auf einem,* die Sorge oder Herzensnot wird als *bleiernes Gewicht* bezeichnet. Schon Walther von der Vogelweide klagte (76, 3):

der wintersorge han ich drî,
des bin ich swer alsam ein blî.

Das Bewußtsein, daß Blei ein sehr schweres Metall ist und sofort im Wasser versinkt, spiegelt auch die humorvolle Rda. *wie eine bleierne Ente (auf dem Grunde) schwimmen.* So wird zu einem unsicheren Schwimmer oder Nichtschwimmer gesagt, der sich trotzdem dieser Kunst gerühmt hat. Der witzige Zusatz ‚auf der Landstraße', der manchmal erfolgt, führt von dem urspr. Bild ab.

Die Rdaa.: *im Blei (Lot) sein:* in der gehörigen Ordnung sein und *etw. ins Blei bringen* (vgl. ‚ins rechte ↗Lot bringen') beziehen sich auf das Senk- oder Richtblei, wie es die Handwerker verwenden.

Blei für Gold verkaufen: eine offensichtliche Betrügerei vorhaben oder ausführen.

Einem ein Stück Blei (Bleikugeln) in den Leib schicken: ihn verwunden oder erschießen; vgl. frz. ‚envoyer une décharge (eine Schrotladung) à quelqu'un'.

Der September 1944 aufgestellte Volkssturm, das letzte militär. Aufgebot des nationalsozialist. Deutschland, wurde wegen der dort rekrutierten älteren Männer im Volksmund ‚Metallsturm' genannt: ‚Er hat Silber auf dem Kopf, Gold im Mund und Blei in den Knochen'.

bleiben. *Ruhig bleiben,* in rhein. Mda.: ‚kuschtig bleiben' (von ‚kuschen'): sich nicht rühren, keinen Piepser oder Muckser machen.

Es handelt sich um eine der recht zahlreichen Wndgn., in denen der Begriff ‚bleiben' einen anhaltenden Zustand umschreibt, dem aber oft ein entspr. Befehl wie ‚bleib still' oder ‚bleib stad' o. ä. vorausgeht. Das Wort ‚bleiben' kommt darüber hinaus sehr oft innerhalb einer Formel vor, wenn das Unabänderliche oder Unveränderliche bes. hervorgehoben werden soll, z. B. in den Wndgn. ‚Berlin bleibt Berlin', ‚Persil bleibt Persil', ‚Mark bleibt Mark', ‚Mann bleibt Mann', ‚Wer schreibt, der bleibt', etc.

Lit.: *W. Mieder:* Das Sprw. in unserer Zeit (Frauenfeld 1975), S. 64

Bleistift. *Einen spitzen Bleistift* hat der Buchhalter oder Finanzbeamte, der pedantisch ist und übergenau rechnet, der Händler oder Handwerker verwendet einen *langen Bleistift,* wenn er den Kunden übervorteilt, zu hohe Rechnungen ausstellt oder geizig ist. Wer jedoch *einen dicken Bleistift hat,* nimmt es nicht so genau beim Rechnen und überschlägt nur grob.

Bleistift tritt in spaßhaften Wndgn. auch an die Stelle von ‚Beispiel': *mit gutem Bleistift vorangehen* und *sich einen Bleistift nehmen.*

Bleistift-Absätze tragen: auf Schuhen mit sehr hohen, fast bleistift-dünnen Absätzen (Stöckelschuhen) gehen.

Blick. *Jem. einen bösen Blick zuwerfen:* ihn haßerfüllt ansehen mit dem Wunsch, ihm zu schaden. Die Folge ist meist nur, daß der Angeschaute feststellt: *Wenn Blicke töten könnten ...,* wobei die Ergänzung ‚dann wäre ich jetzt eine Leiche' allerdings meist nicht ausgesprochen wird.

Anders verhält es sich mit der Rda.: *den bösen Blick haben:* jem. durch böses Anschauen schaden. Dahinter steckt die Furcht, jem. könne anderen durch Verzauberung Schaden zufügen, ↗schielen. Diese Vorstellung war schon bei den Völkern des Altertums verwurzelt. Rationalisten betrachteten das Phänomen schon damals als Aberglaube. Dennoch hielt das Volk an der Vorstellung vom bösen Blick fest. Und so konzentrierte man sich hauptsächlich auf die Frage, wie man ihm entgehen oder ihn schadlos machen könnte. Zu diesem Zweck gab es eine Fülle von Abwehrmitteln. In Edfu in Oberägypten wurde z. B. ein Bücherkatalog aus der Zeit der Ptolemäer gefunden, der die Eintragung enthält: „Sprüche, um den bösen Blick zu vertreiben“. Das bekannteste Schutzmittel des alten Ägypten aber war das Uzat, allg. ‚mystisches Auge' oder ‚Auge des Horus' genannt. Auch Darstellungen aus der griech. Mythologie wie das furchteinflößende Gorgonen- u. Medusenhaupt galten der Abwehr des bösen Blicks u. dem Schutz vor seinen schädlichen Folgen. Besondere Abwehrgesten dienten dem gleichen Zweck. Doch konnte keines dieser alten Entzauberungsmittel die Furcht wirklich bannen. In der christl. Welt lebte der Glaube an den bösen Blick unvermindert fort. An die Stelle der heidnischen Abwehrmittel traten Christus u. das Kreuz, Heiligenfiguren sowie christl. Symbole. Den Beweis dafür liefern die noch erhaltenen schriftlichen Zeugnisse u. Denkmäler. Doch tritt die Wndg. ‚böser Blick' in der Literatur erst relativ spät auf. In den älteren Quellen wird meist nur seine Wirkung genannt, wie z. B. bei Hugo von Trimberg (um 1235 bis nach 1313) in: ‚Der Renner', (Verse 18012–18017).

zwei so smaliu spigellin
Den slangen tötet, wolfe schrecket,
Strauz eyer brutet, uzsatz erwecket
und ander krefte hat gar vil,
Der ich nicht mere hie scrīben wil.

Eine nicht geringe Rolle spielte der ‚böse Blick' auch bei den Hexenverfolgungen. In dem von den Inquisitoren Jakob Sprenger u. Heinr. Institoris verfaßten ‚Hexenhammer' von 1487 wird er des öfteren genannt u. beschrieben. So heißt es z. B.: „Sie (die Hexen) verstehen es ... bisweilen Menschen u. Tiere durch den bloßen Blick, ohne Berührung zu behexen u. den Tod zu bewirken".

Th. Hauschild unterscheidet grundsätzlich zwischen dem Glauben an den angeborenen ‚bösen Blick', der als Verkörperung des Unglücks schlechthin gilt u. durch die Begegnung mit dem anderen ausgelöst wird, und dem situationsbedingten, durch sozialen Neid (lat. ‚invidia', in-videre: hinein-sehen = jem. neidisch, scheel ansehen), durch Übelwollen oder Gier ausgelösten bösen Blick, der in einer realen Situation spontan zum Ausdr. kommt. Während die unheilbringende Wirkung des angeborenen bösen Blicks generell einem negativen Kraftstrom der Augen zugeschrieben wird, deutet der spontane böse Blick auf eine spannungsgeladene Situation hin – auf einen von Geburt an vorgegebenen Konflikt zwischen Individuum u. Gesellschaft. In der Angst vor dem bösen Blick äußert sich die Angst vor dem Unerklärlichen u. Unheimlichen schlechthin.

Manches von den älteren Vorstellungen ist noch erhalten in den Rdaa.: *Jem. mit Blicken durchbohren, einen stechenden Blick haben* (↗Basiliskenblick), *jem. mit Blicken (mit dem Blick) fixieren,* d. h. ihn starr ansehen. Sie stellen jedoch mehr oder weniger reine Feststellungen dar, denen nicht mehr die urspr. Furcht vor Schaden anhaftet. Gleichwohl ist in ihnen das Unangenehme eines solchen Blickes angedeutet, ähnl. wie in den Rdaa.: *Jem. mit scheelem Blick anschauen, einen falschen Blick haben, jem. mit verstohlenen Blicken mustern,* d. h. ihn heimlich beobachten, *jem. einen mißtrauischen (argwöhnischen) Blick zuwerfen.*

Ganz verschwunden ist der Glaube an die Macht des Blickes nicht. Doch ist es nicht mehr ausschließlich eine böse Macht, die aus dem Blick abgelesen wird, wie ersichtlich aus den Wndgn. wie *(Liebe) auf den ersten Blick* oder *etw. auf den ersten Blick erkennen.* So bedeutet z. B. die Rda. *Jem. mit Blicken (mit dem Blick) bezaubern* nach heutigem Verständnis durchaus etw. Positives: es kann ein klarer, offener, verständnisvoller, wissender, freundlicher oder gar liebevoller Blick sein, der den anderen ‚gefangen' nimmt.

Auch das Denken eines Menschen oder seine Absicht äußert sich oftmals in seinem Blick. Das kommt zum Ausdr. in der Rda.: *Dieser (der) Blick spricht Bände!,* d. h. man hat am Blick erkannt, was jem. sagen wollte.

Der Blick kann aufnehmen u. erkennen, er kann aber auch Empfindungen u. Emotionen ausdrücken wie Liebe, Haß, Ärger, Furcht, Verachtung, Krankheit, Schmerz u. Verlassenheit. Letzteres ist jedoch nur für diejenigen erkennbar, die *einen Blick* (ein Auge) *dafür haben,* d. h. etw. davon verstehen (↗Auge).

Etw. mit einem Blick erfassen: sofort erkennen.

Jem. mit Blicken verschlingen: ihn unangemessen lange u. intensiv betrachten, unverhohlenes Interesse zeigen.

Eine etw. mildere Form der Sympathiebekundung kommt z. Ausdr. in der Rda.: *mit jem. Blickkontakt herstellen,* d. h. *mit jem. heimliche Blicke tauschen (wechseln),* die ein gegenseitiges Interesse (Einverständnis) erkennen lassen.

Auf einen anderen Zusammenhang weist die Wndg. *den deutschen Blick haben.* Es handelt sich um einen Blick, in dem die Furcht vor Anschwärzung geschrieben steht, ein flüchtiges Umherschauen, ob ein Horcher oder Späher in der Nähe ist. Die Rda. entstand in der Nazizeit, als die Bespitzelung bis in die Familien hinein reichte.

Die Wndg. *Im Blickpunkt stehen* gilt für

einen Menschen mit hoher Stellung, die ihn aus der Privatsphäre heraushebt u. es geboten scheinen läßt, seine Worte sorgsam abzuwägen. Ähnl.: *ins Blickfeld der Öffentlichkeit* geraten: durch Äußerungen oder Handlungen das Interesse der Öffentlichkeit auf sich ziehen, Aufmerksamkeit erregen.

Einen großen Blickwinkel haben: eine umfassende Sicht der Dinge haben, über weitreichende Kenntnisse verfügen. *Den Blickwinkel ändern (müssen):* seinen Standort ändern, einen Wechsel der Position vornehmen müssen. Diese Rda. ist vor allem aus den Medien bekannt.

Lit.: *S. Seligmann:* Der böse Blick u. Verwandtes, 2 Bde. (Berlin 1910, Nachdr. Hildesheim 1985); Art. ‚An Evil Eye', in: Expository Times 53 (1941–42), S. 181 f., 354 f. u. 54 (1942–43), 26 f.; *K. Meisen:* Der böse Blick ..., in: Rhein. Jb. f. Vkde. 1 (1950), S. 144–177; 3 (1952), S. 169–225; *D. Frey:* Dämonie des Blickes (Wiesbaden 1953); *A. Dundes* (Hg.): The Evil Eye. A Folklore Casebook (New York 1981); *Th. Hauschild:* Der böse Blick (Berlin [2]1982); *G. Weber:* ‚Gorgo, Gorgonen', in: EM. V, Sp. 1404–1409.

blicken. *Das läßt tief blicken:* Diese Rda. wird verwendet, wenn jem. durch Worte, Erscheinung oder Handlungen mehr von seinem Hintergrund zu verraten scheint, als dem Betreffenden lieb ist.

Bei der Wndg. *etw. blicken* handelt es sich um eine Neuschöpfung der jüngsten Zeit. Sie wird vor allem von Schülern u. Studenten gebraucht für ‚verstehen', zumeist in der bestätigenden Form: ‚Ja, das blicke ich'.

blind. *Für etw. blind sein:* etw. nicht sehen wollen. Wichtiges oder Gefährliches nicht wahrnehmen; das, was alle anderen sehen, nicht erkennen können.

Das unvernünftige und unverständliche Verhalten eines Menschen wird mit dem eines Blinden verglichen, deshalb sagen wir heute auch: *Jem. ist blind für eine Gefahr, er ist vor Liebe blind, er rennt blind in sein Unglück hinein.*

Die Wndg. *mit sehenden Augen blind sein:* das eigentl. Notwendige nicht sehen, beruht auf Matth. 13,13: „Darum rede ich zu ihnen durch Gleichnisse. Denn mit sehenden Augen sehen sie nicht ..."

Die Rda. wird in ihrem heutigen Wortlaut bereits von Hartmann von Aue in seinem ‚Iwein' (V. 7058) verwendet: „mit gesehnden ougen blint". Der Minnesänger Heinrich von Rugge braucht die Wndg. 1191 selbstkritisch in bezug auf sich und seine Zeitgenossen ebenfalls lit.: „Wir sîn mit sehenden ougen blint" (‚Minnesangs Frühling' 97,40).

Die neuere Rda. *Er ist nicht blind, aber er sieht nicht* umschreibt den gleichen Sachverhalt, vgl. ndl. ‚Hij is niet blind, maar zonder ougen' u. frz. ‚Ils ont des yeux et ils ne voient pas'.

Die Wndg. *sich die Augen blind weinen:* so viel weinen, daß die Augen nichts mehr erkennen können und krank werden, ist in der mhd. Dichtung häufig. So heißt es z. B. im ‚Nibelungenlied' (988, 4): „ir ougen wurden nazzes blint" und in Wolframs von Eschenbach ‚Parzival' (98, 14): „disiu kint wârn von weinen vil nâch blint".

Im Spott vergleicht man einen Dummkopf gern mit blinden Tieren, teils mit solchen, die wirklich oder vermeintlich schlecht sehen (Eulen, Hasen), teils mit anderen. Da man die im Fell verborgenen, sehr kleinen Augen des Maulwurfs urspr. nicht sah, glaubte man, er habe keine, und es entstand der rdal. Vergleich *so blind wie ein Maulwurf sein;* vgl. auch die seit dem 17. Jh. bezeugte ndl. Rda. ‚zoo blind als een mol', engl. ‚as blind as a mole' u. frz. ‚être myope (kurzsichtig) comme une taupe'.

Vor allem ist *das blinde Huhn* sprw. geworden, das auch einmal ein Korn findet, und in derberer Sprache *die blinde Sau,* die wohl einmal eine Eichel, *die blinde Kuh,* die einmal eine Erdbeere findet, immer in der Bdtg., daß sich etw. Unwahrscheinliches doch einmal ereignen könnte; vgl. ndl. ‚Een blinde kip vindt ook wel eens een graantje' oder ‚Men kan niet weten, hoe een koe een has vangt'; engl. ‚A blind man may chance to hit the mark' und ähnl. wie im Ndl. ‚A cow may catch a hare'.

Er ist ein blinder Hesse ↗ Hesse.

Ein blinder Heide sein: ohne das Licht des Glaubens sein, den Weg zur Erlösung nicht sehen können.

Das Adj. blind verbindet sich mit verschiedenen Substantiven, um das Zufällige, Unberechenbare auszudrücken. So

‚Das Glück ist blind‘

sprechen wir z. B. davon, daß *das Glück blind ist,* d. h. unparteiisch, wobei Fortuna mit verbundenen Augen gedacht und dargestellt wurde (frz. ‚La chance [Le hasard] est aveugle‘), vom *blinden Zufall,* vom *blinden Schicksal* und *blinden Willen,* aber auch von *blinder Furcht* und *blindem Lärm.* Bes. die Natur wird in ihrem Werden und Vergehen als blind gedacht. Bei Jean Paul findet sich im ‚Kampaniertal‘ (71) die Wndg. „der blinde Tritt der Natur“, und Schiller beklagt die „Unvernunft des blinden Elements“.

Das Wort blind bedeutet nicht nur ‚nicht sehen‘, sondern auch ‚nichtig‘, ‚funktionslos‘ sein. Wir sprechen von *blinden Fenstern* und *blinden Taschen* und meinen nur angedeutete, vorgetäuschte Taschen und Fenster, also Dinge ohne Funktion. In der Rda. *Er trägt lauter blinde Taschen am Rock:* er prahlt mit Kenntnissen und Fähigkeiten, die er nicht besitzt, erfolgte eine Übertr. des Begriffs ‚blinde Taschen‘ in den geistigen Bereich.

Schon 1537 wird bei Dasypodius (Dichonarium, 313 a) der Darm ohne jede Aufgabe als ‚der blinde Darm‘ bezeichnet, ähnl. verwendet Weinsbeke bereits im 14. Jh. (Ausg. Leitzmann 63,2) das Wort blind: „Swaz ich vreuden ie gewan, die sint bi dieser vreuten blint“. In dieser Bdtg. verwenden wir das Wort noch heute, z. B. in dem Ausdr. *blinder Alarm,* auch die Zusammensetzung *Blindgänger* ist so zu verstehen: es ist eine Bombe, die nicht explodiert und darum nichtig, ohne Wirkung ist. In der modernen Rda. *ein bevölkerungspolitischer Blindgänger sein* wird der Junggeselle, der Impotente und der verheiratete Mann ohne Nachkommen verspottet.

Außerdem dient blind zur Bez. von Dingen, die man nicht sieht oder die nicht entdeckt werden sollen: eine *blinde Grube* ist bei Opitz eine verdeckte Grube, der *blinde Sand* ist die Sandbank, die nicht sichtbar ist und zur Gefahr wird, die Nebel- oder Tarnkappe, die unsichtbar machen kann, nennt man auch *blinde Kappe. Ein blinder Passagier sein* heißt demnach auch: ein Reisender sein, der sich versteckt hält, weil er kein Fahrgeld bezahlt hat. Die Rda. stammt aus dem Postkutschenverkehr, ist seit 1787 bei Schulz-Basler (Dt. Fremdwb. II, 398) belegt und bereits 1813 in Campes Fremdwb. verzeichnet. H. Heine gebraucht die Wndg. in der ‚Heimkehr‘ (74): „Zwischen uns saß Amor, der blinde Passagier“. Vgl. frz. ‚un passager clandestin‘ (wörtl.: ein heimlich mitfahrender Passagier).

Blindekuh spieln ↗ Blindekuh. Die Rda. *etw. blind bezahlen* weist auf einen Brauch beim Handwerkerquartal: erhielt jem. eine Geldstrafe, so erkannte er die Verpflichtung zu späterer Zahlung an, wenn er die Hand sichtbar öffnete und schloß (Handwerksakten des Stadtarchivs Bützow). *Blind laden* hieß: nur mit Pulver laden; vgl. frz. ‚charger à blanc‘.

Auf dem rechten Auge blind sein, auf dem linken Auge blind sein sind Wndgn., die bes. im polit. Bereich vorkommen. Sie sind entstanden in Anlehnung an die Rda. *auf einem Auge blind sein,* d. h. nur die Hälfte sehen (wollen), u. kennzeichnen die Einstellung gegenüber dem rechten bzw. linken Parteiflügel, insbes. aber gegenüber Rechts- und Linksextremisten, ↗ Auge.

Lit.: *F. Wiesenbach:* Die blinden Hessen (Hamburg 1891); *G. M. Kueffner:* Die Deutschen im Sprichwort (Heidelberg 1899) S. 58 ff.; *W. Jäger:* Die Heilung des Blinden in der Kunst (Sigmaringen ²1976); *H. J. Uther:* Art. ‚Blind, Blindheit‘, in: EM. II, Sp. 450–462.

Blindekuh. *Blindekuh spielen:* wie ein Blinder unbeholfen umhertappen. Die Rda. bezieht sich auf ein Spiel, das bei den Erwachsenen sehr beliebt war und noch heute überall in Europa von Kindern gespielt wird. Ein Mitspieler erhält mit einem Tuch die Augen verbunden und muß nun versuchen, die anderen zu fangen, die ihn necken und irreführen wollen.

1

2

1/2 ‚Blindekuh spielen'

Im älteren Nhd. wurde das Wort getrennt geschrieben. Es gelangte vom Ostmdt. durch Luther 1526 in die Hochsprache: „also spielt auch die Vernunft der blinden Kue mit Gott" (Weim. Ausg. 19, 207). Im Mhd. steht anstelle der Kuh die Maus, so zuerst bei Meister Altswert im Elsaß, der im 14. Jh. schreibt: „zwei spilten blinder miusen". Im Obd. war die Rda. in dieser Art ebenfalls bis ins 17. Jh. üblich. Möglicherweise hat bereits Otfrid an das Spiel gedacht, als er die Verspottung Christi schilderte: „thiu ougun si imo buntun, thaz in zi spile funtun" (4, 19, 73).
Das Spiel ist unter verschiedenen Bez. und Tiernamen allen europ. Völkern bekannt, der Ausdr. Blindekuh ist jedoch nur in Dtl. üblich. Wie die Südslawen kennen wir aber auch die Wndg. ‚blinde Maus spielen'. Im Bair. heißt es dafür ‚blinde Kätzel fangen'. Fuchs, Bock und Geiß geben dem Spiel im Norden seinen Namen, vgl. isl. ‚skolla leikar'; dän. ‚blindegied' und schwed. ‚blindbok'. Die span. Kinder dagegen spielen ‚gallina ciega' = blinde Henne und die ital. wie schon die altgriech. ‚mosca cieca' = blinde Fliege.
Auch wo keine Tiernamen üblich sind, ist die Vorstellung von ‚blind' erhalten geblieben, vgl. ndl. ‚blindemannetje spelen' und engl. ‚to play at blindman's buff'. Im Frz. heißt es jedoch: ‚jouer à Colin-Maillard' oder ‚jouer au Colin-Maillard' (Personenname).

Lit.: *R. Becker:* Art. ‚Blindekuh', in: Zs. f. d. U. 6 (1982), S. 846–847.

Blinder. *Wie der Blinde von der Farbe reden (urteilen):* ohne Sachkenntnis oder Befähigung sich ein Urteil anmaßen. Schon im 16. Jh. wurde dieser Vergleich gebraucht, z. B. in der ‚Hildesheimer Chronik' Oldecops (S. 138): „also de blinde von der farve". Erweitert erscheint diese Wndg. in einem Hochzeitsgedicht Henricis von 1743:

> Die Lieb ist mir noch unbekannt,
> drum denkt und schreibt auch mein Verstand
> als wie ein blinder Mann von einer grünen Farben.

Vgl. auch ndl. ‚Hij oordeelt erover als een blinde over de kleuren' und frz. ‚Il en juge comme un aveugle des couleurs'.
Bei einer klaren, einleuchtenden Sache, die jeder verstehen müßte, heißt es heute: *Das kann ein Blinder sehen und ein Ochs verstehen.* Häufiger ist jedoch der Ausruf: *Das sieht doch ein Blinder!* (auch mit den Zusätzen *mit dem Fuß, mit dem Krückstock, ohne Laterne, ohne Sonnenbrille).* Diese Rda. hat ein hohes Alter, denn bereits Livius kennt eine ähnl. Wndg.: „Apparet etiam satis caeco". In Dtl. erscheint die Rda. zuerst 1508 bei dem Humanisten Heinr. Bebel (Nr. 97) in lat. Form: „Caeci hoc vident", in dt. Sprache 1513 bei Tunnicius (Nr. 945): „Dat süt wol ein blinde", mit der lat. Übers.: „Vel caecus videat, qui nullo lumine gaudet". vgl. auch ndl. ‚Dat zou een blinde zonder bril niet kunnen onderscheiden' und frz. ‚Un aveugle y mor-

‚Ein Blinder trägt den Lahmen'

drait' (veraltet). Findet man etw. zu übertrieben, ‚zu dick aufgetragen' oder unwahr, bemerkt man dazu: *Das kann selbst der Blinde mit dem Stocke fühlen.*

Die Rda. *Er ist ein Blinder ohne Stock* heißt: er ist ein ganz Armer, dem das Notwendigste fehlt, um sich allein forthelfen zu können. Vgl. frz. ‚C'est un aveugle sans bâton' (veraltet).

Unnützes Tun umschreiben die Rdaa. *einem Blinden den Weg weisen (eine Fackel vortragen, winken)* und *dem Blinden einen Spiegel verkaufen,* vgl. lat. ‚Caeco speculum vel pictura'.

Die Rda. *wie ein Blinder im Dunkeln tappen* ist bibl. Herkunft und bezieht sich auf 5.Mos. 28,28–29: „Der Herr wird dich schlagen mit Wahnsinn, Blindheit und Rasen des Herzens; und wirst tappen am Mittag, wie ein Blinder tappt im dunkeln". Die Wndg. *mit Blindheit geschlagen sein* begegnet im selben Text und bei 1.Mos. 19,11, wo es bei der Vertilgung Sodoms heißt: „Und die Männer vor der Tür

‚Unter den Blinden ist der Einäugige König'

‚Ein Blinder leitet den anderen'

am Hause wurden mit Blindheit geschlagen, klein und groß, bis sie müde wurden und die Tür nicht finden konnten". Vgl. frz. ‚être frappé de cécité'.
‚Ein Blinder leitet den anderen', blindes Vertrauen in einen Unfähigen führt alle ins Verderben (vgl. Matth. 15,14).
‚Ein Blinder trägt den Lahmen', ein Mangel wird durch einen anderen ausgeglichen, wenn sich Behinderte gegenseitig helfen. ‚Unter den Blinden ist der Einäugige König', der Mittelmäßige ist unter Schlechten der Beste; der teilweise Behinderte wird von den völlig Hilflosen bewundert.

Lit.: „Among the blind the one-eyed man is king", in: Notes and Queries 11th, 9 (1914), S. 369, 412; 11th 10 (1914), S. 15; 12th 3 (1917), S. 330; *A. Esser:* Hindu proverbs on blindness and becoming blind." In: Klin. Monatsblätter f. Augenheilkunde, 99 (1937), S. 94–103; *H. J. Uther:* Art. ‚Blind, Blindheit', in: EM. II, Sp. 450–462.

Blitz. Der Blitz dient in den Rdaa. vor allem zur Bez. höchster Geschwindigkeit, z. B. *wie der Blitz, schnell wie der Blitz, blitzschnell, wie der Blitz verschwinden.* Schon Luther benutzt den sprw. Vergleich in seiner Bibelübers., Luk. 10,18: „Ich sah wohl den Satanas vom Himmel fallen, als einen Blitz". Vgl. frz. ‚rapide comme l'éclair'.
Wie ein geölter Blitz, mit witziger, aber sinnloser Steigerung (wie wenn man durch Ölen den Reibungswiderstand des Blitzes verringern könnte). Die Wndg. kam zunächst als Kasernenhofblüte um 1870 auf. Wesentlich älter ist dagegen die Wndg.: *Wie ein Blitz(schlag) aus heiterem Himmel* (engl.: ‚like a bolt from the blue'). Sie findet sich schon in Christoph Lehmanns ‚Florilegium politicum oder Politischer Blumengarten' von 1639 (S. 398); „Zu Hof donnerts offt, und schlägt ein beym hellen Himmel, da doch kein Blitz vorher gegangen". Ebenso hat Schiller die ungeheure Schnelligkeit eines hereinbrechenden Verderbens in den ahnenden Worten Theklas beschrieben (‚Piccolomini' III, 9):

O! Wenn ein Haus im Feuer soll vergehn,
Dann treibt der Himmel sein Gewölk zusammen,
Es schießt der Blitz herab aus heitern Höhn.

Auch bei heftigem Schrecken bezieht man sich in Rdaa. gern auf den Blitz: *dastehen, wie vom Blitz gerührt,* z. B. in der ‚Insel Felsenburg' 1,7: „Ich fiel nach Lesung dieses Briefs, als ein vom Blitz Gerührter, rückwärts auf mein Bette"; Goethe kennt: „er stand, wie vom Blitz getroffen". Vgl. frz. ‚rester planté là comme foudroyé'. *Wie ein Blitz einschlagen:* Unglück, Verstörung durch eine unerwartete Nachricht hervorrufen.
Den Blitz anbinden wollen bezeichnet ein unmögliches und widersinniges Unterfangen. Ndd.: ‚Dem hat der Blötz ons Portmanee geschlaoge', er hat kein Geld mehr. Blitz als Interjektion wird ebenso gebraucht wie ‚Donnerwetter!', ‚Hagelschlag!' usw., oft mit Zusätzen wie ‚Blitzelement!'
In dem Ausruf *Potz Blitz!* ist ‚Potz' verhüllend aus ‚Gottes' umgeformt (↗ Bockshorn); vgl. frz. ‚Tonnerre de Dieu!'
Neuerdings wird ‚blitz-' auch zur Steigerung von Adjektiven gebraucht, ohne daß dabei das Blitzende (wie noch in ‚blitzblank' oder ‚blitzsauber') eine Rolle spielen muß, so z. B. ‚blitzeblau' (völlig betrunken), ‚blitzdumm', ‚blitzgescheit', ‚blitzliederlich', ‚blitzhäßlich'.
Die Wndg. *Er ist abgeblitzt* heißt, daß er abgewiesen worden ist.
Bei dir blitzt es wird scherzhaft zu einem Mädchen oder einer Frau gesagt, wenn ihr Unterrock hervorschaut.

Lit.: „Like a bolt from the blue", in: Notes and Queries, 7th, 3 (1887), S. 522; 7th, 4 (1887), S. 212; 8th, 3 (1893), S. 345; 8th, 4 (1893), S. 175 f., 455 f.; 8th, 5 (1894), S. 56 f., 236; 11th, 10 (1914), S. 448; *H. Freudenthal:* Das Feuer im dt. Glauben und Brauch (Berlin – Leipzig 1931); *R. W. Brednich:* Art. ‚Blitz', in: EM. II, Sp. 476–479.

Blitzableiter. *Der Blitzableiter für jem. sein:* der Zorn wird an ihm ausgelassen, während der Schuldige meist unbehelligt bleibt; vgl. frz. ‚servir à quelqu'un de paratonnerre'. Der Unschuldige sagt deshalb auch, daß er *nicht als Blitzableiter dienen* wolle.

Block. Ein Block ist ein kurzer, dicker Stamm, übertr. auch allg. gebraucht für das Große, Ungefüge. Ndd. ‚Dat is'n Block von Kerl', ein starker Kerl.
Einen Block am Bein haben: verheiratet

sein. Die Ehe wird in dieser Rda. als Behinderung und lästige Fessel angesehen, vgl. ndl. ‚Hij hefft een blok aan et been'. Der Block ist hier ein schweres Holzstück, das – wie andernorts eine Eisenkugel – den Gefangenen an der Flucht (am Weglaufen) hindern sollte.

Über Stock und Block wird ähnl. gebraucht wie ‚über ↗Stock und Stein', z.B. bei Rosenzweig: „Über Stock und Block galoppieren".

Im Block verkaufen ist frz. ‚vendre en bloc' nachgebildet.

In den Block kommen: ins Gefängnis kommen; *Im Block sitzen:* im Gefängnis sein. Der Block war im MA. eines der vielen Strafwerkzeuge für Prangerstrafen, die für Arbeitsscheue, Landstreicher u. Händelsüchtige verhängt wurden. Er stand auf öffentl. Plätzen (Markt, Anger) u. kam in verschiedenen Ausführungen vor – entweder als senkrecht stehender Block (auch Stock genannt) oder als Brett mit Löchern für die Beine u. Eisen für die Hände. Nach dem 14. Jh. wurden die Delinquenten z.T. auch im Lochgefängnis oder Kerker in den Block gespannt, um dort ihren Prozeß abzuwarten oder eine Freiheitsstrafe abzusitzen. So ergab es sich, daß der Begriff ‚Block' auf das (Loch-), (Block-) Gefängnis ausgedehnt wurde (↗Loch).

Lit.: Strafjustiz in alter Zeit (Rothenburg 1980); *R. Schmidt-Wiegand:* Art. ‚Pranger', in: HRG. III, Sp. 1877–1884, hier 1877.

Blocksberg. Unter den Rdaa., die aus Zaubersagen herausgewachsen sind, stehen solche zum Hexenglauben zahlenmäßig an der Spitze. Bekannt ist die abweisende Antwort *Geh zum Blocksberg!* (z.B. niederrh. ‚Goah na dem Blocksberch'). *Jemanden auf den Blocksberg wünschen:* ihn verwünschen, sich ihn weit weg wünschen.

Der Blocksberg, der Brocken im Harz, gilt seit dem 17. Jh. als berühmter Hexenberg und Hexentanzplatz. Darüber hinaus gibt es in Dtl. noch Hunderte anderer Erhöhungen mit dem Namen Blocksberg, woraus sich die weite Verbreitung der Rda. erklärt: „Daß du auf dem Blocksberg wärest!" (Lichtenbergs Schriften); „Ik wull dat du uppen Blocksberge seetst" (Wander I, Sp. 407). Meckl. z.B. sagt man von einem Schläfrigen ‚Dee is wol mit de Hexen nah'n Blocksbarg wäst', und von der stumpfen Sense heißt es ‚Dor kann'n up nah'n Blocksbarg riden'. Ähnl. schlesw.-holst. ‚Dat Meß is so stump, dor kannst mit'n bloten Ars op na'n Blocksbarg rieden', ‚Op sien Meß kann en Hex ahn Ünnerbüx up na'n Blocksbarg rieden'.

In anderen Landschaften sagt man von einem stumpfen Messer ‚Auf dem Messer kann man nach Breslau (Rom, Paris, Köln) reiten'. Der Messerritt ist unverkennbar ein Hexenritt und bezieht sich auf den Volksglauben: Man darf sein Messer nicht mit der Schneide nach oben legen, weil sonst die Hexen darauf zum Blocksberg reiten.

Lit.: *Wander* I, Sp. 407; *A. Wittmann:* Die Gestalt der Hexe in der dt. Sage (Diss. Heidelberg 1933); *L. Röhrich:* Sprw. Rdaa. aus Volkserzählungen, S. 260; *W. Erich Peuckert* u. *K. H. Bertau:* Der Blocksberg, in: Zs. f. d. Ph. 75, H. 4 (1956), S. 347–356. *C. Piat:* Frauen, die hexen (Freiburg i. Br. 1985); *C. Ginzburg:* Hexensabbat (Berlin 1990); *H. Gerlach:* Art. ‚Hexe', in: EM. VI, Sp. 960–992.

Blödsinn. Die Wndg. *höherer Blödsinn* ist ein in der ersten Hälfte des 19. Jh. aufgekommenes Schlagwort. Sie verhöhnt wohl die Sucht der Zeit, alle möglichen Bestrebungen durch das Beiwort ‚höher' zu heben (z.B. höhere Mathematik, höhere Tochter, höhere Magie, höhere Akrobatenkunst, vgl. höherer Schwindel).

Um übertriebene und selbstgefällige Anpreisungen zu verhöhnen, heißt es in einem Artikel der ‚Jahrbücher f. Wissenschaft und Kunst' ([Leipzig 1854], 1.238): „Wir meinen die Gesellschafts-Schwindel im lieben deutschen Vaterland: temporäre Gefühlsausschwitzungen en gros; Gefühlsaufwallungen, die bis zu gelinder Raserei gehen, wenigstens auf dem Niveau des höheren Blödsinns stehen". Dann biegt das Witzblatt ‚Kladderadatsch' den Ausdr. dahin um, daß es darunter den zum Ulk gesteigerten Humor versteht; 1856 spricht es vom ‚Styl des höheren Blödsinns" und steigert diesen sogar bis zum „höchsten Blödsinn". R. M. Meyer weist in seinen ‚400 Schlagworten' ([Leipzig 1901], Nr. 101) auf Girolamo Savonarolas „maggior pazzia" hin, wie dieser die von ihm veranstalteten Feste zum

Kampf wider die Unsittlichkeit nennt, und auf Herman Grimms Übersetzung dieses Ausdrucks durch „höhere Tollheit“ in seinem ‚Michelangelo‘ (Büchmann).
Im Volksmund ist auch vom ‚blühenden Blödsinn‘ als Steigerung die Rede, wobei die Freude am Gleichklang der Wortanfänge vermutl. eine Rolle gespielt hat.

blond. *Blondes Gift:* blonde, verführerische Frau; Anspielung auf das seit der Mitte der dreißiger Jahre übliche Blondieren des Haares bei Frauen, bes. bei Filmstars.
Die Neigung vieler Frauen, ihre natürliche Haarfarbe aufzuhellen, beruht auf einem jahrhundertealten Schönheitsideal. Umfragen haben ergeben, daß ‚blonde Frauen‘ die Männer noch immer am meisten reizen. Straßendirnen färben sich ihr Haar ‚wasserstoffsuperoxydblond‘, weil es von intensiver Leuchtkraft ist; der Volksmund spricht dann von ‚Gewaltblondinen‘. Auch Filmstars und -idole sind oft blond, vor allem, wenn sie in männerbetörenden Rollen auftreten wie z. B. Marlene Dietrich oder Marilyn Monroe. Der Schlager aus ‚Der blaue Engel‘ weist auf die Reizwirkung dieser Haarfarbe hin: „Nimm dich in acht vor blonden Frau'n, die haben so etwas Gewisses ...“, ebenso wie das Sprw. ‚Blondes Haar bringt den Jüngling in Gefahr‘.
Oft ist mit dem Begriff ‚blond‘ auch die Vorstellung von kalter Berechnung oder Kratzbürstigkeit verbunden, wie in der Wndg. *Blond wie ein Engel, hold wie ein Bengel* z. Ausdr. kommt, oder von raubtierhaftem Verhalten wie in *blonde Bestie* – frei nach F. Nietzsche, der in seinem Werk ‚Zur Genealogie der Moral‘ (‚Werke‘, VII [Leipzig 1887], 321 f.) von der Grausamkeit „der nach Beute u. Sieg lüstern schweifenden blonden Bestie“ sprach.
Im allg. gilt jedoch das natürliche Blond als bes. schön. Es ist vor allem im Norden weit verbreitet. Oft wird damit ein zurückhaltendes Wesen verknüpft, bis hin zu ‚licht‘ u. ‚klar‘. So ist die Jungfrau Maria auf allen nordalpinen Bildern blond. Auch Engel u. Kinder sind meist blond dargestellt. Dementsprechend mangelt es nicht an Rdaa. u. Sprww. die die Schönheit und Anziehungskraft des blonden Haares preisen: ‚Blaue Augen, blondes Haar, ist die Liebe ganz u. gar‘ u. in Anlehnung daran: ‚... gibt ein hübsches Hochzeitspaar‘, oder: ‚Mädchen mit blondem Haar, die lieb ich immerdar‘. Freilich gibt es auch Gegenstimmen, die *eine kühle Blonde* ablehnen, weil mit der Blondfarbe häufig auch eine distanzierte, abweisende Haltung verknüpft wird. Gegensatz: (schwarz) ↗braun.
Die Rda. *so blond wie ein Zigeuner sein* weist durch den in ihr liegenden Gegensatz auf eine bes. dunkle Haarfarbe vgl. frz. ‚C'est un blond d'Égypte‘(veraltet).
Nichts mit der Haarfarbe zu tun hat *ein kühles Blondes:* ein Glas Weißbier, scherzhafte berl. Rda. aus der Mitte des vorigen Jh.; frz. ‚Une blonde‘. Ebenfalls aus Berlin stammt die Rda. *blonde Füße haben:* gelbe Stiefel tragen.

Lit.: *G. Grober-Glück:* Motive u. Motivationen in Rdaa. u. Meinungen (Marburg 1974), I, S. 65–68.

Blöße, eine unbekleidete Stelle des Körpers; so gebraucht in der Wndg. *seine Blöße bedecken, in Frost und Blöße* (bei Luther). In der Fechtersprache bedeutet Blöße den unbeschützten, der Klinge des Gegners preisgegebenen Teil des Leibes; daher die Rda. *sich eine Blöße geben:* einen Fehler machen, eine Schwäche verraten; eigentl.: die Deckung aufgeben und sich dadurch dem Angriff des Gegners aussetzen; so z. B. bei Zachariae in ‚Der Renommiste‘ (1744), 6, 144; „indessen sieht Sylvan, daß Raufbold Blöße gibt“. Grimm (Dt. Wb. II, 150) verzeichnet außerdem noch die Rdaa.: *einem nach der Blöße stoßen* und *einem in die Blöße fallen:* in die Seite, die unbeschützt ist. *Seine Blöße nicht verbergen können:* seinem Gegner die Schwäche (mangelnde Bildung, schlechte Eigenschaften oder Schuld) wider Willen verraten.

Blücher. Die Erinnerung an den volkstümlichen ‚Marschall Vorwärts‘ der Befreiungskriege lebt in der Rda. *rangehen wie Blücher:* mutig darauf losgehen, weiter: ebenso *kalt wie Blücher:* ruhig, unerschrocken. Meckl. ‚Man ümmer druff!

seggt Blücher' und ‚Dee geiht ran as Blücher an de Katzbach' spielt auf den Sieg Blüchers am 26. August 1813 an der Katzbach über die Franzosen an; vgl. nordd. ‚Er haut rein wie Blücher in die Franzosen'. In Berlin sagt man ‚Er geht druff wie Blücher' meist von einem Draufgänger Frauen gegenüber. Der Ruf *Ran wie Blücher!* dient der Ermutigung. Zur Bekräftigung einer Tatsache heißt es *Aber sicher, sagte Blücher.*

Blümchenkaffee. *Blümchenkaffee trinken:* dünnen, gehaltlosen Kaffee trinken; ein offenbar in Leipzig aufgekommener Wortwitz. Sächs. ‚Blümchenskaffee', dünner Kaffee, ‚aus zwee Buhn sind zehn Tassen bereitet'. Der Ausdr. ist bereits 1729 bekannt und wird folgendermaßen erklärt: ‚Blümgen-Coffée so nennen die Leipziger den Coffée, wenn er allzu dünne ist, weil man die Blümgen auf dem Boden der Coffée-Tasse dadurch sehen kann" (Orestes, ‚Der Dreßdnische Mägde-Schlendrian', S. 47).

Lit.: *Müller-Fraureuth* I, S. 123; *Trübner* I, S. 376.

Blum ↗erschossen.

Blume. *Durch die Blume sagen:* nicht mit gewöhnlichen Worten, sondern verhüllend, andeutend und umschreibend reden; vgl. ndd. ‚dor de blumme kallen' u. frz. ‚dire quelque chose avec des fleurs'. Die Herkunft der Rda. von der ‚Blumensprache' ist denkbar, da jeder einzelnen Blume eine bestimmte symbolische Bdtg. zukam, was sich etwa noch in Namen wie ‚Männertreu' und ‚Vergißmeinnicht'

‚Etwas durch die Blume sagen'

‚Jede Blume verliert zuletzt ihren Duft'

zeigt. Bei der Brautwerbung war es weithin üblich, daß das Mädchen dem Freier eine bestimmte Blume überreichte, wenn sie ihn abweisen wollte. ‚Durch die Blume' wurde von ihr in einer angenehmen Verhüllung die schlechte Nachricht gegeben, die sie sich sonst auszusprechen scheute. In Dtl. und der Schweiz verwendete man dazu meist ↗Schabab (Nigella damascena) oder die Kornblume, in Lüttich z.B. galt dagegen die Klatschrose als Zeichen der Abweisung.

Unsere Rda. ist jedoch auch aus der mit ‚Redeblumen' gezierten Sprache herzuleiten. Schon im Altertum wurde das lat. Wort flosculus = ‚Blümchen' zur Bez. des Zierats in der Rede gebraucht. Ein dt. Ausdr. dafür ist schon mhd. bekannt: die redebluome; belegt z.B. bei Frauenlob (370, 3): „mit redebluomen ... volzieren ein lop". Später gebrauchte man ‚Blümlein' und ‚Wortblume'. Lat. flosculus wurde im 17. Jh. zu ‚Floskel' eingedeutscht. Ebenso ersetzte man im 18. Jh. griech. Anthologie, neulat. Florilegium durch ‚Blüten- oder Blumenlese'.

Gleichen Ursprungs ist der Ausdr. *etw. verblümt sagen:* mit einer Sprache, die durch Blumen und Blümchen verziert ist; z.B. bei Seb. Brant (‚Narrenschiff' 19, 63): „und reden vil geblümter wort", oder bei Abraham a Sancta Clara: „Gott sieht nit allein das wahre und bloße, sondern auch das verblümlete. Ihr Sünder, ihr könnt eure Stückl nit besser verblümlen, als mit den Rosen des heiligen Rosenkrantz".

Lessing verwendet ‚verblümte Reden' noch in gutem Sinne, aber bereits Luther kannte dafür eine schlechte Nebenbdtg.: „Mit Schreiben meinen sie die Sach zu blümen und die Leut zu schmehen". Wir verwenden die Rda. heute in dem Sinne: durch Anspielungen einem etw. zu verstehen geben, wobei das Volk solcher geblümten Rede nicht recht traut und sie als Lüge oder falsche Vorspielung bezeichnet. ‚Bluemle bla vormachen' heißt es im Elsaß. Allg. bedeutet *jem. blaue Blümchen weismachen* ihm unbegründete, phantastische Dinge als Wahrheit darstellen wollen.

Einem etw. unverblümt sagen: ihm die Wahrheit ohne Umschweife ins Gesicht sagen. Obersächs. ‚durch die Chaisenträger-Blume reden', eine sehr deutliche Anspielung machen; vergleiche frz. ‚dire à quelqu'un la vérité sans ambages' (wörtl.: einem die Wahrheit ohne Umschweife sagen).

Wer eine Zurechtweisung oder Kritik verstanden hat, sagt deshalb iron. *Vielen Dank für die Blumen!* Der Reklameslogan ‚Laßt Blumen sprechen' stellt bewußt wieder die alte Beziehung zur ‚Blumensprache' her, die das Wort ersetzen kann und doch die Gefühle ausdrückt.

Er steht (blüht) wie eine Blume auf dem Mist: er ist fehl am Platze, paßt nicht in seine Umgebung. – Schlesw.-holst. ‚Et regent em in die Bloom', er hat viel Glück.

Rdal. Vergleiche enthalten die Wndgn.: *von einer Blume (Blüte) zur andern flattern wie ein Schmetterling,* womit der unstete Liebhaber gemeint ist; vgl. ndl. ‚Hij is zoo wispelturig als een vlinder, die van de een bloem op de andere vliegt' u. frz. ‚voleter comme un papillon de fleur en fleur'; und *aus jeder Blume (Blüte) Honig saugen wollen:* überall seinen Vorteil suchen.

Die Rda. *Es ist eine Blume, die im Dunkeln blüht* bezeichnet die Verborgenheit und Bescheidenheit und steht dem Sinn nach der Rda. ‚wie ein Veilchen im verborgenen blühen' nahe (vgl. ndl. ‚Het is eene bloem, die in het duister bloeit').

Lit.: *W. Wackernagel:* Die Farben und Blumensprache des MA.s, in: Kleinere Schriften 1 (Leipzig 1872), S. 143–240; *M. v. Strantz:* Die Blumen in Sage u. Geschichte (Berlin 1875); *H. Friend:* The Flowers and Their Story (London 1907, Repr. Detroit 1972); *J. Hecker:* Das Symbol der blauen Blume (Diss. München 1931); *A. Usteri:* Die Pflanzenwelt in der Sage und im Märchen (Basel 1947); *G. Meinel:* Art. ‚Blume', in: EM. II, Sp. 483–495; *dies.:* Pflanzenmetaphorik im Volkslied, in: Jb. f. Volksliedforschung 27/28 (1982/83), S. 162–174.

Blumentopf. *Bei mir kannst du keinen Blumentopf gewinnen (erben):* bei mir kannst du nichts erreichen, damit ist kein Erfolg zu erzielen; berl. Rda., in der Blumentopf vielleicht ironisierend nüchtern für den Blumenstrauß steht, der erfolgreichen Künstlern auf der Bühne überreicht wird. Wahrscheinlicher jedoch geht die Wndg. auf die Würfelbuden der Jahrmärkte zurück, wie die vollständigere berl. Form der Rda. beweist: ‚Du kannst doch bei mir keenen Blumentopp jewinnen, und wenn du 19 trudelst' (würfelst).

Lit.: *H. Meyer:* Der richtige Berliner, S. 27; *Küpper.*

blümerant. *Mir wird ganz blümerant (vor den Augen):* mir wird unwohl, schwindelig. Blümerant (auch plümerant) entspricht frz. ‚bleu mourant' = blaßblau, mattblau (eigentl. ‚sterbendblau'). Diese Farbe wurde um die Zeit des Dreißigjähr. Krieges von Frankr. her auch bei uns zur Modefarbe. Als man ihrer überdrüssig wurde, stellte sich die übertr. Bdtg. blümerant = schwindelig ein (vgl. ‚Mir wird ganz grün und blau vor Augen'). In dieser Verwendung hat sich das Wort umgangsspr. in nahezu allen dt. Mdaa. erhalten; etwa schlesw.-holst. ‚Em wor blämerantig to Moot'. Vereinzelt ergaben sich gewisse Bedeutungsverschiebungen, z. B. rhein. ‚Et es me ze blümerant, wo de N. et Geld herkrit', es ist mir schleierhaft; meckl. ‚Du bist 'n schönen Blümerant', du bist ein ganz Übler.

Lit.: *Trübner* I, S. 352; *Göhring,* Nr. 48, S. 35; *Kluge-Götze.*

Blut erscheint in den sprw. Rdaa. meist im übertr. Sinne; es gilt als der Sitz des Temperamentes: *Das liegt mir im Blut:* das ist mir angeboren und meiner innersten Natur gemäß, ich tue es unwillkürlich; vgl. frz. ‚J'ai cela dans le sang'; *heißes Blut haben:* temperamentvoll sein; vgl. frz. ‚avoir le sang chaud'; *mit ruhigem Blut etw. tun; ruhig Blut bewahren:* sich nicht aufregen, gelassen bleiben; *kaltes Blut behalten,* oft scherzhaft in der Form „Immer kalt Blut und warm angezogen" (so bei C. Zuckmayer, ‚Schinderhannes' 2. Akt); vgl. frz. ‚faire quelque chose de sang froid' (mit kaltem Blut).

Das macht böses Blut: das erregt Erbitterung und Feindschaft, ndl. ‚Het zet kwaat bloed', frz. ‚Cela fait du mauvais sang', in diesem Sinne nur noch örtlich gebräuchl.; umg., dafür: ‚se faire du mauvais sang' (sich böses Blut machen), i. S. v.: sich Sorgen machen; engl. ‚to breed ill blood'; schon bei Luther: „das vergeblich lange gaffen würde ungedult und böses blut machen" (Jenaer Ausg. Bd. 5, S. 124a). Auch die gegenteilige Rda. *gutes Blut machen* ist belegt; Jeremias Gotthelf z. B. erzählt: „Um meinem neuen Meister gutes Blut zu machen, zahlte die Mutter ihm noch eine halbe Wein".

Mach mir das Blut nicht heiß!: erzürne mich nicht! Vgl. frz. ‚Ne m'échauffe pas les sangs!'

Das Blut kocht in den Adern bei großer Wut. *Er hat Blut geleckt* (schwäb. ‚geschmeckt') sagt man von einem, der einen Genuß gehabt hat und nicht mehr darauf verzichten will. Die Rda. stützt sich auf Realbeobachtungen bei Raubtieren. Ähnl.: *Blut riechen:* auf den Geschmack kommen, sowie *nach Blut dürsten:* rachedurstig sein, vgl. frz. ‚être assoiffé de sang'. Viele übertreibende Rdaa. mit Blut sind bekannt: *Blut schwitzen:* vor Angst schwitzen (bereits mhd., vgl. Gesamtabenteuer 1, 12, 279), *Blut und Wasser schwitzen:* sich sehr anstrengen; vgl. frz. ‚suer sang et eau'; *Blut weinen, blutige Tränen weinen,* schon im ‚Nibelungenlied' (Str. 1069): „ir liehten ougen vor leide weinten dô bluot", beim Stricker: „Er switzet unde weinet bluot", bei Erasmus von Rotterdam (1465–1536). „sanguine flere"; vgl. frz. ‚pleurer des larmes de sang' (Bluttränen).

Einem das Blut (unter den Nägeln) aussaugen: ihn peinigen, daher auch ‚Blutsauger', ‚Blutegel', vgl. *dahinterher sein wie der Egel hinter dem Blut.* Ähnl.: *jem. bis aufs Blut quälen (reizen, kränken),* eine Wndg., die heute im übertr. (nicht weniger grausamen) Sinne gemeint ist, z. Zt. des Hexenwahns aber ‚blutiger Ernst' war. Nach damaligem Glauben verlor die Hexe ihre Macht, wenn man ihr Blut entzog. Wenn man also in Schweden u. andernorts den Verdacht hatte, eine Person habe den bösen Blick u. könne hexen, war man der Meinung, man brauche sie nur ‚bis aufs Blut' zu schlagen u. jede Gefahr sei vorüber (↗ Blick).

Treu bis aufs Blut: treu bis zum letzten. Die Wndg. ‚bis aufs Blut' ist bibl. Ursprungs: „Denn ihr habt noch nicht bis aufs Blut widerstanden in dem Kämpfen wider die Sünde" (Hebr 12,4); vgl. frz. ‚fidèle jusqu'à la dernière goutte de sang' (wörtl.: bis zum letzten Blutstropfen).

Wieder zu Blut kommen: wieder auf die Beine kommen, wirtschaftlich hochkommen. *Aussehen wie Milch und Blut* ↗ Milch. Blut erscheint auch sonst oft in rdal. (oft auch durch den Reim verbundenen) Zwillingsformeln wie ‚Fleisch und Blut' (bibl.), ‚Gut und Blut', ‚Leib und Blut' (Goethe, Schiller).

Blaues Blut haben ↗ blau.

Blut lassen müssen, kürzer *bluten müssen:* einen Verlust erleiden müssen, für etw. büßen. Die Rda. kommt wohl von früheren Strafen für schwerwiegende Verbrechen, indem man den Delinquenten eine Ader öffnete und sie bluten ließ; vgl. frz. ‚saigner quelqu'un'; ndl. ‚moeten bloeden voor iets'; engl. ‚to make a person bleed for'. Studentisch heißt ‚bluten' beim Trinken Bier verschütten; vgl. O. Ernst ‚Frohes Farbenspiel' 1901 (S. 158): „Bluten (ist) nach dem Comment strafbar". Seit dem 18. Jh. wird die Rda. *bluten müssen* bis heute auch bes. i. S. v. ‚zahlen müssen' gebraucht. Der seit dem 16. Jh. bekannte rdal. Vergleich *bluten wie ein Schwein* bezieht sich auf den Blutreichtum der Schweine; vgl. frz. ‚saigner comme un bœuf' (wie ein Ochse bluten). In Zusammensetzungen wird ‚blut-' auch als Verstärkung angewendet: z. B. ‚blutarm', ‚blutjung', ‚blutwenig'. Vielleicht geht ‚blut-' auf das ndd. ‚blot', ‚blutt' zurück, das dem hd. „bloß" entspricht und die Bdtg. von ganz, völlig, sehr annahm. Die älteste dieser Bildungen ist ‚blutarm' (sehr arm) aus dem 16. Jh., dann entstanden analog: ‚blutsauer', ‚blutnötig'. Ein ‚blutjunges Ding' meint ein ganz junges Mädchen. ‚Blutarm' bedeutet zunächst aber wörtlich: arm an Blut, an roten Blutkörperchen, anämisch. Aber die Zusammen-

setzung kann auch mit ‚blut-' erfolgt sein, das gleichbedeutend für Leben, Dasein steht. ‚Blutjung' wäre dann jung an Jahren, so wie Hans Sachs die Wndg. ‚das junge Blut' braucht (‚Der fromme Adel' 27).
Auch das Adj. ‚blutig' dient der Steigerung, z. B. in ‚blutiger Anfänger', ‚blutiger Ernst', wobei es ebenfalls den Sinn von ‚völlig' besitzt.
Etwas ist mir in Fleisch und Blut übergegangen ↗ Fleisch.
Die Rda. *Einem wird das Blut sauer:* seine Geduld ist erschöpft, beruht auf dem Vergleich mit der Milch, die gerinnt. Als Ausruf der Bestürzung *Mir wird das Blut sauer!* steht die Rda. in der Nähe der Wndg. *Mir stockt (gerinnt, gefriert) das Blut.*
Einem unreines Blut und Brot reden: eine so schwere Beschuldigung gegen jem. aussprechen, die der Sünde, unreines Blut und Brot zum Altar gebracht zu haben, entspricht.
Die Rdaa. *Blut klebt an den Händen* oder *Die Hände sind mit Blut befleckt* braucht man zur Bez. und Beschuldigung eines Mörders; vgl. frz. ‚Ses mains sont tachées de sang'.
Neuere Wndgn. sind: *Das ist meine Blutgruppe:* mein Geschmack, 1930 mit der Blutgruppenbestimmung aufgekommen, und *Sie bilden zusammen eine Blutwurst:* sie sind unzertrennlich, gleicher Meinung, passen sehr gut zusammen.
Nach 1945 wurde scherzhaft von einem Bezechten gesagt, daß er *noch zwanzig Prozent Blut im Alkohol habe.* Der Sprachwitz beruht auf der Vertauschung der Begriffe Blut und Alkohol und auf der absichtl. Verwechslung von Promille und Prozent.
Viel von sich reden machte in neuerer Zeit die Wndg. ‚Blut, Schweiß u. Tränen', die durch Winston Churchill (1874–1965) Berühmtheit erlangte. Drei Tage nach dem dt. Einmarsch in Belgien und den Niederlanden sagte er in seiner Rede vom 13. Mai 1940 vor dem britischen Unterhaus den unvergessenen Satz: „I have nothing to offer but blood, toil, tears and sweat".
Es handelt sich dabei um eine Verbindung der schon bei Cicero (106 v. Chr. – 43 v. Chr.) u. Livius (59 v. Chr.–17 n. Chr.) häufig vorkommenden Zwillingsformel ‚Blut u. Schweiß' mit den von Seneca (55 v. Chr.–40 n. Chr.) des öfteren genannten ‚lacrimae' = Tränen. Churchill fügte noch einen weiteren Begriff hinzu, den der Arbeit. Doch ist die Wndg. hauptsächlich in der Verbindung ‚Blut, Schweiß u. Tränen' erhalten.
Auf einem sehr alten Ritus fußt die Wndg. *Blutsbrüderschaft schließen,* d. h. eine durch feierliche Vermischung von Blutstropfen der Partner besiegelte Männerfreundschaft. Der Begriff begegnet schon im Nibelungenlied, später auch in Sagen u. Märchen (Brüdermärchen usw.).

Lit.: *L. Strack:* Das Blut im Glauben u. Aberglauben der Menschheit (München [7]1900); *E. Stemplinger:* Art. ‚Blut', in: HdA. I, Sp. 1434–1442; *M. Beth:* Art. ‚Blutsbrüderschaft', in: HdA. I, Sp. 1447–1449; *E. Bargheer:* Eingeweide. Lebens- u. Seelenkräfte des Leibesinnern im dt. Glauben u. Brauch (Berlin – Leipzig 1931); *R. H. Crum:* „Blood, Sweat & Tears." In: The Classical Journal, 42 (1946/47), S. 299–300; *M. Lurker:* ‚Blut', in: Wb. bibl. Bilder u. Symbole (München 1973), S. 56–59; *K. Ranke:* Art. ‚Blut', in: EM. II, Sp. 506–522; *M. Belgrader:* Art. ‚Blutsbrüderschaft', in: EM. II, Sp. 523–528; Strafjustiz in alter Zeit (Rothenburg 1980), S. 311.

Blüte. *Einem eine Blüte stechen:* ihn zurechtweisen, eine Blöße an ihm aufdekken. Mit der Blüte ist hierbei eigentl. ein kleiner Hautausschlag, eine Pustel gemeint (vergleiche ‚einem den ↗ Star stechen').
Wenn einer ungerechtfertigte Hoffnungen hegt, so sagt man von ihm *Es wird ihm in die Blüte regnen;* er wird Pech haben.
In der Blüte des Lebens stehen (sterben): in den besten Jahren, im Vollbesitz aller Kräfte. *In voller Blüte stehen:* auf dem Höhepunkt der Entwicklung angekommen sein.
Etw. in der Blüte vernichten: während der ersten Entwicklung und Entfaltung zerstören.
Üppige Blüten treiben: immer neue Erklärungen, Geschichten, Anekdoten hervorbringen, wird meist im Hinblick auf große Phantasie gebraucht. Ähnliches meint die Wendung *wunderliche Blüten treiben:* seltsame Ereignisse zur Folge haben.
Im negativen Sinne bez. man einen jun-

gen Menschen, von dem man wenig Gutes erwartet, als ‚eine Blüte'. So gilt die Wndg. *Du bist ja eine schöne Blüte!* als Schimpfwort.

Jem. Blüten andrehen: beim Geldwechseln nachgemachte Scheine, also Falschgeld herausgeben.

Blütenträume. *Nicht alle Blütenträume reifen:* nicht alles, was verheißungsvoll beginnt, wird einmal Frucht tragen, nicht alle Hoffnungen gehen in Erfüllung. Die Wndg. beruht auf Goethes Gedicht ‚Prometheus' von 1774, in dem Prometheus in der vorletzten Strophe gegen Zeus aufbegehrt:

Wähntest du etwa,
Ich sollte das Leben hassen,
In Wüsten fliehen,
Weil nicht alle
Blütenträume reiften?

Bock. Verschiedene Eigenschaften des Bockes kommen bes. in rdal. Vergleichen vor: *stinken wie ein Bock,* schon im jüngeren ‚Titurel' um 1270 (Str. 249): „und stinkent sam die bocke"; *Augen haben wie ein abgestochener Bock,* belegt im ‚Narren-Nest' von Abraham a Sancta Clara: „Die Augen verkehrt er wie ein abgestochener Bock"; außerdem *stur wie ein Bock (ein sturer Bock), springen wie ein Bock, dumm wie ein Bock, geil wie ein Bock,* scherzhaft *keusch wie ein Bock um Jakobi* (schwäb.), *störrisch wie ein Bock,* daher *bockbeinig,* das erst im 19. Jh. aus der bair. Mda. ins Hd. eingedrungen ist; ähnl. *steif wie ein Bock* und *bocksteif.*

Schwäb. ‚Der Bock ist die Geiß, die Geiß ist den Bock wert', sie passen zueinander.

Den Bock bei den Hörnern fassen: eine Sache tatkräftig anpacken, die Gelegenheit beim Schopfe fassen; vgl. frz. ‚prendre le taureau (den Stier) par les cornes', ↗Stier.

Von einer mageren Frau sagt man mdal.: *Die ist so dünn, sie kann den Bock zwischen den Hörnern küssen;* ähnl. in Frankfurt: ‚Der kann en Bock zwische de Hörner kisse'.

Sich darauf verlassen wie der Bock auf die Hörner: fest auf etw. vertrauen. *Die Böcke von den Schafen zu scheiden* gehört zu den realen Aufgaben des Schäfers. Sie dient in der Bibel als Gleichnis (Matth. 25,32) für die Scheidung der Verdammten und Seligen beim Jüngsten Gericht. Vgl. frz. ‚séparer les brebis (die Mutterschafe) des boucs'. Südwestdt. *Es kommt ihm, wie dem Bock die Milch:* er begreift nur sehr schwerfällig. *Nun ist der Bock fett:* das Unglück ist da, die Sache hat ihren Gipfel erreicht (eigentl. ‚Der Bock ist zum Schlachten reif').

Den Bock melken: etw. Vergebliches, ja Unmögliches versuchen, schon altgriech. und mlat. 1020 in der ‚Fecunda ratis' des Egbert von Lüttich (Nr. 519); dt. erst seit dem 17. Jh. bezeugt, z.B. in Straßburg 1658: „Was ists Wunder, wenn einer ein Bock melcket, der ander hebt ein durchlöchert Sieb unter, das kein Milch und Butter erfolge"; ähnl. auch bei Kant 2,94: „Der belachenswerte Anblick, daß einer den Bock melkt, der andere das Sieb unterhält". Ndl. ‚Het is den bok gemolken'; Wolgadeutsch: ‚Däs is grad so gut wie dr Bock melka.'

Wenn die Böcke lammen ist ein bes. in Niederdeutschland gebrauchter volkstümlicher Ausdr. für ‚niemals', z.B. ‚Blumenpingesten, wenn de Böcke lammet' (↗Pfingsten).

Der Bock stößt ihn sagt man von einem, dessen Oberkörper bei starkem Schluchzen, bei Schluckauf oder bei starkem Lachen ruckweise zuckt, wie mehrmals heftig ins Kreuz gestoßen.

Übertr. z.B. ndd. ‚He es vom Bock jestoate', er ist dumm, töricht. Heute hat die Rda. auch den Sinn: der Übermut, das Üppigsein (der Teufel) treibt ihn zu etw. Unvernünftigem. Die seit dem 16. Jh. belegte Verwünschung *Daß dich der Bock schände!* ist wohl mit dem Teufel in Bocksgestalt zu verbinden; sie ist auch heute noch mdal. verbreitet; schwäb. ‚daß mich der Bock stoße! und ‚Bock, streck mich!' (↗Bockshorn).

Den Bock zum Gärtner setzen (machen): einen Untauglichen oder Ungeeigneten mit einer Aufgabe betrauen, der viel schadet und nichts nutzt. Vielfach ist der Bock abgebildet worden, wie er aufrecht auf einer hohen Staude oder an einem Strauch steht und die jungen Spitzen abfrißt. Die Rda. ist zuerst in einer Priamel des 16. Jh. belegt (A. Keller: ‚Alte gute

,Den Bock zum Gärtner machen'

Schwänke' [Leipzig 1847], S. 22). Auch bei Hans Sachs (IV, 3, 13b):

dasz dir nit nachtnebel klein
deine augen verdunkeln than,
sechst ein bock für ein gärtner an.

Aus Danzig wird im 17. Jh. überliefert: „Wer den Bock zum Gärtner setzet, den Hund nach schmehr und die Katze nach bradtwürsten schikket, kriget selten etwas heimb" (Ziesemer, Preuß. Wb. I, 691); ↗Katze.

1639 verzeichnet Christ. Lehmann in gereimter Sprichwortform (S. 70): „Glaub, wo der Bock ein Gärtner wird, die jungen Bäume er wenig ziert", sowie (S. 397): „Man muß den Hund nicht so weit in die Küchen, den Bock nicht in den Garten, die Katz nicht zur Milch kommen lassen". 1649 verzeichnet Gerlingius (Nr. 182): „Ovem lupo commisisti. Du hast den Bock zum Gärtner gesetzt. Dem Wolff hast du die Schäff befohlen. Der Katzen ist der Keeß befohlen". Simon Dach reimt 1655 (Gedichte, 2,83):

Denn wer Mägde läßt allein
Setzt den Bock zum Gärtner ein.

Vgl. ,den Habicht über die Hühner setzen'; lat. (Ovid): ,accipitri columbas credere' = dem Habicht die Tauben anvertrauen; engl. ,to give a wolf the wether to keep', einem Wolf den Hammel anvertrauen; frz. ,donner la brebis à garder au loup', auch ,mettre le loup dans la bergerie' (wörtl.: den Wolf in den Schafstall hereinlassen), ↗Wolf.

Eine ähnl. Bdtg. hat die Rda. *den Bock auf die Haferkiste setzen:* eine Sache verkehrt anfangen. Ndl. ,De bok stoot op de haverkist'; schlesw.-holst. ,He geit dorop los as de Bock op de Hawerkist', er ist sehr emsig.

Einen Bock schießen: einen Fehler, eine Dummheit machen; ndl. ,een bok schieten'. Die Wndg. leitet sich von der früheren Sitte der Schützengilden her, dem schlechtesten Schützen als Trostpreis einen Bock zu überreichen. Dieser Brauch ist bereits 1479 in Lenzkirch (Schwarzwald) nachzuweisen. Bock bedeutete urspr. ,Fehler'; ähnl. werden Tiernamen häufig zur Bez. von Versehen gebraucht, z.B. Pudel, Ente, Lerche und Schwein. Wolf ist ein alter Organistenausdr. für einen Fehler im Orgelbau. Hans Sachs sagt von einem Buhler, den die Frau abblitzen läßt:

Der zog davon und ward verdrossen
Und hätt der einen Kuckuck
geschossen.

In seinem Fastnachtsspiel ,Papirius Cursor' (270) sagt Hans Sachs: „Ir weiber schiest ain ferrn" und im ,Neidhart' (495). „Die weil ich hab ein trappen gschossen". Frz. heißt ,faire un loup' schlechte Arbeit leisten, der überspringende Ton einer Trompete ,un canard'. In der Bdtg. Bock = Fehler gebrauchen wir heute noch *etw. verbocken,* auch tautologisch verstärkt zu *Bockmist machen* (Zusammensetzung zweier gleichbedeutender Ausdrücke: Bock = Fehler; Mist = Unsinn). ,Das ist gebockt', sagt der Tiroler von jedem Mißgriff. Die Rda., ,einen Bock schießen' ist zuerst Ende des 17. Jh. belegt, vgl. Abraham a Sancta Clara ,Etwas für Alle' (S. 103): „einen groben Bock schießen". Mdal. heißt ,einen Bock schießen' auch: vorwärts stolpern und fallen (z.B. ober-

,Einen Bock schießen'

sächs.); vgl. dazu ‚eine ↗ Lerche schießen'. Wander (I, Sp. 418) gibt eine sekundäre Erklärung der Rda., indem er das Jagdabenteuer eines pomm. Edelmanns anführt, der kurzsichtig war und einen erschreckten Ziegenbock statt einer Schnepfe schoß.

Im übertr. Sinn bez. Bock z.B. Arbeitsgeräte, wie Sägebock und Holzbock, aber auch das Gestell, auf dem die Prügelstrafe vollzogen wurde. Daher *in den Bock spannen:* auf schmerzhafte Weise bestrafen, in Schwaben schon 1525 belegt: „In ein Bock zwingen". Bei Seb. Franck: „Drum solt man nit so alle Köpf in ein Bock begern zu zwingen".

Die Rda. ist auch in der Form belegt *einen ins Bocksfutter spannen* (z.B. schwäb. und schweiz.). Gemeint ist damit eine bis ins 19. Jh. geübte Art der Bestrafung und Folterung, wobei dem Sträfling die Hände zwischen den Beinen durchgezogen und an einem unter den Kniekehlen durchgezogenen Stock befestigt wurden, so daß er weder richtig stehen noch sitzen konnte. Diese Tortur lebt hie und da noch in Knabenspielen weiter. Obersächs. kennt man für diese Strafe die Wndg. ‚jem. in den span. Bock spannen' und die Drohung ‚Wer wer'n dich in pol'schen Bock spann", Androhung der Strafe, ihm den rechten Arm mit dem linken Bein und den linken Arm mit dem rechten Bein nach hinten kreuzweise zusammenzuschnüren, nach Müller-Fraureuth I, 126 eine Erbschaft von den poln. Truppen.

Die scherzhafte Frage *Ist der Bock gesattelt?,* die sich erkundigt, ob jem. bereit zum Mitgehen ist, weist noch auf die alte Vorstellung vom Hexenritt auf Ziegenböcken.

Als neuere Wndg. hat sich vor allem bei jungen Menschen *Null Bock haben* durchgesetzt; desgl. *Bock haben auf etw.* Sie ist etwa 1979/80 entstanden.

Die Jugendsprache bedient sich des Bocks als Metapher, um ‚Lust, Appetit auf etw. haben' bzw. ‚keine Lust haben' in bildhaft ironisierender Weise z. Ausdr. zu bringen. (↗ Sündenbock).

Lit.: Dt. Wb. II, S. 202f.; *Wander* I, Sp. 414–418; *Richter-Weise,* Nr. 23 u. 24, S. 28–30; *Göhring,* Nr. 50 u. 51, S. 35f.; *L. Herold:* Art. ‚Ziegenbock', in: HdA. IX, Sp. 912–931; *S. G. Stech:* „A remark on ‚goat in the garden'", in: American Speech 36 (1961), S. 139–140; *A. L. Hench:* „Put the goat in the garden", in: American Speech 41 (1966), S. 157–158.

Bocksbeutel. *Einem den Bocksbeutel anhangen* (anhängen): ihn lächerlich machen; der Verachtung preisgeben. Mit der Wndg. *Das ist ein alter Bocksbeutel* bez. man in Norddtl. das strenge Festhalten an alten, lächerlichen Gewohnheiten. Das Wort leitet sich von ‚Booksbüdel' her, in dem die Frauen beim Kirchgang ihr Gesangbuch trugen. In einem ähnl. Beutel nahmen die Hamburger Ratsherren ihre Statuten mit ins Rathaus. Da sie mit der Zeit veralteten und sinnlos erschienen, sprach man von ‚einer bloßen Booksbüdelie' (Bocksbeutelei).

Der Ausdr. ‚Bocksbeutel' wurde urspr. auch i.S.v. Schlendrian, Nachlässigkeit gebraucht, u.a. bei J.B. Schuppius (1610–61).

Auch J. W. v. Goethe (1749–1832) verwendet ihn i.S.v. Schlendrian u. ‚alter Zopf': „Jeder Studierende fordere vom Professor der Physik einen Vortrag sämtlicher Phänomene. Fängt dieser aber den bisherigen Bocksbeutel damit an ... so lache man ihn aus."

Der Begriff ‚Bocksbeutel' ist aber auch als Bez. für eine Weinflasche von flacher, bauchig-runder Form aus braunem oder grünem Glas bekannt, wie sie hauptsächlich für den Frankenwein verwendet wird. Der Flaschenname meint tatsächlich den Hodensack eines Ziegenbockes (scrotum capri) u. erinnert an die Zeiten, in denen Wein in Tierbälgen transportiert u. aufbewahrt wurde, ↗ Beutel, ↗ Schlauch.

Lit.: *J. Hubschmid:* Schläuche und Fässer (= Romanica Helvetica 54) (Bern 1955); *H. Jung:* 3000 Jahre Bocksbeutel. Der Siegeszug einer Weinflasche (Würzburg 1970); *H. Hommel:* Bocksbeutel u. Aryballos. Philologischer Beitr. zur Urgesch. einer Gefäßform (= Sitzungsber. Heidelb. Akad. d. Wiss.) (Heidelberg 1978); *L. Röhrich:* Flaschen, in: U. Jeggle u.a. (Hg.): Volkskultur in der Moderne (Reinbek 1986), S. 332–346.

Bockshorn. Es gibt nicht viele Rdaa., die so rätselhaft sind und deren Bedeutungsgeschichte so vielgestaltig und widerspruchsvoll ist wie die: *jem. ins Bockshorn jagen:* ihn in die Enge treiben, ihn zaghaft machen, ihn einschüchtern. Verwandte Wndgn. sind: *ins Bockshorn zwingen, trei-*

ben, stoßen, kriechen, blasen. Die frühesten lit. und hist. Belege gehören in das 16. Jh. und lassen erkennen, daß das Bewußtsein für eine urspr. oder ältere Bdtg. schon damals verlorengegangen war.

L. Schmidt weist darauf hin, daß bereits in einem der Sterzinger Fastnachtsspiele – im ‚Verstossen Rumpold' – die Wndg. „in ain Pochs horen treiben" vorkommt. Es handelt sich um eine Niederschrift des frühen 16. Jh., die textlich ins 15. Jh. zurückgeht, jedoch nichts über den Urspr. aussagt. Auch das älteste schriftliche Zeugnis bei Seb. Brant (um 1500) gibt keinen Hinweis auf die Entstehung:

Teutschen seindt unverträglich narren,
Thun ehe frydienst den ehrengenosz
Dann das man sie in bockshorn stosz
(‚Narrenschiff').

In den ‚Sprichwörtern' von Seb. Franck (1541) heißt es: „drumb solt man nit so alle köpf in ein bockshorn begern und zwingen", bei Geiler von Kaysersberg auch: „ich red us keine Bockshorn", d.h. ohne Finessen, grob heraus; bei Luther: „Alle Welt ist erschreckt und überpoltert, bis sie endlich in ein Bockshorn ist gejagt". Die Rda. ‚in ein Bockshorn treiben' hat Hans Sachs (1551):

Mein Fraw meint, ich wer gar ein Schaff,
Stellt sich so fromb vnd keusch (versteht),
Sams nie kein Wasser trübet het,
Wollt mich nur treibn in ein Bockshorn,
Biß ich doch auch bin innen worn
Irer frömbkeyt, drein sie sich bracht
(Fastnachtsspiele, Ndr. 38, 230).

Etwa gleichzeitig steht ‚in ein Bockshorn zwingen' bei Aventin (‚Bayer. Chronik', hg. v. Lexer 1, 809). Dasselbe begegnet ferner bei dem Nördlinger Pfarrer Georg Albrecht (1665): „will vns denn der Pfaff allenthalben reformirn, vnd gar in ein Bockshorn zwingen?" (‚Fluch-ABC' 34). Bei dem schwäb. Jesuiten Konrad Vetter findet sich in seiner Übers. von Campianus Schräckengast (1599, Bl. A 4a) die Wndg.: „in ein Bockshorn verwickelt". In Lohensteins ‚Cleopatra' (1661) heißt es von Lepidus: „Der in Bockshorn kroch, als ich den Brutus trieb und Cassius aus Rom".

Die Tatsache, daß gerade Luther „ins Bockshorn jagen" sagt, hat wohl entscheidend dazu beigetragen, daß mit der Zeit nur ‚jagen' sich erhalten hat. Mit dem Eindringen in den lit. Gebrauch wird die Rda. immer mehr festgelegt. Von den bisher möglichen Verben bleibt nur noch ‚jagen' gebräuchlich (so bei Grimm in KHM. 27, ferner bei Lessing, Hamann, Goethe): „Kann man euch Hundsvötter so ins Bockshorn jagen?" (Lessing); „... und wir lassen uns von der Inquisition ins Bockshorn jagen" (Goethe). Ganz frei braucht endlich Pestalozzi die Wndg.: „Das ist endlich nicht so gar übel, doch bist du der Mann – sie wird dich nicht wollen in ein Bockshorn hineinschieben. – Nichts weniger, Vogt! ich möchte ihn gern aus dem Bockshorn, darin er steckt, heraus bringen" (‚Lienhard und Gertrud' § 5); sie findet sich bis in die Lit. der Ggwt.: „Der Kerl ist doch viel zu dumm, als daß Sie ihn nicht mit ein paar Kreuzfragen ins Bockshorn jagen können!" (Zuckmayer: ‚Das kalte Licht') u. bei Chr. Meckel als Titel für seinen Roman ‚Bockshorn' (München 1973).

Es folgt hier ein kurzer Überblick über die Deutungsversuche, die im Laufe der Zeit gemacht worden sind, denn die Rda. ist geradezu ein Musterbeispiel eines sprach-, bedeutungs- und brauchgeschichtl. Problems im Bereich der Wortforschung.

1. Wörtlichnehmen der Rda. Schon früh wurde unter Verzicht auf eine etymol. Erklärung der Vorschlag gemacht, es bei der buchstäblichen Anschauung des Hornes eines Bockes bewenden zu lassen. Vielfach argumentieren die Erklärer mit dem Schrecken, den angeblich der Bock einjagt, bes. wenn das Bockshorn als Teufelshorn aufgefaßt wird. Die Deutungen dieser Art sind sich allerdings meist nicht darüber einig, ob man gegen die Spitze des Hornes oder umgekehrt in sein Inneres gejagt wird: jem. so in die Enge treiben, einen so ‚klein kriegen', daß er in ein Bockshorn schlüpft und sich von dessen breiter Öffnung aus nach dem spitzen Ende verkriechen möchte. Das Schweiz. Idiotikon (II, 1622) erklärt die Rda. mit der Verwendung von Hörnern bei der Wurstbereitung oder beim Backen, wobei der Teig in ein Horn gestoßen wird. Das

paßt zwar dazu, daß es in manchen Mdaa. heißt ‚ins Bockshorn stoßen', ergibt aber niemals die Bdtg. ‚einschüchtern', wohl aber: in die Enge treiben. Die Aussicht auf eine unliebsame Begegnung mit einem stößigen Bock konnte einschüchternd wirken, insbesondere wenn es keine Möglichkeit gab, seinen Hörnern zu entkommen, wie bei Ph. v. Sittewald (‚Gesichte', [1676–77], 1,62) beschrieben:

... der sie nicht überführen kan,
musz im moraste stecken bleiben
und sich ins boxhorn lassen treiben.

Andere Erklärungen verstehen Bockshorn in übertr. Bdtg.

2. Bockshorn als Raumbez., etwa als Bocksstall. Man hat festgestellt, daß in alten schwäb. (z.B. Augsburger) Schulen der Strafwinkel für eigensinnige Kinder ‚Bocksställe' (Bocksställchen) genannt worden ist. Aber daraus hätte allerdings niemals die heutige Fassung Bockshorn werden können.

3. Anekdotische Deutung. K. F. Wander (I, Sp. 419) vermutet, die Rda. sei von dem Gelehrten Markus Zubrius Boxhorn herzuleiten, der anmaßende, sehr gelehrt sein wollende Burschen oft gehörig in die Enge getrieben haben soll, so daß man sie wohl fragte, ob sie ins Boxhorn gejagt worden wären. Diese Anekdote scheint aber rein ätiologisch erst zum Zweck der Redensartenerklärung erdacht, und es fehlt dafür jeder hist. Beleg.

4. Deutung aus einer anderen Sprache. Ital. ‚dare l'erba cassia' (altital. auch caccia). Da die Pflanze ‚cassia fistula' im Spätmhd. auch Bockshorn genannt wurde, nahm man an, ‚cassia oder caccia (= Jagd) erschienen als ‚Bockshorn' und ‚jagen' in der dt. Rda. Dagegen spricht, daß a) Bockshorn = cassia (fistula) nur ganz vereinzelt auftritt; b) der Sinn der dt. Rda. von der ital. wesentlich verschieden ist, die ‚den Laufpaß geben', ‚wegjagen' bedeutet; c) ins Bockshorn jagen nicht das Ursprüngliche ist, sondern zwingen, stoßen usw. (s.o.); d) es schwer vorstellbar ist, daß die urwüchsige und vielgebrauchte dt. Rda. der seltenen ital. nachgebildet sein sollte. Das Zusammentreffen von cassia = Bockshorn und caccia = Jagd ist nicht mehr als ein hübscher Zufall.

5. Botanische Deutung. In gewissen Gegenden ist der Name Bockshorn für bestimmte Pflanzen gebräuchlich. ‚Bockshörndl' heißen etwa in Tirol die Hülsenfrüchte des Bockshornklees (Foenum

‚Bockshornklee:
Trigonella Foenum Graecum L. subsp. culta (Alef.) Gams *a* Habitus, a_1 Wurzel, Keimblätter und Primärblatt einer blühreifen Planze, *b* Keimpflanze, *c* Blattspindel mit Gelenken und Nebenblättern, *d* Blüte von unten, *e* Junge Hülsen, *f* Reife Hülse, *g* Same.

Graecum). Alberus (1540) verzeichnet ‚bubuli cornu' = kühorn, bockshorn. Die Früchte der Pflanze haben nicht nur bockshornförmige Gestalt, sondern auch einen penetranten, nach dem Bock stinkenden Geruch. Dieses Moment würde ausschlaggebend sein: man bringt jem. in eine unangenehme Lage, indem man ihn in das stinkende Bockshorn(feld) jagt. Das Anbaugebiet der Pflanze ist zwar heute auf kleine verstreute Gebiete beschränkt, doch wurde sie in der Zeit, in der unsere Rda. zuerst auftaucht, allg. als Medikament gebraucht und häufig angebaut. Dennoch wird hier nicht der Urspr. der Rda. zu suchen sein.

6. Deutungen aus älterem Brauchtum. Mindestens im 16. Jh. war in einigen Gegenden Niederdtls. und im Harz ‚Bockshorn' oder ‚Bockshornbrennen' als Bez. für das Osterfeuer gebräuchl., in das das

Vieh gestoßen wurde, um es gegen Dämonen zu schützen und fruchtbar zu machen. Der älteste Beleg stammt aus dem Jahre 1559 und betrifft die Stadt Hasselfelde: Als „die Kinder dort kurtz zuvor die Oesterlichen Feyertage über ... das Osterfeuer, oder wie man es deß Orts nennet, den Bockshorn, vor dem Flecken brennen und dabey allerley Ueppigkeit treiben gesehen, solches nachzuahmen, haben die einfältigen Kinder Strohe auf einen Schweinskoffen zusammengetragen und dasselbe angestecket" (Zeiller-Merian: Topographie von Braunschweig und Lüneburg [1654], 110). Die Rda. könnte von hier aus ebenfalls wörtl. genommen werden: ins Bockshorn jagen = durch das Osterfeuer treiben. Im 12. Kap. von Johann Letzners ‚Historia S. Bonofacij' (Hildesheim 1602) ist die Rede von der Christianisierung: „Nach der bekerung aber, vnd als diese Leut Christen wurden, hat man auff demselbigen Hügel am Ostertage, mit der Sonnen vntergang, noch bey Menschen gedencken, das Osterfewr gehalten, welches die alten Bocksthorn geheißen". Auch andere Belege für das Osterfeuer aus dem 17. und 18. Jh. verzeichnen ‚Bocks-Thorn'. Im Anschluß an diese Form ist von Jac. Grimm, U. Jahn und anderen eine mythologische Erklärung (Zusammenhang mit den Böcken Thors und altgerm. Opferfeuern) entwickelt worden, die jedoch nicht mehr diskutabel ist.
Der Ableitung der Rda. aus dem ndd. Osterfeuerbrauch widerspricht jedoch der älteste Beleg für Bockshorn, der sich im obd. Sprachraum (bei Seb. Brant) findet, ferner die Tatsache, daß in der ältesten Zeit auch der Wortlaut ‚ins Bockshorn kriechen' üblich ist, der unter keinen Umständen zum Feuersprung paßt. Der Sprung durch die Flammen des Osterfeuers ist übrigens keine Qual, sondern ein Volksfest. Die Lesart Bocksthorn (mit t) ist für einen Druckfehler gehalten worden. Doch liegt hier der Haupteinwand gegen die Osterfeuer-Deutung: Bocks-Thorn war um 1600 nicht nur die gebräuchl., sondern auch die richtige Form. Noch heute nennt man in Teilen des ndd. Sprachgebietes das Osterfeuer ‚Paoskefüer' = Pascha-Feuer; Thurn ist der Turm von Abfallholz usw., der für das Feuer aufgeführt wird. In den Elbmarschen heißt das Osterfeuer geradezu Osterturm. Dieses hd. ‚Osterturm' entspricht genau einem ndd. ‚Paosk-Thorn'. Aus ‚Paoskthorn' wurde durch Metathese ‚Paoksthorn', daraus schließlich durch volksetymologische Umprägung Bockshorn, zumal sich die Redensart in die Bildhaftigkeit der Wortbedeutung nicht schlecht einfügte.
7. Deutung aus der ma. Folterjustiz. Es wurde angenommen, Bockshorn sei, in Anlehnung an den Namen ‚Bock', ein Folterwerkzeug gewesen, obwohl dafür bisher hist. Belege fehlen.
8. Deutungen aus altem Rechtsbrauch. Beim bair. ‚Haberfeldtreiben', einem brauchtümlichen Rügegericht, wird der Schuldige in ein Hemd gezwungen und ihm sein Sündenregister verlesen. Das Hemd, in dem der Delinquent erscheinen muß, ist an die Stelle eines Bocksfelles getreten, von dem das ganze Verfahren seinen Namen hat; denn ‚Haberfeldtreiben' ist eine volksetymol. Umbildung aus ‚Haberfelltreiben', und das Haberfell ist nichts anderes als ein Bocksfell (haber = lat. caper, der Bock). Bockshorn erklären H. Jaekel und A. Götze als volksetymol. Umbildung von einer allerdings nur erschlossenen Form *Bocksham, ahd. bokkes-hamo = Bockshaut. Gestützt wird diese Deutung dadurch, daß es in der älteren Zeit durchweg ‚in ein Bockshorn zwingen' heißt, wobei der unbestimmte Artikel deutlich auf einen konkreten Gegenstand weist; auch die Verben treiben, zwingen, kriechen usw. passen zu dieser Erklärung. Die Sinndeutung ist gewahrt, denn wenn jem. in ein Bocksfell getrieben wird (oder hineinkriechen muß), so wird er damit in Angst gejagt. Am deutlichsten schimmert noch die alte Bdtg. einer Strafmaßnahme durch in der Stelle aus Höniger von Königsh. ‚Narrenschiff' (199): „die conventsbrüder vermeinten, der apt wolt sie gar in ein bockshorn zwingen, dieweil er sie so heftig strafet".
9. Deutung aus einer Fluchformel. Der Terminus ‚Gottes Zorn' als ein Wort der religiösen Sprache ist eine der bedeutsamsten Vorstellungen in der Religion der Juden und ist auch ins N.T. übergegangen.

Da der Name Gottes ‚nicht vergeblich geführt werden' darf, ist er in Flüchen, Verwünschungen usw. im Volksmund durch ähnl. klingende drastische Wortformen, vor allem durch ‚Pox', ‚Box', ‚Potz', ‚Botz' tabuartig ersetzt worden (z. B. in Box Marter, Blut, Kreuz, Sakrament, Blitz usw.). Vom 15. Jh. an finden sich massenhaft die mit Box usw. zusammengesetzten Flüche. Für ‚Gottes Zorn' scheint ‚Box Zorn' getreten zu sein, woraus in der volksetymol. Umwandlung unter drastischer Konkretisierung ‚Boxorn', ‚Boxhorn', ‚Bockshorn' werden konnte. Das Genus machte keinerlei Schwierigkeit, da Zorn in der älteren Zeit Neutrum ist. Die urspr. Bdtg. von Bockshorn = Gottes Zorn ist klar erkennbar in dem bei Michael Lindener (‚Katzipori', 1588) bezeugten kräftigen Fluch: „boxhorn soll dich schänden, du dicke quadratische, viereckete Wampe!"

Ebenso sagte man: ‚Daß dich Bocks Marter schänd'; ‚Daß dich Bockshorn (Gottes Zorn) schänd!'. Hans Sachs setzt vergröbernd ‚Hoden' für ‚Horn': „das mich box hoden schend und blend". Eine andere groteske Erweiterung ist: ‚botz rinderzahn und ochsenhorn'. Zur Popularisierung des Fluches trug gewiß bei, daß mit Bockshorn eine drastische Vorstellung vom ↗Teufel verbunden war.

Keine der genannten Deutungen und Erklärungen kann Alleingültigkeit beanspruchen; vielmehr hat ein schon beim frühesten lit. Beleg nicht mehr verstandenes Wort immer neue Real-Substitutionen erhalten. Die Rda. ist in jedem Fall älter, als man nachweisen kann. Der Sinngehalt (= verblüffen, in Verlegenheit bringen) hat sich unverändert erhalten; der Anschauungsgehalt des Bockshornes dagegen variiert und ist bis zur Unverstandenheit verblaßt. Trotzdem ist die Rda. noch heute allg. verbreitet und beliebt. Nicht trotz, sondern wegen der mannigfachen volksetymol. Umwandlungen erhielten sich Wort und Rda.; und gerade das Rätselhafte, das nicht ohne weiteres Verständliche trug mit zu ihrer Erhaltung bei. Vielleicht hat auch die bewußte oder unbewußte Freude am ausdrucksvollen Wortklang an der Erhaltung und Verbreitung mitgewirkt, ↗Haberfeldtreiben, (↗Trichter).

Lit.: *R. Sprenger:* „Bockshorn", in: Jb. des Vereins f. nddt. Sprachf. 6 (1880), S. 134; *ders.:* „Ins Bockshorn jagen", in: Zs. f. d. U. 5 (1891), S. 276; *A. Götze:* Alte Rdaa. neu erklärt, in: Zs. f. dt. Wortf. 4 (1903), S. 330f.; *H. Jaekel:* Abba Âsega und Rêdjeva', in: Zs. d. Savigny-Stiftung f. Rechtsgesch. 40, N. F. 27, Germ. Abt. (1906), S. 121ff.; *E. Damköhler,* in: Arch. f. Landes- u. Volkskde. d. Prov. Sachsen 22 (1912), S. 57–63; *L. Günther:* Von Wörtern und Namen (Berlin 1926), S. 9–17; *H. Freudenthal:* Das Feuer im dt. Glauben u. Brauch (Berlin – Leipzig 1931), S. 250; *F. W. Zipperer:* Das Haberfeldtreiben. Seine Geschichte und seine Deutung (Weimar 1938); *W. Hartnacke:* ‚Ins Bockshorn jagen', in: Neuphilologische Monatsschrift 13 (1942), S. 227f.; *Th. Heinermann:* Bockshorn, in: PBB. 67 (1944), S. 248–269; *K. Spalding* u. *K. Brooke:* An Historical Dictionary of German Figurative Usage, Fascites 1–10 (Bd. I) (Oxford 1959), S. 65; *L. Schmidt:* ‚Sprichwörtl. dt. Rdaa.', in: Österr. Zs. f. Vkde., N.S. XXVIII (1974), S. 88; *G. Greciano:* ‚Ins Bockshorn jagen': A propos de la délimination de l'idiome, in: Proverbium 7 (1984), S. 63–79.

Boden. Der Boden gilt als das Fundament, das Sichere und Feststehende u. steht häufig für oder in Verbindung mit Grund (‚Grund und Boden') wie bei Joh. Fischart, ‚Gargantua' (1594), 88, wo es heißt: „findst grund, siehst den herrgot am boden?" Die Rda. *sich auf den Boden der Tatsachen stellen* heißt deshalb: von einer sicheren Grundlage aus alles realistisch betrachten. Dagegen bedeutet die Wndg. *sich auf schwankenden Boden begeben,* daß unsichere Voraussetzungen mit einbezogen werden, daß man von Vermutungen ausgeht und von Zufällen abhängig wird; vgl. frz. ‚se rendre sur un terrain mouvant'.

Die Rda. *Der Boden wankt unter den Füßen* hat einen doppelten Sinn: das Fundament einer menschl. Existenz bricht zusammen, aber auch: jem. hat einen starken Rausch; vergleiche frz. ‚Le sol se dérobe (versagt) sous les pieds de quelqu'un'.

Die alte Vorstellung, daß sich der Boden auftun und den Menschen verschlingen kann, spiegelt sich in mehreren Wndgn. *Der Boden tragt's nit!* oder *Dieser Boden trägt solche Leute!* und in dem Wunsch, am liebsten *in den Boden versinken zu wollen.*

Eine Beziehung zu Johannes dem Täufer als Wegbereiter (Matth. 3,3) besitzt vielleicht die Wndg. *jem. den Boden ebnen (bereiten):* Schwierigkeiten aus dem Wege räumen; vgl. frz. ‚frayer un passage à

quelqu'un' (wörtl.: jem. einen Weg bahnen).
Auf deutschen Boden kommen, scherzhaft für: die Schuhsohlen durchgelaufen haben. *Auf deutschem Boden (deutschen Sohlen) gehen (laufen):* barfuß gehen. Hat der Schweizer seine Schuhsohlen durchgelaufen, so sagt er: ‚Er goht uf der tütsche Erde', ‚er lauft uf de tütsche Sole'. Obersächs. *nicht auf deutschen Boden kommen:* vor Geschäften immer in Bewegung sein, gleichsam in der Schwebe bleiben, nie zu einer ruhigen (ndd. ‚boddenfesten') Tätigkeit im Leben kommen.
Der Boden brennt ihm unter den Füßen: seine Lage ist gefährlich und unsicher; ebenso *der Boden wird ihm zu heiß,* bes. von Flüchtigen und Verbrechern gebraucht.
Einer Sache *ist der Boden aus:* sie ist verloren, zu Ende; in Bayern gesteigert zu ‚letz is n Himmel de Boden aus', jetzt ist alles zu Ende. Sie begegnet schon im frühen 16. Jh., sowohl im wörtl. wie im übertr. Sinne: „... dem sack fuhr doch der boden aus" (Th. Murner, ‚Narrenbeschwörung', 1512): Vor allem aber wurde sie bekannt durch die Rda. *Das schlägt dem Faß den Boden aus:* das geht zu weit, d.h. es wird Unwahres u. Unrichtiges, aber auch Unvernünftiges gesagt, ↗Faß.
Eine Anzahl weiterer Rdaa. mit Boden bedürfen kaum einer Erklärung: *den Boden unter den Füßen verlieren; an Boden gewinnen:* Fortschritte machen (vgl. ndl. ‚Veld winnen', frz. ‚gagner du terrain', engl. ‚to gain ground'); desgl.: *an Boden wettmachen,* d.h. (im Sport) verlorenen Boden zurückgewinnen, aufholen. ‚Sieh zu, daß du Boden gewinnst!' ist hingegen eine Aufforderung zu verschwinden, sich aus dem Staub zu machen.
Etw. aus dem Boden stampfen: wie durch Zauberei herbeischaffen. So hatte Pompeius schon geprahlt, es würden Scharen von Fuß- und Reitervolk aus der Erde steigen, wenn er auf Italiens Boden stampfe (Plutarch, Pompeius, Kap. 57). Vgl. die Stelle in Schillers ‚Jungfrau von Orleans' (I, 3): „Kann ich Armeen aus der Erde stampfen?" Ebenso ndl. ‚legers uit de grond stampen'; frz. ‚faire surgir du sol comme par enchantement' (wörtl.: etw. aus dem Boden hervorzaubern).
Auf guten (fruchtbaren) Boden fallen, entlehnt aus dem bibl. Gleichnis vom Sämann (Matth. 13,8 u. Mark. 4,8); daher ist diese Rda. auch in anderen Sprachen bekannt: ndl. ‚in goede aarde vallen'; engl. ‚to fall in good ground' u. frz. ‚tomber dans la bonne terre'.
Von sauber geputzten Räumen sagt man: *Darin könnte man vom Boden essen* (so sauber ist es in ihnen). Dagegen bedeutet: *den Boden lecken* das Letzte verzehren, was man besitzt.
Am Boden scharren: am falschen Ende sparen.
Jem. zu Boden drücken: ihn überaus schwer belasten, so daß er sich wie unter einer Bürde beugen muß. Eine weitere Steigerung enthält die Rda. *jem. unter den Boden bringen:* ihn ins Grab treiben.
Jüngere Rdaa. sind: *etw. (jem.) den Boden entziehen:* etw. gegentandslos machen (jem. wirtschaftlich vernichten), *einen gemeinsamen Boden finden:* Übereinstimmung, ähnliche Ausgangspunkte, Probleme und Argumente haben; vgl. frz. ‚trouver un terrain d'entente' (wörtl.: einen Verständigungsboden finden).
Zu Boden gehen: hinfallen, zugrunde gehen, z.B. 1452 in der preuß. Geschichte von Schütz: „So hatte das gantze Regiment ... durch innerliche Uneinigkeit müssen zu boden gehen". Die Wndg. kommt schon in bibl. Texten vor in der Bdtg. von untergehen, verderben: „... darum müssen sie zu Boden gehen" (Jer. 48,36); „... daß sie gar zu Boden gehen" (Weish. Sal. 4,19); „Ninive wird bald zu Boden gehen" (Tob. 14,6). Man findet sie im gleichen Sinne verwendet bei Luther, Melanchthon, S. Franck, H. Sachs u.a.; vgl. frz. ‚mordre la poussière' (wörtl.: den Staub beißen) ↗Staub.
In späteren Zeiten treten gehäuft Belege auf, die auch die im 16. Jh. – u.a. von Luther – häufig verwendete Verbindung von Grund u. Boden wieder aufnehmen. Während bei Luther jedoch mit dem Begriff ‚zu Grunde gehen' das urspr. Wurzelschlagen gemeint ist: „gottes werke sind rechtschaffen, gehen zu grund u. boden, ist alles ernst u. vollkömlich ding" (Deutsche Schriften 4,122), ist bei den späteren Autoren nur noch das Untergehen, das Verderben gemeint: „... wenn sie nicht

wolten zu grund u. boden gehen" (J. B. Schuppius, Lehrreiche Schriften [Frankfurt 1684], 40), ↗Grund.
Die Wndg. ‚zu Boden gehen' lebt im Boxsport weiter.
Im Zusammenhang mit den Bombenangriffen auf Flugplätze im 2. Weltkrieg, durch die gegnerische Luftstreitkräfte ausgeschaltet wurden, entstanden die Wndgn.: *etw. am Boden zerstören:* völlig vernichten, *jem. am Boden zerstören:* ihn heftig prügeln und *völlig am Boden zerstört sein:* kraftlos, fassungslos, niedergeschlagen, auch betrunken.
Einen neuen Boden ins Glas legen gilt als scherzhafte Umschreibung für erneutes Einschenken.
Eine Moral mit doppeltem Boden bedeutet die Anwendung verschiedener Maßstäbe.
Neben der Bedeutung Erde, Grund, Fußboden kann mit Boden auch der Dachboden (mdal. ‚Speicher', auch ‚Bühne') bez. werden, etwa in Wndgn. wie ‚hol Heu vom Boden!', ‚bring's auf den Boden!', ‚alles, was das Haus bietet, vom Keller bis zum Boden'.

Bodensee. *Sich fühlen wie der Reiter auf dem Bodensee:* sich unsicher fühlen, d.h. nicht auf festem Grund. Die Rda. ist eine Anspielung auf die Ballade ‚Der Reiter u. der Bodensee' von Gustav Schwab (Gedichte [Stuttgart 1828/29]). Darin wird geschildert, wie ein Reiter ahnungslos über den zugefrorenen Bodensee galoppiert, unversehrt das jenseitige Ufer erreicht, dann aber, als er erfährt, welcher Gefahr er sich ausgesetzt hatte, vor Schreck tot zusammenbricht.

Bogen. *Den Bogen überspannen:* eine Sache zu weit treiben, ist wahrscheinl. abgeleitet von dem Sprw. ‚Allzu straff gespannt, zerspringt der Bogen', oder: ‚Wenn man den Bogen überspannt, bricht er', das schon im Altertum bekannt war; bei Plutarch: „Arcus tensus rumpitur", ähnl. bei Phaedrus (III, 14, 10): „cito rumpes arcum, semper si tensum habueris". Mit ‚arcus' ist die durch die Spannung der Sehne bewirkte Krümmung des Bogens gemeint. Bei allzu großer Spannung bricht der Bogen. Die Rda. wird vielfach auch im übertr. Sinne gebraucht. So im ‚Narren-Nest' des Abraham a Sancta Clara: „Wisse, daß das Überspannen gemeiniglich den Bogen, die Faulheit aber das Gemüth bricht". Vgl. ndl. ‚De boog kan niet altijd gespannen zijn', es muß zwischen Arbeit und Entspannung abgewechselt werden. Die ndl. Rda. ‚verschillende pijlen op zijn boog hebben', verschiedene Mittel kennen, um zum Ziel zu gelangen, ist der dt. Rda. ‚verschiedene Eisen im Feuer haben' sehr ähnlich; ↗Eisen.
Große Bogen spucken: prahlen, große Worte machen, daher ‚Bogenspucker', Großtuer, Prahlhans; seit dem 1. Weltkrieg bezeugt. *Den Bogen heraus haben* (auch *spitz haben*): eine Sache vollkommen beherrschen. Diese Rda. leitet sich ebenfalls vom Bogenschießen her u. bezieht sich auf das Spannen des Bogens, das man ‚heraus haben' muß, um weit schießen u. gezielt treffen zu können (vgl. ↗biegen).
Einen Bogen um jem. machen: ihm aus dem Wege gehen; vgl. frz. ‚faire un détour en voyant quelqu'un'.
Norddt. ‚Das geht noch so durch den Bogen', es dürfte gerade noch genügen; gedacht ist hierbei wohl an den Torbogen, unter dem der hochbeladene Erntewagen gerade noch hindurch kann. Schwäb. ‚an den Bogen schenken' (von den Hochzeitsgaben, die man im Wirtshaus an einem durch die Feststube gespannten Seil aufhängte).
In Bausch und Bogen ↗Bausch.

Lit.: *M. Ebert:* Art. ‚Bogen', ‚Bogenschützen', in: RGA. I, Sp. 299–301; *B. C. Sly:* „The bent bow", in: Modern Language Notes 36 (1921), S. 507.

Boheme. *In der Boheme leben (bleiben):* ein ungezwungenes Künstlerleben führen. Das sondersprachl. Wort wurde im 19. Jh. aus frz. ‚bohème' entlehnt, das auf mittellat. ‚bohemus' = böhmisch beruht und als Herkunftsbez. ‚Leute aus Böhmen' meint. Da Böhmen für die Heimat der Westeuropa durchziehenden Zigeuner gehalten wurde, erhielt der Begriff bereits im mfrz. die Bdtg. von ‚Zigeuner' und bez. seit Ende des 17. Jh. den, der ein ungeregeltes, unbürgerliches Leben führt. In der Mitte des 19. Jh. wurde er auf Studenten und Künstler des Pariser ‚Quartier latin' bezogen, deren genial-liederliches Treiben Henri Murger (1822–61) in seinen ‚Scènes de la vie de bohème' (1851) schilderte. Allg. bekannt wurde der Ausdr. durch Giacomo Puccinis Oper ‚La Bohème' von 1896.

Bohne. Da die einzelne Bohne so gut wie gar keinen Wert hat (Bohnen werden öfters als Ersatz für Spielgeld verwendet), bezeichnet sie schon seit dem 13. Jh. das Unbedeutende, Nichtige.

Nicht die Bohne: durchaus nicht, nichts; keineswegs, nicht die Spur. ‚Er ist nicht einer kalten Bohne wert'; *keine Bohne wert:* wertlos; ebenso ndl.: ‚Hij is geene boon ward'. Ähnl. sagte man früher auch: ‚Nicht eine Erbse', ‚eine Linse', ‚eine Wicke gebe ich drum'. Seit dem Mhd. existiert eine Fülle von Belegen: Walther von der Vogelweide gebraucht im Hinblick auf die Freigebigkeit Kaiser Friedrichs:

mîn vorderunge ist ûf in
kleiner danne ein bône,

und im ‚Tristan' Gottfrieds von Straßburg (V. 16875f.) heißt es:

sin hæten umbe ein bezzer leben
niht eine bone gegeben.

Als Tristan vom Riesen Urgan bedroht wird, erwidert er (V. 15989–91):

weistuz nu wol, nu vürhte ich
dine stange unde dich
niht eine halbe bone.

Bei Luther (Heuseler Nr. 367): „Der Walhen (Welschen) Andacht und Deutschen Fasten möchte man beide mit einer Bohne bezahlen"; bei Geiler von Kaysersberg: „man kempfet umb ein sach, die nit einer bonen wert ist". Joh. B. Schupp (1610–61) bringt: ‚Freundschaft, die auf Fressen und Saufen gegründet ist, die ist nicht einer Bohnen wert'.

In den heutigen Mdaa. ist die Rda. noch weit verbreitet; z.B. pfälz.: ‚ken hohle Bohn wert'. Die Wndg. ‚kei wurmige Bo nutz' gleicht der folgenden schwäb. ‚keine schimmelichte Bohne wert'; meckl. ‚Dor kihr 'ck mi nich ne Bohn' an', darum kümmere ich mich nicht. Ähnl. ndd. ‚Dat sünd min Bohnen', das laß meine Sorge sein; westf. ‚Et sind dine Bäunen nit', das geht dich nichts an.

Andere schon frühnhd. belegte Wndgn. sind: *Erbsen Bohnen sein lassen:* etw. nicht sehr genau nehmen, fünf gerade sein lassen, z.B. bei Joh. Fischart (‚Gargantua' 130[a]): „er liesz bonen erbsen sein"; *aus einer Bohne einen Berg machen:* etw. Unbedeutendes aufbauschen, etwa bei Geiler von Kaysersberg: „uszer einer bonen ein berg gemacht", und bei Eberlin von Günzburg: „Da wurd geurteilt, ja aus einer Bon ein Berg gemacht". *Geh' mir aus den Bohnen* ↗ Bohnenlied.

Bohnenspeise verursacht Blähungen (vgl. das Sprw. ‚Jedes Böhnchen – ein Tönchen'), unter Umständen Beängstigung, Herzklopfen und in geringerem Maße auch Behinderung des freien Denkens. Daher wohl die Rda. *Du hast Bohnen gegessen:* du bist schwer von Begriff, dumm; vgl. ndd. ‚Hast grote Bonen eten' und thür. ‚Du hast wohl Bohnen gegessen', du bist wohl taub? (vgl. M. Höfler: ‚Krankheitsnamenbuch', S. 115); hamb.: ‚Du hest wol grote Bonen freten?' zu ungehorsamen, eigensinnigen Kindern oder wenn jem. oft nachfragt. Der Pfälzer charakterisiert den einfältigen Menschen mit dem Wort ‚Bohnensimbel'. Die Auffassung, ein übermäßiger Bohnengenuß beeinträchtige sinnliche Wahrnehmung und Verstand, kannte schon das Altertum.

Etw. anderen Ursprungs ist die am Niederrhein und in Holland verbreitete Rda. *in den Bohnen sein:* in Gedanken versunken, mit den Gedanken abwesend sein, vgl. ndl. ‚in de bonen zijn'; in Verwirrung, in Verlegenheit sein – ihrer urspr. Bdtg. nach –, närrisch geworden sein. Im MA. noch unbekannt, ist die Wndg. frühestens seit dem 16. Jh. in ndl. Liedern nachweisbar. Den Glauben an eine rauschhafte Wirkung von Bohnen bezeugen aber bereits antike Quellen.

Die fatale Situation eines Hilf- und Ratlosen, Geängsteten und Bedrohten bez. die berndt. Rda. ‚Dä isch bös i de Bohne': arg in der Klemme, in einer prekären Lage, die J. Gotthelf in seinen ‚Wahlängsten und Nöten des Herrn Böhneler' genießerisch ausmalt.

Bohnen in den Ohren haben: schlecht hören können. Nach dem Volksglauben schädigt der Bohnenverzehr in erster Linie das Gehör; daher die spöttische Frage, schlesw.-holst.: ‚Du hesst wol (grote) Bohnen in de Ohren?' für Leute,

die schwerhörig sind oder sich harthörig stellen. Im Holst. heißt es: ‚He wart Boonenslu (Bohnenschalen) in de Ooren hebben'.
Eine bes. verachtete Speise sind *kalte Bohnen*, daher südwestdt. als Abfertigung der Frage nach der Uhrzeit: ‚s'isch dreiviertel uf kalte Bohnen!' und ndd. nach Anhören eines törichten Wunsches ‚Wenn't süß nix is als koll Bon un Buttermelk up'n Sünndag!".
Eine Bohne in einer Speise zu verstecken oder in einen Kuchen zu backen ist ein alter Gesellschaftsscherz, urspr. am Vorabend des Dreikönigsfestes, heute bes. bei Gesellschaft junger Mädchen. Wer die Bohne in dem ihm zugeteilten Stück fand, wurde früher zum König des Festes, zum ‚Bohnenkönig' erklärt. Man schmauste und zechte auf seine Kosten und erwies ihm einen Tag lang fiktive Ehren; verständlich, daß bisweilen der Titel verächtlich für einen nur nominell regierenden Fürsten gebraucht wurde; heute glaubt man, daß der Finder der Bohne sich als erster der Gesellschaft verloben wird. Daher sprw.: *Er hat die Bohne (im Kuchen) gefunden:* er hat einen guten Fund gemacht, er hat es getroffen; ebenso frz. ‚Il a trouvé la fève dans le gâteau'.
Jüngere Rdaa. sind: *einem eine Bohne stecken:* ihn zurechtweisen, und *Er macht sich durch die Bohnen:* er flüchtet, dazu rhein. ‚Met dem geht et en de Bohne', er wird bald sterben; ebenso für die Nichtigkeit alles Irdischen heißt es im Schwäb.: ‚'s goht bald mit mir ins Bohnegärtle', auf den Kirchhof; und pfälz.: ‚'s alles in de Buhne gang': verlorengegangen.
Nach der blauen Farbe des Bleis werden seit dem 18. Jh. die Flintenkugeln als *blaue Bohnen* bezeichnet, z.B. bei E. M. Arndt: „da sät man blaue Bohnen, die nimmer Stengel treiben, bei Kolberg auf der Au". Daher die Wndgn. *einem eine blaue Bohne einjagen* (ndl. ‚een blauwe boon' und engl. ‚a blue pill (plum)'); *er weiß, wie die blauen Bohnen pfeifen:* er ist ein kampferprobter Soldat (mit ‚Fronterfahrung'); *blaue Bohnen hageln:* Gewehrkugeln hageln; *blaue Bohnen regnen:* beliebte Wndg. in Grimms Märchen (KHM. 16, KHM. 101). Das pfälz. ‚e bloo Bohn schlicke': vermutl. mit Kopfschuß durch den Mund enden (Selbstmord verüben), könnte aber auch einfach ‚erschossen werden' heißen. Harmlos klingt dagegen westf. ‚Bloae Baünkes (Böhnchen) maken': dumme Streiche verüben. Die schlesw.-holst. Rda. ‚he maakt em blaue Bohnen wies' bez. so etw. wie Vortäuschung falscher Tatsachen.
Steht in der bair. Mda. ‚Hasenpône' für einen furchtsamen und unentschlossenen Menschen, so bedeutet in Nordostdtl. der Besitz von Bohnen – ‚Bohnen haben' – zumeist Angst oder sogar Furcht empfinden. Der Besitz von Bohnen kann allerdings auch Wohlstand signalisieren.
Er hat viele Bohnen im Sack: er ist wohlhabend oder scheint es wenigstens zu sein.
Er hat Bohnen: er ist ein reicher Bauer.
Der Pfälzer meint von einem, der alles zu genau nimmt: ‚Des isch e diffiziler Bohneputzer'.
Zahlreich sind sprw. Vergleiche, die die Bohne zum Gegenstand haben. Wer im nordostdt. Raum ‚wie ut de Bohne gekroape' erscheint, der tritt äußerlich vernachlässigt, vor allem ungekämmt auf; ‚He sitt ut wie e Bohnengruggel': der gibt sich wie ein Schreckgespenst.
Das Schlesw.-Holst. kennt: ‚He itt as'n Bohnendöscher' für die Mahlzeit eines ausgehungerten Schwerarbeiters. Mancher ist, pfälzisch gesprochen, ‚so dinn wie e Bahneblaat'. Heißt es im Bair. euphemist. von einer Frau, ‚sie hat eine Pône gegessen', so ist eine Schwangere gemeint.
Aus dem politischen Bereich stammt die Wndg. ‚Er ist ein Bohnenfresser': verkauft, wie schon im antiken Griechenland geschehen, seine Stimme dem Meistbietenden. Man ging bereits in der Antike mit schwarzen und weißen Bohnen zur Wahlurne, und es bereitete keine Schwierigkeiten, aus staatsbürgerlichen Rechten eine lukrative Erwerbsquelle zu machen. Auch gegen diese Praxis richtete sich Pythagoras' berühmtes Verbot für seine Anhänger ‚Enthalte dich der Bohnen!'. Das bedeutete jeden Verzicht auf öffentliches Wirken. In erster Linie jedoch richtete sich sein Verdikt gegen den entheiligenden Genuß der ‚unsauberen' Frucht.

Lit.: *Wander I,* Sp. 426–427, V, Sp. 1030–1031; *F. A. Stoett:* Hij is en de boonen, in: Noord en Zuid 13 (1890) S. 217–220; *H. Marzell:* Art. ‚Bohne', in:

HdA. I, Sp. 1470–1473; *P. Sartori:* Art. ‚Bohnenkönig‘ u. ‚Bohnensonntag‘, in: HdA. I, Sp. 1473–1475; *M. Währen:* Der Königskuchen und sein Fest (Köln 1958); *W. Danckert:* Symbol, Metapher, Allegorie im Lied der Völker. (Bonn-Bad Godesberg 1978) Teil 3, S. 1261–1270; *A. Hauser:* Auf der Suche nach dem Bohnenlied, in: Neue Zürcher Zeitung v. 9./10.5.1981, Nr. 106, Beil. Lit. und Kunst.

Bohnenlied. *Das geht (noch) übers Bohnenlied, das ist mir übers Bohnenlied:* das ist unerhört und unglaublich, es übersteigt jedes erlaubte Maß; pfälz.: ‚Des geht iwers Bohnelied‘: das ist sehr ungehörig, derb, schamlos, ungewöhnlich.

Die Rda. wird stets in mehr oder minder tadelndem Sinne gebraucht, auch im Schwäb.: ‚Das wäre über's Bonelied‘: über alle Begriffe. So bemerkt Herzog Christoph von Württemberg (1515–68) mißbilligend: „Dass nun solches Bächlein über die Pfaffenwies sollte geführt werden, ist über meinen Verstand und gewiß über das Bohnenlied“.

Das Bohnenlied wird zuerst in den Fastnachtsspielen des 15. Jh. erwähnt. Das älteste Zeugnis dafür, daß es in Dtl. ein Lied von der Bohne gab, bietet vielleicht Walther von der Vogelweide (17,29) in einem Verspaar:

waz êren hat frô Bône
daz ma sô von ir singen sol?

Es ist möglich, wenn auch keineswegs sicher, daß Walther hier schon auf die Bohnenlieder anspielt, für die wir die ersten Belege aus der Zeit um 1500 besitzen. Alle Strophen dieser Lieder schlossen mit der Zeile: „nu gang mir aus den Bohnen“ = laß mich ungeschoren, was jetzt noch im Elsaß gebräuchl. ist i.S.v.: geh deiner Wege, mit einem solchen Narren will ich nichts zu tun haben.

Der Refrain bezieht sich auf den im 16. Jh. üblichen Witz „Wenn die Bohnen blühen, gibt es viel Narren“, wovon auch verschiedene Sprww. zeugen, z.B. ‚Die Bohnen blühen, die Narren ziehen‘. Vgl. ndl. ‚Als de boonen bloeijen, de zotten groeijen‘. Von rauschhafter, den Geist betäubender Bohnenblüte spricht auch das lat. ‚Cum fabis stultorum capita florent‘; frz., ‚Les fèves sont en fleur, les fous sont en vigeur‘. Von dem genannten Kehrreim hat das Bohnenlied seinen Namen erhalten. Es schilderte in mehreren Strophen alle möglichen Torheiten und Albernheiten der Menschen; seine Grundstimmung war auf die Fastnachtszeit hin gerichtet. Überstieg eine Dummheit das im Bohnenlied gegeißelte Maß noch, so sagte man: ‚Das geht noch übers Bohnenlied‘. Schon in einem Luzerner Neujahrsschauspiel aus der 2. H. des 15. Jh. heißt es:

diser sach bin ich fast müed,
es ist mir über's bonenlied.

Schon damals bezeichnete das Bohnenlied etw. Veraltetes, Abgeleiertes und Abgeschmacktes. Dieser Begriff der Geringschätzung konnte um so leichter auf das Lied übergehen, weil die Bohne schon seit alter Zeit das Bild des Nichtigen und Wertlosen war (↗ Bohne).

Als Spottlied ist das Bohnenlied auch in Anshelms ‚Berner Chronik‘ bezeugt. Danach wurden 1522 zu Bern zwei Fastnachtsspiele des dortigen berühmten Dichters und Malers Nik. Manuel öffentlich aufgeführt: „Hiezwischen uff der Eschen Mitwuchen ward der römische Ablass mit dem Bohnenlied durch alle Gassen getragen und verspottet“. Aller Wahrscheinlichkeit nach handelt es sich um einen Chorgesang, der bei dieser Prozession zum besten gegeben wurde.

Der Text des Berner Bohnenliedes, das buchstäblich Epoche machte, ist nicht überliefert, der Verfasser unbekannt. Nur von der folgenreichen Wirkung her kann man auf den beißend-satirischen Inhalt der Verse schließen, die ihren Zweck, die Beförderung der Reformation, vollauf erreichten.

Jahrhunderte später griff Jeremias Gotthelf die alte Rda. literarisch auf, um die Volksmeinung über ein unglaubliches Ereignis wiederzugeben: die bevorstehende Heirat eines nur das Seine suchenden, hochmütigen Juristen mit einem erklärtermaßen armen, nicht mehr jungen Mädchen „gehe über das Bohnenlied, entweder sei er ein Narr oder hineingesprengt worden“ (‚Der Notar in der Falle‘).

Auch Uhland benutzte 1859 die Wndg. in einem seiner Gedichte:

Ihr fordert, daß ich Lieder singe,
Mit Deutschlands Barden Glied an Glied?
Der Anblick unsrer deutschen Dinge,
Der geht mir übers Bohnenlied.

Der Text des Bohnenliedes ist gedruckt bei F. M. Böhme, Altdt. Liederbuch (Leipzig 1877), S. 435, Nr. 361; die erste Strophe lautet:

Wer lützel bhalt und vil vertût,
der darf nit ston in sorgen,
Das man im zletzt vergant sein gût,
Kein Jud tût im drauf borgen.
Wer nütze ding wil achten ring,
sein selbs nit wil verschonen,
dem sagt man bald, e daß er alt:
nu gang mir aus den bonen!

Von der Melodie sei wenigstens der Refrain gegeben:

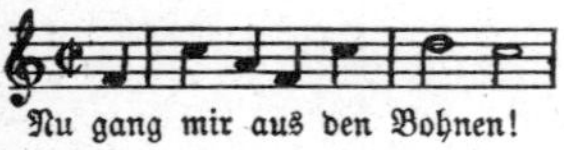

Die Rda. ‚Das geht übers Bohnenlied' war zunächst in Südwestdtl. heimisch und hat sich von dort allmählich über das ganze dt. Sprachgebiet verbreitet; auch i. S. v. über alles Maß des Erträglichen und Anständigen hinausgehend noch heute, bes. in der Schweiz bezeugt. ‚Das geit über ds Bohnelied': das ist zuviel. ‚Er ist öbers Bohnalied gganga': er hat sich verstiegen, die Schranken durchbrochen; doch auch die Verneinung ist belegt: *nie übers Bohnenlied hinauskommen:* nüchtern sein und bleiben. Im 16. Jh. findet sich: *neben das Bohnenlied treten:* sich mit ihm auf gleichem geistigen Niveau bewegen, übertriebene Behauptungen aufstellen, unwahre Angaben machen.

Eine jüngere veränderte Redewendg. ist *jem. das Bohnenlied singen:* ihm den Laufpaß geben, ihm sagen, daß er nicht mehr erwünscht ist; oder sein nahe bevorstehendes Ende prophezeien.

Lit.: *Wander* I, Sp. 427; *A. Kopp:* Bohnenlieder, in: Zs. d. Vereins f. Vkde. 27 (1917), S. 35–49; *A. Hauser:* Auf der Suche nach dem Bohnenlied, in: Neue Zürcher Zeitung v. 9./10. 5. 1981, Nr. 106, Beil. Lit. und Kunst.

Bohnenstange. *Einem einen Wink mit einer Bohnenstange geben:* ihm etw. deutlich zu verstehen geben.

Die Länge der Bohnenstange führte zu dem übertreibenden Vergleich *lang wie eine Bohnenstange,* bes. von dünnen und hageren Personen gebraucht; im Berndt. ‚Bohnenstangli': magere Person; pfälz. ‚e langi Bohnestang' für einen überaus großen, hageren Menschen, auch ‚langgeschossen wie e Bohnegät'; ostpr. ‚he is man so ne Bohnestang': ein schmales, kränkliches Geschöpf. Die Wndg. wird meist im verächtlichen Sinne gebraucht; vgl. frz. ‚grand et maigre comme un échalas' (so groß und dürr wie ein Rebenpfahl).

Leicht mißbilligend klingt auch das Schwäb.: ‚Er kommt daher, wie wenn er Bonestecke (eine Bohnenstange) im Leib hätt' für die gezwungene Haltung eines betont stramm Auftretenden. Ähnl. abschätzig beurteilt der Schwabe die vergeblichen Bemühungen einer häßlichen Person, ihre äußeren Mängel durch übertriebene, geschmacklose Kleidung und Putz zu decken: ‚ma ka en Bonestecke ziere'. Wird ihm selber unerhörtes Glück zuteil, so befindet der Neid: ‚es bocket ihm am End no d Bonestecke'; ‚dem kälberet d Bonestecke auf der Bühne [Heuboden]': das dürre Holz verwandelt sich für ihn noch in lebendigen Segen.

Schwäb. ‚dümmer als ein Bohnenstecken' ist wohl aus ↗Bohnenstroh entstellt oder mißverstanden.

Bohnenstroh. *Grob wie Bohnenstroh, gröber als Bohnenstroh:* sehr grob; in Nordostdeutschland ‚bohnenstrohgrob', von einem rohen, ungebildeten Menschen gesagt.

Arme Leute benutzten früher aus Mangel an Stroh ein Geschlinge aus getrockneten Saubohnenranken als Unterlage auf der Schlafstelle. In Thomas Murners ‚Mühle von Schwindelsheim' (1515) klagt ein Müller, daß ihm die Leute seinen Esel verwöhnten (Vers 1499):

Bey mir war er von hertzen vro
Wenn ich in legt ins bonen stro.

Hans Sachs benutzt das Wort schon in der Rda., z. B. in einem Gedicht von 1558 (I, 541): „er ist gröber denn das ponstro". Bei Lehmann (S. 350) heißt es 1639: „Von ungeschickten Reden und Schriften sagt man: Es seynd grobe Hobelspan. Es ist grob Dieng wie Bonenstroh". Bei Gerlingius 1649 (Nr. 223): „Stupidior Praxillae Adonide. Du bist gröber dann Bonenstro".

Auf Personen angewendet sagt man seit

dem 19. Jh. auch *dumm wie Bohnenstroh:* sehr dumm. Die heutigen Mdaa. bieten noch viele Belege für diese Rdaa.; schwäb. heißt es verstärkt ‚grob wie Säubohnenstroh'; schlesw.-holst. ‚He hett nix as Bohnenstroh un Röbenkruut in'n Kopp', er ist ein Dummkopf; meckl. ‚Dee hett up Bohnenstroh slapen', er ist dumm; rhein. ‚Bohnenstroh dreschen', eine vergebliche Arbeit tun; vgl. ‚leeres ↗Stroh dreschen'.

Lit.: *O. Sutermeister:* Die schweizer. Sprww. der Gegenwart (Aarau 1869) S. 70; *Wander* V, Sp. 1031.

Böhnhase. In dem Wort Böhnhase lebt ein Stück Erinnerung an das Zunftwesen vergangener Tage weiter. Wer ehemals ein Handwerk ausübte, ohne die Meisterrechte erworben zu haben, wurde mißtrauisch beobachtet und auch verfolgt. Mehrere humorvolle Bez. für solche pfuschenden Handwerker hat vor allem die nordd. Handwerkssprache bewahrt: ‚Dachhase' = unzünftiger Zimmermann; ‚Sülfmeister' = ein Geselle, der sich selbst zum Meister gemacht hat, ‚Stümper' u. a.
Für den unzünftigen Schneider begegnen zahlreiche Ausdr.: ‚Winkelschneider', ‚Schneiderfretter', ‚Störer', ‚Hosenkoch' und ‚Ferkenstecher'; der bekannteste ist Böhnhase. Dieses Wort war zunächst eine scherzhafte Benennung der Katze, ähnl. wie ‚Balkhase' oder ‚Dachhase', zu ‚Böhn' = Boden, Bühne, mittelndd. ‚bonehase', ndl. ‚beunhaas', und ist dann auf den unzünftigen Schneider übertr. worden, der heimlich auf dem Dachboden sein unerlaubtes Gewerbe betrieb. Später ist das Wort auch für andere unzünftige Handwerker verwendet worden.
Da die Zunftmeister das Recht hatten, die Ausübung eines Handwerks durch Nichtzünftige zu verfolgen, ergab sich die Rda. *Böhnhasen jagen:* Pfuschern nachstellen, 1755 in Hamburg erstmals bezeugt. Das von dem Hauptwort abgeleitete Zeitwort *böhnhasen* bedeutet pfuschen, 1594 in Preußen belegt: „Hat Jemands gebönhaset, der soll 10 mark ablegen, ehe im vergunt wirdt, Meister zu werden".
Wort und Rda. sind im obd. Raum nicht bezeugt, dagegen noch heute in Niederdtl., z.T. mit veränderter Bdtg., z.B. meckl. ‚Denn' hebben wi dat Boehnhasen lihrt', wir haben ihm das Geld beim Kartenspiel abgenommen.

Lit.: *R. Wissell:* Des alten Handwerks Recht und Gewohnheit, 2 Bde. (Berlin 1929), I, S. 335–343; *Göhring,* Nr. 53, S. 36f.; *Lindqvist,* S. 70f.

Bolzen. *So schnell wie ein Bolzen:* sehr schnell. Die Schnelligkeit des Bolzens dient schon Hans Sachs zum sprw. Vergleich: „so schwind als wie ein polz". Der ‚Bolzen' bez. das Geschoß für die Armbrust, bestehend aus einem kurzen Holzstab u. aufsetzbarer Eisenspitze. Sein Zweck ist, schnell sein Ziel zu treffen u. Schaden zuzufügen.
Alles zu Bolzen drehen: überkritisch sein, alles übel auslegen. Die meisten Holzarten dienen friedlichen Zwecken, nur wenige sind geeignet, daraus Bolzen zu drehen. Wenn einer alles zu Bolzen dreht, sieht er überall nur das Schlechte, Negative. So bei Seb. Franck, ‚Sprichwörter' 1541 (1,8a): „Es stelt sich mancher, als kön er nit drei zeln, oder als wölle er den gemeinen Nutz vor Lieb fressen und alles zu Bölzen treen, und kan im niemand gerecht gnůg sein!" und bei Creidius, ‚Nuptialia' 1652 (2,300): „Wenn man in der Ee Einigkeiten pflanzen und erhalten will, so muß der Mann nicht alles zu Bolzen drehen, sondern bisweilen durch die Finger sehen". Nordd. ist ebenfalls im 17. Jh. bezeugt: „Man muß nicht alles zu boltzen drehen, sondern fünff gerad sein lassen" (Ziesemer I, 716).
Bolzen gegen sich selber drehen: sich selbst Schaden zufügen. *Seine Bolzen verschossen haben:* mit der Weisheit am Ende sein, mdal. auch mit der Nebenbdtg.: impotent geworden sein, z.B. schlesw.-holst. ‚He hett sien Bolten all verschaten'. *Die Bolzen verschießen, die ein anderer gedreht hat:* die Anschläge, Ideen eines anderen ausführen. Das Gegenteil meint die Rda. *Er dreht die Bolzen und läßt andere schießen.* Schwäb. ‚einem den Bolzen auf die Stirn setzen', ihm zusetzen, ihn bedrängen.
Heute bedeutet *bolzen* (ebenso *holzen*) umg. auch: Fußball spielen i. S. v.: planlos in die Gegend treten; auch: miteinander raufen. Ein Platz, auf dem – unbekümmert um alle Regeln – Fußballspielen möglich ist, heißt dementsprechend ‚Bolzplatz'.

‚Der Bolzen findet seine Kerbe', i.S.v. ‚Jeder Topf findet seinen Deckel', d.h. auch das häßlichste Mädchen findet einen Mann, der zu ihm paßt. Vgl. ndl.: ‚De bout vindt de kerf wel'; engl.: ‚The bolt will find its mark'. Die Wndg. hat auch Eingang in die erotische Sprache gefunden u. wird als Anspielung auf den männl. u. weibl. Genitalbereich verstanden. Nach de Keyser ist eine solche Deutung jedoch nicht von der urspr. Bdtg. herzuleiten. Die Wndg. gehöre vielmehr zu den Sprw., die uneingeschränktes Vertrauen ausdrücken i.S.v. ‚alles kommt ins rechte Lot'.

Lit.: *P. de Keyser:* Spreekword-Schilderij opgehelderd ‚De bout vindt de kerf wel', in: Driemaandelijks Tijdschrift voor de studie van het Volkslewen 49 (1948), S. 57–64.

Bombe. *Wie eine Bombe einschlagen,* von einer unerwarteten Nachricht, bes. bei Unglücks- und Todesfällen; vgl. frz. ‚faire l'effet d'une bombe'. *Die Bombe kommt zum Platzen (ist am Bersten):* ein Unglück steht nahe bevor; vgl. frz. ‚La bombe est près de crever'. *Die Bombe ist geplatzt:* die erwartete schlimme Nachricht ist eingetroffen, das Gefürchtete ist eingetreten, ein bisher verborgenes Übel ist offenbar geworden; vgl. ndl. ‚De bom is gebarsten' und frz. ‚La bombe a éclaté'. Die Rda. ist seit der Mitte des vorigen Jh. bezeugt. Meckl. gebraucht man ‚Nu is de Bomb' platzt' auch von erfolgter Geburt.

Der Begriff ‚Bombe' stammt aus dem Kriegswesen und bez. urspr. eine mit Sprengstoff gefüllte Hohlkugel – im Gegensatz zur Vollkugel –, die durch einen Zünder (ital. bomba) zum Explodieren gebracht wurde. Seit dem 17. Jh. allmählich durch ‚Granate' abgelöst, wurde der Name im 20. Jh. als (Flieger-)Bombe und Wasserbombe wieder gebräuchlich.

Mit Bomben und Granaten durchfallen (eigentl. Tautologie): in einer Prüfung völlig versagen, ähnl. wie ‚mit Pauken und Trompeten' (↗Pauke). *Da schlage eine Bombe drein!* ist ein jüngerer Ausruf des Ärgers und der Verwunderung; vgl. ndl. ‚Daar zal eene bom springen!'

Zusammensetzungen des 19. Jh. wie ‚Bombenerfolg', ‚Bombenrolle', ‚Bombengeschäft', ‚Bombengedächtnis', ‚Bombenhitze' usw. entstammen zumeist der Schauspielersprache.

Ein bombiger Abend ist ein bes. gelungener Abend, bei dem es Überraschungen und Knalleffekte gab. Vgl. frz. ‚faire la bombe': in Saus und Braus leben, Tage und Nächte durchfeiern, sowie ‚faire bombance' (gehobene Sprache).

Das ist bombensicher (bombenfest): eigentl. so fest, daß selbst Bomben nicht schaden können, wohl von Gebäuden, Kellern usw. gemeint. Danach vom sinnlichen Begriff ‚sicher vor Bomben' zum unsinnlichen Begriff ‚ganz sicher' entwickelt (Küpper).

Lit.: *H.-M. Kaulbach:* Bombe und Kanone in der Karikatur. Eine kunsthistorische Untersuchung zur Metaphorik der Vernichtungsdrohung (Marburg 1988).

Boot. *Im gleichen Boot mit jem. sitzen:* in der gleichen Lage sein, dasselbe Schicksal teilen, am gleichen Strang ziehen, aufeinander angewiesen sein, mit vereinten Kräften eine schwierige Lage meistern. Die beliebte Rda. vom Boot, in dem wir alle sitzen, steht für menschliches Verhalten, wenn es um das Bewußtsein von Zusammengehörigkeit in einer bestimmten (meist schwierigen) Situation geht.

Die Rda. gehört zu dem umfangreichen Feld der Schiffsmetaphern und hat ihren Urspr. in einem lat. Brief Marcus Tullius Ciceros aus dem Jahre 53 v.Chr. „Haec negotia quo modo se habeant, epistula ne ad te quidem narrare audeo ... ubicumque es, ... in eadem es navi". Mit diesen Worten leitet er seinen Brief an den jungen Curio ein, von dem er sich eine positive Veränderung der politischen Verhältnisse erhofft. Erasmus von Rotterdam hat die Wndg. als sprichwörtliche Redensart in seine Sammlung ‚Adagia' (1530) aufgenommen und kommentiert: „In eadem es navi dixit pro eo, quod est: in communi periculo ...".

Der in der metaphorischen Standortbestimmung ‚im selben Boot' latent vorhandene Solidarisierungsappell beruht auf der Vorstellung vom Staatsschiff als einer Interessen- oder Notgemeinschaft, in der jeder, vor allem bei drohender Gefahr, zum gemeinsamen Handeln verpflichtet ist. Ähnl. Beispiele finden sich in der langen Geschichte der Staatsschiffmetaphorik immer wieder. Im Anschluß an Erasmus formuliert Roger Bacon um 1594 die

1

3

2

4

1/2/3 ‚Im gleichen Boot sitzen'
4 ‚Das Boot ist voll'

engl. Version der Rda. mit ‚You are in the same shippe'; später ‚We're in the same boat', wobei die Boot-Version die urspr. Formulierung mit Schiff völlig verdrängt hat. Die entspr. frz. Formulierung ‚être dans le même bateau' kommt erst in unserem Jh. vor. Auch in Dtl. geriet die Rda. erst nach dem 2. Weltkrieg als moderne Lehnübers. in den Sprachgebrauch, und zwar auf dem Weg über die Presse.

Die Metapher vom gleichen Boot, in dem wir alle sitzen, hat Konjunktur in der politischen Rhetorik und Karikatur immer dann, wenn in Konfliktsituationen an Konsens und Übereinstimmung appelliert wird. Auch zahlreiche politische Gedichte machen davon Gebrauch, wie z. B. der aphoristische Kurztext von M. Bosch (1971):

aus seiner kabine tretend,
beschwichtigte perikles
die meuternden sklaven
der galeere:
wir sitzen doch alle
im selben boot.

(M. Bosch: Mordio & cetera [München 1971]). Ähnl. der Dreizeiler von V. Erhardt:

die unternehmer haben doch recht:
wir sitzen alle in einem boot.
aber es ist eine galeere.

(Volker Erhardt: Aphorismen [Köln 1979], S. 36). Schließlich O. Köster (1979):

Wir sitzen alle
im selben Boot.
Nur: die einen legen sich in die Riemen,
die anderen ans Steuer.

(O. Köster: Gedichte [Berlin 1979], S. 16). Vgl. den Wellerismus: ‚Wir sitzen alle in einem Boot, sagen die Politiker, wenn sie ans Ruder wollen'; ‚Wir sitzen alle in einem Boot, nur die einen angeln und wir rudern' (Graffito). Andere Varianten: ‚Wir sitzen alle im gleichen Kot'; ‚Wir sitzen alle im gleichen Rollstuhl'; ‚Wir sitzen alle in einem Topf'. „Wir sitzen alle in der Umwelttinte" (Karin Struck: ‚Klassenliebe' [1973]).

‚Im gleichen ↗Zug sitzen', vgl. hierzu Erich Kästners satirisches Gedicht ‚Das Eisenbahngleichnis' (1932):

Wir sitzen alle im gleichen Zug
Und reisen quer durch die Zeit.
Wir sehen hinaus. Wir sahen genug.
Wir fahren alle im gleichen Zug.
Und keiner weiß, wie weit ...
Wir reisen alle im gleichen Zug
Zur Gegenwart in spe.
Wir sehen hinaus. Wir sahen genug.
Wir sitzen alle im gleichen Zug
Und viele im falschen Coupé.

Trotz der verschiedenen Funktionen lassen sich alle Variationen über das metaphorische Argument ‚im selben Boot' auf den Grundgedanken einer gewissen ‚System-Solidarität' zurückführen. ‚Im selben Boot' sitzen alle, denen dieselbe Gefahr droht und die deshalb aufeinander angewiesen sind, mögen sie sonst auch unterschiedliche Interessen vertreten oder haben. Als Mitglieder einer Notgemeinschaft – mag es auch eine wider Willen sein – sind sie zum solidarischen Handeln verpflichtet (nach D. Peil).

Das gleiche Sprachbild führt dann zu einem Vergleich des Ausschließens: ‚Das Boot ist voll': es ist kein Platz mehr (für weitere Schiffbrüchige; im übertr. Sinn: für Flüchtlinge, Asylanten etc.).

Jem. in sein Boot kriegen: ihn in seine Gewalt bekommen, daß er anderer Meinung wird, ↗Schiff.

Im richtigen Boot sein: richtig liegen – im Gegensatz zu: ‚auf dem falschen Dampfer sein' (↗Dampfer).

Lit.: *A. Otto:* Die Sprichwörter und sprichwörtl. Rdaa. der Römer (Leipzig 1890, Ndr. Hildesheim 1971), S. 239 (Nr. 1206); *R. Drux:* Des Dichters Schifffahrt. Struktur und Pragmatik einer poetologischen Allegorie, in: Formen und Funktionen der Allegorie, hg. v. W. Haug (Stuttgart 1979), S. 38–51; *D. Peil:* ‚Im selben Boot'. Variationen über ein metaphorisches Argument, in: Arch. für Kulturgeschichte 68 (1986), S. 269–293; *W. Mieder:* ‚Wir sitzen alle in einem Boot', in: Muttersprache 100 (1990), S. 18–37.

Bord, der oberste Schiffsrand, ist aus der Seemannssprache auch in die allg. Umgangssprache eingedrungen; vgl. die Wndgn. *Ballast über Bord werfen:* auf Überflüssiges verzichten; *alles über Bord werfen:* aufgeben, z. B. 1834 bei Raimund (Sämtliche Werke, S. 473): „die düstern Sorgen werft all über Bord".

Klar Bord machen: Ordnung schaffen, aufräumen. ‚Er ist über Bord gegangen' sagt man nordd. von jem., der um seinen guten Ruf gekommen ist, aber auch von einem Gestorbenen.

Von Bord gehen ↗Lotse.

Einen über Bord werfen: einen aus seiner Stellung entfernen; *über Bord fallen:* die Mittel für seine Existenz, seinen Arbeitsplatz verlieren, vgl. ndl. ‚Hij valt over boord'; *er ist wieder an höhern Bord:* er hat sich wieder aufgerafft; *sie sind nicht auf einem Bord:* sie denken und fühlen verschieden, haben verschiedene Ansichten, leben nicht in gutem Einverständnis; vgl. frz. ‚Ils ne sont pas du même bord', i. S. v.: Sie gehören verschiedenen Parteien an; *so muß er mir nicht an Bord kommen!:* eine solche Behandlung dulde ich nicht; vgl. ndl. ‚aan boord komen', jem. mit Worten oder Taten lästig fallen.

Lit.: *W. Stammler:* Seemanns Brauch und Glaube, in: Dt. Philologie im Aufriß (Berlin 1957), Bd. III.

Borg, borgen. *Auf Borg kaufen:* auf Kredit kaufen. *Auf Borg geben (nehmen):* jem. vorübergehend Geld geben bzw. von jem. Geld nehmen unter dem Versprechen der Rückgabe.

Das heute meist nur noch in Rdaa. erhaltene Wort hat eine lange Tradition u. ist schon in der frühen Lit. vielfach belegt. So findet sich z. B. im ‚Schwabenspiegel'-Landrecht (11) eine Bestimmung, die auf den vertraglichen Charakter des Borgens hinweist:

Swer borget oder entlihet
der sol daz gelten
und swaz er lobet
daz sol er stete halten.

Die meisten lit. Belege beziehen sich auf die Gefahr, die mit dem Borgen verbunden ist. Sie begegnen meist in Form eines Sprw.:

er ist me dann ein andrer narr,
wer stäts uf nimbt uf borg und harr
(S. Brant: ‚Narrenschiff' 25, 1);
wem wol ist mit nemen uf borg,
der hat zu bezahlen ganz kein sorg.
(ebd. 25, 23);

Auch Hans Sachs (I, 228) stellt rügend fest: „... entlihest vil auf borg und bitt", u. C. v. Stieler führt in ‚Bellemperie' (1680) das Wortspiel an:

besser ein borch (Schwein) ohne borg
als zwei borch mit borg.

In der Lit. des 18.–20. Jh. tritt die Wndg. (als Rda. oder Sprw.) in vielen Varianten auf, so bei F. v. Schiller: „... wenn ich das verlieren müßte, was ich auf Borg auf dem Leib trage ...“, ferner bei G. Hauptmann: „... ohne Borg u. Bettel wäre ich auch sonst mit diesem Wechsel nicht ausgekommen“.

Ein häufig verwendetes Sprw. ist: ‚Borgen bringt Sorgen‘, das neben anderen mdal. Wndgn. wie: ‚da werd als uff de alte Christian losgeborgt‘ (da wird auf Teufel komm heraus geborgt) vor allem im Frankfurter Raum in verschiedenen Versionen auftritt: ‚Borje macht Sorje‘, ‚Lang geborgt iß nett geschenkt‘ u.a. Im bad. Raum begegnen des öfteren die Wndgn.: ‚uff borg hole‘ bzw. ‚uff burig‘ im Sinne von ‚anschreiben lassen‘. Beliebt sind auch Erweiterungen wie: ‚Borgen u. Schmausen endet mit Grausen‘, ‚Rechten u. Borgen macht Kummer u. Sorgen‘, ‚Borge macht Sorge und ’s Zahle Kopfweh‘, ‚Bürge u. borge macht hintedrei Sorge‘ oder – in positiver Umkehrung – der rhein. Spruch: ‚Mer lewe ohne Sorge un brauche net ze borge‘.

↗anschreiben, ↗Kreide, ↗Pump.

Borke. *Zwischen Baum und Borke stecken* ↗Baum.

Börse. *Die Börse zücken:* bezahlen wollen. ‚Geldbörse‘ ist ein älteres Wort für Geldbeutel oder Portemonnaie.

Heute versteht man unter Börse den Wertpapiermarkt, den Platz der ‚Börsianer‘, die *an der Börse spekulieren* und ihre Fachsprache, das ‚Börsenchinesisch‘ reden und den ‚Börsenbericht studieren‘, d.h. sich über die Aktienkurse informieren. Der erfolgreiche Kenner der Börsenszene wird scherzhaft auch ‚Börsenhai‘ genannt, die gut liegende Aktie ein ‚Börsenrenner‘.

Lit.: *H. Ries:* Zwischen Hausse und Baisse (Stuttgart 1987).

Borste. Mit Borsten werden in sprw. Rdaa. scherzhaft die ↗Haare bezeichnet, z.B. *Mir stehen die Borsten zu Berge;* ostpreuß. ‚Du mußt en bei e Barschte nähme!‘, ‚du mußt ihn hinauswerfen, und *sich in die Borsten fassen:* sich zanken, streiten; vgl. frz. ‚se crêper le chignon‘ (wörtl.: einander in die Haarknoten geraten, umg.). Studentisch: *Borsten haben:* Geld haben.

Bösewicht. *Ein Bösewicht sein:* einen durch und durch schlechten Charakter haben, zu allen Schandtaten fähig sein. Das Wort ‚Bösewicht‘ entstand als Zusammenrückung aus mhd. ‚der boese wiht‘, so daß in ihm die Vorstellung an ein hinterlistiges dämonisches Wesen noch anklingt. Das Tabuwort ‚wiht‘ für den unberechenbaren Dämon erfuhr bereits in ahd. Zeit einen Bedeutungswandel vom Kobold zum elenden Kerl.

Im MA. galt der Ausdr. ‚Bösewicht‘ als ehrenrühriges Scheltwort. Geiler von Kaysersberg rügt dies 1518: „als wan du zů einem sprichst ... schalk, bösewicht, wucherer“ (‚Sünden des Munds‘, 2). Im 18. und 19. Jh. ist das Wort mehrfach lit. belegt. In dem Gedicht ‚Der alte Landmann an seinen Sohn‘ von Ludwig Heinrich Christoph Hölty (gedruckt 1775) heißt es mahnend:

> Dem Bösewicht wird alles schwer,
> Er tue, was er tu’;
> Der Teufel treibt ihn hin und her
> Und läßt ihm keine Ruh’.

Aus der Ballade ‚Die Kraniche des Ibykus‘ zitieren wir nach Schiller:

> Die Szene wird zum Tribunal,
> und es gestehn die Bösewichter,
> getroffen von der Rache Strahl.

In Carl Maria von Webers Oper ‚Der Freischütz‘ heißt es nach dem Text von Friedrich Kind (1768–1843) mitleidlos, als der Teufelsbündner Kaspar zu Tode getroffen niederstürzt:

> Er war von je ein Bösewicht;
> Ihn traf des Himmels Strafgericht!

Den Bösewicht spielen: als Schlingel und Tunichtgut immer neue Streiche aushekken wie die bösen Buben in ‚Max und Moritz‘ von Wilhelm Busch, die ebenfalls ein grausames Schicksal ereilt:

> ‚Her damit!‘ Und in den Trichter
> Schüttet er die Bösewichter.

Boß. *Den Boß herauskehren:* durch Wort u. Tat deutlich machen, wer zu bestimmen hat.

Das Wort ‚Boß‘ wurde um 1920 in der

Bdtg. Chef, Manager, Parteiführer aus dem Angloamer. übernommen, das seinerseits auf ndl. ‚baas‘ = Aufseher, Meister, Herr beruht. In den USA wird der Ausdr. auch in negativer Bdtg. für den Anführer einer (Gauner-)Bande gebraucht. In Dtl. ist damit die Vorstellung vom Vorgesetzten allg. verbunden.
‚Sie sind der Boß!‘ heißt: ‚Sie sind der Vorgesetzte, Sie müssen entscheiden, und Sie tragen auch die Verantwortung‘.
Scherzhaft spricht man auch vom *Boß des Ganzen*. Eine ähnl. Wndg. für das ‚Boßgetue‘ ist die Rda. ‚Chefallüren haben‘.

Bosselarbeit. *Eine Bosselarbeit verrichten:* eine Arbeit, die allen Kleinkram mit einschließt. ‚Jem. den Bosselbub machen‘ bad. Wndg. für: die Kleinarbeiten übernehmen, Handlanger, Ausläufer, Junge für alles sein. In früherer Zeit umfaßte der Begriff Bosselarbeit jede niedere Arbeit u. vor allem auch Hilfsdienste, die von Untergebenen übernommen werden können. Das Wort begegnet schon in der Literatur des 16. Jh.: „... der allerlei bosselarbeit thut, stubenknecht, baderknecht, kuchenbub.“ (Paracelsus 1,106); „... dasz sich der arzt dermaszen rüste / dasz er ein nothelfer sei in den rechten krankheiten / nicht in den posselarbeiten, nicht im seichsehen ...“ (Paracelsus, 1,593).
In L. Fronspergers ‚Kriegsbuch‘ (1578) heißt es (1,69): „... sonst braucht sie der profosz auch zu aller bosselarbeit“. Und bei C. Scheit im ‚Grobianus‘ (1551):

> dann wer sitzt vornen an dem disch
> dem winkt man, dasz er oft aufwisch
> all posselarbeit kompt in an
> dasz er nicht halber essen kann.

Bote. *Als Bote gehen:* beschäftigt sein, als Abgesandter zum Überbringen von Nachrichten und Gegenständen, als ein Untergeordneter. Verächtlich heißt es im Sprw.: ‚Der frömmste Bot ist ein schalck‘: es ist ihm nicht zu trauen, so schon bei Georg Henisch in: ‚Teutsche Sprach und Weißheit‘ (Augsburg 1616).
Das Altertum kennt die Engel als ‚Boten Gottes‘ zu Propheten und anderen begnadeten Menschen. Die Folgezeit machte den Erzengel Gabriel zum Schutzpatron des Botenstandes. Später auch im übertr. Sinne gebraucht: „Ein Priester, ein Bote Gottes, der den Frieden bringt“ (Schiller: ‚Maria Stuart‘ V,7).
Noch das ausgehende MA. nannte die Apostel Boten. ‚Er ritet der zwelf boten pfert‘: per pedes apostolorum, d.h. zu Fuß gehen (↗ Apostel). Das gleiche besagt auch die alte Berufsbez. ‚Läufer‘, später von der bedeutungsgleichen Bez. ‚Kurier‘ (zu lat. ‚currere‘ = laufen) abgelöst.
Es gab gehende (laufende) reitende oder fahrende Boten. Postbote ist umg. vielerorts die Bez. für den Briefträger.
Im MA. vermittelten eigene Klosterboten den Nachrichtenaustausch unter den Klöstern. Ebenso hatten die Bischöfe Kanzlei- und Hofkammerboten. Auch Fürsten und andere weltliche Obrigkeit hielten sich eigene Boten. Mit der Ausdehnung des Handelswesens (z.B. durch die Fugger oder die Hanse) entwickelten sich die Kaufmannsboten.
In der Frühzeit des Nachrichtenwesens war der Bote zugleich der unmittelbar Beauftragte seines Dienstherren, der ihn bezahlte, ihm Zeit und Ziel vorschrieb. Der Gefahren ihrer Reise wegen waren die Boten bewaffnet. Ihre Amtszeichen waren: der weiße Botenstab, die Botenbüchse, die zur Aufbewahrung der Briefe und Botschaften diente, das Horn und auf der Brust der sog. Botenschild mit dem Wappenzeichen des Auftraggebers. Bevor sie dessen Wappenfarben trugen, gingen die Boten in Dtl. im schmucklosen Grau der untersten Stände.
Die Vorstellung personifizierter Todesboten stammt vermutlich aus Indien. Aber seit dem 13. Jh. konkretisiert sich diese Vorstellung im europ. MA. in einem fest umrissenen Exempel, das als predigtmäßige Erläuterung des ‚memento mori‘ sehr beliebt gewesen sein muß: Ein Mensch schließt mit dem Tod einen Vertrag, in dem der Tod verspricht, vor seinem Kommen Boten zu senden. Eines Tages steht der Tod plötzlich vor dem Menschen und fordert ihn auf mitzukommen. Der Mensch weigert sich, da jener die versprochenen Boten nicht gesandt habe. Aber der Tod erwidert, er habe doch Krankheiten und Altersbeschwerden aller Art als seine Boten vorausgeschickt und rafft darum den Menschen hinweg. Im ‚Renner‘ des Hugo von Trimberg (ca.

1230–1313) sind Seitenstechen, Ohrenschmerzen, Zahnweh, Husten, Gehbeschwerden und das Ergrauen der Haare die ‚Boten des Todes'. Ähnl. noch in dem Grimmschen Märchen von den ‚Boten des Todes' (KHM. 177).
Dieses Eingeständnis menschlicher Ohnmacht vor der Gewalt des Todes ist auch in Rdaa. eingegangen: ‚When the messenger of death comes, all affairs cease'; schweiz. ‚Es staht en herte Bot a sim Bett': von einem Sterbenden.
Als der „harte Bote" Gottes mit vernichtender Botschaft für das Haus des israelitischen Königs Jerobeam begegnet der Prophet Ahia dessen Frau. (1. Kön. 14,5–10).
Wer hat dir einen Boten geschickt?: wer hat dich kommen heißen? ist ein Spott für ungebetene Gäste.
Weniger bedrückend als die Boten des Todes erscheinen die ‚Boten des Frühlings': die ersten Anzeichen der sich erneuernden Vegetation; ‚die Morgenröte ist der Bote des Tages'. ‚Winter hât vorbotten ûz gesendet', bei Joh. Hadlaub 28,1 (Schweiz. Minnesänger 323).
Häufig ist der metaphorische Gebrauch des Boten. Das Niedersächs. kennt die Rda.: ‚Dat sunt de Vorbaden darvon': da sehen wir schon den Anfang der Sache. Holst.: ‚De Forbaden willt de Nabaden nig inlaten': dankende Ablehnung weiterer Gerichte, wenn man sich bereits an den üppigen Vorspeisen gesättigt hat. Schwäb. ‚Der muß Bote gehen': er ist mit Durchfall geplagt. Iron. ‚Du bist geschickt wie e Bot', d.h. ungeschickt. ‚Laufen wie e Bot': sehr schnell.
Ruf und Ansehen der Boten scheinen nicht immer glänzend gewesen zu sein. Ihre Treue, Wahrheitsliebe, Pünktlichkeit, Unterordnung, Zuverlässigkeit waren tatsächlich durchaus nicht immer über alle Zweifel erhaben. Der aus dem Rheinland stammende Vorwurf ‚su frech wie en Bot' zeigt, wie es um ihr Renommé bisweilen bestellt war. Unnachsichtig geißelt Seb. Brant im ‚Narrenschiff' den Botenläufer, seine Trunksucht u. Verlogenheit u. rügt:

> die Briefe dreimal er umdrehte,
> Ob er erspähe, was er trage
> Und was er weiß, bald weiter sage ...

Im ‚Betrugslexikon' von Georg Paul Hönn (Coburg 1721) steht unter der Überschrift „Boten betrügen" so manches von ihren Schandtaten und wie sie diese durch Vortäuschung falscher Tatsachen zu bemänteln wissen. Immer wieder wurde der schwere Vorwurf variiert: ‚lügen wie ein Bot': ‚einer, der die Wahrheit spart'; ‚Er lügt wie e Brieftreger (Bote)'. Im Schweiz. wie im Schwäb. bestehen eines Boten Haupttugenden in ‚Lüge könne und et rot weren, saufe und kein Rausch kriege, laufe und et müd were'.
Berüchtigt war die Neuigkeitskrämerei der Boten. Mit den neuesten Nachrichten konnten sie förmlich Handel treiben. Um sich keine Blöße zu geben, nahm so mancher die Phantasie zu Hilfe, wie das Volkslied von ihnen singt:

> Ich bin die Post zu Fuß, ich trage diß und das ...
> Sobald ich angelangt, will jeder Zeitung fragen,
> Da kann ich unverschnauft zwölf Dutzet Lügen sagen ...

Daher schwäb. ‚Es ist wohl ein Botengeschrei': ein haltloses Gerücht ohne gewissen Grund; synonym für ‚Das ist eine Botenneuigkeit': eine unbegründete Nachricht, zu deutsch: Lüge. Es wäre aber ungerecht, die ‚Botenzunft' in erster Linie nach Fehlleistungen und Auswüchsen zu beurteilen. Trotz des unlauteren Nachrichtenhandels wird das Verdienst des Botengewerbes für die Entstehung und Entwicklung des Zeitungswesens nicht hoch genug einzuschätzen sein.
Zu den Wahrzeichen Berns gehört ein Denkmal jenes Boten, der 1444 die Stadt durch rechtzeitige Benachrichtigung, die ihn das Leben kostete, vor dem Überfall frz. Söldner rettete. Die Berner ehrten dankbar den Mut ihres Stadtboten, der dem Hohn und Undank König Heinrichs IV. von Frankreich (1553–1610) mit Entschiedenheit entgegentrat, durch den sog. ‚Läuferbrunnen'. Auf seiner Bekrönung steht die volle Figur des Boten, neben ihm das Wappentier von Stadt und Kanton, der Bär, wie ein Bote gerüstet, mit Tasche und Stab. Er symbolisiert den völkerrechtlich garantierten Status des Gesandten. Von ihm redet die engl. Wndg. ‚Messengers should neither be headed nor

hanged', heute mehr als Entschuldigung für den Überbringer einer schlechten Nachricht gebraucht. Lat.: ‚Legatus nec violatur, nec laeditur'.
‚Man muß den hinkenden Boten abwarten', d.h. die Bestätigung der Nachricht, wie Sixtus V., der 1588 nach der Schlacht im Kanal verfrühte Siegesmeldungen mit Skepsis aufnahm; engl. ‚Stay till the lame messenger come, if you will know the truth of the thing'.
Dies entspricht der Rda. *Der hinkende Bote kommt nach:* hinter der guten Botschaft kommt oft die unangenehme nachgeschlichen, die Wahrheit kommt erst später an den Tag; holst. ‚De hinkende Bade kumt achterna': herbe Enttäuschungen folgen guten Nachrichten, das Unangenehme bleibt nicht aus; ebenso ndl. ‚De hinkende bode komt achteraan'; dän. ‚Det haltende Bud kommer bagefter'; norw. ‚Sannaste segni kjem sist'. 1559 zuerst in einer Übers. von Petrarcas ‚Zwei Trostbüchern' (100a) belegt: „Der hinkend bot kompt allwegen langsam nach"; ähnl. in Oldecops ‚Hildesheimer Chronik' (S. 544): „Ik wachte na de hinkende boden"; in Grimmelshausens ‚Simplicissimus' (I, 17): „So dörfte villeicht auch wol der erste hinkende bote die zu spate reu sein" und schließlich bei Georg Henisch (1616): „Der hinkende bot kompt allzeit hernach vnd bringet die gewisseste zeitung". Rhein. ‚De seiht aus, als wenn he os dem henkende Bot geress wer', vermutlich für: keine gute Figur machen. Die schwäb. Rda. ‚Er hinkt wie der Bote aus Lahr' bezieht sich auf den ‚Lahrer hinkenden Boten'.
Der hinkende Bote ist ein Tabuwort für ‚Unglück'; es hängt vielleicht mit dem unglückbringenden Teufel zusammen, der oft als ‚Hinkefuß' oder ‚Hinkebein' bezeichnet wird. Im Volksglauben bedeutet die Begegnung mit einem Hinkenden (Angang) Unglück.
Name und Bild des Kuriers oder Boten figurierten auf dem Titelblatt von Kalendern, die die Neuigkeiten des Jahres zusammenstellten, von Zeitschriften u. Zeitungen: ‚Volksbote', ‚Schwarzwälder Bote', ‚Wandsbecker Bote', dessen erster und einziger Redakteur Matthias Claudius war.
Beim ‚Lahrer hinkenden Boten' (Lahr [Baden] 1801 ff.) handelt es sich um den bekanntesten dt. Volkskalender mit einer weltweiten Verbreitung bis nach Nord- und Südamerika oder auch nach Südafrika. Dieser Kalender ist nicht der älteste und einzige seiner Art. Er entstand nämlich erst im Anschluß an den Basler hinkenden und auch an den Frankfurter

‚Der hinkende Bote'

hinkenden Boten. ‚Hinkende Boten' im Sinne des noch heute alljährlich neu nachgedruckten Kalendertitelblatts sind eigentlich herumziehende Invaliden, die ein Bein durch einen hölzernen Stelzfuß ersetzt hatten. Sie betätigten sich nicht selten als Flugblattverkäufer oder als fliegende Händler, die sich mit dem Vertrieb von ‚neuen Zeitungen' und Kalendern ihren Lebensunterhalt verdienten. Schon 1607 war in Braunschweig der Hinkende Bote eines Buchdruckers erschienen. 1786 gab es in Kehl den ‚Oberrheinischen Hinkenden Boten', der als ein ‚Blatt für jedermann' seine amüsanten Erzählungen empfahl. 1793 zeigte sich in Offenbach ‚der Hinkend und Stolpernd doch eilfertige Reichsbott', später auch der ‚Rastatter Hinkende Both'. 1820 gab es in Straßburg nicht weniger als drei Hinkende Boten, die heute alle zugunsten des Lahrer verschwunden sind. Der Hinkende Bote steht also für eine Kalendergattung. Lahrs unmittelbares Vorbild lag in Basel, doch lief der Lahrer Hinkende Bote dem Basler immer mehr den Rang ab. Der große Aufschwung kam mit dem Verleger Moritz Schauenburg (1827–95).

Lit.: *O. Lauffer:* Der laufende Bote im Nachrichtenwesen der früheren Jhh., in: Beiträge zur dt. Volks- u. Altertumskunde 1 (1954) S. 19–60; *L. Röhrich:* Erzählungen des späten MA. und ihr Weiterleben in Lit. und Volksdichtung (Bern 1962) I, S. 6–10, 80–92, 258–262; *H. Wiedemann:* Der Lahrer Hinkende Bote, in: Badische Heimat 48 (1968), S. 241 f.; *ders.:* Portrait des Lahrer Hinkenden Boten, in: Geroldsecker Land H. 17 (1975), S. 3–16; *D.-R. Moser:* Art. Boten des Todes, in: EM. II, Sp. 636–639; *H. Trümpy:* Ein Beitrag zur Erforschung der Kalender, in: Sandoz-Bulletin 17 (Basel 1981), Nr. 59, S. 11–22; *J. Knopf:* Alltages-Ordnung. Ein Querschnitt durch den alten Volkskalender. Aus württ. und bad. Kalendern des 17. und 18. Jh. (Tübingen 1982).

Botenbrot. *Einem das Botenbrot ankündigen:* ihm sagen, daß er ein Amt erhalten habe. Urspr. bedeutete es die Entlohnung des Boten durch eine mehr oder weniger opulente Bewirtung, später durch Geld abgelöst. Dieses Entgelt für Mühe und Gefahren erhielt der Überbringer der Nachricht vom Empfänger am Ende der Reise. Die alte Bez. ‚Botenbrot' – bei Notker sogar mit dem Evangelium gleichgesetzt – blieb aber noch bis ins 19. Jh. erhalten. Bereits im MA. waren an die Stelle der Viktualien u. a. sogar liegende Güter, Schmuck und andere Kleinodien getreten.

Gar nicht fürstlich klingt dagegen das ‚Trinkgeld' in der bremischen Wndg. ‚Ik kan mit dem Voot nig in der Tasken kamen, anders woll ik di Badenbrood geven': Verspottung desjenigen, der eine unerwünschte oder ärgerniserregende Nachricht bringt.

Lit.: ↗ *Bote.*

Botschaft. ‚Daß dich die vier Bottschaft ankommen': ein Fluch, durch den man jem. die vier Übel wünschte, die nach dem religiösen Volksglauben St. Antonius, St. Ruprecht, St. Valentin und St. Cornelius heilen.

Botschaften ins Jenseits senden. Unter dem Stichwort ‚Botschaft ins Jenseits' versteht die Erzählforschung eine Gruppe von Motiven, die in verschiedenen Erzählungen auftreten und das zugleich zeitlose wie gemeinmenschliche irrationale Verlangen nach Kommunikation zwischen Lebenden und Toten, zwischen Diesseits- und Jenseits-Welt widerspiegeln. Am bekanntesten ist das Erzählmotiv vom Auftrag, eine Botschaft ins Jenseits zu bringen, aus dem sehr verbreiteten, erstmals zu Anfang des 16. Jh. bezeugten Schwank vom fahrenden Schüler aus dem Paradies (Student aus Paris, AaTh. 1540), dem eine einfältige Frau aufgrund eines Hörfehlers Kleider, Geld und Grüße für ihren verstorbenen Mann ins Paradies mitgibt.

Im Märchen treten Botschaften ins Jenseits zumeist als Fragen auf, die im Diesseits nicht zu beantworten sind, so z. B. im Märchen vom ‚Teufel mit den drei goldenen Haaren' (KHM. 29).

Um *Botschaften aus dem Jenseits* geht es auch in der sagenhaft-exempelhaften Erzählung ‚Freunde in Leben und Tod' (AaTh. 470).

International verbreitet ist auch die Witzstruktur ‚gute Botschaft – schlechte Botschaft', wobei die schlechte Nachricht meist die vorher erzählte gute ad absurdum führt.

Hier ist eine schlechte Botschaft gemeint im Gegensatz zur ‚frohen Botschaft' des Evangeliums.

Hiobsbotschaft ↗ Hiob.

Lit.: *A. Aarne:* Der Mann aus dem Paradies in der Lit. und im Volksmunde (FFC. 22) (Hamina 1916); *G. Petschel:* Freunde in Leben und Tod. Eine Untersuchung des Märchentypus AaTh. 470 (Diss. [masch.] Göttingen 1960); *ders.:* Art. ‚Botschaften ins Jenseits', in: EM. II, Sp. 639–643; *L. Röhrich:* Der Witz. Figuren, Formen, Funktion (Stuttgart 1977), S. 12, 111.

Boykott. *Einen Boykott (gegen ein Land) verhängen:* keine Waren von dem betr. Land mehr einführen. Die Rda. hat sich als Bez. für wirtschaftliche u. gesellschaftl. Sanktionen vor ca. 100 Jahren von England aus über die ganze Welt verbreitet u. in jüngster Zeit auch Eingang in die polit. Fachsprache gefunden.

Der Name stammt von dem engl. Güterverwalter Charles Boykott, der wegen seiner Härte gegen die Pächter um 1880 von der irischen Landliga zur Auswanderung gezwungen wurde, indem sie durch organisierte Aktionen die Arbeiter zur Auf-

gabe der Arbeit bewegte, die Geschäftsleute veranlaßte, keine Verträge mehr mit ihm zu schließen sowie den gesellschaftl. Verkehr mit ihm abzubrechen u. ihm somit die Existenzgrundlage entzog. Aus dieser gnadenlosen Ächtung u. Ausschaltung hat sich die heutige Form des nationalen, politisch motivierten Boykotts entwickelt, bei dem wirtschaftliche Sanktionen u. andere Druckmittel eingesetzt werden, um bestimmte polit. Ziele zu erreichen.
Während ein solcher Boykott als legitimes polit. Instrument betrachtet wird – vor allem, wenn es sich um Menschenrechtsverletzungen handelt –, gilt der soziale oder gesellschaftliche Boykott von Privatpersonen in einigen Ländern als strafbare Handlung.
Jem. boykottieren, d.h. ihn dadurch ausschalten, daß man ihn in Verruf bringt u. gesellschaftlich isoliert, u. *eine Sache boykottieren,* indem man versucht, sie zu verhindern u. zu Fall zu bringen.

Brand ↗Feuer.

Brandbrief. *Einen Brandbrief schreiben (schicken):* einen dringlichen Bittbrief um Geld schreiben; ndl. ‚een brandbrief schrijven'.
Der Brandbrief ist seit dem Spät-MA. in Nord- und Süddtl. bekannt und hat unterschiedliche Bdtg.: nordd. eine Art Fehdebrief, durch den das Abbrennen von Haus und Hof angedroht wird, südd. obrigkeitliche Verfügung, die zum Sammeln von Gaben für Brandgeschädigte berechtigt. Durch die Studentensprache des späten 18. Jh. ist das Wort neu belebt worden; es ist zuerst 1767 in Leipzig und später auch an anderen Universitätsorten nachzuweisen. Um seinen Eltern zu verdeutlichen, daß er völlig ‚abgebrannt', d.h. ohne einen Pfennig sei, kohlte der Student die Ecke des Briefes ein wenig über dem Feuer an. Durch die Vermittlung der Studentensprache ist der Brandbrief mit seiner veränderten Bdtg. erneut in Umgangssprache und Mdaa. eingedrungen.

brandmarken. *Jem. brandmarken:* ihn zeichnen, ihm ein Brandmal einbrennen, übertr.: ihn öffentl. bloßstellen.

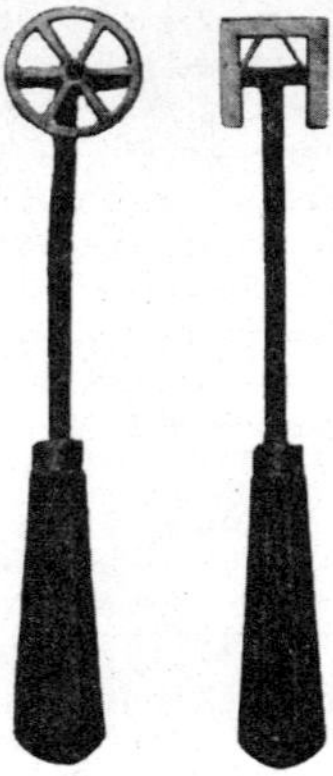

‚Brenneisen'

Diese Rda. geht auf den bereits in der Antike bezeugten Brauch zurück, Verbrechern und flüchtigen Sklaven auf die Stirn oder auf den Arm ein Brandzeichen einzubrennen. Dieser Brauch war auch im ma. Dtl. üblich (Grimm, Dt. RA.[4], S. 298). Neben dem Stadtzeichen wurde dem Verbrecher das Sinnbild seiner Tat eingebrannt, z.B. dem Falschmünzer eine Münze in die Stirn. Schwerverbrecher trugen das Brandmal des Rades oder des Galgens auf ihrem Wege zur Richtstätte, auf dem sie von der zuschauenden Menge verhöhnt wurden. Eine Danziger Verordnung des 15. Jh. besagt: „Wer mit Lotterie und Riemenziehen die Leute um das Ihrige bringt, soll das erste Mal gebrandmarkt, das andere Mal gesäcket und ersäuft werden" (Ziesemer, Preuß. Wb. I, S. 761). In Luthers Bibelübers. findet sich 1. Tim. 4,2: „die, so in Gleisnerei Lügen reden und Brandmal in ihrem Gewissen haben".
Im Märchen begegnet die Brandmarkung häufig als Erkennungszeichen u. Signum der Versklavung. Die frühesten Zeugnisse (11. Jh.) stammen aus dem Mittleren u. Nahen Osten.
Eine Steigerungsform bedeutet das ‚Siegeln mit dem Pferdehuf', (vgl. Kainszeichen).

Lit.: *H. Sommer:* Kulturgeschichtl. Sprachbilder (Bern 1943); *A. Erler:* Brandmarken ins Antlitz, in: FS. K. S. Bader (Zürich 1965), S. 115–120; *K. Ranke:* Art. ‚Brandmarken', in: EM. II, Sp. 658–660.

Brassel. *Viel Brassel am Hals haben:* sich mit viel Kleinkram u. einem Übermaß an Arbeit abplagen müssen. Es handelt sich um eine rhein. Rda., die verkürzt auch noch in der Wndg. ‚So 'ne Brasselskram!' vorkommt.

Braten. *Den Braten riechen:* etw. Angenehmes oder Unangenehmes schon von ferne oder zeitig merken, ahnen, wo eine Sache hinaus will; vgl. lat. ‚nasum nidore supinor' (Horaz, Sat. 2, 7, 37); frz. ‚sentir la fricassée' (ungebräuchlich), dafür heute: ‚sentir d'où vient le vent' (wörtl.: die Windrichtung zeitig merken), ↗ Wind. Schon Luther gebraucht die Rda. 1524 (‚An die Ratherren'): „der Teuffel roch den braten wol" und an einer anderen Stelle: „ei Lieber, rechstu den Braten?" In der ‚Zimmerischen Chronik' (3,547) heißt es: „Aber wiewol die Königin Leonora sonst keins scharpfen verstands gewesen,

‚Den Braten schmecken'
„Schmackenbrätlin ist mein nam/Schmarotzens ich mich nimmer scham."

iedoch kunt sie den braten wol schmekken". Lehmann verzeichnet 1639 S. 41 (Argwohn 20): „Argwohn wület im Dreck, der nich gepfercht ist, vnd kan die Kunst, daß er einen Wind reicht, ehe er ausbricht, vnd den Braten riecht, ehe das Kalb gestochen ist". Schiller verwendet die Rda. in den ‚Räubern' (III, 2): „Ich rieche den Braten schon". Auch heute ist *den faulen Braten riechen* noch sehr verbreitet. In der älteren Sprache hatte die Wndg. *den Braten schmecken* die Bdtg. ‚schmarotzen'. In Murners ‚Schelmenzunft' hat der Schmarotzer den Beinamen ‚Schmakkenbrettly'. In der Erklärung zu der Illustration „den braten schmacken" heißt es von ihm:

Schmacken brettly is myn nam
Schmorutzens ich mich nymmer scham
Alle kirchwihe / brulofft / irten
Und wo man frelich ist bey würten
Do kan ich allzeit vornan ston
Wen man bzalt louff ich dor von.

Das ist Braten für ihn: es kommt ihm sehr gelegen, ist ihm erwünscht.
Das ist ein fetter Braten: ein reicher Gewinn; diese Rda. findet sich sinngemäß schon bei Walther von der Vogelweide in einem polit. Lied, in dem er gegen die ungerechte Lehensverteilung Klage erhebt:

Wir suln den kochen râten
Sît ez in alsô hôhe stê
Daz si sich nicht versûmen,
Daz si der fürsten brâten
Sniden groezer baz dan ê
Doch dicker eines dûmen. .

Wolfram von Eschenbach spielt auf diese Stelle an, wenn er im ‚Willehalm' (286,19) sagt:

her Vogelweide von brâten sanc:
dirre brâte was dicke und lanc...

Dem Braten nicht trauen: eine Sache für verdächtig halten. Die Rda. steht vielleicht in Zusammenhang mit einer Fabel: Ein Bauer lädt ein Tier zu sich ein, doch dieses kehrt an der Tür um, weil es wittert, daß sein Gefährte bereits in der Pfanne des Bauern schmort. Es traut also diesem Braten nicht und fürchtet, selbst das nächste Opfer zu sein.
Der Ausdr. Braten für ein ungünstiges Ereignis wird noch heute verwendet in der Rda. *Da hast du den Braten!:* die Bescherung, bei Unzufriedenheit, Ärger und Enttäuschung. Sehr gebräuchl. sind außerdem die Wndgn.: *schwitzen wie ein Braten* und *An dem Braten hast du noch lange zu kauen:* für die Lösung dieser schwierigen Aufgabe wirst du noch lange Zeit brauchen.
Das Schimpfwort ‚Satansbraten' bezieht sich auf einen teuflischen, heimtückischen Menschen (↗ Statan, ↗ Teufel).

Bratkartoffelverhältnis. *Ein Bratkartoffelverhältnis haben (unterhalten):* ein vorübergehendes Liebesverhältnis haben, das bes. wegen der damit verbundenen guten Verpflegung eingegangen wird. In Soldatenkreisen im 1. Weltkrieg entstanden, dient die Wndg. heute allg. zur Bez. der ,wilden Ehe' (↗Ehe).

braun. *Jem. braun und blau schlagen* (gebräuchlicher ist jedoch: ,jem. grün und blau schlagen'): ihn durchprügeln, bis seine Haut farbig wird, vgl. ndl. ,Hij is bont en blaauw geslagen'.

Das Braun des Biers und des Kaffees ist in den folgenden Wndgn. gemeint: schwäb. ,den Braunen laufen lassen', gerne ein braunes Bier trinken; obersächs. ,die braune Stunde', die Nachmittagsstunde, in der Kaffee getrunken wird.

Braun gilt als die Farbe der Natur. Etymol. ist sie von der Bez. eines braunen Tieres herzuleiten, vom Bär, der im Tierepos „Braun" (Brûno, Brûne) heißt. Braun ist aber auch die Symbolfarbe der Mutter Erde u. steht – auf die Frau übertragen – als Sexualmetapher für die weibl. Scham (Vulva). Als erotische Symbolfarbe begegnet sie häufig im Volkslied in der Wndg. ,braunes (schwarzbraunes) Mägdelein'. Vgl. frz. ,une brune': ein braunes Mädchen.

Es handelt sich dabei nicht nur um eine soziale Klassifikation, sondern um eine sexualpsychologische Wertung. Die Formel vom ,schwarzbraunen Mägdelein' taucht im Volkslied erst im 16. Jh. auf. In dieser Zeit löst der dunkelhaarige Mädchentyp das ältere, ausschließlich blonde Schönheitsideal des hohen MA. ab.

Während das blonde Schönheitsideal auf die adligen Damen u. Herzoginnen beschränkt bleibt, ist das schwarzbraune Mädchen in der Regel bürgerlicher oder bäuerlicher Herkunft. Auch beim Mann ist ,braun' ein Zeichen für niedere Herkunft, wie aus einem Kindergedicht hervorgeht:

Willst du so nach Junkern schaun
und des Fischersohns vergessen?
Freilich ist er arm u. braun.

Von diesem übertr. Sinn ist in den neuzeitlichen Rdaa. wenig erhalten geblieben. Sie beziehen sich vielmehr real auf die braune Farbe einer Sache.

Seit der Nazizeit gilt ,braun' als Bez. nationalsozialistischer Gesinnung, vom Braun der SA-Uniformen hergeleitet.

Lit.: *H. Schewe:* Art. ,Braun', in: HdA. I, Sp. 1518–1521; *O. Lauffer:* Farbensymbolik im Dt. Volksbrauch (Hamburg 1948), S. 48–49; *W. Koch:* Farbnamen, in: Muttersprache (1959), S. 11; *L. Röhrich:* Gebärde, Metapher, Parodie (Düsseldorf 1967), S. 72ff.; *W. Danckert:* Symbol, Metapher, Allegorie im Lied der Völker, Bd. I (Bonn-Bad Godesberg 1976), S. 405–411.

Braut. *Die Braut heimführen (heimholen):* heiraten, eigentl. die junge Frau nach der Trauung in ihr neues Heim (zu ihren neuen Verwandten) bringen, was auf dem Brauch der feierlichen ,Brautleite' beruht. Bereits Luther kennt das Sprw. ,Wer's Glück hat, führt die Braut heim', das heute allgemeinere Bdtg. besitzt und besagt: Nur dem Glücklichen ist letztlich Erfolg beschieden; vgl. ndd. ,De dat Gluck het, geit met der Brud to Bedde'. Ein alter Pfandlösereim spielt ebenfalls auf den Brauch des Heimholens an, aber auch auf den ,Brautstein' (↗Stein), an dem vor Einführung der kirchlichen Trauung die Eheschließung vollzogen wurde:

Ich steh auf einem breiten (heißen) Stein,
Wer mich lieb hat, holt mich heim.

Die Wndg. *auf Brautschau gehen* wird auf den ledigen Burschen bezogen, der gern heiraten möchte. Die Wndg. hatte früher noch die Bdtg., sich den Besitz der Zukünftigen und ihrer Familie näher anzusehen, bevor man eine Wahl trifft.

Lit.: *B. Kummer:* Braut, Bräutigam, in: HdA. I, Sp. 1522–1537; *H. Bächtold:* Die Gebräuche bei Verlobung und Hochzeit (Basel, Straßburg 1914); *K. Rumpf:* Hess. Brautstühle, in: Volkswerk 1942, S. 37–53; *J. Meier:* Ahnengrab und Brautstein, Untersuchungen z. dt. Vkde. (Halle 1944), H. 1; *K.-S. Kramer:* Art. ,Braut', in: HRG. I, Sp. 514–517; *K. Ranke:* Art ,Braut und Bräutigam', in: EM. II, Sp. 700–722; *G. Völger u. K. v. Welck* (Hg.): Die Braut, 2 Bde. (Köln 1985).

Brautsar. *Dasitzen wie ein Brautsar:* steif und unnahbar dasitzen wie die Braut im Hochzeitskleid.

In dieser Rda. lebt ahd. saro, mhd. sar = Rüstung weiter. Ähnl. wie im Sächs. heißt es steir. ,dasitzen wie eine Bauernbraut', behäbig dasitzen. Eine solche steif dasitzende Braut hat z.B. Rembrandt in dem von Simson erwählten Mädchen aus Thimnath auf seinem 1638 entstandenen Gemälde ,Samson, an der Hochzeitstafel Rätsel aufgebend' dargestellt. Aber auch

‚Dasitzen wie ein Brautsar'

andere Darstellungen von Bräuten, zum Beispiel auf Pieter Bruegels ‚Bauernhochzeitsbild', zeigen dieselbe Gestik der Braut.

Lit.: *L. Röhrich:* Gebärdensprache und Sprachgebärde, S. 127.

Brautstuhl. *Im Brautstuhl sitzen,* auch: *den Brautstuhl besitzen:* verlobt sein, kurz vor der Eheschließung stehen; vgl. lothr. ‚Se sen im Britstuhl' u. rhein. ‚im Brautstuhl sein', was sich auf Braut und Bräutigam beziehen kann.

Die Rdaa. spielen auf einen Brauch an: die Braut brachte einen reich verzierten Brautstuhl bei der Überführung ihres Brautgutes in ihr neues Heim mit, wo sie nun im Rat der Familie auch Sitz und Stimme erhielt, da der ‚Brautstuhl' als eine Art Rechtssymbol zu verstehen ist. In der Lit. findet der Brautstuhl schon in frühester Zeit Erwähnung, so bei Notker Labeo (950–1022, auch ‚Teutonicus' oder ‚der Deutsche' gen.): „Tînen brûtestûol lustet mih zierenne mit sange" (deinen Brautstuhl möchte ich gern zieren mit Gesang). Im ‚Erec' des Hartmann von Aue (1165–1215) heißt es:

dô si in ir rîche hô
ime brûtstuole sazen!

u. im Gudrun-Epos (verfaßt zwischen 1210 u. 1215; Vers 549,1): „da sie im brûotstuole saz". Später begegnet der Brautstuhl auch im bäuerlichen Brauchtum, wie sich aus dem Gedicht des Wernher der Gartenaere vom ‚Meier Helmbrecht' (entstanden 1234–1250) schließen läßt:

do der helt Lemberslint
und sin gemahel Gotelind
den briutestuol besassen ...

An manchen Orten wurden zur Feier der vertraglichen Heiratsabrede sog. ‚Stuhlfeste' gefeiert, wie zahlreiche Beispiele aus dem 15. u. 17. Jh. aus Schwaben belegen.

Lit.: ↗Braut.

brav. *Schön brav sein:* Mahnung an ein Kind, folgsam zu sein u. sich still zu verhalten. (Frz.: être sage comme un image').

Das Wort ‚brav' galt in Dtl. über Jahrhunderte hinweg als Inbegriff bürgerlicher Tugenden schlechthin. Es ist etwa gleichzeitig mit dem schwed. ‚braf' aus dem frz. ‚brave' entstanden u. nach dem 30jähr. Krieg zu uns gekommen. Es fand zuerst Eingang in die Soldatensprache, wie aus einem Frühbeleg, einem Kriegslied von der stralsund. Belagerung 1628 (gedr. 1630) hervorgeht. Darin heißt es:

wiltu ein braffr soldate sei
so such und schlag die feinde dein.

(F. v. Soltau, Volkslieder [1836], 474).

Brav im Sinne von tüchtig, wacker, redlich, uneigennützig, das war die höchste Tugend nicht nur des Soldaten, sondern auch des guten Bürgers allg. So heißt es z.B. bei F. Schiller: „Der brave Mann denkt an sich selbst zuletzt" (‚Wilhelm Tell', I, 1). Gottfried August Bürgers ‚Lied vom braven Manne', zuerst im ‚Göttinger Musenalmanach für 1778' erschienen, preist diese Mannestugend:

Hoch klingt das Lied vom braven Mann.

Die letzten Worte von Gretchens Bruder Valentin in Goethes ‚Faust' lauten:

Ich gehe durch den Todesschlaf
zu Gott ein als Soldat und brav.

Auch Goethes Verse aus seinem 1810 veröffentlichten Gedicht ‚Rechenschaft':

Nur die Lumpe sind bescheiden,
Brave freuen sich der Tat

sind sprw. geworden.

Später erhielt das Wort ‚brav' auch die Bdtg. von ‚gefügig' u. wurde daher auch den Tieren als Merkmal beigegeben: ‚das brave Pferd', süddt.: ‚en bravs Rössel', von dem das Sprw. behauptet: ‚Ein braves Pferd stirbt in den Sielen'.

Auf Frauen bezogen erhielt ‚brav' die Bdtg. von fügsam, anstellig und bescheiden u. umschrieb damit die bes. im 19. Jh. gewünschten und anerzogenen Tugenden. So heißt es bei Goethe: „Ihr habt ein Mädchen erwählet, Euch zu dienen im Haus und Euern Eltern, das brav ist".
Noch 1956 vertritt E. M. Remarque in seinem Roman ‚Der schwarze Obelisk' die Meinung, „... Otto solle heiraten, ein ‚braves Mächen', das gut kocht, mit einer schönen Aussteuer ..."
Dagegen die schon 1842 von J. Möser (9,122) gestellte Frage:
„Dürfte ich wohl untertänigst fragen, was Sie durch ein braves Mädchen verstehen? Ich habe sonst gemeint, die Pferde würden nur brav genannt".
Daß die mit ‚brav' verbundenen Eigenschaften zu Spöttereien Anlaß gaben, liegt auf der Hand. Sie fanden ihren Niederschlag in Ausdr. wie ‚Brävling', ‚Bravkerl', ‚braver Narr' usw.
Eine andere Art von Spott entwickelte sich nach dem 2. Weltkrieg als Gegenreaktion zu den altväterlichen Vorstellungen von brav. Zu dieser neuen Sicht trug vor allem auch der Roman ‚Die Abenteuer des braven Soldaten Schwejk' (1921/23) von J. Hašek bei, der durch seine spätere Verfilmung einem breiten Publikum zugänglich gemacht wurde. Die darin enthaltene iron. Anschauung vom ‚braven Soldaten' u. ‚braven Bürger' hat sich heute vor allem in intellektuellen Kreisen allg. durchgesetzt.

brechen. *Mit jem. brechen:* ihm die Freundschaft kündigen, jede Beziehung abbrechen; vgl. ndl. ‚met iemand breken', engl. ‚to break with a person' u. frz. ‚rompre avec quelqu'un'.
Die Wndg. *brechend voll sein* dient zur Steigerung; ein Raum, ein Saal ist so überfüllt, daß das Einbrechen des Bodens zu befürchten ist.
Den Stab über jem. brechen: ihn verurteilen (↗Stab). *Nichts zu brechen und nichts zu beißen haben:* nichts zu essen haben; vgl. frz. ‚ne rien avoir à se mettre sous la dent' (umg.); ↗beißen.
Etw. übers Knie brechen: eine Sache rasch abtun (↗Knie). *Etw. vom Zaune brechen:* einen Streit mutwillig herbeiführen (↗Zaun). *Eine Lanze für jem. brechen:* ihn verteidigen (↗Lanze). *Das Eis brechen* ↗Eis; *einem das Herz brechen* ↗Herz; *das bricht ihm den Hals* ↗Hals.

Bredouille. *In der Bredouille sitzen (sein):* in Verlegenheit, in Verwirrung, in Bedrängnis, in der Patsche sein; ähnl. *in die Bredouille geraten (kommen)* und *in Bredouille bringen.*
Die Rdaa. sind in der ‚Franzosenzeit' zu Beginn des 19. Jh. aus frz. ‚être dans la bredouille' (heute nicht mehr gebräuchl.): in der Patsche sitzen, übernommen; geläufiger ist frz. ‚revenir bredouille': unverrichteter Dinge heimkehren (Jäger- u. Anglersprache), aber auch: frz. bredouille = Matsch, übertr.: keinen Stich im Kartenspiel bekommen.
Der Ausdr. ist heute noch in der dt. Umgangssprache und in fast sämtlichen Mdaa. geläufig, z.T. stark lautlich entstellt und in der Bdtg. verändert. Bair. ‚in die Bredulti kommen', in Verlegenheit kommen; meckl. ‚in Padoll kamen', in eine mißliche Lage geraten; ‚ick bün mit em enne Perdoll kamen', ich bin mit ihm in Streit geraten; ‚dee is gant inne Perdoll', er ist stark betrunken.

Brei. *Brei im Mund haben:* undeutlich reden; schon bei Luther belegt: „sie mummeln, als hetten sie heiszen brei im maule". Daher auch das noch heute gebräuchl. Schimpfwort ‚Breimaul'.
Jem. Brei ums Maul schmieren: ihn mit Versprechungen verlocken, ihn umschmeicheln. *Einem Brei zu essen geben:* seiner eigenen Kraft zuwenig überlassen. *Jem. den Brei versalzen:* ihm die Freude verderben, ähnl. wie ‚jem. die ↗Suppe versalzen'. Eine zweite Parallele zur Suppe ist die Rda. *Er hat ihm einen schönen Brei angerührt:* er hat ihn in eine große Verlegenheit gebracht, vgl. ‚einem eine Suppe einbrocken'. *Den Brei selbst auslöffeln müssen:* die Folgen allein tragen müssen. Brei ist die Lieblingsspeise der Kinder; daher: *Laß dem Kind seinen Brei:* verdirb ihm nicht seine Freude. Köl. ‚Die han jet en der Brei ze brocke', sie haben etw. zuzusetzen, sie sind wohlhabend. Dagegen: *etw. satt haben wie kalten Brei:* genug davon haben. *Sich in den Brei mischen, sei-*

nen Brei dazugeben: sich in fremde Dinge einmischen, ähnl. wie ‚seinen ↗ Senf dazugeben'; vgl. frz. ‚Y mettre son grain de sel (wörtl.: sein Salzkorn dazugeben).
Ndd. ‚He hat in den Bre dan', er hat dummes Zeug gemacht. *Jem. zu Brei hauen:* ihn durchprügeln; vgl. frz. ‚faire chair à pâté de quelqu'un' (wörtl.: jem. klein hakken).
Um den Brei herumreden: nicht zum Wesentlichen kommen. *Wie eine Katze um den heißen Brei herumgehen* ↗ Katze; vgl. frz. ‚tourner autour du pot' (wörtl.: um den Topf herumgehen). ‚In den Brei fallen' sagt man holst. für: ‚mit der Türe ins Haus fallen'.

breit. *Sich breitmachen:* viel Platz beanspruchen, sich nach vorne drängen; vgl. frz. ‚s'étaler'; obersächs. ‚Der macht sich breet wie e loof'ger Käse'. Vgl. frz. ‚se mettre sur son quant à moi'. *Sich mit etw. breitmachen:* sich einer Tat oder seines Besitzes rühmen. *Etw. breittreten:* es mit vielen Worten weitläufig behandeln; so sagt z. B. Goethe: „Getretner Quark wird breit, nicht stark" (‚Westöstl. Divan'). *Sich breitschlagen lassen:* sich zu etw. überreden lassen; das Bild ist vom Metall genommen, das man zur Verarbeitung breit schlägt. Meckl. ‚Dee is so breit twischen de Schullern as de Hiring', er ist sehr schmal. *Der breite Stein* ↗ Stein.
Die Rda. *vom Breiten leben:* vom Kapital zehren, in Sachsen und Bayern bekannt, gehört nicht zu breit; sie heißt eigentl. ‚vom Bereiteten (d. h. Ersparten) leben'.

Breitseite. *Jem. die Breitseite zeigen:* eine Seite des Schiffes in ihrer gesamten Länge dem Gegner als Drohung entgegenhalten. Die Wndg. stammt aus der Seekriegssprache, als die Schiffsgeschütze im Rumpf aufgestellt waren, man also nur mit der breiten Seite feuern konnte, ebenso wie die Rda. *eine Breitseite abfeuern:* das gleichzeitige Abfeuern aller Geschütze auf der dem Gegner zugewandten Seite. Später wurden die auf dem Oberdeck beweglich aufgestellten Geschütze auf eine Seite gedreht, um Breitseiten abfeuern zu können.
Die Rda. begegnet im übertr. Sinn des öfteren in den Medien: *eine Breitseite auf jem. abfeuern:* ihn voll unter Beschuß nehmen, ihn schonungslos kritisieren, ihm eine harte Lektion erteilen.

brennen. *Es brennt:* es eilt; hergeleitet von der Eile, die bei einer Feuersbrunst geboten ist.
Wo brennt's denn? fragt man einen, der es so eilig hat wie die Feuerwehr, die zum Feuer eilt; vgl. schon in Wolframs ‚Parzival' (647, 6f.):

als du gâhest ûzem fiure
gebâr mit rede und ouch mit siten.

Sich brennen: mit Schaden davonkommen, sich gröblich irren; gemeint ist wohl eigentl. das unüberlegte Anfassen eines heißen Gegenstandes (‚heißes Eisen'); vgl. frz. ‚se brûler'. *Es brennt ihm unter den Nägeln (Fingern, Nähten):* er hat es sehr eilig. Derber z. B. schlesw.-holst. ‚Em brennt der Mors', er kann nicht still sitzen, er ist unruhig und ungeduldig. *Ihm brennt der Boden unter den Füßen:* er flieht eilig (↗ Boden).
Sich weiß brennen: sich zu entschuldigen suchen. Diese heute ausgestorbene Wndg. verdankt ihre Entstehung der Beobachtung, daß das ins Feuer geworfene Metall von seinen Schlacken gereinigt und schließlich weißglühend wird. Die äußere Wirksamkeit des Feuers wird in der Rda. auf das innere Leben übertragen, was auf alte religiöse Vorstellungen hindeutet. ‚Weiß' galt und gilt als Farbsymbol für die Unschuld und Sündlosigkeit (vgl. ‚eine weiße Weste haben'). Die Läuterung des Schuldigen erfolgt im Fegefeuer, das ihn rein (weiß) brennt. Luther verwendet die Rda. sehr oft, z. B.: „weil sich der geyst so hell und weiß bornet", oder: „daher auch das sprichwort komt, so man von solchen entschuldigern spricht: ey wie weiß bornet er sich. Bei Andreas Gryphius (1,293) findet man: „und siehst du nicht, dasz sie sich suchen weisz zu brennen?" Sehr bekannt ist die Wndg. auch aus Heinrich von Kleists ‚Prinz von Homburg' (III, 1):

... Eine Tat,
Die weiß den Dey von Algier brennt ...

Das Meer ausbrennen wollen: eine törichte, unmögliche Arbeit verrichten. Doch kann Feuer durchaus ‚einen See ausbrennen', wenn nämlich bei einem Brand sein Wasser nicht ausreicht, diesen

zu löschen. In solchem Sinn gebraucht Th. Storm die Rda., um die Wirkung der schwarzen Augen seiner Lisa im ‚Pole Poppenspäler' anzudeuten.
Nichts zu beißen und nichts zu brennen haben: sehr arm sein (↗beißen). Köl. ‚Dä kritt es jebrannt', er wird empfindlich gestraft; ↗brandmarken. *Einem das gebrannte Leid antun* ↗Leid. ‚Der brennt dem Tag (auch dem lieben Gott) die Augen aus' sagt man obersächs. von einem, der abends zu zeitig oder morgens zu lange Licht brennt; ähnl. schwäb. ‚ein Loch in den Tag brennen'.
Von sehr leidenschaftlichen Menschen (Zorn, Liebe) sagt man *Er brennt wie Stroh* oder *Er brennt, man könnte eine Laterne mit ihm anzünden,* u. von einer nicht mehr ganz jungen Frau: *Sie brennt wie eine alte Scheune* oder ‚Wenn alte Scheuern brennen, hilft kein Löschen'. Diese Wndgn. beziehen sich auf Liebe im fortgeschrittenen Alter. Vgl. lat. ‚Lucernam accendere possis'.
Auf etw. brennen: begierig, ungeduldig, neugierig sein; vgl. frz. ‚brûler de faire quelque chose'. Auch zur Steigerung wird brennen benutzt, z.B. in der Wndg. *etw. brennend nötig haben:* sehr nötig haben.
Nichts anbrennen lassen: auf kein Vergnügen verzichten, keine Gelegenheit verpassen.
Sich die Finger nicht verbrennen: sich nicht um eine ‚heiße' Sache kümmern – aus lauter Vorsicht oder aus böser Erfahrung, wie sie angedeutet wird in dem Sprw.: ‚Gebranntes Kind scheut das Feuer' (vgl. ‚Struwwelpeter'), ↗Finger.
Aber man kann dennoch *ein brennendes Interesse an einer Sache haben:* auch wenn ‚es nicht brennt', d.h. nicht eilt (frz.: ‚Il n'y a pas le feu à la maison': es brennt nicht).
Eine neuere Rda. ist auch: *Im Brennpunkt stehen* (engl. ‚to be in the public eye'), d.h. so wie ein Brennspiegel alle Strahlen auf einen Punkt bündelt, ist die Aufmerksamkeit vieler Menschen (vor allem der Medien) auf eine Person gerichtet, ↗Feuer.

Lit.: *H. Freudenthal:* Das Feuer im dt. Glauben u. Brauch (Berlin – Leipzig 1931); *W. Danckert:* Symbol, Metapher, Allegorie im Lied der Völker, Bd. I (Bonn-Bad Godesberg 1976), S. 233–265; *J. Le Goff:* Die Geburt des Fegefeuers (Stuttgart 1984); *L. Röhrich:* Die Welt der alem. Sprww. in: Einheit in der Vielfalt, FS. f. Peter Lang (Bern 1988), S. 434–457, bes. S. 441.

brenzlig. *Etw. (eine Sache) wird für jem. brenzlig:* es wird für ihn gefährlich. *Etw. (eine Angelegenheit) erscheint einem brenzlig:* es ist Vorsicht geboten, negative Folgen sind zu erwarten, eine Sache ist äußerst bedenklich. Das Adj. ‚brenzlig' ist seit dem 17. Jh. vom Verb ‚brenzeln' = verbrannt riechen, abgeleitet und seit Ende des 19. Jh. in übertr. Bdtg. von bedenklich, heikel, kritisch, verdächtig und gefährlich üblich.

Bresche. *In die Bresche springen (treten):* für jem. einspringen (in gefährlicher Lage), eine Lücke ausfüllen, mit seinem Körper die Lücke schließen: *Bresche legen (schlagen):* Bahn brechen; vgl. frz. ‚faire une brèche'.
Arnold Winkelried aus Stans (Unterwalden) soll in der Schlacht bei Sempach (1368) mehrere feindliche Spieße auf sich gezogen, und mit den Worten ‚Der Freiheit eine Gasse' den Schweizer. Eidgenossen eine Bresche gebahnt haben, die den Sieg über Leopold III. von Österreich entschied. Obwohl die Sage erst Jahrzehnte nach der Schlacht auftaucht, könnte sie ein hist. Geschehen schildern. Sie ist in einem Stanser Denkmal verewigt.
Der Ausdruck Bresche stammt aus dem älteren Kriegswesen und beruht auf frz. ‚brèche' = Scharte, Riß, Lücke, Wallbruch, Öffnung in einer Festungsmauer, das, seinerseits germ. Ursprungs (fränk. *breka, zum Verb *brekan = brechen), Ende des 16. Jh. ins Dt. eingedrungen ist, z.B.: „Nachdem die Stadt an etlichen Orten dermaßen beschossen, daß die Bresches groß waren" (J. W. Gebhardt, ‚Fürstliche Tischreden' [1597], S. 205). Seit dem 18. Jh. erscheint Bresche in mancherlei Übertr., so 1725 bei H. W. von Logau (‚Poetischer Zeitvertreib', S. 262):

Der Überwinder doch itzt das Vergnügen findet,
daß er den Liebessturm auf holde Breschen stellt,

und (um 1812) bei Goethe (‚Sprichwörtlich'):

Eine Bresche ist jeder Tag,
die viele Menschen erstürmen.
Wer auch in die Lücke fallen mag,
die Toten sich niemals türmen.

Die Rda. gehört schließlich zu den Lieb-

lingsausdr. Bismarcks: „Habe ich nicht seit 1862 kämpfend auf der Bresche gestanden?“ (Reden VI, 116; und IX, 240); „Jemand, der zwanzig Jahre lang für das Königtum auf der Bresche stand“ und: „Ich werde auf der Bresche sterben, so Gott will, wenn ich nicht mehr leben kann“. Vgl. frz. ‚être sur la brèche‘ i.S.v. ständig im Kampf stehen.
Eine Bresche in die Pastete machen: einen Vorrat angreifen.

Brett. *Das Brett bohren, wo es am dünnsten ist:* sich eine Sache leicht machen; eine Sache da angreifen, wo sie am günstigsten zu bewältigen ist.
Die Rda. ist verwandt mit dem Sprw. ‚Faulheit bohrt nicht gern dicke Bretter‘; ähnl. sagt man auch: *Der bohrt nicht gern hartes Holz:* er macht sich nicht gern viel Mühe. Schon Luther sagt in den ‚Tischreden‘: „man boret nicht gern durch dicke brete“; Seb. Franck 1541: „Er bort nit gerne dicke Bretlin“. Bei Grimmelshausen heißt es im ‚Simplicissimus‘ (II, 267): „Grobe Arbeiten zu verrichten, war mir ungelegen, weil ich nie gerne dicke Bretter geboret“; in Christoph Lehmanns ‚Florilegium politicum oder Politischer Blumengarten‘ von 1639 (S. 40): „Wer sieben vor vngrad kan zehlen, der schneidt die Port am dünnsten Ort. Vnd läßt die grobe Port den Zimmermann bohren“; 1849 bei Justinus Kerner (‚Bilderbuch aus meiner Knabenzeit‘, S. 102): „Ein fauler Geselle, der keine harten Bretter bohren will“.
In ihrer heutigen umg. Form ist die Rda. seit Lessing belegt: „Bohre das Brett, wo es am dünnsten ist“. Ein ‚Dünnbrettbohrer‘ ist umg. ein Mensch, der sich die Arbeit gern erleichtert. Die Mdaa. kennen die Rda. z.T. noch in positiver Wndg.; z.B. schwäb. ‚Brettle bohre‘, sich hart und ausdauernd anstrengen, intensiv arbeiten; ‚Hartholz bohren‘, schwere Arbeit tun.
Ein Brett vor dem Kopf haben: dumm, beschränkt, verbohrt, töricht, einfältig, engstirnig, begriffsstutzig sein. Die Rda. stammt aus der bäuerl. Wirtschaft. Chr. Lehmann (‚Schauplatz der natürlichen Merkwürdigkeiten‘ 652) schreibt 1699: „Stätige (d.h. störrische) Ochsen werden mit einem vor die Augen hangenden Brettlein geblendet“; vgl. obersächs. ‚mit dem Brete renn'n‘, dumm sein.

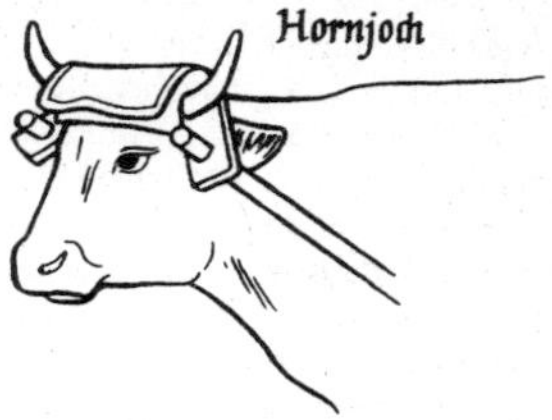

‚Ein Brett vor dem Kopf haben‘

Mit dem Brett ist auch das Joch der Ochsen gemeint. Die Annahme liegt nahe, dieses Brett beeinträchtige das Denken, zumal ↗Ochse ohnehin das Schimpfwort für den Dummen ist. Das Gegenteil zeigt die Rda. *Der sieht durch drei* (sechs, zehn usw.) *Bretter:* er ist sehr klug, z.B. oldenburg. ‚He kan dör'n oken (eichen) Brett kücken‘; z.T. aber mit dem einschränkenden iron. Zusatz: ‚wenn ein Loch darin ist‘.
Bretter schneiden: schnarchen; die Wndg. knüpft an das Geräusch der Brettsäge an (↗Ast).
Hier ist die Welt mit Brettern vernagelt: es geht nicht mehr weiter, wenn man vor einem großen Hindernis steht; hier ist das Ende. Die Wndg. geht auf eine Lügengeschichte zurück: Johannes Olorinus Variscus erzählt in seiner ‚Ethnographia Mundi‘ 1608 unter anderen Lügengeschichten, jem. sei bis ans Ende der Welt gekommen und habe sie dort mit Brettern ‚unterschlagen‘ gefunden. Eine Weiterentwicklung dieser Wndg. ist der Ausdr. ‚vernagelt sein‘ (↗Nagel).
Auf dem Brett liegen: tot sein; *aufs Brett kommen; Brettl rutschen:* ins Grab hinabgelassen werden (früher nur in einem Tuch, ohne Sarg); *in die Bretter gehen:* sterben.
Diese Wndgn. sind von den ‚Totenbrettern‘ zu verstehen, auf denen die Toten aufgebahrt wurden. „So er uf dem bret leit, so muz er gelten, swaz er sol“, heißt es schon 1406; vgl. die altbair. Rda. ‚zum Brett bringen‘, zum Gehorsam bringen; els. ‚ufs Brett nemmen‘, töten. Z.T. ist mit den Brettern auch der Sarg gemeint, der umschreibend z.B. bad. ‚die sechs Bretter‘

genannt wird; vgl. frz. ‚être entre quatre planches‘ (wörtl.: zwischen vier Brettern liegen); ↗zeitlich.

Etw. auf einem Brett bezahlen: in einer Summe, auf einmal, bar bezahlen. Die Wndg. geht zurück auf das ‚Zahlbrett‘ und ist schon mhd. belegt: „Zellent drîzig unze ûf daz bret“ (Konrad Fleck, ‚Flore‘, V. 5073); die Rda. ist dann auch früh in übertr. Bdtg. angewandt worden und hat sich in den Mdaa. erhalten, z. B. holst. ‚Ik mutt dat to Brett bringen‘, das Geld an die Kasse abliefern, und nordostdt. in ironischem Sinne ‚Eck war di wat op't Brett legen‘, ich werde dir was husten.

Ans Brett kommen; (hoch) am Brette sein: eine hohe Stellung erhalten bzw. einnehmen, *einen vom Brett schaffen:* ihn aus seiner Stellung verdrängen. Diese frühnhd. Rdaa. beziehen sich noch auf ma. Bräuche: Brett ist hier = Tisch. Wenn bei ma. Festen die Gäste so zahlreich erschienen, daß man sie zur Mahlzeit im Burgsaale nicht unterbringen konnte, so wurden im Freien Tische und Bänke, roh aus Brettern gezimmert, aufgeschlagen, und nach dem Range wurden den Gästen die Plätze angewiesen. Wer dabei die Ehrenplätze innehatte, von dem sagte man, er sitze ‚hoch am Brette‘, alle aber waren wenigstens ‚mit am Brette‘.

Die Wndg. wirkte noch lange nach. In Murners ‚Narrenbeschwörung‘ ist das 26. Kapitel überschrieben: „an das bret kumen“; darin heißt es:

Ist es, als ich hab vernummen,
das die stül auf die Bänk sind kummen,
so will ich unverzweiflet han,
ich kumm ans bret mit andern an.
Wer ans bret nit kummen kan,
der ist nit ein geschickter Mann.
Dich hilft kein frumbkeit noch kein Bet (Bitte),
man kumpt mit schalkheit zu dem Bret.

Bei Murner heißt es auch: ‚mit brangen oben an dem bret‘, d. h. bei Tisch oben sitzen, den Ehrenplatz einnehmen; vgl. auch Joh. Agricola in seinen ‚Sprichwörtern‘ (Nr. 419): „Er ist nahe am brett, er ist hoch am brett. Das ist, er ist lieb und werdt gehalten, Wir sagen auch, Er sitzt oben am brett, das ist, hoch erhaben, Er ist zu hohen wirden vnd regiment komen“. In Seb. Brants ‚Narrenschiff‘ (72, 19) steht die Rda. *niemand zu Brette kommen lassen:* „Die wüst rott hatt wißheyt vertrungen Vnd laßt sie nyeman zů dem brett“. Niedriges Volk darf überhaupt nicht mit am Tische sitzen; vgl. Lehmanns Erklärung: „Was auff der Banck gemacht ist, das tracht ans Brett“.

Im Gegensatz zu diesem langen Tisch oder Brett steht die runde Tafel oder Tafelrunde des Königs Artus (‚table ronde‘), an der alles gleich im Range sitzt, damit sich keiner zurückgesetzt zu fühlen brauchte. Vgl. in der Ggwt. der allenthalben eingerichtete ‚runde Tisch‘.

Heute sind diese Rdaa. praktisch ausgestorben, doch finden sie sich gelegentlich noch in der Lit., z. B. „Einem Beschirmer des Landes zu folgen, den man gleich selbst ans Brett gehoben hätte“ (Lohenstein), und noch Goethe: „... war selber nicht so hoch am Brett“ (‚Ewiger Jude‘). Ähnl. sagte Bismarck von einer Gesetzesvorlage: „Wenn Sie uns durch eine ganz bestimmte Weigerung nötigen, sie einstweilen vom Brette abzuschieben“. In den ndd. Rdaa. ‚He schall vör't Brett‘, er soll vor Gericht, und ‚Ik will em wull vör't Brett kriegen‘, zur Rechenschaft ziehen, bedeutet Brett den Gerichtstisch; vgl. sächs. ‚vorm heißen Brett stehen‘, sich als Angeklagter verteidigen müssen.

Bei jem. einen Stein im Brett haben. Die Rda. stammt vom Brettspiel (↗Stein). Desgleichen die junge Rda. *nicht alle auf dem Brett haben:* nicht ganz bei Verstand sein. Wer beim Brettspiel nicht alle Figuren im Brett hat, ist dem Gegner unterlegen.

Ans schwarze Brett kommen: in ungünstigen Ruf kommen. Das ‚schwarze Brett‘ war zunächst die Tafel, an der in Wirtshäusern angekreidet wurde, was der einzelne Gast zu zahlen hatte. Aber schon seit dem 17. Jh. diente ein schwarzes Brett als Anschlagbrett für amtliche Bekanntmachungen, und zwar zuerst in den Universitäten.

Über die Bretter gehen: gespielt werden, z. B. ‚Das Stück ging 50mal über die Bretter‘, ‚Die Bretter‘ als Bez. der Bühne des Theaters sind relativ jung; urspr. ist dabei an das Gerüst der wandernden Schauspielertruppen gedacht. Wir finden die Wndg.

dann bei Goethe (‚Faust' I, Vorspiel auf dem Theater, V. 39): „... die Pfosten sind, die Bretter aufgeschlagen" noch nicht als Rda., aber doch schon in einem Zusammenhang, der die Bildung der Rda. begünstigt; vgl. frz. ‚monter sur les planches'. Schiller hat das Wort geprägt ‚die Bretter, die die Welt bedeuten'. In Anlehnung daran hat O. J. Bierbaum die Kleinkunstbühne ‚Brettl' genannt.

Noch nicht auf den Brettern gestanden haben sagt man in gleicher Weise vom jungen Schauspieler wie auch vom noch nicht erfahrenen Skiläufer; vgl. frz. ‚n'avoir pas encore été sur les planches'. Mit dem ‚Leben auf den Brettern' wird das Leben des Schauspielers wie des Skiläufers umschrieben.

Lit.: *Wander* I, Sp. 462; *Richter-Weise,* Nr. 27, S. 32f.; *Büchmann; C. Müller-Fraureuth:* Die dt. Lügendichtungen (Halle 1881, Ndr. 1965), S. 57; *F. Lüers:* Über die Totenbretter in Bayern, in: Heimat und Volkstum 11 (1933), S. 3–40; *R. Wehse:* Art. ‚Ende der Welt', in: EM. III, Sp. 1406–1409.

Brezel. *Das geht (nicht) wie's Brezelbakken:* (nicht) sehr rasch, eine bes. obersächs. verbreitete Rda., die G. S. Corvinus 1720 in seinen ‚Reifferen Früchten der Poesie' S. 633 erläutert:

Die Bretzeln schiebet man geschwinde
In Ofen ein und wieder aus.
Der Teig wird augenblicks zur Rinde,
Mit Versen sieht es anders aus.

Sich brezeln vor Lachen: kräftig lachen und sich dabei wie eine Brezel krümmen, eine erst um 1920 aufgekommene Rda., vgl. ‚sich kringeln'.

Brief. *Einem Brief und Siegel geben:* ihm die größte Gewißheit geben. Die Rda. stammt aus der Rechtssprache, wo Brief (von lat. brevis libellus) ‚kurzes Schreiben', ‚Urkunde' (vgl. ‚Breve' = Erlaß des Papstes) bedeutete, wie noch in den Ausdr. Adels-, Ablaß-, Meister-, Lehr-, Kauf-, Schuld-, Fracht-, Steckbrief, ‚verbrieftes Recht'. Ein Brief ohne Siegel war als Urkunde rechtsungültig; daher die Formel ‚Brief und Siegel' als Ausdr. eines vollgültigen Rechtsanspruchs.

Seit dem 13. Jh. ist die Wndg. als Rechtsausdr. oft belegt; in frühnhd. Zeit erhält sie dann den übertr. Sinn einer ‚kräftigen Versicherung', so z. B. in Seb. Brants ‚Narrenschiff' (76,21):

Vil hant des brieff vnd sygel guot,
wie das sie sind von edelm bluot.

Bei Luther: „Der Römischen Bann mit Siegel und Briefen zum kalten Bade führen". Ausführlich erläutert die Rda. 1529 Joh. Agricola in seinen ‚Sprichwörtern' (Nr. 369): „Wenn wir einen heymlich lugen straffen, sagen wir, wo er etwas saget, das wir nicht glauben, Ein briefflein were gut darbey, damit man solchs beweysen vnd warmachen mochte, Denn brieffe

‚Brief und Siegel'

‚Durch die Brille der Kirche sehen'

‚Durch die Brille des Juristen sehen'

‚Durch die Brille der Olympiade sehen'

‚Einem eine Brille aufsetzen'

vnd sigil glaubt man gern, denn es sind viler leute zeugnis vnd kundschafft darynnen". Schiller 1803 (‚Der Parasit' II, 4): „So kann ich das zwar nicht, wie man sagt, mit Brief und Siegel belegen – aber Gott weiß es, die Wahrheit ist's, ich will darauf leben und sterben".

Keinen Brief von etw. haben: keine Gewißheit haben; *die ältesten Briefe zu etw. haben:* die ältesten Ansprüche auf eine Sache haben.

Den blauen Brief bekommen: die Kündigung im Betrieb bekommen. Schülersprachl. bedeutet ‚der blaue Brief' eine Mitteilung der Schule an die Eltern über schlechte Leistungen des Kindes und über eine gefährdete Versetzung in die nächsthöhere Klasse.

Einen offenen Brief schreiben (ausgeben): jem. öffentl. angreifen, zur Rede stellen. König Christian VIII. von Dänemark gab am 8. Juli 1846 einen ‚Offenen Brief' zur Begründung seiner Ansprüche auf die Elbherzogtümer heraus. Durch ‚Offenen Brief' wurde urspr. zum Kriegsdienst aufgerufen, vgl. Goethe ‚Reineke Fuchs' (Gesang 5, V. 106f.): „Braun und Isegrim sandten sofort in manche Provinzen Offene Briefe, die Söldner zu locken". Vgl. frz. ‚Ecrire une lettre ouverte' i. S. v. jem. in einem durch Presse und Druck verbreiteten Brief angreifen.

Brille. *Dazu braucht man keine Brille; das sieht man ohne Brille:* die Sache ist vollkommen klar, leicht einzusehen; vgl. ndl. ‚Dat kan men zonder bril wel zien'; frz. ‚Il n'y a pas besoin de lunettes pour voir cela' oder ‚Cela se voit sans lunettes'. Ebenso in den Mdaa.: pfälz. ‚Do brauchscht kään

Brill': jede Unklarheit ist beseitigt; ,dat kann'n jo in'n Düüstern seen on Brill', hamb. für: das ist einleuchtend u. ,ohne Brille verstehen': leicht zu begreifen, in der Mark Brandenburg; rhein. ,dat mache mer all ohne Brel': dies Geschäft verrichten wir mit leichter Mühe; dagegen nordostdt. ,Ohne Brill is nuscht to moake', wenn etw. fehlt, was zu irgendeiner Verrichtung notwendig ist.

Einem nachlässigen oder faulen Arbeiter wird im Raum Hamburg empfohlen: ,Du mußt (noch) en Brüll ophebben'. ,Fehlt einem die lat. Brille', bleibt ihm der Sinn der Sache dunkel. Das heute kaum noch gebräuchl. Wortspiel wird anekdotisch erklärt als die Schutzbehauptung eines Advokaten, der seine Unkenntnis des Lateinischen mit der Verlegenheitslüge kaschieren wollte, er habe das für die Lektüre des in lateinischer Sprache verfaßten Aktenstückes notwendige Augenglas verloren.

Etw. durch die Brille (auch *durch eine fremde Brille*) *ansehen:* eine Sache nach fremder Eingebung, mit einem Vorurteil, einer vorgefaßten Meinung betrachten (vgl. frz. ,voir quelque chose avec les lunettes de quelqu'un'), z. B. ,durch eine rosige Brille', mit günstigem Vorurteil. Die Rda. ist in dieser Form schon lange gebräuchl. Luther schreibt: „Darnach nu sie solch gemahlte brillen für den augen haben". Noch deutlicher steht es bei Seb. Franck 1568 (,Paradoxa' 16): „Wer blitzblaw brillen aufhat, dem scheinent alle ding blitzblaw", d.h., je nach Art der Brille erhalten die Dinge ein anderes Aussehen.

Ohne gelehrte Brille lesen: mit gesundem Menschenverstand urteilen.

Einem eine Brille aufsetzen: ihn täuschen.

Das sind Brillen: das ist Betrug, verübt nicht selten bezüglich des 6. Gebots, wie von jener Hamburgerin um die Mitte des 18. Jh., die bereit war, ,ehren Eh-Herrn en Brill upthosetten': ihren Gatten zu hintergehen. Schon in Murners ,Narrenbeschwörung' heißt es:

Die frow gibt antwurt: lieber man,
Nit sihe vns für semliche [d.h. so beschaffen] an,
Du miest ein ander brill vff setzen.

Der Kluge bedarf nach einer volkstüml.

1

2

1/2 ,Brillen verkaufen'

,Jemand brillen'

Vorstellung, die noch heute lebendig ist, der Brille nicht; er ‚sieht mit eigenen Augen' und ‚läßt sich keine Brille verkaufen'. Die Wndg. *Brillen verkaufen* und *jem. brillen* sind ungebräuchl. geworden, jedoch in den Mundarten zum Teil noch erhalten, z. B. ndd. ‚Ik laat mi keen Brillen verkoopen', ich lasse mich nicht anführen; noch gesteigert in der kühnen Behauptung eines versierten Hanseaten: ‚Mi kannst keen Brillen verkeupen, ik heff sülfst dormit hannelt': ich lasse mir nichts vormachen.

Er hat sich selbst die Brille auf die Nase gesetzt: er hat sich selbst betrogen und *Er hat sich eine falsche (schlechte) Brille gekauft:* aus Furcht, der Wahrheit ins Auge zu sehen.

Im Eulenspiegelvolksbuch (Hist. 63) tritt Eulenspiegel u.a. als ‚Brillenverkäufer' auf, und er treibt das Wortspiel noch weiter, wenn er darüber klagt, daß sein Gewerbe auf dem absteigenden Aste sei, weil so viele Leute jetzt ‚durch die Finger sähen'. Das Wortspiel muß um 1500 sehr geläufig gewesen sein, denn es findet sich bei vielen Autoren jener Zeit, u.a. in Seb. Brants ‚Narrenschiff', 1494; in ‚Des Teufels Netz', Beginn des 16. Jh.; bei Luther und Hans Sachs. Auch Johann Fischart gebraucht die Rda. ‚Finger-Brillen machen': ohne Brille durch die Finger sehen (‚Gargantua', 1575b). In der Schweiz war sie noch in der 2. Hälfte des vergangenen Jahrhunderts verbreitet: ‚Wer dur d'Finger luegt, bruucht kei Brülle'.

Wir besitzen auch eine ganze Reihe bildl. Zeugnisse, nach denen das Brillenverkaufen offensichtlich als rdal. Wndg. für ‚betrügen' aufgefaßt wurde. Mehrfach kommt das Thema der jungen Frau vor, die ihren alten Ehemann ‚brillt', um ihn mit einem jungen Mann betrügen zu können:

Den kalten alten Mann ich brill,
weil er's doch gern so haben will.

Auch Bruegel hat auf einem seiner graphischen Rundbilder den betrogenen Betrüger deutlich als Brillenverkäufer gekennzeichnet. Aus dem 16. Jh. sind auch Rdaa. bezeugt wie: ‚es seind Brillen', es sind faule Fische; ‚Brillen reißen', Flausen machen, Possen reißen. In dem 1520 in Hildesheim aufgeführten Spiel ‚De scheve klot oder de brilmaker unde de tein boven' heißt es ganz ähnl. wie im Eulenspiegelbuch:

sunder nu is min handtwerck scher gestoruen.
dat kumpt van dingen, de nu schen,
dat me so wol kan dor de finger sehen,
dar wert min handtwerck mede voracht.

‚Brillen verköpen' = täuschen war dem mnd. Sprachgebrauch geläufig; ‚dat brillensnîdent is afgekomen' heißt: man sieht durch die Finger. Auch Faust wird ein ‚seltzamer brillenreißer aber und ebenthewer' genannt (in der dt. Übers. von Joh. Weiers ‚De Praestigiis Daemonum' [Frankfurt 1586]).

Seinen Zeitgenossen war der ‚Parillenseher' nicht minder verdächtig, der im Zauber- und Wahrsagespiegel die Zukunft ergründete. Auf dieser okkulten Verwendung des geschliffenen Berylls, dem Vorläufer der Brille (und später auch des Bergkristalls), dessen optische Eigenschaften zufällig entdeckt wurden und die Roger Bacon (1214–94) wissenschaftlich bewies, beruht die frühneuhochdeutsche üble Bedeutung Schwindel, Prahlerei, Possen für Brille. So bei Hans Sachs, der den Zeichendeuter u. Zauberer sagen läßt:

In der Krystall und der Parill
kann ich auch sehen viel Gesicht.

Ihrer eigentl. Bestimmung entgegen erscheint die Brille auch als ‚Blendwerk', ein Hemmnis jeder Art, u. zwar nicht nur metaphorisch, sondern auch höchst real. Oldecop erzählt von den Betrügern von Bologna, „dat se de veste, de Julius vor de stat gebuwet, mit undergebrachtem pulver ummegeworpen und den bril von der nese brohten".

Noch heute nennt man im Els. ‚e Bril vor d'Nas setze', dem Nachbarn die Aussicht verbauen; ähnl. im Schwäb.: ‚Dem hast e brave Brill fürs Fenster gsetzt'.

Die Rda. blieb nicht auf Sachen allein bezogen, ndd: ‚He krigt daar een aisken Brill up de Näse': er wird durch diese abscheuliche Person in seiner Handlungsfreiheit sehr eingeschränkt; auch spöttisch u. als Drohung benutzt ‚Dem will i e Brill uf de Nas setze': ein Hindernis bereiten.

In Niederösterr. bedeutet ‚einem die Brille aufsetzen': ihm gehörig die Meinung sagen. Durch die Brille sieht man gewöhnlich deutlicher, daher im Rheinland ganz allg. verbreitet: ‚Dem setzen ech es der Brel zerech': ich sage ihm die nicht gerade schmeichelhafte Wahrheit, schwäb. ‚einem eine Brill aufsetzen': jem. aufklären.

Den wahren Zweck und Nutzen der Brille, die Einsicht in Welt u. Leben, die Entlarvung des Scheins, haben nur wenige Sprüche im Auge. Deutlich ausgesprochen findet man ihn in den Predigten des ausgehenden MA. u. der Reformation: „setzent die brillen uf!" bei Geiler von Kaysersberg (‚Christentlich Bilgerschaft' [1512], 36^b) u. bei Luther: „ja lieber, setze brillen auf und kere es umb, ist eben das widerspiel" (3, 264).

Meckl. ‚sich die Brille einfetten', trinken (vgl. ‚sich die Nase begießen'). Wer in Nordostdtl. allzu ausgiebig schluckte, der ‚hefft sick goot de Brell beschmort': er ist betrunken.

Die Übertr. des Tiernamens ‚Brillenschlange' (= Kobra) auf die brillentragende weibliche Person gehört erst unserem Jh. an.

Wegen seiner Form, und weil er auf die Klosettschüssel gesetzt wird wie eine Brille vor die Augen (Brille bezeichnete urspr. ja das einzelne Brillenglas), heißt der Aufsatz auf dem Klosett ebenfalls Brille. In dieser Bdtg. steht das Wort in der Rda. ‚Des Menschen Leben gleicht 'ner Brille: man macht viel durch'.

Von einem sehr ungeschickten Menschen sagt man in Schleswig-Holstein: ‚He fallt mal dorch de Brillen', nicht die eigene, gemeint ist das Loch des Abtritts.

Die Brille suchen u. sie auf der Nase haben: Überaus zerstreut sein, ist auch den Mdaa. nicht fremd; rhein. ‚Hä sögt singe Brell un hät en (ihn) op der Nas', hamb. ‚He söcht de Brill un het se op de Nes'; ndd. ‚keen Brillen to Koop hebben': schlecht gelaunt, verstimmt sein.

Da mancher ohne Brille schier blind ist, meinen die Schwaben spöttisch übertreibend: ‚Der hört nix ohn Brill'.

Lit.: *L. Mackensen:* Zur Entstehung des Volksbuches vom Eulenspiegel, in: Germ.-Roman. Monatsschrift Bd. 24 (Heidelberg 1936), S. 249f.; Beiträge zur Gesch. der Brille, hg. v.d. Firmen Zeiss und Marwitz (Oberkochen–Stuttgart 1958); *L. Röhrich:* Sprw. Rdaa. in bildl. Zeugnissen, in: Bayer. Jb. f. Vkde. (1959), S. 82 und Abb. 33; Vom Lesestein zum Brillenglas, in: Mitteilungen der AOK (Freiburg 1981), Heft 3, S. 11.

Brimborium. *Ein (großes) Brimborium um etw. machen:* vieles Gerede, Umschweife, Vorbereitungen; lebendig nur als geflügeltes Wort aus Goethes ‚Faust' (I, 2650), wo Mephisto zu Faust in der Szene auf der Straße sagt:

> Ihr sprecht schon fast wie ein Franzos;
> Doch bitt' ich, laßt's euch nicht verdrießen:
> Was hilft's, nur grade zu genießen?
> Die Freud' ist lange nicht so groß,
> Als wenn ihr erst herauf, herum,
> Durch allerlei Brimborium,
> Das Püppchen geknetet und zugericht't,
> Wie's lehret manche welsche Geschicht'.

Das Wort ist mit lat. Endung aus dem frz. brimborion = Kleinigkeiten (nur noch in der Schriftsprache gebräuchl.) genommen, das seinerseits aus dem lat. breviarium = kurzes Verzeichnis, Brevier, umgebildet ist. In dieser Bdtg. ist ‚brimborion' schon bei Molière und Voltaire belegt.

Brocken. *Für einen die Brocken (Bissen) aus dem (vom) Munde sparen:* sich alles versagen, gern Not und Mangel leiden, um einem anderen zu helfen, meist von den Eltern gesagt, die unter Entbehrungen ihre Kinder, bes. während der Ausbildungszeit, unterstützen; vgl. ndl. ‚voor iemand de brokken uit den mond sparen'.

Weder zu brocken noch zu beißen haben: am Notwendigsten Mangel leiden, nicht einmal trockenes Brot zum Einbrocken in eine Suppe besitzen.

Die Brocken aus der Suppe fischen: das Beste für sich in Anspruch nehmen. Für Kinder sind die Brocken jedoch nicht immer das Beste – im Gegenteil: oft brauchen sie eine Ermahnung, wie z.B. im Grimmschen Märchen von der Unke (KHM. 105), wo es heißt: „Ding, iss auch Brokken". Eine entspr. schweiz. Rda. lautet: ‚Man muß die Möckli auch essen, nicht nur die Mämmäli'".

Die Feststellung *Das war ein fetter Brokken!* meint eine gute Beute, ein einträgl. Geschäft, ebenso die Rda. *einen fetten Brocken schnappen,* die sich wahrscheinl. auf den Vergleich mit Tieren gründet (Hund, Vogel); vgl. ndl. ‚Dat is een vette brok in zijn nest gesleept‘.

Mit einem *dicken Brocken* bezeichnet man auch einen Plumpen und Dicken, mit einem *gesunden Brocken* einen gutaussehenden, kraftstrotzenden Menschen.

In Zusammenhang mit der Vorstellung von Brocken als wertlosen Dingen, Bruchstücken und Abfall stehen die Rdaa., die ‚Brocken‘ und ‚Ausdrücke, Wörter‘ gleichsetzen, z. B. *nur ein paar Brocken einer Sprache können* (verstehen, aufgeschnappt haben): nur bruchstückhafte Sprachkenntnisse besitzen, oder *mit gelehrten (lat.* oder *frz.) Brocken um sich werfen:* gelehrt tun und in prahlerischer Weise Fremdwörter beim Sprechen gebrauchen, aber nur oberflächliche Kenntnisse haben. *Jem. ein paar Brocken hinwerfen:* ihn mit wenigen Worten abspeisen, nur widerwillige und knappe Auskunft erteilen. *Er teilt gute Brocken aus* wird von dem gesagt, der sehr derb redet und sich starker Ausdr. bedient; vgl. lat. ‚Lapides loqueris‘. *Jem. harte Brocken zu schlucken (kauen) geben:* ihn tadeln, ihm die bittere Wahrheit sagen, aber auch: ihn vor eine schwierige, unangenehme Situation stellen. Damit in Zusammenhang steht die Wndg. *Er wird an diesem Brocken zu kauen haben:* er wird es schwer haben, dieses Hindernis zu überwinden; vgl. ndl. ‚Daar is wat kaauwen aan zulk een brokje‘.

Ganz andere Bdtg. hat die Rda. *Das ist ein starker Brocken!* Sie umschreibt die Lüge und hat eine Geste als Ausgangspunkt: die Hand wird an den Hals gelegt, um dem allzu starken Bissen, der nicht so ohne weiteres ‚geschluckt‘ werden kann, Platz zu schaffen (↗Mund).

Neuere Wndgn. sind: *Das sind schwere Brocken:* Artilleriegeschosse, sold. seit dem 1. Weltkrieg, und *Bröckchen husten (lachen):* sich erbrechen.

Lit.: *J. Müller:* Sagen aus Uri (Basel 1945) III, S. 186–187; *W. D. Hand:* Children and Snakes, in: Krzyzabowski-FS. (1960), S. 889–900; *J. Bolte* u. *G. Polívka:* Anm. zu den Kinder- u. Hausmärchen der Brüder Grimm (Hildesheim ²1963), II, S. 459–465.

Brombeeren. *In die Brombeeren gehen:* auf ein (unerlaubtes) Liebesabenteuer aussein, uneheliche Beziehungen suchen; vgl. engl. ‚to go a-blackberrying‘. Im Volkslied, bes. im Hochzeits- und Soldatenlied, begegnet diese Metapher häufig, die auch variiert werden kann. So heißt es z. B. von dem ‚liebeshungrigen‘ Mädchen auch: es „wollt' Brombeern suchen (brechen, pflücken) gehen“. Der Genuß der Früchte hat angeblich (ungewollte) Folgen. Die Schwangerschaft selbst wird mit dem Wachsen und Reifen der Beeren verglichen, wie in dem ‚Brombeerlied‘, dessen Text zuerst 1806 im ‚Wunderhorn‘ bezeugt ist.

Lit.: *W. Danckert:* Symbol, Metapher, Allegorie im Lied der Völker, III (Bonn – Bad-Godesberg 1978), S. 1085 ff.; *G. Meinel:* Pflanzenmetaphorik im Volkslied, in: Jb. f. Volksliedforschung 27/28 (1982/83), S. 162–174, bes. S. 172–173.

Brot. Die Wertschätzung des Brotes gehört zu den am tiefsten verwurzelten Volksanschauungen. Sie hat sich bis in unsere unmittelbare Gegenwart erhalten. In der Umgangssprache steht ‚Brot‘ noch immer stellvertretend für Nahrung und Lebensunterhalt, wie schon in der Bitte des Vaterunsers ‚Unser täglich Brot gib uns heute‘. Damit symbolisiert Brot alles, was mit der materiellen Existenz zu tun hat. Broterzeugung ist gleichbedeutend mit der menschlichen Arbeit schlechthin. Da seit Menschengedenken Arbeit mit Geld entlohnt wird, steht ‚Brot‘ stellvertretend auch für Geld: irgendwo ‚verdient man seine Brötchen‘. Arbeitnehmer haben einen ‚Brötchengeber‘ – früher nannte man das einen ‚Brotherrn‘. Man spricht von ‚Broterwerb‘, ‚Brotberuf‘ oder einem ‚Brotstudium‘. Eine ‚brotlose Kunst‘ ist eine Tätigkeit, die nichts einbringt.

Die Abhängigkeit vom Brotherrn kritisiert das Sprw. ‚Wes Brot ich eß, dess' Lied ich sing.‘ Mit Recht folgert darum das Sprw.: ‚Brot mit fremdem Messer geschnitten schmeckt nicht gut.‘

Wenn in der reimgebundenen Volkspoesie – im Lied ebenso wie im Sprw. – auf ‚Brot‘ so oft die Worte ‚Tod‘, ‚Not‘ oder ‚rot‘ sich reimen, so sind das nicht nur zufällige Allerweltsreime, sondern gleichfalls existenzielle Grundbegriffe: ‚Hat man Brot, so ist keine Not‘; ‚Bei schwarzem Brot leidet man nicht Noth'; ‚Besser hartes Brot als leiden Not'; ‚Brot macht Backen rot'; ‚Am Brot ißt man sich nicht den Tod'; ‚Salz und Brot macht Wangen rot'.

Die Formel ‚Wasser und Brot' meint die Grundbedürfnisse des Menschen, die selbst der Strafgefangene noch zu beanspruchen hat; er ist ‚eingesperrt bei Wasser und Brot'.

Allerdings bringen Sprww. auch zum Ausdr., daß Brot eben nur Grundnahrungsmittel ist. Luxus ist alles, was mehr als Brot ist. Interessant sind in dieser Hinsicht die Parodien des Bibelwortes

Der Mensch lebt nicht vom Brot allein,
man streicht auch Butter drauf.

Oder:

Der Mensch lebt nicht vom Brot allein,
es muß noch was dazwischen sein.

Einem zum Brote verhelfen: ihm Arbeit und damit eine Verdienstmöglichkeit geben; auch *einem Brot geben (verschaffen).*

Einem das Brot in die Hand geben: seine Existenz begründen helfen, ihm eine sichere und bequeme Ausgangsposition schaffen; vgl. frz. ‚mettre le pain à la main de quelqu'un'.

Dagegen bedeutet *einem Brot geben, wenn er keine Zähne mehr hat:* ihm erst dann helfen, wenn es zu spät ist, wenn er für einen Neuanfang keine Kraft mehr besitzt.

Brot genug aber keine Zähne (haben) sagt man von einem reichen Kranken oder Geizhals; vgl. ital. ‚Son acerbi tormenti haver del pane ed esser senza denti'. Ein Sprw. aus dem 13. Jh. meint schon: ‚Auch wo der Zahn fehlt, hat man Brot zur Not'.

Sein gutes Brot haben: sein gutes Auskommen haben, eine Arbeit verrichten, die etw. einbringt. Im Rheinl. heißt es: ‚Dem geht es Brot nit op': er ist reich, oder: ‚Dem sin Brot es gebacke': er hat ein sicheres Einkommen: vgl. frz. ‚Il a du pain cuit'. Ähnl. ndd.: ‚He heft Brot on Tobrot': Es geht ihm gut. Unter Zubrot versteht man Fleisch, Butter usw.

Das Gegenteil meinen die Rdaa.: *Das bringt (trägt) kein Brot ins Haus (in die Küche),* vgl. lat. ‚Non est de pane lucrando', und *Dabei ist kein trocken Brot zu verdienen,* vgl. ndl. ‚Daar is geen droog brood aan te verdienen'. Schlesw.-Holst.: ‚Dor kannst ni dat dröge Brood bi verdenen'; desgl.: ‚Dor kann ik mi keen Brood för köpen': von einem bloßen Dankeschön habe ich nichts.

Die Feststellung *Er findet überall sein Brot* charakterisiert einen geschickten und fleißigen Menschen; vgl. frz. ‚Il sait son pain manger'. Ndd.: ‚Mi wart äwerall Brot jebacke': Ich finde überall Arbeit. Anders im Ndd.: ‚Et ward äwerall Brot jebacke': Es ist überall dasselbe, so auch pfälz.: ‚'s werd iwerall Brot geback'.

Ums (liebe) Brot arbeiten (müssen): nur gegen Verköstigung, ohne Lohn oder Gewinn.

Nicht das liebe Brot zu essen haben: das Notwendigste entbehren müssen. Diese Rda. ist schon bei Agricola belegt (Nr. 707):

„Er hatt nicht das liebe brot zů essen. / Das brot / darumb wir bitten im Vatter vnser / hatt die gnade vber alle speise / auff erden / daß es niemant muede wirt / wieuil man auch sein neusset / so mā doch sonst alles dings / vberdrüssig vn̄ muede wirt / wie wir wissen Alles fleyschs / alle lust aller speise / wie guet sie auch ymmermer sey / wirt mā sat / des brots aber nit. Zue dem / so wirt von Christo im Vatter vnser / da wir vnser narung vnd alles wz / zum eusserlichen leben des menschē /dienet / von Gott bitten / alleyn des brots gedacht". Vgl. auch ndl. ‚Hij heeft niet dat lieve brood te eten'. Ähnl. schlesw.-holst.: ‚He hett nich das dröge Brood'; er lebt sehr dürftig, ebenso: ‚Een Dag Brood mit Water, den annern Water mit Brood'.

Eine Steigerung enthält der rdal. Vergleich *aussehen, als ob man nicht das Brot über Nacht hätte:* der Mangel und die Sorgen haben das Aussehen des Hungrigen verändert. Auch: *Die haben keinen Bissen, nicht ein Stücklein Brot (im Haus):* Sie sind in Not, sind arm.

Jem. kann mehr als Brot essen: er besitzt geheime Kräfte, ist der Magie kundig, er weiß sein Brot auch zu verdienen, er ist sehr klug; schlesw.-holst.: ‚He kann mehr as Brood eten': er kann hexen. Bei dieser Rda. zeigt sich, daß der urspr. Sinn, etw. von der ‚schwarzen Kunst' zu verstehen, in der städt. Umgangssprache verlorengegangen ist und nur noch auf dem Lande bekannt ist. Daß er früher allg. verständlich war, beweist eine Textstelle aus Gottfr. Kellers ‚Grünem Heinrich' (III, Kap. 14): „Die blitzartige Schnelligkeit, mit welcher der Zufall spielte ... brachte den Eindruck hervor, wie wenn die rosige Bankhalterin mehr als Brot essen könne, das heißt geheimnisvoller Künste mächtig wäre". Die Feststellung *Dazu gehört mehr als Brot essen* meint: es ist eine große Schwierigkeit zu überwinden, die bes. Kräfte beansprucht und mehr als normale Anforderungen stellt. Vgl. lat. ‚Ultra peram sapit' und frz. ‚Il fait plus que son pain manger'.

Im Schwäb. heißt es dann iron.: ‚Der ist g'scheid, der kann mehr als Brot essen, er ißt d'Wecke ung'schält'.

Etw. stets zum Brote essen müssen: alle Tage dieselben Vorwürfe anhören müssen; pfälz.: ‚Das krie ich jede Daag ufs Brot geschmeert': Das wird mir alle Tage vorgehalten. Schon bei Fischart heißt es im ‚Ehezuchtbüchlein' von 1578 ähnl.: „und wo sie eyn wenig eynen argwon wider sie schöpfen, müssen sie täglich auf dem Brot essen, wie sie von ihnen zu ehren und gut sint kommen". Ähnl. bei Grimmelshausen: „Daß ihm diesen Fund sein Weib alle Tag mit Merrettig und Senff auf dem Brot zu essen gab", d.h., er mußte die peinliche Geschichte immer wieder hören (‚Courage', Kap. 24). Heute sagt man auch dafür *etw. aufs (Butter-) Brot geschmiert (gestrichen) bekommen;* vgl. meckl. ‚He givt mi dat up't Brod to eten' und ndl. ‚Hij geeft het hem op zijn brood'.

Das Brot im Schweiße seines Angesichts essen müssen: sich sehr darum mühen müssen, ist eine bibl. Rda. und bezieht sich auf 1. Mos. 3,19; vgl. frz. ‚gagner son pain à la sueur de son front (Stirn)'. Ähnl. Bdtg. hat die Feststellung *Das ist ein sauer Bissen Brot:* es ist sehr schwer verdient; rhein. ‚En hat en hart Steeck Brot gess': Es ist ihm schlecht ergangen; vgl. ndl. ‚Het is een zuur stukje brood' und frz. ‚C'est du pain dur' (veraltet).

Das bittere Brot der Verbannung essen müssen bezieht sich auf Shakespeares ‚König Richard II.', III, 2: „Eating the bitter bread of banishment".

Sein Brot mit Tränen essen (müssen): viel Kummer erleiden, ist bibl. Herkunft: „Du speisest sie mit Tränenbrot und tränkest sie mit einem großen Krug voller Tränen" (Ps. 80,6) u. Ps. 102,10: „Denn ich esse Asche wie Brot und mische meinen Trank mit Tränen".

Goethe läßt in ‚Wilhelm Meisters Lehrjahren' (2,13: ‚Theatralische Sendung') den Harfner in seinem Lied klagen:

Wer nie sein Brot mit Tränen aß,
Wer nie die kummervollen Nächte
Auf seinem Bette weinend saß,
Der kennt euch nicht, ihr himmlischen Mächte.

Als vielzitierte Verse sind diese auch parodiert worden als:

Wer nie sein Brot im Bette aß,
(der) weiß nicht, wie (die) Krümel pieken.

Es ist falsch Brot: es ist nur eine vorgetäuschte Freundschaft.

Schon viel fremdes Brot gegessen haben: bereits weit in der Welt herumgekommen sein und in der Fremde viele Erfahrungen gemacht haben. Dasselbe meint die Wndg. *Er hat von mehr als einem Brote gegessen;* vgl. frz. ‚Il a mangé de plus d'un pain' (veraltet). *Er ißt sein eigen Brot:* er ist nicht von anderen abhängig; vgl. ndl. ‚Hij eet zijn eigen brood'; dagegen schwäb.: ‚Der hat noch kein fremdes Brot geschmeckt', ↗ Eigenbrötler.

Er ißt sein Brot nicht trocken: er ist reich und kann sich etw. gönnen. *Er ist ans Brot gewöhnt:* es besteht kein Grund zur Sorge, daß er nicht wiederkommt. *Er ist's, der das Brot austeilt:* von ihm kommen alle Wohltaten, er verdient die Dankbarkeit.

Brot in den kalten Ofen schieben (im kalten Ofen backen wollen) ist die Umschreibung für ein törichtes Beginnen, eine vergebl. Arbeit; vgl. lat. ‚In frigidum furnum panes immittere' und ndl. ‚Hij steekt brood in een kouden oven'.

Das Brot ist schon im Ofen: die Angelegenheit ist in Angriff genommen worden, eine Sache steht vor der Vollendung; vgl. ndl. ‚Het brood is er al weêr in den oven geschoten'. Wenn man dagegen sieht, daß noch keine Anstalten getroffen sind, heißt es brem.: ‚Daar is nog kien Brood up bakket': Es sind noch keine Vorbereitungen gemacht oder Kosten für eine Sache verschwendet.

Im Schwäb. heißt es von einem Übereifrigen, Voreiligen: ‚Er will immer vor d'Brot in 'n Ofe'.

Einem das letzte Brot backen: sein Ende steht nahe bevor; *ihm ist sein Brot gebakken:* er wird bald sterben; auch: er wird der Strafe nicht entgehen. ‚Einem das letzte Brot backen oder geben' kann auch die ↗Henkersmahlzeit bedeuten; vgl. ‚Einem den Brotappetit für immer nehmen': ihn hinrichten; frz.: ‚On lui fait passer le goût du pain'. Ähnl.: *Jem. vom Brote helfen:* ihn heimlich umbringen.

In der Oberpfalz sagt man: ‚Sitzt òin das Dàud ăf dar Zunga, hoad ma's letzt Bràud geßn' u. von einem Verstorbenen heißt es im Rheinl.: ‚De hät ke Brot mih nüdig'; *sein Brot ist bald aufgegessen:* er ist bereits über seine besten Jahre hinaus. *Für einen Bissen Brot durchs Feuer gehen:* um des Essens willen alles tun; vgl. ndl. ‚Om een stuk brood zou men hem door een vuur jagen'.

Etw. für ein Stück Brot hingeben: sehr wohlfeil verkaufen; vgl. lat. ‚Frusto panis'. frz. ‚donner quelque chose pour une bouchée de pain'; vgl. ‚Linsengericht'. Auch Seb. Brant warnt bereits davor:

> Der thut nicht recht, wer bei Gericht
> nach Freundschaft und nach Ansehn spricht,
> der selbst auch um den Bissen Brot
> Wahrheit und Recht zu lassen droht.

Das kostet nur ein Brot: es ist sehr billig. ‚Brot' als Ausdr. für Wertloses oder Billiges begegnet bereits im ‚Kudrun-Epos' (843,2): „Swaz si im ir dinges sageten, er ahte ez nicht ein brôt" u. im ‚Meier Helmbrecht' (V. 1796) heißt es sogar: „ê ich gaebe ein halbes brôt": auch nur das Geringste.

Einem das Brot vor dem Munde abschneiden (wegnehmen): jem. um seinen Vorteil bringen, den er schon sicher zu haben glaubte. Bereits Geiler gebraucht die Rda. in seinem ‚Narrenschiff' (24). Vgl. auch lat. ‚Bolum e faucibus eripere'; ndl. ‚Hij haalt hem het brood voor den neus weg' u. frz. ‚Oter à quelqu'un le pain de la bouche'.

Der Getäuschte sagt auch *Das Brot ist mir aus den Zähnen gerissen worden;* vgl. lat. ‚Bolus ereptus e faucibus'. Von einem Geizigen und Mißgünstigen heißt es auch mdal. schwäb. ‚Dear tät oim's Bröckele Broat aus'm Maul, wenn'r könnt' u. rhein. ‚De riß eenem et Brot us de Zäng (Zähnen)'.

Von dem Unzufriedenen und Habgierigen sagt man *Es ist ihm kein Brot genug;* vgl. engl. ‚Would you have better bread than is made of wheat?'

Im Gegensatz dazu steht die Rda.: *sich das Brot vom Munde absparen;* vgl. frz. ‚s'ôter le pain de la bouche'. Oft geschieht dies aufopfernd für andere (für die Ausbildung der Kinder), bisweilen aber auch um des eigenen Vorteils willen, um selbst voranzukommen, um sich größere Wünsche erfüllen zu können, ↗Mund.

Das Brot am Laden nehmen: aus Armut sehr wenig auf einmal kaufen können, auch: eine unordentliche Wirtschaft führen. *Es ist Brot und Korb dahin:* das gesamte Vermögen ist vergeudet. Bei den Alten war es Sitte, das Brot in Körben hereinzubringen; vgl. lat. ‚Una cum canistro'.

Das Brot zum Korbe fressen: nach den liegenden Gütern (Korb = Haus usw.) auch die fahrende Habe, laufendes Einkommen oder ähnliches verprassen (vertilgen).

Einem Brot bieten und Steine geben: einen arglistig täuschen, beruht auf Matth. 7,9: „Wer ist unter euch Menschen, der seinem Sohn, wenn er ihn bittet um Brot, einen Stein biete?" Vgl. lat. ‚Melle litus gladius'.

In wohlwollender Ironisierung eines alten Geistlichen schreibt Th. Fontane in Umkehrung des Bibelwortes (‚Unwiederbringlich', Kap. 8): „Mein alter, lieber Petersen, er schiebt immer die Bibel zurück und ist immer bei seinen Steinen und hat auch sonst die Neigung, die Steine für Brot zu geben."

Er hat Brot für Kuchen genommen: er hat sich täuschen lassen. *Das Brot mit Füßen treten:* Lebensnotwendiges verächtlich und frevelhaft verschwenden und vernichten; ndd. ‚He trett dat Brot met Feete': er mißachtet sein gutes Einkommen. Dagegen: *Einem das Brot abtreten:* jem. auf die Fersen treten.

Der Berliner sagt von einer Sache, die keinen Nachteil bringt, die nichts kostet: ‚Dat frißt keen Brot'; rhein.: ‚Dat friss mer ken Brot af': das verkaufe ich nicht; diese

Liebhaberei verursacht keine Auslagen; vgl. frz. ‚Cela ne mange pas de pain'. *Wenn das Brot verkehrt liegt,* gebraucht man im Rheinl. verschiedene Rdaa., wie die Karte zeigt.

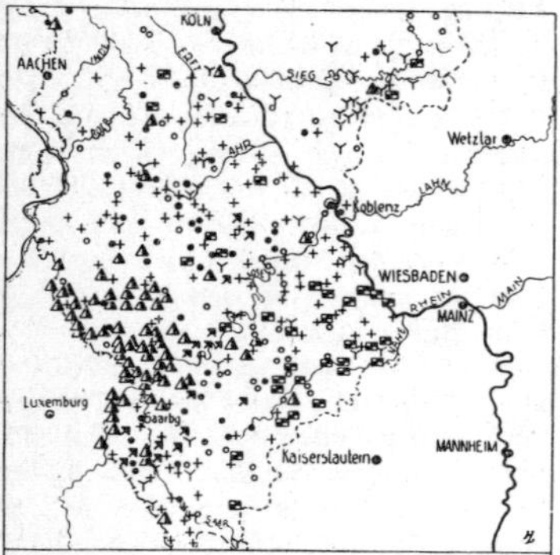

Redensarten, wenn das Brot „verkehrt" liegt.

▲ Die Frau, Magd ist Herr im Hause.
➚ Du bist ein Jude. Es kommt ein Jude ins Haus.
▪ Es gibt Streit.
○ Du legst das Glück aus dem Haus. Es kommt Unglück
● Wenn ein Kind im Feuer (Brunnen) liegt und ein Brot verkehrt, soll man erst das Brot umdrehen und dann das Kind aus dem Feuer ziehen. Es liegt ein Kind im Feuer.
+ Die Armen Seelen leiden, weinen.
Y Die Muttergottes weint, Engel weinen.
(Nach M. Zender)

Kleine Brötchen backen: bescheiden sein, nach anfänglicher Großsprecherei plötzlich um Verzeihung bitten, kleinlaut werden.

Lit.: *F. X. v. Schönwerth:* Oberpfälz. Sprww. ‚Brot' betreffend, in: Oberpfalz, 21 (Kallmünz 1927), S. 52; *M. Währen:* Das Brot in den Stimmen der Völker (Bern o.J.). *ders.:* Brot seit Jahrtausenden (Bern o.J.); *F. Eckstein:* Art. ‚Brosamen' und ‚Brot', in HdA. I, Sp. 1583–1659; *H. E. Jacob:* Sechstausend Jahre Brot (Hamburg 1954); *J. Favière* u. *H. Klein* (eds.): Notre pain quotidien (Musée Alsacien) (Straßburg 1976); *D. R. Moser:* Art. ‚Brot', in EM. II, Sp. 805–813; *ders.:* Art. ‚Brotlegenden', in: ebd. II, Sp. 816–821; *S. W. de Rachewiltz:* Brot im südlichen Tirol (o.O. [Meran] ³1983); *R. Rau:* Das tägliche Brot (Freiburg i.Br. 1984); *L. Röhrich:* Das Brot in der Volksdichtung, in: Abdruckdienst Herder (masch.) (Freiburg i.Br. 1984); *W. Ziehr:* Le Pain (Paris 1985); *H. Eiselen* u. *M. R. Schärer* (Hg.): Brot und Not in der Kunst des 20. Jh. (Vevey 1986).

Brotkorb. *Einem den Brotkorb höher hängen:* ihn knapper halten, strenger behandeln, ihm den Verdienst sauer machen (so wie man dies bei einem übermütigen Pferd macht, dem man weniger Hafer gibt und den Futterkorb oder die Krippe höher hängt). In den ‚Facetiae Facetiarum' von 1645 steht (S. 408): „want in meiner Gewalt all stünde, ick wolle öhn den Brodtkorff balle upthain"; bei Gottsched lesen wir: „Wenn nur schindende Kaufleute nicht gemeiniglich den armen Arbeiterinnen ... den Brotkorb so hoch hingen, daß sie sich mit aller Mühe kaum des Hungers erwehren mögen". In Schillers ‚Wallensteins Lager' (11. Auftr.) mahnt der erste Kürassier:

Lassen wir uns auseinandersprengen,
Werden sie uns den Brotkorb höher hängen.

Mit einem anderen Vergleich heißt es 1528 im ‚Laster der Trunkenheit' (4b): „Wir sollen den faulen Adam mit sporen reitten, inn zaum halten, das futter hoeher schütten, daz er nit zu geil werde".

Die Mdaa. enthalten z.T. verwandte Wndgn., z.B. bad. ‚den Brotsack höher hängen'; westf. ‚die Brautläupena (Brotschalen) häuger hangen'; pfälz. ‚äm's Brotreff heher henke': jem. zu größerer Anstrengung und Sparsamkeit nötigen (‚Brotreff' = Hängevorrichtung gegen Ratten- und Mäusefraß); schles. ‚Ma mussem a Brudt-Kurb hieher hengen'.

Die lit. und volkstüml. Belege zeigen, daß die Rda. oft als Drohung gebraucht wurde. ‚Den Brotkorb höher hängen' bedeutete also auch: einen zur Strafe einschränken. So nannte der Volksmund einen Regierungserlaß vom 22.4.1875 im preußischen Kulturkampf, durch den widersetzlichen Geistlichen die staatlichen Zuwendungen gesperrt wurden, ‚Brotkorbgesetz'.

Der Brotkorb hängt hoch: Es sind knappe Zeiten. „Gott mag uns den Brotkorb so hoch halten, als er will" (Hamann, Briefe [1759], 1,292). Vgl. ferner die verwandten Wndgn.: *den Brotkorb zu finden wissen; auf dem Brotkorb sitzen und Hunger schreien.*

Bruch. *In die Brüche gehen:* zerbrechen, entzweigehen, fehlschlagen, in Schwierigkeiten geraten.

Man hat versucht, diese Rda. von Bruch, aus ahd. und mhd. ‚bruoch' = sumpfige Niederung, abzuleiten (vgl. in die Binsen gehen, ↗Binse). Hierher gehört jedoch nur die Wndg. *etw. in die Brüche werfen:* als unbrauchbar und wertlos wegwerfen. Unwahrscheinlich ist auch die Ableitung von ndd. ‚broke' = Geldstrafe für den Bruch eines Gesetzes und von der heute ausgestorbenen Rda. *in die Brüche nehmen:* bestrafen. Die überzeugendste Erklärung hat bereits 1800 J. F. Schütze in seinem ‚Holstein. Idiotikon' (I, 159) gegeben, indem er die Rda. auf die Bruchrechnung bezog: „dat geiht in de Brôk = es ist nicht gut zu teilen". So sagt z. B. der Mathematiker Euler in seiner ‚Anleitung zur Algebra' 1770 (II, 297): „Diese Arbeit scheint unserm Endzweck gar nicht gemäß zu seyn, indem wir hier auf Brüche gerathen sind, da wir doch für x und y gantze Zahlen finden sollten". Der urspr. Sinn unserer Rda. war also: etw. geht nicht glatt auf, später übertr. zu: es wird zunichte, schlägt fehl. Westf. bedeutet ‚Dat geiht me in de Brüche' davon abweichend: es geht über mein Fassungsvermögen, es ist mir zu hoch.

Einige jüngere umgangsspr. Rdaa. verwenden Bruch in der Bdtg. ‚Körperschaden, Gebrechen': *Du hast wohl einen Bruch:* du bist nicht ganz bei Verstand; vgl. frz. ‚Tu es fêlé, tu as l'esprit fêlé'; *sich einen Bruch lachen:* sehr lachen (vgl. ‚sich einen Ast lachen'); schwäb. ‚Er schafft sich keinen Bruch', er überanstrengt sich nicht. *Das ist Bruch:* das ist schlecht, minderwertig, unbrauchbar. Beim Transport zerbrochene Gegenstände, die nicht mehr verkäuflich sind, werden als Bruch bezeichnet; vgl. auch Ausdr. wie ‚Bruchbude' (baufälliges Haus) und ‚Bruchkiste' (antiquiertes Auto).

Lit.: *R. Becker:* ‚In die Brüche gehen (fallen)', in: Zs. f. d. U. 6 (1892), S. 847; *Richter-Weise,* Nr. 29, S. 33 f.: *Trübner* I, S. 440; *Küpper.*

Brücke. *Einem die Brücke treten:* ihm in Bedrängnis zu Hilfe kommen, bes.: sich eines Verfolgten oder Beschuldigten annehmen, zu seinen Gunsten sprechen; auch von zweien gesagt, die sich gegenseitig unterstützen und für einander Partei ergreifen: *einander die Brücke treten.*

Unter der Brücke ist hier urspr. die Fall- oder Zugbrücke zu verstehen; sie lag so genau berechnet im Gleichgewicht, daß ein geringer Druck genügte, sie in Bewegung zu setzen. Der Torwächter konnte sie durch Treten auf ein Gegengewicht oder durch Treten auf die Brücke selbst herablassen und so dem, der in die Burg wollte, vielleicht einem Flüchtling, Eingang und damit den Burgfrieden, d. h. die Sicherheit der Burg, verschaffen.

Die Rda. ist bereits mhd. im ‚Alten Passional' als „eine brücke treten" belegt (Ausg. von Hahn [Frankfurt a. M. 1845], 339, 18); seit dem 18. Jh. wird sie in übertr. Bdtg. gebraucht. So begegnet sie u. a. in der am Anfang des 18. Jh. erschienenen Schrift ‚Sieben böse Geister, welche heutiges Tages die Küster oder sogenannte Dorfschulmeister regieren', wo von dem Schulmeister, der sich allerlei hat zuschulden kommen lassen, gesagt wird, er schicke seine Frau zum Pfarrer, „daß sie ihm die Brücke niedertreten solle". In derselben Schrift heißt es, wenn die Visitation nahe, erwarte der Schulmeister, daß der Pfarrer ihm „den Rücken halte oder die Brücke niedertrete". Ebenso bei Lessing: „Pfui doch, Lisette, erzürne ihn nicht. – Lisette: Was? ich glaube Sie treten ihm noch die Brücke". Bedeutungsverwandt ist noch die ndd. Rda. ‚Ik mot jummer de Brugge dal treden', das Hindernis beheben.

Dem Feinde goldene Brücken bauen: ihm den Rückzug erleichtern; in übertr. Anwendung: ihm entgegenkommen, ihm Zugeständnisse machen; dem Gegner jede Beschämung ersparen, ihm den Weg zur Versöhnung frei halten. Vielleicht war mit der ‚goldenen Brücke' einst Bestechung zum Rückzug oder Übertritt gemeint. Die Rda. ist schon im 16. Jh. bei Joh. Fischart in der ‚Geschichtklitterung' (1575, Ndr. S. 406) belegt: „Thu eh dem Feind Thür und Thor auff, vnd mach jm ein gulden Prucken, daß er fort mög rucken". Vgl. frz. ‚faire un pont d'or à quelqu'un' i. S. v. jem. eine hohe Geldsumme anbieten, um ihn für einen bestimmten Posten zu gewinnen.

Daneben gibt es auch noch die vereinfachte Form der Rda. *Er baut andern eine Brücke* (vgl. ndl. ‚Hij legt de brug voor een ander'). So gebrauchte sie auch Bismarck: „Ich dachte: vielleicht gewinne ich die Herren, wenn ich ihnen die Brücke baue".

Wenn das Wort eine Brücke wäre! Zu ergänzen ist: dann wäre es eine Lügenbrücke, d.h. man könnte nicht darübergehen, ohne sich das Bein zu brechen. So sagt man zu einem Lügner oder Aufschneider. Gellert verwertete diese Wndg. in seiner Erzählung ‚Der Bauer und sein Sohn‘: Der Junge, der soeben aus der Fremde heimgekehrt ist, will seinem Vater weismachen, er habe einen Hund gesehen von der Größe eines Pferdes. Nach und nach nimmt er immer mehr von seiner Lüge zurück, je näher er mit seinem Vater an eine Brücke kommt, von der ihm sein Vater erzählt, ein Lügner, der darüber gehe, breche ein Bein.

Gellerts Erzählung beruht auf der 88. Fabel im 3. Buch des ‚Esopus‘ v. B. Waldis: ‚Vom lügenhaften Jüngling‘; direkte Ableitungen des Testbrückenmotivs Gellerts aus den Seelenbrücken der ma. Visionsallegorien u. von den Bewährungsbrücken der Artuslit. (Schwertbrücke, Brücke zu Karidol) oder den Glasbrücken der kelt. Mythologie sind nicht nachweisbar. Auch die Rda. *Über die Brücke möchte ich nicht gehen:* das glaube ich nicht, spielt auf Gellerts Fabel an. Vgl. Th. Fontanes Brief v. 29.1.1894 an seine Tochter Martha: „auf die Brücke trete ich nicht“; ↗Lügenbrücke.

Alle Brücken hinter sich abbrechen: sämtliche Bindungen lösen, eine erst in jüngerer Zeit belegte Redewndg., die jedoch wesentlich älter ist und schon im Lat. ihr Gegenstück besitzt: „Pons a tergo abruptus est“ (Wander I, Sp. 485); vgl. frz. ‚couper tous les ponts derrière soi‘. In den obd. Mdaa. bedeutet ‚Brücken machen‘: alte Schulden mit neuen bezahlen; ↗Eselsbrücke, ↗Schiff.

Lit.: *R. Hildebrand:* Wie die Sprache altes Leben fortführt, in: Zs. f. dt. Unterricht 5 (1891), S. 260ff.: *H. Bächtold-Stäubli:* Art. ‚Brücke‘, in: HdA. I, Sp. 1659–1665; *E. R. Bain:* „Don't cross the bridge ...“, in: American Notes and Queries 2 (1942), S. 79; *K. Ranke:* Lügenbrücke, in: Festschrift Matthias Zender – Studien zu Volkskultur, Sprache und Landesgeschichte, hg. v. Edith Ennen u. Günter Wiegelmann, Bd. II (Bonn 1972), S. 868–874; *P. Dinzelbacher:* Die Jenseitsbrücke im Mittelalter (Wien 1973), S. 115, 121, 162ff.; *K. Ranke:* Art. ‚Brücke‘, in: EM. II, Sp. 823–835.

Brückenkopf. *Einen Brückenkopf bilden:* im Festungskrieg defensiv zum Schutz einer vorhandenen Brücke alle Verteidigungskräfte zusammenziehen. Der militär. Ausdr. ‚Brückenkopf‘ ist seit Ende des 18. Jh. in diesem Sinne im Dt. geläufig u. nach dem gleichbedeutenden frz. ‚tête de pont‘ gebildet. Bei den Bewegungskriegen im 20. Jh. erhielt der Brückenkopf eine andere Funktion. Er wurde als möglichst großes Gebiet auf dem gegnerischen Ufer in Besitz genommen, um ungehindert Verstärkung über den Fluß nachziehen zu können und damit die Offensive voranzutragen; im gleichen Sinn auch bei überseeischer Operation gebraucht.

Einen Brückenkopf halten: trotz großer Verluste standhalten, dagegen: *einen Brückenkopf bereinigen* (scherzhaft: *rasieren):* die gegnerische Befestigungsanlage dem Erdboden gleichmachen, ‚schleifen‘; das feindliche Hindernis hinwegfegen und damit den eigenen Truppen den Weg freimachen.

‚Einen Brückenkopf rasieren‘

Die Ill. aus den ‚Münchner Bilderbogen‘: ‚Militärische Redensarten‘ nimmt die Rda. wörtlich und zieht sie damit ins Lächerliche.

Bruder. *Das ist mir (auch) der wahre Bruder (nicht)* sagt man von einem, der einem nicht vertrauenswürdig erscheint, der kein rechter Gesinnungsgenosse ist, sondern ein ‚falscher Bruder‘, einer wie Kain, der seinen Bruder Abel erschlägt u. dem Herrn auf die Frage nach dem Verbleib seines Bruders arglistig antwortet: „Ich weiß es nicht. Bin ich der Hüter meines Bruders?“ (1. Mos. 4,9). Auch an anderen Stellen der Bibel wird auf die falschen Brüder angespielt, z.B. in der Geschichte von Joseph und seinen Brüdern (1. Mos. 37ff.), aber auch Gal. 2,4: „Denn da etli-

che falsche Brüder sich mit eingedrängt hatten und neben eingeschlichen waren ..." u. 2. Kor. 11,26: „... in Gefahr unter den falschen Brüdern". Vgl. frz. ‚faux frère': Betrüger oder Verräter.
Das Verhältnis von Bruder zu Bruder galt von jeher als bes. eng, Bruderzwist dagegen als bes. verwerflich. Doch gab es auch ihn von Anfang an, ebenso wie den Brudermord (Kain – Abel, Osiris – Seth, Eteokles – Polyneikes, Romulus – Remus). Obwohl auch im Christentum die Bruderliebe ein zentrales Leitmotiv darstellt, sind Konflikte zwischen Brüdern oft unvermeidbar. Sie finden ihren Niederschlag in Legende, Sage u. Märchen, vor allem in der Vielzahl der Zweibrüder- u. Dreibrüdermärchen, in denen die verschiedenen Formen gruppendynamischen Verhaltens in der Kleingruppe angedeutet sind. Darüberhinaus ist der Bruderstreit ein beliebtes Motiv in fast allen Gattungen der Literatur.

Die ‚feindlichen Brüder', die Burgen Sternberg und Liebenstein am Rhein

So finden wir z. B. das Sagenmotiv: ‚Die feindlichen Brüder' als Titel einer Parodie in ‚Des Knaben Wunderhorn' (1806), eines Dramas von Matth. von Collin (1817), einer Posse von Ernst von Raupach (1834), einer Erzählung in ‚Schwarzwälder Dorfgeschichten' von Berthold von Auerbach (1854) sowie eines Romans von W. Anthony (Wilh. Asmus) (1868). Streit zwischen Brüdern liegt in der menschlichen Natur, denn:

Brüder haben ein Geblüte,
Selten aber ein Gemüte.

(Fr. von Logau, Dt. Sinn-Gedichte [1654]).
Neben der leiblichen Bruderschaft wird der Begriff ‚Bruder' vielfach auch übertr. angewendet auf jede andere engere Bindung (Wahlbruderschaft), die auf ein gemeinsames Ziel gerichtet ist u. Einigkeit im Handeln anstrebt, diese häufig sogar zu erzwingen versucht, wie den folgenden Versen zu entnehmen ist:

Und willst du nicht mein Bruder sein,
so schlag ich dir den Schädel ein!

Sie entstanden 1848 im Anschluß an das Jakobinerwort aus der Französischen Revolution: ‚La fraternité ou la mort!' u. richteten sich an eine auf Gesinnungsgleichheit beruhende Brüdergemeinschaft von hohem ethischen Anspruch.
In den Rdaa. *mit jem. Brüderschaft trinken, mit jem. den Bruderschaftskuß tauschen* ist eine andere Form der Wahlverwandtschaft angesprochen, eine demselben Meister folgende, dasselbe Ideal anstrebende oder einem gemeinsamen Ziel verpflichtete Bruderschaft, die urspr. durch magische Riten (wechselseitiges Trinken des Blutes des anderen, gemeinsames Eintauchen der Hand in Tierblut) begründet wurde, ↗Blut.
Um eine einfachere Form handelt es sich dagegen bei der ‚Schwurbrüderschaft', die durch gemeinsame Mahlzeiten, Zuprosten mit Bier oder Wein und einem Initiationskuß besiegelt wird. Sie ist bis heute erhalten u. lebt in den o. a. Rdaa. fort; vgl. die Ausdr. ‚Amtsbruder', ‚Bundesbruder', ‚Waffenbruder', ‚Blutsbrüderschaft', ‚Brüdergemeinde', die Anrede der Mönche als ‚fratres'.
Welche Bruderschaft in der Wndg. *unter Brüdern* urspr. gemeint war, ist nicht ohne weiteres zu entscheiden. Die Rda. bedeutet soviel wie ‚billig gerechnet', ‚in ehrlichem, freundlichem Handel, ohne Übervorteilung', z. B. ‚das ist unter Brüdern seine 100 Mark wert'; so sagt man unter der Voraussetzung, daß Brüder einander nicht zu übervorteilen suchen (vgl. KHM. 104).
Ähnl. nennt man es els. ‚Bruederlieb', wenn jeder Spieler einen Stich beim Kartenspiel macht; umgekehrt aber, um anzudeuten, daß keine persönliche Rücksicht genommen werden soll: bair. ‚Nix Bruadr in'n Gspil!'
Er ist ein nasser Bruder: er ist ein Säufer, eine jüngere umg. Wndg., ebenso gebildet wie *warmer (schwuler) Bruder:* Homosexu-

eller; ein *lustiger Bruder* oder ein ,Bruder Lustig' (vgl. KHM. 81). Vgl. frz. ,un joyeux drille, un gai luron': ein fideler Bursche.

Lit.: *H. Jacke:* Die rhein. Sage von den feindlichen Brüdern in ihrer von der Romantik beeinflußten Entwicklung (Wuppertal-Elberfeld 1932); *K. Ranke:* Die zwei Brüder (FFC. 114) (Helsinki 1934); *M. Mann:* Die feindlichen Brüder, in: Germ.-Rom. Monatsschrift 49 (1968), S. 224–247; *W. Orgris:* Art. ,Brüdergemeinschaft', in: HRG. I, Sp. 520–521; *M. Belgrader:* Art. ,Blutsbrüderschaft', in: EM. II, Sp. 523–528; *M. Lüthi:* Art. ,Bruder, Brüder', in: EM. II, Sp. 844–861; *K. Ranke:* Art. ,Die zwei Brüder', in: EM. II, Sp. 912–919.

Brühe. *In der Brühe sitzen (stecken):* in Verlegenheit, in der Patsche sein. So heißt es 1523 in Königsberg: „Seine f. g. (fürstlichen Gnaden) ... konten uns andern nie zu Preußen in der brue sitzen lassen"; und in Abraham a Sancta Claras ,Todten-Capelle' (S. 249): „Wir sitzen in der Brüh". Vgl. frz. ,être dans la panade' (in der Brotsuppe sitzen).

Einen in seiner eigenen Brühe kochen lassen: ihm in einer Verlegenheit nicht beistehen; ihn das auslöffeln lassen, was er sich selbst eingebrockt hat; vgl. frz. ,laisser quelqu'un mijoter dans son jus' (wörtl.: einen in seinem eigenen Saft schmoren lassen). Ähnl. die schwäb. Rda. ,eine Brühe ausessen, aussaufen', die üblen Folgen, bes. fremder Tat, tragen müssen; vgl. ,eine ↗Suppe auslöffeln müssen'; ↗Tinte.

Ich habe die Brühe davon: ich habe keinen Vorteil davon, ich habe den Schaden davon. Urspr. lautete die Rda. wohl vollständiger: ,ich habe nicht die Brühe davon, geschweige denn das Fleisch'. Die Negation fiel aus; schon im ,Simplicissimus' (3,856) ist belegt: „Komm, wir wollen weiters, ich habe die Brüh von diesem groben, undankbaren bauren".

Die Brühe verschütten: die Sache verderben, z. B. auch in der Form *Er hat seine Brühe bei ihm verschüttet:* er hat es mit ihm verdorben. *Keine große Brühe mit jem. machen:* nicht viel Umstände mit ihm machen, umgekehrt: *eine lange Brühe um etw. machen:* viel Umstände, unnütze Worte darum machen.

Da man mit süßer und saurer Brühe verdorbene Speisen wieder schmackhaft machen kann, heißt es schwäb. ,eine süße Brühe daran machen', eine Sache beschönigen, und ,Da macht man eine saure Brüh' drüber' (zu ergänzen: und alles ist wieder in Ordnung). Verbreitet ist auch *Die Brühe ist teurer als der Braten:* das Beiwerk, das Drum und Dran ist kostspieliger als die Sache selbst. *Das wird wenig Brühe geben:* es wird wenig helfen; ähnl. in Köln ,Dat mät och de Bröh nit fett', das hilft nicht viel.

Einem ein Brühlein geben: ihm einen Beruhigungstrank geben, ist bes. schwäb. bekannt. Weitere Wndgn: *alles in eine Brühe werfen:* verschiedenartige Dinge gleich behandeln, ihnen nicht gerecht werden (vgl. ,alles in einen ↗Topf werfen') und *immer dieselbe Brühe aufgießen:* die Sache immer in derselben Weise behandeln. *Klar wie Kloßbrühe* ↗klar.

,Abgebrüht sein': viel erlebt (erfahren) haben, Schlimmes durchgemacht haben u. dadurch unempfindlich, skrupellos geworden sein. Unter einem ,abgebrühten Burschen' versteht man einen harten, brutalen Typ (einen Halbstarken), der ,mit allen Wassern gewaschen ist', ↗Wasser.

brühwarm. *Etw. brühwarm weitererzählen:* eine Neuigkeit sofort weitersagen, sobald man sie vernommen hat, ohne zu überlegen, ob das soeben Gehörte auch der Wahrheit entspricht. Die Rda. ist seit dem 18. Jh. gebräuchl. und findet sich z. B. in Daniel Stoppes ,Teutschen Gedichten' (1722) S. 94:

Und trägt (der Pöbel) das balsamirte Wort
Sogleich brühsieden warm zum dritten Nachbar fort.

In der fränk. Mda. heißt es ,Ar trögt alles brüawarm 'nou (hin)', er ist ein Ohrenbläser, ein Zuträger.

Lit.: *A. Birlinger.* Lexikalisches, in: Zs. f. d. Ph. 26 (1894), S. 239.

brüllen wird häufig verwendet in sprw. Vergleichen, bes. *brüllen wie ein Löwe, wie ein Ochse,* bereits mhd. in Konrads von Würzburg ,Trojanischem Krieg';

reht als ein ohse brüelen
begunde er mit der stimme.

Er brüllt wie ein Wolf, vgl. ostpr. ,Da bröllt wie e Lichtmesswulf', ähnl. ,Da brüllt as an Rohädummel', er singt laut und schlecht; auch ,Du kannst brölle wie e

Storch'; vgl. frz. ,rugir comme un lion', vgl. auch: ,crier comme un âne' (wie ein Esel schreien): heftig protestieren.
Brüllen wie am Spieß ↗Spieß.
Das ist ja zum Brüllen: sehr erheiternd, sehr komisch.
Gut gebrüllt, Löwe!: treffend gesagt, ist ein Zitat aus Shakespeares ,Sommernachtstraum' (V, 1).

brummen begegnet häufig in rdal. Vergleichen, z.B. *brummen wie ein Bär;* vgl. ndl. ,Hij bromt als een nordsche beer'; *brummen wie ein Baß (wie eine Baßgeige). Ihm brummt der Kopf:* er hat einen schweren Kopf, er hat Kopfweh; seit dem 18. Jh. bekannt. *In den Bart brummen* ↗Bart.
Jem. muß brummen: eine Strafe absitzen, seit dem 19. Jh. in der Gauner-, Schüler- und Studentensprache; vgl. hierzu auch: ,Jem. eine Strafe ↗aufbrummen'.
Die Bdtg. von ,Im Gefängnis sitzen' ist wohl rückgebildet aus dem rotw. Subst. ,Brummbajes' = Bienenstock und Gefängnis. Der sprachl. Vergleich bezieht sich auf die wabenartig angeordneten Zellen für die Gefangenen. Vgl. auch schles. ,Er wird eine Brummsuppe bekommen', er wird eine Freiheitsstrafe zu erwarten haben.
Musik- und Lärmgeräte hatten einst auch die Funktion von Strafgeräten. Sie verkörperten dabei die Stimme des strafenden Elementes, des Rachedämons, der richtenden Gottheit, die sich im Tosen und Tönen, im Brummen und Brausen, im Pfeifen und Heulen offenbarte. Zu ihnen gehörten auch die verschiedenen Streichinstrumente, nach denen man mancherorts die Gefängnisse und Pranger benannte. So hatte z.B. das Grazer Schloßbergverlies den volkstümlichen Namen ,Baßgeige', in Norddtl. erhielt der Pranger den Namen ,Fiedel', und in Schwaben ,Geige', ↗Geige.

Lit.: *J. Grimm:* RA. II, S. 323; *H. Fischer:* Musikinstrumente in der alten Strafrechtspflege, in: Antaios 12 (1971), S. 321–331.

Brunnen. *In den Brunnen fallen:* zunichte werden; lit. zuerst bei Hans Sachs bezeugt:

nun ich hoff seiner freuden schallen
werd im plötzlich in brunnen fallen.

Etwa zur gleichen Zeit wird die Rda. in einem Wiener Geschichtszeugnis des Jahres 1526 erwähnt; aber schon 1595 wird aus Preußen berichtet: „Haben die drey erbarn Rähte feine Ordenung in Kleidungen und Köstungen gemacht, ... sie ist aber bald in Brunnen gefallen". Für Wien bezeugt um 1700 Abraham a Sancta Clara die Rda. mehrfach. In ,Judas der Ertzschelm' (1692) heißt es: „Ist meine Hoffnung in Brunnen gefallen"; in ,Etwas für alle' (1699): „Ihr Hoffnung fällt in Brunn"; ebenso in der ,Abrahamitischen Lauber-Hütt' (1721). In ,Reimb dich oder ich liß dich' (1708) schreibt Abraham: „Dafern mir nur die Gnad Gottes nit in Brunnen gefallen", und in einer Erzählung in ,Huy und Pfuy der Welt' (1707): „Ist also der Ochsen ihr Traum in den Brunnen gefallen".
Diese ausgiebige Verwendung weist jedenfalls auf die vollkommene Volksläufigkeit der Rda. hin, die sich bis heute nicht geändert hat und sich auch auf die Mdaa. erstreckt. Obersächs. ist noch zu Beginn unseres Jh. geläufig: ,Die Partie is in'n Born gefallen', sie ist zu Wasser geworden. Es ist bezeichnend, daß die Rda. nicht etwa nur für konkrete Gegenstände, die einfach in Verlust geraten, angewendet wird, sondern mit Vorliebe für abstrakte: Die Hoffnung, der Hochmut, all das kann auch in den tiefen Brunnen fallen, aus dessen Tiefe es kein Wiederfinden oder Wiedergewinnen mehr gibt.
Etw. in den Brunnen fallen lassen: eine Angelegenheit (Sache) (stillschweigend, heimlich) verschwinden lassen.
Jetzt hab ich schon geglaubt, du bist in den Brunnen gefallen sagt man scherzhaft nach langem Warten.
Aus einem Brunnen in den anderen fallen: aus einer Not in die andere geraten, ↗Regen.
In den Brunnen gesperrt sein: in die Enge getrieben sein, sich nicht mehr helfen können.
Im Märchen bedeutet ein Verschwinden in der Brunnen-Tiefe kein Unwiederbringlich-Verlorensein. So erhält die Prinzessin im Froschkönig-Märchen nicht nur ihren goldenen Ball wieder, sondern erwirbt mehr, als ihr zunächst lieb ist (KHM. 1).

Wenn andererseits der letzte Besitz des Hans im Glück buchstäblich in den Brunnen fällt (KHM. 83), so erscheint dieser Verlust dem Helden als eine Befreiung von der Last zeitlicher Glücksgüter.

Den Brunnen zudecken (zuschütten), wenn das Kind (Kalb) hineingefallen ist: zu spät Maßregeln zur Abwendung eines Unglücks treffen. Der Ursprung dieser Redewndg. liegt wohl in einer Schildbürgergeschichte. Ähnliche Erzählungen liegen auch den folgenden Rdaa. zugrunde: ,Den Stall zuschließen, wenn das Pferd (die Kuh) gestohlen ist'. Dem Gewohnheitstrinker, der sich zu spät zu nüchternem Leben bekehrt, ruft Hans Sachs zu:

So du dann wilt den stal zu machen,
so ist dir schon heraus die ku.

,Den Brunnen zuschütten, wenn das Kalb hineingefallen ist'

Auch in anderen Sprachen finden sich derartige Wendungen (vgl. ,Stall'); lat. ,Accepto damno ianuam claudere' = erst nach erlittenem Schaden die Tür schließen; ,grege amisso saepta claudere' = das Gehege schließen, nachdem die Herde verloren ist; engl.: ,to shut the stabledoor, when the steed is stolen' = die Stalltür schließen, wenn das Roß gestohlen ist; frz.: ,fermer l'étable, quand les chevaux n'y sont plus, quand les vaches sont prises' = den Stall schließen, wenn die Pferde nicht mehr darin sind, wenn die Kühe gestohlen sind, ↗Stall.

In seinem großen Redensartenbild stellt P. Bruegel eine Variante unserer Rda. dar: ,den Brunnen zudecken, nachdem das Kalb ertrunken ist'; vgl. ndl. ,Als het kalf verdronken is, wil men den put dempen'.

Eine unnütze Tätigkeit bezeichnet die nur mehr wenig volkstüml. Wndg. *einen Brunnen neben der Quelle graben;* wohl aus dem Lat. entlehnt: ,iuxta fluvium puteum fodit'.

Eine Sache an allen Brunnen erzählen: sie zum Dorf- oder Stadtgespräch machen; beim Wasserholen gingen früher an den Brunnen die Neuigkeiten von Mund zu Mund. Erzählte man etw. an allen Brunnen, so war es keinem mehr verborgen.

Wasser in den Brunnen tragen: vergebliche Arbeit tun, zum Überfluß noch hinzufügen und wo es nicht nötig ist, ↗Wasser, ↗Krug, ↗Jungbrunnen.

Lit.: *F. Lauchert:* Sprw. und sprw. Rdaa. bei Abraham a S. Clara (Bonn 1893), S. 18; *R. Hünnerkopf:* Art. ,Brunnen', in: HdA. I, Sp. 1672–1685; *H. Spindler:* Der Brunnen im Recht (Diss. Heidelberg 1938); *L. Schmidt:* Wiener Rdaa. Der Brunnen der Vergänglichkeit, in: Das dt. Volkslied 45 (1943), S. 61f.; *U. Wiegers:* Der Brunnen in der dt. Dichtung (Diss. Bonn 1955); *L. Röhrich:* Sprw. Rdaa. aus Volkserzählungen, in: Volk, Sprache, Dichtung, Festgabe für Kurt Wagner (Gießen 1960); *D. Arendt:* Das Symbol des Brunnens zwischen Antike und Moderne, in: Welt und Wort 26 (1971), S. 286–297; *H.-J. Uther:* Art. ,Brunnen', in: EM II, Sp. 941–950.

Brunnenputzer. *Schaffen wie ein Brunnenputzer:* hart, eifrig, unermüdlich arbeiten, auch: einem mühevollen Beruf nachgehen, sich in einer untergeordneten Tätigkeit abschinden, die wenig einbringt. Ähnl.: *sich plagen (schwitzen) wie ein Brunnenputzer.*

Der großen körperlichen Anstrengung entsprechen Hunger und Durst, daher die Rdaa.: *essen wie ein Brunnenputzer* und *saufen (Durst haben) wie ein Brunnenputzer.*

Brunnenvergiftung. *Brunnenvergiftung betreiben:* großen Schaden anrichten, das Allgemeinwohl gefährden und viele Unschuldige dabei treffen, in übertr. Sinne: Mißtrauen säen, das bisher gute Einvernehmen zwischen bestimmten Personen (Freunden, Kollegen, Politikern) und Gruppierungen (Verbände, Vereine, Parteien) heimtückisch durch (unhaltbare) Beschuldigungen u. Verleumdungen stören und auf Dauer gefährden.

Die ‚Brunnenvergiftung' galt in früheren Jahrhunderten als eine bes. niederträchtige Praxis, um dem Feind heimlich zu schaden, ihm das wichtigste Lebenselement zu nehmen und ihn dadurch zur Aufgabe zu zwingen. So wurden bei kriegerischen Auseinandersetzungen Tierkadaver, aber auch menschliche Leichen in die öffentlichen Brunnen geworfen, die das Trinkwasser für Mensch und Tier für lange Zeit ungenießbar machten und bei arglosem Gebrauch Krankheit und Tod bringen konnten. Bei aufkommenden Seuchen wurde im MA. oft eine befürchtete Brunnenvergiftung als Ursache angenommen und Fremden, Außenseitern, Mißliebigen, vor allem jedoch den Juden zur Last gelegt. Um die jüdischen Mitbürger vor einer solchen Anklage zu retten, hatte der regierende Bürgermeister in Straßburg bereits im 14. Jh. verfügt, alle Wasserstellen in der Stadt mit Deckeln zu schließen und überwachen zu lassen, ohne doch die Verfolgten retten zu können. Sein Sturz machte den Weg frei für das Massaker im Jahre 1362.

Um stets sauberes Trinkwasser zu gewährleisten, war eine sorgfältige Pflege der Brunnen erforderlich, die in größeren Siedlungen den ‚Brunnennachbarschaften' oblag. In den Städten wurde z.T. sogar ein ‚Brunnengeld' zur Unterhaltung und Reinigung der öffentl. Brunnen gefordert. Eine regelmäßige ‚Brunnenschau' überwachte die Einhaltung aller Vorschriften. Bis heute ist die ständige Überprüfung der Trinkwasserqualität üblich. Da neuerdings eine andere Art von ‚Brunnenvergiftung' durch Chemikalien droht, hat das Wort traurige Aktualität.

In übertr. Sinne gebrauchte bereits Bismarck den Ausdr. mehrfach. In seiner Rede vor dem Reichstag am 24. Januar 1882 bezeichnete er z.B. die bei Wahlen vorkommenden Lügen, Entstellungen und Falschmeldungen als ‚politische Brunnenvergiftung', was im gleichen Zusammenhang in den Medien der Gegenwart wieder Verwendung findet.

Lit.: *H. Spindler:* Der Brunnen im Recht (Diss. Heidelberg 1938); *E. Christmann:* Brunnennachbarschaften u. Quellenverehrung, in: Oberdt. Zs. f. Vkde. 17 (1943), S. 86ff.; *H. Kroeschell:* Art. ‚Brunnen', in: HRG. I, Sp. 521–522; *K. S. Kramer:* Art. ‚Brunnengemeinschaften', in: HRG. I, Sp. 522–523.

Brust. *Sich in die Brust werfen:* stolz tun, sich ein Ansehen geben. Die Rda. ist zunächst ganz wörtl. zu verstehen: den inneren Menschen in die Brust werfen, so daß diese hervortritt; vgl. frz. ‚bomber le torse' (die Brust herausstrecken): stolz tun. Ähnl. *die Brust werfen* und bereits mhd. *sich brüsten.* Dagegen heißt *sich vor (an) die Brust schlagen* etw. bereuen (nach Nahum 2,8).

Frei von der Brust weg reden: aus dem Stegreif, ohne Vorbereitung und falsche Rücksicht reden, vgl. ‚frei von der ↗ Leber weg'.

Aus voller Brust (singen): voller Begeisterung, mit ungezügelter Lautstärke. ‚Immer die volle Brust' ist eine ermunternde Rda. unter Skatspielern, möglichst hochrangige Karten auszuspielen.

Einem vor die Brust springen: ihn sehr heftig anreden. *Schwach auf der Brust sein:* eigentl. der Lungenkranke (vgl. frz. ‚s'en aller de la caisse' [umg. Kasten = Brust]: schwindsüchtig werden), aber übertr.: kein Geld haben, zahlungsunfähig sein, eine jüngere witzige Redewndg., wobei an die leere Brieftasche gedacht ist, die der Mann in der Brusttasche trägt. Ähnlich ist die Rda. *an Brustbeutelkatarrh leiden* (auch: Portemonnaieschwindsucht): kein Geld haben; seit dem 1. Weltkrieg üblich, da Geld und Papiere am sichersten im Brustbeutel verwahrt wurden.

‚Einen zur Brust nehmen'

Einen zur Brust nehmen: trinken, einen ‚heben'; bezogen auf die stud. Trinksitte, das volle (Bier-)Glas vor dem Leeren an die Brust zu nehmen, um damit jem. zuzuprosten. Das Sprachbild bezieht sich urspr. auf die Mutter (oder Amme), die einen Säugling an ihre Brust legt. Übertr.: jem. großziehen, sich seiner annehmen; in diesem Sinne auch von Männern gesagt.

Etw. in seiner Brust begraben: ein Geheimnis fest verwahren.
Die Wndg. *etw. im Brustton der Überzeugung sagen* wurde nach einem 1870 von Heinrich v. Treitschke geprägten Ausdr. zum geflügelten Wort.

Lit.: *E. Stemplinger:* Art. ‚Brüste' in HdA. I, Sp. 1685–1686; *R. Schenda:* Art. ‚Brust, Brüste', in: EM. II, Sp. 759–963.

Bube, Knabe, Junge; in Rdaa. meist abwertend gebraucht, z.B. in Wndgn. wie ‚dummer Bub' oder ‚die bösen Buben', wie sie bei Wilhelm Busch in seiner Geschichte ‚Die bösen Buben von Korinth' (1865) begegnen. Ein ‚Bubenstreich' ist ein übler Scherz, ein ‚Bubenstück', eine schurkische Tat. Ps. 41,9: „Sie haben ein Bubenstück über mich beschlossen". Sprüche Salomos 1,10 wird als Warnung vor Verführung gesagt: „Mein Kind, wenn dich die bösen Buben locken, so folge nicht". Dieser pädagogische Lehrsatz ist oft sprw. parodiert worden:

Mein Kind, wenn dich die
bösen Buben locken,
so folge ihnen auf den Socken!

An jem. zum Buben werden: ihn verraten, hintergehen, betrügen; wie ein Schurke handeln.
Die für einen Jungen oft gebrauchte Koseform ‚Bubi' findet sich auch in der Wndg. ‚Bubikopf' als Bez. für die Kurzfrisur der Damen, die in den 20er Jahren Mode wurde.

Buch. *Wie es im Buche steht:* mustergültig, tadellos, gebraucht zur Bekräftigung der Bedeutsamkeit und Glaubwürdigkeit einer Aussage oder eines Ereignisses. Diese Rda. bezieht sich auf die Bibel, in der bereits David von sich singt (Ps. 40,8): „Siehe, ich komme; im Buch steht von mir geschrieben".
Er redet wie ein Buch: er spricht selbstgefällig und ohne andere zu Worte kommen zu lassen, er redet so fließend, als wenn er aus einem Buche abläse. In der bair. Wndg. ‚Der redt wia-r-a Buach' kommt das Mißtrauen zum Ausdr., das die Bauern, die nicht viel mit Büchern zu tun haben, dem Gedruckten und allzu großer Gelehrsamkeit entgegenbringen (s. J. M. Lutz: Bayrisch [1932] S. 10). Die gleiche Rda. ist auch ndl. (‚spreken als een boek'), engl. (‚to talk like a book') u. frz. (‚Il parle comme un livre') gebräuchlich.
Im schwarzen Buche stehen: in ungünstigen Ruf gekommen sein. Das ‚schwarze Buch' ist urspr. das Zauberbuch (so verwendet bei Walther von der Vogelweide 33,7), später das Verzeichnis der Bestraften und Ausgeschlossenen, vgl. nordd. ‚We ware ans schwarz Buch komme', wir sind ins Strafbuch eingetragen worden. ↗schwarz.
Etw. ins große Buch schreiben: einem etw. hoch anrechnen (holst.). Zu einem Advokaten, dem ein Bauer seine Sache vortrug, sagte dieser, da jener in einem kleinen Buch blätterte: „Herr, lest doch ut dem grôten Bôke, min Sâk is en grôte Sâk".
Ins Buch des Lebens schreiben (geschrieben werden): von Gott zu den Gerechten gezählt werden, zu den jenseitigen Freuden auserwählt sein. ‚Das Buch des Lebens' wird an mehreren Bibelstellen erwähnt (2. Mos. 32,32; Ps. 69,29; Luk. 10,10, Phil. 4,3), geflügelt ist der Ausdr. vor allem durch seine vielfache Anwendung in der ‚Offenbarung des Johannes' geworden, wo es z.B. in Kap. 3, V. 5 heißt: „Wer überwindet, der soll mit weißen Kleidern angetan werden, und ich werde seinen Namen nicht austilgen aus dem Buch des Lebens ..." Viel gesungen wird auch in der konfessionellen Jugend folgender Kanon von Theophil Rothenberg:

Alles ist eitel,
du aber bleibst
und wen du ins Buch
des Lebens schreibst.

Dagegen im profanen Bereich mit meist negativer Bdtg.: *Bei jem. im Buche stehen:* bei ihm borgen, eigentl.: im Schuldbuche stehen.
Zu Buche schlagen: Gewinn bringen; oft aber auch in der Negation: *Etw. schlägt nicht zu Buche:* es ist ganz unbedeutend, von geringem Nutzen.
Sich in ein Buch vergraben: mit Spannung lesen, nicht mehr davon loskommen. Ähnl.: ‚ein Büchernarr, Bücherwurm sein'.
Die Nase ins Buch stecken müssen: tüchtig lernen müssen, ↗Nase.
‚Büchle beten' (schwäb.): den Katechismus auswendig lernen.

‚Ein Bücherwurm sein'

Das Buch der vier Könige aufschlagen (lesen): scherzhafte Bez. für das Kartenspielen; ndl. sagt man dafür ‚Hij heeft den bijbel von 52 bladden'. Das Kartenspiel wird auch des Teufels ‚Gesang- oder Gebetbuch' genannt, so schon 1568 bei Johannes Nasus und 1572 in Joh. Fischarts ‚Aller Praktik Großmutter' übernommen als Kalenderprophezeiung für den Februar: „Das kalt Wetter wird noch vil zitterens geben, besonders den Barfüßern, sie ziehen dann für Ofen und läsen im Buch der König vom Schellenkönig, wie der Kartenhäuser (‚Karthäuser') Übung ist".

Er liest gern in Büchern, wo man die Blätter mit dem Knie umwendet ist eine ältere, vom Beischlaf gebrauchte Wndg., die auch heute noch mdal. weiterlebt, z. B. schwäbisch ‚in dem Buch lesen, das man mit den Knien aufschlägt', Unzucht treiben.

Ein Buch mit sieben Siegeln: ein geheimnisvolles Buch, auch: etw. Schwerverständliches, Unergründliches, hergeleitet aus der Offenbarung Joh. 5, 1–5. Vgl. engl. ‚a sealed book' u. frz. ‚un livre scellé de sept sceaux'. *Für jem. ein Buch mit sieben Siegeln sein* (vgl. ndl. ‚voor iemand een gesloten boek zijn'): ganz unbekannt, bezieht sich meistens auf einen Menschen, den man nicht durchschauen kann. Faust sagt zu Wagner:

Mein Freund, die Zeiten der Vergangenheit
Sind uns ein Buch mit sieben Siegeln.

Fischart gebraucht die Wndg. in umgekehrtem Sinne: „Das Buch mit siben Sigeln aufthun" (‚Bienenkorb' 67[a]).

Lit.: *K. Kalbfleisch:* Ein verkanntes Sprw.: Steuermänner aus dem Buche in: Rhein. Mus. f. Philologie 92 (1944), S. 286–287; *R. Schenda:* Art. ‚Buch', in: EM. II, Sp. 965–970; *O. Schnitzler:* Art. ‚Buch des Lebens', in: EM. II, Sp. 971-974.

Buchholtz. *Dazu hat Buchholtz kein Geld nicht (sagt der Alte Fritz).* Vom Alten Fritz wird erzählt, daß er mit diesem Bescheid Forderungen und Wünsche abzulehnen pflegte, die an ihn herangetragen wurden, bes. nach dem Siebenjähr. Krieg, als die Staatskassen erschöpft waren. Die Rda. bezieht sich auf den preußischen Hofstaatsrentmeister und späteren Schatzmeister Friedrichs d. Gr. August Buchholtz (1706–98).

Die berl. Rda. ‚Denn kenn'n Se Buchholtzen schlecht (flach)!' wird ebenfalls auf die Gewohnheit Friedrichs d. Gr. zurückgeführt, sich bei einem ablehnenden Bescheid auf seinen Schatzmeister zu berufen mit den Worten: „Da kennt er Buchholtz schlecht!" Dieser war sehr sparsam und suchte übertriebene Ausgaben daher abzusetzen, unnütze zu hintertreiben. In Berlin erzählt man zu dieser Rda. folgende Anekdote: Ein Geistlicher tröstet einen Sterbenden, er werde droben seine Lieben wiedersehen. Der Sterbende ängstlich: „Herr Predjer, Buchholtzen ooch?" Der Prediger: „Gewiß, wenn Buchholtz als Christ gestorben ist." „Hurrjott, denn jeht det Luderleben da ooch wieder los!" „O, mein Freund, dort nähren wir uns von himmlischer Speise, und auch Buchholtz wird dort ein himmlisches Leben führen!" „Ach, Herr Predjer, denn kenn'n Se Buchholtzen schlecht!" (Vgl. Büchmann; als Schwank erzählt bei Asmus-Knoop, Kolberger Volkshumor [Köslin 1927], Nr. 96).

Lit.: Mitteilungen des Ver. f. d. Gesch. Berlins (1912), Nr. 2, S. 22; *Richter-Weise,* S. 231; *L. Röhrich:* Sprw. Rdaa. aus Volkserzählungen, in: Volk, Sprache, Dichtung. Festgabe für Kurt Wagner (Gießen 1960); *H. Meyer:* Der richtige Berliner (München [10]1965).

Büchse. *In die Büchse blasen* war eine vom 16. bis zum 19. Jh. gebräuchliche Rda. Ihr urspr. Sinn ist: sich schminken, in die Schminkdose blasen, so daß sich der feine Staub auf die Wangen legt und sie färbt; bezeugt z.B. bei Geiler von Kaysersberg: „es seind die, die in das Büchßlin blosen, daz sie ein ferblin empfahen".

Die jüngere Bdtg. der Wndg. ist: Geld, Strafe bezahlen müssen; so meckl. ‚in de Büsse blasen', eine Summe in die Büchse einzahlen, die für Strafgelder innerhalb einer Zunft bestimmt ist. Belegt bei Ayrer (138[a]):

so musz er uns ind püchsen blasen
und ihm ein federn ziehen lassen,
dann umbsonst arbeit wir nicht gern.

Vgl. ndl. ‚in die beurs (bus) blazen'. Zuletzt wird die Rda. gebraucht i.S.v. ‚bestechen', wohl unter dem Einfluß der älteren Wndg. *mit der goldenen (silbernen) Büchse schießen:* bestechen. ↗Beutel.

Aus einer Büchse geschmiert sein: von gleicher Art sein, aus dem medizin. Bereich der Salbenbüchse hergenommen; zum Beispiel obersächsisch ‚Die sin aus eener Bichse geschmiert', sie sind gleich und gleichartig zu behandeln, es ergeht dem einen wie dem anderen (Schelte für Weiber).

Er ist wie die Büchse Pandoras: allen Lastern ergeben. ‚Die Büchse der Pandora' nennen wir etw. Unheilbringendes. Hesiod erzählt (Werke und Tage, 94ff.), daß die Menschen ohne Drangsal lebten, bevor ihnen Zeus zur Strafe für den Raub des Feuers durch Prometheus die Pandora mit einem verschlossenen Gefäß sandte, das alle Übel enthielt. Als sie den Deckel öffnete, blieb nur die Hoffnung in der Büchse zurück; vgl. ndl. ‚Dat is de doos van Pandora'.

Lit.: *I. Trencsényi-Waldapfel:* The Pandora Myth, in: Acta Ethnographica 4 (1955), S. 99–126; *D.* u. *E. Panowsky:* Pandora's Box. The Changing Aspects of a Mythical Symbol (London 1956); *O. Lendle:* Die ‚Pandorasage' bei Hesiod (Würzburg 1957).

Buchstabe. *Sich auf seine vier Buchstaben setzen:* sich hinsetzen, umschreibend für ‚sich auf seinen Popo setzen', zuweilen mdal. auch derber; in Schlesw.-Holstein *drei Buchstaben* für ‚Ars'; in Nordostdtl. und Süddtl. *fünf Buchstaben* für ↗‚Arsch'. Schwäb. ‚ein paar Buchstaben fortschikken', einen kurzen Brief absenden; ‚der sieht die Buchstaben doppelt', er ist betrunken.

Sich zu sehr an den Buchstaben halten: sich starr an den Wortlaut halten; vgl. frz. ‚s'en tenir trop à la lettre'. *Jem. nach dem (toten) Buchstaben verurteilen:* sich nur an die Paragraphen halten, ohne selbständig zu denken. *Den Buchstaben des Gesetzes erfüllen:* etw. formal erledigen und dabei dem eigentl. Sinnn des Gesetzes nicht gerecht werden. Daraus ergibt sich auch die Wndg.: ‚ein buchstabentreuer Mensch sein': vorschriftsmäßig, aber etwas phantasielos arbeiten.

Buckel hat nhd. vielfach die Bdtg. von ‚Rücken' angenommen; mhd. aber war ‚buckel' zunächst die erhabene Rundung aus Metall auf der Mitte des Schildes. Die Übertr. des Schildbuckels auf die menschliche Gestalt (vermutlich über die Bdtg. ‚Höcker') seit dem 15. Jh. ist sicher zunächst als grober Spaß aufgefaßt worden: *Der Buckel juckt ihn:* er benimmt sich so, daß er bald Prügel erhalten wird. So bereits bei Luther; in Ludwig Uhlands ‚Volksliedern' (249,4) spricht der rauflustige Bauer:

tut dich der buckel jucken,
so lain dich her an mich!

Ähnl. schon bei Plautus in seinem Lustspiel ‚Miles gloriosus' (II,4) „dorsus totus prurit" = der ganze Rücken juckt.

Körperliche Mißbildung verleitet vor allem auch Kinder zu spöttischen Bemerkungen. Eine entspr. Anspielung findet sich im Märchen (KHM. 179):

Schau dich nicht um,
dein Buckel ist krumm.

Ähnl. erscheint der Buckel in dem Sprw. ‚Der Bucklige sieht nicht seinen eigenen Buckel'. Es handelt sich dabei um einen Hinweis auf die wenig erfreuliche Neigung des Menschen, nur auf die Fehler der anderen zu weisen, seine eigenen aber zu übersehen. Das kommt auch z. Ausdr. in dem Sprw.: ‚Wer selber eine Bürde trägt, braucht nicht über den Buckel anderer zu lachen'.

Jem. den Buckel blaufärben: ihn so stark prügeln, daß er blaue Flecken bekommt, lit. belegt in Schillers ‚Räubern' (II,3): „eine Todesfackel ... die ihnen den Bukkel braun und blau färben soll"; ähnl. ndd. ‚den Pückl smärn, den Pückl fläuen' (flöhen), durchklopfen. *Einen breiten Bukkel haben:* viel aushalten können, ähnl. wie ‚einen breiten ↗Rücken haben'; vgl. frz. ‚avoir bon dos'.

Einen krummen Buckel machen: vor einem Vorgesetzten demütig Verbeugungen machen, vgl. ‚katzbuckeln', sich unterwürfig benehmen.

Sich den Buckel frei halten: sich keine unnötige Last aufladen.

Den Buckel hinhalten (müssen): urspr. wohl wörtlich gemeint: die einem anderen geltenden Prügel mit seinem Rücken auffangen; dann übertragen, vor allem sold., wenn die ‚kleinen Leute' die Folgen dessen tragen müssen, was die Führenden entschieden haben.

Etw. auf seinen Buckel nehmen: die Verantwortung für etw. auf sich nehmen, wobei die übernommene Aufgabe als beschwerliche Last empfunden wird. Ähnl. in der Rda. *viele Jahre auf dem Buckel haben:* eine Last von Lebensjahren auf dem Rücken tragen (alte Leute gehen gebückt); z.B. *Achtzig auf dem Buckel haben:* achtzig Jahre alt sein. Vom Menschen auf das Auto übertr. auch *100000 auf dem Buckel haben:* 100000 km gefahren sein.

Steig mir den Buckel 'rauf! und *Rutsch mir den Buckel 'runter!* sind weitverbreitete Wndgn., mit denen man Ablehnung und Verachtung ausdrückt. Der Wiener sagt ‚Sie können mich Bucklkraxentragen', d.h. auf dem Rücken wie einen Rückenkorb tragen.

Sich den Buckel voll lachen: kräftig lachen. Beim Lachen krümmt und windet sich der Mensch u.U. so, daß er wie bucklig aussieht; vgl. frz. ‚se tordre de rire': sich vor Lachen winden; mdal. auch ‚sich die Hucke voll lachen'; vgl. ‚sich einen ↗Ast lachen' und ndl. ‚zich een bochel lachen'. Obersächs. ‚Dår hot sich keen Buckel gefolln', er ist nicht zu Schaden gekommen, ↗Hucke.

Lit.: *H. J. Uther:* Art. ‚Buckel, Buckliger', in: EM. II, Sp. 977–980.

bucklig. *Ein bucklig Männlein sein:* immer im Weg stehen, Vorhaben verhindern und Pläne vereiteln, Schabernack spielen und Schaden zufügen wie ein koboldartiges Wesen, das unberechenbar ist. So erscheint das bucklige Männlein im Kinderlied als angeblicher Urheber allen Mißgeschicks, das gern einem anderen, nicht der eigenen Ungeschicklichkeit zugeschrieben wird.

‚Das bucklige Männlein'

Erstmalig gedruckt erschien das Lied vom buckligen Männlein 1808 in ‚Des Knaben Wunderhorn':

Will ich in mein Gärtchen gehn,
will mein Zwiebeln gießen:
Steht ein bucklig Männlein da,
fängt gleich an zu niesen.

Dieses Kinderlied ist zu einem der populärsten der Wunderhorn-Sammlung überhaupt geworden und hat bis in die Ggwt. seinen Platz in Kinder- und Lesebüchern behauptet. Der Text erschien mit Illustrationen von Eduard Ille als Münchener Bilderbogen Nr. 69 (13. Aufl., etwa 1925). Er hat häufig lit. Niederschlag gefunden: Thomas Mann kommt in den ‚Buddenbrooks' darauf zu sprechen (VIII/3). Eine psychologische Deutung gibt Walter Benjamin (Über Literatur [Frankfurt/M. 1969], S. 178f.). Eine weitere lit. Bearbeitung ist Ernst Wiecherts Erzählung ‚Das Männlein'. Diese Texte beweisen, welche Bedeutung die Begegnung mit dem ‚Männlein' für die genannten Autoren als Kinder hatte. Aus diesem Grund ist dieses Lied auch immer wieder zu didaktischen Unterrichtszwecken herangezogen (auch mißbraucht und fehlgedeutet) worden.

Das DVA in Freiburg verfügt über etwa 40 Varianten, die über das dt. Sprachgebiet hinausweisen. Eine els. Variante lautet:

Wenn ich in mein Gärdel geh
Will die Zwibwele jädde,
Steht e buckli's Männel do,
Will mi alsfurt dredde (treten).

Der Angang krüppelhafter Menschen galt bereits im Altertum als unheilvoll. Hexen und andere dämonische Wesen stellte man sich gern bucklig vor. Deshalb ging man Buckligen aus dem Weg, weil man ihnen mehr Bosheit und Zauberkraft als den Gesunden zutraute.

Das bucklige Männlein erscheint wie eine Art Kobold. Es ist jedoch eher eine Figur der von Erwachsenen erfundenen Kindermythologie, eine kindertümliche Personifizierung der Tücke des Objekts, vergleichbar dem personifizierenden Sprichwort ,Ungeschickt läßt grüßen – morgen kommt er selber'. Daß das Lied mehr komisch als mythisch aufgefaßt wird, zeigen deutlich die mundartlichen Versionen in Strophen wie z.B.:

Wenn ig in das Stübeli go,
will go Süppli esse,
ist das bugglig Männli do,
und hät die halbi g'fresse (Schweiz).
Jetzt gang i in mei Wiesle naus,
will mei Wiesle heua,
Jetzt stoht des buckelig Mändle do,
will mer Sand drei streua (schwäb.).

Für die Herkunft der Wndg. ,bucklige Verwandtschaft' gibt es eine Reihe von Deutungen, die erst in der Verknüpfung miteinander schlüssig erscheinen. Die Rda. bezieht sich auf die nicht gern gesehenen Angehörigen aus Nebenlinien. Man schämt sich einer ärmeren Verwandtschaft, die sich ,krumm und bucklig gearbeitet' hat. Zu verweisen wäre aber auch auf das rotwelsche ,bockelig' = gierig. Bei der bockeligen/buckligen Verwandtschaft würde es sich dann um alle jene hungrigen und gierigen Verwandten handeln, die ungebeten zu allen Familienfesten erscheinen, um sich durchzufressen und die daher nicht gern gesehen werden. ↗Bock ↗Buckel ↗krumm.

Sich bucklig lachen ↗Ast.

Lit.: *E. Stemplinger:* Art. ,Buckliger', in: HdA. I, Sp. 1700; E. B. I, S. 20ff.; *I. M. Greverus:* Die Geschenke des kleinen Volkes, in: Fabula 1 (1958) S. 263–279; *H. Bessler:* Das bucklicht Männlein, 1966, MS DVA Kaps. Vld fol I; *L. Röhrich:* Sagenballade, in: Handb. d. Volksliedes I, 126f., *G. B. Fuchs:* Das bucklige Männlein, in: Bilderbogengeschichten, hg. v. J. Jung (München 1976), S. 83–87; Des Knaben Wunderhorn. Alte deutsche Lieder ges. v. *L. A. v. Arnim* u. *C. Brentano,* hg. v. H. Rölleke (Stuttgart 1979), Bd. 9, S. 509–512; *H.-J. Uther:* Art. ,Buckel, Buckliger', in: EM. II, Sp. 977–980; *ders.:* Art. ,Gaben des kleinen Volkes', in: EM. V, Sp. 637–642; *H. Walther:* ,Bucklige Verwandtschaft', in: Der Sprachdienst, 26 (1982), S. 180–181; *F. Hassenstein:* Die dt. Ballade. Grundlagen u. Beispiele (Hannover 1986), S. 115–121; *E. Lindig:* Hausgeister (= Artes Populares 14), Frankfurt/M.–Bern 1987).

Bude in der Bdtg. ,Zimmer, Wohnung' ist seit 1850 aus der Leipziger Studentensprache in die allg. Umgangssprache vorgedrungen und hat das ältere ,Kneipe' = Studentenwohnung abgelöst. Hieraus erklärt sich die Rda. *jem. auf die Bude rükken:* ihn aufsuchen, um ihm die Meinung zu sagen, in der Studentensprache mit dem Nebensinn: ihm die Forderung auf eine Mensur überbringen.

Jem. die Bude einlaufen: ihn immer wieder aufsuchen, ähnl. wie das ältere ,ihm die ↗Tür einlaufen'. Aus der Handwerkersprache stammt die Wndg.: *Buden abschaben:* nach Arbeit suchen. Stud. ist ebenfalls *die Bude auf den Kopf stellen:* Unordnung machen, ein ausgelassenes Fest feiern (↗Budenzauber).

Aus Berlin stammt die Wndg. *Leben in die Bude bringen:* für Unterhaltung und Stimmung sorgen, ironisch angewendet in einem Brief Th. Fontanes an seine Schwester am 30.8.1859: „Zum Glück wurde Emilie ein kleines bißchen ohnmächtig, was wieder eine vorübergehende Tätigkeit in die Bude brachte". Vgl. ndl. ,Leven in de brouwerij brengen'.

Von den Spielbuden der wandernden Schauspielertruppen des 18. und 19. Jh. stammt die Rda. *die Bude zumachen* mit der übertr. Bdtg. mit dem Geschäft am Ende sein, in Zahlungsschwierigkeiten sein, z.B. nordd. ,He heft de Bood tojemoakt', er hat Konkurs gemacht. Im Leipziger Juristendeutsch bedeutet die Rda.: die mdl. Verhandlung schließen. Vgl. frz. ,fermer la boutique'.

Es schneit (regnet) ihm in die Bude: sein Geschäft geht schlecht, z.B. obersächs. ,'s hunt mer in de Bud g(e)rääänt', ich bin in eine üble Lage gekommen.

Einem fällt die Bude auf den Kopf: er hält es im Zimmer nicht mehr aus, er kann das Alleinsein nicht ertragen. *Eine sturmfreie Bude haben:* ein Zimmer mit separatem Eingang, das vom Vermieter nicht überwacht werden kann, ↗Stube.

Budenzauber. Einen Budenzauber veranstalten: ein fröhliches Fest auf der ↗Bude eines Studenten feiern, wobei der Raum durch Dekoration, Umstellen von Möbeln und Umhängen von Bildern entspr. hergerichtet wird. Heute versteht man unter Budenzauber mehr den Schabernack, den sich vor allem die Bewohner von Jugendwohnheimen zu nächtlicher Stunde gegenseitig spielen.

Lit.: *Göhring,* Nr. 60, S. 40–42

bügeln. *Eine Sache ausbügeln (geradebügeln):* einen Schaden wiedergutmachen; das Bild ist hergenommen vom Ausbügeln eines unansehnlich gewordenen Kleidungsstückes. Die verbreitete Wndg. *Das kommt beim Bügeln* geht sehr wahrscheinlich auf das Sagsprichwort zurück: ‚Das kommt beim Bügeln, sagte der Schneider, da hatte er den Hosenlatz hinten angebracht'.
Gebügelt sein: höchst erstaunt sein; ↗platt.

‚Gebügelt sein'

Buhmann. *Jem. Buhmann sein, jem. zum Buhmann machen:* ihn zum Prügelknaben stempeln, den man ausbuhen kann. Der Begriff ‚Buhmann' stammt aus der Kindersprache u. dient als Bez. für denjenigen, der andere mit ‚Buh'-Rufen erschreckt u. zumeist in dunklen Räumen (Keller, finsterer Wald usw.) sein Unwesen treibt. In neuerer Zeit wurde das Buhrufen vor allem als Mißfallensbekundung bei Reden u. Theateraufführungen üblich.

Bühne. *Über die Bühne gehen:* stattfinden, ablaufen, z.B. eine Wahlveranstaltung geht über die Bühne.
Von der (politischen) Bühne abtreten: abdanken, sein Amt aufgeben – auch für einen Politiker gebraucht, der nicht mehr kandidiert. Ähnl. wie in der Wendg. ‚im Rampenlicht der Öffentlichkeit stehen' wird hier das politische Handeln mit dem Agieren eines Schauspielers auf der Theaterbühne verglichen, auf der der Politiker während seiner aktiven Tätigkeit gestanden hat und die er verläßt, um sich ins Privatleben zurückzuziehen.

Bulle. *Bullenhitze, bullenheiß* oder *bullig heiß* sind Wndgn., die das Bild des Bullen als Ausdr. der Steigerung verwenden (ähnl. wie Schwein, Hund), um das Unüberbietbare zu verdeutlichen. Ndd. Rda. *wie der Bulle pißt – mal so, mal so.* In einer anderen ndd. Rda. steht der Bulle für das Außerordentliche: ‚bei em kalvt ok de Bullen': er hat außergewöhnliches Glück. Eine zusätzliche Bdtg. hat das Wort ‚Bulle' in der Gaunersprache erhalten als Bezeichnung für den Kriminalbeamten bzw. den Polizeibeamten allgemein.

Bummel, bummeln. *Einen Bummel machen, bummeln gehen:* langsam flanieren, ziellos spazieren gehen, z.B. um Schaufenster anzusehen (Schaufensterbummel). Während mit dem Bummel in der Hauptsache die Muße, das Sich-Zeit-Nehmen verbunden ist, wird das Wort ‚Bummelfritze' oder ‚Bummelliese' für den langsamen u. trägen Menschen gebraucht. Auch der ‚Bummelant' ist ein Mensch, der aus Trägheit oder Gleichgültigkeit wichtige Dinge unerledigt läßt, sie einfach ‚verbummelt' oder zumindest verzögert.
Mit dem Bummelzug fahren heißt: einen Zug nehmen, der an allen kleinen Stationen hält u. daher nur äußerst langsam vorwärts kommt.
Bummelstreik meint ‚Dienst nach Vorschrift', ↗Dienst.

Lit.: *M. Andrjuchichina:* „Bummelfritze-Bummelliese", in: Sprachpflege 16 (1967), S. 33–36.

Bündel. *Sein Bündel schnüren (packen, nehmen):* abreisen, auf Wanderschaft gehen, auch verhüllend für: sich auf den Tod vorbereiten. Mit Bündel ist dabei urspr. das Paket mit den Habseligkeiten der Handwerksgesellen, bes. der Zimmerleute, gemeint. Ebenso frz. ,faire son ballot (paquet)'. Daher auch *Bündel kriegen:* ausgezankt werden.

,Sein Bündel schnüren'

Jem. Bündel und Gruß versagen: ihm den ordentlichen Abschied verweigern. War ein Geselle in Schulden geraten oder hatte er sich irgendwie vergangen, so wurden ihm bis zur Klärung der Schuldfrage der Abschiedsgruß und sein Bündel verweigert.
Sein Bündel zu tragen haben: seine Sorgen und Nöte haben, eigene Probleme besitzen.

Lit.: *Göhring*, Nr. 62, S. 42f.

bündig ↗kurz und bündig.

bunt. *Bunte Reihe machen:* abwechselnd eine Dame und einen Herrn am Tisch nebeneinandersetzen. Schon die höfische Gesellschaft kannte diese Abwechslung. Erst im 17. Jh. gebrauchte man dafür ,bunte Reihe'; z. B. in Chr. Reuters ,Schelmuffsky' (1696): „sie hatten nun selben Tag eine bunte Reihe gemacht".
Etw. zu bunt treiben: übertreiben, im Verhalten über das übliche Maß hinausgehen; ndl. ,het te bont maken'; *es geht bunt zu:* es geht ausgelassen zu; obersächs. ,Es geht bunt überecke', bunt durcheinander; *mir wird es zu bunt:* meine Geduld ist am Ende; *das ist mir zu bunt:* das verstehe ich nicht, das ist zu toll.
In diesen Redewndgn. drückt sich das Mißbehagen des Volkes vor allzu Vielfarbigem, Buntscheckigem aus. Bunt bezeichnet darin das ungeordnete, wirre Vielerlei. Deshalb haben auch die vergleichenden Rdaa. *bunt wie ein* ↗ *Pfau, wie ein* ↗ *Papagei, bunt wie ein Osterei, bekannt wie ein bunter Hund* (↗Hund) oft abschätzige Nebenbdtg. Vgl. frz. ,connu comme le loup blanc' (wie der weiße Wolf): allseits bekannt, jedoch ohne geringschätzige Bdtg.
Das Wort bunt, erst bei Luther verwendet, ist vom lat. ,punctus' abgeleitet und bedeutet urspr. im Spätmhd. ,schwarz gefleckt auf weißem Grunde', da es erstmalig vom Hermelinpelz gesagt wurde.
Einem wird es bunt vor den Augen: ihm verwirren sich die Sinne, er wird ohnmächtig, wobei rasch hintereinander abwechselnde Farbwahrnehmungen vorauszugehen pflegen. Für 1828 lit. belegt.

Lit.: *Raab:* Dt. Redewendungen, S. 33.

Bürge, Bürgschaft. *,Jem. Bürge sein', für jem. Bürgschaft leisten:* für jem. einstehen mit Leib, Leben u. Habe. Schon in der Bibel findet der Bürge häufig Erwähnung: „Ich verbürge mich für ihn ..." (1. Mos. 43,9); „Mein Sohn, hast du deinem Nächsten Bürgschaft geleistet, hast du einem Freund den Handschlag gegeben" (Spr. Sal. 6,1).
Lit. bei Homer (Odyssee 8,344–359). Es handelt sich um eine Erzählung, die auch auf spätere Autoren nachgewirkt hat. Sie berichtet von einem der Verschwörung gegen den König verdächtigen Mann, der nach seiner Verurteilung zum Tode um eine Frist bittet, damit er sein Vermögen für seine Familie sichern kann. Der König fordert, daß für den Abwesenden ein anderer mit seinem Leben einstehe, und so bietet sich ein Freund freiwillig als Geisel an. Da sich der Verurteilte verspätet, kann er jedoch nur in allerletzter Minute vor dem sicheren Tod bewahrt werden. Fr. v. Schiller schildert in seiner Ballade ,Die Bürgschaft' (1798) die Rückkehr des Freundes, der sich – eilig vorwärtshastend – schon von weitem bemerkbar macht mit den Worten:

Mich, Henker, ruft er, erwürget!
Da bin ich, für den er gebürget.

Der König ist von dieser Freundestreue so gerührt, daß er das Urteil aufhebt und die beiden bittet, ihn als dritten in den Bund der Freundschaft aufzunehmen.

Wie sich im Laufe der Geschichte jedoch gezeigt hat, ist der Schuldige bei Ablauf der Frist nicht immer selbst zur Stelle und läßt den Bürgen oftmals im Stich. Zahlreiche Bibelstellen, Zitate, Sprww. und Rdaa. weisen auf diesen Tatbestand und seine Folgen hin: „Der gute Mensch bürgt für den Nächsten; nur wer die Scham verloren hat, flieht vor seinem Bürgen" (Sir. 29, 14); „Steh für den Nächsten ein, so gut du kannst, doch sei auf der Hut, daß du nicht hereinfällst" (Sir. 29, 20). „Wer für einen Freund bürgt, ist übel dran; wer den Handschlag ablehnt, geht sicher" (Spr. Sal. 11, 15).
Urspr. war auch ein Darlehen stets mit einer Bürgschaft verbunden, doch nur Vermögenslose durften einen Bürgen stellen. Dem Besitzenden war es untersagt:

Swe eigenis alsô vile hat,
daz bezzer ist den sîn wergelt,
binnen deme gerichte, derne darf
nich einen burgen setzen, ab men
ene umgerichte beclaget.

(Sachsenspiegel-Landrecht II, 5, § 1).
Nach ma. Recht haftete der Bürge bei Nichterfüllung des Schuldners nach Ablauf der gesetzten Frist mit seinem eigenen Leben, d.h. er wurde durch den Strang hingerichtet. Daraus erklären sich Rdaa. und spöttische Wndgn. wie: ‚Bürgen soll man würgen', ein Sprw., das in vielen Zitaten wiederzufinden ist, u. a. bei Chr. Weise in ‚Die drei ärgsten Erznarren' ([2]1704), 421: „du narr, fühle doch zuerst an den hals ob du kützlich bist, denn es heiszt, bürgen soll man würgen"; desgl. bei Fr. v. Schiller:

Ich lasse den Freund dir als Bürgen,
ihn magst du, entrinn ich, erwürgen.

Auf die Tatsache, daß es nur arme Leute trifft, weisen die folgenden Zeilen:

dar umbe hât man bürge
daz man die armen würge (S. Brant).

Im Laufe der Jahrhunderte verlor diese Art der Bürgschaft jedoch an Bdtg., so daß nach heutigem Verständnis die Wndg. *für jem. bürgen* meist (ausgenommen Kreditbürgschaften, vgl. z.B. Bundesbürgschaften) nur noch rhetorischen Charakter hat u. gebraucht wird i.S.v.: sein Wort für jem. verbürgen, für die Rechtschaffenheit eines Menschen einstehen.

Lit.: *A. Hench:* „To bail out", in: American Speech, 32 (1957), S. 159–160. *E. Kaufmann:* Art. ‚Bürgschaft', in: HRG. I, Sp. 565–569; *E. Schoenfeld:* Art. ‚Bürgschaft', in: EM. II, Sp. 1041–1044.

Bürger. *Ein unbescholtener Bürger sein:* im Besitz der bürgerlichen Ehrenrechte sein, nichts auf dem ↗ Kerbholz haben.
Das Wort ‚Bürger' (ahd. purgari, mhd. burgaere) bedeutete urspr. Burgbewohner – im Gegensatz zum bäuerl. Landbewohner. Er besaß in der vorkommunalen Gesellschaftsordnung etwa dieselben Rechte und Pflichten wie der spätere Einwohner einer Stadt. Zu diesen Pflichten gehörte auch die Einhaltung der geltenden Gesetze und aller vertraglichen Vereinbarungen. Wer sie verletzte, verlor seine ‚bürgerlichen Ehrenrechte'. Die meisten abgeschlossenen Verträge enthielten die Formel, daß den Wortbrüchigen ein solches Schelten treffen sollte, d.h. durch einen Vertragsbruch wurde er zum ‚Gescholtenen', bzw. ‚Bescholtenen', und wer nicht mehr ‚unbescholten' war, verlor seinen guten Ruf. Gläubiger durften ihn vor aller Welt einen Bösewicht u. Schelm nennen.
Die Wndg. ‚unbescholtener Bürger' hat sich bis heute erhalten, wenngleich sie nur noch selten gebraucht wird.
In neuerer Zeit haben sich dafür andere Begriffe herausgebildet, z. B. zur Bez. des vorbildlichen Staatsbürgers die Wndgn. *ordentlicher Bürger, braver Bürger, wackerer, tapferer Bürger* u. als oberste Maxime der durch Fr. Schillers Gedicht ‚Die Glocke' bekannt gewordene Spruch: „Arbeit ist des Bürgers Zierde ...". Im Gegentrend zu diesen vaterländisch hochstilisierten Bürgertugenden und Bürgerpflichten – wie sie auch zum Ausdr. kommen in der geflügelten Wndg. ‚Ruhe ist die erste Bürgerpflicht' (↗ Ruhe), entwickelten sich spöttische Wndgn. und Begriffe mit gegensätzl. Bdtg. wie: *ein bequemer Bürger, ein behäbiger, ruhiger Bürger,* i.S.v. lahm u. obrigkeitshörig.
Der *Bürger in Uniform* ist der Soldat des demokratischen (Nachkriegs-) Deutschland, der auch in Uniform immer Staatsbürger mit allen Rechten und Pflichten bleibt (abgesehen von einigen unumgänglichen Einschränkungen aufgrund militär. Notwendigkeiten).

Der *Bürgerschreck* gibt sich in Kleidung und Haartracht bewußt ein vom Üblichen abweichendes Aussehen, um die ,angepaßten Bürger' zu provozieren und seine Eigenständigkeit sowie seinen Protest zu dokumentieren.

Etwa gleichzeitig entstanden als neue Rdaa. z.B. für Parteipolitiker die Wndg. *Bürgernähe demonstrieren* und für Basispolitiker *eine Bürgerinitiative ins Leben rufen,* bzw. *ein Bürgerbegehren starten,* Formeln, die sich aus der verstärkten Wahrnehmung demokratischer Grundrechte (Bürgerrechte) als Folge einer zunehmenden allg. Demokratisierung ergeben haben, ↗anhängen, ↗Bösewicht, ↗Schelm.

Lit.: *J. Grimm:* RA. II, S. 161 f., 316; *W. Danckert:* Unehrliche Leute (Bern–München 1963); *K. Kroeschell:* Art. ,Bürger', in: HRG. I, Sp. 543–553.

Bürgersteig. *Die Bürgersteige sind hochgeklappt:* alles ist wie ausgestorben, nichts läuft mehr, z.B. am Abend in einer Stadt. Die Bürgersteige werden angeblich nicht mehr benötigt, weil die Leute abends alle zu Hause sind. Die scherzhafte Rda. verweist auf das fehlende ,Nachtleben' in Klein- u. Provinzstädten, ja selbst in Großstädten, da die Einwohner meist in den Randgebieten leben u. das Zentrum der Geschäftswelt vorbehalten ist.

Lit.: *A. de Marneffe:* „Remonter le pavé", in: Folklore Brabançon 3 (1923/24), S. 205.

Buridan. *Dastehen wie Buridans Esel:* dastehen wie jem., dem die Wahl zwischen zwei Dingen schwerfällt, die gleichwertig sind, und der deshalb zu keinem Entschluß kommen kann; vgl. frz. ,rester là comme l'âne de Buridan'.

Die Rda. bezieht sich auf den frz. Philosophen Johannes Buridan (1300–58), der die Lehre des Aristoteles vermitteln und erklären wollte. Um zu erläutern, daß ein Mensch bei Wahlfreiheit zwischen zwei gleichen Situationen umkommen muß, soll Buridan in seinen Vorlesungen folgende Parabeln benutzt haben, die in seinen Schriften jedoch nicht verzeichnet sind:

„Ein Esel, der, von Hunger gequält, sich zwischen zwei Bündeln Heu von gleicher Entfernung, Größe und Beschaffenheit befände, würde verhungern müssen". Oder: „Ein Esel, der gleich hungrig und durstig wäre, würde, zwischen einen Haufen Hafer und ein Gefäß mit Wasser gestellt, unbeweglich stehen bleiben und vor

,Dastehen wie Buridans Esel'

Hunger und Durst sterben". Diese Beispiele sollten den Gegensatz des Determinismus zur Willensfreiheit verdeutlichen und beweisen, daß keine Handlung möglich ist, wenn nicht der Wille durch irgend etw. bestimmt wird.

Schopenhauer stellte fest (,Die beiden Grundprobleme der Ethik' [Leipzig 1860], S. 58), daß Buridan nicht der Erfinder dieser Fabel ist, wie Bayle in seinem ,Dictionnaire hist. et crit.' (1697) fälschlicherweise angab, sondern sie aus der antiken Tradition übernahm. Er hat sie nur vom Menschen auf den Esel übertragen. Schon Dante eröffnete den 4. Gesang seines ,Paradiso' in der ,Divina Commedia' mit den Worten:

Intra duo cibi, distanti e moventi
D'un modo, prima si morria di fame,
Che liber' uomo l'un recasse a' denti

(= Zwischen zwei gleich entfernten und gleich anlockenden Speisen würde ein willensfreier Mensch eher sterben, als daß er eine von ihnen an die Zähne brächte.)

Buridan entnahm das Beispiel wahrscheinl. aus der Schrift des Aristoteles ,Über den Himmel' (II, 13): „Ebenso was über einen heftig Hungernden und Dürstenden gesagt wird, wenn er gleich weit von Speise und Trank absteht, denn auch dieser muß in Ruhe verharren", da er ja gerade die Gedanken dieses Hauptvertreters des Determinismus zu erläutern suchte.

Manchmal wurde später Buridans Esel mit Bileams Esel (4. Mos. 22) verwechselt, so auch von Jean Paul, der zu der doppelten Freude seines ,Wuz' bemerkt: „So hielt er sich, wie der metaphysische Esel, den Kopf zwischen Heubündeln; aber er war kein Esel oder Scholastiker, sondern graste und rupfte an beiden Bündeln auf einmal. Wahrhaftig, die Menschen sollten niemals Esel sein, weder indifferentistische, noch hölzerne, noch bileamische".
↗Esel.

Lit.: *Büchmann.*

Bürstenbinder. *Trinken (saufen) wie ein Bürstenbinder.* Es ist zunächst unbegreiflich, wieso gerade das ehrsame Gewerbe der Bürstenbinder in den üblen Ruf des vielen Trinkens gekommen ist. Tatsächlich sind sie daran ganz unschuldig.

,Bürstenbinder'

Zur Deutung dieser verbreiteten und heute noch ganz lebendigen Rda. ist auszugehen von dem Verbum ,bürsten', das schon frühnhd. in übertr. Bdtg. für ,trinken', ,zechen' verwendet wird, wobei etwa an das Ausputzen der Kehle (oder des Glases) zu denken ist. Ludwig Uhland hat dieses Wort aus der älteren Sprache übernommen und in seinen Gedichten mehrfach als Reimwort verwendet, z.B. im ,Schenk von Limburg':

Nun macht die Jagd mich dürsten,
Drum tu mir das, Gesell,
Und gib mir eins zu bürsten
Aus diesem Wasserquell,

oder in seinem ,Metzelsuppenlied':

Es reimt sich trefflich: Wein und Schwein
Und paßt sich köstlich: Wurst und Durst,
Bei Würsten gilt's zu bürsten.

Im gleichen Sinne wird ,bürsten' noch heute in den obd. Mdaa. gebraucht. Mit den studentischen Gemeinschaften des MA., den ,Bursen', hat dieses Wort nichts zu tun.

Durch eine Wortspielerei wird im 16. Jh. einer, der das Bürsten gut versteht, ein ,Bürstenbinder' genannt, wobei das Gewerbe der Bürstenbinder ganz unverdienterweise in schlimmen Ruf geriet. Die Rda. taucht zuerst bei Joh. Fischart auf, der sich mit „züchten eynen unschuldigen Bürstenbinder" nennt; sein ,Grandgoschier' ruft in der berühmten ,Trunkenlitanei' aus: „Mir zu, ich bin ein Bürstenbinder. Was, hab ich eine tote Sau geschunden, daß mir keiner kein bringt?" (d. h. ich gehöre doch nicht zu dem unehrlichen Gewerbe der Abdecker, daß man mich meiden und sich deshalb hüten müßte, mir zuzutrinken) „Ich hab' ein Igel im Bauch, der muß geschwummen haben". Im ,Simplicissimus' Grimmelshausens findet sich: „fluchen wie ein anderer soldat und darneben saufen wie ein bürstenbinder". Auch in einem Fastnachtsspiel Ayrers kommt der Ausdr. vor.

Nach Abraham a Sancta Claras Zeugnis ist die Rda. zu seiner Zeit schon ganz geläufig; er schreibt in seiner Schrift ,Etwas für alle': „Das Sprichwort ist schon drey Meil hinder Babylon bekannt: Er saufft wie ein Bürsten-Binder" (647 f.). Ziemlich derb heißt es ebenfalls bei Abraham a Sancta Clara: „Wären Deutsche bei dieser Mahlzeit (nämlich bei der Hochzeit zu Kana) zugegen gewesen, so hätten sie wie die Bürstenbinder gesoffen, wie das die Gewohnheit dieses Volkes ist".

Im 19. Jh. wurde der Bürstenbinder zum wandernden Gewerbetreibenden, der seine Erzeugnisse im Umherziehen verkaufte. Dadurch kam dieses Gewerbe in den Geruch der Unehrlichkeit, und es schlossen sich weitere Rdaa. an die Bürsten- oder Besenbinder an: *laufen wie ein Bürstenbinder:* schnell gehen (freilich mußten sich die Bürstenbinder sputen, wollten sie bei ihrem armseligen Geschäft auf ihre Kosten kommen); *fressen wie ein Bürstenbinder,* weniger harmlos: *lügen wie ein Bürstenbinder,* z. B. in Zuckmayers ‚Schinderhannes' 1. Akt: „Lügt wie zwei Bürstebinder und e Gäulsjud dazu". Weitere, an sich sinnlose Rdaa. wurden in Analogie zu den älteren gebildet: „Ich fluche und schelte wie ein Bürstenbinder" (D. v. Liliencron, ‚Kriegsnovellen' [1895], S. 205); „Ja, du rauchst wie ein Bürstenbinder" (H. Reimann, ‚Komponist wider Willen' [1928], S. 75).

Lit.: *R. Sprenger:* „Saufen wie ein Bürstenbinder." In: Zs. des allg. dt. Sprachvereins 6 (1891), 69–70; *O. Lutsch:* „Trinken wie ein Bürstenbinder", in: Zs. f. Dtschkde. 37 (1923), S. 76f.; Dt. Wb. 2, Sp. 252; *Trübner* 1, S. 447; *L. Günther:* Wörter und Namen (Berlin 1926), S. 54f.

Busch *Auf den Busch klopfen:* etw. zu erkunden suchen, ist der Jäger- und Vogelstellersprache entlehnt: Durch Schlagen der Büsche und des Unterholzes wird das Wild aus seinem Versteck aufgescheucht.

‚Auf den Busch klopfen'

Schon in Strickers ‚Daniel von dem blühenden Tal' um 1220 heißt es (V. 3647 ff.) von Daniels Kampfesweise:

Alsam ein jegere
Ob eines hasen legere
Ûf den busch trischet,
und der hase hinwischet,
alsô sluoc er ûf den man
daz diu sêle kûme entran,

und in Joh. Fischarts ‚Geschichtklitterung' 1575 (S. 199): „schlug in den Pusch vnd fieng kein Vogel". Eine ähnl. Wndg. verzeichnet Tunnicius 1513 als Nr. 515 seiner ‚Sprichwörter': „Ein ander kloppet up den busch, mer du krichst den vogel". So noch heute obersächs. ‚Der eene kloppt ufn Busch, der andere hascht den Vogel', du hast die Mühe und ein anderer den Gewinn davon. Ähnl. frz. ‚Il a battu les buissons et un autre a pris les oisillons' (allerdings nicht mehr gebräuchl.) und engl. ‚One beats the bush and another catches the bird'. In Ludw. Uhlands Gedicht ‚Der weiße Hirsch' (1811) ist die Rda. ebenfalls verwendet:

Mir hat geträumt, ich klopf auf den Busch,
Da rauschte der Hirsch heraus, husch, husch.

Neuerdings begegnet die Rda. auch in der Form *bei jem. auf den Busch klopfen:* vorfühlen, sondieren.

Es ist etw. im Busche: im Verborgenen bereitet sich etw. vor; jem. hat die Ahnung, daß er einem Geheimnis auf der Spur ist.

Sich seitwärts in die Büsche schlagen: sich nach der Seite entfernen, ist einer Zeile des Gedichtes ‚Der Wilde' von Gottfried Seume (1801) entnommen.

Mit einer Sache hinter dem Busch halten (achter'n Busch hollen): sie geheim halten, eng verwandt mit ‚hinter dem Berge halten'. Obersächs. ‚Du siehst den Busch vor lauter Bäämen nicht' (↗ Wald).

Allen Büschen zu ferne sein: sich einer Sache nicht nähern können, sie nicht fassen. So Luther (2,476[b]); „das weisz ich aber wol, wie fast der geist alles alleine thut, were ich doch allen püsschen zu ferne gewest, wo mir nicht die sprachen geholfen und mich der schrift sicher und gewis gemacht hetten"; sowie (3,68[b]): „das mein armer rottengeist, wo er hinaus wil, allen püsschen zu ferne ist".

Ndd. bedeutet ‚ut'n Busch snacken', hinter dem Rücken eines anderen üble Nachrede führen.

Lit.: *H. Paul:* ‚Beiträge zum dt. Wb.', in: Zs. f. d. Wortf. 10, S. 101; Dt. Wb. II, S. 558; *L. Röhrich* u. *G. Meinel:* Rdaa. aus dem Bereich der Jagd u. der Vogelstellerei, S. 313–323.

Busen. Das Wort ‚Busen' wird nicht nur im wörtl. Sinne als Bez. für die Brust, insbes. die weibliche verwendet, sondern als poetischer Begriff; insbesondere in (heute als eher pathetisch empfundenen) literarischen Texten, zum Beispiel in Goethes ‚Veilchen':

Bis mich das Liebchen abgepflückt
Und an dem Busen matt gedrückt!

oder in der Arie des Tamino in Mozarts ‚Zauberflöte':

Ich möchte sie dann voll Entzücken
an meinen heißen Busen drücken ...

und – nochmals Goethe – (‚An den Mond'):

Selig, wer sich vor der Welt
Ohne Haß verschließt,
Einen Freund am Busen hält
Und mit ihm genießt.

Ein ‚Busenfreund' ist ein guter, intimer Freund.
Übertragen: *am Busen der Natur ruhen* ↗Natur. *Eine Schlange am Busen nähren* ↗Schlange.
‚Busen' steht in den Rdaa. gleichsam für das Innerste des Menschen: *es im Busen haben:* verschlagen sein; *einem etw. in den Busen schieben:* es ihm zur Last legen; *an seinen eigenen Busen greifen:* vor Beurteilung anderer auf seine eigenen Fehler achten, heute meist verdrängt durch die Wndg. ‚sich an die eigene ↗Nase fassen'. Ähnl. *die Hand in den Busen stecken,* vgl. ndl. ‚de Hand in zijn eigen boezen steken', bereits in Luthers Bibelübers. (2. Mos. 4,6). Eine ältere rdal. Wndg. ist *etw. in den Busen stecken:* verbergen, verstecken; vgl. frz. ‚mettre quelque chose en son sein' (heute nur noch in gehobener Sprache).
Hans Sachs verwendet den Ausdr. *einen in den Busen blasen* für: ihm im Straßenraub Geld abjagen, wobei Busen wohl für ‚Beutel' gebraucht wird. Mdal. ist Busen in sprw. Rdaa. heute selten belegt, z.B. meckl. ‚einen in'n Bussen faten', ihn tätlich angreifen, und ‚sick in'n Bussen krigen', eine Prügelei beginnen.
Manchmal wird heutzutage ‚Busen' in einen iron. Zusammenhang gebracht, wie z.B. in dem Spottvers:

Laß mich mal an deinem Busen schmusen ...
Da sprach sie unter Tränen: Ik hab ja keenen!
Denn alles, was sie hatte, das war aus Watte.

Als ‚Busengrapscher' werden Männer verspottet, die dauernd an Frauen ‚herumfummeln' und sie zu betasten suchen.

Buße, büßen. ‚Buße' – eigentl. ‚Besserung' – bedeutet urspr. die Abtragung einer Schuld durch materielle Ersatzleistung. So noch immer: ‚Bußgeld zahlen müssen' d.h. eine Strafe für eine Ordnungswidrigkeit, wie etwa falsches Parken.
‚Das sollst du mir büßen' ist eine oft gebrauchte Straf- und Vergeltungsdrohung.
In den älteren Sinnzusammenhang des Wortes gehört die in Baden weit verbreitete Rda. ‚de Gluschte biesse', d.h. seinen Willen erfüllt bekommen.
Die meisten Rdaa. beziehen sich jedoch auf ‚Buße' im christl. Sinne und auf die Kirchenbußen: ‚Buße tun'; ‚jem. eine Buße auferlegen'.
Alle seine Sünden abbüßen: frühere Fehler und Vergehen ausgleichen. Die Rda. wird gebraucht für eine unangenehme, schwere Arbeit, mit der man wie durch die Teilnahme an einer Wallfahrt Vergebung für vergangene Sünden zu erhalten hofft. Von den ma. Bußwallfahrten und den mit ihnen verbundenen Bräuchen stammen noch weitere Rdaa, wie *einen Bußgesang anstimmen; in Büßerrolle auftreten; das Büßerhemd anziehen:* Reue zeigen.
Der Bußgang Heinrichs IV. nach ↗Canossa wird von H. Heine so beschrieben:

Auf dem Schloßhof zu Canossa
Steht der deutsche Kaiser Heinrich
Barfuß und im Büßerhemde ...

Lit.: *C. Mengis:* Art. ‚Buße' in HdA. I, Sp. 1717–1726; RGG. I ([3]1957), Sp. 1534–1554 (mehrere Art. zu ‚Buße', ‚Bußwesen', ‚Bußpsalmen' etc.); *F. W. H. Wasserschleben:* Die Bußordnungen der abendländischen Kirche (Graz 1958); *D.-R. Moser:* Art. ‚Buße, Bußaufgaben', in: EM. II, Sp. 1057–1075.

Butter. *Dastehen* (oder *bestehen) wie Butter an der Sonne:* nicht standhalten, versagen, vor Scham vergehen. Die Rda. wird bes. auf einen angewandt, der mit seiner Klugheit ratlos dasteht oder mit seinem Prahlen und seinen Unschuldsbeteuerungen vergebens zu bestehen sucht. Sie findet sich schon öfters bei Luther: „das ich da stehen muste wie butter an der sonne", später auch in dem Lustspiel ‚Hans Pfriem' von Hayneccius, 1582 (V. 2029):

Da du mit deiner weisheit kunst
Wie butter an der Sonne bestunst

und in Kirchhoffs ‚Wendunmuth': „und bestund dieser, der ein procurator sein will, wie butter an der sonn". So noch bei Goethe (‚Götz von Berlichingen'): „Es macht warm in der Nähe, und wir stehen da wie Butter an der Sonne".

Butter auf dem Kopf haben: etw. angestellt haben und sich daher genieren; ein schlechtes Gewissen haben. Die Rda. hat sich als Kurzform aus dem Sprw. entwikkelt: ‚Wer Butter auf dem Kopf hat, soll nicht in die Sonne gehen' (Die Bauernfrauen brachten früher die Butter in einem Korb, den sie auf dem Kopf trugen, zu Markt). Vgl. noch das ndl. Sprw. ‚Wie boter op zijn hoofd heefd, moet niet in de zon lopen'.

Ihm fällt die Butter vom Brot: er wird enttäuscht, er verliert den Mut und beginnt die Sache für aussichtslos zu halten. Wem die Butter vom Brot auf den schmutzigen Boden fällt, der verliert das Beste von seinem Butterbrot, und es vergeht ihm die Lust, weiterzuessen. So sagt Goethe in seinen ‚Zahmen Xenien':

Heiliger, lieber Luther,
Du schabtest die Butter
Deinen Kollegen vom Brot,
Das verzeihe dir Gott!

Verwandt ist die Rda. *sich die Butter vom Brot nehmen lassen:* sich übervorteilen lassen. So z. B. bei Bismarck: „Das Kriegsministerium, an dessen Spitze ein Herr stand, der am allerwenigsten geeignet war, sich, wie man sagt, die Butter vom Brote nehmen zu lassen, der Feldmarschall Graf Roon". Vgl. ndl. ‚zich da kaas niet van het brood laten eten'. Ähnl. Bdtg. hat die Rda.: ‚Sich nicht unterbuttern lassen': nicht kleinkriegen lassen (↗klein).

Auch in anderen bildl. Wndgn. bedeutet Butter das Angenehme, Nützliche: *Das ist (wär') ein Stück Butter im Brei:* unvermutetes, unverhofftes Glück.

Butter bei den Fischen haben: gut leben, Geld haben (ndd. ‚Hat dai ok bueter bi de fische?', hat er auch Geld?). Die Buttertunke gehört zum Fischgericht hinzu. Wer sie ausläßt, läßt etw. Wesentliches aus; daher die Aufforderung *Butter bei die Fische!:* mach keine halben Sachen; an der Mosel bedeutet die gleiche Wndg.: Der Wein geht nur gegen Bezahlung aus dem Keller. Vgl. auch frz. ‚mettre du beurre dans les épinards' (wörtl.: Butter zum Spinat tun): seine finanzielle Lage bessern. Jüngere Rdaa. mit Butter sind: *jem. die Butter auf dem Brot nicht gönnen:* neidisch sein; *er verdient nicht die Butter auf dem Brot:* er ist faul und nichtsnutzig; *einem Butter aufs Brot streichen:* ihn umschmeicheln, ihn für sich zu gewinnen suchen; *das geht ab (weg) wie Butter:* es geht leicht und ebenso schnell, wie Butter in Notzeiten verkauft wird.

Es ist alles in (schönster) Butter: es ist alles in bester Ordnung, d. h., es ist alles mit guter Butter zubereitet, nicht mit billigerem Fett. Wahrscheinl. versteckt sich hinter der in Berlin aufgekommenen Redewndg. der Konkurrenzkampf zwischen Butter und Margarine, die erst nach 1875 fabrikmäßig in Dtl. hergestellt und vor allem nach dem 1. Weltkrieg im dt. Haushalt eingeführt wurde.

Aus der Fülle mdal. Redewndgn. seien erwähnt: els. ‚Dem will i sagn was de Butter giltet', ich will ihm gründlich die Meinung sagen; niederrhein. ‚Dat es Botter an den Galgn geschmert', das ist Hilfe für einen Unwürdigen; vgl. ndl. ‚Boterje tot de Galg toe'; obersächs. ‚Dir wird keene (braune) Butter drangetan', es werden keine besonderen Umstände mit dir gemacht: schlesw.-holst. ‚He kriggt Botter in die Brie', er bekommt ein gutes Essen; ostpreuß. ‚He ös so flau as ongesolten Botter', er ist fade und langweilig, von der Vorliebe der Ostpreußen für gesalzene Butter herstammend.

Er schneidet die Butter bis auf den Teller: er nimmt seinen Vorteil wahr (Eifel). Vgl. frz. ‚Il met la main à l'assiette au beurre' (wörtl.: Er legt die Hand an die Butterschüssel).

‚Hand von der Butter!' Die Entstehung dieser Zurechtweisung liegt noch gar nicht so lange zurück. Wenn die Bauern zum Markttag ihre Butter ausbreiteten, pflegten die Hausfrauen an den Ständen vorbeizugehen und allenthalben eine

Kostprobe zu ‚prockeln'. Die ihnen schmackhafteste kauften sie hernach. Als dann die ‚Hygiene' aufkam, brachten die Bauern einen kleinen Löffel zur Entnahme der Probe mit. Aber viele Ältere erinnern sich noch an den Zuruf: „Hand vonne Bottern!"

Es schneidet wie in Butter: es läßt sich sehr leicht schneiden; vgl. frz. ‚Cela rentre comme dans du beurre'.

Die Rda. *Er verspricht mehr Butter als Brot* heißt: er verspricht mehr, als er halten kann; vgl. frz. ‚promettre plus de beurre que de pain'.

Ist einem das Glück nicht günstig, sagt man *Es bleibt keine Butter auf seinem Brote liegen;* vgl. engl. ‚No butter will stick to my bread'.

Auch das Anschneiden der Butter ist mit sprw. Rdaa. verknüpft, z.B.:

Wer die Butter schneidet an,
kriegt sieben Jahre keinen Mann,

oder:

Wer anschneidet die Butter,
wird in sieben Jahren weder Vater noch Mutter.

Die Variationsmöglichkeiten sind sehr groß, je nachdem mit welchem Wort die erste Zeile endet. Schließt sie z.B. auf ‚an', bekommt die Frau einen buckligen, guten, alten, reichen oder möglicherweise auch gar keinen Mann:

Schneide nicht die Butter an,
sonst bekommst du keinen Mann.

Endet die erste Zeile auf ‚Butter', dann bezieht sich die Voraussage auf die böse, bucklige oder sonstwie geartete Schwiegermutter.

Butterfahrten machen: zollfrei einkaufen. Auf Schiffen, die die eigenen Hoheitsgewässer verlassen, dürfen unversteuerte Waren verkauft werden. Findige Schiffseigner organisieren daher Fahrten in den nächsten ausländischen Hafen (wo aber nur kurz angelegt wird), wodurch diese Bedingung erfüllt wird. Die Menschen fahren aber nur mit, um unterwegs urspr. Butter, heute meist Alkoholika und Tabakwaren einzukaufen.

Lit.: *Wander* I, Sp. 521–525; *F. Eckstein:* Art. ‚Butter', in: HdA. I, Sp. 1723–1763; *O. Hauschild:* „Butter auf dem Kopfe haben", in: Muttersprache 44 (1929), S. 14–15, 128–129; *H. Bittner:* „Butter auf dem Kopfe", in: Muttersprache 44 (1929), S. 300; *P.v. d. Wijngaert:* „'t is boter aan de galg", in: Mechelsche Bijdragen 1 (1934), S. 53–54; *A. A. Roback:* „Butterside up", in: American Speech 30 (1955), S. 307; *J. v. d. Vlyminck:* „Van een goed boterjaar", in: Gedenkschriften betreffende de Heerlijkheid Esschen-Calmpthout-Huybergen 13 (1956), S. 44; *N. E. Osselton:* „Butter for fish", in: English Studies 38 (1957), S. 266–267; *G. Grober-Glück:* Motive u. Motivationen in Redensarten u. Meinungen (Marburg 1974), I, S. 273–275.

Butterbrot. *Etw. für ein Butterbrot hingeben:* billig, für einen lächerlich geringen Preis, weit unter seinem Wert; ähnl. wie: ‚für einen Pappenstiel', ‚um ein Linsengericht', ‚für einen Apfel und ein Ei'. Ebenso: *sich ein Butterbrot verdienen:* nur eine Kleinigkeit erhalten; vgl. frz. ‚gagner à peine son beefteck' (wörtl.: sein Beefsteak nur mit Mühe verdienen) und *für ein Butterbrot arbeiten:* ohne entspr. Lohn.

Jem. etw. aufs Butterbrot schmieren (geben): ihm immer wieder den gleichen Vorwurf machen, z.B. berl. ‚uf de Butterstulle schmieren', unverblümt vorwerfen. Vgl. ndl. ‚iemand iets op zijn brodd geven (smeren)'. Sächs. ‚Butterbrote werfen' ist einer der zahlreichen Ausdr. für das im Kinderspiel beliebte Werfen flacher Steine über die Wasseroberfläche. In Schlesien sagt man dafür ‚eine Butterschnitte schmieren'.

Buxtehude. Der Name dieser Kleinstadt im niedersächs. Kreise Stade hat in Norddtl. eine ähnl. Bdtg. wie mittel- und oberdt. ‚Dummsdorf', ‚Dingskirchen', ‚Hintertupfingen' u.ä. Buxtehude, oft entstellt zu ‚Buxtehusen' oder ‚Büxenhusen', erscheint in den Rdaa. als ein irgendwo in blauer Ferne liegender Ort, in dem sich allerlei merkwürdige Dinge ereignen können. Die Brüder Grimm lassen z.B. ihr bekanntes Märchen vom Swinegel und dem Hasen „up de lüttje Heid bi Buxtehude" spielen, woraus der Leser schließen könnte, daß nicht nur der Wettlauf, sondern auch der Ort der Handlung erfunden sei.

Die Rda. *In Buxtehude, wo die Hunde mit dem Schwanz bellen* soll das Unglaubwürdige dieser Stadt noch unterstreichen. In Wirklichkeit ist hiermit gemeint: ‚wo die Glocken mit dem Tau geläutet werden'. Die Glocke einer der ältesten dt. Kirchen aus dem 13. Jhr. in Buxtehude wurde mit Tau und Klöppel geläutet. ‚Hunte' sind

Glocken, ‚bellen' heißt läuten (vgl. engl. ‚to ring the bell'); der ‚Schwanz' ist das ausgefranste Ende des Glockentaus. Auf die Frage ‚Wohin gehst du?' erhält man zur Antwort: ‚Nah Buxtehud', wo de Wust up'n Kohlstrunk wasst' (Wossidlo-Teuchert II, S. 164). Eine schroffe Abweisung drückt man so aus: ‚Gah he na Buxtehude, wo de Hunn mit 'n Mors bellt' (Mensing I, S. 616). Ebenfalls aus Schlesw.-Holst. ist belegt ‚Ik bin doch nit ut Buxtehude', mich kannst du nicht für dumm verkaufen.

‚In Buxtehude, wo die Hunde mit dem Schwanz bellen'

C

Canossa. *Nach Canossa gehen müssen* und *den Gang nach Canossa antreten:* sich demütig unterwerfen müssen, einen Bittgang antreten, um seine Reue zu zeigen, seinen Gehorsam zu versichern; vgl. frz. ‚aller à Canossa'. Die Rdaa. beziehen sich auf den Bußgang König Heinrichs IV. zu Papst Gregor VII., der ihn nach dieser Selbstdemütigung 1077 in Canossa vom Bann lösen mußte. Obwohl der König damit einen persönlichen und politischen Sieg über den Papst errang, indem er seine Handlungsfreiheit und Macht dadurch wiedererhielt, war in Dtl. die Ansicht weit verbreitet, daß diese Erniedrigung nicht nötig gewesen sei. Auch Bismarck war noch dieser Meinung, denn er prägte am 14. Mai 1872 vor dem Dt. Reichstag das Wort: „Nach Canossa gehen wir nicht!", als er über die Ablehnung des Kardinals Hohenlohe als dt. Botschafter bei Papst Pius IX. zu sprechen hatte.

Lit.: *Büchmann.*

Cerberus. So nennt man scherzhaft einen unfreundlichen Pförtner, Torhüter oder angriffslustigen Wachhund. Cerberus (lat.) oder Kerberos (griech.) war der Name des Ungeheuers, das als Wächter den Eingang zur Unterwelt bewachte. Nach antiker Überlieferung war es fünfköpfig. In späteren Quellen wurde es meist dargestellt mit drei Hundeköpfen,

‚Cerberus'

einem Drachenschweif u. einem von Schlangenköpfen bedeckten Rücken (Apollodorus 2, 5, 12), ↗Hund.

Lit.: *H. P. Schönbeck:* Art. ‚Cerberus', in: EM. II, Sp. 1191–1193. *M. Leach:* God had a Dog (New Brunswick [N.J.] 1961), bes. S. 135–170.

Chaisenträger. *Laufen wie ein Chaisenträger.* Chaise ist die frz. Bez. für den Tragstuhl, der auch in Dtl. lange die Dienste der Droschken und Fiaker ersetzt hat: ein hoher Kasten mit einem Sitz war rechts und links mit einer Stange versehen, woran er von zwei Trägern, einem davor und einem dahinter, getragen wurde. Um die Erschütterungen des Kastens möglichst auszugleichen, durften die beiden Chaisenträger nicht im Schritt gehen, sondern mußten gleichmäßig nacheinander auftreten. Da sie an tüchtiges Ausschreiten gewöhnt waren, sagt man noch heute in Sachsen von einem, der tüchtig läuft: ‚Er läuft wie ein Chaisenträger'.

Chamäleon. *Ein wahres Chamäleon sein:* ein unzuverlässiger Mensch sein, dessen Ansichten nach den Umständen wechseln und dessen Handlungen von den gegenwärtigen Verhältnissen und dem persönlichen Vorteil bestimmt werden; vgl. frz. ‚être un vrai caméléon'. Die rdal. Vergleiche *sich verändern wie ein Chamäleon* und *wie ein Chamäleon seine Farbe wechseln* weisen noch deutlicher auf das auffällige Verhalten dieser Eidechsenart hin, die auf Bäumen wohnt. Der Name des Tieres ist griech. Ursprungs und bedeutet wörtl. ‚Erdlöwe'. Er ist wahrscheinl. eine ironische Anspielung auf den furchtsamen Charakter des Tieres.

Die vornehmlich lit. tradierten, mdal. nicht nachweisbaren Rdaa. über das Chamäleon verdanken ihre Entstehung seiner auffälligsten Eigenschaft, daß insbes. bei Erregung die Färbung seiner Haut sich

‚Ein wahres Chamäleon'

ändert. In der Regel sieht es grünlich aus und ist dadurch allerdings dem Blattwerk ähnlich, das seine natürliche Lebenswelt ist. Die falsche Annahme, es könne seine Farbe willentlich seiner Umgebung angleichen, führte dazu, daß das Chamäleon allmählich zum moralisch negativ beladenen Sinnbild knechtischer Unterwürfigkeit der Schmeichler und Höflinge wurde und nun einen Menschen bez., der opportunistisch seine Ansichten und Grundsätze je nach den Umständen stets zu seinem Vorteil ändert, anpaßt, gleichsam ‚seine ↗ Farbe wechselt'. Galt das Chamäleon für Aristoteles (4. Jh. v. Chr.) wegen seines Farbwechsels noch weitgehend ‚wertneutral' lediglich als Symbol für die Unbeständigkeit und Wechselhaftigkeit des Schicksals, so sehen wir es bei Plutarch (1. Jh. n. Chr.) bereits moralisch abgewertet in der anthropomorphen Gestalt des Heuchlers und Schmeichlers im Gegensatz zu dem wahren Freund.

Im frühen Christentum wird Chamäleon immer mehr als verächtliche Bez. für Heuchelei in kirchlichen Glaubensangelegenheiten verwendet. Jakob von Edessa (gest. 708) sieht in dem Chamäleon sogar „den Typus der Verstellungskunst des Teufels, weil es jede Farbe annehmen kann, außer der weißen".

Aus der lat. Sprache ging es im MA. in die europ. Nationalsprachen über: die Rda. ist u. a. auch engl., frz., ital. und span. belegt und als ein Bild der Falschheit auch im arabischen Raum bekannt. Bei den Westtürken heißt das Chamäleon geradewegs „Betrugeidechse" (aschifutkeleri). In Anschluß an Erasmus von Rotterdam (‚chamaeleonte mutabilior') wurde es epigrammatisch gegen Schmeichler verwendet.

Bei Otho Vaenius (1556–1629) erscheint es dann in gewandelter Bdtg.: Amor trägt das Chamäleon auf der Hand, und es symbolisiert hier die Anpassungsbereitschaft der Liebenden.

Im 19. Jh. erhält das Chamäleon in Grandvilles ‚Staats- und Familienleben der Tiere' (1842) endgültig seine bis heute gebliebene moralisch abwertende Bdtg. des sich verstellenden Opportunisten: Grandvilles Chamäleon erklärt sich in der konstituierenden Sitzung des Tierparlaments ausdrücklich mit allen seinen Vorrednern einverstanden (vgl. Abb.).

Heute sind die Rdaa. in der Übertr. auf den Menschen verächtliche Bez. für jem., der seine Gesinnung (bes. in religiöser oder politischer Hinsicht) mehrmals verändert und sich gewissenlos anpaßt, wenn es ihm Nutzen verspricht. Auch in adjektivischer Form gebräuchl.: *ein chamäleonartiger Mensch,* ein unbeständiger Mensch; *jem. paßt sich chamäleonartig an, wechselt chamäleonartig seine Gesinnung.*

Lit.: *O. Keller:* Die antike Tierwelt, 2 Bde. (Leipzig 1909–13); *K. G. Just:* „Chamaeleonte mutabilior". Literarische Marginalien zu einem Reptil, in: Antaios 12 (1971), S. 381–400; *H.-J. Uther:* Art. ‚Chamäleon', in: EM. II, Sp. 1214–1216; Der farbige Brehm. Jubiläumsausgabe. Überarb. von Th. Jahn (Freiburg [16]1983), S. 368–369; *M. Bambeck:* Zur Geschichte vom die Farbe wechselnden ‚Chamäleon', in: Fabula 25 (1984), S. 66–75.

Charivari. *Charivari machen (schlagen):* einen ohrenbetäubenden Lärm vollführen, eine Katzenmusik verursachen und durch den oft damit verbundenen groben Unfug einen von der Gemeinschaft Verachteten dem allg. Spott preisgeben; vgl. frz. ‚faire du charivari'.

Maskierte und mit Lärminstrumenten ausgerüstete Burschen ziehen zum Charivari in der Dämmerung oder nachts vor ein bestimmtes Haus und beginnen dort auf das Zeichen ihres Anführers hin ein Höllenspektakel unter Schreien, Johlen und Pfeifen. Dieser Brauch ist bes. in West- und Süddtl., in Oesterr. und der Schweiz verbreitet, also in Gegenden, die an rom. Länder grenzen. Auch mdal. Wndgn. zeugen davon, z.B. heißt es im Rheinl. und in Westfalen ‚den Schalwaari schloon (klopen)' und ‚den Scharebari schlagen'.

‚Charivari machen'

Charivari ist die Bez. für einen altertümlichen und weitverbreiteten Akt der Volksjustiz, um die Acht, die Friedloslegung zu vollstrecken. Die Maskenumzüge verwenden beim Rügegericht noch ähnl. Formen in scherzhafter Weise, und auch manche Heischebräuche der Kinder, die mit Lärm und Unfug verbunden sind, beruhen demnach auf herkömmlichen Bräuchen und alten Rechtsformen.
Zum Charivari (Chalivali) gehörte urspr. das Dachabdecken (↗Dach) als erster Akt der Wüstung, wie Gervais Du Bus schon um 1324 im ‚Roman de Fauvel' (ed. v. A. Långfors [Paris 1914]) schildert. Auch Fenster und Türen wurden dabei zerbrochen, um dem Missetäter den Frieden zu entziehen und sein Haus der allg. Plünderung preiszugeben. Wie aus verschiedenen Stadtrechten in Süddtl. hervorgeht, war damit oft auch das Löschen des Herdfeuers, das Einschlagen des Backofens und das Zuschütten des Brunnens verbunden. Für säumige Zins-, Renten- und Pachtzahler war dieser Brauch auch in Engl., Frankr., Spanien, den Niederlanden, Sizilien und Rußland üblich und hat den Charakter der Ächterstrafe beibehalten. Ebenso gab es an vielen Orten die Pflugwüstung. Es wurden Fruchtbäume abgesägt, Hecken zerstört, das Vieh ausgetrieben und das Grasland oder ein Stück Straße oder Boden beim Haus umgepflügt, wobei der Geächtete oft selbst diesen Pflug ziehen mußte.
Auch Jagdgerichte gehörten zum Charivari. Sie sind als Nachbildung der Hetzjagd auf den Geächteten zu verstehen. Der Verfemte wurde als Tier verkleidet und unter fürchterlichem Jagdlärm durch das Dorf mit Peitschen und Hunden gehetzt, vor seinem Haus symbolisch getötet oder in einen Teich oder den Fluß geworfen. Die dabei benutzten Lärminstrumente lassen sich z.T. als alte Treibjagdgeräte wiedererkennen.
Das Wort ‚Charivari' selbst ist nicht selten als Hetz- oder Hohnruf bezeugt und wurde zu dem Lärm geschrien. Vielleicht geht es auf einen alten Jagdruf zurück. Anlässe zum Charivari waren: Totschlag und andere Verbrechen, Steuer- und Mietschulden und die Verweigerung einer Gabe an einen Heischenden. Die Volksjustiz richtete sich in späterer Zeit vor allem gegen die Vergehen und Verstöße gegen Sitte und Ordnung, die nicht vor das Gericht kamen. Dazu gehörten: ein das Ansehen der Gemeinschaft schädigendes Verhalten, Auflösung eines Verlöbnisses, Einheirat in ein anderes Dorf, sexuelle Vergehen, anstößige Hochzeiten wie die zwischen Alten und Jungen und Verwitweten, ehelicher Zank und Prügeleien und Ehebruch.
Die nächtliche Musik und der Lärm vor einem Haus konnte aber auch eine bes. Ehrung bedeuten, die bei Hochzeitsfeiern üblich war, z.B. brachte in Baden die Burschenschaft den Neuvermählten eine Stunde nach dem Zubettgehen ‚Scharewares'. Außerdem machte das ‚Charivari machen' den Teilnehmern so viel Spaß, daß es sich im Laufe der Zeit verselbständigte und immer mehr um seiner selbst willen veranstaltet wurde, ↗Brunnen, ↗Katze.

Lit.: *A. Perkmann:* Art ‚Katzenmusik', in: HdA. IV, Sp. 1125–1132; *K. Meuli:* Charivari, in: Festschrift f. Franz Dornseiff (Leipzig 1953), S. 231ff.; *H. Siuts:* Bann und Acht und ihre Grundlagen im Totenglauben (Berlin 1959); *G. Lutz:* Sitte, Recht und Brauch. Zur Eselshochzeit von Hütten in der Eifel, in: Zs. f. Vkde. 56 (1960), S.74ff.; *Th. Bühler:* Wüstung und

Fehde, in: Schweiz. Arch. f. Vkde. 66 (1970), S. 1–27; *K.-S. Kramer:* Art. ‚Charivari', in: HRG. I, Sp. 607; *C. Levi-Strauss:* Mythologica I. Das Rohe u. das Gekochte (Frankfurt/M. 1971), S. 369; *J. Le Goff* et *J.-C. Schmitt* (eds.): Le charivari (Paris 1981); *R. Johannsmeier:* Spielmann, Schalk u. Scharlatan (Reinbek 1984), S. 7, 26ff.; *A. Schneider:* Charivari: Ost-westl. Beziehungen untersucht anhand brauchtumsmäßiger Ausdrücke u. Sachverhalte, in: Musikethnologische Sammelbände VIII (Graz 1986), S. 121–161.

checken. *Etw. checken* (auch: *abchecken, nachchecken, durchchecken*): etw. gründlich überprüfen, genauestens kontrollieren. Der fachsprachl. u. umg. Ausdr. wurde im 20. Jh. aus neuengl. gleichbedeutend ‚check' entlehnt, das seinerseits auf altfrz. ‚eschaquier', ‚eschecquier': Schach spielen, im Schach bedrohen beruht. ‚To check' meint also eigentl.: in Schach halten, woraus sich die verschiedenen Bdtgn. des Angreifens u. Überprüfens entwickelt haben. Bes. bei der Luftfahrt u. anderer komplizierter Technik (Raketen, Computer) benutzt man eine ‚Checkliste' zur Überprüfung aller Instrumente u. Kontrollfunktionen vor dem Start.
‚Einchecken' (‚check in') ist die Abfertigung am Abflug-Schalter einer Luftfahrtgesellschaft auf dem Flughafen.
Auf den Menschen von der Technik übertr. bedeutet die Wndg. *sich einmal gehörig durchchecken lassen:* sich einer gründlichen ärztlichen Untersuchung unterziehen. *Etw. checken* meint aber auch: etw. begreifen; *etw. nicht (gleich) checken:* einen Sachverhalt nicht verstehen, etw. nicht kapieren.

Cherchez la femme: Macht die Frau ausfindig! Dieser Satz bedeutet soviel wie: gewiß steckt eine Frau dahinter! Er kommt in dieser Form zuerst in dem Drama ‚Les Mohicains de Paris' (1864), II, 13 des älteren A. Dumas (1802–70) vor, u. zwar als Schlagwort eines Pariser Polizeibeamten. Häufig wird es auch in der Variante ‚Où est la femme?' (wo steckt die Frau?) zitiert. Meist wird der Ausspruch von einem vielsagenden Augenzwinkern begleitet; er ist international verbreitet.

Chinesisch. *Chinesisch reden:* Unverständliches sagen. Beliebt sind vor allem Wortzusammensetzungen wie: Parteichinesisch, Wissenschaftschinesisch, Soziologen- oder Linguistenchinesisch etc., d.h. die Fachsprache wird nur von der betr. Berufsgruppe verstanden. ↗spanisch.

Lit.: *P. Tamony:* „A chinaman's chance." In: News Letter and Wasp (San Francisco) 83 (1939), S. 9; *ders.:* „Chinaman's chance." In: American Notes & Queries 1 (1962–1963), S. 119; *ders.:* „Chinaman's chance." In: Western Folklore 24 (1965), S. 202–205.

Chrisam ist das vom Bischof am Gründonnerstag geweihte Salböl (Olivenöl mit Balsam) der katholischen Kirche, das bei Taufe, Priester-, Bischofs-, Altar-, Glokkenweihe u.ä. verwendet wird; bei der Firmung ist die Salbung mit Chrisam das wesentliche Geschehen. Von einem, bei dem alle Mühe und Kosten umsonst sind, sagt man *An dem ist Chrisam und Taufe verloren;* vgl. lat. ‚Oleum et operam perdidit'. Belegt bei Geiler von Kaysersberg: „da ist chrisam und tauf an verloren, hilft kein predigen me, wan sie seind herter weder ein ambosz".
Die Rda. *Das hilft wie Chrisam zum Schuhputzen:* das hilft gar nicht, ist schon Joh. Fischart bekannt.

Lit.: *K. Beth:* Art. ‚Chrisam' in: HdA. II, Sp. 58–59; *Ph. Hofmeister:* Die heiligen Öle in der morgen- und abendländischen Kirche (Würzburg 1948); *L. Bruder:* Art. ‚Chrisma' in: RGG. I ([3]1957), Sp. 1680.

Christ. *Er ist ein toller (wunderlicher) Christ:* ein Sonderling, ein wunderlicher Mensch mit einem Stich ins Komische, ebenso wie die Rda. ‚Er ist ein sonderbarer, wunderlicher ↗Heiliger'.
Früher (z.B. Wander V, Sp. 534) leitete man diese Rda. fälschlich von Herzog Christian von Braunschweig und Lüneburg (1599–1626) her, einer Gestalt, die im Dreißigjähr. Krieg bei den Katholiken allg. als der ‚tolle Christian' bekannt war. Vielmehr hat in der Rda. ‚Christ' die verallgemeinernde Bdtg. ‚Mensch' angenommen, ähnl. wie im Ital. cristiano = Mensch und frz. ‚C'est un dur chrétien' (heute ungebräuchl.) = ein schwierig zu behandelnder Mensch, oder crétin = blödsinniger, dummer Mensch (aus lat. christianus). ‚Crétin' bedeutet heute nur noch ‚Trottel', ‚Spinner'. Meckl. ‚Dee is nich Christ noch Jud', er ist ein charakterloser Mensch.

Er ist ein kalter Christ sagt man in der Eifel von einem, der die Kirche selten besucht.

Christenfleisch riechen. „Ich rieche, rieche Christenfleisch" ist nur eine Variante der weit verbreiteten Formel ‚Ich rieche, rieche Menschenfleisch', wie diese dem heimkehrenden riesischen oder teuflischen Unhold in den Mund gelegt wird, dessen Frau (oder Großmutter) dem Helden der Erzählung Unterkunft gewährt hat oder ihn verborgen hält.

Lit.: *H. Naumann:* Art. ‚Christenfleisch riechen', in: HdA. II, Sp. 59; Art. ‚Menschenfleisch riechen' in: EM. (in Vorbereitung).

Christbaum. *Nicht alle auf dem Christbaum haben;* nicht ganz bei Verstand sein, schwachsinnig, verrückt, närrisch, nicht ganz richtig im Kopf sein. Das Licht ist das Sinnbild des klugen Verstandes; so spricht man auch von einem ‚Licht der Gelehrtenwelt' oder von einer ‚großen Leuchte der Wissenschaft'. Das Fehlen von Lichtern auf dem Weihnachtsbaum wird mit Geistesschwachheit gleichgesetzt. Die meisten solcher Redewndgn. entstehen durch Abwandlung der Grundrda. ‚nicht alle (Sinne) beisammen haben'. Entspr. dem Tabu, das über ernsthaften Krankheiten, insbes. aber über den Geisteskrankheiten liegt, werden die Worte Sinn, Verstand, Geist usw. durch Worte anderer Bereiche ersetzt (↗Tasse).

Der Christbaum brennt: feindliche Flieger greifen an. Die Wndg. entstand im 2. Weltkrieg. Alliierte Flieger warfen bei nächtlichen Angriffen an Fallschirmen hängende hell und lang brennende Leuchtkugel-Bündel ab, um das Bombenziel zu kennzeichnen. Diese Leuchtzeichen erweckten den Eindruck von am Himmel schwebenden überdimensionalen Lichterbäumen. Der mit beißendem Spott von der Bevölkerung geprägte Ausdr. verbindet iron. den Christbaum als Symbol des Weihnachtsfestes und der Nächstenliebe mit dem Vernichtungswerk eines Bombenangriffs.

Der ganze Christbaumschmuck: alle Orden und Ehrenzeichen (↗Lametta).

Den Christbaum schmücken: in der Vorweihnachtszeit den Wählern politisch-ökonomische Geschenke machen, um sich deren Gunst zu erhalten.

Christkind hat in den Mdaa. verschiedentlich eine Nebenbdtg. angenommen; obd. *Das ist ein rechtes Christkind:* es ist ein Feigling, jem. ist dumm und ungeschickt, zu nichts zu gebrauchen. Mit Christkind(chen) ist eigentlich Christus als neugeborenes Kind gemeint. Die Entwicklung der übertr. Bdtg. ist wohl durch die Vorstellung vom rührend hilflosen, unselbständigen Kind veranlaßt.

Vgl. schwäb. ‚Des ischt a reachts Chrischtkendle', er ist überempfindlich. Moselfränk. ‚Das ist ein Christkind', das ist einer, der einen starken Rausch hat und darin allerlei Ungehörigkeiten verübt.

Als (echtes) ‚Christkind' wird aber auch jem. bez. der am 25. Dezember Geburtstag hat. Nicht selten werden solche Menschen auch auf den Namen Christian, Christoph, Christine, Christel etc. getauft. ‚Christkind', bes. in der Diminutivform ‚Christkindle', ist im Schwäb. und Alem. ein Brauch: eine verkleidete weibl. Person, mitunter ein weiß gekleidetes Mädchen mit einem dichten Schleier, geht am Weihnachtsabend in die Häuser und bringt Geschenke. Davon leiten sich Wndgn. ab wie: ‚Sei doch kei Christkindle!', wenn sich jem. als schwach oder empfindlich zeigt; ‚e Stimm wie e Christkindle haben': eine zarte, schwache, hohe Stimme haben. (Bad. Wb. III, S. 289f.).

Christoph. Der Name des hl. Christoph ist noch allg. bekannt in der nordd. Rda.: *vom großen Christopher reden:* prahlen, ein dreistes und zuversichtliches Wesen zur Schau tragen. Bei Fritz Reuter heißt es: „wenn de Herr Ratsherr ... em frischen Maud inspraken hadd, denn satt hei hoch tau Pird und redte von den groten Christoffer". Verbreitet ist auch der Zusatz zu dieser ndd. Wndg. ‚He snackt von groten Christoffer un hett'n lütten noch nich sehn', er ist ein Prahlhans. Meckl. ‚Hei geiht ümher as'n groten Christopher' hat die gleiche Bdtg. Vgl. Lehm. 439 (Klein 7): „Wenn ein kleiner einem großen Christoff auff den achseln sitzt, so siehet er weiter als der groß".

Christophorus war an vielen Kirchen außen riesengroß angemalt, denn es kam darauf an, ihn zu sehen; außerdem ist er nach der Legende ja tatsächlich ein Riese.

Im späten MA. bestand der Glaube, daß derjenige an diesem Tage nicht (ungebeichtet) starb, der ihn erblickt hatte.
Er hat einen Christoffel, der ihn über Wasser trägt: er hat einen Gönner, der ihn fördert; spielt auf die Legende des Riesen Christophorus an, der den Heiland durch das Wasser getragen hat. Vgl. ndl. ,Hij heeft een Christoffel die hem draagt'.
Christoffeln: den Teufel beschwören, übertr. auch für das Bleigießen am Silvesterabend mit der Absicht, das Schicksal für das kommende Jahr zu erkunden. Es ist abzuleiten vom sog. ,Christoffelsgebet', einer Zauberformel, mit der der Teufel zum Erscheinen gezwungen werden konnte; wurde vor allem bei der Schatzgräberei verwendet. Im Christoffelsgebet ernennt der Jesusknabe den Christophorus, nachdem er ihn getauft hat, zu seinem Schatzmeister und gibt alle verborgenen Schätze der Erde in dessen Gewalt. (Bad. Wb. III, S. 291; HdA. II, Sp. 74f.)

Lit.: *H.-F. Rosenfeld:* Der hl. Christophorus, seine Verehrung und Legende (Leipzig 1937); *J. Szöverffy:* Der heilige Christopherus und sein Kult (Budapest 1943); *A. Löhr:* Der heilige Christophorus und die Wandlungen im christlichen Heiligenkult, in: Festschrift O. Casel (1951), S. 227–259; *M. Zender:* Art. ,Christophorus' in: EM. II, 1405–1411; *G. Benker:* Christophorus. Patron der Schiffer, Fuhrleute und Kraftfahrer. Legende, Verehrung, Symbol (München 1975).

Chuzpe. *Die Chuzpe haben:* die Frechheit haben. *Das ist Chuzpe:* das ist eine (bodenlose) Unverschämtheit. ,Chuzpe' ist ein jidd. Wort in der Bdtg. Frechheit u. geht auf hebr. ,chuzpá' zurück. Die Rdaa. werden vor allem von Journalisten gern gebraucht, wirken sie doch weniger emotional u. drastisch als die entsprechenden dt. Wndgn. Salcia Landmann erklärt iron. in ,Jüdische Witze' (Olten 1962) was Chuzpe ist: „Wenn einer Vater und Mutter erschlägt und dann im Schlußwort des Angeklagten im Mordprozeß mildernde Umstände erbittet, weil er elternloser Waise ist."

Cogito. *Cogito, ergo sum:* ,Indem ich denke, bin ich'. Das erste Prinzip der Philosophie des Descartes (1596–1650) ist zum wahrscheinl. berühmtesten philosophischen Zitat überhaupt geworden. Mit seinem ,Je pense, donc je suis' schuf Descartes die Voraussetzungen für die Wissenschaften der Moderne. ,Cogitare' (aus con-agere) steht bei Descartes für jede bewußte Tätigkeit und umfaßt nicht nur logisches Denken, sondern auch Fühlen, Urteilsvermögen, die Wahrnehmungen, Furcht und Hoffnung.
In einem bewußten Spiel mit der Sprache ist das Strukturmodell des Zitats immer wieder verfremdet worden und in den Bereich des Anonymen, Sprichwörtlichen und Redensartlichen abgesunken. Die Neigung zum Widerspruch gegen alles Viel-Zitierte verrät einfache Verkehrungen ins Gegenteil: ,Ich denke, also bin ich nicht'; ,Ich denke nichts, also bin ich'. Verstellung oder Umkehr der Worte führen zum Anti-Zitat: ,Ich bin, also denke ich'.
Anstelle des Verbums ,denken' läßt sich auch fast jedes beliebige andere Tätigkeitswort in die Zitatstruktur einfügen: ,Ich liebe (arbeite, sterbe, kämpfe, träume, bin krank), also bin ich'. Andere Erweiterungen oder Entstellungen sind: ,Ich werde gewesen sein, also bin ich'; ,Ich zweifle, also glaube ich'.
Bei Verfremdungen des Originaltextes wird die lat. Sprache oftmals bewußt korrumpiert. ,Cogito, ergo consum' – ,Cogito, ergo summa summarum' – ,Coito, ergo sum'. Auch Zitatparodien in einer dt.-lat. Mischsprache sind dabei entstanden: ,Cogito, ergo inkognito' – ,Coito, ergo bums' – ,Cogito, ergo summe ich, sagte die Biene ...'. Ähnl. schon: ,Ich summe, also bien ich'. ,Cogito, ergo leaso' wurde als Werbespruch einer Leasing-Firma benutzt.
Aus der Szene der Wandbeschmierer stammen die folgenden Graffiti: ,Ich sprühe, also bin ich' – ,Ich denke, also verschwind' ich'. Stets bleibt die einfache Struktur des Zitats erhalten, auch wenn der Text als ,zu tief gesunkenes Kulturgut' ins Skatologische oder Obszöne abgleitet: ,Ich scheiße, also bin ich' – ,Ich uriniere, also pisse ich' – ,Ich wichse, also spritz' ich'.
Z.T. entstehen aber auch witzige neue Sinngebungen. K. Harpprecht erläuterte die Bedeutung des Autos für die amerikanische Lebensphilosophie mit der reduzierten Devise ,Ich fahre, also bin ich'.

Schon 1958 war der Satz des Descartes als verbildlichter Computerwitz im Umlauf. In einer Karikatur stehen zwei Angestellte vor einem riesigen Computer und einer der beiden stellt ganz überrascht fest: „Ich werd' verrückt. Das Ding sagt: ‚Cogito, ergo sum'."

Lit.: *G.* u. *R. Bebermeyer:* Abgewandelte Formen – sprachl. Ausdruck unserer Zeit, in: Muttersprache 87 (1977), S. 1–42; *W. Mieder:* Sprw. im modernen Sprachgebrauch, in: Ergebnisse d. Sprw.-Forschung, hg. v. W. Mieder (Bern 1978), S. 213–238; *ders.:* „Ein Aphoristiker dreht oft das Sprw. im Munde herum", in: Sprachspiegel 37 (1981), S. 66–75; *ders.:* „Cogito, ergo sum". Zum Weiterleben eines berühmten Zitats, in: Der Sprachdienst 28 (1984), S. 161–167; *ders.:* „Cogito, ergo sum", in: Sprw., Rda., Zitat. Tradierte Formelsprache in der Moderne, v. W. Mieder (Bern 1985), S. 163–173; *U. Erckenbrecht:* Maximen und Moritzimen (Göttingen 1991), S. 71 f.

Computerwitwe. *Eine Computerwitwe sein:* eine Frau sein, die von ihrem Ehemann so gut wie verlassen worden ist, weil dieser lieber rund um die Uhr an seinem ‚Lisa', ‚Molly' oder ‚Susi' getauften Rechner ‚herumfummelt'. (Vgl. ‚Spiegel', vom 16. März 1987, S. 112.)

Contenance. In den Rdaa. *die Contenance verlieren:* außer Fassung geraten; vgl. frz. ‚perdre contenance'; *sich nicht aus der Contenance bringen lassen:* sich nicht aus der Ruhe bringen lassen, wird ‚Contenance' in der Bdtg. von ‚Fassung', ‚Haltung' gebraucht; dieses Wort ist wohl in spätgalanter Zeit aus dem Frz. ins Dt. übernommen worden und ist in mdt. Rdaa. heute noch gebräuchl.; vgl. obersächs. ‚Er kriegte die Kontenangse wieder', er faßte sich.

Cour. *Jem. die Cour machen* (auch *schneiden*): ihm den ↗ Hof machen, ihm schmeicheln, bes. Frauen gegenüber gebraucht. Gebildet in Anlehnung an frz. ‚faire la cour', seit dem 18. Jh. im Dt. sehr geläufig.

Courage bedeutet Mut. Es ist ein dt. Lehnwort aus dem Frz. und wird in Rdaa. oft scherzhaft verwendet; obersächs. ‚Mut ho' ich schu, 's fählt mehr när an der Korasch', ähnl. ‚Gurasch hat er, awer er traut nit', er ist so voll Courage, daß er sich vor sich selber fürchtet.

Einem die Courage abkaufen: ihm den Mut nehmen. Nordd. ‚sich Courage holen', sich betrinken, vgl. die Rda. ‚sich ↗ Mut antrinken'. *Er hat seine Courage immer bei sich:* er ist immer geistesgegenwärtig.

D

Dach. Im MA. war das Abdecken des Daches eine strafrechtliche Maßnahme gegen Friedlose. Den Verbrecher durfte kein Dach mehr schützen, bevor er sich dem Richter gestellt hatte. Nach Ablauf der Frist für die freiwillige Herausgabe eines Verbrechers zogen die Gerichtsdiener aus, stiegen dem Hausbesitzer, der ihn trotz Androhung einer Strafe beherbergt hatte, aufs Dach, deckten es ab und ließen den Himmel ins Haus hinein, denn ‚vogelfrei' sollte der Verbrecher von nun an sein. Das gab der Obrigkeit das Recht, ihn im Haus zu verhaften, da ihn nun kein Dach mehr schützte.

Aus diesem Bereich stammen verschiedene Sprichwörter und Redensarten wie: *jemandem das Dach abdecken, kein Dach mehr über dem Kopf haben:* heimatlos, schutzlos, ungeborgen sein. *Einem aufs Dach steigen (kommen):* ihn schelten oder strafen.

‚Einem das Dach abdecken'

Aus der Hauszerstörung als strafrechtlicher Maßnahme gegen Friedlose und Geächtete hat sich das Dachabdecken als selbständige Strafe (Ehrenstrafe, Hänselbrauch) entwickelt. Die volkstüml. Gerichtsbarkeit wandte diese Strafe bei sittenwidrigem Verhalten in der Ehe an, bes. dann, wenn sich ein Mann von seiner Frau schlagen ließ.

Auch andere Vergehen wurden mit dieser Art der ‚Partialwüstung' bestraft; z. B. autorisiert die Coutume von Paris 1317 den Herrn, das Haus des Schuldners abzudekken, wenn ihm bestimmte Abgaben nicht entrichtet worden sind. 1269 wird zur Beschleunigung der Papstwahl das Haus in Viterbo, in dem das Konklave stattfand, seines Daches beraubt.

Als unter dem Druck der Landesherrschaft die volkstüml. Gerichtsbarkeit mehr und mehr zurückgedrängt wurde, sank diese ‚Volksjustiz' zur Tätigkeit von ‚Winkelgerichten' ab. Aber noch im Jahre 1768/69 wurde eine ähnl. Maßnahme im Fürstentum Fulda „durch sämtliche in fürstl. Livrei stehende Bedienten", also wohl mit Duldung der Obrigkeit, durchgeführt. In Blankenburg in Thüringen war es das Stadtgericht selbst, das den geschlagenen Mann bestrafte: Er muß „die beiden Stadtknechte mit wullen Gewand kleiden oder da er's nicht vermag, mit Gefängnis oder sonsten willkürlich gestrafft, und ihme hierüber das Dach auf seinem Hauße abgehoben werden" (Walch: Vermischte Beyträge zu dem dt. Recht V, [Jena 1775], 88).

Der Rechtsbrauch des Dachabdeckens ist in Rheinhessen bis ins 17. Jh. geübt und erst um 1670 von den Landesherrn unterdrückt worden. Er wurde von einer Fastnachtsgesellschaft, dem Bubenheimer Geckengericht, ausgeübt, über das wir verschiedene Darstellungen besitzen. Die älteste stammt von einem bekannten Gießener Professor, dem Historiker und Juristen Immanuel Weber (1659–1726): „Dieses Geckengericht war nach vormahligen gebrauch eine Versammlung vieler Gekken, bestehend aus ihrem General, Amtleüten, Gerichtschreibern und Zusammenlauff des losen Gesindels, welche zu Fastnachts Zeiten sich auf einen gewißen tag an dem ort, so ihnen von ihrem general angewiessen worden, versamleten, und dasjenige, was ihnen befohlen worden, ausrichteten ... Nichts aber ist so scharff gestraffet worden, als wann ein Mann sich von seiner Frau schlagen laßen; welches folgender gestalten zugieng. Es erschien der General mit andern freywilligen zu Pferd, die Gecken aber öffters bey 2–300 aus den benachbarten Dörfern, mit papiernen Krägen, höltzernen Degen, Sägen, Axt, und beulen, vermummten gesichter und andern narrischen Aufzügen, ... es wurde ihnen alsdann vorgehalten, wie dieser oder jener von seiner Frau sey geschlagen worden. Der Geckensfiscal klagte den Mann ordentlich an, und damit ihm nicht zuviel geschehe, wurden die Zeugen ordentlich verhöret, und da alles richtig gefunden, schritten sie doch nicht gleich zur Exekution, sondern zogen ordentlich zum 1. und 2. mahl vor das Dorf, worin der von seinem weibe geschlagne mann wohnte, und kundigten ihm an, er solle sich mit ihnen abfinden, und ihnen zum abstand herausgeben, that er es nicht, so geschahe im dritten aufzug die Execution sodass sie ins Dorf einzogen an des Mannes hauß die Först einzuhauen; da sie dann die 3. oberste latten und die Ziegel herunter warfen, und solches in ihr protokoll einschrieben ... Von allem diesem unheil sich zu retten, hatte der Mann kein Mittel, als die gemelte vier ohm wein; nur allein die Frau konnte das hauß und den wein salvieren, wan sie nehmlich sich gantz nackend ausgezogen und so nakkend auf den Gipfel des Hauses gestiegen, ein glaß wein ausgetrunken, und zwischen die beine hinab geworfen, wie man dan einige Exempel solcher heroischen Weiber aufweisen kan. Dieses Gericht, deßen Anfang unbekant, hat gedauret bis in die Regierung Churfürst Caroli Ludovici ohngefehr umbs Jahr 1667 oder 68, da die Gecken einen Churpfältzischen Fauth und Zölner die Förste einhauen wollen, weil er sich von seinem Weibe schlagen lassen".

Eine zweite Nachricht über das Bubenheimer Geckengericht finden wir im ‚Journal von und für Deutschland' von 1787: „Es ist ein alter Gebrauch hierumb in der Nachbahrschaft, falß etwa eine Frauw ihren Mann schlagen sollte, alle des Flekkens oder Dorffs, worin das Factum geschehen, angrentzende gemärker sichs annehmen, doch würdt die sach uff den letzten Fastnachtstag oder Eschermittwoch als ein recht Faßnachtspiehl verspa-

‚Einem aufs Dach steigen'

ret, da dann alle Gemärker ... dan also baldt sich alle sambt vor des geschlagenen mans Hauß versamlen, das Haus umbringen, undt fallß der Mann sich mit ihnen nicht vergleichet undt abfindet, schlagen sie Leitern ahn, steigen auf das Dach, hauwen ihme die Fürst ein undt reißen das Dach biß uff die vierte Latt von oben ahn ab, vergleicht er sich aber, so ziehen sie wieder ohne Verletzung des Haußes ab, falß aber der Beweiss nicht kann geführet werden, müssen sie ohnverrichteter sach wieder abziehen".

Aus Süddtl. und der Schweiz ist das Dachabdecken namentlich in den Rechten der Zähringerstädte bezeugt. Während das Stadtrecht von Freiburg i. Br. von 1120 gegen den flüchtigen Totschläger die Hauswüstung vorsieht, kennen seine Tochterrechte außer Bern für diesen Fall nur noch das Dachabdecken. In Kinderliedern des Heischebrauchs leben diese Rechtsbräuche noch als Reliktformen fort. So zogen z. B. in Läufelfingen zur Fastnachtszeit die Knaben maskiert herum und forderten im Heischelied die Gabe mit der Drohung:

Wenn der is aber nüt weit geh,
So weimerech Küh und Kalber neh,
Mer weinech s'Hus abdecke,
Mer weinech uferwecke!

Die Drohung mit nächtlicher Dachabdekkung erscheint auf den ersten Blick kindlich phantasievolle Übertreibung. Aber es liegt hier der Niederschlag eines alten und ernsthaften Gewaltbrauches vor. Was die Knaben noch um 1850 in Läufelfingen scherzweise sangen, ereignete sich mehr als 300 Jahre früher wirklich im gleichen Baselbiet, nämlich in Liestal, wo in den Jahren kurz vor 1500 einem Schultheiß des Städtleins das Dach abgedeckt wurde.

Gleiche Herkunft verraten auch die Rdaa. *einem auf dem Dache sein (sitzen):* ihn bedrängen, ihn scharf beaufsichtigen; *einem zu Dache wollen:* ihm etw. anhaben wollen; *jem. recht zu Dache gehen:* einen Streit mit ihm anfangen; *einem ins Dach reiten:* ihm Vorwürfe machen. *Jem. den roten Hahn aufs Dach setzen:* sein Haus in Brand stecken (↗Hahn).

Auf einem strohernen Dache fahren: hoffärtig, eitel und ehrgeizig sein, schon bei Seb. Brant im ‚Narrenschiff' (92) bezeugt. Die Bdtg. Dach = Kopf ist bereits mhd. (vgl. das ‚Passional' 314,84: „diu hant da mite si sluoc ûf sîn dach"); noch heute gebraucht man *jem. eine aufs Dach geben:* ihm eine auf den Kopf schlagen; *eins aufs Dach* bzw. auf den (Dach-)Schädel *kriegen:* gerügt werden, einen Schlag auf den Kopf bekommen; *auf das Dach halten:* beim Schießen nach dem Kopfe zielen; im Siebenb.-Sächs. bedeutet ‚af det Doach klôpen' eine Anspielung machen, vgl. ‚auf den Busch klopfen'.

Etw. im Dach haben: angetrunken sein; *einen Dachschaden haben:* nicht ganz bei Verstand sein, vgl. die bair. Wndg. ‚dem fehlt's im Dachstuhl', es fehlt ihm an Verstand; auch: ‚bei dem ist ein Dachziegel locker' (↗Schraube).

Els. ‚auf dem Dache sitzen', ärgerlich sein; ähnl. meckl. ‚Dor ist glik Füer unner't Dak', er gerät leicht in Zorn (↗Oberstübchen). *Etw. unter Dach bringen:* ein Werk (z. B. einen Neubau) im Rohbau fertigstellen, wobei ein Rest von feinerer Arbeit noch zu tun bleibt; häufiger in der Form: *etw. unter Dach und Fach bringen:* es in Sicherheit bringen, wobei urspr. an die Erntebergung gedacht ist; im ndd. Bauernhaus wird der Zwischenraum zwischen zwei Ständerpaaren der Hauskonstruktion als ‚Fach' bez. *Ein Dach über dem Kopfe haben:* geborgen sein; vgl. frz. ‚avoir un toit au-dessus de la tête', ↗Kopf.

Mit jem. unter einem Dache wohnen: im gleichen Haus leben.

Etw. auf den Dächern predigen: es laut und offen verkünden, eine Rda. bibl. Herkunft (vgl. Matth. 10,27 oder Luk. 12,3), die in gleicher Weise auch in anderen europ. Sprachen gebräuchl. ist; vgl. frz. ‚crier quelque chose sur tous les toits' (wörtlich: etw. über alle Dächer hinausschreien).

Die Spatzen pfeifen es von allen Dächern: es ist allg. bekannt.

Unterm Dach juchhe!: unter dem Dach, in einer Mansarde. Die Rda., die aus dem lustigen Lied ‚Unterm Dach juchhe, da hat der Sperling seine Jungen' herrührt, vergleicht die Ersteigung einer Dachwohnung mit dem Erklimmen eines Berggipfels, von dem der Bergsteiger sich den unten Stehenden mit einem Jauchzer bemerkbar macht; ↗Charivari, ↗Dachdekker, ↗vogelfrei.

Lit.: *J. Grimm:* Dt. Rechtsaltertümer Bd. II (Leipzig [4]1899), S. 319ff.; *J. R. Dieterich:* Eselritt und Dachabdecken, in: Hess. Bl. f. Vkde. I (1902), S. 87–112; *H. Schneider:* Dachabdecken, in: Hess. Bl. f. Vkde. 13 (1914), S. 121–123; *P. Sartori:* Das Dach im Volksglauben, in: Zs. f. Vkde. 25 (1915), S. 228ff. *L. Fonck:* Das Abdecken des Daches, in: Biblica 6 (1925), S. 450–454; *H. Jahnow:* Das Abdecken des Daches, in: Zs. f. neutest. Wiss. u. d. Kunde des Urchristentums, 24 (1925), S. 155–158; *L. Weisser:* Art. ,Dach', in: HdA. II, Sp. 115–124; *K. Meuli:* Hauswüstung in Irland 1848, in: Schweiz. Vkde. (Korr. Bl.) 41 (1951), S. 15–18; *ders.:* Charivari, Festschrift F. Dornseiff (1953), S. 253f.; *N. Zahn:* Die Wüstung im ma. Recht unter bes. Berücksichtigung von Italien und Flandern (Diss. Basel 1956), bes. S. 77ff.; *E. Fischer:* Die Hauszerstörung als strafrechtliche Maßnahme im dt. MA. (Stuttgart 1957), S. 167f.; *L. Carlen:* Dachabdecken im Gours 1746, in: Schweiz. Vkde. 49 (1959), S. 72–74; *Th. Bühler:* Wüstung und Fehde, in: Schweiz. Arch. f. Vkde. 66 (1970), S. 1–27; *K. Ranke:* Art. ,Dach', in: EM. II, Sp. 203–209; *H.-G. Griep:* Das Dach in Volkskunst u. Volksbrauch (Köln 1983), bes. S. 69–74 (,Das Dach in Sprww. u. Rdaa.').

Dachdecker. *Das kannst du halten wie der Dachdecker* oder, ,wie der auf dem Dach'; d.h. nach Belieben. Scherzhaft wird oft hinzugefügt: ,Der (Dachdecker) hat sich nicht gehalten und darum ist er heruntergefallen.' Die Tätigkeit des Dachdeckers ist auch sinnbildlich gedeutet worden: ,Got decket, deck auch du, des Nächsten Fehler zu'.

Lit.: *H. G. Griep:* Das Dach in Volkskunst und Volksbrauch (Köln 1983).

Dachs. Der Dachs ist wegen mehrer Eigenschaften sprw. geworden, namentlich: *schlafen wie ein Dachs:* fest schlafen (vom langen Winterschlaf des Dachses); ebenso: *faul wie ein Dachs; schlau wie ein Dachs,* schon im Mhd. z.B. in Strickers ,Pfaffe Amis' (V. 1264): „kündic als ein dahs". *Sich wehren wie ein Dachs:* starken Widerstand leisten, wie es der in seinem Bau angegriffene Dachs gegen die Jagdhunde tut; dann auch: *essen, arbeiten wie ein Dachs; immer zu Hause sein wie ein Dächschen; von seinem eigenen Schmalz* (oder *Fett*) *leben wie ein Dachs;* z.B. in Schlesw.-Holst. ,He tehrt von sien egen Fett as de Dachs', er lebt von seinem Vermögen. Während seines Winterschlafes nimmt der Dachs keine Nahrung zu sich, sondern zehrt von seinem eigenen Fett. Außerdem haben sich aus der Art u. den Gewohnheiten des jungen Dachses besondere Vergleiche entwickelt. So hat die vorwitzige Art des jungen Dachses, der sich ohne Angst aus seinem Bau herauswagt u. sich unbekümmert im Terrain bewegt, zu einigen einprägsamen Wndgn. geführt. Von einem Berufsanfänger wird z.B. gerne gesagt, er sei *ein noch ganz junger Dachs.* Das gilt auch allg. für jeden ,flügge gewordenen' jungen Burschen. Wenn er lebhaft u. nicht schüchtern ist, wird ihm bescheinigt, er sei *frech wie ein Dachs,* wagt er sich aber zu weit vor, so gilt er als *frecher Dachs* oder gar als ein ausgemachter ,Frechdachs', ↗frech.

Lit.: *R. Riegler:* Art. ,Dachs', in: HdA. II, Sp. 129–134; *C. Gesner:* Thier-Buch (Franckfurt am Mayn 1669, Nachdr. Hannover 1980), S. 66; *V. B. Dröscher:* Mich laust der Affe (Düsseldorf 1981), S. 32ff.

Dachziegel. Die Rdaa. *Verschuldet sein bis unter die Dachziegel* u. *Ihm gehört kein Ziegel (Stein) mehr auf dem Dach* sind Relikte einer aus dem MA. stammenden Hyoptheken- u. Pfändungspraxis, die sich teilweise bis ins 19. Jh. erhalten hat.
Ähnl. wie man in alter Zeit Schulden auf einem ,Kerbholz' vermerkte, nahm in einigen Gegenden Dtls. der Hypothekengläubiger einen Dachziegel als Pfandobjekt mit. Es handelte sich um einen normalen Ziegelstein, der vom Dach des belasteten Hauses genommen wurde u. durch entsprechende Beschriftung als ,Schuldschein' gekennzeichnet wurde. Dieser mußte später vom Schuldner eingelöst werden. In einigen dt. Stadtrechten finden sich noch Bestimmungen über diese Art der Pfändung, die eine lange Lebensdauer hatte. Hatte jem. viel Schulden, ,wuchsen ihm die Sorgen über den (Dach-)First', denn ,das Dach wurde ihm über dem Kopf abgedeckt', u. man durfte ihn ohne Furcht vor dem geschützten Hausfriedensbereich pfänden.
Unsere Abb. aus einer Handschrift des Hamburger Stadtrechtes von 1497 zeigt rechts einen Gerichtsbüttel, der einen Ziegel von dem Dach eines Schuldners herunterreicht. Im Vordergrund tagt das Gericht. Hier wurde der Abschluß des Hypothekenvertrages vor Zeugen getätigt. Im Hintergrund wird das Pfandobjekt – ein Ziegel als ,pars pro toto' – vom

‚Verschuldet bis unter die Dachziegel'

Dach genommen und dem Geldgeber überreicht.

Lit.: *H. G. Griep:* Das Dach in Volkskunst u. Volksbrauch (Köln 1983).

Daffke. *Etw. aus Daffke tun:* nun erst recht, aus Trotz tun. Es handelt sich um eine Berliner Rda., bei der an die Stelle des Wortes ‚Trotz' das ins Deutsche umgesetzte jidd. Wort ‚Davko' (gewiß, sicher, durchaus) getreten ist.

Lit.: *S. A. Wolf:* „Etw. aus Daffke tun", in: Muttersprache, 66 (1956), S. 28.

dagegen. ‚'s goht dagege!'; so sagt man in der südwestdt. ‚Fasnet' nach dem 11. November, d.h. nach Beginn der neuen Fastnachtskampagne. Gemeint ist: Die Zeit läuft wieder auf das wichtigste Ereignis des Jahres zu: die Fastnacht. Die Devise zeigt die Verhaltensweise des Narren, wobei keineswegs das Ziel darin liegt, die Alltagsordnung zu zersetzen, sondern nur Distanz von ihr zu bekommen.

Lit.: *B. Bürk:* ‚'s goht dergege', Fasnet in Villingen (Villingen 1981); *J. Künzig:* Die alemannisch-schwäbische Fasnet (Freiburg [2]1980); *D.-R. Moser:* Fastnacht – Fasching - Karneval (Graz-Wien-Köln 1986); *J. Leibbrand:* Speculum Bestialitatis (München 1989), S. 11.

daheim. *In einer Sache daheim sein:* darin beschlagen sein, Bescheid wissen, bes. in Oberdtl. gebräuchl. Dazu obersächs. ‚nich derheeme sein', nicht recht klug, nicht bei Verstande sein; und ‚Der tut wie derheeme', er benimmt sich zwanglos.
‚Daheim ist er ein Mann' wird von einem Schwachen und Furchtsamen gesagt. Vgl. lat. ‚Extra periculum audax'. – ‚Gallus in suo sterquilinio plurimum potest'.
Alem. ‚Daheim sterbe die Lütt' ist ein Sprw., das meist von jungen Leuten gebraucht wird, um anzudeuten, daß sie hinaus wollen, um etw. zu erleben.
G. W. Baur faßt das Umfeld des Begriffes ‚daheim' so zusammen:
Die Gefahr des „Verhockens" im Daheim zeigt die Oberschefflenzer Spruchweisheit ‚wär net nauskhimt, khimt aa net heem', d.h. er erwirbt auch keine Lebenserfahrung, die ihm nützen könnte.
Noch mehr über die Befindlichkeit des Im-Eigenen-Wohnens sagt das Wort ‚daheim' „zu Hause" und die mit ihm verbundenen Wendungen. Am bekanntesten und weit verbreitet ist vielleicht die Redensart ‚deheem (dehaam, dehääm, usw.) isch deheem'; sie will besagen, daß es dort einmalig ist, wo man wohnt und man dieses Zuhause über alles andere stellt. Man kennt sich dort auch aus und mit ‚do bin isch dehääm' „hier weiß ich Bescheid" weitet man dieses Bescheidwissen auf anderes, Abgelegeneres aus. Wenn einer ‚duud, wie wanner dehääm weer', so benimmt er sich ungezwungen. Wenn es aber, besonders bei Kindern, zu ungezwungen zugeht, so hört man vielfach tadelnd, ‚du bisch doch nid dehääm!' Wenn Wohlstand in einem Haus herrscht, dann

sagt man anerkennend oder neidisch ‚do is ebbes dehääm!' ‚Mir isch lang fett darhaaim' meint „mir ist's noch gut genug daheim". Daß dauerndes Daheimbleiben aber nicht immer und von allen geschätzt wird, zeigt das scherzhaft-rechtfertigende und einen Gasthausbesuch begründende ‚dehääm schderwe die meischde Leid!'

Lit.: *G. W. Baur:* Daheim u. heimzus, in: Daheim, hg. v. K. Bräutigam u. R. Lehr (Karlsruhe 1986), S. 17.

Dalles. *Den Dalles haben, im Dalles sein (sitzen), sich den Dalles holen:* in Geldverlegenheit oder Bedrängnis geraten, ↗bankerott sein.

Das Wort Dalles gehört zu hebr. ‚dalluth' = Armut, Geldverlegenheit und ist über das judendt. ‚dalüss' = Armut, Elend und rotw. ‚dalles' in die dt. Mdaa. eingedrungen, wo es heute noch sehr verbreitet ist. Als Ausgangspunkt wird Frankfurt a. M. um 1800 angenommen.

Verschiedentlich ist in der Umgangssprache eine Erweiterung der Wortbdtg. eingetreten. *Jem. hat einen Dalles* meint auch, daß ein Mensch verrückt ist oder daß Dinge (z. B. das Auto) einen Schaden haben. Schwäb. heißt ‚Der hat sein Dalles', er hat sein Teil abbekommen. Rhein. ‚em den Dalles gin', einem den Rest geben; ‚den Dalles en de Knoke han', krank sein.

Die Wndg. *Bruch, Dalles und Kompanie* wird von Unternehmungen gebraucht, die sich in mißlicher finanzieller Lage befinden.

Alles Bruch und Dalles: eine Sache hat sich zerschlagen, hat einen unerwünschten Ausgang genommen.

dalli. *Dalli machen:* schnell, flink arbeiten. Das vor allem in den mdt. und ndd. Mdaa. belegte Wort dalli ist aus dem poln. Zuruf ‚dalej' = vorwärts Ende des 19. Jh. übernommen worden. Mit *dalli, dalli!* wird heute allg. zu schnellerem Arbeiten oder zu rascherer Gangart aufgefordert. Es ersetzt das sprachl. unbequemere dt. ‚flink, flink!' oder ‚schnell, schnell!'.

Damaskus ↗Saulus.

Damm. *Auf dem Damm sein:* munter, gesund, tätig sein; von einem Genesenden sagt man *Er ist wieder auf dem Damm; einen auf den Damm bringen:* ihm forthelfen, ihn in die Höhe bringen; vgl. frz. ‚remettre quelqu'un en selle', ↗Sattel.

Ältere Zeugnisse für diese bildl. Ausdr. fehlen; sie sind zumeist seit etwa 1850 belegt. Der Damm in diesen Redewndgn. ist der gepflasterte Fahrweg, auf dem man sich sicherer fühlte und besser vorwärtskam als auf den noch unbefestigten Fußsteigen. In dieser Bdtg. wird Damm noch heute in Mittel- und Norddtl. gebraucht (vgl. den Berliner ‚Kurfürstendamm'). In Berlin heißt es: ‚Der jehört uf'n Damm (un nich uf't Trittoar)', er gehört nicht in unsere Gesellschaft. Man sagt auch: *Den habe ich gehörig auf den Damm gebracht:* ich habe ihn weggejagt.

Es ist also nicht nötig, bei diesen Rdaa. an die gegen Überschwemmungsgefahr aufgeschütteten Dämme zu denken, auf denen man vor den Gefahren des Moores, des Sumpfes oder des Meeres sicher war, wohl aber bei den folgenden Rdaa.: *jem. einen Damm entgegensetzen* und *gegen etw. einen Damm aufrichten;* sie bedeuten: energischen Widerstand leisten.

Damoklesschwert. *Ein Damoklesschwert über sich hängen haben:* sich ständig bedroht fühlen, in größter Gefahr schweben; vgl. frz. ‚avoir une épée de Damoclès au-dessus de la tête'.

Die Rda. geht auf eine Erzählung Ciceros zurück (Tusc. Disp. V, 21, 6), die auch Gellert in seiner Fabel ‚Damokles' bearbeitet hat (‚Fabeln' [Leipzig 1748], Bd. I, S. 94f.): „Einst rühmte Damokles, ein Höfling des Tyrannen von Syrakus (Dionys der Ältere 405–367), seinen König als den glücklichsten aller Sterblichen. Dieser wollte ihm eine Lehre über das wirklich gefahrvolle Leben eines Mächtigen erteilen und bot ihm das vermeintliche Glück an. Er wies ihm einen Platz an der königlichen Tafel zu und stellte ihm alle Herrlichkeiten und Genüsse zur Verfügung. Heimlich ließ er jedoch über dem Haupte des Damokles ein Schwert aufhängen. Als dieser sich entzückt umschaute, erblickte er das Schwert, das nur an einem Pferdehaar über ihm hing, und verlor vor Furcht die Freude an den Genüssen der Tafel. Deshalb beschwor er den Tyrannen, ihn zu entlassen, da er sei-

‚Ein Damoklesschwert über sich hängen haben'

nen Glückes satt sei" (Büchmann). Ähnl. sagen wir heute ‚Sein Leben hängt nur noch an einem Faden', was als Rda. auch bereits lat. bezeugt ist, ↗Faden, ↗Haar.

Lit.: *E. H. Rehermann:* Das Predigtexempel bei protestantischen Theologen des 16. u. 17. Jahrhunderts (Göttingen 1977), S. 150, 275, 279, 304–305, 448–449; EM. Art. ‚Leben am seidenen Faden' (in Vorbereitung).

Dampf. *Dampf hinter etw. machen:* zur Eile antreiben; gemeint ist der Wasserdampf als Treibkraft. *Jem. Dampf machen:* ihm Angst einjagen, ihn einschüchtern, ‚ihn unter Druck setzen'.

Jüngere Rdaa. aus dem Anfang des 20. Jh. sind: *(seinen) Dampf ablassen:* Wut und Ärger abreagieren, wie beim Dampfkessel den Überdruck am Ventil herauslassen; *Dampf in der Waschküche* meint die Spannung oder die schlechte Stimmung in Familie oder Betrieb, und die Rda. *Dampf draufhaben* weist auf eine hohe Fahrgeschwindigkeit, wobei eine Übertr. von der Eisenbahn auf das Auto erfolgte. Auch die Mdaa. gebrauchen Dampf vielfach in sprw. Rdaa. Schwäb. ‚I schlog di, daß dir der Dampf ausgoht'; nordthür. ‚in Dampe sî', betrunken sein; sächs. ‚sich dampffeucht machen', sich aus dem Staube machen; meckl. ‚dörch den Damp gahn', auskneifen. Scherzhaft sagt man vom Raucher: ‚Mit Dampf geht alles besser'. Dampf wird ähnl. wie ‚Dunst' auch als Bild der Nichtigkeit gebraucht, so in dem Ausdr. *Er ist ein Hans Dampf (in allen Gassen).* ↗Hans.

Einem Dampf antun: ihn ärgern, quälen oder necken. In dieser Rda. hat Dampf die Bdtg. von Bedrängnis, Pein. So wird Dampf schon im mhd. ‚Passional' (283,13) gebraucht:

Philippus der herre guot
Leit durch got disen camp
Unde den bitterlîchen damp
Der in betwanc sô daz er starp.

Die Bdtg. von Dampf als Kummer und Pein findet sich noch im ‚Venus-Gärtlein':

Das willig-angetane Kräncken,
Das Seufftzen mit entzücktem Muht,
Die halb-erloschne Lebens-Funcken,
Die seynd es, was uns Dampf antut.

In der heutigen Bdtg. (jem. mit Absicht in Ärger und Bedrängnis bringen) wird die Rda. schon von Grimmelshausen im ‚Simplicissimus' gebraucht (III, 8, S. 278): „welche (Dragoner) den unsrigen daselbst vil dampfs anthäten". Im ‚Haushaltungsbuch' des Nostitz heißt es 1515: „Der hab ihm und anderen Abgesetzten den Dampf gethan und das gebrannte Herzleid angelegt". Mdt. heißt die Rda. auch mit Stabreim: ‚einem allen Tort und Dampf antun', gleichsam mit bösem Dunst anhauchen oder ihn darin einhüllen, wie z. B. bei Jean Paul: „mir zum Tort und Dampf". Mdal. etwa meckl.: ‚einen den Damp daun', jem. den Atem versetzen, übertr.: ihn ins Unglück bringen, auch: ihm einen Streich spielen; ndl. ‚iemand de dampen aandoen'. Ähnl. ist die Rda. *Dampf haben (kriegen) vor etw.:* Angst haben (bekommen); auch in ihr wird Dampf in der bildl. Bdtg. von Bedrängnis, Angst gebraucht.

Dasselbe alte ‚Dampf' steckt auch in der aus Bayern bezeugten Rda. *im Dampf bleiben:* in der Bedrängnis bleiben, zugrunde gehen, zunichte werden.

Dampfer. *Auf dem falschen Dampfer sein:* auf einer falschen Spur, im Irrtum sein. Die Rda. ist vor allem geläufig als direkte Anrede: ‚Da sind Sie aber auf dem falschen Dampfer!'

Seltener ist die Wndg. *Auf dem richtigen Dampfer sein:* sich in einer günstigen Situation befinden, ↗Boot.

Dämpfer. *Einem einen Dämpfer aufsetzen:* ihn mäßigen, sein übertriebenes Selbstgefühl mindern. Die Rda. stammt aus dem Bereich der Musik. Der Dämpfer ist eine Vorrichtung, durch die der Klang eines Instruments abgeschwächt werden kann; bei der Posaune oder Trompete besteht er z.B. aus einer trichterartigen Klappe, bei den Streichinstrumenten aus einer Klammer (ital. ‚sordino'), die auf den Steg gesetzt wird. Ähnl. Redewndgn. wie im Dt. sind auch in anderen Sprachen gebräuchl., z. B. frz. ‚mettre une sourdine à ses prétentions', ‚mettre une sourdine' auch im Sinne von leiser sprechen (umg.), ‚à la sourdine' = heimlich (heute ungebräuchlich.); engl. ‚to put a damper on'.

Dampfnudel. *Aufgehen wie eine Dampfnudel:* dick werden, schnell zunehmen, z. B. rhein. ‚Do geht em et Herz uf wie e Dampfnudel'. Schwäb. sagt man von einer Schwangeren: ‚Sie hat Dampfnudeln gegessen'. Saarländ. ‚Et geht mer en Dampfnudel uf', ähnl. gebraucht wie: ‚Es geht mir ein Licht auf', es fällt mir etwas ein.

Danaergeschenk. *Es ist ein Danaergeschenk:* es ist eine verdächtige Gabe, die zwar Vorteile verspricht, aber auch eine unbekannte, tödliche Gefahr in sich bergen kann.
Die Rda. bezieht sich auf den Warnruf des Laokoon, der von den Trojanern nicht beachtet wurde. Nach Vergil (Aen. II,49) sagte er, als er das hölzerne Pferd vor den Mauern der belagerten Stadt Troja sah: „Quidquid id est, timeo Danaos et dona ferentes" (= Was es auch sei, ich fürchte die Danaer, selbst wenn sie Geschenke bringen).
Die Griechen (Danaer) hatten ihren Rückzug nur vorgetäuscht und das Gerücht verbreitet, daß sie den Göttern dieses Riesenpferd für den Fall ihrer glücklichen Heimkehr gelobt hätten. Als die Trojaner, die allg. als die Beschenkten gelten, das Pferd in ihre Stadt zogen, kamen die verborgenen griech. Krieger daraus hervor und erleichterten den Belagerern die Eroberung und Vernichtung der Stadt. Der Ausdr. Danaergeschenk wurde wohl durch Seneca (Agam. 624) geprägt, der jenes Pferd „Danaum fatale munus" (= ein fatales Danaergeschenk) nannte (Büchmann).

Danaiden. *Eine Danaidenarbeit verrichten:* eine unendlich mühevolle und trotzdem vergebliche Arbeit tun müssen. Ebenso bedeuten die Redensart: *ins Danaidenfaß schöpfen* und *das Faß der Danaiden füllen wollen,* daß vergebliche Anstrengungen unternommen werden.
Die bis heute üblichen Wndgn. beziehen sich auf eine griech. Sage, die von Hyginus 168 erzählt wurde: Die Danaiden, die 50 Töchter des Königs Danaos, hatten, mit Ausnahme von Hypermnestra, auf Befehl ihres Vaters ihre Männer in der Brautnacht ermordet. Zur Strafe wurden sie dazu verdammt, in der Unterwelt beständig Wasser in ein durchlöchertes Faß zu schöpfen. Lucian benannte dieses Faß zuerst (‚Timon' 18; ‚Hermot' 61):„ὁ τῶν Δαναΐδων πίθος", ↗Faß.
Auch in anderen Sprachen ist das ‚Danaidenfaß' in den Volksmund übergegangen, z. B. ndl. ‚het vat der Danaiden vullen'; engl. ‚the Danaidean tub' und frz. ‚vouloir remplir le tonneau des Danäides'.

‚Das Faß der Danaiden'

Dasselbe Bild, wenn auch nicht in Verbindung mit dem sagenhaften Namen, war im Lat. gebräuchl.: ‚in pertusum ingerimus dicta dolium' (Plautus, Pseud. 1, 3, 135); auch: ‚in vas pertusum congerere' (Lukrez, 3,949). Vgl. hierzu unsere Rda. ‚Wasser in ein Sieb schöpfen', ↗Wasser, ↗Sieb.

Lit.: *G. A. Megas:* Die Sage von Danaos und den Danaiden, in: Hermes 68 (1933), S. 415–428; *J. Kern:* Danaiden- und Sisyphusarbeiten in der dt. Volksüberlieferung, in: Suddt. Zs. f. Vkde. 7 (1934), S. 23 ff.; Der Kleine Pauly. Lexikon der Antike, Bd. I (Stuttgart 1964), Sp. 1379–1380; *H. J. Uther:* Art. ‚Danaiden', in: EM. III, Sp. 267–270.

Dank, danke. *Einem etw. zu Dank machen:* es ihm recht machen, so daß er damit zufrieden ist. Dank hat in dieser Rda. nicht den Sinn von ‚Danksagung', den wir jetzt mit dem Worte verbinden, sondern bedeutet noch wie urspr. ‚anerkennendes Gedenken, Anerkennung'. Im ‚Nibelungenlied' (461,2) ruft Brunhild, von Siegfrieds starkem Speerwurf getroffen, Gunther zu: „Gunther, ritter edele, des scuzzes habe danc". In dem Schwank des Strikkers ‚Der Pfaffe Amis' (V. 1636) heißt es:

Ez ist mir wol ze danke (= sehr lieb),
daz ich iwer sprâche hân vernomen.

Die Verwandtschaft mit ‚denken' zeigt sich auch noch in der Wndg. *Ich weiß es ihm Dank,* in der ‚es' ein alter Genitiv mit dem Sinn ‚dafür' ist.

‚Dank' oder ‚Habedank' nannte man in der Turniersprache geradezu den Preis, den die Dame den besten Kämpfern des Tages überreichte. Diese Vorstellung liegt wohl auch noch den Abschiedsworten des Ritters Delorges in Schillers Ballade ‚Der Handschuh' zugrunde: „Den Dank, Dame, begehr' ich nicht!"

Mir geht's danke! Antwort auf die Frage ‚Wie geht's?' ↗gehen. Diese Floskel ist eigentl. nur eine halbe Antwort, sie enthält zwar den Dank für die Nachfrage, aber keine rechte Auskunft über das Befinden; somit ist sie eine der vielen Tabu-Ausdrücke, vgl. z. B. ‚durchwachsen'. Die Feststellung *Sonst geht's dir danke!* heißt: du bist verrückt.

Mit *Danke dito!* Danke desgleichen! erwidert man die guten Wünsche eines Mitmenschen. Die Rda. *für etw. bestens danken* gilt als Umschreibung für eine Ablehnung, hat also eine Sinnverkehrung erfahren (genau wie frz. ‚bien remercier quelqu'un de quelque chose'), ebenso wie die Wndg. *danke für Obst (und Südfrüchte),* in Westdtl. auch mit dem Zusatz: ‚hab Pflaumen gegessen' oder in dem modernen Slogan, ‚Atomkraft. Nein danke!' und analogen Wendungen.

Dagegen gelten als höfliche Erwiderungen auf ein gesprochenes ‚Danke' die formelhaften Rdaa.: ‚nichts zu danken', ‚gern geschehen', ‚nicht der Rede wert', ‚keine Ursache', ‚bitte', ‚es war mir ein Vergnügen' u. als etw. derb-burschikose Zurückweisung eines Danks die Wndg. ‚Stank für Dank' oder der lapidare Satz: ‚Von Dank, davon starb die Katze des Schmiedes'.

Bei besonderem Eifer hört man des öfteren auch die iron. Wndg. ‚Der Dank des Vaterlandes ist Ihnen (dir) gewiß', vor allem dann, wenn sich bereits absehen läßt, daß sich jem. (aus Idealismus) fruchtlos abmüht u. keine gebührende Anerkennung finden wird. Der ‚Dank des Vaterlandes', der in Propagandareden des Ersten und Zweiten Weltkrieges den Opfern des Krieges lauthals versprochen worden war, daß er ihnen ‚gewiß sei', erwies sich nach den Kriegen als das, was er eigentl. immer war: eine hohle Phrase.

dasitzen, dastehen. Wird ein Mensch in einer komischen oder lächerlichen Situation angetroffen, so stellt sich bei seinen Mitmenschen sogleich irgendeine treffende Bemerkung ein, die die Lage des Verspotteten durch einen witzigen Vergleich illustriert. Die Umgangssprache kennt eine Fülle solcher sprw. Vergleiche mit dastehen und dasitzen, die hier unmöglich alle aufgeführt werden können. Auch die dt. Mdaa. wetteifern im Gebrauch solcher Wndgn. mit dastehen, dabeistehen oder dasitzen wie ... Überlandschaftlich sind bes. häufig gebräuchl.: *Er sitzt da wie eine Katze (ein Affe) auf dem Schleifstein; er sitzt da wie ein Häufchen Unglück, Elend;* (sehr derb): ‚wie Karl Arsch', ‚wie eben gelegte Eier', d. h. warm u. still; *er steht da wie das Kind beim Dreck:* unbehaglich, verlegen; *er steht da wie bestellt und nicht abgeholt:* unschlüssig; *er sitzt da wie geliehen (geborgt); er steht da wie ein Ochs vorm neuen Tor (vor der Apotheke, vor dem Berg).*

Weniger bekannt sind die Rdaa.: ‚Er sitzt da, als hätte er eine Laus im Ohr'; ‚er sitzt da wie ein Affe im Garnladen'; ‚er sitzt da wie ein geschnitztes Bild'; ‚er sitzt da wie eine Eule im Sterben'; ‚er steht da und hält Maulaffen feil' (↗Maulaffe); ‚er steht da wie der Esel vor der Schmiede'; ,er steht da wie ein Kind, dem die Hinkel (Hühner) das Brot gefressen haben'; ,er steht da wie ein Klotz'; ,er steht da wie ein zweihenkeliger Topf' (d.h. die Hände in die Seiten gestemmt); ,er steht da wie eine gebakkene Birne'; ,er steht da wie eine gebadete Maus'; ,er steht da wie Hans Michel Meerrettich' (bes. schles.); ,er steht da wie Petrus am Kohlfeuer'; ,sie stehen da wie die Gänse, wenn's donnert'; ,er steht da wie vom Donner gerührt' (vgl. auch Blitz); ,er steht dabei wie Pique Sieben', ,wie Trumpf Sechs' (schwäb. ,wie ein Schellen-Dreier'), unnütz; ,er steht da wie Butter an der Sonne' (↗Butter); ,er steht da wie ein Ölgötze' (↗Ölgötze); ,er steht da wie ein begossener Pudel' (↗Pudel).

Einige Beispiele aus dem mdal. Vorrat: ,Er stît do wä en ofgeliese Wangert' (wie ein abgelesener Weingarten), teilnahmslos (siebenb.-sächs.); ,er steht da wie ein paar neue Schweizerhosen', breit und wichtig; ,du sitzest da, wie der Veitle auf dem Hafen'; ,er sitzt da, wie wenn er das Vaterunser verspielt hätte', trübselig; ,er steht da wie das Pfännle ohne Stiel', ,wie ein hölzerner Herrgott' (alle schwäb.). ,Hei sittet doa äs de Ule vörm Astlock'; ,se stönnen doa, as de Gänse wenn't grummelt' (westf.). ,Du stehst da wie ein Napfkuchen ohne Loch'; ,du stehst da, wie wenn du nach Kevelaer gefahren wärst und hättst den Rosenkranz vergessen' (niederrhein.); ,er sitzt da, wie Matz vor der Essigtonne'; ,sie sitzt da wie eine Braut, die niemand haben will'.

Er steht da ,wie eine Eins', d.h. ungebeugt, aufrecht u. gerade (wie ein Zinnsoldat); ,er steht da wie ein Kind vor dem Weihnachtsbaum'; (holst.; ,he steiht da, als wenn em de hehner dat Brot wechjenoahme hebbe' (preuß.); ,dear hockt dau, wia de oischischte Henna of'm Mischt (wie a krank's Heahle – wia's Ke(n)d beim Dreck)'; ,dear stauht dau wia d'r Ochs voaram Eva(n)gelibuach (wia a Kuah im Hennanest)'; ,dear stoht na wia d'r Lauba-Dreier' = der Laub-Ober im Kartenspiel (nach Schindlmayr, S. 7 u. 9), ↗aussehen.

Die Wndg. *Wie stehe ich nun da!* meint: was sollen die Leute von mir denken, ich bin blamiert.

Lit.: *W. Widmer:* Volkstüml. Vergleiche im Frz. nach dem Typus „Rouge comme un coq" (Diss. Basel 1929); *H.-W. Klein:* Die volkstüml. sprw. Vergleiche im Lat. und in den rom. Sprachen (Diss. Tübingen–Würzburg 1936); *A. Taylor:* Proverbial Comparisons and Similes from California (Folklore Studies 3) (Berkeley-Los Angeles 1954)

Dauerbrenner. *Etw. erweist sich als ein Dauerbrenner,* d.h. als ein Dauererfolg, Evergreen oder Bestseller, aber auch als ein nicht endendes Problem, als etw. das laufend Gesprächsstoff liefert. Der Begriff stammt aus der Zeit, als noch vorwiegend mit Öfen geheizt wurde. Mit ,Dauerbrenner' wurde ein Ofen bez., der in der Hauptsache mit lang brennendem Heizmaterial wie Holzkohlen oder Briketts befeuert wurde. Mit der Verbreitung der Zentralheizung verlor der Ofen allgemein an Bedeutung, nicht jedoch dieser Begriff, der im übertr. Sinne in der Rda. weiterlebt. Auch ein Kuß wird gelegentlich als ,Dauerbrenner' bezeichnet.

Daumen. *Jem. den Daumen halten:* ihm in Gedanken in kritischen Stunden mit guten, Unheil abwehrenden Wünschen beistehen; jem. zu einer wichtigen Entscheidung guten Erfolg wünschen. Die Rda. ist identisch mit der Wndg. *den Daumen drücken* und war urspr. eng mit einer Geste verbunden, die gelegentlich noch heute die Aufforderung: ,Halte mir den Daumen!' und die beruhigende Zusicherung: ,Ich werde dir den Daumen halten (drücken)' begleitet. Der Daumen wird dabei zwischen die übrigen vier Finger der Hand eingeschlagen und von ihnen festgehalten oder kräftig gedrückt.

Die Gebärde ist zugleich obszön und auch in dieser Beziehung von apotropäischer Wirkung. Bereits Plinius erwähnt dazu ein Sprw. und schreibt in seiner ,Historia naturalis' (28,25): „pollices, cum faveamus, premere etiam proverbio iubemur". (Schon das Sprw. fordert uns auf, den Daumen zu pressen, wenn wir jem. geneigt sind.) Bei den römischen Gladiatorenspielen war es Brauch, daß das Publikum in der Arena den Daumen einschlug (,premere pollicem'), um für einen gestürzten Kämpfer Gnade zu erbitten; der

nach unten ausgestreckte Daumen aber bedeutete das Gegenteil (‚convertere pollicem').
Auch im Volksglauben der germ. Völker werden dem Daumen übernatürliche Kräfte zugeschrieben, die man im Zauber und in der Volksmedizin zu nutzen sucht. Der Daumen galt als ‚Glücksfinger'. Besondere Wirksamkeit maß man dem Daumen eines gehenkten Diebes zu (↗Diebsdaumen). Vor allem aber wurde das Einschlagen des Daumens als eine Art Bannzauber gegen Dämonen und Hexen angesehen; nach schles. und tirol. Volksglauben soll man während der Nacht den Daumen festhalten, damit einen der Alp nicht drücke.
In den DS. (Nr. 81) heißt es: „Wenn er (der Alp) drücket, und man kann den Daumen in die Hand bringen, so muß er weichen". In seiner ‚Dt. Mythologie' gibt Jacob Grimm mehrere Beispiele für den Volksglauben in Verbindung mit dem Daumenhalten. So kann man sich z. B. vor dem Beschreien wahren, wenn man den linken Daumen einbiegt, ebenso vor den Folgen des Meineids oder vor dem Biß eines wütenden Hundes (Dt. Myth. 3, 457, Nr. 666); die Gebärende muß zu ihrem Schutz nach der Geburt den Daumen einziehen (Dt. Myth. 3, 460, Nr. 732); beim Sprechen des Wurmsegens bestand die direkte Anweisung: „nim den gerechten dûmen in die gerechte hant" (Dt. Mythol. 3, 500, Nr. XXVIII).
Der Mensch kann zur Not einen, ja mehrere Finger einbüßen, ohne daß die Hand zur Arbeit unbrauchbar wird; eine Hand ohne Daumen aber kann Werkzeuge, konnte namentlich das Schwert nicht mehr halten. Das altgerm. Recht belegt seine Verletzung daher mit hoher Buße, ja er gilt schon im Recht der salischen Franken als der ‚Gottesfinger'; von da ist auch die hess. Rda. verständlich *Gott hat den Daumen in einer Speise gehabt:* die Speise sättigt, sie genügt. Die Kraft des Daumens bez. Macht, Gewalt, Herrschaft. Daumen ist auch nach seiner etymol. Grundbdtg. ‚der dicke, der starke Finger'. Ein altes Sprw. sagt, Eltern sollen den Kindern gegenüber den Daumen an der Hand behalten, solange sie können. Schon bei dem Meistersinger Frauenlob (eigentlich Heinrich von Meißen, † 1318) findet sich das Wort, das er den Fürsten zuruft, um sie vor falschen Dienern zu warnen:

habt iu den dûmen in der hant
seht ûf, wem ir bevelhet lîp und êren pfant!

Der Daumen als stärkster Finger gilt hier stellvertretend für die ganze Hand. Die Rda. ist nhd. auch in anderer Form bekannt, z. B. *einen unterm Daumen halten,*

‚Einen unterm Daumen halten'

vgl. ndl. ‚iemand onder de duim hebben'; engl. ‚to have a person under one's thumb'; auch *jem. mit festem Daumen bitten:* ihn bestechen. Oldenb. ‚Man mot den Dumen stiv holen', man muß tapfer sein. Verwandte Rdaa. von der Kraft des Daumens sind: *den Daumen auf etw. halten;* es in seiner Gewalt behalten; *den Daumen drauf (auf den Beutel) halten;* sparsam, geizig sein (↗Beutel). ‚Sein Daumen hat die Gicht' sagt man von einem schlechten, unfähigen Zahler oder einem geizigen Menschen.
Einem den Daumen aufs Auge setzen (drücken, legen): ihn durch grobe Gewaltanwendung zu etw. zwingen; die Wndg. stammt aus dem alten Kampfleben und bedeutet eigentl.: einen im Zweikampf überwinden und ihm drohen, daß man ihm mit dem draufgehaltenen Daumen das Auge ausdrücken werde, wenn er nicht um Gnade bitte (daher auch die

Rda.: ‚einem eins auswischen', ihm ein Auge ausdrücken).

Die Rda. selbst ist z.B. in Schillers ‚Verschwörung des Fiesko zu Genua' (II,8) belegt: „Ihr sollt es nicht dulden! Ihr sollt ihm den Daumen aufs Auge halten". Im Fränk. bedeutet die Wndg. ‚Ar setzt'n 'n Dauma ufs Ag': er betrügt.

Zu den friedlichen Beschäftigungen des Daumens gehört es, das Geldausgeben der Hand zu überwachen, indem jedes ausgezahlte Geldstück mit einem prüfenden Druck des Daumens entlassen wird; daher die bekannte stumm-beredte Bewegung von Daumen und Zeigefinger, um anzudeuten: ‚Dazu braucht man Geld'. Hierher gehört die aus Bayern und auch sonst bezeugte Rda. *den Daumen rühren:* zahlen, Geld ausgeben (z.B. lux. ‚Hie kann den Daum nët réieren', er besitzt kein Geld); weitere damit zusammenhängende Wndgn. sind: *einen kranken Daumen haben:* kein Geld haben; *er hat, was vor dem Daumen hergeht:* er besitzt Geld, bezeugt schon bei Kirchhoff: „dasz sie des dings das unter dem daumen herlauft, nicht mehr haben"; vgl. die hamb. Rda. ‚He hat wat förn Dum', er hat Vermögen. Ebenso heißt *etwas vor den Daumen bringen:* Geld haben. In älterer Sprache, z.B. bei Fischart und Kirchhoff, bedeutet die Rda. *den Daumen rühren (wenden):* lügen, betrügen; vgl. fläm. ‚Dese roert den duym'.

Ebenfalls mit einer Gebärde verbindet man die heute allg. verbreitete Wndg. *Däumchen drehen:* müßig herumsitzen oder -stehen; vgl. frz. ‚Se tourner les pouces'.

Bis zur Einführung des metrischen Systems war der Daumen auch Längenmaß und entsprach ungefähr einem Zoll; daher ist noch landschaftlich (z.B. rhein.) verbreitet: ‚so lang wie ein halber Daume' u.ä. (‚Däumling'). Auch beim Abmessen von Tuch mit der Elle wird der Daumen benötigt; dabei besteht die Gefahr, daß durch wiederholtes falsches Ansetzen des Daumens zuviel (oder auch zuwenig) Tuch abgemessen wird; daher die els. Wndg. ‚Er hat viel Ellen gemessen, er het gor e breiten Dumen', und westf. ‚Hä slätt em wot unnern Dumen' (vgl. ‚unterschlagen'). ‚Er wiegt den Daumen mit' sagt man oft von einem, der einen beim Abwiegen von Waren übervorteilt.

Beim Militär und bei der Marine wird der Daumen als Hilfsmittel beim Abschätzen von Entfernungen gebraucht (‚eine Daumenbreite', ‚einen Daumensprung'), woher die Rda. stammt: *etw. über den Daumen peilen:* ungenau und grob abschätzen. ‚Peilen' heißt in der Schiffahrt und in der Luftfahrt: den Standort bestimmen, die Richtung festlegen.

Pieter Bruegel hat auf seinem Rdaa.-Bild die Wndg. ‚Er läßt die Welt auf seinem Daumen tanzen' dargestellt in der Bdtg.: voller Hochmut die Welt nach seinem Willen bewegen wollen, ↗ Welt.

Sich in den Daumen schneiden: sich in seinen Berechnungen irren, und *etw. aus dem Daumen saugen:* sich etw. ausdenken, erfinden (↗ Finger). Ndd. ‚Hei fleutjet uppen Dumen', er freut sich. *Über den Daumen essen:* frühstücken, wobei das Brot mit dem Messer über dem Daumen abgeschnitten wird; vgl. frz. ‚manger sur le pouce': eine Kleinigkeit im Stehen essen. *Am Daumen lutschen:* wenig zu essen haben; aber auch: sich (noch) wie ein Kleinkind benehmen, sich eine Ersatzbefriedigung suchen (vgl. Struwwelpeter).

Einen grünen Daumen haben (engl. ‚to have a green thumb'): viel Geschick bei der Pflege von Zimmerpflanzen haben, unter der sie üppig blühen u. gedeihen; auch: allg. gärtnerischen Erfolg haben. Das Gegenteil meint: *zehn Daumen haben:* ungeschickt sein.

Per Daumen fahren: per Anhalter fahren. Die Rda. bezieht sich auf die typische Daumengebärde, durch die der Wunsch mitgenommen zu werden z. Ausdr. gebracht wird.

‚Bîm Sackerdûme' (beim heiligen Daumen) ist eine kindl. Schwurformel, die in alem. Kinderliedern des öfteren begegnet, ↗ Faust, ↗ Finger.

Lit.: *W. Grimm:* Über die Bdtg. der dt. Fingernamen. Kleinere Schriften, Bd. 3 (Berlin 1883), S. 425–540, hier: 428ff.; *H. Schrader:* „Einem den Daumen halten, drücken", in: Zs. f. dt. Sprache 8 (1894/95), S. 223–226; *L. Mackensen,* Kritische Bibliographie, in: Jb. f. hist. Vkde. 2 (1926), S. 188; *E. Stemplinger:* Art. ‚Daumen', in: HdA. II, Sp. 174–177; *I. Belanner:* „Tummen ned", in: Muttersprache, 40 (1946), S. 8–13; *W. Ebel:* Über Rdaa. u. Recht, S. 4; *A. Otto:* Die Sprww. der Römer (Hildesheim 1965); *L. Röhrich:* Gebärdensprache und Sprachgebärde, S. 145f.;

G. Grober-Glück: Motive u. Motivationen in Rdaa. u. Meinungen (Marburg 1974), S. 31–37; *J. R. Klima:* Art. ‚Finger' in: EM. IV, Sp. 1140–1146; *D. Morris u. a.* Gestures. Their Origins and Distribution (London 1979); *A. Niederer:* Beschämung, Lob und Schadenfreude. Hand- und Fingergebärden mit bestimmter Bedeutung, in: Schweiz. Arch. f. Vkde. 85 (1989), S. 201–217, hier bes. S. 208–210.

Daumenschraube. *Jem. Daumenschrauben anlegen* (oder *ansetzen*): ihm derb zu Leibe gehen, hart zusetzen, ihn durch moralische Zwangsmittel zu etw. bestimmen. Die Rda. ist von der Folterung entlehnt. Die Daumenschraube war ein eisernes Schraubzeug, das beim Foltern an das obere Gelenk des Daumens gelegt wurde. Die Anwendung dieses Schraubzeugs war die erste Stufe der Folter. Die Wndg. ist auch in den dt. Mdaa. (z. B. holst. ‚Ik sett em de duumschruv up') und in andern europ. Sprachen belegt, z. B. frz. ‚serrer les pouces à quelqu'un'; ndl. ‚iemand de duimschroeven aanzetten'; engl. ‚to put the screw on a person'.

Lit.: *B. E. König:* Ausgeburten des Menschenwahns im Spiegel der Hexenprozesse und der Auto da fé's (Berlin-Schöneberg 1930).

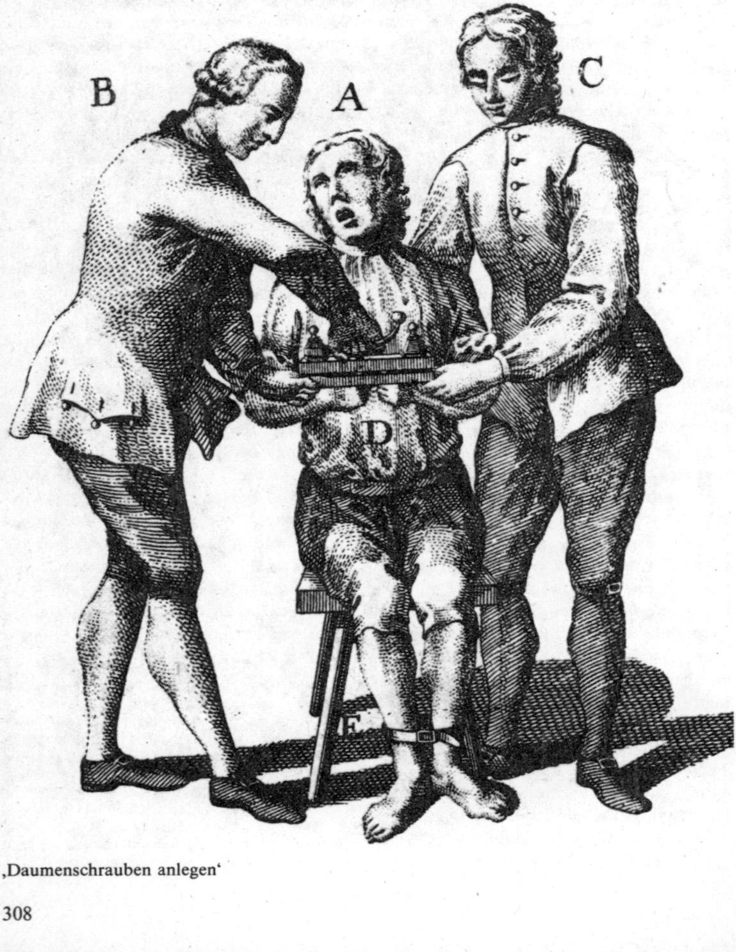

‚Daumenschrauben anlegen'

Daus. *Ei der Daus! Was der Daus!* Fluch oder Ausruf des Erstaunens und der Verwunderung. Daus ist wie ↗tausend eine der vielen euphemist. Entstellungen von ↗Teufel, vgl. meckl. ‚Dus un Düwel!' und ‚Potz Dus!'. Damit ist nicht zu verwechseln ‚Daus' = zwei Augen im Würfelspiel, As der Spielkarte, ahd. u. mhd. dûs, aus frz. dous, von lat. duos = zwei, das ebenfalls in Rdaa. verwendet wird, z. B. preuß. ‚Er ist wie ein Daus', er ist stark, gesund.

Lit.: *M. Rumpf:* Zur Entwicklung der Spielkartenfarben in der Schweiz, in Dtl. und in Frankr., in: Schweiz. Arch. f. Vkde. 72 (1976), S. 1–32, hier: S. 14.

dazu. *Ihr gebt mir ja nichts dazu!* sagt man oft als Entschuldigung bei fehlgeschlagenen Unternehmungen oder als Antwort auf skeptische Ermahnungen. Diese urspr. volkssprachl. Rda. hat auch eine weite lit. Verbreitung gefunden. Der Schlesier Daniel Stoppe veröffentlichte 1735 neun Strophen zum Preise häuslicher Selbstgenügsamkeit, die er jeweils mit sprw. Rede abschließt. Die 7. Strophe lautet:

In meinen eigenen vier Pfählen
Schmeckt mir der Tobak noch so schön.
Die Pfeifen darf mir niemand zehlen
Noch drüber in Bedenken stehn.
Ich rauch und dampf in guter Ruh,
Denn niemand gibt mir was darzu.

In Goethes Ballade ‚Vor Gericht' bekennt das schwangere Mädchen vor dem Richterstuhl:

Herr Pfarrer und Herr Amtmann ihr,
Ich bitt', laßt mich in Ruh'!
Es ist mein Kind und bleibt mein Kind,
Ihr gebt mir ja nichts dazu!

Goethe hat hier zweifellos eine Wndg. aufgegriffen, die auch einen weitverbreiteten Tanzreim abschließt:

Tanze, Gretchen, tanze!
Was kosten deine Schuh?
Laß mich nur immer tanzen,
Du gibst mir nichts dazu!

Die Volksliedparallelen entsprechen nicht nur im Wortlaut, sondern auch in der zugrunde liegenden Situation oft der Goetheschen Ballade. In einem bad. Lied heißt es z. B.:

Ei Dändele, was fängst du denn a,
Kriegst n klein Kind und k'n Ma!
Ei, was fragst du danach?
Sing ich die ganze Nacht:
Eia popeia, mei Bu!
's geit mr kei Mensch nix drzu.

In dieser Form wiederholt sich die Formulierung in zahlreichen Volksliedern mit dem immer gleichen Inhalt: ein schwangeres Mädchen oder eine ledige Mutter setzt sich mit dieser Trutzformel über Spott und Hohn ihrer Umwelt hinweg.

Lit.: *H. Schewe:* ‚Ihr gebt mir ja nichts dazu', in: Beiträge zur sprachl. Volksüberlieferung. Festschrift A. Spamer (Berlin 1953), S. 28–38.

Deck. *Wieder auf Deck sein:* wieder gesund sein (ostpreuß. ‚Hei es frösch op Deck', munter und gesund), *nicht auf Deck sein:* unpäßlich, krank sein; diese bildl. Ausdr. sind aus der Seemannssprache in die Umgangssprache Norddtls. eingedrungen. Von einem Genesenden sagt man: ‚Er ist wieder drei Viertel auf Deck'. Meckl. ‚Kumm up' Deck!' ist eine Aufforderung zum Ausspielen beim Skat.

Klar Deck machen: aufräumen, Ordnung schaffen. ‚Over Diek gaan': sterben, das Zeitliche segnen, ↗zeitlich.

Lit.: *O. G. Sverrisdóttir:* Land in Sicht (Frankfurt/M. 1987), S. 80.

Decke. *Sich nach der Decke strecken:* seinen bescheidenen Verhältnissen entspr. leben. Wer eine große Decke auf seinem Bett hat, kann sich während des Schlafens frei ausstrecken; wer nur eine kleine hat und doch nicht an den Füßen frieren will, muß eben zusehen, wie er auskommt. In der Rda. liegt urspr. ein Scherz, der besagt: Man muß sich der Decke anpassen, wenn man nicht frieren will; man darf sich zwar ausstrecken, aber nur so weit, wie es die Decke erlaubt. Dieser Scherz wird heute beim Gebrauch der Rda. kaum noch empfunden, ja, mancher verbindet damit schon nicht mehr die Vorstellung von der Bettdecke, sondern denkt an die Zimmerdecke, nach der es sich auszustrecken gilt. Schon im Mhd. ist die Rda. bekannt: etwa beim Stricker (13. Jh.) heißt es:

daz borgen und das gelten
diu brachten lîhte ein schelten:
dâ von wil ich mich strecken
als ich mich kan bedecken.

↗Borg, borgen. Sie begegnet auch in der Zimmerischen Chronik (IV, 67). Zu dem Holzschnitt aus Thomas Murners ‚Narrenbeschwörung' gehören die Worte:

Des nym war vnd acht der decken,
Das du dich wißst darnach zu strecken.
Es stundt gar kalt in dynem huß,
Streckstu die füß zur decken vß.

Goethe weiß in ‚Sprichwörtlich' (um 1812) noch um den urspr. Bildsinn der Rda.:

Wer sich nicht nach der Decke streckt,
Dem bleiben die Füße unbedeckt.

Noch Bismarck verwendet sie: „Die preuß. Regierung ist dann also in der Lage, sich nach der Decke strecken zu müssen, die Sie ihr zuschneiden".

In dem Märchen ‚Der Riese u. der Schneider' der Gebr. Grimm (KHM. 183) begegnet die Wndg. dagegen i. S. v.: man muß nehmen, was kommt.

Die Rda. *mit jem. unter einer Decke stekken:* im (geheimen) Einverständnis mit ihm sein, ist schon bei Petronius (Anf. d. 1. Jh. n. Chr.) in ‚Satyricon' (1. Kap.) erwähnt.

‚Unter einer Decke stecken'

Zu einer rechtmäßigen Eheschließung gehörte im MA. das Zudecken der Jungvermählten mit einer Decke. Dieser Brauch wurde in Ggwt. der Elten und Verwandten geübt; sie geleiteten das Ehepaar in das Brautgemach und waren Zeugen dieses Vorgangs. Viele Rechtssprww. machen deutlich, daß dieser Brauch als eigentl. Beginn der Ehe aufgefaßt wurde: ‚Ist das Bett beschritten, ist das Recht erstritten', oder ‚Ist die Decke über dem Kopf, so sind die Eheleute gleich reich'. Schon im ‚Sachsenspiegel' (I, 45, 1) heißt es: „it wif trit in des mannes recht, swenne si in sin bede gat".

Aber nicht nur Eheleute schliefen unter einer Decke; die höfischen Ritterepen erzählen oft, daß die Helden zu zweien schliefen, zumal wenn eine größere Schar zu Besuch auf einem Herrensitz eintraf. Der urspr. Sinn der Rda. ist also zunächst: verheiratet sein, dann: im Einverständnis miteinander leben.

Ähnl. im Frz.: ‚être de mèche avec quelqu'un' (mèche = altfrz. Hälfte): ein Geheimnis mit jem. teilen. Vgl. Lehmann 328 (Gleichheit 50): „Die sich miteinander vergleichen können, die schlagen einander den ballen zu. Sie seynd in eine Schul gangen, sie tragen Wasser an einer Stangen, sie liegen miteinander unter einer Deck". Andreas Gryphius gebraucht die Wndg. „Mit dem Düwel under einer decken liggen", gemeinsame Sache mit ihm machen.

Abweichend thür. *unter die Decke bringen:* durchbringen, vergeuden. Bei dieser Rda. handelt es sich um die Raumdecke bzw. das Dach, das bei Verschwendungssucht in Gefahr gerät, abgedeckt zu werden, ↗Dach.

An die Decke gehen, unter der Decke hängen: sehr zornig sein; junge Rdaa. (20. Jh.), wohl gebildet aus ‚hoch gehen', ‚in die ↗Luft gehen'; vgl. frz. ‚sauter au plafond'. Dagegen: *vor Freude an die Decke springen:* sich unbändig freuen (seit etwa 1850 bekannt). Will jem. andeuten, daß er es in seinem Zimmer nicht mehr aushält, sagt er: *Die Decke fällt mir auf den Kopf.*

Lit.: *J. Grimm:* Dt. Rechtsaltertümer (Leipzig [4]1899), Bd. I, S. 609, 620; *K. Weinhold:* Die dt. Frauen in dem MA. (Wien 1882), S. 268.

Deckel. *Den Deckel von den Töpfen heben* (ebenso ndd. ‚den Deckel von den Pot bören' oder schwäb. ‚'s Deckele vom Hafe lupfe'): mit der Wahrheit herausrücken, jem. aufklären, ihm die Meinung sagen. Die Rda. spielt darauf an, daß sich bei sol-

cher ‚Topfguckerei' u. U. ein schlechter Geruch verbreitet. Vgl. auch die ndd. Feststellung: ‚Pöttekieker kuamt nich in'n Himmel'.
Beim Anblick eines (verwunderlich) ungleichen Paares sagt man achselzuckend in Norddtl.: „Jedde Pott find' sin'n Dekkel!' ↗Pott, ↗Topf.
Nordostd. ‚Dat paßt wie de Deckel oppem Topp', das paßt sehr gut, und ‚De send een Topp on een Deckelke', sie sind ein Herz und eine Seele. In der meckl. Rda. ‚Dee kriggt bald'n Deckel uppe Näs'', er stirbt bald, ist mit ‚Deckel' der Sargdeckel gemeint. Sonst bez. Deckel vulgärsprachl. den Hut, deshalb: *einen auf den Deckel kriegen:* gerügt werden (↗Dach, ↗Hut); ähnl. schwäb. ‚Einem den Deckel herunter tun', ihm deutlich die Meinung sagen.
‚Der hot uf alles sei Deckelcha' (wolgadt.): Er hat auf alles eine Antwort bereit.

Deckmantel. *Ein Ding zum Deckmantel machen, etw. als Deckmantel gebrauchen:* eine schlechte Handlung beschönigen. Das Wort Deckmantel wird seit seinem ersten Auftreten in der dt. Sprache bildl. gebraucht. Es erscheint erstmals im Mhd. Ende des 13. Jh. im ‚Renner' Hugos von Trimberg, (V. 17 166–69):

gelîchsenheit (‚Heuchelei') hât deckemantel
und hât ouch sô manegen wantel
daz niemen weiz an wen er sich
mac gelâzen; daz ist jamerlich.

Bei Nicolaus von Straßburg heißt es: „niemen ist so übel ern gere daz sîn übele ein deckementelîn müze haben, daz sîn schande niht gar blecke".
Noch heute ist das Wort in verschiedenen Rdaa. gebräuchl.; man sagt z. B. *unter dem Deckmantel der Nächstenliebe etw. tun, unter dem Deckmantel der Nacht, der Verschwiegenheit* usw.; vgl. das Verbum ‚bemänteln', beschönigen, verbergen, die ndl. Rda. ‚iemand onder den dekmantel van vriendschap bedriegen' u. frz. ‚sous le couvert de ...', sinnverwandt mit ‚beschönigen', ↗Mantel.

deichseln. *Eine Sache deichseln:* eine schwierige Sache meistern, sie geschickt durchführen. Die Wndg. ist seit der Mitte des 19. Jh. mdal. und stud. belegt, bes. in der Form: *Das werden wir schon deichseln!* Das Zeitwort deichseln bedeutet ‚an der Deichsel lenken'; es gehört viel Geschick dazu, einen unbespannten Wagen an der Deichsel rückwärts zu lenken, z. B. in eine Scheune oder eine Toreinfahrt; deshalb hat deichseln den Sinn ‚eine Sache geschickt durchführen' angenommen.

Deielendames. ‚Nu mach doch keene Deielendames' sagt man in Köln, wenn eintöniges Singen oder loses Geschwätz jem. auf die Nerven geht. Das Wort Deielendames ist eine Ableitung aus dem lat. ‚Te Deum laudamus', einem Hymnus mit vielfach gleichartig gestalteten Versen. ↗Baselemanes

Lit.: *H. Lützeler:* Philosophie des Kölner Humors (Hanau 1965), S. 32f.

Delirium. *Im Delirium sein:* eine krankheits- oder alkoholbedingte Bewußtseinstrübung haben. Oft ist sie mit Halluzinationen verbunden, so beim ‚delirium tremens', dem sog. Säuferwahn.

denken. *Denkste! (sagt der Berliner); Haste gedacht!* sind allg. verbreitete Floskeln, mit denen man auf einen Irrtum hinweist oder Ablehnung ausdrückt; vgl. frz. ‚Tu penses!' oder ‚penses-tu'', i. S. v. ‚Wo denkst du hin?' Eine Steigerung bedeutet die Wndg. *typischer Fall von denkste:* ein großer Irrtum.
Die Rda. *Ich denke nicht daran* enthält eine strikte Ablehnung (vgl. frz. ‚Je n'y pense pas un seul instant'), während der Ausruf *Der soll noch einmal an mich denken lernen!* eine Drohung ist, wenn sofortige Rache unmöglich scheint; vgl. frz. ‚Il se souviendra de moi' oder ‚Je lui garderai un chien de ma chienne' (wörtl.: Ich werde ein Junges von meiner Hündin für ihn aufbewahren).
Er denkt, daß St. Peter ein Schüler war ist eine von Seb. Brant gebrauchte Rda. zur Bez. der Unwissenheit. In seinem ‚Narrenschiff' heißt es einmal: *„Er denkt nur von der Nase in den Mund":* er denkt nur an das Nächstliegende. Ähnl. die heute noch gebräuchl. Wndg. *Er denkt nur von elf (zwölf) bis Mittag:* er ist vergeßlich,

kann nicht weit denken; schwäb. ‚Du kannst denken von den Handzwehle bis zur Stubetür (an der sie hängt)'.
Bei überraschenden Ereignissen sagt man *Ich dachte, Ostern und Pfingsten sollten auf einen Tag fallen. Sich seinen Teil denken:* sich seine eigene Meinung über etw. machen, sie aber nicht kundtun. *Denken wie Goldschmieds Junge* (↗Goldschmied). *Denken wie ein Seifensieder* (↗Seifensieder).
Auf den Denkfaulen u. Begriffsstutzigen gemünzt ist die Wndg. ‚Du denkst wie ein Rettich, nur nicht so scharf' und auf den Lehrling, der etw. falsch gemacht hat, der Ausspruch ‚Denken ist Glückssache', mit dem Zusatz: ‚... aber mancher hat kein Glück!'.
Ähnl.: ‚Das Denken sollte man den Pferden überlassen, die haben größere Köpfe'. (Vor allem beim Militär gebräuchl., wenn ein Untergebener entschuldigend sagte: ‚Ich dachte, ...'.) Neuerdings aufgekommen sind zahlreiche Aussprüche der Verwunderung u. des Erstaunens, die ein ganzes Rdaa.-Feld ausmachen. Sie sind wohl berl. Ursprungs, haben sich aber schnell über ganz Dtl. verbreitet: ‚Ich denk(e) (dachte, glaube) ‚mir (mich) tritt ein Pferd', ‚.. mir (mich) laust der Affe', ‚ick werd nich wieder', ‚mich streift ein Bus', ‚mein Schwein pfeift', ‚mein Hamster bohnert', ‚mich bumst ein Bär', ‚ich werd' verrückt', ‚mich trifft der Schlag', ‚mich knutscht ein Elch', ↗glauben.

Lit.: *R. Hauschild* u. *H. Schuh:* Ich glaub' mich knutscht ein Elch! (Herford 1980).

Denkzettel. *Einem einen Denkzettel geben:* ihm eine fühlbare Erinnerung geben, damit er in Zukunft einer Sache oder einer Person besser eingedenk ist. Das zweite Glied des Wortes Denkzettel ist das mlat. ‚cedula' = Papierblättchen.
Das Wort Denkzettel, das heute einen harmlosen und leicht humoristischen Klang besitzt, war urspr. eine ernst zu nehmende Sache. Der Gedenkzettel (ndl. gedenkcedel) war im 15. Jh. – etwa im hansischen Recht bezeugt – zunächst die schriftliche Mitteilung des Gerichts, die Übermittlung der Ladung oder der Klage. Später nahm es die allg. Bdtg. ‚schriftl. Mitteilung' an.
Mit „denkzedel" übers. Luther 1522 in Matth. 23,5 griech. φυλακτήριον = Gedenkriemen mit Gesetzessprüchen. Der jüd. Denkzettel war ein Pergamentstreifen, worauf nach der Verordnung in 4. Mos. 15,38f. und 5. Mos. 6,8 einige Bibelsprüche verzeichnet waren. Dieser Pergamentstreifen wurde in einem Kästchen aufbewahrt und mit einem Riemen an die Stirn oder an den linken Arm gebunden.
In der Übers. von Maleachi 3,16 gebraucht Luther schon 1532 „Denkzettel" für eine Liste dessen, was man nicht vergessen soll: „Aber die Gottesfürchtigen trösten sich untereinander also: Der Herr merkt und hört es, und vor ihm ist ein Denkzettel geschrieben für die, so den Herrn fürchten und an seinen Namen gedenken".
Einige Jahrzehnte später bez. das Wort 1561 bei Jos. Maaler (‚Die teütsch spraach', Zürich 89b) das ‚Notizbuch': „denkzädel, gedenkbüchle, darin einer täglich aufschreibt, was er thuon oder außrichten will / libellus memorialis".
Einen Denkzettel erhielt dann, wer mit einem wichtigen, umfänglichen Auftrage an einen andern abgeschickt wurde, z.B. ein städtischer Ratsherr, der als Abgesandter zum Landesherrn ging.
In den Jesuitenschulen wurde früher auch Schülern, die sich irgendwie vergangen hatten oder an denen der Lehrer irgendeine schlechte Neigung bemerkte, ein Denkzettel ausgefertigt, auf dem der betr. Fehler verzeichnet stand und den der Schüler stets bei sich tragen mußte, ↗Esel. Da den Schüler mit dem Denkzettel oft handgreifliche Ermahnungen und Prügelstrafen erwarteten, bekam das Wort über die Schulsprache seine heute allg. bekannte Bdtg.: körperlich fühlbare Erinnerung, Strafe. Bes. in dieser Bdtg., auch in Form eines ‚blauen Auges', einer Narbe, einer Frostbeule u. dgl., ist das Wort in unseren Tagen lebendig.

Lit.: Dt. Rwb. II, 783; *Richter-Weise,* Nr. 40, S. 45; *Lindqvist,* S. 71; *Ebel,* S. 9.

Depp. *Jem. (nicht) den Deppen machen:* sich (nicht) wie ein dummer Trottel herumschicken lassen. Der Begriff ‚Depp'

(bair.-österr.: Tepp, Tapp) geht zurück auf das frühnhd. ‚tapp', wie es auch in dem Wort ‚tappen' enthalten ist, d. h., der Depp ist jem., der täppisch geht u. zugreift, ein einfältiger, ungeschickter Mensch, ein Schwachsinniger, Dummkopf oder Idiot. Die Rda. wird meist negierend gebraucht, ebenso wie die Wndg.: ‚Ich bin doch nicht dein Depp' oder ‚ich bin doch nicht deppert' als Antwort auf eine unzumutbare Forderung.
Anders verhält es sich mit der Rda.: *den Deppen spielen*. Sie weist darauf hin, daß jem. bewußt u. aus Spaß in die Rolle des Tölpels schlüpft.

Deputat. *Sein Deputat erhalten (haben):* seinen Anteil bekommen; vgl. frz. ‚recevoir son dû' (wörtl.: seinen gerechten Lohn empfangen); auch: die gebührende Strafe erhalten haben. Obersächs. ‚Der hat sein Deputat weg', er ist gebührend gestraft worden, hat eine gehörige Tracht Prügel gekriegt; schwäb. ‚I hau mei Deputat', ich habe genug getrunken; altmärk. ‚Dao hät'r sik e schönes Diputoat upn Hals leggt'.
Deputat bedeutete den gebührenden Anteil, das Zugewiesene, z. B. alles, was ein Beamter oder Landarbeiter außer dem Gehalt oder Lohn an Naturalien als einen Teil seiner Besoldung bekam (‚Deputatholz', ‚Deputatkorn' etc.).
Früher hatten die Bauern ihrem Geistlichen z. B. die ‚Deputatswürste' zu liefern. Das Wort Deputat ist seit 1529 gebucht und findet sich z. B. bei Schweinichen: ‚demnach jhro f.gnaden eine anzahl weins zum deputat hatten". Der Ausdr. lebt auch noch im schulischen Bereich weiter: ‚ein ganzes bzw. ein halbes Deputat erhalten', d. h. ein Lehrer erhält eine Vollstelle oder einen halben Lehrauftrag.
‚Deputatkohle' ist im Ruhrgebiet für die Bergleute noch immer bekannt als Naturallohn der Zeche an ihre Mitarbeiter. Mit dem Wort Deputat selbst verschwindet heute nach und nach auch die Rda. aus unserer Sprache, ↗Dezem.

Lit.: *F. Seiler:* Dt. Sprww.kunde (München 1922), S. 244.

derjenige. *Allemal derjenige (derjenichte), welcher sein:* der sein, der die Verantwortung oder die Schuld auf sich nehmen muß. Die Rda. stammt aus Louis Angelys ‚Fest der Handwerker' (1828) und kann heute entweder eine positive Bdtg. in der Feststellung besitzen: ‚Er ist immer derjenige, welcher' etw. ausführen kann und sich und anderen stets zu helfen weiß, oder eine negative in einer gewissen Anklage und Empörung: ‚Ich muß immer derjenige, welcher sein', d. h. der, der mit den Schwierigkeiten fertig werden muß, die die anderen gern von sich abwälzen.

De(t)z. *Jem. eins auf den De(t)z geben* (auch *Detzkasten*): ihm einen Schlag auf den Kopf versetzen, bes. in der nordd. Umgangssprache bei grober Schelte gebräuchl. Das Wort De(t)z (Dätz, Deez) ist vermutl. eine Entlehnung aus frz. tête = Kopf; lit. belegt ist es z. B. bei Heinrich von Kleist (‚Der zerbrochene Krug', 7. Auftr.):

> Als ich die Thür eindonnerte, so reiß' ich
> Jetzt mit dem Stahl eins pfundschwer über'n Detz ihm.

Deut. *Das ist keinen Deut wert!:* das ist nichts wert; vgl. frz. ‚Cela ne vaut pas un liard' (alte frz. Münze). *Ich kümmere mich keinen Deut darum:* ich kümmere mich nicht im geringsten darum. *Er (es) ist um keinen Deut besser:* Er (das) ist genauso, nicht im geringsten besser.
Deut, mndl. ‚duit' (vgl. altnord. thveit(i) = geringe Münze, urspr. ‚abgehauenes Stück' zu altnord. thveita = abhauen), war ehemals die Bez. der kleinsten Münze in Holland, Geldern und Kleve. Die ndl. Kupfermünze im Werte von 2 Pfennigen gab den Anlaß zur Bildung der ndl. Rda. ‚Ik geef er geen' koperen duit voor'. Da die Münze auch in Dtl. umlief, wurde diese Rda. zu Beginn des 18. Jh. übernommen und ist seitdem in übertr. Anwendung in der Bdtg. ‚geringste Kleinigkeit, wertlose Sache, nichts' im Dt. bezeugt.
Zu Deut stellt sich das ältere nordostdt. ‚Dittchen', eine Dreigroschenmünze, die 1528 von Sigismund I. von Polen geprägt wurde. Auch sie lebt noch in Mundartausdr. weiter wie: ‚Der hat en Verstand wie e Dittke' oder ‚Dat is nich et Dittke wert' (Ziesemer II, S. 57).

,Dittchen' ist auch in rhein. Mdaa. bekannt, z. B.: ,Dat was man son'n Dittchen!': ein kleines, behendes, hurtiges Mädchen, flink u. fleißig, i. S. v.: ,klein, aber oho!'.

Wohl in allen Sprachen besteht die Neigung, die an sich abstrakte Bez. der Verneinung zu verdeutlichen, dem lautlich schwachen Wortkörper ,nicht' (,nichts', ,nein', ,kein') ein größeres Gewicht zu geben vor allem durch Hinzufügung von Wörtern, die kleinste, wertlose Dinge oder geringe Mengen bezeichnen. Gerade Münzbez. wie Deut wurden häufig zur Verstärkung der Negation verwendet. Sie wurden zunächst auch ganz wörtl. aufgefaßt: mnd. ,he enhaddes von dem Schatze nicht enen pennink gevunden'; ,er besaß keinen (roten) Heller, keinen Schilling, keinen Pfennig' usw.; oder bei der Aussteuer: ,ik geev er nick einen deuyt meir mide'. Eine bildl. Übertr. liegt dann schon vor, wenn verneinende Münzbez. auch bei solchen Dingen gebraucht werden, die man nicht nach Geldwert messen kann, z. B. ndd. ,ohlt Deern sünd nich ein Heller werd'; oder ,nicht einen Heller nach etw. fragen'.

Das einfache ,nichts' ist der Volkssprache jedenfalls zu wenig und erfährt deshalb oft eine rdal. bildhafte Verbreiterung. Hist. gesehen, stellt sogar schon das Wort ,nein' eine solche Verstärkung dar (= nicht ein), wie auch lat. ,non' auf früheres ,ne unum' zurückgeht. Ebenso ist das einfache Wort ,nichts' ahd. häufig belegtes ,ni wiht', d. h. eigentl. ,nicht ein Ding', und hat seine Parallele in lat. ,ne hilum' = nihil; entspr. frz. ,ne-rien', ,ne-pas' (= ne passum), ,ne-point' (= ne punctum), ↗nichts.

Alle diese Ausdr. haben urspr. einen Real-Ausgangspunkt. Dieser ist überall zunächst in der rein wörtl. Anwendung der Ausdr. zu suchen. Bei häufigerem Gebrauch ist dann die wörtl. Bdtg. immer mehr verblaßt. Zum Beispiel ,Ich weiche keinen Fuß von der Stelle' war zunächst durchaus räumlich gedacht, und ist erst dann übertr. gebraucht worden, wenn man etwa auch von einer Forderung oder gar von einer moralischen Einstellung ,nicht einen Fuß' abzuweichen gewillt ist, ↗Fuß. Ebenso hatte etwa die alte Verneinungsformel ,nicht ein Haar' (mhd. ,niht ein hâr', vgl. ,umbe ein hâr', ,gegen einem hâre', oder als Gen. ,niht hâres grôz', ,niht eines hâres mê' usw.) urspr. einen durchaus wörtl. Anwendungsbereich: In einer ma. Hs. bei Gerhard von Minden bittet der Affe den Fuchs um einen Teil seines langen Schwanzes, um damit die eigene Blöße zu decken. Der Fuchs erwidert:

unde bedestu mi ein jar,
du scholdest weten dat vorwar,
dat ek darut di nicht ein har ne geve.

Ganz ähnl. in einer anderen Fabel des ma. Esopus, wo die Krähe sich weigert, dem schlafenden Hunde das Fell zu rupfen:

de hunt ne slept ni so vaste,
he ne vornemet unde taste,
berôrde ik one bi enem hare.

Hier ist die Wndg. ,bi enem hare' also noch ganz wörtl. zu nehmen, später nur noch übertragen, ↗Haar.

Jac. Grimm machte in seiner ,Dt. Grammatik' (3,728) zuerst darauf aufmerksam, daß schon die mhd. Dichter den verneinenden Ausdr. gern durch ein hinzugefügtes Bild heben. Am häufigsten findet sich mhd. die Verstärkung durch ,hâr'; z. B. in Gottfrieds ,Tristan':

ern hæte niht gegeben ein hâr
wær es gelogen oder wâr.

In weitem Häufigkeitsabstand folgen ,vuoz', ,tag', ,wort', ,stunde', ,bast', ,gruoz', ,brot', ,trit', ,phennig', ,tropfen', ,vaden' u. a. Oft sind es kleine Früchte oder alltägliche und gering geachtete Nahrungsmittel, wie ↗Bohne, Nuß, Beere, Kirsche, Apfel oder das Ei, die zur bildl. Verstärkung der Verneinung dienen, z. B. mnd. ,den fiscal achte ich nicht eine not'; ,ich achtete er niht enen slê' (Schlehe); ,nicht gen einer kirse'; ,um sturm gæbe sie niht ein ber'; ,so ensal dan alle werlt nicht einen appel baten'; mhd. ,sîn zorn so up de Juden draf, dat man drîzich umbe ein ei ...' (mdal, rhein. noch heute, ,nicht für ein Appel und ein Ei!').

Als nichtiges Ding gilt auch der aufsteigende Rauch oder der fliegende Feuerfunke (wie noch in heutiger Umgangssprache ,keinen Funken Ehrgeiz, Verstand!') oder die Spreu (z. B. bei Konrad von Würzburg: „so ahtet ich niht umb ein spriu dar ûf, swaz mir geschæhe"). Andere mhd. Verneinungsformeln sind ferner ‚niht eines louches kil‘, ‚niht einer bluomen stengel‘, ‚niht ein kol‘, „er ahte alliu dinc als einen stoup“. Als Bild des Unbedeutenden gilt auch das Stroh (‚ik geve um ein bôk nicht ein strô‘) und schließlich Ausdr. für Schmutz, Dreck, Kot. In der ‚Kaiserchronik‘ heißt es von Ludwig dem Frommen: „er furchtet ez (alles Irdische) niht mêre denne einen mist“. „Des bîchten helpet nicht einen dreck“ meint das ndd. ‚Narrenschiff‘ (vgl. noch in der Sprache der Ggwt.: ‚Das geht dich einen Dreck, einen feuchten Kehricht an!‘).

Auch kleine, verachtete Tiere dienen als Bez. des Minderwertigen und damit zur Verstärkung der Negation, z. B. die Laus: „se achteden ere viande nych ein lûs“; ‚he het nich 'n Luus to freten‘; ‚Ze kümmert sik nich 'n Luus üm en‘. Andere Fälle sind: Katzenschwanz (‚de hindert my nicht enen Kattenstert‘), auch ‚Hundsfott‘ gehört hierher.

Häufig wird der ↗Teufel nebst seinen verhüllenden Umschreibungen herangezogen, um einen verneinenden Sinn auszudrücken. Den Ausgangspunkt für diesen merkwürdigen Sprachgebrauch kann man in Stellen finden wie im ‚Nibelungenlied‘, wo Hagen auf Kriemhilds Frage, ob er den Schatz bringen werde, mit den Worten erwidert: „ich bringe iu den tiuvel“; oder, ebenfalls dort: „nu swiget: ir haben den tiuvel getan“. Dieser Sprachgebrauch ist in den Mdaa. noch geläufig; z. B. ‚Sie fragen den Düwel na der Religion‘; ‚he günnt den Düwel keen Picklicht‘ (Licht vom schlechtesten schwarzbraunen Talg); ‚Grodmoder is den Düwel dood / se itt noch Speck un Brod!‘. Auch für ‚niemand‘ tritt häufig eine Umschreibung mit ‚Teufel‘ ein, z. B. ‚Dat verdenk em de Düwel‘, das kann ihm keiner verdenken.

Die meisten der im MA. geschaffenen Wndgn. gingen unter, und nur wenige, bes. geläufige und naheliegende Formen retteten sich in die neuere Schriftsprache. Doch weicht der heutige Gebrauch in mancher Hinsicht vom Mhd. ab, und es ergeben sich vor allem kulturhist. Verschiebungen. Viel häufiger sind aber diese rdal. Verneinungen in den Mdaa. erhalten geblieben, wobei derbe Ausdr. (wie Dreck, Aas, Arsch, Scheiße) oder geringwertige Tierbezeichnungen (wie Katze, Hund, Laus, Maus) bevorzugt werden.

Die Volkssprache ist unerschöpflich in ihrer Erfindungskraft immer neuer Bilder und Wndgn. Heutige rdal. Ausdr. für ‚nichts‘ können darum hier nur aufgezählt werden: ‚keinen Schimmer‘, ‚keinen Funken‘, ‚kein Gedanke‘, ‚keine Spur‘, ‚kein Pappenstiel‘, ‚kein Schmarren‘, ‚kein Sterbenswörtlein‘, ‚keine Silbe‘, ‚keinen Mucks‘, ‚kein (Ratten-)Schwanz‘, ‚kein Schwein‘, ‚keinen Furz‘, ‚keinen Schuß Pulver wert‘, ‚er hat kein ganzes Hemde mehr auf dem Arsch‘, ‚keinen guten Faden an jem. lassen‘, ‚keinen Hosenknopf‘, ‚nicht mehr eine Schindel auf dem Dache‘, ‚er ist nicht das Streichhölzchen wert zum Anzünden‘, ‚keinen Fußbreit, keine Handbreit, keinen Schritt von der Stelle weichen‘ (frz. ‚Ne pas bouger d'un pas‘), ‚nicht ein Wort davon glauben‘ (frz. ‚N'en croire pas un mot‘), ‚nicht bis auf drei zählen‘, ‚keiner Fliege etw. zu leid tun können‘ (frz. ‚Ne pas faire de mal à une mouche‘), ‚da kräht kein Hahn danach‘, ‚kein Auge zutun‘ (frz. ‚Ne pas fermer l'oeil de la nuit‘), ‚sich kein Bein ausreißen‘, ‚nicht den kleinen Finger krumm machen, rühren‘, (frz. ‚Ne pas remuer le petit doigt‘), ‚kein Blatt vors Maul nehmen‘, ‚von dem mag ich keinen Bissen Brot‘, ‚ich habe keinen toten Hund gesehen‘, ‚das wird keine lahme Katze anlokken‘, ‚das schert mich nicht einen Katzendreck‘, ‚es ist nicht drei Läuse wert‘, ‚es rührt sich kein Mäuschen‘.

Die bildl. Verneinung findet sich namentlich bei bestimmten Verben wie: nützen, taugen, wert sein, schaden, helfen, fürchten, achten, zweifeln. Bes. gern steht die rdal. bildhafte Verneinung bei Schilderungen des Geizes, z. B. ‚Er gönnt ihm nicht das Schwarze unter dem Nagel; nicht so viel, was unter den Nagel geht; was man auf dem Nagel fortträgt‘, ‚keinen Happen‘, ‚keinen Bissen Brot‘, ‚nicht die Butter aufs Brot‘, ‚nicht ein Körnchen‘, ‚nicht einen Pfifferling‘, ‚nicht eine (madige) Pflaume‘, ‚nicht einen (Kraut-)Strunk‘, ‚nicht einen Strohhalm‘; ndd. ‚He günnt em nich dat Witt in t'Oog‘, ‚nich dat Swart ünnern Nagel‘, ‚nich dat Gele von 't Ei‘, ‚keen Piep Tabak‘; ‚he kann nich den

Schiet ünner de Schoh missen', ‚er gibt nichts mehr ab, eher beißt er sich die Zunge ab', ‚eher läßt er es verfaulen', ‚eher schmeißt er es auf den Mist'.

Neben der Verstärkung durch Substantive, die in irgendeiner Hinsicht ein Minimum bezeichnen, gibt es eine Verstärkung der Verneinung durch Substantive, die ein Maximum, einen großen oder größten Wert bezeichnen; z. B. ‚Er hat in seinem ganzen Leben noch nicht gearbeitet', ‚seiner Lebtag noch nicht', ‚seit Jahr und Tag nicht', ‚ich weiß in aller Welt nicht, was da werden soll', ‚nicht um die Welt', ‚um Gottes willen nicht', ‚es wird keine Ewigkeit dauern'; vgl. frz. ‚Cela n'aura qu'un temps' (wörtl.: Es wird nur eine Zeitlang dauern).

Ein anderes beliebtes Mittel der rdal. Verneinung ist der ironische Vergleich, d. h. die Verneinung durch den Vergleich mit unmöglichen, nutzlosen, unwahrscheinl. Handlungen, Gegenständen und Zeitpunkten, z. B. ‚Er kann schwimmen wie ein Sack voll Steine', ‚er weiß soviel von der Kirche, als des Müllers Esel kann die Laute schlagen', ‚man kann sik op em verlaten as up en dode Rott', ‚he is so uprichtig as 'n Kohstert' (Kuhschwanz), ‚he is so fett as 'n Predigtstohl', ‚he süht so vergnögt ut as de Hahn bi't Regenweder', ‚dat Fruunsmensch hölt dicht as 'n Saatseef', ‚das steht dir, wie dem Schwein das Vorhemdchen', ‚er geht aufs Gebirge Schnee sieben' (er hat keine Arbeit), ‚ihr wärt gut zum Marderfangen', ‚was versteht der Ochse vom Sonntag, wenn er alle Tage Heu frißt', ‚kümmere dich nicht um Haseneier, die klappern nicht', ‚er hat ein Interesse wie ein verrosteter Nagel'.

Bemerkenswert ist auch die Form dieser rdal. Wndgn. Ein beliebtes Mittel ist dabei die Verbindung zweier (oft einander entgegengesetzter) Ausdr., z. B. ‚Das ist nicht gehauen und nicht gestochen', ‚nicht gehopst und nicht gesprungen', ‚nicht gestoben und nicht geflogen', ‚da hilft kein Jammern und kein Klagen', ‚kein Singen und kein Beten', ‚kein Fluchen und kein Beten', ‚kein Pudern und kein Schminken', ‚es langt nicht hin und nicht her', ‚er weiß sich hinten und vorne keinen Rat', ‚er kann sich nicht aufs hinterste und nicht aufs vorderste besinnen', ‚kein nichts und kein gar nichts haben', ‚sich nichts und gar nichts denken'. Vor allem im heutigen Ndd. begegnet diese Form der Verneinung auf Schritt und Tritt: ‚Dat geef ni Natt noch Drög', es gab gar nichts zu essen; ‚he sä ni Witt noch Swart', er sagte gar nichts; ‚he rögt ni Hand noch Foot', er tut gar nichts. Oft sind die beiden Ausdr. noch durch Stabreim miteinander verbunden: ‚do is nich Putt noch Pann', ‚he kennt nich Koh noch Kalf', ‚nich Kind noch Küken, nich Küken noch Katt, ni Korn un Kröm, nich Buuk noch Been', ‚er schont nich Vadder noch Fründ', ‚he weet nich hott un hü', ‚he sä nich muh un nich mäh', ‚he hett keen Duld un Dur', ‚he nimmt nich Gift noch Gave', ‚dor wasst nich Heu noch Hawer', ‚dor sünd nich Kisten noch Kasten'.

Lit.: *I. Zingerle:* Über die bildl. Verstärkung der Negation bei mhd. Dichtern, in: Sitzungsber. der K. K. Akademie der Wiss. (Phil.-hist. Klasse), Bd. 39 (Wien 1862); *H. Haltrich:* Negative Idiotismen der siebenbürg. Volkssprache (Hermannstadt 1866); *H. Kny:* Der Gebrauch der Negation im Kudrunliede (Bielitz 1880); *F. F. Fritsche:* Der Gebrauch der Negation bei Walther von der Vogelweide (Wismar 1885); *R. Hildebrand:* Gehäufte Verneinung, in: Zs. f. d. U. 3 (1889), S. 149–161; *O. Behaghel:* Die Verneinung in der dt. Sprache, in: Wissenschaftl. Beihefte zur Zs. d. allg. Dt. Sprachvereins, 5. Reihe, H. 38/40 (1918), S. 225–252; *G. Louis:* ‚nicht' und ‚nichts' im Sprachgebiet des Dt. Reiches einst und jetzt (Diss. Marburg 1917); *A. Zobel:* Die Verneinung im Schles., in: Wort und Brauch 18 (Breslau 1928); *O. Mensing:* Zur Gesch. der volkstüml. Verneinung, in: Zs. f. d. Ph. 61 (1936), S. 343–380; *J. Arndt:* ‚Nichts' und ‚Niemals', in: Rhein.-westf. Zs. f. Vkde. 8 (1961), S. 118ff.; Münzen in Brauch u. Aberglauben, S. 230.

deutsch. *Deutsch (mit jem.) reden: etw. auf gut deutsch sagen:* offen, verständlich reden, ohne Umschweife und Hintergedanken geradeheraus und deutlich seine Meinung, die ungeschminkte Wahrheit sagen.

Mit dem Wort deutsch verbindet man oft seit frühnhd. Zeit den Begriff des Klaren, Offenen und Ehrlichen, aber auch den des Derben, Groben. Ähnl. *deutsch von der Leber weg reden.* Schon 1494 begegnet die Wndg. *deutsch reden* in Seb. Brants ‚Narrenschiff' (83, 21):

Und sag dir tütsch wie ich das meyn,
Man henckt die kleynen dieb alleyn.

Bei Hans Sachs: „Wilt das ichs teutscher sagen soll?" und in Fischarts ‚Gargantua': „Also daß Grippepinhalt von Strobeldorn

ihm gut rund Teutsch vnter die Nasen sagt: Herr...". In Schillers ‚Räubern' (IV,5) heißt es ähnl. wie bei Hans Sachs: „Wo will das hinaus – rede deutscher!" So noch heute: ‚Red nicht so (klein-)kariert, sprich deutsch!'
Umgekehrt gebraucht Luther ‚undeutsch' geradezu als sinngleich mit ‚unverständlich' (vgl. (1. Kor. 14,11).
Nicht deutsch verstehen (wollen): dumm sein; die Rda. kann aber auch den Sinn haben: etw. absichtlich nicht verstehen wollen, ebenso frz. ‚ne pas comprendre le Français'.
In der lux. Mda. u. pfälz. sagt man zu einem, der sich undeutlich ausdrückt ‚Schwätz däitsch oder schäiss Buschtawen!', entspr. ndd. ‚Spräck off schiet Baukstoaben, dat man't liäsen kann!'
In diesen Rdaa. lebt noch ein Stück vom urspr. Sinngehalt des Wortes deutsch weiter, denn deutsch, ahd. diutisk, geht zurück auf ahd. diot = Volk und bez. urspr. die Volkssprache im Gegensatz zum Lat. der Gelehrten und der Kirche. Vom gleichen Stamm ist unser Zeitwort ‚deuten', eigentl.: etw. dem Volke verständlich machen. Den dt. ähnl. Wndgn. kennt auch das Lat., das Frz. und das Engl.: ‚Latine loqui', ‚parler français', ‚to speak plain English'; diese Rdaa. haben ebenfalls alle die übertr. Bdtg.: unverhüllt und geradeheraus reden. *Auf deutschem Boden gehen* ↗ Boden.
Mit dem formelhaften Etikett ‚typisch deutsch!' werden meist wenig schmeichelhafte Eigenschaften in Verbindung gebracht. O. Holzapfel hat Belege dafür zusammengetragen, mit welchen Attributen der Deutsche etwa in Dänemark versehen wird, z.B. ‚wütend wie ein Deutscher'. ‚Deutsch' wird mit laut, übertrieben, angeberisch gleichgesetzt, oft auch mit unverständlich. Auffallend für die Nachbarn ist schon die Physiognomie. So gibt es vom Deutschen das untilgbare Bild des Vierschrötigen, das einen Ausdr. im frz. ‚tête carrée allemande' wie im lat.-amerikanischen ‚alemán quadrado' gefunden hat – das Kantig-Eckige, kurz gesagt: ein ‚Quadratschädel'.
Noch stärker, oft wechselseitig identisch, ist der Eindruck der unverstandenen Fremdsprache. Die Bez. der Slawen für die Deutschen – ‚njemzi' – geht auf das Wort ‚njemi', die Sprachlosen, zurück, während die Bez. ‚Slawe' im Gotischen gleichfalls den Sprachlosen, Stummen oder Schweigenden meint – einen des Gotischen Unkundigen. Ähnl. verfährt der Schwede mit den Finnen und dieser mit dem Russen: ‚Ruotsi' bedeutet der Sprachlose. Der ital. Name für den Deutschen und das Deutsche, ‚tedesco', ist zugleich Synonym für Kauderwelsch, offenbar auch das ‚Teutsch' lautimitierend, und ‚crucco', das Kosewort, das unsere mediterranen Nachbarn für uns haben, geht darauf zurück, daß unsere krächzend-zischenden Gutturallaute – besonders die alem. in nordital. Hörweise – das innere Ohr so furchtbar zerkratzen, mit einem Wort: ‚crucco!'. Dante spricht in seinem ‚Inferno' von den ‚tedeschi lurchi', den gefräßigen, trunksüchtigen Deutschen, und ähnl. gibt es das Etikett ‚porco tedesco', deutsches Schwein.
Für mehrere Länder und Sprachen sind die Deutschen vor allem ‚Kartoffelfresser'. Die Dänen nennen die Deutschen ‚Kartoffeltyske', und die Polen ‚kartoflarz'. Für die Amerikaner sind die Deutschen seit dem Ersten Weltkrieg die ‚Krauts', für die Russen die ‚Wurstfresser' (H. Lauer). Aber auch andere Speisen, wie Frankfurter Würstchen oder Sauerkraut gelten als ‚typisch deutsch'. Die Reihe der Ethnostereotypen über das, was als ‚typisch deutsch' gilt, ist erstaunlich lang, die Lit. darüber sehr umfangreich.

Lit.: *K. Menge:* „Deutsch reden", in: Zs. f. d. U. 5 (1891), S. 635; *G. M. Küffner:* Die Dt. im Sprw. (Heidelberg 1899), S. 1 ff.; *W. Krogmann:* Deutsch. Eine wortgeschichtl. Untersuchung (Berlin – Leipzig 1936); *L. Weisgerber:* Der Sinn des Wortes ‚Deutsch' (Göttingen 1949); *ders.:* Deutsch als Volksname (Stuttgart 1953); *H. Eggers:* Nachlese zur Frühgesch. des Wortes ‚deutsch', in: PBB. 1961, S. 157–173; Der Deutsche in seiner Karikatur. 100 Jahre Selbstkritik (Stuttgart 1965); *R. A. Roth:* Was ist typisch deutsch? Image u. Selbstverständnis der Deutschen (Freiburg 1979); *A. A. Roback:* A Dictionary of International Slurs (Cambridge [Mass.] 1979), S. 161–177; *H. Pross:* Was ist heute deutsch? (Reinbek bei Hamburg 1982); *O. Holzapfel:* Stereotype Rdaa. über ‚den Deutschen' in der neueren dänischen Literatur, in: Proverbium 4 (1987) S. 87–110; *ders.:* ‚Kartoffeltysker und Speckdäne'. Aspekte volkskundlicher Vorurteilsforschung, in: Schweiz. Arch. f. Vkde. 83 (1987), S. 23–40; *H. Lauer:* Saupreiß, Tschusch und Katzelmacher. Stereotypen und Spottnamen, in: ‚Die Zeit' vom 11. Mai 1990.

Dezem. *Er hat sein Dezem bekommen:* er hat seinen Anteil gekriegt; *der wird sein Dezem kriegen:* er wird seine Strafe bekommen; *er muß überall sein Dezem dazugeben:* er muß sich überall einmischen. Der Dezem, von mlat. decimus, ahd. dezemo, war der ‚Zehnte', eine früher an die Kirche abzuführende Steuer. Der Brauch, den zehnten Teil aller Naturalien als Abgabe zu entrichten, ist in der christlichen Kirche seit dem 4. Jh. nach jüd. Vorbild aufgekommen (vergleiche 1. Mos. 14,20 und 28,22; 3. Mos. 27,30–33; 4. Mos. 18,21–24 usw.). Auch der Koran der Muslimen bestimmt, daß jeder Gläubige den zehnten Teil seines Einkommens den Armen geben oder zu wohltätigen Zwecken verwenden soll. ↗Deputat. Der übertr. Gebrauch von Dezem (Däzen) ist bes. in mdt. Mdaa. verbreitet.

dicht. *Dicht halten:* verschwiegen sein, etw. für sich behalten. Urspr. ist an ein Gefäß gedacht, das kein Wasser durchläßt; von da aus auf menschliche Verhältnisse übertr. In Westf. bedeutet die Rda. ‚Hei is nit dichte', er ist nicht ehrlich. Ebenso: *dicht machen:* schließen, z.B. *den Laden dicht machen:* das Geschäft zumachen. Aus der Sprache der Seeleute ist übertr. *Schotten dicht!:* Tür zu!

Nicht ganz dicht sein: noch die Windeln naß machen, im übertr. Sinn: nicht ganz bei Verstand sein.

Dicht an dicht: eng beieinander, dicht neben- und hintereinander. Die Wndg. ist schon bei D. v. Liliencron (1844–1909) belegt. O. Hauschild hält sie für eine Vermischung von ‚dichtgedrängt' mit Wiederholungen wie ‚Schulter an Schulter', ‚Kopf an Kopf'. K. Schulz dagegen glaubt, Liliencron habe die Wndg. aus dem Plattdt. übernommen u. zitiert als Beispiel einen Satz aus Mensingers Schlesw.-Holst. Wb.: „Wi seten dar dicht an dicht". Es handelt sich wohl um eine volkstümliche Steigerungsform, die aus der Mda. wortwörtl. ins Hdt. übertragen worden ist; vgl. auch ‚dichte bi': nahe dabei.

Lit.: *O. Hauschild:* ‚Dicht an dicht' u. ‚schlicht um schlicht', in: Muttersprache, 53 (1938), S. 76–77; *K. Schulz:* ‚Dicht an dicht', in: Muttersprache, 54 (1939), S. 255–256.

Dichten, Dichtung. *Frei im Dichten u. Denken:* eine geflügelte Wndg., die auf den hohen Anspruch hinweist, den die Dichter aller Zeiten für sich beanspruchten u. der allgem. als ‚dichterische Freiheit' bekannt wurde. Goethe drückt das 1790 im ‚Tasso' (IV,2) mit folgenden Worten aus:

> Frei will ich sein im Denken und im Dichten,
> Im Handeln schränkt die Welt genug uns ein.

Die Wortverbindung *Dichten u. Trachten:* Denken und Handeln geht auf die Übersetzung von 1. Mos. 6,5 zurück: „Da aber der Herr sah, daß der Menschen Bosheit groß war auf Erden und alles Dichten und Trachten ihres Herzens nur böse war immerdar, da reute es ihn ..."; vgl. 1. Mos. 8,21: „Das Dichten des menschlichen Herzens ist böse von Jugend auf". Die beiden Verse werden meist verschmolzen: ‚Das Dichten und Trachten des menschl. Herzens ...' Die Verbindung ‚Dichten u. Trachten' steht auch in Jes. 59,13. Durch den Einfluß von Luthers Bibelübers. hat sich die Verbindung ‚Dichten und Trachten' bis heute erhalten.

Auch in der profanen Lit. begegnet die Wndg. des öfteren, u.a. bei G. R. Weckerlin in: ‚Geistl. und weltl. Gedichte' [1648]:

> von schwerem krieg und groszen schlachten
> ist all ihr dichten und ihr trachten.

Goethe bemüht sich dagegen um eine ‚richtige' Einschätzung des Dichtens. Seine ‚Noten u. Abhandlungen zu besserem Verständnis des Westöstlichen Divans' (1819) tragen das Motto:

> Wer das Dichten will verstehen,
> Muß ins Land der Dichtung gehen;
> Wer den Dichter will verstehen,
> Muß in Dichters Lande gehen.

↗Dichter, ↗Vers.

Dichter. *Dichter und Denker* ist eine Wortverbindung, die Karl Musäus (1735–87) in seinen ‚Physiognomisch Reisen', 3. Heft (1779), S. 101 verwendet, und zwar in der Wortfolge ‚Denker und Dichter'. Später setzte sich die geläufigere Wndg. ‚Dichter und Denker' durch, vor allem auch in der Bez. des dt. Volkes als ‚Volk der Dichter u. Denker', ein Satz, der zum ersten Mal bei

Musäus im Vorbericht zu seinen ‚Volksmärchen' (1782) erschien.
Eine Parteibindung wäre unvereinbar gewesen mit dem Prinzip *dichterische Freiheit,* das auf Senecas ‚Quaestiones naturales' II, 44,1 zurückgeht. Dort heißt es: „Poeticam istud licentiam decet" (Das ist etwas, was zur poetischen Freiheit gehört). Auf die Freiheit im dichterischen Schaffen weisen auch andere lat. Autoren, wie Cicero, Phaedrus, Horaz u. Lucian (vgl. Büchmann).
Die Rda. *den Dichterlorbeer erringen* weist auf Ehrungen u. die Auszeichnungen des Dichters hin. Urspr. bezog sich die Wndg. auf die tatsächliche ‚Dichterkrönung', die vor allem z. Zt. der Renaissance eine Rolle spielte, vgl. Goethes ‚Tasso'. Heute wird sie nur noch in übertr. Sinn verwendet.

Lit.: *A. Erler:* Art. ‚Dichterkrönungen', in: EM. III, Sp. 728–729.

dick. *Etw. (jem.) dick(e) haben (kriegen):* es satt haben, seiner überdrüssig sein. Dick hat in dieser und verwandten Rdaa. noch den Sinn von mhd. dicke = oft, häufig. Ähnl. auch noch in den Mdaa., z.B. berl. ‚Det wirste bald dicke kriejen!'; sächs. ‚die Birnen dicke haben' (↗Birne); ‚es dicke zwingen', mit Leichtigkeit.
Mhd. dic i.S.v. ‚groß' lebt auch noch in der Rda. *dicke Freunde sein.* Die Rda. *mit jem. (jedem) dick sein,* eine Verkürzung aus ‚dicke Freunde sein', ist erst im 20. Jh. aufgekommen. Die Reichen heißen im Volksmund auch ‚die Dicken' (auch ‚Dickköppe'; vgl. bair. ‚die Großkopfeten'); daher *(sich) dicke tun:* sich aufspielen, prahlen; *sich mit etw. dick machen:* angeben, sich mit etw. brüsten, sich aufblasen; ebenso ndl. ‚zich dik maken'; ‚dicke Töne reden', renommieren. In diesem Sinne begegnet die Wndg. schon bei G. R. Weckerlin in ‚Geistl. u. weltl. Gedichte' (1648): „... die durch gut u. gelt dick, aufgeblasen, frech u. prächtig versamblet gehen früh u. spat ...", u. später bei J. M. R. Lenz in seinen ‚Schriften', hg. v. L. Tieck (1828): „... macht sich einer so dick, lieber Himmel, wo kaltes Blut hernehmen?" Dagegen bedeuten die Wndgn. ‚dick in der Wolle sitzen', ‚dick drinsitzen', es sich wohl sein lassen, gute Einnahmen haben, wohlhabend sein; ‚es dicke haben', viel Geld haben.
Zu dick auftragen: übertreiben, wie der Maler, der zu viel Farbe für ein Bild verwendet.
Durch dick und dünn gehen: rücksichtslos vorwärts gehen, meint eigentl.: durch dicht und dünn, wie schon belegt bei M. Frank in ‚Coburgisches Friedens Dankfest' (1651): „... durch dick und dünn, durch Koth u. Wasser". Später (1774), in Justus Mösers ‚Patriotischen Phantasien' (1,570), erscheint die Wndg. ohne ergänzenden Zusatz: „Jetzt geht alles mit seidenen Schuhen und Strümpfen durch dicke und dünne". Ebenso engl. ‚through thick and thin' und ndl. ‚door dik en dun'. Auch im Märchen (KHM. 199) begegnet die Wndg.

‚Durch dick und dünn'

Mit jem. durch dick und dünn gehen: ihm ohne Bedenken folgen, ihn auch in Schwierigkeiten nicht verlassen.
Einen dicken Schädel (Kopf) haben (auch *ein Dickschädel sein):* eigensinnig, unnachgiebig, schwer von Begriff sein; vgl. frz. ‚avoir la tête dure'; ähnl. *ein dickes Fell haben* ↗Fell; *dicke Ohren haben:* harthörig sein, oder häufiger: sich schwerhörig stellen.
Das ist ein dickes Ding ↗Ding.
Das dicke Ende ↗Ende.
Dicke Luft ↗Luft.
Beliebte Verstärkungen sind: *knüppeldick* und *faustdick; es faustdick hinter den Ohren haben* ↗Ohr.
Die Zwillingsformel ‚dick und fett' kann sowohl im spöttisch-verächtlichen Sinne

gebraucht werden, wenn es um die Charakterisierung von Schlemmern, Fettwänsten (z.B. Falstaff) geht, aber durchaus auch im wohlmeinenden Sinne; zumal dicke Menschen als freundlich, gemütlich und vertrauenerweckend gelten. „Laßt wohlbeleibte Männer um mich sein", heißt es in Shakespeares ‚Julius Caesar' (1,2). In Zeiten verbreiteter Armut und grassierender Hungersnöte galt Wohlgenährtheit als ein Zeichen von Reichtum, wie überhaupt eine gewisse Beleibtheit zum Bild des ‚gestandenen Mannsbildes' gehört (E. Moser-Rath). Das Auftreten eines Prahlers und Angebers wird im obd. Raum gelegentlich kommentiert durch das Sprw. ‚Mr hot scho oft gmoint, es sei oiner dick; dabei isch er bloß gschwolle'.
Eine Reihe von Wendungen umschreibt mit ‚dick' Schwangerschaft: ‚eine Frau dick machen', sie schwängern. In vulgärer Umgangssprache wird der erigierte Penis auch als ‚Dickmann' bez. In diese Richtung verweisen auch erotische Sprww. wie ‚Kurz und dick – der Frauen Glück' oder ‚Kurz und dick gibt auch ein Stück'. ‚Dicke Berta' war die scherzhafte Bez. der von der Fa. Krupp im Ersten Weltkrieg gebauten schweren 42-cm-Mörser (so benannt nach Frau Berta Krupp von Bohlen und Halbach). Nur in der dt. Fassung heißt das bekannte amer. Komikerpaar des amer. Stummfilms, Stan Laurel und Oliver (Olly) Hardi, ‚Dick und Doof'.

Lit.: *E. Moser-Rath:* Art. ‚Dick u. fett', in: EM. III, Sp. 611–614.

Dieb. *Er kommt heimlich wie ein Dieb, er kommt wie ein Dieb in der Nacht* sind bildl. Redewndgn. bibl. Herkunft (vgl. 1. Thess. 5,2 oder 2. Petr. 3,10 u.a.) zur Bez. plötzlich eintretender unerwarteter Ereignisse; vgl. frz. ‚Il vient comme le voleur dans la nuit'.
Das hängt wie der Dieb am Galgen: es hängt schief, schlecht und macht einen liederlichen Eindruck. Schwäb. ‚Den Dieb vom Galgen nehmen', einem unverdienten Beifall zollen.
Sich diebisch freuen: seine heimliche Freude an etw. haben. ‚Diebisch' kann aber auch zur Verstärkung dienen, z.B. bei ‚ein diebischer Spaß'.
Eine diebische Elster ↗Elster.

Lit.: *W. Müller-Bergström:* Art. ‚Dieb, Diebstahl', in: HdA. II, Sp. 197–239; *E. Moser-Rath:* Art. ‚Dieb, Diebstahl', in: EM. III, Sp. 625–639; HRG. I, Sp. 730f.

Diebsdaumen. *Du hast wohl einen Diebsdaumen in der Tasche? Er trägt einen Diebsdaumen bei sich.* Diese Ausdr. wendet man auf einen an, der im Spiel großes Glück hat, allgemeiner auch auf einen, dem alle Unternehmungen glücken. Sie beruhen auf der abergläubischen Vorstellung des MA., daß dem Daumen eines Diebes zauberische Kraft innewohne. Man schnitt deshalb einem Gehenkten den Daumen ab oder stahl die ganze Leiche, um sie später des wichtigen Gliedes zu berauben. Diese Diebsdaumen wurden oft in Gold oder Silber gefaßt und von Spielern bei sich getragen, um so das Glück zu bannen.
Wirtsleute glaubten durch den Besitz eines Diebsdaumens Gäste anlocken zu können. Aus den Bützower Stadtakten (18. Jh.) geht hervor, daß der Diebsdaumen vom Gastwirt in das Bier gehängt wurde. Um seinen Absatz zu steigern, verlangte ihn der Bäcker leihweise, weil er sein Brot damit bestreichen wollte. In Campes ‚Wb. der dt. Sprache' (Bd. I [1807], S. 715a) wird erklärt: „Man sagt daher von einem Menschen, der ungewöhnliches Glück hat, er trage einen Diebsdaumen bei sich". Später, als der Sinn dieser Rda. nicht mehr verstanden wurde, bezeichnete *einen Diebsdaumen haben* auch den Hang zum Stehlen.

Lit.: *W. Müller-Bergström:* Art. ‚Dieb, Diebstahl', in: HdA. II, Sp. 197–239, insbes. Sp. 239f.; Dt. Volkslieder 5, S. 314–347, Nr. 86 ‚Die verkaufte Müllerin'; weitere Lit. s. ‚Dieb'.

Dieldapp. *Ein Dieldapp* oder *Dilldapp sein:* ein arger Tölpel, ungeschickter, alberner Mensch sein. Desgl. ‚Diltap', ‚Dildap', ‚Dilltap', ‚Tiltap'. Ein Dieldapp ist ein roher ungeschlachter Mensch, der auf den Dielenboden springt u. tobt bzw. plump umhertappt. Der Ausdr. Dieldapp tritt schon im 15. Jh. auf.
Diltap ist in den ‚Fastnachtsspielen' der Eigenname eines lärmenden Bauern, aber ebenso eine Bez. für den Tölpel:

herr der wirt, ich heisz der tiltapp,
ich bin gar ein einveltiger lapp

(Fastnachtsspiele aus dem 15. Jh. [1853],

857, 10). Auch Hans Sachs läßt einen Eberlein Dilltapp auftreten. Er meint außerdem (5, 410):

ein dildap brütt ander dildappen.

Dilldappe fangen wollen (gefangen haben): einem Fabelwesen auflauern (seiner habhaft werden). Scherzhaft heißt es dazu in St. Georgen (Schwarzwald), daß man dazu nur einen Knüppel u. einen Sack benötige, vor den man um Mitternacht ein Licht stelle. Dann könne man die ‚Dilldappe' in den Sack mühelos hineintreiben, ↗Elbetritsche.

‚Für jem. eine Dilldappe fangen' (els.): ihn verächtlich u. barsch abweisen.

Diener. *Einen Diener machen:* eine bes. höfliche Verbeugung machen; vgl. auch ‚einen Bückling machen' (sich bücken); noch immer bei Herren üblich, die eine Dame oder höhergestellte Persönlichkeit formvollendet begrüßen wollen.

Die seit Ende des 17. Jh. gebräuchl. Wndg. meint urspr.: sich nach Art eines Bediensteten oder Untertanen ehrerbietig und unterwürfig erzeigen. Kleine Buben werden z. T. auch heute noch dazu aufgefordert, um wohlerzogen zu erscheinen, während die Mädchen einen Knicks zu machen haben, ↗Gruß.

Dienst, Diensteid. *Über den Dienst nachdenken:* im Büro schlafen; eine euphemist. Redensart, die seit 1900 gebraucht wird.

Einen auf den Diensteid nehmen: Alkohol (Schnaps) trinken; eine in Beamtenkreisen übliche Rda., die wohl darauf zurückgeht, daß den Beamten der Genuß von Alkohol während der Dienstzeit verboten ist. Wer trotzdem ein Gläschen trinkt, verstößt gegen die Dienstvorschrift und muß den Alkohol auf den Diensteid nehmen.

Im Gegensatz dazu steht die Sentenz: ‚Dienst ist Dienst u. Schnaps ist Schnaps'.

Dienst nach Vorschrift machen: kennzeichnet den Behördenangestellten, der nur das erledigt, was die Vorschriften erfordern u. daher alles verzögert, meist in peinlich genauer Befolgung, oft aus einer inneren Protesthaltung wegen zu geringer Bezahlung oder mangelnder Anerkennung, statt Streik.

Im Dienste anderer sich verzehren ist ein geflügeltes Wort, das durch Bismarck (1815–98) bekannt wurde. Er gebrauchte die Wndg. in zwei verschiedenen Versionen; zuerst 1852 (in einem Brief an Leopold von Gerlach) den lat. Satz ‚Aliis inserviendo consumor': im Dienste anderer verzehr' ich mich.

Später (1881) verwandte er den Spruch in der abgewandelten Form: ‚Patriae inserviendo consumor' (im Dienste des Vaterlandes verzehre ich mich).

Fr. Graf hat die Sentenz hist. zurückverfolgt u. sie schon im Werk des Wolfenbütteler Bibliothekars F. A. Ebert, in seiner ‚Bildung des Bibliothekars' (1820, 55), entdeckt. Dieser bezeichnete den Satz als den Wahlspruch des Bibliothekars, der nicht für sich, sondern für andere arbeiten müsse. V. Radowitz dagegen verbindet ihn (1850) mit dem Bild der Kerze. Graf weist darauf hin, daß die brennende Kerze auch in der barocken Emblematik vorkommt (Emblembuch des G. Rollenhagen [1611], Nr. 31). Auch A. Lipp bringt den Satz in Zusammenhang mit der brennenden Kerze, u. zwar als Symbol des Arzttums. Aus seiner Sicht handelt es sich um das Symbol der Flamme, die in der Antike für Leben u. Tod stand u. sich später im Bild der Kerze zum Symbol des Dienstes an anderen wandelte.

Dienstbare Geister ↗Geist.

Lit.: *A. Lipp:* Kerze als Symbol des Arzttums, in: Nova Acta Leopoldina (1959), S. 10 ff.; *F. Graf:* ‚Aliis inserviendo consumor', in: Arcadia 4 (1969), S. 199–201; *A. Henkel* u. *A. Schöne* (Hg.): Emblemata (Stuttgart 1978), S. 1363; *L. Röhrich:* ‚Dienst beim Dämon', in: EM. III, Sp. 655–657.

Dilemma. *In einem Dilemma stecken:* eine schwierige Entscheidung zu treffen haben. Der Begriff ‚Dilemma' kommt aus der griech. Rhetorik. Er kann übers. werden mit ‚Wahl zwischen zwei Übeln' oder mit ‚Zwangsentscheidung'. Die Exemplifizierung des Sprw. ‚Wer die Wahl hat, hat die Qual' hat zu einer bes. Kategorie von Volkserzählungen Anlaß gegeben, in denen es in der Regel um (fast) unlösbare Rätselfragen, Denksportaufgaben oder Rechtsfälle geht. Der Mann der Fabel, der vor einem Löwen an einen Fluß flüchtet, in dem ihn ein Krokodil mit aufgesperrtem Rachen erwartet, befindet sich in einem Dilemma.

Lit.: *W. R. Bascon:* Art. ‚Dilemmageschichten, -märchen', in: EM. III, Sp. 670–673.

Ding. *Guter Dinge sein:* sich wohl befinden und froh sein; oft in der Verbindung *lustig und guter Dinge.* Das ältere Deutsch kennt eine ganze Reihe von adverbiellen Ausdr., die mit dem Gen. Plur. von Ding und einem Eigenschaftswort gebildet werden, z. B. ‚aller Dinge' = überhaupt (daraus wird mit unbegründetem s ‚allerdings'), ‚platter Dinge' (‚platterdings') und ‚schlechter Dinge' (‚schlechterdings'). Überall dient Ding hier nur zur Substantivierung des sächlichen Adjektivbegriffs, ähnl. wie in der Rda. *Das geht nicht mit rechten Dingen zu:* auf geheime, unrechte oder unnatürliche Weise.

Die Rda. ‚guter Dinge sein' erklärt sich nicht aus dieser unbestimmten Bdtg. des Wortes Ding, sondern aus mhd. gedinge = Hoffnung, Zuversicht, frühnhd. Laune, Stimmung. Der eigentl. Sinn der Wndg. ist demnach: voll guter Hoffnung sein, wie es in einem alten Reim heißt:

Guot gedinge machet das,
Daß der genißt, der siech was.

In einer Münchner Hs. wird überliefert:

Den Armen ist nie mer gegeben
Denn guot geding und übel leben.

In der ‚Postille' Geilers von Kaysersberg heißt es: „Dornoch so kümpt die Weynachten, so seynd wir dann wieder froehlich. Es heisset yetz guotts dings sein". Recht anschaulich sagt Jeremias Gotthelf in seinem ‚Bauernspiegel': „Er strich alles, was ihm angehörte, heraus, so daß ich voll guter Dinge mit ihm aufbrach". Die Wndg. begegnet öfters im Märchen, so in KHM. 20, 36, 54, 60, 92, 101 u. 177.

Ein Ding drehen: einen Einbruch, Raubüberfall oder ähnl. ausführen; die Rda. stammt aus der Gaunersprache und umschreibt ‚Verbrechen' verhüllend mit dem neutralen ‚Ding'. Davon ist in der Umgangssprache abgeleitet: *Das Ding werden wir schon drehen (schaukeln, deichseln, fingern):* die Sache werden wir meistern und zum Ziel führen. Ebenfalls tabuistisch: *einem ein Ding verpassen:* ihm eins auswischen (↗ein).

Sich mit großen Dingen tragen: große Entwürfe machen, Pläne haben.

Ein Ding tun: sich zu einer Handlung entschließen, findet sich schon in Val. Schumanns ‚Nachtbüchlein', II:

Dieweil that der wirt ein ding
und verkaufft die 300 chineysen.

Über den Dingen stehen: von den Älltäglichkeiten nicht berührt und belästigt werden; vgl. frz. être au dessus de celà'.

Ein Ding mit 'nem Pfiff: etw. ganz Besonderes.

Das ist ein Ding!: Ausruf des Erstaunens über eine ungewöhnliche Sache. Dagegen: *Das ist ein dickes Ding:* eine schwerwiegende Sache, eine Gefahr, eine Unverschämtheit, auch als Ausdr. der Empörung gebräuchlich, ↗dick.

Den Dingen ihren (freien) Lauf lassen: in ein schwebendes Verfahren nicht eingreifen wollen, keine Beeinflussung oder Verhinderung beabsichtigen; vgl. frz. ‚laisser les choses aller leur cours'.

Die Rda. *Der Dinge warten, die da kommen sollen* bezieht sich auf Luk. 21,26. *Die Dinge an sich herankommen lassen:* in Ruhe die Entwicklung abwarten und sich nicht unnötig schon vorher aufregen.

Die Dinge (das Kind) beim rechten Namen nennen: mit schonungsloser Offenheit vorgehen, Klarheit schaffen; vgl. frz. ‚appeler les choses par leur nom'.

Krumme Dinger drehen (machen): saloppe Wndg. für: illegale Handlungen aushekken oder begehen, sich mit Betrügereien befassen. Bei undurchsichtigem Gerede ist daher häufig die Mahnung zu hören: ‚Mach keine krummen Dinger!' Der Ausdr. ‚Dinger' steht als Mehrzahl für Ding, läßt aber – anders als bei der singularen Form ‚Ding' bzw. ‚Dings' – meist auf strafbare Handlungen schließen. Dagegen steht ‚Ding' oder ‚Dings' in der Volkssprache für jede Sache oder jeden Gegenstand, den man nicht näher bez. will oder kann, meist, wenn einem gerade das treffende Wort nicht einfällt. Daraus sind die kuriosesten Wndgn. entstanden: ‚Gib mir mal das Dings(-bums) da'; ‚der Dings hat mir gesagt'; ‚die Dings wird das wissen'; ‚der Dinges ist doch ein blöder Kerl'; ‚das ist ein komischer Dingerich'; ‚wir übernachteten in Dings' (u. als erweiterte Wndg. in ‚Dingskirchen') usw. Einige dieser Wndgn. sind lit. geworden. Im Lustspiel, im Schwank u. in der Glosse begegnet vor allem der Ausdr. ‚Dingsda' als Eigenname sehr häufig: „Der Fremde ist kaum gegangen, so meldet sich der Herr von Dingsda durch Herrn von Jemand" (in der Berliner Zeitung ‚Feuerspritze' [1854], Nr. 48); „der Feldmarschall Soundso und General Dingsda, der ehrenwerte Soundso und Generalmajor Sir Dingsdort ..." (Augsburger Allgemeine Zeitung [1855], Nr. 101). In diesen Zusammenhang gehört auch die Operette von E. Künnecke: ‚Der Vetter aus Dingsda'.

Auch im Lied begegnet ‚Ding' als verhüllende Bez. für die Wünsche der Tochter, die sie nicht offen auszusprechen wagt:

Mutter, ich will en Ding han! –
Was für'n Ding, min Herzenskind? –
E Ding, e Ding.

Die Mutter macht in den nächsten Strophen verschiedene Geschenkvorschläge, bis sie schließlich errät, daß ihre heiratsfähige Tochter einen Mann haben möchte.

Lit.: *Ch. Welch:* ‚Give a thing and take a thing', in: Journal of American Folklore, 15 (1902), S. 193; *F. W. Palmer:* ‚Not a form thing', in: American Speech, 23 (1948), S. 314–315; *E. Kaufmann:* Art. ‚Ding', in: HRG. I, Sp. 742–744; *K.-S. Kramer:* Art. ‚Dingbedeutsamkeit', in: EM. III, Sp. 674–676.

dingfest. *Einen dingfest machen:* ihn festnehmen, festhalten, verhaften, ist eine Rda. aus dem Rechtsleben. Das Adj. dingfest ist nur in Dtl. und nur in dieser Rechtsformel bezeugt. Lit. ist das Wort auffallend spät, nämlich erst 1852 im ‚Jugendleben' von B. Goltz (1,90) erstmalig belegt. Zweifellos geht es jedoch auf das altdt. Rechtsleben zurück und bildet das Gegenwort zu mhd. dincflühtic = sich durch die Flucht dem Gericht entziehen. ‚Ding' bedeutet urspr. die Gerichts- und Volksversammlung, die Gemeinschaft der zum Rechtsprechen versammelten Männer, die öffentl. Versammlung, das altnordische Thing. In Dänemark und Norwegen heißt das Parlament noch heute Storthing bzw. Folkething (der Begriff ist auch noch in unserem Wort ‚sich verdingen', d.h. eigentl. sich rechtlich verpflichten, enthalten und in dem Sprw. ‚Aller guten Dinge sind drei'.).

Während das Wort dingfest den dt. Mdaa. fremd geblieben ist, ist das begriffsverwandte ‚handfest' seit dem 17. Jh. bekannt; im Bair. bedeutet ‚einen handfest (auch handhaft) machen' ihn verhaften, in Ketten legen (↗handfest).

Dolce vita. *Sich dem dolce vita hingeben:* dem ‚süßen Leben' huldigen. ‚Dolce vita' bezeichnete urspr. das ungezügelte Leben wohlhabender Müßiggänger, die sich das Leben mit schönen Frauen ‚versüßten'. Allg. bekannt wurde der Slogan erst durch den Film ‚La dolce vita' von F. Fellini, 1959 (mit Anika Ekberg). Im Laufe der Zeit hat die Wndg. einen Wandel dahingehend erfahren, daß sie auch allg. verwendet wurde für das ‚süße Nichtstun' oder ‚Faulenzen', z.B. im Urlaub.

Dolchstoß. *Einen Dolchstoß versetzen:* jem. (oft heimtückisch und von hinten) den Todesstoß geben. Der Dolch ist in Dtl. erst seit dem 16. Jh. bekannt. Vorher wurde die Bez. ‚Stoßmesser' bzw. ‚Degenmesser' gebraucht.

Die Rda. wird allgem. gebraucht i.S.v.: jem. in den Rücken fallen. In dieser Bdtg. begegnet sie auch in der berühmten *Dolchstoß-Legende* die in der Zeit nach dem 1. Weltkrieg aufkam u. im 2. Weltkrieg wieder auflebte. Es handelte sich dabei um die (auch im Ausland, bes. in der Schweiz u. in England) weitverbreitete These, wonach Teile der Heimatbevölkerung, vor allem die Sozialdemokraten u. die sozialistische Linke, durch ihre revolutionäre Tätigkeit dem ‚im Felde unbesiegten Frontheer' in den Rücken gefallen seien u. dadurch den Zusammenbruch verursacht hätten. Die von der ‚Neuen Zürcher Zeitung' am 17.12.1918 veröffentlichte Meinung, die dt. Armee sei ‚von hinten erdolcht' worden, wurde von der polit. Rechten aufgegriffen u. zur Kampfparole gegen die Linken erhoben. Sie spielte auch in der Nazizeit noch eine große Rolle, obwohl die These durch Untersuchungen u. Forschungen, vor allem aber durch den parlamentarischen Untersuchungsausschuß (Dolchstoß-Prozeß) schon im Jahre 1925 entkräftet u. in den Bereich der Legende verwiesen worden war. Heute gilt die ‚Dolchstoß-Legende' in der zeitgeschichtl. Forschung als faktisch widerlegt.

Lit.: *F. Frh. Hiller v. Gaertringen:* ‚Dolchstoß'-Diskussion und ‚Dolchstoßlegende' im Wandel von vier Jahrzehnten, in: Festschr. H. Rothfels (1963); *J. Petzold:*

zehnten, in: Festschr. H. Rothfels (1963); *J. Petzold:* Die Dolchstoßlegende. Eine Geschichtsfälschung im Dienste des dt. Imperialismus und Militarismus (Berlin 1963).

Domino. *Umfallen wie Dominosteine:* nacheinander umfallen, auch ,Domino-Effekt' genannt nach dem Dominospiel, in dem rechteckige Steine nach einem best. System aneinandergelegt werden. Fällt einer der aufgestellten Steine um, so folgen alle anderen nach, ↗Kartenhaus.

Donau. *Wenn die Donau eintrocknet:* das wird niemals geschehen. Die Wndg. begegnet u. a. auch in einem Schnadahüpfel, in dem es heißt: „Wenn die Donau eintrocknet, dann heiraten wir", d. h., es wird bestimmt nicht eintreten. Vgl. nie, niemals ↗Pfingsten.

Lit.: *W. Danckert:* Symbol, Metapher, Allegorie im Lied der Völker, Bd. I (Bonn – Bad Godesberg 1976), S. 102.

Donnerstag. *Ein Donnerstagskind sein:* ein Glückskind sein. ↗Sonntagskind. Der Donnerstag galt im Volksglauben als ein besonderer Tag. Viele positive Bdtgn. waren mit ihm verknüpft. Seinen Namen erhielt er von Donar (skand. Thor), nach dem im germ. Raum bei der Übernahme der siebentägigen Woche an Stelle des röm. Jupiter (,dies Iovis') ein Wochentag benannt wurde, der Donartag (ahd. ,donarestag', engl. ,thursday').
Einige im Volksglauben u. Volksbrauch als wichtig geltende Donnerstage wurden besonders herausgehoben u. erhielten eigene Bezeichnungen wie ,Gründonnerstag', der ,schmotzige' (fette) Donnerstag vor Fastnacht. Auch Christi Himmelfahrt und Fronleichnam fallen immer auf einen Donnerstag.
,Pfinztag', der bayr. Name für Donnerstag, hat sich aus dem griech. πέμπτη ἡμέρα = fünfter Tag (der Woche) entwikkelt.

Lit.: *G. Jungbauer:* Art. ,Donnerstag', in: HdA. II, Sp. 346–349.

Donnerwache. *Auf der Donnerwache stehen, Donnerwache haben* sind bes. im Obersächs. verbreitete Rdaa. für das Warten auf die Geliebte oder den Geliebten in der Bdtg.: durch Liebesdienst festgehalten sein; z. B. ,Unsere Marie geht abends auf die Donnerwache', sie schwätzt vor der Haustüre mit ihrem Schatz. Dieselbe Rda. gebraucht man auch, wenn der Ehemann in Erwartung des Klapperstorches das häusliche Heim nicht mehr zu verlassen wagt. Ein ähnl. scherzhafter Ausdr. für dieselbe Sache ist *Flanellwache.*
Donnerwache nannte man urspr. um 1850 in kleinen sächs. Garnisonsstädten die Offizierspflicht, bei einem Gewitter am Ort zu bleiben, um bei etwaigem Einschlagen des Blitzes sofort an die Brandstelle reiten zu können. Der betr. Offizier durfte sich wegen der Donnerwache nicht weit aus seiner Garnison entfernen.

Donnerwetter. *Zum Donnerwetter nochmal!* Fluch, Ausdr. des Unwillens, vgl. frz. ,Tonnerre!'. *Donnerwetter Parapluie!* Ausruf des Staunens, entlehnt aus ,Preciosa' (Text von Pius Alexander Wolff, Musik von Carl Maria v. Weber, 3. Akt, 3. u. 8. Auftr.). ,Parapluie' = Regenschirm ist im Text entstellt aus ,parbleu', und dieses ist aus ,par Dieu' = bei Gott entstanden.
Ein Donnerwetter loslassen: eine Strafpredigt halten, jem. tüchtig schelten, ihm grollen, eigentl. wie eine erzürnte Gottheit durch das Gewitter Furcht und Schrecken verbreiten.
Da soll doch (gleich) ein heiliges Donnerwetter dreinschlagen! Die Strafe oder Vernichtung sollte sofort erfolgen. Hinter dieser Rda. steht die Vorstellung von der ausgleichenden Gerechtigkeit und dem Zorn Gottes über menschliche Untaten, wie im A. T. berichtet wird. Die Rda. enthält also eine Verwünschung. *Wie das leibhaftige Donnerwetter:* sehr schnell geschieht etw. Diese Wndg. stammt aus dem 20. Jh., besitzt jedoch einen deutlichen Bezug zum ↗Teufel, der mit dem Donner in Verbindung gebracht und gern als ,Leibhaftiger' bez. wird.

Lit.: *J. Balys:* Donner und Teufel in den Volkserzählungen der baltischen und skandinavischen Völker (Kaunas 1939).

doof. *Du bis ja doof:* Ausdrucksweise der Jugendsprache zur Bez. von dumm, blöd, schwer von Begriff. Das Wort ,doof' begegnet noch in weiteren spöttischen Wndgn. wie ,Klein Doofi mit Plüschohren (und Samtpfoten)'; ,Doof biste nicht, du vastellst dir bloß jut' (berl.); ,Doof bleibt doof, da helfen keine Pillen' (oft mit dem Zusatz ,selbst Aspirin versagt'), auch abgekürzt gebräuchl.: D.b.d.d.h.k.P. (s.A.v.)'; ,Doof ist besser wie bucklich, det sieht man nich so' (berl.), ↗dumm.

Doppelgänger. *Einen Doppelgänger haben:* jem., der einem ,wie aus dem Gesicht geschnitten' ähnl. ist. Daraus erwachsen nicht selten heitere, oft aber auch peinliche Verwechslungen. Urspr. war ,Doppelgänger' eine Bez. für jem., von dem man annahm, er könne sich an zwei verschiedenen Orten zeigen (Bilokation), daher auch die in früheren Schriften häufig anzutreffende Schreibweise ,doppeltgänger'), wie u.a. auch bei Jean Paul (1763–1825) im ,Siebenkäs' (Sämtl. Schriften [Berlin 1926], 1,93) beschrieben: „die Doppelgänger, so heiszen die Leute, die sich selbst sehen". Wenn heute Doppelgänger-Ähnlichkeiten rational betrachtet u. durchaus für möglich gehalten werden, so haftet ihnen dennoch die Vorstellung von etw. Unerklärlichem u. Geisterhaftem an, wie sie auch im Volksglauben (Bildzauber), immer wieder begegnet.

In der Sage findet sich der Doppelgänger hauptsächlich in folgenden Formen: Entweder jem. sieht seinen eigenen Doppelgänger oder sein Doppelgänger wird von einem anderen gesehen. Meist bedeutet das den bevorstehenden Tod, bisweilen kündet der Doppelgänger selbst den Tod an. Auch im Märchen ist das Doppelgänger-Motiv häufig anzutreffen, desgl. in der belletristischen Lit., in der es – vor allem seit der Entdeckung des Unbewußten – im Zusammenhang mit der Identitätskrise des Individuums eine Rolle spielt. Goethe, Maupassant, Shelley glaubten, ihren eigenen Doppelgänger gesehen zu haben.

Die Dichtung entwickelte bei diesen Vorstößen in Grenzbereiche eine neue Version des Doppelgängers: die Verkörperung des unbewußten zweiten Ichs. Der Doppelgänger ist entweder der warnende Engel, das verdrängte gute Ich, oder der widrige Teufel als Vertreter der latent im Menschen schlummernden, immer wieder aufbrechenden bösen Triebe.

Im 20. Jh. hat sich der Film mit seinen spezifischen Möglichkeiten des Doppelgänger-Themas angenommen, desgl. die Science-fiction-Lit., in der Doppelgänger künstlich geschaffene Roboter sind. Sie stellen nicht mehr die Identität des Individuums in Frage, sondern eine hochtechnisierte u. damit letztlich unhumane Gesellschaft.

Eine nicht zu unterschätzende Rolle spielt das Doppelgänger-Motiv auch in Kriminalromanen, u.a. bei Kapitalverbrechen, Versicherungsbetrug oder Psychoterror, z.B. um bei jem. ,Halluzinationen' hervorzurufen oder um Schockwirkungen zu erzielen, wie sie z.B. bei E.T.A. Hoffmann beschrieben werden: „... und beide, sich nicht nur gleichend, nein, einer des andern Doppeltgänger in Antlitz, Wuchs, Gebärde bleiben vor Entsetzen in den Boden festgewurzelt stehen". Auf den Schrecken, den ein solches Erlebnis darstellt, weist auch die Frage: *Hast du deinen Doppelgänger gesehen?* Sie wird meist dann gestellt, wenn jem. nach kurzer Abwesenheit schreckensbleich zu den andern zurückkehrt. Dagegen leisten die Doppelgänger gute Dienste als hilfreiche Stellvertreter, z.B. als ,Double' im Film. ↗Double.

Lit.: *O. Rank:* Der Doppelgänger, in: Imago 3 (1914), S. 97–164; *C. Mengis:* Art. ,Doppelgänger' in: HdA. II, Sp. 346; *W. Krauss:* Das Doppelgänger-Motiv in der Romantik (Berlin 1930, Ndr. 1967); *W. E. Peuckert:* Der zweite Leib, in: Nddt. Zs. f. Vkde. 17 (1939), S. 174–198; *V. Meyer-Matheis:* Die Vorstellung eines Alter Ego in Volkserzählungen (Diss. Freiburg i.Br. 1974); *E. Frenzel:* Motive der Weltliteratur (Stuttgart 1976), S. 94–114 (mit Lit.); *W. Pape:* Art. ,Doppelgänger', in: EM. III, Sp. 766–774.

doppelt. *Alles doppelt sehen:* betrunken sein; ähnl. schon in Joh. Paulis ,Schimpf und Ernst': „Es daucht jhn, was er siehet wer zweyfeltig"; vgl. frz. ,voir double'.

,Doppelt' bez. allg. das Zweifache, Wiederholte oder Verstärkte. *Einen Doppelten bestellen:* Sich im Gasthaus oder Restaurant vom Ober die zweifache Menge Schnaps oder Branntwein bringen lassen. Verstärkend gedacht ist das Sprw. ,Geteilte Freude ist doppelte Freude'. Andere Wndgn. wiederum enthalten einen Hinweis auf das Zwiespältige im Menschen, *das Doppeldeutige* das in einer zweideutigen Aussage z. Ausdr. kommt. Wer sich mehrdeutig ausdrückt, wird daher auch ↗‚doppelzüngig' genannt, oder er zählt zu denen, die *ein Doppelspiel treiben,* d.h. zwei verschiedene Haltungen einnehmen, meist in der Absicht, andere zu täuschen. Dagegen drückt der Begriff ‚doppelsinnig' das eine *und* das andere aus, also beide Möglichkeiten gleichzeitig. In der Mehrzahl der Fälle wird ‚doppelt' freilich als Verstärkung für ein und dasselbe gebraucht, wie in der Feststellung: *Doppelt genäht hält besser.*

Doppelt gemoppelt ist eine scherzhafte Bildung, in der eine Verdopplung durch die Doppelgliedrigkeit des Ausdr. bez. wird. Seit Goethe verwenden wir häufig die Verstärkung *doppelt und dreifach. Mit doppelter Kreide anschreiben* ↗Kreide. *Ein doppeltes Spiel spielen* ↗Spiel. *Eine Moral mit doppeltem Boden* ↗Boden.

doppelzüngig. Die Wndg. *doppelzüngig sein* ist eine Übers. von ‚bilinguis', das in der klass. lat. Lit. oft begegnet und sich auf die gespaltene Zunge der Schlange bezieht. Murner nahm dies in seiner ‚Schelmenzunft' (XV,15) ganz wörtlich: „Zwo zungen dragen in eim halß:", d.h. bald so, bald anders reden, so daß den Worten nicht zu trauen ist.

In der Bdtg. ähnl. sind die Rdaa. ‚kalt und warm aus einem Munde blasen' (↗blasen) und ‚vorne lecken und hinten kratzen', ↗Katze.

Dorf. *Das sind mir böhmische Dörfer:* es sind unbekannte, unverständliche Dinge, davon weiß ich nichts. Die Entstehung der Rda. ist daraus zu erklären, daß viele Ortsnamen des böhm. Gebiets den Deutschen, die die tschech. Sprache nicht verstanden, fremd klangen und bei der Aussprache Schwierigkeiten bereiteten. Die Wndg. tritt bereits 1595 in Rollenhagens ‚Froschmeuseler' (N. 1a) auf:

ich sagt ihm das bey meiner ehren
mir das Behmisch Dörffer weren.

Eigentl. Verbreitung hat die Rda. erst seit dem Dreißigjähr. Krieg erfahren. In ihm wurde Böhmen derart verwüstet, daß unzerstörte Dörfer dort zur größten Seltenheit zählten. Zweifellos gewann in der Zeit dieses Krieges die Rda. einen doppelten Sinn; vgl. 1621 in Theobalds ‚Hussitenkriege' (3,108): „Es war das Land alles verderbet, also dasz noch ein Sprüchwort von einem unbekannten Ding ist: Es seyn bohemische Dörfer". In Grimmelshausens ‚Simplicissimus' (Bd. I, S. 25) heißt es 1668: „Es waren mir nur Böhmische Dörffer, und alles ein gantz unverständliche Sprache". In Büschings ‚Wöchentlichen Nachrichten' von 1767 (Bd. 2, S. 128) wird der Ausdr. so erklärt: „Davon weiß er, versteht er nicht, das starrt er mit Verwunderung an, c'est du grec, c'est de l'algèbre pour lui". Dieser Satz wird im Frz. nicht als feststehende Redewndg. gebraucht, statt dessen heißt es: ‚C'est de l'hébreu (hebräisch) pour moi'. In seinem Roman ‚Insel Felsenburg' sagt Schnabel: „Ihm kamen alle diese Dinge nicht anders als ungewisse Dörfer vor". In Goethes ‚Werther' ist die Rda. mit der Wndg. *Das kommt mir spanisch vor* verschmolzen: „Das waren dem Gehirne spanische Dörfer". Jüd.-dt. heißt es auch gelegentlich ‚Das sen polnische Dörfer für mich'.

Die Feststellung *Das sind Potemkinsche Dörfer* bedeutet: es ist eine trügerische Vorspiegelung, nur äußerlich schön Hergerichtetes, das den wirklichen Zustand verbergen soll. Die Rda. beruht auf einem Ereignis der russ. Geschichte (nach zeitgenöss. Schilderungen): Fürst Gregory Alexandrowitsch Potemkin, seit 1774 Günstling und politischer Ratgeber der Kaiserin Katharina II., hatte 1783 die Krim erobert. Als die Kaiserin 1787 das neuerworbene Gebiet besuchte, ließ er schnell Dörfer an ihrem Weg errichten, die nur aus gemalten Fassaden bestanden, um ihr den wahren Zustand des Gebietes zu verdecken, sie zu täuschen und abzulenken. Ungeachtet dieser Attrappen lag jedoch tatsächlich eine beachtliche Kolonisationsleistung Potemkins vor, dessen eigentl. Bdtg. auf seiner mit unbeschränkten Mitteln durchgeführten Bevölkerungspolitik in den südruss. Gebieten beruht. Er gilt auch als Städtegründer, dessen phantastische Projekte nur teilweise verwirklicht wurden. Die Rda. *Potemkinsche Dörfer zeigen* meint auch: Blendwerk errichten, falsche Tatsachen vortäuschen.

Möglicherweise aus dem Hohen Lied Salomos (7,12): „Komm, mein Freund, laß uns aufs Feld hinausgehen und auf den Dörfern bleiben" stammt die Wndg. *auf die Dörfer gehen:* sich mit Geringerem abgeben als bisher, sich an Naheliegendes halten; eigentl. vom Hausierer gesagt, dessen kleiner Kram ihm in der Stadt keine Geschäfte erlaubt. Die Rda. drang in die Kartenspielersprache ein, wo sie das Ausspielen der Nebenfarben bez.; von da aus hat sie sich neu verbreitet. Ebenfalls aus der Skatspielersprache stammt die Rda. *aus jedem Dorf einen Hund haben:* Karten jeder Farbe.

Über die Dörfer gehen: etw. umständlich, weitschweifend tun oder erzählen.

Berlin ist doch keen Dorf: es ist modern und weltoffen; so wird die Großstadt verschiedentlich iron. mit Dorf bez., z.B. das ‚Millionendorf' München.

Zu Dorfe gehen, zu einem ins Dorf kommen sind bes. in den obd. Mdaa. gebräuchl. Redewndgn. für ‚in Gesellschaft gehen'. Die Rda. hat sich in den zerstreuten Ortschaften gebildet, wo Dorf den Mittelpunkt des Ortes mit der Kirche und dem Wirtshaus bez., wo man sich sonntags trifft. Vgl. auch frz. ‚Aller au village', in derselben Bdtg. heute noch auf dem Land gebräuchlich.

Du kommst mir auch noch ins Dorf: dich kriege ich schon noch zu fassen. *Er ist nie aus seinem Dorf herausgekommen:* sein geistiger Horizont ist beschränkt. *Die Kirche im Dorf lassen, die Kirche ums Dorf tragen, mit der Kirche ums Dorf gehen* ↗Kirche.

Lit.: *Fr. P. Marchant:* ‚Böhmische Dörfer', in: Notes and Queries, 10th, 2 (1904), S. 86; *K. Kroeschell:* Art. ‚Dorf', in: HRG. I, Sp. 764–774; *K.-S. Kramer:* Art. ‚Dorflinde', in: HRG. I, Sp. 774–775; *H. Jäger, S. Helmfrid, H. v. Gadow, H. Jankuhn:* Art. ‚Dorf', in: RGA. VI, S. 82–114.

Dorn wird oft übertr. gebraucht für: Schwierigkeit, Unannehmlichkeit (vgl. ‚ein dornenvolles Amt, ein dornenreicher Weg' u.ä.). Schon mhd. heißt es in Freidanks ‚Bescheidenheit' (17,14): „disiu frâge ist ein dorn". Alte Rdaa., die hierher gehören, sind: *In den Dorn fallen:* in Sünde geraten, z.B. im ‚Renner' Hugos von Trimberg (2305):

> doch vellet manger in den dorn,
> von swelhem geslehte sie sin geborn.

Sehr bekannt ist die Stelle bei Joh. Fischart (‚Aller Praktik Großmutter' 1623): „Sie ist in den Dorn getreten, wie die Magd, der der Bauch davon geschwol". Die Verbindung von Rose und Dorn verdeutlicht die Beziehung von Schönheit, Liebe und Schmerz, bzw. die Folgen von Liebe, wie z.B. im Volkslied:

> Ach Mutter, ich bin im Rosengarten gewesen,
> Da hab ich mir einen Dorn in den Fuß getreten.

Im Märchen ‚Dornröschen' (KHM. 50) schützt die Dornenhecke vor verfrühten Penetrationsversuchen. Den Bewerbern gelingt es nicht, bis zu Dornröschen vorzudringen. Wie in Goethes ‚Heideröslein' stechen sich die Freier, die die Rosen brechen wollen. Doch als der Reifungsprozeß abgeschlossen ist, erwacht Dornröschen aus seinem todesähnlichen Schlummer. Das Mädchen wird als heiratsfähige Frau wiedergeboren.

Der Kontrast von Dorn und Rose war den Gläubigen des Mittelalters sinnfälliger Ausdruck der typologischen Gegenüberstellung von Eva und Maria (‚Eva spina, Maria rosa'). Die Jungfrau Maria ist die ‚Rosa sine spinis', die Rose ohne Dornen. Der ‚Rosenkranz' gilt darum als Herzstück der Marienverehrung. Zum selben Symbolkreis gehört auch das Lied von Maria, die ‚durch ein Dornwald ging'. Als ‚Passionsrose' wird die Blume zum Symbol der Dornenkrönung Christi.

Einem den Dorn in den Fuß stecken: ihm etw. Böses antun, eine Schuld aufbürden, ebenfalls schon mhd. belegt, etwa bei Ulrich von Türheim:

> ir woldet uns des schaden dorn
> hân gestecket in den fuoz:
> der dorn in iuwern stecken muoz
> von gotes kraft iuwer tage.

Umgekehrt auch: *einem den Dorn aus dem Fuß ziehen:* ihn von seinem Leiden befreien; vgl. frz. ‚ôter à quelqu'un l épine du pied'.

Die Rda. stammt aus der Androklus-Tradition. Die hierher gehörigen Überlieferungen gehen auf eine Fabel des Phädrus (1. Jh. n.Chr.) zurück: Ein Löwe mit einem Dorn im Fuß kommt zu einem Hirten, der ihm den Dorn auszieht. Der Hirt wird später aufgrund falscher Anklagen festgenommen und in einer circensischen

Veranstaltung den wilden Tieren in der Arena vorgeworfen. Unter den Bestien ist auch sein gefangengenommener Löwe, der ihn erkennt und schützt.

Auf Dornen wandern: heimliche Nachstellungen erfahren, *unter Dornen sitzen:* gedrückt sein; 1513 sagt Tunnicius (Nr. 858 seiner Sprichwörtersammlung): „Och, och, ik wone unter den dornen!"; in Luthers ‚Tischreden' heißt es: „Wir Sachsen sind schwach, sitzen unter den Dörnen". Im Elsaß hat sich bis in unsere Zeit gehalten ‚Man meint, man sitzt uf den Dörnen', man fühlt sich sehr unbehaglich; auch frz. ‚marcher sur des épines'.

Einen Dorn hinter den Ohren haben: heimtückisch sein.

Einem ein Dorn im Auge sein: jem. unerträglich, verhaßt sein; diese Wndg. ist bereits den Minnesängern geläufig; bei Konrad von Würzburg findet sich im ‚Trojanerkrieg' (V. 22 871):

Paris was ouch nicht ein dorn
Helenen in ir ougen.

In Strickers ‚Karl' heißt es:

er ist ein helt ze handen
und sînen vîanden
in den ougen ein dorn.

‚Einem ein Dorn im Auge sein'

Luther hat diese Rda. in seine Bibelübers. mehrfach übernommen: „Werdet ihr aber die Einwohner des Landes nicht vertreiben vor eurem Angesicht, so werden euch die, so ihr überbleiben laßt, zu Dornen werden in euren Augen" (4. Mos. 33,55, vgl. Josua 23,13), von daher auch weiter verbreitet, z. B. ital. ‚un pruno negli occhi', ndl. ‚een doorn in het oog'. Geiler von Kaysersberg exemplifiziert die Rda. in seinem ‚Buch der Sünden des Munds' (Straßburg 1518): „Nim ein gleichnis bei einer můter die so vil kind hat und under denen ist ein eschengründelin (Aschenputtel) das ist ir ein dorn in den augen: es mag leicht nummen ein clein ding thůn, die můter schilt es". Vgl. auch die bibl. Wndg. ‚Den Balken im eigenen Auge nicht sehen, aber den Splitter im fremden', ↗ Balken.

Eine Rose unter den Dornen sein ↗ Rose.

Lit.: *K. Ranke:* Art. ‚Androklus und der Löwe', in: EM. I, Sp. 501–508; *J. R. Klima:* Art. ‚Dorn, Dornbusch, Dornenhecke', in: EM. III, Sp. 773–780; *G. Heinz-Mohr* u. *V. Sommer:* Die Rose. Entfaltung eines Symbols (München 1988).

Dornröschenschlaf. *Im Dornröschenschlaf liegen:* vor sich hin träumen, über lange Zeit unverändert bleiben, moderne Entwicklungen verschlafen, oft von ungenutzten Gebäuden oder von längst vergessenen Vorhaben gesagt.

Aus dem Dornröschenschlaf erwachen: wie zu neuem Leben geboren werden.

Jem. aus dem Dornröschenschlaf erwekken: ein Mädchen, das lange auf einen Freier gewartet hat, zur Liebe ‚erwecken'. Diese Wndg. begegnet noch heute in Heiratsanzeigen, in denen sich Frauen mit Dornröschen identifizieren.

Alle diese Rdaa. beziehen sich auf eines der bekanntesten Märchen der Brüder Grimm (KHM. 50).

Dösen. *Nach Dösen gehören (müssen):* geisteskrank sein und deshalb in die Anstalt in Dösen, einem Vorort von Leipzig, eingeliefert werden müssen, ↗ Haldensleben.

Jem. döst vor sich hin: er befindet sich in einem geistigen Dämmerzustand, im Halbschlaf. Das Verb ‚dösen' ist vermutl. von der Ortsbez. abgeleitet.

Ein Dösbartel sein: eine Schlafmütze, ein Dummkopf sein.

Double. *Jem. Double sein:* ihn doublieren, d. h. ihn bei Proben oder gefährlichen Szenen (z. B. im Film) ersetzen, seine Rolle übernehmen.

Mit einem Double arbeiten: mit einer Er-

satzperson, die mit der vertretenen Person meist eine solche Ähnlichkeit aufweist, daß sie als Doppelgänger bez. werden kann. Das Wort ‚Double' stammt aus dem Frz., hat sich aber für diese spezielle Betätigung auch in Dtl. durchgesetzt. ↗Doppelgänger.
Ein anderes Wort ist das im Bad.-alem. gebräuchl. Schimpfwort ‚Dubel' i. S. v. Dummkopf, Tölpel, etwa in Wndgn. wie ‚Ich mach dir de Dubel': meinst du, ich lasse mich von dir ausnützen?; ‚do chönnt mr jo zu'me Dubel wäsche': da könnte man ja verblöden vor lauter Waschen'. Im selben Sinne ist ‚Dubel-Schule' ein Begriff für die frühere Hilfsschule. Zu einem Dummen sagt man in Freiburg: ‚Geh in d' Milchstroß Nr. 1 in d' Dubelschul' (Bad. Wb. I, 582f.).

do ut des. *Nach dem do-ut-des-Prinzip handeln:* für alles eine Gegenleistung verlangen. Bei dem ‚do-ut-des-Standpunkt' handelt es sich um eine altröm. Rechtsformel für gegenseitige Verträge oder Austauschgeschäfte, nach der man mit einer Gegengabe oder einem Gegendienst rechnet.
Dieser Grundsatz ist auch aus der Bibel geläufig, in der es heißt: „Gebet, so wird euch gegeben" (Luk. 6,38); „... mit dem Maß, mit dem ihr messet, wird man euch wieder messen" (vgl. Matth. 7,2; Mark. 4,24). Ähnliches wird durch die Formel ‚Manus manum lavat' (Eine Hand wäscht die andere) ausgedrückt. Sie war schon bei den alten Griechen bekannt u. begegnet in der latein. Fassung bei Seneca (4 v. Chr. – 65 n. Chr.) in ‚Apocolocyntosis' 9,5 wie auch bei seinem Zeitgenossen A. Petronius im ‚Satiricon'.
In Goethes Gedicht ‚Wie du mir, so ich dir' (‚Epigrammatisch', Weimarer Ausg. Bd. 2, S. 282) heißt es:

Hand wird nur von Hand gewaschen;
Wenn du nehmen willst, so gib!

↗Hand.
In der sozialistischen DDR lautete die bis vor kurzem höchst aktuelle Variante ‚D. f. d.': Dies für das, d. h., man war in irgendeiner Weise gefällig und erwartete vom anderen Gefälligkeit.

Lit.: *J. Grimm:* Über Schenken u. Geben, in: Kleinere Schriften, II (Berlin 1882, Ndr. Hildesheim 1965), S. 173–210; *M. Lüthi:* Die Gabe im Märchen und in der Sage (Bern 1943); *D. Schwab:* Art. ‚Gabe', in: HRG. I, Sp. 1364–1366; *W. Wunderlich:* Art. ‚Gabe', in: EM. V, Sp. 625–637, hier bes. 627.

down. *Ganz down sein:* sehr niedergeschlagen, erschöpft, ‚am Boden zerstört' sein. Die Rda. ist aus dem Engl. u. (wahrscheinl. wegen ihrer Kürze) unübersetzt ins Dt. übernommen worden. Sie war zunächst nur in Schüler- u. Studentenkreisen bekannt, setzte sich in den letzten Jahrzehnten jedoch auch in anderen Altersschichten durch.

Drache. Die phantastische Figur des Drachen gehört sowohl dem Mythos, der Legende an als auch dem Märchen und der Sage und ist eine der universellsten Gestalten der Folklore. Im Dt. gibt es für dieses Wesen zwei Worte: Lindwurm (zu lat. lentus: biegsam) und Drache (aus lat. draco, griech. δράκων; gehört zum Verbum δέρκομαι und meint eigentl.: der scharf Blickende).
Im Drachentötermärchen hat man den Prototyp aller Zaubermärchen überhaupt gesehen. Allerdings sind die meisten Drachenkampf-Motive bereits in antiken und vorderasiatischen Heldensagen und Mythen vorgebildet. Der lang anhaltende Glaube an die reale Existenz von Drachen fand seine Stütze u. a. auch darin, daß die Bibel an mehreren Stellen vom Drachen berichtet, der weithin mit dem Teufel gleichgesetzt wird (1. Mose, Daniel, Hiob, Apokalypse). Dem entspricht es auch, daß die kath. Kirche eine große Zahl von drachenbezwingenden Heiligen verehrt, von denen Georg und Margarete die bekanntesten sind. Unter dem Einfluß der christlichen Drachenkämpfer wird der Drachenkampf zum Inbegriff eines ma. Heldenlebens. Dietrich von Bern, Siegfried, Artus, Tristan, Lanzelot, Wolf Dietrich, Wigalois, Heinrich der Löwe und viele andere ma. Protagonisten der Heldenepik waren samt und sonders u. a. auch Drachenkämpfer.
In den emblematischen Darstellungen noch der Barockzeit wird der Krieg selbst als Drache dargestellt; oder der niedergeworfene Gegner wird symbolisch als besiegter Drache, der Sieger als Drachenkämpfer gesehen. Die Symbolisierung

eines militärischen oder politischen Sieges durch das Bild einer Drachenüberwindung ist ein weitverbreiteter Erzähl- und Bildinhalt. Die Idee der ‚Verdrachung' (entsprechend der ‚Verteufelung') des Gegners ist beliebig modernisierbar. Noch Zeitungskarikaturen der Gegenwart beweisen, daß jedes politische Problem zum ‚Drachen' werden kann (der Drache der Arbeitslosigkeit, der Inflationsdrache etc.).

Der im Wind fliegende Papierdrache, der die Feinde erschrecken sollte, entsprach in Ostasien wie in Europa einer gebräuchlichen Kriegslist, bevor er in der Neuzeit ins Kinderspiel überging. Aber auch den Kriegsmaschinen selbst, den Geschützen, Katapultschleudern etc., hat man in älterer Zeit die äußere Form eines Drachen gegeben. Zu diesem Imponiergehabe gehören auch Drachendarstellungen als Galionsfiguren von Schiffen oder auf Schilden, Standarten oder anderem Kriegsgerät. Aus diesen teils hist., teils mythisch-märchenhaften Reminiszenzen erklären sich auch die auf den Drachen bezogenen Redensarten.

‚Hausdrache'

Sie ist ein wahrer Drache (Hausdrache), sprw. für ein herrschsüchtiges Weib; auch frz. ‚C'est un vrai dragon', in derselben Bdtg. Der Vergleich mit dem Drachen ist darauf zurückzuführen, daß der Drache in Mythologie und Folklore als feuerspeiendes Wesen mit giftigen Zähnen beschrieben wird. Der Vergleich ist alt. Schon im A.T. heißt es: „Mit einem Löwen, einem Drachen, wollt ich lieber hausen als mit einem bösen Weibe" (Sirach 25,22).

Bei der fliegt der Drache ein und aus wird von einer Frau gesagt, die man für eine Hexe hält und von der man glaubt, sie stehe mit dem Teufel im Bündnis.

Mit einer scherzhaften Übertr. vom Kinderspiel sagt man: *Ich lasse meinen Drachen steigen:* ich führe meine Ehefrau aus. Die junge Rda. *jem. Drachenfutter mitbringen:* eine Süßigkeit für die Ehefrau oder Schwiegermutter, bewahrt die alte Vorstellung vom Hausdrachen.

Dem Drachen die Zähne ausbrechen wollen: Versuch, einen ‚giftigen' Menschen zur Sanftmut zu bringen. Gelingt das, heißt es: *Der Drache hat seine Giftzähne verloren:* er ist zahm geworden. *In die Höhle des Drachen gehen:* einen streitsüchtigen Menschen besuchen (↗Löwe). *Den Drachen aus der Höhle locken:* jem. ködern oder reizen, um ihn herauszulokken. *Wie ein Drache auf seinen Schätzen liegen:* sehr geizig sein. Der schatzhütende Drache kommt am frühesten in der Fabel des Phädrus (4,21) vom Fuchs und dem Drachen vor: der Fuchs stößt beim Bau seiner Höhle auf einen Drachen, der auf seinem Schatz liegt.

In Märchen und Sagen tritt der Drache nicht nur als Schatzhüter, sondern auch als Schatzvermehrer auf, der das Gold wachsen lassen kann. Schon in der Spätantike war der Drache bekannt als Symboltier für die Mutter- und Vatersubstanzen des Goldes und für das Quecksilber. Er galt als Symbol der Metallverwandlung schlechthin. Die schatzvermehrenden Eigenschaften des Drachen haben in einigen Rdaa. ihren Niederschlag gefunden, so in: *Er hat den Drachen:* er bringt es zu Wohlstand, oder – wenn der Wohlstand ausbleibt: *Es ist noch kein Drache ins Haus geflogen.* Eine obersächs. Rda. lautet: *Der hat 'n Drachen:* der verdankt dem Drachen, d.h. dem Teufel in Drachengestalt, seine Reichtümer. Diese Redewndg. erinnert an den Volksglauben, daß der Drache den Menschen Schätze durch den Schornstein bringt, bei denen er aus und ein fliegt. So sagte man in

Schlesien, wenn jem. unvermutet zu großem Wohlstand gekommen war: ‚Inne, dar koan leicht räden – dam hots ju doch ock der Trache zur Fieresse runder geschmissen‘ (Kühnau: Schles. Sagen, II, Nr. 678). Bis weit in die Neuzeit hinein galten Wohlstand und Reichtum vielfach als Teufelswerk. Drache und Teufel verschmolzen zu einer Figur.

Veranlassung zu Drachensagen gaben auch die Gewässer, die sich von den Bergen ergossen oder das Land überfluteten. Auch in ihnen sah die Volksphantasie mächtige Schlangen oder Drachen. Die Rda. *Ein Drach ist ausgefahren* verwendet man, wenn der Gießbach von den Bergen stürzt. Sie beruht auf der vorwiegend alpenländischen Vorstellung des Wasserdrachens (DS. I, Nr. 217).

Lit.: *R. Knopf:* Der feurige Hausdrache (Diss. Berlin 1936); *I. Lämmermann:* Drachendarstellungen in Lit. und Kunst des MAs. (Diss. Wien 1968); *Cl. Lecouteux:* Der Drache, in: Zs. f. d. A. 108 (1979), S. 13–31; *F. Huxley:* The Dragon; nature of spirit, spirit of nature (London 1979); *L. Röhrich:* Art. ‚Drache, Drachenkampf, Drachentöter‘, in: EM. III, Sp. 787–820.

Drachensaat. *Das ist eine Drachensaat:* das ist eine Saat der Zwietracht. Diese Rda. hat ihren Ursprung in der antiken Argonautensage. Bei Hyginus und Ovid wird berichtet, wie Kadmus die Zähne eines von ihm erlegten Drachen aussät und unterpflügt. Daraus wachsen Krieger hervor, die sich gegenseitig erschlagen. Mit den fünf Übrigbleibenden gründet Kadmus die Stadt Theben. Die Rda. wird auch in der Form *Drachenzähne säen* gebraucht.

Die Drachensaat geht auf: die schlimmen Folgen werden sichtbar.

Lit.: *L. Röhrich:* Art. ‚Drache, Drachenkampf, Drachentöter‘, in: EM. III, Sp. 787–820.

Dragoner. Allg. bekannt ist der rdal. Vergleich *fluchen wie ein Dragoner;* nordostdt.: ‚Du moakst e Lepp, als wenn e Schwadron Dragoner drop reide well‘, du machst ein ärgerliches Gesicht.

Der ‚Dragoner‘ war in der dt. Armee ein ‚leichter Reiter‘. Die fachsprachl. Bez. ist im 17. Jh. aus frz. ‚dragon‘ entlehnt, das auf lat. ‚draco‘ = Drache beruht. Frz. ‚dragon‘ war die urspr. Bez. einer Handfeuerwaffe (‚feuerspeiender Drache‘) für die Kavalleristen. Die Bezeichnungsübertragung erfolgte von der Waffe auf die mit ihr ausgerüsteten Reiter.

Von einem großen, plumpen, aller echten Weiblichkeit ermangelnden Frauenzimmer sagt man *Sie ist ein (wahrer) Dragoner. Sie ist ein Küchendragoner:* sie ist ein robustes Weib; auch Scherzname für ‚Köchin‘. ‚Küchendragoner‘ war urspr. eine scherzhafte Bez. für drei brandenburgische Dragonerregimenter, die zwischen 1689 und 1704 zum Hofdienst nach Berlin beordert waren.

Draht. *Wie am Draht gehen:* steif und aufgerichtet gehen wie eine Drahtpuppe im Puppentheater. Die Rda. ist im Aussterben begriffen. Ein ‚Drahtzieher‘ ist eigentl. der Mann, der im Marionettentheater hinter den Kulissen seine Puppen am Draht führt, übertr.: jem., dessen Lenkungskünste nicht in Erscheinung treten; in neuerer Zeit vor allem als polit. Schlagwort gebraucht.

Der ‚Drahtzieher‘ war im MA. u. in der frühen Neuzeit ein wichtiger Handwerker, der durch das Ziehen eines Metallstabes durch das Zieheisen mit immer kleineren Ziehlöchern immer dünnere Drähte herstellte.

‚Drahtzieher‘

Die Rda. *Draht ziehen* (ndd. trecken): sich derb und ohne Scheu aussprechen, bezieht sich auf das durch harte Arbeit geprägte rauhe Verhalten. Die Rda. hat in den Mdaa. öfters auch andere Bdtg., z.B. schwäb. ‚betteln, fechten‘, nordd. bes. ‚eilig davonlaufen‘, vielleicht unter dem Einfluß der Wndg. ‚Leine ziehen‘ (↗Leine). In unserem Jh. sind verschiedene heute sehr beliebte Rdaa. vom Telephon- oder Telegraphendraht, d.h. aus der techn. Fachsprache hergenommen worden, so

auf Draht sein: auf der Höhe sein, sich ständig für Aufgaben bereit halten, tüchtig und lebhaft sein; auch: in guter Stimmung sein, die günstige Gelegenheit wahrnehmen, seinen Vorteil geschickt zu nutzen wissen.
Jem. auf Draht bringen: ihn in lebhaftere Tätigkeit versetzen; vgl. auch ,drahtig', tüchtig, straff. *Zu jem. einen Draht haben:* zu jem. eine unmittelbare Verbindung, Beziehung haben; vgl. frz. ,donner un coup de fil à quelqu'un' (umg.).
Solche Wndgn. kommen schon Ende des 19. Jh. auf; Bismarck erklärte z.B. 1891 der Wiener ,Neuen Freien Presse': „Der Draht ist abgerissen, welcher uns mit Rußland verbunden hat". *Der heiße Draht* ist die heutige Bez. für eine speziell installierte Telefonleitung zwischen den Hauptstädten der Großmächte für den (heißen) Ernstfall.
Draht in der Bdtg. von ,Geld' stammt aus der Gaunersprache. Von da ist in die Umgangssprache übernommen: *Ihm ist der Draht ausgegangen:* er kann nicht mehr bezahlen, aber auch: er kann nicht mehr weiterarbeiten.
Einen Drahtseilakt vollführen: ein wahrer Balancekünstler sein, in übertr. Sinne: eine gefährliche Situation meistern, sich trotz aller Schwierigkeiten zu behaupten wissen, ↗Balance.
Nerven haben wie Drahtseile ↗Nerven, ↗Seil(tänzer).

Lit.: *H. Beck* u. *H. Drescher:* Art. ,Draht', in: RGA. VI, S. 140–152.

dran. *Es ist etw. dran* sagt man, wenn ein Sachverhalt nicht richtig dargestellt wird, aber trotzdem ,ein Körnchen Wahrheit' enthält. In Rinckharts ,Eislebischem Ritter' (V. 2485) sagt Polylogus, als das Gerücht, Luther sei vom Teufel geholt worden, im Volke umgeht:

Mein gnädigst Herrn wolln mir verzeyhn,
Es muß doch etwas daran seyn.

Kann man von einer Sache oder einem Gegenstand sagen: *Da ist alles dran,* dann ist die Sache vollkommen, *es fehlt daran nichts.* Von einer Frau mit guter Figur sagt man: ,An ihr ist alles dran'. Sehr häufig wird die Rda. noch erweitert: *Da ist alles dran und nichts vergessen.* Aus dem südd. Raum stammt die iron. Wndg. *Da ist alles dran, nur keine Bremsen.* Man will damit sagen, daß die Sache an sich tadellos in Ordnung und vollständig sei, bis auf eine wichtige Kleinigkeit. Höchst minderwertiges Zeug tut man mit der Bemerkung ab *Da ist alles dran und nichts vergessen, fehlt bloß der Griff zum Wegschmeißen.*
Einen drankriegen: ihn überlisten, zur Verantwortung ziehen.
Feste dran müssen: tüchtig arbeiten, sich plagen müssen, zupacken, helfen müssen, in die Arbeit eingespannt sein.
Sich dranhalten: beim Essen tüchtig zugreifen (frz. ,bien se tenir à table'), beim Genuß schöner Dinge der erste sein, das Angenehme im Leben rasch genießen, aber auch: sich bei der Arbeit beeilen, sich über etw. ständig aufregen, immer wieder davon sprechen.
Dran glauben müssen: das Opfer sein, sterben müssen. Formelhafte Wndgn. wie *drauf und dran sein:* im Begriff, gerade dabei sein, etw. zu beginnen, und *das Drum und Dran* einer Sache beachten (kennen), werden in der Umgangssprache häufig gebraucht.
Auf zahlreiche Erfindungen und Neuerungen paßt mit gutem Recht die volksläufige Wndg. ,Das Neue daran ist nicht gut, und das Gute daran ist nicht neu'. Dieser Satz ist eigentl. eine verzerrte Wiedergabe des Distichons ,Auf mehrere Bücher. Nach Lessing', das J. H. Voß in seinem ,Musenalmanach' (1792) veröffentlichte:

Dein redseliges Buch lehrt mancherlei Neues und Wahres,
Wäre das Wahre nur neu, wäre das Neue nur wahr!

Am dransten sein: an die Reihe kommen, bes. beim Kartenspielen und beim Anstehen in einer Schlange gebraucht. Witzige Steigerung von dran: ,draner, am dransten'.

Dreck. In vielen Kraft- und Scheltworten, in Rdaa. und Ausdr. gebrauchen Umgangssprache und Mdaa. das Wort Dreck; es bedeutet das Wertlose, Nichtige, ist auch oft identisch mit dem Anstößigen oder Unangenehmen, kann aber auch als Synonym für ,Geld' gebraucht werden. In Bayern kann zu dem Verächtlichsten gesagt werden: ‚Du bist dem Dreck sei Dreck', zugleich aber auch die Liebste zärtlich angeredet werden: ‚O du Dreckel du!'. Nach diesen Gesichtspunkten ergibt sich eine Einteilung der zahlreichen Rdaa.

Dreck als Bild des Unnützen und Wertlosen: *sich einen Dreck um etw. kümmern:* sich nicht darum kümmern; ebenso im Gegenteil: *sich um jeden Dreck kümmern; sich an jedem Dreck stoßen:* an allem Anstoß nehmen, sich über alles und nichts ärgern, schon bei Fischart: „Sorgen macht worgen: vnnd macht euch also vnleidlich, daß jr an ein jeden Treck stoset, der im weg ligt" (Geschichtklitterung, 75 [1575], Neudr.); *sich bei jedem Dreck aufhalten:* bei Unwichtigem, bei jeder Kleinigkeit; *einen Dreck wissen (davon verstehen):* nichts wissen; *sich um einen Dreck zanken; einen Dreck wert sein:* völlig wertlos im Vergleich; *das geht dich einen (feuchten) Dreck (Kehricht) an:* das geht dich nichts an; *seine Nase in jeden Dreck stecken:* sich um alles kümmern, wohl vom schnüffelnden Hund hergeleitet.

Dreck in der Bdtg. ‚Widriges, Anstößiges, Unangenehmes': *Dreck am Stecken (am Ärmel) haben:* kein reines Gewissen haben, ein Heuchler sein. Wer durch Dreck gegangen ist und sich die Schuhe abgeputzt hat, um sauber zu erscheinen, der trägt am Stecken (bzw. am Ärmel) doch noch die verräterischen Spuren mit sich herum; an seinem Stecken bleibt immer etw. haften, das gegen ihn spricht. J. Gotthelf (‚Die Käserei in der Vehfreude' [1850], 447) bringt den ‚Dreck am Stecken' in Verbindung mit Lügengeschichten: „Du kannst der Lügner sein und den Dreck am Stecken haben".

Du hast wohl Dreck in den Augen (Ohren, Händen)? fragt man tadelnd die, welche beim Hinsehen, Zuhören, Zugreifen oder Festhalten nicht aufpassen. *Durch Dreck und Speck:* durch großen Dreck, ist soviel wie ‚durch dick und dünn'; ‚Dreck und Speck' (durch Lautgleichheit miteinander verbunden) gehört zu den formelhaften stab- oder endreimenden Wndgn. wie ‚Sack und Pack', ‚Saus und Braus', ‚Mann und Maus' usw., ↗ach und ↗Bausch.

Im Dreck sitzen (stecken): in Not und Bedrängnis sein, wie das Fuhrwerk, das im Kot versunken ist und sich ohne fremde Hilfe nicht befreien kann; vgl. frz. ‚être dans la merde' (umg.); ähnl. *es geht ihm dreckig; aus dem größten Dreck heraus sein:* das Unangenehmste hinter sich haben; *in den Dreck treten:* etw. Unrechtes tun, einen Fehltritt begehen und sich dadurch in Ungunst setzen; *jem. in den Dreck treten:* ihn unwürdig behandeln, nach Hiob 30,19; *etw. (jem.) in (durch) den Dreck (Kakao) ziehen:* Häßliches, Verleumderisches über etw. (jem.) sagen; *sich um seinen eigenen Dreck kümmern,* ähnl. wie die Rda. ‚vor seiner eigenen ↗Tür kehren'; vgl. frz. ‚se mêler de ses oignons' (wörtl.: sich um seine eigenen Zwiebeln kümmern).

‚Den Dreck rühren, daß er stinkt'

Besonderer Dreck ist gemeint in der Redewndg.: *den (alten) Dreck rühren, daß er stinkt:* alte Dinge wieder aufwärmen; schon bei Geiler von Kaysersberg belegt, dann auch bei Thomas Murner: „den dreck rütlen, das er stinckt"; desgl. in: ‚Fastnachtsspiele aus dem 15. Jh.' (1853), 527,17: „ie mer man den dreck rurt, ie fester er stinkt" u. bei Henisch (Teütsche sprach u. weißheit [1616], 746): „wer mit einem dreck rammelt, er gewinne oder verliere, so bekompt er doch beschissen hend". Diese Rda. wird zumeist im übertr. Sinne verwendet; entspr. engl.: ‚The more you stir, the worse you stink'. Sie bezieht den üblen Geruch nicht auf die aufgerührte Sache, sondern auf die Person, die den ‚Dreck am Stecken' hat u. der der schlechte Geruch anhaftet. Diese Ansicht begegnet schon bei H. Sachs (4, 2, 118): „dem sprichwort nach, wer mit dreck ficht, der bleibt von ihm nicht unbeschissen".

Mit Dreck werfen oder *Dreck schleudern:* Verleumdungen ausbreiten, ↗Dreckschleuder.

Obersächs. ‚einen ins Dreckgässel führen', ihn in eine Verlegenheit bringen; ‚einen ganz und gar zu Dreck loben', ihn überschwenglich loben und herausstreichen. Westf. ‚den Dreck in't Hûs fegen', sich selbst schaden. ‚Dreckig lachen', schadenfroh sein.

Dreck steht in neueren Rdaa. als Ausdr. der Verachtung: *der letzte Dreck sein:* zum Auswurf der menschl. Gesellschaft gehören; *sich wie das letzte Stück(chen) Dreck benehmen:* äußerst schlecht; *jem. wie den letzten Dreck behandeln:* unwürdig, voller Verachtung.

Einen Dreckeimer (Dreckkübel) über jem. ausleeren: ihn mit unflätigen Worten beschimpfen.

Aus dem 20. Jh. stammt die Rda.: *Etw. wird (wurde) in den Dreck geschmissen:* nutzlos vergeudet.

Geld wie Dreck haben ↗Geld.

Die Karre aus dem Dreck ziehen ↗Karre.

Lit.: *A. Verwaetermeulen:* „De moze (modder) spletten", in: Biekorf 40 (1934), S. 32; *K. Spalding:* A note on German ‚Dreck am Stecken', in: Archivum linguisticum 10 (1958), S. 43–47; *T.B.W. Reid:* „The dirty End of the Stick", in: Revue linguistique romane, 31 (1967), S. 55–63.

Dreckschleuder. *Eine (wahre) Dreckschleuder sein:* Beschimpfungen u. Verleumdungen verbreiten; vgl. obersächs. ‚Der ihr Maul geht wie enne Dreckschleuder', sie schwatzt ununterbrochen, laut und schnell; steir. ‚Dreckschleuder', böse Zunge; die ‚Dreckschleuder' war urspr. eine Vorrichtung zum Fortschleudern von Kotklumpen bei Belagerungen.

Das ist eine elende Dreckschleuder, auch: *Dreckschleuder der Nation* sagt man von einer technischen Anlage, die außergewöhnlich viel Schadstoffe produziert u. daher die Umwelt schädigt, z.B. Auto, Kamin, Kraftwerk u.ä. Es handelt sich um neuere Rdaa., die im Zusammenhang mit der Umweltzerstörung durch Schadstoffe u. Gifte entstanden u. erst seit 1987/88 allg. geläufig wurden. Als Bild der Verleumdung wird ‚Dreckschleuder' häufig in polit. Kampagnen verwendet.

Dreh, drehen. *Den Dreh heraushaben:* wissen, wie man etw. macht, geschickt sein; vgl. frz. ‚avoir le coup', ‚... le tour', ‚... le truc'. Dreh hat in dieser Rda. die Bdtg. von ‚Täuschungsmanöver, List' und bezieht sich auf ein betrügerisches Verfahren beim Händler. Dieser konnte einem etwas ‚andrehen', d.h. einen nicht ganz einwandfreien Gegenstand beim Verkauf so drehen, daß sein Fehler verdeckt blieb; vgl. auch nordd. ‚einen Dreh machen', lügen. Weitergebildet zu *eine Sache drehen:* sie absichtlich entstellen. *Den richtigen Dreh 'rauskriegen (finden):* einen richtigen Ansatzpunkt, eine günstige Gelegenheit nutzen, um ein Ziel zu erreichen; vgl. frz. ‚prendre le coup'. Dagegen heißt *nicht den richtigen Dreh kriegen* etw. verkehrt anfassen, nicht fertigbringen. *Im richtigen Dreh sein:* mitten in der Arbeit stecken.

Ein Ding drehen ↗Ding.

Man kann es drehen und wenden, wie man es will: das ist eine doppelsinnige Rede (oft auch mit dem Zusatz: ‚es bleibt immer gleich undurchsichtig' usw.). Den Gegensatz dazu bildet die Feststellung: *Daran ist nichts zu drehen und zu deuteln:* die Sache ist völlig eindeutig. *Seinen Mantel nach dem Wind drehen* ↗Mantel.

Durchgedreht sein ↗durch.

Auf komplizierte Mechanismen im 20. Jh. deutet die Rda.: *Jem. muß daran gedreht haben:* es verdorben haben oder Verwirrung gestiftet haben, weil er den falschen Hebel oder Knopf drehte.

Alles dreht sich um jem. oder *um etw.:* es bildet den absoluten Mittelpunkt; vgl. frz. ‚Il est le centre du monde' (wörtl.: Er ist der Mittelpunkt der Welt).

Bei jem. dreht sich alles: er ist schwindlig oder betrunken.

Den Drehwurm haben: schwindlig sein, nicht recht bei Verstand sein, aber auch: nicht verläßlich und wetterwendisch. Die Rda. beruht auf der alten Vorstellung von Würmern als Krankheitsdämonen und

auf der Beobachtung von Kälbern, die den ,Drehwurm' hatten, der sich als Parasit in ihren Köpfen befand.
Jem. eine Nase drehen ↗Nase.
Jem. einen Strick drehen ↗Strick.
Im Handumdrehen ↗Hand.

drei. *Nicht bis drei zählen können:* geistig zurückgeblieben, blöde sein. Eine ganze Anzahl von Naturvölkern kann nicht bis drei zählen, d.h. besitzt nur Zahlwörter für eins und zwei, so daß höhere Zahlen durch kompliziertere Zusammensetzungen ausgedrückt werden müssen. Als Rda. soll die Wndg. ganz besondere Dummheit oder Unterentwicklung ausdrücken; vgl. lat. ,Ne numerare scit' u. frz. ,ne pas savoir compter jusqu'à trois'.
Er stellt sich (tut), als ob er nicht bis drei zählen könnte: er benimmt sich wie ein Dummkopf, ist ähnl. schon bei Luther bezeugt: „Stellet sich also sehr schwach, als kündte er nicht vier zehlen" (Tischreden, 300[a]); und in seiner ,Sprichwörtersammlung' (Nr. 216): „Kan nicht drey zelen"; auch bei Joh. Fischart: „kan nicht trei zelen", und bei Abraham a Sancta Clara (,Etwas für alle'): „Er stellet sich, als wann er nicht könte drey zehlen". Durch Verstellung und vorgetäuschte Dummheit werden Vorteile gesucht: „Als ob er nicht bis drei zählen könne, so konnte dieser Lump sich anstellen, und gerade damit fing er die meisten Gimpel" (Polenz, Büttenbauer I, 36). Auch mdal. ist die Rda. reich bezeugt: ,Der kann kaum auf 3 (5) zäle' oder ,Mä meint, er könne net (auf) 5(e) zäle' (Fischer VI, 1030), ↗fünf, ↗vier.
Ehe man auf drei zählen kann: ganz schnell; vgl. frz. ,Le temps de compter jusqu'à trois'.
Drei gerade sein lassen erscheint vereinzelt anstelle der verbreiteteren Wndg. ,fünf gerade sein lassen', es nicht genau nehmen (↗fünf). *Es drei doppelt nehmen:* es dreifach nehmen, ist eine berl. Rda.
Auch zur Steigerung wird die ,Drei' verwendet, z.B. *für drei arbeiten;* vgl. frz. ,travailler pour deux', ,... pour quatre' (wörtl.: für zwei,... vier arbeiten); *Hunger für drei haben;* vgl. auch: ,manger comme quatre': tüchtig essen. Ein scherzhafter Ausdr. für eine Fehlleistung ist *Dreimal abgeschnitten und immer noch zu kurz!*
(Erst) auf drei zählen: eine Weile warten; *dreimal darfst du raten.* Diese sprw. gewordenen Wndgn. entstammen der Kinderfolklore, werden aber auch gern von Erwachsenen gebraucht, z.B. wenn man Zeit gewinnen will für eine Antwort oder eine Sache geheimnisvoll und wichtig erscheinen lassen möchte. Erst nach dreimaligem Raten erfährt der Frager dann die richtige Antwort.
Die Zahl ,Drei' war von jeher eine herausragende Zahl. Das Sprw. ,aller guten Dinge sind drei' wird auf die Bdtg. der Dreizahl im ma. Recht zurückgeführt: dreimal im Jahr wurde Gericht (Ding, Thing) gehalten, zu jeder Weisung waren mindestens drei Urteiler nötig, der Gerichtsplatz wurde oft durch drei Bäume gekennzeichnet und danach bez. (z.B. Dreieichen) usw. Dagegen bedeutet der teilweise noch heute bekannte Satz: ,Drei Dinge sind frei', daß die Wegnahme von drei Äpfeln, Trauben usw. als Mundraub galt und nicht bestraft wurde.
Die Liste der dreimaligen oder dreifachen Rechtshandlungen ist lang. Viele haben sich erhalten, einige auch in der Rda. oder in sprw. Wndg., wie z.B. der Satz: ,Tres faciunt collegium' (in der Studentensprache oft erläuternd ergänzt durch: ,wir zwei und ein Pokal!'). Er ist dem 2. Teil des ,Corpus Iuris Civilis', der Gesetzessammlung des oström. Kaisers Justinian (527–565), entnommen und stammt von Nerus Priscus (um 100 v.Chr.). Dieser Rechtsspruch, wonach drei ein Kollegium bilden, bedeutet, daß wenigstens drei Personen vorhanden sein müssen, um einen Verein gründen zu können. Im akademischen Leben besagt der Spruch, daß außer dem Dozenten wenigstens zwei Studenten im Auditorium anwesend sein müssen, damit eine Vorlesung stattfindet.
Eine andere bekannte Sentenz lautet: ,Sunt tria damna domus'. Sie bezieht sich auf ,die drei ärgsten Plagen', die im Sprw. in vielen Versionen erhalten geblieben sind, so z.B. in den Versen:

> Drei Dinge sind dem Haus überlegen,
> der Rauch, ein böses Weib und der Regen.

Eine große Rolle spielt die Dreizahl auch in der Erzähllit., in der sie weltweit verbreitet ist. Bes. häufig aber tritt sie in der

europ. Volkserzählung auf, u.a. die Dreierformeln ‚Drei Brüder', ‚Drei Wünsche', ‚Drei Gaben', ‚Dreiengelssegen' usw.
In der Bildkunst kommt die Dreiheit vor allem in Darstellungen der göttl. Trinität z. Ausdruck. Eine Parodie auf diese ist der Fluch ‚in Dreiteufelsnamen' ↗Teufel.

Lit.: *J. Grimm:* RA. I u. II; *R. Müller:* Die Zahl drei in Sage, Dichtung u. Kunst (Teschen 1903); *H. Usener:* Dreiheit. Ein Versuch mytholog. Zahlenlehre (Bonn 1903); *A. Taylor:* „Sunt tria damna domus", in: Hess. Bl. f. Vkde. 24 (1926), S. 130–146; *H. Hepding:* „Sunt tria damna domus", in: Hess. Bl. f. Vkde. 42 (1951), S. 108–109; *A. Dundes:* The Number Three in American Culture, in: Every Man His Way (Englewood Cliffs 1968), S. 401–424; *G. Grober-Glück:* Motive u. Motivationen in Rdaa. u. Meinungen (Marburg 1974), Bd. I, §§ 29 ff., bes. S. 47; *M. Lüthi:* Art. ‚Drei, Dreizahl', in: EM. III, Sp. 851–868; *W. Stammler* u. *A. Erler:* Art. ‚Drei', in: HRG. I, Sp. 783–784.

Dreier. Der Dreier ist eine früher sehr häufige Scheidemünze von geringem Wert. Der Groschen (in Schlesien ‚Böhm'!) hatte zwei ‚Sechser', dieser zwei ‚Dreier'. Das sind Reste aus der 12er-Währung bzw. -zählung mit Dutzend, Schock u. Gros. In Wien: ‚Gib mir an Fienverli' – ‚Do hast an' Sechser' (gleichwertig!). Man sagt deshalb noch heute: *etw. für einen Dreier tun:* um geringen Lohn etw. tun, z.B. obersächs. ‚Der läßt sich fer 'n Dreier e Loch durch die Nase (ins Knie) bohren'; *einen Dreier wert sein:*

Dreier (‚Seinen Dreier dazugeben')

nicht viel wert sein, auch: *Der eine ist einen Dreier wert, der andere drei Pfennige:* sie taugen beide nicht viel; schwäb. ‚Ich gebe keinen Dreier für sein Leben', ich zweifle daran, daß er sich von seiner Krankheit erholen wird. Berl. ‚Ick laß mir mei' Dreier wiederjeben', ich spiele nicht mehr mit. *Seinen Dreier dazugeben,* früher auch ‚sein Scherflein dazugeben': seine Meinung zu etw. äußern, so unbedeutend sie auch sein mag. Ähnl. heißt es schon in der ‚Zimmerischen Chronik' (Bd. 3, S. 457,36): „Do redt ain ieder sein pfenwärt (‚Pfennigwert') darzu".
Bekannt sein wie ein Dreier: überall bekannt sein, ähnl. wie der Dreier als Münze, der wegen seines niederen Werts überall geläufig war.
Ein Dreiergespann sein sagt man von Menschen, die immer zu Dritt erscheinen. Hierbei handelt es sich nicht um das ‚Dreiecksverhältnis', das sich auf ein verheiratetes Paar bezieht, bei dem noch eine dritte Person, d.h. ein(e) Liebhaber(in) mitgerechnet wird, sondern um jede beliebige Dreiergruppe, die gemeinsam auftritt, ↗Troika.

Lit.: Münzen in Brauch u. Glauben (Mainz 1982), S. 232.

Dreimonatskind. *Sie haben ein gesundes Dreimonatskind bekommen* wurde früher anläßlich der Geburt eines Kindes gesagt, wenn die Eltern geheiratet hatten, als das Kind schon unterwegs war. Die absurde Logik solch anzüglicher Rechenexempel ist in mancherlei Schwänken erzählerisch ausgestaltet worden.

Lit.: *E. Moser-Rath:* Art. ‚Dreimonatskind', in: EM. III, Sp. 887–889.

dreizehn. Die ‚Dreizehn' gilt im Volksglauben als Unglück bringende Zahl. Verbreitet ist die Rda. *Jetzt schlägt's (schlägt die Glocke) aber dreizehn:* das ist ganz ungewöhnlich, unerhört! Die Uhr schlägt aber nicht dreizehn. Diese Zahl als die gefährlichste und bedeutungsvollste soll deshalb andeuten, daß etw. nicht mit rechten Dingen zugeht und der Teufel seine Hand im Spiel haben muß; denn das Sprw. sagt: ‚Dreizehn ist des Teufels Dutzend'. Daher auch: *Er ist der Dreizehnte im Dutzend:* er ist überflüssig, und bair. ‚alle dreizehn treiben', Liederlichkeiten aller Art treiben.
‚Dreizehn' ist die Zahl, die das geschlossene Zwölfer-System überschreitet (12

Götter, 12 Tierkreiszeichen, 12 Monate, 12 Stunden usw., 12 Stämme Israels, 12 Propheten, 12 Jünger). Eine Überschreitung hatte zunächst einen ‚sprengenden' Sinn, konnte also auch eine positive Bdtg. haben, wenn z. B. eine herausragende, das Normalmaß überschreitende Person als Ergänzung bzw. Führung dazu kam. Ähnliches kannte schon das alte german. Recht, in dem zu den 12 Schöffen ein Richter hinzutrat, um mit ihnen zusammen das Recht zu weisen. Das kommt u. a. im Membrisser Weistum z. Ausdr. Darin heißt es: „dreizehn sitzen um den brunnen u. laßen sich recht lehren' (Grimm, Rechtsaltertümer I, 298). Ein Hinweis auf die Doppelbdtg. der Zahl ‚dreizehn' findet sich auch in der jüd. Geschichte: Am 13. Tage des 12. Monats im 12. Regierungsjahr des Königs Xerxes (486–464 v. Chr.) sollten alle Juden getötet werden. Durch die Intervention der Königin Esther wurde dieses Unheil verhindert. So wurde aus der Dreizehn gleichzeitig eine Glückszahl.

In christl. Zeit hat die Zahl dreizehn fast ausschließlich unheilbringende Bdtg. Sie kann durchaus im Zusammenhang mit dem Tode Jesu gesehen werden, da er (oder auch Judas) ein ‚Dreizehnter' war. Im Volksglauben hat sich entspr. die Zahl ‚dreizehn' als Orakelzahl mit schlimmer Vorbedeutung verfestigt, als Vorankündigung eines nahenden Unheils. Ergab z. B. beim Essen die Zahl der Tischgäste dreizehn, so galt das als Zeichen dafür, daß der zuletzt Hinzugekommene (in manchen Versionen auch der Erste oder Älteste der Gruppe) bald sterben würde. Noch heute wird die Zahl dreizehn bei Tisch vermieden, d. h. die überzählige Person wird an einen anderen Tisch gesetzt oder eine zusätzliche Person herbeigeholt. Bei vielen Gelegenheiten gibt es keine Zahl dreizehn, wie z. B. in Hotels, in denen man selten ein Fremdenzimmer mit dieser Zimmernummer findet.

Auch der Begriff ‚Bäckerdutzend' gehört in diesen Zusammenhang. Ihm haftet an sich eine gute Bdtg. an, nämlich die in früheren Zeiten geläufige Sitte der Bäcker, bei Abnahme von zwölf (einem Dutzend) Broten eines gratis als Zugabe hinzuzufügen. Um die Zahl dreizehn zu umgehen, wurde der Posten einfach das ‚Bäckerdutzend' genannt.

Als besonders schlimme Vorbdtg. gilt das Zusammentreffen eines Freitags mit der Zahl 13 als Datum. Da der Freitag in christl. Vorstellung allein schon eine schlimme Bdtg. hat (hergeleitet u. a. vom Kreuzestod Christi an einem Freitag), wird die Verbindung mit der Dreizehn als Häufung schlechter Vorzeichen angesehen. Im Volksglauben weist dies auf bes. Pech oder Unglück. Viele Begebenheiten scheinen dies zu bestätigen, so z. B. der Start von Apollo 13 (im Jahre 1970) und sein unglücklicher Ausgang: Fast alle Daten, Namens- und Zeitangaben enthielten entweder die Zahl 13 direkt oder als (Quer-)Summe.

Vielfach wird die dreizehn aber auch mit Absicht als Glückszahl dargestellt oder ihre Unglücksbdtg. heruntergespielt, wie z. B. in der schwäb. Wndg.: ‚Der dreizehnte gewinnt e Pfeifle'. ↗ Bäcker ↗ Dutzend ↗ Zwölf.

Lit.: *O. Weinreich:* Triskaidekadische Studien, Religionsgesch. Versuche u. Vorarbeiten XVI (Gießen 1916); *C. Puetzfeld:* Jetzt schlägt's dreizehn (Berlin 1937); *F. Neumann:* Dreizehn bei Tisch, in: Muttersprache (1951), S. 333 ff.; *J. Kleine:* Der Überzählige (Diss. Göttingen 1954); *dies.:* Der Überzählige. Geschichte und Entwicklung der Sage, in: Zs. f. d. Ph. 74 (1955); *L. Kretzenbacher:* Freveltanz und ‚Überzähliger', Zum Balladen- und Sagentypus vom ‚überzähligen' Tänzer, in: Carinthia I, 144 (1954), S. 843 ff.; *H. Bausinger:* Dreizehn. Eine Vorbemerkung, in: Volksleben 13 (1966), S. 7–10; *G. Grober-Glück:* Motive u. Motivationen in Rdaa. u. Meinungen, Bd. I (Marburg 1974), S. 41, 46 f., 50 ff.

dreschen, Drescher. Durch das Ausdreschen des Korns aus den Ähren wird für den Bauern der Ertrag seiner Arbeit auf dem Feld erst richtig sichtbar. Das Dreschen mit dem Flegel bot vor der Einführung des Maschinendruschs den Landarbeitern (Tagelöhnern) ihr winterliches Auskommen. Auf größeren Gütern dauerte das Ausdreschen der Jahresernte meist über die ganze Winterzeit und war zugleich die schwerste und anspruchsvollste jährliche Arbeit, die große Körperkräfte und dazu eine besondere rhythmische Geschicklichkeit erforderte. Die rdal. Wndgn., denen das Bild des Dreschens zugrunde liegt, verwenden das Wort gleichbedeutend mit Schlagen, Prü-

geln sowie zur Darstellung ungestümer, roher Vitalität.
Jem. dreschen, auf jem. eindreschen bedeutet, ihn schlagen, verprügeln, auf ihn einhauen, in dieser Bdtg. schon im 16. Jh. belegt: „... wie ihn ... der teuffel geblewet und gedroschen habe" heißt es bei Luther (Ausleg. der ep. vnd. euang. von der heyl. dreykönige fest etc., 1525). Mdal. z. B. ‚De hebbt wi ordig dördöscht' steht in Schlesw.-Holst. heute noch für ‚die haben wir tüchtig verprügelt'.

‚Drauflos dreschen'

Drauflos dreschen: rücksichtslos zuschlagen, nicht darauf achten, ob man jem. beim Prügeln verletzt; vgl. engl. ‚to tresh', ‚trash'. Die Doppeldeutigkeit von ‚dreschen' im wörtl. wie übertr. Sinne spielt u. a. eine Rolle in einem Schwank, in dem ein Bauer seinen Knechten vorhält, daß sie die Kornlagen nicht genügend ausdreschen. Er legt sich darunter, und die Knechte dreschen nun so ungezügelt drauflos, daß der Bauer fast die Besinnung verliert.
Lit. belegt ist die Wndg. schon früher, u. a. bei H. Sachs, 1578 (4.3.81):

bisz doch zuletzt einem gelang
dasz er sein brügel hoch aufschwang
und traf die saw vorn an die stirn
dasz sie fiel, zabelt mit alln viern,
dieweil der blind immerzu drasch
bisz doch der saw das liecht erlasch.

ferner bei G. Rollenhagen im ‚Froschmeuseler' 1595:

und wenn's denn käm mit einem lauf,
solten sie tapfer dreschen drauf.

Das Wort ‚verdreschen' ist vor allem bei Kindern noch geläufig für handfeste Streitigkeiten untereinander, wobei nicht selten eine ganze Horde über einen einzelnen herfällt.
Entspr. auch *Dresche kriegen:* Prügel bekommen. Bei Fischart, ‚Gargantua' 255a (1575), heißt es zum Beispiel: „treschten auf ihn wie auf einen esel". In Schlesien sagte man: ‚A drescht nei, wie of n gebarchta Oxa'.
Jem. aufs Maul dreschen gebraucht schon Luther für ‚jem. zum Schweigen bringen'. Rhein. ‚De kann äver (aber) de Mul dresche' bez. dagegen einen geschwätzigen Menschen, der sein Mundwerk in steter schwungvoller Bewegung hält, wie der Drescher seinen Dreschflegel. In Anlehnung daran ‚Zungendrescher' und ‚Zungendrescherei' (↗Zunge).
Phrasen dreschen, abgedroschenes Zeug reden: leeres Gerede von sich geben; Altes, schon Bekanntes wiederholen, genauso sinn- und nutzlos sprechen, wie *leeres Stroh dreschen* (↗Stroh).
Eier dreschen ↗Ei.
‚De kann em Backowen Kore dresche', sagt man in Trier von einem kleinen Menschen. Die Rda. geht auf eine weit verbreitete eschatologische Sage zurück, wonach die Menschen immer winziger werden, bis am Ende der Zeiten ihrer zwölf in einem Backofen dreschen können. Rhein. ‚Der hat meat em Deiwel Scheass gedrescht' (= er hat Sommersprossen) und nordd. ‚He sücht ut, as wenn de Düwel Arfen op em döscht harr' (von einem Pockennarbigen) parodieren den Sagenstoff vom Wettdreschen mit dem Teufel, bei dem es gewöhnlich hoch und unheilvoll hergeht. Der Vergleich ‚He is so möd, as wenn he 'n gansen Dag döscht hett' hält die Erinnerung an die schwere körperliche Anstrengung beim Dreschen wach. ‚E schläht dar wie en Drescher' (Bittburg), ‚de läßt Ferz wie en Drescher' (Trier), wie auch die Rda. *fressen wie ein Drescher* (↗Scheunendrescher) halten die Vorstellung von der kraftvollen derben Vitalität des Dreschers fest. Das Bild des Grobschlächtigen wird

auch auf das Musizieren übertragen: *das Klavier dreschen, auf dem Klavier ein Musikstück dreschen, einen Walzer dreschen* bedeuten, ein Musikstück ohne musikalisches Einfühlungsvermögen fehlerhaft und laut spielen. ‚Das ist eine Drescherarbeit' steht für eine anstrengende schwere Tätigkeit und Luthers „die las nur grobe drescherspeise essen" meint bildl. rauhe Kost.

In fremden Scheunen dreschen wird als Metapher für außereheliche Beziehungen gebraucht. In sexueller Bdtg. wird der Ausdr. schon in Fastnachtspielen des 15. Jh. verwendet: „Mein flegel soll nit in deiner scheurn treschen". Und in einer Liederhandschrift aus dem 18. Jh. heißt es:

Es gieng gůt tröscher vͤber land,
er kam da er ze tröschē fand,
do fideler er ir,
do giget si im gar sůsse.
Zart iunckfrow ir sind wol gemůt
vff vͤwere ten, wer trossen gut [...]

Ein bair. Necklied lautet ganz im gleichen Sinne:

‚Miadei, geh mit mir in Tenna naus,
da suach ma uns ja was zum Dröschn raus!'
‚Nana, mei Hansei, du mei liaba Bua,
zum Dröschn da is's ja noch z'fruah!'

Lit.: *A. Keller:* Fastnachtspiele aus dem fünfzehnten Jahrhundert, 3 Bde. (Stuttgart 1853); *G. Queri:* Kraftbayrisch (München 1912); *A. Bentzien:* Die mecklenburgischen „Drescher" und die Einführung des Maschinendrusches, in: Jb. f. Vkde. 10 (1964) S. 25–42; *I. Weber-Kellermann:* Arbeitsbräuche und Arbeitsfeste der Drescher, in: Arbeit und Volksleben. Deutscher Volkskundekongreß 1965 in Marburg (Göttingen 1967), S. 362–372; *R. Lickteig:* Eine Liederhandschrift aus dem 18. Jahrhundert [...] in der Fürstlich Fürstenbergischen Hofbibliothek zu Donaueschingen. Zulassungsarbeit Freiburg 1967, Mskr.; *K. Ranke:* Art. ‚Dreschen', in: EM. III, Sp. 889–891; *A. Beck* u. *G. Wiegelmann:* Art. ‚Dreschen', in: RGA. VI, Sp. 180–184.

Dritte. *Der lachende Dritte sein:* Nutzen ziehen aus dem Streit zweier anderer. Die Rda. steht in unmittelbarer Nähe des Sprw. ‚Wenn zwei sich streiten freut sich der Dritte'.

Erfahrungsgemäß stört der ‚Dritte' oft eine geschlossene Zweierverbindung, hängt sich an, mischt sich ein, sucht sie zu beeinflussen. In älteren lit. Zeugnissen wird daher oft vor der dritten Person gewarnt, die Zwietracht sät und die Vertraulichkeit des Wortes mißachtet:

Aber zwischen euch, euch Zwein
mische sich kein Dritter ein.

(Chr. F. Weisse, Komische Opern [1768–71], I, 194.)

Was kommt in den dritten Mund,
ist aller Welt kund.

(J. Meier, Hortulus adagior, 42.)

Der Dritte als Störenfried hat im allgem. aber nur dann Erfolg, wenn ihm Zugang gewährt wird. Ein Sprw. lautet:

Wo zwei sich vertragen,
da hat der Dritte nichts zu sagen.

Eine *Ehe zu dritt* bez. ein Dreiecksverhältnis, bei dem – zumindest stillschweigendes – Einverständnis zwischen den Beteiligten herrscht, ↗ Ehe.

Eine ausgesprochen positive Rolle hat der Dritte, der als Schiedsrichter zwischen zwei streitenden Parteien vermittelt, d.h. wenn sie *mit Hilfe Dritter* ihren Streit beizulegen versuchen. Positiv ist auch die Bdtg. des Dritten in einem echten Treuebündnis unter Freunden. Wegen seiner Seltenheit hat Schiller ihm in seiner ‚Bürgschaft' ein Denkmal gesetzt mit den Worten:

Und die Treue, sie ist doch kein leerer Wahn.
Ich sei, gewährt mir die Bitte,
in eurem Bunde der Dritte.

Mit der Wndg. *zum dritten Male* ist zumeist eine Warnung verbunden. Sie bedeutet soviel wie ‚zum letzten Mal', weil nach alter Regel eine Aufforderung nach dem dritten Ruf (bei Auktionen: Hammerschlag) nicht mehr wiederholt wird. Aus der Versteigerungspraxis stammt auch die abgekürzte Form *zum Dritten.* Neuere Wndgn. sind: *Länder der Dritten Welt:* Staaten in Asien, Afrika u. Europa, die ihre neutrale Stellung im Ost-West-Konflikt betonen, u. *Drittes Programm:* Alternativprogramm der Fernsehanstalten für Zuschauer mit bes. kulturellen u. bildungsorientierten Interessen, ↗ Welt.

Lit.: *M. Lüthi:* Art. ‚Drei, Dreizahl', in: EM. III, Sp. 851–868.

Drohne. *Eine Drohne sein,* häufiger: *ein Drohnendasein führen:* den Nutzen aus der Arbeit anderer ziehen, es sich auf Kosten anderer wohl sein lassen, ohne sich

selbst anstrengen zu müssen, sich verwöhnen lassen, ein ↗Schmarotzer sein.
Das aus dem Ndd. im 17. Jh. ins Hd. gelangte Wort ‚Drohne' ist mit ‚dröhnen' verwandt u. bez. das stachellose Männchen der Honigbiene, das sich von den Arbeiterinnen im Bienenstaat füttern läßt, ohne selbst beim Sammeln des Honigs zu helfen. Auf den Menschen übertr. wurde ‚Drohne' im 19. Jh. zum sozialpolitischen Schlagwort für den faulen Nutznießer fremder Arbeit.

Lit.: *K. Ranke:* Art. ‚Biene', in: EM. II, Sp. 296–307.

Druck, drücken, Drücker. *Im Druck sein; in Druck kommen:* in drückender Lage, in augenblicklicher Notlage, Bedrängnis, auch in Geldverlegenheit sein; obersächs. ‚Der is egal in Druck', immer in angestrengter Tätigkeit (vgl. ‚unter Zeitdruck stehen'); frz. ‚être sous pression'.
Etw. unter Druck tun: bei einer Arbeit bedrängt werden, sie schneller zu erledigen.
Jem. unter Druck setzen: jem. bedrohen, ihn einschüchtern, ihm unter Drohungen etw. abnötigen; nach dem Bild des unter Druck gesetzten Dampfkessels (vgl. ‚jem. Dampf machen'); vgl. frz. ‚mettre quelqu'un sous pression'.
Sich drücken: eigentl. sich schmal machen, meistens gebraucht i. S. v.: sich davonstehlen, sich unbemerkt entfernen, sich einer Anforderung entziehen. Schon in Seb. Brants ‚Narrenschiff' (103, 88) ist belegt:

sie dunt in selber schad und schand:
mancher der drückt sich uß dem Land.

Bei Goethe heißt es:

Weiß sich in Zeit und Art zu schicken,
Bald sich zu heben, bald zu drücken.

Wer sich wiederholt erfolgreich einer Pflicht entzogen hat, wird seit dem Ende des 19. Jh. auch ‚Drückeberger' genannt. In der Soldatensprache sagt man für ‚sich vor etw. drücken' auch *Druckpunkt nehmen* (eigtl. ein Teil des Schießvorgangs).
Jem. an die Wand drücken ↗Wand.
Wissen, wo jem. der Schuh drückt ↗Schuh.
Auf die Tube drücken: sich anstrengen, sich beeilen.
Am Drücker sein (sitzen): an der Macht sein, eine bedeutende Stellung einnehmen, eine sehr junge Rda., die sich wohl von dem elektr. Türöffner herleitet; vgl. rheinhess. ‚Der hat den Drücker gleich bei der Schlink (‚Klinke')!'; vgl. frz. ‚tenir les leviers de commande' (wörtl.: am Steuerhebel sitzen).
Auf den letzten Drücker kommen: im letzten Augenblick kommen. Die Rda. stammt vermutl. aus der Sprache der Kartenspieler und bedeutet soviel wie: auf den letzten Point, d. h. gerade noch mit dem letzten Stich einen Punkt machen (die Karten auf den Tisch drücken).
Wie gedruckt lügen ↗lügen.

Druckposten. *Auf einem Druckposten sitzen, einen Druckposten bekleiden:* eine ungefährliche und bequeme Arbeitsstelle haben. Diese Rda. bürgerte sich seit 1914/18, von der Soldatensprache kommend, in der Umgangssprache ein. Der Druckposten ist die verächtliche Bez. des Soldaten für eine Dienststelle, auf der man sich vor mutigem und verantwortungsbewußtem Handeln erfolgreich drücken kann (↗Druck).

drunter. *(Unten) drunter durch sein:* sein Ansehen oder seinen Besitz verloren haben, sich unmöglich gemacht haben. Die Rda. erinnert an den Ausdr. ‚durchfallen' (↗Korb), beruht aber wohl doch auf einer allgemeineren Vorstellung. Schon in der ‚Zimmerischen Chronik' heißt es (Bd. 1, S. 49, 20): „Die graffen von Lützelstein waren irer gueter halber in deutschen landen hindurch". Mit ähnl. neuerem Scherz: ‚Er ist in der Versenkung verschwunden' (wie auf der Bühne).
Es geht alles drunter und drüber: es geht ↗durcheinander; vgl. frz. ‚mettre sens dessus dessous'.

Drüse. *Daß dich alle Drüsen plagen! Die Drüse auf seinen Kopf!* sind heute kaum noch gebräuchl. Verwünschungen, in denen das Wort Drüse i. S. v. ‚Pestbeule' gebraucht wird. Vom 15.–17. Jh. sind diese Wndgn. oft belegt, z. B. mehrfach bei Joh. Fischart („die trüeß ... auff deinen Kopff"), bei Joh. Pauli („Daß du die drüss müssest haben") oder bei Joh. Agricola („Die drüss gehe dich an")!
Auf die Tränendrüse drücken ↗Träne.

Lit.: Dt. Wb. II, Sp. 1458–60: *Wander* I, Sp. 700; *H. Siefart-Gerke:* Sprww. und Rdaa. bei Johann Fischart (Diss. München 1953).

Du. *Mit jem. auf Du und Du stehen, sich mit jem. duzen:* mit ihm auf freundschaftl. Basis verkehren, ihn mit dem vertraulichen ,Du' anreden, statt mit dem distanzierenden Sie. *Jem. das Du anbieten:* ihn zum Freund haben wollen, mit dem man weniger formell umgehen kann. *Mit jem. Duzfreundschaft schließen:* ihn mit dem Vornamen und mit Du anreden, wie einen vertrauten Freund.

Manchmal wird das ,Du' aber auch iron. eingesetzt, wie in den Rdaa. ,Du bist mir (auch so) einer': das hätte ich nie von dir gedacht, das hätte ich dir nie zugetraut – u. U. sogar in gewisser Anerkennung gesagt. Auch erweitert, z. B. ,du bist mir ein Schlawiner', d. h. ein ↗ Schlitzohr.

Du bleibst doch immer, was du bist: du kannst dich in deinem Wesen trotz aller Anstrengungen nicht grundlegend ändern. Dieser Satz aus Goethes ,Faust' wird so vielseitig verwendet, daß er je nach der vorliegenden Situation verschiedene Bdtgn. haben kann. Mephisto gebraucht ihn in folgendem Zusammenhang:

> Setz dir Perücken auf von Millionen Locken,
> Setz deinen Fuß auf ellenhohe Socken,
> Du bleibst doch immer, was du bist.

Du ahnungsloser Engel, du, wenn man jem. zu verstehen geben will, daß er eine sehr naive oder oberflächliche Meinung von etw. hat. Die Worte stammen aus Goethes ,Faust I.' (Studierzimmer).

Die Wndg.: *Du bist verückt mein Kind,* mit der z. Ausdr. gebracht wird, daß das eben Gesagte völlig irreal ist und jeder Grundlage entbehrt, entstand nach einem Lied aus der Operette ,Fatiniza' von F. Zell u. R. Genée, vertont von Franz von Suppé (1820–95).

Bekannt sind Schreckens- oder Erstaunensrufe wie ,(ach) du liebes Bißchen', ,(ach) du grüne Neune', ,(ach) du meine Güte', abgekürzt: ,du mei', ↗ Bruder, ↗ Sie.

Lit.: *H. Trümpy:* Das Duzen im Vormarsch, in: Schweizer Vkde. Korrespondenzblatt 67 (1977), S. 18–21, 56–60, 79–84.

Dudelsack. Die Volkssprache verwendet den Dudelsack oft zu sprw. Vergleichen; allg. verbreitet ist die Rda.: *Er sieht den Himmel (die Welt) für einen Dudelsack an:* er ist nicht recht bei Trost. Obersächs. ,Er lebt von der Luft wie ein Dudelsack', er ist bescheiden und anspruchslos. Nordd. ,Da huckt wie ostpreische Duddelsack', er sitzt steif und hölzern da, auch: ,Da es besoffe wie e Duddelsack'. Bekannt ist: ,Ich schlage dich, daß du den Himmel für einen Dudelsack ansiehst' (↗ Himmel).

Auf zwei Dudelsäcken zugleich blasen: mehrere Dinge auf einmal tun; vgl. frz. ,courir deux lièvres à la fois' (wörtl.: gleichzeitig zwei Hasen nachlaufen).

Duft. *Sich den Duft der großen, weiten Welt um die Nase wehen lassen:* in ferne Länder reisen, um das Fluidum anderer Menschen, Regionen u. Erdteile kennenzulernen. Die Rda. ist hervorgegangen aus einer Zigarettenwerbung, die sich die Sehnsucht der Menschen zunutze macht, z. B. nach Abenteuern u. nach einem Leben in Reichtum, das die angenehmen Seiten der ganzen Welt verspricht.

In dieser Wndg. wird ein Begriff vom Einzelnen aufs Ganze übertragen. Jeder Gegenstand, jedes Tier, jede Blume u. jeder Mensch hat seinen persönlichen Duft, der freilich nicht immer mit dem eines anderen vereinbar ist. Das führt zu allerlei spöttischen Rdaa., wie z. B.: *Er (sie) hat ein ganz spezielles Düftchen,* womit eine Sorte Seife oder Tabak, Käse, Knoblauch oder Blumen gemeint sein kann. Oft bezieht sie sich auf die völlige Abwesenheit eines Dufts oder auf einen künstlichen Duft wie Rasierwasser oder Parfüm. Wird zuviel davon benutzt, heißt es häufig: *Er duftet wie ein Moschusochse.* Ähnl. die Wndg. *eine Duftwolke verbreiten (hinterlassen)* oder die neuere, vom Hundeverhalten abgeleitete Rda. *seine Duftmarke setzen,* d. h. man kann mit der Nase riechen, wo jem. war, ohne ihn gesehen zu haben.

Duftstoffe stehen für Menschen. Das hat Patrick Süskind in seinem Erfolgsroman ,Das Parfüm' deutlich gemacht. Ist ein (zugelegter) Duft gut, hat das häufig die direkte Frage zur Folge: *Welche Duftnote bevorzugen Sie?* Meist wird sie im Fachgeschäft gestellt, so sich jem. ,seinen Duft kaufen' will.

Unmißverständlich ist die Aufforderung

,verdufte'. Der Volksmund verwendet den Ausdruck auch im Sprw. ,Wenn die Frau verblüht, verduftet der Mann'; ↗Geruch, ↗Nase, ↗riechen, ↗stinken.

Aus dem jidd. ,tow' = gut abgeleitet ist das Wort ,dufte' = außerordentlich, tadellos, sympathisch.

Es hat sich in den Nachkriegsjahren (ca. 1945–60) von Berlin aus über ganz Dtl. verbreitet u. war vor allem bei Jugendlichen sehr beliebt als Ausdr. der Zustimmung u. Begeisterung, z.B. für ein hübsches, attraktives Mädchen, eine sog. *dufte Biene*. Obwohl das Wort etymol. nichts mit ,Duft' zu tun hat, wurde es dennoch mit Duft oder ,Flair' in Beziehung gebracht.

Lit.: *L. Röhrich:* Gebärde, Metapher, Parodie (Düsseldorf 1967), S. 63; *W. Danckert:* Symbol, Metapher, Allegorie im Lied der Völker (Bonn-Bad Godesberg 1976), S. 1006; *A. Corbin:* Pesthauch u. Blütenduft. Eine Geschichte des Geruchs (Berlin 1984).

Dukaten. *Dukaten haben:* reich, vermögend sein. Lit. in der ,Verkauften Braut' von Bedřich Smetana:

Weiß ich doch eine,
die hat Dukaten, hat Dukaten.

Dagegen: *An seinen Dukaten nicht schwer zu tragen haben:* arm, unvermögend sein. *Dukaten gegen Pfennige auswechseln:* etw. Gutes gegen etw. Schlechtes tauschen. Das Sprw. ,Dukaten werden beschnitten, Pfennige nicht': Reichen wird genommen, Armen nicht, weist auf die Zeit der ↗Kipper und Wipper. *Die Dukaten drehen sich aus dem Beutel:* sie verschwinden wie von selbst. *Kein Dukatenscheißer sein.* ↗Geld.

Lit.: *H. Mané* u. *L. Veit:* Münzen in Brauch u. Aberglauben (Nürnberg 1982), S. 233.

dumm, Dummheit. Die dt. Sprache besitzt einen großen Reichtum an Rdaa. zur Bez. der Dummheit eines Menschen (vgl. die Zusammenstellungen bei Wander I, S. 463 u. 704ff., Küpper I, S. 98f. u. 373). Meistens handelt es sich hierbei um sprw. Vergleiche, in denen dumm durch einen Zusatz eine Steigerung erfährt: *Er ist so dumm wie Bohnenstroh, wie ein Regiment Soldaten; dümmer als die Polizei erlaubt, polizeiwidrig dumm* (schwäb.); *er ist zu dumm, um einen Eimer Wasser auszugießen (anzuzünden); zum Scheißen; um ein Loch in den Schnee zu pinkeln; er ist dümmer als ein Stück Vieh (als ein Ochse, ein Esel, eine Kuh, ein Kalb; ein Hinterviertel

,Dumm wie ein Kalb'

vom Schafe* usw.); *er ist dümmer als dumm; dümmer als vorm Jahr; er ist so dumm, daß er blökt, daß er schreit, daß er stinkt, daß ihn die Gänse (Schweine) beißen* usw. *Er ist dumm wie ein Bund Stroh* (vgl. Bohnenstroh); *er ist so dumm, man kann ihm die Hose (die Kappe) mit der Beißzange anziehen* (allg. obd. verbreitet); *er ist so dumm wie lang; er ist so dumm wie Bettelmanns Katze* (weil sie bei ihm bleibt); vgl. frz. ,Il est bête comme ses pieds' (wörtl.: Er ist so dumm wie die eigenen Füße).

,Er ist so dumm, daß ihn die Gänse beißen'

Er ist dumm geboren, dumm geblieben, hat nichts dazugelernt (und auch das wieder vergessen): hoffnungslos dumm, oder: *dumm geboren, nichts dazugelernt und die Hälfte vergessen.*

‚Wenn du groß wärst, wie du dumm bist, könntest du bequem aus der Dachrinne deinen Morgenkaffee trinken', oder: ‚den Mond küssen'. ‚Sie denken wohl, ich bin so dumm wie Sie aussehen'.

Bes. mdal. Wndgn. werden oft gebraucht, z. B. sagt man in Ostpreußen: ‚Er ist nicht so dumm, wie ihm die Mütz' steht'; ‚er ist so dumm wie ein Nagel an der Wand', und mdal.: ‚Wat böst du domm on frettst vêl!' Schlesw.-holst. mdal. Wndgn.: ‚He is man wat dumm kunfermert'; ‚he is to'n Starben to dumm' mit dem Zusatz: ‚he mütt erst slacht warrn'. Im Schwäb. sagt man: ‚Dear isch so domm: wenn dear in Doana neiguckt, dan verrecket älle Fisch'; ‚dear isch z'domm zom Bettla: dear stoht hinterschgefür voar d'Häuser na'; ‚dear isch dümmer wia d'Nacht und dia siggt nix'; ‚dear isch z'domm zom Dommsei'; ‚dear isch dümmer wia zwoi Domme vo(n) Döpshofa'; ‚dear isch dümmer wia d'Enta beim Tag: dia buckat se, wenn se beim Stadeltoar neigat'; ‚dear isch z'domm zom Bollahüata' (um die Samenkapseln des Flachses beim Trocknen zu bewachen); ‚dear isch dümmer als unsers Herrgotts Gaul, und der ist ein Esel gewesen'.

Jem. dumm machen: ihn übervorteilen, die Rda. stammt aus dem Rotw. Ähnl.: *jem. dumm und dämlich reden:* ihn zur Zustimmung bewegen wollen, aber ihm keine Zeit zum Nachdenken lassen. *Jem. wird es dumm (im Kopfe):* er wird betäubt, verwirrt. Goethe läßt Gretchen (‚Urfaust' V. 377) sagen:

> Mir wird von alledem so dumm,
> als ging mir ein Mühlrad im Kopf herum.

Etw. wird einem zu dumm: es wird einem überdrüssig, lästig; wenn es zu arg wird, reißt einem die Geduld, man will sich nichts mehr gefallen lassen, oft als ablehnende Antwort gebraucht.

Sich nicht dumm kommen lassen: es ablehnen, unverschämt behandelt zu werden.

Jem. dumm kommen: ihm frech und mit gespielter Dummheit entgegentreten.

Jem. für dumm verkaufen wollen: ihn für dumm halten, überlisten, betrügen wollen. Vgl. berl. ‚Sie denken wol, sie könn' mir for dumm verkoofen?' Sie halten mich wohl für dumm; Sie glauben vielleicht, daß ich nichts merke. Ähnl. schwäb. ‚Wer den für dumm kauft, geit's Geld umsunst aus', er ist unrecht dran; hat sich getäuscht; hat den anderen unterschätzt.

Sich dumm stellen: so tun, als ob man von nichts wüßte; vgl. frz. ‚faire le bête', ‚... l'âne' (wörtl.: den Dummen, den Esel spielen). Oft wird die Wndg. als Aufforderung gebraucht: *Stell dich nicht so dumm an:* tu nur nicht so!

Zu etw. noch zu dumm sein: zu jung, unerfahren und unwissend sein. Diese Rda. bewahrt den alten Sinn des mhd. ‚tumb'.

Er ist nicht so dumm, wie er aussieht: er ist listig, verschlagen; vgl. frz. ‚Il n'est pas si bête qu'il en a l'air'.

Das ist wirklich so dumm nicht: es ist ganz verständig, es ist ein brauchbarer Vorschlag. *Das sieht gar nicht dumm aus:* es sieht gut aus, es paßt, harmoniert zusammen; vgl. frz. ‚Ce n'est pas bête du tout'. Ähnl. Wndgn. sind auch mdal. verbreitet, z. B. holst. ‚Dat süt nig dumm ut' und ‚Dat smekt nig dumm', es schmeckt gut.

Der Dumme sein: der Betrogene sein, ähnl. wie die frz. Wndgn. ‚être la dupe' u. ‚être le dindon de la farce' (wörtl.: der Truthahn sein, der mit Haschee gefüllt werden soll), i. S. v. ‚Einfaltspinsel'.

Einen Dummen gefunden haben: einen Gutmütigen, Hilfsbereiten ausnützen.

Sich einen Dümmeren suchen müssen: durchschaut und abgewiesen werden. Die mdal. Wndgn. enthalten bes. treffende Vergleiche und witzige Zusätze, z. B. sagt man von Dummen im Schwäb.: ‚Dear isch beim Professor Muh z'Ochsahausa in d'Schual ganga'; ‚dear isch net schuld, daß d'Eisebah fahrt'; ‚dear isch net schuld, daß 's Pulver schnöllt'; ‚dear hot's Pulver o net erfunda'; ‚dear isch weaga d'r G'scheide au koi Stiaga nag'falla'; ‚dear haut G'scheide au it mit de Löffel g'fressa'; ‚deam sei Witz isch mit'm Fengerhuat g'messa'; ‚dear isch d'r Ea(r)scht vo hinta rei'. Man stellt auch fest: ‚De Dumme sind noch lange net ausgestorbe, sonst wärest du nimmer da!' Im Schlesw.-Holst.: ‚He is keen vun de gansen Dummen' oft mit dem Zusatz: ‚awer vun dat Slag, wat denn kummt'; und: ‚De Dummen ward ni all, sünd man dünn seit, kaamt awer deck op'.

Zahlreich sind auch die rdal. Vergleiche für den Dummen, z. B.: ‚Der Dumme stellt sich an wie der Esel zum Lautenschlagen' (schon lat.: asinus ad lyram), ‚wie der Ochse zum Tanzen', ‚wie die Sau zum Haarkräuseln', ‚wie ein altes Weib bei der Hasenjagd'; ‚er steht da wie der Ochse am Berg', oder ‚vor dem neuen Scheunentor'. ‚Er macht ein Gesicht, wie die Katze, wenn's donnert'; ‚wie eine Ente, wenn's wetterleuchtet'.

Von Dummsdorf sein: sehr dumm sein. Der Name eines erfundenen Ortes wird eingefügt, so auch Borneo (‚borniert'), Dummbach, Dummwitz, preuß. Domnau, ndd. Dummebeck usw.

Nicht von Dummsdorf sein: klug, listig sein, sich nicht übervorteilen lassen.

Mit dem Dummbeutel geklopft sein: durch Schläge angeblich dumm geworden sein.

Eine große Dummheit begehen: leichtsinnig und unüberlegt handeln; vgl. frz. ‚faire une grosse bêtise': einen verhängnisvollen Irrtum begehen.

Den Kopf nur voller Dummheiten haben: immer zu Streichen aufgelegt sein; vgl. frz. ‚ne penser qu'à faire des bêtises' (wörtl.: nur an üble Streiche denken).

Er hat die Dummheit mit Löffeln gegessen (gefressen); er ist mit Dummheit geschlagen, wohl der bibl. Redewndg. ‚mit Blindheit geschlagen' nachgebildet; *als die Dummheit ausgeteilt wurde, ist er zweimal gegangen* (hat er zweimal ‚hier' gerufen); *wenn Dummheit weh täte, würde er den ganzen Tag schreien* (berl. ‚hörte man dich von Berlin bis Potsdam schreien'). Obersächs. ‚Dummheit backen', dumme Streiche machen.

Mdal. Übertreibungen sind bes. beliebt. Im Schwäb. z. B. braucht man die folgenden Wndgn.: ‚Wenn dear vo(n) sein'r Dommheit stuira müaßt, no käm 'r 's ganz Johr aus 's Rentamt (Finanzamt) nemme raus'; ‚wenn deam sei Dommheit am Hemmel stänḋ, nau tät ma zom Weat'r läuta'; ‚wenn d' Dommheit weah tät, no tät dear da ganze Tag gradnaus schreia'; ‚wenn d' Dommheit weah tät, nau tät ma dean von Ulam bis Augschburg schreia heara'. ‚Dear könnt mit sei'r Domme 's Augschburger Dom neirompla'; ‚dear isch zwoimol g'spronga, wia o(n)ser Herrgett Domme austoilt hot'; ‚dear hot zwoimol ‚hier!' g'schriea, wia o(n)ser Herrgett Dommheit vertoilt hot'; ‚deam isch Dommheit ans Hira g'schrieba'; ‚deam guckt Dommheit bei de Oahra (bei alle Knopflöcher) raus'.

Die berl. Rdaa. für Dummheit sind bes. zahlreich: ‚Bist wol anjeblufft', ‚blau anjeloofen', ‚betrampelt?' ‚Du bist wol?' ‚Sie sind wol nich janz jesund?' ‚Mensch, du siehst aus wie bestellt un nich abjeholt'. ‚Du hast wol Bohnen jefriehstickt?' ‚Sie sind wol 'n bissken dumm?' ‚Se sind wol aus Dalldorf entsprungen?' ‚Du kannst wol nicht davor?' ‚Dir ham se wol 'ne Ecke abjefahren?' ‚Hast wol Frost in' Kopp?' ‚'n Fimmel?' ‚'n Fussel?' ‚Se sind wol nich von hier?' ‚Hast wol Hitze?' ‚Bei dir ham se wol injebrochen?' ‚Bist wol nich bei Jroschens?' ‚Hast wol 'n Keber (= Käfer)?' ‚Keberts dir?' ‚Dir ham se wol mit'n Klammerbeutel jepudert?' ‚Has wol'n Knall?' ‚Wenn eener verrickt wird, wird er't zuerst in' Kopp'. ‚Du bist wol von de Kuh (von'n blauen Affen) jebissen?' ‚Du bist ja manoli'. ‚Hast ja 'n Massel'. ‚Bist meschugge'. ‚Der ham se wol mit de Muffe jeschmissen (jebufft)?' ‚Bist wol 'n bissken mall'. ‚Kriejen Se det öfter?' ‚Du bist wol aus de Paddenjasse?' ‚Dir ham se wol mit de Pauke jepiekt?' ‚Di pickt et wol?' ‚Bei dir piepts 's wol?' ‚Bei dir rappelt's wol?' ‚Hast wol 'n Raptus?' ‚Bist wol rappelköppsch?' ‚Er hat Raupen (Rejenwürmer) in' Kopp'. ‚Bei den is 'ne Schraube los'. ‚Du bist wol von de Stadtbahn ieberfahrn?' ‚Er hat'n Stich'. ‚Hast wol Tinte jesoffen?' ‚Er hat 'n Triefel'. ‚Er is 'n bißken trieselig'. ‚Bist wol nich bei Trost?' ‚Sonst is Ihnen doch wohl?' ‚Sie sind wol nich janz unwohl?' ‚Der ham se wol mit kalt Wasser verbrieht?' ‚Verdrehte Schraube!' ‚Hast wol 'n Vogel ('n Piepmatz, 'n Meise)?' ‚Hast wol 't jrosse Traller?' ‚Bist wol trallig?' ‚Er hat 'n Triller (unterm Pony)'. ‚Bei dir trillerts wol?' ‚Er ist ieberjeschnappt'. ‚Verrickt un drei macht neune'. ‚Sie ham wol 'n kleenen Webefehler?' ‚Dir ham se wol mit 'ner Mohrriebe aus'n Urwald jelockt?' ‚Hier riechts so nach Obst ... du hast wol ne weeche Birne?' Auch: ‚Du hast wohl 'n Stich in der Birne?' ‚Bei dem ham se injebrochen un det Jehirn jeklaut'. ‚Du bist wohl vom giftigen Affen gebissen (oder:

von Lottchen getickt)?' Und als neueste Prägung (seit 1983): ‚Dümmer geht's nümmer', ↗doof, ↗Pulver.

Lit.: *G. Gezelle:* „Doof (als en ...)", in: Biekorf, 2 (1891), S. 234–235; *A. Haas:* Dummhans im pomm. Sprw., in: Unsere Heimat, Nr. 11, 12 (Köslin 1925); *L. Nies:* Von den Dummen im Volksmund am Mittelrhein, in: Nass. Blätter 9 (Montabaur 1929), S. 183 ff.; *J. Schaeffler:* Der lachende Volksmund, S. 17 ff.; *H. Meyer:* Der richtige Berliner in Wörtern u. Rdaa. (München [10]1965); *G. Grober-Glück:* Motive u. Motivationen in Rdaa. u. Meinungen (Marburg 1974), § 91 ff.; *M. Lüthi:* Art. ‚Dummheit' und Art. ‚Dümmling' in: EM. III, Sp. 927–946.

dünn. *Dünn gesät sein:* selten sein; vgl. frz. ‚clairsemé' (Schriftsprache). In einem Lied aus dem Dreißigjähr. Krieg (F. W. v. Ditfurth, Hist. Volkslieder des Dreißigjähr. Krieges [1882] S. 135, Str. 55) heißt es von rechten, dt. Biedermännern:

Doch weil man diese Rüben
Gar dünn gesäet findt.

Bei Gerlingius ist 1649 („Sylloge' Nr. 188) gebucht: „ Phoenice rarior. Sy syn dünne gesaeyt"; vgl. den jüngeren sprw. Vergleich, den Wander (I, Sp. 711) aus Litauen belegt: *so dünn wie des Armen Korn.* Ähnl. *so dünn wie eine Spindel,* bes. von Mädchen gesagt, vgl. *spindeldürr,* els. ‚so dünn wie eine Heringsseele', auch ‚so dünn wie Spinneweb'.

Dünne Ohren haben: auf alles achten, was gesprochen wird, 1616 von Henisch gebucht, lit. in Seb. Brants ‚Narrenschiff':

wann einer dünn und witt hat oren,
man halt nit für ein redlich man.

Sich dünne machen (scherzhaft *verdünnisieren): *sich davonmachen, verschwinden, z. B. 1789 bei Jean Paul: „Traumulus hat sich dünne jemacht!" Dagegen heißt *sich etw. dünn machen:* etw. heimlich entwenden.

Dünne tun entspricht der Rda. *dicke tun;* sie bez. zurückhaltendes Benehmen (z. B. in der Gegend von Göttingen), dagegen obersächs. ‚dinne tun', hochmütig sein, andere nicht beachten. *Dünne bohren* (auch ‚ein Dünnbrettbohrer sein'): sich eine Entscheidung leicht machen, ist verkürzt aus der Rda. *das Brett bohren, wo es am dünnsten ist* (↗Brett).

durch. *Durch und durch:* völlig, z. B., durch und durch naß sein; eine bekannte Verstärkungsformel, die schon in früheren lit. Belegen nachweisbar ist. Wegen ihrer Drastik wurde sie auch in späterer Zeit gerne zur Charakterisierung seelischer Vorgänge wie Schmerz und Freude verwendet: *Jem. durch und durch gehen:* ihn erschüttern, ihn stark erregen. Scherzhaft sagt man gelegentlich auch dafür: ‚einem durch Mark und Pfennige gehen', wobei der Ausdr. ‚Mark' in der Wndg. irreführend mit der Münze in Beziehung gesetzt wird, ↗Mark.

Durch etw. hindurch müssen: Schwierigkeiten, Anstrengungen und Leiden überwinden müssen, da keine andere Wahl bleibt, kein Zurück möglich ist. vgl. frz. ‚Il faut y passer!'

Andere schlagwortartige Verkürzungen sind: *durchblicken:* einen guten Durchblick haben, die Dinge in ihrer Bdtg. erkennen; *durchbrennen:* allein oder mit einem anderen heimlich fliehen; *etw. durchfechten:* keine Mühe scheuen, um etw. erfolgreich zu Ende zu bringen.

(Ganz) durchgedreht sein: überarbeitet, todmüde, gelegentlich auch: verwirrt, verrückt sein. Diese moderne umgangsspr. Rda. ist von technischen Vorgängen abgeleitet und auf das Psychische übertr. worden. Sie kann sich urspr. auf das Durchdrehen eines Wäschestückes in der Mangel, auf den Fleischwolf, die Mühle oder das Walzwerk bezogen haben, ↗Dreh, ↗drehen.

Weitere Wndgn. sind: *(hart) durchgreifen müssen:* strenge Maßnahmen anwenden; *sich durchkämpfen (müssen):* sich mühsam einen Weg bahnen, Schwierigkeiten überwinden; *jem. durchhecheln:* sein Verhalten kritisch bereden, ↗Hechel; *durchmachen wollen:* bis zum Morgengrauen arbeiten (feiern) wollen; *etw. (kritisch) durchmustern:* prüfend untersuchen; *etw. durchsprechen:* eine schwierige Angelegenheit diskutieren und zu einer Lösung zu kommen suchen; *sich durchschummeln:* mit kleinen Mogeleien zum Ziel kommen; *etw. durchstehen:* zäh sein, eine unangenehme Sache bis zu ihrem Ende bringen; ähnl.: *Durchstehvermögen haben:* sich nicht so leicht geschlagen geben; *durchstarten müssen:* eine Sache erst einmal anlaufen lassen, mit Schwung angehen und wie einen Motor auf Hochtouren bringen.

Eine große Rolle spielen auch rdal. Wortverbindungen, in denen der Begriff ‚durch' von ausschlaggebender Bdtg. ist: *Die Schallmauer durchbrechen* ↗Schallmauer; *Zum Durchbruch kommen:* sichtbar werden, den Sieg davon tragen. *Jem. mit Blicken durchbohren:* ihn feindlich und böse ansehen. *Sein Geld durchbringen:* verschwenden. *Jem. einen durchdringenden Blick zuwerfen:* ihn voller Verachtung anschauen. *Den gordischen Knoten durchhauen:* ein scheinbar unlösbares Problem mit einem Schlag meistern. *Jem. Pläne durchkreuzen:* ähnl. wie ‚einen Strich durch die Rechnung machen', d.h. ihn um jeden Erfolg bringen. *Jem. (mit Fragen) durchlöchern:* ihm mit unzähligen Fragen ‚auf die Nerven fallen', fast schon damit schikanieren. *Seine Ohren auf Durchzug stellen:* nicht hinhören, nicht zuhören, ↗Ohr.

durcheinander. Gebräuchl. rdal. Vergleiche zur Bez. von Unordnung und Kunterbunt sind: *Es geht durcheinander wie in einem Ameisenhaufen, wie in einem Taubenschlag, wie in der Arche Noah, wie Kraut und Rüben, wie Heu und Stroh, wie Hechsel und Kaf, wie Kappes und Mus.* Einer Erklärung bedürfen diese Wndgn. nicht.

Sie treten schon in frühen lit. Zeugnissen auf, so u.a. bei Geiler von Kaysersberg: „... und gat also durcheinander als die maden in einem käsz" (‚Das Buch der Sünden des Munds', 1518).

In diesem Sinne ist die Wndg. bis heute erhalten geblieben, doch haben sich auch neue Varianten gebildet: *Etw. durcheinanderbringen:* nicht auseinander halten können, *ganz durcheinander sein:* verwirrt sein.

durchfallen, ein Examen nicht bestehen, Mißerfolg bei einer Wahl, auf der Bühne haben usw., ist verkürzt aus der älteren Rda. *durch den Korb fallen* und geht zurück auf einen alten Rechtsbrauch. Als Sühne für bestimmte Vergehen wurde der Übeltäter in einem Korb der Menge zur Schau gestellt und plötzlich dessen Boden geöffnet, so daß die Person ‚ins Wasser fiel', (↗Korb); umg., bes. stud. ist durchfallen auch zu ‚durchrasseln', ‚durchfliegen', ‚durchrauschen', ‚durchsegeln' usw. umgebildet worden.

Lit.: *M. u. H. Küpper:* Schülerdeutsch (Hamburg–Düsseldorf 1972).

Durchstecherei. *Durchstechereien treiben (machen):* betrügerische Heimlichkeiten treiben, schwindeln.

Bei der Deutung dieser Rda. müssen verschiedene Möglichkeiten in Betracht gezogen werden. So hat man an die Herkunft von den ‚Riemenstechern' gedacht, die noch bis in unsere Zeit im Volksmund als Betrüger weiterlebten und als solche schon im Mhd. erwähnt werden. In Zedlers ‚Universal-Lexikon' (31, 1550) wird 1742 von ihnen berichtet, und 1741 heißt es in Frischs ‚Teutsch-Latein. Wb.' (Bd. 2, S. 119c): „betrügerische Landläufer auf den Jahrmärckten, so einen Riemen mit gemachten Krümmen zusammenrollen; mag man darein stechen, wie man will, so können sie machen, daß der Stich neben dem Riemen hingeht". Dieselbe Jahrmarktsgaukelei ist wohl schon in Murners ‚Schelmenzunft' (VI, 15) gemeint:

Das heißt die rechte meisterkunst
Und die rechten riemen zogen:
Vmb sunst verraten und verlogen!

Eine zweite Erklärung geht von dem als alt bezeugten mnd. Verb ‚dörchsteken' aus; es bedeutet ebenfalls soviel wie ‚Durchstechereien treiben', unter Umgehung des Stapels, der Ein- und Ausfuhrverbote, heimlich Waren ein- oder ausführen, durchschmuggeln. Auf eine weitere Möglichkeit der Erklärung dieser Rda. haben Weigand (Dt. Wb.[5] I, 395) und Paul (Dt. Wb.[5]) hingewiesen; sie leiten die Rda. vom Betrug mit durchstochenen Spielkarten ab; es sei ferner erinnert an die Sitte, Urkunden ungültig zu machen oder zu ändern, indem sie durchstochen wurden. Die Rda. ist u.a. 1859 bei Fr. Reuter (‚Franzosentid') belegt: „Dat nich so licht Döchstekereien passiren kün'n". In Berlin wird sie wortwitzelnd z.B. angewandt, wenn in einer vollbesetzten Straßenbahn die Fahrgäste ihre Beine durcheinanderstellen, um bequemer sitzen zu können.

durchtrieben. *Durchtrieben sein* wurde zunächst in der Bdtg. ‚erfahren, geschickt sein' gebraucht, eigentl.: bei der Treibjagd davongekommen sein, nahm aber dann auch den Sinn von ,verschlagen, listig sein' an, so z.B. bei Joh. Ayrer:

ein weib ist listig wie ein fuchs
durchtrieben wie ein gehetzter luchs.

Die meisten lit. Belege beziehen sich jedoch auf ,Erzschelme', die etw. aushekken. Im ,Eulenspiegel' (1519) heißt es in der Vorrede: „ein behender, listiger und durchtribner ein bauren sun", und an anderer Stelle (47): „mit durchtribner schalkheit was Ulenspiegel geweihet". H.W. Kirchhoff spricht in ,Wendunmuth', 1581 (406) von „durchtrieben bübereien".

Bei einigen Autoren erscheint die Wndg. sowohl in positiver wie auch in negativer Hinsicht.

Auffallend ist, daß der Begriff ,durchtrieben' in früheren lit. Belegen sehr häufig für Politiker gebraucht wird, u. vor allem, daß er seit langem nur noch in der negativen Bdtg. bekannt ist. Heute wird er auf jedermann bezogen, und zwar immer im negativen Sinne: ,ein durchtriebenes Bürschchen', ,ein durchtriebener Kerl' in der Bdtg.: raffiniert, ,mit allen Wassern gewaschen', ↗Wasser.

In sprw. Vergleichen der schwäb. Mda. wird durchtrieben z.T. ganz wörtl. verstanden: *durchtrieben wie eine Erbsensuppe, wie Buttermilch.*

Lit.: *L. Röhrich* u. *G. Meinel:* Rdaa. aus dem Bereich der Jagd und der Vogelstellerei, S. 318.

durchwachsen. *Es geht mir durchwachsen!:* Antwort auf die Frage: ,Wie geht es dir?', d.h., es geht nicht gut und nicht schlecht, sondern mittelmäßig. Ein verbreiteter Ausdr., mit dem man einer genauen Auskunft aus dem Wege geht; der Vergleich ist hergenommen vom Fleisch, das aus fetten und mageren Schichten besteht oder von Sehnen durchzogen ist, ↗gehen.

Durst. *Einen über den Durst trinken:* einen zuviel trinken, wird 1561 von Maaler (,Die teutsch Sprach' 95a) folgendermaßen erklärt: „Man hat über den durst getrunken / excessit sitim potio".

Das ist ein Apfel (eine Birne) für den Durst: eine Ersparnis, ein Notgroschen, eine ungenügende Hilfe; in den dt. Mdaa. weit verbreitet, z.B. rhein. ,De hat en Äppelche for de Dorscht jemat', er hat sein Schäfchen im trockenen, auch ndl. ,een appeltje voor de dorst' und frz. ,Il faut garder une poire pour sa soif' (wörtl.: Man muß eine Birne für den Durst aufbewahren).

Gebräuchl. rdal. Vergleiche sind: *Durst haben wie ein Fisch, wie ein Spielmann, wie ein Brunnenputzer,* ↗Bürstenbinder: großen Durst haben, ↗trinken.

Durststrecke. *Eine Durststrecke vor sich haben:* mit einer schweren Zeit rechnen müssen, Entbehrungen auf sich nehmen, um sein Ziel zu erreichen, finanziell ,nicht flüssig sein'.

Das rdal. Bild bezieht sich auf den Wanderer in der Wüste, der große Anstrengungen und körperliche und seelische Qualen erdulden muß, bevor er auf die rettende Wasserstelle trifft, ↗trinken.

Dusche. *Eine kalte Dusche bekommen:* empfindlich enttäuscht und ernüchtert werden, z.B. lux. ,Dat war eng kal Dusch fir hien', das war ein Reinfall. Das Wort Dusche ist am Ende des 18. Jh. aus frz. ,douche' = Brausebad entlehnt worden. Die Rda. erinnert an die in Heilanstalten früher gebräuchl. Dusche mit kaltem Wasser.

,Eine Wechseldusche erhalten': von einer Überraschung in die andere fallen, ähnl. wie beim Wechsel von kaltem und war-

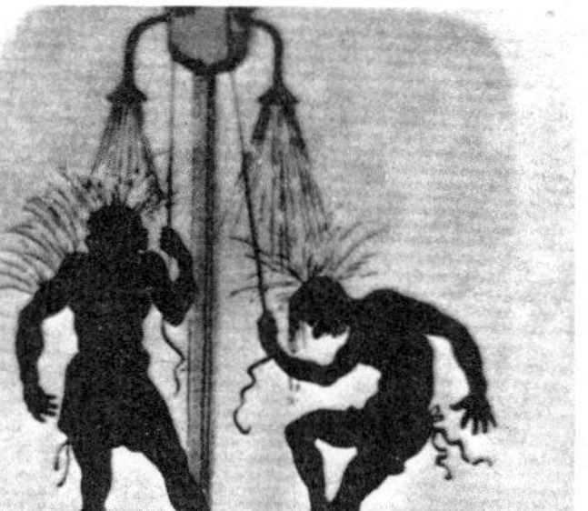

Es kommt die Douche von oben her,
Und sie erquickt den Menschen sehr!

,Eine kalte Dusche bekommen'

mem Wasser. Die Rda. wird meist nur noch im übertr. Sinne verwendet. Vgl. frz. ,la douche écossaise' (die schottische Dusche) als Bez. für einen raschen Wechsel von beglückenden und schmerzlich berührenden Ereignissen.

Dusel. Das Wort Dusel ist aus ndd., ,dusel' mit ndd. Lautform ins Hd. entlehnt worden. Aus der Bdtg. ,Betäubung, Halbschlaf, Schläfrigkeit', später ,Dämmerzustand, Rausch' erklären sich Rdaa. wie: *im Dusel sein:* seine Gedanken nicht beisammen haben, *etw. im Dusel tun:* es nicht bei vollem Bewußtsein tun. Die jüngere Rda. *Dusel haben* (auch: Saudusel): großes, unverdientes Glück haben, beruht auf der bereits aus der Bibel bekannten Vorstellung, daß es der Herr den Seinen im Schlafe gibt, und auf der volkstümlichen Auffassung, daß Kinder und Betrunkene ihren besonderen Schutzengel haben.

Dutzend. *Er (es) geht unterm Dutzend:* läuft so mit, hat keinen besonderen Wert; was ,im Dutzend' verkauft wird, ist oft billige Massenware, daher die Rda. ,im Dutzend billiger sein'; vgl. frz. ,Treize à la douzaine' (wörtl.: Dreizehn im Dutzend), wird von Gegenständen gesagt, die ganz billig verkauft werden; ähnl. auch schwäb. ,Von dene gohn zwelf op en Dotzend', sie taugen nicht viel, ↗Bäckerdutzend ↗Dreizehn.

Du mußt aufs Dutzend draufgebunden werden: du bist ein Hauptkerl, eine sächs. Rda., hergeleitet vom Gebrauch der Händler, ein Probestück auf das Paket zu binden (↗Ausbund).

Ein Dutzendgesicht haben: (durchschnittlich) aussehen wie viele andere auch. Ein Gesicht haben, das nichts Besonderes zeigt und keine Ausstrahlungskraft besitzt.

Lit.: *H. Sperschneider:* ,Bäckerdutzend u. Bauernmandel', in: Sprachpflege, 8 (1959), S. 122.

Hanspeter Hasenfratz
Die religiöse Welt der Germanen
Ritual, Magie, Kult, Mythus
Band 4145

Zurück zu den Ursprüngen unserer Geschichte: plastische, spannende Informationen über eine Welt voller Zauber und Magie.

Hartmut Stegemann
Die Essener, Qumran, Johannes der Täufer und Jesus
Ein Sachbuch
Band 4128

Das Geheimnis der Höhlen von Qumran und einer der einflußreichsten religiösen Vereinigungen zur Zeit Jesu.

Mircea Eliade
Schamanen, Götter und Mysterien
Die Welt der alten Griechen
Band 4108

An der Wiege Europas stehen die religiösen Vorstellungen der Griechen. Mit zahlreichen Quellentexten.

Lexikon der Religionen
Phänomene – Geschichte – Ideen
Herausgegeben von Hans Waldenfels
Begründet von Franz König
Band 4090

„In Fachkompetenz, Klarheit und Aktualität einzigartig" (Süddeutscher Rundfunk).

Erika Uitz
Die Frau in der mittelalterlichen Stadt
Band 4081

Stadtluft macht frei – Frauen als die treibenden Kräfte bei der Emanzipation des Bürgertums von der feudalen Herrschaft.

HERDER / SPEKTRUM

Lutz Röhrich

Lexikon der sprichwörtlichen Redensarten

HERDER / SPEKTRUM
Band 4800

Das Buch

„Dieses Lexikon hat längst den Rang eines Standardwerkes errungen... Zahlreiche Leser werden aus dieser für den deutschen Sprachgebrauch umfangreichsten Sammlung Freude und Gewinn ziehen“ (Hessischer Rundfunk). „Ich habe selten ein solches Buch gelesen, das mir von Anfang an so viel Spaß gemacht hat und aus dem ich zugleich so viel gelernt habe“ (Südwestfunk).
Ebenso kurzweilig wie umfassend, ebenso lehrreich wie informativ, das sind die Ingredienzien, die das Lexikon der sprichwörtlichen Redensarten auszeichnen und es zu einem der beliebtesten Nachschlagewerke des deutschen Sprachraums werden ließen. Rund 15 000 Redensarten werden in ihrer Anwendung, Herkunft und Anwendung leichtverständlich und wissenschaftlich fundiert erklärt. Etwa 1 000 Abbildungen aus zeitgenössischen Quellen illustrieren den Ursprung vieler sprichwörtlicher Redensarten. Kurzum: Ein Werk, über das noch lange kein Gras wachsen wird.

Der Autor

Lutz Röhrich, geb. 1922, em. ordentlicher Professor für Volkskunde und Germanische Philologie an der Universität Freiburg i. Br., bis 1991 Direktor des Instituts für Volkskunde und des Deutschen Volksliedarchivs. Mehrere Aufenthalte als Gastprofessor in den USA. Mitglied der Österr. Akad. d. Wiss. und der Königl. Gustaf-Adolfs-Akad. in Uppsala. Mehrfacher Preisträger: 1. Chicago Folklore Prize (1974); Oberrheinischer Kulturpreis, Univ. Basel (1984); Brüder-Grimm-Preis, Univ. Marburg (1985); Internationaler Preis Pitrè (Sigilo d'oro), Palermo (1985); Europäischer Märchenpreis, Wetzlar (1991).Zahlreiche Publikationen auf dem Gebiet der Volksprosa (Märchen, Sage, Witz, Sprichwort) und des Volksliedes sowie weitere wisssenschaftliche Publikationen. Herausgeber von: Motive. Freiburger Folkloristische Forschungen (München 1971 ff.); Artes Populares. Studia Ethnographica et Folkloristica (Bern 1976 ff.). Mitherausgeber von: Handbuch des Volksliedes (München 1973 und 1975); Enzyklopädie des Märchens (Berlin/New York 1977 ff.)

Lutz Röhrich

Lexikon der sprichwörtlichen Redensarten

Band 2
Easy–Holzweg

Herder
Freiburg · Basel · Wien

Gedruckt auf umweltfreundlichem,
chlorfrei gebleichtem Papier

Vierte Auflage

Herstellung: Freiburger Graphische Betriebe 1999
Umschlaggestaltung: Joseph Pölzelbauer
Umschlagmotiv: „Den Mantel nach dem Wind kehren" –
„Federn in den Wind schütten". Detail aus dem Sprichwörterbild
von P. Brueghel, 1559. Kunstmuseum Dahlem Berlin.
(S. 423–424; 997–1000 in diesem Lexikon)
ISBN 3-451-04800-0

E

easy. *Take it easy:* nimm's nicht so schwer. Die Wndg. wurde unverändert aus dem Engl. übernommen und hat sprw. Bdtg. erhalten.

Ebbe. Das regelmäßige Fallen des Seewassers wird an der Nordsee Ebbe genannt. Seit dem Ende des 18. Jh. wird Ebbe auch in übertr. Bdtg. angewendet, bes. in der Rda.: *Bei mir ist Ebbe (in der Kasse):* ich leide an Geldmangel; 1772 bezeugt bei Martin Wieland: „weil seine Finanzen sich dammahls in der niedrigsten Ebbe befanden", 1801 in Schillers ‚Jungfrau von Orleans' (I, 2):

Die hohe Flut des Reichtums ist zerflossen,
Und tiefe Ebbe in deinem Schatz.

Bezeichnenderweise kennt die Umgangssprache nicht den Gegensatz ‚Flut in der Kasse'. Die ‚tiefe Ebbe' heißt in der schlesw.-holst. Mda. ‚holle Ebb', daher übertr. ‚Dat is holl Ebb', es ist nichts zu machen. *Er läßt Ebbe und Flut verlaufen:* er läßt die günstige Gelegenheit ungenutzt vorübergehen; der Gegensatz dazu ist: *Er weiß Ebbe und Flut wohl zu nutzen;* in den Niederlanden sind Rdaa. mit Ebbe und Flut ebenfalls verbreitet; z. B. ‚Het komt als ebbe en vloed', es geht wie Ebbe und Flut, d. h. regelmäßig; ‚hij is aan het ebben', sein Leben geht zu Ende, ↗Flut.

Lit.: *O. G. Sverrisdóttir:* Land in Sicht (Frankfurt/M. 1987), S. 174–176.

Ebene. *Auf die schiefe Ebene kommen* ↗schief.

echt. *Etw. ist echt:* es ist unverfälscht, rein, natürlich, wirklich. Das Wort ‚echt' entstammt der Rechtssprache und begegnet bereits mnd. im ‚Sachsenspiegel' (1221 bis 1224) i. S. v. recht, gesetzmäßig, und ist etymol. und bedeutungsmäßig mit ‚Ehe' verwandt. In dem Rechtsbegriff ‚ehafte not': rechtmäßige Gründe für das Nicht-Erscheinen vor Gericht, war das Wort verbreitet. Älter noch ist ahd. ‚eohaft': der Sitte (Ehe) entsprechend, fromm.

Das Wort ‚echt' wurde im 16. Jh. aus dem Ndd. ins Hd. übernommen. Heute ist es meist nur Gegenwort zu: falsch, künstlich, nachgemacht; vgl. ‚echter Schmuck', ‚echte Wolle', ‚echtes Kunstwerk', ‚echt Leder'.

Etw. ist echt Vater (Mutter, Goethe usw.): es ist bezeichnend für jem., ist charakteristisch, typisch für ihn. In der Schüler- und Jugendsprache wurde ‚echt' zum Modewort und erscheint häufig in Verbindungen wie: ‚Echt gut', ‚echt stark', ‚echt Spitze'. Es begegnet auch allein in der Funktion eines Fragewortes: *Echt?* i. S. v.: tatsächlich, ist das wahr?

Echternacher Springprozession. *Vorankommen wie die Echternacher Springprozession,* d. h. nur mühsam und mit beständigen Rückschlägen: immer drei Schritte vor und zwei zurück (oder fünf vor und drei zurück). Die Echternacher Springprozession (seit dem 15. Jh. bezeugt) wurde bekannt als Bittprozession für Kranke, bes. Epileptiker (Veitstanz), die zum Grabe des hl. Willibrord nach Echternach (Luxemburg) pilgerten. Die Legende erzählt, daß bald nach dem Tod des Heiligen in der Gegend von Echternach eine Tierkrankheit ausbrach, bei der sich das Vieh zu Tode springen mußte. Die bedrängten Besitzer unternahmen hüpfend und springend eine Wallfahrt zum Grabe des Heiligen, der in seinem Leben auch Tiere geheilt hatte. Als die kranken Tiere wirklich gesund wurden, gelobten die Bauern, die Prozession jedes Jahr zu wiederholen. Dabei gilt der auch sonst in der Volksmedizin geläufige Grundsatz des ‚similia similibus curantur', wonach durch Nachahmung des Übels versucht wird, dieses selbst zu heilen oder sich selbst wie auch andere davor zu beschützen.

Die Springprozession findet alljährlich am Pfingstdienstag statt und erfreut sich wegen ihrer Einzigartigkeit großen Zulaufs. In Gruppen bewegt sich der lange Zug springend und betend durch den Ort zur Kirche, in der sich das Grab des hl. Willibrord befindet. Es handelt sich zweifellos um einen der merkwürdigsten Reste ma. Volksfrömmigkeit im Abendland.

Lit.: *R. Schmekel:* Art. ,Echternacher Springprozession', in: HdA. II, Sp. 536–541; *L. Senninger:* Über Ursprung und Wesen der Echternacher Springprozession, in: Willibrordus. Echternacher Festschrift (Luxemburg 1940), S. 284–305; *K. Meisen:* Springprozessionen und Schutzheilige gegen den Veitstanz und ähnliche Krankheiten im Rheinlande und seinen Nachbargebieten, in: Rhein. Jb. f. Vkde., 2 (1951), S. 164–178.

Eckart. *Der (ge)treue Eckart* steht sprw. für einen alten, erfahrenen, treuen Warner, er ist ein Sinnbild der Treue; schon mhd. ist ,getriuw' sein ständiges Epitheton.

,Ein getreuer Eckart'

Eckart ist eine Gestalt sowohl der schriftl. fixierten Heldendichtung des MA. wie noch der mdl. Volkssage der Neuzeit. Er ist zunächst eine der ältesten Gestalten der germ. Heldensage; er war der treue Hüter der jungen Harlunge. Sein Name ist bis heute lebendig geblieben, während der seines ungetreuen Widersachers Ermanrich im Volksmund vergessen ist. Vor allem in der Epik um Dietrich von Bern ist Eckart eine wichtige Figur, die umsichtige Ratschläge oder Warnungen an die Hauptthelden erteilt. Auch in der Thidreksaga tritt Eckart bes. als Warner auf. Sodann trug im Nibelungenlied einer der Markgrafen Rüdigers diesen Namen; in der 26. Aventiure erscheint er als Hüter an der Grenze von Rüdigers Mark und warnt die ankommenden Burgunder vor der Fortsetzung ihrer Fahrt. In der ,Moerin' des Hermann von Sachsenhausen (Ausg. E. Martin. [Tübingen 1878], V. 204ff., 3906ff.) tritt der ,Eckart alt' auf, der sich zum treuen und klugen Anwalt des gefangenen Ritters aufwirft.

Hist. Vorbild war wahrscheinl. Eckart I. von Meißen, ein thüring. Markgraf, der sowohl durch seine siegreichen Grenzkämpfe gegen die Wenden und Böhmen als auch durch seine ritterliche Tugend und Treue zu Kaiser Otto III. einer der berühmtesten Männer seiner Zeit und einer der ersten Vasallen des Reiches geworden war. Aber erst auf einen Nachkommen dieses Mannes, auf den Markgrafen Eckart II., wurde zum ersten Mal in der Geschichte der rühmende Zusatz eines ,treuen Eckarts' angewandt, bezeugt in einer Schenkungsurkunde des Kaisers Heinrich III. vom Jahre 1041.

In der mdl. überlieferten Volkssage begegnet uns der treue Eckart in einer ganz anderen Funktion: er sitzt vor dem Eingang zum Venusberg und warnt im Kleide des Einsiedlers und im Ton eines priesterlichen Beraters. Auch in der Ausg. von Murners ,Geuchmat' (Basel 1519) erscheint auf dem Bild zum Kap. ,Frouw Venus berg' ein alter Mann in bürgerlicher Tracht, der das junge Liebespaar, das in den Venusberg eintreten will, mit erhobener Hand warnt. Ebenso sitzt Eckart in der Tannhäuser-Volksballade des späten MA. als Warner vor dem Berg der Frau Venus. Daher auch das von Agricola ausgelegte Sprichwort: „Du bist der trewe Ekkart, du warnest yedermann". Aventin sagt in seiner ,Bayer. Chronik' von 1526: „ist noch ein sprichwort: ,ich gewarn dich als der treu Heccard'".

Noch in der neuzeitlichen Volkssage warnt der treue Eckart vor dem wilden

Heer. Goethes bekannte Ballade ‚Der getreue Eckart' hat die Gestalt nach der Sage (Grimm, DS. Nr. 7) erneuert; Goethes Quelle war eine Stelle in den ‚Saturnalia' des Praetorius (1663): „In Thüringen liegt ein Dorf Schwarza, da zog zu Weihnachten Frau Holle vorüber und vorn im Haufen ging der treue Eckart und warnte die begegnenden Leute ...". Ganz frei verwendet Goethe das Motiv in dem Epigramm ‚Vergebliche Müh':

Willst Du der getreue Eckart sein
Und jedermann vor Schaden warnen,
S'ist auch eine Rolle, sie trägt nichts ein:
Sie laufen dennoch nach den Garnen.

Schließlich hat der treue Eckart auch in Klopstocks ‚Gelehrtenrepublik' Einlaß gefunden, als Urgroßvater des Aldermanns Eckart, eines ‚guten Greises', der recht von dt. Sprww. trieft und sich in seiner belehrenden Art glücklich in dieses altdt. Milieu einfügt.

Lit.: *S. Singer:* Art. ‚Eckart', in: HdA. II, Sp. 541–544; *G. Birkenfeld:* Die Gestalt des treuen Eckart in der dt. Sage und Lit. (Diss. Berlin 1924); *D.-R. Moser:* Die Tannhäuser-Legende (Berlin–New York 1977).

Ecke. *Es geht bunt über Eck:* es geht wirr durcheinander, es geht unruhig und stürmisch zu; schon im 16. Jh. bei Seb. Franck (im ‚Weltbuch') belegt, dann im ‚Simplicissimus', auch bei den Schlesiern, z. B. bei W. Scherffer und M. Opitz. In der Chemnitzer ‚Rockenphilosophie' (6, 424, 1705–06) heißt es: „wenn die Gäste schon geschmissen (‚geschlagen') und es bunt über Eck gehet". Noch bei Heinrich v. Kleist im ‚Zerbrochenen Krug' (3. Auftr.): „Es geht bunt alles über Ecke mir".

Obersächs. ist auch ein Adj. ‚überecke' = schief, zur Seite geneigt, bezeugt, daher die Rda.: *Es ist mir überecke gegangen:* die Sache ist mir schiefgegangen. Meckl. ‚He is'n lütt bäten oewer die Eck', er ist nicht ganz bei Verstand.

‚Über Eck bald weg' ↗Schwiegermutter.

Um die Ecke sein (gehen): verschwinden, sterben. Die Rda. bringt ein höchst anschauliches Bild für ‚schnelles Hinwegsterben': lautlos verschwindet der um eine Straßenecke Biegende aus dem Gesichtskreis; obersächs. bedeutet die Wndg. außerdem: im Spiel verloren haben, bankerott sein. Ähnl. *einen um die Ecke bringen:* ihn still aus dem Weg räumen, heimlich töten. Meckl. ‚Dee ward ok bald üm de Eck zoddelt', er wird bald begraben.

An allen Ecken und Enden: überall, auch *an allen Ecken und Kanten; ich traue ihm nicht um die Ecke:* ich traue ihm nur, solange ich ihn sehe. *Um ein paar Ecken miteinander verwandt sein:* weitläufig verwandt sein. Verbreitet ist die Rda. *Der guckt um die Ecke:* er schielt, auch: *einen übers Eck ansehen:* anschielen. Nordd. ‚He spelt um die Eck', er betrügt. *Sich ekkig lachen:* sich einen Ast lachen; *es ist zum eckig werden:* es ist zum Verzweifeln. Rhein. ist ‚en eckiger Kerl' ein unbeholfener Mensch.

Ecke stehen: als Prostituierte nach Kundschaft Ausschau halten. Die Wndg. bezieht sich auch auf den arbeitsscheuen Mann, den *Eckensteher,* der an jeder Ecke stehen bleibt u. schwätzt, so wie der berühmte Berliner ‚Eckensteher Nante', den A. Glaßbrenner in ‚Berlin, wie es ist und – trinkt' die Worte singen läßt:

Det beste Leben hab ick doch,
Ick kann mir nich beklagen ...

Um die große (kleine) Ecke gehen: zur Toilette gehen. *Jem. in die Ecke stellen:* ihn bestrafen; war früher in der Schule üblich, um einen Schüler zu beschämen. *Jem. in die Ecke drängen:* ihn in eine ausweglose Situation bringen. Die Rda. stammt urspr. aus der Fechtersprache.

Effeff. *Etw. aus dem Effeff verstehen (können, beherrschen):* etw. gründlich können. Es gibt dafür drei Deutungsmöglichkeiten:

1. In der Kaufmannssprache bez. man seit dem 17. Jh. die Waren mit f, d. h. ‚fino' = fein, und mit ff, d. h. ‚finissimo' = sehr fein. So scheint u. a. Jer. Gotthelf die Rda. anzuwenden, der einmal sagt, ‚daß die Leute Preise stellten aus dem FF'.

2. In der Terminologie der Musik bedeutet f = forte, d. h. laut, ff = fortissimo, d. h. sehr laut. Daran ist offenbar gedacht in der schwäb. Rda. ‚Man wird's dir aus dem ff geigen', etw. Besonderes machen. Wie auch sonst ital. Ausdr. in dt. Rdaa. gebräuchl. wurden (z. B. ‚in petto haben',

,Fiasko machen'), so kann dies natürlich auch hier geschehen sein.
3. Die größte Wahrscheinlichkeit für sich hat die Herleitung von Pandektenzitaten, die von den ma. Glossatoren mit dem griech. Buchstaben pi (π) gekennzeichnet wurden. Beim Hinausziehen der senkrechten Striche über den Querbalken dieses Buchstabens ergab sich ein zweifaches f. Man hat auch an ein etw. verzogenes D gedacht, das, zum Zeichen der Abk. mit einem Querstrich versehen, von neueren Abschreibern und Herausgebern mißverstanden und in ff verwandelt worden sein kann. Dieses D meinte die Digesten, den Hauptteil des ,Corpus juris civilis'. Die Glossatoren des 11.–15. Jh. und noch die Juristen des 16. Jh. zitierten jedenfalls die Pandekten mit ff, und diese Zitierung findet sich sogar noch in Schriften des 18. Jh. Aus diesem ,ff' schöpfte der Jurist also ehemals sein Wissen; es war Quelle und Bürge gesicherten Wissens, denn was aus den Pandekten belegt ist, hatte als zuverlässig und gründlich zu gelten. Später erweiterte sich die Bdtg. der Rda. auch auf andere Lebensbereiche; heute bez. sie allg. einen hohen Grad von Zuverlässigkeit und Gründlichkeit. Mdal. verbreitet ist: *einen aus dem Effeff verhauen:* ihn tüchtig verdreschen; ebenso *Prügel aus dem Effeff;* els. ,Dies ist einer us dem FF', ein Pfiffikus; schwäb. ,Er pfeift aus dem FF', er wird bald sterben.
Ganz modern wird ff auch als scherzhafte Abk. für ,Viel Vergnügen!' gebraucht.

Lit.: *Wander* I, Sp. 1009; *Richter-Weise,* Nr. 52, S. 56; *Göhring,* Nr. 92, S. 58; *O. Behaghel:* Von dt. Sprache (Lahr 1927), S. 27; *W. Ebel:* Über Rdaa. u. Recht, in: Moderna Språk (Stockholm 1960), S. 12.

Ehe. Da das Wort Ehe in den Mdaa. wenig verbreitet ist, sind auch Rdaa., die diesen Begriff enthalten, selten. *In die Ehe tanzen:* leichtsinnig heiraten, ohne sich über die Verpflichtungen im klaren zu sein, die man damit eingeht.
Schwäb. ist die Wndg. *die Ehe brechen* witzig abgewandelt worden: von einem, der es mit der Ehe nicht sehr genau nimmt, sagt man: ,Er hat die Eh' net broche, aber stark boge'. Beim Anblick eines hübschen Mädchens heißt es (anerkennend): ,Wegen der würd' ich schon 'n Ehebrüchel riskieren!'
In wilder Ehe leben: wie Mann und Frau zusammenleben, ohne verheiratet zu sein, Ehe ohne Trauschein. ↗Bratkartoffelverhältnis.

Lit.: *B. Kummer:* Art. ,Ehe', in: HdA. II, Sp. 564–592; *L. Röhrich:* Art. ,Ehe', in: EM. III, Sp. 1023–1042 (mit weiterführender Lit.).

Ehre. Die Ehre gilt als hohes Rechtsgut, das auf dem Selbstwertgefühl der einzelnen Person und der Achtung und Wertschätzung der Gemeinschaft beruht, heute aber nicht mehr den früheren Stellenwert besitzt. Die Ehre eines Menschen wird verletzt, wenn er z. B. der Unredlichkeit, der Lüge oder des Wortbruchs bezichtigt wird. Auch die Berufsehre (des Offiziers, des Richters, des Pfarrers oder anderer Standespersonen) kann verletzt werden. Oft bezieht sich Ehre nicht so sehr auf den persönlichen Wert eines Menschen, sondern auf seine gesellschaftliche Stellung und die damit verbundenen Rechte und Gewohnheiten sowie das dazugehörende Zeremoniell: Ehrengaben, Ehrenbürgerschaft, Stellung von ,Ehrenjungfrauen', Errichtung von ,Ehrenpforten' usw. Höhergestellte erwarten von ihren Untergebenen ,Ehrenbezeigungen'. Sog. ,Ehrenhändel' (Beleidigungen etc.) wurden häufig durch Duell entschieden (Satisfaktion).
Allg. gebräuchl. ist noch *Ehre im Leib haben,* z. B. in Schillers ,Räubern' (I, 2): „Wir sorgten, die Herren werden zu viel Ehr im Leib haben und nein sagen".
Auf seine Ehre achten bzw. *auf seine Ehre halten* waren wichtige Maximen im Leben eines ,ehrbaren Bürgers', der stets darauf bedacht war, *nichts auf seine Ehre kommen zu lassen* und beim leisesten Verdacht *seine Ehre (selbst) verteidigen* mußte. Denn allzu schnell konnte durch ,ehrenrührige Worte', die ihm *gegen seine Ehre* gingen, *ein Makel auf seine Ehre fallen, ein Flecken auf seiner Ehre entstehen,* böse Worte *seine Ehre kränken,* Schimpf u. Schande *seine Ehre mindern.*
Mit halber Ehre davonkommen: vor Gericht freigesprochen werden, aber dennoch nicht ohne Makel sein. Die schon bei Sebastian Franck belegte Rda. lautet

im Ndl. ‚Hij is met halver eere afgekomen'.
Jem. die Ehre abschneiden: jem. verleumden, lästern, verächtlich machen (vgl. ‚Er ist ein Ehrabschneider'). Man mag dabei an eine Ehrenstrafe der Volksjustiz denken, dem Verleumder das lange Gewand oder aber auch Frauen die Haare abzuschneiden. Ähnl. *Seine Ehre verlieren.* Die Aberkennung der ‚bürgerlichen Ehrenrechte' (u.a. des aktiven und passiven Wahlrechts) kann bei bes. schweren Delikten zusätzlich zu einer lebenslänglichen Freiheitsstrafe ausgesprochen werden.
Im Sinne der Unversehrtheit der persönlichen Ehre, insbesondere der Geschlechtsehre, spricht man von Unbescholtenheit.
Im Sinne der Sexualethik spielt der Begriff die ‚Ehre verlieren': die Jungfräulichkeit verlieren, noch immer eine Rolle im älteren (und z.T. noch heute gesungenen) Volkslied; z.B.

Was gab er dem schwarzbraunen Mädchen für sein Ehr?
Fünfhundert Kronen und noch viel mehr.
Weine nicht, weine nicht, brauns Mägdelein!
Deine Ehr will ich dir zahlen.

In der ‚Ballade vom edlen Moringer' sagt die Frau zu ihrem nach langer Abwesenheit zurückkehrenden Mann:

Lasset ewer trawren sein
Vnd gedenckt euch keines leydes
Noch hab ich die ere mein.

Einem die letzte Ehre erweisen: ihn zu Grabe geleiten, vgl. frz. ‚rendre à quelqu'un les derniers honneurs'. *Jem. die Ehre erweisen:* ihm die Ehre seines Besuchs zuteil werden lassen. Die Wndg. gehört zu einer Vielzahl von Formeln, die ihren urspr. Sinn verloren haben und zu nichtssagenden Worthülsen verblaßt sind. Dazu gehört auch die Rda. *Ich hatte schon (bereits) die Ehre ...,* d.h., ich habe Sie schon kennengelernt. (Der folgerichtige Nachsatz: ‚Sie kennenzulernen' wird dabei als bekannt vorausgesetzt und nicht mehr ausgesprochen.) ‚Habe die Ehre': Höflichkeitsformel, die vor allem in Österreich als unverzichtbarer Ausdr. der Höflichkeit und Wertschätzung bei der persönl. Vorstellung gebraucht wird.
So auch die Floskel ‚um der Wahrheit die Ehre zu geben': die Wahrheit sagen.
Jem. bei seiner Ehre packen: an sein Gewissen appellieren, aber auch seinen Ehrgeiz herausfordern, um eine Aufgabe, eine Prüfung, eine Hochleistung (im Sport, in der Wissenschaft, Kunst) zu erbringen.
Die Wndg. *Ehre mit etw. einlegen:* Anerkennung (für sein Engagement, seine gelungene Arbeit, sein originelles Geschenk) finden (verdienen), ist schon seit dem 15. Jh. bezeugt. Bibl. Herkunft ist dagegen die noch immer übliche Feststellung, die höchstes Lob enthält: *Ehre, dem (die) Ehre gebührt* (Röm. 13,7). Diese Wndg. begegnet auch in Goethes ‚Faust' I (Chor in der Walpurgisnacht): „So Ehre dem, wem Ehre gebührt".

Lit.: *E. Heins:* Der historische u. soziale Gehalt der Ehre (Göttingen 1941); *H. Reiner:* Die Ehre (Darmstadt 1956); *K. E. Løgstrup:* Art. ‚Ehre', in: RGG. II (³1958), 339–341; *W. Danckert:* Unehrliche Leute (Bern u. München 1963); *K.-S. Kramer:* Grundriß einer rechtl. Volkskunde (Göttingen 1974), S. 46–60; *H. Beck* u. *G. Köbler:* Art. ‚Ehre', in: RGA. VI, Sp. 500–504; *R. Scheyhing:* Art. ‚Ehre', in: HRG. I, Sp. 846–849; *S. Graf v. Pfeil:* Das Kind als Objekt der Planung (Göttingen 1979); *L. Röhrich:* Das Bild der Frau im Märchen und im Volkslied, in: H. B. Harder u. D. Hennig (Hg.): Jacob und Wilhelm Grimm zu Ehren (Marburg 1989), S. 35–61.

Ehrenmann. *Ein (absoluter) Ehrenmann sein:* vertrauenswürdig, ohne Makel, über jeden Verdacht erhaben sein. Dagegen heißt: *Ein dunkler Ehrenmann sein:* ein Mann sein, der zweifelhafte Geschäfte betreibt. Die Wndg. stammt aus Goethes ‚Faust' (Szene ‚Vor dem Tor'), wo Faust zu Wagner sagt: „Mein Vater war ein dunkler Ehrenmann". Im Gegensatz zur heutigen Bdtg. hieß das: er war ein ehrlicher Mann, aber nicht berühmt.

Lit.: ↗ Ehre.

Ehrenpforte. *Für jem. eine Ehrenpforte errichten:* ihn bes. festlich empfangen u. ihn durch einen mit Blumen und Girlanden geschmückten Bogen geleiten, wohl noch ein Nachklang der röm. Triumphbogen für einen siegreich heimkehrenden Feldherrn. ‚Ehrenpforte' war die Bez. der Festdekoration, die zum Einzug von Fürsten in Städte errichtet wurde, wie z.B. die 1770 von den Landständen an der Univer-

sität Freiburg bei der Ausreise Marie Antoinettes nach Frankreich errichtete Ehrenpforte, aber auch der 1800 für den Theaterpräsidenten von Kotzebue aufgestellte Triumphbogen, der A. W. v. Schlegel Anlaß zu einer Satire gab.
Der Brauch hat sich allg. verbreitet u. ist z. B. auch beim Empfang eines Brautpaares üblich geworden.

Lit.: Art. ‚Ehrenpforte', in: Reallexikon der Dt. Kunstgeschichte IV, S. 1443ff.

Ehrenrose. *Die Ehrenrose vorweisen:* den Nachweis der Jungfräulichkeit erbringen. Die ‚Ehrenrose' ist ein Blutfleck auf dem Laken Jungverheirateter nach der Hochzeitsnacht, der öffentl. zur Schau gestellt wurde. Er galt als Beweis dafür, daß vorher kein Mann die junge Frau ‚entehrt' bzw. ihr ‚die Ehre genommen' hatte. ↗Ehre.

Lit.: *K. R. V. Wikman:* Die Einleitung der Ehe. Eine vergleichend ethnosoziolog. Untersuchung über die Vorstufe der Ehe ... (Åbo 1937); *E. Mahler:* Die russ. dörflichen Hochzeitsbräuche (Berlin 1960), bes. S. 381–390; *G. Völger* u. *K. v. Welck:* (Hg.) Die Braut ... Zur Rolle der Frau im Kulturvergleich, 2 Bde. (Köln 1985).

Ehrenrunde. *Eine Ehrenrunde drehen:* scherzh. Wndg. für das Wiederholen einer Schulklasse. Die Rda. stammt eigentl. aus dem Sport. Der Sieger fährt oder läuft noch eine zusätzliche Ehrenrunde im Stadion, wobei ihm die Zuschauer zujubeln. In der übertr. Bdtg. wird der Mißerfolg u. die Blamage des Sitzenbleibens euphemist. als Erfolg, der Zwang des Repetierens als Ehrung ausgegeben, ↗Runde.

Ehrenwort. *Das kleine Ehrenwort auf etw. geben:* etw. einigermaßen glaubhaft versichern; im Gegensatz zum *großen Ehrenwort,* das die Bdtg. eines Eides hat und nur in wichtigen Angelegenheiten gegeben wird. Bei unwichtigen und alltäglichen Dingen wird das ‚kleine Ehrenwort' für ausreichend gehalten.

Ei. *Etw. beim Ei anfangen:* von vorne anfangen, von Grund auf lernen; geht schon auf lat. Wndgn. zurück: ‚ab ovo incipere'; ‚Omne vivum ex ovo'. In Martin Wielands ‚Oberon' heißt es (5, 14): „Die gute Mutter fängt beim Ey die Sache an / Und läßt es nicht am kleinsten Umstand fehlen".
Sich gleichen wie ein Ei dem andern: sich völlig ähnl. sein, bereits 1513 in der Sprichwörtersammlung des Tunnicius (als Nr. 474) angeführt: „Eier sint eieren ‚gelyk"; auch diese Rda. läßt sich bis in die röm. Antike zurückverfolgen (Cicero, ‚Quaestiones academicae' 4, 18: „Non tam ovo ovum simile"). Abraham a Sancta Clara hat die Wndg. in ‚Gehab dich wohl' benutzt: „Entschuldigungen, welche denen Lugen so gleich sehen, wie ein Ey dem andern". Vgl. frz. ‚Se ressembler comme deux gouttes d'eau' (wörtl.: sich gleichen wie ein Wassertropfen dem anderen). Die gleiche Bdtg. hat auch *wie aus demselben Ei gebrütet (gekrochen).*
Sich um ungelegte Eier kümmern: sich um Dinge sorgen, die noch nicht spruchreif sind oder einen nichts angehen; diese Rda. ist in Luthers ‚Sprichwörtersammlung' belegt: „Sorgest für ungelegte eyer", dann 1583 in Sibers ‚Gemma gemmarum' als Übers. von lat. curiosus: „der sich umb ungelegte Eier bekümmert". Bei Lehmann ist 1639 S. 834 (‚Ungewiß' 1) bezeugt: „Vngelegte Eier sind ungewisse Hüner. Die Eyer sind nicht gelegt, darauß die Hüner gebrüt werden sollen".
Die Eier zählen, ehe sie die Henne legt: auf ungewisse zukünftige Ereignisse bauen. Schwäb. ‚Der sieht s Ei alleweil vor der Henn' bez. einen Vorwitzigen, nordd. ‚Du itts de Eier, ehr de Hahn se leggt hett' den Voreiligen. *Von ungelegten Eiern reden, ungelegte Eier ausbrüten wollen,* sagt man von Phantasten. Siebenbürg.-sächs. ‚Tu hos vun âgeloichten Uare gedrîmt' warnt einen vor Hirngespinsten: darauf darfst du nicht hoffen. Ähnl. ist die Rda. *Das sind ungelegte Eier für mich:* das sind im Werden begriffene Dinge, um die ich mich nicht kümmere.
‚He glöft, dat de Voß Eier leggt' heißt es in Schlesw.-Holst. von einem allzu leichtgläubigen Menschen und abwehrend in Schwaben ‚ich glaub schwerlich, daß d Gäul Eier leget': ich bin nicht so naiv. ‚Dem legt der Gockeler no Eier' und nordd. ‚sien Höhner leggt ümmer Eier mit doppelte Dottern' bez. den Glückspilz.
Das Ei im Huhn befühlen: bei den Freilandhühnern pflegt man auf dem Lande

vor dem Schlachten durch Abtasten zu prüfen, ob das Huhn noch ein Ei legen würde. Daraus: etw. mit bes. Umsicht prüfen. In Schlesw.-Holst. auch als Abweisung: ‚Geh' hen un föhl de Höhner, wat se'n Ei hebbt un dans mit'n Hahn'.

Er kackt (scheißt) Eier ohne Schalen: der Narr produziert immer Unvollkommenes.

Dagegen *ein Ei legen* euphemist. für seine Notdurft verrichten. Makabre Bedeutung hatte es sold.: *Eier legen* stand verharmlosend für Bomben werfen.

Als Abweisung mdal. weit verbreitet wie in Schwaben: ‚'s g'hört alles dei, was d Henne leget, bloß d Eier net' – du bekommst gar nichts. Schweiz. ‚er gaxet viel, aber leit keini Eier' meint einen Menschen, der große Worte macht, aber nichts zustandebringt. Lit. schon im 16. Jh. belegt: „weil du weder gacksen noch Eier legen kannst und also nichts kannst" (Jandreae) und „ ist doch ein armer ungelernter mensch seyn leben lang blieben, der widder zu glucken noch zu eyer legen getůcht hatt" (Luther). Schwäb. ‚Gags do, wenn d e oa im Fidle hašd!': nun laß mal hören, was du zu erzählen hast!

Sein Ei dazwischen (dazu) legen: seine Meinung zu etw. äußern. *Die Eier in fremde Nester legen:* in Anlehnung an den ↗Kuckuck, der sein Ei anderen Vögeln unterschiebt, was meist zur Vernichtung ihrer eigenen Brut führt, steht die Rda. für: anderen Unangenehmes bereiten. *Er legt gerne Eier in andere Nester* bez. jem., der es darauf anlegt, anderen unangenehme Überraschungen zu bereiten. *Eier legen und sie andere ausbrüten lassen:* etw. einleiten und die Arbeit (Sorge) dann den anderen aufbürden. *Jem. auf seinen Eiern sitzen lassen:* ihn mit seinen Sorgen allein lassen, ihn seinem Schicksal überlassen, gleichsam seine Eier nicht kaufen.

Etw. geht wie Eier aus dem Korbe: es geht schnell, mühelos, auch: es läßt sich gut verkaufen. Langer Besuch ‚sitt as wenn he Eier utsitten schall': er will nicht gehen; wird auch vom langen Stillsitzen gesagt. Schlesw.-holst. ‚se sitt Eier ut' sagt man von einem Mädchen, das nicht zum Tanz aufgefordert wird. Preuß. ‚heiraten wie e Huhn aufs Ei'; ohne wirtschaftl. Grundlagen, arm heiraten. ‚He weet nich, wo er sien Ei legge sull': ein Mensch, der nicht lange auf einer Stelle sitzen kann; aufgeregt, nervös, daß man *Eier in seinem Arsche braten (sieden)* könnte.

Es ist bekannt, daß die Hühner ihre Eier oft in das Scheunenstroh legen; daher *Auch ein gescheites Huhn legt die Eier neben das Nest:* auch ein Erfahrener macht Fehler.

Das Ei neben das Nest legen: etw. verkehrt anfangen. Meckl. heißt ‚ein Ei vorbeilegen', flüchtige Beziehungen unterhalten. *Die Eier in die Nesseln legen:* er ist hereingefallen, hat Mißerfolg gehabt.

Obd. *Dem hat der Teufel ein Ei ins Haus gelegt:* dem wird ein uneheliches Kind geboren; diese Wndg. hat Schiller in ‚Kabale und Liebe' (II,4) benutzt und so abgewandelt: „Wem der Teufel ein Ey in die Wirtschaft gelegt hat, dem wird eine hübsche Tochter geboren", ↗Kuckuck. ‚Da hätt mi de Diewel e Ei gelegt' sagt man in Norddtl. als Entschuldigung, wenn etw. mißglückte. ‚Eh die Katz en Ei lejt, bin ich fertig' steht scherzhaft für schnell, sogleich, aber auch für niemals und lange Zeit: bad. ‚Bis du kommst, hat die Katze ein Ei gelegt'.

Die Eier waren weg, als sie mit dem Salz kamen: meint unpünktliche, langsame Menschen.

Bad. ‚Du Ei!' ist ein Scheltwort gegen einen dummen, tappigen Menschen; *du kluges Ei!* wird ironisch verwendet. *Du dickes Ei!* ist Ausruf der Überraschung und Verärgerung. *Da hast du das Ei!* sagt man bei etw. Unangenehmem und: *Das hat seine Eier:* die Sache hat ihre Schwierigkeiten.

Rhein. ‚dat es ein dickes Ei' bez. eine große Freundschaft, aber ‚allze dicke Eier baschten', zu enge Freundschaft bricht leicht und ‚nu is dat Ei twei' (Schlesw.-Holst.): die Freundschaft ist aus. Els. ‚si sin Eier un Schmalz', ndd. ‚Se sünt een Ei un een Dopp', sie sind ein Herz und eine Seele.

Etw. ist ein faules Ei mahnt zur Vorsicht: mit der Sache stimmt etw. nicht. *Stinken wie faule Eier* ist ein rdal. Vergleich für bes. unangenehme Gerüche; norddt., hier riecht's no faule Eega': die Sache ist brenzlig, etw. stimmt daran nicht.

Jem. mit faulen Eiern bewerfen: früher war

es üblich, daß das Publikum seinen Ärger über einen schlechten Schauspieler oder Politiker dadurch Ausdr. gab, daß es ihn auspfiff und mit faulen Eiern und Tomaten bewarf. Dem so Beschämten hing der üble ↗Geruch dann auch in übertragenem Sinne oft noch lange nach; vgl. frz. ‚lancer des oeufs pourris à quelqu'un'. Daraus: *Jem., der gerne mit faulen Eiern um sich wirft:* einer, der über andere Übles verbreitet. ‚Fule Eier un stinkende Botter' steht in Schlesw.-Holst. für schlechte Gesellschaft. *Das kommt von keinen guten Eiern:* eine heimtückische, unangenehme Sache. *Es ist ein bös Ei eines bösen Raben* sagt man von einem bösen Kind, *jem. ist aus keinem guten Ei:* nicht von guten Eltern, früher für die Bez. niedriger sozialer Herkunft, dann allmählich mehr für den schlechten Charakter eines Menschen. Ndd. ‚dat sünd ole Eier (‚de stinkt all)': das sind allbekannte Sachen, Geschichten, die jeder kennt.

Jem. anfassen (behandeln) wie ein rohes Ei: ihm nicht die geringste Verletzung zufügen, weder körperlich noch seelisch, sehr behutsam vorgehen; *wie auf Eiern gehen:* sehr behutsam, langsam und vorsichtig gehen, von lauen, ängstlichen Menschen gesagt, die überall anzustoßen fürchten und keines offenen Wortes, keiner entschiedenen Tat fähig sind. Schon bei Luther: „Ei sihe lieber, wie geht der geyst hie auff eyern". Bei Lehmann steht S. 69 (‚Behutsamkeit' 20): „Der Behutsame geht als wenn er auff Eyern oder Kohlen gieng, geht leiß, er fürcht, er trett in ein Glas". Vgl. die frz. Wndg. ‚passer sur des œufs sans les casser' u. ‚marcher comme sur des œufs' (↗Eiertanz).

‚Er tritt drei nei wie der Hans in d Eier' sagt man im Schwäb. von einem unvorsichtigen tolpatschigen Menschen und ‚er schlöt d Eier mit-ere Tanne-n-uf' in der Schweiz von einem Grobian.

Ein einzelnes Ei steht sprw. für eine Kleinigkeit, ein Nichts, z.B. schon in der Livländ. Reimchronik (V. 3986): „Dar umme gâben sie ein ei". ‚Nicht eines eies wert' (Stricker, Pfaffe Âmîs). Noch heute sagt man etwa *Er hat es für ein Ei und ein Butterbrot (für einen Apfel und ein Ei) gekauft:* er hat es spottbillig erhalten; vgl. frz. ‚Il l'a acheté pour une bouchée de pain' (wörtl.: Er hat es für einen Brotbissen verkauft), ↗Apfel. Meckl. ‚Dor sett ick kein roh Ei gegen', auf diese Wette lasse ich mich nicht ein. *Nicht ein (stinkendes) Ei für etw. geben:* es ist ganz wertlos, ‚es ist sieben ausgeblasene Eier wert' (schwäb.).

Das Ei kostet mehr als die Henne: die Auslagen sind höher als der Gewinn.

Die Mehrzahl bedeutet Wohlstand: bereits seit dem Jahre 1430 ist die Rda. belegt *Eier im Fett haben,* dazu obd. *Eier im Schmalz haben.* In der Umgangssprache wird ‚Eier' heute oft für ‚Geldstück, Mark' gebraucht.

Kleinere kirchl. und weltl. Abgaben wurden oft in Eiern festgelegt u. entrichtet (Eierzins). Der Brauch, dem Pfarrer zu Ostern ‚Beichteier' zu geben hat sich in Deutschland bis nach dem 2. Weltkrieg erhalten. Gegenüber den größeren Abgaben wie Hühner, Gänse, Schweine etc. war das Ei von verhältnismäßig geringem Wert, sozusagen das ‚Kleingeld' der Naturalwirtschaft. Deshalb: *keine Eier mehr haben:* mittellos sein, schwäb. ‚der hat d Eier verspielt samt m Kratte': er hat alles verloren. *Jetzt kommt er auf seine Eier:* er kommt jetzt auf seine Kosten, zu seinem Vergnügen, seine Mühe macht sich nun bezahlt.

Man soll nicht alle Eier in einen Korb (Nest) legen mahnt zur Vorsicht in finanziellen Angelegenheiten, man soll das Geld geteilt anlegen, damit im Falle eines Mißgeschicks nicht alles verlorengeht.

Wie aus dem Ei geschält (berl. *gepellt):* äußerst sauber, appetitlich, reizend, auch: gut gekleidet. Bezeugt etwa bei Abraham a Sancta Clara in seiner ‚Todten-Capelle': „Sie sehen aus, als wenns erst neulich aus einem Ey wären geschählet worden". Vgl. frz. ‚tiré à quatre épingles' (Nadeln).

Wer weiche Eier schält, faßt sie vorsichtig an; daher in Oldenburg: ‚He wet sine Eier god to schellen', er weiß seine Sache geschickt anzufangen, auch im Obersächs. ‚einem weiche Eier schälen', seine Angelegenheiten zart anpacken, ihm schöntun.

Das ist das Ei des Kolumbus: das ist eine überraschend einfache Lösung einer schwierigen Frage; vgl. frz. ‚C'est l'œuf de Christophe Colomb'. Diese Wndg. geht auf die bekannte Anekdote zurück, die 1565 von dem Italiener Benzoni in seiner

,Das Ei des Kolumbus'

,Historia del mondo nuovo' von Kolumbus berichtet wird: Nach der ersten Reise des Kolumbus gab Kardinal Mendoza dem Entdecker zu Ehren ein Mahl, bei dem der Kardinal meinte, daß die Entdekkung der Neuen Welt eigentlich gar nicht so schwer gewesen sei. Kolumbus nahm darauf ein Ei und fragte, wer von der Tafelrunde das Ei auf eine seiner beiden Spitzen stellen könne. Als alle verneinten, nahm der Admiral das Ei und schlug das eine Ende auf den Tisch – und das Ei stand.

Giorgio Vasari erzählt in seinen ,Vite de' più eccellenti pittori, scultori ed architetti' (1550) das Gleiche, jedoch vom Renaissance-Baumeister Filippo Brunelleschi anläßlich eines Wettbewerbs im Jahre 1418, der der Erbauung der Kuppel des Domes Santa Maria del Fiore in Florenz galt.

Neuere Forschungsergebnisse deuten darauf hin, daß das Motiv urspr. im Orient beheimatet war. Allerdings wurde dort in einer Legende von der Erbauung der Hagia Sophia auf göttliches Wissen abgehoben, daß nämlich menschlicher Einfallsreichtum ohne göttliche Hilfe allein nicht ausreiche, um eine solche Lösung hervorzubringen. In den europäischen Fassungen geht es dagegen in knapper, lehrhafter Anekdotenform um die menschliche Erfindungsgabe, darum, auf eine Idee zu kommen, auf die niemand zuvor gekommen ist.

Der Sinn der Rda. ist, daß man zur Lösung einer schwierigen Aufgabe im rechten Augenblick eben den richtigen Einfall haben müsse.

Die Rda. *Das war nicht das Gelbe vom Ei:* beinhaltet eine Mißbilligung oder Beanstandung. Weil das Kostbarste und Schmackhafteste vom Ei fehlt, gilt das Übrige als unvollkommen.

Eier spalten: übergenau sein, vgl. ,Haarspalter'. Vgl. frz. ,couper les cheveux en quatre' (wörtl.: Haare in vier Teile spalten). Diese vordergründig an närrisches Treiben erinnernde Rda. entspricht in Wirklichkeit früherer Rechtspraxis. So belegt u.a. für Prüm im 16. Jh.: „Item weist der scheffen dem herrn von Prum zu den ostern ein hobsey, vnd ist gelegt vff jede vierteil landts 2½ ey. vndt wannie ein gehoffner schuldigh ist 2½ eyer, vnd wil nit drey gantzer eyer geben, so soll er dafs dritte ey auff seine schwell legen, vnd mit einem messer entzwey hawen." (Jac. Grimm, Weisthümer, II [1840], S. 525). Vgl. *etw. ist kein halbes Ei wert.*

,Eier spalten'

Rheinhess. *Eier dreschen:* nachlässig arbeiten, eigentl.: so schlecht dreschen, daß die im Getreide verborgenen Eier nicht zerschlagen werden; heute in der Bdtg.: etw. Unsinniges tun. Auch: *(Ein Sack) Eier treten.*

Lit. „Narren über Eyer ausbrüten setzen" schon bei Joh. Mathesius, Bergpostilla (1587) in der Bedeutung von Torheit.

Rhein. jem. ,ißt de Schal on schmeiß et Ei fort' meint den Dummen, der alles verkehrt, unsinnig anpackt, nichts sinnvoll nutzen kann. *Auf das Ei sehen und das*

‚Eier dreschen'

Huhn laufen lassen: für die ungewisse Zukunft sorgen und dabei vergessen, Gegenwärtiges zu genießen, aber auch: die Grundlagen für Zukünftiges vernachlässigen. Im Ndd. heißt die Rda. ‚Du wardst das ey vnd lessest die Henne lauffen' (Henisch, 964).

Das Ei nach dem Huhn werfen (auch: die ↗Wurst nach der Speckseite werfen): ein kleineres Geschenk machen, um ein größeres zu erhalten. *Mit einem Ei nach einem Spatzen werfen* für unzweckmäßiges Handeln, *ein Ei zusammenleimen (wollen)* für sinnloses Tun. Rhein. ‚De hät de Verstangk, wo die Hähner de Eier han: mit seinem Verstand ist es nicht weit her. ‚En Ai op de Schufkar un siewen Mann dervör gespannt' meint iron. unsinnige Arbeitsorganisation, zu viel Aufwand für eine Geringfügigkeit.

Einem ein Ei auf der Schwinge holen (‚eenem en egg up der swingen to hollen'): die Schwinge war ein breites flaches Brett mit Griff, womit man den Flachs schlug, um die Fasern zu gewinnen. Die wohl in Anlehnung an brauchtümliche Geschicklichkeitswettläufe entstandene Rda. bedeutet, jem. necken, aufziehen, da das Ei leicht von der Schwinge rollt und zerbricht.

Die Eierschalen noch hinter den Ohren haben: noch sehr jung, unerfahren sein. Schwäb. ‚Der hat die Eierschale no uf em Buckel', er ist noch ein ‚Gelbschnabel', ‚grüner Junge'. *Er ist kaum (erst) aus dem Ei gekrochen:* er ist noch sehr jung.

Das Ei will klüger sein als die Henne: die unerfahrenen Jugendlichen halten sich selbst für klüger als ihre Eltern und Lehrer. Vgl. ndl. ‚Het ei wil wijzer zijn dan de hen' u. frz. ‚C'est Grosjean qui veut en remontrer à son curé' (wörtl.: Da will der Bauernknecht Großjean klüger sein als der Dorfpfarrer).

Im Schwäb. sagt man von einem Großsprecher: ‚Dem seine Eier hänt zwoi Dotter', und lächerlicher Stolz, Aufgeblasenheit ,verspreitet si (stellt si) wie 3 Eier im Krättle' (aus Weiden geflochtener Armkorb). Der Eingebildete, Überhebliche meint, *seine Eier sollen mehr gelten als anderer Leute Hühner.*

Die Wndg. *ein Ei mit jem. zu schälen haben* (vgl. ndl. ,Ik heb een eitje met u te pellen') entspricht der häufigeren Rda.: ,ein Hühnchen mit jem. zu rupfen haben'.

Der Geizige würde *an einem Ei schaben;* der auf seinen Vorteil Bedachte *gibt ein Ei um die Henne,* und wer durch Geschenke bestechen will, *gibt ein Ei und möchte gerne drei. Einen über fremde Eier treffen,* ihn ertappen.

Ei bedeutet in übertragenem Sinne auch Kopf: frankft. ,der hat was am Ei', er ist nicht ganz richtig im Kopf. Vgl. dazu die amer. Bez. ,egghead' (Eierkopf) für den Intellektuellen.

Ein ausgepustetes Ei: eigentl. etw. Wertloses, Verbrauchtes, Unnützes. Auch in der Übertr. auf einen Mann. Th. Fontane läßt in ,Stine' die lebenslustige Pauline Pittelkow von einem jungen kränklichen Adeligen verächtlich sagen: „Und denn bringt er (Graf von Haldern) ja auch das ausgepustete Ei mit. Und *die* kenn ich, die verlangen immer am meisten, und wenns weiter nichts is, wollen sie wenigstens was sehn un Augen machen."

Eier kaufen, ob schon keine im Herzen sind: vom sexuellen Möchtegern.

Ei, meistens in der Mehrzahl, steht umgangssprachlich auch für Hoden. *Einem die Eier schleifen:* jem. beim Militär hart drillen, im Dienst drangsalieren; im Zivilleben: einem tüchtig den Kopf waschen, ihn zusammenstauchen, gleichbedeutend auch: *jem. (kräftig) in die Eier treten.* Appenzellerisch ,emm e n'Eier vertrocka': jem. ohne bösen Willen etw. Unangenehmes sagen oder tun. Preuß. ,Du machst ein Gesicht, als ob du dir die Eier gequetscht hast': als ob dir etw. sehr Unangenehmes zugestoßen wäre, dagegen jedoch rhein. ,enem de Eier quetsche': ihn durch Geschenke günstig stimmen. Ein weiträumig belegter Euphemismus für Wasser abschlagen ist: holst. ,he lett dat Water vun de Eier', preuß. ,die Eier abgießen', schweiz. ,e chlī Wasser ab den Eiere schütte'. In der Bedeutung von Hoden heute auch in Redensartenparodien: ,sich gleichen wie ein Ei des Kolumbus dem anderen' bzw. in Verulkung unbeholfener Höflichkeitsfloskeln: ,Darf ich Ihnen ein Ei abtreten?' gebräuchlich.

Lit.: *F. Eckstein:* Art. ,Ei', in: HdA. II, Sp. 595–644; *M. L. Lechner:* Das Ei im dt. Brauchtum (Diss. Freiburg [Schweiz] 1952); *R. Wildhaber:* Die Eierschalen im europ. Glauben u. Brauch, in: Acta Ethnographica 19 (1970); *V. Newall:* An Egg at Easter (London 1971) (mit umfangr. Bibliographie); *M. L. Lechner:* Art. ,Ei, Eier', in: EM. III, Sp. 1107–1118; *K. Göbel:* Das Summenformel-Spiel. Zur Stellung eines Wettspiels zwischen Osterbrauch u. Rechenbuchillustration (= Kulturgeschichtl. Forsch. 8) (München 1987).

Eichel. *Gesund wie eine Eichel:* kerngesund; wie die Eiche das Urbild der Kraft, so ist ihre Frucht das Bild der Gesundheit und Frische; zahlr. mdal. Ausdr. weisen auf diese volkstümliche Vorstellung hin: ostmdt. ,eichelganz', ,eichelgut', unverletzt fest, auch klotzig; bair. ,ein eichelfrisches Kind' usw.

Obersächs. ,in die Eicheln ziehen', aufbrechen; schwäb. und darüber hinaus: *Da hat eine (blinde) Sau eine Eichel gefunden:* er hat unverdientes Glück gehabt. Interessant ist eine andere schwäb. Rda., deren Ursprung wohl in den verbreiteten Volkssagen vom ,Erlöser in der Wiege' liegt: Auf die Frage, ob man bald heirate, sagt man schwäb. ,Da ist's Eichele no net gfalle, des d'Eich zur Wieg fürs Kind gebbe muß' (F. Ranke: Der Erlöser in der Wiege [München 1911]). *Da gebe ich nicht eine taube Eichel dafür* ↗ Nuß.

Eichhörnchen. Das Eichhörnchen oder Eichkätzchen (Sciurus vulgaris), das schon Plinius sorgfältig beschrieb und das Brehm als „eine der Hauptzierden unserer Wälder" bezeichnete, erscheint im ,Parzival' (1200/10) des Wolfram von Eschenbach (651,13): „wil er wenken (weichen) als ein eichorn" in Anspielung auf seine scheue Natur, wie auch bei Goethe entsprechend: „sie ist ja so scheu wie ein Eichhorn". Der Marner († um 1270) gebraucht eine Wndg., die offensichtlich als rdal. Bez. für die verkehrte ↗ Welt diente: „und swa den bern ein eichorn jaget".

Die Schnelligkeit und Lebhaftigkeit des Eichhörnchens spielt in verschiedenen rdal. Wndgn. eine Rolle: *Flink wie ein Eichhörnchen,* vgl. ndl. ,hij is zoo vlug als een eekhoorntje', daher auch z.B. in der Gegend von Leipzig: ,Der Pflug ging wie en Eckerchen', so leicht und schnell. Ähnl. *munter wie ein Eichhörnchen;* vgl. frz. ,vif (agile) comme un écureuil'. Norddt. ,de Jung klattert wie e Ekatte': so behende und sicher und ,he rennt as n Echkat'. Im Saarland sagt man auch noch: ,gesond wie en Eichert'. In der Kinderlit. des 19. Jh. wurde das Eichhörnchen zum Symbol für lustiges, unbeschwertes Leben. So bei Friedrich Güll (1812–79):

Eichhörnchen, Eichhörnchen im grünen Wald,
Was führst du für ein lustiges Leben!

oder in Hoffmann von Fallerslebens Kinderlied ,Eichhörnchen':

Heißa, wer tanzt mit mir?
Lustig und munter!

Eine viel nüchternere Sicht zeigt sich in der Rda. *Mühsam (er)nährt sich das Eichhörnchen,* das man z.B. beim Skatspiel hören kann, wenn einem nur kleine Stiche gelingen, oft auch mit witzigen Zusätzen, wie: ,hüpfend von Ast zu Ast' oder ,klein, schmächtig und blutarm, aber trinkfest und arbeitsscheu'. Bes. letzteres trifft jedoch nicht zu, denn das Eichhörnchen, das sich je nach Jahreszeit z.T. von Tannen-, Kiefern- u. Fichtensamen ernährt, muß nicht nur zu den Zapfen hinaufklettern, sondern diese auch Schuppe für Schuppe abhaspeln, um an die versteckten winzigen Kerne heranzukommen. Um damit einigermaßen satt zu werden, muß es den ganzen Tag klettern und nagen, so daß man im Saarland von einem fleißigen Menschen auch sagt: ,dat es e Kerl wie en Eicherling'.

Wahlweise zu der Wndg. *Mühsam baut sich das Eichhörnchen sein Nest* wird die Rda. neuerdings auch verwendet, wenn eine Sache nur mühevoll und langsam vorangeht, wenn auch bei besonderem Fleiß und Arbeitsaufwand nur geringe Wirkung erzielt werden kann. Das Eichhörnchen sammelt im Herbst Wintervorräte in Form von Nüssen, Eicheln und Tannenzapfen, die es z.T. in der Erde vergräbt. Danach wurde Ende der 60er Jahre ein vorsorgliches Vorratshaltungsprogramm der Regierung für Krisenfälle „Aktion Eichhörnchen' benannt („Eichhörnchenvorrat"). Als dann aber die Ölkrise kam, wurde jedoch nicht ,geeichhornt', sondern ,gehamstert'.

Der hat Ohren wie ein Eichhörnchen: er hört sehr gut (vgl. ↗Luchs), aber auch: er hört aufmerksam zu, paßt auf.

Er hat ein Eichhörnchen geschnupft: er hat einen buschig abstehenden Schnauzbart. ,Ruden Eichert' sagt man im Saarland zu einem rothaarigen Menschen. Früher hat man die jungen Förster im Berufsspott auch ,Eichhörnchen' oder ,Eichkater' genannt.

Er hat's im Mund wie das Eichhörnchen im Schwanz bez. einen Menschen mit ,buschigen' Worten, der alles ,aufbauscht', einen Schwätzer und Prahler. Schon bei Henisch (1616) belegt: „Groß sprecher habens in worte wie das eichorn im schwanz". Das Bild vom buschigen Schwanz des Eichhörnchens hat bes. im nordd. Sprachraum großen Anklang gefunden: holst. ,he hett dat in't Muul as dat Ekerken in Stert' und norddt. ,der hat's an Worten, wie der Eichkater an Schwanz'. Dagegen bedeutet plattdeutsch ,he röhrt de Snater (Mund) as de Katteker de Steert': er ist sehr mundfertig und ,he hett dat in Kopp as de Katteker in Stert': er ist sehr schlagfertig, er hat es faustdick hinter den Ohren. Bair. ,warum schaust denn a so wia a Achkatzl, was net niast'n (niesen) kan': überrascht, verwundert dreinschauen. Rhein. ,de kuckt drun (drein) we en Eichert aus em hohle Baum': ganz verschlafen.

Der Teufel ist ein Eichhörnchen! wird als Warnung vor bösen Überraschungen bei harmlos aussehenden Situationen gebraucht. Wegen seiner roten Farbe u. wegen seiner blitzschnellen Gewandtheit wurde das Eichhörnchen zum Symbol des Teufels. Auch im Volksglauben verwandelt sich der Teufel gern in die Tiergestalt des Eichhörnchens, um dem Menschen zu schaden, so z.B. um einen Wilddieb unterwegs aufzuhalten, damit er die Sonntagsmesse versäumt. Vielleicht rührt daher auch die schweiz. Beteuerungsformel ,bim Eicherli!'. Andererseits verspottet man in Schlesien einen abergläubischen Menschen, indem man sagt, ,der denkt auch, der Teufel ist ein Eichhörndel'. In Frankfurt sagt man von einem Leichtgläubigen, Naiven: ,Der leßt sich weismache, der Deiwel weer e Aachhernche'. Ähnl. obersächs. ‚Du machst mer weis, der Teifel is e Eechhernche', du willst mir etw. weismachen; obdt. sagt man ähnl.: *Der Teufel ist Eichhorn!* wenn etw. überraschend glatt und schnell geht, ↗Teufel.

Wegen seiner Possierlichkeit ist ‚Eichhörnchen' auch als Kosename beliebt, so in Hessen: ‚mein Aichhörnche' und ‚du Eychhörnche'. Lit. auch: ‚verliebt wie ein Eichhörnchen'. In Frankfurt heißt es dagegen von einer äußerlich unordentlichen, zerzausten Person oder wenn jem. einen übernächtigten Eindruck macht: ‚sieht aus, wie e gevöchelt Eichhörnche! In dieselbe Richtung zielt auch das ndd. Sagwort: ‚Dat geit gedrang, seggt de Foß (Fuchs), on huckt op e Ekkatz'.

Lit.: *O. Keller:* Die antike Tierwelt, Bd. 1 (Leipzig 1909), S. 181–183; *L. Herold:* Art. ‚Eichhörnchen', in: HdA. II, Sp. 655–659; *C. Mengis:* Art. ‚rot', in: HdA. VII, Sp. 792–834; *R. Biegler:* Art. ‚Tiergestalt' (Teufel), in: HdA. VIII, Sp. 834–835; *V. B. Dröscher:* Mich laust der Affe (Düsseldorf – Wien o.J. [1981]), S. 105–108; *E. Moser-Rath:* Art. ‚Eichhörnchenfang', in: EM. III, Sp. 1124–1125.

Eid. *Einen Eid ablegen, etw. mit einem Eid bekräftigen, einen in Eid und Pflicht nehmen* sind Wndgn., die ohne weiteres verständlich und nicht erklärungsbedürftig sind. Der falsche Eid spielt im Volksmund eine große Rolle. Von einem Wortbrüchigen sagt man am Niederrhein und in Holland: *Er hält einen Eid wie der Hund die Fasten.* Rhein. ‚E kuckt dren wie anen, der en falschen Ad geschwor hot' und ‚Dat es su wohr, als wann en Bur en falsche Eid schwiert'; vgl. die schwäb. Wndg. ‚Der nimmt's auf's Gewissen wie der Bauer einen falschen Eid'.

Die Rda. *den Eid ableiten:* ihn ungültig machen wollen, wurde mit einer Geste in Zusammenhang gebracht: der Schwörende hielt die Finger der linken Hand nach abwärts gerichtet, während er die rechte Hand zum Schwur erhoben hatte.

Die Wndg. *an Eides statt* bezieht sich auf eine mündliche Beteuerung oder schriftliche Erklärung, die an Stelle eines gerichtlichen Eides abgegeben wird und den Verbindlichkeitscharakter eines Eidschwures hat. Dagegen ist der Begriff ‚bayrischer Eid' eine Bez. für Falscheid oder Meineid, ↗Ehre, ↗Hand, ↗schwören.

Lit.: *R. Lasch:* Der Eid. Seine Entstehung u. Beziehung zu Glaube u. Brauch der Naturvölker (Studien u. Forschungen zur Menschen- u. Völkerkunde 5) (Stuttgart 1908); *F. Thudichum:* Gesch. des Eides (Tübingen 1911); *H. Fehr:* Art. ‚Eid', in: HdA II, Sp. 659–672; *E. v. Künßberg:* Rechtsverse (Heidelberg 1933), S. 114–117; *A. Erler, U. Kornblum, G. Dilcher:* Art. ‚Eid', in: HRG. I, Sp. 861–870; Art. ‚Eid', in: Lex. des MA. II, S. 1673–1692; *W. Brückner:* Art. ‚Eid, Meineid', in: EM. III Sp. 1125–1140.

Eiertanz. *Einen wahren Eiertanz aufführen:* in einer schwierigen Situation vorsichtig taktieren, sich sehr umständlich und gewunden ausdrücken; vgl. frz. ‚marcher sur des œufs' (wörtl.: auf Eiern gehen): eine Sache vorsichtig anfassen, aus Angst, man könnte etw. verderben.

‚Einen wahren Eiertanz aufführen'

Die bisherige Forschung hat die Rda. lediglich als Hinweis dafür betrachtet, „daß ein Eiertanz früher allgemein bekannt gewesen sein muß". Doch schon K. M. Klier (1934) fand es „merkwürdig", daß in der „umfangreichen deutschen Tanz- und Volkstanzliteratur keine einzige Andeutung über den Eiertanz" vorkommt und wir „allein bei J. W. Goethe" einen Eiertanz sowie eine Beschreibung davon finden. Als Belege dazu steuerte Klier selbst den Hinweis auf zwei ndl. Bilder bei: ein Ölgemälde von Pieter Aertsz (1557) und

einen Kupferstich von Joh. de Bry (1611), die Leopold Schmidt 1947 durch die Veröffentlichung einer zeitgenössischen Beschreibung dieses Eiertanzes ergänzte. Es ist dies die in München 1617 erschienene, von Joachim Meichel ins Deutsche übertr. lat. Predigtsammlung des bayrischen Hofpredigers Hieremias Drexel ‚Himmel/Die Ewig Bleibstatt/ aller Seeligen etc.', worin er ganze Abschnitte des 1615 in Löwen erschienenen „Lob des Eies" (‚Ovi encomium, quo summum et unicum naturae miraculum describitur') des ndl. Humanisten Eurycius Puteanus (van der Putten, geb. 1574) aufgenommen hat: „In Niderland pflegt man den Ayrtantz also zu halten: Knaben oder Maydlein tantzt jedliches auff gewisse manier bsonder und allein umb das Ay herumb, welches auff dem boden ligt mit einer hiltzenen Schüssel bedeckt, dise Schüssel rucken sie underm herumbtantzen mit Füssen vom Ay hinweg und treibens Tantzweiss umb das Ay herumb. Nochdem sie alles, was zum Tantz gehörig gethon, decken sie das Ay widerumb darmit zu. Wer es bricht oder beschädiget, muß zur straff das zerbrochene Ay essen".
L. Schmidt sieht den Eiertanz im größeren Zusammenhang der „Ei-Symbolik": das zunächst verborgene Ei muß „entdeckt" werden, und stuft den Tanz im Bereich des Jahresbrauchtums ein. Örtlich hält er ihn für „niederländisch-engbegrenzt". Vgl. auch die Darstellungen von Pieter Bruegel, Franz Huys u. in der Kathedrale von Aarschot. Seiner Meinung nach ist aber genau dies jener Eiertanz, „der eigentlich gemeint ist, wenn man redensartlich davon spricht". Denn – betont er – „der rein artistische, den etwa Goethe im ‚Wilhelm Meister' beschrieb, war und ist immer Schautanzgut der fahrenden Künstler und der Zigeuner gewesen und hätte im Volkstanz kaum besonderen Widerhall gefunden".
Die Beleglage bestätigt, was schon Klier auffiel: Wir finden vor Goethe keine deutsche Erwähnung irgendeines Eiertanzes. Das Wort ‚Eiertanz' oder etwa der Ausdr. ‚auf Eiern tanzen' o. ä. findet sich weder in Caspar Stielers ‚Teutschem Sprachschatz' (1691) noch beispielsweise in Adelungs umfangreichem Wörterbuch (1793 bzw. 1801). Dafür aber taucht die Formulierung ‚den Eiertanz tanzen' 1795 bei Goethe (‚Wilhelm Meisters Lehrjahre') gleich wiederholt auf: „sie (Mignon) weigerte den Eiertanz zu tanzen" (2,4) und „Der Alte sollte verschiedene Lieder (...) singen, und Mignon darauf den Eiertanz tanzen" (3,6). Diesen Eiertanz beschreibt Goethe so (2,8): „Künstlich abgemessen schritt sie (Mignon) nunmehr auf dem Teppich hin und her, und legte in gewissen Maßen die Eier aus einander (...) sie verband sich die Augen (...) und fing (...) ihre Bewegungen an, indem sie Tact und Melodie mit dem Schlage der Castagnetten begleitete. Behende, leicht, rasch führte sie den Tanz. Sie trat so scharf und so sicher zwischen die Eier hinein, bei den Eiern nieder, daß man jeden Augenblick dachte, sie müsse eins zertreten oder bei schnellen Wendungen das andere fortschleudern. Mit nichten!"
Grimms ‚Deutsches Wörterbuch' bezieht sich 1862 ausdrücklich auf Goethe und gibt für ‚Eiertanz' an: „mit verbundenen Augen zwischen Eiern". Im selben Jahr erwähnt Albert Czerwinski in seiner ‚Geschichte der Tanzkunst' (Leipzig 1862, Ndr. 1975) den „bekannten Eier- und Strohtanz", den „die Mädchen im südlichen Deutschland auf Kirmes- und Vogelschießfesten produciren", ohne jedoch diesen Eiertanz näher zu beschreiben. Gemeinsam ist all diesen Belegen, daß sie das Wort ‚Eiertanz' als Bez. für einen konkreten Tanz verwenden: es findet sich in ihnen kein Anhaltspunkt für eine übertr., bildl. Bdtg.
1863 erschien in der ‚Frankfurter Latern' unter dem Titel ‚Politischer Eiertanz' eine Karikatur über Bismarck, der als Ballerina gekleidet, mit tief gesenkten oder sogar geschlossenen Augen zwischen auf dem Boden liegenden Eiern, die mit ‚Verfassung', ‚Gesetz' etc. beschriftet sind, Castagnetten schlagend hindurchtanzt. In dem darunter stehenden Gedicht wird die bildl. Bdtg. des Ausdrucks erklärt:

Und den politischen Eiertanz
Hält Bismarck sehr von Nöthen,
Er glaubt, sie blieben alle ganz
Und keines ging zertreten,
Zertreten, nein! wie Ihr ja seht,
Dieweil er jedes – Recht – umgeht.

Die Übereinstimmung dieser Zeichnung mit Mignons Eiertanz bei Goethe, einschließlich der Castagnetten, ist augenfällig. Die an Goethe anklingende Wndg. „Zertreten, nein!" verstärkt diesen Eindruck zusätzlich. Zwei Jahre später verwendet die ‚Berliner Zeitung' (1865) den Ausdr. in der von Goethe vorgegebenen sprachl. Formulierung ‚den Eiertanz tanzen': „Das neue Cabinet soll den Eiertanz

‚Einen politischen Eiertanz aufführen'

tanzen; soviel wie möglich neben der Verfassung regieren, aber diese so wenig wie möglich verletzen", wobei der gemeinte übertr. Sinn sich ebenfalls aus dem weiteren Text erhellt. Trotzdem kennt z. B. Sanders' Wörterbuch im selben Jahr ‚Eiertanz' noch bloß in der konkreten Bdtg. als einen dem Flaschentanz ähnl. Tanz und selbst Wanders große Sprichwortsammlung enthält die Rda. vom Eiertanz weder unter ‚Ei/Eier-' (1867) noch unter ‚Tanz/tanzen' (1876). Erst 1880 führt Wander in seinem Nachtragsband die Rda. auf: „Eiertanz. Den Eiertanz tanzen. Sich geschickt zwischen zwei Gegensätzen halten, ohne direct einen zu verletzen".

1899 gebraucht ‚Die Neue Zeit', eine von Klaus Kautsky redigierte sozialdemokratische Wochenschrift in Stuttgart, die Rda. bereits in der heute üblichen Form ‚Eiertanz aufführen' und zitiert sogar den Begriff – angeblich von Friedrich Naumann – „Eiertanzrede", der nun als Beleg für die endgültige Loslösung und Verselbständigung der übertr. Bdtg. des Ausdrucks von dem urspr. Wortsinn angesehen werden kann.

Die Tatsache, daß die landschaftlichen Sammlungen – wie auch die ndl. Wörterbücher (‚een eierdans uitvoeren') – das Wort ‚Eiertanz' noch immer überhaupt nicht oder erst in neuerer Zeit verzeichnen, bestärkt den Eindruck, daß die Rda. nicht von dem „altertümlichen" ndl. Eiertanz herstammt, der im Umtanzen eines einzigen Eies bestand. Der Entstehungsort der Rda. dürfte deshalb wohl in journalistisch-politischen Kreisen zu suchen sein.

Eine mdal. auch verbreitete Form von Eiertanz gebraucht dagegen die Schriftstellerin Luise Rinser: „ich werde auf Eiern tanzen" in der Bdtg. von ‚ich werde sehr vorsichtig sein'. Diese Form begegnet uns auch in dem Sprw. ‚Auf Eiern tanzen und mit Weibern umgehen, muß gelernt werden sieben Jahre und einen Tag' (schon bei Simrock 1846, dann im Dt.Wb. 1867).

E. Bornemann (1971) verzeichnet ‚Eiertanz' in der Bedeutung von Koitus, wobei ‚Eier' für Hoden stehen (↗ Ei): „Schließlich ist aber noch auf eine Art des Eiertanzes aufmerksam zu machen, bei der die Eier selber tanzen müssen, wie die beim (Oster-)Eierwerfen gesungenen Lieder ausweisen (...)

Häle Bumeranze,
Die Aier misse danze!
Schmeiße mer zu houch,
Krie'n die Aier e Loch."

Lit.: *O. Ladendorf:* Schlagwörterstudien, in: Zs. f. d. U., 24 (1910), S. 473–481; *K. M. Klier:* De Eierdans, in: De Volksdansmare (Oosterbeek) 2 (1934), S. 117–119; *ders.:* Der Eiertanz, in: Dt. Volkskunde 2 (1940), S. 86 ff.; *H. v. d. Au:* Das Volkstanzgut im Elsaß, in: Obd.Zs.f.Vkde. 15 (1941), S. 14–25; *ders.:* Zum Eiertanz, in: Das Dt. Volkslied 45 (1943), S. 14 f.; *L. Schmidt:* Der Eiertanz u. seine Ausführung, in: Volkslied – Volkstanz – Volksmusik 48 (Wien 1947), S. 26–28; *H. M. Enzensberger:* Journalismus als Eiertanz, in: ders., Einzelheiten I (Frankfurt/M. 1962); *V. Newall:* An Egg at Easter (London 1971); *K. Göbel:* Das Summenformel-Spiel. Zur Stellung eines Wettspiels zwischen Osterbrauch u. Rechenbuchillustration (Kulturgeschichtl. Forschungen 8) (München 1987).

Eifersucht. „Eifersucht ist eine Leidenschaft, die mit Eifer sucht, was Leiden schafft". Diese Definition von H. Kurz (‚Spanisches Theater' [Leipzig 1917], Bd. 2, S. 79), die auch dem Theologen Fr. Schleiermacher (1768–1834) zugeschrieben wird, geht zurück auf ein ähnl. lautendes span. Wortspiel, das M. de Cervantes in dem Zwischenspiel ‚Der wachsame Posten' (1615) so formulierte: „O zelos, zelos! Quan mejor os llamaran duelos, duelos!" Sie ist heutzutage fest mit dem Begriff ‚Eifersucht' verbunden und weist auf eine Bdtg. hin, die der Begriff in früherer Zeit noch nicht hatte. Aus bildl. Darstellungen des MA., in denen die Eifersucht zumeist als Personifikation des Neides und der Mißgunst auftritt, geht hervor, daß der Begriff der Eifersucht zunächst auch nur den Neid (auf Besitz, Erfolg, Ansehen, Ruhm) und die daraus resultierenden Laster wie Zwietracht und Verleumdung beinhaltet. Erst in der Neuzeit wird das Eifersuchtsmotiv in der bildl. u. lit. Darstellung klarer vom Neid abgegrenzt. Im Emblembuch des Andreas Alciatus (1492–1550) wird die leichtgläubige Mißgunst des Eifersüchtigen durch ein Auge in offener Hand dargestellt, bei Cesare Ripa (1560–1620/25) trägt der Eifersüchtige ein Gewand, das mit vielen Augen u. Ohren bedeckt ist als Hinweis auf den stets vorhandenen Argwohn u. auf das krankhaft lauernde Verhalten, das sich daraus ergibt, ↗Argusaugen.

Rdal. Vergleiche sind: ‚eifersüchtig wie ein Türke', ‚eifersüchtig wie ein Tiger', ‚eifersüchtig wie ein Wiesel', den Grillparzer verwendet (Sämtl. Werke [1872], VII, 200), der jedoch umg. nicht belegt ist.

Lit.: *R. Riegler:* ‚Eifersüchtig wie ein Wiesel.' In: German.-Roman. Monatsschrift 14 (1926), S. 234–235; *E. Guldan:* ‚Eifersucht', in: Reallex. d. Dt. Kunstgeschichte, IV (1958), S. 954–966; *M. Meraldis:* Art. ‚Eifersucht', in: EM. III, Sp. 1170–1174.

eigen. *Eigen sein:* bes. penibel sein, für jem. charakteristisch (mhd. eigen = unfrei). Die Wndg. ist auch in der Bdtg. von ‚eigenwillig', ‚merkwürdig' und ‚sonderbar' geläufig (vgl. Eigenheit).

Etw. sein eigen nennen, etw. zu eigen haben, sich zueigen machen, sich etw. zueigen nehmen, jem. etw. zu eigen geben sind veraltete Umschreibungen für etw. besitzen, in Besitz nehmen usw. An ihre Stelle sind verkürzte Begriffe getreten wie: sich etwas aneignen, jemandem etwas übereignen etc.

Sich jem. zu eigen geben: ihm in Freud und Leid angehören wollen, ihm sein ↗Herz schenken und sein Leben mit ihm teilen. Den Höhepunkt der Liebeswerbung bildet daher oft die entscheidende Frage: ‚Willst du mein eigen sein?' Ähnl. heißt es auch im Volkslied: ‚Das Lieben bringt groß Freud' bestätigend in Str. 3:

Mein eigen sollt sie sein,
keinem andern mehr als mein ...

Auch im geistlichen Lied begegnet die Wndg.:

Zu Bethlehem geboren
ist uns ein Kindelein,
das hab ich auserkoren,
sein eigen will ich sein.

(Evang. Kirchengesangbuch, Nr. 401, Str. 1).

Die Wndg.: *ein Eigenbrötler sein:* ein kauziger, völlig mit sich selbst befaßter Mensch, bezog sich urspr. auf den alleinlebenden Junggesellen, der sein eigenes Brot backen mußte und seiner Umgebung daher absonderlich erschien. Heute allgem. Ausdr. für einen Einzelgänger, der sich von der Gruppe absondert, seine eigenen Wege geht oder durch ein merkwürdiges Verhalten auf sich aufmerksam macht.

Ein Eigentor schießen: sich selbst schaden durch Handlungen, die anderen zugedacht waren: Wenn der Fußball, der für das gegnerische Tor bestimmt war, aus Versehen ins eigene Tor trifft.

Eigeninitiative entwickeln: die Dinge selbst in die Hand nehmen. Das Sprw. ‚Eigenlob stinkt' begegnet schon bei Seb. Brant (‚Narrenschiff', 1494, Nr. 46):

So doch der wis man gibt urkund
Das lob stink uß eim eigenen mund.

Ein verwandtes Sprw. lautet:

Wer sich lobt alleine,
Des Ehre ist gar kleine.

Wenn es auch nicht gerade in Frage gestellt wird, so wird es von späteren Autoren dennoch differenzierter gesehen: „Man sagt, eitles Eigenlob stinket. Das mag sein; was aber fremder und ungerechter Tadel für einen Geruch haben, dafür hat das Publikum keine Nase" (Goethe, ‚Maximen und Reflexionen').

Das Sprw. ‚Eigner Herd ist Goldes wert'

hat zahlreiche Variationen erfahren, wie z.B.: ‚Eigen Nest hält wie die Mauern fest'; ‚Eigen Kohl schmeckt wohl'.

Lit.: *J. Berman:* ‚Eigen lof stinkt niet'. In: Zeeuwsche Volksalmanak 1 (1836), S. 159–171; *J. E. Wülfing:* Art. ‚Eigenbrötler', in: Zs. f.d.U. 23 (1909), S. 263f.; *D. Schwab:* Art. ‚Eigen', in: HRG. I, Sp. 877–879.

Eile. Das Sprw. ‚Eile mit Weile' ist urspr. ganz wörtl. gemeint. Unter den lat. Sentenzen des MA. ist es als ‚Festina lente!' u. im früheren dt. Sprachgebrauch auch als ‚Eilen tut kein gut' geläufig. In der Erzähltradition wird es in zwei verschiedenen Versionen exemplifiziert. Verschiedene, von Natur aus langsame Tiere, wie Kröte, Käfer, Krebs, kommen beim Versuch eiliger Fortbewegung, etwa auf einer Treppe, zu Fall. Eine scherzhafte Anspielung brachte schon Abraham a Sancta Clara (1644–1709): „Eylen thut kein gut, sagte der Schneck, der sieben Jahr über die Brucken gekrochen u. gleichwohl gestolpert". Im Bereich der Tiergeschichte gibt es viele ähnl. Beispiele, in denen die spöttische Empfehlung langsam zu machen begegnet. In der Schwanküberlieferung dient es als Ill. der Maxime ‚Wer langsam fährt, kommt auch zum Ziel'. Da treibt etwa ein Kutscher sein Pferd mit Peitschenhieben an, um die Stadt noch vor Torschluß zu erreichen und verursacht dadurch einen Radbruch. In der urspr., wenngleich etw. erweiterten Fassung, begegnet das Sprw. bei Fr. v. Logau in: ‚Deutscher Sinn-Getichte Drey Tausend'. [1654], 3, 113, 67):

> Was new ist angenehm, wird widrig in der eile,
> wann ihm nicht gut und nutz gibt kraft und länger weile.

↗Schnecke.

Lit.: *E. Moser-Rath:* Art. ‚Eile mit Weile', in: EM. III, Sp. 1182–1183.

Eimer. *In den Eimer gucken:* das Nachsehen haben, leer ausgehen, ähnl. gebraucht wie: ‚in den Mond gucken' (↗Mond), ‚in die Röhre sehen' (↗Röhre); die Rda. ist wohl daher zu erklären, daß im (Müll-)Eimer die wertlosen Abfälle hinausgetragen werden; daher heißt auch umgangsspr. *im Eimer sein:* zunichte sein. Die Wndg. wird sowohl auf konkrete wie auch auf abstrakte Dinge bezogen, z.B. ‚die Tasse ist im Eimer' (wenn sie zerbrochen ist u. in den Abfalleimer gehört), aber auch: ‚die Ehe ist im Eimer', ‚der Urlaub ist im Eimer', d.h. unrettbar verloren, kaputt; *in den Eimer gehen:* verloren gehen; in der Studentensprache des vergangenen Jh.: *auf den Eimer (bringen) kommen:* zugrunde gehen. Ein 1960 erschienener Roman von Erich Kuby hat den Titel: ‚Alles im Eimer'.

An den Toiletteneimer erinnern die folgenden gebräuchl. Wndgn.: *auf dem Eimer sitzen:* in Verlegenheit sein, vgl. die aus Pommern bezeugte Rda. ‚Du bist auf'n Emmer!' ‚du bist auf dem Holzweg'; *mit etw. nicht auf den Eimer kommen:* eine Sache nicht zustande bringen; *vom Eimer fallen:* völlig überrascht sein.

Auch in Wndgn. zur Kennzeichnung des Trinkens und der Trunkenheit kommt mehrfach ‚Eimer' vor, der früher auch Hohlmaß (unterschiedl. Inhalts) war; z.B. *so voll wie ein Eimer:* betrunken. *Er hat seine achtzig Eimer weg* sagt man in Schlesien von einem notorischen Säufer.

Einfälle wie ein alter Eimer haben: wunderliche Einfälle haben. Ein alter, ausgedienter (Holz-)Eimer bricht zusammen oder fällt ein. Mit diesem materiellen Einfallen wird in einem sprachl. Scherz der plötzliche Gedanke, d.h. der geistige ‚Einfall' gleichgesetzt (↗Einfall). Vgl. frz. ‚Il raisonne (oder résonne) comme un tambour' (wörtl.: Bei ihm klingt es wie aus einer Trommel, oder: Er hat Einfälle wie eine Trommel). Die beiden frz. Verben ‚résonner' (klingen) oder ‚raisonner' (etw. durchdenken) werden ähnl. ausgesprochen.

Wenn ein Handwerker Zugeschnittenes zusammenfügte und es paßte sogleich, dann pflegte er im Ndd. scherzhaft zu sagen: ‚Dat paßt as de Äs up'n Emmer'; oder kurz: ‚... as Äs up E'. In dieser Form ist die Redensart auch ins Hochdeutsche gewandert: ‚Das paßt wie A auf E'.

Einbahnstraße. *Eine Sache mündet in eine Einbahnstraße* (↗Sackgasse): es gibt nur eine Lösungsmöglichkeit, man kann nur eine Richtung weiterverfolgen, ist in seiner Entscheidungsfreiheit eingeengt. Der verkehrstechnische Ausdr. wird oft übertr. gebraucht zur Kennzeichnung einer verfahrenen Situation.

einbinden ↗anbinden.

einbleuen. *Jem. etw. einbleuen (einbläuen):* ihm durch stetiges Vorsagen, Vorkauen und Wiederholen etw. beibringen bzw. einpauken – früher auch in Verbindung mit Schlägen (daher das Wort ‚einbleuen' vom mhd. bliuwen = schlagen, verbleuen). In der Schreibweise ‚einbläuen' bezieht sich das Wort dagegen auf das Einfärben eines Stoffes mit blauer Farbe. Die Rda. läßt sich je nach der Bdtg., die man ihr beimißt, auf den einen wie den anderen Urspr. zurückführen und kommt daher auch in beiden Schreibweisen vor. Schon bei E. Alberus (ca. 1500–53) begegnet die Wndg. in einer Definition seiner Lehrtätigkeit: „emblewen, crassa docere Minerva, ich kew es eim für, blew ein, sag für". Auch Luther gebraucht sie in diesem Sinne: „als in den büchern Mosis schier nichts so viel gedacht und eingeblewet wird" (‚Tischreden' [1568], 16). In ähnl. Bdtg. begegnet sie bei Seb. Franck: „eitel tandmer den kindern einbleuen" (‚Sprichwörter', 1541, 41).

einbrechen. *Bei ihm haben sie eingebrochen (und's Gehirn geklaut):* er ist verrückt, dumm. Diese Rda. ist seit Beginn des 20. Jh. umg. belegt. Sie überträgt in scherzhafter Weise die Vorstellung einer Schädeloperation.

einbrocken ↗Suppe.

Eindruck. *Einen Eindruck bekommen:* eine Vorstellung erhalten. *Auf jem. Eindruck machen:* ihm imponieren, Anerkennung finden. *Eindruck schinden:* sich mit allen Mitteln und um jeden Preis darum bemühen, ‚einen guten Eindruck zu hinterlassen'. Die Rda. ist vor allem bei Schülern sehr beliebt, wenn sich jem. allzu sehr in den Vordergrund schiebt, um sich beliebt zu machen; ↗schinden.

Lit.: *H. Sperber:* Im Spiegel der Sprache. IV. Eindruck, in: Monatshefte f. Dt. Unterricht 32 (1940), S. 178–182; *R. Bergler:* Psychologie des ersten Eindrucks, in: ders., Psychologie in Wirtschaft u. Gesellschaft (Köln [2]1987), S. 41–56.

Einfall. Aus dem 17. Jh. stammt die Rda. *Er hat Einfälle wie ein altes Haus (wie ein alter Eimer):* er hat seltsame Ideen. Die Rda. beruht auf der wortspielerischen Vermischung der beiden Bedeutungsbereiche von ‚Einfall', nämlich dem ‚Gedanken' und dem ‚Einsturz'. Das alte Haus fällt ein, aber dem Menschen fällt etw. ein. Zu einem törichten Menschen, dem nie etw. einfällt, sagt man deshalb scherzhaft oder iron. auch: ‚Du hättest Baumeister werden können!' Aus Holland belegt Harrebomée die Rda. in der Form ‚Hij heeft zulke drollige invallen als een boerenkakhuis'; schles. ‚Er hat Einfälle wie ein altes Hirtenhaus'; rhein. ‚wie ein altes Backhaus'.

Das fällt mir nicht im Traume (Schlafe) ein: ich denke nicht daran, das zu tun.

Sich etw. einfallen lassen: eine elegante Lösung für ein Problem finden, sich geschickt aus der Affäre ziehen, seine Phantasie zu Hilfe nehmen, um hohen Anforderungen zu genügen, auch: um jem. durch ein geschmackvolles Geschenk zu erfreuen.

‚Laß dir was einfallen!': gib dir Mühe, streng deinen Geist an.

Lit.: *R. F. Fleissner:* Art. ‚Get ideas', in: American Notes & Queries 11 (1972–1973), S. 73.

eingefleischt. Das Wort eingefleischt (mhd. ingevleischet) ist eine Lehnübers. von lat. incarnatus und bedeutet ‚zu Fleisch geworden'; urspr. wurde es nur von Christus, dem Fleisch gewordenen Sohn Gottes, gebraucht. Heute lebt es kaum noch außerhalb der stehenden Wndg. *Er ist ein eingefleischter Junggeselle;* darin hat es den Sinn von: beispielhaft, unverbesserlich, vorbildlich.

eingefuchst. *Auf etw. eingefuchst sein:* eine Sache vollkommen beherrschen, sich gut darin auskennen. Vermutlich ist der Urspr. dieser Wndg. in der Studentensprache zu suchen. In den student. Verbindungen werden die jungen Mitglieder der unteren Semester ‚Füchse' genannt und bei ihrem Eintritt in die Korporation eingefuchst, d.h. mit den Rechten und Pflichten vertraut gemacht; ↗Fuchs.

eingehen. *Bei einer Sache eingehen:* Mißerfolg haben; eingehen wird hier i.S.v. ‚absterben, aufhören' gebraucht; ähnl. sagt man z.B. von einem Geschäft oder von einer Zeitung: *Sie sind eingegangen:* sie haben aufgehört zu bestehen. Vor allem in der Jägersprache bedeutet ‚eingegangen sein' soviel wie verendet sein (z.B. ‚In einem strengen Winter geht viel Wild ein'). Das Eingehen der Pflanzen wird im rdal. Vergleich auf den Menschen übertragen, z.B. *eingehen wie eine Primel (pott), wie ein Kaktus.*

Eine andere Bdtg. liegt zugrunde bei: *Es geht ihm schwer ein:* es will ihm nicht in den Kopf, er versteht es nicht; vgl. frz. ‚Cela ne veut pas lui rentrer dans la tête' (wörtl.: Das will ihm nicht in den Kopf), ↗Kopf; umgekehrt auch: *Es geht ihm ein wie Honig (Öl):* er hört es gerne, ähnl. schon in Murners ‚Kirchendieb- und Ketzerkalender': „Es geht süß ein, wie Muskatellerwein".

Etw. ist eingegangen kann sich auch auf den Stoff beziehen, der beim Waschen kürzer geworden ist.

Auf etw. eingehen: einen Vorschlag annehmen, sich mit einer Idee auseinandersetzen, sich an etw. beteiligen.

Auf jem. eingehen: Verständnis zeigen, seine Anregungen aufgreifen, Fragen u. Probleme eines anderen ernst nehmen.

Eingemachtes. *Es geht ans Eingemachte,* d.h. an die letzte Reserve, an die lebensnotwendige Substanz; in übertr. Bdtg.: die Spargroschen müssen angegriffen werden, das Kapital wird aufgebraucht, die Rücklagen schwinden.

Das ‚Eingemachte' (vor allem Obst u. Gemüse) ist und war für viele die lebensnotwendige Reserve für den Winter, ganz bes. zu Zeiten, als es noch keine Obst- u. Gemüse-Einfuhren aus dem Ausland gab und der Vitamin- und überhaupt der Nahrungsbedarf in der sonnenarmen, kalten Jahreszeit oder in Notzeiten nur durch eine solche Vorsorge gedeckt werden konnte. Das Eingemachte als ‚eiserne' Reserve wurde nur bei besonderem Bedarf angegriffen. Wenn es daher heißt: ‚Es geht ans Eingemachte' ist damit der Rückgriff auf die Substanz, auf das Existentielle und Wesentliche gemeint.

einheizen. *Einem tüchtig einheizen:* einem scharf zusetzen, ihm durch Drohungen Angst einjagen, ihm die Wahrheit sagen, ihn hart ins Gebet nehmen, aber auch: ihn antreiben, ihm durch schwere Aufgaben oder durch Prügel warm machen.

Die Rda. bezieht sich auf die Schilderungen von höllischen Folterqualen, durch die die Gläubigen im MA. vom sündhaften Leben abgeschreckt werden sollten. Vgl. hierzu ‚Einem die Hölle heiß machen'. Hans Sachs schilderte z.B. in seinem Schwank ‚Das Höllenbad' die Hölle als eine riesige Badestube, in der die Teufel als Bader den Sündern einheizen und sie bis aufs Blut schwitzen lassen, um sie so der ewigen Qual zu überantworten; ↗Bad. Vgl. frz. ‚chauffer les oreilles à quelqu'un' (wörtl.: einem die Ohren heiß machen).

Neuere Rdaa. sind: *Jem. (eine ganze Kompanie) verheizen:* sinnlos opfern; *tüchtig einheizen:* viel Alkohol trinken, also: sich von innen her erwärmen.

Lit.: *M. Landau:* Hölle u. Fegfeuer in Volksglaube u. Kirchenlehre (Heidelberg 1909); *J. Le Goff:* Die Geburt des Fegefeuers (Stuttgart 1984).

Einhorn. *Das Einhorn zu fangen versuchen:* einem Phantom nachjagen.

Das Einhorn ist bekannt als Fabeltier, das in der abendländischen Kunst in Gestalt eines Pferdes mit einem Horn mitten auf der Stirn auftritt. Obwohl in der Tierwelt kein solches Wesen bekannt ist, hat der Glaube an dieses Fabeltier in der chines., ind., islam. u. abendländischen Kultur weithin Verbreitung gefunden u. sich lange erhalten.

Die lit. Zeugnisse haben einen fast unübersehbaren Umfang angenommen. Alle gehen letzten Endes auf fern-, mittel- oder nahöstliche Vorstellungen zurück. Als erster berichtete der griech. Arzt Ktesias aus Knidos, der 401 v.Chr. an den Hof des Artaxerxes II. von Persien kam, in seinem, das damalige Wissen über Indien zusammenfassenden Buch ‚Indica' über das seltsame Tier, dessen Horn – zu Pulver vermahlen u. als Getränk gereicht – gegen tödliche Drogen schütze. In China war das Einhorn ein heiliges Tier, das als scheu, wild, unbezähmbar, einsamkeitsliebend und als unfangbar galt.

Sein Erscheinen wurde als gutes Omen gedeutet. Über Aristoteles gelangte das Wissen vom Einhorn zu Megasthenes (Quelle für Aelian) und zu Strabon. Selbst Caesar berichtete in seinem ‚De bello gallico' von einem solchen Tier. Danach wurde die Überlieferung reicher, die Erscheinungsformen des Einhorns in den lit. Belegen vielfältiger.

Eine weitere Quelle für die unterschiedlichsten Glaubensvorstellungen boten die Legenden. Der ‚Physiologus' berichtet – in allegorisierender Umbildung einer altindischen Legende –, daß das wilde Tier nur gefangen werden könne, wenn es, von einer Jungfrau angelockt, sich in oder vor ihrem Schoß niederläßt, so daß die Jungfrau selbst oder der Jäger es ergreifen können. Das Einhorn wurde daher sowohl zum Symbol der Fruchtbarkeit als auch der Keuschheit, d.h. es knüpfen sich einerseits erotische Vorstellungen daran, andererseits das Verständnis von Reinheit, so daß es auch als Mariensymbol in Lit. und Kunst des MA. und der Neuzeit einging. Da sein Horn auch das von der Schlange vergiftete Wasser reinigt, sieht die christl. Ikonographie im Einhorn darüberhinaus einen Hinweis auf Christus, der die Welt von Sünden reinigt.

Bei den Medizinern galt das angeblich von den Hörnern des Einhorns geschabte Pulver nicht nur als Mittel gegen Gift, sondern auch als Heilmittel gegen Fieber, Fallsucht, Bisse von Skorpionen und tollwütigen Hunden sowie als Aphrodisiakum (gewöhnlich nahm man dafür den Stoßzahn des Narwals, so daß dieser im MA. z.T. höher als Gold gehandelt wurde). Die große Bdtg., die dem Medikament zugeschrieben wurde, läßt sich auch aus der Tatsache ersehen, daß viele Apotheken noch heute den Namen ‚Zum Einhorn' oder ‚Einhorn-Apotheke' tragen.

Im 16. u. 17. Jh. befaßte sich zunehmend auch die naturwiss.-mediz. Lit. mit dem Einhorn und löste den Konflikt zwischen Glauben und wiss. Denken durch die Vermutung, daß das Einhorn die Arche Noah nicht bestiegen hat und es dementspr. in der Sintflut umgekommen sei.

Lit.: *O. Keller:* Die antike Tierwelt, Bd. 1 (Leipzig 1909), S. 415–420; *L. Wehrhahn-Stauch:* Art. ‚Einhorn', in: Reallex. d. Kunstgesch. IV (Stuttgart 1958), S. 1504–1544; *M. Lurker:* Art. ‚Einhorn', in: Wb. biblischer Bilder u. Symbole (München 1972), S. 79–81; *J. W. Einhorn:* Art. ‚Einhorn', in: EM. III, Sp. 1246–1256; *ders.:* Spiritalis unicornis: das Einhorn als Bedeutungsträger in Lit. u. Kunst des Mittelalters (München 1976).

einmal. ‚Einmal' ist eine häufige Einleitungsformel von Anekdoten u. hist. Erinnerungen. Hierher gehört auch die Märcheneinleitungsformel ‚Es war einmal'.

Der Begriff ‚einmal' kann die Bdtg. von ‚ehedem' haben, wie im Märchen oder wie bei Goethe in dem Gedicht ‚An den Mond':

Ich besaß es doch einmal,
was so köstlich ist!

Er kann aber auch auf ‚später einmal', auf die Zukunft hinweisen, auf das, was irgendwann oder zu guter Letzt geschieht, wie z.B. in dem Lied aus ‚Der Bauer als Millionär' von Ferd. Raimund (1790 bis 1836), in dem es heißt (II, 6):

.... scheint die Sonne noch so schön
Einmal muß sie untergehn.

‚Einmal' kann sich aber auch nur auf eine einzige, nie wiederkehrende Gelegenheit beziehen, wie bei Goethe in ‚Clavigo', 1774, I, 1: „Man lebt nur einmal in der Welt". Es kann aber auch eine Aufforderung oder dringende Bitte beinhalten, wie in dem oft gebrauchten Satz: ‚Hör (doch) einmal zu!' Häufig ist auch eine Drohung damit verknüpft, wenn es z.B. heißt: ‚Wenn ich dich (erst) einmal erwische!' (‚Dann kannst du was erleben'.) Ähnl. die Wndgn.: ‚Komm du mir (noch) einmal in den Weg!' oder ‚Wenn ich dich einmal zu fassen kriege!'

‚Einmal ist keinmal': es ist soviel wie nichts, d.h. bedeutungslos. Das Sprw. wird gelegentlich als Entschuldigung gebraucht. Daß ‚einmal' i.S.v. ein einziges Mal trotzdem gilt und nicht immer ohne Folgen bleibt, wird durch andere Sprww. belegt, u.a. ‚Wer einmal lügt, dem glaubt man nicht, und wenn er auch die Wahrheit spricht' oder durch Erweiterungen wie in dem schwäb. Sagte-Sprw.: ‚Ei'mal ist kei'mal, hat's Mädle g'sait; 's hat e Klei's kriegt'. Oft bezieht sich ‚einmal' auf etw., das nicht wiederholt werden sollte, in der rdal. Ablehnung ‚Einmal und nie wieder!'

einpacken. *Du kannst einpacken:* schweig still! Entferne dich und gib deine Bemühungen auf. Die Rda. ist wohl vom Hausierer herzuleiten, der seine Waren einpacken muß, wenn er kein Geschäft gemacht hat. Vgl. frz. ‚Tu peux faire tes bagages' und ‚Tu peux aller te rehabiller' (wörtl.: Du kannst dich wieder umziehen). Letztere Rda. muß als Empfehlung an Sportler mit schlechter Leistung verstanden werden, das Stadion zu verlassen. Auch von alternden Frauen sagt man: *Sie packt ein:* ihre Schönheit nimmt ab.

Daneben heißt es aber auch: *Du kannst dich einpacken lassen mit etw.:* deine Vorschläge, deine Waren, deine Arbeiten taugen genausowenig wie du selbst.

Von einer überempfindlichen Person sagt man: *Sie müßte in Watte eingepackt werden:* wie ein zerbrechlicher Gegenstand geschützt werden.

eins. *Das ist alles eins:* es ist ein und dasselbe, ‚eins wie das andere', es macht keinen Unterschied.

Eins sein mit jem.: einer Meinung, einig mit ihm sein, ihn innig lieben.

Der Begriff ‚eins' gehört zu den beliebten Verkürzungen, mit denen eine Sache oder ein Zustand ohne große Umschreibung sehr präzise z. Ausdr. gebracht werden kann. Die Bdtg. ergibt sich jeweils aus der sprw. gewordenen Wortfolge oder Wortkombination. So läßt z.B. der Satz: *Eins will ich dir sagen* ... auf wenig Erfreuliches schließen, er kündigt vielmehr einen tadelnden Einwand oder eine Abfuhr an. Dagegen deutet die Wndg. *es geht um ein(e)s* auf ein Problem hin, das dem Angesprochenen bis in die Einzelheiten auseinandergelegt wird u. daher etw. Zeit von ihm in Anspruch nimmt. ‚Eins' ist eben doch nicht immer eins, d.h. ein und dasselbe, wie sich auch aus den folgenden Sprichwörtern und sprichwörtlichen Redensarten ergibt:

‚Eins ist keins': ↗einmal ist keinmal.

‚Eins ums andere': eins nach dem anderen.

Mit sich eins sein: ein gutes Gewissen haben, mit sich selbst zufrieden, ausgeglichen sein; *mit. jem. eins werden:* sich mit ihm einigen. Die Wndg. ist schon früh belegt u. begegnet u.a. in den Fastnachtsspielen aus dem 15. Jh. (ges. v. A. Keller [1853], 787,34). Dort heißt es:

und wie er mit dem wirt würt ainsz,
das schol uns dünken gar ain clains.

Auch H. Sachs (I, 525, Ausg. 1558) gebraucht das Wort in dem vorstehenden Sinne: „zwen giengen hin u. wurden eins".

Eine völlig andere Bdtg. liegt dagegen in dem Satz: *Mir ist alles eins,* es macht mir nichts aus. Bekannt wurde es vor allem durch den Liedvers:

Mir ist alles eins,
ob ich Geld hab oder keins

und in Berlin durch die Rda. ‚Is mich eens, ick kauf mich Brause', d.h. es ist mir alles gleich, aber entschieden habe ich mich doch.

Etw. aus dem Rahmen fällt die Wndg.: dasitzen, dastehen *wie eine Eins* d.h. aufrecht und kerzengerade. Sie ergibt sich vermutlich aus dem geraden, senkrechten Aufstrich bei der geschriebenen Zahl. Der rdal. Vergleich ‚wie eine Eins' wird darüber hinaus aber auch häufig gebraucht i.S.v.: perfekt, einwandfrei, ohne Tadel, ↗dasitzen.

Bes. geläufig sind auch die folgenden Wndgn. ‚Jem. eins überziehen': ihm einen Schlag versetzen.

‚Jem. eins auswischen': ihm einen üblen Streich spielen.

‚Mit jem. eins trinken': mit ihm ein Gläschen ↗trinken, wie es z.B. belegt ist in dem Lied ‚Tacitus u. die alten Deutschen' von Wilh. Ruer, in dem es in der letzten Strophe heißt:

Sie liegen auf Bärenhäuten
Und trinken immer noch eins.

‚Sich eins lachen': über eine Sache oder einen Menschen insgeheim (oft schadenfroh) lachen; ‚Jem. eins hinter die Löffel (Ohren) geben': ihn ohrfeigen. Oft hört man auch die Wndg. ‚Ihm fehlt eins', meist im Zusammenhang mit einem leichten Antippen des Kopfes, das andeutet, daß man jem. für nicht ganz richtig im Kopf hält, daß ihm ‚ein Rädchen fehlt', ↗Rad.

einsam. *Einen einsamen Entschluß fassen:* etw. Wichtiges beschließen, ohne andere zu fragen. Die Rda. ist vor allem im Bereich von Politik und Wirtschaft geläufig.

In anderem Sinne erscheint der Slogan ‚einsame Spitze' bzw. ‚einsame Klasse': unerhört gut, Spitzenklassse, aber selten. Wieder anders zu werten ist die Wndg. *einsamer Rufer,* die gebraucht wird für polit. oder religiöse Mahner, deren Stimme zwar großes Gewicht hat, aber ungehört verhallt. Sie ist entstanden in Anlehnung an die Bibelstelle Jes. 40,3, in der von der rufenden Stimme in der Wüste die Rede ist und die auf Joh. den Täufer deutet (vgl. Matth. 3,3).
Im allg. wird der Begriff ‚einsam' meist mit Alleinsein und Verlassenheit in Verbindung gebracht. Daß eine solche Deutung nicht immer zutrifft, zeigen die folgenden Zitate, aus denen hervorgeht, daß Einsamkeit sowohl als Bereicherung wie auch als Leere empfunden werden kann.
P. A. Wolf beschreibt in ‚Preciosa' 1823, II, 1 (als Oper vertont von Carl M. v. Weber):

Einsam bin ich, nicht alleine,
denn es schwebt ja süß u. mild
um mich her im Mondenscheine
dein geliebtes, teures Bild.

Ähnliches drückt Goethe aus in ‚Wilhelm Meisters Lehrjahre', Buch 2, Kap. 13 (Lied des Harfners):

Und kann ich nur einmal
Recht einsam sein,
Dann bin ich nicht allein.

In jüngster Zeit erlangte vor allem ein Zitat Bdtg., das von Juliane, ehem. Königin der Niederlande, stammt. Es lautet: ‚Einsam und doch nicht allein'. Es bildet den Buchtitel ihrer Memoiren.

einseifen. *Jem. einseifen:* ihn mit vielen Worten zu gewinnen suchen, überreden, meist zum Kauf viel zu teurer Waren, umschmeicheln, ähnl. wie der Friseur, der seinen Kunden während des Einseifens beschwätzt. Nach Sanders: mit Seife einreiben, bes. zum Barbieren; daher auch die Bdtg.: anschmieren, übervorteilen, betrügen. Auch Küpper erklärt die Wndg. mit der Redegewandtheit des Friseurs, erweitert das Spektrum der Bdtgn. jedoch noch um einige weitere Begriffe: verleumden, prellen, betrunken machen.
S. A. Wolf hält diese angenommene Herkunft des Begriffs nicht für die einzige Quelle, selbst wenn die sinnverwandte Rda. ‚über den ↗Löffel barbieren' als Beweis dienen könnte. Er sieht den Urspr. vielmehr in dem jidd. Wort ‚sewel' = Kot, Mist, Dreck, das schon sehr früh auf das Rotwelsche eingewirkt habe u. in den Worten ‚beseibeln', ‚besefeln' = betrügen seinen Niederschlag gefunden hätte. Eine Bestätigung dafür sei das umg. ‚inseefen' = betrügen, das in Berlin geläufig sei. Obersächs. ‚Den hammer aber eingeseeft', wir haben ihn in Ungelegenheiten gebracht.

Lit.: *S. A. Wolf:* ‚Beschummeln u. Einseifen', in: Muttersprache 66 (1956), S. 68–70.

Eintrag. *Einer Sache Eintrag tun:* sie beeinträchtigen, ihr schaden; die Wndg. ist aus der Rechtssprache heraus zu verstehen. In der Gerichtspraxis bezeichnete man Einwürfe, Einreden usw. als ‚Einträge'; weil Einträge vor Gericht oft für den Angeklagten gefährlich waren, entwickelte sich die Bdtg. von *Eintrag tun* über ‚anklagen, verdächtigen' zu ‚hindern, schaden'. Die Rda. ist bereits 1556 in J. Freys ‚Gartengesellschaft' bezeugt: „Meinethalben soll dir kein eintrag beschehen".

eintränken. *Jem. etw. eintränken:* es ihm einschärfen, beibringen; *dem werde ich es eintränken:* ich werde es ihm vergelten; die urspr. Bdtg. der Rda. ist: einem einen Trank zu trinken geben. Das unbestimmte ‚es' steht hier wie so oft verhüllend für etw. Schlimmes, vor allem für Gift. In diesem Sinn erscheint die Wndg. schon mhd., z. B. nach 1200 bei Neidhart von Reuenthal (50,32): „Ein tumplicher muot wart im dâ în getrenket" oder in der 2. Hälfte des 13. Jh. im ‚Renner' Hugos von Trimberg (V. 8363):

Der tiufel uns allen vil verhenget
(d. h. ‚läßt uns vieles nach')
Daz er hie nâch uns trenket in
Sô wir sicher vor im wellen sîn.

Im 17. Jh. verbindet sich die Wndg. mit den im Dreißigjähr. Krieg geübten Grausamkeiten.
Unsere volkstüml. Überlieferung aus alter Zeit, bes. die geistlichen Volkslieder, lehren durch zahlreiche Stellen, daß die Feinde im Kriege einander drohten, das

Blut des Gegners trinken zu wollen. Höhnisch wurde darauf geantwortet: „Unser Blut wollt ihr trinken? Euer eignes wollen wir euch zu trinken geben". Die Wörter ‚einträänken' und ‚einschenken' wurden, da man den Kampf mit einer blutigen Mahlzeit vergleichen konnte, Bez. des Blutvergießens.

Nach der Eroberung von Ofen (1686) sang man vom Sultan:

Den Bluthund hat dürstet, man gab ihm zu trinken,
In seinem Blut muß er ganz rauschig hinsinken.
Emanuel Kurfürst, der weiß dir einschenken,
Den Willkomm und ersten Trunk reicht er dir dar.
Was gilt es? Er wird dir's heur doppelt einträänken.

Zur Erklärung der Rda. kann auch noch an den ↗‚Schwedentrunk' erinnert werden, der im ‚Simplicissimus' mehrfach erwähnt wird, z.B. 1. Bd. 4. Kap. Gefesselten und wehrlosen Bauern wurde Jauchen- und Schmutzwasser, der ‚schwedische Trunk', gewaltsam eingeflößt, um sie gefügig zu machen, zu quälen oder auch zu töten.

Lit.: *H. Patrias:* Die Türkenkriege im Volkslied (Diss. Wien 1947); *S. Özyurt,* Die Türkenlieder und das Türkenbild in der dt. Volksüberlieferung vom 16. bis zum 20. Jh. in: Motive. Freiburger Folkloristische Forschungen 4 (München 1972).

einwickeln. *Jem. einwickeln:* ihn mit List für eine Sache gewinnen, übertölpeln. Die Wndg. schließt an den älteren Ausdr. *etw. einwickeln:* verhüllen, anders erscheinen lassen, an, der seit dem 15. Jh. belegt ist; vgl. frz. ‚bien envelopper quelque chose'.

In neuerer Zeit wird vielleicht auch an das Wickelkind gedacht, das in seinen Windeln und Wickeln stark bewegungsgehemmt ist und nahezu willenlos alles mit sich geschehen lassen muß. Daß bei dem ‚Einwickeln' auch an Bräuche bei der Totenbestattung gedacht wurde (Mumien), beweist die Wndg. *Man dürft' ihn nur einwickeln und ins Grab legen,* wie man im Schwäb. von einem krank oder sehr elend Aussehenden sagt.

Obersächs. bedeutet ‚Den hamm se eingewickelt': sie haben ihn verhaftet.

Eis. *Einen aufs Eis (Glatteis) führen:* ihn auf die Probe stellen, ihn mit verfänglichen Worten in Gefahr bringen, überlisten. Die Rda. ist schon mdh. bezeugt, wo sie am Ende des 13. Jh. in der ‚Livländ. Reimchronik' (V. 6501) belegt ist („einen ûf ein is leiten"); ebenso heißt es im mhd. Passional (682,80):

ey, durch waz
wiltu vurbaz
mich ûf ein îs hie leiten?

Davon abgeleitet ist die jüngere Wndg. *aufs Eis gehen:* sich anführen lassen. Ebenfalls bereits mhd. ist die Rda. *auf Eis bauen* (‚ich hân ûf ein îs gebûwen'): seine Hoffnung auf den Falschen setzen, heute ersetzt durch ‚auf Sand gebaut haben'; vgl. frz. ‚bâtir sur du sable' (wörtl.: auf Sand bauen), ↗Sand.

Sich auf das glatte (dünne) Eis wagen: sich auf ein gefährliches Gebiet begeben, dem Sinne nach schon im 12. Jh. durch ein lat. Sprw. belegt: ‚Qui currit glaciem, se non monstrat sapientem' (= Wer auf das Eis läuft, zeigt sich nicht weise).

Sachte mit der Braut auf dem Eise: Vorsicht bei einer erst eingefädelten Sache, bei bedenklichen Umständen.

Auf das Eis tanzen gehen: sich mutwillig in Gefahr begeben, ist abgeleitet von dem verbreiteten Sprichwort: ‚Wenn es dem Esel zu wohl wird, geht er aufs Eis tanzen'.

Dem Eis einer Nacht vertrauen: unvorsichtig sein, hat ebenfalls ein Vorbild im Lat. (‚Unius fidere noctis glaciei') und ist auch frz. und ndl. bekannt.

Das Eis brechen: den Weg bahnen, eine Sache in Gang bringen, abgeleitet von den Schiffern, die im Winter das Eis der Flüsse durchbrechen müssen, in übertr. Bdtg., z.B. in Joh. Fischarts ‚Bienenkorb': „Christus musz den Verdiensten das Eis brechen". Noch heute sagt man von zwei fremden Menschen, die sich allmählich näherkommen: *Das Eis ist zwischen ihnen gebrochen.* vgl. frz. ‚La glace est rompue entre eux'.

Das Eis zum Bruche bringen: eine Entscheidung gewaltsam herbeiführen.

Unter das Eis gehen: untergehen, spurlos verschwinden, z.B. bei Pestalozzi: „Endlich ging auch diese gute Landessitte unter das Eis". Die Rda. ist heute noch in der

schweiz. Mda. gebräuchlich: ,under ds Isch schlöufe', zugrunde gehen.
Neuere Rdaa. sind: *auf Eis liegen:* in seiner Handlungsfreiheit behindert sein. *Jem. auf Eis liegen haben:* ihn zunächst zurücksetzen und für eine spätere Aufgabe vormerken.
Etw. auf Eis legen: verschieben, nicht weiterführen; auch: Vermögen ansammeln.
Ein Herz von Eis haben: ohne Mitgefühl sein, ungerührt und unbarmherzig sein; vgl. frz. ,avoir un cœur de glace' oder ,de pierre', ↗Stein.
Eisbeine kriegen (haben): kalte Füße, ist ein Wortspiel mit dem etymologisch unverwandten Wort ,Eisbein', urspr. ,Hüftbein', des Schweines.
Ihm geht der Arsch mit Grundeis ↗Arsch.
Auf eine gefühlsarme oder skrupellose Person gemünzt ist der rdal. Vergleich: *kalt wie Eis,* desgleichen, die verstärkte Wndg.: *eiskalt wie eine Hundeschnauze'.*

Eisberg. *Das ist nur die Spitze des Eisbergs:* das ist nur ein Teil des Problems, das, was sichtbar geworden ist. Der Vergleich mit dem Eisberg macht anschaulich, daß der größte Teil, der beim Eisberg unter Wasser liegt (ein Siebtel seiner Masse), verborgen bleibt. Engl.: ,It is only the top of the iceberg', ↗Spitze.

Eisen. *Ein Eisen verloren (abgeworfen) haben:* zu Schaden gekommen sein, einen Fehltritt begangen haben, bes. von Mädchen: die Jungfernschaft verloren haben, ein uneheliches Kind bekommen. Die Rda. kommt schon in einem frühnhd. Fastnachtsspiel vor:

> Do sprach einer, der mir arges gunt,
> ich hett ein eisen abgerant.

In einem Schwank von Hans Sachs, in dem die Hausmagd und die Wochenmeisterin miteinander hadern und sich ihre Vergangenheit vorwerfen, sagt die eine:

> Deiner Art steckt auch deine Tochter vol,
> Die auch ein eysen hat verrent
> Mit jenem von mir ungenent.

In der ,Geschichtklitterung' Joh. Fischarts ist 1575 die Rede von „Jungfrawen, die etlich Eisen abgeworffen hatten" (Ndr. S. 437). Die Rda. erklärt sich daher, daß Pferde ein lockeres Hufeisen durch einen Fehltritt leicht ganz verlieren und dabei zu Schaden kommen können. Vielleicht besteht auch ein Zusammenhang zwischen dieser Rda. und der ,Ballade vom Teufelsroß'. Die buhlerische Pfaffenköchin wird darin in ein Teufelsroß verwandelt und muß neue Hufeisen erhalten, weil sie eben schon vorher ,die Eisen verloren hat', d.h. ihre Jungfräulichkeit eingebüßt und ein sündiges Leben geführt hat, so daß sie dem Teufel verfallen ist.
Einem auf die Eisen sehen: scharf auf ihn achtgeben, ihn überwachen; schon um 1500 bei Geiler von Kaysersberg: „Das ist der eng Weg, da ein Mensch im selber uff die Yßen lůget, was er thů'; in der ,Zimmerischen Chronik' (III, 50): „Also sahe im die oberkeit neher uf die eisen und fur recht gestellet, beclagt und entlichen mit dem strang gericht"; in Jeremias Gotthelfs ,Bauernspiegel': „Meine Mutter nahm das alles für bar Geld und merkte nicht, daß der Alte nur kam, um ihr recht auf die Eisen zu sehen".
Die Wndg. ist auch in anderer Form bezeugt, z.B. *einem auf den Eisen sein:* ihn verfolgen, eigentl.: sehr dicht hinter den Hufeisen des fliehenden Pferdes sein, oder: *einem in den Eisen liegen:* ihm nachsetzen, etwa in der ,Zimmerischen Chronik' (I, 357): „So lagen der graf von Leiningen und der Herr von Ochsenstein den Herren von Liechtenberg auf der andern seiten Reins in den Eisen". *Jem. in Eisen legen:* ihn in Fesseln legen, einkerkern; vgl. frz. ,mettre quelqu'un aux fers'.
Bei der Rda. *miteinander im Eisen liegen:* uneinig sein, sich zanken (z.B. bei Seb. Franck in der ,Deutschen Chronik') hat man an eine Herkunft aus dem Doppelpranger des MA. gedacht, doch ist sie wohl eher vom Schwertkampf hergenommen, denn bereits im 17. Jh. (wenn nicht früher) heißt das Schwert *kaltes Eisen;* daher die Wndg. *am kalten Eisen stecken:* durch das Schwert ums Leben kommen.
Zum alten Eisen werfen: wegwerfen; vgl. frz. ,mettre à la ferraille'. Zum *alten Eisen gehört,* was ausgedient hat, sowohl altmodische Dinge wie Menschen; vgl. frz. ,C'est bon pour la ferraille'.
Unter ,Verachtung 18' sagt 1639 Lehmann (S. 780): „Man hält offt einen, alß hätt

man jhn auffm Grempelmarck kaufft, oder vnter den alten Eysen funden, hält jhn vor ein Noll: vor ein Schuhbürst, würfft jhn hin wie alte Kartenblätter". 1645 heißt es in den ‚Facetiae facetiarum' (S. 255): „Die nunmehr unter das alt Eisen gerechnet wird: oder als man im Sprichwort sagt, Federwisch vor der Hell feyl hat". Rhein. bedeutet ‚bei et alt Ise gehüre': unverheiratet, Junggeselle sein.

‚Ein heißes Eisen anfassen'

Ein heißes Eisen anfassen: an eine kitzlige und delikate Angelegenheit rühren. Die Rda. ist von dem ma. Gottesgericht, der ‚Eisenprobe' entlehnt. Bereits im 12. Jh. wird dieser Rechtsbrauch näher geschildert: „der daz îsen gluoet unde ez danne hin treit, einem an die hant leit, ist er rehte dar chomen, daz han wir dicke wol vernomen, daz viur in nine (nicht) brennet". Auch Hans Sachs ist diese Form des Gottesurteils noch bekannt, ohne daß er davon überzeugt zu sein scheint. Er verspottet sie in seinem Fastnachtsspiel ‚Das heiß Eysen'. Ein Ehemann fordert darin seine der Untreue beschuldigte Frau auf:

Flucks nimb das Eyssn, weil es ist heiß,
vnd trag es sittlich auß dem kreiß,
das ich darbey mög nemen ab,
was for ein frommes Weib ich hab!

Die Rda. *Er kann heiß Eisen tragen für die Zicht:* er ist unschuldig, weist ebenfalls auf das Ordal. Der zu Unrecht Bezichtigte unterzog sich freiwillig dem Gottesurteil, um seine Unschuld zu beweisen. Das Ndl. verbindet den gleichen Sinn mit dem ‚hangijzer', einem Gestell über der Feuerstelle für die Töpfe und Pfannen: „Dat is een heet hangijzer om aan te vatten', das ist eine heikle Sache, man könnte sich die Finger dabei verbrennen.

Aus dem Bereich der Schmiede sind die folgenden Rdaa. entlehnt: *einen hauen wie kalt Eisen:* ihn tüchtig durchprügeln; *kaltes Eisen schmieden:* etw. Überflüssiges, Unfruchtbares tun; *ein Eisen im Feuer haben:* es mit einer wichtigen Sache eilig haben; auch *mehrere (zwei) Eisen im Feuer haben:* gleichzeitig mehrere Pläne verfolgen, einen Ausweg kennen, wenn etwas scheitert, vielseitig, tüchtig sein. Die Rda. wird auch abgeleitet von den alten Bügeleisen, die auf dem Herdfeuer heiß gemacht werden mußten. Mit einem Holzgriff wurde das Eisen vom Herd genommen. Die alten Schneidermeister hatten meist ‚zwei Eisen im Feuer', damit es keine Unterbrechung der Arbeit gab.

Vgl. dagegen frz. ‚Courir deux lièvres à la fois' (wörtl.: Zwei Hasen gleichzeitig nachlaufen): gleichzeitig mehrere Pläne verfolgen, und: ‚avoir plusieurs cordes à son arc' (wörtl.: mehrere Stränge an seinem Bogen haben): einen Ausweg kennen, wenn etw. scheitert.

Das Eisen schmieden, solange es heiß ist: den günstigen Augenblick ausnutzen, abgeleitet von dem bekannten Sprw., das z.B. frz. lautet: ‚Il faut battre le fer pendant qu'il est chaud' (während es heiß ist).

‚Eisenbeißer'

Ein *Eisenbeißer sein:* ein furchtloser, unerschrockener Kriegsmann, Raufbold sein, jem., der sich eben zutraut, auf Eisen beißen zu können (vgl. ndl. ‚ijzenvreter', engl.

,fire-eater', ,spitfire'). Schon früh sind Begriff und Rda. als Spott auf ruhmrednerische Aufschneiderei und Selbstverherrlichung, auf bloße Heldentaten mit der Zunge angewandt worden. Im ,Meier Helmbrecht' von Wernher dem Gartenaere heißt es (V. 408 ff.):

ich bizze wol durch einen stein;
ich bin sô muotes raeze,
hei waz ich isens vraeze!

In der gleichen Weise läßt auch Murner in der ,Schelmenzunft' einen Eisenbeißer auftreten:

Ich byn der eyssen beysser knecht,
Der weyt vnd breyt groß lob erfecht.
Landt vnd leut hab ich bezwungen;
Doch thun ichs fast nur mit der zungen.

Der rdal. Vergleich *wie von Eisen sein* bezieht sich auf die Unverwüstlichkeit, die Festigkeit des Eisens.

Lit.: *H. Nottarp:* Gottesurteile (Bamberg 1949); *G. Carnat:* Das Hufeisen in seiner Bdtg. für Kultur und Zivilisation (Zürich 1953); *K. Jettmar:* Der Schmied im germ. Raum (Diss. Wien 1941); *L. Röhrich:* Die Ballade vom Teufelsroß, in: Der Deutschunterricht 15 (Stuttgart 1963), H. 2, S. 73 ff.); *E. Marold:* Der Schmied im Germanischen Altertum (Diss. Wien 1967); *O. Holzapfel:* Zur Phänomenologie des Ringbrauchtums, in: Zs. f. Vkde. 64 (1968), S. 32–51, insbes. 49 f.; *L. Röhrich* u. *G. Meinel:* Reste ma. Gottesurteile in sprw. Rdaa., S. 343–345.

Eisenbahn. *Es ist die höchste Eisenbahn:* es ist die höchste Zeit. Diese weitverbreitete Rda. ist urspr. ein geflügeltes Wort, dessen Ursprung von den meisten jedoch längst vergessen ist. Es stammt aus Adolf Glassbrenners (1810–76) humoristisch-dramatischer Szene ,Ein Heiratsantrag in der Niederwallstraße'. Darin hält der sehr zerstreute Briefträger Bornike um die Hand der Tochter des Stubenmalers Kleisch an. Als sein zukünftiger Schwiegervater die Höhe der Mitgift verrät, antwortet er: „Diese Tochter is janz hinreichend, ich heirate Ihre Mitgift". Gegen Ende der Szene bricht Bornike plötzlich auf, da die Leipziger Post eingetroffen sei und die Briefe ausgetragen werden müssen. Er sagt beim Weggehen: „Es ist die allerhöchste Eisenbahn, die Zeit ist schon vor drei Stunden anjekommen".

,Das hat schon in der Eisenbahnzeitung gestanden', es ist durch Klatsch verbreitet worden (meckl.).

Die Rda. *Jenseits der Eisenbahn* bezieht sich auf die andere Seite der Bahn, wo die Leute schlechte Manieren haben. US-Präsident Truman gebrauchte diese Wdng. (Spiegel Nr. 34/1985). In seiner mittelwestl. Heimat markiert die Eisenbahn in den meisten Städten die Klassengrenze zwischen den besseren Leuten u. der ärmeren Bevölkerungsschicht. Die Eisenbahn und ihre Einrichtungen haben auf vielfältige Weise den Redensartenschatz bereichert: vgl. etwa die Stichworte ↗einlenken, ↗Gleis, ↗Lokomotive, ↗Schiene, ↗Weiche.

Lit.: *F. Dieter:* ,Es ist die höchste Eisenbahn', in: Zs. des Vereins f. Vkde. 12 (1902), S. 348–349; *H. P. Häberli:* Wöschhänki, Mumiepass und Geischterzug. Träfe ,Fachausdrücke' aus dem Eisenbahner-Wortschatz (Zürich o. J.); Zug der Zeit – Zeit der Züge. Dt. Eisenbahn 1835–1985, 2 Bde (Berlin 1985).

Eisenbarth. *Ich bin doch kein Dr. Eisenbarth* heißt soviel wie: ich kann keine Wunder vollbringen. Die Rda. hält die Erinnerung an den hist. Wanderarzt Dr. Eisenbarth wach. Bei seinen medizin. Kollegen war er wenig angesehen, vor allem da er selbst keinen Titel besaß und auch kein akademisch ausgebildeter Arzt war, sondern nur ein geschickter Handwerker der Chirurgie. Auf seinem Grabstein wird er bez. als Johann Andreas Eisenbart (1661–1727), ,Königl.-Großbritannischer, Kurfürstl. Braunschweig.-Lüneburg. privilegierter Landarzt u. Kgl.Preuß. Rat u. Hofokulist'. Er galt bei den Zeitgenossen als genialer Operateur, der mit Hilfe einer Komödiantenbühne die Leute geschickt anzulocken wußte. Während er operierte, übertönten laute Musik und die Possen seiner Harlekine die markerschütternden Schreie der Patienten, denn es gab zu dieser Zeit noch keine Narkose im heutigen Sinn. Deshalb nannten seine Neider ihn einen Marktschreier, Schwindler und Quacksalber. Doch zeugen viele Dankesschreiben und Attestate von seinen medizin. Taten, ebenso wie von seinen erfolgreichen Kuren mit selbst hergestellten Arzneien. Der Nachwelt blieb er jedoch in der Hauptsache als jener marktschreierische und wenig zimperliche Dr. Eisenbarth in Erinnerung, wie er in einem um die Wende vom 18. zum 19. Jh. entstandenen und zuerst im ,Neuen Kommersbuch' (Göttingen 1818), S. 368 abgedruckten

Studentenlied beschrieben wird. Es beginnt mit den Worten:

Ich bin der Doktor Eisenbarth,
Kurier die Leut' auf meine Art ...

Daß er anders war als sein Ruf – wie eine Gedenktafel an seinem Sterbehaus in Hannoversch-Münden verkündet –, beweisen auch zeitgenössische Quellen. Sie dienten als Grundlage für die Eisenbarth-Biographie von E. Pies, durch die das einseitige Bild korrigiert wurde. Sehr eindrucksvoll ist auch sein Wappen, das zu

‚Doktor Eisenbarth'

der Gattung der ‚redenden Wappen' gehört und eine Erläuterung seines Namens darstellt: einen Strauß mit einem Hufeisen im Schnabel, wobei das Hufeisen wie ein eiserner Bart aus dem Schnabel des Vogels heraushängt, und als Helmzier einen gekrönten, bärtigen Mann.

Lit.: *A. Kopp:* Eisenbarths Wappen. In: Zs. f. Bücherfreunde, 7 (1903/04) I, S. 469; *E. Pies:* Ich bin der Doktor Eisenbarth (Genf 1977).

eisern. *Eisern sein:* fest wie Eisen sein, unerbittlich auf seinem Willen, Vorsatz beharren (vgl. die Bez. Bismarcks als den ‚eisernen Kanzler'). Auf dieser Vorstellung beruhen die Wndgn.: eisern sparen, eisern lernen, eisern schweigen, wobei eisern genauso der Steigerung dient wie bei seiner Beiordnung zu Substantiven: eiserner Wille, vgl. frz. ‚volonté de fer', eiserne Energie, eiserne Ruhe, eiserne Gesundheit, vgl. frz. ‚une santé de fer'.

Aber eisern: ganz bestimmt, dient der Beteuerung.

Das Letzte, Unantastbare, zur Erhaltung des Lebens Notwendige ist *die eiserne Ration;* gemeint sind die wichtigsten Lebensmittel für den Notfall, bes. im Krieg. *Der eiserne Bestand einer Kasse:* der Rest des Geldes, der nicht ausgegeben werden darf, wenn das Geschäft nicht gefährdet werden soll.

Der Bdtg. nach verwandt sind die Rdaa.: *jem. mit eiserner Faust (Hand) unterdrükken:* mit unerbittlicher Strenge, vgl. auch frz. ‚une main de fer dans un gant de velours' (wörtl.: eine eiserne Hand in einem samtenen Handschuh), als Bez. für die einnehmenden Formen, wodurch sich strenge Machtausübung manchmal äußert, und: *mit eisernem Besen kehren:* mit Rücksichtslosigkeit vorgehen, gewaltsam Ordnung schaffen, ↗ Besen.

Nach dem 2. Weltkrieg gewann die Wndg. vom *eisernen Vorhang* Bdtg. Sie ist aus der Theatersprache entlehnt. Bei Gefahr wird der Bühnenraum durch diesen Vorhang vom Publikum abgeschlossen. Übertr. verstand man darunter die politische Abgrenzung zwischen den sozialistischen Ländern und Westeuropa.

Lit.: *W. Mieder:* Biographische Skizze zur Überlieferung des Ausdrucks ‚Iron Curtain' / ‚Eiserner Vorhang', in: Muttersprache 91 (1981) S. 1–14.

Eisheilige. *Die Eisheiligen noch abwarten (müssen):* bestimmte Pflanzen erst nach dem 15. Mai setzen. Bez. für die Festtage der Heiligen Pankratius (12. Mai), Servatius (13. Mai) und Bonifatius (14. Mai), an denen häufig ein Kälterückfall zu erwarten ist. Sie erhielten deshalb im Volksmund die scherzhafte Bez. ‚Eisheilige'. In Süddtl., Österreich u. der Schweiz gehört noch der Tag der hl. Sophia (15. Mai) dazu, den man auch ‚kalte Sophie' nennt. Nicht damit zu verwechseln ist die ‚Schafskälte' im Juni.

Elbe(n)tritsche ist der Name eines Phantasietieres in einem ländlichen Neckspiel aus dem Bereich der Narrenaufträge, mit dem man Fremde und Neulinge oder einen Einfältigen hänselt. Ihnen erklären die Eingeweihten, Elbetritsche seien wertvolle seltene Pelztiere oder eine Art Vögel, die sie jedoch mit ihrer Hilfe fangen können. Sie führen den Genarrten bei Nacht und Regen oder strengem Frost in den Wald oder auf ein entlegenes Feld und tragen ihm auf, geduldig einen Sack aufzuhalten, um darin die Elbetritsche zu fangen, die sie ihm zutreiben wollen. Heimlich kehren sie dann in die warme Gaststube zurück und amüsieren sich mächtig über den Angeführten, wenn dieser schließlich unverrichteterdinge und durchnäßt oder klammgefroren zurückkommt.

Neben der bes. in Rheinhessen, der Pfalz und in Schwaben verbreiteten Leitform *Elbe(n)tritschen fangen* kennt man noch ,Rasselböcke', ,D(r)lappen', ,Dilldappen', ,Dölpes' und ,Lämmes' bzw. ,Lemkes fangen'. Im Elsaß sagt man auch ,Giritze' und in der deutschsprachigen Schweiz ,Ellgriesli fangen'. In Oberbayern heißt es den ,Greiß' oder ,Kreißen fangen', und dem Gefoppten selbst hängt noch lange der Spitzname ,Kreißenjäger' nach. In Mecklenburg geht man den ,Trappen jagen' und in Südschleswig den ,Bäwer fangen'.

Etw. derber ist das holst. ,Bunsen' oder ,Bucksen jagen': der Neuling mußte seine ausgezogene Hose (= Buckse) vor das Hunde- oder Hühnerloch der verschlossenen Dielentür halten, um das wertvolle Pelztier einzufangen. Statt dessen warf einer jedoch eine Schaufel voll Kuh- oder Pferdemist durch das Loch in seine Hose. Beim ostpr. ,Rosbock' oder ,Rosemock jagen' muß der Halter des Sackes unter einer Treppe oder Leiter stehen, wobei ihm von oben ein Eimer Wasser über den Kopf gegossen wird.

Im bayr. ,Wolpertinger fangen' ist das fiktive Jagdtier ein scheußliches Ungeheuer mit großen scharfen Zähnen, aber sehr wertvollem Fell. In Flandern muß der Leichtgläubige beim ,schavakken vangen' im Qualm eines eigens angefachten ,Lockfeuers' ausharren. Für den Neckbrauch ist der phraseologische Haupttypus ,chasser le daru', oder ,dalu' in der frz. Schweiz, vorherrschend.

In Frankreich heißt das fabelhafte vierbeinige Tier ,le dahut' (oder ,dahu'). Seine Beine sollen auf der einen Seite kürzer sein als auf der anderen und es soll sich im Gebirge aufhalten. Man kann es angeblich leicht schießen, wenn man es auf einem Bergeshang aufstöbert und zur Umkehr zwingt, so daß es aus dem Gleichgewicht kommt und in den Abgrund stürzt.

Wie all diese Formen ihre gemeinsame Wurzel in der Spottlust haben, in der allg. menschlichen Neigung, sich auf Kosten anderer zu belustigen, so bedeuten *Elbentritsch, Rasselbock* und deren verschiedene landschaftliche Synonyme rdal. oft zugleich ,Tölpel' und ,Dummkopf', eine geistig träge und einfältige Person, einen Menschen, dem man alles glauben machen kann. Und in vielen Fällen kann man diese Phantasienamen etymol. auf Bez. von einfältigen, täppischen Menschen zurückführen, die sich leicht zu Opfern solcher Späße machen lassen.

Daher die im Südwesten Dtl.s verbreiteten Rdaa.: *Der ist so dumm, mit dem kann man Elbetritsche fangen;* auch mdal. in vielfacher Form belegt: ,mit dehm kannschde bloß Hilwedritsche fange', er taugt zu nichts; ,mit dir kann mer Trappe fange!', du bist ein großer Dummkopf; ,merr wunn Dilldabbche fange mirrem', er ist so einfältig, daß man alles mit ihm anstellen kann; ,er ist so dumm, daß mer Rasselböck mit em fange kann'.

Dagegen ,Mit mir kannst de kao Rasselböck fange!': mich kannst du nicht für dumm verkaufen, wird auch als Zurückweisung von Zumutungen gebraucht. ,Mer maant, du gingst Ellwetrittscher fange' sagt man zu einem, der langsam dahinschlendert. Aber auch, wenn einer ohne ersichtlichen Grund eilig vorbeistürmt, ruft man ihm zu: ,Non, wilsdə dildabə graifə?!' Wenn einer allzu neugierig fragt ,Wo gehst du hin?', bekommt er zur Antwort: *Elbetritsche fangen (jagen),* oder man kontert mit der rdal. Scherzfrage: *gehst du mit Elbtritschen fangen?*

,Er fängt Ilwertritsche' heißt es, wenn jem. an sinnlosen Stellen sucht, wo nichts zu finden ist und ,er tut Elbetritsche fange' sagt man im Scherz, wenn man nicht weiß, was einer schafft.

Das Elbetritsche-Fangen ist ein beliebter

Aprilscherz, ↗April; an der Mosel wird es von den jungen Leuten verwendet, um die bei der Weinlese anwesenden Fremden zum Narren zu halten. ‚Elwedritsche fange' wird daher mancherorts auch in der Bdtg. von ‚jem. narren, veralbern, anführen' gebraucht. Auch in der handwerklich-industriellen Welt werden solche Narrenaufträge tradiert, und Lehrlinge und Neulinge schickt man Phantasiewerkzeuge wie die ‚Dachschere', den ‚Böschungshobel', ‚Gewichte für die Wasserwaage' oder das ‚Augenmaß' etc. zu holen, ↗Wolpertinger, ↗Dieldapp.

Lit.: *H. Hepding:* Narrenaufträge, in: Hess. Bl. f. Vkde., 18 (1919), S. 110ff. u. 20 (1921), S. 42f.; *R. Mulch:* Elbentritschen u. Verwandtes, in: Hess. Bl. f. Vkde., 49/50 (1958), S. 176ff. u. 51/52 (1960), S. 170ff.

Eldorado. *Sich in einem Eldorado befinden:* im Goldland, im Märchenland, im Schlaraffenland. Urspr. wurde der Begriff nicht für ein Land verwendet, sondern entspr. dem span. Verb. ‚dorar' = vergolden u. dem Subst. ‚el dorado' auf einen Menschen bezogen. Nach einem Bericht von Sir W. Raleigh (1552–1618) wurde in manchen Regionen Südamerikas das Oberhaupt eines Distrikts jeden Morgen gebadet, von Kopf bis Fuß eingeölt und durch ein Schilfrohr mit Goldpuder bestäubt. Daher der Ausdr. ‚El dorado'. Die Geschichte wurde weithin bekannt durch A. v. Humboldt, der sie in seinen Memoiren aufgriff. Ferner durch die nachfolgende Übersetzung von H. Williams ins Englische (1827). Es ist anzunehmen, daß der Begriff ‚El dorado' (der Vergoldete) auf das Land bzw. die Region übertragen wurde, in der es solche ‚Goldkerle' gab. Heute wird mit Eldorado ein Gebiet bez., das ideale Verhältnisse bietet, z.B. für Schwimmer, Angler, Segler, Golfer usw., aber auch im neg. Sinn für Verbrecher aller Art. Meist ist jedoch das ‚Eldorado' gemeint, das jeder für sich selbst wünscht, das Land der eigenen Sehnsüchte u. Träume.

Lit.: *C. A. Ward:* ‚El Dorado', in: Notes & Queries, 6th, 10 (1884), S. 448; *W. P. Williams:* ‚El Dorado', in: Notes & Queries, 6th, 11 (1885), S. 35.

Elefant. *Sich benehmen wie ein Elefant im Prozellanladen:* plump und ungeschickt auftreten (frz. ‚se conduire comme un éléphant dans un magasin de porcelaine'; engl. ‚like a bull in a china shop'; eine Rda., die sich aufgrund der angedeuteten Situation leicht in eine Erzählung umwandeln läßt, ohne notwendig auf eine solche zurückgehen zu müssen.

Aristoteles, Plinius, Aelianus und Solinus schildern den Elefanten als fürsorglich und ausgesprochen behutsam. Nur wenn er durch Feinde bedroht oder kampfeslustig gemacht wird, geht er zum Angriff über und zertrampelt alles, was unter seine Füße gerät. Sprw. ist seine Angst vor einer kleinen Maus, die vor allem seine Duldsamkeit u. Milde gegenüber schwächeren Lebewesen illustriert.

Diese Eigenschaften kommen in vielen Sprww. zum Ausdr.: ‚Ein Elefant fängt keine Mäuse' oder: ‚Ein Elefant fleucht keine Maus': er gibt sich nicht mit nichtigen Dingen ab. Ähnl. Bdtg. hat das Sprw. ‚Ein Elefant macht keine Mücken tot'. Daher bedeutet: *Ein Gemüt haben wie ein Elefant:* gutmütig, unerschütterlich sein, Geduld mit den Mitmenschen haben.

Beliebt sind auch die Wndgn., die das ‚große Tier' herausstellen, um die menschlichen Eigenschaften u. Verhaltensweisen daran zu messen. ‚Wer Elefanten beherbergen will, muß große Türen haben': wer mit Großen Umgang pflegen will, muß selbst groß sein. Das Sprw., ‚Der Elefant ist ein großes Tier, aber er läßt die Schwächeren neben sich gehen' wird vor allem dann gebraucht, wenn jem. seine Überlegenheit nicht ausspielt. Auch könnte damit die Beschützerfunktion angesprochen sein, denn der Elefant gilt wegen seiner Fürsorge und absoluten Treue als überragende Vaterfigur.

Ein Gedächtnis haben wie ein Elefant besagt, daß jem. sich an unglaublich viele Dinge erinnern kann und nichts vergißt. Beim Elefanten ist alles langfristig angelegt. Er hat nicht nur eine außergewöhnlich lange Lebensdauer, sondern es dauert bei ihm auch sehr lange, bis es zur Geburt eines Jungen kommt, die erst nach zweijähriger Tragzeit der Elefantenkuh erfolgt. Langwierige Projekte werden deshalb oft eine *Elefantengeburt* genannt. Auch gibt es eine ältere Rda.: *Es gebären eher die Elefanten,* die dann gebraucht wird, wenn das Unabsehbare einer langwierigen Sache zum Ausdruck gebracht werden soll.

Von Elefanten schwanger sein und Fliegen gebären: sich mit großen Dingen tragen, deren Erfolg äußerst gering ist. Vgl. ndl. ‚Hij gaat van een‘ olifant zwanger, en brengt eene vlieg voort‘. Dem Sinn nach ist diese Rda. verwandt mit der bis auf die Antike zurückgehenden Wndg. ‚Der Berg hat ein Mäuslein geboren‘ (↗Berg). Außerdem soll sich der Name des Elefanten von griech. ‚eliphio‘ = Berg herleiten. Die Rda. geht schon in die Nähe der heutigen Elefantenwitze, in denen der Elefant in oft paradoxer Weise als Prototyp für überdimensionale Kraft und als Vaterfigur dargestellt wird.

Den Elefanten spielen: sich wie ein Kraftprotz gebärden, sich groß aufspielen.

Aus einer Mücke einen Elefanten machen ↗Mücke.

Eine Elefantenhaut haben: dickfellig sein, ein Übermaß an Gelassenheit zeigen, nicht zu rühren und zu verwunden, unzugänglich, auch teilnahmslos und herzlos sein, ↗Haut.

Der Elefant (umg. auch ‚Jumbo‘ genannt) dient in neuen Wortverbindungen oft zur Veranschaulichung der Größe und Wichtigkeit hoher Funktionäre in Politik und Wirtschaft: *Eine Elefantenrunde einberufen* ist eine Wndg., die die Bedeutung einer Versammlung oder einer Angelegenheit betont, zu der viele große Kapazitäten eingeladen werden (im Gegensatz zum ‚kleinen Gremium‘). Ähnl. verhält es sich mit der Wendung *Eine Elefantenhochzeit feiern.* Sie wird dann verwendet, wenn zwei große Konzerne fusionieren.

Mit dem rosaroten Elefanten reisen ist eine neuere Rda. aufgrund einer Eisenbahnwerbung und bedeutet: zum billigsten Bahntarif für Langstrecken reisen. Das Bild des rosaroten Elefanten steht für das Besondere, Herausragende. Schon im MA. gab es Ill., in denen der Elefant in roter Farbe dargestellt wurde. Bekannt ist auch eine Darstellung vom elefantenköpfigen Hindu-Gott Ganesh, dessen Ritualfarbe rot ist. Sie stammt von einem Maler aus Kalkutta, der diesen, von den Indern am meisten verehrten Gott in rosaroter Farbe auf einer Maus tanzend festgehalten hat.

Lit.: *O. Keller:* Die antike Tierwelt 1 (Leipzig 1909), S. 372–382; *G. C. Druce:* The Elephant in Medieval Legend, in: The Archeological Journal 76 (1919), S. 1–73; *A. Taylor:* ‚Pink elephants‘, in: JAF 65 (1952), S. 259 u. 67 (1954), S. 238; *M. E. Barrick:* ‚To see the elephant‘, in: American Notes & Queries 5 (1966–67), S. 120; *J. Rea:* ‚Seeing the elephant‘, in: Western Folklore 28 (1969), S. 21–26; *H. Brix:* Da lachen selbst die Elefanten (München 1971); *R. D. Abrahams u. A. Dundes:* On Elephantasy and Elephanticide, in: A. Dundes: Analytic Essays in Folklore (1975), S. 192–205; *V. B. Dröscher:* Mich laust der Affe (Düsseldorf 1981), S. 7ff.; *R. Schenda:* Art. ‚Elefant‘, in: EM. III, Sp. 1302–1311; *St. Oettermann:* Die Schaulust am Elephanten. Eine Elephantographia curiosa (Frankfurt/M. 1982); *J. Becker:* Von Ganesha u. Babar, von Jacob Grimm u. Theodor W. Adorno. Prolegomena zu einer Imagologie des Elefanten in Fabel u. Märchen, in alten u. neuen Mythen. Zs. f. Kulturaustausch 37.4 (1987).

Element. *In seinem Element sein:* sich wohlfühlen (‚wie der Fisch im Wasser‘), sich in dem Kreis bewegen, auf den man durch seine Begabung von Natur aus angewiesen ist; z.B. in Schillers ‚Räubern‘ (II, 3): „Da ist er in seinem Element und haust teufelmäßig“.

Die Rda. knüpft an die alte Lehre des griech. Philosophen Empedokles von den vier Elementen an, aus denen sich alles – auch der Mensch – zusammensetzt, wobei in jedem Menschen das eine oder andere überwiegen kann. Ebenso frz. ‚être dans son élément‘, engl. ‚to be in one's element‘, ndl. ‚in zijn element zijn‘. Ndl. sagt man dafür auch: ‚Hij is in zijn knollentuin‘, in seinem Rübengarten, ↗Esse.

Lit.: *M. Lurker:* Art. ‚Elemente‘, in: Wb. der Symbolik (Stuttgart 1979), S. 130–131; *L. Röhrich:* Elementargeister, in: EM. III, Sp. 1316–1326.

Elend, aus ahd. ali-lanti, eli-lenti, bedeutete urspr.: anderes Land, Fremde. Auf diese Grundbdtg. des Wortes geht die früher häufig gebrauchte Rda. *das Elend bauen* (mhd. ‚daz ellende bûwen‘) zurück; ihr Sinn ist: in der Fremde, im fremden Land wohnen. Belegt bei Hans Sachs:

So laszt ein zeit in ziehen hin,
die land hin und wieder beschawen,
das ellend versuchen und bawen.

So auch noch im bekannten Innsbruck-Lied. Die Worte werden dem Kaiser Maximilian zugeschrieben; die Weise stammt von Heinrich Isaak, um 1495:

Innsbruck, ich muß dich lassen,
Ich fahr dahin mein Straßen
In fremde Land dahin.
Mein Freud ist mir genommen,
Die ich nit weiß bekommen,
Wo ich im Elend bin.

Ähnl. Wndgn. sind: *das Elend räumen:* in geistlichem Sinne = sterben, *ins Elend fahren:* in die Fremde gehen; *im lustigen Elend leben:* Soldat sein. Goethe war die urspr. Bdtg. des Ausdr. noch geläufig: „Streifen nicht herrliche Männer von hoher Geburt nun im Elend" (‚Hermann und Dorothea', 5. Gesang, V. 99); „Ins Elend übers Meer verbannst du mich" (‚Die natürliche Tochter', V. 7); noch deutlicher bei Ludwig Uhland (Bidassoa-Brücke):

Jedem ist das Elend finster,
jedem glänzt sein Vaterland.

In einem früher vielgesungenen Volkslied heißt es:

E ich mein Bulen wolt faren lan,
E wolt ich mit ir ins Elend gan.

Später erhielt der Ausdr. ‚elend' auch die Bdtg. von fremd, verbannt, hilfsbedürftig, jammervoll, und bezog sich also auf Fremde, Arme und Kranke, auf die Außenseiter der Gesellschaft, die Fahrenden, Gaukler etc., deren Rechte eingeschränkt waren und die daher in Armut und Not lebten.

Auf die in vielen Ländern auf Abenteuer umherziehenden Ritter bezieht sich die kulturgeschichtlich merkwürdige Bez. einer Mehlspeise: ‚Arme Ritter in Elendsfett', wobei der Witz noch verdoppelt wird durch den Bezug auf das knochig-dürre Elentier, das man früher auch ‚Elend' schrieb.

Die heutige Bdtg. von Elend als ‚Not, beklagenswerter Zustand' ist schon Luther bekannt; sie liegt den in der Ggwt. gebräuchl. Wndgn. zugrunde: *das besoffene (trunkene, graue) Elend bekommen:* den Zustand des Betrunkenen, in dem er wehmütig wird und zu weinen beginnt, schon 1575 in Gärtners ‚Proverbialia Dikteria':

das trunken Elendt weint der vierdt,
daß in doch nüchtern wenig irrt.

Ähnl.: *Man könnte das heulende Elend bekommen; ein Elend machen:* viel jammern; *er sitzt da wie ein Häufchen Elend:* er sitzt traurig da.

Ein langes Elend (Leiden) sein: ein sehr hochgewachsener und magerer Mensch sein, seit Anfang unseres Jh. gebräuchlich.

Lit.: *R. Rieger:* Art. ‚Elend', in: HdA. II, Sp. 777–780; *W. Ebel:* Über Rdaa. u. Recht, S. 1–12, bes. S. 8; *H. Thieme:* Art. ‚Fremdenrecht', in: HRG. I, Sp. 1270–1272.

elf. *In der elften Stunde kommen:* im letzten Augenblick, sehr spät kommen. Die Rda. ist dem bibl. Gleichnis von den Arbeitern im Weinberg (Matth. 20,6) entnommen. Die Arbeiter, die erst um die elfte Stunde in den Weinberg gehen, beginnen nach der jüd. Tageseinteilung um 5 Uhr mit der Arbeit, also eine Stunde vor dem Ende der Arbeitszeit. Vgl. frz. ‚arriver à la onzième heure'.

Heute bezeichnet man mit ‚von elfe bis Mittag' eine sehr kurze Zeit, z. B. obersächs. ‚Das hält von elfen bis um zwelfe', es hält nicht lange. Schwäb. ‚Der läßt fünf gerade sein und elf ein Dutzend', er nimmt es nicht genau (↗fünf).

Elf zu werfen galt beim Würfelspiel bald als Glücks-, bald als Unglückswurf; die letztere Bdtg. hat schließlich überwogen; schwäb. bedeutet jetzt: ‚Er hat ölfe geworfen', er ist stark berauscht. In Sachsen und Niederdtl. kann man Zusammensetzungen wie *elfunddreißig, elfundneunzig* hören; sie bezeichnen Unverständliches oder Äußerstes, z. B. obersächs. ‚Der kommt glei' um eelf'neinz'g heem', sehr spät.

Die Rda. *in elftausend Jungfrauen verliebt sein* ist eine scherzhafte Anspielung auf die Legende von den elftausend Begleiterinnen der heiligen Ursula, die bei Köln von den Hunnen erschlagen und von den Kölnern bestattet worden sein sollen. Die Zahl 11 000 beruht vermutlich auf einem Lesefehler. Ein Strich über der XI (lat. Zahlzeichen für 11) wurde als Kürzel für ‚1000' gelesen statt als Kennzeichnung der Zahl unter den Buchstaben. Andere sprechen von einem Mißverständnis. Im Heiligenalmanach stehe nämlich neben der Ursula eine Undecimilla, also ein Name. Diesen Namen hätten die Mönche ‚geschlimmbessert' zu „undecim milia' und dann zu der Zahl elftausend gemacht.

Das elfte Gebot ↗ Gebot. ‚Der elfte Finger' ↗ Finger.

Im Elferrat sitzen: im Gremium. Die ‚Elf' als närrische Zahl (‚Elferrat', Beginn der Fastnachtskampage am 11. 11. um 11 Uhr 11) leitet D. R. Moser aus klerikalen Überlieferungen ab. Die Zahl 11 gilt als Zeichen der Sünde, weil es die erste Zahl ist, die die Zehnzahl des Gesetzes überschreitet und deshalb diejenigen bez., die das Gesetz übertreten. Zahlreiche bibl. Stellen weisen auf diesen Zusammenhang hin, u.a. 2. Mos. 26,7.

Auch in der Lit. ist die Elf in diesem Sinne bezeugt: „Elf! Eine böse Zahl. Elf ist die Sünde. Elf bedeutet die Überschreitung der Zehn Gebote". (Schiller: ‚Die Piccolomini', II, 1).

Lit.: *G. Grober-Glück:* Motive u. Motivationen in Rdaa. u. Meinungen (Marburg 1974), S. 48; *L. Schmidt:* Sprw. dt. Rdaa., in: Österr. Zs. f. Vkde. 28 (1974), S. 81–130, hier bes. S. 89; *D.-R. Moser:* Elf als Zahl der Narren, in: Jb. f. Volksliedforschung 27–28 (1982/83), S. 346–363.

Elfenbeinturm. *Sich in einen Elfenbeinturm zurückziehen, in einem Elfenbeinturm sitzen:* sich fernab von den Problemen der Welt seiner eigenen Arbeit hingeben, z.B. der künstlerischen, literarischen oder wissenschaftlichen Arbeit, vgl. frz. ‚être dans sa tour d'ivoire'. Der Begriff ‚tour d'ivoire' wurde von dem frz. Literaturkritiker und Schriftsteller C. A. Sainte-Beuve (1804–69) als Bild für Isolation von den Realitäten 1835 im Anschluß an das ‚Hohelied' (7,5) geprägt und auf den frz. Dichter A. de Vigny (1797–1863) bezogen. Er fand von daher auch Eingang in die dt. Sprache. Er hat vor allem in jüngster Zeit stark an Bdtg. gewonnen als treffende Bez. für den Gegensatz von hektisch-betriebsamer Alltagswelt und abgeschiedener Zurückgezogenheit.

Die Rda. besitzt heute meist negative Bdtg. und enthält den Vorwurf, es sich leicht zu machen, indem man sich als Wissenschaftler von brennenden Problemen und der Tagespolitik zurückhält und egoistische Interessen der Forschung und Kunst vorschützt, statt sich zu engagieren, ↗ Turm.

Lit.: *R. Bergmann:* Der elfenbeinerne Turm in der dt. Lit., in: Zs. f. dt. Altertum 92 (1963).

Elias. *Als der feurige Elias* wird eine veraltete, fauchende und funkensprühende

‚Feuriger Elias'

Dampflokomotive bez. Der scherzhafte Ausdr. entstand in der Eisenbahnersprache als geringschätzige Bez. der altmodischen kleinen Lokomotiven, die zur Zeit der modernen Elektroloks für die Fernzüge noch auf Nebenstrecken, Lokal- und Privatbahnen benutzt wurden. Die Wndg. beruht auf der Erinnerung an den feurigen Wagen, der Elias lebend in den Himmel brachte. Der bibl. Bericht (2. Kön 2,11) lautet: „Und da sie miteinander gingen und redeten, siehe, da kam ein feuriger Wagen mit feurigen Rossen, die schieden die beiden voneinander, und Elia fuhr also im Wetter gen Himmel".
Im Volksglauben der orthodoxen Christen gelten Donner und Blitz als hör- u. sichtbare Manifestationen des feurigen Eliaswagens am Himmel. Außerdem ist der Heilige als Wetterpatron zuständig für die Fruchtbarkeit der Felder. In dieser Funktion erscheint er oft in der Ikonographie, z. B. auf rumänischen Hinterglasbildern.

Lit.: *F. Sartori:* Art. ‚Elias', in: HdA. II, Sp. 781–785; *C. Imrie* u. *M. Foçsa:* Rumänische Hinterglasikonen (Bukarest 1969); *H. Schwarzbaum:* Art. ‚Elias', in: EM. III, Sp. 1342–1353.

Elle. *Alles nach seiner Elle messen:* alles vom eigenen Standpunkt aus beurteilen; ndl. ‚Hij meet anderen naar zijne eigene el'; frz. ‚mesurer tout à son aune'.
Diese Rda. hängt zusammen mit der älteren *etw. nach der Elle messen (verkaufen):* es unterschiedslos behandeln; ähnl. *mit gleicher Elle messen* (vgl. 3. Mos. 19,35: „Ihr sollt nicht unrecht handeln im Gericht, mit der Elle, mit Gewicht, mit Maß".).
Die Bez. ‚Elle' führt in die Zeiten zurück, in denen man sich damit begnügte, als Maß der Dinge den eigenen Körper zu nehmen, ähnl. ‚Fuß', ‚Spanne' u. ‚Schritt'. Da dies individuelle variable Größen waren, gab es Mustermaße an Rathaus oder Gerichtsgebäuden (in Freiburg an der Vorhalle des Münsters). Bis 1871 gab es in Dtl. über 100 verschiedene Ellenmaße, die als Naturmaße (Länge des Unterarmes) zwischen 50 cm und 78 cm schwankten. Erzgeb. ‚Daar tut, os wennersch nuch der Eel bezohlt kriegt', er schwätzt unendlich viel.

Das Ellenmaß anlegen: einen zur Strafe schlagen. Elle ist obersächs. auch auf die Zeit übertr. worden: *kurze Elle haben:* eine kurze Frist zur Verfügung haben. *Er weiß, was davon die Elle kostet:* er hat Erfahrung darin.
Die Rda. *Mit der kurzen Elle messen:* betrügen, ist schon in einem Holzschnitt aus den ‚Acht Schalkheiten' von 1470 bildl. dargestellt.

‚Mit der kurzen Elle messen'

Sich nach der langen Elle messen: seinen Wert, seine Verdienste überschätzen; *sich unter eines anderen Elle begeben:* sich von ihm nach seinem Maßstabe beurteilen lassen.
Etw. nicht nach der Elle messen: großzügig sein, neben der Quantität die Qualität berücksichtigen.
Von einem sehr großen Menschen heißt es *Man könnte ihn nach der Elle verkaufen;* vgl. ndl. ‚Hij is zoo lang, men zou hem met de el verkoopen'.
Auf den Maßstock selbst bezieht sich: *Der hat eine Elle verschluckt:* er geht sehr steif und gerade (z. B. berl.); vgl. dagegen frz. ‚il a mangé des petites pois qui ne voulaient pas cuire' (wörtl.: Er hat Erbsen gegessen, die beim Kochen nicht weich werden wollten).

Bei dem ist die Elle größer als das Band: seine Ausgaben übersteigen die Einnahmen. Berl. ‚Denn wird die Elle länger wie der Kram', die Kosten sind größer als der Gegenstand, das Unternehmen wert ist.
Ellenlang steht rdal. für bes. lang; vgl. z.B. Sacharja 5,2, wo es heißt: „Ich sahe einen fliegenden Brief, der ist zwanzig Ellen lang und zehn Ellen breit" (ein ‚ellenlanger Brief'); vergleiche frz. ‚long d'une aune'.

Lit.: *A. Webinger:* ‚Faustdick und ellenlang' (Maßangaben, die der Körper stellt), in: Muttersprache, 55 (1940), S. 38–40, 88–89; Art. ‚Elle', in: Reallex. d. Dt. Kunstgesch. IV, S. 1433 ff.; *M. Wiswe:* ‚Mit der Elle gemessen', in: Volkskunst 12 (1989), Heft 3, S. 23–26.

Ellenbogen. *Ellenbogen haben* bzw. *Seine Ell(en)bogen zu gebrauchen wissen:* sich rücksichtslos durchsetzen; vgl. frz. ‚savoir jouer des coudes' (mit den Ellenbogen zu spielen wissen). *Sich mit den Ellbogen durchboxen:* Seinen Weg machen ohne Rücksicht auf andere. *Er trägt Rasierklingen an den Ellbogen* heißt es von dem, der ‚ohne Gnade und Barmherzigkeit' seine Ziele verfolgt.
Dagegen: *keine Ellenbogen haben:* kraftlos sein, sich nicht durchsetzen können. *Die Ell(en)bogen frei haben müssen:* der Bewegungsfreiheit bedürfen; vgl. dazu das seit dem Anfang des 19. Jh. belegte Wort ‚Ell(en)bogenfreiheit'. Vgl. frz. ‚avoir les coudées franches'.
Mit dem Ellenbogen kann der Mensch oft mehr Kraft entfalten als mit der Hand oder dem Handgelenk; daher die Rdaa. *Kopf und Ell(en)bogen zusammennehmen:* alle seine Kräfte zusammenraffen; obersächs. sagt man beispielsweise von einer Rede: ‚Do gehört Kopp un Ellbogen derzu'; auch: ‚Kopp, Genie und Ellenbogen'.
Nachts nur auf den Ellenbogen zu liegen ist ein Zeichen für leichten Schlaf und Wachsamkeit; z.B. schwäb. ‚Zur Erntezeit schlafen die Bauern nur auf dem Ellebogen'.
Sehr verbreitet sind die auf einen Geizhals zielenden Rdaa.: *Er hat einen steifen Ellenbogen; er kann den Ellenbogen nicht krumm kriegen; er kann mit dem Ellenbogen nicht in die Tasche kommen:* er gibt nur ungern Geld aus, die auch mdal. bezeugt sind. Vgl. ndl. ‚Hij kan met zinje ellebogen niet in zijn' zak komen'. Im Gegensatz dazu heißt es im Frz. ‚Il lève bien le coude' (wörtl.: Er hebt den Ellenbogen gern": er säuft gern).
Bis an (über) den Ellenbogen ist eine beliebte volkstümliche Wndg. zur Bez. von Übertreibung und Unbescheidenheit; z.B. meckl. ‚Dee fohrt ümmer bet'n Ellbagen in'n Pund Botter rin', er übertreibt. Schon 1709 bei Joh. Fiedler: „Sie sagten bis über den Ellenbogen Gehorsam zu, da sie doch wohl ein Glied am kleinsten Finger zu halten im Herzen gedachten".

Elster. Im Volksglauben gilt die Elster als *diebisch, spöttisch, zänkisch* und *geschwätzig;* daher der rdal. Vergleich *Er stiehlt wie eine Elster* (↗ Rabe, stehlen). Am verbreitetsten und ältesten ist der Ruf der Elster als einer schimpfenden Schwätzerin; schon in Ovids ‚Metamorphosen' (V. 296 ff.) ist von einer Frau die Rede, die in eine Elster verwandelt wird, ebenso in Seb. Brants ‚Narrenschiff' (64, 19): „Eyn frow ist worden bald eyn hätz", und bei Hans Sachs heißt es:

> bei jedermann an allen orten
> konnten sie von der weisheit schwetzen,
> gleichwie die eltstern und die hetzen.

Ähnl. sagt man noch heute *schwätzen wie eine Elster;* vgl. frz. ‚bavarder comme une pie'.
Im Obersächs. bedeutet *etw. der Elster auf den Schwanz binden:* für die Verbreitung einer Neuigkeit sorgen; *von der Elster gegessen haben:* sehr geschwätzig sein; ‚er kann die Elster schwatzen lehren' sagt man von einem großen Schwätzer, ‚er wird noch eine tote Elster betrügen', von einem sehr Einfältigen; ‚der Elster das Hüpfen abgewöhnen wollen', etw. Unsinniges, Überflüssiges tun; ‚die Elster füttern', seinen Gewinn unbemerkt einstekken.
Ein vor allem im bad. Raum bekannter Vergleich lautet: ‚Er stinkt wie eine Atzel' (Elster).

Lit.: *O. Keller:* Die antike Tierwelt 2 (Leipzig 1913), S. 113; *A. Haas:* Die Elster im pomm. Volksmunde, in: Heimatbeilage 5 (Pyritz 1926), S. 34; *A. Taylor:* Art. ‚Elster', in: HdA. II, Sp. 796–802; *M. Belgrader:* Art. ‚Elster', in: EM. III, Sp. 1363–1367; *E.* u. *L. Gattiker:* Die Vögel im Volksglauben (Wiesbaden 1989), S. 166–86.

Eltern. *Nicht von schlechten Eltern sein:* tüchtig, stark, kräftig sein, wird, um die gute Abkunft, die gute, tüchtige Art auszudrücken, zunächst von Menschen gesagt, z.B. bei der Ankunft des Rekruten in Schillers ‚Wallensteins Lager' (7. Auftr.):

Zweiter Jäger: Seht mir, das ist ein wackrer Kumpan!
(Sie begrüßen ihn)
Bürger: Oh, laßt ihn! er ist guter Leute Kind
Erster Jäger: Wir auch nicht auf der Straße gefunden sind.

Dann aber auch scherzhaft von allen möglichen Dingen, etwa von einer feinen Weinsorte: ‚Der Wein ist nicht von schlechten Eltern' oder von einer tüchtigen Ohrfeige: ‚Die war nicht von schlechten Eltern'.

In der Wahl der Eltern vorsichtig gewesen sein: zum Glück wohlhabende Eltern haben. Reiche Eltern sind kein Zufall, sondern in witziger Auffassung das Ergebnis sorgfältigen Aussuchens (seit der Mitte des 19. Jh. bezeugt). Vgl. berl. ‚Man kann in der Wahl seiner Eltern nicht vorsichtig genug sein'. Vgl. frz. ‚avoir bien choisi ses parents' (sich die richtigen Eltern ausgesucht haben).

Seinen Eltern über den Kopf gewachsen sein: sich ihren Anordnungen nicht mehr beugen, das Leben nach eigenem Geschmack und in eigener Verantwortung führen. In komischer Umkehrung: ‚Man hat's nicht leicht, bis man seine Eltern groß hat!'

Emma. Der Name ‚Emma' galt in der bürgerlichen Gesellschaft des 19. Jh. als Dienstmädchenname. Seit der Mitte des 20. Jh. kommt er nur noch selten vor –, oder in symbolischer Bdtg.: ‚Tante-Emma-Laden' ist die scherzhafte Bez. für einen kleinen Gemischtwarenladen, wie er sich gelegentlich noch in die Gegenwart hinübergerettet hat. Die ergänzende Bez. ‚Tante' ist als Hinweis auf die Fürsorge einer guten Tante zu verstehen, auf eine erinnerungsbeladene Vorstellung vom Einzeldienst am Kunden, der eigentl. einer vergangenen Zeit angehört, gleichwohl aber häufig vermißt wird. In jüngster Zeit wird der Name ‚Emma' als Abkürzung für ‚Emanzipation' verstanden, so z.B. im Titel des gleichnamigen Frauenmagazins.

‚Alles Scheiße, deine Emma', ↗Scheiße.

Ende. Das ist das Ende vom Lied: das ist der unausbleibliche Ausgang der Sache, das ist das unerfreuliche Ergebnis; nordostdt.: ‚Dat is dat Eng vom Leed': die betrübliche Folge; ndl.: ‚Dat is het einde van het lied'. Man sagt auch scherzhaft ‚Das Ende vom Lied war, daß alles beim Alten blieb'.

Die Rda. bezieht sich auf den oft traurigen Ausgang alter Volkslieder. Schon in Wolframs ‚Parzival' (475,18) heißt es ähnl.: ‚sus endet sich dîns maeres dôn' (vgl. auch Tit. 17,4). Luther ist die Rda. ebenfalls bekannt, doch bedeutet sie bei ihm einfach: dabei bleibt es, damit hört es auf: „vnd ist dieses das Ende vom Liede, wenn sie es theten oder erleubten, so were es Recht, aber weil wirs thun vnd erleuben, so ists Vnrecht" (Jenaer Ausg. 4,383a).

In einem Briefe vom 28. Juli 1718 an ihre Stiefschwester Louise spottet Lieselotte von der Pfalz über den jähen Abbruch der so hoffnungsvoll begonnenen Karriere einer französischen ‚Musiklehrerin', „daß ist daß Endt vom liedt".

Das ist vor seinem Ende: das hat man nicht von ihm erwartet, das ist wider seine Natur; eigentl.: das ist eine so befremdende Handlung von ihm, daß sein Lebensende als nahe vermutet werden darf. Die Redensart ist besonders im Obersächs. verbreitet.

Das dicke Ende kommt (folgt) nach: das Schlimmste kommt zuletzt, es wird wohl noch eine unangenehme Überraschung geben. Möglicherweise rührt die Wndg. vom Kampf Mann gegen Mann im Handgemenge her: wenn im Nahkampf die Gewehre nur noch gebraucht werden konnten, um den Gegner mit dem schweren Kolben niederzuschlagen. Wahrscheinlicher nimmt die Rda. ihr Bild von der Prügelstrafe und der dabei verwendeten Rute oder Peitsche, die man, in immer größere Wut geratend, schließlich umdreht, weil das dicke Ende mehr zieht. Die Rda. läßt sich aber auch vom Durchziehen eines vorne dünnen, hinten dicken Gegenstandes durch eine Öffnung erklären, z.B. eines Fadens durch eine Nähnadel, wobei dann das dicke Ende mehr Schwierigkeiten bereitet als der dünne Anfang.

Von der Schweiz bis nach Norddtl. verbreitet ist die Wndg.: ‚Das Ende trägt die Last': Das Alter ist voller Beschwerden.

Etw. am richtigen Ende anfassen: es geschickt anfangen; vgl. frz. ‚prendre les choses par le bon boût'; engl.: ‚He has the better end of the string': in diesem Falle befindet er sich im Vorteil; oder: ‚Er hält das gute Ende auf seiner Seite': er ist materiell hinlänglich gesichert. Die uckermärkische Wndg. ‚De hätt doa biet dick Enn' besagt, bei jem. gut angeschrieben sein. Fatal wäre ‚am onrechte Eng spare' (ostpr.), das hieße, ‚er hat es am verkehrten Ende angefangen'; ndl.: ‚Hij heeft het bij't verkeerde einde aangegrepen'.

Dagegen kommt *am längeren (kürzeren) Ende ziehen:* sich im Vorteil (Nachteil) befinden, vermutlich von der ma. Sitte, einen Streit zu schlichten, indem beide Parteien einen Strohhalm ziehen mußten; wer den kürzeren zog, hatte verloren; vgl. die frz. Rda. ‚tirer à la courte paille' und ‚den Kürzeren ziehen' (↗kurz).

(Da ist) das Ende von weg: das ist ein starkes Stück. Die urspr. berl. Rda. ist ziemlich jung. Sie beruht auf der sonderbaren Vorstellung, man könne von einem Ganzen ein Stück abschneiden und es durch diese Manipulation ins Grenzenlose ausdehnen; auch in der Mda. belegt, nordostdt.: ‚Nu es oawer det Eng von weg!' Ausdr. lebhafter Entrüstung.

Am Ende (parodierend auch: am Arsch) *der Welt:* am äußersten Ende der Stadt, des Landes; in sehr weiter Entfernung. Ein übertreibender Ausdr., der aber auf dem älteren Volksglauben beruht, wonach die Welt irgendwo eine Grenze und ein Ende hat; vgl. frz. ‚Au bout du monde'. Ähnl. ‚Hier ist die Welt mit Brettern vernagelt' (↗Brett). Diese räumlich-geographische Auffassung, die die Kugelgestalt unseres Planeten ignoriert, spielt im Volksglauben eine bedeutende Rolle. Als Ort geheimnisvoller Mächte und Gestalten und Inbegriff extremer Ferne lebt sie im Märchen und Mythos vieler Völker. Dahin etwa wandert die Schwester der sieben Raben auf der Suche nach den verlorenen Brüdern (KHM. 25). Das ‚Ende der Welt' taucht noch zu Beginn des 17. Jh. in phantastischen Reiseberichten auf.

Als poetischer Ausdr. wirkt es noch lange; ‚jem. bis ans Ende der Welt folgen' heißt: überallhin mit hingehen, ihn niemals verlassen.

Aus Shakespeares ‚Sommernachtstraum' (V, 1) zitiert man: *Das ist der Anfang vom Ende* („That is the true beginning of our end"), während frz. ‚C'est le commencement de la fin' in den hundert Tagen der Regierungszeit Napoleons I. nach seiner Rückkehr von Elba (1815) Talleyrand zugeschrieben wurde (vgl. Fournier: L'Esprit dans l'histoire [Paris [4]1882], S. 438).

Ein Ende mit Schrecken nehmen ist eine bibl. Wndg. und stammt aus der Übers. von Ps. 73,19. Eine Erweiterung dieses Ausdr. sind die Worte Ferdinand von Schills (1776–1809) am 12. Mai 1809 auf dem Marktplatz von Arneburg an der Elbe. Der begeisterten Schar, die ihm von Berlin aus nachgezogen war, rief er zu: „Lieber ein Ende mit Schrecken, als ein Schrecken ohne Ende!" (vgl. Büchmann). Sein Zug ‚nahm kein gutes Ende'.

Die Wndg. *am letzten Ende,* die heute ‚schließlich' oder ‚vielleicht' bedeutet, war urspr. eine Umschreibung für das Ende des Erdenlebens, für sterben. In Murners ‚Schelmenzunft' (34,19) heißt es:

> Wen einer nach sym letsten endt
> Uff erden laßt ein bösen namen,
> Des all syn kindt sich miessent schamen,

und bei Adam Reusner (1496–1575):

> O wahrer Gott, aus aller Not
> hilf mir am letzten Ende

(‚In dich hab ich gehoffet, Herr').

Die neuere Rda. *Es geht mit jem. zu Ende:* er stirbt, gehört in den gleichen Zusammenhang, nordostdt.: ‚mit dem geiht et to End'. Lit. ist sie bezeugt in C. F. Meyers Gedicht ‚Hussens Kerker'.

> Es geht mit mir zu Ende,
> Mein Sach und Spruch ist schon
> Hoch über Menschenhände
> Gerückt vor Gottes Thron.

Sie findet sich in zahlreichen Varianten: ‚sein Ende nahen fühlen': er liegt im Sterben; ‚Er ist am Ende des Stegs angekommen'; vgl. frz. ‚Il est au bout'; ndl.: ‚Hij is

aan het eind van den akker'; während die Wndg. *völlig am Ende sein* körperl. Erschöpfung und Verausgabung von aller Kraft in geistigem und wirtschaftl. Bereich meint; vgl. frz. ‚être au bout de ses forces'; verständlich, wenn in einer solchen Situation ein Verzweifelter ‚seinem Leben ein Ende setzt': Selbstmord verübt.
Aus der Welt des Sports in die Schülersprache eingegangen ist der ‚Endspurt', d.h. die Tempobeschleunigung unter Ausschöpfung der letzten Reserven: später Fleiß in den wenigen noch verbliebenen Wochen vor der Versetzung. Berühmtes Beispiel für die Verschiebung der ‚Endrunde' beim Boxsport (den Regeln nach die 15.) bilden zwei Weltmeisterschaftskämpfe um die Mitte der dreißiger Jahre. Während Max Schmeling Joe Louis erst in der 12. Runde bezwang, verwandelte der ‚braune Bomber' beim zweiten Aufeinandertreffen bereits die erste in die Schlußrunde.
Als Spiel mit dem Begriff ‚Ende', der zwei Kategorien, Raum und Zeit, in sich faßt, erscheint als scherzhafte Negierung einer unveränderlichen Tatsache die bekannte Wndg. ‚Alles hat ein Ende, nur die Wurst hat zwei'; nordostdt.: ‚Jedet Ding heft een End, oawer de Worscht twee on de Fiertang [Feuerzange] dree'; engl.: „All things have end, And what we call a pudding has his two". (Beamont A. Fletcher, The Knight of the Burning Pestle, I, 2).
Das Gegenteil, die traurigen Überreste einer Sache etwa, meist noch im Diminutiv, erscheint weniger imponierend: ‚Er redet wie ein Endchen Licht': ohne nachzudenken, dummes Zeug, nichts steckt dahinter; aber: ‚Sie werden mir wohl ein Endchen Licht erlauben': in diesem Punkt werde ich meine eigene Meinung zu vertreten wissen (Hermes, Sophiens Reise 4, 18). Für ostpreußische Hartnäckigkeit steht auch ‚He mot sin Eng nicht losloate' das heißt sein Stück behaupten. Um in solchen und anderen Fällen den Ausgang voraussagen zu können, müßte man ‚das Ende vom Ende wissen': alles durchschauen, in alles eingeweiht sein.

Lit.: *R. Wehse:* Art. ‚Ende der Welt', in: EM. III, Sp. 1406–1409; *H. Büld:* Ndd. Schwanksprüche zwischen Ems und Issel (Münster 1981), S. 21.

Engel. *Das hat dir dein guter Engel eingegeben* sagt man zu jem., der ‚im Begriffe, eine Torheit zu begehen, sich noch im letzten Augenblick eines Besseren besinnt. Diese Rda. geht auf die alte christl. Vorstellung von der Aufgabe der Engel zurück, die Menschenkinder zu behüten. So sagt Tobias von seinem Sohne: „Ich glaube, daß ein guter Engel Gottes ihn geleitet" (Tob. 5,29). Von Joh. Agricola wird 1529 in Nr. 555 seiner ‚Sprichwörter' die Rda. „Du hast eynen gutten Engel gehabt" folgendermaßen erklärt: „Wer nun in eynem vngluck vnd schwinden vnfall gewesen ist, vnd yhm wirt geholffen, da alle menschen verzagten, von dem sagt man, Der hat eynen gůtten Engel gehabt, der yhm geholffen hat". Eine ähnl. Deutung findet sich in der ‚Zimmerischen Chronik' (Bd. 4, S. 129, 12): „Es geschieht etwas wunderbarlich, das die kinder in ihrer jugendt von ihren engeln und hüetern bewart werden". In Lessings ‚Emilia Galotti' (V. 5) sagt Odoardo vom Prinzen: „Das sprach sein Engel".
Der Verstorbene geht nach christl. Volksglauben zu den Engeln ein, daher sagt man schwäb. beim Tod eines Kindes: *Es spielt mit den Englein;* ist jem. eines sanften Todes gestorben, so hört man: *Den haben die Engel in den Schlaf gesungen* (vgl. das Zeitliche segnen, ↗zeitlich).
Der Rda. *die lieben Engelchen singen (pfeifen) hören* liegt die Vorstellung von einem Orchester der Engel zugrunde, das man musizieren hört, wenn sich einem der Himmel auftut (vgl. die antike Vorstellung von der Sphärenharmonie). Das widerfährt eigentl. nur den selig Verstorbenen. So singt der Archipoeta, der Meister der fahrenden Kleriker der Stauferzeit:
Dem Wirtshaus will ich treu bleiben,

donec sanctos angelos
venientes cernam,
cantantes pro mortuis
‚Requiem aeternam',
(bis dereinst die Engel nahn,
bis mein Ohr vernommen
ihren heil'gen Sterbegruß:
‚Ew'ge Ruh den Frommen!')

Heute überwiegt die scherzhafte Anwendung dieser Rda. Die Engel hören wir nicht mehr im höchsten Entzücken singen (wenn der Himmel ‚voller Geigen hängt'), sondern bei heftigem Schmerz, der uns für einen Augenblick lang betäubt; vgl. schlesw.-holst. ‚He hett all de Engeln singen hört', er ist mit knapper Not dem Tode entronnen.

Ein Engel geht durchs Zimmer, ein Engel fliegt durch die Stube (sitzt auf der Gardinenstange) sagt man, wenn in der lebhaften Unterhaltung einer Gesellschaft zufällig und plötzlich eine allg. Stille eintritt, so wie beim Erscheinen eines Engels alles betroffen schweigen würde. Die Rda. ist von hohem Alter. Wander (I, Sp. 821, 43) nimmt an, mit dem Engel sei wahrscheinl. der Todesengel gemeint, zumal der Bildgehalt anderer sinngleicher Rdaa. öfter Tod und Begräbnis nennt. Außer in Dtl. und in der Schweiz geht auch in Frankreich, England, Schweden, Lettland und Estland ein Engel durch das Zimmer oder am Hause vorbei; frz. ‚Un ange vient de passer', auch ‚Un ange passe'; engl. ‚There is an angel (a spirit) passing'; in Holland ein Priester ‚Daar gaat een dominee voorbij'; in Estland ‚Der Tod geht hinter dem Hause durch'. Auch für Spanien ist die Rda. bezeugt. In Amerika wird das plötzliche Schweigen mit einer Quäkerversammlung verglichen (‚Quaker meeting'; man sagt ‚It's twenty minutes past'; oder ‚The cat has stolen your tongue'.

In Oesterr. fragt man dann ‚Wer sitzt mit gekreuzten Beinen?', in Schlesien ‚Wer hat denn die Beine verschränkt?' (verhindernde Gebärde). In Estland heißt es, daß einer, der auf diese Weise sitzt, die Unterhaltung wieder in Gang zu bringen hat. In Polen, Lettland und Finnland wird das Schweigen in einer Gesellschaft mit einem Begräbnis verglichen oder auch mit einigen Arbeitsvorgängen, die aus Zaubergründen Stille erfordern: mit dem Säen von Mohn (Polen), von Flachs oder Rüben sowie mit dem Biegen einer Schlittenkufe (Finnland). In Finnland gibt es außerdem verschiedene Rdaa. vom Abschneiden, Abfallen oder Verknoten der Zunge (‚Der Zungenabschneider ist vorüber gegangen') bzw. vom Abbrechen oder In-die-Tasche-Stecken des Endes der Rede. Andere rdal. Paraphrasen des plötzlichen Schweigens sind: ‚Ein Leutnant (Offizier) bezahlt seine Schulden' (Dtl., Schweden); ‚ein Student bezahlt seine Schulden' (Polen, Estland); ‚ein Leutnant kommt in den Himmel' (Dtl.); ‚ein Oberst starb' (Rußland); ‚jem. stirbt' (Estland); ‚ein Polizist ist geboren' (Rußland); ‚ein Jude ist geboren' (Estland). Stehen diese Rdaa. in einem genetischen Zusammenhang, oder gibt es keine Verbindung zwischen diesen verschiedenen Versionen, sind es reine Scherzfiktionen oder aber Survivals alter Vorstellungen? Eine überraschende Lösung dieser Frage bietet eine Stelle bei Plutarch (46–120 n. Chr.) über die Geschwätzigkeit: „Entsteht in einer Gesellschaft plötzliche Stille, so sagt man, Hermes sei hereingekommen" (Ερμῆς ἐπεισελήλυθε). Hermes war der Herold und Bote der Götter, dem die Zungen der Opfertiere verfielen und von dem man glaubte, er habe dem neugeschaffenen Menschen die Zunge gegeben; wenn er zu einer Opferzeremonie kam, mußten alle völlig schweigen. Es ist noch nicht untersucht, wie der während des allg. Schweigens durch das Zimmer fliegende Engel, die Quäkerversammlung und der Zungenabschneider von Hermes abstammen. Aber es zeigt sich, daß diese scheinbaren Scherzrdaa. doch auf eine alte Glaubensvorstellung als Grundlage zurückgehen, vielleicht sogar auf die jüd. Riten der Passahnacht. Auf dem Höhepunkt der Nacht wurden alle Gläser mit schwerem, süßem Rotwein gefüllt. Vom größten Pokal sollte Gottes Engel kosten, der in jener Nacht in den Häusern der Juden Einkehr hielt. Man löschte alle Lichter, und in der von Anbetung und Ehrfurcht schweren Stille wartete man, bis der Engel dagewesen war. Dann zündete man die Lichter wieder an und beendete schnell das Mahl.

Bei genügender Ergänzung des Vergleichsmaterials könnten sich unerwartete Ideenzusammenhänge ergeben.

Auch in der Lit. wird die Rda. verwendet. Mörike schreibt in seinem Roman ‚Maler Nolten': „Ists nicht ein artig Sprichwort, wenn man bei der eingetretenen Pause eines lange gemütlich fortgesetzten Gespräches zu sagen pflegt: es geht ein Engel durch die Stube!" K. L. Immermann hat in seinem Münchhausen-Roman die Rda. iron. angewendet: „Der Mythus sagt, in solchen Zeiten fliege ein Engel durch das

Zimmer, aber nach der Länge derartiger Pausen zu urteilen, müssen zuweilen auch Engel diese Flugübungen anstellen, deren Gefieder aus der Übung gekommen ist".

Manchmal werden bes. gute Eigenschaften der Menschen mit denen der Engel verglichen, indem man sagt: *Jem. ist schön wie ein Engel* oder *Er erscheint als rettender Engel; Er erweist sich als ein wahrer Engel* in seiner Hilfsbereitschaft und Aufopferung für andere.

Der Ausdr. *ein gefallener Engel sein:* seine Unschuld verloren haben, steht wahrscheinl. in Zusammenhang mit Offenb. 12,9, wo es heißt: „Und es ward ausgeworfen der große Drache, die alte Schlange, die da heißt der Teufel und Satanas, der die ganze Welt verführt, und ward geworfen auf die Erde, und seine Engel wurden auch dahin geworfen".

Die Bez. *blauer Engel* für ein betrunkenes Mädchen leitet sich von dem Titel ‚Der blaue Engel' für einen der ersten dt. Tonfilme her, unter dem 1929 Heinrich Manns Roman ‚Professor Unrat' verfilmt wurde.

Er will den Engeln ersparen, ihn in Abrahams Schoß zu tragen sagt man von einem, der ein schlechtes Leben führt, ↗Abraham. *Du bist ein Engel mit 'nem B davor:* ein Bengel (berl. und anderwärts).

Mit den Engeln lachen: ohne Grund oder Gegenstand; vgl. frz. ‚rire aux anges' (Die frz. Rda. bez. kein unbegründetes, sondern ein unschuldiges kindliches Lachen).

Sein Engel ist ein Bettler sagt man von einem, der nur in Betteleien Glück hat; entspr. *sein Engel ist kein Bettler:* er wird vom Glück begünstigt (vgl. jüd.-dt. ‚sein Malech is e Gascht' bzw. ‚is kaan Gascht').

Auf gutes (oder schlechtes) Reisewetter bezieht sich der Spruch: ‚Wenn Engel reisen ..., lacht (weint) der Himmel (Freudentränen)'. Er ist auf jedes Wetter anwendbar und hat zumeist nur den Zweck, die Atmosphäre bei An- oder Abreise aufzulockern. Oft wird der Nachsatz gar nicht ausgesprochen, da er überall bekannt ist und die Andeutung allein schon genügt, um den Mitmenschen ein verständnisvolles Lächeln zu entlocken.

Eine Engelsgeduld haben: ein seltenes Maß von Geduld aufbringen, bes. bei einer langwierigen Arbeit oder bei liebevoller Zuwendung und Pflege von Kindern, Alten und Kranken trotz aller Mühe und nicht ausbleibender Enttäuschung, auch ohne Hoffnung auf Dank oder Lohn.

Wenn vom ‚Engelland' die Rede ist, gilt das als Hinweis auf das Elfenland, Traumland, Feenland. Der Begriff begegnet des öfteren im älteren dt. u. niederländ. Lied, ↗Fuß.

Lit.: *R. Köhler:* ‚Ein Engel flog durchs Zimmer', Germania 10 (1865), S. 245–236; *ders.:* Kl. Schriften III (Berlin 1900), S. 542; *K. Beth:* Art. ‚Engel', in: HdA. II, Sp. 823–836; *L. Schmidt:* Die Attribute der Engel in der dt. Volksauffassung, in: Zs f. Vkde. 43 (1935), S. 152–176, 250–273; *M. Kuusi:* Rgen bei Sonnenschein. Zur Weltgesch. einer Rda. (FFC 171) (Helsinki 1957), S. 388–390; *A. Taylor:* The Proverb, Reprint (Hatboro [Pa.] – Kopenhagen 1962), S. 129f.; *G. Grober-Glück:* Motive u. Motivationen in Rdaa. u. Meinungen I (Marburg 1974), S. 264ff.; *W. Danckert:* Symbol, Metapher, Allegorie im Lied der Völker I (Bonn-Bad Godesberg 1976), S. 442ff.; *L. Intorp:* Art. ‚Engel', EM. III, Sp. 1413–1430; *H. Schwarzbaum:* Art. ‚Der bestrafte Engel', in: EM. III, Sp. 1431–1438; *M. Lurker:* Art. ‚Engel', in: Wb. d. Symbolik (Stuttgart 1979), S. 135f.

Engelmacherin. *Zur Engelmacherin gehen (müssen):* eine illegale Abtreibung vornehmen lassen und aus Verzweiflung zu einer weibl. Person gehen, die dies heimlich praktiziert. Ihre Bez. als ‚Engelmacherin' ist ein Euphemismus für das Töten der Ungeborenen, die dadurch angeblich sofort zu Engeln werden.

Lit.: *J. Pentikäinen:* The Nordic Dead-Child Tradition (FFC 202) (Helsinki 1968); *S. Graf v. Pfeil:* Das Kind als Objekt der Planung (Göttingen 1979).

Engelszunge. *Mit Engelszungen reden:* eindringlich sprechen, bekannt aus Luthers Bibelübers. in der es 1. Kor. 13,1 heißt: „Wenn ich mit Menschen- und mit Engelszungen redete und hätte der Liebe nicht, so wäre ich ein tönend Erz oder eine klingende Schelle". Seitdem ist die Wndg. sehr geläufig und wird bes. mit dem Nebensinn gebraucht: jem. zu überreden versuchen, z. B. bei Martin Wieland: „... der, wenn er gleich mit Engelszungen redete, nicht eine einzige Seele fände, die ihm zuhörte". Vergleiche frz. ‚parler le langage des anges' (die Sprache der Engel reden).

Ente. *Von blauen Enten predigen:* Lügen, leeres Gerede verbreiten, bes. iron. von der geistl. Predigt gebraucht, ist eine frühnhd. Wndg., die in der Reformationszeit weit verbreitet war, bei Seb. Brant, Thom. Murner oder bei Luther: „so kömpts doch endlich dahin, das an stat des evangelii und seiner auslegung wiederumb von blaw enten geprediget wird“. Mit dieser heute nicht mehr gebräuchl. Wndg. hat die ‚Zeitungsente‘ (lügenhafte Nachricht) nichts zu tun. Sie tritt erst nach 1850 auf als Übers. von frz. ‚canard‘ = Ente, auch Flugblatt, Schnurre und später Falschmeldung; im Frz. hat ‚donner des canards‘ schon im frühen 18. Jh. den Sinn von: einem etw. vorlügen (heute ungebräuchl.).

‚Enten‘ (‚Zeitungsenten‘)

‚Canard‘ (Zeitungsente) geht zurück auf die im 16. u. 17. Jh. übliche sprw. Rda. ‚vendre (oder: donner) un canard à (la) moitié‘: lügen, täuschen, jem. etw. weismachen. Wer eine halbe Ente für eine ganze verkaufte, betrog, und wer eine Ente nur zur Hälfte verkaufte, verkaufte überhaupt nicht. Im Laufe des 17. Jh. wurde dann der Zusatz ‚à moitié‘ fortgelassen und die Bdtg. Lüge, Betrug, Täuschung auf das Wort ‚canard‘ allein übertragen. In einem anderen Deutungsversuch wird der Begriff ‚Ente‘ i. S. v. Lüge zurückgeführt auf den Vermerk n. t. (non testatum), mit dem Zeitungsredaktionen unverbürgte Meldungen zu versehen pflegten, d. h. aus dem Satz: ‚das ist eine n. t.-Meldung‘ könnte durch Weglassen des Wortes Meldung durchaus die Kurzfassung ‚das ist eine n. t. (sprich ‚Ente‘) entstanden sein. Ferner ist bemerkenswert, daß in der Reformationszeit als polemische Verdrehung des Wortes Legende die Ausdr. ‚Lügende‘ u. ‚Lugente‘ vorkamen. Da alle Versionen als Erklärung für die Zeitungsente in Frage kommen können, liegt die Annahme nahe, daß der Urspr. durchaus bei der blauen Ente, Lügende oder Lugente zu suchen ist.

Die aus dem Schwäb. bezeugte Verwünschung *daß ihn die Enten vertreten mögen* tritt bereits bei Seb. Franck auf: „Ich wolt ehe, daß mich ein Ent zertrette, das were doch ein schendlicher Tod“. Ebenfalls seit Seb. Franck (‚Lob der Torheit‘) bekannt ist die Rda. *warten, bis einem die gebratenen Enten in das Maul fliegen,* eine Anspielung auf die Erzählung vom Schlaraffenland (↗Taube); vgl. frz. ‚attendre que des alouettes toute cuites vous tombent dans la bouche‘ (warten, bis einem gebratene Lerchen ins Maul fallen).

Aus dem (Andersen-)Märchen bekannt ist die Wndg. *häßliches Entlein,* die sich bis in die heutige Zeit erhalten hat als Attribut für ein von der Natur etw. stiefmütterlich behandeltes junges Mädchen. Der *Enterich* dagegen gilt als Symbol und wenig schmeichelhafte Bez. für einen polygamen Mann. Aus dem Engl. stammt die Wndg. *lahme Ente* (‚lame duck‘), die in den Vereinigten Staaten häufig auch i. S. v. ‚handlungsunfähig‘ für Politiker verwendet wird. Berühmt wurde dort auch die von Walt Disney geschaffene Figur des ‚Donald Duck‘, die in ihrer Vielseitigkeit das gesamte Spektrum menschl. Verhaltensweisen verkörpert, ↗häßlich, ↗schnattern.

Schwimmen wie eine bleierne Ente: schlecht oder gar nicht schwimmen können. Die Rda. ist wohl darauf zurückzuführen, daß ‚bleierne Ente‘ auch eine Bez. für ein Schiff ist, das sich nur schleppend vorwärts bewegt.

Die Ente erscheint oft in spöttischen Vergleichen. Eine erweiterte Berl. Rda. lautet: ‚Wat heißt hier Ente? Dat is'n Klapperstorch, der sich de Beene abjeloofen hat‘.

Aus jüngster Zeit stammt der Name ‚Ente‘ für den Citroën 2 CV.

Lit.: *Blumstengel:* ‚Noch etw. von den blauen Enten‘, in: Zs. f. d. U. 6 (1892), S. 719; „Proverbs on Ducks“, in: Notes & Queries, 7th, 1 (1886), S. 107–108, 257, 417;

O. Keller: Die antike Tierwelt 2 (Leipzig 1913), S. 228–234; *K. Knortz:* Die Vögel in Geschichte, Sage, Brauch u. Literatur (München 1913), S. 50–67; „Crutches for lame ducks“, in: Notes & Queries, 12th, 7 (1920), S. 209, 254f.; *A. Taylor:* Art. ‚Ente‘, in: HdA. II, Sp. 849–851; *W. Danckert:* Symbol, Metapher, Allegorie im Lied der Völker IV (Bad Godesberg 1978), S. 1331–1348; *M. Grätz:* Art. ‚Ente‘, in: EM. IV, Sp. 1–6. *E.* u. *L. Gattiker:* Die Vögel im Volksglauben (Wiebaden 1989), S. 489–93.

Erasmus ↗ Rasmus.

Erbarmen. *Das ist zum Erbarmen,* d.h. mitleiderregend. ‚Da kann man bloß sagen Erbarmung!‘ Diese mdal. Nebenform gehört spezifisch zur regionaltypischen Ausdrucksweise der Ostpreußen. Man hat geradezu gesagt: An ‚Erbarmung‘ verrät sich der Ostpreuße, er gebraucht die Wndg. bei allen passenden und unpassenden Gelegenheiten, beim Erschrecken oder Verwundern, vor allem bei Negativurteilen und abwertender Kritik, wobei ‚Erbarmung!‘ ganz breit mit scharfem Zungen-rrr und ‚K‘ am Ende gesprochen wird. Zuweilen hört man auch abgeschwächt: ‚Erbarmsterche!‘

Erbe. *Lachende Erben machen:* im Leben geizig sein u. nur an das Zusammenraffen von Geld denken (über das sich später die ‚lachenden Erben‘ freuen). Die ‚lachenden Erben‘ begegnen schon mhd. (Hartmann, ‚Rede vom Glauben‘, 2520). In Othos ‚Evangel. Krankentrost‘ werden sie 1664 so beschrieben: „Freu dich, liebes Mütlein, traure, schwarzes Hütlein, heiszts bei lachenden Erben“. Bekannt ist F. v. Logaus Sinngedicht ‚Lachende Erben‘ aus dem Jahre 1654:

> Wann Erben reicher Leute die Augen wäßrig machen,
> Sind solcher Leute Tränen nur Tränen von dem Lachen.

Aber schon in dem 221. Spruch des Publius Syrus (um 50 v. Chr.) heißt es: „Heredis fletus sub persona risus est“ (Das Weinen des Erben ist ein maskiertes Lachen).

Die Rda. *noch kein Erbe mit jem. geteilt haben:* die schlechten Charakterseiten des anderen noch nicht kennen, die bes. bei Erbangelegenheiten offenbar werden können. Vgl. ndl. ‚In het deelen der erfenis staat de vriendschap stil‘.

Erbfeind. *Jem. Erbfeind sein:* von ihm seit eh und je von Grund auf gehaßt werden – z.B. vom Familien-, Glaubens- oder Landesfeind, bis Mitte des 20. Jh. auch als Bez. für die Franzosen bekannt.

Urspr. war der Begriff wohl auf den Teufel gemünzt, auf den schlimmsten Feind Gottes oder des Christentums. Aber auch als Benennung für einen irdischen Glaubensfeind ist er schon früh belegt, insbes. für den Türken, d.h. für den türkischen Sultan, der als Antichrist stellvertretend für die Gesamtheit der Türken stand. Bereits zur Zeit Kaiser Maximilians muß der Türke ‚als ein Veindt des namens Jesu Christ‘ (1493) (Frankfurter Reichskorrespondenz, hg. v. Janssen [1872], Bd. II, S. 570) schon als Erbfeind gegolten haben. Im 16. und 17. Jh. gibt es dann eine Überfülle von Beispielen zum ‚Erbfeind‘, sowohl in der hohen Lit. als auch im volkstüml. Schrifttum. So heißt es z.B. 1675 bei Fronsperger in seinem ‚Kriegsbuch‘ S. 366: „unseres heiligen Christlichen glaubens und namens Erbfeind, dem Türken ...“ und bei J. Chr. Wagner (1685): „Interiora orientes detecta ... Beschreibung, was seit dem Augusto des verwichenen 1685 Jahrs gegen den Erbfeind Denkwürdiges verrichtet wurde“.

Die Tatsache, daß das Wort von jeher nur in der Einzahl verwendet wurde, läßt darauf schließen, daß die Deutung als urspr. Bez. für den Teufel u. später für den Türken als ‚Feind Gottes‘ ein hohes Maß an Wahrscheinlichkeit besitzt. Auch in der Fülle von hist. Volksliedern u. geistl. Liedern findet sich ‚der Türke‘ als Erbfeind.

Mit der schwindenden Türkengefahr Ende des 17. Jh. verliert sich in der Lit. das Wort des Hasses, scheint sich im Volksmund jedoch weiter zu halten, wie aus einer Flugschrift, einer ‚Mahnenden Stimme des Dt. Vaterlandes an seine Bewohner‘ (Augsburg ²1831) hervorgeht, in der noch vom Türken als dem ‚Erbfeind der Christenheit‘ die Rede ist.

Kaiser Maximilian scheint auch der Erste gewesen zu sein, der den Franzosen diesen Beinamen gab mit den Worten: ‚... von dem Erbfeind, der gegen den Rhein stehe‘. Doch blieb dies die Ausnahme bis zur Wende vom 18. zum 19. Jh., als die Bez. für Napoleon gebraucht wurde und im Laufe der Zeit auf das gesamte frz. Volk, auf Frankreich, auf ‚die Franzosen' übertragen wurde. In den allg. Sprach- u. Schriftgebrauch kam das Wort durch den ‚Turnvater Jahn' und die Veteranen der Freiheitskriege, die Jahr für Jahr die Erinnerung an die Völkerschlacht bei Leipzig feierten und dadurch den Haß gegen Frankreich auf ihre Kinder vererbten.

Lit.: *F. Behrend:* Im Kampf mit dem Erbfeind. In: Zs. des Ver. f. Vkde. in Berlin 25 (1915), S. 6–17; *S. Özyurt:* Die Türkenlieder und das Türkenbild in der dt. Überlieferung vom 16. bis zum 20. Jh. (Motive. Freiburger Folkloristische Forschungen 4) (München 1972).

Erbhof. *Etw. ist kein Erbhof:* es besteht keine Verpflichtung, immer in der gleichen Weise zu verfahren, es besteht kein Rechtsanspruch. ‚Erbhof' ist die Bez. für einen Bauernhof, der nach nationalsozialist. Rechtsauffassung besonderen Bestimmungen (Reichserbhofgesetz von 1933) unterworfen war, die dessen Fortbestand sichern sollten. Sie sahen u.a. eine ungeteilte Vererbung auf den ältesten bzw. jüngsten Sohn, bei Fehlen männl. Erben auf die älteste bzw. jüngste Tochter vor. In dem – durch Kontrollratsgesetz 1947 aufgehobenen – Erbhofrecht lebten Teile des auf ältere Rechtsnormen zurückgehenden Höferechts und andere ältere Bestimmungen weiter.
Die Verwendg. der Rda. im polit. Bereich kam nach 1950 auf. Sie bezieht sich auf ein Mandat oder ein Amt, das sich seit Jahren in den Händen eines einzigen Mandatsträgers oder Amtsinhabers oder einer Partei befindet, was aber im Prinzip keinen Anspruch auf Fortdauer gibt.

Erbse. *Einem Erbsen auf die Stufen streuen:* ihn zu Fall bringen; übertr.: seiner Ehre hinterlistig eine Falle stellen. 1639 bei Chr. Lehmann bezeugt: „Böse Leuth, die sich eines Unglücks freuen, streuen einem Erbsen auff die Stegen, das einer von seiner Reputation herabfalle". Allg. bekannt ist der Vorgang aus A. Kopischs Gedicht von den ‚Heinzelmännchen zu Köln'. Vgl. frz. ‚mettre des peaux de bananes sur le chemin de quelqu'un' (wörtl.: einem Bananenschalen auf den Weg streuen).

Auf seinem Gesicht hat der Teufel Erbsen gedroschen: er hat Sommersprossen; früher: er ist pockennarbig. Fontane schreibt 1894 in ‚Meine Kinderjahre' (Ges. Werke [1920], 2. Reihe, 1. Bd., S. 155): „Jeder hat einmal von den Blattern heimgesuchte Personen gesehen und dabei den Ausdr. ‚der Teufel habe Erbsen auf ihrem Gesicht gedroschen' mehr oder weniger bezeichnend gefunden. Jedenfalls ist der Ausdruck sprichwörtlich geworden!" Berl. nennt man ein solches Gesicht auch ‚'n abjeknabbert Kirschkuchenjesichte', oder man sagt: ‚Der hat mit's Jesichte auf'n Rohrstuhl jesessen'.
Auf Erbsen zu gehen oder *zu knien* war eine Strafe, aber auch eine (freiwillige) Bußübung, daher noch heute die rhein. Rda.: ‚Do heste äver es op Erbse gesatz', du bist in eine unbequeme Lage geraten. Ebenfalls aus den rhein. Mdaa. belegt sind die Rdaa.: ‚ut de Bohnen en de Erbsen kommen', aus einer Verlegenheit in die andere kommen; und: ‚De Erbse komme em en de Bonne', bei ihm geht alles durcheinander. Els. heißt: ‚eim sagn, was drei Erbsen für 'n Breej geben', ihm tüchtig die Meinung sagen.
Es mögen Erbsen oder Bohnen sein: es ist mir alles gleich.
Eine Erbse um eine Bohne geben: eigennützig etw. von geringem Wert schenken, um mehr dafür zu bekommen.
Auf die Frage nach der Uhrzeit hört man (obersächs. und auch sonst) die ausweichende Antwort: *Es ist drei Viertel auf (kalte) Erbsen.*
Die Rdaa. *jem. einen Erbsenkranz geben* und *mit dem Erbsenkranz sterben* beziehen sich auf eine in Polen und Litauen übliche Sitte bei der Brautwerbung. Statt eines Korbes erhielt dort der abgewiesene Freier einen Strohkranz. Die Rdaa. bedeuten also: jem. den Abschied geben und: als Junggeselle sterben.
Die Wndg. *Er mag Erbsen zählen* bedeutet, daß jem. ohne Beschäftigung ist. Wird jem. ein ‚Erbsenzähler' genannt, heißt dies, daß er übergenau und geizig ist und sich um alles kümmert.
Eine Prinzessin auf der Erbse sein: überempfindlich und zimperlich sein. Die Rda. dient der gutmütigen Verspottung eines bes. zartfühligen jungen Mädchens

und beruht auf dem bekannten Märchen von H. Chr. Andersen.

Erde, Erdboden. *Jem. unter die Erde wünschen:* ihm den Tod wünschen. *Jem. unter die Erde bringen:* ihn so ärgern, daß er darüber sterbenskrank wird.
In den Erdboden versinken wollen: sich zutiefst schämen. Die Wndg. geht zurück auf Glaubensvorstellungen, wie sie sich in zahlreichen Volkserzählungen über die ganze Welt finden. Danach hat die Erde die Fähigkeit, sich plötzlich zu öffnen und Übeltäter zu verschlingen. In Zusammenhang damit steht die Selbstverfluchungsformel ‚die Erde soll mich verschlingen'; ähnl. die Wndg. *wie vom Erdboden verschluckt:* plötzlich verschwunden, sowie die Wndg. ‚Ich möchte vor Scham am liebsten in den Erdboden versinken'.
Alles dem Erdboden gleichmachen: alles zerstören.
Etw. nicht aus der Erde stampfen können: nicht in der Lage sein, bestimmte Wünsche zu erfüllen; ↗Boden.
An die Erde gekettet sein: mit den täglichen Sorgen belastet sein, sich nicht zu Höherem freimachen können, auf dem Weg zu Gott festgehalten werden, nicht frei wie ein Vogel sein; vgl. die Begriffe ‚erdverbunden' bzw. ‚erdverwurzelt'.
Der Vergleich mit einem ‚Erdrutsch' wird häufig auf den Wählerverlust einer Partei bezogen.
Zitate sind: „Denn du bist Erde und sollst zu Erde werden" (1. Mos. 3, 19); „Die Erde hat mich wieder" (Goethes ‚Faust' I, Nacht).

Lit.: *E. Fehrle:* Art. ‚Erde', in: HdA. II, Sp. 895–908; *A. Dieterich:* Mutter Erde (Leipzig [3]1925); *M. Lurker:* Art. ‚Erde, Erdgottheiten', in: Wb. d. Symbolik (Stuttgart 1979), S. 138–139; *D. Ward:* ‚Erde', in: EM. IV, Sp. 136–153.

ernst, Ernst. *Etw. (sehr) ernst nehmen:* pflichtbewußt sein, auch: eine Mahnung beherzigen, nicht leichtfertig über etw. hinweggehen. Dagegen: *Etw. ist nicht ernst zu nehmen:* eine Angelegenheit ist nicht realisierbar, ein Vorschlag erscheint geradezu lächerlich; *jem. ist nicht ernst zu nehmen:* er erscheint töricht, inkompetent, unglaubwürdig, aber auch: er zählt als Bewerber, Partner oder Gegner nicht.
Es mit jem. ernst meinen: ihm aufrichtig begegnen, ihn fördern oder auch tadeln, häufig in der Bdtg.: jem. lieben, heiraten wollen.
Ernst um jem. stehen: sich in einer schwierigen Lage befinden, schwer erkrankt sein, in Lebensgefahr schweben.
Den Ernst des Lebens (früh genug) erfahren müssen: Pflichten und Probleme kennenlernen, sich den Anforderungen stellen müssen. Die Wndg. wird oft bedauernd in Hinblick auf Kinder gebraucht, die frühzeitig das Spiel mit Arbeit, die Sorglosigkeit mit Leid und Not vertauschen müssen.
Den Ernst des Lebens noch nicht begriffen haben: unbekümmert um die (eigene) Zukunft sein, sich keine Mühe geben, seine Zeit sinnlos vertun; oft tadelnd zu Heranwachsenden gesagt, von denen man mehr Strebsamkeit, Verständnis und Lebenstüchtigkeit erwartet.
Scherz und Ernst liegen oft nahe beieinander, worauf auch die Wndg. ‚Scherz beiseite, Ernst komm du rein' verweist. Die komische Wirkung beruht dabei auf der Doppeldeutigkeit von ‚Ernst' in der Benutzung als Personenname. Der Ausspruch deutet an, daß man einem einleitenden heiteren Gespräch eine andere Richtung geben möchte, um den eigentl. Anlaß zur Sprache zu bringen.

erpicht. *Auf etw. erpicht sein:* begierig auf etw. sein, nicht davon lassen können, eigentl.: wie mit Pech an etw. festgeklebt sein. Zur Erklärung der Rda. hat man an die Sprache der Vogelsteller und an das Festkleben des Vogels auf der mit Pech bestrichenen Leimrute erinnert. Erpicht ist bereits im 16. Jh. weit verbreitet, im 17. Jh. tritt daneben gleichbedeutendes *verpicht sein,* z.B. 1639 bei Lehmann S. 872 (‚Wahrheit' 3): „Die Menschen sind an die Lügen so verpicht, daß ..." Im ‚Simplicissimus' Grimmelshausens ist 1669 belegt: „Wer sich dem Spielen einmal ergeben ... der wird nach und nach ... so verpicht darauff, dass ers weniger lassen kann als den natürlichen Schlaff". Ähnl. bei G. E. Lessing:

So äußerst war, nach Tacitus Bericht,
Der alte Deutsch aufs Spiel erpicht.

In vielen volkstüml. Vergleichen lebt das Wort bis in die Ggwt. weiter: *Er ist darauf erpicht wie der Teufel auf eine arme Seele, er ist so erpicht darauf wie die Katze auf die Maus;* vgl. auch ,versessen sein'.

erschossen. *Sich (ganz) erschossen fühlen,* auch: *ganz erschossen sein:* sich überanstrengt (erledigt) fühlen, kraftlos, völlig erschöpft, ,am Ende' sein.
Um eine aussichtslose Lage von jem. drastisch und mehr oder weniger scherzhaft zu kennzeichnen, sagt man noch heute: *Er ist erschossen wie Robert Blum.* Die Wndg. erinnert an das Schicksal des Leipziger Politikers und Verlagsbuchhändlers Robert Blum (* 1807), eines der prominentesten Mitglieder der Frankfurter Nationalversammlung. Er wurde in die Wiener

,Erschossen wie Robert Blum'

Barrikadenkämpfe im Oktober 1848 verwickelt, als er den Aufständischen eine Grußadresse seiner Partei übermitteln wollte, und deshalb am 9. November 1848 erschossen, was in Dtl. Trauer auslöste.

erst. ,Erst das eine, dann das andere' (engl.: ,First things first'): das Wichtigste zuerst. Als Abkürzung des Begriffs ,zuerst' ist das Wort ,erst' in vielen Wndgn. enthalten, vor allem im Sprw., wie z. B. in der aus alter christlicher Tradition bekannten Formel: ,Erst wird gebetet ...". Ohne daß ein Nachsatz folgt, läßt sie unmißverständlich darauf schließen, daß es sonst nichts zu essen gibt. Wenngleich dieser Spruch nur noch selten zu hören ist, so hat er in streng gläubigen Familien auch heute noch nicht an Bdtg. verloren. Ähnliches gilt von dem Sprw. ,Erst die Arbeit, dann das Vergnügen'.
Auch in der Lit. begegnet die Abkürzung recht häufig. So findet sich in dem Bühnenstück ,Die Dreigroschenoper' (1928) von Bert Brecht (1898–1957) im Kehrreim des 2. Dreigroschen-Finales (II. Akt) der Satz:

Erst kommt das Fressen,
Dann die Moral.

Allg. gebräuchlich ist dagegen die Verwendung von ,erst' zur Steigerung, z. B. in dem Folgesatz zu ,Er ist ein richtiger Tunichtgut': ;.. aber erst der Bruder!'

Lit.: *L. Honko:* Art. ,Erster, Erstes, Zuerst', in: EM. IV, Sp. 280–293. ↗Erste(r).

Erste(r). *Als Erste(r) durchs Ziel gehen:* den Wettkampf gewinnen. Alles, was zum ersten Mal geschieht, was man als Erste(r) erlebt, ist von besonderer Wichtigkeit. Volkserzählungen zeigen, daß der Anfang, das Erste und Neue als etw. Bedeutungs- und Wirkungsvolles angesehen wird. Auf das Erste und Neue konzentriert sich die ganze Kraft, es gehört zum Besten. Das wird z. B. ausgedrückt in den Wndgn.: ,erster Klasse', ,erste Garnitur', d. h., es gibt nichts Besseres, darüber hinaus gibt es nichts. In scherzhafter Umkehr heißt es in der Jugendsprache auch: *Erster von hinten,* d. h. jem. ist absolut der Letzte. Ähnl. Bdtg. haben die Wndgn. ,aus erster Hand' und ,aus erster Quelle': vom Ursprung her.
Dagegen weisen die die Wndgn. ,der erste beste', ,der erstbeste' oder ,die erste beste Gelegenheit' nicht auf das Beste, sondern auf den zufällig als Erster Erscheinenden, auf die zufällige erste Gelegenheit.
Häufig zitiert wird auch (Mt. 19,30): „(Aber viele, die da sind) die Ersten, werden die Letzten, und die Letzten werden die Ersten sein". (Warnung Jesu vor dem lohnsüchtigen Mietlingssinn.)
Der Erste (kommenden Monats) steht bevor: Zahlungen sind fällig. *Sie ist die Erste nicht:* Es gab vor ihr schon viele mit gleichem Schicksal (,Faust' I, Feld); der verächtliche Ausspruch Mephistos nach Gretchens Verführung ist sprw. geworden. ↗Hand ↗Quelle ↗zuerst.

Lit.: *F. C. Porter:* „The Sayings of Jesus about the First and the Last" (Mt. 19,30). In: Journal of Biblical Literature 25 (1906), S. 97–100; *C. W. v. Sydow:* Die Begriffe des Ersten und Letzten in der Volksüberlieferung, in: Selected Papers on Folklore (Copenhagen 1948), S. 146–165; *L. Honko:* Art. ,Erster, Erstes, Zuerst', in: EM. IV, Sp. 280–293.

erstunken. *Das ist erstunken und erlogen:* es ist völlig unwahr und frei erfunden. In dieser umgangsspr. sehr verbreiteten Wndg. ist das im Infinitiv ausgestorbene Verb ‚erstinken' bewahrt. Die Rda. findet sich 1642 in Arnold Mengerings ‚Scrutinium conscientiae catecheticum', in Gryphius' ‚Die geliebte Dornrose' (4. Handlung): „Es ist erstunken und derlogen" und im ‚Judas' des Abraham a Sancta Clara: „Darumen man insgemein pflegt zu sagen: Es ist erstuncken und erlogen".

erwischen. *Jem. (beim Stehlen, Naschen etc.) erwischen:* ihn auf frischer Tat ertappen. Der Ausdr. war in dieser Bdtg. schon im 16. Jh. geläufig u. ist in vielen lit. Belegen bezeugt.
Laß dich nicht erwischen!: eine scherzhafte Mahnung zur Vorsicht, die darauf hinweist, daß ein beabsichtigtes Vorhaben eigentl. nicht erlaubt ist (daher umg. auch als ‚11. Gebot' bez.). Die Wndg. kann aber zugleich den Charakter einer Drohung haben, insbes. in der erweiterten Fassung ‚wenn ich dich noch einmal erwische' ... d.h. dann gibt's Schläge, Prügel oder eine andere ‚empfindliche' Strafe.
Aus neuerer Zeit stammt die Wndg.: ‚einen Schnupfen (oder ähnl.) erwischen'; desgl. die Rda. *es hat mich (schwer) erwischt,* die zumeist gebraucht wird i.S.v.: ich habe eine böse Erkältung bekommen, ich bin (sehr) krank geworden.

Esel. ‚Der Esel nennt sich immer zuerst', auch: ‚Der Esel geht voran': Spott über einen unhöflichen Menschen, der sich unbescheiden an erster Stelle nennt, beansprucht, was ihm nicht zukommt. Auf das Tier selbst angewendet, umschreiben die Sprww. nur höchst unvollkommen, was dieser geduldige Lastträger im Laufe der Jhh. geleistet hat.
Den in Ägypten um 4000 v. Chr. domestizierten Esel betrachtete das frühe Griechenland als das erkorene Reittier des Dionysos und seiner Begleiter. Eine kleinasiatische Dynastie hielt es zu ihrer Zeit für hohen Ruhm, von einem Esel abzustammen: Midas I., König von Phrygien, wurde urspr. als Gott in Tiergestalt angebetet. Im A.T. erscheint die leidende Kreatur mindestens einmal über menschliche Weisheit erhaben: Bileams Eselin, scharfsichtiger als ihr kluger Herr und Meister, rettet ihm das Leben (4. Mos. 22,21ff.).
Das Leben in fremden Klimazonen u. brutale Behandlung machten allmählich aus dem temperamentvollen, selbstbewußten, schnellen Wüsten- und Steppentier einen degenerierten genügsam-geduldigen Esel Langohr. Im alten Rom zunächst wie eine kostbare Ware geschätzt, sank er schließlich zum geschundenen Transportmittel herab. Bei angemessener Behandlung beweist er jedoch die ihm eigene Klugheit. Wie denn auch Wildesel in ihrer angestammten Heimat – etwa Kleinasien, Nord- und Ostafrika – bis auf den heutigen Tag List, Mut, Besonnenheit und überhaupt mehr Intelligenz entwikkeln als die bei weitem für verstandesbegabter gehaltenen Pferde.
Der Esel, als vermeintlich träges und ungeschicktes Tier mit einer unschönen Stimme, forderte geradezu dazu heraus, seinen Namen in negativer Bdtg. auf den Menschen zu übertr. und ihn als Neck- und Spottwort und in Rdaa. vorwiegend zum Ausdr. minderwertiger Eigenschaften und schlechter Gewohnheiten zu gebrauchen (Tiernamen werden überhaupt fast nur als Schimpfnamen angewandt: vgl. Ochse, Rindvieh, Kamel, Elefant, Schlange u.a.). Esel als Schimpfwort und zur Bez. eines dummen Menschen war schon bei den Römern sprw. (z.B. bei Plautus und Terenz im röm. Lustspiel); im Dt. bereits bei Notker (um das Jahr 1000): „er lebet in esiles wîse". Hugo von Trimberg stellt um 1300 in dem Lehrgedicht ‚Renner' (V. 1457) „edelinge und eselinge" einander gegenüber. Bei Ulrich Boner heißt es um 1350 im ‚Edelstein' (67,61):

> Der mag zeim esel werden wol,
> bî den ôren man in erkennen sol.

Der Humanist Heinrich Bebel verzeichnet 1508 in seiner ‚Sprichwörtersammlung' (Nr. 513) lat.: „Multi sunt asini bipedes"; dasselbe kehrt auf dt. 1541 in Seb. Francks ‚Sprichwörtersammlung' wieder (I, S. 88): „Es sind vil Esel auff zweyen füßen". Vgl. auch frz. ‚Il y a bien des ânes qui n'ont que deux pieds' (jetzt nicht mehr gebraucht). Noch heute dient der häufigste Gebrauch des Wortes Esel zur Bez. der Dummheit und Torheit eines Menschen. ‚Jem. ist ein Esel'; vgl. frz. ‚Tu es un âne': Du bist ein Esel, oder ‚crier comme un âne: wie ein Esel schreien; ein ‚dummer, alter, störrischer Esel'; ‚das würde ein Esel begreifen' (vgl. frz. ‚un âne y mordrait'); ‚er ist bei den Eseln in die Schule gegangen'; ‚er kann einen Esel nicht von einem Ochsen unterscheiden'; ‚er ist ein gesattelter Esel', erzdumm. „Der Esel ist ein dummes Tier, was kann der

‚Ein gesattelter Esel'

Elefant dafür"? lautet ein bekannter Vers der ‚Münchner Bilderbogen'. Ausführlicher und umständlicher z.T. in den Mdaa.; z.B. in Köln: ‚Dä es noch ze domm, för men Esel ze danze, un wammer im de Stätz en de Häng jitt'; schlesw.-holst. ‚Den hat der Esel im Trapp, im Galopp verloren'; schwäb. ‚Der guckt so dumm drein wie der Esel in eine Apotheke'.

Er führt einen Esel im Wappen. Das Wappentier soll einen hervorragenden Charakterzug einer Familie symbolisch ausdrücken, also in diesem Falle die Dummheit eines Menschen. Jedoch das Wappen der frz. Stadt Bourges stellt einen im Fürstenstuhl sitzenden Esel dar, der der Überlieferung nach sehr klug gewesen sein soll (frz. ‚Les armes de Bourges, un âne au fauteuil'). Eine räumlich auf Nordamerika begrenzte Rda. die ‚Esel von Chatanooga' (Wander I, Sp. 876) bezieht sich auf eine ähnl. Begebenheit, als die Esel von Chatanooga den Einwohnern zu Rettern in letzter Minute wurden, ähnl. den berühmten Gänsen des Capitols. – Eine türkische Rda. für Dummheit ist folgende: ‚Der kann nicht einmal an zwei Esel gleiches Maß von Stroh verteilen'.

Was kann aber der Esel dafür? Das Nordostdt. besitzt so etwas wie eine mdal. Variante zu der Geschichte von Buridans Esel. ‚De Esel twösche twee Bung Hög wöt nich, af a linksch oawa rechtsch tobiete sull', d.h. sich zwischen zwei gleichwertigen Möglichkeiten nicht entscheiden können. Die Gegner des frz. Philosophen Johann Buridan (ca. 1300–58) suchten mit dem oben genannten Gleichnis seine Lehre vom unfreien Willen ad absurdum zu führen: ein Esel zwischen zwei gleichweit entfernten, gleichbeschaffenen Heubündeln müsse notwendigerweise verhungern; ↗Buridan.

Das Auffallendste an einem Esel sind seine langen Ohren. *Der Esel bewegt seine Ohren!* sagt man von einem, der verständnisvoll tut, aber nichts verstanden hat. *Er kann seinem Esel wohl den Schwanz verbergen, aber die Ohren läßt er gucken. Zum Esel fehlen ihm nur die Ohren, den Kopf hat er* (vgl. ndl. ‚Om een volmaakte ezel te zijn, heeft hij naar een' staart noodig'). Dazu das Spottwort: ‚Esel Langohr' und ‚Eselsohren davontragen': betrogen oder lächerlich gemacht werden.

Er paßt dazu wie der Esel zum Lautenschlagen: er paßt nicht im geringsten dazu; er ist ein roher, ungeschickter Mensch, der für alles, was Künste und Wissenschaft betrifft, kein Verständnis hat. Schon dem Altertum war diese Rda. (zugleich auch als Fabel: Motiv I. 2413, 1) geläufig: griech. ‚ὄνος πρὸς λύραν', lat. ‚asinus ad lyram'. Die Wndg. wurde schon früh ins Dt. übernommen; in der spätma. dt. Didaktik wird sie oft gebraucht, z.B. im ‚Renner' Hugos von Trimberg (V. 23548):

> Ein man mac sich wol selben touben,
> der ein esel wil herpfen lêren
> und sô getâne liute bekêren.

In dem Streitgespräch ‚Der Ackermann und der Tod' des Johannes von Saaz (um 1400) heißt es im 30. Kap.: „Aber als vil als ein esel leiren (die Leier spielen) kan, als vil kanstu die warheit vernemen". In Seb. Brants ‚Narrenschiff' (1494) wird von jungen Geistlichen gesagt, daß sie soviel wissen „von kyrchregyren, als Müllers Esel kan qwintieren" (d.h. auf der Quin-

,Dazu passen wie der Esel zum Lautenschlagen'

terne, einem Saiteninstrument, spielen): vgl. auch KHM. 144 ,Das Eselein', wo das Eselein die Laute schlagen muß und es zum Erstaunen seines Lehrmeisters auch so vorzüglich lernt, daß es damit Herz und Hand einer Königstochter erspielt. Für die Rda. vom Musizieren des Esels gibt es die verschiedensten Varianten: ,Dem Esel ein Harpff', ein pfeiffen geben' (Franck, Sprww. I, S. 18 b); ndl. ,Men geft den ezel de harp'. ,Der Esel beim Dudelsack'.
Als Zeichen der gestörten Weltordnung stand im Hamburger Dom ein in Stein gehauener Dudelsack blasender Esel mit der Umschrift: „De Welt hatt sick umgekehrt, drumm heff ick arm Esel dat Pypen geleert". ,Ein Esel bei der Sackpfeife, mit der Lauten'; ,der Esel spilt auf der leiren' (Franck, Sprww. II, S. 47 a); ,der Esel will die Laute spielen'; ,einen Esel singen lehren'; ,es ist, als ob der Esel eine Sackpfeife hört'; ,einen Esel zum Lautenschläger machen'; ,dat steit em an, as dem Esel dat Orgelspelen'. Dem Esel so etw. beizubringen ist sinnlos, ebenso ,einen Esel das Lesen lehren' (lit. bereits beim Stricker in seiner Schwanksammlung ,Pfaffe Âmîs' u. im Eulenspiegel-Volksbuch, in der 29. Historie) oder ,den Esel griech. bzw. lat. lehren'. Das letzte kann auch in der Bdtg. von ,niemals' gebraucht werden: ,wenn die Esel werden lat. reden'.

,Einen Esel das Lesen lehren'

Ein Esel in der Löwenhaut: ein Dummkopf, der sich ein wichtiges Ansehen zu geben versucht, wie der Esel in der äsopischen Fabel, der im Wald eine Löwenhaut

1

2

1/2 ,Ein Esel in der Löwenhaut'

fand, sich darin als Löwe verkleidete und Menschen und Vieh durch diese Täuschung erschreckte, jedoch nur kurze Zeit, weil man bald seine wahre Natur erkannte (Mot. J. 951, 1 ff., AaTh. 214 B, Wander I, Sp. 877).

Die sinnverwandte Rda. *Er ist wie der hoffärtige Esel* kann sich aber auch auf die Fabel von dem Esel beziehen, der Reliquien tragen mußte, vor denen die Bauern die Mützen abnahmen, was der Esel aber auf sich bezog und sich so übermütig gebärdete, daß er keine Last mehr tragen wollte.

Aus der Fabel des Phädrus vom sterbenden Löwen, von dem die Tiere Abschied nahmen, wobei der Esel dem Wehrlosen einen Tritt versetzte, ist der ,Eselstritt' sprw. geworden, d. h. das verächtliche Benehmen gegenüber einem Höheren, der aber wehrlos oder gefallen ist; vgl. sächs. Man muß tun, ,als wenn en e Esel getraten hett', auf die Beleidigungen eines Toren soll man nicht achten.

Den Sack schlägt man, den Esel meint man. Die Rda. findet sich zum ersten Mal in verwandter Form bei dem röm. Satiriker Petronius († 66 n. Chr.): „Qui asinum non potest, stratum caedit" (wer den Esel nicht schlagen kann, schlägt den Packsattel); vgl. ,den ↗Hund vor dem Löwen schlagen'.

Um des Esels Schatten zanken: sich um Nichtigkeiten streiten; aber auch: pedantisch, griffelspitzerisch und rechthaberisch streiten. Vgl. lat. ,De asini umbra', ↗Schatten. Demosthenes erzählte einst den Athenern folgende Geschichte: Ein Athener habe einen Esel für eine Reise gemietet. Es wurde den Tag über so heiß, daß sich der junge Mann in den Schatten des Esels setzte. Darauf erhob sich zwischen ihm und dem Eseltreiber ein Streit, da der Treiber behauptete, er habe zwar den Esel, nicht aber den Schatten des Esels vermietet.

Was von mir ein Esel spricht ... als geringschätzig wegwerfende Rda. und Erwiderung auf eine Beleidigung, ist ein Zitat aus der Fabel ,Der Löwe. Der Fuchs' von Joh. Ludw. Gleim (1719–1803), wo es am Schluß heißt:

Denn was von mir ein Esel spricht,
das acht' ich nicht.

Auf den Esel setzen (oder *bringen*)*:* ärgern, erzürnen. So z. B. in Luthers ,Tischreden': „mit guten Worten fein betrogen und recht auf den Esel gesetzt". Ebenso auch in Grimmelshausens ,Simplicissimus' (I, S. 145): „Den dollen Fähnrich zoge ich gleich herüber und setzte ihn auf den Esel"; schweiz.: ,Einen uf en Esel setze': ihn als dumm behandeln, von obenherab abfertigen.

Die Rda. geht auf einen grotesken Rechtsbrauch des MA., auf den ,Eselsritt', zurück. Er scheint weit verbreitet gewesen zu sein; Jac. Grimm hat über ihn Belege aus mehreren Ländern gesammelt, aus Frankr., Italien, Dtl. und selbst aus dem Orient. Auf Eselsritt wurde in den verschiedensten Fällen erkannt. Gefangene wurden ,zum Schimpf auf dem Esel geführt': Das Chorgestühl von Bristol (England) zeigt auf einer Miserikordie den Abt von Canterbury, der verkehrt auf einem Esel reitet, dessen Schwanz er in der Hand hält. In Frankreich wurden Männer, die sich von ihren Frauen hatten schlagen lassen, dazu verurteilt, ,à chevauchier un asne, le visage par devers la queue dudit asne'; „verkehrt, statt des Zaumes den Schwanz in der Hand", wie es in G. A. Bürgers berühmter Ballade ,Kaiser und Abt' heißt. Im ,Lichtenstein' läßt Wilhelm Hauff den Doktor Calmus auf dem Esel durch Stuttgart reiten, ↗Pferd.

,Verkehrt auf dem Esel reiten'

Auch in Dtl. war der Eselritt als Rechtsbrauch bekannt, so z. B. in Hessen. H. B. Wenck (Hess. Landesgeschichte [Darmstadt – Gießen 1783], I, S. 521) läßt sich eingehend über diesen Rechtsbrauch aus. – Eines der letzten öffentl. Eselreiten als Delinquentenschande und -spott fand Ostern 1814 in Leipzig statt, wo der Stadtkommandant Meßdiebe so durch die Straßen führen ließ. Spätere Belege finden sich nur noch bei Fastnachtsbräuchen. Aber in einem seltsamen Kontrast zu dem Fastnachtstreiben steht die Härte der Strafe, die den davon Betroffenen einen Makel fürs ganze Leben angehängt haben muß. Gerade die Schwere der Strafe spricht dafür, daß wir es hier, ebensowenig wie bei dem Dachabdecken, mit einer zufälligen Erfindung fröhlicher Fastnachtsnarren zu tun haben. Die Angelegenheit des Eselsrittes hat deshalb ohne Zweifel einen ernsten Hintergrund gehabt. Entspr. *den Esel beim Schwanz aufzäumen:* etw. verkehrt anfangen, ↗Pferd. Aber auch in der älteren Pädagogik scheint man sich dieser Praktik bedient zu haben. In den ma. Klosterschulen befand sich ein hölzerner Esel, auf den sich Schüler zur Strafe setzen mußten. Dementspr. heißt es 1652 in Wenzel Scherffers Gedichten (S. 429):

> Wer mit Wirten sich gebießen,
> mit andern sich geschmießen,
> der sol zu Troste wiessen,
> daß Er um keines büssen
> werd' auf den Esel müssen.

Immerhin wurde noch im Schulunterricht in der zweiten Hälfte des 18. Jh. dem fau-

‚Auf den Esel müssen'

‚Ein Esel sein'

len Schüler zur Strafe ein Bild mit einem Esel umgehängt, ↗anhängen.

Einem einen Esel bohren (oder *stechen):* ihm andeuten, daß man ihn für einen Esel hält, indem man ihm den Zeige- und den kleinen Finger entgegenstreckt, während die übrigen drei eingebogen werden (vgl. die gehörnte Hand, ↗Horn); dann auch ohne die Handgebärde: ihn veralbern, einen verhöhnen, äffen. Ein Vokabular von 1735 erklärt die Gebärde in lat. Form: „asini auribus manu effectis illudere" (durch Darstellung von Eselsohren mit der Hand verspotten).

Die Rda. findet sich in Goethes ‚Urfaust', worin Mephistopheles spottet: „Encheiresin naturae nennt's die Chimie! Bohrt sich selbst einen Esel und weis nicht wie". Die spätere Fassung lautet: „spottet ihrer selbst"; doch ist die heute kaum noch geläufige Rda. bis zu den Romantikern häufig bezeugt. 1541 in Seb. Francks ‚Sprichwörtersammlung' (I, Fol. II b) steht aber bereits: „Den Narren boren / Den spigel (‚Hintern') zeygen, heyst eim das wappen visieren / Und in summa eim den text lesen, sein kolben zeygen, und sagen wer er ist".

In Schillers ‚Räubern' (I, 3) heißt es: „Und unterdessen, daß Spiegelberg hangt, schleicht sich Spiegelberg ganz sachte aus den Schlingen und deutet der superklu-

gen Gerechtigkeit hinterrucks Eselsohren, daß's zum Erbarmen ist".
Die Bez. ‚Eselsohr' meint eine umgeknickte Blattecke in einem Buch und ist seit 1637 bezeugt.
Einen Esel zu Grabe läuten nennt man es, wenn sitzende Kinder mit den Beinen baumeln, also gewissermaßen ein stummes Geläute machen. Die kindliche Unart wird durch die Erinnerung an einen Tabubereich getadelt (lit. z. B. in Ruth Schaumanns Roman ‚Amai', S. 24). Die Wndg. ist in Niederdtl. bes. gebräuchl. Vgl. die gleichbedeutenden Rdaa. ‚Hunde aus- oder einläuten' (↗Hund), ‚Teufel ausläuten' (↗Teufel). Daneben die ältere, derbere Rda. ‚mit Eselsglocken zu Grabe läuten'. Ihren Urspr. hat die Rda. in den ‚Eselsbegräbnissen', worunter man die Begräbnisse solcher verstand, die weder an geweihtem Ort noch mit kirchl. Feierlichkeit bestattet wurden, die also verscharrt wurden wie ein verendetes Tier. Keine Glocke wurde bei einem solchen Begräbnis in Bewegung gesetzt; nur der Volkswitz bezeichnete die baumelnden Beine der Kinder als die beim Eselsbegräbnis geläuteten Glocken. Es wurde namentlich bei Exkommunizierten und Ketzern, bei Selbstmördern und bei Verbrechern angewendet, die bei der Ausübung ihrer Missetat erschlagen worden waren. Der Name ist zurückzuführen auf den Spruch Jer. 22,18 u. 19, wo der Prophet von dem König Jojakim spricht: „Man wird ihn nicht beklagen:... ‚Ach Herr! ach Edler!' Er soll wie ein Esel begraben werden, zerschleift und hinausgeworfen vor die Tore Jerusalems". Im Jahre 900 diente dieser Spruch einem Konzil zu Reims zur Grundlage eines Beschlusses, nach welchem allen Ketzern und Exkommunizierten nur das Eselsbegräbnis („Sepultura asinina') zuteil werden sollte (Richter-Weise, Nr. 44, S. 48 f.).
In vielen sprw. Rdaa. wird der Esel mit dem Zornigen in metaphorischen Zusammenhang gebracht: *sich auf den Esel setzen lassen:* zornig werden; „laß dich nicht mit geringen Dingen, bald auf einen Esel bringen" (Ringwaldt); „er hat mich in Harnisch gejagt und ... auf den Esel gesetzt" (Hans Sachs). ‚Der Zorn hat ihn überschnellt und auf den Esel gesetzt'.

‚Sich auf den Esel setzen lassen'

‚Wer stets im Esel hat die Sporen, der juckt ihm dick bis auf die Ohren'.
‚Eselsfresser' ist ein Spottname für die Schlesier (vgl. Holteis Dichtung ‚Eselsfresser'). Der Spottname taucht zum ersten Mal in der Humanistenzeit bei Conrad Celtes auf („Esores asini"). Caspar Sommer hat darüber 1677 seine Dissertation ‚De onophagia Silesiorum' geschrieben. Die Schlesier teilen den Namen mit anderen Gegenden und Ortschaften in Dtl. Die Erklärung ist noch umstritten. Einst war Krakau die Univ. der Schlesier. Die Krakauer Gründungssage kennt einen Drachen Olophagus ‚Vielfraß'. Möglicherweise ist der in Onophagus ‚Eselsfresser' entstellte Name nur ein Humanistenwitz, mit dem die schles. Studenten einst bez. worden sind. Mit dem Pferdefleisch- oder Eselsfleischessen heidnischer Deutscher hat der Name nichts zu tun, ebensowenig wie mit dem ‚Goldenen Esel-Stollen' in Reichenstein (ausführliche weitere Belege bei Wander I, Sp. 881 ff.).
Auf einer Ortsneckerei beruht auch die schwäb. Rda. *Er ist ein Esel von Rottweil.* Die Rottweiler sollen einst einen Kürbis gefunden, für ein Ei gehalten und es auszubrüten versucht haben. Da sich kein Erfolg zeigte, wurde das Ei bzw. der Kürbis weggeworfen. Beim Aufschlag sprang erschrocken ein Hase davon, den die Rottweiler für einen aus dem Kürbis entsprungenen jungen Esel hielten. So erhielten die Rottweiler ihren Beinamen (Wander I, Sp. 878 f.; H. Moser: Schwäb. Volkshumor [Stuttgart ²1981], S. 41).
Auf dem selben Esel reiten: dieselben Ziele verfolgen; *beim Esel Wolle suchen:* da etw. suchen, wo es nicht zu finden ist (schon lat. ‚ab asino lanam petere' bzw. ‚asini la-

nam quaerere'); wenn man sich wirtschaftlich oder gesellschaftlich verbessert, so *kommt man vom Esel aufs Pferd, auf den Ochsen, auf die Kuh* (Plautus: ‚ab asinis ad boves transcendere'). *Sich auf den Esel setzen; vom Gaul auf den Esel kommen* heißt dagegen: aus einer höheren Stellung in eine niedere absinken. Vgl. auch ‚vom Ochsen auf den Esel kommen' (↗Ochse).

Ein Bild der verkehrten Welt ist *den Esel krönen*. So schon in Freidanks ‚Bescheidenheit': „Swâ man den esel kroenet, dâ ist das lant gehoenet", sowie dort auch: „Swâ der ohse krône treit. Dâ hânt diu kelber werdekeit" (vgl. Singer III, 102, 100), was in ganz ähnl. Form in schweiz. Mda. als Sprw. überliefert wird; vgl. ‚die Sau krönen' (↗Sau).

Ein Esel unter Bienen sein: unter böse, ungestüme Menschen geraten sein; vgl. frz.: ‚être un âne parmi les singes': wehrlos Zielscheibe tierischer Bosheit oder abscheulicher Scherze sein.

Den Esel einen Esel nennen: die Sache beim rechten Namen nennen, etw. unverblümt sagen (entspr. frz. ‚appeler un chat un chat'); *den Esel für den Müllerknecht ansehen:* einem groben Irrtum zum Opfer gefallen sein; rheinhess. ‚Er hat mich auf den Esel gesetzt', er hat mich im Stich gelassen; *den Esel hüten müssen:* lange auf jem. warten müssen. In der Eifel wird die Rda. von Mädchen gebraucht, die in Tanzlokalen als Mauerblümchen nicht zum Tanz kommen.

Den Esel mitten durch den Kot tragen (nach der Fabel von Vater, Sohn und Esel); *den Esel suchen und darauf sitzen* sagt man von einem Zerstreuten, der etw. sucht, was er in der Hand hält; *er ist nicht einen toten Esel wert:* er ist keinen Pfifferling wert.

Der Italiener geht von einer anderen Einschätzung aus. ‚Meglio un asino vivo che un dottore morte': lieber dumm leben als gescheit sterben.

Der (graue) Esel fährt (guckt) heraus: es sind die ersten grauen Haare zu sehen. *Da hat der Esel ein Pferd geworfen* sagt man bei der unerwartet guten Leistung eines Minderbegabten. Von einem unehelichen Kind oder einem Menschen, dessen Herkunft nicht ganz klar ist, wird gesagt, westf. ‚Den heat de Jesel ut der Wand slagen'; berl. ‚Den hat der Esel im Galopp verloren'; els. ‚Dich hat ja en Esel an d'Wand gpfuzt, us der Wand geplotzt'. Das wird auch zu einem gesagt, der so dumm ist, daß er nicht gleich sagen kann, woher er stammt und wo er geboren ist. Zahlreich sind die rdal. Vergleiche, in deren Mittelpunkt der Esel steht. ‚Bepackt wie ein Esel': schwer beladen; frz.: ‚être chargé comme un âne': schwer belastet sein; von dem frei und ledig herumspringenden Grautier heißt es, ‚c'est un vrai âne débâté': er ist ein Schürzenjäger, ein liederlicher Bursche.

Unleidlich erscheint manchem die Hartnäckigkeit des Tieres: ‚stur wie ein Esel', sich unzugänglich, unbeugsam zeigen; frz.: ‚têtu comme un âne': störrisch wie ein Esel.

‚Der Esel erscheint in seidenen Strümpfen' heißt es, wenn ein Ungebildeter und Grobian den Gesitteten und Gelehrten zu spielen sucht.

Unhöflich bleibt es, ‚einem den Esel (zu) strecken': die Zunge zu zeigen. Heißt es, auf der Hut zu sein, sollte man ‚tenir son âne par la queue': seine Maßregeln treffen, beispielsweise ‚den Esel gürten': jem. an die Kandare nehmen, ihm keine Freiheit lassen; erfolgversprechender wäre ‚den Esel einzuwiegen': einen Menschen einschläfern, allerdings auch betören, zu betrügen suchen.

Aus Nordostdtl. kommt die Rda.: ‚Nun wird ein Esel geboren', wenn in einer lauten Gesellschaft unvermutet Stillschweigen eintritt, ↗Engel. Die unüberlegte Handlung eines Menschen erklärt oder entschuldigt die Wndg. ‚der Esel hat ihn geschlagen'. ‚Den Esel spielen der Distel wegen': sich aus Eigennutz dumm stellen; ganz anders dagegen, ohne Aussicht oder Wunsch nach Gegenleistung, ‚jem. den Esel machen': sich von anderen ausbeuten lassen. Den Esel hält man meist für geduldig und ergeben: ‚Eselsarbeit und Sperlingsfutter haben', d.h. für einen Hungerlohn im Frondienst stehen, eine alte Klage, oft tauben Ohren gepredigt, i.e. ‚narrare asello fabulam surdo'.

Sehr hellhörig erscheint dagegen das Grautier im ‚Goldenen Esel' (eigentl. ‚Die Metamorphosen') des Lucius Apuleius (um 125–180 n. Chr.). Der Held dieses Romans, durch seine Neugierde in ein tief gebeugtes Lastvieh verwandelt, doch endlich erlöst, plaudert nicht nur seine eigenen grausig-burlesken Abenteuer aus, sondern auch das erlauschte allegorische Märchen von Amor und Psyche.

Lit.: *R. P. (= Robert Prutz):* Der Esel im dt. Sprw., in: Dt. Museum (Leipzig, Okt. 1864); *J. R. Dieterich:* Eselritt und Dachabdecken, in: Hess. Bl. f. Vkde. I (1902), S. 87–112; *O. Keller:* Die antike Tierwelt 1 (Leipzig 1909), S. 259ff.; *K. F. Flögel:* Gesch. des Grotesk-Komischen. Ein Beitrag zur Gesch. der Menschheit, 2 Bde. (München 1914), II, S. 370f.; *W. Gottschalk:* Die sprw. Rdaa. d. franz. Sprache I (Heidelberg 1930), S. 55ff.; *H. Bächtold-Stäubli:* Art. ‚Esel' in: HdA. II, 1003–1017; *R. Hampel:* Die Rda. ‚Einen Esel zu Grabe läuten', in: Wiener Zs. f. Vkde., 48 (1943), S. 13f.; *G. Lutz:* Sitte, Recht und Brauch. Zur Eselshochzeit von Hütten in der Eifel, in: Zs. f. Vkde. 56 (1960), S. 74ff.; *M. Vogel:* ONOS LYRAS. Der Esel mit der Leier (= Orpheus-Schriftenreihe, Bd. 13) (Düsseldorf 1973); *V. B. Dröscher:* Mich laust der Affe (Düsseldorf 1981), S. 89–92; *E. Fischer:* Art. ‚Esel', in: EM. IV, Sp. 411–419; *R. W. Brednich:* Art. ‚Esel als Lautenspieler', in: EM. IV, Sp. 426–428; *Ch. Schmidt:* Art. ‚Esel in der Löwenhaut', in: EM. IV, Sp. 428–435.

Eselsbrücke. *Einem eine Eselsbrücke bauen:* einem mit erheblichen Hilfsmitteln eine Aufgabe erleichtern. In Oesterr. versteht man aber unter Eselsbrücke den Lehrsatz des Pythagoras, in gleicher Bdtg. gebraucht der Schwabe Justinus Kerner das Wort: „Mein Bruder Carl mühte sich ab, mir Unterricht in der Mathematik zu geben; aber er konnte mich nicht weiter, als zur sogenannten Eselsbrücke, dem pythagoräischen Lehrsatze bringen" (Bilderbuch [1849], S. 285); vgl. frz. ‚Pont-aux-ânes', in der gleichen Bdtg..

Die Rda. *an der Eselsbrücke stehen bleiben* bedeutet demnach: bei der ersten Schwierigkeit versagen, sich nicht weiterwagen. In diesem Sinne, engl.: ‚He knows the operation ... to be the pons asinorum of incompetent workmen' oder ‚This bridge was the pons asinorum of the French which [the] English never suffered them to cross': unüberwindliches Hindernis.

Die Eselsbrücke treten: gegen die eigene Unwissenheit ankämpfen. Schon 1735 schrieb J. Chr. Günther (‚Gedichte', 462) von einem „Schulfuchs, der die Eselsbrücke tritt". In C. F. Haubers ‚Chrestomathia' (Tübingen 1820, S. 195) wird ‚pons asini' als Name für den fünften Lehrsatz des Euklid aus dem ‚Euclides reformatus' des Ang. de Marchetti angeführt, neben einem anderen ebenso bezeichnenden Namen: ‚fuga miserorum'. Die Namen werden aus den Schwierigkeiten erklärt, die der Beweis gerade dieses Satzes den Anfängern machen soll. In der Mathematik also wird ein Lehrsatz, der dem minder begabten Schüler die ersten ernstlichen Schwierigkeiten bereitet, sei es nun Euklid oder Pythagoras, ‚pons asini' genannt.

Der Schulausdr. ist zweifellos aus einer Vorstellung der ma. volkstümlichen Zoologie abzuleiten, die ihrerseits auf Plinius zurückgeht. Plinius behauptet, daß der Esel keine Brücke überschreite, durch deren Belag er das Wasser sehen könne: „nec pontes transeunt per raritatem eorum translucentibus fluviis" (‚Naturalis historia' 8,68). Diese Erzählung wurde dann immer wieder übernommen. So heißt es in Konrad von Megenbergs ‚Buch der Natur' (120,33): „Sô der esel über ain pruk schol gên, siht er dann in daz wazzer durch die pruk, er gêt nicht leiht hin über". Und Gesner schreibt in seinem Tierbuch von 1582: „Wo er über brugk gon sol, die luck und durchsichtig, also, dasz das wasser darunder hinfliessend gesehen werden mag, das ist müy, sol man jn darüber nötigen" (41 b). Es ist nur eine vermeintliche Gefahr, die den Esel abschreckt, also ein Zeichen von Dummheit, daß der Esel nicht über eine solche Brücke geht. So erklärt sich leicht, wie ‚pons asini' zu der Bdtg. kommt, die in der Anwendung auf den fünften Lehrsatz des Euklid hervortritt: Schwierigkeit, nicht für den Einsichtigen, nur für den Dummen.

Die lebendige Anschauung, die im MA. mit der Vorstellung der Eselsbrücke verbunden war, ging der Neuzeit verloren; die alte sinnvolle Beziehung auf die Natur des Tieres machte unbestimmten Vorstellungen Platz. Wenn jem. heute bei dem Gebrauch des Wortes ‚Eselsbrücke' i. S. v. ‚Hilfsmittel für Dumme, Träge' sich überhaupt etw. Bestimmtes vorstellt, so wird er sich eine Brücke denken, die gerade für einen Esel paßt, d. h. bequem ist, also genau das Gegenteil der Vorstellung, die der urspr. Anwendung zugrunde lag. Seit dem ausgehenden 19. Jh. verbindet die Schülersprache mit dem Begriff Eselsbrücke

daher die Vorstellung einer Gedächtnisstütze. Darunter fällt der hübsche Merkvers für die lat. Wiederholungszahlen (semel, bis, ter, quater): ‚In die Semmel biß der Kater, einmal, zweimal, dreimal, viermal.‘
Im Rheinland nennen die Schüler unerlaubte Hilfsmittel, vor allem heimliche Übersetzungen fremdsprachlicher Texte ‚pons‘ und bilden dazu ein Verbum ‚ponzen‘; vgl. frz. ‚pomper‘ (Schülersprache) und ‚pompe‘ (Pons). Daß mit ‚pons‘ der ‚pons asini‘ gemeint ist, unterliegt keinem Zweifel. Da wir es hier mit einem Ausdr. der Schule zu tun haben, und zwar der gelehrten Schule, finden wir die Eselsbrücke auch im Rdaa.-Gut anderer europ. Völker wieder. Vgl. ndl. ‚Het is eene ezelsbrug‘. Die Bdtg. ‚bequemes Hilfsmittel für Dumme und Träge‘ fehlt allerdings im Engl., Frz. und Span.; sie ist ja auch nicht urspr., wie wir festgestellt haben. Im Frz. vollzieht sich eine Umbildung: Das Schwierige, weil es eben nur für Dumme schwierig ist, wird zu etw. Leichtem, Bequemem.
Hart und unangenehm kann es werden, eine gegenständliche „Eselsbrücke für langweilige Besuche und schlechte Menschen“ zu eskamotieren. So in L. Tiecks (1773–1853) Novelle ‚Des Lebens Überfluß‘, deren bedürfnisloser Held – in Abwesenheit seines Vermieters – notgedrungen die hölzerne Treppe im Innern des Hauses nach und nach abbricht und verheizt.

Lit.: *R. Meissner:* Eselsbrücke, in: Zs. d. Ver. f. rhein. u. westf. Vkde. 14 (1917), S. 145 ff.; *H. Küpper:* Illustr. Lexikon d. dt. Umgangssprache. II (Stuttgart 1983), S. 760 f.

Espenlaub. *Zittern wie Espenlaub:* heftig zittern; els. ‚Er zittert wie e Flauderespe‘; vgl. frz. ‚trembler comme une feuille (morte)‘: wie ein (dünnes) Blatt zittern. Dabei braucht urspr. nicht – wie die Rda. heute gewöhnlich verstanden wird – Angst die Ursache des Zitterns zu sein. Im ‚Meier Helmbrecht‘ (um 1270, V. 1850) wird von einem der Bauern, die dem blinden Helmbrecht seine früheren Untaten heimzahlen wollen, gesagt: „der bidemt vor girde sam ein loup“ (= er zittert wie ein Laub vor Gier). Aber dem Mhd. ist auch bereits der heutige Sinn der Rda. ‚vor Angst zittern‘ geläufig:

er bibent unde wagete
vor sorgen als ein espin loub.

So gebraucht sie im 16. Jh. auch Thomas Murner: „zittern wie ein espenloub“, oder der Prediger Mathesius: „der engstiget und förchtet sich und erschrickt vor einem rauschenden Blat oder bebet on Underlasz wie ein Espenlaub“. Im Liederbuch der Hätzlerin (I, 30, 44) heißt es auch: „Zittern als ain Espinlâb“.
Die eigentümliche Stellung des langen, feinen, merkwürdig drehbaren Stieles des Espenblattes mit seinem schmalen Fuß auf dem Holze ist die Ursache, daß es beim leisesten Luftzug in Zittern gerät. Die verbreitete Rda. hat auch verschiedentlich sekundäre ätiologische Erzählungen angeregt (Thompson, Mot. A 2762.1.). In Schlesien heißt es, die Espe zittere deshalb, weil sie die Kreuzigung Christi mitangesehen habe. Aber es gibt auch gegenteilige Erzählungen. In der Oberpfalz z. B. erzählt man von der Espe, daß sie deshalb zittern muß, weil sie alleine beim Tode des Heilands teilnahmslos blieb, während alle anderen Bäume bebten. Adalbert Stifter berichtet in seiner Erzählung ‚Der Baum, der sich nicht beugte, als der Herr auf Erden wandelte‘ von der Bestrafung der Espe mit ewiger Unruhe. In nord- und osteurop. Erzählungen wird oft der Gedanke ausgesprochen, daß die Blätter der Espe zittern, seit sich Judas an einer Espe erhängte oder weil das Kreuz Christi aus ihrem Holze gefertigt worden sei. Noch heute zittern die Blätter der Zitterespe vor Schreck darüber.
Der Espe das Zittern lehren wollen ist eine Umschreibung für unnützes Tun.

Lit.: *O. Dähnhardt:* Natursagen, Bd. II (Leipzig u. Berlin 1909), S. 230 ff. (weitere Nachweise s. Register); *H. Marzell:* Art. ‚Espe‘, in: HdA. II, Sp. 1020–1022; *L. Röhrich:* Sprw. Rdaa. aus Volkserzählungen, S. 272.

Esse. (fem.) in der Bdtg. ‚Schornstein, Rauchfang‘ findet sich in folgenden sprw. Rdaa: *in die Esse schreiben:* als verloren betrachten; z. B. eine Geldsumme, die, in der Esse, im Rauchfang angeschrieben, dort bald überschwärzt und unleserlich wird, ↗Kamin, ↗Schornstein.

Vom Feuerherd des Schmiedes hergenommen ist die Rda. *frisch aus der Esse kommen:* soeben fertiggestellt sein; schon Luther gebraucht 1541 diese Wndg. (‚Wider Hans Worst'): „Zu der zeit war ich prediger allhie im kloster und ein junger doctor, newlich aus der esse kommen" (↗Feueresse und Schornstein). Im selben Sinne: ‚Er geht erst auss der esse' bei Seb. Franck, II, 34b.
Esse (neutr.) in der Bdtg. ‚Wohlbefinden, Behagen' findet sich in der Rda. *in seinem Esse sein:* in seinem Element sein, sich wohlfühlen. Das Wort Esse ist vom lat. Verbum esse = ‚sein' entlehnt und bedeutet urspr. ‚Zustand, Bestand'; später ‚Wesen'. Schon frühnhd. erscheint die Rda. *in seinem Esse erhalten:* in gutem Stand erhalten, z.B. 1568 in einer meckl. Urkunde: „damit das closter bey würden und in esse erhalten (werde)". ‚In gutem esse und Stande sein' ist in vielen Urkunden als Formel gebraucht. Ähnl. Wndgn. finden sich bis heute in fast allen dt. Mdaa., z.B. obersächs. mit falscher Betonung: ‚in seinem Essée sein'; meckl. ‚in Ess erholden', in gutem Zustand; rhein. ‚es Esse houwe', im Gedächtnis behalten; schweiz. ‚en Ess mit etw. han, machen', große Mühe daran wenden; auch ndl. ‚in de es zijn', sich in seinem Element fühlen. Berl. ist die Rda. scherzhaft verdreht zu: ‚Er ist janz in seinem Essig'.
Um ein paar Ess zu leicht sein gebraucht man in Schlesien, um einen Leichtsinnigen und Charakterlosen zu bezeichnen.

Lit.: *O. Schütte:* „In seinem Esse sein", in: Zs f. d. U. 18 (1904), S. 63; *R. Hansen:* „In seinem Esse sein", in: Zs. f. d. U. 18 (1904), S. 519; *H. Hofmann:* „In seinem Esse sein", in: Zs. f. d. U. 20 (1906), 60–61; Zs. f. d. U. 21 (1907), S. 64 u. S. 578.

essen. Übertrieben vieles Essen wird im Volksmund durch zahlreiche sprw. Vergleiche getadelt: *Er ißt für sieben;* vgl. frz. ‚Il mange comme quatre' (für vier); *Er ißt, als ob das Essen morgen verboten würde; als ob es morgen nichts mehr gäbe, als hätte er 14 Tage nichts mehr zu essen gehabt; er ißt, als ob er Geld dafür bekäme; essen wie ein Schmied, ein Drescher, ein Scheunendrescher;* holst. ‚He itt, as wenn he hangt warrn schall' erinnert an die ↗Henkersmahlzeit.
Sie muß für zwei essen: sie ist schwanger. So gebraucht es auch Goethe im ‚Faust' I, wenn Lieschen von Bärbelchen in der Szene am Brunnen sagt: „sie füttert zwei, wenn sie nun ißt und trinkt".
Mehr verstehen als Brot essen: sich auf allen Gebieten – insbesondere auch auf dem der Magie – auskennen; *Äpfel nicht essen mögen:* zur Liebe keine Zeit oder Lust haben, ↗fressen. *Aus der Faust (Hand) essen:* ohne Eßbesteck. *Im Stehen (im Gehen) essen:* in großer Eile.
Viele Rdaa. und vor allem Sprww. beziehen sich auf die Relation von ‚Essen und Arbeiten': ‚Wie das Essen, so die Arbeit'; ‚Wie die Verpflegung, so die Bewegung'; ‚Wie die Backen, so die Hacken'; schwäb.: ‚Wie mr ißt, so schafft mr au'. Schon im N.T. heißt es: „So jemand will nicht arbeiten, der soll auch nicht essen" (2. Thess. 3,10; vgl. auch 1. Mos. 3,19). Scherzhaft heißt es dagegen: ‚Wer nicht arbeitet, soll wenigstens gut essen'.
Im Ammerland sagt man: ‚Wer mit äten will, de mutt ok mit döschen' (Wer mit essen will, muß auch mit dreschen), aber auch: ‚Wo dat wat to äten gifft, dor sett die dal, wor aber middags Geld tellt wart, dor bliew weg!'
Es gibt in allen Sprachen eine große Zahl von Sprww., die auf Speise und Gesundheitsregeln beim Essen (und Trinken) anspielen, wie z.B. ‚Frühstücke wie ein König, iß mittags wie ein Edelmann, am Abend wie ein Bettler'.

Willst du lang leben und gesund,
So iß wie die Katz und trink wie der Hund.

‚Fresser werden nicht geboren, sondern erzogen'; ‚Nicht alle Fresser sind dick, aber alle Dicken sind Fresser'; ‚Selber essen macht fett'; ‚Voller Bauch studiert nicht gern'; ‚Lieber zu viel gegessen als zu wenig getrunken'; ‚Was der Bauer nicht kennt, das frißt er nicht'.
Neben den Aufforderungen, Maß zu halten, gibt es auch sprw. Ermunterungen, kräftig zuzulangen: ‚Essen und Trinken hält Leib und Seele zusammen'; ‚erhält das Leben, und der Faule ernährt sich ganz davon'.

Iß und trink, solang dir 's schmeckt,
Schon zweimal ist uns 's Geld verreckt!

Eine moderne Prägung (mit Hinweis auf die Inflation 1922/23 und die Währungs-

reform 1948), die jedoch ihre bibl. Vorlage hat, denn schon Jes. 22,13 heißt es: „Lasset uns essen und trinken, denn morgen sind wir tot".
Schließlich gibt es eine Reihe von einleuchtenden Verhaltensregeln vernünftiger Ernährungsweise, die freilich auch als Trostsprüche bei Armut oder Nahrungsmangel gelten können: ‚Trocken Brot macht Wangen rot' (mit dem iron.-kritischen Zusatz: ‚aber Butterbröter noch viel röter'), oder auch: ‚Hunger ist der beste Koch'; ‚Quark macht stark'.
‚Die Augen essen mit' begründet die Ästhetik eines schön gedeckten Tisches u. liebevoll angerichteter Speisen.

Post cenam stabis
Aut passus milia meabis.
Nach dem Essen sollst du ruhn,
Oder tausend Schritte tun.

Manche Sprww. dienen der Sozialisierung von Kindern zur Einübung von Tischsitten:

Gemüs' und Fleisch bekommt nur der,
der seine Suppe aß vorher.

So steht es manchmal auf dem Boden von Kindergeschirr. Auch Mahlzeiten sind Systeme erzieherischen Handelns.
Die neuere Wndg. *Essen auf Rädern* bezieht sich auf eine soziale Einrichtung, die Kranken und Alten ein warmes Essen ins Haus liefert.
Das Eßbesteck fallen lassen: aufhören zu essen, euphemist. für ‚sterben', ↗zeitlich.

Lit.: *F. Eckstein:* Art. ‚Essen', in: HdA. II, Sp. 1022–1059; *G. Grober-Glück:* Motive u. Motivationen in Rdaa. u. Meinungen (Marburg 1974), Bd. I, § 167ff., § 181ff.; *J. R. Klima:* Art. ‚Essen: Wie das E., so die Arbeit', in: EM. IV, Sp. 471–475; *E. Moser-Rath:* Art. ‚Das gleiche Essen', in: EM. IV, Sp. 469–471; *dies.:* Art. ‚Essen: Gutes Essen ändert den Gesang', in: EM. IV, Sp. 476–478; *H. J. Teuteberg* u. *G. Wiegelmann:* Unsere tägliche Kost (Münster 1986); *St. Mennell:* Die Kultivierung des Appetits. Geschichte des Essens vom Mittelalter bis heute (Frankfurt/M. 1988); *U. Tolksdorf:* Nahrungsforschung, in: R. W. Brednich (Hg.): Grundriß der Volkskunde (Berlin 1988), S. 171–184.

Essig. *Zu Essig werden:* zunichte werden, mißglücken; urspr. vom Wein gesagt, der bei zu langem Gären sauer, damit ungenießbar und unbrauchbar wird. Ähnl.: *Damit ist es Essig:* das ist mißglückt; mit dieser Hoffnung ist es aus.
Verbreitet sind auch Wndgn. für ‚ein saures Gesicht machen' wie: *aussehen wie Essig,* rhein. ‚en Gesicht machen wie sure Essig (als ob e Essig gedronke hätt)', obersächs. ‚e Gesichte machen wie e Essigtopp', sauer dreinsehen, enttäuscht sein (vgl. KHM, 107), ‚sauer schauen wie ein Essigkrug' (KHM, 144).

Lit.: *F. Eckstein:* Art. ‚Essig' in: HdA. II, Sp. 1060–1064.

Etappe. Das Wort ist urspr. ein militär. Terminus, der im 18. Jh. aus frz. ‚étape' entlehnt wurde. Man bez. damit einen Ort mit Vorräten zur Verpflegung marschierender Truppen. In der Regel lagen diese Etappen einen Tagesmarsch auseinander. Daher stammen die, auch im nichtmilitär. Bereich gebrauchten, Rdaa. ‚in Etappen marschieren' und – im übertr. Sinn – ‚etw. in Etappen erledigen'.
Mit dem Übergang zum Stellungskrieg 1914 wurde das unmittelbar hinter der Front, aber außerhalb der Reichweite feindl. Artillerie liegende Gebiet zur Etappe. Die Ausdr. ‚Etappenhengst' und ‚Etappenhase' waren daher Spott- oder Schimpfnamen seitens der Frontkämpfer für jene Soldaten, und v.a. Offiziere, die außerhalb jeder Gefahr ‚eine ruhige Kugel schoben'. Dabei muß es sich keinesfalls immer um Drückeberger handeln. Es kann auch ein Vorgesetzter damit bez. werden, der mit einer wichtigen Aufgabe zur Versorgung der Truppen hinter der Front betraut ist und dessen Anweisungen der Kampferprobte als lächerlich und als Schikane empfinden kann, weil er ihm die Kompetenz abspricht.
Der Tiervergleich spielt auf den leichteren Zugang zu angenehmem Leben und sexuellen Vergnügungen hinter der Front an.

etc. (lat. ‚et cetera', dt.: und das übrige), wurde in früherer Zeit gerne verwendet, um unbeliebte und unanständige Namen oder Dinge, die ungesagt bleiben sollten, durch Andeutung zu erwähnen. Das geschah z.T. in recht derber Weise, wie eine Stelle bei Fischart zeigt:

in dem Donat, der reiflin hat,
hab ich es oft gelesen,
quod nomen sit, das fält mir nicht,
man trinkt ihn aus den gläsern,
vinum quae pars,

und hast kein glas,
so sauf ihn mir aus dem etc. a.
(‚Gargantua', 1594, 91).

Es ist daher kein Wunder, daß bei Simrock ein Spruch begegnet mit dem Wortlaut: ‚auf ein et cetera folgt eine Ohrfeige.' (Dt. Sprww. [Frankfurt 1846/50], 2217).

etc.pp. (pp. = lat. ‚perge, perge', dt.: und so weiter), dt.: ‚und so weiter und so weiter' oder ‚und so weiter und so fort' ist eine neuere umg. Wndg., die dazu dient, eine lange Liste von langweiligen oder schon bekannten Dingen abzukürzen. Es handelt sich um eine scherzhaft-iron. Doppelung, die zuweilen auch als ungeduldiger Einwurf eines Gesprächspartners begegnet.

etepetete. *Sich etepetete benehmen; etepetete sein:* geziert, zimperlich, umständlich, überfein oder bedächtig sein.

Etepetete ist wortwitzelnd aus dem Grundwort ‚öte,ete' gebildet, das bes. dem nördl. Teil des dt. Sprachgebietes bekannt ist. Das in Meckl. davon abgeleitete Subst. ‚Ötigkeit' bedeutet ‚geziertes Wesen'. Ähnl. Bildungen durch Verdoppelung einer oder mehrerer Silben liegen in ‚eiapopeia', ‚holterdipolter', ‚rumsdibums' usw. vor. In Schlesw.-Holst. kennt man statt etepetete ‚etjerpotetjer', und in Meckl. ist ‚Entepetente' das Schlüsselwort für ‚Ei' im Volksrätsel (vgl. R. Wossidlo, Meckl. Volksüberlieferungen I [Wismar 1897], Nr. 108); vgl. engl. ‚Hoity-toity'.

Lit.: *W. Mieder:* Investigations of Proverbs, Proverbial Expressions, Quotations and Chlichés (Bern 1984), S. 182.

Etikett, Etikettenschwindel. *Jem. mit einem Etikett versehen:* ihn – wie eine Weinflasche (Ware) – kennzeichnen und ihn damit einer bestimmten Sorte (Güteklasse) bzw. einem bestimmten Typ (Partei, Weltanschauung) zuordnen.

Etikettenschwindel betreiben: mit falschen Angaben operieren, unter Vorspiegelung falscher Tatsachen irreführen und sich unerlaubter Weise Vorteile verschaffen wollen.

Urspr. stammt die Wndg. aus der Welt des Handels, wo versucht wurde, Etiketten berühmter Firmen u. Fabrikate (Schuhe, Textilien, Wein etc.) für minderwertigere Produkte zu verwenden, um höhere Preise zu rechtfertigen. Küpper führt den Begriff nur auf eine falsche Etikettierung von Weinflaschen zurück. Er könnte aber auch von der urspr. Bdtg. des frz. ‚étiquette' herrühren (↗Etikette), d.h. von dem Hinweiszettel des Hofzeremoniells, der – mit falschen Informationen beschriftet – durchaus ein irreführendes Durcheinander hervorrufen konnte. Die Rda. ist heute wieder bes. häufig zu hören und zu lesen. Sie wird von der falschen Auszeichnung der Waren und verführerischer, unwahrer Reklame gern auf Politiker übertragen, deren Versprechungen man nicht recht traut.

Etikette. *Streng nach Etikette verfahren:* nach dem Zeremoniell, das die herkömmlichen Gesellschaftsnormen vorschreibt. Das frz. Wort ‚étiquette' bez. insbes. im 17./18. Jh. ‚das Verzeichnis der am frz. Königshof zugelassenen Personen, hierarchisch nach ihrem Rang geordnet. Nach heutigem Verständnis beinhaltet die ‚Etikette' die Gesamtheit der überkommenen Umgangsformen und gesellschaftlichen Normen.

Lit.: *K. Graudenz* u. *E. Pappritz:* Das Buch der Etikette (Bonn [5]1961).

Eule. *Eulen nach Athen tragen:* etw. Überflüssiges tun; vgl. frz. ‚apporter des chouettes à Athènes'.

In der satirischen Komödie ‚Ὄρνιϑες' (‚Die Vögel') des größten klassischen Komödiendichters Aristophanes (um 445 bis 386 v. Chr.), in der er seine Heimatstadt mit all ihren Schwächen glossierte, läßt der Dichter (V. 301) eine Eule herbeifliegen, worauf gefragt wird: „Τίς γλαῦκ' Ἀϑήναζ' ἤγαγε" (‚Wer hat die Eule nach Athen gebracht?' nämlich: wo schon so viele sind). Denn die Eule, und zwar eigentl. das Käuzchen, war nicht nur ein in Athen häufig vorkommender Vogel, der bes. in den klüftenreichen Abhängen der Akropolis hauste, sondern, natürlich im Zusammenhang damit, auch ein Attribut der Athene, der Schutzgöttin der Stadt, und galt als Sinnbild der Klugheit schlechthin, weil die Eule auch im Dunkeln zu sehen vermag. Außerdem prangte die Eule auf den athenischen Münzen, die (vgl. ‚Die Vögel' V. 1106: „An Eulen wird es nie mangeln") kurzweg ‚Eulen' hießen. So wurde denn ‚Eulen nach Athen tragen' ein griech. Sprw. ‚Γλαῦκα εἰς Ἀθήνας' entspr. lat. (bei Cicero z. B.): „ululas Athenas" (Büchmann).

Weitere gleichbedeutende griech. Versionen sind: ‚Fische zum Hellespont bringen', ‚Buchsbaum zum Kytoros-Berg tragen', ‚Getreide (Krokodile) nach Ägypten bringen und Safran nach Cilicien', ‚einen Brunnen neben dem Fluß graben', ‚Wasser vom Kanal zum Meer bringen'. Im Dt. sind in gleichem Sinne üblich: ‚Wasser in den Rhein (Elbe, Donau, ins Meer, in den Brunnen) tragen'; ndd. ‚Water in de See dragen'; ‚Bier nach München (Dortmund) bringen'; gelegentlich auch ‚Holz in den Busch (oder: in den Wald) tragen'; ‚Ablaß nach Rom tragen'; ‚den Fröschen zu trinken geben'; ‚dem Tag ein Licht anzünden'; ‚einen Mohren weiß waschen'; ‚gegen Windmühlen kämpfen'; (frz. ‚Se battre contre des moulins à ven' (in Anlehnung an eine Episode aus Miguel de Cervantes ‚Don Quichotte'); ‚seine Wiese pflastern lassen'; ‚Dielen (Sparren) nach Norwegen führen'; ‚Windeier ausbrüten'; ‚Weiber hüten'; ‚den Bäckerkindern Weizenbrot (Stuten) geben'. Der Engländer sagt ‚to carry coals to Newcastle', Kohlen nach Newcastle, dem Hauptstapelplatz und Ausfuhrhafen des nordengl. Kohlengebiets, schaffen; auch ‚Wasser in die Themse tragen'; ‚Frauen nach Paris mitnehmen'. In diesem Sinne führen die Russen ‚Schnee nach Lappland', ‚tränken die Kuh mit Milch' und ‚säuern den Essig mit Sauerampfer'; die Franzosen ‚tragen Muscheln nach Mont Saint-Michel' (heute unbekannt) und ‚Blätter in den Wald'; die Finnen ‚tragen Staub in die Mühle'; die Polen ‚Kienäpfel in den Busch' und ‚schmieren die Speckseiten mit Fett ein'; die Slowenen ‚tragen Wasser in die Drau'; die Italiener ‚verkaufen dem Bienenpächter Honig' und die Bosnier ‚dem Melonengärtner Gurken'. Weitere Varianten sind: ‚Ein zweites Mal das Rad erfinden'; ‚meiner Großmutter s'Bete lerne' (schwäb.); ‚Käse in die Schweiz rollen'; ‚dem Buddha eine Predigt halten' (jap.); ‚Surfbretter nach Kalifornien tragen'; ‚mit dem eigenen Samowar nach Tula fahren' (russ.).

Zur Eule machen: zum Gegenstand des Spottes machen; nur vereinzelt üblich. Ähnl. mdal. z. B. obersächs. ‚zur Eule machen', zum besten haben; rhein. ‚enen för den Ül holde', zum Narren halten. *Er lebt wie die Eule unter den Krähen:* er wird geneckt und verfolgt, wie die Eule, wenn sie sich bei Tage sehen läßt. Wer von seiner Umgebung verspottet wird und doch seinen Wert hat, der heißt *die Eule unter den Krähen.* So schon um 1500 bei dem Prediger Geiler von Kaysersberg: „Er ist under inn'n nit anders wie ein kützlein oder ein ul under andern vögeln". Dazu ein späterer Holzschnitt Dürers.

‚Die Eule unter den Krähen'

Eul' und Käuzlein zu setzen wissen: wissen, wie man eine schwierige Sache anzufangen hat, um sie erfolgreich durchzuführen. Die heute kaum mehr geläufige Rda. stammt aus der Vogelfängerei, wo man ‚Lockeulen' an den Netzen aufstellte. Der Ausdr. ‚Lockeule' war in der Lit. der Reformationszeit eine übliche Bez. des Ablaßhändlers.

1562 schreibt der Prediger Mathesius: „Darum hat der Teufel seine Eule nach hierher setzen wollen", d.h. auch hier Jagd machen wollen. Nordd. ‚Da hat eine Eule gesessen', ‚da har en Ul saten' stammt ebenfalls vom Vogelfang durch Eulen und bedeutet: es kommt nicht zu dem, was man erwartet oder beabsichtigt hat.

So voll wie eine Eule sein: stark berauscht sein.
Ein Gesicht machen wie eine Eule am Mittag: sehr verschlafen aussehen.
Auf der Eule blasen: traurig werden.

‚Lichtscheue Eule'

Aussehen wie eine Eule: verschlafen, häßlich und ungepflegt wirken, ↗aussehen, ↗Eulenspiegel, ↗Uhu, ↗Uhl.

Lit.: *O. Göde:* „Eulen nach Athen tragen", in: Zs. f. d.U. 7 (1893), S. 686; *O. Keller:* Die antike Tierwelt 2 (Leipzig 1913), S. 38–39; *A. Taylor:* Art. ‚Eule', in: HdA. II, Sp. 1073–1079; *R. Strömberg:* Griech. Sprww. (Göteborg 1961), S. 26f.; *L. Röhrich* u. *G. Meinel:* Redensarten aus dem Bereich der Jagd und der Vogelstellerei, S. 317; *W. Danckert:* Symbol, Metapher, Allegorie im Lied der Völker, IV (Bonn-Bad Godesberg 1978), S. 1389–1394; Münzen in Brauch u. Aberglauben (Zabern 1982), S. 235; *W. Mieder:* ‚Eulen nach Athen', ‚to carry coals to Newcastle', in: Proverbium (N.F.) 1 (1984), S. 183–185; *ders.:* Investigations of Proverbs, Proverbial Expressions, Quotations and Chlichés (Bern 1984), S. 63–64; *N. Henkel:* Art. ‚Eule', in: EM. IV, Sp. 531–538; *V. C. Holmgren:* Owls in Folklore and Natural History (Santa Barbara [Cal.] 1988); *E.* u. *L. Gattiker:* Die Vögel im Volksglauben (Wiesbaden 1989), S. 321–349.

Eulenspiegel gehört zu den Figuren, die nicht nur Erzählungen, sondern auch Sprww. und Rdaa. auf sich gezogen haben. Die Schwankfigur Till Eulenspiegels ist heute vor allem noch in unzähligen Sagwörtern volkstümlich. Aus dem Bereich der Rdaa. seien folgende angeführt: *Eulenspiegelspossen machen* (oder *treiben):* Schabernack treiben, vor allem: einen Auftrag allzu wörtlich ausführen. Einige wenige Rdaa. spielen auf bestimmte Erzählungen des Volksbuches von Eulenspiegel an, z.B. *Er machts wie Eulenspiegel, er verleidet der Bäuerin das Mus, um es allein zu essen* bezieht sich auf die 16. Geschichte des Volksbuches „wie Vlenspiegel ein weiß muoß alein vß aß, darumb daz er ein klumpen vß der naßen daryn ließ fallen". Ähnl. ein Sagwort aus Hamburg: ‚As 't fallt, säd Ulenspegel, so êt ik'. Etw. drastischer umschreibt ein niederrhein. Sagwort die gemeinte Situation: ‚Et ist derno, as et fällt, sagg Ulenspiegel, du frug öm de Wertsfrau, die en Dropp en Nas hatt, of he meteten (mitessen) woll'; variiert: ‚Dat es dernor, of ek metet, sei Ulenspegel, do hatt sin Moder enen Dropp an de Nös'. *Er spielt (singt) Eulenspiegels Stück:* er denkt, daß es einmal wieder anders (besser) werden wird. Eulenspiegel hatte nämlich auf seiner Violine nichts weiter gelernt als: ‚Alle Dinge eine Weile'.

‚Eulenspiegelei'

In anderen Wndgn. ist Eulenspiegel erst später an die Stelle anderer Schwankfiguren (des Riesen oder des Teufels) getreten; schwäb. ‚Du bist ein Kerl wie der Eulenspiegel, und der hat seine Mutter mit der Mistgabel zu Tode gekitzelt'. Wenn jem. beim Nähen zu lange einfädelte, so sagte man im Egerland: ‚Bist wei der Eilenspiegel. Huppst beim Fenster raus und wieder ei mit deinem longen Foden'. Hier wird auf den bekannten Schwank vom Wettnähen zwischen Schneider und Teufel angespielt. Die in Ostfriesland notierte Wndg. ‚'n Knüp för de Drâd! Is Ulenspegels Râd' bezieht sich auf die Erzählung des Volksbuches, wie Eulenspiegel alle Schneider nach Rostock bestellt, um ihnen den Allerweltsrat zu geben, beim Einfädeln den Knoten nicht zu vergessen.

Die Rda. ,einem den ↗ Pelz waschen', ihm derb zusetzen, spielt eine Rolle in Hist. 30 des Eulenspiegelbuches, wo Eulenspiegel den Frauen die Pelze waschen will. Die Rda. hat sich in diesem Fall allerdings wohl nicht erst aus der Erzählung verselbständigt; sie ist schon vor dem Eulenspiegelbuch bei Geiler von Kaysersberg bezeugt; doch der Eulenspiegelschwank realisiert sie und führt sie dadurch ad absurdum.

Aus dem dt. Namen ist das frz. Adj. ,espiègle' (schalkhaft, schelmisch) abgeleitet.

Lit.: *Kn.:* „Eulenspiegel im pommerschen Sprw.", in: Blätter für pommersche Vkde. 2 (1893), S. 126; *E. Kadler:* Untersuchungen zum Volksbuch v. Ulenspiegel (Prag 1916); *Meridies:* Die Eulenspiegelgestalt in der dt. Dichtung (Diss. Breslau 1924); *W. Hilsberg:* Der Aufbau des Eulenspiegel-Volksbuches von 1515 (Diss. Hamburg 1933); *W. Hofmann:* Das rhein. Sagwort (Siegburg 1959); *L. Röhrich:* Sprw. Rdaa. aus Volkserzählungen, S. 250ff.; *H. Roller:* Eulenspiegel – Zeitspiegel (Diss. Wien 1934); *M. Heller:* Moderne Eulenspiegeldichtung (Diss. Wien 1940); *R. Lauterbach:* Die Mythisierung Eulenspiegels in der rhein. Lit. (Diss. Bonn 1952); *H. Bote:* Till Eulenspiegel (Frankfurt/M. 1978, ^{2}1981); *W. Virmond:* Hermann Botes Eulenspiegelbuch u. seine Interpreten (Frankfurt/M. 1978); *W. Wunderlich* (Hg.): Eulenspiegel-Interpretationen (München 1979); *S. H. Sichtermann* (Hg.): Die Wandlungen des Till Eulenspiegel (Köln – Wien 1982); *B. U. Hucker:* Art. ,Eulenspiegel', in: EM. IV, Sp. 538–555; *G. Bollenbeck:* Till Eulenspiegel. Der dauerhafte Schwankheld (Stuttgart 1985); *L. Röhrich:* Till Eulenspiegels ,lustige Streiche'? In: Eulenspiegel-Jb. 21 (1986), S. 17–30; *W. Wunderlich* (Hg.): Eulenspiegel heute (Lauenburg. Akad. f. Wiss. u. Kultur) (Neumünster 1988).

ewig, Ewigkeit. *Das dauert ja eine (kleine, halbe) Ewigkeit:* sehr lange; vgl. frz. ,Cela dure une éternité'. Spaßhaft übertreibend sagt man auch *Es dauert ewig und drei Tage (Jahre),* z.B. meckl. ,Dat rägent jo woll ewig un drei Dag'. Der scherzhafte Zusatz ,und drei Tage' erinnert an die Zugaben, die seit alter Zeit im Rechtsleben gebräuchl. waren z.B. ,acht Tage' für ,eine Woche', ,über Jahr und Tag' (vgl. ,Tausend und eine Nacht' und das ,Bäckerdutzend'); sollen bei feierlichen Anlässen hundert Salutschüsse abgefeuert werden, so gibt man zur Sicherheit noch einen Schuß dazu, ↗ dreizehn.

Urspr. verstand man unter ,ewig' selten mehr als die Zeitspanne eines Menschenlebens. Das bereitet dir ,ewige Schande': ein unauslöschlicher Makel, solange du lebst; zu ,ewigem Gefängnis' verurteilt: lebenslänglich hinter Gittern sitzen.

Das berühmte Zitat aus Schillers ,Lied von der Glocke': „Drum prüfe, wer sich ewig bindet, ob sich das Herz zum Herzen findet" ist auch in der parodierten Form volkstümlich: ,Drum prüfe ewig, wer sich bindet' (oft mit der Fortsetzung: ,ob sich nicht noch was Bessres findet').

Allmählich erfuhr der Begriff eine zeitliche Erweiterung. Unter ,ewig' verstand man, was über viele Generationen hinausgeht, auch bis in späteste Zeiten fortdauert: sich ,ewigen Ruhm' erwerben; eine ,ewige' Messe stiften (die niemals erlöschen soll). Aber eine ,ewige Schuld' sühnen erscheint ebenso problematisch, wie sich für die gewissenhafte Erfüllung einer sozusagen ewigen Verpflichtung zu verbürgen.

Up ewig ungedeelt ist der Wahlspruch Schleswig-Holsteins. In der berühmten ,Handfeste', die König Christian I. von Dänemark nach seiner Wahl zum Herzog von Schleswig und Grafen von Holstein am 5. März 1460 zu Ripen ausstellte und die fortan die Grundlage des schlesw.-holst. Staatsrechtes bildete, heißt es: „Deese vorben. lande laven (geloben) wy na alle unseme vermoge holden an gudeme vrede, unde dat se bliven ewich tosamende ungedeld". Im Lauf der Jhh. ist diese Bestimmung wiederholt verletzt worden und nicht minder skrupellos wie der so oft beschworene ,ewige Friede'. Er erwies sich nicht dauerhafter als ,ewige Treue', von der das Volkslied singt („Jetzt kommen die lustigen Tage').

,Einer von den Ewiggestrigen sein' (Nach Schiller, ,Wallensteins Tod' I, 4): wer nach der Meinung seiner Zeitgenossen rückständig erscheint, weil er an seiner Überzeugung festhält.

In formelhaften Verbindungen bez. ,ewig' das zeitlich unendlich Erscheinende, das Bleibende, die Dauer im Wechsel: ,ewiger Schnee': nie schmelzend; die ,Ewige Stadt': Roma aeterna. Bereits Tibull billigte ihr ,Ewigkeitswert' zu, ein Attribut des Göttlichen.

Den ewigen Schlaf schlafen: tot sein; der hochsprachl. Euphemismus (↗ zeitlich) geht auf Jer. 51,39 zurück („Ich will sie ... trunken machen, daß sie fröhlich werden

und einen ewigen Schlaf schlafen, von dem sie nimmermehr aufwachen sollen, spricht der Herr"). Vgl. frz. ‚dormir du sommeil éternel' und ‚jouir du repos éternel': die ewige Ruhe genießen.
Die Soldatensprache konstatiert den Tod weit nüchterner: *In die Ewigkeit wegtreten:* vor dem Feind fallen, ein Geschehen, über das Uhland tröstend hinwegzukommen sucht: „... bleib du im ewgen Leben, mein guter Kamerad" (‚Ich hatt' einen Kameraden').
Grauen und Furcht vor den Qualen einer immerwährenden Verdammnis bestimmen die Verse des Chorals „O Ewigkeit, du Donnerwort ... Zeit ohne Zeit" (Johann Rist (1607–67). Der Schweinfurter Superintendent Caspar Heunisch (1620–90) hat, in Anlehnung an Rist, dessen Bußlied in einen Lobgesang der Erlösten umgewandelt: „O Ewigkeit, du Freudenwort".

Lit.: *E. Koch:* Geschichte des Kirchenliedes u. Kirchengesangs (Stuttgart [3]1867), III, S. 212–217; *R. Hildebrand:* Vom dt. Sprachunterricht, 14. Aufl (Leipzig 1917): S. 106; *Büchmann; K. Beth:* Art. ‚Ewigkeit', in: HdA. II, Sp. 1092–1096; *Th. C. Vriezen u. a.:* Art. ‚Ewiges Leben', in RGG. II ([3]1958), Sp. 799–809; *K. Goldammer u. a.:* Art. ‚Ewigkeit', in: ebd., Sp. 810–815.

Extrawurst. *Für jemanden (k)eine Extrawurst braten:* ihn (nicht) bevorzugen, ↗Wurst.

F

fackeln. *Nicht lange fackeln:* nicht zögern, keine Umstände oder Umwege machen; meist in der imperativischen Form: *(nur) nicht lange gefackelt:* hurtig vorwärts, nicht gezögert!
Das Verbum fackeln geht zurück auf das seit dem 14. Jh. bezeugte mhd. vacklen, urspr. ,brennen wie eine Fackel', dann ,unstet sein wie das Licht einer Fackel, hin und her schwanken'. Die in den geistigen Bereich übertr. Anwendung läßt sich frühestens 1753 aus Regensburg nachweisen (B. F. Nieremberger, Dt.-lat. Wb. XX 1^b): „Nicht lange fackeln / nihil cunctari, morari". In der Prosa des 18. Jh. erscheint die Wndg. öfters, z.B. bei Matth. Claudius: „Wollts nicht mit Lessing verderben. Er fackelt nicht"; oder in Schnabels ,Insel Felsenburg': „Da ich denn nicht fackeln werde, ihm das Lebenslicht auszublasen". In diesem fast ausschließlich verneinenden Gebrauch hat sich das Verb bis heute erhalten. Die bejahende Verwendung in Goethes ,Wandelnder Glocke' (1813, V. 14) steht vereinzelt: „Die Glocke, Glocke tönt nicht mehr, die Mutter hat gefackelt" (= gescherzt). In den obd. Mdaa. ist das Wort ebenfalls bewahrt: schwäb. ist ein ,Fackeler' ein unruhiger Mensch; schweiz. bedeutet ,Fack' eine leichtsinnige Dirne.

Faden. Auf antike Wurzeln zurück geht die Rda.: *Es hängt an einem (seidenen) Faden:* die Lage ist kritisch, bedrohlich oder lebensgefährlich, griechisch ἐκ τριχὸς κρέμαται, lat. z.B. bei Ennius (Fragm. 109): „Tota Etruria filo pendebit"; vgl. frz. ,ne tenir qu'à un fil"; engl. ,to hang by a (thin) thread'; ndl. ,aan een zijden draad hangen'. Doch braucht unsere Rda. nicht notwendigerweise auf die antike Erzählung vom ↗Damoklesschwert zurückzugehen, denn noch heute ist bei uns in vielen Volkssagen von dem ,Mühlstein am (seidenen) Faden' die Rede. Ebensogut kann hier die Vorstellung vom Lebensfaden mit hineinspielen, die ebenfalls schon dem griech. wie auch dem germ. Altertum bekannt ist: die Schicksalsgöttinnen spannen jedem Menschen seinen Lebensfaden und schnitten ihn bei seinem Tode durch (,einem den Lebensfaden abschneiden'; vgl. die Vorstellung vom ,Lebenslicht'). Dasselbe Bild wird beibehalten in ndl. ,iemands levensdraad afsnijden', frz. ,couper (trancher) le fil de la vie à quelqu'un' (nur gehobene Sprache), engl. ,to cut the thread of a person's life'. Ausgeschmückt begegnet uns das Bild bei Wilh. Busch:

> In der Wolke sitzt die schwarze
> Parze mit der Nasenwarze,
> Und sie zwickt und schneidet,
> schnapp!!
> Knopp sein Lebensbändel ab.

Im Volksglauben ist die Vorstellung des Lebensfadens ziemlich selten erhalten; die Rda. wurzelt mehr in der gebildeten Schicht als im Volk. In Schnabels ,Insel Felsenburg' heißt es: „ich wuste gewiß, dasz mein Leben an einem seidenen Faden hinge".
Die Rda. vom *roten Faden,* der sich durch alle Ausführungen eines Redners hindurchzieht und den eigentlichen Grundgedanken meint, der alles zusammenhält, ist dagegen nicht volkstümlichen Ursprungs, sondern ein viel gebrauchtes und deshalb anonym gewordenes Zitat aus Goethes ,Wahlverwandtschaften' (2. Teil, Kap. 2). Bevor Goethe sie dort zum ersten Mal anwendet, muß er einen Hinweis auf ihre Herkunft einfügen: „Wir hören von einer besonderen Einrichtung bei der engl. Marine. Sämtliche Tauwerke der königl. Flotte, vom stärksten bis zum schwächsten, sind dergestalt gesponnen, daß ein roter Faden durch das Ganze durchgeht, den man nicht herauswinden kann, ohne alles aufzulösen und woran

auch die kleinsten Stücke kenntlich sind, daß sie der Krone gehören. Ebenso zieht sich durch Ottiliens Tagebuch ein Faden der Neigung und Anhänglichkeit, der alles verbindet und das Ganze bezeichnet". Der hier geschilderte Brauch besteht tatsächlich seit 1776 in Englands Flotte. Goethe zitiert den ‚roten Faden' noch einmal in den ‚Wahlverwandtschaften' (2,4) zur Einleitung eines Stücks von Ottiliens Tagebuch: „Manches Eigene von innigstem Bezug wird an dem roten Faden wohl zu erkennen sein". Vgl. frz. ‚fil conducteur': Leitfaden.

‚Einen (Keinen guten) Faden zusammen spinnen' (‚De ene rokkent wat de andere spint')

Zahlreiche Rdaa. sind von der Tätigkeit des Spinnens oder Webens abgeleitet: *seinen Faden spinnen:* auf seine Weise dahinleben; vgl. frz. ‚faire sa pelote' (wörtl.: sein Knäuel bilden), i.S.v. Geld auf zum Teil unehrliche Art anhäufen; *einen guten Faden spinnen:* eine Sache gut ins Werk setzen; *Was spinnt denn der für einen Faden?:* Wie führt er sein Leben? *Die beiden spinnen keinen guten Faden zusammen:* sie vertragen sich schlecht; *es geht zu Faden:* es geht tüchtig und fleißig voran, auch: es geht heiß her bei einem Streite, es geht hoch her bei einem Fest; die Wndg. stammt vom Webstuhl, ebenso wie die folgende: *zu Faden schlagen;* sie bedeutet urspr. die Kette einrichten. Beim Schneider bedeutet die gleiche Wndg.: ein Kleidungsstück zunächst mit Heftfäden grob zusammenheften; daher auch ihre übertr. Anwendg. i.S.v.: etw. im Groben fertigmachen; *den Faden haben:* auf dem richtigen Wege sein, *den Faden verlieren:* aus dem Konzept kommen, vgl. frz. ‚perdre le fil', verbunden mit Goethes ‚rotem Faden' auch: *den roten Faden verlieren,* dagegen: *den roten Faden wiederfinden:* zum eigentl. Thema zurückkommen, ähnl. *den Faden wieder aufnehmen,* vgl. frz. ‚reprendre le fil', *den verlorenen Faden wieder anspinnen. Der Faden ist (ab)gerissen:* es tritt eine plötzliche Gesprächspause ein.

Keinen trockenen Faden am Leibe haben: durch und durch naß sein; vgl. frz. ‚être trempé jusqu'aux os' (wörtl.: bis auf die Knochen durchnäßt sein).

Einen nach Strich und Faden durchhauen: ihn tüchtig, gründlich verprügeln. *Keinen guten Faden an etw. lassen:* nur Schlechtes von etw. sagen. Die beiden letzten Rdaa. stammen aus der Zunftsprache der Weber: der Meister hatte das Meisterstück des Gesellen ‚nach Strich und Faden' zu prüfen, d.h. woraus und wie es gewebt war; fiel das Urteil hart aus, so ließ er ‚keinen guten Faden' an dem Stoff, d.h. er fand den Faden nicht gut genug.

‚Fadenscheinig' ist eigentl. ein abgenutzter Wollstoff, an dem man die einzelnen Fäden erkennen kann, nicht vor dem 19. Jh. übertr.: *fadenscheinige Gründe:* Gründe, die nicht viel taugen, *eine fadenscheinige Täuschung:* eine Täuschung, die offen zutage liegt, eine Ausrede, die leicht zu durchschauen ist; vgl. frz. ‚C'est cousu de fil blanc' (Es ist mit weißem Faden genäht).

‚Fadengerade' heißt eine grundehrliche und offenherzige Natur, die so gerade vorwärts handelt und so gerade herausredet wie ein straff gespannter Faden.

Die Rda. *alle Fäden (fest) in der Hand haben* stammt wohl vom Marionettentheater.

Da beißt keine Maus einen Faden ab ↗Maus.

Lit.: *G. Rauter:* ‚Der rote Faden', in: Zs. des allg. dt. Sprachvereins 17 (1902), S. 103–105; *W. Aly:* Art. ‚Lebensfaden', in: HdA. V, Sp. 965–967; *R. W. Brednich:*

Volksglaube u. Volkserzählungen von den Schicksalsfrauen (FFC. 193) (Helsinki 1964); Strafjustiz in alter Zeit (Rothenburg 1980), S. 311–312; *K. Ranke:* Art. ‚Ariadne-Faden', in: EM. I, Sp. 773–774; *M. Belgrader:* Art. ‚Faden', in: EM. IV, Sp. 781–785.

Fahne. *Zur Fahne schwören:* sich zu einer gewissen Ansicht bekennen, urspr. auf die Fahne des Herrn schwören, dem man Treue gelobt, vgl. ‚Fahneneid'; daher auch: *der Fahne folgen* oder *bei der Fahne bleiben:* einer Sache treu bleiben, z.B. ndd. ‚De Fahn nich verlaten', seinem Dienst treu bleiben.
Wer nicht bei der Fahne (rdal. bei der ‚Stange') blieb, mußte mit schwerer Bestrafung rechnen; seit dem frühen MA. bis ins 17. Jh. hinein mit Ehrverlust und schimpflichem Davonjagen, in späterer Zeit sogar mit dem Tode. Nur Militärbeamte schwuren nicht zur Fahne, konnten daher auch keine *Fahnenflucht begehen* bzw. sich ‚meineidigen Entweichens' schuldig machen.
Die Rda. wird heute meist im übertr. Sinne gebraucht, ähnl. wie die Wndg.: *‚mit fliegenden Fahnen zu jem. (etw.) übergehen, (überlaufen)':* plötzlich seinen Entschluß ändern und sich der anderen Seite oder Meinung anschließen. *Etw. auf seine Fahne schreiben:* sich etw. zum Ziel nehmen, ‚auf sein Panier schreiben', ↗Stange. Vgl. G. Kellers ‚Fähnlein der sieben Aufrechten'.
Die Fahne nach dem Wind drehen (hier ist die Wetterfahne auf Turm oder Dach gemeint): häufig seine Meinung ändern, unbeständig sein; schon im 16. Jh. bei Kirchhofer: „Er ist wie das Fähnlein auf dem Dach" (↗Mantel). Vgl. frz. ‚changer d'idée comme de chemise' (wörtl.: seine Meinung wie sein Hemd wechseln).
Eine jüngere Wndg. ist *eine Fahne haben:* nach Alkohol riechen, wohl in Anlehnung an die Rauchfahne gebildet.
Ein billiges Fähnchen tragen: ein Kleid von minderwertiger Stoffqualität anhaben. Der Begriff ‚Fähnchen' ist als verächtliche Wndg. für ein billiges Kleid schon seit der frühen Neuzeit allg. bekannt, ↗Lappen.

Lit.: *W. Müller-Bergström:* Art. ‚Fahne', in: HdA. II, Sp. 1120–1123; *A. Erler:* Art. ‚Fahne', in: HRG. I, Sp. 1037–1038; *W. Hülle:* Art. ‚Fahnenflucht u. Feigheit', in: HRG. I, Sp. 1038–1042; Strafjustiz in alter Zeit (Rothenburg 1980), S. 312.

Fahnenstange. *Das Ende der Fahnenstange erreichen:* keine weiteren Möglichkeiten mehr haben; in einer anderen Version heißt es daher: ‚am Ende der Fahnenstange angekommen sein' bzw. ‚das Ende der Fahnenstange ist erreicht': die oberste Stufe ist erreicht, jetzt kann es nur noch abwärts gehen, wenn es nicht so bleibt, wie es ist.
Mit dem Begriff ‚Fahnenstange', der in Dtl. etwa seit dem 19. Jh. bekannt ist, bez. man auch einen großwüchsigen Menschen, der über alle anderen hinausragt.

fahren. *Was ist nur in dich gefahren?:* warum hast du dich so verändert? Vgl. frz. ‚Qu'est-ce qui te prend?' (wörtl.: Was ‚befällt' dich? – Was ficht dich an?). Diese Wndg. findet in den krankheitsdämonistischen Anschauungen früherer Zeiten ihre Erklärung; man glaubte, daß böse Dämonen (oder der Teufel) in einen Menschen fahren könnten und dort ihr Unwesen trieben, so daß der Behexte nicht wiederzuerkennen sei, ↗besessen.
Die Verwünschung ‚Fahr zur Hölle' meint: geh dahin, wo du hingehörst (woher du gekommen bist), ↗Hölle, ↗Teufel.
In die Grube fahren ↗Grube.
‚Fahren' begegnet synonym für ‚reisen' und ‚scheiden' im Lied:

‚Ich fahr' dahin,
wann es muß sein ...'

Bei heftigem Schreck fährt der Mensch zusammen, daher das obersächs. Wortspiel ‚zusammenfahren wie saure Milch', heftig erschrecken.
Einen fahren lassen ↗Furz.
Aus der Haut fahren ↗Haut.
‚Fahr und Spar': binnenreimender Werbeslogan der Bundesbahn, 1988 aufgekommen.

Lit.: *K. T. Oesterreich:* Die Besessenheit (Langensalza 1921); *A. J. Storfer:* Teufelsspuren in der Sprache, in: Atlantis 2 (1935), S. 103–104; *L. Röhrich:* Krankheitsdämonen, in: Wege der Forschung 63 (Darmstadt 1967), S. 283–288; *L. Petzoldt:* Der Teufel u. der Exorzist. Dämonische Besessenheit in Sage und Volksglauben, in: Märchen. Mythos. Sage (Marburg 1989), S. 12–32.

Fahrkarte. *Eine Fahrkarte schießen:* das Ziel verfehlen. Die Wndg. ist ein fachsprachl. Ausdruck der Schützen und bedeutet: (beim Scheibenschießen) die

Schießscheibe außerhalb der Ringe treffen, nur ein – nicht gewertetes – Loch in die Scheibe schießen, wie ein Schaffner, der die Fahrkarte ‚knipst'. (Trifft ein Schütze nicht einmal die Schießscheibe, wird ‚Fehlanzeige' gemeldet.)
Jem. eine Fahrkarte zur Hölle besorgen wird ähnl. gebraucht wie die Rda. ‚jem. zum Teufel schicken'.

Fahrt. *Jem. eine Fahrt hineinmachen:* ihm in die Quere kommen, stammt wohl vom Schachspiel her, denn mhd. heißt vart = Zug; die Rda. läßt sich aber auch von ↗Fahrwasser ableiten.
In Fahrt sein: im rechten Zug, in guter Stimmung sein; ebenso *in Fahrt kommen; in Fahrt bringen:* jem. aufregen, erbosen (auch mdal., z.B. schlesw.-holst. ‚Den heff ik ornlich in Fahrt bröcht', in Erregung versetzt; ‚dor keem he awers in Fahrt', da wurde er wütend). Diese jüngeren Rdaa. stammen sicher aus der Seemannssprache, wie auch die Wndg. *auf große Fahrt gehen:* eine lange Schiffsreise über die Ozeane antreten (‚kleine Fahrt': Nord- und Ostsee). Die bündische Jugend übernahm diesen Ausdr. für längere Reisen mit einfachsten Mitteln, um fremde Länder und Menschen kennenzulernen und Abenteuer zu bestehen.
Die letzte Fahrt antreten: seemannssprachl. für sterben; vgl. frz. ‚partir pour son dernier voyage' (gehobene Sprache).
Fahrten machen: mutwillige Streiche machen, und *Fahrtenmacher:* Witzbold, Spaßmacher enthalten wohl das Wort Fahrt in der Bdtg. ‚Jagd(fahrt)'.
Auf die Fahrt steigen: auf Bettelei ausgehen.

Fahrwasser. *Im richtigen Fahrwasser sein:* in Schwung, in guter Stimmung sein, sein Lieblingsthema behandeln; *jem. ins Fahrwasser kommen:* ihm im Wege sein; vgl. frz. ‚être dans le sillage de quelqu'un' (wörtl.: jem. im Fahrwasser sein), i.S.v.: jem. folgen; *jem. breites Fahrwasser gestatten:* ihm freie Hand, weiten Spielraum lassen. Fahrwasser, d.h. eigentl. die Fahrrinne im Strom, wo das Schiff unbehindert fahren kann, ist aus der Schiffahrt mit Bedeutungserweiterung in die Umgangssprache übertr. worden.

Lit.: *O. G. Sverrisdóttir:* Land in Sicht (Frankfurt/M. 1987), S. 172–173.

Faible. *Ein Faible für etw. (einen) haben:* eine Schwäche dafür haben; die Wndg. ist nach 1700 aus frz. ‚avoir un faible pour quelqu'un' entlehnt; im Frz. bedeuten ‚faiblesse, faible' = Schwäche bzw. schwach.

fair. *Kein faires Spiel spielen:* nicht ehrlich sein, ungerecht handeln, mogeln. Der Begriff wurde aus dem Engl. übernommen, wo er vor allem im Bereich des Sports eine sehr große Rolle spielt. Die Wndg. ‚It's not fair play' zeigt das deutlich. Eine andere Version: ‚It's not cricket' hat dieselbe Bdtg. Beide Rdaa. werden gebraucht i.S.v.: das ist nicht sauber, das ist nicht recht. In dieser Bdtg. ist die Wndg. auch über den Bereich des Sportes hinaus in vielen Teilen der Welt zu sprw. Bekanntheit gelangt.

Fakultät. *Von derselben Fakultät sein:* die gleiche Gesinnung haben, dieselben Vorstellungen u. Interessen. Auch: die gleiche Veranlagung haben (als euphem. Umschreibung für homosexuelle Neigungen).

Falke. Der Falke war im MA. ein gern gebrauchtes Bild für den ritterlichen Geliebten, der auf Taten auszieht und siegreich zur Dame zurückkehrt, am frühesten im ‚Falkenlied' des Kürenbergers:

Ich zôch mir einen valken mêre danne ein jâr

sowie bei Heinrich von Mügeln:

Ein frouwe sprach: mîn falke ist mir enphlogen
sô wît in fremde lant.

Ebenso noch im späteren Volkslied:

Ich zempt mir einen falken
vil lenger als sieben jahr.

Vgl. auch Krimhilds Falkentraum im ‚Nibelungenlied' (hg. v. H. de Boor [Mannheim [12]1988], Str. 13–15).
Das späte MA. kennt die Rda. *den Falken streichen:* dem Manne schön tun, schmeicheln. Ein Volkslied des 16. Jh. klagt über die Unbeständigkeit der Frauen:

Die Falken können sie streichen
Dieweil wir bei ihn'n stahn.

Auch Hans Sachs sagt von einem Schmeichler: „er kont den falken gar wol streichen“.

Ebenfalls seit dem MA. ist der Falke das Sinnbild der Wachsamkeit; so hört man noch heute in den dt. Mdaa.: *Augen haben wie ein Falke, er sieht wie ein Falke.* Schon in Gottfrieds ‚Tristan‘ (277.3) heißt es:

sie liez ihr ougen umbe gân
als der valke ûf dem aste.

Ähnl. noch bei Goethe: „Da ich gewohnt war, wie ein Falke das Gesinde zu beobachten“. Vgl. frz. ‚avoir des yeux de faucon‘ oder ‚… lynx‘ (Luchs).

Die Falken haben sich (wieder einmal) gegen die Tauben durchgesetzt: die Befürworter der Aufrüstung (im Weißen Haus, im Kreml) die zur Wachsamkeit mahnen, haben die kompromißbereiten Friedenspolitiker überstimmt, ↗Taube.

Lit.: *O. Keller:* Die antike Tierwelt 2 (Leipzig 1913), S. 13–26; *Th. Frings:* und was im sîn gevidere alrôt guldin, in: PBB.54 (1930), S. 144–155; *C. Wesle:* Das Falkenlied des Kürenbergs, in: Zs. f. d. Ph. 57 (1932), S. 209–215; *P. Wapnewski:* Des Kürenbergs Falkenlied, in: Euphorion N.F. 53 (1959), S. 1ff.; *L. Röhrich* u. *G. Meinel:* Redensarten aus dem Bereich der Jagd und der Vogelstellerei, S. 322; *L. Röhrich* u. *R. W. Brednich:* Dt. Volkslieder II, S. 336ff.; *W. Danckert:* Symbol, Metapher, Allegorie im Lied der Völker IV (Bonn-Bad Godesberg 1978), S. 1379–1383; *E.* u. *L. Gattiker:* Die Vögel im Volksglauben (Wiesbaden 1989), S. 477–480.

Fall. *Das ist mein Fall:* das sagt mir zu, das paßt mir. Fall bedeutet urspr. den Fall der Würfel, später infolge von Verallgemeinerung die Art und Lage der Verhältnisse. Diese Bdtg. hat sich erst unter dem Einfluß von lat. ‚casus‘ und frz. ‚cas‘ eingestellt. *Knall und Fall* ↗Knall.

Die Rda. *ein hoffnungsloser Fall sein* bezieht sich wohl urspr. auf die Verhandlung vor Gericht, bei der kein Erfolg oder Freispruch zu erwarten ist; vgl. frz. ‚être un cas désespéré‘.

Klarer Fall: das leuchtet ein (engl.: ‚clear case‘). Die Wndg. wird meist an Stelle eines einfachen ‚ja‘ oder ‚ich habe verstanden‘ gebraucht. In der erweiterten Fassung: ‚Klarer Fall von denkste‘ dient sie als verkürzte salopp-spöttische Umschreibung von Aussagen wie: ‚das hast du dir so gedacht, stimmt aber nicht!‘ Sie ist vor allem in der Jugendsprache geläufig.

Lit.: *E. R. Nevill:* ‚Clear case‘, in: Notes & Queries, 11th, 5 (1912), S. 67.

Falle. *Jem. eine Falle stellen:* ihm auf hinterlistige Weise nachstellen, ihn ins Verderben zu locken suchen; vgl. frz. ‚poser un piège à quelqu'un‘; auch *einen in die Falle locken;* vgl. frz. ‚attirer quelqu'un dans un piège‘.

Er ist in die Falle gegangen; ndl. ‚He loopt in de val‘, meckl. ‚Dee lett sick nich in de Fall krigen‘, er läßt sich nicht übertölpeln. Alle diese Bilder sind von der Tierfalle genommen. Die Falle ist eigentl. nur die Klappe, die niederfällt, wenn die Maus den Fangbrocken berührt; später ist das Wort dann auf das ganze Gerät übertr. worden. Thomas Murner wendet 1512 den Ausdr. in der ‚Schelmenzunft‘ (Kap. 25) auf die Kaufleute an, bei denen das beste Stück, das sie oben auflegen, der Speck an der Falle sei (↗Ausbund).

In den Rdaa. *in die Falle gehen* oder *aus der Falle rollen* ist mit der Falle das Bett gemeint. Sie bedeuten also: ‚schlafen gehen‘ bzw. ‚aus dem Bett fallen‘.

Lit.: *L. Röhrich* u. *G. Meinel:* Redensarten aus dem Bereich der Jagd und der Vogelstellerei, S. 316, 321.

Fallstrick. *Jem. Fallstricke legen:* jem. zu einem unvermuteten Fehltritt verleiten, wodurch ihm Schaden entsteht. Die Fallstricke waren im älteren Jagdwesen eine aus Stricken hergestellte Wildfalle, in der sich die Jagdtiere verfingen. Der bildl. Gebrauch rührt von Luther her, der 1523 in seiner Bibelübers. die Beschreibung des Nilpferdes in Hiob 40,19 so beschließt: „durch Fallstrick durchboret man yhm seyne Nasen“. In Luk. 21,35 heißt es vom Jüngsten Tag: „wie ein Fallstrick wird er kommen über alle, die auf Erden wohnen“. Die Rda. selbst begegnet zuerst im 16. Jh., z.B. in Rollenhagens ‚Froschmeuseler‘ (2,23). ↗Garn. Vgl. frz. ‚prendre quelqu'un au collet‘.

Lit.: *L. Röhrich* u. *G. Meinel:* Redensarten aus dem Bereich der Jagd und der Vogelstellerei, S. 316.

falsch tritt häufig in sprw. Vergleichen auf, etwa: *falsch wie Judas;* vgl. frz. ‚faux comme un jeton‘ (wörtl.: falsch wie ein falsches Geldstück); *falsch wie eine Katze,* schwäb. *falsch wie Bohnenstroh; wie Krähenschwur;* am verbreitetsten ist *falsch wie Galgenholz* (↗Galgen).

Da kommst du an den Falschen!: Da bist

du an den Unrechten geraten, du irrst dich in mir, du sollst mich mal kennenlernen! *Ein falscher Fünfziger* ↗ Fünfziger.

Lit.: *G. Grober-Glück:* Motive u. Motivationen in Rdaa. u. Meinungen (Marburg 1974), § 73–77, S. 101–107.

Familie. *Das kommt in den besten Familien vor* wird meist gebraucht, wenn eine unangenehme Sache geschehen ist und man jem. trösten will, oder um bei kleineren Mißgeschicken die Atmosphäre durch einen Scherz aufzulockern. *Das bleibt in der Familie:* darüber wird nicht geredet. Die Rda. bezieht sich in der Hauptsache auf peinliche Vorkommnisse innerhalb der Familie. Häufig auch: ,das Geld bleibt in der Familie', wenn in einem Testament nur Familienmitglieder bedacht werden. ,Familienkungelei' oder ,Familienklüngel' meint solidarisches Verhalten innerhalb einer Familie. Gerede oder Streit zwischen den einzelnen Familienmitgliedern gilt als ,Familientratsch' u. ,Familienknatsch'.
Rührende Familienszenen können *in die Familiengeschichte eingehen,* lit. in W. Buschs ,Julchen' (1877):

Oh, das war mal eine schöne
Rührende Familienszene.

Im Schoß der Familie ↗ Schoß.
Keinen Familiensinn haben (zeigen) wird oft Kindern und jungen Leuten vorgehalten, wenn sie sich vor Familienfesten ,drücken', d.h. sich ihnen entziehen. Das kann sich sowohl auf kleinere Zusammenkünfte *im engsten Familienkreise* beziehen, als auch auf größere Feiern, zu denen die nächsten Verwandten geladen sind.

Lit.: *M. Beth:* Art. ,Familie', in: HdA. II, Sp. 1181–1184; *K. Horn:* Art. ,Familie', in: EM. IV, Sp. 814–833; *I. Weber-Kellermann:* Die Familie (Frankfurt/a.M. 1984).

Fanal. *Ein Fanal setzen:* ein Zeichen setzen, auf ein besonderes Ereignis hinweisen. Der Begriff ,Fanal' (griech. φάνος, ital. fanale = Leuchte, Fackel) kam im 18./19. Jh. von Italien nach Frankreich u. Dtl. als Bez. für ein Leuchtfeuer. Mit vereinbarten Rauch- und Flammenzeichen übermittelte man bereits im Altertum (Perser, Griechen, Römer) und noch im MA. bestimmte Nachrichten über kurze Entfernungen. Heute wird die Rda. im übertr. Sinne gebraucht als Zeichen für den Aufbruch zu etw. Neuem.

Farbe. Schon früh stand Farbe für die Gesichtsfarbe als Zeichen von Gesundheit und Vitalität, so z.B. in Gottfrieds von Straßburg ,Tristan' (um 1210): „sîn varwe und al sîn kraft began an sînem lîbe swachen" und auch bei Walther von der Vogelweide (gest. um 1230): „si verlôs ir varwe". Entsprechend auch heute noch: *Der Kranke hat alle Farbe verloren,* ist sehr blaß, schwäb. ,der hat kei Färble me'. *Er hat eine üble (kranke) Farbe:* sieht schlecht, elend aus. *Er bekommt wieder Farbe:* er erholt sich von der Krankheit oder Ohnmacht, sieht wieder besser aus. *Farbe bekommen* meint heute auch Sonnenbräune, bad. ,e Färble schinde', sich sonnen. *Gesunde Farbe haben:* vital, gesund aussehen und in übertr. Sinne *Farbe haben* für Lebendigkeit und Ausdruckskraft. *Farblos sein* steht dagegen für krank, matt und bildl. für ausdruckslos, nichtssagend: ,eine farblose Person', ,ein farbloses Leben'.
Einer Sache Farbe geben: sie beleben und interessant gestalten. Dagegen z.B. *immer in einer Farbe singen:* monoton, langweilig, ohne Dynamik. Bereits im ,Trojanerkrieg' Konrads von Würzburg (gest. 1287) hieß es: „sîne varwe verkêren" – *seine Farbe wechseln, verändern:* erröten oder erbleichen bei einem starken Affekt, z.B. vor Wut oder Schrecken.
Jetzt hat die Sache eine andere Farbe! – sie erscheint in neuem Licht. Hermann Hesse schreibt (I, 639): es kam „durch einen Zufall eine ganz neue Farbe in sein Dasein' – etw. ganz Neues.
Die Farbe steht jem. gut (schlecht) meint die Farbe seiner Kleidung. *Die Farben beißen sich:* sie passen nicht zusammen.
Bereits Heinrich von Melk (2. Hälfte des 12. Jh.) schrieb „mit vrömder varwe an dem wange": geschminkt, auch heute noch *sich (dick) Farbe ins Gesicht schmieren.* Früh erhielt Farbe deshalb auch die Bdtg. von ,falsch', so in Freidanks (gest. um 1233) ,Bescheidenheit' anklingend: „swâ wîp mit varwe ist überzogen, dâ wirt man lîhte an betrogen". Bei Luther dann bereits vollends im Sinne von Schein und Vorwand: „ist aber solchs nur zur farbe

vnd schein von innen erbotten" und „ein falscher schein vnd farbe des glawbens". Daraus *etw. mit der Farbe tun:* unter dem Schein, Vorwand. Bei Georg Henisch (1616) schließlich: „Gefärbte Freundschaft/nit rein/nicht rechtschaffen": unaufrichtig, falsch. Schwäb. ‚Horch, Kerle, du färbst aber!': du lügst, übertreibst. Nordd. ‚He kann hexen un blau farwen': blauen ↗Dunst vormachen, lügen. *Er weiß, seiner Sache eine gute Farbe zu geben:* einer schlechten Sache ein gutes Aussehen verschaffen. *Einer Sache eine schöne Farbe anstreichen:* sie von der günstigsten Seite vorstellen, früh belegt, so in Herolds ‚Christenlicher Ee Institution' (1542): „aber was färblin wollten die irer entschuldigung anstreichen".

Etw. in den schlimmsten (wildesten, finstersten) Farben ausmalen (schildern): viel schlimmer, als es tatsächlich ist. *Jem. mit (sehr) häßlichen Farben abmalen:* ihn unvorteilhaft darstellen, schlecht machen, über ihn eine schlechte Meinung abgeben. Farben dienten schon seit alters her als bes. augenfällige Kennzeichen dafür, daß jem. einer Person, einer Gruppe oder Partei, Verbindung, einer Weltanschauung etc. an- oder zugehört. So unterschieden sich z. B. die germ. Stämme in der Bemalung ihrer Schilde: Friesen braun, Sachsen rot und Franken gold/weiß. Auch die Ritter trugen bei den Turnieren die Farbe ihrer Dame als Zeichen der Treuebindung an sie und Livreebedienstete hatten ihre uniformartige Dienerkleidung in den Farben ihres Herrn. Man spricht z. B. von den Farben eines Fußballvereins oder von den Nationalfarben eines Staates als seinem Hoheitszeichen. In Norddtl. sagt man auch heute noch: ‚dor is mi een in de Klör kamen' (von frz. couleur, Farbe): ins ↗Gehege gekommen.

Zu jemandes Farbe schwören: sich jem. verschreiben. *Jemandes Farbe tragen* meinte urspr. die Farbe, die eine Herrschaft ihren Dienern gab und bedeutet bildl. von jem. abhängig, ihm verpflichtet sein. Schweiz. sagt man ‚i d'r Farb si (cho)', wenn ein Staatsdiener bei hohen Anlässen den Amtsrock oder -mantel trägt. Gebräuchl. ist auch der frz. Ausdr. ‚Couleur' in der Bdtg. von Richtung, Prägung, Eigenart: ‚Von einer bestimmten Couleur sein', ‚von verschiedener Couleur sein'. Die Mitglieder einer farbentragenden Verbindung nennt man ‚Couleur-Studenten'.

Obersächs. ‚das is eene Kaläär' oder mit dem scherzhaften Zusatz ‚das ist dieselbe Kullör, nur in Grün': ganz gleich. Wenn jem. seine Darstellung absichtlich, tendenziös verändert, sagt man auch ‚er gibt seinem Vortrag eine ganz bestimmte Farbe'. *Etw. durch eine gefärbte Brille sehen:* nicht objektiv, parteiisch, ↗Brille.

Farbe halten: treu, beständig sein, sich in der Probe als wahr oder echt erweisen, ist zunächst von gefärbtem Tuch gesagt worden, das auch in der Wäsche die künstliche Farbe behält. Dann aber bald in übertr. Bdtg., von ‚die Treue halten', ‚beständig bleiben', ‚Wort halten'; so in der ‚Zimmerischen Chronik' (II,253): „die königin, wie wol sie erzürnt, so hielt sie doch farb, erhielt den König beim Leben": sie hat ihm die Treue gehalten. 1639 heißt es bei Lehmann S. 88 (Bestehen 18): „Was Farben halten soll, muß man etlich mal tuncken", und auf S. 815 (Unbeständigkeit 2): „Mancher hält nicht Farb. Ist ein Wetterhan, der sich mit allem wind umdrehen läßt. Wetterwendisch ..."

F. von Logau dichtet:

Pferde kennt man an den Haaren,
Kleider künnen offenbaren,
Wie des Menschen Sinn bestellt
Und wie weit er Farbe hält.

Der urspr. Sinn der Rda. verblaßt, z. B. bei Schiller (‚Wallensteins Tod' IV,2):

Vom Staube hat er manchen aufgelesen,
Zu hoher Ehr' und Würden ihn erhöht
Und hat sich keinen Freund damit, nicht einen
Erkauft, der in der Not ihm Farbe hielt.

Bei einer Farbe bleiben sagt man scherzhaft auch von einem Trinker, der bei einer Sorte bleibt. *Die Farbe verleugnen:* sich zu einer Sache nicht bekennen, jem. oder etw. verraten. *Die Farbe wechseln,* schwäb. ‚der hat d'Farb g'wechselt' meint in übertr. Sinne die Farbe einer Partei oder Sache, der einer angehört, eigentl. die Farbe der Fahne oder der Uniform, und bedeutet ‚abtrünnig werden'.

Reden wie der ↗Blinde von der Farbe: nichts davon verstehen, die Wndg. ist zuerst 1524 in J. Oldecops ‚Hildesheimer Chronik' belegt: „reden also der Blinde von der Farve". Dagegen bei Abele (‚Künstliche Unordnung', 1670–74) „deutsch von der farb zu reden" wie auch schwäb. ‚von der Farb schwätze', unverblümt die Wahrheit sagen; vgl. frz. ‚parler de quelque chose comme'un aveugle des couleurs'.

Aus dem Kartenspiel stammen *Farbe bekennen:* seine Meinung offen darlegen, eigentl.: die von den anderen geforderte Farbe aus der eigenen Hand nachspielen; vgl. frz. ‚annoncer la couleur': seine Meinung sagen; etw. melden; *mit der Farbe herausrücken:* seine wahre Gesinnung zu erkennen geben; *nicht mit der Farbe herauswollen:* mit der Wahrheit hinter dem Berge halten, nichts gestehen. Bismarck hat diese Wndgn. gern in seinen Reden benutzt: „Wir werden jedes Mittel anwenden, um Sie dahin zu bringen, daß Sie cartes sur tables spielen und Farbe bekennen müssen vor Ihren Wählern' (Reden XI, 82). Nordd. ‚he hett dör de Klör juucht' (gejauchzt): hat nicht Farbe bekannt, hat betrogen.

‚Sein Umgang, Beruf etc. färbt auf jem. ab': hat eine nachteilige Wirkung, übt schlechten Einfluß auf ihn aus, gleicht ihn an.

Bremisch ‚blau farven' steht für sich betrinken. In Schlesw.-Holst. bedeutet ‚hier hett ener in Farv pedd' (getreten) oder ‚den Farfpott umstött': jem. hat einen fahren lassen, wohl in Anspielung an die streng riechenden Dämpfe in den Färberwerkstätten.

Lit.: *C. Mengis:* Art. ‚Farbe', in: HdA. II, Sp. 1189–1215; *O. Lauffer:* Farbensymbolik im dt. Volksbrauch (Hamburg 1948); *E. Tucker:* Art. ‚Farben, Farbsymbolik', in: EM. IV, Sp. 840–853; *A. Adler:* Ritterliche Verhaltensweisen und Ritterturnier im Fortleben der deutschen Sprache, in: Muttersprache 95 (1984/85), S. 253–263).

Farce. *Jem. eine Farce auftischen:* ihm etw. vormachen bzw. ihm eine Geschichte erzählen, die wie ‚an den Haaren herbeigezogen' wirkt. Das Wort wurde unverändert aus dem Frz. (‚farce' = Einlage, Fleischfüllsel, Gehacktes) übernommen und wird im übertr. Sinn verwendet für das Zusammengedichtete – z. B. im Lustspiel – das lächerlich wirkt und als ‚Getue' empfunden wird. In Anlehnung daran kann es auch gebraucht werden für Zusammenkünfte, Zeremonien und Festakte, denen etw. Künstliches und Unnatürliches anhaftet. Daher hört man gelegentlich auch den Kommentar: *Das war eine einzige Farce* oder *verschone mich mit solchen Farcen.* Beide Versionen haben – wie das Wort ‚Farce' selbst – weitgehend sprw. Bdtg. erhalten.

Lit.: *K. Schoell:* Art. ‚Farce', in: EM. IV, Sp. 853–860.

Farn. *Den Farnsamen geholt haben:* Glück haben, unerwartet zu Reichtum gekommen sein. Von einem, dem alles gelingt, sagt man im Schwäb. noch immer mdal.: ‚Der hat de(n) Fahrsame(n) g(e)holt'.

Der Farn war eine der begehrtesten Zauberpflanzen Europas. Obwohl der sich durch Sporen vermehrt, glaubte man an seinen von Dämonen gehüteten wundertätigen Samen, der nur unter großen Gefahren zu erlangen war. In Hexenprozessen wurde dies manchem zum Verhängnis, dem man den Besitz des Farnsamens nachsagte, mit dessen Hilfe man z. B. Schätze entdecken und sich unsichtbar machen konnte. Auch nach dem ‚Landtgebott wider den Aberglauben' des Herzogs Maximilian in Bayern von 1611 waren die zu bestrafen, „die den fahrsamen holen".

Lit.: *H. Marzell:* Art. ‚Farn', in: HdA. II, Sp. 1215–1229; *G. Meinel:* Art. ‚Farn', in: EM. IV, Sp. 860–866.

Fas(t)nacht. *Hinterher kommen wie die alte Fastnacht:* zu spät kommen.

In verschiedenen Rdaa. des Rheinlandes und Süddtl.s spielt die *alte Fasnacht* eine Rolle, z. B. schwäb. ‚zu spät (hinter drein) kommen wie die alte Fasnacht'; ähnl. im Saargebiet: ‚Er kommt henneno (gefozt) wie die alt Fasenacht', zu spät; ebd. ‚aussehen wie die alt Fasenacht' u. ä. Wndgn.

Im christl. Festkalender ist die Fastenzeit dem Osterfest vorangestellt, das auf dem Konzil von Nicäa im Jahre 325 auf den jeweils ersten Sonntag nach Frühlingsvollmond festgesetzt wurde. Der Ostertermin ist daher beweglich und kann entweder gleich auf den 21. März folgen oder erst in den April fallen. Da die Fastnacht als Fest vor dem Fasten der Fastenzeit vorausgeht, ist ihr Termin ebenfalls beweglich und bestimmt sich im Verhältnis zu Ostern durch die Länge der Fastenzeit. Diese wurde entsprechend dem bibl. Bericht über das Fasten Jesu in der Wüste (Mt. 4,2) von der Kirche auf 40 Tage und 40 Nächte festgelegt, so daß der Beginn der Fastenzeit auf den Mittwoch und damit das Ende der Fastnachtperiode auf den Dienstag nach dem 6. Sonntag vor Ostern (Invocavit) fiel. Im Jahre 1091 hatte jedoch die Synode von Benevent die Sonntage als Gedächtnistage der Auferstehung Jesu vom Fasten ausgenommen, so daß der Beginn der 40tägigen Fastenzeit damit nunmehr um 6 (Wochen-)Tage vorrückte. Dadurch verschob sich auch die Fastnacht nach vorne und endet seither mit dem Dienstag vor dem Mittwoch nach dem 7. Sonntag vor Ostern (Estomihi). Diese neue Regelung konnte sich jedoch am Hochrhein gegenüber der früheren Tradition nicht überall durchsetzen, wie in Basel und in Teilen des bad. Markgräflerlandes, wo man am Termin der ‚alten Fastnacht‘ als ‚Bauernfastnacht‘ gegenüber der neuen ‚Herrenfastnacht‘ weiter festhielt, so daß hier die Fastnachtzeit erst beginnt, wenn sie anderswo bereits zu Ende ist. Daraus: *Seine Fastnacht fällt immer spät:* er vertröstet alle auf die Zukunft, ist ein schlechter Zahler.

Die geringe Anzahl der für ‚Fastnacht‘ belegten und heute ohnehin nicht mehr gebräuchl. Rdaa. steht in auffälligem Mißverhältnis zu ihrem sonstigen hohen Stellenwert im südd. Volksleben und in der ma. Kunst und Lit. So steht Fastnacht als jährlich einmaliger Termin für die Zahl der Jahre in der Rda. ‚Er ist offt in die Fassnacht gangen‘ (S. Franck): er ist alt. ‚Hie ist alle tag die fasenacht‘ (Zimm. Chronik) meinte dagegen, daß es da ständig so närrisch zugeht, wie sonst nur zur Fastnachtzeit.

Lit.: *K. Meisen:* Namen u. Ursprung der Fastnacht, in: Rhein. Jb. f. Vkde. 17/18 (1966/67), S. 7–47; *S. Wagner:* Der Kampf des Fastens gegen die Fastnacht (Diss. Freiburg i. Br. 1984), S. 20ff.; *H. Moser:* Volksbräuche im geschichtlichen Wandel (München 1985), S. 98ff., 315ff.; *D.-R. Moser:* Fastnacht – Fasching – Karneval (Graz – Wien – Köln 1986).

Faß. *Das schlägt dem Faß den Boden aus:* das gibt den Ausschlag, macht das Maß voll, macht gewaltsam Schluß; das treibt die Sache auf die Spitze, setzt ihr die Krone auf (daher die beliebte Verballhornung *Das schlägt dem Faß die Krone ins Gesicht*, eigentl. eine Vermischung aus drei verschiedenen Rdaa.). Gemeint ist einerseits, daß der Böttcher die Reifen zu stark aufschlägt, so daß dem Faß der Boden ausgeht. Luther schreibt: „Er wird so lange an den reiffen klopfen, das eins mal dem fas der boden ausspringen wird“ (EA 31,231). Andererseits bewahrt die Redensart. die Erinnerung an früheres Recht:

„Von etlichen fassen, denen man uff dem winmarkt die boden uszschlûg.
Item den 18. novembris dises 74. jars hatten etliche purszlüt usz der margrafschaft gon Basell uf den freyen merkt win ze verkauffen gefiert; derselbig win, oder mher gumpest, was so arg, also das min h. verbotten den ze verkauffen. Ward auch endlichen erkandt, das man den fassen die boden usstossen und das tranck uff die erden usschiten solle“ (aus der Chronik des Fridolin Ryff, 1574).

Schon 1523 ist aus Königsberg belegt: „Der dem vaß den bodemb wolt ausstossen“.

1534 heißt es bei Luther in der Übers. von 1. Kor. 15: „denn stosse nur vollend dem Faß den Boden aus vnd sage, das kein Aufferstehung, kein Himel noch Hell, kein Teuffel noch Tod noch Sünd sey“. Ähnl. 1639 bei Lehmann S. 302 (Gesundheit 20): „Mancher treibt eins vmbs andre so lange, bis dem Faß der Boden ausgehet“. Auch die ‚Zimmerische Chronik‘ (I,376) kennt die Wndg.: „Noch hat der unfahl nit ain ort, sonder muß dem kibel den boden gar uszstoßen“.

Lit. ist die Rda. auch in der ‚Insel Felsenburg‘ (2,209) belegt: „... endlich aber, da die worte fielen, dasz sich heute zu tage ein jeder bartscherer vom doctorhut wolte träumen lassen, wurde dem fasse der boden ausgestoszen“.

Moselfränk. ‚Dat schlecht dem Faß de Bodem us!‘: das hat gerade noch gefehlt. *Dem Faß ist der Boden aus* oder *dem Faß bricht der Boden aus:* etw. geht plötzlich und unwiederbringlich zu Ende, wie der aus dem kaputten Faß hervorbrechende Wein. *Gießen ins Faß* steht im ‚Karlmeinet‘ (um 1320) für verleumden (A 221,22–25):

Si haddens mit nyde has.
Wir soullent geyssen in dat vas,
Sprachen sy, dat vnbevayn,
Dat her Morant sal han.

Das Faß zum Überlaufen bringen: den letzten Rest geben, durch eine Kleinigkeit lang Aufgestautes auslösen, wie der letzte Tropfen, der zu viel ist, das Wasser über den Rand des vollen Fasses schwappen läßt. Rhein. ‚et Fäßche laft iwer‘ als Warnung: es ist höchste Zeit aufzuhören, sonst gibt es böse Folgen.

Aus dem vollen Fasse gehen: großzügig, verschwenderisch; nordd. ‚he sitt vör’t vulle Fatt‘: er hat reichlich zum Leben. Im Siegerland heißt es von einem, der die Mittel und die Gelegenheit hätte, sie aber nicht zu nutzen versteht: ‚he setz om Faß on wess net, wat dren es‘. In Angeln sagt man ‚he kümmt bi’t lüttje Fatt‘, wenn der Altbauer den Hof den Kindern übergibt und aufs Altenteil geht.

Aus dem hohlen Fasse reden: ohne Begründung daherreden, keine genauen Kenntnisse (Informationen) besitzen, ↗Bauch.

Das Faß zuschlagen: eine Sache erledigen, mit dem Nebensinn: nicht mehr davon sprechen wollen. Dabei ist urspr. wohl an das Faß als Packgefäß gedacht.

1

2

1/2 ‚Ein Faß ohne Boden‘

Ein Faß ohne Boden sein: einer, dem man immer wieder Geld geben muß. Es ist vergebliches Tun und Verschwendung, wenn man es zu füllen sucht, es nimmt alles in sich auf, aber es zeigt sich kein Erfolg, wie bei dem mythischen ‚Faß der Danaiden‘, das einen zerlöcherten Boden hatte; vgl. frz. ‚C’est le tonneau des Danaïdes‘ (↗Danaiden).

‚E hat e Loch en et Faß‘ sagt man in Aachen von einem, der viel verzehren kann.

Ein Loch ins Faß trinken: kräftig trinken, rhein. ‚de kann en Faß voll drenke‘: eine Menge trinken.

Nach dem Faß schmecken: seine Herkunft, seinen Urspr. verraten, übertr. z.B. in Scrivers ‚Seelenschatz‘ (2737): „alle anderen Lehren schmecken nach dem Faß“, ähnl. bereits bei Luther. Diese Rda. bezieht sich auf das Weinfaß; vgl. frz. ‚sentir le tonneau‘.

Den Wein wieder im Faß haben wollen: die Sache rückgängig, ungeschehen machen wollen. Aus dem Jahre 1521 aus der Schweiz belegt: „Unser hl. Vatter wöllte den wyn wider im fas han“.

Etw. im Fasse haben: etw. in Vorrat, in Bereitschaft haben, vom Pökelfaß hergeleitet, z.B. in Joh. Fischarts ‚Bienenkorb‘: „als ob die lieben heiligen nicht auch ein gut wort im fasz hetten“; vgl. frz. ‚avoir quelque chose derrière les fagots‘ (wörtl.: etw. [im Keller] hinter den Holzbündeln [versteckt] liegen haben): etw. bes. Wertvolles im Vorrat haben. Davon abgeleitet: *noch etw. miteinander im Fasse haben:* noch miteinander abzurechnen haben; *er hat noch etw. im Faß liegen:* er muß noch für etw. büßen (↗Salz); auch mdal. verbreitet, z.B. rhein. ‚Du hes noch wat bi mek in’t Fass‘, du hast noch etw. auf dem Kerbholz. Bremisch ‚He het nog veel in’t Vat‘: er muß noch viel erleben, es steht ihm noch viel bevor. Mnd. ‚ênem wat int vat beholden (hebben)‘ bedeutete, jem. etw. Gutes oder Böses nicht vergessen, in Erinnerung behalten.

Deutlich ist die Herkunft vom Pökelfaß bei der ostfries. Wndg. ‚Dat is noh lange nich int Fatt, war’t suren soll‘, die Sache ist noch nicht spruchreif, ähnl. rhein., aber in bezug auf das Butterfaß, ‚Et es noch nit in’t Fass wor et in bottere sall‘.

In Mönchengladbach sagt man ‚He hat e

Wörtsche bei öm en't Faß': er gilt etw. bei ihm, ist angesehen. ,In sien Fatt lickt vel Höhner' heißt es in Schlesw.-Holst. vom Kinderreichen. ,Finger ut't Fatt!': bleib davon; ,nie vör Vadder in't Fatt langen' ist eine Zurechtweisung unbescheidener und voreiliger Menschen. *Einem über sein Faß kommen:* sich über seinen Wein hermachen, in übertr. Sinne auch über sein Vermögen, Gut.

Das Bierfaß ist gemeint in der von Bismarck wiederholt gebrauchten Redensart *das Faß angestochen haben:* einen Gegenstand zur Sprache gebracht haben. Die schleswig-holsteinische Wendung ,ein anderes Faß anstechen' meint: das Thema (beim Kartenspiel: die Farbe) wechseln.

,Du hast noch kein Faß Salz mit ihm gegessen' (schwäb.), du kannst ihn noch nicht beurteilen (↗Salz).

Rhein. ,en't Faß fallen': Mißgeschick haben, ,et Faß kömmt in't Rolle': das Mißgeschick nimmt seinen Lauf, das Unglück bricht herein.

,Mit dem Faß strafen' war früherer Strafvollzug: mit Anlegung eines Fasses an den Hals. „Seind sie mit der ↗Geigen und dem Faß abgestraft worden" (Aulendf. Arch. 1677). Schweiz. ,d' Hand under-em Faß ha': gebundene Hände haben, in gezwungener, bedrängter Lage sein, auch wirtschaftlich. ,Man sollt ihn in ein genageltes Faß geben und vom Berg kageln lassen' sagte man in Troppau von einem mißliebigen Menschen. Die Rda. stammt von einer ma. Hinrichtungsart her: der Verurteilte wurde in ein von innen mit Nägeln oder Messern bestücktes Faß gesteckt und von einer Anhöhe heruntergerollt. ,In ein Faß schlagen': der Leichnam eines Selbstmörders wurde früher in einer Tonne ins Wasser geworfen, um zu verhindern, daß er als Geist umgeht.

(Einem) das Faß räumen bedeutete zur Zeit des Minnesangs: davonziehen, flüchten, (jem.) weichen, etw. aufgeben. So z. B. bei Hartmann von Aue:

> wan swâ der haz wirt innen
> ernestlîcher minnen,
> dâ rûmet der haz
> vroun Minnen daz vaz

(,Iwein' 7035 ff., Anfang des 13. Jh.) und auch im ,Lohengrin' (76 ff., um 1280–90):

> her Satanas, ob ich iu hie entwiche,
> daz kan sô balde niht geschehen. swie
> gern ir mich wolt krenken,
> ir müezet rûmen mir daz vaz.

Faß als Gefäß im religiösen Sinne wurde in altdt. Predigten vom Menschen gesagt: „Paulus ist mir ein uzerwelt vas, sprach got". Auch bei Albrecht von Halberstadt (1. Hälfte des 13. Jh.), jedoch in weltlicher Bedeutung: „sie (Prognê) sprach, ,du trûwelôsez vas" (...)'".

Rhein. ,do möt (müßte) ech en Kopp han wie en öhmig Faß' ist heute Ausdr. der Überforderung, viel zu viel im Kopf behalten zu müssen. (,Ohm' ist ein altes Flüssigkeits-, bes. Weinmaß von etwa 150 Liter.) ,Faßkopf' wird verächtlich von einem Menschen mit einem dicken Kopf gesagt. ,De hät en Faßbauch' und erzgeb. ,der hat aber e Fässel': er hat einen dicken Bauch, ähnl. auch in Saarbrücken: ,Hat der e Fäßche vore hänge!'. ,He hät met si Muder op em Faß geridde' sagt man in Düsseldorf von einem O-beinigen und in Bitburg: ,he hät sin Ben iwerm Faß gesponnt'.

Els. ,Di Ku het e meineidig Faß': hat ein sehr großes Euter und auch ,s Kalb het schun e nëtt's Fäss''. Schwäb. ,Die hat ei's im Faß' steht für schwanger. Schon in der ,Zimmerischen Chronik' ist ,Faß' Bez. für den Bauch der Frau: „so war sie vom vorigen man schwanger worden und also zum doctor kommen mit einem vollen vaß" und auch Umschreibung für Entjungfern: „mit einer besondern gratia fur sie herfur und sprach offenlich zu irer widerpart: ,Ja, du waist wol, was du gesagt hast, wie du das feßlin anstachest.'"

Die Redensart *ein Faß aufmachen* ist jüngeren Datums und offensichtlich eine Eindeutschung der englischen Redensart ,to make a fuss about something', wobei das englische Wort ,fuss' deutsch zum ,Faß' wurde. Die Redensart bedeutet sowohl viel Aufhebens um eine Sache machen als auch ausgelassen feiern, die ↗Sau rauslassen.

Lit.: *F. v. Bassermann-Jordan:* Geschichte des Weinbaus, 3 Bde. (Frankfurt/M. 1923, Ndr. 1975); *A. Haberlandt:* Art. ,Faß', in: HdA. II, Sp. 1230–1232; *J. Hubschmid:* Schläuche und Fässer (= Romanica Helvetica 54) (Bern 1955); *L. Röhrich:* Märchen und Wirklichkeit (Wiesbaden [4]1979), s. Register unter ,Nageltonne'.

Fassade. *Alles ist nur Fassade:* es ist nur Schein, äußere Aufmachung, Schau. *Bei jem. ist nichts als Fassade:* nach außen hin wird alles als positiv, gut und schön vorgetäuscht, Ängste und Unzulänglichkeiten werden geschickt verborgen wie die Mängel in einem Haus hinter der hübschen (renovierten) Frontseite.
Das Wort ‚Fassade' = Vorderseite, Außenseite ist im 18. Jh. entlehnt aus frz. ‚façade', das seinerseits auf ital. ‚facciata' beruht und sich urspr. auf das Haus bezieht. Auf den Menschen übertr. meinen die Rdaa.: das vorteilhafte Äußere täuscht, ‚es ist nichts dahinter', d.h. unter der Schminke verbergen sich die Falten, hinter einer vornehmen Haltung, einer anscheinend guten Erziehung können sich negative Eigenschaften verstecken.
Hinter die Fassade blicken: die Mängel feststellen, ‚etw. durchschauen', sich nicht täuschen lassen.

Faßbinder. In Mittel- und Norddtl. finden sich rdal. Vergleiche wie: *zechen wie ein Faßbinder, laufen wie ein Faßbinder, arm dran sein wie der ärmste Faßbinder* (vgl. Müller-Fraureuth I,316[b], Wossidlo-Teuchert II,822). Ein Faßbinder mußte früher tüchtig laufen, wenn er das gefertigte Faß auf der Straße zum Besteller rollte; laufen mußte auch ein unzünftiger Böttcher, der sich nur mit dem Ausbessern alter Fässer beschäftigte, bis er seinen Lebensunterhalt verdient hatte. Von diesem Vergleich sind die anderen wohl später abgezweigt.

Lit.: ↗Faß.

Fasson. *Aus der Fasson geraten (kommen):* die gute Form verlieren, dick werden. Fasson ist nach dem 12. Jh. aus frz. façon = Verarbeitung (heute auch ‚Art und Weise') entlehnt worden und in den Mdaa. weit verbreitet, z.B. rhein. ‚enen ze Fassong brenge', ihn zur Vernunft bringen; vgl. ‚zur Raison bringen'; obersächs. ist eine wortspielerische Vermischung mit ‚Fassung' eingetreten: ‚Er kommt aus der Fasson', er ist erregt.
Jeder kann nach seiner Façon selig werden gilt – meist in dieser Form – als Ausspruch Friedrichs des Großen, obwohl das Zitatbewußtsein heute nicht mehr allg. vorhanden ist. Am 22. Juni 1740 berichteten Staatsminister v. Brand und Konsistorialpräsident v. Reichenbach an Friedrich II., daß wegen der röm.-kath. Soldatenkinder bes. zu Berlin, röm.-kath. Schulen angelegt wären, die zu allerlei Unzuträglichkeiten geführt, namentlich aber Gelegenheit dazu gegeben hätten, daß wider des Königs ausdrücklichen Befehl aus Protestanten röm.-kath. Glaubensgenossen gemacht worden wären. Dies habe der Generalfiskal berichtet. Sie fragten nun an, ob die röm.-kath. Schulen bleiben oder welche andere Antwort sie dem Generalfiskal geben sollten. Der König schrieb an den Rand: „Die Religionen Müsen alle Tolleriret werden, und Mus der Fiscal nuhr das Auge darauf haben, das keine der andern abtrug Tuhe, den hier mus ein jeder nach Seiner Fasson Selich werden" (A. F. Büsching: Charakter Friedrichs II., Königs von Preußen [Halle 1788], S. 118; weitere Parallelen dieses Wortes in der Welt-Lit. vgl. Büchmann).

Fata Morgana. *Eine Fata Morgana sehen:* ein Trugbild erblicken, einer Sinnestäuschung erliegen, eigentl.: eine bloße Luftspiegelung für Realität halten wie etwa ein Verdurstender in der Wüste, der eine nahe Quelle zu sehen glaubt.
Der Ausdr. geht zurück auf ital. ‚fata Morgana', den Namen einer Fee, die in arabischen Märchen und der Artusdichtung begegnet und die für die Urheberin der in der Straße von Messina und der Sandwüste zu beobachtenden atmosphärischen Erscheinung gehalten wurde. Ihr Name beruht auf arab. ‚marǧān' = Koralle. Als Bez. für das atmosphärische Phänomen ist ‚Fata Morgana' im Dt. erst um 1800 bezeugt, während unabhängig davon die Fee Morgana im ‚Parsifal' Wolframs von Eschenbach als Ländername ‚Feimurgān' und im 16. Jh. bei Joh. Fischart als ‚Meerfein Morgana' Erwähnung findet.
Die Rda. begegnet häufig in den Medien zur Charakterisierung eines politischen Wunschtraumes, eines unerreichbaren Zieles.

Lit.: *F. Wolfzettel:* Art. ‚Fee, Feenland', in EM. IV, Sp. 945–964, bes. 956–958.

faul, Faulheit. *Vor Faulheit stinken:* arbeitsscheu sein; Wortspielerei mit den verschiedenen Bdtgn. des Wortes faul; vgl. *Er ist so faul, daß er stinkt; stinkfaul; stinkend faul.*

Faulheit laß los! sagt man bes. dann, wenn man sich faul hin und her rekelt, als ob man mit der Faulheit ringe.

So faul wie Mist, so faul wie Galgenholz: sehr faul. Ähnl.: ‚faul wie eine ein paar Tage alte Leiche'. Es handelt sich hierbei um ein Sprachspiel mit der Doppelbdtg. von ‚faul' = träge, müßig und in Verwesung übergehend.

Im Dt. wird der Tiervergleich ‚fauler Hund' bevorzugt, der auch als Schimpfwort begegnet, während im Frz. die angebliche Faulheit anderer Tiere eine Rolle spielt: ‚paresseux comme une couleuvre (Natter), comme un lézard (Eidechse), comme un loir' (Siebenschläfer).

Der Faule wird in den Mdaa., z.B. in Schwaben, in mancherlei Weise umschrieben; man sagt von einem solchen Menschen: ‚Dear ma(g) net geara dicke Brettla boahra'; ‚dear ma(g) koi dicke Strick a'reißa'; ‚dear tät geara schaffa, aber was bei de Ärmel nausguckt, ma(g) nix tua'; ‚dear isch geara dau, wau scho g'schafft isch, aber no it gessa'; ‚dear goht d'r Arbet am liabschta aus 'm Weag'; ‚dear tät am liabschta d'r Arbet mit d'r Leich gauh'; ‚dear g'heart zu deane, dia wo lauter roate Täg im Kalender hau möcht'n'; ‚deam wär's recht, wenn's äll ander Täg Sommte wär und d'Wuch no a paar Feirte hätt'; ‚deam sei liabschta Arbet isch: a verreckt's Goißle hüata em a ei'gmachta Zau'; ‚dear isch so faul, daß 'm 's Broat im Maul dinn verschimmlat'; ‚dear isch z'faul, daß 'r 's Maul aufmacht'; ‚dear isch z'faul zom Schnaufa'; ‚dear isch zom Essa z'faul'; ‚dear isch z'faul, daß 'r stinkt', ↗ Arbeit.

Nicht faul sein i. S. v. schnell bereit zu etw., findet sich bereits in der ‚Ehrlichen Frau Schlampampe' (S. 73, 85): „Claus ist sonsten nicht faul, Er klopft dich ..." Wir brauchen heute die Rda. in appositioneller Kürzung: z.B. ‚Er aber, nicht faul, zog den Degen'.

Es ist etw. faul im Staate Dänemark, ist eine Zitatübers. aus Shakespeares ‚Hamlet' (I, 4): „Some thing is rotten in the state of Denmark". Vgl. frz. ‚Il y a quelque chose de pourri dans le royaume de Danemark'. Das berühmte Zitat beruht möglicherweise auf einem Interpretationsfehler, wie schon 1904 von Brauscheid überzeugend nachgewiesen wurde: Da Hamlet für Dänemark steht – in gleicher Weise wie Burgund für den Herzog von Burgund u. France für den König von Frankreich –, ist mit dem Ausspruch des Marcellus nicht der Staat von Dänemark gemeint, sondern der Gesundheits- bzw. Geisteszustand (state) des Hamlet, der auch als ‚Dänemark' bez. wird. Es müßte daher in der Übers. heißen: Es ist etw. krank (faul) im Kopf (Geist) von Dänemark, d.h. von Hamlet. Trotz dieser Richtigstellung hat sich das Mißverständnis in der Übersetzung hartnäckig bis heute gehalten.

Ein Faulpelz sein: sich vor der Arbeit drükken; ähnl.: *die Faulkrankheit haben; ein Faultier sein.*

Lit.: *Brauscheid:* ‚Etw. ist faul im Staate Dänemark', in: Zs. des allg. dt. Sprachvereins 19 (1904), S. 213–214; *A. v. Koch:* „A new interpretation of ‚Something is rotten in the state of Denmark'", in: Moderna Sprak 9 (1915), S. 157–160; *S. Segerström:* ‚Something is rotten in the state of Denmark', in: Moderna Sprak 9 (1915), S. 199–203; *A. Stenhagen:* ‚Something is rotten in the state of Denmark', in: Moderna Sprak 10 (1916), S. 28–29; *T. R. K. A. Rose:* Ein fauler Kopf, ein faules Ei. Sprichwortsammlung rund um die Faulheit, in: Dt. Bergwerkszeitung (Essen 1927), Nr. 226, S. 8; *G. Breuer:* Der Faule im Volksmund, in: Rur Blumen (Jülich 1941), S. 64; *E. Moser-Rath:* Art. ‚Faulheitswettbewerb', in: EM. IV, Sp. 900–905; *K. Horn:* Art. ‚Fleiß und Faulheit', in: EM. IV, Sp. 1262–1276.

Faust. *Es paßt wie die Faust aufs Auge:* es paßt nicht zueinander; ähnl. schon bei Luther, z.B. in der Auslegung von 2. Mos. 1: „Es reimt, wie eine Faust auf ein Auge"; 1531 in Seb. Francks ‚Chronik' (336^b): „das yr kirch der ... gantzen Bibel eben so gleich sieht, als ein Faust einem Aug". Bei Abraham a Sancta Clara (‚Reim dich' 231) heißt es: „Ein guter Soldat muß sich reimen, wie ein Faust auff ein Aug". Lehmann 823 (‚Ungereimbt' 1) schreibt: „Von widrigen vngereimbten Dingen pflegt man zu sagen: Es reumt sich zur Sach, wie ein altes Weib zur Haasenjagt. Wie ein Muschel zum Jacobsmantel. Wie ein Igelshaut zum Küssen. Wie ein Storcken Nest eim Gäns Kopff zum Hut. Wie ein Pflug zum Fischergarn". Vgl. finn. ‚wie der Sattel auf das Schwein'.

In des Schlesiers Daniel Stoppe ‚Teutchen Gedichten' (1722) heißt es von alten Weibern:

Die schicken sich zur Liebes-Pflicht
Beynahn wie die Faust aufs Auge,
Wie braunes Wurtzner Bier
Und Seiffensiederlauge.

Vgl. frz. ‚Cela rime comme hallebarde et miséricorde' (heute ungebräuchlich), engl. ‚That's as fit as a shoulder of mutton for a sick horse', ndl. ‚Dat slaat als een tang op een varken'.

Sich ins Fäustchen lachen: schadenfroh, verschmitzt lachen, eigentlich verbunden mit einer Gebärde: heimlich hinter der vorgehaltenen Hand lachen. Die Rda. ist seit frühnhd. Zeit belegt, z. B. in den Fastnachtsspielen: „Der teufel in sein feustchen lacht"; bekannt geworden ist sie dann vor allem durch Luther, der die Rda. in Sir. 12,19 benutzt: „Seinen Kopff wird er schütteln, vnd jnn die Faust lachen, dein spotten vnd das Maul auffwerffen". 1512 verwendet Murner in der ‚Narrenbeschwörung' (19,49) den Ausdruck: „durch syne finger lachen" (↗Finger). Bei dem Prediger Mathesius heißt es: „vergießen unschuldig blut und lachen darzu in die faust". Vgl. ndl. ‚in zijn vuistje lachen'; frz. ‚rire dans sa barbe, sous cape'; engl. ‚to laugh in one's sleeve' und schon lat. ‚in sinu gaudere' (sich im Bausch des Gewandes, im stillen freuen).

Von der Faust weg: ohne Umstände, aus freier Hand, erinnert an die alte Tischsitte, ohne Messer und Gabel zu essen; berl. *ex faustibus essen,* wohl eine aus student. Kreisen herrührende Wndg., wobei an ein Butterbrot zu denken ist. Häufig für die gleiche Situation auch: ‚Aus der kalten Lamäng' (la main), oder: ‚Karo (Brot) einfach, aus der Hand, belegt mit Daumen und Zeigefinger', ↗Hand.

Mit der Faust auf den Tisch schlagen: sich energisch und rücksichtslos Gehör verschaffen, indem man grob gegen die Anstandsregeln verstößt; vgl. frz. ‚frapper du poing sur la table'.

Die Faust in der Tasche (im Sack) machen: eine Drohung nicht laut werden lassen.

Auf eigene Faust handeln: auf eigene Verantwortung.

Es faustdick hinter den Ohren haben ↗Ohr.

Lit.: *E. Stemplinger:* Art. ‚Faust' in: HdA. II, Sp. 1269; *A. Webinger:* Faustdick und ellenlang (Maßangaben, die der Körper stellt), in: Muttersprache 55 (1940), S. 38–40 u. 88–89; *L. Röhrich:* Gebärde – Metapher – Parodie (Düsseldorf 1967).

Faxen. *Faxen machen:* Streiche, Späße, Possen und Scherze in Worten und Gebärden machen; Grimassen schneiden; in den Mdaa. weit verbreitet. Zugrunde liegt das lautmalende Verbum fickfacken = sich hin und her bewegen, davon abgeleitet die Substantiva Fickesfackes, Fiksfaks, Fackes, Facks = Posse, loser Streich. Seit dem Ende des 18. Jh. ist der Plur. Faksen, Faxen auch als schriftsprachl. anerkannt.

Fazit. *Das Fazit ziehen:* das Gesamtergebnis feststellen; ein alter Ausdr. des Rechenunterrichts. Schon seit dem 14. Jh. ist aus lat. Rechenbüchern ‚facit' = es macht, geläufig. Mitte des 15. Jh. ist es zu Fazit = Ergebnis, Summe substantiviert worden. Durch die gedruckten Rechenbücher seit dem Ende des 15. Jh. wird der neue Begriff verbreitet und volkstümlich. Im 16. Jh. dringt er auch in die Lit. ein; in der Beschreibung des Dreißigjährigen Krieges von B. Ph. von Chemnitz (Theil IV, 272[b]) heißt es: „hatte sein facit auf die baierischen gemacht". Übertr. erscheint die Wndg. seit dem 17. Jh., z. B. 1669 bei Grimmelshausen: „Zuletzt kam das Facit über den armen Simplicium herauß" (‚Simplicissimus', Ndr. S. 80). Gleichen Urspr. ist ‚die Probe aufs Exempel machen'.

FdH. *FdH. machen (müssen):* etw. gegen sein Übergewicht unternehmen wollen. FdH.: Friß die Hälfte, ist die heute bes. geläufige Abkürzung für die Reduzierung der Nahrungszufuhr auf die jeweils halbe Eßration. Eine Steigerung bedeutet die Aufforderung: *FdHdH.:* Friß die Hälfte der Hälfte, d.h. nur ein Viertel der sonst üblichen Menge, um erfolgreich ‚abzuspecken', ↗fressen.

fechten. *Fechten gehen:* betteln gehen; im ausgehenden MA. hatten sich die Handwerker vielerorts zu Fechtgesellschaften zusammengeschlossen, um sich im Gebrauch der Waffen zu üben. Viele Handwerksburschen zogen im Lande umher, zeigten ihre Kunst im Fechten und erwar-

ben damit ihren Lebensunterhalt. Da sie auf Gaben der Zuschauer hofften, nahm der Ausdr. fechten die Bdtg. ‚betteln' an, und die wandernden Handwerksburschen wurden auch ‚Fechtbrüder' genannt. Diese Erklärung des Ausdr. wird bestätigt durch ein Zeugnis aus dem Jahre 1663 (J. Praetorius, ‚Mägdetröster', S. 99): „Würde für betteln das Wort garten, fechten, umb Reuterzehrung ansprechen nicht aufgebracht sein, es würden so viel liederliche Gesellen, als sonderlich lose Handwerksbursche nicht faulenzen oder ostiatim (‚von Tür zu Tür') gehen".
Ebenso wie die Handwerker zogen auch entlassene Söldner, die nicht sofort wieder angeworben wurden, von Dorf zu Dorf und zeigten für Speise und Trank ihre Fechtkünste. In der Schweiz sagt man noch heute von einem walzenden Gesellen: ‚Die halbi Zīt ficht er und die andri duet er bettle'. Von einem, der bes. gut zu fechten versteht, heißt es rhein. ‚Der fecht dem Düvel en Ben af'. Das Fechten der Handwerksburschen wurde zu Beginn des vorigen Jh. behördlich untersagt; vgl. eine meckl. Verordnung aus dem Jahre 1801: „auch soll ferner das Fechten der Handwerksbursche solchergestalt hiemit abgestellet sein ...".
‚Etw. anfechten': etw. anzweifeln, ein Urteil in Frage stellen, einen Prozeß erneut aufrollen. ‚Etw. ausfechten': eine schwierige Angelegenheit (Prozeß, Streit u.ä.) bis zur (erfolgreichen) Entscheidung durchkämpfen.

Lit.: *H. Helwig:* Die dt. Fechtbücher, in: Börsenblatt f. d. dt. Buchhandel 55 (Frankfurt/M. 1966); *H. P. Hils:* Meister Johann Liechtnauers Kunst des langen Schwertes (Diss. Freiburg i. Br. 1984).

Feder. *Sich mit fremden Federn schmükken:* sich die Verdienste anderer zueignen, mit fremdem Gute prahlen; schon lat. ‚alienis se coloribus adornare'; ähnl. auch in vielen anderen europ. Sprachen verbreitet.
Die Rda. geht auf die Fabel des Phaedrus (1,3) von der Krähe zurück, die sich mit Pfauenfedern schmückte (AaTh. 244). Die Fabel ist lit. sehr verbreitet. Schon in der ersten Hälfte des 13. Jh. verfaßte der Stricker die Versdichtung ‚Der Rabe mit den Pfauenfedern'. 1639 heißt es bei Lehmann S. 15 (Ampt 48): „Man muß einmal der Hatzel (d.i. Elster) die entlehnten Federn ausrupffen". Lessings Fassung der Fabel: ‚Die Pfauen und die Krähe' lautet: „Eine stolze Krähe schmückte sich mit den ausgefallenen Federn der farbigen Pfaue und mischte sich kühn, als sie genug geschmückt zu sein glaubte, unter diese glänzenden Vögel der Juno. Sie ward erkannt, und schnell fielen die Pfaue mit scharfen Schnäbeln auf sie, ihr den betrügerischen Putz auszureißen. – ‚Lasset nach!' schrie sie endlich, ‚ihr habt nun alle das Eurige wieder'. Doch die Pfaue, welche einige von den eignen glänzenden Schwingfedern der Krähe bemerkt hatten, versetzten: ‚Schweig, armselige Närrin; auch diese können nicht dein sein!' – und hackten weiter" (Fabeln, 2. Buch, Nr. 6, 1759). Vgl. auch die Fabel von La Fontaine: ‚Le geai paré des plumes du paon' (Der Häher, der sich mit Pfauenfedern geschmückt hatte), woraus die gleichlautende frz. Rda. abgeleitet wurde.
Federn lassen (müssen): Schaden erleiden, vom Bild des Geflügels, das in einer Falle oder Schlinge gefangen ist und bei der Befreiung Federn verliert; im ähnl. Sinn: ‚Haare lassen' (↗ Haar) und ‚Wolle lassen' (↗ Wolle). 1538 bei Luther: „sie besorgen doch, wo es zum concilio keme, sie müsten fedder geben oder har lassen". Bei Hans Sachs:

> war ist das alt sprichwort, das redt,
> wer mit heillosen Leutn umbgeht,
> dem geht es auch heillos dermaßen,
> er muß ein federn hindr im lassen.

Vgl. frz. ‚Y laisser des plumes'.
Dann auch aktiv: *jem. eine Feder ausrupfen:* ihn betrügen, schädigen, übervorteilen. Bei Abraham a Sancta Clara (‚Sterben und Erben' 13): „Als die grassirende Pest der kayserlichen Residenz-Stadt ziemlich die Federn ausgeropft". Mdal. in Meckl. ‚sick bi de Feddern krigen', in eine Schlägerei geraten. Vgl. auch frz. ‚Voler à quelqu'un dans les plumes' (wörtl.: einem ins Gefieder geraten): einem zusetzen.
Jem. eine Feder durch die Nase ziehen: ihn belügen, ihm etw. aufbinden; belegt bei Andreas Gryphius: „der herr verzeihe mir, der ihm gesaget, daß wir ihm seine fräulein entführet, hat ihm eine greuliche feder durch die nase gezogen".

‚Federn in den Wind schütten'

Federn in den Wind schütten: Sinnloses tun. Die hess. gebräuchl. Frage *Wo wird er seine Federn hinblasen?:* wohin wird er ziehen? hat ihre Wurzel in dem Volksglauben, die Richtung der Wanderschaft durch eine in die Luft geblasene Feder bestimmen zu lassen; dies wird schon 1580 in der ‚Bayer. Chronik' (98[b]) des J. Aventin bezeugt: „Es ist auch sonst ein gemein Sprichwort vorhanden, das gemeiniglich die jenigen brauchen, so frembde Land bauwen wöllen oder söllen, die sprechen gern: Ich wil ein Feder auffblasen, wo dieselbig hinauß fleucht wil ich nachfahren"; vgl. den Eingang von KHM. 63 ‚Die drei Federn': Der König bläst drei Federn in die Luft und schickt seine Söhne nach den drei Richtungen, die sie einschlagen, in die Welt (vgl. L. Röhrich: Märchen und Wirklichkeit [Wiesbaden [4]1979], S. 103 f.).
In einigen Rdaa. wird der Mensch mit einem Vogel verglichen: *ohne Federn fliegen wollen:* etw. wagen, wozu die Mittel fehlen; *fliegen wollen, ehe die Federn gewachsen sind,* schon im 14. Jh. in der ‚Theologia deutsch', Kap. 13, und mhd. ‚ungevëder fliegen'; *mit fremden Federn fliegen:* mit fremder Hilfe.
Sich eine Feder an den Hut stecken: fröhlich und unbekümmert sein, nach außen hin zeigen, daß man ein freier Bursche ist, der noch ungebunden geblieben ist, ↗Hut.
Daran erinnert auch der Liedtext:

Es trägt ein Jäger einen grünen Hut,
Er trägt drei Federn auf einem Hut.

Die Liedzeile „Vom Barette schwankt die Feder", aus dem ‚Landsknechtlied' von Heinrich Reder aus dem Jahre 1854, hat ebenfalls rdal. Charakter erhalten durch ihre Anspielung auf ein fröhliches Junggesellentum.
Die Bettfedern sind in folgenden Rdaa. gemeint: *von den Federn aufs Stroh kommen:* verarmen; dagegen obersächs. ‚zu Federn kommen', zu Wohlstand gelangen; scherzhaft *nach Federnhausen gehen, sich zu seinen Federn versammeln* (Wortspiel mit ‚Vätern'): zu Bett gehen; ebenso *auf den Federball gehen;* vgl. frz. ‚se mettre dans les plumes': sich in die Federn legen; zu Bett gehen.
Sich aus den Federn machen: aufstehen; *nicht aus den Federn kommen:* lange schlafen.
Auf die Schreibfeder, urspr. eine Vogelfeder, später eine Feder aus Metall, beziehen sich einige Wndgn. der gehobenen Sprache: *zur Feder greifen:* etw. schriftlich niederlegen, einen Brief schreiben, sich lit. betätigen; *eine spitze Feder führen:* angriffslustig, kritisch formulieren; *von der Feder leben (müssen):* als freier Schriftsteller arbeiten u. daher meist ein unsicheres Einkommen haben; *etw. unter der Feder haben:* gerade an einem Aufsatz (Buch, Werk) arbeiten. *Sich vom Tod die Feder aus der Hand nehmen lassen:* mitten aus der Arbeit herausgerissen werden, ↗zeitlich.

Lit.: *M. Fuchs:* Die Fabel von der Krähe, die sich mit fremden Federn schmückt, in der abendländischen Lit. (Diss. Berlin 1886); *L. Röhrich:* Gebärde, Metapher, Parodie (Düsseldorf 1967), S. 75; *K. Doderer:* Formen, Figuren, Lehren (Zürich – Freiburg i. Br. 1970); *A. Taylor:* As Light as a Feather, in: Folklore Research Center Studies 1 (Jerusalem 1970), S. 95–96; *L. Röhrich* u. *G. Meinel:* Rdaa. aus dem Bereich der Jagd u. der Vogelstellerei, S. 320; *W. Danckert:* Symbol, Metapher, Allegorie im Lied der Völker II (Bonn-Bad Godesberg 1978), S. 787 ff.; *H. Fischer:* Art. ‚Feder', in: EM. IV, Sp. 933–937.

Federfuchser. *Ein Federfuchser sein:* ein Schreiber, ein ‚Buchstabenkrämer' sein, der andere durch seine kleinliche Übergenauigkeit ärgert, ein Pedant sein, der Einhaltung von Vorschriften, Anordnungen und Richtlinien zu seinem Lebensinhalt macht u. dies auch von anderen fordert. Das umg. Wort beruht als Fortbildung vermutl. auf einem älteren ‚Federfuchs': Pedant mit der Feder wie ‚Schulfuchs': Pedant in der Schule. Der Ausdr. begegnet bereits im 16. Jh. als sprechender

Name ‚Lupoldus Federfusius' in den ‚Briefen der Dunkelmänner'.

Federlesen. *Nicht viel Federlesens machen:* nicht viel Umstände machen; ähnl. gebraucht wie die Wndgn. ‚kurzen Prozeß machen', ‚kurze fünfzehn machen', ‚kurze Geschäfte machen', ndl. ‚korte metten machen'.

‚Federn lesen' – ‚Honig ums Maul schmieren'

Schon im MA. galt es als niedrige und kriecherische Schmeichelei, Höhergestellten die Federchen von den Kleidern zu lesen, die ihnen angeflogen waren. Daher die ältere Rda. *einem die Federn lesen* (oder *klauben):* ihm schmeicheln, ihm gefällig sein; z. B. bei Luther: „ein ubertreter und schalksheilige kan fedder lesen und ohren krawen, reden und thun was man gern höret". Dazu die Spott- und Schimpfworte spätmhd. vëderklûben = heucheln; frühnhd. Federklauber, Pflaumenstreicher = Schmeichler, Heuchler. Im 15. Jh. heißt es in einem Fastnachtsspiel: „Du Federklauber, Orenkrauer"; bei Sebastian Franck (I, 236[a]): „Liebkoser vnnd fäederleser, die jren herren die oren melckend, lupffend vnd vnder alle ellenbogen küßlin schübend"; Geiler von Kaysersberg zählt auf: „adulatores nominantur multis nominibus: Den falwen hengst streichen: kutzen streicher: kreidenstreicher: federleser: schmeichler". In einem Holzschnitt von Hans Weiditz finden wir alle für die Schmeichler sprw. gewordenen Tätigkeiten zusammen abgebildet. Der Patrizier, der sich selbst beurteilt nach dem, was andere ihm sagen, steht selbstbewußt in der Mitte des Bildes. Die goldene Kette um seine Schultern ist sehr dick, der Rosenkranz, der seine Frömmigkeit dartun soll, ist riesig. Vor ihm steht der junge Mann, der ihm ‚das Hälmchen streicht', ihm also ‚Honig ums Maul schmiert', der eine große Zahl von Insekten anlockt, d. h. von weiteren Schmarotzern, die seinen Kopf umschwirren. Links neben dem umschwärmten Würdenträger sehen wir einen Mann, der, sich in tiefem Bückling niederbeugend, mit seiner Linken dem Patrizier den Rücken streichelt und mit der Rechten Federn von dem Boden liest. Es ist der sprw. ‚Faltenstreicher' und ‚Federleser' (vgl. Fraenger: Altdt. Bilderbuch, S. 113).

Später sah man dann das Federlesen als närrische Tätigkeit an, z. B. heißt es bei Geiler in den Predigten über Sebastian Brants ‚Narrenschiff': „Wann der Narr neben ir sitzet, so lieset er ir helmle oder federlin ab". An seinem Rock kein Fläumchen oder Fäserchen zu dulden, war ein Zeichen übertriebener und lächerlicher Sauberkeit; Federlesen erhält also den Sinn von ‚unnützer Zeitverschwendung', was zum heutigen Sinn der Redensart führt: nicht viel Umstände machen. Schon in der ‚Flöhhatz' Joh. Fischarts ist sie 1577 belegt: „Vnd machen nicht vil federlesens".

‚Federnstreicher'

Der nach viel berechtigte Genetiv tritt verschiedentlich auch auf, wo er überflüssig ist, z.B. in den Gedichten A.F.E. Langbeins (Bd. 2, 1813, S. 86): „Was macht ihr nun so lange Federlesens?" oder in Thomas Manns Roman ‚Lotte in Weimar' (Frankfurt/M. 1947, S. 168): „... von nüchtern resolutem Verstande, der kein Federlesens machte".
Richtig dagegen bei Goethe im ‚Westöstlichen Diwan': „Nicht so vieles Federlesen!" Mdal. erscheint das Wort auch mit Bedeutungswandel, z.B. meckl. ‚Met em is keen got Fedderläsen', mit ihm ist nicht zu spaßen. Im allg. tritt die Rda. jedenfalls nur in der verneinenden Form ‚nicht viel Federlesen(s)' auf, so auch in Schillers ‚Fiesko' (V, 10). Vgl. auch KHM. 5 u. KHM. 27.

Lit.: *A. Kuntzemüller:* Zur Gesch. des substantivierten Infinitivs im Nhd., in: Zs. f. dt. Wortf. 4 (1903), S. 58–94; *Anon.:* ‚Nicht viel Federlesens machen', in: Sprachpflege 10 (1961), S. 91.

Federstrich. *Etw. mit ein paar Federstrichen entwerfen:* etw. skizzieren, kurz umreißen, flüchtig, rasch arbeiten.
Jem. durch einen Federstrich um eine Hoffnung ärmer machen: ihm etw. nicht bewilligen, ‚ihm einen Strich durch die Rechnung machen', ↗Strich; ähnl.: *Etw. mit einem Federstrich abtun:* eine Sache keiner weiteren Beachtung für würdig halten, sie als erledigt abzeichnen und zu den Akten legen. Dagegen: *Etw. nicht durch einen Federstrich aus der Welt schaffen können:* etw. nicht leicht abtun, rückgängig machen können.
Alle diese Rdaa. beziehen sich auf die Feder als Schreibgerät, da früher mit den zugeschnittenen Kielen von Schwungfedern geschrieben wurde, ↗Feder.

Feg(e)feuer. *Ins Fegefeuer kommen:* Qualen erdulden müssen, einen Läuterungsprozeß durchmachen, der mit Schmerz und Pein verbunden ist.
Das Wort ‚Fegefeuer', mhd. ‚vegeviur', ist eine Übers. von kirchenlat. ‚īgnis pūrgātōrium', das nach kath. Glaubenslehre ein vorübergehender Prozeß der Reinigung ist, in dem die Verstorbenen ihre läßlichen Sünden abbüßen, bevor sie in das Reich Gottes eingehen dürfen. Die Armen Seelen leiden durch verhängte Strafen, vor allem aber durch die zeitweilige Entziehung der seligen Anschauung Gottes. Lebende können den Armen Seelen zu Hilfe kommen und ihre Qualen verkürzen, indem sie Meßopfer bringen, gute Werke verrichten und Almosen geben.
Die kath. Fegfeuerlehre wurzelt in der Rechtfertigungslehre und versucht, die Menschen vor sittlichem Leichtsinn, aber auch vor Verzweiflung über ihre Sündenschuld zu bewahren.
Mehrere Rdaa. tradieren diese Vorstellungen und übertr. sie in den profanen Lebensbereich: *Ein Fegefeuer erleiden, für jem. ein Fegefeuer sein:* schon zu Lebzeiten größte Qualen erleiden müssen.
Sein Fegefeuer im Haus haben: die Hölle auf Erden erleben; vgl. ndl. ‚Hij heeft het vagevuur binnen 's huis'.

Aus dem Fegefeuer in die Hölle kommen: einem noch schlimmeren Übel verfallen, eigentl.: in alle Ewigkeit verdammt sein; vgl. ndl.: ‚vat het vagevuur in de hel'; ähnl. ‚vom Regen in die Traufe kommen' ↗Regen.

Lit.: *M. Landau:* Hölle und Fegfeuer in Volksglaube, Dichtung und Kirchenlehre (Heidelberg 1909); *R. Hindringer:* Art. ‚Fegfeuer', in: Lex. f. Theologie u. Kirche III (Freiburg 1931), Sp. 979–982; *J. le Goff:* Die Geburt des Fegefeuers (Stuttgart 1984).

Fehdehandschuh. *Einem den Fehdehandschuh hinwerfen* (auch *vor die Füße werfen):* mit ihm Streit anfangen. Die Rda. beruht auf der alten Sitte, daß sich Ritter zum Zeichen der Herausforderung zum Kampfe einen Handschuh vor die Füße warfen, was als Sinnbild eines Schlages galt, den auszuführen von der ritterlichen Sitte verboten war. So z. B. im ‚Tristan' Gottfrieds von Straßburg (V. 6458 f.):

Sînen hantschuoch zôh er abe,
er bôt in Môrolde dar.

Im 18. Jh. ist die alte Vorstellung durch gelehrten Einfluß neu belebt worden; 1789 gebraucht Schubart den Ausdr. ‚Fehdehandschuh' als Überschrift einer Zeitungsanzeige in der ‚Vaterlandschronik' (424), und Schiller wendet die Rda. im ‚Tell' (III, 3) an:

Und ständet ihr nicht hier in Kaisers Namen,
Den ich verehre, selbst wo man ihn schändet,
Den Handschuh würf' ich vor euch hin, ihr solltet
Nach ritterlichem Brauch mir Antwort geben.

In neuerer Zeit lautet die Rda. gewöhnlich *den Handschuh aufnehmen.* Vgl. frz. ‚jeter le gant à quelqu'un' bzw. ‚relever le gant'; engl. ‚to throw down the glove' bzw. ‚to take up the glove for a person'; ndl. ‚iemand de handschoen toewerpen' und ‚de handschoen opnemen voor iemand'. Das Aufnehmen des Handschuhs spielt auch in Schillers Gedicht ‚Der Handschuh' eine Rolle. In der ältesten frz. Quelle dieses Stoffes wirft der Ritter am Schluß den Handschuh vor die Dame und antwortet mit einer Herausforderung.

Das Aufheben des Handschuhs war das Zeichen der Annahme des Kampfes; daher die Wndg. *den Handschuh aufheben:* die Herausforderung annehmen. Bismarck sagte in einer seiner Reden: „Ich habe noch nie einen Handschuh liegen lassen, den mir einer hingeworfen hat".

Lit.: ↗Handschuh.

Feierabend. *Feierabend machen:* aufhören zu arbeiten, am Abend die Arbeit einstellen, dann allg.: eine Beschäftigung nicht weiter fortsetzen. Die Rda. ist aus der Handwerkersprache allg. geworden und früh in übertr. Bdtg. angewendet worden. Bei Gerlingius heißt es 1649 unter Nr. 23 seiner ‚Sylloge adagiorum': „Ego meum pensum absolvi. Ich hab' außgespunnen. Ich hab' feyerabend". Grimmelshausen hat 1669 die Wndg. ins Boshafte verschoben: „da ich allerdings Feyraband gemacht hatte" (‚fertig war mit Stehlen'; ‚Simplicissimus' Bd. 1, S. 237). In den dt. Mdaa. bedeuet Feierabend machen heute vielfach ‚sterben', z. B. meckl. ‚Dor mök he Fierabend', da starb er; derber ‚jetzt hat der Arsch Feierabend', jetzt ist es aus; alem. ‚Wenn ma g'storbe ist, hat's Fiedle Feierabend', ↗zeitlich.

Feige. *Einem die Feige(n) weisen (zeigen):* ihn höhnisch zurückweisen, ihn derb verspotten. Unter der Feige ist in dieser Rda. die geballte Faust zu verstehen, aus der der Daumen zwischen Zeige- und Mittelfinger – gelegentlich auch beidhändig – dem verachteten Feinde entgegengestreckt wurde. Diese im ganzen Abendland bekannte Handgebärde wird eindrucksvoll in einer Federzeichnung Albrecht Dürers von 1494 dargestellt, die sich in der Albertina in Wien befindet. Schon bei Aristophanes (5. Jh. v. Chr.) stand der Name ‚Feige' (σῦκον) symbolisch sowohl für die weibl. als auch die männl. Geschlechtsteile und συκολογετίν (Feigen lesen) sinngemäß für den Koitus. Die rdal. Geste, die mit der Hand die Form der Frucht, bzw. eigentl. die der Vulva nachahmt und zugleich auch die Verschränkung der Geschlechtsteile beim Geschlechtsakt andeutet, wirkt durch ihre absichtliche Obszönität in hohem Maße beleidigend.

Aus der griech. Antike ist über das Zeigen der Feige als Spottgebärde jedoch noch nichts bekannt. Auch die von der Forschung für die Römerzeit gelegentlich herangezogene Stelle von Sueton über Kaiser Caligula (37–41 n. Chr.), der sie zur Demütigung des von ihm als Weichling verspotteten Cassius Chaerea verwendet haben soll, spricht nur von einer nicht näher beschriebenen obszönen Geste: „... modo ex aliqua causa agenti gratias osculandam manum offerre formatam commotamque in obscaenum modum" (Sueton, Caligula, 56) und ist deshalb als

‚Die Feige weisen'

Beleg für die ‚Feige' zu vage. Bes. viele Belege für das Weisen der Feige (‚far la fica', mlat. ‚facere ficum/ficham') sind dagegen seit dem 13. Jh. aus Italien überliefert. Dante gibt an mehreren Stellen seiner Werke über die Anwendungsweise dieser Geste Auskunft, gegen die sogar Verbote erlassen werden mußten, weil sie als äußerst grobe Beleidigung galt. Die rdal. Wndg., die eng mit der Gebärde verbunden ist, erscheint auch in anderen europ. Ländern, z. B. in Spanien (‚dar figas'), Portugal (‚dar huma figa'), Frankreich (‚faire la figue') u. in Holland (‚iemand de vijg geven'). In Engl. heißt die Geste ‚give the fig'.

Ebenso ist die Feige als Hohn- und Spottgebärde bei den Slawen, in Nordafrika und Kleinasien bekannt; bei den Ostjuden ist sie Zeichen der Geringschätzung oder Abweisung: zur Bekräftigung wird die Feige oft auch bespuckt und dann vorgestreckt. Es heißt dann, man habe ‚a bespigene Fag' (eine bespuckte Feige) gezeigt.

Die erste Nachricht für das Weisen der Feige in Dtl. findet sich in der Chronik des Heinrich von Erfurt (1. Hälfte des 14. Jhs.) für das Jahr 1178: „Ab antiquissimis temporibus probrosum fuit digitum alicui per modum ficus ostendere". Im Mhd. ist der Ausdr. ‚die vîgen bieten' bezeugt. Jedoch ist noch im 16. Jh. die Herkunft der Geste aus den roman. Ländern bekannt, wie aus einer Stelle in Thomas Murners ‚Gäuchmatt' (102) hervorgeht.

Wo ich ein klagt der narrheit an,
der wolts für ein groß eren han,
und bot mir ein welsche Figen dran.

Ähnl. in Joh. Paulis ‚Schimpf und Ernst' (1552): „Vnnd zeiget jhr die feigen, nach gewonheyt der walchen, da sie den Daumen durch zwen finger stossen, das heysst ein feyg".

In der dt. Lit. wird seit dem ausgehenden MA. die Feige als Hohn-, Wut- und Spottgebärde dann erwähnt, wenn das ungehörige Benehmen pöbelhafter, ungebildeter Personen charakterisiert werden soll, bes. in Schwänken, Landsknecht- und Landstörzerbeschreibungen, bei Schilderungen des ländlichen Treibens, aber auch im Volkslied. Eine Fülle von weiteren Belegen für Gebärde und Rda. bieten die Fastnachtsspiele, Schriften von Luther, Seb. Franck, Joh. Fischart, Hans Sachs und Grimmelshausen. Die bildl. Darstellung der Geste erfolgte im späten MA. vor allem bei der Verspottung Christi nach der Dornenkrönung. Der Wortgebrauch ist heute noch spürbar in mdal. Versionen wie ‚einem den Daumen stecken' oder österr. ‚Ja Feign!', ein Zuruf, der einer höhnischen, herausfordernden Verneinung und Abweisung gleichkommt.

Nicht einmal eine Feige wert sein oder *keine Feige um etw. geben:* nichts wert, völlig bedeutungslos sein; nicht das Geringste für etw. (jem.) geben wollen. Diese Rdaa. sind eine Umschreibung für nichts und drücken den höchsten Grad von Verachtung und Geringschätzung aus. Vgl.

engl. ‚I don't care a fig for it'. Shakespeare brauchte die Wndg. häufig, z. B. in ‚Wives of Windsor' sagt Merry: „A fico for the phrase".

Eine Feige machen: im verborgenen, meist heimlich in der Tasche oder unter der Schürze, eine abwehrende Geste gegen den bösen Blick und schadenbringende Dämonen machen. Die älteste bis jetzt mit Sicherheit festgestellte lit. Quelle aus der Antike für den Gebrauch der Feigengeste stellt sie als Mittel zur Abwehr von Geistern vor. Dies ist die Stelle in Ovids (gest. um 17 n. Chr.) ‚Fasti' (5,433 f.): „signaque dat digitis medio cum pollice iunctis, occurrat tacito ne levis umbra sibi" (... und er macht ein Zeichen dadurch, daß er seinen Daumen mitten durch die anderen Finger [der Faust] hindurchsteckt, damit sich ihm in seinem Schweigen kein leichter Schatten in den Weg stellt). Dieser allerdings noch nicht als Feige benannte Fingerzauber wird sonst in der Antike nicht erwähnt, und ob es sich auf den zeitgenössischen bildl. Darstellungen um die Feige oder um die Faust handelt, kann nicht entschieden werden, da Details wie der Daumen meist nicht mehr klar sichtbar sind. Eine der Feige ähnl. Figur empfiehlt schon der Talmud (vor 500 n. Chr.) gegen den bösen Blick und die Feige selbst wird dann im ‚Sefer chassidim des Juda hechassid' (um 1200) erwähnt.

Sonst finden sich im abendländischen Schrifttum erst spät weitere Nachrichten über die Feige als apotropäische Geste. In Giovanni Battista Basiles Märchensammlung ‚Pentamerone' (1674) heißt es in der 5. Ekloge von ‚Terpsichore':

> Frate, le voglio fare
> Na bella fico sotto a lo mantiello,
> Azzo che lo mal 'nocchio no la pozza.

Noch heute wird die Feigengeste in Italien, Spanien, Serbien, England und Schottland als übelabwehrend angesehen, in England gilt sie als bes. wirksam bei jeder Art von Zauberei. Hielt man in Dtl. eine Frau für eine Hexe und fürchtete man ihren bösen ↗Blick oder das ↗Beschreien der Kleinkinder, so wies man ihr die Feige.

In China und Japan ist die Feigengeste als apotropäisches Mittel ebenfalls belegt. So macht z. B. eine Frau in Japan heimlich die Feige (menigiri) in ihrem Ärmel, um sich gegen eventuelle Übergriffe eines angetrunkenen Mannes zu schützen.

Bei uns ist die Feige auch mit abergläubischen Rdaa. verbunden. Wenn z. B. einem Kind ein Kleidungsstück am Körper genäht wird, sagt man: ‚Mach eine Feige, damit ich dir nicht den Verstand vernähe!'. Auch die bildl. Darstellung der Feige hatte beschützende Wirkung, davon zeugen die zahlreichen Amulettfunde, bes. aus Italien, wo dies wohl die beliebtesten Amulette gewesen sind. Sie wurden vor allem von verheirateten Frauen als Anhänger an Ketten gegen das Behextwerden getragen. Solche ‚manufica' hießen in Dtl. auch ‚Neidfeige' oder ‚Verschreifeige', und ihre magische Gestalt galt außerdem für wichtig bei Gegenzauber und Besprechungen.

Aus der Volkssprache selbst erfahren wir nichts darüber, wie die Anwendung der Feige als magisches Mittel verstanden wird. Hinsichtlich der verschiedenen Erklärungsversuche sei hier in Kürze insbes. auf Rettenbeck (1951) S. 36 ff. verwiesen.

Die Feigengeste galt aber auch als Verständigungsmittel zwischen Mann und Frau hinsichtlich einer gewünschten geschlechtlichen Vereinigung, vor allem in Neapel. Das Feigenamulett als Anhänger dient auch in einem oberbair. Brauch bei der Liebeswerbung zur Verständigung: der Bursche schickt dem Mädchen, das er liebt, einen Feigenanhänger als Angebinde und Anfrage, ob sie mit ihm eine Verbindung eingehen wolle. Nimmt sie die Werbung an, schickt sie ihm dafür ein silbernes Herz und trägt von da an die Feige des Bräutigams an ihrem Brustgeschnür. Gleichzeitig dient diese Feige als Schutzmittel gegen die Unfruchtbarkeit.

Das methodische Problem bezüglich der Geschichte und Systematik dieser von Anfang an komplexen Gebärde liegt neben ihrer langen Überlieferung vor allem in ihrer offenkundigen Mehrdeutigkeit, bei der es schließlich immer wieder von der jeweiligen Gebrauchssituation abhängt, was sie bedeuten kann. Rettenbeck unterscheidet fünf verschiedene Gebrauchsbedeutungen der Feigengebärde: sie ist erstens die Darstellung von Gefühlsempfindungen wie Wut, Haß, Zorn,

Unwillen. Die Feigengebärde ist durch den mit ihr verbundenen ekstatischen Zustand gleichzeitig ein Mittel des Fluches; zweitens ist sie der Ausdr. intentionaler Gefühle gegenüber einem anderen, den sie höhnen, verspotten, schmähen oder schelten will; drittens ist die Geste ein Mittel zweckhafter Verständigung, sie ist eine Antwort heischende Anfrage nach dem Einverständnis zur geschlechtlichen Vereinigung; viertens schützt sie als Aphrodisiakum vor bösen Einflüssen und dient bei Zauber und Gegenzauber; fünftens gewinnt die Geste feste Gestalt in der bildlichen Darstellung, die genauso wirksam wie sie selbst oder das bloße Wort und die Rda. ist.

Der Ausdruck ‚Feige' hat auch getrennt von der Gebärde in mdal. Wndgn. Eingang gefunden. So sagt man in Moers: ‚Dat het de Schmack verloren wie de Jong sin Feien'. Ihren antiken symbolischen Sinn behielt die Feige auch in der dt. Sprache u. sie bedeutet derb ‚Vagina' und übertr. ‚Weibsbild' bzw. ‚Prostituierte'. ‚Mit der Feig'n hausieren' ist die vulgäre Wiener Rda. für sich prostituieren und ‚a Feig'n-Tandler' ist ein ‚Schürzenjäger', ‚Hurenbock'. ‚Die Feige andrehen' steht für Defloration und ‚angedrehte Feige' für ein entjungfertes oder geschwängertes Mädchen. Eine ‚dürre Feige' ist eine magere Frau.

Der Handel bietet gerne gedörrte Feigen an, von denen man glaubte, daß sie als Aphrodisiakum „die Natur stärken".

Schon die Griechen und Römer bezeichneten mit ‚Feige' auch Geschwüre, bes. an den Geschlechtsteilen und am After. Entspr. hieß es mhd. ‚daz vîc' und später dann auch Feigwarze.

Lit.: *M. Rachel:* Einem die Feigen weisen, in: Zs. f. d. U. 6 (1892), S. 53f.; *R. Sprenger:* Einem die Feige zeigen, in: Zs. f. d. U. 7 (1893), S. 570; *F. S. Krauss:* Erotik und Skatologie im Zauberbann und Bannspruch, in: Anthropophyteia 4 (1907), S. 160–226; *A. de Cock:* Faire la figue, in: Volkskunde 19 (1907/08), S. 138f.; *S. Seligmann:* Der böse Blick und Verwandtes, 2 Bde. (Berlin 1910); *Aigremont:* Volkserotik und Pflanzenwelt I (Halle o.J.), S. 76ff.; *E. Villiers:* Amulette und Talismane und andere geheime Dinge. Bearb. von A. M. Pachinger (Berlin–München–Wien 1927); Jüdisches Lexikon, begründet von *G. Herlitz*, II (Berlin 1927, Nachdr. Königstein/Ts. 1987), Sp. 612f.; *Meschke:* Art. ‚Feige', in: HdA. II, Sp. 1305–1310; *H. Vorwahl:* Zum Ursprung des ‚Feigenblatts', in: Rhein. Museum für Philologie N.F. 79 (1930), S. 319f.; *L. Rettenbeck:* ‚Feige'. Wort–Gebärde–Amulett (Diss. München 1951); *L. Schmidt:* Die volkstümlichen Grundlagen der Gebärdensprache, in: Beiträge zur sprachlichen Volksüberlieferung 2 (Berlin 1953), S. 233–249; *V. Buchheit:* Feigensymbolik im antiken Epigramm, in: Rhein. Museum für Philologie N.F. 103 (1960), S. 200–229; *L. Röhrich:* Gebärdensprache und Sprachgebärde, S. 129f., 143f.; *O. Goetz:* Der Feigenbaum in der religiösen Kunst des Abendlandes (Berlin 1965); *L. Hansmann* u. *L. Kriss-Rettenbeck:* Amulett und Talisman (München 1966); *L. Röhrich:* Gebärde–Metapher–Parodie, S. 19ff.; *W. Danckert:* Symbol, Metapher, Allegorie im Lied der Völker, Teil 3: Pflanzen (Bonn – Bad Godesberg 1978), S. 1074–1084; *Th. Hausschild:* Der böse Blick (Berlin ²1982).

Feigenblatt. *Sich ein Feigenblatt umhängen, etw. als Feigenblatt benutzen:* vor anderen etw. verbergen, etw. bemänteln, bez. zugleich auch das, was zur Verhüllung benutzt wird. Das Feigenblatt war nach 1. Mos. 3,7 die erste dürftige Bekleidung von Adam und Eva nach dem Sündenfall. Daran erinnert auch die nordostdt. Rda. ‚er sitzt wie Eva hinterm Feigenblatt': seine Ausreden sind unzureichend. Die Geschlechtsteile nackter Menschen auf Bildwerken durch Feigenblätter zu verhüllen ist erst im späteren MA. üblich geworden.

Lit.: *H. Vorwahl:* Zum Ursprung des ‚Feigenblatts', in: Rhein. Museum f. Philologie N.F. 79 (1930), S. 319f.; *O. Goetz:* Der Feigenbaum in der religiösen Kunst des Abendlandes (Berlin 1965); *W. Danckert:* Symbol, Metapher, Allegorie im Lied der Völker, Teil 3: Pflanzen (Bonn – Bad Godesberg 1978), S. 1074–84.

Feile. *Die letzte Feile anlegen:* eine Sache zum letzten Mal überarbeiten, um Unebenheiten zu glätten und letzte Feinheiten hineinzubringen; vgl. frz. ‚mettre la dernière main (Hand) à quelque chose' ↗Hand; ähnl. *ausgefeilt, da fehlt die Feile,* vgl. ndl. ‚Het heeft de vijl noodig', der Arbeit fehlt die Ausgeglichenheit. Diese Rdaa. sind nicht eigentl. volkstümlich und wohl durch Gelehrte aus dem Lat. übernommen worden; vgl. Ovid (Trist. 1,37): „defuit et scriptis ultima lima meis".

fein ↗klein.

Feld. An das Schlachtfeld erinnern folgende Rdaa.: *Jem. aus dem Feld schlagen:* ihn besiegen; vgl. frz. ‚mettre quelqu'un en déroute' (wörtl.: jem. zum Rückzug zwingen); *das Feld räumen:* abziehen, Platz machen; vgl. frz. ,vider les lieux' (wörtl.: den Ort verlassen); *etw. ins Feld führen:* zum Beweis heranführen, z. B. Argumente in einer Diskussion.

Das steht noch in weitem Felde: es steht noch nicht nahe bevor, ist noch unsicher. Belegt im ,Simplicissimus' Grimmelshausens (Buch V, Kap. 20): „Ich ließ mich hierzu gar kaltsinnig an, und sagte, daß die Beförderung in weitem Feld stünde". Dabei ist urspr. an das noch nicht geerntete Getreide gedacht, wie aus der ndd. Wndg. hervorgeht: ,Wat upn Felde steit, höret noch nich meine'. Ein ähnl. Bild gebraucht schon der röm. Dichter Ovid: „Et adhuc tua messis in herba est" (= deine Ernte steht noch im Halm). Älter ist die Wndg. *ins lange Feld spielen:* aufschieben, verzögern; belegt in Scrivers ,Seelenschatz' (2,355): „manigmal spielet die ungerechte Welt eine klare Sache, welche die Türken in einer Stunde schlichten würden, ins lange Feld".

Das ist ein weites Feld glauben viele nach dem Schluß von Theodor Fontanes Roman ,Effi Briest' (1894) zu zitieren. Doch dort heißt es: „... das ist ein zu weites Feld", während wir im 4. Kap. des bereits 1857 in Preßburg erschienenen Romans ,Der Nachsommer' von Adalbert Stifter lesen: „Das ist ein weites Feld, von dem ihr da redet" (vgl. Büchmann); vgl. frz. ,C'est un vaste sujet' oder ,... domaine' (wörtl.: Das ist ein weites Gebiet).

Felge. *Auf den Felgen gehen:* nur äußerst mühsam, wenn überhaupt, vorankommen, total erschöpft, ,ausgepumpt' sein. Die Rda. bezieht sich auf das Fahrrad (Auto) ohne Luft in den Reifen, das dadurch unbrauchbar geworden ist und geschoben werden muß. Ähnl.: *auf den Felgen daherkommen;* vgl. ,auf dem Zahnfleisch gehen'.

Die schweiz. Rda. ,uf de Felge sy' bedeutet: nicht in Form, sehr schlapp sein.

Fell. *Seine Felle fortschwimmen sehen:* seine Hoffnungen in nichts zerrinnen sehen. Die Rda. stammt aus dem Berufsleben des Lohgerbers: „Ich finde da nur noch den Lohgerber, dem die Felle weggeschwommen" (Fontane: ,Frau Jenny Treibel', 1892, S. 257). Bismarck hat in einer seiner Reden (Bd. XII, S. 119) eine treffende Deutung der Rda. gefunden, indem er von Eugen Richter sagte: „Der Herr Vorredner sieht natürlich mit einer gewissen Sorge und Kummer – ich erinnere an das Bild, wie der Lohgerber die Felle fortschwimmen sieht – auf diese Vorlage und deren Annahme".

Fell wird in derber Sprache oft für die menschliche ↗Haut gebraucht: *einem das Fell gerben (bläuen):* ihn durchprügeln; vgl. frz. ,tanner le cuir à quelqu'un' (↗Schwarte). Gerade bei Ausdr. des Prügelns benützen die Mdaa. meist das Wort Fell, z. B. rhein. ,et Fell versohlen (gerven, schuren, besehn)', ,an op et Fell kommen', ,wat op et Fell gewen', ,se op et Fell kriege'; ebenso schon 1577 in Joh. Fischarts ,Flöhhatz': „Jnen zu gerben das zart fell"; ähnl. *einen beim Fell kriegen, einem auf dem Fell sitzen; ihn juckt das Fell:* er will seine Prügel haben; *ein dickes Fell haben:* unempfindlich sein; vgl. frz. ,avoir la peau dure' (wörtl.: eine harte Haut haben).

Sich ein dickes (dickeres) Fell zulegen, ein dickes Fell bekommen: sich gegen Beleidigungen, Tadel, Verleumdungen abschirmen, nicht mehr so leicht zu verletzen sein.

Rhein. ,He stich en kenem gode Fell', er steckt in keiner guten Haut, ist ungesund.

Einem das Fell über die Ohren ziehen: ihn betrügen, bes. von Kaufleuten gesagt, die einen arglosen Käufer ausbeuten und übervorteilen; auch von harten Herren, die ihre Untertanen ,schinden'. Die Rda. stammt wohl nicht aus der Jägersprache, denn der Waidmann spricht nicht von ,Fell' und ,Ohren', sondern von ,Balg' und ,Decke', ,Lauschern' und ,Löffeln'. Der älteste Beleg aus K. Stielers ,Der Teutschen Sprache Stammbaum' von 1691 (465) deutet vielmehr auf die landwirtschaftliche Tierhaltung: „Man kan die Schafe wol bescheren, man zieht ihnen darum das Fell nicht stracks über die Ohren". Vor allem aber ist es der Abdecker, der kleineren Tieren den Balg bis an die Ohren und, nachdem diese gelöst sind, über den Kopf streift. Die Rda. ist auch in den Mdaa. weit verbreitet, was für ihr hohes Alter spricht; z. B. rhein. ‚enem et Fell üver de Uhre (de Kopp) trecke'.

Jem. das Fell von den Augen ziehen: ihm die Augen öffnen. Das ‚Fell im/auf dem Auge' bedeutete den Augenstar, so in der Übersetzung Luthers von 3. Mose 21,20: „Denn keiner, an dem ein Fehler ist, soll herzu treten ... oder ein Fell auf dem Auge hat ...". Auch in der ‚Zimmerischen Chronik' (II, 608, 30ff.) in der Bdtg. von ‚jem. verblenden': „Die konten ... sovil zuwegen pringen, das dem gueten grafen ain vel übers auch zogen, mit listen hündergangen und sich bereden liess, das er das herrlich, nutzlich dorf umb ain spott also hingab und aignete."

Der ist nichts als Fell (Haut) und Knochen: er ist so mager, daß das Skelett nur noch durch die ↗Haut zusammengehalten wird; vgl. frz. ‚Il n'a plus que les os et la peau' (wörtl.: Er hat nur noch Haut und Knochen).

Sein Fell zu Markte tragen: die Verantwortung mitsamt den Folgen auf sich nehmen; für 1888 bei Wilh. Raabe bezeugt, jedoch in der Form ‚seine Haut zu Markte tragen' schon früh verbreitet.

Nur noch wenig gebräuchl. sind Rdaa. mit der stabreimenden Zwillingsformel ‚Fell und Fleisch'. Die Wndg. ‚zwischen Fell und Fleisch' ist bei Henisch (1616) in konkretem medizinischem Sinne vermerkt: „quidquid est intra cutem & carnem". Bildl. *etw. steckt zwischen Fell und Fleisch:* es ist noch nicht fertig, nicht entschieden, ist noch im Werden, wird auch von Krankheiten gesagt, die nicht recht zum Ausbruch kommen. Entspr. bedeutet die rhein. bezeugte Rda. ‚zwischen Fell und Fleisch stecken lassen', sich nicht klar aussprechen wollen. *Das sitzt mir (noch) zwischen Fell und Fleisch:* ich bin (noch) unschlüssig, unentschieden. Nordd. ‚he sitt twischen Fell un Fleesch': er befindet sich in einer kniffligen Lage. *Es geht durch Fell und Fleisch,* ndl. ‚dat gaat door vel en vleesch', es geht durch und durch (↗Mark).

Das Fell versaufen: nach einem Begräbnis (ausgiebig) feiern, trinken, zum Gedächtnis an den Verstorbenen einen Umtrunk halten, einen Leichenschmaus abhalten. Ähnl. ‚das Leder, die Haut, den Bast versaufen' (vertrinken, verzehren, essen usw.); denselben Brauch nennt man rdal. auch ‚einen Leichenstein setzen'. Dauert die Sitzung im Wirtshaus nach der Beerdigung sehr lange, so hört man in Lippe gelegentlich die Bemerkung, der Begrabene müsse ein ‚zähes Fell' ('n tojen Bas') gehabt haben. Die Rda. ist im gesamten ndd. und mdt. Sprachgebiet bekannt. In der 1604 zu Rostock erschienenen ‚Laienbibel' des Nikolaus Gryse heißt es: „etlike ghan van dem grave in de badtstave, onde baden sick binnen vnde buten, edder verfoegen sick in de wyn- vnd beerkroege vnde spreken, se willen de hudt vorsupen vnde de sorgen vordrincken" (Schiller-Lübben, Mnd. Wb. 2,344). Obwohl die Formulierung ‚Haut verzehren' zeitlich zuerst nachweisbar ist, erweist sich doch die Form ‚Fell versaufen' als die ältere, ursprünglichere, häufigere und weiter verbreitete. Die gleichbedeutenden obd. Rdaa. lauten: ‚den Toten (Verstorbenen, die Leiche) vertrinken'; aber auch ndd. ‚se versuupt dat Liek'.

Die Züricher wurden wegen ihrer großen Leichenschmäuse ‚Totenfresser' und ‚Totenvertrinker' genannt. Diese Ausdr. sind schon im späten MA. geläufig, wo in der Schweiz der Klerus ‚Totenfresser' genannt wurde, weil er von den Vermächtnissen, die in jeder Ortskirche zum Seelenheil der Verstorbenen gestiftet wurden, lebte. Ähnl. Sprachgebrauch läßt sich auch in den Nachbarländern nachweisen; frz. ‚manger ou croquer la tête du mort': den Kopf des Toten verzehren (nicht mehr allg. verbreitet); ital. ‚mangiar i morti' die Toten essen.

Frühere Erklärungen der Rda. gingen von der Voraussetzung aus, daß mit dem Fell entweder die Haut eines Opfertieres oder, in bildl. Übertr., die des Verstorbenen gemeint sei. Aufschluß geben die obd. Formen. ‚Einen vertrinken' bedeutet: auf seine Kosten trinken. Das schwäb. Wb. verzeichnet einen Beleg von 1504: „wer aber saumig wurde, den sol man vertrinken umb ein zimblich tagelohn". ‚Den Toten vertrinken' bedeuet also: auf seine Kosten essen und trinken bzw. die Sterbe- oder Erbabgaben verzehren.

K. Ranke sieht in der ndd. Rda. eine volksetymolog. Entstellung aus den ‚Gefällen' oder ‚Fällen', mhd. und mnd. ‚das (ge)vel(le)', ,die (ge)vel(le)'. Der eigentl. Sinn wäre dann, daß ein Teil des Erbes, und zwar urspr. die Abgaben an den Leib-, Lehens- oder Erbherren oder an die Vertreter der Kirche, verzehrt wird. Analog dem obd. Bedeutungswandel mag auch in Niederdtl. der von diesen Gefällen lebende Teil zuerst die Kirche oder der weltliche Leibherr gewesen sein, und erst später könnte der Ausdr. auf die Leichenfeier innerhalb der Trauergemeinschaft übertr. worden sein. Sicher hat dabei im protestantischen Norden wie auch in der Schweiz die Reformation insofern eine große Rolle gespielt, als sie einen bedeutenden Teil der Sterbeabgaben, bes. die an die Kirche, aufgehoben hat und diese nun den Überlebenden zugute kamen. Hierzu gehören Luthers Forderung: „Wollen wir den brauch, genant den todfall gantz und gar abgethan haben" (Weim. Ausg. 3,113a), sowie zahlreiche protestantische Streitschriften der Reformationszeit.

Mhd. ,vel(le)' ist Plur. zu ,val', masc., und bedeutet: Ertrag, Zins, bes. auch Abgaben bei Todes- und Erbfall. Das Wort ist hd. bis in die neue Zeit hinein durchaus üblich, während es mnd. schon im 16. Jh. unter dem Einfluß der Reformation seine alte Bdtg. zugunsten des neuen Sinngehaltes von Rechtsfall, Sachlage vollkommen verlor. Die Beziehung zu den ndd. ,Fellen' stellt das mhd. ,lîpvell', Leibfall her. Es bedeutet einerseits Abgabe nach dem Tode, andererseits Begräbnis, Leichenmahl, wie z.B. aus einem Gedicht Nik. Manuels hervorgeht, das den Monolog einer ,Seelnonne' wiedergibt, die gern guten Mahlzeiten bei Beerdigungen und Seelenmessen nachgeht:

By kranken Lüten konnt ich wohl
Man gab mir Geld und füllt mich voll,
Den ich muß viel Weines trunken han,
Sechs Maas gewinnen mir nicht viel an.
Uf Leipfel, Siebend, Dreißigst und Jarzyt,
Do was mir noch nie kein Myl Wegs zu wyt.

Diesen Sinn muß auch ,gefelle' oder das Simplex ,fall' plur. ,felle' gehabt, also entweder die Todfallgebühr an die weltliche und kirchliche Obrigkeit oder, in späterer Übertr., die Ab- und Ausgabe zum Leichenmahl der Trauergemeinschaft bedeutet haben. Das beweisen auch dt. und fremde Synonyma, die mit der Bdtg. ,Abgabe' das Leichenmahl oder die gebräuchl. Leistungen an das Totengefolge bezeichnen: In Siebenbürgen z.B. schickte man dem Lehrer und den Helfern, die bei der Grabfolge mitgewirkt hatten, ,dat gebir' (Gebühr) zu Trank und Verzehr. In Salzburg dagegen nennt man die Feier nach der Beerdigung ,das Gsturie vertrinken', d.h. die Steuer vertrinken. In beiden Fällen wird das Mahl für die Leidtragenden noch als Abgabe, Steuer, Gebühr bez. Auch frz. ,manger la tête du mort' muß eine ähnl. Bedeutungsverschiebung durchgemacht haben. Mit ,tête' ist nämlich nicht der ,Kopf', sondern die ,Kopfsteuer' gemeint, die beim Todfall geleistet werden mußte. ,Tête' in dieser Bdtg. entspricht genau dem alten ,besthaupt' oder dem mlat. ,caput melius', d.i. dem besten Stück Vieh, Gewand, Möbelstück usw., das dem Herrn aus der Hinterlassenschaft seines Eigenmannes zustand. Erst nach der Aufhebung der Sterb- und Kopfsteuer, als der alte Sinn dieser Rechtsformel sich allmählich verlor, konnte ,tête' die Bdtg. von Kopf und ,felle' die von Haut erhalten. Während jedoch im Frz. das Grundwort erhalten blieb, fand im Dt. eine Angleichung an ein ähnl. lautendes Subst. (Fell) statt, ein häufiger Vorgang in der Volkssprache.

Lit.: *E. L. Rochholz:* Dt. Unsterblichkeitsglaube (Berlin 1867); *R. Köhler:* Die Haut (das Fell, den Bast) versaufen, in: Kleinere Schriften III (Berlin 1900), S. 611–615; HdA. III, Sp. 1583 u. V, Sp. 1081 ff., Art. ,Leichenmahl' von *P. Geiger; K. Gál:* Totenteil und Seelteil nach süddt. Recht, in: Zs. f. Rechtsgesch. 29, 225 ff.; *H. Koren:* Die Spende. Eine volkskundl. Studie über die Beziehung ,Arme Seelen – arme Leute' (Graz 1954); Dt. Rwb. 3,396 ff., 1397 ff.; *K. Ranke:* ,Fell versaufen'. Gesch. einer niederdt. Rda., in: Die Heimat 48 (1938), S. 279–282; ders.: Indogerman. Totenverehrung (FFC. 140) (Helsinki 1951); *E. R. Lange:* Sterben und Begräbnis im Volksglauben zwischen Weichsel und Memel (Würzburg 1955), S. 119 ff.; *L. Röhrich* u. *G. Meinel:* Redensarten aus dem Bereich von Handwerk und Gewerbe, in: Alem. Jb. 1971/72, S. 163–198, insbes. S. 179; *H. Schmölzer:* A schöne Leich. Der Wiener und sein Tod (Wien 1980).

Femegericht. *Ein Femegericht halten:* heimlich über jem. richten, auch: *ein Femeurteil sprechen: jem. verfemen.* Das ndd. Wort ,Feme' ist seit dem 13. Jh. belegt und besitzt die vermutete Grundbedeutung von Vereinigung, Bund, bes. der zum gleichen Gericht gehörigen Freien. Femegerichte sind im Spätmittelalter vor allem in Niederdtl., bis Pommern und Schlesien bezeugt und haben bes. Mord, Raub und Brand geahndet.

Lit.: *R. Gimbel:* Art. ‚Femgerichte', in: HRG. I, Sp. 1100–1103.

Fenster. *Beim mittleren Fenster stehen:* eine mittlere, bescheidene Lebenshaltung einnehmen, wobei an die verschieden hohen Stockwerke eines Hauses gedacht ist. Die Rda. ist seit Anfang des 18. Jh. bezeugt, z. B. 1796 in den ‚Skizzen' von A. G. Meißner (Bd. 2, S. 194): „Ich stehe jetzt, wie man sprichwörtlich sagt, am mittlern Fenster", d. h. gleich fern zwischen Darben und Überfluß, und 1727 bei Picander (I, 411): „Es muß nun, wie du siehst, im mitteln Fenster stehn, à la Studentikōs, jedennoch nicht ein Luder". Auch mdal., z. B. in Holstein: ‚ut hoge Finsters kiken', hochmütig sein. Vielleicht ist der Urspr. dieser Rdaa. auch in dem bildl. Gebrauch von Fenster für Auge zu suchen; hierzu bietet die Volkssprache zahlreiche Beispiele, etwa: *blaue Fenster davontragen:* mit einem blauen Auge davonkommen, berl. ‚blaue Fensterladen', blau angelaufenes Auge; meckl. ‚sick de Finstern frisch verglasen', stark zechen. Auch bei Christian Weise (1642–1708) heißt es: „Wer mich nicht bei meinem Bruder lassen will, dem schlag ich die Fenster ein". Bereits K. Stieler hat diese Rda. 1691 lexikographisch gebucht.

Das schmeißt ihm keine Fenster ein: das schadet ihm nichts, im Gegenteil; von kleinen Opfern gesagt, die man bringt und die vielleicht ein späterer Gewinn mehr als ausgleicht. Bismarck hat diese Rda. anders, aber nicht weniger bildhaft, verwendet: „Jedes Land ist auf die Dauer für die Fenster, die seine Presse einschlägt, irgendeinmal verantwortlich, die Rechnung wird an irgendeinem Tage präsentiert in der Verstimmung des andern Landes" (Reden XII, 477).

Das Geld zum Fenster hinauswerfen: es zweck- und nutzlos vergeuden, verschwenderisch sein; vgl. frz. ‚Jeter l'argent par les fenêtres'; obersächs. ist auch belegt: ‚die ↗Stube zum Fenster 'nauswerfen', in toller, übermütiger Lust zu allem fähig sein.

Da guckt man nicht drum zum Fenster 'naus: das ist nicht der Rede wert; *durchs Fenster gehen:* auf Umwegen zum Ziel gelangen; *einen zum Fenster herein erstechen:* von machtlosen oder hohlen Drohungen; *entweder durch das Fenster oder durch die Tür:* entweder – oder, eines von beiden, es ist kein anderer Ausweg; holst. ‚He hett Finster un Dören los', er ist sehr offenherzig; *machts Fenster auf, laßt sie hinaus:* umschreibend: das ist eine Lüge; *es sind Fenster in der Stube:* unberufene Zuhörer sind anwesend (vgl. KHM. 159). *Mach's Fenster auf: Eichenlaub (Eigenlob) stinkt* konnte man noch Anfang dieses Jh. bei jeder Art Angeberei hören.

Zum Fenster hinaus reden bzw. *Reden zum Fenster hinaus halten:* vergeblich reden, keinen Zuspruch finden. Auch: vor halb oder ganz leerem Auditorium sprechen, nicht für die wirklichen Zuhörer reden, sondern für die Öffentlichkeit.

Sich etw. ans Fenster stecken: hin und wieder verwendete Rda., die das gleiche ausdrückt wie: ‚sich etw. hinter den Spiegel stecken' ↗Spiegel.

Weg vom Fenster sein: Neuere Rda. die besagt, daß jem. nicht mehr ‚gefragt' ist, d. h. außer Kurs, ohne Einfluß, ohne Stimme ist, vor allem als Politiker, Wirtschaftsmanager, Künstler, Wissenschaftler u. – wie der ältere Arbeitnehmer – beruflich nicht mehr erwünscht, abgemeldet, erledigt ist. Urspr. war die Rda. vor allem im Showgeschäft geläufig, z. B. bei Schlagersängern. Daher liegt die Annahme nahe, daß mit dem Fenster die Öffentlichkeit gemeint ist, zumal die Wndg. sich in erster Linie auf alle im öffentl. Leben stehenden Personen bezieht.

Lit.: *H. W. Nieschmidt:* Window-Motifs in German Literature (Waikato [Australien] 1969).

Ferkel. *Ein Ferkelchen machen:* einen kleinen Fehler machen; Verniedlichung der Rda. ‚eine Sau machen', einen groben Fehler begehen. Schon Luther gebraucht: „Und das wir, wie man von den sengern sagt, wenn sie feilen, nur ein klein ferkel gemacht". Vgl. frz. ‚être un petit cochon'. Sonst ist ‚Ferkel' vor allem in der Volkssprache Nordwestdtls., des Hauptgebiets der Schweinezucht, beliebt; im Hannoverschen sagt man: ‚dat Farken inn'n Sack dragen' für: ‚die Katze im Sack tragen'; westf. ‚mit fisten Fearken locken', mit günstigen Aussichten locken; rhein. heißt es von einem Ausgelassenen: ‚Wat lopen da Färkes weer dört korn?' Ebenfalls rhein. ist die Wndg. ‚Lot dem Bur dat Ferken, he hät jo nur ent!', laß dem Menschen sein Vergnügen. ↗Sau.

ferngesteuert ↗steuern.

Ferse ist volkstümlich in zahlreichen Wndgn. zur Bez. der raschen Fortbewegung und Flucht: *sich auf die Fersen machen, sich auf seine Fersen verlassen, jem. die Fersen zeigen;* vgl. frz. ‚tourner les talons' (wörtl.: die Fersen drehen); in älterer Sprache: *mit den Fersen hinter sich schlagen,* z.B. bei Luther: „nach der schlacht, darin heinz das hasenpanier ergriffen und mit den fersen hinter sich geschlagen hatte".

Jem. auf den Fersen haben: den Verfolger nicht loswerden. *Einem auf der Ferse* (oder *den Fersen) folgen,* vgl. frz. ‚être sur les talons de quelqu'un': einem auf der Spur folgen, ihn aufmerksam beaufsichtigen; *auf die Ferse treten:* ihm unmittelbar folgen. Schweiz. ‚Me g'sehd-e lieber bi de Fersele als bi de Zeche', wir sehen ihn lieber gehen als kommen.

Jem. auf den Fersen bleiben: ihn verfolgen, meist um ihm bei einer verdächtigen Sache auf die Spur zu kommen oder ihn zu stellen. Auch einfach: dicht hinter ihm hergehen.

Lit.: *F. A. Stoett:* ‚Nar zijn hielen omzielen, in: De Nieuwe Taalgids 16 (1923), S. 76.

Fersengeld. *Fersengeld geben* ist eine seit dem 13. Jh. gebräuchl. Wndg. für: fliehen, sich davonmachen, ohne zu kämpfen oder zu zahlen, mhd. ‚versengelt geben'. Das Subst. Fersengeld erscheint ebenfalls zuerst im 13. Jh. und stammt aus der Rechtssprache. Es bezeichnete eine bestimmte Abgabe, über deren Natur noch keine völlige Klarheit herrscht. Das Dt. Rechtswb. (Bd. 3, Sp. 503f.) zieht zwei Bdtgn. in Betracht: eine ‚die Eigenbehörigkeit beurkundende Abgabe' oder eine ‚Buße für rechtswidriges Verlassen des Ehegatten'. Schon der älteste Beleg für diesen Rechtsausdr. im ‚Sachsenspiegel' (3, 73, § 3) nennt eine wirkliche Summe als Entschädigungsgeld für einen Wenden, den seine Ehefrau verläßt: „latet sie ok ire man, also wendisch recht is, sie muten irme herren die versne penninge geven, dat sint dri schillinge", d.h. also, die wendischen Frauen konnten nach wendischem Rechte den Mann jeden Augenblick verlassen gegen Zahlung der ‚versne penninge'. Es ist nicht unmöglich, daß dies der Rest eines viel älteren Rechtsbrauches ist und daß das Strafgeld, das nach alem. Volksrecht der Schlachtflüchtige zahlen mußte (160 Solidi), zuerst den Namen Fersengeld erhielt.

So ist die Entstehung der Rda. wohl in einem Volkswitz zu vermuten: Statt mit gültiger Münze zu zahlen, gab der Fliehende Fersengeld, wobei man vielleicht die schnell abwechselnd sichtbar werdenden Fersen eines Entfliehenden mit springenden Geldstücken verglich oder einfach mit ‚Fersengeld' den Tritt auf die Ferse des Vordermanns bezeichnete. Diese witzige Bedeutungsänderung von Fersengeld war um so eher möglich, als die Ferse auch in vielen anderen Ausdr. zur Bez. der Flucht vorkommt, schon mhd. ‚mit der vërsen gesëgenen', nhd. *mit den Fersen hinter sich schlagen* usw. (↗Ferse).

Als Rda. kommt ‚Fersengeld geben' zuerst in Ottokars ‚Oesterr. Reimchronik' (ed. Perz, 76[a]) vor:

Die Unger gâben Versengelt
An die Marich vber Veld.
In waz ze fliehen gâch (eilig).

Abraham a Sancta Clara gebraucht die Rda. in seinem ‚Kramerladen' (I, 376). Zwar hat Mengering 1633 in seinem ‚Kriegsbelial' die Rda. als veraltet bez., indem er sagt: „Laufen und Fersengeld geben oder das Hasenpanier aufwerfen ist altfränkisch geredt und heuer nicht mehr in communi loquendi. ‚Retterade' heißt es heutzutage". Aber trotzdem ist sie bis heute keineswegs ausgestorben und auch in den Mdaa. lebendig geblieben, allerdings in erweiterter Bdtg., d.h. nicht mehr ausschließlich auf die Sphäre des Krieges beschränkt. Überhaupt ist der logische Anwendungsbereich der Rda. in der

Ggwt. vielen Sprechern und Schreibern offenbar nicht mehr ganz scharf bewußt. So war vor kurzem in dem Bericht eines Verlegers über die Buchproduktion von jungen Autoren die Rede, „die sich mit ersten kleinen Proben ihr Fersengeld verdienen müssen". Wahrscheinlich ist dem Berichterstatter dabei eine unbewußte Verwechslung von ‚Fersen' und ‚Versen' unterlaufen. Falsch ist ‚Fersengeld verdienen' allemal.

Witziger ist das Wortspiel in dem Ausspruch, der 1948 anläßlich der Währungsreform und der Entnazifizierung einem ins Stammbuch geschrieben wurde: „Wer keine Kopfquote bekommt, muß Fersengeld geben".

fesch. *Fesch sein,* i.S.v. modern, aufgeschlossen, hübsch, flott, sportlich. Die Vorstufe dazu war das berl. ‚fäschen', das dem engl. Subst. ‚fashion' nachgebildet war und zur Biedermeierzeit als Modewort galt. Offenbar wurde es aber nicht immer als Schmeichelei aufgefaßt, wie der folgende Dialog zeigt: „Aber Sie sind recht fäschen heute! – Spottgemein! ... Sagt, wir wären fäschen, das sagt ja kein gebildeter Mensch mehr" (J. v. Voß: ‚Neue Lustspiele' [1827], 7, 154).

Etwa zur gleichen Zeit entwickelte sich in Wien aus dem engl. Modewort ‚fashionable', das zu Anfang des 19. Jh. ins Dt. Eingang fand, die Abkürzung ‚fesch' (mit langem e) mit der bewundernden Bdtg. von kühn, fortschrittlich. Es wurde zunächst nur auf Personen bezogen: „Zur Zeit unserer Mütter war ‚fesch' das verwegene Wort, mit dem das Balancieren auf der Grenze zwischen dem Guten und dem beinahe Bösen bezeichnet wurde ..." (Vilma von Loesch: ‚Variationen über Berlin' [1931], 64); „ein fescher junger Mann ..." (F. Brentano: ‚Heitere Geschichten', 3 [1891], 52). Dann wurde es auch für Zustände und Sachen gebraucht: „ein fesches Badeleben" (R. v. Pommer-Esche: ‚Tagebuch' [1891], 204); „Das Skifohrn is fesch" (P. Panhofer: ‚Schihaserl- u. Brettl-Lieder' [1936], 40).

Heute findet die Rda. auf Personen wie auf Sachen Anwendung und gipfelt in dem bewundernden Spruch ‚Der (die, das) ist aber mal fesch!'

fest. *Fest bleiben:* sich nicht umstimmen lassen, seinem Vorsatz treu bleiben, nicht ‚weich' werden, nicht nachgeben.

Etw. festhalten: etw. in der Erinnerung bewahren, etw. notieren, zeichnen, schriftlich fixieren.

Fest angestellt sein: eine Dauerstellung innehaben, unkündbar sein.

In festen Händen sein: bereits gebunden, verlobt (verheiratet) sein, ↗ Hand.

Fest an etw. (jem.) glauben: unerschütterliches Vertrauen besitzen, so wie es Luther in seinem Trutzlied ‚Ein' feste Burg ist unser Gott' (Evang. Kirchengesangbuch Nr. 201) zum Ausdr. gebracht hat.

Fest (wie die Erde) stehen: unerschütterlich, unverrückbar. Die Wndg. beruht noch auf der alten Vorstellung von der Erde als Mittelpunkt des Weltalls, der in sich ruht, während Sonne, Mond und Sterne um ihn kreisen.

An die vergebliche Belagerung von ‚befestigten' Städten erinnern rdal. Vergleiche wie: *fest wie Villingen, fest wie Wesel* u. *fest wie Ziegenhain.*

‚Fest' in der Bdtg. von tüchtig, stark begegnet in der scherzhaften Anfeuerung bei Schlägereien: ‚Immer feste auf die Weste!'

Fest. Bis heute gebräuchl. ist die Rda. *post festum venire,* dt. *post festum kommen:* zu spät, nach dem Fest kommen, wenn alles schon vorüber ist. Die lat. Form der Wndg. ist aber nicht antik, sondern nur eine Übers. der in Platos ‚Gorgias' erstmals bezeugten griech Form: ‚κατόπιν ἑορτῆς'.

Bei Luther und seinen Zeitgenossen bedeutet die Wndg. *viel Fests machen:* viel Lärm, viel Wesen, viel Aufhebens von etw. machen; z.B. bei Luther: „da hastu wol angezeigt, wie Moses ein unnützer wescher ist, das er von unnützen sachen so viel fests machet" (Jenaer Ausg. 1,116). Im tadelnden Sinn ist der Ausdr. noch heute in den Mdaa. lebendig, etwa schwäb. ‚Ist des e Fest!', ‚Der hat e Fest!', von unnützem Lärm und Kleinigkeiten; oder obersächs. ‚De Fraa machet a Fast über dos nausgeschmissene Gald', sie macht ein großes Gezänk. Aus Goethes Ballade ‚Der Schatzgräber' wird zitiert:

Tages Arbeit! Abends Gäste!
Saure Wochen! Frohe Feste!

Das ist mir ein Fest: das ist eine große Freude für mich, eine Rda. student. Herkunft, bisweilen gesteigert zu: *Es ist mir ein Festessen:* es freut mich sehr; berl. witzig erweitert: ‚Es war mir ein Festessen mit sieben Jängen – mit Krebssuppe als Einleitung'.

Aus der Berliner Lokalposse ‚Graupenmüller' (1870) von Hermann Salingré (d.i. Salinger) wurde die zum Sprw. gewordene Wndg. *Man muß die Feste feiern, wie sie fallen* weit verbreitet.

Am Fest der Beschneidung Mariä: nie; vgl. frz. ‚la semaine des quatre jeudis' (wörtl.: in der Woche, die vier Donnerstage hat); ↗Pfingsten.

Kritik an allzu großer Arbeitswut äußert das moderne Sprw. ‚Lieber Feste feiern als feste arbeiten'.

Lit.: *P. Sartori:* Art. ‚Feste', in: HdA. II, Sp. 1348–1352; *H. Gerndt:* Kultur als Forschungsfeld (München 1981), S. 28–34 (Gedanken zum Festwesen der Gegenwart), S. 85–97 (Zur Dokumentation von Festkultur); *I. Weber-Kellermann:* Saure Wochen – Frohe Feste (München – Luzern 1985); *V. Newall:* Art. ‚Fest', in: EM. IV, Sp. 1035–1043.

festnageln. *Einen auf etw. festnageln:* ihn auf eine charakteristische Äußerung oder Handlung für immer öffentl. festlegen. Die Wndg. tritt erst im 19. Jh. auf, so 1835 in Lenaus ‚Faust':

Wie sie den Doktor schnell umringen,
Wie sie die harten Fäuste schwingen,
Die guten Lehren festzunageln,
Die brausend auf den Sünder hageln.

Sie ist auch belegt in einem Brief Hebbels vom 14. Dez. 1854: „Nageln Sie mich nicht an diese meine Worte, ich bin nicht der Mann der Definitionen".

Obwohl diese Rda. wohl nicht mit dem Brauch des Festnagelns von Raubvögeln und sonstigen Schädlingen am Hoftor zusammenhängt, sind Rda. und Brauch oft in nahe Berührung gekommen, so z.B. in einer Reichstagsrede des konservativen Abgeordneten H. v. Kleist-Retzow, der von seinen Gegnern sagte, solche Kerle müsse man auf ihre Lügen festnageln, wie man schädliche Raubvögel an die Scheunentür nagle. In Viktor v. Scheffels ‚Lied von der Teutoburger Schlacht' (1848) wird der Rechtskandidat Scävola so bestraft, daß man zugleich die Art seines Vergehens erkennen konnte:

Diesem ist es schlimm ergangen;
Eh' daß man ihn aufgehangen,
Stach man ihn durch Zung' und Herz,
Nagelte ihn hinterwärts
Auf sein Corpus iuris.

Noch einmal ganz im wörtl. Sinne gebraucht Gottfried Keller das Wort. Als eine Zeitung geschrieben hatte, er habe mit dem Zwillingspaar Weidelich im ‚Salander' (1886) gewisse Anhänger seiner eigenen Partei gezeichnet, brauste er auf: „Den Kerl will ich wie einen toten Hühnerweih ans Scheunentor nageln" (A. Frey: Erinnerungen an G. Keller [Leipzig [2]1893], S. 77). Hier fehlt das charakteristische ‚fest', und der Ausdr. verliert dadurch etw. von seiner eigentümlichen Prägnanz, wenn er genau überliefert ist. Möglich wäre doch aber auch, daß jenes rasch populär gewordene ‚jem. auf etw. festnageln' zu Keller gelangte und von ihm aus seiner kräftigen Anschauung heraus wieder verjüngt wurde.

Lit.: *Rich. M. Meyer:* Vierhundert Schlagworte (Leipzig 1900), S. 76f.

Fett. *Sein Fett kriegen (weg haben):* die verdiente Schelte oder Strafe erhalten; *jem. sein Fett geben:* einen Verweis erteilen.

Eine früher weitverbreitete Erklärung leitete diese Rda. vom Frz. ab und betrachtete sie als unvollständige Übers. von ‚donner à quelqu'un son fait' = ihm tüchtig die Meinung sagen (heute: ‚dire à quelqu'un son fait') oder gar von ‚faire fête à quelqu'un' = ihm viel Ehre antun; auch: ihm die Meinung sagen. Diese Deutung ist jedoch falsch. Der Rda. liegt wohl ein Vergleich aus gemeinsamer Wirtschaftsgebarung zugrunde, etwa beim Schweineschlachten oder Buttermachen. Das Fürwort ‚sein' weist auf eine bestimmte, zu erwartende Menge hin. Bei dem Malerdichter Friedrich Müller (I,26) heißt es z.B.: „Der Amtmann soll dir sein Fett kriegen, hat ohnehin schon etwas bei mir im Salz".

Bei Hausschlachtungen verteilte früher der Hausvater Fett und Fleisch an alle Familienmitglieder, jeder wurde ‚geschmiert'. ‚Einem eine schmieren' nimmt durch iron. Färbung später den Sinn an: eine Ohrfeige geben. Eine ähnl. Entwicklung ist bei den folgenden Rdaa. festzustellen: ‚jem. abschmieren', ihn prügeln, ‚ihm eine Suppe zu löffeln geben', ‚ihm etw. zu kosten geben', ‚etw. im Salze haben'. Westf. ‚sin Fett hewwen' heißt noch: sein Teil haben, ohne den Nebensinn der Strafe. Erinnert sei auch an das engl. ‚schoolbutter' = Hiebe.

Von seinem eigenen Fett zehren: von seinen Ersparnissen leben; das Bild dieser Rda. ist vom ↗Dachs hergenommen.

Im Fett sitzen: in guten Verhältnissen leben; *das Fett von der Suppe schöpfen:* seinen Vorteil suchen; vgl. ‚den ↗Rahm abschöpfen'. In der Eifel sagt man von einem Zudringlichen: ‚Er schwätzt einem das Fett von der Suppe'.

‚Dat Fett von de Gös' blasen' nannte man in Rostock den Martinsumzug der Stadtmusikanten. *Er wird nicht in seinem eigenen Fett ersticken* sagt man von sehr Mageren; *einen in seinem eigenen Fette backen (braten):* ihn mit seinen eigenen Waffen schlagen; *er hat immer Fett in Händen:* er zerbricht leicht etw.; ‚er schwimmt wie ein Fettauge oben drüber': er gehört zu den Begünstigten.

Lit.: *O. Weise:* „Sein Fett kriegen: Schelte kriegen", in: Zs. f. hochdt. Mundarten 7 (1906), S. 10–12; *F. Eckstein:* Art. ‚Fett', in: HdA. II, Sp. 1373–1385; *P. M. Janssens:* „Smout, smouter, den smouter krijen", in: Volkskunde 8 (1949), S. 130–131; *K. D. S.:* „Zo vet als een reiger's zondags", in: Biekorf 51 (1950), S. 257; *A. Bonnez:* „Zo vet als een reiger 's zondags", in: Biekorf 52 (1951), S. 23; *M. A. Nauwelaerts:* „Nog iets over ‚smout'", in: Volkskunde 14 (1955), S. 120.

Fettnäpfchen. *Bei jem. ins Fettnäpfchen treten:* es durch Ungeschicklichkeit oder durch eine unbedachtsame Äußerung mit ihm verderben; gebucht 1862 in Grimms Dt. Wb. (III, 1515): „es heiszt: damit wirst du ihm schön ins fettnäpfchen treten, damit wirst du es bei ihm verschütten". Von Müller-Fraureuth (I, 325[a]) wird die Rda. folgendermaßen erklärt: „Im erzgebirgischen Bauernhaus stand an der Wand zwischen Tür und Ofen ein Fettnäpfchen, aus dem die nassen Stiefel, die der Heimkehrende auszog, sogleich geschmiert wurden; der Unwille der Hausfrau traf denjenigen, der durch einen täppischen Tritt das Fettnäpfchen umkippte und so Fettflecke auf der Diele verursachte". Doch wird urspr. wohl eher an einen Napf mit Speisefett gedacht sein, dessen Vernichtung durch Unbedachtsamkeit noch ärgerlicher war.

‚Ins Fettnäpfchen treten'

Das der Rda. zugrunde liegende Bild ist keineswegs auf das obersächs.-erzgeb. Mda.-Gebiet beschränkt; im Norweg. und Dän. ist die Wndg. ‚komme i fedtefadet' belegt; sie enthält ein ähnl. Bild wie els. ‚bi einem 's Öl verschütt han', schweiz. ‚den Kübel umstoßen'; in Schwaben wurde ein täppischer Mensch früher ‚Hans tapp ins Mus' genannt, und schon Oswald von Wolkenstein (gest. 1445) nennt einen Bauerntölpel ‚Haintzl Trittenprey' (tritt-in-den-Brei).

Von einem Fettnäpfchen ins andere treten: durch arglos-naives Gerede bei allen wunde Punkte berühren und es sich dadurch mit ihnen verderben; häufig in der polit. Karikatur.

Feuer. *Er ist gleich Feuer und Flamme* sagt man von jem., der sich schnell für etw. begeistert, dessen Leidenschaft schnell aufwallt, der im Nu *Feuer fängt* wie leicht entzündbarer Stoff; das so entfachte Feuer brennt zuerst lichterloh, hält aber meist nicht lange an. Literarisch belegt in Schillers ‚Kabale und Liebe' (I, 1): „Wie du doch gleich in Feuer und Flammen stehst".

Urspr. ist ‚Feuer und Flamme' ein Terminus der altdt. Rechtssprache zur Bez. der Ansässigkeit und der Führung eines eigenen Haushaltes. Die stabreimende Zwillingsformel kommt auch in der Form vor: *Feuer und Flamme speien* (oder *spucken):* äußerst aufgebracht und zornig sein, eigentl. wie ein Drache; auch frz. ‚jeter feu et flamme'.

‚Wo Feuer ist, steigt Rauch auf', es bleibt nichts verborgen; vgl. frz. ‚Il n'y a pas de feu sans fumée' (wörtl.: ‚Kein Feuer ohne Rauch').

Feuer und Schwefel regnen steht zum ersten Mal 1. Mos. 19,24.

Ähnl. Bdtg. hat die Rda. *Feuer im Dach haben:* erzürnt, wütend sein; eigentl. ‚Leidenschaft im Kopf' haben, schon bei Geiler von Kaysersberg gebraucht: „wo das nit geschehe, so wer das Füer im Dach"; später z.B. im ‚Judas' des Abraham a Sancta Clara: „Dahero kommt das Sprüchwort, so jemand gantz erzürnt, es seye schon Feuer im Tach". Seit etwa 1900 kann man diese Wndg. auch hören für: rotes Haar haben; vgl. ndd. ‚Hei hätt Füer upn Dacke' oder ‚... gläunige Pannen upn Dacke', ↗ Fuchs.

Für jem. durchs Feuer gehen: ihm zuliebe die größten Gefahren auf sich nehmen; ihn verehren und bewundern; 1561 bei Maaler (135) belegt. Die Rda. braucht nicht von dem ma. Feuerurteil (iudicium ignis) abgeleitet zu werden; viel näher liegt es, an den Brand eines Hauses zu denken. In Grimmelshausens ‚Simplicissimus' (III, Kap. 2) rühmt der Held seine Knechte mit den Worten: „so waren sie mir auch dermaßen getreu, daß jeder auf den Notfall für mich durch ein Feuer gelaufen wäre"; auch frz. ‚se mettre au feu pour ses amis' (heute nicht mehr gebräuchl., dafür: ‚traverser le feu pour quelqu'un') und ndl. ‚hij zou voor je door een vuur loopen'.

Dagegen erinnert folgende Rda. deutlich an ihre Herkunft aus einem Gottesurteil: *Dafür will ich meine Hand ins Feuer legen:* ich stehe für die Wahrheit der Sache ein; vgl. frz. ‚en mettre sa main au feu'.

Zwischen zwei Feuer kommen: in doppelte Gefahr geraten, wobei man heute an die Feuer zweier feindlicher Schußlinien denkt und die Rda. gern von einem gebraucht, der zwei Gegner zu versöhnen sucht, es aber mit beiden verdirbt. Urspr. sind mit den zwei Feuern aber zwei Feuersbrünste gemeint. Die Wndg. begegnet ähnl. im Anord.: ‚setja i milli elda tueggja'; vgl. hannöversch ‚ut en Für tred ik herut un int andre henin'.

‚In der einen Hand Feuer und in der anderen Wasser tragen'

In der einen Hand Feuer und in der anderen Wasser tragen: unentschlossen, doppelzüngig sein; ndd. ‚He dragt in de ene Hand Für un in de andere Water', frz. ‚Il porte le feu et l'eau' (heute ungebräuchlich) und ndl. ‚Hij draagt water in de eene en vuur in de andere hand'. Die Rda. ist von Bruegel und auch sonst in der ndl. Sprichwort-Malerei wiederholt bildl. dargestellt worden.

Wie Feuer und Wasser sein: nicht zusammenpassen, von größter Gegensätzlichkeit sein, ↗ Wasser.

Feuer dahinter machen, umg. auch: *Feuer unterm Hintern machen:* eine Sache beschleunigen, eigentl. indem man hinter den Beteiligten ein Feuer anbrennt, damit sie sich schneller in Bewegung setzen. In Schillers ‚Räubern' (II,3): „Haben sie so lang gewartet, bis wir ihnen die Streu unter dem Arsch angezünd't haben"; ähnl. obersächs. ‚Feuer unter den Frack machen', nordostdt. ‚Fuer ön de Socke make', els. ‚ein Für inger d'Hose mache, inger de Schwanz lege'; vgl. frz. ‚mettre le feu sous le ventre à quelqu'un', heute ungebräuchlich, dafür: ‚mettre le feu au derrière de quelqu'un' (wörtl.: Feuer hinter jem. Hintern anzünden), engl. ‚to make it hot for a person', ndl. ‚iemand het vuur na aan de schenen leggen‘; vgl. ‚einem die ↗Hölle heiß machen‘.

Feuer im Hintern (Arsch) haben: es sehr eilig haben, vgl. frz. ‚Il a le feu au derrière‘.

Das Schmiedefeuer liegt vielleicht der Rda. zugrunde *etw. nicht aus dem Feuer reißen können:* es nicht im Nu fertigen können, weil der Schmied Geduld haben muß, bis das Eisen glüht. Das Herdfeuer ist gemeint: *Das ist nicht so ans Feuer gerichtet:* die Sache ist nicht so dringlich. *Ein Feuer anschüren:* Streit stiften; vgl. frz. ‚attiser le feu‘.

Mit dem Feuer spielen: in gewissenloser Weise mit einer ernsten Gefahr umgehen (seit dem 17. Jh.); aber auch: sich kokett verhalten, ohne zu bedenken, daß der Gesprächspartner (die Partnerin) sich verlieben und aus Scherz Ernst werden könnte (Paulinchen im ‚Struwwelpeter‘); vgl. frz. ‚jouer avec le feu‘.

‚Mit dem Feuer spielen‘

Von selbst verstehen sich die folgenden Rdaa.: *etw. wie's Feuer scheuen;* rhein. ‚He stocht sech de Feuer selver‘, er ist Junggeselle; *mit den Beinen Feuer schlagen:* X-Beine haben; *Feuer auf der Zunge haben:* ein loses Mundwerk führen; *Feuer zum Stroh (zum Brand) legen:* einer Sache den entscheidenden Anstoß geben; *das Feuer mit Öl (Stroh) löschen:* Unheil nur noch ärger machen (schon lat. ‚oleum camino addere‘); *Öl ins Feuer gießen* ↗Öl.

Er würde Feuer vor meiner Tür legen: er ist zu allem fähig.

Sein meistes Feuer ist weg: die Lebenskraft ist verbraucht, seine Leidenschaft hat sich ausgetobt, der Zorn ist gedämpft; nordd. ‚He hätt sien Füer verpufft‘.

Die ndd. Wndg. ‚kên Füer noch Rôk‘ meint: es ist eine schlechtbestellte Haushaltung, wo es am Lebensnotwendigsten mangelt.

Das Feuer peitschen: etw. Unnützes tun; *Kastanien aus dem Feuer holen* ↗Kastanie, ↗Lauffeuer; *ein Eisen im Feuer haben* ↗Eisen.

Lit.: *G. Lehnert* u. *J. Hottenroth:* „Nach Brand betteln gehen“, in: Mittlgn. f. sächs. Vkde. 8 (1921), S. 98–99, 115; *H. Freudenthal:* Das Feuer im dt. Glauben und Brauch (Berlin – Leipzig 1931); *ders.:* Art. ‚Feuer‘, in: HdA. II, Sp. 1389–1402; *L. A. Hench:* ‚To come to fetch fire‘, in: Journal of American Folklore 52 (1939), S. 123–124; *H. Zimmermann:* „‚Mit Feuer gesalzen werden‘. Eine Studie zu Mk. 9,49“, in: Theolog. Quartalsschrift 139 (1959), S. 28–39; *L. Schmidt:* Lebendiges Licht im Volksbrauch und Volksglauben Mitteleuropas, in: Volksglaube und Volksbrauch (Berlin 1966), S. 19ff.; *L. Röhrich* u. *G. Meinel:* Reste ma. Gottesurteile in sprw. Rdaa., S. 345f.; *R. Wolfram:* Die Jahresfeuer (Wien 1972); Strafjustiz in alter Zeit (Rothenburg 1980), S. 312; *J. Le Goff:* Die Geburt des Fegefeuers (Stuttgart 1984); *D. Ward:* Art. ‚Feuer‘, in: EM. IV, Sp. 1066–1083.

Feueresse ist obersächs. üblich für ‚Esse‘, in den Wndgn.: *etw. in (hinter) die Feueresse (Schornstein, Kamin) schreiben:* es als verloren ansehen (↗Kamin), *es ist hinter die Feueresse gefallen:* es ist unwiederbringlich verloren: ‚du denkst wohl, uns fliegt's Geld zur Feueresse rein?‘, meinst du, wir hätten zuviel davon?. Diese Rda. spielt auf den Volksglauben an, daß der ‚Drak‘, d.i. der feurige Hausdrache, das Geld durch den Schornstein ins Haus bringe.

Lit.: *A. Knopf:* Der feurige Hausdrache (Diss. Berlin 1936).

feuern. *Jem. feuern:* fristlos, ohne Angabe von Gründen entlassen, kündigen. Der Vergleich mit dem Feuer bei der Beendigung eines Arbeitsverhältnisses bringt die Vehemenz und Plötzlichkeit, das Unvorhergesehene und Spektakuläre der Aktion zum Ausdr. Oft schwingt bei der Verwendung des Ausdrucks schuldhaftes Verhalten des Angestellten oder aber auch asoziales Verhalten des Vorgesetzten mit. Der Ausdr. stammt aus der englisch-amerikanischen Wirtschaftssprache, wo ‚hire' (anstellen, anheuern) und ‚fire' als antithetische Begriffe eine sich reimende Zwillingsformel für eine bestimmte Personalpolitik bilden (‚hire and fire').

Feuerprobe. *Die Feuerprobe bestehen:* sich unter schwierigen Verhältnissen bewähren. Die Rda. ist nicht, wie Grimm (Dt. Wb. Bd. 3, Sp. 1600) annimmt, auf ein ma. Gottesurteil zurückzuführen, sondern auf die Prüfung der Edelmetalle, bes. des Goldes, durch Feuer. Den Anlaß zur Bildung gibt die Stelle in den Sprüchen Salomonis 17,3, die im Luthertext lautet: „Wie das Feuer Silber und der Ofen Gold, also prüft der Herr die Herzen"; vgl. ähnl. Stellen bei Sacharja 13,9; 1. Petr. 1,7 und Offenb. 3,18. Auch dem Altertum war das Bild des durch Feuer geläuterten Goldes geläufig (z.B. Ovid, ‚Tristia', 1. Buch, 4. Kap., V. 25). In Grimmelshausens Roman ‚Simplicissimus' (I, Kap. 7) sagt der Held: „Harre mein Herr, ich hab die Prob des Feuers überstanden". Die Bdtg. ‚Gottesurteil' erscheint erst sekundär 1746 bei Gellert. Seit langer Zeit wird die Rda. nur noch bildl. verwendet, wie auch einige lit. Zeugnisse belegen: „... in der Feuerprobe der Kritik sich in lauter Dunst auflösen" (I. Kant: Werke [1838–39], 2, S. 330); „Großes Glück ist die Feuerprobe des Menschen" (Jean Paul: ‚Leben Fibels' [1812], S. 43), ↗Eisen.
Vgl. auch frz. ‚subir l'épreuve du feu'.

Lit.: *A. Erler:* Art. ‚Gottesurteil', in: HRG. I, Sp. 1769–1773.

Feuertaufe. *Die Feuertaufe erhalten:* im Krieg die erste Schlacht erleben, zum ersten Mal beschossen werden (‚Feuer bekommen'), auch übertr.: eingeweiht werden. Das Wort Feuertaufe ist nach dem Wort des Johannes in Matth. 3,11 gebildet worden: „der aber nach mir kommt ..., wird euch mit dem heiligen Geist und mit Feuer taufen". Bevor es im Zusammenhang mit dem Kriegsgeschehen gebraucht wurde, bedeutete es (z.B. 1808 bei H. J. Campe) „Ertheilung der übernatürlichen geistlichen Gaben".
Lit. belegt ist die Rda. u.a. auch bei Goethe (Werke [1827ff.], 6, S. 20): „dem neugeborenen Kinde erteile man die Feuertaufe in solchen Strahlen bei den Parsen". Auch Jean Paul spricht von der „Feuertaufe des Geistes, der Liebe" (‚Hesperus' [1795], 1, S. 169). Vgl. frz. ‚recevoir le baptême du feu', auch i.S.v.: die erste Probe bestehen.

Lit.: *H. Fishwick:* ‚Baptism with Fire', in: Notes & Queries, 4th, 6 (1870), S. 186.

Feuerwehr. *Wie die Feuerwehr:* eiligst. Die bei Bränden ausfahrende Feuerwehr (das Wort ist zuerst 1841 in Meißen belegt) eilt mit höchster Geschwindigkeit zur Brandstätte. Die Rda. ist erst im 20. Jh. aufgekommen.
Für jem. die Feuerwehr spielen: ihm in einer Notsituation helfen. Die Wndg. ‚Feuerwehr spielen' wird vor allem für denjenigen verwendet, der überall einspringt, wo Not am Mann ist, z. B. wo jem. durch Krankheit verhindert ist oder überhaupt zu wenig Personal vorhanden ist. Das hat oft auch den gequälten Ausspruch ‚Ich bin die reinste Feuerwehr' oder den ablehnenden Vorwurf 'Ich bin doch keine‚Feuerwehr' zur Folge.

Lit.: *W. Hornung:* Kleine Feuerwehrgeschichte (Stuttgart 1972); *T. Engelsing:* Im Verein mit dem Feuer. Die Sozialgeschichte der Freiwilligen Feuerwehr von 1830–1950 (Konstanz 1990).

Feurio. Alter Brandalarm, der aber auch in scherzhaften Sprüchen parodiert wurde, z. B. schwäb.:

Feurio, der Neckar brennt,
holet Straoh ond löschet gschwend!

ff, ohne Zusatz gebraucht, gilt als scherzhaft-iron. Abkürzung für ‚viel Vergnügen'. Es handelt sich um einen vor allem bei Jugendlichen beliebten Sprachscherz, bei dem wie bei einem Schreibunkundigen die Buchstaben vertauscht werden. Dagegen bedeutet die Rda. *aus dem ff:* etw. sicher beherrschen, ↗Effeff.

F. h. z.: ‚Familie hält zurück'. Diese Rda. ist vor allem im engen Familienkreis gebräuchl. als geheime Verständigung, wenn unvorhergesehener Besuch kommt und das Essen daher nicht ausreicht.

Fiasko. *Fiasko machen (erleiden):* Mißerfolg haben, scheitern, durchfallen, zunächst von mißglückten Bühnenaufführungen gebraucht, dann auch auf das Scheitern geschäftlicher Unternehmungen übertr. Ausgangspunkt der Rda. ist frz. bouteille = Flasche, was in der Schülersprache die Bdtg. von ‚Fehler, Schnitzer, Bock' hat; vgl. die frz. Rda. ‚faire une bouteille' = einen ↗ Bock schießen (in der Schülersprache heute nicht mehr gebräuchlich). Das Ital. hat diese Wndg. mit ‚far fiasco' übersetzt. Nach 1837 ist der Ausdr. aus dem Frz. ‚faire fiasco' zu uns gelangt; den dt. Mdaa. ist er weitgehend fremd geblieben.

Die Wndg. ‚far fiasco' tauchte zuerst im venezianischen Dialekt auf. Sie beruht auf der Tatsache, daß es der Kunst eines erfahrenen Handwerkers bedarf, um gelungene Gläser herzustellen. Wenn Laien oder Lehrlinge der Glasbläserkunst ein Trinkgefäß oder anderes Glasgefäß herzustellen versuchten, kam meist nichts anderes heraus als eine gewöhnliche Flasche – zum großen Vergnügen der Umstehenden, die jeden weiteren Versuch u. Fehlschlag mit Gelächter u. dem Ruf ‚Altro fiasco! Altro fiasco!' begleiteten. ‚Far fiasco' wurde so gleichbedeutend mit: etw. Mißratenes produzieren.

Diese Gleichsetzung des Begriffs ‚Flasche' mit einem Fehlschlag, über den andere lachen, wurde so selbstverständlich, daß der Begriff in diesem Sinne auch auf andere Gebiete übertr. wurde, z.B. auf Künstler im Theater, wenn sie falsche Töne produzierten oder auf andere Weise das Mißfallen des Publikums erregten. Selbst wenn der Sänger nur einen einzigen falschen Ton herausbrachte, waren die Worte, Olà, Olà, fiasco!' zu hören. Und obendrein wurde dem Schauspieler oder Sänger am Schluß der Vorstellung an Stelle eines Lorbeerkranzes eine Flasche als Sinnbild des Versagens umgehängt.

Im Dt. hat sich die Wndg. *So ein Fiasko* i.S.v. ‚Fehlschlag, Reinfall, Versagen' auf allen Gebieten durchgesetzt, ↗ Flasche.

Lit.: *Terry, Busk, O'Connel, Krebs, Platt, MacCulloch, Ledger:* ‚To make fiasco', in: Notes & Queries 6.8 (1883), S. 17, 114–115, 237; *H. Sabersky:* ‚Fiasko machen', in: Zs. des allgem. dt. Sprachvereins 21 (1906), S. 274; *N. O. Heinertz:* ‚Far fiasco', in: Moderna Språk 44 (1950), S. 2–14; *L. Röhrich:* Flaschen, in: Jeggle/Korff/Scharfe/Warneken (Hg.): Volkskultur in der Moderne (Hamburg 1986), S. 332–346.

Fichte. *Einen um* (auch *in* oder *hinter) die Fichte führen:* ihn hinters Licht führen, täuschen, eine mdt. Rda., die sich bereits 1563 bei dem Prediger Mathesius in seiner Schrift ‚Vom Ehestand und Hauswesen' findet: „wie der Dalila Lippen, die süßer waren denn hönigsam, den thewren held Simson umb die Fichte füret". Sie lebt auch in den heutigen Mdaa. weiter, z.B. nordostdt. ‚einen in die Fichten führen', obersächs. ‚sich hinter die Fichte führen lassen', dazu auch: *um die Fichte rum sein:* etw. verstanden haben; *in die Fichten gehen:* verlorengehen, ausreißen; alle diese Rdaa. gehen wahrscheinl. auf die Gaunersprache zurück, in der Fichte = Nacht bedeutet, wohl von dem Dunkel des Fichtenwaldes hergenommen. Der Nachtdieb heißt ‚Fichtegänger', der Betrogene ‚Fichtner' (eigentl.: der ins Dunkel Geführte); dazu die Rda. *den Fichtner machen:* Mißerfolg haben, einen Reinfall erleben. Durch die Vermittlung der Studentensprache sind diese Wndgn. in die Umgangssprache gelangt.

Lit.: *H. Marzell:* Art. ‚Fichte', in: HdA. II, Sp. 1444–1446.

Fiduz. *Kein Fiduz zu etw. haben:* kein rechtes Zutrauen haben. Lat. fidūcia = Vertrauen ist im 18. Jh. mit gleicher Bdtg. ins Nhd. übernommen worden; das entbehrliche Fremdwort fand durch die Vermittlung der Studentensprache überall Eingang in die Volkssprache, greifbar zuerst 1806 in Holstein: ‚Ik heff kên Fiduz to de Sâk' (Schütze, Holst. Id. I,315). In den Mdaa. ist öfters eine Bedeutungsveränderung des Wortes eingetreten, z.B. gebraucht man es rhein. auch i.S.v. ‚Neigung, Lust': ‚Ech han kene rechte fiduz zo der Arbet'.

Fiedel, fiedeln. Fiedeln ist gegenüber ↗ geigen das ältere Wort, wie auch die Fiedel eine hist. Vorform der Geige ist, die bis heute als das wertvollere Instrument gilt. Der Begriff ‚Fiedel' ist bereits in der Frühzeit sprachl. ‚unfein' geworden. Schon Luther ersetzte 1523 das in Sam. 18,6 verwandte ‚fiddeln' durch ‚geigen'. Auch heute betrachtet man die Fiedel nur noch

‚Fiedeln'

verächtlich als minderwertige Geige (Bierfiedel, Dorffiedel). Zudem steht sie vielfach innerhalb einer erot. Metapher, so vor allem das ‚gelbe Fidelchen', wie es z. B. im Volkslied begegnet:

in seinen schwarzen Stiefelgen
mit seinen gelen Fidelgen

(Bergliederbüchlein Nr. 192, Str. 3).
Im Nhd. hat fiedeln auch den Nebensinn von ‚schlecht spielen' angenommen.
Dem ist leicht gefiedelt: wer Neigung zu einer Sache hat, der ist ohne Mühe beredet; auch sprw.: ‚Dem ist leicht gefiedelt, der gerne tanzt'.
Jem. in die Fiedel spannen: ihn an den Pranger stellen. Hier spiegelt sich ein ma. Rechtsbrauch wider: leichtfertigen Frauen wurde am Pranger ein fiedelähnliches Holz um Hals und Hände gelegt, ↗Geige, ↗brummen.
Einem die Fiedel entzweischlagen: ihn auf derbe Weise zum Schweigen bringen, seiner Hilfsquellen berauben; auch in den Mdaa., z. B. meckl. ‚die Fîdel intzweislân', jem. das Handwerk legen.
Etw. verfiedeln, auch *verbumfiedeln, verfumfiedeln:* sein Vermögen vertun. In der Rda. steckt das niedersächs. ‚Funfel' = Geige.

Lit.: *M. Willberg:* Die Musik im Sprachgebrauch, in Sprww., in Rdaa., im Schrifttum, in: Die Muttersprache, Jg. 1963 (Lüneburg 1963), S. 201–221.

Fiedelbogen. *Sitz nicht so krumm wie ein Fiedelbogen!* Bei dieser Aufforderung ist an die ältere Form des Bogens zu denken, der konvex gespannt war, nicht konkav wie der heutige Geigenbogen.
Ähnl. der rdal. Vergleich *gespannt sein wie ein Fiedelbogen.*

Fifty. *Fifty-fifty machen:* ‚Halbe Halbe machen', sich den Erlös oder die Kosten einer Sache zur Hälfte teilen. Die engl. Wndg. ‚fifty-fifty' hat sich auch im Dt. durchgesetzt.

Lit.: *H. Askew:* ‚Fifty-fifty', in: Notes & Queries 163 (1932), S. 69.

Film. *Jem. ist der Film gerissen:* ihm ist der logische Zusammenhang verlorengegangen, er kann sich an bestimmte Ereignisse nicht mehr erinnern, er hat ‚den Faden verloren' (↗Faden); die Rda. entstammt dem 20. Jh. und knüpft an die Erfahrungstatsache an, daß eine Unterbrechung des Handlungsablaufs entsteht, wenn bei einer Filmvorführung der Film reißt. Die Rda. wird zumeist zur Bez. einer Gedächtnislücke infolge übermäßigen Alkoholgenusses gebraucht.

Fimmel. *Einen Fimmel haben:* überspannt, verrückt sein, Unvernünftiges planen, Unnützes tun; ähnl. *einen Fimmel für etw. haben:* eine Schwäche, eine leidenschaftliche Vorliebe dafür haben. Das Wort kommt in dieser Bdtg. in den Mdaa. nur in Verbindung mit diesen Rdaa. vor; sein Zusammenhang mit lat. femella = Hanf oder dem davon abgeleiteten Verbum ‚fimmeln' = den Samen vom Hanf abstreifen, auch: umhertasten, ist unsicher, doch wahrscheinlich. ‚Fimmelhanf' ist nämlich die Bez. für den kürzeren, männlichen Hanf, der nach der Bestäubung rasch verholzt. Da er den weiblichen Pflanzen nur Licht, Luft und Platz raubt, muß er als überflüssig und unnütz herausgezogen werden. Fachsprachl. ist das Wort aus lat. ‚femella' = Weibchen entlehnt, weil der kürzere männliche Hanf urspr. für den weiblichen gehalten wurde. Wenn das Feld von ihm befreit wurde, nannte man dies eben ‚fimmeln'.

Finale. *Das Finale bilden:* den Abschluß darstellen, der meist mit einem grandiosen Höhepunkt wie Feuerwerk oder einem sonstigen spektakulären Ereignis verbunden ist.

Das Wort ‚Finale' ist im 17. Jh. aus ital. ‚finale', das auf lat. ‚finalis': am Ende befindlich, die Grenzen betreffend beruht, zunächst in die Sprache der Musik entlehnt worden.

Als ‚furioses Finale' bez. die Musiker einen tempogesteigerten Abschluß eines Musikstücks.

Ins Finale kommen: die Schlußrunde erreichen, in den Endkampf kommen. In dieser Bdtg. wurde das Wort erst im 20. Jh. aus dem Engl. in die Sprache des Sports übernommen. Bei großen Ausscheidungswettkämpfen, z. B. bei der Fußball-Weltmeisterschaft, benützt man den Ausdr. heute schon für Vorrunden: ‚Semi-' oder ‚Halbfinale', ‚Viertelfinale', sogar ‚Achtelfinale', wo noch 16 Gegner um den Sieg kämpfen.

Findelkind. *Das muß wohl ein Findelkind sein* sagt man von einem Menschen, wenn man sich sein schlechtes Benehmen und seine negativen Charaktereigenschaften nicht erklären kann, insbes. dann, wenn sie unvereinbar erscheinen mit Erbanlagen, Herkunft und Milieu.

Lit.: *S. Graf v. Pfeil:* Art. ‚Findelkind', in: EM. IV, Sp. 1134–1140.

Finger. *Durch die Finger sehen:* Nachsicht üben, milde urteilen, eigentl.: nicht mit vollem Blick hinsehen. Diese Wndg., die früher wohl von der entspr. Handgebärde begleitet wurde, hat im heutigen Sprachgebrauch viel von ihrer einstigen Bildhaftigkeit verloren. In der heutigen Verwendung *einem durch die Finger sehen* kann der Dativ sogar zu der Auffassung führen, hier sei von den Fingern des andern die Rede; ‚einem' ist jedoch zu verstehen als ‚einem gegenüber'.

In älterer Sprache verband man mit der Rda. noch die klare Vorstellung vom Vorhalten der gespreizten Finger vor das eigene Gesicht; dadurch wird das Blickfeld durchschnitten und das Sehen folglich erschwert. Der Holzschnitt Nr. 33 in Sebastian Brants ‚Narrenschiff' (1494) zeigt einen Mann mit der Narrenkappe, der durch seine Finger sieht, während seine Frau ihm mit einem Hälmchen auf der Nase spielt. Darüber steht der Vers:

Wer durch die fynger sehen kan
Vnd loßt syn frow eym andern man
Do lacht die katz die müß süß an.

In der gleichen charakteristischen Pose ist z. B. auch der Kölner Stadtnarr Pankraz Weinstock gen. Worbel von dem holl. Maler Jan Mostaert von Haarlem (1475 bis 1555) dargestellt worden.

‚Durch die Finger sehen'

In einer seiner Predigten bemerkt Geiler von Kaysersberg, daß „Gott durch die Finger sieht und sein Straf verlängert", d. h. hinauszögert. In lat. Form findet sich die Wndg. 1508 bei Aug. Bebel (Nr. 583): „Per digitos videre; est surda aure et sciens aliquid praeterire"; Luther gebraucht sie in seiner Bibelübers. (3. Mos. 20, 4) und auch sonst, z. B. in dem Spruch (Heuseler Nr. 81): „Wer nicht kann durch die Finger sehn, der kann nicht regieren"; sie erscheint ferner bei Hans Sachs („So er heuchlich durcht finger sech"), bei Oldecop S. 612 („De prinz mit den sinen sah dar to durch de fingers"), bei Grimmelshausen und bei Abraham a Sancta Clara. Im gleichen Sinne gebraucht sie noch Goethe 1789 im ‚Tasso' (I, 2, Leonore zum Fürsten): „Wir wollen freundlich durch die Finger sehen". Die Rda. ist mdal. noch sehr verbreitet und wird in der Volkssprache auch durchaus noch wörtl. verstanden, z. B. els. ‚durch die Finger lueje', rhein. ‚e guck durch de Finger', er ist nicht so streng.

Thomas Murner gebraucht auch *durch die Finger lachen:* heimlich lachen; vgl. ‚sich ins Fäustchen lachen'.

Mit allen (fünf) Fingern nach etw. lecken, sich alle zehn Finger nach etw. lecken: be-

gierig sein auf etw.; vgl. frz. ‚S'en lècher les doigts'; gesteigert: ‚Er leckt die Finger darnach bis an den Ellbogen ufe', schweiz. ‚Dä cha sech d Finger schläcke bis a d Ellbögen ufe'; sächs. ‚De werscht noch alle zehn Finger drnach lecken' (wenn es nicht gibt, was du jetzt verschmähst). Man aß früher mit den Fingern und was ist da – zumal nach „leckeren" (!) Speisen – natürlicher, als sich die Finger abzulecken! Bei vornehmen Leuten wurden Waschschüsselchen gereicht oder beigestellt.
Der urspr. Sinn der Rda. ist heute verschoben; das Verhältniswort ‚nach' ist eigentl. zeitlich zu verstehen: wer etw. Wohlschmeckendes genossen hat, leckt sich danach noch die Finger ab, um sich nichts von dem Genuß entgehen zu lassen. Daher in dem Studentenlied ‚Ça, ça geschmauset' (um 1720):

Trinkt nach Gefallen,
Bis ihr die Finger danach leckt;
Dann hat's uns allen
Recht wohl geschmeckt ...

Bei Lehmann 1639, S. 51 (Artzney 45): „Zu Kranckheiten hat man keine Artzney, daß man die Finger darnach lecket".
Sich etw. aus den Fingern (Pfoten) saugen: etw. ausdenken, erfinden, gewöhnlich von einer aus der Luft gegriffenen Behauptung. Die Rda. kann einmal zurückgehen auf die Substituierung der säugenden Brust durch den säugenden Finger, die ein uraltes Motiv der Sage, der Legende und des Märchens ist. So wird in der arabisch geschriebenen Chronik von Tabarî erzählt, Abraham habe, nachdem er von seiner Mutter ausgesetzt worden war, aus seinem Finger Milch gesogen, denn Gott hatte daraus die Nahrung fließen lassen, die das Kind brauchte. Ebenso wird von Moses erzählt, er habe aus seinem Daumen Milch gesogen. Diese legendären Wunderkinder können sich also wirklich ihre Nahrung aus den Fingern saugen, bei gewöhnlichen Sterblichen jedoch ist das unmöglich. Die Rda. kann zum andern auch zurückgehen auf den alten Volksglauben, nach dem der Finger, der in Blut oder in eine Zauberflüssigkeit getaucht und dann in den Mund gesteckt wird, Weisheit mitteilt; auch glaubte man, daß den Fingern, vor allem dem kleinen Finger, Mitteilungsgabe zukam. Die Rda. ist schon 1512 in Thomas Murners ‚Narrenbeschwörung' belegt:

Das hat gethon das schedlich claffen
Des schelmens, der das hat erlogen,
Allein uß synen fingern gsogen.

In seinem ‚Großen Lutherischen Narren' von 1522 findet sich der Vers (V. 2049):

Und ist erdichtet und erlogen
Dan ir habts uß den fingern gesogen.

Seitdem ist die Rda. häufig in der dt. Dichtung bezeugt, z. B. bei Fischart und Abraham a Sancta Clara. Bei Goethe heißt es:

Ihr meint, ich hätt mich gewaltig betrogen;
Hab's aber nicht aus den Fingern gesogen.

Die Rda. bietet also dem Verständnis keine Schwierigkeiten, andererseits reizte sie gerade zur Erklärung durch sekundäre ätiologische Erzählungen. Eine solche Erfindung ad hoc bietet das naturwissenschaftlich-jagdkundliche Werk von Johann Täntzer ‚Der Dianen hohe und niedere Jagdgeheimbnuß' (1682). In seinem Abschnitt über die Bären und ‚was Maße und Ursache solche an den Klauen saugen' gibt der Verf. eine Erklärung, „Woher ein bekand Sprichwort kommet". „Solches muß ihn Gott in der Natur eingegeben haben, weil im Winter offters großer Schnee, daß sie nicht viel finden ... Deßgleichen saugen sie auch an den hindern Tatzen, und wan sie das Saugen thun, so können sie artig Murmeln oder Knorren, umb der Sußigkeit halben, wan auch ein Bähr zahm ist, und man halt ihm eine Hand für, so nimt er sie fort in Mund, und sauget dran, welches einem nicht unsanffte thut. Daher kömt auch daß gemeine und wolbekante Sprichwort, daß man saget, ich habe es nicht aus den Fingern gesogen. Ergo wie die Bähren, den selbige können was auß die Klauen saugen ..." (I, S. 69). Es ist immerhin bemerkenswert, daß dieses Jägerlatein verschiedentlich auch zur wissenschaftl. Deutung der Rda. herangezogen worden ist (z. B. bei Göhring Nr. 96, S. 61).
Der Glaube, der dem Finger Mitteilungsgabe zuschrieb, dokumentiert sich auch in der Rda.: *Mein kleiner Finger hat es mir gesagt:* ich habe es auf geheime und bequeme Art erfahren; vgl. frz. ‚Mon petit

doigt me l'a dit' oder: ‚C'est mon petit doigt qui me l'a dit'; ndl. ‚iets uit zijn duim gezogen hebben'; engl. ‚to suck a thing out of one's fingers ends'. In Shakespeares ‚Macbeth' (IV, 1) sagt die zweite Hexe:

Juckend sagt mein Daumen mir:
Etwas Böses naht sich hier!

(Übers. v. Tieck:

Ha! mir juckt der Daumen schon,
Sicher naht ein Sündensohn –).

Der kleine Finger ist wie der Däumling im Märchen der schlaueste, er kann am tiefsten ins Ohr hineinkriechen und dort die geheimsten Dinge ausplaudern; in Frankr. heißt es darum geradezu ‚l'auriculaire' (= das Ohrfingerchen). Auch Goethe spielt in dem folgenden Spruch offenbar mit dieser Bdtg. des kleinen Fingers:

Wie konnte er denn das erlangen?
Er ist auf Fingerchen gegangen!

Unkomplizierter klingt die prahlerische Aufforderung: Komm nur her, ‚ich habe mehr Kraft im kleinen Finger als du in der ganzen Hand'; in der Sprache unserer Zeit: dich erledige ich spielend. Auch intellektuell: *Etw. im kleinen Finger haben:* etw. gründlich beherrschen; und: ‚mehr Verstand im kleinen Finger haben als andere im ganzen Kopfe', gröber: ‚sein kleiner Finger ist gescheiter als du mit Haut und Haar', auch mdal. bezeugt. In der Steiermark sagt man von einem Klugen: ‚Ea hod in kluann Finga mea, wiar ounari in gounza Koupf'.

Dagegen bedeutet *etw. an den Fingern herzählen:* es genau wissen und geläufig aufsagen können. In den gleichen Zusammenhang gehört noch die Redewndg. *sich etw. an den (fünf) Fingern abzählen* (berl. *abklavieren) können:* es ohne große Überlegung begreifen können; von einer leichten Aufgabe gesagt, die man spielend, wie ein Schulkind mit den Fingern, lösen kann; vgl. frz. ‚On peut le compter sur les doigts de la main'.

Wenn man Gäste oder Zuhörer ‚an den Fingern abzählen kann', sind wenig Besucher gekommen.

Einem die Finger kürzer binden, ähnl. wie ‚einem die Flügel beschneiden': ihn einschränken, in seiner Tätigkeit hemmen; schon im 16.Jh. in Oldecops ‚Hildesheimer Chronik' (S. 134): „De wile aver den fürsten de fingere korter gebunden sin scholden".

Das Gegenteil davon ist *lange Finger machen:* stehlen; in Schillers ‚Räubern' (II, 3) streiten sich Spiegelberg und Razmann, ob Spiegelbergs oder Moors Räubertrupp geriebener sei: Spiegelberg: „Die meinen! die meinen – Pah –". Razmann: „Nun ja! sie mögen hübsche Fingerchen haben –". Bei Abraham a Sancta Clara steht dafür auch *krumme Finger machen* und *das Fünffingerhandwerk treiben;* letztere Wndg. ist noch jetzt im Obersächs. und Oldenburg. gebräuchl., dafür früher auch *mit Fünffingerkraut handeln.* Ähnl. berl. auf die Frage: ‚Wat hat'n det jekost?' – ‚Fünf Finger und een Jriff'. Auch *die Finger nicht bei sich behalten können, klebrige Finger haben:* stehlen. Vgl. frz.: ‚avoir de la poix (Pech) aux doigts': gern lange Finger machen. Einem Dieb muß man daher *auf die Finger sehen (passen):* scharf auf ihn aufpassen, stärker: *auf die Finger klopfen:* ihn von einer unerlaubten Handlung abbringen, züchtigen; vgl. frz. ‚lui taper sur les doigts'.

Sich die Finger verbrennen: schlechte Erfahrungen machen; ndl. ‚zijn vingers branden'; engl. ‚to burn one's fingers' oder: ‚to put one's finger in the fire' und die Warnung: ‚Put not your finger needlessly in the fire': kümmere dich nicht um ungelegte Eier; frz. ‚se brûler les doigts'; ähnl. auch in Götz von Berlichingens Lebensbeschreibung: „daß ich Sorg hatte, ich schlug die Hand in die Kohlen".

Die Rda. umschreibt einen Alltagsvorgang, dessen übertr. Bdtg. ohne Erklärung verständlich ist. Ein Anknüpfen an die ma. Gottesgerichte, in denen meistens sog. Feuerproben verwendet wurden, ist deshalb nicht notwendig. Ebenfalls keiner Erklärung bedarf die jüngere Wndg. *sich in den Finger schneiden:* sich selbst schaden, sich verrechnen, vergleichbar dem Schweiz. ‚Oha, jitz het er sech der lätz Finger verbunde': jetzt hat er sich getäuscht, etw. falsch gemacht. Die aus dem Holstein. bezeugte iron. Aufforderung, ‚snied he sick nig in de Finger', stellt nur eine Mahnung dar für zu stark auf ihren Vorteil bedachte (Wurstverkäufer und andere) Händler.

Auf jem. mit Fingern zeigen: auf einen, der

sich unrühmlich ausgezeichnet hat, der von den Menschen verspottet und verachtet wird, öffentl. hinweisen; gleiche Bdtg. haben frz. ‚montrer quelqu'un du doigt'; ndl. ‚iemand met de vinger nawijzen'; engl. ‚to point or to finger at a person'. Im Lat. dagegen bedeutet die gleiche Wndg. ‚monstrari digito' = allgemein gerühmt werden. In den Satiren des Persius heißt es (I,28): „At pulchrum est digito monstrari et dici: hic est" = aber schön ist es doch, wenn mit dem Finger auf einen gezeigt und gesagt wird: der ist es!

Den Finger auf etw. legen, z.B. auf eine Wunde, einen wunden Punkt, eine faule Stelle: das Schlechte, Bedenkliche an einer Sache hervorheben; vgl. engl. ‚to put the finger on the spot'; frz. ‚mettre le doigt sur la plaie' (wörtl.: den Finger auf die Wunde legen), aber auch: ‚mettre le doigt sur quelque chose': jem. Aufmerksamkeit auf etw. lenken und ihn auf die richtige Spur bringen. Die Wndg. geht wohl zurück auf den bibl. Bericht vom ‚ungläubigen Thomas', der an die Auferstehung Jesu erst glauben wollte, wenn er den Finger in die Wundmale legen könne (Joh. 20,24-27).

Jem. um den (kleinen) Finger wickeln können, sich um den kleinen Finger wickeln lassen; diese Rdaa. bezeichnen die Nachgiebigkeit und Gefügigkeit eines willenlosen Menschen, den man völlig in seine Gewalt zu bringen vermag, wie man etwa einen Strohhalm oder einen Faden um den Finger wickelt.

Keinen Finger rühren nach etw.; vgl. frz. ‚ne pas remuer le petit doigt'; *keinen Finger krumm machen:* faul und träge sein, kein Interesse an der Sache haben.

Im Obersächs. heißt es: Dem Müßiggänger ‚sind die Finger beim Arbeiten im Wege'; im Gegensatz dazu: *sich alle Finger krumm arbeiten:* fleißig sein; ähnl. *sich die Finger wundschreiben;* bzw. ‚die Haut von den Fingern (arbeiten)'; schweiz. ‚es louft ihm nume so us de Finger': er schafft tüchtig.

Sich mit dem kleinen Finger auf dem Kopf kratzen: sich geziert benehmen; vgl. frz. ‚se gratter la tête': sich verlegen am Kopf kratzen.

Etw. nur mit Fingerspitzen (mit spitzen Fingern) anfassen: vorsichtig sein, sich davor ekeln; vgl. frz. ‚prendre quelque chose du bout des doigts'.

Etw. in den Fingerspitzen haben: gute Kenntnisse besitzen; *bis in die Fingerspitzen konsequent:* nämlich ganz und gar, z.B. musikalisch oder mißtrauisch-ängstlich. Man kann auch *bis in die Fingerspitzen erschrecken.* So manchem ‚kribbelt es (ordentlich) in den Fingerspitzen': ein Zeichen der (Nervosität oder) Ungeduld; ähnl., *jem. juckt es in den Fingern,* d.h. er spürt den unwiderstehlichen Drang, seinem Zorn oder Unmut handgreiflich Luft zu verschaffen.

Man macht sich selbst unglücklich, wenn man nicht *ein gewisses Fingerspitzengefühl* besitzt: Takt, (vornehme) Zurückhaltung beweist; oder: *das muß man in den Fingerspitzen haben:* dem Nächsten gegenüber Feingefühl zeigen.

Die Finger von etw. lassen: sich nicht damit abgeben, mdal. bes. in der Form *(laß die) Finger von der Butter* und *(bleib) mit die Finger von die Dinger,* auch mit dem Zusatz ‚die haben Geld gekostet'.

Hingegen: *Er steckt seine Finger in jeden Quark:* er befaßt sich (stets, überall) mit Dingen, die ihn (eigentlich) gar nichts angehen. Reicht die Einmischung zu weit, dann ist er töricht genug gewesen, ‚seine Finger zwischen Tür und Angel (Hammer und Amboß) [zu] stecken'; frz.: ‚mettre le doigt entre l'arbre et l'écorce' und ‚mettre le doigt entre l'enclume et le marteau': bedeutet, sich in unangenehme Händel einlassen, in der Klemme sitzen.

Er hat seine schmutzigen Finger hineingesteckt: sich auf unehrliche Weise an einem Unternehmen beteiligt; engl. ‚to have a finger in the pie': „No man's pie is freed from his ambitious finger" (Shakespeare, ‚Henry VIII', I, 1). Ein solches Verhalten trifft in etwa die schweiz. Rda. ‚Si hei d Finger i allem inn': sind überall einflußreich.

Der bricht noch den Finger im Arsch ab und *der bricht noch den Finger in der Nase* sagt man von einem, der ganz besonderes Mißgeschick hat, sich aber auch bes. ungeschickt benimmt.

Der beißt sich eher den Finger ab, ehe er etw. gibt heißt es von einem Geizigen.

Sich die Finger vergolden lassen können: sehr reich, aber auch sehr geizig sein; im

Spiel: keine brauchbaren Karten herausgeben.
Sich goldene Fingernägel machen lassen: auf Kosten anderer lukrative Geschäfte betreiben.
Die Reihe der stehenden Vergleiche läßt sich beliebig fortsetzen. Die Finger helfen einander (unauflöslich), folglich: zwei Freunde ‚sind wie die Finger einer Hand': ein Herz und eine Seele; frz.: ‚être (comme) les (deux) doigts de la main' und ‚être unis comme les doigts (de la main)': eng verbunden sein; engl. ‚they are finger and thumb': stehen miteinander auf vertrautem Fuß.
Obersächs. ‚daar is, wie der Finger in Hunigtopp': so schnell bereit; auch aus dem Küchenbereich geholt, aber mit anderem Sinngehalt, die schweizer Rda. ‚si hei d Finger im Hunghafe (Honigtopf)': im Überfluß leben.
Seines Sieges sicher erscheint in der Gesellschaft, *wer nur den kleinen Finger auszustrecken braucht,* (um etwas zu erreichen) oder *an jedem Finger zehn bekommen* kann: über einmalig gute Aussichten beim anderen Geschlecht verfügt.
Auf die Verwandtschaft der Finger mit tierischen ‚Greiforganen' verweisen folgende Wndgn. *Dem möchte ich nicht in die Finger (Krallen) geraten:* vor dem kann man sich fürchten; *jem. in die Finger kriegen:* seiner habhaft werden; *jem. zwischen die Finger kommen:* in seine Gewalt geraten und dadurch Schaden erleiden. Bisweilen ist man so glücklich, dem Verfolger *durch die Finger zu schlüpfen.*
In der Regel wird der glückliche Eigentümer, was er hat, *nicht aus den Fingern lassen;* schweiz. ‚was dä einisch i de Finger het, lat he nümm druus': er ist habgierig oder ehrgeizig, eher dürfte er bestrebt sein, noch mehr Schätze ‚mit allen zehn Fingern herbei(zu)ziehen.'
Eine nicht zu übersehende Rolle spielt der Finger in der Gebärdensprache. *Den Finger auf den Mund legen:* schweigen oder Schweigen gebieten.
Schon in früher Zeit war der zweite Finger der rechten Hand das gegenständliche Mittel *Einen Fingerzeig* (zu) *geben:* einen Hinweis (Warnung, Wink), später auch eine Drohung höherer Mächte (des Schicksals, des Himmels).
Die Finger nach etw. ausstrecken: irgendein Gut in Besitz nehmen wollen; *Die Finger aufheben:* vor Gericht schwören oder ein feierliches Gelübde ablegen, auch eine Versicherung abgeben, z.B. ‚lieber lasse ich mir einen Finger abhacken, als ...' (das Geheimnis zu verraten).
Seelischen Schmerz spiegelt die Wndg. ‚ich gäbe meinen kleinen Finger drum' (wenn das nicht geschehen wäre), vielleicht auch: ‚einen (Verstorbenen) mit den Fingern aus der Erde graben wollen'; frz.: ‚se mordre les doigts de quelque chose': etw. bereuen.
Etw. mit den Fingern anrühren: fast am Ziel seiner Mühe angelangt sein; frz.: ‚toucher à quelque chose du bout du doigt'. Seit der Mitte des 19. Jh. ist die Rda. bekannt: *den Finger auf dem richtigen Loch haben:* vernünftig handeln, das Richtige getroffen haben; vielleicht den Regeln des Flötenspiels entlehnt: wer den richtigen Finger auf das richtige Loch setzt, bläst korrekt.
Obersächs. ‚den Finger druff haben': große Klugheit beweisen. Etw. anderes ist es, *sich nicht gern die Finger schmutzig machen:* sich einer unangenehmen, unbequemen Beschäftigung entziehen, sich nicht in fragwürdige Machenschaften, Verbrechen verwickeln lassen.
Noch die dt. Gegenwartssprache kennt den Begriff ‚einen Fingerhut voll': sehr wenig. Bestenfalls faßt das Gefäß einige Tropfen; und beißender Hohn liegt in den Worten: „Dein Fingerhut voll Gehirn" (Schiller, ‚Räuber' I, 2). Älter erscheint die Maßbezeichnung ‚die Breite eines Fingers'. Spätestens das beginnende 17. Jh. kannte die Wndg. ‚nicht eines fingers brait'. Bekannt ist sie noch heute durch Höltys volkstümliches Lied:

Üb immer Treu und Redlichkeit
bis an dein kühles Grab
und weiche keinen Finger breit
von Gottes Wegen ab.

Lit.: *Wander* I, Sp. 1020ff.; *W. Grimm:* Über die Bdtg. der dt. Fingernamen, in: Kleinere Schriften III (Berlin 1883), S. 428ff.; *A. Risse:* Zs. f. d. U. 31 (Leipzig 1917), S. 362; *H. Bächtold-Stäubli:* Art. ‚Finger', in: HdA II, Sp. 1478–96; *A. Wesselski:* Der säugende Finger, in: Erlesenes (Prag 1928), S. 144–150; *H. Mangin:* Die Hand, ein Sinnbild des Menschen (Zürich 1952); *L. Röhrich:* Sprw. Rdaa. aus Volkserzählungen, in: Volk, Sprache, Dichtung. Festgabe für K. Wagner (Gießen 1960), S. 272f.; *ders.:* Gebärde – Metapher –

Parodie (Düsseldorf 1967); *J. R. Klima:* Art. ,Finger', in: EM, IV, Sp. 1140–1146.

Fingerhakeln ↗rangeln.

Fingerspitzengefühl ↗Finger.

Finte. *Finten machen:* einen Vorwand, ein Täuschungsmittel gebrauchen; eigentl.: sich wie ein Fechter benehmen, denn Finte, ital. finta, frz. feinte geht zurück auf lat. fingere = erdichten und bez. zunächst die List, den Trugstoß beim Fechten; der Gegner wird durch eine Scheinbewegung getäuscht, sich eine Blöße zu geben. Er versucht entweder den angezeigten ,fintierten' Stoß mit einer Parade unmöglich zu machen und gefährdet sich dadurch, weil der Angreifer seine Bewegung berechnet und seinen Stoß führen kann, oder der Gegner wird zum Angriff verleitet, was dann auch zum Vorteil ausgenützt wird. Im 17. Jh. entwickelt sich daraus die heutige Bdtg.

Firlefanz. *Firlefanz machen:* Dummheiten machen, närrisch sein; das in der Volkssprache weitverbreitete Wort geht zurück auf frz. virelai = Ringellied, das unter dem Einfluß von mhd. ,tanz' zu virlefanz umgestaltet wurde. Die heutige Bdtg. von Firlefanz entstand durch Einwirkung der Ableitungen firlefenzen (schon bei Luther), firlefanzen = närrisch sein, die ebenfalls bis heute in den Mdaa. gebräuchl. sind.

Lit.: *O. Weise:* ,Firlefanz, Quirlequitsch, Trippstrill', in: Zs. f. dt. Wortforschung (1902), S. 122–124.

Fisch. *Stumm wie ein Fisch* ist seit den alten Ägyptern fast bei allen Kulturvölkern ein sprw. Bild für die Schweigsamkeit. Bei Erasmus von Rotterdam in den ,Adagia' ist der Vergleich noch gesteigert: „Magis mutus quam pisces" = stummer als die Fische. Vgl. frz. ,muet comme une carpe' (Karpfen). „Das sprw. Bild beruht auf der Unfähigkeit des menschl. Gehörs, unter Wasser Geräusche wahrzunehmen. Menschen hören durch Luftschall, Fische durch Schwingungen des Wassers. Nur wenige besonders starke ,Krakeler' wie den Knurrhahn kann der Mensch hören. Doch ist kaum einer der zahllosen Fische wirklich ,stumm'" (Dröscher). Wenn sich der Fisch im Wasser tummelt, sich ,in seinem Element' bewegt, ist er ein Bild frischen, gesunden Lebens, daher der rdal. Vergleich *gesund wie ein Fisch im Wasser,* vielfach auch *munter (frei, lebendig) wie ein Fisch im Wasser;* vgl. frz. ,hereux comme un poisson dans l'eau' (wörtl.: glücklich wie ein Fisch im Wasser): restlos glücklich; seltener im Gegenteil: ,Em es tomod (zu Mute) wie em Fisch op em Land'. Schon im 13. Jh. heißt es im ,Trojanerkrieg' Konrads von Würzburg (V.10808):

er wart gesunt reht als ein visch,
der vert in einem wâge
(= der sich in den Wogen bewegt).

In Fischarts ,Flöhhatz' ist 1577 belegt:

Ich ward dabei so gsund und frisch
Als in kaim Wasser ist kein fisch.

In Schillers ,Räubern' (I, 1) fragt Franz: „Ist Euch wirklich ganz wohl, mein Vater?" Der alte Moor: „Wie dem Fisch im Wasser!" Auch die lockenden Worte der Nixe in Goethes Ballade ,Der Fischer' umschreiben das Bild:

Ach, wüßtest du, wie's Fischlein ist
So wohlig auf dem Grund,
Du stiegst herunter, wie du bist,
Und würdest erst gesund.

Das Sprw. *Die großen Fische fressen die kleinen:* die Mächtigen, Reichen leben auf Kosten der Unterdrückten und Armen, ist häufig bildl. dargestellt worden.

Für jede Form von Rivalität, Konkurrenz, Machtkampf, Krieg und schlechthin für die Ungerechtigkeit der Weltläufe, Egoismus der Großen etc. hat die politische Karikatur das Sprachbild von den großen und den kleinen Fischen parat. Immer geht es um die Illustration eines Unrechts-Sprichworts: ,Wer die Macht hat, hat das Recht'. Negative Kausalitäten wie die Relation von Preisen und Löhnen, oder von Inflation und Abwertung werden in diesem Bild gesehen. Die stärkere Währung macht die schwächere kaputt. Aber auch jede Form von industrieller Konkurrenz kann so gesehen werden: Die europäische Automobilindustrie wird von der amerikanischen geschluckt, und diese wiederum wird von den Japanern aufgefressen. Die Kapitalisten und ,big bosse' sind die ,Haie', die ihre Machtgelüste an den

1

2

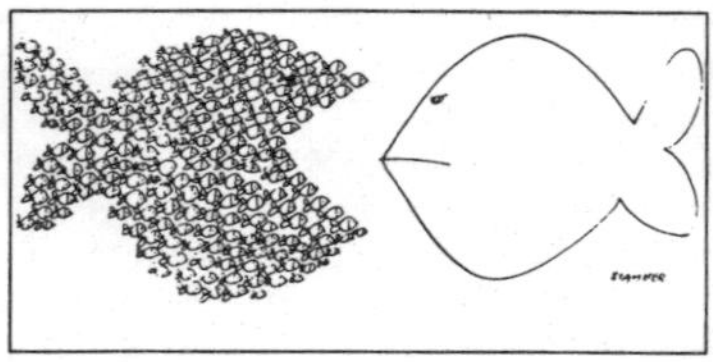

3

1/2/3 ‚Die großen Fische fressen die kleinen'

‚kleinen Fischen' auslassen. Der Mächtige und Reiche unterdrückt – bildlich ‚verschluckt' – den Schwachen und Armen. Es handelt sich um ein internationales Sprichwort: engl. ‚The great fish eat up the small'; frz. ‚Les gros poissons mangent les petits'; ital. ‚I Pesci grossi mangiano i piccini'.
Schon in lat. Sprw.sammlungen kommen ähnliche Bilder vor. Ein Bild aus Peter Isselburgs ‚Emblemata Politica' von 1617 kennt das lat. Motto: ‚Minor esca maioris' (Der Kleinere ist das Futter des Größeren). Später haben Hieronymus Bosch und Pieter Bruegel das Thema aufgegriffen. Auf ihrem Bild wird die damalige aktuelle politische Situation der Niederlande dargestellt. Im Unterschied zu den modernen Illustrationen, bei denen immer das Recht des Stärkeren siegreich bleibt, behauptet die Überschrift des Bruegelblattes, daß das Recht der Stärke widerstehen könnte. Außerdem wird der große Fisch unübersehbar mit dem ‚Messer der Gerechtigkeit' aufgeschlitzt. Aber natürlich hat auch die moderne Illustration versucht, Auswege aus der Zwangsläufigkeit der Machtspirale zu finden, die

im Bereich heutiger politischer Möglichkeiten liegen. Es ist vielleicht nicht zufällig die Illustration eines Schweizer Cartoonisten, der im vorgegebenen Sprachbild zeigt, was die Solidarisierung der Kleinen zu bewirken vermag: Einigkeit macht so stark, daß der große Fisch angesichts dieser geschlossenen Phalanx die Kiemen nicht mehr auseinander kriegt und das Maul hält. Die Kausalität läßt sich also sogar regelrecht umkehren: ‚Viele kleine Fische fressen den Großen'.

Das ist nicht Fisch, nicht Fleisch oder *Das ist weder Fisch noch Fleisch:* es hat keine Eigenart, ist zweideutig und unklar. Die früheste Form findet sich lat. in den ‚Adagia' des Erasmus von 1534. Dort heißt es: „Neque intus neque foris ... simili figura dicunt hodie neque caro neque piscis, de homine qui sibi vivet, nec ullarum est partium" (= man sagt heute auch von einem Mann, der nur für sich lebt und nirgendwo Partei ergreift: weder Fisch noch Fleisch). 1586 ist die Rda. in Fischarts ‚Bienenkorb' (85 b) belegt: „Sonder ist weder fisch noch fleisch". In der ‚Zimmerischen Chronik' (III, 370) wird von einem frz. Orator erzählt: „Der hab ain lange und zierliche lateinische redt gethon, die aber so wunderbarlich und varia gewest, daß der verordneten kainer was gründlichs oder bestendigs dorauß hab künden nemmen und weder fisch oder flaisch, wie man sprücht, gewest".

Scherzhafte Anwendung findet die Rda. in einem meckl. Sagwort: ‚Nich Fisch noch Fleisch, säd' de Adebor, donn fratt he ne Pogg' (Frosch). In Jeremias Gotthelfs ‚Bauernspiegel' lautet die Wndg. ‚Nicht Vogel, nicht Fisch', ähnl. auch in der schweiz. Mda. bezeugt: ‚Das ist weder Vogel noch Fisch, weder Halbs noch Ganzes'. Friedrich Rückert (‚An Fischmann und Mannfisch') wandelt die Wndg. folgendermaßen ab: „Halb Fisch halb Mann ist weder Fisch noch Mann; sei jeder ganz, wozu ist das Gemisch? Hofmönch und Klosterritter mag mir beides nicht behagen".

In der Volkssprache des Niederrheins wird die Rda. zu ‚weder Fisch noch Frosch' entstellt. Mhd. heißt es von einem Unentschiedenen auch: ‚Er ist nicht visch unz uf den grât', er ist nicht Fisch bis zur Gräte, ähnl. noch im 16. Jh. bei Fischart; vgl. frz. ‚Il est ni chair ni poisson'; engl. ‚He is neither fish nor flesh'; ndl. ‚vis nog vlees zijn'.

Die erste engl. Notierung ist 1528 datiert: „Wone (one) that is nether flesshe nor fisshe"; eine etw. längere Formulierung 1621: „Neither flesh nor fish nor good red hering". Um 1700 wurde in Engl. auch häufig die Form ‚to make fish of one and flesh of the other' gebraucht. Seit der Mitte des 16. Jh. findet sich in Engl. noch eine dritte Version unserer Rda.: „She is nother fisshe, nor flesshe, nor good red hearyng" (herring); so bei John Heywood 1546. Eine vierte, seit der Mitte des 19. Jh. aufgekommene Version setzt noch das Wort ‚fowl' hinzu: ‚neither fish nor fowl'. Dies steht nahe auch der bei Jeremias Gotthelf im ‚Bauernspiegel' 1837 zuerst lit. bezeugten schweiz. Rda. sowie der dän. Form ‚hverken fugl eller fisk'.

Den Fisch schwimmen lassen: trinken, nachdem man Fisch gegessen hat; in Anlehnung an die seit alters bekannte Lehre, daß Fisch schwimmen will; lat. bei Petronius: „pisces natare oportet". Z.T. auch noch erweitert: ‚Der Fisch will schwimmen – der Ochs will saufen'.

Faule Fische: verdächtige Sachen, Ausreden oder Lügen; in diesem Sinne schon in Luthers Sprichwörtersammlung (Nr. 104): „Bleib dahymen mit deinen faulen Fischen". Ebenso auch bei dem Prediger Mathesius: „ wer mit renken und faulen fischen umbgehet, der muß doch mit der zeit schande werden"; 1639 bei Lehmann 488 (Lügen 61): „Ein lügner verkaufft faule Fische, hawet vber die Schnur, wirfft das Beil zu weit, da ers nicht kan wieder holen". In einem poetischen Gespräch über den Nordischen Krieg (1700–09) sagt der König von Dänemark:

Glaubte Schleswig zu erwischen
Und noch etwas anders mehr,
Doch da waren's stinkend Fische,
So mir gar nicht schmecken sehr.

Die Wndg. ist in den heutigen Mdaa. noch sehr verbreitet, z.B. schweiz. ‚Es riecht nach faulen Fischen', rheinhess. ‚faule Fische in der Brühe', schwierige Verhältnisse, rhein. ‚Der hot faule Fisch gefong', er versucht, auf unrechtmäßige Weise etw. zu erreichen.

Faule Fische und stinkende Butter sagt man, wenn sich zwei verbinden, die beide nicht viel taugen.

Kleine Fische stehen sprw. für bedeutungslose oder leicht zu bewältigende Dinge; im Volkslied zumeist für die herangereiften jungen Mädchen, ↗Backfisch.

Die Gleichung junges Mädchen = Fisch (junge Mädchen = kleine Fische) findet sich noch heute in südslaw. Liedern. So heißt es in einem Kroat. Lied:

… und die Fischer fischten mich mit Netzen,
dachten, daß es wohl ein Fischlein wäre,
und das Fischlein war ich, junges Mädchen.

Noch deutlicher wird der Vergleich in einer slowakischen Mädchenkage:

Flußauf die Gran, flußab die Gran,
kleine Fischlein schwimmen heran,
kleine Fischlein den Fischern zu,
schöne Mädchen den Burschen zu.

Das sind ungefangene Fische: man braucht noch nicht darüber zu sprechen, ehe die Sache nicht entschieden ist; *der Fisch hat angebissen:* die List ist gelungen; vgl. frz. ‚Il a mordu à l'hameçon' (wörtl.: Er hat den Köder angebissen): Er ist hereingefallen.

Du kriegst Fische: Ohrfeigen; *einen kleinen Fisch geben, um einen großen zu bekommen:* nicht nur uneigennützige Geschenke geben; *er hört die Fische im Wasser singen:* er ist eingebildet, tut überklug; *er ist wie ein abgestandener Fisch:* matt, schwach, elend.

Fische gegessen haben: unrasiert sein (beruht auf der grotesken Vorstellung, daß beim Fischessen die Gräten durch Kinn und Wangen gedrungen sind); *der Fisch ist gegessen:* die Sache ist abgeschlossen, erledigt.

Die Fische füttern: sich auf See erbrechen (eine umschreibend euphemist. Wndg.). Diese beiden Rdaa. sind noch ziemlich jung, ↗stumm, Stummer, ↗Wasser.

Lit.: *W. Stiefmacher:* Der Fisch im dt. Sprw., in: Fischwaid, Zs. f. Sportfischerei 7 (Hamburg 1952), S. 26; *E. Hoffmann-Krayer:* Art. ‚Fisch', in: HdA. II, Sp. 1528–1546; *A. Taylor:* ‚Neither fish nor flesh' and its variations, in: Journal of the Folklore Institute 3 (1966), Nr. 1, S. 3–9; *W. Danckert:* Symbol, Metapher, Allegorie im Lied der Völker, Bd. IV (Bonn-Bad Godesberg 1978), S. 1293–1315, insbes. S. 1297ff., 1300–1305; *V. B. Dröscher:* Mit den Wölfen heulen (Düsseldorf 1978), S. 81–84; *H. Schempf:* Kleine Fische, in: L. Carlen (Hg.): Forschungen zur Rechtsarchäologie, Bd. I (Zürich 1978), S. 63–80; *E. Moser-Rath:* Art. ‚Den großen Fisch fangen (AaTh 1567 C), in: EM. IV, Sp. 1218–1221; *R. Schenda:* Art. ‚Fisch, Fischen, Fischer', in: EM. IV, Sp. 1196–1211; *O. G. Sverrisdóttir:* Land in Sicht (Frankfurt/M. 1987), S. 138–142; *W. Mieder:* ‚Die großen Fische fressen die kleinen', Gesch. u. Bdtg. eines Sprw.s über die menschl. Natur, in: Muttersprache 98 (1988), S. 1–37; *ders.:* History and Interpretation of a Proverb about Human Nature. Big Fish Eat Little Fish, in: Tradition and Innovation in Folk Literature (Hanover [N. H.] – London 1987), S. 178–228.

‚Fische fangen' (‚Sich jemand angeln')

fischen. *Zum Fischen gehen:* seinen Zweck zu erreichen suchen, jem. für sich gewinnen wollen, nach einem Partner Ausschau halten, vgl. die Wndg. ‚sich einen Mann angeln'. *Im trüben fischen* ↗trüb. Vgl. auch: ‚Sich jem. (etw.) an Land ziehen' ↗Land. ‚Einen großen (guten) Fang tun' ↗Fang. ‚Seine Netze auswerfen' ↗Netz.

Lit.: *A. Taylor:* ‚It is good fishing in troubled (muddy) waters', in: Proverbium , 11 (1968), S. 268–275; *R. Schenda:* Art. ‚Fisch, Fischen, Fischer', in: EM. IV, Sp. 1196–1211.

Fischer. *Die Fischer schlagens uff den Kübeln* war eine altels. Rda. für: die Sache ist in aller Munde, die Spatzen pfeifen's auf (von) den Dächern, namentl. von einer Ehebruchsgeschichte: Der Buhle meint, er sei verborgen, so es doch die Fischerknaben auf den Kübeln schlagen; ähnl. in Brants ‚Narrenschiff' (62,26):

Als heymlich halttet er (der Buhle) syn sachen,
Das yederman davon můß sagen,
Die vischers uff den Küblen schlagen.

Ebenso bei Murner ‚Schelmenzunft‘: „die Kinder es an gassen singen, dfischerknaben am Kübel schlagen“.
Mit dem Berufsstand der Fischer verglichen werden häufig auch die Polizisten, wenn sie z. B. Jagd auf ‚große Fische‘ machen, einen ‚dicken Fisch an der Angel haben‘ oder ihn ‚zappeln lassen‘ ↗Angel, angeln, ↗zappeln.

Lit.: *Jungwirth:* Art. ‚Fischer, fischen‘, in: HdA. II, Sp. 1549–1569; *E. Moser-Rath:* Art. ‚Den großen Fisch fangen‘, in: EM. IV, Sp. 1218–1221.

Fishing. *Fishing for compliments:* auf Lob und Anerkennung aussein bzw. diese durch Untertreibung (understatement) oder durch scheinbare Abwehr erst recht provozieren.
Da es im Dt. hierfür keinen Ausdr. gibt, hat sich die engl. Wndg. wegen ihrer Prägnanz und Kürze um so leichter auch bei uns durchsetzen können.

Fisimatenten. *Fisimatenten machen:* Umstände, Ausflüchte, nichtige Einwände machen (ähnl. wie ‚Kinkerlitzchen‘, ‚Sperenzien machen‘). Das seltsame Wort ist bis in die Mdaa. hinein verbreitet, z. B. schwäb. ‚Mach mir keine Fisimatente‘, rhein. ‚Du häs nicks wie Fisematenten im Kopf‘, berl. ‚Mit Fisematenten spiel ick nich!‘ Seine Entstehung fällt in das 15. Jh. Es handelt sich um eine Wortmischung: zugrunde liegt einmal lat. ‚visae patentes (literae)‘ = ordnungsgemäß verdientes, geprüftes Patent, im 16. Jh. mehrfach als ‚visepatentes‘ belegt (vgl. Offizierspatent). Da die Ausfertigung eines solchen Patentes oft lange Zeit in Anspruch nahm, ergab sich die spöttisch gemeinte Bdtg. ‚überflüssige Schwierigkeiten‘. Im 17. Jh. nimmt das Wort unter dem Einfluß von ‚Visamente‘ die uns heute geläufige Form an. Visamente (schon mhd. visamente) geht auf altfrz. visement zurück und bedeutet zuerst: Aussehen, Einteilung eines Wappens, später auch: unverständlicher Zierat, Ornament.
Als Beispiel volksetymol. Deutung eines nicht mehr verstandenen Wortes sei die in Mainz übliche Erklärung von Fisimatenten erwähnt: Das Wort soll nach dem Volksmund zurückgehen auf ‚visitez ma tente‘ = besuchen Sie mein Zelt, und sei die Aufforderung der frz. Offiziere an die dt. Mädchen zur Zeit der Revolutionskriege gewesen. Ebenso wurde es volksetymol. aber auch als Ausrede verspäteter Passanten bei Kontrollen durch die Wache erklärt: ‚Je viens de visiter ma tante‘ (ich habe eben meine Tante besucht).

Lit.: *Risop:* Fisimatenten, in: Arch. f. neuere Sprachen (1924), S. 251 ff.; *H. Spitzer:* Fisimatenten, in: Teuthonista I (1924), S. 319; *G. Schoppe,* in: Mitt. d. Schles. Ges. f. Vkde. 29 (1928), S. 298; Mainzer Wb., 60 f.

Fisternöllchen. *Mit jem. ein Fisternöllchen haben* (rhein.): ein (nicht legales) Verhältnis, ein ↗Techtelmechtel haben. Die Rda. ist bes. im niederrhein. Raum geläufig. Dort wurde sie im 1. Weltkrieg gebraucht für eine unpassende Liebschaft, z. B. wenn ein Mädchen einen Belgier oder Franzosen als Verehrer hatte. Darüber hinaus hat der Ausdr. ‚Fisternölles‘ im Rheinland je nach Region eine unterschiedliche Bdtg., u. a. Kleinigkeitskrämer, Bastelhans, Kritisierer, Nörgler, und war demnach ein weitverbreiteter Negativbegriff. Mancherorts steht er sogar für Prügel. Wenn es z. B. heißt: ‚de krit se gefisternöllt‘, so bedeutet das, daß man ihn ordentlich verprügeln will. Im Raum Duisburg-Moers gilt er darüber hinaus auch als Bez. für einen kleinen Kornschnaps mit Zucker, bes. auf Neujahr.

fit. *(Absolut) fit sein:* in guter Form, durchtrainiert, in körperlich guter Verfassung, gesund sein. *Nicht ganz fit sein:* nicht im Vollbesitz seiner Kräfte sein, sich ‚angeschlagen‘, erschöpft fühlen. *Bald wieder fit werden:* sich erholen, seine Spannkraft, Leistungsfähigkeit u. Lebensfreude wiedergewinnen:
Das engl. Wort ‚fit‘: passend, angemessen, tauglich gelangte i. S. v. gut vorbereitet, leistungsfähig in die Sprache des Sports u. von dort in der 1. Hälfte des 20. Jh. ins Dt. u. wie die Steigerungsform ‚topfit‘ in den allg. Sprachgebrauch. Ein moderner Werbe-Slogan ‚Fit statt fett‘ ruft dazu auf, durch fettarme Vollwertnahrung schlank und gesund zu bleiben.

Fittich. *Einen beim Fittich kriegen:* ihn erwischen, fassen, um ihm den Standpunkt klarzumachen, um ihn zu bestrafen. Fittich, mhd. vëttach, vittich, urspr. ‚Gefieder', doch schon frühnhd. (z.B. bei Luther, 4. Mos. 15,38 zur Bez. des Rockzipfels gebraucht. Ndd. ‚enen bi dem Fiddik krigen': ihn bei den Kleidern ergreifen, auch bei G. A. Bürger: „ei, ei! rief Meister Ehrenwort, als er beim Fittich sie erwischte". In der Hochsprache gilt Fittich heute vorwiegend als dichterischer Ausdr. für ‚Flügel', vgl. die Wndg.: *jem. unter seine Fittiche nehmen:* ihm Schutz gewähren; vgl. frz. ‚prendre quelqu'un sous son aile'.

Luther übersetzt (Ps. 91,4): „Er (Gott) wird dich mit seinen Fittichen decken". Hier dürfte allerdings Fittich noch die Bdtg. von ‚Gefieder' haben. Doch lebt auch dieser Gebrauch durchaus in den Mdaa., so etwa westf. ‚einem de Fittke stüwen (stutzen)', ‚ihm die Flügel beschneiden, els. ‚Er loßt d'Fittich henken', er hat die Kraft und den Mut verloren, ‚s hat Fittich bekumm', es ist gestohlen worden, ähnl. ‚Es hat ↗Beine gekriegt'. Mdt. wird für Fittich ↗Schlafittchen gebraucht.

fix. *Fix und fertig sein:* alles gemacht (erledigt) haben (und jetzt völlig erschöpft sein); in der Jugendsprache abgewandelt zu ‚Fix und Foxi sein'. Die Rda ist schon bei Goethe bezeugt:

„Ei was! Ich bin gern fix und fertig" (Werke, Ausg. [1827ff.], 15.71). Auch J.M.R. Lenz gebraucht sie in diesem Sinne, wenn auch nicht auf Personen, sondern auf die ausgeführte Arbeit bezogen: „Ihr müßt die Gebäude innerhalb vier Monate fix und fertig liefern" (J.M.R. Lenz: Ges. Schriften, hg. v. L. Tieck, [1828], 1.89). Darüber hinaus läßt sich auch die weitergehende, sehr bekannte Bdtg. der Rda. i.S.v. physisch und/oder psychisch völlig erschöpft, ‚erledigt', ‚kaputt', ‚geschafft' sein bis in die Goethe-Zeit zurückverfolgen:

„... dazu sind wir fix und fertig, unsere Leute wollten längst rebéllern" (Goethe, Werke, Ausg. [1827ff.], 15,23).

Das Wort ‚fix' (lat. fixus, firmus) bezog sich urspr. auf das Feste, Unbewegliche, wie es noch in dem Begriff ‚Fixstern' z. Ausdr. kommt und – im übertragenen Sinne – auch in der Wndg.: ‚fixe Ideen haben' begegnet. Sie steht für das, was fixiert, festgemacht und (in erweitertem Sinne) ausgemacht ist. So ist sie auch belegt in G. D. Arnold in ‚Der Pfingstmontag', ([1816], 16,) wo es heißt: „S'isch fix un usgemacht". Daraus hat sich die weitere Bdtg. von ‚fertig zum Abholen' ergeben.

Adverbial gebraucht hat ‚fix' dagegen die Btdg. von schnell, flink. In diesem Sinne ist sie auch bekannt durch die Rdaa. ‚Fix mit der Feder (mit dem Degen) (mit dem Bogen) sein'. Darauf geht wohl auch die scherzhaft abgewandelte österr. Rda. ‚fix und ka Geig'n' zurück, die früher gerne als Ausdr. höchster Verwunderung gebraucht wurde.

In der Ausgabe der KHM. der Brüder Grimm von 1812 erschien als Nr. 16 eine Erzählung unter dem Titel ‚Herr Fix-und-fertig'. Gewährsmann war der pensionierte Dragonerwachtmeister Friedrich Krause aus Hof. Sprichwörtlich braucht schon Hans v. Schweinichen in seiner Lebensbeschreibung (I, 157, ed. Büschung) den Namen: „Ich dauchte mich zwar Meister Fix zu sein". In Pommern war ‚Meister Fiks' früher der Name für den Scharfrichter.

Lit.: *B. P.* II, S. 19–21; *A. Schindehütte* (Hg.): Krauses Grimm'sche Märchen (Kassel 1985); *G. L. Fink:* The Fairy Tales of the Grimm's Sargeant of Dragoons, in: J. Mc. Glathery (ed.): The Brothers Grimm and Folktale (Urbana–Chicago 1988), S. 146–163.

flach. *Flach wie ein Bügel- bzw. Plettbrett (mit zwei Erbsen):* der rdal. Vergleich bezieht sich auf eine Frau ohne Busen. Ähnl. schwäb.: ‚die isch ganz nab wie ghobelt'.

‚Flaches Gerede': ohne Tiefe, nichtssagend. In dieser Rda. ist der Begriff flach im übertr. Sinne auf den geistigen Hintergrund bezogen.

Ebenfalls übertr. *flach fallen:* ausfallen, nicht stattfinden.

Flagge. *(Die) Flagge streichen:* sich überwunden bekennen, sich ergeben. Aus der Seemannssprache übernommen und seit dem 17. Jh. verbreitet: ein Schiff zieht seine Flagge ein zum Zeichen, daß es überwunden und bereit ist, sich dem Feind zu ergeben (in derselben Bdtg.: ‚die Segel streichen'). Ähnl. auch in anderen Sprachen, z. B. ndl. ‚de vlag strijken', engl. ‚to strike the flag (oder colours)', frz. ‚baisser pavillon'. Im Dt. neuerdings auch euphemist. für ‚sterben' gebraucht, ↗zeitlich.

Unter fremder (oder *falscher) Flagge segeln* wird auch bildl. gebraucht für: unter fremdem Namen gehen, auch: die wirklichen Absichten verbergen. Leicht abgewandelt auch: ‚Unter der Flagge eines bestimmten Menschen (einer Nation, eines Unternehmens) segeln': ein bestimmtes Aushängeschild führen.

Flagge zeigen: seine Meinung, Gesinnung offen bekennen, darlegen, zu welcher Partei(-richtung) man gehört, welche Zielsetzung man vertritt.

Die Flagge auf halbmast setzen: Staatstrauer an öffentl. Gebäuden zeigen.

Lit.: *O. G. Sverrisdóttir:* Land in Sicht (Frankfurt/M. 1987), S. 90–91.

Flaggschiff. *Für etw. das Flaggschiff sein:* die führende Rolle innehaben, die Richtung angeben, nach der sich alle(s) zu richten haben. Das ‚Flaggschiff' ist das Schiff, auf dem der Admiral seine Flagge gesetzt hat und daher meist das erste (auch größte und stärkste) Schiff in einem Flottenverband. Unabhängig von der Seefahrt ist die Rda. auch auf andere Lebensbereiche, vor allem die Wirtschaft übertr. worden. Das teuerste Modell einer Automobil-Firma kann als ‚Flaggschiff' (Aushängeschild) der Firma bez. werden.

Flamme. *Eine Flamme haben* war in den 50er Jahren eine in der Schülersprache sehr geläufige Wndg. für die heimliche Liebe eines jungen Mannes zu einem Mädchen, das er verehrte und anbetete; gelegentlich auch mit Stolz verwendet für: eine Freundin haben. Die Flamme steht dabei für das Feuer der Liebe zu einer Frau.

Davon (bewußt doppeldeutig) abgeleitet: *Laß mich deine Flamme küssen!,* wenn man sich am brennenden Streichholz oder Feuerzeug des anderen seine Zigarette anzünden wollte.

In den 70er und 80er Jahren las man an Häuserwänden u.ä. als Haßparole gegen das politische System der Bundesrepublik – und verhüllten Aufruf zum Umsturz –: ‚Feuer und Flamme für diesen Staat', ↗Feuer.

Flandern. *Von (aus) Flandern sein:* in der Liebe unbeständig, flatterhaft sein. Die Rda. war früher wohl das beliebteste der zahlreichen Wortspiele mit Ortsnamen; sie vermischt den Ländernamen Flandern mit dem gleichklingenden Zeitwort ‚fländern, flandern, flanieren' = herumflattern, umherschweifen.

Flandern in der Bdtg. ‚leichtsinniges Frauenzimmer' ist bereits in Wittenwilers ‚Ring' (um 1450) bezeugt. Auch im 20. Jh. ist dieser Gebrauch noch häufig in den Mdaa. nachzuweisen: In der Eifel ist ein ‚Flandrianes' ein nichtsnutziger Windbeutel, schwäb. ‚Flanderer' = Flattergeist; bair. ‚Flanderl' = flatterhaftes Mädchen; niederschles. ‚a is halt vu Flandern', er ist ein Herumtreiber, ein unzuverlässiger Bursche; böhmisch: ‚flandra' = leichtfertiges Weib usw.

Es ist möglich, daß die Verbreitung dieses Ausdr. mit der Wanderlust flämischer Kolonisten zusammenhängt. Aber seit dem Frühnhd. wird Flandern häufig im Reim auf ‚wandern' und ‚andern' gebraucht, wenn Treulosigkeit und Unbeständigkeit der Mädchen und Junggesellen ausgedrückt werden soll, so schon bei Hans Sachs:

Wann diese bübin ist von Flandern,
Si gibt ein buben umb den andern.

Ähnl. in einem Fliegenden Blatt um 1620 (Grimm, Dt. Wb. III, 1722) und in Uhlands Volkslied ‚Das Liebchen von Flandern' (Nr. 49):

Mein Feinslieb ist von Flandern
Und hat einen wankeln Muth.

Die Rda. muß auch Goethe geläufig gewesen sein (‚Was wir bringen' [1814], 5. Auftr.):

Weil ich so gewohnt zu wandern,
Heute hier und morgen dort,
Meinen sie, ich wär von Flandern,
Schicken gleich mich wieder fort.

Flanellwache. *Flanellwache stehen:* vor dem Fenster der Geliebten warten; eine in Berlin und Obersachsen belegte Rda.; ↗Donnerwache.

Flasche. „Nachbarin, euer Fläschchen!" bittet Gretchen, deren Sinne zu schwinden drohen (Goethe ‚Faust' I, Dom), um durch die darin enthaltene aromatisch-belebende Essenz eine Ohnmacht zu verhindern. Solche Riechfläschchen trug früher – bes. in der Zeit der durch Schnürkorsetts eingeschränkten Atmung – jede Frau bei sich.

Der Griff zur Flasche konkretisiert sprachl. übermäßigen Alkoholkonsum, das ‚Gefangensein in einer Flasche'. Ein sprw. gewordener Slogan der Anti-Alkohol-Werbung heißt: ‚Hilf dem Jungen aus der Flasche!' *Zu tief in die Flasche gekuckt haben:* betrunken sein (↗Trinken).

In vielen Bildern und Illustrationen – bis hinein in die moderne Werbegraphik – wird der menschliche Körper als Gefäß dargestellt, und dementsprechend gibt es auch eine erotisch-sexuelle Signifikanz des Trinkens und der Trinkgefäße. Ein Blatt aus dem Hist. Museum in Basel von 1695 zeigt ein nacktes Paar von hinten.

‚Sie trägt die Flasche, er die Pfeife'

Die Worte des Mannes sind:

Ich drage meine Pfeif, aufrichtig steif und veste.
Hiermit verlustigt sich mein Schatz aufs allerbeste,

worauf sie erwidert:

Sich liebes Hertze nuhn, weil du mich dust erlaben.
Ich wil dir meine Flasch alzeit zu Dienste tragen.

‚Pfeife' und ‚Flasche' stehen hier stellvertretend für männliches und weibliches Genital. Ein anderer Holzschnitt, datiert schon 1520, zeigt ein Paar; die beiden trinken aus Gefäßen, die Geschlechtsteilen nachgebildet sind (↗Bocksbeutel).

An die männliche Symbolik der Flasche erinnern auch Bez. wie ‚Flachmann' (Schnapsflasche) oder ‚Henkelmann' (Eßgeschirr). ‚Wir wollen den Kleinen mal pinkeln lassen' sagt man, wenn der Vater bei der Geburt eines Sohnes eine Flasche Sekt spendiert. In diesen Zusammenhang gehört vielleicht auch das ‚Flaschendrehen' als Gesellschafts- und Pfänderspiel: Auf wen die Flasche beim Umdrehen, wenn sie stehenbleibt, zeigt, der muß eine bestimmte, meist erniedrigende oder entblößende Aufgabe ausführen.

Die Flasche signalisiert aber auch weibliche Attribute: Die Baby-Flasche mit Sauger ist der Mutterbrust nachgebildet. Manche Leute sagen, wenn sie trinken, ‚sie nehmen einen zur Brust'. Wer von der Milchflasche des Kleinkindes nicht loskommt, bleibt ein ‚Flaschenkind', d.h. ein im Erwachsenenalter untüchtiges Wesen, ein Versager, ↗Fiasko.

Dreieckige Plastik- oder Papier-Milchtüten haben im Volksmund die spöttische Bez. ‚Picasso-Euter' erhalten. Bekannt ist die Coca-Cola-Flasche als Nachformung einer weiblichen Figur. In Amerika kann man noch heute von einer hübschen Frau sagen: ‚She has a shape like a Coke-bottle'. Nach dem wohlproportionierten Filmstar der Zeit um den 1. Weltkrieg wurde die Coca-Cola-Flasche als ‚Mae West' bez. Viele Amerikaner nannten sie ‚callipygian' in Anspielung auf den Beinamen Kallípygos (= ‚die mit dem schönen Gesäß') der griech. Liebes- und Fruchtbarkeitsgöttin Aphrodite.

Das zerbrochene Glasgefäß oder auch die entkorkte Flasche ist ein Bild der verlorenen Jungfräulichkeit. Im Märchen von Rotkäppchen (KHM.26) gibt die Mutter dem Rotkäppchen eine Flasche Wein mit auf den Weg und spricht ausdrücklich die Warnung aus, die Flasche nicht zu zerbrechen. Wenn die Flasche ein Vaginalsymbol sein kann, dann wird der Korkenzieher zum entsprechenden maskulinen Symbol. So sind Ausdrücke wie ‚Flaschenöffner' (oder auch ‚Büchsenöffner') vulgär-sprachliche Umschreibungen für den Penis. Vgl. schon Hoffmann von Fallerslebens Gedicht ‚Stöpselzieher' von 1837. Alexander Pope formulierte mit um-

gekehrter Bedeutung: „Alle Mädchen sind Flaschen, die Korken brauchen".
Beim Stapellauf eines Schiffes, zugleich Zeitpunkt der Namensgebung, also der ‚Schiffstaufe', wird eine Sektflasche gegen den Schiffsbug geworfen; sie muß dabei zerbrechen. Danach wird das Schiff zu Wasser gelassen, kommt also zum ersten Mal mit ‚seinem eigentlichen Element' in Berührung. Die erste Reise nach Indienststellung – Probefahrten zählen nicht – wird ‚Jungfernfahrt' genannt, denn jetzt muß sich erstmals bewähren, was über Jahre geplant, konstruiert und gebaut wurde.
Während die Flasche aufgrund ihres Aussehens und ihrer Funktion als phallisches oder vaginales Symbol anzusehen ist, ist die leere oder umgefallene Flasche nicht selten ein Symbol des betrunkenen, impotenten, nicht mehr erektionsfähigen Mannes. Die leere Flasche ist nur noch Müll.
Eine Flasche sein: nicht die in einen gesetzten Erwartungen erfüllen, ungeschickt, unsportlich sein, nichts taugen.
In Abwandlung des bekannten Satzes ‚Sage mir, mit wem du umgehst, und ich sage dir, wer du bist', heißt es scherzhaft auch: ‚Sage mir, was du trinkst, und ich sage dir, was für eine Flasche du bist'. Daraus geht hervor, daß die beleidigende Bdtg. des Ausdr. ‚Flasche' mit der Vorliebe des Trinkers für die Flasche zusammenhängt. Darauf deutet auch der Anfang des 1810 verfaßten Gedichtes ‚Der Zecher' aus dem Märchen ‚Der süße Brei' von A.F.E. Langbein: „Ich und mein Fläschchen sind immer beisammen".
Die entkorkte Flasche gilt als Sinnbild der freigesetzten Triebe, insbesondere in Volkserzählungen wie ‚Der Geist im Glas' (KHM.99) und motivgleich in einer Erzählung von ‚Tausendundeiner Nacht' (‚Der Fischer und der Dämon'). Der ‚bottle imp' erfüllt jeden Wunsch, solange man die Flasche zuläßt. Er hat alle Verführungskünste aufgeboten, bis man die Flasche doch öffnet. Real-Hintergrund solcher Erzählungen ist das Bannen von Dämonen und Krankheitsgeistern durch Exorzisten und das Deponieren solcher Flaschen in unwegsamem Gebiet oder in der Erde. In Märchen und Sagen verspricht der Inhalt der Flasche, jeden Wunsch zu erfüllen; in geöffnetem Zustand bringt er jedoch den Tod oder ist jedenfalls von tödlicher Gefahr.
Sehr häufig dient das Bild des Flaschengeistes in der politischen Karikatur als Charakterisierung einer selbstverschuldeten Gefahr. Wenn man das Unbekannte, das in der Flasche steckt, herausläßt, entsteht eine unkontrollierte Gefahr: Der Geist steigt aus der Flasche und wird dann übermächtig.

Lit.: *L. Röhrich:* ‚Flaschen', in: Jeggle/Korff/Scharfe/Warneken (Hg.): Volkskultur in der Moderne (Hamburg 1986), S. 332–346.

Flausen. *Flausen machen:* Lügen und Ausflüchte gebrauchen; *nichts als Flausen im Kopfe haben:* närrische Einfälle haben, unsinnige Ausreden, törichte Gedanken u. nicht ernst zu nehmende Vorstellungen.
Jem. (noch) Flausen in den Kopf (ins Ohr) setzen: ihn auf verrückte Ideen bringen, unerfüllbare Hoffnungen erwecken.
Das dt. Wort Flause ist zuerst 1595 in Siebenbürgen belegt und erscheint dann wieder 1772 in Pommern bei Hermes (‚Sophiens Reise' 4,78): „Flausen machen". Gebucht ist es seit 1796 durch Adelung. In den Mdaa. ist es überall verbreitet. Es bez. urspr. Wollflocken oder Fadenreste im Gegensatz zum festen Gewebe und ist in der Volkssprache ein Bild für lockere Reden und unzuverlässiges Treiben geworden. Gotthelf gebraucht in seinem Roman ‚Uli der Knecht' die Wndg. „Ihr wollt mit mir nur eure Flausen treiben".
Nach den im Dt. Wb. von J. u. W. Grimm aufgeführten lit. Belegen des 17. u. 18. Jh. stand der Begriff urspr. wohl für dumme Ausflüchte, Ausreden, aber auch für Angstmacherei u. trübsinnige Gedanken, die auf ähnl. Vorstellungen beruhen wie sie der Rda. ‚Grillen im Kopf haben' zugrunde liegen (↗Grille). Darauf läßt auch die Rda. *jem. die Flausen austreiben* schließen, die verwendet wird i. S. v.: jem. von seinen dummen Gedanken und übertriebenen Erwartungen befreien.
Heute steht der Ausdr. ‚Flausen' in der Nähe von Allüren, Extravaganz, Fimmel, fixe Idee, Grillen, Kaprice, Koller, Marotte, Mucken, Rappel, Schrulle, Sparren, Spleen und Tick.

Lit.: *I. Strasser:* Bedeutungswandel u. strukturelle Semantik (Wien 1976).

Fleck. Aus älterer Sprache stammt die uns heute nicht mehr geläufige Wndg. *einen Fleck schneiden, große Flecke schneiden:* aufschneiden, bezeugt im 1654 in Weimar erschienenen ,Complimentirbüchlein': „Hierher gehören auch alle Aufschneider, die von Schlachten, Reisen und Frauengeneuße große Flecke schneiden".

Vom Schneiderhandwerk führt die Rda. her: *den Fleck neben das Loch setzen:* die Sache verkehrt machen, schon im 17. Jh. bei Grimmelshausen belegt und auch heute in der Volkssprache noch lebendig, etwa in dem schwäb. Reim ,Der Schneider von Degerloch setzt den Fleck nebens Loch' oder in dem rhein. Sagwort: ,Prakessiere es die Kuns, sät de Frau, du hat se de Flecke neven et Loch gesatz'.

Der Mittelpunkt der Zielscheibe ist gemeint in der Wndg. *auf den rechten Fleck treffen,* z.B. bei Chr. M. Wieland: „Ich habe genug dran und finde, daß sie aufs rechte Fleck gestochen haben", und in Schillers ,Turandot' (II, 4): „Tartaglia! Mein Seel! ins schwarze Fleck geschossen. Mitten hinein, so wahr ich lebe". Bei Goethe in ,Dichtung und Wahrheit', (3. Buch): „(Autoren), die nicht immer den rechten Fleck zu treffen wußten".

Fleck bedeutet ,Stelle' in den Rdaa. *nicht vom Flecke kommen:* nicht vorwärts, nicht vonstatten gehen, *vom Fleck weg:* sofort (er hat sie vom Fleck weg geheiratet: auf der Stelle); *das Herz (den Kopf, das Maul) am* (oder *auf dem) richtigen Fleck haben:* am richtigen Platz; vgl. frz. ,avoir le cœur bien placé' (Platz).

Vom ,Schmutzfleck' sind die folgenden Rdaa. abzuleiten: obersächs. *sich einen Fleck machen:* sich etw. einbilden; berl. ,Machen Se sich man keen' Fleck!', zieren Sie sich nicht so! *Einen Fleck auf der weißen Weste haben:* kein reines Gewissen haben (↗Weste), eine Wndg., die u.a. auch von Bismarck gebraucht worden ist (vgl. Büchmann); *sie hat einen Fleck an der Schürze;* sie ist ein Mädchen, das vor der Ehe Mutter geworden ist.

Flederwisch. *Flederwische feil haben:* nicht mehr begehrt werden. Eigentl. ist Flederwisch, mhd. vëderwisch, ein Abkehrbesen aus Gänsefedern, eine verachtete Marktware. Die Rda. spielt aber zugleich mit der Bez. Flederwisch für flatterhafte Menschen, bes. für Mädchen und alte Jungfern. Im schwäb. Volkslied heißt es:

Aufem Wasen graset d'Hasen,
Ond em Wasser gambet d'Fisch.
Lieber will i gar koi Schätzle
Als en sottne Fledrawisch.

Die Rda. wurde seit dem 17. Jh. bes. für alte Jungfern gebraucht, so z.B. 1652 in den ,Geist- und weltlichen Gedichten' von Wencel Scherffer (I, 566):

Alter Mägde letzter Wandel
Ist der Flederwische Handel.

Im ,Crailsheimer Liederbuch' (hg. v. Kopp, S. 159) heißt es von einer alten Jungfer:

Mit Körben handelt ich ein Weil,
Jetzt aber trag ich Flederwische feil.

Über spröde Mädchen, die einen Freier nach dem anderen abweisen und zuletzt zu niederiger Beschäftigung ihre Zuflucht nehmen müssen, spottet A. F. E. Langbein in einem Gedicht (Gedichte Bd. 3, 1813, S. 79):

Für jede vormals Spröde
Wetzte nun der Spott den Pfeil
Dieser sprichwörtlichen Rede
„Sie hat Flederwische feil".

Vereinzelt wird die Rda. auch auf alte Junggesellen gemünzt, so z.B. in einer Simplizianischen Schrift aus dem Jahre 1685: „Wenige lassen ihnen den ehelosen Stand belieben aus Furcht, sie möchten dermaleins (nach dem Sprichwort) Flederwische vor der Hölle feil haben".

Im Obersächs. findet sich noch ein Nachklang der Rda. in der Wndg. ,en Flederwisch wieder mit heem bringen', beim Ball nicht zum Tanz geholt werden.

Lit.: *Bäschlin:* Art. ,Flederwisch', in: HdA. II, Sp. 1598.

Flegel. *In die Flegeljahre kommen:* ins Alter der Heranwachsenden, die aufsässig werden und manchmal auch (im übertr. Sinn) wie Dreschflegel um sich schlagen. Als ,Flegeljahre' – ,Flegel' vom lat. ,flagellum' = Geißel, Dreschgerät abgeleitet – beschrieb 1778 der dt. Aufklärer Johann Hermes die Übergangszeit, in der sich Halbwüchsige formlos benehmen. Weniger gemessen klingen dagegen die Worte mancher Autoren des 17. Jh., die sich über das ,flegelhafte Betragen' junger Leute

beklagen. So heißt es z.B. bei M. Abele von Lilienberg (‚Das ist Seltzame Gerichtshändel', [1651] 1,245: „sagt nicht mancher ‚bei flögel'! Lerne zum ersten mores, alsdann rede mit deinem vatter, du hundskrot! wil dann das ei gescheider sein als die henne?"
Auch Fr. Müller (u.a.) äußert sich 1825 (Werke, 3,78) zornig: „Weg, Flegel!" u. an anderer Stelle (3,217): „Der Flegel hätte auch an seiner Wunde sterben können". Flegel gilt zudem auch als Umschreibung für Penis. *Den Flegel an die Wand hängen* = keinen Geschlechtsverkehr mehr ausüben. „Ein Mann, dessen Frau ihm bereits zehn Kinder geboren hatte, wollte dem Kindersegen ein natürliches Ende setzen und kündigte seiner Frau kurzerhand die eheliche Pflicht. Die Frau aber gab ihm kurzen Bescheid mit dem (westf.) Schwankspruch: ‚Wenn due den Fliägel an de Wand hängs, sagg de Frau, maak ik de Niandöör loß, un dann dörke (dresche), wer will.' Auf die einseitige Kündigung des Mannes, seinen ‚Fliägel' (Dreschflegel) an die Wand zu hängen, antwortet sie also mit der mehr oder minder scherzhaften Drohung, ihre ‚Niandöör (Dielentür) auch für andere zu öffnen." (H. Büld)

Lit.: *K. Heckscher:* Art. ‚Dreschen', in: HdA. II, Sp. 463–467; *O. Bockhorn:* Dreschen – Formen des Dreschflegels. In: Österr. Volkskundeatlas, 6. Lieferung, 2. Teil (1979), Bl. 103, S. 1–26; *H. Büld:* Nddt. Schwanksprüche zwischen Ems u. Issel (Münster 1981), S. 5.

Fleisch. *Sich ins eigene Fleisch schneiden:* sich selbst Schaden zufügen; ähnl. gebraucht wie die Rdaa., ‚sich in den Finger schneiden', ital. ‚aguzzare il palo in suo ginocchio' (= den Pfahl auf dem eigenen Knie spitzen). *Faules Fleisch tragen:* scherzhaft für: ein Faulpelz sein. *Zu Fleisch kommen:* dick werden; *vom Fleisch kommen* (oder *fallen):* abmagern. Schweiz. ‚'s git-em Fleisch i's G'mües', er zieht aus etw. seinen Vorteil. Von einem, der in einem ehebrecherischen Verhältnis lebt, sagt man rheinhess. ‚Er ißt zweierlei Fleisch' (↗Holz).
Dagegen: *Ein Fleisch werden:* sich geschlechtlich vereinigen.
Den Weg allen Fleisches gehen: sterben (↗Weg, ↗zeitlich).
Der Pfahl im eigenen Fleisch ist bibl. Urspr.: 2. Kor. 12,7 heißt es: „Und auf daß ich mich nicht der hohen Offenbarung überhebe; ist gegeben ein Pfahl ins Fleisch, nämlich des Satans Engel, der mich mit Fäusten schlage, auf daß ich mich nicht überhebe"; vgl. frz. ‚L'aiguillon dans sa propre chair'.
Das ist kein Fleisch für seinen Vogel: nichts für ihn; *das ist zähes Fleisch:* von jem., der schwer für etw. zu gewinnen ist, der sich nur mit Mühe überreden läßt. ‚Fleesch und Suppe, all's in enem Tuppe' antwortet die schles. Hausfrau auf die Frage, was gekocht werde, um den sehr einfachen Tisch oder die Ärmlichkeit ihrer Haushaltung zu bezeichnen; *sie hat ungeweiht Fleisch gekostet:* es ist ein Mädchen, das vor der kirchl. Einsegnung Geschlechtsverkehr gehabt hat.
Etw. ist mir in Fleisch und Blut übergegangen: ich beherrsche eine Tätigkeit, Fingerfertigkeit usw. vollkommen.
‚Fleisch und Blut' (engl.: ‚flesh and blood'): ist eine Zwillingsformel, die für die körperl. Beschaffenheit des Menschen steht und am häufigsten vorkommt in Wndgn. wie: ‚ein Mensch aus Fleisch und Blut': ein fühlendes, lebendiges Geschöpf, kein Gespenst. Sehr geläufig ist auch die Wndg. ‚sein eigenes Fleisch und Blut', d. h. sein eigenes Kind.
Weder Fisch noch Fleisch ↗Fisch; *zwischen Fell und Fleisch* ↗Fell.

Lit.: *F. Eckstein:* Art. ‚Fleisch', in: HdA. II, Sp. 1598–1620.

Fleischer. *Bei dir guckt der Fleischer 'raus:* man sieht das nackte Fleisch durch das zerrissene Kleidungsstück, auch ‚der Fleischer guckt durch'n Leineweber'; beides obersächs. Rdaa.; vgl. schles. ‚Es guckt der Fleescher durch a Wäber', noch witziger im Altmärk. ‚Fleischers Tochter kiekt ut Strumpweber sin Finster'; hamb. ‚Fleischmann guckt aus Wollmanns Laden'.
Einen Fleischergang tun: einen vergeblichen Gang tun (↗Metzgersgang).
Hände (Arme) haben wie ein Fleischer sehr grobschlächtig sein, ↗Hand.
Ein Gemüt wie ein Fleischerhund haben: seelisch wenig sensibel sein, kein Gemüt haben.

Fleischtopf. *Sich nach den Fleischtöpfen Ägyptens (nach den ägypt. Fleischtöpfen) (zurück)sehnen:* sich eine vergangene, glücklichere Zeit zurückwünschen; vgl. ndl. ‚terugverlangen naar de vleespotten van Egypte'; engl. ‚to be sick for the flesh-pots of Egypt'; frz. ‚regretter les oignons d'Égypte' (heute ungebräuchlich).
Die Rda. ist bibl. Herkunft; in 2. Mos. 16,3 murrt das Volk Israel gegen Moses und Aaron: „Wollte Gott, wir wären in Ägypten gestorben durch des Herrn Hand, da wir bei den Fleischtöpfen saßen und hatten die Fülle Brot zu essen". Bei Grimmelshausen sehnt sich Simplicissimus einmal nach dem einstigen Wohlleben zurück: „Solches war mir sauer zu ertragen, Ursach, wenn ich zurück an die ägyptischen Fleischtöpf, das ist, an die westfälischen Schinken und Knackwürst zu L. gedachte" (Buch IV, Kap. 14). Ähnl. auch schon bei Seb. Brant:

Es lustet sie gar ser das Land,
Wo ihre Fleischhafen stant.

Fleischwolf. *Jem. durch den (Fleisch-)Wolf drehen:* ihm arg zusetzen, auch: ihn ‚verhackstücken', ‚durchdrehen' oder ‚ihn in seine Einzelteile zerlegen'.
Der Fleischwolf ist ein Haushaltsgerät, in dem Hackfleisch zubereitet wird und in dessen Öffnung die Fleischstücke verschwinden und zermalmt werden wie in einem gierigen Wolfsrachen.

Flickschusterei. *Flickschusterei betreiben:* eine Sache (notdürftig) flicken, so lange, bis sie nur noch aus Reparaturstellen besteht, zu ‚Flickwerk' geworden ist.

Lit.: Flickwerk. Reparieren u. Umnutzen in der Alltagskultur (Stuttgart 1983).

Fliege. *Zwei Fliegen mit einer Klappe schlagen:* einen doppelten Zweck durch ein Mittel, nur eine Handlung, erreichen.
Diese Rda. ist heute sehr verbreitet und in vielen Mdaa. bekannt, etwa fries. ‚diär waad' tau flüggen mit jen Klaps sleinen' oder ndl. ‚twee vliegen in een klap slaan'. Die dt. Sprache kannte urspr. noch eine ganze Reihe ähnl. Wndgn. zur Bez. einer geschickten Handlung, die doppelten Gewinn erzielt, z.B. ‚zween Füchs in einer höle fahen', ‚zween Brey in einer Pfannen kochen', ‚twee Appelen mit eenen Stock afwerfen', ‚du wilt mit einer Dochter zween Eydam machen'. Die letzte Rda. ist bereits in einer Hs. des 11. Jh. belegt: „Tu ne maht nicht mit einero dohder zeuuena eidima machon", als volkstümlich auch im Schwed. und Ndl. bezeugt.
Aus dieser Fülle von Ausdr. ist im heutigen Sprachgebrauch nur unsere Rda. übriggeblieben; sie wird wohl die jüngste aller ihrer Varianten sein. Bei unseren Nachbarn und schon im Lat. finden sich gleichbedeutende Wndng. ähnl. Art, vgl. lat. ‚uno saltu apros capere duos', ital. ‚pigliar due colombi con una fava', ndl. ‚twee kraeyen met en schoot schieten', engl. ‚to kill two birds with one stone', frz. ‚faire d'une pierre deux coups'.
Wenn man von einem Prahlhans sagt: *Er will sieben Fliegen mit einer Klappe schlagen,* so handelt es sich dabei um eine Umgestaltung unserer Rda. in Anlehnung an das Märchen vom tapferen Schneiderlein (Grimm: KHM. 20).
Sich über die Fliege an der Wand ärgern: sich über jede Kleinigkeit ereifern, nervös sein. Der pietistische Theologe C. Scriver gebraucht 1681 in seinem ‚Seelenschatz' (2,943) diese Wndg. von Kranken: „Die Erfahrung lehret, daß solche Siechlinge manchmal, wie man spricht, die Fliege an der Wand irret und eifert", ↗Mücke.
Wie die Fliege aus der Buttermilch: schwerfällig, unbeholfen, ist schon Geiler von Kaysersberg bekannt in der Form: „er kam gezogen wie die Fliege aus der Buttermilch". Bei Grimmelshausen heißt es im ‚Simplicissimus' (Buch IV, Kap. 20): „Sollte mir wohl jemand raten, hineinzuplumpen wie die Fliege in ein heißen Brei?" In der rhein. Mda. ist aus unserer Zeit bezeugt: ‚He geiht as en Flieg en de Kernemelk', er geht sehr unbeholfen, und im Meckl. sagt man von einem, dem es gut geht: ‚He läwt as de Flieg' in de Dickmelk'.
‚Fliegen fangen' ist eine unnütze Tätigkeit und Zeitvergeudung; daher: *Ich bin nicht hier, um Fliegen zu fangen:* ich habe Wichtigeres zu tun. Von einem schüchternen und gutmütigen Menschen, der keinem anderen, nicht einmal einer ‚lästigen Fliege', ein Leid zufügen würde, sagt man: *Er kann keiner Fliege etw. zuleide tun*

(vgl. ndl. ‚geen vlieg kwaad doen kunnen'; engl. ‚He would not hurt a fly', frz. ‚Il ne ferait pas de mal à une mouche'.
Aus einer Fliege einen Elefanten machen ↗Mücke.
Matt wie eine Fliege; bei Gellert (Sämtl. Schriften 3,369): „Ich bin so matt, daß mich eine Fliege umstoßen könnte"; obersächs. ‚Die nerweesen Weibsen fallen um wie de Fliegen, dann liegen se da wie de toten Fliegen'; schlesw.-holst. ‚Se fallt as de Flegen in Nasommer'. Entspr. auch: *wie die Fliegen sterben:* haufenweise, reihenweise. *Das ist so notwendig wie die Fliegen in der Suppe:* völlig überflüssig u. geradezu unerwünscht.
Die kluge, aber auch übersensible u. überempfindliche Person wird mit der Wndg.: *die Fliegen (Flöhe) husten hören* näher umschrieben (vgl. KHM. 34), ↗Floh.
Fliegenbeine zählen: übergenau und pedantisch sein. Das Auszählen von Fliegenbeinen ist eine Metapher für eine sehr minutiöse und aufwendige, im Grunde aber sinnlose Arbeit, insbes. in den Wissenschaften.
Sich über jeden Fliegenschiß (Fliegendreck) ärgern: sich über Kleinigkeiten erregen.
Nicht für einen Fliegenschiß: nicht um alles in der Welt.

Lit.: *O. Keller,* Die antike Tierwelt 2 (Leipzig 1913), S. 447–453; Art. ‚To die like flies', in: Notes & Queries 177 (1939), S. 479, 178 (1940), S. 51, 88; *R. Riegler,* Art. ‚Fliege', in: HdA. II, Sp. 1621–1630; *H.-J. Uther,* Art. ‚Fliege', in: EM.IV, Sp. 1276–1281.

Flinte. *Die Flinte ins Korn werfen:* eine Sache entmutigt verloren geben.
Aus der Bez. ‚Flinte' geht hervor, daß die Rda. in einer Zeit entstanden ist, als die Soldaten noch mit Vorderladern mit Feuerstein (= Flint)-Schlössern ausgerüstet waren. Da es sich dabei um angeworbene Söldner handelte, die in der Hauptsache um des Geldes (und zu erwartender Beute) willen Kriegsdienst taten, waren diese Soldaten begreiflicherweise wenig geneigt, ‚bis zum bitteren Ende' zu kämpfen, d.h. um irgendeiner Sache willen zu sterben. Sie ergriffen lieber rechtzeitig die Flucht und ließen ihre Waffen dort zurück, wo sie nicht gleich entdeckt werden konnten. Das Bild der Rda. entspricht älteren Wndgn., wie lat. ‚hastam abicere', die Lanze fortwerfen, übertr.: alles verloren geben (bei Cicero), ‚clavum abicere', das Steuerruder loslassen.
Die Flinte ist auch noch in einigen anderen Wndgn. volkstümlich, z. B. obd. *Dem hat's auf die Flinte geregnet* (oder *geschneit):* ein unerwartetes Ereignis hat seine Pläne vereitelt, wie dem Jäger oder Soldaten, dem das Pulver durch Regen oder Schnee feucht geworden ist. Rhein. ‚en lang Flint hon', zu weit schießen; ‚der es nich wert, dat me en in de Flint ladt un dem Deuwel et Neujohr anschüt'.
Der Ausruf *Himmel haste keene Flinte?* auch: *Himmel (Herrgott), leih mir deine Flinte* (mit der Fortsetzung ‚Schieß mir dausend Daler vor!') ist wahrsch. aus einem altberl. Couplet in die Umgangssprache gedrungen.

Lit.: *H. Rausch:* Die Flinte ins Korn werfen, in: Sprachfreund 4 (1955), Nr. 5, S. 2–3 (Beilage zur Zs. Muttersprache).

Flitterwochen. *In die Flitterwochen fahren:* den Hochzeitsurlaub verbringen. Die Bez. ‚Flitterwochen' für die ersten Wochen nach der Hochzeit gehört zu dem älteren Verb ‚vlittern': lachen, flüstern, sich freuen. Schon bei H. Sachs (I, 518) ist der Ausdr. bezeugt. Später findet er sich u.a. auch in einem Gedicht von J. Chr. Günther, der Ähnliches aussagt:

> ... Die Brautnacht ist ein Teil davon (der goldnen Jahre),
> da hängt der Himmel voller Geigen,
> doch tritt man aus der Flitterwoche,
> so kommt das Hauskreuz nach und nach
> und kreucht mit sammt dem neuen Paare
> in Kleider, Bett und Schlafgemach.

(J. Chr. Günther: ‚Gedichte' [Breslau 1735], S. 427).
Vgl. das Sprw.: ‚Auf die Flitterwochen kommen die Zitterwochen'.

Floh. *Lieber Flöhe hüten als das,* oder *das ist schlimmer als einen Sack Flöhe hüten:* von einer fast unmöglichen, undurchführbaren Aufgabe gesagt, lat. schon 1508 bei Heinrich Bebel Nr. 86: „Difficillima dicitur esse custodia mulierum: adeo ut mille pulices ex proverbio facilius contineantur in uno loco, quam castitas unius mulieris pravae et libidinosae". Bei Seb. Franck

(1,27): „Weiber hüten. Einer wannen vol flôh hüten“, und bei Burkard Waldis:

... Wolt lieber jar vnd tag
Fünfhundert flöhe in einem sack
Zu velde tragen alle morgen
Schütten ins graß, vnd dafür sorgen,
Das ers brecht wieder all zu mal
Vnd jm nicht einr fehlt an der zahl.

‚Flöhe (Heuschrecken) hüten‘ – ‚Wasser in den Brunnen schütten“

Ähnl. in Seb. Brants ‚Narrenschiff‘ (32a):

Der hütt der hewschreck an der sunn
Vnd schüttet wasser jn eyn brunn
Wer hüttet das eyn frow blib frum.

Die Flöhe husten hören: überklug, spitzfindig sein, schon im 16. Jh. gebräuchl., belegt z.B. bei Seb. Franck (1,78): „Er hört die flöh husten, das graß wachsen“, auch in Abraham a Sancta Claras ‚Todten-Capelle‘ (28): „Er hört das Gras in den Elisischen Feldern wachsen, und die schwindsüchtigen Flöh, in Seraglio zu Constantinopel, biß auf Paris, husten“. Die Rda. ist noch heute in der Volkssprache verbreitet, mitunter jedoch etw. derber, etwa rhein. ‚Er hert de Fleh am helle Dag furze‘, meckl. ‚Dei is so klauk, kann Flöh bläken sihn.‘ Vgl. südfrz. ‚Il entend pèter le loup‘ (wörtl.: Er hört den Wolf furzen), ↗Wolf.

Jem. einen Floh ins Ohr setzen: ihm eine beunruhigende Mitteilung machen, ihn mißtrauisch machen, wohl lehnübersetzt aus frz. ‚mettre à quelqu'un la puce à l'oreille‘: ihn beunruhigen, aber auch: ihn auf die richtige Spur bringen; schon in Grimmelshausens ‚Simplicissimus‘ (Buch III, Kap. 14): „... denn Springinsfeld hatte mir einen unruhigen Floh ins Ohr gesetzt“. Vgl. ‚einem eine ↗Laus in den Pelz setzen‘.

Nicht mehr gebräuchl. ist die im 16. und 17. Jh. reich belegte Rda. *einem die Flöhe abkehren* (oder *abstreichen*): ihn verprügeln, z.B. in Fischarts ‚Geschichtklitterung‘: „den strichen sie die Floeh ab“. Vgl. frz. ‚secouer les puces à quelqu'un‘.

Mdal. weit verbreitet ist *Er steckt voller Schulden wie der Hund voller Flöhe;* ferner *Ihm ist ein Floh über die Leber gehüpft:* er ist übel gelaunt, ↗Laus.

‚Mit Flohfett geschmiert‘ nennt man erzgeb. einen Witzbold, der sich ernsthaft stellt; um einen Dummkopf zu necken (z.B. am 1. April), schickt man ihn *Flohsamen einkaufen,* ↗April.

Weniger freundlich, ja abweisend klingen die Wndgn. *Du bist wohl vom Floh gebissen?* oder *Dich hat wohl ein Floh gebissen?* (ähnl., frz.: ‚Quelle puce vous mord?‘), die Ablehnung ausdrücken wie die Rda. ‚Du bist wohl verrückt‘, ‚das kommt gar nicht in Frage!‘

Den Flöhen zu Leibe rücken: sie ausmerzen, töten.

Aus jüngerer Zeit stammt die etw. saloppe Wndg.: *Angenehmes Flohbeißen,* die in freundschaftlich-familiärer Umgebung den üblichen ‚Gute-Nacht-Gruß‘ ersetzt (vgl. frz.: ‚donner à manger aux puces‘: schlafen gehen).

Neuere Begriffe sind ‚Flohmarkt‘, ‚Flohzirkus‘ für eine zirkusähnl. Vorführung mit Flöhen sowie ‚Flohwalzer‘ für ein bekanntes, sehr simples Klavierstück, das auch Kinder, Nicht-Klavierspieler oder gänzlich Unmusikalische zuweilen beherrschen und das deshalb stets Heiterkeit hervorruft.

Lit.: *J. Barat:* ‚Avoir la puce en l'oreille‘, in: Revue des études Rabelaisiennes 5 (1907), S. 98–101; *O. Keller:* Die antike Tierwelt 2 (Leipzig 1913), S. 400; *E. Littmann:* Dichtung u. Wahrheit über den Floh (Leipzig 1925, Ndr. Frankfurt/M. 1987); *R. Riegler:* Art. ‚Floh‘, in: HdA. II, Sp. 1631–1635; *H.-J. Uther:* Art. ‚Floh‘, in: EM. IV, Sp. 1305–1308.

Flop. *Etw. erweist sich als ein Flop,* d. h. (im Sport) als ein Fehlstart, (allgem.) Mißerfolg, Versager, Panne. Der Ausdr. ist aus dem Engl. übernommen; ‚flop' = Reinfall, Fiasko, Niete.

Florian. *Heiliger Florian!:* Ausruf, der ähnl. wie ‚Heiliger Bimbam', Erstaunen und Verärgerung nach einem Mißgeschick ausdrückt. Ein anderer, diesen Heiligen betreffenden Spruch lautet:

Heiliger St. Florian,
schütz unser Haus, zünd andere an'.

Er ist auch als Inschrift auf Floriansfiguren zu finden, so z. B. in Tirol, wo eine Heiligenfigur die Unterschrift trägt:

Heiliger Florian,
beschütz dies Haus,
czynd andere an!

Es handelt sich um eine scherzhafte Anrufung des Heiligen, der vor Brand und Feuer schützen soll und daher auch als Schutzpatron der Feuerwehrleute gilt. Dabei beruht sein Ruhm als Feuerlöscher urspr. auf einem Mißverständnis: Der Wasserkübel, mit dem der Heilige stets abgebildet ist und der allg. als Löscheimer gedeutet wird, ist ein Attribut, das sich auf sein Martyrium bezieht: er wurde nach der Passio in der Enns ertränkt. Doch gilt er nach wie vor als Schutzheiliger, der imstande ist, eine Brandkatastrophe zu verhindern oder ein Feuer schnell zu löschen. Entspr. haben die Feuerwehrleute den Beinamen ‚Floriansjünger' erhalten.
Aufgrund der scherzhaften Erweiterung des Hilfsgesuchs ‚zünd andere an' bildete sich in jüngster Zeit die Rda.: *Nach dem St. Floriansprinzip handeln:* den Schaden von sich auf andere ablenken wollen; z. B. die Notwendigkeit einer Einrichtung einsichtsvoll bejahen, aber tausend Gründe dafür finden, daß ausgerechnet hier der dafür denkbar ungünstigste Platz wäre. Diese Wndg. wird freilich so ernst genommen, daß sie auch auf den Bereich der Politik Anwendung findet: *Eine St. Florianspolitik betreiben:* den Mißstand auf andere lenken, ihn anderen zuschieben wollen.

Lit.: *D. Assmann:* Hl. Florian bitte für uns (Innsbruck – Wien – München 1977); *P. Sartori:* Art. ‚Florian', in: HdA. II, Sp. 1635–1636; *F. Tschochner:* Heiliger Sankt Florian (München 1981); *W. Neuwirth:* Der heilige Florian (Linz 1985).

Flöte, flöten. *Eine schöne (die ganze) Flöte auf der Hand haben:* scherzhaft beim Kartenspiel für eine zusammenhängende Folge von Spielkarten einer Farbe, die man gleichsam wie eine Tonleiter herunterspielen kann; in demselben Sinne: *die (ganze) Flöte auf den Tisch legen.*
Mit der Flöte regieren: mild regieren; wie bei der ersten ↗Geige heißt es auch: ‚Ihm ist nicht wohl, wenn er nicht die erste Flöte spielen kann'. ‚Mit der Flöte regieren' kann heute auch anders gemeint sein: Auf dem Sportplatz regiert der ‚Schiri' (= Schiedsrichter) mit der Trillerpfeife, beim Militär übermittelt der Unteroffizier mit dieser seine Befehle, bes. berüchtigt beim ‚Kasernenhof-Drill'.
Das geht wie ein Flötchen: es geht sehr leicht, wie geschmiert.
In den süßesten Tönen flöten: sich der höflichsten, schmeichlerischsten Worte bedienen; auch in gereimter Form:

Das Pfeiflein macht gar süßes Spiel,
wenn es den Vogel fangen will.

Die Flöte hat häufig eine erotische Bdtg.; sie steht symbolisch für den Penis. ‚Flöte spielen' meint dann koitieren, eine ‚abgespielte Flöte' einen schlaffen Penis oder einen impotenten Mann, ein ‚Flötensolo' Fellatio oder Masturbation. Ein Arzt für Geschlechtskrankheiten wird auch als ‚Flötenklempner' bez. Ebenso wird in manchen Szenen der bildenden Kunst die erotische Bdtg. der Flöte angesprochen, ↗Flötentöne.
Flöten gehen: verlorengehen, verschwinden, zugrunde gehen, ist eine vieldiskutierte Rda., deren Herkunft noch nicht mit Sicherheit geklärt ist. Im Grimmschen Wb. (III, 1824) wird sie aus dem Dt. abgeleitet als „schwinden, dahin tönen in die Luft, wie der verhallende Laut einer Flöte"; in älteren Aufl. des Borchardt-Wustmann wird die Rda. gedeutet als: „mit einer Flöte davongehen, um sich als Musikant durch die Welt zu schlagen" ([5]1895), oder als „pissen gehen" ([6]1925). Für diese letzte Deutung spricht auch die ndl. Wndg. des 17. Jh. ‚weggaan om te fluiten', wo ‚fluiten' soviel wie ‚urinieren' heißt; auch in anderen Sprachen hat sich dieser Ausdr. ausgeweitet zu der Bdtg. ‚sich wegschleichen', z. B. ndd. ‚ga wat pissen', pack dich weg, frz. ‚envoyer pisser

(chier) quelqu'un' (äußerst derb), jem. wegjagen, ‚pisser à l'anglaise' (heute ungebräuchlich), heimlich weggehen, dt. ‚sich wegpissen', ‚sich verpissen', davonschleichen. In Trübners ‚Deutschem Wörterbuch' (II,396) wird die Wndg. erklärt aus dem hebr. peleta = ‚Entrinnen, Rettung', das über ostjüd. plete auch unser Pleite ergab; ‚peleta' lautete in portugiesisch-hebr. Aussprache feleta, gelangte in die Niederlande, schlug im 17. Jh. in der Amsterdamer Geschäftssprache Wurzel und drang von da aus weiter nach Osten. Dieser Deutung ist neuerdings oft widersprochen worden, indem man auf die urspr. Ableitung von ‚flöten' zurückkam. Ndd. ‚fluiten gan' = verschwinden, durchbrennen, ist bereits 1578 und 1650 nachweisbar, 1755 in Richeys ‚Hamburg. Idiotikon' (63): „Dat Geld is fleuten gahn", was nicht für die Ableitung aus dem Hebr. spricht, sondern einen ndd. oder ndl. Urspr. der Rda. wahrscheinl. macht; im Ndl. ist die Wndg. heute ebenfalls noch verbreitet, meist in der Form ‚fluiten gaan'; in Limburg ‚Hä is fleute pipe', er ist weg. So ist auch der Ausdr. ‚Flötepiepen' allg. verbreitet, um die Ablehnung eines Gedankens auszudrücken, ähnl. wie ‚Denkste' oder ‚Pustekuchen'. In Norddtl. ist das Wort ‚Fläutjepiepen' oft verbunden mit der Geste des unter der Nase vorbeistreichenden Zeigefingers, in der Bdtg.: danebengegangen, mißglückt.

Lit.: *O. Weise:* In die Wicken gehen, flöten gehen und Verwandtes, in: Zs. f. hd. Mdaa. 3 (1902), S. 211–217; *S. A. Birnbaum:* Der Mogel, in: Zs. f. d. Ph. 74 (1955), S. 249; *M. Willberg:* Die Musik im Sprachgebrauch, in: Muttersprache (1963), S. 201–221; *D. Möller:* Untersuchungen zur Symbolik der Musikinstrumente im Narrenschiff des Seb. Brant (Regensburg 1982), S. 82–83.

Flötekies. *Jo woll, Flötekies!,* eine in Mda. und Umgangssprache des Rheinlandes verbreitete Rda., gebraucht als grobe abschlägige Antwort auf irgendein Ansinnen, in ähnl. Sinne wie die Wndgn.: ‚einem etw. husten, pfeifen, blasen'. Laut Nachweis des Rhein. Wb (Bd. 2, 1931, Sp. 657) ist Flötekies = Flötekäse der alte Name für Magermilchkäse, also eine Bez. für minderwertige Käsesorten, ein Neben- oder Abfallprodukt der Butterherstellung.

Der erste Bestandteil dieses Wortes, das ausgestorbene Verbum ‚flöten', bedeutete urspr.: die ‚Milch wieder fließend machen, den Rahm abschöpfen; ‚flötenmelk' war entrahmte Milch. Da das Verbum flöten im Rheinl. außer Gebrauch kam, wurde der Ausdr. Flötekies nicht mehr verstanden, seine urspr. Bdtg. ging dem Sprachbewußtsein verloren. Deshalb setzte eine volksetymol. Umdeutung ein, indem das nicht mehr verstandene Wort in Zusammenhang mit flöten = pfeifen gebracht wurde. Es entstand die volkstümliche Auffassung, daß man durch den Genuß von Quarkkäse flöten oder pfeifen lernen könne. Im Rhein. Wb. (a.a.O.) heißt es, der Flötekies werde so benannt, „weil man ihn Stubenvögeln gab, um sie zum Sigen zu bringen". Dazu paßt die am Mittelrhein (St. Goar, Boppard) bezeugte Rda. ‚De pfeift grad, als wenn e Keis gess hätt'.

Die abschlägige Antwort ‚Jo woll, Flötekies!' bez. auf der einen Seite also etw. Minderwertiges, Geringes, wozu andererseits noch ein zweites kommt: In der bildhaften Volkssprache will eben derjenige, der eine solche betont abschlägige Antwort gibt, sagen: Ich habe mit Hilfe des Flötekäses gründlich flöten gelernt und bin dadurch imstande, dir kräftig was zu flöten.

Lit.: *K. Meisen:* ‚Jo woll, Flötekies!' Die Entstehung und Bdtg. einer rhein. Rda., in: Zs. f. rhein.-westf. Vkde. 1 (Bonn–Münster 1954), H. 3, S. 169–177.

Flötentöne. *Einem die (richtigen) Flötentöne beibringen:* ihn Anstand lehren, ihm das richtige Verhalten beibringen, ihn zurechtweisen. Die Rda. bezieht sich auf die Unterweisung im Flötenspiel. In älterer Sprache steht neben ‚Flöte' auch ‚Flötuse' oder ‚Flöduse', was auf frz. ‚Flûte douce' zurückgeht; so sagt Christian Weise (1642–1708) von einem Gefangenen, der gefügig gemacht werden soll: „ich will ihm noch die flaute douce pfeifen lernen". In ihrer heutigen Form ist die Rda. jedoch erst seit der Mitte des 19. Jh. geläufig. Sie wird zumeist als Verweis von Erwachsenen gegenüber Kindern u. Jugendlichen gebraucht u. lautet: ‚Ich werde dir schon die Flötentöne beibringen!'

flott. *Etw. flott machen:* in Gang bringen, in Bewegung bringen; vgl. frz. ‚mettre à flot' sowie ‚être à flot', letzteres i.S.v. in Ordnung, betriebsfähig sein.
Flott gehört zu ‚fließen' (altsächs. fliotan) und lautet ndd. und ndl. ‚vlot' = schwimmend, das als Schiffswort in der Formulierung ‚flott werden' seit Olearius (Reise, 208) 1647 ins Hd. gelangt ist. Die Wndg. ‚flott machen' ist nicht auf die Seemannssprache beschränkt, sondern heute auch in anderen Zusammenhängen verwendbar, wenngleich der Bezug zur Schiffahrt meist als bekannt vorausgesetzt werden darf. So konnte man z.B. 1963 in einer Zeitung lesen: „und versuchte auf diesen Fluten das Lieblingsprojekt seines Verlegers flott zu machen" (Die Zeit, 22.2.1963, S. 4, Sp. 4).
Vielfach wird flott aber auch synonym für ‚schnell, sehr beweglich, flink' oder auch ‚gescheit' und ‚chic' verwendet.
Einen flotten Otto haben ↗ Otto; ähnl. ‚die flotte (schnelle) Kathrine'.
Nordwestdt. ‚Warum läßt du die Flottfedern hängen?': Ist dir eine Laus über die Leber gelaufen?

Fluch, fluchen. Der Fluch ist eine Redeformel, durch die man Unheil auf einen anderen oder auf sich selbst herabwünscht. Im letzteren Fall ist er die Beteuerung einer Aussage, bei deren Unwahrheit man das Unheil als Strafe erleiden will (K. Beth). Damit steht der Fluch in enger Beziehung zum Eid und anderen Formen des Rechtslebens, auch zum Gottesurteil.
Der Fluch rechnet mit der magischen Kraft des gesprochenen Wortes. Er ist ein schadenzauberischer Verbalakt: ‚Daß dich das ↗ Mäuslein beiße!' ‚Daß dich die ↗ Maden fressen!' Beim Fluch gibt es eine Einheit von Wortformel und Schrift. Sie wird u.a. in dem altägyptischen Brauch sichtbar, Fluchformeln gegen Feinde auf Gefäße zu schreiben und diese dann rituell zu zertrümmern (S. Morenz).
Im A.T. ist mehr von Fluchen die Rede als im N.T. „Verflucht, wer dich verflucht, Gesegnet, wer dich segnet" (1. Mos. 27,29). Am gravierendsten ist der Fluch eines nahen Verwandten, was schon die bibl. Spruchweisheit hervorhebt: „Der Segen eines Vaters macht die Häuser der Kinder fest, der Fluch einer Mutter aber reißt sie nieder bis auf den Grund" (Sir. 3,9). Doch ist den Christen, ebenso wie den alttestamentlichen Juden das Fluchen, Verwünschen oder die Selbstverwünschung verboten (2. Mos. 20,7; Matth. 5,36–44 u.a.). Im N.T. wird das Fluchen als unvereinbar mit dem Gebot der Feindesliebe angesehen.
Flüche werden oft in heftiger Erregung ausgestoßen. Dies kommt in Rdaa. zum Ausdruck wie: ‚Fluchen, daß die Balken krachen', ‚das Blaue vom Himmel herabfluchen', ‚fluchen wie ein Landsknecht', ‚wie ein Fuhrmann', ‚wie ein Pferdeknecht', ‚wie ein (münstersches) Marktweib', ‚wie ein Säbeltürk', ↗ Landsknecht ↗ Türke.
Der bekannteste Fluch ist die Wndg. ‚Verdammt nochmal!' Weitere gebräuchliche Fluchformeln sind: ‚Potz Blitz!', ‚Heidenblitz!', ‚Judenblitz!', ‚Bei Gott!', ‚Bigott!', ‚Donnerwetter!', ‚Himmelkreuzdonnerwetter!', ‚Heiliges siedigs Millionen-Kreuz-Donnerweter!', ‚Himmelsakrament', ‚Donner und Doria'. Volle und verstümmelte Formeln gehen nebeneinander her: ‚Potz Sapperment!' (statt: Gottes Sakrament), ebenso: ‚Sakra!' und ‚Sack Zement!'; ‚Herr Jemine!' (statt: Jesus Domine), ähnlich ‚Jerum', ‚Jessas', ‚Jesses'; ‚Kruzitürken!' (für: Kruzifix), ↗ ‚Verflixt (und zugenäht)' für: verflucht.
Mit den Ausdr. des Fluchens und Schimpfens beschäftigt sich insbes. die Zs. ‚Maledicta'. Internat. Journal of Verbal Aggression (Ed.: Reinhold Aman), Bd. 1ff., 1977ff.

Lit.: *K. Beth:* Art. ‚Fluch', in: HdA. II, Sp. 1636–1652; *S. Morenz* u. *F. Horst* u. *H. Köster:* Art. ‚Segen und Fluch', in: RGG. V ([3]1961), Sp. 1648–1652; *M. Belgrader:* Art. ‚Fluch', ‚Fluchen', ‚Flucher', in: EM. IV, Sp. 1315–1328.

Flügel. *Die Flügel über jem. breiten, jem. mit den Flügeln bedecken:* ihn in seine Obhut nehmen; vgl. frz. ‚prendre quelqu'un sous son aile' (wörtl.: jem. unter seinen Flügel nehmen), sowie ‚sous l'aile de ...' (wörtl.: unter dem Flügel von ...): unter dem Schutz von ...
Die Wndg. ist schon aus der Bibel bekannt. Im A.T. tragen die Cherubim und Seraphim Flügel, denen im bildl. wie im

übertr. Sinne eine beschirmende und schützende Bdtg. beigemessen wird: „... und die Cherubim sollen ihre Flügel ausbreiten oben überher, daß sie mit ihren Flügeln den Gnadenstuhl bedecken ..." (2. Mos. 25,20); „... und die Cherubim breiteten ihre Flügel aus von oben her und deckten damit den Gnadenstuhl ..." (2. Mos. 37,9); „... und er sprach, wer bist du? Sie antwortet, ich bin Ruth, deine Magd, breite deinen Flügel über deine Magd" (Ruth 39). Auch in den Psalmen begegnet der Begriff ‚Flügel' als Symbol der Geborgenheit: ‚Beschirme mich unter dem Schatten deiner Flügel" (Ps. 17,8); „Unter dem Schatten deiner Flügel hab ich Zuflucht" (Ps. 57,2).

Darüber hinaus sind auch die Flügel des ↗Vogels (insbes. des Adlers) im A.T. des öfteren erwähnt: „Wie ein Vogel mit ausgebreiteten Flügeln wird der Herr der Heere Jerusalem schützen, es beschirmen ..." (Jes. 31,5). Im N.T. findet sich dagegen vor allem das Bild der Henne, die ihre Küchlein mit den Flügeln deckt, sie unter ihre Flügel nimmt: „Wie oft wollete ich deine Kinder um mich sammeln, so wie eine Henne ihre Küken unter ihre Flügel nimmt ..." (Matth. 23,37).

An die beschützenden Flügel einer Glucke ist auch gedacht in Paul Gerhardts (1607–1676) Versen:

Breit aus die Flügel beide,
O Jesu, meine Freude,
und nimm dein Küchlein ein!

Ähnl. vom selben Autor:

Wie ein Adler sein Gefieder
über seine Jungen streckt,
also hat auch hin und wieder
mich des Höchsten Arm bedeckt.

Vielfach leiten sich die Wndgn. – wie im letzten Vers – von den großen Vögeln (der Luft) her, wenn es z. B. heißt: ‚auf den Flügeln der Phantasie' oder (in lit. Zitaten): „auf den Flügeln des Gesanges" (H. Heine, aus der Gedichtsammlung ‚Lyrisches Intermezzo'), „auf des Gesanges raschem Flügel" (Goethe, ‚Was wir bringen' [1802], 20. Auftr.). Und auch Schiller verwendet das Bild mit den Worten: „auf den Flügeln eures Kriegsgesangs" (‚Jungfrau v. Orleans" [1801], 11). In diesen Zusammenhang gehört wohl auch der Pegasos der griech. Sage, das geflügelte Pferd, das zum Sinnbild der Dichtkunst erhoben wurde.

Mit den Flügeln war demnach nicht nur die Vorstellung von Behütetsein verbunden, sondern vor allem auch die der leichten Fortbewegung, der Sehnsucht nach Ferne, der Wunsch nach schnellem Weitergetragenwerden, wie es auch z. Ausdr. kommt in der Wndg. *Jem. sind Flügel gewachsen:* er ist über sich hinausgewachsen, er hat ungeahnte seel. Kräfte entwikkelt, oder, wie es formuliert ist in dem bekannten Wanderlied: „Ich wollt' mir wüchsen Flügel" (Gedichtsammlung von Scheffel mit dem Titel ‚Gaudeamus'). *Flügel haben:* flink wie ein Vogel sein. ‚Du hast wohl Flügel?' wird der rasch Herbeieilende gefragt; vgl. auch frz. ‚Il semble avoir des ailes', er läuft sehr schnell.

Anklänge an dieses schwebende Weitergetragenwerden – ‚wie auf Engelsflügeln' – finden sich in der Wndg. ‚durch etw. beflügelt werden' oder in den ‚geflügelten Worten', die Büchmann als Titel seiner berühmten Zitatensammlung wählte.

Um eines dieser geflügelten Worte handelt es sich auch bei einem (bei jungen Mädchen teilweise noch bekannten) Vers aus dem Gedicht ‚Lina' eines unbekannten Verfassers: „Als ich noch im Flügelkleide einst zur Mädchenschule ging ...". Das Flügelkleid war ein Gewand mit langen hängenden Ärmeln. Es war im 17. Jh. in Mode als leichtes Jungmädchenkleid und ist daher auch in der Lit. als Metapher für junge Mädchen häufig belegt: „... kaum aus dem Flügelkleid spielt sie schon stolz die Dame" (J. Fr. W. Zacharia, ‚Poet. Schriften' [1763 ff.]). Auch Wieland gebraucht diese Worte, um damit die Jungmädchenzeit zu verdeutlichen: „Ihr hüpftet noch im ersten Flügelkleide", ferner auch C. B. E. Naubert in: ‚Volksmärchen der Deutschen' (1840): „daß Gerhard eine Tochter habe, die dem Flügelkleide ziemlich entwachsen sein müsse".

Das Wort steht darüber hinaus auch für Leichtigkeit, das Erhebende, wie es Schiller der sterbenden Johanna in den Mund legt (‚Die Jungfrau v. Orleans', V, 14):

Wie wird mir – Leichte Wolken heben mich –
Der schwere Panzer wird zum Flügelkleide.

Und nicht zuletzt steht es für Kindheit und Jugend allg., so bei A. Müllner (‚Die Schuld‘ [1816], 144):

Im Flügelkleide
ward ich seines Sohnes Braut.
Drei Jahr drauf ward ich getraut.
Kinder waren wir noch beide,
Kinder an Gemüt und Geist.

Auf Unbekümmertheit und ahnungslose Sorglosigkeit spielt die Rda. an: *sich die Flügel verbrennen:* Schaden erleiden; vgl. frz. ‚se brûler les ailes‘; abgeleitet vom Bild der Fliegen und Motten, die sich zu nahe ans Kerzenlicht wagen und dabei verbrennen. Entsprechend wird die Redensart vielfach auch gebraucht für junge Leute, die sich leichtsinnig einer Gefahr aussetzen.

‚Sich die Flügel verbrennen‘

Zu schwäb. ‚Der fliegt höher, als ihm d'Flügel gwachse sind‘ gibt es eine sinnverwandte Rda. in älterer Sprache: *die Flügel über das Nest hinaus strecken,* was 1561 von J. Maaler (‚Die teutsch Sprach‘ 139[b]) so erklärt wird: „sich prachtlicher stellen dann vnser Haab vnnd Gut vermöge“.

Sonst dient Flügel, weil der Mensch oft mit einem Vogel verglichen wird, zu ähnl. Rdaa. wie ↗ Fittich: *einen beim Flügel kriegen; einem die Flügel beschneiden* (oder *stutzen):* ihn in seiner Freiheit beschränken, schon in der ‚Zimmerischen Chronik‘ (IV, 51) und bei Abraham a Sancta Clara: „einem die Flügel stutzen“; vgl. frz. ‚rogner les ailes de quelqu'un‘: jem. in seiner Macht beschränken, und ‚couper les ailes de quelqu'un‘ (wörtl.: jem. die Flügel abschneiden): ihn seiner Handlungsfreiheit berauben.

Die Flügel hängen lassen: den Mut sinken lassen; mdal. bes. in dem Vergleich verbreitet: *Er hängt die Flügel wie die Gänse vor der Ernte;* schwäb. ‚Die läßt d'Flügel net schlecht hange‘. Die Wendung begegnet schon in einem Volkslied des 19. Jahrhunderts:

Ja, sie hengen schon die Flügel,
aller Orten krank und matt.

(Fr. L. v. Soltau: ‚Einhundert deutsche historische Volkslieder‘ [1836]).

flüstern. *Jem. etw. flüstern:* ihn tadeln, ihm gehörig seine (wenig schmeichelhafte) Meinung sagen, ihm ‚Becheid stoßen‘.

In früherer Zeit galt der Flüst(e)rer als Verleumder, der Unwahrheiten und Lügen über seine Mitmenschen verbreitete. Diese stellten oft grobe Beleidigungen dar, die mit harter Strafe belegt wurden, wenn sie nachgewiesen werden konnten. Um vor Zeugen sicher zu sein, wurden solche ‚Botschaften‘ ins Ohr geflüstert. In ähnl. Sinne begegnet der Ausdr. noch Anfang des 19. Jh.: „Die Bosheit des Flüstrers, der sich schlau entfernt, wenn er böse Gedanken dem Herzen des Menschen zugelispelt hat“ (Klingers Werke, VII [1816], 234). Von daher wird auch die Rda. *Flüstern gilt nicht* verständlich.

Flut. *Mit der Flut auslaufen:* zum richtigen Zeitpunkt in See stechen, die günstige Gelegenheit nutzen. Ein ähnl. sprachl. Bild gebraucht Schiller: „Die hohe Flut ist's, die das Schiff vom Strande hebt“ (‚Die Piccolomini‘, II, 6, 1789).

Die Flut im Rücken haben: die Gefahren hinter sich gelassen haben, glücklich sein, durch vorteilhafte Bedingungen gefördert werden; vgl. ‚den ↗ Wind im Rücken haben‘.

Wie Ebbe und Flut aufeinanderfolgen: ganz zwangsläufig, einem ständigen Wechsel unterliegen, ↗ Ebbe.

Von den Fluten weggerissen werden: keinen Halt mehr finden, zerstört werden, ähnl.: *In den Fluten versinken (umkommen):* ertrinken, zugrunde gehen.

In übertr. Bdtg. wird eine unübersehbare

große Menge als ‚Flut' bez., die über einen hereinbrechen kann: z. B. *eine Flut von Briefen (Glückwünsche, Karten) erhalten:* sehr viel Post bekommen; *jem. mit einer Flut von Beleidigungen (Schimpfwörtern) überschütten:* ihn ausgiebig beschimpfen; *eine Flut von Flüchen (Verwünschungen) über sich ergehen lassen müssen:* hilf- und machtlos dem Haß oder Zorn eines anderen ausgeliefert sein.
Auch die Fülle von Licht wird neuerdings als eine ‚Flut von Licht' bez.: nach Einbruch der Dunkelheit kann ein Fußballspiel ‚unter Flutlicht' ausgetragen werden.

Lit.: *O. G. Sverrisdóttir:* Land in Sicht (Frankfurt/M. 1987), S. 174–176.

Folter. *Einen auf die Folter spannen:* ihn im ungewissen lassen. Die Folter ist dem germ. Recht urspr. fremd.

‚Auf die Folter spannen'

Das Wort ‚Folter' geht auf lat. ‚poledrus' = Folterbank zurück, es bedeutet die Anwendung körperlicher Qualen zum Erzwingen von Geständnissen. Die Folter wurde im röm. Recht bes. bei Sklaven verwendet. In Dtl. kam sie gegenüber Freien erst im späten MA. auf. Das Beweisverfahren suchte die Wahrheit durch das Geständnis des Angeklagten zu ermitteln. Bei schweren Verdachtgründen, z. B. Hexerei, war dem Richter die ‚peinliche Befragung' gestattet. Als Vorstufe gab es im Kriminalprozeß das ‚Zeigen' der Folterinstrumente, das vielfach zum gewünschten Geständnis führte; wer wirklich gefoltert werden mußte, galt als verstockt. Bekannte Folterwerkzeuge waren: Daumen- u. Beinschrauben, die Folterleiter zum Zerren der Glieder, der spanische Bock, der Schwitzkasten, die Eiserne Jungfrau, das Rad und Peitschen mit Metallstückchen.
In der Aufklärungszeit wurde die Beseitigung der Folter gefordert, die 1740 zuerst in Preußen abgeschafft wurde, ↗Tortur.
Die übertr. Anwendung der Rda. ist seit dem 18. Jh. bekannt, so etwa bei Goethe:

O du loses ledigliebes Mädchen
Sag mir an, womit hab ichs verschuldet,
Daß du mich auf diese Folter spannest
Daß du dein gegeben Wort gebrochen.

Lit.: *T. Mommsen:* Röm. Strafrecht (1889); *H. Fehr:* Gottesurteil und Folter in: Festgabe f. R. Stammler (Berlin 1926); *R. Lieberwirth:* Christian Thomasius, Über die Folter (Weimar 1960); *ders.:* Art. ‚Folter', in: HRG. I, Sp. 1149–1152; *M. Meraklis:* Art. ‚Folter', in: EM. IV, Sp. 1410–1413.

Form. *(Gut) in Form sein:* gut aufgelegt, gut gelaunt, bei guter Leistungskraft sein. Die Wndg. ist erst in jüngster Zeit aus dem Sportleben und aus dem Engl. übernommen, wo sie zuerst im Pferdesport üblich war. Vgl. frz. ‚être en forme'.
Aus der Form gehen: erheblich zunehmen, an Gewicht zulegen.
‚Sie hat nur ei(n) Förmche' sagt man rheinhess. (Mainz) von einer Frau, die nur Jungen oder nur Mädchen zur Welt gebracht hat.
Die Form wahren: sich höflich, wenn auch reserviert verhalten, sich nach den gesellschaftlichen Regeln richten, nach außen hin so tun, als sei alles in schönster Ordnung und Harmonie, ↗Etikette.
Das nimmt Formen an!: besorgter Ausruf, wenn eine Sache auszuufern droht.

fort. *Fort mit Schaden!:* um jeden Preis fort damit! Die Wndg. entstammt der Kaufmannssprache; im Geschäftsleben ist es üblich, eine schwer abzusetzende Ware lieber mit Verlust (= mit Schaden) zu verkaufen, als sie zu einem Ladenhüter werden zu lassen.

Frack. *Sich einen Frack lachen:* unbändig lachen, vgl. ‚sich einen Ast lachen'. *Einem den Frack verhauen:* ihn durchprügeln. *Feuer unter den Frack machen:* einen antreiben. *Einen am Frack haben:* ihn festhalten; ähnl. ‚ihn beim Wickel, beim Schlafittchen, am Bändel haben' usw. Schwäb. ‚Den hat's am Frack', es steht schlimm mit ihm. Schweiz. ‚Er hat Dreck am Frack', er hat keinen unbescholtenen Ruf mehr. In all diesen Fällen steht das Kleidungsstück für seinen Träger, Äußeres für Inneres.

Frage, fragen. *Das ist die Frage:* das steht noch nicht fest, es muß bezweifelt werden. ‚Die alte Frage' ist eine Angelegenheit, die schon zu wiederholten Malen auf der Tagesordnung stand, aber bisher nicht geregelt werden konnte.
Das ist eine gute Frage! Die Wndg. deutet an, daß der Befragte die gestellte Frage gern beantwortet, da sie einen wichtigen Aspekt betrifft und Problembewußtsein des Fragestellers erkennen läßt. Sie gibt ihm außerdem etw. Zeit, seine Antwort zu formulieren. Die Wndg. wird aber auch gebraucht, wenn dasselbe Thema schon anderorts diskutiert wurde, aber auch dort das Problem nicht gelöst werden konnte; sie bedeutet also soviel wie: ‚die Antwort wüßte ich selbst gern'.
Um eine Frage nicht herumkommen: nicht länger ausweichen, Ausflüchte machen können.
Etw. in Frage stellen: etw. anzweifeln, dagegen: *Etw. steht außer Frage:* es ist gewiß. *Etw. ist nur eine Frage der Zeit:* das Problem wird sich von selbst lösen, man muß nur Geduld haben.
Sich den brennenden Fragen der Zeit stellen (zuwenden): sich verantwortungsbewußt (als Politiker, Künstler, Journalist) mit den Gegenwartsproblemen auseinandersetzen und Lösungen von Konflikten suchen.
Auf allzu neugieriges Fragen sagt man: *So fragt man die Leute aus.* Es kann sogar mit einem Tabu belegt sein, das sich in Volkserzählungen meistens auf den Namen oder die Herkunft bezieht. Berühmt und rdal. geworden ist die Wndg. ‚Nie sollst du mich befragen!' aus Wagners Oper ‚Lohengrin'.
Nichts danach fragen: sich darum nicht kümmern, sich sorglos über alles hinwegsetzen, sich keine Gedanken um etw. machen.
Aus J. M. Millers 1776 gedichtetem Lied ‚Zufriedenheit' (komponiert von Mozart und Neefe) stammen die sprw. gewordenen Verse:

Was frag' ich viel nach Geld und Gut,
Wenn ich zufrieden bin?

Keiner (niemand) fragt nach einem: man fühlt sich vergessen, man vermißt Anteilnahme und Fürsorge von Freunden und Verwandten. Die Wndg. wird oft in Form einer Klage gebraucht. Andererseits warnt das Sprw. sogar vor zu vielem Fragen: ‚Wer viel fragt, bekommt viel(e) Antwort(en); vgl. engl. ‚Ask no questions, an' you'll get no lies'.
Im allg. gilt das Fragen jedoch als positives Zeichen von Interesse. Das kommt im Sprw. zum Ausdr.: ‚Wer nicht fragt, bleibt dumm' oder in der rdal. Empfehlung: *Lieber dumm fragen als dumm bleiben.*
Sich selbst fragen müssen: mit sich selbst zu Rate gehen, sein Gewissen ehrlich prüfen, sich etw. eingestehen müssen.

Lit.: *F. Adams:* ‚Ask no question, an' you'll get no lies!', in: Notes and Queries 9.3 (1899), S. 157; *R. Wehse:* Art. ‚Frage', in: EM. V, Sp. 23–29.

Fragezeichen. *Das reinste Fragezeichen sein:* eine schlechte, gekrümmte Körperhaltung zeigen.

Fraktur. *Fraktur reden* (oder *schreiben):* grob und deutlich gegen jem. vorgehen, ihm unverblümt und ohne Umschweife die Meinung sagen, auch: zu Gewaltsamkeiten schreiten. Mit Fraktur (zu lat. fractūra, von frangere = brechen) bez. man seit dem 16. Jh. die dt. Schrift mit ihren gebrochenen Linien im Gegensatz zur lat. Antiqua. ‚Mit jem. Fraktur reden' bedeutet daher soviel wie ‚mit jem. ↗ deutlich reden'. Die übertr. Anwendung des Wortes in der Rda. ist zuerst 1612 bei B. Sartorius (‚Der Schneider Genug- und sattsame Widerlegung' S. 5) belegt: „auch fein mit grober Fractur hindten auff den Buckel schreiben köndte", ähnl. auch bei Abraham a Sancta Clara, dann noch deutlicher 1729 bei Daniel Stoppe (‚Zweyte Sammlung', S. 113):

Er schrieb und zwar Fractur, bis sie
zu seinen Füßen
Die süße Sterbenslust mit Schmertz
verschweren müssen.

Um die Mitte des 19. Jh. wurde der Ausdr. als politisches Schlagwort der Sozialdemokraten bekannt.

frank und frei. *Frank und frei reden:* unverblümt, ohne Scheu reden, ,frisch von der ↗ Leber' reden. Der Stammesname der Franken gelangte zu den roman. Nachbarn und wurde über mlat. francus = fränkisch als frz. franc, ital., span., portugiesisch franco zur Bez. des freien Mannes: die Franken waren in ihrem nordfrz. Herrschaftsgebiet ,franc et libre de toutes tailles'. Im späten 15. Jh. wird das frz. Adj. zurückentlehnt und in der Zwillingsformel ,frank und frei' viel gebraucht. Vgl. auch KHM. 83.
Aus der ital. Formel ,(il) porto (è) franco' = (das) Tragen (ist) frei, gelangt ,franko' zu der Bdtg. ,postfrei'. Das zugehörige ,frankieren' ist noch vor 1663 dem ital. francare = freimachen nachgebildet.

Frankfurt. ,Frankfurter Würstchen' ist die abfällige Bez. für einen Frankfurter, – in Anlehnung an die weltbekannte Wurst-Spezialität mit demselben Namen. Auch sonst haben sich die Frankfurter an einige – z.T. boshafte – Spitznamen gewöhnen müssen, so an die Bez. ,Bankfurt' wegen seiner Bdtg. als Hauptsitz der größten dt. Banken, ferner an Ausdrücke wie ,Krankfurt' oder ,Mainhattan' aufgrund der großen Anzahl von Hochhäusern in Frankfurt, die an Manhattan in New York erinnern.
Etw. liebevoller gehen die Frankfurter mit sich selbst und der Stadt um. Das läßt sich aus den folgenden Rdaa. ablesen: ,Es will mer net in Kopp enei, wie kann nor e Mensch net von Frankfort sei' oder ,Frankfort brengt kaa Batze um': es kann auch eine überhöhte Rechnung verkraften; ,Frankfurt fährt selten aus, fährt's awer aus, so fährt's vierspännig': die Stadt Frankfurt ist nicht kleinlich und läßt sich nicht lumpen. Dieses geflügelte Wort stammt von Dr. Maximilian Reinganum, Mitglied der Gesetzgebenden Körperschaft, der wesentlich dazu beitrug, daß die für die Opfer der Hamburger Brandkatastrophe (5.5.1842) beantragte Hilfsspende von 2500 Gulden auf 100000 Gulden erhöht wurde. Der Spruch wird heute noch scherzhaft von Frankfurtern gebraucht, wenn sie z.B. bei einer Festlichkeit, bei einem Schmaus oder dergleichen ein Übriges tun.
Eine weithin bekannte Rda. ist auch: ,Zwei Dinge liegen so weit voneinander wie Frankfurt und Sachsenhausen', d.h. nahe beisammen. Dieser Wndg. liegt ein Satz von Goethe zugrunde. Er lautet: „Frankfurt gegenüber liegt ein Ding, heißt Sachsenhausen". Eine andere bekannte Rda. bezieht sich auf den erfolgreichen ,Zugereisten': ,Der hat in Frankfurt sei Amerika gefunne', d.h. er hat als Fremder in Frankfurt sein Glück gemacht.

Lit.: *F. Stoltze:* Frankfurt in seinen Sprichwörtern u. Redensarten (Frankfurt/M. 1939, Nachdr. 1980).

französisch. In vielen dt. Mdaa. ist die Wndg. bekannt: *sich (auf) französisch empfehlen:* sich heimlich davonmachen, ohne sich zu verabschieden, namentlich aus einer Gesellschaft; z.B. berl. ,Er hat sich uf franzö'sch jedrückt', rhein. ,sech of französisch denn (= dünn) machen', südd. ,französisch Abschied nehmen'. Diese Rdaa. entspringen wie viele andere dem Verlangen des einen Volkes oder Stammes, den Nachbarn Unhöflichkeit und allerlei sonstige Charakterfehler nachzusagen. Die Franzosen gelten im allg. als ausgesprochen höflich. In Nordostdtl. sagt man statt dessen: ,sich auf ↗ polnisch empfehlen', im Nordwesten ,holländisch abfahren'.
Solche spöttischen Ausdr. sind keineswegs auf das dt. Sprachgebiet beschränkt. Der Engländer sagt ,to take a French leave' für: durchbrennen, ohne zu bezahlen, so auch in Immermanns ,Münchhausen' (II, Kap. 11): „He took a french leave, d.h. er wollte abziehen, wie die Katz' vom Taubenschlag, doch unter der Thüre wandte er sich um"; der Franzose sagt wiederum: ,filer à l'anglaise' (umg.). Französisch hat im rhein. Volksmund in der Wndg. ,et es französisch' etwa den Sinn: es ist geringwertig, und im Hannoverschen heißt ,franzsch' befremdend, seltsam: ,Dat nimt sik franzsch ut'.

Französisch (krank) sein, desgl. die Wndg. ‚die Franzosen haben', die schon bei Luther sowie in Murners Verdeutschung von U. von Huttens ‚Buch de morbi gallici curatione', cap. 1, begegnet i. S. v. ‚die Syphilis haben': „doch hat uberhant genommen die gemein nennung und ich wil sie in disem buch auch die franzosen nennen". Paracelsus und F. v. Logau nennen die Krankheit einfach nur ‚französisch': „und derselbig Mensch war französisch" (‚Paracelsi chirurg. Schriften' [1618]):

doch es ist nun ziemlich lang
dasz er ist französisch krank

(F. v. Logau: ‚Salomons von Golaw deutsche Sinngedichte drei tausend [Breslau 1654]).

Wer nur geringe frz. Sprachkenntnisse hat, *spricht französisch wie die Kuh spanisch*, so auch im Ndl. und im Frz. selbst.

Lit.: *Haape:* ‚Er spricht französisch, wie die Kuh spanisch', in: Zs. des allgem. dt. Sprachver. 18 (1903), S. 145; *G. Erhardt:* ‚Er spricht französisch wie die Kuh spanisch', in: Zs. des allg. dt. Sprachver. 18 (1903), S. 304; *H. Schuchardt:* ‚Er spricht französisch wie die Kuh spanisch', in: Zs. des allg. dt. Sprachver. 18 (1903), S. 368–369; *K. Wehrhan:* Zur Geschichte u. zur Verbreitung des Ausdrucks: ‚die Franzosen haben', in: Zs. des Vereins f. rhein. u. westf. Vkde. 4 (1907), S. 198–203; *S. Sontag:* Krankheit als Metapher (München 1978); *A. A. Roback:* A Dictionary of International Slurs (Cambridge [Mass.] 1979), S. 159–161.

Frau. Sprichwörter und sprw. Rdaa. über Frauen entstammen zumeist männlich-patriarchalischem Denken und sind darum nicht selten frauenfeindlich. In diesem Lexikon sind sie weniger unter dem Stichwort ‚Frau' zu finden, als unter den Begriffen, mit denen Frauen sprw. umschrieben werden, also z. B. unter den Bez. für weibliche Tiere, wie Kuh, Katze, Gans, Eule, Schnecke, Schnepfe, Ziege, Zicke u. a.

Einer Frau den Apfel reichen: ihr den Preis der Schönheit zuerkennen. Die Rda. bezieht sich auf das Urteil des Paris, von dem Homer in der Ilias (XXIV, 25–30) als erster berichtet: Paris reichte bei einem Streit der Göttinnen Hera, Athene und Aphrodite, welche von ihnen die Schönste sei, den goldenen Apfel (↗ Zankapfel) der Aphrodite; vgl. frz. ‚pomme de discorde'.

Die Frau hält Ausverkauf heißt es geringschätzig, wenn eine ältere Frau die letzten Reste ihrer Reize bes. zur Geltung zu bringen sucht. Vgl. frz. ‚Cette femme joue de son reste".

Die Frau hat die Hosen an: sie führt die Herrschaft im Hause, ihr Mann hat nichts zu bestimmen. Vgl. ndd. ‚De Fro het de Büxe an' und frz. ‚Cette femme porte la culotte', ↗ Hose.

Er glaubt stets, seine Frau habe auf einem andern Markte eingekramt sagt man von einem argwöhnischen und eifersüchtigen Ehemann, wenn er sich nicht für den Vater des Kindes hält und nur deshalb zweifelt, weil es ihm nicht ähnlich ist.

Die weiße Frau ist ihm erschienen: er hat Todesahnungen. Die weiße Frau (meist die Ahnfrau des Geschlechtes) erschien auf einem alten Schloß meist nur dann, wenn ein Unglück oder ein Todesfall drohte.

Moderne Wndgn. sind: *eine Frau nach Maß sein:* eine weibl. Idealgestalt mit körperlichen und geistigen Vorzügen sein; vgl. frz. ‚Une femme sur mesure' – und: *eine Frau auf Zeit sein:* nur vorübergehend eine intime Freundin sein.

Das Angewiesensein auf eine Frau wird von Männern gelegentlich derb artikuliert:

Ohne deine Frau
bist du nur 'ne arme Sau.

Zu den neueren Rdaa. gehört die Wndg.: *sich als Frau verwirklichen (wollen):* in der Berufstätigkeit Erfüllung finden, seine Fähigkeiten voll einsetzen, entfalten.

Der emanzipatorisch-feministische Slogan ‚Eine Frau ohne Mann ist wie ein Fisch ohne Fahrrad' ist eine Übers. aus dem amer. Englisch: ‚A woman without a man is like a fish without a bicycle'.

Lit.: *O. v. Rheinsberg-Düringsfeld:* Die Frau im Sprw., in: Magazin für Lit. d. Auslandes, Nr. 49 (Sonderdr. Leipzig 1862); *P. M. Guitard:* Proverbes sur les femmes (Paris o.J. [1889]); *B. Segel:* Die Frau im jüd. Sprw., in: Ost und West 3 (1903), S. 169 ff.; *A. de Cock:* Spreekwoorden en Zegswijzen over de vrouwen en liefde en het huwelijk (Gent 1910); *M. Wähler:* Die weiße Frau – Vom Glauben des Volkes an den lebendigen Leichnam (Erfurt 1931); *M. Zender:* ‚Die Frauen machen im Februar das Wetter', in: L. Kretzenbacher: Dona Ethnologica, Beiträge zur vergleichenden Volkskunde (München 1973), S. 340–347; *T. F. Thiselton-Dyer:* Folk-lore of Women (London 1905, Nachdr. Williamstown [Mass.] 1975); *L. Frei:* Die Frau. Scherz-, Schimpf- u. Spottnamen (Frauenfeld – Stuttgart 1981); *W. Mieder:* ‚Eine Frau ohne Mann ist wie ein Fisch ohne Velo!', in: Sprachspiegel 38 (1982), S. 141–142; *K. E. Müller:* Die bessere u. die schlechtere Hälfte. Ethnologie des Geschlechterkonflikts (Frankfurt – New York 1984), bes. S. 120; *E. Moser-Rath:* Art. ‚Frau', in: EM. V, Sp. 100–137.

frech. *Frech wie Oskar:* dreist, keck, ist ein bes. in Mittel- und Nordostdtl. verbreiteter sprw. Vergleich, dessen Geschichte noch nicht geklärt ist. Wahrscheinl. stammt er aus der Umgangssprache Berlins und hat sich von dort weiter ausgebreitet. Es ist nicht bekannt, ob in diesem Oskar der Name einer bestimmten Persönlichkeit weiterlebt und wer diese war. Der Duden leitet die Wndg. vom Namen des Kritikers Oskar Blumenthal (1852–1917) ab, der sehr scharfe und beißende, d.h. ‚freche' Kritiken schrieb, während H. Küpper sie in Zusammenhang bringt mit dem Leipziger Jahrmarktsverkäufer Oskar Seifert, der wegen seiner derben Ausdrucksweise bekannt wurde. A. Földes hingegen weist darauf hin, daß verschiedene Forscher in der Wndg. keinen Phraseologismus mit Eigennamen sehen, sondern Oskar über ‚ossoker' aus jiddisch ‚ossik' = frech, verhärtet, erklären.

Andere sprw. Vergleiche mit frech sind ebenfalls sehr gebräuchl., z.B. *frech wie Dreck* (oder *Gassendreck), frech wie Rotz am Ärmel, frech wie eine Mücke* (oder *Fliege), frech wie ein Rohrspatz* (vgl. ‚schimpfen wie ein Rohrspatz', ↗schimpfen), rhein. ‚frech wie ne Bur, der gebicht hät', ‚frech as en mager Ferken' und werden zumeist gebraucht i. S. v. dreist, unverfroren, unverschämt, anmaßend, ohne Anstand. Daß freche, hemmungslose Menschen oft mehr Erfolg haben als die Zaghaften, läßt sich auch aus dem Sprw. ‚Frechheit siegt' ersehen (‚Frechdachs' ↗Dachs).

Frech werden: lautstark und unverschämt werden, (in Worten und in Taten) angreifen. In diesem Sinne ist die Wndg. lit. schon im 19. Jh. belegt, so u.a. in dem Studentenlied aus ‚Gaudeamus' von J. Viktor von Scheffel (1867): „Als die Römer frech geworden ...".

Der Begriff ‚frech' wird vielfach auch auf Menschen bezogen, die ‚frech' gekleidet sind, d.h. wenig anhaben – mehr aus-, als angezogen sind.

Lit.: *F. Müller:* ‚Frech wie Oskar', in: Sprachpflege 18 (1969), S. 25; *An.:* ‚Frech wie Oskar', in: Sprachpflege 18 (1969), S. 237; *G. Grober-Glück:* Motive u. Motivationen in Rdaa. u. Meinungen (Marburg 1974), S. 143–144; *A. Földes:* Onymische Phraseologismen als Objekt des Sprachvergleichs, in: Europhras 88, Phraséologie Contrastive (Straßburg 1989), S. 128.

Fregatte. *Aufgetakelt sein wie eine alte Fregatte,* scherzhaft-spöttische Wndg. für eine weibliche Person, die sich sichtbar größte Mühe gegeben hat, durch ihre Kleidung aufzufallen und sich die Bdtg. von Größe und Ansehen zu geben, dabei aber des Guten zuviel getan hat und somit eher die gegenteilige Wirkung erzielt.

Die Fregatte der Segelschiffszeit war ein ‚vollgetakeltes' Kriegsschiff, d.h. sie führte an allen drei Masten Rahsegel.

frei, Freiheit. *‚Ich bin so frei':* heute nicht mehr übliche Bescheidenheitsformel, wenn jem. etw. angeboten wird.

Nach der Struktur des Bibelwortes „Die Wahrheit wird euch frei machen" (Joh. 8,32) sind weitere Sprww. und Slogans gebildet worden, wie z.B. ‚Arbeit macht frei' (von den Nazis verhöhnend an den Toren von Konzentrationslagern angebracht) oder ‚Scheine machen frei' (aus der Studentensprache).

Die Wndg. ‚Der Freiheit eine Gasse' stammt aus dem gleichlautenden Gedicht von Georg Herwegh (1844). Sie soll urspr. von Winkelried in der Schlacht von Sempach (1386) gebraucht worden sein. Der Slogan ‚Freie Fahrt für freie Bürger', mit dem eine Geschwindigkeitsbegrenzung auf Autobahnen bekämpft wird, ist bedauerlicherweise von vielen als Freibrief für beliebig schnelles Fahren aufgefaßt worden.

Ein Nonsens-Graffito der aktuellen Jugendszene lautet: ‚Freiheit für Grönland, weg mit dem Packeis!'

Freibrief. *Einen Freibrief besitzen:* frei sein von jeder Art von Einschränkung, sich alles erlauben können. Daher auch die Wndg.: ‚Er glaubt, für alles einen Freibrief zu besitzen', d.h. er gestattet sich jede Eigenmächtigkeit.

Der Begriff ‚Freibrief' ist schon im MA. belegt als Bez. für eine Urkunde über die Freilassung aus Leibeigenschaft bzw. über die Ablösung der Leistungen aus der

Unfreiheit. Schon das Prätorische Recht (Jus praetorium) kannte eine ‚manumissio per epistulam' (Cod. 7.6.1.1.). Aber auch eine Urkunde über freie Herkunft wurde so genannt. Sie war vor allem wichtig für die Aufnahme Stadtfremder in eine Zunft. Darüberhinaus war der Freibrief bekannt als Urkunde über eine ‚Freiung' i.S. eines Privilegs (Immunität), wobei auch das Privileg selbt als Freibrief bez. wurde. Von hier leitet sich der moderne Wortsinn: Recht zur Willkür her.

Lit.: *A. Jacoby:* Art. ‚Freibrief', in: HDA. III, Sp. 1; *A. Erler:* Art. ‚Freibrief', in: HRG. I, Sp. 1219–1220.

Freiersfüße. *Auf Freiersfüßen gehen:* Heiratsabsichten haben. Diese Rda. ist erst sehr spät durch die hd. Schriftsprache in die Volkssprache gelangt und wird zuerst bei Lessing bezeugt. Volkstümlicher ist die Wndg. *auf der Freite sein:* auf Brautschau sein; schles. ‚uf der Freite rümlofen', schwäb. ‚Er ist auf der Freiet'. Zugrunde liegt das spät bezeugte mhd. vrîen = freien, dazu vrîât = Freite; beide Ausdr. haben erst spät Eingang ins Hd. gefunden.

In Berlin wird im übertr. Sinne gebraucht: ‚Da bin ick schon lange Freier druf', danach trachte ich schon lange, ↗Heirat.

Lit.: *B. Deneke:* Hochzeit (München 1971); Liebe und Hochzeit. Aspekte des Volkslebens in Europa (Antwerpen 1975); *H. Dettmer:* Die Figur des Hochzeitsbitters (= Artes Populares 1) (Frankfurt/M. – Bern 1976).

fremd, Fremde(r). *Fremd gehen:* außereheliche Beziehungen unterhalten. ‚Fremdeln', meist für ein Kind gebraucht, das sich in einer anderen Umgebung nicht wohlfühlt und weint, sich Fremden gegenüber abweisend verhält.

In die Fremde gehen: veraltete Wndg. für ‚auswandern'.

Für jem. (andere) ein Fremder sein: keine Zustimmung finden, ein Unbekannter sein. *Für jem. kein Fremder mehr sein:* bereits vertraut miteinander sein.

Etw. ist mir fremd: liegt mir fern, paßt nicht zu meiner gewohnten Verhaltensweise, ist mir unbekannt.

Fresse. *Halt die Fresse:* halt den Mund. Grobe Aufforderung, still zu sein und nichts zu sagen, ↗Mund.

fressen. *Das ist ein gefundenes Fressen für ihn:* das kommt ihm gerade recht, das ist ihm sehr erwünscht, ein unverhoffter Genuß. Die Rda. erscheint zuerst im 17. Jh. bei Andreas Gryphius, 1731 in Schnabels ‚Insel Felsenburg' (Bd. 3, S. 42): „Das war ihnen ein gefundenes Fressen!", im 18. Jh. bei Goethe im ‚Götz von Berlichingen' (I, 1) und in Schillers ‚Räubern' (II, 3): „Das gefundene Fressen, über den alten Kaiser zu plündern". Dabei lag der Ton urspr. auf ‚gefunden'; es bez. das, was man nicht zu bezahlen braucht; so schreibt z.B. Dürer an Pirkheimer über einen billig gekauften Edelstein: „Jedermann spricht, es sei ein gefundener Stein, er sei im Teutzschland 50 fl. wert". Bei Jer. Gotthelf heißt es dafür: „ein rechtes Herrenfressen" = ein unverhoffter Genuß, und in der schwäb. Mda. ist bekannt: ‚Des is e Fresse für en Geißbube in der Ernt', es ist etw. unerwartet Gutes. Vgl. frz. ‚C'est une proie facile pour lui': Da hat er das ihm passende Opfer gefunden.

Fressen dient ferner zu manchem übertreibenden Ausdr.: ‚einen vor Liebe fressen', ähnl. schon mhd.: ‚sam si in well vor lieb zerkiuwen' (zerkauen, zerbeißen). Neidhart von Reuenthal sagt von dem bäuerlichen Liebespaar Adelhalm und Clara (41, 21):

> Diesen sumer hât er sie gekouwen
> gar für brôt.
> Schamerôt
> wart ich, sô si bî einander sâzen.

Heute sagt man: *jem. zum Fressen gern (lieb) haben* (vgl. ‚zum Anbeißen aussehen').

Nicht um ein Fressen aus Liebe handelt es sich dagegen in Rdaa. wie: *Den hab ich gefressen:* den kann ich nicht leiden, er ist mir unausstehlich, gleichsam unverdaulich. *Jem. gefressen haben wie ein Pfund Schmierseife,* Ausdr. höchster Antipathie, ↗Narr.

‚Früher hon i mei Weib zum Freasse gean ghet', hot der Ma g'sait; ‚heut ruit mi bloß ois: daß i se dettmols it g'freasse ho'. Ebenso die berl. Wndg.: ‚So'ne wie Sie fress ick fimve zum Frihstick'. ‚Früher hatte er sie zum Fressen gern, heute liegt sie ihm im Magen'.

Jem. aus der Hand fressen: ihm völlig ergeben sein, ↗Hand.

Friß mich nur nicht!: Sieh mich nicht so böse an! Vgl. frz. ‚Ne me mange pas‘: Fahr mich nicht so an!
Da laß ich mich gleich fressen!: ich wette darauf; *da freß ich einen Besen* ↗Besen; *etw. (mit Löffeln) gefressen haben:* es verstanden, kapiert haben (↗Löffel); *einen Narren an etw. (an jem.) gefressen haben* ↗Narr. *Friß Vogel oder stirb!* ↗Vogel. Sehr derb ist die Wndg. ‚Viel friss, viel schiss‘. *Reim dich, oder ich freß dich* ↗Reim. *Wer einmal aus dem Blechnapf frißt* ↗Blechnapf.
Ich danke dir, daß du mich nicht gefressen hast, sagt man zu einem, der gähnt, ohne die Hand vor den Mund zu halten.
Sehr häufig sind rdal. Vergleiche mit fressen: ‚fressen wie ein Scheunendrescher, Bär, Werwolf, Schmiedknecht, Holzmacher, Bürstenbinder, Bernhardiner‘; ‚er fräße eine Kuh bis auf den Schwanz‘, ‚einen Ochsen mitsamt den Hörnern‘, ‚er fräße den Teufel und seine Großmutter, wenn sie nicht zappelten‘, ‚er frißt mich noch zum Haus hinaus, bis es ihm oben wieder herauskommt‘. Bes. häufig hört man die fast verzweifelt klingende, doch scherzhaft gemeinte Feststellung: *Er (sie) frißt mir noch die Haare vom Kopfe,* die auch im Ndd. begegnet: ‚De friät een de Hoare von' Kopp‘, ↗Haar.

Lit.: *E. Liebs:* Das Köstlichste von allem. Von der Lust am Essen und dem Hunger nach Liebe (Zürich 1988), *St. Mennell:* Die Kultivierung des Appetits (Frankfurt/M. 1988).

Freude, freudig. *Vor Freude hüpfen:* sich wie ein Kind freuen, das seiner Freude durch körperliche Aktivität gestischen Ausdr. verleiht. Ähnl. *vor Freude tanzen.* In der volkssprachlichen Metaphorik hüpft nicht nur ‚das Herz vor Freude im Leibe‘, sondern nach altem Volksglauben auch die Sonne am Ostermorgen, d.h. sie macht drei Freudensprünge zum Zeichen der Freude über das Heilsgeschehen, ↗Sonne. Dieser Glaube hat sich aus der Vulgata-Übers. von Psalm 19,6 entwikkelt, wo das Wort ‚exsultativ‘ (Freudensprünge machen) vorkommt, während Luthertext und hebräische Bibel übersetzen: Die Sonne ‚freut sich‘. Grundlage des weitverbreiteten Volksglaubens ist der mittelalterliche Vulgatatext.
Auch die Engel tanzen vor Freude. Schon bei Luk. 6,23 heißt es (in der Bibelübers. von Luther): „Freut euch und hüpfet“ (Engl.: ‚to jump for joy‘). In der profanen Lit. begegnet die Wndg. u.a. bei J. Ayrer (‚Opus theatricum‘ [1618], 45): „vor freudt hupft mir das herze mein“. Ähnl. die Wndg. *vor Freude springen,* bzw. *vor Freude einen Luftsprung machen,* die in älterer Zeit hauptsächlich belegt ist in der Fassung ‚einen Freudensprung tun‘: „wann aber der geist an die zähne stöszet und wil raus, so schleuszt die zunge das maul auf und wil fürm worte raus, und thut gleich einen freudensprung zum maule raus“ (Jac. Böhme: ‚Aurora ...‘ [1682], 244); „(er) that Freudensprünge wie ein Knabe“ (W. A. Heinse: ‚Ardinghello‘ [1794], 2,35).
Herrlich und in Freuden leben: es sich gut gehen lassen. Die Rda. begegnet schon bei Luk. 16,19. Sie bezieht sich auf einen reichen Mann. Noch heute wird die Wndg. in diesem Sinne gebraucht.
Die alte Zwillingsformel *in Freud und Leid (zusammenstehen)* ist in das Treuegelöbnis bei der Eheschließung übernommen worden. Das Sprw. ‚Zwischen Freud und Leid ist die Brücke nicht breit‘ kommt auch zum Ausdr. in dem Vers von P. Gerhard (‚Gedichte‘, Ausg. Goedeke [1877], 3058): „nun wir werden balde kommen/ aus dem Leide zu der Freud“. Bei Goethe lautet diese Weisheit (‚Faust‘ II): „Freud muß Leid, Leid muß Freude haben“.
Das Sprw. meint dagegen satirisch: ‚Schadenfreude ist die reinste Freude‘.
Wohlwollender klingt: ‚Geteilte Freude ist doppelte Freude – geteiltes Leid ist halbes Leid‘ (auch: ‚geteilter Schmerz ist halber Schmerz‘).
Im 19. Jh. war die Vorstellung von Freude häufig identisch mit ‚Jubel‘, so im Schlußsatz der IX. Symphonie Beethovens (nach dem Text von Schillers ‚Ode an die Freude‘), in der es heißt:

Freude, schöner Götterfunken,
Tochter aus Elysium,
Wir betreten feuertrunken,
Himmlische, dein Heiligtum ...

In jüngster Zeit sind Freudenäußerungen weniger poetisch: *ein Freudenfest veranstalten, ein Freudengeheul anstimmen, in ein Freudengeschrei (einen Freudentaumel) ausbrechen, einen Freudentanz aufführen;* (rhein.): ‚Spaß anne Freud haben'.

Jem. die Freude verderben (vergällen): ihm eine schlechte Nachricht bringen oder seine Pläne vereiteln.

Ein freudiges Ereignis erwarten: der Geburt eines Kindes entgegensehen, ↗herrlich.

Lit.: *J. F. Ferguson:* ‚To jump for joy', in: Notes & Queries, 1.9 (1854), S. 466; *H. D. Baschet:* ‚To jump for joy', in: Notes & Queries, 1.10 (1854), S. 112; *L. Röhrich:* Sonnen-Folklore, in: J. Jobé (Hg.): Die Sonne, Licht und Leben (Basel – Wien 1973), S. 89–130, hier S. 97; *E. Hörandner:* Art. ‚Freude', in: M. Lurker: Lexikon der Symbolik (Stuttgart 1979), S. 169–170.

freuen. *Sich freuen wie ein Kind:* unbefangen, fröhlich, naiv und so recht von Herzen, wie es auch in der Wndg. ‚sich freuen mit den Fröhlichen' (nach Röm. 12,15) zum Ausdruck kommt.

Auch in vielen anderen sprw. gewordenen Zitaten wird diese besonders positive Form der Gemütsäußerung gepriesen. So heißt es in der zuerst 1849 in Berlin aufgeführten Oper ‚Die lustigen Weiber von Windsor' von Otto Nicolai nach dem Text von Hermann Mosenthal (1821;1877):

Wie freu ich mich, wie freu ich mich,
wie treibt mich mein Verlangen,

und in der Oper ‚Zar und Zimmermann' von A. Lortzing finden sich die Worte:

Es ist schon lange her –
Das freut uns um so mehr.

Einen bes. hohen Bekanntheitsgrad konnte das von Joh. Martin Usteri (1763–1827) verfaßte Gesellschaftslied ‚Freut euch des Lebens' verbuchen, das in der Goethezeit zum ‚Schlager' wurde. Es wurde als Mahnung zur Fröhlichkeit gesungen u. später, als Stimmungsmacher und als Aufforderung, sich keine Gelegenheit zur Freude entgehen zu lassen, auch bei jeder unpassenden Gelegenheit zum Besten gegeben. Das führte zu den parodistischen Spottversen:

Freut euch des Lebens,
Großmutter wird mit der Sense rasiert.
Alles vergebens,
Sie war nicht eingeschmiert.

Aber auch zu zahlreichen anderen Parodien, wie z.B.:

Freut euch des Lebens,
Weil ihr noch Backfische seid,
Das ist des Lebens allerschönste Zeit.

Im Laufe der jüngeren Geschichte wurde ‚Freut euch des Lebens' vor allem nach politischen Umwälzungen, Revolutionen, Friedensschlüssen etc. gesungen:

Freut euch des Sieges (Friedens),
Weil jetzt die Waffen ruhn.

oder

Freut euch des Lebens,
Weil jetzt die Freiheit blüht,
Weil jetzt die Cocarde
Dreifarbig glüht.

Die Grundstruktur des Verses ist auch für die Werbung eingesetzt worden (z.B. ‚Freut euch des Tankens ...'), und ein zeitgenössischer Gesellschaftskritiker ermuntert sein Publikum mit den Worten:

Freut euch des Lebens,
eh' euch der Staat mit der Steuer rasiert.

In seiner urspr. Form geriet das Lied im Laufe der Zeit fast in Vergessenheit.

Sich freuen wie ein Schneekönig ↗Schneekönig; *sich freuen wie ein Stint* ↗Stint.

Als Relikt früherer Anstandsregeln hat sich die Formel ‚Freut mich' oder ‚(es) hat mich gefreut', erhalten. Es handelt sich um eine Kurzformel, die gelegentlich noch bei der Vorstellung oder beim Abschied zu hören ist, wobei die Ergänzung ‚Sie kennenzulernen' meist weggelassen wird.

Geschichte geworden ist die Standardformel, mit der sich Kaiser Franz Joseph I. von Österreich stereotyp bedankte: ‚Es war sehr schön, es hat mich sehr gefreut'.

Lit.: *W. Linder-Béroud:* „Freut euch des Lebens". Ein ‚Schlager' der Goethezeit im Spannungsfeld zwischen Mündlichkeit u. Schriftlichkeit, in: Volksdichtung zwischen Mündlichkeit u. Schriftlichkeit, hg. v. L. Röhrich u. E. Lindig (ScriptOralia 9) (Tübingen 1989), S. 273–288.

Freund. Die Anrede *Mein lieber Freund* (mit der Betonung auf ‚lieber') leitet meist einen Tadel ein.

Alter Freund und Kupferstecher ↗Kupferstecher; *Freund Hein* ↗Hein.

Mit *Freund-Feind-Denken* ist eine starre Haltung gemeint, die nur das Entweder-Oder kennt. Die Wndg. ist entstanden in Anlehnung an die berühmte Freund-Feind-Unterscheidung, die in der Schrift des Berliner Staatsrechtslehrers Carl Schmitt (1888–1985) ‚Der Begriff des Politischen' zur Kennzeichnung des polit. Denkens angeführt ist.

Wer den vielzitierten Wunsch ,Gott schütze mich vor meinen Freunden' als Erster ausgesprochen hat, ist dagegen nicht mit Bestimmtheit nachzuweisen. In des Manlius ,Loci communes' (Frankfurt/M. 1594) II, 246 heißt es: „Rex ANTIGONUS iussit sacerdotem suum sacrificare, ut deus defenderet eum ab amicis. Interrogatus, quare non ab inimicis, respondit: Ab inimicis possum mihi ipsi cavere, ab amicis vero non" („König Antigonus befahl seinem Priester, ein Opfer darzubringen, damit Gott ihn vor seinen Freunden schütze. Gefragt, warum nicht vor den Feinden, antwortete er: Vor meinen Feinden kann ich selbst auf der Hut sein, vor meinen Freunden aber nicht".). Die Wndg. ist ein Hinweis auf den Tatbestand, daß Freundschaft sehr schnell in Feindschaft umschlagen kann, aber auch darauf, daß Freunde in ihrem Bemühen, Gutes zu tun, manchmal das Gegenteil bewirken.

Kein Freund von etw. sein: etw. nicht mögen.

Lit.: *M. Beth:* Art. ,Freundschaft', in: HdA. III, Sp. 78–79; *M. Boskovic-Stulli:* Art. ,Der beste Freund, der schlimmste Feind', in: EM. V, Sp. 275–282; *E. Schoenfeld:* Art. ,Freundesprobe', in: EM. V, Sp. 287–293; *K. Horn:* ,Freundschaft und Feindschaft', in: EM. V, Sp. 293–315.

Frieden. *Dem (Land-)Frieden nicht (recht) trauen:* dem äußeren Schein nicht trauen, etw. für bedenklich halten, skeptisch sein; die Rda. bezieht sich wahrscheinl. auf die schon aus dem MA. bekannte Gepflogenheit der Kaiser, gelegentlich einen allg. Landfrieden zu erlassen, der den Fehden zwischen den Fürsten und Stämmen Einhalt gebieten sollte, der jedoch meist unwirksam war, weil keine Macht die Haltung des Gebotes zu überwachen vermochte.

Der urspr. gut gemeinte, bibl. Wunsch *Zieht hin in Frieden* (Richter 18,6) wird heute meist in negativem oder iron. Sinne angewandt. *Zieh (geh) hin in Frieden* bedeutet danach: mach, daß du fortkommst, an mir soll es nicht liegen, tue, was du nicht lassen kannst, aber laß mich in Ruhe!

Die erst in jüngster Zeit bekannt gewordene Rda. ,Friede, Freude, Eierkuchen' bezieht sich auf den von Politikern, aber auch in Familien, Vereinen etc. nicht selten unternommenen Versuch, die Dinge zu beschönigen und Harmonie vorzutäuschen. Sie bedeutet soviel wie: Dieses Schöntun mag glauben, wer will.

Friedenspfeife. *Mit jem. die Friedenspfeife rauchen,* scherzhafte Rda. für eine friedliche Zusammenkunft zweier Parteien nach einem Streit. Die Friedenspfeife (frz. calumet, verballhornt aus ,chalumeau' = Schilfrohr) diente bei den Mani in Yucatan, aber auch bei den Azteken zunächst der Zwiesprache mit den Göttern. Sie war bei den Indianervölkern Amerikas das zentrale Symbol eines geregelten, nach strengen und bedeutungsvollen Riten vollzogenen Kultes und galt als Geschenk des Großen Geistes Manitu, das die Menschen zur Friedfertigkeit verpflichtete. Sie spielte auch bei den Friedensverhandlungen der nordamer. Indianer eine wichtige Rolle. Sie wurde von einem Häuptling mit einigen Zügen angeraucht und dann an die übrigen Teilnehmer der Verhandlungen weitergereicht. Sie war das Symbol für die während der Zusammenkünfte herrschende Waffenruhe. Von diesem Brauch der Indianer, an dem auch Europäer teilgenommen haben, stammt die Rda.; sie wurde bei uns vor allem durch die Indianerromane Coopers und Karl Mays bekannt. Doch ist sie bereits bei Graf Friedrich Leopold v. Stolberg (1750–1819) bezeugt: „Lad ein den Freund zur Friedenspfeife". ↗Pfeife.

Lit.: *Stieglitz in Steglitz* (sic): Die Friedenspfeife in rhythmischen Ringelwölkchen allen sinnigen Tabaksfreunden vorgeraucht (Berlin-Steglitz 1893) (Eine Sammlung von Tabak- u. Raucherliedern).

Friedrich Wilhelm. *Seinen Friedrich Wilhelm druntersetzen:* scherzhafte Rda. für die Unterzeichnung eines Schriftstücks. Sie bezieht sich wohl auf König Friedrich Wilhelm I. (1713–40), der Schriftstücke mit ,Friedrich Wilhelm' unterzeichnete und beide Namen stets ausschrieb. Auch heute noch ist für jede rechtsgültige Unterschrift die Ausschreibung des vollen Namens vorgeschrieben.

Fritz. *Das ist für den alten Fritzen:* das ist umsonst, es nützt dir nichts, eine in Norddtl. häufig bezeugte Rda., die auf die verschiedensten Situationen angewendet werden kann; wenn eine Köchin zuviel an Speisen zubereitet hat, kann sie ausrufen: ‚Heute habe ich wieder für den alten Fritzen gekocht'; wenn ein Zimmer beleuchtet ist und sich niemand darin aufhält, sagt man: ‚Die Lampe brennt für den alten Fritzen'. Heute werden diese Wndgn. gewöhnlich auf Friedrich II. von Preußen (1740–1786) bezogen, doch gehen sie nach der Deutung von Müller-Fraureuth (Wb. Bd. 1, S. 361) wohl auf König Friedrich-Wilhelm I. (1713–40) zurück, der während seiner Regierung auf äußerste Sparsamkeit bedacht war und dessen Untertanen in großer Armut lebten. Vgl. auch die parallele frz. Rda. ‚travailler pour le roi de Prusse', umsonst arbeiten.

Eine ähnl. Verbreitung weist die Rda. auf: *als der alte Fritz noch Gefreiter war:* vor langer Zeit; vgl. eine ähnl. Stelle aus dem Gedicht ‚Schlesien' von Karl v. Holtei: „das war noch unterm alten Fritze, wo der Kalbskopf noch um zwei Gröschel war".

Sold. Herkunft sind offenbar folgende sprw. Rdaa.: *sich bei Friedrich dem Gr. melden, den alten Fritzen besuchen, sich beim alten Fritzen im großen Hauptquartier melden,* alles Euphemismen für: sterben, ↗zeitlich.

Lit.: *W. Stammler:* Art. ‚Friedrich der Große', in: HdA. III, Sp. 99–103; *H. Diewerge:* Der Alte Fritz im Volksmund (München 1937); *W. E. Peuckert:* Art. ‚Alter Fritz', in: Handwb. der Sage I, S. 434–439; *L. Petzoldt:* Art. ‚Alter Fritz', in: EM. I, Sp. 395–404.

fromm. *Fromme Wünsche haben:* Wünsche von hohem religiösem Anspruch. ‚Pia desideria' (Fromme Wünsche) ist der Titel einer zu Antwerpen 1627 erschienenen Schrift des belg. Jesuiten Herm. Hugo (1588–1639). Andreas Presson übertrug sie unter dem Titel: ‚Das Klagen der büßenden Seel oder die sog. Pia Desideria' (Bamberg 1672) und Joh. G. Albinus unter dem Titel: ‚Himmel-flammende Seelen-Lust. Oder Hermann Hugons Pia Desideria' (Frankfurt 1675). Den lat. Titel wählte Ph. J. Spener 1675 für seine in der Gesch. der Religion bedeutende Schrift, in der er sich für eine Verinnerlichung des Glaubens einsetzte und der starren Orthodoxie entschieden entgegentrat. Von daher rührt das große Echo, das die Wndg. in der Folgezeit erhielt. Jetzt wird sie lat. und dt. meist in der Bdtg. ‚unerfüllbare Wünsche' gebraucht.

Der Begriff ‚fromm' wird nicht selten auch ironisch aufgefaßt: ‚lammfrom'; *Je frömmer, je schlimmer,* vgl. auch Wilh. Buschs Vers- und Bildgeschichte ‚Die fromme Helene'.

Lit.: *Chr. Daxelmüller:* Art. ‚Frömmigkeit', in: EM. V, Sp. 383–393.

Front. *Front machen gegen jem. (etw.):* eine entschiedene Haltung dagegen einnehmen, ist aus der Militärsprache entlehnt und findet sich in der gleichen Form auch frz. (‚faire front contre quelqu'un), ndl. und engl. Im 19. Jh. lautet das Wort in Erinnerung an seinen fremden Urspr. noch ‚Fronte', so bei Goethe (‚Wilh. Meisters Wanderjahre' 2. Buch 1. Kap.): „Nun steht er stark und kühn, nicht etwa selbstisch vereinzelt, nur in Verbindung mit seinesgleichen macht er Fronte gegen die Welt".

Da sich das Wort ‚Front' herleitet von lat. ‚frons, frontis' = Stirn, bedeutet dieser Ausdr. etwa das Gleiche wie ‚jem. die Stirn bieten', ↗Stirn.

Frosch. *Sich aufblasen wie ein Frosch:* eingebildet, hochmütig sein; schweiz. ‚sich ūfblähe wie ne Frosch im Mōnschīn', oder ‚wie ne Frosch uf-eme Dūchel'. Die Rda. rührt her von der Fabel des Phaedrus (etw. 15 v. Chr.–50 n. Chr.) vom Frosch, der einen Ochsen weiden sah. Da er diesen um seine schöne Gestalt beneidete, fing er an, sich aufzublähen, um ihm zu gleichen, bis er jämmerlich zerplatzte; lat. bei Petronius: „inflat se tanquam rana". Vgl. frz. ‚S'enfler comme la grenouille de la fable', in Anlehnung an die Fabel von La Fontaine.

Wer Unnützes tut, *gibt den Fröschen zu trinken* (schon bei Seb. Franck). Ähnl. *Frösche statt Fische fangen:* etw. Sinnloses tun, belegt schon bei Jakob Ayrer (1543–1605):

> Meinen oft sie haben gefischt,
> So haben sie kaum Frösch erwischt.

Von einem Einfältigen sagt man: *Er ist auch nicht daran schuld, daß die Frösche keine Schwänze haben,* bezeugt z. B. bei Jer. Gotthelf: „Sie sagen, ihr seiet ein herzensguter Mann, aber nicht schuld daran, daß die Frösche keine Schwänze hättten".

1 

2

3

1 ‚Wetterfrosch'. 2 Frosch als ‚Konjunkturbarometer'. 3 ‚Sich aufblasen wie ein Frosch'

Kalt wie ein Frosch sein: unnahbar sein, unberührt von jeder Emotion.

Sei kein Frosch!: sei nicht feige! aufmunternder Zuruf an einen, der ängstlich ist oder sich ziert. (Vgl. das Froschkönigmärchen, KHM.1).

Einen Frosch im Hals haben: heiser sein, wohl von dem medizinischen Fachausdr. ‚ranula' = Geschwulst im Halse oder an der Zunge; vgl. engl. ‚to have a frogg in the throat' und ‚froggy' = heiser. Frosch nennt man bildl. auch einen verunglückten Ton, den ein Blasmusiker hervorbringt.

In Abwandlung der Rda. ‚weder Fisch noch Fleisch' (↗Fisch) sagt man rhein. auch: ‚Dat es net Fisch on net Frösch', man wird nicht klug daraus. ‚Die Arbeit ist kein Frosch' (mit dem scherzhaften Zusatz: sie huppt uns nicht davon!) sagt man sächs., wenn die Lust zur Arbeit fehlt.

Der Frosch erscheint schließlich auch in zahlreichen sprw. Vergleichen: *daliegen wie ein geprellter Frosch:* erschöpft auf der Erde liegen; *dasitzen wie ein Frosch auf der Gießkanne:* einsilbig, nachdenklich; *hüpfen wie ein Frosch im Mondschein:* sich sprunghaft fortbewegen.

Einem Frosch eine Feder ausreißen (obersächs.): etw. Unmögliches, Vergebliches tun.

Etw. aus der Froschperspektive betrachten: es von unten betrachten, im Gegensatz zum Überblick von oben.

Der in einem Einmachglas gefangengehaltene Frosch zeigt (angeblich) gutes Wetter an, wenn er auf seiner Leiter hinaufsteigt. Als ‚Wetterfrosch' werden daher die Meteorologen bez.; in übertr. Bdtg. auch jeder andere, der eine günstige Prognose für die Zukunft aufstellt.

Lit.: *O. Keller:* Die antike Tierwelt 2 (Leipzig 1913), S. 305–317; *V. Newall:* Art. ‚Frosch' in: EM. V, Sp. 393–401; *L. Röhrich:* Wage es, den Frosch zu küssen (Köln 1987); *I. Tomkowiak:* Art. ‚Der aufgeblasene Frosch', in: EM. V, Sp. 401–404; *W. Hirschberg:* Frosch u. Kröte in Mythos u. Brauch (Köln 1988).

Frucht. *Die verbotene Frucht gegessen haben,* auch: *von der verbotenen Frucht gekostet haben:* unerlaubten (vorzeitigen) sexuellen Umgang gepflegt haben. Die euphemist. Wndgn. beziehen sich auf den ‚Sündenfall' (1. Mos. 3,6), ebenso das Sprw. ‚Verbotene Früchte schmecken gut (süß, am besten)'.

Das Wort ‚Frucht' geht auf lat. ‚fructus' zurück, das von der Verbform ‚frui': genießen, Nutzen ziehen abgeleitet ist. *Eine Frucht der Liebe sein:* aus einer unehelichen Beziehung hervorgegangen sein: ähnl. *die Frucht ihres Leibes sein:* ihr Kind sein; vgl. Elisabeths Gruß an Maria: „gebenedeit ist die Frucht deines Leibes" (Luk. 1,42).

Ein (nettes, sauberes) Früchtchen sein: ein mißratenes Kind, ein Taugenichts sein: seit dem 18. Jh. iron. Bez. für Heranwachsende, die sich über alle Regeln hinwegsetzen, die einen unmoralischen Lebenswandel führen; vgl. das Sprw. ‚Wie die Zucht, so die Frucht'.

Urspr. auf die Früchte des Baumes beziehen sich auch die folgenden Wndgn., die auf den Menschen und sein Tun übertr. worden sind: „An ihren Früchten sollt ihr sie erkennen": ihre Taten, Ergebnisse, Erfolge zeigen ihre wahre Gesinnung. Die Wndg. stammt aus der ‚Bergpredigt' (Matth. 7,16), in der Jesus vor falschen Propheten warnt.: ähnl. „An den Früchten erkennt man den Baum" (vgl. Matth. 12,33) oder: ‚Wie die Frucht, so der Baum'.

Die süßesten Früchte begehren (nicht erreichen): das Beste für sich beanspruchen (das Köstlichste nicht erlangen können). Vgl. hierzu den Refrain eines Schlagers:

Die süßesten Früchte
fressen nur die großen Tiere.
Und weil wir beide klein sind
und diese Bäume hoch sind,
erreichen wir sie nie.

In seinem Gedicht ‚Trost' von 1786 stellt G. A. Bürger sprw. fest:

Wenn dich die Lästerzunge sticht,
so laß dir dies zum Troste sagen:
Die schlechtsten Früchte sind es nicht,
woran die Wespen nagen.

Etw. wird (reiche) Frucht tragen: es wird mit Erfolg belohnen; ähnl. *Hundertfältige Frucht tragen* (vgl. Matth. 13,8).

Die Früchte seiner Arbeit (Mühe, seines Schweißes) genießen: Wohlverdientes genießen, aber auch ins Negative gewendet: *die Früchte seines Leichtsinns (seines Ungehorsams) ernten:* die bösen Folgen tragen müssen.

Die Frucht langjähriger Arbeit sein: das Ergebnis wissenschaftlicher Forschung, künstlerischen Ringens.

Lit.: *J. L. Sutherland:* Art. ‚Frucht, Früchte', in: EM. V, Sp. 437–443. *L. Röhrich:* Adam und Eva. Das erste Menschenpaar in Volkskunst und Volksdichtung (Stuttgart 1968); *ders.:* Der Baum in der Volksliteratur, in Märchen, Mythen und Riten, in: Germanistik aus interkultureller Perspektive, en hommage à Gonthier-Louis Fink (Strasbourg 1988), S. 9–26.

frühstücken. *Schlecht gefrühstückt haben:* in schlechter Laune sein.

Feucht gefrühstückt haben ist eine verhüllende Umschreibung für die alkoholische Wirkung eines Frühschoppens, beide Wndgn. sind erst in neuerer Zeit in der Umgangssprache aufgekommen. Ebenso steht *rückwärts frühstücken* euphemist. für: sich übergeben.

Die zunächst ziemlich harmlos klingende Frage: *Du hast wohl lange nicht (mehr) im Krankenhaus gefrühstückt?* enthält eine versteckte Drohung, den anderen ‚krankenhausreif' schlagen zu wollen.

Frust. *Genosse Frust schleicht umher:* Nichts will mehr gelingen, Frustration macht sich breit. Ähnl. die Wndg. ‚Väterchen Frust' in Analogie zu ‚Väterchen Frost'; Vgl. ‚Genosse Trend'.

Fuchs. *Er ist darauf aus wie der Fuchs auf die Henne (aufs Geflügel),* analog der Rda. ‚wie der Teufel auf die arme Seele' (↗ Teufel). Dagegen: ‚Ein schlafender Fuchs fängt kein Huhn'. Nahezu von selbst erklären sich die Rdaa., die absurdes, unüberlegtes Handeln charakterisieren: *dem Fuchs die Gänse befehlen, den Fuchs über die Eier* (‚den Habicht über Hühner') *setzen, dem Fuchs den Hühnerstall anvertrauen;* vgl. ndl. ‚Men heeft den vos de hoenders te bewaren gegeven!'. *Die ist eine Kindsmagd, wie der Fuchs ein Ganshirt, und der frißt sie,* sagt man schwäb. analog dem Sprw. *Man soll den Fuchs nit zum Hennenhüten dingen.* Die Rda. erscheint schon im Eulenspiegelbuch: „Dann sol der Fuchs Gäenßhüeter sein"

(LIX, 7893); rhein. ‚de Fuss en de Hohnderstall setze', vgl. ‚den Bock zum Gärtner machen' (↗Bock).

Der Fuchs mit der Gans im Fang gilt als Sinnbild der Gefräßigkeit; frz.: ‚avoir une faim de renard qui se guérirait en mangeant une poule': einen unmäßigen Appetit entwickeln, und ‚le renard est pris, lâchez vos poules': die Gefahr ist vorüber. Dabei werden hier die natürlichen Fähigkeiten des Geflügeldiebes überschätzt. Normalerweise sind nämlich Gänse dem Fuchs überlegen u. fähig, ihn in die Flucht zu schlagen. Das bekannte Kinderlied ‚Fuchs, du hast die Gans gestohlen' nährt nur ein Vorurteil.

1

2

1/2 ‚Der Fuchs predigt den Gänsen'

Ein eigennütziger Ratgeber *predigt wie der Fuchs den Gänsen,* der vorgibt, ihr Wohl im Auge zu haben, in Wirklichkeit aber sie zu fressen trachtet. Vgl. frz.: ‚Le renard prêche aux poules': der schlaue Heuchler sucht den Unerfahrenen zu überlisten; engl.: ‚When the fox preacheth then beware your geese': wenn böse Menschen sich in das Gewand der Heiligkeit hüllen, bestehen verderbliche Absichten.

Füchse mit Füchsen fangen: List gegen List stellen; die Rda. leitet sich von der Jagdmethode her, bei der man sich einer angeketteten läufigen Füchsin bediente, um die Füchse an und ins Netz zu locken; schon mhd. ist das Sprw. bekannt:

Swer vuhs mit vuhse vâhen sol,
Der muoz ir stîge erkennen wol
(Vrîdanks ‚Bescheidenheit').

Ebenso bei Hans Sachs (ed. A. v. Keller u. E. Götze XIII, 167, 18):

Ein Sprichwort saget man vor langen
Jaren: wenn man ein fuchß wolt fangen,
So müß man ein für t'lucken stellen,
Auf daß man füchß mit füchß müg fellen.

Auch in Treibjagden stellte man dem Fuchs nach, wobei man mit Stöcken *den Fuchs aus dem Busche zu klopfen* suchte. Die Rda. meint: etw. durch Drängen ans Licht bringen. Vom gleichen Jagdgebrauch stammt auch die sprw. Rda. ‚auf den Busch klopfen', um zu sehen, ob sich etw. darunter verbirgt (↗Busch).

Der Fuchs kommt zum Loche heraus sagt man, wenn versteckte Beweggründe erkennbar werden; *nun kommt der Fuchs ans Licht:* die Sache wird bekannt.

Auch in Schlingen und Netzen wurde der Fuchs gefangen. Hatte man einen schlauen Gegner überlistet, so sagte man erleichtert: *Endlich ist der Fuchs in der Schlinge.* Spielt man jem. übel mit, betrügt man ihn, überlistet man einen Schlaukopf, so gebraucht man das Bild des von den übermütigen Jägern in den Fangnetzen zu Tode geschnellten Fuchses: *einen (Fuchs) prellen* und daraus dann: ‚einen um etw. ↗prellen'.

Es gab handgreifliche Gründe, warum man den lebenden Fuchs nicht aus dem Netz holte, um ihn dann totzuschlagen: der Fuchs beißt. Sein Biß galt für gefährlich und sogar für giftig. Daher die Verwünschung *daß dich der Fuchs bisse.* Auch die Hunde fürchten den Fuchsbiß. Man übertrug das Bild des vor dem in die Enge getriebenen Fuchs zögernden Hundes auf den angriffsunlustigen Menschen: *Er will den Fuchs nicht beißen:* er will die (schwierige) Sache nicht anpacken; d. h. auch, mit Schaudern und Entsetzen die Flucht ergreifen: „aber ich sehe, daß ihr alle zu Weibern geworden seid und keiner den Fuchs beißen will" (KHM. 174). Dagegen

steht *den Fuchs beißen:* tapfer angreifen, auf etw. versessen sein.
Eine andere Möglichkeit, den Fuchs ins Netz oder in einen Hinterhalt zu locken, bestand darin, daß man ihn durch eine an einer Schnur durch sein Revier gezogene Lockspeise anköderte und dazu verleitete, in die Falle zu gehen. Man nannte das *den Fuchs schleppen.* Das Bild wurde zunächst in die Bergmannsprache übernommen, wo es träge, langsam arbeiten bedeutet; denn der den Fuchs schleppende Jäger mußte sich schon Zeit lassen, wollte er Erfolg haben. Auch in der Trinkersprache besteht der Ausdr. ‚den Fuchs schleppen‘: „Je drei tun einen Trunk, der Vierte leert das Hinterfellige, quae forma potandi vulgo nominatur: den Fuchs schlepfen“. *Der letzte muß den Fuchs schleppen* erscheint als Sprw. bei Henisch (1274, 32); engl.: ‚he has caught a fox‘: er ist schwer berauscht; doch ist nicht mit Sicherheit zu ermitteln, warum das Bild in die Trinkersprache eingedrungen ist.
Einen Fuchs machen sagt man im Bergbau, wenn ein Sprengloch so angelegt ist, daß die Ladung wirkungslos aus dem Loch fährt.
Die Soldatensprache des Zweiten Weltkrieges verstand unter *einen Fuchs machen:* ein Himmelfahrtskommando wider alle Erwartung zum Erfolg führen. Aus dem 19. Jh. stammt die Wndg. *einen Fuchs fangen* in der Bdtg.: mit einem schlecht gezielten Billardball zufällig die beiden anderen treffen.
Die äußerlichen Merkmale des Fuchses eignen sich gut für Vergleiche im menschl. Bereich. Vom Rothaarigen sagt man: *rot wie ein Fuchs, Haare wie ein Fuchs.* Der den Füchsen eigene penetrante Geruch erklärt Rdaa. wie: *stinken wie ein Nest voll Füchse; der stinkt drei Stund gegen den Wind, wie ein Fuchs, wenn er auf die Gähwind scheißt* oder *der stinkt wie ein nasser Fuchs* (Rhein-Hessen).
Meckl. charakterisiert man einen, dessen Herkunft unklar ist, mit der wenig schmeichelhaften Rda. aus der gleichen Erlebnissphäre: ‚Em het de Foss up dei Bült scheten und de Wind tan Dörp weiht‘.
Auffallendes Merkmal des Fuchses ist sein unverhältnismäßig langer Schwanz, der Anlaß gibt zu Rdaa. wie: *Der Fuchs kann seinen Schwanz nicht bergen:* Tücke und Falschheit sind zu erkennen. Vgl. frz. ‚Le renard cache sa queue‘: Der Durchtriebene verbirgt seine Mittel und Zwecke. Gemessen an der ihm eigenen Raffinesse erscheint das Maß seiner Tapferkeit gering; ‚avoir la queue entre les jambes‘ dazu ‚fuir comme le renard devant le lion‘: angstvoll die Flucht ergreifen; *du hast es besser als ein Fuchs, du darfst keinen Schwanz schleifen. Der Fuchs hat die Meile gemessen (und den Schwanz zugegeben)* wird scherzhaft beim Wandern gesagt, wenn die Wegstrecke länger ist, als angegeben.
Wer, wie der Fuchs, unter die Erde verschwunden (gestorben und begraben) ist, der *ist zum Fuchse geworden* (Agricola I, 510) oder *ist den Füchsen zu Theil geworden,* so der in der Schlacht gefallene, unbegrabene Soldat. Die erste Wndg. meint: vom Bösen geholt, da die Volksmeinung im Fuchs die Inkarnation des Satans sah. Es handelt sich um zwei der unzähligen Euphemismen für das Sterben, ↗zeitlich.
Gerne stellt man sich den Fuchs als Urheber verschiedener Rotfärbungen vor. Haben sich die Trauben gerötet, so meint man *der Fuchs hat die Trauben beleckt.* In der Schweiz und in Schwaben sagt man von angebrannten Speisen: *Der Fuchs ist drüber gesprungen (gelaufen).* Die Klärung dieser Rda. ergibt sich aus einer in der Schweiz geläufigen Küchenregel: ‚Der Fuchs mues de Schwanz dur de Räbe zogen han‘ und els. ‚Wenn mr Rümn (Rüben) kocht, soll der Fuchs das Wadel (Wedel = Schwanz) drümer schleife‘. Die Rüben nehmen eine rötliche Färbung an, wenn sie leicht angebrannt sind.
Die Klugheit u. List des Fuchses finden in zahlreichen Rdaa. teils anerkennend, teils abwertend ihren Ausdr.: *Er ist ein (kluger, listiger) Fuchs, den Fuchspelz anziehen:* sich der List bedienen; *das heißt einen alten* (und demnach gewitzten) *Fuchs gefangen:* sich mit List aus der Affäre gezogen haben; *er will den Fuchs betrügen.*
Er ist schlau wie ein Fuchs: d.h. hinterhältig, klug, im Verborgenen wirkend; eine Formel, die – als Intelligenzgrad – im dt. Sprachbereich außerordentlich verbreitet ist.
Seine echte oder vermeintliche Klugheit,

die ihn als Herr jeder Situation erscheinen läßt, verschaffte dem Fuchs durch die Dichtung (Märchen, Fabel, Epos) eine in der Volksmeinung beispiellose Popularität. Dabei ist auch zu berücksichtigen, daß unter seiner Maske vom MA. bis in die Neuzeit die beißendste Kritik an eingewurzelten sozialen und moralischen Mißständen geübt wurde.

Im Märchen tritt er als kluger Ratgeber, bisweilen als hilfreiches, dankbares Tier auf (KHM.132). Die Gegenwart findet in dem Musterbild der List und Verschlagenheit auch positive Züge: Wenn etwa seit der Mitte der 30er Jahre die Soldatensprache den gewieften Troupier einen ‚Fuchs' nennt (Feldmarschall Rommel wurde im 2. Weltkrieg als ‚Wüstenfuchs' bez.). Dagegen: ‚Pass uuf, das isch e Fuchs': ein Durchtriebener oder das frz.: ‚c'est un fin renard'.

Er hat dem Fuchs gebeichtet sagt man von jem., der sich einen illoyalen Mitwisser schafft; vgl. frz.: ‚se confesser au renard': sich einem Gauner anvertrauen, der aus einer ihm mitgeteilten Sache Vorteil zieht oder sie vereiteln kann.

‚Fuchs und Hase'

Fuchs und Hase werden in Rdaa. öfter als Gegenpole gebraucht. Allerdings ist der durch diese Gegenüberstellung gewollte Sinn nicht immer der gleiche. *Fuchs und Hase sein:* listig und flink, hinten und vorn zugleich sein. „Du must Fuchs und Hase sein, weis und schwarz können" führt Seb. Franck in seiner Sprw.sammlung auf (II, 87a). In demselben Werk findet sich auch: „Er ist ein Fuchs und Hass" (I, 80b): er wird überall umhergehetzt. *Er ist weder Fuchs noch Hase:* er ist weder das eine noch das andere, er leistet oder taugt nichts; westf. ‚nit Foss, nit Has'. In die gleiche Gruppe von Rdaa. gehören die bekannte Rätselformel *s'ist kein Fuchs und s' ist kein Has* und die rdal. Frage *Ist es Fuchs oder Has?:* was will der Sprecher denn wirklich? Ist er harmlos oder gefährlich? (Agricola I, 343).

Zu den Widersinnigkeiten des Lebens gehört *Fuchs und Hase zusammenspannen* oder auch: *Er will die Füchse an den Pflug spannen* : das Unmögliche versuchen.

Man trifft sich bei den Füchsen: in entlegener Gegend, seit 1970 bezeugt. Die Rda. *wo Fuchs (Füchse) und Hase (Hasen) einander gute Nacht sagen:* in entlegener Gegend, ist eine Spätentwicklung der Rda. *wo die Füchse einander gute Nacht sagen.* Im ‚Simplicissimus' (I, 1) heißt es noch: „im Spessart, allwo die Wölfe einander gute Nacht geben". Urspr. wurde die Rda. also nur auf Tiere derselben Art bezogen. Der Sinn ist jedoch nach wie vor der gleiche; Hase und Fuchs meiden ebenso wie der Wolf die Nähe menschlicher Ansiedlungen.

Einige Rdaa. können auf Fabeln zurückgeführt werden. *Dem Fuchs sind die Trauben zu sauer* nach der bekannten Fabel Äsops (Buch IV, 1). So auch die Variation dieser Rda.: *Er macht es wie der Fuchs mit den Trauben:* er verschleiert eine Niederlage (↗Traube); vgl. frz. ‚Il fait comme le renard avec les raisins'. Die lit. Tradition dieses Motivs reicht ungebrochen von der Antike bis ins 20. Jh. Und bei Shakespeare (‚Ende gut, alles gut', Übers. L. Tieck – W. von Baudissin, II, 1) heißt es:

> Wollt Ihr nicht die schönen Trauben essen,
> Mein königlicher Fuchs? O ja, Ihr wollt;
> Wenn nur mein königlicher Fuchs die Trauben
> Erreichen könnt!

Ebenfalls auf Äsop geht die Rda. zurück: *Fuchs und Kranich laden einander zu Gast:* sie betrügen einander wechselseitig, ↗Kranich.

Auch im Zusammenhang mit dem Wetter spielt der Fuchs eine gewisse Rolle. In Schlesien sagt man beim Aufziehen eines

Gewitters *Der Fuchs braut.* Das gleiche hört man in Holstein, wenn Schönwetter kündender Abendnebel entsteht: ‚De Voss bruet' (oder ‚badet sik'), auch in Brandenburg scheint der sich badende Fuchs schönes Wetter verkündet zu haben. In Schwaben heißt eine Rda. *Die Füchse backen Brot* (oder *Küchle).* In der Oberpfalz ‚heizt der Fuchs ein', im Aargau ‚siedet' er, und in Bayern ‚kocht' er. Der nahen Verwandtschaft zwischen Fuchs und Wolf wegen sagt man auch: *Er ist ein Fuchs in Schafskleidern;* lat.: ‚Ovem in fronte, vulpem in corde gerit'; weniger bedrohlich erscheint: *Er hat einen Fuchs im Ärmel:* er hat den ‚Schalk im Nacken'.

Im allg. wird der Fuchs als unverbesserlicher Sünder dargestellt, frz.: ‚Il mourra en sa peau': er wird sich nicht bekehren, variiert: ‚En sa peau mourra le renard'. Daneben wirkt die aus dem 14. Jh. stammende, heute selten angewandte Rda. ‚Le renard est devenu ermite': er ist ein Tugendbold geworden, geradezu ironisch.

Es ist Fuchs an Fuchs geraten: zwei ‚edle' Seelen, die einander nichts vorzuwerfen haben, treffen feindlich aufeinander.

Der Fuchs schleicht vom Taubenschlag: nach bösem Tun auf unerlaubtem Weg sich heimlich aus dem Staub machen.

Einen Fuchsbalg tragen: listig und trugvoll sein, auch verkürzt ‚ein Fuchsbalg': ein aalglatter, hinterlistiger, heuchlerischer Mensch, politischer Einbläser und Schmeichler.

Den Fuchsbalg auf Hasenfüßen verhandeln: statt List anzuwenden die Flucht ergreifen.

Da das Fell des Fuchses den eigentl. Wert des Tieres ausmacht, so besagt das alte Rechtssprw. ‚Stirbt der Fuchs, so gilt der Balg': verendet ein ausgeliehenes Tier, so muß dem Eigentümer der Wert des Felles ersetzt werden, vor allem aber, bei jedem Todesfall steht die Erbschaftsregelung an erster Stelle. Paradoxerweise gab diese juristische Formulierung den Namen für ein amouröses Pfänderspiel, bei dem es auf Schnelligkeit und Gewandtheit ankam, im 18. Jh. populär, von Goethe dichterisch verarbeitet.

Lit.: *O. Hauschild:* Wo die Füchse sich gute Nacht sagen, in: Muttersprache 45 (1938), S. 280; *W. E. Peukkert:* Art. ‚Fuchs', in: HdA. III, Sp. 174–197; *L. Röhrich:* u. *G. Meinel:* Rdaa. aus dem Bereich der Jagd und der Vogelstellerei (Berlin 1971), S. 314; *G. Grober-Glück:* Motive und Motivationen in Rdaa. und Meinungen (= Atlas der dt. Volkskunde. N. F. Beiheft 3) (Marburg 1974), S. 124f.; *H. Schwarzbaum:* The Mishlé Shu'alim (Fox Fables) (Kiron 1979); *E. Zimen:* The Red Fox. Symposium on Behaviour and Ecology (Den Haag – Boston – London 1980); *K. Rodin:* Räven predikar för Gässen (Uppsala 1983), S. 106; *H.-J. Uther:* Art. ‚Fuchs', in: EM. V, Sp. 447–478; *ebd.* noch weitere Art. zu einzelnen Fuchs-Erzählungen.

Fuchsschwanz. *Den Fuchsschwanz streichen:* schöntun, nach dem Munde reden, schmeicheln; eigentl. ‚mit dem Fuchsschwanz streichen'. Das Streichen mit dem Fuchsschwanz, der sehr weich ist, verursacht keine Schmerzen. Daher auch: *einen mit einem Fuchsschwanz schlagen:* ihn zu milde bestrafen, analog: *mit einem Fuchsschwanz scheren,* hat auch den Nebensinn: um jem. zu gefallen, lügen.

Füchsische Falschheit spricht aus der frz. Rda. ‚se donner la discipline (se fouetter) avec la queue de renard': nach außen hin Entsagung üben, im Verborgenen aber herrlich und in Freuden leben.

Dem urspr. Sinn wird es wohl sehr nahe kommen, wenn Lehmann 1639, S. 341 (‚Glimpff' 9) verzeichnet: „Zu Hoff vnnd im Regiment muß man den staub vnd vnrath mit Fuchsschwäntz abkehren". Bei Geiler von Kaysersberg heißt es einmal: „Christus hat den Juden nit den Fuchsschwanz durch das Maul gezogen, sunder ihnen gestrelet mit der Hechel"; hier ist die urspr. Vorstellung schon verwischt, und es spielt die Rda. ‚einem das Hälmlein durch das Maul ziehen' (↗ Halm) herein. Hans Sachs verbindet mit dem Fuchsschwanz die Rda. vom ↗ Federlesen, indem er die Metzen im Venusdienst sagen läßt:

> Da wir den Armen vnd den Reichen
> Mit einem Fuchsschwantz die Federn abstreichen.

Ein weiterer Beleg findet sich in Hans Sachs' 69. Fastnachtsspiel, wo der buhlerische Pfarrer sagt:

> Die (Mesnerin) ligt mir tag vnd nacht im sin.
> Doch sicht so eben drauff ir mon,
> Er solt wol das falt uebel hon,
> Dem ich mich erzaig freuntlich gancz
> Vnd streich in stez mit dem fuechschwancz,

Wie man spricht: Wer ein frawen
schon
Wil pueln, mues vor hin pueln
den mon.

Bei Wenzel Scherffer (,Gedichte' 1652) erscheint die Wndg. *einen Fuchsschwanz verkaufen:* schöntun, heucheln: „Weil Ich wil daß niemand Ihr einen Fuchsschwanz sollt verkauffen, noch zu betteln was vor mich die saurengichten anlauffen". Dazu gehört auch die herbe Aufforderung: *verkaufe mir keinen Fuchsschwanz!* das heißt, erkläre dich offen, mache keine Winkelzüge!

Den Fuchsschwanz feiltragen: schmeichlerisch loben und *einen Fuchsschwanz abgeben:* andere Menschen herabsetzen.

,Fuchsschwänzer'

In Grimmelshausens ,Simplicissimus' (I, 374, 12): „Mit diesem Fuxschwantz", mit dieser Schmeichelei. Im gleichen Roman tritt auch die Verkürzung der Rda. zu dem Verbum *fuchsschwänzen* = schmeicheln auf: „ich wuste meinem Rittmeister so trefflich zu fuchsschwäntzen" (III, 15, 29). Später finden sich daneben auch die Ausdr. ,Fuchsschwänzer' für Schmeichler, ,Fuchsschwänzerei' für Schmeichelei. ,Fuchsschwanz' heißt auch die einseitig gezahnte Blattsäge mit dem seitlichen Rundgriff. Der Fuchsschwanz ist seit dem Ausgang des MA.s bis zur Gegenwart ein häufiges Attribut des Narren.

Lit.: *W. Mezger:* Narrenidee und Fastnachtsbrauch, Studien zum Fortleben des Mittelalters in der europäischen Festkultur (Konstanz 1991), bes. S. 258–268.

fuchsteufelswild. *Jem. ist fuchsteufelswild:* sehr aufgeregt, sehr zornig. Für die Entstehung des zusammengesetzten Adj. gibt es mehrere Erklärungen: Da es bereits im 16. Jh. ein Adj. ,fuchswild' gab, das sich entweder auf die verzweifelten Bemühungen eines Fuchses in der Falle bezieht, seine Freiheit durch wilde Bewegungen oder sogar durch das Abbeißen eines eingeklemmten Körpergliedes wiederzuerlangen, oder auf die wilde Angriffslust eines tollwütigen Tieres, kann das aus vielen Wndgn. und Flüchen bekannte ↗ ,Teufel' zur Verstärkung und Steigerung in die Zusammensetzung gelangt sein.

Es ist aber auch denkbar, daß das Wort nichts mit ,Fuchs', sondern mit ,fuchsen' = sich ärgern, zu tun hat. Dieses geht auf ein älteres ,fucken' = hin und her laufen, reiben zurück, woraus sich studentenspr. im 19. Jh. der neue Sinn von: sich an etw. reiben, wütend, verzweifelt sein, entwikkelte. Vielleicht wirkte aber auch die stud. Bez. ,Fuchs' für den jungen Studenten auf die Wortbildung ein, da dieser von den älteren Verbindungsstudenten gern geneckt und geärgert wurde. Dann wäre das Adj. aus der Verbindung von ,Fuchs' und ,teufelswild' entstanden.

R. Becker (Beiträge z. Erklärung dt. Rdaa. I, in: Zs. f. d. U. 6 [1892], S. 693–698) leitet den Begriff von dem alten Verb ,fikken', d. h. kurz und rasch hin und her fahren, zuschlagen, peitschen ab; mdal. ,das Zugvieh fuchsen': anstacheln, quälen, daher komme die Rda. *es fuchst mich:* es bereitet mir körperlichen und seelischen Schmerz, macht mich so aufgebracht, daß ich des Teufels werden könnte.

Fuchtel. *Einen unter die Fuchtel nehmen:* ihn in strenge Zucht nehmen; *unter jem. Fuchtel stehen, unter der Fuchtel sein, unter die Fuchtel kommen:* gehorchen müssen. Die Fuchtel ist urspr. ein Fechtdegen mit stumpfer, breiter Klinge, frühnhd. auch ,fochtel', im 16. Jh. gebildet aus ,vëhten'; sie wurde später zum Sinnbild strenger militärischer Zucht. In Süddtl. sagt man noch heute (z. B. beim Würfelspiel), ,Heraus mit der Fuchtel!'. In Frankr. und England ist eine ähnl. Rda. gebräuchl.: ,être sous la férule', ,to be under a person's ferule', wörtl.: unter dem Lineal sein, weil dies in der Schule als Züchtigungsinstrument benutzt wurde.

Füdle. Schwäb. *(Sich) ins Füdle (Fiedle) beißen; am Füdle lecken,* ↗Arsch.

Fug. *Mit Fug und Recht etw. tun:* Mit vollem Recht etw. tun. Es handelt sich um eine verstärkende Zwillingsformel, die schon im 16. Jh. vielfach verwendet wurde, damals allerdings noch in dem speziellen Sinn, den das Wort ,Fug' (mhd. vuoc) zu dieser Zeit hatte. Es begegnet in verschiedenen Bdtgn. bei mehreren Autoren, so i. S. v. Gelegenheit, Anlaß bei H. Sachs:

ir solt in in dem bett erstechen
oder wo es sonst fug mag haben

(III, 1561, 2, 109).
Bei Fischart (,Ehzuchtbüchlein' [1568], 506) steht es für das Passende bzw. Unpassende:

die eh gepraucht zu einer gewaltsamer Zusammenkupplung
eines pars, da keins des anderen fugs war.

Und schließlich ist es lit. bezeugt für das jem. Zukommende, ihm Gebührende:

sitzen beim ofen ist sin fug

(Brant, ,Narrenschiff', 97, 12);
für die Willkür bzw. die Freiheit, die man sich nimmt:

ich habe mir unrecht zu thun fug gelassen

(Opitz, Übers. v. Barclays Argenis [Breslau 1626], 25),
oder für das nicht Erlaubte, für die unziemliche Anmaßung (,Unfug'):

Achilli, der mit list ohn fug
mir zwen lieber brüder erschlug.

(H. Sachs III, 1588, 2, 61);
aber auch für das, was recht und billig ist, was nach heutigem Verständnis durch Begriffe wie Vollmacht und Befugnis ausgedrückt wird und auch in der am häufigsten vorkommenden Zwillingsformel ,Fug und Recht' enthalten ist: „ich hab fug u. rächt das zu reden" (J. Maaler: ,Die teutsche Spraach' [1561], 151), „fug u. recht, jus, u. fug u. recht zu etw. haben; suo jure agere" (J. L. Frisch: ,Teutsch-lat. Wb.' [1741], 1, 303) „sie haben das recht u. fug ..." (P. Rebhuhn: ,Klag des armen Mannes' [1536], S. 7).

Fuge ↗Schnur.

Fuggern. In Geldgeschäften erfolgreich sein, ,wohlfeil verkaufen', schachern. Bezieht sich auf das Handelsgeschäft der Fugger im Augsburg des 15./16. Jh. Sie wurden weithin bekannt durch die ,Fuggerei', eine 1521 von Jakob Fugger gestiftete Armenwohnsiedlung.

Lit.: *A. Stauber:* Das Haus Fugger von seinen Anfängen bis zur Ggwt. (München 1900); *R. Ehrenberg:* Das Zeitalter der Fugger, 2 Bde. (Jena ³1922); *G. v. Pölnitz:* Jakob Fugger (Tübingen 1949); *ders.:* Die Fugger (Frankfurt/M. 1959); *M. Magg-Schwarzbäcker* u. *U. König:* Spurensicherung. Beiträge zur fast vergessenen Geschichte Augsburgs (Augsburg 1985).

Fuhrmann. *Fluchen wie ein Fuhrmann:* laut fluchen. Schon in Grimmelshausens ,Simplicissimus' (Buch IV, Kap. 18) tritt die Wndg. auf: „wenn ich aber fluchte wie ein Fuhrmann, so hieß, ich verstünde es nicht"; vgl. Simrocks ,Sprichwörter' (1282, 64): „Furleut führen von Mund auf gen Himmel, wenn sie nicht so gern und grausam fluchten"; vgl. ,fluchen wie ein ↗Kutscher' u. frz. ,jurer comme un charretier', ↗fluchen.
Von einem, der es sich gern bequem macht, sagt man *Er will Fuhrmann werden, wenn es geradeaus geht.*

Fülle, füllen. *Von beachtlicher Fülle sein:* eine rundliche Figur haben, dick sein. In dieser, wie auch in anderen ähnl. Wndgn., z. B. *etw. in Fülle haben* oder in der verstärkenden Zwillingsformel ,etw. in Hülle und Fülle haben', steht die Fülle für das gerundete Maß, für das jede Norm übersteigende Übermaß.

Füllhorn. *Das Füllhorn über jem. ausgießen:* ihn mit Geschenken überhäufen. Die Rda. wird in jüngster Zeit häufig im journalistisch-polit. Bereich verwendet zur Bez. ungerechtfertigter Zuwendungen oder außerordentlicher Vergünstigungen. Unter dem Begriff ,Füllhorn' versteht man allg. ein mit Früchten, Ähren, Blumen und anderen guten Sachen gefülltes,

gewundenes Horn, das schon den Griechen und Römern als Sinnbild des Überflusses galt. Es ist eine Übersetzung des lat. ‚cornucopia‘ bzw. ‚cornu Copia(e)‘. Der Sage nach soll es sich auf ein zufällig an einem Baum abgebrochenes Horn der Ziege Amalthea beziehen, aus dem Nektar und Ambrosia flossen und das von Zeus unter die Sterne versetzt wurde (das Erscheinen der Sterne symbolisiert die Saat- und Erntezeit).
Copia galt als Personifikation der Fülle, deren Attribut das Füllhorn war. Sie wurde später von Abundantia und Fortuna verdrängt. Doch sind auf vielen Abb. auch andere Personifikationen mit diesem Symbol dargestellt, so z. B. die Diligentia und die Natura. Darüber hinaus findet es sich häufig als Beigabe in Darstellungen von Gefäßen und Geräten, wie z. B. bei der Waage.
Im Dt. trat die Zusammensetzung von Horn und Fülle vor allem im 18. Jh. gehäuft auf, während im 17. Jh. vorwiegend von ‚Horn‘ die Rede war:

wan der frühling sich verlohrn,
was geust sommer aus dem horn?
heu u. korn.

(J. G. Schottelius: ‚Fruchtbringender Lustgarte‘ [1647], 989).
Die einschränkende, negative Bdtg. i. S. v. Verschwendung hat das Füllhorn erst in jüngster Zeit erhalten, als man unter ‚verschwenderischer Fülle‘ nicht mehr nur einfach ‚Überfluß‘ (lat.: abundantia) verstand.

fünf. *Nicht bis fünf zählen können:* ein großer Dummkopf sein. Schon im röm. Altertum kannte man eine ähnl. Rda., so z. B. bei Plautus: „nescit, quot digitos habet in manu“ (= er weiß nicht, wieviel Finger er an der Hand hat). Die fünf Finger der Hand waren dem Menschen der erste Anhaltspunkt für das Zählen. Die Wndg. taucht schon in der spätmhd. Lit. auf, z. B. bei dem Tiroler Dichter Oswald von Wolkenstein (1367–1445):

darunder manger ist betäubt
das er nit fünfe zelen kan.

Dagegen ist der gar nicht so dumm, „wer wol fünf zehlen“ kann (G. Henisch: ‚Teutsche Sprach und Weisheit‘ [1616], 1289). Die Dummheit kann auch bloß vorge-

1

2

3

1/2/3 ‚Das Füllhorn ausschütten‘

täuscht sein, daher els. ‚E Gsicht mache, as könnt mo nit bis uf fünf zähle'. Vgl. frz. ‚ne pas savoir compter jusqu'à dix' (zehn).
Fünf gerade sein lassen: es nicht so genau nehmen, nachsichtig sein; thür. auch ‚dreizehn gerade sein lassen'. 1639 bei Lehmann S. 786 (‚Vergleichen' 4): „Man muß das krumme ins schlim (mhd. slimpschief) schlagen, so wirds eben. Man muß bißweilen lassen fünff gerade seyn". In der ‚Zimmerischen Chronik' (II, 300) wird erzählt, daß einem sein Weib untreu geworden sei und daß er sie deshalb hätte anklagen sollen. „Aber derselbig guet herr het ein verdewigen magen, sahe durch die finger, ließ fünf gerad sein".
In der heutigen Mda. wird die Rda. oft noch mit Zusätzen versehen wie schwäb. ‚Der läßt fünf grad sein und sechse krumm', oder ‚... und elf ein Dutzend'; obersächs. ‚Das ist mir fünfe', es ist mir gleichgültig. Fünf steht oft verkürzt für die fünf Finger, die fünf Sinne usw. in den Rdaa.: ‚alle fünfe ablecken', ‚alle fünfe danach ausstrecken', schwäb. ‚einem fünfe austun', eine Ohrfeige geben, ‚seine fünfe nicht mehr beisammen haben', verrückt sein. Andere schwäb. Rdaa. sind: ‚alle fünf Finger lang': alle Augenblicke; ‚dasitzen wie fünf Nüsse': einen ziemlich unbedarften Eindruck machen. ‚Du bisch au kei 5 Stund weiter als i', d. h. nicht vornehmer. ‚Etw. an (bei) fünf Zipfeln halten (hebe)', meist mit dem Nachsatz: ‚und's hat eben doch nur vier': Zuviel des Guten tun.
‚Z'Mettinge isch faife grad': der Kirchturm von Mettingen hat vier flankierende Türme, d. h. es ist ein Fünfturmgebilde mit vier geraden Seiten. Die Mettinger heißen deshalb ‚Fünfegradler'. Ähnl. verhält es sich mit dem Esslinger Kirchturm, nach dem ein Wein ‚Feifegräder' genannt wurde, ↗vier.
Setz dich auf deine fünf Buchstaben ↗Buchstabe. An die fünf Buchstaben ist ebenfalls gedacht in der mdt. Rda. *Du kannst mich fünfern:* du kannst mich gern haben, bekannt auch mit dem Zusatz: ‚dann hast du um sechs Feierabend'.
Das fünfte Rad am Wagen ↗Rad.
‚Die fünfte Kolonne': Spionage- und Sabotagetrupp. Die Wndg. stammt vom Franco-General Mola, der im Span. Bürgerkrieg auf die Frage, welche seiner vier Kolonnen das von den Republikanern verteidigte Madrid einnehmen werde, antwortete: „die fünfte Kolonne". Damit meinte er die in der Stadt befindlichen Anhänger Francos.
Seine fünf Sinne nicht mehr ganz beisammen haben: nicht ganz normal sein, ↗Sinn.

Fünfer(le). *Etw. für einen Kuß und ein Fünferle tun:* sich aus Gefälligkeit und Freundschaft mit einem symbolischen Lohn zufrieden geben.
Nicht einen Fünfer um etw. geben: sich nicht darum scheren, ihm keine Bdtg. beimessen. Ähnl. die Wndg.: *das ist nicht einen Fünfer wert:* das taugt nichts, es ist zu nichts nutze. Der Fünfer war urspr. eine Münze mit der Zahl 5 und dem Wert von fünf kleineren Münzen (Hellern, Kreuzern, Pfennigen).

Lit.: *H. Mané* u. *L. Veit* (Hg.): Münzen in Brauch u. Aberglauben (Mainz 1982), S. 231.

Fünftagerennen. *Das Fünftagerennen geht wieder los!:* eine neue Arbeitswoche beginnt. Aus dem Sechstagerennen im Radrennsport wurde in scherzhafter Umdeutung das ‚Fünftagerennen' zur Bez. einer strengen Arbeitswoche.

fünfzehn. *Kurze Fünfzehn machen:* kurzen Prozeß, nicht viele Umstände machen; eine Sache abkürzen, sie schnell zu Ende bringen; ähnl. auch in den Mdaa., z. B. in Lippe ‚Davon willt wi korte fifteggen maken'. Die Rda. ist aber auch in Hessen und am Rhein allerorten geläufig; doch zeichnet sich eine interessante geographische Verbreitung ab: sie fehlt in den südd. Mdaa., im Schwäb. und Bair.
Man hat früher vermutet, sie sei aus einer Vermengung von ‚kurzen Prozeß machen' und ‚fünfzehn Hiebe androhen' entstanden. Doch hat mehr Wahrscheinlichkeit die Herleitung aus dem ‚Puff'- oder ‚Tricktrackspiel' (mhd. ‚wurfzabel', frühnhd. ‚triktrak'), einem sehr beliebten ma. Brettspiel, das von zwei Spielern mit je 15 Steinen gespielt wurde (mhd. ‚der fünfzehen spiln'). Wer Glück hatte, konnte das Spiel mit einem Wurf beenden

1

2

1/2 Puffspiel oder Tricktrack (‚Kurze Fünfzehn machen' – ‚Einen Stein im Brett haben')

und alle Steine auf einmal herausnehmen und zu neuem Spiel bereitstellen (‚kurzer Puff'). Auch die Wndg. ‚bei jem. einen ↗Stein im Brett haben' stammt von demselben Spiel. Zahlreiche ma. Künstler haben es dargestellt. Doch nicht aus den Bildern erfahren wir, daß mit fünfzehn Steinen gespielt worden ist. Dies entnehmen wir aus Hartmanns von Aue ‚Erec' (V. 867 ff.). Hartmann vergleicht dort den Zweikampf mit einem Spiel, das leicht Verlust bringt:

si beide spilten ein spil
daz lîhte den man beroubet,
der vünfzehen ûf daz houbet.

Es gibt lange und kurze Arten dieses Spiels. Ein Spieler bei Hans Sachs (Fastnachtspiele) beherrscht sie alle:

Der gleich dem pretspil ich anhang,
Ich kan das kurz vnd auch das lang ...

In den sprw. Gebrauch ist nur die ‚kurze' Art gelangt. In einer Flugschrift von 1523 klagt ein Ritter, „wie man mit etlichen vom Adel des kurtzen spilet".

Seit dem 16. Jh. ist die Wndg. auch sonst in übertr. Anwendung bezeugt. Die Erhaltung der Rda. ist sicher durch das sinnverwandte ‚kurzen Prozeß machen' begünstigt worden (vgl. auch ndl. ‚korte wetten maken'), doch gibt es auch moderne Sekundär-Erklärungen: Die allzu kurze Frühstückspause von 15 Minuten bez. der rhein-westf. Metallarbeiter heute als ‚kurze Fünfzehn machen'; ebenfalls ein kurzes ‚Nickerchen' nach dem Essen.

Die Wndg. aus der Berliner Arbeitersprache: ‚Ick mach Fuffzehn': ich mache Schluß, läßt jedoch darauf schließen, daß die Herkunft vom Tricktrackspiel wohl als sicher angenommen werden kann.

Lit.: *A. Götze:* Kurze Fünfzehn machen, in: Hess. Bl. f. Vkde. 33 (1934), S. 90–93.

Fünfziger. *Ein falscher Fünfziger sein:* eine unaufrichtige, unzuverlässige Person sein; der Ausdr. meint urspr. wohl eine Fünfzig-Pfennig-Münze und dürfte erst in diesem Jh. aufgekommen sein. Gebräuchlicher ist die Form ‚falscher Fuffziger (Fuffzjer)', die auf berl. Herkunft deutet.

Lit.: *H. Mané* u. *L. Veit* (Hg.): Münzen in Brauch u. Aberglauben (Mainz 1982), S. 233.

Funke, funken. *Bei ihm ist der Funke übergesprungen:* er hat es gemerkt, verstanden. Wie ein überspringender Funke plötzlich etw. in Brand setzen kann, so kann ein plötzlich aufkommender Gedanke zu einer bis dahin verborgenen Einsicht führen. Neueren Datums ist die analoge Rda. *Bei ihm hat's gefunkt,* wobei heutzutage auch an ein Funkgerät gedacht wird. Ähnl. auch ‚Bei ihm hat's geblitzt', ↗ Licht. Dagegen deutet der verzweifelte Ausruf: *Kein Funke von ...,* der zu ergänzen ist mit Begriffen wie ‚Verstand', ‚Einsicht', ‚Anstand' usw., auf einen beklagenswerten Mangel an geistiger Kapazität und menschlicher Sensibilität.

Funkstille. *Es herrscht Funkstille:* zwei Menschen haben sich nichts mehr zu sagen, ihre Beziehungen sind abgebrochen, die Gesprächsrunde schweigt. Der Begriff ‚Funkstille' wurde aus der Sprache der Nachrichtentechnik entlehnt als treffende Kurzbez. für einen Vorgang, der sonst mit einem längeren Satz umschrieben werden müßte. Er gilt allg. für jede Unterbrechung menschlicher Kommunikation.

Furcht, fürchten. *Vor Furcht (Angst) zittern, von lähmender Furcht gepackt werden, ohnmächtig werden vor Furcht* sind Rdaa., die darauf hinweisen, daß Furcht unterschiedliche Reaktionen auslösen kann. Während bei Hiob 4, 14 die Verbindung ‚Furcht und Zittern' in direktem Bezug zueinander begegnet, wird in Ps. 2, 11 das Zittern auf die freudige Erregung bezogen: „Dienet dem Herrn mit Furcht und freuet euch mit Zittern".

Andere Wndgn. weisen darauf hin, daß Furcht auch den Verlust des Verstandes und der Sinne zur Folge haben kann: *vor Furcht außer sich sein,* engl. ‚to be frightened out of (one's wits) his seven senses'. Ungewöhnl. ist in der engl. Version die Erwähnung von sieben Sinnen, während im allg. nur fünf Sinne als Vorbedingung vernünftigen Handelns angegeben werden. Diese seltene Verbindung geht zurück auf Jacob Boehmes ‚Mysterium Magnum' (Amsterdam 1652), in dem er von sieben Sinnen i. S. der sieben Gaben (des Hl. Geistes) spricht, ↗ Espenlaub, ↗ zittern.

Jem. Furcht einjagen: ihn bedrohen; *Jem. das Fürchten lehren (beibringen):* ihn einschüchtern; *Weder Himmel noch Hölle fürchten:* ein rechter Draufgänger sein, desgl.: *Weder Tod noch Teufel fürchten; um sein Leben fürchten:* sich ernsthaft bedroht fühlen, aber auch: ein sehr furchtsamer Mensch sein; ähnl.: *Sich vor jem. fürchten wie der Teufel vorm Donner* bzw. *vorm Weihwasser, wie der Hirsch vorm Schuß; Jem. fürchten wie die Pest; Sich vor jem. fürchten wie die Katz vor der Maus; Sich vor seinem eigenen Schatten fürchten:* außergewöhnlich furchtsam sein. Daher heißt es spöttisch von einem Hasenfuß auch: *Er fürchtet sich nicht, er zittert nur* oder *Nur nicht gefürchtet, nur brav gezittert!*

Von einem, der seine Kopfbedeckung nicht abnehmen will, heißt es scherzhaft (oberösterr.): ‚Er fürchtet, daß d'Läus 'n Katarrh krieg'n' u. rhein.: ‚Er fürchtet, daß die Spatzen wegfliegen', ↗ Angst.

Lit.: *G. Devereux:* Angst und Methode in den Verhaltenswissenschaften (München 1967); *B. Gobrecht:* Art. ‚Furcht, Furchtlosigkeit', in: EM. V, Sp. 568–576; *H. Rölleke:* Art. ‚Fürchten lernen', in: EM. V, Sp. 584–593; *L. Röhrich:* Sage – Märchen – Volksglauben. Kollektive Angst und ihre Bewältigung, in: G. Eifler u. O. Saame u. P. Schneider (Hg.): Angst und Hoffnung. Grundperspektiven der Weltauslegung (Mainz 1984), S. 173–202; *J. Delumeau:* Angst im Abendland, 2 Bde. (Reinbek 1985).

Furie. *Wie von Furien gehetzt,* rdal. Vergleich für jem., der ‚wie ein Irrer durch die Gegend rast' – von Feinden oder von seinem eigenen Gewissen getrieben.

Furien (lat. ‚furia' = Wut, Raserei) sind die röm. Rachegöttinnen entspr. den griech. Erinnyen. Sie griffen bei Untaten strafend ein und waren daher gefürchtet. Wenn jem. ‚wie von Furien gehetzt' aussieht, wird ihm zumeist auch ein sehr schlechtes Gewissen unterstellt.

In älterer Zeit bedeutete *in der Furie sein:* wütend und zornig sein. Meist bezog sich der Vergleich auf eine vor Eifersucht wütende Frau. In dieser Bdtg. ist die Wndg. im 18. Jh. lit. bezeugt: „... als die frau wie eine furie in die stube brach, roth um den kam u. blind vor eifersucht" (J. G. Müller: ‚Siegfried von Lindenberg' [1790], 1. 164).

Aussehen wie eine Furie: wie eine zornentbrannte, außer sich geratene Frau mit hochrotem Kopf und aufgelösten Haaren, ↗aussehen.

Fürst, fürstlich. *Wie ein Fürst leben:* Reichtum und alle Annehmlichkeiten des Lebens genießen.
Das Wort ‚Fürst', ahd. ‚furisto', mhd. ‚vürste' ist ein substantivierter Superlativ und bez. urspr. den Vordersten, den Ersten (einer Gruppe, einer Gemeinschaft), später den Herrscher (Kaiser, Könige, dann Herzöge und hohe Würdenträger).
Der Fürst war mit allen Rechten obrigkeitlicher Macht ausgestattet und führte sein Amt im Auftrage Gottes (‚Kaiser von Gottes Gnaden') mit richterlicher Strenge und Gerechtigkeit, war seinen Untertanen gegenüber auch zu Großzügigkeit verpflichtet und konnte daher ‚Gnade vor Recht' ergehen lassen.
In der Emblematik wurde der Fürst als ‚Sonne' und ‚Herz' des Staates bez. Eine Maxime Friedrichs d. Großen war jedoch später: „Der Fürst ist der erste Diener seines Staates", die er mehrfach in frz. Form niederschrieb.
Dagegen spiegeln sich Furcht und Vorsicht vor Selbstherrlichkeit und Unberechenbarkeit eines Fürsten, später eines Vorgesetzten, in dem scherzhaften Rat:

Gehe nie zu deinem Ferscht,
Wenn du nicht gerufen werscht'

(‚Ulk', Jahrg. 1898, Nr. 31).
Der ‚Fürst der Finsternis' (princeps tenebrarum) ist eine euphemist. Bez. für den ↗Teufel, ebenso der ‚Fürst dieser Welt', der auf Joh. 12,31 beruht und durch Luthers Lied ‚Ein feste Burg' (Ev. Kirchengesangbuch Nr. 201) sprw. geworden ist.
Jem. fürstlich entlohnen (bezahlen), auch: *einen fürstlichen Lohn erhalten:* überaus reichlich, großzügig für seine Dienste belohnt werden, mehr als erwartet erhalten, so wie es einem Reichen entspricht.

Lit.: *G. Theuerkauf:* Art. ‚Fürst', in: HRG. I, Sp. 1337–1351.

Fürstenberger. *Den Fürstenberger nicht gerechnet haben, den Fürstenberger vergessen haben:* die Rechnung ohne den Wirt gemacht haben, ein Hindernis (bes. bei einem Geschäft) übersehen haben. Die im Südwesten Dtls. verbreiteten Wndgn. beziehen sich auf den großen Einfluß der Fürsten von Fürstenberg in Donaueschingen.

Furz. *Aus einem Furz einen Donnerschlag machen:* etw. Unwichtiges und Nebensächliches aufbauschen und übertreiben; zuerst 1616 bei Henisch (1315,44) gebucht, 1691 bei Stieler in der Form „den furz zum Donner machen", so auch noch in der siebenbürg.-sächs. Mda. des 19. Jh. ‚Dî moacht gärn de Furz zem Danner'. Auch in anderen Rdaa. steht Furz für etwas Unbedeutendes, Unwichtiges. Rhein. von einem Geizigen ‚Der will mit einem Furz einen Morgen Land düngen', schweiz. ‚nid en Furz', nicht das geringste. ‚Er macht sich keinen Furz daraus': er macht sich nichts daraus; ‚keinen Furz wert sein': ein Nichts sein; alem.: ‚Sie het nit emol e Furz im e Lumpe': sie hat keine Mitgift; ‚Bind e Furz dran, so isch's e Scheiß länger': wenn etw. zu kurz ist, z.B. eine Hose.
‚Man muß auch mal einen Furz verkneifen können': man muß auch mal den Mund halten können. ‚Verlang von einem toten Mann einen Furz': etw. Unmögliches fordern; ‚Du kriegst einen Furz auf dem Rost gebraten': du bekommst nichts zu essen; ‚ein gebackener Furz auf einer Gabel': eine Nichtigkeit. ‚Mach keinen Furz': flunkere nicht!; ‚Das ist unter allem Furz': das ist unter aller Kritik; ‚Er hat ausgefurzt': es ist aus mit ihm; ‚Der furzt im Schlaf': es gelingt ihm alles ohne Anstrengung, er hat Glück.
Einen Furz im Kopfe (auch *gefrühstückt) haben:* nicht ganz gescheit sein. Schwäb. ‚einen Furz auf ein Brett naglen', sprw. für eine unmögliche Aufgabe. (‚Ma ka nit alles; ma ka koin Furz auf e Brett nagle'). ‚Der ka kein Furz verhebe': er plaudert jedes Geheimnis aus.
Vergleichende Rdaa.: *auffahren wie ein Furz im Bade* (z.B. sächs.), 1645 in den ‚Facetiae facetiarum' (486) belegt; *wie ein Furz in der Laterne:* unstet, unruhig; *wie ein wilder Furz am Bindfaden:* viel Lärm um Nichts; ‚Verschwinde, wie der Furz im Winde': schnell und unauffällig. Ähnl.: ‚Sinnlos herumlaufen wie ein Furz auf der Gardinenstange'.

In verbalen Ausdr. wird das diskriminierte Wort meist ausgelassen, wie z.B.: ‚einen fahren (fliegen, gehen, streichen) lassen', oder es werden andere Ausdr. doppeldeutig gebraucht: ‚seinem Herzen Luft machen', ‚Gas geben', ‚aus dem letzten Loch pfeifen' etc.

In der populären Umgangssprache gibt es zahlreiche Umschreibungen und Synonyma für ‚Furz'. Nur z.T. entstammen sie dem Bemühen, das tabuierte Wort zu vermeiden (‚Wind', ‚Frosch im Bauch', ‚Naturfagott', ‚Pub(s)'); nicht selten sind sie aber derb, unflätig und drastisch. Sie beziehen sich u.a. auf Situation (‚Bierfriedrich', ‚Salonfurz'), Lautstärke (‚Bums', ‚Kracher', ‚Schleicher', ‚Donner') (lat. ‚crepitus'), Geruch (‚Stinker'), oder kommen aus der Soldatensprache (‚Kanonier', ‚Rohrkrepierer').

Das Sprw. ‚Ein feiger Arsch läßt keinen mutigen Furz' (nach anderen Quellen: ‚Aus einem verzagten Arsch kommt kein fröhlicher Furz') wird Luther zugeschrieben.

Lit.: *P. Englisch:* Das skatologische Element (Stuttgart 1928); *H. Bächtold-Stäubli:* Art. ‚Furz', in: HdA. III, Sp. 223–224; *A. Limbach:* Der Furz (Köln 1980); *Chr. Daxelmüller:* Art. ‚Furz', in: EM. V, Sp. 593–600.

Fuß. Im alten Rechtsleben von besonderer Bdtg. war die jetzt allg. gebrauchte Formel *stehenden Fußes* (lat. ‚stante pede'): augenblicklich, sogleich. Wer mit seinem Urteil nicht einverstanden war, mußte es auf der Stelle, ‚unverwandten Fußes', anfechten (in alter Sprache ‚schelten'), sonst wurde es rechtskräftig.

In einem Weistum, einer bäuerlichen Rechtssatzung, aus Keuchen vom Jahre 1430 heißt es: „Auch waz vor dem dorfgreven (Dorfschulzen) und den nachgeboren (Nachbarn) gewiset wird, wolde sich imant des berufen gein Keuchen an das oberste gerichte, der mag iß thun unverzogelich, unberaden und standen fußes, e er hinder sich trede".

Wie so viele Ortsangaben ist auch ‚stehenden Fußes' auf die Zeit übertr. worden (vgl. ‚auf der Stelle'). Wir sagen: ‚Auf der Stelle kommst du her!' Wer aber auf der Stelle etw. tun soll, soll es eigentl. dort tun, wo er gerade steht, kann also eigentl. nicht herkommen. Und ebenso ist es nur im übertr. Sinn gemeint, wenn Schiller im ‚Tell' (I,2) Stauffacher sagen läßt: „Nach Uri fahr ich stehnden Fußes gleich".

Ebenfalls dem Rechtsleben entstammen die Wndgn. *auf freiem Fuße sein, auf freien Fuß setzen,* früher auch *auf freiem Fuße stehen:* 1459 im übertr. Sinne belegt von einem Gefangenen, der in der Freiheit des Handelns, etwa durch einen gefesselten Fuß, nicht beschränkt ist: „stund he doch sulvest uppe frigen foeten, leddich unde loß".

Auf gespanntem Fuße mit einem stehen; mit einem über den Fuß gespannt sein: sich im schlechten Einvernehmen mit ihm befinden, sich nicht vertragen. ‚Fuß' wird in dieser Rda. zur Kennzeichnung des Charakters und Grades einer menschlichen Beziehung in der abgeblaßten Bedeutung ‚Grundlage' (so schon bei Stieler 1691 gebucht) verwendet. Daher auch jüngere Wndgn. wie: *auf gutem (schlechtem, vertrautem) Fuß mit ihm stehen (leben).*

Thomas Mann gebraucht im ‚Doktor Faustus' die Wndg. „auf den frère et cochon-Fuß kommen", sich in Zechgemeinschaften verbrüdern. Auch in der Rda. *auf großem Fuß leben* (scherzhaft auch: ‚eine große Schuhnummer haben'): viel Aufwand machen, steht Fuß bildl. für Lebenshaltung, Verhältnisse, Art und Weise. Vgl. frz.: ‚Vivre sur un grand pied'.

Die Rda. ist im MA. in Frankr. entstanden u. geht zurück auf Geoffrey Plantagenet, Graf von Anjou (1129–51), der sich Schuhe mit sehr langer Spitze machen ließ, um eine Geschwulst darunter zu verbergen. Da er allg. ein Vorbild für Eleganz war, wollte jeder so große Schuhe tragen wie er. Man sprach von ‚chaussure à la poulaine', ‚Galionsschuhen' oder ‚Schnabelschuhen'. Im 14. Jh. wurde die Größe dieses Schuhwerks der Maßstab für das Ansehen eines Menschen. Maßeinheit war der Fuß. Die Schuhe eines Fürsten waren 2 1/2 Fuß, die eines hohen Barons 2 Fuß, die eines Ritters 1 1/2 Fuß und die eines einfachen Bürgers 1 Fuß lang. Auch die Absätze der Noblen waren erhöht – im Gegensatz zu denen des einfachen Bürgers, der flache Schuhe trug. Das hat sich in der ndl. Rda. niedergeschlagen: ‚Hij leeft op een' grooten' (hoogen) voet'. Unter Karl V. wurde diese Mode, die sich von Frankreich aus über die ganze zivilisierte Welt ausgebreitet hatte, endgültig abgeschafft.

‚Auf großem Fuße leben'

In Zusammenhang damit steht auch die Rda.: *auf gleichem Fuß mit jem. verkehren:* auf derselben Gesellschaftsstufe stehen. *Einem etw. unter den Fuß geben:* es ihm heimlich mitteilen, ihn heimlich zu etw. veranlassen. Die der Rda. urspr. zugrunde liegende Vorstellung ist die, daß man etwa einen Zettel unter dem eigenen Fuße bis an den Fuß eines anderen heranbringt, der die geheime Botschaft wiederum sofort mit seinem Fuß bedeckt; dazu stimmt genau das lat. Wort ‚suppeditare' = geben, darreichen. In lat. Form wird der Ausdr. noch von Bismarck (Reden II, 139) verwendet: „Daß dieses Wort mir durch einen gefälligen Souffleur suppeditiert wurde".

Einem auf den Fuß zu treten war zunächst im älteren Sprachgebrauch das Zeichen für geheimes Einverständnis, bes. unter Liebenden, so im Volkslied ‚Wenn alle Brünnlein fließen' (Str. 2): „Ja winken mit den Äugelein und treten auf den Fuß ..."; vgl. auch frz. ‚faire du pied à quelqu'un': jem. heimlich warnen, ihm ein unbemerktes Zeichen geben, auch unter Liebenden gebräuchlich. Erst allmählich verkehrte sich der Sinn dieser Wndg. ins Gegenteil; *einem auf die Füße treten,* schweiz.: ‚Eim uff de Fuess trete', bedeutet heute: ihm weh tun, ihn beleidigen, vgl. *ihm auf die große Fußzehe, auf die Hühneraugen treten;* vom leicht Beleidigten sagt man auch: *Er fühlt sich immer auf den Fuß (auf den Schwanz, Schlips) getreten.*

Das Fußtreten geht zurück auf den Volksglauben, daß man durch Treten auf den Fuß eines Menschen Gewalt über diesen erhält und sich auch dessen Kräfte aneignen kann. Im Rechtsleben war das ‚Treten auf den Fuß' ein Ausdr. der Besitzergreifung. Den rechten Fuß auf etw. setzen, bedeutete, dies in Besitz nehmen zu wollen. An einigen Höfen z. B. trat der Lehnsherr bei der Belehnung mit seinem rechten Fuß auf den des Vasallen. Auch bei Vindikation (Rückforderung) eines ‚entfremdeten' Haustieres mußte der schwörende Eigentümer zum Zeichen seines Rechtsanspruches das von ihm geforderte Tier mit Hand und Fuß berühren:

he sal mit sime rechten voze
dem pferde treten uffe dem
linken voz vorne ...

(Grimm, RA. II, S. 126ff.).

Auch die Rda.: *Jem. den Fuß auf den Nakken setzen:* jem. seine Macht fühlen lassen; vgl. ‚unter den ↗ Pantoffel kommen', hat eine lange Tradition. Im alten Orient und in der Antike galt der Fuß als Symbol der Unterjochung. Zum Zeichen des Sieges und der völligen Unterwerfung setzte der Sieger seinen Fuß auf den am Boden liegenden Todfeind. Ägypt. Darstellungen zeigen den König, dessen Fußschemel von besiegten Gegnern gebildet wird. Auch in Bibel und altchristl. Lit. begegnet der Fußtritt als fixierter Herrschaftsgestus (Ps. 90,13, 109,1; 4. Esra 16,70; Mal. 4,3; 1. Kor. 15,25). Josua ließ die fünf gefangenen Könige herbeibringen und befahl seinen Heerführern, ihren Fuß auf den Nacken des Besiegten zu stellen (Jos. 10,24). Zur Bekräftigung des Sieges wird der Todfeind unter den Füßen zertreten (Röm. 16,20).

Auch die Rda. *Jem. unter den Fuß bringen:* jem. bezwingen, betont die Machtposition u. geht auf die symbolische Rolle des Fußes als Rechtszeichen zurück, wie es bereits Ps. 74,4 zum Ausdr. bringt: „Er unterjochte die Völker unter uns, und Nationen steckte er uns unter die Füße".

Die Wndg. *Den Fuß in ein Land setzen* hat einen ähnl. Hintergrund. Auch hier wird eine symbolische Inbesitznahme angedeutet.

Jem. (etw.) mit Füßen treten: mißachten, gemein behandeln, gering schätzen (z.B. ‚das Recht mit Füßen treten').

Mit einem Fuß im Grabe stehen: seinem Ende nahe sein, bes. von Todkranken und Alterschwachen gesagt, belegt 1649 bei Gerlingius (Syll. Nr. 33): „Alterum pedem in cymba Charontis habere. Er gehet auff der Gruben. Er gehet auf der Baar. Er hat einen Fuß schon im Grabe. Er gehet auff grabes bort. He stippet nae sinem grave"; vgl. frz. ‚avoir un pied dans la tombe'; engl.: ‚to have one foot in grave', ↗Grube.

Auf die Füße fallen: sich immer zu helfen wissen, sich schnell in allen Lagen zurechtfinden; Anspielung auf die Katzen, die beim Fall immer auf ihren Pfoten landen, daher noch deutlicher in der ndl. Rda. ‚op zijn potjes terechtkomen'. Schon in Joh. Fischarts ‚Geschichtklitterung' (Ndr. S. 183/32) ist bezeugt: „Vnnd ful nur allzeit auff den ars, wie die Katzen vnd Herren auff die Fueß". Vgl. frz. ‚retomber sur ses pieds (pattes)' und engl.: ‚to fall on one's feet'.

Auf tönernen Füßen stehen: keine feste Grundlage haben, geht zurück auf den bibl. „Koloß auf tönernen Füßen" (Daniel 2,31–34); heute verblaßt zu *auf schwachen Füßen stehen;* ähnl. gebildet: *auf eigenen Füßen stehen:* selbständig sein. *Festen Fuß fassen:* sich an einem Ort niederlassen.

Mit beiden Füßen auf dem Boden stehen; vgl. frz.: ‚avoir les pieds sur terre': realistisch denken u. handeln, ↗Bein. Wenn jem. irreale Vorstellungen hat, wird die Rda. heute parodiert zu: ‚Mit beiden Füßen fest in der Luft!'

Die Füße in die Hände nehmen: sich beeilen.

Sich die Füße wund laufen: Viele Gänge machen, um etw. zu erreichen.

Etw. brennt ihm unter den Füßen: vgl. frz.: ‚Les pieds lui en brûlaient': das Pflaster ist ihm unter den Füßen zu heiß geworden, etw. zwingt ihn zur Flucht.

Einem Füße machen: ihn zur Eile antreiben (↗Bein); *sich aus den Füßen machen:* sich wegbegeben; auch: *Sich auf die Füße machen:* sich schnell davonmachen, aufbrechen.

Den Staub von den Füßen schütteln: Rda. in Anlehnung an Matth. 10,14 (bedeutet eigentl. die völlige Loslösung von einer mit Fluch behafteten Stelle).

Mit dem linken (falschen, verkehrten) Fuß zuerst aufgestanden sein: übler Laune sein, den ganzen Tag über Pech haben, geht zurück auf den international verbreiteten Aberglauben, daß links die falsche und unglückbringende Seite ist; schon im Lat. heißt es: ‚sinistro pede profectus est', vgl. frz. ‚se lever du pied gauche'.

Kalte Füße haben: kein Geld haben, geschäftlich schlecht stehen. *Kalte Füße bekommen:* Angst bekommen, auch: ein Vorhaben aufgeben, aus einer (illegalen) Sache aussteigen. Die Rda. ist am Spieltisch entstanden. ‚Kalte Füße haben' war ein beliebter Vorwand, um das Spiel abzubrechen und den Gewinn zu sichern; vgl. engl.: ‚to get cold feet'.

Eine andere Bdtg. ders. Rda. ‚Kalte Füße bekommen' ist: lange warten, auch i.S.v. sterben. *Mit den Füßen voran das Haus verlassen:* als Toter aus dem Haus getragen werden.

Die Füße unter anderer Leute Tisch haben,

unter einen fremden Tisch strecken: keinen eigenen Haushalt führen. Meckl. ‚dei Fäut nah'n Bedd' strecken', sich nach den gegebenen Verhältnissen einrichten; ndd. schon 1712 belegt.

‚Füße auf den Tisch legen'

Bei jem. den Fuß nicht mehr über die Schwelle setzen: mit jem. verfeindet sein.
Gut zu Fuß sein: gut laufen können, im Rheinhess. spaßhaft von einem unmäßigen Esser und Trinker: ‚Er ist gut zu Fuß unter der Nas'. Dieselbe Rda. wird auch gern angewandt, wenn jem. schlagfertig ist. Im Gegensatz dazu heißt es: *Blei an den Füßen haben:* träge sein, nicht vorwärts kommen, ↗Blei.
Über die eigenen Füße stolpern: unbeholfen und ungeschickt sein. *Jem. auf die Füße (Beine) helfen:* jem. unterstützen oder ‚unter die Arme greifen', ↗Arm. *Den Fuß aus dem Schlamm ziehen:* sich aus einer unangenehmen Sache herausziehen.
Zwei Füße in einem Schuh haben: schwanger sein; vgl. frz. ‚mettre quatre pieds dans deux souliers'; heute veraltet. Dafür sagt man: ‚avoir les deux pieds dans le même sabot' (wörtl.: beide Füße im selben Holzschuh haben): furchtsam und unentschlossen sein.
Von einem Menschen mit bes. großen Füßen sagt man im rdal. Vergleich: ‚Er hat Füße – so groß, damit kann man Elsaß-Lothringen an Frankreich abtreten'; aber auch: ‚Er ist ein Oldenburger, er hat beim Fußeverteilen zweimal ‚hier' gerufen'.
Einen Fuß in der Türe haben: mitsprechen können, etw. für sich herausschlagen, mitmischen.

Jem. den Kram vor die Füße werfen: seine Arbeit im Zorn niederlegen, den Dienst aufkündigen. Hingegen bedeutet: *Jem. etw. zu Füßen legen:* ihm etw. schenken, zu Eigentum geben. Die Rda. geht zurück auf den Rechtsbrauch der Besitzergreifung durch die Füße: „Der Herr legte den Menschen alles zu Füßen', d.h. er gab es ihm zu Eigentum (Ps. 8,7 ff.). Auch die reichen Christen legten den Erlös ihrer verkauften Grundstücke den Aposteln zu Füßen (Apostelgesch. 4,35).
Jem. zu Füßen fallen: ‚einen Kniefall machen', inständig und demütig um etw. bitten, wie z.B. im N.T. vom Synagogenvorsteher Jairus berichtet wird, der dem Herrn zu Füßen fiel und um die Heilung seiner Tochter bat (Mk. 5,22). Auch als Zeichen der Anbetung erwähnt (Offb. 22,8). In neuerer Zeit wird die Rda. zumeist iron. gebraucht i.S.v.: ‚Muß ich dir erst zu Füßen fallen ...'
Sich einen weißen Fuß bei jem. machen: sich bei jem. beliebt machen, eine Vorzugsstellung verschaffen; vgl. engl.: ‚to give a person the white foot': jem. um den Bart gehen, ihm schmeicheln. Ein engl. Spruch für Pferdehändler lautet:

One white foot – buy him
Two white feet – try him
Three white feet – look well about him
Four white feet – go without him.

Ndl.: ‚Een wit voetje hebben bij iemand', bei jem. gut angeschrieben sein. Bei uns ist die älteste Form der Rda. in einem Bremer Wb. von 1767 verzeichnet. Sie lautet: ‚Eenen witten Foot by Jemand hebben'. Im Märchen vom ‚Wolf und den sieben jungen Geißlein' (KHM.5) macht der Wolf seine Pfoten im Mehl weiß, um die Geißlein zu täuschen.
Etw. hat Füße bekommen: etw. ist abhanden gekommen, auf unbegreifliche Weise verloren gegangen; ‚Füaß kriegen' (bayer.-österr.). Die Rda. stammt aus der Zeit des 30jährigen Krieges. Freiherr Erasmus von Rödern beauftragte einen Bediensteten seines Schlosses bei Wien, er solle aufpassen, daß das Futter auf den ‚öden' Häusern nicht ‚Füaß bekomm' oder heimlich verwendet werde.
Den Heiligen die Füße abbeißen gilt von Frömmlern, die nach altem Pilgerbrauch in demutsvoller Verehrung den Heiligen-

figuren die Füße küssen – so bei der Statue des hl. Petrus in der Peterskirche in Rom.

Der Fuß als Symbol kann auch ein schuldhaftes Verhalten ausdrücken, wie z. B. in der Rda.: *Mit einem Fuß im Gefängnis stehen:* sich nicht um Rechtsgrundsätze kümmern, sich hart an der Grenze der Legalität bewegen, sie überschreiten i.S.v.: sich etw. zuschulden kommen lassen. Dagegen bedeutet *keinen Fußbreit weichen:* nicht nachgeben, auf dem rechten Weg bleiben, Standfestigkeit beweisen. Die Rda. hat ihren Urspr. in dem Gedanken der ‚imitatio Christi': Job weiß, daß sein Fuß an der Spur des Herrn festhielt, „seinen Weg hielt ich ein und bog nicht ab" (Job 23,11). In engem Zusammenhang damit steht auch die Rda. *Auf dem Fuße folgen:* keinen räumlichen oder zeitl. Abstand lassen, unmittelbar folgen, ↗Fußspur, ↗Pfote, ↗Schuh.

Lit.: *P. Sartori:* Der Schuh im Volksglauben, in: Zs. f. Vkde. 4 (1894), S. 148ff., 282ff., 412ff.; *J. Grimm:* RA.I (⁴1899), S. 141, 196, 213ff.; II, S. 126–130; *Aigremont:* Fuß- und Schuh-Symbolik und -Erotik (Leipzig 1909, Ndr. Darmstadt o.J.); *H. Bächtold-Stäubli, E. Stemplinger* u. *E. Goldmann:* Art. ‚Fuß', ‚Fußspur', Fußtreten', in: HdA. III, Sp. 224–247; *O. Hauschild:* ‚Sich einen weißen Fuß bei jem. machen', in: Muttersprache 49 (1934), S. 273–274; *S. W. M. Verhoeven:* Symboliek van de voet (Assen 1957); *E. Dinkler-von Schubert:* Art. ‚Fuß', ‚Fußtritt', in: Lexikon der christl. Ikonographie II (1970), S. 66–69; *W. Till:* Schuh- und fußförmige Amulette. Vkdl. Untersuchung zur Wirkung und Bedeutung der Symbolgestalt Fuß und Schuh in der materiellen und geistigen Überlieferung Europas (Diss. München 1971); *A. Erler:* Art. ‚Fuß', in: HRG. I, Sp. 1363–1366; *W. Danckert:* Symbol, Metapher, Allegorie im Lied der Völker II, S. 730ff.; *Chr. Daxelmüller:* Art. ‚Fuß' und ‚Fußspuren', in: EM. V, Sp. 600–622.

Fußangel. *Einem Fußangeln legen:* ihm versteckte Hindernisse und Gefahren bereiten. Die Fußangel oder das Fußeisen war ein mit Spitzen versehenes Eisen, das so am Boden versteckt wurde, daß eine Spitze nach oben ragte und darauf tretende Tiere oder Menschen am Fuß verletzte und sie so am Weiterkommen hinderte. Es fand vor allem im Kriegs- und Jagdwesen Verwendung.

Schon Reinmar von Zweter (75,11) gebraucht das Wort Fußeisen im 13. Jh. in übertr. Bdtg. wenn er einmal von denen, die der Ehre abgesagt haben, sagt:

Sie zîhent dich, vuozîsen lîgen
ûf dînem hove ze schaden dem
ingesinde.

Fußspur. *Jem. Fußspur folgen:* ihm dicht hinterhergehen, in übertr. Bdtg.: ihm nacheifern, ↗Spur.

Die Fußspur ist Abbild oder Symbol des sie verursachenden Menschen. Auf ma. Bildern wird der zum Himmel auffahrende Christus durch Füße oder Fußspuren angedeutet, die in der Legende auch als ‚Herrgottstritte' bez. wurden. Darstellungen von selbständigen Fußsohlen sind Hinweise auf die Nachfolge Christi (1. Petr. 2,21). Auch ins Spirituelle übertr.: Der Tempel ist „die Stätte meiner Fußsohlen, darin ich ewiglich wohnen will unter den Kindern Israels" (Ez. 43,7).

In Magie u. Volksglauben spielt die Fußspur eine beachtliche Rolle. Danach konnte man einen Dieb bannen, indem man einen Nagel in seine Fußspur schlug, d.h. ihn symbolisch daran ‚festnagelte' (↗Nagel). Noch in heutiger Praxis wird ein Dieb gelegentlich durch Verfolgung seiner Fußspur gefangen. Die Fußspur ist auch im Recht bedeutsam. Nach altnord. Recht kann eine Bruderschaft begründet werden, indem die Männer in dieselbe Fußspur treten. Geläufiger ist heute dafür die gleichbedeutende Rda.: *In jem. Fußstapfen treten;* vgl. engl.: ‚to follow in someone's footsteps': das von einem anderen Begonnene fortführen, seine Arbeit fortsetzen.

Lit.: *E. Stemplinger:* Art. ‚Fußspur', in: HdA. III, Sp. 240–243; *W. Till:* Schuh- und fußförmige Amulette. Vkdl. Unters. zur Wirkung u. Bdtg. der Symbolgestalt Fuß und Schuh in der materiellen und geistigen Überlieferung Europas (Diss. München 1971); *Chr. Daxelmüller:* Art. ‚Fußspuren', in: EM. V, Sp. 610–622.

Fußtritt. *Jem. einen Fußtritt versetzen:* ihn auf demütigende Weise verletzen, ihn undankbar behandeln, ihn wie einen Hund davonjagen, ↗Fuß.

Einen Fußtritt erhalten: ungerecht behandelt werden, Schmerzen zugefügt bekommen (auch in seelischer Hinsicht), keine Anerkennung finden, ‚fallengelassen' werden.

Lit.: *E. Goldmann:* Art. ‚Fußtreten' in HdA. III, Sp. 243–247.

Fußvolk. *Zum Fußvolk gehören (gezählt werden):* zur großen, aber einflußlosen Menge rechnen, eine untergeordnete Stellung einnehmen, unbedeutend sein.
Der Ausdr. ‚Fußvolk', mhd. ‚vuozvolc', stammt aus dem militärischen Bereich und bez. urspr. die ‚Truppe zu Fuß', die die größten Strapazen zu erleiden hatte. Obwohl sie an vorderster Front kämpfte und deshalb auch die meisten Opfer bringen mußte, wurde sie von den Reitern verächtlich ‚von oben herab' angesehen.
Die Rda. besitzt heute, je nach Anwendung, verschiedene Bdtg.: Bezieht man sie auf seine eigene Position (in einem Betrieb, einer Partei, einem Verein), weist man entweder scherzhaft oder beleidigt darauf hin, daß man ohnehin nichts zu sagen habe und daher Initiative oder Verantwortung nicht übernehmen könne oder wolle und die Entscheidungen gern anderen überlasse. Wendet man jedoch die Rda. auf einen anderen an, ‚der ja doch nur zum Fußvolk gehöre', verbindet man damit äußerste Mißachtung für einen Subalternen oder ‚Mitläufer'.
Unter das Fußvolk geraten: den einem gebührenden Platz verlieren, in der Masse untergehen.

futsch. *Futsch sein:* zunichte, verloren, weg sein, ist ein lautmalender Ausdr., der urspr. nur den mittel- und oberrhein. Mdaa. angehörte, heute jedoch über alle dt. Mdaa. verbreitet ist und um die Mitte des 19. Jh. auch in die Hochsprache eingedrungen ist. Fremdklingende scherzhafte Weiterbildungen wie ‚futschikato', ‚futschikara', ‚futschito', ‚futschikato perdutto' verleiten irrtümlich dazu, einen romanischen Ursprung von ‚futsch' anzunehmen.
Nach dem 1. Weltkrieg sagte man in Berlin scherzhaft ‚Kriegsanleihe heißt auf chinesisch: pinke pinke futschi futschi ...' Vgl. frz. ‚Foutu' (umg.). Mit derselben Floskel persiflierte man im 2. Weltkrieg das ‚Eiserne Sparen', bei dem der Sparbetrag zwangsweise vom Lohn/Gehalt einbehalten wurde; doch wurde sie jetzt, da Japan Deutschlands Verbündeter war, als japanisch ausgegeben.

G

Gabe. *Das ist eine Gabe Gottes* bzw. *eine Gottesgabe:* eine himmlische Gabe, i. S. v. Sal. 3,13 oder i. S. einer Gabe des Hl. Geistes. Zu dieser Vorstellung trat um 1500 der Begriff *Gaben der Natur* hinzu, eine Wndg., die sich auf die ‚natürlichen Gaben' eines Menschen bezieht, auf die Gaben, die einer von Geburt aus ‚mitbekommen' hat (die Begabung) und die Begriffe umfaßt wie: ‚Naturgabe', ‚Geistesgabe', ‚Beobachtungsgabe', aber auch erworbene Gaben wie ‚Rednergabe', ‚Organisationsgabe' usw.

Mit der Bez. ‚Gaben der Natur' sind jedoch insbes. alle Hervorbringungen der Natur gemeint, wie sie Jahr für Jahr in mehr oder minder reichlichem Maße heranreifen, z. B. Korn, Wein usw., und wie sie sich manchmal auch verschwenderisch wie aus einem Füllhorn über die Menschen ergießen. Wenn dagegen von *milder* oder *mildtätiger Gabe* die Rede ist, so bezieht sich das zumeist auf eine erbetene ‚kleine Spende', von der man freilich erwartet, daß sie nicht zu klein ausfällt. Dabei ist häufig auch der Spruch zu hören: ‚De Will is mehr als de Gaav', d. h., es kommt nicht auf die Größe der Gabe an, sondern auf die Gebefreudigkeit beim Schenken. ↗Gans, ↗Füllhorn.

Lit.: *P. Sartori:* Art. ‚Geschenk', in: HdA. III, Sp. 716–724; *M. Lüthi:* Die Gabe im Märchen und in der Sage (Diss. Bern 1943); *H. Koren:* Die Spende (Graz–Wien–Köln 1954); *M. Mauss:* Die Gabe (Essai sur le don) (Frankfurt/M. 1968); *D. Schwab* u. *K.-S. Kramer:* Art. ‚Gabe', in: HRG. I, Sp. 1364–1366; *W. Wunderlich:* Art. ‚Gabe', in: EM. V, Sp. 625–637.

Gabel. Die Gabel als Eßgerät hat erst seit dem 17. Jh. größere Verbreitung gefunden und fehlte bis nahe an unsere Tage in mancher dt. Landschaft. Immermann erzählt in seinem ‚Münchhausen' vom Hochzeitsmahl auf dem Oberhof: „Die Bauern hatten ihre Messer, ein jeder das seinige, aus der Tasche hervorgezogen, womit sie ohne Gabeln fertig zu werden wußten, und sprachen den Hühnern tapfer zu". Deshalb sagt man scherzhaft: *mit der fünfzinkigen Gabel essen:* mit den fünf Fingern essen; dafür auch noch vereinzelt ‚'s Großvaters Gabel neme'. Aus der Zeit, da man anfing, mit der Gabel zu essen, stammt das Sprw.: ‚Mit de Gabel ist eene Ehr, mitn Läpel bringt aber mehr' (Ammerland).

Einen auf die Gabel nehmen: vor Gericht unter Eid gegen ihn aussagen, von den gabelförmig ausgestreckten Schwurfingern; bair. ‚gabeln' = schwören; vgl. els. ‚Den haw ick schon lang im Gäbele', ich bin ihm schon lange böse, und ‚ewers Gäbele lunje', schielen.

Ätsch Gäbele ↗Schabab.

Gähnmaul. *Ein Gähnmaul machen (ziehen):* durch eine verächtliche Mundgebärde Hohn und Spott ausdrücken. In Bayern und Österreich wird diese Gebärde noch heute vereinzelt von Erwachsenen gebraucht, sonst wird sie meist nur noch von Kindern ausgeübt.

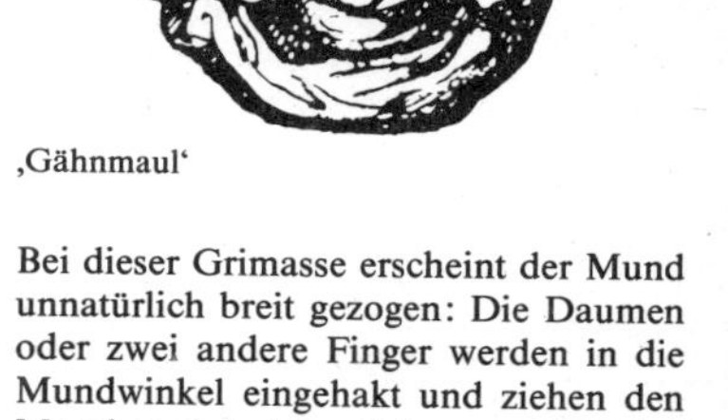

‚Gähnmaul'

Bei dieser Grimasse erscheint der Mund unnatürlich breit gezogen: Die Daumen oder zwei andere Finger werden in die Mundwinkel eingehakt und ziehen den Mund nach beiden Seiten auseinander. Interessante hist. Belege bezeugen, daß diese Gebärde bereits im 15. Jh. schweren

Schimpf bedeutete. Sie erscheint als Zeichen der Henker auf Bildern mit der Verspottung Christi im 15. und 16. Jh., z. B. auf der ‚Dornenkrönung' an der Außenseite des linken Flügels vom Bamberger Altar von 1429 (Bayer. Nationalmuseum, München). Zur gleichen Zeit tritt diese Gebärde auch bei Masken auf, z. B. auf einer Teufelsgestalt beim Schembartlauf in Nürnberg, und wird auch lit. geschildert. Einen Frühbeleg gibt Rabelais' ‚Pantagruel' (I. Buch, 18. Kap.). Die wissenschaftliche Disputation zwischen dem engl. Gelehrten Thaumastos und Panurg, dem Stellvertreter Pantagruels, erfolgte in Paris öffentl. nur in der Gebärdensprache, wobei es heißt: „Da legte Panurg die zwei Mittelfinger an beide Mundwinkel, zog den Mund, so weit er konnte, auseinander und zeigte sein ganzes Gebiß, wobei er noch mit beiden Daumen die Augenwimpern so tief wie möglich herabdrückte, so daß er nach übereinstimmendem Urteil der Versammelten eine sehr leidige Fratze schnitt."

Lit.: *L. Schmidt:* Die volkstümlichen Grundlagen der Gebärdensprache, in: Beiträge zur sprachl. Volksüberlieferung (Berlin 1953), S. 240; *L. Röhrich:* Gebärdensprache und Sprachgebärde, S. 121 u. 131 f.

Gala. *Sich in Gala werfen:* sich sehr gut bzw. festlich kleiden, das beste Kleid anziehen; entspr. auch *Gala tragen.* Gala meint die festliche Kleiderpracht, die im 17. Jh. unter dieser Bez. an den Wiener Hof kam. ‚Sich werfen' steht für ‚sich rasch ankleiden' und dürfte dem student. Sprachgebrauch des 19. Jh. entstammen. Vgl. frz. ‚Vêtement de gala' (Festkleid), ↗ Wichs.

Galgen. Mit erstaunlicher Zähigkeit haben sich in den heutigen Mdaa. noch verschiedene Ausdr. der ma. Rechtssprache als sprw. Rdaa. erhalten. Dazu gehört die Wndg. *vom Galgen aufs Rad kommen:* vom ↗ Regen in die Traufe, aus einer Verlegenheit in die andere kommen, so 1522 bei Thomas Murner im ‚Lutherischen Narren' und heute noch in Aachen: ‚Er küt van de Galge op et Rad', ebd. ‚Do steht Galge on Rad drop', es ist streng verboten; schlesw.-holst. ‚Dorbi kümmst je an Galge un Rad', in des ↗ Teufels Küche. *Einander Galgen und Rad vorwerfen:* sich gegenseitig der strafwürdigsten Vergehen bezichtigen. Der Tod durch das Rad galt als genauso schimpflich wie der Tod am Galgen, bereits die Hinrichtung durch das Schwert galt als Begnadigung.

Ein zweiter noch lebendiger Rechtsausdr. ist *ein Galgen voll:* sieben Stück, entspr. dem Sprw. ‚Sechse sind kein Galgen voll' (Simrock 9430 a), weil an einem Galgen Platz für sieben Verbrecher war; mdal. im Rheinl. ‚Nu es de Galge voll', nun sind 7 Personen beisammen. ‚En Galgen vull' heißt im Hannoverschen: sieben eines Gelichters; im Obersächs. dann allg.: ein Häufchen verächtlicher Gesellen, eine ganze Menge, bereits ohne die Vorstellung von der Siebenzahl.

Sonst dient der Galgen in den Rdaa. zur Bez. des Verächtlichen, in Flüchen und Verwünschungen wie *geh an den Galgen;* bei Agricola „auß an galgen"; bei Lessing: „Du kannst mit deinen Büchern an den Galgen gehen"; mdal. im Rheinl. ‚Du herrscht gehänkt an de hehgste Galge'; früher oft mit dem Zusatz ‚lichter' Galgen, so 1573 in Fischarts ‚Flöhhatz': „Und wünschten uns an lichten Galgen", vielleicht daher, weil der Galgen gewöhnlich auf einer vor der Stadt gelegenen Höhe errichtet wurde. Auch Eulenspiegel trifft der Fluch: „Fahr fort an den lichten Galgen", der ihn freilich wörtlich nimmt und damit das Absurde dieser Rda. deutlich macht.

Was verloren ist, ist ‚am Galgen', daher die mdal. öfters belegte Rda. *Das ist Butter an den Galgen geschmiert:* das ist nutzlose, vergebliche Arbeit. Ebenfalls nur mdal. bezeugt ist die Wndg. *am goldenen Galgen hängen:* im reichen Elend leben, von Ehemännern gebraucht, die eine Frau ihres Geldes wegen geheiratet haben; im gleichen Sinn auch das mdal. gebräuchl. Sprw., z. B. schwäb. ‚Ein goldiger Galge taugt nix, wenn ma dra hange muß' oder rhein. ‚Wat nötz mer ene gölde Galge, wann ich dran hange moß!' Els. dagegen ‚am silbernen Galgen hängen', ein mühevolles, aber auch sehr einträgliches Amt haben.

Er hängt dran wie der Dieb am Galgen ↗ Dieb. Ähnl. erzgeb. ‚Daar hengt drân wie der Leffel em Golchen', er hält sich sehr ungeschickt, bes. von nicht gut sitzender Kleidung.

Wie Galgen selbst früher als Schimpfwort gebraucht wurde, z. B. in Beheims ‚Buch der Wiener' (275,4): „Grünspanlein, diser mörder, der pos diep und henkmäßig galk", so nennt man einen treulosen, betrügerischen Menschen auch *falsch wie Galgenholz;* schon die Hess. Reimchronik zum Jahr 1414 erzählt von einem Hans Galgenholz:

Den Hessen auch das bracht ein Freud,
Daß sie fingen in selbem Streit
Fritz Galgenholz, ein reisigen Knecht,
Der ein geborner Hesse recht
Und des Grafen Kundschafter war
Von dem das Land leidt groß gefahr.

Auch schwäb. ist ‚Galgenholz' der Name für einen falschen, betrügerischen Menschen. Ndl. ‚Hij is zoo slim als het hout van de galg'. In den Mdaa. werden dem Galgenholz noch viele andere Eigenschaften zugeschrieben: ‚so krumm, schlecht, frech, zäh wie Galgenholz'. Ähnl. gebildete Scheltwörter sind ‚Galgenschwengel' (bezeugt z. B. im Amadis-Roman), ‚Galgenstrick', ‚Galgenaas', ndl. ‚galgestrop'. Da Gehenkte am Galgen hinundherbaumeln, scheinbar fliegen, und den Vögeln zum Fraß ausgeliefert sind (↗vogelfrei), werden aufhängenswerte Spitzbuben iron. auch als ‚Galgenvögel' oder ‚Galgenfleisch' bez.

‚Galgenvögel'

Die ‚Galgenfrist' ist der letzte Aufschub vor einem unentrinnbaren Verhängnis, eigentl. die letzte Gnadenfrist für einen zum Galgen Verurteilten; das Wort taucht Anfang des 16. Jh. zuerst auf und wird schon 1639 von Erasmus Alberus bildl. gebraucht. ‚Galgenhumor' hat, wer in verzweifelter Situation noch Witze zu reißen vermag.

Lit.: *A. Winkler:* ‚Löffel am Galgen', in: Mitteldt. Blätter f. Vkde. 3 (1928), S. 29; *R. Weber:* ‚Schob am Galgen', in: Mitteldt. Blätter f. Vkde. 3 (1928), S. 14–15; *W. Müller-Bergström:* Art. ‚Galgen', in: HdA. III, Sp. 258–269; *E. Frh. v. Künßberg:* Rechtliche Vkde., in: Volk, Bd. 3 (Halle 1936); *ders.:* Rechtsgesch. und Vkde. (Köln – Graz 1965); *K. Frölich:* Stätten ma. Rechtspflege auf südwestdt. Boden, bes. in Hessen und den Nachbargebieten, in: Arbeiten zur rechtlichen Vkde. 1 (Tübingen 1938); *K. Rossa:* Todesstrafen – Ihre Wirklichkeit in drei Jahrtausenden (Oldenburg – Hamburg 1966); *K.-S. Kramer:* Art. ‚Galgen', in: HRG. I, Sp. 1377–1378; *V. J. Samarov:* Art. ‚Galgen', in: EM. V, Sp. 647–654; *E. Moser-Rath:* Art. ‚Galgenhumor', in: EM. V, Sp. 654–660.

Galimathias. *Galimathias reden:* sinnlos schwätzen, verworren reden. Frz. galimatias, von neulat. gallimathia, gelehrte Zusammensetzung aus galli- und griech. mátheia, war urspr. ein Fachausdr. in den Diskussionen an der Pariser Sorbonne (‚Galli' waren die Prüflinge der Sorbonne und griech. ‚mátheia' ist das Wissen). Er gelangte Ende des 17. Jh. als Fachwort der Poetik ins Dt., wo es sich bes. als Schlagwort der lit. Kritik gehalten hat und in die Umgangssprache und Mdaa. Eingang fand. Mdal. belegt ist schweiz. ‚Galli-Matteies', verworrenes Geschwätz, und schwäb. ‚Galimathias', dummer Mensch und dummes Geschwätz, Unsinn. Lit. z. B. bei H. v. Hofmannsthal im ‚Turm' (4. Aufz.): „Verdeutsch ihnen den Galimathias".

Nur der Volksetymologie gehört die folgende Anekdote an, die die Entstehung des Wortes ‚Gallimathias' zu erklären sucht: Ein frz. Advokat soll in einem lat. geführten Prozeß, in dem es sich um den Hahn eines Bauern namens Matthias handelte, statt ‚gallus Matthiae' fortwährend gesagt haben ‚galli Matthias', woher dann diese Art konfusen Sprechens ‚Galimathias' genannt wurde. Nach der heutigen Witztheorie gehört zum Gallimathias vor allem das verballhornte Fremdwort, z. B. ‚Beethovens Erotika', der ‚Gang nach

Casanova', der ,Schmus primae noctis', auch der ,Jux primae noctis', die ,Carmina Bonanza' oder Bachs ,zwei- und dreistimmige Investitionen' etc.

Lit.: *K. Fischer:* Über den Witz, in: Kleine Schriften (Heidelberg 1896), S. 59; *L. Röhrich:* Der Witz (Stuttgart 1977), S. 54, 78.

Galle. *Die Galle läuft (geht) ihm über* (oder *steigt ihm auf):* er gerät in Zorn, äußert heftig seinen Ärger, vgl. frz. ,Cela lui fait déborder la bile'. Die Rda. ist urspr. ganz wörtl. gemeint: Die Galle, die gelbliche Absonderung der Leber, gerät bei zorniger Erregung in Fluß und ist schon seit alter Zeit das Sinnbild für Bitteres, Unangenehmes, vgl. *bitter wie Galle, gallenbitter,* schon bei Heinrich von Türlin (,Der Aventiure Crône, V.17205): „dâ ist ein bitter galle bî". Die Rda. selbst ist belegt bei Hans Sachs:

denn ist die Gall mir überlaufen,
das ich ir thu ein kappen kaufen
(= sie schlage).

Gift und Galle spucken (speien): äußerst schlechter Laune sein, in Wut geraten (↗Gift). Galle ist auch in den heutigen Mdaa. noch in ähnl. Sinne gebräuchl., z.B. obersächs. ,Galle sein mit jem.', ihm böse sein; holst. ,Ik heff en Gall up em', ich suche Händel mit ihm. *Voller Galle sein:* mißgelaunt sein; vgl. frz. ,fielleux'. Schon seit dem Mhd. ist Galle schließlich auch zum Scheltwort für böse und neidische Personen geworden; in Ottokars ,Oesterr. Reimchronik' redet Adolf von Nassau von seinem Feinde Wenzel von Böhmen als von der „beheimischen gallen", und in der ,Kudrun' (1278,1) ruft Gerlind Kudrun zu: „Nu swîc, du übele galle!"

Die Galle mit Honig überziehen: die schlechte Laune mit Süßem vertreiben, was selten gelingt, denn: ,Galle bleibt Galle, wenn man sie auch mit Honig bestreicht', wie es im Sprw. heißt.

Galle und Honig – zwei entgegengesetzte Stoffe, die dennoch im Aussehen manches gemeinsam haben: Beide sind dickflüssig und zäh, beide von gelber Grundfarbe, woher ja auch ihre Namen etymol. abzuleiten sind. Doch kontrastieren Galle und Honig im Geschmack und in der Verwertbarkeit. Galle schmeckt bitter, Honig süß; der Honig ist wertvoll, kräftigend und wird vom Blut leicht aufgenommen, der Genuß von Galle kann schaden. Sogar die eigene Galle wird dem Körper zum Gift, wenn sie nicht in den Darm abfließen kann, sondern ins Blut übertritt; sie führt dann zu Gelbsucht. Daher auch die bereits mhd. geläufige Formel ,Gift und Galle'.

Dem Gegensatzpaar ,Galle und Honig' hat die Germanistik einige Aufmerksamkeit geschenkt. Insbes. hat Werner Fechter darüber eine größere Dokumentation vorgelegt, der wir hier folgen. Die Vermischung mit Galle nimmt dem Honig den Geschmack und die Verwertbarkeit; er wird ,vergällt'.

Galle symbolisiert das Schädliche, das sittlich Schlechte und Sündhafte, die Bosheit, die Falschheit, den Haß, den Neid und den Zorn. Metaphorisch kennzeichnet die Galle-Honig-Formel die Gefährdung des Menschen durch das Böse.

Wer Gutes mit Bösem vergilt, gibt ,Galle für Honig' (Boner). Der Neidische hat ,Honig im Munde und Galle im Herzen' (Renner). Die Galle-Honig-Formel erscheint meist dort, wo ein Glück vergeht, eine Hoffnung zunichte wird, ein Schein trügt, wo sich die Gebrechlichkeit und Unzuverlässigkeit alles Irdischen als schmerzlich erweist.

Die Taube hat keine Gallenblase. Daraus schloß die ma. Naturwiss., daß sie ohne Galle sei, und das hieß in gleichnishafter Deutung, daß sie ohne Zorn, ohne Haß und Neid, überhaupt ohne Sünde sei. Häufig wird Maria als ,Taube ohne Galle' angesprochen, z.B. im ,Melker Marienlied': „du bist âne gallen glîch der turtiltûben", oder in Konrads v. Würzburg ,Goldener Schmiede': „du bist ein reiniu türteltûbe sunder gallen" (V. 570f.). Die Worte und Werke der Jungfrau Maria sind daher ,wie Honig ohne Galle'.

In der ahd. und früh-mhd. Lit. kommt das Gegensatzpaar Galle-Honig noch nicht vor. Die Belege beginnen erst mit der Dichtung der mhd. Blütezeit, bes. bei Hartmann von Aue, z.B. im ,Armen Heinrich':

sîn hôchvert muose vallen,
sîn honec wart ze gallen.

Die Belege aus Minnesang und Spruchdichtung setzen mit Walther von der Vogelweide ein:

der ist nû ein gift gevallen,
ir honec ist worden zeiner gallen.

Von hinterlistigen Freunden sagt Walther:

mir grûset, sô mich lachent an die lechelaere,
den diu zunge honget und daz herze gallen hât.

Und in der ,Elegie':

owê wie uns mit süezen dingen ist vergeben!
ich sihe die gallen mitten in dem honege sweben.

Für die Schuldigen an Mißständen in Rom erwartet Heinrich Frauenlob Bestrafung im Jenseits:

si vindent gallen sicherlîch dort in dem honicseim.

Die lehrhafte und die geistliche Dichtung arbeiten ebenfalls mit der Kontrastformel. Manchmal erscheint sie auch als Sprichwort und könnte dann, als kleine geschlossene Einheit aus dem Text herausgehoben, für sich bestehen, z. B. ,wer nit galle versucht hat, weiss nit wie süß der honig schmeckt' (Geiler v. Kaysersberg); ,auzzen honik und innen gall' (Suchenwirth); , Honig im Munde, Galle im Herzen' (Walther von der Vogelweide).

Die Formel begegnet auch in lat. Sprache (ist allerdings in der Antike selbst nicht nachzuweisen). So gilt als Wahlspruch Kaiser Lothars die knappe Formulierung: ,ubi mel, ibi fel' (,Histor. Chronica der vier Monarchien' [Frankfurt/M. 1642], 22. Tafel). Aus Sprww.-Sammlungen stammen: ,mel in ore, fel in corde gestitant meretriculae'. Man darf dabei die helfende Rolle der lat. Grammatik nicht übersehen. Wer Latein lernte, wurde schon bald auf das Wortspiel ,fel – mel' gestoßen: Zwei Begriffe von starker Gegensätzlichkeit klingen fast gleich.

Lit.: *E. Bargheer:* Art. ,Galle', in: HdA. III, Sp. 271–279; *Th. Frings:* ,Galle u. Honig', in: Beiträge zur Gesch. d. dt. Sprache u. Lit. (Halle) 75 (1953), S. 304–305; *W. Fechter:* Art. ,Galle u. Honig'. Eine Kontrastformel der mittelhochdt. Lit., in: Beiträge zur Gesch. d. dt. Sprache u. Lit. (Tübingen) 80 (1958), S. 107–142.

Galopp. *Im Galopp davonpreschen (fahren, reiten):* sich schnell davonmachen, eilig davonrennen; entlehnt aus ital. ,galoppo', das auf frz. ,galop', einer Ableitung aus frz. ,galoper' beruht. Die Rda. bezieht sich auf die aus Sprungbewegungen bestehende, sehr schnelle Gangart der Pferde und war schon im 16. Jh. geläufig. Später wurde der bildhafte Ausdr. vom Pferderitt auf den Menschen übertr. So in Goethes Ballade ,Hochzeitslied':

So rennet nun alles in vollem Galopp
und kürt sich im Saale sein Plätzchen.

Etw. im gestreckten Galopp tun (erledigen): etw. schnell, auch: flüchtig tun (umg.). Im Laufe der Zeit fand die Rda. auch Anwendung auf andere Dinge, die einen rasenden Verlauf nehmen, z. B. Krankheiten, die schnell zum Tode führen: *im Galopp zu Ende gehen* (,Es geht mit jem. im Galopp zu Ende') oder ,die galoppierende Schwindsucht haben': eine Tuberkulose haben, die keine lange Lebensfrist mehr läßt. Auch ein flotter Tanz wird als ,Galopp' bezeichnet.

Gamasche. *Gamaschen haben:* Angst haben; mdal. z. B. meckl. ,Gamaschen haben' oder rheinl. ,He hat Gamaschen kregen', er hat Respekt bekommen.

Die Rda. ist wohl eine jüngere Umbildung von ↗,Manschetten haben'. Dabei mag mitgespielt haben, daß Manschetten mdal. auch Handgamaschen heißen. Auf einen anderen Zusammenhang deutet freilich obersächs. *einem die Gamaschen anpassen:* ihn durchprügeln, was auf den unbequemen Sitz der steifen Gamaschen anspielt, woher ja auch das Schlagwort vom ,Gamaschendienst' für den schematischen und altmodischen Betrieb im preuß. Heer um 1800 stammt.

Von einem nicht passenden Kleidungsstück sagt man schwäb. ,Es staht dir a, wie'm Esel Gamaschen'.

Gang. *Einen Gang mit jem. wagen (tun):* einen Waffengang beginnen, es mit jem. aufnehmen, z. B. auch beim Spiel. So schon in Hans Sachs' Fastnachtspiel ,Der bös Rauch', in dem der Nachbar von der bösen Frau sagt: „Ich het ein gängli noch gewagt".

Etw. anderes ist *jem. auf (den) Gang bringen:* jem. dahin bringen, daß er geht. Um das zu erreichen, muß man ihm bisweilen

tüchtig zusetzen; daraus entwickelte sich die Bdtg., die die Rda. heute hat (vgl. jem. auf ↗Trab bringen; jem. ↗einheizen). Der Kraftfahrersprache des 20. Jh. ist die Rda. entlehnt: *den vierten Gang einschalten (einlegen):* sich beeilen, sehr schnell gehen. Die Rda. erklärt sich daraus, daß die meisten Automobile vier Vorwärtsgänge haben, wobei im vierten Gang die höchste Geschwindigkeit erreicht wird; vgl. frz. ,en quatrième vitesse': sehr schnell.
,Den langen Gang gehen': Stuhlgang. Hierzu gehört auch das Gesundheitssprw. ,Jeder Gang macht schlank', d.h. man verliert Ballast. Anders der ↗Metzgersgang.
,Den letzten Gang gehen', ↗zeitlich.

Gängelband. *Einen am Gängelband führen:* ihn nach seinem Willen leiten wie ein Kind, das noch nicht allein gehen kann; *am Gängelband gehen:* sich von fremdem Willen leiten lassen. Das Gängelband, im Dt. seit 1716 lexikalisch gebucht, ist das Band, an dem Kinder beim Laufenlernen festgehalten werden. Es ist benannt nach dem seit Luther bezeugten Verbum ,gängeln' = ein Kind laufen lehren, was ebenfalls im übertr. Sinne angewendet wird. Die Rda. erscheint seit dem 18. Jh., z.B. bei Graf L. v. Stolberg (1750–1819):

,Am Gängelband führen'

Leite mich (Natur) an deiner Hand
Wie ein Kind am Gängelband,

bei Schiller (,Fiesko' III,2): „tief unten den geharnischten Riesen Gesetz am Gängelbande zu lenken";

Da ihr noch die schöne Welt regieret,
An der Freude leichtem Gängelband
Selige Geschlechter noch geführet

(,Die Götter Griechenlands', V.1ff.); bei A. v. Platen (1796–1835): „daß Nicolette dich an ihrer Launen Gängelbande führt". Vereinzelt steht für Gängelband auch ,Gängelriemen', so in der dt. Übers. von Richardsons Roman ,Clarissa' (erschienen 1748, VII, 531): „sie wollen mit mir umgehen, wie mit einem kleinen Kinde in einem Gängelriemen". Auch in der rhein. Mda. ist Gängelriemen gebräuchl. Vgl. auch die Rda. ,einen am Bändel herumführen', ↗Band.

Lit.: *I. Weber-Kellermann:* Die Kindheit (Frankfurt/M. 1979), S. 34–36.

gang und gäbe. *Es ist gang und gäbe:* es ist geläufig, gebräuchl., üblich. Diese stabreimende Zwillingsformel ist zusammengesetzt aus gang, ahd. gangi, mhd. genge, gemeint ist eigentl.: was unter den Leuten umläuft, und gäbe, mhd. gaebe = angenehm, gültig, eigentl.: was gegeben werden kann. ,Gäng und gäbe' war urspr. ein Begriff des Münzwesens und bezeichnete die augenblicklich im Umlauf befindliche, gültige Währung, so schon Anfang des 13. Jh. im ,Sachsenspiegel' des Eike von Repkow „geng und gêve"; 1289 in Süddtl. „ain Kostenzer pfenninch, der denne genge und gaebe ist"; 1491: „425 fl. Rh., so in disem Land zu Swaben gutt, ganng und gab sind", 1534 bei Luther in 1. Mos. 23,16: „vier hundert sekel silbers, das im kauff geng und gebe war". Später findet die Formel auch in der Geschäftssprache zur Bez. von Waren Verwendung; heute wird sie von umlaufenden Münzen nicht mehr gebraucht, dafür aber in übertr. Anwendung auf alle Bereiche des täglichen Lebens, für alles, was Sitte und Brauch ist oder von der augenblicklichen Mode bestimmt wird.

Lit.: *H. Schrader:* ,Gang und Gäbe', in: Zs. f. dt. Sprache (Hamburg) 10 (1896/97), S. 8–10; *H. Mané* u. *L. Veit:* Münzen in Brauch und Aberglauben (Mainz 1982), S. 234.

Gans. In den Ausdr. *dumme, alberne, eingebildete Gans* ist Gans heute ein Scheltwort für dumme Frauen oder schwatzhafte junge Mädchen, wobei an das Schnattern gedacht wird; vgl. frz. ,une oie blanche' (wörtl.: eine weiße Gans), Bez. für ein einfältiges, unschuldiges Mädchen.

Früher wurde die Bez. auch für Männer gebraucht; Wolfram von Eschenbach läßt dem jungen Parzival, weil er vor dem leidenden Amfortas die rettende Frage nicht getan hat, aus der Gralsburg nachrufen:

Ir sît ein gans!
möht ir gerüeret hân den vlans
(,Flunsch')
und het den wirt gevrâget ...

(,Parzival' 247, 27).

Kaspar Stieler verzeichnet 1691: „sie ist eine rechte gans – stupida est". In Schillers ,Kabale und Liebe' (I,2) sagt der erzürnte Stadtmusikus Miller von seiner Frau: „Bleiben sitzen! ... Herr Sekretarius! Das Weib ist eine alberne Gans! Wo soll eine gnädige Madam herkommen?" Eine Steigerung dieses Vergleichs bildet die Rda. *Er ist so dumm, daß ihn die Gänse beißen*, häufig in den Mdaa., abgewandelt rhein. ,der es so dumm, daß em de Gäns nolafe' (nachlaufen). Eine volkstümliche Verwünschung lautete in Schlesw.-Holst. ,dat die de Ganner bitt!'

Auch sonst sind unsere Mdaa. reich an sprw. Rdaa. von den Gänsen; viele davon sind durch die Lit. oder in der Umgangssprache bisher kaum bekannt geworden.

Er macht ein Gesicht wie die Gans, wenn's donnert (wenn's wetterleuchtet): er sieht verwundert drein, mit reichen mdal. Varianten, z.B. obersächs. ,Er hält'n Kupp wie de Gänse, wenn's dunnert', schlesw.-holst. ,He steit un luurt as de Ganner na de Blitz'; schon in der ,Lauber-Hütt' Abraham a Sancta Claras: „Drähen die Augen gegen den Himmel wie die Ganß" und bei Picander (Henrici) 1723: „nun stehen wir da wie die Gänse, wenn das Wetter leucht". Älter belegt ist auch *Er ist drauf aus wie die Gans auf den Apfelbutzen*, sehr verbreitet im Schwäb., bezeugt 1596 bei Josephus Langius (,Adagia' S. 48): „er sihet auff eine Seite wie ein Ganß, die ein Apfel suchet".

Er liegt mit den Gänsen im Prozeß, ob es Haare oder Federn werden sagt man von einem jungen Manne, der sehr stolz ist auf seinen ersten Bartflaum; nahezu sämtliche dt. Mda.-Wbb. bieten zu dieser Wndg. reiche Belege, z.B. ,He liggt mit de Gös in'n Perzess' (Wander I, Sp. 1336), rhein. ,Beld der nüs en, du häs der Process mot de Gans noch net gewonne!' (Rhein. Wb. II, 1013); ebd. ,Jetzt gehn der Gans die Federe aus', bei einer schweren Aufgabe. Obersächs. ,Mer hoon auch a Gensel mitnanner zu bruten'. Els. ,Hafer von dr Gans kaufn', eine törichte Forderung stellen, ,d' Gans füetern', sich erbrechen. (Vgl. ,die Fische füttern', ↗Fische).

Aussehen wie eine gerupfte Gans: schlecht frisiert (bei nassem Haar), auch: unrasiert ↗aussehen.

Um der Gänse willen, für die Gänse: für nichts und wieder nichts, belegt bei Grimmelshausen im ,Simplicissimus': „und weiln er gleich mit Weib und Kindern aufbrach, dachte ich: er wird ja um der Gänse willen nicht hinziehen" (nach Moskau); vgl. auch ,für die ↗Katze'.

Den Gänsen predigen ↗Fuchs.

Sich die gebratenen Gänse ins Maul fliegen lassen ↗Taube.

Die Gänse beschlagen: Unnützes tun; obersächs. ,Er will allen Gänsen Schuhe machen', er ist überklug. 1630 heißt es bei Christoph Lehmann im ,Florilegium politicum' (Politischer Blumengarten): „Man find Junge dapffere Leut die auff der Weissheit Werckstatt weder Lehrjungen noch Gesellenweiss gearbeitet vnd niemahln einem Meister nachgewandert, sondern nur daheim bey der Muttermilch vnd dess Vatters Saltzfass in aller Weissheit Meister werden, können bescheydenlich Fünff vor Vngerad zehlen, Dreyssig mit GOTT, den Gänssen Huffeysen anziehen, vnd einer jeden Axt ein Stil finden". Sailers Sprichwörtersammlung von 1810 bringt als Erklärung zu einem ,Überwitzigen': „Er kann einer Gans ein Hufeisen aufschlagen, jeder Laus eine Stelze machen" (↗Laus). Diese und ähnl. Rdaa. sind in mehreren europ. Ländern bekannt. Im frz. Sprachgebiet findet sich 1461 bei François Villon in seinem ,Grand Testament' die Zeile „pour ferrer ouës et canettes". In den Dialekten lebt wenigstens die Erinnerung an die Rda. noch fort, z. B.: ‚Cau pas qu'un cop enta trouba un hèr d'aouco: Il ne faut qu'une fois pour trouver un fer d'oie'. Im Berner Jura findet sich die Wndg. ‚farraie les oûeyes'; als Aprilscherz, als ‚Narrenauftrag' sagt man im Berner Jura auch: ‚On l'enverrait bien porter une oie au maréchal-ferrant, le premier avril, pour la ferrer'. Ital. lautet die Rda. ‚ferrare le oche'; vor allem findet sie sich im Italien des 16. Jh. mehrfach in der Form des Sag-Sprw., z. B.: „A una a una, disse colui, che ferrava l'oche". Die engl. Belege sind im ‚Oxford Dictionary of English Proverbs' zusammengestellt. Danach tritt in einem nicht mehr feststellbaren Jahr des 15. Jh. der Satz auf: „He schalle be put owte of company, and scho the gose". Anstelle von ‚goose' kann auch die Verkleinerungsform ‚gosling' oder der Gänserich ‚gander' treten.

Das Barfußgehen der Gänse, das Bedauern mit ihnen, daß sie keine Schuhe haben, daß man ihnen Schuhe machen sollte und ähnl. Vorstellungen treten häufig in Sprichwörtern, Redensarten und vor allem in Kinderreimen auf. Der bekannteste ist:

Eia popeia, was raschelt im Stroh?
Die Gänschen gehn barfuß und hab'n keine Schuh,
Der Schuster hat Leder, kein Leisten dazu,
So kann er den Gänschen auch machen keine Schuh.

Heinrich Bebel faßte in seinen 1508 erschienenen ‚Proverbia Germanica' diesen

1

2

3

1–3 ‚Gänse beschlagen'

Gedanken in die Worte: „Non curo anseres nudipedes ire; de negligenti dicitur". Entspr. heißt es in Seb. Brants ‚Narrenschiff':

Wer sorget, ob die gaenss gent bloss ...
Der hat kein frid, ruow vberal.

Das Beschlagen der Gänse kommt auch in einer ganzen Reihe von bildl. Darstellungen vor, z. B. auf den Misericordien des Münsters von Beverly (Engl.). Eine Gans in einem sog. Notstand, wie ihn die Schmiede zum Beschlagen von Pferden kennen, zeigt auch eine Ill., die sich in einem Manuskript in Oxford befindet. Eine weitere Darstellung findet sich in einer Kirche von Walcourt in Belgien, wo wiederum eine Gans von einem Schmied beschlagen wird. Alle diese Bildzeugnisse fallen zeitlich ungefähr mit den lit. Belegen zusammen: ins Ende des Mittelalters.

Eine Art ‚Beschlagen' der Gänse hat es nun indessen tatsächlich gegeben: In einzelnen Teilen Irlands wurden und werden noch Zeichen in die Schwimmhäute der Gänse eingelocht; sie wurden ‚tokened'. Das geschieht vor allem dort, wo sie auf gemeinschaftliche Weide gehen oder getrieben werden. Sie werden in diesem Fall mit dem üblichen Besitzerzeichen unterschieden. Viel eigenartiger aber ist eine in Wales angewandte Methode, um Gänse zum Verkauf aus Wales nach England zu treiben, zu einer Zeit, als noch alles zu Fuß ging. Da die Gänse schlecht zu Fuß sind und diese großen Strecken, die eine tagelange Wanderung erforderten, wohl kaum ohne Beschwerden bewältigt hätten, wurden sie ‚beschuht', d. h. ihre Füße wurden in Pech getaucht. Wo dieser Brauch nicht mehr verstanden wurde, da mag das ‚Beschlagen' der Gänse als unnützes Tun erschienen und in diesem Sinne rdal. geworden sein.

Die Gans (nicht) schlachten, die goldene Eier legt: es hat wenig Sinn, etw. angreifen oder ausmerzen zu wollen, was einem nur Vorteile beschert. Eine solche törichte Handlung begeht in Äsops Fabel ein Mann, der von Hermes eine Gans geschenkt erhält, die goldene Eier legt. Weil er glaubt, in ihrem Innern befinde sich ein ganzer Klumpen Gold, schlachtet er sie und zerstört auf diese Weise durch seine Habgier die Quelle seines Glücks (Mot. D. 876).

‚Eine Martinsgans schlachten': am Martinsfest (11. 11.) eine Gans essen. In vielen kath. Familien ist es seit jeher Brauch, am Fest des hl. Martin die sog. ‚Martinsgans' zu verzehren. Der Urspr. dieses Brauchs ist nicht gesichert, doch gibt es verschiedene Theorien seiner Entstehung: Seit dem Ende des 15. Jh. gilt der hl. Martin als Schutzpatron der Gänse und hat auf bildl. Darstellungen entspr. eine Gans als Attribut. Das soll damit zusammenhängen, daß am Fest des Hl. die Naturalabgaben fällig wurden. Sie bestanden meist aus geschlachteten Gänsen. Eine andere Erklärung liefert die Legende. Demnach soll sich der hl. Martin zur Zeit der Bischofswahl aus Bescheidenheit in einem Gänsestall versteckt gehalten haben, durch das Geschnatter der Gänse schließlich jedoch entdeckt worden sein. Seither würden die Gänse zur Strafe am Martinstag geschlachtet. In einem Martinslied heißt es daher:

Was haben doch die gense getan,
daß so vil müßens leben lan?
Die gens mit irem dadern ...
sant Martin han verraten ...
darumb tut man sie braten.

(L. Röhrich u. R. W. Brednich: Dt. Volkslieder, Bd. II [Düsseldorf 1967], S. 93, Nr. 10c, Str. 1).

Als gebratene Gans ist sie ihres Ruhmes gewiß, wie auch ein Kölner Sprw. bezeugt: ‚Eine jut gebrat'ne Jans is 'ne jute Jabe Jottes'.

‚Die Gänse haben das Kapitol gerettet' wird oft als Gegenrede gebraucht, wenn eine Person als ‚Gans' tituliert wurde. Die auf dem römischen Kapitol zu Ehren der Göttin Juno gehaltenen Gänse sollen der Sage nach um das Jahr 390 v. Chr. durch ihr Schnattern die Wachen vor den im Dunkeln heranschleichenden Galliern gewarnt und so das Kapitol gerettet haben (Mot. B 521.3.2).

Lit.: *W. Humphrey:* ‚Shoeing the Goose', in: Notes & Queries, 3rd, 7 (1865), 457–458; *J. Addis:* ‚Shoeing the Goose', in: Notes & Queries, 4th, 8 (1871), 335; *F. Gall:* Wo der Wolf den Gänsen predigt. Hist. Stätten u. Zeichen, Sagenfiguren u. Sinnbilder in Wien (Wien 1872); *O. Keller:* Die antike Tierwelt 2 (Leipzig 1913),

S. 220–225; *K. Knortz:* Die Vögel in Gesch., Sage, Brauch u. Lit. (München 1913), S. 1–49; *A. Taylor:* Art. ‚Gans', in: HdA. III, Sp. 290–295; *R. Wildhaber:* ‚Die Gänse beschlagen', in: Homenaje a Fritz Krüger – U. N. C. II (Mendoza 1954), S. 339–356; *K. Genrup:* Gåsskötsel (Gänsezucht). En etnologisk studie ... (Lund 1975); *M. Grätz:* Art. ‚Gans', in: EM. V, Sp. 676–683; *E.* u. *L. Gattiker:* Die Vögel im Volksglauben (Wiesbaden 1989), S. 496–518.

Gänsefüßchen. *Etw. in Gänsefüßchen setzen:* mit Anführungszeichen versehen. Der aus der Druckersprache stammende bildhafte Ausdr. ‚Gänsefüßchen', der an den Abdruck von kleinen Gänsefüßen erinnert, bezieht sich auf die ältere Schreibform des Anführungszeichens (« »); vgl. auch die Sage von den Zwergen, die Gänsefüße haben.

Ihre Anwendung scheint nicht immer auf volle Zustimmung gestoßen zu sein. Vor allem im 19. Jh. wurde der häufige Gebrauch der ‚häßlichen Dinger' beanstandet. So schrieb z. B. Jean Paul (‚Titan' [1800], I, 57): „Da ich nicht absehe, was die Menschen davon haben, wenn ich die mir beschwerlichen Gänsefüße sammt dem ewigen ‚er sagte' hersetze: so will ich den Auftrag in Person erzählen". Und an anderer Stelle (‚Doppelwörter' [1820], 226) führt er aus: „den alten Horaz z. B. redet in seinen Satiren jeder Narr an, und er antwortet ihm, ohne daß die Alten nur durch die kleinsten ‚Gänsefüße' oder ‚Hasenöhrchen' angezeigt oder unterschieden hätten, wer eigentlich rede. Bei uns aber fehlen solche Anzeigen wohl nie, und wir folgen natürlich gleichsam auf den Gänsefüßen dem Autor leichter, und vernehmen ihn mit den Hasenöhrchen leichter".

Seine Einwände haben indes wenig an dem eingefahrenen Brauch ändern können. Im Gegenteil: Heute werden die ‚Gänsefüßchen' sogar gelegentlich gesprochen oder in einer Rede bes. hervorgehoben und durch eigene Wndgn. wie ‚ich zitiere' oder ‚Ende des Zitats' gekennzeichnet, um Mißverständnisse über den geistigen Urheber einer Äußerung zweifelsfrei auszuschalten.

Lit.: *L. Petzoldt:* Dt. Volkssagen (München 1970), S. 230f., Nr. 379.

Gänsehaut. *Eine Gänsehaut kriegen:* frieren, übertr.: einen heftigen Schreck bekommen. Die Rda. beruht auf der Beobachtung, daß sich die Haut infolge niedriger Temperaturen oder bei Erschrecken zusammenzieht, was eine Vorwölbung der Haarfollikel sowie ein Aufrichten der ↗ Haare auslöst, so daß sie der Haut einer gerupften Gans ähnelt. Bei Hans Sachs heißt es:

> Nach dem hast mich gewelt also,
> Das mir gleich ein genshaut anfur

und bei Kotzebue:

> Hu! wenn ich dessen gedenk mit Grausen,
> So überläuft mich eine Gänsehaut.

Vgl. frz. ‚avoir la chair de poule' (wörtl.: ‚Hühnerfleisch haben'). Ähnl. Bdtg. hat die Rda.: ‚einem kalt den Rücken hinunterlaufen', ↗ kalt.

Gänsemarsch. *Im Gänsemarsch gehen:* dicht hintereinander hergehen, einer hinter dem anderen. Aus der Beobachtung, daß die ‚Gössel', die Jungtiere der Gänse (aber auch Enten), gern in Kiellinie hinter (zwischen) ihren Eltern laufen und schwimmen, entstand das ‚Bild' vom Gänsemarsch. Der Ausdr. ist seit den dreißiger Jahren des 19. Jh. bezeugt und vermutlich in student. Kreisen Leipzigs entstanden. Vorher gebrauchte man statt dessen ‚Gänsegang'.

Bei den Marburger Studenten galt als Gänsemarsch: hintereinander am Bordstein zu gehen, einen Fuß auf dem Bürgersteig, den andern auf dem Fahrdamm – oft als nächtlicher ‚Schweigemarsch' – im Rhythmus: lang-kurz-lang-kurz.

Zu ihrem Vergnügen ahmen heute noch gern Kinder den Gänsemarch nach, nicht selten ausgelöst durch den Ruf: ‚So, und nun ab im Gänsemarsch!' Die schweizerdt. Mda. kennt außerdem die Ausdr. ‚Katzenschwanz' und ‚Entenmarsch'. Der frz. Ausdr. ‚pas de l'oie' bez. dagegen den dt. Paradeschritt.

Gänsewein. *Gänsewein trinken:* Wasser trinken. Die scherzhafte Wertsteigerung des einfachen Trinkwassers zum Gänsewein erscheint vorgebildet in Fischarts ‚Podagrammisch Trostbüchlein' (S. 674): „träncken die gäns wein, so beschert ihnen gott kain wasser. Das letztere soll eben ihr Wein sein". In der ‚Ehrlichen

Frau Schlampampe' (S. 65) begegnet dann bereits die Zusammenstellung: Hühner-, Tauben-, Gänsewein. „Sauf gänswein, so fellestu darvon ins feuwer nicht" (‚Gartneri diceteria proverbialia', 1598).
Nach heutigem Verständnis bezieht sich der Ausdr. ‚Gänsewein' auf das Trinkwasser, wie es aus der Wasserleitung kommt (‚Pumpenheimer', ‚Kranenberger', ‚Brunnenburger', ‚Leitungsheimer'), ferner auf alle Arten von Quellwasser sowie auf Mineralwasser, das in Flaschen abgefüllt ist.

Garaus. *Einem den Garaus machen:* ihn umbringen. Der Begriff Garaus ist die zum Hauptwort erhobene adverbiale Formel ‚gar aus' i. S. v. ‚ganz, vollständig aus'; er taucht in unserer Sprache zuerst im Frühnhd. auf. Mit dem Ruf ‚gar aus!' wurde im alten Regensburg und bes. in Nürnberg die Polizeistunde in den Wirtshäusern geboten; allmählich übertrug man ihn auch auf die Tageszeit, zu der er erfolgte, und auf den Glockenschlag, der das Ende des Tages verkündete. Bei Hans Sachs sind Wortbildungen wie ‚Garausglocke' und ‚Garauszeit' für Nürnberg bezeugt, z. B. in der ‚Wolfsfabel':

Wann man die garaus glocken laut,
Dann muß ichs zahlen mit der haut.

Der Garaus erscheint im 16. Jh. in den Wndgn. *den Garaus spielen, den Garaus singen,* zur Bez. des letzten Tanzes und des letzten Liedes am Abend (↗Kehraus). Noch im 19. Jh. bezeichnete man in Nürnberg das Abendläuten als gâras. Bildl. Gebrauch des Wortes findet sich zuerst bei Kirchhoff (‚Wendunmuth' 4,382): „wenn es auff der großen Uhren, wie zu Nürnberg und anderstwo bräuchlich, nach der Tagläng ... abendts den Garauß schlägt, soll man sich erinnern, daß auch mit uns allen ... letzlich der Garauß kommen werde". Fincelius schreibt 1566 in den ‚Wunderzeichen' (Q 7[a]): „Welchen allen der Herr Christus mit dem Fewer seines Jüngsten Gerichtes ein Ende und Garauß ... machen wirdt". Kaspar Stieler bucht 1691 (‚Stammbaum', S. 69): „Garaus, der / ruina, interitus rei, den Garaus mit einem spielen, einem den Garaus machen / funditus aliquem perdere ..." Daneben kennt Stieler noch ‚Garaussaufen', trinken, entstanden aus gar austrinken. Vgl. auch den Refrain eines Volksliedes bei Uhland (Alte hoch- und ndd. Volkslieder): „Drincks gar aus, drincks gar aus". Davon ist abhängig das im Frz. bei Rabelais belegte ‚boire carrous et alluz' und engl. ‚a deep carouse'.

Lit.: *W. Gebhardt:* Art. ‚Garaus', in: Trübners Dt. Wb. III, S. 16[a].

Gardemaß. *Gardemaß haben:* sehr groß sein. Unter der Bez. ‚Gardemaß' verstand man allg. das zur Aufnahme in die Garde des Soldatenkönigs Friedrich Wilhelm I. v. Preußen vorgeschriebene Größenmaß. Da es eine – für die damalige Zeit beträchtliche – Mindestgröße von 1,80 m festlegte, wurden die Gardesoldaten im Volksmund ‚die langen Kerls' genannt, auch ‚Potsdamer Riesengarde'.

Garderobe. *Den Verstand an der Garderobe abgeben (abgegeben haben):* kein eigenes Urteil mehr für sich beanspruchen, ↗Verstand.

Gardine. *Hinter die schwedischen Gardinen kommen:* ins Gefängnis, hinter ↗Schloß und Riegel kommen, eingesperrt werden. Diese jüngere Rda. entstammt der Gaunersprache. Gardine steht verhüllend für die Gitter der Gefängniszellen; schwedisch heißen die Gardinen vielleicht in Erinnerung an die Gewalttätigkeit der Schweden im Dreißigjährigen Krieg, vgl. den „Schwedentrunk' (↗eintränken). Wahrscheinlicher ist aber der Zusammenhang mit den Eisenimporten aus Schweden. Der Stahl, der aus Schweden kam, galt als bes. gut und haltbar; er wurde deshalb für die Gefängnisgitter verwendet.

Gardinenpredigt. *Einem eine Gardinenpredigt halten:* ihm eine Strafpredigt halten; diese Predigt ist eigentl. die Strafrede, die die Frau ihrem Manne hinter den Gardinen, d. h. den Bettvorhängen, hält. Schon Seb. Brant nennt 1494 im ‚Narrenschiff' (64. 27 ff.) die nächtliche Strafrede der Gattin ‚Predigt':

Die ander kyflet (von ‚keifen') an dem bett:
Der eeman selten fryd do hett,

Můsz hören predig ouch gar oft,
So manch barfuszer lyt vnd schloft.

Die Vorstellung des Bettvorhangs tritt im 16. Jh. hinzu; das Wort Gardinenpredigt ist nicht vor 1743 nachgewiesen. Gebucht wird es 1795 von Hupel im ‚Livländischen Idiotikon' 72: „Verweis, welchen die Frau ihrem Gatten unter vier Augen, sonderlich bei dem Schlafengehen, giebt". Ähnl. Ausdr. in den skandinavischen Sprachen und im Engl. sind z. T. früher belegt. Ndl. heißt es von einer zanksüchtigen Frau ‚Zij heeft hem de gordijn-metten gelezen'.

Lit.: *F. Robinson:* ‚Curtain Lecture', in: American Notes & Queries 10 (1971/72), S. 40–41; *R. Kelly:* ‚Curtain Lecture', in: American Notes & Queries 11 (1972/73), S. 24.

Garn. *Sein Garn spinnen:* seine Ziele stetig, aber unauffällig verfolgen.

Gutes Garn spinnen: redlich und mit Erfolg handeln; so schon 1512 in Thomas Murners ‚Schelmenzunft':

Dass jeder mein',
ich red das sein,
so würff ich stühl vnd benck drein:
noch kann jr keiner das erfarn,
vnd meinen all ich spinn gut garn,

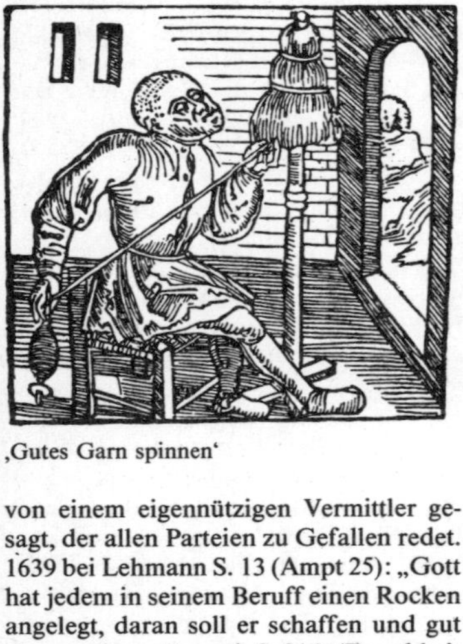

‚Gutes Garn spinnen'

von einem eigennützigen Vermittler gesagt, der allen Parteien zu Gefallen redet. 1639 bei Lehmann S. 13 (Ampt 25): „Gott hat jedem in seinem Beruff einen Rocken angelegt, daran soll er schaffen und gut Garn spinnen", und S. 216 (Frombkeit 34): „Mancher hat den Nahmen, als spinne er das beste Garn, da er doch nur Sack spinnt". In Schnabels Abenteuerroman ‚Insel Felsenburg' (1731/43) heißt es (4, 518): „zu sehen was unsere daselbst zurück gelassenen Brüder benebst den Portugiesen vor gut garn spönnen".

In verneinter Form erscheint die Rda. bereits 1578 in Fischarts ‚Ehezuchtbüchlein': „Welche nit gut garn, wie man sagt, hie haben spinnen woellen". In dieser Form ist sie heute meist gebräuchl.: *kein gut Garn miteinander spinnen:* sich nicht vertragen, mdal. z. B. schwäb. von zwei unglücklichen Eheleuten: „Se spinned kei guet Garn mit enand'. Schweiz. auch ‚grobes Garn', rhein. ‚rauhes Garn spinnen' (↗ Faden). Vgl. frz. ‚filer un mauvais coton' (wörtl.: schlechte Baumwolle spinnen): sich in einer schwierigen Situation befinden.

Ein Garn spinnen: Geschichten erzählen, auch *Seemannsgarn spinnen:* unglaubwürdige Geschichten vortragen; diese Wndgn. entstammen der Seemannssprache; die Matrosen mußten auf See in ihrer Freizeit aus aufgelöstem alten Tau- und Takelwerk neues Garn herstellen, wobei sie von ihren Abenteuern erzählten. Daher im Ndd.: ‚Du häs mien Garn vertüddelt, nu häbb ick den Faden (beim Erzählen) verloan!'

Einem ins Garn gehen: sich von ihm verlocken lassen; vgl. auch frz. ‚tomber dans le filet'; *einen ins Garn locken:* ihn verleiten; in diesen Redewndgn. steht Garn i. S. v. ‚Fischnetz, Netz des Vogelstellers'. Luther gebraucht 1534 zur Übers. der Bibelstelle Hes. 32, 3: „Ich will mein netz vber dich auswerffen durch einen grossen hauffen volcks, die dich sollen jnn meine gern jagen". In der Komödie ‚Hans Pfriem' von Hayneccius (1582) klagt der Held beim Anblick der Richter (V. 975):

Die sind so abgericht auff mich,
Das sie mich fangen listiglich,
Ist gar ein ausgelegtes Garn.

Bei Schiller heißt es in den ‚Räubern' (II,3): „Den hab' ich schön ins Garn gekriegt", und im ‚Fiesko' III,4) läßt Fiesko den ankommenden Mohren befragen: „Ist was ins Garn gelaufen?" Vgl. mdal. (rhein): ‚enen en et Garn kommen', ins Revier kommen, ‚enen achter et Garn verfolgen', hinter ihm her sein, und das nhd. Verbum ‚umgarnen', bestricken, verführen (↗ Fallstrick, ↗ Leim).

,Ins Garn gehen'

Das Garn auf dem Boden laufen lassen: es mit einer Sache genau nehmen, energisch und ohne Rücksicht vorgehen. Die Wndg. ist schwäb. heute noch stellenweise bekannt; sie geht zurück auf die Bdtg. von schwäb. ,Garn' = das Fischnetz, das gezogen wird. Belegt ist sie z.B. 1545 bei Eberh. Tappius (,Germanicorum Adagiorum' fol. 89[a]) oder bei dem Schwaben Luc. Osiander d.Ä. (1534–1604), bei dem es heißt: „Wenn man aber will das Garn auf dem Boden gehen lassen". Ihre Herkunft ist noch sehr deutlich bei dem schwäb. Mundartdichter Nefflen zu erkennen, der im ,Vetter aus Schwaben' (S. 132) schreibt: „Er will's Garn auf'm Bode laufa lau, und däs thuat net guat; mein Aehne hot ällemool g'sait: doo bleib's Garn an de Stoa hanga und verreiss".

An älteren, heute jedoch kaum noch gebräuchl. Rdaa. sind außerdem zu nennen: *vor dem Garn fischen* (d.h. da, wo es nichts zu fischen gibt): sich vergeblich bemühen; bezeugt bei Luther: „darumb acht ich es vor dem Garn gefischt, so man umb Verteidigung willen des Evangelii sich wider die Obrigkeit legt". Ferner *einem das Garn verwirren:* ihn in seinen Plänen und Handlungen stören, z.B. in Scrivers ,Seelenschatz' (2, S. 429): „andern, wie klug und weise sie sind, läßt Gott ihre beste Rath- und Anschläge fehlen, machet ihre Weisheit zur Narrheit, und verwirret ihr Garn ...".

Lit.: *F. Kluge:* Seemannssprache (Freiburg 1911), S. 300; *R. Hünnerkopf:* Art. ,Garn', in: HdA. III. Sp. 299–304; *L. Röhrich* u. *G. Meinel:* Redensarten aus dem Bereich der Jagd und der Vogelstellerei, S. 316; *R. W. Brednich:* Der Vogelherd. Flugblätter als Quelle zur Ikonographie der Jagd, in: Rhein.-Westf. Zs. f. Vkde. 24 (1978), S. 14–29.

Garten. *In seinem eigenen Garten jäten,* heute zumeist ersetzt durch: vor seiner eigenen ↗Tür kehren, schon bei Seb. Franck (,Sprichwörter' 1541, II, S. 64b): „In seim eygen garten ietten oder krauten gehn" erklärt er mit: „An jm selbs die besserung anfahen".

Quer durch den (Gemüse-)Garten: Gemüsesuppe, d.h. eine Suppe, in der alle Gartengemüse enthalten sind (20. Jh.); vgl. frz. ,Potage jardinière,' (wörtl.: Gärtnerinsuppe).

Es ist nicht in seinem Garten gewachsen ↗Mist; *jem. einen Stein in den Garten werfen* ↗Stein. Der Kirchhof (= Totengarten) ist in der schwäb. Rda. gemeint: ,Der gaht de Garte na', er kommt zum Sterben.

Lit.: *K. Heckscher:* Art. ,Garten', in: HdA. III, Sp. 304–307; *G. Meinel:* Art. ,Garten, Gärtner', in: EM. V, Sp. 699–711.

Gasse. In der älteren Studentensprache bedeutete *gassatim gehen:* herumschwärmen, lärmend durch die Gassen ziehen. Die Rda. ist gebildet zum lat. Verbum grassāri nach dem Muster der häufigen ostiatim, virgatim, privatim und lautete zunächst ,grassatim gehen'; da die Gasse meist der Ort des lustigen Schwärmens war, wurde daraus ,gassatim'. Schon um 1600 verstanden die Studenten diesen Ausdr. nicht mehr oder verwirklichten ihn grob witzelnd und falsch wörtl., indem sie bei ihren nächtl. Umzügen auf die Gassensteine mit Stöcken und Waffen hieben, wie das die Verse von Moscherosch in dt.-lat. Mischsprache schildern:

bursa studentorum finstri sub tempore nachti,
cum sterni leuchtunt, mondus quoque scheinet ab himlo,

gassatim laufent per omnes compita
gassas
cum geigis, cytharis, lautis,
harphisque spilentes,
haujuntque in steinos, quod feurius
springet ab illis.

Der Ausdr. ist dann auch in die Mdaa. eingedrungen und findet sich z.B. im Schwäb., wo ‚gassatə gehen' so viel bedeutet wie: zwecklos umherschlendern, spazierengehen; rhein. ist ein ‚Gassatengang' ein erfolgloser Gang. Die bair. Mda. hat nach ‚gassatim' das Verbum ‚gassieren' gebildet. Im Volkslied des 18. Jh. (Erk, Liederhort 303) heißt es von einem Freier:

Ein junger Knab gassaten gieng
Wol um der Jungfern willen,
Er gieng vor ihr Schlafkämmerlein ...

Belege für die Rda. finden sich häufig in der älteren dt. Dichtung; Joh. Fischart hat in Anlehnung an ‚gassatim' einen ganzen Katalog ähnl. Wörter für unnützes Treiben gebildet: „nach dem nachtessen ... giengen sie herumb gassatum, hispenspilatum, mummatum, dummatum, fenstratum, raupenjagatum" (‚Gargantua' 171[b]). Bei Grimmelshausen erzählt Simplicissimus von dem Praeceptor: „Daher gieng ich schon bei Nacht mit ihm und seines gleichen gassatim und lernete ihm in Kürze mehr Untugenden ab als Latein" (1,428).

Ein Ausdr. ähnl. Bdtg. war *Gassen hauen,* wobei ‚hauen' urspr. i.S.v. ‚beim Gehen schnell und derb auftreten' gebraucht wurde (Belege bei Schmeller I, 1024). Einen solchen Nachtschwärmer und Pflastertreter nannte man einen ‚Gassenhauer'. Diese Bez. ging später auch auf die Gassentänze und Gassenlieder über; so heißt es 1517 bei Aventin (I,542,12): „gassenhawer, die man auf der lauten schlecht". Bis ins 18. Jh. wurde ‚Gassenhauer', ‚Gassenlied' gebraucht für Volkslied, bis dann durch das von Herder 1773 geprägte Wort Volkslied das Wort Gassenhauer einen abwertenden Sinn bekam.

Auf die Gassen gehen, Gäßlein gehen, gässeln, gasseln sind altbair. Ausdr. für das Fensterln, auf nächtlichen Besuch vor die Schlafkammer der Geliebten gehen (entspr. alem. ‚zur Stubete gehen', ‚heimgarten', ‚auf den Strich gehen'). Für die oesterr. Alpenländer hat Ilka Peter den Gasslbrauch in einer methodisch ausgezeichneten Monographie dargestellt.

Wenn eine Tatsache stadtbekannt geworden ist, sagt man *Das wissen selbst die Kinder auf den Gassen;* sprw. schon bei dem Prediger Mathesius (1504–65):

Die kinder auf der gassen wusten,
Das eitel betrug in klöstern war.

Rhein. ‚De geht de Gass eraf', ‚der geht die Gass enunner', mit ihm geht es zu Ende, er stirbt bald (↗Bach).

Als ‚Gassenjungen' bez. man auch die Kinder aus den untersten sozialen Schichten in den Städten. Da dort die Wohnverhältnisse mehr als beengt waren, wurden die Kinder zum Spielen auf die Gasse geschickt.

Gassi gehen: mit seinem Hund einen Straßenbummel machen, um ihm den nötigen Auslauf zu geben sowie Gelegenheit, seine Notdurft zu verrichten.

Hans Dampf in allen Gassen, ↗Hans.

Lit.: *H. J. Moser:* Der Gassenhauer, in: Faust, Heft 10, (1923/24), S. 8ff.; *I. Peter:* Gasslbrauch und Gasslspruch in Oesterreich (Salzburg 1953); *G. Rösch:* Das dt. Kiltlied (Diss. masch. Tübingen 1957); *E. Klusen:* Volkslied. Fund und Erfindung (Köln 1969).

Gast. *Dasitzen wie der steinerne Gast:* stumm dasitzen, belegt z.B. in Eichendorffs Roman ‚Ahnung und Gegenwart' (Buch 3, Kap. 24): „Rudolf war indes auch wieder still geworden und saß wie der steinerne Gast unter ihnen am Tische". In Schillers ‚Piccolomini' (IV, 6) sagt Isolani, indem er auf Max zeigt:

Gebt acht, es fehlt an diesem
steinernen Gast,
Der uns den ganzen Abend nichts
getaugt.

In Schlesien legte man ein 13. Gedeck für den ‚steinernen Gast' auf, wenn bei einer Mahlzeit zwölf Personen am Tisch saßen. Die Rda. geht zurück auf die Sage vom Toten als Gast (Don-Juan-Typus), in der eine zum Essen geladene Statue als ‚steinerner Gast' bei Tisch erscheint und sich dann an dem Frevler rächt.

Die Gewährung von Gastfreundschaft ist ein Elementargedanke vieler Kulturen. Von Homer wird die Gastfreundschaft der Griechen als göttliches Gebot beschrieben. Tacitus idealisierte die Gast-

lichkeit der Germanen. Die Belohnung von Gastfreundschaft und die drastische Strafe für Ungastlichkeit ist in der Exempellit. reichlich thematisiert.
Die hohe Bewertung der Gastlichkeit spiegelt sich in vielen Sprww. Doch wird auch der Mißbrauch der Gastfreundschaft im Sprw. angeprangert. Das in zahlreichen Varianten bezeugt Sprw. ‚Gast und Fisch stinken nach drei Tagen', ‚Dreier Tage Gast – allen eine Last' etc. macht den Überdruß an beharrlichen Gästen überdeutlich. Nach dt. Schwanktradition wurden Gäste mit der Fangfrage, warum Christus nur drei Tage im Grabe gelegen und dann auferstanden sei, zur fälligen Abreise genötigt. Wiederholt wird als Volksbrauch bezeugt, daß dem Gast lediglich für drei Tage Kost und Logis zustanden, so daß er sich nicht auf Dauer einnisten konnte. Von den Beduinen heißt es, daß sie Gäste von Tag zu Tag sparsamer und nach Ablauf der Frist gar nicht mehr versorgten. Bei den gleichfalls als spontan gastfreundlich bekannten Albanern war es üblich, den Gast erst nach drei Tagen und Nächten, dann aber gewissermaßen als Wink mit dem Zaunspfahl, nach dem Zweck seines Kommens zu fragen (Moser-Rath).
In parodistischer Weise wird das Recht des Gastes relativiert:

Und ist der Gast auch noch so schlecht:
er kommt zuerst, das ist sein Recht.

Lit.: *M. L.:* ‚Een gast stinckt op den derden doek; in: Biekorf 58 (1957), S. 84; *L. Petzoldt:* Der Tote als Gast. Volkssage u. Exempel (= FFC. 200) (Helsinki 1967); *U. Jänicke:* Gastaufnahme in der mhd. Dichtung (Diss. Bochum 1980); *L. Hellmuth:* Gastfreundschaft und Gastrecht bei den Germanen (Wien 1984); *E. Moser-Rath:* Art. ‚Gast', in: EM. V, Sp. 718–727.

Gasthut. *Das Gasthütlein abziehen:* die Scheu als Gast ablegen, zu vertraulich werden, ausschreiten, sein wahres Gesicht zeigen. Es handelt sich um eine ältere Rda., die lit. schon früh bezeugt ist:

ja muter, er macht wol ein schein,
sprach sie, als ob er heisz der gûtle,
doch bald er abzog das gasthûtle,
ist er der dückischte dockmawser.

(H. Sachs 1,144);
„... und als er ein kurze zeit dabei war, zohe er das gasthûtlin bald ab, also daz alles geschwetz sein war, (nur er das wort führte) ..." (J. Wickram: ‚Das Rollwagenbüchlin' [1555], 38,6); „Domicianus was ... doch in den ersten jaren mäsziger. aber er zohe das gasthûtlin ab, fiel in allerlei grobe laster" (Seb. Franck: ‚Chronica Zeytbuch und geschycht bibel' [1531], 135).
Umgekehrt bedeutet *einem das Gasthütlein abziehen:* ihn nicht mehr so zuvorkommend behandeln wie einen Gast. Im Schwäb. sind diese Rda. noch in einigen Versionen erhalten geblieben, so z.B. in den Wndgn.: ‚'s Gaschthütle aufhabe': als Gast bevorzugt behandelt werden; ‚eim 's Gaschthütle runtertun': die Rolle eines Gastes beenden.

Gauch ↗Kuckuck.

Gaudeamus singen ↗Placebo.

Gaul. Mdal. gilt Gaul heute im Gebiet etwa zwischen Kaufbeuren, Birkenfeld, Paderborn und Vohenstrauß (im Süden davon gilt ‚Roß', im Westen und Norden ‚Pferd'). Die folgenden Rdaa. dürften daher ihren Urspr. in diesem Gebiet haben:
Ihm geht der Gaul durch: er läßt sich von seiner Leidenschaft fortreißen; das Gegenteil dazu bildet die schwäb. Wndg. ‚Halt den Gaul an', tu langsam. *Mach mir den Gaul nicht scheu:* reize mich nicht, lüge mich nicht so an, urspr. vom Fuhrmann gesagt. Alle anderen landschaftlich mit ‚Gaul' belegten Rdaa., wie: ‚den Gaul beim Schwanz aufzäumen', ‚einem auf den Gaul helfen', ‚dess brengt 'n Gaul um', ‚einem den Gaul satteln', ‚immer auf den höchsten Gaul wollen', ‚immer auf einem Gaul reiten', ‚wieder auf seinen Gaul kommen', ‚sich auf den hohen Gaul setzen', ‚dazu bringen mich keine zehn Gäule ' usw., ↗Pferd.
Ein geschenkter Gaul sein: eine Sache, die man als Geschenk erhielt und deshalb nicht genau prüfen, kritisieren oder gar verurteilen und verschmähen sollte in Rücksicht auf die gute Absicht des Gebers. Die Rda. steht in engem Zusammenhang mit dem bekannteren Sprw. *Einem geschenkten Gaul schaut man nicht ins Maul* (heute oft spöttisch ergänzt: *einem geschenkten Barsch schaut man auch nicht ins Maul*), das sich auf die Methode der

Pferdehändler bezieht, die am Gebiß der Tiere ihr Alter feststellen. Dieses wohl bekannteste Pferdesprichwort ist seit der

‚Einem geschenkten Gaul schaut man nicht ins Maul'

Antike bis heute in lebhaftem Gebrauch und kommt entspr. häufig in den Sammlungen vor. Als ein verbreitetes Sprw. führt Hieronymus (ca. 347–419) in der Einleitung seines Kommentars zum Epheserbrief an: „Noli, ut vulgare proverbium est, equi dentes inspicere donati". Im Lat. wird der Grund des Verbotes deutlicher als im Deutschen, da man eben an den Zähnen das Alter eines Pferdes erkennen kann.

Vgl. auch engl.: ‚Never look a gift horse in the mouth'.

Lit.: *W. Mieder* (Hg.): ‚Dem geschenkten Gaul schaut man nicht ins Maul', in: Dt. Sprww. u. Rdaa. – Arbeitstexte f. d. Unterricht (Stuttgart 1979), S. 22–23. *E. Rosenberger:* Das Pferd in dt. Sprichwörtern und Redensarten (Lizentiatsarbeit [masch.] Basel 1988).

Gebälk ↗knistern.

geben. *Es einem geben:* ihm gründlich die Wahrheit sagen, ihm keine Antwort schuldig bleiben; schon in Grimmelshausens ‚Simplicissimus' (Bd. 3, S. 403): „Wol gegeben! sagte jener". Vgl. auch unser *Gut gegeben!* Iron. gebrauchte man im 18. Jh. bes. in Leipzig *Das gibt sich alles wie das Lateinische:* nach und nach bewältigt man das Schwierige; 1746 ist aus Leipzig bezeugt: „mit denen gibt es sich von selber wie mit dem Griechischen". Auch heute gebrauchen wir noch ohne den Zusatz *Das gibt sich (alles):* es wird sich einrichten, in Ordnung kommen; nordd.: ‚Dat gifft sick!' meint beruhigend: Das renkt sich alles wieder ein; vgl. frz. ‚Tout s'arrangera bien'.

Was gibst du, was hast du: sehr schnell; der Urspr. dieser auch landschaftlich sehr verbreiteten Formel (z. B. schweiz. ‚was gisch, was hesch'; rhein. ‚wat giste, wat häste', möglichst schnell) ist noch nicht sicher erklärt, doch ist an die Fragen eines drängenden Verkäufers zu denken, der seine Ware sogleich an den Mann bringen will; obersächs. in gleicher Bdtg. ‚(was) haste, was kannste', ähnl. schon 1696 bei Chr. Reuter im ‚Schelmuffsky': „Was läufstu, was hastu?" (↗haben).

Sehr alt und verbreitet sind auch die Wndgn. vom Geizigen, der nicht gerne etw. hergibt; 1541 in den ‚Sprichwörtern' Seb. Francks: „Er gibt gern – seinem maul, wann jm hungert", 1616 bei Georg Henisch: „er gibt gern mit dem Mund, aber die Hände halten fest" und 1630 bei Chr. Lehmann: „er gibts mit dem Mund vnd behelts mit den Händen". In Anlehnung an das Vaterunser sagt man im Schwäb. ‚Er ist nicht von Gib-uns-heute'; rhein. ‚Er ist nicht von gib, aber von nimm'. Verbreitet sind auch die Ausdr. ‚in denen der Geiz mit Hilfe von fingierten Namen charakterisiert wird, im Mhd. schon bei Heinrich dem Teichner:

> Swâ her Gebhart kumt in d'schrangen,
> dâ her Nemhart rihter is.

In den heutigen Mdaa. stehen dafür oft die Namen erfundener oder tatsächlich existierender Orte, die die Silbe Geb- enthalten, z. B. *Er ist nicht von Gebenhausen* (Gebendorf, Gebersdorf, Gebeningen) (allg. obd.), Geberow (meckl.), Gebiken (schweiz.), Gebenich (Krs. Euskirchen/Rheinl.), Gabsheim (Krs. Oppenheim/Rhh.), Gebweiler (Els.), Gibenach (bei Basel), Gebrazhofen (Krs. Leutkirch/Wttbg.) usw. *Ihr gebt mir ja nichts dazu* ↗dazu; ↗gang und gäbe.

Von einem allzu großzügigen und freigebigen Menschen heißt es dagegen: ‚He

gifft sülvst dat Hemd vör'n Noors noch weg' (ndd.).
‚Geben und Nehmen' umschreibt das Verhältnis der Gegenseitigkeit, den natürlichen Ausgleich in einer Partnerschaft. Dagegen meint das Bibelwort: „Geben ist seliger denn nehmen" (Apostelgesch. 20,35) das großzügige Schenken im Gegensatz zu mehr oder weniger berechtigten Forderungen, deren Erfüllung den Reichen nicht glücklicher, den Armen aber noch ärmer macht. Auf der Bergpredigt (Luk. 6,38) beruht der Ausspruch: „Gebet, so wird euch gegeben".

Lit.: *J. Erben:* Geben und Nehmen. Zur Geschichte eines Modells geistig-sprachlicher Wirklichkeitserfassung, in: Jb. d. Akad. d. Wiss. (Göttingen 1986), S. 59–77; weitere Lit. ↗Gabe.

Gebet. *Einen (scharf) ins Gebet nehmen:* ihn zur Rechenschaft ziehen, ihm ins Gewissen reden. Die Herkunft dieser Rda. ist verschieden erklärt worden. Man leitete sie einmal von den ma. Volkspredigern ab, die den Tadel für jem. mit in das Gebet oder in den Text ihrer Predigt einflochten, oder von dem Beichtvater, der nach empfangener Beichte dem reuigen Sünder vorbetete, den Bußfertigen beten lehrte. Auch an eine Ableitung von ndd. ‚Gebett' für ‚Gebiß' hat man gedacht, da man ein störrisches Pferd ‚ins Gebett nehmen' kann.
Die Rda. wird jedoch ganz wörtl. zu verstehen sein: ‚jem. ins Gebet nehmen' bedeutet urspr.: für ihn Sorge tragen, ihn in die Fürbitte mit einschließen, wozu eine Stelle bei Scriver (Gotthold 1067) zu vergleichen ist: „ein vater erzählte Gotthold, daß er willens wäre, seinen sohn reisen zu lassen ... bat deshalber ihn mit ins gebet zu nehmen". Im Anfang des 19. Jh. gebrauchte man in Holstein die Wndg. ‚in't Gebett nehmen' für: eine Schwangere in die öffentliche Fürbitte einschließen. Allmählich erhielt die Wndg. dann den abgewerteten Nebensinn von ‚tadeln, zurechtweisen'.
Ndd. verbreitet ist die Rda.. ‚He höllt dat mit'n kort Gebett un'n lang Wurst' (holst.), er ist für kurzes Gebet und reichlich Essen; ähnl. niederrhein. ‚völ holden van et kort Gebett on en lange Metworsch', daher das Sprw. ‚Kurz Gebet und lange Bratwürste haben die Bauern gern', ↗Stoßgebet.

Lit.: *F. Pfister:* Art. ‚Gebet'. in: HdA. III, Sp. 346–369; *F. Heiler u.a.:* Art. ‚Gebet', in: RGG. II ([3]1958), Sp. 1209–1235; *F. Heiler:* Das Gebet (München [5]1969); *E. Munk:* Die Welt der Gebete (Basel 1975); *R. W. Brednich:* Art. ‚Gebet', in: EM. V, Sp. 792–800.

Gebot. Von den zehn Geboten sind das vierte und das sechste in sprw. Rdaa. hineingenommen worden, z. B. ndd. ‚He geit in't söste Gebot', er übertritt es; ‚er hat das 6. Gebot schon siebenmal abgeschafft'; ‚er hat das sechste Gebot gefressen'. Die Zehn Gebote stehen mitunter auch für die zehn Finger; daher *einem die 10 Gebote ins Gesicht schreiben:* ihm eine Ohrfeige geben, ähnl. auch frz. ‚les dix commandements', und ndl. ‚met zijn tien geboden'; engl. belegt in Shakespeares ‚Henry VI' (2. Teil, I,3):

Could I come near your beauty with my nails,
I'd set my ten commandments in your face.

Nicht alle Rdaa. über die 10 Gebote fallen derart drastisch aus. Vergnüglicher sind da schon Weisheiten wie: ‚Seit d'Baure die 10 Gebote nimme haltet, hält au unser Herrgott d'Wetterregle nimme' (schwäb.). Scherzhaft wird oft ein 11. Gebot genannt; früher hieß es: *Halte dich an das 11. Gebot:* laß dich nicht verblüffen; so schon bei J. G. Herder in einem Brief an seinen Sohn: „Schlafe wol, halte dich brav, gib wol Achtung, übereile dich nicht und behalte das elfte Gebot: laß dich nicht verblüffen". Heute gilt als 11. Gebot allg.: Laß dich nicht erwischen!
Erklärungsbedürftig ist auch die im Schwäb. sehr häufig gebrauchte Rda. *ällbot.* Eigentl. müßte es ‚all Bot' geschrieben werden, wie ‚all Häck'. Beide Rdaa., von der Hochsprache verschmäht, sind in der schwäb. Mda. und Umgangssprache weit verbreitet. Sie enthalten den Begriff des oft, zu oft Wiederholten, manchmal auch den Begriff der vereinzelten Handlungen, also entweder ‚alle Augenblicke' oder ‚manchmal, hie und da', ‚jedesmal', wofür es auch ‚ie bot' heißen kann: ‚Allbot bringet se a nuie Stuir'. – ‚Du wit ällbot ebbes anderes'. – ‚Äll Häck stoht en Hausierer da'.
Die Herkunft der beiden Ausdr. ist nicht

ohne weiteres erkennbar. Die Schreibweise ,all Bot' weist auf das mhd. ,Bot' hin, welches Befehl, Verordnung, Gebot bedeutete. Die Zehn Gebote waren ,die zehen Bot' (1486). Gang und gäbe war ,das Bot' in der niederen Gerichtsbarkeit, in den Gemeinden. Es meinte einmal die Gerichtsverhandlung auf dem Rathaus, dann das Ge,bot', zu erscheinen: „... es ist ein Bot (Befehl) kommen vom Vogt für heut Mittag", und endlich bezeichnete man mit ,Bot' auch die Strafe für Nichterscheinen oder für Übertretungen überhaupt: „... so einer ungehorsam were, da geherend das erst Bot, so 3 Sch. dem Vogt, das andre Bot, so 5 Sch. wie das dritte, so 1 Pfund Heller, dem Obervogt oder Keller, und werden alle zu Ambts Handen eingezogen" (1582). Die ,Zimmerische Chronik' (1566) berichtet von einem Schelm: „... hiermit erlegt er dem Pauren das Potgeld, schapft seim Roß Wasser (aus dem verbotenen Brunnen!) und ließ es geleich gnug drinken".

Die Bot konnten sich sehr unangenehm häufen, wie aus alten Strafprotokollen über Bagatellsachen ersichtlich ist. Neben dem amtlichen, gerichtsherrlich erlassenen oder verhängten Bot gab es noch das Bot der Handwerksmeister. Ein solches war z.B. das ,Collegium der Zunftmeister' in Ulm. ,Im Bot sein' war eine große Ehre, auf die jeder Zunftvorsteher stolz war, wiewohl die vielen Sitzungen – bis zu vierunddreißig im Jahr – sich keiner großen Beliebtheit erfreuten, wenigstens nicht bei den herdhütenden Ehefrauen, wenn der Mann ,all Bot' außer Hauses mußte. Wie oft mag auch ein Zunftbot vorgeschützt worden sein, wenn es darum ging, zu einer ,Letze' zu kommen! So wurde die Rda. ,all Bot' zum Adverb ,allbot', was heute noch dasselbe bedeutet wie vor dreihundertfünfzig Jahren. In einem Bericht über den Spielverlauf beim ,Ringwerfen' heißt es von einem der Spieler: „... sin Ringlin traff allebot den Zweck (Pflock)" und von einem andern: „... der alle Bot gwan ein Pocall" (1616).

All Häck oder *äll Häck* stammt aus der Handwerkersprache. ,Häck' sind die harten Schläge des Schmiedes oder des Holzhauers. Da zwischen den einzelnen Schlägen nur eine kleine Spanne Zeit liegt, so formte die Volkssprache für den Begriff ,alle Augenblicke' die Redewendung ,äll Häck'. Das umlautende ä ist sprachgeschichtlich begründet. Im Gebrauch von ällbot und äll Häck bestehen Unterschiede. So kann man das einemal sagen: „... mei Jonger goht wirkli' et gern i d'Schul', äll Häck hent s-en andere Lehrer!" und ebenso: „... wenn i i d'Näh vom Bah'hof komm, no mueß i ällbot dee'ke, wia-n-es noch vor zehe Johr dort ausg'seha hot!"

Lit.: *ew* in: Schwäb. Tagblatt. Tübingen, Ausg. v. 31.1.1960.

Geburt. *Von hoher (niedriger) Geburt sein:* adeliger Abstammung sein (keinem edlen Geschlecht angehören). Die Rda. umschreibt Herkunft u. Stand einer Person.

Das war eine schwere Geburt: ein schwieriges Unternehmen, das schließlich doch noch erfolgreich zu Ende gebracht werden konnte. In dieser Rda.. werden Begleitumstände der natürlichen Geburt in übertr. Sinn erwähnt wie z.B. auch in der Wndg.: ,Das ist ein Geburtsfehler', d.h. eine angeborene Eigenschaft, die man nicht ablegen kann.

Auch der Ausdr. ,Geburtshelfer' wird oft (scherzhaft) übertr. gebraucht.

Den gleichen Hintergrund haben die Wndgn. ,Geburtswehen', z.B. ,Geburtswehen der Demokratie', die mit der Entstehung der Demokratie verbundenen Schwierigkeiten, oder ,die Geburtsstunde von etw. sein', ↗Glückshaube, ↗Sonntagskind, ↗Klapperstorch, ↗Storch. Vgl. auch: ,das ↗Licht der Welt erblicken' u. ,etw. aus der ↗Taufe heben').

Neuere politische Schlagworte sind: ,Gnade der späten Geburt' bzw. ,Last der späten Geburt'. Sie beziehen sich auf die Frage, ob Angehörigen der nachfolgenden Generation die Verbrechen der NS-Zeit noch zur Last gelegt werden können.

Lit.: *B. Kummer:* Art. ,Geburt', in: HdA. III, Sp. 406–419; *R. Beitl:* Der Kinderbaum (Berlin 1942); *L. Weiser-Aall:* Svangerskap og fødsel i nyere norsk tradisjon (Oslo 1968); *F. Cattermole-Tally:* Art. ,Geburt', ,Geburtslegenden', in: EM. V, Sp. 805–816; *J. Gélis:* Die Geburt. Volksglaube, Rituale und Praktiken von 1500–1900. Aus dem Frz. übertr. v. C. Wilhelm (München 1989).

Geck. *Den Gecken scheren:* jem. zum Narren machen, ↗Narr. Die Rda. ist bereits auf P. Bruegels Sprichwörterbild von 1559 dargestellt, vgl. ndl. ‚den gek scheren' u. ‚met iemand gekscheren'.

Ein Geck sein, auch: *sich wie ein Geck benehmen:* ein eitler, gefallsüchtiger Mann, ein Stutzer sein, sich bes. herausputzen, sich albern („geckenhaft') benehmen.

Das urspr. niedersächs. Wort ‚Geck' ist seit der 1. Hälfte d. 14. Jh. als mnd. „geck' = Narr bezeugt und wurde Ende des 14. Jh. im Niederfränk. zur Bez. der Hofnarren der Bischöfe. ‚Geck' ist vermutl. ein lautnachahmendes Scheltwort für den Narren, der unverständliche Laute ausstößt und dessen Lachen wie Gackern klingt. Der Ausdr. wurde auf die Narren des rhein. Karnevals übertr., die heute mdal. als die „Jecken' bez. werden. Das Adj. ‚jeck' = närrisch, verrückt ist aus dem Subst. in prädikativem Gebrauch entstanden. Es begegnet häufig rdal. als Feststellung oder als Frage: ‚Du bist wohl jeck?'

Gedächtnis. *Etw. im Gedächtnis bewahren:* die Erinnerung lebendig erhalten, etw. niemals vergessen, sei es eine gute oder auch böse Erfahrung gewesen.

Jem. in gutem Gedächtnis behalten: sich gern seiner Vorzüge dankbar erinnern.

Die Worte Jesu beim letzten Abendmahl: „Tut dies zu meinem Gedächtnis" beruhen auf Luk. 22,19: „Und er nahm das Brot, dankte und brach's und gab's ihnen und sprach: Das ist mein Leib, der für euch gegeben wird, das tut zu meinem Gedächtnis".

Nach der Gottesdienstordnung wird dies jedesmal bei der Abendmahlsfeier und bei jedem Meßopfer gesprochen.

Jem. ein ehrenvolles Gedächtnis bewahren: voller Dankbarkeit eines Verstorbenen gedenken, dessen Leben und Wirken vorbildhaft war.

Das Erinnerungsvermögen ist bei jedem Menschen anders gerichtet und verschieden ausgeprägt. Wer ein bes. gutes, *ein scharfes oder zuverlässiges Gedächtnis* besitzt, wird oft bewundert oder gar beneidet. Auch für einen Lügner oder Dieb soll es von Vorteil sein, worauf bereits Quintilian um 92 n. Chr. in seiner ‚Institutio oratoria' (IV, 2,91) hinwies: „Mendacem memorem esse oportet", was auch Corneille 1644 in seinem Lustspiel ‚Le Menteur' (IV,5) lit. aufgegriffen hat: „Il faut bonne mémoire après qu'on a menti" (Büchmann).

In einem Wellerismus heißt es vom Dieb: ‚Ich habe ein gutes Gedächtnis', sagte der Dieb, ‚ich fasse schnell, erinnere mich leicht und behalte lange'.

Auf die mangelnde Zuverlässigkeit des Gedächtnisses, die viel häufiger zu beobachten und zu beklagen ist, weisen mehrere Wndgn.: *ein kurzes (schwaches) Gedächtnis haben* oder im drastischen Vergleich: *ein Gedächtnis haben wie ein Sieb:* die Erinnerung (das Wissen) ist lückenhaft, nur das Wichtigste ist ‚hängengeblieben'.

Etw. aus dem Gedächtnis verlieren: es völlig vergessen haben.

Auf einen aktiven Vorgang weisen die Rdaa.: *etw. aus seinem Gedächtnis verdrängen wollen:* es ganz bewußt ignorieren, und das Gegenteil: *sich etw. ins Gedächtnis zurückrufen wollen:* sich bemühen, längst Vergangenes wieder ins lebendige Bewußtsein zu bekommen, auch: früher Gelerntes zu reaktivieren.

Unsicherheit verrät die Wndg.: *sich nicht immer (ganz) auf sein Gedächtnis verlassen können:* vergeßlich werden, oft auch formelhaft angesprochen in der Einschränkung: *Wenn mich mein Gedächtnis nicht täuscht ...*

Gedanke. *In Gedanken sein:* zerstreut, nicht bei der Sache sein. Die Wndg. erscheint in den Mdaa. oft mit Zusätzen oder witzigen Erweiterungen, so westf. ‚Hei geit in Gedanken äs de Küe in Flöhen', oder schwäb. ‚Er ist mit den Gedanken im Haberfeld' (↗Gerstenfeld). ‚Er hat Gedanke wie e Gans, vom Essen bis zum Trinken', er denkt nicht weit. Obd. sagt der Zerstreute auch von sich selbst: ‚i han i Gedanke an gar nex denkt'. Die frz. Rda. ‚être plongé dans ses pensées' hat nicht immer die Bdtg. von ‚zerstreut, nicht bei der Sache sein', sondern manchmal die von ‚in seine Gedanken versunken sein', grübeln.

Daran ist kein Gedanke: daran ist nicht zu denken; oft auch verkürzt zu *kein Gedanke:* keine ↗Spur, durchaus nicht!, im ablehnenden Sinne gebraucht ähnl. wie ‚keine ↗ Idee!'. ‚Gedanke' und ‚Idee' dienen in der Umgangssprache auch zur Bez. einer ‚Kleinigkeit'; so in der Wndg. *ein Gedanke (eine Idee) größer, kleiner.*

Nach Gedanken: ohne genaues Maß, nach Gutdünken; schon um 1700 bezeugt.

Noch aus der 1. Hälfte d. 16. Jh. stammt die Formulierung: ‚Die Gedanken sind frei', die in vielen lit. Werken bis hin zum Volkslied ihren Niederschlag fand. In ihrer urspr. Form findet sie sich u. a. bei S. Brant. Bei Freidank, 1539, 122, 17:

darumb sint gedancke vri,
daz diu werlt unmüezec si (unmüßig, ohne Rast)

Später, als fast alles zum Leben Gehörende von der Obrigkeit mit Zöllen belegt wurde, erhielt die Rda. in scherzhafter Verengung des Bildes einen differenzierenden Zusatz und lautete nunmehr: ‚Die Gedanken sind zollfrei'. In seiner Sprichwörtersammlung (1534) führt Agricola dazu aus:

„Gedancken sind schnell/und lauffen weit/und niemand mag sie hindern an yrem wandern/wie Freydanck sagt ... Gedancken niemand fahen (fangen) kan. Die band kund niemand ye erfinden/Damit man die gedancken mocht binden ... Es muß sich alles verzollen lassen/damit man auff erden handelt/ ... allein gedancken/weil sie heimlich u. verborgen sind/sind sie zollfrey. Freydanck sagt. Es sind so dick nicht mauren drey/Ich wolt gedenken durch sie frey".

Und bei Alberus heißt es:

Gedanken aber, wie der wind,
in allen landen zollfrei sind.

(‚Buch von der Tugend u. Weisheit', Fabeln aus Esopus, 1550).

Weitere Veränderungen und Verengungen ergaben sich in jüngster Zeit. Sie fanden ihren Niederschlag in Form von Antisprichwörtern mit treffender Pointe und teilweise satirischem Einschlag: ‚Gedanken sind niemals frei. Sie sind begrenzt vom Horizont des Schädels'; ‚Gedanken sind frei – willig'; ‚Die Gedanken sind frei. Die Wörter werden observiert'; ‚Gedanken sind frei – aber nicht unfallfrei'; ‚Kann sein, die Gedanken sind noch frei, da ist das Denken schon vorgeschrieben'; ‚Die Gedanken sind frei, nur dürfen sie nicht geäußert werden'; „Gedanken sind zollfrei", aber Worte – vogelfrei; darum denke, was du willst, und rede nur, was du sollst und darfst'; ‚„Gedanken sind zollfrei", nur muß man sie vorher stempeln lassen'; ‚Gedanken sind sollfrei'; ‚Gedanken sind zollfrei. Geschriebene oft nicht'; ‚Gedanken sind zollfrei. Trotzdem bekommt mancher viele Scherereien, der sie ausführen will'; ‚„Gedanken sind zollfrei". Aber sie werden an der Grenze registriert'.

‚Gedanken sind erlaubt – aber zollfrei sind sie nie'.

Lit.: *M. Lenschau:* Grimmelshausens Sprww. u. Rdaa. (Frankfurt /M. 1924), S. 82; *F. W. Boette:* Art. ‚Gedanke', in: HdA. III, Sp. 426–429; *W. Mieder:* Dt. Sprww. u. Rdaa., in: Arbeitstexte für d. Unterricht (Stuttgart 1979), S. 24–25, 27; *ders.:* Antisprichwörter, Bd. II (Wiesbaden 1985), S. 39–40.

Gedeih, gedeihen. Die Formel auf *Gedeih und Verderb:* um jeden Preis, ist in der nordd. Rechtssprache seit dem 16. Jh. belegt. In einer Dithmarschischen Urkunde aus dem Jahre 1562 ist zu lesen: ‚beider karspele dŷe unde vorderf is under dem vârlicken dŷke gelegen' (beider Kirchspiele Gedeih und Verderb hängt von dem gefährlichen Deich ab). Das seltene Subst. Gedeih gehört zum Verb ‚gedeihen' und tritt heute nur noch in der oben genannten Verbindung auf.

Gedöns. *Ein furchtbares (schreckliches) Gedöns machen:* ein großes Aufhebens, ein überflüssiges Getue, ein ewiges Hin und Her veranstalten. Die Rda. wird meist in negierter Form innerhalb einer Aufforderung gebraucht: *Mach (doch) nicht (immer) so (solch) ein Gedöns!* Stell dich nicht so an! Mache nicht immer einen solchen Wirbel, ein solches Durcheinander!

Das Wort ‚Gedöns' stammt aus Norddtl. u. geht auf mhd. ‚gedense': Hin- und Herziehen zurück, das zu mhd. ‚dinsen': ziehen, zerren gebildet ist, es hat etymol. also nichts mit ‚tönen' zu tun. H. Sachs bezieht den Ausdr. auf den Zug der Vögel:

dergleichen kummen auch die wild gens.
die krench, machen ein lang gedens.

(H. Sachs, I, 269, 18, ed. Keller).

Tatsächlich ist ja ein langes Umherfliegen zu beobachten, wenn sich die Vögel sammeln und sich auf ihre große gemeinsame Reise nach Süden vorbereiten.

Geduld, geduldig. *In der Geduld stehen (liegen, sitzen):* an einer geschützten Stelle sein; sich bei üblem Wetter im Freien befinden, aber gegen Wind und Wetter geschützt sein. Die Wndg. ist sächs., thür. und schles. bis heute gebräuchl. Ausgangspunkt der Rda. ist die Sonderbdtg. von Geduld als ‚Gelassenheit', dazu das Adj. mhd. gedultic = gelassen und mnd. dult = Ruhe, Frieden, im Gegensatz zu ungedult = Feindseligkeit, z. B. bei Walther von der Vogelweide:

man sol sîn gedultic wider ungedult
swen die boesen hazzent âne sine schult.

(= Man muß Gelassenheit gegen Feindschaft und Haß setzen, Frieden gegen Unfrieden). Die Bedeutungsentwicklung von Geduld ging weiter über ‚entspannte Stimmung im Leben' zu ‚geschützte Stellung im Raum, Windschutz', in der letzteren Bdtg. 1745 in Chemnitz „ein Haus, das in der Geduld liegt" (J. A. Weber, Teutsch-lat. Wb. 328[b]).

Mit Geduld und Spucke (fängt man eine Mucke): mit Ruhe kommt man eher zum Ziel, so wie der Kluge, der dem Pferdeschwanz die Haare einzeln auszieht – im Gegensatz zum Narren, der ihn auf einmal ausreißen möchte.

Geduldig wie ein Schaf sein: Überaus langmütig sein, ↗Schaf.

Die Geduld verlieren: ungehalten und zornig werden.

In einem Gedicht von Wilh. Wackernagel ‚Dt. Lesebuch', 1835/36 heißt es:

Es ist Geduld ein rauher Strauch
mit Dornen aller Enden.

Schon Diego de Saavedra Fajardo (1584–1648) erläuterte die Geduld eines Fürsten am Beispiel eines dornigen Rosenstrauchs: „... Alles scheinet (bei der Regierung) mit dornen u. schwierigkeiten erfüllet zu sein / ... Er halte standhaftig auß / er hoffe gedultiglich u. beständiglich / u. lasse unterdessen die mittel auß den händen nit ..."

Karl Jul. Weber (‚Democritos', 1832/40) erläutert etw. genauer, worin die Tugend der Geduld denn eigentl. besteht: „... die gemeine Geduld ist meist Gefühllosigkeit, Trägheit u. Feigheit; nur diejenige Geduld, die dem Druck der Umstände klug entgegenwirkt u. die Zeit abwartet, wenn Mut u. Stärke nicht jetzt zum Ziele führen, ist allein Tugend, die sich selbst belohnt".

Ein Sprw. lautet: ‚Es ist leicht geduldig zu sein, wenn man Schaf ist', wobei auf die Duldsamkeit der Untertanen und Abhängigen angespielt wird.

Jem. Geduld ist am Ende (mit seiner Geduld am Ende sein). Die Begründung dafür findet sich in vielen lit. und bildl. Zeugnissen (der Frühzeit).

In einem Emblem wird das Aufbegehren eines gereizten Geduldigen vor Augen geführt unter dem Bildtitel: ‚Ein Schaf stößt Szepter und Krone nieder'. Auch in einem anderen Emblem mit dem Bildtitel: ‚Ein Widder greift einen Knaben an', werden die Folgen dauernder Verletzung sichtbar gemacht. Das lat. Epigramm dazu hat den Wortlaut (in dt. Übers.): „Allzu sehr verletzte Geduld wird oft zur Wut; kränke die Gutmütigen, die auch dich nicht kränken, nicht zu oft". Vgl. auch frz. ‚Ma patience est à bout' und ndl. ‚Zijn geduld loopt ten einde'.

Jem. um Geduld bitten (müssen): bei jem. um Verständnis für eine Verzögerung nachsuchen, z. B. bei fälligen Abgaben und Rechnungen, bei der Rückzahlung von Schulden, aber auch bei anderen Versäumnissen (Fertigstellung einer Arbeit, Schreiben eines ausführlichen Berichtes, eines erwarteten Briefes); oft auch in der rdal. Formulierung: *hoffen, sich noch etw. gedulden zu wollen.*

Etw. mit Geduld (geduldig) ertragen: Krankheit, Kummer, Schwierigkeiten, auch: Schmerzen, Armut und Leid klaglos hinnehmen, sein schweres Geschick ergeben auf sich nehmen. Dies wurde früher als bes. lobenswerte Tugend und als beispielhaft empfunden. So meinte auch Luther: „Geduld ist die beste Tugend, so in der heiligen Schrift vom heiligen Geist hoch gelobt und gerühmet wird" (‚Tischreden oder Colloquia' [1566], Nr. 14, § 24). Etwa ein Jahrhundert später dichtet Friedrich v. Logau:

Leichter träget, was er träget,
Wer Geduld zur Bürde leget.

(‚Deutsche Sinn-Getichte' [1654], Geduld).

Jem. mit Geduld ertragen: einen schwierigen, launenhaften Menschen, selbst einen Nörgler und Undankbaren liebevoll betreuen, immer um Ausgleich bemüht sein, Kränkungen verwinden, bei jem. ausharren, auch wenn es schwerfällt. Die Wndg. kann auf Ehepartner, Kinder, Kollegen, Kranke und unleidliche Hilfsbedürftige bezogen werden, die ihren Partnern, Helfern und Pflegern das Leben sauer machen.
Dem Ungestümen, dem heftig Aufbegehrenden wurde empfohlen: *Übe dich in Geduld* oder: *Versuche, Geduld zu lernen.*
Auch wenn eine Sache aussichtslos scheint, wird sie nach alter Vorstellung mit Geduld am ehesten überwunden. Das zeigt auch eine Abb. aus dem 16. Jh., die eine Weisheit aus Ovid (Ars amandi II, 178; Amores III 11,7) illustriert: Ein Knabe versucht, sich mit einem Sieb gegen Regen zu schützen. Es ist zwar vergeblich, doch tröstet er sich nach dem Motto: „Dulde und halte aus: Das Unwetter wird einmal vorübergehen, und um so heller wird der Tag mit klarem Himmel leuchten".
Auch die Rda. ‚Papier ist geduldig' geht auf eine alte röm. Weisheit zurück. Sie ist eine sinngemäße Übers. des Spruchs ‚Epistula non erubescit' (ein Brief errötet nicht) aus Ciceros Briefen ‚Ad familiares' V, 12, 1, ↗Papier.
Um eine neuere Wndg. handelt es sich dagegen bei der Rda. ‚Das ist ein Geduldsspiel', d.h. ein mühsames Unterfangen, eine Puzzlesarbeit, ↗Puzzle.

Lit.: *D. D. Rusch-Feja:* Art. ‚Geduld', in: EM.V, Sp. 816–821; *K. Reichl:* Art. ‚Geduldstein', in: EM.V, Sp. 824–833.

Geduldsfaden. *Der Geduldsfaden ist mir gerissen:* ich habe keine Geduld mehr, warte nicht mehr länger, ich lasse mich nicht länger hinhalten (schikanieren) und begehre auf. Diese Rda. erinnert an das Märchen vom ‚Geduldstein' (AaTh. 894), der zerspringt, weil er das Leid nicht mehr ‚verkraften' kann.
Vermutl. besteht ein Zusammenhang mit der mühsamen und langwierigen Arbeit des Spinnens, die viel Geduld erfordert, wenn der Faden gleichmäßig und möglichst lang werden soll. Bei Ungestüm und Unaufmerksamkeit kann der Faden leicht abreißen.
Die Rda. erscheint verkürzt bei Goethe in ‚Wilhelm Meisters Lehrjahre' (3,5): „fast wollte seine Geduld reißen, als ein Galanteriehändler hereingelassen wurde", ↗Faden.

Geduldsprobe. *Auf eine (harte) Geduldsprobe gestellt werden:* lange warten müssen (auf ein Ergebnis, einen Erfolg, eine Genesung, auch: auf eine Beförderung, eine Wohnung u.a.), seine Ungeduld beherrschen müssen (lernen).
In vielen Märchen, Legenden und Exempeln wird den Helden – insbesondere den weiblichen – Geduld abgefordert. Sie haben mühevolle Suchwanderungen zu absolvieren und lange Wartezeiten zu überbrücken (z.B. KHM. 69 ‚Jorinde und Joringel', KHM. 101 ‚Bärenhäuter', KHM. 181 ‚Nixe im Teich'). Schon die Philosophenschule der Stoa betrachtete Geduld als gelassenes Ertragen aller Übel, um sich von den menschlichen Leidenschaften zu befreien und dabei seelische Größe zu gewinnen. Die christl. Geduld erweist sich als eine alles ertragende Gottergebenheit und steht in enger Beziehung zum Begriff der Demut.

Lit.: *D. D. Rusch-Feja:* Art. ‚Geduld', in: EM. V, Sp. 816–821.

Gefälle. Die noch heute im Obd. verbreitete Rda. *Gefälle haben:* Glück, Erfolg haben, geht auf sehr alte Wurzeln zurück. Schon in Gottfrieds von Straßburg ‚Tristan' (V. 9924) steht ‚guot gevelle' für ‚Glück'. Glück im Spiel heißt im gleichen Werk (V. 16438) ‚spilgevelle', und noch in der Ggwt. gebraucht man die Wndg. ‚Gefälle haben' im Schwäb. auch i.S.v. ‚Glück im Spiel haben', außerdem bei guter Getreide- und Weinernte usw. Schweiz. ‚Ma mos au s'gfell ha', man muß auch vom Schicksal begünstigt sein.
Ein gutes Gefälle haben: scherzhaft für: ‚einen guten Zug haben', tüchtig trinken können, ist erst aus dem 19. Jh. belegt, bes. mdt. In Berlin sagt man zu einem, der viel auf einmal trinkt ‚Du hast 'n jutet Jefälle'. In der Rheinpfalz spielt der Mann auf die Trinkfreudigkeit seiner Frau an: ‚Mei Fraa is a Pälzerin, sie hat a guats Gefälle

beim Woitrinke', im Oberharz auch in der Form ,ân guten Iwerfall ha'n'. In Immermanns Roman ,Münchhausen' (ersch. 1839) heißt es (2,139): „ei, was hat der Schliffel ein Gefäll, rief Kernbeißer". Das der Rda. zugrunde liegende Bild ist vom Bach übertr., der durch sein Gefälle die Mühle treibt; daher noch sehr deutlich im Obersächs.: ,Der hat aber e Gefälle, sei Vater is e Wassermüller'; vgl. frz. ,avoir une bonne descente'.

Gefängnis. ↗ Knast.

Gefecht. *Jem. außer Gefecht setzen:* ihn k. o. schlagen, aber auch im übertr. Sinne: jem. ausschalten.

Etw. ins Gefecht führen: in die Debatte einbringen.

Zum letzten Gefecht antreten: in den Tod gehen, auch: endgültig den Sieg erringen. Vgl. ,Die Internationale', das Kampflied der Arbeiterbewegung:

> Völker, hört die Signale! Auf zum letzten Gefecht!
> Die Internationale erkämpft das Menschenrecht!

(Worte: Eugen Pottier, 1816–87).

gefräßig. Für Unersättlichkeit begegnen zahlreiche rdal. Vergleiche, z. B. *gefräßig wie* ... ein Schwein, ein Wolf, eine siebenköpfige Raupe, ein Raubtier, ein Ferkel, eine Ratte, ein Geier usw. Außerdem: ,Gefräßig wie ein Scheunendrescher, Freßsack, Nimmersatt' usw.

Lit.: *G. Grober-Glück:* Motive u. Motivationen in Rdaa. u. Meinungen (Marburg 1974), §§ 82–87, S. 115–124. *St. Mennell:* Die Kultivierung des Appetits (Frankfurt/M. 1988).

Gefühl. *Kein Gefühl für etw. (jem.) haben:* kein Verständnis aufbringen; sich falsch verhalten; eigentl.: kein menschl. Mitgefühl besitzen. Gefühl (Fühlen) war urspr. nur die Bez. des Tastsinns, wurde aber bald auf den seelischen Bereich übertr., wobei Gefühl und Empfindung nicht streng geschieden wurden. Das Wort Gefühl ist ndd. und mdt. Herkunft und fehlte bis zum 17. Jh. Als ein Lieblingswort des ,Sturm und Drang' wurde es durch die Lit. allg. bekannt. Gleichzeitig entstanden viele Zusammensetzungen wie: Fingerspitzengefühl, Selbstgefühl, Schamgefühl, Sprachgefühl, Taktgefühl und Zartgefühl.

Kein Gefühl mehr haben: abgestorbene Glieder besitzen; keinen Sinn mehr für seine Umwelt haben, teilnahmslos dahinleben. Ähnl. Bdtg. haben die Wndgn: *ohne Gefühl sein* und *jeden Gefühls bar sein:* hartherzig, mitleidlos sein. Die Feststellung *Jem. ist ganz Gefühl* meint das Gegenteil: er ist äußerst gefühlvoll, von bes. Feinfühligkeit.

Sich nur von seinem Gefühl leiten lassen: seiner inneren Stimme unbeirrt folgen; mit instinktiver Sicherheit das Richtige tun; aber auch ins Negative gewendet: übereilt, unbesonnen handeln, nicht alles genau abwägen und deshalb einseitig und unüberlegt urteilen; mehr das Herz als den Verstand sprechen lassen; vgl. frz. ,ne se laisser conduire que par son sentiment'.

Seinem ersten Gefühl folgen: seinen ersten Eindruck für richtig halten und danach entscheiden, ohne sich später anders beeinflussen zu lassen; vgl. frz. ,suivre son premier sentiment' oder ,... sa première impulsion' (seiner ersten Neigung).

Etw. gegen sein Gefühl tun müssen: gegen seine innerste Überzeugung handeln müssen; eine unbegründete Abneigung gegen etw. haben.

Das (dunkle) Gefühl von etw. haben: eine schlechte Vorahnung, Angst vor dem Kommenden haben.

Etw. im Gefühl haben: etw. Unangenehmes voraussagen und fürchten, aber auch: durch ständige Übung die richtige Menge, die genauen Maße gleich treffen, ohne erst lange messen und berechnen zu müssen. Ähnl.: *etw. nach Gefühl tun* oder mit einer gewissen Steigerung: *nach Gefühl und Wellenschlag:* nur grob geschätzt; ohne genaue Berechnung und Prüfung; ,frei nach Schnauze'; vgl. frz. ,faire quelque chose à vue de nez'.

Der Plur. ,Gefühle' ist eine jüngere Bildung; im ,Sturm und Drang' nahm er auch die Bdtg. von Leidenschaft an, was einige Rdaa. zeigen. *Seine Gefühle verbergen:* sich sehr ruhig und zurückhaltend zeigen, seine Erregung und Leidenschaft meistern, andere über seine Empfindungen im unklaren lassen; vgl. frz. ,cacher ...' oder ,dissimuler ses sentiments'.

Dagegen: *seine Gefühle verraten;* vgl. frz. ‚trahir ses sentiments'; und: *nicht Herr seiner Gefühle sein:* in leidenschaftliche Erregung geraten, sich unbeherrscht zeigen, zeitweilig das rechte Maß für gutes Verhalten verlieren.

Etw. mit gemischten Gefühlen betrachten: im Widerstreit zwischen Lust und Unlust sein; nur geringe Begeisterung zeigen; an dem Wert oder Erfolg einer Sache zweifeln; vgl. frz. ‚considérer quelque chose avec des sentiments mitigés'.

Jem. Gefühle verletzen: jem. beleidigen, kränken.

Mit jem. Gefühlen spielen: Liebe und Zuneigung nur heucheln; in einem anderen Menschen Hoffnungen erwecken, aber keine ernsthaften Absichten auf eine dauerhafte Bindung haben.

Das ist das höchste der Gefühle: es ist die oberste Grenze, das Äußerste, das möglich ist oder auch nur denkbar wäre. Die Wndg. stammt aus Mozarts ‚Zauberflöte', deren Text von Karl Ludwig Giesecke (eigentl. C. F. Metzler) geschrieben wurde. Emanuel Schikaneder hat das Gieseckesche Buch nur an einigen Stellen verändert und erweitert (Büchmann).

Gegend. *Auch eine schöne Gegend!* (berl. ‚Ooch 'ne scheene Jejend!') sagt man von einer Landschaft, die man nicht bes. reizvoll findet. Oft erscheint diese Rda. in der verballhornten Form ‚(Tolle Landschaft,) Nischt wie Jejend!' In Tiecks Märchendrama ‚Der gestiefelte Kater' (1797) sagt der König (III,5): „Auch eine hübsche Gegend. Wir haben doch schon eine Menge schöner Gegenden gesehen".

Wegen seines indifferenten Aussagewertes eignet sich das Wort Gegend gut dazu, eine bestimmte Landschaft in iron. Weise als mittelmäßig zu charakterisieren. Heinrich Heine verschaffte dieser Rda. weitere Verbreitung, indem er sie im ‚Tannhäuser' (1836), im ‚Ex-Nachtwächter' u. in ‚Himmelfahrt' (‚Letzte Gedichte', 1853–55) verwendete.

Gehege. *Einem ins Gehege kommen* (oder *gehen,* früher auch *fallen*): eigentl. in sein umzäuntes Gebiet eindringen, übertr.: sich auf seinem Arbeits- oder Erwerbsfeld zu schaffen machen, überhaupt: ihm in die Quere kommen, bes. in Liebesangelegenheiten.

Die Rda. ist alt; der bisher früheste Beleg findet sich in der ‚Sarepta' des Mathesius 1562: „und felt einer dem andern in sein vierung und gehege". Von einem auswärtigen Bräutigam, der um ein Leipziger Mädchen freit, sagt Henrici (Picander) 1738:

> In Zukunft wird man solchen Leuten,
> Die uns nach unserm Brode stehn
> Und uns in das Gehege reiten,
> Flugs an dem Tor entgegengehn.

Ähnl. ist noch obersächs. bezeugt: ‚een' ins Gehäge laatschen', als Nebenbuhler auftreten.

Als ‚Gehege' bez. man heute vor allem den umfriedeten Waldbezirk zur Wildpflege; vgl. frz. ‚aller ...' oder ‚marcher sur les brisées de quelqu'un'. Als ‚brisées' bez. man die vor der Treibjagd geknickten Zweige, die der Wildspur folgten.

Im Obd. ist diese Rda. mdal. kaum belegt, dafür kennt man z. B. schwäb. ‚einem ins Gäu kommen (gehen)'. ‚Gäu' steht darin für freies, offenes, fruchtbares Land; von den Metzgern, die aufs Land gehen, um Vieh einzukaufen, sagt man: ‚Sie gehen ins Gäu'; in einer älteren schwäb. Quelle wird von den Bettelorden berichtet: „Weil die Bettel-München oder Clöster jedes sein gewisses Göw angewiesen hatte, wo sie bettlen durften, so gab es öfters ärgerliche Schlägereyen unter ihnen, wann einer einen Mönchen aus einem andern Closter in seinem Göw antraffe".

Lit.: *L. Röhrich* u. *G. Meinel:* Rdaa. aus dem Bereich der Jagd u. der Vogelstellerei, in: Et multum et multa. Festgabe für Kurt Lindner (Berlin – New York 1971), S. 313–323.

gehen. Für gehen als Bewegung kennt die Volkssprache eine Fülle rdal. Vergleiche, z. B. ‚Er geht wie auf Eiern': sehr vorsichtig, ‚wie eine lahmte Ente', ‚wie ein Kranich', ‚wie ein Storch im Salat', ‚wie ein Hund, der einen Knüttel am Schwanz hat', ‚wie die Katze auf Nußschalen', ‚wie auf Socken', ‚wie auf Krücken', ‚er geht mit Ebbe und Flut' (d. h. ohne Ziel und Zweck), ‚er geht, als ob er die Hacken verloren hätte', ‚als ob ihn jeder Schritt einen Dukaten koste', ‚er geht auf der Gruben' (d. h. er steht mit einem Fuß im Grab), ‚er

geht, als wenn ihm die Beine in den Arsch gebohrt wären' (↗ Bein), ‚er geht wie eine Spitaluhr' (d.h. sehr langsam).
Viele synonyme Ausdr. kennt die Umgangssprache auch zur Bez. einer Sache, die flott vonstatten geht, z.B. *Es geht wie geölt,* ‚wie geschmiert', ‚wie geleckt', ‚wie am Schnürchen' (↗ Schnur), ‚es geht wie der Wind', ‚wie der Blitz', ‚wie mit dem Teufel', ‚wie ein Uhrwerk', ‚wie 's Brezelbacken', ‚wie ein Lauffeuer', ‚wie aus der ↗ Pistole geschossen', ‚wie eine Kugel aus dem Rohr', ‚wie 's Karnickelmachen'; für das Gegenteil der Langsamkeit: ‚es geht wie auf der Schneckenpost' (↗ Schnecke), ‚wie auf der Ochsenpost'; für Unordnung, Durcheinander, Vielerlei, viel Betrieb: ‚es geht zu wie in einem ↗ Taubenschlag'.
Die Frage *wie geht's?* wird von den meisten Menschen nicht mit der direkten Auskunft ‚gut' oder ‚schlecht' beantwortet, sondern sie verwenden in der Regel bestimmte rdal. Ausdr., die das derzeitige Befinden nicht beim Namen nennen, sondern es verhüllen, verschleiern und umschreiben. Die Antworten weisen darauf hin, daß es sich bei der Frage ‚wie geht's' um den persönlichen Bereich des Menschen handelt, der einem gewissen Tabu unterliegt. Einige der beliebtesten Antworten seien hier aufgezählt: ‚Danke, schlechten Menschen geht's immer gut', wobei oft der Kommentar des Fragestellers folgt: ‚dir geht's besser als die Polizei erlaubt'. Ferner: ‚passabel', ‚so lala', ‚durchwachsen' (wie das Fleisch vom Fett durchsetzt ist), ‚mäßig (bis saumäßig)', ‚mittelmäßig', ‚mittelprächtig', ‚einigermaßen', ‚schlecht und recht', ‚so gerade eben', ‚mit Ach und Krach', ‚leidlich', ‚mit Mühe und Not', ‚bescheiden' (vulgär gesteigert zu ‚beschissen'), auch: ‚bescheiden ist gestrunzt' (= angeberisch übertrieben), ‚wechselnd bewölkt', ‚es dürfte besser gehen', ‚es ist zum Aushalten', ‚schlecht (gut), bis es besser kommt", ‚alle Tage besser', ‚nicht so gut wie Ihnen', ‚lila' (lila ist weder blau noch rot, also farbensinnbildl. weder Hoffnung noch Freude; vielleicht auch weitergebildet aus ‚so la la'), auch: ‚lila bis aschgrau' (mittelmäßig).
Oft hängt die Antwort auch von der Fragestellung ab. Als Einleitung zu einer fröhlich klingenden Antwort ist z.B. die Frage: ‚Wie geht's, wie steht's?' recht gut geeignet oder ein fingiertes Gespräch wie das schlesw.-holst.: ‚Wie's geiht?' ‚Och, dat geiht.' ‚Na, denn geiht's ja'.
Auf die Frage ‚Comment allez-vous?' oder ‚Comment ça va?' gibt auch der Franzose verhüllende Antworten wie: ‚Pas trop mal' (Nicht zu schlecht), ‚Assez bien' (Ziemlich gut), ‚Moyennement' (Mäßig), ‚Comme cela peut aller' (Wie es gehen kann), ‚Cela pourrait aller mieux' (Es dürfte besser gehen), ‚De mieux en mieux' (Immer besser).
Die bekannte Rda. *Es geht auch so* ist durch den Abgeordneten Landrat Wilhelm Leuthold von Meyer-Arnswalde (1816–92) zum geflügelten Wort geworden, nachdem er sie als „den obersten Grundsatz der preuß. Verwaltung" ausgegeben hatte (vgl. Büchmann). B. Brecht hat die Wndg. in seiner ‚Dreigroschenoper' in erweiterter Form verwendet u. dabei ‚verfremdet': „Es geht auch anders, doch es geht auch so".
Ein Vierzeiler des Stuttgarter Oberbürgermeisters Manfred Rommel lautet (lt. ‚Der Spiegel' v. 20.1.86):

> Ach, die Welt ist nicht gerecht.
> Dir geht's gut und mir geht's schlecht.
> Wär die Welt etwas gerechter,
> ging's mir besser und Dir schlechter.

Die beiden letzten Zeilen haben wegen ihres parodist. Hintersinns Aussicht, in die Welt der geflügelten Worte einzugehen.
Jem. lieber gehen als kommen sehen: nicht gerne seine Gesellschaft teilen; vgl. frz. ‚On préfère voir plutôt ses talons que son nez' (wörtl.: Man sieht lieber seine Fersen als seine Nase).
Gegangen werden: zwangsweise entlassen werden. Scherzhafte Passivbildung zur Betonung der Unfreiwilligkeit; seit 1870 lit., seit 1900 schülerspr., oft in der Form: ‚er ist gegangen worden'.
Um die Ecke gehen: ein Bedürfnis verrichten, eine euphemist. Verhüllung im skatologischen Bereich.
Auf die Dörfer gehen ↗ Dorf.
Einem weitverbreiteten Rätsel folgt das schwäb. Sagwort: ‚„'s Kirchle isch kloi; wenn älle neigienget, gienget it älle nei; aber weil it älle neiganget, gant älle nei", hot dr Mesner gsait'.

Das Bibelzitat „Wo du hin gehst, da will ich auch hin gehen" (Ruth 1,16) wird auch parodiert: ‚Wenn du wohin gehst, will auch ich wohin gehen' (gemeint ist: auf die Toilette).
Mit den Worten ‚Es goht dagege' wird im schwäb.-alem. Raum der Beginn der Fasnet angezeigt, ↗dagegen.

Gehirn. ‚Ihnen hamse wohl det Jehirn jeklaut?' Berliner Rda., die z. Ausdr. bringt, daß man an jem. Verstand zweifelt. Ähnl. Aussagekraft haben die Wndgn.: ‚Bei dir hamse wohl eingebrochen (ins Gehirn)'; ‚du hast se wohl nich mehr alle beisammen'; ‚du bis wohl nicht ganz gebacken' bzw. ‚... im Oberstübchen nicht ganz recht'; ‚dir fehlt wohl eine Gehirnwindung'; ‚du hast (wohl) 'nen Dachschaden' usw. Bei den meisten dieser Wndgn. wird das Gehirn durch bildhafte Ausdr. ersetzt, die auf den Sitz des Gehirns hinweisen.
Sein Gehirnschmalz vergeuden: sich unnötige Gedanken machen.
Jem. einer Gehirnwäsche unterziehen: ihn mit Drohungen und Einschüchterungen so bearbeiten und psychisch erschüttern, daß er alles tut, was von ihm verlangt wird, sein eigenes Urteil aufgibt und den (polit). Willen seiner Drangsalierer übernimmt. Ähnliches wird scherzhaft ausgedrückt durch: ‚Du hast wohl deinen Verstand an der Garderobe abgegeben', d.h. du bist nicht du selbst, dein Urteil ist ‚hirnverbrannt' oder ‚hirnrissig', ↗Dach, ↗Hirn, ↗Oberstübchen, ↗Verstand.

gehupft. ↗hüpfen.

Geier. *Hol dich der Geier!, Daß dich der Geier (hole)!, Hol mich der Geier!, Pfui Geier!, Weiß der Geier!* Der Geier steht in diesen und ähnl. Verwünschungs- und Beteuerungsformeln verhüllend für ↗Teufel. In üblen Ruf kam der Geier ähnl. wie der Rabe dadurch, daß er ein Aasfresser ist. Schon Hugo von Trimberg (‚Renner', V. 19465ff.) bringt daher den Geier mit dem Teufel in Zusammenhang:

Swâ groze herren varent über lant,
den volgent die gîre sâ zehant ...
alsam varent die tiufel gern,
swâ strît ist, tanz, tabern,
wan sie der sêle wartent dâ.

Die Rdaa. sind seit dem 15. Jh. bezeugt, aber sicher älter. Bei Kaspar Stieler (‚Stammbaum' 644) heißt es 1691: „Daß dich der Geyer hole / ut te Dii perdant". Andreas Gryphius (‚Dornrose' 59,19) nennt in einem Fluch Geier und Rabe zusammen: „Daß dich bots Geyer, bots Rabe!" In einem Brief aus dem Jahre 1756 schreibt G. E. Lessing: „Wer Geier heißt

‚Wie ein Geier sein'

Ihnen ein falsches System haben?" Die Kindsmörderin in der Volksballade von der Rabenmutter verwünscht sich in der Fassung bei Erk-Böhme (Liederhort Nr. 212c) mit folgenden Worten:

So wahr, daß ich deine Mutter bin,
Komm auch der Geier gleich nach mir!

Mdal. sind diese Verwünschungsformeln auch in Landschaften vorgedrungen, in denen der Name des Vogels selbst nicht bekannt ist, so rhein. ‚Dat gäf de Geier!': da hast du wohl recht!; ‚Er froit den Geer dernoch' (schles.), ‚wenn de nuer bim Geier wärscht!' (els.), ‚a werd ei Geiers Kiche kummen' (schles.).
Auch die früher häufige, heute noch mdal.

übliche Rda. *ganz des Geiers auf etw. sein:* begierig nach, versessen auf etw. sein, gehört in diesen Zusammenhang, ebenso der rdal. Vergleich *wie ein Geier sein (ein Geier sein):* habgierig sein.
Vgl. die Begriffe ‚Aasgeier' u. ‚Pleitegeier', ↗Aas, ↗Pleite.

Lit.: *O. Keller:* Die antike Tierwelt 2 (Leipzig 1913), S. 30–36; *R. Thibaut:* ‚Le proverbe des vautours et du cadavre (Lk 17:37, Mt 24:28), in: Nouvelle revue théologique, 58 (1931), S. 57–58; *E. Hoffmann-Krayer:* Art. ‚Geier', in: HdA. III, Sp. 456–463; *E.* u. *L. Gattiker:* Die Vögel im Volksglauben (Wiesbaden 1989), S. 480–488.

Geige. *Nach jem. Geige tanzen müssen:* nach seinem Wink handeln, stammt vom Tanzboden: wie die Geiger den Takt streichen, so müssen sich die tanzenden Paare drehen (vgl. Pfeife). Als der frz. König Ludwig XIV. mit den Türken gemeinsame Sache gegen das Deutsche Reich machte, ließ ihn ein Spottvers zum Sultan sagen:

Drum wünsch' ich dir, daß dein Gewalt
Noch höher solle steigen;
Singst du den Baß, so sing ich Alt,
Tanzen nach einer Geigen.

In der Reformationszeit wurden die Altgläubigen mit dem Vorwurf verspottet, sie *tanzten nach der röm. Geigen:* sie seien Diener des Papstes.
Die alte Geige war früher sprw. für ‚das alte Lied, die alte Leier': *immer die gleiche Geige spielen:* ohne Phantasie und Abwechslung das gleiche vorbringen; schon bei Luther: „es ist die selbe geige, darauf er immer fiddelt". Vgl. frz. ‚jouer toujours le même refrain' (wörtl.: immer denselben Kehrreim spielen). Jünger ist die Rda. *die erste Geige spielen:* der geistige Mittelpunkt eines Kreises, die leitende Kraft eines Unternehmens sein, den ↗Ton angeben; vgl. engl. ‚to play first fiddle' und frz. ‚donner le ton'. Die Wndg. ist mit der Ausbildung des Streichquartetts im 17. und 18. Jh. aufgekommen: hier hat der Spieler der ersten Geige zugleich die wichtigste, schwerste und schönste Aufgabe, und die drei Mitspielenden haben sich vor allem nach ihm zu richten. Ebenso *Alles soll nach seiner Geige stimmen (tanzen).* Tatsächlich unterrichtete zur Zeit des Sonnenkönigs der Tanzmeister die Höflinge im Tanzen, indem er den Rhythmus auf seiner ‚Pochette' angab, einer kleinen, engbrüstigen Vorläuferin unserer Geigen, die er in der Tasche (frz. ‚poche') bei sich führte. Zur gleichen Zeit machte die Geigen-‚familie' (Violine, Bratsche, Cello) jene Entwicklung durch, die sie an die Spitze aller Streichinstrumente brachte.
Geigen und Tanzen gehören in der Volkssprache zusammen. Diese Zusammengehörigkeit stellt ein thüringisches Sprüchlein fest: „In Isenach kann me alles gemach, kann me gefiedel und gedaanz'. Voll Bitterkeit heißt es aber auch: ‚Was die Fürsten geigen, das müssen die Untertanen tanzen'.
Unter der Bez. Geige war früher auch ein Schandinstrument bekannt, das aus einem geigenförmigen flachen Holz mit Ausschnitten bestand, in welche Kopf und Hände der Delinquenten gesteckt wurden. Diese Art der Bestrafung, die bes. für liederliche Frauen üblich war, spiegelt sich in einigen heute ausgestorbenen Redewndgn. Schon im 15. Jahrhundert ist im übertragenen Sinne die Redewendung bezeugt: *seine Geige an einen henken:* ihn zum Gespött machen; später: *in der Geigen rumführen, die Geige tragen:* öffentl. gestraft werden.

‚Geige als Ehrenstrafe'

Er liegt (bleibt) immer auf einer Geige: er kommt von seinem Lieblingsthema nicht weg; ebenso *Er geigt (klimpert, raspelt) immerzu auf einer Saiten.* Entspr. *Es ist die alte Geige:* es ist die alte ↗Leier, das alte ↗Lied. Vgl. frz. ‚Il serine toujours le même refrain' (wörtl.: Er pfeift immer dasselbe Lied).
Zur Abkehr von solchem Einerlei wird sprw. gemahnt: ‚Man muß eine andere Geige nehmen, wenn man die erste nicht gern hört'. Ähnl. in Grimmelshausens ‚Simplicissimus' (Buch III, Kap. 24):

„Heimlich aber befahl er ihr, sie sollte nur bei ihrer alten Geigen bleiben".
Spaßhaft heißt es von einem Hungerleider in einem rdal. Vergleich *Der ist voll wie die Geigen, die an den Wänden hängen*.
Geige ist in alten Sprww. und Rdaa. manchmal ein verhüllendes Wort für die Frau, z. B. *Er weiß mit der Geige umzugehen, wenn er sie am (unterm) Arm hat; man muß spielen, wie die Geige will; eine kleine Geige ist mit einem Fiedelbogen nicht zufrieden; du fiedelst auf fremder Geigen* ↗Fiedel, ↗fix, ↗Violine.
Das spielt keine Geige: keine Rolle. *Der Himmel hängt voller Geigen* ↗Himmel. Ferner ↗Baßgeige.

Lit.: *M. Willberg:* Die Musik im Sprachgebrauch, in Sprww., in Rdaa., im Schrifttum, in: Die Muttersprache (1963), S. 201 ff.; *L. Röhrich:* Gebärde – Metapher – Parodie (Düsseldorf 1967), S. 55; *W. Deutsch* u. *G. Haid (Hg.):* Die Geige in der europ. Volksmusik (= Schriften zur Volksmusik 3) (Wien 1975).

geigen. *Einem die Wahrheit* (oder *die Meinung) geigen:* ihm derb die Meinung sagen, ihm die ↗Leviten lesen, eigentl.: zur Geige singen, wie es der Spielmann tat. Die Wndg. ist schon mhd. belegt, frühnhd. oft in der Form des Sprw.: ‚Wer die Wahrheit geigt, dem schlägt man die Geige (den Fiedelbogen) an den Kopf' (Seb. Franck, Sprw. 1, 29 a, Lehmann 872, Wahrheit 3), auch ‚dem schlägt man den Fiedelbogen aufs Maul'. Obersächs. ist die Rda. verkürzt zu ‚jem. geigen', ihn abkanzeln; schwäb. findet man auch die Form ‚einem die Leviten geigen'.
Du kannst mir was geigen: ‚du kannst mir gestohlen bleiben', das ist mir gleich.
Macht sich ein Mensch lächerlich, so sagt man *Laß dich (dir) heimgeigen!*, hergeleitet von dem Brauch, daß sich Begüterte von Gelage oder Tanz mit Musik heimgeleiten ließen (↗heimleuchten).
Ein paar andere imperativisch gebrauchte Rdaa. sind als Drohungen leicht verständlich: *Der soll mich nicht geigen lehren!* und *Ich werde ihm (!) geigen lehren! Auf dem Kiefer geigen:* sich am Unglück anderer bereichern, ein Kriegsgewinnler sein.
Es ist ihm nicht gegeigt worden: es ist ihm nicht an der ↗Wiege gesungen worden, d. h. davon hat er als Kind nichts gehört.
Dir werd' ich's geigen (auch *die Meinung geigen*) bedeutet eine Drohung: ich werde dir ungeschminkt die Wahrheit sagen. In dieser Rda. lebt noch die Vorstellung von der alten Wahrheitsgeige fort, von der schon früh gesagt wird: „Dieweil der alten Wahrheitsgeigen die Saiten sind gesprungen, muß sie schweigen".
Das unerfreuliche Hinundherstreichen wie bei einem schlechten Geigenspiel wird anderweitig als ‚geigen' bez., wenn man etwa mit einem stumpfen oder schartigen Messer etw. abschneiden will und dabei auf der Wurst oder dem Brot hin und her fährt. Auch auf dem Fahrrad kann man in diesem Sinne ‚geigen', wenn man nicht fest im Sattel sitzt.
Sie läßt sich gern geigen: sie ist nicht wählerisch hinsichtlich ihrer Liebhaber.

Lit.: *E. Seemann:* Art. ‚Geige, geigen', in: HdA. III, Sp. 463–470.

Geiß. Im Volksmund gilt die Geiß (= Ziege) als minderwertiges Tier. *Vom Gaul auf die Geiß kommen:* herunterkommen, verarmen; schwäb. ‚Der kommt hinte auf d' Geiß', er kommt herunter, auch: zu spät (ebenso: ‚vom ↗Ochsen auf den Esel kommen'). *Keine Geiß wert sein:* wertlos sein. Schweiz. ‚uf der Geiß heim müesse', mit langer ↗Nase abziehen, speziell von Mädchen, die, ohne getanzt zu haben, vom Tanzboden wieder nach Hause gehen.
Verbreitet ist auch die Wndg.: *Der hat's (hat seine Stärke) inwendig wie die Geiß das Fett:* er hat es in sich, man sieht ihm seine Stärke nicht an. Der Satz begegnet bereits bei Grillparzer (Sämtl. Werke [1887], Bd. VIII, 20). Noch älter ist der Vergleich: ‚Er schaut aus (hat Augen) wie ein (ab)gestochner Geißbock', der schon bei Abraham a Sancta Clara belegt ist. Vor allem in Wien hat er sich bis heute erhalten in der Wndg.: ‚... wie a abgestochener Geisbock' (Fr. Lauchert, Rdaa. bei Abraham a Sancta Clara [1893], 18).
Häufig hört man die sprw. Vergleiche *springen wie eine Geiß;* vgl. frz. ‚sauter comme un cabri' (Geißlein); *so dürr wie eine Geiß; er ist so dürr, er kann eine Geiß zwischen den Hörnern küssen.* Aus der Fülle weiterer landschaftlich verbreiteter Rdaa. seien angeführt: ‚die Geiß für die Knotteln hüten' (rheinhess.), bei der Arbeit wenig Erfolg haben; ‚der hat die Geiß

in en fremde Stall triebe' (schwäb.), er hat einem anderen einen Vorteil verschafft; ‚springen wie ein Geißbock ohne Euter', springen wie ein ↗Bock.
Die schweiz. Rda. ‚Er weiß, wie me d' Geiß schere muess', die die Superklugheit bespöttelt, geht auf sehr alte Wurzeln zurück. Schon in der Antike gab es einen berühmten Streit um die Frage, ob die Geiß Wolle trage oder nicht. Horaz I, 18 spricht von Menschen, die sich über alles streiten, auch über die nichtigsten Dinge: „alter rixatur de lana saepe caprina". Dieser Streit um die ‚Geißwolle' war früher auch im Dt. sprw., ähnl. dem Streit um des Kaisers ↗Bart. In Hugos von Trimberg ‚Renner' (V. 17529) heißt es:

mit dem sie sich gar selber triegen
und umb geizwollen wöllen kriegen,

und in Seb. Francks ‚Sprichwörtern' (2,101 b) steht: „umb die geyzwoll zanken". Das Wort ‚Geißwolle' ist dann frühnhd. geradezu zum Ausdr. für „Nichtigkeit" geworden, so bei Luther: „Sie fechten für die winkelmesse und sagen selbst, es sei eine nichtige sache und geiswolle".

Geist. *Jem.es guter (böser) Geist sein:* ihn zum Guten oder Schlechten beeinflussen.
Wissen, wes Geistes Kind er ist: ihn und seine Herkunft bzw. seine Gedankenwelt genau kennen, ist eine bibl. Rda. und geht auf Luk 9,55 zurück. Jesus spricht dort: „Wisset ihr nicht, welches Geistes Kinder ihr seid?"
Im Geist der Zeit sein bzw. ‚dem Zeitgeist entsprechen': die von der Mehrheit für richtig gehaltenen modernen Vorstellungen teilen. *Jem. auf den Geist gehen:* umg. Wndg. der 80er Jahre, vor allem von Jugendlichen gerne gebraucht i.S.v.: du gehst mir auf die ↗Nerven (den ↗Wekker). *(K)ein großer Geist sein:* (k)eine große Bedeutung haben.
Der Geist, der stets verneint, eine euphemist. Umschreibung, die Mephistopheles in Goethes ‚Faust' (I, Studierzimmer) selbst von seinem negativen Wirken gibt, kann rdal. auch auf Menschen bezogen werden, die alles Positive in Frage stellen.
Seinen Geist aufgeben, hochsprachl. Euphemismus für ‚sterben'; vgl. ‚das Zeitliche segnen' (↗zeitlich). Die Wndg. ist bibl. Ursprungs und kommt zuerst Klagelied 2,12 vor; vgl. frz. ‚rendre l'âme' oder ‚... l'esprit' (auch hochsprachl.). Als makabre Blasphemie ist die herabsetzende Wndg. zu verstehen: ‚Der hat mal einen leichten Tod – er hat nicht viel Geist aufzugeben'.
Auf den Heiligen Geist warten (müssen): eine göttliche Eingebung, einen guten Einfall erhoffen, um ein Problem zu lösen. Die Wndg. parodiert das Pfingstwunder mit der ‚Ausgießung des Hl. Geistes' (Apostelgesch. 2,1–4).
Vom Heiligen Geist beschattet: schwanger, ohne daß man den Vater des Kindes kennt. Iron. nach der Beschattung Mariens durch den Heiligen Geist; ähnl. ‚das muß wohl der Hl. Geist getan haben': irgendjem. muß der Schuldige sein; *einem den Heiligen Geist schicken (erscheinen lassen):* ihn tüchtig verprügeln.
Von allen guten Geistern verlassen sein: nicht wiederzuerkennen sein, unverständlich und wider alle Vernunft handeln oder sprechen.
Die Geister platzen aufeinander steht in Luthers auf das Münzersche Treiben in Allstedt bezüglichem Brief vom 21. August 1524 in der Form: „Man laß die Geister aufeinanderplatzen und treffen".
Die Wndg. *Erhebe dich, du schwacher Geist* (mit der Fortsetzung: ‚und stell dir uff de Beene', aus Berlin und Sachsen) ist ein entstelltes Zitat aus dem Weihnachtslied von Johann Rist (1607–67), wo es heißt: „Ermuntre dich, mein schwacher Geist" (Büchmann).
Der Ausdr. *dienstbare Geister* geht zurück auf die Übers. (Hebr 1,14): „Sind sie (die Engel) nicht allzumal dienstbare Geister, ausgesandt zum Dienst um deren willen, die ererben sollen die Seligkeit?" Heute werden als ‚dienstbare Geister' scherzhaft vor allem Hausangestellte und untergeordnete Mitarbeiter bez., die alles unauffällig erledigen (sollten), ohne daß sie in Erscheinung treten. Auch die Wunschvorstellung nach hilfreichen ↗Heinzelmännchen kann sich hinter dem Ausdr. verbergen, so auch in der Rda. *Etw. geschah (wurde erledigt) wie von Geisterhand,* d.h. von unsichtbaren Wesen, ohne menschliches Zutun.
Die Geister die man rief, nicht mehr loswer-

den (können): eine selbst (mutwillig oder gedankenlos) heraufbeschworene Entwicklung nicht mehr aufhalten können, die unangenehmen Folgen nicht rechtzeitig bedacht haben. Die Wndg., die auf Goethes ‚Zauberlehrling' von 1798 beruht, spielt heute zunehmend bes. in bezug auf die wachsenden Probleme in der Umwelt- und Wirtschaftspolitik in den Medien und Karikaturen eine große Rolle.

Lit.: *C. Mengis:* Art. ‚Geist', in: HdA. III, Sp. 472–510; *L. Röhrich:* Art. ‚Geist, Geister', in: EM. V, Sp. 909–922; *H. Müller:* Dienstbare Geister. Leben und Arbeitswelt städtischer Dienstboten (Berlin 1981).

Geiz, geizig. *Der Geiz sieht ihm aus den Augen (aus allen Knopflöchern):* seine übertriebene Sparsamkeit ist offenkundig. Ähnl. die schon bei Agricola (Sprww., I, 117) bezeugte Wndg.: ‚er ist ein rechter geyzhals', die noch heute gebräuchl. ist in der kürzeren Form *ein Geizhals (Geizhammel, Geizkragen) sein,* ↗ Geld.

‚Geiz ist die Wurzel allen Übels'

Das Sprw. ‚Geiz ist die Wurzel allen Übels' hat schon lat. Vorformen: ‚Avaritia omnium malorum radix'.

Er ist so geizig, daß er seinen eigenen Dreck frißt, eine derb-volkstüml. Rda., die drastisch z. Ausdr. bringt, wozu man einen Geizigen für fähig hält.

Euphemist. umschreibt eine schwäb. Wndg. den Geiz: ‚Er ist nicht geizig, er behält nur seine Sache'.

‚Nicht mit seinen Reizen geizen': durch freizügige oder spärliche Bekleidung die Aufmerksamkeit des männlichen Geschlechts auf sich lenken, als Frau die körperlichen Vorteile ins Spiel bringen.

Lit.: *U. Marzolph:* Art. ‚Geiz, Geizhals', in: EM. V, Sp. 948–957; *G. Hooffacker:* Avaritia radix omnium malorum (= Mikrokosmos 19) (Frankfurt/M.–Bern 1988).

gelackmeiert ↗ Lack.

Gelage. Das Wort ist nordd. Urspr. und seit dem 14. Jh. bezeugt als geloch, gelog, geloyg, gelack, gelach und bedeutet urspr. ‚Zusammenlegung', ‚Zusammengelegtes' zu Trunk und Schmaus, wozu jeder sein Teil beiträgt. Die antike Sitte des Liegens bei den Mahlzeiten ist darin nicht enthalten. Das Wort wurde im 19. Jh. als ‚Gelage' ins Hd. aufgenommen zur Bez. gemeinsamer Mahlzeiten.

Eine häufige Rda. ist noch *das Gelage bezahlen (müssen):* wie das entspr. ‚die ↗ Zeche bezahlen müssen': ein hist. Beleg findet sich um 1590 in Samuel Kiechels ‚Reisen' (390): „lagen ... unnser acht an Fieber kranck, dovon einer das Gloch zaln muest, der starb". Eine ältere Form der Wndg. ist auch *ins Gelag hineinkommen:* in Verlegenheit kommen. In der Komödie ‚Meister Pfriem' von Hayneccius sagt der Held vor seinem Eintritt in die Himmelsgemeinschaft: „da ich rin kam in das Gelagk", und bei Grimmelshausen fragt Simplicius (III,174): „wie dann Springinsfeld mit ins Gelag kommen wäre", d.h. wie er unter die Zigeunerbande geraten ist.

Von einem Vorwitzigen gebraucht man in Nord- und Mitteldtl. die Rda. *Er redet (plaudert) ins Gelage hinein:* unbesonnen, unbedacht, etwa schlesw.-holst. ‚He snackt so in't Gelage herin'. Aus dieser Wndg. hat sich die Prägung *ins Gelage hinein* verselbständigt und wird häufig angewendet i.S. v. ‚ohne Überlegung und Berechnung, aufs Geratewohl', so z.B. im 18. Jh. bezeugt: „Daß ein junger Mensch so ins Gelack hinein heirathet" (‚Politischer Guckguck', S. 364) oder in einer Randbemerkung Friedrichs d. Gr.: „Das

Komt dann, da heirathen sie so ins Gelach hinein und dann wollen sie pensions haben".

gelb. *Er hat noch das Gelbe am Schnabel, er ist ein Gelbschnabel:* er ist noch jung und unerfahren. Die Rdaa. beruhen darauf, daß die Schnäbel junger Vögel mit einer hellgelben Haut überzogen sind. Nic. Gryse spricht 1596 im ,Wedewen Spegel' (77 a) von „junge melkmunde (,Milchbarte'), de dat geel noch nicht von dem schnabel gewischet'. Die Rda. ist ferner belegt bei Luther: „sind gelehrt genug und (haben) doch das geel am Schnabel nicht abgestoßen". In Grimmelshausens ,Simplicissimus' entstand daraus in Anlehnung an eine andere Wndg. (,Er ist noch nicht trocken hinter den Ohren'): „wann mancher nur kaum das Gelb hinter den Ohren verlohren und buchstabiren gelernt, so muß er schon französisch lernen". ,Gelbschnabel' ist schon bei Mathesius (Sir. 1,35) 1586 bezeugt.

Einem den Gelbschnabel zeigen: ihm seine Unerfahrenheit vorhalten. J. W. Goethe schreibt in ,Wilhelm Meisters Wanderjahren' (2,3): „Mit der Kühnheit eines waghalsigen Gelbschnabels", dann aber dem Rhythmus zuliebe in ,Faust' II:

Wenn man der Jugend reine Wahrheit sagt,
Den gelben Schnäbeln keineswegs behagt.

Auch in den Niederlanden kennt man den Ausdr. ,geelbek', und in Frankr. heißt er ,béjaune' (aus: bec jaune). Schon im 14. Jh. hießen auf Pariser Lateinschulen die jungen Ankömmlinge ,becani'. Ndd. herrscht allg. eine verächtliche Auffassung der gelben Farbe vor. Die sehr oft belegte Rda. ,Dat fallt int Geele', es mißlingt, ist bereits in einer Bremer Hs. des beginnenden 18. Jh. belegt. Von einem, der eine eigenartige Aussprache hat, sagt man meckl. ,He spreckt so gäl', und holst. ,geel snacken' steht allg. für: hochdeutsch reden. Vgl. Specht, Plattdeutsch (1934), S. 110: ,Der Hochdeutsche snackt geel (gelb) und ist ein Quiddje'.

Es wird ihm gelb und grün vor Augen: ganz jämmerlich zumute, beruht wohl auf einem eintretenden Schwindelgefühl, das diese Farberscheinungen im Auge mit sich bringen kann; vgl. ,sich gelb und ↗grün ärgern'. In Gottfried A. Bürgers Ballade ,Der Kaiser und der Abt' heißt es von dem Abt:

... schon kam der Termin!
Ihm ward's vor den Augen bald gelb und bald grün.

Auch bei M. A. Thümmel ist die Wndg. bezeugt (,Reise in die mittägigen Provinzen von Frankreich 1791–1805', 5, 161): „dasz mir grün u. gehl vor den augen ward". Darüber hinaus begegnet die Wndg. mehrfach in den Grimmschen Märchen (z. B. KHM, 53, 91).

,Den gelben Abschied bekommen' (schweiz.), mit Schimpf und Schande entlassen werden, beruht angeblich auf dem Abschied auf gelbem Papier, den Söldner bekamen, die sich der Päderastie schuldig gemacht hatten.

Jem. die gelbe Karte zeigen: ihn verwarnen, Rda. aus dem Sport. Wenn jem. im Fußballspiel foult, zeigt ihm der Schiedsrichter mit hoch erhobener Hand, also weithin sichtbar, gelb, ↗Karte.

Das ist (ja) nicht (gerade) das Gelbe vom Ei: nicht das Bestmögliche; hier liegt die Vorstellung zugrunde, daß der Eidotter das Beste des ganzen Eies sei bzw. am besten schmecke.

Im Altertum galt Gelb als Farbe der Vitalität. Gelb erscheint der Goldschmuck der Könige und Kaiser, gelb auch das Gewand der Brahmanen. In manchen Gebieten des Mittleren und Fernen Ostens war es eine heilige Farbe, die Königen und Priestern vorbehalten war. Im alten China war Gelb Symbolfarbe der Erde mit zugleich erot. Bdtg. In der Farbensprache des MA. galt Gelb hingegen als Zeichen erfüllter und gewährter Liebe. Im allg. hatte die Farbe Gelb im MA. aber eine negative Bdtg., wie sie z. B. enthalten ist in der Beschimpfung ,Du gelber Sack'. Gelbe Kleider hatten die Dirnen zu tragen. In Dürrenmatts Tragikomödie ,Besuch der alten Dame' trugen die Güllemer gelbe Schuhe, nachdem sie zu Geld gekommen waren und dies auch zur Schau stellen wollten.

Goethe bez. ,Gelb' in seiner ,Farbenlehre' als die nächste Farbe am Licht.

Gelb ist aber auch die Farbe des Todes, des Neides und der Bosheit:

so bin ich gel recht wie ein tot,
das mir das liecht im hirn zergot.

(Murner, ‚Narrenbeschwörung' [1512], 93,17), und bei Ringwald heißt es (‚Treuer Eckart', 1608): „vor bosheit gelb war als ein wax".

Noch heute kennt man die Rda. *Gelb wie Wachs sein,* aber auch ‚quittegelb', freilich eher i.S. von: kränklich aussehen, ferner die Wndg.: *Vor Neid gelb werden.* Bei Jean Paul heißt es im ‚Siebenkäs' (1826): ‚mit gehlsüchtigen Blicken', d.h. mit ‚neidischen Blicken'.

Lit.: *O. Lauffer:* Farbensymbolik im Dt. Volksbrauch (Hamburg 1948); *C. Mengis:* Art. ‚gelb', in: HdA. III, Sp. 570–583; *R. Harvey:* ‚Gelwez gebende'. The Kulturmorphologie of a Topos, in: German Life and Letters, 28 (1975), S. 263–285; *W. Danckert:* Symbol, Metapher, Allegorie im Lied der Völker (Bonn-Bad Godesberg 1976), I, S. 411–417; *E. Tucker:* Art. ‚Farben, Farbsymbolik', in: EM. IV, Sp. 840–853.

Geld. *Kein Geld, keine Schweizer:* nichts ohne Gegenleistung; auch in der gereimten Form: ‚keine Kreuzer, keine Schweizer!' Ebenso frz. ‚point d'argent, point de Suisse', ndl. ‚geen geld, geen Zwitsers'. Die Rda. geht in die Zeit zurück, als Schweizergarden an vielen Höfen Europas gehalten wurden und Schweizer als Reisläufer in aller Herren Heeren dienten. Sie waren auf pünktliche Zahlung ihres Soldes bedacht und ließen z.B. Franz I. 1521 bei der Belagerung von Mailand durch Karl V. im Stich, als er sie nicht mehr bezahlen konnte. Gebucht ist die Rda. zuerst 1711 in J. Rädleins ‚Europ. Sprachschatz' (I,346b): „Kein Geld, kein Schweitzer, wo kein Geld ist, da dient man nicht".

Geld bei etw. herausschlagen: viel verdienen, geht auf die Zeiten zurück, in denen es noch keine Münzprägemaschinen gab und die Münzen mit der freien Hand aus dem Metall herausgeschlagen wurden. Die Wndg. bedeutet also urspr.: aus einer Metallmenge durch Prägeschlag viele Münzen gewinnen. Vgl. auch die neuere Weiterbildung der Rda. zu ‚Kapital aus etw. schlagen', Gewinn herausholen; vgl. frz. ‚se faire de l'argent avec quelque chose'.

Die Zwillingsformel: *Geld und Gut* steht stellvertretend für Reichtum u. Besitz. Sie ist bes. geläufig geworden durch das 1776 von Miller gedichtete Lied ‚Zufriedenheit' (komponiert von Mozart, aber erfolgreicher von Neefe), dessen Anfang lautet:

Was frag' ich viel nach Geld und Gut,
Wenn ich zufrieden bin.

Vgl. auch KHM. 88, 101, 108, 181, Anh. 4, Anh. 28).

Für Geld und gute Worte; vgl. frz. ‚avec de l'argent et de belles paroles'; meist negativ: *nicht für Geld und gute Worte:* auf keinen Fall, um keinen Preis; verkürzt aus dem älteren Sprw. ‚Für Geld und gute Worte kann man alles haben'; vgl. frz. ‚pas pour une fortune' (wörtl.: nicht um ein Vermögen).

Sein gutes Geld hergeben: mit Geld bezahlen, das seinen vollen Wert hat. *Das kostet ein gutes Geld:* das ist sehr teuer, das kostet eine ↗ Stange Geld. Die Wndg. begegnet u.a. bei N. Manuel (‚Barbali. Eyn gespräch' [1526], 112B): „das kostet mich ein gutes geld", ferner bei G. W. Weckerlin (Geistl. u. weltl. Gedichte, 1648): „wa sie dafür gab gut par gelt".

Sein Geld unter die Leute bringen: kauflustig sein, das Verdiente rasch wieder ausgeben.

Ähnliche Bedeutung besitzt das bei Sebastian Franck (‚Sprichwörter' [1541], 1,118) belegte Sprw.: ‚gelt gehört under dwelt'.

Das bekannte Sprw. ‚Geld regiert die Welt' ist in gleicher Formulierung ebenfalls bei Franck (2,61) verzeichnet. Ähnl. drückt es Seb. Brant im ‚Narrenschiff' (46.51) aus: all ding dem gellt sind underthon".

Das läuft ins Geld: Es kostet viel; *das wächst ins Geld:* die Unkosten steigen zusehends.

Viele Rdaa. sprechen vom Verhältnis des Geizhalses zum Geld: *Er ist dem Gelde gut, er sitzt auf seinem Geld, er ist ein richtiger Geldsack, er sitzt auf dem Geld wie der Teufel auf der armen Seele.*

Wenn ein Reicher eine Reiche heiratet, heißt es: *Da kommt Geld zum Gelde.* Ist das Geld dagegen nur auf einer Seite zu suchen, so wird das meist ausgedrückt durch die Wndg. *eine Geldheirat machen:* eine reiche Frau heiraten, wie z.B. der Ehemann, der im Emblembuch des Gabriel Rollenhagen ([1583], Bd. I Nr. 71)

1

2

3

1 ‚Dukatenmännchen‘ von Goslar
2/3 ‚Geld scheißen‘

abgebildet ist. Das Emblem trägt das Motto: „Non te sed nummos: nicht dich, sondern dein Geld (liebt der schändliche Kerl ...)“.
Der Reiche hat *Geld wie Heu, wie Dreck, er schwimmt im Gelde;* schlesw.-holst. ‚He sitt stief vull Geld‘; vgl. frz. ‚Il est tout cousu d'or‘ (wörtl.: Die Nähte seiner Kleider sind alle aus Gold); *er kann sein Geld mit Scheffeln messen,* wie es der arme Bruder im Grimmschen Märchen vom Simeliberg (KHM. 142) tatsächlich tut; davon abgeleitet auch *Geld scheffeln* und ‚scheffeln‘, scheffelweise Geld verdienen (vgl. schwäb. ‚Bei dem kamr's Geld im Simri messe‘). Der Arme dagegen hat *Geld wie ein Frosch Haare.*

Das Geld springen lassen, von der großzügigen Bewegung, mit der das Geld auf den Tisch geworfen wird. Ähnl. auch die Wndg.: ‚Das Geld in der Tasche springen lassen‘ (z.B. KHM. 83).
Bei Zahlungen schob man das Geld auch geschickt über den Tisch vor den Empfänger, daher *jem. Geld vorschießen.* Der Kehrreim einer Arie aus dem Schluß der Operette ‚Der Bettelstudent‘ (1882) von Karl Millöcker „Alles für mein Geld“ ist eine weitverbreitete Rda. geworden, ohne daß den meisten Sprechern der Zitatcharakter der Wndg. noch bewußt wäre. Den Text haben F. Zell (d.i. Camillo Walzel) und Richard Genée verfaßt.
Dazu hat Buchholtz kein Geld ↗ Buchholtz.

Die ‚Geldschneiderei' zur Bez. des Übervorteilens geht zurück auf die Tatsache, daß noch bis ins 17. Jh. die Münzen aus dem Silberblech, der ‚Zain' mit der ‚Benehmschere' herausgeschnitten und anschließend geprägt wurden. Die negative Bdtg. verdankt der Begriff allerdings der bes. in den ersten Jahren des Dreißigjähr. Krieges bei Geldwechslern üblichen Praktik, durch Beschneiden der Münzränder den Edelmetallwert der Münzen zum Zwecke des eigenen Verdienstes zu mindern. Auf demselben Hintergrund ist die Redensart zu sehen: *Das schneidet ins Geld:* das stellt eine große finanzielle Belastung dar.

Der scheißt Geld, der kann Geld scheißen: er verdient, besitzt viel Geld. Die Rda. schließt wohl an die Vorstellung vom Schlaraffenland an, wo auch der Gelderwerb mühelos ist; vgl. frz. ‚Il a de l'argent plein les poches' (wörtl.: Er hat die Taschen voller Geld). Vgl. auch den Goldesel im Grimmschen Märchen vom ‚Tischlein deck dich' (KHM. 36) und die Volksglaubensvorstellung des ‚Dukatenmännchens' bzw. ‚Dukatenscheißers', entspr. auch den Wunsch ‚Einen Geldscheißer (Dukatenscheißer) müßte man haben'. Häufiger findet sich die Rda. *Du denkst wohl, ich könnte (das) Geld scheißen:* aus dem Ärmel schütteln. Die Wunschvorstellung von einem Tier, das einem bei Bedarf Geld scheißt, ist mehrfach auch bildl. dargestellt worden.

Mit dem Geld herumwerfen: verschwenderisch sein, häufiger: *Das Geld (mit vollen Händen) zum Fenster hinauswerfen:* es unnütz vergeuden; die Slowenen sagen statt dessen ‚das Geld in die Drau werfen'; ndl. ‚het is geld in het water geworpen'; frz. ‚jeter l'argent à pleines mains', oder besser ‚... par les fenêtres'. Im Ndd. kennt man die Rda. ‚Dat geiht ut'n groten Geldbüdel', das geht auf Staatskosten.

Etw. oder *jem. ist nicht mit Geld zu bezahlen:* sehr wertvoll, unentbehrlich.

Die Wndg. *Sein (ihr) Geld wert sein* wird heute scherzhaft auf Personen bezogen, und zwar dann, wenn sie die erwartete Leistung erbringen. In früherer Zeit wurde sie zumeist für Sachgüter verwendet, wie aus einem Vers aus dem ‚Trojanischen Krieg' von Herbort v. Fritzlar (861 ff.) hervorgeht, in dem außerdem die Rda. *zu Geld kommen* begegnet:

> verwunden hette ir (der fürsten) lant
> beide roup unde brant,
> sie wâren (wieder) kumen zù gelde
> an walde und an gevelde,
> drizic tùsent marke wert
> was ir gelt und ir wert.

Geld auf die Hand bekommen: Bargeld (Handgeld) erhalten, ↗Hand.

Etw. jüngeren Datums ist der bekannte Spruch: ‚In Geldsachen hört die Gemütlichkeit auf'. Er geht zurück auf einen Satz von David Hansemann (1790–1864), der im ersten preußischen Vereinigten Landtag am 8. Juni 1847 sagte: „Bei Geldfragen hört die Gemütlichkeit auf", was gewöhnlich in der etw. abgewandelten Form zitiert wird. ↗Batzen, ↗Börse, ↗Dukaten, ↗Geiz, ↗Gold, ↗Heller, ↗Kapital, ↗Kredit, ↗Moneten, ↗Münze, ↗Taler.

Lit.: *Th. Siebs:* Art. ‚Geld', in: HdA. III, 590–625; *ders.:* Art. ‚Heck(e)taler', in: HdA. III. Sp. 1613–1624; *W. Gerloff:* Die Entstehung des Geldes u. die Anfänge des Geldwesens (Frankfurt/M. [3]1947); *ders.:* Geld u. Gesellschaft (Frankfurt/M. 1952); *H. Weinrich:* Münze u. Wort. Untersuchungen an einem Bildfeld, in: Romania, FS.f. G. Rohlfs (Halle 1958), S. 508–521; *W. Oppelt:* Münze u. Geld in Sprw. u. Rda., in: Münzen in Brauch u. Aberglaube. Ausstellungskatalog Germ. Nationalmuseum Nürnberg (Mainz 1982), S. 220–235; *P. Gerlach:* Käuflichkeit der Welt. Ausstellungskatalog Köln 1981; *ders.:* Regiert Geld die Welt? Szenen zur Gesch. des Geldes (Köln 1982); *G. Schmölders:* Psychologie des Geldes (München 1982); *H. Ries:* Zwischen Hausse u. Baisse. Börse u. Geld in der Karikatur (Stuttgart 1987); *K. Horn:* ‚Gold, Geld', in: EM. V, Sp. 1357–1372. *G. Hooffakker:* Avaritia radix malorum. Barocke Bildlichkeit um Geld u. Eigennutz (= Mikrokosmos 19) (Frankfurt/M. – Bern 1988).

Gelegenheit. *Die rechte (beste) Gelegenheit beim Schopfe (bei der Stirnlocke) fassen (ergreifen):* den günstigen Augenblick wahrnehmen und ausnutzen, ebenso frz. ‚prendre l'occasion aux cheveux' (heute ungebräuchlich); ndl. ‚de gelegenheid bij de haren grijpen'; engl. ‚to take time by the forelock'; vgl. Shakespeares ‚Ende gut, alles gut' (V. 3): „Let's take the instand by the forward top!" (Am Stirnhaar laß den Augenblick uns fassen!).

Die Rda. geht darauf zurück, daß im griech. Mythus nach Ion von Chios († 422 v. Chr.) und Pausanias (V. 14) der in Olympia als Gott verehrte ‚Kairos' (‚der günstige Augenblick') mit lockigem Vorhaupt und kahlem Nacken („Fronte capillata post est occasio calva“, Dionysius

‚Die Gelegenheit beim Schopfe fassen‘

Cato) deshalb im Davonfliegen geschildert wurde, weil man die gute Gelegenheit erst, wenn sie entschwunden, zu spät zu ergreifen sucht (vgl. Büchmann). In gleicher Weise beschreibt auch Joh. Fischart 1594 die Frau Gelegenheit, die nur Lokken an der Stirn hat, hinten aber kahl ist („Die fraw Gelegenheit hat nur haarlocke an der stirnen, übersicht mans, daß man sie nicht vornen dabei erwischt, so ist sie entwischt, dann hinten ist sie kahl und nimmer zu erhaschen überall‘, ‚Gargantua‘ 236b). Bei Lehmann ist 1639 verzeichnet: „Wer die Gelegenheit nicht vorn ergreift, erwischt sie hernach am Ort, wo man die Händ bescheißt“. In Goethes ‚Faust‘ (Vorspiel auf dem Theater, V. 227) heißt es:

Das Mögliche soll der Entschluß
Beherzt sogleich beim Schopfe fassen.

Nur selten ist die Wndg. auch wirklich volkstümlich geworden, wie etwa in dem schwäb. Sprichwort ‚Nimm die Gelegenheit beim Schopf, hinten ist sie kahl am Kopf‘.

In etw. anderem Sinne heißt es im Sprw.: ‚Gelegenheit macht Diebe‘. Es weist darauf hin, daß Menschen, die zum Stehlen neigen, jede Gelegenheit nutzen, die sich ihnen bietet.

Lit.: *H. Lamer:* Art. ‚Kairos‘, in: Pauly-Wissowa, Bd. X/2, Sp. 1508–1521; *M. Lenschau:* Grimmelshausens Sprww. u. Rdaa. (Frankfurt/M. 1924); S. 91–92; *H. Rüdiger:* Göttin Gelegenheit, in: Arcadia 1 (1966), S. 121–166; *Th. Braunerhielm:* Occasio, in: Iconographisk Post (Stockholm 1990), S. 12–24.

gelehrt. Mit dem Begriff ‚gelehrt‘ wird oftmals Dummheit rdal. umschrieben, z. B. in den Wndgn. ‚Er ist gelehrt, aber es weiß es niemand‘; ‚er ist gelehrt bis an den Hals, aber in den Kopf ist nichts gekommen‘; ebenso schweiz. ‚Er ist g'lehrt bis an Hals, aber der Chopf ist en Esel‘; ‚er ist gelehrt wie ein Stier, kann nichts lesen als sein Brevier‘; ‚er ist ein Geleerter‘ (mit zwei e), d. h. eigentl., er hat nichts im Kopf, sein Kopf ist leer. Ähnl. sagt man mit einem anderen Wortwitz ndl. ‚Dit is een geleert man‘, weil im Fläm. ‚leer‘ auch die ‚Leiter‘ heißt. Die ndl. Rda.-Bilderbogen haben den ‚geleiterten‘ Gelehrten auch im Bild festgehalten.

‚Er ist ein Geleerter‘

Darüber sind sich die Gelehrten (noch) nicht einig: die Wndg. geht letztlich zurück auf V. 78 der ‚ars poetica‘ des Horaz: „Grammatici certant, et adhuc sub iudice lis est“ (Da sind sich die Gelehrten noch nicht einig, und der Streit hängt vor dem Richter in der Schwebe).

‚Je gelehrter, je verkehrter‘ ist schon in der ‚Narrenbeschwörung‘ (1512) des Thomas Murner bezeugt:

wie komt es, das man spricht: ie glerter,
ie verruchter und verkerter?

Urspr. waren wohl die Falsch- bzw. Scheingelehrten der Hl. Schrift gemeint, die im Widerspruch zu den Wahrheitslehrern standen. So steht es jedenfalls in einem (urspr. von einem Wiedertäufer verfaßten) Gedicht, das Joh. Fischart 1588 herausgab:

es (das Sprw.) brürt das thun und auch das leben
etlicher weisen und gelehrten,
warumb sie etwa (einst) die verkehrten
von den alten wurden genannt;
es meint die schriftgelehrten allermeist,
die den buchstab hand on gottes geist;
als nemlich die verkehrtgelehrten
oder auch die gelehrtverkehrten.

Lit.: *H. Nimtz:* Motive des Studentenlebens (Diss. phil. Berlin 1937), S. 46–48; *E. Moser-Rath:* Lustige Gesellschaft (Stuttgart 1984), S. 173.

gemein, Gemeinheit. *Das ist eine (bodenlose) Gemeinheit!:* das ist sehr bösartig, niederträchtig und verwerflich. In dieser Rda. hat der Begriff ‚Gemeinheit' die Bdtg. von ‚niedriger Gesinnung', die er urspr. nicht hatte. Vielmehr wurde er in früher Zeit hauptsächlich verwendet i.S. des heutigen Wortes ‚Allgemeinheit', wie er auch angesprochen wird in der Rda.: *mit jemandem etwas gemein haben:* dieselben Eigenschaften, Interessen, Ziele haben.

Der ‚gemeine Pfennig' ist eine allg. Steuer. Unter ‚Gemeinsprache' versteht man die gemeinsame Umgangssprache. ‚Gemeinplatz' ist die 1770 von Wieland eingeführte Verdeutschung von ‚locus communis', ein allgemein bekannter Ausdruck. *In Gemeinplätzen reden:* abgedroschene Rdaa. verwenden.

Das Allgemein-Menschliche ist bei den folgenden lit. Zitaten gemeint: Schiller (‚Wallensteins Tod', I. 4):

Denn aus Gemeinem ist der Mensch gemacht
Und die Gewohnheit nennt er seine Amme;

desgl. bei Goethe in seinem ‚Epilog zu Schillers Glocke' (4. Str.):

Und hinter ihm in wesenlosem Scheine
Lag, was uns alle bändigt, das Gemeine.

Daß es sich bei dem Ausdr. ‚das Gemeine' um eine Verkürzung aus dem Wort ‚das Allgemeine' (das was uns allen gemeinsam ist) handelt, geht auch hervor aus dem Sprw. ‚Gemeinnutz geht vor Eigennutz'.

Die Wndg. ‚das gemeine Volk' ist dagegen nur auf den vierten Stand (den niedrigsten Stand) bezogen, wie auch ein Vers aus einem Freiburger Passionsspiel des 16. Jh. (hg. v. Martin, S. 3) deutlich macht:

herren, gest, burger und all gemein,
züchtig frawen, junkfrawn rein,
ich pit, ir wellen schweigen still.

Ein ‚Gemeiner' ist ein Soldat ohne Dienstgrad. Ähnl. weist die Wndg. ‚der gemeine Mann' (der kleine Mann) darauf hin, daß mit dem Gemeinen sowohl der niedrige Stand als auch der einfache Mann ohne Macht, der auf die Gunst der Obrigkeit angewiesen ist, gemeint sind, wie frühe schriftl. Zeugnisse beweisen (Zs. f. d. A. 17, 351, 30):

ein iclich herre wol geborn
der sal nicht übin sinen zorn
kein eim gemeinen armen man,
der sich nicht gewerin kan.

Mit der Emanzipation der Massen und der allmählichen Aufgabe des Ständedenkens erfuhr auch der Begriff ‚Gemeinheit' eine Wandlung insofern, als nur noch die Vorstellung von ‚niedriger Gesinnung' erhalten blieb und in beschimpfenden Wndgn. wie ‚gemeiner Kerl', ‚gemeines Biest' ihren Ausdr. fanden. Auch die Rdaa. *Jem. mit Gemeinheiten überhäufen (traktieren)* und *Keine Gemeinheit auslassen* zeigen, daß der Begriff ‚Gemeinheit' heute nur noch das Abscheuliche, Verwerfliche umfaßt.

Gemüt. Die Wndg. *sich etw. zu Gemüte führen* ist erstarrt. Die ältere Sprache kannte zahlreiche verbale Verbindungen mit ‚zu Gemüte' wie: ‚Es kommt, geht, steigt mir zu Gemüte', ‚ich ziehe, führe (mir) etw. zu Gemüte'. Sich etw. zu Gemüte führen besagte: sich etw. zu Herzen nehmen, auch sich an etw. erinnern. Jetzt hält es sich fast nur noch in der scherzhaften Bdtg.: sich etw. zugute tun, vorwiegend im Hinblick auf Essen und Trinken. Adelung verzeichnet schon 1775 als niedrigen Scherz: „sich ein Stück Brot, eine Bouteille Wein zu Gemüte führen".

Das schlägt einem aufs Gemüt: das geht einem nahe, drückt die Stimmung.

Ein Gemüt wie ein Fleischerhund haben: seelisch unkompliziert, roh sein wie jem., dem es genügt, wenn er seine Portion Fleisch verschlingen kann.

Während in bibl. Zitaten das Gemüt weder mit ‚Herz' noch mit ‚Seele' gleichgesetzt wird, sondern als autonome Einheit für sich Erwähnung findet: „von ganzem Herzen, von ganzer Seele und von ganzem Gemüt" (Matth. 22,37), wird es in späteren lit. Zeugnissen mit dem Willen u. Wollen eines Menschen verglichen:

nach des gemüts sitten und gestalt,
auch der leib sich sittet und halt,
das gemüt ziecht wie es will den leib

(J. Fischart: ‚Podagrammisch Trostbüchlin' 10,654); ‚Besser blind an den Augen, als blind am Gemüt' heißt es bei Chr. Lehmann im ‚Politischen Blumen-Garten', 1662 (T. 1. Blind. Additio Nr. 5).

Aus der Tiefe des Gemüts: seiner Intuition folgend, auch: ohne Vorlage, Konzept. So schon bei H. Heine in einem Bericht über die Pariser Gemäldeausstellung vom 7. Mai 1843: „Dem Kamele, welches sich auf dem Gemälde des Horaz Vernet befindet, sieht man es wohl an, daß der Maler es unmittelbar nach der Natur kopiert u. nicht wie ein dt. Maler aus der Tiefe seines Gemüts geschöpft hat".

Keine Gemütsregung zeigen: sich beherrschen, (seelisch und geistig) verhärtet sein, völlig unbewegt von Gefühlen sein.

In aller Gemütsruhe etw. tun: ohne Hektik etw. erledigen. ‚Ein gemütlicher Bürger sein': früher i.S. von ruhig gebraucht, heute mehr in der Bdtg.: ein bequemer Mensch sein. *Ein Gemütsmensch sein:* jem., der herzensgut ist und sich nicht aus der Ruhe bringen läßt. ‚Du bist ein Gemütsmensch' sagt man aber auch ironisch, wenn jem., sich dumm stellend, (scheinbar) naiv ‚unmögliche' Äußerungen von sich gibt. *Gemütskrank sein:* älterer Begriff für ‚depressiv' sein, keine Freude mehr am Leben haben. *Ein kindliches Gemüt haben:* einfältig sein. Die Wndg. wird heute meist im abwertenden Sinne von ‚kindisch' gebraucht, während sie im 18. Jh. – als das Gemüt noch die ihm gebührende, zuweilen auch etw. übertriebene Rolle im menschl. Leben spielte – u. a. bei Schiller noch in der urspr. positiven Bdtg. begegnet:

Und was kein Verstand der
Verständigen sieht,
Das übt in Einfalt ein kindlich Gemüt.

(‚Die Worte des Glaubens', 3. Str., in: Musenalm. f. d. J. 1798).

Jem. Gemütsruhe stören: ihn durcheinander bringen, meist in böser Absicht, so daß der sprw. gewordene Satz angebracht wäre: ‚Da hört (sich doch) die Gemütlichkeit auf!': Was zuviel ist, ist zuviel.

In einer guten bzw. schlechten Gemütsverfassung sein: sich gut oder schlecht fühlen. Im 18./19. Jh. war die ‚Gemütsstimmung' dagegen von ausschlaggebender Bdtg. Sie war der Maßstab des Wohlbefindens, mit dem die ganze Skala der Gefühlswelt umschrieben wurde. So heißt es bei Kant (‚Kritik der Urteilskraft' [1869], § 28): „... Hier scheint kein Gefühl der Erhabenheit unserer eigenen Natur, sondern vielmehr Unterwerfung, Niedergeschlagenheit, Gefühl der gänzlichen Ohnmacht die Gemütsstimmung zu sein".

genehmigen. *Sich einen genehmigen:* ein Glas Alkohol trinken; die Rda. ist erst seit dem Ende des 19. Jh. geläufig. Sie bezieht sich auf den Trinker, der mit sich selbst zu Rate geht, ob er noch ein Glas trinken solle oder nicht, und der seinem eigenen Antrag selbstiron. stattgibt; vgl. frz. ‚S'accorder quelque chose'; vgl. den Werbeslogan: ‚Man gönnt sich ja sonst nichts'.

Genie. *Nicht gerade ein Genie sein:* nur durchschnittlich begabt sein, nichts Besonderes zustande bringen; *ein verkommenes (verkrachtes) Genie sein:* trotz guter Gaben sein Leben verdorben haben, eine heruntergekommene Existenz sein. *Ein verkanntes Genie sein:* nicht die entsprechende Würdigung erfahren; aber auch ironisch gebraucht, wenn sich jem. auf nicht vorhandene geistige Leistungen etw. einbildet.

Genie (aus lat. genius = Schutzgeist, spätlat. = schöpferischer Geist, frz. ‚génie' [18. Jh.]) ist ein Mensch von schöpferischer Begabung, der neue Bereiche des Schaffens erschließt und Hochleistungen vollbringt. Von den alten Griechen (Platon) wurde der Begriff in der Hauptsache auf Dichter und Musiker bezogen, später – in der Aufklärung, in der Zeit des ‚Sturm u. Drang' und in der Romantik – in einer Art Geniekult auf den vollkommenen Menschen schlechthin.

Die Rda. *einen Geniestreich vollführen* kann einen positiven Sinn haben und sich auf eine außergewöhnliche Tat beziehen, andererseits aber auch im scherzhaften Sinne für eine spektakuläre aber nutzlose Handlung gebraucht werden. Der Ausdr. ‚Geniestreich' begegnet lit. zum ersten Male in dem Moderoman ‚Der Empfindsame' von Chr. Fr. Timme (1752–88), der im ersten, 1781 erschienenen Bande (S. 183) von den ‚Schelmenstreichen u. Narrheiten unseres empfindsamen Zeitalters' spricht. Im 19. Jh. findet er sich u.a. bei K. G. Lessing (G. E. Lessings Leben), 1793–95, 1, 102); ferner bei Goethe (Werke, vollst. Ausg. [1827 ff.], 48, 149): „wenn einer etwas Verkehrtes ohne Zweck u. Nutzen unternahm, (hieß das) ein Geniestreich". Hier ist der Begriff schon in der spöttischen Bdtg. gebraucht.

Lit.: *H. Wolf:* Versuch einer Geschichte des Genie-Begriffes (Heidelberg 1923); *E. Kretschmer:* Geniale Menschen (Berlin – Heidelberg [4]1948); *G. Révész:* Talent u. Genie (Bern 1952); *R. Hildebrand:* Art. ‚Genie', in: DWb. Bd. IV., 1. Abt., 2. Tl, Sp. 3396–3450.

genieren. *Sich nicht genieren:* keine unnötigen Hemmungen haben, z.B. beim Essen zuzugreifen oder von bestimmten Annehmlichkeiten Gebrauch zu machen. Häufiger sind jedoch die Rdaa., die Verlegenen Mut machen sollen, z.B. als Aufforderung zum Essen: *Kein Grund sich zu genieren;* ‚Du brauchst dich nicht zu genieren'. Zur Auflockerung der Atmosphäre sind in ländlichen Gegenden vor allem spöttische Wndgn. beliebt, z.B. ‚Geniert Euch nicht, wir haben's ja' (wenn jem. zu kräftig zugreift), oder als ausgesprochene Nötigung: ‚Nun mal nicht geniert', wobei der Betreffende einen kräftigen Essensschlag auf den Teller bekommt (den er meist gar nicht will).

Seltene Varianten sind: ‚Einmal hat sich eine Ziege geniert und ist davon gestorben'; ‚Lieber probieren als genieren'; ‚Wer nicht ißt und sich geniert, soll hinausgehen'; ‚Wenn du dich vor mir genierst, dann geh ich raus'; ‚Genier Dich, wenn Du gegessen hast'; ‚Nicht geniert und fest gegessen (zugelangt, zugegriffen)'; ‚Als getunkt, gebrockt, geweicht und 'rausgemacht und nicht geniert'; ‚Fest geschnitten und getunkt und nicht geniert'; In einigen Rdaa. wird das Essen mit der Arbeit verglichen: ‚Wer sich beim Essen geniert, geniert sich auch beim Arbeiten'; ‚Greif zu, Arbeit geniert nicht'.

Lit.: *G. Grober-Glück:* Motive u. Motivationen in Rdaa. u. Meinungen (Marburg 1974), S. 325.

Gentleman. *Ein Gentleman sein:* feine Manieren haben. Der Begriff wurde 1709 aus dem Engl. ins Dt. übernommen, weil er mit einem Wort ein ganzes Bündel von hervorragenden Eigenschaften eines ‚vollkommenen Kavaliers' umschreibt, einen ‚feinen Herrn', der sich durch tadellose Umgangsformen auszeichnet und stets höflich und zuvorkommend ist, einen Mann mit Lebensart, einen Mann ‚von Format'.

Urspr. bezog sich der Ausdr. auf den wappenberechtigten Mann aus niederem Adel (gentry), später jedoch auf jedes Mitglied der guten Gesellschaft von Wohlstand und gesellschaftlicher Bildung. *Sich nicht gentlemanlike benehmen:* keine guten Umgangsformen haben, rüde sein. *Ein Gentleman's Agreement schließen:* eine Übereinkunft, ein mündl. Abkommen, das auf Fairneß beruht und gegenseitiges Vertrauen voraussetzt.

Lit.: *A. Eichler:* Der Gentleman. Wesen, Wachsen, Verwesen (Graz 1943); *S. Gräfin Schönfeldt:* Kulturgesch. des Herrn (Hamburg 1965).

Georg. *Einem den Görgen singen:* ihm seine Lümmelei vorhalten. 1777 schreibt Wieland an Merck: „Hätte nichts schaden mögen, wenn Sie ihm auch über sein Fragment von den Poeten ... ein wenig den Görgen gesungen hätten".

Mit dem Namen Georg bez. man öfters einen groben, händelsüchtigen Menschen: dumme Jürken (holst.), Görkel = Tölpel, Fasel-Görge (bei Langbein). Die Rda., die hier eine höhnische Kritik meint, hatte urspr. wohl eine andere Bdtg. *Den Jürgen singen* meinte wohl früher: sich ritterlich herumschlagen wie St. Georg mit dem Drachen. Die Rda. erinnert an ma. Ausdr. wie ↗ Placebo singen, Gaudeamus singen und ähnliche. In der Tat reicht sie in eine frühere Zeit zurück. In einem 1624 gedruckten Streitgedicht zwischen Landsknecht und Bauer heißt es:

> Und wart fein, bis der Monsieur Till
> Dir wider klopfet ein
> Und thut dir den Herrn Jörgen singen,
> Daß die Bleikugeln durch dich dringen!

(v. Ditfurth: Die hist.-polit. Volkslieder

des Dreißigjähr. Krieges [1822], S. 81, Str. 4). Diese Verse klingen in einem bald nach der Schlacht bei Breitenfeld (1631) entstandenen Dialog wieder an, in dem der kaiserliche Feldherr Tilly von seinem Verfolger, dem langen Fritz, einem Rittmeister aus dem Regimente des Rheingrafen, bedroht wird:

Wärst nit so schnell entsprungen,
Hätt dir den Jürgen gsungen,
Daß dir dein Hiren schwach.

(v. Ditfurth, a.a.O., S. 199).
Doch bleibt es unklar, warum ‚den Jürgen singen' eine Scheltrede und dann übertr. eine tätliche Mißhandlung bez. Wahrscheinl. liegt eine Verwechslung oder absichtliche Entstellung des im 16. Jh. häufigen Ausdr. ‚einem den ↗ Judas singen' vor. Auf den Umzug des Grünen Georg oder das Georgsspiel, wie es heute noch in Mons bekannt ist, nimmt die Trierer Rda. ‚Es geht zu wie im Georgsspiel' Bezug.

Lit.: *J. Bolte:* Einem den Görgen singen, in: Zs. f. dt. Wortf. I (1901), S. 70–72; *P. Sartori:* Art. ‚Georg', in: HdA. III, Sp. 647–657; *S. Braunfels-Esche:* St. Georg. Legende, Verehrung, Symbol (München 1976); *H. Fischer:* Art. ‚Georg', in: EM. V, Sp. 1030–1039.

gerädert ↗ Rad.

Geratewohl. *Etw. aufs Geratewohl tun:* auf gut Glück, ohne zu wissen, ob es gut endet, ohne die Richtung zu kennen, auf Verdacht. An den hinter diesem Ausdr. stehenden Wunsch, daß etw. ‚wohl (d.h. gut) geraten' möge, wird beim rdal. Gebrauch im allg. nicht mehr gedacht. Als Sprw. findet sich in Christoph Lehmanns ‚Politischem Blumen-Garten' (1662): „Aufs Geratewohl ist kühn, aber nicht klug".

Gerechtigkeit. *Jem. Gerechtigkeit widerfahren lassen:* ihn richtig beurteilen, Vorurteile außer acht lassen. *Das ist die ausgleichende Gerechtigkeit:* wird schadenfroh meist dann gesagt, wenn jem. ein Mißgeschick passiert, nachdem er sich vorher anderen gegenüber nicht fair verhalten hat. Im Volksmund hat sich der Begriff der ausgleichenden Gerechtigkeit als scherzhafte Wndg. durchgesetzt für unbefriedigende Zustände, die durch einen Zufall ausgeglichen werden, etwa in dem Sinne, wie es bei Gotter (Gedichte [1787ff.], 1,388) lit. bezeugt ist mit den Worten: „um des Schicksals Unrecht auszugleichen".
Einen Gerechtigkeitsfimmel haben: sich in übertriebener Weise um Gerechtigkeit bemühen, eine Eigenschaft, die auch zur ‚Gerechtigkeitsmanie' werden kann.

Lit.: *R. Wehse:* Art. ‚Gerechtigkeit, Ungerechtigkeit', in: EM. V, Sp. 1097–1102.

Gerhard. Am Niederrhein kennt man einige Rdaa. mit dem Namen Gerhard. Wenn man einen einfältigen Menschen bezeichnen will, sagt man von ihm: ‚Er glaubt, Gott heiße Gerhard', oder, was ebensoviel bedeuten mag: ‚Er läßt sich aufbinden, Gott heiße Gerhard'. Kinder und abergläubische Leute fürchten sich vor dem *ungeborenen Gerhard,* ein verhüllender Teufelsname, weshalb man auch einen Feigling, der im Dunkeln nicht allein umherzugehen wagt, oft schilt, daß er sich ‚vor dem ungeborenen Gerhard (Girrat) fürchtet'. Auch in Linz am Rhein kennt man die nächtlich einherschreitende Spukgestalt des ungeborenen Gerhards.

Lit.: *Montanus:* Die Vorzeit der Länder Cleve-Mark, Jülich-Berg und Westphalen, neu hg. v. W. v. Waldbrühl, Bd. I (Elberfeld 1870), S. 15.

gern. Das Wort gern ist mit ‚begehren' verwandt und bedeutet eigentl.: was man begehrt; heute hat es viel von seiner urspr. Bedeutungskraft eingebüßt und wird häufig nur noch iron. gebraucht. *Du kannst mich gern haben:* du bist mir gleichgültig, mit dir will ich nichts mehr zu schaffen haben, ‚du kannst mir gewogen bleiben'; heute wohl in allen dt. Mdaa. verbreitet und meist als euphemist. Verkürzung aus ‚am Hintern gern haben' aufgefaßt (↗ Arsch).
An rdal. Vergleichen sind zu nennen: *Er geht so gern wie der Dieb an den Galgen, wie die arme Seele ins Fegfeuer:* er geht ungern; *er ist gern gesehen wie ein Wolf unter den Schafen; man sieht ihn so gern wie ein Ferkel in einer Judenküche:* er ist unbeliebt. Kaum noch gebräuchl. ist die ältere Rda. *einen auf ein Gericht Gerngesehen einladen:* ihn zu einer einfachen Mahlzeit bitten. So sagt J. H. Voß: „(einladen) nur auf ein Butterbrot und ein Gerichtlein

Gerngesehen". Ähnl. klingt die noch heute gebräuchl. Höflichkeitsformel *Gern geschehen* als Antwort auf einen Dank. Häufig geht ihr die Floskel ‚keine Ursache' voraus.

Gerstenfeld. Die Rda. *ins Gerstenfeld schauen* und die ausführlichere Wndg. *mit einem Auge ins Gerstenfeld, mit dem anderen in den Kleeacker schauen* sind euphemist. und scherzhafte Umschreibungen für starkes Schielen.

Im Gerstenfeld mit seinen Gedanken sein: geistesabwesend sein, nicht bei der Sache, unkonzentriert sein. Georg Henisch verzeichnet bereits 1616 in seiner ‚Teutschen Sprach und Weissheit' (Sp. 1522): „Er ist im Gerstenfeld mit seinen Gedanken". ↗Gedanke.

Lit.: *R. Becker:* ‚Der guckt ins Gerstenfeld', in: Zs. f. d. U. 5 (1891), S. 645.

Geruch. *In keinem guten Geruch stehen:* sich keiner Wertschätzung, keines guten Rufes erfreuen. Schon in einer geschichtl. Urkunde aus Oesterreich aus dem Jahre 1517 (Fontes rer. Austr. I, 1, 128) ist belegt: „Wo aber die fürgenomen praut nyt aines gueten geruechs, so gibt der bischoff dem (diacon) die nit, sonder ain andere, die ain gueten namen hat'.

Die Rda. geht auf 2. Mos. 5,21 zurück: „Der Herr ... richte es, daß ihr unsern Geruch habt stinkend gemacht". Mit ‚Gerücht' (das urspr. die ndd. Form zu mhd. geruofte, gerüefte ist, somit zu ‚rufen' gehört) hat diese Rda. nichts zu tun; sie geht vielmehr auf den bibl. Sprachgebrauch von dem Gott wohlgefälligen Geruch des Brandopfers zurück (vgl. 2. Mos. 29,18). Die bildl. Anwendung des Ausdr. Geruch zeigen auch die Worte des Don Carlos zu König Philipp (V. 4): „Dein Geruch ist Mord. Ich kann dich nicht umarmen".

Gleichen Urspr. dürfte die Rda. sein *im Geruch der Heiligkeit stehen;* sie erscheint bei Goethe (29,201): „ein Bettelmönch, der aber auch schon im Geruch der Heiligkeit stand"; engl. ‚an odour of sanctity'; frz. ‚une odeur de sainteté': aber auch: ‚Ne pas avoir quelqu'un en odeur de sainteté', i. S. v.: einen nicht gern haben.

Die Rda. geht auf den Volksglauben zurück, wonach die (später) geöffneten Gräber von Heiligen statt des zu erwartenden Verwesungsgeruchs einen bes. angenehmen, süßen Geruch verströmen. Entspr. Berichte sind in zahlreichen Heiligenlegenden überliefert, u. a. von Alexius, Servatius, Englmar u. a. Die einstmals ernsthaft gemeinte Rda. besitzt heute nur noch eine scherzhafte Bdtg. Ndd. kennt man auch die Wndg. ‚He hett dor Geruch vun kregen', er hat davon Wind bekommen (↗Wind).

Lit.: *M. Höfler:* Der Geruch vom Standpunkte der Volkskunde, in: Zs. f. Vkde. 3 (1893), S. 438–448; *E. Hoffmann-Krayer:* Geruch der Heiligkeit, in: Schweiz. Arch. f. Vkde. 23 (1920/23), S. 225–226; *A. Corbin:* Pesthauch u. Blütenduft. Eine Geschichte des Geruchs (Berlin 1984); *Chr. Daxelmüller:* Art. ‚Geruch', in: EM. V, Sp. 1907–1102.

Gerücht. *Nur ein Gerücht sein:* eine unbewiesene Nachricht, ein nicht unbedingt glaubwürdiges Gerede.

Einem bloßen Gerücht Glauben schenken: etw. für wahr halten, leichtgläubig sein, etw. ohne Prüfung hinnehmen.

Einem Gerücht zum Opfer fallen: eine Schädigung seines Rufs erfahren, ohne sich dagegen wehren zu können.

Ein Gerücht verbreiten ↗Gerüchteküche.

Das Wort ‚Gerücht' stammt aus dem Mittelndd. und wurde in spätmhd. Zeit entlehnt. Es entspricht dem mhd. ‚gerüefte', einem Verbalabstraktum zu ‚rufen'. Es bez. zunächst das rechtlich relevante Geschrei über eine Untat und sinkt dann zum bloßen ‚Gerede' ab. Gerüchte entstehen aus Neid, Mißgunst, Unwissenheit, Vorurteil oder Bosheit, mitunter auch aus bloßem Wunschdenken. Meist tragen Unsicherheit, fehlende wirkliche Informationen und Vermutungen dazu bei. Davon verschont bleiben nichts und niemand, ↗Klatsch.

Lit.: *G. A. Fine* u. *J. S. Severance:* Art. ‚Gerücht', in EM. V, Sp. 1106–1109.

Gerüchteküche. *Etw. kommt aus der Gerüchteküche:* ist erdichtet und frei erfunden oder enthält nur die halbe Wahrheit, ↗Gerücht.

In der Gerüchteküche mitmischen: zum Entstehen eines Gerüchts beitragen, seine Verbreitung fördern. Oft sind die Medien beteiligt, die eine Affäre aufbauschen.

Die Gerüchteküche brodelt: Meldungen,

die nur auf Hörensagen und Gerüchten beruhen, werden gehäuft verbreitet (bes. in Spannungszeiten).

gerührt. *Ik bin jerührt wie Appelmus:* seelisch gerührt. Innere Rührung wird im Wortspiel scherzhaft mit dem Gerührtsein des Apfelkompotts gleichgesetzt (berl. seit der zweiten Hälfte des 19. Jh.); ähnl. *gerührt wie lauter Rühreier* und *leicht gerührt sein:* tief beeindruckt, sehr erstaunt sein.
In neueren Kriminalfilmen, häufig bei der Vernehmung eines Angeklagten, der die ‚soziale oder psychologische Masche strickt', meint der das Verhör Leitende iron.: ‚Ich bin gerührt, mir kommen gleich die Tränen'.

Gesangbuch. *Das falsche (verkehrte) Gesangbuch haben:* eine andere Konfession besitzen, zu einer nur in der Minorität vorkommenden Religionsgemeinschaft gehören, in einer Berufsstellung nicht zum Zug kommen, weil man der entspr. kirchlichen oder politischen Protektion entbehren muß; ähnl. auch *aus dem verkehrten Gesangbuch singen.* Die Rda. hat sich erst ungefähr seit 1950 in den besonderen Verhältnissen Westdtls. ausgebildet und wird vor allem von Protestanten gebraucht, wenn sie eine Erklärung für ihre Benachteiligung suchen: ‚Ich habe eben nicht das richtige Gesangbuch' – meine Anstrengungen sind von vornherein zum Scheitern verurteilt.
Aus dem Gesangbuch mit 32 Blättern singen: Karten spielen. Die Rda. spielt auf die Volksvorstellung (vom verbotenen) Kartenspiel als des Teufels Gebet- oder Gesangbuch an.
Im Schles. fragte man euphemist.: ‚Du warst wohl in der Kirche, wo das Gesangbuch Henkel hat?', d.h. im Gasthaus.

Geschäft. *Gute (schlechte) Geschäfte machen:* wirtschaftlich (mehr oder weniger) erfolgreich sein, gut (wenig) verdienen.
In ein Geschäft einsteigen: sich an einer Unternehmung beteiligen; schweiz. ‚Jem. stygt in e Geschäft y'.
Das Geschäft mit der Angst betreiben: absichtlich Unsicherheit verbreiten, z.B. drohenden Krieg, Preisanstieg, Zinsverfall u.ä. ins Feld führen, um das Verbraucher- oder Wählerverhalten in seinem Sinne zu manipulieren.
Nicht so ein Geschäft machen, meist in Form einer Mahnung gebraucht: ‚Mach nicht so ein Geschäft': mach nicht so viel Aufhebens, Umtrieb, veranstalte keinen solchen ↗Zirkus.
Seinen Geschäften nachgehen: sich seinem Beruf, seinem Handwerk widmen, i.S.v. ‚Beschäftigung'.
Sein großes (kleines) Geschäft verrichten: seine Notdurft verrichten, ist ein Kindern gegenüber gern gebrauchter Euphemismus.

Geschenk. *Etw. erweist sich als ein Geschenk des Himmels* bzw. *es wirkt wie ein Geschenk des Himmels:* es kommt wie gerufen, da es dringend gebraucht wird.
Der kurze Ausdr. ‚geschenkt' dient hingegen der Abwehr von Komplimenten oder Leistungen, die etw. peinlich wirken und die man daher den Anwesenden ersparen möchte. Auch werden damit weitere und unnötige Erklärungen bereits im Keim erstickt.
‚Geschenkt ist geschenkt – wieder holen ist gestohlen': bes. bei Kindern beliebtes Sprw., wenn sie etw. nicht mehr herausrücken wollen, das ihnen gegeben wurde. Daher heißt es meist auch: ‚Einmal gegeben ist gegeben, wieder holen ist gestohlen'. Es wird zwar als Geschenk betrachtet, aber nicht so benannt.
Das Rechtssprw. ‚Geschenkt ist geschenkt' gilt seinem Inhalt nach noch heute: eine Schenkung kann nicht mehr rückgängig gemacht werden; es sei denn, der Beschenkte erweist sich als ‚unwürdig', was aber vor Gericht bewiesen werden muß.

Geschichte. *Geschichte schreiben:* als Politiker, Wissenschaftler oder Forscher maßgeblich Veränderungen herbeiführen, positive Entwicklungen einleiten, neue wesentliche Erkenntnisse beibringen. *Geschichten machen:* Umstände machen, Unannehmlichkeiten bereiten; vgl. frz. ‚Ne fais pas d'histoire', nur i.S.v.: Mach uns doch keine Schwierigkeiten!
Die Rda. begegnet meist als Aufforderung: *Mach keine Geschichten!* i.S.v.: Sei

nicht so umständlich! Bleibe bei der Wahrheit! Komme zur Sache! Stell dich nicht an! Simuliere nicht!

Geschirr i. S. v. ,Riemenzeug der Zug- und Reittiere' ist in einer Anzahl bildl. Rdaa. seit frühnhd. Zeit sprw. Am ältesten ist bezeugt *aus dem Geschirr schlagen (treten):* aus der Art schlagen, untreu werden, bes. von Frauen gesagt; bereits 1541 in Seb. Francks ,Sprichwörtersammlung' (I, 81 b). „Eine Fraw, die auss dem Geschirr schlegt"; dann im ,Simplicissimus': „daß sie solche meine Treu mit Untreu belohnen und mir auß dem Geschirr schlagen wolte". Schwäb. heißt es noch heute ,aus dem Geschirr kommen', aus der Fassung geraten.
Jünger ist die Wndg. *ins Geschirr gehen, sich ins Geschirr legen, im Geschirre sein:* angestrengt (im eigentl. Sinne ,angesträngt') tätig sein, von den mit aller Kraft anziehenden Wagenpferden hergenommen (vgl. ,sich ins ↗Zeug legen'); diese Rda. ist seit dem 19. Jh. lit. zu belegen, z. B. bei G. Freytag (,Soll und Haben' 2, 105): „du gehst wieder zu sehr ins Geschirr". Mdal. ist sie sehr häufig vertreten, z. B. schlesw.-holst. ,Se is dormit (mit dem Kinderkriegen) je banni in't Geschirr', im Zuge; ,se kaamt sik in't Geschirr', sie geraten aneinander; schwäb. ,hart ans Geschirr geraten': nur haarscharf einem Streit entgehen; ,kumm mi ni in't Geschirr', komm mir nicht zu nahe. Schwäb. ,Den hat man net schlecht ins Geschirr genomme', man hat ihn streng behandelt, dagegen els. ,einen ins Geschirr nehmen', jem. verspotten.
Geschirr in der Bdtg. ,Gerümpel, altes Gerät' war früher gebräuchl. in den Rdaa. *unter das alte Geschirr gerechnet (geworfen) werden, ins alte Geschirr schlagen:* zu den alten Leuten gezählt werden; so 1669 im ,Simplicissimus' (3, 365): „und solte ich so lange (mit dem Heiraten) warten müssen, biß ich unter das alte Geschirr gerechnet würde"; vgl. ,altes ↗Eisen'.

Geschlecht. *Das schöne Geschlecht:* mit dieser Wndg. ist das weibl. Geschlecht ganz allg. gemeint. Lit. Belege finden sich im 18. Jh.: „das schöne, reizende, liebe, zarte, zärtliche, sanftere Geschlecht: das schöne Geschlecht, das Frauenzimmer, le beaux sexe" (J. Rädlein, Europ. Sprachschatz [1711], 365); Bei E. v. Kleist heißt es (Sämtl. Werke, 2, 213) „das sogenannte schöne Geschlecht". Goethe und Schiller verwenden den Begriff in ähnlichem Sinne.
Auch die Wndg. *das schwache (zarte) Geschlecht* ist (scherzhaft) auf Frauen gemünzt. Sie ist schon im 14. Jh. bei Konrad von Megenberg erwähnt, der auch gleichzeitig die Erklärung dafür liefert: „in der selben zeit (der ersten nachtzeit) werden die frawent swanger des kränkern (schwächeren) geslähtes ..." (,Buch der Natur', 183, 10). Als Gegensatz wird die Wndg. *das starke Geschlecht* auf Männer bezogen.

Lit.: *B. Kummer:* Art. ,Geschlecht', in: HdA. III, Sp. 725–730; *K. E. Müller:* Die bessere u. die schlechtere Hälfte. Ethnologie des Geschlechterkonflikts (Frankfurt – New York 1984), bes. S. 120.

Geschmack. *Auf den Geschmack kommen:* auch: *Jem. auf den Geschmack bringen.* Gefallen an etw. finden, nach dem ersten Versuch etw. so gut finden, daß man es gerne wiederholt. Desgl.: *An etw. Geschmack finden, einer Sache Geschmack abgewinnen:* die guten Seiten an etw. entdecken. *Das ist Geschmackssache!:* Man kann es so oder so sehen, je nach dem Geschmack des einzelnen. Daher auch die Wndg. *Jeder nach seinem Geschmack;* frz. ,Chacun à son goût'. Auch die frz. Wndg. wird im Dt. häufig zitiert nach der Operette ,Die Fledermaus' von Joh. Strauß, in der es heißt: ,'s ist mal bei mir so Sitte, / Chacun à son goût".
Darüber hinaus haben sich aber auch andere scherzhafte Abwandlungen und Wellerismen gebildet, so z. B. die Sagte-Sprww.: ,'s isch Geschmacksach hat seller gsait, wo ins Güllfaß gfalle isch' (alem.): es ist Geschmacksache, sagte jener, der ins Jauchefaß fiel; oder: ,Es kommt auf den Geschmack an, sagte der Affe; als er in die Seife biß'.
,Den Geschmack hinter den Ohren haben': gar keinen Geschmack besitzen.
An Geschmacksverirrung leiden: keinen guten Geschmack haben. Daß aber auch der gute Geschmack nicht immer beweisbar ist, geht aus dem bekannten Sprw. her-

vor: ‚Über den Geschmack läßt sich nicht streiten!' (lat.: ‚De gustibus non est disputandum') d.h. der Geschmack ist individuell verschieden und objektiv nicht faßbar. Das kommt auch zum Ausdruck in der braunschweig. Variante: ‚Die Geschmäcker der Publikümer sind verschieden'.

Wenn es dagegen im bad. Raum heißt: ‚Ein Geschmäckle haben', so ist damit der Geschmack von etw. leicht verdorbenem gemeint, z.B. von verdorbenem Fleisch; aber allg. auch der übertr. Sinn: der Einfluß auf etw. (jem.) macht sich unangenehm bemerkbar. ↗Gusto.

Lit.: *W. Strube:* Zur Geschichte des Sprichworts: Über den Geschmack läßt sich nicht streiten, in: Zs. f. Aesthetik u. Kunstwiss. 30 (1985), S. 158–185; *H. Walther:* ‚Über den Geschmack läßt sich nicht streiten', in: Sprachdienst 31 (1987), S. 113.

geschnatzt. *Geschnatzt und aufgesatzt:* fertig gerichtet (frisiert) sein. Die Wndg. ist vor allem durch den Vers in KHM. 89 (‚Die Gänsemagd') bekannt geworden:

Weh, weh, Windchen,
nimm Kürdchen sein Hütchen
und laß'n sich mit jagen,
bis ich mich geflochten und geschnatzt
und wieder aufgesatzt.

Sich schnatzen, von den Haaren gesagt, heißt: sie flechten; so ist auch ‚Schnatz' das geflochtene Haar. Die Braut geht ‚im Schnatz' zur Kirche. In der Wetterau wird das Wort allg. für den Sonntagsstaat gebraucht.

‚Sich aufsetzen' und ‚Aufsatz' wird gleichfalls vom Schmücken und Ordnen des Haares gesagt. Diese Ausdr. beziehen sich in spezifischer Weise auf das sog. ‚Hessenkrönchen', die vor allem in der Schwalm übliche Haar- und Haubentracht, wie sie auch Otto Ubbelohde in seinen berühmten Illustrationen der Grimmschen Märchen mehrfach festgehalten hat.

Lit.: B.P. II, 274; *H. Retzlaff* u. *R. Helm:* Hessische Bauerntrachten (Marburg 1949); *H. Rölleke* (Hg.): ‚Redensarten des Volks ...' (Bern 1988), S. 115.

geschniegelt. *Geschniegelt und gebügelt:* geckenhaft aufgeputzt, sehr sorgfältig frisiert, stutzerhaft gekleidet, ein Reimpaar, das erst in jüngerer Zeit zustande gekommen ist als volkstümliche Form der Steigerung, indem einem Wort ein zweites, gleichklingendes – wenn auch nicht unbedingt gleichermaßen sinnvolles – hinzugefügt wurde. Geschniegelt geht zurück auf das mhd. Wort snegel = Schnecke, das zu ostmdt. schnīchl wurde und in frühnhd. Zeit die Bdtg. ‚Haarlocke' annahm. Zu dem Subst. stellt sich ‚schniegeln' als Zeitwort. Zuerst spricht Georg Ritzsch 1625 in seinem ‚Hoffahrtsspiegel des Leipzigischen Frauenzimmers' (V.31) von einem „schnieglicht Angesicht", womit er ein geputztes Haupt meint. 1642 heißt es bei Mengering (‚Gewissensrüge', S. 648): „sich schniegeln, spiegeln und gleich den Frawen einhertreten". Bis in die 2. Hälfte des 18. Jh. wird schniegeln als Synonym für kämmen verwendet, danach setzt sich die allgemeinere Bdtg. durch: sich ausputzen, sich allg. zu verschönern trachten. Entspr. der Entwicklung in Mitteldtl. tritt zu bair. Schneckl = Haarlocke auch das Zeitwort schneckln = putzen. Vgl. frz. ‚tiré à quatre épingles'.

An die Stelle von ‚gebügelt' können auch andere sich auf geschniegelt reimende Wörter treten, z.B. ‚gespiegelt' oder ‚gestriegelt'; Trier: ‚er ös geschniegelt o gestriegelt'.

Die aus der Schriftsprache stammende Rda. ist in den Mdaa. nicht recht heimisch geworden. Sie wird fast ausschließlich in der Partizipialform angewendet und ist vorwiegend in Städten gebräuchlich.

Vermutl. geht die moderne Wndg. auf *geschniegelt und gestriegelt* zurück, so daß der Zusatz ‚gebügelt' als sekundär zu betrachten ist. Beim Putzen des Pferdes unterscheidet man nämlich das ‚Striegeln' und das ‚Schniegeln'. Mit dem Striegel wird das Fell ‚bearbeitet', beim Schniegeln werden Mähne und Schwanz mit dem Kamm geglättet. Die Rda. ‚geschniegelt und gestriegelt' wurde vom Pferd auf den Reiter übertr. und erhielt später allg. Geltung für den überaus sorgfältig Gepflegten.

Geschrei. *Viel Geschrei und wenig Wolle:* viel Aufhebens um einer unbedeutenden Sache willen; auch in mdal. Formen, z.B. ‚me Geschrei als Wulla!' Ndl. ‚veel geschreeuw maar weinig wol'; engl. ‚great cry and little wool'; frz. ‚grande rumeur, petite toison' (veraltet), ital. ‚assai romore

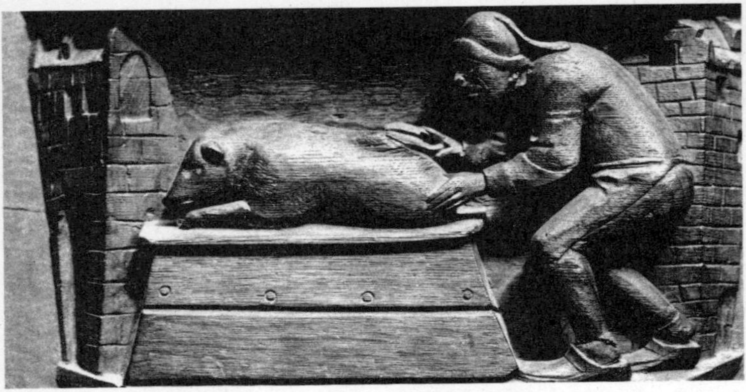
1

2

3

1–4 ‚Viel Geschrei und wenig Wolle'

4

e poca lana'. Seb. Franck vermerkt: „Vil Geschreis, wenig Woll" (‚Clügreden', Frankfurt 1541); Hans Sachs: „Es ist nur vil geschreis und wenig wöllen umb euch". In der ‚Zimmerischen Chronik' heißt es: „Es ist ein gross geschrai damit gewesen, iedoch, wie man sagt, wenig Wollen"; ‚wie man sagt' bedeutet, daß der Ausdr. damals schon als stehende Rda. empfunden wurde. Abgewandelt heißt es bei Abraham a Sancta Clara: „Das heist vil Geschrey, wenig Ay" (‚Judas', ‚Lauber-Hütt'). Philander von Sittewald sagt in den ‚Gesichten': „Je mehr Wort, je minder Werk, je mehr Geschrei, je minder Woll, je mehr Geschwätz, je minder Herz, je mehr Schein, je minder Gold". Einen Frühbeleg der Rda. bietet ein Fastnachtsspiel des 15. Jh.:

Rhetorica die lert einen man,
das er mit frauen wol reden kan,
nicht ‚viel geschreis und wenig
wollen‘,
als oft thun die narren und vollen

(A. Keller: Fastnachtsspiele aus dem 15. Jh. II, S. 743).

Das Bild der Rda. stammt nicht von der Schafschur, wie frühere Erklärer behaupten. Daß die Schafe beim Scheren nicht schreien, ist schon aus Jes. 53,7 zu lernen. Die Rda. ist vielmehr urspr. die Pointe einer Erzählung vom betrogenen Teufel (= AaTh. 1037). Die Colmarer Meisterliederhs. enthält die früheste Fassung dieser Erzählung:

Geschreies vil und lützel
wolle gap ein sû
nu merke ouch dû:
der tiuvel schars mit triuwen.
do wart ez in geriuwen:
‚du hâst al gar ertoubet mich,
dir selber leit gebriuwen.‘
er zerret ir ûf dô die hût,
daz was ir ungelücke.

(d. h.: Eine Sau machte viel Geschrei und gab wenig Wolle, als der Teufel sie schor. Dieser, darüber ergrimmt, zieht ihr die Haut ab). Der Schluß zeigt Verwandtschaft mit dem Sprw. ‚Man soll die Schafe scheren und nicht schinden‘. Die Erzählung ist z. T. auch in der Neuzeit noch als Volksüberlieferung verbreitet, so bes. in Nordeuropa und im Baltikum. Mehrere Varianten erwähnt Dähnhardt in seinen ‚Natursagen‘, z. B.: Gott züchtete Schafe, der Teufel Schweine. Einst sah der Teufel, daß Gott seine Schafe schor. Er fragte, weshalb er das tue; Gott antwortete: er wolle sich aus der Wolle Kleider weben. Der Teufel versucht nun auch bei den Schweinen sein Glück, jagt sie aber bald zornig in den Kot, indem er ruft: Viel Geschrei, wenig Wolle! Vgl. ndd. ‚Vull Geschrei un wenig Wulle!‘ Seitdem hat das Schwein auf dem Rücken wenig Borsten (Lettland).

Die Erzählung scheint sich zuerst zum Sagsprw. verdichtet zu haben, um dann zur bloßen Rda. zusammenzuschrumpfen. Als Sagwort taucht die Wndg. bereits in einer Sprichwortsammlung aus dem Jahre 1601 auf: „Viel Geschrey und wenig Wolle, sprach der Teuffel und beschor ein Saw“ (Euchar. Eyering: ‚Proverbium copia‘, Eisleben 1601, 3. Teil, 355). Nicht nur die Kurzform, sondern auch das Sagsprw. hat eine stattliche Verbreitung über die dt. Sprache hinaus. Wander gibt es schottisch, engl., ndl., frz und ital. wieder. Volkstümliche mdal. Versionen des Sagsprw. finden sich noch in der Ggwt., z. B. ‚Me Gschrei als Wulle, het der Tifel gseit, wo-n-er e Sü b'schore het‘ (Schweiz); ‚vel Geschri und wenig Wull, säd de Düwel un schert 'n Swin‘ (Ostpreußen). In humoristischer Abwandlung: ‚Viel Geschrei und wenig Wolle, sagte der Teufel, und zog seiner Großmutter die Haare einzeln aus dem Hintern‘. Das Beispielsprw. emanzipierte sich von der Erzählung, und damit wurde auch der Teufel vergessen; in anderen hoch- und niederdt. Varianten tritt an seine Stelle der Schäfer, der Schmied oder der Narr. Das dualistische Moment findet sich immerhin noch in Versionen wie frz. ‚L'un tond les brebis et l'autre les pourceaux‘, oder ndl. ‚Ik scheer het schaep en de andere het verken‘. Die Ill. dieser Gegenüberstellung findet sich auf dem berühmten Redensartenbild des Pieter Bruegel sowie auch sonst mehrfach in der ndl. Graphik und Plastik. Gegenüber dem Sagsprw. stellt die heutige allg.-umg. Rda. eine weitere Schrumpfform dar, alle anderen Teile der ehem. Teufelserzählung sind auf der Strecke geblieben.

In letzter Linie verwandt ist die bereits antike Rda. von der ‚lana caprina‘, der Ziegenwolle, und der ‚Wolle des Esels‘: ‚Autres tondoient les asnes, et y trouvoient de lain bien bonne‘ (Rabelais, ‚Pantagruel‘ V, 22).

Jem. ins Geschrei bringen: in üblen Ruf bringen; ↗gackern.

Lit.: *O. Dähnhardt:* Natursagen (Berlin – Leipzig 1907 ff.). Bd. I, S. 192; Bd. III, S. 10: *W. Fraenger:* Der Bauern-Bruegel und das dt. Sprw. (Erlenbach – Zürich 1923), S. 147; *E. Schröder:* Rez. der 6. Aufl. v. Borchardt-Wustmann, in: Dt. Lit. Zeitung 1925/2, Sp. 2241; *A. Meyer:* Rund um das Sprw. ‚Viel Geschrei und wenig Wolle‘, in: Schweiz. Arch. f. Vkde. 41 (Basel 1944), S. 37–42; *S. Singer:* Viel Geschrei und wenig Wolle, in: Schweiz. Arch. f. Vkde. 41 (1944), S. 159 f.; *ders.,* Viel Geschrei und wenig Wolle. Nachtrag (Basel 1944), in: Archives Suisses des traditions populaires, Bd. XLI, H. 3; *L. Röhrich:* Sprw. Rdaa. in bildl. Zeugnissen, S. 70; *H. Büld:* Ndd. Schwanksprüche zw. Ems u. Issel (Münster 1981), S. 23.

Geschütz. *Grobes (schweres) Geschütz auffahren:* einem Gegner mit groben Worten entgegentreten. Die Wndg. entstammt dem Festungskrieg und ist seit dem 19. Jh. bezeugt. Gemeint ist das (großkalibrige, deshalb) schwere Belagerungsgeschütz (im Gegensatz zum leichteren Feldgeschütz). In Schillers ‚Kabale und Liebe‘ (III, 4) sagt Ferdinand zu Luise: „Mein Vater wird alle Geschütze gegen uns richten“. Theodor Fontane (‚Zwischen Zwanzig und Dreißig‘, 1898, S. 69) gebraucht: „Er wußte das auch und fuhr deshalb gern das schwere Geschütz auf“. Das schwere Geschütz zur Bez. durchschlagender Argumente oder brüskierender Äußerungen ist auch in den Mdaa. allg. gebräuchl.; z. B. ‚Das war grobes Geschütz‘, das war eine harte Abfuhr, ein starkes Stück; vgl. frz. ‚faire donner la grosse artillerie‘, auch i. S. v. schwerwiegende Argumente vorbringen.

Geschwindigkeit. ‚Geschwindigkeit ist keine Hexerei‘: d. h. es kommt nur auf die Schnelligkeit an – wie beim Taschenspieler, der mit Fingerfertigkeit täuschende Kunststückchen vorführt. Schon im 16. Jh. begegnet der Ausdr. ‚Geschwindigkeit‘ bei Fischart (‚Gargantua‘ [1594], 175) in diesem Zusammenhang: „trug man karten auff, nit zu spilen, sondern vil hundert geschwindigkeiten, kurtzweil u. neuere fündlein zu leren u. zu lernen“.

Etw. mit affenartiger Geschwindigkeit erledigen: überaus schnell. Die Wndg. geht zurück auf eine Beschreibung der militärischen Situation in Sachsen, die 1866 in der Wiener Ztg. ‚Die Presse‘ erschien. Sie bezog sich auf das Vordringen der Preußen u. enthielt den Satz: „Sie entwickelten eine affenmäßige Beweglichkeit“. ↗Affe.

Gesetz. *Das ist ein Gesetz (Recht) von Medern und Persern:* unumstößliches Gesetz, feste Regel; die Rda. ist bibl. Urspr. In Dan. 6, 9 heißt es: „Darum, lieber König, sollst du solch Gebot bestätigen und dich unterschreiben, auf daß es nicht wieder geändert werde, nach dem Rechte der Meder und Perser, welches niemand aufheben darf“ (vgl. Dan. 6, 13; Dan. 6, 16; Esther 1, 19); engl. ‚a law of (the) Medes and Persians‘; frz. ‚une loi des Perses et des Mèdes; ndl. ‚een wet van Meden en Perzen‘.

Sein Gesetzel abkriegen: seinen Teil abkriegen; *sein Gesetzel dazugeben:* seine Meinung dazu sagen; vgl. frz. ‚y mettre son grain de sel‘ (wörtl.: sein Salzkorn dazugeben).

‚Gesetz‘, ‚Gesätz‘ wurde früher auch gebraucht in der Bdtg. ‚Absatz, Abschnitt einer Schrift (Kapitel)‘, oder – schon in der Sprache der Meistersinger – ‚Strophe eines Liedes‘; bei einem Rundgesang sang jeder sein Gesetz und der Chorus zu jeder Strophe den Kehrreim. Aus diesem Gebrauch entwickelte sich die allgemeinere Bdtg. ‚ein bißchen, ein Teil‘. Fischart gebraucht in seiner ‚Geschichtklitterung‘ (1575, Ndr. S. 125): „sauffen ein gesetzlin“. In Lessings ‚Die Juden‘ heißt es 1749 (19. Auftritt): „Nicht wahr, Sie lögen selber ein Gesetzchen, wenn Sie so eine Dose verdienen könnten?“ In den dt. Mdaa. hat sich diese Bdtg. des Wortes ‚Gesetz(lein)‘ bis in unsere Tage hinein erhalten, so els. ‚e Gesetzle schlofen‘, eine Weile schlafen, obersächs. ‚e Gesätzchen heulen (lachen)‘, schwäb. ‚am letzten Gesetzlein singen‘, auf dem letzten Loch pfeifen.

Gesicht. Für mißvergnügte, verdutzte, ratlose und einfältige Gesichter hat die Volkssprache eine Fülle rdal. Vergleiche, von denen hier nur die gebräuchlichsten aufgeführt werden können: *Ein Gesicht machen wie drei* (sieben, acht, vierzehn) *Tage Regenwetter* (und sieben Meilen Dreck): mürrisch, verdrossen dreinblikken (↗aussehen); auch: *ein Gesicht wie halb 6 Uhr*: beide Zeiger stehen unten, d. h., alles hängt runter; ähnl. *ein Gesicht machen wie drei Meilen schlechter Weg; wie ein Essigkrug; wie ein Nest voller Eulen; als wenn ihm die Hühner das Brot gestohlen (weggenommen) hätten:* ratlos, einfältig, trübselig; *ein Gesicht wie ein Abtrittsdeckel* (Lokusdeckel): ein breites Gesicht; *ein Gesicht zum Reinhauen haben:* ein feistes, widerliches Gesicht haben; *ein Gesicht machen wie eine Gefängnistür;* vgl. frz. ‚aimable comme une porte de prison‘ (wörtl.: so freundlich wie eine Gefängnistür): unfreundlich; verschlossen, grimmig, abweisend blicken, *wie eine ver-*

schrumpelte Kastanie; verdrießlich blikken, *als ob ihm die Petersilie verhagelt sei;* vielfach auch mdal. ‚He makt en Gesicht as de Bûr, den't Heu regnet hat' (Oldenburg); ‚dear macht a G'frieß wia d'Maus in d'r Falla', ‚wia d'r Esel voar d'r Schmidde' (schwäb.). Von einem Blatternarbigen sagt man *Er hat ein Gesicht, als ob der Teufel Erbsen darauf gedroschen hätte* (↗ Erbse). *Ein Gesicht haben wie das kath. Vaterunser* (gemeint ist: ohne ‚Kraft und Herrlichkeit'); *als ob er Sauerampfer gegessen hätte:* ein säuerliches Gesicht; *als wenn er mit Paulus im dritten Himmel wäre:* er stellt sich andächtig, spielt den Entzückten und Heiligen; *er macht ein Gesicht wie der Teufel in der Christnacht, wie die Sau auf dem Pflaumenbaum:* verdutzt sein. Vgl. die Zusammenstellung weiterer verwandter und ähnl. Ausdr. bei Wander I, Sp. 1622ff.

Auch in den Grimmschen Märchen begegnen Rdaa., die sich auf das Gesicht beziehen, so z.B. in KHM. 27: ‚ein Gesicht machen wie drei Tage Regenwetter; desgl. in KHM. 107: ‚ein Gesicht ziehen, als wenn man Essig getrunken hätte'.

Sehr viel Erfindungsreichtum zeigen auch die mdal. Rdaa.: ‚Mancher macht a G'sicht na wie a pensionierter Aff' (so finster), oder: ‚Mancher macht e G'sicht wie e verheirat'ter Spatz'.

Das ganze Gesicht eine Schnauze (voll Maul): Mensch mit übergroßem Mund, mit frecher Redeweise. *Wenn ich dein Gesicht hätte, würde ich eine Hose drüber ziehen,* Rda. auf ein ausdrucksloses Gesicht (↗ Arsch).

Auf sein Gesicht geb' ich keinen Pfennig: er flößt kein Vertrauen ein, um Kredit zu gewähren; vgl. frz. ‚Je ne fais pas confiance à sa bonne mine' (wörtl.: Seiner freundlichen Miene traue ich nicht).

Das Gesicht ging ihm darüber aus dem Leim: die Sache wurde ihm lächerlich.

Viel Gesicht zu waschen haben: kahlköpfig sein. *Er ist ihm wie aus dem Gesicht geschnitten:* er ist ihm sehr ähnlich; vgl. frz. ‚C'est tout à fait son portrait' (wörtl.: Er ist sein genaues Abbild).

Ins Gesicht fallen (springen, fassen) gleichbedeutend mit ‚in die Augen (ins Auge) springen' (↗ Auge), aber heute seltener.

Mit dem Gesicht in die Butter fallen: Glück haben, eine gefährliche Lage überstehen (etwa seit 1900).

Sich eine ins Gesicht stecken (berl. auch rammeln): sich eine Zigarre oder Zigarette anzünden (jung und umgangssprachlich).

Daß du die Nas' ins Gesicht behältst sind die Lieblingsworte des Inspektors Bräsig in Fritz Reuters ‚Stromtid', nach Gaedertz (‚Aus Fritz Reuters jungen und alten Tagen') eine Lieblingswndg. des Pastors Johann Gottfried Dittrich Augustin (1794 bis 1862) in Rittermannshagen.

Jem. ins Gesicht schlagen: ihn vor den Kopf stoßen, beleidigen, grob widersprechen; z.B. ‚Das schlägt allen Regeln des Anstands ins Gesicht'. Bei Luther heißt es dafür ähnl.: ‚in die Backen hauen'.

Sein Gesicht wahren: den Schein wahren.

Sein Gesicht verlieren: sein Ansehen einbüßen; vgl. frz. ‚perdre la face'; in spött. Erweiterung: ‚Jem. muß dauernd sein Gesicht festhalten, damit er es nicht verliert'.

Sein wahres Gesicht zeigen, gleichbedeutend mit der Rda. ‚die Maske fallenlassen' (↗ Larve).

Derb und beleidigend ist die Feststellung: ‚Dein Gesicht auf 'ner Briefmarke, und die Post geht pleite'.

Lit.: *O. v. Lauenstein:* ‚Das Gesicht wahren' in: Zs. des allg. dt. Sprachvereins 24 (1909), S. 277; *E. Wülfing:* ‚Und noch eine Engländerei (das Gesicht wahren)', in: Zs. des allg. dt. Sprachvereins 24 (1909), S. 223, 277, 369–371; *W. Widmer:* Volkstüml. Vergleiche im Frz. nach dem Typus „Rouge comme un coq" (Diss. Basel 1929): *C. Collin:* ‚He has no face', in: Moderna Språk 24 (1930), S. 171–173; *H. W. Klein:* Die volkstüml. sprw. Vergleiche im Lat. und in den rom. Sprachen (Diss. Tübingen, Würzburg 1936); *A. Taylor:* Proverbial Comparisons and Similes from California (= Folklore Studies 3) (Berkeley – Los Angeles 1954); *P. von Matt:* ‚... fertig ist das Angesicht.' Zur Literaturgesch. des menschl. Gesichts (München – Wien 1983); *R. Matsubara:* Nicht die Maske verlieren, in: dies.: Blick aus Mandelaugen (Kevelaer 1983), S. 47–49.

gestern. *Nicht von gestern sein:* nicht hinter der Zeit zurückgeblieben sein, auf der Höhe sein; oft in der Ich-Form mit scherzhaftem Zusatz: ‚Ich bin doch nicht von gestern, (daß ich) morgen erst drei Tage alt (wär)', entlehnt aus der Bibelstelle Hiob 8,9: „Denn wir sind von gestern her und wissen nichts". Entspr. frz. ‚ne pas être né d'hier'; engl. ‚to be not born yesterday'; ndl. ‚niet van gisteren zijn'.

Etw. ist Schnee von gestern: es ist vergangen, überholt, ↗Schnee.

gesund, Gesundheit. *Sich gesund machen (stoßen):* zu Vermögen (günstiger Stellung u.a.) kommen, seinem Geldmangel abhelfen, sich bereichern. Die Wndg. stammt aus der Börsensprache: man stößt Aktien ab und ist nach dem Börsensturz wirtschaftlich gefestigter als der Aktieninhaber. Die Rda. ist jung und wird meist in tadelndem Sinn unter Anspielung auf unsaubere geschäftliche Praktiken gebraucht. Sie geht parallel mit der seit der Mitte des 19. Jh. gebräuchl. Übertr. des Wortes gesund auf wirtschaftliche Vorgänge.

Gesundschrumpfen: einen unrentablen Betrieb durch Abbau von Personal und ähnl. Maßnahmen oder (bei Großunternehmen) durch Schließung eines ganzen Wirtschaftszweiges wieder auf eine Basis der betrieblichen Rentabilität zurückführen (spöttisch auch von Bankrotteuren gesagt, die nach dem Bankrott wieder mit einem anderen Geschäft neu beginnen).

Im allg. wird der Ausdr. ‚gesund' jedoch nach wie vor hauptsächlich auf Menschen und Tiere bezogen, wobei der Grad der Gesundheit verdeutlicht wird durch rdal. Vergleiche mit Dingen, Menschen, Pflanzen u. Tieren, wie z.B. *Gesund sein wie Eisen,* ‚... wie Stahl' ‚... wie ein Russe' (der im allg. als bes. robust gilt), ‚... wie eine Eiche', ‚... wie ein Baum', ‚... wie ein Pferd', ‚... wie ein Vogel (in der Luft)', ‚... wie ein Hecht', ‚... wie ein Fisch (im Wasser)' usw. ↗Fisch.

Daß die Vergleiche mit der Tier- und Pflanzenwelt heute nur noch bedingt zutreffen, geht u.a. aus verschiedenen neueren Wndgn. wie ‚kranker Wald', ‚Fischsterben', ‚Robbensterben' hervor. Andere Rdaa. dagegen, die eine gute Gesundheit bescheinigen, haben ihre Gültigkeit behalten, so beispielsweise die Wndg. *Vor Gesundheit strotzen* (↗Kraft) oder ‚kerngesund sein'.

Eine oberbayer. Rda. bez. ‚ungesunde' Verhältnisse durch die Feststellung: ‚E Gsunder halt's aus, und um andre ist's net schad'.

Seine Gesundheit aufs Spiel setzen: durch wagemutige Unternehmungen gefährden. In dieser Form ist die Rda. schon bei Goethe u. Gottsched bezeugt.

Gesundbeterei betreiben: Urspr.: einem Kranken allein durch Beten helfen wollen, ohne für medizinische Hilfe zu sorgen. Heute wird die Rda. i. übertr. Sinne gebraucht. Man meint damit große Reden darüber, was getan werden sollte, denen aber keine konkreten Handlungen folgen.

Ein Gesundbrunnen für jem. sein: ihn regenerieren, ihn positiv beeinflussen, ↗Jungbrunnen

Auf seine Gesundheit achten: alles unterlassen, was der Gesundheit abträglich ist. In früherer Zeit bedeutete das vor allem: *die Gesundheitsregeln einhalten,* wie sie z.B. in der Spruchlit., begegnen:

drei ding sindt gesundt:
wenig esz dein mundt,
üb dich alle stund,
lauf nicht wie ein hund.

(Seb. Franck: ‚Sprichwörter' [1541], 1.45).

Ein Gesundheitsapostel sein bedeutet dagegen, bestimmte, mitunter ausgefallene Gesundheitsregeln fanatisch befolgen und auch andere von deren ausschließlicher Richtigkeit überzeugen wollen.

Die Sitte, dem Niesenden einen Heilwunsch (‚Gesundheit') zuzurufen, ist alt und beruht auf der Vorstellung, daß sich durch das Niesen Veränderungen in der Konstitution des Niesenden offenbaren, denen man mit dieser Wunschformel entgegentreten wollte. Die ältere Formel war ‚helf Gott', das neben anderen Wndgn. wie ‚Prosit', ‚Wohl bekomm's' weiterbesteht. Eine Erklärung dieses Brauchs findet sich u.a. in einem lit. Beleg der 1. Hälfte des 19. Jh.: „das niesen ist eine operation, wo durch grosze übel entstehen können. dieses ist die ursache, warum man prosit sagt, gott gebe, dasz dir dies nicht schaden möge" (G. Chr. Lichtenberg, Vermischte Schriften [1844 ff.], 2,29).

Die gleichen Wndgn. sind auch bekannt durch das Zutrinken und Zuprosten (in den Frühbelegen ‚Gesundheitstrinken' genannt). Dieses wird u.a. schon bei J. Mathesius erwähnt (‚Sarepta oder Bergpostilla', 1587): „kombt an die ort, da es lendlich u. sittlich ist, einen gesandten, von seines gesunds wegen, einen starcken trunck zu bringen", und bei Albertinus,

1617): „wofern das zubringen u. gesund trünck sauffen nur uber tisch u. in währender mahlzeit geschehe".
Im 17. Jh. erscheint der Wunsch u.a. in frz. u. lat. Fassung in einem Vers (‚bon vinum', 1668, in: Hoffmann v. Fallersleben, ‚Die dt. Gesellschaftslieder des 16. u. 17. Jh., 2, No. 247):

à la santé! hor hie
en tibi hocce poculum
à tout compagnie!...
hunc tibi wiederum
saluti dieses römerlein.

Später findet man den Wunsch als Ausruf des Jägers bei Schiller in ‚Wallensteins Lager': „Euch zur Gesundheit, meine Herrn!", und bei Goethe in ‚Goetz von Berlichingen: „Auf Gesundheit Eurer Frau!"
‚Das haut den Gesündesten um!' bezieht sich zumeist auf ein starkes alkohol. Getränk.
‚Gesunde Ansichten haben': Ansichten, die bei den meisten Menschen auf Zustimmung stoßen, weil sie allg. Erfahrungen entsprechen. Ähnl.: ‚(Einen) gesunden Menschenverstand haben': die Dinge gegeneinander abwägen können.

Lit.: *A. Perkmann:* Art. ‚Gesundbeten', in: HdA. III, Sp. 772–780; *W. Escher:* ‚Formeln beim Niesen', in: Atlas d. schweiz. Vkde. (1963), II, 547–559 u. Karten Nr. 241–242; *G. Grober-Glück:* Motive u. Motivationen in Rdaa. u. Meinungen (Marburg 1974), §§ 104ff., S. 153–165.

Gevatter. *Gevatter stehen* (gekürzt aus mhd. ‚ze gevatter stên') wird vom Studentenwitz des 18. Jh. bildl. von verpfändeten Gegenständen gesagt. So wie die Gevattern Bürgschaft leisten, daß der Täufling als Mensch und Christ seine Pflicht tun werde, so gibt auch die verpfändete Sache Sicherheit, daß der Schuldner seine Verbindlichkeit erfüllen werde. Johann Christian Günther sagt in den ‚Gedichten' 1773 (S. 167):

Der Stiefel lauft schon von den Füssen
Und muss nun zu Gevattern stehn.

Aus Dresden wird um 1800 berichtet: „Ein junger Herr läßt seine Uhr – nach hiesigem Sprachgebrauch – Gevatter stehen".
Sie hat vor der Zeit zu Gevattern gebeten: sie ist vor der Hochzeit schwanger geworden. *Du träumst wohl von Gevattern?:* du bist nicht bei der Sache, hegst sonderbare Erwartungen, obersächs. schon im Anfang des 17. Jh. bezeugt; eigentl. wohl zu einer zerstreuten Schwangeren gesagt, als Scherz im Hinblick auf die zu erwartende Kindtaufe.
Nicht mit zu Gevattern stehen wollen: bei einer Sache nicht mittun wollen; *er hat dabei nicht mit zu Gevatter gestanden:* er hat dabei nicht mitgewirkt, er ist unschuldig daran; *einen zu Gevatter bitten* wird auch spöttisch und iron. gebraucht für: ihm die Freundschaft aufsagen.
Gevatter Schneider und Handschuhmacher: alle einfachen Leute, das niedere Volk, ist ein Zitat aus ‚Wallensteins Lager' von Schiller (11. Auftr.):

Laßt sie gehen, sind Tiefenbacher,
Gevatter Schneider und
Handschuhmacher.

Im Grimmschen Märchen (KHM. 44 ‚Der Gevatter Tod') erwählt ein kinderreicher Armer auf der Suche nach einem Paten für seinen neugeborenen Sohn den Tod, weil nur dieser sich allen Menschen gegenüber gerecht verhalte.

Lit.: *B. Kummer:* Art. ‚Gevatter', in: HdA. III, Sp. 789–804; *C. Lindahl:* Art. ‚Gevatter stehen', in: EM. V, Sp. 1217–1224; *E. Moser-Rath:* Art. ‚Gevatter Tod', in: EM. V, Sp. 1224–1233.

Gewalt. *Das ist höhere Gewalt:* das ist ein Eingriff, der auf das Walten der Natur (auf göttl. Macht) zurückgeht. Als jurist. Begriff bez. ‚höhere Gewalt' eine außerhalb des Bereichs menschlicher Voraussicht liegende Schadensursache, für die der Schuldner nicht zu haften braucht.
Mit (aller) Gewalt etw. tun (wollen): mit allen zur Verfügung stehenden Kräften (mit aller Willenskraft) etw. zu bewirken versuchen.
Das Gewaltmonopol besitzen: das alleinige Recht zur Gewaltanwendung haben. In diesem Sinne ist die Wndg. auf eine staatl. Institution gemünzt. *In jem. Gewalt stehen:* ihm untertan sein (z.B. dem Staat, dem Feind usw.), oft gebraucht i.S.v. nicht aus freiem Willen handeln können.
Gewaltherrschaft ausüben: von Institutionen wie auch von einzelnen Menschen gesagt, die nicht nach freiheitlichen Rechtsgrundsätzen verfahren. *Jem. in seine Gewalt bringen:* ihn sich widerrechtlich

untertan machen, sich seiner bemächtigen. *Gewalt anwenden:* mit physischer Kraft eingreifen, ‚dreinschlagen'; *einer Sache Gewalt antun:* sie verdrehen, verfälschen; *einer Person Gewalt antun:* sie vergewaltigen, sie unter Anwendung physischer Gewalt mißbrauchen, aber auch im erweiterten Sinne: sie unter Mißachtung ihrer Freiheitsrechte zu etw. zwingen. Ähnl.: *mit roher Gewalt:* auf brutale Weise.

Eine spöttische Erweiterung ist: ‚Mit Gewalt ist kein Bulle zu melken': etw. Unmögliches ist auch mit Gewalt nicht zu erreichen, einen freien Menschen kann man nicht zwingen; mehr aber noch auf Sachen bezogen: ‚gewaltsam' läßt sich manches eher zerstören als gefügig machen, z. B. wenn man etw. mit Gewalt wieder in Ordnung bringen will, zerbricht es meist.

Ein Gewaltmensch sein: zu körperlichen Ausfällen neigen, alles mit der Faust regeln wollen. Ähnl.: *Gewalttätig werden:* drauflosschlagen, handgreiflich werden. *Sich in der Gewalt haben:* die Selbstbeherrschung nicht verlieren. *Sich Gewalt antun müssen:* sich zu etw. zwingen.

Schon in der Bibel heißt es: „Es gehet Gewalt über Recht' (Habakuk, K.1, V. 3); Königin Luise von Preußen (1776–1807) relativiert eine solche Aussage: „Ich glaube nicht an die Gewalt; ich glaube an die Gerechtigkeit". Häufiger begegnet man Zitaten, die das Gegenteil ausdrükken: „Es bleibt eben immer dasselbe in der Welt: Wer die oberste Hand (die Gewalt) hat, verwendet sie selten zum Streicheln, sondern gebraucht sie lieber als Faust (Wilh. Raabe: ‚Hastenbek', 1899). Auch Emanuel Geibel äußert sich ähnl. (‚Neue Gedichte', 1856):

> Nur das steht fest im ew'gen Wühlen:
> Wer die Gewalt hat, übt Gewalt,
> Und wieder: wer nicht hören will, muß fühlen.

Im Sprw. heißt es:

> Läßt Gewalt sich blicken,
> Geht das Recht auf Krücken.

Dagegen Goethe: „Allen Gewalten zum Trutz sich erhalten" (Gedicht ‚Ein Gleiches', 1776), und in einem anderen sprw. gewordenen Zitat, das heute allg. nur im spöttischen Sinne verwendet wird: „... und bist du nicht willig, so brauch ich Gewalt" (‚Erlkönig', 1782), ↗Hand.

Gewäsch. *So ein Gewäsch:* dummes Gerede (von Waschweibern). Die Wndg. bezieht sich auf die lebhaften Unterhaltungen, die die Waschfrauen früher bei der Arbeit (am Waschtrog oder am Fluß) führten und die sich meistens nur um Klatsch – die ‚schmutzige Wäsche' der anderen – drehten und nichts weiter als leeres Geschwätz waren, ↗waschen, Wäsche, ↗Waschweib.

Gewehr. *Haben ein Gewehr!:* Ausdr. des Nichtkönnens. Die Rda. entstammt dem Kinderlied ‚Wer will unter die Soldaten, der muß haben ein Gewehr ...' (von dem Kinderliederdichter Friedrich Güll, 1812–79); schon vor 1900 als Rda. bekannt.

Gewehr bei Fuß stehen: eine abwartende Haltung einnehmen, aber gleichwohl zum Tun bereit sein. Die Rda. stammt aus der militärischen Kommandosprache.

Gewerbe. Dem urspr. Sinn von Gewerbe, nämlich: Tätigkeit, bei der man sich umherbewegt (zu ‚werben', urspr. = sich drehen, hin und her gehen), steht noch nahe: *sich ein Gewerbe (zu* oder *aus etw.) machen:* eine Beschäftigung, einen Gang vornehmen, wenn auch nur zum Vorwand; seit dem 17. Jh. belegt, heute kaum noch üblich. Im ‚Venus-Gärtlein' klagt das Mädchen, das keinen Mann findet:

> Ich fahr auch offt spatzieren,
> Steh am Fenster vor der Thüren,
> Auch mir ein Gewerbe mach,
> Hilfft doch alles nicht der Sach
> (Söhns, 636 f.)

Oft bedeutet es geradezu: etw. zum Vorwand nehmen; dafür älter auch: ‚ein blind Gewerbe machen'; noch jetzt obersächs. ‚Man macht sich e Bewerbchen', wenn man jem. zu einem versteckten Zweck besucht.

Dem horizontalen Gewerbe nachgehen: verhüllender Ausdr. für: eine Prostituierte sein; neu, umg. Prostituion wird sowohl im Dt. wie im Engl. als ‚das älteste Gewerbe' bezeichnet.

Lit.: *A. Taylor:* Prostitution the Oldest Profession, in: American Notes and Queries 8 (1970) S. 88–89.

Gewicht. *Gewicht auf etw. legen:* es für wichtig erklären, auch *einer Sache Gewicht beilegen* (oder *beimessen*), urspr. von der Waage, in deren eine Schale man noch ein Gewicht legt, damit das Zünglein nach dieser Seite ausschlägt (↗ Waage). In bildl. Sinne wird auch die Rda. *(schwer) ins Gewicht fallen* gebraucht; vgl. Schiller ‚Fiesko' (I,2): (Mohr): „Er soll zufrieden sein. – Um Vergebung – Wie schwer möchte ungefähr sein Kopf ins Gewicht fallen?"

Gewissen. *Das ist eine Gewissensfrage:* es ist eine Frage, die eine ehrliche Antwort verlangt, aber mehrere Möglichkeiten zuläßt, die man nur *nach bestem Wissen und Gewissen* beantworten kann. Unter ‚Gewissen' versteht man allg. den Ort in der Seele des Menschen, an dem die moralischen Urteile gefällt werden, an dem die (Willens-)Entscheidung für das Gute oder das Böse getroffen wird. Da das Gute und das Böse zwei entgegengesetzte Pole sind, zwischen denen eine ganze Skala von Wertungen möglich ist, ist das Gewissen die Instanz, an der die Entscheidung zwischen mehreren Möglichkeiten stattfindet. Steht eine Entscheidung im Einklang mit den (gewußten) Normen, so ist es rein (gut); steht es aber im Widerspruch dazu, so gilt es als belastet bzw. schlecht. Auf diese Grundtatsachen beziehen sich alle Rdaa., in denen das Gewissen eine Rolle spielt.

Etw. auf dem Gewissen haben: eine Unrechtmäßigkeit begangen haben, die das Gewissen belastet; *etw. auf sein Gewissen nehmen:* damit fertig werden, ohne sein Gewissen zu beschweren, es zu verantworten wissen; *ein reines (gutes) Gewissen haben:* kein Unrecht zu vertreten haben, sich keiner Schuld bewußt sein; *kein gutes Gewissen haben:* eine falsche Entscheidung getroffen haben, die das Gewissen belastet, etw. Unehrliches oder Unrechtmäßiges zu verantworten haben; daher auch die Wndg.: *jem. drückt sein Gewissen:* er ist sich seiner Schuld bewußt; *jem. ins Gewissen reden:* ihn an die Pflichten erinnern, stets das Gute zu wählen. *Sich kein Gewissen über etw. machen* (nach Röm. 14,22): keinen Glaubenszweifel haben, das Angenommene jederzeit vertreten können. Ähnl. der Satz: ‚Mein Gewissen beißt mich nicht' (Hiob 15,32), der zu der Rda. *(keine) Gewissensbisse haben* führte. Vgl. das Sprw.: ‚Ein gutes Gewissen ist ein sanftes Ruhekissen'. Anders gewertet wird die Rda. allg., wenn sie auf einen anderen bezogen wird. ‚Er macht sich kein Gewissen aus etw.' oder ‚er hat keine Gewissensbisse' bedeutet dann vielmehr: er ist ein skrupelloser, ‚gewissenloser' Mensch.

Lit.: *E. Wolf:* Art. ‚Gewissen', in: RGG. II ([3]1958), Sp. 1550–1557.

gewogen. *Jem. gewogen sein:* geneigt, wohlgesonnen sein; die urspr. Bdtg. ‚Gewicht haben, angemessen sein' (mhd. ‚gewëgen') erhält in Anwendung auf Münzen den Sinn von ‚annehmbar, angenehm' und entwickelt sich daraus zu der heute bekannten Bdtg.

Gewogen und zu leicht befunden: nicht würdig, ohne Verdienst; die Rda. geht zurück auf das bibl. „Mene, Tekel, U-pharsin" (Dan. 5,25). ‚Tekel' bedeutet ‚gewogen' mit dem Ergebnis: zu leicht befunden. Der Prophet Daniel deutet im Alten Testament die an der Wand erscheinende Schrift dahingehend, daß der König Nebukadnezar von Gott bereits gerichtet sei; ↗ Menetekel.

Gewohnheit. *Der Mensch ist ein Gewohnheitstier:* lieb gewordene Gewohnheiten werden ritualisiert, er macht das, was er schon immer gemacht hat. Es ist eines der zahlreichen Sprww., die als Entschuldigung angeführt werden, wenn jem. etw. zum wiederholten Male tut, obwohl er es sich schon des öfteren vorgenommen und auch zum Ausdr. gebracht hat, daß er es nicht mehr tun wollte. ‚Er kann es einfach nicht lassen', ‚es ist halt sein täglicher Trott' oder ‚wie das Pferd, das wie von selbst in den heimischen Stall zurücktrottet' sind ähnl. Vergleichsbilder, mit denen die liebe Gewohnheit kommentiert wird. In einem ndd. Sagte-Sprw. verhält sich selbst der Teufel gewohnheitsmäßig: ‚„Gewoonte döt alles!" sää de Düwel, dao ging he up nen glönigen Kachel sitten', d. h. man gewöhnt sich auch an schlimme Dinge. Und Schiller meinte dazu (‚Wallensteins Tod', I, 4):

Denn aus Gemeinem ist der Mensch gemacht
Und die Gewohnheit nennt er seine Amme.

Lit.: *K. Lorenz:* Das sogenannte Böse. Zur Naturgeschichte der Aggression (Wien 1963), S. 84.

Gichter. *Die Gichter kriegen:* sich sehr aufregen, in Schreikrämpfe verfallen, die Nerven verlieren, auch: ,Zustände kriegen'. Das Wort ,Gichter' ist vor allem im mittleren und südl. dt. Sprachgebiet verbreitet als volkstümliche Bez. von Krämpfen, Zuckungen und Lähmungen, zumeist von Kinderkrämpfen. Nach den Symptomen wurden verschiedene Erkrankungen auf die gleichen Dämonen, die Gichter, zurückgeführt, die sie angeblich verursacht haben sollten. In den Segens- und Zaubersprüchen wurden meist 9, 77 oder gar 99 Gichter genannt, um sie alle unschädlich zu machen. Im 19. Jh. war der Ausdr. auch lit. verbreitet, Schiller hat ihn sogar mehrfach verwendet, z. B. „Die Illusionen des Zuschauers, die Sympathie mit künstlichen Leidenschaften hat Schauer, Gichter und Ohnmachten gewirkt" (Sämtl. Werke [1840], I, 1629).

Bei drastischen Schilderungen warnt man volkstümlich noch heute: *Gib acht (Vorsicht), sonst bekommt sie (er) noch die Gichter!*

Jem. die Gichter einjagen: ihn in großen Schrecken versetzen. Diese Wndg. bewahrt noch etw. von dem Volksglauben an Krankheitsdämonen, die man böswillig einem anderen schicken kann.

Lit.: *E. Bargheer:* Art. ,Gicht, Gichter', in: Hda. III, Sp. 836–841.

Gicks. *Weder Gicks noch Gacks wissen:* ganz unerfahren, dumm sein; *weder Gicks noch Gacks sagen:* gar nichts sagen. Die Rda. ist seit dem 16. Jh. bezeugt. Die beiden lautmalenden Wörter ,gicks' und ,gacks' kennzeichnen eigentl. das Gänsegeschrei (,Gigack' ist noch heute in der Kindersprache die Gans), so daß die Rda. bedeutet: dümmer sein als eine ↗Gans. In Murners ,Schelmenzunft' von 1512 kommt vor (XXXVII, 7 ff.):

Wenn wir kriechent vnd sindt alt,
Vnd ist vns lyb vnd blut erkalt,
Vnd mügent weder guck noch gack.

Die Rdaa. sind auch mdal. oft belegt, so z. B. schwäb. ,Gickes machen', viele Worte machen und nichts Vernünftiges damit sagen; märk. ,De wêt von Kîks und Kâks nich', ist unwissend und unerfahren; schweiz. ,Man weiß nicht, ist er gicks oder gacks, hüst oder hott, gehauen oder gestochen'. Schwäb. ist die Rda. noch weiterentwickelt worden zu ,weder gicksen noch gacksen': nichts sagen. Vgl. ndl. ,Hij weet van Teeuwes noch Meeuwes"; frz. ,n'avoir ni bouche ni éperon' (heute ungebräuchlich); engl. ,to know neither buff nor stye'.

Von einem Gestorbenen sagt man auch: ,Er macht keinen Gicks mehr', ↗zeitlich.

Gift. *Gift und Galle* zur Bez. von großem Ärger oder Haß ist eine Rda. bibl. Urspr. 5. Mos. 32,33 heißt es: „Ihr Wein ist Drachengift und wütiger Ottern Galle". Die Rda. hat sich aus dem Bibelzitat durch Verkürzung ergeben, z. B. *Gift und Galle speien (spucken):* sehr zornig, ärgerlich, geladen sein, ↗Galle. Die Rda. begegnet auch im Märchen ,Jorinde und Joringel' (KHM. 69).

Luther gebraucht daneben die Wndg. ,Gift und Geifer'. Vgl. auch die Rda. *sich giften:* sich heimlich ärgern. Ähnl. *voller Gift sein:* voller Zorn und Bösartigkeit; vgl. frz. ,être plein de fiel' (voller Galle sein), dazu auch die Feststellung: *Der (die) hat aber Gift:* jem. hat einen bösartigen Groll. Auch mdal. z. B. holst. ,He kreeg dat mit de Gift', er wurde wütend.

Gift sein mit jem.: uneinig sein, jem. nicht mehr leiden können, eine bes. im Obersächs. häufige Rda.

Jem. (etw.) das Gift nehmen: eine Person (Sache) unschädlich machen, die Wndg. bezieht sich urspr. auf die Schlange, der man das Gift entnehmen kann. Die Wndg. ist auch mdal. verbreitet, z. B. heißt es im Obd. ,einem 's Gift nehmen'; oder ,einem die Giftzähne ziehen'.

Darauf kannst du Gift nehmen: darauf kannst du dich verlassen, die Richtigkeit der Aussage ist verbürgt. Diese Beteuerungsformel ist sehr jung und lit. erst seit der 2. H. des 19. Jh. bezeugt. Man hat sie auf die Gottesurteile des MA. zurückführen wollen (↗Abendmahl), doch sind

Giftordalien im germ. Bereich nirgends bezeugt. Wahrscheinlicher ist die Herkunft vom ärztl. Rezept her, auf das hin der Kranke getrost eine gifthaltige Arznei einnehmen kann, ohne einen Nachteil befürchten zu müssen. Als Vorstufe der Rda. führt das Dt. Wb. (4. Bd., 1. Abtlg., 4. Teil, Sp. 7432) aus dem Jahre 1670 den Beleg an: Ja, sagt sie, wanns nicht wahr ist, so soll dieser Trunck Gifft werden in mir" (Agyrtas, Grillenvertreiber [1670] 75). Die Wndg. ist auch mdal. verbreitet, z. B. heißt es schlesw.-holst. ‚Dor kannst du Gift op nehmen'. Vgl. auch ndl. ‚Daar kun je donder op zeggen' und engl. ‚You can lay your shirt on it'.
Neuere rdal. Vergleiche sind: *wie Gift kleben:* unablösbar haften; *wie Gift schneiden:* sehr scharf sein (von Messern gesagt), rhein. ‚dat mess schneid wie gift'.

Giritzenmoos. *Sie kumt uf das Giritzenmoos* sagt man von einem Mädchen, das keinen Mann bekommt oder alle Freier abweist. Die Vorstellung, daß das Leben der Frau nur im ehelichen Hausstand und im Aufziehen von Kindern Erfüllung finden könne, führte zu einer weitgehend negativen Bewertung der unverheiratet gebliebenen ‚alten Jungfern'. Sie waren bes. zur Fastnacht dem allg. Spott ausgesetzt und mußten

offentlich bueßen
Das sie sein kumen zu ihren tagen
Fut, ars, tutten vergebens tragen,

wie es schon in einem Nürnberger Fastnachtspiel des 15. Jh. hieß. Auch die obige Rda. geht auf den früheren Brauch eines obd. Rügegerichts zurück, bei dem die alten Jungfern durch die Dorfburschen verspottet und dann auf einem Wagen ‚aufs Giritzenmoos' gefahren wurden. Nach dem Volksglauben mußten die unverheiratet verstorbenen alten Jungfern nach ihrem Tod in unfruchtbarem Sumpf sinnlose Arbeiten als Strafe für ihr vermeintlich unnützes Leben verrichten (vgl. ↗‚Sägemehl knüpfen' u. ↗Danaiden). Die Rdaa. *sie sind auf das Giritzenried* u. *ins Giritzenmoos fahren* umschreiben den Tod alter Jungfern, deren Schicksal dies ist.

Lit.: *E. Hoffmann-Krayer:* Die Fastnachtsbräuche in der Schweiz, in: Schweiz. Arch. f. Vkde. 1 (1897), S. 126–142; *J. L. Arnold:* Das „Giritzenmoos" in Dagmersellen (Kt. Luzern), in: Schweiz. Arch. v. Vkde. 7 (1903), S. 295–298; *L. Mackensen:* Art. ‚Alte Jungfer, Junggeselle', in: HdA. I, Sp. 334–345; *E. Haeflinger:* Vom Giritzenmoos, in: Schweiz. Arch. f. Vkde. 30 (1930), S. 205–207; *A. Wirth:* Art. ‚Kiebitz', in: HdA. IV, Sp. 1303–1305; *E. Moser-Rath:* ‚Alte Jungfer', in: EM. I, Sp. 365–369.

Glacéhandschuh. Der Ausdr. Glacéhandschuhe ist seit 1827 im Dt. belegt; vorher sagte man (seit der Mitte des 18. Jh. bezeugt) ‚glacierte Handschuhe', nach frz. gants glacés.
Einen (oder *etwas*) *mit Glacéhandschuhen anfassen:* sehr zart anfassen, (über-)behutsam behandeln, ist seit etwa der Mitte des 19. Jh. lit. belegt, zuerst bei K. v. Holtei (‚Erzählende Schriften', [Breslau 1861–66], 23, 220): „...den vorsichtigen, zurückhaltenden, jede Silbe abwägenden Richard, der ... alles mit Glacéhandschuhen angreift".
Auch Bismarck gebrauchte das Bild mehrfach: „Sobald von dem König die Rede ist, müssen die Herren ganz andre Glacéhandschuhe anziehen, wenn sie die Regierung herunterreißen wollen" (Reden 9, 239). Die Wndg. ist dann auch schnell in die Umgangssprache eingegangen, z. B. berl. ‚Dir darf man wol bloß mit Jlasees anfassen?' Vgl. auch frz. ‚prendre quelqu'un avec des gants'.
Bisweilen wird die Rda. ‚Das mag ich nur mit Glacéhandschuhen anfassen' auch in dem fast entgegengesetzten Sinne gebraucht: Diese unsaubere Angelegenheit mag ich nicht mit bloßen Fingern berühren. Auch in diesem Sinn hat Bismarck die Rda. bereits benutzt: „Überall, wo Fäulnis ist, stellt sich Leben ein, welches man nicht mit reinen Glacéhandschuhen anfassen kann" (Reden 4, 131).

Glanz, glänzen. *Welcher Glanz in meiner Hütte:* Ausdr. der Begrüßung eines unerwarteten Besuchers. Die Rda. ist ein entstelltes Zitat aus Schillers ‚Jungfrau von Orleans' (Prolog, 2. Auftr.): „Wie kommt mir solcher Glanz in meine Hütte?"
In neuem Glanz erstrahlen: eine Erneuerung erfahren haben, aufpoliert sein, wie z. B. ein renoviertes Gebäude oder eine Kupferkanne, die man ‚auf Hochglanz bringen' ließ.
Mit dem Begriff ‚Glanz' wurde aber auch

der Aufwand, der Prunk und die Pracht des höfischen Lebens umschrieben, wie er z.B. noch in dem Begriff ,Sonntagsstaat' enthalten ist und in der Wndg. *in vollem Glanze erstrahlen* zum Ausdruck kommt. Was in früherer Zeit ganz ernst gemeint war, ist heute nur noch als scherzhafter Kommentar zu verstehen für jem., der seinen Sonntagsanzug angezogen hat oder sich fein herausgeputzt hat. Auch die Wndgn. *das Glanzstück (einer Kollektion) sein* und *eine Glanznummer sein* deuten auf Prunk, werden aufgrund des gesellschaftlichen Wandels heute jedoch auf andere ,glanzvolle Ereignisse' bezogen wie z.B. eine wertvolle Schmuckausstellung oder eine gelungene Zirkusnummer. Ähnl. die Wndg.: *einer Sache Glanzlichter aufsetzen:* ihr einige Höhepunkte beifügen. Sie wird vor allem von Malern gebraucht, die an besonderen Stellen eines Bildes durch den Auftrag von Weiß dem Bild künstliche Lichter aufsetzen, damit sie ,einen glänzenden Eindruck machen': das heißt überaus beeindruckend sind.

Sich im Glanze seines (ihres) Ruhmes sonnen: von jem. Ansehen profitieren, ,einen Abglanz (seines Ruhmes) erhalten'. Urspr. war der Glanz im religiös. Bereich eine Bez. für das Himmlische, Göttliche, für das Lichte allgemein.

Mit Glanz und Gloria: ausgezeichnet, häufig aber auch iron. verwendet: Man kann eine Prüfung mit Glanz und Gloria bestehen, ebensogut aber auch ,mit Glanz und Gloria durchfallen'.

Die Begriffe ,Glanz' und ,Gloria' wurden urspr. auf die Lichtfülle bei der Erscheinung des Herrn, der Mutter Gottes und der Heiligen bezogen und im Zusammenhang damit auch auf die Prachtentfaltung der geistl. und weltl. Würdenträger früherer Zeit. So heißt es z.B. bei Abraham a Sancta Clara (1644–1709): „... erscheint sie (die Fürstin) der hl. Jungfrau Luidgarde in groszer glori u. glanz". Später wurden sie auch für andere überragende Ereignisse verwendet, vor allem als verstärkende (stabreimende) Zwillingsformel in der Prägung ,mit Glanz und Gloria', wie sie für den Einzug einer herausragenden Persönlichkeit gebraucht wurde. Rich. Wagner (Grals-Erzählung, Lohengrin): „Aus Glanz und Wonnen komm ich her".

In positiver Bdtg. ist die Rda. schon im 19. Jh. belegt, u.a. bei W. Raabe (,Der Schüdderump' [1870] 2, 153): „... wer ist in Glanz u. Gloria auf dem Wege nach Krodebeck?", desgl. bei K. H. Waggerl (,Mütter' [1935], 252): „mit Glanz und Gloria, dachte sie, würde der Vater kommen ...". Die Wndg. steht darüber hinaus aber auch für die längst vergangene Pracht, wie z.B. in der Floskel von *Preußens Glanz und Gloria* oder in der Rda. *mit Glanz und Gloria untergehen:* völlig von der Bildfläche verschwinden.

Nur positiven Sinn besitzen die Rdaa. *ein glänzendes Examen machen,* oder (bei einer Sache) *glänzend abschneiden.* Spöttisch gemeint ist dagegen die Rda. *wie ein Vollmond glänzen:* ein rundes Gesicht haben. *Durch Abwesenheit glänzen,* ↗ Abwesenheit.

Ndd.: ,Das glänzt wie Schnotter (Rotz, Nasenschleim) im Mondschein'. ,Dat lücht't (glänzt) as 'n schwatt Kalw in Düstern'.

Glas. Auf das Fensterglas beziehen sich die Rdaa. *Glas auf dem Dach haben:* niemand etw. vorwerfen dürfen, weil man selbst kein reines Gewissen hat; vgl. das zugehörige Sprw. ,Wer im Glashaus sitzt, soll nicht mit Steinen werfen'; vgl. engl.: ,Those who live in glass houses should not throw with stones'. Ähnl.: ,Wer einen gläsernen Kopf hat, der muß nicht mit Steinen werfen'. (Engl.: ,He that hath a head made of glass must not throw stones at another'.) Oder auch: ,Wer einen gläsernen Kopf hat, gehe in keine Schlacht, in der man mit Steinen wirft'. Aus einer Parlamentsdebatte: ,Herr Kollege, seitdem sitzen Sie im Glashaus, und nachdem Sie das Glashaus mit eigenen Steinen beworfen haben, sitzen Sie im Freien, d.h. im Kalten'.

Es ist ja nicht von Glas: die Sache ist nicht so heikel, empfindlich. *Du bist doch nicht aus Glas:* versperre mir nicht das Licht, die Aussicht! Vgl. frz. ,Tu n'es pas transparent'. Ähnl. *Dein Vater war doch kein Glaser!* oder in der Frageform: *Ist dein Vater Glaser?* beruht auf der grotesk-witzigen Vorstellung, daß der Glaser durchsichtige

Kinder haben müsse (mdal. seit der 2. Hälfte des 19. Jh. für Berlin und Leipzig bezeugt). Die witzige Antwort lautet dann: ‚Nein, Vorsteher!' (d.h. ein Davorstehender).

Auf das Trinkglas bezieht sich *mit jem. aus einem Glas trinken:* sehr vertraut sein mit ihm (vgl. frz. ‚boire dans le verre de quelqu'un'). Glas kommt mehrfach vor in Wndgn., mit denen Alkoholmißbrauch umschrieben wird: *Er hat ein Glas zuviel;* vgl. frz. ‚Il a un verre dans le nez' (wörtl.: Er hat ein Glas in der Nase), i.S.v.: Er hat eine Säufernase; *er hat lieber ein Glas in der Hand als eine Bibel; aus keinem leeren Glas trinken; kein leeres Glas sehen können:* gern trinken (Trinklust erscheint durch den horror vacui verursacht), eine Rda. aus dem 20. Jh.; *volle Gläser nicht leiden können:* gern trinken, eine beschönigende Rda. von einem, der schnell trinkt (20. Jh.); els. von einem Trinker ‚Er ka ke voll un ke leer Glas sehn'; *zu tief ins Glas geguckt haben:* zuviel getrunken haben, einen Rausch haben, seit etwa 1700 wohl die umschreibende Nachbildung der Rda. von dem Liebenden, der seinem Mädchen zu tief ins Auge geblickt hat.

Aus einem Glas ins andere gießen: etw. ständig wiederholen, ohne auf neue Gedanken zu kommen. Bair. ‚e Glasl kriegn (gebn)', einen Korb kriegen (geben); ‚furt gehn, als wenn mer e Glasl gfunden hätt', beschämt fortgehen; vielleicht daher, daß dem abgewiesenen Werber ein Glas Wein zum Trost gereicht wurde.

Das Glas erheben: einen Trinkspruch auf jem. ausbringen, jem. zuprosten, ↗Toast.

Wir sind nicht mehr am ersten Glas ist ein Zitat aus Uhlands ‚Trinklied' (1812). „Das Glas in der Rechten, die Flasch' in der Linken" ist ein Zitat aus dem Trinklied von Heinrich Hoffmann v. Fallersleben (1829).

Vom Brillenglas stammt *Er hat sich ein Stück Glas* (oder *eine Glasscherbe*) *ins Auge getreten:* er trägt ein Einglas, ein Monokel; eine wohl aus dem Berl. stammende Rda. *Durch ein trübes Glas sehen:* nicht genau beobachten können.

Glas bietet sich ferner an als rdal. Vergleich des Glatten, des Zerbrechlichen, aber auch des Geringwertigen (vgl. frz. ‚rasé comme un verre à bière', glatt rasiert sein (heute ungebräuchlich); ‚il ne donnerait pas un verre d'eau', er ist ein großer Geizhals).

Sturm im Wasserglas ↗Sturm.

Im Märchen und in der Sage dient das Glas auch als Behältnis für den bösen Dämon, den man, um ihn unschädlich zu machen, in ein Glas (Flasche) hineinbannt. Darauf beruht auch die Rda.: ‚Er will Gott und den Teufel in ein Glas bannen'. ↗Flasche, ↗Gott.

Lit.: *E. Weekly:* ‚Those who live in glass houses should not throw stones', in: Modern Language Review 30 (1935), S. 241; *W. Mieder:* Das Sprw. in unserer Zeit (Frauenfeld 1975), S. 99; *K. Horálek:* Art. ‚Geist im Glas', in: EM. V, Sp. 922–928.

Glatteis ↗Eis.

glauben. *Daran glauben müssen:* eine bittere Erfahrung machen, eine schlimme Einbuße erleiden, schließlich auch Umschreibung für ‚sterben' (vgl. ‚das Zeitliche segnen'); so auch in den Mdaa., z.B. schlesw.-holst. ‚He mutt dor wull bald an globen', er wird wohl bald sterben. Die Wndg. ist urspr. durchaus religiös gemeint; zu ergänzen ist etwa: ‚... daß es einen stärkeren Herrn gibt, daß Gott den Sünder straft' usw. (vgl. auch verwandte Wndgn. wie ‚beten lehren', ‚zu Kreuze kriechen' u.a.). Erst sekundär hat sich dann die umgangsspr.-iron. Verwendung angeschlossen.

Es kommt anders, als man glaubt geht auf ein Zitat aus Wilhelm Buschs ‚Plisch und Plum' (1882) zurück:

> Aber hier, wie überhaupt,
> Kommt es anders, als man glaubt.

Wer's glaubt, wird selig (oft mit dem reimenden Zusatz: ‚und wer stirbt, wird mehlig', auch: ‚Wer bäckt, wird mehlig' oder ‚Wer's glaubt, wird selig, und wer's nicht glaubt, kommt auch in den Himmel'): das ist unglaublich; parodierende Verwendung des Bibelzitats von Mark. 16,16: „Wer da glaubet und getauft wird, der wird selig werden; wer aber nicht glaubet, der wird verdammet werden". Vgl. frz. ‚Il n'y a que la foi qui sauve' (wörtl.: Der Glaube allein macht selig). Der Hamburger sagt zu einer handgreiflichen Lüge: ‚Ik glob et fas'.

Wenn du's nicht glaubst, so laß dir's reitern:

überzeuge dich selbst! Die Wndg. dient der Bekräftigung, um den Zweifel zu erschüttern, wenn eine Mitteilung von jem. ungläubig aufgenommen wird. Diese Wiener Rda. wird in Österreich vor allem noch von Kindern gebraucht. Das Reitern war urspr. ein Orakel. Um einen Dieb zu entdecken, wurde das Reiterl (Reuterl) oder Erdsieb gedreht. In die Wand des Siebes wurde eine Schere mit beiden Spitzen gesteckt. Die Handhaben hielten gewöhnlich zwei ältere Frauen. Dabei dachten sie an eine des Diebstahls verdächtige Person. Bewegte sich dabei das Sieb, war der Schuldige gefunden, denn das Reiterl sprach immer die Wahrheit. Im Waldviertel dagegen wurde das Sieb gedreht, und alle verdächtigen Personen wurden dabei genannt. Wenn das Sieb bei einem Namen hielt, glaubte man ebenfalls, den Schuldigen entdeckt zu haben. Die Rda. bedeutet demnach: befrage das Sieb, wenn du Bedenken an der Glaubwürdigkeit hast. ↗Sieb.

Wer's nicht glaubt, pappt's: wer's nicht glauben will, muß es pappen; hess. wie anderwärts recht verbreitet. Leicht abweichende mdal. Formen sind: ‚Wann des nit glaabst, un do schmirsch des' (schmierst du es) oder: ‚Wenn des nit glaawe wit (glauben willst), dann kanns des (kannst du es) mauern'. Der Sinn dieser Rdaa. ist nicht ohne weiteres verständlich; er wird jedoch sofort klar, wenn man die mdal. Form solcher Gebiete ins Auge faßt, die statt des au oder des daraus entstandenen a in ‚glauben' ein ä zeigen: ‚Wer's nicht glääbt, der pappt's; d.h. die Voraussetzung für die Rda. ist die mdal. Form ‚glääben' und das auf ihr beruhende Wortspiel mit ‚kleben'. Die Form ‚glääben' für ‚glauben' setzt ein älteres ‚gläuben' voraus, das wir z.B. bei Luther kennen (vgl. auch sein Häupt für Haupt usw.) und das mdt. verbreitet ist. Doch deckt sich diese Verbreitung heute nicht mehr mit dem Geltungsbereich jener Rda. Schuld daran mag sein, daß das Gebiet von ‚gläuben' früher weiter reichte und heute zurückgedrängt ist; schuld ist aber sicher auch die Tatsache, daß ein solches Sprw. wandert. Seinen Urspr. kann es natürlich nur in einem Gebiet haben, in dem das Wortspiel einen Sinn hat und wirklich verstanden wird, das heißt dort, wo mdal. ‚glääbt' gebräuchlich war.

Ein anderes Wortspiel, das schon bei Grimmelshausen begegnet, lautet: ‚Wer's glauben will, mag's mausen.'

Das Bibelwort ‚Der Glaube versetzt Berge' (nach Matth. 17,20; vgl. auch Matth. 21,21 und Luk. 17,6) wird heutzutage oft scherzhaft verwendet i.S.v.: ‚Das mag glauben wer will'. Spöttisch gemeint ist auch die Bez. ‚Glaubenszwiebel'. So nennt man die vor allem in pietistischen Kreisen übliche Knotenfrisur der Frauen, die mit ihrer Schmucklosigkeit einer Einstellung Ausdruck verleihen soll.

Zu den Ausdrücken der Verwunderung und des Erstaunens gehört ‚Ich glaube, mein Holzbein kriegt Äste'; ↗denken.

Lit.: *V. Chauvin:* ‚Wunderbare Versetzungen unbeweglicher Dinge', in: Zs. f. Vkde. 14 (1904), S. 316–320; *F. Mauer:* ‚Wer's nicht glaubt, der pappt's', in: Hess. Bl. f. Vkde. 26 (1927), S. 9 und 180; *M. Haberlandt:* ‚Laß dir's reitern'. Sachl. Grundlagen einer Rda., in: Wörter und Sachen 12 (1929), S. 91–92; *L. Schmidt:* ‚Wiener Rdaa.: II. Klauben u. Reitern', in: Das dt. Volkslied 43 (1941), S. 42; *H. J. Uther:* ‚Glaube versetzt Berge', in: EM. V, Sp. 1270–1274.

gleich. *Gleiches mit Gleichem vergelten:* der Grundgedanke des ‚ius talionis', des Wiedervergeltungsrechts, des ‚Auge um Auge, Zahn um Zahn', wie es aus dem mosaischen Gesetz (2. Mos. 21,24) bekannt und alter Rechtsgrundsatz vieler Völker ist. So auch bei den Römern: „Par pari respondere (oder: referre)", z.B. bei Plautus. Vgl. auch frz. ‚rendre la pareille' und die dt. Rda. ‚Wurst wider ↗Wurst' oder das Sprw.: ‚Wie du mir, so ich dir'.

Gleiche Brüder (Narren), gleiche Kappen: gleiche Rechte und gleiche Pflichten bei Personen desselben Standes oder Schlages. Die Wndg. ist hergeleitet von den Mönchen, bei denen alle Brüder eines Ordens dieselbe Tracht haben. Heute wird damit meist ausgedrückt, daß die Zugehörigkeit zu einer bestimmten (straff organisierten und ideologisch ausgerichteten) Gruppe letzten Endes auch auf das gleiche Verhalten hinausläuft, mag sich der einzelne zunächst auch anders darstellen. Auf die Gleichheit der Anlagen und Interessen weist dagegen das Sprw.: ‚Gleich und Gleich gesellt sich gern'.

Für ‚gleich aussehen' gibt es eine Fülle

rdal. Vergleiche, z. B. ‚sich gleichen wie ein Ei dem anderen'; ‚er sieht ihm so gleich, als wäre er ihm aus dem Gesicht geschnitten'; vgl. frz. ‚Ils se ressemblent comme deux gouttes d'eau' (wörtl.: Sie gleichen sich wie ein Wassertropfen dem anderen); aber auch in verwandten Wndgn., um einen hohen Grad von Ungleichheit auszudrücken, z. B. ‚Er sieht ihm so gleich, als wäre er ihm aus dem Gesäß geschlupft' (vgl. Wander I, Sp. 1717).

Gleiches mit Gleichem heilen ist ein Prinzip der Volksmedizin, das schon den Römern bekannt war („similia similibus curantur') und bis in die neuzeitliche Heilkunde hinein wirkt.

Störung des Gleichgewichts; sein Gleichgewicht verlieren bzw. *aus dem Gleichgewicht geraten* wird meist in übertr. Sinne verwendet mit der Bdtg.: die Gemütsruhe verlieren, außer Fassung geraten.

Nach dem Gleichheitsprinzip verfahren, d. h. allen die gleiche Behandlung zukommen lassen. Gleichheit (égalité) war eine Forderung der Frz. Revolution. Das demokratische Prinzip: ‚Alle Menschen sind gleich' wird nicht selten scherzhaft erweitert mit den Worten ‚nur manche sind gleicher'. Damit wird angedeutet, daß Mitglieder bestimmter sozialer Schichten (oder z. B. auch Männer gegenüber Frauen) Vorteile genießen, die gegen das Gleichheitsprinzip verstoßen. Dieses bezieht sich vor allem auf die rechtliche Stellung im Gemeinwesen, die allen Menschen Gleichbehandlung zusichert – unabhängig von Rasse, Hautfarbe, Religion oder Geschlecht. Nicht angesprochen ist die soziale Stellung im Beruf, wie unter anderem auch einem Spruch zu entnehmen ist:

> Wenn alle Leute wären reich,
> und alle Leute wären gleich,
> und wären all zu Tisch gesessen –
> wer wollt' auftragen Trinken und Essen?

‚Auf gleichem Fuß mit jem. verkehren': auf derselben sozialen Stufe stehen, aber auch: wie seinesgleichen behandelt werden, ↗ Fuß.

Das kann einem nicht gleich sein, d. h. dagegen muß man sich wehren, das darf einem nicht ‚gleichgültig sein', i. S. v. ‚egal', ‚einerlei', ‚piepegal', ‚schnurzegal', ‚schnuppe', ‚Jacke wie Hose', ‚gehupft wie gesprungen', ‚alles eins'.

‚Im gleichen Boot sitzen': dieselben Probleme, dasselbe Schicksal haben, ↗ Boot.

Lit.: *H. Trümpy:* ‚Similia similibus (curantur)', in: Schweiz. Arch. f. Vkde. 62 (1966), S. 1–6; *D. Schwab:* Art. ‚Gleichberechtigung', in: HRG, I, Sp. 1696–1792; *A. Erler:* Art. ‚Gleichheit', in: HRG, I. Sp. 1702–1706.

Gleis. *Im Gleis bleiben:* auf dem rechten Weg bleiben, seit dem 16. Jh. belegt, z. B. 1595 bei G. Nigrinus; ‚Anticalvinismus' d 3[b]: „(die Papisten), welche kein solche Vernewerung erdencken, sondern in ihren ... alten Gleisen meinstlich bleiben". Daneben steht die jüngere Wndg. *sich in ausgefahrenen Gleisen bewegen:* nichts Neues zuwege bringen, unselbständig sein; vgl. frz. ‚sentiers battus' (breitgetretene Pfade).

Aus dem Gleis kommen: vom Wege abkommen; bildl. etwa 1713 bei Grimmelshausen: „Ich bin ... schier ... aus dem Glaiß meiner Erzehlung kommen"; neuerdings gewendet *zu aufs falsche Gleis geraten:* auf Abwege geraten. *Wieder ins Gleis kommen:* auf den rechten Weg zurückfinden; schon rdal., aber noch ganz im Bilde bleibend, verwendet von Mathesius (‚Sarepta' 1571, S. 154[a]): „Ich hab auch umbgeworffen, ich dank aber Gott, der mir und meinem Wagen wider auffgeholffen und ins Gleis gebracht hat".

Heute sagt man vor allem noch *etw. ins rechte Gleis bringen:* in geordnete Bahnen bringen; bezeugt bei Goethe: „Er (hat) seinen ganzen Einfluß gebraucht, um die jungen Leute ins Gleis zu bringen".

Alle diese Wndgn. sind also nicht etwa erst seit der Erfindung der Eisenbahn volkstümlich, sondern sie spiegeln die Verkehrsverhältnisse einer Zeit wider, in der der gesamte Verkehr mittels Pferdewagen vor sich ging und das Einhalten der ausgefahrenen Wagenspur für den Fuhrmann eine Notwendigkeit war.

Glied, Glieder. *Das fehlende Glied (in der Kette) suchen* oder *gefunden haben:* den noch fehlenden letzten und überzeugenden Beweis erbringen wollen; die Lücke in der Beweiskette schließen; einen Täter überführen; vgl. frz. ‚le maillon de la chaîne'.

Das schwächste Glied (in der Kette) sein: die unsicherste, unzuverlässigste Stelle sein, durch die Gefahr droht, eigentl. die Stelle der Kette, an der sie bes. abgenutzt ist und voraussichtlich zuerst reißen wird. Auf den Menschen übertr., meint die Wndg. jem. aus einer Gruppe, auf den man sich im Notfall nicht verlassen kann, vor dem man warnen muß, weil er ein riskantes Unternehmen oder andere Beteiligte verraten und gefährden könnte.
Kein Glied rühren können: vor Schmerzen (Schreck) sich kaum bewegen können; aus Furcht wie gelähmt sein.
An einem Gliede kalendern: den Wetterwechsel durch das Schmerzen einer alten Wunde (Narbe) schon vorher spüren. Häufiger hört man die Feststellung: *Das Wetter liegt einem (wie Blei) in den Gliedern:* es macht Beschwerden. *Jem. (noch) in den Gliedern stecken (sitzen):* seinen ganzen Körper erfaßt haben. Die Wndg. wird bes. häufig auf ein durchdringendes und anhaltendes Kältegefühl, auf eine schwere Krankheit, die den Körper schwächte, oder auf eine Furcht bezogen, die nicht so rasch überwunden werden kann.
Jem. in die Glieder (durch alle Glieder) fahren: ihn wie ein Schlag treffen; meist vom Schreck oder einem plötzlichen Gedanken, einer schlimmen Ahnung oder Nachricht gesagt. Ähnl. *an allen Gliedern zittern:* vor Furcht, Angst, Entsetzen beben; vgl. frz. ‚trembler de tous ses membres'.
Streit vom Magen und den Gliedern ↗ Magen.

Glocke. *Die Glocke ist gegossen:* die Sache ist abgemacht, beschlossen, der Plan ist geschmiedet, eine schwierige Aufgabe ist glücklich gelöst; schon in Luthers Sprichwörtersammlung (Thiele Nr. 124) und in der frühnhd. Lit. sehr häufig. 1595 erscheint die Wndg. in G. Rollenhagens ‚Froschmeuseler': „Endlich ward nach vielem Gezenk die Glock von allen so gegossen". Zusammen mit mehreren anderen gleichbedeutenden Rdaa. steht sie auch in einem Spottgedicht von Burkard Waldis (1490–1556) auf den Herzog Heinrich den Jüngeren von Braunschweig (V. 390ff.):

Ich halt's, die glock sei schon gegossen,
Die axt ist scharpff vnd woll gewetzt,
Dem bawm schon an die wurtzeln gsetzt,
Der knüttel drawt den bösen hunden,
Vnd ist der besem greyt (bereits) gebunden.

In der ‚Zimmerischen Chronik' (II, 582) heißt es: „Nach seinem todt wardt die glock gossen, und wie ain alter, erlicher man zu Mößkirch, genannt Conradt Burger, ain spruchwort het: ‚User bast macht man Hafensack, was ein karger erspart, wurt aim geuder zu tail, also ging es mit diesem erb auch!'" Bacchi et Veneris facetiae (1617), S. 141:

Se tunc bene habebunt res
So ist die glock gegossen.
Tua corrobata spes,
Ich hab sein offt genossen.

In Grimmelshausens ‚Simplicissimus' heißt es: „Nach langem Diskurs wurde die Glock gegossen und beschlossen, daz Springinsfelt den Schatz suchen sollte".
Die große Glocke läuten: sich mit einer Angelegenheit unmittelbar an den wenden, der die oberste, entscheidende Stimme darüber hat; vgl. frz. ‚frapper à la bonne porte' (wörtl.: an die richtige Tür klopfen); *an die große Glocke laufen:* eine Sache vor die Allgemeinheit bringen. Diese Rdaa. hängen mit der Verwendung der Glocke im Rechtsbrauch zusammen. Zu Gerichtsverhandlungen wurden die Dinggenossen durch das Läuten der großen Kirchenglocke zusammengerufen. Wer also etw. vor Gericht brachte, der veranlaßte, daß die große Glocke geläutet werden mußte. In einer Sage von Karl d. Gr. (Grimm, DS. Nr. 459) läutet eine Schlange an dem Glockenseil, um den Rechtsspruch des Kaisers zu erfahren. Thomas Murner überschrieb das 2. Kapitel seiner ‚Mühle von Schwindelßheim' (1515) mit „An die große Glocke laufen", V. 249 heißt es dann:

Lauff hin, stürm an die gröste glocken,
Das wir domit zuosamen locken
Allen guoten lieben gesellen.

Auch an die Strafe des Ausläutens ist zu denken, insbes. an das Ausläuten oder Verläuten der Schuldner, die ihre Gläubiger nicht befriedigen konnten. So spricht Seb. Brant (1494) in seinem „Narrenschiff" (Kap. 82, 8) von dem aufkommenden leichten Sinn der Bauern:

Sie stecken sich inn große schulden,
Wie wol korn und wyn gilt vil,
Naemen sie doch uff borg und zyl
Und went bezalen nit by ziten
Man muoß sie bannen und verlüten.

Altmärkisch lautet die Rda. noch ‚an de grote Klocke slaan', übertreiben, prahlen. Wo die Rda. heute noch verwendet wird, hat sie andere Bdtg. angenommen, z.B. schwäb. ‚mit der großen Glocke läuten', großen Lärm mit etw. machen. ‚Einem die große Glocke läuten', ihn feiern und ehren; allgemeiner auch: viel Lärm um eine nichtige Sache machen.

‚An die große Glocke laufen (hängen)'

Etw. an die große Glocke hängen: es ausposaunen, in aller Leute Mund bringen, öffentl. bekanntmachen, namentlich von Privatangelegenheiten, die nicht vor die Öffentlichkeit gehören, vgl. frz. ‚carillonner quelque chose. *An die große Glocke kommen:* in aller Leute Mund kommen; *es ist an der großen Glocke:* es ist in aller Leute Mund. Das Zeitwort ‚hängen' scheint in dieser Rda. jünger zu sein und auf der Vermengung von ‚anschlagen' mit anderen Ausdr., wie ‚höher hängen, anhängig machen' usw. zu beruhen. Rhein. (Köln) sagt man: „Mer muß nit alles an de Domklock hange'; els. ‚Lütt nit mit der Glock!', fang nicht an, von dieser Sache, in diesem Tone zu reden! Bismarck gebrauchte in einer seiner Reden einmal: „Elsässer Abgeordnete, die alle ihre Klagen an die größte Glocke in Deutschland zu hängen imstande sein werden ...", d.h. im Reichstag zur Sprache bringen (vgl. ndl. ‚iets aan de grote klok hangen'; frz. ‚sonner la grosse cloche'; ‚entendre les deux cloches', beide Parteien hören). ‚Utpingeln' heißt: etw. ausposaunen, und einer, der das große Wort führt, heißt ‚Pingelpott'; man sagt von ihm ‚Hei tüt gern de grauten Klocken' (Kreis Minden). Wenn daher etw. nicht verschwiegen bleibt, sondern ganz sicher allg. bekannt wird, so sagt man ‚Dat is so goot, as wenn't an de groot Klock bunnen is'. ‚Et kümmet doch noch an de Klocken' heißt: es ist nichts so fein gesponnen usw., und, wenn es kund geworden ist, ‚häfft sei't an de gruoten Klocken bracht' (Westf).

Wissen (oder *merken*), *was die Glocke geschlagen hat:* durch eine Andeutung genügend Bescheid wissen; schon bei Grimmelshausen mehrfach belegt. Eine Belegstelle findet sich auch in Murners ‚Narrenbeschwörung' 53, 60:

Er sol versehen eine statt
Und weiß nit, was geschlagen hatt.

Die Glocke läuten hören, aber nicht wissen, wo sie hängt: unvollständig unterrichtet sein; beruht auf der Erfahrung, daß die Richtung, aus der fernes Glockengeläut kommt, oft falsch beurteilt wird (↗läuten hören). Die Rda. hat in der lit. Kritik früherer Jahrhunderte eine große Rolle gespielt; so gebraucht sie beispielsweise Lessing (13,381): „Wenigstens hat der ... nur läuten hören, ohne im geringsten zu wissen, wo die Glocken hängen" (vgl. auch ndl. ‚van klok noch klepel weten', überhaupt nichts wissen). In Westf. erhält man auf die Bemerkung ‚Diu hiärst wuol luien hoart, woißt owwer nit, wo de Klokken hanget' wohl die Antwort:

Dei Klokken hanget im Tappen,
Wann se fallt musst diu se schnappen.

In Bayern sagt man ‚Du hast läuten, aber nicht zusammenschlagen gehört'. Dagegen rhein. ‚He wet, wan't luijt', er versteht die Gelegenheit wahrzunehmen. Sprw. sagt man ,Wo kine Klock is, da is auk kin Gelüd', mit der Ursache hört auch die Wirkung auf. Wenn der Küster unpünktlich ist und das Läuten nach seiner Bequemlichkeit einrichtet, heißt es ,De Klock geit, äs de Köster de Kopp steit'. Vermutlich besagt die Rda. auch, daß man am Läuten den Gemütszustand des läutenden Küsters heraushört: Freude bei schnellem Läuten, Kummer bei langsamem Läuten etc. Das Leben im Ort wurde früher von solcher Glockensprache bestimmt und geordnet, die jeder verstand. Sogar das Wetter kündete sie: ,Man hört de Klock so luut, de Wind hätt dreit, wie kriegt anner Wiär'. Wenn lange geläutet wird, so ,is de Küster mit sien Been in'n Klockenstrang fast'.

Er hat nie eine andere Glocke als die seines Dorfes gehört: er ist nie von zu Hause weggekommen; vgl. das frz. Sprw.: ,Qui n'entend qu' une cloche n'entend qu'un son' (wörtl.: Wer nur eine Glocke hört, hört nur einen Ton), i. S. v.: Wer die Meinung eines einzigen Menschen hört, kann sich kein objektives Urteil bilden.

Man hat noch nicht mit allen Glocken geläutet: es hat noch Zeit, wir kommen noch früh genug. *Die Glocken tönen noch:* die Sache ist noch nicht aus.

Viele weitere Bildungen sind nur regional verbreitet; so westf. ,an eene Klock trekken', an einem Strick ziehen, das gleiche Ziel verfolgen; dagegen ,Sie läuten nicht dieselbe Glocke', sie sind verschiedener Ansicht, sagen bald so, bald so. ,Nu lüdden de Klocken anners', jetzt geht ein anderer Wind. Els. ,Potz Sapperment, leyt nit mit dere Glock', komm mir nicht mit dieser Sache. Bekannt ist auch: *Er geht gern in die Kirche, wo mit gläsernen Glokken geläutet wird* (oder: ,Wo das Gesangbuch Henkel hat' usw.): in das Wirtshaus. ,Dicht an den Herrgott sine Kerke hett de Düwel en Kapellken gebaut, wo se met glasernen Klocken lüet', sagt man in der Gegend von Dortmund, und auch in Mecklenburg heißt das Gasthaus ,de Kirch, wo mit de gläsern Klocken lüddt ward'.

Mit der Sauglocke läuten: unsaubere Reden führen. Zoten erzählen; obersächs. ,Sull mer dee erscht mit der Saugluck läuten', soll man dir erst mit derben Worten kommen; münsterl. ,De lütt met de Swineklock'; auch die Tiroler nennen das Zoten ,die Sauglocke läuten'; ↗Sauglocke.

Eine plauderhafte, sich in den Häusern herumtreibende Person wird im oberen Naabgau als ,Dorfglocke' (Dorfschelle) bez. Von einer überlauten sagt man ,Die ist wie eine Glocke, sieht man sie nicht, hört man sie doch'.

Er kommt bald in die Glocke deutet an, daß einer dem Tode nahe ist (Kreis Iserlohn). Man sagt auch ,Mit dem is nich mär veel los, bi dem schleit de Klocke wänner (bald) twiälfe' (Dortmund).

,De Klock geten' heißt: einen Anschlag machen. Hans Sachs gebraucht die Wndg. ,Da wurt die glock gegossen'. Anderswo heißt es *Die Glocke war schon über mir gegossen:* ich war schon so gut wie verurteilt. Die Wndg. bei Hans-Sachs: „Wenn man die garauss glocken leut" meint: wenn mein letztes Stündlein gekommen ist. Ein Kalb, das gleich nach der Geburt geschlachtet ist, ,hat kein Betglockenschlagen gehört'. Von einem elenden Stück Vieh, dessen baldigen Tod man erwartet, heißt es meckl. ,Dee hett de Klocken (School un Klicken) fri'.

Die *unter dieselbe Glocke gehören,* d. h. die Kirchspielgenossen kennen sich am besten und stehen sich am nächsten. Darum heißt es vom Heiraten nach auswärts sprw. ,Wä wegge geht wie ne Klockeklang, dä bereut et sin Lieve lang' (Kreis Düren).

,Du kürst, als wenn du mit hölternen Glocken läutest', du bist recht dumm (Kreis Iserlohn, Westf.). Aber: ,Wo de Klock vun Ledder is un de Knepel 'n Vosswanz, schall man't ok so heel wied nich hören'.

Wenn ein Kind weint und das Näschen fließt, so sagt man im Rheinl.: ,Ös treckt de Klemp, de Klickeseeler kuemen all' (Kempen) oder ,Wat häst dau aber wieder for Glockenseile us der Nas raus hänge!' (Vallendar). Von einem schreienden Kind heißt es in Westf. auch ,Et trecket de Braudklocke'; ,he lüd keene gode Klokken', er hustet bedenklich. Wenn man sich den Ellenbogen stößt, brummt es ,as wenn 'ne Klock stött' (meckl.). Die Dreschflegel bez. der Westfale als ,hültene Klocken'.

,Die dreht sich wie eine Glocke' sagt man im oberen Naabgau von einem raschen Frauenzimmer, das sich beim Tanze herumwirbelt, daß die Röcke glockenförmig abstehen.

Der Ausdr. ,bei glockhellem Mittag' ist im Volksmund nicht selten. Rosegger gebraucht die Wndg.; „Die Himmelsglocke lag in mattem Blau" und redet von der „stillen, glühenden Himmelsglocke".

Nun schlägt die Glocke dreizehn ↗dreizehn.

Lit.: *J. Pesch:* Die Glocke in Gesch., Sage, Volksglaube, Volksbrauch und Volksdichtung (Dülmen i.W. 1918); *E. Erdmann:* Glockensagen (Diss. Köln 1929) *A. Perkmann:* Art. ,Glocke' in: HdA. III, Sp. 868-876; *P. Sartori:* Das Buch von den dt. Glocken (Berlin – Leipzig 1932), S. 164ff.; *Chr. Mahrenholz:* Glockenkunde (Kassel – Basel 1948); *W. Ellenhorst* und *G. Klaus:* Handbuch der Glockenkunde (Weingarten 1957); *N. Kyll:* Die Glocke im Wetterglauben und Wetterbrauch des Trierer Landes, in: Rhein. Jb. f. Vkde. 9 (1958); *Chr. Mahrenholz u. a.:* Art. ,Glocken', in: RGG. II ([3]1958), Sp. 1621–1626; *A. Erler:* Art. ,Glocke', in: HRG. I, Sp. 1706–1708; *H. Fischer:* Art. ,Glocke', in: EM. V, Sp. 1289–1295; *H. J. Uther:* Art. ,Glocke der Gerechtigkeit', in: EM. V., Sp. 1295–1299.

Gloria (lat. ,gloria' = Ruhm, Ehre). Der Text „Gloria in excelsis Deo / et in terra pax / hominibus bonae voluntatis" knüpft an den Gesang der Engel nach Luk. 2,14 an und ist als ,Hymnus angelicus' Teil des Messetextes. Iron. meint dagegen die Rda. *Jem. das Gloria singen:* ihm eine Strafpredigt halten, gehörig seine Meinung sagen, eine Lektion erteilen, ihn abkanzeln.

Ebenfalls scherzhaft gemeint ist die Wndg. ,mit Glanz und Gloria' (↗Glanz), wobei weniger an ,Ruhm' und ,gloire' gedacht wird, sondern meist an Wortverbindungen wie z.B. ,mit Glanz und Gloria durchfallen' (↗Pauken und Trompeten). Man denkt dabei auch an Wortverbindungen wie ,siegreich untergehen'. Ähnl. wurde im 1. Weltkrieg an Ludwig Uhlands Lied vom guten Kameraden ein Refrain ,Gloria, Viktoria' angehängt:

Ich hatt' einen Kameraden,
einen bessern findst du nit.
Die Trommel schlug zum Streite.
Er ging an meiner Seite.
Gloria, Gloria, Gloria, Viktoria!
Ja, mit Herz und Hand,
ja, mit Herz und Hand
fürs Vaterland!
Die Vöglein im Walde,
die sangen so wunderwunderschön:
in der Heimat, in der Heimat,
da gibt's ein Wiedersehn!

Der Kehrreim ,Gloria, Viktoria' wurde auch an das Spottlied vom Dr. Eisenbart angehängt und ebenso an das sog. Kolumbuslied:

Ein Mann, der sich Kolumbus nannt,
War in der Schiffahrt wohl bekannt.
Es drückten ihn die Sorgen schwer,
Er suchte neues Land im Meer.
Gloria, Viktoria,
Widewidewitt, juchheirassa,
Gloria, Viktoria,
widewidewitt bum, bum.

Scherzhaft spricht man auch von ,Preußens Gloria', – zunächst der Name eines Militärmarsches (von G. Piefke) – wenn vergangene und untergegangene Pracht und Herrlichkeit apostrophiert werden soll, insbes. militärischer Ruhm.

Unter dem ,Glorienschein' versteht man den Heiligenschein auf bildlichen Darstellungen, d.h. den Strahlenkranz als Zeichen der göttlichen Verklärung oder der Heiligkeit.

Lit.: *A. Wirth:* Art. ,Gloria Viktoria!' in: Zs. d. Ver. f. Vkde. 26 (1916), S. 371–372; *E. Jammers:* Art. ,Gloria', in: RGG. II ([3]1958), Sp. 1627.

Glosse. *Glossen machen:* tadelnde oder spöttische Bemerkungen zu etw. machen. Die Wndg. ist in dieser Bdtg. seit dem Anfang des 18. Jh. lit. belegt und auch in die Mdaa. eingedrungen. ,Der muß wieder seine Glossen machen' sagt man z.B. obersächs. von einem, der immer etw. auszusetzen, zu nörgeln hat.

Glosse (griech. glossa = Zunge, Sprache) meint zunächst bei Griechen und Römern ungewöhnliche, dunkle, veraltete oder nur in bestimmten Dialekten vorkommende Wörter. Glossen gehören sodann auch zu den wichtigsten Sprachdenkmälern des Altfrz., Altengl. und Ahd. Erst im MA. wurde es üblich, unter Glossen auch die Erklärung selbst zu verstehen, u. zwar einmal die gesprochene Erläuterung bzw. Auslegung (z.B. des Bibeltextes), wie sie vor allem in den Predigten üblich war, zum anderen die geschriebenen Kommentare der Rechtsausleger (Glossatoren), aber auch den kommentierten Text allgemein: „... sampt des authoris eigenen glossen u. erklärungen" (Paracelsus: ‚Chirurg. Bücher u. Schriften' [1618], 524). Man unterschied zwischen Glossen, die über den Textzeilen standen (Interlinearglossen), und solchen, die am Rande eingetragen waren (Marginal- oder Randglossen): „ die grobschrift (im Rechtskodex) ist der text blosz, die kleinschrift herum ist die glosz" (H. Sachs, Werke, Ausg. Keller, 9, 447). Daher versteht man im nichtwissenschaftlichen Sprachgebrauch unter Glossen auch die gesprochenen ‚Randbemerkungen', besonders spöttische.

Der Bdtgs.wandel des Begriffs ‚Glosse' vom erklärenden Text zur Texterklärung bis hin zum spöttischen Kommentar (über die Texterklärung) ist aus zahlreichen lit. Zeugnissen bekannt. So heißt es bezüglich der theologischen Glosse schon bei Seb. Franck: „gottes wort ... ist das liecht selbs, wie kann es dann vom menschen ... mit seinen glosen erleucht werden" (‚Paradoxa' [1558], 360). Luther betrachtet sie als falsch und lästerlich: „alle, die die schrifft mit yhren falschen glossen lestern" (Luther: Sämtl. Schriften, Ausg. Walch, 1, 383). Auch Th. Murner bez. sie als falsch: „... eine vals glosz" (‚Narrenbeschwörung', 199).

Im 17. Jh. wird die Glosse häufig in die Nähe der ‚Posse' gebracht: „wie sie vielmehr bauen auf ihre Glossen u. Possen der Schultheologen als auf das lautere Wort Gottes" (‚Reinicke Fuchs' [1650], 342), während im frühen 18. Jh. die spöttische Bemerkung schließlich selbst zur ‚Glosse' wird: „des Spötters Glossen" (G. C. Pfeffel: ‚Poet. Versuche' [1812], 1,139); „keine bitteren Glossen, Miss" (Lessing, Sämtl. Schriften, Ausg. Maltzahn, 2, 383). Daneben hat sich jedoch auch der heiter-spöttische Sinn erhalten, wie er u.a. bei P. Rosegger z. Ausdr. kommt: „Hilla war stets voll Glossen und Possen". In dieser Bdtg. ist er noch heute allg. bekannt.

In der Sprache der Presse wird Glosse zur kurzen feuilletonistischen Form eines Kommentars.

Lit.: *A. Erler:* Art. ‚Glosse', in: RGG. II ([3]1958), Sp. 1628; *K. H. Munske:* Art. ‚Glosse' in: HRG. I, Sp. 1712–1713.

Glück. *Damit hast du bei mir kein Glück:* damit erreichst du bei mir nichts.

Er hat mehr Glück als Verstand (scherzhaft: ‚als Fer-dinand'). Ähnl. *Er ist ein Glückskind* (urspr. ein mit einer ‚Glückshaube' oder ‚Glückshaut' [umhüllende Eihäute] geborenes Kind), *Glückspilz* (seit etwa 1800), *er hat eine Glückshaut, er ist ein Hans im Glück* (nach KHM. 83). Im ‚König Ödipus' des Sophokles (V. 1080) nennt sich Ödipus „Παῖς τῆς Τύχης" (Kind des Glückes), was Horaz in den ‚Satiren' (II, 6, 49) mit ‚fortunae filius' und wir mit ‚Glückskind' wiedergeben, ↗Glückshaube.

Auf gut Glück etw. tun: in der Hoffnung, daß es gelingen werde. In dieser Wndg. ist die ältere. Bdtg. von Glück noch erkennbar, das noch mhd. den Sinn von ‚Zufall' hatte. ‚Auf gut Glück' meint also eigentl.: auf einen freundlichen Zufall hin; vgl. frz. ‚faire quelque chose au petit bonheur'.

Das Glück beim Schopf ergreifen: das Glück festhalten. Die Rda. bezieht sich auf die alte Vorstellung von dem in Olympia verehrten Kairos, der nur eine Stirnlocke, aber ein geschorenes Hinterhaupt besaß (↗Gelegenheit).

Ihm lacht das Glück; vgl. frz. ‚La fortune lui sourit' (lächelt ihm zu); auch: *das Glück läuft ihm in den Arsch.* Hier ist das Glück personifiziert wie bei den Römern die Glücksgöttin Fortuna; ebenso in der gegensätzlichen Rda. *Das Glück kehrt ihm den Rücken.*

Urspr. hatte der Begriff ‚Glück' (mhd. gelücke) lediglich die Bdtg. von Schicksal, Geschick, Ausgang einer Sache. Erst durch die nähere Bez. ‚gutes' Glück (engl. ‚good luck') bzw. ‚böses Glück' (engl. ‚bad luck') wurde die positive oder negative Bdtg. z. Ausdr. gebracht, wie aus einer Reihe von lit. Belegen hervorgeht: „wirt mîn gelücke also guot ..." (Hartmann v. Aue: ‚Iwein', 5517); „da begab sich ein böses glück" (Fischart: ‚Eulenspiegel', Ausg. Hauffen, 87); „zum guten glück ists nicht zu spät" (G. Rollenhagen: ‚Froschmeuseler' [1595], 1,2,22).

Im Laufe der Zeit wurde im Dt. das Wort ‚gut' als nähere Bez. weggelassen und der Erfolg, die gute Chance, das unerwartet Positive nur durch den Begriff ‚Glück' wiedergegeben. In Verbindung damit entstanden eine Reihe von rdal. Wndgn., mit denen die Art des Glücks umschrieben wurde, so u.a. *Glück haben,* z.B. bei Frauen, im Spiel usw.; ferner: *Glück bringen,* eine Wndg., die meist mit bestimmten Glückssymbolen verbunden wurde wie z.B. Glückskäfer, Glücksschwein, Glücksklee, (insbes. das vierblättrige Kleeblatt) usw.; *ein Glückskerl sein, vom Glück verwöhnt sein, eine Glückssträhne haben* u.a.

Weder Glück noch Stern haben: Unglück, Pech haben (↗Stern), in bejahender Form in Joh. Fischarts ‚Glückhaftem Schiff' (1576):

> Gott geb, daß dieser Bund bleib wirig
> (= dauernd) …
> Gott geb, daß er hab Glück und Stern,
> Solang die Aar läuft nah bei Bern.

Diese Rda. ist auch bei Abraham a Sancta Clara mehrfach bezeugt.

Dem Glück im Schoß sitzen: vom Glück ganz bes. und dauernd begünstigt werden. Die Wndg. *Glück muß der Mensch haben* beinhaltet die Erkenntnis, daß der Mensch sich nicht immer ausschließlich auf seine eigenen Fähigkeiten verlassen kann.

Die Rda. vom *großen Glück* bzw. vom *Glück der alten Weiber* ist euphemist. oder gar iron. zu verstehen. Eulenspiegel „segnet sich", wie die 21. Histori des Volksbuches sagt, „alle Morgen vor gesunder Speiß und vor grossem Glück und vor starckem Tranck". Er meinte die Speisen der Apotheke, die, wie gesund sie auch sein mögen, doch ein Zeichen von Krankheit sind; der starke Trank war ihm das Wasser, das große Mühlräder treibt, an dem sich aber gar mancher gute Gesell den Tod getrunken hat. Vom ‚großen Glück' sagt das Schwankbuch: „… dann wo ein Stein von dem Tach fiel oder ein Balcken von dem Huß, so möcht man sprechen: Wer ich da gestanden, so het mich der Stein oder der Balck zutod gefallen; das war myn groß Glück. Sollichs Glück wolt er gern entbehren". Etw. geändert hat die Geschichte Julius Wilh. Zincgref in seiner zuerst 1626 erschienenen Apophthegmen-Sammlung (‚Teutscher Nation klug-außgesprochene Weißheit' [Amsterdam 1653]: „Eulenspiegel meinte, wann einer die Stiegen hinein fält, das groß Glück, wie man sagt, daß er den Halß nicht gar gebrochen". Diese Fassung hat Christoph Lehmann in sein ‚Florilegium Politicum' aufgenommen (IV, S. 28f).

Derselbe Gedanke vom *Glück im Unglück* kehrt auch in einem anderen Zusammenhang wieder, nämlich in dem 589. Stück von ‚Schimpf und Ernst' des Franziskaners Johannes Pauli: „Wan etwan ein Weib blau und mosecht (fleckig) umb die Augen ist, so sprechen die Nachburen: ‚Wie sein ir so blau umb die Augen?' so spricht sie: ‚Mein Man hat mich geschlagen'. So sprechen sie: ‚Ir haben groß Glück gehabt, das ir nit umb das Aug sein kumen'".

In einem Meistergesang von Hans Sachs (II, 271) heißt es:

> Zumb driten hüt dich vor der alten Weiber Glück;
> Wan sie sprechen gwencklich zu allem pösen Stück:
> Es ist gros Glück gewessen pey dem allen;
> Felt etwan ainer oben von eim Haus herab,
> Felt ab ain Schenkel, so sprechens, gros Glück der hab,
> Das er sich nit gar hab zu Dot gefallen.

Zur selben Zeit ist das ‚Glück der alten Weiber' auch sonst sprw. belegt (z.B. ‚Zimmerische Chronik' II, S. 346), Joh. Fischart (II, S. 117f.). In der Sicht der frz. Sprache ist es schlechthin zum dt. Glück geworden. Wenigstens erzählt das im Jahre 1787 Johanna Schopenhauer in dem erst nach ihrem Tode hg. ‚Jugendleben' (I, 83): „Die Franzosen pflegten spottend zu behaupten, daß wir Deutschen, wenn irgend jemand etwa ein Bein gebrochen hat, ihn immer noch glücklich preisen, weil er nicht zugleich den Hals brach, was doch leicht hätte geschehen können. Sie nennen das Le bonheur allemand (heute nicht mehr gebräuchlich). Leugnen läßt es sich nicht: Diese Bemerkung, die, obenhin betrachtet, nichts weiter als ein artiger witziger Einfall zu sein scheint, ist auf eine tief im Charakter unseres Volkes liegende, sehr schätzenswerte Eigenheit begründet, die uns treibt, auch dem schwersten Mißgeschick irgendwie eine

‚Glück und Glas, wie schnell bricht das'

leidliche, einigermaßen Trost gewährende Seite abzugewinnen".
Uneingeschränktes Glück, wie es auch in der Wndg. ‚wunschlos glücklich' z. Ausdr. kommt, galt indessen als unverdient.
Doch nicht immer ist mit dem Glück der Zufall (Fortuna) gemeint. Häufig beziehen sich die Rdaa. auch auf den materiellen Erfolg, so z. B. die Wndgn: *sein Glück (in der Fremde) suchen* bzw. *(anderswo) sein Glück machen,* d. h. ein gutes Auskommen finden.
Die Wndg. *sein Glück versuchen* begegnet häufig im Märchen zur Motivierung für den Auszug des Helden aus dem Elternhaus. Ähnl. heißt es auch im Volkslied ‚Es, es, es und es' im Refrain:

> Ich will mein Glück probieren,
> marschieren.

Iron. *ins Glück treten:* in Hundekot treten, eine euphemist. Rda., durch die etw. Unangenehmes zu einem glückbringenden Ereignis umgedeutet wird.
Sein Glück mit Füßen treten: sich unverzeihlich dumm benehmen und dadurch seine Zukunftschancen zerstören. ‚Der Schmied seines Glückes sein': nach dem Sprw. ‚Jeder ist seines Glückes Schmied', d. h. man hat sein Glück letztlich selbst in der Hand ↗Schmied. Die Wndg. begegnet auch in einer Novelle von G. Keller (‚Die Leute von Seldwyla' [1856]). Es handelt sich um einen der zahlreichen Sprüche, die sich um das Glück bzw. Unglück drehen, wie z. B. auch die spöttische Umkehrung: ‚Jeder ist seines Glückes Störenfried' ↗Unglück, ↗Pech.
Ähnl. spöttisch ist auch der Satz, der bisweilen im Zusammenhang mit der Rda. *Jem. Glück wünschen* zu hören ist: ‚Man wünscht denen Glück, die es haben, nicht denen, die es brauchen'. ‚(K)eine glückliche Hand haben': etw. (un)geschickt anfassen, ↗Hand. ‚Unter einem glücklichen Stern geboren sein': von Geburt aus begünstigt sein (↗Stern), *noch nichts von seinem Glück wissen:* keine Benachrichtigung haben über eine bevorstehende günstige Wendung, aber auch iron.-schadenfroh bei ungünstigen Wendungen.
Mit Glücksgütern reich gesegnet sein: in besten materiellen Verhältnissen leben; *ein Glücksjäger sein:* auf abenteuerliche Weise *nach dem Glück jagen;* ‚Glückspfennig', Bez. für einen gefundenen Pfennig, der als glücksbringend gilt, ‚zum Glück' ist ein satzeinleitender Ausruf bei Glück im Unglück.
‚Dem Glücklichen schlägt keine Stunde' und ‚Glück im Spiel – Unglück in der Liebe' sind sprw. Feststellungen.

Lit.: *A. Wesselski:* Le bonheur allemand, in: Erlesenes (Prag 1928), S. 40–45; *W. Anderson:* Art. ‚Glück', in: HdA. III, Sp. 879–882; *J. de Vries:* Art. ‚Glück', in: RGG. II ([3]1958), Sp. 1628–1629; *G. Grober-Glück:* Motive u. Motivationen in Rdaa. u. Meinungen (Marburg 1974), § 11; *H. Bausinger:* Märchenglück, in: Zs. f. Lit.-Wiss. u. Linguistik 13 (1983), S. 17–27; *E. Blum:* Art. ‚Glück u. Unglück', in: EM. V, Sp. 1305–1312; *E. Schoenfeld:* Art. ‚Glück u. Verstand', in: EM. V, Sp. 1312–1318.

Glückauf. ‚Glückauf!' ist das Grußwort der Bergleute. Es ist im Barockzeitalter entstanden und im Bereich des kursächsischen Bergwesens aufgekommen.

‚Glück' spielt in einem von so viel Unglücksfällen und Katastrophen bedrohten Berufsstand begreiflicherweise eine große Rolle, zumal es auch auf das ‚Fundglück' reicher Ausbeute ankommt. Gelegentlich wird sogar direkt vom ‚Bergglück' gesprochen. Der Begriff ‚Glück' kommt daher in vielen Grubennamen vor: wie z. B. ‚Gottesglück', ‚Eisernes Glück', ‚Glückswarte', ‚Glückshoffnung' etc. ‚Glücksrut' war im alten Bergbau die Bez. für die Wünschelrute, ‚Glücksmännlein' ein Name für den Berggeist, der reiche Fundstätten zeigt.

Auch der Wortbestandteil ‚auf' ist bedeutsam und symbolisch im Sinne von ‚Auftun', ‚Wieder nach oben kommen', ‚offen bleiben aber auch im Sinne eines Ansporns zur Arbeit: ‚Auf, auf ihr Bergleut alle …' oder im Bergmannslied ‚Glückauf, der Steiger kommt …', als Weckruf für die Frühschicht etc. Vor allem aber liegt die Bdtg. des ‚auf' im Sinne von ‚empor' dem bergmännischen Lebensgefühl als Gegensatz zur Tiefe, als ‚Rückkehr' nach oben, zu Tage, besonders nahe.

Am frühesten ist der spätere Bergmannsgruß als höfischer Trinkspruch bezeugt. Die erste sichere Bezeugung, daß ‚Glückauf' ein volksläufiger Bergmannsgruß ist, stammt von 1680, und zwar als Titel der Leipziger Diss. von Christian Meltzer. Schon im Titel macht sie der Autor zum Signum des erzgeb. Bergbaus. Im selben Jahr 1680 bezeugt der Freiberger Gottfried Junghans: „Glück auff! ist der Gruß, damit die Bergleute einander grüßen".

Der Gruß hat über den Anwendungsbereich im Bergbau hinaus einen allg. glückwünschenden Charakter. Er kommt sogar auf Grabkreuzen von Bergleuten vor und bezieht sich dann auf den Auferstehungsglauben. Der Bergmannsgruß spielt darüber hinaus im weltlichen und geistlichen Brauchtum der Bergleute, als Inschrift auf Eingängen, auf Fahnen und Gedenkzeichen bis heute eine große Rolle, auch als Name von Vereinen.

Aus dem bergmännischen Liedgut stammen die folgenden Beispiele:

Walt's Gott, nun Bergmann bet und sing
Glück auf! Dein Arbeit wohl geling.
Glückauf ist unser Losungswort
im düstern Gang und Schacht.
Auf Glückauf, auf Glückauf!
Wackre Bergleut kommt zu Hauf.
So von Freud und Lust umgeben
Wollen wir jetzt fröhlich leben,
Singen unser froh Glückauf.

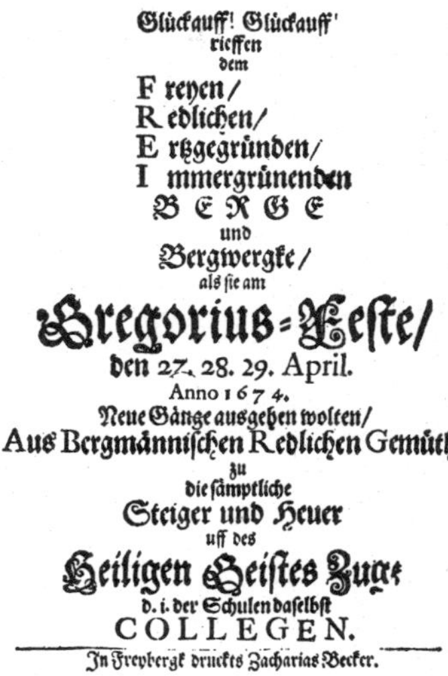
Glückauff! Glückauff'
rieffen
dem
F reyen/
R edlichen/
E rtzgegründen/
I mmergrünenden
B E R G E
und
Bergwergke/
als sie am
Gregorius-Feste/
den 27. 28. 29. April.
Anno 1674.
Neue Gänge ausgehen wolten/
Aus Bergmännischen Redlichen Gemüthe
zu
die sämptliche
Steiger und Heuer
uff des
Heiligen Geistes Zuge
d. i. der Schulen daselbst
COLLEGEN.
In Freybergk druckts Zacharias Becker.

‚Glückauf'

Auch in Goethes ‚Faust' kommt die Formel vor, und zwar im II. Teil während des Mummenschanzes, an dem auch Bergleute in Gestalt von Gnomen beteiligt sind:

Aus vollen Adern schöpfen wir:
Metalle stürzen wir zu Hauf
Mit Gruß getrost: Glück auf! Glück auf!

Daß Goethe sich dieser Grußformel in seiner Eigenschaft als Minister für das Bergbauwesen auch bei offiziellen Anlässen bediente, ist mehrfach bezeugt. Unmittelbar geläufig war der berufsständische Gruß auch den Bergbaustudenten Friedrich von Hardenberg (Novalis) und Theodor Körner.

Lit.: *G. Heilfurth:* Glückauf! Geschichte, Bedeutung und Sozialkraft des Bergmannsgrußes (Essen 1958); *ders.:* Zur Innovation u. Rezipierung eines Grußes. Am Beispiel des ‚Glück auf', in: Miscellaneae. Festschrift K. C. Peeters (Antwerpen 1975), S. 315–326.

Glückshaube. *Mit einer Glückshaube geboren sein:* vom Glück begünstigt sein. Die Rda. bezieht sich auf den recht seltenen Vorgang bei der Geburt, daß die Embryonalhaut oder nur Teile derselben am Neugeborenen hängenbleiben. Diese Haut wurde analog zum Organzauber im Volksglauben dem Glückszauber nutzbar gemacht. Sie wird als zum Kind gehörig betrachtet und hat selbst dann noch, wenn sie von ihm getrennt ist, teil an seiner Lebenskraft. Das Erscheinen der Glückshaube wird allg. und keineswegs nur in Dtl. als gutes Vorzeichen angesehen. Zahlreich sind die Bez. für diese Erscheinung, so schon mhd. ‚hüetelin' und ‚westerhuot', daneben ‚batwât' (Badegewand), ‚afterhäutlein', ‚vaselborse', ‚kindbälgel', ‚kindfel', ‚kindsburtlin', ‚westerwât'; jünger ist der Name ‚westerhemd', der sich wie ‚westerhuot' an einen Vergleich mit der Taufkleidung anschließt, ferner die Bez. neueren Datums: ‚Glückskäppele', ‚Labhäublein', ‚Wehmutterhäublein', ‚Kindsnetzlein', ‚Kapuze'. Gelegentlich finden sich auch kriegerische Namen, wie ‚Helm', ‚Sturmhaub', nord. ‚Sieghaube', ‚Sieghemd'; vgl. ndl. ‚met de helm geboren zijn'; frz. ‚il est né (tout) coiffé', oder ‚être né sous une bonne étoile', ↗Stern; engl. ‚he is born with a caul'.

1714 sagt der Ochsenfurter Stadtphysikus Seitz: „man vermeint / daß diejenigen Kinder ... die mit einem Helmlein oder Labhaublein / wie man es nennet / auf

1/2 ‚Glücksrad'

1

2

die Welt gebohren / Zeit Lebens glückseelig leben werden. Darauf sich aber nicht zu verlassen; dann die Erfahrung das Widerspiel bringt" (‚Trost der Armen', 84). ↗Glück.

Lit.: *Bargheer:* Art. ‚Glückshaube' in: HdA. III, Sp. 890–894.

Glücksrad. *Das Glücksrad drehen:* bei einer Lotterie die Gewinne ziehen. *Auf dem Glücksrad sitzen:* vom Schicksal begünstigt sein. Das Glücksrad (Rad der Fortuna, engl. Wheel of fortune) hat zu vielerlei Weisheiten Anlaß gegeben, so auch zu dem Spruch: ‚Dat Glück is rund, den een löppt dat vorbi, den annern in den Mund!' ↗Rad.

Lit.: *K. Weinhold:* ‚Glücksrad u. Lebensrad', in: Zs. f. Vkde. 3 (1900), S. 367–369; *W. Anderson:* Art. ‚Glücksrad', in: HdA. III, Sp. 895–898; *M. Hammon:* ‚Wheel', in: M. Leach (ed.), Standard Dictionary of Folklore, Mythology, and Legend (New York [2]1972), S. 1171–1174; *E. Miranda:* ‚Fortuna', in: EM. V, Sp. 1–6.

Glückstopf. *In den Glückstopf greifen:* in der Lotterie gewinnen. Der Topf, in dem sich die Lose befanden, hieß früher Glückstopf, z. B. wurde in Leipzig 1498 ‚ein Glückstopf aufgetan'. So greift auch Schelmuffsky auf dem Markus-Platze in Venedig in einen Glückstopf. Johannes Praetorius nannte seine Sammlung abenteuerlicher Erzählungen, die 1669 gedruckt wurde, ‚Der Abentheuerliche Glückstopf'.

Lit.: *F. Karlinger:* Der abenteuerliche Glückstopf, Märchen des Barock (München 1965).

Gnade. *Vor jem. Augen Gnade finden:* (nach Prüfung) wohlwollend beurteilt werden. Die Rda. beruht auf der Vorstellung von der ‚göttlichen Gnade', wie sie schon aus dem A.T. (insbes. auch aus den Psalmen) und später aus dem N.T. (Röm. 3,21–31, 1. Kor. 12–14) sowie aus vielen lit. Zeugnissen der folgenden Zeit bekannt ist. Gnade (aus gi-nâda = Wohlwollen, Gunst) kann nur von der Obrigkeit geübt werden. Das ergibt sich z. B. auch aus dem Reichsabschied von 1526, in dem es heißt: „... damit sie der Gnade u. Barmherzigkeit ihrer Obern grösser und milder dann ihre unvernünfftig That ... spüren". Für das MA. handelte es sich letzten Endes immer um die Weitergabe der Gnade Gottes, wie sie auch enthalten ist in dem Begriff vom ‚Gottesgnadentum' (= ‚von Gottes Gnaden'), eine Formel, die im Konzil von Ephesos 431 für Bischöfe und Priester formuliert und später auch von den weltlichen Herrschern beansprucht wurde.

‚Gnade' ist demnach ein religiöser wie auch ein rechtlicher Begriff mit der Hauptbedeutung von ‚Begnadigung', d. h. Minderung oder Erlaß einer Strafe aufgrund von göttlicher Heilszuwendung oder Huld des weltlichen Herrschers. Sie ist gleichzeitig Ausdr. dafür, daß das Recht nicht das einzige Regulativ im menschlichen Zusammenleben ist, und steht daher für das billige Ermessen und das ‚gnädige' Wohlwollen des Herrschers. Dies hat sich auch in sprachl. Wndgn. niedergeschlagen wie z. B.: *ein Gnadengesuch einreichen,* eine Strafe wird *auf dem Gnadenwege* erlassen, oder in begrifflichen Paarformen wie ‚Gnade und Recht', ‚Gnade und Barmherzigkeit', ‚Gnade und Ungnade', die in zahlreichen Rdaa. wiederzufinden sind. So auch in der Rda. *Gnade vor Recht ergehen lassen,* die heute oft scherzhaft verwendet wird.

Dieses ‚gnädig sein' des Herrschers verfestigte sich mit der Zeit zu Titulaturen wie ‚Gnädiger Herr' oder ‚Allergnädigster König'. Wenn dann jedes Handeln eines Herrschers als ‚gnädig' apostrophiert wurde, konnte es zu Auslassungen kommen wie: „Der König ... geruhte allergnädigst ... mit der allerhöchsten Ungnade zu bedrohen" (W. Chézy: Erinnerungen aus meinem Leben [Schaffhausen 1863], S. 188 ff.).

Offenbar hat es schon frühzeitig ein Rechtssprw. gegeben, wonach Gewalt gnädig sein soll. Wir lesen bei Freidank: ‚Swâ rîcher man gewaltic sî, Da sol gnade wesen bî', und wir dürfen mit Singer annehmen, daß es schon vor Freidank ein Sprw. mit diesem Gedankeninhalt gegeben hat, etwa in der Form: ‚Gewalt ziemt wohl Gnade' (ähnl. Ulrich von Lichtenstein, ‚Frauendienst'), ‚oder Gewalt soll Gnade han' (so die ‚Appenzeller Chronik' 1478). In gedanklichem Zusammenhang damit steht das Lehnsprw. ‚Strenges Recht ist das größte Unrecht' und der Satz

,Eitel Gnade ist die größte Ungnade', von dem es freilich nicht erwiesen ist, ob er sprw. ist, ferner die Wndgn., daß die Gnade den Vorrang habe vor dem Recht, und schließlich der ebenfalls einem Sprw. gleichende Satz ,Es ist besser zuviel Gnade denn zuviel Strafe', was wir alles bei Luther lesen (Luther, Auslegung des 101. Psalms, Werke 51, S. 206). Die uns gewohnte Form ,Gnade geht vor Recht' hat die ,Zimmerische Chronik' (IV, S. 314): „die gnade gehet furs recht". All das reimt sich sehr wohl mit der großen und weitverbreiteten Bdtg. zusammen, die die Gnade, das Richten nach Gnade, das Gnadenbitten im älteren dt. Strafrecht gehabt hat; ebenso lit., insbes. die berühmte Stelle über die Gnade bei Shakespeare, ,Kaufmann v. Venedig' IV, 1. Man braucht aber keineswegs nur an die Gnade im Strafrecht zu denken, sondern auch an Gnadenbeweise – Ehren und Schenkungen –, die der König seinen Getreuen angedeihen ließ.

Das Motiv begegnet des öfteren auch im Märchen, z. B. in KHM. 12, KHM. 36 und KHM. 192. Im Volksmund führte es zu ergänzenden Rdaa., in denen der Begriff Gnade i. S. v. Wohlwollen bzw. Erbarmen verwendet wird, so z. B. in der Bekräftigungsformel: *aus Gnade und Barmherzigkeit,* d. h. aus Wohlwollen und Mildtätigkeit, ↗Gnadenbrot.

Sich auf Gnade und Ungnade ergeben: sich bedingungslos dem Sieger ausliefern, gleich ob er Gnade walten läßt oder Strafen verhängt, wobei man freilich letztlich auf Milde hofft. Diese Rda. ist seit dem 15. Jh. lit. belegt und von bes. Bdtg. durch die Gegenüberstellung von Recht und Gnade. Die jüngere Vorrede zum Rüstringer Recht spricht davon, daß die Gnade größer sei als das Recht (hg. v. Buma-Ebel [1963], 26), das Stadtrecht von Wiener-Neustadt (hg. v. G. Winter, [1880], Art. 62) davon, daß „der streng der gerechtigkeit sol pilleich volgen etzleich senft und güt der genaden". Andere Rechtsquellen betonen deutlich, daß etwas ,von gnaden unde nut von rechte' geschieht (,Schwabenspiegel', Art. 57). Das älteste Soester Stadtrecht (Keutgen, Urk. 1901, Nr. 139, Art. 6) meint das Gleiche, wenn es das Gericht des Präpositus entscheiden läßt: „vel per iusticiam vel per misericordiam", d. h. nicht nach dem Recht, sondern aus Mitleid und Erbarmen, wie es auch die Zwillingsformel ,aus Gnade u. Barmherzigkeit' z. Ausdr. bringt. Das bedeutet freilich nicht den völligen Ausschluß des Rechts. Es ist nur nicht die maßgebende Leitlinie.

Eine schöne, aber kalte und liebeleere Frau ist *ein Bild ohne Gnaden,* im Gegensatz zu dem Muttergottesbilde, zu dem man betet: ,Du bist voller Gnaden'; ↗Bild.

Sich eine letzte Gnade erbitten: vor der Hinrichtung noch einen Wunsch äußern dürfen. Die zum Vollzugsritual der früher bei uns üblichen Todesstrafe gehörende formelhafte Wndg. begegnet noch immer im Märchen. Um eine Neuerung handelt es sich bei dem Ausdr. *Gnade der späten Geburt,* ↗Geburt.

Lit.: *K. Beyerle:* Von der Gnade im dt. Recht (1910); *K. Schué:* Das Gnadebitten in Recht, Sage, Dichtung und Kunst, Zs. d. Aachener Geschichtsvereins 40 (1918); *Weizsäcker:* Volk und Staat im dt. Rechtssprw., in: Aus Verfassungs- u. Landesgeschichte, Festschrift zum 70. Geburtstag von Theodor Mayer, 2 Bde. (Lindau – Konstanz 1954/55), Bd. I.; *N. J. Hein:* Art. ,Gnade', in: RGG. II ([3]1958), Sp. 1630–1647; *H. Krause:* Art. ,Gnade', in: HRG. I, Sp. 1714–1719; *H. J. Uther:* Art. ,Letzte Gnade', in: EM. V, Sp. 1324–1331.

Gnadenbrot. *Jem. das Gnadenbrot geben:* aus Mitleid den Lebensunterhalt geben; gemeint ist hier die Unterstützung, die man alten, erwerbsunfähigen Menschen für den Rest ihres Lebens zusichert. Betagte Menschen sind häufig auf die Barmherzigkeit ihrer Kinder angewiesen, sie müssen das *Gnadenbrot essen.* Mit Bitterkeit vermerkt schon der Talmud (3. Jh.): „Wer das Gnadenbrot seiner Nächsten essen muß, dem verfinstert sich die Welt". In einem Gedicht Gottfr. Aug. Bürgers („Mannstrotz', 1788) heißt es:

Solang' ein edler Biedermann
Mit Einem Glied sein Brot verdienen kann,
So lange schäm' er sich, nach Gnadenbrot zu lungern!
Doch tut ihm endlich keins mehr gut,
So hab' er Stolz genug und Mut,
Sich aus der Welt hinaus zu hungern.

Vgl. auch das Sprw. ,Gnadenbrot schmeckt bitter'. Die Rda. wird auch auf

Tiere (bes. Pferde) angewendet, die dem Menschen jahrelang treu gedient haben.

Lit.: *H. Krause:* Art. ‚Gnade', in: HRG. I, Sp. 1714–1719; *H.-J. Uther:* Art. ‚Letzte Gnade', in: EM. V, Sp. 1324–1331.

Gnadenstoß, Gnadenschuß. *Jem. den Gnadenstoß geben:* die Qualen eines Menschen oder Tieres durch schnelle Tötung abkürzen; die Rda. geht wohl auf die ma. Praxis zurück, nach der der Henker den Leiden eines Gefolterten durch einen raschen und gezielten Degenstich ein Ende bereitete. Sie hat in die Jäger- und die Soldatensprache Eingang gefunden, wo man wegen der heute gebräuchl. Waffen jetzt allerdings häufiger vom ‚Gnadenschuß' spricht. Vgl. ndl. ‚iemand (iets) de genadeslag geven'; frz. ‚donner le coup de grace à quelqu'un'; ‚la dague de la miséricorde'; engl. ‚to give a person the stroke of mercy' oder ‚the death-blow'; auch: ‚Dagger of mercy'.
Im übertr. Sinne spricht man heutzutage von einem Ereignis oder auch von einer Bemerkung, die einen Menschen dazu bringt, daß er seine Fassung verliert: ‚Das hat ihm den Gnadenstoß gegeben': bes. hart getroffen, niedergeschmettert, zur Aufgabe gezwungen. Vgl. ‚jem. den ↗Rest geben'.

Lit.: *L. H.* u. *H. de B.:* ‚La dague de la miséricorde (Dagger of mercy), in: Notes & Queries, 7,5 (1888), S. 184; *J. Bouchier:* ‚La dague de la miséricorde (Dagger of mercy), in: Notes & Queries, 7,7 (1889), S. 454; *H.-J. Uther:* Art. ‚Letzte Gnade', in: EM. V, Sp. 1324–1331.

Gockel ist eine Abk. aus ‚Gockelhahn', einer Bez. des Haushahns, die in der verkürzten Form lit. im 15. Jahrhundert begegnet.
Einherstolzieren wie ein Gockel: rdal. Vergl. für einen Mann, der sich vor Damen gespreizt benimmt. *Verliebter Gockel* bezeichnet einen jungen Mann, der sich allzu auffällig um weibliche Gunst bemüht.
Den Gockel anbinden. Die mdal.-wolgadt. Rda. ‚Bend die Gickel ou!' meint ein hohes Maß von Verwunderung; ↗Hahn. Dagegen bedeutet die alemannische Redensart ‚de Gockel ruslasse': sich als ↗Macho erweisen.

Goderl. ‚Jem. das Goderl kratzen (österr.): ihm um den Bart gehen, Schmeicheleien sagen, ihm schöntun. Das ‚Goderl' (eigentl. Gurgel, Schlund) gilt in Österr. als Bez. für das Doppelkinn. ↗Bart.

Godersprech. *Als Godersprech (Gopfersprich)* (eigentl.: Gott verspricht): als ob gleichsam, anscheinend, als ob er sagen wollte; in zahlreichen mdal. Varianten (gottsprich, gottwohlsprich, goppelsprich, goppekeit, gottsamtkeit, sam goggala u.v.a.m.) in fast allen Teilen Dtl.s gebräuchl. ‚Gott' gehört urspr. in diese Rda. nicht hinein, sondern ist mißverstanden aus kode, Konj. des ausgestorbenen Verbums quëdan = sagen, sprechen, mhd. koden oder quëden. Verwechslung von ‚kod' und ‚Gott' konnte vor allem da leicht eintreten, wo sich g und k mdal. kaum unterscheiden. Dem Urspr. der Rda. am nächsten steht heute noch altenburgisch ‚als gott her', eine direkte Fortsetzung von ahd. ‚als kod(e)er' = als ob er spreche. Ein tieferer Eingriff in die urspr. Gestalt der Rda. ergab sich später dadurch, daß der Begriff des Sprechens aufgefrischt wurde, da das veraltete Verbum quëdan nicht mehr verstanden wurde. So entstand die heute gebräuchl. tautologische Bildung, in der man im 15. Jh. kot als ‚Gott' mißverstand. Eine andere Gruppe von Formeln, wie schweiz. und bair.-österr. gottmerchît, gottikait, enthalten die Nebenform chît, kait zu quëdan = sprechen.

Lit.: *G. Franck:* Godersprech und Verwandtes, in: Zs. f. dt. Mdaa. 3 (1908), S. 289–302.

Gold, golden. *Jem. mit Gold aufwiegen,* vgl. frz. ‚Il vaut son pesant d'or' (wörtl.: Er ist nur mit Gold aufzuwiegen); häufiger *jem. nicht mit Gold aufwiegen können.* Die Rda. geht wohl letztlich auf ein Plautus-Zitat zurück (‚Bacchides' V. 640): „Hunc hominem decet auro expendi". Ähnl. auch (obwohl meist nur iron. gebraucht): ‚Man sollte ihn in Gold einrahmen (fassen)', gelegentlich auch mit dem witzigen Nachsatz: ‚... er kann nur das Klopfen nicht leiden'.
Dem Feind goldene Brücken bauen ↗Brücke, *goldene Berge versprechen*

↗Berg, *den goldenen Mittelweg einschlagen* ↗Mittelweg.
Gold wurde urspr. mit göttlichen, heiligen und königlichen Werten in Beziehung gesetzt. Als edles Metall war es vor allem Symbol für innere Werte. Daher u.a. auch der Vergleich ,treu wie Gold', d.h. ein Inbegriff von Treue sein. Die Wndg. ist entstanden in Verbindung mit dem Symbol des goldenen Fingerringes, ↗treu, Treue.
Symbolbdtg. haben aber auch andere Gegenstände wie z.B. ein goldener Baum, ein goldener Zweig. Sie begegnen in der Lit. (u.a. auch im Märchen) häufig als Sinnbild der Gnade. Gold gilt aber auch als Zeichen des Glückes und der Anziehung, der Verlockung.
Die meisten Rdaa. leiten sich von der Bdtg. des Goldes als Wertgegenstand her. Doch beziehen sie sich nicht selten auch auf das Aufgewertete, Vergoldete, wie z.B. die Wndg. ,goldene Kinderzeit', die von den Erwachsenen gebraucht wird für die unbeschwerte Kindheit, in der es dem Kinde in seiner Anspruchslosigkeit allg. gut geht und die in der Erinnerung vergoldet erscheint.
Speziell auf das materielle Wohl bezieht sich dagegen die Wndg. *Uns geht's ja noch gold.* Sie war in der Zeit nach dem 2. Weltkrieg weithin bekannt, auch als Leitvokabel einer Figur in W. Kempowskys Roman „Tadellöser und Wolf". Angesichts der damaligen Not kann sie nur iron. aufgefaßt werden.
,Die goldenen Zwanziger Jahre' sind dagegen als Bez. für eine bes. kunst- u. ideenreiche Zeit nach dem 1. Weltkrieg legendär geworden; vgl. engl.: ,the golden Twenties'.
Wenn's Gold regnet ..., d.h. niemals, oder auch: am Nimmerleinstag.
Gold im Munde haben: im übertr. Sinne gebraucht für Wohlhabende, die sich Goldkronen oder Goldfüllungen leisten können, ↗Morgenstund. Ähnl. auch die Rda.: *Mit einem goldenen (silbernen) Löffel im Mund geboren sein:* von Geburt an reich sein, ↗Löffel.
Gold in der Kehle haben: ein begnadeter Sänger sein.
Etw. ist nicht mit Gold zu bezahlen: von einmaligem (seltenem) Wert, vielfach auch auf Personen oder immaterielle Werte bezogen.
Eine Goldgrube besitzen: ein sehr einträgliches Geschäft haben, viel Geld damit verdienen.
Sich mit Gold behängen: wird für Frauen gebraucht, die sich mit Schmuck überladen. Ein bekanntes Zitat von Goethe (,Faust' I) lautet: „Am Golde hängt, zum Golde drängt doch alles". Es bezieht sich auf die allg. ,Goldbesessenheit' der Menschen, die in ihrer ,Gier nach Gold' keine Grenzen kennen. Doch gibt es auch gegenteilige Aussagen, so z.B. die Wndg. *nicht um alles Gold (Geld) der Welt* (würde ich es tun), oder das Sprw.: ,Es ist nicht alles Gold, was glänzt'; schon mhd.: ,es ist nicht alles golde, das do gleisset'.

Lit.: *A. Taylor:* ,All is not gold that glitters', in: Romance Philology 11 (1958), S. 370–371; *G. Breitling, J.-P. Divo u.a.:* Das Buch vom Gold (Luzern – Frankfurt/M. 1975); *K. Stackmann:* ,Gold, Glas u. Ziegel'. Über einige Vergleiche in mhd. Dichtungen, in: Festschrift für Horst Rüdiger (Berlin 1975), S. 120–129; *J. G. Frazer:* ,The Golden Bough', London 1922 (dt. ,Der goldene Zweig') (Köln – Berlin ²1968); *W. Danckert:* Symbol, Metapher, Allegorie im Lied der Völker, Bd. I (Bonn-Bad Godesberg 1976), S. 266–278; *H. Mané* und *L. Veit:* Münzen in Brauch u. Aberglauben (Nürnberg 1982), S. 223; *K. Horn:* Art. ,Gold, Geld', in: EM. V, Sp. 1357–1372.

Goldfasan. *Sich einen Goldfasan einfangen:* einen vermögenden Partner heiraten. ,Goldfasan' ist ein Spottname für einen schönen oder reichen, aber auch dummen Mann. In der Nazizeit war ,Goldfasan' die – volkstümliche, heimliche – Umschreibung für die braun-uniformierten, mit goldenen Litzen oder auch Orden behängten ,Politischen Leiter' der NS.-Partei. Bei der Entwicklung des Schimpfworts mag auch mitspielen, daß der Goldfasan ein zwar schöner, aber im Grunde nutzloser Ziervogel ist, ↗Goldfisch, ↗Phoenix.

Lit.: *D. Keller:* Die antike Tierwelt 2 (Leipzig 1913), S. 146–147; *E.* u. *L. Gattiker:* Die Vögel im Volksglauben (Wiesbaden 1989), S. 409–411.

Goldfisch. *Sich einen Goldfisch angeln:* einen vermögenden Partner gewinnen, heiraten um des Vermögens willen. ↗Goldfasan.

Goldschmied. *Denken wie Goldschmieds Junge.* Die Herkunft der Rda. ist noch nicht geklärt, obwohl ihr Sinn deutlich ist; sie drückt eine derb-unhöfliche Absage aus, etwa wie ‚Rutsch mir den Buckel runter!' oder ‚l. m. i. A.' (↗ Arsch). Die Rda. ist eine Art ‚Götz-von-Berlichingen-Wndg.' des 17. und 18. Jh. und muß sich auf eine evtl. nur lokal erzählte Geschichte von einem Lehrling der Goldschmiedekunst beziehen, die aber noch nicht nachgewiesen ist.

In Philander von Sittewalds ‚Satyrischen Gesichten' (Frankfurt 1645) heißt es in dem Gesicht ‚Ratio status' (3,5):

Gar fein und lieblich redt die Zung,
Das Herz denkt wie des Goldschmieds Jung.

Grimmelshausens ‚Simplicissimus' (1669) bringt zwei Belege (S. 139 u. 347): „Jedoch stellete ich mich viel anders, als mirs ums Hertz war ... bedanckte mich zumal auch sehr vor seine erwiesene Treuhertzigkeit und versprach, mich auff sein Einrathen zu bedencken, gedachte aber bey mir selbst, wie deß Goldschmids Junge". Bei Ernst Meisner: ‚133 gotteslästerliche schändliche etc. Sprichwörter und sammt derselben Widerlegung' (Jena 1705, Nr. 24) finden wir: ‚Ich dachte wie Goldschmieds Junge und das Mädchen in der Hölle'. In den ‚Getichten' J. F. Riederers von 1711 heißt es (S. 124):

Zu dem du bist zu klug, als daß dich solches kränkt,
Zu höflich, als daraus so vieles Gifft zu ziehen.
Du lässest andre gern mit Sticheln sich bemühen.
Inmittelst doch dein Herz wie Goldschmieds Junge denkt.

‚Ich bin ein Goldschmieds-Jung, deswegen rede ich fein die teutsche Wahrheit, wie es an sich selbst ist' (Fr. Sambelle, ‚Wolausgepolirte Weiber-Hächel' [1714], S. 53). Es gibt sodann mehrere Belege in Volksliedern des 17. und 18. Jh.; z. B.

Ich laß michs nit irren
Noch laß michs verwirren,
Ich rede und lache,
Sag: Lache darzu!
Laß singen und sagen,
Thu nichts darnach fragen,
Ich denk mir oft heimlich
Wie's Goldschmieds sein Bu'.

(F. W. v. Ditfurth: Deutsche Volks- u. Gesellschaftslieder [1872], S. 275). Die Wndg. ist also seit der Mitte des 17. Jh. lit. und volkstümlich häufig bezeugt, ist aber auch noch heute in der Volkssprache lebendig, z. B. schwäb. ‚Der hat gesagt wie's Goldschmieds Junge und entlief der Lehre' oder ‚Ich denk mein Teil, saits Goldschmieds Junge'; köl. ‚Dä denk wie Joldschmitsjung'. Die Rda. findet sich auch im els. Wb.: ‚Er hets gemacht wie des Goldschmieds Junger', er hat auf eine heikle Frage oder auf eine Anschuldigung geschwiegen, er blieb auf eine beleidigende Herausforderung die Antwort schuldig. Fragt man nach dem Sinn der Rda., so erhält man zur Antwort: ‚'s Goldschmieds Junger het nix gsagt, het awer denkt: du kanst mich ...'; vgl. auch Wndgn. wie: ‚An dem Orte, wo Goldschmieds Junge wollte geküßt sein'.

Damit stimmt auch der Rat überein, den schon der Leipziger Poet Henrici (Picander) erteilt (‚Ernst- und Schertzhafte und Satyrische Gedichte' [1732], 3,537):

Daher wenn eine falsche Zunge
Dir deine Wahl vor Übel hält,
So denke nur wie Goldschmieds-Junge:
Es ist genug, daß dirs gefällt.

Etw. gröber deutet er die Gedanken des Goldschmiedsjungen in einem anderen Gedicht (S. 549) aus:

Oft werden die Gemüther hitzig,
Wenn sich der falsche Neid entrüst,
Und wie der Ermel meistens spitzig
Und sehr bequem zum stossen ist,
So spricht man zu dergleichen Leuten:
Küßt mich im Ermel recht mit Macht!
Und das will eben das bedeuten,
Was jener Goldschmied hat gedacht.

Sogar in den Schlager ist Goldschmieds Junge eingegangen: ‚Mach's wie Goldschmieds Jung, der Jung war schlau' ...

Lit.: *C. Müller:* Goldschmieds Junge, in: Zs. f. hd. Mdaa. 4 (1903), S. 8–9; *Müller-Fraureuth* I, S. 429f.; *J. Bolte:* Ich denke wie Goldschmieds Junge, in: Zs. f. dt. Wort. 11 (1909), S. 302f.

Goldwaage. Die Goldwaage war früher eine empfindliche Waage zum Abwägen von Goldmünzen. *Seine Worte (nicht) mit der Goldwaage wägen* (oder *auf die Goldwaage legen):* seine Worte (nicht) genau prüfen, ob sie nicht etwa kränkend oder sonst befremdend wirken. Das Bild findet sich schon bei den Römern: In einem Fragment des Varro (Buch 2, Ausg. Bücheler Nr. 419) kommt der Ausdr. in der Form „unumquodque verbum statera auraria pendere“ (ein jedes Wort auf der Goldwaage wägen) vor. Cicero ‚De oratore‘ (II, 38, 159) sagt: „aurificis statera … examinantur“ (sie werden auf der Waage des Goldarbeiters geprüft). In die dt. Umgangssprache ist die Rda. aber durch Luthers Bibelübers. von Sir. 21, 27 und 28, 29 gekommen: „Du wägest dein Gold und Silber ein; warum wägest du nicht auch deine Worte auf der Goldwaage?“ Seit

‚Etwas auf die Goldwaage legen‘

dem 16. Jh. ist die Rda. dann oft belegt; gebucht ist sie 1639 bei Lehmann S. 953 (Zweifeld 27): „Mancher wigt alles auf der Goldwag, vnd so das Gewicht gleich stehet, so weiß er doch nicht, was er wehlen sol“. Bismarck gebraucht die Wndg. (Reden 3, 302): „Weil ich nicht glaubte, daß die Formfrage so genau auf die juristische Goldwaage gelegt werden würde, wie es schließlich geschehen ist“. Goethe hat die Rda. in ‚Sprichwörtlich‘ geistreich ergänzt:

Das Glück deiner Tage
Wäge nicht mit der Goldwaage.
Wirst du die Krämerwaage nehmen,
So wirst du dich schämen und dich bequemen.

Vgl. frz. ‚bien peser ses paroles‘ (wörtl.: seine Worte sorgfältig wägen).

Gordischer Knoten ↗Knoten.

Görgen. *Einem den Görgen singen:* jem. abkanzeln, herunterputzen, ihm gehörig die Meinung sagen, ↗Georg.

Gorilla. *Sich einen Gorilla anheuern:* sich einen persönlichen Leibwächter zulegen, der vor Angriffen schützt.
Urspr. waren damit die kräftigen Männer gemeint, die die Größen der Unterwelt vor tätlichen Angriffen Untergeordneter oder Konkurrenten schützen sollten und deren oft bulliges Aussehen ihnen die Bezeichnung ‚Gorilla‘ einbrachte. Heute allg. umg. Bez. für Leibwächter, auch für die Sicherheitsbeamten wichtiger politischer Persönlichkeiten, ↗Bulle.

Gosse. In der Gosse, dem Rinnstein, kommt der ganze Straßendreck zusammen. Daran haben sich einige Rdaa. angeschlossen: *jem. durch die Gosse ziehen:* ihm übel nachreden; vgl. frz. ‚trainer quelqu'un dans le ruisseau‘; *jem. aus der Gosse auflesen (ziehen):* ihn seiner Verkommenheit entreißen; vgl. frz. ‚tirer quelqu'un du ruisseau‘; *in der Gosse enden:* verkommen; *in der Gosse liegen:* heruntergekommen sein; *sich in der Gosse wälzen:* sich im Schmutz, in der Verkommenheit wohl fühlen; *aus der Gosse kommen:* zweifelhafter oder niederer Herkunft sein. Alle diese Rdaa. dürften frühestens seit dem 19. Jh. geläufig sein, denn Gosse in der Bdtg. von ‚Straßenrinne‘ ist nicht vor 1775 bezeugt.

Gott, Götter. Einige hierhergehörige rdal. Wndgn. beziehen sich auf Bibelstellen: *So Gott will* (Apostelgesch. 18,21; ebenso 1. Kor. 4, 19, Hebr. 6,3 und Jak. 4,15. *Von Gott geschlagen* (Jes. 53,4); *von Gott gezeichnet* (nach 1. Mos. 4, 15; vgl. Jes. 49, 16); vgl. frz. ‚Marqué par Dieu‘; *von Gott verlassen* (Ps. 8,6). *Mann Gottes!* steht 5. Mos. 33, 1 und sonst noch sehr oft im A. T. (↗gottlos).
Groß ist die Zahl der rdal. Beteuerungsformeln, in denen Gott genannt (oder auch durch eine Umschreibung vermieden) wird (vgl. ‚ins Bockshorn jagen‘), z. B. *Gott behüte! Bei Gott!* Vgl. frz. ‚Parbleu‘ (= par Dieu) oder *Bei Gott und allen Heiligen! Da schlag Gott den Teufel tot!:* Ausruf des Erstaunens. *Du bist wohl ganz von Gott verlassen!:* Ausdr. des Unwillens, des Erstaunens. *Gott hab' ihn selig;* vgl. frz. ‚Dieu aie son âme‘ (wörtl.: Gott habe seine Seele); *Gott laß ihn ruhen* von einem

Verstorbenen, bes. zur Verbrämung übler Nachrede.

Als Ausdr. der Bekräftigung heißt es: ‚Geh mit Gott, aber geh'.

Leben wie Gott (wie der liebe Herrgott) in Frankreich: ohne Sorgen, herrlich und in Freuden leben; vgl. frz. ‚vivre comme Dieu en France' (heute ungebräuchlich). Nach der ‚Revue des deux mondes' ist hier mit Gott die frz. Geistlichkeit des MA. gemeint, der es außerordentlich gut ging. Das ‚Spruchwörterbuch' von Lipperheide (S. 496) gibt an, der Spruch stamme von Kaiser Maximilian I. (reg. 1493–1519), nennt aber keine Quelle dafür. In Zincgref-Weidners ‚Apophthegmata' (Leipzig 1693) ist dieser angebliche Ausspruch Maximilians wiedergegeben: „Als er (Maximilian I.) auf eine Zeit gar vertrauliche Gespräch hielte mit etlich seiner Leuten von einem und anderem Land und Königreich, fället er unter andern auch dieses Urteil: ‚Wenn es möglich wäre, daß er Gott sein könnte und zween Söhne hätte, so müßte mir der älteste Gott nach mir und der andere König in Frankreich sein'." Dieser Satz hat im Munde des Kaisers einige Wahrscheinlichkeit, denn manche ähnl. Aussprüche sind von ihm überliefert; gerne verglich sich Maximilian mit dem König von Frankreich, den er wegen seiner ‚gottähnlichen' absoluten Herrschaft beneidete. Freilich trägt die Überlieferung anekdotenhafte Züge. Die Rda. wird sonst gewöhnlich aus der Zeit erklärt, wo Gott in den ersten Jahren der Republik in Frankreich abgesetzt, wo der Kultus der Vernunft an die Stelle des Christentums gesetzt war. Damals habe der liebe Gott in Frankreich nichts mehr zu tun, nichts zu sorgen gehabt, und so sei zwischen 1792 und 1794 für einen, der es sich bequem macht, die Rda. aufgekommen, die darauf abzielt, die Dinge in Frankreich zu persiflieren. Der Vernunftkultus dauerte in Frankreich kaum länger als ein Jahr; dann ließ Robespierre wieder das Dasein eines höchsten Wesens dekretieren (Mai 1794). Damals schrieb Pfeffel die Verse:

> Darfst, lieber Gott, nun wieder sein,
> So will's der Schach der Franken.
> Laß flugs durch ein Paar Engelein
> Dich schön dafür bedanken.

Weniger wahrscheinl. ist die Erklärung, daß man von einem, der herrlich und in Freuden lebt, auch sagt. ‚Er lebt wie ein Gott', oder ‚Er hat ein Leben wie ein junger Gott'. Der Zusatz ‚in Frankreich' sei nur eine Steigerung dieses Ausdr. und erkläre sich daher, daß es sich nirgends so gut leben lasse wie in dem schönen Frankreich. Vielleicht liegt aber auch eine Vermischung der beiden älteren Rdaa. vor: ‚leben wie ein Gott' und ‚leben wie ein Herr in Frankreich'. Aus dieser Rda. erklärt sich auch sehr wahrscheinl. die in Wien übliche scherzhafte Erwiderung auf die Klage, daß Gott so etw. zulassen könne: ‚Gott ist nicht zu Hause, er ist in Frankreich'. Auch lit. Belege der Rda. gibt es, z. B. in Heinrich Heines ‚Reisebildern' (II. Teil): „Man lebt in lauter Lust und Pläsir, so recht wie Gott in Frankreich". Von einem, der es sich bes. gut gehen läßt und der keine Sorgen hat, heißt es in Frankreich selbst: ‚Il vit comme un coq en pâte' (wörtl.: Er lebt wie ein Hahn in der Pastete), d. h. wahrscheinlich wie einer, der nichts mehr zu tun hat).

Er weiß nicht, wo Gott wohnt: er ist dumm; ähnl. auch in den Mdaa.: ndd. ‚Hei weit von Gott un de Weld nix', er ist ein beschränkter Mensch; ‚he weit von Gott un sien Steenstrat nix af'; ‚dei glöwt nich an Religion un Gott un Vater' und ähnl., rhein. ‚Dat es eine Gott (Jott) un ei Gebott (Jebott)', eine dicke Freundschaft, enge Gemeinschaft, eine Meinung. Dies ist gleichbedeutend mit der anderen rhein. Rda. ‚ene Gott on ene Pott'.

Gott einen strohernen Bart flechten: religiöse Dinge unehrerbietig behandeln; als Heuchler seine Gottlosigkeit mit dem Mantel der Frömmigkeit zudecken; vgl. frz. „faire barbe de paille à Dieu'. ‚Barbe' dürfte Entstellung aus ‚jarbe', ‚gerbe' sein und die Rda. sich auf die frühere Abgabe des Zehnten an die Geistlichkeit beziehen, bei der oft kornlose Garben in betrügerischer Absicht abgeliefert wurden. Ähnl. *etw. Gott vom Altar nehmen* (ndl. ‚hij zou het van Gods altaar nemen') oder auch *etw. Gott von den Füßen nehmen;* ↗Bart.

Den lieben Gott einen guten Mann sein lassen: unbekümmert um die Zukunft dahinleben. Wer unbekümmert, sorglos und in

Freuden lebt, denkt sich Gott nicht als Rachegott, sondern als friedfertigen guten Mann, der dem fröhlichen Weltkind sein Verhalten nachsieht. Die Rda. ist mdal. und lit. seit dem 18. Jh. belegt, sie erscheint 1878 bei Gottfried Keller im ‚Landvogt von Greifensee': „Im übrigen ließ jeder den Herrgott einen guten Mann sein". Ähnl. in den Mdaa., z. B. rhein. ‚De lit Gott ene gode Mann sen', er ist gleichgültig, träge, lebt in den Tag hinein; schlesw.-holst. ‚He lett Gott ênen gôden Mann sin', er läßt alles gehen, wie es geht; schweiz. ‚Er lod der liebe God e guete Ma si', er lebt leichtsinnig fort. Diese weitverbreitete Rda. geht sicher bis ins 18. Jh. zurück und wird bei Gottschalk als Übers. für das frz. ‚laisser courir l'eau (par le plus bas)' angesehen (heute ungebräuchlich), obwohl die gleiche Rda. wörtl. auch im Dt. vorkommt: *Er läßt Gottes Wasser über Gottes Land gehen,* mdal. ‚He lött Gotts Water öwer Gotts Land laupen'; ‚den lit Gottes Wasser iwer Gottes Buadem lofe', ndl. ‚Hij laat Gods water over Gods akker loopen'. Ähnl. *dem lieben Gott die Zeit (ab)stehlen:* müßig gehen. Vgl. auch KHM. 22.

Gott sei's gepfiffen und getrommelt! (oder *gelobt, getrommelt und gepfiffen):* Gott sei Dank! Eine burschikose Verlängerung und Vergröberung der alten Formel ‚Gott sei Dank!' (lit. 1867 bei Moritz v. Schwind). Ähnl. die parodist. Formel: ‚Sport sei Dank'.

Laß dich nicht vom lieben Gott erwischen: geh bei deinem unehrlichen (oder sonst nicht ganz einwandfreien) Vorhaben vorsichtig vor! Die Rda. bezieht sich auf Gottes Allwissenheit (wahrscheinl. noch vor 1900 aufgekommen). *Gott zum Gruß* ↗Gruß. *Grüß Gott, wenn du ihn siehst (ihn triffst):* scherzhafter Abschiedsgruß (wohl im 19. Jh. aufgekommen), wobei Gott irreführend als Akkusativobjekt aufgefaßt wird, während die urspr. Form des Grußes meint: ‚Gott grueze dich!', wie es in der mhd. Formulierung des Grußes immer heißt. Häufig erhält die Wndg. auch den Zusatz: ‚Sag ihm, er wär ein guter Mann'.

Als Ausdr. der Ergebenheit in den Willen Gottes dient der weithin bekannte Nachsatz: ‚So Gott will', der in Briefen nicht selten in der Abkürzung: ‚s. G. w.' begegnet. Ähnl. auch die Formel: ‚Das walte Gott': hoffentlich. Im Gegensatz dazu drückt die Rda.: *an Gott und den Menschen (ver-)zweifeln* einen Verlust an Vertrauen aus. Sie wird meist gebraucht in der Bdtg.: nicht mehr wissen, was richtig ist, keine Hoffnung mehr haben.

„Es ist bestimmt in Gottes Rat" ist der Titel eines Liedes von Ernst Frh. v. Feuchtersleben (1806–49), vertont von Felix Mendelssohn. *„Behüt dich Gott! Es wär' zu schön gewesen* (Behüt dich Gott! Es hat nicht sollen sein") ist ein Zitat aus dem ‚Trompeter von Säckingen' (1854) von Joseph Viktor v. Scheffel (1826–86).

Etw. für Gottes Lohn tun: gegen ein ‚Vergelt's Gott', d. h. umsonst, ↗Gotteslohn. Verschiedene andere Rdaa. bedürfen keiner bes. Erläuterung, wie z. B. *auf Gottes Boden gehen:* barfuß oder in Schuhen ohne Sohlen gehen. *Dem gibt's Gott, er darf bloß das Maul aufhalten:* jem. erreicht etw. ohne Mühe. *Den lieben Gott in die Schule nehmen wollen* sagt man von jem., der alles besser weiß und namentlich auch seine Umgebung schulmeistern will. *Er ist Gottes Wort vom Lande:* scherzhafte Bez. eines Dorfgeistlichen. *Von Gott im Zorn erschaffen:* widerlich, häßlich (von Personen gesagt); was nicht schön ist, muß von Gott wohl im Zorn erschaffen worden sein (1838 bei Heinrich Heine bezeugt). *Er hat Gott im Munde und den Teufel in den Händen* sagt man von jem., der heuchelt. *Gott und den Teufel in ein Glas bannen:* gleichzeitig zwei Herren dienen; ebenso *Gott und dem Teufel ein Licht anzünden,* oder *Gott eine Hand bieten und dem Teufel die andere,* vgl. frz. ‚Il donne une chandelle à Dieu et au diable' (ungebräuchlich) ↗Teufel; *er möchte dem lieben Gott die Füße küssen:* er ist ein Kriecher.

‚Gang mr weg, euser Herrgott isch au a Mannsbild': ist eine beliebte Floskel bei schwäb. Landfrauen, die fest auf der Erde bzw. auf dem Boden der Tatsachen stehen. Allg. bekannte Formeln sind auch: ‚Kind Gottes' als Ausdr. des Vorwurfs, ‚unter Gottes freiem Himmel' anstelle von ‚Mutter Grün', ‚geb's Gott' bei Voraussagen, die Anlaß zu Zweifeln geben, oder ‚Gnade dir Gott' als unmißverständliche Warnung. ‚Dein Wort in Gottes Ohr':

Gott sollte darauf aufmerksam werden, meint eine gewichtige Aussage, ↗Wort. In einem bekannten Schwank wirft der Mann seiner Frau eine Bibel an den Kopf, entschuldigt sich dann aber mit der Bemerkung, er habe sie ja nur mit ‚Gottes Wort trösten' wollen.

Mit Gott und der Welt verwandt sein: eine große Verwandtschaft haben; *Gott und die Welt kennen:* viele Leute kennen.

Über Gott und die Welt reden: über alles Mögliche reden, wobei Gott nicht unbedingt vorkommen muß.

Gott helf!, helf dir Gott! Dieser Zuruf beim Niesen wird heute ganz gedankenlos getan und hat doch einmal einen bestimmten Sinn gehabt. Andere Formeln beim Niesen lauten: schweiz., ‚Helf dr Gott in Himmel ufe, wenn d'Zit nahe ist'; ‚helf dr Gott is ewig Lebe'; scherzhaft schwäb. ‚Helf dr Gott von Sünda, vom Geald kommscht von selber!'; vgl. frz. ‚Dieu te bénisse'. Den auf Gott bezogenen Nies-Wünschen antwortet man nicht nur mit dem alltäglichen ‚Danke', sondern in gesetzter Form, würdig dem eigentl. Segenswunsch. Bes. feierlich und altertümlich ist: ‚Das tüe Gott, helf is Gott allene'; ‚danke, helf-is Gott alle is ewig Lebe im Himmel'.

Die Sitte, jem., der niest, Glück, Gesundheit und Gottes Segen zu wünschen, ist, wie zahlreiche Darstellungen zeigen, uralt und weit verbreitet. Sie läßt sich bei außereurop. Völkern ebenso aufzeigen wie bei uns, in der Antike ebenso wie in der heutigen Zeit. In den rdal. Formeln wirken allerlei Vorstellungen nach, warum man dem Niesenden Glück wünscht. Heute handelt es sich nur noch um rdal. erstarrte Formeln, die aus Höflichkeit gebraucht werden. Unbewußt mag vielleicht dabei, wie bei allen Wünschen, die sehr persönliche Absicht mitschwingen, dem Niesenden wirklich zu Segen und Gesundheit zu verhelfen. Zum Teil werden diese Wünsche mit spaßhaften rdal. Zusätzen erweitert, denen meist die bildhafte Vorstellung zugrunde liegt, der Niesende solle die Stube verlassen, das Weite suchen, sich im Himmel aufhalten und hier auf Erden nicht mehr stören, z.B. schweiz. ‚Helf dr Gott in Himmel ufe, so chunsch-mer us der Stube use', oder ‚Helf dr Gott ins Paradiis, so chunsch de Lütte ab dr Spiis', oder ‚Helf dr Gott in Mehlsack ie, daß chast wiiss i Himmel ie'. Im euphemist. Sinne sagt man ‚Helf dr Gott is Grab', worauf die rdal. Antwort lautet ‚Helf dr Gott o drii, ohne dii chame o sii'. Solche Erweiterungen sind sicher nicht als Spott aufzufassen, sondern sie wollen vielleicht das Altertümliche, beinahe Feierliche, das in den religiösen Formeln zum Ausdr. kommt, abschwächen. Man mindert ihren Wert herab, denn man möchte doch nicht als fromm oder gar als altväterisch erscheinen. Der ältere Wunsch ist durch den jüngeren ‚Gesundheit' abgelöst worden. Auch dieser Wunsch wird gelegentlich spaßhaft erweitert: ‚Gesundheit isch au guet bim Hueste'. Das aus dem Lat. stammende Wunschwort ‚Prosit' i.S.v. ‚es soll nützen' und das entspr. dt. ‚Zum Wohl' ist nicht so häufig, ↗Gesundheit.

‚Ach Gott!' ist ein bekannter Stoßseufzer. Da es verboten ist, den Namen Gottes vergeblich zu führen oder als Fluch zu gebrauchen, gibt es zahlreiche Ersatzformeln, wie z.B. ‚Oh Gott', ‚Gott o Gott', ‚ach du meine Güte', ‚Eigottverpips' (engl. entspr. ‚Oh my Goodness' oder ‚Oh boy' u.ä.).

Als Parodie auf blindes und übertriebenes Gottvertrauen gilt der sprw. gewordene Berliner Vers: ‚Wer Jott vertraut und Bretter klaut, der hat 'ne billige Laube'. Weniger bekannt ist die Wndg. ‚Gott ist kein Bayer, er läßt seiner nicht spotten'. In früherer Zeit war sie eine viel zitierte Rda., die u.a. schon bei Geiler von Kaysersberg belegt ist: „Desgleichen ist unser Herr Gott auch kein Bayer, er läßt nicht mit sich scherzen" (Betrachtungen zu S. Brant's Narrenschiff – XIX. Narr-Kloster, I, 330). Es gibt eine Reihe von scherzhaften Erklärungen für diese Wndg. Wahrscheinl. ist sie aber in erster Linie gegen die Kleinstaaterei gerichtet, wofür auch einige Sprww. sprechen (vgl. Wander II, 33–34).

‚Lieber Gott von Bentheim': Ausdr. des Erstaunens, Entsetzens oder der Ungeduld, ↗Herrgott. Desgl. die Wndg. ‚Um Gottes willen!' Weitbekannt ist auch die Graffitti-Inschrift:

„Gott ist tot" (Nietzsche)
„Nietzsche ist tot" (Gott),

die ihren Urspr. in einem weitverbreiteten, schon im 15. Jh. bezeugten Schwank hat (AaTh. 1833 E).

In zahlreichen Rdaa. werden die Götter der Antike beschworen, wie z. B. ‚Das wissen die Götter‘ oder ‚Das ruht (liegt) im Schoße der Götter‘ (Homer: ‚Ilias‘, XVII, 514 u. a., vgl. Büchmann) sowie der sprw. gewordene Satz: ‚Mit der Dummheit kämpfen Götter selbst vergebens‘ (Schiller: ‚Jungfrau von Orleans‘, III, 6). Schiller meinte damit: mit der Dummheit im Bunde, nicht, wie man gewöhnlich denkt, wenn man das Zitat benutzt: gegen die Dummheit.

Ein Schauspiel (Bild, Anblick) für Götter: ein bes. schöner Anblick. Vgl. Goethes Singspiel ‚Erwin und Elmire‘ (I, 1):

Ein Schauspiel für Götter,
Zwei Liebende zu sehn!

Ähnl. 1883 bei Fontane. Das ‚Schauspiel für Götter!‘ geht weit ins Altertum zurück. Die Vorstellung, daß der tapfere, mit dem Schicksal ringende Mann ein solches bietet, ist bei den späteren Stoikern beliebt. Seneca ‚De providentia‘ (2, 7 ff.) sagt von solchem Kampf mit dem Schicksal: „Ecce spectaculum dignum ad quod respiciat intentus operi suo deus" (Das ist ein Schauspiel, wert der Betrachtung des auf sein Werk achtenden Gottes). Die Kirchenväter übernahmen das Bild ins Christliche und trugen dadurch zu seiner Erhaltung und Verbreitung bei; vgl. Cyprianus († 258), Epist. 56, 8 (Migne IV, 366) und 1. Kor. 4, 9:

Denn wir sind ein Schauspiel worden
Der Welt und den Engeln und den Menschen.

Der junge Goethe dürfte sich aber wohl kaum von solchen erbaulichen Gedanken geleitet haben lassen, sondern eher an die Stelle der ‚Odyssee‘ (VIII, 266 ff.) gedacht haben, wo Aphrodite und Ares, von des Hephaistos Schlingen auf buhlerischem Liebeslager festgehalten, den Göttern ein bedenkliches Schauspiel liefern (Büchmann).

Rdal. lebendig geblieben ist auch ‚Wen die Götter lieben‘ durch den gleichnamigen Mozart-Film, dem eine Novelle von Clara Viebig (1898) zugrunde liegt.

Im medizinischen Bereich begegnet nicht selten der Spruch: ‚Ich behandelte ihn, und Gott heilte ihn‘. Unter Medizinern hatte er schon in früher Zeit sprw. Bdtg. erlangt und vor allem durch die Kriegserinnerungen von A. Paré – berühmter Feldchirurg im Dienste von vier französischen Königen – weithin Verbreitung gefunden. E. F. Podach weist darauf hin, daß der Herausgeber von A. Parés gesammelten Werken, der französische Chirurg und Historiker Joseph François Malgaigne, in seiner Einleitung zum ersten Band (1840) die Verbürgtheit der Worte bezweifelt. Der Spruch war seit langem derart bekannt, daß ihn viele für eine der alten Volksweisheiten hielten, die keinen individuellen Urheber haben. So war man sich bewußt, daß die Sentenz kein literarischer Einfall des alten Paré war, sondern eher die Bekundung einer Gesinnung, die den glücklichen Ausgang eines chirurgischen Eingriffes nicht eigenem Verdienst, sondern dem Wirken Gottes zuschreibt: „denn die Natur bringt oft Dinge zustande, die den Chirurgen unmöglich erscheinen". Später begegnet der Spruch häufig in der abgewandelten Fassung: ‚Der König (die Königin) berührte ihn und Gott heilte ihn‘.

Lit.: *A. Duclos:* ‚Lijk God in Vrankrijk‘, in: Rond den Heerd 18 (1883), S. 208; *W. Unseld:* Der Herrgott in schwäb. Sprww. und Rdaa., in: Alemannia 20 (Bonn 1892), S. 290–293; *P. Saintyves:* L'éternuement et la baillement dans la magie, l'éthnographie et le folklore médical (Paris 1921); *K. Beth:* Art. ‚Gott‘ ‚Gotteslästerung‘, ‚Gottesname‘ in: HdA. III, Sp. 941–994; *P. Sartori:* Art. ‚niesen‘, in: HdA. VI, Sp. 1072 ff.; Atlas der Schweiz. Vkde. II, S. 241 f. und der dazugehörige Kommentar von *W. Eschen; E. F. Podach:* Ursprung u. Bdtg. des Spruches ‚Ich behandelte ihn, und Gott heilte ihn‘, in: Die Medizinische Wochenschrift 36 (1955), S. 1279–1282; *P. E. Schramm:* Der König in Frankreich. Das Wesen der Monarchie vom 9. bis zum 16. Jh. (Darmstadt 1960); *A. V. C. Schmidt:* ‚Donum Dei‘, in: Notes & Queries 214 (1969), S. 286; *M. Belgrader:* Art. ‚Fluch, Fluchen, Flucher‘, in: EM. IV, Sp. 1315–1328; *J. Bauer:* Art. ‚Gott, Götter, Gottheit‘, in: EM. V, Sp. 1420–1437; *L. Intorp:* Art. ‚Gott ist tot‘, in: EM. VI, Sp. 3–6; *U. Masing:* Art. ‚Gottes Segen‘, in: EM. VI, Sp. 12–16, hier bes. 14.

Gotteslohn. *Um (einen) Gotteslohn arbeiten:* nicht um einen Lohn, wie ihn Gott gibt, sondern den Gott geben soll statt des Menschen, der zunächst lohnen sollte; umsonst, also indem der Arbeiter entlohnt wird mit einem bloßen ‚Vergelt's Gott!‘. „Und solcher verdient ein groß Gotteslohn, patriae et amicis consulit" (,Facetiae facetiarum', 1645, S. 458). Die Wndg. kann aber auch als Verheißung für die Zeit nach dem Tode verstanden werden i. S. v. ,Damit verdienst du dir einen Platz im Himmel'.

Gottlieb Schulze. *Das ist mir Gottlieb Schulze:* das ist mir völlig gleichgültig. Küpper (I, S. 139) vermutet hinter dieser Rda. eine noch nicht identifizierte Person dieses Namens, die um 1900 irgendwo zur Sinnbildgestalt der Gleichgültigkeit geworden sein mag. Wahrscheinlicher ist jedoch, daß wir es bei ,Gottlieb' und ,Schulze' mit zwei urspr. anders und offenbar drastischer lautenden Wörtern zu tun haben, die euphemist. umgeprägt wurden; ähnl. Vorgänge lassen sich nämlich auch anderweitig beobachten (vgl. z. B. ,jem. durch den ↗Kakao ziehen'). Es ist also sehr die Frage, ob hinter dem Namen ,Gottlieb Schulze' überhaupt eine Person steckt. Einen ,Schulzen' gab es früher schließlich in jedem Ort. Er war Dorfältester, Ortsvorsteher etc.; er hatte was zu sagen, und sagte evtl. viel, was man nicht so genau nahm. ,Gottlieb' ist zusätzlich ein ehrenvoller Vorname, gegen den eigentlich niemand etwas einwenden konnte.

Vor einiger Zeit hat man diesen Namen sogar in einem Schlager verarbeitet:

Ach verzeih'n Sie, meine Dame:
Gottlieb Schulze ist mein Name,
und ich liebe Sie.

gottlos. *Der Rest ist für die Gottlosen; die Gottlosen bekommen den Rest* (auch *die Neige),* sagt man im Scherz, wenn in einer Gesellschaft beim Einschenken von Wein, Bier oder auch beim Verteilen des Essens nur noch ein kleiner Rest übrigbleibt; ndd. ,De Gottlosen kriegen de Barm' (Hefe, Bodensatz); obersächs. auch ,den Gottlosen machen', den letzten Rest aus der Schüssel essen. Die Rda. ist bibl. Ursprungs und geht zurück auf Ps. 75,9, wo es heißt: „Denn der Herr hat einen Becher in der Hand und mit starkem Wein voll eingeschenkt und schenkt aus demselben; aber die Gottlosen müssen alle trinken und die Hefen aussaufen". Mit ,Hefe' ist hier der Bodensatz, die Neige gemeint (↗Hefe). Dazu das gereimte Gegenstück:

An die Frommen
Soll die Neige kommen

(vgl. engl. ,the rest for the best'). Gottes Gaben erscheinen im A. T. oft unter dem Bilde eines Trankes; Ps. 60,5: „Du hast uns einen Trunk gegeben, daß wir taumelten"; Jes. 51,17: „Wache auf, stehe auf, Jerusalem, die du von der Hand des Herrn den Kelch seines Grimmes getrunken hast; die Hefen des Taumelkelches hast du ausgetrunken und die Tropfen geleckt", vgl. auch Jes. 51,22; Jer. 8,14; Kap. 25,15 reicht der Herr dem Jeremias den „Becher Weins voll Zorn" zum Ausschenken an alle Völker.

,Götz von Berlichingen'

Götz. *Bei mir Götz von Berlichingen!* Bei mir ist absolut Schluß! Bis hierher und nicht weiter! Gemeint ist eigentl. die derbe Aufforderung aus Goethes ,Götz von Berlichingen', die nur in der 1771 entstandenen Urfassung des Dramas steht: „Er aber, sags ihm, er kann mich im ↗Arsch lecken". Oft wird auch statt des Zitates selbst nur die Stelle genannt: *Götz von Berlichingen, Akt III, Szene 4.*

Lit.: *Müller-Jabusch:* „Götzens grober Gruß" (Berlin 1941).

Grab. *Sich im Grab umdrehn,* z. B. ,Er würde sich im Grabe umdrehen, wenn er das wüßte', das ist nicht im Sinne des Verstorbenen. Die Rda. ist seit dem 18. Jh. lit. belegt (Gellert, Lessing), dürfte aber sicher wesentlich älter sein, denn sie geht auf alte volksglaubensmäßige Vorstellungen zurück, wonach die Autorität der Vorfahren gebietet, möglichst wenig von dem zu verändern, was von den Toten geschaffen oder gebraucht wurde. In gleicher Bdtg. ist sie in der Fassung *sich im Grabe umkehren* schon 1716 lit. bezeugt: „id dolorem cineri et ossibus eius inurat, wann ers wüszte, er würde sich im grab umbkehren" (J. J. Dentzler: ‚Postrema auctoris cura septimum recognita' [Basel 1716], 320). Die heute als grotesk-komisch empfundene Wirkung der Rda. wird dadurch erzielt, daß sie von einem rationalistischen Standort aus mit der irrealen Möglichkeit der alten Vorstellung vom lebenden Leichnam rechnet; Steigerungsform: *im Grab rotieren;* vgl. frz. ‚se retourner dans sa tombe'.

Sich selbst das (sein) Grab graben (schaufeln): an seinem eigenen Untergang arbeiten. Vgl. auch die frz. Rda. ‚rouler à tombeau ouvert' (wörtl.: auf das offene Grab zufahren): mit einer lebensgefährlichen Geschwindigkeit fahren. *Mit einem Bein im Grabe stehen;* vgl. frz. ‚avoir un pied dans la tombe', ↗Bein, ↗Grube. *Schweigen wie ein Grab* ↗schweigen.

Lit.: *P. Geiger:* Art. ‚Grab', in: HdA. III, Sp. 1076–1081; *R. Schenda:* Art. ‚Begräbnis', in: EM. II, Sp. 28–41; *E. Wimmer:* Art. ‚Grab, Grabwunder', in: EM. VI, Sp. 51–63.

Graben. *Noch nicht über den Graben sein:* noch nicht alle Schwierigkeiten überwunden, noch nicht gewonnenes Spiel haben; seit dem 16. Jh. belegt. Man gebraucht die Rda., um jem. vor allzu kühnen Hoffnungen zu warnen, während es noch Schweres zu bewältigen gibt; ähnl.: ‚noch nicht über den Berg sein'; ‚noch nicht die ↗Talsohle durchschritten haben', ↗Berg,

Ein Graben wird aufgerissen sagt man, wenn eine Unstimmigkeit durch ein bestimmtes Handeln zu Feindseligkeit und Haß führt.

Granat(e). In einem Lustspiel von Heinrich Clauren (1817) begegnet die Wndg. „Wahrscheinlich andern ehrlichen Leuten die Uhren in tausend Granaten zu zerschlagen". Ob dieser Vergleich und ebenso die Rda. *zu tausend Granatstückchen (Granatbißchen) zusammenhauen* (kurz und klein schlagen) auf die mit Samenkörnern gefüllte Frucht des Granatapfels oder auf das im 17. Jh. danach benannte Sprenggeschoß zurückgeht, ist nicht geklärt.

Auf das Geschoß bezieht sich der rdal. Vergleich *voll wie eine Granate* (auch *granatenvoll*); wie die Granate bis zum Äußersten mit Sprengstoff gefüllt ist, so ist es der Bezechte mit Alkohol. Ähnl.: ‚voll wie eine Haubitze', ‚voll wie eine Strandkanone', ‚voll wie tausend Mann'; vgl. frz. ‚plein comme une outre' (wörtl.: voll wie ein Schlauch).

Granit. *Bei jem. auf Granit beißen:* unüberwindlichen Widerstand finden, keinen Erfolg haben, mit keiner Nachgiebigkeit rechnen dürfen, mit ganzer Härte zurückgewiesen werden.

‚Granit' gilt als bes. hartes Gestein aus körnigen Bestandteilen, worauf der Name verweist, der von frz. ‚granit' im 18. Jh. entlehnt wurde, das auf ital. ‚granito' beruht, dem substantivierten Part. Perf. von ‚granire' = körnig werden. In übertr. Bdtg. wird Unbeugsamkeit und Hartherzigkeit mit dem Gestein verglichen.

Gras. *Gras wächst auf etw.:* dieser Ausdr. beruht auf der Vorstellung, daß auf wenig oder gar nicht genutzten Flächen Gras wächst. Zunächst wird er ganz wörtl. gebraucht: 1540 schrieb Luther (‚Briefe' 9,115 WA.): „Gnediger Herr! Ich habe lange nicht umb ettwas gebeten, ich mus auch einmahl kommen, das die Strasse der Vorbitte nicht zugar mit Grase vorwachse". Später findet die Wndg. im übertr. Sinne Eingang in die Lit.: 1861 Holtei (‚Erz. Schriften' 5,35): „Sämtliche Portraitzeichner am Orte haben traurige Ferien; es wächst dem Winter zum Trotze Gras auf ihren Brettern". Verwandt ist *Das Gras wächst ihm auf dem Herde;* es steht schlimm mit seiner Küche. Frz. ‚L'herbe pousse chez eux' (Gras wächst bei ihnen), man hat sie im Stich gelassen, niemand geht mehr hin, es sieht schlimm bei ihnen aus.

Da wächst kein Gras mehr. Zugrunde liegt die Vorstellung, daß auf vielbetretenen oder verwüsteten Plätzen kein Gras wächst; zunächst noch oft in wörtl. Anwendung: 1622 Lehmann (‚Floril. Polit.' I, 284): „Da jedermann gehet, waechst kein Grasz" (vgl. engl. ‚in market grows no grass or grain'). Mit gezielt abwertender Bdtg. 1715 bei Pistorius (‚Thes. Paroem.' 1077): „Auf dem Weg, darauf viel Leute gehen, wächst kein Grasz" – im Hinblick auf Dirnen; entspr. engl. ‚There grows no grass, at the market cross' – eine Schmähung auf die Unfruchtbarkeit der Huren; frz. ‚à chemin battu il ne croît d'herbe' (veraltet).

Die Vorstellung des Hunnenkönigs Attila als Verkörperung der Barbarei ist in der Phantasie des frz. Volkes heute noch so lebendig, daß den Kindern in der Volksschule erzählt wird, das Gras könne dort nicht mehr wachsen, wo sein Pferd den Fuß hingesetzt habe. Die Prägung wird sehr häufig rdal. gebraucht im Hinblick auf Verwüstungen und Gewalttaten, die einen nicht wiedergutzumachenden Schaden zur Folge haben; 1662 bei Prätorius (‚Philos. Colus' 85): „Das kein Gras wachsen soll, wo der Türke hinkömt" (vgl. engl. ‚Where the Turk's horse once does tread the grass never grows').

Eine andere Ursache des Nichtwachsens findet sich in Murners ‚Narrenbeschwörung' (Ndr. 185):

Wa Gensz hin schyssen, als ich hör,
do waszt kein grün Grasz nymmermer.

Ferner in Verbindung mit dem alten Volksglauben, daß nie wieder Gras wächst, wo Teufel, Geister, Hexen hingetreten haben (vgl. HdA. III, Sp. 1115); 1668 Prätorius (‚Blockes-Berges Verrichtung' 331): „(Die Hexen) tantzen auch den Boden oder auch das Erderich offtmahls so tieff hinein ..., dasz weder Laub noch Gras mehr daselbst wechst".

Darüber ist (das) Gras gewachsen sagt man rdal. von einer längst vergessenen bösen Geschichte oder von einem alten Zank, der längst aus dem Gedächtnis gelöscht ist. Die Entstehung des Vergleichs wird deutlich aus Lehmann (905, Widerwertig 14): „Wer große Stümpff will auswurtzeln, der verderbt das Geschirr, und thut sich selbsten wehe, es ist besser, man läßt das Gras darüber wachsen". Man kann eine allmähliche Entwicklung vom wörtl. zum übertr. Sinn dieser Rda. verfolgen. Wörtl. gemeint ist sie noch 1541 bei Seb. Franck (‚Sprichwörter' 1,36a): „Drumm ist die best Schwiger ..., die einn grünn Rock an hat ..., das ist, uff dero Grab Grasz wechst" oder 1605 bei Petri (‚Die Teutsch Weiszheit' Gg 8a): „Große Stöcke sol man auszschleiffen, und grobe Leger Wende (festes Gestein) versenken, unnd begraben, unnd lassen Grasz darüber wachsen". Ein Übergang zu deutlich übertr. Sinn findet sich dann schon 1669 bei Grimmelshausen (‚Simplicissimus' 295): „(Ich) bat beydes meinen Schweher und den Obristen, dasz sie vermittels der Militiae das Meinige zu bekommen unterstehen wolten, ehe Gras darüber wachse".

Zeitlich später liegen schließlich die Beisp. übertr. Verwendung: ‚Dt. Erzähler d. 18. Jh.' (Fürst): „Alle drei gingen bald hierauf nach Italien, um über diese Geschichte Gras wachsen zu lassen". 1852 Brentano (Ges. Schriften 5,13): „Herr Schwab ... ermahnte mich, im Stillen meine Ansprüche auf das Ländchen Vaduz fallen und Gras über diese kahlen Phantasien wachsen zu lassen". Wilh. Busch hat die Rda. scherzhaft erweitert:

Wenn über eine dumme Sache
Mal endlich Gras gewachsen ist,
Kommt sicher ein Kamel gelaufen,
Das alles wieder 'runterfrißt.

‚Über etwas ist Gras gewachsen'

Rhein. sagt man ‚Do weßt en Brambeere driwer' (da wächst ein Brombeerstrauch darüber), das gerät in Vergessenheit.

Wo der hinhaut, da wächst kein Gras mehr: er schlägt tüchtig zu; von Berlin aus verbreitete Rda. Noch weiter bildl. gesteigert bei Scheffel (1907, ‚Ges. Werke' II, S. 80): „Cappan war übel zugerichtet. Auf einem Rücken, den alemannische Fäuste durchgearbeitet, wächst jahrelang kein Gras". Der rdal. Vergleich *Es bekommt ihm wie dem Hunde das Gras,* geht davon aus, daß sich der Hund übergibt, wenn er Gras gefressen hat; gesagt von jem., der sich durch unvernünftige und verwerfliche Handlungen selbst schadet, sich in irgendeinem Sinne übernimmt, z.B. 1510 bei Geiler von Kaysersberg (‚Granatapfel' B 3 d): „Nym dir ain leer von dem hund, der ist ain unvernünftig thier. wenn er etwas schedlichs in seinem leib innwendig empfindet, so iszt er grasz, dadurch er von jm auswirft und seinen gesund wieder gehaben mag". Luther (‚Werke', 20,334 WA.): „(Der Satan) frist den Christum und verschlinget in, aber es bekompt im, wie dem Hund das Gras". Goethe (IV, 3,142 WA.): „Die große Welt ist mir bekommen gestern wie dem Hunde das Gras".

Kein Gras unter den Füßen wachsen lassen. Diese Rda. beruht auf der Vorstellung, daß Gras zum Wachsen Zeit braucht und währenddessen nicht gestört werden darf. Bdtg.: man gönnt jem. keine Ruhe, oder: jem. ist sehr fleißig. Die Rda. ist engl. etwa 160 Jahre früher belegt als in Dtl.: ‚No grass grows on his (my) heel'. In Dtl. ist sie 1716 zuerst belegt bei Dentzler: „Kein Grasz einem unter den Füssen wachsen lassen: non permittere otium alicui". Ähnl. sagt man schwäb. von einem schnell gehenden, rastlos tätigen Menschen: ‚(Er) laßt sich kei Gras unter de Füß wachse'. Jer. Gotthelf (‚Sämtl. Werke', 14,81): „Hans Joggi und Anne Marei ... gehörten noch der alten Schule an, wo man das Gras nicht unter den Füßen wachsen, die Kelle nicht an der Pfanne kleben ließ".

Einem das Gras unter den Füßen wegschneiden: jem. eines sehr naheliegenden Vorteils berauben, ihm etw. vor der Nase, vom Munde wegnehmen (vgl. frz. ‚couper à quelqu'un l'herbe sous les pieds'; engl. ‚cut the grass (ground) (from) under a person's feet'); ndl. ‚iemand het gras voor de voeten wegmaaien'.

Das Gras wachsen hören hören: sehr scharf hören, dann: sich äußerst klug dünken. Die Rda. wird abschätzig und iron. auf einen Überklugen bezogen. Sie ist zum erstenmal 1488 belegt in der Städtechronik (Nürnberg) 3,133: „Der was als witzig, dass er sach das Gras wachsen, und het geerbt von Salomon all seine Weisheit und von Aristoteles alle Subtilligkeit". Heinrich Bebel gibt 1508 die Rda. in lat. Form (Nr. 85): „Ille audit gramina crescere; dicitur in eos, qui sibi prudentissimi videntur". 1539 bucht Tappius (Nr. 34): „Scit quomodo Jupiter duxerit Junonem. Er hört auch das Graß wachsen"; 1541 Seb. Franck (I,78): „Er hört die flöh huosten, das graß wachsen". In seiner ‚Todten-Capelle' (28) schreibt Abraham a Sancta Clara: „Er hört das Gras in den Elisischen Feldern wachsen, und die schwindsüchtigen Flöh, in Seraglio zu Constantinopel, biß auf Paris, husten". Ritzius bringt im ‚Florilegium Adagiorum' (Basel 1728, S. 614) sogar die Steigerung: „Er hört das Gras wachsen, den Klee besonders". In Bürgers Gedicht ‚Der Kaiser und der Abt' von 1785 heißt es:

> Man rühmet, Ihr wäret der pfiffigste Mann,
> Ihr hörtet das Gräschen fast wachsen, sagt man.

Andere Ausdrücke, um Überklugheit zu verspotten, sind: ‚die Spinnen weben hören', ‚die Mücken zur Ader lassen können'; siebenb. heißt es ‚E hirt de Kripes (Krebse) nesen'. Lehmann führt S. 914 (Witz 11) an: „Witz ist nicht blind und sihet doch nicht ... hörts Gras wachsen, die Flöh hupffen, die Mücken an der Wand niesen". Von Heimdall, dem treuen Wächter der Götter, erzählt die ‚Jüngere Edda' (‚Gylfaginning', Kap. 27): „Er bedarf weniger Schlaf als ein Vogel und sieht bei Nacht ebensogut wie bei Tage hundert Meilen weit. Er kann auch hören, daß das Gras auf der Erde und die Wolle auf den Schafen wächst, sowie überhaupt alles, was einen Laut von sich gibt. Die Wndg. begegnet auch im Märchen (vergleiche hierzu KHM. 71, Anmerkung, KHM. 134).

Wachsen wie das Gras im Winter: schlecht zunehmen; von den Leipziger Universitätstheologen wird schon 1502 gesagt:

„Also wachsen unsere Theologi wie das Gras im Winter".

Auf dem letzten Gras gehen: dem Tode nahe sein (vgl. ‚auf dem letzten ↗Loch pfeifen'). 1541 schrieb Seb. Franck (‚Sprichwörter' 2,57'): „Alles Volk lief zum Pischof Jadduch, der war nun auch ein vast alt Man, ging auf dem lesten Gras". Bei Aventin (‚Bayer. Chron.' 5/7, 49b) heißt es: „Was soll ich aber sagen von etlichen alten und betagten Priestern, welche mit ihrem eignen Alter ringen, und albereit auf das letzte Gras gehen und dennoch der Unkeuschheit dermassen seind ergeben". Die Rda. wird aber auch von jem. gesagt, der wirtschaftlich zugrunde geht, so beispielsweise bei Hans Sachs (12,439):

Unserm Junckherr widerfert gleich das.
Er geht jetz auff dem letzten Gras.
Die Schuler wöllen nimmer bey im singen,
Die Fronboten umb sein Hausz sich dingen.

Das Gras von unten betrachten: gestorben sein. Ausgehend von der Vorstellung, daß der im Sarg Begrabene sich unterhalb der Erdoberfläche befindet und das Gras sozusagen aus der verkehrten Perspektive ansehen kann. Heute im Volksmund gebraucht in der Form: ‚die Radieschen von unten ansehen (bekieken)', vgl. frz. ‚manger les pissenlits (l'herbe) par la racine' (den Löwenzahn bzw. das Gras bei der Wurzel anfangen aufzuessen); engl. ‚going to grass with his teeth upwards' (mit nach oben gerichteten Zähnen zu Grase gehen).

Durch Gras und Stroh (Korn) gehen: sich in einem Vorhaben durch nichts behindern lassen. 1842 schreibt Möser (‚Sämmtl. Werke' 3,23): „Wenn sie (die böse Welt) an einer Person, die auf alles Anspruch macht, die auch denen von höherem Stande vordringen will, und durch Gras und Korn geht, wenn sie nur glänzen kann, alle Fehler aufsucht". Schlesw.-holst. ‚He is'n Kerl, de mit een dör Gras un Stroh geit', auf ihn ist Verlaß.

Den will ich Gras fressen lehren: jem. zur Ordnung rufen, ihm Anstand beibringen, ihm die eigene Meinung aufzwingen; vgl. ‚Den will ich ↗Mores lehren', ‚dem will ich die ↗Flötentöne beibringen'.

Ins Gras beißen: im Kampf fallen. Die Wndg. gebrauchen wir heute schlechthin für ‚sterben' (vgl. ‚das Zeitliche segnen', ↗zeitlich) und gerade hierbei zeigt sich das Verblassen des urspr. Bildes bes. auffällig, wenn z.B. niemand den Widerspruch merkt bei einer Erzählung etwa

‚Ins Gras beißen'

von dem Heldentod einer Schar tapferer Seeleute, die sämtlich ‚ins Gras beißen' mußten. Es handelte sich mithin um eine Verallgemeinerung des Soldatentodes auf dem Festlande. Lit. z. B. bei Lessing in dem 87. Sinngedicht auf den Lupan:

Des beissigen Lupans Befinden wollt ihr wissen?
Der beissige Lupan hat jüngst ins Gras gebissen.

Die Rda. kann nicht getrennt werden von rom. Rdaa. wie frz. ‚mordre la poussière' (wörtl.: in den Staub beißen); ital. ‚mordere la terra'; span. ‚morder la tierra'. Im Dt. ist an die Stelle von Erde und Staub auffallenderweise das Gras getreten, was die Erklärung dieser viel gedeuteten Rda. sehr erschwert hat. Die Rda. findet sich zuerst im 13. Jh., hat aber dort noch nicht den Sinn von ‚sterben', sondern wird von Schafen gebraucht, die weiden, bedeutet also soviel wie ‚Gras fressen'. In der Bdtg. ‚sterben' kommt sie erst im 17. Jh. bei Opitz und Olearius vor. Bei Olearius (‚Persianischer Rosenthal' I,19) heißt es: „Viel haben müssen in der Frembde Hungers halben ins Grasz beißen/dasz man nicht weisz/wer sie gewesen seynd: Ihrer viel sterben umb denen keine Thränen vergossen werden". Es läge nahe, zwischen den Worten ‚Hungers halben' und ‚ins Grasz beißen' einen Zusammenhang herauszufinden und diese Stelle zur Erklärung der Rda. zu verwenden, etwa in dem Sinne, daß man annimmt, ‚ins Grasz beißen' sei urspr. von Menschen gebraucht worden, die in größter Not wie die Tiere Gras essen und erst allmählich von der Todesgefahr auf den Tod selbst ausgedehnt worden (so auch Wander, s. Gras). Die Stelle bei Olearius berechtigt indes zu einem solchen Schlusse nicht, zumal andere Stellen, die auf diese Erklärung hinweisen, nicht bekannt sind. Unserem ‚ins Graß beißen' entspricht engl. ‚to go to grass', das sonst von Tieren i.S.v. ‚weiden', ‚auf die Weide gehen' gebraucht wird, gerade wie unser ‚ins Gras beißen' bei seinem ersten nachweislichen Vorkommen im 13. Jh. Neben ‚to go to grass' gebraucht der Engländer i.S.v. ‚sterben' auch ‚to go to the ground', ‚to bite the ground' und ‚to bite the dust', ähnl. die rom. Rdaa. (vgl. ndl. ‚in het zand bijten').

Man hat die Rda. bisher auf vierfache Weise zu erklären versucht; einmal mit der sog. Notkommunion. Es war im MA. üblich, daß Menschen, denen durch Mord oder im Kampf ein schneller Tod drohte, Erdbrocken ergriffen und sie statt des Leibes Christi als letzte Wegzehrung zu sich nahmen. Es wird auch öfter erzählt, daß Laien Sterbenden, denen das heilige Abendmahl nicht mehr gereicht werden konnte, Erdbrocken in den Mund steckten, in der Überzeugung, daß die Wirkung dieselbe sein werde wie beim Genusse des Sakraments. In dem Gedicht von ‚Meier Helmbrecht' wird erzählt, daß die Bauern dem Räuber, den sie an den Baum gehenkt hatten, einen „brosemen von der erden" gaben, „zeiner stiuwer (Steuer) für daz hellefiuwer". In dem Lied von der Ausfahrt des Riesen Ecke wird berichtet, daß Ecke einen verwundeten Ritter fand, dem er einen Brocken Erde in den Mund gab mit dem Wunsche:

Der glaub der werd an dir volleyst (vollendet)
Für das hellische fewre,
Gott Vatter, Suon, heyliger Geyst
Kum deiner seel zu stewre,
Das dir der hymmel sey bereyt.

Ähnl. wird erzählt in den Gedichten von der Ravennaschlacht und von Wolfdietrich. In einem altfrz. Gedicht auf die Schlacht von Roncevalles wird von dem Helden Olivier berichtet, daß er, zum Tode verwundet liegend, drei Grashalme genommen habe, um damit für sich das heilige Abendmahl zu feiern. Statt der Erdbrocken werden also auch Grashalme erwähnt. Diese Erklärung ist jetzt wohl allg. mit Recht aufgegeben worden. Grashalme werden bei der Notkommunion nur äußerst selten erwähnt, so daß es ganz unwahrscheinlich ist, daß sie Anlaß zu einer sprw. Rda. gegeben haben sollten.

Die zweite Erklärung geht davon aus, daß das Wort ‚beißen' nichts anderes ist als mhd. beizen, ahd. beizên = absteigen, dann auch soviel wie unterliegen. In mhd. Epen wird öfters erzählt, daß ein Ritter ‚in daz gras erbeizt', d.h. vom Pferde absteigt (beizen heißt eigentl.: essen lassen, also: um das Pferd fressen zu lassen, ins Gras absteigen), z.B. Heldenbuch 442,28:

da beist wolfdietreiche
da nider in das gras

und 361,18:

er beiste von dem rossen
hin nyder auff das lant.

Dieses ‚beißen' ist später Gebrauch für ‚erbeizen' der gebildeten mhd. Lit. So heißt es z.B. im ‚Nibelungenlied' Str. 200,3:

Dô si in hêt empfangen, er si hiez ûf daz gras
erbeizen mit den frouwen, swaz ir dâ mit ir was.

Aber weder erbeizen noch das in gleichem Sinne verwendete beißen wird in charakteristischer Weise mit Gras in Verbindung gebracht, ja, das Gras fehlt oft gerade da, wo wir es am ersten erwarten müßten, wenn die Rda. auf dieses ‚erbeizen' zurückginge, nämlich, wo es sich um im Kampf Verwundete oder Getötete handelt, wie z.B. im ‚Nibelungenlied' 32,7: „In dem starken sturme erbeizte manec nider von den rossen". Sprw. Rdaa. pflegen nicht auf mißverstandene Worte zurückzugehen. Hier ist das um so unwahrscheinlicher, als ‚beißen' für ‚erbeizen' doch nur ausnahmsweise und gewiß nur im Dialekt gebraucht wurde.

Die dritte Erklärung ist hergenommen von der Tatsache, daß tödlich verwundete Krieger häufig im letzten Todeskampfe Sand, Erde oder Gras mit dem Munde erfassen. Dafür beruft man sich auf zahlreiche Stellen in der Lit. von Homer an. So ruft z.B. Agamemnon (,Ilias' II, 412ff.) den Zeus an:

Laß doch die Sonne nicht sinken
und sende nicht früher das Dunkel,
Ehe nicht niedergerissen
des troischen Königs verrußtes
Deckengebälk und das Tor
mit loderndem Feuer beschüttet,
Eh' nicht des Hektor Gewand
an der Brust ich in flatternden Fetzen
Riß mit dem ehernen Speer
und um ihn viele Gefährten
Häuptlings gestürzt in den Staub,
den Sand mit den Zähnen zu beißen!

Und im 19. Gesang (V.61) heißt es:

Ehe so viel Achäer
den Staub mit den Zähnen gebissen.

Ähnl. sagt Vergil (,Aeneis' XI,418): „procubuit moriens et humum semel ore momordit", (X,489): „et terram hostilem moriens petit ore cruento", und Ovid (,Metamorphosen' IX,61): „arenas ore momordi". Daraus sind die rom. Rdaa. ,mordre la poussière' u.a. entstanden. Auch gegen diese Erklärung scheint zu sprechen, daß nur äußerst selten in dem erwähnten Falle vom Grase die Rede ist. Erde und Staub sind leicht verständlich, Gras nicht in demselben Maße.

4. Deutung: R. Pischel glaubt den Urspr. der Rda. in einem Brauche zu finden, der sich praktisch bei allen idg. Völkern findet, nämlich in der Sitte, in bestimmten Fällen Gras in den Mund oder in die Hand zu nehmen. Pischel sagt: Für Indien steht ganz fest, daß ,ins Gras beißen' nicht ,sterben' bedeutete, sondern im Gegenteil ein Mittel war, um sich bei Lebensgefahr vor dem Tode zu retten. Aber wer ins Gras biß, gab damit zu erkennen, daß er mit seinen Kräften zu Ende war und sich fremder Gewalt überließ. Das Gras war das Symbol der Schwäche und des Schutzheischens. Statt in das Gras zu beißen oder es in den Mund zu nehmen, nahm man es auch in die Hand wie bei den Römern, Germanen, Slawen, und bei den Indern das Schilfrohr. Man könnte versucht sein anzunehmen, daß der Ausdr. von den Kriegern im Kampfe allmählich auf alle Menschen überhaupt ausgedehnt worden sei, die ,mit dem Tode ringen'. Dafür bringt Pischel Belege aus der indischen Lit., wo das Gras als Zeichen der Unverletzlichkeit galt. Aus dem Sinn: Ich beiße ins Gras, d.h. ich bin mit meinen Kräften zu Ende, und der Vermischung mit einer Rda. wie frz. ,mordre la poussière' habe sich die heutige Bdtg. entwickelt. Doch befriedigt auch diese Deutung nicht völlig. Das Begräbnis unter dem Rasen, das ja auch sprw. ist, wird jedenfalls noch nicht zur Erklärung der Entstehung der Rda. ausreichen.

So wird man sie noch am ehesten wohl als naturalistische Schilderung des Verhaltens zu Tode getroffener Krieger auffassen dürfen. Das geht auch daraus hervor, daß die dt. Wndg. sinngemäß der engl. wie auch der frz. entspricht, obwohl darin zumeist der Begriff ,Staub' oder ,Erde' verwendet wird, d.h. alle Varianten beziehen sich auf die Tatsache, daß schwer verwundete Krieger im letzten Todeskampf Sand, Erde oder Gras mit dem Munde erfassen und sich darin festbeißen. Diese Meinung vertritt auch F. Oinas, der als Beweis eine Stelle aus einem hist. Bericht des dänisch. Geschichtsschreibers Saxo Grammaticus (ca. 1204) über den Heldentod des Dänen Skarkather anführt. Darin wird erzählt, wie sich beim Fall des abgeschlagenen Kopfes auf das Gras die Zähne festbissen. Oinas folgert daraus, daß die engl. Rdaa. ,to bite the dust (earth)' bzw. ,to bite the grass' (auch: ,to go to grass') unabhängig von anderen Einflüssen entstanden sind, und zwar allein aufgrund der Beobachtung schwer verletzter Krieger, bei denen ,in ihren letzten Zuckungen' „ein krampfartiges Öffnen u. Schließen des Mundes einsetzte" (Oinas), wobei die Zähne in Staub, Erde oder Gras bissen. Oinas schließt eine sprachl. Überlieferung aus der griechischen und römischen Literatur daher aus. Gleichwohl verdienen die entspr. Belege der Erwähnung, da sie die ältesten Zeugnisse für das oben genannte Phänomen sind.

Wenn in diesen Belegen von Staub und Sand die Rede ist, in der dän. hist. Legende jedoch von Gras, so dürfte das wiederum ein Beweis für die Herkunft der Rda. aus dem realen Verhalten des Kriegers im Todeskampf sein: er beißt in das Nächstgelegene – das ist im Süden eher

Sand und Staub, im Norden dagegen Erde oder Gras.

Viel verwendet wird auch der rdal. Vergleich ‚grün wie Gras', der schon im frühen MA. begegnet und heute vielfach in der Verkürzung ‚grasgrün' vorkommt. Ähnl. der Vergleich ‚wie Spitzgras', der im Sinne von zuwider, unsympathisch, unangenehm vor allem auf Personen bezogen wird, wie z.B. in dem Ausspruch: ‚Er ist mir zuwider wie Spitzgras', ↗grün.

Lit.: *I. v. Zingerle:* ‚Ins Gras beißen', in: Germania 4 (1859), S. 112–113; *J. D. M. Ford:* ‚To bite the dust' and symbolic lay communion, in: Publications of the Modern Language Association 20 (1905), S. 197–230; *E. Hoffmann-Krayer:* ‚Ins Gras beißen', in: Arch. f. d. Studium der neueren Sprachen u. Lit., Bd. 117, S. 142; *L. Günther:* Wörter und Namen, S. 45; *R. Pischel:* Ins Gras beißen, in: Sitzungsberichte der Kgl. Preuß. Akad. d. Wiss. 23 (1908), S. 445–464; *Seiler:* Sprichwörterkunde, S. 233; Richter-Weise, Nr. 67, S. 69–71; *K. Heckscher:* Art. ‚Gras', in: HdA. III, Sp. 1114–1119; *A. Taylor:* ‚Attila and modern riddles: Where the Turk's horse has trod, grass never grows', in: Journal of American Folklore 56 (1943), S. 136–137; *W. Danckert:* Symbol, Metapher, Allegorie im Lied der Völker, Bd. I, S. 850 ff.; *F. Oinas:* ‚To bite the dust', in: Proverbium (N. F.) 1 (1984), S. 191–194;

grau. *Alles grau in grau malen:* etw. pessimistisch darstellen, durchgehend negativ beurteilen; hinter dieser Rda. ist weder irgendeine bestimmte Maltechnik zu suchen, noch verbergen sich dahinter bestimmte Volksglaubensvorstellungen. In Norddtl. herrscht Westwind vor, Regenwind. Der Himmel ist grau in grau; ohne Lichter, ohne Schatten, ohne scharfe Konturen erscheinen Gegenstände und Menschen. ‚Grau in grau' drückt dort zunächst eine (apathische) Stimmung aus, etwa ‚langweilig'; vgl. auch den Ausdr. ‚grauer Alltag': ein hoffnungsloses Einerlei ohne festliche Höhepunkte. Die Rda. ist recht jung und wird bes. auf die Beurteilung einer politischen Lage und ökonomischer Zustände angewandt; vgl. frz. ‚dépeindre (voir) tout en noir' (wörtl.: alles in Schwarz ausmalen oder sehen), ↗schwarz.

Graupen. *Große Graupen* (auch *Raupen*) *im Kopf haben:* sich mit hochfliegenden Plänen tragen, große Erwartungen hegen (vgl. ‚Grütze', ‚Rosine'). Schles. ist bezeugt ‚Er ist ein richtiger Graupenzähler', ein Geizhals; ähnl. ‚Erbsenzähler' (bei Grimmelshausen), auch ‚Kümmelspalter', ‚Kaffeebohnenzerbeißer'.

‚Graupen' gab es früher nur in der ‚groben' Form, ungemahlen, ungeteilt. Sie quollen beim Kochen und kamen so zu ihrem Beinamen: ‚Kälberzähne' (Ostdtl.) und ‚Gamaskenknäupe' (= Gamaschenknöpfe) in Nordtl. Im Artland blieb der urspr. Name: ‚schilde Gassen' = geschälte Gerste.

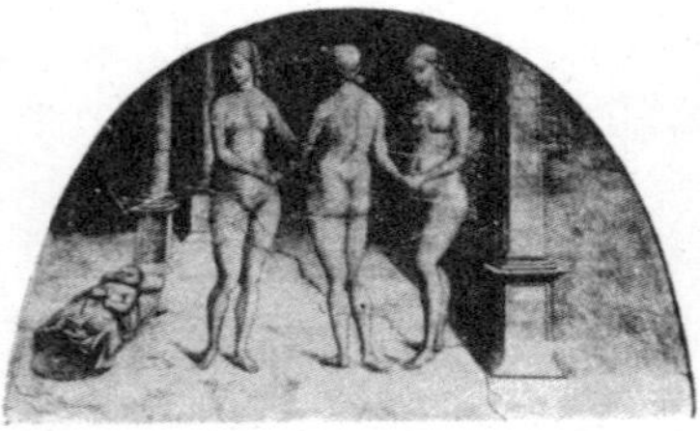

‚Die Grazien haben nicht an seiner Wiege gestanden'

Grazie. *Die Grazien haben nicht an seiner Wiege gestanden:* sie haben ihm nicht die Eigenschaften als Patengeschenk verliehen, wodurch sie sich selbst auszeichnen: Anmut und Liebreiz. Gewöhnlich braucht man diese kaum ins Volk gedrungene, sondern fast nur lit. Rda. nicht nur, um diesen Mangel angenehmer Gaben auszudrücken, sondern geradezu, um einen häßlichen oder groben, unhöflichen Menschen zu bezeichnen. Goethe verwendet das Bild in den Worten Tassos zur Prinzessin (‚Tasso' II, 1):

Doch, haben alle Götter sich versammelt,
Geschenke seiner Wiege darzubringen?
Die Grazien sind leider ausgeblieben,
Und wem die Gaben dieser Holden fehlen,
Der kann zwar viel besitzen, vieles geben,
Doch läßt sich nie an seinem Busen ruhn.

Außerdem nennt Goethe den griech. Lustspieldichter Aristophanes einen „ungezogenen Liebling der Grazien". Diese Bez. ist später auf Heinrich Heine übergegangen. Vgl. frz. ‚l'élu des Grâces' (gehobene Sprache).

Lit.: *V. Mertens:* Die drei Grazien. Studien zu einem

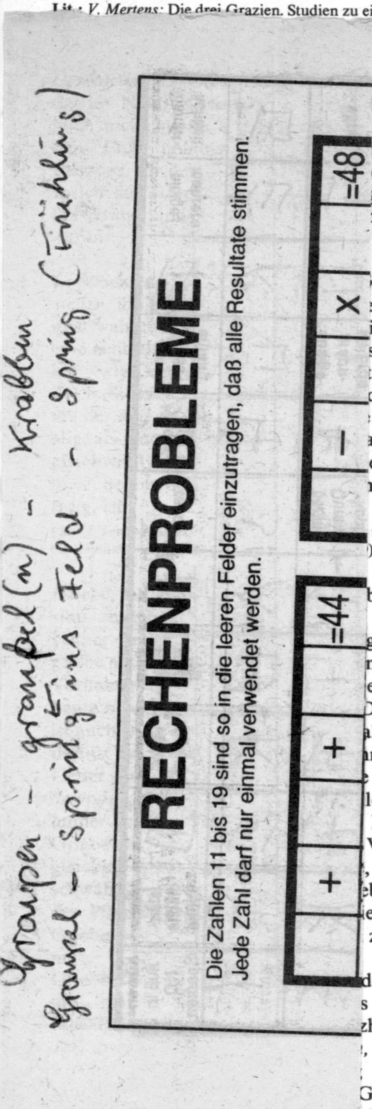

‚Der ist ge Griebe stehle gange, da ist ihm eine am Maul hange bliebe'.

Griff. *Etw. (fest) im Griff haben* (auch mit dem Zusatz *wie der Bettelmann die Laus*): etw. in kompetenter Weise erledigen, es aus Gewohnheit richtig machen, wie z. B. der Handwerker die Handbewegungen und Griffe bei seiner Arbeit tausendmal am Tage ohne Nachdenken richtig ausführt. Urspr. ist bei der Rda. freilich meist an die ‚Griffe' des Musikers gedacht worden, so 1530 bei Luther: „Nicht gewissers haben sie jr lebtag gehabt, denn solche jre eigen weissagung, sie hattens am griffe wie die fiddeler"; ebenso bei dem Dichter Jörg Wickram († um 1560): „wie luthenschlagen hab ichs im griff".

Jem. fest im Griff haben: sich seiner sicher sein können, ihn durch Einschüchterung oder aufgrund seiner Autorität in Abhängigkeit halten.

Griffe kloppen (klopfen): am Gewehr exerzieren. ‚Klopfen' bezieht sich auf das feste Zugreifen und Zuschlagen mit den Händen. Der soldatenspr. Ausdr. ist auch auf das erotische Gebiet übertr. worden und meint dann: ein Mädchen abtasten (20. Jh.).

Einen kühnen Griff tun: sich in etw. anmaßender Weise um eine unerreichbar scheinende Position oder Sache bemühen. Heinr. von Gagern (1799–1885) gebrauchte in der Reichstagssitzung vom 24. Juni 1848 im Zusammenhang mit der Begründung einer dt. Zentralgewalt die Worte: „Meine Herren! Ich tue einen kühnen Griff und ich sage Ihnen: Wir müssen die provisorische Zentralgewalt selbst schaffen". Obwohl er seinerseits nur dieselbe Wndg. gebrauchte wie sein Vorredner Karl Mathys (der u. a. gesagt hatte: „... dann meine Herren, ja dann wäre uns ein kühner Griff nach der Allgewalt nicht nur erlaubt, sondern durch die Not geboten"), gilt von Gagern als Urheber der Wndg. (Büchmann).

Grille. *Grillen (haben) fangen:* launisch, eigensinnig, mißvergnügt sein, auch: unter Langeweile leiden und sich wunderlichen Einfällen hingeben, sich die Zeit mit unnützen Dingen vertreiben. In einer Aesop. Fabel hat die Wndg. noch reale Bdtg.: Eine Grille wird gefangen und auf ihre Bitte wieder freigelassen. ‚Grille', die Bez. für eine kleine Heuschreckenart, wird erst seit dem 16. Jh. in übertr. Bdtg. gebraucht für Laune, närrische Handlung, Schrulle. Sie wird in übertr. Sinne nicht unmittelbar mit dem Namen des Tieres in Zusammenhang gebracht, sondern als eine Anknüpfung an lat. grilli = Gebilde der Groteskmalerei erklärt, eine Bdtg., die erst durch humanistische Kreise des 16. Jh. bekanntgemacht worden sein kann. (Hübner im Dt. Wb. Bd. 4, 1. Abteil. 6, Sp. 318ff. u. Kluge Götze, S. 280).

‚Grillen fangen'

Dieser ältere Gebrauch des Wortes findet sich aber nur bei Joh. Fischart:

Ja malen selsam grillen dar
Wie die Welt gar à retours fahr

(‚Die Gelehrten d. Verkehrten' 331,10). Bereits im 16. Jh. ist das Wort ‚Grille' in der Rda. vom Volksbewußtsein mit dem Tier (Heimchen) identifiziert und in die Nähe anderer Wndgn. gerückt worden, so z.B. bei Seb. Franck (‚Sprichwörter' 1541,60): „er hat vil hummeln, mucken, tauben, meusz oder grillen im kopff". Lit. ist die Rda. seit dem Ende des 17. Jh. häufiger bezeugt, wobei der Zusammenhang mit dem Tiernamen deutlich ist, wie die folgenden Belege zeigen: „Ich will lachen ... andre mögen Grillen fangen!" (Christian Günther [1735] Gedichte, 179); „Wer wird bei vollen Flaschen die Stirn in Falten ziehn und magre Grillen haschen" (Wieland, Idris, 1. Teil, V.66); „Ich habe über dieses Gedicht einige Grillen gefangen" (Lessing); „Fang eine Grille ein, die klüger singt" (Hebbel: ‚Siegfrieds Tod', IV,6). Auch im Märchen ist die Wndg. belegt. (Vgl. KHM. 2, 57.)

‚Er fängt Grillen', oft verbunden mit der Handbewegung des Fliegenfangens aus der Luft, heißt im Niederdeutschen etwa ‚er spinnt', er leidet an Einbildungen und ähnliches.

Die Rdaa. *Von Grillen geplagt werden* und *Grillen im Kopfe haben* weisen auf die Vorstellung von Grillen als Krankheitserregern hin. Man sprach sogar von einer „Grillenkrankheit', die den Menschen quälen konnte (vgl. HdA. III, Sp. 1164f., Artikel ‚Grille' von Riegler). Auch Grimmelshausen gebraucht in seinem ‚Simplicissimus' (III,135) eine ähnl. Wndg.:

Wiewol ich dieses Possens halber
Noch lange hernach grandige
Grillen im Capitolio hatte.

Da man auch davon spricht, daß ‚einem die Gedanken durch den Kopf schwirren', daß ‚einem der Kopf brummt' oder daß es ‚bei jem. im Kopfe rappelt', mag der Anlaß zum Vergleich mit Schwärmen von kleinen, unangenehmen Tieren im Kopf gewesen sein. Eines der ältesten Zeugnisse für diesen Sprachgebrauch bringt die ‚Zimmerische Chronik' (I,121) aus der Ursperger Chronik (um 1220): „Marchiam quoque Anconae et principatum Ravennae Conrado de Lützelhardt contulit, quem Italici Muscam-in-cerebro nominant eo, quod plerumque quasi demens videretur". An anderer Stelle (III,244) heißt es: „so im dann die dauben ussgeflogen". Noch heute sagt man ähnl. im Ndd. ‚sik bunde vügel (hoffärtige Gedanken) in den kopp setten', und in Thüringen heißt ein sehr eigensinniger, widerspenstiger Mensch ‚Mottenkopf'. Lehmann (442, Kopff 31) schreibt ebenso in diesem Sinne: „Wer Mäuss im Kopff hat, dem muß man ein Katz drein setzen, wer Tauben hat, dem muß man sie abfangen, wer Mücken hat, dem muß man mit Mükkenpulver verhelffen: aber Narren wollen sie stracks mit Schwertern und Degen vertreiben". Auch Schnaken, Schnurren und Schnickschnack (lustige Einfälle) gehören hierzu. Henrici sagt von einem Mädchen mit Zahnschmerzen:

Fiekchen hat im hohlen Zahn
Ein halb Schock wilde Hummeln

und von einem mit Staatsgeschäften Überbürdeten heißt es:

Da muß der Kopf nicht anders sein
Als wie ein Bienenschwarm.

Haller warnt:

Und wer aus steifem Sinn, mit Schwermuth wohl bewehret,
Sein forschend Denken ganz in diese Tiefen kehret,
Kriegt oft vor wahres Licht und immer helle Lust
Nur Würmer in den Kopf und Dolchen in die Brust.

In Ifflands ‚Jägern' (III, 8) sagt die Wirtin von Anton: „Es ist ein junges Blut, und wenn denen die Ratte durch den Kopf läuft –".

Auch heute noch kommen andere kleine Tiere in der Wndg. vor, z.B. kann man Motten, Mücken (obd. Mucken), Hummeln oder Raupen im Kopfe haben. Das HdA. (III, Sp. 1166f.) verweist aber auf die bes. ungünstige Bdtg. der Grille hin: namentlich das Gezirpe der Grille gilt im Volksglauben als tod- und unheilkündend. Vgl. auch in gleicher Bdtg. ital. ‚avere de' grilli per il capo' und frz. ‚avoir des cigales en tête'. In Schlesw.-Holst. aber steht Grille kaum für das Insekt, sondern für wunderlicher Einfall, Laune, z.B. sagt man dort: ‚De April heft Grill' und: ‚Em stiegt de Grillen to Kopp', er wird zornig.

Einem eine Grille ins Ohr setzen, gleichbedeutend mit ‚einem einen ↗Floh ins Ohr setzen'.

Sich die Grillen aus dem Kopf schlagen: bewußt die trüben Gedanken vertreiben, guter Laune sein, vgl. schles. ‚Schlag der de Grillen ossem Hête' (Haupt). Die ähnl. Rda. *(jem.) die Grillen vertreiben* ist seit dem ausgehenden 17. Jh. belegt, z.B. bei Abraham a Sancta Clara im ‚Judas' (IV, 330), und wird meist ebenfalls im Sinne des Tiernamens aufgefaßt. Im 17. Jh. entwickelte sich aber auch die bes. Bdtg. von Grillen zu trübseligen Gedanken, grundlosen, der Einbildung entsprungenen Sorgen, die manchen Rdaa. vom Vertreiben, Verscheuchen und Verjagen von Grillen zugrunde liegen kann. Goethe braucht solche Wndgn. mehrmals, z.B. im ‚Reineke Fuchs':

Reinekes Freunde blieben zusammen die Nacht durch und scheuchten
Seine Grillen durch muntre Gespräche.

Auch in seinem ‚Faust' (V. 1534) schreibt er:

Denn dir die Grillen zu verjagen
Bin ich, ein edler Junker, hier.

Stereotyp erscheint die Wndg. im Studentenlied: „Laßt uns fort die Grillen jagen", und Hölty dichtet: „Wer wollte sich mit Grillen plagen" (Ged. 1869, 203). Im Volkslied ‚Die Gedanken sind frei' (Anfang des 19. Jahrhunderts) beginnt eine Strophe:

Drum will ich auf immer den Sorgen entsagen
und will mich auch nimmer mit Grillen mehr plagen ...

und Felicitas Kukuck (Hindemith-Schülerin) schuf ihren schönen Reise-Kanon nach dem alten Volksspruch:

Wer allzeit hinterm Ofen sitzt
und Grillen fängt und Hölzlein spitzt
und fremde Lande nie geschaut,
der (bleibt) ist ein Narr in seiner Haut.

(Quelle: Gottfr. Wolters: ‚Das singende Jahr', Blatt 7.)

‚Grillen vertreiben'

Seine Grillen füttern: seinen wunderlichen Launen und Einfällen gern nachhängen und folgen, eigentl. die elbischen Geister speisen und verehren, die in Grillengestalt den Menschen plagen und ihn auf trübsinnige Gedanken bringen.

Ein Grillenfänger sein: ein Griesgram, Sonderling sein, launisch sein, sich einer trüben Stimmung hingeben, unter hypochondrischen Einbildungen leiden, ein Misanthrop sein. Göhring (Nr. 122) weist auf die Herkunft aus dem Ndd., wo ‚Gril' Laune bedeutet und nicht das Insekt bezeichnet.

Auf Grillenfang gehen: selbst nach neuen Gründen für seine Launen suchen. Gottfried Keller hat sogar das 15. Kap. des III. Teils seines ‚Grünen Heinrich' der ‚Grillenfang' genannt, in dem von unnützen Kritzeleien auf der Leinwand die Rede ist.

Lit.: *O. Deiboulle:* ‚Avoir des crignons, des grésillons ou des grillons dans la tête', in: Romania 20 (1891), S. 287–288; *O. Keller:* Die antike Tierwelt 2 (Leipzig 1913), S. 459; *I. Manninen:* Die dämonistischen Krankheiten im finnischen Volksaberglauben. Vergleichende volksmedizinische Untersuchungen (= FFC. 45) (Lovüsa 1922); *R. Riegler:* Art. ‚Grille', in: HdA. III, Sp. 1160–1169; *L. Röhrich:* Krankheitsdämonen, in: Volksmedizin, Probleme der Forschungsgeschichte, hg. v. Elfriede Grabner, Wege der Forschung 63 (Darmstadt 1967), S. 283–288. *W. Theiß:* ‚Grillenvertreiber', in: EM. VI, Sp. 164–166.

Grind. *Jem. den Grind an den Hals wünschen:* so wütend über ihn sein, daß man ihm nur Böses wünscht.

Beim Grind handelt es sich um einen schorfartigen Ausschlag, eine Art von Krätze. Wie verbreitet der Kopfgrind einst war, geht aus einer Reihe von Frühbelegen hervor. So heißt es bei H. Steinhöwel (‚Esopus', 1476 ff.): „zukt er im daz piret von synem kopf u. sicht daz er den grind hat", des weiteren – in Verbindung mit Läusen, wie sie auch heute noch in der schweizerischen Redensart ‚jemandem den Grind lausen' begegnet – auch bei H. Brunschwig (‚Chirurgica', Ausg. 1539, 117): „... wir brauchen es ... für grindt und leüsz".

Auch bei L. Hulsius kommt der Ausdr. als Bez. für eine bekannte Kopfkrankheit vor: „... der grind oder krätze, so diejenigen kindlein gemeiniglich auff dem haupt bekommen" (Hulsius: ‚Dictionarium ...', Ausg. 1618, 2,221).

Als Verwünschung erscheint der Grind zum ersten Mal bei Jac. Hartlieb (‚De fide meretricum', 1605): „du grobes rindt, hab dir den grindt!" Desgl. in einer etw. anderen Fassung bei Wander (II,137): ‚Der Grind soll ihm über den Kopf fahren!' Ähnl. wie die gleichbedeutende Verwünschung ‚daß du die Pest kriegst!' ist auch das Grindanwünschen heute weitgehend, wie auch die Krankheit, ausgestorben, bzw. hat anderen Verwünschungsformeln Platz gemacht.

Lit.: *E. Moser-Rath:* Lustige Gesellschaft (Stuttgart 1984), S. 181.

grob. Grobheit. *Grob werden:* in Schimpfereien verfallen, auch: ‚handgreiflich werden'. Allg. steht das Wort ‚grob' für das Unfeine, Unmanierliche, Rüpelhafte und Rohe und ist in dieser Bdtg. vor allem im 16. Jh. bezeugt, u.a. bei Luther, H. Sachs, S. Brant u. Th. Murner. Von dort her gelangte es in den allg. Sprachgebrauch und fand schließlich auch seinen Niederschlag in zahlreichen sprw. Rdaa., wie z.B. in der Wndg. *ein grober Klotz sein.* Sie ist gleichbedeutend mit: *ein grober Jahn sein,* der *aus grobem Holz gezimmert* ist, *grob (Garn) spinnen* kann, sich *in grober Tonart* bzw. *in grobem Ton* äußert und anderen gerne *Grobheiten an den Kopf werfen* möchte, dem man daher auch *grob kommen* oder *mit einem groben Geschütz antworten* muß, denn ein bekanntes Sprichwort sagt: ‚Auf einen groben Klotz gehört ein grober Keil', ↗Geschütz, ↗Grobian.

In jüngster Zeit hat sich auch die neuere Wndg.: *eine Hilfe fürs Grobe* (scherzh. variiert zu: ‚eine Oma fürs Grobe') durchgesetzt. Mit dem Groben sind hier die allg. Putzarbeiten gemeint. Dagegen bezieht sich die Rda.: *Aus dem Gröbsten heraus sein* auf die ärgste Plage, die man (gottlob!) hinter sich hat – bei Kindern auf die ersten Lebensjahre, in denen sie noch völlig auf die pflegende Hilfe der Eltern angewiesen sind.

Lit.: *E. Moser-Rath:* Art. ‚Grobheit', in: EM, VI, Sp. 212–219.

Grobian. *Ein rechter Grobian sein:* ein Polterer und Rohling, dem jedes Feingefühl abgeht. Das Wort ist eine Verkürzung aus Grobianus, bekannt auch als ‚hl. Grobianus', und bez. einen Menschen, der sich wie ‚ein grober Jahn' benimmt. Von Luther wurde er auch ‚Hans Grobianus' genannt. Auf diesen Ausdr. bezieht sich auch die ‚Grobianische Dichtung', die an die Tischsitten des späten MA. anschließt. Unter dem Einfluß der Vergröberung aller Lebensformen, die mit dem Niedergang der ma. Kultur Hand in Hand ging, und mit der zunehmenden Neigung zur Satire schlug die ganze Lit.gattung ins Gegenteil um, zeitigte iron. Anweisungen zu möglichst unflätigem Benehmen, die abschreckend und erzieherisch wirken sollten, in denen sie den Unflat der Lächerlichkeit preisgaben.

Der Ausdr. ‚Grobian' taucht wahrscheinlich zum erstenmal 1482 in Zeningers ‚Vocabularius teutonicus' auf als Verdeutschung für ‚rusticus'. Zum Schutzheiligen unflätiger Schlemmer erhob ihn erst Seb. Brant in der ersten Ausg. des ‚Narrenschiffs' (1494) am Beginn des 72. Abschnittes ‚Von groben Narren':

Ein nuwer heilig heisßt Grobian
Den will jetz firen jedermann
Und eren inn an allem ort
Mit schäntlich wuest werck, wis und wort.

Durch Brant wird der hl. Grobianus zum Schutzherrn und Anwalt jedes unanständigen Benehmens im Wirtshaus wie in der Familie. In der Folgezeit (bis hin zu Goethe und der Sturm- und Drangzeit) ist der ‚Grobian' aus der Lit. nicht mehr wegzudenken. Stärkster Verbreiter des Ausdr. war K. Scheit durch seine Übers. von F. Dedekinds lat. Satire ‚Grobianus' (1549) ins Deutsche (1551), ↗grob.

Lit.: *A. Hauffen – C. Diesch:* Grobianische Dichtung, in: Reallex. der dt. Lit.gesch. I, 605–608; *H. Trümpy:* Art. ‚Brant, Sebastian', in: EM. II, Sp. 667–672, insbes. 671; *E. Moser-Rath:* Art. ‚Grobheit', in: EM. VI, Sp. 212–219.

Groschen. *Bei Groschen sein:* bei Verstand sein; *nicht recht bei Groschen sein:* nicht recht gescheit, nicht ganz richtig sein. Die Rda. ist im 19. Jh. weit verbreitet und meint urspr.: kein Geld haben; in ähnl. Weise wird sie z. T. auch noch heute verwendet, z. B. *Groschen haben:* Geld haben, *sehr auf die Groschen sein:* geldgierig, geizig sein; aufs Geistige übertr. meint die Rda.: geistig unbemittelt sein. Schwäb. ‚Der kriegt sein Grosche gewechselt', er macht eine Geldheirat. Schlesw.-holst. ‚He hett keen Groschen op de Naht', er ist ganz ohne Bargeld. *Endlich ist der Groschen gefallen:* endlich hat er verstanden, endlich hat er es kapiert, ‚gecheckt'.

Die junge Rda. kommt von der Verwendung eines ‚Groschens' (Zehnpfennigstückes) zur Ingangsetzung eines Verkaufsautomaten: der Groschen muß erst fallen, ehe der Mechanismus ausgelöst wird – was dann dem Denkmechanismus gleichgesetzt wird. In abgewandelter Form sagt man auch (20. Jh.): ‚Bei ihm fällt der Groschen fix', er begreift rasch, ‚der Groschen fällt langsam', er begreift langsam, ‚der Groschen fällt pfennigweise', ‚er hat einen Groschen mit Fallschirm', er begreift sehr langsam, ‚bei ihm klemmt der Groschen', er begreift den Zusammenhang noch nicht, ‚der Groschen ist kein Stuka' (= Sturzkampfflugzeug), ich kann nicht so schnell begreifen.

In einem Schlager heißt es dann:

Wenn bei mir der Groschen fällt,
pfeif ich auf die ganze Welt ...

Lit.: *H. Mané u. L. Veit:* Münzen in Brauch u. Aberglauben (Nürnberg 1982), S. 232.

groß, Größe. *Groß tun (sprechen):* angeben oder: *große Reden führen.* Verwandt damit ist die Wndg. *ein großes (hohes) Tier sein:* eine hohe Stellung bekleiden, aber auch i. S. v.: sich wichtigtuerisch benehmen gebraucht, ↗Tier.

In dieser wie in vielen anderen Wndgn. wird der Begriff ‚groß' im übertr. Sinne verwendet. Oft erscheint er auch in Zusammensetzungen wie ‚von Großmannssucht befallen sein', ‚größenwahnsinnig sein', ‚sich großkopfig aufführen' ↗großkopfig. Desgl. in Wortverbindungen wie *groß und breit* (etw. erklären), *groß und klein* (d. h. alle miteinander), *groß genug sein* (um sich z. B. an der Arbeit zu beteiligen, um selbständig zu handeln).

‚Groß' hat vielfach den Nebensinn von ‚Gernegroß', wie z. B. in den Rdaa. *auf großem Fuße leben* ↗Fuß, *ein großes Geschrei veranstalten* ↗Geschrei. Häufig drückt es aber auch menschliche Überlegenheit und überragende Bdtg. aus, so u. a. in den Wndgn.: *eine große Rede halten, ein großer Kopf sein* ↗Kopf, *ein großes Herz haben* ↗Herz, *ein großer Geist sein* ↗Geist; aber auch: *ein großes Mundwerk (Maul) haben* ↗Mund, ‚eine große Gosch haben' – oft ergänzt durch den rdal. Vergleich *groß wie ein ↗Scheunentor* – ferner: ‚Großhans', ‚Großmaul', ‚Großsprecher'. *Großer Gott!* ↗Gott, Götter.

Einen vorwiegend positiven Sinn hat dagegen die Wortverbindung: *die großen*

Männer (der Geschichte, Wirtschaft, Politik), herausragende Kapazitäten in ihrem Fach, sowie Manager, die oft *einen großen Wurf tun* und mit Macht *ihre großen Ziele verfolgen,* was häufig kommentiert wird mit der sprw. Feststellung: ‚Die großen Fische fressen die kleinen'; ↗ Fisch.

Nicht selten wird in scherzhafter Weise auch derjenige ‚ein großer Mann' genannt, der ‚große Bogen spuckt', in den meisten Fällen jedoch der, ‚auf den man große Stücke halten' kann, ↗ Bogen, ↗ Stück.

Vielfach ist auch die körperliche Größe angesprochen, z. B. in der Rda. *sich in seiner ganzen Größe vor jem. aufbauen,* d. h. ihm drohend entgegentreten, oft aber auch die *innere Größe,* wie sie in der Wndg. *eine Größe sein* z. Ausdr. kommt und gelegentlich auch in scherzhaften Abwandlungen begegnet, z. B. in der Wndg. *eine verkannte Größe sein* oder *der Größte sein.*

Lit.: *Anon.:* ‚Big enough to cuss a cat in', in: American Speech 27 (1952), S. 152; *W. Mieder:* ‚Die großen Fische fressen die kleinen', in: Muttersprache 98 (1988), S. 1–37; *P.-L. Rausmaa:* Art. ‚Die ungewöhnliche Größe', in: EM. VI, Sp. 239–249.

großkopfig (großkopfet). *Zu den Großkopfete(n) gehören:* zu denen, die hoch hinaus wollen oder ganz oben sind. Die Wndg. ist vorwiegend im süddt. Raum bekannt und bezieht sich auf ‚die da oben', die das Sagen haben und sehr reich sind; häufig auch auf diejenigen, die nur so tun, als hätten sie das Sagen.

Menschen mit außergewöhnlich großen Köpfen, die wie aufgeblasen wirken, werden oft in grob scherzhafter und verächtlicher Weise abgewertet, wie u. a. auch die folgenden lit. Belege zeigen: „... Narr, groszkopfeter" (Abraham a Sancta Clara: ‚Etwas für alle' [1699]), „hette dieszer löbliche fürst die schwehre kranckheit desz geistes wie etliche groszkopfe gehabt" (G. Widmann: ‚Chronica', 15./16. Jh., Bearb. Kolb [1904], 175). „Umd die groszköpf ist khay schadt" (‚Volksschauspiele in Bayern u. Österr.-Ungarn', ges. v. A. Hartmann [1880], 370).

Wie der Begriff dann zur Bez. für die ‚hohen Herren' wurde, ist noch ungeklärt. Doch lassen sich aus den lit. Zeugnissen zwei Wege dahin herauskristallisieren: Einmal werden dem Großkopfeten, d. h. dem hohen Herrn, zwar eine hohe Stellung, oft aber auch wenig Verstand zugeschrieben. Diesem Umstand ist es wohl zu verdanken, daß die satirisch-spöttischen Aussagen, die schon im 17. Jh. nachweisbar sind für den großköpfigen Dummen, ‚Beschränkten' galten, für den, der kraft Amtes geneigt ist „ungereimte dinge in seiner groszköpfichten einbildung zu begehen" (J. Riemer: ‚Der poltische maulaffe ...' [1680], 55), d. h. hier wird der Begriff schon in übertr. Sinne gebraucht: Vom krankhaft aufgeblasenen großen Kopf (Wasserkopf) wird die Bdtg. ‚Aufgeblasenheit' i. S. v. Einbildung abgeleitet und auf die hohen Herren bezogen. Das kommt nicht von ungefähr, denn aus einem Beleg im Schwäb. Wb. (nach einer Quelle von 1720) mit dem Wortlaut: „die bürger, ja wohl die grozskopfigen, die paruckenteufel" läßt sich folgern, daß der Ausdr. auf die Perückenträger gemünzt war, d. h. auf Bürgerliche, die in Nachahmung der Höflinge an den Fürstenhöfen Perücken trugen und somit große Köpfe hatten. Da aber auch mit einem Perücke tragenden Kopf, d. h. mit den Großen der Gesellschaft, nicht immer die Vorstellung von Klugheit verbunden war, muß angenommen werden, daß sie aus diesem Grunde dieselbe verächtliche Behandlung erfuhren wie die (von Natur aus) großköpfigen Andersartigen der früheren Zeit.

Großmutter. *Mit des Teufels Großmutter verwandt sein:* ↗ Teufel (vgl. auch ↗ Henker).

Rdaa. über Großmütter sind verhältnismäßig selten. Die wenigen, die es gibt, haben zumeist einen positiven Sinn, da sie sich in der Hauptsache auf ihre Lebenserfahrung beziehen. So weist auch die Wndg. ‚Was Großmutter erzählt ...' auf die belächelte gute alte Zeit, in der Großmütter für die Kinder von bes. Wichtigkeit waren. Aber man sagte seinerzeit auch: ‚Das kannst du deiner Großmutter erzählen', wenn man etw. für unglaubwürdig hielt, i. S. v.: die Großmutter ist schon senil, die glaubt alles.

Eine neuere, iron. Rda. ‚Bring deiner Großmutter noch das Beten (Eieressen,

Lesen) bei', deutet dagegen schon auf den Wandel im Verhältnis der Generationen zueinander. Vgl. auch den scherzhaftiron. ‚Wenn'-Spruch: ‚Wenn meine Großmutter Räder hätte, wär' sie ein Omnibus'.

Großvater. Als Begriff für die ‚gute alte Zeit' dient gelegentlich die Wndg.: *Als der Großvater die Großmutter nahm.* Sie nimmt Bezug auf eine Erzählung von Hermann Kurz (‚Wie der Großvater die Großmutter nahm', 1856). Ein von G. Wustmann hg. ‚Liederbuch für altmodische Leute' erschien 1885 unter dem Titel ‚Als Großvater die Großmutter nahm'.

‚Auf der Grube gehen' – ‚Mit einem Fuß im Grabe stehen'

Grube. In älterer dt. Sprache war Grube ein Synonym für ‚Grab'; daher die Rda. *auf der Grube gehen:* dem Tode nahe sein, noch heute z. B. in der obersächs. Mda. ‚Mein Nachbar geht, fürchte ich, auf der Grube herum', doch schon frühnhd. bei Murner (‚Narrenbeschwörung' 234): „wie vast wir lauffen uff der grůb, schenk yn"; und in Brants ‚Narrenschiff' findet sich der Reim:

wie wol jch vff der grůben gan
Vnd das schyntmesser jm ars han
Mag jch myn narrheyt doch nit lan.

Ebenso *einen in die Grube bringen:* seinen Tod herbeiführen; vgl. frz. ‚précipiter quelqu'un dans la tombe' (wörtl.: einen ins Grab stürzen), ↗Grab; *in die Grube fahren:* sterben (vgl. Luthers Übers. von 1. Mos. 37,35); *jem. eine Grube graben:* auf seinen Fall hinarbeiten. Die Rda. ist durch die Bibel volkstümlich geworden (vgl. Sprüche Salomonis 26,27), ist aber schon mhd., z. B. bei dem Spruchdichter Spervogel, bezeugt:

Vil dicke er selbe drinne lît,
der dem andern grebt die gruoben.

Verbreiteter als die Rda. ist das Sprw. ‚Wer andern eine Grube gräbt, fällt selbst

‚Wer andern eine Grube gräbt'

hinein' (auch mit der parodistischen Schlußfolgerung: ‚der schwitzt'); ähnl.: ‚Er muß selbst in die Grube springen, die er anderen gegraben hat'. Vgl. Abb. S. 588.

Lit.: *M. Lenschau:* Grimmelshausens Sprww. u. Rdaa. (Frankfurt/M. 1924), S. 74–75; *L. Röhrich* u. *G. Meinel:* Redensarten aus dem Bereich der Jagd und der Vogelstellerei, S. 322.

Grum(me)t (aus mhd. gruonmât = grüne Mahd) heißt der zweite Grasschnitt, der nach der ersten Mahd, der eigentl. Heuernte, eingebracht wird. Beim ersten Schnitt werden blühende Gräser, also bunte Wiesen, gemäht. Da die Gräser wohl nachwachsen, aber meist nicht nochmals blühen, ist der zweite Schnitt wirklich eine ‚grüne' Mahd. Von dieser Reihenfolge kommen die obersächs. Rdaa. *Sie haben Grumt gemacht, ehe sie Heu machen:* sie haben eher Kindtaufe

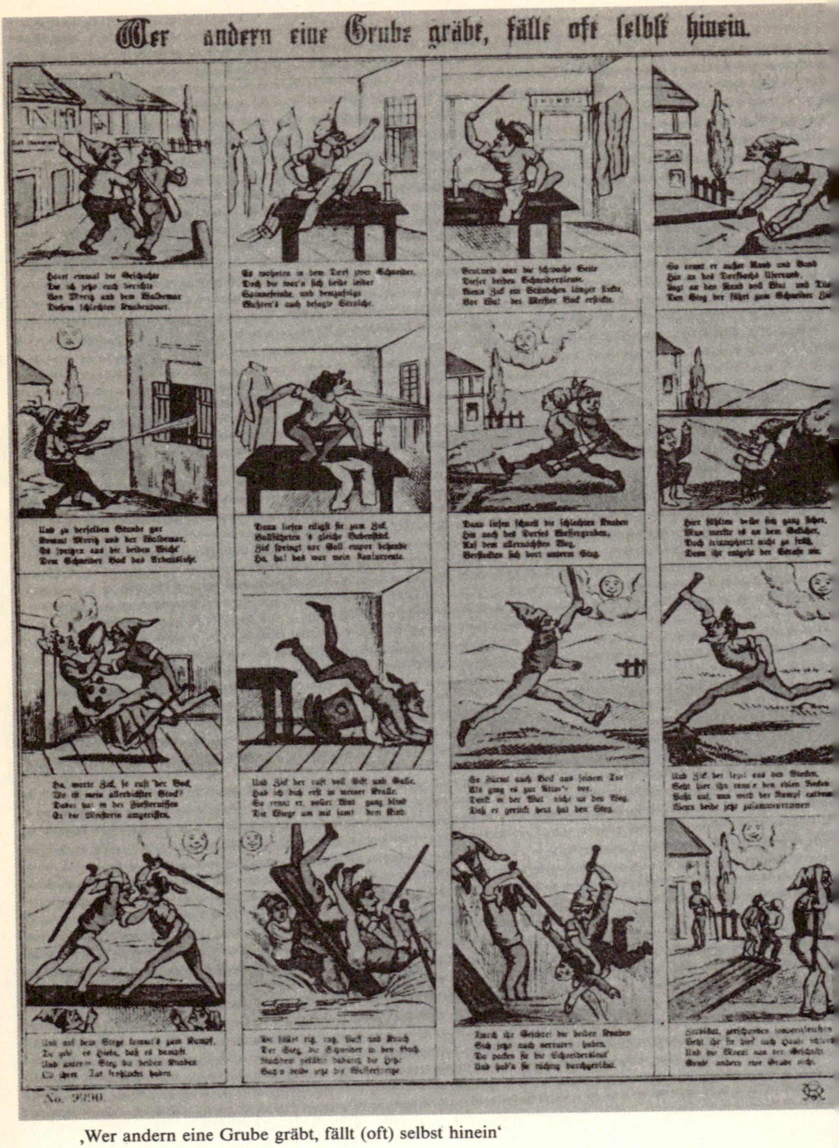

‚Wer andern eine Grube gräbt, fällt (oft) selbst hinein'

gehalten als Hochzeit; *da geht's Grumt vor'n Heu weg:* die jüngere Schwester heiratet vor der älteren, ein Umstand, der von den Eltern nie gern gesehen wird.

grün bez. in seinem urspr. Sinn das Wachsende, Frische in der Natur und steht damit im Gegensatz zum Trockenen, Welken, aber auch zum bereits Ausgewachsenen, Ausgereiften. Daher die Rdaa. *ein Ding zu grün angreifen;* vgl. frz. ,Ils sont trop verts' (wörtl.: Die Trauben sind noch zu grün): die Sache ist verfrüht und *etw. zu grün abbrechen* (sächs.): eine Sache nicht zur Reife kommen lassen, etw. übereilt, unvorbereitet tun oder davon sprechen; dazu kommt die Bdtg. des kecken, unverschämten Auftretens, die in dieser Rda. schon 1582 in der Komödie ,Hans Pfriem' des Hayneccius vorkommt:

Ey lieber Pfaff, und bistu kün,
Und darffst es abbrechen also grün,
So nimb den Pfahl aus deinem hertzen,
Und steck ihn in das meine mit schmertzen.

Grün im Sinne des Unzubereiteten, Rohen begegnet in der ndd. Rda. ,Dat kan ik gliks sau greun wegputzen' als Ausdr. der Vorliebe für eine Sache.

Die Bdtg. des frischen Grüns wird aus dem pflanzlichen Bereich auch in den des Menschen übertr., wo grün oft mit ,frisch' und ,jung' gleichzusetzen ist. *Sich grün machen:* sich viel zutrauen, sich frisch zeigen; vgl. das Sprw. ,Wer sich grün macht, den fressen die Ziegen'.

Seit dem 17. Jh. bez. grün auch ,Unerfahrenheit', ,geistige Unreife', so z.B. Heupold (1620): „einen grünen, unweisen, ungerechten Narren"; daher die umgangsspr. Ausdr. ,grüner Junge', ,Grünschnabel' u.ä.; vgl. engl. ,greenhorn', womit urspr. die Amerikaner die neuen Einwanderer bezeichneten, später allg. für unerfahrene Menschen gebraucht; ↗Greenhorn.

Im 20. Jh. kam der Ausdr. ,Grünzeug' als Parallelbildung zu ,junges Gemüse' auf, womit junge, unerfahrene Leute bez. werden; die Rda. ist auch in Luxemburg geläufig: ,esou grengt Gemeis'. ,Frisch', ,unbearbeitet' meint auch das ,grün' in den Zusammensetzungen: ,grüner Baum', ,grüner Hering' (,so jung und frisch wie grüne Heringe'), ,grüner Speck', ,grüne Häute'. Grün in der ausgesprochen positiven Bdtg. von ,günstig', ,gewogen' findet sich in der Rda. von der *grünen Seite* (die Herzseite); urspr. ist wohl die ,frische, lebendige Seite' gemeint, die der Sitz der grünenden Lebenskraft ist, dann auch die ,günstigste, liebenswürdigste Seite' eines Menschen. Jedoch sei auch an die Farbensymbolik in der Kleidertracht des 15. Jh. erinnert sowie an die Blumensprache des MA., in der grün ausdrücklich den Anfang einer Liebe meint und in einer letzten Steigerung als Symbolfarbe für die Liebe selbst gilt; so heißt es in der ,Jagd' von Hadamar von Laber (1335–40):

Gruen anefanges meine
heile wünschet dem anefange,
so daz sich lieb vereine
mit lieb und daz es lieblich were lange.

Populär geworden ist die Rda. durch das schwäb. Volkslied aus Friedrich Silchers Volksliedern 1836 „Mädle ruck, ruck, ruck an meine grüne Seite" (E. B. II, 348); als frühester Beleg darf gelten „kum grad zu mir, mins Cordelin, sitz an die grüene siten min" (Manuel Weinspiel [1548], 470). Die Rda. ist auch im Ndl. bekannt ,iemands groene zijde', im Frz. sagt man bestimmter ,s'asseoir du côté du cœur de quelqu'un'.

In der gleichen Bdtg. ,günstig', ,gewogen', ,wohlgesinnt', jedoch in der Regel nur verneinend, steht grün in der Rda. *jem. nicht grün sein:* ihm nicht gewogen sein; ndl. ,niet groen zijn op iets'. Der älteste Beleg findet sich im mhd. Passional (675, 74), in dem es von der heiligen Katharina heißt:

sus gienc die edele gotes dirn
sô hin uf den palas,
da die samenunge was
gegen ir vil ungrune.

Grün als Farbe, meist in Verbindung mit ,gelb' oder ,blau', erscheint in der Rda. *Es wird einem grün und gelb vor Augen,* ndl. ,Het wordt mij groen en geel voor de ogen', wobei wohl urspr. an Grün als die Farbe der Galle, an Gelb als die des Neides zu denken ist; diese Beziehung wird deutlich aus einer Stelle im ,Simplicissimus': „... diesem ward (vor Zorn) ... grün und gelb vor den Augen, weil ihn die Eifersucht ohn das zuvor eingenommen".

Ebenfalls auf die Gemütsverfassung beziehen sich die Rdaa. *sich grün und gelb ärgern* und *vor Neid grün und gelb werden.* Die Verfärbung der Haut meint die Wndg. *jem. grün und blau schlagen.*

Von zweien, die sich streiten und sich nicht einigen können, heißt es, *Sagt er grün, sagt sie gelb.*

‚He snackt gel mit gröne Pricken' sagt man in Schlesw.-Holst. von einem, der hd. mit einzelnen plattdt. Ausdrücken spricht, ebenso ‚He snackt gel un grön', er spricht ein Gemisch aus Hd. und Plattdt.

Sehr bekannt ist der Ausdr. ‚grüne Minna' für den Gefängniswagen; diese Farbbez. grün kann sich vom Anstrich des Berliner Wagens herleiten, jedoch darf auch ein Einfluß von rotw. grün = unangenehm, nicht geheuer angenommen werden. So ist die ‚grüne Minna' nicht so sehr äußerlich nach der Farbe benannt (obwohl diese zufällig grün sein konnte), sondern weil sie im rotw. Sinne grün ist; daß es sich wirklich um das Grün in diesem Sinne handelt, wird aus der Bez. für das Berliner Gefängnis in der Antonstraße deutlich: ‚grüner Anton'. Zudem werden auch in Schwaben und in Oesterr. die Polizeiwagen als grün bez.: ‚grüner August' und ‚grüner Heinrich'. (Dagegen wird in Moskau der – schwarze – Gefangenenwagen traditionell ‚schwarzer Rabe' genannt.) Vgl. frz. ‚Panier à salade' (wörtl.: Salatkorb), in Anlehnung an die vergitterten Fenster des Wagens.

Das ist dasselbe in Grün: das ist fast genau dasselbe, ähnl. wie ‚Das ist ↗Jacke wie Hose'; die Rda. mag sich von der Gleichheit zweier Kleidungsstücke herleiten, die sich nur durch die Farbe unterscheiden. Nach einem Hinweis von E. Heise ist die Rda. zuerst belegt bei J. Schopenhauer (‚Im Wechsel der Zeiten, im Gedränge der Welt' [o. J., erschienen um 1800], S. 124). Dort heißt es: „Dieselbe Couleur, aber in Grün, forderte, wie eine bekannte Anekdote erzählt, ein Dienstmädchen einst in einem Laden und reichte ein Pröbchen ... rosarotes Band dem Kaufmann hin". Demnach war die Wndg. schon im 18. Jh. geläufig.

Aus dem 20. Jh. stammt dagegen die Rda.: *grünes Licht für eine Sache (eine Person):* es steht ihr nichts mehr im Wege, die Person besitzt völlige Handlungsfreiheit; dieser Ausdr., der sich vom grünen – urspr. Eisenbahn- – Lichtzeichen für ‚Freie Fahrt' herleitet, ist auch im Engl. bekannt: ‚He has a green light', er hat freie Fahrt; vgl. frz. ‚donner le feu vert pour quelque chose'.

Eine Sache, die *vom grünen Tisch aus* behandelt wird, ist zwar theoretisch begründet, in der Praxis jedoch meist nicht durchführbar. Die Rda. mag von dem grünen Filzbezug der Kanzleitische abgeleitet sein.

Bei Mutter Grün schlafen (übernachten): im Freien, ↗Mutter.

Auf keinen grünen Zweig kommen ↗Zweig; *etw. über den grünen Klee loben* ↗Klee; *er ist grün Holz* ↗Holz; *ach, du grüne Neune!* ↗neun.

Neuere sprachl. Wndgn., die sich auf die Symbol- und Signalfarbe Grün beziehen, sind u. a.: ‚grüne Welle', d. h. durch koordinierte Ampelschaltung ist über ganze Straßenzüge hinweg die freie Durchfahrt gewährleistet. ‚Grüne Witwe': Hausfrau, die etw. weltabgeschnitten vor der Stadt im Grünen lebt. ‚Grüne Woche': einwöchige große Ausstellung von landwirtschaftlichen Produkten aller Art in Berlin; bekannt sind des weiteren die ‚grünen Männchen': Marsmenschen, daher: *Grüne Männchen sehen:* Halluzinationen haben. Jüngeren Datums ist auch die Rda. *Sie hat einen grünen Finger (Daumen), eine grüne Hand:* sie hat viel Geschick in der Blumenpflege.

Bei der Partei ‚Die Grünen' steht die Farbe Grün dagegen allg. für die grüne Natur, für die Erhaltung der natürlichen Lebensgrundlagen.

Lit.: *O. Lauffer:* Farbensymbolik im dt. Volksbrauch (Hamburg 1948); *W. Dickertmann:* ‚Der grüne Zweig', in: Muttersprache 62 (1952), S. 56–57, 71 (1961), S. 376; *Anon.:* ‚Jem. nicht grün sein', in: Sprachpflege 10 (1961), S. 162; A. Hertling: ‚Die grüne Seite', in: Muttersprache 83 (1973); S. 278–282: *W. Danckert:* Symbol, Metapher, Allegorie im Lied der Völker, Bd. I (Bonn-Bad Godesberg 1976), S. 421 ff.; *G. Müller:* ‚In Grün will ich mich kleiden', in: Der Sprachdienst 22 (1978), S. 122 f.; *W. Mieder:* ‚In Grün will ich mich kleiden', in: Der Sprachdienst 23 (1979), S. 12–13; *Ch. Hinckeldey* (Hg.): Strafjustiz in alter Zeit (Rothenburg 1980), S. 313; *E. Tucker:* Art. ‚Farben, Farbsymbolik', in: EM. IV, Sp. 846–853.

Grund. *Aus einem (diesem) kühlen Grunde:* aus einem (diesen) sehr einfachen naheliegenden Grunde, aus einem zu verheimlichenden Grunde; die Rda. ist dem Volkslied „In einem kühlen Grunde, da geht ein Mühlenrad" entnommen, das auf Eichendorffs Lied aus seinem Roman ‚Ahnung und Gegenwart' (3. Buch, 20. Kap.) beruht und zur jetzigen Form entstellt worden. Sie ist etwa seit 1900 mit ‚kühl' = leidenschaftslos, nüchtern verquickt worden.

Einer Sache auf den Grund gehen: etw. genau erforschen, die Ursachen sorgfältig prüfen.

‚Grund' steht als Bez. für Erde, das Festgefügte, den Besitz in den folgenden Rdaa.: *Auf festem Grund stehen (bauen):* Sicherheit, solide Voraussetzungen für ein Vorhaben besitzen.

Das der Natur (dem Meer, dem Sumpf) abgerungene Land meint Faust, wenn er am Ende seines Lebens (‚Faust' II, 5. Akt: ‚Großer Vorhof des Palasts') wünscht:

Solch ein Gewimmel möcht ich sehn,
Auf freiem Grund mit freiem Volke stehn!

Den Grund für etw. legen: ein festes Fundament bauen, eine Entwicklung vorbereiten und einleiten. *Etw. von Grund auf neu errichten (bauen, lernen):* ganz solide, von Anfang an. *Etw. bis auf den Grund zerstören:* es völlig vernichten, bis auf die Fundamente.

Von Grund aus verdorben sein: keine festen Moralvorstellungen besitzen, einen schlechten Charakter haben.

Den Boden des Meeres, eines Sees oder eines Flusses meinen die Wndgn.: *Bis auf den Grund sehen können:* in klares Gewässer blicken; in übertr. Bdtg.: in den Augen eines geliebten Menschen seine Empfindungen u. Wünsche lesen können. Goethe läßt in seiner Ballade ‚Der Fischer' die Nixe verlockend sagen:

Ach wüßtest du, wie's Fischlein ist
So wohlig auf dem Grund!

In den Grund bohren: ein Schiff versenken. *Auf Grund geraten:* sich festfahren; *zugrunde gehen:* untergehen, sterben.

Jem. in Grund und Boden (hinein) verdammen: ihn völlig, heftig, mit Nachdruck verdammen. Daß die Zwillingsformel ‚Grund und Boden' hier für ‚Hölle' gebraucht wird, läßt sich nicht beweisen; die Möglichkeit, daß sich hinter der Rda. ein alter Rechtsbrauch verbirgt, dürfte aber mit Sicherheit auszuschließen sein.

Sich in Grund und Boden schämen: sich am liebsten in der Erde verbergen wollen, ↗Boden.

Etw. in Grund und Boden wirtschaften: etw. völlig zugrunde richten. *Jem. in Grund und Boden reden:* ihn nicht zu Wort kommen lassen, schlagende Argumente anführen.

Grundeis. ‚Wenn 't bi Grundeis dunnert' gebraucht man ndd. für: niemals, ↗Pfingsten.

Ihm geht der Arsch mit Grundeis ↗Arsch.

Grunewald. Bei Volksfesten oder anderen Massenvergnügungen sagt man rdal.: ‚Im Grunewald ist Holzauktion' i. S. v.: ‚Das ist der reinste Rummelplatz', auch wenn etw. preisgünstig billig angeboten wird und sich deshalb das Publikum drängt. Die Rda. kommt aus dem Berliner Schlager und Gassenhauer:

Im Grunewald, im Grunewald ist Holzauktion.
ist Holzauktion, ist Holzauktion.
Links um die Ecke rum, rechts um die Ecke rum,
überall ist große Holzauktion.

Gruppenbild, ‚Gruppenbild mit Dame': sagt man rdal., wenn zu einer Gesellschaft von Männern eine einzelne Frau stößt, oder wenn bei einer photographischen Gruppenaufnahme nur eine einzige Dame auftritt (z. B. in Betrieben oder polit. Gremien, in denen Frauen Seltenheitswert haben). Sie bildete sich in Anlehnung an den Titel des Romans ‚Gruppenbild mit Dame' (Köln 1971) – 1977 auch verfilmt – von Heinr. Böll (1917–85).

Lit.: *W. Mieder:* Einer fehlt beim Gruppenbild. ‚Geflügelter' Abschied von Heinrich Böll, in: Der Sprachdienst 29 (1985), H. 11/12, S. 169–172.

Gruß. *Jem. einen Gruß entbieten:* ihn grüßen. Seit eh und je beginnt und endet jede menschliche Begegnung mit einem Gruß, und allein aus den Gruß-Sitten läßt sich darum eine ganze Kulturgeschichte ablesen. Die frühesten Formen des Grußes sind zunächst Bezeugungen der Waffenlosigkeit und der friedlichen Gesinnung. In den altnord. Sagas z. B. wird immer betont, daß die Gäste beim Eintritt in die Halle die Schilde niedersetzten. Auch im Nibelungenlied spielt das Ablegen der Waffen eine gewichtige Rolle, sowohl bei der Ankunft Siegfrieds am Hof zu Worms, als auch beim Eintreffen der Gäste an König Etzels Hof, wo die Burgunden die Waffen nicht ablegen wollen, was ihnen sogleich als Zeichen feindseligen Mißtrauens ausgelegt wird.

Im altsächs. Recht wird dem Lehensmann geboten, vor dem Eintritt bei seinem Lehnsherrn alles Eisenzeug, das er bei sich trägt, abzulegen, namentlich aber den ‚huot' und das ‚huotelîn', d.h. den Eisenhut oder Helm und die ihm unterlegte wollene Kappe. Auch die noch heute übliche Gruß-Sitte des Hutabnehmens war demnach urspr. ein Zeichen der Wehr- und Schutzlosigkeit, d.h. also ein Brauch, der freilich nur solange sinnvoll war, als helmartige Kopfbedeckungen noch den Kopf schützten.

Ebenso ist der Ursinn des Händedrucks zunächst das Ineinanderlegen der waffenlosen Hände zum Zeichen gegenseitiger friedlicher Gesinnung. Daß man sich dauernd und zu allen Gelegenheiten, bei jeder Begrüßung und bei jedem Abschied die Hand gibt, ist in anderen Ländern nicht in derselben Weise üblich wie bei uns. Der Amerikaner beschränkt das ‚shake hands' auf höchstens ein Viertel aller Anlässe, bei denen man sich bei uns die Hand schüttelt. Allerdings war auch bei uns der Händedruck einst nicht so alltäglich wie heute, sondern von besonderer Bedeutung. Das Händeschütteln hat urspr. geradezu den Charakter eines Rechtsbrauches. Zur Bekräftigung von Verträgen schlug der eine Partner in die dargebotene Rechte des anderen. Das galt für Kauf- und Friedensverträge. „Sie stracten den vride mit ir handen" heißt es im Kudrun-Epos. Alle diese Grüße wie Handschlag und Hutabnehmen sind ganz sinnentleert aus der ritterlichen Kultur in die bürgerliche übernommen worden.

In die Reihe dieser Grüße gehört auch der altgermanische Heil-Gruß, der dann nach einer Unterbrechung von einem dreiviertel Jahrtausend in der Nazizeit eine anachronistische Wiedererweckung erlebte. Dieser Gruß, bei dem der rechte, d.h. eben der waffentragende, Arm hochgestreckt wurde, war in german. Zeit eine Bekundung der Waffenlosigkeit: die leere Hand wurde hochgehalten zum Zeichen, daß sie keine Waffe hielt. Dieses wehrlos Sich-dem-anderen-Ergeben hat sich in zahlreichen Ergebenheitsfloskeln niedergeschlagen und sich noch erhalten bis in unseren Briefstil, wenn wir am Schluß unterzeichnen als ‚Ihr sehr ergebener'.

Aber schon verhältnismäßig früh ist die Bedeutung der Waffenlosigkeit den Menschen nicht mehr bewußt gewesen. Im ‚Tatian', einer ahd. Bibelübers., sagt Judas Ischariot auf Gethsemane zu Jesus: „Heil Meister!", und in Otfrieds von Weißenburg ahd. ‚Evangelienharmonie' grüßt der Engel bei der Verkündigung Marias: „Heil magad zieri!". Gestische Zeichen der Wehrlosigkeit sind schließlich zu ehrenvollen ‚ergebenen' Grüßen geworden. Außerdem trat an die Stelle der Grußgebärde immer mehr das Grußwort; aus dem Heilgruß entsteht der Heilwunsch. Ahd. ‚heil wis!' bedeutet: mögest du unversehrt sein.

Auch der Willkommensgruß gehört schon zu den ahd. Grußworten: ‚Willkommen!', ahd. ‚willicumo' oder auch ‚wis willchomo' bedeutet wörtl.: du bist ein zu Wille, bzw. zu Wunsche Gekommener. Ebenso war die Formel ‚wis gîsunt' = ‚bleib gesund!' schon in ahd. Zeit üblich. Auch das seltener bezeugte ‚Wola' gehört wahrscheinlich zu den schon in ahd. Zeit üblichen Begrüßungsworten.

Seit dem 12. Jh. treten diese german. Grüße, die auch im heidnischen Kult wohl noch eine Rolle gespielt hatten, ganz zurück. Sie waren der Kirche verhaßt, die alle Grußformeln nun mit dem Wort ‚Gott' verknüpft wissen wollte. Kirchliche Einflüsse bringen jetzt ein auffallendes Frommwerden unserer Gruß-Sitten mit sich und bestimmend werden grußartige Gebetswünsche wie z. B. ‚got làse iuch sîn gesunt!', ‚got minne dich!', ‚got grueze dich!', ‚wis gote willekommen!', ‚got behüete dich!', ‚gang mit Gott!', ‚in dem gotes fride du var!' oder ‚got gesegene dich!'. Die mhd. Wendung ‚er befalch in gote' lebt noch in der Kurzform ‚Gott befohlen!' fort, die allerdings nur noch selten gebraucht wird und heutigen Ohren ausgesprochen altväterisch klingt. Weitere fromme Grüße waren: ,Gott bewahre dich!', ,Gott segne dich!', ,Geh mit Gott' (oft mit dem ironisch gemeinten Zusatz: ,aber geh!').

Ein unmittelbarer Nachkomme dieser im Hoch-MA. aufgekommenen Wunschgrüße ist das süddt. ,Grüß Gott!'. Die scherzhafte Antwort ,Grüß Gott! – wenn du ihn triffst' mißversteht allerdings die urspr. Bdtg. des Grußes. ,Grüß Gott!' ist keine Befehlsform (Imperativ). Die Formel ,Grüß Gott!' lautet mhd. vielmehr: ,got grüeze dich!'. Der Sinn ist also: Gott möge dich freundlich anreden. Wer in Württemberg oder Bayern statt mit ,Grüß Gott!' mit ,Guten Tag!' grüßt, weist sich sofort als Nicht-Einheimischer aus.

„Griäz-m'r diä, wommer nachfraget", sagt man schweiz. oft beim Abschied. Ältere Leute aber haben für diese Art, Grüße aufzugeben, großen Abscheu: „Der Teufel fragt einem auch nach", heißt es. Und einmal sei wirklich bei einer solchen Gelegenheit der Teufel gekommen und habe dem Grußaufgeber nachgefragt. Und da mußte der andere, der den Auftrag angenommen, ihn wirklich ausrichten. Man soll statt dessen sagen: „Griäz m'r diä Lytt, wommer nachfraget" oder: „Griäz m'r diä, wommer nachfraget, wennd's rächt Lytt sind" (Josef Müller: Sagen aus Uri, Bd. III [Basel 1945], S. 101 f.).

Auch Grußworte wie ,Guten Tag!', ,Guten Morgen!', ,Guten Abend!' gehören urspr. zu den frommen, gottbezogenen Grüßen des Hoch-MA. Diese Formeln sind urspr. an Gott gerichtete Wünsche für das Wohlergehen des Begrüßten: ,Got gebe dir gueten abend!', ,Got gebe dir einen guoten morgen!' ,ndd.: ,goden dach got geve di!'. Immer ist das Wort ,Gott' das Subjekt des Gruß-Satzes.

Alle diese Formeln mit ,Gott gebe ...' sind anfänglich feierlich und stark gefühlsbetont gewesen. Das Rittertum nahm sie auf und verbreitete sie. Und von hier aus sind sie schließlich ins städtische und bürgerliche, z.T. später ins ländliche Brauchtum übergegangen. In Tirol sagte man sogar ,Guten Mittag!' oder ,Guten Nachmittag!'. Aber der häufige Gebrauch entkleidete diese Formeln bald ihres religiösen Gewichtes.

Das Grußwort ist ein vielgesprochenes Wort; deshalb nutzt es sich ab; es wird zersprochen, zersagt. So hat man schon in mhd. Zeit die Formel ,got gebe dir guoten tac' verkürzt. Und heute geht die Verkürzung der Formel noch weiter bis ,'n Tag!' oder ,Tag!'. Von der Formel ,Got gebe dir einen guoten morgen' bleibt oft nur ein knurriges und ganz formelhaftes ,Morgen!'. Noch mehr als die Umgangssprache haben die Mundarten die Grußformeln zersprochen. Aus ,Got grüesse dich!' wird schweizerdt. ,Grüezi!'; aus ,Behüt dich Gott!' wird bayr. ,Pfiadi!'. In Siebenbürgen wurde der Gruß ,Gott helfe Euch!' zu der unkenntlichen Formel ,Tälfich!' zusammengezogen. Aus dem Kuhländchen ist die Formel ,Skolkum!' als Kurzform von ,bis Gott willkommen!' bekannt. Aus Schlesien ist der Gruß ,Speasam!' geläufig als eine Zusammenziehung aus ,Ich wünsche wohl gespeist zu haben!'. In Österreich, besonders in Wien, kennt man die Kurzformel, (G)schamster!', d.h. eigentlich: ,Ich bin Ihr gehorsamster Diener!'

Auf eine venezianische Form des ital. ,schiavo' = Diener geht das sportliche „Ciao!" = ,Tschau!' zurück, das über die Radetzkyarmee ins Österreichische Heer Eingang fand u. sich vor allem über Österreich und die Schweiz verbreitete.

Viele Grußformeln sind also nur noch die Kurzfassungen älterer, umfangreicherer Grüße. Spätere Frömmigkeitsbewegungen haben sich um eine Erneuerung der religiösen Grüße bemüht. Der Gruß ,Gelobt sei Jesus Christus!' mit dem Antwort-Gruß ,In Ewigkeit Amen!' wurde namentlich von den Jesuiten in der Zeit der Gegenreformation verbreitet; Die Päpste Sixtus V., und Benedikt XIII. knüpften Ablässe an seinen Gebrauch. Recht volkstümlich ist er allerdings nicht geworden, weil die Formel zu lang ist. Doch grüßt man in vielen katholischen Gegenden den Geistlichen mit dieser Formel. Die Grüße auf dem Lande sehen sonst freilich ganz anders aus.

In der Stadt grüßt man meist mit dem Entbieten der Tageszeiten: ,Guten Morgen!', ,Guten Tag!', ,Guten Abend!' usw. In den

Mundarten (bes. in Schwaben und in der Schweiz) sagt man für grüßen: ‚Einem die Zeit wünschen' oder ‚Die Zeit geben'. Für einen Gruß erwidern: ‚Die Zeit abnehmen', ↗Zeit.

Die Zahl der Formeln ist allerdings beschränkt und schriftdt. genormt. Der Gruß des Städters erhält dadurch etw. Einförmiges. Man grüßt vielfach nur, um sich einer Höflichkeitspflicht zu entledigen, und oft genug verrät der Gruß in der Stadt nicht die geringste Anteilnahme an der Arbeit, an Wohl und Wehe des Nächsten. Bauern jedenfalls werden sich niemals nur ‚Guten Tag!' zurufen. Das würde der Begrüßte als unfreundlich und verletzend empfinden. Das Tageszeitbieten wird auf dem Land überhaupt vermieden. Die Grüße auf dem Land sind differenzierter. Zum ländlichen Gruß gehört die Grußfrage nach dem Woher und Wohin, nach der Beschäftigung, eine Aufmunterung zur Arbeit, ein scherzhafter Zuruf usw., wie z.B.: ‚Auch schon auf?', ‚Willst heim?', ‚Seid Ihr auch auf dem Weg?', ‚Geht Ihr aufs Feld?', ‚Schaff nicht zu viel!', ‚Auch fleißig?', ‚Übermachet nix!', ‚Habt Ihr schon gegessen?'. Man spricht hier von sog. Tätigkeitsanreden: ‚Habt ihr den Wagen voll?', ‚Überladet nicht!', ‚Macht ihr bald Feierabend?'. Andere Grüße bestehen in Fragen über das Wetter oder über die gerade fällige Tagesarbeit.

Diese Grußanreden sind so vielfältig wie die tagtäglichen Verrichtungen. Der Gruß ist weniger formelhaft eingeengt als die städtischen Verbindungen, und bei jeder passenden Gelegenheit können neue Wendungen geprägt werden. Man grüßt auf dem Dorf nicht aus förmlicher Höflichkeit, sondern man nimmt mit seinem Gruß in irgendeiner Form persönlich Anteil an der Arbeit und am Geschick des Mitmenschen.

Die kleine übersichtliche Welt des Dorfes ermöglicht diese Art des Grüßens; aber der Gruß leitet keineswegs immer ein verbindliches Gespräch ein. Viele der Fragen erwarten keine Antwort, und wo sie gegeben wird, weicht sie entweder scherzhaft aus (‚Wo 'naus?' – ‚Der Nase nach!') oder ist ihrerseits bloße Formel (‚Seid ihr bald fertig?' – ‚Ja, 's ist nicht zu früh!'). Im Elsaß kann man auf den Abschiedsgruß ‚Leb wohl!' die Antwort bekommen: ‚Wollebe choscht Geld!' (Wohlleben kostet Geld).

Natürlich trägt auch der Frage-Gruß unter Bekannten Züge einer erstarrten Konvention. Wenn man den Entgegenkommenden fragt, ob er auch ‚schon auf?' sei, so ist diese Frage nicht nur unlogisch, sondern auch eigentlich überflüssig. Aber dieser Frage-Gruß ist kein Zeichen von Plumpheit, er erfolgt nicht aus neugieriger Taktlosigkeit, er ist nicht mangelnde gute Erziehung, sondern er ist der Rest einer viel älteren Anredeform. Solche Anrede- und Zwiesprache-Grüße haben eine uralte Tradition.

Die Grußfrage ist in einer urtümlichen Gesellschaft tatsächlich ein gegenseitiges Auskundschaften. Das geradezu klassische Beispiel einer Begrüßung des vorsichtigen Befragens zeigt schon das älteste Denkmal der dt. Lit.: das ‚Hildebrandslied'. Die beiden sich Begegnenden bleiben zunächst auf Speerwurfweite voneinander getrennt, und nun fragt man sich gegenseitig aus nach Herkunft und Stammbaum. Wie das im Hildebrandslied geschildert wird, bleibt der Gruß noch auf viele Jahrhunderte: Wenn zwei Ritter sich begegnen, gehen sie nicht fremd aneinander vorbei, sondern es wird eine Zwiesprache eröffnet, die nach immer gleichem Schema verläuft: Der eine fragt den Namen des anderen und nennt seinen eigenen, wobei er gebührend auf seine früheren Heldentaten verweist. Man erkundigt sich nach Herkunft und Stammbaum, weil für diese Zeit die Abstammung von einem berühmten Geschlecht auch etw. über den Abkömmling aussagte. Man durfte bei einer solchen Begegnung hoffen, alte Familien- oder Freundschaftsbeziehungen aufzufrischen. Hier liegen die Vorformen des ländlichen Frage- und Antwort-Grußes, wenn auch in ritterlicher und noch nicht in einer bäuerlichen Gesellschaft.

Im angelsächs. Sprachbereich hat sich eine solche Grußfrage allgemein-umgangssprachlich durchgesetzt: Die Formel ‚How do you do?' = ‚Wie geht es Ihnen?' wird allerdings gar nicht mehr als Frage beantwortet, sondern als Gruß mit

dem gleichen Gegengruß ‚How do you do?' erwidert.
Aber das gilt auch für das entsprechende dt. ‚Wie geht's?'. Es wird in der Regel gar nicht mehr als anteilnehmendes Erkundigen aufgefaßt, und wenn überhaupt, dann bloß noch scherzhaft beantwortet: ‚Wie geht's?'. Antwort: ‚Man ist zufrieden', ‚Es könnte besser sein', ‚Nicht so gut wie Ihnen!', ‚Schlecht, bis es besser kommt!', ‚Man kann nicht genug klagen!', ‚So, so, la la!', ‚durchwachsen', ‚mittelprächtig' usw. ↗gehen.
Selbstverständlich gehen Grußformen auch über Sprachgrenzen hin und her; sie sind viel mehr zeit- und sozialgebunden als raum- und sprachgebunden. In Österreich ahmte man die böhmischen Grüße nach; der frz. Gruß ‚salut!' ist nicht nur im Elsaß, sondern auch in der Schweiz, am Rhein und in Westfalen verbreitet. Ein gutes Beispiel bietet ‚adieu!' als Abschiedsgruß im Dt. u. Frz. Die im 12. Jh. im Frz. übliche Form ‚adê' wurde schon in mhd. Zeit ins Dt. entlehnt. Denn es galt schon zur Zeit des Rittertums für vornehm, frz. Grüße zu gebrauchen. Im 16. Jh. dringt ‚adieu' in seiner neuen Lautform als vornehmer Gruß ins Dt. ein, obwohl der Gebrauch des Grußes ‚adieu' im Frz. keineswegs so häufig ist, wie er im Dt. wurde. ‚Adieu' drang mit der Zeit in alle Sprachschichten und Mundarten ein und entwertete das alte ‚ade', das sich nur noch im Volkslied hält (‚Ade zur guten Nacht', ‚Ade, mein Schatz, ich scheide', ‚Schätzel ade', ‚Nun ade, du mein lieb Heimatland!').
‚Adieu' wurde auch der dt. Umgangssprache angepaßt und zu ‚Adschüß' (... fall nicht auf die Schnüß!) und schließlich zu einfachem ‚tschüs!' umgewandelt. In der Gegenwart hört man häufig, bes. im schwäb. und bad. Südwesten die Verkleinerungsform ‚tschüsle!'. Während des 1. Weltkrieges wurde ‚adieu' dann als Fremdwort bekämpft und durch unser heutiges ‚Auf Wiedersehen' verdrängt, das seinerseits aber auch nur eine Lehnübers. des frz. ‚au revoir' ist. Der Abschiedsgruß ‚Auf Wiedersehen!' hat sich jedenfalls erst seit dem 1. Weltkrieg durchgesetzt, und heute heißt es meist nur noch kurz ‚Wiedersehn!'
In manchen Ständen und Berufen haben sich z.T. eigene Grußformen entwickelt. Schon sehr alt ist das ↗‚Glückauf!' der Bergleute. Unter Jägern ist der Gruß ‚Weidmannsheil!' üblich, und die Antwort auf diesen Gruß lautet: ‚Weidmannsdank!'. Für die wandernden Handwerksgesellen früherer Zeit gab es besondere Handwerksgrüße, die die Aufgabe hatten, die Wanderburschen als Angehörige einer bestimmten Zunft auszuweisen. Diese ‚Grüße' waren längere Anreden, auch Zwiegespräche, die die Wandernden auswendig lernen mußten und streng geheim hielten. Der Eintrittsgruß der wandernden Töpfergesellen z.B. lautete: ‚Glück zu, Meister und Gesellen wegen des Handwerks. Nach Handwerksgebrauch erstatte ich den Gruß von Meister und Gesellen aus da und da (hier nannte der Geselle den Ort seiner letzten Beschäftigung)'. Die Stellmachergesellen grüßten: ‚Mit Gunst, Glück rein, alles was Rad- und Stellmacher sein!'. In unserer unkonventionellen Zeit kommen uns solche Grüße geschraubt und unnatürlich vor. Aber die Menschen des 17. und 18. Jh. dachten darüber anders.
Das gesamte Verhalten der Menschen zueinander war einstmals zeremoniell geregelt. Am auffallendsten ist der Gebrauch der Komplimente. Der Barockdichter Christian Weise hat ein ganzes Komplimentierstück geschrieben, nicht satirisch, sondern im Grunde ernst gemeint. Und die letzte, selbstverständlich religiöse Rechtfertigung findet Weise in folgenden Worten: „Gott hat uns ja befohlen, daß wir einander mit freundlichen Reden und behäglichen Diensten sollen entgegen gehen". Folglich seien die „unschuldigen Complimenten" kein Heucheln, sondern „ein freundliches Wort auf der Zunge ist eine Frucht der Liebe, die im Herzen verborgen liegt". „Warum sollte nicht ein Mensch seinen Nächsten, das ist seines Herrn und Gottes Ebenbild mit aller gebührenden Leutseligkeit annehmen?" Im Jahre 1729 erschienen die beiden Bücher von Julius Bernhard von Ross ‚Einleitung in die Ceremonial-Wissenschaft der Privatpersonen und der großen Herren'. Man legte größten Wert auf die richtige Titulierung bei Gruß und Anrede, und im

Laufe des 18. Jh. wurden die Anredegrüße immer höher hinaufgeschraubt, z. B.: ‚Hochwürdiger, hochwohlgeborener Freiherr, höchstgeehrter Herr geheimer Rat!'. Man bittet ‚ganz gehorsamst', ‚unterdienstlich', ‚aufwartsamst' um ‚hochgeneigte, gnädige Fürsprache', und unterzeichnet als ‚untertänigster Diener'. Die Gesellschaft hatte mit peinlicher, ja pedantischer Genauigkeit jedem Rang seine Prädikate und Grußanreden zuerteilt. So unterschied man den Dr. jur. als ‚hochrechtsgelehrten' vom Dr. med. als ‚hocherfahrenen', den Superintendenten als ‚hochehrwürdigen' vom nur ‚wohlerwürdigen' Pastor. Bürgermeister wurden ‚hochedel', Ratsherren ‚wohlweise', Kaufleute ‚wohlehrenfest', der Handwerker ‚ehrsam und namhaft' oder ‚ehrbar und wohlgeachtet' tituliert. Die Bürgerfrau heißt ‚wohlehrbar', ‚hoch-, ehr- und tugendbegabt', die unbescholtene Jungfrau ‚ehr- und tugendsam'.

Was hier als Abbild des Hofzeremoniells bis in breiteste Schichten des Bürgertums nachgeahmt wurde, war letztlich spanischen Ursprungs. Aus Spanien wurde mit dem übrigen Zeremoniell z. B. auch der ↗Handkuß eingeführt. Ein zeitgenössischer Ratgeber mahnt: „Jedoch muß es nicht allzuoft und mit zu großer Zärtlichkeit geschehen, sondern auf eine respectueuse Art und etwa nur bei dem Abschieds-Compliment, oder wenn sie (die Dame) und durch ihre Reden Gelegenheit gibt, daß wir eine gewisse Submission davor bezeugen sollen".

Diese Grüße, Komplimente und Ergebenheitsfloskeln sind z. T. in die Volkssprache und in die Mdaa. abgesunken. Uns fällt das inbes. in Österreich auf, wo man noch heute in stadtbürgerlichen Kreisen Grüße hören kann, wie ‚Küss die Hand!' (nur als Wort, nicht als Gebärde!), ‚Ich hab die Ehre!', ‚Servus!', was ja eigentl. ‚Ihr Diener' bedeutet. In vielen bürgerlichen Familien – und nicht nur Österreichs – wurden die Buben angehalten, einen ‚Diener' zu machen, d. h. sich zu verbeugen. Ein sprachlicher Rest aus der Zeit der Kratzfüße ist noch das ‚Ihrzen', die Anrede mit ‚Ihr' in ländlichen Gegenden, wenn also Einzelne einander mit der 2. Person Plural anreden.

Dieses Weiterleben höfisch-aristokratischer Etikette in einer standesmäßig nivellierten Gesellschaft hat zu einer Unsicherheit und oft zu einer Ungelenkheit unseres Gruß-Verhaltens geführt. In Frankreich, einst dem klassischen und sprichwörtl. Land der Höflichkeit, ist man in dieser

‚Servus' – ‚Gehorsamster Diener' – ‚Küß die Hand'

Hinsicht viel moderner und hat viel konsequenter die höfische Etikette abgestreift, die meist gar nicht mehr in unser modernes Leben paßt. (Es ist z. B. stillos, sich in einer Werkskantine zeremoniell vorzustellen oder gar einer Frau im Büro die Hand zu küssen.) Aber im Grunde setzt jeder von uns in seinem Gruß unbewußt sehr alte Überlieferungen fort. Selbst wenn wir uns noch so modern und unkonventionell zu geben versuchen, verhalten wir uns doch unbewußt traditionell. Schon indem wir uns ‚höflich' benehmen, tun wir ja etwas, was im Grunde höchst altmodisch ist und einer vergangenen Epoche angehört, denn ‚höflich' ist ja eigentl. das, was ‚am Hofe' getan wird. So ist alles, was wir seit unserer Kinderstube an brauchmäßigen Regeln höflichen Benehmens gelernt haben, aus der Welt der Schlösser und Paläste, als Elemente der Hofetikette zu uns gekommen, wenn auch in verbürgerlichter oder proletarisierter Ausführung: Komplimente und Verbeugungen, Knickse und Handküsse, Vorstellen und Vorgestelltwerden, den Vortritt lassen. Alle brauchtümlichen Verhaltensmaßregeln der sog. Höflichkeit stammen noch aus einer ständisch streng abgestuften Gesellschaft, in der jede zwischenmenschliche Beziehung zu einer Rangfrage wurde.

Heutige Grüße – insbes. unter Jugendlichen – sind oft äußerst knappe Kurzformeln. Da genügt ein ‚Hallo!', oder ‚Hei!', oder man sagt einfach: ‚Na, du?'. Straßenverkehrsregeln kann man von einem Tag auf den anderen abändern. Grußformeln aber sind mehr als technische Verabredungen. Sie sind unerhört langlebig. Darum aber gerade ist die Geschichte des Grußes so interessant, weil sie so vielschichtig ist und so weit in die Vergangenheit zurückreicht.

Der ‚englische Gruß', auch als ‚Angelus' bez., ist die Anrede und folgende Mitteilung des Engels Gabriel an die Jungfrau Maria, also Mariä Verkündigung, zu einem Gebet zusammengefaßt, des weiteren auch das Gebet ‚Ave Maria'.

‚Letzte Grüße aus Davos': Husten eines Schwindsüchtigen. Ähnl. ‚Letzte Grüße aus Arosa': hohler, rasselnder Husten. Anspielung auf die Lungenheilstätten in Arosa (Graubünden). ‚Gruß aus Solingen': Messerstich; Anspielung auf die Solinger Messerwaren.

‚Schwäb. Gruß': ‚Leck mich am Arsch!' ↗Arsch.

‚Autofahrer-Gruß': Zeichen des Vogels, Berührung der Stirn mit dem Zeigefinger; ‚Gruß an Onkel Otto': Winken aus der Menschenmenge zur Fernsehkamera.

‚Gruß und Kuß, dein Julius!', stereotyper Briefschluß, aber auch Redewendung, um ein Gespräch zu beenden.

‚Grüß deine Frau und meine Kinder': scherzhafte Abschiedsrede.

Jem. grüßen wie ein Spanier einen Franzosen, d.h. sehr freundlich: Die Rda. stammt wohl aus der Zeit des spanischen Erbfolgekrieges.

Lit.: *Dedecke:* Zur Geschichte des Grußes u. der Anrede in Deutschland, in: Zs. f. d. dt. Unterr. 6 (1892); *K. Stroebe:* Altgerm. Grußformen (Diss. Heidelberg 1911=PBB. 173); *W. Bollhöfer:* Gruß und Abschied in ahd. und mhd. Zeit (Diss. Göttingen 1912); *K. Prause:* Deutsche Grußformeln in nhd. Zeit (= Wort und Brauch 19) (Breslau 1930); *H. Freudenthal:* Gruß, in: Beitr. z. Dt. Volks- u. Altertumskunde 5 (1960/61), S. 83–87; *J. Dünninger:* Gruß und Anrede, in: Der Deutschunterricht 2 (1963); *W. Arens:* Funktion und Sozialkraft des Handwerkergrußes, in: Arbeit und Volksleben, hg. von G. Heilfurth u. I. Weber-Kellermann (Göttingen 1967); *H. Bausinger:* Formen der ‚Volkspoesie' (Berlin [2]1968), bes. S. 70ff.; *ders.:* Art. ‚Gruß, grüßen', in: EM. VI, Sp. 274–276.

Grütze = Verstand, und entspr. ‚Grützkasten' = Kopf, Gehirn, Verstand, ist mdal. weit verbreitet. Grütze heißen eigentl. die von den Hülsen, den Spelzen, befreiten und dann klein geschnittenen Getreidekörner; *Grütze im Kopf haben:* gescheit sein, ist also der Gegensatz zu ‚Spreu, Stroh im Kopf haben'. Die Rda. ist sehr anschaulich, denn sie meint: wer Grütze hat, besitzt den wertvollen Kern, hat also keine haltlose Spreu im Kopfe. So deutet die Wndg. schon Joh. Christian Günther (Gedichte, 1742, S. 374): „Ein Kopf, der von Natur mehr Spreu als Grütze führet". Vgl. auch berl. ‚Er hat Jrütze in' Kopp', er ist intelligent. (Im Ndd. häufiger negativ gebraucht: ‚Er hat woll 'n büschen wenig Grütze im Kopp').

In unseren Nachbarländern kennt man ähnl. Wndgn.: frz. ‚avoir quelque chose dans le ventre'; ndl. ‚veel in zijn mars (Marktkorb) hebben' und engl. ‚to have something in one's wallet'.

Rudolf Hildebrand (Dt. Wb., Bd. V, Sp. 2342) leitet die Rda. dagegen von ‚Kritz' (zu ‚kritzen', ‚kratzen') ab; ‚Kritz in der Nase' bedeutete zunächst ‚Krabbeln in der Nase', dann Verstand, Scharfsinn, Witz. Bereits Seb. Franck brauchte öfter die Wndg. „vil Kritz in der Nasen haben" in der Bdtg. von Schlauheit, Vorwitz, naseweises Besserwissen. Bes. in Thüringen u. Sachsen sind Rdaa. wie ‚Gritz oder Kritz im Kopfe haben' häufig. Die Wndg. „weder Witz noch Kritz" ist schon in Grimmelshausens ‚Simplicissimus' belegt; die Anlehnung an Grütze = Gemahlenes wäre dann erst nachträglich erfolgt, und zwar zu Beginn des 18. Jh., denn Rädlein bringt 1711 im ‚Europäischen Sprachschatz' (415a) die Rda. *weder Grütz (Gritz) noch Witz haben:* weder gicks noch gacks

wissen; vgl. frz. ,Ne rien avoir dans la cervelle' (wörtlich übersetzt: nichts im Hirn haben).
Große Grütze im Kopfe haben: sich viel einbilden, ↗Graupen. Das seit dem 17. Jh. bezeugte Subst. ,Grützkopf' geht auf das urspr. ,Kritzkopf' = kluger Kopf zurück und wurde mißverständlich in seiner Bdtg. ins Gegenteil zu Dummkopf verkehrt.

Guillotine. *Jem. auf die Guillotine schikken:* Über jem. die Todesstrafe verhängen, aber auch: skrupellos einen anderen preisgeben, um seinen eigenen Kopf zu

,Auf die Guillotine müssen'

retten oder um einen lästigen Widersacher zu beseitigen. Die Guillotine ist seit 1792 das Hinrichtungsgerät der Französischen Revolution, der sowohl Anhänger als auch Gegner zum Opfer fielen. Es wurde urspr. nach seinem Erfinder, dem Arzt Louis (1723–1792) ,Louisette' oder ,Petit Louison' genannt, später aber nach dem Arzt Guillotin (1738–1814) bez., der den Vorschlag gemacht hatte, die Todesstrafe durch eine Köpfmaschine vollziehen zu lassen, was auch den Anlaß zu einem Spottlied gab.
Mit dem französischen Strafrecht wurde die Guillotine als Fallbeil auch in den meisten deutschen Ländern links der Elbe eingeführt.

Lit.: *G. Neumann:* Ein Wort über das Alter der Guillotine – Georg Christoph Lichtenberg als Begründer eines sozialen Topos, in: Freiburger Universitätsblätter, Heft 84 (Freiburg 1984), S. 67–90; *R. Brécy:* La Révolution en chantant (Paris 1988); *W. Volke u.a. (Hg.):* „O Fryheit! Silberton dem Ohre". Französische Revolution und deutsche Literatur 1789–1799 (Marbach a. N. 1989); La Révolution française et l'Europe 1789–1799. Exposition du Conseil de l'Europe (Paris 1989).

Gummi. *Gummi fahren:* angenehm reisen, betucht sein, weil man es sich leisten konnte, statt in den üblichen Pferdewagen mit eisenbeschlagenen Holzrädern in einer vornehmen Kutsche mit Gummirädern zu fahren. Es gibt noch andere Deutungen für diese Rda., u. a. die Auslegung der Rda. als bildhafte Wndg. für das Ausradieren, d. h. das Hin- und Herfahren mit dem Radiergummi, doch dürfte der Zusammenhang mit den Gummirädern eher einleuchten, zumal sich auch in der Lit. eine Belegstelle findet, die auf die Bequemlichkeit hinweist: „... auf Gummirädern rollte die Equipage weich" (Detlev v. Liliencron: Sämtliche Werke, Bd. IX [1898 bis 1900], 208).
Da Gummi nicht nur weich, sondern auch dehnbar ist, spricht man nicht selten auch von einem Paragraphen, der dehnbar wie Gummi ist, dem sog. ,Gummiparagraphen', der verschiedene, z. T. auch gegensätzliche Deutungen zuläßt. Die Wndg. *dehnbar wie Gummi* wird wegen ihrer Anschaulichkeit auch heute noch gerne gebraucht als treffender Vergleich für alles Ungenaue, das sich einer bestimmten Festlegung entzieht.

Lit.: *H. Küpper:* ,Gummi fahren', in: Der Sprachdienst 23 (1979), S. 195; *W. Näser:* ,Gummi fahren', in: Der Sprachdienst 23 (1979), S. 195; *R. Putz:* ,Gummi fahren', in: Der Sprachdienst 24 (1980), S. 126.

Gunst. *Die Gunst des Augenblicks (der Stunde) nutzen:* die glücklichen Umstände erkennen und sein Schicksal mutig in die Hand nehmen, die beste Gelegenheit ergreifen, um zu seinem Ziel zu gelangen.

Jem. eine große Gunst erweisen (erzeigen): ihm sein Wohlwollen zuteil werden lassen, sich ihm bes. geneigt zeigen. In dem Gedicht ‚Der frohe Wandersmann' von Joseph Frh. von Eichendorff, das er 1826 in seiner Novelle ‚Aus dem Leben eines Taugenichts' zuerst veröffentlichte, lauten die ersten Zeilen:

Wem Gott will rechte Gunst erweisen,
Den schickt er in die weite Welt.

Sie wurden weithin bekannt und haben Volksliedcharakter angenommen.

Einer Gunst teilhaftig sein, auch: *jem. Gunst genießen:* bevorzugt werden, Förderung erfahren.

Sich (eifrig) um die Gunst einer Dame bemühen: sie umwerben.

Sich jem. Gunst rühmen dürfen: stolz auf das ihm entgegengebrachte Verständnis und Vertrauen sein, sich auf seinen Gönner berufen; dagegen: *jem. Gunst verlieren* und *jem. seine Gunst entziehen:* sich enttäuscht von ihm abwenden, ihn ‚fallen lassen'.

Zu jem. Gunsten sein: zu seinem Vorteil gereichen.

Mit Gunst und Erlaubnis ist ein formelhafter Gruß der wandernden Handwerksgesellen, ↗Gruß.

Lit.: *Th. Gantner:* Mit Gunst und Erlaubnis ... Wandergesellen des Bauhandwerks im 20. Jh. Ausstellungskatalog (Basel 1985/87).

Gurgel. Durch die Gurgel jagen: trinken (bes. Schnaps); ist seit dem Ende des 16. Jh. geläufig; dem späten MA. galt die Gurgel als Sitz der Trinklust. Abraham a Sancta Clara braucht die Wndg. „Das Seinige durch die Gurgl jagen" (‚Judas' II, 19). *Die Gurgel (Kehle) schmieren:* trinken, damit die Kehle nicht rauh wird.

Jem. an die Gurgel springen (gehen): ihn heftig anfahren, meist in der Formulierung ‚Er wäre ihm fast an die Gurgel gesprungen'.

Gurke. *Sich eine (große) Gurke herausnehmen:* sich eine Freiheit erlauben, unverschämt sein; auch *sich eine Gurke zuviel herausnehmen,* eigentl.: aus der gemeinsamen Eßschüssel zuviel entnehmen; schon 1663 bei J. B. Schupp: „Sich bey jemandem eine Gurke zu viel herausnehmen". In Mitteldtl. häufig belegt, z.B. 1749 in Leipzig: „Es scheint, er nehme sich zu große Gurken raus". So noch heute mdal., z.B. berl. ‚Wat nimmt sich der Mensch for'ne Jurke raus!'; thür. ‚Das ist eine alte Gurke', das ist nichts Neues; ‚die Gurke ist alle', die Sache ist zu Ende; schles. ‚eine Gurke voraushaben', eine Bevorzugung bei jem. genießen; schles. ‚Das bringt eine saure Gurke ums Leben!'

Gurke nennt man umg. die ↗Nase, die pars pro toto auch für den ganzen Menschen stehen kann, z.B. sächs. ‚enne putz'ge Gorke', ein Spaßvogel, ‚enne verhauene Gorke', ein lebenslustiger, zu allen möglichen losen Streichen aufgelegter Mensch.

‚Gurkenhandel' wird im Spott für ‚Handlung, Verhandlung' gesagt, so obersächs. ‚Er sieht sich den Gurkenhandel eine Weile mit an'; ‚da hört der Gurkenhandel auf', da hört sich doch alles auf, das geht zu weit! ‚Gurkensalat' steht rdal. für eine Speise, die grober Geschmack nicht zu würdigen weiß; z.B. *Was versteht der Bauer vom Gurkensalat,* mdal. in Schlesw.-Holst. ‚Wat fraagt de Buur na Gurkensalat' mit dem Zusatz: ‚dat itt he mit de Mistfork (Heugawel)'.

Der Ausdr. *Sauregurkenzeit* hat mit sauren Gurken nichts zu tun; er ist dem Rotw. entnommen, lautete urspr. ‚zóress- und jókresszeit' (von hebr. zarót und jakrút, jidd. zoro und joker) und bez. die Zeit der Leiden und der Teuerung. *Bei ihm ist Sauregurkenzeit* bedeutet: seine Geschäfte gehen z.Z. schlecht. Da das Bewußtsein um die Herkunft und die Bdtg. des Ausdr. bald verlorenging, bildete sich die volksetymol. Deutung heraus, der Ausdr. bezöge sich auf die geschäftsarmen Sommermonate, in denen die Gurken reifen und eingelegt werden. Mit diesem Verständnis hat die ‚Sauregurkenzeit' auch ins Ndl. Eingang gefunden: ‚Het is in den komkommer-tijd'. Heute bezieht sich die Redensart hauptsächlich auf die kulturelle und politische Flaute während der Parlamentsferien, auch ‚Sommerloch' genannt.

Lit.: *F. Kluge:* Wortforschung u. Wortgeschichte (Leipzig 1912); *N. Nail:* ‚Zores in der Sauregurkenzeit', in: Der Sprachdienst 27 (1983), S. 105.

Gürtel. *Den Gürtel anlegen:* eine neue Würde übernehmen. Der Gürtel galt im MA. als Symbol der Macht und der Herrschaft. Dagegen: *Den Gürtel ablegen:* sich unterwerfen, zum Sklaven oder Gefangenen werden. *Den Gürtel verlieren:* um Hab und Gut kommen.

Den Gürtel auf das Grab legen: als Witwe nachteilige Folgen des Erbantritts vermeiden, ↗Schlüssel.

Der Gürtel war im MA. auch Sinnbild für Jungfräulichkeit, Keuschheit und Reinheit (vgl. den Gürtel Mariens, den Braut- und Keuschheitsgürtel). *Den Gürtel lösen (rauben):* Die Ehe vollziehen, die Unschuld (gegen seinen Willen) verlieren. Lit. ist dies im ‚Nibelungenlied‘ gestaltet worden: Siegfried hat stellvertretend für den schwachen König Gunther in der Hochzeitsnacht Brünhild Ring und Gürtel abgerungen und diese dann seiner Frau Kriemhild geschenkt. Brünhild wird sich ihrer Schmach bewußt, als Kriemhild sie verhöhnt, und klagt:

Sî treit hie mînen gürtel den ich hân verlorn,
und mîn golt daz rôte. daz ich ie wart geborn,
daz riuwet mich vil sêre ...

(XIV. Aventiure, Str. 854).

Der Gürtel wird damit zum Auslöser aller weiteren dramatischen Ereignisse.

Den Gürtel enger schnallen müssen: sich einschränken, fasten, hungern müssen. Durch das Einschnüren des Leibes kann das Hungergefühl vorübergehend erfolgreich unterdrückt werden. Auch die Abmagerung bei Krankheit und Not bedingt das Engerschnallen des Gürtels, der die Kleidung zusammen- bzw. die Hose oben hält.

Lit.: *J. Grimm,* in: RA. I, S. 215ff.: *G. Jungbauer:* Art. ‚Gürtel‘, in: HdA. III, Sp. 1210ff.: *K.-S. Kramer:* Art. ‚Gürtel‘, in: HRG. I, Sp. 1862–1863; *U. Marzolph:* Art. ‚Gürtel‘, in: EM. VI, Sp. 311–315.

Gürtellinie. *Etw. geht unter die Gürtellinie:* ist ein unanständiger Schlag, eine unerlaubte Attacke. Im Boxsport ist die Gürtellinie die Trennlinie für erlaubte bzw. unerlaubte Schläge. Ein sog. Tiefschlag, d. h. ein Schlag unter die Gürtellinie, widerspricht den Regeln des Boxsports, gilt als unfair und wird im Wiederholungsfall mit Disqualifikation bestraft.

Auch in übertr. Sinne gilt alles, was den Bereich unterhalb der Gürtellinie betrifft, insbes. den Sexualbereich, als Tabu-Zone und ihre Verletzung (auch verbal) als unanständiger Angriff auf die Person und ihre Integrität.

Guß. *Aus einem Gusse sein:* in einem Zug gearbeitet sein, ein nahtloses, einheitliches Ganzes bilden. Die Rda. ist im 19. Jh. entstanden und dem Bereich des Metallgießens entnommen. Die meisten Metallgußarbeiten wurden früher in einzelnen Teilen hergestellt und diese dann zusammengeschweißt, wobei die Nähte sichtbar blieben. Im Gegensatz dazu lobt die Rda. ein Werk, das keine Nähte erkennen läßt, einen vollkommen einheitlichen Eindruck macht. Bei dem Historiker J. v. Müller heißt es: „Schöner, was aus einem Gusse kömmt, als woran täglich geflickt wird“. In übertr. Bdtg. wird die Wndg. vor allem zur Wertung lit. oder künstlerischer Werke gebraucht. Vgl. frz. ‚être (taillé) d'une (même) pièce‘ (wörtlich übersetzt: aus einem [demselben] Stück geschnitten sein).

1

1/2 ‚Den Gürtel enger schnallen‘

2

Gusto. *Etw. ist nach meinem (seinem) Gusto,* d.h. nach meinem (seinem) Geschmack. Bis ins 18. Jh. hinein war für den aus dem Ital. entlehnten Begriff fast ausschließlich das Wort ‚Gust' bekannt. Später, im 18. Jh., wurde es weitgehend durch ‚Gusto' verdrängt, das vor allem in der Wndg. ‚nach Gusto', i. S. v. ‚Belieben', ‚Ermessen' in zahlreichen lit. Zeugnissen begegnet. So heißt es z.B.: „... recht nach gusto auszurasten" (J. von Neiner: ‚Tandlmärckt' [1734], 275). Im Sinne einer subjektiven Empfindung kommt die Wndg. auch bei anderen Autoren des öfteren vor, so z.B. bei S. J. Apinus (‚Glossarium novum' [1728], 260): „es ist nicht nach meinem gusto", des weiteren bei F. Callenbach, bei dem es heißt (‚Wurmatica Wurmland ...' [1714], 67): „das wäre nach meinem gusto, es stehet auch besser". Auch Goethe verwendet noch den ital. Begriff:

man wählt sich die Kleider
nach Gusto den Schneider.

Später wurde Gusto dann durch den dt. Ausdr. ‚Geschmack' ersetzt, wie er auch in der heute noch gebräuchl. Rda. ‚das ist ganz nach meinem Geschmack' vorkommt. Dagegen hat sich das Wort ‚Gust' in der Schweiz bis in die jüngste Zeit hinein erhalten, ↗Geschmack.

gut, Güte. *Gut sein (gut sagen) für jem.:* bürgen. Beide Ausdrücke haben sich entwickelt aus einer alten Bdtg. von gut = sicher. Einer von ihnen findet sich schon in ‚Schlampampes Tod': „Vor den Hausknecht bin ich gut, das ers nicht gesagt hat". Daraus hat sich dann die Bdtg. des kaufmännischen gut = zahlungskräftig entwickelt. *Es gut sein lassen:* keine weiteren Forderungen stellen.

Er hat des Guten zuviel getan: er hat übertrieben gesprochen, gehandelt usw., beschönigend für: er ist betrunken.

Sich eine Güte (ein Gütchen) tun: sich's schmecken, sich's wohl sein lassen; seit dem 18. Jh. bezeugt.

Du meine (liebe) Güte! (vgl. engl.: ‚Oh my goodness' und den südfrz. Ausruf: ‚Bonté divine!': Du göttliche Güte!) Ausruf der Verwunderung, Überraschung; zerredet oder absichtlich entstellt aus der Anrufung Gottes ‚Du mein Gott!' oder ‚Lieber Gott!', denn Gottes Namen soll man nicht mißbräuchlich anrufen; seit dem 16. Jh. bezeugt, aber vor allem im 19. Jh. gebräuchlich (z.T. erweitert in der Form ‚Meine Güte, soviel Bonbons in einer Tüte!').

Gutes mit Bösem vergelten: ist bibl. Urspr. nach 1. Mos. 44,4 (vgl. entspr. ‚Böses mit Bösem vergelten' nach Röm. 12,17 u.ö.); vgl. frz. ‚rendre le mal pour le bien'.

Jenseits von Gut und Böse ist der Titel eines Werkes von Friedrich Nietzsche (Werke, Bd. VII [Leipzig 1886]).

Einen Vorschlag zur Güte tun: einen annehmbaren Vorschlag machen. Urspr. war damit wohl die gütliche Vermittlung gemeint, die im Streitfalle dazu diente, auf friedliche Weise eine Einigung herbeizuführen. In diesem Sinne begegnet der Begriff schon in den alten Stadtrechten, in denen des öfteren die Wndg. ‚sich gütlich vergleichen' bzw. ‚sich gütlich vertragen' vorkommt.

In neuerer Zeit wurde eine solche freundschaftliche und friedliche Einigung mit der Wndg. *sich gütlich einigen* umschrieben. Die Redensart ist auch heute noch geläufig.

Sich an etw. gütlich tun: beim Essen kräftig zugreifen, es sich schmecken lassen. Im 16. Jh. lautete die Wndg. in der Regel: ‚jem. gütlich tun', d.h. ihn mit Speis und Trank traktieren. In diesem Sinne begegnet sie auch bei H. Sachs (Werke, Ausg. Keller-Götze, 19, 382):

thun im gütlich im leben sein,
beide mit trincken u. mit essen.

Später ist sie auch als selbstbezogene Rda. lit. bezeugt, u.a. bei E. W. Happel (‚Akad. Roman' [1690], 379): „auf einer bekandten universität wolten sich etliche studenten gütlich thun"; ferner bei H. S. Reimarus (‚Die vornehmsten Wahrheiten der natürl. Religion ...' [1766], 537): „ich will mir nur gütlich thun und mir mein leben durch allerley beliebige lust vergnügt machen".

Gut, Güter. *Das höchste Gut der Welt* ist das jedem einzelnen Liebste, d.h. es bedeutet für jeden etw. anderes Urspr. handelte es sich um einen rein philosoph. Terminus, später wurde eine in allen Literaturgattungen (einschließlich Volkslied

und Schlager) viel zitierte sprw. Wndg. daraus.
‚Gut' als Sammelbegriff für die gesamte Habe tritt häufig in festen Verbindungen, in Zwillingsformeln auf, z. B. in: ‚Hab und Gut', ‚Gut und Leben', ‚Geld und Gut' oder ‚Gut und Geld', ferner in Sprww. wie ‚Eigen Gut gibt Mut' und ‚Gut verloren, Mut verloren.'
Einige Wndgn. im Zusammenhang mit ‚Gut' treten nur in der Plural-Form auf, z. B. in der Rda. *mit irdischen Gütern reich gesegnet sein* – als Gegensatz zu den immateriellen, geistigen Gütern. Diese spielen vor allem in der Literatur eine große Rolle:

von des Lebens Gütern alle
Ist der Ruhm das höchste doch

(Schiller: Ballade ‚Der Graf von Habsburg');

Nicht an die Güter hänge dein Herz,
Die das Leben vergänglich zieren!

(Schiller: ‚Braut v. Messina', V, 4);
„Das Leben ist der Güter höchstes nicht!" (Schiller: ‚Braut v. Messina', Schluß des IV. Aktes), ↗Habe.

H

Haar. Die Rdaa., die mit dem Wort Haar gebildet sind, beziehen sich meist entweder auf die Feinheit oder auf die Menge des Haares: *haarklein erzählen* (schon bei Grimmelshausen), *haargenau untersuchen:* überaus genau, auf die geringsten Fehler aufmerksam sein, vgl. auch die Ausdr. ‚haardünn' und ‚haarfein'. In der technischen Sprache bez. man sehr feine, mit bloßem Auge unsichtbare Risse als ‚Haarrisse'; *haarscharf nachweisen, sich nicht um ein Haar bessern* (schon mhd. ‚umbe ein hâr'; s. ‚Iwein' V. 4607 und 6063), *kein Haarbreit (nicht um Haaresbreite) nachgeben;* vgl. frz. ‚d'un cheveu' (um ein Haar) als Bez. für ‚um eine Kleinigkeit'.

Einem kein Härchen krümmen. „Er hett jm nicht gekrümpt ein haar" heißt es schon bei Joh. Fischart. ‚Um ein Haar', ‚bei einem Haar wäre er gefallen, ... hätte er sich das Bein gebrochen' usw. meint immer: fast, beinahe. Hierzu auch das rhein. Sagwort ‚Um en Haar, sat de Zimmermann, do hatt e de Balken om e halwe Fuß zu kurz geschnid', und der schwäb. Zungenbrecher: ‚Om a Härle hätt' dr Herr Härle dr Frau Härle a Härle rausgrisse'. Els. ‚Mer kann dem Mann glauwe uf's Haar genau'.

‚Er verruert sich keis Haar' will beteuern, daß er sich gar nicht rührt (schweiz.). Wenn man etw. nicht so genau nehmen will, sagt man: ‚s'chunnt uf e Zimmermanns Haar nüd a' (els.); schweiz. ‚s' chunnt nüd uf es Haar a'. Vgl. engl. ‚It will come to me straight as a hair' (Es wird mir einleuchten so genau wie ein Haar), ‚true as a hair' (haargenau) und ‚we shan't give back a hair' (wir wollen um keine Haaresbreite nachgeben). Das engl. Sprw. ‚No hair so small but has his shadow' deutet wieder auf die Wichtigkeit des kleinsten Details und der Exaktheit hin.

Auch *Haarspalterei* i.S.v. ‚Kleinigkeitskrämerei', ‚Spitzfindigkeit' gehört in diesen Vorstellungskreis. Schon in der ersten Hälfte des 16. Jh. schreibt Burkard Waldis in dem Spottgedicht ‚Der wilde Mann von Wolfenbüttel' (V. 105 ff.):

> Eyn glatten aal beim schwantz kan halten,
> Vnd in vier teyl eyn härlin spalten,
> Das graß hört auß der erden wachßen,
> Steckt vier reder an eyne achßen ...

Ebenso frz. ‚couper un cheveu en quatre' und engl. ‚to split hair'. Auch in der Form *ein Haarspalter* oder *haarspalterisch sein.*

Ähnl. *Es hängt an einem Haar:* es kommt auf den kleinsten Zufall an, die Entscheidung hängt von dem kleinsten Umstand ab; vgl. frz. ‚Cela ne tient qu'à un fil', ↗ Faden. An die antike Erzählung vom Damoklesschwert braucht bei unserer Rda. nicht notwendig gedacht zu werden, da Haar i.S.v. ‚Kleinigkeit' schon mhd. durchaus geläufig ist; „niht ein hâr" findet sich im ‚Iwein' (V. 579) und im ‚Tristan' (V. 16537).

Haare meinen das Geringwertige auch in dem hess. Sprw. ‚Korze Hoorn sei bale geberschd' (kurze Haare sind bald gebürstet), d.h. eine geringe Angelegenheit ist bald erledigt; auch: karge Mahlzeiten sind bald eingenommen. Das Sprw. findet sich auch in Thomas Manns ‚Buddenbrooks' und in Heinrich Schaumbergers bekannter Dorfgeschichte ‚Im Hirtenhaus'. *Das ist gegen die Haare* (vgl. ‚gegen den ↗ Strich bürsten'): kommt von der unangenehmen Empfindung, die es verursacht, wenn man die Bürste gegen die Haare führt. Es wird von Personen gesagt, die von Widerspruchsgeist erfüllt sind. Im Solothurnischen sagt man ‚Er hat d'Haar de lätz Wäg g'strählt'. Es kann aber auch bedeuten, daß er die Sache verkehrt angefangen, sich verrechnet hat oder daß es nicht seinem Wunsch gemäß gegangen ist. Vgl. frz. ‚à rebrousse-poil'.

,Die Haare stehen einem zu Berge'

,Etwas ist haarsträubend'

,Sich die Haare raufen'

Die Haare stehen einem zu Berge: bez. den höchsten Grad von Schauder oder Entsetzen beim Ansehen oder Anhören von etw. Schrecklichem. In der Tat hat man bei großem Grauen ein Gefühl, als ob einem die Haare emporstiegen (daher *haarsträubend*). Die Rda. findet sich auch in der Bibel: „Und da der Geist an mir vorüberging, stunden mir die Haare zu Berge an meinem Leibe" (Hiob 4,15). Auch das Altertum kennt sie; Homer braucht sie in der ,Ilias' (24,359), und bei Vergil (70–19 v. Chr.) steht in der ,Aeneis' (2. Buch, V. 774): „Obstipui, steteruntque comae et vox faucibus haesit" (ich war starr, und mir sträubt' sich das Haar, und die Stimme versagte).

In dem ,Ring' Heinrich Wittenwilers (V. 5250–5255) heißt es:

Bertschin dem was also we
Daz im die härel giengen zperg.

Im 69. Fastnachtsspiel von Hans Sachs sagt der Pfaffe:

Wen ich denck an seine trowort gar,
So stent mir gen perg all mein har.

Bes. anschaulich findet sich das Bild in Gellerts Fabel ,Die Widersprecherin':

Ihr Haar bewegte sich, stieg voller Zorn empor
Und stieß, indem es stieg, das Nachtzeug von dem Ohr.

Frz. heißt es: ,Les cheveux se dressent sur la tête', und ndl. ,Dat is eene vervlocking, waar van de haren op het hoofd te berge rijzen'. ,Es tuet mir d'Haar lüpfe' bedeutet auch schweiz.: entsetzt sein.

Sich die Haare raufen: entsetzt, verzweifelt sein, urspr. eine alte Klagegebärde; vgl. frz. ,s'arracher les cheveux'.

Deshalb reiß' ich mir kein Haar aus; darüber lasse ich mir kein graues Haar (keine grauen Haare) wachsen: darüber rege ich mich nicht auf, darüber gräme ich mich nicht; schon 1529 von Joh. Agricola (Nr. 163) gebucht: „Laß dir kein graw har darumb wachsen, sorge nicht, trawre nicht, du wirst sonst graw". Seb. Franck erklärt 1541: „Wer vil sorget, der wird leichtlich grau. Es geschieht aber das Grauen aus dreierlei Ursach, als: die aus Weisheit sorgen, die grauen auf dem Haupt; die um die Nahrung und zeitlich Gut sorgen, die grauen am Bart; die aber für ander Leut sorgen, die ... Die mag man mit diesem Sprichwort warnen, daß sie ihnen kein grau Haar darum sollen wachsen lassen".

bei dem man sich tatsächlich an den Haaren zog bzw. riß; dann bildl. übertr. auf jeglichen Streit gemünzt; auch auf den mit

‚An den Haaren herbeiziehen'

An den Haaren herbeiziehen: die Logik vergewaltigen; mit einem Argument kommen, das überhaupt nicht zur Sache gehört; z. B. wenn ein Redner absonderliche Beispiele einflicht. 1649 bucht Gerlingius unter Nr. 63: „Capillis trahere. Bey oder mit den Haaren herzu ziehen". Vgl. frz. ‚tirer par les cheveux'.

Die heutige Färbung der Rda. ‚mit Gewalt' hat sich erst im Laufe der Zeit entwickelt. Gerade weil etw. durchaus zur Sache gehört, zieht man es trotz allen Widerstandes (‚mit Gewalt') an den Haaren herbei. Die heutige Bdtg. dankt ihre Entstehung der Ironie.

Zur urspr. Bdtg. vgl. Hans Sachs' Fastnachtsspiel: ‚Petrus und seine Freunde auf Erden' (363):

> Weil sie durch woldat von mir fliehen,
> Muß ichs (= sie) mit dem har zu mir ziehen.

In älterer Zeit ist außerdem das feinere Gegenstück *an einem Härlein heranziehen:* leicht heranziehen, bezeugt, so 1541 bei Seb. Franck (I, 84): „Man mag den willigen leicht winken. Mit eim härlin zöh man jn darzu". 1639 bei Lehmann S. 907 (Will 16): „Wer willig ist, den kan man leicht erbitten, mit eynem Härlein herbey ziehen".

Sich in die Haare geraten (fahren): sich streiten, ↗ Wolle; vgl. frz. ‚se crêper le chignon', (wörtl.: einander in den Haarknoten greifen). Urspr. als Kampf gemeint, Worten. Dazu gehören noch die folgenden Varianten: ‚einem in die Haare wollen', eine Gelegenheit suchen, Streit mit ihm anzufangen oder sich an ihm zu rächen; schweiz. ‚frömd Händ i's Haar übercho', gerauft werden; ‚einem in die Haare wachsen', mit ihm in Streit geraten. Die ähnl. engl. Version befaßt sich jedoch eher mit der psychischen als mit der physischen Seite dieses Gedankens. So würde man ‚This fellow ist beginning to get in my hair' mit ‚dieser Kerl geht mir so langsam auf die Nerven' übersetzen. Diese Ausdruckweise ist so beliebt geworden, daß sie sogar in der modernen Operette ‚South Pacific' aufgegriffen wird, wo es heißt: „I'm going to wash that guy right out of my hair".

Sich in den Haaren liegen: sich streiten. In Jörg Wickrams ‚Rollwagenbüchlein' von 1555 heißt es: „Die lagen einanderen für und für im har und konten nit miteinander gestellen". Und entspr. ‚den Leuten die Haare zusammenbinden', sie in Streit verwickeln. Aus dem Jahre 1523 stammt ein schweiz. hist. Beleg: „Ir verräter von Zürich habent den Eidgenossen das har an einandern g'knüpft und lachent jetzt durch die finger".

Haare lassen: zu Schaden kommen, im Streit den kürzeren ziehen, ist von Raufereien entlehnt; vgl. frz. ‚Y laisser des plumes' (Federn lassen), ↗ Feder; mit dem altgerm. Rechtsbrauch, daß der aus dem

Stande eines Freien ausgestoßene Verbrecher geschoren wurde, hat die Rda. kaum etw. zu tun. Sie ist schon bei Luther bezeugt und findet sich z.B. auch in der ‚Zimmerischen Chronik' (I, 546): „Aber die Schweizer truckt ir furnemen hinauß, und mußt Hagenbach har lassen. Der ward enthauptet".

1649 übersetzt Gerlingius unter Nr. 200 das horazische „Quidquid delirant reges, plectuntur Achivi" (das wahnwitzige Beginnen der Könige büßen die Achäer) mit: „Wann die Herrn einander rauffen wollen, so müssen die bawren die haar darleihen". Anders leitet 1639 Lehmann die Rda. ab: „Wo sich der Esel walzet, da muß er Haar lassen". Dies scheint jedoch nicht sinngemäß zu sein, denn es deutet nicht auf Kampf oder Streit hin, bes. da sich im Engl. noch eine weitere selbständige Rda. gleichen Inhalts findet: ‚Where the horse lies down, hair will be found'. Das frz. Gegenstück heißt: ‚Il y a laissé des plumes', was aber möglicherweise vom Hahnenkampf abzuleiten ist. Ndl. ‚Hij heeft daar haar gelaten'. – Falls ein Streit beendigt werden soll, heißt es sprw. ‚Es ist besser, einige Haar lassen als den ganzen Balg verlieren'. Entspr. wird für ‚Friedenmachen': ‚die Hände aus den Haaren lassen' gebraucht. Schweiz. bedeutet ‚Er hät müesse Haar la', er ist in Konkurs gekommen. ‚Er läßt nicht gern Haar gehn' sagt man von einem geizigen Mann. Wenn einer unverschämt bei Tische zugreift, sagt man von ihm, daß er ‚nimmt, bis ihm d'Haar a de Fingeren abbrönne'.

Aus dem 16. Jh. ist mnd. belegt jem. ‚van den haren bringen': ums Leben bringen, hinrichten und ‚sick sulven van haren gebracht': sich selber umgebracht.

Nur in der Lit. des 16. und 17. Jh. nachzuweisen ist ‚har vff har machen', Streit erregen, bei Seb. Franck einmal anschaulicher ausgedrückt als „krieg anrichten, das haar vff yhenes haar reitzen". Auch der schweiz. Chronist Joh. Salat kannte den Ausdr. noch in anderen Variationen: ‚har uf har richten' für uneinig machen und ‚jemdm. jemdn. ins har richten', gegeneinander aufrichten. Das Haar steht hier urspr. als Charakteristikum für das Tier. Die Jäger unterscheiden Haarwild und Federwild; ‚haar um haar handeln' meinte den Tauschhandel mit Tieren (Schwäb. Wb. 3, 1168), Joh. Fischart erwähnt ein Gesellschaftsspiel ‚har vf har', das er wohl zutreffend von der Fuchsjagd herleitet, und so wird auch unsere Rda. sich in diesen Zusammenhang einfügen.

Rupf ein Haar aus, wo keines ist und *Zieh mir ein Haar aus der* (hohlen Innen-) *Hand:* Warnung vor unnützem Unternehmen; was nicht geht, das geht nicht; wo nichts ist, hat der Kaiser sein Recht verloren; mdal. hess. ‚rob e hur aus, wu ka ies' (Gießen). So schon mhd.:

wer roufet mich, dâ nie dehein hâr
gewuohs, innen an miner hant?
der hât vil nâhe griffe erkant.

Der frißt mir die Haare vom Koppe weg; er geht mich fortwährend um Geld an (obersächs.). Im Schwäb. bez. man mit derselben Rda. einen Gefräßigen oder Heißhungrigen.

Jemandes Haar loben: ihm Schmeicheleien sagen (früher geläufig, jetzt veraltet). Da blondes Haar bes. geschätzt war, sagte man auch ‚Das geschieht nicht um deiner blonden (gelben) Haare willen'. Schwäb. ‚einem e Härle ums Maul streiche': ihm schmeicheln.

Das Gegenteil davon ist *kein gutes Haar an jem. lassen:* ihn über alle Maßen tadeln. „Es ist kein gutes Haar an ihm" findet sich schon bei Grimmelshausen; ebenso: „Bist du *der* Haare?" Bist du so gesinnt?

Dasselbe Haar haben: meint eine Familienähnlichkeit, Verwandtschaft; und ins Negative gewendet, wird festgestellt: ‚Der Knabe hat kein Haar von seinem Vater', entspr. schweiz. ‚kes Hörli vom Vater ha'. Bemerkenswert ist im Engl. die gleiche Wndg. bei Shakespeare (Heinrich IV.): „The quality and hair of our attempt brooks no division" und „A lady of my hair cannot want pitying". Den gleichen Zusammenhang zeigt die Feststellung: ‚den Vogel erkennt man an den Federn'; vgl. engl. ‚It's all hair of the same dog'.

Haare auf den Zähnen (auf der Zunge) haben: energisch sein, sich nichts gefallen lassen, rigoros sein Recht verteidigen (bes. gern von Frauen gesagt; Steigerung: ‚Die Haare auf ihren Zähnen sieht man selbst bei geschlossenem Mund'). Die

Rda. ist wohl eine Weiterbildung von Ausdrücken wie ‚Haare haben', ‚ein haariger Kerl sein', d.h. sich der vollen Männlichkeit erfreuen (vgl. frz. poilu, wörtl. = behaart, dann tapfer; im 1. Weltkrieg Name für den Frontkämpfer). Das Äußerste solcher ‚Haarigkeit' wäre, wenn sogar auf den Zähnen Haare wüchsen! Es handelt sich also um eine übertreibende Rda. Die Beziehung zur Werwolfsage, die frühere Erklärer zur Deutung der Rda. herangezogen haben, ist sicherlich irrig. Die ältere Schicht der Rda. kennt die Formulierung ‚Haare auf der Zunge'; so schon ein Beleg in Seb. Francks ‚Weltbuch' (1534): „Es ist kein pfaff frumb, er hab dann haar auf der zungen". Noch in Schillers ‚Räubern' (II, 1) redet Franz den Bastard Hermann an: „Du bist ein entschlossener Kerl – Soldatenherz – Haar auf der Zunge!"

Umgekehrt sagt man in Schwaben von einem, der nicht beherzt genug ist: ‚Der hat me' Har unter der Nas als auf der Zung'. ‚Haar in der Hand haben', nämlich an der Innenseite der Hand, wo kein Haar wächst, stand mnd. für Unmöglichkeit und Niemals: „den Dithmarschen magstu geloven geven, wanner du har in siner hant findest". Schwäb. ‚d'Müller ha'nt kei' Har an der Hand' scheint dagegen als Warnung vor Unredlichkeit gedient zu haben.

Etw. ist haarig, ist eine haarige Sache mahnt ebenfalls zur Vorsicht vor Schwierigkeiten, Gefahren und Unberechenbarkeit. Früher sagte man auch ‚eine Sache ist haarig schwer': sehr schwierig. Schwäb. ‚mach mir nu' de' Pudel 'et z'harig': übertreib nicht zu sehr! ‚Du sollst harig werde' am ganze' Leib' ist dagegen eine Verwünschung. ‚Bei dem geht's harig her': dürftig, schlecht und ‚des ist scho' e ganz Hariger' bez. einen Geizhals, mit dem man schwer ein Geschäft machen kann.

Euphemist. steht ‚haarig' insbes. im Alem. auch für Geschlechtliches: ‚haarige Sachen' meint die Genitalien, ‚auf haarige Gedanken kommen': erotische Vorstellungen haben. Diese Bedeutung von ‚haarig' taucht sogar in einem beliebten Kinderreim Südwestdeutschlands in der Fasnet auf:

Hoorig, hoorig, hoorig isch die Katz,
und wenn die Katz net hoorig isch,
dann fängt sie keine Mäusle net.

Die ‚hoorige Katz' steht hier – freilich von den Kindern selbst noch nicht so verstanden – für eine geschlechtsreife Vulva, die schon zum Sexualverkehr (‚Mäusle fange') fähig und bereit ist.

Ein Haar in etw. finden: eine Schwierigkeit oder Unannehmlichkeit in einer Sache entdecken, durch eine unangenehme Entdeckung abgeschreckt werden; vgl. frz. ‚Y trouver un cheveu'; urspr. von der Speise, so noch heute *ein Haar in der Suppe finden*. Bei Grimmelshausen heißt

Und durch die Brille, scharf und klar,
Entdeckt er gleich ein langes Haar

„Nun!" — sprach die Frau — „das kann wohl mal passieren!
Hast du mich lieb so wird's dich nicht genieren!"

‚Ein Haar in der Suppe finden'

es im ‚Simplicissimus' (4,234): „Weil er auch in einem Ey ein Haar finden könnte, so sollte er sagen, was dieser Tafel mangele"; bei dem Prediger Abraham a Sancta Clara: „Es gibt Köch, die so säuisch mit den Speisen umgehen, daß man zuweilen einen halben Spülhader unter dem Kraut findet und bisweilen so viel Haar in der Suppe, als hätten zwei junge Bären darin gerauft. Pfui!", und: „Soldaten, die ein Grauen haben vor dem Streit, als hätten sie einmal ein Haar darin gefunden, verdienen nichts", und auch: „Ich hab' noch nie ein Haar in der Arbeit gefunden, daß mir darvor grausen sollt'" (‚Judas der Erzschelm' III, 155). Anstelle der Suppe heißt es in der Schweiz auch: ‚Es ist ein Haar in der Milch' oder ‚Es ist Haar unter der Wolle', die Sache ist nicht sauber. Die engl. Version ‚a hair in one's neck' bedeutet ebenfalls: Ärgernis verursachen; auch mit frz. ‚il y a un cheveu' ist das gleiche gemeint. Vgl. auch frz. ‚Il tombe comme un cheveu sur la soupe' (wörtl.: Er fällt wie ein Haar in die Suppe): Er kommt völlig unerwartet.

Haar in die Wolle schlagen bezeichnete früher unredliches Handeln. Die Rda. bezieht ihr Bild vom Wollenschläger, der billiges (Hunde)haar in das Tuch webte, das beim Tragen dann kratzte. Bei Hans Sachs heißt es: „Wie köndt ich haar int wollen schlagen, / Das ich meim unglück unterkem".

Mehr Schulden als Haare auf dem Kopfe haben, sagt man wohl in Anspielung auf Ps. 40,13, wo dies von den Sünden gesagt wird: „Ihrer sind mehr denn Haare auf meinem Haupt". In Schwaben sagt man scherzhaft untertreibend auch: ‚Der hat Geld wie e' Frosch Har'.

Sechs (drei) Haare in sieben Reihen: erster spärlicher Bartwuchs. Das rdal. Bild ist von dünner Aussaat hergenommen.

Einem die Haare beschneiden: einem die Leviten lesen.

‚Im Haar ha' heißt in der Schweiz: betrunken sein, was els. mit ‚geschwollene Haare haben' (auch ‚Katzenjammer haben') ausgedrückt wird.

‚Einem Weibe in die Haare (in den Zopf) geflochten sein' war im 16. Jh. ein Hinweis auf freien, außerehelichen Geschlechtsverkehr.

Mit Haut und Haar ↗ Haut.

Lit.: *H. Schrader:* Das Haar in sprachlichen Bildern und Gleichnissen, in: Zs. f. deutsche Sprache 7 (1894), S. 21–27 u. 41–47; *H. Bächtold-Stäubli:* Art. ‚Haar', in: HdA. III, Sp. 1239–1288; *M. Jedding-Gesterling* u. *G. Brutscher* (Hg.): Die Frisur. Eine Kulturgeschichte der Haarmode von der Antike bis zur Gegenwart (München 1988); *U. Kuder:* Art. ‚Haar' in: EM. VI, Sp. 336–343.

Haarbeutel nannte man im 18. Jh. den Beutel, dessen sich die Männer bedienten, um die langen Hinterkopfhaare darin zusammenzufassen, woraus sich dann der künstliche Zopf des friderizianischen Zeitalters entwickelte. Mit dem Gewicht dieses Beutels wurde im Scherz die Empfindung des schweren Hinterkopfes verglichen, die man bei einem Rausch hat, daher: *einen Haarbeutel haben:* einen Rausch haben (auch ‚Zopf' kommt in der Bdtg. ‚Rausch' vor). Vielleicht ist die Rda. auch gekürzt aus ‚einen unter dem Haarbeutel haben'. Nach Adelung (‚Versuch eines grammatisch-kritischen Wörterbuches' [1775], Bd. 2, Sp. 866) soll die Rda. *sich einen Haarbeutel trinken:* „eine Anspielung auf einen gewissen Major bey der alliirten Armee im letzten Kriege sein, der den Trunk liebte, und alsdann gemeiniglich in einem Haarbeutel, an statt des Zopfes, vor dem commandirenden Generale erschien"; doch dürfte diese Anekdote erst nachträglich und ätiologisch zur Erklärung der Rda. entstanden sein. Von Joh. Peter Hebel (1760–1826) stammt das Rätsel:

> Ratet, lieber Leser, was hab' ich im Sinn?
> Einer hat's am Kopfe, ein andrer hat's drin.

Wilhelm Busch hat 1878 eine seiner Dichtungen ‚Die Haarbeutel' betitelt. Heute ist die Rda. nur noch mdal., bes. in Schleswig-Holstein, geläufig.

Habchen und Babchen. *Sein Habchen und Babchen verlieren:* all seine Habseligkeiten einbüßen, all sein Hab und Gut verlieren. Die Rda. ist eine bes. in den mdt. Mdaa. geläufige Reimformel, deren erster Teil die Verkleinerungsform von ‚Habe' ist, während der zweite, ähnl. wie im ‚Hakkemack', ‚Happenpappen', seine Entstehung nur dem Reimbedürfnis verdankt.

Habe. *Hab und Gut:* alles Besitztum. Das Subst. Habe bez. Besitztum jeder Art im allgemeinsten Sinne; z. B. in Luthers Bibelübers.: „Also nahm Abram sein Weib Sarai und Lot ... mit aller ihrer Habe, die sie gewonnen hatten ..." (1. Mos. 12,5). Formelhaft mit Habe verbunden werden ‚Fahrt' und ‚Gut', so Klinger (1,421): „Sich mit Hab und Fahrt, mit Herz und Seele hingeben", und Fleming (116): „Ich bin um Hab und Gut, und allen Vorrath kommen".

Es ist versucht worden, den Unterschied zwischen ,Hab' und ,Gut' so festzulegen, daß man unter Habe das bewegliche, unter Gut das unbewegliche, liegende Eigentum verstand, jedoch läßt sich diese Unterscheidung nicht aufrechterhalten. Zwar bez. ,fahrende Habe' (ahd. faranti scaz, ndd. rorende have) die res mobiles (urspr. den Viehbestand), jedoch findet sich daneben auch ,liegende Habe', und umgekehrt findet sich schon mhd. ,varende guot' (Walther 8,14; Parzival 267,10) sowie auch ,unfahrende habe' (Haltaus 767). Der ,fahrenden Habe' setzte man ,liegende Gründe' gegenüber.

Die Habe seines Nächsten beschneiden: sich von seinem Eigentum auf unrechtmäßige Art etw. aneignen; *Hab und Gut durchbringen, Hab und Gut durch die Gurgel jagen:* alles vertrinken; vgl. frz. ,il a mangé tout son frusquin à la débauche'; ndl. ,have en goed'; ↗Gut.

Lit.: *Ch. U. Schminck:* Art. ,Hab und Gut', in: HRG. I, Sp. 1887–1888.

haben. Das Verb haben kann sehr Verschiedenes ausdrücken. Im Laufe der Zeit hat es einen Bedeutungswandel von ,fassen', ,packen', zu ,halten', ,besitzen' durchgemacht; in den Rdaa. ist es urspr. Hilfsverb und erscheint nur durch die Verkürzung des Satzes wie ein Vollverb.

Sich haben, vor allem in der Wndg.: *Hab dich nicht so:* zier dich nicht, gebärde dich nicht so auffallend, wurde früher i. S. v. ,sich verhalten' verwendet, ohne jegliche Wertung; so gebraucht es schon Hartmann von Aue (,Büchlein' 1,101):

gein ir gruoze ich dicke neic
und het mich dô als einen man,
dem ein wîp ir hulde gan.

Ebenso auch noch im 18./19. Jh.: „Der Junge hatte sich so züchtig, artig und mädchenhaft ..." (Zelter an Goethe).

Die beliebte Rda. *(Es) hat sich was!* findet sich schon im 17. Jh.: „Es hat sich was zu Baronen und Edelmannen" (,Ehrliche Frau Schlampampe', S. 42); in dieser Rda., die einen Ausdr. der Ablehnung darstellt, wird der Gedanke des ,Besitzens', den das ,haben' ausdrückt, iron. zurückgewiesen. In neuerer Zeit wird die Wndg. häufiger mit Verben als mit Substantiven gebildet, wobei der Infinitiv meist unterdrückt wird und aus dem vorangegangenen Satz zu ergänzen ist; Schiller: „Rat, Majestät? Hat sich da was zu raten!", verkürzt bei Goethe (8,175): „Wir sollen glauben, es sei um der Religion willen. Ja, es hat sich".

Es hat ihn: er ist verrückt, er ist verliebt, er ist in der Klemme: verkürzt aus: ,es hat ihn gepackt' oder ,ergriffen', nämlich die Verrücktheit oder die Liebe. ,Es' steht neutral-verhüllend für das Unangenehme, insbes. bei den tabuierten Geisteskrankheiten, vgl. frz. ,Cela le tient'. Im Ndd. gibt es eine (abwehrende) Gegenfrage, die sehr schnell und flüchtig ausgestoßen wird und etwa klingt: ,Hasses oder krisses?'(Hast du es oder kriegst du es?): hat es dich schon erwischt oder kommt es erst über dich? – oder man fragt: ,Hast (kriegst) du's stärker als gewöhnlich?'

Ähnl. *Da haben wir es:* das Unangenehme ist, wie erwartet, eingetroffen. Dieses ,es' oder ,etwas' kann aber auch für viele andere Substantive stehen; hier seien nur ein paar Rdaa. herausgegriffen: *Der hat's (der steht nicht wieder auf):* er ist tot; *es haben:* vermögend sein, ,es' steht hier für ,Geld'; *eine Sache hat's auf sich:* es ist etw. Besonderes an ihr, das ,etwas' wird in äußerlicher Weise gesehen; *es in sich haben* (von Dingen): mehr sein als nach außenhin scheinen; *es mit jem. haben:* in heimlichen Liebesbeziehungen zu ihm stehen, ebenso auch *nichts mit jem. haben,* das aber zugleich heißen kann: keine Feindschaft zu ihm haben; *sich mit jem. haben,* hier ist zu ergänzen: ,in der ↗Wolle'; *noch zu haben sein:* noch ledig sein; eigentl. ,noch verkäuflich sein', dann i. S. v.: noch zum Ehepartner zu haben sein; ähnl. auch die Rdaa. *nicht zu haben sein für etw., für alles zu haben sein.*

Damit hat sich's: mehr gibt es nicht, mehr wird nicht getan, das war das letzte. *An dem hat man aber auch gar nichts:* er ist ein langweiliger, zu nichts zu gebrauchender Mensch; hier wäre vielleicht zu ergänzen: man hat keinen Freund, keinen Gesellschafter, keinen Helfer an ihm.

Die Bez. für ein schnelles, überstürztes Davonlaufen finden wir in den mehrfach variierten Rdaa. *was hast du, was kannst du* (obersächs. ‚was haste, was kannste'), *hast du nicht gesehen;* von Grimm (Dt. Wb.) wird die Rda. auf ‚hasten' zurückgeführt, was jedoch durch die gleichbedeutende Formel ‚was gibst du, was hast du' (rhein. ‚wat gefschte, wat haschte') fraglich scheint; ↗geben, ↗Hättich.

Einen zum besten haben ↗Beste.

Bekannt sind auch die parodistischen Verse über den ‚Bruder Ärgerlich' (vgl. auch ‚Hans im Schnookeloch', ↗Hans). Ähnl. auch in dem von Miller 1776 gedichteten und von Mozart (und Neefe) komponierten Lied ‚Zufriedenheit', in dem es heißt:

Je mehr er hat, je mehr er will,
Nie schweigen seine Klagen still.

Als Antwort auf das Drängeln von Kindern, die etw. haben wollen, das ‚Bittesagen' aber vergessen, heißt es oft: ‚Haben steht im Kochbuch'. Die Wndg. wird auch gebraucht, wenn man etw. dringend benötigt, es aber nicht hat. Wird man jedoch von anderen um etw. gebeten, das man nicht hat, dann heißt es lakonisch: ‚Haben ein Gewehr'. Es handelt sich dabei um eine Verkürzung oder Schwundform aus dem Vers des Kinderliedes: „Wer will unter die Soldaten, der muß haben ein Gewehr", ↗Gewehr, ↗Hans.

Haber ↗Hafer.

Haberfeldtreiben, Habergeiß, Habermann. *Ein Haberfeldtreiben veranstalten:* jem. heimsuchen, ihn öffentl. rügen. Das Haberfeldtreiben war ein mit gewaltigem Lärm und Vermummung kollektiv praktizierter Akt der öffentlichen Bloßstellung und Demütigung von Einzelpersonen, die spezifische Normen ihrer Gemeinschaft verletzt hatten, d.h. eine Form ungeschriebenen Rügerechts. Vor allem nonkonformes Sexualverhalten wurde aufgegriffen: Ehebruch, außereheliche Schwangerschaft, Verstoß gegen den Zölibat, Hurerei. Der Rügebrauch bestand darin, daß sich die am Rügegericht Beteiligten nachts vor dem Hause des ‚Schuldigen' versammelten und ihm seine Vergehen vorhielten.

Im ältesten Bericht über das Haberfeldtreiben – vom Miesbacher Landgericht 1766 erstellt – wird dies deutlich:

„Damit Sie aber wissen, worinn dises Haberfeldtreiben besteht, mache ich eine kurze beschreybung hierüber.

Anfangs gehet einer von den zusam gerotheten purschen zu dem ienigen Hause, wo ein Leichtferttigs Drits halber abgestrafftes Weibs Bild darin sich befindet, mit Ungestimm klopft er an die fenster lääden oder haus thier, fraget sich mit lauttem geschrey in formalibus an. Paur (disen mit nammen nennent) hast die (sit Venia verbo) Hur zu hauß? ist das Haaber feld lähr? seye es lähr oder nit, wür treiben dannach darin. Nach disem machen Sye einen unverträglichen Lärmmen mit undereinander gemischten jauchzen, schreyen, Bryllen, mit thüer Glockhn, Pritschen, schlagen auf die Preter, Blasen mit Kühe horn, schüessen aus feur gewöhren, so, daß die ienige, so es das erstemahl hören, nichts anders glauben als es seye die höll ausgelassen worden, villfältig geschieht es, daß einige von diesen Purschen die mit Schindl belegte häußer abdeckhen, die fenster einschlagen und die zäun zusammen reissen. iederzeit aber springen sye in einem Creiß herumb, und tretten dieweils nit anderst auf, als wan ein hexen tanz daselbst Vorbeygangen were. Dabey machen Sye sich im angesicht russig und theills falsche pärth, damit Sye nit erkhant werden. über das stöllen Sye gemainiglich wachten auf, und wan iemand gelling (jählings) darzue komt, oder Vorwiz halber zueschauen will, der mueß aintweeder mithalten oder Sye schlagen ihm die Haut Voll an, und jagen ihne dauon."

Das Ritual ist von einer aggressiv-feindseligen Grundstruktur gekennzeichnet. Es geht u.a. um die Verspottung mit ehrenrührenden Reimen. Junge, ledige Männer, Burschen erscheinen konstant als die Akteure des Haberfeldtreibens. Das Ritual war also das Vorrecht einer männlichen Altersgruppe. Dennoch gründete das Haberfeldtreiben auf dem Konsens der Landgemeinde, die dem Altersverband sozusagen soziale Kontrollfunktionen übertrug.

Die Organisation des Rügegerichtes ist nicht bekannt, weil die Beteiligten strenges Stillschweigen darüber wahrten. Angeführt wurden sie von einem oder mehreren Vorstehern, den sog. ‚Haberfeldmeistern'. Im Laufe seiner Entwicklung verselbständigte sich der Brauch und wurde schließlich auch mißbraucht zur Verfolgung mißliebiger Personen, an denen man sich unter dem Vorwand von Sitte und Anstand rächen wollte. So steht der Begriff ‚Haberfeldtreiben' nicht mehr für einen nach bestimmten Regeln ablaufenden Brauch, sondern für die böse Absicht, anderen Schaden zuzufügen. Als ein ‚altherkömmlicher Brauch' ist es allenfalls nur im Empfinden derjenigen verankert, die es praktizierten. Für die Obrigkeit und Justiz gilt ‚Haberfeldtreiben' eher als Synonym für Begriffe wie ‚grober Unfug' oder ‚Exzeß'.

In Bayern und Tirol wurde früher der oder die Schuldige in ein Hemd, urspr. in ein Ziegenfell, gesteckt und umhergetrieben (↗Bockshorn). Dieses ‚Haberfeldtreiben' war also eigentl. ein ‚Haberfelltreiben'; ‚Haber' aber hat hier nichts mit Hafer zu tun, sondern ist verwandt mit lat. ‚caper' = (Ziegen-)Bock und griech. ‚kapros' = Eber, bedeutet also ‚Ziege', ‚Bock'; im dt. Sprachgebiet ging ‚Haber' = Ziegenbock wegen der lautlichen Gleichheit mit ‚Haber' = Hafer unter. So wurde das ‚Haberfelltreiben' volksetymol. umgedeutet zu ‚Haberfeldtreiben', und auch der Brauch änderte sich, indem der Schuldige wirklich mit Geißelhieben in ein Haferfeld getrieben wurde.

Ebenfalls auf lat. ‚caper' geht das Wort *Habergeiß* zurück, mit dem man in Bayern ein leichtsinniges Mädchen, im Elsaß ein langes hageres Mädchen und im Alem. einen Kreisel bez., der sich lärmend dreht. In anderen Gegenden ist es die Bez. für versch. Vögel. ‚Habergeiß' wurde ebenfalls mit Hafer in Verbindung gebracht, weshalb auch die Strohpuppe so genannt wird, die dem Bauern auf den Dachfirst gesetzt wird, der zuletzt mit dem Einfahren des Getreides fertig wird.

In manchen Gegenden schreckt man Kinder vom Korn fort, indem man ihnen sagt, der *Habermann* hause darin mit großem schwarzen Hut und einem gewaltigen Stock. Jedoch ist nicht dieser Habermann gemeint in der folgenden Rda. *Er liest seinem Gaul net fleißig aus 'm Habermann vor:* er gibt dem Pferd zu wenig Futter, oder allg.: er ist sehr geizig. Joh. Habermann (1516–90) war der Verfasser eines einst weitverbreiteten Gebetbuches; die Rda. macht sich die lautliche Gleichheit des Namens mit dem Futtergetreide zunutze, ↗Charivari, ↗Hafer.

Lit.: *O. Panizza:* Das Haberfeldtreiben im bair. Gebirge (Berlin 1897); *G. Queri:* Bauernerotik und Bauernfehme in Oberbayern (1911, Ndr. München 1969), bes. S. 59–265; *Adlmaier:* Der Oberländer Habererbund (München 1926); *P. Sartori:* Art. ‚Haberfeldtreiben', in: HdA. III, Sp. 1291; *F. Ranke:* Art. ‚Habergeiß', in: HdA. III, Sp. 1291–1294; *Jacoby:* Art. ‚Habermann', in: HdA. III, Sp. 1294; *F. W. Zipperer:* Das Haberfeldtreiben. Seine Geschichte und seine Deutung (Weimar 1938); *R. Schmidt-Wiegand:* Art. ‚Haberfeldtreiben', in: HRG. I, Sp. 1888–1889; *E. A. M. Schieder:* Das Haberfeldtreiben (München 1983); *K. S. Kramer:* Kultur der einfachen Leute (München 1983).

Habicht. *Den Habicht anrennen:* es mit einem aufnehmen, dem man nicht gewachsen ist. Die heute nicht mehr gebräuchl. Rda. kommt schon im ‚Rolandslied' des Pfaffen Konrad (12. Jh.) vor; ähnl. im ‚Pfaffen Âmîs' des Stricker (1. Hälfte d. 13. Jh.), wo der Bischof zum Titelhelden sagt:

sît ich iuch versuochen sol,
sô kan ich iuch versuochen wol
mit kurzen worten hie zehant:
ir habet den habech an gerant

(V. 99–102).

Aus dem natürlichen Verhalten des Raubvogels erklärt sich die Wndg. *sich wie ein Habicht auf etw. stürzen:* ungemein gierig sein. Die ältere Form des Subst. ‚habich' fällt lautlich mit ‚hab' ich' (von haben) zusammen und ließ ein beliebtes Wortspiel entstehen, in dem der Vogel Habich (hab' ich) dem Vogel Hättich (hätt' ich) gegenübergestellt wird: ‚Der Habich ist besser als der Vogel Hättich' (G. T. Pistorius: ‚Teutschjuristischer Sprichwörterschatz' [1714/16], IV. Nr. 45, S. 220); ‚Es ist besser ein dürrer Habich als ein fetter Hättich' (Pistorius, S. 221); ‚man muß einen habich bawen, nicht einen hettich, das ist, hett ichs so und so gemacht, das kost unnütz geld' (Lehmann, 69), ↗Hättich.

Hacke. Mit Hacke kann 1. das Werkzeug gemeint sein. Dazu gehören die Rdaa. *Er geht mit Hacke und Schüppe* (= Schaufel) *dran:* er wendet völlig falsche (zu grobe) Mittel an, etwa mit der Kneifzange eine

Uhr reparieren wollen; *der Hacke einen Stiel finden:* eine schwierige Sache richtig anzufassen wissen. Ordnung in eine Angelegenheit bringen, auch: leicht einen Vorwand, einen Ausweg finden (im 17. Jh. ganz gebräuchl.), z.B. bei Abraham a Sancta Clara: „Wie er dieser Hakken möchte ein Stihl finden" („Judas' I, 136); „Hätte er der Hacken wohl einen andern Stiel gefunden" (‚Gehab dich wohl', 409).

Aber die Rda. ist schon ein Jh. früher lit. bezeugt, wie L. Schmidt nachweist: Christoph von Schallenberg (1561–97) widmete Zacharias Eyring ein Hochzeitsgedicht, mit sprachl. Anspielungen auf ‚Hacke', weil die Braut Eyrings eine ‚Elisae cognomine de securi der von Hakke' war. Elisabeth von Hacke, brandenburgischen Geschlechtes, heiratete 1591 in Österreich ein, und Schallenbergs Hochzeitsgedicht fand es geistvoll, fortwährend mit Name und Begriff ‚Hacke', bzw. ‚securis' zu spielen. Am Ende des Gedichtes stehen die Verse:

Eiring hack hin zum rechten zil,
Der hackhen findt man leicht ein stil.

Die sexuelle Anspielung schien für ein Hochzeitscarmen besonders passend.

Die Redensart lebt im 17., 18. und 19. Jh. weiter. Man findet sie bei Stranitzky, in der ‚Ollapotrida des durchtriebenen Fuchsmundi', 1711, man kann sie aber auch noch bei Nestroy entdecken.

Ähnl. *Er ist nicht Hack im Stiel:* er ist nicht ganz gesund; *das ist eine Hacke auf deinen Stiel:* es paßt genau in deine Pläne. *Auf die alte Hacke!:* schles. Trinkspruch, soviel wie: Auf die alte Treue und Redlichkeit!

‚Auf die alte Hacke' muß im 17. Jh. eine verbreitete Redensart gewesen sein, die in Literatur und Kunst eindringen konnte. ‚Alte Hacke' hieß man damals mitunter die alte Welt, die alte Ordnung. Unter dieser Voraussetzung schrieb der Jesuit Franz Callenbach 1715 sein merkwürdiges sittenkritisches Schauspiel ‚Uti ante hac / Auf die alte Hack./ Olim autem non sic/ sive Revolutio Saeculorum/ in deteriora ruentium:/ Oder:/ Die von den Todten erweckte/ alte Welt verweist der Neuen ih-/ren verdächtigen Lebens-/ Wandel. Gedruckt in der alten Welt, /Sub Signo Veritatis.' Das Lesedrama schließt mit einem bemerkenswerten ‚Klaglied der teutschen Treu und Redtlichkeit', das sich zu Liedern mit dem gleichen Motiv im gleichen Zeitraum stellen läßt. Auf diese Stimmung bezieht sich auch eine gleichzeitige Arie des Hanswursts in Kurz-Bernardons ‚Teutschen Arien.' Es heißt dort in der ‚Comoedie', genannt: ‚Der Grund-Stein der Stadt Wienn':

Wer sich durch die Welt will fressen,
Mußt stets schaun, auf andere Leut,
Man muß d'alte Hack vergessen,
Und sich richten nach der Zeit.

Daß diese Redensart auch als Trinkspruch verwendet wurde, läßt sich an entspr. Gegenständen aufzeigen, z.B. als Inschrift auf einem Trinkpokal.

Von der alten Hacke reden: immer wieder zum gleichen Thema zurückkehren; *die Hacke in den Winkel legen* (oder auch *die Hacke unterstellen):* nichts mehr tun. Nach Ph. Köhler geht die Rda. zurück auf eine Gewohnheit der Pferdekutscher, auf eine Zeit, in der man vorzugsweise zweirädrige Karren fuhr. Beim Anhalten dieser Karren war es üblich, den Tieren die Last abzunehmen, indem man die an jedem Karren befindliche Rodhacke unter die Deichsel oder Schere schob und sie damit abstützte. Das wurde bei jedem Anhalten so gehandhabt, am liebsten aber, wenn sich die Fuhrleute ins Wirtshaus begaben und ihr Fahrzeug draußen warten ließen. Darum sagte man in humorvoller Weise: ‚Wir wollen einmal die Hacke unterstellen', auch wenn es weder Pferd noch Fuhrwerk zu versorgen gab und man sich nur einen ‚genehmigen' wollte.

Mit Hacke kann 2. die Ferse gemeint sein. Dazu gehören die Rdaa.: *Sich die Hacken ablaufen:* viele Wege machen; vgl. frz. ‚éculer ses talons'; *jem. auf den Hacken sitzen:* ihn verfolgen, ihn antreiben; vgl. frz. ‚être aux trousses de quelqu'un' (als ‚o'trousses' bez. man im 16. Jh. die Pluderhose); *die Hacken auf den Rücken nehmen:* sich beeilen; *einem Hacken machen:* ihn antreiben. Holst. ‚van den Hacken bet to'm Nacken (nichts dögen)', von den Füßen bis zum Kopf (nichts taugen).

Westf.: ‚Flinke Backen, flinke Hacken': schnelle Esser, schnelle Arbeiter.

Lit.: *Ph. Köhler:* ‚Die Hacke unterstellen', in: Hess. Bl. f. Vkde. 9 (1910), S. 142; *L. Schmidt:* Sprichwörtliche dt. Redensarten ..., in: Österr. Zs. f. Vkde. 77 (1974), S. 97f.

Hackelberg. Der wilde Jäger Hackelberg gehört zu den Gestalten des Sagenkreises von der Wilden Jagd. Der Name dieses ehemaligen Jägermeisters soll von dem ‚Hackel' herrühren, einem Forst in der Nähe von Halberstadt bei Magdeburg. Hackelberg hat sich der Sage nach erbeten, bis zum Jüngsten Tage im Solling jagen zu dürfen, was ihm dann auch gewährt wurde (Grimm, DS. 172, 311, 312). Wie alle Gestalten der Wilden Jagd, so tritt auch er mit großem Getöse auf, daher die mdt. Rda. *Hackelberg kommt (wohl) angezogen* für großen Lärm. Näher bez. wird das Geräusch Hackelbergs in der Wndg. *Hackelberg fatscht,* die man braucht, wenn die Füße der Pferde im zähen Kot oder Moor schnalzen.

Lit.: *H. Meyer,* Hackelberg (Diss. Göttingen 1954).

hacken. *Auf jem. herumhacken:* an ihm dauernd etw. auszusetzen haben. Die Rda. ist entstanden in Anlehnung an das Bild von der Henne im Hühnerhof, die sich mit Vorliebe auf die Schwächeren stürzt und ihnen auf dem Kopf herumhackt. Das gleiche Bild liegt auch der Rda. ‚die Hackordnung (Pickordnung) einhalten' zugrunde, d.h. das Hacken und Picken gebührt dem Stärkeren, der Schwache muß sich fügen.
Die Rangordnung in Vogelgemeinschaften wurde zuerst von Th. Schjelderup-Ebbe (Beitr. zur Sozialpsychologie des Haushuhns, 1922) untersucht. Generell beruht die Rangordnung in Tiergesellschaften auf dem Ausgang früherer Kämpfe. Das in der Hackordnung am höchsten aufgestiegene Tier wird als ‚Alphatier' bezeichnet. Die Hackordnung läßt sich leicht rdal. auch auf menschliche Verhältnisse übertr.

Lit.: *Th. Schjelderup-Ebbe:* Sozialpsychologie des Hühnerhofes, in: H. Schjelderup: Einführung in die Psychologie (Bern 1963).

Häcker, Schluckauf (mdal. obd.). Durch Sprüche und verschiedene Maßnahmen versucht man, den lästigen Schluckauf loszuwerden. Sowohl das Sprechen von Formeln als auch die Zuflucht zu besonderen Praktiken gehört zum großen Teil in das Gebiet psychologischer oder magischer Krankheitsbehandlung, wie sie für die Volksmedizin typisch ist. Das Hersagen eines Spruches gehört zum Bereich der Heil- und Zaubersegen, durch deren Kraft das Übel gebannt werden soll. Solche Heilformeln sind beim Schluckauf allerdings in die Kindersphäre abgesunken, entbehren heute jeglichen Glaubens, haben sich aber als volkstümliche Reimereien und Rdaa. halten können; z.B. ‚Häcker, Häcker, spring über de Necker' oder ‚Häcker, Häcker, reit über d'Äcker, reit über die Brach, reit den alten Weibern nach'; ähnl. ndd. ‚Hückup, loop't Stück up, loop linge langs den Redder (eingezäunter Weg), kumm mien Leewdag nich wedder'.
In der dt.-schweiz. Formel bittet der vom Schluckauf Befallene, das geheimnisvolle Hitzgi-Hätzgi – es kann auch ein männliches Wesen sein (Hitzger-Hätzger) – möge ihm das Übel wegnehmen: ‚Hitz gi Hätz gi hinder em Hag, nimmer au de Hitz gi Hätz gi ab'. Es lebt in der volkstümlichen Vorstellung die wohl scherzhaft gemeinte Ansicht, daß ein unsichtbares Männchen komme und einem den Schluckauf abnehme. Bei den entspr. frz. Formeln kommt vor allem die Ergebenheit in Gottes Willen zum Ausdr.: ‚J'ai le hoquet, Dieu me l'a fait, je ne l'ai plus, vive Jésus' (veraltet.) Gott, in seltenen Fällen le petit Jésus, hat den Schluckauf gesandt, er wird ihn aber auch beseitigen, und dafür sei Jesus gelobt. Vorschriften, daß man diese Sprüche mehrmals, z.B. drei-, fünf- oder siebenmal, drei- oder siebenmal ohne zu atmen hersagen müsse, sind bezeichnend für die Wortmagie.
Eng verbunden mit der Magie des Wortes, dem ‚Tun mit Worten', ist die Magie der Tat, die zauberische Handlung. Solche Handlungen, wie sie im ganzen Bereich der Volksmedizin überaus häufig sind, treten bei manchen Praktiken gegen den Schluckauf deutlich hervor. Zweifellos werden sie nicht mehr als Zauber empfunden, sondern als traditionelle, beinahe spielerisch angewandte Mittel, um sich Linderung zu verschaffen. Zu ihnen zählen z.B. Angaben wie: man müsse sich bücken und ein Kreuz auf die Schuhe zeichnen; es sei nötig, an jem. zu denken

oder einen Gegenstand zu fixieren; es erweise sich als heilkräftig, einen Stein aufzuheben und darunterzuspucken. Der schweiz. Volkskunde-Atlas hat für die Schweiz diesen rdal. formulierten Aberglauben erfragt (‚Gibt es bes. Sprüche und Verhaltensmaßregeln, um sich vom Schluckauf zu befreien?‘) und verkartet. Dort sind auch Rdaa. über Ursachen und Bedeutung des Schluckaufs verzeichnet. Nach volkstümlicher Auffassung verursacht Mißgunst den Schluckauf. Irgend jem., der dem vom Übel Betroffenen schlecht gesinnt ist, hat ihm dieses angetan. ‚Öbber vergönnt eim öbbis‘, sagt man z. B. in Therwil. Jem. ‚vergönne‘ einem das Essen, heißt es präziser in Pratteln oder Andermatt. In Interlaken glaubte man früher, es habe jem. einem das ‚Gluxi‘ angewünscht, um den Betreffenden am Sprechen zu hindern.
Häufiger ist die Meinung, daß der Schluckauf denjenigen plage, der genascht, zuviel Zwiebeln gegessen oder eine heimliche Sünde begangen habe. Diese Ansicht ist ziemlich verbreitet in der Nordwestschweiz (Baselland bes.), dann an verschiedenen Orten des Kantons Bern.

Lit.: *O. Ebermann:* Segen gegen den Schlucken, Zs. f. Vkde., 13 (1903), 64ff.; *I. Hampp:* Beschwörung, Segen, Gebet (Stuttgart 1961); *O. v. Hovorka* u. *A. Kronfeld:* Vergleichende Volksmedizin Bd. 2 (Stuttgart 1909, S. 198f.); *Ohrt:* Art. ‚Schlucksen‘, in: HdA. VII, Sp. 1223f.; Atlas der Schweiz. Volkskunde II, 243–244.

Hackfleisch. *Aus dir mache ich Hackfleisch!* ist eine rdal. Drohung; analog zu ‚Frikassee‘ und ‚Gulasch‘; vgl. frz. ‚Je vai faire de toi de la chair à pâté‘.
In den zwanziger Jahren dieses Jh. hieß es in einem Bänkellied auf den Massenmörder Haarmann:

Warte, warte noch ein Weilchen;
Bald kommt Haarmann auch zu dir,
Macht mit seinem Hackebeilchen
Hackefleisch aus dir.

Varianten:

... mit dem Hacke-Hacke-Beilchen
macht er Leberwurst aus dir.

oder:

... mit dem kleinen Hackebeilchen
klopft er leis an deine Tür.

Aus jem. Hackfleisch machen: ihn bis zur Unkenntlichkeit zerbomben, ist rdal. im 2. Weltkrieg aufgekommen.

Häcksel. *Häcksel im Kopf haben:* (stroh-) dumm sein. Häcksel ist das zum Füttern des Viehs kleingeschnittene ↗Stroh.
Aus jem. Häcksel machen: ihn vernichten; meist in Drohreden: ‚Wart, ich werd' aus dir Häcksel machen!‘

Lit.: *H. Bächtold-Stäubli:* Art. ‚Häckerling, Häcksel‘, in: HdA. III, Sp. 1299.

Hafen. Obd. Hafen = Topf liegt vor in den Rdaa.: *Das ist nicht in seinem Hafen gekocht:* er schmückt sich mit fremden Federn. *Er will jedem aus einem Hafen anrichten:* er versucht, es allen Leuten recht zu machen, was aber unmöglich ist. *Für jeden Hafen einen Deckel wissen:* alle Fragen beantworten können, auch: für jedes Mädchen einen Mann wissen (‚Jedem Hafen gehört sein Deckel‘; mdt. ‚Jeder Topf findet seinen Deckel‘ u.a.).
Dem Hafen den Deckel heruntertun: einen beschimpfen, jem. desillusionieren; dazu das Sprw. ‚Man muß dem Hafen den Deckel ablupfen‘. *Guck in (deinen) eigenen Hafen!:* kümmere dich um deine Angelegenheiten, kehre erst vor der eigenen Tür! Vgl frz. ‚Mêle-toi de tes oignons‘ oder ‚... de tes affaires‘ (wörtl.: Kümmere dich um deine eigenen Zwiebeln, ... um deine eigenen Angelegenheiten). Vgl. schwäb. ‚Häfelesgucker‘ = ein allzu Neugieriger, Indiskreter.
Schwäb. ‚Er guckt in neun Häfen zumal und noch d'Stieg hinab‘, er schielt stark, ↗Deckel.
Aus einem hohlen Hafen reden: gehaltloses Zeug schwatzen. Worte reden, die man selbst nicht versteht; frühnhd., so 1512 in Murners ‚Schelmenzunft‘ als Überschrift des 10. Kapitels mit entspr. Bild: „Lesen, Beten ohn' Verstand und aus einem hohlen Hafen klaffen; was können sie mit Beten schaffen“. Eine ähnl. Verwendung der Rda. kennt auch noch Grimmelshausen (‚Das wunderliche Vogelnest‘): „Mein Gebein müsse in meiner eygenen Haut wie in einem Mörser zerstossen vnd zermalmt werden, hat auch dessfalls aus keinem lären Hafen geredet“. Ist es aber des Guten zuviel, so heißt es oft: ‚Das Häfele ist voll!‘

‚Aus einem hohlen Hafen reden'

Der Hafen für die Schiffe (portus) steht bildl. in zahlreichen Rdaa., die aus der Seemannssprache stammen. Mit Hafen ist der Begriff der Ruhe und Sicherheit verbunden, was auch in den Rdaa. zum Ausdr. kommt. *Einen Hafen suchen:* eine Zuflucht suchen; *in einen sicheren Hafen kommen:* in Sicherheit und Ruhe, auch ndl. ‚hij komt in behouden haven', ‚men is daar in eene veilige haven'; *den Hafen verlassen:* sich aus der Sicherheit hinaus ins Ungewisse begeben, ebenso ndl. ‚hij zeilt de haven uit'; vgl. auch das Bild Schillers:

In den Ozean schifft
mit tausend Masten der Jüngling;
still auf gerettetem Boot
treibt in den Hafen der Greis.

Er hat den Hafen (nicht) erreicht: er hat das Ziel seiner Wünsche (nicht) erreicht, vgl. frz. ‚arriver à bon port'; auf den konkreten Fall bezieht sich die Rda. *in den Hafen der Ehe einlaufen; er ist in einem fremden Hafen gewesen* heißt es dementspr. von unerlaubten sexuellen Beziehungen vor allem bereits Verheirateter; auch ndl. ‚hij is op eene vreemde haven geweest'. *Er ist in einen schlechten Hafen gekommen,* ndl. ‚hij is daar in eene slechte haven verzeild', er ist an einen schlechten Ort, in eine schlechte Stellung, eine schlechte Ehe geraten.

Schiffbruch im Hafen (er)leiden, vor dem Hafen untergehen: Unglück nehmen, wenn man sich schon in Sicherheit glaubt; so bei Goethe (21, 213): „... daß wir, bei so schönen Hoffnungen, ganz nahe vor dem Hafen scheitern". Diese Rda. ist auch ndl. bekannt ‚in het gezigt van de haven en nog vergaan', sowie auch frz. ‚au premier port faire bris', ‚faire naufrage au premier port' und auch schon lat., ‚in portu naufragium pati'.

Man kann keinen Hafen mit ihm besegeln: mit ihm ist nicht auszukommen, bezieht sich auf die Tatsache, daß das Segeln in einem Hafen einfacher ist als auf dem offenen Meer, also nicht ganz soviel Übereinstimmung unter den Seglern benötigt wird: die Rda. ist also so zu verstehen: ‚man kann nicht einmal einen Hafen mit ihm besegeln'.

Lit.: *R. Eckart:* Niederdeutsche Sprichwörter und volkstümliche Redensarten' (Braunschweig 1893); *W. Stammler:* Seemanns Brauch und Glaube, in: Dt. Philologie im Aufriß, 29. Lfg. (1965), Sp. 1815–1880; *O. G. Sverrisdóttir:* Land in Sicht (Frankfurt/M. 1987), S. 158–159; *W. Mieder:* American Proverbs. A Study of Texts and Contexts (Bern, Frankfurt/M., New York 1990).

Hafer. Obwohl die eigentl. ndd. Form des Wortes Hafer sich schon seit dem 15. Jh. in mdt. Quellen findet, hat sie sich nur langsam Eingang in die Schriftsprache verschafft und sich gegen die obd. Form ‚Haber' durchsetzen müssen. Noch im 18. Jh. verwendet eine Anzahl Schriftsteller gerade aus dem mdt. Raum die Form ‚Haber', wie z. B. Lessing, Goethe, Fichte, Gellert. Vgl. auch das Kinderlied:

Drei (fünf, zehn) Gäns' im Haberstroh,
sie saßen, sie fraßen und waren alle froh ...

Hier ist gut Hafer säen sagt man, wenn in einer Gesellschaft plötzliche Stille eintritt; die Rda. geht darauf zurück, daß beim Säen des leichten Hafersamens Windstille herrschen muß. Diese Wndg. ist in leicht abgewandelter Form schon im 17. Jh. belegt: „Es war so still, daß man hätte können Haber säen" (Grillandus ‚Politische Hasenköpf', 1683); Joh. Fischart erwähnt in seinem ‚Gargantua' (1575) ein Gesellschaftsspiel: „den haber säen". Die Rda. ist vor allem im Ndd. bekannt: ‚hier is good haver seijen' sowie auch dän. ‚det er en god haver saed' und ndl. ‚it is hier goed om haver te zaain'.

Seinen Hafer versäen, ehe man auf den Ak-

ker kommt: seine Kräfte vertun, ehe man zum eigentl. Ziel gelangt; rhein. ‚manichen versät sein Hafer, ihr er zum Acker kemmt'. Auch diese Rda. ist schon im 17. Jh. bekannt: „Es verseet mancher seinen Habern ehe er zum rechten Acker kommt" (Petri II, 302, 1605).

Seinen Hafer auf dem eigenen Acker nicht ganz versäen können: überschüssige Kräfte haben.

Seinen wilden Hafer noch lange nicht gesät haben: seine Wildheit noch nicht ausgetobt, sich die Hörner noch nicht abgelaufen haben (vor allem in sexueller Hinsicht); die Rda. ist seit der Mitte des 18. Jh. in Dtl. bezeugt als Übers. des gleichbedeutenden engl. ‚to sow one's wild oats', das seit dem 16. Jh. belegt ist und in dem ‚wilder Hafer' im Gegensatz zu ‚gutem Korn' steht.

Der Hafer ist vor dem Korn reif geworden: die jüngere Tochter heiratet vor der älteren: deutlicher wird die Mißbilligung dieser Tatsache in der Wndg. ‚man schneidet den Hafer nicht vor dem Korn, gibt die Rahel nicht weg vor der Lea'.

Er hat den Hafer gut verkauft, die Mütze sitzt ihm schief: er hat Erfolg gehabt, er sieht zufrieden und vergnügt aus. In der Schweiz sind noch drei weitere Formeln bekannt: ‚händ er de Habr verchauft?' fragt man müßig Herumstehende; ‚mer händ de Habr verchauft' antwortet man auf neugierige Fragen, wenn man nicht wissen lassen will, wovon gerade die Rede war; ‚was gilt de Habr' oder ‚wie tür hast din Habr verchauft?'; diese Frage wird gestellt, wenn man eine Person beschämen will, die mit in die Hüften gestützten Händen dasteht oder die Ellbogen auf den Tisch stützt.

In Schlesw.-Holst. sagt man ‚Hand ous 'm Sack, der Hawr is verkouft (is min)', laß deine Finger davon, das ist meine Angelegenheit, gehört mir; urspr. eine Formel nach abgeschlossenem Kauf. Im Münsterland und im Osnabrücker Raum gibt es die Rda. ‚Hand vom Sack, is Haber drin!': das ist meine Sache und geht dich nichts an.

Er weiß, was der Hafer gilt: er ist kein Kind mehr, er hat Erfahrung, läßt sich nicht übers Ohr hauen.

Den Hafer von der Gans kaufen: etw. sehr teuer, unvorteilhaft kaufen: die Gans frißt den Hafer lieber selbst und gibt ihn ungern her. Für diese Rda. gibt es schon einen Beleg aus dem 16. Jh.: „denne begeit he ein dürer kopenschop, als wen men de katten eine worst schöl affhandeln edder de hawern von de gösen borgen" (Nic. Gryse: ‚Spegel des Pavestdomes', 1593). Die Wndg. ist auch im Schlesw.-Holst. bekannt ‚he köfft ok den Hawer von de Gäs' sowie in Dänemark

det er ondt at kiøbe havre fra gaasen,
kull af smeden,
korn af bageren,
kiød af katten,
pølse af hunden.

Er schreit seinen Hafer gut aus: er weiß Nutzen zu ziehen aus seinen Gaben; auch provenzalisch ‚Il ne perdra l'avoine faute de brailler'. Obersächs. ‚s'is ne Hober lus worn', sie hat den Hafer verkauft, hat auf dem Tanzboden wenigstens einen Tanz gehabt.

In anderen Rdaa. wird das Bild des Fütterns mit Hafer gebraucht; *langen Hafer geben* oder *jem. den Haber schwingen:* Prügel geben; urspr. bedeutete ‚haber schwingen' Futter geben; so bei Seifr. Helbling (1,391): „swing im (dem Pferd) vuoter, mach ez rein ..." Diese Rdaa. ist weit verbreitet und findet sich auch schon in Kirchhoffs ‚Wendunmuth' (1563 bis 1603): „Wie dem ersten so ward auch dem andern der haber geschwungen und die flöhe abgekehrt". ‚Habere' hat im Schweiz. verschiedene Bedeutungen, u. a. auch ‚stürmisch etw. tun, recht dreinschlagen', ‚abhabere', ausschelten, züchtigen.

Den Haber beim Seiler kaufen, seinen Gaul mit Steckenhaber füttern: ihm Prügel statt Futter geben; ebenfalls ‚prügeln' bedeutet die Rda. *den Hundshabern ausdreschen;* so schon bei Hans Sachs (II, IV, 18): „Dass nicht dein Mann komb in das Haus und dresch mir den Hundshabern aus".

Auf die Haberhälm kommen: ins Verderben, in bedrängte Lage geraten; ‚Haberhälm' ist bair. und bedeutet soviel wie ‚Haferstoppeln', die Stoppeln aber sind ein Bild des Nichtigen; zugleich aber könnte eine Erinnerung an das *Haberfeldtreiben* anklingen, ↗Haberfeldtreiben, Habergeiß, Habermann.

Einen auf die Haberweide schlagen (vor allem südwestdt.): ihn seinem Verderben überlassen; das Vieh wurde vor der Winterstallung noch einmal auf die Stoppeln des Haferfeldes getrieben, wo es die letzten Reste abweiden sollte; daher ,jem. kümmerlich versorgen', später ,ihn zurücksetzen, vernachlässigen'. Übertr. kommt es schon bei H. Sachs vor (1,508):

den wart wir lang auf guten bscheid,
so schlugt ir uns auf dhaberweid,
wurft uns den strosack für die thür,
nambt euch ein weil ein andern für.

Es jem. in seinen Hafer mischen: ihm die Schuld an etw. geben, eigentl.: ihm etw. zu essen geben, was nicht gut schmeckt; vgl. ,jem. etw. in die Schuhe schieben'. Vgl. ndl. ,het iemand in zijn hawer mengelen', abgewandelt auch im Engl. ,to lay a thing in a person's dish'.

Den Hafer(sack) höher (hoch) hängen; diese Rda. kann sich einmal auf das Pferd beziehen und bedeutet dann: das Tier bekommt nicht genug Futter, es ist mager; so z.B. rhein. ,dem Gaul hon se de Hawer hoch gehängkt'; zum andern aber steht sie in Bezug zum Menschen und meint dann die Maßnahme gegen einen Übermütigen; vgl. ,den ↗ Brotkorb höher hängen'.

Die Tatsache, daß Pferde von zu reichlicher Haferfütterung übermütig werden, ist auch die Grundlage für die Rda. *ihn sticht der Hafer.* Diese Rda. war schon früh bekannt, wurde aber zuerst nur auf Pferde angewandt: „Der Haber pfleget diejenigen Pferde gemeiniglich zu stechen, welche im Stalle stehen und nichts zu tun haben" (Castimonius: ,Politische Hofmädgen', 30); jedoch wird schon bei Grimmelshausen das Bild auf menschlichen Übermut übertragen: „Ebenso hatte auch allhier der Habern ... den Simplex zimlich gestochen" (,Simplicissimus' I,3; 9. Kap.). Im Gegensatz zum Roggen- und bes. zum Gerstenstroh mit den langen Grannen sticht Haferstroh nicht. Es wurde daher früher gern zur Füllung der ,Strohsäcke', die als Matratzen dienten, gebraucht. Die Rda. ist im gesamten deutschsprachigen Gebiet verbreitet; so heißt es rhein. ,dat Haferkoenche steckt en', schlesw.-holst. ,em stickt de Hawer', in Siebenbürgen ,de Hôwer kêkt en'; schweiz. ,de Hab'r stickt einen'. Im Amer. ist das gleiche Bild beibehalten worden ,he feels his oats', engl. ist es leicht abgewandelt ,his provender (Viehfutter) pricks him', im Ndl. ist die Rda. aus dem menschlichen Bereich genommen ,de broodkruimels steken hem', jedoch existiert daneben auch die Wndg. ,de haverkorrels steken hem'.

Auch die folgende Rda. ist aus dem tierischen Bereich in den des Menschen gelangt: *seinen Hafer verdient haben:* seinen Lohn verdient haben, vgl. frz. ,gagner son avoine'.

Hafer in der Bdtg. von ,Schnaps' meinen vereinzelte, meist mdal. begrenzte Rdaa.; so z.B. rhein. ,Hafer hole gehn, sich behavern', sich betrinken, schwäb. ,Hafer im Kopf haben', angetrunken sein, aber auch: überspannt, hochmütig sein; von dieser Bdtg. des Hafers stammt wohl auch der Ausdr. ,Hafernarr' für einen Schwätzer (Marburg).

Aus dem Hafer in die Gerste geraten: von einer mißlichen Situation in eine andere, evtl. schlimmere kommen. Hafer ist Rispengras und kitzelt im Gesicht, Gerstenähren haben – die längsten – Grannen und stechen. *In jem. Hafer gehen:* sich in fremde Angelegenheiten (vor allem Liebschaften) mischen, rhein. ,einen in de Hawer hüden'.

Eine Reihe von Rdaa. beschreibt das – meist nicht gerade vorteilhafte – Aussehen eines Menschen; so rhein. ,den hat de Hafer dönn gesiht', er hat spärlichen Bartwuchs, bair. ,ins Haberfeld schauen', schielen (aber ,mit seinen Gedanken im Haberfeld sein', zerstreut sein); schwäb. ,Hafer im Leib haben', stark sein, ganz ähnl. auch rhein. ,Hafer in de Knoche (Kneje)', schweiz. ,Hafer in de Chneune ha', feststehen. *Noch nicht viel Hafer gedroschen haben:* nicht sehr kräftig, nicht an schwere Arbeit gewöhnt sein. ,Hej dritt de Hawer ganz' sagt man rhein. von einem kränklichen Menschen, und in Mitteldtl. heißt es ,de Hâwer pröckelt em on Arsch'. Meckl. weist man ein schmutziges Kind zurecht ,di waßt de Hawern in de Uhren'. Rhein. ,de Hawer us de Perdsköttele lese', nichts schaffen, seine Zeit vertun; vgl. frz. ,écouter à l'avoine' (veraltet).

Der Hafer ist nicht nur das bevorzugte Futter für das Pferd, sondern auch für die Ziege, daher die meckl. Rda. ,dee geiht

dor up los as de Buck uppe Hawergarw', ungeschickt, wagemutig; rhein. ,he fällt drop as de Bock op de Hawerkist', er fängt die Sache mit einem Eifer an, der nicht bis zum Schluß anhält; ,he gringt wie eine Bock op en Hawerkist', er ist ärgerlich, bei der Arbeit gestört zu werden; ndd. ,he sitt upn Geld as de Buck up de Haberkiste', holst. ,he settet den Buck up de Haberkiste', er macht den ↗Bock zum Gärtner.
Als ,Hawermaus' wird im Rheinl. die Hausgrille bez.: ,er singt wie en Hawermaus', er singt sehr schlecht; ,me ment, de kräch (kriegte) alle Karfreidag en Hawermaus geback' sagt man von einem mageren oder schlecht aussehenden Menschen.
Die Spreu und das Stroh des Hafers sind sehr leicht und von geringem Wert: *durcheinander gehen wie der gemäht Habern:* drunter und drüber gehen; *er ist weg wie Haberspreu:* er ist spurlos verschwunden; *mit Haberstroh lohnen:* schlecht lohnen; *für eine alte Schuld soll man Haberstroh nehmen,* weil eine alte Schuld nur selten bezahlt wird; dieses Sprw. ist schon mhd. bekannt: „man muoz an boesem gelte haberstrô für guot nemen" (Br. Berthold 386,4); meckl. ,vör eene ungewisse Schuld moet man Hawer-Kaff (Spreu) nehmen', ,ungewiß Schulden un hawerkaff wägen lik väl'; dort sagt man auch von einem wohlgenährten Menschen ,de is nich met Hawerkaff mästet'. *Um Haferspreu streiten:* um Geringfügiges streiten, ndl. ,zij twisten om haverstroo'.
Umg. spricht man heute von einem *Hafermotor (mit Peitschenzündung):* Pferd, sowie von einer *Haferschleimvilla:* Krankenhaus.

Lit.: *H. Marzell:* Art. ,Hafer', in: HdA. III, Sp. 1300–1304; *W. Danckert:* Symbol, Metapher, Allegorie im Lied der Völker, Bd. III (Bonn–Bad Godesberg 1978), S. 909–922.

Hag. *Mit etw. hinter dem Hag halten:* es nicht bekannt geben, damit ,hinter dem Berg halten', ↗Berg.
Die Rda. war in älterer Zeit geläufig. So heißt es z. B. in einem Brief der Regenz an den Vater des verschuldeten Medizinstudenten Johannes Pfanner aus Vlen von 1635: „... und sonderlich, da er seinem Herrn Vatter die gantze summa seiner Schulden hett angeben sollen, doch alzeit hinter dem Hag, wie man sprecht, gehalten ...". Die Rda. ist heute nur noch in der Mundart gebräuchlich. Sie lautet z. B. schwäb.: ,mit ebbis hinter em Hag halte'.

Lit.: *A. Staechelin:* Studentensitten u. Studentenscherze im alten Basel, in: Basler Jahrbuch (1954), S. 43 ff.

Hagel. Die Vorstellung des zerstörenden Hagels liegt vielen Rdaa. zugrunde: *Der Hagel hat geschlagen:* der Schaden ist geschehen, es ist aus mit etw.; schlesw.-holst. ,dat sleit hin as Hagel in't Finster'; ,er chund wie der Hagel id' Haber' (schweiz.) sowie auch *einen schlägt der Hagel her,* drücken das Überraschende, Plötzliche eines Hagelwetters aus.
Kommt einer aber *wie der Hagel in die Stoppeln,* so kommt er zu spät, vergebens, wenn kein Unheil mehr anzurichten ist; diese Rda. ist schon recht alt, wie die Stelle bei Murner (,Mühle von Schwindelsheim' 12,16) zeigt: „der hagel kumbt in die stupffelen", und auch Grimmelshausen kennt sie (,Simplicissimus' IV, 328,20): „Gehe nur hin, du wirst willkommen seyn wie die Sau in eines Juden Hausz und so wenig richten als der Hagel in den Stupflen".
Beliebt sind die Rdaa., die die Überraschung und Bestürzung des Menschen über ein Hagelwetter zum Ausdr. bringen; von einem, der mürrisch oder verdutzt aussieht, sagt man: *Dem ist wohl die Petersilie (der Weizen) verhagelt* oder, im Rheinl. ,Et is em e Hagelwetter in de Erwes geschlah'; ,nu sind em ower de Erzen (Erbsen) verhagelt' heißt es ebenfalls rhein., wenn einem die Freude verdorben ist: ganz ähnl. frz. ,La grèle est tombée sur son jardin'.
Der Hagel als bildl. Bez. dessen, was dicht und schwer auf uns niederfällt, findet sich in den Ausdrücken vom Pfeil- oder Geschoßhagel sowie in den Wndgn. *Es hagelt Strafen* (*Prügel* u. ä.). Den gleichen übertr. Sinn hat meckl. ,Hüt hett 't in de Baud hagelt', heute hat es Schelte oder Prügel gegeben; anders dagegen in der Rda. *Es hagelt einem in die Bude,* hier soll die Dürftigkeit der Behausung ausgedrückt werden, also: es geht ihm schlecht.
Hagel, Blitz und Donner sind Manifesta-

tionen Gottes oder des Teufels, daher werden diese Ausdrücke oft anstelle des tabuierten Gottes- oder Teufelsnamens genannt, vor allem in rdal. Flüchen, wie z. B. ‚der Hagel schlag ihn!' ‚daß der Hagel!' ‚Da soll doch der Hagel 'nein schlagen'; ndl. ‚Daar slaat de hagel door!' ‚Daar zal nog hagel op volgen'. Verblaßt zu einem bloßen Ausruf der Verwunderung in: ‚alle Hagel!' So erlangt das Wort auch die Bdtg. von Verwünschung überhaupt: *einem alle Hagel an den Hals fluchen, den Hagel an den Hals wünschen.* Hagel als Fluchwort war vor allem bei den Seeleuten beliebt, daher der Übername ‚Jan Hagel', der seit dem 17. Jh. das gemeine (Boots-)Volk bezeichnete, später mit dem Zusatz ‚un sin Maat'.

Einen Hagel sieden (kochen): ein Unheil zusammenbrauen; diese Rda. stammt aus der Zeit, in der man glaubte, die mit dem Teufel in Verbindung stehenden Hexen brauten das Wetter zusammen: „O koent ich jz ein Hagel kochen" (Fischart: ‚Flöhhatz' [1577], S. 13/365).

Hagel als Umschreibung für Unglück tritt uns auch in der els. Rda. entgegen ‚de Mann het dr Hagel im Hus', er hat das Unglück, eine verschwenderische Frau zu haben.

Von den Verstorbenen heißt es meckl. ‚dei möt Snei un Hagel schrapen', wobei die kindliche Vorstellung zugrunde liegt, daß im Himmel Schnee und Hagel erst geformt werden müssen.

Un wenn's Katze hagelt sagt man, um einen entschiedenen Widerstand zu betonen, ↗Katze.

Lit.: *V. Stegemann:* Art. ‚Hagel, Hagelzauber', in: HdA. III, Sp. 1304–1320.

Hagestolz. *Er ist ein alter Hagestolz:* ein unverbesserlicher Junggeselle; er will nicht heiraten. Lange Zeit wurde der zweite Teil des Wortes an ‚stolz' = superbus angelehnt, wodurch sich die Etymologie ‚einer, der auf seinen Hag stolz ist' ergab. Im Ahd. jedoch heißt das Wort ‚hagastalt' und ‚hagustalt', dessen letzter Teil sich in dem got. Adj. ‚gastald-s' wiederfindet, was soviel wie der ‚Stellung Habende, der über eine Sache Gesetzte' bedeutet. ‚Hagastalt' ist also der, der einem Hag vorsteht, ihn besitzt. Der Hag aber ist im Gegensatz zu dem Herrenhof ein kleines umfriedetes Stück Land, das dem jüngeren Sohn im alten dt. Erbrecht zufiel und das erst noch urbar gemacht werden mußte. Der älteste Sohn erhielt das Hauptgut des väterlichen Eigentums, den Herrenhof, und mit ihm die väterliche Macht und die Hofgerechtsame. Da das Nebengut im allg. zu klein war, um darauf einen Hausstand zu gründen, und da außerdem der älteste Bruder die Vormundschaft über den jüngeren hatte, mußte der Hagbesitzer oft unverheiratet bleiben. Diese alten Rechtsverhältnisse haben bis in jüngere Zeit nachgewirkt; so konnte es in Westf. geschehen, daß noch im vergangenen Jh. der jüngere Bruder der Dienstbote des älteren war, da sein Hag, die ‚Hagestolle', zu klein war, um ihn zu ernähren. Diese rechtlichen Anschauungen sind auch der Grund dafür, daß in einem Teil Schwabens die unehelichen Söhne ‚Hagestölze' genannt werden.

Obwohl der Begriff ‚Hagestolz' urspr. nur für die finanziell schlechter gestellten Söhne galt, für die ‚Nichtshabenden', die sich keine Frau leisten konnten, wurde er später zur Bez. für Ehelose allg. Das geht aus zahlreichen bereits ma. lit. Zeugnissen hervor. So heißt es z. B. (in Weistum 1,33, S. 366): „ein hagestolz, ein getling (Bursche), der âne wip ist und ân ê"; und an anderer Stelle (S. 377): „ain hagestolz kneht oder jungfrowe, die gesundert gut hänt" (Weisthümer, 3 Teile [Göttingen 1840–42]).

In der Gesetzgebung nahmen die Hagestolze (die heutigen Junggesellen) schon in der Antike eine Sonderstellung ein. So forderte z. B. Plato – selbst ein Junggeselle – in seinen Büchern von den Gesetzen eine Bestrafung des Mannes, der fünfunddreißig Jahre geworden sei, ohne zu heiraten. Auch hatte er daran gedacht, daß jeder Hagestolz den Unterhalt für eine Frau in die Staatskasse bezahlen solle. Noch heutzutage müssen Unverheiratete höhere Steuerabgaben entrichten.

Im Nhd. bez. das Wort einen Mann, der über das gewöhnliche Alter hinaus ledig geblieben ist, wobei die Bestimmungen des Alters, in dem ein Mann zu einem Hagestolz wird, zwischen 25 und 60 Jahren schwanken: „wo oldt dat ein recht hoffestolte in rechte sin schall, darup gefunden: ein hoffestolte schall olt sin 50 jahr drei mante 3 tage" (Chr. G. Haltaus: ‚Glossarium germanicum medii aevi' [1758], S. 779 – aus Celle v. 1570). In anderen Gegenden tritt das Hagestolzenalter viel früher ein: „Hagestölze heiszen im Odenwald die so 25 jahr alt und nicht heirathen wollen, da sie könnten" (J. L. Frisch: ‚Teutsch-Latein, Wb.' [1741], 1,394).

In der neueren Sprache verbindet sich mit Hagestolz ausschließlich die Vorstellung von einem älteren, unverheirateten Mann, wie ihn z.B. E. T. A. Hoffmann (4,45) charakterisiert: „ein alter Hagestolz, alle Gebrechen seines Standes in sich tragend, geizig, eitel, den Jüngling spielend, verliebt, geckenhaft".

Hagestolzenkram, Hagestolzenwirtschaft bez. ein großes Durcheinander, wo die ordnende Hand einer Frau fehlt.

Lit.: *O. Schrader:* Die Schwiegermutter und der Hagestolz (Braunschweig 1904), S. 62, 76–77; *F. Sarasin:* Die Anschauungen der Völker über Ehe u. Junggesellentum, in: Schweiz. Archiv 33 (1934); *B. Kummer:* Art. ‚ledig', in: HdA. V, Sp. 1003–1012; *M. Graf Korff Schmising:* Art. ‚Hagestolz', in: HRG, I, Sp. 1909–1911.

Hahn. *Hahn im Korbe sein:* unter lauter weiblichen Personen der einzige Mann sein; Hauptperson, Liebling sein, viel gelten. ‚Korb' meint hier entweder den ganzen Hühnerhof oder den Korb, in dem die Hühner zu Markt getragen werden. Man mag auch an die heute noch in rom. Ländern üblichen Hahnenkämpfe denken, bei denen die Favoriten vorher im Korb dem Publikum gezeigt werden. Die ältere Form der Rda. ist *der beste Hahn im Korbe sein;* so bei Hans Sachs und bei Johann Fischart 1579 im ‚Bienenkorb' (131 b) sowie in der Fabelsammlung ‚Esopus' (III,28) des Burkard Waldis:

Es hat ein bürger etlich han
zusammen in ein korb getan.

In der ‚Zimmerischen Chronik' (II, 243) steht: „der alwegen hievor vermaint hat, er were an dem ort allain der han im korbe" und in den ‚Facetiae facetiarum' von 1645 (S. 46): „qui primas partes apud amicam tenet, appellant Hahn im Korb"; vgl. ndl. ‚hem dunkt, de beste haan in den korf te zijn; dän. ‚som vil voere den fornemste hane in kurven'; frz. ‚coq en pâte'. Dt. sind noch die Nebenformen ‚Hähnchen im Korb' und ‚Hahn oben im Korb' belegt. ‚Hahn' ist nicht zuletzt vulgärsprachl. Ausdr. für Penis (↗ Hahnrei), und da ‚Korb' (‚Husch ins Körbchen') vielfach

‚Hahn im Korb'

auch das Bett meint, könnte ‚Hahn im Korb' auch erotisch als der beste Mann im Bett zu verstehen sein. ‚Haupthahn': bevorzugter Liebhaber; ‚scharfer (toller) Hahn': temperamentvoller Mann; ‚den Hahn krähen lassen': koitieren. ‚So viel verstehen wie der Hahn vom Eierlegen': nichts von einer Sache verstehen. ‚Den Hahn rechtzeitig zudrehen': Coitus interruptus.

Das Bild vom Korb wird auf das Dorf übertr. in der Rda ‚er ist Hahn im Dorfe'; vgl. frz. ‚être le coq au village' und engl. ‚to be cock of the walk'.

Hahn sein auf seinem Mist: Herr sein auf seinem – wenn auch noch so kleinen – Besitz. Ähnl. ‚stolz wie ein Hahn auf seinem Mist', ‚er ist ein wackerer Hahn auf seinem Mist'; ndl. ‚hij is een haan, maar op zijn mest'; ostfries. ‚elker hân is konink up sîn êgen mesfolt'. Diese Rda. ist bereits bei Seneca belegt (‚De morte Claudii'):

„Gallus in suo sterquilino plurimum potest". Dem entspricht frz. ‚être hardi comme un coq sur son fumier' und engl. ‚the cock is master on his own dunghill'.

‚Hahn auf seinem Mist'

Das Bild des fremden Hahns, der in einen Hühnerhof eindringt, bedeutet, auf den menschlichen Bereich angewendet, soviel wie Eingriff in die Privatrechte. In E. W. Happels ‚Akademischem Roman' von 1690 heißt es: „W. mußte das Gelag bezahlen, weil dieser ein Fremdling, und sich erkühnet hatte, in eines andern Hahns Nest seine Eier zu legen". In der Bdtg. der verletzten ehelichen Treue wendet Abraham a Sancta Clara das Bild eines fremden Hahnes auf dem Mist an. In diesen Zusammenhang gehören die Rdaa.: *Es scharrt ein fremder Hahn auf seinem Mist,* ‚et war 'ne fremde Hahn op de Meß', *fremde Hähne auf seinem Mist kratzen sehen (lassen):* merken oder zugeben, daß sich andere Eingriffe in seine Privatrechte erlauben. Ebenso: *Er kennt den Hahn auf seinem Mist.*

An rdal. Vergleichen ist zu nennen: *stolz wie ein Hahn;* vgl. frz. ‚fier comme un coq'; rhein. ‚Da jeit (stolzeet) wi ne Hahn'; schlesw.-holst. ‚He is so krötig as en Hahn un en Snieder', ‚su frech wie nen jungen Hahn'; bair. ‚dahersteign wia da' Gogkl in'n Werhh', ‚wiera Ha' in der Balz'.

Ein Hahn, ‚hane', bedeutete um 1500 in übertr. Sinne auch einen ‚kühnen und kekken Kerl', so bei Geiler von Kaysersberg (‚Brösamlin') und in Thomas Murners Schrift ‚Von dem großen lutherischen Narren' (1522).

Entspr. den kämpferischen Eigenschaften des Hahns werden für kräftiges mannhaftes Auftreten folgende Rdaa. gebraucht: *Er ist ein Hahn mit doppeltem Kamm:* er ist heftig, draufgängerisch, zornig und *Er ist ein Hahn mit Kamm und Sporen,* entspr. ndl. ‚Het is een haan met een dubbelen kam' und ‚Het is een haan met kam en sporen'. Von zwei streitenden Menschen sagt man *Die gehen aufeinander wie zwei junge Hähne.* Aber man sagt auch, daß jem. dasteht *wie ein betrübter Hahn* oder *wie ein nasser* oder *begossener Hahn,* wobei die letzte Rda. in den Kreis der Rdaa. um nasse Tiere gehört, vgl. ‚naß wie eine Katze', ‚wie ein Pudel', ‚wie ein Mops, dem es ins Gesicht regnet'.

Die Rda. ‚rot wie ein Zinshahn' meint nicht die Farbe des Gefieders, sondern bewahrt noch die Erinnerung an die Zeit der Naturalwirtschaft: der Gutsherr achtete darauf, daß Kamm und Lappen des als Abgabe dargebrachten Hahnes zum Zeichen der Gesundheit gut durchblutet und lebhaft rot sind.

Du bist wohl vom Hahn betrampelt: du bist wohl nicht recht bei Verstand (etwa seit 1900 aufgekommen).

Daß dich der Hahn hacke!: Drohung bes. gegen Kinder; ‚ich denke, mich soll der Hahn hacken!', Ausruf des Erstaunens (obersächs.). Die Widernatürlichkeit, daß ein Hahn Eier legt, nehmen eine Reihe von Rdaa. zum Anlaß, etw. Unmögliches oder Absurdes auszudrücken: *Wenn der Hahn Eier legt:* niemals; vgl. frz. ‚Ce jour-là les coqs ponderont des oeufs'.

Wenn etw. verkehrt gegangen ist, sagt man schlesw.-holst. ‚dor hett de Hahn en Ei leggt', und von einem Aufschneider heißt es rhein. ‚dem seine Hahn legt Eier!' Sagt aber jem. ‚meinetwege kann der Hahn de Eier lege', so meint er damit, daß ihm eine Sache sehr gleichgültig ist. Auch ndl. sind entspr. Rdaa. bekannt.

Eine Reihe von Rdaa. knüpft an das Hahnengeschrei an. Das Krähen des Hahnes ist Anlaß zu Vergleichen wie rhein. ‚Der har e Stemm wie e Hahn, do sollt mer die Hinkel anbenne' oder schlesw.-holst. ‚He

quinkelert as en jungen Hahn, de dat Kreihn noch ni lehrt hett', er singt schlecht.
Der aus einem Hahnenkampf hervorgehende Sieger verkündet seinen Triumph durch lautes Krähen. In einigen Rdaa. wird dies auch von einem Prahlhans gesagt; rhein. ‚der hät wedder singen Hahn am Krähen', ‚sein Hahn muß König krähen', vgl. ndl. ‚haar haan krait koning'; frz. ‚il chante victoire' und engl. ‚to cry cock'. In diesen Zusammenhang gehören auch: *Solche Hähne hab ich schon viel krähen hören; der Hahn kräht mir zu hoch* oder einfach *der Hahn hat gekräht;* diese letzte Rda. ist schon 1531 bei Carolus Bovill (‚Samaroberini vulgarium proverbium' I, 85) belegt: „Gallus cantavit". Von einem, der nachlässig und gleichgültig ist, sagt man *Er ist ein Hahn, der nicht kräht. Der hört keinen Hahn mehr krähen* ist eine euphemist. Rda. für: er ist tot; rhein. heißt es von einem, der bald stirbt ‚der hert de Hahnen net mih dak (oft) krihen', ↗zeitlich.
Wo ein Dorf ist, krähen auch Hähne. Daher sagt man: ‚Die Hahnen krähen, das Dorf ist nicht mehr weit'; dem entspr. frz. ‚revoir le coq de son clocher', die Heimat wiedersehen.
Wo kein Hahn kräht: weit weg von jeder menschlichen Siedlung. Von einem Feld, das zu weit vom Dorf abliegt und daher schlecht bewirtschaftet wird, heißt es rhein. ‚dat Feld huert de Hahn net krihe'. Sehr weit verbreitet in allen Mundartgebieten ist die Rda. *Da (es) kräht kein Hahn (da) nach:* darum kümmert sich niemand; die Sache wird kein Aufsehen erregen, weil sie entweder völlig bedeutungslos und ohne Interesse ist oder äußerst heimlich und unbemerkt geschieht. Die Rda., in der ‚danach' nicht zeitlich, sondern ursächlich (= deswegen) oder beabsichtigend zu verstehen ist, hat keinen mythologischen Hintergrund (etwa daß der Hahn durch sein Krähen eine Untat angezeigt habe, wie die Kraniche in der Sage von Ibykus); sie bedeutet urspr. vielmehr: Ein Hahn auf dem Hühnerhof würde die Sache für so unbedeutend halten, daß er ihretwegen nicht einmal krähen würde. Die Wndg. findet sich bereits 1534 bei Luther: „aber da tausend gülden dafür (für den einen gewonnenen) sind verfaulwitzt, da krehet kein han nach". Hier kommen ein Unrecht oder ein Verlust in Frage. So wird die Redewendung oft bezogen auf geschehenes oder beabsichtigtes Unrecht, das nicht ans Licht kommt, das nicht geahndet wird. Im 16. Jh. heißt es bei Joh. Mathesius: „Wenn er schenket und füllet jeder man die hende (bestechen) ... do krehet kein hahn mer nach, ob er schon mit gewalt fert (verfährt)". Ähnl. im ‚Simplicissimus' 1684: „Wie? wan dich der gleichen Kerl ermordeten ..., was würde wol für ein haan darnach krähen? Wer würde deinen Tod rächen?"
Es kann aber auch Sehnsucht nach einem Verlorenen, Melancholie des Verlustes, des Abschieds ausgedrückt werden. Im schwäb. Volkslied, bei Erk im ‚Liederhort' heißt es: „fragt auch niemand (mich) wie es geht, weil kein Hahn mehr um mich kräht". Auch das nächste Haustier kümmert sich nicht mehr um den Vergessenen. Dieses Vermissen tritt auch schon deutlich im 16. Jh. hervor: „niemand warnet ihn (den Hagestolz) mit trewen, und wan der hahn tod ist krehet kein henneke nach ihm"; 1561 bei H. Sachs ebenso: „so kreet doch kein han nach mir".
Im Märchen ist oft von jem. die Rede, den man verwünscht „so tief, dasz kein Hahn nach dir kräht", oder „die so tief versinken, dasz kein hahn mehr danach krähte" (J. Grimm, ‚Myth.' 904f.). Die Rda. ist auch stabreimend erweitert worden: ‚weder Huhn noch Hahn', woraus mißverständlich ‚weder Hund noch Hahn' geworden ist, z.B.: ‚dar worde weder hunt oder hane na kreien' (Oldecop, S. 290), oder ‚daa kreit nich Hund or Han na', ndd. ‚da kreiet weer Hahn (Huhn) noch Häneke nae'. Aus dem Jahre 1767 für Bremen auch als Ermunterung belegt: ‚Daar schall nig Hund nog Haan na kraien': das soll oder wird niemand erfahren. Latendorf (Fromann II, 222) bemerkt zu dieser Erweiterung: „Die Ähnlichkeit der Aussprache zwischen Hon (Huhn) und Han (Hahn) hat wohl allein dazu verführt, den Hund, lautlich, an die Stelle des Huhns zu setzen. Jedenfalls wird an den Hund dabei kaum gedacht, wenn man auch überhaupt von solchen Zusammenstellungen wird sagen müssen, daß sie stets mehr

1 ‚Stolz wie ein Hahn'
2–4 ‚Hahnenkampf'
5 ‚Aufeinandergehen wie zwei junge Hähne'
6 ‚Wenn der Hahn Eier legt'

1

2

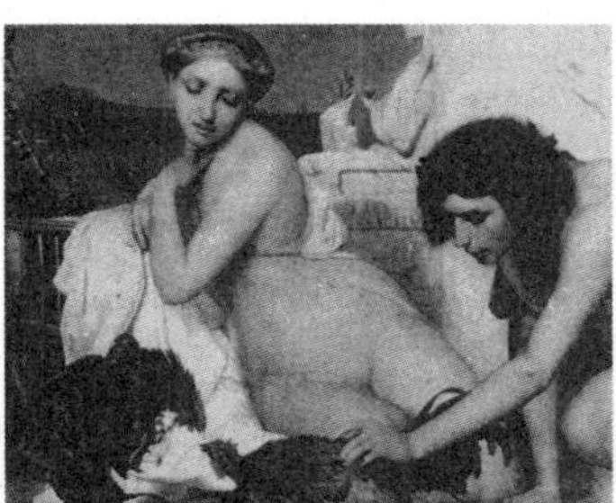
3

4

5

6

‚Beim ersten Hahnenschrei'

dem Sprachgefühle als dem Sprachbewußtsein ihren Ursprung verdanken". Tatsächlich war die sprachspielerisch-stabreimende Formel ‚Hund und Hahn' schon im MA. verbreitet, und man meinte damit pars pro toto den gesamten Hausrat. Denn wer sich irgendwo niederließ, nahm Hund und Hahn, die nebst der Katze als ‚hûsgeræte' galten, als wesentlichen Bestandteil des Haushalts mit (RA. II, S. 125f.). Diese Bdtg. bewahrt in Norddtl. noch die mdal. Wendung: ‚He sorgt för Hund un Haan': er achtet auf das Wohl seiner Haustiere.

Zum Hund gehört aber polar die Katze, daher dann auch z. B. in Kleists ‚Hermannschlacht' (III, 3) aus dem Jahr 1808 die sinnwidrige Variante: „Danach wird weder Hund noch Katze krähen" und weiter gekürzt bis zu „danach kräht keine Katze". Im Ndl. tritt auf: ‚da kraait noch haan noch hen' (Harrebomee). Im Schles. sagt man ‚do kret ke Hon dernoch', im Rheinl. ‚do krahnt kene Hahn no' und in der Schweiz ‚es chrait kein Guggel dernach'. Die Rda. wird also in verschiedenen Mdaa. sehr häufig gebraucht. Ebenso findet man sie in der Lit., z.B. 1781 bei Schiller (‚Die Räuber', 1,2): „Kann man nicht auf den Fall immer ein Pülverchen mit sich führen, das einen so in der Stille über den Acheron fördert, wo kein Hahn danach kräht".

Wo kein Hahn kräht (ist), da ist (kräht) die Henne ist ein Rechtssprw., das die weibl. Erbfolge meint (vgl. Otto Lehmann, Zs. f. d. Phil., 70. Bd., S. 178).

Der Hahn als Morgenkünder und Frühaufsteher veranlaßte folgende Rdaa.: *Mit dem Hahne munter sein (... aufstehen);* vgl. frz. ‚se lever au chant du coq' (wörtl.: beim Krähen des Hahnes aufstehen); *ehe der Hahn kräht:* sehr früh. Als es noch keine Uhren gab, diente der Hahn auch als ‚Wecker' und sein frühmorgendlicher ‚Hahnenschrei' als Zeitbestimmung: *beim (vor dem, mit dem) ersten Hahnenschrei aufwachen etc.*

Für einen eitlen Menschen, der auf sein Geld nichts gibt und auf seine Rechnung andere frei zehren läßt, gibt es die Rda. *Er hängt den gebratenen Hahn heraus.* Daneben gibt es noch *den gebratenen Hahn spielen;* vgl. ndl. ‚den gebraden haan uithangen' und ‚den gebraden haan spelen'. Die dt. Rdaa. vom ‚gebratenen Hahn' sind nur bei Wander zu finden und wahrscheinl. im lebendigen Sprachgebrauch kaum verbreitet.

‚Einen Hahnen ertanzen'

Weitere Rdaa. gehen auf alte Bräuche um den Hahn zurück: *einen Hahn ertanzen* oder *ertanzen wollen* oder *Er hat seinen Hahn ertanzt* (das Beste erreicht) haben ihren Urspr. in dem Hahnentanz, einem alten Kirmesbrauch. In den Fastnachtsspielen aus dem 15. Jh. heißt es: „dorfmaid und baurnknecht/die wollen tanzen umb den han;/ und von welhem baursman/das pest wird getun un alls Gefer .../dem wirt der han gegeben". Franz von Sickingen sagte: „Ich bin nit der Han, darum man tanzt".

Einem den roten Hahn aufs Dach setzen: sein Haus in Brand stecken; *der rote Hahn kräht auf dem Dach:* das Gebäude brennt. Auch in Engl. ist die Bez. ,red cock' für Feuer bekannt und frz. sagt man entspr. ,faire chanter le coq rouge'. Schon bei Hans Sachs heißt es: „das ich dir und deinen man/auff dein stadl setz ein roten han", und Fischart schreibt: „der doch zur letzt nur auff dein schewr/ein roten hanen steckt von fewr". Die Rda. findet sich 1663 bei Schottel (,Teutsche Haubt-Sprache', 1116b) in der Form: „Den roten Hahnen zum Gibel ausjagen". In einer Breslauer Hs. vom Jahre 1560 lautet die Redewendung: „das her im einen rotten hann aufsetzen wolde".

Nach F. Kluge (,Zs. des Allg. Dt. Sprachvereins' [1901], Sp. 8) rührt die Rda. von einem Gaunerzinken (Gaunerzeichen) her, einem mit Rötel gezeichneten Hahn, der Brandstiftung bedeutet habe. Dieser Erklärung widerspricht F. Seiler (,Dt. Sprichwörterkunde', S. 245), weil die Gauner eine beabsichtigte Brandstiftung doch nicht vorher kundgetan haben würden; außerdem werde das ,aufs Dach' nicht erklärt. Aber in den Breslaufer Malefizbüchern, so hat G. Schoppe festgestellt, wird oft berichtet, wie Fehde- und Absagebriefe, um ihnen mehr Nachdruck zu geben und die Bedrohten zu ängstigen, mit einschüchternden Zeichen versehen worden sind. So malte man auf ihnen Besen, Armbrüste, Schwerter ab. Und dies scheint wieder die Annahme Kluges zu stützen. Hierzu paßt auch sehr wohl folgende Vorstellung: Der Hahn kräht in der Frühe und kündet den Tag an; deshalb ist er ein altes Sinnbild des anbrechenden Lichtes, der auflodernden Flamme; bes. der rote Hahn bedeutet das flackernde Feuer. Schon in der altnordischen Göttersage spielt ein roter Hahn diese Rolle, er heißt Fjalar und verkündigt mit seinem Krähen das Anbrechen der Götterdämmerung (Völuspá, Str. 29f.).

H. Pröhle gibt in seiner Sammlung ,Deutscher Sagen' eine Würzburger Überlieferung wieder: „In der Dominikanergasse in Würzburg steht ein Haus, das den Namen ,Zum roten Hahn' führt. Auf das Dach dieses Hauses wurde von den Leuten des Wilhelms von Grumbach nach dessen Überrumpelung der Stadt Würzburg ein roter Hahn gesetzt und das Haus angezündet. Der rote Hahn krähte und flog von einem Dach zum andern; das Feuer verbreitete sich weiter auf andere Häuser; nach seiner Wiedererbauung erhielt dieses Haus den Namen ,Zum roten Hahn'". In dieser Erzählung gehen bildl. und wörtl. Bericht nebeneinander her. Ein am ganzen Mittelrhein bekanntes Gasthaus ,Zum roten Hahn' liegt in dem bekannten Wallfahrtsort Arenberg, in der Nähe von Koblenz.

Wenig Wahrscheinlichkeit hat die von Eduard Stemplinger (,Neue Jahrbücher' [1918] 2, S. 85f.) vorgebrachte Deutung der Rda. Er leitet die Vorstellung vom roten Hahn aus dem Altertum ab: die Germanen hätten den Hahn, wie einst die Griechen, als Abwehrer von Feuers- und

,Turm- oder Wetterhahn'

Blitzgefahr auf Dächer und Kirchen gesetzt. Dann wäre der rote Hahn in sein Gegenteil verkehrt und aus dem Abwehrmittel gegen die Flamme die Flamme selbst geworden.

Gegenüber diesen Erklärungsversuchen bietet sich auch noch ein anderer Aspekt an. Neben dem Niederbrennen als kriegerische Maßnahme oder als spontane Haß-Äußerung war die sog. Brandwüstung als

,Totalwüstung' ein ma. Rechtsinstrument gegen Friedlose, deren Haus und Habe zerstört wurden. Da die Häuser früher mit dem leicht entflammbaren ↗Stroh oder Schilf gedeckt waren, ist es naheliegend, daß man dabei kurzerhand brennende Fackeln ,aufs Dach' warf, ,steckte' oder ,setzte'. Der ,rote Hahn' wäre dann eine auf Bildähnlichkeit beruhende euphemist. Umschreibung des wegen der häufigen Brände bes. gefürchteten Feuers. Wohl wegen der Brandgefahr wählte man später anstelle des Niederbrennens das arbeitsaufwendigere, aber ungefährlichere Niederreißen (vgl. auch ↗Dach).

Lit.: *E. Fehrle:* Der Hahn im Aberglauben, in: Schweiz. Arch. f. Vkde. 16 (1912), S. 65–75; *K. Knortz:* Die Vögel in Geschichte, Sage, Brauch und Literatur (München 1913), S. 179ff.; *W. Widmer:* Volkstümliche Vergleiche im Französischen nach dem Typus ,rouge comme un coq' (Diss. Basel 1929), S. 40–44; *H. Güntert:* Art. ,Hahn', in: HdA. III, Sp. 1325–1336; *C. Mengis:* Art. ,rot', in: HdA. VII, Sp. 792–834; *S. Killermann:* Hahn und Henne im Neuen Testament, in: Theologisch-praktische Quartalschrift 94 (Linz 1941), S. 285–290; Dt. Rwb. IV, Sp. 1432; *L. Kretzenbacher:* Der Hahn auf dem Kirchturm. Sinnzeichen, Bibelexegese und Legende, in: Rhein. Jb. f. Vkde. 9 (1958), S. 194ff.; *L. Rudolph:* Stufen des Symbolverstehens auf Grund einer volkskundl. Untersuchung in Berlin über drei Symbolformen (Christophorus, Hahn, Johanniterkreuz) (Berlin 1959); *Th. Bühler:* Wüstung und Fehde, in: Schweiz. Arch. f. Vkde. 66 (1970), S. 1–27; *Fr. W. Weitershaus:* ,Hahn', in: Der Sprachdienst 30 (1986), S. 119–120; *J. Leibbrand:* Speculum Bestialitatis (Diss. Freiburg 1986, München 1989). *E.* u. *L. Gattiker:* Die Vögel im Volksglauben (Wiesbaden 1989), S. 422–453; *K. Rodin:* Art. ,Hahn, Huhn', in: EM. VI, Sp. 370–376.

Hahnenfuß. *Einem den Hahnenfuß unterbreiten.* Die Rda. kommt deutschprachig nur in den mhd. Marienliedern des Bruder Hans, eines niederrhein. Mystikers ndl. Herkunft Ende des 14. Jh. vor:

Gern wer is uysz der sunden putz gheleydet;
Nu hait die werelt menichfalt
Den hanenvoys ym leyder unrgebreydet.

Im Ndl. gibt es dagegen mehrere Belege, so z.B. in G.A. Bredero's ,Moortje' (1615): „de Hane-voet is myn ghebreyt" oder bei J. Westerbaen (1672): „de haenevoeten sijn mijn gebreydt", und die Wndg. dient offensichtlich zur Bez. von Verstrikkung in einer Situation. ,Hahnenfuß' ist im Dt. ein Pflanzenname und bedeutet in übertr. Sinne auch noch eine schlecht lesbare Schrift, die aussieht, ,wie wenn die Hühner über das Papier gelaufen wären'. Diese Bdtg. des Wortes macht jedoch die Rda. nicht verständlich. Auch eine Verbindung mit dem Teufel, der auf ma. Bildern oft mit Hahnen-(Vogel)füßen abgebildet wurde, erklärt nicht das rdal. Bild. Die ndd. Form des Ausdr. ,Hanepoot' bedeutet in der Seemannssprache aber auch ein Schiffstau, das in mehreren Enden ausläuft und sich in Gestalt eines Hahnenfußes ausbreitet. Es dient zur Festbindung der Segel oder zur Verankerung des Schiffes bei starkem Wind oder Seegang. Die Rda. ,die Anker stehen im Hahnepoot' bedeutet, sie stehen schräg vor dem Schiff aus. Gallacher vermutet daher, daß der Ausdr. von der Seefahrt stamme, wobei ,breiden' für mhd. ,breien': knoten, stricken, weben stehe. Dann würde die Rda. sinngemäß bedeuten: ich bin festgetaut, festgebunden, ,verstrickt'. Dafür spräche auch, daß die Rda. sowohl in der Mehrzahl, wie bei Westerbaen, als auch in der Form ,de hanevoet is hem gestrooid' (bei Harrebomée) erscheint. Da im südd. Raum ,Hahnenfuß' aber lediglich ein Pflanzenname ist, war das rdal. Bild auch nicht verständlich und Bruder Hansens Wndg. konnte sich nicht weiter verbreiten. In Schlesw.-Holst. kennt man noch den Ausdr. ,Hahnpoten-ansläg' für ,seltsame Einfälle' und ,hahnpötig' für ,ungeschickt'.

Lit.: *R. Minzloff* (Hg.): Bruder Hansens Marienlieder (Hannover 1863), S. 117; *F. Kluge:* Seemannssprache (Halle 1911), S. 346f.; *O. Mensing:* Schleswig-holsteinisches Wörterbuch, Bd. II (Neumünster 1929), Sp. 564f.; *H. Marzell:* Art. ,Hahnenfuß', in: HdA. III, Sp. 1338–1339; *St. A. Gallacher:* „Einem den Hahnenfuß unterbreiten", in: Modern Language Notes 55 (Baltimore 1940), S. 366–373.

Hahnrei. *Ein Hahnrei sein,* auch: *Hahnreifedern tragen:* ein betrogener Ehemann sein, Hörner tragen, ↗Horn. Vgl. frz. ,suivre la bannière de Vulcain' (veraltet).

Der Ausdr. erschien schon 1279 im ,Hapsalschen Stadtrecht': „... des wyffes echte mann hefft de gewalth, wath he den hanreyge don wyl" und ist verschieden gedeutet worden. Richter-Weise glaubt an einen Zusammenhang des Wortes mit ,Reihen' oder ,Reigen' und meint, daß ein Hahnrei den Reigen der Hähne mitmache, die als

‚Hahnrei'

geile Vögel das Sinnbild unzüchtiger Menschen abgäben. Die von ihm angeführten lit. Belege stützen diese Theorie, z. B. nennt Herzog Heinrich Julius von Braunschweig in seiner Komödie ‚Weiberlist einer Ehebrecherin' den genarrten Ehemann ‚Gallichorea', und Pistorius erläutert in seinem ‚Thesaurus paroem.' 5,396: „Hahnrey est vocabulum ratione originis mere germanicum, quod a voce Hahn et reye hoc est chorea, Tanz descendit". Auch eine Stelle in Seb. Brants ‚Narrenschiff' ist in dieser Weise zu deuten: „wer lyden mag, daz man in goich oder man in die schouch im seich oder setzet hörner uf die oren, der hat ein reygen mit den doren". Dagegen hat Dunger (‚Germania' 29, 59 f.) auf den Brauch hingewiesen, jungen Hähnen, wenn sie zu Kapaunen gemacht wurden, die unten abgeschnittenen Sporen in den Kamm zu setzen. Sie wuchsen dort fest, bildeten eine Art von Hörnern und dienten zur Unterscheidung von Hähnen und Kapaunen in einer größeren Hühnerschar. Kluge schließt sich dieser Deutung an und kann sie durch die Etymologie des Wortes bestätigen: im 15. Jh. ist für das Mnd. ‚hanerei' und ‚hanreyge' bezeugt, das im 16. Jh. von Niedersachsen aus als ‚hanrey' und ‚hanreh' ins Frühnhd. gedrungen ist. Die Ausgangsbdtg. ist verschnittener Hahn, Kapaun.

In der Volksetymologie wird jedoch Hahnrei mit ‚Hahnreiter' verbunden, wie auch Bildbelege erweisen, z. B. ein Kupferstich von 1650 stellt einen gehörnten und mit Hahnenfedern versehenen Mann dar, der auf einem Hahn reitet. Er macht zudem noch die Gebärde der gehörnten Hand, obgleich diese eigentl. ihm selbst gelten sollte; ↗‚Hahn' ist schließlich auch ein Vulgärausdruck für Penis. Das Motiv des Reiters auf einem Hahn dient im Märchen (‚Hans mein Igel', KMH. 108) der Verkörperung zauberischer Kräfte.

Die Kriegsmünze der Grafen von Solms (1627) zeigte einen Reiter auf einem Hahn. Der Volksmund brachte dies in Verbindung mit der lat. Inschrift, die das Wort ‚vicarius' in abgekürzter Form als ‚vic' zeigt, und nannte die Geldstücke ‚Fickmünzen' oder ‚Hahnreitaler'. Eigentl. bezieht sich der Name in Anspielung auf das Wort „vicarius" in der Umschrift darauf, daß Solms seine Stellung als Kommandant von Wolfenbüttel dazu benutzte, das Tafelgeschirr des Herzogs Friedrich von Braunschweig-Wolfenbüttel in eben jene Taler umzumünzen. Gold und Silber können wohl schon eine „Liebste" sein oder ersetzen und der Braunschweiger Herzog mag Solms deswegen mehr gehaßt haben, als wenn dieser seiner Frau zu nahe getreten wäre.

Auf den Menschen übertr. bezeichnete der Ausdr. ‚Hahnrei' zuerst wohl auch den Ehebrecher, den Betrüger und erst später überwog anscheinend die Bdtg. als ‚Betrogener' und diente dann zur Schelte für den in sexueller Hinsicht untüchtigen Ehemann, der von seiner Frau wie ein Kastrat behandelt und deshalb verspottet und betrogen wird. Ähnl. heißt der Gatte einer untreuen Frau im Frz. ‚bélier' = Widder (verschnittener Schafbock) oder ‚cerf' = Gehörnter (eigentl. Hirsch).

Der zweite Wortteil von Hahnrei muß also Kastrat bedeuten und hat nichts mit Reigen zu tun. Dies läßt sich über das ostfries. ‚hänrüne' = Kapaun, betrogener Ehemann klären. So sagt man dort z. B. von einem Ehemann mit vielen Kindern, dessen Vaterschaft fraglich ist, er sei ‚'n Hahnrun mit niuggen Sjuken'. Im Ndl. bedeutet ‚ruin' das verschnittene Pferd. Daraus sind in den ndd. Mdaa. Formen mit ‚öi' und entrundete Wortteile wie ‚-rein' entstanden, die das verschnittene männl. Tier und den untüchtigen Ehemann bezeichnen.

Einen zum Hahnrei machen; vgl. frz. ‚faire quelqu'un cocu' oder ‚cocufier quelqu'un'; *einem Hahnreifedern aufsetzen:* ihn betrügen; Ehebruch verüben.

Auf die komische Situation des betrogenen Ehemannes nimmt spöttischen Bezug die holst. Rda. ‚dor hört Hahndreihs Geduld to': dazu gehört große Geduld. Der ‚gute Mann', der von seiner Frau betrogen wird, dieses Faktum aber nicht abstellt oder ahndet, so daß der Betrug zum Dauerzustand wird, der aller Welt bekannt ist, war nicht nur Zweifeln an seiner Potenz, sondern auch dem Spott über intellektuelle Schwächen ausgesetzt. Schon Seb. Brant verspottete in seinem ‚Narrenschiff' die Torheit des ‚nachsichtigen' Gatten, und auch der niederländische Maler Georg Hoefnagel (16. Jh.) hielt den Typus des narrenhaft ‚geduldigen' Hahnreis in Bild und Vers fest (↗Horn).

Im Sinne von ‚betrügen' wird der Ausdr. in der holst. rdal. Abweisung gebraucht: ‚Schît över de Tung un mak dinen Ars tôm Hândrei'. Synonyme sind u. a. ↗Gauch, ↗Kuckuck, ↗Siemann, ↗Pantoffelheld.

Lit.: *H. Dunger:* ‚Hörner aufsetzen' und ‚Hahnrei', in: Germania 29 (1884), S. 59 f.; *J. Bolte:* Der Hahnrei, in: Zs. f. Vkde. 19 (1909), S. 63, 82; *Richter-Weise:* Dt. Rdaa. (Leipzig 1910); *L. Röhrich:* Gebärdensprache und Sprachgebärde, S. 121–149; *M. Deltgen:* Der Hahnrei (Diss. Köln 1966); *E. Frenzel:* Motive der

Weltliteratur (Stuttgart 1976), S. 313–329; *E. Moser-Rath:* Lustige Gesellschaft (Stuttgart 1984), S. 123 ff.; *W. Wunderlich:* Art. ‚Hahnrei, Hahnreiter', in: EM. VI, Sp. 378–383.

Hai. Sich einer Sache bemächtigen *wie ein Hai,* d.h. erbarmungslos zupackend. Der rdal. Vergleich mit dem Hai taucht immer dann auf, wenn es sich um eine bes. gierige und alles verschlingende Art der Bereicherung handelt, wie es auch in den Begriffen ‚Börsenhai' und ‚Kredithai' angesprochen ist. Seine Gefräßigkeit ist schon früh lit. belegt. So heißt es z.B. bei Shakespeare (‚Macbeth', übers. v. Schlegel, IV, 1):

Wolfes Zahn und Kamm der Drachen
Hexenmumie, Gaum und Rachen
aus des Haifischs scharfem Schlund.

Auch Eichendorf befaßt sich in einem Gedicht mit diesem nimmersatten Tier:

Der Haifisch schnappt, die Möven schrein –
das ist ein lustig Fechten

(Eichendorf, Gedichte [1865], S. 15).
Die genannten Eigenschaften sind bis heute im Volksbewußtsein haften geblieben, nicht zuletzt auch durch das Lied des Meckie Messer in der ‚Dreigroschenoper' von Bert Brecht (Musik von Kurt Weill, 1928), dessen Refrain lautet:

Und der Haifisch, der hat Zähne.
Und die trägt er im Gesicht...

↗ Fisch.

Lit.: *O. Keller:* Die antike Tierwelt, 2 (Leipzig 1913), S. 379–381. *W. Mieder:* ‚Die großen Fische fressen die kleinen'. Gesch. u. Bdtg. eines Sprw.s über die menschl. Natur, in: Muttersprache 98 (1988), S. 1–37.

Haken. *Die Sache hat einen Haken:* die Sache hat eine versteckte (oder plötzlich auftauchende) Schwierigkeit; vgl. frz. ‚La chose a un hic'. *Da steckt der Haken!:* darin liegt eben die Schwierigkeit.
Das Bild der Rda. stammt vom Angelhaken: wie der Fisch wohl den Köder, aber nicht den Angelhaken sieht, so sieht der Mensch zunächst nur den Reiz des Vorteils bei einer Sache und nicht ihre schädlichen Folgen. Diese Erklärung wird durch eine Stelle aus Joh. Fischarts ‚Geschichtklitterung' von 1575 gestützt: „Derhalben muß es ein ander häcklin haben, daran der fisch behang". Die Rda. kommt schon mhd. vor, so im ‚Seifried Helbling' (1,1092) in der Form:

Ich achte daz sie biderbe sî
und doch nicht arger liste vrî:
da si vil lihte ein haekel bî.

Die Rda. findet sich gelegentlich auch in erweiterter Form: ‚Es hat noch einen Haken, wie bei jenem Bauernburschen'. Diese Formulierung spielt auf eine weitverbreitete Anekdote an: Ein Bauernbursche kam zum Pfarrer, um das kirchliche Aufgebot zu bestellen. Die Sache, bemerkte er, hat aber noch ein Häklein. Und auf die Frage des Pfarrers, worin dies bestehe, erwiderte er: sie mag mich nicht. Aber, lieber Freund, sagte der Pfarrer, das ist kein Häklein, das ist ein Haken.
Haken an den Fingern haben: krumme Finger haben, fremde Sachen mitnehmen, stehlen; vgl. frz. ‚avoir les doigts crochus'.
Ein Häkchen auf jem. haben: ihm etw. nachtragen, einen Pick auf ihn haben; bes. in ostmdt. Mdaa., eigentl. wohl: ihn an einem Haken noch festhalten; vgl. frz. ‚avoir une dent contre quelqu'un' (wörtl.: einen Zahn gegen jem. haben), ↗ Zahn.
‚Se mot en Häksken springen laten', sagte man in Hamburg zu einem Frauenzimmer, das, als noch das Einschnüren und Häkeln Mode war, nicht viel essen konnte.
Mit Haken und Ösen sagt man, wenn eine Sache nicht unproblematisch ist, wenn Schwierigkeiten zu erwarten sind. Haken und Ösen stehen symbolisch für eine ältere Art der Bekleidung vor der Einführung von Knöpfen oder gar des Reißverschlusses. Dieses Prinzip wird z.B. in der Tracht der mennonitischen ‚Amish people' als konservativer Standpunkt vertreten und religiös begründet mit Versen wie:

Die mit Knöpfen und Holen (Knopflöcher)
wird der Teufel holen.
Die mit Haken und Ösen
wird der Herr erlösen.

Oder es heißt: ‚Unsere Altvordere hän kä Knöpp gekennt, un so brauchen mir sell weltlisch Deng ach net'.

halblang. *Mach es halblang!:* übertreibe nicht. Die Rda. geht wohl auf die iron. Anspielung hinsichtlich einer übertriebenen Längenangabe zurück und ist gegen Ende des 19. Jh. von Berlin ausgegangen.

Sie wird auch gebraucht, um einen langatmigen Redeschwall abzubrechen, vor allem wenn wenig Interesse besteht, die ganze (unsinnige) Geschichte zu hören.

halbmast. Die auf die halbe Höhe des Fahnenmastes gesetzte Trauerbeflaggung ist bildl. auf die verschiedensten Dinge übertr. worden, z.B.: *seine Gesichtszüge auf halbmast setzen:* traurig blicken; *die Hosen auf halbmast tragen:* die Hose zu hoch ziehen; *die Krawatte auf halbmast tragen:* den (gelockerten und daher verrutschten) Krawattenknoten unterhalb des Kragenverschlusses tragen. Diese Rdaa. gehören erst der Gegenwartssprache an.

Halbmond. *Im Zeichen des Halbmonds:* im Zeichen des Islam. Die Bez. Halbmond war urspr. eine rein astronomische Benennung für den halben Mond – im Gegensatz zum Vollmond. Später wurde sie übertr. auf Dinge, die die Form eines Halbmondes hatten. So wurden z.B. Truppen ‚im Halbmond' aufgestellt – eine Praxis, die bes. bei den Türken gang und gäbe war, wie auch aus einem lit. Zeugnis von J.J. Grimmelshausen hervorgeht: „umgabe uns ein groszer haufen wölfe, welche uns anfänglich von hindernwärts halbmondweis umbschlossen hielten, gleich als wie die Türken ihre schlachtordnunngen zu machen pflegen" (‚Simplizissimus' 4,28). Da mit dem militärischen Vordringen der Türken zugleich auch das Vordringen des fremden Glaubens, des Islam, verbunden war, wurde der Halbmond zum Zeichen des Islam schlechthin.

Er hat Symbol- und Nationalflaggencharakter von Mauretanien bis nach Malaysia. In den Ländern des Vorderen Orients heißt die dem ‚Roten Kreuz' entspr. Sanitätsorganisation ‚Roter Halbmond'.

Halbzeit. *Nun mach aber Halbzeit!:* rede nicht weiter! Der Ausdr. ist vom Fußballsport hergenommen.

Haldensleben. *Der gehört nach Haldensleben:* der ist verrückt, spinnt – nach der Irrenanstalt in Haldensleben bei Magdeburg. Ähnl. Rdaa. gibt es in anderen Gegenden, wobei der Name Haldensleben ersetzt wird durch den Ortsnamen der dort gelegenen Landesnervenheilanstalt (umg. Irrenanstalt), z.B. Bedburg-Hau am Niederrhein, Aplerbeck in Westfalen, Emmendingen im Breisgau (Baden), Göppingen (Württemberg), Arnsdorf (Sachsen).

Da im Bahnhof Arnsdorf bis vor wenigen Jahren zwischen den Gleisen der dort zusammentreffenden Bahnstrecken eine Drehscheibe installiert war, wurde die Rda. gern erweitert zu *Der gehört nach Arnsdorf auf die Drehscheibe:* er ist ‚verdreht', ist irre.

Hälfte. *Meine bessere Hälfte:* scherzhafte Bez. für die Ehefrau. So wird sie oft vom eigenen Ehemann vorgestellt oder in Gesprächen bez. Die Wndg. geht zurück auf das Bibelwort (1. Mos. 2,23f.; 1. Kor. 6,16 u.a.), daß Mann und Weib zu einem Fleisch werden, jeder für sich also nur die Hälfte darstellt. Das kommt auch in zahlreichen lit. Zeugnissen z. Ausdr. So heißt es z.B. bei H.A. Abschatz (‚Vermischte Gedichte' [1704], S. 104):

> was folget, giebt sich selbst, wenn wir zu Witwern werden,
> und unser halbes Theil verscharren in die Erden.

Da es für den Mann jedoch ungleich schwerer ist, im Alltag ohne seine andere Hälfte, d.h. ohne seine Frau auszukommen, wurde die Frau im Volksmund schon in früher Zeit als die ‚bessere' Hälfte bez., wie u.a. auch hervorgeht aus einem bei Büchmann vermerkten engl. Zitat aus dem Roman ‚The Countess of Pembroke's Arcadia' (London 1590) von Sir Philip Sidney (1554–86), in dem es in Buch 3 heißt: „My better half." In anderen engl. Quellen ist von der ‚teureren Hälfte' die Rede. So sagt in Miltons's ‚Paradise Lost' (1667) 5,95 Adam zu Eva: „Best image of myself and dearer half".

Goethe pflegte die Braut oder die Ehefrau als (schönere) Hälfte zu bezeichnen: „seine reine Seele fühlte, daß sie die Hälfte, mehr als die Hälfte seiner selbst sei" (Werke, Ausg. letzter Hand, 18,44).

Lit.: *K. E. Müller:* Die bessere u. die schlechtere Hälfte (Frankfurt/M. – New York 1984).

Häling(en) (mdh. haelinc, ahd. hâlingun = heimlich). Schwäb. ‚einem etw. hälinge(n) sagen': leise, ‚etw. hälinge(n) tun': heimlich; ‚er ist ein hälinge(n) Gscheiter': ein verborgenes Genie, das aber nicht viel aus sich macht. ‚Das fällt mir nicht hälinge(n) ein': nicht im Traum. ‚Hälinge guet': unheimlich gut, bes. vom Essen gesagt. ‚Hälinge darf ma Wide schneide': Laß dich nicht erwischen! Das Subst. ‚Häling' meint das Geheimnis, die Geheimnistuerei; *vor mir braucht ihr ja kein Häling haben:* keine Geheimnisse. (Schw.Wb. III, 1065f.)

Halleluja. *Jem. das Halleluja singen:* ihm eine Lektion erteilen. Die Rda. ist entstanden in Anlehnung an das Halleluja-Läuten in der Kirche zum Lobe des Herrn. Es handelt sich um eine iron. Umkehrung. Ähnl. auch das sarkastische ‚Halleluja' auf eine bes. pathetische Rede.

Lit.: *A. Beets:* „'t Alleluia is geleid", in: Tijdschrift voor Nederlandse Taal- en Letterkunde (TNTL) 16 (1897), S. 290–293; *J. Verdam:* „'t Alleluia is geleid", in: TNTL 20 (1901), S. 22–25; *M. L. de Vreese:* „'t Alleluia is geleid", in: TNTL 22 (1903), S. 79–80.

Halm, Hälmlein. Halm in der urspr. Bdtg. als Stengel von Gräsern oder Getreide findet sich in folgenden Rdaa. *nach einem (Stroh)halm greifen, sich an einen Strohhalm klammern:* wer in Schwierigkeiten geraten ist, versucht alles, auch wenn es noch so aussichtslos ist, um sich aus seiner Lage zu befreien, ebenso wie der Ertrinkende versucht, sich durch das Greifen eines Strohhalms zu retten. Die Rda. ist auch engl. bekannt ‚to grab at a straw' sowie schwed. ‚gripa efter ett råddande halmstrå'. Der Ausdr. ‚Mann ohne Ar und Halm' wird dem Reichskanzler von Caprivi zugeschrieben; bei ‚Ar' wird hier jedoch nicht an das Flächenmaß gedacht worden sein, das damals (1893) in Dtl. noch ungebräuchlich war, sondern an das ndd. ‚Ahr' = Ähre; vgl. die ndd. Rda., die ein unfruchtbares Gebiet kennzeichnet ‚doa waßt nich Ahr, nich Halm'.

Früher weit verbreitet war die Rda. *einem das Hälmlein vorziehen* oder *einem das Hälmlein (süß) durch den Mund (das Maul) streichen (ziehen):* jem. schmeicheln, ihm schöntun und ihn dabei betrügen, jem. um seine gemachten Hoffnungen betrügen. Diese Rda. kann nicht erst, wie meist angenommen wird, aus dem 16. Jh. stammen, denn schon in den mhd. Minnereden (Die Heidelberger Hss. 344, 358, 376 und 393, hg. v. Kurt Mathaei, Berlin 1913) steht:

> Beide nu und zu aller stunt
> Zühet sie uns den halm
> durch den munt.

Spätere Belege finden sich in der ‚Zimmerischen Chronik' (3,578): „Die kunten dem gueten herren das helmlin durch das Maul streichen"; bei Hans Sachs (5,1579, 388): „bawer, du hast mich betrogen, das helmlein durch das maul gezogen" und bei Grimmelshausen (‚Simplicissimus' 1, 1,2 S. 8): „... will er damit das hälmlein durchs maul (wie man im sprichwort redet) ziehen, und ihnen solcher gestalt einen lust machen, was für eine gesegnete und edle nahrung sie haben". Die Erklärung der Rda. ist umstritten. Es scheint ein Scherz mit einem mit Honig bestrichenen Halm zugrunde zu liegen, was gestützt wird durch einen Beleg aus der ‚Margarita facetiarum' von 1508: „Calamus factus est, quem trahere tibi nituntur per os, si dumtaxat mel haberent, quo liniretur" (ein Rohrhalm ist gemacht worden, den sie dir durch den Mund zu ziehen sich bemühen, wenn sie nur Honig hätten, ihn damit zu bestreichen). Auf einem Holzschnitt zu Kap. 33 von Seb. Brants ‚Narrenschiff' sieht ein Narr durch die Finger, während ihm die Frau das Hälmlein durch den Mund zieht (Abb. bei ↗ Finger). Andere Deutungen beziehen sich auf ein Kinderspiel, bei dem dem Neuling ein Hälmchen durch den Mund gezogen wird, wobei ihm die Rispen in den Zähnen hängenbleiben; am weitesten entfernt scheint die Erklärung Wanders zu liegen, der die Rda. von den Hühnern herleiten will, denen bei Erkrankung eine Feder zur Heilung durch den Schnabel gezogen werde. Aber vielleicht gibt es eine viel einfachere und näher liegende Erklärung: ‚Hälmlein durchs Mäulchen ziehen' ist ein immer wieder beliebtes Spiel unter Verliebten auf einer Frühlingswiese. Das mit den Lippen zu berühren, was auch die Liebste koste, schmeckt ‚süß wie Honig'. Die Rda. ist heute noch z.B. in der erzgebirg. Mda. zu finden sowie auch schweiz.

,eim 's Hälmli durch's Mul ziehn' und schwäb. ,der weiß, wie ma de Leut 's Hälmle durchs Maul streicht'. Das Frz. kennt eine ähnl. Rda.: ,passer à quelqu'un la plume par le bec' (veraltet oder nur örtlich gebräuchlich): einem die Feder durch den Schnabel ziehen; übertr.: ihn um die gemachten Hoffnungen betrügen.
In der Schweiz gibt es ein sog. ,Hälmliziehe'. Es handelt sich dabei um ein Ausscheidungsspiel, bei dem die Länge des Halms den Ausschlag gibt.
Der Halm als Mittel bei einem Losentscheid ist vor allem in der elliptischen Wndg. ,den ↗kürzeren ziehen' noch zu finden; das auf ein altes *den kürzeren Halm ziehen* zurückgeht; vgl. frz. ,tirer à la courte paille'. Die vollständigere Form begegnet uns noch rhein. ,et gröttste Hälmke trecken', das größte Glück haben, schwäb. ,'s best Hälmle', der beste Teil bei der Heirat, also schon in sehr spezieller Bdtg. und fast völlig von der urspr. Loshandlung abgehoben.
In anderen Rdaa. bedeutet Halm etw. Geringfügiges, Kleines, um Größenunterschiede bes. deutlich zu machen (↗Haar), so bei Klopstock: „um keinen Halm", um nichts; *über ein Hälmlein fallen:* sich an einer Kleinigkeit stoßen; schweiz. ,es ist mer kei Halm drum', ich gebe nichts dafür, vgl. frz. ,je n'en donnerais pas une paille'; häufiger ist das Bild *Bäume wie (Stroh-)Halme umknicken.*
Früher gebräuchl. war die Rda. *sich leiden* (d.h. Geduld haben) *wie der Halm auf dem Dache:* wie das Stroh auf dem Dach, das alle Unbilden des Wetters ertragen muß, die des Lebens ertragen; so bei Seb. Franck, ,Sprichw.' (1541) 2,76: „disz allein seindt arm leut, die leiden sich etwa ... wie der halm auf dem tach".
Ebenfalls ungebräuchl. geworden ist rhein. ,einen op de Hälm legen', einen Toten aufs Stroh legen.
Die Hälmlein aus dem Stroh lesen ist eine verbreitete Rda. für eine unnütze Arbeit, aber auch für eine Arbeit, die niemanden etw. angeht; z.B. rhein. ,Hälm ut dem Strüh söken'; vgl. auch ,Hafer aus Pferdeäpfeln lesen'.
Im MA. spielte der Halm als Rechtssymbol eine große Rolle. Seine Nennung in Verbindung mit einem anderen Rechtszeichen versinnbildlichte z.B. einen Erbverzicht (mit Holz und Halm) oder diente zur Bekräftigung eines mündlich geschlossenen Vertrages (z.B. in der Urkundenformel: ,mit hand, halm und mund'), ↗Hand.

Lit.: *K. Heckscher:* Art. ,Halm', in: HdA. III, Sp. 1357–1362; *R. Schmidt-Wiegand:* Art. ,Halm', in: HRG. I, Sp. 1911–1913; Strafjustiz in alter Zeit (Rothenburg o.d.T. 1980), S. 314.

Hals wird in vielen bildl. Rdaa. gebraucht, die zumeist ohne weiteres verständlich sind, z.B. *einen langen Hals machen; den Hals recken:* spähend ausblicken; *sich einem Manne an den Hals werfen:* sich ihm aufdrängen (von einem Mädchen gesagt); *um den Hals fallen* (aus zärtlicher Liebe); vgl. frz. ,se jeter au cou de quelqu'un'; rhein. sagt man von einer Person, die die Liebenswürdigkeit übertreibt: ,Sie fellt em met den Benen om den Hals'.
Jem. mit etw. vom Halse bleiben: ihn mit einer unangenehmen Sache verschonen; *jem. einen auf den Hals schicken:* ihm einen lästigen Besucher zuschicken; vgl. frz. ,envoyer quelqu'un sur le dos de quelqu'un' (wörtl.: jem. einen auf den Rücken schicken); oder der drastische rdal. Vergleich *aus dem Hals riechen (stinken) wie die Kuh aus dem Arsch:* üblen Mundgeruch ausströmen.
Es geht über Hals und Kopf, meist abgekürzt *Hals über Kopf:* in toller Hast. Dem Bild dieser Rda. liegt die Stellung des Halses gegenüber dem Kopf zugrunde; sie meint eigentl. den Hals vor den Kopf setzen und sich so überschlagen. Grimmelshausen schreibt im ,Simplicissimus' (II,273): „daß ich nicht unbehend auf den darbey stehenden Tritt sprang, aber in einem Hui über Hals und Kopf herunter purtzelte"; in anderer Form 1696 bei Chr. Reuter im ,Schelmuffsky' (S. 27): „Wie sprung mein Herr Bruder Graf nakkend aus dem Bette heraus und zog sich über Halß über Kopff an". Vielleicht liegt der heutigen Form der Rda. aber auch eine frühere derbere Form zugrunde, wie folgende Wndgn. vermuten lassen: „über ars und kopf bürzlen" (bei Joh. Fischart), westf. ,Ärs öewer Kopf', schweiz. ,Häupt über Arsch', meckl. ,Oever Kupp un

Nars'. Vielleicht ist das anstößige Wort, das sich in allen mdal. Formen der Rda. noch findet, erst hochsprachl. durch Hals ersetzt worden; vgl. engl. ‚heels over head'; ↗Arsch.

In vielen Wndgn. ist der Hals als der Träger einer Last, eines Joches zu verstehen: *etw. (jem.) auf dem Halse haben:* mit etw. Unangenehmem (mit jem.) beladen sein; vgl. frz. ‚avoir quelqu'un sur le dos' (auf dem Rücken); ‚sich etw. auf den Hals laden', ähnl. *einem auf dem Hals liegen.* Die Rda. tritt z. B. bei Luther auf, auch bei Oldecop (S. 44): „De forcht (Furcht) hadde de Türken lange up dem Halse gelegen". Dieser Zustand, daß man etw. auf dem Hals hat, kann verschiedenen Ursachen entspringen. Man kann z. B. *sich selbst etw. auf den Hals ziehen;* ndl. ‚hij heeft het sich zelven op den Hals gehaald', er hat sein Unglück selbst verschuldet. Schuppius (‚Lehrreiche Schriften' [1684], S. 165): „Indem er sich vielleicht mit Huren geschleppt und dadurch diese Krankheit an Hals gezogen hab". Oder *sich etw. an den Hals saufen;* Schoch (‚Comedia vom Stud.leben' [Leipzig 1657]): „daher er ihm eine Krankheit an den Hals gesoffen". Oder *sich etw. an den Hals ärgern;* Lessing (1,355): „Ich fürchte, daß ich mir noch die Schwindsucht über dein Plaudern an den Hals ärgern werde". Das ist ein *Halsstreich des Teufels* sagt man von einem unerklärlichen Übel. Luther (III,460): „Das ist nicht eine natürliche Krankheit, sondern ein Halsstreich des Satans". Auch: *Es kommt einem über den Hals:* es überrascht einen unangenehm, es ist unwillkommen. Die Wndg. ‚einem über den Hals kommen' gebraucht bereits Luther in seiner Bibelübers., sie ist auch mdal. bezeugt, z. B. schles. ‚es kommt über den Hals wie ein groß Wasser'. Die entschiedene Ablehnung: *Bleib mir vom Halse!* ist ebenfalls bei Luther und später vielfach belegt, z. B. bei Kotzebue (Werke 9,170–1790): „bleib mir mit den vornehmen Verwandtschaften vom Halse". Die Rda. *sich etw. vom Halse schaffen* ist auch lit. z. B. von Schiller (‚Kabale und Liebe' I,5) verwendet worden: „daß er sich seinen Nebenbuhler gerne vom Halse geschafft hätte, glaube ich ihm herzlich gerne".

Der Hals ist einer der für Leben und Gesundheit wesentlichsten Körperteile. *Hals- und Beinbruch!* wünscht man jem. iron., wenn man abergläubisch ein solches Mißgeschick abwenden will (analog wünscht man auf Segelschiffen: ‚Mast- und Schotbruch!', ↗Mast). Der unverhüllt ausgesprochene Glückwunsch dagegen würde Unglück bringen. ‚Hals- und Beinbruch!' ist vor allem ein freundlich gemeinter Gruß aller Künstler von Bühne und Podium. ‚Hals und Bein' steht oft formelhaft zusammen. Trotz des Volksglaubens, wonach man das Gute nur herbeischwören kann, indem man scheinbar das Böse herbeiwünscht, kommt die Zwillingsformel aus dem Hebr. und heißt urspr. ‚hazlóche un bróche' (hazlachá = Glück, b'racha = Segen). Sie wird auch heute noch von den Juden in dieser Form hebr. sowohl wie jidd. oft verwendet (S. Landmann, S. 87).

Hals und Hand ist eine alte Rechtsformel bei Verurteilungen. Auf die Todesstrafe des Hängens und Köpfens – beide werden am Hals des Menschen vollzogen – beziehen sich die Rdaa. *Das bricht ihm den Hals, es geht ihm an den Hals, es kostet ihn den Hals:* das richtet ihn zugrunde, das bringt ihn zu Fall, damit ist er einer Schuld sicher überführt. Die Wndg. ist schon mhd. bezeugt: „daz ez im an den hals gât, swer ein kint ze tôde slât" (vgl. Abb. S. 634). Ähnl. *sich um den Hals reden:* durch Reden eine strafbare Handlung begehen, beim Versuch, sich zu verteidigen, tatsächlich die Anklage bestätigen oder ein bisher nicht bekannt gewordenes Vergehen offenbaren; *den Hals aus der Schlinge ziehen:* sich aus einer Affäre herausreden; *das wird (ihn) den Hals nicht kosten:* es ist nicht sonderlich schlimm. Bildl. übertr. kann man auch *dem Radio den Hals abdrehen:* das Rundfunkgerät ausschalten, oder *einer Flasche den Hals brechen:* sie entkorken, öffnen. Von einem stark Verschuldeten sagt man wie von einem beinahe Ertrinkenden *die Schulden gehen ihm bis an den Hals* (↗Hutschnur); vgl. frz. ‚Il est dans les dettes jusqu'au cou'.

Der Hals als oberster Teil der Ernährungsorgane ist gemeint in den Wndgn.: *Er kann den Hals nicht voll genug kriegen:* nicht genug bekommen können (nicht nur

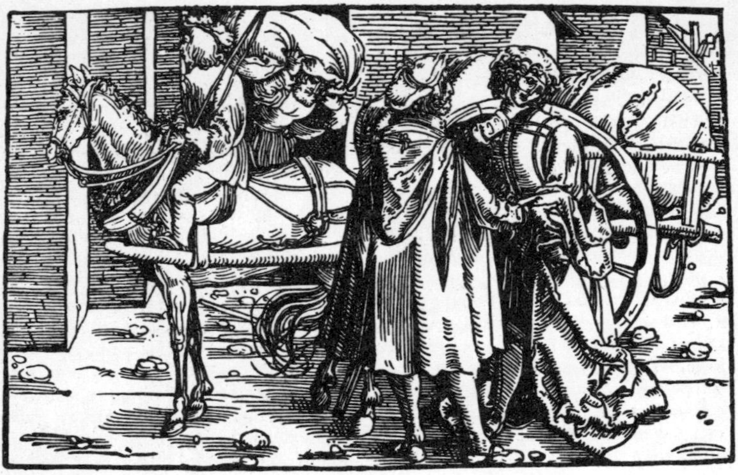

‚An den Hals gehen'

an Speise, sondern auch an Lohn, Vergnügungen usw.), geldgierig sein; *etw. bis zum Halse haben:* einer Sache gründlich überdrüssig sein; *das steht mir bis hierher* (wobei man die Halshöhe mit der Hand andeutet): ich bin einer Sache überdrüssig; *etw. in den falschen (verkehrten) Hals (bekommen) kriegen:* etw. gründlich mißverstehen; die Rda. bezieht sich auf die Luftröhre, die heftig reagiert, wenn Speiseteile versehentlich hineinkommen; vgl. frz. ‚Il a avalé de travers', nur i. S. v.: Er hat sich verschluckt; *etw. hängt (wächst, kommt, steht) einem zum Halse heraus:* einer Sache gründlich überdrüssig sein; vgl. frz. ‚J'en ai plein le dos' (wörtl.: Ich habe den Rücken voll).

Es kommt tatsächlich vor, daß Tieren, die sich überfressen, das letzte Stück zum Halse heraushängt; wenn das Federwild das zuviel Gefressene wieder ausspeit, nennt das der Jäger ‚das Geäs aushalsen'. Schwäb. ‚den Hals strecken müssen', zum Brechen gereizt werden; schweiz. ‚en lange Hals übercho', lange warten müssen, ‚eim en lange Hals mache', ihn lange warten lassen; vergleiche frz. ‚allonger le cou'.

Jem. in den Hals gucken: ihn zur Rede stellen. Im Osnabrücker Raum: ‚Dem werde ich mal gehörig in den Hals gucken!' So angedroht, wenn einer sich an Abmachungen (Vereinbarungen) nicht hält.

Der Hals als Sprachorgan ist gemeint in Rdaa. wie *einem den Hals stopfen:* ihn zum Schweigen bringen; *das Wort blieb ihm im Halse stecken; in seinen Hals lügen:* sich selbst mit einer Lüge betrügen, zum Beispiel 1536 in Paul Rebhuns Drama ‚Susanna':

Gots vrteyl sol dich recht erhaschen,
dann du in deinen hals thust liegen,
damit du dich wirst selbst betriegen.

Doch gilt die Wndg. auch nur als Verstärkung des Begriffes ‚lügen'; so in Lessings Sinngedicht ‚Velt und Polt': „Das leugst du, Polt, in deinen Hals".

Meckl. ‚He ritt den Hals allerwärts äwer apen', er meckert über alles.

Kleine Sprachhemmungen oder -fehler haben in den Mdaa. viele verschiedene bildl. Rdaa. bewirkt, z. B. rhein. ‚e Krott im Hals haben', eine rauhe Stimme, einen belegten Hals haben, oder einfach *es im Hals haben:* Halsweh haben; ‚ä Rädche im Hals haben', das „R" schnarrend aussprechen, köl. ‚en Ädäppel im Halse haben'. *Eine Halsuhr bei sich tragen:* einen Kropf haben.

Ein Ausdr. aus der Jägersprache, mit *Hals und Horn jagen,* bedeutet: mit Rufen und Blasen jagen. Laber (Jagd 446):

vom hals und mit dem horne
jag ich so mangen stunden
in Sun und auch mit zorne.

Schles. ,'n helle hals haben', eine laute Stimme haben; hd. ,lauthals' schreien. Schles. ,den Hals opslagen', sehr weinen. Von einem Großmaul sagt man schles. ,Hei het de Hals jümmer apen'.

Schwäb. sagt man von jem., der ständig zum Fenster hinausschaut ,Er hat's Fenster am Hals' oder alem. ,'s Hus an Hals henke!' Euphemist. meckl. ,n'hämpen Halsband umkriegen', gehängt werden. So bei Abraham a Sancta Clara („Judas' II,4): „Mit des Seilers Hals-Tuch beschenkt werden".

Dann steh ich da mit dem gewaschenen Hals: dann ist alles umsonst, dann bin ich der Blamierte, der Bloßgestellte, der Dumme. Die Rda. ist der Schlußsatz eines jüd. Witzes, in dem die Mutter den kleinen Moritz auffordert, sich den Hals zu waschen, weil die Tante zu Besuch komme. Der Sohn antwortet darauf: „Und wenn die Tante nicht kimmt, steh ich da mit dem gewaschenen Hals!"

Welche an den Hals kriegen: Schläge bekommen. ,Aus vollem Halse schreien', lautstarke Töne von sich geben.

Auch in mdal. Wndg. spielt der Hals eine große Rolle. So wird z. B. auf die Wichtigkeit des Halses aufmerksam gemacht in einem scherzhaften Wortspiel, das die Beziehungen zwischen ↗Kopf (Haupt) und Hals in recht überzeugender Weise regelt: ,„Ja, der Ma ist's Haupt, aber i bi der Hals; i ka'n drehe, wie i will", sagt das Weib'.

Lit.: *H. Schrader:* ,Hals über Kopf' oder: ,Über Hals und Kopf?, in: Zs. f. dt. Sprache 6 (1892/93), S. 256–257; *A. Bauer:* ,Hals über Kopf' oder: ,Über Hals und Kopf?', in: Zs. f. dt. Sprache 7 (1893/94), S. 101–104; *H. Schrader:* ,Hals über Kopf', in: Zs. f. dt. Sprache 7 (1893/94), S. 194–195; *H. Bächtold-Stäubli:* Art. ,Hals', in: HdA. III, Sp. 1362–1366; *J. Schwarz:* ,Hals- und Beinbruch', in: Sprachpflege 18 (1969), S. 43.

halten. *Das kannst du halten wie der (jener) auf dem Dach,* d. h. nach Belieben. Es handelt sich eigentl. um eine ärgerliche Antwort auf eine überflüssige Frage. Oft wird sie ergänzt: ,oder wie der Pfarrer Nolte, und der macht' es, wie er wollte'.

Jem. hat sich gut gehalten: er ist jung geblieben und zeigt noch keine (auflösenden) Alterserscheinungen. ↗Aßmann.

Hammel. *Um wieder auf besagten Hammel zu kommen;* um nach einer Abschweifung wieder auf den eigentl. Gegenstand der Unterhaltung zurückzukommen. Die Rda. ist eine Übers. von frz. ,Revenons à nos moutons!' und geht über die altfrz. Farce ,Maître Pathelin' eines unbekannten Verfassers (15. Jh.) auf den röm. Dichter Martial (1. Jh. n. Chr.) zurück (,Epigramme' VI, 19): In einem Prozeß wegen veruntreuter Hammel (bei Martial sind es Ziegen) sucht der Richter den abschweifenden Kläger mit dem genannten Zuruf zur Sache zu bringen. Fischart übersetzt 1575 in seiner ,Geschichtklitterung' (Ndr. S. 37) das Rabelaissche „Retournons à nos moutons!" durch: „Aber laßt vns wieder auf vnsere Hämmel kommen!" Wir wenden die Rda. heute in der Form an, die ihr Kotzebue 1803 in den ,Deutschen Kleinstädtern' (III, 7) gegeben hat: „Wiederum auf besagten Hammel zu kommen". Heinrich Heine: „doch, um wieder auf besagten Hammel zurückzukommen, im Collegium des Herrn geheimen Rates Schmalz hörte ich das Völkerrecht". Oder bei Castelli (im ,Musicalischen Anzeiger', [Wien 1831]): „besagten Hammel anlangend, hat uns die Solostimme recht freundlich angelächelt". Auch im Engl. findet sich das Wort. Es heißt in ,German Home Life' (London 1876, 17): „But to return to our sheep". Eigentl. volkstümlich ist die Rda. nicht geworden.

Einen bei den Hammelbeinen (berl. ,Hammelbeene') *nehmen (kriegen):* ihn drankriegen, ihn ergreifen, zur Verantwortung ziehen; *einem die Hammelbeine langziehen:* ihn scharf herannehmen, schinden. Beide Rdaa. sind erst in jüngerer Zeit aus der Soldatensprache in die allg. Umgangssprache übergegangen. Das zugrunde liegende Bild ist vom Metzger genommen, der dem geschlachteten Hammel die Beine langzieht, um sie zu enthäuten. Andere wiederum leiten die Rda. vom Bild des Schäfers her, der an seiner Schippe eine hakenartige Vorrichtung hat, mit der er Schafe am Hinterbein aus der Herde zieht, wenn sie beim Eintreiben z. B. in einen anderen Stall wollen.

In den Mdaa. gibt es eine große Zahl von Vergleichen, Schimpfworten und Rdaa. mit Hammel. Die meisten von ihnen sind jedoch nicht über die engen Grenzen eines Dialektes oder sogar nur eines Dorfes, einer Stadt hinaus gebräuchl. geworden und geblieben. Mit dem Hammel verbindet man vor allem folgende Eigenschaften: Unreinlichkeit, Gutmütigkeit, Geistesschwäche und Einfältigkeit. An rdal. Vergleichen findet sich *dumm wie ein Hammel, geduldig wie ein Hammel* (↗Lamm); in der frz. Rda. ‚doux comme un agneau' wird der Hammel als die Verkörperung der Sanftmut gebraucht. Der ‚Streithammel' (↗Streit, streiten') scheint allerdings das Gegenteil zu beweisen. Daher wohl auch: *grob wie ein Hammel.*

Im ndd. Raum mit seinen großen Schafzuchtgebieten wird der Hammel in vielen Vergleichen, Sprww. und Rdaa. genannt. So sagt man von einem Verrückten ‚Der hätt sick mit'n narrschen Hammel stött', er ist mit einem tollgewordenen Hammel zusammengestoßen. Auf O-Beine spielt die Rda. an ‚Dei geht keinen Hamel ut'n Wäg, dei löppt der mank dörch'. Von einem, der ohne sein Dazutun zu einer Weisheit gekommen ist, sagt man ‚Hei kümmt der achter as Thoms hinner (achter) dei Hammel' (er kommt dahinter wie Thoms hinter die Herde). Thoms, der Schäfer, pflegte, weil er ein schlechter Schäfer war, stets vor seiner Herde zu gehen, bis diese eines Tages über ihn hinwegging. So kam er ‚achter dei Hamel'. Von einem, der sein Schäfchen ins Trokkene zu führen weiß, sagt man ‚He wet sinen Hamel to leiden wo Gras wasst', er nimmt seine Vorteile wahr. ‚Dei nimmt fif Poten up'n Hamel' sagt man von einem, der unverschämte Forderungen stellt; ‚he is ook ein von dei Oort, dei'n Hamel mit fif Bein söcht' von einem, der gierig ist. Diese Rda. findet sich in den rom. Sprachen wieder; hier wird sie auf einen übergenauen Menschen bezogen, einen der Schwierigkeiten sucht, wo keine sind. ‚Chercher cinq pattes à un mouton' oder ‚chercher un mouton à cinq pattes' heißt die Rda. frz., ‚cercare cinque piedi al montone' ital.

Els. ‚loß de Hamel brunse!', laß die Dinge nur ungehindert ihren Weg gehen, es wird schon von selbst zu einem guten Ende kommen. Das Rhein. kennt die Rda. ‚Der sieht vor Woll de Hammel nit!' Sie wird angewendet auf einen, der vor lauter Drumherum das Wesentliche nicht sieht, und steht parallel zu der Rda. ‚vor Bäumen den Wald nicht sehen'.

‚Leithammel sein': eine blind gehorchende ‚Hammelherde' anführen. Auf die Eigenschaft der Schafe ‚ihrem Hammel blind nachzufolgen, bezieht sich die frz. Rda. ‚comme les moutons de Panurge!' Der Schafhändler Didenault hatte Panurge beleidigt. Panurge kaufte ihm daraufhin den schönsten Hammel ab und warf ihn ins Meer. Die ganze Herde folgte nun dem Leithammel nach und ertrank. Der Schafhändler und seine Gehilfen, die die Herde aufhalten wollten, kamen gleichfalls im Meer um. Dazu paßt die pfälz. Rda. ‚Der laaft mit wie e Hammel', der hat keinen eigenen Willen, der läuft überallhin mit. Auf die Sanftmut und Wehrlosigkeit der Hammel bezieht sich die frz. Rda. ‚se laisser égorger comme un mouton'. Sie geht auf die erste Protestantenverfolgung in Frankreich zurück, als sich die Hugenotten regelrecht abschlachten ließen.

Die Abstimmung durch *Hammelsprung* ist ein parlamentarischer Abstimmungsvorgang, bei dem die Abgeordneten den Saal verlassen und durch die Ja- bzw. Nein-Türe oder durch die dritte Türe, die der Stimmenthaltung, wieder eintreten. Der Ausdr. ist nicht vom Leithammelprinzip abgeleitet, sondern von der Beobachtung, daß beim Überspringen eines Grabens, einer Hecke usw. ein Schaf nach dem anderen springt; das Nacheinander wird betont. (‚Springt ein Hammel über'n Bach, springen alle andern nach.') Er wird dann durchgeführt, wenn beim Präsidium Zweifel über die Mehrheit der Ja- oder Neinstimmen herrschen. Der Ausdr. wurde im alten dt. Reichstag geprägt, weil dort als Sinnbild der Stimmenzählung ein Schäfer über der Tür abgebildet war, der die Schafe zählte, in dem er sie durch seine Beine laufen ließ.

Lit.: *L. Herold:* Art. ‚Hammel (Schöps)', in: HdA. III, Sp. 1367–1370; *Th. Hornberger:* Der Schäfer, in: Schwäb. Vkde., N. F. Bd. 11/12 (Stuttgart 1955); *W. Jacobeit:* Schafhaltung u. Schäfer in Zentraleuropa bis zum Beginn des 20. Jh. (Berlin 1961); *V. B. Dröscher:* Mich laust der Affe (Düsseldorf 1981), S. 45f.; *J. van der Kooi:* Art. ‚Hammel Gottes', in: EM. VI, Sp. 425–427.

Hammer. *Zwischen Hammer und Amboß:* in sehr bedrängter Lage; die Rda. hat eine griech. Entsprechung schon bei Origenes (ca. 200 n. Chr.) ‚μεταξὺ τοῦ ἄκμονος καὶ τῆς σφύρας'; in lat. Form wird sie von Erasmus von Rotterdam gebraucht (‚inter malleum et incudem'). Goethe gebraucht das Bild dichterisch in seinem 14. venezianischen Epigramm:

Diesem Amboß vergleich ich das Land,
den Hammer dem Herrscher,
Und dem Volke das Blech,
das in der Mitte sich krümmt.
Wehe dem armen Blech!
wenn nur willkürliche Schläge
Ungewiß treffen und nie fertig
der Kessel erscheint.

Auch mdal. ist die Rda. geläufig, wie so viele, die vom Handwerk hergeleitet sind, z. B. ndd. ‚he sitt twischen (mank) Hammer un Knieptang', rhein. ‚de sätt ärg onger den Hammer'; vgl. auch frz. ‚être (placé) entre le marteau et l'enclume; ital. ‚essere tra l'ancudine e il martello'; ndl. ‚tussen den hamer en het aanbeeld'; dän. ‚han staaer mellem hammer og ambolten'. Vgl. ‚zwischen ↗Tür und Angel stehen'.

Hammer oder Amboß sein: entweder der Schläger oder der Geschlagene, der Bedrückte oder der Bedrücker, der Herr oder der Diener sein. Im zweiten ‚Kophtischen Liede' Goethes heißt es:

Du mußt steigen oder sinken,
Du mußt herrschen und gewinnen
Oder dienen und verlieren.
Leiden oder triumphieren,
Amboß oder Hammer sein.

So auch in den Mdaa., z. B. schwäb.: ‚wer net Hammer sei will, muß Amboß sei'. Bei der Rda. ‚Er will wissen, ob Hammer oder Amboß eher gwesen ist' handelt es sich um eine Variante der ‚Huhn-Ei'-Frage. Von einem Menschen, der viel angibt, kann man ndd. sagen ‚groot Hammer – lütt Ambolt'. Sachlich kann man dazu folgendes feststellen: Das griech. Wort für Amboß ‚ἄκμων' hat wohl die gleiche Wortwurzel wie in Hammer, beide haben urspr. die Bdtg. ‚Stein', es gab also eine Zeit, in der man Hammer und Amboß nicht unterschied.

Etw. unter den Hammer bringen: öffentl. von Gerichts wegen versteigern; häufiger *unter den Hammer kommen:* öffentl. versteigert werden, weil hierbei der ‚Zuschlag' mit einem Hammer erteilt wird, wodurch der Verkauf erst rechtskräftig

‚Unter den Hammer kommen' (‚behämmert')

wird. Der Hammer hat zwar eine alte rechtssymbolische Bdtg.: durch Herumsenden eines (hölzernen) Hammers wurde früher die Gemeinde berufen oder das Gericht angesagt; der Wurf mit dem Hammer (häufiger freilich mit dem ↗Beil) diente zur Grenzbestimmung; so geboten die Herren von Mainz den Rhein hinauf und hinab so weit, als sie mit einem Hammer werfen konnten, nachdem sie zuvor in den Rhein geritten waren. Es lag für frühere Erklärer dieser Rdaa. nahe, den Hammer als Gerichtszeichen mythologisch mit dem Hammer des Gottes Thor (dt. Donar) in Verbindung zu bringen, mit dem der Gott Verträge, z. B. auch den Ehevertrag, weiht. Aber daß der Hammer des Versteigerers auf den Hammer Thors zurückgeht, läßt sich durchaus nicht beweisen, zumal die Rda. ‚metten hamere vercôpen' erst im Mndl. (Brügge) und ‚mit dem hammer schlachen' = öffentl. verkaufen 1532 im Schweiz. belegt ist. Älter, und zwar schon im 14. Jh. bezeugt, ist die Wndg. ‚mit der hant dar slâhen' für den Abschluß eines Kaufes, aber nicht in der Form einer Versteigerung.

Hammer wird schließlich auch mit dem ↗Teufel in Verbindung gebracht: *Daß dich der Hammer schlag (treff);* ähnl. Verwünschungen sonst vor allem mit Blitz und Donner. Die Rda. ist auch mdal. weit verbreitet, so z. B. ndd. ,di schall de hamer!', schwäb. ,daß di der Hammer verstupf!'; vgl. ndl. ,wat hamer'. Auch andere Fluch- und Scheltworte werden häufig in Verbindung mit dem Donner gebraucht: ,bim Dunner Hammer' (schweiz.).

Zum Ausdr. der Verwunderung wird der Hammer oft mit ,Botz' verbunden. So finden wir ,Botz Hammer!', ,Botz Dummer Hammer' und euphemist. verdeckend ,Botz Dummel Hammel'.

Seit dem späten MA. ist die Bez. des Teufels, dann auch des Todes und des Henkers, als ,Meister Hämmerlein' belegt. Der älteste Beleg findet sich im ,Ambraser Liederbuch' (Ndr. 142):

Welchs meister hemerlein wol gefelt,
das sich die Welt so greulich stellt.

Meckl. heißt es ,dor kümmt jenner mit'n widen Hammer', um den Tod zu umschreiben; dagegen schweiz. ,er ist ein rechter Meister Hämmerli', er ist ein überkluger, lästig-geschäftiger Mensch. Auch für diese Bdtg. gibt es sehr frühe Belege: „Er sye nun bisher für ein doctor und für ein meister hemerli geachtet, hat doch auf den hochen schuelen nichts anderes gelernt, dann den Narristotelem' (Johannes Kesslers Sabbata, Chronik d. Jahre 1523/39, hg. v. E. Götzinger [St. Gallen 1902]). „Von dannen ist in den Eidgenossen ein Sprüchwort entstanden, dass, wenn wir von einem reden, der sich Etwas unternommen, das er nicht glücklich ausgeführt und doch etwas ist und sein will, auf den aber nit Jedermann viel hat, dass man spricht: das ist Meister Hämmerli" (Schweiz. Idiotikon).

Eine Reihe fester Wndgn. stammt aus der Handwerkersprache; sie sind jedoch meist über einen kleinen Sprachraum nicht hinausgekommen. Aus dem Vergleich ,so dumm, daß man meint, er wär mit dem Hammer gehauen', rhein. ,esu domm, dat mer ment, e wär met dem Hammer gehaue', stammt der gebräuchlichere Ausdr. *er ist behämmert:* er ist geistig nicht ganz vollwertig; vgl. frz. ,Il est complètement marteau' (umg.). Daher auch die Parodierung des Bibelspruches Matth. 5,3: „Selig sind, die da geistlich arm sind" zu: ,Selig sind die Bekloppten, denn sie brauchen keinen Hammer mehr'.

Das ist ein Hammer: das ist großartig, es übertrifft alle Erwartungen, findet sich heute in der Umgangssprache vor allem der Jugendlichen (vgl. ,det is 'ne Wolke').

Aus der Schweiz ist noch eine besondere Variante bekannt: ,so g'schwind red'n, daß me mit kei'm Hämmerli derzwüsche (schlagen) chönt'.

Lit.: *L. Weiser-Aall:* Art. ,Hammer', in: HdA. III, Sp. 1370–1376; *E. Marold:* Der Schmied im germanischen Altertum (Diss. Wien 1967), S. 127.

Hampelmann. *Ich bin doch nicht dein Hampelmann. (Nicht) jem. Hampelmann sein:* sich nicht nach den Launen eines anderen richten, sich nicht von ihm hin- und herschieben lassen. Die Rda. benutzt das Bild des Kinderspielzeuges, bei dem Arme und Beine durch Ziehen eines Fadens nach Belieben zum ,Hampeln' gebracht werden können. Wer also wie eine Draht- oder Ziehpuppe reagiert, gilt als ein Hampelmann, als ein einfältiger Narr und Tölpel, der keine eigene Meinung hat. U. a. gebraucht Heinr. Heine dieses Bild für einen Politiker, für den es in ganz besonderer Weise vernichtend ist, von ↗,Drahtziehern' beherrscht zu werden: „Wellington, dieser eckig geschnitzte Hampelmann, der sich ganz nach dem Schnürchen bewegt, woran die Aristokratie zieht" (Sämtl. Werke [1861 ff.], III, 66).

Hanau. *Es abwarten wie die Hanauer.* Der rdal. Vergleich bezieht sich wahrscheinl. auf den bayr. General Wrede, der Napoleon nach der Völkerschlacht bei Leipzig mit 40000 Mann in der Nähe von Hanau auflauerte und ihm den Weg zum Rhein verlegen wollte, aber am 30. und 31. Oktober 1813 von dem überlegenen Heere der Franzosen geschlagen wurde.

Hand. Die Hand ist das wichtigste Arbeits- und Greifinstrument des Menschen, das ursprünglichste und umfassendste Werkzeug, das er besitzt. Sie greift, nimmt, gibt, streichelt oder schlägt. Sie deutet an, weist, befiehlt oder drückt Empfindungen aus. Mit der Haltung der

Hände im Alltag sind daher viele unterschiedliche Bedeutungsebenen verknüpft. Aus ihr lassen sich Tun und Handeln, aber auch Absicht und Vollzug ablesen. So gilt die Hand von jeher auch als Symbol der Gewalt (Macht), des Besitzes und des Schutzes. Sie steht oft für den ganzen Menschen, ja für Gott selbst.
In bibl. Texten erscheint die ‚Hand Gottes' vor allem als Symbol der höchsten Macht. Sie kennzeichnet die herrschende, rettende, helfende oder auch strafende Gewalt: „Alle deine Feinde trifft deine Hand, deine Rechte erschlägt deine Hasser" (Ps. 21,9); „Tag und Nacht lastet die Hand Gottes auf dem Sünder ..." (Ps. 32,4).
Die Hände symbolisieren präzise Handlungen und Aussagen, sowohl im kultischen wie auch im profanen Bereich. Während die kultischen Gesten zumeist an bestimmte, dem jeweiligen Kulturkreis entsprechende Vorschriften und Riten gebunden sind – z. B. beim Gebets-, Segens-, Opfer-, Trauer- oder Klagegestus –, drükken die profanen Gebärden spontane motorische Reaktionen aus, die zur Grundlage für z. T. sehr präzise ‚Handsprachen' wurden. Man denke nur an die ↗ Handzeichen der Polizisten oder die Zeichensprache der Taubstummen.
Die Wndg. *mit erhobenen Händen* und die Rda. *seine Hände erheben* (zum Gebet, Schwur, Jubel etc.) begegnen im kultischen wie im profanen Bereich. Sie gehen zurück auf Gebärden mit bloßen Händen, doch gibt es auch brauchmäßig geregelte Fälle, in denen die Hände durch Handschuhe verhüllt sein müssen, wie z. B. in der Liturgie (↗ Handschuh). Das ‚Hände erheben' ist als Gebetsstellung des Priesters geläufig, des weiteren als rituelle Opfergebärde, als Bitte um Erhörung, Danksagung und Segensgruß und begegnet als sprachliche Wndg. in vielen Schriftstellen des A.T. und N.T.

Im profanen Bereich war das Erheben der Hände vor allem als Schwurgestus schon seit der Antike bekannt. Er hat sich auch in Dtl. lange erhalten und kommt u. a. bei Walther von der Vogelweide (104,20) vor:

ich swer mit beiden handen
daz si sich nicht erkanden.

Sehr alt ist auch die Wndg. *die Hände hochnehmen* bzw. *die Hände hochhalten* i. S. v.: ‚die Oberhand haben', überlegen sein. Sie begegnet schon im A.T. bei der Landnahme nach dem Auszug aus Ägypten. In der Schlacht der Amalekiter gegen die Israeliten steigt Moses mit Aaron und Hur auf die Höhe eines benachbarten Hügels: „Solange Moses nun seine Hände erhob, obsiegte Israel; sobald er aber seine Hände sinken ließ, waren die Amalekiter überlegen. Doch Moses' Hände ermatteten; deshalb nahm man einen Stein und schob ihn unter ihn. Er setzte sich darauf. Aaron und Hur aber stützten seine Hände, einer von dieser Seite, der andere von jener, so blieben denn seine Hände unbeweglich, bis die Sonne unterging. So besiegte Josua Amalek und sein Kriegsvolk ..." (2. Mos. 17,11–12).
Das Erheben der (waffenlosen) Hände ist aber auch als Unterwerfungsgeste be-

Teutsche
Hilff dir selbs so hilfft dir Gott.
Gott läst sich nit Teusche
Was Gott an einem nimpt gibt Er am andren wider.
Der lähre hafen thonet am meist
Ein Schwert behaldt das ander in der scheyden
Wild jedem sagen wer er ist so must auch horen was dir brist.
Der haaß steckt ihm im büsen.
Ein jeder hatt seinen eygnen narren
Wirfft das hasen panier auff.

Sprichwörter.

kannt. Es signalisiert bei einem Kampf, daß der Betroffene den Widerstand aufgibt und den Gegner um Gnade bittet. Die erhobenen Hände des Unterlegenen gehören zu den spontanen Gesten des Lebens, sei es als Reaktion auf den Befehl *Hände hoch* oder als Zeichen der freiwilligen Aufgabe. Doch drückt das Hochnehmen der Hände auch Huldigung, Begeisterung und Jubel aus, vor allem nach gewonnenem Kampf (z.B. einem Wahlkampf oder einem sportlichen Sieg), Freude über die wiedergewonnene Freiheit oder Freude am Leben allg. (wie im Tanz).

Mit der Wndg. *die Hände falten* wird die Gebärde der Andacht, des Betens sprachl. ausgedrückt. Sie ist in allen Religionen bekannt. Im profanen Bereich begegnet das Händefalten vor allem im MA. als Form der Kommendation, d.h. Unterwerfung unter die Gewalt eines anderen, als Geste des Anbietens und Empfangens der Kommendation beim Lehensvertrag. Der Vasall reicht seine gefalteten Hände (mit aneinandergelegten Flächen) seinem Dienstherrn. Dieser umschließt sie mit den seinigen. Daher wohl auch die Rda. *sich in jem. Hand begeben* bzw. *sein Schicksal in jem. Hand legen*. Urspr. bezog sich der Kommendationsritus auf die Unterwerfung eines an den Händen Gebundenen oder zu Bindenden, später allg. auf jede Art der Ergebung in fremde Hand. Anklänge an den Urspr. zeigt die Rda. *jem. sind die Hände gebunden*. Doch schon in fränk. Zeit bezog sich der Kommendationsritus mit gefalteten Händen nicht mehr ausschließlich auf den Vasallitätsvertrag. Bekannt sind die gefalteten Hände auch beim Gehorsamsgelöbnis des knienden Ritters, der seiner Dame als Ausdr. des Minnedienstes seine gefalteten Hände entgegenstreckt. Auch bei Vermählungsbildern begegnen sie, und zwar bei der Braut, die ihre gefalteten Hände dem Bräutigam hinhält, damit dieser sie mit den seinigen umschließt. Hierbei handelt es sich um das Anbieten und die Annahme einer Unterwerfung unter die eheliche Schirmherrschaft.

Auf eine Schutzfunktion weist auch die Rda. *Die Hand über jem. halten:* ihn beschützen, ihm Beistand leisten, helfen, zur Seite stehen. Die Rda. meint urspr. eine Rechtsgebärde: Wem das Begnadigungsrecht zustand, konnte die Hand über Angeklagte oder Verurteilte halten und sie so außer Verfolgung setzen. Auch im Zweikampf genügte es, wenn der Sekundant die Hand über seinen Paukanten hielt, um den Kampf zu unterbrechen oder zu beenden und den Kämpfer vor weiteren Angriffen zu schonen (so noch heute im Boxkampf). Dagegen: *Die Hand von jem. abziehen:* die bislang gewährte Hilfe ihm nicht ferner zuteil werden lassen.

Hand bedeutet als Rechtswort sogar: beherrschende Gewalt. *In jemandes Hand stehen:* in seiner Gewalt sein, früher auch von Personen gesagt, zunächst von Unmündigen: sie stehen in der Gewalt des Vaters oder von Verwandten, denen sie unterworfen sind. In der ‚Limburger Chronik' heißt es: „Wer in eines hand gehet, ist ihm unterworfen, wer einen in der hand hält, handhabt, schirmt und verwaltet ihn". Daher vielleicht auch: *Etw. unter die Hände bekommen:* in seine Gewalt bekommen.

Die Hand gilt als Symbol der Obrigkeit – in Anlehnung an die Wndg. *in Gottes Hand stehen:* dem Schutz, der Verantwortung, aber auch dem Gericht des Allerhöchsten unterworfen sein. Ähnl. symbolisiert die ‚Hohe Hand' den Träger der obersten Gerichtsbarkeit. So heißt es z.B. bei Shakespeare (‚King Henry IV', 2, 5, 2): „that would deliver up his greatness so into the hands of justice". Entsprechend symbolisiert die ‚böse Hand' den Übeltäter, die ‚gute Hand' den Schuldlosen. Daher auch die Rda.: *In sicheren (guten) Händen sein:* bei zuverlässigen Leuten, bei einem tüchtigen Arzt. Vgl. frz. ‚être en bonnes mains' (wörtl.: in guten Händen stehen): gut geschützt, geführt, aufgehoben sein.

Jem. (ein Kind, ein geliebter Angehöriger, ein Freund) stirbt einem unter den Händen: trotz aller erdenklichen Fürsorge kommt jede Hilfe zu spät, man steht dem raschen Verfall der Lebenskräfte ohnmächtig gegenüber.

In der Rda. *das Geld schwindet unter seinen Händen* wird auf den eigenen Verantwortungsbereich hingewiesen: es geschieht in seinem Zuständigkeitsbereich.

Etw. zu treuen Händen geben: eine Sache der Obhut einer ‚treuen Hand' übergeben, einem ‚Treuhandverwalter', der sie ‚treuhänderisch' verwaltet. Solche auf Treue basierenden Rechtsverhältnisse stehen auch im Zshg. mit der alten Rechtsformel: ‚Hand muß Hand wahren', d. h. der urspr. Empfänger haftet selbst für die Rückgabe. Von einem Rechtsverhältnis ‚zur gesamten Hand' spricht man, wenn mehrere Personen gemeinsam handeln. Zur Betonung der Gemeinsamkeit werden nicht selten verstärkende Begriffe hinzugefügt, so nach dem Zeugnis alter Rechtsquellen: „mit einem munde und mit gesamenter hand" (1288); „mit hande unde mit mone mit ghezamender hand" (1389) (Grimm: RA. I, 196f.).

Auch in anderen Wndgn. wird die Hand mit der Eigenschaft der Treue in Verbindung gebracht, so z. B. auf Todesanzeigen in Versen wie:

> Schlicht und einfach war dein Leben,
> treu und fleißig deine Hand.

In der Rda. *Jem. um die Hand seiner Tochter bitten* (vgl. frz. ‚demander à quelqu'un la main de sa fille') steht die Hand pars pro toto für den ganzen Menschen. Sie enthält mit der Bitte zugleich ein Schutzangebot, ebenso wie die Wndg. *jem. die Hand seiner Tochter geben:* die Tochter an der Hand dem Manne zuführen (vgl. frz. ‚donner à quelqu'un la main de sa fille'), den Wechsel von einer Schirmherrschaft in die andere andeutet.

‚Jemand die Hand seiner Tochter geben'

Aus den Illustrationen zum Sachsenspiegel und aus anderen Darstellungen von Vermählungsszenen ist ersichtlich, daß im MA. eine Veränderung in der Trauungszeremonie stattgefunden hat. Man gab die Braut in eheherrliche Vormundschaft. Vgl. lat.: ‚in matrimonium ducere': die Braut an der Hand dem Manne zuführen. An diesen Vorgang erinnert auch die sonst nur noch in bezug auf kleine Kinder gebrauchte Rda.: *Jem. an die Hand nehmen:* ihn leiten, führen. Während des Trauungsaktes ergriff der Vormund (später der Priester) die Hände der Brautleute und legte sie ineinander (vgl. ↗Handschlag). In späteren Darstellungen faßt der Priester die Braut nur am Unterarm, während der Bräutigam ihre Hand ergreift. Die Rda. *jem. seine Hand (zur Ehe) reichen (geben):* heiraten, drückt eine weitere Veränderung dahingehend aus, daß nur noch das Einverständnis von Braut und Bräutigam maßgebend ist. Sie begegnet auch in Mozarts Oper ‚Don Juan': „Reich mir die Hand, mein Leben, komm auf mein Schloß mit mir ...". *Jem. seine Hand versagen:* ihn nicht heiraten; *Jem. Hand ist vergeben:* sie ist gebunden bzw. verheiratet, während die Hand der Ledigen noch frei ist. Im MA. wurde die durch Tod gelöste Ehe als ‚gebrochene Hand' bezeichnet. *Die Hand verbrechen* bedeutete daher: sich wiederverheiraten.

Im MA. stand der Mann als Haupt der Familie zur Rechten, die Frau zu seiner Linken. Stammten beide aus verschiedenen Schichten, so folgten die Kinder dieser Ehe der ‚besseren Hand', wenn sie Namen, Würde und Rechte des Vaters erhielten, der ‚ärgeren Hand', wenn sie nur die der Mutter zustehenden Rechte erhielten (↗Ehe). Eine ‚Ehe zur linken Hand' ist daher die Bez. für eine morganatische, d. h. unstandesgemäße Ehe, bei der Ehefrau und Kinder nicht die Standesrechte des – höherbürtigen – Vaters erhielten.

Die linke Hand gilt von jeher als weniger bedeutend. Daher ist in den Rdaa. allg. die rechte Hand gemeint, wenn die linke Hand nicht ausdrücklich bez. ist, wie beispielsweise in der Wndg.: ‚Linke Hand, halbe Hand'. Die linke Hand gilt als ungeschickt; in der Kindersprache heißt sie ‚die schlechte Hand', die beim Begrüßen nicht gereicht werden soll. Wird die linke Hand doch einmal gereicht – aus Versehen oder im Krankheitsfall, wenn die rechte Hand nicht gegeben werden kann – so geschieht das zumeist mit der Entschuldigung: ‚die Linke (linke Hand) kommt von Herzen'. Auch die Rda. *Etw. mit der linken Hand abtun* hat abwertenden Charakter. Sie wird oft gebraucht i.S.v.: etw. als geringfügig betrachten.

Dagegen wird die rechte Hand aufgrund ihrer meist größeren Geschicklichkeit und Kraft als die ‚schöne, bessere Hand' bez., weil sie in der Lage ist, eine Feder zu halten. *Eine schöne Hand haben (schreiben)* wird daher für den gebraucht, der eine gute ↗Handschrift hat.

Jem. rechte Hand sein: sein tätigster Helfer sein. Die Bdtg. der rechten Hand ist früh rdal. verwendet worden. Schon Wolfram von Eschenbach nennt im ‚Willehalm' (452,20) den verlorenen Rennwart „mîn zeswiu (rechte) hant". In Goethes ‚Götz von Berlichingen' (I,1) wird Weislingen als „des Bischofs rechte Hand" bez.

Entsprechend dem Vorzug der rechten vor der linken Hand ist der Platz zur Rechten stets der Ehrenplatz: „und der Herr ... sitzet zur rechten Hand Gottes" (Mark. 16,19), so wie der Platz linker Hand die Bedeutung eines bösen Platzes annehmen kann: „... wird die Schafe zu seiner Rechten stellen und die Böcke zu seiner Linken" (Matth. 25,33).

Wenn von beiden Händen die Rede ist, handelt es sich zumeist um einen Ausdr. verstärkter Kraftanwendung oder eine Betonung, sowohl in positiver als auch in negativer Hinsicht. Beispiele: *Mit beiden Händen fassen (halten); mit beiden Händen zugreifen; sein ↗Herz in beide Hände nehmen; das ↗Schwert mit beiden Händen fassen.*

Wer *beide Hände voll zu tun* hat, braucht sich über mangelnde Arbeit nicht zu beklagen. In scherzhafter Abwandlung begegnet die Wndg. auch in der Rda.: ‚Hei sollte sik sulwest bei der Nasen kreigen, denn hedde e beede Hännen vull' (↗Nase).

Die Wndg. *Quark in den Händen haben* wird gebraucht für den Schwächling, der die Dinge *nicht mehr in der Hand hat,* der alles *den Händen entgleiten, unter den Händen zerrinnen, von fremden Händen erledigen* oder *in fremde Hände übergeben* läßt.

In älterer Zeit standen die Hände auch für eine bestimmte Anzahl von Menschen. Das geht u.a. hervor aus den Sprww.: ‚Viele Hände machen der Arbeit bald ein Ende' und ‚Durch 72 Hände geht der Flachs, ehe er als Hemd getragen wird'. Überhaupt dient die Hand als ein ‚natürliches Maß' als Maßstab für Länge, Breite, Höhe, Menge usw. So heißt es z.B. in alten Gesetzen von Wales: „a rod as long as the tallest man in the village, with his hands raised above his head". Eine andere Wndg. lautet: ‚mit den Armen höher greifen als die Hände reichen' (↗Arm). Ähnl.: ‚Es geht ihm *handhoch* über dem Herzen weg' (↗Herz).

Für Mengenangaben steht die Wndg. *eine Handvoll,* so z.B. in alten Rechtsvorschriften: „tantum farinae, quantum ter potest simul capere utraque manu": soviel man auf einmal mit Händen greifen kann; oder in den Bremer Statuten: „... groot, so man up ener hant möchte halden".

Die Breite wird mit *eine Handbreit* angegeben. Die Wndg. begegnet schon bei Homer in der ‚Ilias' (4,109): „Sechzehn Handbreit ragten empor am Haupte die Hörner", desgl. bei Luther (Deutsche Schriften 4,44): „wie die natur thut, wenn man ir eine handbreit lesset, das sie eine gantze ellen nimmt." ‚Keine Handbreit' ist eine neuere Wndg., die zumeist gebr. wird i.S.v. ‚keinen Millimeter'.

Nicht selten dient die Hand als Maßstab für Zeit und Zeitdauer. Die Hand ist leicht beweglich, daher ndd. ‚as man de Hand umkihrt', im Nu; hd. *im Handumdrehen,* ‚eh man die hand umdreht' (Caesarius von Heisterbach, 4,96: ‚qua quis manum posset vertere'): schnell, unversehens. Ähnl.: *Einen kurzerhand abfertigen;* ebenso lat. ‚brevi manu'. Dagegen *etw. von langer Hand vorbereiten,* auch frz. ‚de longue main'. *Vorderhand:* zunächst, einstweilen, meint eigentl. nur den Teil einer Angelegenheit, der sich wirklich unmittelbar ‚vor der Hand' befindet und darum am besten zuerst anzugreifen ist. *Überhandnehmen* ist eine Betonungsveränderung aus älterem ‚(die) Überhand nehmen', mhd. ,überhant gewinnen', den Sieg erringen, heute vorwiegend gebräuchlich i. S. v.: zuviel, ausufern, zuviel Gewicht bekommen.

Verstärkende Bedeutung haben auch Zwillingsformeln wie ,Hand und Fuß', ,Hände und Füße', ,Hand und Herz', ,Hand und Mund', d.h. die Handgebärden werden noch durch andere Gesten unterstützt. Wenn z.B. jem. seine Worte mit vielerlei Gebärden unterstreicht, heißt es: *mit Händen und Füßen reden.* In Dtl. ist es verpönt, viel ,mit den Händen zu reden'. Daher die mahnenden Rdaa.: ,Ei gebard dich nit so' oder ,Red't nit so mit de Händ'.

Hand und Fuß haben (bildl. auch von Sachen, Gedanken, Vorschlägen, Plänen gesagt): gut durchdacht, vernünftig begründet sein: Wenn eine Sache ,Hand und Fuß' hat, so fehlt ihr nichts Wesentliches; sie ist so, wie sie sein soll. Vgl. frz. ,Cela n'a ni queue ni tête' (wörtl.: Das hat weder Schwanz noch Kopf).

Vermutlich spielen ältere rechtliche Vorstellungen mit in die Bedeutungsentwicklung hinein: Die rechte Hand und der linke Fuß waren von besonderer Bdtg., denn mit der rechten Hand wurde das Schwert geführt, und den linken Fuß setzte der Mann zuerst in den Steigbügel. Das Abhauen der rechten Hand und des linken Fußes war im MA. eine bes. schwere Strafe.

In Reutters ,Kriegsordnung' heißt es: „ich verbanne und verbiete die bank, das mir keiner in das recht sprechen soll bei verbußung der rechten hand und des linken fuß" (Grimm: RA. II, 292). In dem Gedicht vom ,Meier Helmbrecht' wird dem Sohne des Meiers, dem der Henker nach einem ihm zustehenden Rechte unter zehn Übeltätern das Leben schenkt, eine Hand und ein Fuß abgehauen. Der Zwergkönig Laurin fordert ebenfalls Hand und Fuß von jedem, der seinen Rosengarten zertritt, aber ganz bestimmt den linken Fuß und die rechte Hand. Die rechte Hand und den linken Fuß noch haben bedeutete demnach zunächst: ein kriegstüchtiger Mann sein. Später wurde ,Hand und Fuß haben' auf jede Art von Tüchtigkeit übertragen.

Hand und Fuß regen als Ausdr. größten Fleißes begegnet u.a. in einem Lied von R. Reinick:

In der Stadt verworrnen Gassen
regt sich emsig Fusz und Hand.

Im Plural verwendete der Volksprediger Marcus von Weida schon 1502: „rege ich nicht hende unnd fussze".

Mit Händen und Füßen ist eine feste Verbindung geworden in Wndgn. wie: ,sich mit Händen und Füßen wehren (sträuben)'; danach z.B. Moscherosch: „Man wird nicht zu allen Zeiten mit Händen und Füßen angehalten", d.h. inständig gebeten. Die Wndg. begegnet in bibl. Texten und hat ihren Urspr. in der bereits im A.T. erwähnten Strafe der Bindung und Fesselung von Händen und Füßen, die auch in der Rda.: *Er liegt gebunden an Händen und Füßen* zum Ausdr. kommt. Darauf bezieht sich auch die bei Luther zitierte Textstelle:

Deine Hende sind nicht gebunden,
Deine Füsze sind nicht in Fessel gesetzt.

Häufig wurden die Hände und Füße auch stellvertretend für den ganzen Körper gebraucht, d.h. mit den Händen und Füßen gehen wesentliche Teile verloren, die Sache ist nicht mehr vollkommen. *Hände und Füße haben* bedeutet daher: in Ordnung sein.

„Es hat hende vnd fuesse was der man redet" (Namenlose Sammlung von 1532, Nr. 510). Ausführlich erklärt Joh. Agricola 1529 die Rda. (Nr. 445): „Ein gerader, vngestummelter leib hat sein art an henden vnd an fuessen. Mit den henden richtet er aus, was er zu schaffen vnd zu handeln hat, die fuesse tragen den leib vnd hende, wo der leib hyn wil, daß hende vnd fuesse souil geldte bey uns Deutschen, als wolgestalt, wolgeziert, wolgethan, volkommen, vnd da kein mangel an ist. Also brauchen wir nun diß wort zum lobe vnd zur schande, zum lobe, Es hat hende vnd fuesse, was der thut vnd redet, das ist, es ist rechtschaffen, es hat einen bestand, es ist wolgestalt vnd wolgethan, zur schande, Es hat weder hende noch fuesse, es ist unvollkommen, es hat kein art noch bestandt, es ist flickwerck vnd gestummelt ding". Ähnl. Ausdrücke finden sich schon im klassischen Altertum, z.B. bei Plautus, Cicero, Livius. „Ein

Brief, der Hände und Füße hat", heißt es in ,Wallensteins Tod' (I,5). ,Was ihr fehlt, wird mit Händ' und Füß' an den Tag kommen' sagt man rheinhess. von einer Schwangeren.

Hand aufs Herz! rufen wir heute jem. zu, wenn wir ihn ermahnen wollen, ehrlich seine Meinung, seine Überzeugung auszusprechen. Die Rda. hat sich auch noch im Kinderbrauch als Form der eidesstattlichen Versicherung erhalten; hier liegt auch ihr Urspr.: Im MA. war es eine symbolische, eigentl. die innersten Kräfte aufrufende und herbeiziehende Handlung bei der Eidesablegung mittels Handanlegung (↗Eid). Nach altem Ritus hielten die Schwörenden etw. in der Hand, legten ihre Hand an oder auf etw. oder berührten es – Männer im Heidentum den Schwertgriff, im Christentum Reliquien, Frauen nach altem Volksglauben die linke Brust und den Haarzopf. Selbst Geistliche und Fürsten legten ihre Rechte auf Brust und Herz. Daher auch die Wndg. ,mit ↗Herz und Hand', wie sie u.a. in dem Gedicht ,Mein Vaterland' von Hoffmann v. Fallersleben vorkommt:

Treue Liebe bis zum Grabe
schwör ich dir mit Herz und Hand.

Vgl. frz. ,mettre la main sur son cœur.

Zur Bekräftigung von Gelübden, denen die Sitte kein feierliches Symbol vorschrieb, genügte der ↗Handschlag, wobei der eine in die hingehaltene Hand des anderen einschlug.

Etw. mit Hand und Kuß annehmen, gewöhnlich zusammengezogen *mit Kußhand,* volkstümlich auch *mit geschmatzten Händen:* es äußerst gern annehmen, eigentl. indem man dem Geber dafür die Hand oder beide Hände küßt, dann auch indem man die innere Seite der eigenen Finger küßt und diesen Kuß dem andern gleichsam zuwirft (Kußhand).

,Etwas mit Kußhand annehmen'

Die ,Kußhand' ist nicht zu verwechseln mit dem ,Handkuß', der in der Rda. ,küß die Hand' weiterlebt (↗Handkuß). Die Wndg. ,mit Kußhand' geht zurück auf das alte Lehnsrecht, in dem die Formel ,mit Hand und Mund belehnen' in den Urkunden verwendet wird. Eine andere Version lautet ,mit Hand und Halm'. In einer zu Körbecke unweit Warburg ausgestellten Urkunde Heinrichs von Imshusen werden beide Versionen zusammen genannt:

mit hand und mund,
halme und twige.

Bei dem feierlichen Belehnungsakt steht der Mund als Symbol für den Kuß: „Lîhen mit gevalden henden, mit gekostem munde, als man lêhen zu rechte lîhen sol" (Grimm: RA. I, 197).

Die Wndg. ,mit Hand und Mund' kommt auch noch in anderer Bedeutung vor, so z.B. 1560 bei Agricola in ,Sprichwörter': „er hat mirs mit der Hand und mund gesagt, das ist, er hat mir seinn glauben und trew zu pfand gesetzt". Auch dankt man mit Hand und Mund wie in dem bekannten Kirchenlied von M. Rinkhart:

Nun danket alle Gott
mit Herzen, Mund und Händen.

Auf der Hand liegen: offensichtlich sein. Die Wndg. ist genauso wie die Rda. *etw. ist mit Händen zu greifen* wörtl. und bildl. zu verstehen. Eine im wörtl. Sinn gebrauchte Wndg. für das Greifbare ist z.B. *Geld auf der Hand haben, etw. auf die Hand bekommen,* d.h. eine Anzahlung, ein ↗Handgeld erhalten (vgl. auch ↗Flöte).

Von Bedeutung ist auch, wer als erster eine Sache in der Hand hat. Entsprechend auch die Rdaa.: *etw. aus erster Hand haben:* die Sache ist brandneu, die Information aus zuverlässiger Quelle, bzw. *aus zweiter Hand:* die Sache ist nicht mehr neu, die Information nicht unbedingt authentisch. *Etw. aus sicherer Hand wissen:* aus zuverlässiger Quelle.

Eine *Politik der starken Hand* (eigentl. Politik der bewehrten Hände) weist auf große Durchsetzungskraft hin. mit *öffentlicher Hand* wird der öffentl. Haushalt, der Staatshaushalt bez., die Hand die alle öffentl. Mittel hält.

Was man *in der Hand hält* hat man fest (↗Spatz, ↗Spiel), was man *aus der Hand geben* muß, ist nicht mehr zu kontrollieren, „weil man sagt, der wurff (im Würfelspiel) wan er ausz der hand gangen, seye des teuffels" (Grimmelshausen: ‚Simplicissimus' 4,41, Kurz). Darum läßt sich der Weise und Tüchtige nichts *aus der Hand nehmen* oder gar *aus der Hand reißen*. Er behält alles in eigener Hand, z.B. den ↗Hut, die Handhabe, und nimmt zuweilen etw. in die Hand oder Hände (die ↗Augen, ↗Beine, das ↗Herz, die ↗Türe). Ein guter Kartenspieler ist der, dem es gelingt, *alle Trümpfe in der Hand* zu haben. Auf das Kartenspiel zurückzuführen sind auch andere Rdaa., z.B. ‚Etw. in der Hinterhand haben': noch einen Trumpf ausspielen können; ferner: *Die Hände dabei im Spiel haben:* heimlich dabei mitwirken. *Einem etw. in die Hand spielen:* ihm die Erwerbung einer Sache leicht machen. *Unter der Hand:* heimlich, im verborgenen; hergeleitet vom betrügerischen Kartenspieler, der unter seiner Hand die Karten vertauscht (belegt seit dem 17. Jh.); vgl. frz. ‚En sous-main'.

‚Hinter vorgehaltener Hand'

Auf Heimlichkeiten deutet auch die Rda.: *hinter vorgehaltener Hand* etw. sagen, d.h. für Dritte nicht hörbar, auf Dunkelheit die Rda.: *die Hand vor den Augen nicht sehen* können.

Die Rda.: *die Macht in der Hand (in Händen) haben* geht zurück auf den Gottesstab des Moses (2. Mos. 17,9) und auf den Stab, den Könige, Fürsten und Richter als Zeichen der höchsten Gewalt in der Hand hielten (↗Stab). Viele Urkunden beginnen mit der Formel: „da ich den stul besaß u. den stab in der hand hielt ..." (Grimm: RA. I, 186). Die Wndg. *etw. in der Hand haben* (halten) deutet daher zunächst auf diesen Stab der Macht in der Hand des hohen Herrn hin, dann aber auch auf wichtige Urkunden, z.B. Urkunden, die jem. als Beweismittel in der Hand hält. Vgl. (‚einem ↗Brief u. Siegel geben).

Die (durch den Stab verlängerte) mächtige Hand kehrt rdal. auch im Symbol der langen Hand wieder: *Er hat eine lange Hand* (oder ‚einen langen Arm'): er vermag viel, hat große Gewalt; dazu der Gegensatz: *er hat eine kurze Hand.* Seb. Brant schreibt im ‚Narrenschiff' (19,76): „Dann herren hant gar lange hend"; Seb. Franck 1541: „Fürsten vnd herren habend lang hend"; in gleichem Sinne bei dem röm. Dichter Ovid: „An nescis longas regibus esse manus?" (Weißt du nicht, daß die Könige lange Hände haben?).

In einer Reihe von Rdaa. steht die Hand auch für Ohnmacht oder Machtentzug, z.B. *Einem die Hände binden:* seine Macht beschränken; vgl. frz. ‚lier les mains à quelqu'un' sowie ‚Pieds et poings liés' (wörtl.: mit gebundenen Füßen und Händen): machtlos.

Wer dagegen ungebundene Hände hat, d.h. frei von Fesseln ist, hat *freie Hand* und kann ungehindert Entscheidungen treffen. Die Selbständigkeit eines Menschen wird angesprochen in den Rdaa.: *Sich in der Hand haben:* Gewalt über sich selbst haben, sich beherrschen; *sein Schicksal bzw. eine Sache selbst in die Hand nehmen:* es nicht anderen überlassen, selbst die Verantwortung dafür übernehmen, zuständig sein. Ähnl.: *eine stille Hand in etw. haben:* stiller Teilhaber sein; *die Hände überall drin haben:* an vielen Unternehmen beteiligt sein; *eine Hand dazwischen haben:* an einem Geschäft beteiligt sein.

In andere Hände übergehen: Ausdr. von Besitzwechsel; *von Hand zu Hand gehen* reihum gehen; ähnl.: *durch mehrere Hände gehen* (auch für Personen gebraucht): etw. (jem.) wird herumgereicht. Die Wndg. geht zurück auf das ma. Ritual der Freilassung (Manumission) und hat ihren Urspr. in der symbol. Handlung, den Knecht oder Freizulassenden mit der Hand zu fassen und wieder aus der Hand zu lassen. Nach langobard. Recht mußte der Loszusprechende durch die Hände mehrerer Freier (Liberi) gehen. Erst durch die wiederholte Freilassung wurde er selbst ein Freier.

Die Rda. *seine Hand auftun:* geben, schenken, begegnet schon im A.T. in dem Gebot: „daß du deine Hand auftust deinem Bruder" (5. Mos. 15,11). In Ps. 145,16 heißt es von Gott: „Du tust deine Hand auf ..." Andere Wndgn. für Schenken sind: *eine offene Hand haben:* großzügig sein; *mit vollen Händen geben:* freizügig schenken; *jem. etw. in die Hand drücken:* heimlich eine Spende zustecken; ein Sprw. sagt: ‚Besser offene Hand als geballte Faust'.

Die Hand gibt und nimmt; daher auch übertr. *nicht mit leeren Händen kommen;* vgl. frz. ‚ne pas venir les mains vides'; westf. ‚de Hand in der Taske hewwen', zum Geldausgeben bereit sein. Dagegen bedeutet: *die Hand auf der Tasche haben:* sparsam, geizig sein. Für Geiz steht auch die *geschlossene Hand.* Dazu das alte Seitenstück in einer Klage über die Leipziger Universitätslehrer längst vergangener Zeit: „(Welcher Student) nicht eynen yden in sünderheyt grüst mit zugeschlossener hant, der muß in eynem guten zeychen geporn seyn".

Auch für die Art und Weise des Schenkens haben sich Rdaa. erhalten, die z.T. auf ma. Rechtsvorstellungen zurückgehen. So bedeutet: *mit warmer Hand schenken:* noch zu Lebzeiten verschenken, während *mit kalter Hand* schenken auf eine testamentarische Vererbung hinweist. *Aus freier Hand verkaufen:* nach eigener Preisschätzung.

Handverlesen: mit eigener Hand ausgesucht, i.S.v. besonderer Qualität, in bezug auf Personen: bes. zuverlässig.

Mit der einen Hand geben, mit der anderen Hand nehmen illustriert das Bibelwort (Matth. 6,3): „Laß deine linke Hand nicht wissen, was die rechte tut". Dieser Vorgang erscheint häufig auf Abbildungen in den Bilderhandschriften des Sachsenspiegels, in denen die rechte Hand als die gebende und die linke als die nehmende dargestellt ist. In manchen Darstellungen findet man zusätzliche Hände zur Verdeutlichung von zusätzl. Handlungen (↗Handlung). Viele Rdaa. gehen jedoch davon aus, daß man nur zwei Hände hat, so in einem auf einen Geizhals gemünzten Sprw.: „Er hat nur zwei Hände, eine zum Nehmen, eine zum Behalten, die zum Geben fehlt ihm" oder „Viel Leut seynd der Meynung, sie sollen u. dörffen nichts hinweg geben, weil sie nur zwo Händ haben, dass sie mit der einen einnehmen, mit der anderen behalten, die dritt damit sie geben sollen, ist ihnen nicht gewachsen". Schwäb. heißt es von einem Geizigen ‚Dear hot d'Händ scho zua g'hött, wia 'r uf d'Welt komma isch'. ‚Dear hot bloaß zwoi Händ: oina zom Neahma und oina zom B'halta; dia zom Geaba fehlt 'm'.

Die Rda. *mit beiden Händen zugreifen* gilt für den, der sich selbst großzügig bedient. Das Gegenteil besagt die Rda.: *An der ausgestreckten Hand verhungern lassen.* Die Wndg. wird als Drohung gebraucht.

Für Bestechung steht die Rda.: *mit der krummen Hand kommen,* d.h. Bestechung anbieten, während *die Hand aufhalten* für den Bestechlichen oder den Bettler gilt. *Jem. die Hände schmieren, ihm die Hände versilbern:* ihn bestechen; vgl. frz.: ‚graisser la main à quelqu'un'. Von einem Bestechlichen sagt man auch: *Er hat eine hohle Hand. Nicht in die hohle Hand:* auf keinen Fall, ausgeschlossen! Die Rda. gehört wohl zur hohlen Hand des Bestechlichen. Sie will besagen, daß der Betreffende keinem Bestechungsversuch zugänglich ist. Mit den Worten *Nicht in die Hand!* lehnt man ein Anerbieten ab, eigentl. ein Kaufangebot, von dem man auch bei augenblicklicher Barzahlung nichts wissen will.

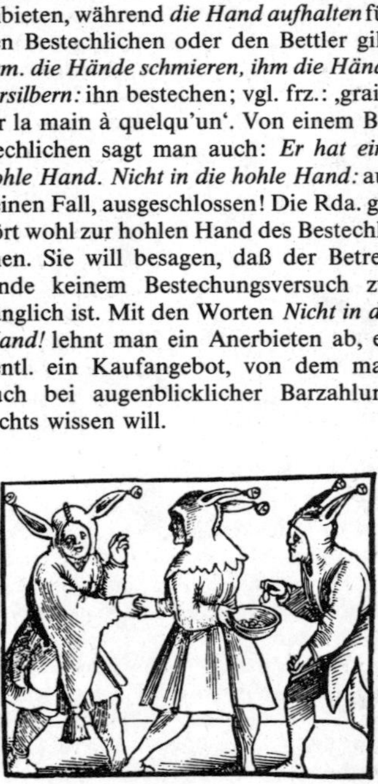

‚Die rechte Hand nicht wissen lassen, was die linke tut'

Modern vulgärsprachl. ist *besser als in die hohle Hand geschissen:* besser als nichts.

Einem die Hand im Sack erwischen: ihn auf frischer Tat ertappen; eigentl.: den Dieb bei der Hand ergreifen, die eben aus dem Sack (der Tasche) stehlen will; seit dem 16. Jh. belegt, aber schon ganz abgeblaßt in Grimmelshausens ‚Simplicissimus' (IV,77): „ruckte sie aus ihrem Hinderhalt hervor und erwischte der so schmerzlich weynenden Mademoisellen die Hand im Sack, als sie weder den Lauff ihrer Seuftzer, noch den Fluß ihrer übermächtigen Zähren hemmen konnte". Vgl. frz. ‚prendre quelqu'un la main dans le sac'.

In Holstein ist von einem Dieb gebräuchl. *klebrige Hände haben,* d.h. solche, an denen leicht etw. kleben bleibt (↗Finger); das Gegenteil *reine Hände haben* ist allg. verbreitet.

Die Wndg. *die Hände kreuzen* bedeutet Geld für eine Gegenleistung geben.

Von der Hand in den Mund leben: das eben verdiente Geld immer wieder gleich für das tägliche Brot ausgeben müssen, nichts zurücklegen können, ↗Mund. Vgl. engl.: ‚They have but from hand to mouth' und frz.: ‚Vivre au jour le jour' sowie ‚gagner sa vie au jour le jour'. In scherzhafter Abwandlung wird die Wndg. für einen Zahnarzt gebraucht, der davon lebt, daß er anderen mit der Hand in den Mund fährt.

Dagegen bedeutet: *aus der Hand essen:* ohne Besteck, z.B. an einem Stand auf dem (Jahr-)Markt, in scherzhafter Abwandlung: ‚aus der bloßen Lamäng', ↗Lamäng. Aber: *Jem. aus der Hand fressen:* ihm hörig, treu ergeben sein.

Hand auf jem. legen: ihn verhaften. Urspr. war mit dem Auflegen der Hand die Vorstellung von segnen, heilen verbunden: „Und sie brachten zu ihm einen Tauben der stumm war, und sie baten ihn, daß er die Hand auf ihn legte" (Mark. 7,32); „Darnach legte er abermals die Hände auf seine Augen" (Mark. 8,25). Später kehrt die Handauflegung im ma. Recht wieder. So wurde z.B. bei Vormundschaftsangelegenheiten vor Gericht dem Unmündigen zum Zeichen der Schirmherrschaft die Hand aufgelegt. Auch die Rda. *Die Hand auf etw. legen* bez. sinnbildlich die Besitzergreifung und geht zurück auf ma. Rechtsvorschriften, nach denen der Eigentümer zum Zeichen des Rechtsanspruchs an einer Sache beim Schwur seine Hand auf das Eigentum legen mußte. Vergl. franz. ‚mettre la main sur quelque chose'.

Bei Anlässen, die eine Eidesleistung erforderlich machten, wurde die Hand auf ein Heiligtum gelegt: „... u. sal die rechten hant uf die heiligen legen u. sal schwören" (Mainzer Waldpodenrecht bei Gudemus 2,498). Daher auch die Rda.: ‚hoch und heilig schwören', d.h. die eine Hand erhoben, die andere auf den Reliquien. Mit der Handauflegung war stets ein Recht oder eine Macht verbunden. Von daher auch die Rda.: *Jem. eine schwere Hand auflegen:* seine Macht fühlen lassen.

Die Hände davon lassen: etw. nicht anrühren, i.S.v.: sich nicht mit einer Sache befassen. Die Wndgn. *Hände weg* und ‚Hands off' drücken drastische Verbote aus, um zu verhindern, daß ein Unbefugter Hand auf etw. legt, das ihm nicht gehört und auf das er kein Anrecht hat. Auch in Shakespeares ‚Hamlet' (I,4) begegnet die Wndg.: „Hold off your hands". Eine entspr. scherzhafter Spruch lautet: ‚Das Berühren der Figüren mit den ↗Pfoten ist verboten', ↗berühren.

Hand von der Butte!: Rühre nicht daran! Laß die Finger davon! Gewöhnlich von einer heiklen Angelegenheit gesagt, bei der man sich leicht die Finger verbrennen kann. Das Bild der seit dem 18. Jh. bezeugten Rda. geht zurück auf die Weinbutte, in der die Trauben gesammelt werden; die Rda. wird eigentl. dem zugerufen, der naschen will: „Die Hand von der Butte! Es sind Weinbeeren drin" (so bei Abraham a Sancta Clara, ‚Totenkapelle', 1710, Ndr. S. 94); in dieser vollständigen Form findet sich die Rda. noch bair.: ‚d' Hand von de Buttn, es san Weibeerln drinn!' In Gegenden, in denen man den Ausdr. ‚Butte' für das hölzerne Traggefäß nicht kennt, ist die Rda. mißverständlich entstellt worden zu *Hand von der Butter!* Verwandte Rdaa. sind nordostdt.: ‚Hand vom Sack! Ös Hawer bön', oder ‚Et sönd Fösch drin'; auch ‚Hand vom Sack! Der Haber ist verkauft!' Lat. entspricht: ‚Manum de tabula!' (die Hand von der Tafel!), hergenommen von Schülern, die in Abwesenheit des Lehrers allerlei auf die Tafel malen.

Hand an jem. legen: ihm Gewalt antun, und *Hand an sich legen:* sich selbst Gewalt antun i. S. v.: Selbstmord verüben.

Auch im Arbeitsleben spielt die Hand eine Rolle, so in der Rda. ‚tüchtig Hand anlegen': fleißig arbeiten. Desgl. in *die letzte Hand anlegen:* die Sache zum letztenmal vornehmen, um ihr den letzten Schliff zu geben (vgl. Feile); schon lat. ‚ultimam manum addere'. *Zur* (oder *an die*) *Hand gehen:* freiwillig zu Gebote stehen; vgl. frz. ‚donner la main à quelqu'un'.

Die Hand ist geschickt zu allerlei ‚Handwerk', je nachdem, was man *in die Hand nimmt;* einer hat manchmal *alle Hände voll zu tun;* vgl. frz. ‚avoir du travail plein les bras' (wörtl.: alle Arme voll zu tun haben); aber wenn *die Arbeit von der Hand geht,* kann man *sich von seiner Hände Arbeit nähren:* vom eigenen Verdienst leben. Die Wndg. *alle Hände voll* begegnet schon früh bei Agricola (‚Sprichwörter' [1560], 285): „ein jeder hat einen standt oder berûf, des warte er, so wird er alle hend voll zu thûn haben". Bei Goethe (12, 172) heißt es: „den ganzen Tag hat man die Hände voll!" und bei Schiller (‚Fiesko' 2, 15) in scherzhafter Abwandlung: „meine Füße haben alle Hände voll zu tun". Hans Sachs (3, 1, 237) beklagt sich über den trägen Fortgang der Arbeit mit den Worten:

> richt ahn, das dich potz marter schent!
> wil dir denn nichts gehn aus der hendt?

Mit beiden Händen zupacken: fleißig sein. *In die Hände spucken* (↗ spucken): sich an die Arbeit machen. Die Wndg. begegnet auch in einem neuzeitl. Schlager, in dem es heißt:

> Jetzt wird wieder in die Hände gespuckt,
> wir steigern das Bruttosozialprodukt.

Ein Händchen für etw. haben: geschickt dafür sein; ndl. ‚een handje van iets hebben', frz. ‚avoir le tour de main (l'habitude) de quelque chose'; ‚etw. im Griff haben'; engl. ‚to have the knack of a thing'. Im Rheinhess. kennt man die rdal. Vergleiche: ‚Hände wie ein Apotheker', ‚wie ein Nähmädchen'. *Eine grüne Hand haben:* Glück bei der Blumenpflege haben; ↗ Daumen.

Etw. unter den Händen haben: in Arbeit haben, ist eine verbreitete Wndg., und von einer gewandten Arbeiterin heißt es: *ihre Hände machen, was ihre Augen sehen.*

Jem. auf (in) die Hände sehen: ihm bei der Arbeit zuschauen, von ihm lernen, aber auch: sehr genau zusehen, was jem. in den Händen hat oder mit seinen Händen macht. Die Rda. ist schon in bibl. Texten erwähnt: „Sieh, wie die Augen der Knechte auf die Hände ihrer Herren sehen, wie die Augen der Magd auf die Hände ihrer Frauen ..." (Ps. 123, 2). Und bei Luther heißt es: „darumb dasz ich will, sie (Luthers Frau) müsse nicht den Kindern, sondern die Kinder ihr in die Hände sehen".

Von einem Ungeschickten und Faulen sagt man *er hat zwei linke Hände;* vgl. frz. ‚Il est gaucher des deux mains' (wörtl.: Er ist auf beiden Händen Linkshänder); oder (z. B. obersächs.) *ihm sind die Hände bei der Arbeit im Wege.*

Jem. in die Hände arbeiten: ihm zuarbeiten. Dagegen gilt für den, der die Arbeit gerne anderen überläßt: ‚er will die Schlange mit fremden Händen aus der Höhle ziehen'. Manche sind auch *mit Ausreden rasch zur Hand:* sie drücken sich gerne vor der Arbeit. *Keine Hand rühren* will der Faule („he rögt ni Hand noch Foot"). *Keine Hand dafür umdrehen* (frz.: personne n'en tournera pas la main) wird meist im übertr. Sinn gebraucht: keiner kümmert sich darum. *Die Hände sinken lassen:* sich ausruhen, auch: mutlos sein, resignieren. Ähnl.: *Die Hände in den Schoß legen:* untätig sein; ist zunächst wörtl. gemeint; vgl. frz. ‚se croiser les bras' (wörtl.: mit verschränkten Armen dabeistehen), ↗ Arm. Von einem Faulenzer sagt man rheinhess. ‚Er ist kitzlich um die Hand. Eine Hamburger Begründung für Nichtstun lautet: ‚Jek heff jo beide Hann in de Dasch'.

Auch als Beweis von Schuld und Unschuld spielen die Hände in vielen Rdaa. eine Rolle: *Für einen die Hand ins Feuer legen:* für ihn bürgen, gutstehen. Vgl. ins Negative gewendet im Frz. ‚Je n'y mettrais pas ma main au feu' (dafür würde ich nicht die Hand ins Feuer legen). Das Bild der Rda. stammt von den ma. Gottesurteilen, bei denen der Beschuldigte die Hand ins Feuer zu legen hatte; blieb sie unver-

1

2

1/2 ‚Für einen die Hand ins Feuer legen'

sehrt oder heilte sie rasch, dann galt seine Unschuld als erwiesen. Stellvertretend konnte sich auch ein anderer dieser Probe für den Angeklagten unterziehen, wenn er von dessen Unschuld überzeugt war. In denselben Zusammenhang verweist die Rda. *Deshalb verbrenne ich mir die Hände nicht:* ich lasse die Finger davon. Die Wndg. beruht wahrscheinl. auf dem ‚Kesselfang' (Greifen in kochendes Wasser) oder auf der ‚Eisenprobe' (vgl. ‚ein heißes ↗Eisen anfassen').

Seine Hände in Unschuld waschen: jede Schuld von sich weisen. Die Rda. ist bibl. Ursprungs und darum auch in paralleler Weise in den anderen europ. Sprachen in gleicher Weise vorhanden (frz. ‚Je m'en lave les mains'; ital. ‚Me ne lavo le mani'). Die Rda. geht auf einen Brauch und ein altes Sühneopfer zurück, das schon im mosaischen Gesetz eine Rolle spielt: 5. Mos. 21, 1–9 wird angeordnet, es sollen, wo ein von unbekannter Hand Erschlagener liege, die Ältesten der nächsten Stadt über einer jungen Kuh, der der Hals abgehauen ist, ihre Hände waschen und dabei

‚Seine Hände in Unschuld waschen'

‚Seine Hände in Unschuld waschen'

sagen: „Unsere Hände haben dies Blut nicht vergossen, so haben's auch unsere Augen nicht gesehen; sei gnädig deinem Volke Israel, das du, Herr, erlöst hast, lege nicht das unschuldige Blut auf dein Volk Israel usw." Ps. 26,6 singt David: „Ich wasche meine Hände in Unschuld". Matth. 27,24 wäscht sich Pilatus vor der Verurteilung Christi die Hände, um dadurch anzuzeigen, daß er an dem Blute des Verurteilten unschuldig sei.

Das Händewaschen war auch bei den Urchristen eine symbol. Handlung zur Befreiung von Schuld. Nur wer saubere Hände hatte, konnte auf Vergebung hoffen. Das kommt auch in Ps. 18,21 z. Ausdr.: „Der Herr tat wohl an mir nach meiner Gerechtigkeit, er vergibt mir nach der Reinigkeit meiner Hände". In neuerer Zeit wird die Rda. auch in parodierter Erweiterung gehört: ‚Ich wasche meine Hände in Unschuld und Schmierseife'.

‚Eine Hand wäscht die andere' – in vielen Sprachen geläufig (lat.: ‚manus manum lavat'; russ.: ‚ruki ruka mojet') – eine Gefälligkeit gegen eine andere, auch: unerlaubte Handlungen bleiben unbestraft, weil sich die Täter nicht gegenseitig verraten oder weil um des Vorteils willen geschwiegen wird.

Ans Meer gehen, um seine Hände zu waschen: wegen einer Kleinigkeit Umstände machen. *Ungewaschene Hände* hat ein Skatspieler, der beim Geben schlechte Karten verteilt. *Schmutzige Hände haben:* schuldig geworden sein; *sich die Hände nicht schmutzig machen:* nichts Verbotenes tun. *Dreck an den Händen haben:* in unsaubere Machenschaften verwickelt sein; ↗Dreck. *Blutige Hände haben* bezieht sich auf den Mörder und Totschläger (↗Blut); *klebrige Hände haben* auf den Bestechlichen und den Dieb.

Die Hand gegen jem. erheben (die Hand zum Schlag erheben) steht für die Absicht, jem. zu schlagen. Das Erheben der Hand gegen die Eltern wurde als besonders schweres Vergehen betrachtet. Nach altem Volksglauben wächst die Hand, die sich an den Eltern vergreift, aus dem Grabe heraus: „daß euch die Hand nicht aus dem Grabe wachse, weil ihr euch an der Mutter vergreift!" (G. A. Bürger, Gedichte [1776]), und die Hand, die einen Frevel begeht, verdorrt: „und es verdorre die Hand meines Geschlechts, die den Tod schickt auf die Deinen mit Blei, und Schlingen stellt und Netze". (E. M. Arndt, Erinnerungen aus dem äußeren Leben [1840]). Die ‚verdorrende Hand' als Verwünschung begegnet auch bei Gottfried Keller nach Vollendung seiner Umarbeitung des ‚Grünen Heinrich' (1879–80) in dem Satz: „Die Hand möge verdorren, welche je die alte Fassung wieder zum Abdruck bringt". Am 12. Mai 1919 gebrauchte sie Philipp Scheidemann in der Nationalversammlung im Zusammenhang mit dem Friedensvertrag von Versailles: „Wer kann als ehrlicher Mann, ich will gar nicht sagen als Deutscher, nur als ehrlicher, vertragstreuer Mann solche Bedingungen eingehen? Welche Hand müßte nicht verdorren, die sich und uns in solche Fesseln legt?" Konsequenterweise trat er dann vor Unterzeichnung des Vertrages als Reichsministerpräsident zurück. Seitdem ist Scheidemanns ‚verdorrende Hand' zum geflügelten Wort geworden.

Die Wndg. ‚die Hand erheben' bzw. mit ‚erhobener Hand' hat ihren Urspr. im kultischen und liturgischen Sinnbezirk und begegnet schon in frühester Zeit zur Bezeichnung von Segens- und Schwurgebärden. Meist wird sie durch einen Zusatz ergänzt, z. B. *die Hand zum Schwur erheben.* Schon bei den Völkern der Antike, die auch den Schwur mit beiden Händen kannten, wurde im allg. die rechte Hand zum Schwur erhoben – so ferner bei den Juden. Als Abraham dem König von Sodom schwor, nichts von seinem Eigentum nehmen zu wollen, begann er mit den Worten: „Zum Herrn, dem höchsten Gott und Schöpfer erhebe ich meine Hand" (1. Mos. 14,22). Der Herr selbst schwört bei seiner Rechten (Is. 62,8; 5. Mos. 32,40). Die Christen haben diesen Brauch übernommen. Vgl. Offbg. 10,5f.: „Der Engel, den ich auf dem Meer und auf dem Land stehen sah, hob seine Rechte zum Himmel empor und schwor bei dem, der in alle Ewigkeit lebt". Auch sonst läßt sich die Wndg. nachweisen, so vor allem bei einzelnen Formen der Rechtsgebärden, vornehmlich der Zustimmungs-, Gelöbnis- und jüngeren Schwurgebärde. In den Bilderhandschriften des ‚Sachsenspiegels' werden mehrere Formen der Handerhebung ill., die noch in heutigen Redewndgn. nachwirken. So ist z. B. die Wndg. *mit aufgehobener Hand* z. T. noch als Redegestus bekannt. Sie geht zurück auf ma. Rechtspraxis. Beim prozessualen Vortrag war das Handaufheben das allg. Zeichen dafür, daß der Prozeßvormund oder eine beteiligte Partei etw. zu sagen hatte. Auch heute wird die Wndg. *die Hand heben* noch gebraucht, wenn zur Wortmeldung aufgerufen wird. Außerdem bedeutet sie Zustimmung und ist vor allem auch bei Abstimmungen geläufig. „Er hed alle hend" bedeutet daher: er ist einstimmig gewählt. Ferner spielt die Handerhebung eine Rolle beim Handgelöbnis, bei dem jeder Kontrahent seine Hand wie zum Redegestus – bisweilen bis zur Kopfhöhe – erhob und sie mit der Innenfläche an die Hand des Vertragspartners legte.

Als Ausdr. der Verweigerung ist die Rda. *jem. etw. in die Hand blasen* (abgekürzt: ‚ich blas dir was') zu betrachten. Die Wndg. hat ihren Urspr. im Volksglauben, in dem die Vorstellung herrschte, daß Hexen und Zauberer durch das Blasen in die Hand oder in den Hut andern viel Ungemach bereiten können. Sie begegnet schon bei Luther: „Gott hat mancher Obrigkeit in die Hand geblasen, dass ihr die Pfennige wie Federn verfliegen und verstieben".

Dagegen bedeutet *jem. die Hand reichen:* ihm entgegenkommen, Versöhnung anbieten. *Jem. die Hand geben:* ihn begrüßen, in der Wndg. ‚wir können uns die Hand geben (reichen)', aber auch: wir sind einer Meinung (frz.: donne moi la main), ↗Gruß.

Jem. per ↗Handschlag begrüßen: auf besonders freundschaftliche Art. *Jem. die Hand drücken:* voller Herzlichkeit (Anteilnahme) begrüßen. *Jem. die Hände schütteln:* freudig begrüßen, meist bei einem Wiedersehen nach langer Zeit: „da war ein Grüszen und ein Händeschlag, ein Austausch, ein lebendiger Verkehr!" (L. Uhland: ‚Ernst von Schwaben'; „... ein solch handgebens, hendeschlagens, hendtruckens" (Fischart: ‚Gargantua' [1594]).

Jem. bei der Hand nehmen: mit ihm zusammengehen. Zwei, die sich an der Hand gefaßt haben, gehen *Hand in Hand,* doch können bildl. übertr. auch zwei Bestrebungen ‚Hand in Hand gehen', d. h. sich vertragen und ergänzen, nebeneinander her gehen; vgl. frz. ‚La main dans la main'.

Hände geben übers Kreuz bedeutet Unglück oder einfach ein Mißgeschick, z. B. Streit beim Abschied. Bei Hochzeiten wird die Rda. zumeist verknüpft mit der Vorstellung: eine böse Schwiegermutter bekommen o. ä.

Jem. die Hand halten: ihn trösten. *Jem. die Hand bieten:* ihm helfen wollen; auch: zur Versöhnung bereit sein. Mit der Wndg. *die Hand ausstrecken* ist heute allgemein eine ähnl. Bedeutung verknüpft. Urspr. galt sie als Ausdr. einer Schutzgebärde, wie sie in 3. Mos. 9,22 beschrieben wird: „Dann streckte Aaron die Hand über das Volk und segnete es". Sie stand aber auch für die Wohltaten spendende Macht: „Gott streckte seine Hand aus und schlug mit seinen Wundertaten die Ägypter" (2. Mos. 3,20). In der Version: *die Hand nach jem. ausstrecken* drückt die Hand menschl. Nähe und Verständnis sowie das Verlangen danach aus. In einem Gedicht von C. F. Meyer heißt es z. B.:

Die Rechte streckt' ich oft
in Harmesnächten
Und fühlt gedrückt sie unverhofft
von einer Rechten.

Auch für das Heranwinken von Personen wird die Hand ausgestreckt, meist mit nach oben geöffneten Handflächen als anbietende Geste. Eine solche Gebärde der Fürsorge ist auch enthalten in der Rda. *Einen auf (den) Händen tragen:* ihn aufs liebevollste behandeln; vgl. Ps. 91,12, Matth. 4,6 und Luk. 4,11.

Die Rda. *in die Hände klatschen* drückt Begeisterung und Beifall aus, kann aber auch als Ruf oder als ruhegebietendes Signal verstanden werden. Das Heben und Schlagen der Hände war im MA. ein Zeichen für den wirksamen Abschluß eines Vertrages, der mit Einwilligung des Volkes zustande gekommen war, vor allem bei Königswahlen geläufig. Das Volk schlug in die Hände als Zeichen seiner Zustimmung zur Wahl (cum clamore valido), wie schon Widukind von Corvey über die Königswahl Ottos I. berichtet.

Das Gegenteil finden wir ausgedrückt in der neueren Rda.: *Auf den Händen sitzen:* keinen Beifall spenden. Sie stammt aus der Theatersprache und ist seit der 2. H. des 19. Jh. belegt.

Dagegen gilt *sich die Hände reiben* als Ausdruck der Schadenfreude. In der Antike wurde die Gebärde des Händereibens allerdings den Betrübten zugeschrieben.

Mit den Händen winken: Abschied nehmen. Oft für Kinder gebraucht. Aber auch als Geste des Jubels bekannt.

Jem. in die Hände fallen: an jem. geraten, der böse Absichten hat; den Feinden (oder Wegelagerern) in die Hände fallen.

Handgreiflich werden: zur Prügelei übergehen. *Vorderhand:* zunächst, einstweilen, meint eigentl. nur den Teil einer Angelegenheit, der sich wirklich unmittelbar ,vor der Hand' befindet und darum am besten zuerst anzugreifen ist. *Überhandnehmen* ist eine Betonungsveränderung aus älterem ,(die) Überhand nehmen', mhd. ,überhant gewinnen', den Sieg erringen.

Die Hände über dem Kopf zusammenschlagen: sich höchlich verwundern. Die Rda. verweist auf eine alte Gebärde, als Zeichen höchsten Staunens und Erschreckens. Vgl. frz. ,lever les bras au ciel' (wörtl.: die Arme zum Himmel erheben). Auf alten Darstellungen z. B. des Jüngsten Gerichts, wie in Dürers ,Apokalypse', finden sich Menschen mit dieser Gebärde, die wohl urspr. den Kopf nach oben hin schützen sollte. Die Gebärde ist heute zur bloßen Rda. abgeblaßt. Dies gilt auch für andere Handgebärden. Alte Trauer- und Klagegebärden, z. B. das Raufen des Haares oder das Ringen der Hände, als Gebärden der Totenklage aus antiken Schriftstellern und Darstellungen ganz geläufig, sind auch in Mitteleuropa noch bis in die beginnende Neuzeit in Trauerbräuchen geübt worden. Das zeigt z. B. ein Holzschnitt aus dem Anfang des 16. Jh.

Das ,Händeringen' ist vor allem auch aus dem alten Volksrecht als selbständiger Klagegestus vor Gericht bekannt, ebenso wie das Winden der Hände während des Klagevortrags: „... sie klaget jämmerlich mit schwachem handewinden" (G. Neumark: ,Poetisch u. musikalisches Lustwäldchen' [1652]). Heute aber sind Ausdrücke wie *händeringend* usw. nur noch

,Händeringend'

rdal. erhalten, z. B. in der Rda.: ,Sich das ↗Bast von den Händen ringen'.

Die Reichhaltigkeit des Redensartenfeldes Hand zeigt die folgende Kurzgeschichte (Krüger-Lorenzen, S. 122f.): „Willy Winter hielt um Sophie Sommers

,Die Hände über dem Kopf zusammenschlagen'

Hand bei ihrem Vater an. Der aber schlug die Hände über dem Kopf zusammen und sagte: ‚Hand aufs Herz! Sie leben doch von der Hand in den Mund, darum kann ich Ihnen meine Sophie nicht in die Hand geben'. ‚Das stimmt nicht', antwortete der Freier, ‚ich werde nicht mit leeren Händen kommen, denn ich habe alle Hände voll zu tun. Ich bin nämlich die rechte Hand meines Chefs. Wir legen nicht die Hände in den Schoß, sondern wir arbeiten fabelhaft Hand in Hand. Wir sind keine Leute, die zwei linke Hände haben, im Gegenteil: uns geht das Tagespensum leicht von der Hand. Ich werde Ihre Sophie buchstäblich auf Händen tragen!' ‚Das sagen sie alle!' entgegnete der Vater. ‚Diese Heiratsanträge nehmen wirklich überhand. Alle wollen sie Sophie mit Handkuß nehmen. Mir sind übrigens die Hände gebunden. Ein anderer hat die Hand im Spiele. Sophies Verlobung mit Friedrich Frühling ist von langer Hand vorbereitet. Er hat mir unter der Hand mitgeteilt, daß er sie kurzerhand heiraten werde.' ‚Hand von der Butter!' rief nun Willy Winter empört, ‚sonst werde ich handgreiflich! Ich lege meine Hand dafür ins Feuer, daß keiner außer mir Sophie freien wird!' ‚Nun denn!' kapitulierte der Vater. ‚Mit hohler Hand stehe ich vor Ihnen und lasse mich bestechen: eine Hand wäscht die andere. Hier mein Handschlag! Aber wenn ihr nicht glücklich werdet, wasche ich meine Hände in Unschuld!'"

Lit.: *J. Grimm:* Deutsche Rechtsaltertümer, 2 Bde. (Leipzig [4]1899, Nachdr. Darmstadt 1974) (abgek. RA. I u. II); *K. Sittl:* Die Gebärden der Griechen und Römer (Leipzig 1890); *J. Behm:* Die Handauflegung im Urchristentum nach Verwendung, Herkunft und Bedeutung in religionsgeschichtlichem Zusammenhang untersucht (Leipzig 1901); *K. v. Amira:* Die Handgebärden in den Bilderhandschriften des Sachsenspiegels (München 1905); *R. Lasch:* Der Eid (Stuttgart 1908); *W. Schmidt:* Die Hand in Sprache u. Recht, in: Zs. des Allg. Dt. Sprachver. 36 (1921) S. 163–167; *H. Bächtold-Stäubli:* Art. ‚Hand', in: HdA. III, Sp. 1379–1398; *K. Frölich:* Arbeiten zur rechtlichen Volkskunde, Heft 1 (Tübingen 1938), S. 31–33; *W. Funk:* Alte deutsche Rechtsmale (Bremen 1940); Art. ‚Hand' in Ciba-Zs. 7 (Basel 1940) Nr. 76; *E. v. Künßberg:* Schwurgebärde u. Schwurfingerdeutung (Freiburg 1941); *Th. Ohm:* Die Gebetsgebärden der Völker und das Christentum (Leiden 1948); *H. Mangin:* Die Hand, ein Sinnbild des Menschen (Zürich 1952); *O. Moser:* Zur Geschichte u. Kenntnis der volkstüml. Gebärden. Sonderdr. aus: Carinthia I, Mitt. des Geschichtsvereins f. Kärnten, 144 (1954) Heft 1–3; *J. Rüger:* Vom Kopf bis Fuß. Der menschl. Körper in volkstüml. Rdaa., in: Sprachpflege 12 (1963) S. 244–245; *H. G. Adler:* Die Hand. Eine Sprachbetrachtung, in: Muttersprache 74 (1964) S. 150–152; *L. Röhrich:* Gebärde–Metapher–Parodie (Düsseldorf 1967); *L. Röhrich* u. *G. Meinel:* Reste ma. Gottesurteile in sprw. Rdaa., S. 345 f.; *M. Kohler:* Art. ‚Hand', in: HRG. I (1971) Sp. 1927–1928; *M. Desmond:* Der Mensch, mit dem wir leben (München 1978); Strafjustiz in alter Zeit (Rothenburg o.d.T. 1980); *H. Demisch:* Erhobene Hände. Geschichte einer Gebärde in der bildenden Kunst (Stuttgart 1984); *M. A. van den Broek:* Sprichwort und Redensart in den Werken des Leipziger Volkspredigers Marcus von Weida, in: Beiträge zur Erforschung der dt. Sprache, Bd. VII (Leipzig 1987), S. 168–181; *Ch. Daxelmüller:* Art. ‚Hand', in: EM. VI, Sp. 436–447.

Handel. *Handel treiben:* Geschäfte machen. Der Begriff ‚Handel' wurde erst im MA. nach ‚handeln' gebildet. Dieses findet sich schon früh als ‚hantolôn': mit Händen fassen, dann ‚tun, betreiben, verrichten'. Erst seit dem 15. Jh. auch üblich für den Warenverkehr.

Sich auf den Handel verstehen: geschäftstüchtig sein. *Den Handel wagen:* ein Geschäft riskieren. *Handel und Wandel:* das geschäftliche Leben und Treiben einer Gesellschaft (veraltete Zwillingsformel). *In einem schlimmen Handel stecken:* Geschäfte machen, die sich an der Grenze oder sogar außerhalb der Legalität bewegen; *Nicht mit sich handeln lassen:* nicht auf Kompromisse eingehen; *Keinen (Kuh-)Handel aus etw. machen:* nicht zum Feilschen bereit sein.

Lit.: *W. Müller-Bergström:* Art. ‚Kauf, Verkauf (Handel)', in: HdA. IV, Sp. 1134–1187.

Händel. *Händel haben, mit jem. händeln:* mit jem. im Streit liegen.

handfest. *Einen handfest machen:* einfangen, ↗ dingfest.

Als Adj. gebraucht, dient ‚handfest' zur Verstärkung, wie z.B. in den Wndgn.: *ein handfester Spaß:* ein derber Spaß oder: *ein handfester Krach:* eine heftige Auseinandersetzung.

Handgeld. *Handgeld genommen haben:* nicht mehr zurückkönnen. ‚Handgeld' ist seit dem 17. Jh. bezeugt als in die Hand gegebenes bares Geld, speziell bei Vertragsabschluß, als eine Art Anzahlung. Der Ausdr. spielte vor allem im militärischen Bereich bei der Anwerbung von Söldnern eine Rolle, die bleiben mußten, sobald sie (oft in trunkenem Zustand) vom Werber das verlockende ,Handgeld' angenommen hatten. Heute meint die Rda. *Jem. ein gutes Handgeld geben:* Gefälligkeiten großzügig belohnen, Bares in die Hand drücken.

Handgelenk. *Ein lockeres Handgelenk haben:* zum schnellen Zuschlagen geneigt sein *Etw. aus dem Handgelenk beherrschen:* souverän meistern, in einer Angelegenheit ,zuhause' sein. *Etw. aus dem Handgelenk schütteln:* mit Leichtigkeit beibringen, wie der Zauberer aus dem Nichts. Scherzhaft auch: ,aus der la main' wobei die frz. Wndg. in umg. dt. Aussprache wie ,Lameng' klingt.

Handhabe. *Keine Handhabe finden:* nicht wissen, wo und wie man eine Sache anfassen oder beginnen soll; eigentl. keinen Griff, keine Haltevorrichtung haben, womit man etw. heben oder bewegen kann.
Als Antwort auf die neugierige Frage: ,Was machst du?' heißt es mdal. im Obd. ,e Handhebe an e Mehlsack' und ähnl. im Schweiz. ,e Handhebi a-n-e-n alten Mehlsack'. Vom Antwortgeber ist damit eigentl. eine unsinnige Antwort beabsichtigt, doch gab es dieses Gerät in den alten Mühlen tatsächlich zum Transport schwerer Mehlsäcke.

Handikap. *Ein Handikap haben:* eine Behinderung, einen Nachteil erfahren. Der sondersprachl. Ausdr. ist im 20. Jh. entlehnt aus neuengl. ,handicap (race)': Rennen, bei dem Gewichtsvorteile durch Benachteiligung ausgeglichen werden. Die etymol. Herkunft ist nicht geklärt, man vermutet eine Zusammenrückung aus engl. ,hand in the cap' und den Urspr. in einem Wettspiel (Ziehungen aus einer Mütze). Entscheidend für die Weiterentwicklung des Begriffes ist dabei der von einem Schiedsrichter vorgenommene Ausgleich, der eine Erschwernis bzw. Behinderung eines Beteiligten bedeutet. Dies führt zu der heutigen Bdtg. ,Nachteil' oft auch in der Form ,gehandikapt sein'.

Handkuß. *Jem. mit Handkuß begrüßen* bez. eine selten gewordene Geste der Ehrerbietung gegenüber Damen, die gelegentlich noch bei älteren Kavalieren – vor allem in den Ländern der alten Donaumonarchie – zu beobachten ist. Im allg. wird der Handkuß heute nur noch als gehauchter Kuß in das Begrüßungs- und Abschiedszeremoniell miteinbezogen.
Der Handkuß hat als bes. Form der Devotion gegenüber Herrschern, Päpsten und Heiligen eine lange Geschichte und ist vermutlich, ebenso wie etwa auch die Umarmung zwischen Männern, aus der Antike zu uns gekommen: Ärmere Griechen, die nicht vermögend genug waren, den Göttern kostbare Opfer zu bringen, küßten nach Lukian deren Statuen die Hand. Auch bei den Römern war es üblich, beim

,Handhebe'

,E Handhebe an e Mehlsack'

‚Handkuß'

Vorbeigehen an einer Bildsäule ihr die Hand zu küssen. Später wurde diese Geste der Devotion in das kirchliche Zeremoniell übernommen. Untergebene küßten die Hand (den Ring) bestimmter kirchlicher Würdenträger (Papst, Bischof etc.).

In den rom. Ländern finden sich diese Gebärden noch heute bei bes. festlichen Anlässen, wie bei Ordensverleihungen, Staatsbesuchen usw. Sie leben auf dem Weg über das span. Hofzeremoniell noch in bestimmten Bräuchen aristokratischer oder diplomatischer Etikette, haben sich aber sonst ins Gebiet der bloßen Rda. verflüchtigt, wo sie meist nur noch als verbale Grußform ohne Gebärde weiterleben, wie z. B. in der Wndg. ‚Küß die Hand (gnäd'ge Frau)', ↗Hand (Kußhand), ↗Gruß.

Handlung. *Sich zu einer unbedachten Handlung hinreißen lassen:* etw. Unvernünftiges tun; *Für seine Handlungen einstehen müssen:* für sein Tun zur Verantwortung gezogen werden.

Der Begriff ‚Handlung' wurde früher gebraucht zur Bez. eines Handelsgeschäftes wie z. B. einer ‚Kolonialwarenhandlung' oder ‚Gemischtwarenhandlung'; daher dann auch die Berufsbezeichnung ‚Handlungsgehilfe'. Heute wird der Begriff zumeist nur noch i. S. v. Tätigkeit, Tun verwendet. Im MA. wurde eine Handlung durch die Abbildung einer Hand versinnbildlicht. So sind in einer Darstellung der Heidelberger Bilderhandschrift zum Sachsenspiegel z. B. fünf Hände abgebildet, die auf fünf verschiedene Handlungen hinweisen.

Lit.: *K. v. Amira:* Die Handgebärden in den Bilderhandschriften des Sachsenspiegels (München 1905).

Handschlag. Der schon seit der Antike bekannte und heute alltäglich zur Begrüßung vollzogene Handschlag (in Schwaben ↗‚handstreich' bzw. ‚handstroach') war urspr. auch eine rechtlich verpflichtende Gebärde zur Bekräftigung von Gelübden und Verträgen. Dabei schlug der eine in die dargebotene Hand des anderen. Schon im ‚Iwein' von Hartmann von Aue heißt es: „des enphâhe mînen hantslac".

Eine Abart des Handschlags liegt vor, wenn die Hände zweier Vertragspartner von einem Dritten zusammengefügt werden (wie z. B. bei der Trauung oder im ma. Lehnsrecht), oder wenn die vereinigten Hände zur Bezeugung des Geschäftsabschlusses von einem Dritten durchgeschlagen werden, wie vielfach noch im Viehhandel üblich. Vor dem Aufkommen des Schriftverkehrs war diese Art der Bekräftigung und Bezeugung die einzige Garantie. In ndd. Ausdr. für Kaufen und Handeln wie ‚koopslagen' lebt diese Form fort. Rdal. ist sie auch sonst noch vorhanden in Wndgn. wie *durch Handschlag bekräftigen* und ‚die Hand darauf geben'. Insbes. Kinder pflegen noch diese Art der Versicherung.

In alter Zeit wurde der Handschlag bei allen vertraglichen Verpflichtungen vorgenommen, so beim Verlöbnis in der Kirche, beim Kauf, beim Schuldgelöbnis, bei der Wette, beim Versprechen (‚in die Hand versprechen') sowie bei staatlichen Verträgen: „Sie strakten den fride mit ir handen" heißt es im ‚Kudrun'-Epos. Auch in künstlerischen und handwerklichen Darstellungen begegnen ineinandergelegte Hände, so auf der sog. ‚Handtreuebrosche' (handtriuwepratze) oder in einem sog. ‚Verlobungszeichen' über dem Wirtshaustisch, bei dem zwei ineinandergreifende Hände mit einem Auge darüber versinnbildlichen, daß das durch Handschlag gegebene Versprechen unter den Augen Gottes gegeben wurde und also gültig ist. Im mittleren Lahntal hieß die Verlobung geradezu: ‚Handschlag halten'. In der Stille der Nacht begab sich der heiratslustige Jüngling in Begleitung des Brautwerbers, eines älteren Anverwandten seiner Auserwählten, zu dieser, um sich das Jawort zu holen, nachdem er schon vorher mit den Eltern übereingekommen war. Willigte die Schöne ein, so überreichte der Jüngling ihr Gold- und Silbermünzen als ↗Handgeld. Dann erfolgte der Handschlag, und die Verlobung war vollzogen (↗Hand).

Lit.: *W. Schmidt:* Die Hand in Sprache u. Recht, in: Zs. des Allg. Dt. Sprachvereins 36 (1921) S.163–167; *W. Müller-Bergström:* Art. ‚Handschlag' in: HdA. III, Sp. 1401–1404; *L. Röhrich:* Gebärde, Metapher, Parodie (Düsseldorf 1967); *A. Erler:* Art. ‚Handschlag', in: HRG. I, Sp. 1974–1975.

Handschrift. *Eine kräftige Handschrift haben:* tüchtige Ohrfeigen austeilen (können). Bei dem Spiel ‚Schinkenklopfen' (↗Schinken) darf z.B. jeder der Anwesenden einem erlosten Opfer einen kräftigen Schlag auf das Hinterteil geben, wobei der Leidtragende an der ‚Handschrift' den Urheber seiner Schmerzen erraten muß.

Handschuh. *Den Handschuh hinwerfen, aufnehmen* ↗Fehdehandschuh.
Einen Handschuh bekommen: das Markt- bzw. Stadtrecht erhalten. Der Handschuh steht in ma. Rechtsquellen stellvertretend für die gewalthabende und schützende Hand. Er war das Wahrzeichen des Königs, der das Marktrecht verlieh und den Marktfrieden setzte. Wenn sich ein Ort das Marktrecht vom Kaiser erbat, sandte dieser ihm zum Zeichen der Gewährung einen Handschuh, der an das Marktkreuz gehängt wurde. Im ‚Sachsenspiegel' heißt es: „wo man Städte bauet, muß man ein Kreuz setzen auf einen Markt und des Königs Handschuh daran hängen, daß man sehe, daß es des Königs Wille sei".
Die Überreichung des Handschuhs galt allg. als Symbol der Übertragung von Macht an einen Untergebenen. Boten erhielten ihn als Botenzeichen, und dieses wurde dem Empfänger einer Botschaft übergeben. Auf dem Altar niedergelegt, war er das Zeichen für die symbolische Investitur. Als Zeichen von Schutzgewährung galt er, wenn er dem Herrn übergeben und von diesem angenommen wurde.
Das ist meine Handschuhnummer: das sagt mir zu, das entspricht meinen Wünschen, meinem Können (Gegenwartssprache).
Jem. mit (Samt-)Handschuhen anfassen: ihn schonend, behutsam behandeln. Der Handschuh dämpft den Zugriff der Hand; vgl. engl. ‚to handle with gloves' und frz. ‚prendre quelqu'un avec des gants'.

Lit.: *J. A. Kement:* Der Handschuh u. seine Geschichte (Wien 1890); *G. Jungbauer:* Art. ‚Handschuh', in: HdA. III, Sp. 1404–1412; *A. Erler:* Art. ‚Handschuh', in: HRG. I, Sp. 1975–1976, Strafjustiz in alter Zeit (Rothenburg o.d.T. 1980), S. 314; *B. Schwinekörper:* Der Handschuh im Recht, Ämterwesen, Brauch u. Volksglauben (Sigmaringen 1981).

Handstreich. *Etw. im Handstreich nehmen:* etw. rasch (mühelos) erobern. Ausdr. für ein militärisches Unternehmen, das den Gegner unvorbereitet trifft, der daher keine Gegenwehr einsetzen kann.
Das Wort ‚Handstreich' ist im Dt. seit dem 16. Jh. bezeugt, urspr. in der Bdtg. von ↗‚Handschlag', z.B. bei einem Kaufabschluß oder einem Verlöbnis. Das gleichlautende Wort für ‚Überraschungsangriff' ist erst zur Zeit der Freiheitskriege als eine Übers. aus frz. ‚coup de main' aufgekommen.

Handtuch. *Das Handtuch werfen:* sich geschlagen geben, aufgeben. Die Rda. stammt aus dem Boxsport. Dem Unterliegenden wird von seinem Trainer das Handtuch zugeworfen als Zeichen für die Beendigung des Kampfes. In neuerer Zeit wird die Rda. häufig auf Politiker angewendet, die in den Strudel der Kritik geraten und vom Amt zurücktreten. Weitere Bedeutungen: sich für überwunden erklären, die Waffen strecken.
Der Vergleich: *wie ein nasses Handtuch* wird mit Vorliebe auf denjenigen angewendet, der völlig kraft- und willenlos ist. Als *schmales Handtuch* wird der über-

,Das Handtuch werfen'

schlanke Mensch bez., der zudem noch eine beachtliche Länge aufzuweisen hat, auch ein schmales Stück Land.

Handwerk. *Das Handwerk grüßen,* urspr. ein Ausdr. der auf der Wanderschaft befindlichen Handwerksgesellen, später auch der Fachgenossen, die auf der Reise Meister, Berufskameraden oder Innungsherbergen aufsuchten.

Sein Handwerk verstehen: sich gut in seinem Beruf auskennen, tüchtig sein.

Sich seines Handwerks nicht schämen müssen ist eine Wndg., die auf das Ehrenwerte eines jeden Handwerksberufes hinweist, vor allem wenn es im Vergleich mit geistigen Tätigkeiten ins Hintertreffen gerät.

Einem ins Handwerk pfuschen: mit ungeschickter Hand, unbefugt in jem. Tätigkeitsgebiet eindringen; vgl. frz. ,bousiller le travail de quelqu'un'. ,Pfuschen' bezeichnete urspr. die Ausübung eines Handwerks von einem, der nicht der Zunft zugehörte; älter auch (so bei Grimmelshausen) *einem ins Handwerk stehen.*

Einem das Handwerk legen: ihn an der Ausübung einer Beschäftigung oder an einer Handlungsweise hindern, bes. ihm die unerlaubten Machenschaften unterbinden. Wer sich gegen gewisse Vorschriften der alten Innungsordnungen verging, dem konnte für immer oder auf eine gewisse Zeit ,das Handwerk gelegt' (früher auch: niedergelegt) werden, d.h. die Innung konnte ihm die Ausübung des Handwerks verbieten. Eine alte Handwerksformel ist es auch, wenn Goethe in ,Dichtung und Wahrheit' (5. Buch) sagt: „Sieht es doch aus, als wolltet ihr mir ins Handwerk greifen und mir die Kundschaft entziehen".

Lit.: *R. Wissell:* Des alten Handwerks Recht und Gewohnheit, 2 Bde. (Berlin 1929); *Jungwirth:* Art. ,Handwerker', in: HdA. III, Sp. 1413–1435; *H. Lentze:* Art. ,Handwerk (rechtlich)', in: HRG. I, Sp. 1976–1984; *K.-S. Kramer:* Art. ,Handwerk, Handwerksgesellen (volkskundlich)', in: HRG. I, Sp. 1984–1988; *L. Röhrich* u. *G. Meinel:* Rdaa. aus dem Bereich von Handwerk und Gewerbe, in: Alemannisches Jahrbuch (Bühl/Baden 1973); *E. Moser-Rath:* Art. ,Handwerker', in: EM. VI, Sp. 472–481.

Hanf. *Im Hanf sitzen:* sich's wohl sein lassen, nämlich wie ein Vogel im Hanffeld. Sprw. ist wohl auch in Goethes ,Götz von Berlichingen': „Du kannst mehr als Hanf spinnen". Hanf heißt nicht nur die Pflanze, sondern auch das daraus hergestellte Gespinst: *sich nicht aus dem Hanfe finden können:* nicht klug werden aus etw., auch: verworren reden (schon im 17. Jh. bezeugt): „Ohne das Französische wird man sich schwerlich aus dem Hanfe finden" (Lessing, ,Hamburg. Dramaturgie').

Durch den Hanf gucken: sich erhängt haben (obersächs.); ähnl. els. *im Hanf erstikken;* noch heute heißt es schwäb.: ,Der isch em Hanf verstickt', wenn sich jem. umgebracht hat. ,Hänfners Fenster', ,Hänfners Halsband', Hänfnerkragen' sind Ausdrücke für die Schlinge beim Erhängen, ↗Seiler.

Wer gestohlen hat, ,der verdient eine gute Krawatte aus Hanf', frz. ,Il mérite une bonne cravate de chanvre' (veraltet), d.h. daß ihm die Schlinge um den Hals gelegt werden soll. Von einem, der henkenswert ist, sagt man *Er geht nicht gerne an einem Hanffelde vorbei.* Ähnl. das Sprw.: ,Besser den Hanf in den Händen als am Halse'. Manchem Übeltäter steht der Galgen schon von früher Jugend an bevor, er muß seinem Lebenswandel nach *für den Hanf gewachsen sein.*

Lit.: *H. Marzell:* Art. ,Hanf', in: HdA. III, Sp. 1435–1438.

Hangen, Hängen. Die Formel *Hangen und Bangen* ist ein verballhorntes Zitat aus Clärchens Lied in Goethes ,Egmont' (III, 2). Im richtigen Zusammenhang heißt es dort:

Freudvoll
Und leidvoll,
Gedankenvoll sein;

Langen
Und bangen
In schwebender Pein,
Himmelhoch jauchzend,
Zum Tode betrübt,
Glücklich allein
Ist die Seele, die liebt.

,Langen', das hier die Bdtg. von ,Verlangen tragen' hat, wurde oft in ,Hangen' verändert.

Mit Hängen und Würgen: mit großer Mühe, mit knapper Not. Das Bild bezieht sich auf das Ersticken des Gehängten am Galgen (19. Jh.).

Im Zusammenhang damit steht auch das ,Hängen spielen' (↗pfeifen).

Sich hängen lassen: keinen Lebensmut mehr zeigen, kraftlos sein, eigentl.: Die Schultern hängen lassen, keine aufrechte Haltung zeigen.

Einen hängen haben: betrunken sein; verkürzt aus der Vollform: ,einen ↗Haarbeutel oder ↗Zopf hängen haben'.

,In der Luft hängen' (↗Luft): keine Sicherheit haben; ,(in der Kneipe) herumhängen'; *hängenbleiben:* eine Schulklasse wiederholen müssen; *sich an jem. hängen:* ihm lästig fallen; ,sein Herz an etw. hängen': es sich sehr wünschen oder wie seinen Augapfel hüten, ↗Herz; ,etw. an den Nagel hängen': aufgeben (↗Nagel); ,etw. an die große Glocke hängen': herumposaunen (↗Glocke); ,den Mantel nach dem Wind hängen': flatterhaft sein, sich Vorteile verschaffen (↗Mantel); ,den Brotkorb höher hängen': unerreichbar machen, d.h., mit weniger auskommen müssen (↗Brotkorb); ,den Kopf hängen lassen': pessimistisch, deprimiert, niedergeschlagen sein (↗Kopf).

Lit.: *D. Marschall:* Art. ,Hängen', in: HRG. I, Sp. 1988–1990.

Hannemann. *Hannemann, geh du voran!:* eine Aufforderung zum Vorangehen; sie stammt aus dem Schwank von den sieben ↗Schwaben, der seit dem Anfang des 16. Jh. bekannt ist. Angesichts eines furchterregenden unbekannten Tieres, das aber in Wirklichkeit ein gewöhnlicher Hase ist, wird der eine der sieben Schwaben, der bald ,Gelbfüßler', bald ,Jockele', ,Hansele' oder ,Veitli', auch ,Hahnemann' heißt, aufgefordert:

Hannemann geh du voran!
Du hast die größten Stiefel an,
Daß dich das Tier nicht beißen kann.

Lit.: *M. Radlkofer:* Die sieben Schwaben und ihr hervorragendster Historiograph Ludwig Aurbacher (Hamburg 1895); *A. Keller:* Die Schwaben in der Gesch. des Volkshumors (Freiburg 1907).

Hannes. *So kommt Hannes in et Wammes:* immer mit der Ruhe; nach und nach bringt einer doch etwas fertig; allmählich wird er begüterter. Die Wndg. warnt vor Übereilung und ist wohl auch iron. gemeint, wenn sich jem. gar nicht aus der Ruhe bringen läßt. Sie ist mdal. verbreitet. In Osnabrück und der Altmark lautet sie z.B. ,Allna groade kummt Hans int Wams'. Liselotte von der Pfalz gebraucht in ihren Briefen als eines ihrer Lieblingssprww.: „Mit der Zeit kam Jean ins wames, er zog aber 7 jahr ahn eine mau". Vgl. auch ndl. ,Al doende kwam wambuis in Harmen, en hij mouw de zeven jaar over eene trok'. Simrock (7261) verzeichnet die hd. Wndg. *Nachgerade kommt Hans ins Wams,* die aber nicht sehr gebräuchl. ist.

Die bekannte Hauptperson des Kölner Figurentheaters erhielt den dort gebräuchlichsten männlichen Vornamen ,Hänneske(n)', wonach das ganze Theater bez. wurde.

Lit.: *R. Lochmann:* Volkskundliche Belege in den Briefen der Liselotte von der Pfalz; masch.-schriftl. Staatsexamensarbeit (Freiburg 1969). *M. L. Schwering:* Das Kölner ,Hänneskenʻ-Theater. Geschichte u. Deutung (Köln 1982).

Hans als Kurzform von Johannes (Hannes) war früher, namentlich vom 14. bis zum 17. Jh., der verbreitetste aller dt. Vornamen. So kommt es, daß Hans, ähnl. wie Peter, Matz (Matthias), Barthel (Bartholomäus), Grete, Liese in Ausdrücken wie ,Heulpeter', ,Hemdenmatz', ,Dreckbarthel', ,faule Grete', ,dumme Liese' u.a. als Gattungsname gebraucht wurde: ,Große Hansen' (= große Herren), ,Faselhans', ,Plapperhans', ,Gaffhans', ,Knapphans' (für einen Sparer) und ,Prahlhans'. *Da war (ist) ↗Schmalhans Küchenmeister;* die Rda. ist schon seit dem 17. Jh. bezeugt; bei Schupp heißt es: „Wo man Holz umb Weihnachten, Korn umb Pfingsten und Wein umb Bartholomäi kauft, da wird

Schmalhans endlich Küchenmeister". Nach der Schlacht von Breitenfeld wurde Tilly verspottet:

Ein anders mal
Bleib Hannes Schmal
Und nit so gierig schaue;
Denn wer zu voll
Das Maul nimmt wol,
Hat übel zu verdauen.

Gern verwendet Goethe solche Ausdrücke: „Du sprichst ja wie Hans Liederlich" (‚Faust' I, V. 2628), „Hans Ohnesorge" (‚Erste Epistel'), „Hans Adam" (‚West-östlicher Divan'). ‚Hans Urian' (oder Musche Urian) ist eine volkstümliche Bez. des Teufels, ‚Meister Hans' wird der Scharfrichter genannt, ‚Hans im Glück' (nach KHM. 83) ist ein mit allem Zufriedener, ein Glückspilz. Daher auch die Rda.: ‚sich fühlen wie Hans im Glück'. Den ‚blanken Hans' nennt man das Meer, vor allem die Nordsee. Wegen ihrer Unberechenbarkeit, z.B. bei Sturmflut, die allen Widerstand herausfordert, wird ihr ‚Trutz blanker Hans' entgegengerufen.

Hans wird auch zum Typus der Dummheit: ‚Hans Dumm', ‚Hansnarr', ‚Hansaff(e)', ‚Hans Affenschwanz' (älter: ‚Affenzagel'). *Hans* (*Dampf:* dieser Zusatz erst seit dem Anfang des 19. Jh.) *in allen Gassen* führt Joh. Agricola 1529 an (Nr. 257): „Er ist Hans ynn allen Gassen, Ein Steyn, den man hyn vnd wider waltzet, bewechst selten, also lernet nichts redliches, er gebe sich denn auff eines allein, vnd lerne das wol, Denn der ynn allen gassen wonet, der wonet vbel".

‚Hans Dampf in allen Gassen' ist schließlich der Titel einer Erzählung von Heinrich Zschokke (1771–1848). In Gotha wird behauptet, ein Hans Dampf sei dort im 19. Jh. eine leibhaftige, stadtbekannte Persönlichkeit gewesen, und man beruft sich dabei auf die 1846 anonym in Gotha erschienene Dichtung: ‚Die Wirkung des Dampfes oder das Leben auf der Thüringer Eisenbahn ...', wo es in der 10. Strophe heißt:

Nun kommt auch Hans George, genannt der Hans Dampf,
Hat Abschied genommen, überstanden den Kampf,
Er will gern mit fahren in die höllische Fremd',
Mit seinen sieben Sachen, zwei Strümpf und ein Hemd;
Das Entree bezahlet das Mütterchen fein,
Und nun fährt der Schlingel über den Rhein.

‚Hans Dampf' heißt noch heute eine bekannte Gaststätte in Gotha.

Ein Lied aus ‚Des Knaben Wunderhorn' trägt den Titel ‚Hans in allen Gassen'; es stammt von einem Fliegenden Blatt von 1636.

‚Hans Dampf in allen Gassen'

In Holstein nennt man einen, der alles aufschiebt, ‚Hans Namiddag' und einen, der alles aufwühlt, ‚Hans Röhrup'. *Hänschen im Keller* wird im Scherz ein zu erwartendes Kind genannt (seit dem 18. Jh. belegt); vor allem in dem Trinkspruch: ‚Hänschen im Keller soll leben!' Ähnl. engl. ‚Jack in the cellar'.

Am bekanntesten ist *Hanswurst,* zuerst 1519 belegt, eine ndd., danach obersächs. Schelte des unbeholfenen Dicken, dessen Gestalt einer Wurst gleicht. Der Name erinnert an den frz. ‚Jean potage' (heute fast unbekannt), den ‚Maccaroni' in Italien, den ‚Jack Pudding‘ in England, den ‚Pikkelhering‘ in Holland. Deutlich sind diese Namen nach den Lieblingsgerichten der unteren Volksklassen der verschiedenen Völker gegeben worden. Der Name Hanswurst erscheint zuerst in der ndd. Bearbeitung des ‚Narrenschiffs‘ (Brant selbst hat dafür „Hans myst“). Dann findet sich der Name in einer gegen den Herzog von Braunschweig-Wolfenbüttel gerichteten Schrift Luthers: ‚Widder Hannsworst‘

1

‚Den Segen Gottes bring' ich hier / damit nicht zwenig ist gleich vier / Doch ist ein Segen eigner Art / weil man dabei gar nichts erwart / Je mehr so Segen kommt ins Haus / Desto eher geht das Geld hinaus‘

2

3

1–3 ‚Hanswurst‘

(Wittenberg 1541); darin heißt es: „Wohl meinen etliche, ihr haltet meinen gnädigen Herrn darum für Hannsworst, daß er von Gottes Gnaden stark, fett und Völligs Leibes ist“. Bei Luther ist die Bdtg. also auf ‚Tölpel‘ erweitert. Die heute übliche Form ‚Hans Wurst‘ steht erst in Fischarts ‚Gargantua‘ 1575 (Kap. 8, Bl. K 6 b): „Trink allzeit for dem durst, so tringt dich kein durst Mein Hans Wurst“. In der zweiten H. des 16. Jh. wird der Hans Wurst zur Gestalt des Narren im Lustspiel, von da aus zur Bez. jedes närrischen, albernen Menschen. Daher die Rda. *den Hanswurst (für jem.) spielen (machen):* sich zum Narren halten lassen; vgl. frz. ‚faire le guignol‘, nur i. S. v.: sich absichtlich wie ein Hanswurst aufführen und die anderen dadurch zum Lachen bringen; *ich bin doch nicht dein Hanswurst:* ich lasse mich von dir nicht zum Narren halten; vgl. auch *mit jem. das Hänschen machen:* ihn veralbern, als dumm behandeln. Ähnl. auch: ‚Mit jem. das Hansele machen‘. Hansele-Figuren als Narren u. Spaßmacher spielen in der alem. Fasnet eine große Rolle.

Im Elsaß ist der ‚Hans im Schnokeloch‘ eine Art Symbolfigur geworden. Er steht für den ewig Unzufriedenen, dessen Lieblingsausdr. ‚Hätt-ich‘ (↗ Hättich) ist und der doch nicht bekommt, was er will:

Un was er hett, / das will er nit,
und was er will, / das hett er nit.

Darüber hinaus begegnet er auch als Titel einer humoristischen Zs., hrsg. von Karl Bernhard (1860–62), sowie eines Gedichtes von Alph. Heitz. Eine andere, bes. bei Kindern beliebte Hansfigur ist der aus dem Struwwelpeter bekannte ‚Hansguckindieluft', der Träumer, dessen Blick immer himmelwärts gerichtet ist u. der daher fortwährend über Stock u. Stein stolpert. Einen Hinweis auf die Allerweltsbdtg. des Namens Hans gibt auch das Märchen ‚Hänsel u. Gretel' (KHM. 15).

↗haben, ↗Schmalhans, ↗Wurst.

Lit.: *F. v. Radler:* Der wienerische Hanswurst (Wien 1894); *F. Heyck:* Hanswurst (1928); *W. Meyer:* Werden und Wesen des Wiener Hanswurstes (Diss. Leipzig 1932); *H. Hohenemser:* Pulcinella, Harlekin, Hanswurst (Diss. München 1940); *O. Rommel:* Die Altwiener Volkskomödie (Wien 1952). *A. Bach:* Dt. Namenkunde, 3 Bde. (Heidelberg 1952–56), bes. Bd. 1: Die dt. Personennamen; *G. Schiedlausky:* ‚Hansel im Keller', in: Der weiße Turm 10 (1967), S. 23–25; *L. Schmidt:* Hanswurst u. verwandte Gestalten in der Volkskunst, in: Werke der alten Volkskunst (Rosenheim 1979), S. 43–48; *W. Mieder:* ‚Was Hänschen nicht lernt, lernt Hans nimmermehr'. Zur Überlieferung eines Luther-Sprichwortes, in: Sprachspiegel 39 (1983), S. 131–138; *H.-J. Uther:* Art. ‚Hans im Glück', in: EM. VI, Sp. 487–494. *R. Böhm:* Hänsel und Gretel. Eine Fallstudie (Bern – Frankfurt a.M. – New York 1991).

hänseln. *Jem. hänseln:* ihn necken, zum besten haben. „Das Wort hänseln (auch hansen, verhansen) bez. urspr. die Aufnahme in eine Schar (ahd. und got. ‚hansa' = Schar) u. ist möglicherweise im Zusammenhang mit der Entwicklung der Hanse entstanden. Der früheste Beleg für das Wort stammt aus dem Jahre 1259. Später verflachte die Bdtg. zu ‚jem. zum Narren haben', aufzwicken, frozzeln etc. Bestimmte Gruppen beanspruchten ein Hänselrecht u. machten vom Vollzug des Hänselns den Genuß ihrer Privilegien abhängig. So ist laut der ‚Borßbandts Ortung' von 1627 in St. Goar das Verhansen Vorbedingung für das Feilhalten von Waren auf dem dortigen Markt. Es wird in St. Goar jedoch um diese Zeit bereits auch scherzhaft an durchreisenden Fremden vollzogen. Eine große Rolle spielte das Hänseln auch bei den Studenten, bei denen sich in Nachahmung kirchlicher Gebräuche – z.B. Eintritt in einen Mönchsorden – ein derbes Necken u. Hänseln herausbildete. A. Beier schildert das Hänseln als ‚Ceremonia bei der Aufnahme eines künftigen Mitgliedes in eine Gemeinschaft, fast wie das Deponieren der jungen Studenten auf etzlichen Universitäten bräuchlich'. Dieses Hänseln ist in allen Volkskreisen üblich gewesen u. hatte letzten Endes nur den Zweck, von den Gehänselten ein Lösegeld zum Vertrinken zu erpressen. In anderer Form hat sich das Hänseln z. B. bei den Zimmerern bis auf die heutige Zeit erhalten. „Wer ungerufen auf den Arbeitsplatz kommt, kann gewärtig sein, daß die Zimmerer von ihrem ‚Platzrecht' Gebrauch machen u. ihn unversehens mit ihrer Schnurleine umbinden. Dann heißt es: ‚Zahlen!'" (R. Wissell, S. 29–30).

Um eine andere Art des Hänselns handelt es sich bei der Äquatortaufe der Seeleute, bei der jeder, der zum erstenmal den Äquator passiert, sich einer besonderen Taufe unterziehen muß. Doch ist dieser Brauch – wie viele andere Hänseleien auch – eher den scherzhaften Hänseleien zuzurechnen. Für die jüngere Zeit ist eine Zwischenstellung zwischen Ernst u. Scherz typisch. Sie führte zu der neuen verflachten Bdtg. des Begriffs.

Lit.: *R. Wissell:* Des alten Handwerks Recht u. Gewohnheit (Berlin 1929); *F. Rauers:* Hänselbuch, Schleif-Vexier-Deponier-Tauf- und Zeremonien-Buch (Essen 1936); *A. Wacke:* Nachlese zum Volksbrauch, in: Österr. Zs. f. Vkde. 82 (1979), S. 151–166 passim; *K.-S. Kramer:* Art. ‚Hänseln', in: HRG. I. Sp. 2003–2004.

Harakiri. *Harakiri machen:* sich selbst den Garaus machen (wirtschaftlich, politisch u. gesellschaftlich). Eigentl.: auf grausame Weise Selbstmord begehen. Japan. ‚Harakiri' bedeutet ‚Bauchaufschneiden'.

Es war die unter dem Kriegerstand gebräuchl. Art des Selbstmordes zur Wahrung der Ehre, die er durch eine drohende Gefangenschaft oder Strafe sonst verloren hätte. Unter Einhaltung zeremonieller Regeln schnitt sich der Harakiri-Begehende von links nach rechts den Bauch auf, während ihm im gleichen Augenblick ein Freund den Kopf abschlug. Nach 1868 wurde der Harakiri-Zwang aufgehoben. Freiwillig wurde diese Art des Selbst-

,Harakiri'

(Von dem Bauch-aufschneiden: A. Ist die Person selbsten, die ihren Bauch aufschneidt / B. Ist sein Nothhelfer, wofern ihn einige Schwachheit oder Ohnmacht überfassen möchte / C. Ist derjenige, welcher ihm den kleinen Säibel überreicht und zubringt, damit er ihm selbst den Bauch aufschneiden soll / D. Ist der Tempel, auf dessen Vorhof diese Bauch-aufschneidung gewöhnlich vorgeht / E. Sind sechs Priester, die Sorge für das Begräbtniß des Leichnams und die Seele des Patienten tragen / F. Sind zwölf von der nechsten Freundschaft und beste Bekanten des Bauchschneiders / G. Sind eitel Zuseher, als denen (in Wahrheit) kein Spiel zu groß ist)

mords nur noch selten verübt. In Europa meist in übertr. Bdtg. verwendet.

Lit.: *C. Redesdale:* Tales of Old Japan (mit A.B. Ford) (London 1910); *H. Matsubara:* Blick aus Mandelaugen (Kevelaer 1983), S. 38–39.

Harfe. *Die Harfe spielen in der Mühlen:* ältere Rda. für: etw. Vergebliches tun. Ähnl. wird es schon von Neidhart von Reuental (um 1190–1246) in seinen Liedern (69,38) ausgedrückt: „swaz ich ir gesinge deist gehärpfet in der Mül, si verstêt es minder wort".

K. Simrock (335) führt auf: ,In der Mühle ist übel harfen' (wegen des dort alles übertönenden Geräusches).

Im MA. war die Harfe vor allem als Begleitinstrument zum Gesang bekannt, wurde darüber hinaus aber auch ohne Gesang zum Tanz gespielt. Später wurde sie von der Geige verdrängt, zur Liedbegleitung jedoch auch weiterhin verwendet. Das Bild von der Harfe begegnet schon an zahlreichen Stellen in der Bibel (Hiob 21,12; 30,31; Ps. 98,5 etc.) u.a. in der Übers. Luthers. Luther (Briefe, 2,62) kennt auch den sprw. Vergleich *geschickt als der Esel zur Harfe;* es ist vergebliche Mühe, dem Esel das Harfenspiel beizubringen. Schon mhd. „Ein man mac sich wol selben touben (betouben = betören), der ein esel wil harpfen lêren". Statt des Esels erscheint auch der Bär als Schüler: „Sô mac man einen wilden bern noch sanfter herpfen lêren". Dazu gehört das warnende Sprw.: ,Wer die Harfe nicht spielen kann, greife nicht hinein' (↗Esel).

Nachdem die Harfe im 16./17. Jh. entspr. ihres selteneren Gebrauchs auch im Sprachgebrauch kaum noch begegnete, lebte ihr Bild durch die allgemeine Hinwendung zur Antike im 18. Jh. wieder auf, jetzt freilich in der gehobenen Sprache, hochstilisiert zur Äolsharfe, Wind- u. Geisterharfe in Verbindung mit hochpoetischen Zitaten wie: „Der Wind harft in den Bäumen". Klassische und romantische Autoren äußerten sich überschwenglich über die Harfe:

> Wie Harfentöne ineinander spielen
> zu der himmelvollen Harmonie

(Schiller: ,Räuber' 3,1); Noch bei E. M. Arndt heißt es:

> Auch klingt es oft wie Harfenton,
> wie Geisterflüstern drein

(Gedichte, 1840, 173).

‚Harfenjule'

Lit.: *M. Willberg:* Die Musik im Sprachgebrauch, in: Die Muttersprache (1963), S. 201–221.

Harfenjule. Sprw. Bekanntheit erlangte die Berliner ‚Harfenjule' (mit bürgerlichem Namen Luise Northmann), die um 1900 in den Höfen der Berliner Arbeiterviertel Lieder sang und sich dabei selbst begleitete. In ihrer Jugend war Frau Northmann blind gewesen; nach einer Operation konnte sie mit einem Auge Dinge wie durch einen leichten Nebel erkennen. 1969 spendete ihr der Steinmetzmeister Frank Merk einen Grabstein auf dem Kirchhof der Luthergemeinde in Berlin-Lankwitz. Hier hatte sie 1911 ein Armengrab erhalten. Mit der sozialen Seite ihrer Existenz befaßten sich H. Zille in seiner Graphik von der Harfenjule wie auch Klabund (Pseudonym für Alfred Henschke) in einem in der Zs. ‚Pan' erschienenen Gedicht:

Emsig dreht sich meine Spule,
Immer zur Musik bereit,
Denn ich bin die Harfenjule
Schon seit meiner Kinderzeit.

Lit.: *B. Kalusche:* Harfenbedeutungen (Frankfurt/M. – Bern – New York 1986), S. 205.

Harke. *Einem zeigen, was eine Harke ist* (‚Ick wer dir zeigen, wat 'ne Harke is!'): es ihm begreiflich machen in einer Weise, daß er daran denken soll; jem. gründlich die Meinung, die Wahrheit sagen; den Standpunkt klarmachen, ihn derb und handgreiflich belehren. ‚He kennt de Hark nig!' (er kennt die Harke nicht) sagt man in Holstein von jem., der zu Hause so tut, als ob er fremd sei. Die Rda. ist schon im 16. Jh. bezeugt: ‚Itzt weistu, was ein harke heist' (J. Ackermann: ‚Der ungerathene Sohn', 1540, S. 116). Obwohl das Wort Harke = Rechen auf den Norden Dtl.s beschränkt ist, bezieht sich die Rda. deutlich auf einen weitverbreiteten Schwank von dem aus der Fremde heimkehrenden Sohn, der die Sprache seiner Angehörigen nicht mehr verstehen will und in fremden Zungen redet: Ein Bauernsohn stellt sich bei seiner Rückkehr aus der Stadt (aus dem Ausland, aus der Lateinschule) so, als ob er nicht mehr wisse, was eine Harke ist. Als er aber aus Versehen auf die Zinken tritt und die Harke ihm mit dem Stiel an den Kopf schlägt, ruft er aus: ‚I du verflökte Hark!' (z. B. Firmenich: ‚Germaniens Völkerstimmen' I, 76f.). Ausführlich in dieser Form erzählt den Schwank zuerst Montanus in seiner ‚Gartengesellschaft'; doch ist er bereits 1512 in Murners ‚Narrenbeschwörung' erwähnt: „Wa doch dyn vatter bzale das, Do soltu nit vil darnach fragen. Wolt er denn darüber clagen, So mach dir selber ein latinum: Mistelinum gebelinum!" Die Heimkehr des jungen Helmbrecht beweist (‚Meier Helmbrecht' V. 697ff.), daß der Schwank auch im MA. bereits bekannt und volkstümlich gewesen sein muß. Vgl. die obersächs. Rda.: ‚Er kennt die Harke nicht mehr', er hat seine Muttersprache verlernt.

Vgl. frz. ‚Je lui montrerai comment je m'appelle' (wörtl.: Ich will ihm zeigen, wie ich heiße).

Lit.: *G. Polívka:* Eine alte Schulanekdote und ähnliche Volksgeschichten, in: Zs. f. Oesterr. Vkde. 11, S. 158–165; dazu Nachträge von *J. Bolte,* in: Zs. d. Ver. f. Vkde. 16 (1906), S. 298; *F. Panzer,* Zum Meier Helmbrecht, in: PBB. 33 (1908), S. 391–398; *Wander* II, Sp. 361 (‚Harke' 4); *Müller-Fraureuth* I, 477; *E. Moser-Rath:* Art. ‚Der gelehrte Bauernsohn', in: EM. I, Sp. 1350–1353.

Harnisch. *Einen in Harnisch bringen:* ihn zornig machen; die Wndg. ist schon 1626 bei Julius Wilhelm Zincgref belegt. *In Harnisch geraten:* zornig werden. Eigentl. ist, wer im Harnisch ist, gerüstet und bereit zum Waffenkampf, dann übertr.: bereit, mit Worten zu kämpfen. Im wörtl. Sinne noch z.B. im 15. Jh. in Behaims ‚Buch von den Wienern' (S. 185, V. 8):

All weg warn wir peraitet, so
man anslug und sturm lautet do,
jm harnusch waren wir das meist.

Schon halb übertr. und doch auch real vorstellbar z.B. in einem Volkslied von 1688 gegen die Verwüstung der Pfalz durch die Franzosen:

Kaiser, kannst die Not du sehen,
Und ihr Fürsten in dem Reich,
Daß solch Schandthat kann geschehen,
Und fahrt nicht in Harnisch gleich?

„Im Harnisch sein" bucht als sprichwörtlich 1561 Agricola, ebenso 1649 Gerlingius (Nr. 121): „Er fert leicht daher, wie ein zerbrochen Schiff. Er ist wenig zu heiß gebadet. Er ist bald im Harnisch" (ebenda Nr. 129: „In den harnisch jagen" für: zornig machen). Das wörtl. Gegenteil dazu ist eigentl. ‚entrüsten' = die Rüstung ausziehen. Über die abgeschwächte Bdtg. ‚aus seinem geordneten Zustand bringen' entwickelt dies dann aber, vor allem reflexiv gebraucht, den Sinn: aus der Fassung kommen, aufgebracht sein.

‚Jem. einen geharnischten Brief schreiben': ihm schonungslos seine Meinung über etw. darlegen, seinen Zorn brieflich zum Ausdr. bringen.

hart, hartnäckig. *Hart im Nehmen sein:* unempfindlich sein, eine Portion Schläge vertragen können – im wörtl. wie im übertr. Sinne. Mit ‚Härte' ist eine bestimmte (rücksichtslose) Angriffs- u. Verteidigungshaltung umschrieben, die sowohl Schläge austeilen als auch einstekken kann. Sie findet auch in anderen Wndgn. ihren Niederschlag, z.B.: *hart wie Eisen* oder *(Krupp-)Stahl, hart wie Stein,* womit im übertr. Sinne auch Halsstarrigkeit oder Unnachgiebigkeit gemeint sein kann. Andere Rdaa. zu diesem Umfeld sind: *ein hartgesottener Bursche sein, einen harten Schädel haben, mit harten Bandagen kämpfen,* u. Ausdrücke wie: ‚hartherzig' u. ‚knochenhart'. *Etw. ist ein harter Brocken:* eine größere Sache, an der man lange kaut, die viel Unannehmlichkeiten bringt, ↗Bandagen, ↗Bissen, ↗Brocken.

Es geht hart auf hart: es geht um eine entscheidende Sache, in der mit allen zur Verfügung stehenden Mitteln gekämpft wird.

Etw. geht hart am Ziel vorbei: man trifft den Kern der Sache nicht ganz, ist aber nahe dran. *Einen harten Kurs einschlagen:* häufig politisch gebraucht, z.B. für die Ahndung von Straftaten. Nicht selten ist auch die Rede von einer ‚harten Erziehung', die gegen die Wechselfälle abhärtet u. stark macht i.S. des (heute iron. gebrauchten) geflügelten Wortes von Fr. Nietzsche aus dem ‚Zarathustra' (Ges.-Ausg. Bd. 6, S. 224, 3. Tl.): „Gelobt sei, was hart macht".

Etw. hat sich hartnäckig gehalten: es ist nicht auszurotten. So hat sich auch der Begriff ‚hartnäckig' sowohl in adj. wie auch in adv. Form ‚hartnäckig' gehalten u. sprw. Bdtg. erlangt, da er eine Verkürzung der Wndg. ‚einen harten Nacken haben' darstellt.

Die Härte des Nackens ist andererseits aber auch Ausdr. der Kraft, die den Menschen befähigt, eine Last zu tragen, Widerstand entgegenzusetzen – im Gegensatz zum geschmeidigen Nacken, der leicht gebeugt werden kann u. zu Unterwürfigkeit neigt: „harter nacke dient für manchen klugen man". Darüber hinaus ist der harte Nacken auch als Ausdr. einer schlechten Eigenschaft i.S.v. Trotz u. Widerstandsgeist bekannt u. schon in der Bibel erwähnt: „denn ich weiß, daß du hart bist, u. dein Nacken ist eine eiserne Ader" (Jes. 48,4), u. an anderer Stelle: „so gehorchten sie nicht, sondern härteten ihren Nacken gleich dem Nacken ihrer Väter" (2. Kön. 17,14).

Heute wird der Begriff ‚hartnäckig' vorwiegend i.S.v. standhaft, beharrlich, nicht nachlassend gebraucht, oder aber in bestimmten Zusammensetzungen wie: ein hartnäckiges Fieber, hartnäckiges Gerücht etc., d.h., er wird auf etw. bezogen, das sich lange hält u. eigenen Gesetzen zu gehorchen scheint.

Landgraf werde hart ↗Landgraf.

haschen. *Hasch' mich, ich bin der Frühling.* Die Wndg. wird von Männern gebraucht, die sich über Frauen amüsieren, die durch lächerlich jugendliche Kleidung auffallen. Die Vermutung liegt nahe, daß die Wndg. ihren Ursprung im Fangspiel hat, wobei sich die Betroffene fortwährend entzieht und daher so wenig gefangen werden kann wie der Frühling, der stets nur vorüberzieht.

‚Haschen' wird heute auch zur Bez. des Rauschmittelkonsums in der Jugendsprache verwendet.

Hase. *Ich dachte, es hätte mich ein (der) Hase geleckt:* ich meinte, mir wäre ein bes. Glück zuteil geworden. Eine seit dem 17. Jh. bekannte Rda., die auch heute noch mdal. verbreitet ist. Obersächs.: ‚Daar hat a Gesicht gemacht, als wenn'n der Hos gelackt hett', er schmunzelte.

Wissen, wie der Hase läuft: gut Bescheid wissen; sehen, wie eine Sache läuft, vgl. frz. ‚connaître la musique', ↗Musik. Der Hase ist bekannt wegen seines Hakenschlagens, wenn er vom Hund aufgestöbert wird. Der erfahrene Jäger läßt sich von den einzelnen Haken nicht beeindrucken und achtet nur auf die Hauptrichtung seiner Flucht. Auf dieser Beobachtung beruht schon die folgende Stelle in der ‚Hildesheimer Chronik' von Oldecop aus dem 16. Jh.: „Tom lesten (zuletzt) dede de markgraf einen hemelichen afsprunk, also de hase deit, und vorlor sie". Bei einer Sache mit zweifelhaftem Ausgang wartet ein Kluger ab, *wohin der Hase läuft,* in welche Richtung sie sich entwikkelt; engl. sagt man im gleichen Sinne: ‚to see how the cat jumps' (sehen, wie die Katze springt). Goethe gebraucht in ‚Dichtung und Wahrheit' die Wndg. „einen Hasen nach dem andern laufen lassen" u. bemerkt: „Dies war unsre sprichwörtliche Redensart, wenn ein Gespräch sollte unterbrochen und auf einen anderen Gegenstand gelenkt werden".

Den Hasen laufen lassen: das Geld mit vollen Händen ausgeben. Bereits Grimmelshausen schreibt im ‚Simplicissimus' (III, Kap. 11): „Ich war aber ein schröcklich junger Narr, daß ich den Hasen so lauffen ließ", d.h., daß ich die Sache so begann, mein Geld so verschwendete. Bei Wander (II, 375, Nr. 187) wird die Rda. jedoch mit ‚verliebt sein' übersetzt.

Merken, wo der Hase liegt: genau Bescheid wissen, den Kern der Sache erfassen, nämlich urspr. wo sich der Hase versteckt hält. „Ha, ha, nun merk ich wo der hase liegt", sagt A. Gryphius (1698). Nur scheinbar eine Erweiterung ist die Rda. *da liegt der Hase im Pfeffer:* das ist der Punkt, auf den es ankommt; da ist die Schwierigkeit; da hakt es (vgl. ‚da liegt der ↗Hund begraben'). Hier dreht es sich nicht um den lebenden, sondern um den toten und sogar schon fertig zubereiteten

‚Wissen, wie der Hase läuft'

Hasen. Unter Pfeffer muß man eine früher allg. beliebte und oft bereitete Brühe oder Soße verstehen, die mit Pfeffer und anderen Gewürzen abgeschmeckt wurde und in der man Fische, Hasen und anderes Fleisch anrichtete (‚Hasenpfeffer'). Die Rda. ist seit dem 13. Jh. schriftlich belegt. Bei Philander heißt es: „Keiner aber weiß, wo der Has im Pfeffer liegt, als der ihn angerichtet oder helfe essen". „Da liegt der Haas im Pfeffer" heißt es bei Schiller (‚Kabale u. Liebe' 1, 1). Geiler von Kaysersberg (gest. 1510) betitelt sinnbildl. einen Predigtzyklus: „Ain geistliche bedeutung des häßlins, wie man das in den pfeffer bereyten soll", und in Seb. Brants ‚Narrenschiff' (71, 12ff.) wird von streit- und prozeßsüchtigen Leuten gesagt, sie verließen sich darauf, das Recht zu ihren Gunsten zu drehen:

Nit denckend, das sy sint der has,
der ynn der schriber pfeffer kumt.

Der urspr. Sinn der Rda. ist wahrscheinl.: da sitzt der Unglückliche in der Patsche, und ihm ist nicht mehr zu helfen. Ähnl. ist das Bild von der eingebrockten Suppe, die ausgelöffelt werden muß. Deutlich geht dieser Sinn hervor aus der ‚Zimmerischen Chronik' (Bd. 4, S. 165): „Den (König) fieng erst an sein fürnemen zu rewen, jedoch so war der has im pfeffer, er kem gleich darauß, wie er welte". Möglich ist auch, daß die Rda. ‚Der Hase liegt in jem. Pfeffer' (d.h. Der Gegenstand oder die Person ist einem andern zur Beute, zum Gegenstand des Genusses geworden) vermischt worden ist mit der oben genannten: ‚Er weiß, wo der Hase liegt' (d.h. wie die Sache zu machen ist, worauf es ankommt). Die heutige Form der Rda. ist seit dem 17. Jh. oft bezeugt. Vgl. frz. ‚Voilà le hic': Da liegt die Schwierigkeit.

Mir ist ein Hase über den Weg gelaufen: ich bin heute vom Pech verfolgt und überzeugt, daß mir nichts gelingen wird. Bes. im ‚Angang' (erste Begegnung am Morgen) bedeutet ein Hase Unglück im Volksglauben. Dieses Vorurteil ist so stark, daß es noch heute den Jäger zur Umkehr bewegt. Nicht anders ist es, wenn einem eine Katze, bes. im Dunkeln, über den Weg läuft, und ebenso ist das Zusammentreffen mit Hinkenden und Einäugigen bedenklich, auch mit alten Weibern und Priestern; Bär, Wolf und Eber dagegen bedeuteten einstens Glück. Man sah die Begegnung mit kampflustigen Tieren als gute Vorbedeutung für den Ausgang eines bevorstehenden Kampfes an, die mit unkriegerischen dagegen als schlechtes Zeichen. Außerdem gelten Hase und Katze als Verwandlungsgestalten der Hexe. Lit. Belege berichten von diesem Volksglauben oder verurteilen ihn, z.B. heißt es: „1289 verloren die wider die Dithmarschen kriegenden Grafen von Holstein eine Schlacht, weil ihrem Heer ein Hase entgegenlief" (Ber. ein Schriftst. d. 17. Jh. – Wander II, Sp. 372); in Albertinis ‚narrenhatz' (München 1617) wird gespottet: „abergläubig stocknarren erschricken, wenn ein haas über den weg, darüber sie gehen oder reiten müssen, laufet, denn sie vermeinen, daß sie an selbigem tag ein unglück ausstehen müssen". 1646 heißt es: „Item, wann einer morgens ausgeht, und ihm zum ersten ein weyb begegnet, oder ein haas über den weg läuft ... dass ihm etwas widerwärtiges desselben tages zuhanden stossen werde". Auch die Rokkenphilosophie warnt: „Es ist nicht gut, wenn man über Land reist, und läufft einem ein Haase übern Weg". Noch im Kinderlied klingt dies an:

Läuft ein Häslein übern Steg
Fahren wir nen andern Weg.

Die Furchtsamkeit des Hasen war Grund zu mehreren Rdaa., wie etwa *einen Hasen im Busen haben:* sich fürchten; *hasenschreckig sein:* Angst haben. „Ich bin nicht hasenschreckig" heißt es bei Seb. Franck um 1570. Bair. meint ‚derhasen' furchtsam werden, den Mut sinken lassen; vgl. engl. ‚to hare' (in Angst geraten). In der ‚Zimmerischen Chronik' (Bd. 1, S. 200) findet sich: „Do überkamen sie ainsmals den hasen im busen, wie man sprücht, und berathschlagten, das in der nacht sie haimlich mit allem kriegsvolk abziehen und in iren vorteil sich legern wolten". ‚Den Hasen im Busen haben' hatte im 16. und 17. Jh. auch die Bdtg. von ‚närrisch sein', so wie oftmals der Hase als närrisches, dummes Tier in den Rdaa. auftaucht. Hase nannte man im 16. Jh. einen albernen Gecken; im Siegerland sagt man von einem, der eitel und eingebildet ist: ‚Er hat einen Hasenfuß in der Tasche'; ebenso in Westf.

Um eine ernste Angelegenheit handelt es sich bei der Wndg. ‚eine Hasenscharte haben', d.h., eine Mißbildung der Oberlippe haben, die im Aussehen an die Spaltung der Oberlippe des Hasen erinnert. Sie begegnet als Erzählmotiv in verschiedenen Sagen (Mot. A 2211.2); darüber hinaus aber auch im Zusammenhang mit der sprichwörtl. Ängstlichkeit des Hasen in einer Fabel (AaTh. 20), die seit der Spätantike in vielen Variationen tradiert ist. Es ist darin die Rede von einer Versammlung von Hasen, die aus Verzweiflung darüber, daß sie von Menschen u. Tieren verfolgt werden u. in ständiger Furcht leben müssen, sich ertränken wollen bzw. in ein anderes Land ziehen. Ihr Weg führt sie an einem Teich vorbei, an dessen Ufer Frösche sitzen. Vom Lärm der heranziehenden Hasenschar aufgeschreckt stürzen sie sich ins Wasser. Ein alter, weiser Hase ermahnt daraufhin die übrigen zur Umkehr, da es offensichtlich noch andere Tiere gebe, denen es schlechter als ihnen ginge, u. es wohl kein Land gäbe, in dem man ohne Furcht leben könne. In einigen jüngeren Variationen hat das Thema eine Erweiterung erfahren: Die Hasen müssen am Ende über ihre eigene Torheit so lachen, daß sich ihre Oberlippe spaltet u. sie seither eine Hasenscharte haben. R. W. Brednich nimmt an, es könnte aus der verbreiteten Tiererzählung vom ‚Fuchs am Pferdeschwanz' (AaTh. 47) seinen Weg in die Fabel AaTh. 20 gefunden haben.

‚Hasenfuß'

‚Angsthase'

Auch könnte die Rda. *ein alter Hase sein* (viel Erfahrung haben) hier ihren Urspr. haben.

Die Ausdrücke *Hasenfuß* und *hasenfüßig* enthalten ebenfalls oft den Begriff des Närrischen, Albernen und Geckenhaften. Bei Goethe (‚Mitschuldige') sagt der Wirt seinem Schwiegersohn eine Menge schlimmer Dinge nach und faßt das zusammen mit dem Wort: „Der König Hasenfuß". Vor dem 14. Jh. galt der ‚Hasenfuß' (mhd. hasen vûz) als rascher Läufer, erst später verschob sich die Bdtg. zur Bez. eines Furchtsamen. Engl. ‚hare-foot' meint heute noch lediglich den guten Sportler. Bei Schiller heißt es: „Hat ers Kourage nicht, so ist er ein Hasenfuß" (‚Kabale und Liebe' 1,2).

Das Hasenpanier ergreifen: davonlaufen, fliehen. Das Panier des Hasen (auch *Hasenbanner* ist bezeugt) ist sein Schwänzchen, das er bei der Flucht in die Höhe reckt. Daher sagte man von Ausreißern auch: ‚Sie werfen das Hasenpanier auf' (so schon 1564 belegt) oder ‚der hasen paner aufstecken' (1548 in der Fabelsammlung ‚Esopus' von Burkard Waldis). Die Form ‚das Hasenpanier ergreifen' steht seit Luther fest. ‚Ergreifen' wurde wahrscheinl. aus ‚die Flucht ergreifen' übernommen. Im Bilderbogen von Paul Fürst um 1650/60, ‚speculum bestialitatis', heißt es:

Der haß der ist ein forchtsam thier,
Gar bald wirfft er auff sein panier.

Neben ‚Hasenfuß' und ‚Banghase' ist ein *Angsthase sein* eine seit 1500 gemeindt. Rda. – Andere Rdaa. für ‚fliehen' sind: *den Hasenkurs nehmen; sich auf seine Stärke verlassen wie die Hasen; einen Hasen machen; standhalten wie der Hase bei der Trommel; den Hasen bauen; Hasenschuhe anziehen.*

Hasenherz nennt man den Feigling. So etwa heißt es in Schillers ‚Räubern' (1,2): „und das schreckt dich, Hasenherz?" und Grillparzer spricht vom „hasenherzgen Schuft". Hase ist schon in der ‚lex salica' ein zu büßendes Schimpfwort: „si quis alterum leporem clamaverit ..." (wenn einer einen anderen einen Hasen gescholten hat ...). Im ‚Armen Heinrich' des Hartmann von Aue (um 1200) steht: „ir sint eines hasen genôz".

‚Das Hasenpanier ergreifen'

,Hasenherz' – Der ängstliche Liebhaber

Er ist kein heuriger Hase mehr sagt man von einem nicht mehr jungen, aber auch von einem erwachsenen, erfahrenen, kampferprobten Menschen. Der *alte Hase,* der schlau und rasch genug war, dem Jäger immer wieder zu entwischen, weiß sich zu helfen.

Hasenbrot wird allg. ein Butterbrot genannt, das man unberührt von einer Reise oder vom Gang zur Arbeit wieder mit nach Hause bringt, wo man es den Kindern mit den Worten gibt, man habe es einem Hasen abgenommen. Meist fügt man hinzu, man habe vorher *dem Hasen Salz auf den Schwanz gestreut,* wodurch er nicht mehr habe fliehen können. Diese Art, einen Hasen zu fangen, wird den Kindern allg. angegeben. Vgl. frz. ,mettre du sel sur la queue des petits oiseaux' (den Vögeln Salz auf den Schwanz streuen), ↗Vogel.

Dem habe ich einen Hasen in die Küche gejagt sagt man im Rhein. für ,einen Gefallen getan'. Mit dem Satz: ,Ich erwarte nicht, daß Sie mir die Hasen in die Küche treiben' wird zum Ausdr. gebracht, daß man nichts Unangemessenes erwartet. Wem der Hase von allein in die Küche läuft, der muß ihn nicht mühsam erjagen. Denn Hasen zu fangen ist nicht einfach. *Ich bin dem Hasen nachgelaufen* sagt, wer tüchtig gearbeitet hat. *Das ist doch keine Hasenjagd!* ruft man einem ungestüm Davoneilenden nach, und von einem, der immer alles zugleich tun will, sagt man *er läuft zwei Hasen nach;* vgl. frz. ,Il court deux lièvres à la fois'. Aber: *wer zwei Hasen will, kriegt keinen.* Von jem., der gut hört, sagt man, er habe *Hasenohren,* denn die langen Ohren des Hasen legen den Gedanken nahe, er müsse bes.gut hören. Der Hase hat große hervorstehende Augen und kleine Augenlider, so daß er gewöhnlich beim Schlafen die Augen nicht ganz schließt. Man glaubte daher, das furchtsame Tier wolle nur den Anschein erwecken, als ob es schlafe, in Wahrheit aber sei es stets auf der Hut. Daher die alte Rda. *den Hasenschlaf schlafen* (oder *haben),* gebucht in lat. Form seit 1508 bei H. Bebel (Nr. 547), in dt. 1541 bei Seb. Franck (II,73): „Er schläfft den Hasenschlaff. Er schläfft mit offnen augen wie ein Hase", ↗Auge.

Sich um den Hasenbalg zanken: sich um Kleinigkeiten streiten, die des Zankens nicht wert sind; früher wurde nur wenig für das Fell eines Hasen gezahlt.

Arbeit und Schulden sind keine Hasen: sie laufen nicht davon, man kann sie auch später noch erledigen. In ,Sprichwörtlich' reimt Goethe:

> Lief' das Brot, wie die Hasen laufen,
> Es kostete viel Schweiß, es zu kaufen.

Hasenrein ist der Jagdhund, der für die Hühnerjagd abgerichtet wurde und keinen Hasen angreift. ,Er ist nicht ganz hasenrein' sagt man heute im Sinne von: nicht einwandfrei, politisch nicht ganz unverdächtig. Ein *blinder Hase* ist ein in der Pfanne gebratener Hackfleischkloß. Vielerorts kennt man dafür nur ,falscher Hase', weitverbreitet (sogar in Italien, Frankreich u. den Niederlanden) ,Frikadelle', in Berlin das frz. ,Boulette' und in Ostdeutschland (Königsberger) ,Klops'. Die Katze ist als ,Dachhase' bekannt und in Notzeiten auch wohl öfter ,in den Kochtopf gewandert'.

Daran denkt das Karnevalslied:

> Bi Lehmanns hebbt se 'n Has im Pott,
> den Häwelmann sin Katt is fott, ...

Angeblich sollen findige Gastwirte früher ihren Gästen statt des gewünschten Hasenbratens eine Katze zubereitet haben. Goethe schließt sein parabolisches Gedicht ‚Katzenpastete' mit den Worten:

Die Katze, die der Jäger schoß,
Macht nie der Koch zum Hasen.

An einem entlegenen Ort *sagen sich die Hasen* (auch: Fuchs und Hase) *gute Nacht*, ↗Fuchs.

Der gespickte Hase war ehedem ein gefürchtetes Folterinstrument. *Bönhasen* hießen im Spott Handwerker, die ohne Vollmacht der Zunft heimlich in oberen Kammern arbeiteten. Urspr. hieß es ‚Bodenhase' oder ‚Bühnenhase' (für Bühne ‚Dachboden'); hierhin mußten sich nämlich die nicht anerkannten Handwerker flüchten, um nicht entdeckt zu werden. Da solche Leute oft schlechte Arbeit lieferten, bedeutet ‚Bönhase' soviel wie ↗‚Stümper', ↗‚Pfuscher'.

Die Rda. *mein Name ist Hase, ich weiß von nichts* wird auf den Heidelberger Studenten Viktor Hase zurückgeführt, der einem Kommilitonen, nachdem dieser einen andern im Duell erschossen hatte, durch absichtliches Verlieren seines Studentenausweises zur Flucht nach Frankreich verhalf. Seine Antwort auf die Generalfragen des Universitätsgerichts (1854/55) machte bald die Runde durch die Universitäten und ging von da in den allg. Sprachgebrauch über.

Den Hasen suchen (alem. ‚dr Has suche') sagen die Eltern an Ostern, dann finden die Kinder zwar keinen Hasen, wohl aber die vom ↗Osterhasen versteckten Ostereier.

Dem Has läuten meint einen Osterbrauch in Hessen: Am Morgen des ersten Ostertages setzt sich ein Bursche an die Tür der Kirche und fängt an zu rufen: ‚bomm, bomm', worauf es in allen Höfen, erst in der Nähe, dann in der Ferne ‚bomm, bomm' ertönt. Daran schließt sich ein Umtrunk an. Der Brauch beruht auf der legendären Überlieferung, daß die Glokken an den drei letzten Tagen der Karwoche in Rom sind und dort neu geweiht werden. Man ersetzt also die Glocken durch die menschliche Stimme, ↗Karfreitagsratsche.

Viele andere magische Vorstellungen sind

‚Mein Name ist Hase'

mit dem Hasen verbunden. Sie haben ihren Niederschlag u.a. auch im Märchen oder in bestimmten Redewendungen gefunden. So gilt der Hase z.B. auch als Liebessymbol, wie es auch zum Ausdr. kommt in der Wiener Rda.: ‚Schickt der Herr die Haserln, so gibt er auch die Graserln', die bei reichem Kindersegen Verwendung findet. Ähnl. auch der Spruch ‚... bescherert Gott ein Häsigen, so beschert er auch ein Gräsigen' (J. Praetorius: ‚Geschichten ... von ... dem Rübezahl', Neuausg. von P. Ernst, 1908, S. 85 (vgl. L. Schmidt: Sprw. dt. Rdaa., in: Österr. Zs. f. Vkde., 28 (1974), S. 98–99). Anspielungen ähnl. Art finden sich auch in den neuzeitlichen Häschen-Witzen (H. Venske: ‚Hattu Möhren!' – Über Häschen-Witze, in: Der Spiegel 6, 1977, S. 142–143).

Häufig wird der Hase auch in Verbindung mit Regen u. Nebel genannt. Das zeigt sich auch in der Rda. ‚Die Hasen rauchen', die beim Aufziehen von Nebel gebraucht wird, oder in der Wndg. ‚die Hasen bachen (backen) Küchlein (Brot)', was soviel bedeutet wie: wir bekommen Regen.

Aus dem Grimmschen Märchen vom Hasen und Igel (KHM. 187) sind die Worte des Igels ‚Ick bün all hier' sprw. geworden. Das Märchen dient heute zur Charakterisierung von Konkurrenzen zwischen ungleich Großen, vor allem wenn ein Kleiner über den Großen siegt; oder auch Intelligenz über bloße Körperkraft.

Lit.: *C. E. v. Thüngen:* Der Hase ... dessen Naturgeschichte, Jagd und Hege (Berlin 1879): *J. A. Walz:* ‚Einen Hasen laufen lassen' in Goethes ‚Dichtung u. Wahrheit', in: Modern Language Notes 23 (1908), S. 211–212; *O. Keller:* Die antike Tierwelt, I (Leipzig 1909), S. 210–216; *W. Lindenstruth:* Dem Has läuten, in: Hess. Bl. f. Vkde., Bd. VIII, S. 187–190 (mit mehreren hist. Belegen aus der Pfarrchronik von Beuren/Hessen); *H. Hepding:* Ostereier und Osterhase, in: Hess. Bl. f. Vkde., 26 (1927), S. 127–141; *Riegler:* Art. ‚Hase', in: HdA. III, Sp. 1504–1526; insbes. 1512 f.; *W. Jesse:* Beiträge zur Volkskunde und Ikonographie des Hasen, in: Volkskunde-Arbeit.Festschrift Otto Lauffer (Berlin–Leipzig 1934), S. 158–175; *A. Becker:* Osterei und Osterhase (Jena 1937); *L. Röhrich* u. *G. Meinel:* Rdaa. aus dem Bereich der Jagd und der Vogelstellerei, S. 319 f., 321; *V. B. Dröscher:* Mit den Wölfen heulen (Reinbek 1978), S. 69–72; *B. M. Henke:* ‚Sie liessen einen Hasen nach dem anderen laufen ...' (Frankfurt/M. 1983); *A. Schnapp:* Eros auf der Jagd, in: Cl. Bérard u. a.: Die Bilderwelt der Griechen (Mainz 1984), S. 101–125; *R. W. Brednich:* Art. ‚Hasen u. Frösche', in: EM. VI, Sp. 555–558, hier insbes. 557; *R. Schenda:* Art. ‚Hase', in: EM. VI, Sp. 542–555.

Hasel. *In die Haseln (Haselnüsse) gehen:* sein Liebchen aufsuchen, heimlichen Umgang pflegen, verbotene Liebe genießen. Der Haselstrauch und die Haselnuß besitzen erotische Bdtg. Sie gelten als Symbole der Lebenskraft und der Fruchtbarkeit, wahrscheinl. deshalb, weil der Strauch zäh und kräftig ist, bereits im Vorfrühling blüht und sehr viele Früchte hervorbringt, die sich oft gepaart vorfinden. Das Haseldickicht wird außerdem als ein geheimnisvoller Ort der Kinderherkunft angesehen, die Haselstaude selbst spielt im Volksglauben als Kinderbaum eine Rolle. Die seit dem 16. Jh. bezeugte Rda. ist als metaphorische Anspielung auf unerlaubte voreheliche Geschlechtsverbindung zu verstehen, denn in der Umgangssprache werden direkte Bez. für sexuelle Vorgänge und Schwangerschaft meistens vermieden. Man umschreibt sie durch verhüllende sprachl. Bilder, wie dies vorzugsweise im Volkslied und ganz bes. häufig im Liebeslied zu beobachten ist. Die Rda. ist also gleichbedeutend wie die im Lied bevorzugten Metaphern: ‚Brombeeren pflücken', vgl. frz. ‚aller aux fraises' (in die Erdbeeren gehen), in derselben Bdtg., ‚Gras (Korn) schneiden', ‚ins Heu fahren' und ‚Rosen brechen'. Sie begegnet selbst auch im Lied, z. B. als Aufforderung an das Mädchen:

> Ei, du lewi Dordee-Lies,
> Geh mit mir in die Haselniß

oder es heißt von einem Mädchen, das sich heimlich mit dem Geliebten treffen will:

> Es geht ein Mädel Haselnuß klaub'n
> Frühmorgens in dem Taue.

Noch versteckter ist die Anspielung in einem Volkslied (Nr. 74 B, Str. 8) aus Uhlands Sammlung:

> Sein Pferdlein das tet im strauchen
> Wol über ein Haselstauden.

Auch andere Wndgn. mit der Haselnuß besitzen eine übertr. Bdtg., so meint z. B. die einfache Feststellung: *Es gibt in diesem Jahr viele Haselnüsse,* daß viele uneheliche Kinder geboren werden, und die bair. Rda. ‚Die Haselnüsse sind heuer geraten' bedeutet ebenfalls: in diesem Jahr gibt es viele schwangere Mädchen. Wander (II, Sp. 378 f.) vermutet, daß die Rdaa. auf den verbotenen Umgang anspielen wollen, der hinter den schützenden Büschen unbeobachtet stattfindet, oder daß die heranwachsenden unehelichen Kinder mit den wild wachsenden Früchten der Haselnußsträucher verglichen werden sollen. Wahrscheinlicher ist jedoch der Bezug zur allg. Fruchtbarkeit und zur frühen Blüte der Hasel, womit die vorzeitige und unerlaubte sexuelle Beziehung und die voreheliche Schwangerschaft verglichen werden. Auch das Sprw. ‚Wenn es über die kahlen Haselstauden donnert, gibt es viele gefallene Jungfrauen' gehört in diesen Sinnzusammenhang, wobei noch eine Verstärkung durch die Vorstellung vom fruchtbarmachenden Gewitter hinzukommt. Außerdem wurden die Haselstauden zum Liebes- und Eheorakel benutzt, sie wurden z. B. in der Mettennacht geschüttelt. Vgl. auch die (veraltete) frz. Wndg. ‚année de noisettes, année d'enfants' und den alten und weitverbreiteten Hochzeitsbrauch, den Neuvermählten Haselnüsse zu schenken als Zeichen guter Vorbedeutung für Liebe und große Nachkommenschaft. Allg. galten auch Haselnüsse als Geschenk zu Weihnachten und Neujahr als Zeichen der Liebe. Voraussetzung für die Entwicklung zum erotischen Symbol ist wohl auch die hodenähnl. Gestalt der paarigen Haselnüsse.

Die Wndg. *aus einer Haselstaude entsprungen sein* diente zum Vorwurf unehelicher und niedriger Geburt. Sie wurde als große Beleidigung aufgefaßt, gegen die man sich zu verwahren hatte. so heißt es z.B. in Christian Reuters ‚Schelmuffsky' (1,50): „ich müste noch weit was Vornehmers sein, denn meine Augen die hätten mich schon verrathen, dasz ich aus keiner Haselstaude entsprungen wäre". Die erotische Bdtg. der Hasel erklärt auch ihre Funktion als warnender Baum in der Volksballade. In Volksliedern begegnen Zwiegespräche eines Mädchens mit der ‚Frau Hasel (Haselin)', die mit den folgenden Versen eröffnet werden:

Nun grüß dich Gott, Frau Haselin!
Von was bist du so grüne?
(E. B. I, Nr. 174[a]).

Der Haselstrauch warnt vor dem Verlust der Ehre. Dies geschieht bes. ausführlich in einer Variante des Liedes ‚Mädchen und Hasel' aus Schlesien (vgl. E. B. I, Nr. 1746).

Offenbar wurde die Schande eines gefallenen Mädchens beim Maibrauch, wenn ihr die Burschen Haselnußzweige vor das Fenster oder die Türe setzten, was sie dem allg. Spott preisgab.

Die Wndg. *mit Haselruten ist gut schlagen* weist auf eine Zauberpraktik, denn die Hasel spielt auch sonst als Zauberpflanze im Volksglauben und -brauch eine wichtige Rolle. So gelten die Haselruten als Lebens- und Wünschelruten, sie werden zum Schlagen beim Fruchtbarkeitszauber benutzt, z. B. bei einer bisher kinderlos gebliebenen Frau (Anhalt) oder auch beim ersten Viehaustrieb. Die zu Pulver verbrannte Haselrinde diente bereits im 15. Jh. als Aphrodisiakum. Haselstöcke und -ruten besaßen aber auch apotropäische Eigenschaften, sie schützten z. B. vor Geistern, Hexen, Vampiren, vor Schlangen und Ungeziefer, aber auch bei Gefahren auf einer langen Wanderung und im Kriege und selbst vor Blitzschlag. Eine in Süddtl. verbreitete Legende erzählt, daß Maria mit ihrem Kind Schutz bei einem Gewitter unter der Hasel gefunden habe. Tatsächlich wird die Hasel nie von einem Blitz getroffen, da sie anscheinend wegen ihrer glatten Rinde ein guter Elektrizitätsleiter ist. Auch im Märchen ist die Hasel Zauberpflanze und Grabesbaum (KHM. 21: Aschenputtel), sie bietet Zuflucht, Hilfe und Zaubergaben; oft sind unter ihr Schätze verborgen.

Verschiedene Rdaa. verwenden die Haselnuß als Bild des Kleinen, Wertlosen und Nichtigen: *etw. ist keine gelöcherte (hohle) Haselnuß wert; es bringt nur taube Haselnüsse; jem. ist eine hohle (taube)* ↗ *Nuß*. Geiler von Kaysersberg braucht die Wndg. noch ohne den heute üblichen und steigernden Zusatz ‚hohl' oder ‚taub': „ich geb dir nitt ein bon oder ein haselnusz umb ein sentenz und umb ein urteil" (‚Marie Himelfahrt', 3[a]). Schiller dagegen schreibt in ‚Kabale und Liebe' (I, 2): „einem Liebhaber, der den Vater zu Hülfe ruft, trau' ich – erlauben Sie – keine hohle Haselnuß zu".

Euphemist. Umschreibungen für tüchtige Prügel sind bis heute in den Wndgn.: *einen mit Haselsaft erquicken; jem. mit Haselöl (Haselsalbe) einschmieren* und bes. im Obersächs. ‚ein häselnes Frühstück kriegen', gebräuchlich.

Lit.: *K. Weinhold:* Über die Bedeutung des Haselstrauches im altgermanischen Kultus u. Zauberwesen, in: Zs. d. Ver. f. Vkde., 11 (1901); *E. M. Kronfeld:* Die Zauberhasel, in: Mitt. d. Dt. Dendrolog. Ges., 31 (1921), S. 249–271; HdA. III, Sp. 1527ff., Art. Hasel v. *H. Marzell: L. Röhrich:* Gebärde- Metapher- Parodie (Düsseldorf 1967), S. 66; *L. Röhrich:* Liebesmetaphorik im Volkslied, in: Folklore International ... in honor of Wayland Debs Hand, ed. by D. K. Wilgus u. Carol Sommer (Hatboro/Pennsylvania 1967), S. 187–200; *W. Danckert:* Symbol, Metapher, Allegorie im Lied der Völker, Bd. III (Bonn–Bad Godesberg 1978), S. 992–1006.

häßlich ↗ Ente.

Hättich. Die Konjunktivform (Optativ oder Irrealis) des Verbums ‚haben': ‚hätte ich' ist in Sprww. und Rdaa. gelegentlich personifiziert und zu einer Figur namens

‚Hättich' konkretisiert worden. Z. B. ‚Hettich ist ein böser Vogel, Habich ist ein guter' (Seb. Francks ‚Sprichwörter', 1541, 2, 120); ‚Wenn ‚Hätt'ich' kommt, ist ‚hab' ich' weg'. ‚Der Hättich und der Wöttich (wollte ich) sind Geschwister'. Es sind Formeln, die Wünsche, Bedauern, Reue signalisieren.

Zum volkstümlichen Zitat geworden sind auch die Worte ‚hätt ich dich, so wollt ich dich!' aus dem Grimmschen Märchen von der Blutwurst und der Leberwurst (‚Die wunderliche Gasterei', KHM. 43 der ersten Ausgabe 1812 und 1819). Sie signalisieren das Bedrohliche des Gefressenwerdens.

Lit.: *W. Scherf:* Die Herausforderung des Dämons. Form und Funktion grausiger Kindermärchen (München–New York u. a. 1987); *H. Rölleke:* Rdaa. des Volkes, auf die ich immer horche (Bern–Frankfurt/M.–New York–Paris 1988), S. 198.

Hau. *Einen Hau (mit der Wichsbürst') (weg)haben:* geistig beschränkt, nicht ganz gescheit sein. Geistesverwirrung wird rdal. häufig mit einem Schlag in Zusammenhang gebracht im Sinne einer Gehirnerschütterung; vgl. ‚bekloppt'.

In einem Beleg vom Anfang des 19. Jh. begegnet die Wndg. auch im Zusammenhang mit einem Zustand der Erheiterung: „Wir waren also sehr muthig, und Kraus und ich hatten eben beide einen fröhlichen Hau" (‚Feiertage im Julius 1807' von J. J. Bischoff, mitgeteilt von Paul Meyer, in: Basler Jahrbuch 1929, S. 22–97, 54 f.).

Haube. Von der Haube als Kopfbedekkung des Kriegers (‚Sturmhaube', ‚Pickelhaube') leiten sich zahlreiche Rdaa. her: *einem auf die Haube greifen* (auch *klopfen, fassen, kommen):* einen kämpfend angreifen, ihn heftig verfolgen, ihm auf den Leib rücken. Schon Luther benutzt diese Rda. im übertr. Sinne: „darumb soll die obrigkeit solchen auf die hauben greifen, das sie das maul zuhalten und merken, dasz es ernst sei".

Einem auf der Haube sitzen (oder *hocken*): genau auf ihn achthaben, ihn scharf beobachten, ihm durch allzu große Nähe lästig werden; eine bes. im 16. und 17. Jh. gebräuchl., heute wohl verschollene Rda. Rhein. sagt man für jem. schlagen: ‚ihm die Haube bügeln', und vom schlecht Gelaunten heißt es: ‚es ist ihm nicht gut in der Haube'. Ein Nachklang dieser Rdaa. ist mdal. Haube für ‚Ohrfeige', ähnl. wie ‚einem etw. auf die Kappe geben', ihn schlagen.

In neuerer Sprache versteht man unter Haube gewöhnlich die früher übliche weibl. Kopfbedeckung, vorzüglich die der verheirateten Frau; daher *eine unter die Haube bringen:* verheiraten. Am Hochzeitstage setzte die Braut zum erstenmal die Haube auf; *unter die Haube kommen:* einen Mann bekommen, geheiratet werden. Schon bei den Römern war die Verhüllung des Haars ein Zeichen der verheirateten Frau. Nach germ. Sitte durfte die verheiratete Frau das Haar nicht mehr lose tragen, sondern mußte das ‚gebende' anlegen. Daher sprach man auch von einer ‚gehaubten Braut' (1691 von Stieler gebucht). Bei Rückert heißt es:

Und wenn ich mit Scherzen raube
Ihren Kranz der Schäferin,
Bring ich ihr dafür die Haube,
Hält sie es noch für Gewinn.

Mit Haube werden oft die Frauen bez. Hier steht das Kleidungsstück für die Trägerin, wie es auch bei ‚Schürze' der Fall ist. ‚Er läuft den Hauben nach' sagt man im Rhein. *Haubenlerche* nennt man allg. eine Nonne oder Krankenschwester; der Name des Vogels mit spitzer Federhaube wird auf die Haubenträgerin übertr. ‚Alte Haubenlerche' sagt man schles. von einem alten, verhutzelten Weiblein.

Haubenstock steht oft bildl. für einen dummen, hohlköpfigen Menschen, wie etwa bei Platen: „Die Staatsperücke der Manierlichkeit bedeckt gewöhnlich einen Haubenstock statt eines witzigen Gehirns" (‚Schatz des Rhampsinit'). Der Haubenstock ist ein rundlicher Klotz, auf den man die Haube setzte, damit ihre Form erhalten blieb.

Im techn. Zeitalter wird der Begriff ‚Haube' dagegen in erster Linie mit der Autohaube verbunden. Das kommt auch zum Ausdr. in der Wndg. ‚... PS unter der Haube haben', womit durch Hinzufügung der PS-Zahl die Stärke des Motors angegeben wird.

Lit.: *R. Meringer:* Die Haubung, in: Wörter und Sachen 5 (1913), S. 170 f.; *W. Danckert:* Symbol, Metapher, Allegorie im Lied der Völker, Bd. II (Bonn–Bad Godesberg 1977), S. 814–815; weitere Lit. ↗Hut.

Haubitze. *Voll wie eine Haubitze:* schwer betrunken; vgl. ,voll wie eine ↗Kanone', ,kanonenhagelvoll'. Haubitze im Sinne einer Kanone dient als Steigerung, insbes. wenn es heißt: ,voll wie eine Strandhaubitze'.

hauen. *Das haut (hin),* auch mit dem Zusatz *in die Äpfel:* das kommt erwünscht, trifft sich gut, es paßt; vgl. frz. ,Ça colle' (wörtl.: Es klebt), i.S.v.: Das paßt zusammen. ,Das hat nicht hingehauen' sagt man umg. für: es ist nicht geglückt. Sehr häufig ist: *das haut einen hin!* (auch *das haut einen in sämtliche Winkel* oder *vom Stuhl, das haut den stärksten Neger von der Palme*) als Ausdruck starken Erstaunens, aus der Studenten- und Soldatensprache in die Umgangssprache übergegangen.
Hauen bedeutete in der Soldatensprache einen schneidenden Hieb. Ein *Haudegen* war daher im Gegensatz zum Stoßdegen ein zum Hauen benutzter Degen. Der Ausdr. wurde übertr. auf den Mann, der ihn zu führen verstand, und heute hat die Wndg. ,ein alter Haudegen' die Bdtg.: alter, kampferprobter Krieger.
Das ist weder gehauen noch gestochen: nichts Ordentliches, Entschiedenes; das tadelnde Urteil stammt aus der Fechtersprache und bedeutete eigentl.: Die Waffe ist so ungeschickt geführt, daß man nicht weiß, ob es Hieb oder Stich sein soll. Man hat die Rda. von den verschiedensten Seiten herzuleiten versucht; so etwa sollte sie aus der Zeit der Erfindung des Schießpulvers herrühren, wo man bei den durch die Schußwaffen verursachten Wunden gesagt haben soll, sie seien weder durch Hieb noch durch Stich verursacht worden. Nach anderer Meinung soll sie sich auf ungeschickte Metzger bezogen haben, die das Vieh nicht kunstgerecht zu schlachten wußten.
Fr. Seiler (Dt. Sprichwörterkunde, S. 234) äußert die Vermutung, die Rda. sei zuerst von plastischen Holz- oder Metallarbeiten gebraucht worden, die so ungeschickt angefertigt waren, daß sie ohne die üblichen Werkzeuge zum Hauen und Stechen gemacht zu sein schienen. Am

Ich haue dir gleich in deine Volksküche,
Daß deine Zähne obdachslos werden.

,Hauen'

einleuchtendsten scheint jedoch die Herleitung aus der Fechtersprache zu sein. So steht in der ,Zimmerischen Chronik' Bd. 4, S. 203); „Der groß hauptman Lumplin, der gern gehawen oder gestochen het, ward wol darob verspottet und verlacht", was sich hier zweifellos aufs Fechten bezieht.
Älter ist die Verbindung von ,hauen' und ,schlagen', so in Brants ,Narrenschiff' (67, 56): „Es sy gehowen oder geschlagen". Der früheste Beleg für die Rda. im übertr. Sinne steht wohl bei Grimmelshausen im ,Simplicissimus' (3. Bd., S. 50): „Und damit heulete sie immer forth, also daß ich mich in ihre Rede nicht mischen noch begreifen konnte, ob es gehauen oder gestochen, gebrant oder gebort wäre". Eine ähnl. Rda. findet sich in Siebenb.: ,Ich wiß net, ben ich gekocht awer gebroden', ich weiß nicht, woran ich bin. In Kleists ,Zerbrochenem Krug' (9. Auftr.) ruft der Gerichtsrat Walter dem Dorfrichter Adam zu:

Wenn Ihr doch Eure Reden lassen wolltet.
Geschwätz, gehauen nicht und nicht gestochen.

,Dat es gehaue wie gestoche', das kommt auf eins heraus, ist ganz gleich, sagt man im Rheinland.
Ebenfalls aus der Fechtersprache übernommen ist die Rda. *einen übers Ohr*

hauen: übervorteilen (↗Ohr). Wer Pfuscharbeit leistet, *haut die Arbeit übers Ohr.* Zahlreiche andere Rdaa. unserer Zeit seien hier nur kurz angeführt: *sich hinhauen, in die Falle, in die Klappe hauen:* sich schlafen legen. *Jem. anhauen:* ihn um etw. ansprechen; vgl. französ. ‚taper quelqu'un': einen um Geld bitten; *sein Geld auf den Kopf hauen:* es restlos und verschwenderisch ausgeben; *danebenhauen:* sich irren, z. B. beim Beantworten einer Examensfrage.

„Laszt uns das Gesindel völlig *in die Pfanne hauen*" heißt es schon bei Kleist (‚Käthchen von Heilbronn' 4,1), und Hans Sachs sagt:

durch ire arglistige duck,
vil schendlich schelmenstuck
durch nachred in den kessel hawen.

Zu Kochstücken oder *zu Kraute hauen* führt das Dt. Wb. 4,2 als allg. Rdaa. an. Der Gaunersprache entstammt *in den Sack hauen:* davonlaufen, die Arbeit im Stich lassen.

Wer sich davonmacht, *haut ab. Hau ab!* sagt man zu einem Unerwünschten. Ein leicht Verrückter *hat einen Hau,* ↗Hau. Eine flüchtige Arbeit ist *zusammengehauen,* und was man lieblos zusammenschreibt, ist *hingehauen.*

Sich eine ins Gesicht hauen: sich eine Zigarette anzünden. Ein beliebter Aprilscherz ist es, *Haumichblau* in der Apotheke holen zu lassen; ↗Pfanne, ↗Schlag.

Lit.: *J. G. Pascha:* Verschiedene Fechtbücher (1659–66); *G. Hergesell:* Die Fechtkunst im 15. u. 16. Jh. (Prag 1896); *L. Günther:* Von Wörtern und Namen (Berlin 1926), S. 33; *H. Helwig:* Die dt. Fechtbücher, in: Börsenbl. f. d. dt. Buchhandel, Frankfurter Ausg., 55 (1966); *W. Hävernick:* „Schläge" als Strafe (Hamburg [4]1970).

Haufen. *Über den Haufen werfen* (auch *schießen, stoßen, fallen)* geht zurück auf die Bdtg. von Haufen als etw. regellos übereinander Liegendem, so daß die Rda. meint: übereinanderwerfen, daß alles wie ein unförmiger Haufen aussieht. Am 4.11.1499 lautete eine Mahnung des Mainzer Domkapitels an die Bewohner der Kurien: daß die „Herrenhoiffe und Vikariehusen nit über den hufen fallen" (A. L. Veit, Mainzer Domherren, Mainz 1924, S. 98). „... darumb müssen sie fallen über einen Haufen", heißt es Jer. 6,15. Obersächs. ist 1727 belegt: „Alles fället über einen Haufen". Zunächst auf Personen angewendet, gebrauchte man die Wndg. dann auch für Abstraktes, wie etwa Schiller (‚Fiesko' 1, 3): „Wenn die itzige Verfassung nicht übern Haufen fällt". Kant spricht von „sein System über den Haufen fallen sehen", und bei Goethe heißt es: „Wenn er endlich nach verschiedenen Jahren seinen Schaden einsah, so fiel das Werk mit einmal über den Haufen". Die Rda. bedeutet ‚zunichte machen, vereiteln'; heute geläufig in der Form *Pläne über den Haufen werfen.*

Ein Häufchen Unglück nennt man einen verängstigt dahockenden Menschen, nordostdt. ‚e Hupke Onglöck', ein elender, betrübter Mensch.

In der älteren Soldatensprache bedeutete Haufen soviel wie ‚Kämpferschar'. *Der verlorene Haufen* war der Trupp der Landsknechte, der den Kampf eröffnete und von denen der Großteil im Angriff fiel. Ihm folgte der *helle* oder *gewaltige Haufen,* der Haupttrupp; heller Haufen ist der ‚hele (ganze) hope' des Ndd. Die noch heute benutzte Wndg. ‚in hellen Haufen', in großen Scharen, ist für uns losgelöst vom Begriff der taktischen Einheit. In Uhlands ‚Schenk von Limburg' heißt es:

Nun hielt auf Hohenstaufen
Der deutsche Kaiser Haus,
Der zog mit hellen Haufen
Einstmals zu jagen aus.

Vgl. die Bdtg. des frz. Wortes ‚tas' (Haufen) in den Ausdr.: ‚un tas de gens' (allerlei, viele Leute), ‚des tas et des tas' (große Mengen), ‚dans le tas' (in oder bei dieser Menge).

Wieder beim Haufen (auch: bei der Bande) *sein:* bei der Truppe sein, wird bes. von Verwundeten gesagt, die nach ihrer Genesung wieder zur Truppe zurückkehren; vgl. frz. ‚avoir rejoint le gros de la troupe'.

Ebenfalls aus der Soldatensprache übernommen ist der Ausdr. *zum alten Haufen fahren:* sterben. Mit ‚Haufe' verband sich der Nebensinn ‚Streitbarkeit, Kraft'. Hieraus erklärt sich wohl die in Halle übliche Rda. *da bin ich nicht der Haufe dazu:* das kann ich nicht. Haufen als unbestimmte Maßeinheit, gleichzusetzen etwa mit ‚eine

Menge', erscheint in zahlreichen Rdaa. „Wir werden glücks den haufen han" heißt es in einem Berner Fastnachtsspiel von 1522, und Grimmelshausen läßt seinen Simplicissimus „noch einen haufen dings darzu" lügen. Man spricht von einem ‚Haufen Geld, Schulden oder Arbeit'. „Verzage nicht, du Häuflein klein" beginnt ein Kirchenlied des Jakob Fabricius (1593–1654), und bei der Einweihung der Schloßkirche zu Torgau bezeichnete Luther die Gläubigen als den „christlichen Hauff".

Eine entspr. Zeile in einem Kirchenlied lautet daher auch: „Kommet zu Hauf" (1. Strophe des Liedes ‚Lobe den Herren' von Joachim Neander [1650–80]).

In scherzhafter Abwandlung heißt es im Volksmund häufig: ‚Immer alles auf den großen Haufen'. Damit wird angedeutet, daß dort, wo schon etw. ist, stets Neues hinzukommt, vor allem bei den Wohlhabenden. Wenn sie etw. dazubekommen – entweder durch Geschäftsglück oder durch Heirat u.ä. – wird das oft kommentiert mit der derb-spöttischen Rda.: ‚Der ↗Teufel scheißt immer auf den größten Haufen' (vgl. ‚Wer hat, dem wird gegeben').

Lit.: *M. A. van den Broek:* Sprw. u. Rda. in den Werken des Leipziger Volkspredigers Marcus von Weida, in: Beiträge zur Erforschung der dt. Sprache, 7 (1987), S. 168–181 (AVU 46,9: Auslegung des Vater Unßers' 1502); *R. Sprenger:* ‚Mit hellen Haufen', in: Zs. des allg. dt. Sprachver. 6 (1891), S. 70–71.

Haupt. *Jem. eins aufs Haupt geben:* scherzh. Wndg. für ‚bestrafen', auch mit Worten. Haupt ist die ältere Bez. für Kopf. Gemessen an der Fülle der Redensarten, die zum Begriff *Kopf* gehören, gibt es nur wenige feste Fügungen mit dem Wort *Haupt.* Lebendig ist noch die Wendung *ein graues Haupt.* Gewiß kann man auch von einem grauen Kopf sprechen, aber ohne daß jener Ausdr. von Ehrfurcht vermittelt würde, der in der Fügung mit ‚Haupt' mitschwingt. Aus der Studentensprache früherer Zeiten kennen die Älteren von uns noch die Wndg. *ein bemoostes Haupt* für einen ‚ewigen' Studenten. Mit dem Verschwinden solcher Erscheinungen aus unseren Hochschulen wird allmählich auch die Rda. unbekannt oder gelegentlich im Scherz zu einem älteren Menschen gesagt. Ähnlich die feierliche Bez. *ein gekröntes Haupt* für einen Monarchen.

Aus Schmerz oder Scham kann man ‚sein Haupt verhüllen' oder ‚sein greises Haupt schütteln'. In feierlicher Rede spricht man davon, daß jem. sein *Haupt* erhebt, während er – weniger feierlich – nur den *Kopf hebt.* In einem ähnl. Verhältnis zueinander stehen die Redewendungen *jem. um Haupteslänge überragen* und *einen Kopf größer sein.* Man steht entblößten Hauptes, gesenkten oder geneigten Hauptes an einer Bahre oder einem Grabe.

In Märchen und Sagen lesen wir öfter, daß einem Ungeheuer das Haupt abgeschlagen wurde; heute verwenden wir meist die Fügung *jem. den Kopf abschlagen.* Juristisch ist noch *enthaupten* üblich; in der Umgangssprache ist dafür *köpfen* verbreitet.

Zu nennen ist ferner die alte Zwillingsformel *Haupt und Glieder.*

Eine Reformation der Kirche an ‚Haupt und Gliedern', d.h., eine völlige Erneuerung der Kirche, forderten schon vor der Reformationszeit die sog. Reformkonzile. Sprw. Bdtg. erlangte ein Vers aus Schillers ‚Lied von der Glocke', in dem es heißt: „Er zählt die Häupter seiner Lieben. Und sieh! ihm fehlt kein teures Haupt". Im Volksmund wurde er parodistisch abgewandelt zu: ‚Er zählt die Häupter seiner Lieben. Und sieh! statt sechse sind es sieben!' In dieser Version ist er fast bekannter als in der Originalfassung. ‚Feurige Kohlen auf sein Haupt sammeln' ↗Kopf.

Lit.: *Ch. M.:* „‚Kopf' u. ‚Haupt' in Redensarten", in: Sprachpflege 15 (1966), S. 212–213.

Haupt- und Staatsaktion. *Eine Haupt- und Staatsaktion aus etw. machen,* auch verkürzt zu: *eine Staatsaktion daraus machen wollen:* etw. künstlich hochspielen und dramatisieren, eine unwichtige Angelegenheit als brennendes Problem darstellen, seine persönlichen Belange überbewerten, etw. zu wichtig nehmen; vgl. frz. ‚En faire une affaire d'Etat'. Die Wndg. begegnet auch häufig in negierter Form als Warnung: *Nun mach nicht gleich (keine) eine Haupt- und Staatsaktion daraus!* Der Ausdr. wurde als kritischer Terminus für die Stücke der dt. Wander-

Einer Hochlöblichen
In. Oest. Regierung
Und
Hoff-Cammer
Wird
Zur Allerunterthänigsten Pflicht und Schuld-Bezeigung
eine Sehens-Würdige und vortrefliche Haupt-Action
Betitult:
Die Siegende
Unschuld
In der Persohn der Asiatischen
BANISE
Von
Johann Heinrich Brunius / Churfürstlich-
Pfältzischen Hof-Commœdianten-Principalen
Mit bey sich habender Hoch-Teutscher Compagnie,
Unterthänigst-Gehorsambst offerirt und dedicirt.
Grätz / gedruckt bey den Widmanstätterischen Erben / 1722.

‚Eine Haupt- und Staatsaktion aus etwas machen‘

bühne durch die polemischen Auseinandersetzungen Gottscheds und seiner Zeitgenossen geprägt. Er bez. das unliterarische Schauspiel und stellt es in den Gegensatz zum Kunstdrama der Hofbühne. Die Schauspieler mußten sich um die Wende des 17. Jh. mit ihrem Repertoire ganz nach dem Geschmack des Publikums richten, der noch wenig entwickelt war. Sie nannten die Stücke ernsten Inhalts ‚Haupt-Aktionen‘, denen dann die burlesken Nachspiele folgten. Wegen ihres politisch-historischen Inhalts wurden solche Spiele auch als ‚Staatsaktionen‘ bez., oder beide Begriffe erschienen in einer Verbindung, die später zum literaturgeschichtlichen Terminus wurde. Im Zeitalter des Absolutismus wollte auch das Kleinbürgertum am höfischen Glanz etw. teilhaben, deshalb ließ es sich mit Vorliebe von den Wanderbühnen etw. vom Leben am Hof, von Festpomp und Kriegslärm, von Leidenschaft, Intrigen und Schicksalsschlägen der Großen in effektvoller Übersteigerung vorspielen. Stoffe aus Ereignisdramen waren für diesen Zweck am besten geeignet, aber auch ital. Opernstoffe wurden für die Wanderbühne umgestaltet, d.h. gekürzt, um die Handlung krasser zu gestalten und Gegensätze und Konflikte stärker hervorzuheben. Dem Schaubedürfnis kamen Effektszenen entgegen wie Triumphzüge, Siegesfeste, Krönungen, prunkvolle Hochzeiten und weihevolle Totenfeiern, das Schauerbedürfnis dagegen befriedigte man durch Szenen von Gericht, Hinrichtung, Mord und Selbstmord und durch die Darstellung von wilden Leidenschaften, Wahnsinn und Geisterspuk. Die Stoffe wurden also vom Kunstdrama übernommen: das eigentl. Unterscheidende und Trennende ist der Stil der Haupt- und Staatsaktion: die Prosa erscheint durch Floskeln, Wndgn. in Kanzleideutsch, geblümten Ausdr., aufdringliche Umschreibungen und Vergleiche, aber auch durch Fremdwörter, Witze, Zoten und resümierende Sprww. wirkungsvoll, doch für den Geschmack der Gebildeten unfein und übersteigert.

Lit.: *W. Flemming:* Art. ‚Haupt- und Staatsaktion‘, in: Reallexikon der dt. Literaturgeschichte, Bd. 1 (Berlin 1958), S. 619–621.

Haus, Häuschen. Haus steht rdal. oft für einen Menschen, wie in den Ausdrücken *altes Haus:* alter Freund; *fideles Haus:* lustiger Mensch; *gelehrtes Haus:* kluger Mensch; *tolles Haus:* überspannter Mensch.

Auf jem. Häuser bauen: ihm vollkommen vertrauen (oft in der irrealen Form gebraucht: ‚Auf den hätte ich Häuser gebaut‘), ist eine seit dem 17. Jh. belegte Rda. Wahrscheinl. geht sie zurück auf Matth. 16,18: „Du bist Petrus, und auf diesem Felsen will ich bauen meine Gemeinde“. Wer sich in seinem Vertrauen getäuscht sah, der hatte, auf Sand gebaut‘ (s. Matth. 7,26). Nach Jes. 38,1 „Bestelle dein Haus, denn du mußt sterben“ sagen wir für ‚sein Testament machen‘: *sein Haus bestellen.* Volkstümlich geworden ist diese Rda. wahrscheinl. erst durch das Kirchenlied ‚Wer weiß, wie nahe mir mein Ende‘ (1688), in dem es heißt: „Laß mich beizeit’ mein Haus bestellen“.

Haus steht für seine Bewohner, für die Familie, das Geschlecht, vor allem bei adligen, fürstlichen Familien, wie etwa ‚das Haus Habsburg‘. Daneben spricht man vom ‚Haus Rothschild‘, ‚Haus Krupp‘ usw., und bei Luther heißt es „so wirstu und dein haus selig“. „Junge Leute von gutem Hause und sorgfältiger Erziehung" sagt Goethe. Hier bedeutet Haus soviel wie Herkunft, Abstammung, ebenso wie 2. Mos. 2, 1: „ein Mann vom Hause Levi".

So schreiten keine ird'schen Weiber,
Die zeugete kein sterblich Haus

heißt es bei Schiller (‚Kraniche des Ibikus'). Auch das frz. Wort ‚maison' bez. das Geschlecht und das Gefolge der fürstlichen Familien.

Im Parlament spricht man vom Ober- und Unterhaus, vom Hohen Haus. Ein *volles Haus* hat das Theater, wenn es ausverkauft ist.

Die Kirche nennt man *Gottes Haus* oder *Haus des Herrn;* vgl. frz. ‚La maison du Seigneur'.

Als *irdisches Haus* bez. man den Leib des Menschen, wahrscheinl. zurückgehend auf 2. Kor. 5, 1: „Wir wissen aber, so unser irdisch Haus dieser Hütte zerbrochen wird ..."

Auch den Sarg nennt man Haus oder *letztes Haus* des Menschen. Man verwahrte früher die Asche verbrannter Leichenteile in Hausurnen, und das Grab wurde wie ein Haus gebaut und ausgestattet. „Ruhig schläft sich's in dem engen Haus" sagt Schiller in seiner ‚Elegie auf den Tod eines Jünglings' (V. 50). Vgl. frz. ‚sa dernière demeure' (seine letzte Wohnstätte).

Aus der Studentensprache wurden die Rdaa. wie *altes Haus, braves Haus* usw. allg. übernommen. Bei A. Kopisch (‚Als Noah aus dem Kasten war') heißt es:

Derweil du so ein frommes Haus,
So bitt dir eine Gnade aus.

Der Ausdr. ‚haushalten', klug und sparsam wirtschaften, wird in der bildl. Darstellung ganz wörtlich genommen.

‚Der Mann hält Haus, die Frau geht aus'

‚Ans Haus gebunden sein'

Zu Hause sein: heimisch sein; so spricht man übertr. davon, man sei in einer Wissenschaft zu Hause, wenn man ausdrükken will: ich weiß gut Bescheid, verstehe mich von Grund auf darauf. Eine Erweiterung dieser Rda. ist: ‚Er ist dort zu Hause wie die Laus im Grind'.

Mit etw. zu Hause bleiben: zurückhalten, z. B. mit einer Meinung, mit Weisheiten oder Ratschlägen, die falsch am Platze sind. Meist angewandt wie bei Lenz: „Mit euren Einsichten solltet ihr doch zu Hause bleiben".

Die Rdaa. *Er ist nicht recht zu Hause* oder *Er ist aus dem Häuschen* gehen wahrscheinl. auf den menschlichen Körper als Haus des Verstandes und der Seele zurück.

Warum bist du gleich außerm Haus,
Warum gleich aus dem Häuschen,
Wenn einer dir mit Brillen spricht?

heißt es bei Goethe (‚Feindseliger Blick', um 1825).

Müller-Fraureuth (Bd. 1, S. 486f.) erklärt die Rda. daher, daß es früher in den Städten kleine Narrenhäuschen, Tollhäuschen gab, die kurz ‚Häuschen' genannt wurden, wie auch frz. ‚Petites Maisons' der Name eines ehemaligen Irrenhauses in Paris ist und ‚échappé des Petites-Maisons' ein entsprungener Tollhäusler. Als ältester dt. Beleg ist 1776 bezeugt: „Der Narr ist aus dem Häusel kommen, welches von einem ausgelassenen Menschen pfleget gesaget zu werden".

Es kommt (geht, führt) zu bösen Häusern: es gibt ein Unglück, geht schlecht aus, eine Rda., die sich wohl auf die früheren Strafanstalten, wie die Spinnhäuser, bezog. Sehr häufig von J. P. Hebel gebraucht.

Fürstliche Diener *von Haus aus* waren früher jene Diener, die nicht am Hofe, sondern daheim in ihren Schlössern lebten. Im modernen Sprachsinn verstehen wir darunter etw. Eigenes, Angeborenes, Überkommenes: „Du scheinest mir ein künftiger Sponsirer, / so recht von Haus aus ein Verführer" (Goethe).

Einfälle haben wie ein altes Haus ist ein seit Theodor Gottlieb v. Hippel (1741–96) belegtes Wortspiel.

Haus und Hof ist eine alliterierende Formel für den gesamten Besitz, die in der Aarauer Urkunde von 1301 zuerst lit. nachweisbar ist: „ze hûse und ze hove".

Zahlreiche Synonyma für ‚sich betrinken' oder ‚seinen Besitz vertrinken' sind mit ‚Haus und Hof' verbunden, so z. B. *Haus und Hof ist ihm im Wein ertrunken* oder *Er hat Haus und Hof durch die Gurgel gejagt.*

Ähnl. benutzt werden die Formeln ‚Haus und Heim' und ‚Herdstatt und Habe'.

Zu Haus und Hof kommt, was einem zugute kommt.

Mit der Tür ins Haus fallen ↗Tür.

Hausbacken war das im Hause gebackene Brot, das im Gegensatz zu dem vom Bäkker gebackenen grober und dunkler war. Der Ausdr. wird seit Goethe und Niebuhr übertr. für ‚alltäglich, nüchtern, schwunglos' gebraucht. Vgl. die frz. Adverbialbildung ‚maison' i. S. v.: ‚nach Art des Hauses' (z. B.: ‚Tarte maison': Torte nach Art des Hauses).

Ein ‚hausbackenes' Mädchen ist nicht bes. hübsch, aber lieb, geschickt, fleißig, treu, ein ‚Hausmütterchen'.

‚Vor dem Haus im Kübel stehen' war eine altels. Rda. für verachtet sein, eigentl. so wie der Unrat, den man in einen Kübel vor dem Haus warf. Murner gebraucht diese Wndg. lit. in seiner ‚Schelmenzunft' und wünscht allen Verleumdern zur Strafe:

> Vor dem huß im Kübel ston
> Und dorvon weichen nit eyn drit,
> Bis daß man sy mit dreck beschmit.

Auch mdal. Wndgn. sind bezeugt, die nicht in der Hochsprache geläufig sind. Der Niederdeutsche sagt z. B. ‚He ward di dat to Hus bringen', er wird sich rächen, wird es dir heimzahlen, und der Sachse meint mit der Feststellung: ‚Der kann Heiser feel tragen', er ist ein großer, kräftiger Mensch. ‚Das Haus verliert nichts' wird häufig zur Beruhigung gesagt, wenn jem. etw. verloren hat bzw. etw. nicht finden kann. ‚Auf dem Häuschen sein', auf der Toilette sein. Die Toilette befand sich früher häufig in einem vom Hauptgebäude getrennten Häuschen.

‚Der Haussegen hängt schief': in der Familie, Ehe gibt es Streit, ‚Ehekrach'.

Lit.: *R. Becker:* ‚Aus dem Häuschen sein', in: Zs. f. d. U. 6 (1892), S. 698–702; *C. Ranck:* Kulturgesch. des dt. Bauernhauses (Leipzig – Berlin [3]1921); *A. Taylor:* ‚No House is Big Enough for Two Women', in: Western Folklore XVI (1957), S. 121–124; *R. Weiss:* Häuser und Landschaften der Schweiz (Erlenbach-Zürich und Stuttgart 1959); *B. Schier:* Hauslandschaften und Kulturbewegungen im östl. Mitteleuropa (Göttingen [2]1966); *K.-S. Kramer:* Das Haus als geistiges Kraftfeld im Gefüge der alten Volkskultur, in: Rhein.-Westf. Zs. f. Vkde. 11 (1964) S. 30–43; *K. Bedal:* Hist. Hausforschung (Münster 1978); *E. Moser-Rath:* Art. ‚Haus', in: EM. VI, Sp. 581–588.

Haut. *Haut und Haar* ist eine stabreimende Zwillingsformel, die in dieser Form ein hohes Alter hat und auf einen Rechtsbrauch zurückgeht: ‚einem Haut und Haar abschlagen', ihn mit Rutenstreichen strafen, daß es über Haut und Haar geht (Jac. Grimm: ‚Dt. Rechtsaltertümer' 2, 287). Die Abb. aus der Heidelberger Sachsenspiegelhs. zeigt: Eine Frau in guter Hoffnung darf nicht höher gestraft werden als zu Haut und Haar. Sie steht am Pranger und wird gestäupt und geschoren. Das Haupthaar fällt zu Boden; der Oberkörper ist blutig geschlagen. Noch an drei weiteren Stellen begegnet die Wndg. im ‚Sachsenspiegel'. Dabei steht in einem anderen Zusammenhang ‚hût unde hâr' als Variation für lîf, womit im MA. sowohl Leib als auch Leben gemeint sein kann: Kämpfer (d. h. Berufskämpfer), Spielleute, unehelich Geborene, ‚die ir lif oder hut unde har ledeget', sind alle rechtlos. Jetzt bedeutet *mit Haut und Haaren:* alles in allem, ganz und gar, mit allem, was drum und dran hängt. Ähnl. spricht Luther einmal von einem Wiedertäufer, „der den heiligen Geist mit Federn und mit allem gefressen" habe, wobei er an die Taube denkt. Die Rda. ist auch in den Mdaa. lebendig, z. B. schweiz. ‚Eine vo Hut und Haar nüd kenne'; ‚vo Hut und Haar nüd ha'; ‚vo Hut und Haar nüd chönne'. Die Wndg. ‚Mit Haut und Haar' begegnet häufig in den Grimmschen Märchen (z. B. KHM. 5, 23, 119 u. 134). In einem Gedicht von Gisela Steineckert

‚Mit Haut und Haaren'

(‚Nun leb mit mir. Weibergedichte', Berlin 1976, S. 52) wird die Formel erweitert:

Haut und Haar
ganz und gar,

und in der letzten Strophe wörtl. genommen:

Er ging davon
hat Haut und Haar
nicht mehr gewollt.

In der Haut, in die Haut hinein: durch und durch; z. B. ‚ein Schelm sein in der Haut, bis in die Haut hinein'.

Nichts als Haut und Knochen sein: sehr mager sein; vgl. Klagelieder Jer. 4,8: „Ihre Haut hängt an den Gebeinen, und sind so dürr wie ein Scheit"; vgl. frz. ‚N'avoir que les os et la peau'. Wenn solch ein Magerer auch noch kraftlos ist, dann sagt man ndd. von ihm ‚He kann kum in de Hut hangen'.

Die Haut gilt als letzter Besitz, daher *Ich kann mir das doch nicht aus der Haut schneiden:* ich habe wirklich kein Geld dafür. Hierher gehört auch das Sprw. ‚Aus andrer Leute Haut ist gut Riemen schneiden'. *Etw. mit der (eigenen) Haut bezahlen müssen* ↗zeitlich; vgl. frz. ‚payer de sa peau': für etw. sterben; *seine Haut dransetzen; seine Haut für etw. aufs Spiel setzen,* oder wie in einem Schwank von Hans Sachs der Storch dem Frosch droht:

Ich will dir heimzahlen
Dein untreu und die falsche dück
Vberflüssig auf deinem rück,
Vnd mußt mir gelten mit der Haut.

Ähnl. auch schon mhd.: ‚Er muoz sîn hout darumbe geben" (Heinrich von Neustadt, ‚Gottes Zukunft', V. 1448). Den gleichen Sinn hat *seine Haut zu Markte tragen.* Eine altmärkische Lehre sagt: „Du mußt die Hut sulvst to market draogn un so dür verkopn as't gaon will". L. Günther (‚Dt. Rechtsaltertümer in unserer heutigen dt. Sprache', S. 53) knüpft zur Erklärung dieser Rda. an die ‚Germania' des Tacitus (Kap. 12) an: Vieh oder Viehhäute galten als Bußgeld; dann sei das Wort Haut in dieser Bdtg. nicht mehr verstanden und auf die menschliche Haut übertr. worden. Dies ist jedoch wenig wahrscheinl. Häute sind ja tatsächlich eine zum Markt getragene Ware. Die iron. Übertreibung mit der eigenen Haut meint eben: noch das allerletzte Eigentum einsetzen. In der Umgangssprache der Ggwt. meint die Rda. auch: aus Erwerbsgründen sich nackt produzieren, prostituieren, Call-Girl, Striptease-Tänzerin sein; ähnl. *die Haut in großen Stücken zu Markte tragen:* tief dekolletiert sein.

Einem auf die Haut kommen: ihn angreifen, ihm zu nahe kommen, vgl. ndd. ‚Rück mir nicht so nah auf die Pelle'; vgl. frz. ‚rentrer à quelqu'un dans le lard' (wörtl.: einem auf den Speck kommen), umg.; *ihn auf die Haut legen;* ihn ums Leben bringen; so altbair.; ähnl. schon in Behaims ‚Buch von den Wienern' (S. 75, V. 25):

Derselben ungetreuen leut
Sy gar vil warffen auff die heut.

Statt ‚das ↗Fell über die Ohren ziehen' hieß es früher bisweilen auch *einem die Haut über die Ohren ziehen:* ihn übervorteilen, ausnützen.

In keiner guten Haut stecken: immer zu Krankheiten neigen, oder übertr.: sich immer in mißlichen Umständen befinden. So schon bei Abraham a Sancta Clara (‚Judas' II, 195): „Er steckt in keiner guten Haut"; anders in ‚Reim dich' (313): „Ob etwas Guts in seiner Haut abgestecke".
Aus der Haut fahren: sich sehr ärgern, wütend sein: ‚Es ist zum Ausderhautfahren'. Ausdr. der Verzweiflung; nach dem Bild der sich häutenden Schlange.
Vgl. das Lied:

Wenn dich einmal der Hafer sticht,
aus deiner Haut zu fahren,
so bleib nur drin, es lohnt sich nicht,
du kannst das Fahrgeld sparen!

mit dem Refrain:

Bleib du nur in deiner alten Haut!

Mdal. wird die Rda. noch durch Zusätze verstärkt, wie z. B. obersächs. ‚Da mechte mer glei aus der Haut fahrn, wemmer nur wißte, wohin' oder ‚Da mechte mer aus der Haut fahrn un sich dernaam setzen'. Vgl. frz. ‚sortir de ses gonds' (wörtl.: wie die Tür aus den Angeln springen).
Entspr. *in die Haut fahren:* sich nach einem Zornesausbruch wieder beruhigen; erst neuerdings aufgekommen.
Ähnl. auch die Wunschformel: *am liebsten in eine andere Haut (in die Haut eines anderen) schlüpfen wollen,* konkretisiert in einem Gedicht (‚Wenn Dann') von Ulla Hahn:

Wenn du wo dir der Kopf steht
nicht mehr weißt
du aus der Haut fährst und
hinein in meine
dann ...

(‚Herz über Kopf'. Gedichte, Stuttgart 1981, S. 35).
Nicht aus seiner Haut können: seinen Standpunkt nicht aufgeben, sich eben nur innerhalb seiner charakterlichen Veranlagung verhalten können. Die Wndg. ist verwandt mit dem bibelsprachl. ‚den alten Adam ausziehen', ‚den neuen Adam anziehen' (↗Adam).
Ich möchte nicht in seiner Haut stecken: nicht an seiner Stelle, in seiner Lage sein; vgl. frz. ‚Je ne voudrais pas être dans sa peau'.
In derselben Haut stecken: sich in derselben (üblen) Lage befinden. Haut steht in dieser und anderen Rdaa. pars pro toto

‚Aus der Haut fahren'

für den ganzen Menschen, ebenso wie in den Ausdrücken *anständige Haut:* zuverlässiger, charaktervoller Mensch; *arme Haut:* bedauernswerter Mensch; *brave Haut:* redlicher Mensch; *ehrliche Haut:* ehrlicher Mensch; *lustige Haut:* gutmütiger, umgänglicher Mensch. Grimmelshausen macht den Wortwitz: „Ich weiß, ihr seyd eine alte gute Haut, der Balck aber taugt nicht viel".
Die Haut (das Fell, den Bast) versaufen: Bez. für den Leichenschmaus, ↗Fell.
Mit heiler (oder *ganzer*) *Haut davonkommen;* eigentl.: unversehrt aus dem Kampfe kommen; abgeschwächt: ohne nachteilige Folgen aus einer mißlichen Lage hervorgehen. *Aus heiler Haut* (bair. ‚von heiler Haut') bedeutet: aus freien Stücken; dann auch: unversehens; eigentl.: ohne daß einem die Haut geritzt worden wäre. Von einem Zählebigen heißt es *er hat neun Häute.* Wenn dem körperlichen oder sonstigen Wohlbefinden eines Menschen ein dauernder Schaden zugefügt worden ist, heißt es, es sei ihm *eine Haut abgezogen.* Hans Sachs hat danach den Schwank ‚Von den neunerlei häut eines pösen weibs' gedichtet. Einer seiner Gesellen erzählt ihm, er sei abends vom Weintrunk nach Hause gekommen, und seine Frau habe ihm nicht geantwortet.

Da dacht ich pei mir selbest eben:
Ich hab oft ghört von alten Leuten:
Etlich weiber sind von neun heuten.

Also ergrimmt er und bleut ihr die Stockfischhaut, dann die Bärenhaut, worauf sie brummt, dann die Gänsehaut, daß sie schnattert, dann die Hundshaut, wo sie zu bellen anfängt.

Jem. die Haut vom Leibe ziehen wird zumeist im übertr. Sinne gebraucht, z. B. wenn man von einem mehr verlangt, als er geben (zahlen) kann, ↗schinden.

Auf der Bärenhaut liegen, ebenso *auf der faulen Haut liegen:* müßig gehen, faulenzen; nichts tun, ↗Bär.

Moderne umg. Wndgn. sind: *auf die Haut gearbeitet:* räumlich eng, z. B. von einer Wohnung gesagt; *auf die Haut gespritzte Hosen:* hauteng anliegende Hosen; *nur mit der Haut kostümiert sein:* scherzhafte Umschreibung für: nackt sein.

Nur die nackte Haut retten: bei einem Unglücksfall (Brand, Unfall) alles verlieren.

Sich auf die faule Haut legen: sich dem Müßiggang ergeben (vgl. KHM. 60).

Etw. geht unter die Haut: es geht nahe, löst starke Gefühle aus, es hinterläßt (seelische) Narben.

Lit.: *R. Köhler:* ‚Die Haut (das Fell, den Bast) versaufen', in: Kleinere Schriften zur Neueren Lit. gesch., Vkde. u. Wortf. (Berlin 1900), S. 611–615; *A. Webinger:* Vom Faulpelz u. der armen Haut, in: Muttersprache 55 (1940), S. 151–152; *H. J. Schoeps:* Ungeflügelte Worte. Was nicht im Büchmann stehen kann (Berlin 1971), S. 119–120; *A. Erler:* Art. ‚Leibesstrafe', in: HRG. II, Sp. 1777–1790; *S. Oettermann:* Zeichen auf der Haut (Frankfurt a. M. 1979); *A. Soons:* Art. ‚Haut', in: EM. VI, Sp. 624–628.

Havas. *Das ist ein Havas:* das ist eine Lüge, Unsinn oder Schmarren. Diese Rda. ist vor allem in der Schweiz gebräuchl. Die frühere frz. Nachrichtenagentur Havas lebt noch heute in vieler Munde wegen ihrer Falschmeldungen während des ersten Weltkrieges unrühmlich fort. Vgl. dem Sinn nach die Wndg. ‚lügen wie gedruckt'.

Die Unzuverlässigkeit der früheren frz. Nachrichtenagentur ‚Havas' scheint heute in Frankreich nicht mehr bekannt zu sein.

Lit.: *W. Heim:* Neuere Zeitungsfabeln, in: Schweiz. Vkde., Korrespondenzblatt 44. Jg. (1954), S. 68 ff.

HB-Männchen. *HB-Männchen machen:* sich stark erregen, sein cholerisches Temperament zeigen, ‚in die ↗Luft gehen'. Die moderne Wndg. bezieht sich auf die Zigaretten-Werbung: ‚Wer wird denn gleich in die Luft gehen' mit der Abb. eines solchen Männchens, das durch das Rauchen seine Gelassenheit sogleich wiederfindet.

Hebel. *Den Hebel (an der richtigen Stelle) ansetzen:* den richtigen Weg, das richtige Mittel finden. *Alle Hebel in Bewegung setzen:* alles aufbieten, um etw. zu erreichen, eigentl.: um eine schwere Last in die Höhe zu bringen. Vor dem 18. Jh. scheint die Rda. im Dt. nicht gebräuchl. gewesen zu sein. Es entspricht ihr jedoch die schon lat., bei Cicero stehende Wndg.: „omnes adhibere machinas". ; vgl. frz. ‚mettre tout en œuvre' (wörtl.: alles ans Werk setzen). Els. ‚Heb de Hewl am dickn Teil!', fasse die Sache am richtigen Ende an.

Alle diese Wndgn. sind bildl. aus der Mechanik übernommen. Ähnl. auch: *Am längeren Hebel sitzen:* eine günstigere Machtposition als der Gegner einnehmen.

heben. *Einen heben:* ein Glas Alkohol (bes. Schnaps) trinken. Man hebt das Glas, um es zu leeren oder um jem. zuzuprosten. *Er hat einen zuviel gehoben:* er ist betrunken; stud. seit der Mitte des 19. Jh.

‚Heb di, Schöberl, sunst bleibst a Dålken!' Aufforderung zum Aufstehen, wenn jem. die Absicht hat zu gehen, im Gespräch aber noch verweilt und nun scherzhaft an seinen Aufbruch gemahnt werden muß. Stammt aus der Küchensprache: Ein ‚Schöberl', das sich in der Küche nicht ‚heben' würde, bliebe ein Dalken, d. h. eine ungegangene Teigmasse. In Wien noch heute gebräuchl. und in lit. Quellen seit der 1. Hälfte des 18. Jh. belegt.

Lit.: *L. Schmidt:* Wiener Rdaa. VI, in: Das dt. Volkslied 46 (1944), S. 17 f.

hebräisch. *Das ist hebräisch für mich:* das ist zu hoch für mich, ich verstehe es nicht, ↗spanisch; entspr. *Er spricht hebräisch wie eine Kuh französisch:* er hat miserable Sprachkenntnisse.

Er (sie, es) lernt hebräisch: er ist im Pfandhaus versetzt; z. B. ‚Mein Rock lernt hebräisch'; so schon bei Abraham a Sancta Clara: „Ihre Kleinodien und Silbergeschirr zu den Juden schicken, Hebräisch zu lernen" (‚Mercurialis', 153); stud. noch im 19. Jh.

Hechel, hecheln. *Einen durch die Hechel ziehen (ihn durchhecheln):* in seiner Abwesenheit seine schlechten Eigenschaften bereden, ihn ‚durch den ↗ Kakao ziehen'; verstärkt: ‚ihn durch eine belgische Hechel ziehen' (so bei Jeremias Gotthelf), in älterer Sprache auch: ‚einen über die Hechel laufen lassen'. Ndl. ‚Iemand over de hekel halen'; engl. ‚to heckle'; frz. ‚déchirer quelqu'un à belles dents'.

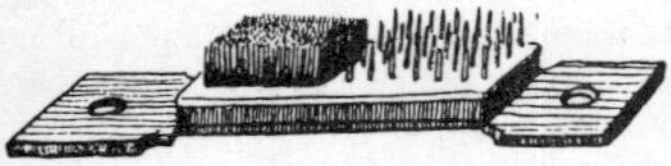

Hechel

Die Hechel ist ein kammartiges Werkzeug mit Drahtspitzen zur Flachsbearbeitung, durch das die verwirrten Fäden geglättet und geradegezogen und vom kürzeren und gröberen Werg gesondert werden. Lit. schon bei Luther: „Das wörtlein mein will ich durch der schwermer hechel ziehen auf das ja kein bein an dem text ganz und ungemartert bleibe", und in seinen ‚Tischreden' heißt es: „er sei denn wol versucht vnd durch die hechel gezogen". Grimmelshausens ‚Simplicissimus' berichtet von alten Weibern, die „allerlei leut, ledige und verheirathe ... durch die hechel zogen". Im Sinne von ‚scharf tadeln, verurteilen' heißt es bei Logau: „der nun mehr ist als ein Mensch, mag mich durch die Hechel ziehen".

‚Durchhecheln' (Flachshecheln)

Heute spricht man meist nur noch von *hecheln* oder *durchhecheln,* so wie es etwa Keller in seinen ‚Leuten von Seldwyla' (1856) benutzt: „Obgleich sie sattsam durchgehechelt wurde in der Stadt, so flößte sie doch Achtung ein, wo sie erschien". Das Durchhecheln ist also ein Klatschen über andere in deren Abwesenheit, oft zum Schaden des guten Rufes der ‚Durchgehechelten'. In diesem Sinne prägte der Nationalsozialismus für den alten Reichstag das Wort ‚Hechelmaschine'.

Seit 1910 gebucht ist *Hechelkränzchen* für die Lehrerkonferenz; vorher wurde dieser Ausdr. schon für die Tee- und Kaffeekränzchen der Frauen benutzt.

Das ‚Hecheln' ist auch bekannt als Rügebrauch zur Fastnacht, vor allem im südd. Raum. So wird der Ausdr. in Donaueschingen z. B. als Bez. für das sonst übliche ‚Schnurren' und ‚Strählen' gebraucht. Außerdem wird es hin und wieder zur Illustration von Übereile verwendet, wenn es z. B. heißt: *Er hechelte wie ein Hund,* oder *Er hechelte an:* er kam mit hängender Zunge an.

Alte oder *böse Hechel* nennt man eine unverträgliche, zänkische Frau, die unaufhörlich über andere herzieht.

Sächs. wird ‚durchhecheln' zu einer auch positiven Aussage im Sinne von: etw. genau nehmen, z. B. ‚die alte Scharteke müssen mer mal durchhecheln', ganz genau durchlesen.

Der Ausdr. *ein gehechelter Mensch* entsprach um 1600 der heutigen Wndg. ‚geschniegelt und gebügelt'.

Bair. sagt man, wenn einem etw. wenig Angenehmes begegnet im rdal. Vergleich: ‚Das freut mich wie den Hund das Hechellecken'.

Thür. ‚aufpassen wie ein Hechelmann (Heftelsmann)' beruht wohl auf einer Verwechslung mit ↗ Heftelmacher.

Wie auf Hecheln sitzen: wie auf glühenden ↗ Kohlen sitzen. Eine Realisierung erfährt das rdal. Bild in Hans Sachsens Gestaltung des Märchenstoffes von den drei Wünschen ‚Die wuenschent pewrin mit der hechel', worin der Bauer seiner unvernünftigen Frau die Hechel in das Hinterteil wünscht:

Ich wolt, das dir die hechel doch
Zw hinterst steck in dem arsloch!
Die hechel, weil er redet noch,
Ir in der kerben stacke.

Hechel hieß auch ein oben tellerförmig mit Eisen- und Drahtstiften versehener Kirchenkerzenstock, der angeblich zur Bestrafung böser Kinder benutzt wurde. ‚Wart, du kommst auf die Hechel' oder ‚Man setzt dich auf die Hechel' sagte man daher in Schwaben, wenn ein Bube unartig war oder zur Beichte ging.

In der älteren Sprache heißt die Hechel auch ‚Riffel'; daher auch: ‚ihn durch die Riffel ziehen'. Von dem Verbum ‚rüffeln' ist dann im 19. Jh. das neue Subst. ‚Rüffel' = scharfer Verweis abgeleitet worden. Dem gleichen Vorstellungskreis ist die 1639 bei Lehmann S. 81 (‚Beschwerden' 24) vermerkte Rda. entsprungen: „Wer mit Beschwernissen geplagt wird, von dem wird gesagt: ‚Man hat ihn wüst abgestrelt'".

Lit.: *H.Siuts:* Bäuerliche u. handwerkliche Arbeitsgeräte in Westfalen (Münster 1982).

Hecht. *Der Hecht im Karpfenteich sein:* eine aufrüttelnde, führende Rolle in einer trägen Masse spielen.

Der Hecht jagt die Karpfen hin und her und läßt sie nicht fett werden. Das sprw. Bild stellt den lebhaften Fisch inmitten anderer, langsam und träge sich bewegender Fische dar. Der Hamburger erweitert und variiert das Bild: ‚Wenn de Hekt in de frei Elw schwärmt, denn bitt he un fritt, wat em in de Quer kummt, wenn he awer bi'n Amtsfischer in Kasten sitt, denn lat he Karpen un Karuschen herankomen und deit ju nix'.

Schon mhd. wird Hecht in bildl. Sinne gebraucht: „Pei dem hecht verstēn ich alle wütreich, die arm läut frezzent und auch ir aigen mäg (‚Verwandte') und freunt verderbent", schreibt 1350 Konrad von Megenberg in seinem ‚Buch der Natur' (hg. von Pfeiffer, S. 254).

Die Rda. vom ‚Hecht im Karpfenteich' ist vielleicht alt, lit. aber erst nachweisbar seit 1787: „Er war in Vetter Kornelius' Hause der Hecht im Karpfenteiche, der die trägen friedlichen Haustiere der Handelsbedienten und des Gesindes immer aufstörte und in Schreck setzte" (Musäus, ‚Straußfedern' Bd. 1, S. 147). Jean Paul (1763–1825) schreibt im ‚Titan': „So trifft meine Bemerkung hier ein, dasz ein guter filou immer der motivierende Hecht wird, der den frommen Karpfensatz der Stillen im Teiche zum Schwimmen bringt". Jos. v. Görres wandte die Rda. 1804 ins Politische. In den sechziger Jahren des 19. Jh. wurde Napoleon III. der ‚Hecht im europ. Karpfenteiche' genannt. 1867 bildete der ‚Kladderadatsch' auch Bismarck in der Karikatur als Hecht ab, und Bismarck selbst nahm in seiner Reichstagsrede vom 6. Februar 1889 das Bild auf, um die Stellung Dtl.s zwischen Frankreich und Rußland zu kennzeichnen: „Die Hechte im europ. Karpfenteich (Franzosen und Russen) hindern uns (Deutsche), Karpfen zu werden. Wir müssen dieser Bestimmung der Vorsehung aber auch entsprechen, indem wir uns so stark machen, daß die Hechte uns nicht mehr tun als uns ermuntern" (Reden XII, 456).

Hecht übertr. auf den Menschen bedeutete zuerst soviel wie ‚räuberischer Mensch', blaßte dann später zu ‚Kerl, Bursche' ab. „Gesperrt zu einem solchen

1

2

1/2 ‚Hecht (bzw. zwei Hechte) im Karpfenteich sein'

Hechte", sagt Wieland. Man spricht von ‚armen', ‚dürren', ‚langen', ‚drolligen' Hechten. ‚Ein doller (toller) Hecht' ist ein Draufgänger, Lebemann, Weiberheld. ‚Krummer Hecht' wird allg. als Schimpfwort gebraucht. ‚Ein gelungener Hecht' ist im Rhein. ein Bursche, der Witze und Streiche macht. „Verbrennt diesen Brief, damit es nicht dermaleinst offenbar werde, was für drollige Hechte wir sind" schrieb Bürger am 1.3.1789 an F. L. W. Meyer. In den Ausdrücken ‚'n netter Hecht' (berl.), oder ‚ein gemütlicher Hecht' (thür.) ist der eigentl. Charakter des Raubfisches ganz vergessen.
Hecht in der Bdtg. ‚dicker Tabaksqualm im Zimmer' stammt aus der Studentensprache. Der Ausdr. ist vielleicht substantiviert aus dem ndd. Adj. ‚hecht' = dicht zur Kennzeichnung der dicht lagernden Tabakswolken oder fußt auf dem Adj. ‚hechtgrau'.
Unklar ist der Urspr. der Rda. *Hier zieht es wie Hechtsuppe,* vom Luftzug gesagt. Vielleicht beruht sie auf einem Wortspiel: Fischsuppe muß lange ziehen, um schmackhaft zu werden. Eine andere Erklärung leitet ‚Hechtsuppe' von jidd. ‚hech supha' = wie eine Windsbraut, ein Orkan, ein Sturm her. Diese Rda. ist wahrscheinl. erst seit dem 19. Jh. im Gebrauch, ↗Fisch.

Lit.: *O. Keller:* Die antike Tierwelt 2 (Leipzig 1913), S. 371; *S. A. Wolf:* ‚Es zieht wie Hechtsuppe', in: Muttersprache 66 (1956), S. 27–28; *Anon.:* ‚So ein Hecht. Es zieht wie Hechtsuppe', in: Sprachpflege 18 (1969) ‚S. 124; *V. B. Dröscher:* Mit den Wölfen heulen (Düsseldorf – Wien 1978), S. 109–112.

Hecke. *(Schnell) bei der Hecke sein:* gleich bereit, gleich zur Stelle sein, gerüstet, vorbereitet sein; so auch in den Mdaa., z. B. köl. ‚Hä es glich bei der Heck'; hess. ‚hä wor rasch bei d'r Hecke', er war rasch bei der Hand, als es etw. zu sehen, zu gewinnen oder auch zu helfen gab. Nach der Rda. will man bei der Hecke nicht etwa Schutz suchen. Es scheint aber doch dies der urspr. Sinn gewesen zu sein. Die Eile, mit der man davon und hinter eine Hecke lief, wurde auf die Eile übertragen, mit der man herbeikam.
Auf die Hecke klopfen: auf den ↗Busch klopfen; entspr. schweiz. ‚Er isch em uff der Hegg', er ist ihm auf der Spur.
‚Hinter den Hecken jung geworden': Rda. für Uneheliche, bes. in Franken geläufig. ↗aushecken.

Heckmeck. *So ein Heckmeck!:* (westf.) Ausdr. für Gedöns, Getue. Der Wndg. liegt wohl das alte Wort ‚Hackemack' zugrunde, das – ähnl. wie das schon in früherer Zeit gebräuchl. ‚Hack und Mack' – als Bez. für Gehacktes und Durcheinandergemengtes geläufig war. So heißt es schon bei Joh. Eck („schutzred kindlicher unschuld wider den catechisten André Hosander', 1540): „haggamagga als durcheinander". Darüber hinaus war der Begriff aber auch als Bez. für verwirrte Rede, Gewäsch usw. bekannt. In diesem Sinne ist er u. a. belegt bei Andr. Calagius (‚Susanna', 1604): „verhütt dasz nicht machst hackgemach"; ferner im ‚Simplicissimus' (4,463, Ausg. Kurz): „mancher guter ehrlicher alter teutscher mann ... höret mit verwunderung die heutigen gespräch u. tischreden an u. weisz oft die hälfte nicht was die leute reden, ob es rotwelsch, hochoder niederteutsch, und was für ein hak und mak sie untereinander machen". Und bei Veroander aus Wahrburg (‚des neunhäutigen und haimbüchenen schlimmen bauwrenstands und wandels entdeckte ubelsitten- und lasterprob ...', 1684) heißt es: „was ist anders der bauren gerechtigkeit als ein confusum chaos oder zusammengeschmolzenes hack und mack".
Während sich der Ausdr. im südd. Raum nicht weiterverfolgen läßt, hat er in Westfalen zu dem bekannten ‚Heckmeck' geführt, mit dem ein übertriebenes oder unsinniges Gehabe verächtlich abgetan und ad absurdum geführt wird.

Heer. Der rdal. Vergleich mit dem sagenhaften *Wilden Heer* zur Bez. eines starken Lärms kommt in fast allen Mdaa. vor; z. B. schweiz. (Kt. Glarus, Kt. St. Gallen) ‚Tuen wie's Wüetiher', wild lärmen, sich jagen, ausgelassen sein; ungebärdigen Kindern ruft man zu: ‚Tüent doch nit so wild, me meint jo 's Wuetisher chömm!'; schwäb. ‚fahren wie das Muotisheer (heilige Heer)'; Allgäu: ‚Ihr thond bi Gott wie's Wuetas!'; rhein. ‚do küt da wel Jag!', da kommt die wilde Jagd; ebenfalls für lärmendes Heranstürmen gesagt.

Ins alte Heer gehen: sterben, ↗zeitlich. Die Rda. geht zurück auf den Glauben an die Existenz eines Geisterheeres, das sich in der Nacht erbitterte Kämpfe liefert. Geisterschlachten spielen vor allem auf den Schlachtfeldern großer Kämpfe der Weltgeschichte eine Rolle, z. B. auf dem Schlachtfeld von Marathon, auf den katalaunischen Feldern, wo sich die Geisterheere der gefallenen Römer und Hunnen der Legende nach drei Tage lang bekämpften, bei Karl dem Großen am Fuß des hessischen Gudinsberg, bei Ludwig dem Frommen auf dem Lügenfeld bei Colmar usw. bis hin zur Franzosenschlacht (1806) auf dem Schlachtfeld von Jena, wo nach dem Volksglauben jede Nacht Preußen und Franzosen aus den Gräbern steigen und als Geisterheer jeweils von 24 bis 1 Uhr in aller Erbitterung kämpfen bis zum Jüngsten Tag.

Lit.: *Ch. Mengis:* Art. ,Geisterschlacht', in: HdA. III, Sp. 546–549; *K. Meisen:* Die Sagen vom wütenden Heer und vom wilden Jäger (Münster 1935), S. 144.

Hefe. *Auf die Hefe(n) kommen:* aufs äußerste herunterkommen, mit seinem Vermögen fertig werden. Die Hefe, eigentl. ,das Hebende', weil sie bewirkt, daß der Stoff, dem sie beigemischt wird, sich hebt, sich aufbläht, bleibt doch selbst am Boden des Gefäßes sitzen und ist dann eben als Bodensatz eines Getränkes ungenießbar und deshalb verachtet.

Den Kelch (Becher) bis auf die Hefe leeren: alle Widerwärtigkeiten bis zum bitteren Ende auskosten müssen, ist eine Rda. bibl. Ursprungs (Ps. 75,9), vgl. ,Der Rest ist für die Gottlosen' (↗gottlos). Vgl. frz. ,vider le calice (la coupe) jusqu'à la lie' (gehobene Sprache). *Es geht auf die Hefen:* es geht zu Ende.

Die Hefe als Treibmittel in der Bäckerei ist gemeint in der in mdt. Mdaa. bezeugten Rda. *auf der Hefe* (oder Plur. *auf den Hefen) sitzen bleiben:* nicht vorwärtskommen, keinen Erfolg haben, eigentl. wie ein nicht aufgegangener Teig; auch von einem kleinen Menschen gesagt; vgl. Jer. 48,11 in Luthers Bibelübers.: „Moab ist von seiner Jugend auf sicher gewesen und auf seinen Hefen still gelegen ...".

Er hat Hefe in den Schuhen wird von einem Aufgeblähten, Hochmütigen gesagt. *Sich mit Hefen waschen:* beim Waschen noch schmutziger werden, als man vorher war.

Der ist aber auch net auf der Hefe: er ist schwerfällig und reagiert kaum oder gar nicht. *Auf der Hefe sein:* mit allen Wassern gewaschen sein.

Hefe des Volkes: Bez. für die unterste Gesellschaftsschicht, in der es zuweilen gärt. In früherer Zeit waren es zumeist die Landstreicher und unzufriedenen Arbeiter, daher auch die Verwendung der Rda. i. S. v. ,Abschaum' bzw. ,die unzufriedenen Elemente eines Volkes'. Als Urheber der Rda. gilt Cicero. Er gebrauchte in seiner Rede ,Pro Flacco' (59 v. Chr.) 8, 18 den Ausdr. ,faex civitatis'. In der Übers. wird er mit ,Hefe des Volkes' wiedergegeben.

Lit.: *F. Eckstein:* Art. ,Hefe', in: HdA. III, Sp. 1626–1628.

Heft. *Das Heft in der Hand haben:* so viel Gewalt besitzen, daß der andere schwerlich etw. dagegen ausrichten kann.

Die Wndg. bezieht sich urspr. auf den Waffenträger, der das Heft seines Schwertes fest in der Hand hat und die Waffe gut zu führen versteht. Er ist den Waffenlosen, den schlecht Bewaffneten, den Unsicheren und Ungeschickten dadurch überlegen. Vgl. auch die ähnl. fremdsprachl. Wndgn.: ndl. ,Het heft (hecht) in handen hebben'; frz. ,tenir la queue de la poêle'; ,tenir les rênes' (wörtl.: die Zügel in der Hand festhalten) und engl. ,to hold the reins'.

Das Heft als Haltegriff des Schwertes oder eines Messers ist auch in den folgenden Rdaa. gemeint: *einem das Heft in die Hand spielen:* ihm Hilfe leisten, ihm das Mittel zur Verteidigung geben; vgl. frz. ,prêter la main à quelqu'un' (wörtl.: einem seine Hand leihen); *das Heft nicht aus der Hand geben wollen:* sich die Herrschaft, die Befehlsgewalt nicht nehmen lassen; *einem das Heft aus den Händen winden:* ihm mit Gewalt die Mittel zu seiner Verteidigung nehmen. Vgl. die lat. Wndg. bei Plautus „eximere e manu manubrium".

Heftelmacher. *Aufpassen wie ein Heftelmacher:* scharf achtgeben; eine bes. thür. und obersächs., aber auch im Steirischen bezeugte Rda., der die rasche und dabei

Der Hefftelmacher.

,Aufpassen wie ein Heftelmacher'

sorgfältige Arbeit des Herstellens von ,Hefteln', d.h. kleiner Häkchen und Ösen zum Zusammenhalten von Kleidern zugrunde liegt. Das Auge vermag den raschen Bewegungen geübter Finger kaum zu folgen. Der Schnelligkeit des Fabrikationsvorgangs entspricht auch der rdal. Vergleich *Das geht wie's Heftelmachen:* sehr rasch; im gleichen Sinne ,wie's Brezelbacken', ↗Brezel.

,Er hat Augen wie-r-a Haftelmacher' (österr.): er paßt gut auf, er hat seine Augen überall und sieht alles.

Lit.: *L. Schmidt:* Sprw. dt. Rdaa., in: Österr. Zs. f. Vkde. 77 (1974), S. 99.

Hehmann. Umhertollenden und lärmenden Kindern wird im bair.-österr. Raum oft von den Müttern zugerufen: ,Douts niet sue wie d'Hehmanner und schreits niet sue wie a Zohnbrecher', womit auf die regionale Sagengestalt des Hehmanns angespielt wird.

Lit.: *E. Rath:* Der Hehmann. Herkunft und Bdtg. einer Sagengestalt (Wien 1953); *U. Benzel:* Sudetendt. Volkserzählungen (Marburg 1962).

Heide. Gemäß dem lat. ,paganus' ist der Heide der Landbewohner. Daraus hat sich vielleicht erst die Bdtg. ,Nichtchrist' entwickelt, weil die Christen zumeist in Städten wohnten. Wahrscheinl. ist Heide keine Übers., sondern germ. Ursprungs und bedeutet ,wild', ,niedrigstehend', erst später ,Nichtchrist'. Heide wurde dann zu einem Sammelwort für alle Erscheinungen, die außerhalb des Rahmens der Christenheit in räuml. und zeitl. Hinsicht stehen.

Einen Heiden zu einem Christen machen: ein Kind aus der Taufe heben. ,En' Heiden han w'r fortgetroen, en Christen bringen w'r wieder' sagen ndd. die Paten, wenn sie mit dem Täufling aus der Kirche zurückkommen. ,Die Heiden sint inebruoken' sagte man früher im Kreis Iserlohn, was bedeutete: Die Frau ist ins Wochenbett gekommen. Diese Rda. bezieht sich auf die kirchliche Aussegnung der Wöchnerin.

Eine Heidenangst haben: große Angst haben wie die Christen vor den Ungläubigen, z.B. vor den Türken; Heiden ist hier objektiver Genetiv, wie ,Gottes' in ,Gottesfurcht'. In mehreren Wortzusammensetzungen bedeutet ,Heiden-' eine Verstärkung, wie in den Ausdrücken ,Heidenarbeit' (mühsame, umfangreiche Arbeit), ,Heidenbammel' (große Angst), ,Heidengeld' (sehr große Geldsumme), ,Heidenkrach', ,Heidenlärm', ,Heidenspektakel' (großer Lärm, heftige Auseinandersetzung), ,Heidenspaß' (großer Spaß), ,heidenmäßig' (sehr groß, sehr viel). Ähnl. auch in der Rda. ,das möcht einen Heiden erbarmen', d.h. sogar einen Menschen, der nicht unter dem christlichen Gebot der Nächstenliebe steht. ,Heidenei' ist ein schwäb. Ausdr. der Verwunderung.

Lit.: *Hoops:* Die Heiden, in: Aufsätze zur Sprach- u. Lit.-Gesch. Wilh. Braune dargebracht (Dortmund 1920); *Winkler:* Art. ,Heiden', in: HdA. III, Sp. 1634–1653; *C. G. Diehl:* Art. ,Heidentum', in: RGG. III, Sp. 141–143; *H. Conzelmann:* Art. ,Heidenchristentum', in: RGG. III, Sp. 128–141; *R. Beitl:* Kinderbaum. Brauchtum und Glauben um Mutter und Kind (Berlin 1942); *Chr. Daxelmüller:* Art. ,Heiden', in: EM. VI, Sp. 645–654.

Heidelberg. *So groß wie das Heidelberger Faß sein:* ein unvorstellbar großes Fassungsvermögen besitzen, riesengroß sein. Der rdal. Vergleich bezieht sich auf die bestaunenswerte Sehenswürdigkeit im Heidelberger Schloß, die noch heute Touri-

Heidelberger Faß (1589–91)

sten anlockt. Das erste ‚Große Faß' ließ 1589–91 Pfalzgraf Kurfürst Friedrich IV. bauen, wie Merian berichtet: „Zu dem erwehnten Faß ist ein Stiege von 27 Staffeln und alsdann ein kleines Brücklein, hinauff zu gehen. Es sollen zu den 24 großen eisernen Reiffen, die herumb seyn, 122 Centner Eisen seyn gebraucht worden. Und fasset solches 132 Fuder, 3 Ohmen und 3 Viertel und hält 1 Fuder, 10 Öhmen, 1 Ohm aber 48 Maß, so sich fast mit den Oesterreichischen Maßen vergleichen. Das Wahrzeichen ist eine Nachteule, ein Aff und ein Löw ohne Zungen. Und ist solches so hoch, daß einer mit einem Rennspieß auffrecht darinn stehen könte" (Matthäus Merian: Topographia Germaniae. Beschreibung der Untern-Pfalz am Rhein. Faksimile der vermutlich 1672 erschienenen vermehrten 2. Ausg. Neue Ausg. Kassel und Basel 1963, S. 42, Sp. 1).

Liselotte von der Pfalz, die das berühmte Faß in ihren Briefen erwähnt, kannte das zweite Faß. Es wurde 1648–80 von ihrem Vater Karl Ludwig aufgestellt, nachdem das erste während des Dreißigjähr. Krieges baufällig geworden war. Zu ihrer Zeit enthielt es noch Wein, denn sie schreibt: „Im großen Faß hatt man nie keinen Rheinwein gethan, nur lautter Neckerwein" (A 3, S. 347). Sie erinnert sich auch noch an den Spruch, der auf dem Faß stand und der sich auf die Darstellung an der alten Neckarbrücke bezieht:

Waß thust du mich hir ahngaffen?
Hast du nicht gesehen den alten affen
Zu Heydelberg? Sich hin undt her,
So findstu woll meines gleichen mehr.
(C 1, S. 342, 383)

Ironisch erwähnt H. Heine das Heidelberger Faß im ‚Buch der Lieder' (Lyrisches Intermezzo, 1822–1823, Nr. 65):

Holt einen großen Sarg,
Hinein leg' ich gar Manches,
Doch sag' ich noch nicht, was;
Der Sarg muß sein noch größer,
Wie's Heidelberger Faß.

Bis zu den Niederlanden reichte die Kenntnis von diesem Faß, was die Wndg. ‚het heidelberger wijnvat' beweist.

Eine phantastische Übersteigerung enthält die Feststellung *Das Heidelberger Faß ist ein Fingerhut dagegen,* denn das heutige (dritte) Faß, das 1751 von Karl Theodor aufgestellt wurde, könnte immerhin 221 726 l in sich aufnehmen.

Vor dem Heidelberger Fasse knien: keinen höheren Genuß als das Trinken kennen, den Wein als seinen Gott verehren.

Doch ist der Ruhm Heidelbergs auch noch durch zahlreiche Studenten- u. Trinklieder, insbes. durch das Versepos ‚Der Trompeter von Säckingen, ein Sang vom Oberrhein' (Stuttgart 1854) von J. Viktor v. Scheffel (1826–1886), verbreitet worden, in dem die Stadt als „Alt-Heidelberg, du feine" besungen wird.

Lit.: *K. Christ:* Das erste Heidelberger Faß. Eine Jubiläums-Studie (Heidelberg 1886); Die Kunstdenkmäler des Großherzogtums Baden (Tübingen 1913), Bd. 8, S. 97 u. 466f.; *R. Lochmann:* Volkskundliche Belege in den Briefen der Liselotte von der Pfalz, masch.-schriftl. Staatsexamensarbeit (Freiburg 1969).

Heidelerche. *Singen wie eine Heidelerche:* laut, hell oder ausdauernd singen; vgl. frz. ‚gai comme un pinson' (wörtl.: froh wie ein Fink). Die dt. Rda. läßt sich bis um 1700 zurückverfolgen, bes. in obersächs. Mda. Der Name der Heidelerche (Lullula arborea) ist dabei vielleicht in Verbindung gebracht mit dem Jubelruf ‚heidi, heida!'. Die Mda. kennt die Aussprache ‚Heetel-

Heidelerche

lerche', d. i. ,Häutel-, Haubenlerche' (Galerida cristata). Die Heidelerche ist selbst in den Gegenden noch zu finden, in denen sonst alles Tierleben erstorben scheint und überall wegen ihres vortrefflichen Gesanges geschätzt. Auch als Stubenvogel ist sie sehr beliebt.

heidi. *Im heidi:* im Handumdrehen, sehr schnell; eine Interjektion, die schnelle Bewegung, aber Jubel und beschwingte Freude ausdrückt. *Heidi gehen:* verlorengehen, davongehen; seit dem 18. Jh. belegt; ähnl. *heidi sein:* verloren sein, eigentl. aus achtloser Lust dahinsein.

heilig, Heiliger. *Ein wunderlicher (komischer, seltsamer) Heiliger* ist ein Sonderling, ein Mensch mit unüblichen Gewohnheiten; vgl. ndl. ,een rare, vreemde, ruwe Apostel'. Der Ausdr. beruht auf Ps. 4,4: „Erkennet doch, daß der Herr seine Heiligen wunderbar führet". ,Wunderlich' meint ,wunderbar', d. h. auf wunderbare Weise, dann auch ,wundertätig' und schließlich ,absonderlich'. Die Rda. ist seit dem 17. Jh. bezeugt, z. B. bei Abraham a Sancta Clara („Judas' III, 174): „Für einen selzamen Heiligen halten", vgl. ebd.: (IV, 157): „Es gehet ihm nichts ab, als der Schein, sonst wäre er Heilig". Die Rda. spielt darauf an, daß im volkstümlichen Denken das Hauptinteresse gern auf äußere und sinnfällige Tatsachen, mehr auf die Wunder eines Heiligen, als auf sein asketisches Leben und heroisches Sterben gelegt wird. Eine ähnl. Wndg. findet sich bei Luther im ,Sendbrief vom Dolmetschen': „Es ist dolmetzschen ja nicht eines iglichen kunst, wie die tollen Heiligen meinen"; vgl. die Wndg. ,ein toller (wunderlicher) ↗Christ'.

Er ist ein ganz besonderer Heiliger: Er ist ein scheinheiliger Frömmler.

Er ist kein Heiliger: er führt ein lockeres Leben; vgl. frz. ,Ce n'est pas un saint'; ähnl. ,Er ist nicht gar so heilig, wie er tut'. Iron. ,Er ist heilig wie eine Wolfsklaue', ,er ist nicht so heilig wie jener Einsiedler, der den Hintern von Hornissen fressen ließ'. ,Er will noch heilig werden bei lebendigem Leib' ist ein Spott auf einen Frömmler und Scheinheiligen. ,Er ist so heilig, daß man ihm ein Kreuz vorträgt', er wird begraben.

Die Heiligen vom Himmel herunterschwören: sehr viel schwören (vgl. ,das Blaue vom Himmel herunterlügen', ↗blau).

Seine Heiligen aufgezählt kriegen: in der Schule durchgeprügelt werden (z. B. in Gotthelfs ,Bauernspiegel'), geht ebenso wie bair. ,seinen Heiligen kriegen' (einen Verweis erhalten) darauf zurück, daß Priester und Lehrer den Kindern die Bilder ihrer Namenspatrone mit einer pädagogischen Ermahnung zu schenken pflegen. ,Dir geht's noch mal wie den Heiligen Drei Königen' ist eine lokale Kölner Verspottung und Drohung.

,Etw. hoch u. heilig versprechen' ↗hoch.

,Heiliger Bürokratius', ,heiliger Bimbam', ,heiliger Strohsack', ,heilig's Blechle' sind scherzhafte Anrufe nur fiktiver Heiliger. Ähnl. wie die Wndg. ,liebes Herrgöttle' drücken sie Erstaunen, Erschrecken, Verwunderung oder Unwillen aus u. enthalten dabei zumeist einen spöttischen Tadel. Häufig hört man auch lat. Formeln wie ,Sancta Simplicitas' (heilige Einfalt), ein Ausruf, der nach Zincgref-Weidners „Apophthegmata" (Amsterdam 1653) 3,383 Johann Hus (1369–1415) auf dem Scheiterhaufen ausgerufen haben soll, als er sah, wie ein Bauer in blindem Glaubenseifer sein Stück Holz zu den Flammen herbeitrug.

Bekannt ist auch die rdal. Erweiterung einer Heiligenanrufung: ,Heiliger Sankt Benedikt, ich bin schon wieder eingenickt', die in Abwandlung einer Gebetslitanei als scherzhafte Selbstermahnung zu verstehen ist.

Lit.: *F. Pfister:* Art. ,heilig', in: HdA. III, Sp. 1655–1668; *ders.:* Art. ,Heilige', in: HdA. III, Sp. 1668–1673; *H. Schauerte:* Die volkstümliche Heiligenverehrung (Münster 1948); *K. Kunze:* Art. ,Heilige', in: EM. VI, Sp. 666–677.

heim. *Einen(m) heimgeigen:* ihn derb abfertigen, ihm eine Abfuhr erteilen. *Du kannst dich (dir) heimgeigen lassen:* mach, daß du fortkommst! In früherer Zeit ließen sich angesehene Leute, die ihren Reichtum zeigen wollten, von einem Tanzvergnügen oder Gelage von spielenden Musikanten nach Hause begleiten. Aus Bayern kennen wir die Sitte der Bauernburschen, sich nach Tanzbelustigungen mit Musik nach Hause bringen zu lassen. Erst später verband man mit der Rda. den Sinn der derben Abfertigung und Zurechtweisung, denn auch zum Spott wurde einem kläglich Abziehenden eine Musik dargebracht. Als Wallenstein vergeblich Nürnberg belagert hatte und unverrichteter Dinge abzog, jubilierten und musizierten die Nürnberger und sangen und spotteten:

Du kannst den Göcker (Hahn) nit krähen hören,
Und willst der Nürnberger Stadt verstören?
Geh, laß dich geigen heim!

,Heimleuchten'

Auf einen ähnl. Urspr. ist die Rda. zurückzuführen: *einem heimleuchten:* ihn zurechtweisen, nachdrücklich abweisen, hinauswerfen, verprügeln. Früher wurde einem späten Besucher ein Diener mit einer Laterne mitgegeben, um ihn nach Hause zu begleiten, da es keine Straßenbeleuchtung gab. Aus dieser friedlich-bürgerlichen Sitte ist die Wndg. wohl hervorgegangen, und der höhnische Sinn ist erst später hineingelegt worden. Immerhin ist die Wndg. im 16. Jh. schon ein Spottausdr. Nach der Chronik von Wigand Lauze haben Fritzlarer Bürger Fakkeln und Strohwische angezündet und dem vergeblichen Belagerer, dem Landgrafen Konrad von Thüringen, „zum Abzug geleuchtet" (Lange: Alte Geschichten aus dem Lande Hessen, 1899).

Einem etw. heimzahlen wurde zunächst im Sinne von ,zurückzahlen' gebraucht, dann aber zu der heutigen Bdtg. von ,rächend vergelten' umgeändert; vgl. bair. ,'s kimmt der Greis wider ham', es wird dir vergolten. ↗daheim.

Lit.: *Fr. Seiler:* Dt. Sprww.kunde (München 1922), S. 234; *H. Rölleke* (Hg.): „Rdaa. des Volkes, auf die ich immer horche" (Bern u.a. 1988), S. 17.

Heimat. *Unrasiert und fern der Heimat,* Landserwort und Volkslied, schon aus dem 1. Weltkrieg, wahrscheinlich zurückgehend auf Platens Gedicht: ,Das Grab im Busento' (um 1830): „Allzufrüh und fern der Heimat mußten hier sie ihn begraben".

,Heimathirsch': scherzhafte Bez. für jem., der einen übertriebenen Lokalpatriotismus an den Tag legt u. obendrein meist auffällig korrekt in der regionalen Tracht gekleidet auftritt.

In die heimatlichen Gefilde zurückkehren: nach Hause gehen. Die Rda. ist als ironische Reaktion auf geschwollen-sentimentale Formulierungen zu verstehen.

,Heimatschuß' nannte man sold. im 2. Weltkrieg eine leichte Verletzung, die jedoch genügte, in ein Lazarett in der Heimat verlegt zu werden.

Lit.: *I.-M. Greverus:* Der territoriale Mensch. Ein literaturanthropologischer Versuch zum Heimatphänomen (Frankfurt/M. 1972); *K. Köstlin* und *H. Bausinger (Hg.):* Heimat und Identität. Probleme regionaler Kultur (Neumünster 1980).

Heimchen. *Heimchen am Herde,* so heißt ein glücksbringender Hausgeist – nach Ch. Dickens' Weihnachtserzählung ,Crikket on the hearth' (1846). Dickens hat darin den Glauben an die Grille (dt. auch Heimchen) als Personifikation des Hausgeistes poetisch verwertet. Viele Volksglaubens-Vorstellungen sind mit dem Heimchen am Herd verbunden u. teilweise noch heute lebendig, ↗Herd.

Heute bez. man damit scherzhaft die treusorgende Hausfrau, die keine anderen Interessen als ihre Familie kennt.

Lit.: *R. Riegler:* Art. ,Grille', in: HdA. III, Sp. 1160–1169.

heimlich. *Heimlich, still und leise:* völlig unbemerkt (vor allem in Beziehung zu unerlaubten Tätigkeiten wie Diebstahl usw.). Die Wndg. stammt aus der Operette ‚Frau Luna' von Paul Lincke (1899): „Heimlich, still und leise kommt die Liebe über Nacht" (Text: Alfred Schröder). Strukturell handelt es sich um eine dreigliedrige Formel (Drillingsformel), wie sie bes. in alliterierender Form in Buchtiteln u. Untertiteln beliebt sind (z. B. C. W. Ceram: ‚Götter, Gräber und Gelehrte'; H. Fallada: ‚Bauern, Bonzen und Bomben'; ‚Titel, Thesen, Temperamente').

Lit.: *L. F. Boethe:* Art. ‚heimlich', in: HdA. III, Sp. 1686–1687; *W. Mieder:* Sprichwort, Redensart, Zitat (Bern u.a. 1985), S. 131–139.

Heimsuchung. *Das war die reinste Heimsuchung:* das war der reinste Überfall, das war wie eine Strafe. Der Begriff ‚Heimsuchung' ist aus der Bibel bekannt als Bez. für das Strafgericht Gottes (Jes. 10,3; Jer. 23,12; 46,21; 50,31; Hes. 9,1), aber auch aus lit. Zeugnissen, z.B. I. Kant: „die fürchterlichen Werkzeuge der Heimsuchung des menschlichen Geschlechts" (Werke, 1838).

Darüberhinaus ist der Begriff ‚Heimsuchung' aber auch eine alte Bez. für den Hausfriedensbruch (wenn die Friedensbrecher mit Gewalt auf Haus u. Bewohner eindringen). Sie wird in älteren Rechtsquellen immer eigens angeführt. Im ‚Schwabenspiegel' heißt es dazu: „Die heymsuchung ist daz: wer mit gewaffenter handt y eynes mannes hauß lauffet und eynen darynn iaget oder er eynen darinn findet, dem er will schaden oder schadet, das heyßet heymsuchung". Im Bereich der Rügebräuche ist mit der Heimsuchung bzw. dem Hauslaufen meist eine Ausplünderung des Hauses verbunden. Bei der heutigen, scherzhaft verwendeten Rda. handelt es sich wohl um eine Verbindung der beiden älteren Bdtgn.

Lit.: *K. Kroeschell:* Art. ‚Hausfrieden', in: HRG. I, Sp. 2022–2024; *K.-S.- Kramer:* Grundriß einer rechtl. Vkde. (Göttingen 1974), S. 33.

Heimweh. *Ich hab so Heimweh nach'm Kurfürstendamm* wird oft sprw. zitiert, wobei der Kurfürstendamm pars pro toto für Berlin steht. Die Zeile ist der Anfang eines Schlagers, der – aus unterschiedlichen politischen Anlässen – immer wieder aktualisiert worden ist:

> Ich hab so Heimweh nach 'm Kurfürstendamm,
> hab so 'ne Sehnsucht nach meinem Berlin!
> Und seh ich auch in Frankfurt, München,
> Hamburg oder Wien
> die Leute sich bemühn,
> Berlin bleibt doch Berlin!

(Rudolf Eberhard (Hg.): Fritze Bollmann wollte angeln [Berlin 1980], S. 83–84).

‚Heimweh' wurde im 16. Jh. zunächst als typische Eigenschaft der Schweizer Söldner angesehen, die ihnen den Aufenthalt in der Fremde erschwerte. Ihre oft übermäßige Sehnsucht nach der Heimat war so bekannt, daß man ‚Heimweh' – 1569 erstmals in Luzern belegt – lange Zeit als Schweizer Dialektwort betrachtete und auch als ‚Schweizerkrankheit' bezeichnete. Von dem Mülhauser Arzt Johann Hofer stammt die erste Untersuchung, eine ‚Dissertatio de Nostalgia' von 1688, zu diesem psychologischen Phänomen. Im Zedlerschen Universal-Lexikon von 1735 wird versichert, das Heimweh oder die Heimsucht komme den Schweizersoldaten, weil sie die unreine, stickige Luft flacher Gegenden nicht ertragen mögen; sie seien die reine Luft hoher Berge gewohnt.

Lit.: *Boette:* Art. ‚Heimweh', in: HdA. III, Sp. 1687–1692; *F. Ernst:* Vom Heimweh (Zürich 1949); *I.-M. Greverus:* Heimweh und Tradition, in: Schweiz. Arch. f. Vkde. 61 (1965), S. 1–31; *E. Moser-Rath:* ‚Lustige Gesellschaft' (Stuttgart 1984), S. 228–229. Weitere Lit. ↗Heimat.

Hein, Heinrich. Hein ist wie Heinz und Hinz eine Kurzform von Heinrich. Da dieser Name ungemein häufig vorkam, hat er seine Bdtg. als Eigenname verloren und ist z. T. ganz allg. zur Bez. männlicher Personen angewendet worden, deren eigentl. Namen man nicht kennt oder nicht nennen will (↗Hinz und Kunz), z. B. ‚ein fauler Heinz'. ‚Heinz Narr' ist die Inschrift eines Bildes in Seb. Brants ‚Narrenschiff', womit eben die Jedermanns- oder Allerweltstorheit bez. wird. Hagedorn nennt (schon vor Claudius) einen x-belie-

1

2

1/2 Freund Hein

bigen Bauern ‚Gevatter Hein'. Ndd. ist ‚isern Hinnerk' ein starker, mutiger Mensch, ‚holten Hinrek' ein klotziger, vierschrötiger Mensch, ein ‚sanfter Heinrich' ein gutmütiger, schüchterner oder überhöflicher Mensch. Die Soldatensprache kennt ‚blauer Heinrich' (Graupen), ‚stolzer Heinrich' (Reisbrei). In allen ndd. Moorgebieten kennt man ‚Baukweeten-Jan-Hinnerk', Buchweizenpfannkuchen, früher eine Volksnahrung. – Heinrich und die Nebenformen dieses Namens treten auch als Namen für solche gefürchtete Wesen ein, deren eigentl. Namen man zu nennen sich scheut. ‚Heinzel', ‚Heinzelmann', ↗Heinzelmännchen sind Koboldnamen. Schon Luther nennt einen Hausgeist ‚Heinzlein'. Vgl. auch KHM. 1: ‚Der Froschkönig und der eiserne Heinrich' u. die darin erscheinende Wndg.: „Heinrich, der Wagen bricht". Von sprw. Bdtg. ist der heute oft scherzhaft verwendete Satz: „Heinrich! Mir graut vor dir!" Gretchen sagt dies in der Kerkerszene zu Faust (Faust I, 1808).

Weniger streng klingt der Name in der abgewandelten Koseform ‚Heinerle'. Sie wurde weithin bekannt durch die Worte: „Heinerle, Heinerle, hab' kein Geld" aus der Operette ‚Der fidele Bauer' von Leo Fall (1873–1925).

Freund Hein als Bez. für den Tod ist durch M. Claudius und Lessing weithin bekanntgeworden. Allerdings ist sie mindestens ein Jh. älter, denn sie findet sich bereits auf einem Flugblatt kurz nach 1650. Dort heißt es: „Freund Hain läßt sich abwenden nit Mit Gewalt, mit Güt, mit Treu und Bitt". In Theobalds ‚Hussitenkrieg' (1623) heißt es: „Mancher höret ein solches Vöglein, oder wie sie reden Heintzlic singen, daß er den Vor-Reigen am Todtentanz springen muß". Hein ist ein schon ma. bezeugter Übername für den ↗Teufel: „Er siehet eben als hab er holzöpfel gessen ... wie Henn der Teufel". Auch die obd. Mdaa. kennen verwandte Versionen. So heißt der Tod schweiz. gelegentlich ‚Beinheinrich', was dem ndd. ‚knökern Hinrik' entspricht. Heinz und Hein sind vermutlich also schon vor Claudius volkstümliche ndd. Tabubez. Dennoch hielten die Zeitgenossen Claudius für den Erfinder des Wortes. Wenn Lessing den Ausdr. schon im Jahre 1778 in einem Brief an Claudius braucht („Bei Gott, lieber Claudius, Freund Hein fängt auch unter meinen Freunden an, die

Oberstelle zu gewinnen"), so will er dem Einführer dieses Wortes in die Schriftsprache nur andeuten, welchen Gefallen auch er daran hatte. Die Wndg. ist dann schnell populär geworden. Heinr. Heine dichtet:

Da flucht ich den Weibern und reichen Halunken,
Und mischte mir Teufelskraut in den Wein,
Und hab mit dem Tode schmollis getrunken,
Der sprach: fiducit, ich heiße Freund Hein!

Daß der seit M. Claudius lit. bekanntgewordene ‚Freund Hein' als Kurzform zu ‚Heinrich' gehöre, wird freilich z.T. bestritten. Andere Erklärer führen das Wort auf ein altes Wort für ‚Tod' und ‚Toter' zurück: Hunne, Hinne, Heune, Hein (vgl. Hünengrab, das Hühnerloch im Volkslied). Alle Deutungen aus der Mythologie scheinen indessen zu weit hergeholt. Es ist viel wahrscheinlicher, daß für den Tod ein Hüllwort gebildet wurde, das durch die Verwendung eines sehr häufigen Vornamens das Ungeheure des Todes in den Bereich des Geheuren und Vertrauten ziehen sollte. Durch die Verbindung mit ‚Freund' wird dies in unserem Ausdr. noch besser erreicht als in den mdal. Verbindungen. Wenn sich auch hierfür bis jetzt kein eindeutiger Beweis erbringen läßt, so wird diese Erklärung doch gestützt durch zahlreiche ähnl. Hüllwörter und Euphemismen in den verschiedenen Sprachen. Im Engl. kommt z.B. in gleicher Bdtg. ‚Old Henry' vor. Vgl. auch ‚das Zeitliche segnen', ↗zeitlich.

Der beliebt gewordene Ausdr. ‚Freund Hein' begegnet u.a. auch als Titel eines Versepos' von K. A. Musäus (1735–1787): ‚Freund Heins Erscheinungen in Holbeins Manier' u. in neuerer Zeit als Titel des Romans ‚Freund Hein' (1902) von Emil Strauß.

Lit.: *J. Grimm:* Dt. Mythologie (4. Ausg. Gütersloh 1876) Bd. II, S. 710; *Th. Siebs:* Von Henne, Tod und Teufel, in: Zs. f. Vkde. 40 (1930), S. 49–61; *G. Barbarin:* Der Tod als Freund (Übers. Kuno Renatus) (Stuttgart – Berlin 1938); *P. Geiger:* Art. ‚Hein, Freund', in: HdA. III, Sp. 1694–1695; ‚Wie die Alten den Tod gebildet' (= Kasseler Studien zur Sepulkralkultur 1) (Mainz 1979); ‚Freund Hein und der Bücherfreund' (Ausstellungskatalog) (Kassel 1982).

Heinzelmännchen. Die Rda. *Das haben die Heinzelmännchen getan,* wenn man eine Arbeit schon vollbracht vorfindet, hat sich wohl erst im Anschluß an August Kopischs Gedicht von den ‚Heinzelmännchen zu Köln' herausgebildet. Volkstümlicher ist der rdal. Vergleich *wie die Heinzelmännchen leben:* allein leben (bes. rhein.) oder die Drohung *Du wirst (noch) die Heinzelmännchen singen hören,* sowie *Dich mach ich zum Heinzelmännchen:* ich schlage dich ebenso klein.

Lit.: *M. Rumpf:* Wie war zu Cölln es doch vordem / mit Heinzelmännchen so bequem, in: Fabula 7 (1976), S. 45–74; *E. Lindig:* Hausgeister (= Artes Populares. Studia Ethnographica et Folkloristica 14) (Frankfurt/M. – Bern – New York 1987).

heiß. *Du bist wohl (als Kind) zu heiß gebadet worden* oder *dich haben sie (als Kind) wohl zu heiß gebadet:* du bist verrückt, ↗Bad. Die Rda. ist erst im 20. Jh. aufgekommen und spielt auch im Schlager eine Rolle:

Du bist als Kind zu heiß gebadet worden,
Dabei ist dir bestimmt geschadet worden.

Ein heißes Eisen anfassen ↗Eisen.

Manche mögen's heiß: Filmtitel eines erfolgreichen Films von Billy Wilder mit Marilyn Monroe, der sprw. Bdtg. erlangt hat.

Es läuft einem heiß u. kalt den Rücken herunter↗Rücken.

Heiß (warm) u. kalt aus einem Mund blasen ↗Mund.

Jem. heiß machen: ihn in Aufregung versetzen, wild machen. *Das macht mich nicht heiß:* das hat keine Bdtg. für mich, das ist mir gleichgültig.

Heißes Blut haben (heißblütig sein): schnell in Aufruhr geraten. Die Wndg. wird vorwiegend für Südländer gebraucht.

Es geht heiß her: es geht turbulent zu (bei der Arbeit, bei einer Auseinandersetzung), alle legen sich mächtig ins Zeug.

heißen. Mit der rdal. Formel ‚Da heißt's' werden oftmals Sprww. zitiert; z.B. ‚Da heißt's: Augen auf!'; ‚Da heißt's: Vogel friß oder stirb!' (weitere Beispiele: Wander II, Sp. 484). *Ich will Hans (Meier* etc.)

heißen, wenn das nicht wahr ist, in älterer Sprache *ich will ein Schelm heißen,* scherzhafte Form der Selbstverfluchung, ähnl. wie ‚ich will tot umfallen', ‚ich laß mich hängen', vergleiche engl. ‚I'm a Dutchman if', frz. ‚je veux être pendu, si', ndl. ‚ik ben een boon(tje), als't niet waar is' etc. Daß der Schwörende sich dabei selbst die Strafe setzt, gehört zur Tradition dieser Formeln, die älterem Rechtsbrauch entsprechen.

Diese Formeln der Selbstverfluchung sind auch heute noch gang u. gäbe, nur kennt man zumeist ihren urspr. Sinn nicht mehr. Dasselbe gilt für die Beteuerungsformeln, die sich über die Zeiten hinweg erhalten haben, wie sich aus lit. Belegen erkennen läßt. Gottfr. Aug. Bürger sagt von seiner ‚Lenore': „Wenns bei der Ballade nicht jedem eiskalt über die Haut laufen muß, so will ich mein Leben lang Hans Caspar heißen" (Briefe, I, 111). An bestimmte Namen sind bestimmte Vorstellungen geknüpft. Das kommt auch z. Ausdr. am Anfang von Chr. Morgensterns ‚Möwenlied' (zit. nach der Ausg. ‚Alle Galgenlieder', Berlin 1932):

Die Möwen sehen alle aus,
Als ob sie Emma hießen.

Schiller gebraucht das Verb in seinem Schauspiel ‚Die Räuber' am Anfang der 2. Szene des 1. Aktes in der berühmten Frage: „Franz heißt die Canaille?" Und in Goethes ‚Faust' gibt es gleich mehrere Stellen dieser Art. So sagt Faust zu Wagner:

Was ihr den Geist der Zeiten heißt,
Das ist im Grund der Herren eigner Geist,

und fährt dann meditierend fort:

Ja, was man so erkennen heißt!
Wer darf das Kind beim rechten Namen nennen?

Matthias Claudius schließlich benutzt das Wort, um seine Idealvorstellungen zum Ausdr. zu bringen:

Und jeder echte deutsche Mann
soll Freund und Bruder heißen.

Im Volksmund ist das Verb heißen freilich eher im negativen Sinne bekannt aus Wndgn. wie ‚jem. einen Esel heißen' o. ä. (d. h. ihm einen verächtlichen Namen geben) oder aus den erwähnten Selbstverfluchungs- u. Beteuerungsformeln, ↗ Hans.

Lit.: *H. Fehr:* Art. ‚Eid', in: HdA. II, Sp. 659–672; *ders.:* Art. ‚Meineid', in: HdA. VI, Sp. 111–123.

Heißsporn. *Ein richtiger Heißsporn sein:* heißblütig, übermütig, aufbrausend. Der Begriff stammt aus dem 1. Teil von Shakespeares Schauspiel ‚König Heinrich IV.' u. bezieht sich auf Henry Percy, der den Beinamen ‚Hotspur' (Heißsporn) erhielt.

Hekuba. *Bei mir Hekuba!:* ich hab' kein Interesse, weiß von nichts. Die Rda. hat ihren Urspr. in Shakespeares Hamlet. Dort heißt es (II, 2): „Was ist ihm Hekuba, / was ist er ihr, / Daß er um sie soll weinen". Hekuba war die Mutter Hektors, der in Homers ‚Ilias' (VI, 450 ff.) zu Andromache sagt, ihn bekümmere das Leid der Trojaner, des Priamus und selbst seiner Mutter Hekuba weniger als das ihre. Die Anregung zu diesem berühmt gewordenen Satz erhielt Shakespeare von Plutarch. Dieser berichtet im ‚Leben des Pelopidas', Kap. 29, der grausame Tyrann Alexander von Phera († 359) in Thessalien sei von einer Aufführung der ‚Trojanerinnen' des Euripides so gerührt gewesen, daß er vorzeitig das Theater verließ, vorher aber dem Darsteller der Hekuba sagen ließ, er ginge nicht seinetwegen, sondern weil er sich vor seinen Untertanen schäme, wenn sie ihn über das Unglück der Hekuba und Andromache weinen sähen, da er sich durch das Schicksal keines seiner vielen Untertanen, die er habe umbringen lassen, jemals zu Mitleid u. Erbarmen habe bewegen lassen. Es ist anzunehmen, daß Shakespeare bei der Formulierung des Satzes diese Episode vor Augen hatte. Die weiteste Verbreitung fand die Wndg. ‚Was ist ihm Hekuba?' durch Bismarck, der sie in seiner Reichstagsrede vom 11. Januar 1887 auf Deutschlands Verhältnis zu Bulgarien anwandte. Heute begegnet sie fast nur noch in der Version ‚Bei mir Hekuba', durch die man mit einer gewissen Selbstironie seine Ahnungs- und Interesselosigkeit bekundet.

helfen. *Helf dir Gott:* Höflichkeitsformel beim Niesen, nur noch selten zu hören. Anlaß zu dieser Formel soll eine Pestepidemie gewesen sein, die unter Papst Pelagius II. in Italien gewütet und unter seinem Nachfolger Gregor d. Großen erfolgreich bekämpft worden sei. Aber schon bei den Griechen sagte man: ‚Zeus helfe'. Der Brauch, dem Niesenden mit Gesundheitswünschen zu begegnen, ist demnach schon recht alt. Er beruht u.a. auch auf dem Aberglauben, Niesen sei etw. Göttliches u. ein Fingerzeig auf ein künftiges Ereignis. Man glaubte, daß ein Mensch niese, wenn seine Rede voller Ahnungen sei. Im Volksglauben gilt Niesen als Vorbedeutung von guten wie bösen Geschehnissen. Die Formel ‚Gott helfe' oder ‚helf dir Gott' wird möglicherweise gebraucht, damit eine glückliche Bedeutung noch mehr bestätigt, eine unglückliche, wenn möglich, vereitelt wird. Sie könnte aber auch als Wunschformel verstanden werden bei einer Krankheit, die sich durch Niesen ankündigt u. nach altem Volksglauben schlecht ausgeht, wenn Gott nicht hilft, ↗Gott, ↗niesen.

Lit.: *H. M. G. Grellmann:* Geschichte der Gesundheitswünsche beim Niesen, in: Historische Kleinigkeiten (Göttingen 1794), S. 53–84.

hell. *Helle sein:* aufgeweckt sein, ein kluges Köpfchen haben, eine rasche Auffassungsgabe besitzen, pfiffig sein. Die Wndg. bez. in salopper Weise die Klarheit des Verstandes, die bereits von Th. G. Hippel als „Biegsamkeit der Gedanken, Helle im Ausdruck" lit. gebraucht wird (‚Lebensläufe nach aufsteigender Linie nebst Beylagen A, B, C' [Berlin 1778–1781], 6, 191).
Die Aufforderung: *Mensch, sei helle!* meint heute: Paß auf! Bedenke alles recht! Sei auf der Hut! Laß dich zu keiner Unbesonnenheit verleiten!

Heller. Die Münze Heller trägt ihren Namen nach der Stadt Schwäbisch Hall, wo der ‚Haller pfenninc' wohl schon im 12. Jh. geprägt worden ist. Ähnl. wie ↗Deut und in neuerer Zeit ↗Dreier wird auch Heller oft als Bez. eines geringen Wertes in Rdaa. gebraucht: *auf Heller und Pfennig bezahlen:* genau bis auf den kleinsten Rest bezahlen (schon bei dem Straßburger Prediger Geiler von Kaysersberg im 15. Jh.); *keinen roten Heller bezahlen (wert sein):* nichts bezahlen (wert sein),

Heller

schon 1632 in der Form ‚keinen Heller wert sein'; ‚rot' bezieht sich auf die Kupferfarbe. Vgl. frz. ‚pas un rouge liard' (veraltet), heute heißt es umg. ‚N'avoir pas un sou', ‚... radis' (Radieschen).
Seine drei (fünf) Heller überall dazugeben: überall hineinreden; in der ‚Leipziger Landkutsche' von 1724: „er gab seine fünf Heller auch dazu", d.h. er äußerte auch seine (unbedeutende) Meinung. Obersächs. ‚Vun eich is enner an Haller un der anner an weißen Pfenk wart', ihr taugt alle beide nicht viel.
‚Heller und Batzen' werden in einem bekannten Lied als Gegensätze genannt, dessen 1. Str. lautet:

Ein Heller und ein Batzen,
die waren beide mein.
Der Heller ward zu Wasser,
der Batzen ward zu Wein.

Dagegen heißt es in einem alten Sprw. ‚Wer zum Heller gemünzt ist, der kommt zu keinem Batzen': wer als Armer geboren ist, kommt zu nichts, ↗Batzen.

Lit.: *F. v. Schrötter:* Wb. der Münzkunde (Berlin – Leipzig 1930); *F. Wielandt:* Der Heller am Oberrhein, in: Hamburger Beiträge zur Numismatik 5 (1951), S. 32–61; *ders.:* Probleme der Hellerforschung, Wissenschaftliche Abhandlungen des Dt. Numismatikertages in Göttingen (1951), hg. v. *E. Böhringer* (Göttingen 1959); *L. Veit:* Das liebe Geld (München 1969); *G. Hatz:* Münze und Volk, in: Beiträge zur Volks- und Altertumskunde 16 (1972–73), S. 11–32; Münzen in Brauch u. Aberglauben, Hg. German. Nat. Mus. Nürnberg (Mainz 1982), S. 231.

Hemd steht in zahlreichen Rdaa. für einen letzten, elementarsten und lebensnotwendigen Minimalbesitz: *jem. bis aufs Hemd ausziehen:* ihn arm machen, ihm alles (oder fast alles) wegnehmen; urspr. von Räubern gesagt, die ihren Opfern nur das Hemd auf dem Leib ließen. Im Wiener Stadtrecht von 1434 als Recht demjenigen zugestanden, bei dem der andere Spielschulden hat. *Sich bis aufs Hemd auszie-*

hen: seine letzten Ersparnisse hergeben; vgl. frz. ‚laisser dans une affaire jusqu'à sa dernière chemise'.
Das zieht einem das Hemd aus: das ist unerträglich, urspr. ganz konkret gemeint. Eine Ill. des Hausbuchmeisters zeigt, wie dem Bauern das Hemd über den Kopf gezogen wird, wenn die Ritter durch seine Felder reiten. Ebenso *sich von jem. das Hemd ausziehen lassen:* sich von jem. übertölpeln, ausnutzen lassen; *kein ganzes Hemd mehr haben:* sehr ärmlich sein; *kein Hemd vor dem Arsch haben:* sich nur sehr ärmlich kleiden können, sehr arm sein; dagegen frz.: ‚être comme cul et che-

1

2

1/2 ‚Einen bis aufs Hemd ausziehen'

mise' (wörtl.: wie Arsch und Hemd sein): einander Hand in Hand gehen.
Das Hemd auf dem Leibe dransetzen: das Äußerste und Letzte wagen; *das Hemd auf dem Leibe ist nicht sein:* er hat eigentl. überhaupt nichts eigenes; *das Hemd vom Leibe verschenken:* sehr freigebig sein; ähnl. sein letztes Hemd hergeben, vgl. KHM. 153: ‚Sterntaler'. Der Verzicht des opferbereiten Mädchens auf all seine Habe, sogar auf das Hemd, wird vom Himmel reichlich belohnt.
Im bloßen Hemd dastehen: fast nackt dastehen, nur noch das Unentbehrliche besitzen. Außerdem war das Bußhemd ein Zeichen der Demütigung u. Beschämung.
Einem aufs Hemd knien: ihn aufs äußerste bedrängen; *einem das Hemd vom Leibe herunterfragen:* ihn gänzlich ausfragen; *und wenn's das letzte Hemd kostet:* selbst wenn der letzte und höchste Einsatz gewagt werden muß.
In andere Zusammenhänge verweisen die Rdaa.: *ein zu kurzes Hemd anhaben:* leicht beleidigt sein, keine nervlichen Reserven haben, *ihm flattert das Hemd:* er hat Angst, sowie die Drohrede: *Ein Schlag, und du stehst im Hemd da!*' Die Wndg. soll 1898 in Berlin von der Schwerathletin Kätchen Brumbach (‚Sandwina' genannt) geprägt worden sein.

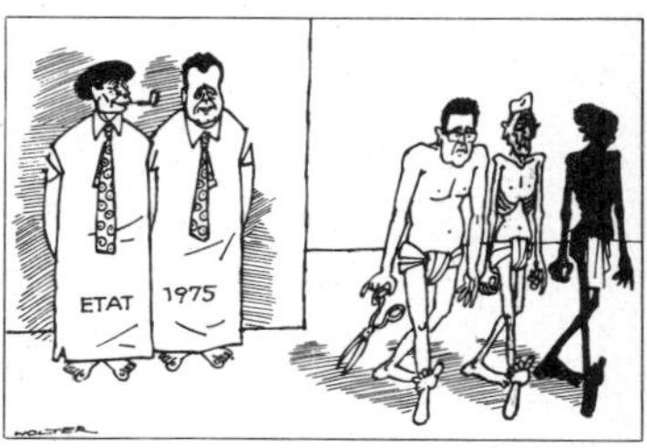

‚Jem. ist das eigene Hemd näher'

Das Hemd ist (mir) näher als der Rock. Die sprw. Wndg. ist schon röm. bezeugt. Im ‚Trinummus' (V, 2, 30) des Plautus heißt es: „Tunica propior pallio". Die lit. Belege finden sich bis in die Neuzeit. So sagte z. B. Bismarck in der Sitzung des Preuß. Abgeordnetenhauses am 22. Januar 1864: „Kommt es zum Äußersten, so ist mir das Hemd näher als der Rock".

Lit.: *A. Junker u. E. Stille:* Die zweite Haut. Zur Gesch. d. Unterwäsche 1700–1760 (Frankfurt/M. 1988); *E. Moser-Rath:* Art. ‚Hemd', in: EM. VI, Sp. 802–806.

Hempel. *Hier siehts aus wie bei Hempels unterm Bett (hinterm Sofa):* schmutzig, unordentlich, unaufgeräumt. Die Wndg. wird in übertragener Bdtg. erst seit 1991 gebraucht; ihre Herkunft ist (noch) ungeklärt. Sie hat sich rasch im polit. Jargon durchgesetzt u. spielt auch in der Sprache der Medien eine Rolle. Selbst der Schlager hat die Rda. bereits aufgegriffen u. sie in einem Refrain verarbeitet, wodurch sie weitere Verbreitung erfuhr:

Ach wie schön,
ach wie nett!
Doch wie sieht's aus
bei Hempels unterm Bett?

Henker. *Der Henker wird auf seiner Hochzeit tanzen:* er wird gehängt werden, wird von Henkershand sterben, eine euphemist. Umschreibung für die Todesstrafe, ↗Seiler. *Jem. zum Henker wünschen:* ihn zum Teufel wünschen. Henker steht in zahlreichen Rdaa. und Flüchen für das tabuierte Wort ↗Teufel, z.B.: ‚zum Henker', ‚beim Henker', ‚der Henker', ‚was Henker!', ‚daß dich der Henker!', ‚das mag der Henker glauben!', ‚geh zum Henker und lern das Hexen!', ‚der Henker soll ihm die Augen ausstechen!', ‚des Henkers Großmutter ein Bein abschwören', ‚der Henker schlägt seine Großmutter' (= es regnet und gleichzeitig scheint die Sonne), ‚dem Henker beichten', ‚der Henker ist los'.

‚In 's Henkers Namen': rdal. Wdng. aus KHM. 59: ‚Der Frieder und das Catherlieschen', in dem der Frieder – von den Torheiten seiner Frau entnervt – voller Verzweiflung ausruft: „Nun, so tu's in's Henkers Namen", d.h., ‚meinetwegen, mach', was du willst!'

Lit.: *A. Keller:* Der Scharfrichter in der Kulturgesch., in: Bücherei der Kultur, 21 (o.O. 1921); *E. Angstmann:* Der Henker in der Volksmeinung, seine Namen u. sein Vorkommen in der mdl. Überlieferung, in: Teuthonista, Zs. f. Dialektforschung u. Sprachgesch., Beiheft 1 (Bonn 1928); *A. Steinegger:* Handwerker, Henker u. Galgen im alten Schaffhausen, in: Schweiz. Arch. f. Vkde. 44 (1947); *Chr. Daxelmüller:* Art. ‚Henker, Scharfrichter', in: EM. VI, Sp. 813–818.

Henkersmahlzeit. Der Brauch, daß einem zum Tode Verurteilten vor der Hinrichtung noch ein gutes Mahl nach seinen Wünschen bereitet wurde, ist seit dem 15. Jh. bezeugt; der Ausdr. ‚Henckermol' findet sich seit 1575 bei Joh. Fischart, ‚Henkersmahlzeit' seit 1691. Im Scherz sagt man *seine Henkersmahlzeit halten* für jede letzte Mahlzeit vor einem Abschied; entspr. ndl. ‚iemands galgemaal'.

Der Brauch einer letzten Mahlzeit vor der Hinrichtung läßt sich bis heute bei vielen Kultur- und Naturvölkern nachweisen. Den Delinquenten steht die uneingeschränkte Wahl der Speisen und Getränke zu. Die hauptsächlich gewählten Speisen sind Huhn, Fisch, Fleisch, Obst, Süßigkeiten, aber auch Rauschmittel, Alkohol und Nikotin. Das letzte Mahl erhalten alle Hinzurichtenden, gleichgültig, ob sie durch das Schwert oder den Strang umgebracht, ob sie lebendig vergraben, eingemauert oder ausgesetzt werden. Diese Sitte gilt auch für andere Arten der Tötung: Menschenopfer, die ausgesetzten alten Leute, der Sündenbock usw.; sie alle erhalten ein letztes Mahl oder ein Viaticum, bevor sie in den Tod gehen. Und nicht nur das Mahl gilt als letzte Gunst. Ganz generell wird die letzte Bitte des Todeskandidaten erfüllt: das letzte Wort wird bewilligt, ebenso die letzte sexuelle Befriedigung, die gut ausgestattete letzte Zelle, die festliche Kleidung zum letzten Gang, die gelöste Fessel. All diese Vergünstigungen dienen dazu, die bedrohliche Macht des Sterbenden, die er mit ins Jenseits nehmen kann, zu entschärfen, den Sterbenden also mit seinem gewaltsamen Schicksal zu versöhnen und ihm den Gedanken der Rache zu nehmen. Dahinter steht die Grundidee der jäh unterbrochenen, also nicht voll ausgelebten und aufgebrauchten Lebenskraft der vorzeitig Getöteten, die es noch vor deren Ableben zu beruhigen gilt. Auch die Gewalttat, die am Hinzurichtenden begangen wird, kann den Toten zu bedrohlichem Tun reizen. Die Furcht vor dem Groll des Sterbenden provoziert diese und andere Maßnahmen. Die Ergebung in Gottes und des irdischen Gerichtes Willen, die Bereitschaft zu einem wirklich sühnenden Tod soll herbeigeführt werden. Es ist bedenklich, wenn der Delinquent obstinat ist. Er soll willig, unter Verzicht auf Rache und Vergeltung, aus dem Leben scheiden. Deshalb wurden Verbrecher, die alle letzten Gunsterweise ausschlugen, in älterer

Zeit oft von der erregten Menge befreit. Der Fluch des Sterbenden, die Vorladung seiner Gegner vor Gottes Gericht, der letzte grollende Blick, das alles war eine unzweifelhafte Gefahr. Statt dessen hat man es gern, wenn der Sterbende allen Prozeßteilnehmern verzeiht, wenn er dem Henker die Hand reicht, den Richter umarmt, daß er die Menge der Zuschauer segnet usw. Die Grundlage des Henkersmahls liegt also ganz eindeutig im Willen der Lebenden, den sterbenden Verbrecher zu versöhnen, ihm den Groll zu nehmen, ihm sein Ende in der wahrsten Bdtg. des Wortes ‚schmackhaft' zu machen.

Lit.: *L. Mackensen:* ‚Henkersmahl u. Johannisminne', in: Zs. d. Savigny-Stiftung für Rechtsgesch. (germanist. Abt.), 44 (1924), S. 318–328; *ders.:* Art. ‚Henkersmahl', in: HdA. III, Sp. 1746–1748; *H. v. Hentig:* Vom Ursprung der Henkersmahlzeit (Tübingen 1958); vgl. die Rez. dieses Buches von *K. Ranke* in: Zs. f. Vkde. 55 (1959), S. 136–142; *A. Gittée:* ‚Galgenmaal', in: Volkskunde, 1 (1988), S. 191–192.

Henne. *Da wird keine Henne danach krähen:* es wird sich niemand darum kümmern (↗Hahn); *sie ist eine Henne mit Sporen:* sie ist ein durchtriebenes, verschmitztes Frauenzimmer (vgl. ndl. ‚het is eene hen met sporen'); *die Henne legt nicht mehr:* die Einnahmequelle ist versiegt, übertr.: die Frau hat aufgehört, Kinder zu bekommen; *die Henne samt den Küchlein essen (genießen):* Mutter und Tochter zugleich lieben; ‚Die Henne, die goldene Eier legt, schlachten', eine sichere Einkommensquelle zunichte machen; vgl. frz. ‚tuer la poule aux œufs d'or'.

Die Henne töten, um ein Ei zu gewinnen; vgl. frz. ‚tuer la poule pour avoir l'œuf' (veraltet) sagte man von einem großen Aufwand für geringfügige Dinge; *eine Henne melken wollen* von einem unmöglichen Beginnen; *er wird seine Henne nicht bei Regenwetter verkaufen:* er versteht seinen Handel. *Er ist ein Hans Henne;* durch diese witzige Zusammenstellung eines männlichen mit einem weiblichen Namen bez. man eine männliche Person, die sich mit Dingen beschäftigt, die sonst in den Bereich weiblicher Tätigkeit gehören. *Laß die Henne erst auf ihre Eier kommen:* warte die Zeit ab. *Der Henne den Schwanz hinaufbinden* ist ein rdal. Bild für eine gänzlich überflüssige Anstrengung, denn die Henne trägt den Schwanz von Natur aus oben.

Unlösbar ist die Frage: ‚Wer war älter (was war zuerst da), die Henne oder das Ei?' In vielen Sprww. wird die Henne gleichgestellt mit der Frau. So heißt es z. B.: ‚Wenn die Henne kräht vor dem Hahn, und das Weib redet vor dem Mann, so soll man die Henne braten, und das Weib mit Prügeln beraten'. Diesem Vers entspricht auch das bekannte Sprw. ‚Mädchen, die pfeifen, und Hühnern (Hennen), die krähn, denen soll man beizeiten die

‚Das Küken will klüger sein als die Henne'

Hälse umdrehn'. Das Sprw. ‚Das Küken will klüger sein als die Henne' wird vor allem auf Jugendliche angewendet, die alles besser wissen wollen.

Lit.: *A. Wesselski:* ‚Vergessene Fabeln', 1: So lang scharrt die Henne (die Ziege), bis sie das Messer findet, das sie tötet, in: ders.: Erlesenes (Prag 1928), S. 98–100; *A. Dundes:* ‚The Crowing Hen and the Easter Bunny'. Male Chauvinism in American Folklore, in: ders.: Interpreting Folklore (Bloomington 1980), S. 160–175.

Hennengreifer, Hennentaster. *Er ist ein rechter Hennengreifer:* er ist ein Schürzenjäger. Die Rda. vom ‚Hennengreifer', die in der fläm.-ndl. Rdaa.-Malerei des öfteren dargestellt worden ist, hängt zusammen mit älteren Sprww. wie: ‚Dem Hennengreifer ist eine rechte Frau nicht hold'. Die Rda. bezieht sich urspr. auf einen Mann, der die Hennen abtastet, ob sie ein Ei tragen, d. h., auf einen kleinlichen Menschen; übertr. auf einen ‚Weiberhelden', der gern fremde Frauen unsittlich berührt (vgl. ‚Busengrapscher'). Das Dt. Wb. erklärt das ndl. Wort ‚Hennentaster' noch anders: „es ist angewendet worden auf

,Er ist ein rechter Hennengreifer'

einen nichtswerten Mann, der sich namentlich eheliche Unbill gefallen läßt". Dem Hennentaster entspricht der schwäb. ,Entenklemmer', über den es auch ein Theaterstück gleichen Titels gibt.

Hep Hep! ist ein Spottruf aus den Zeiten der Judenverfolgungen, zusammengesetzt aus den Anfangsbuchstaben des lat. Satzes: **H**ierosolyma **e**st **p**erdita = Jerusalem ist verloren.

herangehen. Der rdal. Vergleich *(he)rangehen wie Hektor an die Buletten:* schwungvoll, bedenkenlos, unverzagt vorgehen, bezieht sich eigentl. auf einen Hund namens Hektor, der die Buletten ohne Zögern frißt. Berlin. seit dem ausgehenden 19. Jh.; vgl. ,ran wie Blücher', ,ran wie Ferkes Jan', ↗ran.

heraus. *Heraus damit, daß dir's keinen Kropf drückt* sagt man, wenn jem. mit der Sprache nicht heraus will. *Heraus mit der wilden Katze,* auch mdal. ,raus mit d'r welle Katz', heraus mit dem Trumpf, eine Rda. beim Kartenspiel, aber auch allg. ,Heraus muß es, und wenn's ihm zum Arsch naus pfupferte' sagt man schwäb. von einem, der nichts verschweigen kann. *Schön* (oder *fein) heraus sein:* aller Schwierigkeiten enthoben sein; vgl. frz. ,S'en être bien sorti'.
Das ist noch nicht 'raus: es ist noch nicht abgemacht, noch nicht sicher, vielleicht vom Kartenspiel stammend wie: *mit dem Einsatz 'raus sein, 'rauskommen* beim Lotteriespiel. *Etw. 'raus haben:* die Rechenaufgabe gelöst haben, übertr.: etw. gut verstehen, wohl verkürzt aus: herausgefunden haben, wie man am geschicktesten verfährt. *Sich (gut) herausmachen:* sich gut entwickeln; z. B. ,er hat sich nach seiner Erkrankung wieder gut herausgemacht'; auch *sich wieder herauskrabbeln:* wieder genesen; der Genesende krabbelt langsam und mühsam aus seinem Krankenbett.
Das gleiche unbestimmte heraus liegt auch anderen Rdaa. zugrunde: *sich etw. herausnehmen:* sich eine Freiheit nehmen, die einem nicht zusteht, seit dem 17. Jh. belegt; urspr. ist wohl an dreistes Zulangen beim Essen aus gemeinsamer Schüssel zu denken (↗Gurke). *Einen herausstreichen:* ihn sehr loben; vielleicht von dem ,Herausstreichen' oder ,Anstreichen', d. h. Kolorieren, von Holzschnitten und Federzeichnungen hergeleitet; bei Wilwolt von Schaumburg (95): ,pfeifern, trumenschlagern und ander zuegehörung, alles einer farb herausgestrichen" = bunt zugeputzt; bei Martin Opitz im ,Buch von der deutschen Poeterey' (1624, S. 50): „wann sie (alexandrinische Verse) nicht ihren Mann finden, der sie mit lebendigen Farben herauszustreichen weiß".
Herausrücken: etw. widerstrebend hergeben. ,Rücken' drückt dabei die langsame und widerstrebende Bewegung aus, mit der z. B. Geld hergegeben wird. *Geld bei etw. herausschlagen:* bei einer Sache viel Geld verdienen. Die Wndg. hängt mit dem Prägen von Münzen zusammen: Die Münzen wurden aus dem Metall herausgeschlagen; je dünner das Metall gewalzt war, um so mehr Münzen ließen sich herausschlagen.

Herbst steht in den Rdaa. allg. für ,Ernte', insbes. für den Ertrag der Traubenlese: *einen vollen (halben, schlechten, armen, mageren* usw.) *Herbst machen.* ,Dat gift en neidijen Herest' (das gibt einen neidischen Herbst) sagt man an der Mosel bei ungleichmäßigem Ertrag, der je nach dem Spritzen in einem Wingert gut, im Nachbarwingert aber schlecht ausfällt. Herbst steht aber auch übertr. für ‚Erfolg': *Ihm ist schon der Herbst verfroren:* er hat schon den Mut verloren, ehe er die Sache angreift. *Sein Herbst wird ihm schon kommen, worin er zeitig wird:* seine Strafe wird nicht ausbleiben.

Lit.: *H. Honold:* Arbeit u. Leben der Winzer an der Mosel (1941), bes. S. 82 u. 98.

Herculanum. *Herculanum (und Pompeji)* ist eine rdal. Fluchformel, bei der der durch das bibl. Gebot ‚Du sollst nicht fluchen' tabuierte Gottesname (‚Herrgott') in einen anklingenden Namen umgeprägt wurde, ähnl. wie in den Formeln ‚Potz Blitz' statt Gottes Blitz, ‚Potz Sapperment' statt Gottes Sakrament, ‚O Jemine!' statt Jesus Domine, und ähnl.: Jekus, Jegerl, Jerum, Jessas, Jesses, oder ‚Mein!' (bair.: ja mei!), wobei einfach Gott ausgelassen wird, ‚Herrjeh' statt Herr Jesus, ‚Herrschaft nochmal!' statt Herrgott nochmal! ‚Verflixt (und zugenäht)!' statt verflucht, oder ‚Kruzitürken!' statt Kruzifix, ‚Heiliger Bimbam' oder ‚Heiliger Strohsack!' statt des Namens eines Heiligen, ↗ auch ‚Bockshorn'.

Lit.: *K. Beth:* Art. ‚Fluch', in HdA. II, Sp. 1636–52, RGG. V, Sp. 1648–52, Art. ‚Segen u. Fluch'; *J. Schabert:* ‚Fluchen' und ‚Segnen' im A. T., in: Biblica 39 (1958), S. 1–26.

Herd. ‚Am heimischen (häuslichen) Herd' ist eine Wndg., die auf die Untrennbarkeit von Haus u. Herd hinweist. Der Herd bzw. die Feuerstatt als ältere Form der häuslichen Feuerstelle ist seit alters als Symbol des eigenen Hauswesens bekannt u. daher sozial- u. rechtsgeschichtlich bedeutsam. Dies kommt auch z. Ausdr. in dem Sprw. ‚Eigener Herd ist Goldes wert' (parod. ‚... ist aller Laster Anfang' oder: ‚Fremder Herd ist Goldes wert').
Häufig tritt in Brauch, Glaube u. Recht an die Stelle des Herdes pars pro toto auch ein Herdgerät, wie z. B. der Kesselhaken, der Feuerbock etc. Das ‚Heimchen am Herd', ↗ Heimchen.

Lit.: *V. v. Geramb:* Art. ‚Herd', in: HdA. III, Sp. 1758–1776; *K.-S. Kramer:* Art. ‚Herd', ‚Herdgerät', in: HRG. II, Sp. 84–87.

‚Herdentrieb'

Herdentrieb. *Dem Herdentrieb folgen:* ein Mitläufer sein, wie die große Masse reagieren, nichts allein unternehmen, kein Individualist sein, ↗ Schaf.

herein ↗ Schneider.

hereinlassen. ‚Solle mir se (den) roilosse?' Dieser berühmt gewordene Satz des Vorsitzenden der Mainzer Fastnachtsveranstaltungen, mit dem die verschiedenen Darbietungen eines oder mehrerer Vortragenden angekündigt werden, ist weit über Mainz hinaus bekannt u. hat sprw. Charakter angenommen, da er scherzh. auch bei anderen Gelegenheiten verwendet wird. Er erweist sich als stets wirksames Mittel zur Auslösung u. Verbreitung von unvermittelter Heiterkeit.

Lit.: *H. Schwedt (Hg.):* Analyse eines Stadtfestes. Die Mainzer Fastnacht (= Mainzer Studien zur Sprach- und Volksforschung 1) (Wiesbaden 1977).

Hering steht in Rdaa. öfters als Bild des Geringwertigen und Kleinen, z. B. *er brät den Hering um den Rogen:* er bemüht sich um wenig oder nichts. Die Rda. stammt aus der Fischersprache und ist im Ndl. als ‚den haring om de kuit braden' weit verbreitet u. bereits auf dem Sprichwörterbild v. P. Bruegel dargestellt. *Er ist ein schmaler Hering:* er ist mager, dürr; vgl. frz. ‚Il est maigre comme un hareng'; ähnl. *er ist wie ein ausgeweideter (ausgenommener) Hering:* so hohl, so hungrig vom Fasten. *Hier wird er keinen Hering braten:* hier wird er nicht zum Zug, Erfolg kommen.

Er ist ein Hering vor Johannis, ndl. ‚Haring voor Sint Jan'. Gesetzlich durfte in Holland der Heringsfang erst am 24. Juni, dem Tage Johannes' des Täufers beginnen. Man kann sich also vor Johanni, d.i. bevor man den Hering im Netz hat, über den Fang nicht freuen.

Der rdal. Vergleich *aufeinandergepfercht wie Heringe:* dicht gedrängt wie die gelagerten Heringe im Faß, findet sich schon bei Abraham a Sancta Clara (‚Judas' IV, 390): „Gleich den Häringen aufeinander liegen"; ähnl. ‚wie die Ölsardinen'; vgl. frz. ‚être serrés comme des sardines en boîte' (wörtl.: so dicht nebeneinander stehen oder liegen wie die Sardinen in der Dose). Hering ist auch ein Verweis; wohl entstellt aus frz. ‚harangue' = Ansprache, heftige Rügerede, mit Einfluß von frz. ‚hareng' = Hering. Bei Friedrich II. meint ‚harangue' soviel wie aufmunternde Worte; vgl. frz. ‚haranguer' = abkanzeln.

Lit.: *Leendertz, P.:* ‚Den haring om de kuit braden', in: TNTL. 38 (1919), S. 316–320.

Herkules. *Ein wahrer Herkules sein:* Übermächtiges leisten, ‚herkulische Kraft' haben.

Etw. ist eine Herkulesarbeit: ein ungeheures Pensum, das aufgearbeitet werden muß. Als Urspr. der Rda. gilt eine Erzählung von Diodor (um die Mitte des 1. Jh. v. Chr.) in IV, 13,3, in der – ebenso wie in Apollodors ‚Bibliothek' (II, 55) – von einer Kraftleistung des Herkules berichtet wird, die darin bestand, daß er des Augias, Königs von Elis, seit vielen Jahren nicht gesäuberten Rinderstall in einem Tage vom Dung befreite, indem er zwei Flüsse hindurchleitete. ↗ Augiasstall.

Mit der Wndg. ‚Herkules am Scheidewege' wird dagegen auf einen Gewissenskonflikt hingewiesen, den zu lösen jem. schwerfällt. In einer zu den aesopischen Fabeln gehörenden Erzählung in den ‚Horen' des Sophisten Prodikos von Keos (um 430 v. Chr.) – die in Xenophons ‚Denkwürdigkeiten' (II, 1, 21) durch den Mund des Sokrates überliefert ist – wird berichtet, wie Herkules als Jüngling in der Einöde zwei Wege vor sich sah – den zum freien, sinnlichen Lebensgenuß und den zur Tugend – und lange schwankte, welchen er einschlagen sollte (vgl. Cicero ‚De officiis' I, 32, 118). Wenn jem. auf seinem Lebensweg an eine Gabelung kommt, die ihm zwei entgegengesetzte Wege eröffnet, wird daher die sprw. gewordene Wndg. ‚Herkules am Scheidewege' gern zitiert.

Lit.: *J. Alpers:* Hercules in bivio (Diss. Göttingen 1912); *E. Panofsky:* ‚Herkules am Scheidewege' u. andere antike Bildstoffe in der neueren Kunst (Leipzig 1930).

Herodes. *Das dankt dir der Herodes:* d.h. niemand oder der Teufel. Es bedeutet soviel wie: darauf lege ich keinen Wert, das ist mir völlig einerlei.

Die Wndg. ist auch lit. dokumentiert in dem Roman ‚Vor Jahr u. Tag' von Wilh. Holzamer, in ‚Daheim', Nr. 12 vom 21. Dez. 1907, S. 14: In einem rheinhess. Dorf sagt eine Tochter schnippisch zu ihrem Vater: „Die (Verlobung) könnt Ihr Euch spar'n, die dankt Euch der Herodes".

Lit.: *Ph. Keiper:* ‚Herodes im dt. Sprw.', in: Zs. f. d. U. 23 (1909), S. 194–195.

Herr. Die Rda. *Herr im eignen Haus sein* gehört zu den weitverbreiteten Rechtsformeln: ‚Jeder ist Herr in seinem Haus'. „Wir wellen auch, daz einem ieglichen purger sein haus sein veste sei" steht bereits im Haimburger Stadtrecht von 1244. Es handelt sich um ein Rechtssprw., das durch verschiedene Länder verbreitet ist. ‚Cascun est roy en sa maison' heißt es im Altfrz.; frz. ‚être maître chez soi'; engl. ‚a man is king in his own house' und ‚a man's house is his castle' (vgl. Singer I, 10). Beliebt sind auch Sprww. wie: ‚Niemand kann zwei Herren dienen' oder ‚wie der Herr – so's Gescherr'.

Der Herr steckt ihm schon im Kopfe: er will sich nicht unterordnen, er will hoch hinaus. *Er ist der Herr von Habenichts (und Kuhdreck ist sein Wappen):* er ist arm. ‚O Herr im Hemd, die Frau ist (ganz) nackt', ist schles. ein Ausdr. des Staunens, der Verwunderung.

Er ist im Herrn entschlafen: er ist gestorben; vgl. frz. ‚Il s'est endormi dans le Seigneur' (gehobene Sprache); vgl. ‚das Zeitliche segnen', ↗zeitlich.
Das Sprw. *Des Herren Auge macht das Pferd (Vieh) fett* (↗Auge) findet sich in den verschiedensten Sprachbereichen, z. B. ndl. ‚de beste mesting is des heeren oog'; lat. ‚oculus domini saginat equum'; frz. ‚l'œil du maître engraisse le cheval' (weitere Varianten s. Wander II, Sp. 541 f.).
Den Herrn auf den Bettler setzen: nach einem einfachen Essen noch etw. Feineres genießen; auch umgekehrt, els. *Einer Sache Herr werden* (vgl. obersächs. ‚etw. herrekriegen'); etw. in seine Gewalt, Geschicklichkeit bekommen. Im Mhd. gab es das Sprw. ‚Zwêne sint eines her' = einer ist gegen zwei verloren, er wird von ihnen überwältigt. Vgl. lat. ‚duo sunt exercitus uni'.

Lit.: E. Nestle: ‚No man can serve two masters' (Matth. 6,24, Luk. 16,13), in: Expository Times 19 (1907-1908), S. 284; *H. Gangner:* Zur Bdtg. des Substantivs ‚Herr' in der dt. Sprache der Gegenwart, in: Sprachpflege 9 (1960), S. 225–229; *I. Weber-Kellermann:* ‚Wie der Herr, so's Gescherr', in: Dienstboten in Stadt u. Land (Berlin 1982), S. 42–58.

Herrgott. *Unser Herrgott hat mancherlei Kostgänger* oder *Herrgott, wie groß ist dein Tiergarten!* Ähnl.: ‚Es gibt sonne wecke und sonne, und unser Herrgott hat se mit und ohne Glatze ...!': was soll's?; vgl. ndl. ‚onze lieve Heer heeft rare kostgangers'; scherzhafter Ausdr. für: es gibt wunderliche Menschen auf der Welt. ‚Laut se man, use Herrgott weet woll, wo se wuant', ndd. tröstlicher Zuspruch, wenn sich Schuldige ihrer Bestrafung durch die Flucht entzogen haben.
In aller Herrgottsfrühe: sehr früh.
Den Herrgott einen guten Mann sein lassen, eine beliebte Rda., die Gottfr. Keller im ‚Landvogt von Greifensee' verwendet, die bei ihm aber auch schon früher ähnl. begegnet, z. B. im ‚Grünen Heinrich', der ‚den lieben Gott einen guten Mann sein läßt', ↗Gott.
Dem ist unser Herrgott auch schon in Zivil begegnet, d.i. strafend, rheinhess. Einige spezifisch schwäb. Rdaa. sind: ‚Herrgott von Bentheim, got's do zua', es geht sehr laut und ungeordnet zu. Das berühmte Steinbild „Herrgott von Bentheim", ein kulturhistorisches Kleinod, stammt aus dem 11. Jahrhundert. Der „Herrgott von Bentheim" ist vielerorts zu einem Ausruf der Bewunderung, der Verwunderung, der Überraschung und der Bekräftigung geworden. ‚Dear schtiehlt unserm Herrgott da Tag a', er ist den ganzen Tag untätig und faul; gleichbedeutend: ‚dear ischt unsers Herrgotts Tagdieb'; ‚Unser Herrgott wurd doch net grad dahoim gwea sei, wo da des gsait hoscht', was du sagst, ist gelogen.
‚Herrgott nochmal!' Ausruf des Unwillens, der zu den schweren Flüchen gehört, die normalerweise vermieden werden. Dagegen die schwäb. Variante: ‚Du liebes Herrgöttle' (von Biberach) als Ausdr. des Erstaunens. Schwäb. ‚Des Mensch möcht i in unseres Herrgotts Montur seha', d. h. ‚nackt u. ohne alles'.

Lit.: *W. Unseld:* Der Herrgott in schwäb. Sprww., in: Alemannia 20 (1892), S. 290–93; *L. Schmidt:* Sprw. dt. Rdaa., in: Österr. Zs. f. Vkde. 77 (1974) (N. S. Bd. 28), S. 100.

herrlich. *Herrlich und in Freuden leben:* sorglos, unbekümmert leben. Beruht auf dem Gleichnis vom reichen Mann und dem armen Lazarus, Luk. 16, 19: „Es war aber ein reicher Mann, der kleidete sich mit Purpur und köstlicher Leinwand und lebte alle Tage herrlich und in Freuden ..."
Wir haben es herrlich weit gebracht: wir haben viel geleistet, besitzen eine bewundernswürdige Kultur etc.; nach Goethes Faust I, 19; meist iron. gebraucht.

Herrscher. *Sich als Herrscher aller Reußen (Russen) fühlen:* wie ‚Gott in Frankreich' oder ‚wie ein Zar' – machtvoll, souverän, omnipotent; vgl. ‚Zar und Zimmermann'.

herumreiten. *Auf etw. herumreiten:* immer wieder auf dieselbe Sache zurückkommen. Leitet sich her vom ↗Steckenpferd, auf dem die Kinder reiten, und das – in übertr. Bdtg. – den Erwachsenen zur Lieblingsbeschäftigung in der dienstfreien Zeit wird; vgl. engl. ‚hobby'; frz. ‚être à cheval sur ses principes' oder: ‚enfourcher son dada': auf sein Lieblingsthema zurückkommen; ‚Prinzipienreiter', aufgekommen durch einen Erlaß von Heinrich,

Fürst von Reuss-Lobenstein-Ebersdorf, am 18.9.1845, worin der Ausdr. vorkommt: „seit 20 Jahren reite ich auf einem Prinzip herum" (Küpper).

Herz. Zahlreiche Rdaa. beruhen auf der alten Auffassung des Herzens als dem Sitz der Empfindung, auch des Mutes: *einem ans Herz gewachsen sein;* ihn sehr lieb haben; vgl. frz. ‚tenir à cœur à quelqu'un; ähnl.: *jem. im (am) Herzen liegen;* vgl. das Volkslied:

Du, du liegst mir im Herzen,
Du, du liegst mir im Sinn ...

Auch: *jem. im Herzen tragen;* vgl. frz. ‚porter quelqu'un dans son cœur'. Dagegen: *Ein Kind unter dem Herzen tragen:* schwanger sein, ↗Kind.

Das Herz entzünden: Liebe und Leidenschaft entfachen.

Das Herz ist entflammt: es entbrennt in Liebe für jem., ↗Liebe.

Einem sein Herz schenken: ihm seine Zuneigung und Liebe geben; vgl. frz. ‚donner son cœur à quelqu'un'.

Sein Herz für jem. (etw.) entdecken: sich der Liebe, des Interesses bewußt werden; ähnl.: *sein ganzes Herz an jem. (etw.) hängen:* nur noch dafür dasein, seine ganze Begeisterungsfähigkeit jem. (einer Aufgabe, Sache) zuwenden.

Jem. an sein Herz drücken: ihn zärtlich, voller Freude umarmen. *Viel Herz haben,* auch: *ein großes Herz haben:* für die Sorgen anderer offen, hilfsbereit sein, seinen Mitmenschen (Notleidenden) Unterstützung u. Zuwendung geben; vgl. auch: *ein Herz für Kinder haben* und den modernen Slogan ‚ein Herz für Tiere'.

Die Rda. *ein weites Herz besitzen* und die scherzhaft gemeinte Wndg. *einmal an Herzerweiterung sterben* zielen auf den Liebling der Frauen, der in der Lage ist, seine Liebe gleich mehreren zu schenken.

Das Herz verstricken: unlösbar gebunden, in Liebe, Leidenschaft, auch: Schuld oder Haß gefangen werden. *Sich etwas zu Herzen nehmen:* etw. sehr ernst nehmen; vgl. frz. ‚prendre quelque chose à cœur'. Dagegen hört man oft den Rat, jem. solle *sich nicht alles so (zu sehr) zu Herzen nehmen:* sich nicht zu viele Sorgen machen, ein Mißgeschick leichter, einen Tadel nicht allzu ernst nehmen u. nicht gleich alles schwarz sehen.

Etw. nicht übers Herz bringen: sich nicht dazu durchringen können, zuviel Mitleid haben; *Es drückt ihm fast das Herz ab; nicht an Herzdrücken sterben:* offen heraussagen, was man denkt, was einen wurmt; ähnl. *seinem Herzen Luft machen:* seine Enttäuschung (Wut) äußern, sich erleichtern.

‚Das Herz abdrücken'

Seinem Herzen einen Stoß geben: die ängstliche oder vorsichtige Natur in sich durch einen plötzlichen Entschluß überwinden; *das Herz in die Hand* (oder *in beide Hände*) *nehmen:* sich zusammennehmen (ebenso frz. ‚prendre son cœur à deux mains; auch: ‚prendre son courage à deux mains'); *sich ein Herz fassen:* Mut zeigen; auch: *Das Herz zu etw. haben:* mutig sein, etw. wagen.

Jem. (niemand) ins Herz sehen können: seine wahren Gefühle (nicht) erkennen; vgl. hierzu die Strophe aus dem Lied ‚Kein Feuer, keine Kohle', in der es heißt:

Setze du mir einen Spiegel
ins Herze hinein,
damit du kannst sehen,
wie so treu ich es mein'.

Dagegen *das Herz in der Hand tragen:* „offenherzig' sein; dafür gewöhnlich *das Herz auf der Zunge tragen:* alles verraten, was in einem vorgeht. So heißt es schon lat. in der Bibel (Prediger 21,29): „in ore fatuorum cor illorum, et in corde sapientium os illorum". In der Übers. bei Luther: „Die Narren haben ihr Herz im

‚Jemanden im Herzen tragen'

‚Das Herz entzünden'

‚Einem sein Herz schenken'

‚Ob sie (wohl) ein Herz hat?'

Maul, aber die Weisen haben ihren Mund im Herzen".
Ganz ähnl. meint schon um 1300 Hugo von Trimberg im Lehrgedicht ‚Renner':

Tôren herze lît im munde,
der wîsen munt im herzen grunde.

Goethe dichtet:

Die Lust zu reden kommt zu rechter Stunde,
Und wahrhaft fließt das Wort aus Herz und Munde.

Mit doppeltem Tadel sagt 1639 Lehmann S. 719 (‚Schwätzer' 8): „Mancher hat sein Hertz im Maul, mancher hat sein Maul im Hertzen". Vgl. frz. ‚avoir le cœur sur les lèvres'.
Das Herz auf dem rechten Fleck haben: ein tüchtiger, braver, uneigennütziger und hilfsbereiter Mensch sein; vgl. frz. ‚avoir le cœur bien placé'.

Dem Feigling *fällt (rutscht) das Herz in die Hosen* (oder *in die Stiefel*); ähnl. schon lat.: ‚animus in pedes decidit'. Als die Studenten auf der Wartburg eine Ulanenfigur nebst Korporalstock, Haarzopf und Schnürleib, den Zeichen teils der Unfreiheit, teils welscher Sitte ins Feuer warfen, sangen sie dazu die Verse:

Es hat der Held- und Kraftulan
Sich einen Schnürleib angetan.
Damit das Herz dem guten Mann
Nicht in die Hosen fallen kann.

Die Hose als Richtungsangabe, wohin der Mut sinkt, hängt mit der umg. Gleichsetzung von Mutlosigkeit (Angst, Feigheit) mit Durchfall oder beschmutzter Hose zusammen; vgl. frz. ‚Il en fait dans son froc' (Er macht dabei in die Hose). *Ihm fällt das Herz in die Schuhe:* er wird mutlos; die Rda. ist eine im 19. Jh. (1856 bei

Wilh. Heinrich Riehl) aufgekommene steigernde Parallelbildung zu dem vorigen Ausdr. Der Mut ist noch tiefer gesunken als im vorhergehenden Fall.

Sein Herz ausschütten: sich aussprechen, alles heraussagen, was man auf dem Herzen hat; vgl. frz. ‚ouvrir son cœur à quelqu'un. Hier ist das Herz als ein Gefäß gedacht, wie man ja auch von einem ‚überquellenden Herzen' redet und wie es Matth. 12,34 heißt: „Wes das Herz voll ist, des gehet der Mund über". Ähnl. schon 1. Sam. 1,15: „Nein, mein Herr, ich bin ein betrübtes Weib. Wein und starkes Getränk habe ich nicht getrunken, sondern habe mein Herz vor dem Herrn ausgeschüttet"; u. in Ps. 42,5: „Wenn ich denn des innewerde, so schütte ich mein Herz aus bei mir selbst ..."

Aus seinem Herzen keine Mördergrube machen: offenherzig sein; vgl. Matth. 21,13: „Mein Haus soll ein Bethaus heißen; ihr aber habt eine Mördergrube daraus gemacht" (ähnl. schon Jer. 7,11: „Haltet ihr dies Haus, das nach meinem Namen genannt ist, für eine Mördergrube?"; vgl. Goethes ‚Götz von Berlichingen' I, Bischofszene.

Auch *am Herzen, auf dem Herzen* (frz. ‚sur le cœur') liegen und lasten die Gedanken; schon der griech. Dichter Äschylus (525–456 v. Chr.) hat die Sorgen „Nachbarn des Herzens" genannt, und Wolfram von Eschenbach beginnt seinen ‚Parzival' mit den Worten:

Ist zwîvel herzen nâchgebûr,
daz muoz der sêle werden sûr.

Viel auf dem Herzen haben: gleich mehrere Anliegen oder Kümmernisse haben.

Jem. eine Sache ans Herz legen: ihn bitten, sich bes. darum zu kümmern.

Jem. das Herz schwer machen: ihm großen Kummer zufügen. Vgl. Gretchens Lied am Spinnrade mit der Sehnsucht nach dem Geliebten im Herzen:

Meine Ruh ist hin,
Mein Herz ist schwer;
Ich finde sie nimmer
Und nimmermehr.

(‚Faust' I, Gretchens Stube).

Jem. das Herz brechen: ihn todunglücklich machen; dagegen: *nicht an gebrochenem Herzen sterben:* etw. leicht nehmen, nicht lange einer vergangenen Liebe nachtrauern. *Schon viele Herzen gebrochen haben:* viele Frauen geliebt, betrogen, verlassen und unglücklich gemacht haben. Die Rda. *das Herz im Leibe will zerspringen* begegnet mehrfach im Grimmschen Märchen (KHM. 6, KHM. 56, KHM. 89 u. KHM. 166).

‚Das Herz wiegen'

Jem. blutet das Herz: er ist schmerzlich betroffen, auch: er gibt etw. nur ungern her, was ihm bes. teuer war.

Sich etw. (jem.) aus dem Herzen reißen: die Erinnerung (Liebe) gewaltsam verdrängen.

Von ganzem Herzen und von ganzer Seele steht zum ersten Male 5. Mos. 4,29. Bei Matth. 23,37 finden wir den Ausdr. dann in der noch volleren und vielleicht häufiger zitierten Form: „Von ganzem Herzen, von ganzer Seele und von ganzem Gemüte". Vgl. frz. ‚De tout son cœur et de toute son âme'.

Wenig, aber von Herzen sagt man nach Tobias 4,9: „Hast du viel, so gib reichlich; hast du wenig, so gib doch das Wenige mit treuem Herzen"; ähnl.: ‚wenig, aber mit Liebe'.

Einen ins Herz schließen. Der Vergleich des Herzens mit einem Schrein und das dazugehörige Bild vom Herzensschlüssel spielt in Volkslied, Märchen und Rda. eine große Rolle. Eines der ältesten dt. Liebeslieder (aus einer Tegernseer Hs.) lautet:

Dû bist mîn, ich bin dîn:
des solt dû gewis sîn,
Dû bist beslozzen
in mînem herzen;

verlorn ist daz sluzzelin:
Dû muost immer drinne sîn.

Nach 2. Sam. 12,5 sagen wir *jem. das Herz stehlen* und nennen den, der es tut, *Herzensdieb.* Vgl. frz. ,voler le cœur de quelqu'un'.

Jem. geht das Herz auf, auch: *jem. lacht das Herz im Leibe:* er ist voller Freude, ist überglücklich.

Auch die Frage des Glücklichen: *Herz, was begehrst du nun?* wird formelhaft im Märchen verwendet, z.B. in KHM. 46, KHM. 83, KHM. 85 u. KHM. 110.

Jem. aus dem Herzen gesprochen sein: ganz in seinem Sinne sein. *Die Herzen (aller) schlagen jem. entgegen (fliegen ihm zu):* er versteht es, Begeisterung u. Sympathie zu erregen.

Aller Herzen schlagen höher: sie sind voll freudiger Erwartung.

Ein Herz und eine Seele sein: von gleicher Gesinnung und Meinung sein, beruht auf Apostelg. 4,32.

,Sie hat ihr Herz entdeckt' ist der Titel eines Lustspiels (1865) von Wolfgang Müller von Königswinter (1816–73).

Einen auf Herz und Nieren prüfen: von Grund aus prüfen; die Rda. ist bibl. Ursprungs und beruht auf Ps. 7,10 (vgl. auch Jer. 11,20 u.ö. sowie Offenb. 2,23); *das Herz wiegen:* die Gesinnung prüfen (vgl. Schillers Soldatenlied aus ,Wallensteins Lager', wo es heißt: „Da wird das Herz noch gewogen").

Häufig ist auch Herz in rdal. Vergleichen: ,ein Herz wie ein Stein', so schwer, ,wie eine Drossel', so leicht, so beschwingt, ,wie ein Schnebersbrot', ,wie eine kalte Wassersuppe', ,wie ein Taubenhaus', ,wie ein Lämmerschwanz'.

Ein Herz von Stein haben: sich nicht rühren lassen, empfindungslos für Schmerz oder Freude sein, keinerlei Mitleid zeigen, vgl. ,hartherzig sein'.

Lit. hat dies W. Hauff in seinem Märchen ,Das kalte Herz' (1828) bes. einprägsam konkretisiert.

Jem. ist ein (schwerer) ↗Stein vom Herzen gefallen: er ist eine drückende Sorge los, vgl. auch KHM. 31 u. KHM. 97.

Es geht ihm handhoch (eine Handbreit) über dem Herzen weg: der Mund spricht das Gegenteil von dem, was das Herz fühlt.

,Das Herz reinmachen'

,Mit den Herzen nur ein Spiel treiben'

Ndd. ,Rüm Hart, klor Kimmung!', weites Herz, klare Sicht!; stammt aus der Seemannsprache.

Etw. im Herzen bewegen: etw. immer wieder bedenken und in Erinnerung bewahren, bezieht sich auf Luthers Bibelübers. (Mark. 2, 19): „Maria aber behielt alle diese Worte und bewegte sie in ihrem Herzen". Die ,moderne' und korrektere Übers. „... bedachte sie in ihrem Herzen" ist viel schwächer.

Die Wndgn. ,Das Herz zwingen': jem. bezwingen, und ,Herz zu Herzen schaffen': jem. (in Liebe, Freundschaft, auch: Begeisterung) vermitteln, übereinstimmende

Gefühle erwecken, lit. bei Goethe (Faust I, Szene mit Wagner):

Wenn ihr's nicht fühlt, ihr werdet's
nicht erjagen,
Wenn es nicht aus der Seele dringt
Und mit urkräftigem Behagen
Die Herzen aller Hörer zwingt …

Und ebd.:

Doch werdet ihr nie Herz zu Herzen
schaffen,
Wenn es euch nicht von Herzen geht.

Lit.: *A. Hermann:* Das steinharte Herz. Zur Geschichte einer Metapher, in: Jb. f. Antike u. Christentum 4 (1961), S. 77–107; *H. Niedermeier:* Die Herzsymbolik in der Volksfrömmigkeit des MA. in: Bayer. Jb. f. Vkde. (1968). S. 58–64; *E. Boehringer (Hg.):* Das Herz – im Umkreis des Glaubens – Im Umkreis der Kunst – im Umkreis des Denkens, 3 Bde. (Biberach o.J.); *G. Bauer:* Claustrum Animae. Untersuchungen zur Geschichte der Metapher vom Herzen als Kloster, Bd. I: Entstehungsgeschichte (o.O. 1973); *G. Bott:* Von ganzem Herzen. Kleine Kulturgeschichte des Herzens (Nürnberg 1984); *K. Düwel:* Art. ‚Herz', in: EM. VI., Sp. 923–929; Zur Symbolik des Herzens u. des Raumes. Akten des. 6. u. 7. Symposions der Gesellschaft für Symbolforschung. Bern 1988, Zürich 1989, hg. v. A. Zweig im Namen der Gesellschaft für Symbolforschung (= Schriften zur Symbolforschung, Bd. 6) (Bern u.a. 1991).

Hesse. *Ein blinder Hesse,* altes Scheltwort für einen (geistig) Kurzsichtigen. Die Rda., von der sich wahrscheinl. das Sprw. ableitet: ‚die Hessen können vor neun nicht sehen', geht schwerlich weit über das 16. Jh. zurück. Grimm und ihm folgend Vilmar fassen diese spöttische Bez. als letzten Nachklang einer sonst unbezeugten Stammessage auf, wonach der Stammesahnherr für das blindgeborene Junge eines Hundes oder einer Katze ausgegeben worden sei (vermutl. aus dem lautlichen Anklang von ‚Chatten' und ‚Katzen'). Daher habe man wohl auch die Hessen blinde Hunde oder *blinde Hundehessen* genannt, wie man (im 16. Jh.) den hess. Wappenlöwen eine Katze schalt. 1584 sagt Leonhard Thurneisser, ein Arzt, Alchimist, Astrolog und Verleger zugleich, von der „schwebischen art": „welche geschlecht der menschen nach der geburt, wie man vermeint, neun tage als die hunde blind ligen sollen". Vielleicht bezieht sich hierauf die Vorstellung, der Hesse könne vor neun nicht sehen.

Der Ruf geistiger Verblendung und zäher Störrigkeit haftet unter den dt. Stämmen vor allem den Hessen und Schwaben an, daher heißen auch die Schwaben ‚blind', namentlich bei den Thüringern, die die Hessen öfter ‚taub' als ‚blind' nennen. Schon 1541 ist die Rda. von Seb. Franck (Sprww. 2,49b) gebucht worden: „‚Du bist ein blinder Hesse!' wolt einen groben dölpel und fantasten damit anzeigen. Wir brauchen ‚ein grober Algewer bauer, ein blinder Schwab, ein rechter dummer Jan, der teutsch Michel, ein teutscher baccalaureus'". J-B. Rousseau meint: „Die Hessen heißen deshalb blind, weil sie stets kühn und unverrückt in die Schlacht gingen. Und ihre Tapferkeit hat sich auch bei verschiedenen Gelegenheiten bewährt. Oder vielleicht auch deshalb, weil sie nicht fragen, wofür sie in den Kampf gehen, ob als verkaufte Söldner oder als Kämpfer für die höchsten Güter eines Volkes". *Drauflos, wie ein blinder Hesse* ist daher zur allg. Rda. geworden.

Rhein. sagt man von einem leicht zornig werdenden Menschen: ‚der hät en Hessekopf'.

In Pommern, Preußen und wohl auch anderswo ruft man jem., der einen auf der Straße anrennt, zu: ‚Blinn' Heß, kannst nich sehn?'

‚Laufen wie die Hessen': luxemb. Rda., die sich auf die Ereignisse des Jahres 1814 bezieht u. im Gegensatz zu den anderen Rdaa. den Hessen Feigheit nachsagt.

Lit.: *F. Wiesenbach:* Die blinden Hessen (1891); *Ch. Oberfeld (Hg.):* Hessen, Märchenland der Brüder Grimm (Kassel 1984), S. 8.

Heu dient sprw. zur Bez. einer großen Menge: *Er hat Geld wie Heu* (Lessing, ‚Minna von Barnhelm' III, 5): *sein Heu herein* (auch *im Trockenen*) *haben:* sein Geschäft gemacht, viel Geld verdient haben. In einigen anderen Rdaa. kommt Heu in Beziehung zu unsinnigem Tun und in Bildern für eine ‚verkehrte Welt' vor, z. B. ‚as 't Hoi blöit' (wenn das Heu blüht), d.h. niemals, am St. Nimmerleinstag; *das Heu zwischen die Hörner legen:* etwa. Unsinniges tun; ebenso *das Heu läuft dem Pferd nach. Da wird kein Heu dürr:* man gibt sich vergebliche Mühe; *das Heu auf dem Ofen trocknen.*

Er weiß das Heu auf seine Gabel zu bringen: er nutzt seine Vorteile aus. *Er ist bes-*

‚Das Heu läuft dem Pferd nach'

ser als lang Heu zu laden: er läßt sich leicht überreden, für einen Zweck gebrauchen.

Heu und Stroh im Kopf haben: sehr dumm sein.

Er hat Heu an den Hörnern: nimm dich vor ihm in acht! Ähnl. in Fischarts ‚Gargantua' (153 a): „du hast uns recht das heu zwischen das horn gelegt". Eigentl. von einem bösen Ochsen gesagt, dem der Treiber, um die Vorübergehenden zu warnen, ein Bündel Heu an den Hörnern befestigt hat. Ebenso schon lat. ‚foenum habet in cornu'.

Wenn jem. gähnt, sagt man iron. übertreibend: ‚Hu, da kann doch ein Heuwagen 'reinfahren!'

Heu (verdorrtes Gras) gilt als Symbol des Nichts, des Leeren, Unfruchtbaren, der Vanitas. Auf dem ‚Heuwagen-Diptychon' von Hieronymus Bosch versucht jeder, einen Teil des Heus an sich zu raffen, wobei das so offenbar Erstrebenswerte, das flüchtige Glück, der weltliche Genuß seine Nichtigkeit erweist: ‚Die Welt ist ein Heuwagen'. Vgl. die südtirol. Wndg. ‚Die Welt isch a Haistock: wer mear roaderfrißt, hat mear'.

Der Bezug zu dem bibl. Vergleich in Psalm 90,6 u. Psalm 103,15: „Ein Mensch ist in seinem Leben wie Gras ..." ist in der bildl. Darstellung deutlich. Ähnl. kann der Vers: „Ze hewe wart sin grüenez gras" bei Hartmann v. Aue im ‚Armen Heinrich' als Vergänglichkeitsmetapher in Zusammenhang mit den genannten Stellen in den Psalmen gedeutet oder auch als Bild für den Aussatz verstanden werden.

Ins Heu fahren: zu erotischen Abenteuern unterwegs sein, ist eine beliebte Metapher zur Umschreibung des Ehebruchs in der Schwankballade (vgl. E. B. 150).

Das Bett der Liebenden auf dem Heuwagen hat bereits Hieronymus Bosch dargestellt. Bei Gottfried Keller hat in ‚Romeo und Julia auf dem Dorfe' das Heuschiff als Bett der Liebenden, von dem sie ins Wasser gleiten, eine ähnl. Funktion. Ein Gedicht von Christoph Meckel erscheint als lyrische Gottfried-Keller-Reminiszenz – wie W. Mieder gezeigt hat –, in dem es heißt: „Oben im Heu die Liebenden schlafen".

Lit.: *H. Rosenfeld:* ‚Ze hewe wart sîn gruenez gras'. Zu Hartmanns ‚Armen Heinrich' E 70–75 und dem Sinnbereich dieser Metapher, in: Zs f. d. A. 101 (1972), S. 133–142; *V. Mertens:* Noch einmal: Das Heu im ‚Armen Heinrich' (E 73/B 143), in: Zs. f. d. A. 104 (1975), S. 293–306; *K. Roth:* Ehebruchschwänke in Liedform (Motive. Freiburger folkloristische Forschungen 9) (München 1977), Typ D 24 u. 25; *W. Danckert:* Symbol, Metapher, Allegorie im Lied der Völker, Teil III: Pflanzen (Bonn-Bad Godesberg 1978), S. 878–901; *W. Mieder:* „Oben im Heu die Liebenden schlafen". Christoph Meckels lyrische Gottfried-Keller-Reminiszenz, in: Sprachspiegel 4 (1985), S. 108–112.

Heuchel. *Ohne Heuchel und Schmeichel:* etw. geradeheraus und ohne Verstellung sagen. Die Zwillingsformel ist in gleicher Zusammenstellung schon bei Hans Sachs zu finden (‚Der Affenkönig mit den zwei Gesellen'):

> Deshalb wil die welt, das man auch
> Ir heuchel, schmeichel, lob' und
> schmir (= besteche).

Heulen. Die Zwillingsformel *Heulen und Zähneklappen* (nicht klappern, wie vielfach angenommen wird) bezieht sich auf das Heulen u. Zähneklappen, das (nach Matth. 8,12 u. Luk. 13,28) die Sünder in der Hölle erwartet. Es handelt sich hierbei um eine Paarformel, die der Betonung u. Verstärkung dient.

Etw. ist zum Heulen: es ist so schlimm, daß man nicht wie ein Mensch weinen, sondern wie ein Tier (auf-)heulen muß, wobei die Stärke der Klage einen Rückschluß auf die Größe des Übels zuläßt. ‚Weinen' (für Tränenvergießen) gehört eher der gehobenen Umgangssprache an.

Volkssprache u. Mdaa. bevorzugen statt dessen das kräftigere ‚Heulen', was sonst eher auf Tiere bezogen wird: *Heulen wie ein Schloßhund, mit den Wölfen heulen* ↗Wolf.
‚Heuler' werden die Seehundbabies genannt. Andere verbale Ausdrücke sind: flennen, brüllen, plärren, greinen, jammern, schluchzen, wimmern, plinseln, Tränen vergießen oder in Tränen zerfließen, sich in Tränen auflösen, die Augen aus dem Kopf weinen, Rotz u. Wasser heulen. Oder das Klagen wird umschrieben mit Nölen, Quengeln, Jaulen, Maulen, Lamentieren, Winseln. Wem zum Weinen ist, der ‚stellt' oder ‚dreht die Wasserleitung' oder den ‚Wasserhahn' an, hat ‚nahe am Wasser gebaut'. Solche Leute nennt man Jammerlappen, Waschlappen, Heulsuse, Nölpott, oder man sagt: ‚Der ist nicht ganz dicht'. ‚Heulboje' nennt man einen Menschen, der bei jedem kleinsten Anlaß in Tränen ausbricht. Hier handelt es sich um den Vergleich mit einem technischen Gerät, mit der Heulboje auf See, deren eingebaute Sirene durch Wind und Seegang zum Tönen gebracht wird.
Anlässe zum Heulen (Weinen) sind mannigfaltig: Man weint aus Schmerz, Verlassenheit, Einsamkeit, Verlust, Schwäche, Angst, Trauer, Ohnmacht, Kummer, Verzweiflung, Hoffnungslosigkeit, Unglück, Sehnsucht, Heimweh, Enttäuschung, Kränkung, Gram, Not, Erschütterung, Schreck, Wut, Zorn, Trotz, Reue, Scham, Zerknirschung, Rührung, Glück, Freude, Ergriffenheit. Vor allem ist Heulen Ausdrucksform des Leids bei Trennung, Abschied, Verlust von Personen oder Dingen. Man bekommt das ‚heulende Elend'.
Es gibt von Volk zu Volk unterschiedliche Scham- und Peinlichkeitsgrenzen des Weinens. In südlichen Ländern, in denen sich Menschen ihren Gefühlen ungenierter hingeben, wird schneller geweint, geklagt, eher geheult. Bei uns wird relativ wenig geweint. Es gibt ferner Unterschiede des Alters: Kleinkinder heulen viel. Lange bevor das Kind sprechen lernt, benutzt es das Weinen und Heulen als Ausdruck seines Nicht-Wohlbefindens. Auch im Alter hat man oft ‚nahe am Wasser gebaut'; schnell stellen sich Tränen der Rührung ein. Außerdem gibt es eine erlernte Geschlechtsspezifik: laut der Zeitschrift ‚Brigitte' weinen Frauen viermal so viel als Männer. Männer sind vermeintlich härter und durch den kulturspezifischen Zivilisationsprozeß dazu erzogen, ihre Gefühle zu unterdrücken.
Sie ‚trotzen lachend allen Stürmen' und sind dazu erzogen, Stärke und Härte zu zeigen. Sie weinen nicht bei Gelegenheiten, bei denen Frauen ihre Gefühle zeigen dürfen, z. B. Abschiedstränen. Der Volksmund versichert andererseits die Überflüssigkeit von Tränen und spendet nicht immer wirksamen Trost und Aufmunterung mit formelhaften Sätzen wie: ‚Nun heul mal nicht, das nützt auch nichts!', ‚Du hast gar keinen Grund zum Weinen', ‚Blarren helpt nix' etc.; oder Tränen werden ironisiert mit der Wendung: ‚Mit einer Träne im Knopfloch'. In anderen Kulturen hat sich ein anderes Weinverhalten entwickelt. Es gibt Länder – vor allem in Ost-, Süd- und Südosteuropa, in denen bei der rituellen Totenklage lange und ausgiebig geheult wird – auch hier vorzugsweise von Frauen, sog. ‚Klageweibern', von denen schon die Bibel berichtet. In anderen Epochen unserer Kulturgeschichte wurde unterschiedlich oft und intensiv geweint, häufiger z.B. im 18. Jahrhundert und in der Romantik. Goethes ‚Faust': „Die Träne quillt, die Erde hat mich wieder". „Aschenputtel ging zu seiner Mutter Grab, pflanzte das Reis darauf und weinte so sehr, daß die Tränen darauf niederfielen und es begossen", heißt es in KHM. 21.
Im Zeitalter der modernen ‚neuen Innerlichkeit' gibt es bis zu einem gewissen Grad eine Renaissance der Tränenkultur, ↗Tränen, ↗weinen.

Lit.: *E. Mahler:* Die russische Totenklage (Leipzig 1935); *H. Plessner:* Lachen und Weinen (Bern ^{3}1961); *L. Honko:* Balto-Finnic Lament Poetry, in: Studia Fennica 17 (1974) S. 9–61 (im selben Band noch weitere Aufsätze zum Problemkreis der Totenklage, ‚Language of Laments'); *G. Berkenbusch:* Zum Heulen. Kulturgesch. unserer Tränen (Berlin 1985).

Heureka. ‚Heureka' (= ich hab's gefunden), rief nach Vitruvius (‚De architectura' IX, 3) Archimedes aus, als er bei der Untersuchung des Goldgehaltes einer für den König Hieron II. von Syrakus (reg. 269–215) angefertigten Krone das Gesetz des spezif. Gewichtes entdeckte. Nach der Legende soll er das sog. ‚hydrostat. Grundgesetz' im Bade entdeckt haben u. mit dem Ruf ‚Heureka', mit dem seither alle glücklichen Finder u. Erfinder ihrer Freude Ausdr. geben, splitternackt nach Hause gelaufen sein (Büchmann).

Heuschrecke. *Sie kamen wie ein Heuschreckenschwarm:* d.h. in furchterregender Anzahl u. Schnelligkeit. Der rdal. Vergleich ‚wie ein Heuschreckenschwarm' bzw. ‚wie Heuschreckenschwärme' oder auch ‚wie die Heuschrekken' umschreibt ein ganzes Bündel von Aussagen: das schnelle Heranziehen der Gefahr, die Gewalt der Gefahr sowie die Masse der Einzelwesen, die in geballter Formation heranströmt u. Schrecken verbreitet, weil Heuschrecken sehr gefräßig sind u. in kürzester Zeit ganze Saatfelder vernichten. Das sprachl. Bild von der Heuschrecke begegnet schon in der Bibel (Jer. 46,23; 5. Mos. 28,38; 2. Chron. 7,13). Auch Geiler von Kaysersberg benutzt es – freilich nicht als Vergleich, sondern als reales Beispiel für eine verheerende Heuschreckenplage: „was bliben war, aszen die heuschrecken fol ab, die singen nymmer weder in dem summer" (‚Das Buch der Sünden des Munds', 1518, 33).
Wenn auch die Heuschreckenplage in unseren Breiten keine Rolle mehr spielt, so ist die Rda. im Sprachgebrauch doch weiterhin erhalten geblieben.

Lit.: *O. Keller:* Die antike Tierwelt 2 (Leipzig 1913), S. 455–458; M. Lurker: Wb. bibl. Bilder u. Symbole (München 1973), S. 141–142. *H.-J. Uther:* Art. ‚Heuschrecke', in: EM. VI, Sp. 954–960.

Heute. ‚Heute mir – morgen dir' ist eine Mahnung an die letzte Stunde, ein ‚memento mori', wie es als Grabinschrift – u.a. auch schon in den frühen Kirchen in England – oder als warnendes Motto im Bereich der Totentanztexte häufig zu finden ist. Der gereimte dt. Text entspricht dem älteren lat. ‚hodie mihi, cras tibi', der als Unterschrift zur Illustration eines Totenschädels mit Sanduhr, Kerze u. Jüngling u.a. auch im Emblembuch des G. Rollenhagen (1583, II, Br. 50) belegt ist.
Die Formel wird schon beim hl. Chrysostomos erwähnt. Als Franz I. nach der Schlacht von Pavia von Kaiser Karl V. gefangengenommen u. in Madrid eingekerkert war (1525), bemerkte er auf der Wand seines Gefängnisses das Motto des Kaisers „Plus ultra" u. schrieb darunter: „Hodie mihi, cras tibi". Der Kaiser, den man inständig gebeten hatte, nach dem gefangenen König zu sehen, war keinesfalls ärgerlich über diesen Zusatz, sondern setzte seinerseits die Worte darunter: ‚Homo sum humani nihil a me alienum puto", u. bekundete damit seine Bereitschaft, ihn aus der Gefangenschaft zu entlassen. Auch später erregte der Spruch noch einmal besondere Aufmerksamkeit – im königl. Gefängnis ‚Martyn Tower', in dem die gefangene Lady Jane Grey ihn auf der Gefängniswand verewigte, freilich in etwas abgewandelter Fassung. Der Gegensatz ‚heute – morgen' spielt im strukturellen Aufbau vieler Sprww. u. Rdaa. eine Rolle; z.B. in den Wndgn.: ‚Was du heute kannst besorgen, das verschiebe nicht auf morgen' – ‚Morgen, morgen, nur nicht heute, sagen alle faulen Leute' – ‚Heute rot – morgen tot' – ‚Kommt er heut' nicht, kommt er morgen' etc.
Im Witz wird der Unterschied von Konsequenz und Inkonsequenz nur durch eine unterschiedliche Betonung erreicht. Konsequent ist: Heúte so – mórgen so. Inkonsequent ist: Heute só – morgen só.

Lit.: *H. Rosenfeld:* Der mittelalterliche Totentanz (Münster u. Köln 1954); *W. Rotzler:* Die Begegnung der drei Lebenden und der drei Toten (Winterthur 1961); *R. Hammerstein:* Tanz und Musik des Todes (Bern u. München 1980); *S. Metken (Hg.):* Die letzte Reise. Sterben, Tod und Trauersitten in Oberbayern (München 1984); *G. Condrau:* Der Mensch und sein Tod (Zürich 1984).

Hexe. Unter den Rdaa., die aus Volkssagen herausgewachsen sind, stehen solche zum Hexenglauben zahlenmäßig an der Spitze. *Nicht hexen können:* Unmögliches nicht vollbringen können; nicht noch schneller arbeiten können (‚ich kann doch nicht hexen!'). Die Rda. ist im 18. Jh. im Geiste der Aufklärung aufgekommen.
Meckl. sagt man von einem Schläfrigen: ‚Dee is wol mit de Hexen nah'n Blocksberg wäst!'; vgl. die abweisende Antwort: ‚Geh zum Blocksberg!', ‚Daß du auf dem

Blocksberg wärest'. Von der stumpfen Sense heißt es meckl. ‚Dor kann 'n up nah'n Blocksbarg riden!'; ähnl. schlesw.-holst. ‚Das Meß is so stump, dor kannst mit'n bloten Ars op na'n Blocksbarg rieden', oder ‚Op sien Mess kann en Hex ahn Ünnerbüx up na'n Blocksbarg rieden'; hess. ‚Auf dem Messer kannst du von hier bis Paris (auch: nach Rom, Köln) reiten'. Dieser Messerritt ist unverkennbar ein Hexenritt und bezieht sich auf den Volksglauben: man darf sein Messer nicht mit der Schneide nach oben legen, weil sonst die Hexen darauf nach dem ↗Blocksberg reiten.

Die ↗Katze als Verwandlungsgestalt der Hexe und als Hexentier der Sage kommt in einigen Rdaa. vor. Wenn eine Katze Brot frißt, sagt man schweiz. (Kt. Uri): ‚Das isch ämel kei Häx', denn Brot ist heilig, an Brot würde eine Hexe nicht gehen. Ostfries. ‚Dan is Kat 'n Heks' bedeutet: dann tritt die größte Verlegenheit ein. Nach der Hexensage wird eine zwanzigjährige Katze zur Hexe und eine hundertjährige Hexe wieder zur Katze.

Die Teufelsbuhlschaft der Hexe begegnet in Volksglauben und Sage nicht mehr, aber die sprachliche rdal. Wndg. zeigt noch den Zusammenhang von Hexe und Teufel, z.B. ‚Was sich hext, deiwelt sich', was sich liebt, das neckt sich. ‚Verklage die Hexe beim Teufel', du bekommst dein Recht doch nicht, weil eine Krähe der andern kein Auge aushackt.

‚Aussehen wie die Hexe von Binzen' ist eine Basler Rda. für eine Frau mit zerzausten Haaren. Die Hexe von Binzen war die Frau eines Knechtes von Graf Dietrich auf Schloß Rötteln. Eines Tages krepierte der Lieblingshund des Grafen vermeintlich infolge ungenügender Pflege durch den Knecht. Der Graf war darüber so erbost, daß er den Knecht von seinen Hunden zerfleischen ließ. Hierauf verfluchte dessen Frau das Schloß und seine Bewohner, und die Folge dieses Fluches war, daß der Bräutigam des Schloßfräuleins beim Schloß zu Tode fiel.

‚D' Hex gronet' sagt man schwäb. bei rekonvaleszenten Frauen. Schwäb. ist ferner der rdal. Fluch: ‚Kotz Mahra und a Hex!' sowie das Sprw.: ‚Es tut keine Hex mehr, als sie kann'.

Es ist eine Hexe im Feuer sagt man, wenn es im Feuer knistert. In Sagen und Märchen erscheint die Hexe öfters in irgendeiner Weise mit dem Feuer verbunden.

Lit.: *L. Weiser-Aall:* Art. ‚Hexe', in: HdA. III, Sp. 1827–1920, insbes. 1919; *A. Wittmann:* Die Gestalt der Hexe in der dt. Sage (Diss. Heidelberg 1933); *J. Kruse:* Hexen unter uns? (Hamburg 1951); *L. Berthold:* Sprachliche Niederschläge absinkenden Hexenglaubens, in: Volkskundliche Ernte (Gießen 1938), S. 32–39; *E. Hoffmann-Krayer:* Die Hexe von Binzen, in: Schweiz. Arch. f. Vkde. 14 (1910), S. 170: *W. E. Peuckert:* Der Blocksberg, in: Zs. f. d. Ph. 75 (1956), S. 347 ff.; *L. Röhrich:* Sprww. und sprw. Rdaa. aus Volkserzählungen, S. 260f.; *L. Honko:* Krankheitsprojektile. Untersuchungen über eine urtümliche Krankheitserklärung, FCC. 178 (Helsinki 1967); *H. Gerlach:* Art. ‚Hexe', in: EM. VI, Sp. 960–992.

Hexeneinmaleins. *Das Hexeneinmaleins deklamieren (murmeln, aufsagen):* etw. Unverständliches sprechen, eine Argumentation mit Zahlen führen, die keiner versteht. Die bekannte Wndg. bezieht sich auf Goethes ‚Faust' (I, ‚Hexenküche'), worin das ‚Hexeneinmaleins' folgenden Wortlaut besitzt:

Du mußt versteh'n!
Aus Eins mach Zehn,
Und Zwei laß gehn,
Und Drei mach gleich,
So bist du reich.
Verlier die Vier!
Aus Fünf und Sechs –
So sagt die Hex' –
Mach Sieben und Acht,
So ists vollbracht:
Und Neun ist Eins,
Und Zehn ist keins.
Das ist das Hexen-Einmaleins!

Dabei handelt es sich vermutlich um die Beschreibung eines sog. Magischen Quadrates.

Schreibt man nämlich die Zahlen 1–9 in Dreierreihen (Quadrat 1), dann erhält man ein einfaches magisches Quadrat. Die Mittel- und Schrägreihen ergeben 15. Richtig „magisch" wird es aber natürlich erst, wenn alle möglichen Reihen dieselbe Summe ergeben (Quadrat 2). Die „Hexerei" geht bei Quadrat 3 im Vergleich zu Quadrat 1 los: „Du mußt versteh'n: aus 1 mach 10, und 2 laß geh'n. Und 3 mach gleich. Verlier die 4 (= mach 0 daraus). Aus 5 und 6 mach 7 und 8. So ist's vollbracht." Dieses Kunststück würde nun tatsächlich in jeder Reihe 15 ergeben. Nur

1	2	3
4	5	6
7	8	9

1

4	9	2
3	5	7
8	1	6

2

10	2	3
0	7	8
5	6	4

3

10 04	2	3
0	7	8
5	6	1 10 04

4

‚Hexeneinmaleins'

die Schrägreihe von links oben nach rechts unten macht nicht mit. Deshalb spricht die Hex' weiter: „Und 9 ist 1, und 10 ist keins"; also: die Zahl im neunten Feld (4) wird auch im ersten Feld eingesetzt, wo die dort bisher gewesene 10 „keins" (also Null) wird – wenn auch nur als Austauschzahl für die eine Reihe (Quadrat 4)!

Lit.: ↗Hexe.

Hexenjagd. *Eine Hexenjagd veranstalten:* jem. aufspüren, hetzen u. jagen, ihn mit peinigenden Methoden terrorisieren. Die Rda. wird häufig gebraucht als sprachl. Bild einer übertriebenen u. ungerechtfertigten Verfolgung.

Hexenschuß. *Einen Hexenschuß haben:* plötzliche und starke Schmerzen im Rükken empfinden. Die Rda. bewahrt die Vorstellung, daß Krankheiten mit Pfeilen auf die Menschen von übernatürlichen Wesen abgeschossen werden, wie z.B. auch die Pest, ↗Bilwis.

Lit.: *L. Weiser-Aall:* Art. ‚verhexen', in: HdA. VIII, Sp. 1570–1585, hier insbes. 1576–1578; *L. Honko:* Krankheitsprojektile. Untersuchungen über eine urtümliche Krankheitserklärung, FCC. 178 (Helsinki 1967).

Hic. *Hic et nunc:* ‚hier u. jetzt'. Die beliebte Zwillingsformel beweist, daß solche Paarformeln schon in röm. Zeit geläufig waren.

‚Hic Rhodus, hic salta': Hier ist Rhodus, hier springe, d.h.: gib den Beweis für deine Behauptung hier und jetzt, zitieren wir nach einer ungenauen Übers. von Aesops Fabel 203 ‚Der Prahler', die durch lat. Schulbücher Verbreitung gefunden hat. Ein prahlerischer Fünfkämpfer rühmt sich, in Rhodus einen gewaltigen Sprung getan zu haben u. beruft sich auf Zeugen. Doch einer der Umstehenden meint: „Freund, wenn's wahr ist, brauchst du keine Zeugen. Hier ist Rhodus, hier springe" (Büchmann).

Hieb. *Einen Hieb haben* (auch: ‚einen ↗Hau haben'): nicht ganz richtig im Kopf sein, einen Rausch haben, eine wunderliche Angewohnheit (Charaktereigentümlichkeit) haben. Ein ‚Hieb' ist seit der Mitte des 19. Jh. auch ein Schluck Alkohol; daher *einen Hieb vertragen:* viel trinken. Diesen Rdaa. liegt der Vergleich der

1

2

1/2 ‚Hexenschuß'

Trunkenheit mit einem erhaltenen Schlag zugrunde. Auch im Frz. hat das Wort ,Hieb' (coup) die Bdtg. von einem Schluck Alkohol, z. B. ,boire un coup' (einen Schluck trinken).

Die Zwillingsformel *hieb- und stichfest* (= unangreifbar, einwandfrei, absolut sicher und nachprüfbar) gehört zum zauberischen Brauch des ,Festmachens', einer magischen Handlung, die Unverwundbarkeit gegen Hieb, Stich und Schuß verleiht. „Die Welt pflegt zu sagen, wenn einer schußfrei, stichfrei, hiebfrei, und weder Gabel noch Säbel eingeht, er sei gefroren" (Abraham a Sancta Clara, ,Reim dich', 1684, 10). Wundsegen, wie sie noch bis in den 2. Weltkrieg hinein gebräuchl. waren, sollten ihre Träger ,hieb- und stichfest' machen. Wer ,festgemacht' oder ,gefroren' ist, ist unverwundbar durch gewöhnliche Kugeln, feuerfest, gefeit gegen Stich und Hieb, er schneidet sich nicht, selbst wenn er auf Schwertschneiden tanzen müßte, ↗ Stich.

Lit.: *O. Berthold:* Die Unverwundbarkeit in Sage und Aberglauben, RVV. XI, 1 (Gießen 1911); *W. E. Peukkert:* Art. ,festmachen', in: HdA. II, Sp. 1353ff.; *A. Spamer:* Romanusbüchlein. Hist.-Phil. Kommentar zu einem dt. Zauberbuch (Berlin 1958); *E. Wagner:* Hieb- und Stichwaffen (Prag 1966); *Chr. Daxelmüller:* Art. ,hieb- u. stichfest', in: EM. VI, Sp. 994–997.

hier, hierher. *Ein bißchen hier sein:* geistig beschränkt, verrückt sein. Die Rda. wird mit einer Gebärde verbunden, indem man bei ,hier' Schläfen oder Stirn berührt, um anzudeuten, daß es dem Betreffenden ,hier' gebricht; vgl. frz. ,Il s'en va de là' (wörtl.: Hier gebricht es ihm).

Die Sache steht mir bis hier: ich will nichts mehr davon wissen, ich habe genug davon. Die Rda. ist ebenfalls mit einer Gebärde verbunden, wobei die Hand, sozusagen als ein Zeichen der übermäßigen Sättigung, quer an den Mund gelegt wird; vgl. frz. ,J'en ai jusque là'.

Bis hierher und nicht weiter: das ist die äußerste Grenze, mehr ist nicht möglich, zulässig. Diese Rda. bezieht sich auf die Worte Gottes an das Meer bei Hiob 38, 11:

> Bis hierher sollst du kommen und nicht weiter,
> hier sollen sich legen deine stolzen Wellen!

Gewöhnlich wird, wie in Schillers ,Räubern' (II, 1), verkürzt zitiert:

> Bis hierher und nicht weiter!

Bei Dante heißt es in der ,Divina commedia' (,Inferno' 26, V. 107–109): „Quando venimmo aquella foce stretta ov' Ercole segnò li suvi riguardi, Acciò che l'uom più oltre non si metta". („... Da war mein Schiff am engen Schlunde dort, wo Herkuls Säulenpaar gebeut: Nicht weiter!") Dante bezieht sich auf das „non plus ultra" der griech. Schriftsteller. Der thebanische Dichter Pindaros (518–442 v. Chr.) schrieb in seinem 3. ,Nemeischen Siegeslied': „οὐκέτι, πρόσω ἀβάταν ἅλα κιόνων ὑπὲρ 'Ηρακλέος περᾶν εὐμαρές" = Nicht weiter als über die Säulen des Herkules hinaus darf man das unwegsame Meer befahren.

,Ick bün all (schon) hier', sagt der Zuerstgekommene zum zweiten in Anlehnung an das Märchen vom Wettlauf zwischen dem Hasen u. dem Igel (KHM. 187). ,Hier oder nirgends' (engl. ,here or nowhere'): Zwillingsformel, die der Verstärkung dient.

Himmel. Die Rda. *den Himmel offen sehen* stammt aus dem N. T. (Joh. 1, 51), wo es heißt: „Und er sprach zu ihm: Wahrlich, wahrlich, ich sage euch, ihr werdet den Himmel offen sehen"; ähnl. Apostelg. 7, 56. Darum sagt man von einem glücklichen Menschen: Er sieht den Himmel offen'; in profanem Sinne z. B. bei Schiller (,Glocke'):

> Das Auge sieht den Himmel offen,
> Es schwelgt das Herz in Seligkeit;

vgl. auch Uhland, ,Schäfers Sonntagslied', Str. 3.

Daß das vollkommene Glück im Himmel seinen Sitz haben müsse, zeigt die Rda. *im Himmel sein,* die man auf jem. bezieht, der sich in einem solch glücklichen Zustand befindet, der auf Erden kaum erreichbar erscheint. Diese Wndg. ist bereits bei Cicero in einem Brief an Attilus (2, 19, 2) belegt: „Bibulus in caelo est, nec quare scio, sed ita laudatur" (auch Cic. ad Att. 2, 20, 4). In Lothringen sagt man ,Er mänt, er wär bim Herrgott im Himmel'; vgl. frz. ,Il est au paradis' (Er ist im Paradies).

Mit der aus jüd. Tradition stammenden Vorstellung von den verschiedenen Himmelssphären, die auch im N.T. ihren Niederschlag gefunden hat (2. Kor. 12,2): „Ich weiß einen Menschen in Christus, der ... entrückt wurde bis in den dritten Himmel", hängt auch die Rda. *jem. in den Himmel heben:* ihn übermäßig loben, zusammen, vgl. lat. ‚aliquem in coelum efferre' bzw. ‚aliquem ad astra tollere'.

‚Im siebenten Himmel sein'

Der oberste, siebente Himmel war als Sitz Gottes gedacht, *im siebenten Himmel sein* ist daher gleichbedeutend mit: in höchster Wonne schweben. Die Rda. wird vor allem als Ausdr. der Liebesseligkeit gebraucht (vgl. den Schlager: „Ich tanze mit dir in den Himmel hinein ... in den siebenten Himmel der Liebe") und ist auch französisch (‚être au septième ciel') und englisch (‚to be in the seventh heaven') bekannt.

Erste nachweisbare Erwähnung fanden die sieben Himmel in dem zwischen 70 u. 135 n. Chr. entstandenen apokryphen ‚Testament der 12 Patriarchen' Levi, Kap. 3: „Höre nun von den sieben Himmeln". Die Lehre von den sieben Himmeln entspricht rabbinischer Anschauung u. wird im Talmud beschrieben. Von dort ging sie in den Koran über u. fand durch ihn weite Verbreitung. Nach dem Talmud ist der siebente Himmel der oberste Himmel u. heißt ‚Araboth'. Es ist der Ort des Rechts, des Gerichts u. der Gerechtigkeit. Dort befindet sich der Schatz des Lebens, des Friedens u. des Segens. Dort weilt Gott selber mit den ihm dienenden Engeln.

Die christl. Vorstellung vom Himmel als Aufenthalt seliger und erhabener Geister hat auch zu der Rda. geführt: *Der hat seinen Himmel hier,* oder häufiger: *den Himmel auf Erden haben:* ein angenehmes Leben führen; ndl. ‚hij geniet eenen hemel op arde' u. frz. ‚C'est le paradis sur terre', ↗Paradies. Für die Wndg. ‚Himmel auf Erden' bietet „a heaven on earth" in Miltons ‚Paradise lost' (1667) den ältesten nachweisbaren lit. Beleg. 1706 erschien in Amsterdam in dt. Übers. ein Buch des ndl. Predigers Fredericus van Leenhof mit dem dt. Titel ‚Der Himmel auff Erden oder eine Kurze und Klahre Beschreibung der wahren und beständigen Freude ...' Ebenso kennt das Frz. eine Wndg. in diesem Sinne: ‚Ils font leur Paradis en ce monde'.

Shakespeare verwendet die Formel ‚Himmel und Erde' im ‚Hamlet' (I,5):

Es gibt mehr Ding' im Himmel und auf Erden
Als eure (unsere) Schulweisheit sich träumt (träumen läßt).

Otto Ludwig benutzte sie im Titel der Erzählung ‚Zwischen Himmel u. Erde' (1857). Sie erinnert an die Rda. ‚Zwischen Himmel u. Erde schweben', die auf 2. Sam. 18,9 zurückgeht.

Einen Rest der alten Vorstellung von dem festen Himmelsgewölbe zeigt die Rda. *Ich hätte eher des Himmels Einsturz erwartet,* mit der man das Eintreten eines für unmöglich gehaltenen Ereignisses begleitet. Die ältere Form ist: „Ich hätte mich ehe des hymelfalls versehen" (so 1529 bei Joh. Agricola Nr. 436 u.a.). In der ‚Namenlosen Sammlung' von 1532 steht dabei die Erklärung: „Dieses Worts brauchen wir zu den dingen, die jemandt widerfahren, on all seine vordanken, und die er für unmöglich geachtet hette, das sie geschehen solten". Schon im alten Rom war sprw.: „Quid, si nunc coelum ruat?", was, wenn jetzt der Himmel einstürzte? (Terenz), dasselbe auch bei dem Humanisten Erasmus von Rotterdam (‚Adagia' 1,5.64). Als es im Herbst 1806 in Weimar infolge der Aufregung über Napoleons Anrücken keine Lerchen zu essen gab, rief Goethe: „Nun, wenn der Himmel einfällt, so werden viele gefangen werden"; in einem späteren Vers (‚Sprichwörtlich', um 1810) tröstet er:

Laß nur die Sorge sein,
Das gibt sich alles schon;
Und fällt der Himmel ein,
Kommt doch eine Lerche davon.

Die erstere Wndg. ist auch mdal. bezeugt. So heißt es im Rheinl. ‚Wenn der Himmel enfällt, bliwen alle Mösche (Spatzen) dot‘ und im Saarland: ‚Wenn der Himmel einfällt, han die Spatze all die Kränk‘. Da man es für unmöglich hält, daß der Himmel einstürzt, wird die Rda. ‚wenn der Himmel einfällt‘ als volkstümliche Umschreibung für ‚niemals‘ gebraucht.

Jes. 13,13 heißt es: „Darum will ich den Himmel bewegen, daß die Erde beben soll von ihrer Stätte durch den Grimm des Herrn Zebaoth“, und der Prophet Haggai verkündet: „Denn so spricht der Herr Zebaoth: Es ist noch ein kleines dahin, daß ich Himmel und Erde, das Meer und das Trockene bewegen werde“ (2, 7). Danach sprechen wir von *Himmel und Erde in Bewegung setzen:* sich intensiv um etw. bemühen, alles mögliche versuchen; vgl. frz. ‚remuer ciel et terre‘. Stabreimend spricht man auch von *Himmel und Hölle in Bewegung setzen:* alles aufbieten, um etw. zu erreichen; vgl. engl. ‚to move heaven and earth‘; frz. ‚remuer ciel et terre‘. Bei Vergil (‚Aeneis‘ VII, 312) heißt es „flectere si nequeo superos, Acheronta movebo“ = Wenn ich die Himmlischen nicht bewege, ruf' ich den Acheron zu Hilfe.

Wie aus dem Himmel (auch *aus allen Himmeln, aus allen Wolken) gefallen sein:* sehr überrascht, auch stark enttäuscht sein; vgl. frz. ‚tomber des nues‘ (wörtl.: aus allen Wolken fallen), ↗Wolke.

Es ist noch kein Meister vom Himmel gefallen sagt man tröstend, wenn ein Versuch nicht gleich gelingt. Rhein. ‚Et is noch ken Gelihrter vom Himmel gefalle‘; meckl. als Sagwort ‚dor is noch kein Meister von'n Himmel fallen, säd der Schusterjung‘.

Das Blaue (die Sterne) vom Himmel herunterlügen: dauernd lügen, stark übertreiben; ‚'s Blaue vom Himmel 'rab schaffen‘ (auch: sparen, lernen, singen, stricken, lügen u.ä.); ↗blau.

Vom Himmel fällt dem Menschen das Gute zu, die *Himmelsgabe,* vgl. Goethe, ‚Faust‘:

Es ist eine der größten Himmelsgaben,
So ein lieb Ding im Arm zu haben.

Der Gedanke, daß Wertvolles vom Himmel herabfällt, findet sich schon im Lat. (Cicero, ‚de fin.‘, 1, 19, 63): „Tum ... illa, quae quasi delapsa de caelo est ad cognitionem omnium regula“; vgl. auch Livius, 10, 8, 10 u. Lactantius, ‚Institutiones‘, 1, 11, 55).

Eine ähnl. Vorstellung findet sich in den Mythen des Alten Orients, in denen das geschriebene u. verbriefte Recht als vom Himmel herabgefallen oder herabgebracht gilt. So wurden z.B. dem altmesopotamischen König bei seiner Himmelfahrt von der Gottheit die Täfelchen oder das himmlische Buch der Ordnung von oben herabgereicht. Auch die Ägypter hatten die ersten Gesetze durch ihren Mercurius Trismegistus erhalten. Nach alten ägypt. Traditionen gilt vor allem der (Horus-)Falke als Bringer der Gesetze vom Himmel.

Der Himmel ist nach bibl. Vorstellung auch der Sitz des Weltgerichts. *Es schreit zum Himmel* sagt man deshalb von einer schrecklichen Tat, für die das menschliche Gefühl so dringend nach einer Sühne verlangt, daß die Sache gleichsam selbst den Himmel um Rache anruft (vgl. 1. Mos. 4,10 nach dem Brudermord Kains: „Die Stimme des Bluts deines Bruders schreit zu mir von der Erde“). Im gleichen Sinne sprechen wir von *himmelschreiendem Unrecht.* Die alte Dogmatik hat hiernach den Begriff der ‚schreienden Sünden‘, der ‚peccata clamantia‘ gebildet und diese in folgendem Vers aufgezählt:

clamitat ad caelum vox sanguinis et Sodomorum,
vox oppressorum, viduae, pretium famulorum.

Dem Sprw. *Der Himmel ist hoch, man kann sich nicht dran halten* liegt die resignierende Vorstellung zugrunde, das Recht habe seinen Sitz im Himmel und es sei manchmal schwer zu erreichen. In Burkard Waldis' Werk ‚Der verlorene Sohn‘ heißt es:

Mannich gudt geselle dorch die Lande ferth:
Wann ohm de suke bosteydt szo bolde,
Kan he sick nicht amm himmel holden.

Hierher gehört auch die Rda. *seine Rechnung mit dem Himmel machen:* sich auf sein Ende vorbereiten, die meist im imperativischen Sinne gebraucht wird; entspr. den Zitaten:

Mach deine Rechnung mit dem Himmel, Vogt ...
(Schiller, ,Wilhelm Tell')

und

Schließt Eure Rechnung mit dem Himmel ab
(Schiller, ,Maria Stuart').

Vgl. frz. ,faire ses comptes avec le ciel'. Eine weithin bekannte Rda. heißt *Der Himmel hängt voller Geigen*. Belege finden sich vor allem in der Barockdichtung. So heißt es bei Abraham a Sancta Clara (1644–1709) „Wann der Himmel, wie man sagt, voller Geigen hänget ..." (,Reimb dich' 18). An anderer Stelle (,Abrahamische Lauberhütt' III, 10) gibt er auch eine Erklärung: „Es ist ein gemeines Sprichwort, wann einige Welt-Menschen die große Himmels Freuden wollen zu erkennen geben, so pflegen sie zu sagen: Der Himmel ist voller Geigen". In einem Weihnachtsspiel aus Kärnten singen die Hirten, wenn sie den Gesang der Engel hören:

Potz tausend, Bue! was spricht so toll,
Was hör i nit für Klang!
Der Himmel hängt mit Geigen voll,
Es ist a Engelsgsang.

Ebenfalls mit der bibl. Erzählung von der Verkündigung an die Hirten auf dem Felde verbindet Casper von Lohenstein (1635–83) die Wndg.:

Der Himmel tut sich auf und hänget voller Geigen,
Die Cherubinen mühen sich die Geburt zu zeigen
Den armen Hirten an.

Auch Luther kennt das Bild, das schon im 15. Jh. vorkommt: „Und weil ihr so gerne an diesem Reigen tanzt, dunkt euch, der Himmel hänge voller Geigen". Später hat die Rda. zu scherzhaften Umformungen Anlaß gegeben: „Mancher meinet, der Himmel hang voller Geigen, so seynds kaum Nußschalen" (Lehmann, 1639, S. 161). In Grimmelshausens ,Abenteuerlichem Simplicissimus' (1669) findet sich bei der Beschreibung seiner zweiten Hochzeit die folgende Stelle: „Ich ließ trefflich zur Hochzeit zurüsten, denn der Himmel hing mir voller Geigen". In demselben Werk findet sich die Rda. im

,Den Himmel für 'ne Baßgeige ansehen'

schwankhaften Vergleich gebraucht, als Simplicissimus in ein Pfarrhaus einbricht, um Schinken und Würste zu stehlen: „Als er das Nachtschloß aufmachte, da sahe ich, daß der schwartze Himmel auch schwartz voller Lauten, Flöten und Geigen hieng; ich vermeyne aber die Schinken, Knackwürste und Speckseiten, die sich im Kamin befanden".

Noch in der Neuzeit hat die Wndg. nichts von ihrer Beliebtheit eingebüßt. Das zeigt ein bair. Volkslied, das im ,Wunderhorn' den Titel ,Der Himmel hängt voller Geigen' trägt. Gustav Mahler vertonte 1892 den Wunderhorn-Text, den er an einigen Stellen leicht veränderte, als vierte der ,Fünf Humoresken' für Gesang u. Orchester. Und Paula Modersohn-Becker schenkte ihrem Mann zur Verlobung gar ein Bild mit dem Titel : ,Du und ich und der Himmel voller Geigen'.

Wahrscheinl. geht die Vorstellung der Rda. auf die Malerei der späten Gotik bzw. Frührenaissance zurück, als man den Himmel mit musizierenden Engeln belebt darstellte. So schmückt die Festtagsseite des Isenheimer Altars von Matth. Grünewald ein farbenprächtiges Engelskonzert. Auch Raffaels Bild ,Krönung Mariens' zeigt den Himmel mit geigenspielenden Engeln erfüllt. Ebenso könnte die Rda. *alle Engel im Himmel singen hören,* durch die die Größe eines Schmerzes ausgedrückt werden soll, auf diese Vorstellung zurückgehen. In der Volkssprache wird die Rda. schließlich drastisch verändert und aus der Geige eine Baßgeige. So heißt es els. ,Ich schlag dir uf d'Ohren, daß d'meinst, der Himmel ist e Baßgig'; ,er sieht den Himmel für 'ne Baßgeige (auch: ,'nen Dudelsack') an', er ist besinnungslos betrunken (berl.). Vgl.

auch die Drohung ,Ich hau dich auf den Kopf, daß du den Himmel für eine Baßgeige (einen Dudelsack) ansiehst'. Meckl. sagt man von einem Hoffnungsfrohen, der noch keine Enttäuschung erfahren hat: ,dem hängt der Himmel noch vull Fideln: paß up, wenn dei Brummbaß man ierst kümmt'. Obersächs. kennt man als Ausruf bei einer unangenehmen Überraschung die Rda. ,Ei Himmel, hast du keine Geigen!'

Das Wort Himmel steht schließlich oft verhüllend für ,Gott', wie in zahlreichen anderen Ausrufen, Bitten und Fragen oder auch Flüchen, die zwar an den Himmel gerichtet sind, im Grunde jedoch Gott meinen: So sagt man *um Himmels willen* oder *du lieber Himmel, das möge der Himmel verhüten* und *das weiß der Himmel, Himmel nochmal!* Die Ähnlichkeit mit dem Schreckensruf ,um Gottes willen' ist unverkennbar, ↗Gott. Andere Wndgn., die Emotionen ausdrücken oder auf bestimmte Verhaltensweisen deuten, sind: ,weiß der (liebe) Himmel', ,da sei der Himmel vor', ,o Himmel!', ,barmherziger Himmel!', ,Himmel hilf!'

Auch im Frz. steht das Wort ,Himmel' in zahlreichen Ausrufen, Bitten und Fragen, dafür aber weniger in Flüchen. Vgl. frz. ,Ciel!' (oder ,Cieux!'), i.S.v.: Du lieber Himmel!, ,Juste ciel!' (Du gerechter Himmel), ,pour l'amour du ciel' (um des Himmels willen), ,Plût au ciel' (was der Himmel gebe).

In den folgenden Fluch- und Ausrufeformeln dient Himmel als superlativische Verstärkung für Begriffe, die das Weite und Hohe, das Laute und Große, auch das Unflätige und elementar Eindrucksvolle bezeichnen: ,Himmel, Arsch und Zwirn', auch in der ,verschönerten' Version ,Himmel, Gesäß u. Nähgarn' bekannt, regte Gerh. Jung zu dem alem. Mundartstück ,Jumelage u. Zwirn' an, ,Himmel, Arsch und Wolkenbruch', bei Hans Erich Blaich (Dr. Owlglass) erweitert zu den Versen:

O Himmel, Arsch u. Wolkenbruch,
hier klafft ein inn'rer Widerspruch!
Wie läßt sich selbiger beheben?
Geduld, wir werden's schon erleben,

,Himmel und Donner nochmal!', ,Himmeldonnerwetter!', ,Himmelherrgottsakrament', auch ,Himmelherrgottsapperment!' oder Himmelkreuzbombendonnerwetter', ,Himmel-Kreuz-Millionen-Bomben-Element!'.

Zum Himmel stinken: Ausdr. der echten Entrüstung über unhaltbare Zustände, bisweilen sogar in der Schriftsprache anzutreffen.

In anderen Rdaa. tritt Himmel tabuierend für ,Hölle' ein, z.B. ,Du kommst in den Himmel, wo die Engel wauwau schreien'; ,einen in den Himmel schicken (wünschen), wo die Äpfel auf den Simsen braten' (Geiler von Kaysersberg, ,Narrenschiff').

,Aus heiterem Himmel': bildhafter Ausdr. für das plötzliche Hereinbrechen eines unerwarteten Ereignisses, ist auch lit. belegt als Titel der bekannten Epigramme von Oskar Blumenthal (1880).

Eine andere stereotype Formel lautet: ,Weder Himmel noch Hölle ...' Meist wird sie ergänzt durch die Feststellung: ,können dir beistehen'.

In Volkserzählungen und Volksliedern begegnet die formelhafte Wndg. ,Und wenn der Himmel wär Papier' häufig. R. Köhler konnte sie sogar im Talmud, in griech. u. lat. Lit. u. in ital., frz., engl. u. dt. lit. Texten nachweisen.

Schließlich sei noch auf Goethes Scherzgedicht ,An Uranius' hingewiesen, das er 1807 in Karlsbad schrieb. In den ersten beiden Strophen flocht Goethe mehrere Rdaa. in Verbindung mit Himmel ein, da das Gedicht dem Berliner Komponisten Himmel gewidmet war:

Himmel ach, so ruft man aus,
Wenn's uns schlecht geworden.
Himmel will verdienen sich
Pfaff- und Ritterorden.

Ihren Himmel finden viel
In dem Weltgetümmel;
Jugend unter Tanz und Spiel
Meint, sie sei im Himmel.

Lit.: *R. Köhler:* ,Und wenn der Himmel wär Papier', in: Orient und Occident, 2 (1863). Auch in: Kleinere Schriften zur neueren Literaturgesch., Vkde. u. Wortforsch. von Reinh. Köhler. Ed. Johannes Bolte (Berlin 1900), III, S. 293–318; *L. Schmidt:* Wiener Rdaa. IV, in: Das dt. Volkslied, 44 Jahrg. (1942), S. 108–111; *H. Fischer:* ,Das Recht fällt vom Himmel', in: Antaios, 9 (1968), S. 306–318; *H. Halpert and V. M. Halpert:* Neither Heaven nor Hell. Memorial University of New Foundland, Repr. Series Nr. 5, 1979; *A. Brückner:* Art. ,Himmel', in: EM. VI, Sp. 1036–1047.

Himmelsbesen. *Der Himmelsbesen fegt:* eine bei den Seefahrern bekannte Wndg. für den Nordwind, der den Himmel von den Wolken rein kehrt.

Lit.: *K. Reich u. M. Pagel:* Himmelsbesen über weißen Hunden (Hamburg 1981).

himmelhoch. *Himmelhoch erhaben sein:* weit über etw. stehen. *Himmelhoch jauchzend:* bekannt aus dem Goethe-Zitat: „Himmelhoch jauchzend – zu Tode betrübt" (‚Egmont' III,2). Es hat sprw. Bdtg. erlangt als treffende Bez. für Verliebte, die leicht entflammbar sind, deren Hochstimmung sich aber im Nu – oft aus geringem Anlaß – in Depression verwandeln kann.

hin. *Hinsein:* entzwei, verloren sein; in salopper Redeweise auch: tot sein, so z.B. auch auf einer iron. Grabinschrift:

Hin ist hin.
Anna Maria Fiedlerin.

Die Wndg. findet sich schon 1519 in Murners ‚Geuchmatt':

Ja, sprach sie, lieber tiltap
(‚Hanstapps') min,
din trüw zu mir ist gar do hin.

Luther: „Hin ist hin, laß laufen, was läuft". Häufig auch in rdal. Vergleichen, z.B. ‚Es ist hin, als in den Rhein geworfen'.
In dem Wanderlied von Rudolf Baumbach ‚Bin ein fahrender Gesell' nach der Melodie von Ludwig Keller (1894) findet sich die Wndg. in erweiterter Form in dem Kehrreim: „Lustig Blut u. leichter Sinn, hin ist hin, hin ist hin, Amen, Amen". Gewöhnlich wird er umg. verändert in: ‚futsch ist futsch, hin ist hin' oder ‚hin ist hin' u. einfach ‚futschikato (perdutto)'.
Umg.: *(in ein Mädchen) ganz hinsein:* ganz verliebt, verschossen sein.
Das ist hin wie her: eines wie's andere; *es ist so lang hin wie her:* so lang wie breit.
Nicht hin- und nicht herreichen: beim besten Willen nicht genügend sein.
Wo denkst du hin: was hast du für komische Gedanken, das ist doch ganz anders. Hin drückt in dieser u.a. Wndgn. die Richtung auf ein unbekanntes Ziel aus (↗hinaus). *Das haut hin:* das geht, wie es soll, das paßt gut, ist sehr erfreulich; auch: das ist erstaunlich, unglaublich; vgl. frz. ‚Ça colle' (wörtl.: Es haftet zusammen): es paßt gut.
Es hätte mich beinahe hingesetzt: ich war völlig überrascht. *Da schlag einer lang hin:* (oft mit dem Zusatz: ‚und steh kurz wieder auf'): das ist einfach toll, ganz unglaublich.
‚Wenn der hinschlägt, ist er gleich zu Hause', sagt man berl., aber auch sonst für einen bes. großen Menschen.

hinaus. *Wo will das hinaus?:* was soll daraus werden? Die Rda. begegnet bereits in der Lutherischen Bibelübers., z.B. Ruth 3,18: „sei still, meine Tochter, bis du erfährst, wo es hinaus will" („quem res exitum habeat" in der Vulgata), und Matth. 26,58: „auf daß er sehe, wo es hinaus wollte". Goethe spinnt die Rda. weiter:

Was fragst du viel: wo will's hinaus?
Wo oder wie kann's enden?
Ich dächte, Freund, du bliebst zu Haus
Und sprächst mit deinen Wänden.

Hinkel, mdal. für ↗Huhn.

hinken wird oft in übertr., bildl. Sinne gebraucht auch von Sachen oder von Gedanken; z.B. *ein Vergleich hinkt,* vgl. frz. ‚une comparaison boiteuse', *er hinkt am Gehirn, er hinkt auf beiden Seiten* (d.h., er hält es mit allen Parteien), wörtl. dagegen ndd. ‚Ick heff dat Hinken in de Schinken', ich kann nicht gut gehen. *Der hinkende Bote kommt nach* ↗Bote.
Wie alles, was vom ‚Normalen' abweicht, ist auch das Hinken mit einem negativen Stereotyp belastet: ‚Vor Hinkern, Schielern und roten Haaren möge mich der Herr bewahren'.

Lit.: *S. Sas:* Der Hinkende als Symbol (Zürich 1964); *H.-J. Uther:* Art. ‚Hinken, Hinkender', in: EM. VI, Sp. 1047–1053.

hinten. *(Von) hinten und vorn:* in allen Einzelheiten, durch und durch, überall. *Von hinten bis vorn:* ganz und gar, von Anfang bis Ende. „Wenn die Frau nicht hinten und vorne ist, so kommt doch nichts zustande" (Goethe, ‚Was wir bringen', 1807, 1. Auftr.). Obersächs. ‚'s is ihm hinten und vorne nicht recht', es gefällt ihm gar nicht. *Hinten und vorn nichts haben:* völlig mittellos, arm sein, nichts besitzen. *Jem. von hinten ansehen:* ihm den Rücken zukehren, ihm Nichtachtung, Verachtung zei-

gen. *Hinten ein paar drauf kriegen:* Schläge auf das Gesäß erhalten. *Jem. hinten hineinkriechen:* ihm würdelos schmeicheln (↗Hintern). *Es jem. vorn und hinten reinstecken:* ihn mit Geschenken verwöhnen, überhäufen. ‚Hinten schenkt man Weißbier' ist in der Niederlausitz ein Scherzwort, wenn einem Kind das Hemd hinten herausguckt. *Hinten Augen haben:* alles sehen, sehr aufmerksam sein, alles schnell bemerken. Umgekehrt: *hinten keine Augen haben:* nicht alles bemerken (beobachten) können, jem. unabsichtlich treten, der hinter einem steht.
Etw. hinten(he)rum besorgen: auf Umwegen, heimlich, illegal, bes. während der Nachkriegsjahre: ohne Lebensmittelmarken, ohne Bezugsschein, im Schwarz- oder Schleichhandel.

Hinterbänkler. *Ein Hinterbänkler sein:* einer, der im Parlament in einer der hintersten Bänke sitzt u. kaum jemals das Wort ergreift. Der Ausdr. wird spött.-scherzh. gebraucht u. oft auch allg. auf den erfolglosen Parlamentarier übertragen.

Hinterbeine. *Sich auf die Hinterbeine (Hinterfüße) stellen (setzen):* sich sträuben, sich weigern, sich wehren. Die Rda. ist von dem sich bäumenden Pferd des Reiters auf den Menschen übertr.; vgl. frz. ‚se cabrer' (sich aufbäumen). Auch der Bär stellt sich auf die Hinterbeine, wenn er sich wehrt. 1775 bucht Adelung (Versuch eines grammatisch-kritischen Wb. II, Sp. 1191) die Rda. in der Form: „Auf die Hinterbeine treten". Bei Goethe ist belegt: „Nun aber hat er sich auf einmal auf die Hinterbeine gesetzt"; bei Langbein: „Halt ihn beim Wort, ehe er wieder – mit Respekt zu sagen – auf die Hinterbeine tritt". Auch ndd. ‚sik up de Achterpoten setten'.

‚Den nackten Hintern versohlen'

Hinterhand. *In der Hinterhand sein:* der letzte sein, sich zu äußern oder zu handeln; vom Kartenspiel übertr., wo der, der zuletzt ausspielt, in der Hinterhand ist. „Wenn man nun in der Hinterhand sitzt und der Feind bekömmt die Matadore" (Ludwig Tieck, Schriften, 1828f.; Bd. 5, S. 17). „Es ist außerordentlich bequem, die Regierung immer sozusagen herauskommen zu lassen, sich in die Hinterhand zu setzen und alles anzugreifen" (Bismarck, Reden IX, 410).
‚Hinterhand' wird als Reiterausdr. fachsprachl. auch vom Pferd gesagt: „Es stieg und hat auf der Hinterhand pariert": Es gehorchte dem Reiter so abrupt, daß es auf der Stelle drehte (‚Hohe Schule').

Hinterkopf. *Etw. im Hinterkopf haben:* eine bestimmte Ahnung haben, ohne genau zu wissen, was es ist. Hierbei ist der Hinterkopf i. S. v. Gedächtnis oder Unterbewußtsein gemeint. *Einen musikalischen Hinterkopf haben:* eine angeborene Musikalität haben, die sich angeblich auch äußerlich manifestiert; meist jedoch iron. gebraucht für jem. mit einem häßlichen oder nicht vorhandenen Hinterkopf oder für einen Unmusikalischen.

hinterlistig. *Etw. zu hinterlistigen Zwecken verwenden:* sich mit etw. das Gesäß reinigen. Hinterlistig ist hier scherzhaftes Adj. zu ↗Hintern, ↗Arsch.

Hintermeier. Die bair. Rda. *sich bekehren wie Hintermeiers Kuh:* sich nicht bessern, beruht auf einem Wortspiel mit der Doppeldeutigkeit des Wortes ‚bekehren'. Sie bezieht sich iron. auf die Tatsache, daß die Kuh des kleinen Bauern, für den stellvertretend der Name Hintermeier steht, hinten nicht am reinlichsten abgekehrt zu sein pflegt.

Hintern. *Einem in den Hintern kriechen* (oft mit dem Zusatz: ‚und den Eingang verteidigen'): ihm schmeicheln. *Jem. in den Hintern beißen:* ihn heimtückisch überfallen. *Ich könnte mich (mir) vor Wut selber in den Hintern beißen,* umg. Übertreibung für: ich ärgere mich sehr. *Du hast wohl Hummeln im Hintern?* sagt man zu einem, der nicht ruhig sitzen bleiben kann.

Den Hintern betrügen (schonen): sich erbrechen.

Alles an den Hintern hängen: sein Geld für Kleidung ausgeben, ↗ Arsch.

,Nicht wissen, wie einem der Hintern anhängt': wienerische Rda. für einen unentschlossenen Menschen. Eine mdal. Wndg. aus dem alem. Raum lautet: ,Am Hintere kratzt, isch au net g'feiert'.

Lit.: *L. Schmidt:* Sprw. dt. Rdaa., in: Österr. Zs. f. Vkde., 77 (1974), S. 102.

Hintertreffen. *Ins Hintertreffen kommen (geraten):* hintangesetzt werden, in Nachteil geraten, übertroffen, zurückgesetzt werden. Hintertreffen ist die Reservetruppe, die nicht am Kampf beteiligt war und im Fall des Sieges keinen Anteil an der Beute hatte; in dieser Bdtg. seit der 2. H. des 18. Jh. belegt.

Hintertupfing(en). *Von Hintertupfing(en) sein:* ein rechter Hinterwäldler sein, in einem Ort wohnen, der fernab von jeglicher Zivilisation liegt, eben ,hinter ... was weiß ich'; ähnlich wie die Wndg. ,da, wo sich Fuchs u. Has gute Nacht sagen'. ↗ Fuchs, ↗ Hinterwäldler.

Hintertür. *Sich eine Hintertür (ein Hintertürchen) offen lassen:* sich die Möglichkeit des Rückzugs offenhalten.

Durch die Hintertür wieder hereinkommen: sich nicht abweisen lassen und auf unüblichem Weg wieder vorsprechen. *Etw. durch die Hintertür (ein Hintertürchen) versuchen:* versuchen, etw. unbemerkt, illegal zu bekommen; ähnl. ndl. ,een achterdeur(tje) openhouden'; frz. ,se ménager une porte de sortie'; engl. ,to keep (oneself) a backdoor open'; ↗ hinten. In Österreich wird das sprw. ,Hintertürl' scherzhaft-iron. auch als ,Porta Austriaca' bez.

Eine große Rolle spielt die ,Hintertür' u. a. in China. Dort ist es die übl. Ausdrucksweise für die Möglichkeit, sich Dinge zu beschaffen, die für den Normalbürger unerreichbar sind. ,Durch die Hintertür gehen' bedeutet, in dem betr. Haus einen Freund haben, der einem helfen kann. Im heutigen Peking gibt es für alles ,Hintertüren' – für einen Arzt ebenso wie für eine gute Schule oder einen guten Posten oder gar für einen Reisepaß. Wenn die Korruption in Mitteleuropa auch nicht solche Ausmaße annimmt, so hat doch auch hier niemand Verständnisschwierigkeiten, wenn es heißt: *sich der Hintertür bedienen* (durch Beziehungen oder Geschenke etw. zu erreichen versuchen).

Hinterwäldler. *Ein rechter Hinterwäldler sein:* einer, der im hintersten Wald sehr abgelegen wohnt und daher rückständig geblieben ist. ↗ Hintertupfing.

Hinz und Kunz: alle möglichen x-beliebigen Leute; jeder beliebige; jedermann. *Hinz und Kunz* als Bez. der großen Menge des Durchschnitts stammt aus dem MA., wo diese Namen sehr verbreitet waren; Hinz = Heinrich, Kunz = Konrad. Die Reihe der Heinriche und Konrade auf dt. Herrscherstühlen hat wesentlich zur Beliebtheit dieser Taufnamen beigetragen. Schon um 1300 ist die Wndg. formelhaft und nimmt im 15. Jh. spöttischen oder geringschätzigen Charakter an. Bei Joh. Fischart (,Praktik', 1572, S. 7) lautet sie: „Es sey Heintz oder Bentz"; ähnl. noch heute els. ,Kunz und Benz'. Wenn Matthias Claudius in einer Fabel zwei Bauern miteinander streiten läßt, heißen sie immer Hinz und Kunz. Zwei seiner Geschichten sind sogar mit diesen Namen überschrieben; die bekannteste beginnt:

> Was meinst du, Kunz, wie groß die Sonne sei? –
> Wie groß, Hinz? Als ein Straußenei.

Goethe schreibt in den ,Noten und Abhandlungen zu besserem Verständnis des Westöstlichen Divans': „Diese beiden Namen (Seidon und Amran) stehen aber hier zu allgemeiner Andeutung von Gegnern, wie die Deutschen sagen: Hinz oder Kunz".

Weitere bekannte Namen-Paare sind: Hein und Fietje (Hamburg), Tünnes und Schäl (Köln), Antek und Frantek (Schlesien), Dick und Doof, Pat und Patachon im Film. Es handelt sich um den ,Jedermann', für den jede Volkssprache ihre eigenen Namen hat; vgl. ndl. ,Jan Alleman', Jack ende Toon'; engl. ,every man Jack',

‚Brown, Jones and Robinson', ‚all the world and his wife'; frz. ‚monsieur tout le monde', ‚Pierre et Paul' oder ‚Dupont et Durand', dt. Müller und Schulze.

Lit.: *O. Meisinger:* Hinz und Kunz (Dortmund 1924).

Hiob. *Eine Hiobsbotschaft* (älter *Hiobspost) bringen:* eine traurige oder unangenehme Nachricht überbringen, nach Hiob 1, 14–19; engl. ‚Job's news'. Goethe verbesserte in seinem Brief an Zelter vom 21. Nov. 1830 „Hiobspost" in „Hiobsbotschaft" (Weim. Ausg. Abt. 4, Bd. 48, S. 20). Die alttestamentarische Hiobgestalt spielt verschiedentlich in den dt. Redensartenschatz hinein: *Er ist ein zweiter Hiob:* er hat viel Pech, Unglück. *Eine wahre Hiobsgeduld haben:* außerordentlich geduldig, langmütig sein; vgl. frz. ‚la patience de Job'; engl. ‚the patience of Job'; ndl. ‚Jobsgeduld'. *Arm wie Hiob (Job):* arm wie eine Kirchenmaus, frz. ‚pauvre comme Job'; engl. ‚as poor as Job' (Büchmann), ↗Uriasbrief.

Lit.: *L. Kretzenbacher:* Hiobs-Erinnerungen zwischen Donau u. Adria (München 1972); *B. Schaller:* Art. ‚Hiob', in: EM. VI, Sp. 1060–1064.

Hipphipphurra: ein in Großbritannien seit dem 17. Jh. belegter Hurraruf der Seeleute, Soldaten, Sportler etc.

Hippie. *Ein Hippie sein:* ein jugendlicher ‚Aussteiger' sein. Der Begriff stammt aus dem Amerikanischen. Er bez. einen jungen Menschen, der seine ablehnende Haltung gegenüber Staat, Gesellschaft u. bürgerlichen Normen durch ein unbürgerliches Äußeres zum Ausdr. bringt. ‚Sich im Hippie-Look kleiden': blumengeschmückt u. langhaarig auftreten. Blumen, Frohsinn, Friedensbereitschaft u. Heiterkeit waren die Ideale der Hippies, mit denen sie sich absetzten von der Welt des Geschäftssinns u. Machtstrebens. Die Bewegung machte hauptsächlich in den Jahren nach den Studentenrevolten (1968) von sich reden.

Hirn. *Sich das Hirn zermartern:* äußerst angestrengt nachdenken; vgl. frz. ‚se creusser la cervelle', wobei das Wort ‚cervelle' das Hirn der Tiere und nicht das des Menschen bez.

Nicht seinem Hirn entsprungen sein: es kann nicht seine Idee sein. *Ein weiches Hirn haben:* bescheuert, verrückt sein. *Dem hat der Teufel (Affe) ins Hirn geschissen* (oft mit dem iron. Zusatz: ‚und umzurühren vergessen'): er ist verrückt. Schwäb. ‚Mr sot em im Hirn vergante', man sollte sein Hirn wegen geistiger Pleite versteigern.

Nicht aufs Hirn gefallen sein: nicht dumm sein; ‚schreib dir's aufs Hirn' sagt man oberoesterr. zum Vergeßlichen.

‚Hirnverbrannt sein': unsinnige Anschauungen haben. Ähnl.: ‚hirnverbrannte Ansichten haben'.

Dem hat es ins Hirn geregnet: er hat einen Rausch.

Hirsch. Die Schnelligkeit des Hirsches kommt in verschiedenen rdal. Vergleichen zum Ausdr., wie z.B. *frisch, flink, munter wie ein Hirsch; laufen, springen, tanzen wie ein Hirsch.* „Ich spring und tanze wie ein Hirsch" heißt es bei Hölty.

Vgl. frz. ‚sauter et danser comme un cabri' (wörtl.: springen und tanzen wie eine junge Geiß).

Seit 1900 wurde Hirsch auch auf das Fahrrad, später das Motorrad (‚schneller Hirsch') übertr., doch hängt dies wohl nicht so sehr mit der Geschwindigkeit zusammen, sondern eher mit der Gabelform der Lenkstange. In weiterer Übertr. nennt man dann den Motorradfahrer selbst ‚Hirsch'. Ebenfalls um 1900 aufgekommen ist Hirsch für den jungen Mann. Das Schwergewicht liegt in Bayern, doch ist der Ausdr. in ganz Dtl. und auch in Österr. verbreitet. Ein *flotter Hirsch* ist ein Draufgänger, ein Mann, der seine Geliebte häufig wechselt (für Berlin seit 1920 bezeugt). Die Bez. Hirsch für den jungen Mann entspricht dem engl. ‚stag' (Hirsch) für ‚lediger junger Mann'.

Alter Hirsch nennt man den altgedienten Soldaten, den im Dienst Ergrauten und seit dem ausgehenden 19. Jh. auch den erfahrenen Flugzeugführer. Der Ausdr. ist der Jägersprache entnommen, wo er das überständige Tier bez. – Auch eine Predigt, einen Vortrag, die schon vor Jahren gehalten worden sind und aus Verlegenheit noch einmal dargeboten werden, nennt man einen alten Hirsch (für Hannover seit 1900 belegt). Als Hirsch bez. man auch den betrogenen Ehemann, wohl wegen des Geweihs, das ja als Symbol des ↗Hahnreis gilt (↗Horn).

Eine langwierige, aber dennoch erfolglose Verfolgung nennt man *den weißen Hirsch jagen,* wohl nach der Sage vom weißen Hirsch, der den Jäger immer tiefer in den Wald lockt, ohne sich erjagen zu lassen.

Von einem entlegenen Ort sagt man *wo die Hirsche ihre Geweihe abwerfen.*

Das Sprw. *Wenn Hirsche nicht kommen, sind Hasen auch gut,* hat die Bdtg.: etw. ist besser als nichts. Es ist belegt bei Jeremias Gotthelf (‚Käthi', I, 130). Aber auch die Neger in Surinam sagen: „Kannst du keinen Hirsch erlegen, und du erlegst ein Kaninchen, so ist's auch gut".

Von jem., der sich streckt und die Arme spreizt, sagt man *er mißt dem Hirschen seine Hörner* (bair.). *Dem Hirschen auf die Hörner binden:* eine Person oder Sache der gewissesten Gefahr des Verderbens aussetzen (vielleicht nach einer alten Wildererstrafe?), ist eine vor allem bair. Rda.

‚'s gebt Mensche, 's gebt auch Hersch': rheinpfälz. Rda. mit der Bdtg.: es gibt vernünftige Menschen u. andere, die es weniger sind (Esel, Kamele usw.). ‚Hirsch' war nach Ph. Keiper in der Studentensprache des 19. Jh. u.a. eine geringschätzige Bez. für einen Studenten, der keiner Verbindung angehörte. Für die Verbindungsstudenten galten die Nichtverbindungsstudenten als unklug u. ‚nicht recht gescheit'. Von daher wird auch die bair. Wndg. ‚so a Hirsch' verständlich. Eine andere Bdtg. hat dagegen die Rda. ‚Du bist mir ein schöner Hirsch'. Sie bezieht sich auf die Stärke u. Potenz der Hirsche u. ist als spöttischer Vergleich gedacht, der auf das Fehlende hinweist, auf die Tatsache, daß es bis zu einem echten Hirschen (Kraftprotzen) noch recht weit ist.

Als spöttische Bez. ist der Ausdr. außerdem aus der Wndg. ‚Heimathirsch' bekannt, ↗Heimat.

Lit.: *Ph. Keiper:* 's gebt Mensche, 's gebt auch Hersch', in: Zs. f. d. U. 23 (1909), S. 72–74; *L. Röhrich* u. *G. Meinel:* Redensarten aus dem Bereich der Jagd und der Vogelstellerei, S. 315, 318; *W. Danckert:* Symbol, Metapher, Allegorie im Lied der Völker, Bd. IV (Bonn – Bad Godesberg 1978), S. 1434–1440; *L. Bluhm:* Art. ‚Hirsch, Hirschkuh', in: EM. VI, Sp. 1067–1072.

Hirsebrei. ‚Wenn's Hirsebrei regnet, habe ich keinen Löffel' (KHM. 176 ‚Die Lebenszeit'). Das Sprw. begegnet sonst auch in der Form ‚Wenn's Brei regnet, hab' ich keinen Löffel' (W. Körte). Auch Goethe verwandte es (Werke II, 261) in den Versen: „Daß Glück ihm günstig sei/Was hilft's dem Stöffel?/Denn regnet's Brei/ fehlt ihm der Löffel", d.h., er kann selbst günstige Umstände nicht nutzen; er ist ein notorischer Pechvogel.

Lit.: *H. Rölleke:* Redensarten des Volks, auf die ich immer horche. Das Sprw. in den KHM. der Brüder Grimm, S. 171–174.

historisch. *Historisch werden:* jem. seine kleinen Verfehlungen und Unterlassungen aus früherer Zeit vorhalten; etwa seit 1910.

Hitze. *In der Hitze des Gefechts* ist eine Wndg., die meist durch einen Nachsatz vervollständigt wird, z.B. ‚ist (mir) dieses oder jenes passiert' oder ‚hat es einige Pannen gegeben'. Ein altes Sprw. lautet:

Hitz im Rat, Eil' in der Tat,
bringt nichts als Schad.

Ähnl. auch die Wndg. ‚in der ersten Hitze', d.h. im ersten Aufwallen der Gefühle, die sich meist bei unangenehmen oder unerwarteten Problemen einzustellen pflegen, bei Themen, die ‚mit hitzigem Kopf' diskutiert werden.

Dagegen ist ein ‚Hitzkopf' derjenige, der alles zu schnell u. unüberlegt angeht u. seine Erregung nicht zügeln kann.

Bei der ‚fliegenden Hitze' wiederum handelt es sich um ein plötzliches Gefühl des Unwohlseins, das sich in Hitzewallungen äußert u. mit einem hochroten Kopf verbunden ist. Sie tritt häufig im Gefolge von Kreislaufstörungen oder bei Frauen als Begleiterscheinung der Menopause auf.

Hobel. *Jem. den Hobel ausblasen (blasen):* ihn derb, rücksichtslos behandeln. Dazu: ‚Du kannst mir den Hobel ausblasen', ‚du kannst mir am Hobel blasen', ‚blas mir den Hobel aus!', was alles eine derbe Abfertigung bedeutet. Dabei werden die Seitenteile des Hobels mit den Gesäßbacken verglichen; vgl. jidd. ‚hoibel' = Afterkerbe. Auch meint Hobel zuweilen die Vulva. Die Rda. ist in den meisten Mdaa.

‚Hobeln' (‚Ungehobelter Mensch')

‚Wo gehobelt wird ...'

bekannt, zuerst 1850 für Berlin gebucht. *Dem Hobel zuviel Eisen geben:* eine Sache rauh, grob behandeln; wenn man dem Hobel zuviel Eisen gibt, macht er zu große Späne. *Er hat den Hobel im Kopf:* er ist närrisch; *er kommt unter den Hobel:* verliert durch leichtsinniges oder verkehrtes Verhalten sein Vermögen.

Er ist ein ungehobelter Mensch: er ist ungeschliffen, schlecht erzogen. Die Rda. wird erstmals bei Hans Sachs auf einen rohen, ungesitteten Menschen übertr. In ‚Äsop der Fabeldichter' heißt es (327): „ein ungehobelt grober püffel".

Gleiche Bdtg. haben in Hochsprache und Mdaa.: ungeschliffen, unbehauen, ungeglättet, ungekämmt, ungekocht, ungeschoren, ungestriegelt, ungewaschen und zahlreiche Synonyme. Die bildl. Vergleiche gehen auf die Handwerkssprache zurück, und es liegt nahe, eine Gleichsetzung des Menschen mit dem Material des Handwerkers als Urspr. der Wndgn. anzunehmen. Tatsächlich war es in früheren Jhh. Brauch, bei der Aufnahme in Zünfte und sonstige Organisationen den Anwärter, der zum vollberechtigten Mitglied aufsteigen wollte, einer besonderen Zeremonie, der ‚Taufe' oder ‚Deposition' zu unterziehen. Durch verschiedene, teils scherzhafte Handlungen, wie wir sie heute noch bei den Druckern als ‚Gautschen', bei der ‚Äquatortaufe' und bei student. Korporationen finden, sollte er symbolisch von Untugenden befreit werden. Hier wurde häufig der Ausdr. ‚schleifen' angewendet. ‚Ein ungeschliffener Kerl' war folglich derjenige, der die Zeremonie noch nicht überstanden hatte. 1578 werden für eine student. Aufnahmezeremonie an der Universität Erfurt „Säge, Brechaxt, Knüttel, Schere, Kamm, Bohrer, Meißel, Feile, Hammer und Zange" benutzt (W. Fabricius, Schochs ‚Comoedia' vom Studentenleben, 1658, 106). Aus dem Jahre 1713 stammt die Schilderung des Hobelns eines Studenten mit bildl. Darstellungen. Schon früh wurden die Vergleiche, oft als Scheltworte, auf das Benehmen ungesitteter Menschen übertr. Häufig finden sich auch Belege in der Lit., wie bei Schiller (Anthologie 1782, ‚Rache der Musen' 21):

Pfeift wohl gar – wie ungeschliffen!
Andre Schläfer wach.

Mit dem großen Hobel darüberfahren: oberflächlich glätten, grob verfahren. Ähnl.: *Wo gehobelt wird, da fallen Späne.*

Lit.: *R. Wissell:* Des alten Handwerks Recht und Gewohnheit, 2 Bde. (Berlin 1929) II, S. 32ff., bes. S. 37; *L. Röhrich* u. *G. Meinel:* Rdaa. aus dem Bereich von Handwerk und Gewerbe, in: Alemannisches Jahrbuch (Bühl/Baden 1973); *J. M. Greber:* Die Geschichte des Hobels (Hannover 1987).

hoch. *Das ist mir zu hoch:* das übersteigt mein Auffassungsvermögen, das kann ich nicht begreifen. Die Rda. ist wahrscheinl. der Bibelsprache entlehnt; Hiob 42,3: „Darum bekenne ich, daß ich habe unweise geredet, was mir zu hoch ist und ich nicht verstehe", sowie Ps. 139,6: „Solche Erkenntnis ist mir zu wunderbar und zu hoch; ich kann sie nicht begreifen". Aber auch die äsopische Fabel vom Fuchs mit den ↗Trauben mag in die Tradition mit eingegriffen haben. Lit. noch im bibl. ernsten, eigentl. Sinne bei Paul Gerhardt:

Das ist mir kund, und bleibet doch
Mir solch' Erkenntnis viel zu hoch.

Heute wird die Rda. meist in iron. Sinne verwendet.

Da geht es hoch her: da herrscht lebhaftes Treiben, ein verschwenderischer Lebenswandel. In diesem Sinne in Schillers ‚Wallensteins Lager' (8. Sz.). ‚Hoch' meint hier ebenso wie in ‚Hochzeit' die Festzeit als eine ‚hohe Zeit'.

Hoch hinauswollen: ehrgeizig, anspruchsvoll sein, hochmütig auftreten. ‚Hoch hinaus' meint entweder das hochgesteckte Ziel oder das Hochrichten der Nase, oder die Absicht, ‚hoch zu Roß' hinauszuwollen. Ähnl. *hochgeschoren sein:* eingebildet sein, urspr. nur von kath. Geistlichen wegen ihrer bes. Haartracht gesagt (Tonsur). Von den Pfaffen heißt es schon in Hartmanns von Aue ‚Erec' (V. 6631 f.):

swie hôhe er waer beschorn
er wart dô lützel ûz erkorn,
ez waere abt oder bischof.

Wenig später wird die Rda. als Geringschätzung gegen die Polen mit ihrem kurzen Haarschnitt angewendet, z.B. in Ottokars ‚Oesterreichischer Reimchronik' (V. 16207 f.):

die da als die torn
waren hôch beschorn,
die man Polan nant,
mit den tungten sie daz lant.

Etw. hoch und heilig versprechen: etw. fest versprechen. Hoch bezieht sich hier auf das Erheben der Schwurfinger.

Einen hochgehen lassen: ihn verhaften, anzeigen, verraten. Die Rda. kommt aus der Gaunersprache.

Einen hochnehmen: ihn übervorteilen (von ‚hohen Preisen' abgeleitet), sold.: jem. bei der Ausbildung stramm herannehmen, dann allg.: ihn scharf zurechtsetzen, ihn auszanken, auch: verhaften.

Jem. hochleben lassen: ihm zujubeln mit dem dreimal wiederholten Satz ‚hoch soll er leben, dreimal hoch' oder ihm ‚ein dreifaches Hoch' zurufen – aus Anlaß seines Geburtstages oder einer anderen Jubelfeier, wie z.B. Silber- oder Goldhochzeit u.ä.

Zuweilen wird der Spruch auch erweitert zu einem Vers, der vor allem in Studenten- bzw. Soldatenkreisen geläufig ist: ‚ein dreifach Hoch dem Sanitätsgefreiten Neumann'.

Höherer Blödsinn ↗ Blödsinn.

Hochform. *In Hochform sein:* in bester gesundheitlicher Verfassung, die zu Höchstleistungen befähigt, durchtrainiert sein. Die Wndg. kommt aus der Sportsprache.

hochkommen. *Etw. kommt (wieder) hoch:* es kommt als unangenehmes Erlebnis ins Gedächtnis zurück. Anders die Wndg. *es kommt mir hoch:* ich gerate (bei dem Gedanken daran) in unliebsame Erregung, so daß man sich aus Ekel erbrechen möchte.

Wenn es hoch kommt bedeutet dagegen: alles eingerechnet, im äußersten Fall, darüber hinaus ganz bestimmt nicht. Die Wndg. wird meist bei einer kurzen Überschlagsrechnung gebraucht, ↗ Ulrich.

Beide Wndgn. werden gelegentlich auf eine Ebene gebracht. So sagt man zu einem, der sich übergeben muß: ‚Du wirst alt' und verweist dann iron. auf Psalm 90, 10, in dem es heißt: „Unser Leben währet siebzig Jahr, und wenn's hoch kommt, so sind's achtzig Jahre ...“

‚Hochmut kommt vor dem Fall'

Hochmut. Der Ausdr. wurde urspr. für gehobene Stimmung u. edle Gesinnung gebraucht (mhd. hochgemuote), später jedoch in erster Linie abwertend für Stolz, Dünkel, übermäßig hohe Selbsteinschätzung; auch in dem Sprw. ‚Hochmut kommt vor dem Fall', das schon in der Bibel begegnet (Spr. 16, 18), desgl. in dem volkstüml. Spruch:

Hochmut u. Stolz
wachsen auf einem Holz.

hochstapeln, Hochstapler. Die Worte bedeuten: in betrügerischer Absicht (u. mit falschem Namen) eine hohe gesellschaftl. Stellung o.ä. vortäuschen u. das Vertrauen der Getäuschten durch Betrügereien mißbrauchen. Aber auch: nicht vorhandenes Wissen u. nicht erbrachte Leistungen vortäuschen u. damit prahlen bzw. aufschneiden, ↗Aufschneider.
‚Stapeln' meint primär das Aufschichten z.B. von Holz. Wenn zu hoch gestapelt wird, bricht die Holzbeuge zusammen. In der Mitte des vorigen Jh. mußte die übertr. Bdtg. noch erklärt werden. So lieferte die Zeitung ‚Der Publizist' von 1858 (Nr. 27) folgende Erklärung: „unter dem polizeilichen Namen Hochstappler versteht man einen Menschen, der entweder wirklich der gebildeten Gesellschaft angehörend oder unter der Behauptung ihr anzugehören wiederum nur die Mitglieder dieser Gesellschaft unter allerhand Vorspiegelungen in Contribution setzt". Das Blatt ‚Dorfzeitung' (1855, Nr. 206) kommt mit seinem etwas abweichenden Bericht der heutigen Bdtg. am nächsten: „die Berliner polizei hat einen hochstapler entlarvt, der sich für einen von Rußland vertriebenen armenischen Fürsten ausgab!"

Hochtour. *Jem. auf Hochtouren bringen:* ihn antreiben, zu intensiver Arbeit veranlassen, auch: ihn wütend machen. Entspr. *auf Hochtouren kommen, auf Hochtouren sein:* anfangen, intensiv zu arbeiten, wütend werden. Das rdal. Bild ist erst im 20. Jh. vom Automotor auf den Menschen übertr. worden.

Hochwasser. *Hochwasser haben:* die Hosenbeine zu hoch gezogen haben, zu kurze Hosenbeine haben. Sie erinnern an aufgekrempelte Hosenbeine beim Waten durch Hochwasser; ausgehendes 19. Jh.

Hochzeit. *Auf zwei Hochzeiten tanzen:* zwei verschiedene, sich im Grunde ausschließende Dinge gleichzeitig tun wollen; *auf allen Hochzeiten tanzen:* überall dabeisein wollen; *auf der falschen Hochzeit tanzen:* aufs falsche Pferd setzen; *auf einer fremden Hochzeit tanzen:* sich in Dinge mischen, die einen nichts angehen. *Ich werde auf deiner Hochzeit tanzen* ist eine Entschuldigung, wenn man einem anderen auf den Fuß tritt.
Eine große Hochzeit haben: mit vielen Eingeladenen feiern. Gegensatz: die ‚stille Hochzeit', die im engsten Familienkreis stattfindet. Ganz ohne Schmaus wurde im 18. u. 19. Jh. die ‚blinde Hochzeit' der armen Leute begangen, d.h. ohne Feier.
Das ist eine schöne Hochzeit bez. einen großen Lärm. *Er schreit vor der Hochzeit Juch!:* er nimmt die Hoffnung für die Wirklichkeit, ist voreilig; ebenso *er hat zu früh Hochzeit gemacht. Die Hochzeit hat ein Loch:* sie ist zu Ende. Jüd. *Es ist Hochzeit und Beschneidung zugleich:* eine Überfülle von Freude. *Er macht Hochzeit mit des Seilers Tochter in einem Haus mit vier Säulen:* er stirbt am Galgen.

Lit.: *B. Deneke:* Hochzeit (München 1971); Liebe und Hochzeit. Aspekte des Volkslebens in Europa (Antwerpen 1975); *G. Völger u. K.v. Welck* (Hg.): Die Braut, 2 Bde. (Köln 1985); *L. Dégh:* Art. ‚Hochzeit', in: EM. VI, Sp. 1107–1121.

Hochzeitslader. ‚Er wackelt wie a Hochzeitslader' bezieht sich auf eine betrunkene Person. Da es ein weitverbreiteter

‚Hochzeitsbitter'

Brauch war, den Hochzeitslader (oder ‚Hochzeitsbitter') mit Wein u. Schnaps zu traktieren, manchmal sogar bewußt in der Absicht, ihn betrunken zu machen, ist es nicht verwunderlich, daß es zur Prägung dieser Rda. kam, denn bei aller Trinkfestigkeit, die ein Hochzeitslader haben mußte, konnte es durchaus geschehen, daß es hin u. wieder des Guten zuviel wurde. So wurden die Hochzeitsbitter bereits in einer Frankfurter Verordnung von 1653 zur Nüchternheit im Dienst ermahnt.

Lit.: *G. Buschau:* Die Sitten der Völker, Bd. 4: Das dt. Volk in Sitte u. Brauch (Stuttgart o. J.), S. 150; *H. Dettmer:* Die Figur des Hochzeitsbitters (Frankfurt a. M. 1976), S. 225.

Hochzeitsstrumpf. Das Schenken von Hochzeitsstrümpfen ist in der Schweiz schon im 17. und 18. Jh. bezeugt und in einer bes. Weise rdal. geworden: ‚Da häscht no öppis in Hosstigsstrumpf' sagt man im Schweiz. noch heute bes. häufig, wenn der Gast der Bedienung ein Trinkgeld gibt, eben ‚öppis in Hosstigsstrumpf'. Fragt man nun den Gast oder die Bedienung, ob sie je einen Hochzeitsstrumpf gesehen hätten, so verneinen sie dies in den meisten Fällen. Die meisten denken an einen überlieferten Scherz, weshalb auch die gelegentliche Antwort der Bedienung zu verstehen ist: ‚Min Hosstigsstrumpf hät ä Loch', oder ‚I tu's i d'Scheidekasse'. Zahlreiche Belege für die Rda. ‚einem näbis in'n Hochzitsstrumpf gen' finden sich im Schweiz. Idiotikon II, 2282. Von einem Patengeschenk sagt Jeremias Gotthelf: „Im Papier waren zwei Fünffrankenstücke gewesen, eine große Summe für die arme Frau ... Die beiden Stücke wanderten alsbald in den Hochzeitsstrumpf". Der Hochzeitsstrumpf ist – wie der Sparstrumpf – eine Art Sparbüchse.

Lit.: *W. Seeger:* ‚Öppis in Hosstigsstrumpf gee', in: Schweiz. Vkde., 53 (1963), S. 98.

Hocker. *Das haut mich vom Hocker!:* Ausruf des Erstaunens, vor allem in der Jugendsprache bekannt. Eine andere Wndg. mit Binnenreim lautet: ‚locker vom Hokker' u. bedeutet soviel wie ‚spielend', mit Leichtigkeit.

Hof. *Jem. den Hof machen:* sich um seine Gunst bewerben, sich zum Verehrer machen. Die Rda. ist eine wörtl. Übers. von frz. ‚faire la cour à quelqu'un' und entstammt dem Zeitalter, in dem das frz. Hofleben die Sitten der Gesellschaft bestimmte. Unter Hof verstand man früher, auf einen Fürsten bezogen, seine ganze Umgebung; was ihm diente, machte seinen Hof aus, machte ihm den Hof. So schreibt Goethe im 5. Buch von ‚Dichtung und Wahrheit' bei der Schilderung der Krönung Josephs II.: „Und wie der Nachtisch aufgetragen wurde, da die Gesandten, um ihren Hof zu machen, wieder hereintraten, suchte ich das Freie". Von der diensteifrigen Artigkeit der Höflinge gegenüber ihrem Herrn wurde die Wndg. dann bald übertr. auf die werbende Huldigung um die Gunst der geliebten Dame. Auch mit Beibehaltung des Fremdworts ‚cour' kommt die Wndg. seit dem 18. Jh. vor: ‚die Cour machen (auch: schneiden)'. Sebastian Brant braucht in seinem ‚Narrenschiff' (32, 25 ff.) die ähnl. Wndg. *Hofworte treiben:* jem. verbindliche Worte sagen:

> Ir ougen schlagen zu der erd
> Und mit hoffwort mit yederman
> Tryben vnd yeden gaefflen an.

Lit.: *E. Moser-Rath:* Lustige Gesellschaft, Kap.: Herrscher u. Hofstaat (Stuttgart 1984), S. 144–145; *O. Ehrismann:* Art. ‚Höfisches Leben', in: EM. VI, Sp. 1154–1165.

hoffen. ‚Hoffen wir das Beste, liebe Leser': eine Wndg., die in billigen Romanen des 19. Jh. häufig zu lesen war, heute aber als rdal. Floskel verwendet wird, wenn man einer Sache nicht so recht traut.

Hoffnung. *Seine Hoffnung ist in den Brunnen gefallen:* seine Pläne sind mißglückt, vereitelt worden; vgl. ndl. ‚daar ligt nu al mijne hoop in de asch'; ‚de hoop ligt in het zand' u. frz. ‚Ses espoirs sont tombés à l'eau' (ins Wasser gefallen). Veraltet sind die Rdaa. ‚Hoffnung nicht vmb Geldt kauffen' (Eyering I, 308) und ‚Hoffnung vmb Geldt kauffen' (Eyering III, 32 u. 214). Aus dem Buche ‚Die Weisheit Salomos' 12, 19 stammt der Ausdr. ‚Guter Hoffnung sein', heute i. S. v. ‚schwanger

‚Hoffen heißt Wolken fangen wollen'

sein' gebräuchlich. Vgl. die Schlagerzeilen:

Wenn die Hoffnung nicht wär,
wär' der Kinderwagen leer
und der Storch müßt' stempeln gehn.

Vergils ‚Aeneis' bietet ‚Zwischen Furcht und Hoffnung schwebend' („Spemque metumque inter dubii"). ‚Er lebt am Kap der Guten Hoffnung' sagt man scherzweise von einem, der sich begründeter oder unbegründeter Hoffnung überläßt. Ein Holzschnitt von Hans Weiditz gehört vermutlich in diesen Zusammenhang: Dargestellt ist ein Mann in Handwerkertracht, der am Meeresufer steht. Er hat Taue um seine Arme gebunden und möchte gerne Wolken und Wogen an sich ziehen. Dem Sturm, der ihn anbläst, schleudert er selbst aus dem Munde Feuerbrände entgegen. Wahrscheinl. handelt es sich um folgende Sprww.: ‚Die Hoffnung ist ein langes Seil, darin sich viele zu Tode ziehen', sowie vor allem: ‚Hoffen heißt Wolken fangen wollen'.

Hoffnungsanker. *Einen Hoffnungsanker haben* oder *auswerfen:* in einer Notlage einen festen Halt haben oder nach ihm suchen. Der Schiffs-Anker ist schon früh in bildl. übertr. Sinne des geistig-seelischen Rettungsankers verwendet worden. Ein Frühbeleg findet sich z. B. bei J. Rompler von Löwenhalt (Erstes gebüsch Reim-getichte, Straßb. 1647,72): „stürmische schifffahrt mänschlichen lebens: er zweifelt, ob auch noch der hoffnungsanker raich, indem er solchen wirft".

Hoftrauer. *Er hat Hoftrauer:* witzige Wndg. für jem., der schwarzumrandete, schmutzige Fingernägel hat. Scherzh. heißt es auch: ‚Er hat seine Großmutter aus der Erde gekratzt'.

Höhe. *Das ist (ja) die Höhe!:* das ist unerhört, kaum noch zu überbieten, ganz unverständlich. Die Rda. ist wohl verkürzt aus älterem ‚Das ist die rechte Höhe' (so noch bei Schiller ‚Kabale und Liebe' I, 1) und bezieht sich auf das Messen und Einpassen, wobei das rechte Maß verfehlt wurde; vgl. frz. ‚C'est le comble' (wörtl.: Das ist das Höchste). Heute meist iron. gebraucht; studentensprachlich, mit einem Wortspiel ins Mathematische, auch *Das ist die Höhe h.*

Auf der Höhe sein: mit den neuesten Errungenschaften (wissenschaftlichen Erkenntnissen usw.) vertraut sein; mit den anderen mithalten können. *Nicht auf der Höhe sein:* abgespannt, mißgestimmt, nicht voll leistungsfähig sein, kränkeln, heute statt dessen meist: ,(nicht) in Form sein'.

Lit.: *E. Damköhler:* ,Das ist die rechte Höhe', in: Zs. f. d. U. 11 (1897), S. 740–742; *H. Menges:* ,Das ist die rechte Höhe', in: Zs. f. d. U. 12 (1898), S. 424–425.

Höhenflug. *Einen Höhenflug unternehmen:* seinen Geist (seine Seele) aufschwingen, sich gedanklich in höhere Gebiete vorwagen, im Gefühlsüberschwang über sich selbst hinauswachsen. Das Bild der Rda. vergleicht die menschlichen Gedanken mit einem Höhenflug der Vögel, der sich weit aufschwingt.

,Höhenflug': Vergeblicher Versuch einer beflügelten Muse, ihren Dichter zu einem Höhenflug zu überreden.

Höhle. *Sich in seiner Höhle verkriechen:* sich in sein Zimmer (seine Wohnung) zurückziehen und dort bleiben, ähnl. wie ein Tier in seiner Höhle. Der bildl. Vergleich mit einem Löwen ist schon früh belegt:

ja wie ein löw, unwillig schier
in eine hölin sich verbirget.

(R. Weckerlin: ,Geistl. u. weltl. Gedichte', 1648, 37).

Sich in die Höhle des Löwen wagen ↗Löwe.

Lit.: *R. Bendix:* Art. ,Höhle', in: EM. VI, Sp. 1168–1173.

Hokuspokus. *Hokuspokus machen:* unnötige Umschweife, überflüssiges Blendwerk, Trickspiel, Gaukelei machen. Unsinn treiben. Man bez. damit vor allem die Handgriffe und Rdaa. der Taschenspieler, womit sie die Aufmerksamkeit der Zuschauer von der Hauptsache abzulenken suchen. Der älteste Beleg des Wortes stammt von 1624 aus England, 1634 erscheint es im Titel eines in London erschienenen Lehrbuches der Taschenspielerkunst: ,Hocus Pocus junior the anatomie of legerdemain', das 1667 ins Dt. übers. wurde. Das Wort hat sich seit dem Anfang des 17. Jh. von Engl. über Holland auf dem Kontinent ausgebreitet. Es bez. den Taschenspieler, begegnet aber bereits 1632 auch als Zauberformel. In diesem Sinn steht es z. B. in Bekkers ,Die bezauberte Welt' von 1693: „Denn sehet, sie (die Besessenen) sind daselbst (im Pabstthumb) nötig, den Geistlichen Materie zu Mirakuln zu geben und zu zeigen, welche Krafft ihr Okusbokus auff den Teuffel habe". Einige Forscher (Dt. Wb. und Weigand) nehmen an, daß das Wort auf einen Taschenspielernamen – unter Jakob I. nannte sich ein Hoftaschenspieler Hocus Pocus – zurückgehe. Die frühere Erklärung, es sei Entstellung der Konsekrationsformel „Hoc est corpus meum" wird heute meist abgelehnt.
Die Herkunft aus der Transsubstantiationsformel „Hoc est corpus meum' ist schon deshalb unwahrscheinlich, weil im Gegensatz zur schnellen Aussprache der Zauberformel der Messetext sehr langsam und verständlich gesprochen zu werden pflegte u. daher ein lautliches Mißverständnis kaum denkbar gewesen wäre. Kluge nimmt an, der Urspr. des Wortes sei dunkel. Wahrscheinl. handelt es sich um die bekannte Formel „Hax pax max", Zauberworte, die in mancherlei Varianten oft begegnen und schon seit dem 14. Jh. vorkommen, z. B. in einem Blutsegen „+ pax nax + pax + tecum ... + max + nax + pax". Es handelt sich um das ,pax tecum (vobiscum)', das durch Klangworte erweitert ist. Dabei mag die Vorliebe für solche auf x ausgehende Worte und Namen im Zauber, die sich seit alters nachweisen läßt, miteingewirkt haben. In ,Hax pax' wird das a verdumpft, nach engl. Art ausgesprochen, zu o geworden sein; vgl. 1625 die Form ,Oxbox'. Da diese Formel, auf Hostien geschrieben, gegen Fieber und andere Schäden gebraucht wurde, so ist die Möglichkeit einer Verstümmelung aus ,Hax Pax Max' nicht ausgeschlossen.

Lit.: Art. ,Hocus Pocus', in: Notes and Queries 2.6. (1858), S. 117, 179, 217, 259, 280, 338; *A. Jacoby:* Art ,Hax pax max', in: HdA. III, Sp. 1586f.; *ders.,* Art. „Hokuspokus', in: HdA. IV, Sp. 183–184; *M. Ginsburger:* Art. ,Hokuspokus', in: Jüd. Lexikon, 1651; *I. Hampp:* Beschwörung. Segen. Gebet (Stuttgart 1961).

Holland. *(Da ist) Holland in Not* (oder *in Nöten*): es ist große Not, es herrscht arge Bedrängnis, große Ratlosigkeit, meist iron. gebraucht gegenüber nur vermeintlichen oder unnötig hochgespielten Dingen; auch ndl. ‚Holland is in last'. Der Urspr. der Rda. ist nicht mit Sicherheit bekannt. Sie könnte aus den Zeiten der span. Herrschaft in den Niederlanden stammen, wo viele Holländer auswanderten, oder aus der Zeit des Krieges von 1672–79, als Ludwig XIV. mit seinem überlegenen Heer in die Niederlande eingefallen war und die Holländer, um sich zu retten, die Dämme durchstachen und das Land unter Wasser setzten. Stoett widerspricht mit dem Hinweis auf den ersten ndl. Beleg bei Sartorius (III, 4, 82), der von 1561 stammt und auch noch vor der Überschwemmungskatastrophe von 1562 liegt: „Bijt hem een vloo, soo is Holland in last: in eos, qui quamtum libet levi de re graviter perturbantur, perinde ut in maxima".

Durchgehen (auch *losgehen*) *wie ein Holländer:* rücksichtslos vorgehen, aber auch: in feiger Weise fliehen. *Den Holländer machen:* sich davonmachen, durchbrennen, sich nicht erwischen lassen, denn Holländer waren bes. geschickte Seefahrer; auch in den Mdaa., z. B. preuß. ‚De geiht dörch wie e Holländer', er arbeitet sich aus einer verwickelten Sache ohne Schaden heraus (Frischbier, Sprw. 1, 673). Die Rda., die schon bei Grimmelshausen (‚Simplicissimus' II, 7, S. 123) belegt ist, bezieht sich vermutlich auf holländische Söldner in fremden Heeren (Stoett I, S. 350, Nr. 916).

Lit.: *A. Taylor:* „Dutch in Proverbial and Conventional Use", in: Western Folklore 11 (1952), S. 219.

Holle. Frau Holle ist eine im östl. Mitteldtl. verbreitete Sagen- u. Brauchgestalt, die rdal. in verschiedenen meteorologischen Metaphern weiterlebt. *Frau Holle schüttelt das Bett* (oder *die Betten, die Kissen) aus,* auch *schüttelt die Federn herunter* sagt man, wenn es schneit. Wenn weiße Schäfchenwolken am Himmel stehen, heißt es: ‚Heute treibt Frau Holle die Schafe aus'. Wenn es während eines großen Teils der Woche geregnet hat, so erwartet man am Ende schönes Wetter; denn ‚Frau Holle muß zum Sonntag ihren Schleier trocknen'; ‚sie hängt ihn auf Rosensträucher, und darum blühen die Rosen so schön'. Entspr. sagt man: ‚Frau Holle hält Kirmes', es regnet. Ist ein Berg von Nebel umwölkt, so ‚macht Frau Holle darin Feuer'. Alle diese, bes. in Mitteldtl. heimischen Rdaa. gehen auf den Volksglauben von Frau Holle zurück. Frau Holle, Holda, Hollefrau usw. ist eine dämonische Überwacherin der Spinnstubenruhe sowie die Anführerin der Hollen oder Huldren, einer Schar von Nachtdämonen. ‚Die ist mit der Holda gefahren' sagt man für das zerzauste Aussehen einer Frau. Am frühesten ist sie bei Burchard von Worms (um 1000) erwähnt. Nur im Grimmschen Märchen (KHM. 24) hat sich die zuerst angeführte meteorologische Rda. zu einer Erzählung konkretisiert. Frau Holle gehört aber nicht als konstitutives Motiv zu diesem Erzählkreis und fehlt in anderen Varianten desselben Typs (AaTh. 480). In einigen Landschaften werden meteorologische Erscheinungen mit anderen übernatürlichen Wesen verknüpft, z. B. els. ‚d'Engele hans Bed gemacht, d'Federe fliege runder'; aus dem Osnabrückischen meldet schon ein Beleg von 1752: „De aule Wijvers schüddet den Pels ut: es schneyet".

Lit.: *V. Waschnitius:* Percht, Holda und verwandte Gestalten, Sitzungsber. d. Akademie d. Wiss. zu Wien 174 (Wien 1913), S. 173 ff.; *W. E. Roberts:* The Tale of the Kind and the Unkind Girls, Fabula, Suppl. B 1 (Berlin 1958); *K. Paetow:* Volkssagen u. Märchen um Frau Holle (Hannover 1962); *L. Röhrich:* Märchen und Wirklichkeit (Wiesbaden [4]1974); *M. Rumpf:* Art. ‚Frau Holle', in: EM. V, Sp. 159–168.

Hölle. *Einem die Hölle heiß machen:* ihn durch Drohungen in Angst versetzen. Die Rda. geht auf die grellen Schilderungen der höllischen Folterqualen zurück, durch die früher die Geistlichkeit auf ihre Zuhörer, namentlich auf solche, die dem Tode nahe waren, einzuwirken suchte. Die Wndg. begegnet schon bei Luther: „Wie man jetzt spricht, sie machen uns die hellen heis und den teufel schwarz" (Jenaer Ausg. 3, 228), während mhd. nur das Adj. ‚helleheiz' bei Walther von der Vogelweide vorkommt. In Karl Simrocks Gedicht ‚Eichelsaat' heißt es:

Man schürt' ihm von der Kanzel die
Hölle so heiß;
Er dacht': Ich will bezahlen das
Lügengeschmeiß.

Man hat zur Erklärung der Rda. auch auf den Namen ‚Hölle' für den Winkel zwischen Ofen und Wand im alten dt. Bauernhaus hingewiesen, wo die ‚Hellbank, Höllbank' stand. Wurde nun kräftig eingeheizt, so wurde dem dort Ruhenden die Hölle zu heiß. R. Neubauer hält diese Deutung für wahrscheinlich, zumal es in der älteren Lit. einen Beleg gibt, der auf einen solchen Zusammenhang schließen läßt: „Der ander lag noch hinder dem Ofen in der Hell und mocht vor Faulheit nit aufstohn (G. Wickram, Rollwagenbüchlein, 1555, Nr. 22). Auch die Tatsache, daß in den Hüttenwerken der dem Gebläse gegenüber liegende Raum, in dem sich beim Einheizen die größte Hitze entfaltet, Hölle genannt wird, scheint diese Annahme zu bestätigen. Doch denkt bereits Luther, wie die oben angeführte Stelle zeigt, an die Hölle des Fegfeuerglaubens. Ebenso die folgenden Rdaa.: *Aus der Hölle ins Fegfeuer:* vom Regen in die Traufe (↗Regen). ‚Dem brennt die Hölle aus dem Kopf' sagt man bair. von einem Rothaarigen. ‚Der ist aus der Hölle auf Urlaub gekommen' heißt es oberoesterr. von einem schlimmen Gast. *Er hat die Hölle zu Hause* sagt man von einem Mann, der mit einer bösen und schlimmen Frau verheiratet ist; vgl. frz. ‚C'est l'enfer chez lui'. Von der entspr. Frau heißt es *Sie ist aus der Hölle entlaufen, als der Teufel schlief* (↗Teufel). *In der Hölle ist Kirmes* ↗Kirmes.

‚Der Weg zur Hölle ist mit guten Vorsätzen gepflastert'. Das von Samuel Johnson i.J. 1775 gebrauchte u. von seinem Biographen Boswell in seinem ‚Life of Johnson' (ed. by George Birkbeck Hill, 1887, II, 360) mitgeteilte ‚Hell is paved with good intentions' (‚Die Hölle ist mit guten Vorsätzen gepflastert') führt Walter Scott in seinem Roman ‚The bride of Lammermoor' (1819, B. 1, Kap. 7) auf einen engl. Theologen zurück. Wahrscheinl. meint er George Herbert († 1632), der in ‚Iacula prudentum' (Ausg. v. 1651, 11) denselben Gedanken ausspricht: ‚Hell is full of good meanings and wishings'. Doch findet sich das Sprw. schon wesentlich früher in Spanien in der Fassung: ‚El infierno es bleno de buenas intenciones'. Es hat wohl die Bdtg., daß es keinen Sünder gibt – auch wenn er noch so schlecht wäre –, der nicht den Wunsch zur Besserung hätte. Bei Franz von Sales findet sich der Hinweis, daß das Sprw. schon vom hl. Bernhard verwendet wurde (Büchmann).

Jem. zur Hölle wünschen: ihn weit weg wünschen; *Jem. das Leben zur Hölle machen:* schlecht mit ihm umgehen, ihm arg zusetzen.

Die Hölle ist los!: es herrscht ein Höllenspektakel (Höllenlärm), es geht drunter und drüber.

Lit.: Art. ‚Hell is paved with good intentions', in: Notes and Queries, 1.2 (1850), S. 140—141; 1.6 (1852), S. 520; 2.10 (1860), S. 240; 4.9 (1872), S. 260; 8.5 (1894), 8. S. 89–90; 8.6 (1894), S. 136; *R. Neubauer:* Einem die Hölle heiß machen, in: Zs. f. Vkde. 17 (1907), S. 325–328; *M. Landau:* Hölle und Fegfeuer in Volksglaube, Dichtung und Kirchenlehre (Heidelberg 1909); RGG³ III, Sp. 402 ff. Art. ‚Hölle'; *G. Heid:* Die Darstellung der Hölle in der dt. Lit. des ausgehenden MA. (Diss. Wien 1957); *K. Schnitzer:* Die Darstellung der Hölle in der erzählenden Dichtung der Barockzeit (Diss. Wien 1961); *L. Röhrich:* Teufelsmärchen und Teufelssagen, in: Sagen und ihre Deutung (Göttingen 1965); *J. Le Goff:* Die Geburt des Fegefeuers (Stuttgart 1984); *I. Grübel u. D.-R. Moser:* Art. ‚Hölle', in: EM. VI, Sp. 1178–1191.

‚Höllenqualen erleiden'

Höllenqualen. *Höllenqualen leiden (ausstehen):* körperliche u. seelische Schmerzen haben, die an Intensität u. Stärke den als Qualen der Hölle (s. o.) beschriebenen ähneln.

Holz. *Holz auf sich hacken lassen:* sich alles gefallen lassen, gutmütig sein. Die Rda. hat bereits Luther in seiner Sprww.-Sammlung angeführt.

Holz vor'm Haus (vor der Hütte, vor der Tür, vor der Herberge, bei der Wand) haben: vollbusig sein. Das sprachl. Bild ist von den an der Außenwand der Bauernhäuser aufgestapelten Holzvorräten hergenommen; mdal. nordostdt. ‚se häft god Holt vor de Dör'; ‚Holz in der Butten haben' sagt man bair. von einem Mädchen, das ‚gut bepackt' ist; meckl. ‚sei hett wat vör sick bröcht'.

Holz sägen: schnarchen (↗Ast).

Holz in den Wald tragen ↗Eulen nach Athen tragen: etw. Überflüssiges tun; so schon in Joh. Fischarts ‚Ehezuchtbüchlein' (S. 123–126): „Holz inn Wald tragen".

Aus demselben (dem gleichen) Holz (geschnitzt) sein: von derselben Art sein, denselben Charakter usw. haben. Holz steht in dieser und mehreren anderen Rdaa. für den Menschen, z. B. ‚aus gutem Holz (geschnitzt) sein', von guter Art, gutem Charakter sein; ‚aus anderem Holz (geschnitzt) sein', ein Mensch von anderem Charakter (besseren Nerven usw.) sein; (vgl. engl.: ‚A mercury may not be made of every wood': einen Merkur kann man nicht aus jedem Holz schnitzen); ‚ich bin nicht aus Holz', auch ich bin ein fühlender Mensch aus Fleisch und Blut mit allen seinen Wünschen und Trieben usw.; ‚aus hartem Holz (geschnitzt) sein', ein hartes, unnachgiebiges, unfreundliches Wesen haben. ‚Aus dem Holz sein, aus dem man die Minister macht', sich zum Minister eignen. Auch im Frz. begegnet das Wort ‚Holz' (bois) in zahlreichen Rdaa., z. B.: ‚Je vais lui montrer de quel bois je me chauffe' (wörtl.: Ich will ihm zeigen, mit welchem Holz ich heize): ‚Ich will ihm zeigen, was eine Harke ist', oder: ‚être du bois dont on fait des flûtes' (wörtl.: aus dem Holz sein, woraus man Flöten schnitzt): friedfertig, versöhnlich sein; ‚Dasitzen wie ein Stück Holz', stumm und steif dasitzen; ähnl. ‚sich hölzern benehmen', ungeschickt und steif wie ein Klotz sein. ‚Es ist, als wenn man zu einem Stück Holz redete', man kann überhaupt nichts erreichen bei ihm, er läßt sich nichts einreden, ↗hölzern.

‚N'être pas de bois' (wörtl.: nicht aus Holz sein): der Sinnlichkeit zugetan sein; oder ‚J'ai la gueule de bois': Ich habe einen Kater.

Holzhauen besitzt auch erotische Bdtg.: ‚Nix verhackt, an ander Holz her!' ist ein österr. Ausruf, wenn eine Liebschaft in die Brüche geht (‚Carinthia' 143, S. 137). Ebenso zu verstehen ist das Sprw. ‚Angebrannt Holz geht bald wieder an'.

‚Drög Holt in de Eck smieten' ist schlesw.-holst. eine scherzhafte Umschreibung für ‚kegeln'.

Das ist Holz ins Feuer, vgl. Öl ins Feuer gießen, bei Hans Sachs von einer Klatschbase gesagt: „sie dregt nur Holcz zum Fewer", sie schürt die Zwietracht.

Das ist viel Holz: das ist viel Geld (um einen teuren Preis zu bezeichnen).

Kein hart Holz bohren: sich nicht bes. anstrengen wollen (↗Brett). *Er hat hartes Holz zu hobeln (bohren):* er hat harte Arbeit zu verrichten.

‚Wenn das am grünen Holz geschieht ...' ist eine Rda., die nicht vollendet wird, weil der Nachsatz als bekannt vorausgesetzt wird. Es handelt sich um eine Ableitung aus Luk. 23,31: „Denn so man das tut (häufig verändert: so das geschieht) am grünen Holz, was will am dürren werden?" Die gekürzte Rda. wird gerne als Warnung verwendet, wenn man die Dinge nicht beim Namen nennen will.

Lit.: Art. ‚Holz hacken', ‚Holzkauf', ‚Holzladung', in: EM. VI, Sp. 1201–1205.

Holzbock, Holzklotz, Holzkopf, Holzschlegel, Holzwurm. Bei all diesen Ausdrücken handelt es sich um mehr oder minder abfällige Bez. für körperlich störrische u. geistig unbewegliche Menschen. Lediglich die Bez. Holzwurm ist wohlwollend gemeint für jem. der sich unermüdlich im Holz durcharbeitet, also für denjenigen, der fast ausschließlich mit Holz arbeitet. Bei dem Wort ‚Holzbock' handelt es sich dagegen um eine ältere tadelnde Bez. für einen steifen u. sehr unbeweglichen Menschen. Mit dem Ausdr. ‚Holzkopf‘ wird derjenige belegt, der einen harten Schädel hat u. unbeweglich ist, weil er nicht nachdenkt u. daher viel Dummes von sich gibt oder bewirkt. Auch das Wort ‚Holzschlegel‘ klingt nicht bes. freundlich, wenn es auf eine Person bezogen wird.

Hölzchen. *Vom Hölzchen aufs Stöckchen kommen:* vom Hundertsten ins Tausendste kommen, zu ausführlich werden, vom Thema dauernd abschweifen; bes. rhein., auch mdal., z.B. westf. ‚hei kümt vom Höltken upt Stöcksken‘, d.h. von einem aufs andere. Dagegen bair. ‚ein Hölzlein im Maul haben‘, undeutlich sprechen. ‚Grobe Hölzlin‘ ist bair. 1577 für den Bauernlümmel bezeugt; damit hängt zusammen els. (Geiler von Kaysersberg) ‚einen übers Helzel werfen‘, ihn betrügen, eigentl. ihn als einen ungebildeten Kerl behandeln, den man übertölpeln darf.
Einen zum Hölzchen machen: zum Spielzeug, zur Zielscheibe des Witzes, zum Narren halten; köl. ‚hä läuf mem Hölzche‘, er ist verrückt.
Hölzchen ziehen: ein Losverfahren, bei dem jem. eine den Losteilnehmern entsprechende Anzahl von Streichhölzern in der Hand hält, die auf verschiedene Länge gekürzt worden sind, aber gleich weit aus der geschlossenen Hand herausschauen. Am bekanntesten ist diese Art zu losen noch bei Kindern.

holzen. *Tüchtig holzen:* bei einem unfairen Fußballspiel den Gegnern bewußt Verletzungen zufügen, um sie zu Fall zu bringen und so ihren Angriff zu stoppen.

hölzern. *Jem. ist hölzern wie ein Nudelbrett:* er ist unbeholfen und linkisch, steif u. unbiegsam wie ein Stück Holz. Der Vergleich mit dem Nudelbrett dient dabei als scherzh. Verstärkung. Als Ausdr. für ungelenkes Benehmen ist das Wort schon im 17. Jh. belegt: „... sie werden so einen hölzernen Peter nicht zum Ratsherren machen“ (Chr. Weise, ‚Die drei ärgsten Erznarren‘, 1672); „hölzern ist sonst sein Verstand“ (Fr. v. Logau, ‚Salomons von Golaw deutscher sinngetichte dreitausend‘, 1654, 3, 170,90). Bes. aufschlußreich sind auch die Verse von Fr. v. Logau (a.a.O. 2,13):

(jungfern) die nicht wie stumme götzen
sind in die kirche nur, nicht an den tisch, zu setzen,
und die man billich heist ein hölzern frauenbild,
das nur zum schauen taug, und nicht zum brauchen gilt.

‚Der is gar net so hölzern wi'r rappelt‘ (wolgadt.): er ist nicht so spröde, wie er tut. *Ein hölzern Röcklein anhaben* sagt man vom Faßwein; vgl. das altdt. Trinklied:

Den liebsten bulen, den ich han,
der leit beim wirt im keller,
er hat ein hölzens röcklein an
und heist der Muscateller.

(Röhrich–Brednich: Deutsche Volkslieder II,463f.).

‚Hölzerner Rock‘

‚Hölzerner Johannes‘ ist in einigen ndd. Varianten des Schwanks von der ‚Matrone von Ephesus‘ (AaTh. 1510) die Bez. einer aus Holz geschnitzten männlichen Figur, die im Bett einer Witwe als Ersatzmann, sozusagen als ‚Witwentröster‘, fungiert, ↗Johannes.
Aus Westfalen (Bodelschwingh bei Mengede) dokumentiert Sartori den Brauch,

daß kinderlose Ehepaare eine ‚hölzerne Taufe' begehen, bei der sich alles genau so abspielt wie bei einer richtigen; nur das Kind fehlt. Kinderlosigkeit wurde als Unglück betrachtet, und Scheinbräuche suchten den Mangel zu ersetzen.

Lit.: *P. Sartori:* Westf. Vkde. (Leipzig 1922), S. 81; *K. Ranke:* Der ‚Hölzerne Johannes', in: Rhein. Jb. v. Vkde. 4 (1953), S. 90–114.

Holzhammer. *Auf jem. mit dem Holzhammer losgehen:* mit plumpen, groben Mitteln etw. durchsetzen wollen, ohne Feingefühl vorgehen, verletzend sein. Die Rda. ist erst seit 1900 ein rdal. Bild für plumpes, rücksichtsloses Vorgehen. *Eins mit dem Holzhammer (ab)gekriegt haben:* nicht recht bei Verstand, beschränkt sein. Der Holzhammer gilt auch sonst als Bild gewaltsamer Einbleuung einer Ansicht. Wollen in der Schule gar keine didaktischen Methoden mehr fruchten, um den Schülern den Stoff beizubringen, ist der Lehrer genötigt, zum allerletzten Hilfsmittel Zuflucht zu nehmen: *man muß die Holzhammermethode anwenden.* In zahlreichen Karikaturen und Witzzeichnungen wird seit Mitte des 20. Jh. die *Holzhammernarkose* dargestellt; sie bedeutet im heutigen Sprachgebrauch auch eine Gesinnungsbeeinflussung mit primitiv-rohen Mitteln.

‚Die Holzhammermethode anwenden'

Holzmann. *Mit dem Holzmann (Strohmann) spielen:* spielen mit einem Spieler, der nicht tatsächlich vorhanden ist, sondern nur markiert wird. Dem Holzmann werden Karten gegeben, wie jedem der beiden übrigen Spieler, und diese Karten dienen dann demjenigen Spieler als ‚Aide', der sie (den Holzmann) nimmt.

Holzpferd, i.S.v. Liebhaberei, Hobby ↗Steckenpferd. ‚Dat is 'n hölten Perd (Kerl)!' sagt man von jem., der sich sehr ungeschickt anstellt, der ‚zwei linke Hände hat'.

Holzweg. *Auf dem Holzweg sein:* im Irrtum sein, fehlgehen. Holzwege heißen schon mhd. die schmalen Wege im Walde, die nur zur Beförderung des Holzes angelegt sind, aber zu keinem Ziel führen, wie es der Wanderer im Auge hat. So bekommt Holzweg bald die Bdtg. ‚Abweg', ‚Irrweg': „Man findt under tausent nicht einen, der dem rechten weg nachtrachtet, sondern sie gehn alle dem holzweg nach und eilen heftig, biß sie zu der hellen kommen", sagt 1495 Geiler von Kaysersberg in einer Sittenpredigt. Luther verzeichnet die Rda. in seiner Sprww.-Sammlung; 1639 heißt es bei Lehmann S. 418 (‚Irren' 42): „Wer jrret, der ist im Lerchenfeld, im Holtzweg, von der Landstraße, vom rechten Weg kommen: Er hat die Rechnung ohne den Wirt gemacht". Die Rda. ist heute in Umgangssprache und Mdaa. allg. geläufig; schlesw.-holst. sagt man von Eheleuten, die sich nicht vertragen können: ‚Wenn de een de Holtweg geit un de anner de Soltweg (d.h. die dem Salzhandel dienende Straße), denn kümmt dar nix na'. Dies ist allerdings sicher nicht die urspr. Gegenüberstellung von ‚Holzweg' und ‚Salzweg'; ostpreuß. heißt es: ‚Jener geit den Holtweg, de andre den Soltweg'. Im Unterschied zum Holzweg, der zu nichts führt, wurde früher z. Zt. des Salzhandels auf den Salzstraßen viel Geld verdient.

Lit.: *M. Heidegger:* Holzwege (Frankfurt a. M. 1950).

Walter Thimm
Leben in Nachbarschaften
Hilfen für Behinderte
Band 4272

Das „Jahr der Behinderten" liegt lange zurück. Wie geht es im Alltag weiter? Konkrete, praxiserprobte Modelle des Zusammenlebens.

Albert Schweitzer
Wie wir überleben können
Eine Ethik für die Zukunft
Herausgegeben von Harald Schützeichel
Band 4264

Wir müssen umlernen: Nur wenn wir mit der Schöpfung verantwortungsvoll umgehen, werden wir überleben. Die zentralen Texte des Friedensnobelpreisträgers, aus denen seine Ehrfurcht vor dem Leben spricht.

Dorothee Sölle/Fulbert Steffensky
Wider den Luxus der Hoffnungslosigkeit
Band 4257

Welchen Wert haben Visionen von einem anderen Leben, wenn alle Kreativität in Sachzwängen unterzugehen droht? Zukunftsentwürfe wider die Resignation.

Ernst Sieber
Menschenware – wahre Menschen
Die umwerfenden Geschichten des Obdachlosenpfarrers von Zürich
Band 4252

Ihr Spruch: „Haste mal ‚ne Mark für mich". Ihre Persönlichkeit: Fehlanzeige? Von wegen. Energisch und humorvoll schildert Ernst Sieber die Welt der Penner und Clochards, erzählt er vom Geheimnis dieser wahren Individualisten.

Lutz Röhrich

Lexikon der sprichwörtlichen Redensarten

Band 3
Homer–Nutzen

Herder
Freiburg · Basel · Wien

Gedruckt auf umweltfreundlichem,
chlorfrei gebleichtem Papier

Vierte Auflage

Herstellung: Freiburger Graphische Betriebe 1999
Umschlaggestaltung: Joseph Pölzelbauer
Umschlagmotiv: „Durch die Finger sehen“ – „Eine Marotte haben“
Detail aus einem kolorierten Holzschnitt von
Heinrich Vogtherr d. J., ca. 1540, Schloßmuseum Gotha.
(S. 444–449; 1002 in diesem Lexikon)
ISBN 3-451-04800-0

H

Homer. *Ein homerisches Gelächter loslassen:* schallend und lange lachen. In Homers ‚Ilias' (I, 599) und in der ‚Odyssee' (VIII, 326 u. XX, 346) steht der Ausdr. „Ἄσβεστος γέλως" = unauslöschliches Gelächter. Daraus wurde „Homerisches Gelächter", das sich vielleicht als ‚rire homérique' zuerst in Frankreich findet. Zum Beispiel heißt es in den achtziger Jahren des 18. Jh. in den ‚Mémoires de la Baronne d'Oberkirch' (Paris 1853, chap. 29): „On partit d'un éclat de rire homérique" = man brach schallend in ein homerisches Gelächter aus.

Vgl. auch ndl. ‚een Homerisch gelach' und engl. ‚a Homeric laughter' (Büchmann). Von sprw. Bekanntheit ist auch das lit. Zitat: „Und die Sonne Homers, siehe! Sie lächelt auch uns".

Es stammt aus Schillers Elegie, die später den Titel ‚Der Spaziergang' erhielt (zuerst abgedruckt in Schillers Monatsschrift ‚Die Horen', Tübingen: Cotta 1795, 4,10, S. 72).

Darüber hinaus ist auch ein Satz von Horaz beliebt als Entschuldigung für eine nicht ganz gelungene Arbeit: „Indignor, quandoque bonus dormitat Homerus" (Vers 359). Danach wird abgekürzt zitiert: „Quandoque bonus dormitat Homerus. Dann und wann schläft sogar der gute Homer", d.h., auch der beste Schriftsteller, Redner, Künstler hat hin und wieder schwache Momente.

Lit.: *H. Bergson:* Le Rire (Das Lachen) (Paris 1900, dt. Übers. Meisenheim 1948); *H. Plessner:* Lachen u. Weinen (Bern ³1961); *M. S. Jensen:* Art. ‚Homer', in: EM. VI, Sp. 1205–1218.

Honig. *Einem Honig ums Maul* (oder *um den Bart*) *schmieren:* ihm schmeicheln; schon mhd. ‚honic in den munt strîchen'. Im ‚Tristan' Heinrichs von Freiberg z. B. klagt Curvenal (V. 6626) die Welt an:

du strîchest in honic in den munt,
den alten und den jungen:
swan sie dan mit den zungen
dar nach grîfende sîn,
so träufest du in galle dar în.

Ähnl. schreibt um 1600 Ritter Hans von Schweinichen in seinen ‚Denkwürdigkeiten': „... schmierte ihm derowegen honig ins maul, und gab ihm galle zu trinken". Und 1639 heißt es bei Chr. Lehmann 775 (‚Vberreden' 8): „Mancher streicht einem Honig vmbs Maul, vnnd ein Dreck darein". Vielleicht beruht die Rda. auf einem chinesischen Brauch, der durch Seefahrer bekanntgeworden ist: Seit ältesten Zeiten wird in China, gewiß in Anlehnung an den noch älteren Feuerdienst, der Herdgeist verehrt, der zum Küchengott geworden ist. Gerade dieser Gott war bis in die neueste Zeit beim Volke eine der populärsten Gottheiten Chinas. Es wurden ihm reichliche Opfer dargebracht. Und diese Opfer nahmen bes. am 25. des letzten Monats ein erhebliches Ausmaß an. An diesem Tage sollte nach dem Volksglauben der Küchengott in den Himmel hinaufsteigen, um dort über die Hausbewohner Bericht abzustatten. Zu diesem Zwecke wurde, um ihn günstig zu stimmen, besonders eifrig geopfert und ihm Honig auf die Lippen gestrichen, damit er freundlich aussage (s. auch *Abb.* bei Federlesen).

Aus Honig eitel Essig machen (z. B. in Luthers ‚Tischreden'): einem eine Sache vergällen. Schon in Hartmanns von Aue ‚Armem Heinrich' (V. 152) heißt es: „sîn honec wart ze gallen", ↗Galle.

Dem Honig verkaufen, der Bienen hat, ebenso *Den Honig mit Zucker bestreuen* ↗Eulen nach Athen tragen. *Honig im Maul und ein Schermesser in der Hand:* freundschaftliche Gesinnungen nur heucheln. Bei Gottfried von Straßburg heißt es im ‚Tristan' (V. 15061): „Wan der treit alle stunde daz honec in dem munde".

Vgl. frz. ‚être tout sucre et tout miel' (wörtl.: ganz Zucker und Honig sein): zweifelhafte freundschaftliche Gesinnungen an den Tag legen.

‚Honigschlecker'

‚Das ist kein Honiglecken'

Das ist kein (reines) Honiglecken (Honigschlecken), ebenso *Das ist nicht der reine Bienenhonig:* das ist keine reine Freude, kein ungetrübter Genuß, keine bes. angenehme Beschäftigung, mit der man befaßt ist. Auch: eine Angelegenheit bringt Unannehmlichkeiten. Man läßt also besser die Finger davon.

Grinsen (strahlen) wie ein Honigkuchenpferd (mit Korinthen darauf): über das ganze Gesicht strahlen, grinsen. Ein ‚Honigkuchenpferd' ist eigentl. ein Backerzeugnis aus Honigkuchen in Pferdeform; auf den Menschen übertragen: ein energieloser, auch: dummer, einfältiger Mensch.

‚Zuviel Honig verdirbt den Magen': bekanntes Sprw., das auch im Engl. vorkommt: ‚Too much honey cloys the stomach'. Es erinnert an die Wndg. ‚des Guten zuviel tun', ↗gut.

Wenn jem. z. B. eine Rede zu sehr mit angenehmen Floskeln versüßt, spricht man auch von ‚honigsüßer Rede'. Die Wndg. ist entstanden in Anlehnung an Nestor, den ältesten und weisesten Griechen, von dessen Rede es heißt (Ilias, I, 249):

> Dem von der Zunge die Rede noch süßer als Honig daherfloß.

Doch was für ihn eine Belobigung darstellte, gilt heute mehr als spöttischer Kommentar.

Lit.: *F. Eckstein:* Art. ‚Honig', in: HdA. IV, Sp. 289–310; *Fr. Th. Otto:* Das Honigbuch (Leipzig 1941); *A. A. Mackintosh:* „Note on Proverbs 25: 27 (Too much honey cloys the stomach)", in: Vetus Testamentum, 20 (1970), S. 112–114; *Cl. Levy-Strauss:* Mythologica II. Vom Honig zur Asche (Paris 1966, dt. Ausg. Frankfurt/M. 1972), S. 13 ff.; *F. Lerner:* „Blüten, Nektar, Bienenfleiß". Die Geschichte des Honigs (München 1984). Süßhunger. Zur Kulturgeschichte des Süßens (Ausstellungskatalog; Bremen 1990); *J. Rißmann:* Art. ‚Honig', in: EM. VI, Sp. 1233–1236.

Hopfen. *An (bei) ihm ist Hopfen und Malz verloren:* er ist unverbesserlich; da ist alle Mühe vergeblich. Hopfen und Malz als Hauptbestandteile des Bieres erscheinen schon im 9. Jh. in fester Verbindung. In einer Urkunde des Abtes Adelhard von Corvey aus dem Jahre 822 und in einem altsächs. Glossar des 10. Jh. werden Hopfen und Malz nebeneinander erwähnt. Dennoch ist die Rda. in der heute üblichen Form erst seit Beginn der Neuzeit belegt. In einem Gesellschaftslied des 16. Jh. lautet ein Vers:

> Ist einer ohn sehen ein Bruder Lüderlich,
> Der in der Schmauserey allein nur hält den Stich,
> So spricht man: an ihm ist so Hopp als Schmaltz vertorben.

Auch Burkart Waldis kleidet die Rda. in Zusammenhang mit anderem unmöglichem Tun in dichterische Worte:

Wer einen Zigel will wäschen,
Das leere Stroh in Tenne dreschen,
Dem Wind das Wehen will verbieten,
Vnd einer vnkeuschen Frawen hüten,
Ein fliessend Wasser wil verstopffen,
Deshalb verleusst beid Maltz vnd Hopffen.

Von Goethe stammen die Verse:

Denn oft ist Malz und Hopfen,
An so viel armen Tropfen,
So viel verkehrten Toren,
Und alle Müh verloren.

In einer Komödie August Kotzebues heißt es:

Doch Männer sind ganz unverbesserlich geboren,
An ihnen ist der Hopfen wie das Malz verloren.

Die Zwillingsformel reicht bis in die volkstümliche Gebrauchspoesie der Ggwt. Auf den Maßkrügen in Bayern findet sich z.B. häufig der Spruch: ‚Hopfen und Malz, Gott erhalt's!‘

Über den ganzen dt. Sprachraum hinweg führt die Rda. auch in den Mdaa. ein reiches Leben, z.B. schles. ‚Bei dam is Huppe und Malz verturben‘.; ndd. ‚Dar is Hoppen und Molt bî verlaren‘. Die weite Verbreitung erklärt sich daraus, daß früher die Bierbrauerei kein selbständiges Gewerbe war, sondern jede Hausfrau für den Bedarf ihres Hauses selbst braute. Wenn der Trank trotz aller Mühe nicht gelang, dann war Hopfen und Malz wirklich verloren. In einzelnen kath. Gegenden Dtl.s ist im selben Sinne gebräuchl.: ‚Da ist Chrisam (Salböl) und Taufe verloren‘, was sich schon 1512 in Murners ‚Schelmenzunft‘ (26,17) findet:

Douff vnd Crisam ist verloren,
Sy bleyben in den alten ioren,
Wie sy in iungen sindt erzogen.

Später begegnet die Rda. auch im Märchen der Gebrüder Grimm: ‚Von einem der auszog, das Fürchten zu lernen‘ (KHM. 4). Dort sagt der Vater zu seinem dümmlichen Sohn: „an dir ist Hopfen und Malz verloren“. Den rdal. Vergleich *dürr wie eine Hopfenstange* gebraucht man von einem langen hageren Menschen.

Lit.: *F. Huber:* Bier und Bierbereitung (Berlin 1926); *L. Hermann:* Das Bier im Volksmund (Berlin 1930); *Lüers:* Die wissenschaftl. Grundlagen von Mälzerei und Brauerei (Nürnberg 1950); *M. Hoffmann:* 5000 Jahre Bier (Frankfurt a.M. u. Berlin 1956); *W. Danckert:* Symbol, Metapher, Allegorie im Lied der Völker, Bd. 3 (Bonn–Bad Godesberg 1978), S. 922–925.

Hops. *Hops* oder *hopp* ist eine Interjektion, eigentl. die Befehlsform zu ‚hopsen‘ bzw. ‚hoppen‘, was lustiges Springen oder Hüpfen bez. Lit. z.B. in G.A. Bürgers ‚Lenore‘:

Und hurre, hurre, hop, hop, hop!
Gings fort in sausendem Galopp!

Von diesem Ausdr. wurden in jüngerer Zeit zahlreiche Wortbildungen und sprw. Rdaa. abgeleitet: *hops gehen:* verloren-, entzwei gehen; auch: bankrott gehen. ‚Das Geld ist hops‘. In der Tragikomödie ‚Traumulus‘ von Arno Holz und Oskar Jerschke heißt es: „... daß mein Alter rettungslos hopps geht, wenn das rauskommt“. Schon im ‚Deutschen Gilblas‘ wird die Rda. in diesem Sinne gebraucht: „Ich setzte einen Taler: husch war er weg! Noch einen, auch der ging hopps!“ In der Soldatensprache ist ‚hops gehen‘ eine Umschreibung für ‚sterben‘, in der Gaunersprache für ‚verhaftet werden‘; entspr. ‚hops nehmen‘, verhaften. Obd. sagt man von einem Betrunkenen: ‚der ist hops!‘ Dazu gehört auch bair. Hops = Rausch. Wenn jem. beim Kartenspiel unterliegt, ‚ist er hops‘ (bes. els. u. rhein.). Der ganze dt. Sprachgebrauch kennt ferner die Rda. im Sinne von: geistig nicht normal, nicht recht bei Verstand sein. Schwäb. u. bair. bedeutet ‚eine Frau hops machen‘, sie schwängern, ‚sie ist hops‘, sie erwartet ein Kind. Ostpreuß. kennt man dafür die Umschreibung: ‚sei hewwt Hoffmannsdröppe gedrunke‘. Der Elsässer schließlich kennt ‚Jo hops!‘, ‚jo hopsa!‘, ‚jo hopsasneiel!‘ als rdal. Verneinung.

Mit einem Hops: mit einem kleinen Sprung. Die Wndg. wird meist auf Kinder bezogen, die noch nicht weit springen, sondern allenfalls ein Stückchen hopsen können.

Eng verwandt damit ist die Wndg. ‚Das ist gehopst (gehupft) wie gesprungen‘: es ist einerlei, beides dasselbe, ↗hüpfen.

hören. *Das läßt sich hören:* das klingt durchaus annehmbar, das ist gut.

Jem. vergeht Hören und Sehen: er weiß nicht mehr, was los ist; er ist äußerst über-

rascht, sehr betroffen, eigentl.: gleichsam betäubt. Oldecop (S. 458): „Do sint de splitteren dem konige to Frankrichen in dat vorhovet gewischert, dat ome beide san und horen vergen was“.
Vgl. frz. ‚Cela vous coupe le souffle‘ (wörtl.: Das verschlägt einem den Atem).
Zu einem Schwerhörigen sagt man: ‚Du hörst wohl heute mit dem linken Bein nicht gut‘, von einem Unfolgsamen oder Vergeßlichen: ‚er hört gut, aber behält schlecht‘.
Da muß man ‚Hören Sie‘ sagen: das ist nicht so einfach, bedarf eigentl. einer gefälligen Anrede als Einleitung; bes. obersächs. ‚Große Leite mußmer Heernse heeßen‘, d.h. vorsichtig behandeln. Auch auf Sachen angewendet: ‚Da mußmer Heernse sagen‘, damit muß man behutsam umgehen, das muß man mit ↗Glacéhandschuhen anfassen. Auch ndd. ist die Rda. bezeugt: ‚Dat ös man nich so, dat ös hörn se‘.
Etw. vom Hörensagen wissen (weitergeben): es nicht selbst gesehen oder gehört haben, sondern aus dem, was ein anderer über die Sache gesagt hat. Die Paarformel stammt aus der Rechtssprache und spielt als Prinzip der Wahrheitsfindung eine Rolle. Vom Zeugen wird verlangt, nur das zu behandeln, was er wirklich selbst gesehen u. gehört hat.
In einem Urteil des Ingelheimer Oberhofes von 1450 wird einem Kläger der Beweis mit Zeugen auferlegt, die aussagen müssen, daß „sie dabi und nahe gewest sin und daz sie das gesinne und gehort haben“.
Ähnl. heißt es auch im St. Gallener Weisthum (5,152 von 1466): „item welher och kuntschaft uber den andren sagen will vor recht, der sol sagen ... was im von der sach ze wissen si und uf in bezügt sie, och darbi und mit gewesen, das gesehen und gehört hab, dann man sol nieman daz sin abkennen uf hörensagen, sonder sol man es wissen“. Wie wenig das Zeugnis vom Hörensagen gilt, ergibt sich aus zahlreichen lit. Belegen und Sprww.: „was man hört, ist nicht so gewisz, als das mann sihet, und wenn einer sagt, er habs vom hören sagen, so stelt ers in einen zweifel, und wil es nicht für eine ganze warheit nachsagen“ (Agricola, ‚Sprichwörter‘, 1570, 87); „vom hörensagen kommen die lügen ins land, vom hörensagen leugt man viel“ (Simrock, Dt. Sprichwörter, 1846, 261); vgl. engl. ‚I speak on hearsay‘.
„Ich hab es nicht von hören sagen“ (habe es selbst gesehen) (H. W. Kirchhoff, ‚militaria disciplina‘, 1602, 185).
‚Wer nicht hören will, muß fühlen‘. Das pädagogische Sprw. stammt aus den Zeiten der Prügelstrafe. Wer ungehorsam war, bekam mit dem Stock oder mit der Hand einige fühlbare Hiebe. Aber in erweitertem Sinne versteht sich das Sprw. als schadenfrohe Genugtuung gegenüber jedem wider besseres Wissen selbst verschuldetem Unglück. Heute kennt man diesen Satz eher in parodistischer Umwandlung, z.B. ‚Wer nicht hören will (Hörfunk), muß fernsehen‘.

Lit.: *O. Dilcher:* Paarformeln in der Rechtssprache des frühen MA. (Diss. Frankfurt/M. 1961, Darmstadt 1961); *E. Erler:* Art. ‚Hörensagen‘, in: HRG. II, Sp. 238–241; *M. Schäfer:* Klang u. Krach. Eine Kulturgesch. des Hörens (Frankfurt/M. 1988); *D. Green:* Hören u. Lesen: Zur Geschichte einer mittelalterlichen Formel, in: *W. Raible (Hg.):* Erscheinungsformen kultureller Prozesse (=ScriptOralia 13) (Tübingen 1990), S. 23–44.

Horizont. *Das geht über seinen Horizont:* das übersteigt sein Auffassungsvermögen. Die Rda. ist seit dem 17. Jh. vom räumlichen auf den geistigen Gesichtskreis übertr. worden; vgl. frz. ‚Cela dépasse son horizon‘.
Einen Horizont wie ein Wagenrad haben: ganz geringes Interesse oder gar kein Verständnis besitzen; ähnl.: *einen (eng) begrenzten Horizont besitzen:* wenig Wissen u. Erfahrung erworben haben, keinen Weitblick besitzen; vgl. ‚Tellerrand‘.

Horn. Von einer Frau, die die eheliche Treue bricht, sagt man: *Sie setzt (pflanzt) ihrem Manne Hörner auf;* der betrogene, ‚Hörner tragende‘ Ehemann heißt ↗‚Hahnrei‘. Zur Erklärung dieser Rdaa. sind mancherlei Vermutungen aufgestellt worden, ohne daß eine völlig befriedigende Lösung gefunden worden wäre.
Die Rda. kommt im Dt. in verschiedenen Fassungen vor. Man sagt: *Hörner setzen, aufsetzen, ansetzen, aufpflanzen, geben, machen* oder *mit Hörnern krönen;* auch ein Zeitwort *hornen* oder *hörnen* kommt in

1

2

3

1–5 ‚Einem Hörner aufsetzen‘

4

5

dieser Bdtg. vor. Neben der Mehrzahl begegnet auch die Einzahl: *ein Horn aufsetzen* oder *aufpflanzen;* Abraham a Sancta Clara sagt dafür: „einem Manne ein lateinisches Y aufsetzen“. Der hintergangene Gatte ‚trägt Hörner‘, ‚kriegt Hörner von seiner Frau‘, ‚wird mit einem Hörnerschmuck beehrt‘ (Goethe), ‚ihm wächst ein Horn auf seinem Haupt‘; man nennt ihn ‚Hörnerträger, Hornträger, Hornhans, Hornbock'. Entspr. heißt es frz. ‚porter des cornes', ‚avoir des cornes', ‚avoir des bois sur la tête'. Von der treulosen Frau sagt man ‚planter des cornes', ‚mettre des cornes à qu'. Der hintergangene Ehemann heißt cornard, Hörnerträger. Molière nennt ihn im Scherze ‚Seigneur Cornelius' mit Benutzung eines früher häufig angewendeten Wortspieles. Engl. ‚to horn', ‚to hornify', ‚to cornute' heißt: jem. Hörner aufsetzen. Es kommt auch die Rda. vor: ‚to bestow a pair of horns upon one's husband'. Der betrogene Gatte heißt ‚cornuto', Hörnerträger; ‚he wears horns'. Der, der ihn zum Hahnrei macht, heißt ‚cornutor'. Im Ndl. sagt man wie im Dt. ‚Hoornen op zeten' oder ‚horendrager'. Ital. heißt es ‚avere le corna', ‚far le corna', ‚porre le corna'; für Hahnrei: ‚cornaro' und ‚cornuto'; ebenso span. ‚cornudo'; das Hörnersetzen heißt hier ‚cornudar', ‚encornudar', ‚poner cuernos'. Den Hahnrei verspottet man, indem man zwei Finger der Hand, meist wohl den zweiten und fünften, in Form von zwei Hörnern gegen ihn ausstreckt, oder man hält zwei Finger an die Stirn. Die Gebärde heißt ebenso ‚den Esel bohren' oder

‚Gehörnte Hand'

‚den Gecken stechen'. Dieselbe Handgebärde wird bei den Italienern auch zur Abwehr des bösen Blicks und andern Unheils gebraucht. Ein solcher stummer Vorwurf gilt als ausgemachte Ehrenkränkung.

In früherer Zeit dachte man bei der Erklärung dieser Rdaa. an die Erzählung von Aktaion, der von Artemis in einen Hirsch verwandelt wurde, als er die Göttin im Bade überraschte. Daher wird zuweilen von dem Aufsetzen eines Geweihs anstatt der Hörner gesprochen, wie in Kleists ‚Zerbrochenem Krug': „Noch wachsen dir die Hirschgeweihe nicht", oder bei Christ. Günther: „An diesem wächst der Hirsch durch jeden Ritz heraus". Dieser Deutungsversuch ist ganz verfehlt, denn die jungfräuliche Göttin ist nicht die Gemahlin des Aktaion, sie kann ihn also auch nicht hintergehen; sie setzt ihm auch nicht nur Hörner auf, sondern verwandelt ihn völlig in einen Hirsch. Im Grimmschen Wb. hat Moritz Heyne die Rda. vom gehörnten Mann auf eine ma. Legende zurückführen wollen. Doch wissen wir heute, daß Gebärde und sprw. Rda. schon im Altertum existierten, z.B. auf einem Wandbild in Pompeji, das vermutlich eine Komödienszene darstellt; es gibt ebenfalls schon antike Amulette dieser Art. Einen gehörnten Sprachmeister (γραμματικὸν κερασφόρον verspottet schon der unter Nero lebende griech. Dichter Lukillios in einem Epigramm der ‚Anthologia Palatina' (11,278):

Draußen lehrest des Paris und
Menelaos Verdruß du,
Deiner Helena drin dienen der Parise
viel –.

Um das Jahr 1000 erscheint dafür die Bez. κερατίας; nach der dem Kodinos zugeschriebenen Schilderung der Bauwerke von Konstantinopel stand dort nahe der Werft eine Statue mit vier Hörnern, die sich wunderbarerweise dreimal um sich selbst drehte, wenn ihr ein Hahnrei nahte. Von dem 1185 ermordeten Kaiser Andronikos I. Komnenos erzählt sein Biograph, daß er die Geweihe der von ihm erlegten Hirsche an den Eingängen zum Marktplatz zu Konstantinopel aufhängte, um damit die Ehemänner leichtfertiger Frauen zu verspotten.

Nach Sittl (‚Die Gebärden der Griechen und Römer', Ndr., S. 103) sollen die zwei ausgestreckten Finger auf zwei Männer der einen Frau hinweisen, und erst aus diesem Sinnbilde der Bigamie hätte sich die Vorstellung von Hörnern entwickelt. Glaubhafter ist ein direkter Vergleich des Ehemannes mit einem gehörnten Tier, etw. dem Ochsen oder dem Ziegenbock. Beim Ochsen wäre das tertium comparationis seine Dummheit, die indes im Altertum seltener betont wird als bei uns. Für den Ziegenbock ließe sich die spätere ital. Bez. ‚becco cornuto' (gehörnter Bock) des Hahnreis anführen; obwohl nun die hervorstechende Eigenschaft des Bockes, die Geilheit, vielmehr auf den Ehebrecher zu passen scheint als auf den Ehemann. Eine Bestätigung für diese Ableitung sieht Joh. Bolte in einer Stelle des lat. Sittenromans von Petronius. Bei dem Gastmahl des Trimalchio nämlich hält der Gastgeber einen Vortrag über die Bilder des Tierkreises und ihren Einfluß auf die in jedem Zeichen geborenen Menschen und rechnet den Steinbock unter die unglückbringenden Sternbilder, unter denen geplagte Leute geboren werden, denen vor lauter Kummer Hörner wachsen („In capticorno aerumnosi, quibus prae mala sua cornua nascuntur"). Dazu stimmt die Angabe der Clementinischen Recognitiones, daß auch die unter dem Zeichen des Steinbocks geborenen Frauen von der Liebesgöttin zu Üblem verleitet werden.

Beziehen sich nun die zwei Hörner auf die Zweiheit der Männer, oder liegt ein phallisches Zeichen vor? Bedeuten die Hörner einen Vergleich des betrogenen Ehemanns mit einem gehörnten Tier, also soviel wie: ‚du bist ein Rindvieh!', ‚Hornochse' etc., oder bedeuten sie, daß der Gehörnte unter dem Sternzeichen des Steinbockes geboren und zu ehelichem Unglück bestimmt ist? Es ist auch gesagt worden, die Rda. sei aus einer Volksglaubensvorstellung erwachsen, wonach die Untreue der Frau sich durch ein Horn zeige, das ihrem Mann aus der Stirn wachse. Im ‚Kolmarer Meisterleben' aus dem 14. Jh. (55,14) heißt es:

swelch frouwe ir ê zebrach, als bald
ez was geschehen,
wie schier daz an irs mannes stirne
wart ersehen!
im wuohs ein horn, das wil ich in der
wârheit jehen.

In einer anderen poetischen Bearbeitung der Sage (‚Germania' 4,237), ebenfalls aus dem 14. Jh., ist es eine Kaiserin, die ihren Mann betrügt:

alsâ zehant man an dem Keiser
wachsen sach,
ûz sînem houbt ein horn, das muot in
sêre (V. 19ff.).

Aber für alle diese Deutungsversuche fehlen wirklich überzeugende hist. Belege. Wichtiger als die fast unlösbar erscheinende Ursprungsfrage der gehörnten Hand erscheint zunächst die Tatsache der Mehrdeutigkeit der Gebärde. Sie kann sowohl eine Ehrenkränkung mit erotischem Sinn meinen wie auch als magisches Abwehrzeichen gegen den bösen Blick gelten. Es erscheint zweifelhaft, ob die Gebärde der gehörnten Hand überhaupt eine Art ‚Entwicklung' von einer zauberischen Abwehrgebärde zur Spottgeste durchgemacht hat, denn 1. hat diese Gebärde z. T. bis heute noch den magischen Abwehrsinn zum Schutz gegen den bösen Blick, 2. scheint die gehörnte Hand andererseits z. B. schon auf etruskischen Grabmalereien des 6. vorchristl. Jh. eine profane, aufs Erotische zielende Bdtg. gehabt zu haben. Abwehr- und Spottgesten schließen sich nicht aus, sondern erweisen immer wieder ihre innere Verwandtschaft. Vielfach haben Spottgebärden noch eine geschlechtliche Nebenbdtg. Die sexuelle Komponente gehört aber keineswegs nur zum spöttischen Teilsinn der Gebärde. Vielleicht beruhte gerade auf ihr urspr. auch ein Teil der magischen Abwehrkraft, und vielleicht wollte man urspr. die magische Abwehrkraft der Gebärde gerade durch ihre geschlechtliche Bdtg. hervorrufen. Von der Abwehr zum Spott ist also nur ein kleiner Schritt, und die Doppelbdtg. wird dann beibehalten. Eine Zeichnung des ndl. Malers Georg Hoefnaghel (1569) zeigt einen Hahnrei, wie er mit einem mächtigen Hirschgeweih mit Glöckchen auf dem Nacken, die Hände gebunden, auf einem Esel sitzt, den seine Frau, bis zum Gürtel entblößt, auf einem zweiten Esel reitend, mit einem Pflanzenstengel zu schnellerem Laufe antreibt; dabei ein Herold mit einer Trompete. Ein solcher Eselritt, und zwar meist ‚verkehrt, statt des Zaumes den Schwanz in der Hand', wie es in Bürgers Ballade heißt, war schon im griech. Altertum und bei den Indern eine Strafe für Ehebrecher und Ehebrecherinnen und ist auch im MA. und später häufig vorgekommen. In Neapel ließ der span. Statthalter Herzog von Ossuna einen vorsätzlichen Hahnrei „auf einen Esel ruckwärts setzen, zwey grosse Hörner auf das Haupt binden und in der Stadt herumb führen und durch den Diener sein Vergehen ausruffen" (Harsdörffer: ‚Schauplatz lustreicher Geschichte', 1660). In die Lit. haben den Hahnrei erst der Braunschweiger Herzog Heinrich Julius und der brandenburgische Pfarrer Ringwald (‚Lautere Wahrheit', 1586) eingeführt. Durch die Schauspiele des Herzogs, der engl. Komödianten und die Hamburger Posse ‚Hanenreyerey' vom Jahre 1618 war der Hahnrei eine wirksame, allgemeines Gelächter erregende Bühnenfigur geworden. Die Etymologie ist umstritten. Ausgangsbdtg. ist ‚verschnittener Hahn', ‚Kapaun', ↗Hahnrei. Die Volksetymologie freilich verbindet den Hahnrei mit dem Hahnenreiter, wie er in der volkstümlichen Ikonographie häufig vorkommt. (s. *Abb.* bei Hahnrei).

Das Problem, warum betrogene Ehemänner in europ. Gesellschaften spöttisch als ‚Gehörnte' bez. werden, hat A. Blok aufgegriffen. Demnach gehört die Symbolik der Hörner vorzugsweise der Gebärdensprache des Mittelmeerraumes an, und zwar geht es nur um die Hörner des Ziegenbocks. In Italien, Spanien und Portugal wird der betrogene Ehemann mit dem Bock identifiziert (becco, cabrón, cabrão). Der ital. Begriff becco ist synonym mit cornuto, d.h. Gehörnter, womit der Ehemann einer untreuen Frau bez. wird. Auch in Spanien bezeichnen cornudo und cabrón einen Mann, der sich der Untreue seiner Frau fügt. Der portugiesische Begriff cabrão ist ebenfalls gleichbedeutend mit cornudo in der doppelten Bedeutung von Bock und betrogenem Ehemann beziehungsweise Liebhaber. Die symbolische Bedeutung von Böcken und Widdern hat etwas mit den realen Verhaltensweisen dieser Tiere zu tun. Böcke dulden nämlich, ebenso wie betrogene Ehemänner, daß andere männliche Artgenossen über die Weibchen in ihrem Bereich sexuell verfügen. Ziegenhirten bestätigen, daß, wenn zwei Böcke um ein Weibchen kämpfen, der Sieger zuerst das Weibchen deckt und dann dem Verlierer dasselbe zugesteht. Einen Mann einen Bock (cabrón) zu nennen, ist darum die schlimmste Beleidigung, die überhaupt möglich ist, denn hiermit wird angedeutet, daß er die Untreue seiner Frau hinnimmt.

Anders als der Ziegenbock duldet dagegen der Widder keine Rivalen. Während zwei Ziegenböcke nötig sind, um fünfzig Ziegen zu decken, genügt schon ein Widder für dieselbe Anzahl Schafe. Seit dem klassischen Altertum ist der Widder bekannt für sexuelle Stärke und Ungestüm. In verschiedenen europäischen Sprachen deutet das Verb „rammen" noch immer die auffälligsten Merkmale dieses Tieres an. In der mediterranen Gesellschaft bilden Widder und Böcke eine binäre Opposition. Als Symbol der Ehre und Macht stellt der Widder das Gegenstück zum Ziegenbock dar, der ein Symbol der Scham ist: Dieser Gegensatz ist homolog zu den komplementären Oppositionen zwischen Schafen und Ziegen, rechts und links, gut und schlecht (vgl. Matth. 25; ↗Schaf).

Der betrogene Ehemann ist ehrlos und zwar in mehr als einer Hinsicht. Die Untreue seiner Frau gibt Anlaß zum Zweifel nicht nur an seinen sexuellen Kapazitäten, sondern auch an seiner Fähigkeit, sie vor den Annäherungsversuchen anderer Männer zu beschützen, das heißt, der Fähigkeit, seine Frau zu kontrollieren und sein Alleinrecht auf sie geltend zu machen, ihre Keuschheit zu gewährleisten und damit auch die Immunität seiner Domäne. Die Ansprüche auf seine Frau erfolgreich zu behaupten bedeutet, andere Männer zu dominieren – dies sowohl aus der Sicht des Ehemannes, der seine Frau eifersüchtig bewacht, als auch aus der des Ehebrechers, der sich dem Ehemann an Macht überlegen zeigt. Daraus folgt die „Domestizierung" von Frauen, die so oft als eines der auffallendsten Merkmale aller mediterranen Gebiete betrachtet worden ist. Da sie sich zu anthropomorphem Symbolismus eignen, wurden die Verhaltensunterschiede zwischen Widdern und Böcken aufgegriffen, um Unterschiede zum Ausdruck zu bringen zwischen starken, potenten, mutigen Männern und Schwächlingen, die den Erfordernissen des Hirtenlebens nicht entsprechen. Es geht also nicht um die Symbolik des Hornes als solche. Diese reicht nicht aus, um auf die Analogie zwischen dem Bock und dem betrogenen Ehemann hinzuweisen, weil die Bedeutung des Symbols nur im Vergleich zum Symbol des Gegenstücks, des Widders, deutlich wird. In diesem Sinne versucht A. Blok darzulegen, daß die symbolische Bedeutung der Hörner des betrogenen Ehemanns oder des Gehörnten als ein integraler Bestandteil eines urspr. von Hirtenvölkern stammenden Ehrencodex, der Männlichkeit und körperliche Stärke betont, verstanden werden muß. Er beruht auf dem Gegensatz von Widdern und Böcken.

Sich die Hörner noch nicht abgelaufen (auch *abgestoßen*) *haben:* noch im Jugendübermut stecken, noch keine Erfahrungen (bes. in der Liebe) gesammelt haben. Die Rda. stammt aus dem student. Brauch und bezieht sich auf die während des 16. und 17. Jh. auf allen dt. Universitäten an den neu eintretenden Studenten vollzogene, oft recht rohe Aufnahmefeier. Bei dieser ‚Deposition' spielten Hörner eine Rolle: Der Neuling, der Bacchant oder Beanus (Bec jaune), wurde als ein Bock, eine ‚bestia cornuta', mit Hörnern, Zähnen und Bart verkleidet, und dann wurden ihm unter besonderen Zeremonien die Hörner abgesägt, die Zähne ausgezogen und der Bart abgeschnitten. Hier bedeutete also der Hörnerschmuck des angehenden Studenten, den Eselsohren der Narrenkappen vergleichbar, die tierische Vorstufe seines Daseins, der er durch jenen symbolischen Weiheakt entrückt werden sollte. „Wenn sie die Hörner abgeworfen haben, werden sie schon von sich selbsten geschmeidig" (Joh. G. Schoch: ‚Comedia vom Studentenleben', 1657). Christ. Weise schreibt 1673 in dem Roman ‚Drei Erznarren' (Neudruck S. 79): „Es würde sich auch mit diesen jungen Liebhabern schicken, wenn sie die Hörner etw. würden abgelauffen haben". Zum Teil war dieser Brauch der student. ‚Deposition' noch bis spät ins 18. Jh. in Geltung. Das Gesicht der Kandidaten wurde z. T. geschwärzt, auf dem Hut trugen sie Hörner, die Ohren wurden künstlich verlängert. Bei der Initiation mußten sie sich dann die Hörner abstoßen, indem sie mit dem Kopf gegen eine Türe oder Säule rannten. Aus dem Jahre 1713 stammt eine Schilderung des Deponierens eines Studenten mit bildl. Darstellungen. Zu einem Detail daraus gehört folgende Strophe:

Mit dem Bacchantengeist
Solls jetzund seyn schabab,
Deßwegen schläget man
Die stolzen Hörner ab.

In anderen Rdaa. ist das Horn einfach ein Zeichen der (tierischen) Kraft, z. B. *einem die Hörner zeigen:* ihm kräftig entgegentreten (vgl. ‚die Zähne zeigen'), wie Stier oder Hirsch, wenn sie gereizt werden, den Kopf senken, als ob sie dem Gegner zunächst ihre Waffe zeigen wollten. Oft bei Luther. Ebenso lat. ‚cornua obvertere alicui' = einem die Hörner zuwenden (Plautus).

Vgl. frz. ‚montrer les cornes à quelqu'un', nur im S. v. verspotten, wobei man beide Hände in Hörnerform an die Schläfen setzt.

Sich mit Hörnern und Klauen zur Wehr setzen: sich hartnäckig bis zum Äußersten verteidigen.

Einem die Hörner schaben: seine Waffen unbrauchbar machen. So bei Luther (‚Tischreden' 4,277b): „Aber es sollen ihm die hörner geschabt werden, da er nicht wirt aufhören".

Er steckt die Hörner auf: er fängt an zu drohen.

Die engl. Wndg. ‚to be on the horns of a dilemma' hingegen deutet darauf hin, daß jem. sehr wohl auf die Hörner eines Tieres, z. B. eines wilden, ‚stößigen' Bockes geraten kann.

Den Stier bei den Hörnern fassen (oder *packen*): eine Sache mutig bei ihrer gefährlichsten, schwierigsten Seite anpakken; seit der zweiten H. des 19. Jh. bezeugt. *Etw. auf seine Hörner nehmen:*

‚Auf die Hörner nehmen'

die Folgen einer Sache auf sich nehmen (heute dafür meist: ‚etw. auf seine ↗Kappe nehmen'); schon im 17. Jh. in übertr. Sinne belegt; eigentl. vom Zugvieh.

Zu viel auf seine Hörner nehmen: sich mit Arbeit überhäufen.

Horn steht auch als pars pro toto für ‚Rind', wie ‚Huf' für ‚Pferd' steht. So heißt es bei Uhland: „In eure Stadt soll kommen kein Huf und auch kein Horn". Schwäb. sagt man von einem Vielfraß: ‚er frißt einen Ochsen bis an die Hörner', und ‚horndumm' ist eine Steigerung von ‚dumm'.

Das Horn als Blasinstrument ist gemeint in der Rda. *in jemandes Horn blasen:* genau reden wie er, ihm beistimmen; richtiger ist eigentl. die Form *ins gleiche Horn blasen* (in der Frühentwicklung unserer Blasinstrumente hatte jedes Horn nur eine Tonart); gemeint ist also kein ‚Ventilhorn', sondern ein Horn wie das des Nachtwächters, das nur einen einzigen Ton von sich gibt. Das zeigt sich bes. gut an der siebenbürg.-sächs. Rda. ‚Se blôsen än î Loch', sie halten zusammen, haben dieselbe Meinung. Schon Luther gebraucht die Wndg.: „Nicht mit ihnen heulen und in ein Horn blasen", und 1649 steht in ‚Augenmerk und Rebellionsspiegel' (13): „Allen particulir Haß und Nutz sollen die Potentaten itzo billich auff eine Seit setzen, Friede machen, und in ein Horn blasen (wie man zu sagen pflegt) zum Verderb dieser Sectierer und Unchristen".

Im Ndd. sagt man: ‚Ins gleiche Horn tuten'. Dies läßt noch eine andere Deutung zu: Schon in der Bronzezeit gab es im Norden Blasinstrumente aus Bronze, die – gut erhalten – wieder aufgefunden wurden (Luren). Die Mehrzahl aller Funde war paarig, und das Paar war jeweils auf den gleichen Grundton gestimmt. So konnten die Bläser ‚ins gleiche Horn tuten'.

Auf (Treib-)Jagden über größere Reviere werden auch heute noch (Jagd-)Signale weitergegeben, indem die Bläser ‚ins gleiche Horn tuten'.

Lit.: *H. Dunger:* ‚Hörner aufsetzen' und ‚Hahnrei', in: Germania, Vierteljahrsschrift für Dt. Altertumskunde 29 (1884), S. 59–70; *Flögel-Bauer:* Gesch. des Grotesk-Komischen, Bd. II, S. 186 ff.; *Joh. Bolte:* Der Hahnrei, Bilderbogen des 16. und 17. Jh., in: Zs. d. Vereins f. Vkde. 19 (1909), S. 63–82; HdA. III, Sp. 332; *L. Röhrich:* Gebärdensprache und Sprachgebärde, S. 129 ff.; *P. Falk:* Le couvre-chef comme symbole du mari trompé, in: Studia Neophilologica, 33, Nr. 1 (1961), S. 39–68; *M. Lurker:* Art. ‚Horn', in: ders.: Wb. bibl. Bilder u. Symbole (München 1973), S. 158–160; *A. Blok:* Widder und Böcke – ein Schlüssel zum mediterranen Ehrkodex, in: H. Nixdorff und Th. Hauschild (Hg.): Europäische Ethnologie (Berlin 1982), S. 165–183; *S. de Rachewiltz:* Art. ‚Horn', in: EM. VI, Sp. 1249–1256.

Hornberg. *Ausgehen wie's Hornberger Schießen* sagt man von einer Sache, aus der nach vielem Lärm nichts wird; wenn ein großer Aufwand aufgeboten wurde, ohne eine Wirkung zu erzielen, oder wenn man von einer Sache, die lange in aller Munde war, plötzlich nichts mehr hört. Die Rda. bezieht sich auf eine volkstümliche Schildbürgergeschichte, die sich an das Schwarzwaldstädtchen Hornberg im Gutachtal anschließt. Der Schwank wird auf verschiedene Weise erzählt. Zwei sich widersprechende Aufzeichnungen seien deshalb hier wiedergegeben:

Einstens, als die Hornberger noch gut schwäbisch waren, sagte der Herzog einmal seinen Besuch an. Das gab eine nette Aufregung im Städtchen, und alles bereitete sich vor, den Landesvater würdig zu empfangen. Vor allem aber wurde ein Faß Pulver gekauft und die alten Kanonen aus Vätertagen wurden auf den Schloßberg geschleppt, damit sie mit donnerndem Gruß den Fürsten empfingen. Als der große Tag anbrach, war schon seit dem frühen Morgen alles in Bewegung. In der hellen Morgensonne blinkten die blanken Bronzerohre, und die Schützengilde stand

‚Ausgehen wie's Hornberger Schießen'

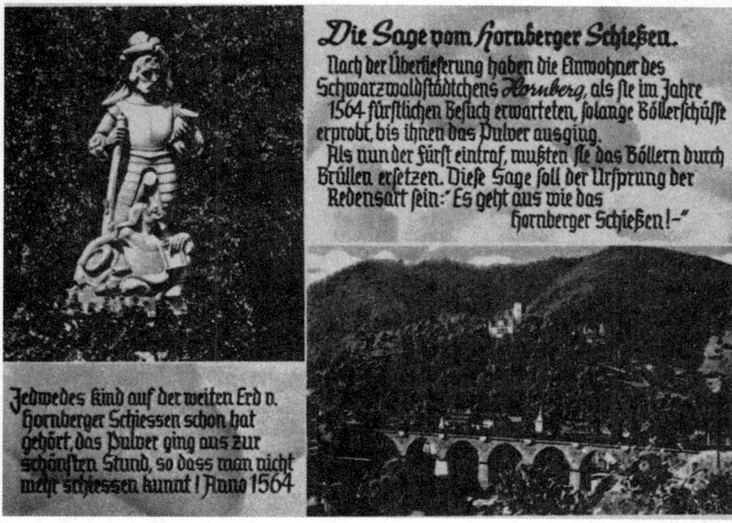

‚Ausgehen wie's Hornberger Schießen'

dabei und wartete auf den großen Augenblick. Sorgsam hatten die Feuerwerker das Pulver eingefüllt und ordentlich Papier nachgestopft, die glimmende Lunte war auch parat, aber es zeigte und zeigte sich nichts im Tal. Die Sonne stieg höher und höher, zu der brennenden Ungeduld kam der noch brennendere Durst, aber da gab's kein Weichen und Wanken, galt es doch den Herzog würdig zu empfangen, und nachher, ha, da wollte man sich schon gütlich tun in den kühlen Schenken. Endlich war die schwere Arbeit getan, das letzte Pulver verschossen und der Wagenzug drunten ins Städtchen eingerückt. Stolz zogen sie hinab im freudigen Gefühl der erfüllten Pflicht. Doch, o weh, der Herzog hatte nur sein Gefolge vorausgeschickt, er selbst rückte einige Zeit später sang- und klanglos in Hornberg ein. Drum sagt man seit jener Zeit, wenn eine mit viel Lärm angekündigte Unternehmung leer ausgeht: ‚Das geht aus wie's Hornberger Schießen' (Schwarzwald-Sagen, hg. v. Joh. Künzig, Ndr. 1965, S. 290). Eine zweite, mdl. Überlieferung stellt die Geschehnisse anders dar: Das kleine Dorf Hornberg im Schwarzwald wollte einstmals ein großes Schießen halten und machte gewaltige Zurüstungen und lud alle Welt zu diesem Feste ein. Wirklich hatten die Hornberger auch für alles, was bei einem solchen Schießen erforderlich ist, wohl gesorgt; nur eins hatten sie vergessen – das Pulver (Ernst Meier: Dt. Sagen, Sitten und Gebräuche aus Schwaben, Stuttgart 1852, Nr. 406, S. 364).

Nur relativ wenige solcher lokalen Schildbürgerstreiche haben eine allg. Bekanntheit erlangt. Um so auffallender ist die große Resonanz, die die Erzählung vom Hornberger Schießen gefunden hat. Die vom Hornberger Schießen aufgezeichneten Schwanksagen sind rein ätiologischer Art und machen einen relativ jungen Eindruck. Es scheint fast so, als ob die Rda., nachdem sie sich einmal durchgesetzt hat, ihrerseits wieder neue Sproßsagen gezeitigt habe. Denn ein alljährlich vom Historischen Verein Hornberg aufgeführtes Volksschauspiel (Historisches Heimatspiel in 4 Aufzügen von Erwin Leisinger), bei dem das von der Ortsfeuerwehr inszenierte Böller-Schießen das Hauptspektakel bildet, dient nicht nur zur Hebung des Fremdenverkehrs (Sonderzüge kommen

‚Ausgehen wie's Hornberger Schießen'

von Mannheim, Karlsruhe, Freiburg), sondern trägt noch heute ständig zur weiteren Verbreitung von Sage und Rda. bei. Lit. kommt die Rda. z. B. in Schillers ‚Räubern' (I, 2) vor. Dort erzählt nämlich Spiegelberg, wie Karl Moor zur Vergeltung für seinen erschossenen Hund der Stadt ein unfreiwilliges Fasten auferlegt. „Magistrat und Bürgerschaft", heißt es weiter, „düsselten Rache. Wir Bursche frisch heraus zu siebzehnhundert, und du an der Spitze, und Metzger und Schneider und Krämer hinterher, und Wirt und Barbierer und alle Zünfte, und fluchen, Sturm zu laufen wider die Stadt, wenn man den Burschen ein Haar krümmen wollte. Da ging's aus, wie's Schiessen zu Hornberg, und mußten abziehen mit langer Nase". Ausführlich behandelt Pfarrer Konrad Kaltenbach in den Nummern 3, 4 und 5 der ‚Heimatklänge aus alter und neuer Zeit' (Beilage zur ‚Freiburger Tagespost', 1915) die Rda. Sein Erklärungsversuch verweist auf einen Feldzug von 1000 Bürgern der Stadt Villingen gegen Hornberg im Jahre 1519, der in Heinrich Hugs ‚Villinger Chronik' (1495–1533, Bibliothek des Lit. Ver. Stuttgart, Bd. 164) ausführlich geschildert wird. Die Villinger verhandelten mit den Bürgern und den Besatzungen des vorderen und hinteren Schlosses der Stadt. Die Verteidiger des hinteren Schlosses verweigerten die Übergabe und begannen ein mörderisches Schießen, daß die Äste von den Bäumen spritzten, doch schoß er (der Haufen) nicht über zwei Schüsse gefährlich. Die anderen gingen alle über die Berge hinaus, über die hundert Schüsse. Danach kapitulierte auch die Besatzung des hinteren Schlosses am Montag nach Palmsonntag, und die Villinger besetzten die Stadt und beide Schlösser, weil wohl der vorhandene Schießvorrat verbraucht war. Ob aus diesem hist. Anlaß die Entstehung der Rda. herzuleiten ist, bleibt freilich nach wie vor unsicher.

Lit.: *Büchmann; L. Röhrich:* Sprw.-Rdaa. aus Volkserzählungen, S. 256; *H. Berndt:* Unterwegs zu deutschen Sagen. Ein phantastisches Reise- und Lesebuch (Düsseldorf, Wien [2]1985).

Hose. *Die Hosen anhaben:* der Herr im Haus sein, das häusliche Regiment führen; gesagt aber meist von einer Frau, die sich das anmaßt, was nach Sitte und Herkommen dem Mann zusteht; sie trägt

1

2

1/2 ‚Die Hosen anhaben'

1

3

2

4

5

1–5 ‚Der Streit um die Männerhose'

bildl. die Hose, d.h. das vorzugsweise männliche Kleidungsstück. Entspr. engl. ‚she wears the breeches'; frz. ‚porter les chausses (heute nicht mehr gebräuchlich), les culottes', ‚Madame a la culotte'; ital. ‚portare le brache'; ndl. ‚de broek aan hebben'. Das vermutlich älteste Zeugnis für diese Rda. findet sich im ‚Ring' des Heinrich von Wittenwiler (V. 50 77 ff.):

> Daz sag ich dir vil recht her aus:
> Bis du herr in deinem haus!
> Wiss, und trait dein weib die pruoch (Hose)
> Sei wirt dein hagel und dein fluoch
> Wider got und sein gepott!
> Hier zuo wirst der leuten spott.
> Dar umb so sitz ir auf dem nak
> Und halt sei sam den fuchs im sak!

Im Volkslied heißt es:

> Weiber lieben Kommandieren,
> haben an die Hosen gern.

In dem Fastnachtsspiel ‚Der böß Rauch' (d.h. das böse Weib im Hause) von Hans Sachs rät der Nachbar dem geplagten Ehemann (V. 50ff.):

Beut ein kampff an deinem weyb,
du wölst dich weidlich mit jr schlagen,
weliches söll die Bruch (Hosen) tragen.

Grimmelshausens ‚Landstörtzerin Courage' (Kap. 7) „schreitet zur dritten Ehe und wird aus einer Hauptmännin eine Leutnantin, triffts aber nicht so wol als vorhero, schlägt sich mit ihrem Leutenant umb die Hosen mit Prügeln, und gewinnet solche durch ihre tapffere Resolution und Courasche; darauf sich ihr Mann unsichtbar macht und sie sitzen lässt".

In der fläm.-ndl. Tradition der Rdaa.-Darstellung kommt sehr häufig das Thema der Frau vor, die die Hosen anhat, während der Mann in Weiberkleidern daneben steht, als satirische Anspielung auf die Familien, in denen die Frau die Herrin ist: ‚Kwaeye Griet heeft de broek aen, haer man heeft de rock aen'. In gleicher Weise findet sich in den Rdaa.-Darstellungen die Szene des Kampfes der Frauen, die sich um die Hose eines Mannes streiten: ‚hier vechten seven vrouwen om een mans broeck'. Der überaus populäre ‚Kampf um die Hose' wird in der Graphik und an Miserikordien ma. Chorgestühle dargestellt. Er geht auf ein picardisches Fabliau von Huon Piucele aus der ersten H. des 13. Jh. zurück. Es ist dies ein spaßhafter Schwank eines Ehepaares, das einen Faustkampf um das Regiment und um die Hosen führt, wobei über die widersetzliche Frau der gutmütige Mann siegt, nach dessen Vorbild zu verfahren allen Ehemännern geraten wird. Eine Miserikordie in der Kathedrale von Hoogstraeten (16. Jh.) zeigt diese Szene.

Über einen ‚Pantoffelhelden', der ‚pünktlich' aus dem Wirtshaus aufbricht, ist zu hören: ‚Der muß nach Haus, er muß seine Hose abgeben!'

Der Stand der geflickten Hosen: der Ehestand, in dem der Mann nicht mehr mit ungeflickten Hosen zu gehen braucht wie vorher als Junggeselle. So lit. in ‚Schlampampes Tod': „Dass wirs versuchen, wie es im Stande der geflickten Hosen zugehet".

Von einer Frau, die sehr leicht ‚fängt' (schwanger wird), sagt man: ‚Die sitzt schon dran, wenn sie bloß eine (Männer-)Hose anguckt!'

Die Hosen stramm ziehen: Schläge auf das Gesäß geben.

Sich auf die Hosen setzen: fleißig lernen.

Der sollte in meinen Hosen sitzen: der sollte in meiner Lage sein.

Die Hosen liegen ihm hart an: er kann sich nicht rühren; er lebt in sehr beengten Verhältnissen, in bedrückter Lage.

Die Hosen werden ihm zu eng: es wird ihm angst; die Sache wird ernst.

Ein paar Hosen aushängen; von einem Witwer, der sich bemüht, eine Frau zu bekommen. *Er hat seine Hosen lassen müssen:* er hat sein Leben lassen müssen.

Etw. ist in die Hose(n) gegangen: es ist daneben (schief) gegangen.

Die Hosen runterlassen: Farbe bekennen, seine Absichten deutlich zu erkennen geben. Ähnl. auch die norddt. Wndg.: ‚Rünner mit de Büx': Aufforderung, zur Sache zu kommen. *Die Hosen (gestrichen) vollhaben:* Angst haben; dazu ‚Hosenscheißer' (17. Jh.). Entspr. auch die Mahnung: ‚Mach dir bloß nicht in die Hose' (sei nicht so ein Angsthase).

Kurz vorm Lokus in die Hose: kurz vor dem Ziel ging die Sache schief.

Bei ihm ist tote Hose: er ist impotent, bei ihm regt sich nichts mehr (meist auf altersbedingte Ausfälle bezogen). Die Wndg. wird aber auch über ihren eigentl. Sinn hinaus gebraucht in der allg. Bdtg. von Stillstand, Flaute, Leblosigkeit wie z.B. in einer Zeitungsnotiz, in der die Wndg. auf eine Wirtschaftsflaute gemünzt ist u. als Frage in einer Schlagzeile erscheint: ‚Tote Hose in der City?'

Ihm geht die Hose mit Grundeis: er ist sehr ängstlich, beklommen; gemilderte Parallelbildung zu: ‚ihm geht der ↗Arsch mit Grundeis'.

Modern umg. sind: *Ein Benehmen haben wie eine offene Hose:* sich sehr schlecht benehmen; die nicht geschlossene Männerhose gilt als unanständig und sittenwidrig. *Nicht aus der Hose kommen können:* an Verstopfung leiden. *Machen wir die Hose wieder zu!:* Ausdr. der Verzichtleistung nach Abweisung; spielt urspr. wohl auf Abweisung durch den Partner an. *Das kannst du einem erzählen, der die Hose mit der Kneifzange (Beißzange) zumacht (anzieht):* das kannst du einem Dummen erzählen, aber nicht mir.

Das ist wie eine geflickte Hose, d. h., wenig haltbar. Die Rda. wird meist auf notdürftig gekittete Ehe- oder Partnerschaftsverhältnisse bezogen, u. a. aber auch auf den Gesundheitszustand nach einer Krankheit (Operation), d. h., es wird nie wieder so, wie es vorher war.

Das zieht einem die Hosen aus: das haut einen um, ist ein starkes Stück, geht zu weit.

Das Herz fällt einem in die Hosen ↗ Herz.

Das ist Jacke wie Hose ↗ Jacke; vgl. auch ‚Spendierhosen'.

Lit.: *A. Schultz:* Dt. Leben im 14. u. 15. Jh., 2 Bde. (Wien 1892) II, S. 196 f.; *G. Jungbauer:* Art. ‚Hose', in: HdA. IV, Sp. 401–411; Art. ‚Eifersucht', in: Reallexikon der Dt. Kunstgesch. IV, S. 954–963; *G. Wolter:* Die Verpackung des männlichen Geschlechts (Marburg 1988); *D. Friedmann:* Das Jeans-Buch (Berlin 1988).

Hosenträger. *Ihm platzen die Hosenträger:* er braust auf. Grotesk-übertreibendes Bild für den Umfang der Wut, die nach volkstümlicher Auffassung ihren Sitz im Leib hat; rhein. Mitte des 20. Jh.

Von ‚Hosenträgerbreite' ist die Rede, wenn durch ständige Erbteilung die Äkker sehr schmal geworden sind.

Lit.: *G. Jungbauer:* Art. ‚Hosenträger', in: HdA. IV, Sp. 411.

Hosianna. *Heute heißt es Hosianna, morgen kreuzige ihn* sagt man bei einem raschen Meinungswechsel und Stimmungsumschwung (vgl. ndl. ‚vandaag Hosanna, morgen kruist hem').

Die Rda. ist eine scherzh. Abwandlung des hebr. ‚Hosianna' (Vulgata: „Hosanna, Osanna"), das als Willkommensgruß beim Einzug Jesu in Jerusalem gerufen wurde (Mk. 11,9; Matth. 21,9) u. aus dem synagogalen Gottesdienst in den christl. liturg. u. musikal. Gebrauch übernommen wurde. Daher auch die Wndg. *Hosianna rufen:* öffentl. Beifall spenden u. ähnl.: *In Hosiannarufe ausbrechen:* (einem Prominenten) durch laute Zurufe seine Sympathie bekunden.

Hotzenblitz. *Das war der Hotzenblitz:* das ist Brandstiftung. Unter einem ‚Hotzenblitz' versteht man einen Blitz, von dem der Hausbesitzer schon vorher weiß, daß er sicher einschlagen werde. Es ist eine euphemist. Umschreibung für Brandstiftung u. Versicherungsbetrug, die in manchen Gegenden als Kavaliersdelikte galten u. sich durch ‚Ansteckung' ausbreiten, ja sogar über ganze Generationen fortschleppen konnten. Als ‚Hotzenblitz' ist dieses Phänomen in die Fachlit. eingegangen. Denn aus dem Hotzenwald, dem südlichsten Teil des Schwarzwaldes, ist ein Spruch überliefert, mit dem der Sohn früher bei aufziehendem Gewitter den Herrn des Hauses auf die gute Gelegenheit aufmerksam gemacht haben soll: „Vater, gang, hol d' Zündhölzli, 's dunneret". Frieda Mayer kommentierte das so (‚Nimm mi mit, wenn d' lache wit', Gedichte, Konstanz 1912):

Drum hörscht zentume au de Witz
vum allbekannte Hotzeblitz.

Die Thematik behandelt auch ein vielgespieltes alem. Mundartstück von K. Wittlinger ‚De Hotzeblitz'. Im Bair. nennt man das analoge Phänomen der selbstinszenierten Brandstiftung einen ‚Floriansblitz', ↗ Florian.

hü. *Etw. ist nicht hü und nicht hott:* es ist unbestimmt, unklar. Die Rda. ist bes. nordd. verbreitet und leitet sich von den alten Fuhrmannsrufen an die Zugpferde her (‚hü' bedeutet links: ‚hott' rechts): „Denn is es auch man immer so so, nich hü un nich hott" (Fontane: ‚Irrungen Wirrungen', 1888, 3. Kap.); schlesw.-holst. ‚dat geit ümmer hü und hott', durcheinan-

Zieht Eines „Wist", das Andere „Hott",
So bleibt der Wagen stecken im Koth.

‚Hü und Hott'

der; ‚nicht hott und nicht har wissen', gar nichts wissen; nicht wissen, was man beginnen soll. In anderer Form („hothin – schwothin") bildl. schon bei Luther. Auch: ‚er weiß weder Hott noch Hist'; vgl. ndl. ‚van hot noch haar weten'; engl. ‚not know chalk from cheese' oder ‚a hawk from a handsaw' u. frz. ‚tirer à hue et à dia' (wörtl.: hü und hott ziehen): an einer Sache hin- und herzerren, um etw. zu erreichen.

Hucke. *Jem. die Hucke vollhauen:* ihn heftig verprügeln. Ähnl. *Die Hucke vollschlagen* (vgl. KHM. 54, Anh. 6, Anh. 23) und: *Die Hucke voll bekommen:* mächtig verprügelt werden. Hucke ist eigentl. die auf dem Rücken getragene Last, der Rückentragkorb, dann auch der Rücken selbst. *Sich die Hucke vollachen:* übermäßig lachen (↗ Buckel). *Jem. die Hucke vollügen:* ihn gründlich belügen; *sich die Hucke vollsaufen:* sich betrinken, eigentl. so viel trinken, wie man eben tragen kann, 19. Jh.

‚Die Hucke voll haben!'

Huckepack. *Jem. huckepack tragen (nehmen):* ihn auf seinem Rücken tragen, umgekehrt: *huckepack getragen werden:* auf dem Rücken eines anderen getragen werden, sich die Kräfte anderer zunutze machen. Z.B. wurden Kinder, Kranke, Alte auf diese Weise über lange Wegstrecken, die sie allein nicht bewältigen konnten, transportiert. Der ‚Huckepackreiter' war urspr. jedoch der Sieger, der Überlegene. Denn schon seit alter Zeit gilt das Huckepacktragen als Spielstrafe, bei der der Unterlegene den Gewinner huckepack nehmen muß. Ein griech. Wörterbuch des Julius Pollox aus dem 2. Jh. n. Chr. enthält im 9. Buch einen zusammenhängenden Katalog von Spielen, in denen das Spielmotiv des Aufhuckens als Ephedrismos (auch Enkotyle) beschrieben wird. Dieser Beschreibung entsprechen auch bildl. Darstellungen auf Vasen, Gemmen usw.. Sie zeigen, wie bekannt das Huckepack-Motiv im Spielgut der Antike vom 5. vorchristl. Jh. bis weit in den Hellenismus hinein war. Es galt als körperl. Schandstrafe, wobei der Träger der Erniedrigte u. Verhöhnte u. der Getragene der Sieger war.

Lit.: *U. Schier-Oberdorffer:* Das Huckepack-Tragen als Spielstrafe, in: Dona Ethnologica Monacensia. Leopold Kretzenbacher zum 70. Geburtstag. (= Münchener Beiträge zur Vkde. 1), München 1983, S. 67–81.

hudle. ‚No net hudle': schwäb.-alem. Rda. in der Bdtg.: nur nicht vorschnell handeln oder rasch etwas ‚zusammenhauen', nur nicht zu hastig u. unordentlich arbeiten. ‚Hudle' ist die mdal. Variation des Verbs ‚hudeln', das neben vielen anderen Bdtgn. als Handwerkerausdr. auch den Sinn von schlampiger Arbeit hatte u. schon in frühen lit. Belegen begegnet, so u.a. bei J. L. Frisch, Teutsch-Lat. Wb., 1, 1741, 471, wo es heißt: „die Arbeit geschwind weghudeln".

Hufeisen. *Schmunzeln wie ein Bauer, wenn er ein altes Hufeisen gefunden hat:* ohne Grund fortwährend lächeln. Hinter der Rda. steht der Volksglaube, daß der Glück – und eben Anlaß zum Schmunzeln – hat, der ein Hufeisen findet. Schles. und siebenb. sagt man von einem Sterbenden, daß ihm ‚die Hufeisen bald abgerissen' werden, und im Frankenwald vergleicht man die Beichte des Todkranken mit dem Abreißen der Hufeisen von toten Pferden.

Ein Hufeisen verloren haben: ein uneheliches Kind haben (von einem Mädchen). Es handelt sich hierbei um eine scherzhafte Übertr. von dem nach Verlust eines Hufeisens lahmenden Pferde auf die ledige Wöchnerin.

Lit.: *J. C. Barnham:* „Ein Mädchen, das ein Hufeisen verloren hat", in: Notes and Queries, 2nd, 5 (1858), S. 391; *F. Liebrecht:* Das verlorene Hufeisen, in: Zur Volkskunde. Alte u. neue Aufsätze (Heilbronn 1879), S. 490–493; *Lawrence:* The magic of the horseshoe (Boston – New York 1898); *H. Freudenthal:* Art. ‚Hufeisen', in: HdA. IV, Sp. 437–446; *G. Carnat:* Das Hufeisen in seiner Bdtg. für Kultur u. Zivilisation (Zürich 1953); *V. v. Geramb:* Zum Sagenmotiv vom Hufbeschlag, in: Beiträge zur sprachl. Volksüberlieferung (Berlin 1953), S. 78ff., bes. S. 82; *H. Hamkens:* „Ein Hufeisen verloren", in: Die Heimat, 65 (1958), S. 314–316.

Hufschlag. ‚Gank em Hoffschlag, dann begähnt dir nü's Kotts', gehe im Hufschlag, dann begegnet dir nichts Böses. Diese Jülicher Rda. bezieht sich auf einen alten Brauch der Hufschmiede. In früheren Zeiten war es üblich, den Pferden und Ochsen, ebenso den Kühen, soweit sie als Zugtiere in Frage kamen, vor dem ersten Beschlag ein Kreuz in den Huf zu brennen; fortan waren die Tiere dem Schutze Gottes unterstellt. Wo sie nun gingen, da war der Weg gleichsam gesegnet.
Die Jülicher Rda. stimmt inhaltlich mit der Warnung überein, die auch von dem Warner des Wilden Heeres in einer Sage ausgesprochen wird:

Metzem em Wäg
geht et dir net schläch.
Wo Köh on Päed dir begähnt (begegnen) do ös et gesähnt.

Lit.: *G. Henssen:* Rhein. Volksüberlieferung in Sage, Märchen und Schwank (= Rhein. Volkstum, Heft 2), S. 18f.

Hüfte. *Aus der Hüfte schießen:* blitzartig reagieren, seinem Feind zuvorkommen, ohne ihn durch eine Bewegung der Waffe zu warnen und trotzdem treffsicher sein. Diese Art zu schießen wird oft von geübten Western-Helden im Film praktiziert, denen dafür Bewunderung sicher ist.
Die Rda. wird auf unvermutetes, erfolgreiches Handeln übertragen.
Verächtlich heißt es manchmal auch: ‚aus der Hüfte ballern' drauflos feuern, ohne Ziel, Sinn und Zweck.

Hugo. *Jem. zum Hugo machen,* schwäb. ‚mit jem. Hugoles machen': ihn zum Narren halten, ihn veralbern. ‚Das walte Hugo (und die sieben Zwerge)': Iron. Bekräftigungs- u. Wunschformel in parodist. Abwandlung von ‚Das walte Gott'.

Huhn, Hühnchen. Huhn ist eine beliebte, harmlose Schelte, z.B. *ein armes, blindes, krankes, dummes, verrücktes Huhn,* auch einfach Bez. für einen Menschen: *ein fideles, gemütliches, gelehrtes Huhn.*
Das Huhn rupfen, ohne daß es schreit: mit Geschicklichkeit erpressen und ohne Klagen zu erregen.

‚Das Huhn, das goldene Eier legt, schlachten'

Das Huhn, das goldene Eier legt, schlachten: sich seiner eigenen Lebensgrundlage begeben; sich selbst den Ast absägen, auf dem man sitzt; vgl. dazu das Märchen KHM. 60 sowie die ndl. Rda. ‚de kip met de gouden eieren slachten'; frz. ‚il en fait comme de la poule œufs d'or'. Jean de La Fontaine (1621–95) erzählt dazu folgende Fabel über ‚Die Henne mit den goldenen Eiern':

Wer alles haben möcht', muß alles oft verlieren.
Euch ein Exempel statuieren
Will ich an jenem Mann nun aus dem Fabelreich.
Dem täglich hat sein Huhn ein goldenes Ei gelegt.
Er glaubt, daß einen Schatz in sich die Henne trägt.
Und schlachtet sie, doch sieht, daß innen sie ganz gleich
Ist jedem Huhn, von dem wertlose Eier kommen.
So hatte er sich selbst sein schönstes Gut genommen.

Für Knicker eine gute Lehre!

Wie hat in letzter Zeit man doch so oft erlebt,
Daß über Nacht verarmt so mancher, der gestrebt,
Daß sich zu schnell sein Reichtum mehre.

Grüße die Hühner: scherzhafte Bemerkung bei der Verabschiedung (seit dem 18. Jh. belegt).

Alle Hühner und Gänse von jem. wissen: seine Verhältnisse genau kennen, bes. obersächs., seit dem Anfang des 19. Jh. bezeugt.

Meiner Hühner wegen können meine Gänse barfuß gehen: rdal. Umschreibung von meinetwegen (vgl. ‚Gänse beschlagen').

Er sitzt da, als ob ihm die Hühner das Brot gefressen hätten: niedergeschlagen und ratlos.

Mit den Hühnern (Hinkel) zu Bett gehen: sich zeitig, mit Sonnenuntergang, schlafen legen; vgl. frz. ‚aller se coucher comme les poules'; dazu das Sprw. ‚Wer mit den Hühnern zu Bette geht, kann mit dem Hahn aufstehen'; auch in gereimter Form:

Früh mit den Hühnern zu Bette,
Auf mit dem Hahn um die Wette.

Da(rüber) lachen ja alle Hühner (oder: *die ältesten Hühner, Suppenhühner*): das ist ja töricht, lächerlich. Die Wndg. ist erst in neuerer Zeit aufgekommen.

‚Der muess bald em Mesner sei Hühner hiete' sagt man schwäb. von einem Sterbenden; ähnl. im Kt. Wallis: ‚Willst du St. Michaels Hennen hüten?' Die Rda. geht davon aus, daß früher die Hühner des Mesners ihren Auslauf auf dem Friedhof hatten (vgl. das ↗Zeitliche segnen).

Die Hühner melken wollen: etw. Vergebliches unternehmen wollen. Die Rdaa. von der ‚Hühnermilch' (auch: Bocksmilch) sind weit verbreitet und gehen bis auf die Antike zurück (Singer I, 173). Ndl. ‚de hennen melken'; sowie das vlämische Sprw.: ‚Dat hy dan ook de hanen melken ga'. Luther schreibt „Ein ander von blaw enten, ein ander von hünermilch" im Anschluß an das antike lac gallinarum (Plinius: nat. hist. praef. 24; Petron, cap. 38), entspr. griech. γάλα ὀρνίθων; ‚Gänsemilch' schon 1478 bei Hans Folz in dem Spiel von einem griech. Arzt: „Zwen drünck aus einr leren krawsen Gemischt mit allter gens milch" (‚Fastnachtsspiele' S. 1201).

Mit jem. ein Hühnchen zu rupfen (auch *zu pflücken) haben:* noch etw. mit ihm auszutragen haben, ihn noch wegen einer Sache, die nicht so hingehen soll, zur Rede stellen wollen. Die Rda. ist seit den dreißiger Jahren des 19. Jh. belegt, doch kommen verwandte Wndgn. schon wesentlich früher vor, z. B. bei dem Dichter Christian Weise (1642–1708; ‚Böse Catharine'): „Hilf mir Lerchen pflocken. Wer dich nicht zufrieden läßt, dem schmeiß die Federn in die Augen". Gleichbedeutend sind die Rdaa.: ‚ich habe mit ihm noch ein Ei zu schälen', ‚eine Rübe zu schaben', ‚ich habe einen Apfel mit ihm zu schälen'; ähnl. frz. ‚nous avons une pomme à peler ensemble' (veraltet), dafür: ‚avoir un compte à régler avec quelqu'un' (wörtl.: mit einem abrechnen müssen); engl. ‚to have a crow to pluck with someone', 1460 bei Towneley Myst. XVIII 311: „Na, na abide, we haue a craw to pull"; 1590 bei Shakespeare Com. Err. III. i. 83: „If a crow help us in, sirra, wee'l plucke a crow together"; ‚ich habe eine Krähe mit ihm zu pflücken'; rhein. ‚ich han mit dem noch e Nößche zu krachen', „Doch nächstens pflücken wir ein Sträußchen" (Hebbel), und, allerdings mit abweichender Bdtg., „wie ... sie sich zu beth fügten und mit einander das genßlein ropfften" (Montanus, ‚Schwankbücher', hg. von Bolte, 80).

Den Anlaß zum bildl. Gebrauch aller dieser Rdaa. hat die gemeinsam geübte scharfe, verletzende Tätigkeit gegeben (pflücken, schälen, schaben, knacken). Bei der Erklärung der Rda. ist auch davon auszugehen, daß das Wort rupfen in früherer Zeit häufig im Sinne von tadeln, schelten, schmähen (carpere) gebraucht wurde. „Lass mich ungerupft" ruft bei Hans Sachs die Hausmagd der Wochenwärterin zu. Bei solcher Bdtg. des „rupfen mot worten und wercken" (H. Sachs: ‚Heinz Widerborst', 92) mußte der Gedanke an das Huhn naheliegen.

Er sieht aus wie ein krankes Hühnchen: kümmerlich; *er nährt sich wie Müllers Hühnchen:* er lebt auf Kosten anderer (wie die Hühner des Müllers, die angeblich von fremdem Korn leben), ↗Fuchs.

Herumlaufen wie ein Huhn, das ein Ei legen will und weiß nicht wo, ist vor allem dann gebräuchlich, wenn jem. planlos umherläuft, um etw. zu suchen. Ähnl.: *sie laufen herum wie aufgescheuchte Hühner (Hinkel, Dollhinkel).* Aus dem Hühnerhof stammt auch ein weiterer rdal. Vergleich, der heute noch gerne verwendet wird, wenn man mehrere Personen nebeneinander sieht, die aussehen *wie die Hühner auf der Stange,* z. B. wenn sie auf einem Holzstamm sitzen.

Lit.: *J. Franck:* Die dt. Sprww. und sprw. Rdaa. über das Geflügel seit den ältesten Zeiten, in: Tauben- und Hühner-Zeitung (Berlin 1861); *A. Hausenblas:* Zur Erklärung der Rda. ‚Mit jem. ein Hühnchen rupfen', in: Zs. f. d. U. 7 (1893), S. 765–767; *A. Götze:* Alte Rdaa. neu erklärt, in Zs. f. dt. Worf. 4 (1903), S. 331 f.; *H. Willert:* ‚Über bildl. Ausdrücke', in: Zs. f. d. U. 18 (1904), S. 506–508; *A. Haas:* Huhn und Hahn im pommerschen Sprw., in: Pommerscher Heimatkalender (Greifswald 1924), S. 59 ff.; *O. K. Hoffmann:* ‚Zwei Redewendungen aus dem german. Rechtsleben: Es kräht kein Huhn u. kein Hahn danach, Er ist auf den Hund gekommen', in: Zs. f. dt. Bildung 12 (1936), S. 192–195; *K. Rodin:* Art. ‚Hahn, Huhn', in: EM. VI, Sp. 370–376.

Hühnerauge. *Jem. auf die Hühneraugen treten:* ihm allzu nahe treten, ihn beleidigen. Die Rda. ist eine vergröbernde Parallelbildung zu ‚jem. auf den Fuß, auf den dicken Zeh treten' usw. (vgl. frz. ‚marcher à quelqu'un sur les pieds'; engl. ‚to tread on a person's toes'; ndl. ‚op zijn tenen getrapt zijn').

Einem die Hühneraugen operieren: einem herbe Wahrheiten sagen, ihm den Standpunkt klarmachen.

Er hat Hühneraugen am Hintern: er ist überempfindlich.

Hühnerleiter. *Das Leben ist eine Hühnerleiter: kurz und beschissen* (o. ähnl.) *von oben bis unten;* ebenso *das Leben gleicht einer Hühnerleiter: man kann vor lauter Mist nicht weiter; das Leben ist eine Hühnerleiter: man macht viel durch* (wobei ‚durchmachen' doppeldeutig zu verstehen ist). Diese Wndgn., mit denen man die Unerquicklichkeiten des Alltags, Mißstände und Schwierigkeiten meint, sind frühestens seit der zweiten H. des 19. Jh. aufgekommen; ↗Kinderhemd.

Lit.: *A. Dundes:* Life is Like a Chicken Coop Ladder. A Study of German National Character Through Folklore (New York 1981).

Hülle. *Etw. in Hülle und Fülle haben:* etw. im Überfluß haben. Die Zwillingsformel ‚Hülle und Fülle', die urspr. ‚Kleidung (Obdach) und Nahrung' bedeutete und dem lat. ‚victus et amictus' entspricht, wird über die Bdtg. ‚notwendiger Lebensunterhalt' zum Inbegriff des Überflusses, wobei sich die gewöhnliche Bdtg. von ‚Fülle' durchsetzt und auf Hülle überträgt. Die Wndg. ist (nach Grimms RA. II, S. 242–243) auf eine schon in der Edda erwähnte Praxis der Lösegeldforderung zurückzuführen. Um sie zu erfüllen, wurde der Balg des getöteten Tieres innen mit rotem Gold ausgefüllt, danach zugenäht u. aufgerichtet und außen mit Gold umhüllt. So erklärt sich, warum in den frühen lit. Belegen es zuweilen noch heißt: ‚in Fülle u. Hülle'. Später wurde ‚Hülle u. Fülle' daraus.

Früher sagte man auch wohl anstelle der reimenden Formel: ‚Futter und Hülle haben'. Sebastian Franck verbindet z. B. noch: „Gott hat futer und deck, hüll und füll", und bei Luther findet sich: „da er keinen Lohn verdient hatte, denn Hülle und Fülle", d. h. er bekam kein Geld, sondern nur Kleidung (Obdach) und Nahrung. Das kommt auch z. Ausdr. in einem Sinnspruch aus dem 16. Jh. (in: Petri, ‚Der Teutschen weiszheit', 1605), in dem es heißt:

hülle und fülle,
rock und kropf
juppe und suppe
kleider und nahrung
ist zu diesem leben genug.

Paul Gerhard dichtet:

Darum so gib mir Füll und Hüll,
Nicht zu wenig, nicht zu viel.

Bald aber verstand man Hülle nicht mehr, sondern verband mit der Formel lediglich den Begriff des Überflusses. So bucht 1691 Stieler: „Hülle und Fülle haben, victu et amictu abundare", d. h. an Nahrung und Kleidung Überfluß haben. 1779 heißt es bei Bürger in ‚Des Pfarrers Tochter von Taubenhain' (Str. 5):

Da trieb es der Junker von Falkenstein
In Hüll' und Füll' und in Freude.

Die Bdtg. des Wortes Hülle trat schließlich ganz zurück, so z. B. bei Th. Fontane in ‚Mathilde Möhring' (Inselausg. S. 33): „Bücher seien ja da die Hülle und Fülle";

man kann heute sogar die mißverstandene Form hören: ‚Er hat Geld in Hülle', im Überfluß.

Die Hülle ehelichen: eine Frau wegen ihres guten Aussehens oder wegen ihrer günstigen Vermögenslage heiraten (etwa seit 1930 üblich).

Die ‚sterbliche Hülle' ist ein euphemist. Ausdr. für Leiche.

Hummel. *Eine wilde Hummel* nennt man ein ausgelassen umherschwärmendes Mädchen; lit. schon 1729 in Orestes ‚Der Dreßdnische Mägde-Schlendrian': „solche junge wilden wüsten Hummeln". Bei dem schwäb. Dichter Wilhelm Hauff heißt es: „Das Haar, das ... der wilden Hummel in unordentlichen Strähnen und Locken um den Kopf flog" (Werke, hg. v. Mendheim, 1825, Bd. 3, S. 13).

Hummeln im Kopf haben: unruhig sein (↗Grille); einen solchen Menschen nennt 1565 Hans Wilhelm Kirchhoff ein „Hummelhirn". Derber sind die Wndgn.: *Hummeln im Gesäß, im Hintern, im Steiß, im Hosenboden haben:* nicht ruhig sitzen bleiben können; schon in Luthers ‚Sprichwörtersammlung' ist verzeichnet: „Er hat humel ym arse". Von einem Musikstück von Richard Strauss sagte dessen Vater, es sei ihm beim Anhören, als wenn er die Hosen voll Hummeln hätte.

Hummel, Hummel. Der Hamburger ‚Schlachtruf': *Hummel, Hummel! – Mors, Mors!,* mit dem sich gebürtige Hamburger gerne identifizieren und identifizieren lassen, knüpft an eine reale Persönlichkeit der hamburgischen Stadtgeschichte an. Es handelt sich um den Wasserträger (Wasserhändler) Wilhelm Benz, geb. 1786, angeblich als unehelicher Sohn der Anna Maria Toaspern, später verehelichten Benz, gest. am 15. März 1854. Seinen Spottnamen ‚Hummel' übernahm er von einem ausgedienten alten Stadtsoldaten namens Daniel Christian Hummel, der nach seiner Verabschiedung im Hofe des Hauses Drehbahn 36 wohnte und der bereits ein stadtbekanntes Original gewesen sein muß. Wilhelm Benz zog später in dessen Wohnung, übernahm die Tätigkeit des Wasserhändlers und ‚erbte' somit auch dessen Namen, wenngleich auch nur als Übernamen. Auch Benz war eine auffällige Erscheinung: lang und dürr, schweigsam und leicht reizbar, dazu in enganliegendem Zeug, das allerdings für seinen Beruf zweckmäßig war. Der hohe Hut und die durch die geschulterte Last immer gleichbleibende, gestraffte Haltung trugen wesentlich dazu bei, ihn als eine komische Figur anzusehen. Das galt vor allem für die Straßenjungen, die ihm ihre besondere Aufmerksamkeit widmeten und ihn mit dem Spitznamen „Hummel, Hummel' provozierten. Benz ärgerte sich darüber. Da er den Spöttern nicht nachlaufen konnte, blieb ihm nur sein Mundwerk, und er gebrauchte es, wie jeder Hafenarbeiter, Lastenträger, Kutscher oder Speicherarbeiter. Auch nach dem Tode von Wilhelm Benz lebten doch der Hummelruf und seine Antwort weiter. Sie wurden zum Hamburger Allgemeingut. Wenn Hamburger in die Fremde zogen, nahmen sie ihn mit; er gehörte zum Bild der Heimat wie die Fleete, die Speicher, der Jungfernstieg und der Dom. Zahlreiche Anekdoten legen dafür Zeugnis ab; so z. B. auch die Erzählung von dem Auftreten des Schauspielers Rethwisch in New York. Rethwisch (Thaliatheater) gab drüben ein Gastspiel. Als das Stück zu Ende war und rauschender Beifall einsetzte, mischten sich einige Hummel-Hummel-Rufe in die begeister-

‚Hummel'

ten Äußerungen, die alsbald von allen Hamburgern und schließlich, weil so etwas ansteckend wirkt, von allen Anwesenden aufgenommen wurden. Mit jedem Aufgehen des Vorhangs wurde der Ruf stärker, bis der ganze Zuschauerraum von dem tosenden Hummel-Hummel erfüllt war. Damals hing der gebührenden Antwort wohl doch noch der Makel der Unanständigkeit an, und Rethwisch konnte es nicht wagen, die erwarteten Worte in den Saal zu schmettern. Aber er wußte sich glänzend aus der Verlegenheit zu ziehen. Als schon der eiserne Vorhang langsam heruntergiltt, trat er ein letztes Mal an die Rampe, drehte sich um, so daß er dem Publikum den Rücken zukehrte, zog die Rockschöße auseinander und machte eine tiefe Verbeugung. Die kleine Plastik am Memelhaus im ehemaligen Gängeviertel wiederholt, auf einen Straßenjungen übertragen, diese sprechende Geste. In Hamburger Theatern gab es vielgespielte Stücke, die die Gestalt Hummels in den Mittelpunkt stellten. Solche Stücke brachten auch den Hummelruf immer wieder unter die Leute. Er wurde gleichsam zu einem Ausweis jedes Hamburgers. Zu seiner Verbreitung über ganz Deutschland trug auch wesentlich das HH in der Kennummer der Hamburger Automobile (= Hansestadt Hamburg) bei.

Die Gestalt Hummels wird auch in einem Denkmal der Nachwelt vermittelt. Es wurde am 18. September 1938 an der Ecke Rademacher- und Breitergang mitten im ehemaligen Gängeviertel enthüllt. Das Hummeldenkmal hat den Zweiten Weltkrieg unbeschädigt überstanden.

Lit.: *J. Sass:* Hamburger Originale und originelle Hamburger (Hamburg o.J. [1963]).

Humpenstoß. ‚Einen Humpenstoß geben': ein Prosit ausbringen. Die Rda. bezieht sich auf den ‚Humpen', ein großes, weites Trinkgefäß. ‚Humpe' ist zunächst wohl ein aus den obd. Mdaa. aufgegriffener Studentenausdr., der sich von dort her weiter ausgebreitet hat. Lit. belegt ist das Zutrinken und Anstoßen mit dem Humpen bei Chr. Weise (‚Die drei ärgsten Erznarren', 1672, 148): „also dasz Herr Storax dem Florinde eine humpe zutrank".

Hund. Der Hund ist im rdal. Ausdr. ebensosehr das Bild des Elenden, Niederträchtigen und Untermenschlichen wie auch das Symbol der Treue, Wachsamkeit usw. Mit Recht sagt M. Kuusi, daß eine vergleichende Erforschung der überlieferten Rollenverteilung in der Tiersymbolik gerade im Bereich der Sprww. und Rdaa. äußerst interessante Probleme aufweisen würde. Die Rdaa. mit Hund bieten dafür gute Beispiele.

Am häufigsten ist Hund in Schimpfwörtern: *Lumpenhund, Himmelhund, blöder Hund, feiger Hund, frecher Hund, falscher Hund, scharfer Hund* (strenger Vorgesetzter, strenger Richter), *kalter Hund. Alter Hund* bedeutet eine grobe Abfertigung; ferner: alte Sache, alter Prozeß; *einen alten Hund totmachen:* die Sache erledigen (aus der Leipziger Juristensprache bezeugt). ‚Alter Hund' ferner in der Bdtg.: alter Wertgegenstand; altbair. ‚in dem Hause steckt noch ein alter Hund', es ist noch Geld von den Voreltern da.

Blinder Hund: eine Wassersuppe, aus der kein (Fett-)Auge herausguckt, auch: Kaffee ohne Milch.

Da wird der Hund in der Pfanne verrückt ist ein Ausdr. ratloser Verwunderung. Es handelt sich um eine sog. Nonsens-Äußerung, die meist gebraucht wird i. S. v.: Das ist eine unglaubliche Geschichte. Sie erinnert an einen bekannten Eulenspiegel-Schwank. Darin wird berichtet, wie Eulenspiegel als Brauknecht in Einbeck seine Possen trieb: Eines Tages erhielt Till von seinem Braumeister die Weisung, ‚mit Sorgfalt Hopfen zu sieden'. Till kam die Idee, seinem Herrn einen tollen Streich zu spielen. Sein Meister hatte nämlich einen Hund, der auf den Namen ‚Hopf' hörte. Dieses arme Tier warf Eulenspiegel in die siedende Würze. Als man den Sud abgelassen hatte, fand der erboste Braumeister die Überreste seines Hundes in der Braupfanne.

Das jammert einen (toten) Hund: das findet schärfste Mißbilligung. Ebenso *das ist unter dem (unter allem) Hund:* das ist höchst minderwertig, unter aller Kritik.

Dicker Hund: grober grammatikalischer oder orthographischer Fehler (so in der Schülersprache), sonst allgemeiner: große Frechheit, eindrucksvolle, schwierige Sache, schlimmes Vergehen, starkes Stück, auch: unglaubwürdiger Vorgang. *Einen dicken Hund ausbrüten:* eine völlig verfehlte Maßnahme mit entspr. bösen Folgen treffen; einen schweren Irrtum begehen. *Einen dicken Hund haben:* beim Skat ein gutes Spiel in der Hand haben. *Mach keinen dicken Hund los:* reg dich nicht auf! *Einen ganz dicken Hund am Schwanz packen:* eine sehr heikle Sache erörtern. All diese Rdaa. sind erst in der Umgangssprache des 20. Jh. bezeugt, doch mag dabei daran erinnert werden, daß es im MA. als schwere Beleidigung galt, einem als Gabe einen fetten Hund hinzuwerfen (Grimm, Dt. Wb. III, 1570).

Wie man sagt ,vom Pferd auf den Esel kommen', so auch *auf den Hund kommen:* herunterkommen, in schlechte Verhältnisse geraten, wobei die Tierrangfolge noch weiter nach unten fortgesetzt – vom Pferde- zum Esel- und schließlich zum Hundefuhrwerk – oder der Hund einfach als etw. Verächtliches im Vergleich zum Menschen gebraucht ist. Im Jahre 1664 riefen die siegreichen dt. Soldaten dem bei St. Gotthard an der Raab geschlagenen Türken zu: „Komst aufn Hund und nit aufn Gaul!", und in einem neueren Volkslied, 1867 auf den unglücklichen Habsburger Maximilian in Mexiko gedichtet, heißt es:

Von dem Tag an und der Stunde
War der Kaiser auf dem Hunde.

Eine Erklärung liefert P. Abl. Er weist darauf hin, daß in früherer Zeit zur Abschreckung von Dieben am Boden größerer Geldkassetten ein bissiger Hund abgebildet war (entspr. Beispiele sind vor allem noch in Österreich anzutreffen).

In anderen Berichten ist dagegen die Rede von städt. Geldtruhen, die einen ähnl. Bilderschmuck am Boden aufwiesen u. eher als Mahnung zur Sparsamkeit zu verstehen waren, denn wer zu schnell auf den Hund (den Boden) kam, hatte alles andere als sparsam gewirtschaftet: er hatte kein Geld mehr, war am Ende. E. Zeller berichtet in ihrem Roman ,Lampenfieber' (1974) von einer Truhe in einem pommerschen Dorf, auf deren Boden ein Hund gemalt war: wenn die Truhe keine Vorräte mehr barg, war man ,auf den Hund gekommen'.

S. Colditz wiederum führt die Bez. für einen verarmten Menschen auf die Tatsache zurück, daß verarmte Bauern früher anstatt eines Pferdes einen Hund als Zugtier benutzten. In diesem Sinne kann man auch sagen: ,Vom Pferd auf den Esel, vom Esel auf den Hund, vom Hund auf den Bettelsack kommen', d.h., völlig verarmen, sozial immer weiter absteigen.

Auf die Bdtg. der Verarmung bezieht sich auch eine Erklärung von P. Abl im Zusammenhang mit dem Sprw.: ,Kommste übern Hund, so kommste übern Schwanz', das meist ermunternd gebraucht wird i.S.v.: wenn du dies bewältigst, schaffst du auch das Ganze. Sie ist vorwiegend im norddt. Raum geläufig, obwohl der Urspr. in einem Würfelspiel zu suchen ist, das im 15. Jh. auch in Wien bekannt war u. bereits von den alten Römern gespielt wurde. Die Spieler benutzten dabei 4 Astralagi (= Knochenstücke aus der Fußwurzel von Schaf oder Ziege). Diese hatten vier Flächen mit je 1, 3, 4, 6 Augen. Als schlechtesten Wurf bezeichnete man den sog. ,Hundswurf' (canis – benannt nach dem Sternbild des Hundes), d.h., wenn alle vier Astralagi die Einerseite (die Seite mit dem Hund) zeigten. Wer einen ,canis' geworfen hatte, verlor seinen ganzen Einsatz. Bei manchen Spielen galt auch der Wurf von vier Sechsern als verloren. Zum Trost hatte man ein Sprüchlein: ,Komme ich über den Hund (= über die Vier), so komme ich auch über den Schwanz' (= über die Siebenzahl des großen Hundes – gemeint sind die drei neben dem eigentlichen Sternbild stehenden Sterne). Der Prediger Johann von Capistran wandte das Wortspiel auf jene an, die zügelloser Spielwut frönten u. dadurch Hab u. Gut verloren.

(Völlig) auf dem Hund sein: gesundheitlich am Ende, sich ausgemergelt u. am Ende der Kräfte fühlen.

Die scherzhafte Frage: ,Seid ihr auch auf den Hund gekommen?' meint heute mitunter: Habt ihr euch auch einen Hund ,angeschafft'?

Aus der verächtlichen Bdtg., die an dem Hunde haftet, erklären sich die vielen geringschätzigen Zusammensetzungen wie *hundsgemein, hundeschlecht, Hundeleben* (frz. ,vie de chien'), *Hundewetter* (frz.

‚temps de chien'), *hundemüde,* auch das *hunzen* (aus-, herunter-, verhunzen), das nach seiner Herkunft eigentl. ‚hundsen' geschrieben werden müßte. Auf das ‚Hundeleben' spielt auch Goethe im Faust an: „Es möchte kein Hund so länger leben". Desgleichen Günter Grass, der als Titel eines Romans den Begriff ‚Hundejahre' wählte.

Ein Mensch muß sehr verachtet sein, wenn man von ihm sagen kann: *Es nimmt kein Hund einen Bissen Brot von ihm.* Schon bei Hans Sachs klagt einer über seine Frau als seinen Fegteufel:

Der rennt mir nach offt ins wirtshaus
vnd hollüpt (lästert) mich mit worten auß:
Ein hund ein brot kaum von mir nem.

Der große Hund ist ein ähnl. rdal. Bild wie ‚das große (hohe) Tier', worunter man einen vornehmen Mann von hohem Rang versteht. Von einem Eingebildeten sagt man obersächs.: ‚Er denkt, daß der große Hund sein Pate wäre, derweile ist es Bettelmanns Spitz'; auch: ‚wie dem großen Hund sein Bruder auftreten', anmaßend auftreten; ndd. ‚ok de gröttste Hund (Rüe) mot sek schämen' u. dgl. – ‚De grote Hund' ist für den Seemann eine Verkörperung des Meeres. Mit diesem Bild wird die Raffgier der See gekennzeichnet; wenn der Koch Speisereste über Bord schüttet, spricht er dazu: ‚Dat is wat för'n groten Hund'. Aus gleicher Anschauung heraus werden gischtende Brandungsseen ‚weiße Hunde' genannt (Stammler, Aufriß Sp. 1876).

‚Die Hunde bellen, die Karawane zieht weiter': ist eine neuerlich in der Politik des öfteren zu hörende Wndg., meist i.S.v.: wir lassen uns nicht beirren, wir halten an unserer Linie fest. Sie soll auf ein arab. Sprw. zurückgehen, ↗Karawane.

Brot im Hundestall suchen oder *den Hund nach den Bratwürsten schicken:* einen verkehrten Weg bei einer Handlung einschlagen, etw. Törichtes tun.

Bekannt wie ein bunter (oder *scheckiger*) *Hund* wird von einem gesagt, der allenthalben, aber nicht gerade rühmlich bekannt ist; auch von Frauenzimmern, die sich gemein machen. Der Leipziger Amaranthes (Corvinus) sagt 1711 von einer Frau:

Die es mit keinem redlich meint,
Die man, es weiß es jedes Kind,
Pflegt einen bunten Hund zu nennen,
Den man auf allen Straßen findt.

‚Bekannt wie ein bunter Hund'

Die meisten Hunde sind einfarbig; ein Hund in mehreren Farben fällt darum auf. Die Rda. findet sich in der allg. Umgangssprache ebenso wie in den Mdaa., z.B. holst. ‚Se is so bekannt as de bunte Hund'; ostfries. freilich heißt es: ‚Dar sünt mehr bunte Hunne as een', einzelne Kennzeichen reichen nicht aus, Personen oder Sachen genau zu bestimmen. Vgl. frz. ‚connu comme le loup blanc' (wörtl.: bekannt wie der weiße Wolf), ↗Wolf.

Nach dem auffälligen Zittern neugeborener Hunde heißt es: *frieren wie ein junger (nasser) Hund.*

Junge Hunde und Schoten ist in Sachsen eine der rdal. Antworten auf die Frage neugieriger Kinder, was es zum Mittagessen gebe, wohl mit Anspielung auf das ungeduldige Zappeln der Fragenden; doch in Oberbayern heißt eine Mehlspeise tatsächlich ‚nackte Hündlein'.

Damit lockt man keinen Hund vom (unter, hinter, aus dem) Ofen (vor): um Erfolg zu haben, muß man mehr Klugheit, gewichtigere Gründe aufbieten. Die Rda. ist seit

,Den Hund hinter dem Ofen vorlocken'

Luther öfters belegt; in der Ballade ,Der Kaiser und der Abt' läßt G. A. Bürger den unwissenden, aber schlauen Schäfer Hans Bendix sagen:

Versteh' ich gleich nichts von
lateinischen Brocken,
So weiß ich den Hund doch vom Ofen
zu locken.

Urspr. hieß es ,den Hund aus dem Ofen locken', was seine Erklärung in der alten Bauart der Öfen findet: Der Ofen stand auf Beinen, zwischen denen sich der Hund zu Hause gern lagerte; oder es ist auch das Ofenloch, die ,Hölle' gemeint, in die der Hund nach dem Ausgehen des Feuers hineinkroch.

Auf das gereimte Sprw. *Zwei Hunde an einem Bein kommen selten überein* beziehen sich sowohl das Detail aus P. Bruegels Rdaa.-Bild wie auch plastische Darstellungen an Kirchengestühlen.

Meist lebt der Hund in Feindschaft mit der Katze, so daß *wie Hund und Katze leben* sprw. für fortwährendes Gezänk zweier aufeinander Angewiesener ist. So schon mhd. in Freidanks Lehrgedicht ,Bescheidenheit' (138,15):

Bî hunden und bî katzen
was bîzen ie und kratzen.

Ähnl. heißt es im Liederbuch der Hätzlerin (S. LXXII, 36):

Sy liebt sich mir zu aller stund,
Als by dem tische katz vnd hund.

Anders 1639 bei Lehmann S. 881 (,Vneinigkeit' 23): „Vneinige sind in gutem Vernehmen wie der Fuchs vnd Han, Katz vnd Mauß".

Vgl. frz. ,être comme chien et chat'.

Nach der Meinung von Zoologen und Verhaltensforschern beruht die oft zu beobachtende Unverträglichkeit zwischen Hund u. Katze nicht auf einer ,Erbfeind-

,Wie Hund und Katze leben'

,Hundeflöhen'

,Zwei Hunde an einem Bein kommen selten überein'

,Mit allen Hunden gehetzt'

schaft', sondern auf dem gegenseitigen Mißverstehen ihrer Gebärdensprache. Was bei dem einen Tier eine Gebärde zur freundschaftlichen Annäherung ist, wird vom anderen als feindselige Haltung gedeutet. (KHM. 222; Bolte-Polívka III, S. 542–555; vgl. Vitus B. Dröscher: ‚Mit den Wölfen heulen', 1978, 73–76).

Die unangenehme Eigenschaft eines ungepflegten Hundes sind seine vielen Flöhe; daher der rdal. Vergleich: *Er steckt voller Unarten wie der Hund voll Flöhe. Er ist voller Freude wie der Hund voller Flöhe* ist eine sehr geläufige Rda., der etw. Ironisches anhaftet und die durchaus nicht jung ist, sondern bereits vorgebildet erscheint in den Satiren gegen Murner (‚Sendbrief von der Meßkrankheit'): „Ich mein", sagt Frümesser, „ir seyt völler fantasten (wunderlicher, krauser Sinn), denn ein zotteter Hund flöch im Augsten (August)". Daß man auch ebenso voll von freudloser Stimmung sein konnte, beweist Hans Sachs' Fastnachtsspiel vom Pfarrer mit den ehebrecherischen Bauern (2):

Ich steck unmuts und angst so vol
Und ge gleich in den sinnen umb,
Wie der hund in den flöhen krumb.

Eine sehr lästige Beschäftigung vergleicht man mit *Hundeflöhen.*

Von der Jagd stammt: *mit allen Hunden gehetzt sein:* so schlau, so erfahren sein,

‚Den Hund bös machen'

daß man sich allen Gefahren zu entziehen weiß.

Den Hund bös (wütend) machen: jem. reizen, aufstacheln; ndl. ‚Zij maekt den hond boes'; dazu die Abb. des 18. Jh., die sich satirisch gegen diejenigen Frauen wendet, die ihre sanftmütigeren Männer aufreizen; ähnl. *schlafende Hunde wecken:* die Gefahr selbst herbeiführen; auf sich aufmerksam machen, unvorsichtig sein, ein kontroverses, schwieriges oder tabuiertes Problem aufgreifen, das man besser auf sich beruhen lassen sollte; vgl. frz. ‚Il ne faut pas réveiller le chat qui dort' (wörtl.: Man darf die schlafende Katze nicht wekken), ↗Katze.

Ebenfalls auf die Jagd bezieht sich der rdal. Vergleich, den Carl Zuckmayer

(‚Schinderhannes', 4. Akt) bringt: „Die Kerl sinn ihr nachgemacht wie die Hund hinnerm Schweiß".

Wenn der Hund zum Springen und zum Laufen unlustig ist, rutscht er auf dem Hintern; daher *den Hund hinken lassen:* faul, falsch, unzuverlässig sein; die Rda. ist bereits im 16. Jh. ganz geläufig (z. B. ‚Zimmerische Chronik' I, 287 und bei Luther).

Das ist so echt wie Hundehinken: wenn ein Hund einem größeren begegnet und sich von ihm bedroht glaubt, fängt er an zu hinken, um sich seiner Gnade zu versichern, indem er seine eigene Ungefährlichkeit manifestiert.

Vor die Hunde gehen: verkommen, entzweigehen, zuschanden werden; die Rda. ist vielleicht hergeleitet von krankem und schwachem Wild, das leicht den Jagdhunden zum Opfer fällt (seit dem 17. Jh.). Wahrscheinlicher als diese Herleitung aus der Jägersprache ist aber wohl die Geringwertigkeit des Hundes, die für die Wahl der Metapher ausschlaggebend gewesen ist (vgl. ‚das ist für die Katz', ‚in die Wicken gehen', ‚flöten gehen' und verwandte Rdaa.).

Einer breiteren Erklärung bedarf die Rda. *Hunde tragen* (oder *führen*), landschaftlich mit verschiedenen Zusätzen, z. B. in Sachsen: ‚bis Bautzen', im Elsaß: ‚nach Lenkenbach', in Gießen: ‚nach Endebach', in Franken: ‚nach Buschendorf', in Schwaben: ‚bis Ulm', Ortsbez., die heute alle nur noch bedeuten: sehr weit. Der Sinn der Rda. ist: eine unangenehme, beschwerliche, langwierige, nicht einträgliche Arbeit ausführen. Man hat zur Erklärung an verschiedene alte Rechtsbräuche erinnert: ‚Hunde tragen' war eine Strafe, zu der Edelleute, die geraubt oder den Landfrieden gebrochen hatten, verurteilt wurden; damit sollte ausgedrückt werden, daß sie eigentl. verdient hätten, aufgehängt zu werden wie ein Hund. Die Rda. ‚Hunde führen' dagegen wird zurückgehen auf eine alte Untertanenpflicht, dem Herrn, zumal dem Gerichtsherrn, Hunde zu halten: eine sicherlich als beschwerlich empfundene Aufgabe. Möglicherweise haben die genannten Orte dabei eine bestimmte Bdtg. als Grenzangabe; so war Bautzen der Grenzort zwischen Meißen und der Lausitz; auch für Ulm an der Donau gilt eine solche Grenzlage.

In dem Bannteiding von Podersdorf (Neusiedel am See) findet sich aus dem 16. Jh. folgende Bestimmung:

Wenn einer nach Podersdorf kommt und niemals früher hier gewesen ist, so soll man den größten alten Hund in dem Gemeindegebiet nehmen, ihn in einen Sack gut einbinden, daß er nicht beißen kann, und soll ihn dann dem Ankömmling auf die Achsel legen. Dieser soll ihn von des Richters Haus bis zu einem Kreuz tragen. Dort kann er rasten. Dann hat er den Hund ungesäumt wieder bis zu des Richters Haus zurückzutragen ... Wer aber den Hund nicht tragen will, kann sich mit einem Eimer Wein freikaufen. Mit der Strafe des Hundetragens hängt möglicherweise die Rda. ‚auf den Hund kommen' zusammen, wenn hier nicht doch an den Hund als Zugtier der Ärmsten oder auch an den Hund als Nahrungsmittel ärmerer Leute zu denken ist (s. o.).

Jem. einen Hund antun: einen bitteren, kränkenden Spott zufügen (vor allem in Niederoesterr.). In dieser Rda. lebt die Erinnerung an alte Rechtsbräuche fort: an das Mithängen eines Hundes am Galgen als bes. schimpfliche Hinrichtungsart oder an die Strafe des Hundetragens. Die Rechtsstrafe lebt als Hänselbrauch weiter und ist verschiedentlich durch Weistümer belegt. Wie sehr die alten Rechtsbräuche fortwirkten, zeigt eine Kabinettsordre Friedrich Wilhelms I. von Preußen vom 5. November 1739, die aus dem Widerwillen gegen die Wiederaufnahme überlebter Sachen entstand: „Von morgen über acht Tage ab, wenn ein Advokat oder Prokurator oder anderer dergleichen Mensch seiner Königlichen Majestät Memoralien in abgetanen und abgedroschenen Prozeß- oder Gnadensachen einreichen zu lassen sich unterstehen wird, als dann seine Königliche Majestät einen solchen ohne Gerede aufhängen lassen wird und neben ihn einen Hund".

Hunde aus- (oder *ein-*)*läuten* nennt man es, wenn unruhige Kinder beim Sitzen den einen oder den anderen Fuß beständig vor- oder rückwärts bewegen, auch: *den Hunden Schiedung (Scheidung) läu-*

,Da liegt der Hund begraben'

ten; die heilige Glocke darf nur einem Menschen beim Tode ausläuten, nicht aber einem Tier; bei einem Tier wird sozusagen stumm geläutet, wie die Bewegung der Kinderbeine zeichenhaft andeutet. L. Schmidt meint dazu: „Die Beziehung auf den Hund, der offenbar unter dem Tisch liegend gedacht war, hat sich wohl im 16. Jh. eingestellt. Hans Sachs hat sie 1534 verwendet (Zwölf Fastnachtsspiele aus den Jahren 1518–1539, in: Neudrucke dt. Literaturwerke des XVI. u. XVII. Jh., Nr. 26 und 27, Halle 1880)", ↗Esel. Schmidt erwähnt des weiteren auch das Sprw.: ,Wenn man einen Hund schlagen will, findet man einen Stecken', das bei Johannes Fischart 1575 in seiner Verdeutschung eines frz. Originals begegnet:

Wann man kurtzum einen tot will haben,
Kan man bald ein ursach von Nägeln schaben,
Und welcher schlagen will ein Hund,
Bald ein Stecken fund.

Die Rda. ist im 19. u. 20. Jh. von Ostpreußen bis nach Österreich gewandert. Dort ist sie auch heute noch anzutreffen.

Hunde hinten haben: einen heimlichen Schatz besitzen. Dazu wohl auch die Rda. *Da liegt der Hund begraben:* das ist's, worauf es ankommt; das ist die Ursache der Schwierigkeiten, des Übels; vgl. frz. ,voilà le chien', heute ungebräuchlich. Dafür: ,C'est là qu'est le lièvre' (wörtl.: Da liegt der Hase), ↗Hase; ndl. ,daar ligt de hond begraven'. Wander (II, Sp. 879f.) bringt gleich mehrere, allerdings ganz verschiedene und sich widersprechende Erzählungen, die die Entstehung dieser Rda. zu erklären versuchen; sie alle sind aber erst sekundäre ätiologische Deutungsversuche, denen keinerlei Wahrscheinlichkeit zukommt. Wieder eine andere, aber vermutlich auch nur ätiologische Erklärung gibt Büchmann. Er erinnert an das Grabmal eines treuen Hundes, das sich in der Nähe der Schloßruine von Winterstein in Thüringen, zwischen Friedrichroda und Eisenach gelegen, befindet. Die beinahe 1 m hohe Steinplatte trägt die Inschrift:

Ano 1630 Jar dr
19 Marci ward
Ein Hund hieher
Begrawen das in nicht fressen die
Rawen war sein Name Stuczel genant
Fürsten ūd Hern wol bekāt geschah
Ob seiner grossē Treulichkeit die er
Seinē Her ūd Frauen beweist.

Die Rda. bezieht sich aber wahrscheinl. auf den in der Erdentiefe verborgenen Schatzhüterhund der Volkssage. Oft ist es der Geizige selbst, der nach seinem Tode als Hund die Schatzgräber abschreckt. Mephistopheles spottet in Goethes ,Faust' (II, 1, V. 4977ff.) über die Menge, die an seinem Schatzgräbertum zweifelt:

Da stehen sie umher und staunen,
Vertrauen nicht dem hohen Fund;
Der eine faselt von Alraunen,
Der andre von dem schwarzen Hund.

Hans Sachs läßt einmal einen jungen Menschen, der Geld in der Tasche zu haben glaubt, daran klopfen und sprechen: „Da ligt der hunt". Bei Abraham a Sancta Clara (,Mercurialis', 82) heißt es: „Vermerkte gar bald, wo der faule Hund vergraben lag".

Christian Weise (1642–1708) sagt in der Komödie ,Tobias und die Schwalbe' (I, 15): „Es ist ein verständiger Hund, ich halte immer, es ist einmal ein Schatzgräber darein verbannt worden". Offenbar hat man also den schwarzen Hund, der den verborgenen Schatz urspr. hütete, mit dem Schatz selbst gleichgesetzt. In dem ‚Carmen de Brunsbergo' stehen die Verse:

Horrendus canis est tenebrosum cinctus ad antrum
Thesauri custos, qui latet imus ibi,
Igneus est visus, color atque nigerrimus illi
Os patulum et cunctis halitus, usque gravis.

Der schwarze Hund der Schatzsage steht vielfach anstelle des Teufels als Schatzwächter, wie der Teufel ja auch sonst vielfach in Hundegestalt auftritt. Um den Namen des Teufels zu verhüllen, sind dann wohl auch andere Ausdrücke eingesetzt worden, z. B.: ‚Da liegt ein Musikant begraben' oder, wie in der angeführten Stelle aus dem ‚Faust': „Da liegt der Spielmann, liegt der Schatz". Goethe schreibt auch in einem Brief vom 6.6.1809 an Charlotte von Stein: „Ist doch alles, was mich in Jena umgibt, so trümmerhaft gegen vorige Zeiten, und ehe man sich's versieht, stolpert man über einen Erdhöcker, wo, wie man zu sagen pflegt, der Spielmann oder der Hund begraben liegt (deren Gedudel oder Gebell gleichsam in die darüber schreitenden Füße fährt)"; vgl. ferner das Liedchen ‚Hier liegt ein Spielmann' aus ‚Des Knaben Wunderhorn', wo es in der 9. Str. heißt:

Da laufen die Schwaben
Und fallen in Graben,
Liegt ein Spielmann begraben
Mit der kleinen Killekeia,
Mit der großen Kum, Kum.

E. Hermann deutet die Rda. völlig anders. Für ihn ist sie kein Hinweis auf einen Schatz, sondern vielmehr auf ein Geheimnis bzw. ein verborgenes Übel. Er geht von der entspr. frz. Wndg.: ‚c'est là que gît de lièvre' aus u. folgert, daß es sich um ähnliche Prämissen handelt: so wie der Hase seinen Lagerplatz an einem schwer zu findenden Ort aufschlägt, bleibt auch die Stelle, an der ein Hund begraben wird, für die Allgemeinheit meist unbekannt. Wußte man, wo er begraben lag, war man hinter ein Geheimnis gekommen. Da im Engl. das Aufspüren eines unbekannten Übels wiedergegeben wird mit der Wndg. ‚There is the rub' (die ärgerliche Schleifstelle, die Quelle allen Übels), ist nach Hermann der Weg vom Geheimnis zum Übel auch bei der dt. Rda. nicht weit.

Der Hund hat das Leder gefressen: wenn man jem. etw. anhaben will, findet man leicht einen Grund. Diese Rda. reicht in das Altertum zurück bis auf Theokrit (Id. 10, 11): „χαλεπὸν χορίῳ κύνα γεῦσαι" (es ist schlimm, den Hund vom χόριον kosten zu lassen); χόριον ist die feine Haut um die Eingeweide, die von den Griechen samt den Eingeweiden getrocknet, mit Milch gefüllt ans Feuer gesetzt, geröstet und so gegessen wurde. Χόριον bedeutet aber auch die Hülle, die die Frucht im Mutterleibe umschließt und ihr bei der Geburt als Nachgeburt folgt. Diese Nachgeburt nun wird von Hunden, Schweinen und anderen Tieren gern gefressen. Wenn man Hunde zähmen wollte, hielt man ihnen dieses χόριον vor. Man soll also keinen Hund davon kosten lassen, er kann dann nicht mehr davon lassen. Im weiteren Sinne muß aber χόριον auch Haut bedeutet haben. Da Häute zu Leder verarbeitet werden, ergab sich die Bdtg. Leder von selbst. Sie drang nun auch in die Rda. ein. Hier beginnt das Mißverständnis, das über Lukian z.B. auf Horaz überging (Sat. II, 5, 83): „Ut canis a corio nunquam absterrebitur uncto" (Wie der Hund nie vom gefetteten Leder abzubringen ist). Von Horaz aus hat sich die Rda. weiter verbreitet. Z.B. bei Notker Labeo (952–1022): „Fone démo limble so beginnit tir hunt leder ezzen" (Angefangen mit einem Riemen beginnt der Hund Leder zu fressen): Kleine Übertretungen führen mit der Zeit zu größeren Vergehen. Genauso haben wir den Spruch noch bei Luther: „An den lappen lern der hund ledder fressen". Er versteht es aber in dem Sinn: „Wem das kleine verschmaht, wird das großer nicht". – Dieses Sprw. erfuhr später noch einmal eine Umdeutung: Der Hund darf kein Leder fressen, tut er es doch, wird er gestraft. Hier beginnt nun wieder im Anschluß an Stellen wie Theokrit und Horaz die spätere Fassung ihre Bestätigung zu bekommen: ‚Canis assuetus corio' und ‚σκύτους ἕνεκα δέρεται κύων, ἐκεῖνος δὲ σκυτοτομεῖ' (Wenn man einen Hund prügeln will und will einen Grund haben, so muß er das Leder gefressen haben). Gemeint ist mit dem Leder fressenden Hund das Sichlosmachen von eingegangenen Verpflichtungen; das Tertium comparationis dürfte der lederne Riemen sein, an den der Hund gebunden war und den er nun zerbeißt. So z.B. in Freidanks ‚Bescheidenheit' (138,17):

Der hunt hat leder gezzen
Dô man dienstes vil vergezzen.

Im ‚Renner' heißt es (V. 18365):

swer triuwen und dienstes wil vergezzen
der spricht sîn hunt hab leder gezzen.

Bei Luther findet sich die Rda. wiederholt: „Aber es geht, wie man sagt, wenn man dem Hund zu will, so hat der Leder gefressen". G. T. Pistorius bucht in seinem ‚Thesaurus paroemiarum' von 1715/25 „An Riemennagen lernen die Hunde Leder fressen". Und J. H. Voß dichtet: „Hans, der Hund, den hängen man will, hat Leder gefressen". Vgl. frz. ‚Qui veut noyer son chien l'accuse de la rage' (wörtl.: Wer seinen Hund ertränken will, behauptet, er sei tollwütig). Dagegen sagt das Sprw.: ‚Von geschmiertem Leder scheiden Hunde nicht gern', d.h. wer in einer günstigen oder scheinbar günstigen Abhängigkeit ist, wird sich nicht frei machen wollen.

Den Hund vor dem Löwen schlagen: einen Schwächeren in Ggwt. eines Mächtigeren bestrafen, damit dieser sich eine Lehre daraus ziehe; später und sekundär: etw. Unsinniges tun. Varianten: ‚Wenn man dem Löwen eine Lehre geben will, schlägt man den Hund auf die Schnauze' (Wander II, Sp. 883, Nr. 1464 und III, Sp. 242, Nr. 108); frz. ‚battre le chien devant le lion'; ndl. ‚Om den leeuw te bedwingen, slaat men het hondje klein'. Auf die Rda. bezieht sich auch eine Darstellung vom Brunnen auf dem Domplatz zu Perugia, von Niccolò von Pisa und seinem Sohne Giovanni 1277–1280 errichtet. Die Wndg. scheint zuerst bei dem hl. Ambrosius (‚de Cain et Abel' I, 13) vorzukommen: „caeditur canis, ut pavescat leo". Von hier aus hat sich die Rda. in alle Sprachen Europas verbreitet. – Frühe Belege finden sich ferner in der ‚Fecunda ratis' des Egbert von Lüttich (um 1023): „Ceditur, ut feritas paveat, canis ante leonem"; bei Thomasin von Zerclære (1216) (‚Der wälsche Gast', ed. Rückert 1852, V. 12385):

Der lewe der hât einen site,
daz man im vüert einn hunt mite.
Wan ob er ze deheiner stunt
unreht tuot, man sleht den hunt;
dâmit ist er gezühtigt wol,
daz er tuot, daz er sol.

In Freidanks ‚Bescheidenheit' heißt es: „Vohrhte machet lewen zam, êren beseme daz ist scham"; in Lassbergs ‚Liedersaal' (III, 493, V. 37):

Ir zürnen fircht ich alle tag,
alsam der lew des hundez slag.

Der andere Morolf (v. d. Hagen-Büsching: Dt. Gedichte des MA. 1, 5, 46) schreibt:

Der hunt wirt czu wilen geschlan
umb daz der lebe hat getan.

Suchensinn, ein bair. fahrender Sänger gegen Ende des 14. Jh., schildert den Vorgang:

Ein edler lewe ân missetât
die natûre in hertzen hât,
wan sîn meister vor im stât
und slecht ein hündlîn sêre,
zehant der lewe im vorchten tuot,
dacz im betrüebet wirt sîn muot

(E. Pflug, Suchensinn, Breslau 1908, S. 78, Nr. 6).

Das in einer Karlsruher Hs. des 15. Jh. erhaltene Gedicht ‚Von der Treu und Untreu' faßt die vielen Schädigungen, die ehrenhafte Leute durch die Untreue erleiden, als eine Warnung auf, die Gott der ganzen Welt vorhält:

Man slecht den hund dem lewen vor.
Das geschicht durch dro:
Got slecht also die werlt,
Die mit mangen sachen
Die do ginnent swachen

(A. v. Keller: Erzählungen aus altdt. Hss. 1855, S. 631, 16).

Auch in Luthers ‚Sprichwörtersammlung' ist die Wndg. ‚Hund fur dem lewen schlahen' verzeichnet.

Shakespeare (‚Othello' II, 3) schreibt: „Ihr seid jetzt nur in seiner Heftigkeit kassiert; eine Strafe mehr aus Politik als aus Erbitterung, just als wenn einer seinen harmlosen Hund schlüge, um einen dräuenden Löwen zu schrecken" und Chaucer (‚Canterbury Tales'): „Um durch mein Beispiel andere zu bewahren, so wie den Löwen einst gewarnt der Hund".

Wo die Rda. in der neueren Lit. bezeugt ist

1

2

3

1–3 ‚Den Hund vor dem Löwen schlagen'

(z.B. bei Fischart u.a.), hat sie meist schon den Sinn eines unnützen Tuns angenommen, aber urspr. handelte es sich um einen tatsächlichen Realvorgang. Es gibt eine Abb. des 13. Jh. aus dem Skizzenbuch des frz. Baumeisters Villard (Album de Villard de Honnecourt, architecte du XIIIe siècle, Paris 1906, Blatt 24), die zeigt, wie man damals wilde Tiere domestiziert hat: Der Tierwärter schlägt angesichts des Löwen die beiden Hunde, um den noch wilden Löwen zur Raison zu bringen. Dressuren von wilden Tieren durch Hundegeheul hat es sogar schon in der röm. Kaiserzeit gegeben; dieser Vorgang ist dann in die christl.-theologische Lit. übergegangen als rdal. Bild zur Warnung der Pflegebefohlenen durch das Beisp. bestrafter Sünder. Diese geistliche Auslegung verschaffte dem urspr. konkreten Vorgang eine bis ins 19. Jh. reichende Popularität in den sprw. Rdaa. verschiedener europ. Völker. Aber zunächst hatte auch diese Rda. deutlich einen realen Vorgang als Ausgangspunkt.

Die Rda. hat möglicherweise Parallelen

im noch lebendigen Jagdgebrauch von Beduinen. Der Beduine nimmt, wenn er auf die Jagd geht, den Jagdleopard vor sich auf sein Kamel u. zusätzlich noch einen in einem Korb sorgfältig verborgenen kleinen Hund. Das hat seinen ganz besonderen Grund. Denn nicht immer läßt sich das Raubtier nach einem Beutezug willig zurück auf das Kamel nehmen, z.B. wenn es noch blutrünstig ist u. wütend um sich schlägt. Dann nimmt der Jäger den Hund aus dem Korb, packt ihn am Fell u. gibt ihm fürchterliche Stockprügel, so daß das Tier vor Schmerzen aufheult. Beim Vernehmen dieser Schmerzensschreie wird das Raubtier ruhig u. schmeichelnd u. läßt sich vom Beduinen gefügig wieder auf das Kamel nehmen. Wenngleich auch kein direkter Zusammenhang mit der Rda. nachgewiesen werden kann, so ist doch anzunehmen, daß der Beduinenbrauch auf die Sitte der Tierbändiger der röm. Kaiserzeit bzw. auf die damit verbundene Kenntnis vom Verhalten bestimmter Raubtiere zurückzuführen ist. Schon bei Plinius ist nachzulesen, daß ein Jagdlöwe gezähmt werden kann, wenn er sieht, wie ein Hund geschlagen wird.

Wenn die Hunde mit dem Schwanze bellen: nie, niemals, ↗ Buxtehude. Eine Fülle speziell schles. Sprww. und Rdaa. hat K. Rother zusammengetragen, die nicht im einzelnen erörtert werden können. Nur eine kleine Auswahl soll hier ihren Platz finden: ‚A bleder Hund werd salda fett'; ‚a fragt an tuten Hund dernooch'; ‚a frissts nei wie der Hund 's Gespeite'; ‚das kann ihm bekommen wie dem Hund das Grasfressen'; ‚das mag der Hund nicht, und wenns mit Butter beschmiert ist'; ‚Dr Hund werd dir was scheissa (niessa)'; ‚Ich bien doch kee Hund, soo ichs riecha kennde'; ‚ich bin em gram, wie anem Hund'; ‚ich kann nicht allen Hunden Schuhe machen'.

Ferner ↗ Hundshaare, Hundeschnauze.

Daherkommen wie das Hündle von Bretten: erfolglos u. geschlagen, ‚wie ein begossener Pudel' oder ‚mit eingeklemmtem Schwanz'. Wenn einer den kürzeren gezogen hat, wird das häufig kommentiert mit den Worten: ‚Er kommt daher wie's Hündle von Bretten.' Die Rda. bezieht sich auf ein bekanntes Denkmal in Bretten, worauf ein Hund mit abgehacktem Schwanz dargestellt ist. Dazu gibt es eine Vielzahl von Sagen, die als Erklärung des merkwürdigen Wahrzeichens Verbreitung gefunden haben. So heißt es in einer Sagenfassung: Eine Brettener Kaufmannsfamilie habe ihr Hündchen so abgerichtet, daß es ein Körbchen um den Hals gehängt bekam, worin ein Zettel und Geld lag, wenn es beim Metzger u. Bäcker einkaufen ging. Als es an einem Freitag mit einer Wurstbestellung zum Metzger geschickt wurde, hieb ihm dieser aus Ärger darüber, daß das Fastengebot nicht eingehalten wurde (in einer 2. Fassung: aus Wut über nicht beigefügtes Geld) den Schwanz ab u. legte diesen anstelle der Wurst in den Korb. In einer anderen Version wird von einer Belagerung berichtet, bei der von der hungernden Bevölkerung zur Vortäuschung von Wohlhabenheit ein Hündchen dick u. fett gemästet u. dann zum Stadttor zu den Feinden hinausgelassen wurde. Diese hackten ihm enttäuscht den Schwanz ab u. schickten den verstümmelten Hund zurück als Zeichen dafür, wie es ihnen selbst ergehen würde. Doch dann besannen sie sich u. traten den Rückzug an mitsamt dem abgehackten Schwanz. Das Hündchen soll als bleibendes Denkmal für die Errettung der Stadt aus großer Not auf ein Stadttor gesetzt worden sein. Tatsächlich befindet sich das Original des ‚Brettener Hundle' in Stein gehauen an der evangelischen Stiftskirche (früher St. Laurentiuskirche) in Bretten, ein späteres Steindenkmal des Hundle dagegen auf dem sogenannten ‚Hundlesbrunnen' an der Melanchthonstraße von Bretten (vgl. Grimm: Dt. Sagen Nr. 96; E. Meier: Dt. Sagen, Sitten u. Gebräuche aus Schwaben, Stuttgart 1852, Nr. 395, S. 356f.).

Den Hund zum Jagen tragen müssen: wird auf eine Person bezogen, die überaus bequem u. träge ist u. sich buchstäblich nicht von der Stelle rührt.

Lit.: *R. Röhricht:* ‚Löwe und Hund', in: Zs. f. dt. Philologie, 9 (1878), S. 473–474; *F. Brinkmann:* Der Hund in den roman. Sprachen und im Englischen, in: Herrigs Arch. Nr. 46, S. 425–464; *F. A. Stoett:* Het haar van den hond, in: Tijdschrift voor Nederlandse Taal- en Letterkunde 12 (1893), S. 251–267; *D. Sanders:* Zu der sprw. Rda.: ‚Hunde nach Bautzen tragen', in: Zs. f. dt. Sprache 10 (1896–1897), S. 25–28; *O. Weise:* In die

Wicken gehen, flöten gehen und Verwandtes, in: Zs. f. hd. Mdaa., 3 (1902), S. 211–217; *J. Bolte:* Den Hund vor dem Löwen schlagen, in: Zs. f. Vkde. 16 (1906), S. 77–81; 32 (1922), S. 145; 37/38 (1927/1928), S. 19; *O. Keller:* Die antike Tierwelt, Bd. 1 (Leipzig 1909), S. 91–151, bes. 136–147; *A. Koskenjaakko:* Koira suomalaisissa ynnä virolaisissa sanalaskuissa = Der Hund in den finn. und estnischen Sprww. (Helsinki 1909); *F. Pfaff:* ‚Das Hündchen von Bretten', in: Alemannia, Zs. des Vereins f. Vkde., ländl. Wohlfahrtspflege u. Heimatschutz Badische Heimat, III. Folge, Bd. 5 (1913) S. 44–46; *J. S. Tatlock:* ‚To beat the dog before the lion', in: Modern Language Notes 38 (1923), S. 506–507; *K. Rother:* Hund, Katze und Maus im schles. Sprw., in: Mitteilungen d. schles. Gesellschaft f. Vkde. 26 (1926), S. 247–251; *A. Pfleger:* Die alte ‚Harneschar' oder das Hundetragen, in: Elsaß-Land-Lothringer Heimat, 9. Jahrg., April 1929, 4. Heft, S. 109–112; *Dr. Avabzini:* ‚Der große Hund', in: Oberdt. Zs. f. Vkde. 7 (1933), S. 155; *O. K. Hoffmann:* ‚Zwei Redewendungen aus dem german. Rechtsleben', in: Zs. f. dt. Bildung 12 (1936), S. 192–195; Singer III, 21, 99; *W. Dickertmann:* ‚Wieso ist man auf den Hund gekommen?', in: Muttersprache 66 (1956), S. 478–481; *ders.:* ‚Auf den Hund gekommen', in: Muttersprache 69 (1959), S. 287–288; *M. Kuusi:* Parömiolog. Betrachtungen, FFC 172 (Helsinki 1957), S. 7 ff.; *B. Allen Woods:* The devil in dog form, Folklore Studies 11 (Berkeley – Los Angeles 1959); *M. Leach:* God had a Dog. Folklore of the Dog (New Brunswick/N. J. 1961); *P. Abl:* ‚Nochmals auf den Hund gekommen', in: Muttersprache 73 (1963), S. 182; *S. Colditz:* ‚Nochmals auf den Hund kommen', in: Muttersprache 73 (1963), 54–55; *G. Krothoff:* ‚Auf den Hund kommen', Etymology and Ideology, in: Modern Language Notes 78 (1963), S. 532–535; *E. Hermann:* ‚Da liegt der Hund begraben. Reflexionen über eine Rda.', in: F. A. Z. v. 14. Aug. 1971; *L. Röhrich* u. *G. Meinel:* Rdaa. aus dem Bereich der Jagd u. der Vogelstellerei, S. 315, 317 f.; *R. Thalmann:* Der Hund im Volksleben, in: Schweiz. Arch. f. Vkde. 73 (1977) S. 224–230; *R. Schenda:* Art. ‚Hund', in: EM. VI, Sp. 1317–1340; *R. Bergler:* Mensch u. Hund. Psychologie einer Beziehung (Köln 1986); *F. Héran:* Comme chiens et chats. Structures d'un conflit culturel et genèse, in: Ethnologie française 18 (1988) S. 325–337.

hundert. *Vom Hundertsten ins Tausendste kommen* sagt man, wenn jem. bei einer Erzählung von seinem Stoff abspringt und abschweift und auch den neuen Faden wieder fallen läßt, um von etw. Drittem zu reden, was ihm gerade durch den Kopf geht, bis er nicht mehr weiß, wovon er eigentl. hatte sprechen wollen; als ob er nicht nur auf hundert, sondern schließlich gar auf tausend Dinge zu reden gekommen wäre. In Wirklichkeit ist etw. anderes mit den Worten gemeint, nämlich ein Irrtum beim Rechnen mit der vom Ende des 15. bis ins 17. Jh. viel benutzten Rechenbank, auf der waagrechte Linien gezogen waren, die den aufgelegten Marken (Rechenpfennigen) einen um je eine Dezimalstelle steigenden Wert gaben (‚Rechnung auf den Linien'). Die Rda. lautet eigentl.: ‚das Hundert in das Tausend werfen'. In dieser Form verzeichnet sie 1529 Joh. Agricola (Nr. 429): „Er wirfft das hundert in tausent. Er mengt es in einander, Hundert sind das zehend teyl von tausent, vnd tausent ist ein größere zal denn hundert. Wer nun hundert zu tausent wirfft, vnd rechnet nicht darzwischen die andern hundert, als zwey, drey, vier, funff, sechsß, sieben, acht, neun hundert vnd als denn tausent, der macht es also, daß niemand weyß, was er rechnet oder redet. Darumb wirt diß wort gebrauchet widder die, so vil gewesch machen, vnd sagen vil, sie aber selbs wissen nicht, wo es hat angefangen, oder wo sichs endet, die es hören, auch nicht". So gebraucht die Rda. auch Luther und bucht sie 1663 Schottel. Erst als man das Bild nicht mehr verstand, kam die heutige Form auf: „Da fieng er wieder an zu wüten und das tausendste ins hundertste zu werffen" (Grimmelshausen, ‚Simplicissimus' I, 336); oder: „weil ich auch sonst in meinem Diskurs das Tausend ins Hundertste warf" (ebd. II, Kap. 19, S. 154). „Doch lassen sie uns nicht das Hundertste ins Tausendste schwatzen" (Lessing).

Hundertfältige Frucht tragen beruht auf Matth. 13,8.

Auf hundert sein: sehr erbost sein; ähnl. *auf hundertzehn sein;* hergenommen aus der Kraftfahrt: 100 bzw. 110 km Stundengeschwindigkeit entwickeln.

Ähnl. *Auf hundertachtzig sein:* kurz vor der Explosion; *jem. auf hundertachtzig bringen:* ihn bis zum Äußersten reizen. Es kann damit aber auch ein Blutdruckwert von 180 gemeint sein, der weit über den Normalwert hinausgeht.

Er ist ein Hundertfünfundsiebziger: Homosexueller; bezieht sich auf den § 175 des Strafgesetzbuches.

Lit.: *H. Mané* u. *L. Veit:* Münzen in Brauch u. Aberglauben, hg. v. German. Nat.-Mus. (Nürnberg 1982), S. 234–235.

Hundeschnauze. *Er ist kalt (kühl, gleichgültig) wie eine Hundeschnauze* ist eine erst in neuerer Zeit aufgekommene bildl. Rda.

Eine Schichttorte aus Keks, Palmin und Schokolade heißt ‚kalte Hundeschnauze‘ oder auch nur ‚kalter Hund‘.

Hundshaare. *Hundshaare auflegen:* einen Katzenjammer durch neues Trinken bekämpfen. Die Rda. entspricht urspr. tatsächlicher Volksmedizin: gegen den Biß eines tollwütigen Hundes soll das Auflegen des Hundehaares helfen, und zwar zunächst von demselben Hund, der gebissen hat. Nach dem Sympathieheilverfahren wird Gleiches durch Gleiches geheilt. Schon Plinius erwähnt: ‚Aliqui ... intus ipsius caudae pilos combustos insuere vulneri‘. Die Anwendung dieses Heilmittels, das bereits in der Edda empfohlen wird (Hundehaar heilt Hundebiß), ist heute noch allg. verbreitet. Der Unterpfälzer Pfarrer Johannes Rhode aus Bischleben schreibt in seinem ‚Neidhard‘ (1582), nachdem er ausgeführt hat, wie der Neidhard manchen unschuldigen Menschen mit seinen Hundszähnen beißt: „Etliche, damit sie iren Schaden heilen mögen, zausen sie dem neidischen Hunde den Beltz widerumb redlich, und nemmen seiner Haar, drücken sie in ire Wunden, das sol auch helffen, dass die Wunde desto ehe heile. Ich habe solcher Hundeshaar, die den beissenden Hunden aussgeraufft sind, viel gesehen, aber zu Franckfurt auff der Messen sind ir viel zu verkäuffen". Man hielt also damals Hundshaare feil. So scheint auch Luther den Heilvorgang aufzufassen, der in der Auslegung des 3. Kap. Joh. sagt (WA. XLVII, 67): „Wen man von einem tollen Hunde gebissen wird, so muss man Hundshaar wider aufbinden, so wird der Biss geheilet"; und ebenso steht in Christoph Lehmanns ‚Florilegium Politicum‘ (430): „Wer von Hunden wird gebissen, der heilts mit Hundsharen". Noch im 19. Jh. schreibt Sachse (‚Der deutsche Gilblas‘, 1822, S. 163): „Ich fand, daß mich der Hund blutig gebissen hatte. Zum Glück fand sich unter den Gästen ein Balsamhändler, welcher mir seine Hülfe anbot, mir die Wunde auswusch, und, nachdem er Hundshaare mit Balsam darauf gelegt hatte, verband".

Die Rda. erhielt ihre heutige Bdtg. durch den Vergleich der Folgen unmäßigen Alkoholgenusses mit dem Biß eines tollen Hundes. Eine nette Schnurre erzählt Melchor de Santa Cruz de Duennas in seiner zum ersten Mal 1574 erschienenen ‚Floresta española‘: Ein Stadtschreiber von Toledo besuchte einen Kranken, der in dem Rufe stand, viel zu trinken. Er fragte, was zu seiner Heilung geschehe, und ihm wurde geantwortet, man habe ihm ein Pflaster von Weinlaub aufgelegt; da antwortete er: „Recht so; das ist das Haar von dem Hunde, der ihn gebissen hat". Hier haben wir die Verwendung der Rda. in dem übertr. Sinne, den wir ihr auch heute noch geben. Aber schon bei Hans Sachs heißt es in seinem 1554 vollendeten Fastnachtsspiel ‚Sant Peter leczet sich mit sein Freunden ...‘ (V. 63 ff.):

O wie war ich nechten so vol!
Drumb thut mir hewt der Kopff nit wol.
Kan mich schir weder puckn noch regen.
Wil gleich des Hars heint überlegen
Vom Hund, welcher mich nechten pais.
Kain pessre Erzeney ich wais,
Den ein Füll mit der andern vertreiben.

Auch J. F. Jünger schreibt 1807 (‚Fritz‘, Bd. 3, S. 23): „Weißt du nicht, daß das den Hundsbiß kuriert, wenn man von dem Hunde, der einen gebissen hat, Haare auf die Wunde legt? Mit dem Weine muß mans auch so machen".

Die Rda. ist im Dt. bes. stark verbreitet, und eher sonderbar mutet an, daß Clemens Brentano in der ‚Gründung Prags‘ (1815) erklären zu müssen glaubt: „Von neuem trinken, um den Katzenjammer zu überteufeln, heißt in derselben Sprache (nämlich in der der vollen Brüder) Hundshaare auflegen". Hermann Kurz freilich scheint den Kontrast zwischen Hundshaaren und Katzenjammer zu fühlen, indem er dichtet (‚Genzianen‘, 1837, 225 ff.):

Ein Haar von der Katze,
Die dich gebissen hat,
Eine Kralle von der Tatze,
Die dich gerissen hat,
Das nimm am frühen Morgen,
Zu stillen deine Sorgen,
Sei es nun Bier, Schnaps oder Wein,
Nimm es zum Morgenessen ein.

Vgl. auch ndl. ‚Het haar van den hond op iets leggen‘ u. engl. ‚Take a hair of the dog that bit you‘.

Hundshaare einmengen, einem Hundshaare unter die Wolle schlagen: ihn betrügen; eigentl. den Stoff, den man für reine Wolle verkauft, durch Einmischung von Hundshaaren schlechter machen. Luther braucht in seinen ‚Tischreden' (479[a]) die Wndg. „Allerley Hundshaare mit hineinhacken" in der Bdtg. etw. verderben, verschlimmern. Die mdal. ndd. Rdaa. ‚Doar sünd Hunn'nhoar mank hackt' und ‚he hät Hunnehôr tortwisken hackt' (Lippe) meinen: es ist Unfriede gebracht, Streit und Händel sind verursacht worden. Wie man am besten auf diese Weise Zwistigkeiten erregen zu können glaubte, wird in einer Hs. des Germ. Museums (Nr. 3015[a]) aus der Zeit um 1600 beschrieben, wobei die Verwendung von Katzen- und Hundehaaren empfohlen wird: „Recipe katzenhaar, die langen, die vmb den mundt sind, vnd hundshaar desselbigengleichen, vnd wüerff sie zwyeschen die zwey wan sie essen oder mit eynander trincken vnd sprich darneben: ich beschwere euch bey alle den hellischen Geistern, das ihr seit gute Freunde als katz vnd hundt".

Lit.: *J. Verdam:* „Het haar van den hond", in: Tijdschrift voor Nederlandse Taal- en Letterkunde 12 (1893), S. 140–149; *O. v. Hovorka* u. *A. Kronfeld:* Vergleichende Volksmedizin (Stuttgart 1909), II, S. 425 f.; *A. Englert* u. *J. Bolte:* „Hundshaare heilen den Hundebiß", in: Zs. d. Ver. f. Vkde. 29 (1919), S. 44; *A. Wesselski:* Hundshaare und Katzenjammer, in: Erlesenes (Prag 1928), S. 13–17; *H. Hepding:* „Hundshaare", in: Hess. Bl. f. Vkde. 30–31 (1931–1932), S. 288.

Hundshafer. *Einem den Hundshafer ausdreschen:* ihm seine Grobheit durch eine entspr. derbe Behandlung austreiben. Urspr. war der ‚Hundshafer' die Bez. einer bes. Getreideabgabe, die zur Unterhaltung der herrschaftlichen Jagdhunde diente, für die Brot daraus gebacken wurde (Campe, Wb., II, 804[b]). In der Rda. haben sich verschiedene Vorstellungen gemischt: das Pferd und den Übermütigen ‚sticht der Hafer'; bes. Grobheit wird nun auf den Genuß von Hundshafer zurückgeführt. Das Dreschen des Getreides erhält die übertr. Bdtg. von derber Züchtigung, wie z. B. bei Hans Sachs, der den Furchtsamen sagen läßt: „Das nicht dein Man kom in das Hauss vnd dresch mir den hundshabern auss" (‚Fabeln und gut Schwenck', IV, XVIII, 1).

Hundsloden. *Hundsloden bekommen (kriegen):* grobe Vorwürfe, Scheltworte zu hören kriegen, derb ausgescholten, gedemütigt werden. Die vor allem ostmdt. Rda. ist seit dem Ausgang des 16. Jh. belegt und zuerst als ‚Loden eintragen' bezeugt. Unter Loden sind bereits Grobheiten, böse Worte, die man einem anhängt, zu verstehen. Die Übertr. erfolgte vom groben Stoff, der aus Hundshaaren gefertigt ist, auf die Rede. In Konrad Vetters Übers. von Campianus' ‚Schräckengast' (B. C 3b) kommt schon Loden allein in verächtlichem Sinne vor: „so bald jhr auß solcher Gesellen eigner Bekandtnus jhre Practigen höret rauschen, vnd vermercket, wie sie disen gantzen Loden vnnd witzlosen gespunst, zu ewerm selbs eignen Verderben geworcken, wurdet jhr als hertz- vnd gewissenhafte Männer, Haspel vnd Streu, Loden vnd Weber, Lehr vnd Lauren zusammen nemmen, vnnd jhnen das Ofenloch fürderlich zeigen vnd weisen lassen".
Bei Hayneccius erfolgt dann zuerst die Steigerung zu ‚Hundsloden'.

Lit.: *A. Götze* in: Mitteilungen des Vereins für sächs. Vkde. (1898), Nr. 6 (einige Belege); *ders.:* Alte Rdaa. neu erklärt, in: Zs. f. dt. Wortf. 4 (1903), S. 332.

Hundswut. *Eine Hundswut haben:* einen Mordszorn haben. Urspr. ist mit ‚Hundswut' die Tollwut gemeint.

Lit.: *F. Hartmann:* ‚Hundswut', in: Zs. f. vergl. Sprachforschung 54 (1926–1927), S. 287–290.

Hunger, hungrig. Zur Kennzeichnung eines starken Hungergefühls gibt es in Umgangssprache und Mdaa. eine Fülle von rdal. Vergleichen, von denen hier nur eine Auswahl geboten werden kann: ‚Hunger haben wie ein Löwe', ‚Bär', ‚Wolf' (vgl. frz. ‚avoir une faim de loup'), ‚Werwolf'. ‚Hungrig wie ein Oderwolf, Werwolf, Roggenwolf, Heidewolf, wie sieben Wölfe, wie zehn wilde Löwen', ‚wie eine Kirchenmaus', ‚wie ein Geißhirt'; ‚Hunger ausstehen, daß einem die Schwarten krachen' (Abraham a Sancta Clara); ‚er hat Hunger wie ein Offizier und Tractament wie ein Gemeiner', ‚Hunger wie ein Star'; ‚er könnte sich selber vor Hunger auffressen'; ‚das ist ein Hunger, der einen Panzer (Harnisch) bricht'; ‚der

Hunger guckt ihm zu den Fenstern (Augen) heraus'; ,der Hunger treibt ihn aus dem Bett'; ,er hat Hunger für zehn'; ,er kann vor Hunger nicht kacken'; ,Hunger bis unter beide Arme'; ,Hunger bis in den dicken Zeh'. Das Sprw. ,Hunger ist der beste Koch' läßt sich schon in Freidanks ,Bescheidenheit' (124, 17) nachweisen. Vgl. ndl.: ,Honger maakt rauwe boonen zoet'. ,Der Hunger treibt's rein!' sagt man iron. bei gutem Essen. Eine ndd. Erweiterung lautet: ,„Hunger drifft derin!" harr de Jung seggt, do harr he Botter up't Spekk smeert'.

Lit.: *Z. W.:* ,Honger maakt rauwe boonen zoet', in: Volkskunde 17 (1905), S. 74; *G. Grober-Glück:* Motive und Motivationen in Rdaa. u. Meinungen (Marburg 1974), § 78f., S. 108–114; *H. Büld:* Niederdt. Schwanksprüche zwischen Ems u. Issel (Münster 1981), S. 116; *R. Schenda:* Art. ,Hunger, Hungersnot', in: EM. VI, Sp. 1380–1395.

Hungerpfote. *An den Hungerpfoten saugen:* Hunger leiden; zuerst 1775 von Adelung gebucht (,Versuch eines grammatisch-kritischen Wörterbuches', II, 1329) mit der Erklärung: „eine vermuthlich von dem Bär entlehnte Figur, der im Winter seine Nahrung aus seinen Tatzen sauget". In Seb. Brants ,Narrenschiff' (70, 21) wird von einem, der den Sommer über faul gewesen ist, gesagt, daß er sich den Winter hindurch schlecht behelfen müsse:

und an dem doppen (,Tappen') sugen hert,
biß er des Hungers sich erwert.

Hans Sachs verwendet das Bild: „die berenklewen saugen" (,sich etw. aus den ↗ Pfoten saugen').

Lit.: *H.-J. Paproth:* Art. ,Bär', in: EM. I, Sp. 1194–1203.

Hungertuch. *Am Hungertuch nagen:* hungern, darben, ärmlich leben, sich kümmerlich behelfen. Das Wortbild geht auf das ma. Fastenbrauchtum der Altarverhüllung durch ein Fastenvelum zurück, das sich später zum Symbol des Fastens und der Buße wandelte. Wenn am Mittwoch der Karwoche das Wort aus der Passion erklang: ,et velum templi scissum est medium' – und der Vorhang des Tempels riß mitten durch –, wurde das Hungertuch – ein blauer oder schwarzer Vorhang – herabgelassen. In einer alten Beschreibung dieses Brauches aus Augsburg (,Germania' 17, S. 79f.) heißt es: „Darin (in der Fastenzeit) eszen sie 40 tag kein fleisch, auch nit milch, kesz, ayr, schmalz, dann vom remischen stuel erkaufft. Da verhüllt man die altar und hayligen mit einem tuech und last ein hungertuech herab, daz die syndige leut die götz nit ansehen". In den Predigten Geilers von Kaysersberg über das ,Narrenschiff' heißt es: „Dich

Hungertuch (,Am Hungertuch nagen')

soll leren das Hungertuch, so man ufspannt, Abstinenz und Fasten!“ Der liturgische Brauch, während der Fastenzeit in den Pfarr- und Klosterkirchen des Abendlandes große, oft mit Passionsbildern geschmückte Tücher urspr. vor, später über den Hauptaltar zu hängen, ist bis auf das Jahr 1000 zurück nachweisbar. Das Volk nannte diese Velen ‚Hungertücher‘, ndd. ‚Smachtlappen‘, weil sie am Aschermittwoch den Beginn der Fastenzeit, die früher tatsächlich eine Hungerszeit war, anzeigten. 1472 stiftet der Zittauer Gewürzkrämer Jakob Gürtler zum Andenken an die jüngst verflossene Hungersnot der Johanniskirche ein Tuch, das gleichfalls den Namen ‚Hungertuch‘ erhält.

Im 16. Jh. treten die Wndgn. auf: ‚am Hungertuch flicken‘ oder ‚nähen‘. In einer Schrift über die Geldnöte in Dtl. nach dem Dreißigjährigen Krieg steht: „So hab ich auch ehrliche Freund, die wol ein stuck Brod zehren vnd anderen mittheilen können, wann jhnen anderwerts mit der Schuldigkeit auch beygehalten wurde, in deren verbleibung müssen Sie an dem hungertuch nähen“. Auch bei der heutigen Form: ‚am Hungertuch nagen‘, die schon Hans Sachs und Fischart brauchen, ist ‚nagen‘ wohl aus ‚näjen‘ = nähen verdreht. Der Gedanke an die urspr. kirchliche Verwendung des Hungertuchs geht dann verloren: „denen an dem Hunger- und Kummertuche nagenden creditoribus“ (Eisenachische wöchentliche Nachrichten, 1753, Stück 25) und in Freiligraths Gedicht ‚Aus dem Schlesischen Gebirge‘ von 1844:

Dann trät' ich (der Weberssohn) froh ins kleine Zimmer
Und riefe: Vater, Geld genug!
Dann flucht' er nicht, dann sagt' er nimmer:
Ich web' euch nur ein Hungertuch.

Während das kirchliche Fastenbrauchtum nach der Reformation in allen dt. Landschaften allmählich einging, hielt man in Westfalen zäh an der Überlieferung fest, ja im Münsterland und am benachbarten Niederrhein begann noch Ende des 16. und Anfang des 17. Jh. eine neue Blütezeit der Hungertücher. Sie sind ein charakteristischer Beitrag Westfalens zur dt. Volkskunst. Das Wort ‚Hungerdoek‘ wird in Münster erstmals bereits im Jahre 1306 erwähnt. Der westf. Volksmund sagt ‚dat Hongerdoek ist fallen‘, die Fastenzeit ist beendet.

Bei der Rda. ‚Am Hungertuch nagen‘ wird freilich kaum noch an ihre urspr. Herkunft gedacht. Doch ist sie bis in die Neuzeit hinein als sprachl. Wndg. erhalten geblieben und sowohl im Märchen (KHM. 85) als auch im Roman (G. Graß: Der Butt, 1977, 416) lit. belegt.

Lit.: *K. Brunner:* Das Hungertuch in Telgte in Westfalen, in: Zs. f. Vkde. 21 (1911), S. 321–332; *O. Urbach:* ‚Am Hungertuch nagen‘, in: Muttersprache 52 (1937), S. 329–330; *J. Emminghaus:* Die westf. Hungertücher aus nachmittelalterlicher Zeit und ihre liturgische Herkunft (Diss. Münster 1949); *F. Kollreider:* Das Virgener Fastentuch im Osttiroler Heimatmuseum Schloß Bruck, in: Tir. Heimatblätter 34 (1959), S. 98–101; *P. Engelmeier:* Westf. Hungertücher vom 14. bis 19. Jh. (Münster 1961).

hüpfen. *Das ist gehupft wie gesprungen:* da ist kein großer Unterschied, das bleibt sich gleich, eins wie's andere; meist in mdal. Formen, z. B. ndd. ‚Das ist gehuppt wie gesprungen‘, schwäb. ‚des isch ghopft wie gsprunge‘.

Unter ‚springen‘ versteht man im Ndd. u.a. das Begatten bei Tieren (Hengst, Bulle, Bock ...). Im Sächsischen sagt man

‚Gehupft wie gesprungen‘

,huppen' dazu. So ist ,gehuppt wie gesprungen'! – Alles gleich ...
Bei dem „Dreimalheilig" im Gebete Keduscha wird nach rabbinischer Vorschrift ein wenig in die Höhe gehüpft. Der Magen Awraham § 125 schreibt im Namen des Tanchuma: „Es heißt (Jesaja 6,2): ,Mit zweien schwebt er' (der Seraph): Daher haben die Weisen vorgeschrieben, daß man, während man kadōsch (heilig) sagt, auf den Füßen sich schwebend halten soll, aber nicht wie die tun, welche hüpfen und springen". Der Volkswitz benutzte dieses, und um zu sagen, daß es einerlei sei, ob etw. so oder so geschehe: ,Kodausch gehuppt, kodausch gesprungen!' (hüpfen und springen ist so ziemlich einerlei).
L. Schmidt hält die Rda. für ein reines Sprachspiel, aber *Draufhuppen* gebraucht der Volksmund für das Annehmen eines betrügerischen Vorschlags, wobei urspr. wohl an einen Vogel gedacht ist, der auf die Leimstange hüpft und daran kleben bleibt (↗Leim).
Auch andere Rdaa. drücken aus, daß zwei Wege zur Erlangung eines Zieles gleich gut oder gleich schlecht sind: ,Das ist Jacke wie Hose' (↗Jacke), ,das ist Wurst wie Schale' (↗Wurst).
Vgl. frz. ,C'est blanc bonnet ou bonnet blanc' (wörtl.: Das ist in beiden Fällen ,weiße Mütze', wobei die Stellung des Adjektivs, ob vor oder nach dem Substant., an der Bdtg. des frz. Ausdr. nichts ändert).

Lit.: *Eiselein:* Die Sprww. und Sinnreden des dt. Volkes (Freiburg 1840); *L. Schmidt:* Sprw. dt. Rdaa., in: Österr. Zs. f. Vkde., NS. Bd. 28, Ges. Serie Bd. 77 (1974), S. 103.

Hürde. *Eine Hürde nehmen:* eine schwierige Angelegenheit bewältigen, einen gewagten Sprung tun, im bildl. wie im übertr. Sinne, ähnl. wie das Pferd, das beim Pferderennen ein Hindernis überspringt. In diesem wörtl. Sinne wird die Wndg. auch beim Hürdenlauf gebraucht. In der Rda. begegnet sie jedoch in erster Linie als sprachliches Bild mit der Bdtg.: eine Schwierigkeit meistern, über ein Hindernis hinwegkommen, z. B. in einer Wahl ,die Fünf-Prozent-Hürde schaffen'.

,Eine Hürde nehmen'

husten. *Auf etw. husten:* etw. verachten, mit Gleichgültigkeit behandeln; die Wndg. findet sich schon bei Luther. *Einem etw. husten:* ein Verlangen abweisen; „Hust ihm was; pfeif ihm was, pfui ihm was" (Lenz: ,Der Hofmeister', 1774, V, 6). *Man darf nicht einmal husten:* man muß sich äußerst vorsichtig, ruhig verhalten.
Eine schweiz. Rda. lautet: ,do gits nüt z hueschte!' Sie bedeutet soviel wie: Keine Widerrede!

Lit.: *E. Strübin:* Zur dt.-schweizer. Umgangssprache, in: Schweiz. Arch. f. Vkde. 72 (1976), S. 142.

Hut. Kulturgeschichtlich bedeutsam sind die Funktionen der Kopfbedeckung und die Bdtg., die man ihr beimißt, sowie auch die Werte und Glaubensvorstellungen, die sich mit ihr verbinden. Mit der Kopfbedeckung kann vieles ausgedrückt werden: die soziale Stellung, das Amt, das Alter, das Geschlecht, die Religionszugehörigkeit, ja sogar die Gefühle von Freude und Schmerz (Wildhaber).

Aus diesem unbewiesnen Grunde
Hat alle Zeit und jedes Land
Witz, Vorrecht, Herrschaft, Ruhm und Freiheit
Allein dem Hute zuerkannt.

(Joh. Christian Günther, 1695–1723).
Der Hut vertritt gewissermaßen die ganze Person, wie z. B. in den Sprww. und Rdaa.: ,Sieh dir den Hut an, den ich trage, ehe du um meinen alten bittest', d. h., was soll ich dir geben, da ich selbst nichts habe. *Einen geborgten Hut tragen:* in Schulden stecken. *Der Hut gehört nicht auf einen solchen Kopf:* was er sich anmaßt, steht ihm nicht zu.
Jem. eins auf den Hut geben, derber *einem auf den Hut spucken:* ihn zurechtweisen; *eins auf den Hut kriegen:* getadelt werden.

Hut steht in diesen Wndgn. bildl. für ‚Kopf', wie auch Lehmann S. 201 anführt: „Man schlägt den Hut und meint den Kopf"; vgl. ‚eins auf den Deckel kriegen'; ‚einem auf den Deckel spucken' usw.

Nicht richtig unterm Hut sein: geistesgestört, verrückt, nicht recht bei Verstand sein; vgl. frz. ‚travailler du chapeau'. Ähnl.: ‚Er hat e Naturfehler unterm Hut'.

Ein alter Hut: eine altbekannte Tatsache, Langgewohntes; Bekanntes, als Neuigkeit vorgebracht; ein veralteter Witz. *Etw. aus dem Hut machen:* etw. improvisieren.

‚Das kannst du einem erzählen, der den Hut mit der Gabel aufsetzt', das erzähle einem Dummen, aber nicht mir.

Im Rechtsbrauchtum hat der Hut eine wichtige Stellung. Er ist ein Wahrzeichen der Herrschaft, ist Feld- und Hoheitszeichen. Daß der Hut schon in früher Zeit das Zeichen und Vorrecht des freien Mannes war, wissen wir. Es trugen ihn die Könige, die Adeligen und die Priester, und so war er zunächst ein Rang- und Standesabzeichen. Für den Hut als Symbol der Herrschaft ist der Geßlerhut das kennzeichnendste Beispiel geworden. In seinem ‚Chronicon Helveticum' berichtet der Schweizer Geschichtsschreiber Aegidius Tschudi (1505–72): Der Landvogt Gessler „ließ umb S. Jacobstag zu Altdorff am Platz bi den Linden / da mengklich für gon mußt / ein Stangen uffrichten / und ein Hut oben druff legen / und ließ gebieten mengklichen / im Land wonhafft / bi Verlierung des Guts und einer Lib-Straff / daß jeder so da fürgienge / sölte mit Neigen und Paret abziehen Eer und Reverentz bewisen / als ob der Künig selbs / oder Er an siner statt persönlich da wäre / und hat dabi ein stäten Wächter und Hüter bi Tag Zit sitzende / uffzesechen / und die anzegeben / die dem Gebott nit statt tättind".

‚Dem Hute Reverenz erweisen' (‚Tellshut')

Das Hutabnehmen gilt nach alter Auffassung als Zeichen der Lehenshuldigung. Der Hutgruß ist also urspr. Demütigung des Untergebenen. Es gilt als besonderes Vorrecht, den Hut in Gegenwart des Herrschers aufbehalten zu dürfen.

Schiller in ‚Piccolomini' (IV, 5):

> Des Menschen Zierat ist der Hut, denn wer
> Den Hut nicht sitzen lassen darf vor Kaiser
> Und Königen, der ist kein Mann der Freiheit.

Schiller denkt hier an das wohlverbriefte Recht ma. Adliger, bedeckten Hauptes vor ihren Fürsten zu erscheinen. Die Sitte des Hutabnehmens beim Gruß blickt auf ein relativ junges Alter zurück. Der älteste Beleg scheint eine Stelle im ‚Wigalois' des Wirnt von Grafenberg aus dem Jahre 1204 zu sein, in der es von der Begegnung zwischen einem Edelknaben und einem Junker heißt (41, 12):

> Und als er im sô nâhen quam,
> sînen huot er abe nam;
> hie mit êret er in alsô
> der junkherre gruozt in dô.

R. Hildebrand hat das Aufkommen dieser Grußsitte aus dem höfischen Brauchtum des MA. abgeleitet, wonach der Lehensmann bei seinem Lehensherrn die Rüstung und Wehr, also auch den Helm, abzulegen hatte. In der bürgerlichen Kultur des ausgehenden MA. wurde diese urspr. kriegerische Helmsitte auf den friedlichen Filzhut übertragen. Mit diesem höfisch-ritterlichen Brauchtumselement verband sich aber doch wohl noch eine religiös-kultische Forderung, die bereits bibl. vom Apostel Paulus folgendermaßen formuliert worden war (1. Kor.

11,4): „Ein jeglicher Mann, der da betet oder weissagt und hat etwas auf dem Haupt, der schändet sein Haupt" und (1. Kor. 11,7): „Der Mann aber soll das Haupt beim Beten nicht bedecken, sintemal er ist Gottes Bild und Ehre". Das Ablegen von Hut, Handschuhen u. Mantel wird schon um 1270 von Konrad von Haslau in seinem ‚Jüngling' als Höflichkeit empfohlen; von einem jungen Mann ohne Bildung heißt es dort:

Handschuoh, swert, mantel, huot
treit er bî den gesten und bî kunden ...
ez waer im êrsam unde guot,
züg er abe mantel unde huot.

Das Abnehmen des Hutes schwächte sich im Laufe der Jahrhunderte zu einer reinen Höflichkeitsbezeigung ab. Durch Ziehen des Hutes grüßte man bald nicht nur den Vorgesetzten, sondern auch den Gleichgestellten, und schließlich dankt man auf diese Weise sogar für den Gruß des Untergebenen, ↗Gruß. Das Sprw. rühmt den stets Grußbereiten: ‚Hut in der Hand, hilft durchs ganze Land'; ‚Mit dem Hut in der Hand kommt man weiter als mit dem Hut auf dem Kopf'. Joh. Balthasar Schuppius faßt die Volksmeinung bereits 1684 in die Worte zusammen: „Gute Worte im Mund und den Hut in der Hand, das kostet kein Geld und bringet einen ehrlichen Kerl oft sehr weit". Wie bereits im 17. Jh., so rät auch heute noch das Sprw. ‚Greif geschwind zum Hut und langsam zum Beutel'. *Er hat Vögel unterm Hut* sagt man spöttisch von einem, der zu faul oder zu tölpelhaft ist, durch Abnehmen des Hutes zu grüßen; öfter noch: *Er hat Spatzen, Sperlinge, Schwalben unterm Hut* (erst aus dem 17. Jh. belegt).

Man muß den Hut vor ihm abnehmen, ebenso *Hut ab!:* man muß Respekt, Achtung vor ihm haben; vgl. frz. ‚On peut lui tirer son chapeau' u. ‚Chapeau bas!' oder umg. ‚Chapeau!'

Vor dem nehm' ich den Hut nicht ab!: ich habe keine Achtung vor ihm. Andererseits warnt die sprw. Rda., *den Hut vor jedem Laternenpfahl abzunehmen:* allzu unterwürfig zu sein.

(Alles) unter einen Hut bringen (wollen): alle Meinungen und verschiedene Ansichten zu vereinigen suchen; *unter einen Hut kommen:* einig werden. Man braucht

‚Unter einem Hut ...'

hier Hut nicht als bildl. Bez. für ‚Herrschaft' aufzufassen (wie es der von Geßler im ‚Tell' aufgesteckte Hut ist und wie dies von hier aus wohl auch in den Sprachgebrauch des 19. Jh. eingegangen ist; z. B. H. v. Treitschke: ‚Dt. Geschichte im 19. Jh.', II, 376: „Die bigotten Kurtrierer kam es hart an, dass sie mit den protestantischen Katzenellenbogern unter einen Hut gerieten"). Hut ist hier ein Bild für die gemeinsame Zusammenfassung vieler Köpfe; ähnl. wie es schon in Wolframs von Eschenbach ‚Willehalm' (29, 10) zur Bez. einer geringen Anzahl von Streitern heißt:

die der marcgrâfe fuorte,
die möht ein huot verdecken.

Wie im öffentl. Leben, so war der Hut auch in der Ehe ein Wahrzeichen der Herrschaft. Im älteren Hochzeitsbrauchtum bekam die Braut gelegentlich den Hut des Mannes aufgesetzt zum Zeichen, daß sie in seine Gewalt überging, oder die Braut gab dem Bräutigam bei der Hochzeit einen Hut zum Zeichen, daß der Mann in der Ehe den Vorrang haben solle. In Schwaben trug an einigen Orten der Bräutigam am Hochzeitstag einen hohen Hut, den er den ganzen Tag aufbehielt, außer wenn er in die Kirche ging. In den Rdaa. wird dieser Zustand mit der Feststellung umrissen: *Die Frau hat den Hut auf:* sie hat die ↗Hosen an, d.h., sie verfügt über die Herrschaft in der Ehe. Der Dichter Friedrich Hagedorn (1708–54) berichtet darüber:

Der Mann ward, wie es sich gebühret,
Von seiner lieben Frau regieret,
Trotz seiner stolzen Männlichkeit!
Die Fromme herrschte nur gelinder!
Ihr blieb der Hut und ihm die Kinder.

Jedenfalls gilt der Hut auch im privaten Leben als ein Zeichen sozialen Prestiges und der Männlichkeit. Das Sprw. sagt ‚Ein Hut ist mehr als hundert Hauben', oder ebenso: ‚Hut geht vor Haube'. Eine alte Form der Einsprache gegen die Ehe war das Werfen des Hutes oder der Mütze. Wenn im Hanauischen bei einer Eheverkündigung von der Kanzel eine Frau Einsprache erheben wollte, mußte sie ihre Mütze abnehmen und in die Kirche werfen. Die Rda. ‚'s Hüetl eini werfen' bedeutet: die Heirat rückgängig machen.

Eines Hütchens (etwa wie man es noch als Würfelbecher benutzt finden kann) bedienten sich einst die Taschenspieler bei der Ausführung ihrer Kunststücke, weshalb sie Johann Fischart „blindmeuß und hütlinspiler" nennt. Das ‚mit eim huetlin decken' von betrügerischen Kunstgriffen der Gaukler und Spielleute findet sich schon bei Walther von der Vogelweide (37, 34):

genuoge hêrren sind gelîch den gouglaeren,
die behendeclîche kunnen triegen unde vaeren,
der spricht: ‚sich her, waz ist under disem huote?'
nu zucke in ûf, da stêt ein wilder valke in sînem muote.
Zuck ûf den huot, so stêt ein stolzer pfâwe drunder,
nu zucke in ûf, dâ stêt ein merwunder;
swie dicke daz geschicht, so ist ez ze jungest wan ein krâ.

Das Wort begegnet auch bei Luther und bes. in Murners ‚Narrenbeschwörung' (55,3): „Sy kynnent under dem hütlin spilen"; und (55, 19):

Der Herren untrüw ist zu vil,
Die nennent sy des hütlin spil.
Ach gott, wer der im pfeffer landt,
Der das spil zuerst erfand.

Daß diese ‚Spieler' die zur Täuschung bestimmten Sachen mit dem Hute, der ja auch bei heutigen ‚Zauberern' noch seine Rolle spielt, zudeckten, erhellt aus Murners ‚Narrenbeschwörung' (67, 17):

Wie wol sy es alles anders nenten
Und kynnents mit eim hütlin decken,
Das nit die wucher zen (Zähne) erblecken (sichtbar werden).

Die im 16. Jh. sehr gebräuchl. Rda. *unterm Hütlein spielen:* betrügen, findet sich auch bei Luther. Abraham a Sancta Clara schreibt (‚Judas' I, 45): „Du wirst zu Hof sehen lauter Huter, aber nur solche, die unter dem Hütel wissen meisterlich zu spielen". Ähnl. altbair.: „ein Richter, der das recht verkürzt und ein hütlein darüber stürzt"; etw. abweichend: „wenn man einen armen das recht verquent und im ein hütlein für die augen went". Eine andere Deutung versucht G. Jungbauer im HdA.: Danach war der Hut auch ein Sinnbild der Übertragung von Gut und Lehen. Der Übertragende oder an seiner Statt der Richter pflegte den Hut zu halten, der Erwerbende hineinzugreifen oder einen Halm hineinzuwerfen. Das ‚Greifen in den Hut' scheint aber noch früher auch den Sinn des Verschwörens gehabt zu haben. Die miteinander ‚in den Hut griffen', verschworen sich zusammen. Daher entspricht auch die Rda. ‚unter dem Hütlein spielen' dem lat. ‚conspirare inter se'.

‚Unterm Hütlein spielen'

Sich etw. an den Hut stecken können: etw. aufgeben müssen; auf etw. keinen Wert legen.

Das kannst du dir auf den Hut stecken!: das kannst du behalten, Ausdr. einer groben Abweisung. Die erst seit dem letzten Drittel des 19. Jh. aufgekommene Rda. kommt vermutlich von der Sitte der zum Militärdienst ausgemusterten jungen Leute, sich Papierblumen auf den Hut zu stecken.

Andererseits spielt der mit Bändern, Liebeszeichen, Trophäen, Erinnerungsstükken besteckte Hut im älteren Festbrauchtum schon eine weiter zurückreichende Rolle, wofür lit. Zeugnisse sprechen:

Wilhelm Hauff (1802–1827) erzählt:

Als ich zur Fahne fortgemüßt,
Hat sie so herzlich mich geküßt,
Mit Bändern meinen Hut geschmückt.

Ähnl. schon bei Joh. Heinrich Voss (1751–1826):

Mit Eichenlaub den Hut bekränzt!
Wohlauf und trinkt den Wein!

Ebenso auch bei Ludwig Uhland:

Wohl jauchzen die andern und schwingen die Hüt',
Viel Bänder darauf und viel edle Blüt'.

Bezeichnend ist auch, wie einer den Hut aufsitzen hat. Daraus, wie ein Hut getragen wird, kann man auf die Gesinnung des Trägers schließen: „Wie einem der Hut stehet, so stehet ihm auch der Kopff" (Lehmann, 429, 10). Wer ein schlechtes Gewissen hat u. sich nicht sehen lassen will, *zieht den Hut tief ins Gesicht;* vgl. frz. ,Il rabat son chapeau sur ses yeux'.

Den Hut nach dem Wind rücken: den ↗Mantel nach dem Wind kehren; vgl. frz. ,retourner sa veste' (wörtl.: seine Jacke umkrempeln): seine Meinung den Verhältnissen anpassen; *den Hut nicht recht aufgesetzt haben:* einen kleinen Formfehler begangen haben. *Den Hut auf elf (halb acht, halb zwölf, halb dreizehn) setzen (aufhaben):* etw. getrunken haben. ,Dem steit de Haut op halwer achte' sagt man in Westf. von einem Betrunkenen; in gleicher Bdtg. obersächs. ,Den Hut schief aufhaben, auf dem Ohre, auf der Dammichseite sitzen haben'.

Da geht einem der Hut hoch ist eine junge Rda. zur Bez. großen Erstaunens (in ähnl. Sinne wie: ,Da platzt einem der Kragen'). Die Rda. ,Da geht einem der Hut hoch' mag ihren Urspr. in den Charly-Chaplin-Filmen haben. Dem Hauptdarsteller ging immer der Hut hoch, wenn sich ihm die Haare sträubten, wenn sie ihm zu Berge standen. Sie nährt sich aber auch von dem Doppelsinn (Hut = Kopf) im Erotischen. Beim Erblicken eines hübschen, anziehenden Mädchens: „Da geht einem ja der Hut hoch". Vgl. den bekannten Schlager (Ilse Werner):

Wir machen Musik,
Da geht uns der Hut hoch.

In einem Lobgesang auf die Kunst der Leineweber aus dem 17./18. Jh. findet sich die Aufforderung:

,Etw. an den Hut stecken'

Setzt den Hut frei nach der Seiten!
Fragt, wo ist das beste Bier?

Ein Böhmerwälder Volkslied bringt diese verschiedenen Möglichkeiten, den Hut aufzusetzen, in anschauliche Verse:

Und wann i mai Hüaterl grad aufsitzen hab,
Da woas 's schon a jeder ganz gwiß:
Da bin i net freundli, da bin i net grob,
Grad daß mir halt alles oans is.

Und wann i mai Hüaterl am Ohr sitzen han
Und juchez hellauf über d'Höh:
Da wissen's die Deandla weit und broat schon,
Dass i heut no fensterlen geh'.

Aber hab i mai Hüaterl ins Gsicht einizogen,
Gottswilln fangts mit mir nix an!
I tua's a mit zwoa Dutzat Buama glei wagn
Und hauat in Teufl davon.

Doch wann i amol stirb, gelts, dös oani tuats ma no,
Dös Hüaterl, dös grabts aa mit ein!

Dann halt i's in Händn und klopf
halt drobn an,
Liaba Petrus, mach auf, lass mi ein.

Ferner ↗Haube, ↗Kopf.

Mit jem. etw. am Hut haben: mit ihm planen, zusammen mit ihm etw. vorhaben. Dagegen: *Mit jem. nichts am Hut haben:* ihn nicht mögen, ihm aus dem Wege gehen.

Seinen Hut in den Ring werfen: jem. herausfordern.

Seinen Hut an den Nagel hängen: seinen Beruf aufgeben.

'Den Hut nehmen'

Den Hut nehmen: von seinem Amt zurücktreten. Auch bei dieser Rda. handelt es sich um ein altbekanntes Bild: wer den Hut nimmt, kündigt seinen Abschied an. 'Etw. nicht aus dem Hut hervorzaubern können': es nicht aus dem Nichts herholen können. Die Wndg. läßt an die bekannten Kunststückchen der Zauberer denken, die einen Vogel oder ein Kaninchen aus dem Hut zaubern. ↗Zylinder.

Lit.: *O. Timidior:* Der Hut und seine Gesch. (Wien – Leipzig o.J.); HdA. IV, Sp. 513–543 Art. 'Hut' von *G. Jungbauer;* Ciba-Rundschau Nr. 31 (1938): Der Hut; *R. Hadwich:* Die rechtssymbolische Bdtg. von Hut und Krone (Diss. Mainz 1952); *B. Schier:* Der Hut als Spiegel der sozialen Stellung u. seelischen Haltung seines Trägers, in: Zs. f. Vkde. 50 (1953), S. 261–270; *M. Harrison:* The history of the hat (London 1960); *R. Wildhaber:* Kopfbedeckungen aus Europa, Führer durch d. Museum f. Völkerkde. u. Schweiz. Mus. f. Vkde. (Basel 1964); *W. Danckert:* Symbol, Metapher, Allegorie im Lied der Völker, Bd. I (Bonn-Bad Godesberg 1976), S. 795–808; Strafjustiz in alter Zeit (Rothenburg 1980), S. 315; *G. Schubert:* Art. 'Hut', in: EM. VI, Sp. 1412–1415.

Hut. *Die* Hut bedeutet u.a. die Soldatenwache im Felde außerhalb des Heeres; ↗Vorhut. Dazu eigentl.: *auf der Hut sein,* und weiter verschoben: *Auf seiner Hut sein:* vorsichtig handeln; vgl. frz. 'être sur ses gardes'. *Einem Hut und Weide aufsagen:* einem kündigen.

Hutnummer. *Er (sie) ist nicht meine Hutnummer:* Er (sie) paßt nicht zu mir. Ähnl.: 'Er (sie) ist nicht meine Kragenweite', ↗Kragen.

Hutschnur. *Das geht über die Hutschnur:* das ist zu arg, das geht zu weit, ist zu toll; das geht über das erträgliche Maß hinaus; z.B. (thür.) 'bis über die Hutschnur in Schulden stecken'. Die sinngleiche Wndg. 'bis über die ↗Ohren in Schulden stecken' weist auf die Vorstellung, daß man in einem Sumpf versinkt. Frühere Erklärer faßten dementsprechend auch 'über die Hutschnur' auf als komische Steigerung von 'es geht bis an den Hals'. Gemeint sei wohl eigentl. die unter dem Kinn herumlaufende, den Hut am Kopf festhaltende Schnur. Inzwischen ist aber zu dieser Rda. ein interessanter alter, allerdings bis jetzt vereinzelter Beleg aufgefunden worden: Eine Urkunde aus Eger vom Jahre 1356 enthält einen Vertrag über die gemeinsame Benutzung einer Wasserleitung, die durch mehrere Grundstücke geht. Die ersten Anlieger, so heißt es dort, sollen nicht mehr Wasser nehmen, als sie zum Trinken und Kochen nötig haben „vnd des selben wazzers schol in niht mer noch dicker auz den roeren gen, danne ein hutsnur". Die Hutschnur ist hier also ein Dicke-Maß: Die Stärke einer Hutschnur dient als Maß für fließendes Wasser, und wenn es 'über die Hutschnur geht', so handelt der Nutznießer gegen die Vereinbarung, also unrecht. 'Über die Hutschnur' meint schon in dieser alten Urkunde: über das Rechtmäßige hinaus. Die heutige Auffassung denkt bei der Rda. freilich an eine wirkliche Hutschnur; das beweist die abgeleitete Nebenform ‚das geht über den Hutrand'; vgl. ‚das geht über den ↗Span'.

Lit.: *K. Gleissner:* Das geht über die Hutschnur, in: PBB. 58 (Halle 1934), S. 296f.

Hütte. *Hütten bauen:* sich niederlassen; verkürzt aus der längeren Wndg.: *Hier ist gut sein, hier laßt uns Hütten bauen.* Es handelt sich hierbei um ein volkstümlich vereinfachtes, d.h. verballhorntes Zitat nach Matth. 17,4: „Herr, hier ist gut sein; willst du, so wollen wir hier drei Hütten machen; dir eine, Mose eine und Elia eine".

Er hat seine Hütte niedergebrannt, damit ihn die Flöhe nicht beißen: er hat das Kind mit dem Bade ausgeschüttet.

Die ndl. Wndg. ‚he heft alle Hött on Pött voll' bedeutet: er hat Hütte, Haus und alle Räume voll besetzt.

IJ

i. Der i-Laut kann in der Volkssprache verschiedene Stimmungen ausdrücken. In der ndd. Rda. ,dat is nich i un nich fi' (d.h. nichts Entschiedenes) meint i Freude und fi Abscheu.

Die Erweiterung ,igitt(igitt)' ist dagegen eindeutig als Ausdr. des Ekels u. der Ablehnung zu werten (ähnl. wie die zugrunde liegende Wndg. ,Gottogott' Erschrecken u. Bestürzung ausdrückt, vgl. ↗Gott).

Die verkürzte Verbindung ,i-wo' wiederum ist bekannt geworden als Ausdr. des Widerspruchs, dem aber selten ein Kommentar folgt.

Da fehlt auch nicht das Pünktchen auf dem i: es ist alles vollkommen und vollständig. Ebenso bez. das ,Tüpfelchen auf dem i' einen hohen Grad von Genauigkeit; vgl. frz. ,mettre à quelqu'un les points sur les i' (wörtl.: einem das Pünktchen auf das i setzen).: einem alles ausführlich, bis ins kleinste Detail hinein erklären, auch: einem klaren Wein einschenken. *Bis aufs letzte i-Tüpfelchen:* bis auf das letzte, sorgfältig, genau; ähnl.: ,kein Jota' oder: ,nicht ein Jota'. Die Wndg. beruht auf Matth. 5,18: „Denn ich sage euch wahrlich: Bis daß Himmel und Erde zergehe, wird nicht zergehen der kleinste Buchstabe noch ein Tüttel (= Strichlein) vom Gesetz, bis daß es alles geschehe" (griech.: „ἰῶτα ἓν ἢ μία κεραία"; Vulgata: „iota unum aut unus apex").

In diesen Zusammenhang gehört auch der rhein. Ausdr. ,I-Dotz' oder ,I-Dötzchen' als Bez. für den Schulanfänger, der mit dem sauberen Aufsetzen von I-Pünktchen seine Schullaufbahn beginnt.

Ibo. *Zum Stamm der Ibo gehören,* zu denen, die stets ,ich und die anderen' sagen u. ,hoppla, jetzt komm ich' meinen. Es handelt sich um die scherzhafte Auflösung der englischen Wendung ,I before others'; ↗ich.

ich. *Das liebe Ich* wird iron. der Urheber egoistischer Bedürfnisse und Wünsche genannt. Einen engen Freund nennen wir lat. unser ,Alter ego' = *das zweite Ich.* Nach der ,Vita Pythagorae' von Porphyrius ist der antike Philosoph, Mathematiker und Physiker Pythagoras aus Samos (580–500 v. Chr.) der Schöpfer des Wortes (weitere antike Belege bei Büchmann). Davon wieder abgeleitet ist *das bessere Ich* (mein besseres Ich, häufiger: ,meine bessere Hälfte').

Doch sind beide Wndgn. nicht recht volkstümlich geworden; in dem Lied (1725)

Sind wir geschieden
Und leb' ich sonder dich,
Gib dich zufrieden,
Du bleibst mein ander Ich

ist die letzte Strophe volkstümlich umgesungen worden zu:

Du bist mein einz'ges Ich.

Im Volksmund bekannter sind freilich die Wndgn., die das Ich als Kennzeichen des Egoismus an die erste Stelle setzen wie z.B. in der Berliner Rda. ,Ick nich – wer noch?' oder in dem Kinderreim: ,Ich und du, Müllers Kuh, Müllers Esel, das bist du'. Ähnl. Spott liegt auch in der Rda.: ,Graf Ego (Ich) hört, sieht u. tut alles am besten', ↗Ibo; ,Ich denke' ↗cogito.

Lit.: *J. G. Rosa:* Limites Proverbii: Proximus sum egomet mihi. Vulgo: Ich bin mir selbst der nächste (Jena 1717); *I. Abrahams:* „Ego sum, ergo omnia sunt", in: Notes & Queries, 6.11 (1885), S. 157; *V. Meyer-Matheis:* Die Vorstellung eines Alter Ego in Volkserzählungen (Diss. Freiburg 1974).

Idee. *Keine Idee!:* durchaus nicht! Starke Ablehnung wie: ,kein ↗Gedanke!', seit der zweiten H. des 19. Jh.; verstärkt: *keine Idee von einer Idee!* ausgeschlossen. *Eine Idee:* eine Kleinigkeit, ein wenig; z.B. ,eine Idee weiter'. *Keine Idee von einer Ahnung haben:* nichts wissen. „Diese Menschen haben keine Spur von der Idee eines Gedankens" (D. Kalisch, ,Die ori-

entalische Frage', 1853, S. 6). Vgl. frz. ‚Je n'en ai pas la moindre idée': Davon habe ich nicht die geringste Ahnung.
Das frz. Wort ‚idée' wird niemals i. S. v. ‚Kleinigkeit' gebraucht.
Das ist eine Idee von ↗Schiller: das ist ein guter Einfall. Scherzhaft-burschikose Profanierung des Schillerschen Ideenbegriffs; Erweiterung der Rda.: *das ist eine Idee!. Ideen wie ein alter Eimer haben:* wunderliche Einfälle haben; Parallelbildung zu ‚Einfälle wie ein alter ↗Eimer'.

Igel. *Das paßt wie der Igel zum Taschentuch* (oder *zum Handtuch):* das eignet sich sehr schlecht zu einem bestimmten Zweck; die Rda. ist die höflichere Form für einen weit derberen Vergleich, der schon im 17. Jh. bezeugt ist: *Passen wie der Igel zum Arschwisch:* durchaus nicht passen; ebenso: *passen wie der Igel zur Türklinke* (20. Jh.). Höchstens landschaftlich noch gebräuchl. ist die seit dem 17. Jh. bezeugte Rda. *Was hast du wieder für Igel zu bürsten?:* was hast du für eine Beschäftigung vor?; rhein. ‚Hast du all din Igel gebörstelt?', hast du deine kleinen Obliegenheiten geregelt?
Saufen wie ein Igel, wohl mißverstanden aus: ‚wie ein (Blut-)Egel', doch schon bei Joh. Fischart (1546–90): „Ich hab ein igel im bauch: der muß geschwummen haben" (‚Gargantua' 85a). *Er hat einen Igel im Magen* (der will immer schwimmen und stachelt, wenn es trocken ist): er ist immer durstig; frz. ‚il a un 'hérisson dans le ventre, s'il ne boit, il le pique' (veraltet).
Aus einem Igel ein Stachelschwein machen: eine Kleinigkeit aufbauschen; viel Aufhebens machen.

Lit.: *O. Keller:* Die antike Tierwelt I (Leipzig 1909); S. 17–19; *R. Goerge:* Art. ‚Igel', in: EM. VII (in Vorbereitung).

Imme, mdal. Bez. für ↗Biene, die in zahlreichen Rdaa. begegnet. *He stickt as'n Imm:* er hat eine böse Zunge. ‚Es alts Imbi' ist für den Baselbieter eine Frau, mit der schwer auszukommen ist. Heißt es von einem Weibe, ‚se hett'n Immenstich kregen': sie ist guter Hoffnung, so muß ihr Mann ‚den Immen hüten': bei seiner hochschwangeren Frau zu Hause bleiben. An die im Märchen gerühmte Entschlossenheit und Tapferkeit der Bienen gemahnt die pfälz. Rda. beim Kartenspiel ‚Ich stech hinne wie die Imme'. Aus der Fachsprache des Imkers stammt ‚dat is'n Immenjahr': es gibt viel Honig. Roh und barbarisch klingt ‚Immen afslachten' oder ‚Immen afsmöken': unrentabel gewordene Völker durch Schwefeldämpfe und andere Mittel vernichten. Man spricht von Klugheit, wobei noch im Spott die Achtung hindurchklingt, ‚de is so klook as'n Imm, kann bloots keen Honni schieten (maken)'. Zu einer höchst ehrenvollen, realen Einschätzung des Tieres gehören auch folgende Rdaa.: *He dräht (trägt) we'n Imme:* trägt zusammen, spart. Wer viel und mühevoll arbeitet, der ‚brasselt wie en Imme'. *Se sit dor as de Immen um'n Rump* (Korb): dicht zusammen. *He stellt'n Gesicht op as'n Immenrump:* macht ein grämliches Gesicht.

in flagranti. *Jem. in flagranti ertappen:* jem. auf frischer Tat ertappen; die aus dem Lat. übernommene Rda. (eigentl. in flagranti crimine = in brennendem Verbrechen) bezeichnet die Zeugenschaft bei einem Verstoß gegen Gesetze oder gültige Normen.

‚In flagranti ertappen'

Innung. *Die Innung blamieren:* als einzelner durch schlechte Arbeit oder Verhalten die Kollegen bloßstellen. Die Innung, ei-

gentl. der Zusammenschluß der Angehörigen eines bestimmten Handwerks, meint hier in übertr. Bdtg. auch die kleinere Arbeits- und Berufsgemeinschaft; vgl. frz. ‚compromettre la corporation'.
Darüber hinaus wird die Rda. aber auch allg. gebraucht für jem., der sich in einem bestimmten Kreis (Verwandte, Bekannte, Kollegen etc.) auffällig benimmt oder in irgendeiner anderen Weise sich negativ hervortut.

intus. *Etw. intus haben:* etw. im Magen haben; verstanden haben. Dem lat. ‚intus' = innen, drinnen entlehnt; meint hier das, was einer im Magen oder Gehirn hat. Die Rda. ist wohl student. Herkunft und durch Berliner Vermittlung seit dem Ende des 19. Jh. (lit. bei Fontane) volkstümlich geworden. *Zuviel intus haben:* zuviel getrunken haben.

Ironie. ‚Das ist Ironie des Schicksals' wird vor allem dann gesagt, wenn etw. überraschend anders kommt, als es geplant war, oder wenn genau das Gegenteil von dem eintritt, was man erhofft hatte, oder wenn das Schicksal seine eigenen, von keinem eingeplanten, Pointen ins Spiel bringt.

Irre(r), Irrenhaus. *Herumlaufen wie ein Irrer:* desorientiert sein u. nicht wissen wohin. In dieser Rda. ist eine Verwirrung des Geistes angesprochen, wie sie auch in der Wndg. *das ist ja irre,* d.h. verrückt, völlig konfus z. Ausdr. kommt. Auf geistige Desorientierung weisen ferner die Rdaa. *Er ist reif fürs Irrenhaus:* er redet und macht nur Unsinn, *er ist dem Irrenhaus entsprungen, er ist irrer als eine Eidechse. An jem. irre werden:* an jem. zweifeln, sein widersprüchliches Benehmen nicht verstehen. Hektisches u. unkontrolliertes Verhalten wird mit Vorliebe auch im Irrenwitz parodiert.

Lit.: *U. H. Peters u. J. Peters:* Irre und Psychiater (München 1974); S. 68–69.

Itsch. *Sich freuen wie ein Itsch:* sich übermäßig freuen. Die Rda. ist vor allem in Norddtl. gebräuchlich, wo Itsch als Ausdr. für Kröte bekannt ist. Vgl. ↗Stint.

Lit.: *G. Schoppe:* ‚Sich freuen wie ein Itsch', in: Germ.-Rom. Monatsschrift 22 (1938), S. 73.

Ius primae noctis ↗Recht.

ja. *Zu allem ja und amen sagen:* mit allem einverstanden sein. Die Rda. ist ein abgewandeltes Bibelzitat aus 2. Kor. 1,20, wo es heißt: „Denn alle Gottesverheißungen sind Ja in ihm und sind Amen in ihm, Gott zu Lobe durch uns"; vgl. auch Matth. 5,37 und Offenb. 22,20; vgl. frz. ‚dire Amen à tout'. Menschen, die zu allem ja u. amen sagen, werden im modernen Sprachgebrauch auch kurz nur ‚Jasager' genannt.
Ja und Nein an einem Spieße braten: ständig wechselnden Sinnes sein, was man heute verspricht, morgen zurücknehmen. Vgl. frz. ‚Il a son dit et son dédit'. Die frz. Rda. geht auf normannisches Rechtsbrauchtum zurück und bezieht sich auf die sprw. gewordene Unentschlossenheit des normannischen Volksstammes.
In jüngster Zeit hat sich für das gleichzeitige ja und nein die Antwort ‚j-ein' durchgesetzt. Sie wird freilich eher zur Differenzierung gebraucht u. ist daher nicht als Ausdr. des Wankelmutes zu werten.
Das Wörtchen ‚ja' kann fragende, zustimmende oder relativierende Bdtg. haben, je nachdem in welcher Verbindung es auftritt: ‚ja, ja', ‚ach ja', ‚na ja', ‚nun ja', ‚ei ja' oder ‚a ja'; ‚(nur) ja nicht' u. a.. Als Satzanfang hat es schon mancher Wndg. zu sprw. Bekanntheit verholfen, wie z.B. dem Liedrefrain ‚Ja, so sans, die alten Rittersleut'. Oft dient es nur zur Verstärkung der Aussage, so u.a. in den stereotypen Wndgn.: ‚Ja, so ist's'; ‚Ja, worauf du dich verlassen kannst' oder ‚Ja, ja und nochmals ja'.

Jacke. *Das ist Jacke wie Hose:* eins wie's andre; das macht keinen Unterschied. Die Wndg. ist schon im 17. Jh. belegt: „Erbar und Tugendhofft wird wul Jacke wie Hose seen" (E. Herrmann: ‚Goldenes Fließ', 1676, S. 72). Die Mdaa. kennen z.T. abweichende Varianten, z.B. ostpreuß. ‚Jack wie Pigg(Wams)'; dort auch: ‚een Jack, een Pack', gleiche Brüder, gleiche Kappen; schles. ‚'s ist Jacke wie Hose und Strumpf wie Niederschuh', ↗eins, ↗Hose.
Einem die Jacke vollhauen (auch *ausklopfen, auswaschen):* ihn verprügeln; ebenso auch *Jackenfett kriegen;* ↗Wams.

‚Jacke wie Hose'

Sich die Jacke begossen (oder *vollgesoffen) haben:* sich betrunken haben. Ebenso: *einen unter das Jackett brausen:* trinken.
Es ist eine alte Jacke: eine alte, bekannte, veraltete Geschichte, abgedroschene Rede. Gemeint ist wohl, daß eine tagaus, tagein getragene Jacke schließlich eine gewohnte Erscheinung wird; ähnl. sagt man neuerdings ‚das ist Harzer Käse', stinkt von allen Seiten.
Aus der Jacke gehen: sich aufregen; aufbrausen; Parallelbildung zu: ‚aus dem Anzug gehen'.

Jaffa. *In Jaffa liegen:* ohnmächtig, krank oder tot sein. Die Rda. scheint in Dtl. auf Ostfriesland beschränkt zu sein (‚he ligt in Jaffa'; vgl. aber ndl. ‚hij gaat naar Jaffa'; ‚hij is al in Jaffa'). Vermutlich liegt ein Wortspiel vor, wobei einerseits die Hafenstadt dieses Namens gemeint ist, in der viele dt. Orientfahrer früherer Zeiten gestorben sind; andererseits ein Wortanklang an ‚jappen' = nach Luft schnappen.
Lt. Wander stammt die Rda. aus der Zeit der Kreuzzüge, als man in Jaffa landete u. viele dort starben. Wenn man nach dem Schicksal eines Kreuzfahrers fragte, hieß es: „Wo wird er sein? Er liegt in Jaffa". Jaffa (griech. Joppe, hebr. Japho) besaß als Hafen für Jerusalem schon in frühester Zeit eine große Bedeutung.

Lit.: *S. Tolkowsky:* The gateway of Palestine. A history of Jaffa (London 1924).

Jagd. *Auf die Jagd gehen (ziehen):* Rda., die sich auf das Jagen des Wildes bezieht, ebenso wie die Wndg. *Jagd machen auf etw. (jem.),* die freilich auch auf andere begehrte Objekte bzw. Menschen gemünzt sein kann. So kann z.B. die Jagd auf Frauen gemeint sein, wie sie u.a. auch im Volkslied beschrieben wird u. als ‚Liebesjagd' bekannt geworden ist. Die Wndg. ‚Eine Hetz-(Treib-)jagd veranstalten' bezieht sich dagegen eher auf Politiker oder andere Personen des öffentlichen Lebens, die von der Presse in die Enge getrieben werden, wenn sie sich etw. zuschulden kommen ließen u. sich dem Licht der Öffentlichkeit zu entziehen versuchen. Allg. bekannt ist auch ‚Lützows wilde verwegene Jagd' aus dem Gedicht ‚Lützows wilde Jagd' von Theodor Körner (24.4.1813), das durch seine Vertonung weite Verbreitung fand.

Lit.: *Jungwirth:* Art. ‚Jagd, Jäger', in: HdA. IV, Sp. 575–593; *L. Röhrich:* Die Frauenjagdsage (Mot. E 501.5.1 Wild hunter pursues a Woman), in: IV. International Congress for Folk-Narrative Research in Athens, hg. v. G. A. Megas, in: Laographia 22 (Athen 1965), S. 408–423; *ders.,* Die Frauenjagd (Mot. E. 501.5.1), in: Erzählungen des späten Mittelalters, II. (Bern u. München 1967), S. 5–52 u. 393–407; *L. Röhrich u. G. Meinel:* Rdaa. aus dem Bereich der Jagd u. der Vogelstellerei, in: Et multum et multa. Festgabe f. Kurt Lindner (Berlin u. New York 1971), S. 313–323; *W. Danckert:* Symbol, Metapher, Allegorie im Lied der Völker, Bd. III (Bonn – Bad Godesberg 1978), S. 887; *A. Schnapp:* Eros auf der Jagd, in: Cl. Bérard u.a.: Die Bilderwelt der Griechen (Mainz 1984), S. 101–125.

Jagdschein. *Den Jagdschein 51 machen:* umschreibend-verhüllende Rda. für ‚verrückt erklären lassen'. Die Zahl 51 weist dabei auf den Paragraphen 51 hin, in dem die entsprechenden Regelungen enthalten sind. Meist handelt es sich um den Versuch, für unzurechnungsfähig erklärt zu werden, um bei einer Straftat mildernde Umstände zugebilligt zu bekommen.

Jäger. *Das ist ein gewaltiger Jäger vor dem Herrn* heißt es von demjenigen, der für seine Jagdleidenschaft bekannt ist u. ihr auch, sooft er kann, nachgibt. Im übertr. Sinne wird die Wndg. auch gebraucht für den ↗‚Schürzenjäger'; ↗Nimrod.

Lit.: *J. Schmidt:* Ist die Kugel aus dem Lauf, hält kein Teufel sie mehr auf. Spruchweisheiten des Jägers (München 1975); *W. Danckert:* Symbol, Metapher, Allegorie im Lied der Völker, Bd. III (Bonn – Bad Godesberg 1978), S. 887.

Jägerlatein. *Das ist ja (pures, reines) Jägerlatein* heißt es, wenn jem. die unwahrscheinlichsten Dinge von sich gibt. Der Ausdr. ‚Jägerlatein' steht allg. für Windbeutelei u. Aufschneiderei, wie sie die Jäger lieben, um das Ungewöhnliche zum Abenteuerlichen zu erheben, und z. B. von einer Büchse erzählen, mit der man um die Ecke schießen kann, ohne zu fehlen, ↗Latein, ↗Münchhausen.

Lit.: *O. Keck:* ‚Jägerlatein', in: Muttersprache, 1954, S. 414–420; EM., Art. ‚Jägerlatein' (in Vorbereitung).

Jägermeister. *Ich trinke Jägermeister, weil...* Die Benutzung von Sprww. und Rdaa. in der Werbung läßt sich bes. gut in der Jägermeister-Reklame verfolgen, mit der die Wolfenbüttler Firma Mast (über 3000 Varianten) für ihren gleichnamigen Kräuterlikör warb.

Z. T. wird dabei parömiologisches Material wörtl. übernommen, z. T. mehr oder weniger leicht verfremdet.

Die Sprww. und Rdaa. erscheinen in einem kausalen Nebensatz; z. B. Ich trinke Jägermeister, weil Übung den Meister macht. Oder weil

ein Gläschen in Ehren niemand verwehren kann;
Durst der schlimmste Feind ist;
ich kein Wässerchen trüben kann;
ich für Schnapsideen immer etwas übrig habe;
ich eine Pechsträhne zu überwinden habe;
er im Augenblick das einzige flüssige Mittel in unserem Unternehmen ist;
ich beim fünften Mal den Nagel noch nicht auf den Kopf getroffen habe;
ich dann zu Hopfen und Malz noch 56 Kräuter habe;
dann vieles nicht so auf den Magen schlägt;
gut gekaut ist halb verdaut, aber eben nur halb;
wenigstens die Frau aufgeräumt sein soll, wenn der Mann nach Hause kommt;
vorbeugen besser ist als Hustensaft;
ich einen irrsinnigen Brand habe;
nicht nur trocken Brot Wangen rot macht;
er der einzige ist, von dem ich mich aufs Kreuz legen lasse.

Der Nebensatz gibt keine logische Begründung für den Likörgenuß, sondern bietet nur ein formales Strukturgerüst.

Die Jägermeister-Reklame bietet ein konstruktives Beispiel dafür, wie leicht und effektiv sich Sprww. u. Rdaa. in Werbetexte einbauen lassen. Immer geht es dabei um sprachliche Déjà-vu-Erlebnisse.

Jahr. *Jahraus, jahrein:* dauernd, immer; eigentl.: vom Ende des einen, des laufenden Jahres und weiter vom Anfang des folgenden Jahres an; vgl. frz. ‚D'année en année'. Ähnl. *Jahr für Jahr. Nach Jahr und Tag* wird jetzt meist in dem allg. Sinn: nach geraumer Zeit, ziemlich lange danach gebraucht (Knut Hamsun hat einen Romantitel daraus gemacht), ist aber urspr. eine ma. Rechtsformel, die eine Frist von einem Jahr, sechs Wochen und drei Tagen festlegte, die verflossen sein mußte, um in den unangefochtenen Besitz einer durch Erbe oder Kauf erworbenen Sache zu gelangen. Es war eigentl. die Jahresfrist, innerhalb deren ein Recht verjährte, wenn nicht Klage erhoben worden war. Da das ordentliche Landgericht (Echteding) seit der Zeit Karls d. Gr. alle 6 Wochen stattfand und jedesmal drei Tage dauerte, konnte die Klage längstens in einem Jahr, sechs Wochen und drei Tagen nach Entstehung des Anspruchs noch rechtzeitig erhoben werden. Daher auch das alte Rechtssprw.: ‚Jahr und Tag soll ewig gelten'. ‚Jahr und Tag' war auch die Verjährungsfrist für der Herrschaft zu leistende Dienste. Der alte Rechtsspruch lautet: ‚Versäumt die Herrschaft Jahr und Tag, so ist ihre Gerechtigkeit aus'. Solche Zugabefristen stecken auch in Wndgn. wie ‚über acht Tage' = in einer Woche (7 + 1 Tag); frz. ‚quinze jours' = zwei Wochen (14 + 1 Tag). Dreißig Jahre und ein Tag überschritten die Dauer der Vollkraft der Mannesjahre, daher in Freidanks ‚Bescheidenheit':

nieman ritter wesen mac
drîzec jâr und einen tac,
im gebreste muotes,
lîbes alder guotes.

Erst wer fünfzig Jahre und einen Tag gelebt hat, ohne gefreit zu haben, galt als Hagestolz; ‚hundert Jahre und ein Tag' bedeutete soviel wie ewig; auf derselben

Vorsicht, durch eine Zugabe das eigentl. Maß zu gewährleisten, beruht die Ehrensalve von 101 Schüssen, vgl. auch *ewig und drei Tage* (↗Ewigkeit); ‚Tausend und eine Nacht'.

Zu (seinen) Jahren kommen: alt werden; die Wndg. ist urspr. ebenfalls eine Rechtsformel, die ‚mündig werden' bedeutete; so schon im ‚Sachsenspiegel'. Die altdt. Rechtssprache, genauer als die der Dichter, unterscheidet zuweilen und nimmt ‚ze sînen jaren komen' für das geringere, ‚ze sînen tagen komen' für das volle Mündigwerden. ‚Sie kommt in die Jahre', d.h. ins Klimakterium (oder auch: in die Pubertät).

Von den ‚sieben fetten Jahren und den sieben mageren Jahren' spricht man rdal. im Anschluß an den Traum Pharaos von ‚sieben schönen fetten Kühen' und von ‚sieben häßlichen und mageren Kühen', der von Joseph im Sinne der Rda. gedeutet wird (1. Mos. 41); vgl. engl. ‚the fat years and the lean years'; frz. ‚les bonnes et les mauvaises années'; ndl. ‚vette en magere jaren'.

Jem. das neue Jahr abgewinnen: ihm mit den Glückwünschen zum Jahreswechsel zuvorkommen. Die im 19. Jh. aufgekommene Rda. fußt auf der Volksglaubensregel, daß man am 1. Januar etwaigen Unheilsanwünschungen zuvorkommen muß, damit man im neuen Jahr Glück hat. Diese Grundvorstellung ist bis zur Unkenntlichkeit überlagert von dem dörflichen Brauch, am Neujahrstag die Glückwünsche so rasch anzubringen, damit man das dem ersten Glückwünscher zustehende kleine Geschenk erhält.

Zwischen den Jahren: Im alten Rom begann das Jahr mit dem 1. März, weil da die höchsten Beamten ihr Amt antraten. Im Jahre 153 v. Chr. geschah das zum erstenmal am 1. Januar, und dieser Tag wurde damit für die ganze Welt zum Jahresbeginn. Später geriet das röm. Amtsjahr in Konflikt mit dem christlichen Kirchenjahr. Seit der Mitte des 4. Jh. feierte das Christentum den 25. Dezember nicht nur als Geburtstag Jesu, sondern zugleich als Jahresanfang. Während der ersten drei nachchristlichen Jahrhunderte kannte die Christenheit allerdings noch kein Geburtsfest Jesu. Man feierte zunächst die Taufe, die man auf den 6. Januar legte, als den Epiphaniastag. Erst im Jahre 354 setzte Papst Liberius den 25. Dezember als Geburtstag Jesu fest. Und im 9. Jh. entschloß sich dann die Kirche, den Jahresanfang auf den 25. Dezember zu verlegen, um dadurch das ganze Festleben auf Weihnachten zu konzentrieren. Im MA. wechselte der Neujahrstermin dann noch mehrmals, bis ihn Papst Innozenz XII. endgültig auf dem 1. Januar beließ. Das geschah aber erst im Jahre 1691. So liegen Neujahrsbräuche zwischen Weihnachten und dem 6. Januar. Im bäuerlichen Kalender gilt noch immer der 6. Januar als eigentl. Neujahrstag. ‚Zwischen den Jahren' nennt man die Zeit zwischen Weihnachten und dem Dreikönigsfest, die sog. ‚Zwölften', das ‚Dodekahemeron' der griech. Kirche. Die Synode von Tours erkannte im Jahre 567 diese Festzeit an, die den alten und den neuen Geburtstag Jesu, das alte und das neue Neujahrsfest miteinander verband.

Lit.: *J. Grimm:* Dt. Rechtsaltertümer I, 306f.; *Ebel,* S. 7; *G. Jungbauer:* Art. ‚Jahr' ‚Jahresanfang' u. ‚Jahresfrist', in: HdA. IV, Sp. 593–608. *P. Sartori:* Art. ‚Zwölften', in: HdA. IX, Sp. 979–992. *H. Maier:* Die christliche Zeitrechnung (1991).

Jahrmarkt. Als ‚Jahrmarkt der Eitelkeiten' bez. man eine Veranstaltung, bei der sich viele Leute nur einfinden, um gesehen zu werden oder durch auffallende Kleidung von sich reden zu machen. Die Rda. ist wohl entstanden in Anlehnung an die ältere Wndg. ‚Jahrmarkt des Lebens'. Diese geht zurück auf Sal. 15,12: „Sie halten auch das menschliche Leben für einen Scherz und menschlichen Wandel für einen Jahrmarkt".

Lit.: *G. Jungbauer:* Art. ‚Jahrmarkt', in: HdA. IV, Sp. 616–617.

Jakob. *Das ist der wahre Jakob:* das ist der richtige Mann, das einzig Richtige, Gesuchte, das rechte Mittel. Die Rda. geht möglicherweise zurück auf den Apostel Jakobus, den Schutzpatron Spaniens, dessen Grab in Santiago de Compostela verehrt wird, eine der größten Wallfahrten vom MA. bis zur Ggwt. Die Spanienpilger mögen mit Geringschätzung auf diejenigen herabgesehen haben, die zu den Gräbern anderer gleichnamiger Heiligen pilgerten (es gab auch falsche Jakobsgräber), weil sie die beschwerliche Wallfahrt bis nach Spanien scheuten. Straubinger weist darauf hin, daß auch andere Kirchen fälschlich behaupten, sie seien im Besitz der Gebeine des Heiligen (so 1395 die Kirche in Monte Grigiano in Italien). Möglich ist aber auch der Bezug auf den als Esau verkleideten Jakob, der sich nach 1. Mos. 27,6ff. das Erstgeburtsrecht und den Segen seines blinden Vaters erschlichen hat. Iron. prägte man später die Rda. um: *Du bist mir der wahre Jakob!* Belegt ist die Rda. freilich erst seit dem 18. Jh.; Jacob Michael Reinhold Lenz (1751–92) sagt von sich selbst in einem Epigramm:

Ich bin ihr wahrer Jakob nicht
Und auch ihr deutscher Michel nicht,
So rein und hold nicht wie der Lenz,
Ich: Jacob Michael Reinhold Lenz,

und Gottfried Keller schreibt in der Novelle ‚Pankraz, der Schmoller' 1856: „Man dachte unverweilt, diese (Lydia) wäre der wahre Jakob unter den Weibern und keine bessere gäbe es in der Welt". Bekannt geworden ist die Wndg. dann auch dadurch, daß sich Jahrmarktsverkäufer als ‚wahren (oder: billigen) Jakob' bezeichneten. Den Redeschwall ihrer Anpreisungen beschreibt anschaulich Georg Queri 1912 in ‚Kraftbayrisch' (S. 164ff.). *Den billigen Jakob abgeben:* sich als bequeme, unverdächtige Begründung darbieten.

Bisweilen wird Jakob auch für ‚Kopf' gebraucht, so obersächs. ‚eins auf den Jakob kriegen'. In Hamburg ist eine bekannte Rda.: ‚dat is der nee Jakob mit der nee Mütz'; auch: ‚dat is de ole Jakob met de nee Mütz'. Die Rda. hat ihren Urspr. darin, daß die alte Jakobskirche um das Jahr 1820 mit einem neuen Turm versehen wurde. Die Rda. meint Neuerungen oder Änderungen, die doch keine durchgreifende Verbesserung bedeuten. In Sachsen hört man auf die Frage: ‚Jakob, wo bist du?' die Antwort: ‚Hinterm Ofen und flick' Schuh!'.

Der ‚wahre Jakob' war auch der Titel eines der wenigen prinzipiell systemkritischen satir. Blätter des 19. Jh. Er erschien – oft polizeilich beschlagnahmt – von 1879 bis 1933, in Stuttgart. 1933 wurde die Publikation verboten.

Lit.: *A. Wrede:* Art. ‚Jakobus d.Ä.', in: HdA. IV, Sp. 619ff; RGG[3] III, Sp. 517ff. Art. ‚Jakob' *v. A. Weiser* (mit weiterführender Lit.); *Richter-Weise* Nr. 47, S. 50f.; *O. P. Straubinger:* ‚Der wahre Jakob', in: Names, 1 (1953), S. 112–114; *J. Hüffer:* Sant Jago. Entwicklung und Bdtg. des Jacobuskultes in Spanien und dem Röm.-Dt. Reich (München 1957); Sachen zum Lachen. Populärer Humor im 19. Jh. (Tübingen 1973), S. 15; Der wahre Jakob. Ein halbes Jahrhundert in Faksimiles. Hg. H. J. Schütz, o.O. 1977.

Jan. Die ndd. Form für Johann hat sich in der Zusammensetzung Janhagel im 18. Jh. von Hamburg aus über Dtl. verbreitet. ‚Janhagel' ist seit dem 17. Jh. in Niederdtl. nachzuweisen, anfangs noch in zwei Wörtern geschrieben, auch der Hans Hagel, unter anderm mit der besonderen Bdtg.: ‚gemein Bootsvolk'; der zweite Wortteil spielt auf das Fluchen der einfachen Leute an (Hagel!). Schon im 16. Jh. hat sich *dummer Jan* verbreitet, und bis ins 15. Jh. geht ‚Schlendrianus' zurück (Seb. Brant: ‚Narrenschiff' (110[a], 163), ein humanistischer Wortscherz, zunächst abstrakt gemeint; vgl. ‚einen Schlendrian einreißen lassen', bummelnde Gewohnheiten dulden, wobei aber doch auch wohl Jan schon Gevatter gestanden hat und woran sich bald Grobian, Stolprian, Urian, Dummrian usw. anschlossen.

Jedermann. *Jedermannsfreund sein:* ältere, abwertende Wndg. für denjenigen, der es mit allen hält. Jedermann steht für jeden Menschen, für den einzelnen und für die Gesamtheit. Im 14./15. Jh. war die Schreibweise noch getrennt: ‚yeder man', ‚jeder mann'. Jedermann ist eine allg. Bez. für ‚Hinz u. Kunz', ‚Du und Ich', ‚alle Welt', ‚Man-Jack' oder ‚Jan Alleman'. Seine große Bekanntheit verdankt der Ausdr. dem Schauspiel ‚Jedermann' (1911) von Hugo von Hofmannsthal, das seit 1920 im Mittelpunkt der Salzburger Festspiele steht.

Lit.: *R. R.:* ‚Every man – Jack of 'em', in: Notes & Queries, 6.2 (1880), S. 245.

jenseits. *Jenseits von Gut und Böse sein:* nicht (mehr) verführbar sein. Die Rda. wird meist nur für ältere Frauen und alte Männer gebraucht, die bereits mit ihrem Leben abgeschlossen haben. Es handelt sich bei dieser Wndg. um eine scherzhafte Abwandlung des Werktitels ‚Jenseits von

Gut und Böse' (1886) von Friedrich Nietzsche.
Noch längst nicht jenseits von Gut und Böse sein: noch jung genug für alle möglichen Abenteuer sein, am Leben (an der Erotik) voll teilnehmen wollen.

Jerusalem. *Die Reise nach Jerusalem* ist ein Kinderspiel, bei dem alle um einen Kreis von Stühlen laufen, der einen Stuhl weniger enthält als die Teilnehmerzahl ausmacht. Auf Kommando bleiben alle stehen u. suchen sich einen Stuhl. Wer keinen Platz bekommen hat, scheidet aus. Rdal. wird der Begriff gerne gebraucht, wenn nicht genug Sitzgelegenheiten vorhanden sind.

Lit.: *F. M. Böhme:* Dt. Kinderlied u. Kinderspiel (Leipzig 1897), S. 675, Nr. 621.

Joch. *Im Joche sein:* seiner gewohnten, festen Tätigkeit nachgehen; im Gegensatz zu freien Tagen und Ferien gesagt. Das Bild ist vom Zugvieh, dem Joch der Ochsen entlehnt. Ebenso auch: *ins Joch der Arbeit eingespannt sein. An demselben Joch ziehen:* dasselbe Schicksal mit jem. teilen; Gegensatz: *das Joch abschütteln;* vgl. frz. ‚secouer le joug'. Im selben Sinne spricht man auch vom ‚Joch der Minne' und vom ‚Ehejoch' (vgl. den lat. Ausdr. für Ehe: ‚coniugium', d.h. wörtl.: Zusammenjochung, die Vereinigung zu einem Paare); entspr.: ‚sich ins Ehejoch, ins Joch der Ehe spannen lassen'.
Nach Matth. 11,30 „Mein Joch ist sanft und meine Last ist leicht" spricht man rdal. auch von einem ‚sanften Joch'; Gegensatz: ‚ein schweres Joch'.

‚Sein Joch auf sich nehmen'

Jokele geh du voran,
Du hast Sporen und Stiefel an,
Daß dich der Haas nicht beißen kann.

‚Jockele'

Jockel. *Aus jem. den Jockel machen:* seine Gutmütigkeit u. Einfalt ausnutzen u. sich über ihn lustig machen. *Für jem. den Jokkel machen:* sich ausnutzen lassen. Die schwäb. Aufforderung: ‚Jockele, gang du voran' stammt aus dem Schwank von den sieben Schwaben. Diese machen sich damit Mut angesichts eines Hasen, den sie für ein Untier ansehen.
‚Jockele sperr!', traditioneller Spottruf der Tübinger Studenten an die Neckarflößer.

Lit.: *M. Radlkofer:* Die sieben Schwaben und ihr hervorragendster Historiograph L. Aurbacher (1895); *A. Keller:* Die Schwaben in der Geschichte des Volkshumors (Freiburg 1907); *Bolte-Polívka* II, S. 555–560 (zu KHM. 119: ‚Die sieben Schwaben').

Johannes. *Dastehen wie ein hölzerner Johannes:* steif, plump und unbeholfen dastehen. Die heute nicht mehr geläufige Rda. bezieht sich auf die Holzbilder von Johannes dem Täufer, die in früheren Jhh. am 24. Juni in Stuben und auf Straßen gezeigt wurden und dem Volk bekannte Erscheinungen waren, auch, z.B. in Leipzig, ‚Johannismännchen' genannt wurden. Es ist allerdings auch nicht völlig ausgeschlossen, daß die Rda. in Beziehung zu dem weitverbreiteten Schwank vom ‚hölzernen Johannes' (AaTh. 1510) zu bringen ist, einer westeurop. Redaktion der ‚Ma-

trone von Ephesus', worin eine Frau den Körper ihres verstorbenen Mannes in Holz nachschnitzen läßt, um sich daran zu wärmen, wobei in den einzelnen Varianten der Name Johannes überwiegt. In denselben Zusammenhang gehört auch der volkstümliche Spruch: ,Wie die Nase des Mannes, so ist auch sein Johannes', wobei ,Johannes' hier das männliche Glied meint.
Der erneut entflammte Geschlechtstrieb alternder Männer wird scherzhaft mit dem erneuten Pflanzenwuchs verglichen und als ,Johannestrieb' bezeichnet.
Da der Johannistag durch die an ihm veranstalteten umfangreichen Feiern bes. für Kinder ein erlebnisreicher Tag war, kam in Sachsen die Rda. auf: *lang wie ein Johannistag,* zumal der 24. Juni ohnehin zu den Tagen mit der längsten Tageslichtdauer gehört. Diese Rda. wurde dann von der zeitlichen Ausdehnung bildl. auch auf die räumliche übertr.: ,er machte e Gesichte so lange wie der Johannistag'.
Er ist immer Johannes in eodem ↗Matthäus.
Hölzerner Johannes ↗hölzern.

Lit.: *K. Ranke:* Der ,hölzerne Johannes', in: Rhein. Jb. f. Vkde. 4 (1953), Ndr. in: 90–114.

Jordan. *Über den Jordan gehen* (verhüllend: sterben), sein Leben bei etw. verlieren. In der relig. Lit. bes. des Pietismus wurde der Übergang der Israeliten über den Fluß Jordan oft als Eintritt ins Himmelreich aufgefaßt u. damit zum Symbol des Sterbens. Das den Israeliten versprochene Land wird mit dem Himmelreich verglichen. *Noch nicht über den Jordan gehen wollen:* noch nicht sterben wollen, ↗zeitlich.

Joseph. *Eine Josephsehe eingehen (führen):* eine Ehe, die auf Keuschheit beruht, d. h. im juristischen und kirchlichen Sinne keine Ehe ist, ↗Tobias. Die Figur des hl. Joseph, des Nährvaters Jesu, erfuhr in der Zeit der Gegenreformation eine enorme Aufwertung. Er wurde zum Idealbild des Gatten und Vaters erhoben, weil er mit Maria in einer Ehe gelebt haben soll, die durch geschlechtliche Enthaltsamkeit gekennzeichnet war. Diese Enthaltsamkeit fügte sich gut dem christl. Eheverständnis ein, wonach der Geschlechtsakt Sünde sei und deshalb der eheliche Geschlechtsverkehr auf das für die Fortpflanzung unumgängliche Mindestmaß reduziert bleiben sollte. Wie sehr der hl. Joseph als exemplarische Gestalt gedacht wurde, zeigt der Rat, den die Linzer Jesuiten im Jahre 1672 einem Mann gaben, „der dauernd seinen fleischlichen Begierden erlegen war". „Er wurde auf das Vorbild des hl. Joseph verwiesen und bezähmte dann auch tatsächlich mit dessen Hilfe seine Triebe". Die Vorbildhaftigkeit des hl. Joseph in diesem Bereich wurde auch in zahlreichen Andachts- und Lobliedern vor allem der 2. Hälfte des 18. Jh. besungen.
Der Ausdr. ,keuscher Joseph' dagegen bezieht sich auf den Joseph des A. T. (1. Mos. 39), der sich den Verlockungen von Potiphars Weib entzog. Der Lieblingssohn Jakobs wird von seinen neidischen Brüdern in die Sklaverei verkauft. Er kommt nach Ägypten in das Haus Potiphars und erregt wegen seiner Schönheit das Wohlgefallen von dessen Frau. Als er ihren Verführungskünsten widersteht, wird er von ihr eines Vergewaltigungsversuchs angeklagt und ins Gefängnis geworfen. Diese Geschichte gehört in den weitverbreiteten Erzählungskreis über vergebliche Verführungen einer zumeist höher gestellten Frau.
Der Stoff ist vom MA. bis in unser Jh. (Thomas Mann) Gegenstand von Dramen und Romanen gewesen und auch vom Volksschauspiel aufgenommen worden.

Lit.: *H. Priebatsch:* Die Josephsgeschichte in der Weltlit. (1937); *M. Nabholz-Oberlin:* Der Josephsroman in der dt. Lit. (Diss. Basel 1950); *L. Kretzenbacher:* Der Ägyptische Joseph, in: Lebendiges Volksschauspiel in Steiermark (Wien 1951), S. 285 – 311; *D.-R. Moser:* Verkündigung durch Volksgesang (Berlin 1981), S. 132 ff.; *Chr. Reents:* Art. ,Der keusche Joseph', in: EM. VII (in Vorbereitung).

Jott we de ↗J. w. d.

Jubel. Mit der dreigliedrigen Wortverbindung *Jubel, Trubel, Heiterkeit* wird oft eine ausgelassene Stimmung charakterisiert. Es handelt sich um den Titel einer jährlich wiederkehrenden Fernsehsendung, bei der bestimmte ,Evergreens' von der Mainzer Fasenacht oder dem Kölner

Karneval erwartet werden. Die Textanfänge der Schlager oder ihrer Kehrreime sind so populär, daß sie in der Umgangssprache wie Sprichwörter oder Redensarten gebraucht werden können, wie z. B. ‚So ein Tag, so wunderschön wie heute', ‚Heute blau und morgen blau', ‚Wer soll das bezahlen?' ‚Humba, humba, täterä', ‚Wir kommen alle, alle in den Himmel', ‚Du kannst nicht treu sein', ‚Nach Hause gehn wir nicht', ‚Wir versaufen unsrer Oma ihr klein Häuschen', ‚Bier her, Bier her', ‚Schnaps, das war sein letztes Wort', ‚Wir hab'n den Kanal noch lange nicht voll', ‚Mer losse d'r Dom in Kölle', ‚O wie bist du schön', ‚Heidewitzka, Herr Kapitän', ‚O du wunderschöner deutscher Rhein', Trink, trink, Brüderlein trink', ‚Am Aschermittwoch ist alles vorbei'. (Vgl. Langspielplatten. Gemeinschaftskatalog. Bundesverband der Phonographischen Wirtschaft, 14. Jahrg. 1985, S. 566).

Jubeljahr. *Alle(r) Jubeljahre einmal:* in großen Zeitabständen; sehr selten. Das Jubeljahr oder ‚Halljahr' kehrte bei den Israeliten alle fünfzig Jahre wieder; es wurde durch Posaunenschall (hebr. jōbēl = Widderhorn, dann: Freudenschall) dem ganzen Lande angekündigt (3. Mos. 25, 8 ff.). Es hatte den Zweck, gänzliche Verarmung zu verhüten, denn es stellte durch den Erlaß aller Schulden die annähernde Gleichmäßigkeit des Grundbesitzes sicher. Im Jahre 1300 stiftete Papst Bonifatius VIII. in Anlehnung an den alttestamentlichen Brauch ein Gnaden- oder Jubeljahr (‚jubilaeus annus' nach dem hebr. Namen mit Anlehnung an lat. iubilum = Jauchzen, Jodeln, wovon mittellat. jubilare = jubilieren stammt), das einen bes. hohen Ablaß brachte. Urspr. sollte sich dieses alle 100 Jahre wiederholen, doch verkürzte sich dieser Zeitraum bald auf 50, dann auf 33 und schließlich auf 25 Jahre. Später wurde der Ausdr., der auch die Bildung des Wortes ‚Jubiläum' mitbestimmte, auf andere Feiern übertr., die in größeren Zeitabständen wiederkehrten, und volkstümlich entstand die Rda. ‚alle(r) Jubeljahre einmal': „Ich sitze alle Jubeljahr hier, laßt mich nur sitzen; künftiges Jubeljahr will ich euch nicht mehr hindern" (zum Jubelfest der Leipziger Universität 1609; ‚Taubmanniana' 133).

Lit.: *E. Kutsch:* Art. ‚Jobeljahr', in: RGG[3] III, Sp. 799 f., v. *ders.:* Das Herbstfest in Israel (Diss. Mainz 1955).

Judas. Der bibl. Judas Iskarioth aus der Leidensgeschichte Jesu (Matth. 26,25; 48 f.) ist mit den Begriffen ‚Judaskuß' und ‚Judaslohn' sprw. geworden. Einen Judas nennt man danach einen falschen, verräterischen Menschen. Der ‚Judaskuß' ist schon früh lit. belegt. In Wolframs ‚Parzival' heißt es (321,10):

ime gruoz er mînen herren sluoc
ein kus den Judas teilte,
im solhen willen veilte

und in der ‚Zimmerischen Chronik' (IV, 326): „Sie gab mir zu letst ain Judaskuß, als die frawen sein gewon", d. h. sie verriet ihren Gatten an mich, ihren Liebsten, indem sie mich küßte.

Ein Brauch ist das ‚Judasjagen', die lärmende Jagd der Gassenbuben in der Osternacht, eigentl. hinter dem Judas des Passionsspiels herjagen; daher die Rda.: ‚wie's Judasjagen; vgl. ‚wie's Teufelhaschen'. Ähnl. das ‚Judasverbrennen': ‚Der Judas wurde verbrannt' sagt man els. beim Verbrennen alter Meßgewänder, Chorröcke und dgl.

Die vor allem im Schrifttum des 16. und 17. Jh. sehr häufige sprw. Rda. *den armen Judas singen* (auch *einem den Judas singen)* bedeutet soviel wie: einen höhnisch schelten, verspotten, jem. die Hölle heiß machen. *Den armen Judas singen müssen:* in Armut, Not, Elend, in einen Zustand geraten, in dem man Klagelieder anstimmt. Zwei Belege enthält allein das Faustbuch von 1587: „Es ist hie zu sehen des Gottlosen Fausti Hertz und Opinion, da der Teufel jhm, wie man sagt, den armen Judas sang, wie er in der Hell seyn muste"; und: „Als nu der Geist Fausto den armen Judas genugsam gesungen, ist er wiederum verschwunden, und den Faustum allein gantz melancholisch und verwirrt gelassen". Die Wndg. ‚den armen Judas singen' bezieht sich auf ein einst wirklich gesungenes Lied:

O du armer Judas,
Was hast du getan,
Dass du deinen herren

also verraten hast?
Darumb so mustu leiden
Hellische pein,
Lucifers geselle
Mustu ewig sein. Kyrieeleison.

Es handelt sich um die Übers. der Schlußstr. eines lat. Osterhymnus:

O tu miser Juda, quid fecisti,
quod tu nostrum dominum tradidisti?
ideo in inferno cruciaberis,
Lucifero cum socius sociaberis.

Die dt. Übers. und parodistische Umbildungen des Liedes zu satirischen Zwekken erfreuten sich seit dem Ende des 15. Jh. mehrere Jhh. lang größter Beliebtheit. Der ‚arme Judas' (wobei ‚arm' ebenso gebraucht wird wie in ‚armer Teufel', ‚armer Sünder') kommt zwar schon in verschiedenen hochma. Belegen vor, aber noch ohne Bezug zu einem Lied. Den frühesten Beleg für das Lied bietet ein hist. Anlaß: Als Kaiser Maximilian am 26. Mai 1490 zu Schiff auf der Donau an der mit Zuschauern dichtbesetzten Mauer der widerspenstigen Stadt Regensburg vorbeifuhr, verhöhnte er die Regensburger wegen ihres Abfalls vom Kaiser dadurch, daß er seine Musiker das Lied ‚O du armer Judas, was hast du getan', ‚carmen illud maledictionis', aufspielen ließ. Schon dieser Beleg bezeugt das Judaslied als eine Satire. In der Reformationszeit wurde es dann vorwiegend in parodistisch-satirischer Absicht häufig wiederholt und oft auch auf andere Personen umgedichtet, z. B. ‚Ach du armer MURNarr, Was hastu getan ...', und zu zahlreichen politischen Liedern bis in die Zeit des Dreißigjährigen Krieges diente diese urspr. geistliche Str., so daß bald ‚einem den Judas singen' den Sinn erhielt: ihm seine Treulosigkeit höhnend vorhalten. In einem Spottgedicht auf Friedrich von der Pfalz als (Winter-)König von Böhmen heißt es: „Den armen Judas mußt du singen gar bald, mein lieber Fritz". Das Judaslied hat sich im Kinderbrauch regional noch bis zur Ggwt. erhalten (z. B. als Drohvers im Heischebrauch). Vgl. ‚einem den Görgen singen', ‚Placebo singen'.

Lit.: *Creizenach:* Judas Iscariot in Sage und Legende des MA., in: PBB. 2 (1876), S. 185f.; *Erk-Böhme* III, 670, Nr. 1963f.; *R. Hildebrand:* Materialien zur Gesch. des dt. Volksliedes I, in: Zs. f. d. U., Ergänzungsheft 5 zu Bd. 14 (1900), S. 63ff.; *A. Taylor:* ‚O du armer Judas', in: The Journal of English and Germanic Philology 19 (1920), S. 318–339; *A. Wrede:* Art. ‚Judas Ischarioth', in: HdA. IV, Sp. 800–808; *K. Lüthi:* Judas Iskarioth in der Gesch. der Auslegung von der Reformation bis zur Ggwt. (1955); RGG[3] III, Sp. 965f., Art. ‚Judas' v. *E. Fascher; G. Grober-Glück:* Motive u. Motivationen in Rdaa. u. Meinungen (Marburg 1974), § 73ff., bes. S. 102; *P. Dinzelbacher:* Judastraditionen (= Raabser Märchen-Reihe 2) (Wien 1977), bes. S. 12ff. (Judas in der Sprache); *W. Puchner:* Feldforschungsnotiz zum Judasbrennen, in: Österr. Zs. f. Vkde. 80 (1977), S. 229–231; *E. Harvolk:* Judaskuß und Judaslohn, in: Bayer. Jahrb. f. Vkde. (1985), S. 89.

‚Jungbrunnen'

jung. *So jung kommen wir nicht wieder zusammen,* Rda., mit der man zur Verlängerung eines gemütlichen Zusammenseins auffordert. Sie begegnet zuerst in dem Lied ‚Dem Gott der Raben' (um 1790) von Chr. A. Vulpius u. wird seither häufig zitiert.

Er ist noch jung, er hat noch den ersten Kopf sagt man scherzweise, wenn alte Leute behaupten, sie seien noch gar nicht sehr alt.

Jungbrunnen. *Etw. ist ein wahrer Jungbrunnen:* ein Bad in ihm schenkt neue Kraft u. macht die Menschen wieder jung. In Lit. u. Kunst ist der Jungbrunnen ein beliebtes Thema gewesen. In der Rda. wird der Begriff freilich mehr scherzhaft u. im übertr. Sinne verwendet.

Lit.: *E. Marshall:* ‚Fountain of perpetual youth', in: Notes & Queries, 8.10 (1896), S. 162–163; *I. Taylor:* ‚Fountain of perpetual youth', ebd. 8.10 (1896), S. 163;

E. Walford: ,Fountain of perpetual youth', ebd. 8.10 (1896), S. 163; *G. F. Hartlaub:* Lucas Cranach: Der Jungbrunnen (Stuttgart 1958); *A. Rapp:* Der Jungbrunnen in Lit. u. bildender Kunst des MA. (Zürich 1977); *N. A. Bringéus:* Bildlore (Södertälje 1981), S. 139–160; *W. Mezger:* Narrenidee und Fastnachtsbrauch. Studien zum Fortleben des Mittelalters in der europ. Festkultur (= Konstanzer Bibliothek, 15) (Konstanz 1991).

Junge. *Aussehen wie der dumme Junge von Meißen:* ein sehr dummes Gesicht machen. Dieser rdal. Vergleich wird zurückgeführt auf eine große Porzellanfigur, die bis gegen 1840 am Eingang des Formhauses der Meißner Porzellanmanufaktur aufgestellt war und mit ihrer lakaienhaften Tracht und ihrem dummen Gesicht den Besuchern sofort in die Augen fiel. Müller-Fraureuth (I, 573) lehnt diese Erklärung freilich ab. Er hält die Wndg. für eine Entstellung aus: ,der dumme Jude von Meißen' und bezieht sie auf den Judenkopf mit dem einer Narrenkappe ähnl. spitzen Hut, der sich im Wappen der Markgrafen von Meißen seit der Erwerbung Thüringens durch Heinrich den Erlauchten als Zeichen der Belehnung mit der Schutzgerechtigkeit über die Juden befindet. Die Rda. begegnet obersächs. auch in den Formen: ,wie der dumme Junge von Dresden, von Mutzschen, vom Neumarchte'.
,Junge, Junge': saloppe Wndg., die Erstaunen oder Bewunderung ausdrückt, aber auch einen Tadel enthalten kann.
Denken wie Goldschmieds Junge ↗ Goldschmied.

Jungfernkranz ↗ Kranz.

Jungfrau. *Zu etw. kommen wie die Jungfrau zum Kind,* d.h. auf völlig unerklärliche, wunderbare Weise; ironische Anspielung auf die unbefleckte Empfängnis der Jungfrau Maria. *Er ist in die elftausend Jungfrauen verliebt:* er verliebt sich in jedes Mädchen. Die Rda. bezieht sich auf die Legende der heiligen Ursula und ihre elftausend Jungfrauen. Rheinhess. ,Du streckst ja de Nabel vor wie die schwangere Jungfrau von ↗ Buxtehude'; lit. bei Zuckmayer, ,Schinderhannes' (3. Akt).

Lit.: *O. Schade:* Die Sage von der Heiligen Ursula und den Elftausend Jungfrauen (Hannover 1854).

Junggeselle ↗ eingefleischt.

Jürgen ↗ Georg.

Jux. *Aus Jux und Dollerei etw. tun:* aus Übermut u. zum reinen Spaß. Bei dem Wort ,Jux' handelt es sich um ein altes Lehnwort aus dem Lat. (jocus), das wahrsch. aus der Sprache der fahrenden Kleriker übernommen wurde u. von dort in die Dialekte eingegangen ist. Die Wndg. ,Jux und Dollerei' hat als verstärkende Zwillingsformel den Zweck, das Scherzhafte einer Handlung zu verdeutlichen. Ähnl. auch die Rda. *sich einen Jux aus etw. machen:* aus Spaß etw. anstellen, um andere zu foppen u. an der Nase herumzuführen.

J.w.d. ist eine recht junge, aus Berlin stammende Abk. für ,janz (ganz) weit draußen', d.h. weit entfernt, außerhalb der Stadt. Der Ausdr. taucht vornehmlich stud. in Wndgn. auf wie: ,er wohnt j.w.d. im Norden (Süden usw.)', heute z.T. schon unverstanden gebraucht: ,er wohnt j.w.d. da draußen', oft erweitert durch den Zusatz: ,am Ende der Welt', ↗ Ende.

K

Kachel. *Eine Kachel einsetzen:* sich bei einem in Gunst setzen, einschmeicheln; umgekehrt: *einem eine böse Kachel einsetzen:* ihn anschwärzen, verleumden; so lit. bei Franck (‚German. Chronik', 1538, 19b): „Sie (die Höflinge) setzten aus böswilligem Gemüt Seneca dem theuren man bös Kacheln (bei Nero) ein".
Eine ‚Kachel' – auch die Ofenkachel – ist primär eine Hohlform. In den obd. Mdaa. kann man z.B. ‚eine Kachel (i.S. von Tasse) Tee' einschenken. Aus demselben Grund steht Kachel in mehreren Rdaa. umschreibend für ‚Frau'. *Er ist in derselben Kachel gebacken:* er hat die gleiche Herkunft. Bes. *alte Kachel* steht als Schimpfwort für eine alte Frau: ‚Du olle Kachel!' und wurde auch lit. verwendet, z.B. „Meine alte Kachel starb in Kindesnöthen" (Weise, Erzählungen); „Abraham, der Sara, die alte Kachel, zum Weibe gehabt" (Luther), Fischart (‚Geschichtklitterung'): „Ein Kachel für ein baslerische köchin ansehen".

Lit.: *R. Meringer:* Beiträge zur Gesch. der Öfen, in: Wörter und Sachen 3 (1912); *R. Franz:* Der Kachelofen (Graz 1969).

Kachelofen. Der Kachelofen steht in Rdaa., ebenso wie ↗Ofen und ↗Herd für die Häuslichkeit, das Hauswesen selbst. *Er ist nicht weit vom Kachelofen weggekommen:* er hat keine Erfahrungen in der Welt gesammelt. Schuppius: „Ich habe nicht allezeit hinter dem Kachelofen gesessen, sondern bin unter Leuten gewesen". Ndd. ‚achtern Kachelofen liggen', faulenzen, oder: Arbeit in der Kälte scheuen. *Einen Kachelofen für ein Bierglas ansehen:* betrunken sein, zu viel getrunken haben.

Lit.: *R. Franz:* Der Kachelofen (Graz 1969).

Kacke. *In die Kacke greifen:* Mißerfolg haben, ein schlechtes Geschäft machen. Kacke ist Kot (zu lat. cacare).
Alles Kacke, Deine Elli: sehr große Unannehmlichkeiten, zur Rda. gewordene Schlußformel eines fiktiven derb-vulgärsprachl. Briefes; ähnl. wie ‚Aus, Dein treuer Vater'. Ndd. ‚De kacken alle op einen Häup', sie stecken miteinander unter einer Decke; vgl. auch ndl. ‚twee schijten door een gat' ↗scheißen.

Kadi. *Zum Kadi rennen (laufen):* vor Gericht gehen, einen Prozeß anstrengen. ‚Wir treffen uns beim Kadi'. *Jem. vor den Kadi bringen (schleppen):* ihn vor Gericht bringen, ihn anklagen. Kadi ist eine arab. Bez. für den Richter.

Käfer. *Einen Käfer haben:* eine Schrulle, eine fixe Idee haben; ähnl. wie ‚Mücken (↗Hummeln usw.) im Kopf haben', ↗Grille; auch: einen Schwips haben, betrunken sein; so schon bei Seb. Franck 1528 in seiner Schrift ‚Von dem Laster der Trunkenheit' (Cb): „Daher ich vestiklich glaub das der zehent (Säufer) kains rechten tods sterb, wann sie gleich nit all in der fülle voll weins sterben, so haben sie doch die Natur verderbt und die Käfer bei dem wein verschluckt". Aus dem Trunkenen redet also der Käfer, den er verschluckt hat.
In der Teenagersprache der Ggwt. ist ein Käfer ein Mädchen: ‚flotter, kesser, süßer Käfer' usw. Der Ausdr. ist immer anerkennend gemeint und bezieht sich auf Aussehen und Kleidung. Im Elsaß ist ‚Käferle' neben ‚Herzkäfer' ein allg. beliebtes Kosewort.

Kaffee. *Das ist (ja) (alles) kalter Kaffee:* das ist dummes, abgestandenes, veraltetes Zeug, das interessiert niemanden. *Jem. kommt der (kalte) Kaffee hoch:* ihm wird übel. *Da kommt einem (ja) der (kalte) Kaffee (wieder) hoch!:* das ist widerlich, abscheulich. Alle genannten umg. Rdaa. sind erst im 20. Jh. aufgekommen. Älter

‚Kaffeetante'

sind: *Das geht über schwarzen Kaffee:* das ist die Höhe; lit. bei Jer. Gotthelf (‚Bauernspiegel'); ähnl.: *Das ist starker Kaffee (Tobak)!:* das ist des Guten zuviel; frz.: ‚c'est un peu fort de café'.

Von einem sehr schwachen, dünnen Kaffee sagt man ndd.: ‚Tau den Koffee hett Simson dat Water edragen un Lazarus de Bohnen ebrocht' Im Ndl. ist von ‚flauwe Koffie' die Rede, vgl. ↗Blümchenkaffee. Dagegen heißt es von einer sehr reichen Gegend: ‚Wo se den Kaffee möt Läpels ête …'

Nicht die Kaffeebohne: überhaupt nicht, nicht im geringsten, ↗Bohne. Um den Kaffee versammelten sich die ‚Kaffeeschwestern' zum ‚Kaffeekränzchen', auch zum ‚Kaffeeklatsch', wo dann alles in einer vergnügten Runde ‚durchgehechelt' wurde.

Eine Kaffeetante sein: eine leidenschaftliche Kaffeetrinkerin sein. Die im 20. Jh. auch lit. bezeugte Wndg. ist sogar auf Männer anwendbar; sie hat den seit dem 18. Jh. üblichen Ausdr. ‚Kaffeeschwestern', der analog zu ‚Betschwester' gebildet worden ist, heute fast verdrängt.

‚Aus dem Kaffeesatz lesen'

Aus dem Kaffeesatz lesen: die Zukunft erfahren wollen, Hellseherei betreiben. Bereits 1742 erschien in Leipzig ‚Die Wahrsagerin aus dem Coffee-Schälgen', 1756 in Raab ‚Das oraculum astronomico-geomanticum oder die Kunst und Weisheit im Kaffee und allen anderen Gießungen das Schicksal zu sehen'. In seinem 1744 zuerst erschienenen scherzhaften Heldengedicht ‚Der Renomist' singt F. W. Zachariä (III, 47):

In Leipzig war damals die nun verlohrne Kunst,
Aus dickem Caffeesatz, durch schwarzer Geister Gunst,
die Zukunft auszuspähn; und die geheimsten Thaten,
Geschehn, und künftig noch, prophetisch zu errathen.

In Hamburg wandten sich um die Mitte des 18. Jh. bes. werdende Mütter an die ‚Kümkenkiekersch', um das Geschlecht des Kindes zu erfahren. Mit der Bez. ‚Caffeemantia' hängte man dieser Kunst sogar ein wiss. Mäntelchen um (HdA. IV, Sp. 909 f.).

Lit.: *L. D. V.:* ‚Flauwe koffie', in: Biekorf 59 (1958), S. 235; *H. Bächtold-Stäubli:* Art. ‚Kaffee', in: HdA. IV, Sp. 909–912; *H. E. Jacob:* Sage und Siegeszug des Kaffees (Hamburg [3]1964); *P. Albrecht:* Kaffee. Zur Sozialgeschichte eines Getränks (Braunschweig 1980); *H. J. Teuteberg:* Die Eingliederung des Kaffees in den täglichen Getränkekonsum, in: *H. J. Teuteberg* u. *G. Wiegelmann:* Unsere tägliche Kost (Münster 1986), S. 185–201.

Kahn kann in der Umgangssprache der Ggwt. Schiff, Auto, Flugzeug, Schuhe, Bett, Gefängnis u. a. bedeuten (Küpper), aber auch Kopf oder im weiteren Sinne den menschlichen Körper: *Jem. eine vor den Kahn hauen (knallen):* ihn auf den

Kopf schlagen; ↗Hals, ↗Latz. *Einen im Kahn haben:* betrunken sein. Ndd. ‚got im Kahne stan', bei Frauen beliebt sein; ähnl.: ‚Der kann im Kahn stehen'. In diesem Sinne ist Kahn auch in den Sprww. fast immer doppeldeutig: ‚Es hat mancher einen Kahn, aber er weiß ihn nicht zu lenken'; ‚jeder Kahn will seinen Mann'; ‚jeder Kahn führt ins Meer, aber nicht jeder wieder her'; ‚wer in zwei Kähnen zugleich fährt, kann leicht Schiffbruch erleiden'; ‚zu einem kleinen Kahn braucht man nur kleine Ruder' (Wander II, Sp. 1092); ↗Boot, ↗Schiff.

Kaib, Chaib, schwäb.-alemannisch verächtliche Schelte für Menschen und Tiere: böser Mensch, elender Kerl, Lump, Frechdachs, Schlingel, auch: ungeschickter Mensch, urspr. Bdtg.: Aas, z.B. ‚Du Chaib, du verreckda', auch: Rausch, entspr.: ‚kaibendumm', ‚Kaibendurst', auch einfach als Steigerungsform: ‚kaibengern', (sehr gern), ‚kaibenglatt': sehr gelungen, ‚Kaibenkaib': Erzspitzbube, ‚kaibenreich': sehr reich (Bad. Wb. III, 48f.).

Kainsmal. *Ein Kainsmal tragen:* als Mörder gekennzeichnet sein. *Jem. ein Kainsmal aufdrücken:* ihn als Mörder stempeln, als Schuldigen kenntlich machen. Die Rda. ist entstanden in Anlehnung an 1. Mos. 4,15: Kain bittet Gott um seinen Schutz, weil er Angst hat, als Brudermörder erschlagen zu werden. Gott erhört seine Bitte und gewährt ihm den erbetenen Schutz: „Wer immer Kain totschlägt, an dem wird es siebenfältig gerächt". Er drückt Kain ein Wahrzeichen auf, „damit ihn niemand erschlüge, der mit ihm zusammenträfe".

‚Das Kainsmal aufdrücken'

Lit.: *P. Satrori:* Art. ‚Kain', in: HdA. IV, Sp. 913–14; *R. Mallinkoff:* Cain and the Jews, in: Journal of Jewish Art 66 (1979), S. 16–38.

Kaiser. *Um des Kaisers Bart streiten:* um Nichtigkeiten streiten, ↗Bart. *Auf den alten Kaiser dahinleben:* unbesorgt darauf losleben; eine im 17. u. 18. Jh. bezeugte Rda., die wohl aus den Zeiten der Schwäche des Röm. Reiches Deutscher Nation stammt, wo zwischen dem Tode des alten und der Wahl des neuen Kaisers manchmal eine lange Zeit verfloß und vieles zu Unrecht im Namen des alten Kaisers geschehen konnte. Denkbar wäre auch eine Zurückführung der Rda. auf den Volksglauben an die Wiederkehr des schlafenden Kaisers Friedrich, von der man eine neue Ordnung der Dinge erhoffte. Grimmelshausen schreibt im ‚Simplicissimus' (I. Buch): „Jetzt glaub' ich erst recht, daß er ein kühnes Soldatenherz habe, sein Leben wacker dranzuwagen, weil er gleichsam ohne Religion und Gottesdienst auf den alten Kaiser hinein dahinleben und seine Seligkeit in die Schanz schlagen darf". Ähnl. auch: ‚Auf den alten Kaiser hinein!', ‚auf den alten Kaiser heiraten, stehlen, warten, sündigen, borgen, beten' usw. (lit. Belege bei Wander II, Sp. 1093ff.).

Dem Kaiser geben, was des Kaisers ist: der Obrigkeit gegenüber seine Pflichten erfül-

‚Dem Kaiser geben, was des Kaisers ist'

len, nach Matth. 22,21: „So gebet dem Kaiser, was des Kaisers ist, und Gott, was Gottes ist". Engl. ‚render unto Caesar the things which are Caesar's'; frz. ‚il faut rendre à César ce qui est à César'; ndl. ‚geeft de keizer wat des keizers en Gode wat Gods is'. Noch ganz wörtl. genommen, veranschaulicht die Sachsenspiegel-Illustration das Jesuswort. Daraus abgeleitet erscheint das Sprw.: ‚Wo nichts ist, hat der Kaiser sein Recht verloren'; scherzhaft parodiert zu: ‚Wo nichts ist, hat's der Kaiser recht verloren'.

Es handelt sich bei dieser Rda. wohl um eine Anspielung auf die Tatsache, daß im MA. alles weltl. Recht vom Kaiser ausging (so wie das kanon. Recht vom Papst). Die kaiserlichen Rechtsetzungen wurden mit dem Begriff ‚Kaiserrecht' umschrieben. Es fand nicht nur Eingang in die Rechtskodifikationen, sondern auch in die profane Literatur. So heißt es z.B. bei G. A. Bürger:

> dennoch hegst du Kaiserrecht
> über deinen treuen Knecht,
> Kaiserrecht in deinem Herzen,
> bald zu Wonne, bald zu Schmerzen.
> Tod und Leben, Kaiserrecht,
> nimmt von dir der treue Knecht.

Wo selbst der Kaiser zu Fuß hingeht ..., Umschreibung der tabuierten Worte Abort, Toilette, Lokus usw. Entspr. setzt man kleine Kinder ‚aufs Thrönchen', und von einem, der darauf sitzt, heißt es: ‚er regiert gerade'.

Lit.: *H. Eyben:* Dissertatio de origine brocardi: Ein jeder (Fürst, Graff, etc.) ist Kaiser in seinem Lande (1661); *E. E. Stengel:* Den Kaiser macht das Heer (1910); *D. Munzel:* Art. ‚Kaiserrecht', in: HRG. II, Sp. 563–565; *F. Graus:* Barbarossa und der Kyffhäuser, in: Lebendige Vergangenheit. Überlieferung im MA. u. in den Vorstellungen vom MA. (Köln–Wien 1975), S. 338–354.

Kaiserwetter. *Es ist (mal wieder so ein richtiges) Kaiserwetter*, d.h. strahlender Sonnenschein, wie er beim Erscheinen der hohen Majestät den Festlichkeiten erst ihren ‚kaiserlichen Glanz' gab.

Kakao. In mehreren Rdaa. steht das scheinbar kindertümlich-harmlose Wort Kakao verhüllend für das gleichanlautende tabuierte Wort ↗Kacke. *In den Kakao fahren:* in den Straßengraben, d.h. in den Dreck fahren; *Kakao in der Hose haben:* vor Angst die Hosen vollgeschissen haben; *im Kakao sitzen:* in Not, Verlegenheit stecken; vgl. frz. ‚être dans la panade' (wörtl.: in der Brotsuppe sitzen).

Jem. durch den Kakao ziehen: über einen Abwesenden abwertend, kritisierend, spöttisch sprechen, jem. verhöhnen, veralbern, über jem. lästern. Das Wort ‚ziehen' ist der älteren Rda. ‚durch die ↗Hechel (oder: den Dreck) ziehen' entnommen. Die Rda. ist etwa um die Jahrhundertwende aufgekommen. Um 1930 dichtete Erich Kästner:

> Nie dürft ihr so tief sinken,
> Von dem Kakao, durch den man euch
> Zieht, auch noch zu trinken.

Kaktus wird in einigen Rdaa. verhüllend für ‚Kot' gebraucht, was bei dem Gleichklang von Kaktus und ↗Kacke, ↗Kakao naheliegt, ↗Scheiße.

Einen Kaktus pflanzen (setzen): (im Freien) Kot ausscheiden; die Rda. ist seit Beginn des 20. Jh. bekannt und entstammt dem großstädtischen Wortschatz, wahrscheinl. aus Berlin. Gelegentlich findet sich auch die Version *einen Kaktus drehen*, wobei an die spiralförmige Aufschichtung des Kotstranges gedacht ist. *(Aussehen) wie ein Kaktus* ist ein rdal. Vergleich für den Unrasierten.

Kalb. *Mit fremdem Kalbe pflügen:* andere für sich etw. tun lassen, sich zunutze machen, was ein anderer gefunden hat, sich mit fremden ↗Federn schmücken. Die Rda. ist bibl. Urspr. Im Buch der Richter wird in Kap. 14 Simsons Rätsel durch eine List gelöst, worauf Simson in V. 18 sagt: „Wenn ihr nicht hättet mit meinem Kalb gepflügt, ihr hättet mein Rätsel nicht getroffen". Entspr. entl. ‚to plough with another man's heifer'; frz. ‚labourer avec la génisse d'autrui' (veraltet); ndl. ‚met een ander mans kalf ploegen'. Ebenfalls bibl. ist *das goldene Kalb anbeten:* nur auf Reichtum aussein, geldgierig sein; entspr. frz. ‚adorer le veau d'or'; engl. ‚to worship the molten (golden) calf'; ndl. ‚het gouden kalf aanbidden'. *Der Tanz ums goldene Kalb:* alles, was der Mensch um des Reichtums willen tut (oder auch: infolge seines Reichtums). 2. Mos. 32 wird berich-

1

2

1/2 ‚Der Tanz um das Goldene Kalb'

tet von dem goldenen Kalb, das die Juden am Fuß des Berges Sinai anbeteten. Die Hauptsache dieses Kultes war nicht das Gold, sondern das Tier. In den sprw. Rdaa. liegt die Hauptbetonung auf ‚golden' mit der Bdtg. der abgöttischen Liebe zu Geld und Gut. Ein ‚goldenes Kalb' kann in der gegenwärtigen Umgangssprache auch die heiratsfähige Tochter aus reichem Hause meinen.

Kalb Moses: ungeschickter, dummer Mensch; wieder unter Bezug auf 2. Mos. 32ff.; aber auch auf 4. Mos. 12,3: „Mose war sehr sanftmütig".

Das fette Kalb schlachten: bei einer festlichen Gelegenheit einen besonderen Lekkerbissen bereitstellen. Die Rda. kommt vom bibl. Gleichnis vom verlorenen Sohn, Luk. 15,23–27; entspr. frz.: ‚tuer le veau gras'; engl. ‚to kill the fatted calf'; ndl. ‚het gemeste kalf slachten'.

Das Kalb ins Auge schlagen: Unwillen, Anstoß erregen. Die Rda. ist schon seit dem 16. Jh. bezeugt, z. B. bei Hans Sachs: „Wer hat das kalb ins aug geschlagen?" 1629 erschien eine Streitschrift unter dem Titel ‚Wer hat das Kalb ins Aug geschlagen d.i. ob die Augsburgischen Convessionsverwandten Prediger oder die Jesuiten den Religionsfrieden umbstürzen'. 1672 bei Grimmelshausen in dem Novellenzyklus ‚Vogelnest' (hg. v. Scholte, S. 33): „Soltest du dich nun auch unterstehen, diesen wie die vorige Freier zu verhindern, so wirst du das Kalb ins Aug schlagen". Rudolf Hildebrand meint im Dt. Wb. der Brüder Grimm (Bd. 5, Sp. 52), der Ausdr. stamme „wohl von bes. ungebärdigem Tun des Kalbs in diesem Falle". Vielleicht ist aber auch an den Metzger gedacht, der das Kalb mit einem ungeschickten Schlag ins Auge trifft, statt es gleich zu töten. Die Rda. ist auch in den Mdaa. weit verbreitet, z. B. obersächs. ‚das Kalb ins Auge treffen', einen wunden Punkt treffen; meckl. ‚dat Kalw int Og steken (stechen)'; schlesw.-holst. ‚he sloog dat Kalf dat Oog ut', er verdarb die Sache, die Stimmung; schwäb., 's Kälble ins Aug schlage'; els. ‚im Kälwel ins Aug schaun', ohne Absicht etw. sagen, das jem. beleidigen kann.

Augen machen (glotzen, gucken, stieren) wie ein (ab-)gestochenes Kalb: vor Verwunderung große, blöde Augen machen. Schon 1588 bei Joh. Fischart in der Satire ‚Bienenkorb' (174a): „Warumb der Pfaff alsdan (wenn er während der Messe aufs Knie fällt) so jämerlich und barmherzig anfangt auszusehen wie ein gestochen kalb".

Ein Kalb anbinden (abbinden, machen, setzen): sich erbrechen. Die Rda. meint entweder, daß Kälber übermäßig trinken, bis ihnen der Trank aus Maul und Nase läuft, oder sie beruht auf der Schallnachah-

mung der Würgelaute beim Erbrechen.
Das Kalb beim Schwanze nehmen: eine Sache verkehrt anfangen; ähnl.: ‚Den Brunnen zudecken, nachdem das Kalb darin ertrunken ist', eine Rda., die P. Bruegel d. Ä. in seinem Rdaa.-Bild realisiert hat und die auch im Ndl. noch heute lebendig ist: ‚as het kalf verdronken is, dempt men de put'; ↗Brunnen. In anderen Sprachen braucht man hierzu andere Bilder, z. B. lat. ‚clipeum post vulnera sumere' (zum Schild greifen, nachdem man bereits verwundet ist); engl. ‚when the steed is stolen, the stable door is locked'; frz. ‚fermer l'écurie quand les chevaux se sont échappés'.
Das Kalb (Kälbchen) austreiben: ausgelassen sein, sich austoben, wie ein Kalb, das man auf die Weide treibt, wo es seine Sprünge machen kann. Els. ‚s Kalb ablosse', lärmen, Zoten reißen. Der Schlesier Wenzel Scherffer schreibt 1640 in seiner Dichtung ‚Der Grobianer' (S. 105):

Es sol doch allezeit der Lust
ein Merkmal bleiben
zu sehn, wie gestern aus das Kalb
man konnte treiben.

In neuerer Sprache heißt es dafür auch einfach *(herum-)kälbern, kalbern:* sich albern, mutwillig, kindisch benehmen, wie ein junger, unerfahrener Mensch auch als Kalb bez. wird. Obersächs. ‚Er ist noch Kalbfleisch', er ist noch unerfahren, kindisch; ähnl. schon bei Luther: „Ihr habt noch viel Kalbfleisch“; westf. ‚et is noch en hopen Kalfflusk darann'. Picander (Christian Friedrich Henrici) sagt 1737 zu einem Freunde:

Du weißt, wo wir beysammen saßen,
Wie wir dasselbe mal gehaust
Da wir noch liebes Kalbfleisch aßen
Und manches Gläschen Wein
geschmaust.

Bei Seb. Brant (‚Narrenschiff', Einleitung): „uf kalbsfüß gehen“ = Narreteien treiben.
‚Dem kälbert der Sägbock auf der Bühne' sagt man schwäb. von einem, der stets unverdientes Glück hat, ohne daß er viel dazu tut, also von einem Glückspilz. Der drastische Vergleich enthält eine mehrfache Hyperbolik: Der Sägbock kann aus mehreren Gründen nicht kälbern, d. h. Junge bekommen: 1. ist er ein Ding aus Holz, und 2. könnte das männliche Tier, der Bock, ohnehin keine Jungen zur Welt bringen, und 3., ein Ziegenbock auch keine Kälber. Dazu steht 4. das Ding noch auf der ‚Bühne', d. h. auf dem Dachboden, den man normalerweise gar nicht im Blick hat. Varianten sind bes. im schwäb.-alem. Raum häufig: ‚De riche Litt kelbret d'Holzschlegel hinderm Ofe' – ‚Wem's Glück will, dem kälwert d'r Holzschläjel (Dreschflegel) uf d'r Biehn' – ‚Wer's Glück hat, dem kelbert am End no der Ochs' – ‚Bei de Richa kelbret de Misthufe, be de Noatega (Notleidenden) verrecket d' Kelber' – ‚Dem kälbert noch der Spaltstock'.
Das Kalb verkaufen, ehe es geboren ist: etw. Voreiliges tun. *Einem ein Kalb aufbinden:* einen ↗Bären aufbinden.
Das Kalb durchs Wasser ziehen: sein Glück machen, seinen Wohlstand begründen, lit. bei Gottfried Keller im ‚Grünen Heinrich' (IV. Teil, 16. Kap.): „Als aber das Kalb durch den Bach gezogen, das Gedeihen begründet ...“
‚Unschuldig wie ein neugeborenes Kalb': rdal. Vergleich, der auf die Naivität eines (jungen) Menschen anspielt.
‚Wer als Kalb in d'Fremde gaht, kommt als Rind hei'. Mit diesem Sprw. wird verdeutlicht, daß ein junger Mensch trotz einer Reise nichts dazugelernt hat, daß er sich in seinem Wesen nicht verändern konnte, daß er seiner Art treugeblieben ist.

Lit.: *A. Wirth:* Art. ‚Kalb', in: HdA. IV, Sp. 914–921; *J. Hahn* Das ‚Goldene Kalb'. Die Jahwe-Verehrung bei Stierbildern in der Gesch. Israels (Frankfurt/M./Bern 1981); *H. Ries:* Zwischen Hausse und Baisse. Börse und Geld in der Karikatur, hg. H. Guratzsch (Stuttgart 1987), S. 230, 235.

Kalbfell. *Dem Kalbfell folgen (nachlaufen, nachgehen); zum Kalbfell schwören:* Soldat sein, werden. Kalbfell steht hier pars pro toto für die (Werbe-)Trommel, die mit Kalbfell bespannt ist. Lit. Zeugnisse gehen bis ins 17. Jh. zurück: „Es giengen die Werbungen stark fort. Wer Vater und Mutter nicht hat folgen wollen, der nahm einen Ducaten und folgete einem Kalbsfelle“ (Schuppius, ‚Lehrreiche Schriften', 1663, S. 335); aber die Belege reichen noch bis in die Ggwt.; z. B. heißt es bei Thomas Mann (‚Zauberberg', Kap. 3

‚Frühstück'): „Na, will er denn auch zum Kalbfell schwören?" sagt der Arzt zu Hans Castorp. Entspr. ndl. ‚het kalfsvel folgen'; engl. ‚to have taken the queen's (king's) shilling', ‚to follow the drum'; frz. ‚suivre le tambour'.

Kaldaunen sind eigentl. die Eingeweide der Tiere; vom Menschen nur in derben Rdaa. gebraucht, z.B. bei großem Schmerz: ‚ich denke, 's reißt mr de Kaldaunen raus'; sächs. ‚einen bei den Kaldaunen kriegen', ihn bei der Kehle pakken. Ferner: *da möchte man aus der Kaldaune fahren:* aus der Haut fahren; *die Kaldaunen aus dem Leibe speien:* sich sehr stark erbrechen; *die Kaldaunen ausspülen:* stark trinken; *es ist ihm in die Kaldaunen gefahren, sich die Kaldaunen vollärgern; sich die Kaldaunen voll fressen (schlagen):* sehr viel essen; dementspr. das Schimpfwort *du vollgestopfter Kaldaunensack (Kaldaunenfresser), kaldaunenvoll:* übersatt, schwerbezecht.

Kalendas Graecas. *Ad Kalendas Graecas:* etw. wird bis zum St.-Nimmerleins-Tag verschoben, es geschieht niemals, ↗Pfingsten; vgl. frz. ‚repousser aux calendes grecques'.

Kalender. *Kalender machen* (auch *kalendern):* grübeln, seinen Gedanken nachhängen, in sich versunken über etw. nachsinnen, Grillen fangen. Die Rda. ist seit dem 17. Jh. belegt. Einst war der Kalender neben der Bibel und dem Gebetbuch das einzig Gedruckte für das einfache Volk. Er gab Auskunft über das Wetter, Ratschläge für Haus, Feld und Wald und war Nachschlagebuch für Festtage, Messen u.a. Der Kalendermacher mußte also viel und tief nachdenken. Die alten Kalender enthielten außer den Tagesangaben noch astrologische Hinweise auf angeblich glückliche und unglückliche Tage, Ratschläge über Aderlassen, Kindbadtage, Haar- und Nagelabschneiden sowie Wetterprophezeiungen für das ganze Jahr. Durch deren Unzuverlässigkeit kam die „Kalenderei", die Goethe im ‚Faust' II, 1 (V. 4974) neben „Chymisterei" nennt, sehr bald in Mißkredit. „Drum haben unsre lieben Alten gesagt: ‚Du leugest wie ein Kalendermacher'", sagt Andreas Gryphius. Und Grimmelshausen im ‚Simplicissimus' (II, Kap. 21): „Daraus urteilte ich ..., daß er Kalender machte, wie er ihm ein Bein vorsetzen und zu Fall bringen möchte". J. G. Schnabel schreibt in dem Roman ‚Insel Felsenburg' (1731ff., Bd. 5, S. 335): „Was sitzt Ihr so traurig da? Es scheint, Ihr wollet Kalender machen oder auspunktieren, ob wir auch guten Wind und Wetter auf unserer Reise haben werden".

Kalender machen für das abgelaufene Jahr: nachdem eine Sache vorbei ist, wissen, wie man es hätte besser machen können; vgl. engl. ‚to make almanachs for the last year'. *Den Kalender verbessern wollen:* klügere Leute tadeln und zurechtweisen. *Ich will seinen Kalender nicht:* ich will auf seinen Rat nicht achten, mich nicht nach ihm richten. *In seinem Kalender ist immer Quatember:* er hat immer Fasttag, lebt in großer Dürftigkeit; ebenso *in seinem Kalender ist nur ein Fasttag* (mit dem Hintergedanken: aber der dauert das ganze Jahr): sein Tisch ist nur kärglich besetzt. *In seinem Kalender ist nichts als Vollmond:* er lebt herrlich und in Freuden.

Schweiz. ‚s Kalendermache nüd erdenkt ha', das Pulver nicht erfunden haben. *Im Kalender rot anstreichen;* vgl. frz. ‚marquer en rouge au calendrier', ↗rot.

Lit.: *G. Jungbauer:* Art. ‚Kalender', in: HdA. IV, Sp. 921–934; *F. Bork:* Kalender-, Mythen- und Weltbildstudien, Heft 1 u. 2 (Leipzig 1942); *F. H. Burmester:* Calender erzählen (Bielefeld 1966); *L. Röhrich:* Joh. P. Hebels Kalendergeschichten (Lörrach 1972); *H. Trümpy:* Ein Beitrag zur Erforschung der Kalender, in: Sandoz-Bulletin 17 (Basel 1981), Nr. 59; *K. Eder:* Kalender-Geschichten (Frauenfeld u. Stuttgart 1982); *H. Maier:* Die christliche Zeitrechnung (Freiburg 1991).

Kalmäuser, kalmäusern (klamüsern). Die Feststellung *Er ist ein Kalmäuser* kann mehrere Bdtgn. besitzen. Sie dient zur Charakterisierung eines Vielwissers, eines pedantischen Gelehrten, eines lichtscheuen Grüblers und Grillenfängers, kann aber auch den verschlagenen Schulmeister, einen verkommenen bettelnden Studenten in der Nebenbdtg. eines pfiffigen Schlaukopfes, einen Schmarotzer und den Geizhals meinen. Der Ausdr. ist im 16. Jh. aufgekommen und bis heute in verschiedenen Schreibweisen gebräuchl. Neben ‚Kalmauser', ‚Kalmeiser', ‚Kahlmäuser', ‚Calmäuser' und ‚Kalmüser' steht das ndd. ‚Klamüser'. Über die Herkunft des Wortes sind die Meinungen geteilt: Nach Adelung und Heyse soll es eine Zusammensetzung aus ‚kalm' (= stille, ruhig) und ‚Mäusen' sein und einen Menschen bezeichnen, ‚der im stillen mause', der in Einsamkeit und im verborgenen fruchtlosen Grübeleien nachhänge. Kluge führt den 2. Wortbestandteil auf mhd. ‚mûsen' (= in diebischer Absicht schleichen) zurück und vergleicht mit der Wortbildung von ‚Duckmäuser'. Grimm (Dt. Wb. V, 72) vermutet hinter ‚Kalmäuser' den ‚kahlen Duckmäuser', im Sinne von armem Schlucker, Schmarotzer u. Stubenhocker. Im ‚Preuß. Hausfreund' (Berlin 1810, S. 427) stand sogar folgende Erklärung: „Das Wort Kalmäuser ist aus dem alten Scholmester (Schulmeister) mit Umwandlung des Schol in Kol und Kal, wie des Meister in Mäuser entstanden, ähnl. wie Duckmäuser aus Tücke und Meister".

Da sich die Rda. vor allem auf einen Menschen bezieht, der Schwieriges herauszubringen sucht, der grübelt und über Zusammenhänge nachsinnt, der bes. geistige Fähigkeiten besitzt, ist auch an den Einfluß von lat. calamus (= Schreibrohr) zu denken. Das Schreibgerät wurde dann stellvertretend für den Schreiber genannt und schließlich zu einer Art Spottname für ihn. Joh. Fischart brauchte den Ausdr. in solcher Weise in seinem ‚Gargantua' (S. 255), wo es heißt: „solch Ding lehrnet man ohn den einörigen Dorfkalmäuser". Er meinte damit den Dorfschulmeister, der oft der einzige im Dorfe war, der lesen und schreiben konnte. Da die Mißtrauischen glaubten, daß er dieses Wissen zu eigenem Vorteil anwende und manchmal zum Nachteile anderer mißbrauche, erhielt das Wort ‚Kalmäuser' bald den Sinn von einem listenreichen, verschlagenen Mann, der immer einen Ausweg finden konnte. Ebenfalls in Fischarts ‚Gargantua' (S. 31) ist das Wort in dieser Bdtg. überliefert: „Sind nicht ein gut theil Päpst Kalmäuser?" Fischart bez. aber auch den Schmarotzer damit: „Wappenbrieff usw. müssen Esellerisch jedem Kalmeuser, der das Grass durch den Zaun isst, für eine Löwenhaut dienen" (‚Aller Praktik Großmutter', Kloster, VIII, 580).

Daß ein Zusammenhang zw. Kalmäuser und lat. calamus (= Kalmus) bestehen kann, zeigt eine berl. Rda.: ‚An den Kalmus piepen wir nich!', darauf fallen wir nicht herein, die das in Dtl. angebaute Schilfrohr Kalmus in übertr. Bdtg. für Schwindel verwendet.

Möglich wäre aber auch die Herkunft des Wortes aus der Gaunersprache, wo es bis heute lebendig ist. Von der jidd. Wurzel ‚komaz' = nehmen und ‚kamzon' = ein mit voller Hand Nehmender, Einsammler, Bettler, Schmarotzer, Geizhals wurde im Rotw. das Wort ‚Kammesierer' = gelehrter Bettler, verkommener und verschlagener Student abgeleitet und wahrscheinl. unter lat. Einfluß von ‚calamus' ‚Kalmäuser' gebildet. In Berlin und Mitteldtl. ist noch im 20. Jh. ‚calmüsern' = umhersuchen und ‚ausklamüsern' = ausfindig machen in der Kundensprache üblich und in die Umgangssprache eingedrungen.

Etw. ist eitel Kalmäuserei: es ist Pedanterie, Stubengelehrsamkeit, unbrauchbares Wissen, auch: Knauserei, Geiz.

Er kalmausert: er ist ein einsamer Stubenhocker, ein Stubengelehrter und Federfuchser. Im Mansfeldischen meint die Wndg. *jem. kalmüsert,* daß er eifrig nachforscht. Hier zeigt sich eine deutliche Übereinstimmung mit der Gaunersprache (calmüsern = umhersuchen).

Etw. ausklamüsern (herausklamiesern): etw. schwer zu Entdeckendes durch Pfiffigkeit und Nachdenken herausfinden, etw. Verborgenes nach langen Bemühungen ausfindig machen, vgl. oldenb. ‚ûtkalmüseren'.

Lit.: Dt. Wb. V, 70f.; *Wander* II, Sp. 1117; *S. A. Wolf:* Wb. d. Rotwelschen (Mannheim 1956), S. 150, Nr. 2435.

kalt. *Jem. kaltmachen:* verhüllend für: ihn töten, umbringen, ermorden; hergeleitet vom Erkalten der Leiche. Von der Wirkung wird euphemist. auf die Tat geschlossen.

Jem. kaltstellen: ihn um seinen Einfluß bringen, ihm seine Stellung nehmen, ihn in eine Lage bringen, in der er nicht wirken kann; zuerst von Speisen gesagt, die man vom Feuer nimmt und auf Eis setzt, damit sie nicht verderben; seit dem 19. Jh. bildl. mit negativer Bdtg.; z.B. Bismarck in einem Brief an seine Schwester von 1858 über seinen Petersburger Gesandtschaftsposten: „kalt gestellt an der Newa". Und Bismarcks Gemahlin schreibt am 4.2.1862: „Aber wir rühren uns nicht von Petersburg, wo wir so angenehm kalt und weit weg stehen". Vgl. frz. ‚mettre quelqu'un en veilleuse'. Daneben besteht auch ein mdal. ‚kalt stellen' für frisch erhalten, z.B. sagt man els. zu einem ängstlich um seine Gesundheit für den nächsten Tag Besorgten: ‚Stand in dr Keller, daß de frisch blibst bis morn!'

Jem. kaltlassen: nicht erregen, aufregen, interessieren, keinen Eindruck machen; bezieht sich auf das Fehlen der Gemütswärme (‚kaltes Blut', ‚kühler Verstand'); vergleiche französisch ‚laisser quelqu'un froid'.

Halb so kalt!: halb so schlimm! Die Rda. ist abgeleitet von dem Sprw. ‚Es wird nichts so heiß gegessen, wie es gekocht wird'.

Auf kaltem Wege: ohne Umstände, unauffällig; ohne den vorgeschriebenen Weg streng einzuhalten. Die Rda. leitet sich wohl her von chemischen Verfahren, bei denen Extrakte ohne Erhitzung hergestellt werden.

Jem. kalt ablaufen lassen: ihn schroff abweisen.

Kalt und warm aus einem Munde ↗blasen: zwiespältig, doppelzüngig sein. Im rdal. Vergleich sagt man: ‚kalt wie Eis', ‚hundekalt', ‚kalt wie ein Schneider' (Fisch, Frosch, in einem Hundestall, Hundeschnauze usw.).

‚Jem. läuft es kalt den Rücken herunter': er bekommt eine Gänsehaut vor Grausen. Ähnl.: ‚er bekommt das kalte Grausen', ↗Gänsehaut. Zu feststehenden Begriffen wurden auch die Wortverbindungen ‚kalter Kaffee' (Nichtssagendes, alter Quark), ‚kalte Ente' (alkohol. Getränkemischung aus Wein u. Sekt), ‚kalte Herberge', ‚kalte Mamsell' (steht für ‚kaltes Buffet'), ‚kalte Platte' (Aufschnittplatte), ‚kalte Pracht' (prachtvolle Architektur oder Innenausstattung, der jede Verbindung zum Menschen fehlt), ‚kalte Dusche' (unangenehmes Schockerlebnis).

Kamel ↗Nadel.

Kamillen, Kamellen. *Alte Kamillen,* ndd. ‚Dat sünd olle Kamellen' (oft mit dem Zusatz: ‚de rükt nich mehr'): alte, längst bekannte Sachen, abgenützte Phrasen; ein vorwiegend in Norddtl. gebräuchl. Ausdr.; er ist seit der zweiten H. des 18. Jh. in Pommern nachgewiesen. Bei langem Lagern büßen die Kamillen ihren würzigen Geruch und auch ihre Heilkraft ein. Fritz Reuter erläutert seinen Buchtitel ‚Olle Kamellen' 1863 brieflich so: „dat heit so vel ungefihr, as ‚Meidinger' (Anekdoten), de halw vergeten sünd, un stammt sick von de Kamellenbleumen her, dei ock nich recht mihr för bukweihdag (Leibschmerzen) helpen will, wenn sei äwerjährig worden sünd".

Im Liede aus Jütland/Dänemark ‚Gut'n Abend, euch allen hier beisamm' heißt es in der letzten Strophe:

Ei, Steffen, ei Steffen,
die Polka kann ich nicht.
Da sitz ich viel lieber
und tu mir vertellen
mit mein'n lieben Schwestern
'n paar olle Kamellen.

Die ndd. Form ‚Kamellen' hat sich gegenüber der hd. durchgesetzt. Dabei ist interessant zu beobachten, daß den Menschen, die nicht dem ndd. Sprachraum angehören oder ihm entstammen, die Verwandtschaft von Kamellen und Kamillen zum weit überwiegenden Teil unbekannt ist. Diese Tatsache erklärt sich im Rheinl. daher, daß dort das Wort ‚Karamell' = Bonbon in der Mda. ‚Karmelle' heißt, das ‚r' aber nur ganz vereinzelt ausgesprochen wird. Die so entstandene Homonymie hat bewirkt, daß unser Ausdr. sich rhein. an die Karamellbonbons angeschlossen hat: ‚dat es en al Ka(r)mell', bzw. ‚dat sen ale Ka(r)melle'.

Bei der entspr. Rda. *olle Kamellen aufwärmen:* erledigte, abgetane Dinge wieder zur Sprache bringen, wird der alte Sachzusammenhang nicht mehr recht eingesehen; sie ist eher an die Rda. ‚alten Kohl aufwärmen' angelehnt. Schließlich ist in der bedeutungsgleichen Rda. *alte Kamellen ausgraben* das Wort Kamellen bereits Synonym für ‚Sachen', ‚Dinge' oder ‚Geschichten'.

Kamin. *Etw. in den Kamin schreiben:* etw. verlorengeben; mit Rückzahlung einer Geldschuld nicht mehr rechnen; 19. Jh. ↗Schornstein.

Jem. in den Kamin hängen: ihn loswerden. Es handelt sich um eine neuere Rda., die u. a. als Titel eines zeitkrit. Buches begegnet: ‚Hängt doch die Kinder in den Kamin' von S. Gräfin Schönfeldt.

Kamm. *Alles über einen Kamm scheren:* alle(s) gleichmäßig, nach einem und demselben Schema behandeln; seit dem 16. Jh. bezeugt, so 1579 in Joh. Fischarts Satire ‚Bienenkorb' (S. 248 a): „welchen allen zugleich über einen Kamm geschoren würd". Die Rda., die auch in anderen Sprachen vorkommt (z. B. schwed. ‚skära alla öfver en kam'), geht wohl auf die Praxis der früheren Baderstuben zurück, wo der Bader für alle Kunden denselben Kamm benutzte, und nicht davon aus, daß ein Schafzüchter grobe und feine Wolle über denselben Kamm schert. Obersächs. ‚etw. mit seinem Kamm streichen', es durchnehmen, besprechen, ↗Hechel.

Bei jem. (dort) liegt der Kamm neben (auf, bei) der Butter: bei jem. (dort) geht es schmutzig, unordentlich zu; dort herrscht ein unsauberes Durcheinander.

Jem. schwillt der Kamm (auch *ihm geht der Kamm hoch):* er gerät in Zorn, er wird wütend; aber auch: er wird eingebildet, übermütig, herausfordernd; vom Hahn hergeleitet, dessen Kamm tatsächlich anschwillt und sich tiefer rot färbt, wenn er in Zorn gerät: „Die Lippe bebt, schon fängt der Kamm sich an zu röten" (Wieland, ‚Pervonte', 3. Teil, V. 435). Vgl. frz. ‚Le rouge lui monte à la tête' (Die Röte steigt ihm in den Kopf). Auch lat. ‚cristae alicui surgunt' wird in übertr. Sinne gebraucht. Ähnl. ndd. ‚he sett en Kamm up', er wird böse.

Den Gegensatz drückt aus: *Einem den Kamm stutzen (beschneiden):* seinen Übermut zügeln, ihn dämpfen; jem. die Geilheit austreiben; beruht auf dem Volksglauben, daß der Haushahn unfruchtbar wird, wenn man ihm den Kamm abschneidet. *Einen auf den Kamm treten* und: *ihn über den Kamm beißen:* ihm gehörig zusetzen, eigentl. wie es der Hahn mit der Henne tut. *Einen über den Kamm hauen:* ihn hart anfahren, eigentl.: ihm einen Schlag über den Nacken geben. ↗Kanthaken.

Lit.: *P. Sartori:* Art. ‚Kamm' u. ‚kämmen', in: HdA. IV, Sp. 942–952; *E. Schrock:* ‚Comb's getting red', in: Western Folklore 31 (1972), S. 26; weitere Lit.: ↗Haar.

‚Alles über einen Kamm scheren'

Kamuffel. *Du bist doch ein Kamuffel* oder *das ist doch ein Kamuffel* wird von einem dummen, tolpatschigen Menschen gesagt, der gerade etwas Törichtes angestellt hat. Der Begriff geht zurück auf spätlatein. ‚camuflare' (betrügen, täuschen), das auch in dem frz. Wort ‚camouflage' enthalten ist. In der heutigen Bdtg. hat das (nur noch in manchen Gegenden erhaltene) leicht spöttische Schimpfwort keine Beziehung mehr zum Urspr.; es ist vielmehr als gutwilliger Tadel für linkisches Verhalten zu werten, ↗Camouflage.

Kanal. *Den Kanal voll haben:* genug haben, einer Sache überdrüssig, angewidert sein. Kanal bezieht sich dabei auf den Magen-Darm-Trakt; sold. seit dem 1. Weltkrieg. Entspr. *sich den Kanal vollaufen lassen:* sich betrinken.

Kandare. *Einen an (in) die (bei der) Kandare nehmen (kriegen, legen):* ihn streng(er) behandeln, straff halten; eigentl.: ihn schärfer zügeln. Kandare ist die Gebißstange am Zaumzeug des Pferdes, die ein scharfes Zügeln ermöglicht, da sie über der Zunge des Pferdes liegt. Diese Zaumtechnik wurde zuerst von den Ungarn (magyarisch kantár = Zaum) zusätzlich zur einfachen Zäumung, der Trense, benutzt. Im 18. Jh. wurde die Kandare in Dtl. eingeführt; ihr Gebrauch im übertr. Sinne entstammt aber erst dem ausgehenden 19. Jh. In Gerhart Hauptmanns ‚Biberpelz‘ II heißt es: „Dem (Gastwirt Fiebig) woll'n wir mal bißchen Kandare anlegen“. Zuweilen lautet die Rda. auch im gleichen Sinne, aber deutlicher: *jem. auf Kandare reiten,* d.h. mittels einer Kandare zügeln. *Jem. bei der Kandare halten:* ihm enge Zügel anlegen, ihm keinen Freiraum lassen. Entspr. auch: *einen Ruck an die Kandare kriegen:* zur Ordnung gerufen werden; *sich an die Kandare nehmen:* Selbstbeherrschung üben (sold.); vgl. frz. ‚serrer la bride à quelqu'un; ndl. ‚iemand op de stang rijden‘, wobei mit ‚stang‘ die Gebißstange, d.i. die Kandare, gemeint ist.

‚Wie das Kaninchen auf die Schlange starren‘

Kaninchen. *Wie das Kaninchen auf die Schlange starren:* eine Gefahr erkennen und vor Schreck nichts dagegen unternehmen können. Verhaltensforscher haben darauf hingewiesen, daß nicht nur Kaninchen, sondern auch Ratten, Mäuse, Eidechsen u. Vögel beim Anblick einer Schlange zur Bewegungsunfähigkeit erstarren. Dies diene freilich ihrer Rettung. Denn oft sieht die Schlange ihr Opfer nicht mehr, wenn es sich nicht bewegt, und kriecht lustlos davon.

Sich vermehren wie die Kaninchen (Karnikkel): zahllose Junge zur Welt bringen. Die Rda. spielt auf die Fruchtbarkeit der Kaninchen an, die sich in großen Würfen fortpflanzen, ↗Karnickel.

‚Das Kaninchen aus dem Zylinder holen‘: zaubern, ↗Zylinder.

Lit.: *R. Riegler:* Art. ‚Kaninchen‘, in: HdA. IV, Sp. 959–962; *V. B. Dröscher:* Mit den Wölfen heulen (Düsseldorf 1978), S. 13–16, 49–52.

Kanne. *Zu tief in die Kanne gucken (blikken, schauen);* synonym zu: ‚zu tief ins Glas schauen‘, sich betrinken; schon im 16. Jh. bei Joh. Fischart („Geschichtklitterung‘ S. 212). Entspr. *die Kanne nicht lange leer stehen lassen:* gerne und häufig trinken.

Kannegießer nennt man einen Bierbankpolitiker, Stammtischstrategen, d.h. eine Person, die in Gasthäusern ohne den gehörigen Sachverstand politisiert; dazu das Verb ‚kannegießern‘. Kannegießen war einst die wichtigste Arbeit im Handwerk der Zinngießer, die deshalb auch Kannengießer genannt wurden. Zu sprw. Gebrauch kam das Wort durch lit. Einfluß. 1722 wurde in Kopenhagen Ludwig v. Holbergs Lustspiel ‚Der politische Kannegießer‘ („politiske kandestöber‘) aufgeführt. Das Stück wurde nach der Übers. von Delharding 1742 auch in Dtl. sehr beliebt, und die Verbreitung der Rda. zeigt, welchen Eindruck es damals gemacht hat. Fortan hieß ein Stammtischpolitiker, ein leidenschaftlicher, aber beschränkter Zeitungsleser ein politischer Kannengießer. Man übertrug das Wort später auch auf leeres oder gemütliches Geschwätz in anderen Dingen und sprach von ästhetischen, theologischen u. a. Kannengießern. Seit der 2. H. des 18. Jh. sind diese Begriffe im Dt. geläufig.

Kanone. *Das ist unter aller Kanone:* unter aller Kritik, schlecht, wertlos, unter dem Strich, unter aller Sau, spottet jeder Beschreibung. Während Kanone = Geschütz aus ital. cannone, d.i. die Vergrößerungsform von canna = Rohr, abgeleitet ist, kommt unsere Rda. vom lat. Schulausdr. Kanon = Maßstab, Richtschnur („sic satis; male; pessime‘). Was unterhalb dieses Kanons (des Maßstabes zur Bewertung von Schülerarbeiten) lag, war sehr schlecht: ‚sub omni canone‘. Die

erst im 19. Jh. bezeugte Rda. ist wohl eine aus Schülerkreisen stammende scherzhafte Übers. dieser Wndg. Sie wird mdal. noch weiter verdreht zu: ‚unter aller Kanallje‘ (Gerhart Hauptmann: ‚Rose Bernd‘).
Der Urspr. dieser Rda. soll nach einer Anekdote in Sachsen zu suchen sein. Dort habe ein Oberlehrer, der mit den Leistungen seiner Schüler nicht zufrieden war, an den Schulrat einst folgende Zeilen geschrieben: „... meine Zensurstaffel ist ein canon zu fünf Zensuren; leider liegen die Arbeiten der meisten Schüler sub omni canone ...“ Damit ein jeder es verstand, habe er die Erklärung der Wndg. ‚unter aller Kanone‘ hinzugefügt.
In neuerer Zeit hat sich ein weiterer Begriff herausgebildet: die ‚Sportskanone‘. Damit ist ein Spitzensportler gemeint, der herausragende Leistungen erbringt.
Von der Kanone leitet sich dagegen her: *mit Kanonen auf Spatzen schießen:* großen Aufwand um einer geringfügigen Sache willen treiben; *besoffen wie eine Kanone:* wie ein schwer geladenes Geschütz (dazu: ‚Kanonenrausch‘), ↗Strandkanone. *Die Kanonen sprechen lassen,* verhüllend für: den Krieg beginnen; vgl. frz. ‚donner la parole aux armes‘ (gehobene Sprache): die Waffen sprechen lassen.

‚Mit Kanonen auf Spatzen schießen‘

Als Kanonenfutter dienen: an die Front geschickt und sinnlos geopfert werden. Diese Rda. entsprang der Ohnmacht des einzelnen Soldaten im Krieg, wenn klar war, daß es keinen Sieg mehr geben konnte. Erstmals begegnet der Ausdr. in Shakespeares Schauspiel ‚König Heinrich IV.‘ (IV,2), in dem Falstaff die Worte „food for powder“ (Futter für Pulver bzw. Kanonenfutter) gebraucht.
(Ach du) heiliges Kanonenrohr ist ein Ausruf komischer Verzweiflung, der Verwunderung, des Erstaunens und Erschreckens; scherzhafte Umbildung eines Heiligennamens, der nicht mißbräuchlich oder im Fluch verwendet werden soll, ähnl. wie ‚Heiliger Strohsack‘, ‚Heiliger Bimbam‘, ‚Heiligs Blechle‘.

Lit.: *E. Schwabe,* in: Zs. f. d. U. 19 (1905), S. 528f.; *H. M. Kaulbach:* Bombe u. Kanone in der Karikatur. Eine kunsthistorische Untersuchung zur Metaphorik der Vernichtungsdrohung (Marburg 1988).

Kante. *Etw. (Geld) auf die hohe Kante legen:* sparen, beiseite legen, zurücklegen. Entspr. *etw. auf der hohen Kante haben:* Ersparnisse zurückgelegt haben. Die Rda. wird meist so erklärt, daß Geld in größeren Mengen in Rollen verpackt wird und die einzelnen Geldstücke dann auf die Kante zu stehen kommen, also ‚hochkant‘ stehen. Doch könnte mit der ‚hohen Kante‘ auch ein Wandbrett, Sims, Schrank usw. gemeint sein, auf die man das Geld zur Aufbewahrung legte. Auch mit einer ätiologischen und vermutlich erst sekundär entstandenen Anekdote wird die Rda. in Zusammenhang gebracht. Von dem Kutscher Pfund Fried-

‚Etwas auf die hohe Kante legen‘

richs des Großen, der auch als ‚Pfundskerl‘ rdal. weiterlebt, wird folgende Gesch. erzählt: Als der König überraschend Stallrevision hielt, fand er auf der Kante eines Brettes lauter Talerstücke. Das Geld lag, zu silbernen Säulchen gehäufelt, so arglos da, als wäre dieser Platz der rechte für ein kleines Vermögen in bar. Also rief Friedrich seinen Kutscher mit Namen Pfund und examinierte ihn: „Kerl, was hat Er da?“

„Lauter Talers, Majestät!“

„Sehe ich selber. Aber was tun die hier?“

„Ick hab se uff die hohe Kante jelegt, für wenn ick mal vor die Tür jesetzt werden sollte!“

„Aber Pfund, traut er mir das zu –?“

„Majestät, neulich wäre et bald soweit jewesen …“

Hier schüttelte Friedrich den Kopf, ritt zum Stall hinaus und dachte daheim über des Mannes Worte ausgiebig nach. Schickte am nächsten Morgen den Leibdiener Fredersdorff mit zehn blanken Talern los, zu des Kutschers Wohnung hin, muß man wissen, und gab dem Gelde noch einen lakonischen Zettel bei: „Lege Er es ebenfalls auf die hohe Kante. Aber mache Er sich keine unnützen Flausen“.

Nach allen Kanten (z. B. loben) bedeutet dasselbe wie: nach allen Seiten, in jeder Beziehung. *An allen Ecken und Kanten:* an allen Ecken und Enden, überall.

Ndd. ‚dat stet so up de Kante‘, es kann leicht herunterfallen; ‚es ist mit ihm up de Kant‘, es steht kritisch mit ihm, es geht mit ihm zu Ende; ‚gah an de Kante‘, geh deiner Wege; ‚einen an die scharfe Kante kriegen‘, ihn zur Entscheidung zwingen.

Kanthaken ist der eiserne Haken, mit dem beim Verladen der Schiffe im Hafen die Fässer und Kisten angefaßt, auf die Kante gestellt und gehoben werden. Daher die seit dem Ausgang des 17. Jh. bezeugte Rda. *einen beim Kanthaken packen (nehmen, kriegen):* ihn am Genick, beim Kragen, am ↗Schlafittchen nehmen. Vielleicht ist die Rda. aus der Seemannssprache in die Umgangssprache übergegangen. Dann müßte es aber eigentl. und logisch heißen: ‚jem. mit dem Kanthaken fassen‘. Diese Formulierung ist jedoch nicht gebräuchl. Nun hält bereits Adelung 1775 in seinem ‚Versuch eines grammatisch-kritischen Wörterbuches‘ (Bd. 2, Sp. 1497) das Wort Kanthaken, dessen Bdtg. ja sehr wenig zu ‚Genick‘ paßt, für eine Entstellung aus ‚Kammhaken‘, das er in der Bdtg. ‚Genick‘ anführt. Und in der Tat ist die ältere, seit dem 16. Jh. bezeugte Form der Rda.: ‚einen beim Kamm nehmen‘, wobei ‚Kamm‘ urspr. den Teil des Halses von Pferden usw. bez., auf dem die Mähne wächst, dann auch den Nacken, Schopf von Menschen; ↗Kamm.

Lit.: *R. Block:* ‚Einen beim Kanthaken kriegen‘, in: Zs. f. d. U. 26 (1912), S. 900–902; *O. Hauschild:* ‚Einen beim Kanthaken kriegen‘, in: Korrespondenzblatt des Vereins für ndd. Sprachforschung 41 (1928), S. 57–59.

Kantonist. *Ein unsicherer (fragwürdiger) Kantonist sein:* ein Mensch sein, auf den man sich nicht verlassen kann, ein Mensch von zweifelhaftem Charakter, demgegenüber Vorsicht geboten ist. Unter dem Soldatenkönig Friedrich Wilhelm I. wurde Preußen durch ein Reglement vom Jahre 1733 in Aushebungsbezirke, sog. Kantone, eingeteilt. Nach der bis 1841 geltenden Regelung ist ein Kantonist dementsprechend ein Dienstpflichtiger, Angehöriger eines Kantons. Ein ‚unsicherer Kantonist‘ ist ein Dienstpflichtiger, der sich der Aushebung zu entziehen sucht, dann verallgemeinert: ein unzuverlässiger Mensch. Der Ausdr. wurde dann auf andere Berufe und Verhältnisse übertr.: „obgleich Doktoren wegen ihrer Praxis ziemlich unsichere Kantonisten sind“ (Stinde, ‚Familie Buchholz‘, 1885, Bd. 2, S. 72).

Kanzel. *Ein Brautpaar von der Kanzel werfen (herunterschmeißen, springen lassen):* es kirchlich aufbieten; eine schon seit dem 17. Jh. bezeugte Rda., die sich davon herleitet, daß die Namen der Verlobten drei Sonntage hintereinander von der Kanzel aus verkündigt wurden. Lit. z. B. in Grimmelshausens ‚Simplicissimus‘ (II): „Dass sie umb acht Tag ehender als sonsten dorften Hochzeit halten, weiln sie in acht Tagen dreimal nach einander über die Canzel geworfen werden konnten“. Entspr. *von der Kanzel fallen:* in der Kirche aufgeboten werden; auch in den Mdaa., z. B. schwäb. ‚von der Kanzel ra

schmeisse'; pomm. ,se sind all van de Kanzel fallen'.
Schweiz. ,d Chanzla n'ufstella', bei der Besetzung einer Pfarrstelle die freie Bewerbung eröffnen, so daß der Bewerber eine Probepredigt halten kann.
Einen von der Kanzel auswaschen; z. B. bei Burkard Waldis: „Mit solchen Worten ungelaschen, uns von der Kanzel auszuwaschen"; ↗abkanzeln.

Kapee. *Schwer von Kapee sein:* schlecht begreifen, eine lange Leitung haben; zu ,kapieren' (vgl. lat. capere) = begreifen, verstehen, gebildetes französisierendes Subst., seit etwa 1900, rhein. und sold. Ähnl. frz. comprendre und davon (Participe passé) ,compris'; Rdal.: „Du bist wohl schwer von ,compris'?" Auch hier wäre eine ,Wandlung' zum ,kapiert' denkbar.
Verballhornungen solcher Art sind nicht selten. Dafür ein anekdotisches Beispiel: Als Napoleon in Osnabrück einziehen wollte, da sollte die Bevölkerung ihn ,begrüßen'. Wie aber diesen einfachen Leuten, die nur ihr ,Platt' sprachen, ,Französisch' beibringen, wenigstens ,Vive l'empereur!'? ... Denkt an: ,Aule Wiewer, lange Piepenröhre' (Alte Weiber, langes Pfeifenrohr – die lange Pfeife wurde damals gern geraucht). Und so scholl es dem Kaiser der Franzosen entgegen: ,Aule Wiewer, lange Piepenröhre' – ,Vive l'empereur!'

Kapital. *Aus etw. Kapital schlagen:* aus einer Sache für sich Vorteile, Gewinn herausholen. Die Wndg. ist eine moderne Steigerung von ,Geld (heraus)schlagen', ↗Geld; vgl. engl. ,to make capital out of a thing'; frz. ,battre monnaie avec quelque chose' (heute nur noch in der gehobenen Sprache gebräuchlich); ndl. ,geld (munt) uit iets slaan'.
Er schlägt aus allem Kapital: er ist ein sehr geschäftstüchtiger Mensch, er weiß sich alles nutzbar zu machen.

Lit.: Münzen in Brauch u. Aberglauben (Mainz 1982), S. 220. *K. Horn:* Art. ,Gold, Geld', in: EM. V, Sp. 1357–1372.

Kapitel. *Das ist ein Kapitel für sich:* darüber läßt sich viel (Merkwürdiges, Unerfreuliches, Ungünstiges) sagen. Die Rda. geht von der Einteilung der bibl. Schriften in Kap. aus. Entspr. *Das ist ein ganz anderes Kapitel:* das steht auf einem anderen Blatt; rhein. ,Dat es en ander Kapitel', eine andere Sache; nun verstehe ich dich; ,loss mer en aner Kapitel ufänken', ,um auf ein anderes Kapitel zu kommen', von etw. anderem reden; ,das ist ein dunkles (trauriges usw.) Kapitel'; vgl. frz. ,C'est une toute autre histoire' (Geschichte);
Einem die Kapitel lesen oder *ihn abkapiteln:* ihm Vorwürfe machen, ihn ↗abkanzeln, die ↗Leviten lesen, ihn ins ↗Gebet nehmen.

kapores. *Kapores gehen (machen):* sterben, entzweigehen, bankrott gehen, vernichtet sein, stud. seit dem Ende des 18. Jh. Das Wort stammt aus hebr. ,kappôreth', das Sühneopfer, Sühnung, Versöhnung, Genugtuung bedeutet. Am Vorabend des Versöhnungsfestes wurden Hühner ,kapores' geschlagen, nämlich als Sühneopfer um den Kopf geschwungen; ↗Sündenbock.

Kappe. *Etw. auf seine (die eigene) Kappe nehmen:* die Verantwortung (auch: die Unkosten, die Folgen) für etw. übernehmen. *Etw. auf eigene Kappe machen:* etw. ohne Auftrag auf eigene Verantwortung machen. *Es kommt auf seine Kappe:* dafür trifft ihn die Verantwortung, es geht auf seine Rechnung. Die Kappe ist an die Stelle des Kopfes getreten, der die Verantwortung übernommen hat; ↗Hut. Diese erst seit Heinrich v. Kleist belegte Rda. geht vielleicht auf die Bdtg. der Kappe als Teil der Amtstracht (z. B. eines Richters, eines Beamten) zurück, sagt man doch rhein. ähnl.: ,Se schuwen alles op seng Kapp', sie machen ihn für alles verantwortlich. Entspr. *Das kann ihm die Kappe kosten:* das kann ihn sein Amt, seine Stellung kosten. Doch könnte Kappe auch den Mantel (engl. cape) bedeuten, auf den einer Prügel bekommt, denn *einem etw. auf die Kappe geben* (ähnl.: auf die Mütze) heißt: ihn verprügeln, und mit gleicher Übertr. ist zu ,Wams' das Verb ,verwamsen' = verprügeln gebildet. In älterer Sprache bedeutete ,Kappen' geradezu ,Prügel', so *Kappen geben* bei Grimmelshausen; dann gemildert: ,es wird Kappen setzen', es wird Vorwürfe geben. *Die Kappen aufklauben:* die Vorwürfe ruhig hinnehmen, einstecken. Lit. bei Seb. Franck (,Chronik' 1501, B. 449b): „Wer ein Christ will sein, muß Verfolgung leiden, herhalten, die Kappen aufklauben". Schon bei Luther ist belegt: *eine Kappe schneiden (kaufen):* ein Unglück bereiten; auch mdal. ndd. ,di is ene Kappe tosneden', dir ist etw. Schlimmes zugedacht.

Einem die Kappe aufsetzen: ihn zum Mönch machen; entspr. das Sprw. ,Gleiche Brüder, gleiche Kappen' mit der auf die Narrenkappe gemünzten Fortsetzung: ,gleiche Narren, gleiche Lappen'.

Er hat die Kappe an den Zaun gehängt: er ist aus dem geistlichen in den weltlichen Stand getreten; vgl. frz. ,Il a jeté le (oder: son) froc aux orties' (wörtl.: Er hat die Mönchskutte in die Brennesseln geworfen).

Einem eine Kappe kaufen: ihm hart zusetzen, bezieht sich in der Sprache des 16. Jh. auf die Narrenkappe. Bei Hans Sachs sagt ein zorniger Mann, der seine Frau geschlagen hat:

Dann ist die Gall mir überlauffen,
Das ich ihr thu ein Kappen kauffen.

Dazu: ,Er könnte sich die Kappe sparen', man hält ihn so schon für einen Narren.

Das wäre mit der Kappe geschlagen: zu grobschlächtig.

,Jem. isch neben der Kapp' (Karlsruhe): er hat seine Gedanken nicht beisammen.

,Jedem Narren (Lappen) gefällt seine Kappe': Jeder so wie er's mag; ↗Kopf.

Lit.: *W. Mezger:* Narrenidee und Fastnachtsbrauch. Studien zum Fortleben des Mittelalters in der europäischen Festkultur (Konstanz 1991) (s. Register u. ,Kappe' und ,Narrenkappe').

Kapriolen. Ital. ,capriola' = Bocksprung (von lat. caper = Bock) ist in der zweiten H. des 16. Jh. als Name der kunstvollen Sprünge ital. Tänzer ins Dt. gedrungen. Dazu die Rda. *Kapriolen machen:* tolle Stückchen machen, Unsinn, Narreteien treiben, aber auch: Seitensprünge machen. Im 17. Jh. statt dessen auch *Kapriolen schneiden:* Faxen machen. In einem hist. Volkslied auf die Erwerbung der poln. Königskrone durch den sächs. Kurfürsten heißt es:

Nämlich Conti, dieser Franze,
So ganz listig capriolt,
Daß er, gleich als wie zum Danze,
Vor sich eine Krone holt.

Hierher gehört auch der Beleg in Grimmelshausens ,Simplicissimus' (IV, 462): „Ohne was die Lateinischen Handwerks-Gesellen, mit ihrem Vestra Dominatio, recommando me und permaneo für Capern daher schneiden" i.S.v.: Fratzen schneiden. Durch den Schlager der dreißiger Jahre „So was nennt man Kapriolen ..." hat die Rda. in unserem Jh. wieder neues Leben erhalten.

Die ital. Form ,Capriccio' (= launischer Einfall) ist in der musikalischen Terminologie häufig (z.B. Rich. Strauss ,Capriccio').

kaputt, entzwei, erschöpft, tot, bankrott. *Kaputt gehen:* zugrunde gehen, entzweigehen, zerbrechen, sterben, bankrott gehen. Entspr. *kaputt machen (hauen, sein),* aber auch sich *kaputt lachen:* heftig lachen, sich tot lachen, sich vor Lachen ausschütten; sich *kaputt arbeiten:* sich bei der Arbeit überanstrengen: *Was ist kaputt?:* Was ist los? Was ist geschehen? *Bei dir ist wohl etw. kaputt!:* du bist wohl nicht recht bei Verstand. *Rasen wie ein kaputter D-Zug* ist ein anschaulicher, aber hinkender rdal. Vergleich. Kaputt ist urspr. ein frz. Fachausdr. des Pikett(karten)spiels, wo man ,être, faire capot' (von capoter = kentern, zu lat. caput = Vorderteil des Schiffes) sagte, wenn ein Spieler alle Stiche, die übrigen keinen gemacht hatten. Im 17. Jh. drang das Wort ins Dt.; während des Dreißigjährigen Krieges nahm ,kaputt spielen' die übertr. Bdtg. ,einem alles abnehmen' an (Grimmelshausen), in der Soldatensprache wurde ,kaputt machen' sogar ein übersteigernder Ausdr. für ,erschlagen'. Schließlich wurde kaputt ein Allerweltswort der Umgangssprache für ,zerstört', ,entzwei'. ,Mensch, ich bin heute vielleicht kaputt!' (= zerschlagen, ,am Boden zerstört'...).

Das dt. Wort ,kaputt' wird im Frz. seit der dt. Besatzungszeit im II. Weltkrieg und mit deutlichem Hinweis auf die Unannehmlichkeiten, die die Gegenwart fremder Truppen auf frz. Boden zur Folge

hatte, i. S. v. ‚zerstört' und ‚erschlagen' gebraucht.
Nicht verwandt mit kaputt ist das seit dem 18. Jh. in gleicher Bdtg. gebrauchte Wort ↗kapores.
Die Häufung der Explosionslaute in ‚kaputt' führte wohl zu folgendem kindlichen Neck- (und Kitzel-)Spiel:
‚Kaputt, kapitt, ka padde wadde watz' od. auch ‚kapätt, kapott, ka ...' (u. ähnl. Var.).

Kapuziner. *Er ist zu keinem Kapuziner zu gebrauchen:* er ist ein gründlicher Taugenichts.
Einen Kapuziner (samt der Kutte) geschluckt haben: heiser sein. Diese bair.-österr. Rda. geht vielleicht auf die rauhhaarige Tracht des Kapuzinerordens zurück, wahrscheinlicher aber auf die derben Bußpredigten, die dessen Angehörige hielten; vgl. die Kapuzinerpredigt in Schillers ‚Wallensteins Lager' (8. Auftr.). Daher auch die Rda.: ‚Jem. eine Kapuzinerpredigt halten'; ihn eindringlich zur Reue u. Buße ermahnen.
Rhein. ‚sone kleine Kapuziner met na Hus brenge', einen kleinen Rausch mitbringen. Bair. ist ein ‚Kapuzinerrausch' ein tüchtiger Rausch, wobei einen, wie man sagt (vgl. Schmeller-Frommann, I, 1270), ‚zwei an der rechten, zwei an der linken Seite führen und ein fünfter hinten nachschieben muß'. Das Bild ist wohl von den Umzügen der Kapuzinermönche genommen, ↗trinken.

Lit.: *W. Müller-Bergström:* Art. ‚Kapuziner', in: HdA. IV, Sp. 980–983; *Ph. Hofmeister:* Art. ‚Kapuziner und Kapuzinerinnen', in: RGG. III, Sp. 1143–1144.

Karat. ‚Hochkarätig' nennt man hochgestellte Persönlichkeiten, die so wertvoll sind wie ein hochkarätiger Brillant; vgl. V.I.P. (very important personalities).

Karawane. *Die Hunde bellen, die Karawane zieht weiter:* sich nicht um das ‚Gekläff' von Kritikern kümmern und unbeirrt seine Ziele weiterverfolgen. Es handelt sich um ein international verbreitetes Sprw. (span., ind., kurdisch) und wird in den Sammlungen meist engl. zitiert als: ‚The dogs bark, but the caravan passes'. In der polit. Sprache Dtls. wurde es bekannt, weil Bundeskanzler Helmut Kohl es in seinen Reden mehrfach gebraucht hat. Dementsprechend häufig taucht es in polit. Karikaturen auf.

‚Die Karawane zieht weiter'

Karbol. *Du hast wohl lange nicht mehr Karbol gerochen?* ist eine Drohfrage, sold. seit dem 1. Weltkrieg bezeugt. Der Fragende droht dem damit Befragten, ihn krankenhausreif zu schlagen, weil dort Karbol als Desinfektionsmittel benutzt wird; vgl. auch die Ausdrücke *Karbolmäuschen:* Krankenschwester, medizinisch-technische Assistentin; *Karbolkaserne:* Lazarett, *Karbolfähnrich:* Sanitätsoberfeldwebel (Küpper).

Karfreitagsratsche. *Sein (ihr) Mundwerk geht wie eine Karfreitagsratsche* sagt man von einem gern und viel redenden Menschen, insbes. von Frauen. Eine Ratsche ist ein hölzernes Instrument, an dem sich um einen Stiel eine Klapper dreht, die ein

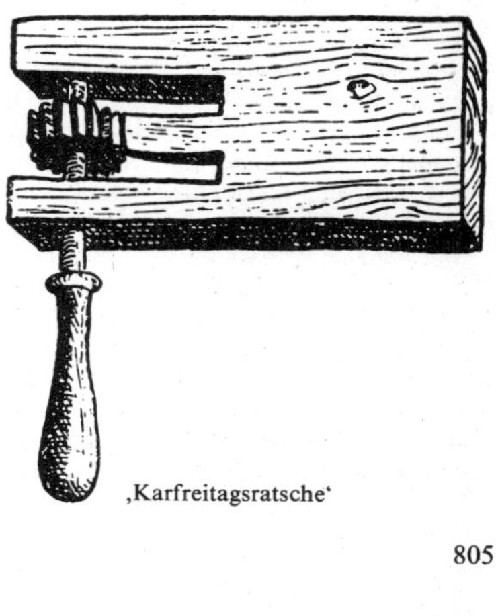
‚Karfreitagsratsche'

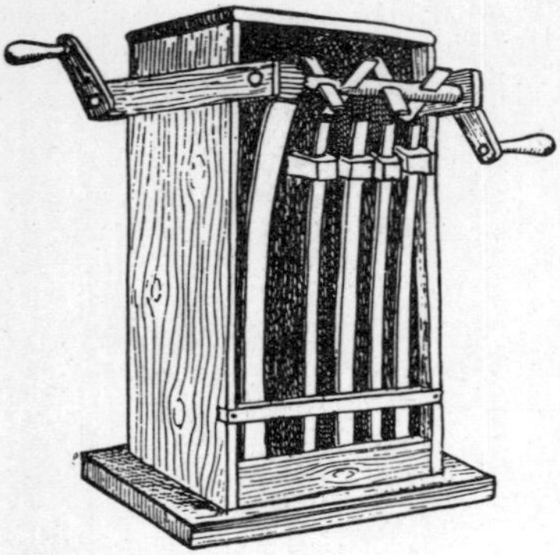

,Karfreitagsratsche'

starkes Geräusch verursacht. Die Ratsche wird gebraucht als Lärminstrument im Weinberg, um die Vögel zu verjagen, als Kinderspielzeug, aber auch als Brauchgerät in kath. Gegenden, um während der Karwoche, in der die Kirchenglocken schweigen, den Beginn des Gottesdienstes anzuzeigen. Auch in Frankreich wurden die Karfreitagsratschen noch vor dem ,Zweiten Vatikanum' in der Karwoche gebraucht.

Lit.: *R. Andree:* Ratschen, Klappern und das Verstummen der Karfreitagsglocken, in: Zs. f. Vkde. 20 (1910), S. 250–264.

Karfunkel. *Das glänzt (blitzt) wie ein Karfunkel vorm (im) Ofenloch* sagt man obersächs. spöttisch von unechten Schmucksachen u. dgl. Bisweilen, so els., bedeutet die Rda. auch: gar nicht glänzen. Im übrigen spielt bei der seit dem 17. Jh. bezeugten Wndg. wohl auch der Anklang des Edelsteinnamens ,Karfunkel' (von lat. carbunculus = kleine glühende Kohle) an ,funkeln' mit herein. In dem obersächs. Witzwort ,Er hat einen Karfunkel unter der Zunge, wenn er das Maul auftut, so leucht (lügt) er', ist ebenfalls der Edelstein gemeint, wobei der Witz auf der mdal. Aussprache beruht, so daß leuchten und lügen gemeint sein kann.
Im Ndd. ist Karbunkel als Geschwür bekannt, auch als Gruppe von Furunkeln.

Lit.: *K. Olbrich:* Art. ,Karfunkel', in: HdA. IV, Sp. 1004–1006.

Karnickel, der Verantwortliche, eigentl. Urheber, der Schuldige; Reststück der urspr. berl. Rda. *(der) Karnickel hat angefangen.* Mit diesen Worten wird in einer Streitsache der unterliegende Schwächere vom Stärkeren auch noch ins Unrecht gesetzt; vgl. auch *wer ist das Karnickel?:* wer hat die Veranlassung (zu einem Streit) gegeben? Die vor allem berl. noch viel gebrauchte Rda. ist nicht ohne weiteres verständlich, denn die Rolle des Friedensstörers paßt eigentl. schlecht zur Wesensart des Kaninchens. Die iron. gemeinte Wndg. bringt die Pointe einer ziemlich jungen Berliner Lokal-Erzählung, die sich als sprw. Rda. verselbständigt hat. Den frühesten greifbaren Beleg enthält ein Gedicht von Friedrich Förster, dem Freund Theodor Körners, das im Berliner Konversationsblatt für Poesie, Literatur und Kritik 1827 unter der Überschrift ,Karnickeltod' erschien: Ein junger Maler schlendert mit seinem Windspiel Presto über den Markt. Der Hund bleibt bei einem Gärtner stehen, der unter einem Grünkohl ein ,Karnickel' mitgebracht hat, und fängt an, diesem ,den Pelz zu befühlen'.

Karnickel denkt: er will
,backe Kuchen' spielen,
Macht ein Männchen und in allem Spaß
Tatscht es dem Hund so auf die Nas.
Kaum aber tut Presto so was spüren,
Er gleich darauf los, ohne Parlementieren,
Treibt den(!) Karnickel zwischen die Körbe zurück
Und bricht ihm erbärmlich das Genick.

Auf das Geschrei des Gärtners kommt die Polizei und nimmt den Herrn fest.

Ein Refrendarius tritt herfür,
Ruft: ,quadrupes pauperiem' heißt es hier.
Die Weiber mit Fisch und Gemüse schrein,
Alle Welt stürmt auf den Maler ein.
Und ein Schusterjunge, schmutzig und keck,
Steht eben auch mit auf dem Fleck.
Der spricht: hier gilt kein Bangemachen.
Lieber Herr, Sie können dreist lachen,
Nur immer mit auf die Polizei gegangen,

1/2 ‚Karnickel hat angefangen'

2

Ich hab' es gesehen: Karnickel hat angefangen.
Guter Ibrahim, so ist es dir ergangen,
Es wird heißen: Karnickel hat angefangen.

Der Schluß des Gedichtes nimmt Bezug auf die Seeschlacht von Navarino: Als die Engländer unter Codington am 20. Oktober 1827 die türkisch-ägyptische Flotte unter Ibrahim Pascha in den Grund bohrten, gaben sie vor, die Türken hätten den ersten Schuß getan. Es war aber nur ein Salutschuß gewesen. In der Ausg. seiner Gedichte (1838) gab Förster dem Gedicht den Titel ‚Karnikkel hat angefangen', weil die Wndg. inzwischen schon zur sprw. Rda. geworden war, wie überhaupt dieses Gedicht eine große Wirkung gehabt hat; auf ihm beruhen auch einige künstlerische Darstellungen der Erzählung. Es ist allerdings auch möglich, daß die Geschichte schon vorher Volkserzählung war, ehe sie Förster bearbeitete und sie auf ein damals viel diskutiertes weltgeschichtliches Ereignis bezog. Die Erzählung ist jedenfalls auch Wandergut geworden, und andere mdl. Versionen verlegen den Schauplatz der Geschichte nach Magdeburg oder auch nach Braunschweig. Wenn auch der Franzose sagte ‚Le lapin a commencé' (heute ungebräuchlich), so stammt das aus dem Dt. Die Erzählung von der angeblichen Schuld des schwachen Kaninchens liegt ja im allg. Gedankengut der Fabel und ist im Grunde ein Analogiefall zur Fabel vom Wolf, der das Lamm frißt, und diesem die Schuld an seinem Untergang zuschreibt. Das plattdt. Sprw. sagt: ‚Ick ward keen Narr sin, sä de Wulf, un lat mi vont Schap biten' oder auch: ‚Ick kann'r nich vör, sä de Wulf, da drog he dat Schap weg'.

Sich vermehren wie die Karnickel (Kaninchen): zahlreichen Nachwuchs haben; ↗ Hase, ↗ Kaninchen.

Lit.: *O. Pniower:* Das Karnickel hat angefangen, in: Mitteilungen des Vereins für die Gesch. Berlins 42

(1925), S. 110–112; *Chr. Rogge:* Karnickel hat angefangen, in: Zs f. d. Ph. 53 (1928), S. 189–191; *H. Krügler:* Zu ‚Karnickel hat angefangen', in: Zs f. d. Ph. 57 (1932), S. 178–180.

Karre(n). *Den Karren (die Karre) aus dem Dreck ziehen:* eine verfahrene Sache wieder in Ordnung bringen; seit dem 17. Jh. bezeugt, doch spricht vom „Karren im Schlamm" als von einer ‚verfahrenen Angelegenheit" schon Luther. Zu Anfang des Dreißigjährigen Krieges ließ protestantischer Siegesübermut in einem Spottlied die kath. Geistlichkeit ausrufen:

Thu dich (o Papst) hortig besinnen
Und schick uns Hülf in kurzer Zeit,
Denn der Karn in der Pfitze leit,
Niemand kann ihn herausschleppen.

‚Den Karren aus dem Dreck ziehen'

Die Wndg. ist auch mdal. verbreitet, z. B. heißt es westf. ‚de Kar ut'm Dreck trekken', sich aus widerwärtigen Verhältnissen befreien. Das Bild vom Karren wird oft übertr. gebraucht für eine Sache, die vorangetrieben wird oder werden soll. Geiler von Kaysersberg redet sogar von der ‚Karr Gottes' und sagt sprw.: ‚man kan niemandts helfen den Karren ziehen, der nit selbst auch ziehet". Die gegensätzliche Wndg. ist: *Den Karren in den Dreck (Kot) schieben (führen):* eine Sache gründlich verderben. Gleiche Bdtg. hat die Rda. *den Karren verfahren,* meist als Feststellung gebraucht, wenn das Unglück geschehen ist: *die Karre (der Karren) ist (gründlich) verfahren.* Ähnl. *den Karren ins Dickicht gezogen (gefahren) haben:* sich selbst in Verlegenheit gebracht haben. Holtei braucht diese Wndg. im ‚Eselsfresser' (I, 82): „Wird nicht jeder Kritiker ausrufen: Er hat sich verrannt, hat die Karre in das Dickicht gezogen, und nun läßt er sie stehen".

Den Karren stehen lassen (im Kot stecken lassen): sich nicht weiter um eine unerfreuliche Angelegenheit kümmern, eine anstrengende Beschäftigung, ein mühevolles Amt aufgeben, kein Interesse mehr am Fortgang oder Gelingen von etw. haben, das wahrscheinl. doch zu nichts führen wird. Die Wndg. ist mehrfach lit. bezeugt, z. B. sagt in Schillers ‚Kabale und Liebe' (III, 2) der Präsident frostig zum Hofmarschall: „Sie haben vollkommen recht. Ich bin es auch müde. Ich lasse den Karren stehen".

Die Karre einfach laufenlassen: in eine Entwicklung nicht eingreifen, tatenlos zusehen, gleichgültig und leichtsinnig handeln, resignieren.

An einem Karren mit jem. ziehen: gemeinsame Interessen, Ziele haben, das gleiche Schicksal erdulden müssen. Vgl. lat. ‚idem iugum trahere' u. frz. ‚être dans le même bateau' (wörtl.: im selben Boot sitzen), ↗ Boot, oder ‚être logé à la même enseigne' (wörtl.: in derselben Wirtschaft untergebracht sein), beides i. S. v.: dasselbe Schicksal erleiden. In Leipzig kennt man einen Reim mit der gleichen Bdtg.

Sie ziehen beide an einem Karren,
Der eine tut keuchen, der andere schnarren.

Alle vor den gleichen Karren spannen: seine Mitarbeiter und Helfer für eine große Aufgabe einsetzen, mit den Kräften anderer ein Ziel zu erreichen suchen.

Jem. vor seinen Karren (Wagen) spannen: ihn für seine eigenen Zwecke ausnutzen.

Den Karren schmieren: eine Sache fördern, wenn nötig durch Bestechung; an seinem eigenen Verderben oder an dem anderer arbeiten. Murner braucht in der ‚Narrenbeschwörung' (42, Kloster, IV, 750) die Rda. in der 2. Bdtg.: „Wo Einer yetz verderben will, so hilft man im fols (vollends) zu dem zil, vnd schmiert am karren jedermann".

Von dem Karren gefallen sein: unehelich geboren sein. Die Wndg. ist bereits bei Sebastian Franck (II, 62[a]) bezeugt und bis heute mdal. verbreitet, z. B. sagt man westf. ‚Hei is van der Kâr fallen'. Vgl. auch ndl. ‚hij is achter von de kar gevallen'.

Unter den Karren (Schlitten, unter die Räder) kommen: einen Mißerfolg haben, untergehen, verkommen.

‚Mit dem Kärrlin fahren'

Aus der Karre in den Wagen gespannt werden: in eine üblere Lage kommen, eine größere Bürde bekommen, eigentl. statt eines leichteren zweirädrigen Karrens einen schwereren vierrädrigen Wagen ziehen müssen. Murner braucht diese Wndg. mehrmals, z. B. im ‚Narrenschiff' (47, Kloster I, 482) und im ‚Lutherischen Narren' (Kloster, X, 13), wo es heißt: „Ich mag wol erst vom vnfal sagen, daß ich in meinen alten tagen von dem karren kum erst in den wagen".

Jem. an den Karren fahren (kommen): ihm zu nahe treten, ihn belangen, zurechtweisen; gleichbedeutend in der Gegenwartssprache auch: ‚jem. an die Karre pinkeln'; ‚er kann mir nicht an den Karren pissen' usw.

Unerklärt ist die vom 16. bis 18. Jh. bezeugte Rda. *einen Karren machen* (oder *anlegen*): einen heimlichen Plan schmieden; *ein angelegter Karren:* ein abgekartetes Spiel. *Seinen Karren ins trockene schieben:* sein Schäfchen ins trockene bringen, ↗Schaf.

Mit dem Kärrlin fahren bedeutet in älterer Sprache: gepfändet werden.

Den Karren vor den Ochsen spannen: etw. verkehrt anfangen. Die Rda. gehört zur Metaphern-Sprache der verkehrten ↗Welt. Vgl. frz. ‚Mettre la charrue avant les bœufs'. Ähnl.: ‚Den Karren vor die Pferde anschirren'.

Lit.: Schweiz: Vkde., Korr.-Bl. 42 (1952), S. 73.

Kartause. *Jem. bei der Kartause kriegen:* ihn an der Gurgel (oder: im Genick) pakken; eine seit dem 16. Jh. belegte, noch heute mdal. verbreitete Rda.: wahrscheinl. nach der herabhängenden Kapuze, wie sie zuerst die Kartäusermönche trugen, gebildet. Wander (II, Sp. 1149) gibt noch eine andere Erklärung für die Entstehung der Rda.: Die Schlacht bei Pavia zwischen Karl V. und Franz I. wütete 1525 bes. in der Nähe einer berühmten Kartause, einem Kartäuserkloster, wo Franz gefangengenommen wurde. Die Rda. bedeutet demnach, daß man einen angreift und überwältigt, wie dies bei der Kartause geschehen ist.

Kartäuser. *Ein Kartäuserleben führen:* ein entbehrungsreiches Leben haben, weltliche Vergnügen meiden. Die Rda. bezieht sich auf die strengen Ordensregeln. Vgl. auch ndl. ‚hij heeft een Carthuizers leven'.

Nach der Kartäuserregel leben: kein Wort miteinander reden, da den Kartäusermönchen ständiges Stillschweigen vorgeschrieben war. Die Rda. wird meist auf Eheleute angewendet, die nach einem Streit längere Zeit nicht miteinander sprechen. Hans Sachs verwendete die Rda. auch lit. (I, 476[b]): „Wir halten auch carthauserregl, sie munkt und redt denn nichts mit mir, so meul ich mich und spräch nichts zu ir".

Lit.: *S. Hilpisch:* Art. ‚Kartäuser', in: RGG. III, Sp. 1160.

Karte. Der Urspr. des Kartenspiels liegt im dunkeln. Wahrscheinl. stammt es aus China, denn dort lassen sich um 1200 die ersten Spielkarten überhaupt feststellen. Sie verbreiteten sich von da aus über ganz Asien; im 16. Jh. finden wir sie auch in Indien. Nach Europa müssen die Spielkarten mit den zurückkehrenden Kreuzfahrern gekommen sein. Seit dem Ende des

Die Karte ist des Teufels Gebetbuch.

14. Jh. finden wir sie überall in Europa und auch bald schon die Zunft der Kartenmacher. 1463 erließ England ein Einfuhrverbot für Spielkarten, um seine Kartenmacher vor der ausländischen Konkurrenz zu schützen. Wenn auch das Kartenspiel vor allem die Lieblingsbeschäftigung der Landsknechte wurde, so scheint es doch auch sonst sich großer Beliebtheit erfreut zu haben. Der Bischof von Würzburg sah sich 1329 genötigt, den Klerikern das Kartenspiel zu untersagen, weil die geistlichen Herren allzu eifrig der Spielleidenschaft gefrönt hatten. Die Stadt Basel erließ 1367 sogar ein generelles Spielverbot. Kein Wunder, daß der bei den Männern so beliebte Zeitvertreib seinen Niederschlag auch bald in Sprww. und sprw. Rdaa. fand. Wir finden sie seit dem 15./16. Jh., und bald wurden sie auch in übertr. Bdtg. gebraucht.

Die Karten mischen (mengen): die Ereignisse im eigenen Sinne beeinflussen, herbeiführen, die Angelegenheit in Gang bringen; vgl. frz. ‚brouiller les cartes‘. *Die Karten gut mischen:* ‚mitmischen‘; Ereignisse geschickt mitgestalten, ohne selbst in den Vordergrund treten zu müssen. „Ich will die Karten besser mischen“, d.h. einen neuen, besseren Plan entwerfen, findet sich bei Ulrich v. Hutten um 1500. Eine heute nicht mehr gebräuchl. Rda. steht bei Grimmelshausen: „Ich warff meine Karten mit unter“ (‚Simplicissimus‘ III, 160), was bedeutet: ich mischte mich in das Gespräch. Vor allzu starkem Mischen warnt eine oldenb. Rda.: ‚Du schürst de Korten ja de Ogen aus‘. Im Volkslied heißt es:

Die Karten habt ihr zwar gemischt,
Doch ist das Stichblatt euch entwischt!

Einem die besten (schönsten) Karten geben: einem allen Vorteil zukommen lassen; umgekehrt *eine böse (falsche) Karte geben (auswerfen).* ‚Sie haben die Karten miteinander gemischt‘, d.h. etw. miteinander verabredet, bzw. in der gereimten Form des Sprw.:

Wie sie die Karten mischen,
Mich soll'n sie nicht erwischen

sind gleichfalls Rdaa., die vom unredlichen Kartenmischen herkommen. „Die Karten sind noch nicht ganz vergeben“, es ist noch nicht alles entschieden, findet mit Schiller Eingang in die Lit. (‚Kabale u. Liebe‘ III, I). Wenn aber ‚die Karten vergeben sind‘, dann ist nichts mehr zu ändern. *Wilde Karten auswerfen:* wild oder zornig werden, gebraucht schon 1530 Seb. Franck. Joh. Schütz spricht 1580 von „unnützen Karten auswerfen“.

Er hat gute Karten, vgl. engl. ‚he has good cards to show‘, ndl. ‚hij heeft eene schoone kaart‘, schweiz. ‚er cha de Charte rûeme‘, frz. ‚avoir beau jeu‘. Im übertr. Sinne wollen diese Rdaa. sagen, daß einer in einer günstigen Lage ist und bei seinem Unternehmen Glück hat. Im gleichen Sinne werden auch *es paßt in meine Karte* oder *Karten jeder Farbe haben* gebraucht.

Seine Karten aufdecken: seine Absichten zu erkennen geben. *Die Karten offenlegen:* bisher verheimlichte Gedanken und Absichten äußern; vgl. ndl. ‚met open kaarten spelen‘, frz. ‚jouer cartes sur tables‘. Ferner: *Die Karten auf den Tisch legen* oder *seine Karten über den Tisch halten:* nichts verhehlen.

Mit verdeckten Karten spielen: vorsichtig sein, seine Pläne nicht offenbaren. Bismarck gebraucht dieses rdal. Bild gern, wenn auch teilweise in frz. Form (‚Reden' X, 190): „Sie können von einem auswärtigen Minister nicht verlangen, daß er über alle schwebenden Verhandlungen mit Ihnen cartes sur table spielt" (d.h. ouvert); ein andermal: „Spielen Sie die deutsche Karte aus, werfen Sie sie auf den Tisch – und jeder weiß, wie er sich danach einzurichten oder sie zu umgehen hat", und schließlich: „Ich kann der göttlichen Vorsehung nicht so in die Karten sehen, daß ich das vorher wüßte".

Wer mit offenen Karten spielt, dem kann man *in die Karten sehen (gucken):* seine Pläne erfahren, seine geheimen Absichten erkennen; vgl. frz. ‚voir dans le jeu de quelqu'un'; ndl. ‚iemand in de kaart kijken'. Bei Goethe (‚Wilhelm Meisters Lehrjahre' 4, 15): „Der Schluß der Darstellung läßt uns noch etwas tiefer in die Karten sehen", oder: „ehe wir zugeben, daß sie uns in die Karten sehen".

Sich nicht in die Karten gucken lassen: seine Absichten (seine Lage) geheimhalten; vgl. frz. ‚ne pas révèler ...' oder ‚ne pas dévoiler son jeu'. Geiler von Kaysersberg 1508: ‚sieh in dein eigen Kartenspiel". Ebenso imperativisch ist auch die els. Rda. bebraucht: ‚Lug dir in dein Kartenspiel'. Von einem, der alles voraussehen möchte, sagt man rhein.: ‚de well osen Herrgott in de Karte kike'.

„Er kendt die Karten" findet sich in der Sprw.-Sammlung von Joh. Agricola aus dem Jahre 1548 im Sinne von: er weiß Bescheid. *Er weiß zu karten,* d.h. so zu spielen, daß alles nach seinem Wunsch läuft; schwäb. ‚er weiß seine Karte z'stecke'.

Eine Karte sticht: eine Maßnahme ist erfolgreich, im 19. Jh. allg. in Dtl. belegt. Umgekehrt *diese Karte sticht (diese Karten stechen) heute nicht mehr:* diese Argumente überzeugen nicht mehr. *Die Karte nicht verlieren:* sich nicht irremachen lassen, seinen Vorteil wahrnehmen. *Alle Karten* (Trümpfe) *in der Hand behalten:* sich den entscheidenden Entschluß bis zuletzt aufsparen, die Macht, Leitung erhalten; vgl. frz. ‚garder tous les atouts en main' (wörtl.: alle Trümpfe in der Hand behalten). Beim Kartenspiel endigt möglicherweise das Glück, und *die Karte wechselt sich.* So schreibt G. Rollenhagen 1591 im ‚Froschmeuseler': „Wo wir aber in diesen Sachen noch lange vollen Anstand machen, so wird sich bald wechseln die Karten". Oder ähnl. *die Karte hat sich gewendet* (↗ Blatt). Der Wechsel im Glück ist damit verbunden, *wie die Karten fallen,* eine Rda., die sich auch bei Goethe findet: „Der arme Landmann harrt das ganze Jahr, wie etwa die Karten fallen über den Wolken".

Das Kartenspiel nicht mehr in der Hand haben: in einer Sache keine freie Entscheidung mehr haben, schon bei Luther.

Die letzte Karte ausspielen: zur letzten Möglichkeit greifen; vgl. frz. ‚jouer sa dernière carte'.

Auf die falsche Karte setzen: ein Mittel wählen, das sich als nicht erfolgreich herausstellt; vgl. frz. ‚miser sur une fausse carte'.

Schon früh müssen allenthalben Betrügereien beim Kartenspiel aufgekommen sein, denn bezeichnenderweise sind die am frühesten bezeugten Rdaa. über das Kartenspiel solche, die von betrügerischem Spiel reden. So bei Geiler von Kaysersberg 1508: „In seinem Kartenspiel sind viel böser Stein", 1566 im ‚Theatrum Diabolorum': „Er wirft bös Kart mit unter", 1576: „Bös Karten auswerfen", bös oder übel reden, oder „Da ist die ganze Karte falsch". Noch heute allg. verbreitet ist *jem. die Karte in die Hand spielen:* jem. helfen; vgl. ndl. ‚in de Kaart von de Gegenparty spelen', engl. ‚to play into a person's hand'; frz. ‚donner beau jeu à quelqu'un'. *Es einem karten:* einen anführen. *Es sind viel böse Karten im Spiel:* es sind Leute beteiligt, die es bös meinen. *Es ist eine angelegte Karte:* ein fein gesponnener Plan. Mit der Rda. *ein abgekartetes Spiel treiben* wird der Vorwurf ausgedrückt, jem. habe die Karten zu seinen Gunsten gemischt, d.h. auf betrügerische Weise Tatsachen geschaffen, die dem Mitspieler zum Nachteil gereichen. Im ‚Simplicissimus' (IV, 27) schreibt Grimmelshausen: „Möchte das Glück diß Spiel karten, wie es wollte".

Alles auf eine Karte setzen: mit einem kühnen Schlage etw. entscheiden wollen, alles riskieren, um etw. Bestimmtes zu erreichen, das Letzte wagen, einsetzen; auch in den Mdaa., z.B. köl. ‚alles op ein Kaat setze'; engl. ‚I would cheat my own father at cards', ,to have all one's eggs in the same basket'; frz. ,risquer sa dernière carte'; ndl. ,alles op een kaart zetten'. Sehr zahlreich sind die rdal. Vergleiche, bes. in den Mdaa.; z. B. schwäb. ,dünn wie ein Kartenspiel'. ,Er blättert mehr in den Karten als im Brevier' sagt man von einem pflichtvergessenen Geistlichen.

Die Karten werden sogar als ,des ↗Teufels Gebetbuch' bezeichnet, weil man das Spiel für sündhaft hielt (s. Abb. S. 810). ,Hat man keine Karte, so spielt man ein Scheit Holz aus'; entspr. die mdal. Rdaa. ,ne Kart oder ne Klob Holz', ,e Kart oder e Stück Holz' (els.), ,e Kaart oder e Schtigg Holz' (pfälz.); ähnl. auch ,en Kart oder en Beischt Stroh' (Eifel). ↗Spiel, ↗Trumpf.

Sich die Karten nicht aus der Hand nehmen lassen: selber die Entscheidungen treffen; scherzh. auch: *die Karten dicht an die Brust halten; die Karte ist abgebissen:* die Sache ist erledigt.

Mit gezinkten Karten spielen: falsch spielen, auch übertr. verwendet i. S. v. unehrlich u. hinterhältig sein.

Jem. die gelbe Karte zeigen: Rda. aus dem Fußballsport mit der Bdtg.: ihn verwarnen. Ähnl. *jem. die rote Karte zeigen:* der Schiedsrichter weist den Spieler (meist nach einem Foul) vom Spielfeld.

Lit.: *Tylor:* History of Playing Cards (London 1865); *Breitkopf:* Versuch über den Ursprung der Spielkarte (Leipzig 1874); *Bierdimpfl:* Die Sammlung der Spielkarten des bayr. Nationalmuseums (München 1884); *M. Lehrs:* Die ältesten dt. Spiele des königlichen Kupferstichkabinetts zu Dresden (1885); *L. Herold:* Art. ,Kartenspiel', in: HdA. IV, Sp. 1014–1023; *K. Bachmann:* Die Spielkarte (1932); *ders.* in: Forschungen und Fortschritte 26 (1950), S. 63–68 (mit Lit.-Verz.); *ders.* in: Beiträge zur Sprachwissenschaft u. Vkde., Festschrift f. E. Ochs (Lahr 1951), S. 308–373; *F. Rumpf,* in: Jb. f. Hist. Vkde. 3/4 (1934); *O. Reisig:* Dt. Spielkarten (Leipzig 1935); *A. I. Norrer:* Was die Kartenspieler quatschen (Redewendungen), in: Atlantis 1936, S. 543–545; *W. L. Schreiber:* Die ältesten Spielkarten (Leipzig 1935); *K. Wehrhan:* Zum Aberglauben der Kartenspieler. Mitteilungen d. Schles. Gesellschaft f. Vkde. 37 (1938), S. 148–158; *H. Appel:* Die Skatsprache (1950); *L. V. V. Hermansen:* Spillekort 1350–1950 (Kopenhagen 1950); *H. Rosenfeld:* Münchener Spielkarten um 1500 (München 1958); *ders.:* Das Alter der Spielkarten in Europa und im Orient, in: Arch. f. Gesch. d. Buchwesens 2 (1960), S. 778–86; *ders.* u. *E. Kohlmann:* Die schönsten dt. Spielkarten (Insel-Bücherei Nr. 755); *P. G. Brewster,* in: Southern Folklore Quarterly 23 (1959), S. 196–202; *K. Weigel:* Kartenspielfragmente. Libri 14 (1964), S. 40–43; *D. Hoffmann:* Die Welt der Spielkarte – Eine Kulturgeschichte (Leipzig 1972); *ders.:* Spielkarten des Hist. Museums Frankfurt am Main (Frankfurt/M. 1972).

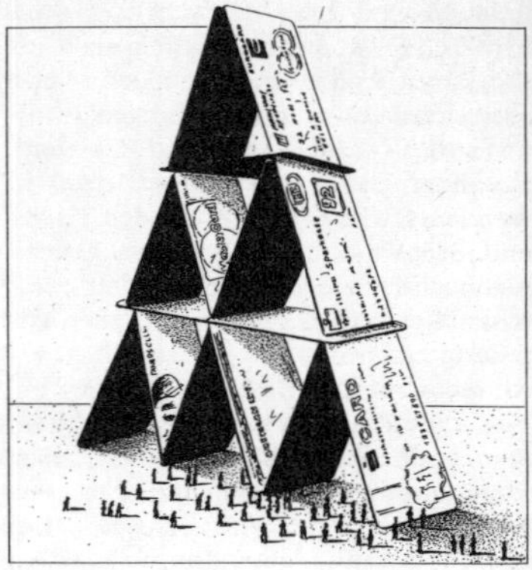

,Kartenhaus'

Kartenhaus. *Wie ein Kartenhaus zusammenfallen (zusammenstürzen):* sich als Phantasie erweisen, zu einem Nichts werden. *Kartenhäuser bauen:* Spielereien treiben, Luftschlösser bauen; entspr. *es ist nichts als ein Kartenhaus;* vgl. frz. ,c'est un vrai château de cartes'. Der rdal. Ausdr. stammt von der Spielerei, aus Karten Häuser zu bauen, die beim geringsten Luftzug einfallen. Daher wird der Ausdr. Kartenhaus zur bildl. Bez. einer Phantasterei, eines Wahngebildes, ähnl. wie ↗Luftschloß. Lehmann meint (S. 204, ,Freund' 43): „Ein Hauß von Kartenblättern, vnnd ein Pferd von Krautstiel, und ein Freund mit dem Maul, seynd so viel werth als ein Mückenfraß".

Kartoffel. *Rin in die Kartoffeln, raus aus den (die) Kartoffeln:* mal soll es so gemacht werden, mal anders, ist ein Ausruf der Verärgerung über Unentschlossenheit, bes. wenn eine bisher gültige Arbeitsanweisung durch eine völlig entgegengesetzte abgelöst wird. Die seit 1881 bezeugte Rda. geht auf militärische Kreise zurück: Im Manöver wurde nicht selten angeordnet, daß eine Truppe in einen Kartoffelacker einrücken sollte, während bald darauf der Befehl kam, daß der Kartoffelacker zur Vermeidung von Flurschäden wieder geräumt werden müsse. Lit. bei Friedrich Wülfing 1881 (,Fliegende Blätter' Nr. 1885), zunächst in der Um-

gangssprache der Großstädte, berl. u. köl., später allg. umg.
Eine Kartoffel im Strumpf haben: ein Loch im Strumpf haben: auch in der Form einer scherzhaften Frage: ‚hast du Kartoffeln gepflanzt?' oder: ‚die Kartoffeln sind reif', ‚die Kartoffeln blühen', ‚die Kartoffel guckt heraus'; vgl. engl. ‚potato-hole'.
‚Du grote Kartoffel, wan du man nich barstest' sagt man ndd. von Prahlern und Großsprechern.
Es sind kleine Kartoffeln: kleine ↗ Fische.
‚Die dümmsten Bauern ernten die dicksten (größten) Kartoffeln' ist ein spöttisches Sprw., das als Feststellung gebraucht wird, in dem aber gleichwohl eine Spur von Verwunderung mitschwingt.
Jem. fallen lassen wie eine heiße Kartoffel: freundschaftliche Beziehungen plötzlich u. ohne Skrupel abbrechen.

Lit.: *R. N. Salaman:* The History and Social Influence of the Potato (London 1949); *H. J. Teuteberg* u. *G. Wiegelmann:* Einführung und Nutzung der Kartoffel in Deutschland, in: Unsere tägliche Kost (Münster 1986), S. 93–134.

Karton. *Wie aus dem Karton:* wie aus dem Schächtelchen, wie aus dem Ei gepellt, d.h. sehr sauber, wie neu gekleidet. Gemeint ist, daß der Betreffende so sauber und tadellos gekleidet aussieht, als käme er mitsamt seiner Kleidung aus der Pappschachtel, in die man neugekaufte Kleidungsstücke verpackt (Küpper).

Karussell. *Mit jem. Karussell fahren:* ihn um den Exerzierplatz jagen, sowie allg.: ihn heftig rügen. Sold. in beiden Weltkriegen, wohl schon seit dem ausgehenden 19. Jh.

Käse. *(Kaum) drei Käse hoch sein:* (noch) ganz klein sein, spöttisch vor allem von einem kleinen Gernegroß gesagt, einem *(Drei-)Käsehoch;* schon 1767 im ‚Versuch eines bremisch-niedersächsischen Wörterbuchs' (Bd. 2, S. 762): „Een Junge twe Kese hoog: ein kleiner kurzer Junge"; im ndd. Raum machte man früher auf allen Höfen Käse nach Art der (Holländer) Kugeln oder Wagenräder ... Sie gaben das Maß „drei Käse hoch". Mit Quark kann man nicht messen. Aber auch ‚drei Käse hoch' ist noch klein ...; vgl. frz. „a peine haut comme trois pommes' (wörtl.: kaum drei Äpfel hoch), ↗ Apfel; ähnl. im Pariser Argot: ‚gros comme deux liards (veraltet) de beurre (et ça pense déja aux femmes)'.
Käse gilt, vor allem auf dem Land, als ein billiges, leicht selbst zuzubereitendes Nahrungsmittel, besonders in Form von ↗ Quark, allg. für Wertlosigkeit, übertr. für Geschwätz, Unsinn, dummes Zeug, Wertloses, Nichtigkeit. *So ein Käse!:* solch ein Unsinn; *das ist alles Käse:* das ist alles unbrauchbar; vgl. engl.: ‚That's the Cheese'; *Käse machen:* Unsinniges tun; *mach doch nicht solchen Käse!:* mach keine lange Rederei; *das geht dich einen Käse an:* das geht dich überhaupt nichts an: *erzähle (quatsch) doch keinen solchen Käse:* rede keinen solchen Unsinn; *sich über jeden Käse aufregen:* sich über jede Kleinigkeit aufregen. *Alter Käse:* altbekannte Sache; *großer (harter) Käse:* großer Unsinn; *das ist mir Käse:* das ist mir gleichgültig. *Er hat davon keinen Käse gegessen:* er weiß nichts von der Angelegenheit; vgl. ndl. ‚hij heeft er keene Kaas van gegeten'.
Andererseits spielt Käse in verschiedenen Rdaa. als Grundnahrungsmittel und Brotbelag eine Rolle: *Den Käse ohne Brot essen:* sich das Beste nehmen; *sich den Käse (die Butter) nicht vom Brot nehmen lassen:* sich zur Wehr setzen, sich nicht alles gefallen lassen; seinen Standpunkt verteidigen. *Er hat den Käse zu dick geschnitten:* er hat verschwendet, ist mit seinem Vermögen am Ende. *Mit Käs und Brot fürlieb nehmen:* mit einfacher Bewirtung zufrieden sein; vgl. ↗ abspeisen. *Zum Käse (recht) kommen:* zu spät, weil der Käse erst am Schluß der Mahlzeit gereicht wird. ‚Käswochen' ist in Kärnten die Bez. für die ‚Flitterwochen', in Bayern für die ersten Tage eines neuen Dienstes.
Muß man Käse und Brot auch anbeten? sagte man früher, wenn man sich das Tischgebet ersparen wollte, wo es sich bloß um Butterbrot und Käse handelte.
Krümelkäse machen: Ausreden gebrauchen; sächs. *In die Käse fliegen:* Schlimmes erleben, Unglück haben; obersächs: ‚Da hammern'n Käse!', d.h. die schlimme Bescherung. Rhein. ‚sich Kees gewe', sich wichtig machen; ↗ Flötekies.
‚Wer hat den Käse zum Bahnhof gerollt?': scherzh. Frage, wenn man einen Schuldi-

‚Für einen anderen die Kastanien aus dem Feuer holen' – ‚sich die Pfoten verbrennen'

gen sucht. Die Wndg. stammt aus einem beliebten Schlager.

Lit.: *A. Gittée:* ‚De kaas in de spreekwoorden', in: Volkskunde 5 (1892), S. 61–64; *F. Eckstein:* Art. ‚Käse', in: HdA. IV, Sp. 1029–1066; *G. Ränk:* Från mjölk till ost (Stockholm 1966); *ders.:* Zur Kulturgesch. des Käses im griech.-röm. Altertum, in: Schweiz. Archiv. f. Vkde 68/69 (1972–73), S. 551–556.

Kassel. *Ab nach Kassel* ↗ab.

Kastanie. *Die Kastanien (für jem.) aus dem Feuer holen:* einem anderen zuliebe etw. Gefährliches ausführen, sich für einen anderen die Finger verbrennen; vgl. frz. ‚tirer les marrons du feu'; engl. ‚to make a cat's paw of'. Die Rda. stammt aus einer Tierfabel, die bes. durch La Fontaines Gestaltung bekannt geworden ist. Der früheste Beleg der Fabel findet sich in dem zuerst 1584 erschienenen ersten Buche der Serées von Guillaume Bouchet. Der Verfasser läßt einen Teilnehmer der 8. Serée so herzlich lachen, daß er daran zu sterben fürchtet „aussi bien que le Cardinalin, voyant un Singe qui s'aidait de la patte d'un chat pour tirer des chastaignes du feu" (‚Les Serées', éd. C. E. Roybet, Paris, 1873f., II, 108). Woher Bouchet Kenntnis von dieser so kurz ausgezogenen Schnurre gehabt hat, ist nicht festzustellen; vielleicht hat er sie nur erzählen hören. Vier Jahre später aber sind die ‚Dies caniculares' von Simon Majoli erschienen, und darin ist sie ausführlich berichtet (Ausg. Frankfurt 1642, S. 100): Die Kämmerlinge von Papst Julius II. pflegten sich in der Wartezeit, bis ihr Gebieter zu Bette ging, Kastanien zu braten. Als sie nun einmal aus irgendeinen Grunde weggegangen waren, wollte sich ein Affe, der am Hofe gehalten wurde, an den Kastanien gütlich tun. Eingedenk aber, daß die Hofleute die Kastanien mit einem Eisen oder einem Holz aus der Asche nahmen, dachte er bei sich, da ihm kein solches Werkzeug zur Verfügung stand, einen bewundernswerten Rat aus. Mit der einen Hand nahm er eine Katze und preßte sie an seine Brust, mit der andern nahm er ihre rechte Pfote und benützte den Teil vom Ellbogen bis herunter zu den Krallen, um damit anstatt des Holzes die Kastanien herauszuscharren. Auf das Geschrei der Katze eilten die Diener herbei, und jeder gab dem Affen von seinem Anteil. Schon drei Jahre nach dem Erscheinen von Majolis Buch verzeichnet John Florio als sprw. die Wndg. ‚Fare come la nostra cimia, che levava le castagne dal fuoco con la zampa del gatto'. In der dt.

Sprache taucht die Fabel zum erstenmal auf in einem sehr seltenen Buch, dem ‚Theatrum morum', das der berühmte Kupferstecher Aegidius Sadeler 1608 in Prag hat erscheinen lassen. Unter der Nr. 218 heißt es unter der Überschrift ‚Vom Affen und der Katz':

Ein Weib im Asschen Kesten bradt,
Welche ein Aff geschmecket hadt;
Gedacht: Wie thet ich diesen Dingen
Die Kesten aus dem Fewr zubringen?
Nimpt gleich darauff ein junge Katzen,
Greifft in die Asch mit ihren Tatzen.
Sie schrie, biß er sie springen lies,
Weil die Glüt brennet ihre Füß.
Also schickt manch starker Man
Ein schwachen in Gefahr voran.
Es muß mancher gepeinigt sein,
Nur daß die andern frölich sein.

Als nächste dt. Niederschrift ist Christoph Lehmanns ‚Florilegium' zu nennen: „Es tragen sich offt Händel zu, daß mans muß machen wie jener Aff, der gern Kesten auß der Pfann überm fewr hett gessen; der erwischt ein Katz, und mit derselben Pfoten bracht er die Kesten herauß".

Neben dieser Tradition läuft noch eine zweite, jüngere Überlieferung, wo an die Stelle der Gewalt die Klugheit und List tritt. Höhepunkt dieser Überlieferung ist La Fontaines Fabel (IX. 17): ‚Le Singe et le Chat: Durch Überredung gelingt es dem schlauen Bertrand, den fast ebenso schlauen Raton dazu zu bringen, daß er ihm die Kastanien mit vorsichtigen Pfoten aus der Asche spielt, und als die Magd kommt, da ist es Raton, der keinen Grund mehr hat, zufrieden zu sein. Er wird das Opfer des durchtriebenen Gesellen. Diese Auffassung, wo der Affe nicht zwingt, sondern schmeichelt, überlistet, befiehlt, findet sich lange vor La Fontaine aber auch schon in Lehmanns ‚Florilegium': ‚Herren stellen offt ein Diener an, wie der Aff die Katz, daß sie mit der Pfoden die gebratene Keste außm Fewer muß scharren; drumb mag der Diener wol auff Vortel gedencken".

In einem Volkslied, wohl noch aus der zweiten H. des 18. Jh. (v. Ditfurth, Hist. Volkslieder, 1877, S. 309) heißt es:

aus dem Feuer, dir aufzuwarten,
die Kastanien gar noch hol.

Lessing, der den Diener seines ‚Jungen Gelehrten' zu Lisette sagen läßt: „Ja, ja mein Äffchen, ich merk' es schon; du willst die Kastanien aus der Asche haben, und brauchst Katzenpfoten dazu" (III, 1), hat sowohl Lehmann als auch Molière und La Fontaine gekannt. Goethe, bei dem Faust zu Mephistopheles sagt:

Behandelst mich, daß ich, wie jene Katze,
Dir die Kastanien aus dem Feuer kratze,

hat wohl nur von La Fontaine und Molière gewußt, Bismarck sagt einmal: „Wenn aber andere Leute sich dazu hergeben, die Kastanien für Sie aus dem Feuer zu holen, warum soll man ihnen das nicht gern überlassen?"

Daß man in Dtl. schon im hohen MA. Kastanien im Feuer briet, lehrt ein rdal. Vergleich Wolframs von Eschenbach im ‚Parzival' (378, 15ff.):

dâ erhal (erscholl) manc rîchiu tjoste guot (kräftiger Zusammenstoß),
als (als ob) der würfe in grôze gluot ganze castâne.

Lit.: *A. Wesselski:* Der Affe, die Katze und die Kastanien, in: Erlesenes (Prag 1928), S. 108–114; *L. Röhrich:* Sprw. Rdaa. aus Volkserzählungen, S. 269f.

Kasten. *Etw. auf dem Kasten haben:* gescheit sein, viel können; *nicht alle auf dem Kasten haben:* nicht ganz bei Verstand sein; *wenig auf dem Kasten haben:* wenig können, ein Versager sein; diese Rdaa. spielen auf den Kopf als Verstandeskasten (‚Hirnkasten') an; spätestens seit 1900, zunächst in den Großstädten.

Im Kasten hängen (sein): als Heiratswillige öffentl. angekündigt sein; hergenommen vom Aushängekasten, in dem der Standesbeamte das Aufgebot anbringt; 2. H. 19. Jh. (Küpper). ↗Kanzel.

Im Ndd. meint die Wndg. ‚im Kasten sitzen' im Gefängnis sein.

Etw. im Kasten haben: eine gute Fotoserie gemacht haben, ein Bild (eine Bilderserie), auf dem Film im Apparat haben.

Um einen Spruch aus der Zeit der Reformation handelt es sich bei dem bekannten Satz: ‚Sobald das Geld im Kasten klingt, die Seele (aus dem Fegfeuer) in den Himmel springt'. Er bezieht sich auf den Ablaßhandel der damaligen Zeit u. wurde von Hans Sachs in seinem Sang ‚Die Wittenbergisch Nachtigall, Die man yetzt höret uberall' (1523) erstmals so formuliert:

Legt ein, gebt euwer hilff und stewr
Und lößt die seel aus dem Fegfewr!
Bald der guldin im Kasten klinget,
Die Seel sich auff gen hymel schwinget.

Heute verbindet man mit dem Wort ‚Kasten' eher die Vorstellung von klotziger Größe, so z. B. in der Wndg. ‚ein alter Kasten' für ein abbruchreifes Haus.

Kasus Knacktus. *Das ist der Kasus Knacktus:* scherzh. Rda. für: das ist der springende Punkt, der Fall, um den es sich handelt.

Kater. *Einen Kater haben:* unter den Nachwirkungen eines Rausches leiden, ‚Katzenjammer' haben. Das Wort ‚Kater' kommt in mehreren Rdaa. vor. Es stammt aus der Leipziger Studentensprache und war dort bes. beliebt in der Wndg. *seinen Kater spazieren führen; einen Kater ausführen:* an den Folgen eines Rausches leiden. Daher auch der Scherz unter Studenten: ‚Immer wieder ein (zoolog.) Wunder, wie sich ein Affe über Nacht in einen Kater verwandelt'.
Wie ‚Kneipe' und ‚kneipen' hat das Wort Kater, das in Sachsen schon seit der Mitte des 19. Jh. bekannt war, aus der Studentensprache den Weg ins bürgerliche Leben gefunden. Das Wort selbst gilt als die vulgäre sächs. Ausspracheform des Wortes Katarrh, das in der Volkssprache soviel wie Schnupfen, allg. Unwohlsein und Kopfweh bedeutet. Anfänglich sollte also dieser Kater mit der männlichen Katze oder mit *Katzenjammer* in der übertr. Bdtg. nicht den mindesten Zusammenhang haben, sondern dürfte erst später als eine scherzhafte Verwendung des Tiernamens aufgefaßt worden sein, was in den Gegenden bes. nahe lag, wo die erwähnte volkstümliche Aussprache nicht gebräuchl. oder verständlich war. Aber diese Erklärung, die von Friedrich Kluge herrührt, überzeugt nicht vollkommen. Denn schon in Laukhards Lebensbeschreibung, also in den Jahren zwischen 1780 und 1790 kommt der rdal. Vergleich *besoffen wie ein Kater* vor; offenkundig bedeutet Kater in dieser Wndg. das Katzenmännchen. Die Ausdrucksweise selbst erinnert an die schwed. Rda.: ‚full som en kaja', ‚full som en alika' = betrunken wie eine Dohle. Nun kann man sich gewiß über den Vergleich wundern: warum gerade wie ein Kater? Aber dieselbe Frage gilt für die erwähnten schwed. Ausdrücke: sie gilt ebenso für die Rda. ‚besoffen wie ein Besenstiel' und viele andere dieser Art, z. B. ‚saufen wie ein Bürstenbinder'. „Tatsächlich gebrauchen wir in der Rede derartige Vergleiche mit Vorliebe rein mechanisch und in Zusammenhängen, wo sie eigentl. sinnlos sind und wo sie einzig der Verstärkung und Auslösung unseres Gefühls dienen. Die Rda. ‚besoffen wie ein Kater' kann daher durch mechanische Nachbildung des Ausdr. ‚verliebt' oder ‚geil wie ein Kater' zustande gekommen sein. Sobald es einmal die Rda. ‚besoffen wie ein Kater' gab, begünstigte das den Gebraucht von Kater = Katarrh in der Bdtg. ‚Katzenjammer". Katzenjammer tauchte seinerseits zu Beginn des 19. Jh. in den akademischen Kreisen Heidelbergs mit dieser Bdtg. auf. Zuerst ist es aus der Sprache der baltischen Studenten bekannt. Görres, Brentano, Eichendorff und andere gleichzeitige Romantiker haben den Ausdr. ins Schrifttum eingeführt, ↗Katze, ↗trinken.

Katharine. *Die schnelle Kath(e)rin(e) haben:* Durchfall haben; bair. ‚...'s laffend Kattel'; lausitzisch ‚das hurtige Kätchen'. Die Rda. beruht auf einem alten Schulwitz, der den medizinischen Fachausdr. griech. κάϑαρμα = Reinigung. Auswurf verhüllend umgestaltet hat. Schon in Grimmelshausens ‚Simplicissimus' (2. Buch, 9. Kap.): „Ist er (ihr Leib) nicht so zart, schmal und anmutig, als wan sie acht gantzer Wochen die schnelle Catharine gehabt hätte!"

katholisch. *Es ist zum Katholisch-Werden:* es ist zum Verzweifeln; Rda. in ev. Landschaften, wie bes. in Sachsen und Thüringen, wo man früher in gleichem Sinne auch sagte: ‚Das ist zum Preußischwerden'. Vgl. frz. ‚Il y a de quoi devenir chèvre' (wörtl.: Es ist zum Ziegewerden). In protestantischen Kreisen ferner: *katholisch gucken:* hinterhältig, mißtrauisch blicken; *katholisch lachen:* hämisch, voller Heimtücke grinsen; *katholisch sein:* nicht aufs Wort glaubwürdig, unaufrichtig sein; *er wird noch katholisch:* er weiß sich vor Ärger nicht mehr zu helfen. Mit katholisch bez. man in protestantischen Gegenden auch etw. Unverständliches, z.B. *katholisch daherreden,* während umgekehrt in Bayern und Oesterr. *da geht's nicht katholisch zu* bedeutet: da geht es nicht recht geheuer zu; vgl. frz. ‚Ce n'est pas très catholique': Das sieht unzuverlässig aus.

Lit.: *Chr. Köhle-Hezinger:* Evangelisch – Katholisch. Untersuchungen zu konfessionellem Vorurteil und Konflikt im 19. und 20. Jh. (Tübingen 1976) (mit weiterführender Bibliographie).

Kattun. *Kattun kriegen:* Schelte, Prügel beziehen (bes. ostdt.), sold.: Beschuß kriegen. Wie der Name des Baumwollstoffes zu dieser Übertr. gekommen ist, bleibt ungeklärt. Vgl. ndl. ‚em van katoen geven', einem gehörig die Meinung sagen, und ‚(van) katoen geven', etw. in vollem Maße tun, flink bei der Arbeit sein, sich tüchtig anstrengen, sein Bestes geben.
Kattun als wichtiger engl. Handelsartikel stand lange auch für engl. Politik: „Sie (die Engländer) sagen Freiheit (Politik, ‚England') und meinen Kattun". Das Zitat stammt aus der Zeit, da die Briten nahezu das Baumwollmonopol hatten. „Es geht um Kattun" ... – „Kattun, Kattun, ick gew di Kattun!"

Katze. Ebenso wie der Hund kommt auch die Katze in zahlreichen bildl. Rdaa. vor, so daß Hans Sachs im Schwank vom Katzenkrämer dichten konnte: „Der hat fünf Katzen feil, eine Schmeichelkatze, eine nasse Katze, eine Haderkatze, eine Naschkatze und eine faule Katze". Wanders ‚Sprichwörterlexikon' zählt sogar über 1000 Sprww. und Rdaa. auf, in denen die Katze vorkommt.
Die Katze im Sack kaufen: unbesehen kaufen (ebenso frz. ‚acheter le chat en poche' und ital. ‚comprare la gatta in sacco'; ndl. ‚een kat in de zak kopen'). In der Umgangssprache der Ggwt. wird die Rda. vielfach in Beziehung auf die sog. ‚Probenächte' und zur Rechtfertigung vorehelichen Geschlechtsverkehrs angewandt (‚Man kauft doch keine Katze im Sack!');

‚Die Katze im Sack kaufen'

so auch in den Mdaa., z.B. els. ‚i will kei Katz im Sack käufe'; ndd. ‚ik köp keen Katt in Sack'.
Das Volksbuch von ‚Till Eulenspiegel' bringt zum ersten Mal den Schwank von der Katze im Sacke, die als Hase verkauft wurde. Hans Sachs hat denselben Eulenspiegelschwank zu einem Standesspott auf die Kürschner umgestaltet (‚Ewlenspiegel mit der kaczen', I. 354f.):

Seit her thuet mon noch faczen
Die kuersner mit der kaczen.

Die frühesten schon im MA. geläufigen Formen der Rda. sprechen nur vom ‚Kaufen in einem Sack', z.B.:

Man koufet daz vil selten
In dem sacke und ungesehen
Des man ze gewinne müge jehen
(Stricker, ‚Kleinere Gedichte');

„Wir koufen in dem sacke niht" (Winsbeke 63,6);

Swer in dem sacke koufet
Und sich mit tôren roufet
Und borget ungewisser diet,
Der singet dicke klageliet
(Freidank, ‚Bescheidenheit' 85,5).

Auch Luther gebraucht noch die ma. Form der Rda. ‚im sacke keuffen'; ‚im sacke verkeuffen'.
Die Katze ‚im' bzw. ‚aus' dem Sack gehört jedoch erst dem Eulenspiegelschwank an, und das Zusammentreffen von Schwank und Rda. ist hier nicht verwunderlich, weil in den Eulenspiegelschwänken

(ebenso wie etwa im Redensartenbild Bruegels) die sprachl. Ausdrücke wörtl. genommen werden. Die urspr. Rda. ist dann erweitert worden zu der Form, die sich bei Fischart findet: „Ir werd mir kei katz im sack verkaufen“. Beide Wndgn. kombiniert finden sich noch bei Thomas Mann (‚Die Entwicklung des Dr. Faustus‘, Frankfurt a. M. 1949, S. 16): „Ist es leichtsinnig, ‚die Katze im Sack zu kaufen‘, so ist, sie darin zu verkaufen, noch weniger empfehlenswert“. Dazu das schwäb. Sprw.: ‚Narren und alte Weiber kauft man in einem Sack‘.

‚Die Katze aus dem Sack lassen‘

Verwandt ist die Rda. *die Katze aus dem Sack lassen:* die Wahrheit, die bisher verheimlichte wahre Meinung aussprechen. Wer die Katze aus dem Sack läßt, kann niemandem mehr einreden, daß sie ein Hase ist. Die Erklärung der Rda. braucht sich aber nicht unbedingt auf den oben erwähnten Eulenspiegelschwank zu beziehen. Man steckt die Katze in einen Sack, um sie zu ersäufen. Läßt sie der Träger aus Unvorsichtigkeit vorher aus dem Sack, ist damit die Absicht, weshalb er sie eingeschlossen hatte, vereitelt, und er weiß auch nicht, was die losgekommene Katze noch alles anstellen kann. Vgl. frz. ‚laisser passer …‘ oder ‚montrer le bout de l'oreille‘ (wörtl.: die Ohrenspitze zeigen). Die Anwendung der Rda. reicht noch bis in die politische Karikatur der Ggwt. ‚Raus mit der Katze aus dem Sack‘ heißt es bair. und schwäb. statt bloßem: ‚Heraus damit!‘ ‚Heraus mit der Sprache!‘ Dafür els. ‚Erus mit de wilde Katze!‘ Holst. ‚Nu kümmt der Kater to'n Sack rut‘, nun zeigt es sich, wird es offenbar; und ‚Nu mutt de Katt to'n Sack rut!‘, nun muß die Wahrheit ans Licht kommen; rhein. ‚Loss mol de Katz aus em Sack‘, zeige, was du verbirgst; schwäb. ‚Der glotzt, wie we ma d' Katz vom Sack 'rausläßt‘, er macht erstaunte Augen. Daneben: ‚Schwätz mir kei Katz in Sack‘, versuche nicht, mir etw. einzureden, und ‚die Katz im Sack haben‘, das Schäfchen im trockenen haben.

Das ist für die Katz(e)!, auch *das ist der Katze:* das ist vergeblich, wertlos, zwecklos. Ndd. ‚dat ös för de Katt to Böxe‘, rhein. ‚dat war för de Katz jedon‘, ‚för de Katt sin‘ (vgl. ndl. ‚voor de poes zijn‘; frz. ‚c'est de la bouillie pour chat(s)‘: es ist wertlos).

Alles für die Katz!: alles vergebens, umsonst. In einem Klagelied, das Burkard Waldis in seinen Streitgedichten gegen Herzog Heinrich von Braunschweig dem Herzog in den Mund legt, jammert dieser, daß er vergebens auf sein Schloß Wolfenbüttel gebaut habe, vergebens auf sein Roß:

> Dahinder ich zu fuß mus gahn,
> Die Schwerter hants zerhauwen,
> Die Katz frist jizt davon.

Derselbe Burkard Waldis verwendet die Rda. 1548 in seiner Fabelsammlung ‚Esopus‘ (IV, 62) zu der Erzählung ‚Vom Schmied und seiner Katze‘: Ein Schmied nahm sich vor, von seinen Kunden nichts für seine Arbeit zu verlangen, sondern die Bezahlung ihrem eigenen Willen anheimzustellen; sie begnügten sich aber mit einem bloßen Danke. Nun band der Schmied eine fette Katze in der Werkstatt an, und wenn ihn die Kunden mit bloßen Dankesworten verließen, sagte er: ‚Katz, das geb ich dir!‘ Die Katze verhungerte, und der Schmied beschloß, es zu machen wie die andern Handwerker, d. h. seine Bezahlung selbst festzusetzen. Die Geschichte ist z. T. auch in die mdl. Volkserzählung übergegangen und findet sich in rdal. Anspielung auch in den Mdaa. z. B.

schlesw.-holst. ‚A Tak, däh döj ä Smej sin Kat a' (= Von Dank, davon starb die Katze des Schmiedes). – Ähnliches findet sich u.a. bei dem Prediger Abraham a Sancta Clara (1644–1709): Einer, der vom Fürsten bloße Versprechungen erhält, gibt seiner eingesperrten Katze nichts zu fressen, so daß sie Hungers stirbt; als ihn der Fürst wieder seiner Gnade versichert, sagt er, seine Katze sei daran gestorben. In denselben Zusammenhang gehört ein schlesw.-holst. Sprw.: ‚Was einer spart mit dem Mund, das ist für Katze und Hund': gemeint ist eine nur unbedeutende Ersparnis, aus der sich der Begriff ‚vergeblich' leicht entwickeln konnte. ‚Für die Katz' ist auch der Titel einer Bauernkomödie des Oldenb. Heimatdichters August Hinrichs. Meckl. ‚Da, Katt, hest ok en Fisch!'; diese Worte begleiten ein Gegengeschenk, aber auch einen Gegenhieb. Wenn etw. verschwunden ist, seien es Lebensmittel oder irgendwelche Gegenstände, so gebraucht man häufig die scherzhafte Entschuldigung: ‚Die Katz hat es gefressen'; ‚die Katz hat es getan'. Man bedient sich dieses Satzes aber auch, wenn man keine Auskunft über den Verbleib einer Sache geben will, entweder weil man keine Lust für weitschweifige Erklärungen hat, oder weil sie von jem. verlangt wird, den sie nichts angeht. Meistens dient er aber dazu, Kindern klarzumachen, daß sie etw. nicht haben können. Im Elsaß sagt ein naschhaftes Kind, das wegen des Verschwindens eines Leckerbissens zur Rede gestellt wird: ‚D' Katz hat's gfressn!', worauf es zu hören bekommt: ‚Ja, die wu zween Füeß hatt'. So schon bei dem Volksprediger Geiler von Kaysersberg (15. Jh.) von einer naschhaften Magd und den verschwundenen ‚Gastbißlen': „So ist es von der Katzen mit zweyen Beinen gefressen und verschlukket". Die Rda. spielt deutlich an auf den damals sehr bekannten Schwank von der naschhaften Köchin (AaTh. 1741; Mot. 2137; ebenso KHM. 77; vgl. L. Röhrich: Erzählungen des späten MA. I, S. 192ff., 291ff.). ‚Die Katze hat vom Käse genascht!'; ‚sie hat die Katze über den Käs kommen lassen'; ‚sie hat die Katze drüber gelassen'; ‚der is och de Katz an de Käs gewest'. Mit diesen Wndgn. deutet man an, daß ein Mädchen sich hat verführen lassen.

Tut jem. so, als wenn er seine Lieblingsspeise nicht mehr möge, sagt man ‚Die Katze mag die Fische nicht'. Außer Fischen, Mäusen und Vögeln gehören Käse, Speck und Schmer zu den Lieblingsspeisen der Katze; wer ihr etw. davon zum Bewachen gibt, macht den ‚Bock zum Gärtner'. Diesen Sinn haben auch die folgenden Beisp. der zahlreichen mdal. Belege: ‚Die Katze anstellen, um die Milch zu bewachen'; ‚die Katze in die Milchkammer treiben'; ‚die Katze nach dem Speck schikken'; ‚das heißt der Katze den Hering anvertraut'; ‚das heißt die Katze zum Speck gesetzt' (vgl. ndl. ‚Dat is de Kat bij het spek gezet'); ‚der Katze die Maus zu hüten geben'; ‚do hammer de Katz be et Fleesch gesatt'; ‚das heißt der Katze den Käs anvertraut'; frz. ‚laisser le chat au fromage'; (veraltet) schwäb. ‚der setzt die Katze zum Schmer und den Wolf zum Schaf'; schweiz. ‚d' Chatz über's Schmer setzen'. ‚Das soll mir keine Katze fressen' sagt man, wenn man einen guten Bissen für sich selbst aufhebt. In Norddtl. heißt es von einem, der gut gegessen hat: ‚Dem wird auch die Katze den Magen nicht verschleppen' (‚de Katz ward de Mag nich wegtrecken'; ‚dem geht de Katz m'em Magen net lofen'). Bair, ‚der woaß, wo d' Katz in Toag langt' bez. einen bes. listigen Menschen, der die Schliche der anderen genau kennt.

Auf etw. Unmögliches weist die Wndg. ‚Die Katze im Fischladen bringt auch keine Heringe zur Welt', d.h. das ist zuviel verlangt.

Und wenn es Katzen hagelt: beim schlechtesten Wetter (engl.: ‚when it is raining cats and dogs'.). ‚Aussehen wie's Kätzle am Bauch' (schwäb.): schneeweiß, blaß.

Katzen bürsten: etw. heiml. tun. ‚De Katz isch de Baum 'nauf' (alem.): es ist schon vorbei, daran läßt sich nichts ändern.

Der Katze den Schmer abkaufen: einen unvorteilhaften Handel abschließen, übervorteilt werden; speziell auch: etw. beim letzten Händler kaufen, also da, wo es am teuersten ist; kaufen oder etw. kaufen wollen, was gar nicht angeboten ist. Der Grundgedanke ist wohl der, daß der Schmer der Katze nicht feil ist. Den

Urspr. dieser schweiz. Rda. hat Gottfried Keller in der Erzählung ,Spiegel, das Kätzchen' auf eine angebliche Seldwylaer Sage zurückgeführt. Goethe reimt unter ,Sprichwörtlich' (um 1810):

Freigebig ist der mit seinen Schritten,
Der kommt, von der Katze Speck zu erbitten.

Dazu das Sprw.: ,Der Katze ist nicht gut Schmer abkaufen', mit geizigen Leuten ist nicht gut handeln.

,Wie die Katze um den heißen Brei schleichen'

Um etw. herumgehen wie die Katze um den heißen Brei: Ausflüchte machen, ein Problem umgehen, das Wesentliche nur mit vielen Umschweifen berichten. Das anschauliche Bild leitet sich von der Vorsicht und dem Mißtrauen her, mit dem die Katzen den dampfenden Freßnapf umkreisen. So auch mdal. holst. ,he slickt sik ümbi as de Katt üm de Mehlbrie'; ,üm de Semp'; schweiz. ,tapen (bedächtig vorgehen) wie die Katze um ein frisches Mus'; frz. heißt es: ,tourner autour du pot'. Lat. gilt in gleichem Sinne: ,Lupus circa puteum saltat' = der Wolf tanzt um den Brunnen. Im Dt. findet sich die Rda. bei Luther: „Drumb geht er umbher wie die katz um den heißen brey".

,Dat ös Katt un Hund vergäve!' Mit diesem Ausruf gibt man seiner Unzufriedenheit über schlechtes Essen Ausdr. Der Sinn ist klar: Dieser Schlangenfraß würde sogar Hund und Katze, die doch das Schlechteste gewohnt sind, vergiften.

Wie Katz(e) und Hund zusammen leben: verfeindet sein, sich nicht vertragen, sich nicht leiden können (vgl. engl. ,to fight like cats and dogs'; frz. ,ils s'accordent comme chiens et chats'). Nach weitverbreiteter Ansicht können Katze und Hund nicht friedlich zusammenleben. Die Wirklichkeit widerspricht dieser rdal. Meinung oft, denn früh aneinander gewöhnte Hunde und Katzen kommen meistens sehr gut miteinander aus.

Die Rda. *wie Katz' und Hund miteinander stehen* wird durch zahlreiche und ganz verschiedenartige Erzählungen begründet (AaTh. 200). Darin allerdings gleichen sich fast alle diese ätiologischen Erzählungen, daß sie von einem ehemaligen guten Einvernehmen zwischen Katze und Hund sprechen (Kontrakt, gemeinsame Wirtschaft, gemeinsame Jagd, Verwandtschaftsverhältnis usw.), das durch ein einmaliges Ereignis sich ins Gegenteil verkehrte.

Wie ,Hund und Katze' rdal. Gegensätze sind, so auch ,Katze und Maus'. Am häufigsten ist die Rda. *,spielen wie die Katze mit der Maus.* Das Spiel der Katze mit der Maus gründet sich durchaus auf reale Naturbeobachtung: Katzen spielen tatsächlich mit der gefangenen Maus, bevor sie sie fressen. Die bildl. Anwendung der Rda. hat sich vermutlich in Frankr. zuerst ausgebildet; vgl. frz. ,jouer au chat et à la souris': einander nachlaufen. Auf frz. Boden ist die Rda. auch schon früh in lat. Sprache bezeugt: ,Sic alacer cattus, dum prenso mure iocatur, raptum deponuit depositumque rapit'. Dt. zuerst: „Als die katze mit der mus spilten die Oselère" (,Livländische Reimchronik' 1230); „Dy spelen mittenander alzo dy katze mit der mauß" (Prov. Fridanci 112); „Und mit inen als ein katz mit einer mauß spylen" (Geiler von Kaysersberg); „Vnd die magd mit den schüsseln spilt als ein katz mit der mauß" (Seb. Franck, Sprww. 209). Bis zur Ggwt. ist die Rda. *Katz u. Maus mit jem. spielen* in zahlreichen, vorwiegend ndd. Varianten lebendig, z.B. ,hei springt'r midde umme as de Katt mit'r Mus'; ,de spellt grad med dem we de Katz met der Maus'.

Es geht ihm wie der Katz mit der Maus sagt man von jem., der mit langweiligen Menschen nichts zu tun haben will. Goethe erweiterte die Rda. zu folgendem Zweizeiler:

Es geht ihm wie der Katz mit der Maus,
Für einen Leichnam ist er nicht zu Haus.

Es ist jedoch zweifelhaft, ob der Zusatz

,Katz und Maus spielen'

wirklich den urspr. Zusammenhang zum Ausdr. bringt. Wahrscheinlicher ist, daß sich die Rda. auf die Beobachtung gründet, daß eine unbewegte Maus der Räuberin viel weniger ins Auge springt als eine laufende.

Da greifen zehn Katzen nicht eine Maus; ,dau findet siebe Katze kä Maus'; ,Sieben Katzen können da keine Maus fangen' bezieht sich auf ein heilloses Durcheinander, in dem es schwer ist, Ordnung zu schaffen. ,Neun Katzen können nicht eine Maus drin fangen', sagt man von einem gänzlich durchlöcherten Kleidungsstück, wo die Mäuse zu viele Wege zum Herausschlüpfen fänden, wenn die Katze dort Jagd auf sie machen müßte. Die Rda. ist hauptsächlich im Norden verbreitet (vgl. auch Wilh. Buschs ,Katze und Maus').

Setz die Katzen an und jag die Mäus voraus!: mach schnell! Die Rda. geht auf einen Spruch aus dem Beginn der Neuzeit zurück:

Wer mit Katzen ackern will,
Der spann die Mäus voraus,
So geht es alles wie der Wind,
So jagt die Katz die Maus.

Auch das Sprw. ,Wer mit Katzen ackern will, der eggt mit Mäusen zu' hängt damit zusammen.

Er will andern Katzen fangen und kann sich selbst keine Maus fangen heißt es von einem, der anderen in wichtigen Angelegenheiten Ratschläge erteilen will, obwohl er selbst schon bei kleineren Aufgaben versagt.

Mit den Worten ,Wenn die Katz satt es, schmecke de Müs bitter' weist man einen zurecht, der über das Essen nörgelt. Dieselbe Bdtg. hat auch das Sprw.: ,Wenn die Maus satt ist, schmeckt das Mehl bitter'.

Aus der Tierfabel (AaTh. 110) stammt die Rda. *der Katze die Schelle nicht umhängen wollen.* Die Mäuse beschließen, der Katze, um von ihr nicht beschlichen zu werden, eine Schelle umzuhängen. Als es aber an die Ausführung des trefflichen Beschlusses geht, findet sich keine Maus, die das heikle Geschäft übernehmen will. Die Fabel kommt im Dt. schon 1350 in Ulrich Boners ,Edelstein' vor. Dort heißt es (V. 19ff.) von den Mäusen:

si rieten alle ûf einen sin,
wi sie wol möchtin komen hin,
und vor der katzen zorn genesen.
sie muosten alle in sorgen wesen;
grôz was der katzen gewalt.
der miusen rât was manigvalt.
ze jungest kâmens über ein
mit gemeinem râte, daz ir ein
sölt der katzen henken an
ein schallen, die si sölte hân
und tragen, einzeklîch dur daz,
daz si sich möchtin deste baz
gehüeten vor der katzen list.
dô antwurt in der selben vrist
ein altiu mûs, und sprach alsô
„des râtes sîn wir alle vrô!
der rât mag uns wol troestlich wesen;
wil got, wir mugen al genesen.

,Die Katze läßt das Mausen nicht'

1
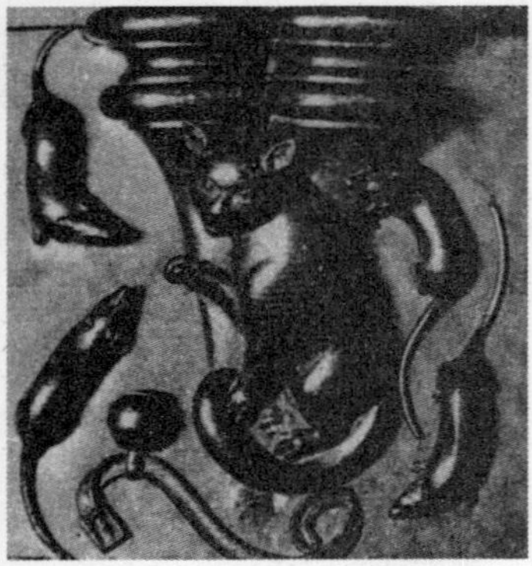

2

3

1–3 ‚Der Katze die Schelle umhängen‘

râtent, und koment über ein,
wel under uns diu sî allein,
diu daz getürre wol bestân,
daz si der katzen henken an
welle die schallen (daz dunkt mich
guot);
sô wirt gevrîget unser muot,
und mugen âne sorge leben“.
enkein mûs wolt sich selber geben
an den tôt, ân ende stât
und âne nutz der miusen rât ...

Boners Quelle war Odos 26. Fabel ‚de muribus et cato‘; aus dieser ist vermutl. auch ein lat. Gedicht einer Pariser Hs. des 14. Jh. abgeleitet. Im 16. Jh. kehrt die Fabel bei Arlotto, Joh. Pauli und Hans Sachs wieder und reicht von hier bis in die Volksüberlieferung des 19. und 20. Jh. La Fontaine hat ihr im Frz. die klassische Form gegeben. Entspr. häufig finden sich rdal. und sprw. Anspielungen auf die Fabel. In Hans Rosenplüts ‚Klugem Narren‘ heißt es:

Der der katzen die schellen anpunde
Vnd frohlich die warheit getorst
gesprechen.

Seb. Franck verzeichnet in seiner Sprww.-Sammlung: „Wer will der katzen die schellen anhencken?“ Anders Lehmann S. 32 (‚Anschläg‘ 13): „Wenn die Katzen mausen, hengen sie keine Schellen an“. Der junge Goethe übernahm die Rda. in die erste Fassung seines ‚Götz‘: „So ist doch jetzt, da es zur Sache kommt, niemand als der getreue Gottfried von Berlichingen, der der Katze die Schelle anhängen mag“. Bismarck sagte in einer Rede (Reden VIII, 387): „Gerade in der Stellung, in der ich bin, halte ich es für meine Pflicht, der Katze die Schellen anzuhängen, die Sache offen zu besprechen“. Vgl. mittellat. ‚feli tintinnabulum annectere‘; engl. ‚who shall hang the bell about the cat's neck?‘, ndl. ‚de kat de bel aanbinden‘; frz. ‚attacher le grelot (au chat)‘; ähnl. ital. und span. Eine weitere dt. Variante ist: *Die Katze hängt sich auch keine Schelle um, wenn sie auf Mäusejagd geht:* ich muß doch nicht alles verkünden, was ich vorhabe. Rda. bzw. Fabel sind – als Sinnbild für den Kampf der Tugend gegen das Laster – oft bildl. dargestellt worden, insbes. in der ndl.-fläm. Tradition. Die Miserikordien-Skulptur von Kempen am Niederrhein zeigt genau die Fabel: vier Mäuse gruppiert um eine Katze; ein Schellenhalsband liegt am Boden, und man ersieht aus dem diffusen Verhalten der Mäuse, daß es offenbar unmöglich ist, der Katze die Schelle umzuhängen. Dem Sinn der Fabel entspricht zunächst auch die Bdtg. der Rda. ‚Der Katze die Schelle nicht umhängen wollen'. Sie meint zunächst eben: ein gefährliches Unterfangen nicht übernehmen wollen, entspr. noch im modernen engl. Sprachgebrauch: ‚it is well said, but who will bell the cat?' In späteren Darstellungen wird der Katze tatsächlich die Schelle umgehängt, aber es ist nicht eine Maus, die dies besorgt, sondern entspr. der bildl. Übertr. ein Mensch. In dieser Weise vermenschlicht findet sich die Rda. ebenso auf P. Bruegels Rdaa.-Bild wie in den späteren ndl. Bilderbogen. Die Übertr. aus der Welt der Tierfabel in die Welt menschlichen Tuns hat notwendigerweise auch eine Sinn- und Funktionsveränderung mit sich gebracht. ‚Der Katze die Schelle umhängen' wird jetzt zu einem rdal. Bild der üblen Nachrede. Positiv gewendet, bedeutet ‚der Katze die Schelle umhängen' nun: ein Gerücht über jem. ausstreuen, böse Nachrede über jem. führen, jem. bemäkeln, eine Heimlichkeit offenbaren. Dadurch, daß diese Rda. nun nicht mehr zwischen Maus und Katze, sondern zwischen Mensch und Katze spielt, hat sie ihre urspr. Realwelt der Fabel verlassen und ist außerdem auch zum Bild unsinnigen Tuns geworden; d.h. es kommt noch eine dritte Bdtg. hinzu. Folgerichtig ist es nur noch der Narr, der so etw. tut, was in Seb. Brants ‚Narrenschiff' auch seine bildl. Demonstration gefunden hat. Der dazu gehörige ‚Narrenschiff'-Text lautet:

Manch narr der richt vß yederman
Vnd henckt der katzen die schellen an
Vnd will sin doch keyn wort nit han.

So können uns die Bilder helfen, den Bedeutungswandel von Rdaa. zu erläutern; zugleich entwickelt sich die Darstellungsabsicht von der abgebildeten Fabel zur abgebildeten Rda..

Mdt. *(die) Katze (aus-)halten:* stillhalten, auch: sich Übles gefallen lassen müssen; ähnl.: *der muß die Katz halten, die Katze heben; die Katze in die Sonne halten müssen.* Der älteste Beleg für die Rda. stammt aus dem Jahre 1525. Aber noch in Lessings ‚Minna von Barnhelm' (III, 10) sagt Franziska: „Ja, ja; im Wagen muß der Herr Major Katz aushalten; da kann er uns nicht entwischen". ‚Die Katze aushalten' bedeutet auch: er muß zu Hause bleiben, oder: er muß für den anderen die Strafe auf sich nehmen. In der Leipziger Gegend sagt man: ‚Du mußt die Katz' aushalten', du mußt dich in dein Schicksal fügen. Möglicherweise geht die Rda. auf einen älteren Rechtsbrauch zurück (vgl. ‚Hundetragen'). Das gleiche gilt auch für die Rda. *die Katze durch den Bach ziehen;* ‚der muß die Katz durch'n Bach schleiffn'; ‚es geht mit der Katz durch den Bach'; ‚er muß die Katze übers Wasser tragen'. Die Rda. ist schon für die Reformationszeit belegt. In Joh. Fischarts ‚Flöhhatz' heißt es: „... und wer da ist am meisten schwach, der zieh die Katz dann durch den Bach". Aus der gleichen Zeit stammt folgende Stelle: ‚Wenn in Verbundnussen der fürnembsten einer noth leidet, müssen die geringeren hernach, jedermann fallt auff sie und müssen die Katz durch den Bach ziehen'. Die Rda. ist im Südwesten Dtls., bes. längs des Rheins, verbreitet. Sie bedeutet im allg.: für jem. anderen die Suppe auslöffeln, entweder indem man für einen Schaden, den man nicht selbst verursacht hat, bezahlen muß, oder indem man eine gemeinsame Rechnung allein zu begleichen hat. In denselben Zusammenhang gehört auch schwäb. ‚mit der Katz durch de Bach!', mach schnell, sowie ‚d' Katz isch scho de Bach na(b)', die Sache ist schon schief gelaufen. Die seit dem 16. Jh. bezeugte Wndg. *mit einem die Strebekatze* (mdal. auch: die Strangkatze, die Strabelkatze) *ziehen:* in Zank mit ihm leben, hat ihren Urspr. entweder ebenfalls in einer alten Ehrenstrafe, wo zwei sich vor der Menge um eine Katze reißen mußten, oder im Spiel des ‚Katzenstriegels', einem ma. Kraftstück, ähnl. dem Tauziehen: zwei Spieler, um deren Hälse eine Seilschlinge gelegt ist, hocken sich gegenüber und haben die Hände auf dem Boden aufgestützt. Beide versuchen, durch Zurückbiegen des Kopfes, den Gegner zu sich herüberzuziehen. Ähnl. heißt engl. ‚to tear the cat' = wüten, toben, z.B. in Shakespeares ‚Sommernachtstraum' (I,2). Bei Christian Weise: „Ich habe noch mit niemand gezankt, nur mit meinem Mann ziehe ich manchmal die Strebekatze; aber solch ein Ding gehört zum Haushalten". Auch *miteinander im Katzenbalg liegen, sich katzbalgen:* sich streiten, gehört hierher. So steht bereits bei Aventin: „und hat Julianus vier jar an einander sich mit den Teutschen gekatzbalgt".

Von falschen Menschen (‚falschen Katzen') sagt man auch, daß sie *wie die Katzen vorn lecken und hinten kratzen* ↗lekken, so auch z.T. in den Mdaa., z.B. schles. ‚daar ies wie de Kotza, die vorna lecka un hinda krotza'. Schon Luther kennt das Sprw. „Das sind böse Katzen, die vorne lecken und hinten kratzen". Hans Sachs bringt das Sprw. mit dem Judaskuß zusammen; es gibt dazu eine sehr eindrucksvolle Ill. von Hans Weiditz. Thür. bedeutet ‚mir war, als hätt' mich das Kätzchen geleckt', ich war ganz vergnügt, ich wiegte mich in behaglicher Sicherheit; dagegen schlesw.-holst. ‚dat lickt di de Katt nich af', das bleibt auf dir sitzen, bes. von Prügeln, die einer bezogen hat. Aus dem Erzgebirge ist bezeugt: ‚Do muß mer de Katz Miezel häßen', gute Miene zum bösen Spiel machen.

Die Katze ist im Aberglauben Begleiter von Teufel und Hexe. Sie kann fast lautlos schleichen und sieht auch nachts mit phosphoreszierenden, grünen Augen. Das machte sie den Menschen unheimlich. Da sie mit dem Teufel im Bunde ist, bedeutet ihr Erscheinen etw. Schlechtes; sie ist der Bote drohenden Unheils. Bes. die schwarze Katze war gefürchtet. Will eine Sache gar nicht gedeihen, so sagt man deshalb: *Da ist die schwarze Katze zwischen gekommen.* In allen Mdaa. finden wir entspr. Wndgn. Ndl. heißt es: ‚Daar is eene zwarte kat tusschen gekomen'.

Mit der Rda. *sieht doch die Katz den Kaiser an* pflegt sich jem. zu entschuldigen, der wegen seiner Dreistigkeit getadelt wird. 1513 bucht Tunnicius unter Nr. 86 „It süt wol eine katte up einen konnink (Adspicit et felis magna corpora regum)". Zur Entstehung der Rda. wird eine geschichtl. Sage oder Anekdote überliefert. Die Erzählung sucht den Urspr. der Rda. in einem Besuch Kaiser Maximilians in der Werkstatt des Holzschneiders Hieronymus Resch, wo eine sehr zahme, anhängliche Katze fast stets auf dem Arbeitstisch des Meisters zu finden war. Diese Katze soll nun trotz des Kaisers Anwesenheit ihren Platz behauptet und den Kaiser beständig mißtrauisch angesehen haben. Daher, so sagt man, stamme die Rda.. Aus den Kreisen der Hofleute wäre sie dann allmählich in den Volksmund übergegangen. Doch handelt es sich sicher hierbei um eine nachträglich erfundene ätiologische Anekdote. Das Datum des Kaiserbesuches ist für 1517 genau fixierbar; doch spricht gegen die traditionelle Erklärung der Rda. aus dem hist. Anlaß die Tatsache, daß die Rda. schon 1514 in Niederdtl. gedruckt erscheint. Auch in Engl. findet sich schon um die Mitte des 16. Jh. die Wndg. ‚A cat may look on a king'. Noch ein anderes Moment spricht gegen die Anekdote als Ursache der Rda.: Neben der ‚Kaiser'-Redaktion erscheint in den Belegen schon früh die ‚Bischofs'-Version (vgl. auch frz. ‚un chien regarde bien un évêque'), z.B. schon in einem Fastnachtsspiel von Hans Rufold Manuel von 1548:

Ä, wilt dich dann nit bschowen lan,
Sicht doch ein katz ein Bischoff an!

In der gleichen Form kennt man die sogar durch einen Reim gestützte Rda. noch im heutigen Wien; vor allem auf die Frage: ‚Was schaust mi denn an?': ‚Schaut die Katz den Bischof an, und dös is a geweichter Mann!'

James Joyce wandelte die Rda. ab u. bezog sie auf das Oberhaupt einer Stadt: „... die Katze schaute hinauf zum Bürgermeister, denn im Städtchen Beaugency war es wohl erlaubt, daß eine Katze einen Bürgermeister ansah" (‚Die Katze u. der Teufel').

Die Rda. ist in mancherlei obd. und ndd. Versionen noch heute geläufig, z.B. schwäb. ‚Ma wurd de därfe au no angucke, därf jo d'Katz de Kaiser au angucke', oder holst. ‚De Katt sätt doch wohl den Kaiser an, un seggt nich erst: ‚Gnädiger Herr' '. Die Abwehr des starren Anschauens hängt wohl mit der Furcht vor dem bösen Blick zusammen; zumal die Katze als Hexentier galt. Man nahm sich also auch vor dem Angeschautwerden durch die Katze in acht. Daraus erklärt sich der Grundgedanke der Rda., wenn der Ermahnte meint: Mein Anschauen ist harmlos, sieht doch die hexenartige Katze vermessenerweise sogar so bedeutende Personen wie Kaiser oder Bischof an, und doch schadet es ihnen nichts. Nicht auf einen bestimmten Kaiser oder Bischof bezieht sich also die Rda., wie die geschichtl. Sage glauben lassen möchte, sondern auf den geweihten Herrscher als solchen.

Wenn einer *seine Katze schickt*, so kümmert er sich nicht selbst um eine Angelegenheit, sondern läßt sie von einem unbedeutenden Untergebenen erledigen.

Bevor die Katze Junge wirft, verliert sie Haare; die mdal. reich belegte Rda. *Jetzt geht der Katz das Haar aus* bedeutet: jetzt geht es hart her, jetzt wird es ernst. „Erst da gieng der katzen 's har uss; forcht, schrecken, zittern mängen grus empfiengend wir on underloss", schreibt R. Schmid 1579.

Das kostet der Katze den Schwanz; das kostet der Katze das Fell: nun ist's aber genug!

Die Katze am Schwanz haben: eine Sache fest im Griff haben (↗Katzenschwanz).

Da beißt sich die Katz in' Schwanz: das ist ein circulus vitiosus, eine sich im Kreis drehende Kausalität.

Er kann die Katze am Arsch lecken: Ausdr. derber Abweisung; gemildert durch die Einfügung der Katze. Vgl. die dazu gehörigen Verse:

Wer nie die Katze am Arsch geleckt,
Weiß nicht, wie Katzenscheiße (auch: Affenscheiße) schmeckt.

Immer noch besser als der Katze am Arsch geleckt: besser als nichts; ↗Arsch, ↗lekken.

Bei überraschenden Ereignissen kann man den Ausruf hören: *Da möchte doch die Katze Kaviar scheißen!*

Da ist der Katze gleich gestreut; so auch in den Mdaa., z. B. schwäb. ‚Jetz isch dr Katz gstreut', der Übelstand ist beseitigt, die Sache ist zur Zufriedenheit erledigt. Die Rda. bezieht sich urspr. wohl auf die geschwinde Beseitigung von Katzendreck durch Bestreuen mit Sand.

Nur ein Katzensprung: es ist nicht weit.

Um die Geringfügigkeit einer Angelegenheit darzutun, sagt man: *darum bekommt die Katze keinen Klaps.* Dieselbe Bdtg. hat auch die Wndg. *davon wird keine Katze den Schwanz verlieren.*

Das macht der Katze keinen Buckel: das ändert nichts an der Sache, das tut der Liebe keinen Abbruch. Das macht der Jungfer kein Kind. Mdal. ‚das macht der Chatz kei Buggel': ‚dat micht der Katz kän Bockel, wann se käner hot'.

Kein Katzendreck: keine Kleinigkeit.

Wenn man einen Besuch machen will und trifft niemand an, so sagt man wohl *es war keine Katze da* und drückt damit aus, daß nicht einmal das geringste, aber notwendig zum Haus gehörende Lebewesen daheim war.

Um etw. Unwahrscheinliches auszudrükken, sagt man: das geschieht, *wenn die Katze ein Ei legt. Wenn die Katze kräht:* es ist sehr spät. Belegt ist diese Wndg. schon 1650: „Ein solches Schreien und Lüejen (der Zechbrüder) währet oft bis gar spät in die Nacht, bis die Katzen, wie das Sprw. lautet, kräjen!"

Ehe die Katze ein Ei legt: schnell; und *ehe die Katze vom Backofen kommt* (auf dem sie die Nacht über geschlafen hat): sehr früh. *Wo die Katzen Eier legen* ist eine Umschreibung für nirgends.

Das mach einer Katz weis! (ndd. ‚Dat mak der Katte im Drome nit wis!') ruft man aus, wenn einer etw. völlig Unglaubwürdiges erzählt.

Mehrfach kommt Katze vor in scherzhaften Antworten auf die vorlaute Frage: ‚Was?'; z. B. schwäb. ‚Katz' isch dei Bas, Hund isch dei Vetter, morgen wird gut Wetter'; oder ndd. ‚Wat?' ‚Swart Katt, bunt Hund, slap gesund!'

Nur regional notierte Wndgn. sind: schles. ‚das wird keine lahme Katze anlokken'. Rheinhess. sagt man von einem, der Heimweh hat: ‚er will seines Vaters Katz noch einmal sehen'; vor allem in Österr. ist verbreitet: ‚die Katze putzt sich, wir kriegen Gäste'. ‚Merke, wo Chatz im Strau hockt' sagt man schweiz. für: ‚wo der Hase im Pfeffer liegt'. ‚De Katt öss em möt dem End weggerennt' heißt es ndd., wenn ein Redner mitten in seinem Vortrag stekkenbleibt. ‚Dat is de erste Katt, die mi van Dage die Poten gift', sagt man in Norddtl., wenn man von unerwarteter Seite gegrüßt wird, und drückt damit aus, daß man von der freundlichen Gesinnung des Grüßenden etwa so viel hält wie von dem Schnurren der falschen Katze.

Gebräuchl. rdal. Vergleiche sind: ‚Er fällt

immer wieder auf die Füße wie eine Katze'. Mdal. finden sich reiche Belege dieser Rda., so schweiz. ,er fallt allwil uf d'Füess wie d'Chatze'; rhein. ,er fällt wie de Katz op de Föss'. Dagegen: ,Wann et Onglöck sin sall, fällt de Katz van Stuhl un brecht de Start'.

Es geht wie das Katzenficken (Katzenmachen): es geht sehr schnell (19. Jh.).

Von einem übertrieben unterwürfigen Menschen sagt man *er krummbuckelt wie eine Katze; er katzbuckelt.* Der gekrümmte Rücken nach Katzenart gilt als Zeichen von Dienstfertigkeit und Schmeichelei. Lessing verwendete das sprachl. Bild vom ,Katzenbuckel' zuerst 1767 lit. in seiner ,Minna von Barnhelm' (3, 1). Rheinhess. ,ein Buckel wie e Katz, wenns dunnert': rheinhess. ,nass wie e Katz'!

,Katzbuckeln'

Rhein. ,de mach en Gesich wie en Katz, wann et donnert', ,wann et bletz', ,wann et wederlöch', ,wann se Donnerwedder sieht', ,die möm Arsch Nöss krach', ,die en hete Wotzel in de Mond hot', ,die Destele kaut', ,die Bretzele friß'; ,wie en Katz no Fastelovend', ,wie en Katz om Schleifstein', ,wie en Katz, die se op de Sterz getrodde hant', ,wie en Katz em Kellerloch', ,wie en Katz, wo Heu roppt', ,wie en Katz, die en de Brei hät geseck', ,wie en besächt Katz', ,de mach en Gesich, als wenn alle Katze Köh möte werde'.

Schlesw.-Holst. ,en Stemm, as wenn mer de Katz op de Start tritt': ,en Stemm wie en Katz, der de Schwanz geklemp wird'. Holst. ,he geit as de Katt in Dau', ,wie der Storch im Salat'; schles. ,a hood a zäh Laba wie de Kotza'; ,a war verschwunda wie a schwatze Kotz'; ,heimkommen wie eine gebrühte Katze'; ,er schleicht davon wie die Katze vom Taubenschlag'. Schon Joh. Fischart (1546–90) gebraucht die iron.-satirische Wndg.: „Daselben ziehen wir mit Ehren ab wie die Katze aus dem Taubhauß".

Ndd. und rhein. gibt es den rdal. Vergleich: ,er ist so klug as Salomon sin Katt'; ,su klok äs Salomons Katz, de geng drei Dag fürm Regn heim un word doch nat (weil sie in einen Bach fiel)'; ,su klok äs Salomons Katz, de vor Wisegheit de Trapp affel'. Die Zusätze lassen auf eine Herkunft aus einer zusammenhängenden Erzählung schließen. Wir finden sie z. B. in der Sprww.-Sammlung Joh. Agricolas unter der Überschrift ,Art lest von art nicht, die Katze leßt yhres mausens nicht' (Nr. 131): „Man sagt, daß Marcolfus mit dem weisen Salomon disputiert habe, vnd gefragt, ob art vnd eingepflantzte naturliche neygung mehr sey denn gewonheyt, die durch fleiß der menschen vber die natur eingefueret wirt, vnd da Salomon schloß: Wes einer auffs newe gewonet, das hange yhm gleich so hart an, als daß er von natur empfangen hatt. Nun ließ konig Salomon Marcolfus diß nicht gut sein, sonder wolte, wie es auch war ist, art gieng fur gewonheyt. Vnnd dieweil Salomon eyne Katzen hette, die ym nach gewonheyt das liecht hielte bey nacht, brachte Marcolfus etliche meuse zuwegen, vnd kam des abends zu Salomon, vnnd ließ erstlich eyn mauß lauffen, vnnd als bald die katz der mause gewar ward, tapt sie eyn wenig mit der pfoten, vnd ließ doch das liecht nicht fallen. Do aber die ander vnnd dritte maus furüber lieffen, ließ sie das liecht fallen vnd lieff den meusen nach. Darauß hernach Marcolfus beweisete, Art gieng fur alle gewonheyt".

Die sog. ,Klugheit' der Salomonischen Katze ist also nur angelernt, ist nur Dressur.

Jem. als Katzenpfote gebrauchen: jem. ,die ↗ Kastanien aus dem Feuer holen lassen'.

Auf Katzenpfoten daherkommen: d. h. sehr

behutsam, vorsichtig, leise, auch: sanft wie eine Schmeichelkatze. Der Seemann nennt die bei Windstärke 5–6 auftretenden stärkeren Wellen, die weiß schäumend überschwappen: ‚Katzenpfoten' ... „Der ‚blanke Hans' zeigt ‚Katzenpfoten'." Die Katze gilt von alters her als Symboltier der Frau, wie auch aus den Kosenamen ‚Muschi', frz. ‚minette', engl. ‚pussy' hervorgeht. Als sexuelle Metapher begegnet sie u.a. auch im Volkslied (vgl. Grimm, Volkslieder, S. 543), ferner im Schwank, wie auch im neuzeitl. Fastnachtgedicht – ähnl. wie der Kater für den Mann. Als verhüllende Bez. für die Vulva spielt sie außerdem in der alem. Fasenacht eine Rolle, so u.a. in dem Reim:

Horig, horig, horig ischt die Katz,
und wenn die Katz it horig ischt,
dann fängt sie keine Mäuse nicht,
horig, horig, horig ischt die Katz.

Katzenmusik: mißtönende Musik; wird hergeleitet vom nächtlichen Geheul der verliebten Katzen. Man versteht darunter vor allem Aufzüge von Burschen mit Lärminstrumenten, ↗Charivari.

‚Katzenmusik'

Am Katzentisch essen müssen: an einem kleineren Tisch, getrennt von den anderen – meist als Strafe gedacht. Der Katzentisch war ein abseits stehender Tisch für die Kinder oder verspätete Gäste; eigentl. der Fußboden in der Stube; in der heutigen Bdtg. nach 1750. Vom Katzentisch übertr. auf die Schulverhältnisse ist die *Katzenbank:* die Sitzbank für die Klassenschlechtesten; spätestens seit 1900.

Katzenjammer ↗Kater, ↗Klosterkatze.

‚Die Katze hat neun Leben': altes Sprw., das auf die Langlebigkeit u. Zähigkeit der Katze anspielt.

Im Ndd. nennt man den ‚Strumpf', in dem Geld aufbewahrt wurde, das spätere ‚Portemonnaie': ‚Geldkatze'.

Lit.: *A. de Cock:* ‚Volksuitdrukkingen betreffende de ketelmuziek', in: Volkskunde 12 (1899–1900), S. 1–21; 16 (1904), S. 128–136; *R. Sprenger:* ‚Die Katze im Sack kaufen', in: Zs. des allg. dt. Sprachvereins 18 (1903), S. 336–337; *A. Wesselski:* Die Schwänke und Schnurren des Pfarrers Arlotto, Bd. 2 (Berlin 1910), S. 64f., 226–228; *O. Dähnhardt:* Natursagen IV, 2 (Leipzig – Berlin 1912), S. 145ff., 299f.; *Joh. Bolte* in seiner Ausg. von Johannes Pauli: Schimpf und Ernst, 2 Bde. (Berlin 1924), Bd. 2, S. 393f. (Nachweise für: ‚Der Katze die Schelle umhängen'); *L. Berthold:* ‚Wenn die Katze kräht', in: Nassauische Bl. 5 (1925), S. 132–133, 199–200; *K. Rother:* Hund, Katze und Maus im schles. Sprw., in: Mitteilungen d. Schles. Gesellschaft f. Vkde. 16 (1925), S. 247–251; *A. Wesselski:* Hundshaare u. Katzenjammer, in: A. W.: Erlesenes (Prag 1928), S. 13–17; *A. Perkmann:* Art. ‚Katzenmusik', in: HdA, IV, Sp. 1125–1132; *D. Lämke:* Ma. Tierfabeln und ihre Beziehungen zur bildenden Kunst in Dtl. (Diss. Greifswald 1937); *L. Schmidt:* Die Katze und der Bischof, in: Das dt. Volkslied, 42 (1940), S. 73f.; *L. Röhrich:* Sprw. Rdaa. in bildl. Zeugnissen, S. 269f.; *ders.:* Sprw. Rdaa. aus Volkserzählungen, S. 74f.; *U. M. Meisser:* Tiersprww. und Verhaltensforschung, in: Studium Generale 22 (1969), S. 861–889; *U. Förster:* Die Strebkatze ziehen, in: Sprachdienst 18 (1974), S. 166; *G. Grober-Glück:* Motive u. Motivationen in Rdaa. u. Meinungen (Marburg 1974), § 117ff.; *G. Waeger:* Die Katze hat neun Leben. Katzennärrische Ausdrücke, Redewendungen u. Sprichwörter (Bern 1976); *V. B. Dröscher:* Mit den Wölfen heulen (Düsseldorf 1978), S. 25–28; *M. Berghaus:* Von der Tischgemeinschaft zur Konsumgesellschaft, in: Matreier Gespräche. Otto Koenig 70 Jahre (Wien, Heidelberg 1984), S. 243–259; *L. Röhrich:* Zur Deutung u. Be-Deutung von Folklore-Texten, in: Fabula 26 (1985), S. 3–28, hier S. 11; *Chr. Ammer:* It's raining cats and dogs and other beastially expressions; *Chr. Ammer:* Drawings by Cathy Boback (New York 1989); *R. Bergler:* Mensch u. Katze (Köln 1989).

Katzenschwanz. *Den Katzenschwanz streichen:* schmeicheln. Das Sprw. ‚Wenn man den Kater streichelt, so reckt er den Schwanz aus' (ndd. ‚je mer man de Katte striket, je höcher hilt se den Swans') ist in der ‚Zimmerischen Chronik' (III, 66f.) als obszöner Schwank eingeflochten.

Das trägt die Katze auf dem Schwanz weg

(fort): das ist nur eine Kleinigkeit. Auf dem Katzenschwanz ist kein Platz für große Mengen.
Oberösterr. ,streiten um da Katz san Schwaf', sich um eine Kleinigkeit streiten. „He hyndert my nicht eynen kattensterd" (,Reinke de Vos', Lübecker Ausgabe v. 1498, Str. 2978). Goethe (,Reineke Fuchs', 6, 267 f.): „... das kann mich keinen Katzenschwanz hindern!"
Hau der Katz den Schwanz ab!: mach's kurz. Ndd. ,hei fot de katt bei den Stärt', er weiß eine Sache recht anzufangen.
Es geht der Katze um den Schweif (,jetzt gehen dem Katzenschwanz d' Haar aus'; ,jez got der Chatz de Stil us'): es steht auf Spitz und Knopf.
Schlesw.-holst. ,he löppt as'n Katt, de keen Stert hett', so schnell wie möglich (die schwanzlose Katze schämt sich ihrer Häßlichkeit); schlesw. ,hinkommen, wo de Katt den Stert opstickt', Hans Dampf in allen Gassen sein. Rdal. hört man als Antwort auf die Frage: ,Wo wohnst du?' schles.-holst. ,Wo de Katt mit'n Stert Kantüffeln schellt' (,mit 'm Stert slappt').
An einen Halbwüchsigen, der gerne rauchen möchte, richtet sich der Rat: ,Rauch der Katz ihrn Schwanz!'

Lit.: *G. Lauffs-Ruf:* 's Kätzle hat e Schwänzle, in: Zs. f. Vkde. N.F. 7 (1935/37), S. 230–268; *E. Eyck:* Kattestaart (Spreekworden en gezegden met Kat), in: Tijdschrift van de Touring Club van Belgie 63 (1957), S. 97; *G. P.:* ,Konings katte', in: Biekorf 60 (1959), S. 41.

,Katzenwäsche machen'

Katzenwäsche. *Du machst wohl Katzenwäsche?* fragt man, wenn sich jem. zu wenig oder gar nicht gewaschen hat. Katzen scheuen das Wasser und können nicht wie Hunde gebadet werden; sie lecken sich nur das Fell ab; vgl. frz. ,Tu fais la toilette du chat'.

Lit.: *V. B. Dröscher:* Mich laust der Affe (1981), S. 57 ff.

Kauderwelsch. *Kauderwelsch reden:* Unverständliches von sich geben, bez. sowohl eine durch schlechte Aussprache, verkehrte und falsche Formen, Vermengung mit fremden Ausdrücken unverständlich gewordene Sprache als auch verworrene, unlogische Sätze. Bislang ist der Ausdr. zuerst bei Hieronymus Emser (1521, ,Quadruplica' Cb.) nachgewiesen, dann bei Mathesius (1566, ,Historien, Von des Ehrwirdigen ... Manns Gottes, Doctoris Martini Luthers anfang, lehr, leben und sterben', 177 b): „Gott behüt unsere nachkommen vor der kauderwelschen, oder Churwallen kalen glosen vnd Theologey". Mathesius will das Wort aus Luthers eigenem Munde gehört haben. Hiernach bedeutet also Kauderwelsch urspr. churwelsch; Fischart (1572 ,Aller Practick Großmutter' 11) versteht unter den „kuderwelschen" einen Handelsmann, er nennt sie im Zusammenhang mit Taglöhnern „hundsentwenern, landzetlern, kettlern, melkäuflern, kornscheuflern". Das Wort kann entstellt sein aus churwelsch entweder mit Anklang an kaudern = undeutlich reden, plappern, ein Wort, das auch Schiller einmal verwendet:

albern wie ein Stutzer plaudern,
wie ein Waschweib wirst du kaudern,

oder aber es wird in Verbindung gebracht sein mit kaudern = Zwischenhandel treiben. Kauderwelsch ist dann also die Sprache der fremdländischen Hausierer und Händler. Denn im MA. zogen die Churwelschen, d.h. die Italiener, vielfach als Hausierer durch das Reich; ihre Sprache war den Deutschen oft unverständlich. Eine andere Erklärung deutet Kauderwelsch als die unverständliche Sprache, den fremden Dialekt oder auch die Geheimsprache der Kauderer, der Wanderhechler. Kauder (Kuder) ist der Abfall (das Abwerg) vom Hanf (vgl. tschech. koudel).

Kauf, kaufen. *Etw. (mit) in (den) Kauf nehmen:* Unangenehmes (wegen Vorteils oder aus Rücksicht) hinnehmen (oder ertragen), als ob das Schicksal ein Händler wäre, der beides nur zusammen abgeben will. Seltener ist die umgekehrte Wndg. *etw. mit in (den) Kauf* (oder: ‚in Tausch') *geben,* abgekürzt: *dreingeben.* Der Ausdr. bez. eine Zugabe des Verkäufers über das Gekaufte hinaus; zu vergleichen ist frz. ‚donner pardessus le marché' und engl. ‚to give into the bargain'. Der übertr. Gebrauch beider Wndgn. ist im Dt. seit dem 18. Jh. belegt. *Leichten Kaufs davonkommen:* mit geringem Schaden, ohne hohe Strafe davonkommen.

Heute kaum mehr üblich ist die Wndg. *nicht jedermanns Kauf sein:* nicht jedermanns Sache; so schon bei dem bayr. Geschichtsschreiber Aventinus (Turmair, 16. Jh.): „Die wahrheit ist nicht jedermanns kauf".

Jem. kaufen: ihn durch Bestechung für sich gewinnen; seit dem 17. Jh. *sich jem. kaufen:* ihn ernstlich vornehmen, um ihm den Standpunkt klarzumachen; urspr.: ihn durch Bezahlung, Bestechung für die eigene Meinung gewinnen; so 1561 bei Maaler (241 b): „einen mit gaben an sich kaufen". Heute meist in der Formulierung *Den werd ich mir mal* (oder *schon noch*) *kaufen:* ich werde ihn zur Rechenschaft ziehen, ich werde ihm gehörig die Meinung sagen.

Jünger ist die Wndg. *sich einen (Affen, Spitz) kaufen:* sich betrinken, ↗trinken.

Dafür kann ich mir nichts kaufen: davon habe ich keinen Nutzen, das bringt mich nicht weiter; auch: *Was ich mir dafür kaufe!;* berl. ‚Wat ick mir dafor koofe!', Was ich mir daraus mache! Erstmals genannt wurde diese Rda. in der Posse ‚Berlin, wie es weint u. lacht' (1858) von David Kalisch.

Das kauft dir niemand ab (schweiz.: ‚das chauft dr niemer ab'): die Behauptungen geben Anlaß zu Zweifeln, sie sind nicht haltbar, das glaubt kein Mensch.

Auf unvernünftiges Kaufen bezieht sich der ndd. Spruch: ‚De kööft, wat nich nötig is, de verköfft bald, wat nödig is', d.h. er verliert durch sinnloses Kaufen seine ganze Habe. Ähnl.: ‚Köpen ahn Not, nimmt de Botter vun't Brot!'

Kaufen, wenn niemand im Laden ist, euphemist. für: Ladendiebstahl begehen; Hehlerausdr.; Berl. um 1890; bes. in der Form: ‚Das hast du wohl gekauft, als keiner im Laden war', das hast du wohl gestohlen. Ähnl. die ältere Wndg.: ‚das ist nicht auf der Leipziger Messe gekauft', es ist gestohlen.

Von unverhältnismäßig teurem oder unvorteilhaftem Einkauf handeln die folgenden Rdaa.: ‚bei reichen Jungfern Seide kaufen', ‚das Brot im Laden kaufen' (d.h. dort, wo es am teuersten ist), ‚eine Krähe für eine Nachtigall kaufen', ‚in der Apotheke kaufen'.

Lit.: *G. Steinhausen:* Der Kaufmann in der dt. Vergangenheit (Leipzig 1899); W. Müller-Bergström: Art. ‚Kauf, Verkauf (Handel)', in: HdA. IV, Sp. 1134–1187; *W. Hansmann:* Kontor und Kaufmann in alter Zeit (1962); *E. Strübin:* Zur dt.-schweizer. Umgangssprache, in: Schweiz. Arch. f. Vkde. 72 (1976), S. 118; *K. O. Scherner:* Art. ‚Kauf', in: HRG. II, Sp. 675–686.

Kauz. *Ein komischer Kauz sein:* als merkwürdiger Außenseiter, als harmloser Sonderling gelten, der mitleidig belächelt und geduldet wird. Erst seit dem 15. Jh. wurde in Dtl. die Bez. (stein) kûz(e) für eine bestimmte Eulenart gebräuchl., die sich von mhd. kûze = Schreihals herleitet. Dieser Nachtvogel, der gern gegen das Licht der Krankenstuben fliegt, wurde im Volksglauben zum Unglücks- und Totenvogel, den man ängstlich meidet. Im 16. Jh. entwickelte sich der Name dieses lichtscheuen und bei Tage unsicheren Vogels zur Schelte für den menschenscheuen Sonderling und diente gleichzeitig zur treffenden Kennzeichnung seines ungewöhnlichen Verhaltens, seiner andersgearteten Beschäftigungen und Liebhabereien. Die Verbindung der Rda. mit dem Adj. ‚komisch' ist heute wohl am gebräuchlichsten, es kann dafür aber auch drollig, kurios, merkwürdig, närrisch, schnurrig, sonderbar, wunderlich u. a. eintreten (vgl. KHM 81).

Die Wndg. *ein philosophischer (gelehrter) Kauz sein* dient der bes. Charakterisierung des nachdenklichen Grüblers und weltabgewandten Stubengelehrten.

Grandville hat in seiner Ill. dabei den Ausdr. ‚Kauz' ganz wörtl. genommen, und bereits Fischart braucht in seiner ‚Geschichtklitterung' die Wndg. lit.: „Es wird ein gelehrter Kautz werden, wenn er under die Stossvögel kompt". Goethe läßt

,Ein philosophischer Kauz'

Faust (Szene in Frau Marthens Garten) feststellen: „Es muß auch solche Käuze geben". *Den Kauzen streichen,* auch: *ein Kauzenstreicher sein:* jem. schmeicheln, bes. im 15. bis 17. Jh. beliebte Rdaa., die bei Sebastian Brant und Geiler von Kaysersberg bezeugt sind und die wahrscheinl. auf das Verhalten des Voglers zu seinen Jagdvögeln zurückzuführen sind, die er beruhigend streichelt. Der Ruf des Kauzes wird gewöhnlich als ,Komm mit', ,Kiwit' (zieh mit), ,Gu gu, komm mit zur Ruh!', ,Huhuhu, mi grugt' (graut), ,Wit, wit, wit, morche kümst aufs Totebritt' usw. verstanden. ↗Eule, ↗Uhu.

Lit.: *O. Keller:* Die antike Tierwelt 2 (1913), S. 39–44; *W.-E. Peuckert:* Art. ,Kauz', in: HdA. IV, Sp. 1188–1197.

Kaviar. *Kaviar sein für jem.:* ein nicht zu erreichendes Gut, ein zu teurer Genuß für jem. sein, zu hoch für ihn sein, über seinen Horizont gehen, so daß er es nicht zu würdigen weiß. Kaviar ist bekanntlich eine teure Delikatesse. *Das ist Kaviar fürs Volk* ist ein Zitat aus Shakespeares ,Hamlet' (II. 2): „'t was caviare to the general"; auch in anderen Sprachen sprw. geworden, z. B. ndl. ,Kaviar voor het volk'.

Kegel ↗Kind.

Kehle. Die Kehle spielt eine Rolle in mehreren Rdaa., die sich auf trinken und sich betrinken beziehen, z. B. *sich die Kehle anfeuchten:* trinken, zechen; vgl. frz. ,se rincer (spülen) la gorge'; *eine trockene Kehle haben:* viel Durst haben; *(alles) durch die Kehle jagen:* sein Gut vertrinken (↗Gurgel); *die Kehle schmieren:* zechen; *die Kehle waschen (ausspülen):* viel trinken, ↗trinken.

Einem das Messer an die Kehle setzen: einen zu etw. zwingen, indem man ihm droht; vgl. frz. ,mettre à quelqu'un le couteau sous la gorge'.

Kehraus. *Den Kehraus machen:* gründlich ausfegen, in rdal. Übertragung: Schluß machen, bei den letzten sein, die gehen. Der Kehraus (auch ,Kehrab') ist urspr. der Schlußtanz bei einem Fest; eigentl. handelt es sich um eine imperativische Bildung: ,Kehr, d. h. feg, den Tanzsaal aus!' Sächs. auch ,wir haben ausgekehrt', d. h. den letzten Tanz gemacht.

J. H. Voss (Idyllen 1,99): „Bald wird der Hochzeitreigen getanzt und der lustige Kehraus unter Geschrei und Jauchzen der lang hinschwärmenden Jugend ..."

Eine ähnl. Bildung ist ↗Garaus (ähnl. Hupfauf, Reißaus, Saufaus). Als letzter Tanz ist der Kehraus freilich erst 1734 von dem Schlesier Steinbach verzeichnet: „den Kehraus machen, finem choreis facere". Häufig findet sich die Wndg. bei Abraham a Sancta Clara: „Wenn bereits all sein Glück den Kehraus tanzen will" (,Reim dich', 257) – „Biß der tobende Wind den Köhraus pfeiffe" (,Gemisch-Gemasch', 11) – „Laß sie nur zum Tantz gehen, du wirst einen seltzamen Köhraus erleben" (ebd. 31) und an vielen anderen Stellen. Im 16. Jh. bez. Kehraus auch den letzten kräftigen Trunk, der dem Zecher ,den Rest gibt'. In übertr. Anwendung begegnet die Rda. seit der 2. H. des 18. Jh.; so heißt es in einem Volkslied von 1792 (F. W. Ditfurth, Hist. Volkslieder, 1877, S. 87):

Wir woll'n dir's zeigen,
Dir einen Kehraus geigen.

In der Bauernkriegsszene in Goethes ,Götz von Berlichingen' (V, 1) antwortet Link auf Metzlers Frage: „Wie geht's Euch, Link?" mit den Worten: „Drunter und drüber, siehst du, du kommst zum Kehraus", d.h. eigentl. zum Schluß des Festes, denn als solches betrachtet Link den Kampf der Bauern gegen den Adel. An das urspr. Auskehren aber hat Arndt gedacht in seinem Lied auf den Feldmarschall Blücher:

Da ist er's gewesen, der Kehraus gemacht,
mit eisernem Besen das Land rein gemacht.

Den allerletzten Kehraus macht der Tod; er wird in den Totentänzen des ausgehenden MA. dargestellt als Tänzer, der den Menschen aus dem Tanzsaal des Lebens hinaustanzt. Deshalb *den Kehraus tanzen* auch euphemist., z.B. schwäb., für sterben. Auf den Totentanz spielt Platen an: „Fiedler Tod, o spiel uns doch den Kehraus".

Kehricht. *Das geht dich einen (feuchten) Kehricht an:* das geht dich nichts an. Feuchter Kehricht ist eine beschönigende Umschreibung für ↗Dreck. Ähnl. *das interessiert mich einen feuchten Kehricht:* das interessiert mich überhaupt nicht.

Keller. *Sich das Kellerrecht ausbehalten:* das Recht, in einem Keller den eigenen Wein zu lagern; dazu das Sprw.: ‚Dreifach Trunk ist Kellerrecht'. Kellerrecht ist das (frühere) Recht der Küfer, bei einem Weinkauf vom Weinhändler eine bestimmte Menge Wein zu verlangen.
‚De Kellertür is Bürg' sagt man an der Mosel, d.h. der Wein geht nur gegen Barzahlung aus dem Keller. Die Rda. schließt eine Reihe von Bedingungen ein, die den Winzer beim Weinverkauf schützen.
Die Preise (Zinsen) sind im Keller, d.h. tief unten, niedriger geht's kaum noch.

Lit.: *F. v. Bassermann-Jordan:* Geschichte des Weinbaus, 3 Bde. (Frankfurt a.M. 1923, Reprint 1975); *H. Honold:* Arbeit und Leben der Winzer an der Mosel (1941), S. 86.

Kellertreppe. *Eingemachte Kellertreppen (eingelegte Kellerstufen), alte Neugierde mit Butter gebraten* usw. gehört zu den häufigsten scherzhaft rdal. Antworten auf die neugierige Frage von Kindern: ‚Was gibt's heute zu essen?' Im Obersächs. sagt man dafür auch: ‚einen Topf im anderen und Topflappen dazwischen, damit nichts anbrennt'.

Kerbe. *In dieselbe* (oder *gleiche*) *Kerbe hauen (schlagen) wie jem.:* dieselbe Ansicht vertreten wie jem., dasselbe Ziel erreichen wollen, ihn bei seiner Arbeit oder in seinen Anschauungen kräftig unterstützen, auf dasselbe Ziel hinarbeiten. Die Rda. ist vom Baumfällen übertr., wobei die Holzfäller am schnellsten zum Ziel kommen, wenn sie immer in dieselbe Kerbe hauen. Eine Variante bringt Bismarck in seinen Reden (XI. 38): „Ich würde an Herrn Rikers Stelle den Reichskanzler erst in die Lage gesetzt haben, noch einmal in dieselbe Kerbe die Axt einzusetzen".
Ich will dir eine Kerbe ins Ohr machen; rhein. ‚mach der en Kerb en't Ohr!': das Merkzeichen, das sonst ins ↗Kerbholz geschnitten wird, soll dem Vergeßlichen ins Fleisch geschnitten werden. Auch an das Kennzeichen der Rinder oder Schafe durch Einschnitte am Ohr hat man zur Erklärung erinnert.
Jem. auf die Kerbe einladen: ihn einladen, ihn am ↗Arsch zu lecken. Die Rda. spielt mit dem Gleichklang von Kerbe, Kirbe = Kirchweih und der Gesäßkerbe. Im 17. Jahrhundert scheute selbst eine hochgeborene Gräfin von Leiningen sich nicht, „auf die schmutzige Kirwe" einzuladen; ↗Kirchweih, ↗Kirmes.

Kerbelsuppe. Rhein. ‚He het Kerbelsuppe gegessen', er sieht nicht richtig. ‚Kerbelsuppe gegessen haben' ist ein Wortspiel und meint im rhein. einen schwachsichtigen, dummen Menschen. Die Rda. spielt mit dem Wort ‚Kerbel' = schwacher, untauglicher Mensch, während Kerbelsuppe sonst eine mit Körbelkraut (Anthriscus cerefolium) angemachte Suppe ist, nach deren Genuß man alles doppelt sehen soll.

Kerbholz. Das Kerbholz oder der ‚Kerbstock' war vor der Einführung schriftlicher Rechnungslegung das wichtigste Gerät zur Aufzeichnung von Lieferungen und Arbeitsleistungen. Aus dem modernen Wirtschaftsleben ist der Gebrauch von Kerbhölzern freilich verschwunden.

‚Kerbhölzer' (Walliser Tesseln)

Wenn auch das Wort ‚kerb' für Kerbholz oder Kerbstock und ‚kerben' erst im Mhd. nachweisbar ist, so kann doch an dem hohen Alter des Kerbholzgebrauchs nicht gezweifelt werden. Das Kerben aufs Kerbholz ist ein Rest ältester Buchführung. Es ist seit vorgeschichtl. Zeit in Europa bezeugt und noch heute bei vielen Naturvölkern verbreitet. Ein Kerbholz bestand in der Regel aus zwei Teilen, die man durch Längsspalten eines Holzstabes gewann. Der größere Teil mit dem Griff hieß im Dt. ‚Stock' und der kürzere abgespaltene Teil ‚Einsatz'. In die beiden genau aneinandergehaltenen Teile wurden Kerben, die je nach ihrer Form bestimmte Mengen oder Leistungen ausdrückten, eingeschnitten. Den einen Teil des Kerbholzes erhielt der Gläubiger, den anderen der Schuldner (bzw. der Tagelöhner und der Arbeitgeber). Bei jeder Abrechnung wurden die beiden Teile schließend aneinandergelegt, wobei sich die Kerbschnitte genau entsprechen mußten. Die Kerben wurden eingeritzt, eingeschnitten, eingefeilt, eingesägt oder auch eingebrannt, sooft der Gebrauchsfall eintrat, und von Zeit zu Zeit durch gemeinsame Abrechnung und Bezahlung erledigt. Alsdann wurde das Holz ‚abgekerbt", d.h. mit Messer, Hobel oder Feile wurden die Striche beseitigt. Justus Möser spendet 1778 in seinen ‚Patriotischen Phantasien' (Bd. 2, S. 144) dieser einfachen, aber altbewährten Einrichtung hohes Lob. Im Geschäftsverkehr zwischen Bauern und Handwerkern, z.B. dem Schmied, war sie auf dem Lande bis ins 19. Jh. hinein noch vielfach im Gebrauch. Zur Berechnung von Leistungen und Verpflichtungen im Sennereiwesen, etwa über den Milchertrag, ist sie z.T. noch bis ins 20. Jh. in Benützung gewesen. – Neben dem doppelten Kerbholz gab es auch das einfache Kerbholz, einfach ein Stab, in den jedesmal eine Kerbe gemacht wird, wenn eine Leistung usw. vollzogen ist.

An die Verwendung des Kerbholzes zur Abrechnung von Schulden erinnern Wndgn. wie: *einem etw. an ein Kerbholz schneiden;* es ihm zur Schuld anrechnen; *es ihm ankerben:* einem etw. ankreiden (↗Kreide); *sein Kerbholz ist voll:* sein Sündenregister, das Maß seiner Schuld(en) ist voll; *bei jem. auf dem Kerbholz stehen:* ihm etw. schuldig sein. Bei Hans Sachs heißt es: „Borgen und schneiden und kerben, des möcht ein reicher Wirt verderben". Die weitaus am häufigsten bezeugte Rda. ist *etw. (viel, allerhand usw.) auf dem Kerbholz haben:* große Schulden haben, übertr.: ein Vergehen begangen, etw. ausgefressen haben, nicht schuldlos sein. Ähnl. in den Mdaa., z.B. rhein. ‚he hät noch jet bei mir om Kerwholz (stohn)'; schlesw.-holst. ‚he steit bi em op'n Karfstock', wobei der Ausgangspunkt wohl der Gebrauch des Kerbholzes durch den Kredit gewährenden Gastwirt gewesen ist, was durch Wndgn. wie *an ein Kerbholz*

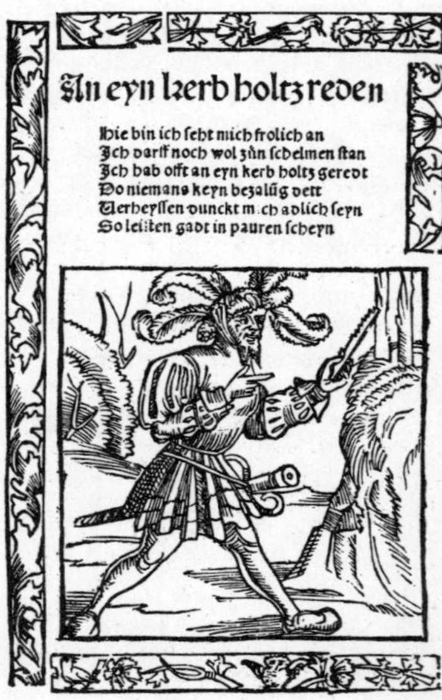

trinken: auf Rechnung trinken, bestätigt wird. Vgl. alem. ‚uf de Bengel sufe', im Wirtshaus auf Kredit trinken.

Jem. auf dem Kerbholz haben: jem. auf dem Gewissen haben, aber auch im Sinne von: jem. auf dem ↗Kieker haben. Nicht mehr üblich ist die aus dem 16. Jh. bezeugte Rda. *aufs Kerbholz reden:* etw. versprechen, ohne ernstlich an die Erfüllung zu denken; auch: blind darauf losreden. In Th. Murners ‚Schelmenzunft' von 1512 handelt das 7. Kap. von solchen ‚Kerbrednern', die namentlich beim Adel, bei Kaufleuten und Kriegsknechten häufig seien, und bringt auch eine Abbildung dazu. Auch Wndgn. wie *aufs Kerbholz losleben, aufs Kerbholz lossündigen* sind aus früherer Zeit bezeugt, d.h. die Wndgn. sind von einer urspr. Vielheit erst allmählich zur heutigen Form der Rda. erstarrt.

Lit.: *K. Brunner:* Kerbhölzer und Kaveln, in: Zs. f. Vkde. 22 (1912), S. 337–352; *R. Weiss:* Das Alpwesen Graubündens (Erlenbach-Zürich 1941), S. 230ff.; *K. Weule:* Vom Kerbholz zum Alphabet (20. Aufl. 1920); *E. v. Künssberg:* Rechtliche Volkskunde (Halle 1936); *W. Gaerte:* ‚Etw. auf dem Kerbholz haben', in: Alt-Preußen 2 (1936), S. 38–39; *K. Beitl:* Das Klausenholz. Untersuchung der Gebetszählhölzer im vorweihnachtl. Kinderbrauch, in: Rhein. Jb. f. Vkde. 20 (1969), S 7–92; *R. Schmidt-Wiegand:* Art. ‚Kerbholz', in: HRG. II, Sp. 701–703; *H. Schempf:* Holzurkunden. Von der Verwendung von Kerbhölzern, Rowischen u. Spänen, in: Volkskunst 12 (1989), H. 3, S. 19–22.

Kerl. *Das ist ein Kerl:* das ist ein tüchtiger Mann, ein ganzer Mann. Kerl wird gern in volkstümlichen Verbindungen gebraucht: ‚ein ganzer Kerl', ‚ein guter Kerl', ‚ein fixer Kerl', ‚ein patenter Kerl'.

Im Studentenlied ‚Ein Heller und ein Batzen' heißt es am Schluß:

War das 'ne große Freude,
als ihn der Herrgott schuf –
ein Kerl wie Sammt und Seide,
nur schade, daß er suff!

Die bewundernde Feststellung an der Ostseeküste: ‚ein Kerl auf Deck' ist urspr. ein Ausdr. der Schiffersprache, doch heißt es auch geringschätzig, z.B. obersächs. ‚e Kerl wie e Quärl', ‚ein Kerl wie gar keiner'; ‚ein Kerl wie durch ein Wursthörnchen gedrückt' sowie ‚ein Kerl wie ein Pfund Wurst'; schwäb. ‚ein Kerl wie e Häslaus', d.h. man wird ihn nicht mehr los, ‚ein Kerl wie der Antichrist', d.h. ein arger Wildfang; ‚du bischt e Kerl wie David, nu kannscht net Harpfa schla', d.h. im Grunde zu nichts nutz; ‚einen solchen Kerl freß ich im Sauerkraut', d.h. ich kann ihn nicht leiden ‚Das ist ein Pfundskerl': ein bewundernswerter, patenter Mensch (zahlreiche weitere rdal. Vergleiche s. Wander II. Sp. 1245ff.).

‚Bei brennender Kerze'

Kerze. *Die Kerze an beiden Enden anzünden:* seine Lebenskraft zu sehr einsetzen, Raubbau treiben.

‚Bei brennender Kerze': ma. Rechtsbegriff. Im fränk. Rechtskreis wurde die Kerze als Zeituhr verwendet, insbes. bei Wahlen, Testamentsbestellungen u. Versteigerungen. So bedeutet das Erlöschen der Kerze z.B. das Ende einer Versteigerung, ↗Licht.

Es ist eine Kerze, die einen bösen Gestank zurückläßt: es ist eine Angelegenheit, die unangenehme Folgen haben wird.

Wie eine Kerze (im Wind) erlöschen: keine Lebenskraft mehr besitzen, sterben, ↗zeitlich.

‚Kerzen tunken' nennt man in Oberösterr. das Einnicken eines Schläfrigen, dessen Kopf von Zeit zu Zeit herabsinkt.

Kerzen am Mittag brennen: Vergeudung betreiben, Unnützes tun.

‚Er ist ein Kerzenbrenner' heißt es in Oberösterr. von einem Priester, der zur Messe mehr Zeit benötigt als andere, so daß er mehr Kerzen verbraucht.

Lit.: *H. Freudenthal:* Art. ‚Kerze', in: HdA. IV, Sp. 1243–1255; *R. Schmidt-Weigand:* Art. ‚Kerze', in: HRG. II, Sp. 703–707.

Kesselflicker. *Sich hauen (zanken) wie die Kesselflicker:* sehr grob miteinander verfahren, sich über Gebühr erregen, wegen einer Kleinigkeit schon in Streit geraten; vgl. frz. ‚se battre comme des chiffonniers' (wörtl.: sich zanken wie Lumpensammler), ↗wie.

Kette. *Über die Kette springen:* sich verheiraten. Die Metapher wird u. a. im Schweizer Kanton Waadt gebraucht, wo der Bräutigam z. B. in Leysin über die vor der Kirchentüre ausgespannte Kette springen mußte. Er überreichte danach den Burschen Geld oder auch Wein, damit sie die Kette in die Höhe hoben und die Braut passieren ließen.
Der Sprung über die Kette ist als symbolische Handlung Zeichen des Übergangs vom Stand der Ledigen in den Stand der Verheirateten u. hat auch in der Sprache seinen Niederschlag gefunden.
An die Kette gelegt werden: in der Ehe von der Frau unter Kontrolle gehalten werden, in seiner Bewegungsfreiheit äußerst eingeschränkt sein, sich unterordnen müssen.

Lit.: *D. Dünninger:* Wegsperre und Lösung. Formen und Motive eines dörflichen Hochzeitsbrauches. Ein Beitrag zur rechtlich-volkskundlichen Brauchtumsforschung (Berlin 1967), S. 294.

keusch, Keuschheit. *Sie ist keusch wie eine Braut:* sie ist rein, noch unberührt. Das heute unzeitgemäße u. altertümlich klingende Wort ‚keusch' geht auf ahd. ‚kūski' u. mhd. ‚kiusche' zurück in den Bdtgn.: sittlich, züchtig, schamhaft, enthaltsam, maßvoll in sinnlicher Beziehung u. in allgemeinerem Sinne: sanftmütig, tugendhaft, vernünftig handelnd, seine Triebe zähmend, der sittlichen Normen u. der christl. Lehre bewußt. Durch die Auslegung „Was ist das?" zum 6. Gebot in Luthers ‚Kathechismus' (1529), die noch immer den Konfirmanden vermittelt wird, nach der wir „keusch und züchtig leben" sollen, tradiert sich der Ausdr. weiterhin. Er wird jedoch gern in Frage gestellt, denn es heißt auch spottend u. verächtlich: *Sie ist sehr keusch, denn es begehrt sie keiner,* vgl. schon lat. ‚Casta quam nemo rogavit'.
Die rdal. Vergleiche: *So keusch wie ↗Joseph* u. *eine keusche ↗Susanna sein* sind bibl. Herkunft. Keuschheit i. S. v. Reinheit, Unberührtheit, Sittsamkeit u. sexueller Enthaltsamkeit galt in vergangenen Jhh. als höchste Tugend eines Mädchens u. einer Frau. Vgl. die Sprww.: ‚Keuschheit ist die schönste Tugend', ‚... ist des Weibes Kron', ‚... geht über Schönheit'. Häufig trifft die Feststellung zu: ‚Keuschheit und Schönheit wohnen selten beieinander. Trotzdem hieß es sprw.:

Keuschheit zu aller Frist
Die beste Morgengabe ist.

Angelus Silesius preist die Keuschheit sogar mehrfach in seiner Dichtung u. findet folgenden Vergleich:

Die Keuschheit ist bei Gott
so kräftig, wert und rein,
als tausend Lilien
für eine Tulpe sein

(‚Cherubinischer Wandermann', II: Gott liebt die Keuschheit sehr).
Von einer Frau mit lockerem Lebenswandel sagt man: *Sie hat die Keuschheit an den Nagel gehängt;* vgl. frz. ‚C'est une Vestale de marais' oder: *Sie will Keuschheit von den Huren lernen.*
Einen Keuschheitsgürtel tragen (müssen): gewaltsam am Geschlechtsverkehr gehindert werden. Ein von den Frauen um den Unterleib getragener Metallgürtel, auch ‚Florentiner-Gürtel' oder ‚Venus-Gürtel'

‚Keuschheitsgürtel'

genannt, der ein Schloß besaß, sollte während der Abwesenheit des Ehemannes, der den Schlüssel mitnahm, einen Ehebruch unmöglich werden lassen. Solche Gürtel sollen angeblich seit den Kreuzzügen in Gebrauch gewesen sein, vor allem bei den Florentinerinnen. Sie wurden seit dem 15. Jh. beschrieben u. in Holzschnitten u. Kupferstichen später auch dargestellt. Originale befinden sich in Privatsammlungen u. Museen, z. B. im German. Nationalmuseum in Nürnberg u. im Bayer. Nationalmuseum in München.

Lit.: *G. Jungbauer:* Art. ‚Gürtel', in: HdA. III, Sp. 1217; *E. J. Dingwall:* The girdle of chastity: a medico-historical study (London 1931); RGG. III, Sp. 1257–1261; *A. Rousselle:* Der Ursprung der Keuschheit (Stuttgart 1989).

Kieker. *Jem. auf dem Kieker haben:* sein Augenmerk auf jem. richten, jem. beobachten, überwachen, ihn verdächtigen u. alles tun, um ihm etw. Negatives nachweisen zu können. In der Schülersprache üblich, um jem. zu bez., den der Lehrer nicht leiden kann u. daher Schikanen aussetzt. Kieker gehört zu ndd. ‚kieken' = sehen und bez. ein Fernrohr, Fernglas oder auch eine Lupe. Die Rda. ist also eine Parallelbildung zu ‚jem. auf dem Korn haben' (↗Korn) und ‚jem. unter die Lupe nehmen', ‚unter der Lupe haben' (↗Lupe); sie ist seit dem 18. Jh. vor allem im ndd. Sprachbereich zu Hause.

Kielwasser. *In jem. Kielwasser fahren* (oder *laufen*): jem. nachfolgen, jem. nachahmen, von jem. abhängig sein. Der Ausdr. entstammt der Seemannssprache und bezieht sich auf den Vorgang, daß ein Schiff der Spur aufgewirbelten Wassers folgt, die die Schraubendrehungen eines vorausfahrenden Schiffes verursacht haben. Das größere, stärkere Schiff bahnt (bes. im vereisten Wasser) dem kleineren den Weg und schützt es dadurch vor möglicher Gefahr (vgl. ndl. ‚in iemands kielzog varen'). Die Rda. ist etwa seit Beginn des 17. Jh. bekannt. Vgl. frz. ‚être dans le sillage de quelqu'un'.
Auch die kleinen Entlein folgen Mutter (oder Vater) auf dem See ‚im Kielwasser', in Kiellinie, ‚im Gänsemarsch'! – *Die hat aber ein Kielwasser!* sagt man von einer Frau, die starken Parfümduft verströmt.

Lit.: *O. G. Sverrisdottir:* Land in Sicht (Frankfurt/M. etc. 1987), S. 172–173.

Kien. *Auf dem Kien sein, höllisch auf den Kien passen:* scharf aufpassen, sehr vorsichtig sein; berl. vielleicht zu ‚Kien', ‚Kienholz' gehörig, das als Feuerholz verkauft wurde. Möglich ist auch die Herkunft aus jidd. ‚kiwen' = aufmerksam, beflissen, geschäftig, oder aus engl. ‚keen' = scharf von Blick, Verstand, oder auch frz. ‚quine' (heute ungebräuchlich) = unverhofftes Glück, Treffer. Obersächs. ‚Rede doch nicht solchen Kien!', d. h. solchen Unsinn.

Lit.: *A. S. Wollf:* ‚Auf dem Kien sein', in: Muttersprache 65 (1955), S. 385–386.

Kies. *Kies haben:* reich sein (hebr. Kis = der Beutel) bedeutet dasselbe wie Geld haben, reich sein. Ähnl. Kröten, Moneten, Moos (hebr. Maos = Kleingeld), Pinke, Pinkepinke (hebr. Wurzel Pinka = Geldbeutel), Penunzen, das der poln. Sprache entlehnt wurde, oder Zaster, das aus der Zigeunersprache stammt.
Über ‚Geld' spricht man nicht; daher die zahllosen umschreibenden Begriffe.

Lit.: ↗Geld.

Kind. *Das Kind beim (rechten) Namen nennen:* eine Sache unverblümt bezeichnen, seine Meinung unbeschönigt äußern; ähnl. die frz. Rda. ‚appeler un chat un chat' (Boileau, Satiren I, 52); ebenso ital. ‚chiamare la gatta gatta' (= die Katze eine Katze nennen). Im Dt. taucht die Rda. erst im 17. Jh. auf, so 1643 bei Moscherosch in den ‚Gesichten Philanders von Sittewald' (1. Teil, 8. Gesicht): „Nimmermehr aber kann etwas Redliches sein, wo man sogar hinder dem Berge haldet, wann man Brei im Mund hat und dem Kind nicht will den rechten Namen geben". Recht geläufig wurde die Rda. erst durch Goethes ‚Faust' (I, V. 589): „Wer darf das Kind beim rechten Namen nennen?" Eine genaue Erklärung des Urspr. dieser Rda. fehlt noch.
Lieb Kind bei jem. sein: in großer Gunst bei ihm stehen; schon in mhd. Zeit und bei Luther geläufig; früher auch: *gut Kind sein* und, von einem allg. Beliebten: *jedermanns Kind sein.* Dazu ferner: *sich bei jem. lieb Kind machen:* sich bei ihm ein-

schmeicheln; eigentl.: es erreichen, daß man mit ‚liebes Kind' angeredet wird.

Ein Kind des Todes sein: dem Tod verfallen sein. Die Rda. ist bibl. Urspr.; 1. Sam. 26,16 heißt es: „So wahr der Herr lebt, ihr seid Kinder des Todes, daß ihr euren Herrn, den Gesalbten des Herrn, nicht behütet habt" (vgl. 2. Sam. 12,5).

Nach Luk. 9,55 „Welches Geistes Kinder ihr seid?" sagt man *wes Geistes Kind.*

Kind Gottes ist eine freundliche Anrede, die gern auch auf die Einfältigkeit des Angeredeten gemünzt wird; sie betrifft eigentl. die Vaterschaft Gottes und die Gotteskindschaft aller Christen. Die Wndg. wird seit dem 19. Jh. in verweltlichter Bdtg. gebraucht; modern oft erweitert zu ‚Kind Gottes in der Hutschachtel'.

Mit Kind und Kegel: mit der ganzen Familie; vgl. frz. ‚avec armes et bagages' (mit Waffen und Gepäck). Eigentl. meint die stabreimende Formel: mit ehelichen und unehelichen Kindern, denn ‚Kegel' wird in einem Vokabular von 1482 als ‚uneheliches Kind' erklärt. Die Formel ‚kint und kekel' ist am frühesten in Breslau 1422 bezeugt, dagegen kommt ‚kindes kegel' schon im 13. Jh. vor:

irdenke, wie ich bî kome,
dîns kindes kekel sal iz vrome
(‚nutzen').

Noch nicht sicher erklärt ist aber die Bdtg. ‚uneheliches Kind' für ‚Kegel', das zunächst ‚Pfahl', ‚Pflock', dann den Kegel im Spiel bedeutet; denn um das gleiche Wort Kegel handelt es sich in der Rda. wohl sicher. Rudolf Much hat darauf hingewiesen, daß Kegel auch ‚Knüppel', ‚Stock' bedeute (els. wird ein Taugenichts ein ‚grober, fauler Kegel' genannt, und einen ähnl. Bedeutungswandel erlebten ‚Bengel' und ‚Stift'). Kegel sei also zunächst eine verächtliche Bez. für ‚Kind', woraus eine für ‚uneheliches Kind' hervorgegangen sei. Alfred Götze knüpft an die mhd. Bdtg. ‚Eiszapfen' für Kegel an; in dem altschwäb. Schwank ‚Modus Liebinc' erzählt die untreue Frau, sie habe, während ihr Mann verreist war, Schnee gegessen und davon sei ihr das Kind gewachsen; so sei aus ‚Eiszapfen' die Bdtg. ‚Bastard' entstanden. Diese zweite Erklärung hat aber weniger Wahrscheinlichkeit für sich, vgl. ndl. ‚kind noch kraai hebben', keine Blutsverwandten haben, für niemand zu sorgen haben; frz. ‚n'avoir ni enfants ni suivants' (veraltet); engl. ‚to have nor chick nor child'.

Von Berlin ist die umg. Rda. ausgegangen: *Wir werden das Kind schon (richtig) schaukeln:* wir werden die Sache schon fertigbringen. Die Rda. ist urspr. wohl als ermunternde Redewendung an eine Mutter gerichtet, die mit dem Hinweis auf ihr Wiegenkind das Haus nicht verlassen mag (20. Jh.). Gleichbedeutend sind die Rdaa. ‚wir werden den Zaun schon pinseln', ‚wir werden das Schwein schon töten', wiewohl es im bildl. Gebrauch weder um Zaun noch um Kind, noch um Schwein geht.

Das Kind im Manne sagt man, wenn ein Mann zu spielen anfängt. Die Rda. beruht auf einem Zitat aus Friedrich Nietzsches ‚Also sprach Zarathustra' (Leipzig 1883):

Im ächten Manne ist ein Kind versteckt: das will spielen,
Auf, ihr Frauen, so entdeckt mir doch das Kind im Manne!

Unter Berufung auf das Nietzsche-Wort widmete auch Christian Morgenstern (1871–1914) seine ‚Galgenlieder' „dem Kinde im Manne" (Büchmann).

Ein gebranntes Kind sein: schon einmal schlechte Erfahrungen gemacht haben; vgl. das Sprw. ‚Gebranntes Kind scheut das Feuer': aus Schaden wird man klug.

Das Kind muß einen Namen haben: die Sache muß irgendeine Bez., ein Firmenschild, Etikett usw. haben, wenn auch nur in verhüllender oder entstellter Absicht; die Rda. bezieht sich auf die Notwendigkeit der Namengebung, weil ohne einen Namen das Kind bürgerlich-rechtlich undenkbar ist.

Du bist verrückt, mein Kind stammt aus der Operette ‚Fatinitza' von Franz von Suppé (1820–95), wo es heißt:

Du bist verrückt, mein Kind,
Du mußt nach Berlin.

Wie sag' ich's meinem Kinde?: wie sage ich es am geschicktesten, insbes. bei peinlichen Nachrichten. Die Rda. bezieht sich urspr. auf die geschlechtliche Aufklärung, dann übertr. auf jede Mitteilung einer heiklen oder unangenehmen Sache (20. Jh.), ↗ Klapperstorch.

‚Was is mich das mit dich ‚mein Kind?'

(Stettin); sehr häufig und vielseitig angewandte Rda. ganz oder halb scherzhafter Verwunderung, Warnung, Besorgnis. Wie das ndd. ,mi', ,di' Akkusativ und Dativ ist, so hat die Mda. der pomm. Städte, bes. Stettins, für beide Fälle nur mich und dich. Die Rda. ist eigentl. nur der Anfang eines Neckspruchs, mit dem z.B. ein Betrübter gehänselt wird: „Was is mich das mit dich, mein Kind? Du ißt mich nich, du trinkst mich nich, du stippst mich in den Kaffee nich; du bist mich doch nicht krank?"

Das Kind an die Brust nehmen: aus der Flasche trinken; sold. seit dem 1. Weltkrieg. *Ein Kind von Lumpen* (Puppenlappen) *kriegen:* sich sehr wundern; sich sehr ärgern. Mit der Rda. war urspr. wohl eine aus Lumpen hergestellte Schandpuppe gemeint, die vor das Haus oder Fenster einer liederlichen weibl. Person gestellt wurde.

Dasitzen wie das Kind vorm (beim) Dreck: hilflos sein. Gemeint ist der Gesichtsausdruck eines Kindes, dem bei der Verrichtung der Notdurft ein Mißgeschick unterlaufen ist (um 1900). Ähnl.: *Drankommen wie's Kind an den Dreck:* im Handumdrehen, ohne zu wissen, wie.

Das Kind mit dem Bade ausschütten ↗ Bad. Die Rda. wurde bereits im I. Band dieses Lexikons (S. 132f.) abgehandelt. Doch liegt mittlerweile eine Monographie von W. Mieder vor, deren hauptsächliche Ergebnisse referiert werden sollen. Mieder weist zahlreiche weitere Belege nach, außer Murner und Luther noch Seb. Franck, Ehr. Egenolf, Jörg Wickram, Joh. Nas. Sowohl durch das polemische Schrifttum der Reformation und Gegenreformation wie durch die Aufnahme in die Sprichwörterlexikographie des 16. Jh. kam die Rda. in aller Munde. Im 17. Jh. wird die Reihe der Belege durch Eucharius Eyering, Friedr. Petri, Georg Henisch, Christoph Lehmann, Justus Georg Schottelius, Joh. Gg. Seybold fortgesetzt.

Mieder beweist anhand dieser gehäuften Belege, daß die Rda. und nicht davon abgeleitete Sprww. (,Man soll das Kind nicht mit dem Bade ausschütten') die ausschlaggebende Grundform darstellt. Er zeigt, daß neben dem Verb ,ausgießen' auch ,ausschütten' sehr gebräuchlich war. Gottfr. Aug. Bürger liefert mit seinem Gedicht ,An Gökingk' (1778) die erste Variante mit dem Verb ,verschütten':

Nun, nun! Verschütt' Er nur nicht gar
Das Kindlein sammt dem Bade!
Das arme Kindlein das! Fürwahr!
Es wär' ja jammerschade.

An weiteren Belegautoren seien genannt: Goethe, Schiller, Lessing, Lenz, Gotthelf, Bismarck, Fontane, Thomas Mann. Günter Grass in der ,Blechtrommel': „Mama konnte sehr lustig sein. Mama konnte sehr ängstlich sein. Mama konnte schnell vergessen. Mama hatte dennoch ein gutes Gedächtnis. Mama schüttete mich aus und saß dennoch mit mir in einem Bade. Mama ging mir manchmal verloren, aber ihr Finder ging mit ihr ..." Weiter weist W. Mieder den mehr oder weniger abgewandelten oder erweiterten Gebrauch der Rda. in deutschen Sprichwortgedichten der Gegenwart nach sowie auch in Aphorismen und Sponti-Sprüchen: „Moral ist die Tendenz, das Bad mit dem Kinde auszuschütten" Karl Kraus, 1912). „Die mit dem Bade ausgeschütteten Kinder haben die Erde bevölkert" (Erwin Chargaff, 1952). „Man soll die Kastanien nicht mit dem Feuer im Bade ausgießen', sagte Tante Klärchen, als sie meiner Mutter mein Zeugnis zeigte" (Curt Goetz 1964). „Ich habe das Kind mit dem Bade ausgeschüttet – da war der Ausguß verstopft, und ich mußte wieder mal auf die Handwerker warten" (Henning Venske 1972). „Man soll auch das Kind im Manne nicht mit dem Bade ausschütten" (Gerh. Uhlenbruck 1977). „Es ist nicht zu glauben, wieviel Kinder mit einer einzigen Badewanne ausgeschüttet werden" (Rob. Lembke, 1978). „Bevor du das Kind mit dem Bade ausschüttest, sieh nach, ob überhaupt eins drin ist" (anonym). Diese satirischen Texte lassen alle sprachspielerische Tendenzen erkennen. Die Rda. wird variiert, verdreht, entstellt, ironisiert, parodiert oder einfach in Frage gestellt. So wird sich das Sprachbild ,das Kind mit dem Bade ausschütten' zu immer neuen Funktionen im modernen Sprachgebrauch verwenden lassen.

Das macht der Liebe noch kein Kind: so weit ist es (sind wir) noch lange nicht; schwäb. ,Des macht dr Liab no lang koi

Kind', ↗Liebe. ,Kinder und Narren sagen die Wahrheit' ↗Narr.

Lit.: *O. v. Reinsberg-Düringsfeld:* Das Kind im Sprw. (Leipzig 1864); *F. Holthausen:* ,Kegel u. Verwandtes', in: Archiv f.d. Studium d. neueren Sprachen u. Lit. 105 (1900), S. 365–366; *A. de Cock:* ,Spreekwoorden en Zegswijzen, afkomstig van oude gebruiken en volkszeden: Vrijen en Trouwen, Kinderen en begraven', in: Vkde., 13 (1900–1901), S. 151–160, 183–186, 231–237; *R. Much:* Holz und Mensch, Wörter und Sachen Bd. 1 (1909), S. 39ff.; *H. Ploß:* Das Kind in Brauch und Sitte der Völker, 2 Bde. (Leipzig [3]1911, 1912); *H. Boesch:* Kinderleben in der dt. Vergangenheit, in: Die dt. Stände in Einzeldarstellungen, Bd. 5 (Jena [2]1924); *N. Dane:* ,The childhood shows the man', in: Classical Journal 42 (1946–1947), S. 281; *H. Kügler:* Berliner Kind – Spandauer Wind u. die ,gute alte Zeit', in: Märk. Wandergruß, Beiträge zur Landesgesch. zum 60. Geb. von Martin Henning (Berlin 1951), S. 2–5; *L. Röhrich:* Erzählungen des späten MA., 1 (1962), S. 204–221, 294–299; *L. Schmidt:* Sprw. dt. Rdaa., in: Österr. Zs. f. Vkde. N.S. (1974), S. 103–104; *W. Mieder:* ,Das Kind mit dem Bade ausschütten'. Ursprung, Überlieferung u. Verwendung einer dt. Redensart (Ms. 1991); *ders.:* Das Kind mit dem Bade ausschütten, in: Muttersprache 102 (1992); *ders.:* To throw the Baby out with the Bathwater, in: Western Folklore 51 (1992).

Kinderschuhe. *Noch in den Kinderschuhen stecken:* sich noch recht kindlich verhalten, im Kleinkindalter sein, noch wenig Erfahrung besitzen und daher auch keine Verantwortung übernehmen können, unreif sein, aber auch auf Dinge u. Entwicklungen übertr.; noch ganz in den Anfängen stecken.

Die Kinderschuhe ausgezogen haben: alle kindlichen und kindischen Gewohnheiten abgelegt haben, herangewachsen sein. Die Rda. ist schon im 16. Jh. bezeugt. 1639 führt Lehmann S. 10 (,Alt' 91) an: „Mancher ist alt von Jahren vnd steckt doch in der Buben-Haut, vnd gehet sein Lebtag in Kinderschuhen"; S. 64 (,Begierd' 20) ist die Rede von alten Leuten, die „ob sie

,Keine (gute) Kinderstube gehabt haben'

schon die Kinderschuhe und -Röck abgelegt, doch ihr Lebtag in der Kinderhaut stecken bleiben". Die Rda. steht sicher in Zusammenhang mit altem Brauchtum. Bes. bei rom. Völkern werden z.T. noch heute vor der Trauung die alten Schuhe ausgezogen, was der Bräutigam in der Regel selbst tut. Im lothringischen Berry z.B. versuchen es alle Eingeladenen, jedoch nur dem Bräutigam gelingt es.

Kinderspiel. *Das ist kein Kinderspiel:* das ist nichts Leichtes, sondern schwere Männerarbeit. Auch oft herabsetzend: *Das war ja Kinderspiel:* das war ja gar nichts! So schon in Wolframs von Eschenbach ,Parzival' (557, 12f.):

swaz ie gestreit iwer hant,
daz was noch gar ein kindes spil.

Und ganz ähnl. ruft der alte Kämpe Ludwig in der ,Kudrun' (Str. 858, V. 2):

ez was gar ein kintspil swes ich ir began:
nu muoz ich aller êrste mit guoten helden strîten.

Noch drastischer drückt sich Michel Behaim im ,Buch von den Wienern' (S. 301, V. 5ff.) aus:

Mit schüssen, schlegen, stichen groß
was gar ain überlauter toß (Lärm),
si spilten mit der tocken (Puppe):
ain zager wär erschrocken.

Nach der Schlacht bei Lützen 1632 sangen die Soldaten Gustav Adolfs:

Keine solche Schlacht ist in hundert Jahren geschehn,
Die vorm Jahr (bei Breitenfeld) ist Kinderspiel gewesen.

Joh. Agricola erweitert die Rda.: „Es ist keyn kynderspill, wenn eyn alts weib tanzet ... das ist wol zweyerley torheyt, das die alten thun, was den jungen gebueret, das ist, es ist nichts denn torheyt, vnd spot, vnd luegen". Auch holst. ist die Rda. in erweiterter Form bezeugt: ,Dat is keen Kinnerspel, wenn Vadder op'n Stock ritt (oder: wenn ole Wiewer danst)'.

Lit.: *F. M. Böhme:* Deutsches Kinderlied und Kinderspiel (Leipzig 1897).

Kinderstube. *Eine gute Kinderstube haben* eine gute Erziehung genossen haben. Die Wndg. stammt aus dem 19. Jh., als es noch fest umrissene Bürgertugenden gab u. mit der Rda. vor allem die Vorstellungen von artig, folgsam, gehorsam, höflich u. schweigsam verbunden wurden. Da diese Tugenden nach heutiger Anschauung nicht mehr zeitgemäß sind, hat auch die Rda. entsprechend an Bdtg. verloren. Weithin noch geläufig ist dagegen die verneinende Form: *Er hat keine gute Kinderstube* d.h. er benimmt sich ausgesprochen schlecht.

Lit.: *P. Sartori:* Art. ,Kind', in: HdA. IV, Sp.1310–1342; *Ph. Ariès:* Geschichte der Kindheit (München–Wien 1975); *I. Weber-Kellermann:* Die Kindheit (Frankfurt/Main 1979); *K. Köstlin (Hg.):* Kinderkultur (Bremen 1987); weitere Lit. ↗Kind.

Kinken. *Aus dem Kinken treten:* sich aus der Gefahrenzone begeben; Kinken ist eine Schlaufe in der Schiffstrosse, die sich bei einer Bewegung des Schiffes zusammenziehen kann, wobei derjenige, der darin steht, schwer verletzt wird.

Kinkerlitzchen. *Kinkerlitzchen machen:* dummes Zeug machen; meist in imperativischer Form: ,Mach doch keine Kinkerlitzchen', ziere dich nicht, weigere dich nicht, z.B. schlesw.-holst. ,Maak mi man keen Kinkerlitzchen vör!'. Kinkerlitzchen sind nicht ernst zu nehmende Nichtigkeiten, unnötige Dinge, Verkehrtheiten. Das Wort begegnet in der Form ,Ginkerlitzgen' zuerst 1775 im Dt.; es ist aus frz. ,quincaille' = Kurzwaren unter Anhängung der beiden Verkleinerungssilben -litz und -chen gebildet (sog. doppelte Verkleinerungssilbe wie bei ,Sächelchen', ,Frettchen'). Auch ein Einfluß von ,kunkeln' = blenden, täuschen ist denkbar.

Lit.: *W. Seibicke:* „,Kinkerlitzchen' und ,verkraften'. Zwei Beiträge zur Wortgeschichte", in: Muttersprache 85 (1975), S. 213–233.

Kippe. *Auf der Kippe stehen:* in der Schwebe sein, schwankend, unsicher, unentschieden sein, gefährdet sein, kurz vor der Entlassung stehen, sich in einer Krise befinden, nahe vor dem ↗Bankrott stehen, gefährlich erkrankt sein, im Sterben liegen. Die Rda. ist seit der 1. H. d. 18. Jh. bezeugt und geht auf ,Kippe' (zu ,kippen' = das Übergewicht bekommen) in der Bdtg. Spitze, Kante, Ausschlagspunkt der Waage zurück, d.h. auf den Punkt, an dem etw. aus dem Gleichgewicht kommt. Ndd. heißt Kippe die Wippe. In wörtl. Sinne begegnet mdal., z.B. erzgeb. ,dos liegt of der Kepp', es kann jeden Augenblick herunterfallen; vgl. frz. ,balancé' (schwankend); dieses Verb ist mit dem Substantiv ,balance' (Waage) verwandt.

Kippe machen: (bei Handel oder Spiel) gemeinsame Sache machen; bes. in den Mdaa. des Südwestens verbreitet, auch in die Umgangssprache eingedrungen, stammt dagegen über das Rotw. aus dem neuhebr. ,kib' oh' = Bestimmtes.

In schweiz. Mda. heißt es auch: ,er hat d Kippi gemacht' für jem., der verstorben ist, ↗zeitlich.

Kippe, frühnhd. ,Kipfe', ist auch das Endstück der Zigarette; vor allem sold. seit dem 1. Weltkrieg. Entspr. ,Kippen quälen', Zigaretten so weit zu Ende rauchen, daß nicht einmal ein kurzes Stück übrigbleibt.

Lit.: *E. Strübin:* Zur dt.-schweiz. Umgangssprache, in: Schweiz. Arch. f. Vkde. 72 (1976), S. 124.

Kipper. Von Kippe in der Bdtg. ↗Goldwaage stammt der 1619–1622 („Kipperjahre') vielgebrauchte Ausdr. *Kipper und Wipper:* Münzverschlechterer, Münzbetrüger. Gustav Freytag hat dies in seinen ,Bildern aus der deutschen Vergangenheit' (II, 134) ausführlich dargestellt. ,Wipper' bezieht sich auch auf die bei der Aussonderung und Umschmelzung der Münzen benutzte Goldwaage, die ,Wippe'. Die betrügerischen Münzherren ,kippten' die Münzen, d.h. sie schnitten sie ab und ,wippten' sie, d.h. sie warfen sie mit Schwung auf die Waagschale, damit diese rascher sank und man nicht merkte, daß noch etw. am Gewicht fehlte. Dieses Münzunwesen herrschte bes. im Dreißigjährigen Krieg und zur Zeit der Kriege gegen Frankreich und die Türken zwischen 1676 und 1690. Die geringhaltigen, zu leichten Münzen nannte man ,Kippergeld'.

In der Flugschrift ,Jedermannes jammerklage über der falschen wippr wage' von 1621 heißt es in einem Gedicht:

> fraget jemand wer dieser ist ...
> sein name heiszet münzenwippr,
> sein diener wird genandt ein kippr ...

Demnach wurden die Kipper u. Wipper zu Anfang noch unterschieden: der Wip-

Der hochschädlichen Wipperer vnd Kipperer/als Gelt/Land vnd Leuts verderber Lehrmaister.

,Kipper und Wipper'

per war die Hauptperson, der Münzmeister, der Kipper dagegen nur ein Gehilfe. Später verschmolzen die beiden Begriffe jedoch zu einer Einheit u. dienten als Zwillingsformel für alle Münzbeschneider schlechthin.

Lit.: *O. Lauffer:* Zwei Lieder des 17. Jh. gegen die Kipper und Wipper zu Hamburg, in: Mitteilungen des Vereins f. Hamburg. Gesch. Bd. 11 (1914), S. 82–92; *L. Veit:* Das liebe Geld – zwei Jahrtausende Geld- und Münzgesch. (München 1969), S. 137 ff.; *H. Ertel:* Die Münzen der dt. Kipperzeit (1924); *E. Rahnenführer* Die kursächs. Kippermünzen (1963); *B. Bauer:* Luther. Obrigkeitskritik in der Publizistik der Kipper- und Wipperzeit (1620–1623), in: Literatur und Volk, hg. v. W. Brückner, P. Blickle u. D. Breuer, Tl. II (Wiesbaden 1985), S. 649–677; *W. Leiser:* Art. ,Kipper u. Wipper', in: HRG. II, Sp. 743–744; *G. Hooffacker:* Avaritia radix omnium malorum. Barocke Bildlichkeit um Geld u. Eigennutz in Flugschriften, Flugblättern u. benachbarter Lit. der Kipper- u. Wipperzeit (1620–1625) (= Mikrokosmos 29) (Frankfurt a. M. – Bern 1988).

Kirche. *Die Kirche im Dorf lassen:* sich an das Gegebene halten, an Gebräuchen nichts ändern, nichts übertreiben. Wie die Kirche ihren rechten Platz mitten im Dorf hat, so soll man auch mit seinen Ansichten (Preisen u. Forderungen) im Rahmen bleiben. Welch große Ordnungsfunktion die Kirche besaß, spiegeln vor allem die zahlreichen mdal. Wndgn., z. B. luxemb. ,maach, daß d'Kürche am Duerf blift'; westf. ,mâken, dat de kerk im dorpe blitt'; meckl. ,blif man mit de Kirch int Dörp'; schweiz. ,luegen, daß d'Chilche (z'mitzt) im Dorf blibt'. Obersächs. oft: ,Ich wer'sch schon machen, daß de Kärche in Durfe bleibt', ich werde dafür sorgen, daß alles zur Zufriedenheit geregelt, daß niemand übervorteilt wird. Vgl. ndl. ,de kerk in't midden (van het dorp) laten'.
Auch lit. ist die Rda. bezeugt, u. a. bei H. Böll im Titel seiner Erzählung: ,Die Kirche im Dorf' (1965). Darüber hinaus hat sie aber auch in der Parodie ihren Platz gefunden. So heißt es z. B. in einer neuzeitl. Erweiterung: ,Man muß die Kirche im Dorf lassen. Nur die Steuern gehen nach Rom'.
Im Volksmund heißt es auch scherzhaft:

Die Kirche hat einen guten Magen,
kann ungerechtes Gut vertragen.

Mephisto erklärt dies ausführlicher in den Worten des Pfaffen (,Faust' I, Spaziergang):

Die Kirche hat einen guten Magen,
Hat ganze Länder aufgefressen,
Und doch noch nie sich übergessen;
Die Kirch allein, meine lieben Frauen,
Kann ungerechtes Gut verdauen.

Mit der Kirche ums Dorf gehen: verkehrt, umständlich handeln. Nach Wander (II, Sp. 1345) ist hierbei unter Kirche die Kirchengemeinde zu verstehen, die bei ihren Prozessionen einen langen Weg um das Dorf wählt. Daraus habe sich dann die Bdtg., einen Zweck auf dem umständlichsten Weg erreichen, entwickelt. Die Rda.

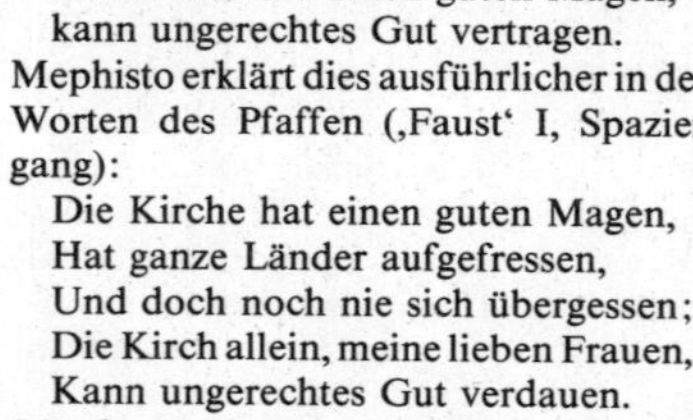

,Die Kirche im Dorf lassen'

ist mdal. im Vorarlbergischen, im Schwäb. und in der Schweiz verbreitet, wo es heißt: ‚Mit der Chilche um's Dorf umme[n]' ga[n]'.
Die Kirche ums Dorf tragen: unnötige Umwege und Umstände machen; els. sprw. ‚De Kirch is ka Frosch, die huppt net wack'; rhein. ‚Wann de den Weg gehscht, drägscht die Kirch um's Dorf erum'. Seltener ist die gleichbedeutende Wndg. *ums Dorf in die Kirche gehen.*
Die Formeln *Kirche und Straße* und *Kirche und Markt* umfassen den ganzen Bereich der Öffentlichkeit und gründen sich auf alte Rechtsbräuche. Wenn sich Mann und Frau zusammen sehen lassen, erweisen sie sich damit als rechtlich zusammengehörig, als Eheleute. Neuvermählte machten nach der Trauuung einen feierlichen Gang durchs Dorf. An diesen Brauch war im 14. Jh. im Stadtrecht von Orlamünde sogar das Erbrecht gebunden. Die ndd. Rda. ‚eine Frau to Kark un Markt führen' bedeutet heiraten. Schlesw.-Holst. ‚he geit nich to Kark no to Mark', er lebt völlig zurückgezogen.
Die Wndg. *zu Kirchen gehn* meint auch die Einsegnung der Wöchnerin. Schweiz. sagt man dazu: ‚z'Chinds z'Chirchen ga[n]', wenn die Wöchnerinnen 6 Wochen nach der Niederkunft den ersten Kirchgang tun. Dieser Brauch geht auf die in 3. Mos. 12 beschriebene jüd. Reinigungsvorschrift zurück, die in der röm. Kirche in ähnl. Form als löbliche Sitte zur bes. Segnung beibehalten wurde, teilweise sogar in den reformierten Kirchen. In der Lüneburger Heide sagt man dazu: ‚se hult Karkgang' und in Schlesien ‚ter Kerchen goehn'.
‚Solang mr sengt, ist de Kerch net aus': Auch länger Verheiratete können noch einen Nachkömmling bekommen.
In die Kirche läuten und dann schlafen gehen: andere zur Frömmigkeit auffordern, selbst aber zu bequem sein. Daß der sonntägliche Kirchgang vielfach nur als Pflichtübung betrachtet wurde, erweist die Feststellung: *Der kann die Kirche auch zu Gevatter nehmen,* wobei der seltene Kirchenbesuch mit einem pflichtgemäßen Verwandtenbesuch verglichen wird.
In die Kirche gehen, wo mit Gläsern zusammengeläutet wird: euphemist. für: ins Wirtshaus gehen, ↗Magen.

Lit.: *Fuß:* ‚Machen daß die Kirch mitten im Dorf bleibt', in: Monatsschrift für die Gesch. Westdeutschlands 5 (1880), S. 650; *J. Künzig:* Art. ‚Kirche', in: HdA. IV, Sp. 1396–1410; RGG³ III, Sp. 1296–1327, Art. ‚Kirche'; Lexikon f. Theologie u. Kirche V, Sp. 968ff., Art. ‚Kirche'.

Kirchenlicht ↗Licht.

Kirchenmaus. *Arm wie eine Kirchenmaus:* sehr arm; in der Kirche gibt es keine Vorräte, deshalb ist die Kirchenmaus die allerärmste; ↗arm, ↗wie. Die Wndg. ist seit dem 18. Jh. bezeugt. Vgl. frz. ‚gueux comme un rat d'église'.
Im Märchen (KHM. 85) ist die Rda. erweitert zu: ‚arm u. kahl wie eine Kirchenmaus'.

Lit.: *V. B. Dröscher:* Mich laust der Affe (1981), S. 133–136. Weitere Lit. ↗Maus.

‚Kirchenmaus'

Kirchweih. *Jem. auf die Kirchweih laden:* jem. seine Mißachtung dadurch bezeugen, daß man ihn mit ‚leck mich am Arsch' oder ähnl. Ausdrücken bedenkt; der Sinn der Rda. besteht also in einer groben Ablehnung. Die verhüllende Metapher dürfte mindestens bis ins 17. Jh. zurückgehen. In Ludwig Aurbachers ‚Volksbüchlein' (1827) lädt eine Bauerntochter in den ‚Abenteuern der sieben Schwaben' den aufdringlichen Blitzschwaben ‚auf die Kirbe'. Die Rda. ist vornehmlich im süd- und südostdt. Sprachbereich zu Hause, in Bayern und der Oberpfalz, in Franken und Schwaben, aber auch im Egerland und in Sachsen; so etw. bair. ‚Du kimm fei in Kirta!'. Im Bad. lautet die iron. Aufforderung ‚Kanscht mr uf d'Kirbe kumme!'. Anstelle einer Beleidigung setzt der Spötter euphemist. eine Ehrung. Mancherorts ist es dem so Angeredeten erlaubt, die Einladung – bes. wenn sie eindeutig spaßhaft und nicht im Zorn vorgebracht wurde – ernst zu nehmen und sich als Gast auf dem kommenden Kirchweihfest zu betrachten. Jedoch dürfte dieser (z.B. aus Schwaben bekannte) Brauch erst neueren Datums sein, denn er ist offensichtlich eine Schutzmaßnahme gegen das unbedachte ‚Kirchweihladen', ↗Kirmes, ↗Kerbe, ↗Arsch.

Er tanzt auf jeder Kirchweih: er ist überall zu finden, ↗Hochzeit.

Lit.: *A. Birlinger:* Zum alem. und schwäb. Wortschatz, in: Alemannia 10 (1882), S. 168–216; *R. Kubitschek:* ‚Auf die Kirchweih laden', in: Suddt. Zs. f. Vkde. 3 (1930), S. 113–114; *Anonym:* ‚De laatste kermis van Vlaanderen', in: Volkskunde 39 (1934–1935), S. 133.

Kirmes. Eine große Zahl von sprw. Rdaa. bez. den Sonnenregen. Man sagt, wenn es regnet und die Sonne scheint: ‚Dann ist in der Hölle ein Festtag' (Oldenb.), ‚Hochtid' (Friesl.), ‚Kirmes' (Westf., Rheinl.). Diese Version bestätigt auch der älteste seither bekannte hist. Beleg: „Wenn die Sonn scheinet vnnd zugleich regnet, so ist in der Hölle Kirchweih' (Christ. Lehmann: ‚Florilegium Politicum', 1630, 334: 32; J. M. Sailer; ‚Die Weisheit auf der Gasse', 1810, 179). Andere Versionen sind: ‚Man backt in der Hölle', ‚De Düwel backt Pannkok' (Oldenb.), ‚Der Düwel hält Schottelplakken feil' (Rheinl.), ‚Frau Holle hat Kirmes' (Niederrhein), ‚Die Heiden haben Hochzeit' (Schweiz), ‚De Düwel danzt mit sin Grotmudder' (Kreis Winsen), ‚De Düwel hat Hochtied' (Der Teufel hat Hochzeit; Schlesw.-Holst.), ‚Der Teufel stattet seine Töchter aus' (Mecklenb.). Den Sonnenregen hat man vielfach als ein Ringen zwischen Regen und Sonnenschein gedeutet, und in verschiedenen Gegenden sind verschiedene Bilder zur Illustrierung dieses Kampfes entstanden; in Dtl.: ‚Der Teufel prügelt sein Weib, seine Großmutter, Schwiegermutter' (Bayern, Österr.). ‚...s kröigt d'Teufelin Schläg' (Die Teufelin kriegt Schläge; Egerland). ‚Der Düwel stickt sin Wif mit'n Dägen' (Der Teufel sticht sein Weib mit einem Degen; Celle), ‚Der Teufel hat seine Mutter erhenkt' (Mosel), ‚De Düwel kloppt sin Grossmudder' (Lüneburg). Das geschlagene Objekt war urspr. die Frau des Teufels (nicht die Großmutter; ↗Teufel). Sie erscheint in dieser Stellung in der Überlieferung von 26 Völkern, wobei es für die Tradition aufschlußreich ist, daß es sich gerade um einen Ehestreit handelt. Schon Joh. Praetorius kennt die Wndg. „Donnerts und die Sonne scheint dazu: der Teufel schlägt seine Mutter, daß sie öl (= Bier) gibt" (J. Praetorius: ‚Blokkes Berges Verrichtung', Leipzig 1668, 2, 113). Die Redaktion ‚Der Teufel schlägt seine Frau', schon im 17. Jh. sowohl in Frankr. (‚le diable bat sa femme'), Holland (‚de duivel slaat zijn wijf') als auch in Dtl. feststellbar, dominiert heute in der ganzen engl.-sprechenden Welt (‚the devil is beating his wife'), ebenso im Gebiet des alten Österr.-Ungarn; dennoch ist es nur eine späte, allerdings außergewöhnlich expansive Redaktion der Teufelshochzeits-Tradition.

In Schlesw.-Holst. und in Oldenb. hat sich (ebenso wie in Dänemark) anscheinend auf der Grundlage der scherzhaften Rda. ‚He is dem Düvel ût der Bleke lopen', die eine braune Gesichtsfarbe meint, die örtliche Redaktion ‚Der Teufel bleicht seine Großmutter' herausgebildet. (‚De Düvel bleket sin Möm', ‚De Düwel hett sîn Grôtmûder up de Blêk'). Zum Bleichen von Wäsche gehört wiederholtes Anfeuchten im Sonnenschein, so daß dieses Bild gut zu der Naturerscheinung paßt.

Andere Rdaa. bringen den Sonnenregen in Beziehung zu einer Hexe: ‚Die Hexen tanzen', ‚De ool Hex backt Pannkoken' (Die alte Hexe backt Pfannkuchen; Schlesw.-Holst.), ‚Die Hexen buttern' (Schlesien), ‚Die Hexen werden am Ende der Welt begraben' (Nordfriesl.). Man könnte glauben, daß die Wndgn. von Teufelshochzeit und Hexentanz mit den Vorstellungen vom drastischen Hochzeitsritual des Teufels und der Hexen, d.h. mit dem sog. Hexensabbat, verflochten seien. Aber es ist bemerkenswert, daß, obwohl Hexe wie Teufel äußerst häufige Subjekte in der Sonnenregentradition des europ.

Festlandes sind, keine einzige Variante auf eine Buhlschaft zwischen ihnen hindeutet. Vielleicht darf man daraus folgern, daß die Dämonenredaktionen der Sonnenregentradition bereits entstanden und in der Hauptsache herausgebildet waren, bevor die Vorstellung von der Teufelsbuhlschaft eine zentrale Stellung in der christl. und volkstüml. Dämonologie erlangt hatte.

In Mecklenb. sagt man ‚Nu ward 'n Hurkind makt oder süss ward en döfft' (Nun wurde ein Hurenkind gemacht oder getauft). In Westfinnl. heißt es, daß eine Hure Hochzeit feiert. Die Hurenhochzeit- oder Hurenkindredaktionen beschränken sich auf den Ostseeraum. Humoristisch ist die rhein. Version: ‚Ene Leutenant bezahlt seng Scholde' (Ein Leutnant bezahlt seine Schulden); ähnl. in Lüneburg: ‚s kummt 'n Edelmann in 'n Himmel' (Ein Reicher kommt nach der Bibel bekanntlich schwerer in den Himmel); ‚Nu kümmt 'n Snider in 'n Himmel' (Es kommt ein Schneider in den Himmel; Schlesw.-Holst., Sachsen); ‚De Düwel kriggt 'n Advokatenseel' (Oldenb.).

In völlig andere Anschauungen verweist: ‚Der Wolf hat das Fieber', ‚Nu deiht den Wulf de Buk weih' (Nun tut dem Wolf der Bauch weh), ‚Nu pissen de Wülw' (Mecklenb.).

Ähnliche an die Situation des Sonnenregens gebundene Paraphrasen gibt es in den verschiedenen Erdteilen in erstaunlicher Gleichheit des Strukturschemas und doch mit großer Variabilität innerhalb eines und desselben Landes: In Japan, Brasilien und Finnland heißt es, daß bei Sonnenregen der Fuchs Hochzeit feiert. In der Türkei sowie in Mexiko und Estland spricht man vom Gebären der Wölfin. Auf den Philippinen sowie in Chile und Rumänien sagt man, daß der Teufel schlägt oder sich prügelt. In Polen, Irland und Schweden buttern die Hexen. In der Türkei spricht man vom Schakalregen, in Finnland vom Fuchsregen, in der Ukraine und in Oesterr. vom Sauregen, in Dtl. vom Hasenregen, in Japan vom Hochzeitszug der Füchse. Die Spanier nennen den Sonnenregen ‚Zigeunersonne', die Weißrussen und die Finnlandschweden ‚Zigeunerregen'. Kulturhist. bes. interessant sind die rdal. Paraphrasen bei den skandinavischen Völkern; man sagt: ‚Die im Wasser Ertrunkenen trocknen ihre Kleider' (Dänemark, Norwegen, ebenso Polen), ‚Im Totenreich trinkt man bei der Hochzeit' (Finnland), ‚Die Mäuse feiern Hochzeit' (Südfinnland). Auch in Nordeuropa findet sich vielfach eine Dämonisierung der Tradition: ‚Die Trolle tanzen, waschen, baden, buttern usw.' (Schweden), ‚Der Fuchs badet' (Finnland), ‚Die alten Jungfern werden geheiratet' (werden begraben, schlagen sich, werden gebadet, verjüngt, baden auf dem Blocksberg, südl. Finnland). Diese Redaktionen darf man wohl mit dem Brauch der ‚Totenhochzeit', d.h. den Bräuchen bei der Bestattung von Ledigen, in Verbindung bringen.

Der finn. Forscher M. Kuusi hat etwa dreitausend Varianten von Rdaa. gesammelt, die alle die seltsame scheinbare Naturwidrigkeit illustrieren, in einer weltweit verbreiteten Widerspruchssymbolik. Es ist die Frage: Was ist in diesem reichen Material primär, was sekundär? Woher kommt diese merkwürdige Einheitlichkeit und zugleich Unterschiedlichkeit? Handelt es sich um eine genetisch zusammengehörige Tradition, oder ist Polygenese zu vermuten, d.h. daß die gleiche Menschennatur überall gleiche Vorstellungen schafft? Die Chronologie der hist. Belege ergibt keine Verbreitungshinweise, da die Streuung der Sonnenregentradition schon zu Beginn der Neuzeit fast ebensoweit entwickelt war wie im 20. Jh., und daß somit hinter den ältesten europ. Aufzeichnungen höchstwahrscheinl. ein tausendjähriger, vielleicht vieltausendjähriger Weg der Ausbreitung und Wandlung der Überlieferung steht. Kuusi hat erstmals die „Weltgeschichte einer Redensart" versucht, da offensichtlich die große Mehrzahl der Varianten einen gemeinsamen Stammbaum hat. Außergewöhnliche Naturerscheinungen (so auch Wirbelwind, Hagel, Regenbogen, Nordlicht, Sternschnuppen) werden rdal. mit seltsamen Situationen zusammengebracht. Neben bloßen Scherzfiktionen, wie dem Schuldenbezahlen eines Leutnants und anderen neckenden Kommentaren zu unglaublichen Ereignissen, gruppieren sich bestimmte Motive, die die Idee einer paradoxen Verbindung illustrieren, wie sie dem Sonnenregen als einer Kombination entgegengesetzter Naturelemente eigen ist: Streit und Kampf, gleichzeitiges Verheiraten der Tochter und Schlagen der Frau, Hungersnot eines Königs, gemeinsames Bad von Teufeln und Engeln, Heirat ungleicher Partner, wie zwischen Fuchs und Nachtigall, Lächeln durch Tränen mit verschiedenen Anpassungen an regionalen Volksglauben (Frau Holle, Trolle, Hexen usw.). Die theriomorphen Redaktionen dominieren in Asien und Afrika, außerdem aber im Mittelmeerraum und nordwestl. der Ostsee. Und zwar dominieren die Tierhochzeitsredaktionen zahlenmäßig und verbreitungsmäßig: Fuchs- und Schakalhochzeit, Bären- und Wolfshochzeit. Zu den altertümlichsten Versionen gehören die Fuchshochzeit- und Totenhochzeitredaktionen. M. Kuusi versucht den Nachweis der urspr. Zusammengehörigkeit aller Sonnenregen-Paraphrasen, von denen sich eine aus der anderen entwikkelt hat, wobei die Vorstellung von der Fuchshochzeit zum ursprünglichsten Bestand gehört. Kuusi vermutet, daß Indien das erste Gebiet war, wo der Sonnenregen als Fuchshochzeit gedeutet worden ist.

Daß der Ausdr. *Kirmes in der Hölle* in Dtl. noch im anderen Sinnzusammenhang gebräuchl. gewesen sein muß, beweist seine Verwendung in einem Brief Martin Luthers (Dr. M. Luthers Briefe, hrsg. v. De Welte u. Seidemann, Bd. IV, S. 618): „Oder wird etwa Kirmes in der Hölle sein, daß der Teufel so lüstern ist mit larven?"

Lit.: *J. Grimm:* Dt. Mythologie, Nachdruck der 4. Ausg. (Tübingen 1953), Bd. II, 842f., III. 297; *M. Kuusi:* Regen bei Sonnenschein. Zur Weltgesch. einer Rda., FFC. 171 (Helsinki 1957).

Kirsche. *Mit ihm ist nicht gut Kirschen essen:* mit ihm ist nicht gut auszukommen; er ist ein unbequemer, unverträglicher, wohl auch: hochmütiger Mensch. Das der Rda. zugrunde liegende Bild ist z. T. so abgeblaßt und unverständlich geworden, daß es auch auf Dinge übertr. werden kann (z. B. ‚mit dem kranken Knie ist nicht gut Kirschen essen'). Die vollständige Form der warnenden Rda., die heute aber weitgehend abhanden gekommen ist und die man nur selten noch hört, wäre: ‚Mit großen (hohen) Herren ist nicht gut Kirschen essen: sie schmeißen (spucken) einem die Kerne (Steine) ins Gesicht'. Im Volksmund ist im allg. nur die Kurzform der Warnung geläufig. Der Urspr. der Rda. fällt in eine Zeit, wo der Anbau der Kirsche noch auf die Klostergärten und die Baumgärten der vornehmen Herren beschränkt war; und so warnt die Rda. vor dem vertraulichen Verkehr mit den übermütigen, launenhaften Herren.

In Steinbachs Wb. von 1734 lautet die Wndg: „Es ist nicht gut mit großen Herren Kirschen essen, sie werfen einem die Kerne ins Gesichte".

In den älteren Belegen überwiegt jedoch das Werfen der Stiele (vielleicht weil man einst die Steine auch ohne weiteres mitgeschluckt hat). So heißt es schon in Ulrich Boners ‚Edelstein' (um 1350):

und ist nicht gůt
Mit herren kriesin essen,
Sie hant sich des vermessen:
Der sich da nicht hůten wil,
Sie werfen im der kriesin stil
In diu ougen.

Der gleiche Reim wil: stil findet sich auch noch in einem Fastnachtsspiel des 15. und in einem Volkslied des 16. Jh.; die Belege sind sämtlich obd. Herkunft. Wo aber der Reim aufgegeben wurde, konnte ein Mißverständnis aufkommen; wie bei Eucharius Eyering in seiner großen Sprww.-Sammlung ‚Copia proverbiorum' von 1604 (III, S. 552), der, indem er ‚die stil' als ‚diestil' verlas, nun druckte:

Grosser Herrn ist gut müssig gehen
(d.i. aus dem Wege gehn),
Dann sie werffen eim Distel unter
Augen.

Der Beleg beweist zugleich, daß dem koburgischen Verfasser die Wndg. offenbar noch nicht in mdl. Überlieferung geläufig war, die sich vom Obd. offenbar erst langsam ausgebreitet hat. Bei G. A. Bürger heißt es:

Mit Urian und grossen Herrn
Ess' ich wohl keine Kirschen gern;
Sie werfen einem, wie man spricht,
Die Stiel' und Stein' ins Angesicht.

„Wie man spricht" bedeutet, daß Bürger noch die Vollform des Sprw. gekannt hat.

1

2

1/2 ,Mit großen Herren ist nicht gut Kirschen essen'

W. Spangenbergs Versen ist zu entnehmen, daß es sich wohl in erster Linie um Geiz gehandelt hat:

mit herren ist bös kirschen essen
wann sie die besten hand gefressen
so werfen sie mit stielen dich.
viel lieber will sie kaufen ich.

(Mylii lustgarten, Straßburg 1621, 412). Ähnliches ist auch einer weiteren Belegstelle zu entnehmen:
„Er wusste nicht, dass auch hier das Sprichwort gilt, es sei bös mit grossen Herren Kirschen essen, weil sie den Mitessern gerne Steine und Stiele ins Gesicht würfen, das Fleisch aber behielten" (J. Gotthelf, ,Uli der Knecht', (1850), c. 6, 2, 51).
Auf einen (zwangsläufigen) Verzicht deutet dagegen eine andere Rda., die im Märchen ihren Niederschlag gefunden hat: *Die Kirschen hängen mir zu hoch* (KHM. 107), ↗Trauben. Am verlockendsten waren und sind aber wohl immer die *Kirschen in Nachbars Garten,* wie sie auch in der Operette besungen werden. Dabei ist in erster Linie die Symbolbdtg. der Kirsche innerhalb der Sexualmetapher angesprochen. Früher war das Kirschenpflükken ein beliebtes Gesellschaftsspiel, bei dem ein Hölzchen (Gras- od. Strohhalm) mit den Lippen weitergegeben und bei jeder nächsten Runde etwas verkürzt erschien. War der Geschmack ,sauer', ging's weiter – ,süß' konnte den Nächsten „erlösen".

Lit.: *W. Sieben:* Die Kirsche im Volksmund, in: Zs. f. rhein. u. westf. Vkde 9 (1912), S. 230–231; *E. Schröder:* Aus der Gesch. einer sprw. Rda., in: Hess. Bl. f. Vkde. 32 (1933), S. 94–97; *W. Danckert:* Symbol, Metapher, Allegorie im Lied der Völker, Bd. III (Bonn-Bad Godesberg 1978), S. 1049–1053; *B. Toelken:* Zum Begriff d. Performanz im dynam. Kontext d. Volksüberlieferung, in: Zs f. Vkde. 77 (1981), S. 45–47.

Kissen. *Den Teufel aufs Kissen binden,* ↗Teufel.

Kiste. *Fertig ist die Kiste:* die Sache ist erledigt, durchgeführt; ähnl. wie ,fertig ist die ↗Laube'. Eine *faule Kiste* ist eine unsaubere, unredliche Unternehmung.
Eine Kiste bauen: eine Amüsierreise unternehmen, in gegenwärtiger Umgangssprache auch: mit dem Fahrrad stürzen; Kiste kann ein (älteres) Modell jeglichen Fahrzeugs meinen (Fahrrad, Auto, Flugzeug) und wird auch sonst vielfach, bes. berl., in übertr. Sinne gebraucht, so für Bett (,Flohkiste'), Gefängnis (wie ,Kasten'), Fußballtor (,den Ball in die Kiste kriegen'). Obersächs. nennt man ein starkes, kräftiges Mädchen ,eine stramme Kiste'.
Den Sprung in die Kiste tun: sterben, ↗zeitlich. ,Eine Beziehungskiste haben': saloppe, neuzeitl. Wndg. für ein Liebesverhältnis. Abgewandelt wird dafür auch der Begriff ,Psychokiste' verwendet, wenn eine solche Beziehung zum Problem wird u. deshalb die Hilfe eines Psychotherapeuten notwendig wird.
Viel von *Kisten (und Kasten)* ist die Rede auch in den Märchen der Brüder Grimm, die viele zu ihrer Zeit bekannten Rdaa. in ihre Märchentexte eingefügt haben (vgl. KHM. 31, KHM. 92, KHM. 181).

Kitt. *Der ganze Kitt:* die ganze Menge, alles; z. B. ,den ganzen Kitt bezahlen', die gesamten Kosten, die ganze Zeche bezahlen. Die Wndg. ist erst in neuerer Zeit bezeugt; vielleicht als eine Weiterentwicklung aus: ,alles, was da zusammenklebt'. Doch hat man auch einen Nachklang von mhd. kötte, kitte = Haufen, Schar vermutet; zugehörig ist: eine ,Kette' Rebhühner.

Klammerbeutel. *Dich hat man wohl mit dem Klammerbeutel gepudert:* du bist wohl nicht ganz bei Verstand; die Rda. ist erst zu Beginn dieses Jh. aufgekommen. Ihr liegt die Vorstellung zugrunde, daß jem., der statt mit der Puderquaste mit einem Beutel für Wäscheklammern gepudert ist, durch die Schläge auf den Kopf einen geistigen Defekt davongetragen haben muß.

klammheimlich. *Etw. klammheimlich tun:* unter größter Verschwiegenheit, meist auch ,aus dem Hinterhalt', d.h. versteckt etw. vorbereiten. Es handelt sich um eine tautologische Bildung aus dem lat. ,clam' = heimlich in Verbindg. mit dem dt. Ausdr. ,heimlich'. Eine Überbetonung des Heimlichen liegt auch in der Wndg.: mit ,klammheimlicher Freude', d.h. mit diebischer, versteckter Freude.

Klappe, klappen. Klappe wird in mdt. und nordd. Mdaa. vielfach für ,Mund' gebraucht. Daher Wndgn. wie *Halt die Klappe!:* sei still; vgl. engl.: ,keep your trap closed', vulgärsprachl. frz. ,Ferme ta gueule!' (Halt's Maul!); *die große Klappe haben* (auch *schwingen, riskieren*): das große Wort führen; vgl. frz. ,Il a une grande gueule'; *die Klappe einrasten lassen:* den Mund schließen; *die Klappe aufmachen:* sich äußern; vgl. frz. ,ouvrir sa gueule'; *die Klappe aufreißen:* anmaßend, prahlerisch reden. Ähnl.: ,Große Klappe, nichts dahinter'.

Klappe kann aber auch das Bett meinen. Dann bezieht sich der Ausdr. wohl auf das in Haftanstalten übliche Bett, das tagsüber an die Wand geklappt wird. *In die Klappe kriechen, sich in die Klappe hauen:* zu Bett gehen; *die Klappe bauen:* das Bett richten, machen. An der Ausbreitung dieser Rdaa. ist bes. das Berl. beteiligt gewesen.

Zum Klappen kommen: zu gutem Abschluß, zur Entscheidung kommen; *eine Sache zum Klappen bringen:* zum Erfolg führen. Diese Wndgn. gehen von dem ndd. Verb ,klappen' aus, das lautmalend das Geräusch beim Schließen eines Deckels u. dgl. wiedergibt.

Etw. klappt (nicht): das geht (nicht) gut; scherzhaft erweitert: ,Hier klappt nichts, nur die Tür'.

Klapper. Hat jem. ein unheilbares Leiden, so sagt man z.B. im Taunus *Er hat die Klapper.* Die Rda. hängt vermutl. nicht mit ,klapprig' (= hinfällig) und ,zusammenklappen' (= zusammenbrechen), sondern mit der Klapper des Aussätzigen zusammen. Die Aussätzigen durften die Stadt, wenn überhaupt, nur betreten, wenn sie sich durch ein Zeichen ankündigten, damit die Gesunden ihnen aus dem Wege gehen konnten. In den ,Sieben weisen Meistern' macht sich der Aussätzige heimlich auf „mit synem stabe vnd klepperlyn" (1471). Geiler von Kaysersberg läßt die zehn Aussätzigen, die sich Christus nahen, nach dem Bericht zwar rufen, bemerkt aber, daß sie „villichter ire kleppern zuo hilff genummen, ... den ein maltz (Aussätziger) kan nit vast schryen". Die Klapper wurde zum Attribut der Aussätzigen. ,Mit Klappern gehen' hieß: als Aussätziger wandern. Die Rda. für einen unheilbar Kranken ,Er hat die Klapper' meinte also urspr.: er ist aussätzig, und im weiteren Sinne: er hat ein schweres Leiden.

,Mit der Klapper gehen'

„Klappern gehört zum Handwerk" = Reklame muß sein, früher auf Märkten (marktschreierisch) ausgerufen, heute in der Werbung.

Lit.: *A. Martin:* Die Aussätzigenklapper im heutigen Volksmund, in: Zs. f. Vkde. 37/38 (1927/28), S. 117.

Klapperstorch. ,Die kleinen Kinder bringt der Klapperstorch', ,der Storch holt die

Babies aus dem Teich' etc. Von den zahlreichen Kinderbringern, die elterliche Phantasie zur Befriedigung kindlicher Fragelust erfand, ist der Klapperstorch am weitesten bekannt. Am häufigsten trifft man ihn in der Kinder-Folklore selbst, bes. in zahlreichen Kinderreimen, wie z. B.:

Storch, Storch, guter,
bring mir einen Bruder!
Storch, Storch, bester,
bring mir eine Schwester!

Dem norddt. Schwerpunkt des Klapperstorchs entspricht die Häufigkeit ndd. Verse wie

Adebar to Neste,
bring mi ne lütje Swester.
Adebar, oder
bring mi n lütjen Broder!

Oder

Stork, Stork, Steene,
mit de lange Beene,
Hest 'n rotes Röcksken an,
de mi und die en Brörken bringen sall.

Wünscht man keine Kinder mehr, dann ruft man:

Heilebart, du Langbein,
lat dik nu nich weder sein.

Aber auch im oberdt. Sprachgebiet findet man gelegentlich solche Storchenliedchen, wie z. B. schweiz.:

Storch, Storch, heini,
bring mer au e Chleini!

Wie der Klapperstorch die Kinder bringen soll, dafür gibt es mancherlei Variationen: Häufig reagiert er auf ein Zuckerstückchen, das die Kinder vor's Fenster legen, um ihm den Wunsch nach weiteren Geschwistern kundzutun. Meist erzählt man den Kindern, daß der Storch die Kinder aus dem Brunnen oder einem nahen Gewässer fische und die Mutter ins Bein beiße. Auch unter einem großen Felsen holt er die Kinder hervor. Die artigen Knaben bringt er auf dem Rücken, die bösen im Schnabel.

In der Welt der Erwachsenen wird das Storchenmärchen nur als reine Scherzfiktion oder als anzügliche Anspielung verstanden, spielt als solche aber schon in volkstümlichen Hochzeitsbräuchen des ausgehenden 19. Jh. und ebenso noch in der Gegenwart eine Rolle. Im Erzgebirge schnitzte und bemalte man den ,Brautstorch' als Hochzeitsgeschenk. Wie bei der Hochzeit die Braut ,unter die Haube' kam, so setzte man auch dem jungen Ehemann zuweilen scherzhaft eine Bräutigamsmütze mit dem Motiv vom kinderbringenden Storch auf. In den zwanziger Jahren unternahm der ,Atlas der deutschen Volkskunde' (Fragebogen Nr. 16 und 17) eine Umfrage: ,Was erzählt man den Kindern über die Herkunft der kleinen Kinder? Wer holt oder bringt die Kinder von dort?' Dabei ergaben sich interessante regionale Verschiedenheiten: Der Storch beherrscht etwa östlich des Weserlaufs ganz Nord- und Mitteldeutschland. Die geographische Verbreitung hängt natürlich auch mit den bevorzugten Nistgebieten des Vogels zusammen, doch wird er selbst in solchen Gegenden als Kinderbringer genannt, wo er gar nicht nistet.

1

2

1/2 ,Der Klapperstorch hat dich gebracht'

Nächst dem Klapperstorch wird am häufigsten die Hebamme als Kinderbringerin genannt. Seltener gelten Säugetiere, wie der Fuchs (im Erzgebirge) und der (geschenkebringende) Osterhase als Kinderbringer. Häufiger sind schon Wasservögel. Auf der Insel Rügen und in Pommern bringt der Schwan die kleinen Kinder. Oft ist es so, daß der Schwan nur im Winter die Rolle des Storches übernimmt, wenn die Störche weggezogen sind. In Ostpreußen waren Rabe und

Krähe die bevorzugten Kinderbringer. Von den Vögeln, unter denen ganz vereinzelt auch Kuckuck, Kranich und Geier genannt werden, hat das geschlossenste Gebiet die Eule.
Über die Ablösung des Klapperstorchs durch andere Tiere gibt es auch Schwänke. Ein ndd. Gewährsmann berichtete: „Von't Kinnerbringen is de Klapperstorch jetzt afsett, de Kinner bringt de Uhu. As mien groot Swester hüüt Nacht en Kind krigen dee, heff ik achter de Kamerdöör staan un heff höört, wie se ümmer bölken dee: Uhu, uhuuu! Also nehm ich an, dat jetzt de Uhu de Kinner bring'n deit".
Als Kinderbringer gelten weiter religiös-christliche Figuren: Gott und Engel oder die Gestalten des Christkinds, des Nikolaus oder Ruprechts, des Weihnachtsmannes usw. In den meisten Walliser Ortschaften wird der ‚ermite' oder ‚Waldbruder' als Kinderbringer genannt, was auf den Ermite de Longeborgne bezogen wird. Diesen bekannten Wallfahrtsort pflegen Frauen aufzusuchen, um Kindersegen zu erflehen. In Tirol, Salzburg, Kärnten und Steiermark werden Pate oder Patin als Kinderbringer genannt. Wieder ganz ins Sagenhafte gehen die Berichte aus Schlesien und Sachsen (südlich bis zur Oberpfalz): dort bringt die Kinder vielfach der Wassermann, von dem in diesen Landschaften zahllose Sagen umlaufen. In Oberösterreich, Bayern, im Böhmerwald und Sudetenland, praktisch im ganzen altbayerischen Raum, erzählt man den Kindern von einem ‚Weib' oder ‚wilden Weib'.
Die Frage nach dem Kinderbringer ist nicht zu trennen von der nach dem Aufenthaltsort der Ungeborenen. Besonders in West- und Süddeutschland findet sich die Vorstellung eines Kinderbaumes. Dazu gehört der schwäb. Kinderreim:

Jetzt steig ich auf den Feigenbaum
und schüttel Buben runter.
Es fallen etlich tausend rab;
es ist kein schöner drunter.

In Böhmen läßt man die Knaben von Birn-, die Mädchen von Pflaumenbäumen abstammen. In anderen Ländern wird erzählt, daß die Kinder in Kohlköpfen wachsen (so in England, Belgien und Frankreich). Auch Steine und Höhlen bergen Kinder. In der Schweiz und in Tirol wachsen die Kinder an Felsen, im Steingeröll oder in einem Felsenloch.
Ganz überwiegend wird aber die Kinderherkunft aus dem Wasser bezeugt: aus Flüssen, Teichen, Quellen, Brunnen, Sümpfen, oder aus dem Meer. Im Schwäbischen heißen solche Orte ‚Kindlesbrunnen'. In vielen Orten Süddeutschlands, aber auch in Oberhessen, im Vogtland und in Niedersachsen sind die Geschlechter auf Buben- und Maidlebrunnen verteilt. Dorfweiher, Mühlen- und Schloßteiche werden anderswo genannt. In den Vierlanden ist die Elbe der Versammlungsort der Ungeborenen. An der Ostseeküste heißt es: ‚Du bist ut de Ostsee fischt'. Z.T. heißt es auch, daß Kinder von Bächen angeschwemmt werden. Oft sind Hebamme und Storch nur die Botengänger vom Kinderteich zur Menschenwohnung. In Tirol holt die Hebamme die Kinder wie Fische mit der Angel; in Hessen holt man sie aus dem Hollenteich. Die Vorstellung vom urspr. Wasseraufenthalt der präexistenten Kinder ist eine weltweit verbreitete Idee.
Sind die meisten Vorstellungen vom Aufenthaltsort der noch ungeborenen Kinder sehr altertümlich, so gilt dies offenbar nicht für den Klapperstorch als Kinderbringer. Diese Phantasiegestalt ist vielmehr ganz jung. Der Antike und dem Mittelalter war sie unbekannt, und es fehlen sogar über das 19. Jh. zurückgehende Literatur- oder Bildbelege. Lit. Zeugnisse reichen nicht über die Spätromantik zurück. So hat wohl A. v. Chamisso als erster ein ‚Klapperstorch'-Gedicht verfaßt:

Was klappert im Hause so laut? horch, horch!
Ich glaub', ich glaube, das ist der Storch.
Das war der Storch. Seid, Kinder, nur still,
Und hört, was gern ich erzählen euch will.
Er hat auch gebracht ein Brüderlein
Und hat gebissen Mutter ins Bein.
Sie liegt nun krank, doch freudig dabei,
Sie meint, der Schmerz zu ertragen sei.

Bes. durch Hugo Wolfs Vertonung berühmt geworden ist Eduard Mörikes humorvolle ‚Storchenbotschaft', wonach dem erstaunten Schäfer gleich zwei Störche begegnen:

Doch halt! warum stellt ihr
zu Zweien euch ein?
Es werden doch, hoff ich, nicht
Zwillinge sein?
Da klappern die Störche im
lustigsten Ton,
Sie nicken und knixen und fliegen
davon.

Für den Volksglauben setzen die Nachrichten dann erst sehr allmählich ein. Noch vor 50 Jahren war der Storch als Kinderbringer in Süddtl. nahezu unbekannt. Im bayer. Schwaben galt es als ‚herrische Mode', von ihm zu sprechen. Eine vkdl. Erhebung Ende des 19. Jh. in Württemberg stellt fest: „Der Glaube, daß der Storch die kleinen Kinder bringe, dringt auch in Württemberg durch die gebildeten Kreise mehr und mehr ins niedere Volk ein".

Auch der Atlas der Schweiz. Vkde. führte zwischen 1937 und 1942 eine Umfrage bezüglich Kinderbringer und Kinderherkunft durch. In der Schweiz hat der Storch erst in der jüngsten Vergangenheit die Rolle des Kinderbringers übernommen. Die zeitlichen Angaben fallen überwiegend erst auf die Jahrhundertwende oder in das erste Viertel des 20. Jh.; und zwar wanderte er von Dtl. aus ein.

Kommen lit. Belege erst vereinzelt im 19. Jh. auf, so gibt es genug zeitgenössische Belege im Gebrauchslieder- und Schlagergut. Nach der Melodie von ‚Santa Lucia' wird gesungen:

Kaum hat's Dich angebracht
heißt's auf der Erde:
Dich hätt' der Storch gebracht,
glaub nicht die Märe:
kämst aus dem tiefen Teich,
glaub nicht das närr'sche Zeug!

Neuer und bekannter ist der Schlager:

Auf dem Dach der Welt,
da steht ein Storchennest,
da sitzen hunderttausend kleine
Babies drin.
Wenn Dir ein's gefällt
und Du mich heiratest,
dann bringt auch Dir der Storch
ein kleines Babykind.

In moderner Sprichwörterprägung wird ein Zitat aus Schillers ‚Wilhelm Tell' parodistisch abgewandelt: ‚Der Mann im Haus erspart den Zucker auf der Fensterbank'. Solche Zeugnisse ließen sich beliebig vermehren, und so läßt sich also nachweisen, daß der Klapperstorch erst in den letzten Jahrzehnten durch den Einfluß von Operettenschlagern, Redensarten und Witzzeichnungen, insbesondere aber durch Zeitung und Reklame („Storch-Moden'), durch den Einfluß von Schulfibel, Kinderbüchern und Geburtsanzeigen, die einen Storch zeigen, der ein Wickelkind im Schnabel trägt, verbreitet worden ist. So merkwürdig es klingt: in einer Zeit fortschreitender Aufklärung und Rationalisierung dringt das Unwirkliche, Niebeobachtete gegen das dem Realen Nähere vor.

Wie haben sich nun aber älteste Glaubensschichten vom Aufenthalt der Ungeborenen mit dem jungen Storch als Kinderbringer verbinden können? Wahrscheinlich hängt es mit dem alten Glauben an den Wasseraufenthalt der ungeborenen Kinder zusammen, daß ein Sumpfvogel wie der Storch dazu ausersehen wurde, die kleinen Kinder ins Haus zu schaffen. Bereits in der Antike galt Adebar als Symbol der Fruchtbarkeit. Die zärtliche Liebe des Storches zu seinen Jungen wurde schon im Altertum gerühmt, ebenso im Mittelalter. Nach Konrad von Megenbergs ‚Buch der Natur' reißen sich die Störche die eigenen Federn aus und legen sie beim Brüten in das Nest, damit die Jungen nur weich sitzen können.

Vor allem aber spielte der Storch schon immer eine wichtige Rolle in der Mantik. Seine allgemeine Glücksbedeutung ist im Volksglauben vermutlich viel älter als wir sie belegen könnten. Schon in der ‚Rokkenphilosophie' von 1718/1722 steht der Satz: „Wer das Glück hat, daß Störche ihr Nest auf sein Haus oder Schornstein bauen, der wird lange leben und reich werden".

Immer wieder haben sich die Menschen darüber verwundert, daß der Storch Blitz und Donner nicht scheut. Das verdichtete sich in dem Volksglauben, ein nistender Storch schütze vor Blitz und Feuer.

Es werden ferner Analogien und Parallelen gezogen zu dem Storch auf dem Dach des Hauses. Ein Storch bringt eben einfach Glück. Umgekehrt verläßt der Storch das Haus, in dem Unfrieden herrscht.

Ohne daß Adebar unmittelbar als Kinderbringer fungierte, war er doch auch im älteren Volksglauben mit dem Kindersegen verknüpft: Wenn er keine Eier legte, so wurden in dem Hause auch keine Kinder geboren, und wenn seine Jungen starben, so starben auch die Kinder. Wer den Storch verstümmelte, bekam Kinder mit analogen Gebrechen. Nistete der Storch auf dem Haus eines jüngst getrauten Ehepaares, so bekam dieses so viele Kinder, als er Junge hatte. In der Altmark kündete ein fliegender Storch einem Mädchen, daß sie auf den Brautwagen kommen sollte, ein stehender aber, daß sie zur Patin gebeten würde.

In die Nähe der Klapperstorchvorstellungen gehören auch die Volkserzählungen vom sogenannten Storchenland. Besonders in Norddeutschland war im Volksglauben die Meinung verbreitet, daß die Störche verwandelte Menschen seien. Mehrere deutsche und griechische Volksmärchen berichten, daß die Störche im Herbst in ein fernes Land ziehen, wo sie den Winter über als Menschen leben. Im Mittelalter erzählte Gervasius von Tilbury (‚Otia imperialia' III, 73) von einem pferdeköpfigen, im Nilland wohnenden Volk: „hi homines certis temporibus in ciconias transformantur et apud nos quotannis foetum faciunt".

Über das Mittelalter zurück führt eine bemerkenswerte Angabe des Rhetors Aelian in seiner Tiergeschichte (II, 23): „Alexander aus Myndos sagt, daß die Störche, die ein Leben voll Kindesliebe hinter sich haben, in ihrem Alter zu den Inseln der Seligen ziehen. Hier vertauschen sie die Vogelgestalt mit der menschlichen, zum Lohn für ihre Liebe zu den Eltern".

Zusammenfassend läßt sich sagen: die natürliche Herkunft der Kinder von der Mutter kann niemals zweifelhaft gewesen sein. Selbst die primitive Unklarheit über die Erzeugerfunktion des Vaters spielt in Mythologie und Volksglauben keine Rolle. Hier stand also nur die schamhafte oder bequeme Verhüllung oder Umschreibung des Natürlichen vor dem fragenden Kind zur Debatte.

Wenn solche Erzählungen auch keine Rolle im Erwachsenenglauben spielen, so sind sie doch mehr als leere Fabulate vor Kinderohren. Hinter den Antworten, die man auch heute noch dem Kind gelegentlich auf die wißbegierige Frage gibt, woher es gekommen sei, wer es gemacht habe, stecken z. T. Vorstellungen eines alten Weltbildes. Was früher wirklicher Volksglaube war, das hat die Phantasie späterer Geschlechter ausgestaltet und benutzt, um den Wissensdurst der Kinder zu befriedigen.

Auch wenn der Storch als Kinderbringer selbst nicht allzu weit zurückreicht, so ist doch das Bild des Wassers als Inbegriff der Fruchtbarkeit und als Aufenthaltsort der noch ungeborenen Kinder alt. Der Storch seinerseits brachte viel Volksglauben mit, der ihn auch in seine neue Funktion mühelos hineinwachsen ließ. Offenbar mischen sich tatsächlich im Klapperstorchmärchen älteste und jüngste Vorstellungen in einer kaum noch zu trennenden Weise.

Während in früheren Forschungen die entspr. Rdaa. lediglich als ‚Schwundstufen' älterer Mythologien verstanden wurden, ist heute der Aspekt der Sozialpädagogik und Kinderpsychologie in den Vordergrund getreten. Der gesamte Komplex der sexuellen Aufklärung und Erziehung der Kinder ist an gesellschaftliche Bedingungen gebunden. Man weiß seit Sigmund Freud, daß die von Kindern gestellten Fragen nach ihrer Herkunft zugleich die ersten Fragen ihrer eigenen Sexualität sind mit dem Anspruch auf Sexualaufklärung. Die Redensarten hören sich zwar kindgemäß an, und die Kinder mögen sich in einem bestimmten Alter für eine Weile damit zufriedengeben, bis sie merken, daß man ihnen damit in der Beantwortung ausgewichen ist und eine ehrliche Erklärung schuldig blieb. S. Freud hat die These vertreten, daß die Verweigerung der kindlichen Frühaufklärung im Wunsch der Erwachsenen bestehe, die Fähigkeit der Kinder zum selbständigen Denken möglichst früh zugunsten der so hoch geschätzten ‚Bravheit‘ zu ersticken, und zwar eben durch Irreführung auf sexuellem und durch Einschüchterung auf religiösem Gebiet. Er sieht als Hintergrund der Prüderie das eigene schlechte Gewissen der Erwachsenen in Sachen Sexualität. Wenn Eltern umschreibende Antworten geben, sei anzunehmen, daß sie eigenen Projektionen erliegen. Dies muß kein bewußter Vorgang sein. Die Erwachsenen übernehmen die Rdaa. unkritisch aus dem tradierten Gedankengut. Die Antwort verhüllt die biol. Tatbestände und gibt keine sexuelle Aufklärung. Rdal. Ausflüchte über die Kinderherkunft können sogar eine negative Auswirkung auf die Entwicklung des Kindes haben: die Verhüllung der Antworten verletzt den Erkenntnisweg des Kindes und erschüttert oft auch zum ersten Mal dessen Vertrauen zu seinen Eltern, ↗Storch.

Lit.: *S. Freud:* Zur sexuellen Aufklärung der Kinder (Frankfurt a. M. 1907); *H. Ploss:* Das Kind in Brauch und Sitte der Völker, 2 Bde. (Leipzig [3]1911/1912); *H. Schauerte:* Die Herkunft der Kinder im Volksglauben des kurkölnischen Sauerlandes, in: Zs. für rhein. u. westf. Vkde. 27 (1930), S. 41–45; *B. Kummer:* Art. ‚Kinderherkunft‘, in: HdA. IV, Sp. 1342–1360; *O. Lauffer:* Kinderherkunft aus Bäumen, in: Zs. f. Vkde. 6 (1934), S. 93–106; *E. Schneeweis:* Art. ‚Storch‘, in: HdA, VIII, Sp. 498–507; *O. Filitz:* Warum bringt der Storch die Kinder? (Diss. Erlangen 1940); *R. Beitl:* Der Kinderbaum. Brauchtum und Glauben um Mutter und Kind (Berlin 1942); *A. Walzer:* Liebeskutsche, Reitersmann, Nikolaus und Kinderbringer (Stuttgart 1963); *W. Gubalke:* Die Hebamme im Wandel der Zeiten (Hannover 1964); *L. Röhrich:* Der Klapperstorch als Kinderbringer, in: Selecta 7 (1965), H. 8, S. 302–308; *I. Weber-Kellermann:* Die deutsche Familie. Versuch einer Sozialgeschichte (Frankfurt/M. 1974); *I. V. G. Findeisen:* Meinungen und Redensarten der Kinder über die Herkunft der Neugeborenen (Mag.-Arb. Bonn 1976); *E. u. L. Gattiker:* Die Vögel im Volksglauben (Wiesbaden 1989), S. 523–548; *J. Gélis:* Die Geburt. Volksglaube, Rituale und Praktiken von 1500–1900 (München 1989); *M. Simon:* Der Storch als Kinderbringer, in: Rhein.-westf. Zs. f. Vkde. 34/35 (1989/90), S. 25–39.

Klaps. *Einen Klaps haben:* nicht recht bei Verstand sein; Klaps bez. einen leichten Schlag, hier also einen Schlag an den Kopf, wodurch das Gehirn zu Schaden gekommen ist. Die Rda. ist seit dem 19. Jh. geläufig. Das Irrenhaus nennt man *Klapsmühle,* wobei ‚Mühle‘ auf die intensive Behandlung des Geisteskranken und auf Ausdrücke wie ‚durchgedreht‘ usw. anspielt.

Lit.: *R. Carstensen:* ‚Er hat einen Klaps‘, in: Sprachdienst 7 (1963), S. 54–55.

klar. *Klar wie Kloßbrühe:* ganz klar, offensichtlich, unleugbar, deutlich, ist ein rdal. Vergleich, bei welchem klar einmal das Durchsichtige, zum anderen das Einleuchtende meint. Die Rda. ist eigentl. scherzhaft-iron., denn Kloßbrühe ist stets trübe. Ähnl. Vergleiche sind: ‚klar wie dicke Tinte‘, ‚klar wie Klunkertunke‘ (schles.), ‚klar wie Sirup‘, ‚klar wie Zwetschgenbrüh‘, ‚wie Schuhwichs‘ (unterfränk.), ‚wie Mehlsuppe‘ (els.), ‚wie dikker Kaffee‘ (schlesw.-holst.) usw., oder auch nur wortspielerisch: ‚klar wie Klärchen‘. Abzulehnen ist P. Forchheimers Versuch (‚Modern Language Notes‘, Nov. 1949), Kloßbrühe als Verdrehung von ‚Klosterbrühe‘ = dünne Klostersuppe zu deuten; ↗klipp und klar.

Die Sache geht klar: die Sache nimmt den gewünschten Verlauf; entspr. *eine Sache (schon) klarkriegen:* eine Sache meistern, ein Problem bewältigen; klar steht hier in der Bedeutung ‚problemlos‘, ‚in Ordnung‘.

Wie diese, so gehört auch die folgende Rda. dem 20. Jh. an: *Nun rede mal im Klartext:* drücke dich deutlich aus, sprich offen; ein Klartext ist ein dechiffrierter Text, der also jedermann verständlich ist und keine Geheimnisse mehr birgt.

Lit.: *P. Forchheimer:* ‚Klar wie Klössbrüh‘, in: Modern Language Notes 64 (1949), S. 493.

Klavier. Im Els. sagt man zu jem., der sich eigentl. etw. selbst am besten ausrechnen, die Folgen vorstellen kann: ‚Dis kanns dr vorstellen ohne Klavier‘, ohne künstlichen Nachweis im einzelnen. Allg. verbreitet ist die sinngleiche Wndg. *sich (etw.) abklavieren:* an den Fingern abzählen. ‚Das kannst du dir an den Fingern abklavieren‘ (auch: abklafünfern, abklafünfen). Die Übertr. erfolgte von der technischen Bewältigung der Klaviatur, wie bei der Rda. *die Klaviatur beherrschen:* sich die äußere Technik, die notwendigen Fertigkeiten zu einem Amt erworben haben, so daß man sie spielend ausüben kann. *Sich aufklavieren.* Die Studentensprache sagt von einem Mädchen, das sich übermächtig putzt: ‚Es klaviert sich auf‘.

kleben. *Jem. eine kleben:* ihm eine Ohrfeige versetzen; in der seit dem vorigen Jahrhundert geläufigen Rda. meint kleben = anheften, so wie man eine Briefmarke aufklebt.
Jem. bleibt kleben, wenn er in der Schule nicht versetzt wird; der schülersprachl. Ausdr. hängt mit der Vorstellung zusammen, daß ein solcher Schüler an seinem Sitzplatz haften bleibt, statt in eine andere Klasse überzuwechseln. Kleben oder ‚kleben bleiben' meint auch: den schicklichen Zeitpunkt zum Weggehen nicht finden, länger als beabsichtigt verweilen.

Klee. *Jem. (etw.) über den grünen Klee loben:* ihn (eine Sache) über Gebühr loben, ihn in übertriebener Weise rühmen und seine guten Eigenschaften bes. herausstellen, eigentl. jem. oder etw. noch höher schätzen als den grünen Klee, der bereits in mhd. Zeit zum Inbegriff des Frischen und Lebensvollen und des kräftig Gedeihenden geworden war. Die mhd. Dichter verwandten den Klee in zahlreichen Vergleichen, z. B. ‚grün wie Klee' und ‚grüner als Klee'. Schon früh wurde der mit Kleeblumen gezierte Rasen im Volksmunde und von den Dichtern kurz als ‚Klee' bez. und gewann in der Liebeslyrik – ebenso wie im Märchen (KHM. 129) – die bes. Bdtg. von Frühlingshaftem, erster Liebe und Schauplatz der Begegnung und des Abschiedes. Unsere Rda. bezieht sich wahrscheinl. auf diesen dichterischen Lobpreis des Klees im MA., der späteren Zeiten bereits als zu übertrieben erschien, so daß etw., was noch darüber hinausging, als groteske Steigerung aufgefaßt werden mußte. Als Walther von der Vogelweide (28,9) um ein Lehen bittet und sein Wandertum ohne eigenen Besitz beklagt, meint er im Gegensatz dazu von einem, der ein eigenes Haus und ein blühendes Anwesen dabei hat: „Sô mac der wirt wol singen von dem grüenen klê".
Die kräftige grüne Farbe des Klees wurde im Vergleich bes. hervorgehoben, z. B. rühmt Neidhart (36,7) an einer Frauentracht aus Barchent deren Farbe:

> Diu ist von barkāne
> grüene also der klē.

Bes. im Volkslied wurde der Klee seit dem 16. Jh. sehr beliebt und erhielt verschiedene symbolische Bdtg. Die Geliebte selbst konnte als „des Herzens Klee" bez. werden, der ‚grüne Klee' wurde wie der Garten oder der Rosengarten zum Ort der Liebesbegegnung, z. B. heißt es in einem Lied aus dem Odenwald (E. B. II, Nr. 530[b], Str. 2):

> Komm zu mir in Garten,
> Komm zu mir in Klee,

und in einem Abschiedslied aus Westfalen (E. B. II, Nr. 766[a], 3. u. 4) folgt der Wechselgesang:

> Von der Lieb zu scheiden,
> das thut sehr weh;
> Im Rosengarten
> Will ich dein warten
> Im grünen Klee.
>
> Brauchst meiner nicht zu warten
> im grünen Klee;
> Frei dir eine Reiche,
> Die deines Gleichen,
> Laß mich Arme stehn.

Häufiger ist die formelhafte Verbindung mit bestimmten Blumen. Zum Beispiel sind ‚Batenke (Schlüsselblumen) und Klee' im Strauß ein Zeichen verschmähter Liebe. So klagt das verlassene Mädchen im Schwarzwald (E. B. II, Nr. 703, 1):

> Batenka muß i breche,
> Schön Sträußele d'rauß mache
> Aus lauter Batenka und Klee:
> I han jo koi Schätzele meh.

Die Wndg. ‚in Veiel und grünen Klee' begegnet bereits 1535 in den ‚Graßliedlein' (15), wo es heißt:

> Ich hab mir ein Bulen erworben
> In Veiel und grünem Klee.
> (E. B. II, Nr. 678[a])

Kränze von Veiel und grünem Klee symbolisieren auch den Abschied (vgl. E. B. II, Nr. 752,4).
Vielleicht wegen des glücklichen Reimes ‚Schnee-Klee und weh' wurden Schnee und Klee zu einem wirksamen Gegensatzpaar verwendet. Der Schnee bedeutet Winter und Leid, der Klee dagegen Sommer, Liebe und Freude. In dem allgemein verbreiteten Lied ‚Ade zur guten Nacht' (E. B. II, Nr. 768,1) heißt es im Kehrreim:

> Im Sommer wächst der Klee,
> Im Winter schneits den Schnee,
> Ich muß dich meiden.

Oft wird ein āhnl. Reimpaar auch verwen-

det, um den recht ungewissen Zeitpunkt der Rückkehr anzudeuten.
In älteren Liebesliedern und Balladen ist die Formel ‚unter Rosen und Klee‘ sehr beliebt, z. B. will das Mädchen im ‚Nachtjäger‘ unter ‚Rosen und Klee‘ begraben werden, um nicht zu vergehen. Auch bei dem Lied ‚Schöns Meidelein, wie bin ich dir hold‘ (E. B. II, Nr. 500) wünscht sich das sterbende Mädchen ein Grab unter Rosen und Klee. Möglicherweise liegt auch hierin ein Anlaß zur Entstehung unserer Rda. War der Klee früher eine beliebte Grabespflanze wegen seines frischen Grüns, wie heute z. B. Immergrün und Efeu, so liegt es nahe, daß auch Klee und Grab im Sprachgebrauch gleichgesetzt wurden. Lobt man jem. über den grünen Klee, so hieße das auch: man lobt ihn wie einen Verstorbenen. Da die Grabreden fast immer den Toten bes. rühmten und man sich hütete, etw. Nachteiliges von ihm zu sagen, erhielten sie leicht etw. Übertriebenes und Unwahres. Von hier aus könnte die Rda. auch so erklärt werden, daß jem. so gelobt wird, als sei er bereits gestorben.

Lit.: *H. Schrader:* ‚Etw. über den grünen Klee loben‘, in: Zs. f. dt. Sprache (Hamb.) 8 (1894–1895), S. 263–264; *H. Marzell:* Art. ‚Klee‘, in: HdA. IV, Sp. 1447–1458; *B. v. Wulffen:* Der Natureingang in Minnesang u. frühem Volkslied (München 1963); *L. Röhrich:* Liebesmetaphorik im Volkslied, in: Folklore international... in honoring of W. D. Hand (Hatboro/Pa. 1967), S. 187–200; *L. Schmidt:* Sprw. dt. Rdaa., in: Österr. Zs. f., Vkde., N.S. 28 (1974), S. 106; *W. Danckert:* Symbol, Metapher, Allegorie im Lied der Völker, III (Bonn-Bad Godesberg 1978), S. 881–890; *G. Meinel:* Planzenmetaphorik im Volkslied, in: Jahrb. f. Volksliedf. 27/28 (1982/83), S. 162–174 (Festschrift für L. Röhrich).

Kleid. *Etw. aufs Kleid gekriegt haben:* einen Tadel, auch Prügel bekommen haben. *Das ist ihm nicht in den Kleidern (hängen, stecken) geblieben:* das hat ihn innerlich stark mitgenommen, tief getroffen; man vergleiche dazu die sinnverwandte Rda. ‚Das geht unter die ↗Haut‘. Ndd. sagt man ‚Dat is 'm net in de Kleer besitten bleven‘, außerdem: ‚Dat kumt mi nich an min kollen (= kalten) Kleer‘, das berührt mich nicht, geht mir nicht nahe, geht mich nichts an. Die Rda. ist seit dem 18. Jh. mdal. bezeugt.
Aus den Kleidern fallen: abgemagert, heruntergekommen sein, ist eine groteske Vorstellung, daß nämlich dem Abgemagerten die Kleider so weit geworden sind, daß sie ihm keinen Halt mehr geben. Entspr. *sich tüchtig in die Kleider tun müssen:* reichlich essen müssen. Der Abgemagerte soll so viel essen, bis ihm die Kleider wieder passen.
Sein Kleid ist mit Hasenfell gefüttert: er ist sehr ängstlich und vorsichtig, furchtsam oder gar feige, ↗Hase.
Seine Kleider lernen Hebräisch: sie sind in der Leihanstalt, urspr. sie sind beim Juden verpfändet worden. Die Wndg. brauchte man auch lit., z. B. ist sie im ‚Theatrum Diabolorum‘ (404[a]) bezeugt.
‚Kleider machen Leute‘. Scherzhafte Variante: ‚Kleider machen Leute und Lumpen machen Läus‘.
Das Sprw. begegnet auch in lit. Texten, z. B.: bei Gottfried Keller u. Robert Walser, die es als Titel verwendeten. Aber auch im volkstüml. Erzählgut hat es seinen Niederschlag gefunden, so auch in der Erzählung von einem Gelehrten (AaTh. 1558), der in seinem Alltagsgewand über den Markt geht u. feststellt, daß ihn keiner grüßt. Erst als er im Festornat erscheint, zieht jeder den Hut. Wütend geht er heim, zieht sich aus, tritt auf die Kleider u. fragt: „Bistu dann der Doctor, oder bin ich er?“

Lit.: *G. Jungbauer:* Art. ‚Kleid‘, in: HdA. IV, Sp. 1458–1512; *A. Fink:* Art. ‚Kleid, Kleidung‘, in: HRG. II. Sp. 860–864; *H. Gerndt:* Kleidung als Indikator kultureller Prozesse, in: Schweiz. Arch. f. Vkde. 70 (1974), S. 81–92; *G. Böth:* Kleidungsforschung, in: R. W. Brednich (Hg.): Grundriß der Volkskunde (Berlin 1988), S. 153–169; *P. Reinacher:* Die Sprache der Kleider im literarischen Text (Bern u. a. 1988); *H.-J. Uther:* Art. ‚Kleid‘, in EM. VII (in Vorbereitung).

klein. *Klein beigeben:* nachgeben, sich fügen. Die Rda. ist vom Kartenspiel hergenommen und beschreibt urspr. die Situation, in der ein Spieler den hohen Karten seines Gegners, da er sie nicht zu übertrumpfen vermag, nur kleine, d. h. geringwertige beigeben kann.
Etw. (nicht) klein kriegen: es (nicht) verstehen, es (nicht) begründen oder begreifen können; gemeint ist, daß man einen geistigen Sachverhalt (nicht) in seine Bestandteile zu zerlegen versteht. Urspr. ist die Rda. vom Holzhacken entlehnt (vgl. ‚etw.

kurz und klein schlagen', ↗kurz). Dagegen ist die Wndg. *jem. kleinkriegen:* ihn gefügig machen, kaum von dort herzuleiten; eher ist hier schon an einen in einer Auseinandersetzung unterlegenen Kämpfer zu denken, dessen Hochmut durch die Niederlage gedämpft, der also gedemütigt, ‚kleingemacht' worden ist (vgl. ndl. ‚iemand klein krijgen' oder ‚iemand klein maken'); entspr. die Wndg. *Er ist nicht klein zu kriegen.* Eine Rda. des 20. Jh. ist *klein und häßlich werden:* gefügig, unterwürfig werden, zurückstecken. ‚Häßlich' bezieht sich hier wohl auf den kläglichen Gesichtsausdr., vielleicht auch auf die ‚geknickte' Haltung eines Menschen, der eine energische Vorhaltung über sich ergehen lassen muß.

Klein, aber oho: von kleiner Gestalt, aber sehr leistungsfähig; ‚oho' als Ausdr. der Verwunderung ist hier als lobende Äußerung zu werten.

Die Rda. *klein, aber fleißig* beruht auf der Beobachtung, daß, wer klein von Wuchs ist, mit seinen kürzeren Beinen mehr Schritte machen muß, um eine ‚gleiche' Strecke hinter sich zu bringen. Es liegt in der Rda. also die gleiche Anerkennung wie in ‚oho'! Ähnl. ‚Klein, aber fein'.

Klein haben bzw. *nicht klein haben* sind Verkürzungen aus ‚Kleingeld haben' bzw. ‚kein Kleingeld haben'.

Klein müssen: harnen müssen, ist ebenfalls eine Verkürzung , und zwar steht es statt ‚kleine Notdurft' bzw. ‚kleiner Wunsch', ‚kleines Geschäft' oder ähnl. verhüllender Redewendungen.

Kleinholz. *Kleinholz aus etw. machen:* etw. zertrümmern, zerstören. Der Ausdr. ist vom Holzhacken hergenommen, am geläufigsten ist er in der Form einer Drohung: ‚Ich mache Kleinholz aus dir!' oder ‚Aus dem mache ich Kleinholz'. Vgl. frz. ‚faire de quelqu'un du petit bois': einen verprügeln.

Von *Kleinholz machen* spricht man auch bei der Fliegerei und meint damit, daß jem. beim Landen das Flugzeug zu hart aufsetzt, so daß es zu Bruch geht. Hier ist zunächst an die Segelflugzeuge zu denken, die früher aus Holz (jetzt meist aus Kunststoff) gefertigt sind; später allg. zur Umschreibung von Bruchlandungen.

Auch beim Ski-(Schi-)Laufen kann man ‚Kleinholz' machen, ‚Ski-Salat' oder ‚Spitzensalat'.

Klemme. *In der Klemme sitzen (sein):* sich in einer schwierigen Lage befinden, in Not und (Geld-)Verlegenheit sein; ndd. ‚in'e Kniep sitten'. Die Rda. stammt wohl ebenso wie mdt. ‚in die Kloppe (d. i. ‚Kluppe' = gespaltenes Stück Holz) kriegen' vom Vogelfang, bei dem neben Leimruten auch gespaltene Holzstäbchen benutzt wurden; vgl. Wilhelm Busch 1872 in der ‚Frommen Helene':

Schlupp sitzt er (der Frosch) in der Butterbemme
Ein kleines Weilchen in der Klemme.

‚In die Klemme geraten'

Vgl. ‚auf den Leim gehen', ↗Leim. Während für ‚Kluppe', ‚Kloppe' diese Herleitung gesichert erscheint („Sie worden dutzendweise gehenckt, wie man die Vogel in Kloppen henkt an die Bäume", Wintzenberger, ‚Wahrhaft Geschicht', 1583, S. 22), ließe sich bei Klemme auch an eine Übertr. der Bdtg. ‚geklemmter Zustand' denken, vgl. erzgeb. ‚Ich stak in der Klemm wie a Schrutsag' (Schrotsäge).

Vgl. frz. ‚être dans de beaux draps' (euphemist.: in schönen Bettlaken liegen) oder ‚être dans de mauvais ...' oder ‚... vilains draps' (wörtl.: in schlechten Bettlaken liegen) oder auch ‚être dans le pétrin' (wörtl.: im Teig sitzen). Andere Abwandlungen der Rda. sind: *in die* (oder *eine*) *Klemme*

geraten und *jem. aus der Klemme ziehen;* vgl. ‚jem. aus der ↗Patsche ziehen'.
Vgl. frz. ‚sortir quelqu'un du pétrin' (aus dem Teig ziehen).

Lit.: *L. Röhrich* u. *G. Meinel:* Rdaa. aus dem Bereich der Jagd und der Vogelstellerei, S. 321.

Klette. *Jem. wie eine Klette anhängen, sich wie eine Klette an jem. hängen* sind rdal. Vergleiche, die man auf eine Person anwendet, die durch ihre große Anhänglichkeit belästigend wirkt (vgl. ndl. ‚iemand aanhangen als een klis'; engl. ‚to stick to a person like a bur', ‚to hang on a person like a bur'; frz. ‚être collant comme une teigne'). Die Schwierigkeit, eine Klette abzustreifen, die sich mit ihren hakenförmigen Stachelspitzen in einem Kleidungsstück verfangen hat, ist hier auf einen Menschen bezogen. Ebenso: *aneinanderhängen (zusammenkleben) wie die Kletten:* fest zueinander stehen, unverbrüchlich befreundet sein, zusammenhalten. Vgl. ndl. ‚Zij hongen als klissen aan malkander (elkander)'. Lit. bereits bei Fr. v. Logau: „einer war des andern Klette" (Salomons von Golaw deutscher Sinngetichte drei tausend (Breslau 1654), 3, 6, 10, S. 100). Wenig bekannt ist die Rda. *jem. eine Klette anhängen:* ihm etw. Übles nachsagen, ähnl. *einem eine Klette in den Bart werfen,* lit. bereits bei den Minnesängern:

bezzert er mir niht, ich wirfe im
einen stein in sine garten und
eine klette in den bart

(MSG 3, 104[b]). Ähnl. heißt es im Fastnachtsspiel: „beschreit mich, wirft mir kletten an" (Fastnachtsspiele d. 15. Jh., ges. u. hg. v. A. Keller [Stuttgart 1853], 269, 13), oder: „dann wo ich wirf mein kletten an, die hangen fast, das macht mein gelt" (ebd. 262, 19).

Klinge. *Eine gute Klinge schlagen:* gewandt, wendig sein, auch: seinen Mann stehen beim Reden, beim Essen usw.: *eine scharfe Klinge führen* (oder *schlagen*): in Wort und Schrift scharf auftreten; *mit jem. die Klinge kreuzen:* eine Auseinandersetzung mit jem. haben; vgl. frz. ‚croiser le fer avec quelqu'un'.
Bei der Klinge bleiben: bei der Sache bleiben; alle diese Rdaa. entstammen der Fechtersprache. Der Bezug kommt noch deutlich zum Ausdr. in Lessings ‚Nötiger Antwort' (Schriften, hg. v. Lachmann, Bd. 10, S. 239): „Endlich scheinet der Herr Hauptpastor ... nach so langem ärgerlichen Aufheben, welches nur bei der schlechtesten Art von Klopffechtern im Gebrauch ist, zur Klinge kommen und bey der Klinge bleiben zu wollen".
Jem. über die Klinge springen lassen: ihn töten: diese grausam-humorige Umschreibung verwendet das Bild der Hinrichtung durch das Schwert. Strenggenommen ist es nur der Kopf, der über die Klinge springen muß, während der übrige Körper darunter bleibt. Luther trifft den Vorgang des Köpfens noch genauer, wenn er schreibt: „... die ihm den Kopf über eine kalte Klinge hatten hüpfen lassen". Der urspr. Sinn der Rda. wurde offenbar schon zu Beginn des 18. Jh. gelegentlich mißverstanden, denn in einem fröhlichen ‚Feld- und Bauernliedlein' aus dem Span. Erbfolgekrieg heißt es:

Mit der Klingen
Mach ich oft springen
Franzosen gar vil ...
Sie stehen nit still.

Vgl. ndl. ‚iemand over de kling jagen'; frz. ‚faire passer quelqu'un au fil de l'épée'; engl. ‚to put a person to the edge of the sword'. Die Rda. ist in gleicher Form und mit gleicher Bdtg. auch für Dänemark und Schweden bezeugt.

klingeln. *Es hat geklingelt:* es hat sich etw. Wichtiges ereignet, man ist gewarnt; auch i. S. v. ‚Bei ihm ist der ↗Groschen gefallen'. Ähnl. ‚Jetzt hat's geklingelt', jetzt ist die Geduld zu Ende. *Bei ihr hat es geklingelt:* die Frau ist schwanger geworden. Die erst im 20. Jh. aufgekommene Rda. ist eine Variante zu ‚Der Storch hat angerufen'.

Klinke. *Klinken putzen:* betteln (hausieren) gehen. Die Rda. entstammt dem Rotw. des ausgehenden 19. Jh. Die scherzhafte Wndg. besagt, daß durch das häufige Erscheinen der Bettler die Türklinken blankgewetzt werden. Eine Herleitung von urspr. ‚Klingen putzen' im Zusammenhang mit dem ‚Fechten' oder ‚Fechtengehen' der wandernden Handwerksburschen wirkt dagegen zu umständlich. Die schles. Wndg. ‚Klinken schlagen gehen' bedeutet: Geld borgen, aber auch: beschäftigungslos umhergehen, müßig gehen. Damit in Zusammenhang stehen auch die Rdaa. *ein Klinkenputzer, ein Klinkenschlager sein*. Mathesy (357[b]) verurteilt solche Bettler und schreibt: „Klingschlaher, Müssigganger, die nichts studieret, noch sonst etwas redliches gelernt haben".

klipp. Die stabreimende Zwillingsformel *klipp und klar* ist eine Verstärkung des Wortes ↗klar und bedeutet: ganz klar, sehr deutlich, unmißverständlich. Die Formel ist in der Schriftsprache so jung, daß sie Rud. Hildebrand 1873 im Dt. Wb. der Brüder Grimm noch nicht anführt. Doch ist sie um die gleiche Zeit bei Paul Heyse bezeugt: „Die (Erbfolge) ist doch klipp und klar" (Ges. W., 1873 ff., Bd. 10, S. 298). Schon im Ausgang des 18. Jh. ist sie dagegen in ndd. Mdaa. nachweisbar: 1781 ‚klipp un klaor'. Im Schlesw.-Holst. begegnet neben ‚klipp und klaar' häufiger ‚klapp un klaar', völlig fertig, in Ordnung, das wohl auf den Zuschlag beim Viehhandel zurückgeht, wobei in die Hände geschlagen wird. Die ältere Verbindung von ‚klipp' und ‚klapp', die schon Luther geläufig war, ist heute u. a. noch im Köl. bekannt. Klipp gehört zu ‚klippen', das wiederum eine Ablautform zu ‚klappen' ist; so auch in der Wndg. *Es will nicht klippen und nicht klappen:* es will ganz und gar nicht gelingen; ↗klappen.

Kloß. *Einen Kloß im Hals (stecken) haben:* eine gutturale Singstimme haben, gepreßt singen, schlecht singen, undeutlich sprechen: die Rda. ist seit dem Ende des 19. Jh. theatersprachl. bezeugt. Statt der Rda. gebraucht man jedoch meist das sinngleiche Verb ‚knödeln'; einen Tenor mit gutturalem Akzent nennt man entspr. ‚Knödeltenor'.
Vgl. frz. ‚avoir des chats dans la gorge' (wörtl.: Katzen in der Kehle haben): heiser sein, ↗Frosch. Jem., der ein durch die Erregung verursachtes würgendes Gefühl in der Kehle spürte, kann aber auch sagen: Mir war zumute, als hätte ich *einen Kloß in der Kehle*.

Kloßbrühe ↗klar.

Klosterkatze. Sprww. und Rdaa. von der Klosterkatze sind im 16. Jh. sehr geläufig gewesen, z. B. ‚Die Klosterkatz hat's von den Herren gelernt, sie frißt mit beiden Backen'; ‚Klosterkatzen haben besser zu leben als viele Kinder'; ‚Klosterkatzen sind geil und lassen nicht lange bus, bus rufen'. Schon Seb. Brant hatte in seinem ‚Narrenschiff' von 1494 beißende Kritik am Kirchenwesen seiner Zeit geübt; Kap. 73 heißt es dort ‚vom geystlich werden':

Solch Klosterkatzen sind gar geil,
das schafft, man bindt sie nicht an Seil.

Auch Hans Weiditz hat eine Klosterkatze gezeichnet. Mit riesigem Rosenkranz zwischen den Pfoten schnurrt sie ihre Gebete ab, bewundert vom Mönchlein und von gutgläubigen Frauen. Niemand schenkt der Schlüsselübergabe an Petrus Beachtung, von der doch Papst und Priesterschaft ihren Machtanspruch ableiten.

‚Klosterkatze'

Bei dem Ausdr. ‚Klosterkatze' handelt es sich um eine verhüllende, satir. Bez. für den Mönch, der im Kloster nur das Wohlleben sucht. Im urspr. Sinne ist er u. a. auch belegt in einer Erzählung eines ehemaligen Mönches, der aus seinem Leben im Augustinerkloster in Colmar erzählt (um 1701) u. später zum Protestantismus übertrat: „ich muste bei der nachtmahlzeit statt an der tafel auf der erden im convent sitzend vor allen andern mit weniger suppe und wasser vorlieb nehmen. als (ich) nun selbige in gröster continence asze, kam eine der klosterkatzen ins convent, machte sich bei mir (neben mich), hekelte mit einer lächerlichen art die suppenschnitten aus dem schüsselein, welches ich vor mir hatte, heraus, dorfte ihr aber nicht wehren (darum heiszet es an dem katzentisch speisen)" (Joh. Balthasar Schäfer, ,Der unter der Mönchskappe ehemals versteckt gewesene Tanzmeister', S. 18), ↗Katze.

Klotz. *Einen Klotz am Bein haben:* stark behindert sein, in der Bewegungsfreiheit gestört sein, auch: verheiratet sein (von einem Mann gesagt), ein uneheliches Kind haben (von einer Frau gesagt); der Klotz oder ,Block' ist ein unförmiges Stück Holz, manchmal sogar eine schwere Eisenkugel, die einem Strafgefangenen an das Bein gekettet wurde, um ihm eine Flucht unmöglich zu machen; vgl. frz,. ,avoir un boulet (Kanonenkugel) au pied'. Ein Klotz wurde auch unruhigen Tieren ans Bein gebunden, um sie am Ausbrechen zu hindern u. damit sie sich nicht vom Weideplatz entfernen konnten (vgl. ndl. ,een blok aan het been hebben'). Dieses Bild wurde dann auf den Menschen übertragen, ↗Knüppel.

Kluft. *Sich in Kluft werfen (schmeißen):* sich gut kleiden, sich herausputzen; das Wort Kluft leitet sich aus dem Jidd. ,Keliphas' (= Schale) her und bedeutet rotw. auch ,Kleidung' (vgl. ,Gala' und ,Schale').

Klump. *Etw. (in) zu Klump(en) hauen* (oder *schlagen, schießen* usw.): etw. zerstören, vernichten, völlig unbrauchbar machen; Klump ist ein ndd. Wort und bedeutet ,Klotz' oder ,Kloß'. Die Rda. meint also eigentl.: etw. völlig zusammenschlagen, ↗,Kleinholz aus etw. machen', ,etw. kurz und klein schlagen'; sie ist seit dem 19. Jh. bekannt.
Lautmalerisch davon abgeleitet ist das Wort ,Klumpatsch' (wieder der tsch-Laut wie Matsch, Klatsch): ,Bau doch nicht alles auf einen Klumpatsch, laß doch ein bißchen Luft dazwischen!' Negativ: „... er hat alles in'n Klumpatsch gehauen'.

Knall. Der Ausdr. *Knall und Fall:* augenblicklich, äußerst schnell, plötzlich, unerwartet, entstammt der Jägersprache; gemeint ist: so schnell, wie das vom Jäger getroffene Wild nach dem Knall der Büchse niederfällt. „Es machen wie die Wildschützen, da Knall und Fall ein Ding ist" (Joh. Balth. Schuppius, Schriften, 1663, S. 21). Im urspr. Zusammenhang finden wir die Rda. noch in Grimmelshausens ,Simplicissimus' (Kap. 9): „Aber ehe er sich's versahe, hatte ich die Pfanne offen und wieder angeschlagen, hieß ihn auch dergestalt willkommen sein, daß Knall und Fall eins war". Und an anderer Stelle (Kap. 18): „... da prasselten die Kerl haufenweis herunter, Knall und Fall war eins". Lessing muß der Realursprung der Rda. noch geläufig gewesen sein, wenn er in der ,Emilia Galotti' (IV, 1) schreibt: „Er schoß Knall und Fall den einen nieder". Allerdings finden wir die Rda. in Lessings ,Nathan' (III, 10) bereits in übertr. Bdtg.:

> Was hieß denn das, daß Ihr so Knall und Fall
> Euch aus dem Staube machtet?

Der Urspr. der Rda. ist heute allg. in Vergessenheit geraten. Das beweisen Wndgn. wie ,jem. Knall und Fall entlassen' und ,es kam alles Knall und Fall' oder gar ,Knall auf Fall' in Anlehnung an den Ausdr. ,Schlag auf ↗Schlag'.
Dabei handelt es sich um eine gedankenlose Weiterbildung, da der Fall dem Knall vorausgeht u. nicht nachfolgt, wie die Rda. anzudeuten scheint.
Einen Knall haben: verrückt sein. Diese Rda. ist bes. in Mittel-, Nord- und Westdtl. gebräuchlich. Berl. ist die Rda. ,Hast wol 'n Knall?', du bist wohl verrückt. Knall als kurzer, lauter Schall meint hier wohl einen kräftigen Schlag gegen den Kopf und den dadurch bewirkten Gehirnschaden; davon abgeleitet ist das Schimpfwort *Knallkopf* für einen dummen, verrückten Menschen.

Lit.: *E. Wülfing:* ,Knall auf Fall?', in: Zs. f. d. U. 18 (1904), S. 68–69; *L. Röhrich* u. *G. Meinel:* Redensarten aus dem Bereich der Jagd und der Vogelstellerei, S. 313–323.

Knalleffekt. *Das ist der Knalleffekt bei der Sache:* das ist das Überraschende, die verblüffende Wirkung, die unerwartete Wndg., der Höhepunkt, das Entscheidende bei der Sache; der Ausdr. ist seit dem frühen 19. Jh. lit. bezeugt, er ist von Feuerwerksvorführungen hergeleitet.

Knie. *Etw. übers Knie brechen:* etw. schnell, gewaltsam erledigen, etw. rasch abtun. Die Rda. beschreibt den Vorgang, daß man dünnes Holz oder Reisig, wenn man es rasch zerkleinern will, über dem gebogenen Knie zerbricht, statt erst nach einer Axt oder Säge zu greifen. Die übertr. Bdtg. der Rda. leuchtet sogleich ein, wenn man bedenkt, daß bei einem solchen Verfahren eine genaue Teilung des Holzes nicht möglich ist. Es entsteht dadurch der Nebensinn: etw. flüchtig bearbeiten. Bei Abraham a Sancta Clara lautet die Rda. noch „alles über die Knye abbrechen" (‚Reim dich' 247), sie ist jedoch wahrscheinl. noch erheblich älter. In seiner ‚Clavis germanico-latina' (173b) erklärt J. Dentzler 1697 „über ein Knie abbrechen / abrupte facere, praecipitanter agere"; mit ‚abbrechen' führt auch 1796 Adelung die Rda. an, und in bair. Mda. ist sie so noch in neuerer Zeit bezeugt. Dagegen meint die Feststellung *Das läßt sich nicht übers Knie brechen:* es ist nicht so leicht und rasch zu erledigen, Vorbereitungen und Anstrengungen sind nötig.

In die Knie gehen (brechen): schwach werden und zusammensacken, aufgeben, auch: in Ehrfurcht niederknien; in Zuckmayers ‚Schinderhannes' (2. Akt) heißt es rheinhess. „Hebst aus der falsche Schulter, un mußt in die Knie breche".

Vgl. frz. ‚avoir les jambes de laine' (wörtl.: wollene Beine haben): schwach werden.

Einem Menschen, der in einer bestimmten Situation einen dummen Vorschlag macht, was zu tun sei, antwortet man: *Du kannst dir auch ein Loch ins Knie bohren und mit Blei zugießen.* Bei dieser Redewndg. an urspr. Foltermethoden zu denken, ist sicher verfehlt; vielmehr soll die phantastische Aufforderung die Unsinnigkeit des gemachten Vorschlags charakterisieren.

Im Obersächs. umschreibt man mit der Wendung ‚jem. ein Loch ins Knie bohren' die bes. Hartnäckigkeit, die man aufwenden muß, um einen anderen zu überzeugen, um ihn zum Kauf, zu einem Vertragsabschluß zu überreden.

Lit.: *H. Bächtold-Stäubli:* Art. ‚Knie', in: HdA. IV, Sp. 1570–1572; *H. Hepding:* Art. ‚Knien', in: HdA. IV, Sp. 1572–1584.

Kniphausen. In Ostfriesland dient der Name eines Schlosses bei Wilhelmshaven zur Charakterisierung eines Geizigen in dem Scherzausdr. ‚He is von Kniphausen und Holtfast". ‚Kniphausen' wird mit dem Adj. ‚kniepig' = geizig, sparsam, um den Preis feilschen in Zusammenhang gebracht. ‚Holtfast' = Haltefest enthält ein Wortspiel mit den vielen ndd. Ortsnamen, die mit ‚Holt' = Holz beginnen.

knistern. *Es knistert im Gebälk:* ein Krach oder der Ausbruch einer Krise steht unmittelbar bevor, eine peinliche Affäre steht kurz vor ihrer Aufdeckung. Bei dieser Rda. wird an das Knistern und Knakken gedacht, das dem Einsturz eines Holzgebäudes unmittelbar vorausgeht. Die Wndg. mutet altertümlich an, da sie sich offensichtlich auf Holzbauten bezieht. Ungeklärt ist jedoch noch, ob sie nicht vielleicht der Sprache der Bergleute entlehnt ist, denn das Knistern der Holzausbauten in der Grube bedeutet heftigen Gesteinsdruck und signalisiert äußerste Gefahr.

Es beginnt (bereits) zu knistern: ein Liebesverhältnis bahnt sich an; wie Beobachter bemerken, nimmt die Anziehungskraft zwischen zwei Menschen so zu, daß sie sich bald wie eine Hochspannung funkensprühend entladen wird.

Knochen. Mit Knochen bez. man die menschlichen Beine, die Hände und auch allg. das Innerste, den Sitz der Kraft des Menschen. *Bis auf die Knochen:* völlig, durch und durch, so z. B. in der Wndg. ‚bis auf die Knochen naß werden'; vgl. frz. ‚jusqu'aux os'.

Die Knochen zusammenreißen: strammstehen, militärische Haltung annehmen, ist ein sold. Ausdr. ähnl. der Rda. ‚die ↗Hacken zusammenschlagen'. Eine wüste Drohung ist *jem. die Knochen zusammenschlagen* (oder *entzweischlagen*) *wollen;* vgl. frz. ‚briser les os de quelqu'un'; ebenso jem. verhauen, *daß er die Knochen im Sack nach Hause tragen kann;* ähnl. die Mahnung vor Beginn einer Schlägerei: ‚Laß deine Knochen numerieren!' *Das ging mir in die Knochen, das ist mir in die Knochen gefahren:* das hat mich tief, im Innersten getroffen, tief beeindruckt; hier liegt eine Parallelbildung zu ,in die ↗Glieder fahren' vor. *Das liegt mir schon lange in den Knochen* sagt man von einer körperlichen Krankheit oder Beschwerde, bei Rheumabeschwerden heißt es sogar: ,Das Wetter (oder der Wetterumschwung) lag mir schon lange in den Knochen'. Die Rda. *Die alten Knochen wollen nicht mehr* will deutlich machen, daß man nicht mehr auf der Höhe seiner Kraft ist. Hier werden die Knochen gewissermaßen als innerster Sitz der Kraft verstanden, ebenso in der Wndg. *Knochen ansetzen:* Kraft anwenden müssen; vgl. ndd. ,de Knaken angripen', angestrengt arbeiten. Im gleichen Sinne nennt man schwere Arbeit ,Knochenarbeit', sie ist ,knochenfressend'. Daher sagt man im Ndd., wenn eine schwere Arbeit nicht recht ,laufen' (gelingen) will: ,Do man biärten Knoakenfett dobie!'

Im Rheinhess. heißt es von einer Schwangeren scherzhaft: ,Sie hat Knochen im Leib'; von einem seit langem Verstorbenen heißt es dort: ,Mit seinen Knochen kann man (schon) die Äpfel (von den Bäumen) abwerfen'. Eine ähnl. Wndg. gilt als Drohung: *Mit deinen Knochen schmeiße ich noch Birnen vom Baume:* ich werde dich überleben.

Nichts als Haut und Knochen sein ↗Haut.

Die Knochen nicht mehr spüren: übermüdet, erschöpft u. gerädert sein.

Sich bis auf die Knochen blamieren: umg. Rda. für ein unangenehmes Mißgeschick. ↗Blamage, blamieren.

Lit.: *Pohl:* ,Mit eines Knochen die Nüsse abwerfen', in: Monatsschrift für die Gesch. Westdeutschlands 5 (1881), S. 648; *H. Bächtold-Stäubli:* Art. ,Knochen', in: HdA. V, Sp. 6–14.

knödeln ↗Kloß.

Knopf. *Knöpfe auf (vor) den Augen (statt der Augen) haben:* nicht genau hinsehen, nicht gut beobachten, so als ob die Augen zugeknöpft wären, womit sich auch die Aufforderung ,Knöpf deine Augen auf!', paß besser auf, erklärt. Vielleicht ist auch an die Knopfaugen der Stofftiere für Kinder zu denken, die nicht funktionsfähig sind. Die Rda. ist auch mdal. verbreitet, z. B. heißt es rhein. ,De hätt Knöpp op de Oge'. Ähnl. *Knöpfe in den Ohren haben:* etw. nicht hören (wollen); vgl. frz. ,avoir les portugaises ensablées' (umg.). (Wörtl.: Ihm sind die portugiesischen Austern [= Ohren] voll Sand.)

Knöpfe im Kopf haben: durchtrieben sein, ↗Grütze.

Sich (einem) einen Knopf in (an) die Nase machen: ein Erinnerungszeichen machen, damit man etw. Wichtiges nicht vergißt. Vgl. die Wndg. ,sich einen ↗Knoten ins Taschentuch machen'.

Knöpfe haben: viel Geld besitzen, vermögend sein. Die Knöpfe sind ihrer ähnl. Form wegen zur umg. Bez. für Münzen geworden. Vielleicht stammt der Vergleich aber auch von den Silbermünzen, die früher von Wohlhabenden als Knöpfe an der Kleidung (Tracht) getragen wurden.

Etw. für einen Knopf und einen Klicker abgeben: etw. für einen geringen Gegenwert, für nichts abgeben, ist mdal. in Rheinhess. bezeugt (vgl. ,für einen ↗Apfel und ein Ei'). *Den letzten Knopf springen lassen:* den letzten Pfennig ausgeben. Der Knopf steht oft auch für das Nichtige, Wertlose, daher: *keinen (Hosen-)knopf wert sein:* gar nichts wert sein, bedeutungslos sein.

Ähnl. auch: *Keinen Knopf (nicht einmal einen Knopf) erhalten haben:* nichts, rein gar nichts, keinen Pfennig. Die Wndg. bezieht sich auf die früheren Opfergänge bei Kommunionen u. Totenmessen, bei denen Geld gespendet wurde u. nicht selten auch Hosen- oder Wamsknöpfe in den Opferstock gelangten. Wenn gar nichts drin war, hieß es dann: ,nicht einmal ein Knopf'. Später wurde die Rda. auf andere Dinge übertragen und stellvertretend für nichts u. gar nichts gebraucht – ähnlich wie die Wendung ,keinen roten ↗Heller'.

,Jemandem Geld abknöpfen': ihm Geld abnehmen. *Er läßt sich die Knöpfe vom Rocke herunter stehlen:* er ist ein gutmütiger Kerl, der alles mit sich machen läßt. *Er vertut den letzten Knopf:* er macht sich arm. *Er hat Knöpfe ohne Ösen gemacht:* er hat Falschmünzerei getrieben.

Den Knopf auf dem Beutel haben: die eigene oder auch die fremde Kasse beherrschen, die Mittel besitzen, um sich zu sichern. Ähnl. *einem den Knopf auf den*

Beutel halten: ihn am leichtsinnigen Geldausgeben hindern.

Eins hinter die Knöppe gießen: einen hinter die ↗Binde gießen, trinken.

Sich etw. an den Knöpfen abzählen: eine Entscheidung, die Bestätigung durch ein Orakel gewinnen. Dieser Brauch hat auch im modernen Schlager seinen Niederschlag gefunden:

Ich zähl' mir's an den Knöpfen ab.
Ja – nein, ja – nein, ja.
Ob ich bei dir Chancen hab' ...

Umg. steht Knopf oft für ‚Mensch', ‚Kerl', z. B. ‚ein ulkiger (gediegener etc.) Knopp'. Die obersächs. Beteuerungs- und Verwunderungsformel ‚Weeß Kneppchen' ist aber wohl eine Entstellung aus ‚(Das) weiß Göttchen!' Unter Knopf versteht man meistens den kleinen, dicken Kerl, den heranwachsenden Buben. So bedeutet die schwäb. Rda. ‚Der Knopf geht auf', der Kleine wächst, wobei Knopf auch anstelle von Knospe stehen kann. Dies ist der Fall bei der schweiz. Wndg. ‚Er hat der Chnopf uf tho', er fängt plötzlich an zu wachsen, eigentl. die Knospe entfaltet sich.

So heißt es auch von einem jungen Mädchen, das sich gut entwickelt hat, *der Knopf ist ihm gesprungen* (Bad. Wb. III, 190) oder wenn es noch unreif ist: *Noch nicht alle Knöpfe dran haben.* Die oberösterr. Rda. ‚Der Knopf is iem afgange' bedeutet dagegen: es ist ihm klargeworden, er beginnt zu begreifen.

‚Es gibt Knöpfle' bedeutet dagegen im Schwäb.: es gibt handgemachte Spätzle zu essen.

‚Jem. einen Knopf an den Backen nähen wollen' (Köln. mdl.) (meist gebraucht in der abwehrenden Form ‚du willst mir wohl einen Knopf ...?'): jem. anlügen, für dumm verkaufen wollen.

‚De söcht en Knoop un findt en Daler' heißt es ndd. von einem Glückspilz.

Lit.: *P. Beck:* Zu der Entstehung der Rda.: ‚Keinen Knopf', in: Euphorion 7 (1900), S. 585–586; *E. Brabandere:* ‚Koben knopt zijn knopen', in: Biekorf 21 (1910), S. 95; *G. Jungbauer:* Art. ‚Knopf', in: HdA. V, Sp. 14–16; Münzen in Brauch u. Aberglauben, hg. v. German. Nat.mus. Nürnberg (Mainz 1982), S. 222.

Knopfloch. *Aus allen Knopflöchern schießen* ist eine scherzhafte Redewndg. aus der Soldatensprache und bedeutet dasselbe wie ‚aus allen Rohren schießen': sie ist spätestens seit dem 1. Weltkrieg geläufig. Später wurde *aus allen Knopflöchern* auch in anderem Zusammenhang allg. gebräuchl., z. B. ‚vor Faulheit aus allen Knopflöchern stinken', ‚aus allen Knopflöchern grinsen', ‚aus allen Knopflöchern schwitzen' usw. (↗weinen). ‚Bei ihm blinzelt der Zaster aus allen Knopflöchern', er ist sehr wohlhabend; ‚ihm guckt die Dummheit aus allen Knopflöchern', er ist sehr dumm; ‚ihm guckt der Kohldampf aus allen Kopflöchern', er ist sehr hungrig.

Knoten. *Die Sache hat einen Knoten:* ist schwer zu lösen, hat eine Schwierigkeit. Der Ausdr. ist sinnverwandt mit der Rda. ‚Die Sache hat einen ↗Haken'; vgl. frz. ‚L'affaire a un os' (umg., wörtl.: Die Sache hat einen Knochen). Die Wndg. ‚Da liegt der Knoten', d. h. die Hauptschwierigkeit, erscheint bereits in der Erlanger Ausg. (25, 66) von Luthers Schriften.

Den (gordischen) Knoten durchhauen (oder *lösen*): eine Schwierigkeit, ein Hindernis durch eine energische Handlung beseitigen, ein Problem ‚mit einem Schlag', auf gewaltsame Weise lösen; die Rda. geht auf einen Bericht von den Taten Alexanders des Großen zurück. Ein bes. kunstvoll verschlungener und für unentwirrbar gehaltener Knoten lag im Jupitertempel der Stadt Gordium in Phrygien. Einem Orakel zufolge würde derjenige, der den Knoten zu lösen verstünde, die Herrschaft über Asien erlangen. Diesen Knoten soll Alexander 333 v. Chr. mit dem Schwert zerhauen haben (Curtius, Hist. Alexandri Magni III, 1, 15 ff.; vgl. Justin IX, 7, 13 ff.). Vgl. engl. ‚to cut the

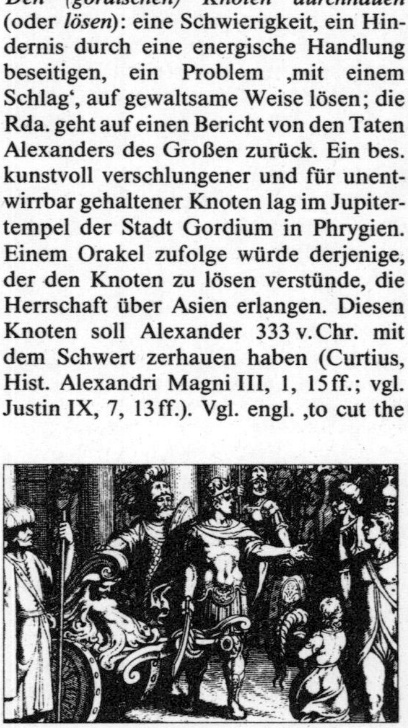

‚Den gordischen Knoten durchhauen'

Gordian knot'; frz. ,trancher le nœud gordien'; ndl. ,de knoop doorhakken'.

Der Knoten reißt (ist gerissen): die Schwierigkeit löst sich, der Verstand bricht durch, die Hemmung im Wachstum, in der geistigen Entwicklung ist überwunden; das Gegenteil meint die Wndg. *Der Knoten ist noch nicht gerissen.*

Sich einen Knoten ins Taschentuch machen (Schnupftuch binden): sich ein Erinnerungszeichen machen, indem man eine Ecke des Tuches verknotet, um beim Gebrauch sofort an etw. erinnert zu werden, was man nicht vergessen darf. Die Rda. kann heute isoliert von dieser Handlung gebraucht werden und meint dann, daß man sich bestimmt erinnert, daß man etwas Wichtiges auf keinen Fall vergessen wird (soll). Die Wndg. begegnet deshalb zumeist in der imperativischen Form: ,Mach dir einen Knoten ins Taschentuch!' oder als Beruhigung: ,Ich werde mir einen Knoten ins Taschentuch machen'. Vgl. frz. ,faire un nœud à son mouchoir'. Knoten heißt ndd. ,Knüpp'. ,Mach dir'n Knüpp (Knoten) ins Taschentuch'; und daraus wurde: ,Mach dir'n Knüpp ins Ohr!', auch wohl: ,Schreib dir's hinter die Ohren!' Dabei legte man das Ohrläppchen in den Gehörgang ... (Wenn's zurücksprang, war auch das Nachgefühl eine Mahnung).

Sich einen Knoten in die Beine machen: die Beine einziehen, oft als scherzhafte Bemerkung von einem gebraucht, dessen lange Beine andere stören, und dann meist in der Negation und in gespielter Verzweiflung: ,Ich kann mir doch keinen Knoten in die Beine machen!'

Lit.: *Aly:* Art. ,Knoten', in: HdA. V, Sp. 16ff.; *L. Schmidt:* Der gordische Knoten und seine Lösung, in: Antaios Bd. I, 4, S. 305–318. *W. Burkert:* Art. ,Gordischer Knoten', in: EM. V, Sp. 1402–1404.

Knüppel. *Jem. einen Knüppel zwischen die Beine (in den Weg) werfen:* jem. hemmen, ihm Schwierigkeiten machen, jem. (im übertr. Sinne) am Fortkommen hindern. Das Bild dieser Rda. ist deutlich und bedarf keiner weiteren Erklärung. vgl. frz. ,mettre à quelqu'un des bâtons dans les roues' (wörtl.: jem. Knüppel in die Räder werfen).

Der Knüppel (Knüttel) ist an den Hund gebunden: eine Sache geht schlecht voran, ist gehemmt, ,hat einen ↗Haken'; ähnl. wie dem Vieh auf der Weide, so band man auch dem Hofhund ein grobes Stück Holz mit einer Leine an den Hals, das ihm beim Laufen fortwährend an die Beine schlug und verhinderte, daß er etwa den Hühnern oder der Katze nachstellte, er war ,gebengelt'. Ähnl. zu verstehen ist die Rda. *Der Knüppel liegt beim Hund:* es gibt ein Hindernis, denn eine Sache hat eine notwendige Folge, so wie der Knüppel, der neben ihm liegt, für den Hund eine drohende Strafe darstellt. Luther kennt die Wndg. „Es wird der Knüttel bei den Hund gelegt". Burkard Waldis (gest. 1556) schreibt in einem Streitgedicht gegen Herzog Heinrich den Jüngeren von Braunschweig:

> Sein bestes Haus des griff wir an
> Vnd des do heißet Wolffenbüttel;
> Beim Hund do lag schon der Knüttel;

und in seiner Fabel vom Wolf und dem Lamm (,Esopus' 2,35f.) heißt es sprw.:

> Wenn man gern schlagen wolt den Hundt,
> Findt sich der Knüppel selb zur Stundt.

Vgl. ,den ↗Hund vor dem Löwen schlagen'.

Einen Knüppel am Bein haben ist eine Parallelbildung zu ,einen ↗Klotz am Bein haben', oft scherzhaft für: eine Ehefrau haben und deswegen etw. nicht dürfen.

Den Knüppel aus dem Sack lassen: seine wahren Absichten erkennen lassen, in Anlehnung an KHM. 36: ,Tischchen deck dich, Goldesel und Knüppel aus dem Sack'.

Einen flotten (oder *unerhörten*) *Knüppel schlagen:* das Schlagzeug hervorragend spielen; diese Rda. ist in den fünfziger Jahren dieses Jh. in Teenager-Kreisen bes. beliebt gewesen, ist aber vermutl. älter, denn die Musik der ,Spielmannszüge' (nur aus Trommeln und Pfeifen) nannte man bereits vorher ,Knüppelmusik'.

Knüppel dient als modische Verstärkung in manchen modernen Ausdrücken, wie in ,knüppeldick', knüppelhart', ,knüppelsatt' usw.

Kober. *Zu tief in den Kober greifen:* anmaßend sein, sich zuviel herausnehmen, aufschneiden. Kober ist (nach Umstellung

des r) ein altes Wort für Korb, insbes. der Rückentragkorb (↗Hucke), der bildl. auch für den Rücken selbst steht. Mit seiner Ersetzung durch neue Ausdrücke schwand auch die Rda., die heute fast unbekannt ist. In einer Zwickauer Chronik von 1633 steht: „Dieser unverschembte Mönch greift auch alhier zu sehr im Kober, wie man sagt, daß er an der küpfern Tafel sagt, welche doch bleiern gewesen".
Einen Kober auf dem Rücken haben: euphemist. Umschreibung für bucklig sein.
Einem ein Koberlied singen: ihn tüchtig verprügeln.
Verallgemeinernd steht Kober auch für Leib. In übertr. Sinne *etw. in den Kober tun:* schwängern. So bei Picander (2,314):

Der Großknecht führt die Magd ins Heu
und legt sich an den Schober.
Schatz, bist du mir nicht stets getreu,
tu ich dir was in Kober.

Kobold. *Einen Kobold haben:* einen heimlichen Helfer besitzen, der alle Arbeit rasch und gut vollenden hilft, der für Gedeihen, Wohlstand und Glück im Hause sorgt. Nach dem Volksglauben ist der Kobold ein Hausgeist, der gern einen Schabernack spielt, lärmt und poltert, der aber auch das Haus bewacht, Diebe und Unheil ankündigt, gute Ratschläge erteilt, das Vieh versorgt und gedeihen läßt. Er verrichtet bestimmte Arbeiten im Haus und im Stall und muß für diese Dienste belohnt werden. Von einer Magd, der die Arbeit bes. rasch von der Hand geht, sagt man deshalb noch heute scherzhaft, daß sie einen Kobold haben müsse, ebenso von einem, dessen Wohlstand sichtlich zunimmt.
Aus der volkstüml. Hausgeistüberlieferung sind vor allem die Wesenszüge der Lustigkeit und Neckfreude, beflissenen Hilfe und Wohlstandsmehrung sowie Kleinwüchsigkeit und Kretinhaftigkeit sprw. geworden.
Seit dem 17. Jh. verbreitet ist der rdal. Vergleich *‚lachen wie ein Kobold'*. Er verweist auf das Gelächter, das die Hausgeister nach gelungenen Streichen und üblen Scherzen an Menschen lauthals ausstoßen sollen.
‚He lacht as 'n Kobbold' war in Mecklenburg eine gebräuchliche Charakterisierung.
Ebenfalls auf die Neckfreude der Hausgeister gehen die beiden regionalen Rdaa. ‚jem. 'nen Puuks maken' (= jem. einen Streich spielen; Meckl.) und ‚ein Kerl sein wie der Poppele' zur Umschreibung eines neckischen Menschen (der ‚Poppele' ist ein schwäbischer Hausgeist) zurück.
‚Du Kobold' war in Pommern ein gegen Schalkhafte gerichtetes Schimpf- oder Scheltwort.
Wenn man in seinem Haus etw. verlegt hatte oder etw. nicht wiederfand, so erklärte man das scherzhaft: ‚Dat hett de Puuks haalt' (das hat der Hausgeist geholt; cf. Wossidlo, Mecklenburgische Sagen, 2.1939, Nr. 819).
Mit ‚Du hest woll 'nen Puuks in 'n Liw' (den Kobold im Leib haben) oder ‚Du hast woll 'ne Brummfleeg in dinen Stäl' (den Kobold im Harkenstiel haben) kommentierten mecklenburgische Tagelöhner ungewöhnliche Arbeitsleistungen oder übereifriges Arbeiten ihrer Kollegen (cf. Wossidlo, Mecklenburgische Sagen, 2.1939, Nr. 819 u. Nr. 837). *Den Kobold im Leib haben* bedeutet auch: immens viel essen können.
Pejorativ akzentuiert ist die Redensweise ‚Den'n bringt de Puuks watt – dee hett 'n Puuks' (cf. Wossidlo, Mecklenburgische Sagen, 2.1939, Nr. 819); unredlich erworbener Reichtum wird hier unterstellt. Die Vorstellung vom Güter zutragenden, diebischen Kobold ist dem slawischen Hausdrachenglauben entlehnt und diabolisiert worden; verbreitet war sie vor allem im protestantischen Nord- und Ostdeutschland.
Auffallend kleine Menschen wurden früher als Kobolde paraphrasiert: ‚Dat is so n lütten Puuks' oder ‚Dat is so 'n lütten Kobold' (cf. Wossidlo, Mecklenburgische Sagen, 2.1939, Nr. 819).
Wenn ein Kind auffallend kleine Fußtapfen hinterließ, so kommentierte man dies im Vogtland sprichwörtlich mit ‚Du bist ja ein Heugütel' (‚Heugütel' war dort der Gattungsname für Hausgeister).
„Hi glüüret üs en Puk" (er schaut wie ein Puk/Kobold; cf. Müllenhoff, Schleswig-Holstein, N. 1921, Anm. 499) war auf Sylt eine anspielend-verhüllende Rda. gegen-

über neugierigen Menschen. Nach Auffassung der Sylter habe der Hausgeist (Niß Puk) sehr große Augen, die sinnbildlich für dessen beobachtende Omnipräsenz stehen.
Mit dem Ausklingen der Hausgeisttradition verschwanden auch die Verwendungsmöglichkeiten der o. a. sprw. Rdaa. und Redewendungen. Die fehlenden Referenzbedingungen lassen diese mehr und mehr unverständlich werden und verhindern so eine lebendige Tradition und Kontinuierung dieser sprw. Redeformeln. So kann die Aussage des bei Wander verzeichneten Sprw. ‚Einer ist des andern Kobold und Katermann' nur vermutet werden.
Im heutigen Sprachgebrauch werden mit ‚Hausgeist' Hausangestellte und mit ‚Heinzelmännchen' (oder variiert: ‚Heinzelmädchen') Privatsekretärinnen paraphrasiert.

Lit.: *L. Weiser-Aall:* Art. ‚Kobold', in: HdA. V, Sp. 29–47; *R. Knopf:* Der feurige Hausdrache (Diss. Berlin 1936); *A. Johansons:* Der Schirmherr des Hofes (Stockholm 1964); *E. Lindig:* Hausgeister. Die Vorstellungen übernatürlicher Schützer und Helfer in der dt. Sagenüberlieferung (Artes Populares 14) (Frankfurt/Bern/Las Vegas 1987).

Kobolz. *Kobolz schießen:* einen Purzelbaum schlagen; Kobolz leitet sich von frz. ‚(se) culbuter' = (sich) stürzen, (sich) herabstürzen her. Nachdem die Herkunft des Wortes in Vergessenheit geraten war, wurde in Anlehnung an ‚Bolzen' das Wort ‚schießen' hinzugefügt, ähnl. wie man im Rheinl. einen Fußball ziellos in die Gegend ‚bolzt', d.h. schießt. Mit dem Wort Kobold hat unsere Rda. nichts zu tun.
Im Ndd. gibt es die verwandte Wndg. ‚Koppheister gehen': ‚All sein Geld wird schnell Koppheister gehen!' = verschwinden durch dumme Großzügigkeit.

Koch, kochen. *Nicht wissen, wer Koch oder (und) Kellner ist:* nicht wissen, wer die Ordnung im Hause aufrechterhält, urspr.: nicht wissen, wer für die leiblichen Bedürfnisse zu sorgen hat. Die stabende Wndg. ist lit. bezeugt im ‚Eislebischen Ritter' (2138):

> ... Daß man wisse zu aller frist,
> Wer hinfort Koch oder Kelner ist.

Sie ist nicht allg. verbreitet.
Die Rda. *vor Wut kochen,* häufiger *kochen vor Wut:* sehr wütend sein, veranschaulicht treffend die starken Gefühlswallungen eines im Zorn Erregten; vgl. frz. ‚bouillir' (kochen).
Eine grobe Drohung ist *jem. zu Kochstükken zerhacken* (oder *zerhauen*) wollen.
Eher als Spargel kochen: sehr leicht in Zorn geraten, da Spargel eine sehr kurze Kochzeit benötigt.
Für sich kochen: zurückgezogen und einfach leben; *in einem Topf (Hafen) kochen:* gemeinsame Ziele verfolgen, zusammenhalten.

Kohl. *Den (alten) Kohl wieder aufwärmen:* eine schon erledigte Angelegenheit erneut auftischen; entspr. ‚aufgewärmter Kohl', ‚alter Kappes', alte Geschichte, abgedroschenes Zeug; dt. seit etwa 1700 geläufig, aber schon im Altertum sprw. Dies geht aus einem Vers des röm. Satirikers Juvenal (7. Satire, V. 154) hervor, in dem er schreibt: „Occidit miseros crambe repetita magistros", was etwa bedeutet: ‚Immer wieder Kohl (bei den Mahlzeiten zu) wiederholen, das ist euer Tod, ihr armen Lehrer'; vgl. hierzu etwa das Kinderlied, das sinngemäß ähnl. meint:

> Die Rüben, die Rüben,
> Die haben mich vertrieben,
> Hätt' meine Mutter Fleisch gekocht,
> So wär ich noch geblieben.

Ital. heißt es: ‚Cavolo riscaldo non fui mai buono'; aus dem Engl. wird eine ähnl. Rda. in Lilys ‚Euphues' (1580) zitiert: „I set before you colewortes twise sodden"; vgl. frz. ‚C'est du réchauffé' (Das ist Aufgewärmtes): Das ist eine alte Geschichte.
Jem. verkohlen: ihm im Scherz eine Unwahrheit erzählen (vgl. ‚einen ↗ Bären aufbinden'; rhein. ‚Kappes reden'). Von einem, der dies tut, sagt man auch einfach: er ‚kohlt'. Dieses ‚kohlen' geht möglicherweise auf jidd. ‚kolen' = reden, erzählen zurück (von hebr. quōl = Stimme). Im Rotw. wird unterschieden zwischen: ‚kolen' = Wahres und ‚bekolen' = Falsches erzählen.
Im Nordd. ist gebräuchl. zu sagen: *Das macht den Kohl (auch) nicht fett:* das nützt nichts, schafft die Sache auch nicht; die Rda. ist schon Luther bekannt, er gebraucht sie mehrfach.

Im Alem. heißt es dagegen: ‚Das macht die ↗Geiß nicht fett‘; vgl. frz. ‚Cela beurre les épinards‘ (wörtl.: Das macht den Spinat fett).
Wenn man nicht weiß, ob jem. seine Rede ernsthaft oder scherzhaft meint, heißt es ndd.: ‚Me weet nich recht, of me met em in'n Käule of in'n Röwen is‘; westf. ‚Wenn wi innen Käule sind, dann is hei in de Strünken‘; ↗Kraut, ↗Senf.

Lit.: *H. Marzell:* Art. ‚Kohl‘, in: HdA. V, Sp. 62–74; *M. Höfler:* Der Kohl, in: Hess. Bl. f. Vkde. 9, S. 161–190.

Kohldampf. *Kohldampf schieben:* Hunger haben. Kohldampf ist eine Tautologie, es ist zusammengesetzt aus zwei gleichbedeutenden Wörtern: ‚Kohl‘ aus rotw. ‚Koll‘ und rotw. ‚Dampf‘, die beide Hunger meinen. ‚Schieben‘ ist eingedeutscht aus rotw. ‚scheffen‘ = sich befinden, sein, sitzen und fußt auf hebr. ‚jaschab‘ = sitzen bleiben; seit dem 19. Jh. bei Gaunern, Handwerksburschen und Soldaten verbreitet.

Lit.: *S. A. Wolf:* Rotwelsche Rdaa., ‚Kohldampf schieben‘ und Verwandtes, in: Muttersprache 64 (1954), S. 363–364.

Kohle. *Feurige (glühende) Kohlen auf jem. Haupt sammeln:* in jem. durch Verzeihen oder Großmut Scham erwecken, ihn beschämen; vgl. engl. ‚to heap coals of fire on a person's head‘; ndl. ‚vurige kolen op iemands hoofd hopen (stapelen)‘ u. frz. ‚accumuler des charbons ardents sur la tête de quelqu'un‘ (nur gehobene Sprache).
Die Rda. ist bibl. Urspr. In den ‚Sprüchen Salomonis‘ (25,21 f.) heißt es: „Hungert deinen Feind, so speise ihn mit Brot, dürstet ihn, so tränke ihn mit Wasser. Denn du wirst feurige Kohlen auf sein Haupt häufen, und der Herr wird dir's vergelten“. Indem der Apostel Paulus im Röm. (12,20) das Wort von den feurigen Kohlen, die der wohltätige Mensch auf das Haupt seines Feindes häufe, aus dem Dunkel eines bloß lit. Daseins im Spruchbuch (25,22) an das Licht der christl. Lebensöffentlichkeit rückte, hat er dem Bewußtsein des modernen Bibellesers eine antike Merkwürdigkeit einverleibt. Die Kommentatoren des Spruchbuches wie des Röm. heben im allg. nur das Sinnbildliche dieser Stelle hervor, daß sie eben Beschämung, Bedauern oder Reue des Betroffenen zum Ausdr. bringe. Es liegt aber urspr. ein kulturgeschichtl. Faktum zugrunde: ‚Feurige Kohlen‘ sind urspr. nicht bildl., sondern wirklich aufs Haupt gehäuft worden, und wer sie trug, befand sich in einem Ritus der Sinnesänderung, der Reue, Buße oder Beschämung. Ein Hinweis auf den Lebenszusammenhang der Wndg. findet sich z.B. in der demotischen Erzählung vom Seton Chaemwese: Chaemwese ist in das Grab des Noferkaptah eingedrungen und entwendet dem Grabinhaber dessen wirkungskräftiges Zauberbuch, auf dessen Besitz er kein Recht hat. Der Bestohlene unternimmt trotz Betreibens seiner Frau nichts gegen den Dieb. Er sagt, er werde Chaemwese zwingen, das Buch, das ihm nur schaden wird, wiederzubringen, „indem“ – so heißt es wörtl. (IV,35,6) – „ein gegabelter Stab in seiner Hand und ein Kohlenbekken von Feuer auf seinem Haupte ist“. Kaum hat Chaemwese mit dem Buche Oberwelt und Residenz erreicht, als ihn der Pharao, sein Vater, zur schleunigen Rückgabe auffordert, andernfalls ihn der Zauberer zwingen werde, es zurückzubringen. Nach schwerem Unglück begibt sich Chaemwese ritusgemäß mit gegabeltem Stab in der Hand und Kohlenbecken von Feuer auf dem Haupt zu Noferkaptah. Er bringt so das widerrechtlich Angeeignete dem bestohlenen Eigentümer zurück, der ihn lachend empfängt, zugleich der tatsächliche und der moralische Sieger.
Was im Spruchbuch sentenzenhaft und dementspr. abstrakt gesagt ist, geschieht hier wirklich. Ein tatsächlicher brauchtümlich-ritueller Gestus und Ritus der Sinnesänderung hat sich dann erst zur Bildrede und Metapher verflüchtigt.
(Wie) auf (heißen, glühenden) Kohlen sitzen (oder *stehen*): etw. vor Ungeduld kaum erwarten können, sich in einer unangenehmen Lage befinden; diese Rda. geht vermutlich entweder auf ein Gottesurteil oder eine Folterung dieser Art zurück; man denke nur an Wndgn. wie ‚der ↗Boden brennt ihm unter den Füßen‘ oder ‚ein heißes ↗Eisen anfassen‘ oder ‚wie auf ↗Nadeln sitzen‘ usw. Luther weiß

‚Auf glühenden Kohlen sitzen'

den Trost: „Wenn ihr auch auf feurigen Kohlen ginget, so soll's euch dünken, als ginget ihr auf Rosen". Im 17. Jh. ist unsere Rda. lit. bezeugt, so mehrfach sprw. bei Lehmann: „Auff heißen Kohlen ist böß still sitzen" (837, ‚Unglück' 11) und „Wer auff heißen Kohlen sitzt, kan nicht ruhig seyn" (82, ‚Beschwerden' 48). Auch Pieter Bruegel d. Ä. hat sie in seinem berühmten Rdaa.-Bild dargestellt. Vgl. ndl. ‚op hete (oder gloeiende) kolen zitten (oder staan)' u. frz. ‚être assis sur des charbons ardents'.

Wie der Hahn über die Kohlen laufen: sehr flüchtig, eilig, schon seit dem 12. Jh. bezeugt.

Die Kohlen unter der Asche anblasen: alte Leidenschaften neu entfachen, eine vergessen geglaubte Sache wieder ‚aufwärmen'; erst im 19. Jh. dürfte diese Rda. aufgekommen sein, Bismarck bediente sich ihrer (‚Reden' 1,247): „Ich möchte Sie also bitten, alles zu tun, was in Ihrer Macht steht, damit dieser Blasebalg der Demokratie nicht in den Händen verbleibe, um die Kohlen unter der Asche anzublasen". Vgl. frz. ‚ranimer les charbons sous la cendre'.

Luther kennt noch eine Redewendung (Weimarer Ausg. IV, 673), die uns heute nicht mehr geläufig ist: „Es ist ausz, dasz man speck auf kolen brate". Die Rda. bedeutet: Es ist kein Geheimnis mehr, man braucht diese Sache nicht mehr zu verheimlichen, denn daß man Speck auf Kohlen brät, ist allg. bekannt.

Die Kohlen stimmen: das Geld reicht.

Keine Kohle(n) haben: kein Geld haben.

Für jem. die Kohlen aus dem Feuer holen ↗ Kastanie.

Lit.: *P. Wüst:* Zu der Rda. ‚feurige Kohlen auf jemandes Haupt häufen' oder ‚sammeln' in: Germ.-Roman. Monatsschrift 2 (1910), S. 679–681; *O. Jiriczek:* Nochmals zu der Rda. ‚feurige Kohlen auf jemandes Haupt häufen', in: Germ.-Roman. Monatsschrift 3 (1911), S. 246–247; *S. Bartstra:* Kolen vuurs hoopen op iemands hoofd, in: Nieuw Theologisch Tijdschrift 23 (1934), S. 61–68; *S. Morenz:* feurige Kohlen auf dem Haupt, in: Theolog. Lit.-Zeitung 78 (1953), S. 187–192.

Köhlerglaube. Der Köhlerglaube ist in den Rdaa. und Sprww. der blinde Glaube, der der eigenen Überzeugung entbehrt, d. h. die Leichtgläubigkeit. Wo der Ausdr. noch gebräuchl. ist, wird er mehr oder weniger abschätzig und verächtlich für einen unterentwickelten, primitiven Menschen gebraucht. Joh. Fischart (‚Geschichtklitterung' S. 251) sagt von einem solchen: „Er zeigt des koelers glauben". Die Rda. ist heute wohl kaum mehr gebräuchl., weshalb die letzte Aufl. des Borchardt-Wustmann sie fallengelassen hat. In älteren Aufl. dagegen wird an dieser Stelle eine

Teufelserzählung zur Erklärung wiedergegeben: Der Teufel habe in Bischofstracht einen sterbenden Köhler gefragt, was er glaube. Der Köhler soll geantwortet haben: „Was die Kirche glaubt". Um ihn zu prüfen, habe der Teufel weitergefragt, was denn die christliche Kirche glaube? Die Antwort des Köhlers soll gewesen sein: „Das, was ich glaube". Durch diesen einfältigen Glauben sei der böse Feind überwunden worden. Auch eine Variante dieser Erzählung, mit der Joh. Agricola die Rda. kommentiert, hat noch keinen abschätzigen Sinn. Unter der Überschrift ‚Ich will glauben wie der koler glaubt' schreibt Agricola (Nr. 234): „Diß ist ein gemeyn sprichwort in Deutschen landen: Des kolers glaub ist der beste glaub. Man sagt daß eyn mechtiger Bischoff eynen koler, der im walde weyt von leutten, nicht vil predigen gehöret, hab gefraget, was er doch glawbe? Hatt yhm der koler geantwortet: Er glaube was die Christliche Kirche glaubt. Der Bischoff fragte, was denn die Christliche Kirche glaube? Der koler antwortet: Daß uns Christus Jesus durch sein blut vom tode erloset hat. Dises kolers glaub ist ja der beste glaub ... Diser koler hatt freylich disen Bischoff nit fur eyn stuck der Christlichen kirchen, die inn aller welt ist gehalten, sonst hett er gesagt: Ich glaub wie yhr vnd der Bapst, vnnd wie vns die pfaffen weisen vnd leeren ..."

‚Kokolores machen'

Für Agricola bedeutet der Ausdr. ‚Köhlerglaube' also nur die einfache kindliche Frömmigkeit, namentlich im Gegensatz zu papistischer und geistlicher Überheblichkeit, wie er in einem langen Passus anschließend noch ausführt. Nach neuerer Erklärung (Göhring S. 115) ist Köhlerglaube eine Leichtgläubigkeit, die sich ‚ankohlen' oder ‚verkohlen' läßt; wahrscheinl. in Anlehnung an jidd. ‚kolen' = reden, erzählen, schwätzen. Vgl. auch ndl. ‚Het is een kolenbranders geloof' und frz. ‚Il a la foi du charbonnier'.

Nach Heinr. Heine ist der Köhlerglaube geschwunden.

In seinem Gedicht, Karl I. (Str. 4) heißt es:

Der alte Köhlerglaube entschwand,
Es glauben die Köhlerkinder
Eiapopeia – nicht mehr an Gott,
Und an den König noch minder.

Kokolores. *Kokolores machen:* Unsinn machen, ein unnötiges Getue veranstalten, sinnlose Spielereien treiben. Um sich den Anschein von Gelehrsamkeit zu geben, wurden früher gern pseudo-lat. Wörter gebraucht, so auch im engl. Kontext ‚cockalorum' für den Hahn, dann für das Feuer. Vermutl. ist ein solches Wort in späterer Umgestaltung zur Bdtg. des eitlen Prahlens gelangt u. verallgemeinert worden.

Es ist aber auch die Herkunft von einem in Österr. bekannten Spiel denkbar, das den Namen ‚Kakelorum' trägt. Es handelt sich dabei um ein Glücksspiel, das offenbar für wenig gewinnbringend u. bedenklich gehalten wird. Dies wäre eine Erklärung dafür, daß die Wndg. meist in Form einer Mahnung gebraucht wird: *Mach doch nicht (immer) solchen Kokolores!*

Kolbe. *Einem eine Kolbe schneiden:* sein Haar in eine rund gestutzte Form bringen. *Jem. die Kolbe (den Kolben) lausen:* ihn derb zurechtweisen, ihn tüchtig verprügeln; Kolbe hieß früher eine Haartracht, bei der man das Haar über der Stirn hochkämmte und nach hinten legte. Das Wort erfuhr dann eine Bedeutungserweiterung zu ‚Kopf'; so gebraucht es Wieland (‚Abderiten' 3. Buch, 9. Kap.): „Er gab ihm ein- oder zweimal tüchtig auf die Kolbe". In diesem Sinne ist auch unsere Rda. zu verstehen.

Einem die (eine) Kolbe scheren: ihn als närrisch oder unfrei kennzeichnen. Seit dem 13. Jh. wurde den Narren, Leibeigenen und Sträflingen das lange Haar, das Zeichen der Freien, geschoren. Auch die Tonsur der Mönche wurde bisweilen Kolbe genannt. Martin Luther gebrauchte die Wendungen in gesteigerter Form (Briefe V, 540): „Es ist ihm aus dieser Schule Verdienst genug geschehen und die Kolbe mit einer schartigen Sichel geschoren".

Köln. Entsprechend seiner Bdtg. für die gesamten Rheinlande ist Köln mit zahlreichen Rdaa. verbunden: ‚Kölle es net en enem Dag gebaut': gut Ding will Weile haben. ‚Et es Kölle, sät den Bur, du stond he för Nüss (Neuss)'.

‚On we Kölle barscht!': unter allen Umständen, selbst wenn es danebengeht.

‚Einem Kind Kölle wise' (weisen, zeigen, es Kölle kicke losse) = es am Kopf in die Höhe heben. ‚Ech hauen dech, dat de Kölle sis (siehst)'.

‚Do moachen se en Kölle ken Finster für op': die Sache ist zu unwichtig.

Steht man auf einem Hügel, so ‚kann me sehn, wat en Kölle de Botter kos (kostet)'; ‚So kromm wie der Weg nach Kölle'; ‚dat geht we ze Kölle': leicht vonstatten.

‚Da 's usgerechnet we de 11000 Jumpfer ze Kölle'.

‚Ech hauen dech, dat de ze Kölle lügge (läuten) hürs' (Rhein. Wb. IV, Sp. 1137–1143).

Am bekanntesten ist der Ausruf ‚Kölle alaaf!' Alaaf (aus All ab): vor allen anderen, vorweg, im Gegensatz zu andern, von denen Schlechtes behauptet wird, hebt man den einen vor diesen hervor, indem man die Lobrede mit alaaf und sofortiger Nennung des zu Lobenden beginnt: ‚Alaaf Jüpp, alaaf Köbes', etc. Aber auch zu Sachen: ‚Alaaf Mostert': Es geht nichts über Senf. ‚Alaaf ene goue Noeper': ich lobe mir einen guten Nachbarn. Aus diesem Gebrauch entwickelte sich der Toastspruch auf Köln (zuerst 1733 bezeugt): ‚Alaaf Kölle!' Analog: ‚Alaaf Oche, en wenn et versönk' (mit der scherzhaften Fortsetzung: ‚Alaaf de Worem, en wenn se stönk').

Neben dem Toastspruch auf Städte ist es Sitte geworden, Personen und Vereine mit Alaaf hoch leben zu lassen. Mehrfach sind scherzhafte Weiterbildungen bezeugt, z.B.: ‚Alaaf, wat jongk es on wann et en Hongk es' (Rhein. Wb. I, Sp. 105f.).

Kompliment ↗Gruß.

König. Das Kartenspiel nennt man zuweilen auch *das Buch der Könige,* wobei man iron. auf die gleichnamigen Bücher der Bibel anspielt. In Joh. Fischarts ‚Gargantua' (S. 258) begegnen wir dem Ausdr. in dem Satz: „... wan es ihm mit eim buch der König nicht wolt glücken", und in ‚Aller Praktik Großmutter' heißt es: „... und lesen im buch der Könige vom schellenkönig".

Nicht königlicher als der König sein, nicht allzu paragraphentreu sein. Der Spruch soll während der Regierungszeit von König Ludwig XVI. (1774–1793) geprägt worden sein, ↗Papst.

‚Der König rief, und alle, alle kamen' sagt man, wenn ein großes Fest auf Einladung einer prominenten Persönlichkeit gefeiert wird, dem sich niemand, der ‚dazu' gehören will, entziehen zu können glaubt. Es handelt sich um die erste Zeile eines populär gewordenen Liedes von Heinrich Clauren (Carl Heun, 1771–1845), das 1813/14 entstand und dessen erste Strophe so lautet:

> Der König rief, und alle, alle kamen
> Mit Waffen mutig in der Hand.
> Und jeder Preuß, der stritt in Gottes Namen
> Für das geliebte Vaterland.
> Ein jeder gab, ein jeder tat gern geben
> Kind, Hab und Gut, Gesundheit, Blut und Leben
> Mit Gott für König und für Vaterland.

Zu einem weitverbreiteten Volkslied wurde dieser Text im Krieg 1870/71, wobei Claurens Text abgewandelt wurde:

Der König rief, und alle, alle kamen,
Es blieb auch nicht ein einziger zu Haus.
Nun denn, wohlan, ziehn wir in Gottes Namen
Zum Kriege gegen Frankreich jetzt hinaus.
So sprach der Landwehrmann beim Scheidegruß,
Gab Frau und Kindern noch den Abschiedskuß.

(E. B. 357c und 1379; vgl. J. Meier: Kunstlieder im Volksmund, Halle 1906, Nr. 47).

Königreich. *Ein Königreich für ein Pferd!* ist ein Zitat aus Shakespeares ‚Richard III.' (V,4). Jedoch wird in seiner rdal. Anwendung das Wort ‚Pferd' durch den jeweils gewünschten Gegenstand ersetzt, z. B. ‚ein Königreich für ein Bier'. Die Sonderform ‚ein Königreich für einen Mann' kam nach dem 2. Weltkrieg auf, als es einen erheblichen Frauenüberschuß gab.

Königsweg. *Den Königsweg gehen:* den einzig richtigen Weg zum Erfolg, zum Ziel. Die Wndg. wird seit 1990 häufig gebraucht, vor allem in der Sprache der Politik und der Medien, z. B. „Der Königsweg zur dt. Einheit führt über den Paragraphen 23 des Grundgesetzes".

können. *Können vor Lachen* oder *ja, aber erst können vor Lachen:* das ist unmöglich. Dies sagt man, wenn man gutgemeinte Ratschläge wohlwollend entgegennimmt, an ihrer Verwirklichung aber durch banale Umstände gehindert wird. Auf diese Weise wird die bittere Ironie der Situation zum Ausdr. gebracht.
Können muß man (halt) ist eine verächtliche Bemerkung einem Menschen gegenüber, der sich vergeblich mit einer Sache abmüht. Hier nimmt eine Rda. schon fast die Form eines Sprw. an.
Du kannst mich (mal) beinhaltet eine derbe Ablehnung. Die Rda. ist verkürzt aus ‚Du kannst mich (mal) am ↗Arsch lekken'; 1846 bei Moritz von Schwind lit. belegt, aber sicher älter.
Uns (oder *mir*) *kann keiner:* wir (ich) sind (bin) unübertrefflich. Die Rda. stammt aus Berlin, sie wird auch außerhalb Berlins häufig im berl. Dialekt gebraucht: ‚Uns kann keener'. Es handelt sich wohl um eine Verkürzung aus ‚Uns kann keiner übertreffen' oder ‚uns kann keiner etw. vormachen' (etw. anhaben); der Hamburger kontert: ‚Mie küant se aal!'
Ich kann Ihnen sagen ... (berl. ‚Ick kann Ihnen sagen', auch: ‚Männeken, det kannste mir jloben!') wird als Einleitung einer vermeintlichen Neuigkeit gebraucht und bedeutet: das Folgende steht zweifelsfrei fest, Sie können mir glauben.
‚Ich kann nicht anders', ein Ausdr, der auf Luther zurückgeht. Dieser soll nach der Überlieferung am 18. April 1521 vor dem Reichstag zu Worms seine Antwort auf die Frage, ob er widerrufen wolle, mit den Worten geschlossen haben: „Hier stehe ich! Ich kann nicht anders. Gott helfe mir! Amen".

Kontenance ↗Contenance.

Konto. *Jem. etw. aufs Konto schreiben:* ihm etw. anlasten, jem. etw. als Schuld anrechnen; ist eine der Kaufmannssprache entlehnte Rda., die sich seit dem 18. Jh. lit. nachweisen läßt. J. Chr. Edelmann schreibt 1740 in seinem ‚Moses' (I,79): „Ich werde ihm fort mehr nicht viel auf sein Conto glauben". Bismarck (‚Reden' 14,148) verwahrt sich gegen Angriffe mit folgenden Worten: „So komme ich nachgerade darauf hinaus, daß man im Inlande und Auslande alles, was den Leuten unangenehm ist, mir aufs Konto schreibt". Entspr. bedeutet *etw. (viel) auf dem Konto haben:* etw. schuldig sein, etw. Schlimmes begangen haben, Schuld tragen, schuld sein (vgl. ‚etw. auf dem ↗Kerbholz haben'); häufiger ist die Wndg. *Das geht auf dein Konto!* Diese Rda. ist auch in Mdaa. geläufig: köl. ‚Dat könnt (kommt) op di Konto' oder ‚dat jeht op di Konto', auch ‚de (der) hätt völl (viel) op 't Konto'; obersächs. ‚viel of'm Konto ha'm', ein großes Sündenregister haben. Neueren Datums ist der im übertr. Sinn gebrauchte Ausdr. aus dem Bankwesen: *sein Konto überzogen haben:* die eigenen Fähigkeiten überschätzt haben.

Kontor ↗Schlag.

Konzept. *Aus dem Konzept kommen (geraten):* bezieht sich auf jem., der seine Rede schriftlich aufgesetzt (konzipiert) hat, um sich beim Vortrag darauf zu stützen; die Rda., die seit dem 17. Jh. gebräuchl. ist, bedeutet also zunächst ganz konkret: das schriftliche Redekonzept verlieren und deswegen in der Rede steckenbleiben, später dann allg.: ,den ↗Faden verlieren', verwirrt werden. Wenn dies durch das Verschulden eines anderen Menschen geschieht, dann gebraucht man die Rda. in transitiver Form: *jem. aus dem Konzept bringen* (vgl. ,jem. aus der Fassung bringen') oder *jem. das Konzept verderben (vermasseln)* und auch *jem. ins Konzept pfuschen.* In Schillers ,Räubern' (II,3) heißt es: „Du verdirbst ihm ja das Konzept – er hat seine Predigt so brav auswendig gelernt".
Ähnl. *sich nicht aus dem Konzept bringen lassen:* standfest u. selbstsicher sein; *nicht ins Konzept passen:* untauglich sein – meist gebraucht in der Form ,das paßt mir (ihm, ihr) nicht ins Konzept': das kommt ungelegen, paßt nicht zu den Überlegungen, Planungen, Vorhaben. *

Kopf. *Jem. den Kopf waschen:* ihm die Meinung sagen, jem. tadeln, wird meist in übertr. Bdtg. gebraucht (ebenso wie ,auf einen grindigen Kopf gehört scharfe ↗Lauge'). Die Rda. taucht in der zuerst angeführten Form verschiedentlich bei Abraham a Sancta Clara auf (,Judas' IV, 127, 192); auch in der Form „mit einer scharfen Laugen den Kopff waschen" (,Judas' IV,363) und „auff solche Köpff gehört kein andere Laugen" (,Judas' IV,231; ,Kramer-Laden' I,414). In dem Fastnachtsspiel von Hans Sachs ,Der böß Rauch' heißt es (V. 175):

> Droll dich! Wilt du das Fewer leschen;
> so will ich umb den Kopff dich waschen.

In diesem Zusammenhang kann die Rda. sowohl in ihrem eigentl. als auch im übertr. Sinne verstanden werden.
Vgl. frz. ,laver la tête à quelqu'un'.
Aus dem 11. Jh. stammt das Sprw. ,Wer für die Seife seinen Kopf hergibt, macht ein schlechtes Geschäft' (,Pro sapone dato capite haec carissima merx est'; Singer 135). Das Sprw. soll aus der Zeit der

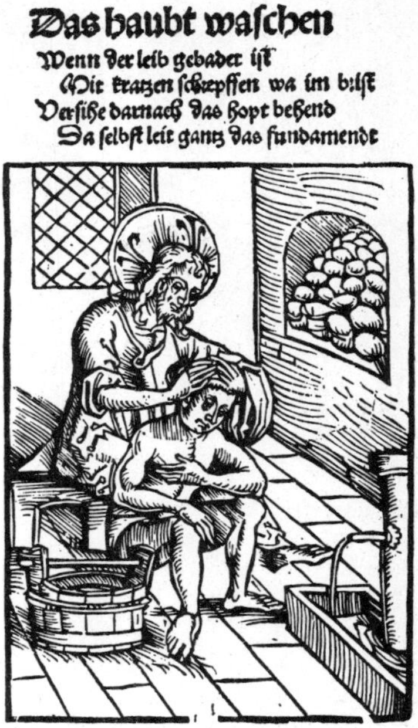

,Jemanden den Kopf waschen'

Kreuzzüge stammen, als die heimkehrenden Kreuzfahrer jerusalemische Seife mitbrachten. Da aber nur wenige zurückkehrten, wurde das Hingehen bald mit Sterben gleichgesetzt und im Volksmund zu der Rda. verkürzt: ,Er geht nach Seife' (Wander IV, Sp. 516,9), ↗zeitlich.
Sich etw. in den Kopf setzen: sich etw. vornehmen, was in seiner Ausführung auf große Schwierigkeiten stoßen muß, in der Absicht, es doch durchzusetzen; vgl. frz. ,se mettre quelque chose dans la tête'.
Jem. den Kopf zurechtrücken: ihn zu einer anderen, richtigen Meinung bekehren, manchmal auch i.S.v. ,den Kopf waschen' gebraucht.
Mit dem Kopf durch die Wand wollen: trotz unüberwindlicher Schwierigkeiten seine Absicht durchsetzen wollen. Die übertr. Bdtg. kleidet Bismarck in ein falsches Bild: „Ich werde mit meiner Meinung nicht durch die Wand gehen" (,Reden' VII, 185). Zu den welfischen Adligen sagt er: „Sie werden sich den Kopf an der Mauer einrennen", sie werden ihre

1

2

1/2 ‚Mit dem Kopf durch die Wand'

‚Sich auf den Kopf stellen'

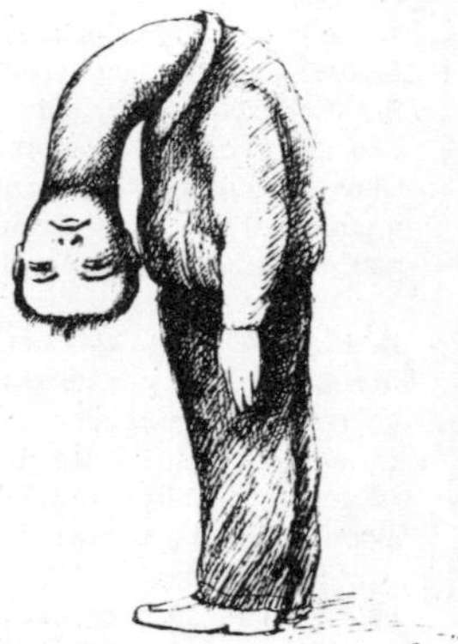

‚Den Kopf hängen lassen'

Pläne und Absichten nicht verwirklichen können.
Vgl. frz. ‚se taper la tête contre les murs': weder aus noch ein wissen.
Wenn man jem. etw. verweigern will, bekräftigt man die Ablehnung oft noch mit der Rda. *und wenn du dich auf den Kopf stellst (du bekommst es trotzdem nicht, was du haben willst).* Vgl. KHM. 168. Luther gebraucht in gleichem Sinne die Rda. *den Kopf aufsetzen. Jem. auf den Kopf spukken:* ihn grob anfassen, anrempeln. Wenn man jem. beleidigt oder brüskiert, hat man ihn *vor den Kopf gestoßen.* Wer in Verlegenheit ist oder Sorgen hat, *sitzt mit einem dicken Kopf da* oder *läßt den Kopf hängen.* Wer sich in Schwierigkeiten besonnen verhält und die Hoffnung nicht aufgibt, *behält den Kopf oben,* er wird *den Kopf nicht verlieren.* vgl. frz. ‚ne pas perdre la tête'.
Ein schmollendes Kind, das nicht auf gutes Zureden reagiert, *macht einen Dickkopf,* vgl. ndl. ‚koppig zijn'; frz. ‚faire la tête': sich mürrisch verhalten. Wer seinen Vorteil zu wahren oder schlagfertig zu antworten weiß, *ist nicht auf den Kopf gefallen* (vgl. KHM. 104 u. 125); vgl. frz. ‚Il n'est pas tombé sur la tête'.
Nicht wissen, wo einem der Kopf steht sagt man, wenn die Arbeit oder die Sorgen überhandnehmen; vgl. frz. ‚ne pas savoir

où l'on a la tête' oder ,... où donner de la tête'; ähnl. heißt es *den Kopf von etw. voll haben. Es geht nicht nach seinem Kopf:* eine Sache entwickelt sich nicht nach seinen Plänen. *Der Kopf steht mir nicht danach:* ich bin dazu nicht aufgelegt. Eine unglaubliche Begebenheit *will jem. nicht in den Kopf,* und ein schwieriges Problem macht ,Kopfzerbrechen'.

Jem. über den Kopf wachsen bedeutet allg.: ihn übertreffen. Wenn jem. die Arbeit *über den Kopf wächst,* fehlen ihm die Kräfte, sie zu bewältigen. Jem. wird ,kopfscheu', d.h. unsicher; ist von scheuenden Pferden übertr., denen man mit der ↗Scheuklappe die Sicht nach den Seiten verwehrt. Ebenso kann man jem. ,kopfscheu machen', indem man ihn mit einem Problem konfrontiert, so daß er unsicher wird. Will man jem. einer Schuld überführen, so muß man es ihm *auf den Kopf zusagen;* vgl. frz. ,lancer ...' oder ,jeter quelque chose à la tête de quelqu'un'; es bleibt ihm aber die Möglichkeit, *den Kopf aus der Schlinge zu ziehen,* indem er sich auf geschickte Weise herausredet. Das Bild stammt aus der Jägersprache. Auch: *Mit dem Kopf in der Schlinge daherkommen:* total erledigt sein.

Die meisten dieser Rdaa. beziehen sich auf den Kopf als Sitz des Verstandes. *Ein kluger (heller) Kopf* wird als pars pro toto für einen klugen Menschen gebraucht, als Werbeslogan für eine Tageszeitung abgewandelt heißt es: ,Dahinter steckt immer ein kluger Kopf'. *Jem. den Kopf verdrehen:* jem. verliebt machen; vgl. frz. ,tourner la tête à quelqu'un'.

Jem., der leichtsinnig handelt, *riskiert seinen Kopf;* vgl. frz. ,risquer sa tête'; oder bringt sich *um Kopf und Kragen.* Die Rda. stammt aus der Rechtssprache bzw. der Praxis der Hinrichtung mit dem Schwert, ebenso wie die Rdaa. *jem. einen Kopf kürzer machen, einem den Kopf vor die Füße legen* und *den Kopf unter dem Arm tragen.* Die Wndg. beruht auf dem Volksglauben, daß Märtyrer ihren abgeschlagenen Kopf auffangen und noch ein Stück vor sich hertragen konnten, um ein sichtbares Zeichen ihrer Unschuld und Heiligkeit zu geben, was z.B. auch bildl. in einer Plastik des hl. Dionysius dargestellt worden ist. Klaus Störtebeckers letzter Wunsch vor

,Den Kopf unterm Arm tragen'

der Enthauptung: Offiziere antreten lassen in Reihe und so weit er ohne Kopf daran vorbeikomme, sollten sie begnadigt werden. – Beim 13. fiel er um. Ein beziehungsreiches Bild in der Rda.: ,kopflos' umherirren.

Scherzhafte Vergleiche u. Umschreibungen für den Kopf sind zahlreich und in einzelnen Landschaften verschieden: ,Birne', ,Kürbis', ,Wirsing' usw. stammen aus dem Bereich der Botanik; an der Küste sagt man: ,Er hat einen Kopf wie eine Boje', in Rheinhessen wird er mit einem Hohlmaß verglichen: ,Er hat einen Kopf wie ein Viernsel'. In Anlehnung an Terenz' „Quot homines, tot sententiae" (,Phormio' II,4,14) wurde gebildet: ,Soviel Köpfe, soviel Sinne'. Dieses Sprw.

,Viele Köpfe, viele Sinne'

wurde auch schwankhaft zu einem Wellerismus umgebildet: ‚Viel Köpfe, viel Sinne, sagte der Bauer, da rollten ihm die Rüben vom Wagen herab'. Eine scherzhafte Umschreibung für eine beginnende Glatze ist die Rda. *einem wächst der Kopf durch die Haare.*

Die Köpfe zusammenstecken: sich heimlich unterhalten, miteinander tuscheln.

Köpfchen haben ist eine jüngere, wohl vom Berl. ausgegangene Wndg. für Verstand haben. Ähnl. sagt man als Aufforderung: ‚Immer Köpfchen!' nur gut nachgedacht, und derjenige, der sich über einen guten Einfall, eine glückliche Lösung eines Problems freut, sagt selbstgefällig: ‚Köpfchen, Köpfchen!'.

Etw. auf den Kopf stellen: ins Gegenteil verkehren, durcheinander bringen. *Alles auf den Kopf stellen:* alles peinlich genau durchsuchen, aber auch im übertr. Sinne: alles umdrehen u. verkehren. *Da kannst du dich auf den Kopf stellen* heißt es, wenn Gegenargumente nicht ziehen u. jem. unter keinen Umständen tut, was der andere will. *Den Kopf in den Sand stecken:* eine Vogel-Strauß-Politik betreiben. ‚Geld auf den Kopf hauen': es durchbringen bzw. leichtfertig ausgeben.

Aber auch sonst muß der Kopf für die unterschiedlichsten Aussagen herhalten. ‚Jedenfalls ist der Kopf dicker als der Hals' als Entgegnung an einen, der alles zu wissen meint, auch wenn es nicht stimmt. ‚Ich werd' mir doch nicht deinen Kopf zerbrechen!' (damit mußt du schon selber fertigwerden). ‚Die Frau wackelt mit dem Kopf': sie ist alt, leidend (vielleicht ‚Schüttellähmung') – aber: ‚Nach dem Umsturz wackeln die Köpfe': sind gefährdet ...

‚Kopf hoch!' als joviale Ermunterungsformel, zynisch erweitert zu: ‚Kopf hoch! – sagte der Henker – sonst hau i daneben' oder ‚Immer den Kopp hoch, wenn der Hals ooch dreckig is' (berl.). Von einem ‚Kopf-an-Kopf-Rennen' spricht man im Pferde-Rennsport u. ‚von Kopf bis Fuß' immer dann, wenn der ganze Körper gemeint ist, wie z.B. in einem bekannten Schlager des 2. Weltkrieges: ‚Ich bin von Kopf bis Fuß auf Liebe eingestellt', der durch Marlene Dietrich weiteste Bekanntheit erlangte.

Eins auf den Kopf bekommen: eine Abfuhr erhalten. Siehe auch ↗Birne, ↗Dach, ↗Haupt.

‚Kopf oder Wappen': Kurzformel beim Auslosen durch Werfen einer Münze, wobei Kopf für die Oberseite u. Wappen für die Unterseite steht (engl. ‚heads or tails').

Lit.: *J. E. Hodgkin:* ‚Heads or tails', in: Notes & Queries 2.11 (1861), S. 425; *J. Rüger:* ‚Vom Kopf bis zum Fuß'. Der menschl. Körper in volkstüml. Rdaa., in: Sprachpflege 12 (1963), S. 244–245; *Ch. M.:* ‚Kopf' und ‚Haupt' in Rdaa., in; Sprachpflege 15 (1966), S. 212–213); *G. Augst:* ‚Haupt' und ‚Kopf' – Eine Wortgesch. bis 1550, Diss. Mainz (Gießen 1970); *A. Bargheer:* Art. ‚Kopf', in: HdA. V, Sp. 201–214; *U. Jeggle:* Der Kopf des Körpers. Eine volkskundliche Anatomie (Weinheim u. Berlin 1986).

Korb. *Einen Korb bekommen,* auch *sich einen Korb holen:* bei einem Liebes- oder Heiratsantrag abgewiesen werden. Lit. bei C. F. Meyer (‚Der Schuß von der Kanzel', 1877): „Das Mädchen also gab Euch einen Korb". Älter ist die Wndg. ‚durch den Korb fallen'. In der Bdtg. ‚mit einem Liebesantrag abgewiesen werden' erklärt sie sich aus der ma. Sitte, daß ein Mädchen einem ihr nicht genehmen Freier einen Korb, dessen Boden gelockert war, von ihrem Fenster an einem Seil hinunterließ. Wurde er nun in diesem Korb hinaufgezogen, so mußte er zwangsläufig ‚durchfallen'; ‚durch den Korb fallen' kennt auch Martin Luther (Erlanger Ausg. 47,225). Vgl. hierzu den bekannten ma. Schwank von Virgil (GSA. II,518), den die Tochter des Kaisers dem öffentl. Spott preisgibt, indem sie ihn unter Vorspiegelung eines Liebesabenteuers in einem Korb sitzend zu sich heraufziehen will, ihn jedoch auf halber Höhe bis zum

‚Im Korb hängenlassen'

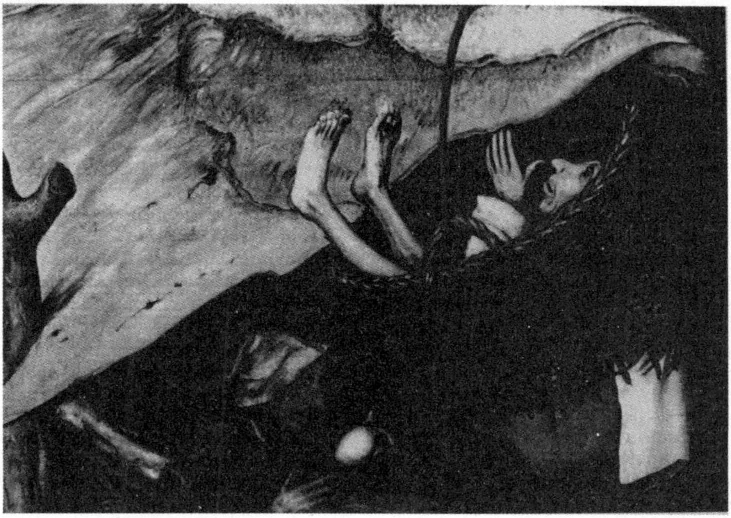

1

2

3

1 ‚Durch den Korb fallen' 2/3 ‚Im Korb hängenlassen'

Morgen hängen läßt. Auch Thomas Murner erzählt dieses Abenteuer Virgils in der Satire ‚Geuchmatt' (V. 4641):

Virgilius bůlt eine schöne magt,
Die hat jn vff ein nacht vertagt
Und jm ein solchen bescheidt gesagt:
Er solt zů einem fenster gon,
Da wolt sy ein korb aber lon,
Daryn solt er sich setzen schon.
Er thet das selb on allen argwon.

Als sy in halber vff hyn zoh,
Das lüstig wyb von dannen floh
Vnd ließ ihn hangen an der wend,
Das er offlich da wardt geschendt
Vnd yederman das selber seyt,
Das er do hing, vmb wybs bescheid.

Von Studenten auf das Examen übertr., findet sich in den ‚Facetiae facetiarum‘ (1657, 334) vulgärlat. ‚corbissare‘ = durchs Examen fallen (lat. corbis = der Korb). Im Schles. gebrauchte man statt der Rda. ‚einen Korb bekommen‘ das Zeitwort ‚korbisiren‘ (Wencel Scherffer, ‚Gedichte‘ 568, 609). Im 17. und 18. Jh. findet sich die Sitte nur noch mit der Abschwächung, daß das Mädchen dem unbequemen Werber als abweisende Antwort einen bodenlosen Korb ins Haus schickte, was dieser als ‚bodenlose‘ Gemeinheit (Frechheit) auffassen konnte. Es gab auch den Korb-Pranger, den Schandkorb, z. B. bei Bäckern, die zu kleine Brötchen gebacken hatten: sie wurden in einem Korb ins Wasser getunkt. In abgeschwächter Form sagt man auch ‚ein Körbchen flechten‘, wenn man jem. etw. auf zarte Weise abschlagen will (vgl. auch Abraham a Sancta Clara, ‚Reim dich‘ 20, wo es heißt: „Einem ein Körbel geben“).

‚Jemandem einen Korb geben‘

Auch mit einem Tanzbrauch können diese Rdaa. in Verbindung stehen. So gibt es im Ndd. noch zahlreiche Volkstänze, die auf Festlichkeiten gepflegt werden, z. B. Spiegeltanz, Besentanz und Korbtanz. Sie erfreuen sich großer Beliebtheit. Beim ‚Korbtanz‘ hält ein Mädchen, das auf einem Stuhl sitzt – vor allen sichtbar – einen Korb auf dem Schoß. Zwei junge ‚Werber‘ erbitten von ihr den nächsten Tanz. Einem wird Erfüllung, dem anderen reicht sie den Korb und bietet ihm ihren Platz an. Das Spiel geht nun mit vertauschten Rollen weiter. Körbe dienten u. a. zum Einsammeln der Hochzeitsgeschenke; ‚corbeille de marriage‘ bedeutet im Frz. die Gesamtheit der Geschenke. In der Oberpfalz wird dem Zurückgewiesenen ‚ein Korb gesteckt‘, d. h. aufgesteckt, mit einer Strohfigur darin; in der Eifel muß einer, der ein Mädchen sitzenläßt, durch einen alten Korb kriechen, und in verschiedenen Gegenden Dtls. kann man noch heute auf den Bericht: ‚Ich habe einen Korb gekriegt‘, die Replik hören: ‚Einen Korb kann man schon kriegen, aber einen Boden muß er haben‘. In der Komödie ‚Amantes amentes‘ (I, 5) von 1609 bei Rollenhagen heißt es ähnl.: „dor den korff stiegen“, d. i. durch den Korb (ohne Boden) steigen und durchfallen, einen Korb bekommen. Ebd. I, 5: „Heffe gy de kype (d. i. Korb) gekregen“, habt ihr einen Korb bekommen, und III, 4: „de kype geben“. Hier findet auch der Ausdr. ‚durchfallen‘ seine Erklärung, von einem Prüfling gesagt: wen der prüfende Teil nicht für gut befindet, den läßt er durchfallen wie das Mädchen den unwillkommenen Werber. Schon bei Joh. Pauli: „Also fiel der gut Herr (der Prüfling im Examen) durch den Korb“. In der ‚Historie vom reichen Mann und armen Lazarus‘ (1555) erzählt der Verfasser von seinem Studium:

Da ich nun meint zu promovirn,
Setzt mich in Korb, ließ mir hoffieren,
Platsch, fiel ich durch den Korb hinweg
Und lag hienieden in dem Dreck.

Das Wasser geht über die Körbe ist eine volksetymol. Umdeutung von ‚Korven‘. In den ‚Proverbia communia‘ heißt es: Wenn das Wasser über die Korven geht, soll man das Schiff osen (ausschöpfen). ‚Korven‘ ist ein Lehnwort aus lat. curvus und bezieht sich auf die gekrümmten Spanten im Schiffsboden. Die Rda. stammt aus dem Seewesen und bedeutet, daß man in der Gefahr mit Rettungsmaßnahmen nicht zögern soll. Die übertr. Verwendung der Rda. findet sich bereits bei Geiler von Kaysersberg: „wann ein rad über ein bein gat oder das Wasser über die Körb, so wird man witzig“ (= klug). Auch

Luther kennt sie: „die weil das Wasser will über die Körbe gehen und untugend mit untüchtigen untergehen". Eine andere Erklärung ließe sich aus dem Flechtwerk zum Schutze der Dämme herleiten, das auch als ‚Körbe' bez. wird. Für die Bdtg. der Rda. ergibt sich hieraus jedoch keine Änderung, denn die Gefahr ist ebensogroß, wenn das Wasser die Schutzwehr überflutet.

Zu tief in den Korb greifen: sich zuviel herausnehmen, anmaßend sein, aufschneiden; ist heute kaum mehr gebräuchl.; früher hieß es ↗‚Kober' statt ‚Korb'.

Ins Körbchen gehen (Husch, husch ins Körbchen!): Zu Bett gehen; die Rda. bezieht sich urspr. wohl auf den Hund, dessen Schlafstelle ein Körbchen ist, oder auf die Hühner, deren ↗ Nest wie ein Korb geflochten war, vgl. ↗‚Hahn im Korbe'.

Lit.: *R. Hildebrand:* Wie die Sprache altes Leben fortführt, in: Zs. f. d. U. 5 (1891), S. 122–123; *Haberlandt:* Art. ‚Korb', in: HdA. V, Sp. 241–246; *Röhrich-Brednich:* Dt. Volkslieder I, S. 272 ff.; *W. Danckert:* Symbol, Metapher, Allegorie im Lied der Völker, II (Bonn-Bad Godesberg 1977), S. 550–574, bes. 564 ff.; *Chr. Will:* Die Korbflechterei (München 1978).

Korn. *Etw. aufs Korn nehmen, etw. auf dem Korn haben:* seine Aufmerksamkeit auf etw. richten, etw. scharf beobachten. Die Rdaa. entstammen der Sprache der Jäger oder Schützen, die mit Hilfe von Kimme (Visier) und Korn, die auf dem Gewehrlauf befestigt sind, ihre Waffe genau auf das gewünschte Ziel ausrichten können. Wenn man mit einem Blick über die Kimme hinweg feststellt, daß sich das Ziel mit dem Korn exakt deckt, das Ziel ‚aufs Korn genommen ist', dann kann man annehmen, daß der Schuß trifft. Ähnl. Rdaa. sind ndd. und mdt. ‚etw. auf dem Kieker (= im Visier) haben', obd. ‚etw. auf die Muck (= Mücke, Visier) nehmen', z. B. bei Hermann Kurz in seinem Roman ‚Der Sonnenwirt' (1854, S. 18): „Habt ihr mich auf der Muck? Wollt ihr mich ins Gerede bringen?" Alle diese Rdaa. können erst in einer Zeit entstanden sein, in der Schußwaffen schon in Gebrauch waren, sie gehen also höchstens bis ins 15. Jh. zurück. Später wurden sie dann auch auf Menschen bezogen und in ihrer Bdtg. erweitert: *jem. auf dem Korn haben, jem. aufs Korn nehmen:* sich seine Vergeltung gegen einen mißliebigen Menschen vorbehalten, jem. nicht leiden können, einen Angriff planen.

Von altem Schrot und Korn ↗ Schrot.

Korn i. S. v. Getreide begegnet in zahlreichen Rdaa., die sich meist von selbst erklären, wie z. B. *Das ist so gut wie Korn auf dem Boden:* das ist wie bares Geld; *das Korn essen, ehe es gesät ist:* den Lohn verzehren, bevor die Arbeit gemacht ist, auf zukünftigen Gewinn hin Schulden machen; *das ist Korn auf seine Mühle* (↗ Wasser); *er mißt alles Korn mit seinem Scheffel:* er beurteilt andere Leute nur nach sich: *sein Korn grün essen:* ein schlechter Hauswirt sein, keine Vorräte mehr besitzen; *sein Korn ist reif:* sein Verdienst ist gewiß, sein Einkommen ist gesichert, seine Unternehmung steht vor dem günstigen Abschluß. Die im Volkslied häufige metaphorische Umschreibung der sexuellen Beziehung als ‚Korn schneiden' wird rdal. auch noch zum ‚Korn dreschen' abgewandelt. Die Wndg. *Er drischt Korn in fremder Scheune* meint daher: er verletzt die eheliche Treue, er begeht Ehebruch ‚er geht fremd'. Vgl. ndl. ‚Hij dorscht koren in eens anders schuur'. „Warum hast du das nicht gleich gesagt, ‚dat is 'n anner Köarn' (und der Spaßvogel ergänzt: ‚sä de Müller, un do beet he in'n Museköarn')": das ist was anderes ...

Lit.: *H. Rausch:* ‚Aufs Korn nehmen', in: Sprachfreund 4, No. 3 (1955), S. 4; *L. Röhrich:* Gebärde – Metapher – Parodie (Düsseldorf 1967), S. 65; *L. Röhrich* u. *G. Meinel:* Rdaa. aus dem Bereich der Jagd u. der Vogelstellerei, S. 320; *W. Danckert:* Symbol, Metapher, Allegorie im Lied der Völker, III (Bonn-Bad Godesberg 1978), S. 890 ff.

Korsett. *Sich nicht in ein Korsett zwängen lassen:* sich in seiner Handlungsfreiheit nicht einengen lassen; die Rda. bezieht sich auf die Gepflogenheit korpulenter Damen, ihrer Figur durch Anlegen eines Korsetts eine ansprechendere Form zu verleihen, wodurch jedoch ihre Bewegungsfreiheit gemindert wird; berl. ‚Nu tu dir man keen moralisches Korsett an', sei nicht prüde. Da das Kleidungsstück – bei zu großer Körperfülle oder bei Wirbelsäulenanomalien (‚Stützkorsett') – aber auch bei den Herren bekannt war, findet die Rda. auch auf diese Anwendung, i. S. v.:

sich nicht einzwängen lassen, sich in seiner Freiheit nicht beeinträchtigen lassen.

Lit.: *E. Leoty:* Le Corset à travers les ages (Paris 1893); *F. Libron* u. *H. Clouzot:* Le Corset dans l'art et les mœurs du XIIIe au XXe siècles (Paris 1933); *A. Junker* u. *Eva Stille:* Die zweite Haut. Zur Geschichte der Unterwäsche (Frankfurt a. M. 1988).

koscher. *Nicht (ganz) koscher sein:* nicht einwandfrei, nicht unbedenklich, nicht recht geheuer, eigentl. nicht rein, ungenießbar gemäß der Mosaischen Speisegesetze (3. Mose 11,1–47). Das jidd. Adj. ‚koscher' i. S. v. ohne religiöse Bedenken als Speise geeignet, beruht auf hebr. ‚kāšēr' = rein u. ist seit der 1. Hälfte d. 18. Jh. auch in dt. Texten bezeugt, zunächst in bezug auf Fleisch. Mit der in der Studentensprache übertr. u. erweiterten Bdtg. von sauber, ehrlich, in Ordnung, mit rechten Dingen zugehend erlangte das Wort allg. Bekanntheit.

Kostnitz. *Hier ist nicht Kostnitz (Kostnix):* hier erhält man nichts unentgeltlich. Das Wortspiel deutet scherzhaft an, daß man nicht so ohne weiteres davonkommt, daß man zu bezahlen hat. In Holst. sagt man dagegen von Sachen, die nichts kosten, die man geschenkt erhielt: ‚se sünt vun Kostnitz'.

Kotzebue. *Kotzebues Werke studieren:* sich erbrechen; der lautliche Gleichklang des Wortes ‚kotzen' mit dem Namen des Dichters (1761–1819) hat zu dieser scherzhaften Verhüllung geführt. Die Rda. ist noch zu Kotzebues Lebzeiten aufgekommen; sie wird um 1800 für Berlin bezeugt. Gleiche Bdtg. hat die Wndg. *an Kotzebue schreiben.*

Krach, krachen. *Krach machen (schlagen):* laut, energisch protestieren, sich beschweren, sich erregt äußern, lärmend streiten, schimpfen; *Krach mit einem haben (kriegen):* Zank mit ihm haben (bekommen). Diese Rdaa. dürften neueren Datums sein; der Verweis auf ein älteres ‚Rumor machen' (1. Sam. 5,11; vgl. Büchmann) überzeugt nicht.
Bei jem. ist Krach im Hinterhaus sagt man, wenn man auf einen Familienstreit in der Nachbarschaft verweist. Der Ausdr. geht auf den Titel eines Bühnenstücks von Maximilian Böttcher ‚Krach im Hinterhaus' zurück, das 1934 in Berlin uraufgeführt wurde und wenig später auch als Roman erschien.
Von Krach spricht man auch bei einer Krise, so vom ‚Börsenkrach' (frz. ‚le krach de la bourse') oder vom ‚Großen Krach' 1873 in Wien; vgl. engl. ‚crash' = Autozusammenstoß, aber auch finanzieller Zusammenbruch; dazu ‚verkracht', z. B. ‚eine verkrachte Bank', ‚ein verkrachter Student'; *sich mit jem. verkrachen:* sich mit ihm entzweien, Streit mit ihm bekommen.
Jem. kann schon einen Krach aushalten: einen derben Stoß vertragen. Von ‚krachen' in der Bdtg. ‚gebrechlich sein', ‚kränkeln' leitet sich das rotw. ‚krachen gehen' sterben, her.
Mit Ach und Krach ↗*Ach.*

Kragen, Kragenweite. Kragen bedeutet urspr. ‚Hals', ‚Kehle', ‚Nacken'; die meisten Rdaa. mit diesem Wort sind nur von dieser Bdtg. her zu verstehen. Im Ndl. ist der alte Sinn noch ganz offenkundig: ‚een stuk in zijn kraag hebben', betrunken sein. Ähnl. *alles durch den Kragen (die Gurgel) gejagt haben:* sein Vermögen vertrunken haben. *Es geht ihm an den Kragen* meint: er geht seiner Bestrafung entgegen, er befindet sich in großer Gefahr. Gleichbedeutend damit ist *Es kostet seinen Kragen;* lit. schon 1577 in Joh. Fischarts ‚Flöhhatz'. Beide Rdaa. beziehen sich wahrscheinl. auf das Erhängen als Hinrichtungsart; sinnverwandt ist auch die stabreimende Formel *Es geht um Kopf und Kragen* oder *Kopf und Kragen daransetzen. Jem. den Kragen herumdrehen:* ihn töten, wie man einem Vogel den Hals umdreht; vgl. frz. ‚tordre le cou à quelqu'un'; ähnl. *jem. den Kragen strecken. Jem. beim Kragen nehmen (packen):* ihn zur Rede stellen, angreifen; vgl. frz. ‚prendre quelqu'un au collet': einen festnehmen (umg.); *jem. beim Kragen haben:* in der Gewalt haben, in Goethes ‚Faust' (Auerbachs Keller) sagt Mephisto:

> Den Teufel spürt das Völkchen nie,
> Und wenn er sie beim Kragen hätte.

Wir denken heute dabei an den Rockkragen, obwohl urspr. der Hals gemeint war. *Geizkragen* zur Bez. eines habgierigen Menschen steht als Synonym für ‚Geiz-

'Jemanden beim Kragen nehmen'

hals', den schon Luther als pars pro toto verwendet; ↗Hals, ↗Kopf.
Ihm platzt der Kragen: er ist sehr erregt, wütend, außer sich vor Zorn; hier ist Kragen schon eher in der heute gültigen Bdtg. zu verstehen, dazu ist an die schwellenden Zornesadern am Hals zu denken, die das Gefühl erzeugen, daß einem der Kragen zu eng wird.
Einen Kragenknopf verschluckt haben: einen starken Adamsapfel haben.
Das ist (nicht) meine Kragenweite: das sagt mir (nicht) zu, ist (nicht) mein Geschmack, paßt mir (nicht); der zu enge oder zu weite Kragen gibt das Bild für die Rda. ab. *In der üblichen Kragenweite:* in der gewohnten Weise; *bei der alten Kragenweite bleiben:* den Partner (Freund, Freundin) nicht wechseln; *bei* der *Kragenweite* ist ein rdal. Ausdr. der Ablehnung.

Krähe. *Die Krähe soll kein Vogel sein* (wenn das geschieht); diese Rda. bez. einen absurden Zweifel an einem unbezweifelbaren Tatbestand. Oft wird sie verwendet als Beteuerungsformel, als Bekräftigung des Gesagten, wie es auch im Sprw. heißt: 'Die Krähe ist auch ein Vogel'. Finn. sagt man: 'Auch die Krähe ist da, wo andere Vögel sind'. Die Rda. ist zuerst bei Joh. Fischart ('Bienenkorb', 1588, 117[a]) bezeugt: „Eigen ist der Zweifel ob die Krähe auch ein Vogel sei: und es musz darbei bleiben und solt' auch die Krähe kein Vogel sein". Vgl. ndl. 'al soude craey gheen voghel zijn'.
Das ist eine weiße Krähe. Man will damit die Seltenheit einer Sache zum Ausdr. bringen. Möglicherweise ist die Rda. aus einem Sprw. verkürzt, das mdal. lautet: 'Ke Tag i minem Lebe ha ni nüt e so gseh: e schneewysse Kräie und schwarze Schnee'. Vgl. ndl. 'Dat is eene witte kraai'; engl. 'a white crow'. Vgl. Weißer Rabe ↗Rabe.
Eine Krähe waschen ist Ausdr. für den Widersinn einer Sache, eines Unternehmens, das schon von vornherein zum Scheitern verurteilt ist. Wahrscheinl. kam die Rda. zustande durch Verkürzung des Sprw. 'Die Krähe wird nicht weiß, wenn sie sich auch noch so oft wäscht'. Vgl. engl. 'He is washing the crow', bezeugt bei Bohn (London 1857).
Es wird's keine Krähe auskratzen. Hier ist eine aussichtlose Situation gemeint oder eine abgeschlossene Sache, an der nichts mehr zu ändern ist, die sich auch nicht bereinigen läßt; lit. belegt bei Sutor in 'Der Hundertaugige blinde argos und zwey gsichtige Janus ...' (Augsburg und München 1740): „es ist dahin geschrieben (d. h. in den Kamin), daß es kein kuh ableckt und kein kro auskratzt". In Agricolas Sprww.-Sammlung: „Kein kro wirds auskratzen" (Nr. 339) 1582 für Wittenberg bezeugt.
Das ist keine Krähe von gestern, gebraucht i. S. v.: das ist ein alter Fuchs, ein Schlaukopf, geht von der Schlauheit der Krähe aus. Dieselbe Bdtg. hat auch die Rda. 'Diese Krähe ist gestern nicht mit dem Finger gezäumt und mit Brei gefüttert', er ist ein durchtriebener, gewandter Bursche.
Davon soll die Krähe fett werden. Die Krähe als Aasvogel frißt alles. In diesem Fall ist gemeint, daß man etw. dem Aasvogel überläßt, das nicht viel wert ist. Mit der Rda. 'Davon wird die Krähe auch nicht fett werden' wird eine Situation charakterisiert, in der selbst ein Aasvogel keinen Bissen findet, der fett macht. Schles. heißt es 'die Kroe wat fet wan', die Krähe wird fett werden, hier also im positiven Sinne

gebraucht, nämlich: es wird besser werden, es geht bergauf. Die Rda. ist in Drechslers ‚Schlesiens Vogelwelt in der Sprache und im Glauben der Heimat' (Mitt. 10,87, 1908) bezeugt.

Einer Krähe die Augen aushacken, lat. ‚cornicum oculos configere' (Cicero). Die Rda. kommt wahrscheinl. von dem älteren Sprw. ‚Eine Krähe hackt der anderen kein Auge aus'. Mit den Worten: ‚Ich wolt, daß dir die kraen die Augen ausplucken' wünscht man jem. den Tod, wobei wieder an die Krähe als Aasfresser gedacht ist; so schon bei Hans Sachs.

Nach V. B. Dröscher ist es eine Tatsache, daß die Krähen ihre Feinde u. ihre Beute durch Aushacken der Augen bekämpfen, diesen Trieb aber so ausgezeichnet beherrschen, daß bei Streitigkeiten untereinander niemals eine Krähe der anderen ein Auge aushackt.

Die Krähe will mit dem Adler streiten; damit bringt man ein ungleiches Kräfteverhältnis zum Ausdr., die Aussichtslosigkeit eines Kampfes, den ein Schwächerer mit einem Starken führen will (vgl. lat. ‚Aquilam cornix provocat'). Den frühesten Nachweis finden wir bei Seybold (‚Lustgarten von auserlesenen Sprww.', Nürnberg 1677). Die entspr. Sprww. lauten: ‚Die Krähe darf den Adler nicht herausfordern' und ‚Wenn die Krähe mit dem Adler streitet, so verliert sie den Kopf'.

Die Rdaa. *eine Krähe für eine Nachtigall kaufen* oder *Krähen für Tauben halten* bezeichnen ein krasses Fehlurteil, falsche Einschätzung eines Gegenstandes. Die Krähe als freches Tier wird den sanften Tauben, ihr mißtönendes Geschrei dem wohlklingenden Gesang der Nachtigall gegenübergestellt. Sachlich gemeint ist dabei Tausch oder Kauf einer negativen, minderwertigen Sache für eine positive, wertvolle. Bei A. W. Schlegel (‚Sommernachtstraum' 2,2, Gedichte, Tübingen 1800) in eine rhet. Frage gefaßt: „Wer will die Krähe nicht für die Taube geben?" Engl. bei Shakespeare: „change a raven for a dove".

Die Wndg. *eine Krähe mit Pfauenfedern,* beruht auf einer Fabel, vgl. ‚sich mit fremden ↗Federn schmücken'; in lat. Form (‚calvus comatus') belegt in den ‚Desid. Erasmi Roterdami Adagiorum Epitome ...' (Leipzig 1678); ndl. ‚Het is eene kraai in paauwen-vederen' u. frz. ‚le geai paré des plumes du paon' (wörtl.: der Häher, der sich mit Pfauenfedern geschmückt hat).

Mit den Rdaa. *Das sind zwei Krähen auf einen Schuß* und *Er hat zwei Krähen auf einmal geschossen* wird, ähnl. wie durch die Redewndg. ‚zwei Fliegen mit einer Klappe schlagen', der glückliche Fall umschrieben, daß mit einer Aktion zwei Ziele gleichzeitig erreicht werden (vgl. ndl. ‚twee kraeyen met een schoot schieten').

Eule unter den Krähen ↗Eule.

Lit.: *V. B. Dröscher:* Mit den Wölfen heulen (Düsseldorf 1978), S. 65–68; *W. E. Peuckert:* Art. ‚Krähe', in: HdA. V, Sp. 352–370; *E. u. L. Gattiker:* Die Vögel im Volksglauben (Wiesbaden 1989).

krähen ↗Hahn.

Krähwinkelei. *Das sind Krähwinkeleien:* engstirnige, beschränkte Ansichten; der Ortsname ‚Krähwinkel' wird zuerst von Jean Paul in seiner Satire ‚Das heimliche Klagelied der jetzigen Männer' (1801) gebraucht, wenig später (1803) wird er dann in Kotzebues Lustspiel ‚Die deutschen Kleinstädter' zur allg. Bez. für räumlich

1

Wie die Krähwinkler die Brunnen klystieren.

2

1/2 ‚Krähwinkelei'

beschränkte Ortsverhältnisse, für kleinstädtische Gesinnung; danach ist jede daraus hervorgehende kleinliche und törichte Streiterei eine Krähwinkelei. Der Ortsname und seine Abarten sind in Bayern, Baden, Württemberg, im Rheinl. und in Thür. häufig anzutreffen, sie beruhen auf dem ahd. ‚chräwinchil‘ = abgelegene Einzelsiedlung, wo Krähen nisten. *Es ist wie in Krähwinkel:* hier herrschen ähnl. verkehrte Ansichten, Engherzigkeit und kleinliches Verhalten wie in einem kleinen Ort aus der Provinz. Die Bewohner von Krähwinkel heißen entspr. ‚Krähwinkler‘ u. gelten allg. als beschränkte, kleinkarierte Kleinstädter. Auf einen Kanton in der Schweiz bezogen findet sich der Ausdr. auch bei G. Keller (‚Der grüne Heinrich‘, 3,79): „unsere Regierung nannte er einen Trupp ungeschickter Krähwinkler“.

In den Befreiungskriegen gegen Napoleon (1813–15) entstand ein Spottlied, das den ‚Geist‘ eines Landsturmmannes aus Krähwinkel, der vom Krieg nichts wissen will, spiegelt:

Immer langsam voran,
immer langsam voran,
daß der Krähwinkler Landsturm
mitkommen kann ...

Das Lied enthält z. T. oppositionelle Strophen, die sich besonders gegen feige und unfähige Offiziere richten, oder es verspottet generell die Kriegführung, aber in gutmütig-gemütlichem Ton.

Lit.: *Erk-Böhme,* Nr. 1432; *W. Steinitz:* Dt. Volkslieder demokratischen Charakters, I (Berlin 1964), S. 446ff., Nr. 167; *L. Röhrich* u. *R. W. Brednich:* Dt. Volkslieder, Bd. 2, Nr. 32k, S. 327–329.

Kram bez. schon mhd. die Ware eines Händlers, die in einer Bude (ahd. cram = Marktbude) verkauft wird, später dann mit Blick auf die mindere Güte solcher Ware alles Minderwertige schlechthin; so kann Kram in verächtlichem Sinne sogar anstelle des unspezifizierten Wortes ‚Sache‘ gebraucht werden: *der ganze Kram:* das alles; vgl. frz. ‚tout le saint-frusquin‘, hauptsächlich i.S.v. Klamotten. Von einer Sache oder Tat, die weder gut noch schlecht zu nennen ist, spricht man als von *halbem Kram. Alter Kram* sind veraltete Gegenstände. *Das paßt mir (nicht) in den Kram:* das kommt mir (un-)gelegen, ist also eigentl. aus der Sicht des Kaufmanns gesagt, der dazu Stellung nimmt, ob eine Ware in sein Sortiment aufgenommen werden kann oder nicht (vgl. ndl. ‚in iemands kraam te pas komen‘). Ein Lied des Jahres 1688 verspottet Ludwig XIV. als einen frz. Kaufmann, der spricht:

Das reiche schöne Amsterdam
Sammt ihren Port und Landen
Taugt mir gar wohl in meinen Kram.

Lit. weiterhin belegt bei Lessing (VIII,337): „Die gemeine Meinung hierüber taugte in ihren Kram ganz und gar nicht“. Goethe gebraucht die Wndg. in ‚Hans Sachsens poetischer Sendung‘ (V. 100ff.):

Unser Meister dies all ersicht
Und freut sich dessen wundersam
Denn es dient wohl in seinen Kram.

Jünger sind die Rdaa. *Da wird nicht viel Kram gemacht:* nicht viele Umstände, eigentl. wohl: darum wird nicht lange gefeilscht; *den (ganzen) Kram hinschmeißen; jem. den Kram vor die Füße schmeißen:* von einer Verpflichtung zurücktreten; *jem. in den Kram reden:* ihm in seine Geschäfte dreinreden; oberoesterr. warnt man mdal. ‚Dapp ma nöd ön Kram‘, eigentl.: tritt mir nicht auf meine ausgelegte Ware; in übertr. Bdtg.: verwirre meine Angelegenheiten, meine Pläne nicht, mische dich nicht ein. Vgl. auch ndl. ‚kom niet in mijne kraam, voor dat ick uitgepakt ben‘.

Kranich. *Beim Kranich zu Gast sein:* sehr wenig oder nichts zu essen bekommen, schlecht bewirtet werden; die Rda. knüpft an die Äsopsche Fabel von Fuchs und

‚Beim Kranich zu Gast sein‘

Kranich an. Der Fuchs lädt den Kranich zum Essen ein und setzt ihm auf einem flachen Teller das Essen vor, so daß er wegen seines spitzen Schnabels kaum etw. zu sich nehmen kann. Daraufhin revanchiert sich der Kranich, indem er, als der Fuchs bei ihm zu Gast weilt, diesem das Essen in einem Krug mit engem Hals serviert, aus dem nur er, der Kranich, zu essen vermag. Diese Szene ist häufig dargestellt worden, z. B. auch auf einem Fresko des 16. Jh. im Innenhof der Churburg/Vintschgau (Südtirol) und in der frühen Holzschnittkunst.

Den Kranich machen (spielen): lange auf einem Fleck stehen und warten müssen.

Lit.: *O. Keller:* Die antike Tierwelt, 2 (Leipzig 1913), S. 184–192; *W. Maaz:* Art. ‚Fuchs u. Kranich' (AaTh. 60), in: EM. V, Sp. 503–511; *E. u. L. Gattiker:* Die Vögel im Volksglauben (Wiesbaden 1989), S. 397–400.

krank, Krankheit. *Das macht mich ganz krank:* das bedrückt mich, beunruhigt mich sehr; dagegen *sich krank lachen:* heftig lachen, ebenso *Das ist zum Kranklachen! Der muß krank sein, der davon stirbt* sagt man scherzhaft von gutem Essen. *Du bist wohl krank:* du bist nicht ganz richtig im Kopf. *Die Krankheit soll ihn (dich) holen!* ist eine ärgerliche Verwünschung, wobei zum Zwecke der Verhüllung statt des genauen Namens der Krankheit nur das anonyme Wort Krankheit selbst benutzt wird (auch mdal. bezeugt), ↗Kränke.

Krank am Brotschrank sein wird von solchen Menschen gesagt, die sich für krank erklären, dabei aber sehr guten Appetit haben; doch verwendet man es auch in der Bdtg. von: nichts zu essen haben.

Als Sentenzverdrehung ist aus Goethes ‚Schatzgräber' „Arm am Beutel, krank am Herzen" geläufig: ‚Krank am Beutel ...' u. meint die ‚Schwindsucht' des Geldes.

Lit.: *E. Grabner (Hg.):* Volksmedizin (Darmstadt 1967); *G. Barthel (Hg.):* Heilen und Pflegen (Marburg 1986).

Kränke. *Da soll man (nicht) die Kränke kriegen* und *Es ist, um die Kränke zu kriegen:* es ist zum Verzweifeln, zum Verrücktwerden; eigentl.: es ist so arg, daß man vor Ungeduld oder Ärger krank und schwach werden könnte. Die Wndgn. sind auch mdal. verbreitet, z. B. hess. ‚Ich krieg die Kränk' und meckl. ‚sich gegenseitig die Kränk an den Hals ärgern'. Mit Kränke bez. man bereits im 16. Jh. Schwäche und Krankheit. Luther gebrauchte das Wort (Werke 1, 493^{b}), und Melanchthon (‚Luthers Leben', übers. von Ritter, S. 81) schrieb 1561 über Luther: „am mitwoch den 17 tag des hornungs hat d. Martinus sein gewöhnlich kränk bekommen, nemlich ein flusz im herzgrüblin". Im 17. Jh. dichtete Friedrich v. Spee im Sinne der mystischen Versenkung in die Leiden des Herrn (‚Trutznachtigall' 300):

> ich nun denke seiner kränke,
> weil ich dich verwundet seh.

Auch mdal., z. B. fränk., schwäb., els., vorarlbergisch und kärntnerisch, aber auch meckl., ist ‚Kränke' noch heute die allg. Bez. für Krankheit, speziell meint man damit aber vor allem Epilepsie, Fallsucht und Krämpfe. Früher galt Kränke auch als verhüllender Ausdr. für Pest und andere schwere Seuchen, was sich in den Verwünschungen und Flüchen bis heute bewahrt hat, die bes. im 18. Jh. häufig waren, z. B. *Daß du die Kränke kriegst!* und *Daß dich die Kränke!* In diesen beiden Formen sind die Verwünschungen noch mdal. verbreitet, z. B. meckl. ‚Dat du de Kränk kriggst!' oder els.: ‚Daß du die Kränk kriegsch!' und allg. im Ndd. ‚Dat du de Krenke!'

Lit. sind ähnl. Wndgn. aus dem 18. und 19. Jh. belegt. Nicolai gebrauchte die Verwünschung in einem Gedicht: „ei, kriegtest du die Kränke!" (Verm. Ged. 1792, 1, 159), und Immermann schrieb 1839 in seinem Roman ‚Münchhausen' (4,35 [60]): „ich wills euch allen zuvor thun, daß ihr Seelenverkäufer die Kränke vor Ärger kriegt". Noch 1870 reimte W. Kreusler (‚Lieder zu Schutz und Trutz'):

> Haut ihn, daß die Lappen fliegen!
> Daß sie All' die Kränke kriegen
> In das klappernde Gebein.

Einige mdal. Wndgn. haben übertr. Bdtg. angenommen, z. B. schles. ‚Die Kränkt haben', krank spielen und schwäb. ‚Der hat die Kränke', er steckt voller Bosheit, was durch den Ausdr. ‚Höllenkränke' noch gesteigert werden kann.

Lit.: *O. v. Hovorka* u. *A. Kronfeld:* Vergleichende Volksmedizin, 2 Bde. (Stuttgart 1908/09).

krankfeiern. *Gern einmal (manchmal) krankfeiern:* eine leichte Unpäßlichkeit zum Vorwand nehmen, um dem Dienst (der Arbeit) fernbleiben zu können, eigentl. um sich zu Hause auszuruhen; auf Kosten anderer ‚blau machen'. ‚Feiern' bedeutet in diesem speziellen Fall: nicht arbeiten; vgl. ‚eine Feierschicht fahren'.

Kranz. *Den Kranz erhalten (gewinnen):* siegen, Ruhm erwerben, für seine Mühe und Leistung belohnt, auserwählt werden, eigentl. als Sieger im sportlichen Wettkampf, bei Turnieren oder auch beim Kranzsingen geehrt werden; vgl. frz. ‚remporter la palme'.

Jem. den Kranz reichen: ihm den Sieg zusprechen, ihn belohnen, eine Liebeszusage geben, aber auch: sich selbst geschlagen erklären. Diese Mehrdeutigkeit der Rda. beruht auf verschiedenen Bräuchen, die sich z. T. bis zur Antike und ins MA. zurückverfolgen lassen. So war es bei Wettläufen üblich, daß der Unterlegene dem Sieger einen Kranz reichen mußte, womit er dessen Leistung anerkannte, sich selbst aber als Verlierer kundtat. Bei den ma. Turnieren wurde dem Sieger von einer vornehmen Dame des Hofes, von seiner Herrin, der er durch seinen Mut, seine Kraft und Tapferkeit gedient hatte, oder durch eine Jungfrau der grüne Kranz gereicht. Der Lorbeerkranz galt bereits in der Antike dem Dichter und Sänger als erstrebenswertes höchstes Ziel. Goethe schildert im ‚Torquato Tasso' (I, 3) die Bekränzung des Dichters, der soeben seinem Gönner ein gelungenes Werk überreicht hat. Als er bescheiden die ihm zu groß erscheinende Ehrung zurückweisen will, sagt ihm die Prinzessin:

So lern' auch diese Zweige tragen, die
Das Schönste sind, was wir dir geben können.
Wem einmal würdig sie das Haupt berührt,
Dem schweben sie auf ewig um die Stirne.

Sprw. geworden ist das Schillerzitat aus dem Prolog zu ‚Wallensteins Lager', wo festgestellt und bedauert wird: „Dem Mimen flicht die Nachwelt keine Kränze". Seit dem MA. ist der Kranz aber auch als Symbol der Gunst einer hochgestellten Dame und als Liebeszeichen bezeugt, vor allem durch zahlreiche Bildbelege. Das Volkslied bewahrt Erinnerungen an das Kranzsingen, das bereits zur Zeit Nithards zu Anfang des 13. Jh. beliebt war. Es steht in Zusammenhang mit den Rätselwettkämpfen. In einem Rätsellied (E. B. Nr. 1062), das im 16. und 17. Jh. bes. beliebt war, singen beim Reigen Gesellen verschiedener Handwerke um den Kranz der Jungfrauen, indem sie Rätselfragen lösen oder stellen. In Str. 16 und 17 wird geschildert, wie ein Bursche den Kranz gewinnt:

Jungfrau, sagt mir zu dieser Frist,
Welches die mittelst Blum im Kränzlein ist?
Der Blumen aber gar viel seind,
Die umher in dem Kränzlein stehnd.

Da diese Frage nicht zu beantworten ist, weil der Kranz geschlossen ist und nicht Anfang und Ende und deshalb auch keine Mitte besitzt, gibt der Bursche seine überraschende Lösung:

Ich hör ein großes Schweigen,
Das Kränzlein will mir bleiben.
So merkt mich, liebe Jungfrau mein:
Ihr mögt wol die mittelst Blum im Kränzlein sein!

‚Jemand den Kranz reichen'

Er versteht hier unter dem Kranz den Kreis der Tanzenden. Auch in vielen Mailiedern erscheint der Brauch, daß der auserwählte Bursche von seinem Mädchen den Kranz, der sie beim Tanz geschmückt hat, als Zeichen ihrer Zuneigung erhält. So heißt es z.B. in einem schweiz. Lied (E.B. Nr. 967):

Der Tanz, der Abedtanz!
Mi Mitli treit e Chranz. (Str. 3)
Den Chranz, den mueß i ha,
Sus blib i en arme Ma. (Str. 4)

Als ihm das Mädchen den Kranz überreicht hat, jubelt der Bursche in Str. 6:

Juhê! nun e Chranz und
's Meitle derzue:
Juhê! was bin i e glückliche Bueb!

Die Rda. *einem ein Kränzlein auflegen (aufsetzen):* gehört deshalb in diesen Brauchzusammenhang. Sie bedeutet die allg. Ehrung eines Mannes, vor allem aber das Einverständnis der Geliebten, die Liebeszusage oder sogar das Eheversprechen des Mädchens. Daß das Kranzaufsetzen tatsächlich einen rechtskräftigen Charakter hatte, ist durch den Brauch des Losbittens eines Verurteilten bezeugt. Der zum Tode Verurteilte oder auch ein Verbrecher, dem die Hand abgeschlagen werden sollte, konnte begnadigt und als straffrei entlassen werden, wenn ihn eine ehrbare Jungfrau vom Henker losbat und ihn zu ihrem Ehemann begehrte. Im Dt. Wb. der Brüder Grimm wird ein solcher Fall geschildert: Im 16. Jh. sollte einem Manne in Stralsund die rechte Hand abgeschlagen werden. Da trat ein Mädchen aus der Menge der Zuschauer und „settete em einen kranz up und dede ein erdfall vor den heren und wollt em losbidden". Das Kranzaufsetzen ist hierbei als Zeichen des öffentl. und rechtmäßigen Verlöbnisses zu verstehen.

Die Rdaa. *den Kranz verlieren* und *ums Kränzlein kommen* sind metaphorische Umschreibungen für den Verlust der jungfräulichen Unschuld und Ehre. Bereits in Wittenweilers ‚Ring' heißt es in übertr. Bdtg.:

Minner werch schol sei nicht kiesen,
Wil sei daz krentzel nicht verliesen.

Die Wndgn. beziehen sich auf das Hochzeitsbrauchtum. Nur die jungfräuliche Braut durfte den grünen Jungfernkranz aus Rosmarin, Myrten oder Rauten tragen. Er galt als Zeichen ihrer Ehre und Würde und war gewissermaßen der allen sichtbare äußere Nachweis ihrer Unschuld, ihrer Standhaftigkeit und ihres Sieges und Triumphes über die Versuchungen zur vorehelichen Geschlechtsverbindung. Das unrechtmäßige Tragen des grünen Kranzes bei der Trauung wurde von der Kirche als frevelhaft verfolgt. In der Ballade von der ‚Rabenmutter' (E.B. Nr. 212b), einer Variante aus Schlesien, führt der Teufel selbst die Bestrafung durch. Auf den Vorwurf des geretteten ausgesetzten Kindes fragt die Braut:

Wie kann ich deine Mutter sein?
Ich trag ja von Raut ein Kränzelein.
(Str. 9)

Das Kind antwortet:

Trägst du von Raut ein Kränzelein,
Du kannst gar wohl meine Mutter sein:
Du hast geboren drei Kindelein.
(Str. 10)

Als die Mutter sich verschwört, wird sie vom Teufel geholt:

Ja wenn das wirklich Wahrheit wär,
So wollt ich, daß der Teufel käm
Und mir das grüne Kränzlein nähm!
(Str. 13)
Das Wort war kaum aus ihrem Mund,
Der Teufel in der Thüre stund.
(Str. 14)

Der Kranz als Symbol der Reinheit diente auch zur Grabbeigabe jungfräulich Verstorbener, vgl. die poln. Wndg. ‚mit dem Kranz sterben', als Junggeselle begraben werden.

Der Verlust des Kranzes wird von dem Mädchen im Volkslied häufig reuevoll beklagt, während der Bursch nur leichtfertig die verschlafene Ehre bezahlen will. In einem Lied aus dem Kuhländchen (E.B. Nr. 436b) erhält das Mädchen sogar den spöttischen Rat:

Und ist dir hin dein Rautenkranz,
Und den du thatst verlieren:
Am Dienstag ziehn die Krämer ins
Land,
Schöns Lieb, kauf dir ein neuen!
(Str. 4)

Sie weiß jedoch, daß dies nutzlos wäre:

Was hilft mir denn der neue Kranz,
Wenn ich ihn nicht darf tragen?

Eine völlig andere Bdtg. ist mit dem ‚grünen Kranz' verbunden, der als Symbol des Wirtshauses bekannt wurde. Er ist – ähnl. wie der ↗Besen – ein Zeichen für das Schankrecht u. wird dementspr. auch als Aufforderung zur Einkehr betrachtet, wie u.a. auch aus dem Trinklied ‚Bruderschaft' (1821) von Wilh. Müller hervorgeht:

Im Krug zum grünen Kranze,
da kehrt ich durstig ein.

Lit.: *R. Andree:* ‚Der grüne Wirtshauskranz', in: Zs. des Vereins f. Vkde. 17 (1907), S. 195–200; *K. Meschke:* Art. ‚Kranz', in: HdA. V, Sp. 381–428; *A. Walzer:* Liebeskutsche, Reitersmann, Nikolaus und Kinderbringer (Stuttgart 1963), S. 11–16; *Röhrich-Brednich:* Dt. Volkslieder, Bd. I (Düsseldorf 1965), S. 55 ff.; Bd. II (Düsseldorf 1967), S. 140 f.; Dt. Volkslieder mit ihren Melodien, hg. v. Dt. Volksliedarchiv (Freiburg 1967), V, 2, S. 263 f.; *A. Erler:* Art. ‚Kranzgeld', in: HRG. II, Sp. 1177; *W. Dankert:* Symbol, Metapher, Allegorie im Lied der Völker, II (Bonn–Bad Godesberg 1977), S. 815; *M. Widmann:* ‚De coronis (Frankfurt a. M. 1987).

kratzen, Kratzfuß. *Das kratzt mich nicht:* es berührt, betrifft, stört mich nicht; ähnl. ‚das juckt mich nicht', ‚das kann mich nicht kratzen'.

Sich gekratzt fühlen: sich geschmeichelt fühlen (vgl. ‚sich gebauchpinselt fühlen'). Die Rdaa. sind in ganz Dtl. bekannt, reichen aber wohl kaum weiter als ins 19. Jh. zurück.

Kratzen gehen: sich eilig davonmachen; gleichbedeutend *die Kurve kratzen;* i. S. v. ‚sich davonmachen', ‚sterben' gebraucht man *abkratzen.* Vielleicht ist hier zunächst an das Pferd zu denken, das, wenn es sich schnell in Bewegung setzt, den Sand aufwirft, dann an das Auto, das beim raschen Anfahren Staub aufwirbelt und in der Kurve beim Schleudern Bäume oder Häuser zu streifen (kratzen) scheint. Eine heute nicht mehr geläufige Rda. verwendet Thomas Murner (‚Narrenbeschwörung' 1, 10; 58, 11 u. ö.): „Vnd kratzen do mich niendert beisz" i. S. v. durchprügeln.

Kratzfuß(-füße) machen: eine übertriebene Verbeugung machen, sich unterwürfig gegen jem. verhalten; der übertr. Sinn dieser Rda. beruht auf dem realen Vorgang einer früheren Höflichkeitsbezeigung, bei der ein Fuß nach hinten genommen wird und dabei den Boden streift. Vgl. engl. ‚to make a leg'.

kraus. *Ein Krauskopf sein, krause Reden führen:* verworren und eigensinnig reden und denken, es geht kraus, wunderlich zu. Vgl. das Sprw. ‚Krauses Haar, krauser Sinn!' Schon in der Mitte des 14. Jh. lesen wir von ‚krusen Worten' der Rabulisten, im Gegensatz zu ‚schlecht und recht'.

Die Rda. *Warte, Krause!* meint wohl eigentl.: nimm dich in acht, du Krauskopf, dich will ich zur Vernunft bringen!

Lit.: *G. Grober-Glück:* Motive u. Motivationen in Rdaa. u. Meinungen (Marburg 1974), § 58 ff., S. 83–87.

Kraut. *Ins Kraut schießen:* rasch zunehmen; bes. von Schlechtem, Gefährlichem gesagt. Eine Pflanze, die ins Kraut schießt, vergeudet ihre ganze Kraft in den Blättern, verspricht keine gute Blüte, geschweige denn eine reiche Frucht.

Durcheinander wie Kraut und Rüben sagt man zur Bez. einer argen Verwirrung. Es liegt nahe, dabei an ein gemischtes Gemüsegericht (‚Mischmasch') zu denken, wie in ähnl. Sinne auch der Pole sagt: ‚groch z kapusta' (‚Erbsen und Kohl'). Kraut und Rüben werden aber kaum wirklich zusammen gegessen. Auch der alte Auszählreim (E. B. III, S. 598)

Eins, zwei, drei, vier, fünf, sechs, sieben,
Sauerkraut und Rüben,
die haben mich vertrieben.
Hätt' meine Mutter Fleisch gekocht,
wär' ich bei ihr geblieben

meint zwei verschiedene Speisen, die freilich immer wiederkehren (vgl. ‚Kohl und Rüben'). Man kann freilich auch an ein Durcheinanderwachsen von Kraut und Rüben auf dem Felde denken. Man hält sie ja auf dem Feld ebenso getrennt wie in der Küche. Dementspr. heißt es auch oft: ‚es steht wie Kraut und Rüben'; vgl. schwäb. ‚Der ist so wenig wert wie die Rübe im Kraut'.

Ins Kraut hinein!: tapfer drauflos (so z. B. in Fischarts ‚Gargantua' 43 b). *Raus aus dem Kraut!:* Hinaus damit! Fort damit! Eigentl. Zuruf der Bauern an die unbefugten Eindringlinge im Krautfeld, dann verallgemeinert. Schwäb. ‚Kräutle zähle', das Wachstum in Feld und Garten besichtigen (vgl. frz. ‚regarder l'herbe'). Niederdeutsch ,Dat ess e Krock, dat wiss net in jidden gaden', das ist etw. Besonderes, etw. Seltenes.

Das macht das Kraut (nordd. den ↗Kohl) *nicht fett:* das hilft nicht viel; schon im 17. Jh. gebräuchl. Zu einem Krautgemüse gehört ein fettes Stück Fleisch. Deshalb sagt in der mhd. Dichtung ,Seifried Helbling' (Ende des 13. Jh.) die Frau von einem schönen Stück Fleisch:

Ez ist sô smalzhaft,
vier krûten gibt ez kraft.

Schwäb. ,Dem ist auch wieder eine Griebe ins Kraut gefallen', er ist sehr sparsam; ,der muß's Kraut schmälze', er hat nicht genug; ,zu mager für das Kraut', zu arm für diese Heirat. Die Rda. findet sich gelegentl. auch in posit. Wndg.: ,Das Kraut fett machen', Wesentliches leisten, einer Sache die Krone aufsetzen, aber auch in iron. Bdtg.: das hat gerade noch gefehlt.

Ums Kraut reden: das Essen tadeln; dann allgemeiner: Kritik an etw. üben, unzufrieden sein, z.B. bei Ringwald (,Lautere Wahrheit' 108):

und redt umbs Kraut, wenn man nicht gibt,
was ihm an Trank und Speis gebricht.

Zu der ausgestorbenen Rda. ,Iß auch Kraut mitunter' (,wider die, so das Fleisch verschlingen, aber das Kraut verschmähen') erzählt Heinrich Bebel einen ätiologischen, allerdings sehr obszönen Schwank, der den angeblichen Urspr. dieser Rda. beschreibt (Heinrich Bebels Schwänke, hg. von Albert Wesselski, Bd. II, München u. Leipzig 1907, Nr. 135, S. 61 u. 143).

Das Kraut fertig machen: das Maß voll, den Becher überfließen machen. Daß z.B. ein Schuldenmacher noch Wechsel fälscht, ,macht das Kraut vollends fertig'. Bair. ,'s beste Kraut derzue tue', nach Kräften alles dazu beitragen. *Das Kraut verschütten:* ,ins Fettnäpfchen treten', d.h. durch eine Unvorsichtigkeit, eine unbedachte Äußerung es bei jem. verdorben haben. *Das Kraut versalzen:* etw. verderben; oft auch als Drohung: ,Ich will dir das Kraut schon versalzen!' (z.B. bei Hans Sachs). *Das Kraut ist angebrannt:* die Sache ist verdorben, es hat einen Haken. Schwäb. ,Mach mir keine Würmer ins Kraut!', reiz mich nicht; schweiz. ,einem ins Kraut scheißen', seine Pläne stören, Verdruß bereiten.

Das Kraut einschneiden: die nötigen Vorbereitungen treffen. *Zu Kraut hacken:* einen verächtlich machen, übel von jem. reden (vgl. ,einen in die ↗Pfanne hauen'); dazu die schweiz. Beteuerungsformel: ,Ich will mi lo z'Chrut un z'Fetze verschlo, wenn ...'; ,sich selber Chrut ins Füdli hacke', Übles, das man andern zugedacht hat, an sich selbst erfahren. ,Das Kraut aus'm Arsche lesen', ein Schmeichler und Kriecher sein; ebenso ,einem Kraut um den Bart schmieren', schmeicheln (vgl. ,jem. ↗Honig um den Bart schmieren'); hier bedeutet Kraut soviel wie Mus.

Einige Wndgn. mit Kraut beziehen sich eigentl. auf das ,Unkraut', z.B. *ein rechtes Kraut sein:* ein Taugenichts, lästiger, übermütiger Mensch sein; so auch in den Mdaa:, z.B. schwäb. ,ein frühes (sauberes, schönes) Kräutle'; ,die zieht sich auch ein schöns Kräutle an dem Bube!'; obersächs. ,e schens (e lästig) Kraut'; ,dat ös e Kröckche!', ein Mädchen, das durch sein vorlautes Wesen auffällt; schweiz. ,a schlechts (liederliches, böses, süber) Chrütli'; ,so einer muß still si, wo's Füdle no so noh bi de Chrütere hed', Abfertigung eines kleinen, naseweisen Menschen. ,Dich kann man ins Kraut setzen', als Vogelscheuche, so häßlich bist du. ,Herumkrautern' (bes. rhein.), langsam und mühsam arbeiten wie beim Ausreißen des Unkrauts. Wer mit der Arbeit nicht recht vorwärts kommt, ist ,ein (alter) Krauterer'. In der Operette ,Der Vogelhändler' heißt es in einem Lied:

Als mei Ahnerl siebzig Jahr
Und a alter Krautrer war.

,Krauter' ist auch ein kleiner Unternehmer, ein unbedeutender Handwerksmeister. ,Krauter' nannten die Gesellen früher mitunter ihren Meister, weil er ihnen ,Kraut', d.h. Kost, gab. Kraut bedeutet darum vielfach auch etw. Geringes, Wertloses, Unbedeutendes (↗Bohne); verstärkt: ,kaltes Kraut' (vgl. ,kalter ↗Kaffee'). Schweiz. (zur Verstärkung der Verneinung) ,Wir gend um niemand nit ein Kraut'; ,es schint wie Chrut und Bölle' (Zwiebeln), es ist eitle Pracht und Hoffart; ,einem verleidet sein wie chalts Chrut', wenn man etw. bis zum Ekel satt hat; ,sich

kei chalts Chrut inbilde', sich nicht wenig einbilden; schwäb. ,Kei hundert Kraut is net hi', wenn etw. nicht sehr Wertvolles verlorenging, oder wenn ein Mensch sich in Gefahr begibt, um den es nicht schade ist: ,Für den ist kei hundert Kraut schad!'
Auf Kraut im Sinne von ,Heilkraut' beziehen sich folgende Rdaa.: *Dagegen* (oft: *gegen den Tod) ist kein Kraut gewachsen:* da ist nichts zu machen; da ist nicht mehr zu helfen; das ist ein hoffnungsloser Fall (schon bei Hans Sachs belegt); lux. ,It ös kä Krockt für e gewuess', er wird sterben; ebenso ndl. ,Daar is geen kruid voor gewassen'. Die Wndg. ist offenbar eine Übers. entsprechender mlat. sprw. Rdaa., wie ,Contra vim mortis non est medicamen in hortis'; vgl. aber auch schon Ovid (,Metamorphosen' I,523): „nullis amor est sanabilis herbis" (Liebe ist durch kein Kraut zu heilen); vgl. engl. ,No herb will cure love'. Nur im Märchen gibt es ein ,Kraut des ewigen Lebens' (vgl. KHM. 44).
Das müßte doch mit Kräutern zugehen: auf sonderbare Weise, nicht mit rechten Dingen; eigentl. mit Zauberkräutern; so 1555 in Jörg Wickrams Schwanksammlung ,Rollwagenbüchlein': „Bei dem die Frau abnahm, daß es mit Kräutern zugangen war, wie man spricht"; heute noch mdal., z. B. obersächs. ,Do müßt's doch mit Kreitern zugieh'. *Er hat schon alle Kräuter als Tee getrunken:* er hat alle Mittel angewandt, um seine Ziele zu erreichen (vgl. frz. ,employer toutes les herbes de la Saint-Jean'). *Über böse Kräuter gehen:* Unglück haben; vgl. frz. ,Il a marché sur une mauvaise herbe' und ,Sur quelle herbe avez-vous marché?', was ist Ihnen über die Leber gelaufen? (beides heute veraltet). Ein ,Kräutchen' ist ein empfindsamer, empfindlicher, leicht verletzlicher Mensch, meist gesteigert als ,Kräutchen Rührmichnichtan', was eigentl. der volkstüml. Name der Mimose ist, deren Blätter und Fiederbällchen sich bei geringster Berührung schließen.
In einer letzten Gruppe bedeutet Kraut Schießpulver, vor allem in der Zwillingsformel ,Kraut und Lot' = Pulver und Blei: ,Man hat es ihm mit Kraut und Lot gesegnet', er ist getroffen worden. Lit. bei Grimmelshausen (,Simplicissimus' I,414): „daß er ihm mit Kraut und Loth zubringe"; P. Heyse (5,332): „Du verpuffst bloß das Kraut". Kraut in dieser Bdtg. ist abgeleitet von dem veralteten Verb ,kruten' (grusen) = zermalmen, Kraut ist dann ein gepulverter Körper.
Zu erwähnen sind ferner noch die folgenden Ausdrücke aus dem Rotw.: ,Kraut', Flucht; ,Krautsuppe', Fluchthilfsmittel; ,Krautsuppe essen', flüchten; ,Kraut bakken (essen etc.)', fliehen; ,krauten' und ,mitkrauten', fliehen.

Lit.: *W. Danckert:* Symbol, Metapher, Allegorie im Lied der Völker, III (Bonn – Bad Godesberg 1978), S. 1275–1279.

Krawatte. *Einen hinter die Krawatte gießen:* ein Glas Alkohol trinken; die Rda. ist eine Analogiebildung zu ,einen hinter die ↗ Binde gießen'; vgl. frz. ,s'en envoyer un derrière la cravatte' (umg.).
Im Rotw. heißt ein Wucherer *Krawattenmacher,* in gleicher Weise wird der Henker bez.; Krawatte steht hier euphemist. für ,Strick'. Entspr. *jem. an der Krawatte (beim Krawattl) nehmen (packen):* ihn würgen.
Ein Krawattenmuffel sein: nicht gern in seiner Kleidung modische Akzente setzen, Abwechslung vermeiden. Die Wndg. ist durch die Werbung bekannt geworden, die unterstellt, daß keiner ,ein Krawattenmuffel' sein möchte.

Lit.: *E. Angstmann:* Der Henker in der Volksmeinung (Bonn 1928), S. 33.

Krebs. *Die Krebse füttern:* seekrank sein; vgl. frz. ,donner à manger aux poissons' (wörtl.: sich erbrechen und damit die Fische füttern).
Krebse sieden: vor Scham feuerrot werden. *Den Krebsgang gehen* (oder *nehmen):* rückwärts gehen, einen Rückschritt machen, sich verschlechtern, herunterkommen. Schon die Römer sagten: ,Transversus non proversus cedit, quasi cancer solet' = er geht schräg, nicht geradeaus, wie es der Krebs (vermeintlich) tut. Die Rda. ist schon dem späten MA. bekannt. Bei Abraham a Sancta Clara, Seb. Brant, bei Luther, Grimmelshausen usw. ist sie vielfach belegt, z. B. Luther: „Das gehet denn sehr fein für sich, wie der Krebsgang". 1639 auch bei Lehmann (S. 858,

,Den Krebsgang gehen'

,Vortgang' 1): „Er gehet für sich, als wenn Krebs am Schlitten ziehen, wie die Hühner scharren, wie die Krebse kriechen, wie Bech von Händen, wenn man mit Katzen wolt Hasen fangen, es geht als hätt es das Podagram, es geht als den Kindern, wenn sie aus Kartenblättern steinern Häuser bawen". Auch im Volkslied wird dieses Bild verwendet: „Und wenn du auch den Krebsgang gehst ..." (E.B. II, Nr. 521,3). Scherzhaft auf das Sternbild des Krebses bezogen ist die Rda. in einem Soldatenlied von 1683, wo der besiegte Türke mit Blick auf den Mond als Sinnbild auf der Fahne klagt:

Mein Mond, sonst toll,
Wird nimmer voll,
Im letzten Viertel stehet;
Verkehrt sein Lauf,
Nimmt ab, nit auf,
Zurück im Krebsen gehet.

Immer liegt hier die Vorstellung zugrunde, daß der Krebs sich nicht vorwärts, sondern rückwärts fortbewegt. Vgl. frz. ,marcher à l'écrevisse'.

Das Sprw. ,Den Krebs straft man nicht mit Ersäufen' bezieht sich auf den Inhalt der bekannten Schildbürgergeschichte.

Jem. hat schwer zu krebsen: er hat Mühe, etw. Bestimmtes zustande zu bringen, um seinen Lebensunterhalt zu kämpfen; es ist nicht leicht zu entscheiden, ob dabei an den mühselig anmutenden Gang des Krebses gedacht wird oder an das beschwerliche Werk des Krebsefangens, wahrscheinl. ist letzteres das Ursprünglichere.

Mit etw. krebsen gehen: durch Berufung auf eine Sache einen Vorteil für sich herauszuschlagen suchen, was ähnl. schwierig wie ,krebsen' (= Krebse fangen) ist.

Lit.: *M. Hoferer:* ,Das ist eine andere Art von Krebsen', in: Zs. f.d.U. 8 (1894), S. 850; *O. Keller:* Die antike Tierwelt, 2 (Leipzig 1913), S. 485–487; *P. Groth:* Art. ,Krebs', in: HdA. V, Sp. 446–455.

Kredit. *Kredit bei jem. haben:* gut angeschrieben sein, Vertrauen genießen; entspr. das Gegenteil: *den Kredit verlieren;* vgl. frz. ,perdre son crédit'. In Dtl. (im Gegensatz zu Frankr.) nicht mehr so bekannt ist die Rda. *Kredit ist tot:* es wird kein Kredit mehr eingeräumt. Wirtshausschilder und -sprüche bringen noch heute gelegentlich die Anzeige vom Tod des Kredits, zuweilen sogar in der Form einer Todesanzeige. Verschiedene Bildfassun-

1

2

1/2 ,Kredit ist tot'

gen stellen das Leichenbegängnis des Kredits dar. Diese scherzhaft-satirischen Darstellungen sind jedoch verhältnismäßig jungen Datums, weil sie den allg. Gebrauch ernsthafter Todesanzeigen voraussetzen. Rdaa. wie ‚Der Herr Pump (Borg, Schenker) ist gestorben‘, ‚der Onkel Schenker ist tot‘ und dgl. haben das Wort Kredit und die mit diesem Fremdwort gebildete Rda. zurückgedrängt, und auch das Sagwort ‚Kredit ist mausetot, sagte der Fuchs, da wollte ihm der Bauer kein Huhn borgen‘ dürfte nur noch vereinzelt anzutreffen sein.

Die Formel ‚Kredit ist tot‘ tritt uns in Dtl. erstmals bei Abraham a Sancta Clara entgegen, dagegen ist das Wort ‚Credito‘ obd. schon 1547 bezeugt und wird 1597 durch das aus dem Französischen entlehnte ‚crédit‘ abgelöst. Die Scherzbilder vom Tod des Kredits in unseren heutigen Wirtschaften werden aber wahrscheinl. auf dt. Bildgedichte aus der ersten Hälfte des 17. Jahrhunderts zurückgehen. Zuvor war dieses Motiv in Frankreich verbreitet, von wo uns mit dem neuzeitlichen Geldwesen sowohl das Wort Kredit (von credere) als auch das Bildgut überkommen ist.

Bereits im 16. Jh. finden sich ital. Flugblätter, die neben bildl. Darstellungen auch Verse vom Tod des Kredits bieten; solche Bilderbogen dienten sicherlich als Wandschmuck in Geschäften. Auf der Abb. tritt Credenza (Kredit) als Persönlichkeit dramatisch auf. Schauplatz der Handlung ist der Laden eines wohlhabenden Stoffhändlers, auf dessen Ware Schubladen mit Knöpfen, Spitzen, Atlas, Brokat, Seiden- und Taffetstoffen, mit Leinwand, Netzen und Garn verweisen. Hinter dem mit Stoffstücken und Stoffrollen belegten Verkaufstisch stehen die Kaufherren, vermutl. Vater und Sohn, denen sich von rechts entblößten Hauptes der Kauflustige naht und Kredit haben will. Zwei weithin sichtbare Inschriften über den Schubladen und an dem Verkaufstisch geben diesem Ansinnen die grundsätzliche Antwort:

Chi da in credenza spaza
robba assai
Perde gli amici e denar non
ha mai.

Das ist der gleiche Spruch, der auch heute noch, gedruckt und handschriftlich, in vielen dt. Geschäften, bes. in Fleischerläden, in mannigfachen Abweichungen der Textgestaltung hängt:

Das Borgen ist ein schlecht Geschäft,
Das hab ich oft empfunden.
Zuerst wirst du die Ware los
Und hinterher die Kunden.

Links von der Hauptszene spielt sich das traurige Schicksal der Credenza ab, das eine kurze Inschrift in einer Kartusche umschreibt:

Credenza e morta
il mal pagare l'ucise.

Darunter sieht man im Bild die auf dem Boden liegende Credenza, die der schlechte Zahler an den Haaren festhält, um ihr mit einem Schwert den Kopf abzuschlagen. Dieses Blatt gehört zu den Klagegedichten (lamenti), die von Italien aus in Flugblattform über ganz Westeuropa wanderten und sich bis heute in zahllosen Abwandlungen größter Beliebtheit erfreuen.

‚Kredit ist tot‘

Im 17. Jh. wird auch in Dtl. und Frankr. das Motiv vom Tod des Kredits allg. Die Stelle der ital. Credenza vertritt jetzt der männliche Kredit (le crédit). Die erweiterte Fassung ‚Crédit est mort, les mauvais payeurs l'ont tué‘ dürfte erst durch die Bilderbogendarstellungen zur geflügelten Redewendung geworden sein. Die Blütezeit des Schlagwortes vom Tod des Kredits war wohl das 17. und 18. Jh., wo sich dieses Motiv bis zu Theaterstücken auswuchs.

Bes. interessant ist das wechselnde Zeitgewand des Motivs und sein Wandern durch die verschiedenen Gesellschaftsschichten.

Lit.: *A. Spamer:* Kredit ist tot. Zur Gesch. eines volkstümlichen Scherzbildes, in: Volkskundl. Gaben, John Meier zum 70. Geburtstag dargebracht (Berlin u. Leipzig 1934), S. 223 ff.; *W. Tobler:* Hier wird nicht gepumpt, in: Schweiz. Vkde. 46 (1956), S. 43–48; *M. Pitsch:* Crédit est mort, in: Arts et trad. pop. 6 (1958; parr 1959), S. 264–268; *K. Laukkanen:* ‚Giving is dead', in: Proverbium, 1 (1965), S. 16; *W. Mieder:* ‚Kredit ist tot', in: Proverbium, N. F. 1 (1984), S. 187–189.

Kreide. Mit Kreidestrichen auf einer schwarzen Tafel werden z. T. noch heute im Wirtshaus die Schulden der Zecher notiert, daher *in der Kreide stehen:* Schulden haben, *in die Kreide kommen (geraten):* zum Schuldner werden; davon abgeleitet in übertr. Sinne: *jem. etw. ankreiden:* jem. etw. nachtragen, d. h. wie eine Zechschuld aufschreiben, damit sie nicht vergessen wird. Schon in einem Lied aus dem 15. Jh. heißt es: „Er (der Wirt) nem die kreiden in die hand und schreib die Orten (Zeche) an". Zu Beginn des 16. Jh. schreibt Ludwig Hätzer:

... Der dennocht niemand zalen wil,
Der richts als auß mit Kreiden.

Auf Kreide leben: von Kredit leben; *Kreide haben:* Kredit haben. Scherzhaft verwendet die Rda. Viktor v. Scheffel 1854 in seinem Gaudeamuslied ‚Der Ichthyosaurus' vom Übergang aus der Lias- in die Kreideformation:

Die (die Saurier) kamen zu tief in die Kreide,
da war es natürlich vorbei (d. h. sie starben aus).

Mit doppelter Kreide schreiben: Zechschulden doppelt buchen, unlautere Preise verlangen, betrügen; zunächst vom Wirt gesagt, der einem Gast eine zu hohe Rechnung ausstellte, indem er dem Kreidestück zwei Spitzen gab und statt eines Striches zwei machte; leicht konnte er auch, solange man röm. Zahlen schrieb, eine II in eine III abändern oder aus einer V (5) eine X (10) machen (vgl. ‚ein ↗X für ein U vormachen'). Bei Hans Sachs heißt es (‚Der gute und der böse Wirt' 26):

Nichts ist da wolfeil, dan ir kreiden:
Darmit sinds gar fertiger hand.
Schreyben für zwe drey an die Wand.

In der Minne-Allegorie ‚Meister Altswert' (um 1380) finden sich die Worte (248, 4):

Nit schrîb mit zwîfalt krîden,
Sag mir die wahrheit ganz!

Vgl. ndl. ‚met dubbel krijt schrijven', ‚bij iemand in het krijt staan'.
Kreide (fressen) gefressen haben: sich den Anschein der Unschuld oder Harmlosigkeit geben wie der Wolf im Märchen von den ‚sieben jungen Geißlein' (KHM. 5), ↗Kredit.

Kreis. *Ein Ereignis zieht (immer weitere) Kreise:* es erlangt über den Ort des Geschehens hinaus Bdtg. Das der Rda. zugrunde liegende Bild ist dies, daß ein ins Wasser geworfener Stein Wellen erzeugt, die sich konzentrisch ausbreiten. In dem Werk ‚Idea de un principe politico christiano' (1659) von Diego de Saavedra Fajardo findet sich eine Abb., die dieses Sinnbild verdeutlicht.

‚Immer weitere Kreise ziehen'

Vgl. frz. ‚Un événement fait du remou' (wörtl.: Ein Ereignis ruft Wirbel hervor). Von gesellschaftlichen Gruppen spricht man als von ‚Kreisen' (z. B. von feinen, intellektuellen, politischen usw., aber auch von armen, niedrig gestellten Kreisen, meist jedoch in Wortverknüpfungen wie z. B. in Wirtschafts-, Fach-, Finanzkreisen

usw.). In der Regel sind es sozial gehobene Schichten, die so bez. werden; so bezieht sich etwa die wien. Rda. ,z' Kroas (Kreis) renna', den Hof machen, eben auf höfische Kreise (Hofkreise).
Die Worte „Störe meine Kreise nicht" (Noli turbare circulos meos) schreibt man Archimedes zu, der sie einem röm. Soldaten zugerufen haben soll, welcher im Jahre 212 v. Chr. bei der Eroberung von Syrakus in seinen Garten eindrang, wo der Mathematiker gerade damit beschäftigt war, Figuren in den Sand zu zeichnen.

Lit.: *Straberger-Schusser:* Art. ,Kreis', in: HdA. V, Sp. 462–478; *D. Arendt:* Das Karussell in der Kunst u. Literatur, in: Studi Germanici 24/26 (1986–1988), S. 347–379.

Kren (Meerrettich) ist eine bes. in Oesterr. beliebte Speisezutat. *Seinen Kren zu etw. (zu allem) geben:* sich in etw. ungebeten einmischen, zu etw. überflüssigerweise seine Meinung äußern; ähnl. in *alles seinen Kren reiben.* Diese regional begrenzten Rdaa. entsprechen dem sonst geläufigeren ,seinen ↗Senf zu etw. (zu allem) geben'. Mdal. Wndgn. sind ,en Kren machen', Umstände machen und die in Wien häufig zu hörende Feststellung ,Der gibt sich an Kren', der macht sich (aber) wichtig.

Krethi und Plethi. *Es ist Krethi und Plethi beisammen (geladen):* eine bunt zusammengewürfelte Volksmenge, Leute verschiedenen Standes, heute meist in sozial abwertendem, verächtlichem Sinne: allerlei Gesindel, Pöbel. Noch ohne abschätzigen Sinn begegnet die Wndg. zuerst im A. T. (2. Sam. 8,18) und ist durch Luthers Bibelübers. bekannt geworden. Es handelt sich urspr. sogar um die Elitetruppe des Königs David, die in den Berichten von seiner Thronnachfolge mehrfach genannt wird (2. Sam. 15,18; 20,7; 1. Kön. 1,38; 1,44). Da der Führer der Krether und Plether, Benaja (2. Sam. 8,18; 20,23; 1. Chron. 18,17), auch als Anführer der Leibwache Davids genannt wird (2. Sam. 23,23), kann man die Krether und Plether mit dieser Leibwache gleichsetzen. Man hielt bisher die beiden Wörter für Namen verschiedener Volksstämme und glaubte, daß ,Krethi' die Bez. der Südphilister und ,Plethi' die der Nordphilister gewesen sei. Aus dieser allg. Anschauung erklärt sich die heutige Bdtg. der Rda., die ein Völkergemisch, eine Volksmenge niederer Schichten oder aus mehreren Ländern Zusammengewürfelte meint, denen man alles mögliche zutraut. Diese bisherige Erklärung der fremd anmutenden Wörter als Stammesnamen ist jedoch unhaltbar. Vermutl. deuten die Wörter auf die Funktionen der Männer in der Umgebung König Davids, der sich seine Leibwache kaum aus Fremdlingen zusammengestellt haben wird. Im Hebr. bedeutet ,krethi' nämlich ausrotten, töten und ,plethi' entfliehen, forteilen. Die Krethi und Plethi waren demnach urspr. die Scharfrichter und Eilboten des Königs, die Todesurteile zu vollstrecken (1. Kön. 2,34) und königliche Befehle und Briefe an entfernte Orte zu bringen hatten (vgl. 2. Chron. 30,6). Als solche Helfer des Königs, die seine Macht festigten, wurden sie gefürchtet und gemieden und wohl als Boten auch als Fremdlinge verachtet, so daß eine Bedeutungsverschlechterung der Bez. für sie eintrat. Seit wann die Wndg. im heutigen Sinne rdal. gebraucht wird, ist jedoch nicht mit Sicherheit festzustellen.

Lit.: *Büchmann; R. Bach,* in: RGG[3] IV (1960), Sp. 43.

Kreuz. Das Wort Kreuz wird in vielen Rdaa. und in den verschiedensten Bedeutungsgehalten gebraucht.
Sein Kreuz tragen, sein Kreuz auf sich nehmen: seine Last, sein Leiden geduldig tragen; vgl. frz. ,porter sa croix'. Der rdal. Gebrauch dieser Wndgn. geht auf Matth. 10,38, Luk. 14,27 und andere Stellen zurück: „Und wer nicht sein Kreuz trägt und mir nachfolgt, der kann nicht mein Jünger sein". An der allg. Verbreitung des Wortes war Joh. Schefflers (1624–77) Kirchenlied „Mir nach, spricht Christus, unser Held" weitgehend mitbeteiligt. Aber schon mhd. seit dem 13. Jh. erlangt Kreuz die übertr. Bdtg. Leid, Trübsal, z. B. bei Rud. von Ems (,Barlaam und Josaphat' 96,27): „du solt din kriuze han enbor als es dir treit dein schepher vor". Die Rda. verliert jedoch immer mehr ihre urspr. Bdtg. des von Gott geschickten Leidens. Kreuz wird allg. zum Ausdr. für Ärger, Sorgen, Plagen; z. B. bei Geiler von Kaysersberg (,Ir-

rig Schaf' 4, 65 a): „solliche gedenk bringent inen keinen lust, sondern sind inen ein kreuz". Luther setzt deutlich wörtl. und übertr. Bdtg. voneinander ab: „darumb thun uns geringer Kreutze mehr wehe denn Christus Kreutze". Sehr verbreitet (auch in allen Mdaa.) ist die Rda. *sein Kreuz haben:* seine Not, seine Sorgen haben. *Jeder hat sein Kreuz;* mit diesen Worten tröstet man einen in Not Geratenen, d.h. jeder hat seine Sorgen, nicht nur du (vgl. engl. ‚each cross has its inscription'; frz. ‚chacun porte sa croix'; ndl. ‚elk draagt zijn kruis op de wereld'; ital. ‚ognun porta la sua croce'). Schon bei den Römern bedeutete ‚crux' = Plage, Unglück. So auch heute oft noch umg. gebräuchl.: ‚Es ist eine crux mit ihm', ‚es ist ein Kreuz mit ihm', jem. bereitet einem Schwierigkeiten, es ist eine dauernde Not mit ihm, man hat mit ihm ständig eine Last.

Sich ein Kreuz auf den Hals laden: sich selbst Unannehmlichkeiten verschaffen. vgl. frz. ‚se charger d'une croix'.

Dementspr. nennt man in der Volkssprache die Ehe häufig auch ‚ein Kreuz' bzw. ‚das Ehekreuz'; dies findet sich auch in Rdaa., z.B. bair. ‚er ist Kreuzträger geworden', er hat geheiratet. Grimmelshausen (‚Simplicissimus' II, 395): „nachdem ich und mein weib ihnen nun mit dieser feinen manier ins creutz geholfen". Daher wohl auch der scherzh. Ausspruch beim Skatspiel, wenn Kreuz u. Trumpf angesagt wird: ‚Ein Kreuz, ein Leid, ein bitterböses Weib'.

Zu erwähnen ist auch die häufig verstärkende Verwendung des Wortes Kreuz in Ausrufen und Flüchen, z.B. ‚Kreuz Bomben-Element nochmal!', ‚Kreuzhimmelbombendonnerwetter!', ‚Kreuzhimmelherrgott!', ‚Kreuzmillionendonnerwetter!', ‚kreuzsakra!', ‚Kreuzschwerenot!'; obersächs. ‚Ei Kreiz!'; ferner Kreuz als Verstärkung in Ausdrücken wie: ‚kreuzbrav', ‚kreuzehrlich', ‚kreuzunglücklich', ‚kreuzfidel', ‚kreuzelend'.

Zu Kreuze kriechen: nachgeben, sich demütigen. Die Kirche des MA. richtete es als eine Form strenger Buße ein, am Gründonnerstag oder Karfreitag kniend an das Kruzifix hinzukriechen. Der Brauch ist in England seit 1200 nachweisbar (engl. ‚creep to cross on Good Friday'); vgl. Zs. f. dt. Wortf. XII, 210ff. 1588 schreibt Joh. Fischart im ‚Bienenkorb' (195b): „(Maria hat) befohlen, daß man auff den Karfreytag ... das Creutz stattlich und andächtig, auff der Erden, auff bloßen Knien herzu kriechend, solle anbeten". Bereits in übertr. Sinne z.B. bei Luther: „Zu Augsburg mußte ich mich demütigen, da meinete der Cardinal, ich kröche zu Creutze (mit Widerrufen), und rief schon io Triumph". Auch bei Oldecop (S. 252): „to dem Crutze krupen". In Schillers ‚Räubern' (II, 3) kündigt der Pater dem Räuber Moor an: „Höre dann, wie gütig, wie langmütig das Gericht mit dir Bösewicht verfährt: wirst du itzt gleich zum Kreuz kriechen und um Gnade und Schonung flehen, siehe, so wird dir die Strenge selbst Erbarmen, die Gerechtigkeit eine liebende Mutter sein". Im Falle dieser Rda. ging die urspr. Bdtg. der Bußvorschrift völlig verloren und nur die erstarrte übertr. Wndg. blieb.

Das Kreuz über etw. schlagen, eigentl.: sich mit dem Zeichen des Kreuzes segnen, daß man vor Schlimmem bewahrt geblieben oder es losgeworden ist; vgl. frz. ‚faire une croix sur quelque chose': eine Sache für verloren halten; auch *drei Kreuze hinter jem. machen:* froh sein, daß er weggegangen ist. Schon im großen ‚Wolfdietrich', 15. Jh. (1167, 3): „da sprang sie von dem Bette ... eines Zaubers sie begann wie balde Wolfdietrich das Kriuz dagegen schreib". Abweichend z.B. in den Mdaa.: rhein. ‚schlag mer es Kreuz druever', die unangenehme Sache ist erledigt, aber auch: gib die Hoffnung auf; schlesw.-holst. ‚e kruz vor em make', er wird bald sterben; ‚ik heft mich krüzt und segent', ich bin in großer Verwunderung; obersächs. ‚sich kreuzigen', sich verwundern; els. ‚es Krutz vor einem machen', ihn verabscheuen. In vielen mdal. Wndgn. beliebt ist der Vergleich mit Christus am Kreuz, wenn man die Armseligkeit oder das schlechte Aussehen einer Person zum Ausdr. bringen will, z.B. rhein. ‚He suht ut wie uesen Herrgott aje Kreiz', er sieht armselig, bedürftig aus; ebenso schwäb. ‚aussehen wie der Heiland am Kreuz'.

Kreuz i.S.v. Rückenkreuz ist gemeint in den Redewndgn. *aufs Kreuz fallen:* auf den Rücken fallen; Chr. Weise (‚Isaaks Opferung' 3,11): „wie bin ich auf mein Kreuze gefallen"; Goethe: „oh weh, oh weh, nun ists vorbei, die Last bricht mir das Kreuz entzwei".

Es hat ihm das Kreuz gebrochen heißt es immer dann, wenn jem. durch ein Unglück oder einen Schicksalsschlag so getroffen wurde, daß er fortan daran krankt.

Es im Kreuz haben: Rückenschmerzen haben, Ischias haben etc.; *einen Stecken im Kreuz haben:* sich übertrieben gerade halten.

Jem. aufs Kreuz legen: ihn zu Boden werfen, bezwingen. Die Wndg. leitet sich vom Ringkampf her, wo der Ringer seinen Gegner so zu Boden zu werfen sucht, daß beide Schulterblätter gleichzeitig den Boden berühren; rhein. ‚jem. das Kreuz aushenken, brechen', ihm eine tüchtige Tracht Prügel verpassen; ‚er hat enen am Kreuz', er ist betrunken; schwäb. ‚ebes aus em Kreuz habe', etw. los sein, von einer unangenehmen Sache befreit sein; fränk. sagt man von einer Sache, für die man sich nicht anzustrengen gewillt ist: ‚Dafür beiße ich mir kein Kreuz in den Arsch'.

Jem. etw. aus dem Kreuz leiern: ihm etw. abschwatzen.

Mit jem. übers Kreuz sein: mit ihm verfeindet sein.

Lit.: *A. Jacoby:* Art. ‚Kreuz' – ‚Kreuzzeichen', in: HdA. V, Sp. 478–562; *G. Grober-Glück:* Motive u. Motivationen in Rdaa. u. Meinungen (Marburg 1974), §§ 25–27, S. 31–37; Strafjustiz in alter Zeit (Rothenburg 1980), S. 315.

kriegen. *Das werden wir schon (hin-)kriegen:* das werden wir geschickt bewerkstelligen, diese Sache werden wir erledigen. *Zuviel kriegen:* sich sehr aufregen, die Beherrschung verlieren; einer Sache überdrüssig werden. *Es mit jem. zu tun kriegen:* mit jem. Schwierigkeiten bekommen, zusammenstoßen. *Ein paar kriegen:* Schläge, Prügel beziehen; *sich kriegen:* ein Paar werden. *Kriegen Sie das öfter?:* Haben Sie solche Anfälle von Dummheit öfter? Alle genannten Rdaa. sind ziemlich jung (Küpper). Desgl. auch die Wndgn.: ‚Ich krieg die ↗ Kränk', ‚ich krieg ein Kind von Puppenlappen', ‚ich krieg mich nicht mehr ein (vor Lachen)', ‚ich krieg kein Bein auf die Erde', ‚du kriegst einen Orden dafür', ‚ich hab's nicht mitgekriegt', ‚den Hals nicht voll kriegen', ‚du kriegst die Tür nicht zu' (Ausdr. d. Überraschung), ‚die Kiemen nicht auseinander kriegen' (sprachlos, wortkarg sein), ‚sein Fett wegkriegen', ‚jem. unterkriegen', ‚'nen Deckel auf die Nase kriegen' (sterben).

Kriegsbeil. *Das Kriegsbeil* (seltener: ‚die Streitaxt') *begraben (vergraben):* Frieden schließen, Streitigkeiten beenden. Das Kriegsbeil war unter der Bez. ‚Tomahawk' eine Nahkampf- und auch Wurfwaffe der nordamer. Indianer (engl. ‚to bury the tomahawk'), bekannt geworden durch die Lederstrumpferzählung von J. F. Cooper. Zum Zeichen dafür, daß ein Krieg beendet war, begrub man das Kriegsbeil. Die übertr. Bdtg. schließt sich also an einen realen Vorgang an. Die Rda. ist schon bei dem Grafen Friedrich Leopold v. Stolberg (1750–1819) bezeugt, ebenso wie die umgekehrte Rda. *das Kriegsbeil ausgraben:* einen Krieg oder einen Streit erneut beginnen, ↗ Friedenspfeife.

Lit.: *H. W. R.:* ‚Slinging the hatchet!', in: Notes & Queries, 4.4 (1969), S. 254.

Kriegsbemalung. *In voller Kriegsbemalung:* mit allen Orden angetan, geschminkt. Die Rda. beruht auf der Sitte der Eingeborenen und Indianer, sich vor Beginn des Kampfes Gesicht und Brust zu bemalen; vgl. engl. ‚war-paint'. Die iron. Verwendung für eine übermäßig geschminkte Frau entstammt wohl erst dem 20. Jh.

Kriegskasse. *Der trägt die Kriegskasse auf dem Rücken weg:* der hat einen Buckel. Die Rda. ist wohl von Berlin ausgegangen; danach bedeutet obersächs. ‚Kriegskasse' Buckel.

‚Kriegskasse' steht manchmal auch für die Gemeinschaftskasse einer ganzen Gruppe, Familie etc.

Scherzhaft fragt man z. B.: *Hast du die Kriegskasse mitgenommen?,* wenn man sich bei einer Wanderung erkundigen möchte, ob genügend Bargeld für eine Einkehr zur Verfügung steht.

Kringel. *Sich einen Kringel lachen:* laut lachen, herzlich lachen. Kringel ist ein ringförmiges Gebäck; der Lachende biegt sich wie ein Kringel; vgl. ‚sich einen ↗Ast lachen'. *Den letzten Kringel scheißen:* sterben, ↗zeitlich.

Krippe. *An der Krippe stehen (sitzen):* gut zu leben haben, bes. von Beamten gesagt, denen das Gehalt wichtiger ist als die zu leistende Arbeit; daher auch ‚Futterkrippe' für eine einträgliche und gesicherte Stellung. *Einem die Krippe ausstreichen:* (bes. erzgeb.) ihn um seinen Vorteil bringen; wie man es bei einem Pferd zu tun pflegt, wenn es nicht weiterfressen soll. *Ein Krippenreiter sein:* ein umherschmarotzender Adliger (Junker) sein, der von Hof zu Hof, von Krippe zu Krippe reitet und sich überall als Gast gut versorgen läßt, der aber selbst keinen Besitz hat und die erwiesene Gastfreundschaft nicht erwidern kann. Der Ausdr. hat sich seit dem Dreißigjährigen Kriege verbreitet und ist bes. in Ostdtl. häufig. Bei Schickfuß heißt es 1625 in der ‚Schles. Chronica' (4,39): „Krippenreiter. Stänker und Knoblauchsgäste". Schiller verwendet den Ausdr. in seiner ‚Turandot' (2,1):

Und mancher jüngre Sohn und Krippenreiter,
Der alle seine Staaten mit sich führt
Im Mantelsack, lebt bloß vom Körbeholen.

Vgl. frz. ‚Il mange à tous les rateliers' (wörtl.: Bei jeder Krippe hat er etw. zu essen).

Krips. *Jem. beim Krips holen (kriegen, nehmen, packen):* ihn am Hals greifen, ergreifen, dingfest machen. Hergenommen von ‚Grieps' = Kerngehäuse; auf den Kehlkopf übertr., weil nach volkstümlicher Deutung Adam das Kerngehäuse (‚Adamsapfel') des ihm von Eva gereichten Apfels im Kehlkopf steckenblieb.

Lit.: *L. Röhrich:* Adam und Eva (Stuttgart 1968), S. 59.

Krokodilstränen. *Krokodilstränen weinen (vergießen):* Rührung vortäuschen, erheuchelte Tränen vergießen. Die Rda. beruht auf der seit dem MA. weitverbreiteten und in Sagen geäußerten Meinung, wonach das Krokodil wie ein Kind weint und damit Menschen anlockt, um sie zu ver-

1

2

1/2 ‚Krokodilstränen weinen'

schlingen. Die Sage ist von den Harpyien, räuberischen Wesen aus der griech. Mythologie, auf das Krokodil übertr. und wohl in den Zeiten der Kreuzzüge, wo derartige Wundererzählungen vielfach verbreitet wurden, in weitere Kreise getragen worden. Konrad v. Megenberg schreibt in seinem ‚Buch der Natur': „ain crocodill hât kain zungen ..., ... wenn ez aines menschen ertoett, sô waint ez in".

Der Bestiarius des Cod. Hamilton (77 fol. 16^b) berichtet als erster von dieser letzten Anschauung: Hic dum invenit hominem si poterit eum vincere, comedit. Post et semper plorat eum. Die übertragene Verwendung der Redensart von den K.stränen als falsche, geheuchelte Beileidsbezeugung ist wohl zunächst im Humanistenlatein des 15. Jh. aufgekommen. Erasmus scheint für die Verbreitung der Redensart entscheidende Bedeutung gehabt zu haben; er erklärt in den Adagia (1500) h 3^b: Crocodili lachrimae: Crocodilus eminus conspecto homine lachrymare dicitur atque eundum mox devorat. Inde proverbii Crocodili lachrymae: in eosque se graviter feru simulant incommodum eorum, quibus ipsi incommodum attulerunt". Dieselbe Bdtg. haben die Megarertränen, von denen Herodot (VI,58) spricht. Das Sinnbild vom tränenvergießenden Krokodil erscheint schon in dem um 1210 verfaßen ,Bestiaire Divin de Guillaume' und ist später immer wieder lit. bezeugt, so in Rollenhagens ,Froschmeuseler' (159):

Wie der Krokodil weinet,
Wenn er einen zu fressen meint.

Aus der listigen Träne ist schon bei Luther die heuchlerische geworden, ebenso bei Leonh. Thurneysser 1583 (,Onomasticon polyglosson', S. 106): „... wann der Crocodil einen Menschen fressen will, weint er vorhin: also begint man auch von etlichen Leuten Crocodillen Threnen oder Zehren zu spüren, die einem gute wort geben, als ob sie mitleiden mit jhm haben, aber darnach (wann sie jhm die Zung aus dem Hals mit jhren gleißnerischen worten gezogen) einen verrahten und verkauffen". Gehäuft in einem alten volkstümlichen Zwiegespräch zwischen Tilly, dem Feldherrn der Kath. Liga im Dreißigjährigen Krieg, und der 1631 von ihm erstürmten Stadt Magdeburg:

Juw (,Eure') Crocodillen Thränen,
Juw söte Sinons Wort,
Juw Judaskuß und Stehnen
Wird b'kannt werden hier und dort.

Auch die Emblematiker haben sich des Bildes vom weinenden Krokodil angenommen; so hat es Joachim Camarius 1604 in seinem Buch ,Symbolorum et emblematum ex aquatilibus et reptilibus desumptorum centuria quarta' (Nr. 67) als Sinnbild heuchlerischer Freundschaft dargestellt. Im ,Mariamne'-Trauerspiel des Barockdramatikers Johann Christian Hallmann tritt zu dem verzweifelten König Herodes, der seine Verbrechen unter Tränen beklagt und bereut, der Geist der Mariamne, die er enthaupten ließ, und spricht:

Verbluehme wie du wilt das Mord-Beil unsrer Glieder;
Bau Thuerm auff unser Grab; stimm' an die Todten Lieder;
Doch hilft/du Crocodil/dich nichts diss falsche Leid.
Dir wird Gewissens-Angst und Schimpff und Spott bereit!

Der Ausdr. Krokodilstränen ist auch in außerdt. Sprachen bekannt (ndl. ,Krokodilletranen'; engl. ,crocodile tears'; frz. ,verser des larmes de crocodile'). Das Krokodil weint weder aus echter, noch aus erheuchelter Rührung. Verhaltensforscher haben jedoch festgestellt: Es sind vielmehr die jungen Krokodile, die kurz vor dem Ausschlüpfen aus dem Ei eine Art von Geschrei erheben. Die Krokodilsmutter wird dann sehr aggressiv gegenüber jedem Wesen, das sich ihnen nähert.

Lit.: *Le Bestiaire.* Das Thierbuch des normann. Dichters Guillaume le Clerc, hg. v. *R. Reinsch* (Leipzig 1892), Altfrz. Bibl. 14, S. 294f., V. 1651–1670; *A. de Cock:* ,To shed crocodile tears (Krokodillentranen)', in: Volkskunde 8 (1895–1896), S. 9–13; 22 (1911), S. 233–234; *O. Keller:* Die antike Tierwelt 2 (Leipzig 1913), S. 260–270; *H. Bächtold-Stäubli:* Art. ,Krokodil', in: HdA. V, Sp. 598–599; *Schmidt-Nielsen* u. *R. Fange:* Salt Glands in Marine Reptiles, in: Nature. A Weekly Journal of Science, Vol. 182, S. 783–785, Sept., 20 (1958); *A. Schoene:* Emblematik und Drama im Zeitalter des Barock (München 1964), S. 69ff; *V. B. Dröscher:* Mit den Wölfen heulen (Düsseldorf 1978), S. 13–16.

Krone. *Das setzt der Sache die Krone auf:* das ist die Höhe, der Gipfel einer Sache (Frechheit, Gemeinheit), das ist das letzte, was geschehen konnte, was geduldet werden darf. Die Wndg. begegnet im ähnl. Sinne bereits im Griech. ,κορώνην ἐπιτιθέναι' = den Schluß machen, ist aber im Dt. als Rda. erst seit dem 18. Jh. bezeugt. Vgl. frz. ,pour couronner le tout ...' (um der Sache die Krone aufzusetzen ...). Die dt. Rda. könnte auch aus der Sprache der Bauleute und Zimmerer stammen, die eine Krone als ,Richtkrone' und höchsten Schmuck auf den Dachfirst des Hauses setzen, wenn der Rohbau beendet worden ist und dies gefeiert werden soll. Die Wndg. erscheint auch häufig parodiert durch die Verknüpfung mit den Rdaa. ,Das schlägt dem ↗Faß den Boden aus' und ,Das ist ein ↗Schlag (mitten) ins Gesicht', woraus sich die Rda.-Mischung *Das schlägt dem Faß die Krone (mitten) ins Gesicht* gebildet hat, die häufig als Ausruf der Überraschung und Empörung zu hören ist. Die berl. Rda. ,Das ist die Krone von's Janze', das ist der Höhepunkt, kann auch im positiven Sinne gebraucht werden.

Die Rda. *jem. die Krone abnehmen (rauben)* geht vielleicht auf die Bibelstelle bei Hiob (19,9) zurück, wo es heißt: „Er (Gott) hat meine Ehre mir ausgezogen und die Krone von meinem Haupt genommen". Die Wndg. hat also den Sinn: jem. seines Ansehens, seiner Stellung berauben, ihn demütigen.

Das bricht dir keine(n) Zacke(n) aus der Krone: damit vergibst du dir nichts, das ist nicht unter deiner Würde; auch in imperativischer Form: *Brich dir nur keinen Zakken aus der Krone!* Daraus entstanden die Verkürzungen: ‚Brich dir nur ja keinen Zacken ab' und ‚Brich dir keinen (nichts) ab!' Diese Rda. mutet alt an, ist es aber ebensowenig wie die Wndg. *Da fällt dir keine Perle (kein Stein) aus der Krone.* Die Herleitung von der mit Perlen geschmückten Brautkrone, bei der das Herausfallen einer Perle ein böses Vorzeichen gewesen wäre, erscheint zweifelhaft; sie kann zumindest nicht lit. gestützt werden.

Er ist wie die Perle in der Krone; er hat eine bevorzugte Stellung. In manchen Wndgn. steht Krone auch für ‚Kopf': *Es ist ihm etw. in die Krone gefahren:* das ärgert ihn, das hat er übelgenommen, aber auch: er ist von Sinnen, das hat ihn verwirrt. *Jem. ist etw. in die Krone gestiegen:* er bildet sich etw. darauf ein; *er hat etw. zuviel* (auch: *einen) in der Krone:* er ist betrunken, oft heißt es dafür auch einfach: *Er hat eine Krone.*

Sich in die Krone legen: sich lebhaft verteidigen.

Lit.: *L. Röhrich:* Gebärde – Metapher – Parodie (Düsseldorf 1967), S. 198; *M. Widmann:* ‚De coronis' (Frankfurt/M. u.a. 1987).

‚Die Kröte schlucken müssen'

Kropf. *Sich den Kropf leeren:* deutlich seine Meinung sagen, seinen Ärger herauslassen, alles auspacken, was man Schimpfliches über den anderen weiß. Als Kropf bez. man einen Auswuchs am Hals des Menschen, eine krankhafte Vergrößerung der Schilddrüse. In früherer Zeit herrschte noch weithin Unklarheit über die Entstehung des Kropfes. Man glaubte, er könne durch Anstrengung oder durch Ärger u. damit verbundenem Anhalten des Atems wachsen, wie noch heute aus einigen Rdaa. ersichtlich ist. So heißt es z.B. ‚Sag's raus, sonst gibt's en Kropf', ‚das gibt kei Kropf' (der Ärger wird nicht geschluckt), oder ‚sag's halt, bevor dir e Chropf wachst'. Es war also stets auch die Vorstellung von etw. Hinderlichem damit verbunden, wie es auch aus dem rdal. Vergleich *unnötig (überflüssig) wie ein Kropf* hervorgeht. Vielfach galt er auch als Strafe Gottes. Seb. Brant erzählt, wie der hl. Remigius, dessen prophetische Vorhersage einer Hungersnot u. sein vorsorgliches Speichern von Korn von den (betrunkenen) Bauern verlacht u. mit dem Anzünden des Vorrats beantwortet wurde, diese verflucht u. ihren Töchtern Kröpfe angewünscht habe mit den Worten: „das Feuer ist allewege gut zu wermen, aber die es entzündet haben, dieselben u. ire Kinder söllend um die Sünd Strafe leiden und ire Töchter gewinnen all Kröff an den Helsen ...".

Im Schwäb. ist Kropf auch eine Bez. für Hals. Das zeigt sich u.a. auch in der Rda. ‚Den Kropf nicht voll genug bekommen können'.

Lit.: *H. Bächtold-Stäubli:* Art. ‚Kropf', in: HdA. V, Sp. 603–607; *L. Kretzenbacher:* Frühe Wort- u. Bildzeugnisse zum Kropf in den Alpenländern, in: Bayer. Jahrb. f. Vkde. (1983/84), S. 63–83.

Kröte. *Die Kröte schlucken müssen:* Unangenehmes hinnehmen müssen. Die Rda. ist in der Ggwt. ungemein häufig in der polit. Sprache gebraucht und ill. worden.

Krug. *Zu tief in den Krug gesehen haben:* betrunken sein; *den Krug immer am Munde haben:* immer durstig sein, ↗trinken. *Einem auf den Krug klopfen:* ihn prüfen, vgl. ‚einem auf den ↗Zahn fühlen'. *Krüge und Hafen brechen:* sich unbeherrscht zeigen, ‚einander mit gleicher ↗Münze heimzahlen'. Seb. Brant schreibt über das schlechte Beispiel der Eltern (‚Narrenschiff', 49):

So werdent kynd den eltern glich
Wo man vor jnn nit schamet sich
Und krueg vor jnn/vnd haefen bricht.

1

2

3

1–3 ‚Der Krug geht so lange zum Brunnen, bis er bricht'

In einem ma. Fastnachtsspiel (Zingerle, 85) heißt es: „Dann ikliches hab am andern genüg, wenn prech ich hafen, so prechst du krüg".

Ohne Krug zum Brunnen gehen: ohne die nötige Ausrüstung sein, einen erfolglosen Gang unternehmen.

Das Sprw. ‚Der Krug geht so lange zum Brunnen (Bach, Wasser), bis er bricht', alles geht einmal zu Ende, jedes Unrecht wird schließlich doch einmal bestraft, ist in vielen Sprachen bekannt (vgl. frz. ‚Tant va la cruche à l'eau qu'à la fin elle se casse') und bereits bei Seb. Franck in seinen ‚Sprichwörtern' (I, 76b) verzeichnet. Je nach Anwendung bedeutet es eine direkte Warnung, sich nicht zu sicher zu fühlen, oder es drückt die beruhigende Gewißheit Unbeteiligter aus, daß etw. nicht auf die Dauer gutgehen kann, daß ein plötzlicher Wandel eintreten muß, wenn der rechte Zeitpunkt gekommen ist.

‚Krug' steht vielfach für Frau, der ‚zerbrochene Krug' – so auch in H. v. Kleists Lustspiel ‚Der zerbrochene Krug' – für die fragliche oder verlorene Unbescholtenheit und Jungfräulichkeit eines Mädchens. Analog hierzu frz. ‚un pot filé dure plus qu'un neuf'.

Lit.: *P. J. Vinken:* Some observations on the Symbolism of the broken pot in art and literature, in: American Imago 15 (1958), S. 149–174; *G. Zick:* Der zerbrochene Krug als Bildmotiv des 18. Jh.s, in: Wallraf-Richartz-Jahrbuch 31 (1969), S. 149–204; *W. Mieder:* ‚Der Krieg um den Krug: Ein Sprw.-gefecht. Zum 200. Geb. von Heinrich von Kleist, in: Muttersprache 87 (1977), S. 178–192; *H. E. Körner:* ‚Das Mädchen mit dem zerbrochenen Krug' u. sein Betrachter, in: Empfindung u. Reflexion. Ein Problem des 18. Jahrhunderts (= Münchner Beiträge zur Gesch. u. Theorie der Künste I, hg. v. H. Körner, C. Peres u.a.) (Hildesheim 1986).

krumm. *Etw. krumm nehmen:* etw. übelnehmen; krumm steht hier in den Bdtgn. böse, schlimm, ungünstig, verdreht, verkehrt. So schon bei Luther: „Wer weiß, warumb unser Sachen so krumb gehen", d.h. so schiefgehen. Noch ganz im wörtl. Sinn 1785 in Ifflands ‚Jägern' (I, 1), wo Rudolf zu dem abgehenden Matthes sagt: „Hör er – das muß ich ihm noch sagen –

nehm er's krumm oder gerade". Vgl. frz. ‚prendre quelque chose de travers' (wörtl.: etw. von der schiefen Seite nehmen). Man spricht auch von einer *krummen Sache:* einer bedenklichen, unredlichen Angelegenheit, von einer *krummen Tour:* von unredlicher Art und Weise, die Schleichwege oder sittlich bedenkliche Umwege verfolgt. *Sich krumm und bucklig lachen:* heftig lachen, denn bei heftigem Lachen krümmt man sich; vgl. frz. ‚se tordre de rire' (sich vor Lachen krümmen); ↗Ast, ↗Buckel, ↗Kringel. *Sich krummlegen (müssen):* sich einschränken, auch: schwer arbeiten müssen, ist eine umg. Parallelbildung zu der Rda. ‚sich nach der ↗Decke strecken'; *sich krummachen:* sich demütigen.

Krummliegen ist stud. seit 1745 in der Bdtg. ohne Geld sein bezeugt. Die Wndg. könnte auf den in Schuldhaft ‚krumm geschlossenen' Häftling zurückgehen. Sie ist heute auch mdal. in der Bdtg. ‚in Schulden stecken', ‚Not leiden' bezeugt, z.B. obersächs.

Das Sprw. ‚Je krümmer, je schlimmer' zielt vor allem gegen ältere Frauen und will besagen: Je älter, desto bösartiger (Bd. Wb. III,301). Ein derber schwäb. Vergl. lautet: ‚So krumm, wie e Sau brunzt'. Auch er bezieht sich auf Böswilligkeit u. Falschheit. ‚Der krumme Mittwoch' ist dagegen der Unglücksmittwoch, d.h. der Mittwoch in der Karwoche, an dem Judas einst Jesus verraten hat, weswegen nach dem Volksglauben alles mißrät.

krümmen. *Sich krümmen (müssen):* starke Schmerzen haben, heftig lachen müssen, aber auch: sich sehr anstrengen, hart arbeiten, sich unterwürfig und diensteifrig zeigen müssen. Die Rda. ist vielleicht als Verkürzung aus dem Sprw. ‚Man muß sich krümmen, wenn man durch die Welt kommen will' hervorgegangen, das auch mehrmals bildl. dargestellt worden ist. Es erscheint z.B. auch auf Pieter Bruegels Rdaa.-Bild und auf Miserikordiendarstellungen des 16. Jh. Vgl. auch die ndl. Sprw.-Fassung: ‚Ick moet krommen, sou ick door de werelt commen'.

Sich vor jem. krümmen: ein Speichellecker sein, sich demütigen. Verschiedene rdal. Vergleiche charakterisieren dieses verächtliche kriecherische Verhalten eines Menschen, der als Bittsteller, Lakai, Untertan auftritt, noch treffender: *Er krümmt sich wie eine Bratwurst auf dem Rost, wie ein Ohrwurm, wie ein Sackpfeifer.*

Krummstab. Bei dem Satz ‚Unter dem Krummstab läßt sich gut leben' handelt es sich um ein altes Rechtssprw. mit der Bdtg.: unter Klosteroberhoheit geht es den Dörfern u. Städten wirtschaftlich gut, ↗Stab.

Küche. Die Küche steht pars pro toto für das Haus und seine Bewohner. *In seiner Küche raucht es immer* sagt man von jem., dem es materiell gut geht. In Grimmelshausens ‚Simplicissimus' heißt es sprw.: „Einen Haufen Freunde hat man, solange die Küche raucht". Dagegen meint die Wndg. *Es raucht in der Küche:* im Hause herrscht Streit; vgl. frz. ‚Le torchon brûle entre eux' (wörtl.: Das Küchentuch brennt zwischen beiden); bezieht sich auf einen Ehezwist, aber auch jeden anderen Streit; ähnl. *Der hat Qualm in der Küche:* er hat Streit mit seiner Ehefrau. *Das bringt was in die Küche:* das ist ein einträgliches Geschäft; *das paßt in seine Küche:* das ist ihm recht, das kommt ihm gelegen. Neben Murner (‚Narrenbeschwörung' 45, 64) kennt auch Fischart (III,196) diese Rda., die er ins Negative gewendet gebraucht: „die dir nicht dienen in dein Kuchen". *Die Küche gehört ihm zwar, aber ein anderer kocht darin* ist eine euphemist. Umschreibung für den Ehebruch der Frau. Sehr verbreitet ist die Rda. *in des Teufels*

‚Man muß sich krümmen, wenn man durch die Welt kommen will'

(auch *in Henkers) Küche kommen:* in mißliche Lage geraten. Dieser Ausdr. beruht auf der Vorstellung, „dasz ... die teufel ... ausz höll und fegfeuer ein küchin gebauet haben, darinn sie ir seelen nach irem willen sieden, backen und braten" (Fischart, 1588). Burkard Waldis benutzt die Rda. in der Fabelsammlung ‚Esopus' 1548 (4, 12):

Begab sich, das derselbig gsell
gschlagen ward und kam in die hell,
ins teufels kuchen.

Vgl. auch das Schimpfwort *Teufelsbraten* für einen bösen Menschen, ↗Teufel. *Küchendragoner* ↗Dragoner.

‚Küchendragoner'

Einen *Küchenfreund* nannte man urspr. einen Topfgucker, später bezeichnete man damit einen Schmarotzer.

Ein Küchenleben führen: in Gefahr sein. Den Begriff ‚Küchenleben', der schwäb. noch heute gebräuchl. ist, finden wir schon bei Hans Sachs belegt: „Er sicht sam sei er unbesinnt, hangflüglet, einem karpfen eben (gleich), der nun hab ein küchenleben" (1612). Der Karpfen, der ein Küchenleben führt, soll bald geschlachtet werden, er führt also ein recht unangenehmes, gefährdetes Leben.

‚Küchenfee' und ‚Küchendragoner' sind scherzhafte Bez. für die Köchin oder die Hausfrau in der Küche.

In Zusammensetzungen wie *Küchenprosa* oder *Küchenlatein* (frz. ‚Latin de cuisine') wird Küche zum Ausdr. des Ungebildetseins, der Minderwertigkeit und Fehlerhaftigkeit. Der erste lit. Beleg findet sich in münsterländ. Glossen um 1500: „loqui illatine ... coquinario more vel culinario/ quat latijn oft koken latijn spreken" (Weißbrot in: Zs. f. dt. Wortf., 15 [1914] 290). Seit 1523 erhält das Wort durch Luther allg. Verbreitung.

‚Mr muss wisse, wo's Chuchi-Chästli isch' (schweiz.): man muß die guten Sachen kennen.

In Zusammenstellungen wie ‚warme Küche', ‚französische, bürgerliche Küche' wird ‚Küche' zum Synonym für ‚Essen'.

Ein Küchenhund sein: ein Mensch sein, der Beleidigungen und Demütigungen einsteckt, um Vorteile zu erlangen. Die Wndg. bezieht sich urspr. auf den Hund, der sich alles gefallen läßt, um in der warmen Küche bleiben zu dürfen.

Dort ist Schmalhans Küchenmeister ↗Schmalhans.

Lit.: *R. Pfeifer:* ‚Küchenlatein', in: Philologus, 86 (1931), S. 455–459; *H. Wiswe:* Kulturgeschichte der Kochkunst (München 1970), S. 29–30; *G. Benker:* In alten Küchen. Einrichtung, Gerät, Kochkunst (München 1987).

Kuchen. *Sich den Kuchen teilen:* seine Interessen geltend machen, sich seinen Anteil sichern, den Gewinn restlos aufteilen. Die Wndg. wird gern auf die Politik bezogen; vgl. frz. ‚se partager le gateau'.

‚Den Kuchen teilen'

Das ist ein Kuchen, auch: *Das ist Kuchen von demselben Teig:* es ist eins wie das andere, es gehört zusammen, es gibt keinen Unterschied. Vgl. frz. ‚C'est du gateau':

Das ist bes. gewinnbringend. Von Menschen gesagt, heißt es: *Sie sind ein Kuchen:* sie bilden eine unauflösliche Gemeinschaft, sie verfolgen gleiche Ziele. Schon Luther kennt die Rda. „Das ist ein Kuchen" (Werke VII, 211) und braucht daneben die ähnl. Wndg. „Das ist alles in einen Kuchen geschlagen" (Werke VII, 68).

Einem Küchlein backen gilt seit dem 16. Jh. für: jem. schöntun, ihm Angenehmes erweisen. Die Rda. findet sich auch lit., z. B. bei Thomas Murner. Abraham a Sancta Clara verwendet dafür in seinen Schriften mehrfach den Ausdr. ‚es jem. kücheln', jem. etw. Besonderes bereiten, es ihm schmackhaft darbieten, so im ‚Judas der Erzschelm' (I, 150): „Er will es gekiechlet haben" und „Man thut ihms nicht kiechlen" (II, 434), in ‚Sterben und Erben' (4) stellt er fest: „Keinem thut man Küchlein backen". Noch heute sagt man iron. im Schwäb.: ‚Mer wurd diars küachla'.

Ja, Kuchen! Das könnte dir so passen! Die höhnische Ablehnung oder energische Verneinung erfolgt hierbei in der Form iron. Zustimmung. Wander (II, Sp. 1659) vermutet, daß in dieser Wndg. ‚Kuchen' im Gegensatz zum unentbehrlichen Brot steht und daher das Überflüssige bez. Diese Deutung stützen ähnl. Ausrufe enttäuschter Erwartung oder Feststellungen eines Irrtums wie: *Pustekuchen, Pfeffer-, Kirschkuchen!* Sie sind seit Anfang des 19. Jh. für Berlin bezeugt und wahrscheinl. aus der Wndg. ‚Ja, wenn's Kuchen wäre!' gekürzt worden (vgl. A. Lasch, Berlinisch, S. 189). Eine andere Erklärung beruft sich auf Marie Antoinette. Als sie hörte, daß die Armen kein Brot zu essen hätten, soll sie gerufen haben: „Sie sollen Kuchen essen". Diese Wndg. wird heute in Amerika gerne gebraucht zur Kennzeichnung einer arrogant-dummen u. ignoranten Haltung.

Auf dem Volksglauben beruht die Rda. *den Kuchen anschneiden,* die sich im eigentl. Sinne auf die Person bezieht, die den Kuchen anschneidet u. sieben Jahre auf Heirat warten muß oder Ähnliches zu erwarten hat.

Im Obersächs. werden im gleichen Sinne wie Kuchen die Gebäcknamen: ‚Schnekken', ‚Quarkspitzen' oder ‚Appelkuchen' angewendet. Auch der Ausruf ‚(du) flan!' der frz. Umgangssprache, mit dem man eine Weigerung ausdrückt oder einen lästigen Menschen abweist, bedeutet wörtl. ‚Kuchen' oder ‚Torte' (‚flan' ist aus germ. ‚flado' = Fladen abgeleitet worden).

Wolf (Wb. des Rotw.) stellt dagegen überzeugend dar, daß die Wndg. ‚Ja, Kuchen!' als eine sinnlos gewordene Verkürzung auf das Jidd. zurückzuführen ist. 1818 ist nämlich bei J. v. Voss berl. ‚Ja Kuchen, nich London' bezeugt. Diese Rda. enthält unverstandene jidd. Worte, die nur dem Klang nach aufgefaßt und daher volksetymol. umgedeutet wurden. Die entsprechende jidd. Wndg. lautet: ‚Ja chochom, aber nicht lamdon!', d. h.: ja, schlau und gerissen, aber (doch) nicht klug, weise (genug). Dieser urspr. Sinn ist tatsächlich noch in der heutigen Rda. vorhanden, denn man will dem Partner, den man abblitzen läßt, damit andeuten, daß er sich etw. zwar sehr gerissen ausgedacht hat, sich dabei aber doch in seiner Überschlauheit verrechnen mußte.

Lit.: *S. A. Wolf:* ‚Ja Kuchen!' und Ähnliches, in: Muttersprache 64 (1954), S. 468–469; *ders.,* Wb. des Rotw. (Mannheim 1956), S. 187; *A. Taylor:* „And Marie Antoinette said ...", in: Revista de Etnografia 11 (1968), S. 245–260; *G. Grober-Glück:* Motive u. Motivationen in Rdaa. u. Meinungen (Marburg 1974), §§ 157–160, S. 273–277.

Kuckuck. Der Kuckuck (mdal. auch ‚Gauch') gilt im Volksglauben als Glücksvogel; auch werden ihm prophetische Kräfte zugeschrieben, vor allem die Fähigkeit, die Dauer des Menschenlebens durch die Zahl seiner Rufe vorherzusagen. Schon um 1300 berichtet Hugo von Trimberg in seinem Lehrgedicht ‚Der Renner' (V. 11339 ff.):

> Swie lange aber wer sîn fröuden spil,
> daz weiz der gouch (‚Kuckuck'), der im vür wâr
> hat gegutzet hundert jâr.

Hierher gehört die Rda. *Der hört den Kuckuck nicht mehr rufen:* er wird das nächste Frühjahr nicht mehr erleben; ndl. ‚Hij zol den koekoek niet horen zingen'. Goethe nennt in seinem Gedicht ‚Frühlingsorakel' den Kuckuck den „prophet'schen Vogel". Noch heute richten ledige Mädchen an den Kuckuck die erwartungsvolle

Frage, wie lange sie noch ledig sein werden, und im Volkslied lautet die metaphorische Umschreibung für das Ledigbleiben einer alten Jungfer, daß sich der Kuckuck zu Tode geschrien habe. Die Zahl seiner Rufe soll ja entweder die Zahl der noch folgenden Lebensjahre oder die Zahl der Jahre bedeuten, die ein Mädchen noch bis zur Hochzeit warten muß, wie aus folgenden Versen hervorgeht:

Kuckuck über den Stock!
Wann krieg ich meinen Brautrock?
Kuckuck über dem Hügel!
Wann krieg ich meinen Sterbekittel?

Ebenso heißt es in dem Lied ‚Ein Schäfermädchen weidete ...‘:

Sie setzte sich ins grüne Gras
Und sprach gedankenvoll:
Ich will doch einmal seh'n zum Spaß,
Wie lang' ich leben soll.
Wohl bis zu hundert zählte sie,
Indes der Kuckuck immer schrie:
Kuckuck, Kuckuck, Kuckuck,
Kuckuck.

In Schweden durfte man sich etw. wünschen, wenn der Kuckuck rief. Antwortete er, ging's in Erfüllung. Diese ‚Saga‘ hat Julius Sturm in seinem Gedicht ‚Ein kleines Versehen‘ lustig nachgezeichnet: Die Maid Lisa wünschte sich einen Jungen und im Stall statt ihrer einen zwölf Kühe. Als sie dem Kuckuck begegnete: „Ich wünsch mir zum Mann meinen Schatz und dazu / Zwölf Knäblein und eine kleine Kuh ...“ – So geschah's.

Dagegen lehrt ein ndd. Sprw. ‚Wer den Kuckuck taum ersten Mal raupen hürt und hat Geld in de Tasch, denn hat hei't das ganze Johr‘.

Da das Kuckucksweibchen seine Eier in die Nester anderer Vögel legt, besagt die Rda. *Da hat er mir ein Kuckucksei ins Nest gelegt* soviel wie: er hat mir ein zweifelhaftes Geschenk gemacht, er hat mir unnütze Scherereien verursacht. Der Kuckuck zieht also seine Jungen nicht selbst auf. Die Rda. *wie der Kuckuck seine Eier in fremde Nester legen* bedeutet daher: sich vor etw. Unangenehmem drücken.

Ein *Kuckucksei* nennt man auch das Kind eines anderen Vaters, das mit großgezogen werden muß.

Das Kuckucksjunge schlüpft früher als

1

2

3

1–3 ‚Ein Kuckucksei ausbrüten‘

seine ‚Geschwister'. Der junge Kuckuck ist beinahe unersättlich und wächst schneller als die Jungen der Grasmücke, in deren Nest er herangezogen wird. Er wirft die jungen Grasmücken aus dem Nest, er greift manchmal sogar das Grasmückenweibchen an. *Du undankbarer Kuckuck!* sagt man daher zu den Kindern, die ihren Eltern und Erziehern gegenüber undankbar sind. Man spricht von *Kuckucks Dank,* wenn man ‚Undank' meint, so wie schon das lat. Sprw. sagt: ‚Eandem mihi gratiam refers ut cuculus currucae'.
Bei einer Pfändung klebt der Gerichtsvollzieher auf die gepfändeten Gegenstände eine Marke, auf der früher der Reichsadler abgebildet war. Das Wappentier nannte man spöttisch Kuckuck, und daher stammt die Rda. *den Kuckuck aufkleben:* pfänden. Die Rda. *Das weiß der Kuckuck* ließe sich leicht an den Volksglauben von der wahrsagerischen Fähigkeit des Vogels anknüpfen. Wahrscheinlicher ist jedoch, daß in dieser und einer großen Anzahl anderer Rdaa. mit dem Namen des scheuen, mehr gehörten als gesehenen Vogels der Teufel gemeint ist. Seit dem 16. Jh. schreibt der Volksglaube dem Kuckuck ein Verhältnis zum Teufel zu, vielerorts sieht man in ihm auch den Teufel selbst.
Kuckuck gehört heute zu den häufigsten Wörtern wie ‚Donner', ‚Geier', ‚Himmel', die als Euphemismen in Flüchen und Verwünschungen für den ↗Teufel gebraucht werden, z.B.: *Der Kuckuck soll dich holen; zum Kuckuck; alles ist zum Kuckuck; der Kuckuck ist los; in des Kuckucks Namen; scher dich zum Kuckuck, geh zum Kuckuck!* Matthias Claudius singt 1775 im ‚Rheinweinlied' vom Blocksberg:

> Drum tanzen auch der Kuckuck und sein Küster
> auf ihm die Kreuz und Quer.

Auch im Märchen begegnet der Kuckuck gelegentlich, z.B. in den Wndgn. ‚des Guckgucks sein' (KHM. 61) u. ‚Lohns euch der Guckuck' (KHM. 161).
Der eintönige Ruf des Kuckucks führte zu zahlreichen Rdaa., z.B. *Das ist der alte Kuckucksgesang:* immer wieder dasselbe, immer das alte Lied; ndl. ‚'t is altijd koekoek een zang'.
Den Kuckuck singen lehren, „den Gouch

‚Den Kuckuck singen lehren'

lernen singen" (Murner): zu außerehelichem Verkehr verführen.
Kuckuck unter Nachtigallen nennt man einen Laien unter Fachleuten, wohl nach der Gellertschen Fabel, in der der Kuckuck einen Sängerwettstreit mit der Nachtigall wagt; ↗Eule.
Sich den Kuckuck um etw. scheren, betont ablehnende Rda., ↗Deut.
Mit seinem satirischen Werk ‚Die Geuchmatt' (1519) wollte Thomas Murner das unmännliche Wesen seiner Zeitgenossen bekämpfen. Er konnte sich bei der Wahl des Buchtitels auf eine schon in mhd. Zeit gebräuchl. Nebenbdtg. des Wortes ‚gouch' berufen; ‚gouch' meint schon früh soviel wie ‚Tor', ‚Narr', ‚Buhler' und wird als Schimpfwort bereits bei Walther von der Vogelweide verwendet. Zweifellos ist die Bez. ‚Gouchmatt' für einen Ort, an dem sich Verliebte treffen, schon vor Murners Satire volkstümlich gewesen.
Ich will nicht der Kuckuck sein, der immer seinen Namen ruft: ich will mich nicht selbst loben.

Lit.: *O. Keller:* Die antike Tierwelt 2 (Leipzig 1913), S. 63–67; *E. Seemann:* Art. ‚Kuckuck', in: HdA. V, Sp. 689–751; *K. Löber:* ‚Den Kuckuck holen', in: Hess. Blätter f. Vkde. 42 (1951), S. 71–76; *W. Danckert:* Symbol, Metapher, Allegorie im Lied der Völker, IV (Bonn-Bad Godesberg 1978), S. 1361–1379; *E. u. L. Gattiker:* Die Vögel im Volksglauben (Wiesbaden 1989), S. 277–320.

Kugel, kugeln. *Eine ruhige Kugel schieben:* sich nicht sonderlich anstrengen müssen, leichte Arbeit zu verrichten haben, sorglos leben; die Rda. ist jung und wohl vom Kegelspiel hergenommen, wobei man an die Leichtigkeit zu denken hat, mit der die Kugel auf der glatten Bahn ins Rollen gebracht werden kann. Sie war im 2. Weltkrieg in der Soldatensprache sehr beliebt, vor allem in Verbindung mit den Kameraden hinter der Front, ↗Etappenhengst. Daher wohl auch die Bdtg.: sich drücken. Vgl. frz. ‚aller son petit bonhomme de chemin' (wörtl.: wie ein genügsamer, sorgloser Mensch seinen Weg gehen).

Mit silbernen (goldenen) Kugeln schießen: durch Geld Einfluß zu nehmen suchen, jem. bestechen; junge polit. Rda., die auf eine Rede Lloyd Georges vom 8. Sept. 1914 zurückgeht. Verwandt ist das Sprw. ‚Eine silberne Kugel nützt mehr als tausend eiserne' u.a.; die ältere Form der Rda. ist: *mit dem goldenen* (oder *silbernen*) *Spieß stechen* (↗Spieß).

Sich kugeln vor Lachen: heftig lachen; entspr. *Das ist zum Kugeln;* dies sind Parallelbildungen zu ‚sich krummlachen' (↗krumm).

Die schwarze Kugel gezogen haben: von einer unglücklichen Entscheidung betroffen worden sein; die Rda. stammt von dem schon im 17. Jh. bezeugten Verfahren der Abstimmung und Wahl durch Kugelung (Ballotage), während sich die Wndg. *die Kugel kommt ins Rollen:* die Entscheidung naht, auf die Kugel im Glücksspiel (Roulette) bezieht.

Die Kugel in ihrem Lauf aufhalten wollen: etw. Unmögliches versuchen.

Kugelfuhr. Die Ausrufe *So eine Kugelfuhr! Was für eine Kugelfuhr!* und die Feststellung *Das war eine schreckliche Kugelfuhr* sind vor allem im Obd. gebräuchl. und mdal. schwäb., bair. und schweiz. bezeugt. In heutiger Anwendung und Bdtg. bezeichnen die Wndgn. einen umständlichen, mühevollen Weg, Verzögerungen, Hindernisse und Umstände, also alles, was nicht reibungslos abläuft, was nicht ‚glattgeht'. Volksetymol. wurde der Ausdr. an ‚Kugel' angelehnt, obwohl er auf ‚Gugel' zurückgeht; ein Transport von schweren Kanonenkugeln z.B. war ja früher tatsächlich mühevoll und gefährlich und darum der sprachl. Vergleich naheliegend. Auch eine Poststrecke in Baden-Württemberg, auf der man nicht recht vorankam und Hindernisse bei der Reise zu erwarten hatte, soll diese Bez. getragen haben, ↗Schneckenpost.

Der Ausdr. ist bereits in mhd. Zeit als ‚gogelvuore' i.S.v. mutwilligem Treiben, lärmender Lustbarkeit, Narrenpossen bezeugt, wobei bereits die Bdtgn. von ‚gogel' = Scherz, Posse und ‚gugel' = Narrenkappe, eigentl. Obergewand mit Kapuze, das auf lat. ‚cuculla' zurückgeht, vermischt worden sind. Parallele Ausdrücke dazu wie ‚Gugelfahrt' und ‚Gugelfeuer' wurden später gebildet. Johannes Fischart läßt im ‚Bienenkorb' (237[a]) die häufige Rda. *Gugelfuhr treiben* noch ganz deutlich in dem alten Wortzusammenhang mit Gugel und Kapuze. Es ist gleichsam ein Beweis für die Herleitung der Wndgn., wenn er schreibt: „Und man kan sie darbei underscheiden, dasz sie ein käpplin oder gugelchen auf dem häubtlein haben und daher seltzam gugelfur treiben".

Der Ausdr. begegnet lit. häufig bes. im 16. Jh., z.B. bei Hans Sachs (5,60, Lit. Ver.): „Was habt ir für ein gugelfur?", und gleich mehrmals in der ‚Zimmerischen Chronik' (1, 455, Barack): „Die herzogin wust nit, wer dise gugelfuer anfieng" und (4, 89, Barack): „Wiewol er (der geist) nit gesehen worden, hat er den mägten die schlüsel ab der gürtel hinweg gerissen und dergleichen gugelfuren getriben". Auch Paracelsus gebraucht ‚Gugelfuhr' als Lieblingswort mehrmals in seinen gelehrten Schriften, jedoch in der wechselnden Bdtg. von Absonderlichkeit, Narrheit und moralisch Verwerflichem. Die Wndgn. *eine Gugelfuhr haben* und *Gugelfuhr anfangen (verführen)* dienen auch zur Kennzeichnung eines derben Liebesabenteuers. In diesem Sinne heißt es auch in der ‚Zimmerischen Chronik' (2, 555, Barack): „Ich waisz aber nit, was der maister mit der magt ... für ain schimpf und gugelfur anfieng. Sie wardt schwanger". Ähnl. *mit einem die Gugelfuhr treiben:* ihn zum Narren haben, durch derbe Späße necken, aber auch: geschlechtlich verkehren. Das

Wort ist auch im Rotw. meist als ‚Kugelfuhr' reich bezeugt und bez. auch dort geräuschvolle Späße, provozierte Streitigkeiten und lärmendes Durcheinander bei Zänkereien und Aufläufen, die man geschickt zu seinem Vorteil nutzen konnte. Die heutige abgewandelte Bdtg. der Rda. ist wohl von daher zu verstehen, denn herausfordernde Zänkereien und Narrenpossen verursachen eben für den Betroffenen Umstände, Schwierigkeiten und Verzögerungen.

Kuh. Die Kuh hat zu einer fast unübersehbaren Zahl von Rdaa. Anlaß gegeben; sie ist ebenso sprw. als wertvoller Besitz wie wegen ihrer angeblichen Dummheit.
Die Kuh wird nicht draufgehen; das wird die Kuh nicht kosten: das wird das letzte Vermögen nicht in Anspruch nehmen.
Obersächs. *saufen wie eine Häuslerskuh:* unmäßig trinken, wie die Kuh des armen Häuslers, die durch reichliches Wasser für das knappe Futter schadlos gehalten wird. Einen übermäßig großen Schluck nennt man zunächst stud. einen *Kuhschluck.*
In Seb. Brants ‚Narrenschiff' (110[a], 110) heißt es von solchen, die sich zutrinken:

Vnd bringet eym eynn früntlich drunck,
Do mit der becher macht glunck glunck,
Vnd meynen do mit andere eren,
Das sie den becher vor vmb keren,
Ich darff der selben hoffzucht nit,
Das man mir vor das glaß vmb schüt
Oder man mich zů drincken bitt.
Ich drinck mir selbs, keym andern zů,
Wer sich gern fült, der ist eyn ků.

Bei Hans Sachs: „Ist das dein große frewd das du dich füllest wie ein Treberkuh, Den Wein vnmessig in dich schüttest". In Fischarts ‚Gargantua': „Aber als Strosagurgel den kusuf that".
Das ist eine milchende Kuh für ihn: das bringt ihm auf bequeme Weise viel ein; ebenso schwäb. ‚Des isch e neumelkede Kuh'. In Schillers Xenien des Musenalmanachs für das Jahr 1797 heißt es unter dem Stichwort ‚Wissenschaft':

Einem ist sie die hohe, die himmlische Göttin, dem andern
Eine tüchtige Kuh, die ihn mit Butter versorgt.

Vgl. frz. ‚C'est une vache à lait'.

Etw. ansehen wie die Kuh das neue Tor: es verdutzt betrachten, wie die Kuh, die abends von der Weide ins Dorf zurückkehrt, über das Tor staunt, das der Bauer inzwischen am Hofe aufgerichtet hat, so daß sie nun nicht weiß, ob sie da hineingehört oder nicht. Luther schreibt im ‚Sendbrief vom Dolmetschen': „Welche Buchstaben die Eselsköpfe ansehen wie die Kühe ein neu Tor"; einfacher in den ‚Tischreden': „So steht das arme Volk gleich wie eine Kuh". Bei Abraham a Sancta Clara heißt es (‚Todten-Capelle' 23): „Wann der Ungelehrte eine ungemeine Sache wie eine Kuh ein neues Thor anglotzet"; und im ‚Judas' (IV, 296): „Laß schauen; schaut doch ein Kuh auch ein neues Stadel-Thor an". Anders dagegen in Grimmelshausens ‚Simplicissimus' (I, 5): „Ich sah sie an, wie eine Katze ein neu Scheunthor".
Vgl. frz. ‚regarder quelque chose comme une vache regarde passer un train' (wörtl.: etw. ansehen wie die Kuh den vorbeifahrenden Zug).
Soviel davon verstehen wie die Kuh vom Sonntag: gar nichts.
Einen Geschmack wie eine Kuh haben: schlechten Geschmack haben.
Das glaubt keine Kuh: das glaubt niemand, bezieht sich ebenfalls auf die Dummheit der Kuh; gemeint ist: das glaubt nicht einmal eine Kuh, obwohl sie doch dumm genug ist (vgl. ‚kein Schwein', ‚kein Hund', ‚keine Sau', ‚kein Schwanz' u.ä.).
Was nützt der Kuh Muskate?: das ist zu hoch für einen beschränkten Kopf; ähnl. schon bei Burkard Waldis in seiner Fabelsammlung ‚Esopus' (I, 1, 37):

Das Heiltumb ist nicht für die Hundt,
Perlen seind Schweinen ungesund;
Der Muscat wird die Kuh nicht fro,
Ir schmeckt viel baß grob Haberstro.

1649 bei Gerlingius (Nr. 47): „Was sol der kuhe Muscaten? in einen Bawren gehöret Haberstro"; (Nr. 157): „Was sol einer saw muschaten?" Die Muskatnuß war früher als Würze noch beliebter als heute; man rieb sie sogar ins Bier. Die Deckelknöpfe an alten Bierkrügen sind bisweilen wie kleine Büchsen zum Auf- und Zuschrauben eingerichtet; darin bewahrte man den wertvollen Muskat auf.

1

1/2 ‚Die schwarze Kuh hat ihn getreten'

2

Da begreift man die Lächerlichkeit des Gedankens, der Kuh in ihren Sauftrog Muskatnuß zu reiben.

Da müßte ja eine Kuh lachen bedeutet dasselbe wie die Rda. ‚Da lachen ja die Hühner' (↗Huhn).

Eine Kuh für eine Kanne ansehen: betrunken sein.

Von einer aufgedonnerten Frau sagt man, sie stolziere einher wie eine *bunte Kuh* (vgl. ‚Pfingstochse').

Rheinhess. *Dazu habe ich Lust wie die Kuh zum Messer:* gar keine Lust.

Blinde Kuh mit jem. spielen: ihn irreführen; nach dem beliebten Kinderspiel, ↗Blindekuh.

Das kann nicht jede Kuh: das kann nicht jede(r).

Der Kuh die Hörner abschneiden: die Hindernisse überwinden.

Die Kuh beim Schwanz fassen: eine Sache verkehrt anfangen.

Eine Kuh schlachten, um zu wissen, wie Kalbfleisch schmeckt: etw. Unsinniges tun.

Er sieht's der Kuh am Arsche an, was die Butter in Mainz gilt: er ist ein Neunmalkluger.

Die Kuh jodelt: es wird ein Heimatfilm vorgeführt (Mitte 20. Jh.).

Die Plumpheit der Kuh verspottet die Rda. *das Maul spitzen wie die Kuh auf Erdbeeren.* Von ähnl. Bdtg. ist *die Kuh geht auf Stelzen.* Man sagt dies, wenn jem. Dinge treibt, für die er sich nicht eignet. Belegt ist die Rda. zum erstenmal 1539 (Seb. Franck: „die Kuh geht uff Stelzen"). Lat. bei Erasmus: „camelus saltat".

Von der Kuh gebissen (gekratzt) sein: nicht ganz bei Verstand sein.

Die schwarze Kuh hat ihn getreten sagt man schles. von einem Sterbenden; auch sonst gelegentlich: *die schwarze Kuh hat ihn gedrückt:* er hat viel Ungemach zu erdulden und daher den Mut sinken lassen, bzw. in der Umkehrung: *die schwarze Kuh hat ihn noch nicht getreten:* er hat noch keine schlechten Erfahrungen gemacht. Die Rda. ist sonst fast ausgestorben und heute unverständlich geworden. Sie läßt sich aber in älteren lit. Belegen

Der Tod auf der schwarzen Kuh

über ganz Europa verfolgen. In Nikolaus Hermans Dichtung vom ‚Verlorenen Sohn' (1562) finden sich die Verse:

Do jn so tratt die schwartze Kuh,
Kam der alt Reul vnd bisz mit zu

(Wackernagel, Das dt. Kirchenlied, Leipzig 1870, III, 1210, Nr. 1413). Reuel ist der in der Dichtung des 16. Jh. wiederholt auftretende ‚Hund Reue', der die Gewissensbisse verkörpert. Eine andere Variante des Verses

In des so trat jn auch die schwartze Kuh,
Kann der alte keil auch darzu

kann infolgedessen als verderbt betrachtet werden. In dem Werk von G. Bartisch: ‚Ophthalmodouleia, Das ist Augendienst' (Dresden 1583) heißt es: „Wissens auch nicht, weil ihre augen gut und gesund sein, und keine augenbrechen gehabt noch versucht haben, oder wie man zu sagen pfleget, welche die schwarze kue noch nicht getreten hat". In Christian Weises ‚Die drei ergsten Erznarren' (Kap. 6) steht: „... auf die letzt trat mich zwar die schwarze kuh, aber zu spät". Die engl. Varianten sind von Archer Taylor ausführlich zusammengestellt und ebenfalls bis ins 16. und 17. Jh. zurückverfolgt worden. Dabei ist meistens statt von einer Kuh von einem Ochsen die Rede (‚the black ox has not trod on his foot'), wobei z. T. auch wieder andere Sinn-Bdtgn. vorkommen. ‚Der schwarze Ochse ist ihm noch nicht auf den Fuß getreten' bedeutet: er hat noch nicht die Bedrängnis der Ehe erlebt, er ist noch unerfahren, er hat noch nicht Not gelitten u. ä. Die Beziehung der schwarzen Kuh bzw. des schwarzen Ochsen zum Tod, die die schles. Bdtg. der Rda. noch bis zur Ggwt. festgehalten hat, scheint aber die primäre zu sein. Das beweist vor allem die ikonographische Überlieferung, die den Tod in Verbindung mit schwarzen Ochsen oder einer schwarzen Kuh darstellt. Ältere Belege finden wir vor allem in Petrarcas berühmtem ‚Trionfo della morte' und in den verwandten Darstellungen der ital. Kunst. Der Tod hält hier einen Triumphzug (pompa triumphalis) ab, wobei der Wagen des Todes von Ochsen gezogen wird. Wer von diesen Ochsen des Todeswagens getreten wird, muß sterben. Konrad Burdach und Helmut Rosenfeld haben im Zusammenhang mit den Todesvorstellungen im ‚Ackermann von Böhmen' darüber gehandelt. Aber auch nördlich der Alpen gibt es Todesdarstellungen, die hierhergehören. Der berittene Tod hat seine ikonographische Wurzel in den Apokalyptischen Reitern; nicht aber der Tod, der gerade auf einer Kuh reitet, wie er z. B. in einem Missale des 14. Jh. vorkommt, das in der königlichen Bibliothek in Den Haag aufbewahrt wird. Solche Darstellungen des Todes, dem eine Kuh als Reittier dient, scheinen auf einer heimischen Tradition zu beruhen. Wir sind damit unserer schles. Rda. ‚Die schwarze Kuh hat ihn getreten' schon sehr nahe, aber man hat noch nicht gefragt, warum gerade die Kuh oder der Ochse das Zugtier des Todeswagens oder – vermutlich noch ursprünglicher – das Reittier des Todes ist. Dabei ist die Frage, ob die Rda., die ja nicht vom Tode spricht, sondern von der ‚schwarzen Kuh', nicht noch eine ältere Glaubensstufe festgehalten hat, in der ein rindergestaltiges dämonisches Wesen als Todbringer gegolten hat. Zu denken wäre in diesem Zusammenhang an eine Reihe von Volksglaubensberichten und Sagen, in denen der Tod in Kuhgestalt erscheint (z. B. K. Müllenhoff, Sagen, Märchen u. Lieder der Herzogtümer Schlesw.-Holst. u. Lauenburg, Kiel 1845, S. 239f., Nr. 328). In Pestsagen kommt dies mehrfach vor: der schwarze Tod, der in Ge-

stalt einer Kuh aus dem Wasser steigt und das Unheil über eine ganze Gemeinde bringt. Unsere Rda. hat jedenfalls einen tieferen religionsgeschichtl. Hintergrund, und die ältere Todesikonographie kann uns hier den Weg weisen.
Was anders ist des Schulzen Kuh ↗ anders. Heute ausgestorben ist die ältere Rda. *den Kuhfuß tragen:* Soldat sein. Selten in Sachsen, dafür Kuhbein. In Holst. heißt auch eine dem Kuhbein ähnl. Brechstange ‚Kofot'. Die spöttische Bez. ‚Kuhfuß' für Gewehr erklärt Scheube (‚Aus den Tagen unserer Großväter') in dem Kapitel ‚Unter der Fahne' (S. 254). ‚Da soll ein alter Kuhschwanz Feuer schlagen!' ist sächs. Ausruf des Staunens, Schreckens.
Rheinhess. ‚wackeln wie ein Kuhschwanz'.
Die Kuh vom Eis bringen: die Lage entschärfen, Schwierigkeiten überwinden.
Heilige Kühe schlachten: alte Gewohnheiten über Bord werfen, mit Tabus brechen. Ähnl.: ‚Jem. heilige Kuh schlachten': seine liebgewordene Gewohnheit, seine Privilegien oder tiefsten Überzeugungen antasten.
Eine Kuh kaufen: verhüllende Rda. für eine Brautwerbung, die einem Handel gleicht. Im Volksmund wird das sprachl. Bild der Kuh für vielerlei Vergleiche u. Aussagen verwendet. So gilt sie u. a. auch als Wertmaßstab, wie aus den folgenden Sprww., Rdaa. u. Scherzversen hervorgeht: ‚E Kuh deckt alli Armut zu' (bad.); ‚Die Kuh mitsamt dem Kalb kriegen': ein schwangeres Mädchen heiraten. ‚Was versteht e Kuh von e-re Muskatnuß, wenn sie no nie in e Apotheke 'neikomme isch'. ‚Was weiß e Kuh, wenn's Sonntag isch – ma geit'r ja koi frisches Hemed a'; ‚Bei de Kühe ka ma dreimal 's Nest ausnehme' (sie liefern Milch, Kälber u. Dung).
Vor allem ist die Kuh natürlich ein Sprachbild für die Frau: ‚Bei Nacht send älle Küah schwarz', meint – männlich chauvinistisch – alle Frauen sind gleich. Eine Frau ohne Kind wird mit einer Kuh ohne Schelle verglichen: ‚E Frau ohni Chind ist wi-n-e Chue ohne Schelle'.
Die alte Frau: ‚A alta Kuah schleckt au no gern Salz'.
Von einer ungeschickten Frau heißt es: ‚Was hilft's, wenn d' Chueh vil Milch git, wenn sie de Chübel wider umstoßt?' ‚Was hed mer vonere guete Chue, wenn sie d Milch sälber suuft', sagt man von reichen Frauen, die ihre Mitgift für sich selbst aufbrauchen.
Die Entwicklung vom Mädchen zur Frau wird auf dem Bild von Kuh und Kalb gesehen: ‚Wenn a Kalb en d Fremde goht, kommt a Kuah hoim'. ‚E 20jährigs Chalb git kei gschidi Chue me'. ‚Es Chalb git non-e Chue, aber en Esel blibt en Esel'. Ebenso natürlich das Mutter-Tochterverhältnis: ‚E gueti Chue chann au e schlechts Chalb ha'.
Oder Spekulationen über Erbanlagen: ‚Narrete Küeh hend spinnete Kälble'.
Doch muß die Tochter nicht unbedingt

1

2

1/2 ‚Die Kuh vom Eis bringen'

‚Die heilige Kuh schlachten müssen'

nach der Mutter schlagen: ‚Blinde Küh kälbere au'. ‚Schwarze Küah gebet au weiße Milch'.

Hat jem. ‚keine Ahnung' oder ‚keinen blassen Schimmer', dann heißt es oft: ‚Er versteht soviel davon wie die Kuh vom Zähneputzen', und für ‚niemals' hört man nicht selten auch: ‚wenn die Kuh kann Seide spinnen'. Selbst aus dem Kinderspiel ist die Kuh nicht mehr wegzudenken. Das zeigt u.a. der Kindervers:

Wunderbar, wunderbar,
ist 'ne Kuh mit Pferdehaar.
Hätt' die Kuh kein Pferdehaar,
wär sie auch nicht wunderbar.

Lit.: *A. Bernt* u. *K. Burdach* (Hg.): Der Ackermann aus Böhmen (= Vom MA. zur Reformation III, 1) (Berlin 1917), S. 237ff.; *K. Wagenfeld:* Die Kuh im plattdt. Sprw., in: Heimatbl. der roten Erde, 1 (1920), S. 250–252; *A. de Laborde:* La Mort chevauchant un bœuf. Comptes rendus des séances de l'Académie des inscriptions et belles-lettres (Paris 1923), S. 100–113; *R. Riegler:* ‚Zur Redensart: Die schwarze Kuh hat ihn gedrückt (getreten)', in: Die neueren Sprachen 33 (1925), S. 368–370; *A. Wirth:* Art. ‚Kuh', in: HdA. V, Sp. 768–790; *H. Rosenfeld:* Das Röm. Bild des Todes im ‚Ackermann', in: Zs. f. d. A. 72 (1935), S. 241ff.; *A. Taylor:* The Proverb ‚the black ox has not trod on his foot' in Renaissance Literature, in: Philological Quarterly, XX (1941), S. 266ff.; *M. Kuusi:* Parömiologische Betrachtungen (Helsinki 1957), FFC. 172, S. 21ff.; *L. Röhrich:* Sprw. Rdaa. in bildl. Zeugnissen, in: Bayer. Jb. f. Vkde. (1959), S. 67–79; *L. L. Hammerich:* Das Röm. Bild des Todes im ‚Ackermann aus Böhmen', in: Humaniora ... Honoring Archer Taylor, Locust Valley (New York 1960), S. 17ff.; *R. Ramseyer:* Das altbernische Küherwesen, in: Sprache u. Dichtung, N.F. Bd. 8 (Bern 1961), S. 17–18; *P. Wiepert:* Volkserzählungen von der Insel Fehmarn (Neumünster 1964), S. 21–22; *E. Meier* (Hg.): Dt. Kinderreime u. Kinderspiele aus Schwaben. (Nachdr. d. Ausgabe Tübingen 1851). Mit einem Nachwort von L. Röhrich (Kirchheim/Teck 1981), S. 163; *P. Portmann (Hg.):* Di letschti Chue tuet's Törli zue (Frauenfeld 1983); *Th. Schwarz:* Canzona della morte. Der Todestriumphzug Piero di Cosimos und seine Parallelen im ital. Karneval des 16. Jahrhunderts, in: Freiburger Univ.-Blätter, Heft 90 (1985); *A. B. Rooth:* Döden och den svarta oxen (Uppsala 1985); *B. Hülsewiede:* Indiens heilige Kühe, Bd. 1 (1986); *L. Röhrich:* Die Welt der alemannischen Sprichwörter, in: ‚Einheit in der Vielfalt'. Festschrift für Peter Lang (Bern u. a. 1988), S. 434–457.

Kuhhaut. *Das geht auf keine Kuhhaut:* es läßt sich gar nicht alles sagen; es ist nicht zu beschreiben; eigentl.: es läßt sich auf kein noch so großes Pergament schreiben, denn gemeint ist hier die Kuhhaut als große Schreibfläche. Die Wndg. ist in den dt. Mdaa. weit verbreitet, vor allem im

1

2

1/2 ‚Das geht auf keine Kuhhaut'

Südwesten: ‚Der schwätzt e ganze Kühhaut voll' (schwäb.); ‚Dat giht nöt op en Kuhhaut' (rhein.); ‚s gieht uf keene alte Kihhaut' (obersächs.); ‚Dat geht nich upna Bullahut tâ schriwen' (Pommern). Andere Formulierungen sind: ‚Das hat auf keiner Kuhhaut Platz'; ‚Er schreibt es auf die große Kuhhaut' (merkt es für spätere Abrechnung).

Mit dem Streifen aus Kuhleder, mit dem in der Äneassage die Königin Dido die Landfläche der zu gründenden Stadt Karthago umspannt, hat die Rda. nichts zu tun. Vielmehr stammt sie aus einem ma. Predigtmärlein, dessen Verbreitung zunächst über lat. Exempelsammlungen vor sich ging. Der älteste Beleg für diese Erzählung ist ein Exempel des Jacques de Vitry (vor 1240 gest.); er erzählt in den ‚Sermones vulgares' von einem Priester, der während des Gottesdienstes einen Teufel mit den Zähnen an einem Pergament zerren sieht. Auf Befragen gibt der Böse den Bescheid, er habe das unnütze

1

2

1/2 ‚Das geht auf keine Kuhhaut‘

Kirchenschwatzen aufzuschreiben, und dafür reiche sein Pergament nicht. Der Priester verkündet das der Gemeinde und erweckt Reue, so daß der Teufel seine Aufzeichnungen wieder streichen muß. Die zugrunde liegende Anschauung ist die, daß die Sünden der Menschen von Teufeln auf ein Pergament aufgeschrieben werden, um später, beim Jüngsten Gericht, als Belastungsmaterial zu dienen (vgl. Offenb. 20,12). Normalerweise wurden im Mittelalter ja nicht Kuhhäute zum Schreiben verwendet, sondern Schafs- oder Kalbshäute, aber die Pointe der Erzählungen beruht darauf, daß der Sünden eben so viele sind, daß selbst die Haut des größeren Tieres, die Kuhhaut, nicht ausreicht, um alles notieren zu können. Diese Erzählung ist noch in neuzeitlichen Sagen weit verbreitet (AaTh. *826); sie findet sich auch häufig in bildl. Darstellungen der Kirchenkunst des späten Mittelalters und auch nach 1500. Aus dem 14. Jh. zeigt ein Wandfresko in St. Georg auf der Reichenau (Oberzell) ein großes Tierfell, das von vier Teufeln ausgebreitet gehalten wird; der eine packt es außer mit den Klauen auch mit den Zähnen. Über dem Fell werden die Köpfe zweier Frauen sichtbar, die eifrig miteinander schwatzen. Über ihnen deutet eine Art Hängelampe, von der an Kettchen drei Kreuze herabhängen, an, daß das Gespräch in einer Kirche geführt wird. Auf dem Fell stehen in gotischer Majuskel drei Verspaare, die sich auf das Bla-bla-Gerede klatschsüchtiger Frauen beziehen, ↗ Blabla.

Ein Schrotblatt vom Ende des 15. Jh. zeigt einen Priester, der die Messe zelebriert, andächtige, aber daneben unruhige, schwatzende oder auch schlafende Kirchenbesucher sowie Teufel mit einem Buch und einem aufgespannten großen Fell.

Die Rda. ist erst verhältnismäßig spät bezeugt, im Unterschied zu den Belegen der Legende. Mehrmals nimmt Joh. Fischart darauf Bezug: in der ‚Flöhhatz‘ von 1573, wo zwei Weiber während der Messe beim Schwatz vom Hundertsten ins Tausendste kommen und sich von Kleidern, Geld und Essen vorreden:

Darzu ich ja nicht der Teufel haiß,
Der hinder der Meß ohn gegaiß
Ain Kühhaut voll schrib solcher Reden,
Die zwei frumb Weiblin zsammen
hetten.

Ich wolt er het ghabt treck in Zänen,
Da er die Kühhaut mußt außdänen.

Hier ist deutlich noch der Zusammenhang mit der Legende vorhanden. Auch in Fischarts ‚Geschichtklitterung' wirkt das Predigtexempel noch nach: „Der Teuffel hinder S. Martins Mesz mit weissen Rubenzänen das Pergamen, darauff der alten Welschparlirenden Weiber geschnader zu copieren, musz wie der Schuster das Leder ... erstrecken". Dann aber verliert die Rda. schnell die Beziehung zur Teufelsgeschichte und verselbständigt sich. Sie ist bes. in den kath. Landschaften beheimatet und hat sich offenbar erst nach der Reformation von der Erzählung abgelöst, nachdem die Legende kein Eigenleben mehr führte. Herzog Ulrich schreibt 1543: „Ob man gleich einen Brief einer ganzen Kuhhaut gross vol schrieb ..." In Wolfhart Spangenbergs Drama ‚Mammons Sold' von 1614 sagt ein betrügerischer Bauer:

Summa, ich habe so viel getrieben,
Wann es alles solt seyn beschrieben,
Es ging auff keine Kuhhaut nicht.

In weiterer Entfernung von der alten Legende sind an die Stelle der Kuhhaut noch andere Häute getreten: Stier-, Pferde-, Ziegen-, Eselshäute usw., wie in einem Bildergedicht von 1610:

Wenn ich dies Geschlecht beschreiben solt,
Ein Ochsenhaut ich brauchen wollt.

Hans Jakob Behaim aus Nürnberg schreibt 1644 an seinen Vater: „Mich wundert, daß meine Schwester Susanna, welcher alles, was bey uns verlaufet, bekannt, ihrem Bruder die Mucken aus dem Kopf zu treiben, nicht eine Kuhhaut voll neuer Zeitungen berichtet". Die Schwester antwortet darauf: „Daß ich dir nit eine Flöhhaut voll wüßt". Auch Christian Reuter in Leipzig verwendet 1696/97 zweimal die Rda.: „Wi vielmahl ich mich auch hernach des Jungens halber mit meiner Frau Mutter gezancket und gekiffen, das wäre der Tebel hohl mer auff keine Esels-Haut zu bringen" (‚Schelmuffsky'). J. G. Schnabel steigert in dem Roman ‚Insel Felsenburg' (1731–43) die Wndg. noch: „Er hielt mir die Kuhhaut oder vielmehr Elephantenhaut vor, worauf alle meine Sünden verzeichnet waren". Manchmal wird die Kuhhaut auch zahlenmäßig noch gesteigert. Ein geistlicher Text aus Nürnberg sagt schon 1568:

Das ist unmöglich auszusagen.
Zwölf ganzer Kuhheut müsten haben ...

Wir sind uns bei der heutigen Anwendung der Rda. jedenfalls kaum mehr bewußt, daß ihr eine ma. Teufelserzählung zugrunde liegt, d.h. die Rda. hat sich von ihrem Urspr. völlig emanzipiert und läßt sich seither auch in ganz anderer, d.h. in profaner Weise verwenden. Auf ein Mißverständnis oder einen sprachl. Scherz ist die Wndg. zurückzuführen: ‚Das geht auf keinen Kuhhaufen', ↗Teufel.

Lit.: *J. Bolte:* Der Teufel in der Kirche, in: Zs. f. vgl. Lit.-Gesch., N.F. 11 (1897), S. 249–266; *R. Köhler:* Kleine Schriften, Bd. II (1900), S. 319ff.; *F. Harder:* Sündenregister, in: Zs. d. Ver. f. Vkde. 37/38 (1927/28), S. 111–117; *A. Wirth:* Art. ‚Kuh', in: HdA. V, Sp. 768–790, hier insbes. 786f.; *A. Spanner:* Die dt. Volkskunde, Bd. I (1934), S. 195; *A. Götze:* Das geht auf keine Kuhhaut, in: Zs. f. Mdaforsch., 11 (1935), S. 162–168; *Richter-Weise,* Nr. 118; *R. Wildhaber:* Das Sündenregister auf der Kuhhaut (Helsinki 1955), FFC. 163 (mit weiteren Lit.-Angaben); *L. Röhrich:* Sprw. Rdaa. in bildl. Zeugnissen, in: Bayer. Jb. f. Vkde. (1959), S. 67–79; *E. Murbach:* Zwei gotische Wandbildfragmente und ihre ikonographische Deutung, in: Unsere Kunstdenkmäler, Mitteilungsblatt f. die Mitglieder der Ges. f. Schweiz. Kunstgesch., XVI (1965), H. 1, S. 23ff.; *L. Röhrich:* Erzählungen des späten Mittelalters, Bd. I, S. 113–123; 267–274; *H. Rasmussen:* ‚Der schreibende Teufel in Nordeuropa', in: Festschrift M. Zender, Bd. I (Bonn 1972), S. 455–464; *E. Land:* Der Teufel mit dem Sündenregister in Schöngräbern. Ein Beispiel zum Problemkreis ma. Realitätsauffassung, in: Österr. Zs. f. Kunst u. Denkmalpflege 31 (1977), S. 126–137; *O. Moser:* Der Teufel mit dem Sündenregister am Kircheneingang, in: Carinthia I, 168 (1978), S. 147–167.

Kuhle. *In die Kuhle treten:* hinken, Rda. ndd. Herkunft, wie auch das Wort Kuhle selbst; der Hinkende neigt seinen Körper beim Gehen nach einer Seite mehr als nach der anderen, so als ob er jedesmal in eine Vertiefung träte.

Kuhscheiße. *Wie kommt Kuhscheiße aufs Dach?* sagt man oft rdal., wenn einer etw. Dummes fragt, worauf man keine Antwort geben kann oder will. Zu dieser Frage gibt es eine witzige Antwort:

Hat sich Kuh auf Schwanz geschissen
und mit Schwung hinaufgeschmissen
(oder: aufs Dach geschmissen).

Die witzige Antwort klingt nach Wasser-

polakisch, der Sprache, die um 1900 im Kohlenpott und in Oberschlesien häufig anzutreffen war unter den aus Polen zugezogenen Bergarbeitern. Es gibt aber auch eine derbe ndd. Antwort: ‚... wenn im Himmel Viehmarkt ist...' – typisch für die Landschaft, wo es allenthalben die Vieh- und Jahrmärkte gab.
Die modern anmutende Wndg. scheint auf eine alte Tradition zurückzugehen. Ein Fastnachtsgedicht von Georg Hager aus dem Jahre 1625 erzählt von einem Bauernsohn, der als Student in sein Elternhaus zurückkehrt und darüber nachsinnt, wie Kuhmist an die Stubendecke kommen kann. Nun behält ihn der Vater wieder auf dem Hof, da er das Studium des Sohnes für erfolglos hält:

Der vatter sprach mit spott:
‚Was hast du mich kost mit deinem studieren
Vnd thust so vnnicz deine zeit verlieren!
Du hast ein blödes hiren,
Das du nit das aus rechnen kanst gewiss.
Das bret lag auf der erden da,
Ehe die kuh dar auf schiss.
Dar nach ist das bret hin nauf kumen
Durch den zimerman ze dach ...'

Dieser heute bei uns ausgestorbene Schwank, der noch in der Eifel als Ortsneckerei erzählt wird, scheint sich sonst nur noch in der rdal. Frage erhalten zu haben. Die Erzählung muß jedoch früher eine weite Verbreitung gehabt haben. Ebenso wundert sich der türkische Narr Nasreddin Hodja, als er an der Spitze einer Stange Kuhmist statt des von ihm dort aufgehängten Geldbeutels findet, darüber, wie die Kuh habe auf die Stange klettern können.

Lit.: *J. H. Schmitz:* Sitten und Bräuche, Lieder, Sprww. und Rätsel des Eifler Volkes, Bd. I (Trier 1856), S. 104, Nr. 3; *J. Bolte:* Märchen- und Schwankstoffe im dt. Meisterliede, in: Zs. f. vgl. Lit.-Gesch., 7 (1894), S. 465 f.

Kulissen. *Hinter die Kulissen sehen:* unerwartete, enttäuschende Entdeckungen machen, etw. durchschauen; diese Redewndg. ist von der Bühne hergenommen, deren rückwärtiger Teil im Vergleich zur schönen Vorderseite oft einen ernüchternden Anblick bietet; vgl. frz. ‚regarder derrière les coulisses'.
Etw. spielt sich hinter den Kulissen ab: es geschieht nicht vor der Öffentlichkeit.
Der schiebt die Kulissen oder *er ist ein Kulissenschieber* sagt man von einem Politiker oder Funktionär, dessen Einfluß größer ist, als es nach außen hin den Anschein hat, oder der es versteht, eine ihm genehme Persönlichkeit durch geschickte Manipulationen in den Augen der Öffentlichkeit als Vorbild hinzustellen. Alle diese Rdaa. sind jung, sie reichen nicht weiter als bis ins 19. Jh. zurück.

Kümmel. *Einem den Kümmel reiben:* einem gehörig die Meinung sagen, ‚die Leviten lesen'. Kümmel ist ein kleinkörniges Gewürz; *Kümmel spalten* bedeutet dementspr. von pedantischer Kleinlichkeit sein, ‚Haare spalten'; einen kleinlichen Kaufmann, eine geizige Person nennt man ‚Kümmelspalter': Schon Platon redet im ‚Symposion' von einem Menschen, der ein Kümmelkorn spaltet, um die Hälfte sparen zu können, und Aristophanes gebraucht in den ‚Wespen' das Wort ‚kümmelkressespaltend'. Das schweiz. ‚Chümichknüpfer' meint dagegen jem., der eine unnütze, unsinnige Arbeit verrichtet. Ein Schimpfwort ist auch ‚Kümmeltürke'; es bezeichnete um 1790 den Studenten im Bereich der Stadt Halle, denn bei Halle wurde Kümmel angebaut, weswegen man die dortige Gegend auch ‚Kümmeltürkei' nannte. Nachdem die Grundvorstellung in Vergessenheit geriet, wurde das Wort ein allg. Schelt- und Schimpfwort.

Lit.: *H. Marzell:* Art. ‚Kümmel', in: HdA. V, Sp. 805–807.

Kummer. *Ich bin Kummer gewöhnt* sagt man resignierend, wenn einem etw. Unangenehmes widerfährt, wobei die Einsicht zugrunde liegt, daß man eben mit gelegentlichen Rückschlägen im Leben zu rechnen hat. Ob diese Rda. auf ein Sprw. ‚Wer Kummer gewöhnt ist, trägt ihn leichter' zurückgeht, wie S. Singer (Sprww. des MA. II, 25) vermutet, muß dahingestellt bleiben.
Kummerspeck ansetzen: aus Verzweiflung mehr, bes. viel Süßes, essen, um seinem

Frust, seinem Alleinsein zu begegnen, um sich eine ‚Ersatzbefriedigung' zu verschaffen, und dabei ungewollt zunehmen. Die Wndg. wird auch scherzhaft gebraucht, um eine plötzliche Gewichtszunahme zu erklären.

Mehrere gereimte Sprüche behandeln die Thematik ‚Alkohol gegen Kummer':

Hast du Kummer mit die Deinen,
trink dich einen,
ist der Kummer dann vorbei,
trink dich zwei!

Von Wilh. Busch stammt:

Es ist ein Spruch von alters her:
Wer Sorgen hat, hat auch Likör.

Kümmernis. *Er ist wie die hl. Kümmernis:* er kümmert sich um alles, er versucht, überall einzugreifen, macht fremde Sorgen zu seinen eigenen. Die im wesentlichen auf das südostdt. Sprachgebiet beschränkte Rda. spielt scherzhaft auf die nicht kanonisierte Volksheilige an, deren volksetymol. gedeuteter Name auf ihre spezielle Hilfe bei Kummer und Not hinzuweisen scheint. Ebenso wortspielerisch ist der rdal. Vergleich *aussehen wie die hl. Kümmernis:* betrübt, bekümmert blikken. Die Wndg. bezieht sich auf ihr qualvolles, mehrere Tage dauerndes Martyrium. Die älteste Legende von dieser hl. Jungfrau, die verschiedene Namen besitzt (Wilgefortis, Liberata, Ontkommer, Hülpe usw.), stammt aus den Niederlanden, wo aus Steenbergen seit dem 15. Jh. Wunder von ihrer Hilfe bei Krankheit und Tod berichtet wurden. Sie gilt als portugiesische Königstochter, die einen Heidenkönig heiraten sollte. Da sie ihrem christl. Glauben treu bleiben wollte, bat sie Christus um einen Bart, der sie völlig entstellte. Ihr wütender Vater ließ sie daraufhin selbst kreuzigen. Im Dt. verbindet sich damit die Sage vom armen Spielmann, dem sie ihren goldenen Schuh zuwarf, als er vor ihrem Bild spielte. Der Urspr. der Legende ist ein mißverstandenes, bekleidetes Kruzifix, der Volto Santo, im Dom zu Lucca. Christus ist noch nicht als der Leidende, sondern als der Triumphierende am Kreuz dargestellt, mit der Krone und einem Faltengewand. Dieses nördlich der Alpen ungewöhnliche Kruzifix regte die Phantasie an und führte zur Erzählung von der gekreuzigten Jungfrau. Bild und Sage von der Kümmernis sind heute noch in Schlesien, Bayern und Österr. verbreitet.

Lit.: HdA. V. Sp. 807 ff., Art. ‚Kümmernis' v. *Wrede; G. Schnürer* u. *J. Ritz:* St. Kümmernis und Volto Santo (Düsseldorf 1934); *J. Gessler:* De Vlaamsche Baardheilige Wilgefortis of Ontcommer. Kantteekeningen bij een Standaardwerk (Antwerpen 1937); *O. A. Erich* u. *R. Beitl:* Wb. der dt. Vkde. (Stuttgart 1955), S. 452 f.; *L. Kretzenbacher:* Heimat im Volksbarock. Kulturhistorische Wanderungen in den Südostalpenländern (Klagenfurt 1961).

‚Aussehen wie die hl. Kümmernis'

Kunst. *Die Kunst durch den Trichter saufen:* prahlen, daß man etw. vermöchte, was man in Wirklichkeit nicht kann; die Rda. war schon Geiler von Kaysersberg bekannt, ist aber heute nahezu ausgestorben. Kunst ist von Gunst abhängig, wo sie nichts auszurichten vermag und also eigentl. auch nichts verdient, sagt man: *Hier geht meine Kunst betteln.* Lessing schreibt im ‚Jungen Gelehrten' (I, 6): „Bei dem geht meine Kunst, meine sonst so wohl versuchte Kunst, betteln", in ‚Emilia Galotti' (I, 2) sagt Conti: „Die Kunst geht nach Brot". Diese Rda., die bereits in Luthers Sprww.-Sammlung erscheint, reicht wahrscheinl. ins MA. zurück.

Das ist keine Kunst: das ist leicht, das kann jeder; urspr. wohl auf Akrobatenkunststücke und ähnl. Darbietungen zu beziehen, die für Kunst ausgegeben wurden; vgl. frz. ‚C'est tout un art': das will gelernt sein; in iron. Abk.: *Kunststück! Was macht die Kunst?:* Wie geht es beruflich? Zunächst dachte man bei dieser Frage wohl tatsächlich an eine künstlerische Betätigung, heute meint die Rda. das allg. Können und überhaupt die allg. Lebensumstände im Sinne von ‚Wie geht's?'

Nach allen Regeln der Kunst ↗ Regel; vgl. frz. ‚Selon toutes les règles de l'art'.

Mit seiner Kunst am Ende sein: nicht mehr zur Lösung eines Problems beitragen können. Es kann sich dabei sowohl um ein handwerkliches als auch um ein geistiges Problem handeln.

Lit.: *A. Jacoby:* Art. ‚Kunst', in: HdA. V, Sp. 817–836.

Kupferstecher. *Mein lieber* (oder *alter*) *Freund und Kupferstecher!:* eine im mittleren und nördl. Dtl., bes. in Berlin und Sachsen, gebräuchl., halb iron., halb vertrauliche Anrede an jem., mit dem man sich irgendwie auseinandersetzt. Lit. z. B. 1892 bei Th. Fontane in ‚Frau Jenny Treibel' (8. Kap.): „Das hat so sein sollen, Freund und Kupferstecher; mitunter fällt Ostern und Pfingsten auf einen Tag". Es ist noch nicht geklärt, warum sich gerade der Beruf des Kupferstechers in dieser Formel erhalten hat. Zweifellos ist in dieser Rda. der Beruf des Kupferstechers gemeint, denn aus dem Obersächs. sind zwei sehr verwandte Ausdrücke bezeugt, die genaue Parallelen zu unserer Wndg. darstellen: ‚Alter Freund und Bildermann!', schon 1803 bei L. Lorenz in ‚Ein Denkmal aus dem Erzgebirge' belegt: „do biste freilich of'n Holzwag, alter Freund und Bildermann". Der Bildermann war ein auf den Jahrmärkten anzutreffender Schausteller, der die Erzeugnisse der Kupferstecherei verkaufte. Eine weitere obersächs. Rda. lautet: ‚Alter Freund und Petschaftsstecher!' An ein Gedicht Rückerts ‚An den Gevatter Kupferstecher Barth' (Ges. poet. Werke, Bd. 7, S. 66) anzuknüpfen, geht deshalb kaum an; dazu ist das unbedeutende Gedicht zu wenig bekanntgeworden.

Lit.: *H. Walther:* ‚Alter Freund u. Kupferstecher', in: Sprachdienst 18 (1974), S. 197–198; *H. Küchler:* ‚Alter Freund u. Kupferstecher', in: Sprachdienst 19 (1975), S. 112; *R. Dietrich:* ‚Alter Freund u. Kupferstecher', in: Sprachdienst 19 (1975), S. 201–205.

Kuppelpelz. *Sich einen Kuppelpelz verdienen:* eine Heirat vermitteln. Rud. Hildebrand bringt im Dt. Wb. eine Reihe von Beisp. für den Ausdr. mit der Bemerkung: „Der Pelz ist längst zur bloßen Redensart geworden, während er einst ein wirklicher gewesen: dieser Pelz war der übliche Kaufpreis für die Überlassung der Mundschaft über die Frau an den Gatten". Bei Abraham a Sancta Clara heißt es (‚Judas der Erzschelm' III, 54): „Es ist schon einen Kuppelpeltz werth".

Ein verwandter Ausdr. ist ‚Kappengeld'; so kennt Geiler von Kaysersberg im ‚Brösamlein' (I, 33 a): „mit einem ums cappengeld reden", ihn zu verführen suchen; ebenso in der ‚Zimmerischen Chronik' (III, 66): „Er fing an mit der frawen zu sprechen und mit ir umbs cappengeld zu reden".

Kurbaum. *Auf den Kurbaum gehn* (oder *reiten*): unschlüssig sein, wie man wählen (küren) soll. Das Wort wird gern in Gegensatz zu dem ebenfalls bildl. gebrauchten Faulbaum gestellt. Sprw. schon bei Seb. Franck (2, 110[b]): „wer kurbäumen wil, der faulbäumet gern", in Oldenb.: ‚De Körbom söcht, de Fulbom findt', wer lange wählt, trifft wohl immer das Schlechteste; in Meckl.: ‚Se is von'n Körbom upn Fulbom komen', ist alte Jungfer geworden. Der Kurbaum ist eigentl. der beste Stamm, den man aus dem Gemeindewalde behutsam auswählt zum Bau oder zur Ausbesserung des Hauses. Wer aber zu lange wählt, trifft nicht immer den besten.

Kurpfuscher. *Ein Kurpfuscher (Kurschmied) sein,* auch: *Kurpfuschereien betreiben:* kein ausgebildeter Arzt sein und unsachgemäße Heilbehandlungen durchführen, die die Hoffnungen der Patienten auf wirksame Hilfe enttäuschen. Die Rdaa. beziehen sich vor allem auf Personen, die sich umstrittener (volks)medizinischer Methoden bedienen und auch die Berufsbez. Heilpraktiker nicht führen dürfen.

↗ Eisenbarth, ↗ Pfuscher, ↗ Quacksalber.

Kurschatten. *Einen Kurschatten haben,* auch: *sich einen Kurschatten zulegen:*

einen neuen Partner gewinnen, der einem während der kurzen Zeit eines Kuraufenthaltes als ständiger Begleiter ‚wie ein Schatten folgt', ein außereheliches Verhältnis während einer Badekur haben, das bei der Heimreise eines Partners meist unproblematisch endet. Eine solche Partnerin auf Zeit wird scherzhaft-iron. auch als ‚Sternschnuppe' bez., denn sie ist während des Urlaubs ein ‚Stern', danach aber ihrem Liebhaber ‚schnuppe'.

kurz. *Kurz angebunden sein:* zurückhaltend, wortkarg, abweisend sein; die Rda. kennt schon Luther: „... wäre der Bauer ungeduldig und kurz angebunden"; Goethe verwendet sie im ‚Faust' (I, Straße):

Wie sie kurz angebunden war,
Das ist nun zum Entzücken gar!

Urspr. ist dabei wohl an ein Pferd oder ein anderes Tier zu denken, das an einer kurzen Leine gehalten wird und deshalb reizbar ist; jedenfalls hat die Rda. zunächst diesen Sinn (↗anbinden). Auf dem gleichen realen Hintergrund ruht auch die Rda. *jem. kurzhalten:* jem. in seiner Freiheit beschränken, jem. finanziell einschränken (vgl. ndl. ‚iemand kort houden').

Die Zwillingsformel *kurz und gut,* die keiner Erklärung bedarf, ist ebenfalls schon bei Luther bezeugt, z.B.: „Kurz und gut gefällt Jedermann" (Weimarer Ausg. II, 17); überdies verwendet er die Formeln ‚kurz und ganz' sowie ‚kurz und schlecht'. Auch Abraham a Sancta Clara gebraucht den Ausdr. ‚kurz und gut' mehrfach (z.B. ‚Judas' II, 387). Und im Märchen (KHM. 52) begegnet die erweiterte sprw. Version: ‚Kurz u. dick hat kein Geschick'.

Als erotische Anspielung auf die körperliche Beschaffenheit eines Mannes: ‚Kurz und dick – der Frauen Glück'.

In der Redewndg. *kurz und bündig* hat ‚bündig' noch die alte Bdtg. festgebunden, verbündet, auch: rechtlich verpflichtend (so vor allem ndl. ‚bondig'), jedoch ist im heutigen Sprachgebrauch diese Bdtg. zumeist gar nicht mehr bewußt, ‚kurz und bündig' hat heute den Sinn ‚auf eine kurze Formel gebracht' oder ‚kurz und knapp' (vgl. ndl. ‚kort en bondig'; engl. ‚short and pithy').

Kurz und schmerzlos etw. erledigen: sehr rasch, ohne lange Vorbereitungen, ohne viel Aufhebens.

Etw. kurz und klein schlagen (oder *hauen*): etw. entzweischlagen, ist vom Holzhakken hergenommen.

Kurz angerannt: da ist zuwenig Bedenkzeit gelassen, da ist ‚die Pistole auf die Brust gesetzt'; als ob der Betreffende eigentl. einen langen Anlauf hätte voraussehen und sich darnach hätte einrichten, rüsten können. In dem alten Budenspiel ‚Harlekins Hochzeit' (1693) sagt der Richter, als der Harlekin mit seiner Liebsten vor ihn tritt und stracks zur Hochzeit „eingeschrieben" zu werden begehrt: „Es ist kurz angerent. Warumb denn eilt ihr so?"

Die Rda. *kurztreten:* langsam arbeiten, sich zurückhalten, sich mäßigen, entstammt der Soldatensprache; beim Einschlagen einer anderen Richtung müssen die auf der Innenseite einer Kolonne Marschierenden kleinere Schritte machen, damit der Gleichschritt beibehalten wird.

Über kurz oder lang: früher oder später, ist eine Zusammenziehung der längeren Wndg. ‚über einen kürzeren oder längeren Zeitraum'.

Zu kurz kommen: benachteiligt werden, übervorteilt werden; bezieht sich zunächst wohl auf das Nichterreichen eines räumlichen Ziels. Die Rda. ist lit. seit dem 17. Jh. bezeugt (1650 bei Moscherosch). „... und bist von jeher zu kurz gekommen", sagt Sickingen zu Götz von Berlichingen (vgl. ndl. ‚te kort komen'; engl. ‚to come short of something').

Die gleiche Bdtg. hat die Rda. *den kürzeren ziehen;* sie leitet sich her vom Losen mit Halmen, Stäbchen oder Streifen im Unterschied zum Loswerfen (mit Steinchen, Würfeln usw.). Vgl. frz. ‚tirer à la courte paille' (mit Halmen losen) als Bez.

‚Den kürzeren ziehen'

für diese in Frankreich noch übliche Art des Losens. Das Losen hat seit alters her den Rang eines Gottesurteils; wer den kürzeren Halm zieht, ist im Unrecht, ihm fällt der geringere Anteil zu. Ein altdt. Vers lautet in Josef v. Laßbergs ‚Liedersaal' (Bd. I, 1820–25, S. 145):

Ziehen wir zwei gräselin
Ane allen falschen wank,
Das eine kurz, das ander lang;
Weders ouch immer mag ziehen an,
Das länger soll gewunnen han.

Abraham a Sancta Clara verwendet die Rda. mehrfach (z. B. ‚Judas' I, 122; II, 280 u. ö.) in der Form „das Kürtzere ziehen", gelegentlich auch in umgekehrtem Sinn, jedoch mit dem gleichen Bild: „das Längere ziehen" (‚Reim dich' 77). Der aus dem Rechtsleben stammende Ausdr. konnte im übertr. Sinne in den verschiedensten Zusammenhängen Verwendung finden; so wird er etwa von Julius Wilhelm Zincgref 1626 in seinen ‚Teutscher Nation Apophthegmata' (II, 17) auf den Kampf bezogen: „Als er (Albrecht von Brandenburg) mit Kurfürst Moritz von Sachsen den Kürtzern gezogen, floh er nach Hannover".

Daß gerade der Strohhalm beim Losorakel früh eine Rolle spielte, bezeugt auch eine Stelle bei Walther von der Vogelweide (66, 5), die sich jedoch auf das ‚Halmmessen' bezieht; dabei zählte man

‚Man bekommt einen Kuß …'

die Knoten des Halms (wie man heute noch die Blütenblätter einer Blume zählt), um daraus die Zukunft zu erfragen:

Mich hât ein halm gemachet frô,
er giht, ich sül genâde vinden,
ich maz daz selbe kleine strô,
als ich hie vor gesach von kinden.

Kurze Fünfzehn machen ↗fünfzehn.

Jem. einen Kopf kürzer machen ↗Kopf.

Einen Kurzen machen (haben): ein Kurzschluß in der Leitung. Mdal.: ‚Der hot 'n Kurze': er ist nicht bei Verstand.

Kuß, küssen. *Und wer küßt mich (mir)?* Redewndg. dessen, der sich bei einer Verabredung oder Verteilung übergangen fühlt. Die Rda. stammt aus einem von Hand zu Hand weitergereichten Gedicht mit den Schlußzeilen:

Die Hasen rammeln im Revier,
Kurzum es liebelt jedes Tier,
Und wer küßt mir?

Seit etwa 1850 (Küpper).

Die derbe Aufforderung ‚Leck mich im ↗Arsch' wird in vielen Wndgn. mit Kuß umschrieben: ‚Küß mich, wo der Buckel ein End hat'; ‚küß mir den Buckel, aber von unten'; Hans Sachs: „Küß mich, da ich sitz"; ‚köß mi, wo ek gen Ogen heb'; ‚er kann mich küssen, wo ich keine Nase habe'; ‚küß mir den Buckel, wo die Haut ein Loch hat'.

Mit Kußhand: sehr gern (↗Hand).

Man bekommt einen Kuß sagt man, wenn sich Bläschen auf dem Kaffee bilden. Ndd. wird weiter ‚orakelt': … die Bläschen schwimmen zum Tassenrand, wo sie zerplatzen. Die Richtung ihres Abgangs ist die, aus der der Kuß zu erwarten ist. Dies ist ein Gesellschaftsspiel, auch mit ‚corriger la fortune' (durch in eine bestimmte Richtung Pusten …) Die anderen bei dieser Gelegenheit üblichen Rdaa. wurden durch den Atlas der dt. Vkde. (ADV-Frage 234a) erfaßt, sie lauten: ‚Man bekommt einen Brief'; ‚man hat Geld zu erwarten'; ‚das Wetter ändert sich'. Hat jem. an der Lippe einen Ausschlag, wird er herausfordernd oder scherzhaft gefragt: *Du hast wohl (falsch geküßt) einen falschen Kuß bekommen?* oder: *Hast du einen Pferdekuß gekriegt?* Weithin bekannt sind auch solche formelhaften Floskeln wie ‚Gruß u. Kuß Dein

Julius' oder ,ein Kuß ohne Bart ist wie eine Suppe ohne Salz', ↗Bart, ↗Gruß.
Etw. für einen Kuß u. ein Fünferle tun: aus Gefälligkeit u. Freundschaft sich mit einem symbol. Lohn zufriedengeben.
Scherzh.: ,Er (sie) ist so dürr, daß er (sie) den ↗Bock zwischen den Hörnern küssen kann'.
Das Sprw. ,Ein Küßchen (rhein. ,ein Bützchen', alem. ,e Schmützli') in Ehren, kann niemand verwehren' legitimiert einen Kuß zwischen Personen, die sich sonst nicht küssen.

Lit.: *B. Karle:* Art. ,Kuß, küssen', in: HdA. V, Sp. 841–863; *G. Grober-Glück:* Motive u. Motivationen in Rdaa. u. Meinungen (Marburg 1974), S. 307–308; *D.-R. Moser:* Art. ,Kuß', in: HRG. II, Sp. 1320–1322; Münzen in Brauch u. Aberglauben (Mainz 1982), S. 231.

Kutscher. *Das kann mein Kutscher auch:* dazu gehört nicht viel, das kann jeder, auch in der Form: *Das kann Lehmanns Kutscher auch.* Der Ausdr. ist wohl von Berlin aus durch die Wilkensche Posse ,Kläffer' volkstümlich geworden. Anderwärts sagt man auch: ,Das kann meine Tante auch'. Das Wort Kutscher steht hier in geringschätzigem Sinne, wie man beim Skatspiel eine ganze Handvoll guter Karten, die sich von selbst spielen, als den ,reinen Kutscher' und einen minderwertigen Wein, der vom Faß geschenkt wird, als ,Kutscherwein' bez., weil er nur für einen Kutscher gut genug ist.
Sich wie ein Kutscher benehmen: schlechte Manieren haben.

Kuvert. *Offenes Kuvert bei jem. haben:* von jem. jede gewünschte (finanzielle) Unterstützung erhalten; der Ausdr. ist lit. bei Immermann (,Münchhausen' 6. Buch, Kap. 3) belegt: „... und wurden in ihrer Meinung von einigen Schauspielern, Doktoren der Philosophie und von einem dimittierten Legationssekretär unterstützt, welche Personen bei ihrem Vater offenes Kuvert hatten". Es handelt sich hier wohl um eine lit. Einzelschöpfung, die sich offensichtlich als Rda. in der Volkssprache nicht niedergeschlagen hat.

K-v-Maschine. *Jem. durch die K-v-Maschine drehen:* ihn für kriegsverwendungsfähig erklären. ,K.v.' ist die militärärztliche Abk. für ,kriegsverwendungsfähig', d.i. fronttaugl. Als K-v-Maschine wird der Militärarzt bez., der alle ihm vorgestellten Männer rücksichtslos für k.v. erklärt. Von der Soldatensprache ausgegangen, hat sich der Ausdr. auch noch fortgesetzt: eine *K-v-Maschine in Zivil* ist ein Vertrauensarzt der Krankenkasse oder ein Amtsarzt (Küpper).

L

L. Der bloße Buchstabe L kommt in einer Reihe von rdal. Abkürzungen vor, die ausnahmslos erst der gegenwärtigen Umgangssprache angehören, wie *l hoch drei:* schwer von Begriff (↗Leitung); *l. L.:* lange Leitung; *l. l. L.:* lausig lange Leitung; In der Schülersprache wurde früher die Formel l^3 weiterentwickelt zu: l^3 mK l^2 = (l. l. l. m. K. l. l) *l*ausig *l*ange *L*eitung, *m*it *K*noten, *l*eider *l*ädiert. Da der Inhalt von Formeln ja bekannt ist, genügt das Herunterschnurren: ‚l^3 mK l^2'.
L wie Lynchjustiz.

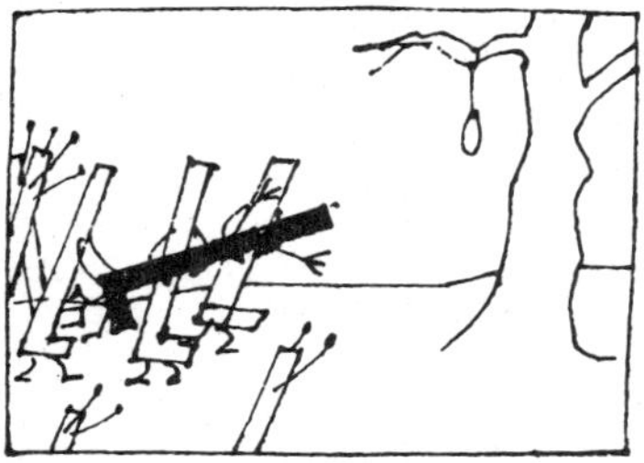

l. m. A.: leck mich im ↗Arsch; *l. b.:* leicht bekloppt oder leicht bestußt, d. h. etw. dumm.

Laban. *Langer Laban* ist bes. im Rheinl. eine verbreitete Bez. für einen langen, meist schlaffen Kerl; abfällig, aber auch humorig-freundlich gemeint. Die Herkunft des Wortes ist zeitlich und bedeutungsmäßig unklar, denn der bibl. Laban (1. Mos. 29), Sohn Nahors, Schwiegervater Jakobs, wird im A. T. nicht als lang bez. Allerdings mußte Jakob bei ihm sehr lange dienen, nämlich zweimal sieben Jahre, um Labans Tochter Rahel zur Frau zu bekommen. Es entspräche durchaus der oft alogischen Struktur volkstümlicher Redeweise, wenn Labans lange Hinhaltetaktik gegenüber Jakob ihm nun einfach adjektivisch als Eigenschaft beigelegt worden wäre. Zudem entspricht die Bez. eines bestimmten Typus durch einen bibl. Namen dem Bedürfnis volkstümlicher Ausdrucksweise – zumindest bis in die Neuzeit. Daß das Wort bis ins 16./17. Jh. zurückreicht, zeigt die in Schlesien erhaltene Form *Labander.* Es ist aber dennoch nicht sicher, ob der lautliche Anklang im Sinne des bibl. Laban zu verstehen ist oder eine Anlehnung an das schles. Städtchen Laband vorliegt. Auch ist nicht klar, ob die mögliche bibl. Deutung urspr. war oder erst nachträglich vorgenommen wurde. Auch eine volksetymol. Deutung, die der vorigen nicht widersprechen muß, kann zutreffen, nämlich für einen langen Menschen einen Namen zu finden, der an ‚lang' anklingt. Es gibt deren viele: Langer Laband (Ostpr.), L. Labommel (Pomm., Ostpr.), Lakeband (Pomm.), Labbatsch (um Elbing), L. Lampe, L. Laster, L. Latte, L. Labbes, L. Lakes, L. Lulatsch. Möglich ist auch die Abhängigkeit von dem Stamm ‚lab', der in labberig (gehaltlos, fade) und labbern (schlaff werden) steckt (↗Laffe, ↗Lappländer). Diese Deutungen brauchen einander nicht auszuschließen; sie können durchaus gemeinsam den Sinn der Rda. herstellen, ja solche Bez. entstehen oft nur unter der Bedingung der Mehrdeutbarkeit.

Neues Licht auf die Entwicklung der Rda. wirft eine Untersuchung von H. Rosenfeld: Die pomm., preuß., schles. und schlesw.-holst. Mda.-Wbb. registrieren seit 1768 das Wort vom langen, schlaksigen, ungeschickten, faulen, flegelhaften, sich herumtreibenden Laban. Dagegen engt sich das Problem der Entstehung und Deutung der Rda. auf Nord- und Ostdeutschland ein, d. h. auf Gebiete, in denen eine Jahrhunderte währende Gemeinsamkeit der Auseinandersetzung von dt. und slaw. Siedlern stattfand.

Der bisher älteste lit. Beleg spricht nicht von ‚langer Laban', sondern von ‚Labómmel' (also mit Zweitsilbenbetonung). Er findet sich bei Bogomil Goltz in ‚Ein Jugendleben, biographische Idylle' (1852), wo Labómmel einen verlotterten Jüngling bez. Der märkische Erzähler Hanns von Zobeltitz (1853–1918), Gutsbesitzersohn aus dem Kreis Sternberg, spricht in seinem Roman ‚Aus märkischer Erde' (1910, S: 14) vom Kantor als „der lange Labammel". Der nächste lit. fixierte Beleg bringt die kunstvolle Wortverbindung ‚langer Labánder'. Er findet sich in den ‚Soldatengeschichten' (Bd. 3, 1853, S. 150) von Friedrich Wilhelm Hackländer (1816–1877). Hier sagt der Feuerwerker Wortmann zu seinem Hauptmann: „Der lange Labander da, er sollte sich schämen, von einem kleinen Kerl Prügel zu erhalten". Im Milieu des preuß. Soldatentums befinden wir uns auch, wenn der Breslauer Karl Holtei (1798–1880) in einem Alterswerk diesen Ausdr. gebraucht. Beim Ausbruch des Bayer. Erbfolgekrieges zwischen Friedrich d. Gr. und Österreich, April 1778, läßt er den Helden seines ‚Christian Lammfell' (Bd. 3, 1853, S. 86) in einem Briefe schreiben, sein Freund wolle unter die Soldaten, „mich nehmen sie nicht, sagt er, ich wäre viel zu klein, ... wenn ich so ein recht langer Labander wär, müßte ich vielleicht mit, möcht ich mögen oder auch nicht".

H. Rosenfeld geht sodann der Frage nach, ob die Rda. vom ‚langen Laban' tatsächlich auf den biblischen Laban Bezug nimmt, und bezweifelt zu Recht, ob dieser im deutschen Volk je so bekannt war, daß sein Name in eine Rda. verflochten werden konnte. Man vergißt, daß im MA. niemand die Bibel lesen konnte und daß trotz der immer mehr verbilligten illustrierten Bibeldrucke die Lektüre des Alten Testaments und seiner sehr weitschweifigen Geschichten meist nur sehr begrenzt war. So kam es wohl kaum vor, daß Eltern ihre Kinder auf den Namen des bibl. Laban taufen ließen, und auch nach dem Ausweis des ‚Lexikons der christlichen Ikonographie' ist der bibl. Laban niemals in Abb. populär geworden. Nach alledem muß grundsätzlich die Möglichkeit bestritten werden, daß der bibl. Laban, eine Gestalt im Hintergrund der Geschichte des Erzvaters Jakob, jemals so bekannt und populär war, um in eine Rda. einzugehen. H. Rosenfeld sieht den Urspr. der Rda. eher im Bereich der Übernamen oder des Namenspottes: Im Polnischen steht neben dem Kollektivum lobizie ‚Stengel, Stiel, Stange' das Maskulinum lobuz ‚Schurke, Schlingel'. Im Altpreuß. gibt es labes, labasch ‚Taugenichts, Strolch' und lebas ‚fauler, lascher, träger Mensch', kaschubisch-slovinzisch labas ‚dümmlicher, ungeschickter fauler Mensch', im Russ. labaz, labazka ‚Stengel, Stock', im Pommerischen labas, lebbas, lebbda ‚dürrer, hagerer Mensch' usw. Es muß im MA. in den westslawischen Sprachen ein etwa ‚lobas' lautendes Wort für ‚Stange, Stengel, Stock' gegeben haben, das genau wie die deutschen Wörter Stange, Stengel, Bohnen- oder Hopfenstange zur figürlichen Bez. eines langen dürren Menschen wurde, da in diesen seit dem Hoch-MA. völlig eingedeutschten niederdeutschen Gebieten Deutsche und Slawen in Symbiose lebten. Wo der interpretierende Zusatz ‚lang' beibehalten wurde, konnte die alte figürliche Bedeutung für einen langen, dürren Menschen sich bis in unsere Tage erhalten. Wo das nicht der Fall war, konnte sich aus der humoristisch angehauchten Feststellung körperlicher Länge eine vorsichtige Kritik an der Körperhaltung langer Menschen, eine Schelte als ungeschickt, nachlässig, träge, faul, als Herumtreiber, Strolch und Taugenichts entwickeln. Genauso wie die Bdtg. sich wandelte, konnte die ursprüngliche sprachl. Form bei Vergessen der slawischen Sprachen dieser eingedeutschten Gebiete sich nicht halten. Sie wurde teils den unzähligen, mit dem geläufigsten slawischen Personensuffix gebildeten Wörtern auf -ahn angepaßt wie zu Labáhn oder aber Wörtern mit den slawischen Personalsuffixen -atz; -as, -ak usw. angeglichen oder an geläufige Ortsnamen wie Labénz, Labánd, Lubénz usw. angelehnt. Eine weitere Variation der Lautung dieses Übernamens oder Scheltworts brachte dann das Spiel mit der überlieferten Lautform, die lautmalend, ja lautschwelgend zu Labánner, Labánnes, Labámmel, Labómmel, Labánder, Labáster, Labátscher, labáschig, Labaúdi, Labaúter, Labochórius erweitert wurde. Wo aber sich die deutsche Anfangsbetonung durchsetzte und aus Labáhn einen Lābān oder Lābann machte, konnten durch Konsonanten- oder Vokalvariation sich Lautungen wie Lóban, Lórban, Lórbaß, Laúban usw. durchsetzen.

Dem volkstüml. ‚Langer Laban' entspricht bei Cl. v. Brentano im Märchen von dem Witzenspitzel ein Riese Labelang. Daß dieser Name ebenfalls auf volkstüml. Grundlage beruht, schließt R. Sprenger aus Brentanos Märchen vom ‚Schneider Siebentot auf einen Schlag', in dem die Schneider von Amsterdam den ‚langen Tag' aus der Judenschule holen. Es heißt dort: „Als sie durch die Straßen von Amsterdam den himmelblauen Labelang schleppten, war es helle u. die Mittagssonne trat plötzlich über dem Rathaus hervor".

Lit.: *R. Sprenger:* ‚Labelang = Langer Laban', in: Zs. f. d. U. 5 (1891), S. 276–277. *Kuckei* u. *Hunold* in: Korr.-Bl. d. ndd. Sprache 37 (1919–21). *H. Rosenfeld:* Labáhn, Labásch, Labámmel, Labánder: Von deutsch-slawischen Orts- und Familiennamen, Scherz- und Scheltnamen zur volksläufigen und literarischen Rda. vom langen Laban. Vom lebendigen Wildwuchs der Sprache, in: Aspekte der Germanistik. Festschrift für H. Fr. Rosenfeld (Göppingen 1989), S. 529–549.

Labet (betont auf der 2. Silbe) leitet sich von dem frz. ‚la bête' her, das bereits im übertr. Sinne den Spieleinsatz im Kartenspiel bedeutet, den der Verlierer zu bezahlen hat. Es erscheint im 17. Jh. auch in Dtl. Im Frz. leitet sich davon die Redewndg. ‚faire la bête' = das Lasttier machen, ausgenutzt werden ab, heute in der Bdtg. ‚sich für dumm ausgeben'. In Dtl. ist der Ausdr. zunächst auf das Kartenspiel beschränkt und erscheint in der Form *labet sein, labet gehen, labet spielen* und *labeten*. Im übertr. Sinne bedeutet labet dann träge, schlaff, unwohl, mies, lahm. Sehr verbreitet sind umg. *Sei nicht so labet!* und *Es ist mir so labet* (im Magen, Bauch, Kopf). Auch in das student. Kommersbuch ist der Ausdr. in das Lied vom ‚Krambambuli' eingegangen: „Das Spiel hat mich labet gemacht", worin man den Ausdr. sowohl als Terminus technicus des Spiels als auch schon im übertr. Sinne verstehen kann.

lachen. Bereits um 1180 ist in Dtl. die Wndg. vom *Sardonischen Lachen* (frz. ‚Rire sardonique') bekannt. Als ‚risus Sardonius' wird es schon bei Cicero genannt, der es wohl von den Griechen übernahm, denn bei Homer heißt es in der ‚Odyssee' (20,301): „Er lächelt so recht höhnisch" („μείδησε δὲ θυμῷ/σαρδάνιον μάλα τοῖον"). Das homerische Wort σαρδάνιος stammt von σαίρειν = fletschen, grinsen und hat mit Sardinien nichts zu tun, denn Homer kannte diese Insel nicht. Die irrtümliche Zurückführung des ‚Sardonischen Lachens' auf die Stelle in Homers ‚Odyssee' verdanken wir einer Verwechslung des kleinasiatischen Schriftstellers Pausanias (um 175 n. Chr.), der in seiner ‚Περιήγησις' (= Reisebeschreibung) X, 17 meint, auf der Insel Sardo wachse ein Kraut, nach dessen Genuß man unter Lachen sterbe. In der Tat gibt es auf Sardinien eine Giftpflanze (herba Sardonia), deren Genuß schnelle und zahlreiche krampfartige Zuckungen im Gesicht hervorruft. Nach dieser Wirkung dürfte das als herzlos und hämisch verstandene Lachen benannt sein. Schon Sallust hat im 2. Buch seiner ‚Historiae' die Wirkung dieses Krautes geschildert.

In der Medizin ist Sardon. Lachen eine von den Kau- u. Gesichtsmuskeln ausgehende Starre des Gesichts (risus sardonicus), wodurch dies den Ausdr. eines beginnenden Lächelns annimmt. Sardon. Lachen ist ein typ. Zeichen bei Starrkrampf.

In der Lit. ist vor allem das unbegründete Lachen mehrfach bezeugt: „Er kitzt sich und lacht, wenn er will", so heißt es 1494 in Seb. Brants ‚Narrenschiff' iron. für jem., der grundlos lacht, wohl auch nichts zu lachen hat und sich selber zum Lachen kitzeln muß. In Egenolfs ‚Sprichwörter, schöne, weise Klugreden, darinnen Teutscher und anderer Sprachen Höfflichkeit, Zier etc. begriffen ...' von 1560 wird festgestellt: „Wer sich selber kitzelt, der lacht, wenn er will". Bei Luther findet sich 1530 in seiner Sprww.-Sammlung dieselbe Wndg: „Kützel dich nicht selbst, sonst lachst du dich zu tod".

Jünger sind die Rdaa.: *sich vor Lachen biegen (krümmen):* heftig lachen und den ganzen Körper dabei bewegen, und *sich krank lachen:* bes. ausgiebig lachen, mit Lachen nicht mehr aufhören können; vgl.

frz. ‚en être malade de rire' oder ‚en mourir de rire' (sich tot lachen). Bei Joh. Fischart gibt es hingegen 1575 in der ‚Geschichtklitterung' den „Philosophen, der sich gesund lacht". Dazu das Sprw.: *Lachen ist gesund;* vgl. frz. ‚Le rire est bon pour la santé' (auch *Lachen ist die beste Medizin*), was zurückgeht auf die Wndg. *Lachen ist der Leber gesund.* Die ↗Leber wurde in früheren Zeiten als der Sitz der Gefühle und Stimmungen angesehen. 1526 ist bei Luther bereits der Ausdr. *das Lachen verbeißen* greifbar (Weimarer Ausg. 20,128).

Der Ausdr. *die lachenden Erben* geht wohl als eine Lehnübers. und Verkürzung auf Publius Syrus (1. Jh. v. Chr.) zurück: „heredis fletus sub persona risus est" = das Weinen des Erben unter der Maske des Lachens. Ähnl., aber jünger ist die Wndg. *der lachende Dritte,* der als der stille Gewinner der Auseinandersetzung zweier anderer hervorgeht. Vom *lachenden Kauf* spricht Joh. Mathesius in ‚Sarepta' 1587: „Par Geld ist lachender Kauf", d.h. wenn man bares Geld hat und bar zahlen kann, kauft man gern und günstig. Die Wndg. *ein homerisches Gelächter* ist eine Lehnübers. des 18. Jh. aus dem frz. ‚rire homérique', vorher ‚rire inextinguible' (s. ‚Mémoire de la Baronne d'Oberkirch', etwa um 1785: „on partit d'un éclat de rire homérique"). Der Ausdr. geht auf Homers ‚Odyssee' (20,346) zurück, wo von unauslöschlichem Gelächter geredet wird.

Jung sind vermutl. folgende Wndgn.: *nichts zu lachen haben;* vgl. frz. ‚ne pas avoir de quoi rire'; *das Lachen wird dir (schon noch) vergehen* (um 1900); *da lachen ja die Hühner* (ganz modern: *die ältesten Suppenhühner*), was soviel heißt wie: dies ist unzumutbar und höchst lächerlich; meist verächtlich gebraucht. Daß solche Ausdr. jedoch ziemlich zeitlos sind, beweist ein Beleg aus Abraham a Sancta Claras ‚Narren-Nest' (I,97): „Da müßte wohl eine Kuh lachen". Die Absurdität soll hier wohl mit einem absurden Bild ausgedrückt werden. *Das wäre ja gelacht* (seit 1930) i.S.v.: das wollen wir doch einmal sehen; das wäre ja noch schöner. In Manfred Hausmanns ‚Lilofee' (1958) findet sich die Wndg. „Man könnte direkt seinen Hintern verlieren vor Lachen". *Das kostet mich nur ein (müdes) Lächeln:* das (Argument) ist lächerlich, zu billig, als daß ich es ernst nehmen könnte. *Sich ins Fäustchen lachen* ↗Faust. *Sich einen Ast lachen* ↗Ast. Ähnl.: *Sich schütteln vor Lachen* u. *platzen vor Lachen.* Diese Rdaa. kennzeichnen das Lachen als einen Vorgang der Erschütterung. Das wird noch verstärkt in Ausdr. wie ‚Lachkrampf' oder ‚Lachsalve' u. – in abgeschwächter Form – wie ‚Lachtaube' als Bez. für eine Frau, die viel lacht.

Von einem Kind sagt man: ‚es hat Lachen u. Heulen in einem Säckel', d.h. es vergißt seinen Kummer sehr schnell.

‚Kitzel mich, daß ich lachen muß' (mdal.: ‚kitzel mi, dass e lache muss!'): ich kann über diesen (schlechten) Witz wirklich nicht lachen. Ähnl. auch die trockene Bemerkung auf einen dummen Scherz: ‚selten so gelacht!'

Lit.: *B. Karle:* Art. ‚Lachen', in: HdA. V, Sp. 868–884; *H. Bergson:* Le Rire (Genf 1945, dt. Übers. Meisenheim 1948); *H. Plessner:* Lachen und Weinen (Bern [3]1961); *M. Grotjahn:* Vom Sinn des Lachens (München 1974); *H. Weinrich:* Was heißt: ‚Lachen ist gesund?', in: *W. Preisendanz* u. *R. Warning (Hg.)* Das Komische (München 1976), S. 402–408. *R. Jurzik:* ‚Der Stoff des Lachens', in: Studien über Komik (Frankfurt/Main/New York 1985).

Lachs. Der weiten Verbreitung des hochwertigen Fisches entspricht auch der vielfältige Gebrauch in Redewndgn. und Sprww. Ein einfacher rdal. Vergleich ist der Ausdr. *springen wie ein (junger) Lachs* für einen körperlich wendigen und beweglichen Menschen, wobei, ganz von der Realität ausgehend, an den über Flußhindernisse hinwegspringenden, ziehenden Lachs gedacht ist. *Lachs aus der Tonne* bez. im Rheinl. scherzhaft den Hering. In Ostpr. kannte man einen Wacholderschnaps, den *Danziger Lachs,* wahrscheinl. wegen seiner rötlichen Farbe so benannt; dazu kommt aber die bes. Bekanntschaft mit dem Fisch und die lautliche Affektqualität des Wortes; vgl. Lessings ‚Minna von Barnhelm' 1763 (I,2): „... gut, sehr gut! Selbst gemacht, Herr Wirt? – Behüte! Veritabler Danziger! Echter, doppelter Lachs". In Schwaben spricht man von den Pommern als ‚Lachspommern', wohl wegen ihres Umgangs mit Fischen.

Nicht mehr direkt verständlich ist die Bez. Lachs = Prügel, Hiebe, die in Ostdtl. und Posen, aber auch im Els. verbreitet ist; so *Lachse kriegen:* Prügel beziehen, und *lachsen:* prügeln. Die Wndg. ‚Fische kriegen' könnte eine Herkunft von Lachs als Fisch nahelegen. Möglich ist aber auch eine Verbindung mit dem ahd. Wort lahan = tadeln.

Häufig ist in Ost- und Mitteldtl. der Ausdr. Lachs = Geld, der im Anschluß an das metallisch-glänzende Aussehen der Fischschuppen geprägt sein könnte. Aber auch ein Vergleich mit dem entspr. Ausdr. Flachs = Geld im Wiener Rotw. ist zu beachten. *Lachse haben:* Geld haben. *Der Lachs ist mitzunehmen:* das ist ein Vorteil, den man wahrnehmen kann. Im Kartenspiel gibt es die Wndg. *einen Lachs fangen* (oder *spielen*); auch *um einen Lachs spielen.* Lachs meint hier soviel wie Gewinn, z. B. ‚Bierlachs', und ist also mit der obigen Bdtg. als Geld und Vorteil zu vergleichen. So werden beim Skatspiel, wenn es um den Lachs geht, nur die schlechten (Minus-)Punkte aufgeschrieben; wer zuerst eine vorher festgesetzte Zahl erreicht hat, muß eine Runde oder dgl. bezahlen. Jul. Stinde erklärt den Ausdr. 1884 in ‚Familie Buchholz' (Teil I, S. 114): „Onkel Fritz hat ihn dort getroffen und sagte mir ‚Lachs fangen' bedeutet soviel als das Bier im Skat ausspielen".

Lit.: *E. Hoffmann-Krayer:* Art. ‚Lachs', in: HdA. V, Sp. 884–885.

Lack. Das Wort Lack wird in Redewndgn. in zwei entgegengesetzten Weisen gebraucht, einmal als äußerlich gutes Aussehen, das andere Mal als schadhaftes Aussehen, etwa als Fleck usw., auch als Schande und Schmach; dazu kommt ein häufiger ambivalenter Gebrauch. Mit der Sache kam das Wort im 14. Jh. nach Dtl.: ital. und mlat. lac(c)a ist urspr. der Name für eine Mückenart, lacca ilicis, die im Altind. lakša (‚hunderttausend') heißt, wegen ihres Auftretens in Schwärmen. Aus Absonderungen dieses Insektes wurde im MA. der nach ihm genannte Lack gewonnen. Mit Lack wurde gesiegelt (seit dem 16. Jh.), ferner gab man Möbeln und Gebrauchsgegenständen – und auch Damen – ein schönes, gefälliges Aussehen. In diesem Sinne wird das Wort vom 15. Jh. bis heute mehr oder weniger übertr. gebraucht. So heißt es in einem Gedicht des Barockdichters Daniel Schoppe: „Kein Florentiner Lack bemalte ihr Gesicht", was real gemeint ist. Übertr. ist die schwäb. Wndg.: Frauen, die ihre Kinder selber stillen ‚lassen (vor der Zeit) Lack', werden früher alt und häßlich. Lack als festlicher Putz findet sich in vielen (vor allem rhein.) Rdaa.: *Er ist im Lack:* er ist in festlicher Kleidung; *er schmeißt (wirft) sich in Lack:* er zieht sich festlich an. Dieser Wndg. haftet meist auch etw. Abfälliges an im Sinne des Sprw. ‚Wenn der Lack weg ist, zeigen sich die Wurmstiche' oder der Wndg. *Der Lack ist ab.* In der rdal. Formel *in Frack und Claque* (Klapphut) *und Lack* bez. Lack wohl urspr. die zum Gesellschaftsanzug gehörenden Lackschuhe. Immer haftet diesen Redewndgn., in denen Lack als Putz erscheint, etw. von Tadel an. Deutlich wird das in der Bez. *Lackaffe* für einen eingebildeten, aufgemachten Gecken, ebenso in *Lackel,* der sowohl einen Gecken als auch einen unflätigen Menschen bezeichnen kann. Bei Lackel kann noch die Bez. Lakai als volksetymol. Stütze dienen. Statt vom Lackaffen spricht man auch von einem *lackierten Affen* oder man sagt: *Er hat sich die Schnüß lackiert:* er hat sich gekkenhaft zurechtgemacht, den Mund beschmiert, aber auch: sich betrunken.

Fertig ist der Lack (↗Laube) sagt man beim Abschluß einer wohl meist nicht sehr qualitätsvollen Arbeit, die man durch einen letzten Anstrich noch zu retten sucht. Der Lackanstrich gibt einer minderwertigen Ware ein glänzendes Aussehen. Jem., der auf etw. Derartiges hereinfällt, ist der *Lackierte* oder *Gelackmeierte.* Eine erweiterte Berl. Version lautet: ‚Ich bin der lackierte Europäer'. Das Verb. ‚lackieren' ist hier unlogisch verwandt, weil ja eigentl. nicht der Betrogene, sondern die Sache lackiert wird.

Möglicherweise nicht mehr i. S. v. Lack = Firnis, sondern im Anschluß an ahd. lahan = tadeln sind folgende Wndgn. zu verstehen: *einen Lack haben:* einen Fehler haben, z. B. ‚das Pferd hat einen Lack'. *Der hat Lack an:* er ist nicht ohne Tadel; vgl. frz. ‚Il a du vernis': Er hat ein glänzendes Aussehen, aber der Schein kann trügen.

Einem einen Lack anhängen: jem. etw. Böses nachsagen; ebenso: *Lack auf einen werfen* (Rheinl.); ‚er hat Lack am Lif' (Leib), er hat ein körperliches Gebrechen (Rheinl.). Ndd. ‚Dai hiät sick en Lack makt, dat kliäwet iän titliäwens an', der hat sich einen Lack gemacht, das klebt ihm zeitlebens an. *Allerhand Lack und Plack ohne Sack* (Rheinl.): viel Mühe und Gebrechen.

Zu der Zeit, als der kleine PKW ‚Hanomag', der ‚wildgewordene Kohlenkasten', der ‚Chausseefloh', der schon auf 100 m Entfernung freundlich Tageszeit nickte, unsere Straßen bevölkerte, war über ihn eine ‚freundliche', Beschreibung im Umlauf: ‚Zwei Pfund Löcher, zwei Pfund Lack – fertig ist der Hanomag'.

Laden. *Sich an den Laden legen:* sich anstrengen, kräftig und entschlossen zu Werke gehen, etw. auf einem bestimmten Gebiet anstreben (wobei meist eine ambitiöse Absicht mitschwingt). Die Rda. ist aus dem Bereich der Handelssprache genommen und meint urspr.: sich (wie eine zur Schau ausgelegte Ware) sehen lassen, prahlen. Das Wort Laden als Verkaufsstelle ist seit dem 15. Jh. gebräuchl. So heißt es 1445 in einer Augsburger Chronik bei der Schilderung eines ungewöhnlich kalten Winters, die Bäcker „legten gantz kain brot an den laden": 1541 wird dann in der Sprww.-Sammlung von Seb. Franck die ältere Wndg. ‚sich an den Laden lassen' zum erstenmal im übertr. Sinne greifbar. 1673 meint Grimmelshausen in der ‚Prahlerei mit dem deutschen Michel', „dass es nicht jederzeit rathsamb sey, sich mit seinen frembden Sprachen an den Laden zu legen". Goethe schreibt an seinen Sohn August (Brief vom 6. Aug. 1816): „Lege dich nicht an Laden, aber sey nicht unthätig". In Gottfr. Kellers ‚Grünem Heinrich' (4. Teil, 5. Kap.) heißt es: „Ich hab' es (meinen Lohn) vom Stück, da kann man sich an den Laden legen und dem Patron die Nase lang machen". – Verwandt ist die ebenfalls alte Rda. *sich zu weit an den Laden legen:* zu offen sein, auch: sich zuviel herausnehmen. Hartmann Creidius mahnt in seinen ‚Nuptialia' (Augsburg 1652) zur Zurückhaltung: „... wollen die Männer aber selber kurzum Narren sein, und so weit an Laden sich herfürlegen, daß jeder Mann in der ganzen Stadt davon weiß zu sagen".

Im Laden liegen: sehnsüchtig (nach einem Freier) Ausschau halten. In einem Volkslied heißt es ähnl.:

Das Megdlein an dem Laden stund,
fing kleglich an zu weinen
(Ambras. Ldb. 13, 13).

Doch kann auch mit dieser Rda. die negative Bdtg. ‚sich zur Schau stellen wie feilgebotene Ware' verbunden sein.

Vom alten ‚Kramladen' her haftet dem Wort Laden heute ein verächtlicher, wertmindernder Sinn an. Das wird vor allem in jüngeren Rdaa. deutlich: *der ganze Laden:* das alles, das Ganze (geringschätzig); vgl. frz. ‚toute la boutique'. *Den Laden schmeißen:* die Sache überlegen meistern; *der Laden klappt:* die Sache nimmt einen günstigen Verlauf, das Beabsichtigte ist erreicht; *den Laden in Ordnung bringen:* die Sache regeln; *er kann seinen Laden zumachen:* er ist erledigt, er muß seine Sache aufgeben (auch in anderer als in geschäftlicher Hinsicht gebraucht); vgl. frz. ‚Il peut fermer sa boutique'.

Mach keinen Laden auf!: Rede nicht so lange!

Keinen Laden machen: Keinen Lärm, Aufruhr, Terror, kein Aufsehen verursachen.

Jem. an den Laden (an den Karren, an den Wagen) fahren: ihn rügen, ihm zu nahe treten; 20. Jh.

Den Laden vollhaben: schwer betrunken sein (wobei Laden offenbar für Magen steht); ↗trinken.

Im falschen Laden sein: sich gröblich irren.

Lit.: *An:* ‚Sich an den Laden legen': in: Muttersprache 40 (1925), Nr. 2, S. 61–62.

laden. *Auf einen geladen sein:* wütend auf ihn sein, auf jem. zornig sein. *Er ist geladen:* schwer gereizt. Das Bild ist von der geladenen Schußwaffe genommen; vgl. ‚jem. auf dem Korn haben' und ähnl. Wndgn., ↗Korn.

Schwer (schief, krumm) geladen haben: betrunken sein. Das Bild ist vom Beladen

eines Fahrzeuges oder Schiffes genommen: unter der Last der Alkoholmenge kommt der Bezechte ins Taumeln.
Einen auf den Besen laden ↗ Besen.
‚Sich etw. aufladen': eine Last, Bürde (z. B. Schulden) auf sich nehmen.

Ladenhüter. *Es ist ein Ladenhüter* sagt man von einer nicht verkauften, wegen mangelnden Käuferinteresses liegenbleibenden Ware; schweiz. heißt sie ‚Ladengaumer'; frz. (noch vor dem Dt.) ‚garde-boutique'; heute: ‚rossignol'.
Bereits 1660 ist der Ausdr. Ladenhüter bei Corvinus in der ‚Fons latina' belegt. 1673 in Christian Weises ‚Erznarr', wo ein schlecht gemaltes Bild als Ladenhüter bez. wird. Bei J. Savary (‚Der vollkommene Kauf- und Handelsmann', 1676) heißt es: „(Waren), die geringer als andere, und die entlichen wie man spricht zu Ladenhütern werden". In Kaspar Stielers ‚Der deutschen Sprache Stammbaum und Fortwachs' von 1691 wird definiert: „Ladenhüter ... merces aegre vendibilis, die man nicht an den Mann bringen kann / merces obsoletae". 1781 wird der Ausdr. in Kindlebens Studentenlexikon von Büchern gebraucht: „Ladenhüter, so nennen die Buchhändler ein Buch, welches nicht abgeht und endlich Makulatur wird". Jean Paul gebraucht im ‚Hesperus' 1795 Ladenhüter in einem weiter übertr. Sinne und spricht von „soviel Witz und Scharfsinn, (die) ganz unnütz als Ladenhüter liegenbleiben". In Ost- und Mitteldtl. ist das Sagte-Sprw. (Wellerismus) bekannt: ‚Ich mache keine Ladenhüter, sagte die Frau Pastor, die sechs Töchter hatte, als ein Freier die jüngste begehrte'.

Ladenschwengel. *Ladenschwengel* ist eine Berufsschelte, die auf einen Ladendiener oder Ladenjungen angewandt wird. Sie ist kaum vor 1792 belegt. 1809 wird der Ausdr. in Campes Wb. d. dt. Sprache, ‚pöbelhaft' genannt. Er dürfte vermutlich eine Schöpfung der Studentensprache sein, die analog zu dem bereits um 1300 bekannten ‚Galgenschwengel' gebildet wurde. Die frühere Annahme, daß es sich um eine sexuelle Pars-pro-toto-Bez. handelt (W. Porzig, Wunder der Sprache), wie Stift, Stöpsel u. a., dürfte demnach nicht die primäre Deutung sein.
Schwengel kommt von schwingen, so in Pumpenschwengel, Glockenschwengel (= Klöppel). Auch an jedem Wagen, der zweispännig fuhr, mußte ein Schwengel die Ortscheite aufnehmen, die die Zugseile zogen. Der Schwengel glich die unterschiedlichen Anzugskräfte der Pferde aus, also auch: ... schwingen, hin und her ... Ladenschwengel ist also der junge Mann, der dienstbeflissen hin- und herrennt, um den Kunden durch reiche Angebote zufriedenzustellen. Weitere Bez. der Ladendiener, die meist auf die Sticheleien zwischen Studenten und Ladenpersonal zurückgehen, sind ‚Ladenhengst' (vgl. heute auch ähnl. Bildungen wie ‚Bürohengst' usw.), dann ‚Ladenschwung' und ‚Ladenschwanz'.
Auch ‚Ladenhupfer', ‚Ladenhupser' u. ‚Ladengumper' (nördl. Freiburgs) sind gelegentlich zu hören.

Lit.: *G. Grober-Glück:* Motive u. Motivationen in Rdaa. u. Meinungen (Marburg 1974), S. 413–416.

Ladestock. *Er hat wohl einen Ladestock verschluckt* und *Er hat wohl einen Ladestock im Kreuz* sagt man von einem Menschen, der sich so steif hält, als könne er sich nicht bücken. Der Ausdr. – ein eindrucksvolles Beisp. für die groteske physiologische Vorstellungswelt der Umgangssprache – geht ins 19. Jh. zurück und stammt wohl aus der Soldatensprache, von wo er sich allg. verbreitet hat. Vgl. auch die Wndgn. ‚einen Besenstiel im Rücken haben' (↗ Besen) oder ‚ein Lineal verschluckt haben'. Schon 1471 gibt es ein ähnl. Bild für steife Haltung in dem Liederbuch der Klara Hätzlerin:

> Tregt ainer den leib uffgestrackt, man seyt:
> Im steckt ain scheytt ymm ruck,
> wo er get oder reit.

Laffe. *Ein Laffe sein:* eine einfältige Person, ein verachteter junger Mann sein, dem man nichts Vernünftiges zutraut. Das seit frühnhd. Zeit bezeugte Wort ‚laffe' = Hängelippe, Maul steht pars pro toto für den untätigen Gaffer, der mit hängender Lippe oder offenem Mund (↗ Maulaffe) dabeisteht und zusieht, wie sich andere plagen. Das Wort ist verwandt mit nhd. ‚laff' = schlaff, matt und dem ndd. ‚laps' = läppischer, dummer Kerl, auch das Wort ↗‚Affe' kann auf die Bildung dieses Scheltwortes eingewirkt haben.

Lager. *Etw. auf Lager haben:* vorrätig oder parat haben, stammt aus der Sprache des Kaufmanns, der sein Warenlager hat. vgl. frz. ‚avoir quelque chose en réserve'. Übertr. findet sich die Rda. bei Bismarck, der in einer Parlamentsrede feststellt, „daß wir einen Finanzminister nicht fertig auf Lager haben". Bei Gustav Freytag heißt es in ‚Der verlorenen Handschrift': „Da sprach aus ihnen der letzte Rest des guten Genius, den sie noch auf Lager hatten". Eine Stadt, überhaupt jede Art von Gemeinschaft, kann *in verschiedene Lager gespalten sein;* vgl. frz. ‚être divisé en plusieurs camps'.
Eine Person kann ‚in ein anderes Lager überwechseln'. Das Lager bez. hier meist nicht mehr bloß den Ort einer Partei, sondern die Partei selbst, so wie bei Luther 1. Sam 13,23 „der Philister Lager herauszog", womit also das Heer selbst gemeint ist. Freiligrath teilt die Welt in zwei Lager:

Von heute an – die Republik!
Zwei Lager nur auf Erden:
Die Freien mit dem kühnen Blick,
Die Sklaven, um den Hals den Strick.

‚Das westliche und das östliche Lager' oder ‚das neutrale Lager' sind bekannte Begriffe der politischen Ggwt. – Die Wndg. ‚Er ist ins große Lager gerückt' gebraucht man von einem Verstorbenen, der im großen Reich der Toten ist (↗zeitlich).
Die Rda. *Er hat sein Lager bei Kandelberg aufgeschlagen* ist mdal. verbreitet. Lit. findet sie sich z. B. bei Abraham a Sancta Clara und bez. einen, der oft im Bier- und Weinhaus sitzt. Der fiktive Ortsname Kandelberg ist scheinbar eine Anspielung auf eine bestimmte Lokalität und eine anekdotische Reminiszenz, bezieht sich aber nur auf die Kanne mit dem Getränk.

Laib. *Die gleichen Laibe zurückgeben:* im Bösen Gleiches mit Gleichem vergelten. Die Rda. geht wohl auf die Sitte des Brotleihens zurück: War jem. das Brot ausgegangen, so lieh man sich einige Laibe beim Nachbarn, die man nicht bezahlte, sondern am nächsten eigenen Backtag wieder zurückgab. Hatte einem der Nachbar minderwertige Brote gegeben, so konnte man es ihm nun mit den gleichen Laiben zurückgeben. Davon leitet sich auch ab: *Der gibt ihm die Laibe heim:* der wird es ihm schon zeigen; und als Drohung auf etwaige Angriffe: *Ich will dir die Laibe schon heimgeben.*

Lit.: Das Brot im Spiegel schweizerdeutscher Volkssprache und Sitte (Leipzig 1868); *M. Bringemeier:* Vom Brotbacken in füherer Zeit (Münster 1961); weitere Lit. ↗Brot.

Lameng. *Aus der Lameng:* direkt aus der Hand, ohne Besteck, ohne Anstrengung, unvorbereitet, aus dem Ärmel geschüttelt etw. verrichten oder sagen können, ohne langes Nachdenken, z. B. ‚mit der linken Hand' etw. tun. Der Ausdr. bezieht sich auf das frz. ‚la main' = die Hand. Bekannt wurde er im u. nach dem 1. Weltkrieg, als viele solche fremdsprachlichen Wndgn. in die Umgangssprache gelangten u. mit dt. Wörtern versetzt wurden. Die phonet. Schreibweise ist typisch für das Zustandekommen derartiger Sprachanleihen, ↗Hand.

Lametta. *Lametta tragen:* Orden und Ehrenzeichen sichtbar auf der Uniform tragen. Die Rda. ist eine Weiterentwicklung der schon im 1. Weltkrieg gebräuchl., iron. Wndg. ‚Christbaumschmuck tragen', die den gleichen Sachverhalt bez. Die Rda. blieb nicht auf die Soldatensprache beschränkt, sie wird heute vielfach analog der Rda. ‚Gala tragen' gebraucht (↗Gala).

Lamm. *Sich wie ein Lamm zur Schlachtbank führen lassen:* alles geduldig mit sich geschehen lassen, die höchste Strafe erleiden, ohne den Versuch einer Rechtfertigung oder Verteidigung zu unternehmen (vgl. frz. ‚se laisser conduire comme un agneau à l'abattoir'). Diese Rda. bezieht sich auf das ‚Lamm Gottes', also auf Jesus während der Passion. Bereits Jes. 53,7 steht der prophetische Hinweis auf den Tod Jesu, der die Sünde der Welt und das Leiden dafür willig auf sich genommen hat: „Da er gestraft und gemartert ward,

,Lamm Gottes' – ,Opferlamm'

tat er seinen Mund nicht auf wie ein Lamm, das zur Schlachtbank geführt wird, und wie ein Schaf, das verstummt vor seinem Scherer und seinen Mund nicht auftut". Auch die Rdaa. *eine Lammsgeduld besitzen (haben)* und *lammfromm sein* stehen mit der Vorstellung vom ,Gotteslamm' (Joh. 1,29) in Zusammenhang, die auch in der kath. Messe und in ev. Kirchenliedern begegnet. Die Wndg. *das Lamm den Wölfen befehlen:* jem. seinen ärgsten Feinden, also dem sicheren Verderben, preisgeben, geht auf eine antike Tierfabel zurück und ist bereits bei Terenz sprw. gebraucht worden: „ovem lupo committere". Vgl. die dt. Rda. gleicher Bdtg.: ,den ↗Bock zum Gärtner machen'.

Die Rda. *die Lämmer für (vor) die Hunde werfen:* Friedfertige und Unschuldige den Verleumdern und Lästerern preisgeben, stammt ebenfalls aus der Antike. Vgl. lat. ,agnos canibus obicientes'. Auf der weitverbreiteten Fabel Äsops vom ,Wolf und Lamm' beruhen die Rdaa. *Das Lamm hat dem Wolf das Wasser getrübt:* der Schwache wird beschuldigt, einen Starken beleidigt oder geschädigt zu haben, und *Das Lamm will mit dem Wolfe streiten:* der Schwache unternimmt den von vornherein nutzlosen Versuch, gegen einen in jeder Hinsicht überlegenen Gegner vorzugehen und sein Recht zu behaupten. Vgl. die lat. Wndg. ,Ne capra contra leonem!', die den gleichen Sachverhalt umschreibt, und die dt. Rda. ,kein Wässerchen trüben können', ↗Wasser.

Als Bild der Geduld steht das Lamm vor allem auch für das unschuldige junge Mädchen, wie es z.B. in Schillers Drama ,Kabale u. Liebe' (2,5) begegnet: „Vergeb's Ihnen Gott, Baron! Was hat dieses Lamm getan, daß Sie es würgen?"

,Das Lämmle hängt raus' sagt man scherzhaft in Schwaben, wenn einem Mann das Hemd aus der Hose hängt.

Lit.: *L. Herold:* Art. ,Lamm', in: HdA. V, Sp. 890–894; *M. Lurker:* Wb. bibl. Bilder u. Symbole (München 1973), S. 183–187: ,Lamm u. Widder'.

Lämmerschnee, Lämmerstag. Von *Lämmerschnee* spricht man, wenn es zugleich regnet und schneit. Solche ambivalenten Naturereignisse finden oft auch mythologische und sagenhafte Ausdeutung wie etwa der Regen bei Sonnenschein (↗Kirmes). *Lämmerstag* und *Lämmerchestag* werden (vor allem in Hessen) i.S.v. St.-Nimmerleins-Tag, also als Bez. von „nie und nimmer", gebraucht (↗Pfingsten). Der Ausdr. könnte auf eine Verkürzung der gleichbedeutenden Wndg. ,wenn die Böcke lammen' zurückgehen.

Ähnl. auch die südwestdt. Rda. ,zahle am Lämmerlestag, wenn die Eulen bocken', d.h. niemals.

Lämmerschwänzchen. *Gebratene Lämmerschwänzchen* (,mit eingelegten Kellertreppen') ist die scherzhafte Antwort auf die neugierige Frage, was es zu essen gebe; vor allem in Ost- und Mitteldtl. verbreitet. In Schwaben heißt es ,Pastetle und Lämmerschwänzle'. In Ostfriesland sagt man: ,De Tung geit em as 'n Lämmerstert', ihm geht die Zunge sehr schnell, er ist ein Schwätzer.

Das Herz hüpft (klopft) wie ein Lämmerschwänzchen: das Herz klopft schnell und unruhig vor Erwartung oder Freude. Rachel hat in seinen ,Satirischen Gedichten' (VI,425) die Rda. bis auf die fehlende Verkleinerung genauso: „das Herz klopft wie ein Lämmerschwanz", während Abel

(‚Satirische Gedichte', S. 212) ein Kälberschwänzlein einsetzt, das sich ebenfalls durch unablässiges Wippen auszeichnet, und auch Simplicissimus (II,6) sagt: „das Herz hüpfte mir gleichsam vor Freuden wie ein Kälberschwänzlein", ↗Schwanz. Im Grimmschen Märchen ‚Das tapfere Schneiderlein' (KHM. 20) heißt es: „Und sein Herz wackelte ihm vor Freude wie ein Lämmerschwänzchen".

H. Rölleke fand heraus, daß sich in den ‚Erznarren' von Christian Weise (1673) eine fast wörtl. Vorlage für diese sprw. Rda. findet: „dem guten mensch wackelte das herz vor freuden wie ein lämmerschwänzchen".

Auch vor Angst und Aufregung kann jem. *zittern wie ein Lämmerschwänzchen.* Der Feigling und Unentschlossene wird denn auch einfach ‚Lämmerschwanz(chen)' genannt, das auch an ‚Schlapp- oder Lappschwanz' anklingen mag. In Hessen sagt man von einem sehr vergeßlichen Menschen: ‚Der hat Gedanken wie ein Lämmerschwanz', d.h. die Gedanken wechseln bei ihm so schnell wie das Wackeln des Lämmerschwanzes, oder sie sind so kurz wie der Lämmerschwanz. Von einem reglosen Menschen oder Tier sagt man iron.: *Der regt sich wie ein toter Lämmerschwanz.*

Eine bair.-österr. Wndg. lautet: ‚Zittern wie a Lampelschwaf'. Sie begegnet schon Anf. des 18. Jh. in den ‚Teutschen Arien', Bd. 1, S. 320:

> Es wimmelt wie ein Ameiß-Häufl,
> Es zittert wie ein Lämpfl-Schweifl.

Lit.: *L. Schmidt:* Sprw. dt. Redensarten, in: Österr. Zs. f. Vkde., N.S. 28 (1974), S. 108; *H. Rölleke (Hg.):* ‚Rdaa. des Volks, auf die ich immer horche'. (Sprichwörterforschung Bd. 11, hg. v. W. Mieder), (Bern, Frankfurt/Main, N.Y., Paris 1988).

Lampe. *Einen auf die Lampe gießen (schütten):* ein Glas Alkohol (Schnaps) trinken; auch in den Mdaa., z.B. rhein. ‚änen of de Laterne schidden'. vgl. frz. ‚s'en mettre plein la lampe': unmäßig trinken und essen. Das Bild stammt nicht von der Öllampe, sondern geht auf frz. ‚lamper' = übermäßig, in kräftigen Zügen trinken, zurück. Den Säufer kennzeichnet oft eine dicke (glüh)rote Nase, ein ‚Lötkolben', ‚eine rote Lampe'. Sie muß – und der Gedanke mag zur Entstehung der Rda. beigetragen haben – wie die ‚ewigen Lampen' in der Kirche von Zeit zu Zeit ‚Öl' erhalten, nachgefüllt werden.

Das Lebenslicht erscheint auch als Lampe, entspr. dem Schlagerlied:

> Freut Euch des Lebens,
> Weil noch das Lämpchen glüht.

(Gesellschaftslied v.M. Usteri, 1796). Durch Alkohol verlängert man die Brenndauer. Entspr. *zuviel auf die Lampe gegossen haben* und *einen auf der Lampe haben:* betrunken sein. Das Bild findet sich schon im 12. Jh. in der Beichte des Archipoeta: „Poculis accenditur animi lucerna", was G. A. Bürger 1777 übersetzt mit: „Echter Wein ist echtes Öl zur Verstandeslampe".

Die Arbeit riecht nach der Lampe: sie verrät durch ihre anmutlose Form das nächtliche Studium, d.h., sie zeugt mehr von Fleiß und verbissenem Ehrgeiz als von wirklicher Begabung und genialem Schwung. Die Rda., die man heute meist auf lit. Arbeiten bezieht, wurde zuerst von dem griech. Redner Pythéas (um 330 v.Chr.) auf die Reden des ihm verhaßten Demosthenes (384–322 v. Chr.) angewendet, von denen er behauptete, daß sie „nach den Lampendochten röchen", bei denen er gearbeitet hätte (Büchmann), ↗Docht, ↗Licht, ↗Lebenslicht.

Lit.: *A. Haberlandt:* Art. ‚Lampe', in: HdA. V, Sp. 894–895; *J. Jeremias:* ‚Die Lampe unter dem Scheffel', in: Zs. f. Neutestamentl. Wissenschaft u. die Kunde der älteren Kirche 39 (1940), S. 237–240; *P. H. Niebyl:* ‚Old Age, Fever, and the Lamp Metaphor', in: Journal of the History of Medicine and Allied Sciences 26 (1971), S. 351–368; *M. Lurker:* Wb. bibl. Bilder u. Symbole, Art. ‚Lampe u. Leuchter' (München 1973), S. 187–189.

Lampenfieber. *Lampenfieber haben (bekommen):* sich in Aufregung vor einem Bühnenauftritt befinden u. dabei voller Erwartung des möglichen Erfolgs oder Mißerfolgs sein. Die Bdtg. der Rda. hat sich erweitert auf: Angst vor dem (ersten) öffentlichen Auftreten, vor einer Prüfung, einer Klassenarbeit, einem Vorstellungsgespräch usw. Der Ausdr. ‚Lampenfieber' ist seit dem 19. Jh. belegt u. entstammt dem Bühnenjargon. Er bezieht sich auf die an der ↗Rampe angebrachte Bühnenbeleuchtung, das Rampenlicht. Vgl. frz. ‚fièvre de la rampe' (Rampenfieber), das vielleicht auf unseren Ausdr. eingewirkt hat. Älter ist der Begriff ‚Kanonenfieber' für die Erregung des Soldaten vor dem ersten Fronteinsatz, vor einer alles entscheidenden Schlacht.

Lit.: ↗ Angst.

Land. *Land sehen:* dem Ziele nahe sein, Aussicht haben, mit einer Sache zu Ende zu kommen. Die Rda. stammt von der Seefahrt. Klaus Groth (1819–99) schreibt in seiner Gedichtsammlung ‚Quickborn' (Ges. W. I, 48): „Geld muss sin Vetter em gebn, sunst kunn he op Scholen keen Land sehn".

Land gewinnen: festen Grund unter seinen Füßen spüren, Zeit gewinnen und neue Kraft schöpfen können, größeren Raum und damit günstigere Bedingungen zu seiner Verteidigung erhalten. Die Rda. wird häufig als Drohrede angewandt: ‚Sieh zu, daß du Land gewinnst!', mach schnell, daß du wegkommst'.

Etw. an(s) Land ziehen: eine Eroberung machen, einen Vorteil bei Handel oder Spiel gewinnen, auch: sich etw. unrechtmäßig unter dem Schein des Rechts aneignen. Die Rda. steht in Zusammenhang mit dem Strandrecht. Nach ihm standen alle Güter, die nach einem Schiffbruch vom Meer ans Land gespült wurden, den Strandbewohnern zu. Diese halfen dem Zufall oft noch etw. nach und zogen vorbeitreibende Gegenstände an Land. In einigen Strandkirchen wurde Gott sogar um einen ‚gesegneten' Strand angefleht, d.h. er wurde wegen der zu erwartenden Beute um den Untergang recht vieler Schiffe gebeten.

Das kann das Land (auch *die Welt*) *nicht kosten:* es wird nicht so teuer zu stehen kommen. vgl. frz. ‚Cela ne coûtera pas un monde' (Das wird die Welt nicht kosten).

In Holst. sagt man iron. von einem, der übel ankommt: ‚He kumt int gelobte Land', vielleicht in Erinnerung an den oft üblen Ausgang der Kreuzzüge.

Entspr. heißt es in einem Gedicht von Fr. Rückert: „Bleibet im Lande und nähret euch redlich", das vor der Auswanderung nach Amerika zu warnen versucht u. auf Psalm 37,3 beruht.

Die Wndg. von Amerika, als dem ‚Land der unbegrenzten Möglichkeiten' geht zurück auf den Bankier Ludwig Max Goldberger, der sie erstmals 1902 in der populären Zeitschrift ‚Die Woche' verwendete.

Aus der Seemannssprache stammen Wndgn. wie ‚Land in Sicht' oder ‚Land unter'.

Land u. Leute kennen lernen (wollen) wird meist gebraucht als Erweiterung zu Rdaa. wie ‚verreisen', ‚in die Fremde gehen'. Es handelt sich um eine Zwillingsformel, die bereits seit dem 12. Jh. in der Formel ‚liute unde lant' bezeugt ist u. seit dem späten MA. aus der Sprache des Rechts nicht mehr wegzudenken ist. „In dem Maße, wie mit der entstehenden Landesherrschaft die Bez. ‚lant' auch die Bdtg. von Territorium erlangen konnte, wurde die Formel ‚liute unde lant' mit dem Begriff ‚Herrschaft' über ein Land verbunden." Das kommt auch z. Ausdr. im alten Rechtssprw.: ‚Mit Recht u. Gericht erhält man Land u. Leute. Wo Recht u. Sitte wenden, da wendet auch der Herr mit Land u. Leuten'.

Lit.: *J. Cornelissen:* ‚Vreemde Landen en Volken in den Volkshumor en de Spreekwoordentaal', in: Volkskunde 32 (1927), S. 25–35, 73–89, 126–148; 33 (1928), S. 3–26, 76–91; *A. Höch:* ‚Land u. Leute', in: Schweiz. Volkskunde 60 (1970), S. 11–13; *R. Schmidt-Wiegand:* Art. ‚Land u. Leute', in: HRG. II, Sp. 1361–1363; *O. G. Sverrisdottir:* Land in Sicht (Frankfurt/M. 1987), S. 189–191.

Landesvater. *Den Landesvater singen:* das rituelle Singen des feierlichen Liedes ‚Alles schweige, jeder neige ernsten Tönen nun sein Ohr' wird als Studentenlied bei festlichen Kommersen gesungen, wobei die Mützen der Studenten mit dem Schläger durchbohrt wurden. Die Löcher werden später von den Couleurdamen bestickt. Das ‚Stechen eines Landesvaters' ist ein waffenstudentischer Brauch. Aus der Ehrung des Seniors der Verbindung entwickelte sich eine Huldigung an den Landesfürsten.

Sowohl dieser Brauch selbst wie auch das Lied wird ‚Landesvater' genannt, weil es zur Melodie eines älteren Liedes gedichtet wurde, das mit den Worten begann: ‚Landesvater, Schutz und Rater'.

Lit.: *Th. Gantner (Hg.):* Couleurstudenten in der Schweiz. Ausstellung des Schweiz. Museums für Vkde. (Basel 1979/80).

Landfrieden. *Dem (Land)frieden nicht trauen:* einen Zustand nicht für ganz sicher, nicht für gefahrlos halten, obwohl es so scheint. Im späten Mittelalter war der Friede oft durch Fehden bedroht oder gestört. Die Kaiser erließen dagegen seit dem 11. Jh. ‚Gottesfrieden' für bestimmte Tage der Woche, später meist ‚Landfrieden' für größere Teile des Reiches. Aber Heer und Polizei waren nicht genügend ausgebildet, um für diesen Landfrieden völlig sichere Gewähr zu leisten; daher die Rda., die freilich in übertr. Sinne erst im 18. Jh. belegt ist. Älter bezeugt ist die Wndg. ‚dem Geleit nicht trauen': zum Schutz gegen Überfälle bedienten sich reisende Kauf- und Privatleute des Geleites, einer Art berittener Polizei. In Rollenhagens ‚Froschmeuseler', einem episch-didaktischen Gedicht von 1595 (Aa 8 b), warnt der alte Sperling seine Jungen:

Spür ich an einem dicken Strauch,
Daß sich herauswindet der Rauch,
Als wenn ein Feur darunter wär,
So trau ich dem Geleit nicht mehr.

Lit.: *E. Kaufmann:* Art. ‚Landfrieden' (I), in: HRG. II, Sp. 1451–1465.

Landgraf. Die Aufforderung *Landgraf, werde hart!* gilt als Ermahnung an einen allzu milden Vorgesetzten oder an eine Regierung, strenger gegen Unrecht und Mißstände vorzugehen. Sie geht zurück auf eine von Joh. Rothe 1683 in der ‚Düringischen Chronik' berichtete Sage, nach welcher der Landgraf Ludwig von Thüringen (1140–72) anfänglich so milde geherrscht haben soll, daß die Mächtigen im Lande übermütig wurden und das Volk ausbeuteten und in jeder Weise quälten. Auf einer Jagd habe sich der Landgraf verirrt und schließlich bei dem Schmied von Ruhla im Thüringer Wald Unterkunft gefunden. Der Schmied, der ihn nicht erkannte, habe, während er nachts emsig auf den Amboß schlug, auf die Lässigkeit des Grafen geflucht und gerufen: „Nun werde hart". Unter dem Eindruck dieses Erlebnisses soll Ludwig alsbald für Zucht und Ordnung im Lande gesorgt haben. Die heute übliche Form ‚Landgraf, werde hart!' stammt aus Wilhelm Gerhards (1780–1858) Gedicht ‚Der Edelacker' (‚Gedichte', 1826, II, 24), das zum ersten Male 1817 unter dem Titel ‚Der Acker der Edlen' erschien. Die Brüder Grimm haben die Sage von Rothe übernommen und in ihren ‚Deutschen Sagen' unter der Nr. 556 veröffentlicht. Sagen ähnl. Inhalts gibt es mehrfach, so z. B. von Gauffredus und dem Köhler (Joannis monachi Historia Gauffredi, Paris 1610, S. 26–29).

ländlich. *Ländlich, sittlich:* urspr.: was in einem guten Lande üblich ist, gehört zur guten Sitte; als sprw. Wndg. am frühesten im 16. Jh. in Schwaben bezeugt und seit dem Ende des 17. Jh. von den Wbb. verzeichnet; in neuerer Zeit meist scherzhaft gesagt von dörflichen Zuständen, wobei ‚ländlich' im Gegensatz zu ‚städtisch' steht; deshalb auch in der iron. Reimform ‚ländlich, schändlich'.

Landluft. *Landluft genießen:* iron. für: sich schminken (gegenwärtige Umgangssprache). Entspr. wird Schminke, Sonnenbräune vortäuschende Kosmetik bez. als ‚Landluft aus dem Döschen'. Geschminkt sieht man so aus, als käme man aus der Sommerfrische (Küpper.). Mit der Wndg. ‚Es riecht nach gesunder Landluft' ironisiert man oft penetranten Stall-, Jauche- oder Güllengeruch.

Landplage. *Sich zur Landplage entwikkeln:* sich zu einem Unheil auswachsen, das alle ohne Unterschied trifft. Die Rda. bezieht sich auf 2. Mos. Kap. 7–12, wo von den 10 Plagen über Ägyptenland berichtet wird. Es sind die Strafen Gottes, weil der Pharao die Israeliten nicht aus Ägypten ziehen lassen will. Die durch Moses und Aaron angekündigten und bei einem Sinneswandel des Pharao noch abwendbaren Plagen sind: 1. Verwandlung des Wassers in Blut, 2. Die Frösche, 3. Stechmücken, 4. Ungeziefer, 5. Pestilenz unter dem Vieh, 6. Schwarze Blattern, 7. Hagel, 8. Heuschrecken, 9. Finsternis u. 10. Erwürgung der Erstgeburt. Erst nach der letzten und schwersten Plage drängt das leidgeprüfte ägyptische Volk selbst die Israeliten zum Auszug.
In übertr. Bdtg. heißt es auch: *Jem. (etw.) ist eine (wahre) Landplage:* er (es) ist beinahe unerträglich (verheerend).

Landsknecht. *Fluchen wie ein Landsknecht:* tüchtig, unaufhörlich fluchen; vgl. frz. ‚jurer comme un charretier' (fluchen wie ein Kutscher).

Der Begriff ‚Landsknecht' ist seit dem ausgehenden 15. Jh. bezeugt. Er steht für den vom Kaiser (urspr. Kaiser Maximilian I.) im kaiserl. Land angeworbenen Söldner (im Gegensatz zu den Schweizern, mit denen die Landsknechte in sprw. Feindschaft standen, wie es u.a. auch in der ‚Zimmerischen Chronik' (3,35,3) bezeugt ist.

Später ist der Ausdr. zu ‚Lanzknecht' umgedeutet worden, was fälschlicherweise auf die Bewaffnung der Söldner zurückgeführt wird. Daß es sich hierbei freilich um eine andere Herkunft handeln muß, geht sowohl aus der Schreibweise der ‚Zimmerischen Chronik' als auch der in anderen lit. Zeugnissen hervor, so u.a. aus einem Beleg von Joh. Lenz (ab 1494 Schulmeister in Freiburg/Üchtland), der in seinem ‚Schwabenkrieg' (hg. v. H.v. Dieszbach, Zürich 1848, S. 26) folgendes berichtet:

> das ein nam ist uff komen,
> der heist lantzknecht zu land,
> als Maximilian lag im Nyderland,
> kriegt umb die land so verlorn
> er hett ee er kung was erkorn,
> da wurden all kriegslut slecht
> genant die fryen landsknecht,
> us genomen die eidgenossen
> solt man Swytzer bliben lassen,
> wolten kein Swytzer haben
> by in dieselben kriegsknaben,
> meinten besser zu sin zur zit,
> dann die eidgenossen zum strit.

Die Landsknechte wurden zwar häufig als ‚fromme Landsknechte' bez., doch bedeutet dieses Beiwort hier soviel wie: tüchtig, tapfer. Aber schon Seb. Franck klagte: „Gots lestern, huoren, spilen, mörden, brennen, rauben, witwen und weisen machen, ist ir gemein handwerk und höchste kurzweil. Wer hierin küen und keck ist, der ist der best und ein freier landsknecht".

Hans Sachs erzählt in seinem Schwank von ‚Sankt Peter mit den Landsknechten' von neun Landsknechten, die an die Himmelspforte kommen und vergebens Einlaß begehren, so daß sie anfangen zu fluchen: „Marter, Leiden und Sacrament", was St. Peter für geistliche Reden hält. Als Rda. bucht die Wndg. „Er flucht als ein Lands-Knecht" 1741 J. L. Frisch (Teutsch-Lateinisches Wörterb. I, 572a); er verzeichnet auch den Ausdr.: „Von einer allzufreyen Weibs-Persohn sagt man: Sie ist ein rechter Lands-Knecht". In B.v. Münchhausens Ballade ‚Alte Landsknechte im Himmel' (1900) heißt es von den wenigen in die ewige Seligkeit aufgenommenen Landsknechten:

> Und wenn gar einer mal fluchen will:
> „Potz Tod und Teufel und Frundsberger Drill!"
> Geht's ihm nicht aus dem Mund heraus,
> Wird gleich ein Halleluja draus!

Lanze. *Mit jem. eine Lanze brechen:* sich mit jem. in einen Streit einlassen, streiten; vgl. frz. ‚rompre une lance avec quelqu'un'.

Für jem. (etw.) eine Lanze einlegen (brechen): für jem. (etw.) sich mit Wort oder Tat einsetzen, ihn (es) verteidigen (ebenso: ‚ein gutes Wort einlegen'); vgl. frz. ‚rompre une lance pour quelqu'un' oder besser: ‚... pour quelque chose'. Der Ausdr. knüpft an Realvorstellungen aus dem ma. Turnierwesen an. Das Wort Lanze kommt aber erst um 1200 als Lehnwort aus dem Frz. ins Dt. Erst bei Fischart ist der Ausdr. ‚eine Lanze einlegen' bezeugt, und im übertr. Sinne ist die Redewndg. erst seit der 2. H. des 18. Jh. gebräuchl. Bei dem Ostfranken Wirnt von Grafenberg heißt es zwar schon 1204 im ‚Wigalois': „(er) valte (brach) da sîn lanze"; und im ‚Titurel' Wolframs wird vom ‚lanzenkrach' gesprochen. Sonst aber heißt es im Mhd. stets ‚sper' oder ‚spiesse brechen', und ‚diu sper under die arme slahen', der Technik des Speerhaltens beim Turnier entspr.: die Lanze wurde zwischen den rechten Oberarm und die rechte Brust eingelegt; am Brustpanzer war mitunter sogar ein besonderer Haken befestigt, der die Waffe tragen half.

Die Wndg. *die ersten Lanzen werfen,* die in lat. Form bei Erasmus von Rotterdam belegt ist (‚primas iactare hastas'), ist eine Art Terminus technicus der antiken Rhetorik und meint die ersten schlagkräftigen und gezielten Pointen und Argumente, die der Redner erst nach gemäßigtem Beginn anbringt.

Mit silbernen Lanzen zu fechten wird Philipp von Mazedonien von dem Orakel des pythischen Apoll auf die Frage nach seinen Siegeschancen geraten, d.h. dem König wird im Bilde nahegelegt, das Mittel der Bestechung und des Verrates anzuwenden. So ist auch für die korrupte Rechtspflege des 17. Jh. das Sprw. gebräuchl.: ‚Mit goldener Lanze hebt man den Stärksten aus dem Sattel'.

Lit.: *A. Erler:* Art. ‚Lanze', in: HRG. II, Sp. 1620–1622.

Lappen. *Durch die Lappen gehen:* entwischen, entgehen, entkommen; eigentl.: die Absperrung durchbrechen. Diese Rda. stammt aus der Jägersprache, aus der so manche Rdaa. hergeleitet werden können (vgl. Busch, Garn, Latein, Leim; etwa auch ‚durch die Latten gehen'). Um das Wild am Ausbrechen aus dem Jagdrevier zu hindern, wurden auf Treibjagden bunte Zeuglappen zwischen den Bäumen aufgehängt, vor denen die Tiere zurückscheuten. Dennoch brach das Wild gelegentlich aus und ging dann ‚durch die Lappen'. Lappen als Schrecktücher zum Umstellen des Wildes erwähnt bereits 1579 M. Sebiz (‚Feldbau' S. 563): „Zum Betrug (des Wildes) gehören Garn und Netze, und die man zum Gewild gebraucht, nendt man auf weidmännisch Wildseil, Wildgarn ... Wehrtücher oder Lappen". Im Jagdbuch von H. F. v. Göchhausen 1741 werden die Vorkehrungen beschrieben, um „sich das Wild zuzulappen". Im übertr., auf Menschen bezogenen Sinne wird die Rda. erst seit dem

‚Durch die Lappen gehen'

18. Jh. gebraucht. Bei Wilhelm Raabe findet sie sich z.B. in ‚Prinzessin Fisch' (Kap. 11): „... als ich Eltern, Geschwistern ... durch die Lappen ging".

Ein neues Kleid mit einem alten Lappen flicken (und umgekehrt) sagt man, wenn zwei nicht zusammenpassende Dinge unsinnigerweise miteinander verbunden werden. Die Rda. bezieht sich auf das bibl. Gleichnis bei Luk. 5,36: „Niemand flickt einen Lappen von einem neuen Kleid auf ein altes Kleid; sonst zerreißt er auch das neue, und der Lappen von dem neuen paßt nicht zu dem alten".

Den Lappen neben das Loch setzen: etw. ungeschickt anfassen. *Am Lappen halten* ist seit 1554 belegt und heißt soviel wie sparen, sogar an minderwertigen Lappen festhalten.

Sich auf die Lappen machen: sich auf den Weg machen, sich entfernen (ebenso ‚sich auf die Socken machen'). Mit den Lappen sind hier die Fußlappen gemeint, mit denen man den Fuß umwickelte.

Aus den Lappen in die Plunnen: vom ↗Regen in die Traufe (Braunschweig).

Lappen als Schelte ist sehr früh gebräuchl. Abraham a Sancta Clara weiß folgendes zu erzählen: „Ein Frauenzimmer ... hat dem guten Alten etlichmal eine Labetkarten ums Maul geschlagen, und ist wohl viel, daß dem armen Lappen die Nasen nit geblutet". Im 16. Jh. wurde in Basel sündhaften Männern und Frauen der ‚Schandlappen' umgehängt. So wird bei Hans Sachs die Wndg. *jem. einen Schandlappen ↗anhängen* gebraucht i.S.v.: jem. die Ehre abschneiden. Mdal. sind im Rheinl. die Schelten ‚Trauerlappen' und ‚Schmachtlappen' bekannt. Die mdal. verschieden gebrauchte Wndg. ‚Lappländer' soll einen bald liederlichen, auch wunderlich gekleideten, bald auch einen ungeschickten Menschen bezeichnen (vgl. Lappsack, Lappschwanz, Lapphannes, Laban usw.). Es handelt sich hier wohl um einen geographischen Wortwitz, in dem die Tendenz sichtbar wird, für einen bestimmten Typ die Festlegung in der Nation zu finden. Dabei dienen der lautliche Anklang und die Struktur des Wortes als Länder- und Herkunftsname zur Herstellung des Ausdr. Ähnl. sagt man von einem läppischen Menschen: *Er ist von Lappenhausen.* Schon 1453 wird im ‚Ring' des Heinrich Wittenweiler das Dorf Lappenhausen genannt, und auch Hans Sachs schließt an diese sprechende Ortsbez. an:

Pey Rappersweil im Schweizerland
Da ligt ein Dorff gar weit erkand,
Das man zu Lappenhausen nennt,
Darin gar leppisch Pauern sent.

Lappen kann auch für ‚Ohrlappen' stehen; daher *einem ein paar hinter die Lappen geben:* ihm ein paar Ohrfeigen versetzen (ndd. ‚up de Lappen geben').
‚Die paar Lappen' heißt es am Niederrh. verächtlich für einige wenige Geldscheine von geringem Wert.
‚Jedem Lappen gefällt sein Kappen': Das Sprw. ist schon Anf. 18. Jh. in den ‚Teutschen Arien' (S. 304) bezeugt.
Eine österr. Rda. bezieht sich dagegen auf einen einfältigen harmlosen Menschen: ‚Armer Lapp, b'halt nur dei närrische Kapp'. Ähnl. auch die jüngere Bez. ‚Jammerlappen' für jem., der sich oft u. laut beklagt.

Lit.: *G. Jungbauer:* Art. ‚Lappen', in: HdA. V, Sp. 905–908; *H. Rausch:* ‚Durch die Lappen gehen', in: Der Sprachfreund 4 (1955), Nr. 4; *L. Röhrich* u. *G. Meinel:* Rdaa. aus dem Bereich der Jagd und der Vogelstellerei, S. 319; *L. Schmidt:* Sprw. dt. Rdaa., in: Oesterr. Zs. f. Vkde., N.S. 28 (1974), S. 108–109.

läppern. *Es läppert sich zusammen:* aus vielen kleinen Beträgen ergibt sich eine beachtliche Summe; bei der Rda. ist an ↗Lappen, also an kleine Stoffstückchen, zu denken, aus denen etw. Größeres zusammengeflickt werden kann. Das Wort ‚Lappen' nimmt spätestens im 18. Jh. die Bdtg. einer wertlosen Kleinigkeit an, in Dtl. wurde es bes. z. Zt. der Inflation auch zur Bez. des Papiergeldes gebraucht.

Larifari. Leeres Gerede (meist auch in der Absicht, jem. etw. vorzumachen). Das Wort steht in Wndgn. wie *Das ist doch Larifari,* oder *mach kein Larifari.* Im Schwäb. kennt man die Rda. ‚Es ist Larifari wie des Weberwiblis Habermus'. Solche lautmalenden Wortbildungen sind im Bereich des Spielerisch-Sinnlosen durchaus geläufig (vgl. lirum-larum, Brimborium, Klimbim, papperlapapp, Schlendrian usw.). Wahrscheinlicher ist aber die Herkunft aus der musikalischen Technik. In der ital. Solmisation sind la-re-fa Tonbez. Trällernde Gesangstöne werden in alten Volksliedaufzeichnungen mit lōri fā angedeutet, eine Messe im 15. Jh. mit La re fa re. Hier ist schon die Form erreicht, die in Wien 1719 als ‚leeres Geschwätz' fest geworden erscheint. Abraham a Sancta Clara reimt: „Ein Wax ist die Welt, man truck darein, was man will, so ists doch nichts als Lari fari und Kinderspiel". Seit dem Ende des 18. Jh. trägt der Hanswurst in Wien auch den Namen Larifari.
‚Eine Larifari-Einstellung haben': mangelndes Interesse an den Tag legen, die Dinge recht oberflächlich betrachten.

Lit.: Zs. f. dt. Wortf. 2, S. 23; *Göhring,* Nr. 219, S. 124; *Schulz-Basler:* Fremdwb. (1942), 2,9; *Kluge:* Etymol. Wb., S. 423.

Lärm. *Lärm schlagen:* die Leute auf etw. aufmerksam machen (oft mit einer abwertenden Note i.S.v.: künstlich aufregen). Die Wndg. geht auf einen militärischen Terminus technicus zurück und bewahrt die urspr. Bdtg. von Lärm, womit eigentl. ‚Alarm', d.h. der Ruf zu den Waffen, ital. all'arma, frz. à l'arme, gemeint ist (frühnhd. larman, lerman). Es war vor allem in den Kriegen des 16. und 17. Jh. die Wndg., mit der man zu den Waffen rief. Hans Sachs dichtet:

Josua kompt mit sein Volk und schreyn:
Lerman, Lerman, dran, dran, dran!
In Gottes Namen greif wir an.

1558 heißt es bei Lindener im ‚Katzipori' schon im übertr. Sinn: „Und hebt der Pfaff noch den selbigen Tag ein Lerman an".
Bes. häufig sind rdal. Vergleiche mit Lärm, z.B. ‚ein Lärm wie auf dem poln. Reichstag', ‚lärmen wie die Gänse auf dem Kapitol', ‚wie die Berserker', ‚wie die Wilden', ‚er macht mehr Lärm als ein Kesselschmied'. Der rdal. Vergleich ‚lärmen wie die Schweidnitzer Büchse' geht auf einen chronikalischen Bericht von 1488 über eine Schweidnitzer Kanone zurück, die von 43 Pferden gezogen worden sein und 3 Zentner schwere Kugeln verschossen haben soll.
Im Sinne des Nichterfülltwerdens bedeutender Ankündigungen oder der Unangemessenheit zwischen Aufwand und

Ergebnis werden folgende Redewndgn. gebraucht: ‚Viel Lärm um nichts' (Shakespeares Komödientitel; vgl. Plautus: ‚verba sine penu et pecunia' = Worte ohne Nährwert und Geld). In der Oberlausitz sagt man: ‚Viel Lärm und keine Hochzeit' (vgl. ‚viel ↗Geschrei und wenig Wolle'). ‚Sie macht einen Lärm wie die Henne vor Tage'; ‚er lärmt wie die Frösche im Winter' (nämlich gar nicht); ähnl.: ‚er lärmt wie ein Dieb im Pferdestall', ‚als wenn die Katze ein Ei legt'.

‚Lärmmühle' oder ‚Lärmkulisse' sind neue Bez. eines sehr lauten Motorrades oder einer ohrenbetäubenden Veranstaltung.

Lit.: *A. Perkmann:* Art. ‚Lärm', in: HdA. V, Sp. 914–917.

Larve. *Einem die Larve (Maske) abreißen (abziehen)* oder *vom Gesicht reißen:* ihn in seiner wahren Gestalt zeigen, ‚entlarven', seine Absichten enthüllen; vgl. frz. ‚arracher le masque à quelqu'un'. Eine ähnl. Wndg. findet sich schon bei Luther: „Habe ich wollen die Larven anzeigen, die Herzog George aufgesetzt hat, damit sie die Mummerei kennen". Schon die Römer haben diese Wndg. in übertr. Sinne gebraucht: ‚personam detrahere capiti' (Martial 3, 43,4). Joh. Georg Forster verwendet 1791 in seinen ‚Ansichten vom Niederrhein' die Ausdr. „hinter der Larve der Demokratie versteckt" und „hinter der bedeutsamen Larve ein Schafsgesicht verstecken", was an die lat. Wndg. ‚pulchra larva cerebrum non habens' (= ein schönes Gesicht ohne Verstand) erinnert. Schiller sagt in der ‚Macht des Gesanges': „Des Jubels nichtiges Getöse verstummt und jede Maske fällt", in den ‚Räubern' heißt es: „Er ist's trutz seiner Larv". Grillparzer schreibt: „Ich würde unbedachtsam kühn die schöne Larve vom Gesichte reißen". Hölderlin spricht im ‚Hyperion' von „dem Kriege, den man unter der Larve des Friedens führt".

Im 17. Jh. schon wandelt sich Larve auch zur Bez. des Trägers; in Schwaben sagt man: ‚Die hat eine schöne Larv', und meint damit das Gesicht eines Mädchens; das Mädchen bez. man auch pars pro toto als Lärvchen. Im Rheinl. sagt man: ‚Schlag ihm eine an die Larv' (ins Gesicht). Larve steht für Gesicht auch im Schweiz., wo ‚eine Larve machen' ein Gesicht schneiden heißt. Ein schweiz. Spruch warnt: ‚I schön G'sichtli vergaff di nit, 's chönnt au e Larvli si'.

Ebenso häufig ist die entspr. Wndg. *die Larve (Maske) fallen lassen (ablegen):* sein wahres Gesicht zeigen, seine Tarnung preisgeben, seinen wahren Charakter zu erkennen geben, seine Absichten enthüllen; vgl. frz. ‚jeter ...' oder ‚lever le masque' oder ‚ôter son masque'. ↗Maske.

Last. *Einem etw. zur Last legen:* jem. etw. als Schuld anrechnen; *einem zur Last fallen.* Diese und ähnl. Wndgn. können im wörtl. und übertr. Sinne eine ‚Belastung' meinen, aber auch auf die Kaufmannssprache zurückgehen, in der ‚Last' und ‚Belastung' die ‚Debetseite eines Kontos', d.h. eine Zahlungsverpflichtung, bedeuten. Sicher zur Kaufmannssprache gehören die Rdaa. *einem etw. zu Lasten schreiben* und *jem. mit soundso viel belasten.*

‚Die Last des Daseins' ist ein bekannter rdal. Topos. Das Wort Last wird spätestens seit frühnhd. Zeit als reale wie übertr. Bez. für alle möglichen Formen von Belastung verwendet (vgl. das lutherisch-neutestamentliche „Einer trage des anderen Last"). In Mdaa. und Sondersprachen wird das Wort neben der allg. Bdtg. noch für spezielle Bez. gebraucht, vor allem für verschiedene Gewichts- und Mengenbez. So ist das ins Grastuch eingebundene Viehfutter, das die Bäuerin auf dem Kopf trägt, eine Last. Von hier rührt dann der drohende Kraftausdr. ‚Ich trete dir en Bruch wie'n Last Klee', der im Rheinl. verbreitet ist. Allg. sagt man: ‚Man hot sei Last', d.h., man hat es nicht leicht im Leben. ‚Mit dem kriegste noch (dein) Last', prophezeit man vor allem Eltern bzgl. ihrer mißratenen Kinder; es kann sich auch auf kommende Krankheiten richten. Bereits im 16. Jh. ist im Schweiz. gebucht ‚in ein groß Last kommen/difficultatem incurrere', in schwere Händel geraten.

Die Last zur Bürde nehmen: eine kleine Belastung abschütteln, dafür aber eine um so größere aufnehmen müssen. Auch rdal. Vergleiche, die meist iron. Sinn haben und

Ungewöhnliches verbinden, sind mdal. sehr verbreitet: ‚Er hat ne Last wie en Zinngießer'; ‚er hat seine Last wie Kimmels Hund'; ‚er hat seine Last wie ein Reffträger'. Im Sprw. heißt es: ‚Das Ende trägt die Last', was soviel bedeutet wie: ‚Das dicke ↗ Ende kommt nach' und ‚Man soll den ↗ Tag nicht vor dem Abend loben'.

lästig. *Jem. lästig sein,* auch: *etw. als lästig empfinden:* beschwerlich, unangenehm sein. Das spätmhd. Adj. ist eine Ableitung zu ‚Last' u. hat später die Bdtgn. von unbequem, störend u. zudringlich angenommen.
Nicht lästig fallen wollen (werden): keine Mühe machen wollen, z. B. als Gast, oft als Formel bescheidener Ablehnung eines Angebots zu hören. Häufig sind die rdal. Vergleiche: *lästig wie die Fliegen (Schmeißfliegen, Mücken)* u. *lästig wie Fußpilz,* die auch übertr. Bdtg. besitzen.
Etw. als lästige Pflicht betrachten: etw. ohne jede Begeisterung tun, ähnl.: *eine lästige Aufgabe erledigen müssen.* Auch ein Kind, das als bes. unruhig u. störend empfunden wird, kann als ‚lästig' bez. werden.

Latein. *Mit seinem Latein am Ende sein:* nicht mehr weiterwissen, keinen Rat mehr wissen, sich festgefahren haben, aber auch: des bloßen Geredes überführt sein; vgl. frz. ‚en être au bout de son latin'. Im selben Sinne ist die Rda. *Dem geht das Latein aus* zu verstehen; vgl. frz. ‚Il y perd son latin': Er weiß sich keinen Rat mehr.
Anstoßend für den rdal. Gebrauch des Wortes Latein war die Funktion des Lat. im ma. Gelehrten- und Bildungsbetrieb. So steht Latein in den genannten verbreiteten Rdaa. in übertr. Sinne ganz allg. für Wissen und Wissenschaft.
Die Wndg. *Latein reden* bez. ‚hohe Kunstfertigkeit'; vgl. das Sprw.: ‚Wer Latein kann, kommt durch die ganze Welt', d. h., Latein als Sprache der Kirchenmänner u. Rechtsgelehrten hatte Weltgeltung u. entspr. Autorität.
Die Bdtg. kann allerdings auch ins Gegenteil umschlagen; Latein bedeutet dann das Verkehrte, Verzwackte, Umständliche, bis zum bloßen Gerede: *Sag dein Latein auf:* sag, was du weißt, es wird nicht viel sein, es ist doch bloß äußerlich einstudiert. *Das ist kein gut Latein:* das ist nicht gut gemeint, nicht gut gesprochen. Im Sinne von dummem und schlechtem Gerede bringt Seb. Franck (1541) folgende Sprww.: ‚Wein redt vil, aber bös Latein' und ‚Wein – spricht man – redt Latein'. In Gutzkows ‚Ritter vom Geiste' 1850/51 heißt es: „das kommt mir lateinisch vor", das ist mir unklar (↗ spanisch).
Jem. das Latein sagen: ihm etw. sehr deutlich, grob sagen. In der ‚Zimmerischen Chronik' (16. Jh.) finden sich z. B. folgende Wndgn.: „Daß mich der Mann nicht ergreif und mir die Vesper auf Latein pfeif"; „... sondern ihm ein Latein sagen, daß er ihn ein andermal zufrieden wird lassen". In den heutigen Mdaa. hat sich diese Bdtg. z. T. noch rdal. erhalten. Im Rheinl. z. B. sagt man für deutlich werden auch: ‚Von Jesus up Latein sprechen'.
Der Ausdr. *Küchenlatein* (frz. ‚Latin de cuisine') für schlechtes Latein mag aus dem Munde gelehrter Humanisten stammen, die sich auf ihr klassisches Latein etw. einbildeten gegenüber dem Latein, das in Klosterküchen gesprochen wurde. So erscheint die Wndg. 1521 bei Joh. Eberlin von Günsberg und 1523 bei Luther. *Jägerlatein* bez. zunächst die Sondersprache des Jägers, dann aber auch die beliebten Aufschneidereien erzählfreudiger Waidmänner. *Krämerlatein* ist die scherzhafte oder verächtliche Bez. der Kaufmannssprache als Sondersprache.

‚Jägerlatein'

Auf lat. Zehrung gehen: sich selbst zu Gaste laden, was schweiz. vor allem Studenten und Geistlichen nachgesagt wird.

Ebenso schwäb. ‚auf lat. Zehrung gehen', betteln; vgl. die altels. Rda. ‚ufm latinische Tappe reise', d.h. als fahrender Schüler Geistliche und Klöster aufsuchen und sich so durchs Ländchen essen und betteln.
Zu vermerken sind ferner folgende rdal. Vergleiche: ‚Der spricht Latein wie Wasser'; so sagt man in Aachen von einem Schwätzer und Angeber. Allg. ist im Rheinl. verbreitet: ‚Der spricht Französisch wie die Kuh Latein' (vgl. frz. ‚Il parle français comme une vache espagnole'); ‚das versteht er wie die Katze Latein', nämlich gar nicht.

Lit.: *D. Liebs:* Latein. Rechtsregeln u. Rechtssprww. (München 1983); *R. Schmidt-Wiegand:* Art. ‚Rechtssprache', in: HRG. III, Sp. 344–360, hier insbes. 352f.

Laterne. *Etw. mit der Laterne suchen:* etw. mühsam suchen; dagegen: *etw. mit der Laterne am Tage suchen:* etw. Unsinniges, Selbstverständliches tun, etw. Längstbekanntes als Neuigkeit preisen, ‚offene Türen einrennen'; älter in der Form: ‚die Laterne bei Tage anzünden'. Brant im ‚Narrenschiff' (28, 1) verspottet solche Verkehrtheit:

Der ist eyn narr, der macht eyn für (Feuer),
Das er dem sunnen schyn geb stür (Unterstützung),
Oder wer fackeln zündet an
Vnd will der sunnen glast zu stan (unterstützen).

Diogenes, der griech. Zyniker (gest. 323 v.Chr.), verachtete die Menschen so sehr, daß er am hellichten Tage einen Menschen mit der Laterne suchen zu müssen vorgab. Daher Spiegelberg in Schillers ‚Räubern' (II, 3): „Lösch deine Laterne aus, schlauer Diogenes! – du hast deinen Mann gefunden". Dagegen der Kapuziner in ‚Wallensteins Lager' (8. Auftr.):

Aber wer bei den Soldaten sucht
Die Furcht Gottes und die gute Zucht
Und die Scham, der wird nicht viel finden,
Tät' er auch hundert Laternen anzünden.

In rhein. Mda. heißt es: ‚So findschte käne, un wenn de om helle Dag met der Laterne rumgehscht'.
Wem der *Kopf wie eine Laterne* ist, dem ist es heiß im Kopf. Els. bedeutet ‚eine Laterne haben' im Rausch scharf sehen. Rhein. ‚er hot de Laterne un' (an), er hat Rotz aus der Nase hängen.
Ihm geht eine Laterne (Stallaterne) auf: ihm geht ein ↗Licht auf, er beginnt zu begreifen.

Laternenpfahl. *Mit dem Laternenpfahl winken:* mit dem ↗Zaunpfahl winken. Die Rda. kann natürlich erst in der 2. H. des 18. Jh. mit der Einführung der Straßenbeleuchtung aufgekommen sein. Sie findet sich z.B. in dem Briefwechsel zwischen Adalbert v. Chamisso und Helmine v. Chézy (hg. v. Petersen und Rogge, Berlin 1923, S. 44): „Die Staël ... winkt mir schmeichlerisch mit einem Laternenpfahl". Zunächst war es wohl der Wirt, der allzu seßhaften Gästen diesen Wink gab. ‚Die Laterne is angebrannt' sagt obersächs. der Wirt zu seinen Gästen, um sie zu veranlassen, nach Hause zu gehen, ↗heim.
Sich hinter einem Laternenpfahl ausziehen können: sehr dünn und schlank sein.

Latsche. *Sie passen zusammen wie ein Paar alte Latschen* (d.h. Pantoffeln, Hausschuhe) sagt man obersächs. von einem alten Ehepaar, das sich gut miteinander eingelebt hat, doch auch von anderen gut harmonierenden Personen.
Aus den Latschen kippen: umfallen, ohnmächtig werden, aber auch: sprachlos sein, ähnl. wie ‚von den ↗Socken sein'.

Latte. *Mit der Latte laufen:* ein Narr sein, in engerer Bdtg.: toll sein vor Liebe. Belegt ist der Ausdr. z. B. 1728 bei Daniel Stoppe (‚Gedichte' Bd. 2, S. 199): „Wer mit der Latte läuft und sich als ein Narr stellt". Der Sinn der Rda. wird kulturgeschichtlich klar, wenn man sich unter Latte die Leimstange oder Leimrute des Vogelfängers vorstellt. Gestützt wird diese Gleichsetzung dadurch, daß im 16. Jh. die Rda. auch in der Form ‚mit der Leimstange laufen' im selben Sinne ganz gebräuchl. war. Diese Form wird im 17. Jh. bei Heinrich Julius von Braunschweig lit.: „Barmherziger Gott, wie leuft der Kerl mit der Leimstangen", d.h., was ist er doch für ein Narr. Der ‚Leimstängler' war in der Komödie des 16. und 17. Jh. die typische Figur des verliebten Gecken, der in närrischem Aufzug mit Leimrute oder -stange als Mädchenjäger umherlief, um sie wie Vögel einzufangen. ↗Leim.

Einen auf der Latte haben: betrunken sein, mag sich scherzhaft auch noch auf die Leimstange beziehen, mit der man einen Vogel fängt. Die Rda. bedeutet aber auch: es auf einen abgesehen haben, einen nicht leiden können, jem. scharf beobachten. Hier dürfte vielleicht an die Fixier- und Visierlatte des Landmessers oder des Artilleristen als tertium comparationis gedacht sein. Latte kann hier aber auch im Sinne des ↗Kerbholzes verstanden werden, auf dem man noch jem. als Schuldner hat. So heißt ,etw. auf der Latte haben' auch: Schulden haben. Latte wird ferner als Mengenbez. für Geld gebraucht: ,eine Latte Geld', eine Stange Geld. Im Bair. ist im Sinne des Kerbholzes bekannt: ,einem eine Latte zahlen', einem die Zeche zahlen. Man sagt dort auch: ,Er hat eine lange Latte', er hat viele Zechschulden, oder: ,rechnen Sie die Latte zusammen', machen Sie die Rechnung. Im Rheinl. sind ,Lattenschulden' Borgschulden. ,Man schlägt einen an die Latte', wenn man über den Durst und auf Pump trinkt, wobei der letztere Sinn in der Rda. heute meist verlorengegangen ist, so daß sie nur noch als ein flottes Kraftwort gebraucht wird.

Er hat eine Latte zuviel: er ist verrückt. Verständlich wird diese Rda., wenn man an die verwandte Form denkt: ,Der hat einen Dachsparren zuviel', wobei Kopf und Verstand mit dem Dach verglichen werden. *Der hat sie nicht alle auf der Latte* besagt dasselbe. *Latten schneiden:* schnarchen; vgl. auch ,sägen' in der gleichen Bdtg.

Lange Latte nennt man einen langen, hageren Menschen; *eine tapezierte Latte* ist ein geckisch aufgeputzter hagerer Mensch.

Einen auf die Latten legen: einen ins Gefängnis stecken. Die Rda. knüpft an den älteren Ausdr. ,Lattenarrest' an, der so nach der mit Latten ausgelegten, primitiven Gefängniszelle genannt ist; vgl. ,an die Latten kommen', von der Polizei erwischt werden. Im Schwäb. ist ,August mit der Latte' der Landjäger, wobei Latte als ironisierender Ausdr. für jede Art von Waffe, hier für das Gewehr, fungiert. Im Rheinl. nannte man den Degen des Feldwebels ,Lättchen'.

Durch die Latten gehen: entwischen, ist wohl eine lautliche Analogiebildung zu ,durch die ↗Lappen gehen', wobei hier nun aber Latten als Lattenzaun verstanden werden.

,Über den Latten gehen' besagt in Augsburg: die Grenzen des Anstandes überschreiten; vgl. schweiz. ,aus der Latte springen', aus der Rolle fallen, wobei eine Anknüpfung an die ma. Turnierschranken (↗Schranke) denkbar wäre, aber nicht gesichert ist.

Lit.: *L. Röhrich* u. *G. Meinel:* Rdaa. aus dem Bereich der Jagd und der Vogelstellerei, S. 323.

Latz. *Jem. eine vor den Latz knallen* (oder *donnern, hauen*): auf die Brust schlagen, ihn ohrfeigen. Latz meint hier das Bruststück der Männer- oder Frauentracht; etwa seit 1920 belegt. Entspr. *sich innerlich vor den Latz geknallt fühlen:* sich beleidigt fühlen, sich Selbstvorwürfe machen (Küpper); vgl. ,jem. eine vor den Hals hauen'; ,jem. eine vor den Kahn hauen', ihn tätlich angreifen.

Laube. *Fertig ist die Laube* (oder auch: *Kiste*): die Sache ist fertig, abgemacht, eigentl.: rasch erledigt, ebenso schnell, wie eine Gartenlaube aus wenigen Brettern gezimmert wird. Diese berl. Rda. hat allg. Verbreitung gefunden und wird meist am Schluß eines Berichtes gebraucht, um anzudeuten, daß alles glatt geht (auch mit dem Akzent minderer Qualität des Erledigten oder Hergestellten), oft mit einem scherzhaften Zusatz: ,aber jrün is se (noch) nich'. Obersächs. auch in erweiterter Form: ,Da packen mer'sch in 'ne Kiste, un fertig is de Laube'; ↗Lack, ↗Laden.

laufen. *Sich auf dem laufenden (er-)halten,* auch *auf dem laufenden sein:* sich immer über alle Neuigkeiten und Fortschritte unterrichten. Die Rda. verdankt ihre Entstehung einem Übersetzungsfehler: sie soll das frz. ,au courant' wiedergeben, wobei hier ,courant' = Strömung, Lauf der Welt bedeutet.

,Den Sozialismus in seinem Lauf hält weder Ochs' noch Esel auf'

Auf etw. zu laufen wissen: sich mit etw. beschäftigen u. daraus seinen Lebensunterhalt gewinnen, wie der Seiltänzer, der auf dem Seile läuft, d. h. eine schwierige u. gefahrvolle Aufgabe meistert.
Nach etw. lange laufen müssen, auch *von Pontius zu Pilatus laufen müssen:* viele (erfolglose) Wege (Anstrengungen) unternehmen müssen. *Etw. läuft:* eine Angelegenheit ist in Angriff genommen worden, es geht etw. vor, eine Arbeit geht ohne Hindernisse voran. Die Frage *Was läuft?:* was geht vor? ist im Halbwüchsigendt. der Ggwt. üblich und vermutlich dem Roulettespielerjargon entnommen, in dem die Frage bedeutet, welche Chance im Augenblick günstig sei. Die Wndg. kann aber auch mit dem Ablauf einer Filmspule in Verbindung gebracht werden, so daß ihr Urspr. nicht gesichert erscheint. *Alles laufen lassen:* tatenlos zusehen, sich nicht um eine wichtige Angelegenheit kümmern, nichts unternehmen, um einer Sache Einhalt zu gebieten, um eine drohende Gefahr abzuwenden; eigentl. einen ins Rollen gekommenen Wagen nicht bremsen; vgl. frz. ,laisser courir'.
Zahlreich sind die rdal. Vergleiche, von denen Wander (II, Sp. 1813 ff.) sehr viele anführt, z. B. *Er läuft darüber hin wie der Hahn über die Kohlen:* sehr schnell und vorsichtig; *er läuft davon wie der Teufel vor dem Kreuz:* er flieht voller Abscheu und Entsetzen; *er läuft wie ein Faßbinder* (↗Bürstenbinder): er muß sich wie ein Faßbinder beeilen, der dem rollenden Faß die Reifen antreibt. Die schweiz. Rda. ,Er laufft uff dütsche Sohle' meint: er hat die Schuhsohlen durchgelaufen.
Schieflaufen ↗schief.
Ferner: ,laufen wie auf Eiern', ,wie der Bettelmann', ,wie ein Huhn im Regen', ,wie ein Krämersgaul', ,wie ein Salzmännle', ,wie ein Storch im Salat'. ,Laufen wie ein Döpken' (Kreisel, d. h. ebenso reibungslos); ,laufen wie ein Hamster im Rad', d. h. vergeblich, ohne Effizienz. ,Wissen, wie der Hase läuft': Bescheid wissen, ↗Hase. ,Nachtigall, ich hör dir laufen': du bist durchschaut, ↗Nachtigall.

Laufenburg. *Von Laufenburg sein:* rasch davonlaufen, es bes. gut verstehen, sich etw. Unangenehmem, Gefährlichem zu entziehen. Die schweiz. Rda. ,Er het nach Laufeburg appelliert' meint: er ist heimlich durchgegangen, geflohen. Die Wndgn. haben den Namen der Stadt Laufenburg am Hochrhein zu einem Wortspiel verwendet, in der scherzhaften Annahme, daß die Einwohner dieses Ortes bes. gut zu laufen verstehen müßten.

Lauffeuer. *Sich wie ein Lauffeuer verbreiten:* sehr schnell, bes. von Nachrichten, Gerüchten gesagt; vgl. frz. ,se répandre comme une trainée de poudre'. Lauffeuer sind eigentl. bei Fernzündungen und Feuerwerken gebräuchl.: in aneinandergehängten Röhren, in die Pulver geschüttet ist, verbreitet sich das Feuer sehr rasch; urspr. wurde das Pulver auch als Strich auf den Boden ausgestreut (so seit 1617 bezeugt). Nicht als Urspr. der Rda. kommt in Betracht die im 18. Jh. als Lauffeuer bez. Art des Gefechtsschießens, bei dem ein Mann nach dem andern vom Flügel aus sein Gewehr abfeuerte. In übertr. Sinne ist die Wndg. seit dem Ausgang des 18. Jh. belegt.
W. Heinse verwendet die Rda. im ,Ardinghello', (1794, 1, 84) bereits im übertr. Sinne, doch immer noch in enger Anlehnung an ihren Ursprung: „alles dies u. mehr ging aus meinem Munde wie ein Lauffeuer, leis, aber mächtig in ihr Ohr". Ähnl. auch ein Beleg bei Jean Paul: „eine Nachricht fliegt wie ein Lauffeuer durch die Stadt" (,Der Komet', 1820–22, 2, 41). Später, als man den Urspr. der Rda. nicht mehr verstand, ist sie mdal. hier und da verdreht worden, z. B. schweiz. ,es god umme wie nes Laubfür' (wobei man an

einen Waldbrand denkt), obersächs. ‚dergleichen Sachen liefen wie ein Lohfeuer in der Stadt herum‘.

Laufmasche. *Du hast wohl eine Laufmasche im Auge* (oder *im Gehirn*): du kannst wohl nicht richtig sehen, bzw. du bist wohl nicht recht bei Verstand, Mitte 20. Jh.

Laufpaß. *Einem den Laufpaß geben:* ihn wegschicken, entlassen, abweisen; vgl. frz. ‚donner à quelqu'un son congé‘. Der Laufpaß, früher auch ‚Laufzettel‘, war der Paß, der den Soldaten bei der Entlassung ausgestellt wurde und der ihnen bei der Suche nach Arbeit als Ausweis diente (18. Jh.). In übertr. Sinne ist die Wndg. seit dem Ausgang des 18. Jh. bezeugt. Ähnl. lauten die Worte des Ministerialangestellten La Roche in Schillers ‚Parasit‘ (I, 2): „Mein Platz ist vergeben. Seit gestern abend hab' ich meinen Laufpaß erhalten“. Die Rda. hat einen negativen Beiklang; sie wird heute meistens dann gebraucht, wenn ein Mädchen einen Mann abweist oder wenn ein Ehepartner den andern verläßt.

Lauge. *Einen mit scharfer Lauge waschen:* ihn scharf tadeln, ihn tüchtig ‚herunterputzen‘, ‚jem. den ↗ Kopf waschen‘; ähnl. *einem scharfe Lauge aufgießen; einen mit Lauge taufen.* Der Ausdr. Lauge in diesen Wndgn. geht auf die Badegepflogenheiten des 16. Jh. zurück. So sagt die Heldin in Paul Rebhuhns Drama ‚Susanna‘ (1536), was neben Seife, Öl und reinem Tuch zum Baden gehöre:

Eine reine laug,
Die zu meinem haubte taug.

Doch wird der Ausdr. schon in derselben Zeit in übertr. Bdtg. rdal. gebraucht. Bei Joh. Fischart findet sich in der ‚Geschichtklitterung‘: „Das ist Laug für seinen Kopf“, d.h., so muß man ihn behandeln; das wird bei ihm wirken. Burkard Waldis sagt 1527 in seinen Äsopischen Fabeln: „Sie sind alle mit der Lauge begossen“, i.S.v. sie sind alle hereingefallen (vgl. ‚wie ein begossener Pudel‘). In einem Stuttgarter Kodex aus dem 16./17. Jh. heißt es von der Stadt Ulm: „Es seye dieser Ketzerstatt schon etlichmal ein Laug übergossen worden, sie müsse einmal ausgerieben werden“. Bei Abraham a Sancta Clara findet sich: „mit der gleichen Lauge gewaschen werden“ = gleiches Schicksal mit jem. erdulden müssen. Das heute verbreitete Sprw. ‚Auf einen grindigen Kopf gehört scharfe Lauge‘ ist in ähnl. drastischer Form schon bei Chr. Lehmann im ‚Florilegium politicum oder politischen Blumengarten‘ (Lübeck 1639) verzeichnet: „Offt ist zum unsinnigen Kopff kein besser Recept, als ein rot Laug“. Auf ital. heißt es jedoch resignierend: ‚Chi lava la testa all'asino, perde il ranno ed il sapone‘ = ‚Wer dem Esel den Kopf wäscht, vergeudet die Lauge und die Seife‘.
Die Lauge seines Spottes über jem. ausschütten: ihn scharf verspotten. Der humanistische schwäb. Dramatiker Nikodemus Frischlin (1547–90) warnt: „Hoffkatzen ... grüssen die Leut freundtlich under Augen, Dahinter giessen sie ein Laugen“. 1647 bei Joh. Gerlingius („Sylloge adagiorum‘ Nr. 24): „Aceto perfundere (wörtl.: ‚mit Essig übergießen‘). Einen hönisch oder für einen Jecken halten“. Bei Peter Rosegger heißt es 1875 im ‚Waldschulmeister‘: „Seine Predigten sind scharf wie Lauge“.

Laus. *Einem eine Laus in den Pelz setzen:* ihm Ärger, Schwierigkeiten bereiten, auch: sein Mißtrauen erregen, ihm etw. weismachen. Die Rda. ist im 19. und 20. Jh. noch ganz geläufig. Der ältere Sinn der Rda. entspricht aber keiner der heutigen Bdtgn. ‚Einem Läuse in den Pelz zu setzen‘, das war soviel wie ‚Eulen nach Athen tragen‘ (↗ Eule), d.h. etw. völlig Überflüssiges tun, denn in einem Pelz waren natürlich schon vorher Läuse, und man brauchte sie nicht erst dorthin zu bringen. Das entspricht durchaus den äl-

‚Laus im Pelz‘

teren kulturgeschichtl. Tatsachen. In Seb. Brants ‚Narrenschiff' heißt es: „Es ist nit not, daß man Leuß in den Belz werf, sie wachsen wol on das darin". Das Bild will hier sagen: ein Übel, das ohnehin fast von selbst kommt, muß man nicht noch eigens herbeiführen. Bei Geiler von Kaysersberg heißt es 1514 im ‚Irrig Schaf' (D 1 a): „Man darf (= braucht) nit lüs in den belz setzen, sie wachsen selbs darin". Das 17. Kap. von Murners ‚Schelmenzunft' von 1512 trägt sogar die Überschrift: „Leuß in beltz setzen" und beginnt:

Es wer nit not, alß ich das schetzen,
Schiltecht leuß (= Schildläuse) in beltz zu setzen:
Sy wachsendt selber dryn zu handt.

In der ‚Schelmenzunft' findet sich auch eine hierzu gehörige Holzschnittill., die einen Mann zeigt, der sich die Läuse vom Kopf nimmt und sie in den Pelz setzt. Abraham a Sancta Clara sagt im ‚Judas' (III, 415): „Die Laus ... soll man auf kein Weiß in den Beltz setzen, dann sie kriecht selber daran". Die Rda. ist noch in anderen Variationen geläufig, z. B. ‚die Laus im Bart haben', in eine unangenehme Sache geraten sein. Els. ‚Suech mer ken Lüs am Kopf', kümmere dich nicht um meine Sachen. Bei Jer. Gotthelf findet sich die Wndg. ‚einem Läuse hinter die Ohren setzen', d.h. jem. etw. Dummes einreden (vgl. ‚einem einen ↗Floh ins Ohr setzen'). ‚Eine Laus im Ohr haben' bedeutet dagegen auch: ein schlechtes Gewissen haben.

Häufig dient die Laus auch als Bild des Kleinen und Unbedeutenden: *nicht die (rote) Laus:* nicht die geringste Kleinigkeit (Leipzig); *das ist nicht drei Läuse wert;* ndd. ‚se hätt nich moal e Luus enm Bossem', sie ist ein sehr armes Mädchen (ohne jede Mitgift); westf. ‚du kannst mi keen Lus abstarven laten', du kannst mir nichts anhaben; schwäb. ‚bei dem hält keine Laus mehr', er ist so verkommen, daß selbst das Ungeziefer ihn flieht. Bei Luther findet sich in den ‚Tischreden' die Wndg.: „aus einer Laus ein Kamel machen" i.S.v. ‚aus einer Mücke einen Elefanten machen'.

Die Wndg. *die Laus nicht um einen Taler geben* ist bei J. G. Schottel 1663 in der ‚Ausführlichen Arbeit von der Teutschen

‚Einem eine Laus in den Pelz setzen'

HaubtSprache' belegt und soll urspr. den Bettlerhochmut ausdrücken; sie hat sich in den Mdaa. z. T. noch lebendig erhalten: holst. ‚de Lus nicht um en Daler gewen', sich viel einbilden; rhein. ‚dem es ken Lus für 'n Daler feil'.

Besser eine Laus im Kraut (Kohl, Pott) als gar kein Fleisch: man muß mit dem Geringsten vorliebnehmen (eigentl. ist hier die Blattlaus gemeint); vgl. engl. ‚better a louse (mouse) in the pot, than no flesh at all' u. frz. ‚Un „Tiens" vaut mieux que deux „Tu l'auras"' (wörtl.: Besser ist es, etw. in den Händen zu halten, als auf etw. Fragwürdiges zu hoffen). Die zunächst modern anmutende Wndg. findet sich in gleicher Formulierung schon in Joh. Fischarts ‚Geschichtklitterung': „Besser ein Lauß im Kraut als gar kein Fleisch". *Wie die Laus im Grind (Schorf) sitzen:* klein, aber frech und anmaßend, auch: unverdient in guten Verhältnissen leben (vgl. ‚wie die ↗Made im Speck'). Schon bei Geiler von Kaysersberg heißt es 1510 im ‚Has im Pfeffer': „Sitz ich als ein Laus im Grind", d.h. wie ein kleiner Mann in üppigen Verhältnissen. Luther umschreibt den Stolz des Gemeinen und Minderwertigen: „Indes müssen wir leiden, daß die Laus im

Grind sich dicke weide, und im alten Pelz auf Stelzen gehet". Im Rheinl. heißt es noch: ‚frech wie die Laus im Grind', und das Sprw. sagt hier: ‚Die Welt ist ein Grindkopf, und wir sind die Läus druf'. Gegenüber lächerlichem und unangemessenem Großtun sagt man auch: ‚Er prangt wie die Laus auf dem Samtkragen'.

Es ist ihm eine Laus über die Leber gelaufen: er ist verärgert, erbost; sächs. ‚die Laus leeft iwern Buckel'. Auch dieses Bild kennt Geiler von Kaysersberg 1510 (‚Spinnerin' b 2b): „Wenn dir ein laus über die leber ist gelaufen, das du allwegen den beichtvater damit (mit dem Bücherlesen) betriebest, mach dir selbs ein buch in deinem kopf". Urspr. sagte man nur: ‚Es ist mir etw. übers Leberl gekrochen' (oder: geloffen); so noch im Bair. Die Rda. beruht auf der volkstümlichen Vorstellung von der Leber als Sitz der leidenschaftlichen Empfindungen (↗Leber). Die später geläufige Einsetzung des Wortes Laus, die hier wieder den kleinen, geringfügigen Anlaß, die Nichtigkeit meint, entspricht der Vorliebe des rdal. Ausdr. für den Stabreim.

Ein Zeichen von Kleinlichkeit und Übergenauigkeit ist es, wenn man *der Laus Stelzen macht.* Hier geht eben die Differenzierung zu weit (vgl. ‚die Flöhe husten hören'). Joh. Fischart sagt im ‚Bienenkorb': „Sie wollen allzeit ein Laus schinden und wissen doch nit wie viel sie Füß hat", d.h., wer schon in differenzierten Dingen mitwirken will, soll wenigstens etw. davon verstehen. Die Wndg. *die Laus um den Pelz schinden* ist ein Ausdr. besonderen Geizes, der sich darin zeigt, daß einer selbst das kleinste Tierchen wegen eines geringfügigen Gewinnes schindet. Als witzige Pointe kommt bei dieser Rda. hinzu, daß die Laus ja keinen Pelz hat. Der Geizhals wird als ‚Läuseknicker' bez. Schon bei Hans Wilh. Kirchhoff findet sich 1581 im ‚Wendunmuth': „(ein Geiziger), der umb den Balg ein Lauß geschindet hette"; vgl. das Grimmsche Märchen KHM. 212 (Nachlaß) ‚Die Laus'. Wenn jem. für etw. ganz und gar nicht geeignet ist, sagt man: *Er paßt dazu wie die Laus zum Brieftragen,* ein rdal. Vergleich, der sich von selbst deutet. Von einem heruntergekommenen Menschen heißt es: ‚Er geht wie die Laus am Stecken'. *Er hat's im Griff wie der Bettelmann die Laus* sagt man scherzhaft von einem gewohnten, tausendmal geübten Handgriff (↗Griff).

In Wien u. im österr. Umland sagt man: ‚Was größer ist als eine Laus, trägt man nach Haus'; entspr. berl.: ‚Watt besser is wie 'ne Laus, det nehm ik mit nach Haus'.

Die Läuse werden sich erkälten heißt es, wenn jem. die Kopfbedeckung nicht abnimmt. ‚Ir liewe Leis (eigentl. ihr lieben Leute), wat Fleh!' ist im Rheinl. Ausdr. einer iron. Bewunderung. Die scherzhafte Wirkung beruht auf dem Wortspiel von ‚Leute' und ‚Läuse', die dann, die Ironie steigernd, desillusionierend von den Läusen nicht weiter als bis zu den Flöhen gelangt.

Auch als Schelte wird die Laus häufig verwendet (z. B. Lausejunge, Lausebengel, lausekalt, Lausenest = Kleinstadt, Lauserechen oder -harke = Kamm). Im Kinderreim des Nahegebietes heißt es:

> Schimbe, Schimbe (Schimpfen) dout net weh!
> Wer mich schimbt hot Leis un Fleh.
> Leis un Fleh gen Wanze
> Solle dem domme Schimber om Kob erom danze.

Eine rheinhess. Schelte findet sich in Carl Zuckmayers ‚Schinderhannes' (3. Akt): „Läus sollste kriege unn e kurz Ärmche, daß de nit kratze kannst". Im Rheinl. sagt man den durstigen Kindern (seit dem ausgehenden 19. Jh.): ‚Trink nicht soviel Wasser! Du kriegst Läus in den Bauch!'; gemeint ist wohl: davon wird der Bauch kribbeln, als wären Läuse darin. Als Ludwig Uhland mit dem Stadtbibliothekar Robert Naumann die Leipziger Biere probierte, lehnte er das eine ab mit den Worten: „Von dem Bier kriegt mr Läus", d.h., es bereitete ihm Kribbeln am Kopf. Wenn man bei Müdigkeit einen Juckreiz am Kopf verspürt, sagt man, man habe *Schlafläuse.*

Jem. zerquetschen wie eine Laus: ihn im Handumdrehen vernichten. Die Wndg. wird meist als grobe Drohung verwendet.

Eine Brust haben, daß man eine Laus darauf knacken kann: eine feste, stramme Brust haben.

‚Ik denke, mir laust der Affe' ↗Affe.

Von einer ‚lausigen Kälte' ist die Rede,

wenn es bitterkalt ist. Hier wird das Adj. ‚lausig' zur Steigerung gebraucht. Bad. ‚I ha Lüs un du häsch Lüs', d.h. wir sind quitt. ‚I las mr kai Luus in de Pelz setze': ich lasse mir keine Schwierigkeiten machen, ich lasse mir nichts anhängen. Daneben die Schimpfwörter: ‚Lausbub', ‚Lauser' oder ‚Lausnickel'.

Lit.: *Wander* II, Sp. 1822–1829; *Göhring,* Nr. 220, S. 124 (mit zweifellos irriger Erklärung); *O. Keller:* Die antike Tierwelt (Leipzig 1913), S. 395–398; *A. Wirth:* Art. ‚Laus', in: HdA. V, Sp. 933–938; *L. Röhrich:* Sprw. Rdaa. in bildl. Zeugnissen, S. 74; *L. Schmidt:* Sprw. dt. Rdaa., in: Österr. Zs. f. Vkde., N.S. 28 (1974), S. 109.

Laute. *Jem. die Laute schlagen:* jem. seine Liebe beteuern u. erweisen. Lit. bei Seb. Brant im ‚Narrenschiff' (62,7):

und schlagen luten vor der tür,
ob gucken well die mütz har für.

Übertr. erot. Bdtg. zeigt sich deutlich in dem ‚Reuterliedlein' Nr. 62 u. im ‚Fastnachtsspiel' (239,32):

Ich hab ir auf der lauten geschlagen
des ir die knie begunden wagen.

Einen Lautenschlager im Busen haben: innerlich froh und gelöst sein; eine heimliche Freude oder stille Liebe haben, aber auch: ein gutes Gewissen besitzen. Bei Egenolff (63[b]) heißt es: „Mancher hat im hertzen sitzen ein lauten schlaher mit seim kritzen, das er muss gumpen und auch blitzen on alle vernunfft mit wenig witzen". Murner schreibt: „Sie hat mirs wol so süss geschlagen, das ich vom dantz lieff narren jagen, der hat ein lautenschlaher sitzen, wenn sie will, so muss er lauffen" (‚Von einem verliebten Narren', in Kloster, IV, 835). Vgl. die schwed. Rda. ‚Han haar en lutenist i barmen'.

Von den schlechten Lautenspielern heißt es bei Gryphius: „Wer nicht recht spielen kann, dem schlägt man die Lauten am Kopf entzwei". Mit musikalischen Nichtskönnern geht man ins Gericht: ‚Der Esel will die Laute schlagen, weiß doch nicht zu fassen den Kragen'. Auf die Griffe kommt es vor allem an: „Wie Luthenschlager hab ich's im Griff" (Jörg Wickram), und Luther schreibt: „Nichts gewisses haben sie jr lebtag gehabt, denn solche jre eigen weissagung, sie hattens am griffe wie die fiddeler". Als Sprw. heißt es: ‚Mancher will die Laute schlagen und weiß kein Griff nicht'. Häufig ist der rdal. Vergleich ‚Der paßt dazu wie der ↗Esel zum Lautenschlagen', gereimt: ‚Der Esel soll nicht Lauten schlagen, er soll die Säcke zur Mühle tragen', es gibt nur Unheil, wenn sich ein Unberufener mit Dingen abgibt, denen er nicht gewachsen ist.

Lit.: *M. Willberg:* Die Musik im Sprachgebrauch, in Sprww., in Rdaa. ..., in: Die Muttersprache (1963), S. 201 ff.; *D. Müller:* Untersuchungen zur Symbolik der Musikinstrumente im Narrenschiff des Seb. Brant (Regensburg 1982), S. 37–54.

läuten. *Er hat etw. läuten hören:* er hat davon reden hören, weiß aber nichts Genaues; er hat noch nichts Endgültiges gehört, nicht das Ganze erfaßt, sein Wissen bleibt oberflächlich. Die Rda. ist verkürzt aus einer urspr. längeren Wndg.: ‚Er hat etw. läuten hören, weiß aber nicht, wo die Glocken hängen'; in anderen Versionen: ‚Er hat läuten hören, weiß aber nicht wo', ostpr. ‚Hei heft wat lüdde gehört, wêt aber nich ön welk Kärch (ön welken Derp)', ‚er hat läuten hören, aber nicht zusammenschlagen'. In dieser letzten Form war die Rda. schon Luther bekannt. In Chr. Weises ‚Kleine Leute' findet sich die Wndg.: „Der liebe Herr Bürgermeister hat läuten hören, aber er weiß nicht in welchem Dorfe". Mit einer anderen der schon angeführten Fortsetzungen findet sich die Rda. bei Friedrich Nicolai in den ‚Briefen, die neueste Literatur betreffend' (1761–67): „Wenn ein Kenner der Malerei etwas anderes davon sagen kann, als – um mit einem Gottschedischen Kern- und Sprichworte zu reden – der Verfasser habe die Glocken läuten gehört und wisse nicht, wo sie hängen". Lessing tadelt einen Kritiker: „Wenigstens hat der, von welchem sich diese Berichtigung herschreibt ... nur läuten hören, ohne im geringsten zu wissen, wo die Glocken hängen". Goethe schreibt aus Italien: „Von dem deutschen Kunstsinn und dem dortigen Kunstleben kann man wohl sagen, man hört läuten, aber nicht zusammenklingen". Diese Formulierung führt auch zur Erklärung der Rda.; ihr kulturgeschichtl. Hintergrund ist nämlich der alte kirchliche Brauch, nach dem zum Hauptgottesdienst zunächst zweimal mit einer einzelnen Glocke und erst beim dritten

Male mit sämtlichen Glocken zusammengeläutet wurde. Eine Art Ill. der Rda. bietet H. Chr. Andersens Märchen ‚Die Glocke'. Die Bdtg. der verschiedenen Glockenzeichen ist nur dem Eingeweihten bekannt. Noch ohne auf unsere Rda. Bezug zu nehmen, schreibt Geiler von Kaysersberg in seinen ‚Brösamlein' (1,44a): „Wenn man sunst in den Rat lütet, der ein Ratsherr ist, der verstot dabei, das er in den Rat sol gon, wer ein frembder Man, der da wißt nit, was das Lüten bedüte, er hörte die Glocken wol". Positiv gewendet, hört man die Rda. *Davon habe ich etw. läuten hören.* Der Sinn bleibt aber der gleiche: davon weiß ich, aber nichts Genaues.

Die Bdtg. des Läutens als Zeichen zeigt auch die rhein. Rda. *Für dich hat's geläutet:* für dich ist es Zeit geworden zu verschwinden. *Die gehen für's Läuten in die Kirch* sagt man im Rheinl. von einem Brautpaar, das bereits vor der Hochzeit zusammen lebte. Von dem, der lieber ins Wirtshaus als in die Kirche geht, heißt es: ‚Er geht lieber in *die* Kirch, wo mit den Gläsern (beim Zuprosten) zusammengeläutet wird'. Wer sich zwischen zwei Dingen nicht entscheiden kann und beide zugleich möchte, ‚will zugleich läuten und mit der Prozession gehen'. Meist von den Spielzeugen der Kinder sagt man: ‚Sie halten von 11 bis Mittag, es muß aber gleich läuten', d.h. sie halten keine Stunde. Die Wndg. geht auf das im Dorf gewohnte Mittagsläuten um 11 und um 12 Uhr zurück und ist vor allem im Rheinl. und in Schwaben weit verbreitet. ‚Et laid Schoof' oder ‚et laid op et Schoof' sind rhein. mdal. Umschreibungen für das Läuten der Totenglocke; sie beziehen sich darauf, daß die Toten früher auf Stroh aufgebahrt wurden, ↗Schoof.

Dem Esel zu Grabe läuten ↗Esel.

Lit.: *K. Helm:* Art. ‚Läuten', in: HdA. V, Sp. 938–950; *M. Willberg:* Die Musik im Sprachgebrauch, in Sprww., in Rdaa. ..., in: Die Muttersprache (1963), S. 201 ff.; weitere Lit. ↗Glocke.

Lawine. *Eine Lawine ins Rollen bringen (lostreten):* eigentl. eine große Schneemasse (Geröll, Schlamm) an einem Bergabhang zu Tal stürzen lassen, die immer schneller gleitet u. erbarmungslos alles

‚Eine Lawine ins Rollen bringen'

mit sich reißt u. unter sich begräbt; in übertr. Bdtg.: Schuld an einer unheilvollen Entwicklung tragen, leichtfertig etwas in Bewegung setzen, das eine unaufhaltsame Eigendynamik entwickelt. Das Wort ‚Lawine' ist im 18. Jh. aus dem Schweiz. entlehnt. Es beruht auf räto-roman. ‚lavina', das auf mittellat. ‚labina' zu lat. ‚labi' = gleiten, rinnen zurückgeht. Die Erfahrung lehrt, daß oft eine Kleinigkeit (ein falscher Tritt, ein Ruf, ein Schuß) im Hochgebirge genügt – ‚kleine Ursache – große Wirkung' –, um eine Lawine auszulösen.

Von einer Lawine überrollt werden: machtlos einer plötzlich aufbrechenden Gewalt gegenüberstehen, von den Ereignissen mitgerissen werden u. sich vor dem Untergang nicht retten können, z.B. bei revolutionären Unruhen, bei kriegerischen Auseinandersetzungen, bei betrügerischem Bankrott oder Börsenkrach u. Währungsverfall.

Leben, leben. *Mit dem Leben davonkommen:* dem Tode knapp entgehen; diese Rda. ist bibl. Urspr. (2. Makk. 3,38); vgl. frz. ‚S'en tirer la vie sauve'.

Nur das nackte Leben retten (können): nichts weiter als sich selbst unter Verlust allen Besitzes.

Sein Leben teuer verkaufen: sich heftig

wehren und dabei dem Gegner große Verluste zufügen.
Mit dem (seinem) Leben spielen, auch *sein Leben aufs Spiel setzen:* sich bewußt in Gefahr begeben, eigentl. sein Leben als höchstes Pfand bei einem Spiel zum Einsatz geben. Die Rda. erinnert an die verzweifelte Anstrengung eines Spielers, der bereits alles verloren hat, in einem letzten Einsatz, wobei er die Freiheit seiner Person aufs Spiel setzt, das Glück doch noch zu zwingen; vgl. frz. ‚mettre sa vie en jeu'.
Sein Leben für jem. oder *etw. einsetzen:* so entschlossen kämpfen, daß man dabei auch die Gefahr für das eigene Leben in Kauf nimmt. An diese Einsatzbereitschaft knüpft auch die rdal. Beteuerungsformel ‚ich könnte mein Leben für ihn geben' an.
Jem. ans Leben wollen steht dagegen für jem. töten wollen. Daraus abgeleitet auch in der Bdtg. einer ernsthaft zugespitzten Lage oder als Begründung für die eigene Verteidigung: schwäb. ‚Wenn's eim an's Lebe gaht, wehrt man si'. Auch von einer großen Anstrengung oder Anfechtung heißt es ‚'s gaht mir am Lebe 'rab'.
Sein Leben hängt an einem (seidenen) Faden, ↗Faden, ↗Damoklesschwert. Schwäb. ‚um sei Lebe gib i kein' Kreuzer meh': es steht schlecht um ihn, er hat sein Leben verwirkt oder er ist sterbenskrank.
Die Wndg. *jem. das Leben sauer machen* stammt aus der Bibel. Bei 2. Mos. 1,13–14 heißt es: „Und die Ägypter zwangen die Kinder Israel zum Dienst mit Unbarmherzigkeit und machten ihnen ihr Leben sauer mit schwerer Arbeit ..."
Schweiz. ‚eim z'Leid lebe': ihn beständig ärgern und schädigen. Dagegen ‚eim z' G'falle lebe', veraltet hd. ‚seines Gefallens leben': immer zu seiner Zufriedenheit handeln. *Einem zu Willen leben* hieß früher, ihm stets zu Willen zu sein.
Er lebt in einer anderen Welt: er ist der Wirklichkeit entrückt, merkt nicht, was um ihn herum vorgeht. Ähnl.: *auf dem ↗Mond (in den Wolken), in einer Traumwelt leben, wie auf einem fremden Stern leben.*
Mitten (oder *mit beiden Beinen*) *im Leben stehen:* in jeder Hinsicht aufgeschlossen sein, sich keinen Träumereien und unerreichbaren Wünschen hingeben, sondern tatkräftig zupacken und nicht verzagen.
Dagegen bedeutet die ndl. Rda. ‚in het leven zijn' von der Unzucht leben.
Rhein. ‚op grussem Fuss lewen', *auf großem Fuß leben* bedeutet zu großen Aufwand treiben, *über die Verhältnisse* (auch *aus dem Vollen*) *leben.*
Neuere Wndgn. sind: *etw. ins Leben rufen:* etw. gründen, den Anstoß zu einer Entwicklung geben; *jem. ins Leben einführen:* in die Welt der Erwachsenen, in die Gesellschaft einführen, jungen Menschen wichtige Bekanntschaften vermitteln, sie in ihrer persönlichen Entfaltung fördern; *Leben in die Bude bringen:* Langeweile und Trübsinn durch fröhliche Betriebsamkeit verdrängen, ausgelassene Stimmung in einer Gesellschaft verbreiten.
Schwäb. ‚Lebe zeige' bedeutet munter, lebhaft sein, insbes. beim Umgang mit dem anderen Geschlecht, auch in der verneinenden Form ‚der zeigt jetzt au kei bißle Lebe'.
Aussehen wie das (blühende) Leben: gesund, kräftig aussehen. *Von Leben strotzen, vor Leben sprühen (bersten):* vital, tatendurstig sein. ‚Es lebt alles an ihm' sagt man von einem quirligen Menschen, dessen Glieder in steter Bewegung sind. ‚Ein Leben machen (haben)' bedeutet in Schwaben ein Getue, Aufhebens, Lärm machen, daraus ‚ein Leben mit einem haben': ihn zu etw. drängen. *Ein (sieben) Leben haben wie eine Katze,* schweiz. ‚zwei Lebe ha': ein zähes Leben haben.
Das ist zum Leben zuwenig und zum Sterben zuviel heißt es von geringen Einkünften, wenn sie gerade das Existenzminimum sichern.
Im Schatten leben müssen: in Sorge und Not. *Kaum zu leben haben, von der Hand in den Mund leben, sich mühsam durchs Leben schlagen* bezeichnen ärmliche, schwere Lebensverhältnisse. Ähnl. *nicht leben und nicht sterben können:* nur so dahinvegetieren, oft in der Bdtg. eines langen Siechtums oder permanenter Armut gebraucht.
Nicht von der Luft leben können: gewisse Einkünfte haben müssen. Die Rda. wird oft als Entschuldigung gebraucht, wenn eine Rechnung als zu hoch beanstandet wird: ‚Ich kann doch (mit meiner Familie) nicht von der Luft leben'.
Man sagt auch als Warnung für junge

Leute: *von der Liebe allein kann man nicht leben,* man müsse sich von etw. ernähren können, d.h. einen Beruf haben. Denn es heißt auch scherzhaft von Verliebten, die in höheren Regionen zu schweben scheinen, sich für lebensnotwendige Dinge zeitweise nicht interessieren und sogar den Hunger vergessen, daß sie *von der Luft und der Liebe leben;* vgl. frz. ,vivre d'amour et d'eau fraîche' (wörtl.: von der Liebe und vom frischen Wasser leben).

Jem. lebt (nur) von der Luft: er ißt sehr wenig. Früher glaubte man, daß geistig-moralisch bes. hochstehende Menschen, wie Heilige, durch Gnade von den niederen irdischen Verdauungsvorgängen frei wären und sich durch ,geistige Nahrung' ernähren könnten. Später übertrug man dies auch auf bes. zarte und feine oder kränkliche Menschen. So bei Goethe: „daß sie gleichsam nur von der Luft lebte, sehr wenig aß". Aber auch in der Naturwissenschaft hielt sich diese Meinung lange. Geradezu eine wissenschaftsgeschichtliche Köstlichkeit stellt die Entwicklung der diesbezüglichen Ansichten über das ↗Chamäleon dar: Im 1. Jh. n. Chr. berichtet Plinius d. Ä. in seiner ,Naturgeschichte', daß das Chamäleon oft stundenlang mit erhobenem Kopf und offenem Maul dasitze und weder esse noch trinke, sondern ausschließlich von der Luft lebe. Und noch am Anfang des 13. Jh. hieß es in Freidanks ,Bescheidenheit' schlicht aber grundsätzlich: „gamâlion des luftes lebt".

Ende des 16. Jh. schließlich mußte Camerarius unter dem Eindruck der verfeinerten Naturbeobachtung einen Kompromiß zu der noch immer als unangreifbare Autorität geltenden Lehre des Plinius finden. So bestätigt er auch, daß das Chamäleon von der Luft lebe, gesteht ihm jedoch zu, daß es gleichsam als „Zwischenmahlzeit" zwischen seinen luftigen Hauptmahlzeiten (!) auch Fliegen, Ameisen und andere Insekten zu sich nehme. Erst im Zedlerschen Lexikon i.d. 1. Hälfte des 18. Jh. fand die tatsächliche Ernährungsweise des Chamäleons angemessene Beachtung.

Nicht ohne jem. leben können: den Partner unbedingt brauchen; diese Wndg. ist auch als Liebesbeteuerung häufig; vgl. frz. ,ne pas pouvoir vivre sans quelqu'un'.

Zu leben wissen: die Gesetze des Anstandes beobachten, es verstehen, sich das Leben angenehm zu machen; vgl. frz. ,savoir vivre' sowie das frz. Substantiv ,le savoir-vivre' (der Anstand); *dem Leben die besten Seiten abgewinnen. Das süße Leben lieben:* Nichtstun und Luxus; bekannt auch durch den ital. Film ,La dolce vita'.

Er ist ein Lebenskünstler sagt man von einem Menschen, der das Leben geschickt zu meistern versteht. Dagegen: *nicht zu leben wissen:* an den Annehmlichkeiten des Lebens vorbeigehen.

,Bist au no bei Lebe?' ist eine scherzhafte Begrüßungsformel in Schwaben.

Auf die Frage nach dem Befinden hört man manchmal die neutrale Antwort: *Man lebt,* da man aus einer gewissen abergläubischen Scheu heraus vermeidet, sein Wohlergehen zu bestätigen; vgl. frz. ,On vit', ebenfalls als neutrale Antwort auf die Frage nach dem Wohlergehen, allerdings als Hinweis auf schlechte Gesundheit oder Schwierigkeiten.

,Lebe, wie me cha und mag und nüd, wie me möcht' ist eine schweiz. Rda. von armen Leuten.

Eine häufige Beteuerungsformel ist noch immer *So wahr ich lebe! Um's Leben nicht!* dient als Bekräftigung: unter keinen Umständen. In der Rechtssprache war auch die Wndg. ,bei Leib und Leben' (vgl. ↗Leib) gebräuchlich.

Die Lebensregel *leben und leben lassen:* selbst in Frieden gelassen werden wollen und anderen auch etw. gönnen, gebraucht Schiller im 6. Auftr. von ,Wallensteins Lager' lit. und läßt sie den ersten Jäger aussprechen.

Vgl. frz. ,Vivre et laisser vivre'.

Die Wndg. *So etw. lebt nicht mehr!:* das ist doch nicht die Möglichkeit, ein Ausdr. ungläubiger Verwunderung, erscheint auch mit iron. Erweiterungen, z.B. heißt es oft: ,So was lebt, und Schiller mußte sterben!'; ↗Schiller.

Leben wie Gott in Frankreich ↗Gott. Wander (II, Sp. 1861 ff.) führt noch weitere zahlreiche rdal. Vergleiche an, z.B. *leben wie ein Fürst;* vgl. frz. ,vivre comme un prince'; *wie eine Laus im Grind, wie im Himmel, wie die Made im Speck, wie ein Hund, wie Hund und Katze* usw.

In den Tag hinein leben: ohne Ziel, planlos leben, sorglos das Leben genießen, ohne sich um die Zukunft Gedanken zu machen. *Ein neues Leben anfangen* bez. die guten Vorsätze (meist zum neuen Jahr), seinen Lebenswandel von Grund auf zu ändern.
Die norddt. Verkleinerungsform ‚lüttj Lewen' ist eine vertrauliche Bez. der männlichen Geschlechtsorgane.

Lit.: *W. Boette:* Art. ‚Leben', in: HdA. V, Sp. 952–956; *F. v. Lipperheide:* Spruchwörterbuch (Berlin 1962), S. 496–506; *Klaus Günther Just:* „Chamaeleonte Mutabilior", in: Antaios 12 (1971), S. 381–400; *M. Lurker:* Wb. d. Symbolik (Stuttgart 1979), S. 331–332.

lebendig. *Er nimmt's von den Lebendigen:* er läßt es sich teuer bezahlen. Neben dieser weitverbreiteten Kurzfassung der Rda., durch die ein Habgieriger charakterisiert wird, steht eine weniger geläufige längere Form: ‚Er nimmt's von den Lebendigen und den Toten'; vgl. auch hess. ‚Er nimmts aach von de Leawige, weil ers von de Dute net mehr kritt'. Auch sonst herrscht in den Mdaa. die Langform vor, z. B. rhein. ;.. von den Doten is nix meh te kriegen' (vornehmlich von den Advokaten gesagt). Es fragt sich nun, welches die urspr. Fassung ist und welche Herkunft sie hat. Unter den genannten Versionen dürfte die hess. Fassung die geringste Aussicht haben, als alt zu gelten; der Kausalsatz ist zu verdächtig. Er sieht doch aus wie eine neu hinzugefügte Erklärung zu einer alten, schon nicht mehr ganz verständlichen Rda. – Die Wndg. ‚von den Lebendigen und den Toten' scheint an sich zwar einwandfrei; sie würde eben bedeuten: er nimmt's überall, wo er's nur bekommen kann, und scheut selbst vor den Toten nicht zurück. Allerdings wäre dann von hier aus die Kürzung auf die erste Fassung nicht recht zu verstehen. Man läßt doch nur dort etw. weg, wo der Rest allein zur Charakterisierung genügt. In diesem Fall wäre dann ‚er nimmt's (sogar) von den Toten' viel eher zu erwarten.
Diese Erwägungen legen den Gedanken nahe, daß die zuerst genannte Kurzform den Ausgangspunkt der Rda. darstellt. Ihr Sinn, wenn sie nicht als Kürzung einer längeren, sondern für sich bestehend ganz selbständig entstanden ist, kann dann nur der sein: Der Gierige nimmt das, was ihm von den Toten rechtmäßig zustehen würde, bereits zu deren Lebzeiten, also von den Lebendigen. Zum Verständnis dieser Wndg. könnte dann jener alte Rechtsbrauch verhelfen, nach dem beim Tode des Hörigen, Leibeigenen oder des Vasallen aus der Hinterlassenschaft das sog. Besthaupt (das beste Rind, das beste Pferd etc.) an den Herrn oder Lehnsherrn zu leisten war. Die Rda. wäre nach dieser Erklärung also zunächst eine Charakterisierung des harten, habgierigen Herren gewesen, der den Tod des Untergebenen nicht abwartete, sondern schon zu dessen Lebzeiten nach dem wertvollen Besitz griff. Dann fand eine Übertr. auf allgemeinere Verhältnisse statt, und schließlich wurde die Rda., als ihr urspr. Sinn verschwand, in verschiedener Weise ausgefüllt. Freilich kann diese Erklärung noch nicht als völlig gesichert gelten.

Lit.: *J. Grimm:* Dt. Rechtsaltertümer II, 509–521; *K. Helm:* Er nimmts von den Lebendigen, in: Hess. Bl. f. Vkde., 27 (1928), S. 205.

Lebensfaden ↗ Faden.

Lebenslicht. *Einem das Lebenslicht ausblasen (auspusten):* einem das Leben nehmen, so auch mdal. z. B. ‚heute werd dir de Lompe ausgeblosa'. *Der Tod hat ihm das Lebenslicht ausgeblasen:* er ist gestorben. *Er ist ausgegangen wie ein Licht (Lichtlein)* sagt man von einem schmerzlos Verschiedenen. Ähnl. ‚das Leben verlischt'; ‚der Lebensfunken glüht'. Das Lebenslicht wird humorvoll zur ‚Lampe' in der berl. Rda. *einen auf die Lampe gießen:* Alkohol trinken, sozusagen um die Brenndauer des Lebenslichtes zu verlängern, ‚solange noch das Lämpchen glüht'. (Vgl. den Schlager „Freut euch des Lebens, weil noch das Lämpchen glüht!"), ↗ Lampe.
Seit alten Zeiten glaubt man das Leben des Menschen an ein Licht gebunden. Zwischen beider Dauer bestehen sympathetische Beziehungen: Stirbt der Mensch, erlischt auch sein Lebenslicht und umgekehrt. In der Volksüberlieferung ist diese Vorstellung allg. bekannt, und in sprw. Rdaa. hat sie sich bis heute erhalten. Schon die Israeliten sahen das Leben als Funken und Licht (1. Kön. 11,36; 15,4), das Sterben als Erlöschen

(2. Sam. 14,7; 21,17) an. Die griech. Kunst stellte den Tod mit der umgestürzten, erloschenen Fackel dar (vgl. Lessings Abhandlung ‚Wie die Alten den Tod gebildet'). Dazu sind die sprachl. Wndgn. im Lat. heranzuziehen, die ‚lux' bzw. ‚lumen' im Sinne von Lebenslicht enthalten, z.B. ‚lucem exhalare'. In diesen Umkreis gehört auch die Sage von Meleager, dem bei der Geburt verkündet wurde, er werde so lange leben, bis das auf dem Herde soeben angezündete Holzscheit vom Feuer verzehrt sein werde. Ebenso ist in der germ. Sage das Leben des Nornagest an das Verlöschen einer an der Wiege brennenden Kerze gebunden. Im Grimmschen Märchen vom ‚Gevatter Tod' (KHM. 44) brennen in der unterirdischen Höhle des Todes tausend und aber tausend Lichter, deren Länge sich richtet nach der Lebensdauer, die dem einzelnen Menschen noch beschieden ist. Die Lebenslichtvorstellung spielt auch im brauchtümlichen Leben bis heute eine Rolle: So viele Lebensjahre das Kind zählt, so viele Kerzen werden ihm auf den Geburtstagskuchen gesteckt. Das in der Mitte stehende Lebenslicht darf nur das Geburtstagskind selbst ausblasen. In anderen Gegenden darf man die Lichter vom Geburtstagskuchen überhaupt nicht ausblasen, schon gar nicht das in der Mitte stehende Lebenslicht, sondern muß sie bis zu Ende brennen lassen. Im Rheinl. kannte man ferner den Brauch, unmittelbar vor der Geburt des Kindes eine geweihte Kerze anzuzünden, und man deutete es übel aus, wenn das Kind nicht zur Stelle war, wenn das Licht erlosch. Erlischt die Altarkerze von selbst, so stirbt der Prediger innerhalb eines Jahres. Im Erzgebirge wurden bei der Aufbahrung der Leiche so viele Lichter angebrannt, als der Verstorbene vollendete Lebensjahre hinter sich hatte; die das letzte Lebensjahr bedeutende Kerze lag unangezündet und zerbrochen daneben. In dem Kinderspiel ‚Stirbt der Fuchs, so gilt der Balg' (vgl. Goethes gleichnamiges Gedicht) muß derjenige ein Pfand geben, in dessen Hand das letzte Fünkchen eines herumgereichten glimmenden Spanes erlischt.

Unsere Rdaa. vom Lebenslicht sind auch lit. reich bezeugt. Schon bei Wolfram von

‚Einem das Lebenslicht ausblasen'

Eschenbach heißt es im ‚Willehalm' (416, 14) wortspielend:

> ... bî liehter sunnen dâ verlasch (erlosch)
> manegem Sarrazîn sîn lieht,

in der Lohengrindichtung: „... und sluoc in, daz im muoste daz lieht erlschen", wobei natürlich die Möglichkeit offenbleibt, daß ‚lieht' hier i.S.v. ‚Augenlicht' gemeint ist. Mit Sicherheit ist das Lebenslicht jedoch gemeint bei Gryphius (1698):

> ... doch Chach der Mörder riß
> Den kurzen Faden ab und setzte Kling und Zangen
> In unser Brust, er bließ
> Dies Lebenslichtlein aus, eh es die Zeit verhangen.

Das Bild wurde von Schiller weiter ausgeführt in den Worten Franz Moors (‚Räuber' II, 1) über die geplante Ermordung seines Vaters: „Ein Licht ausgeblasen, das ohnehin nur mit den letzten Öltropfen noch wuchert – mehr ist's nicht". Wilh. Busch beschreibt den Tod des alten Kaspar Schlich in ‚Plisch und Plum' mit den Worten:

> Fällt ins Wasser, daß es zischt,
> Und der Lebensdocht erlischt.

Eine volkstümliche Hausinschrift in Tuttlingen (Württ.) lautet:

Bläst uns, o Welt, in deinem Haus
Der Tod des Lebens Lichtlein aus,
Wird am Geruch es offenbar,
Wer Talglicht oder Wachslicht war.

Lit.: *J. Grimm:* Rechtsaltertümer I, 151; *ders.:* Mythologie, S. 496; *W. Wackernagel:* Das Lebenslicht, in: Zs. f. d. A., 6 (1848), S. 280–284; *B. Kahle:* Seele und Kerze, in: Hess. Bl. f. Vkde., 6 (1907), S. 9–24; *Lessmann,* S. 35–38; HdA. V, Sp. 967–970, Art. ‚Lebenslicht' von *Boette; H. Freudenthal:* Das Feuer im dt. Glauben und Brauch (Berlin u. Leipzig 1931), S. 154–171; *K. Ranke:* Idg. Totenverehrung, FFC. 140 (Helsinki 1951), bes. S. 248 ff.; *R. W. Brednich:* Volkserzählungen u. Volksglaube von den Schicksalsfrauen, FFC. 193 (Helsinki 1964); *L. Schmidt:* Lebendiges Licht im Volksbrauch und Volksglauben Mitteleuropas, in: Volksglaube und Volksbrauch (Berlin 1966), S. 19–55; *H. Rölleke:* Rdaa. des Volks, auf die ich immer horche' (Bern u.a. 1988), S. 72.

Leberschau: Aus der Leber die Zukunft voraussagen

Leber. *Frisch (frei) von der Leber weg sprechen (reden):* freimütig, offenherzig, rückhaltlos, ohne Scheu sprechen, seinem Herzen Luft machen, seinen Ärger herausreden. In der ma. Medizin galt, ebenso wie schon im Altertum, die Leber als Sitz der Lebenssäfte und damit auch der Temperamente, insbesondere des Zornes. Die Rda. meint also eigentl.: durch freimütiges Reden die Leber von dem angehäuften Groll und der aufgespeicherten Galle erleichtern. Diese alte Auffassung der Leber hat sich in unserer Sprache noch bis ins 17. und 18. Jh. erhalten, wofür zahlreiche lit. Belege sprechen. Paul Fleming dichtet im 17. Jh.:

Vergebens ist uns nicht die Leber einverleibet.
Sie, sie ist unser Gott, der uns zum Lieben treibet,
Wer gar nicht lieben kann, der wisse, daß anstatt
Der Leber er faul Holz und einen Bovist hat.

oder:

Vor euch (der Geliebten Augen) zeucht Amor ein und aus
In meine Leber als ein natürlich Haus.

Auch Chr. M. Wieland weist noch auf die alte Bdtg. der Leber hin: „Die Leidenschaft, die sich in seinem Herzen oder – wie die Alten meinten – in seiner Leber zu bilden anfangen wollte ..."; oder: „Gestehe, daß du um diese Zeit den unsichtbaren Pfeil schon in der Leber stecken hattest". In Schillers ‚Räubern' heißt es: „Jetzt hat er einen Eid geschworen, daß es uns eiskalt über die Leber lief". In der heutigen Umgangssprache hat sich diese alte Bdtg. der Leber ganz auf die Rda. ‚frisch von der Leber weg reden' reduziert. Die Rda. ist in dieser Form seit dem 18. Jh. bezeugt, so in des Abenteurers Friedrich v. Trenck Lebensgeschichte (1787, hg. v. Gugitz, Bd. II, S. 5): „Hier sprach ich nun frei von der Leber weg". In Lessings ‚Minna von Barnhelm' heißt es: „Denn einem Soldaten ist es schon recht, wenn man mit ihm von der Leber weg spricht". Und Nicolai schreibt an Lessing: „Sie müssen sie (Ihre Anmerkungen) ganz frei von der Leber weg sagen". Goethe schreibt am 8. April 1812 an Zelter: „Ich höre es gern, wenn Sie von der Leber weg referieren und urtheilen".

Die Mdaa. kennen daneben freilich noch zahlreiche andere Versionen, in denen von der Leber als dem Sitz des Gemütslebens die Rede ist, z.B. schwäb. ‚e weich Leberle han', von weicher Gemütsart sein. Nach Ärger- und Zornausbrüchen sagt man im Schwäb.: ‚s Leberle isch übergloffe' (vgl. auch die übergelaufene Galle). Dazu gehört auch die Rda. *Das muß herunter von der Leber:* ich will das Geheimnis nicht länger verschweigen. Von einem schlecht Gelaunten sagt man im Siebenb.-Sächs.: ‚Et es em net öm de Lewer'. Die Leber kann sogar synonym mit Gewissen gebraucht werden. So besagt die Wndg. *einem auf die Leber reden;* ihm ins Gewissen reden; vgl. ‚ich hab em die Lewer geschleimt (entschleimt)', ich habe ihm ‚die ↗Leviten gelesen'.

Etw. frißt ihm an der Leber: er hat Kummer u. Ärger, ist voller Neid u. Mißgunst. Ähnl.: *Er hat etw. auf der Leber:* es drückt ihn eine Schuld, er ist sich eines Unrechts bewußt, sein Gewissen ist belastet. Dann aber auch iron. weiter abgewandelt: *eine trockene Leber haben:* oft durstig sein, immer Lust auf Alkohol haben; *die Leber auf der Sonnenseite haben:* gerne viel ↗trinken.

Eine jüngere lustig-spottende Weiterbildung ist die Rda. *Er spielt die gekränkte (beleidigte) Leberwurst:* er ist gekränkt, er schmollt. Zu der bereits bestehenden Rda. wurde dann hinterher eine ätiologische Erzählung erfunden, die die angebliche Entstehung der Wndg. schildert: Die Leberwurst platzte vor Ärger über ihre Zurücksetzung vor einer Blutwurst, die vor ihr aus dem Wurstkessel herausgeholt wurde (bezeugt für Obersachsen). Die ‚Wurst' wurde wohl erst angehängt, als man von der alten Anschauung der Leber nichts mehr wußte; vgl. auch *Es ist ihm eine Laus über die Leber gelaufen* (↗Laus).

Die Rda. *Er hat das Leberlein gegessen:* er muß schuld sein, ihm ist die Verantwortung zuzuschieben, geht auf den schon für das 11. Jh. bezeugten Schwank ‚von dem Schwaben, der das Leberlein gegessen hat' zurück (vgl. KHM. 81; Bolte-Polívka II, 151 f.). Ein Beleg findet sich bereits in Seb. Brants ‚Narrenschiff':

Wenn Ryter, Schriber gryfen an
Ein veißten, schlechten bürschen (bäurischen) Man
Der muß die Leber gessen han.

In Joh. Fischarts ‚Flöhhatz' heißt es:

Aber ich bin unschuldig dessen,
Noch mus das Leberle ich han gessen
Und mus gethan han die gröst Schmach.

Lit.: *Bargheer:* Art. ‚Leber', in: HdA. V, Sp. 976–985.

‚Die gekränkte Leberwurst spielen'

lecken. *Vorne lecken, hinten kratzen* sagt man für das Verhalten des heimtückischen Schmeichlers oder des falschen Freundes. Das Bild ist von der ↗Katze auf den Menschen übertr. worden. Schon der Prediger Geiler von Kaysersberg warnt in seinen ‚Brösamlein': „Darumb so hüt du dich vor den Menschen, die da einen überzwerch ansehen, und vor denen, die fornen lecken und hinten kratzen". Zur Beliebtheit der Rda. hat der Reim ‚Katzen – kratzen' wesentlich beigetragen. In Luthers Sprww.-Sammlung heißt es: „Hüt dich vor den Katzen, die vorne lecken und hinten kratzen". Das Katzengleichnis findet sich auch in Sebastian Brants ‚Narrenschiff'. Dort heißt es im Kapitel ‚von offlichem anschlag':

Es will jetzt rätschen (schwatzen) jedermann
Und treiben solche Kaufmannschaft (Handel, Geschäft),
Die vorne leck und hinten kratz'.

Diese Klage über die ungetreuen Freunde stellt der Petrarcameister auch bildl. dar. Sein Holzschnitt bedarf allerdings der Erläuterung: Der links stehende Mann hat sich für das hinterhältige Werk der ↗Katze geradezu präpariert, indem er den Oberkörper entblößt hat. Nun leckt ihm die Katze das Gesicht, und das Blut läuft an dem zerkratzten Rücken herab. Auch

‚Hüte dich vor den Katzen, die vorne lecken und hinten kratzen'

‚Hüte dich vor den Katzen, die vorne lecken und hinten kratzen'

die Darstellung rechts gehört zum Thema der falschen Freunde: Der Ritter in prächtiger Rüstung geht scheinbar eine Freundschaft mit dem Gelehrten ein, er reicht ihm die Hand und stößt ihm zugleich den Dolch in den Rücken. Das Bild rechts bestätigt also die Deutung der Katzen-Rda. links. Vgl. frz. ‚lècher les bottes' oder „... le cul de quelqu'un': einem schmeicheln.

Von der Vorstellung, daß die Katze ihr Fell leckt, um sich fein und schön zu machen, stammt der rdal. Vergleich *wie geleckt* für einen geschniegelten Menschen, auch durchaus positiv für fein geputzte Gegenstände (z. B. ‚der Fußboden ist wie geleckt'), und ‚Lecker' für den Stutzer, obwohl im letzten Falle auch die abwertende Bdtg. des Speichelleckens (↗Speichel) mitwirken kann. Luther fragt in seinen ‚Tischreden': „Du junger Lecker wilt du uns strafen?" Kaspar Stieler dichtet 1660 in der ‚Geharnischten Venus': „Die Worte blies mir Amor zu, der Lecker". Über die Malerei seiner Zeit urteilt Winckelmann im 18. Jh.: „die geleckte Manier einiger von Raffaels Landsleuten". ‚Geleckt' kann aber auch im guten Sinne gebildet, formvollendet bedeuten und steht dann in der Nähe der Tiersage, nach der die Bärin ihrem Jungen erst durch Lecken seine Form gibt, ↗Bär.

Vgl. dagegen frz. ‚un ours mal léché' (wörtl.: ein schlecht geleckter Bär): Bez. für einen unflätigen Menschen.

Wilhelm Busch benutzt dieses Motiv auch in seiner komischen Zoologie.

Ein ‚ungeleckter Mensch' ist also ein ungebildeter Mensch ohne Umgangsformen. H. Heine schreibt: „Der deutsche Edelmann, dem sie (seine Form) von der bärenleckenden Lutetia mühsam eingeübt worden".

Das Maul nach etw. lecken (‚ein Leckermaul sein') oder *die Finger danach lecken* als Ausdr. der Lüsternheit ist 1691 bei Kaspar Stieler in der ‚Teutschen Sprache Stammbaum und Fortwachs' gebucht: „Das Maul lecken, gustum alicuius rei capere ... Du leckst alle deine fünf Finger danach, dulcedinis huius rei desiderio nunquam non capieris"; vgl. frz. „s'en lécher les doigts'. Von jem. der ein günstiges Angebot ausgeschlagen hat, sagt man: ‚Der würde noch einmal die Finger danach lecken'. Im Sprachkommentar des Joh. Mathesy findet sich die Wndg. bereits 1586: „... hernach aber, wenn sie gefreiet und zu Hause sitzen, lecken sie die Finger danach" (↗Finger). In einem Fastnachtsspiel des 16. Jh. findet sich die Version:

Ich weiß, daß sie (die Mohrrübe)
euch wurd lieben,
das ihr die Feust danach wurd lecken.

Den eigenen Löffel lecken: seinen eigenen Haushalt haben. Die Rda. findet sich ebenfalls schon bei Joh. Mathesy: „Denn gar viel Mägde haben es weit besser, wenn sie dienen, denn wenn sie ihren eigenen Leffel lecken".
Mit der Wndg. *Es ist kein Honiglecken* umschreibt man eine unangenehme und harte Beschäftigung oder auch Lebensphase. Die Rda. ist bereits bei K. Stieler 1691 gebucht: „Es ist allhier kein Honiglecken, negotia ista molestiora sunt, quam ut inde jucunditas hauriri possit". Vgl. frz. ‚Ce n'est pas du gâteau' (wörtl.: Das ist kein Kuchen).
Von der Tatsache, daß Tiere instinktiv zur Heilung und Schmerzlinderung ihre Wunden lecken, leitet sich die Wndg. her: *daran zu lecken haben,* die oft hämisch gemeint ist i. S. v.: dieser Schaden wird ihm noch lange zu schaffen machen.
Leck mich! verkürzt aus ‚Leck mich am ↗Arsch'.

Leder wird in mehreren Rdaa. übertr. für die menschliche Haut gebraucht, z. B. *einem das Leder gerben (versohlen):* ihn heftig verprügeln, ‚durchledern'; ‚durchwalken'; vgl. frz. ‚tanner le cuir à quelqu'un'; die Rda. ist eine Parallelbildung zu ‚das ↗Fell gerben'; westf. ‚dat Leader wasken'; *einem das Leder über die Ohren ziehen* ist eine Parallelbildung zu ‚einem das Fell über die Ohren ziehen'. *Einem ans Leder wollen:* jem. etw. Unangenehmes zufügen wollen. Vgl. frz. ‚vouloir rentrer dans le lard à quelqu'un' (wörtl.: einem an den Speck wollen). In bes. eindringlicher Rede heißt es in Joh. Fischarts ‚Gargantua' (194b): „Es juckt ihn die Haut, man muß sie ihm gerben, man muß ihm mit einem eichenen Flederwisch die Leuß abstrelen, man muß ihm hinders Leder wischen". In Grimmelshausens ‚Simplicissimus' wird geschildert, wie „man einander hinters Leder kompt und die Fell zerreißt". Der Barockschriftsteller Schuppius verteidigt sich, „weil itzo so mancher grammatikalische Mußquetirer mir an das Ledr wil" (d. h. ihm am Zeug flicken will). Jean Paul ermutigt im ‚Titan': „Seien Sie doch kein Hase, und stoßen Sie ihm derb aufs Leder". In Schillers ‚Kabale und Liebe' (II, 4) droht der Musikus Miller: „Wenn ich ihm nicht ... alle zehn Gebote und alle sieben Bitten im Vaterunser und alle Bücher Mosis und der Propheten aufs Leder schreibe, daß man die blauen Flecken bei der Auferstehung der Toten noch sehen soll".
Aus anderer (Leute) Leder Riemen schneiden: auf Kosten anderer freigebig sein.
Kein Sitzleder haben: aus Unruhe und Nervosität nicht ruhig sitzen können, kein stetiger Arbeiter sein.
Vom Leder ziehen: angreifen, scharf vorgehen, losschlagen, sich rücksichtslos äußern. In dieser Rda. ist unter Leder die lederne Schwertscheide zu verstehen; vgl. frz. ‚dégainer' (wörtl.: aus der Schwertscheide ziehen): sich duellieren. Ein altes Beispiel hierfür bietet des Meistersingers M. Behaim ‚Buch von den Wienern' (142,30):

Da zugen sy von leder,
zu der wer graiff yedweder.

Hier ist die Wndg. noch nicht in übertr. Bdtg., sondern noch ganz im realen Sinn der Waffen gebraucht. Ebenso bei Luther: „Und zeuch denn von Ledder, und schlahe drein in Gottes Namen". Der Barockdichter Weckherlin ruft auf: „Ho, Schweizer, Kotz Kreuz, zeuch von Leder". Im ‚Simplicissimus' liest man (1. Buch, Kap. 25): „Aber ich irrte, dann der Beleidigte zog von Leder, und versetzte dem Täter eine Wunde dafür an den Kopf". Das 16. und 17. Jh., dem das konkrete Bild der Rda. noch klar vor Augen stand, kennt noch viele Abwandlungen der Wndg. Deutlich in übertr. Bdtg. braucht sie dagegen Jean Paul: „Wir (Deutsche) ziehen in Büchern keck vom Leder und zeigen, wo uns das Herz sitzt".
Jem. auf dem Leder sitzen: ihn fortwährend beaufsichtigen (vgl. ‚jem. auf der ↗Pelle sitzen'). Die Rda. stammt vielleicht aus der Bergmannssprache, hergeleitet von dem halbrund geschnittenen Leder, auf dem der Bergmann bei seiner Arbeit zu sitzen pflegt. Möglich oder sogar wahrscheinlicher ist aber auch hier die seit mhd. Zeit verbreitete derbe Bdtg. Leder = menschliche Haut. Sicherlich aus der Bergmannssprache stammt jedoch der sprw. Ausdr. ‚Viel Bergleute, viel Arschleder', d. h. viel Köpfe, viel Sinne. Die

Wndg. *vom Leder und (oder) von der Feder* geht gleichfalls auf die Bergmannssprache zurück. Damit wurden urspr. die beiden Arbeitnehmergruppen im Bergbau unterschieden: der mit der Hand Arbeitende und der in der Planung oder Verwaltung Tätige. Diese Unterscheidung wurde dann allg. i.S. des Unterschieds zwischen geistig und körperlich Arbeitenden gebraucht. So schreibt im 18. Jh. Justus Möser in seinen ‚Patriotischen Phantasien' (2,261): „... daß einige Einwohner der Stadt, sie seien nun von Leder oder von der Feder, wähnen, sich zur Bühne geschickt zu machen". Am 4. Mai 1873 berichtet das ‚Frankfurter Journal' zur Weltausstellung: „Der Landwirt, der Handwerker, die Leute von der Feder wie die vom Leder, welche von allen Enden der Erde herbeikommen, sie sehen und hören jeder in seinem Fache Neues, Nachahmenswertes".

An der Mosel ist die Einladungsformel ‚Dau kimms doch of de Lederwein' gebräuchl. Der Lederwein ist der frisch abgestochene Wein, der früher durch den Lederschlauch lief, vor allem der Wein, der beim Abstich des verkauften Weines getrunken wurde; dazu fanden sich gern Nachbarn und Freunde ein.

Da muß der Hund Leder gefressen haben ↗Hund; *ausreißen wie Schafleder* ↗ausreißen; *darauf losarbeiten (zuschlagen), was das Leder hält* ↗Zeug.

Lit.: *K.-A. Tiemann:* Art. ‚Leder', in: HdA. V, Sp. 996–1003; *H. Eberhardt (Hg.):* Deutsches Ledermuseum (Offenbach 1956).

Lehrgeld. *Lehrgeld geben (zahlen):* eine Erfahrung teuer erkaufen, durch Schaden klug werden. Den kulturgeschichtl. Hintergrund der Rda. bildet das Lehrgeld, das früher im Handwerk für die Ausbildung des Lehrlings von dessen Eltern an den Meister bezahlt werden mußte. Doch ist die Wndg. schon im 16. Jh. in übertr. Bdtg. bezeugt; sie ist z.B. sprw. bereits in den Sammlungen des Humanisten Joh. Agricola und bei Seb. Franck gebucht. Joh. Mathesy sagt in seinem Syrachkommentar von 1554: „Lehrgeld muß jeder geben". Bei Zincgref heißt es 1644 in seinen ‚Apophthegmata': „Wenn einer irgend betrogen ward, pflegt er zu sagen: ... fromme Leut müssen täglich Lehrgeld geben". Joh. Balth. Schuppius bekennt in seinen ‚Lehrreichen Schriften' von 1684: „Ich kenne die Welt, ich habe aber gar zu viel Lehrgeld aus geben, bis ich die Welt hab kennen lernen". Und Chr. M. Wieland gesteht: „Wenigstens hab ich ein hübsches Lehrgeld für dieses Stück meiner Weltkenntnis gegeben". Vgl. ndl. ‚Hij heeft leergeld gegeven'.

Bekannt ist auch die Wndg. *Laß dir dein Lehrgeld (Schulgeld) zurückgeben* für den, der es nie lernt, der sich als ungeschickt erweist.

Lit.: *R. Wissell:* Des alten Handwerks Recht und Gewohnheit, 2 Bde., Bd. II (Berlin 1929); *L. Röhrich* u. *G. Meinel:* Rdaa. aus dem Bereich von Handwerk und Gewerbe, in: Alem. Jahrbuch (Bühl/Baden 1973).

Leib. Mhd. ‚lîp' bedeutet Leben. Das zeigt sich noch in der Wndg. *beileibe nicht,* die eigentl. meint: beim Leben nicht! und womit man sich vor etw. bewahren möchte. Bei Wencel Scherffer heißt es im ‚Grobianus' (139): „Du aber hütte dich, thue dieß bey leibe nicht!". Diese formelhafte Wndg. braucht auch Burkard Waldis (II, 85,9): „Die krä allein solchs widerräth, vnd sprach: thut solches bei leibe nit!"

Die Zwillingsformel *Leib und Leben* ist wohl nur des Stabreims wegen gebildet und als Tautologie zu verstehen, da Leib auch in dieser Verbindung Leben bedeutet. In ‚Diocletians Leben' (7041 f.) heißt es mhd.: „Der keiser wart von zorne rot, by lib vnd leben er gebot". Auch die mdal. ndd. Rda. ‚Dat geht up Lîv un Leven' meint: es ist lebensgefährlich. *Leib und Leben wagen:* alles aufs Spiel setzen. *Leib und Gut verwirken:* sein Leben und den gesamten Besitz verlieren, beruht auf einem alten Rechtsbrauch, nach dem der Besitz eines Verurteilten ohne Rücksicht auf seine Erben eingezogen wurde. Vgl. frz. ‚forfaire corps et avoir' (veraltet).

Immer mehr ist bei den Rdaa. aber die heutige Bdtg. von Leib = Körper in den Vordergrund getreten, wie z.B. in der formelhaften Wndg. *Leib und Seele,* die in verschiedenem Zusammenhang auftreten kann; vgl. frz. ‚Corps et âme'. Von einer guten Mahlzeit sagt man *Das hält Leib und Seele zusammen:* es ist dafür gesorgt,

Der sterbliche Leib als Gefängnis der Seele

daß weder Körper noch Seele dabei zu kurz kommen. Schon Luther braucht eine ähnl. Wndg.: „Auf einen guten Bissen gehört ein guter Trunk, da kömpt Leib und Seele zusammen". Geiler von Kaysersberg sagt von zweien, die in ihrem Fühlen, Denken und Tun vollkommen übereinstimmen, die also echte Freunde sind: „Sie sind ein Leib und eine Seele", wofür wir heute häufiger die Rda. ‚ein ↗Herz und eine Seele sein' anwenden. Daß jem. ohne Einschränkung für etw. oder jem. eintritt, besagen die Wndgn.: *mit Leib und Seele dafürsein; mit Leib und Seele an etw. (jem.) hängen* und *mit Leib und Seele jem. ergeben sein*. Die Rda. *einem zu Leibe gehen (wollen)*, auch *jem. zu Leibe rücken;* ihn verfolgen, bedrängen, angreifen, stammt wohl vom Zweikampf und Fechten her, ebenso wie die Wndg. *sich jem. vom Leibe halten:* Abstand, Distanz wahren, ihm keine Angriffsmöglichkeit bieten. Dagegen meint die Rda. *einem nicht vom Leibe gehen:* ständig beobachtet oder belästigt werden, nicht allein und in Ruhe gelassen werden; vgl. frz. ‚ne pas quitter quelqu'un d'une semelle' (wörtl.: von einem nicht um eine Fußsohlenbreite weichen): ihn ständig beaufsichtigen.

Etw. am eigenen Leibe erleben (erfahren, verspüren): böse Erfahrungen machen, Angst, Not, Schmerzen erleiden müssen.

Seinen Leib pflegen: sich vor Anstrengungen hüten, ein gemütliches Dasein führen, auch: faulenzen; ähnl. *seinem Leib etw. zugute tun:* tüchtig essen und trinken, aber auch: sich selbst Erholung gönnen; vgl. frz. ‚bien se soigner' (wörtl.: sich wohl pflegen).

Die Wndg. *gut bei Leibe sein:* wohlgenährt sein, wird meist als euphemist. Umschreibung für Dicke und Fettleibige gebraucht, die bei ihrem ‚Leib- u. Magengericht' (Lieblingsessen) oft das gesunde Maß überschreiten. Die Rda. *gesegneten Leibes sein* ist ein Euphemismus zur Bez. von Schwangerschaft, die lange Zeit als bes. Gnade Gottes empfunden wurde, während man glaubte, daß kinderlose Ehepaare unter einem Fluch Gottes stünden. Vgl. Luk. 1,25: Elisabeth freut sich ihrer Schwangerschaft, um die sie lange gebeten hatte und sagt deshalb: „Also hat mir der Herr getan in den Tagen, da er mich angesehen hat, daß er meine Schmach unter den Menschen von mir nähme"; vgl. die Wndg. ‚Gott segnete sie mit Kindern'.

Noch nichts im Leibe haben: hungrig sein; vgl. frz. ‚n'avoir rien dans l'estomac (nichts im Magen haben); auch mit dem scherzhaften Zusatz: *noch keinen warmen Löffelstiel im Leibe haben. Sich etw. am eigenen Leibe absparen:* selbst Mangel am Notwendigsten leiden, um etw. ersparen zu können, was ohne Entbehrungen nicht möglich wäre.

Nichts auf den (am) Leib haben: in Notdurft leben, unbekleidet sein; vgl. frz. ‚n'avoir rien à se mettre' (nichts zum Anziehen haben); dagegen: *alles auf (an) den Leib hängen:* zuviel für die Kleidung ausgeben, unangemessenen Aufwand treiben, putzsüchtig sein.

Lit.: *G. Mascovii:* Programma de paroemia iur. germanici: Längst Leib, längst Gut (Gottingae 1736); *W. C. B.:* „Keep body and soul together", in: Notes & Queries, 11.1. (1910), S. 27; *H. Wiesendanger:* Mit Leib und Seele (Frankfurt/M. u.a. 1987).

Leiche bedeutet in der Volkssprache sowohl ‚Leichnam' als auch ‚Begräbnis'. In der großen Zahl von Rdaa. zeigt sich das stark affektive Verhältnis zum Tod, das zuweilen aber auch in zynischen oder groben Witz umschlägt. ‚De ganze Woche krank und sonntags keene Leiche' sagt man in Sachsen von eingebildeten oder wehleidigen Kranken; diese Rda. erinnert auch noch zur Steigerung der Witzwirkung an den mancherorts üblichen Brauch, daß sonntags nicht beerdigt wird. Wenn jem. bei traurigen Anlässen Witze erzählt, heißt es in Berlin (neuerdings aber auch sonst vielerorts): *Spaß muß sin bei de Leiche* und dazu oft als begründender Nachsatz: „sonst jeht keener mit!"

Mit zur Leiche gehen ist eine boshafte Rda. in Kaufmannskreisen, wenn man beim Konkurs eines Geschäftspartners wie viele andere seine aussichtslosen Forderungen anmeldet. In Niederoesterr. verwendet man in bezug auf die Unausrottbarkeit von lästigen Fliegen das Bild: ‚Oane daschlagt ma, neine keman auf d'Leich', d.h. eine erschlägt man, aber neun kommen zur Beerdigung (der einen). J. Maaler bucht die Wndg. ‚mit zur Leiche (oder mit der Leiche) gehen' in seiner ‚Teutsch Spraach' (Zürich 1561) noch im eigentl. Sinn: „einen zu der Begrabnuß leiten; die oder der Leich nach gon; exequias alicui ducere". ‚Eine schöne Leiche' ist die Bez. für ein prunkvolles Begräbnis mit vielen Teilnehmern.

Über Leichen gehen: rücksichtslos auf ein Ziel lossteuern. Ihren Urspr. hat die Rda. wohl in der drohenden Verteidigungsformel, daß man eher sterben wolle, als eine bestimmte Forderung zuzugestehen. So heißt es in Herders Gedicht ‚Der Gastfreund': „Nur über meinen Leichnam geht der Weg!" Dieselbe Formel findet sich in Körners ‚Hedwig' (3,10): „Nur über meine Leiche geht der Weg". In ‚Wallensteins Tod' (5,7) heißt es: „Erst über meinen Leichnam sollst du hingehen".

Nur über meine Leiche!: niemals, solange ich lebe; kurzer Ausruf heftigster Abwehr.

Eine Leiche im Keller haben: etw. Belastendes, das man verborgen glaubte u. das plötzlich zum Vorschein kommt oder aufgedeckt wird. Vgl. das Kriminalstück ‚Arsen und Spitzenhäubchen', in dem eine Leiche nach der anderen im Keller verschwindet und später entdeckt wird.

Einen *lebenden Leichnam* (frz. ‚un cadavre vivant') nennt man einen gesundheitlich stark geschädigten oder auch nur so aussehenden Menschen (vgl. den gleichlautenden Titel eines Bühnenstücks von Leo Tolstoi). Die gleiche Bdtg. hat der Ausdr. ‚wandelnde Leiche'. Der rdal. Vergleich ‚wie eine Leiche auf Urlaub' stammt aus der Soldatensprache und meint ebenfalls einen abgemagerten, geschwächten oder auch nur so aussehenden Menschen; der Gedanke des nur noch vorübergehenden Daseins wird hier (durch ‚Urlaub' pointiert) dargestellt, ebenso das Gespenstische der Erscheinung.

Mit einer wahren Leichenbittermiene. Wie den Hochzeitsbitter, so gab es im Volksbrauch auch den Leichenbitter, der mit professionell ernstem Gesicht die Trauergäste zum Leichenbegängnis einzuladen hatte. Der Leichenbitter spricht im Schwarzwald etwa folgende Einladungsformel: „Der Baschebur isch g'schtorwe un wurd übermorge früeh vergrabe. Seine Freunde lasse bitte, daß Ihr au zu dr Lich komme; sie werde dafür au Euch beistehe in Freud und in Leid". Darauf bittet er um ein Vaterunser für den Verstorbenen (Elard Hugo Meyer, Badisches Volksleben im 19. Jh., Straßburg 1900, S. 589). Seine ‚Leichenbittermiene' wurde sprw. für meist nicht ganz echtes, aber um so deutlicher zur Schau getragenes Leidwesen (vgl. die Schilderung von Ludwig Lenz und Ludwig Eichler: ‚Berlin und die Berliner', 1840–42). Schon bei Chr. M. Wieland wird im ‚Amadis' von der Stimme eines Ritters gesprochen, „die er von einem Leichenbitter geborgt zu haben schien". In Schillers ‚Fiesko' (I, 7) findet sich dann direkt die Wndg. ‚mit einer wahren Leichenbittermiene'. Das Subst. ‚Bitter' wird heute im Volksbewußtsein oft mißverstanden und als Adj. ‚bitter' = herb, sauer gedeutet.

Eine Leichenrede halten: über etw. Unabänderliches reden, jammern und sich aufregen, bes. beim Skatspiel über das vergangene Spiel reden. Wenn man in Obersachsen nach einem Begräbnis einen Umtrunk hält, heißt das , einen Leichenstein setzen' (vgl. ‚das ↗Fell versaufen'). Bismarck nennt in seinen ‚Gedanken und Erinnerungen' seine Entlassung und die damit verbundenen militärischen Ehren, die man ihm erwies, „ein Leichenbegäng-

1

2

1/2 Leichenbitter (‚Mit einer wahren Leichenbittermiene herumlaufen')

nis erster Klasse". Eine makabre Rda.: ‚Immer diese aufgewärmten Leichen!': Alte Sachen, längst begraben, wieder hervorgeholt ... in alten Wunden rühren ... auch auf geistige Dinge anzuwenden.

Lit.: *P. Geiger:* Art. ‚Leiche' – ‚Leichenzug', in: HdA. V, Sp. 1024–1167; *E. Schlee:* Die Husumer Leichenbitterin Madame Stak, in: Schlesw.-Holstein 12 (1960), S. 129–130; *H. Schmälzer:* ‚A schöne Leich'. Der Wiener u. sein Tod (Wien 1980).

Leid, Leiden. Bereits sehr alt ist die entschuldigende und bedauernde Rda. *Es tut mir leid!* Schon bei Notker heißt es: „ze demo uns leido ist" (leido ist hier Adv.). Im Minnesang findet sich häufig die Formel: „daz tuot mir leit unde wê z'allen stunden". Diese Wndg. kann aber auch soviel bedeuten wie unser heutiges ‚ich bin es leid'. ‚Leid tun' wird dann auch i.S.v. ‚jem. (ein) Leid antun' gebraucht. So heißt es in Luthers Katechismus, „daß wir unsern Nächsten kein Schaden noch Leid tun" sollen. *Einem das gebrannte Leid antun:* ihm ein bes. schweres Herzeleid zufügen; ‚gebrannt' steht hier in intransitivem Gebrauch für ‚brennend', Mhd. heißt es bereits: „si tuont mir gebrantiu leit". *Sich ein Leid antun* wird seit dem 17. Jh. in der Bedeutungsverengung nur noch (verhüllend) für den Selbstmord gebraucht. *Sein Leid in sich (hinein-)fressen* ist eine bibl. Rda. nach Ps. 39,3 in Luthers Verdeutschung, ‚Leid geben' bedeutet oberhess.: die Trauermahlzeit für die Leichenbegleiter geben. Leid kommt darüber hinaus in zahlreichen, meist schon ma. rdal. Formeln, insbes. in alliterierenden oder endreimenden Zwillingsformeln, vor wie ‚Lust und Leid', ‚Leid und Freud', ‚Lieb und Leid', ‚Trost und Leid', ‚Leiden sind Lehren', ‚leiden und meiden', ‚Schaden und Leid', ‚Reu und Leid'.

Der rdal. Vergleich *aussehen wie das Leiden Christi:* sehr elend und erbärmlich aussehen, bezieht sich auf die Passionsbilder und Pietà-Darstellungen. ‚Das Leiden Christi' meint als stehende Bez. in der christl. Kirche die Passion Christi, schließlich das leidende Gesicht des Erlösers (vgl. ‚aussehen wie der ↗Tod von Ypern').

Lit.: *Fr. Maurer:* Leid. Studien zur Bedeutungs- und Problemgeschichte ... (Bern u., München ²1961).

Leier. *Immer die alte Leier!* wird von ewigen Wiederholungen gesagt; obersächs. auch: ‚'s is immer eene Leier', es ist noch derselbe leidige Zustand (z.B. bei einem Kranken, auch sonst von üblen Verhältnissen; die alte Art und Weise, dieselbe Klage). Im Rheinl. sagt man zu dem, der einem dauernd mit derselben Sache ‚in den ↗Ohren liegt': ,Du bist ein Leierkasten!' Die Bauern- oder Kurbelleier war stets auf eine bestimmte Tonlage und Melodie abgestimmt. Die mangelnde Variierbarkeit beim Spielen und das nachhaltige Einerlei ihrer Musik ermöglichte es, die Leier als Bild des Eintönigen, Immerwiederkehrenden, auch des Aufdringlichen rdal. zu verwenden. Vgl. dagegen frz. ,Toujours le même refrain' oder ,... la même rengaine' (wörtl.: immer derselbe Kehrreim). Zum Teil sind auch andere Instrumente oder Spielweisen in derselben Art rdal. geworden. So ist in der Lebensbeschreibung Wilwolts von Schaumburg (1507) von einem „ungelehrten" Spielmann die Rede, „der stet auf einer seiten glimpt" (vgl. ndd. ,upr olden Saiden trumpeden'). In einem Bericht aus Dresden von 1615 heißt es: „Er kömpt immer mit der alten Geige". Die westf. Mda. sagt: ,Et ist en ollen Dudelsack'. Die Formel von der ,alten Leier' bezieht sich in den frühesten Redensartbelegen wohl auf das Instrument selbst. Grimmelshausens Simplicissimus versucht, seine alte Leier neuen Verhältnissen anzupassen, und erklärt dies gleich mit einer neuen Rda.: „... mußte aber den Mantel nach dem Wind hängen, meine Leier anders stimmen". Hier wird noch ganz deutlich an die Grundvorstellung angeknüpft; man konnte die Leier ja auf eine bestimmte Tonart und Melodie einstellen, war dann aber festgelegt. Christian Günther nimmt bereits die Rda. beim Wort und behandelt sie als konkretisierte Metapher, indem er sie mit einer inhaltlich verwandten Rda. logisch und ästhetisch verbindet: „Im ersten Jahre meiner Ehe, da hieng der Himmel voller Geigen, hernach fielen sie herunter und wurden lauter Leyern draus". Chr. O. v. Schönaich sagt in seinem ,Neologischen Wörterbuch oder die ganze Aestethik in einer Nuß' von 1755 (S. 242): „Ein altmodischer Schriftsteller bleibt bei seiner Leyer und Einfalt". Lessing klagt in ,Nathan der Weise' über das Alte in der verkappten Form des Neuen: „Doch die alte Leier wieder? Mit einer neuen Saite nur bezogen, die fürcht ich, weder stimmt noch hält". Goethe läßt in den ,Mitschuldigen' (II, 4) Söller von der „abgedroschenen Leyer" reden, und er gebraucht auch: „Da haben wir wieder den alten Leierton". Eine Entwicklung ist darin zu sehen, daß man in späterer Zeit unter Leier nicht mehr so sehr das Instrument, sondern vielmehr die vom Instrument ausgehende Musik versteht: ,die alte Melodie', ,das alte Lied'. Schon Seb. Franck denkt in seiner Sprww.-Sammlung von 1541 an die Melodie, wenn er sagt (2,7a): „... sonst spricht man bald: es ist eine alte leier, ein versungen liedlin". Ernstlich ermahnt wurde z.B. Joh. Seb. Bach in seinem Anstellungsbescheid in Arnstadt: „Seine Kunst möglichst zu excolieren, nicht immer auf einer Leyer zu bleiben".

Jetzt gibt's eine andre Leier sagt man im Rheinl., wenn bedeutende Neuerungen eingeführt werden sollen, auch Kindern gegenüber als letzte Ermahnung, wenn sie nicht gehorchen wollen. Sprw. allg. verbreitet sind ,Besser geleiert als gefeiert' für ,Besser wenig getan als gar nichts' und: ,Neue Leier, neue Dreier' für ,Neue Methoden, neuer Gewinn'. Weitere mdal. Varianten sind ferner kärnt. leiern, nichts tun, faulenzen; thür. leiern, hinhalten (z.B. ,der Arzt leierte den Kranken so hin'); rhein. leiern, langsam arbeiten, faule und lässige Bewegungen machen, auch: schwatzen. Im Hess. bedeutet leiern auch soviel wie trinken. Das Verb leiern im Sinne von spielen, fingern, gleichmäßig bewegen wurde im Grobianismus des 16. Jh. auch in obszöner Bdtg. verwandt; in einem Fastnachtsspiel heißt es z.B.:

Heuer trug man mir eine Witwe an,
die sprach sie het vor gehabt ein Man,
der het kein Nacht an ir gefeiert.
Er het ains oder zwei rabgeleiert.

Lit.: *M. Willberg:* Die Musik im Sprachgebrauch, in Sprww., in Rdaa. ...,in: Die Muttersprache (1963), S. 201ff.

Leikauf. „Das Haus wurde gekauft um 5000 Gulden und 1 Karolin Leikauf"; so etwa liest man in alten Kaufbriefen. Noch heute zahlt der Händler neben der eigentl. Kaufsumme zuweilen einen Leikauf. Leikauf meint urspr. leitkauf, mhd. lîtkouf, wobei leit, mhd. lit, Obst- oder Gewürzwein bedeutet. Nach abgeschlossenem Handel zahlte der Käufer den Beteiligten, dem Verkäufer und den Zeugen des Handelsgeschäftes, einen Trunk als Dank für gehabte Mühe und gleichsam auch als Besiegelung des Handels. Die Naturalleistung wurde mit der Zeit zu einer Geldleistung, die sich mehr und mehr zu immer höheren Beträgen steigerte. Der erste urkundliche Beleg für die Rechtsformel vom Leikauf stammt vom Jahre 1245. In dem Nürnberger Baumeisterbuch von Enders Tucher aus dem 15. Jh. geht es neben dem Trunk wohl auch noch um die Vertragsbekräftigung, wenn es heißt: „... nachdem die Steinmetzen und Maurergesellen also gelobt haben, so soll inen und irem Meister der Stat Paumeister zu vertrinken und Leikauf geben nach altem Herkomen vier pfund alt". Formelhaft und metaphorisch konnte Leikauf später rdal. auf jegliche Form von Abschluß übertr. werden, auch wenn der Rechtsbrauch nicht mehr gepflegt wurde. Luther sagt im übertr. Sinne in seinen ‚Tischreden': „Wir haben alle den Leikauf zum Tode getrunken". Nur noch als Vorwand zum Trinken gilt der Leikauf in einem Fastnachtsspiel:

Dann, Wirt, habt ir ein guten Wein,
So tragt nur her und schenkt fix ein
Und laßt uns bald ein Leikauf machen.

Bei Jak. Ayrer heißt es: „so soll es war und leickauf sein", oder: „So seis leickauf! Gott wolle sein walten!" Diese Zeilen besagen: So steht es ein für allemal fest; darauf können wir trinken. Leikauf wurde auch volksetymol. umgedeutet zu Leihekauf und Leichkauf. So heißt es in v. Schweinichens Tagebuch (1568–1602): „über den Trunk des Leihkaufes bekommen wir einen guten Rausch", d.h. auf Pump oder auf Kosten anderer läßt sich gut und billig trinken. – Das Lutherische Bild des Leikaufes mit dem Tode findet sich bei M. Neander im ‚Menschenspiegel' von 1587 in der falsch etymologisierenden Form: „ir wisset, daß ir Menschen und alle deß Leihekaufes zum Tode getrunken habt". Wolfhart Spangenberg läßt in seinem Drama ‚Mamons Sold' von 1614 ebenf. das memento mori anklingen und sagt: „Wohlan der Leichkauf ist gemacht". Lebendig ist das Wort Leikauf heute nur noch in den Mdaa., wie im Kärntischen und im Schwäb. ‚Den Leikaff machen' heißt kärnt.: einen Handel eingehen; Leikaff ist dann auch das Draufgeld zum Vertrinken. Im Schwäb. wird Leukauf oder Lidkauf ebenf. noch als das Draufgeld beim Vertragsabschluß angesehen, das man mit den Zeugen und denen, die sich gern dafür halten, vertrinkt; ↗Weinkauf.

Lit.: *J. Grimm:* Dt. Rechtsaltertümer, 4. Ausg. (Leipzig 1921), I, 264f.; *Göhring,* Nr. 225, S. 126; *R. Schmidt-Wiegand:* Art. Leitkauf, in: HRG, II, Sp. 1842–1843.

Leim. *Jem. auf den Leim locken (führen):* ihn betrügerisch zu etw. verlocken, ihn täuschen, anführen; *auf den Leim gehen (kriechen):* sich betrügen lassen, sich zu seinem Nachteil verlocken, übervorteilen, anführen lassen; *er geht nicht auf den Leim:* er läßt sich nicht täuschen; *das ist ein Leim:* das ist eine betrügerische Ver-

‚Jemandem auf den Leim gehen'

lockung. Das Bild all dieser Rdaa. ist hergenommen von dem (heute in Dtl. verbotenen) Vogelfang mit Leimruten. Das sind kleine, dünne, mit Leim bestrichene Stäbchen, die nur lose mit dem einen Ende in eine Stange gesteckt werden und herabfallen, sobald sich ein Vogel daraufsetzt. Beim Herunterfallen der Leimrute flattert der Vogel und bleibt mit den Flügeln an dem Leim kleben (vgl. auch ‚Pech haben' und ‚ins Garn gehen'). Schon bei Gottfried von Straßburg (‚Tristan' V.843ff.) findet sich das Bild im übertr. Sinn als Gleichnis für den von der Minne gefangenen Menschen:

daz der minnende muot
reht alse der vrie vogel tuot,
der durh die vriheit, die er hat,
uf daz gelimde zwi gestat:
als er des limes danne entsebet
und er sich uf ze vlühte hebet,
so klebet er mit den vüezen an;
sus reget er vedern und wil dan;
da mite gerüeret er das zwi
an keiner stat, swie kumez si,
ezn binde in unde mach in haft;
so sleht er danne uz aller kraft
dar und dar und aber dar,
unz er ze jungeste gar
sich selben vehtend übersiget
und gelimet an dem zwige liget.

Der Volksprediger Geiler von Kaysersberg warnt um 1500 in seiner Schrift ‚Brösamlein‘ (1,33 a): „Die böse Liebe und die böse Glüst seind die Leimruten. Welcher Vogel darin kumpt, der muß verderben“. Im Fastnachtsspiel der gleichen Zeit heißt es: „ob unser eines auch also wurd gefangen, das er an dem Leim mußt hangen“. Der Barockdichter Martin Opitz weiß: „Ein schlauer Vogel kann des Stellers Leim entschleichen“.

Mit der Leimstange laufen: den Mädchen nachlaufen, ein Narr sein. Die Rda. ist mehrf. auch bei Grimmelshausen belegt (↗Latte); vgl. ostpr. ‚he löppt bi de Limstange‘, er ist ein Narr, ein sog. ‚Leimstängler‘.

Aus dem Leim sein: entzwei, zerbrochen sein. ‚Aus dem Leim gehen‘ können eigentl. nur schlecht geleimte Sachen. Bildl. wird die Wndg. aber vom Lösen jeder Verbindung gesagt, z.B. ‚ihre Freundschaft ist aus dem Leim gegangen‘. In dieser Rda. schwingt meist der Verdacht mit, daß die Sache eben schon immer schlecht geleimt war. Im übertr. Sinne des inneren Zusammenhalts heißt es im 16. Jh. in Joh. Mathesy's Sprachkommentar: „Eine friedfertige Red ist wie ein Leim, der zwei Hölzer zusammenzeucht“. Der Volksprediger Abraham a Sancta Clara (1644–1709) sagt: „als sei nun der Credit bei ihnen aus dem Leimb gegangen“; Jean Paul im ‚Siebenkäs‘, als Natalie ihrem Bräutigam den Laufpaß gegeben hat: „Wahrscheinlich war der Leim zwischen ihm und Natalie aufgegangen und abgelaufen“. Im ‚Hesperus‘ spricht Jean Paul von der „Schönheit als Mörtel und Leim der Freundschaft“. 1741 bucht Joh. Leonh. Frisch in seinem ‚Teutsch-Lateinischen Wörterbuch‘ ‚aus dem Leim gehen‘ als einen Ausdr., den die Handwerker gebrauchen, wenn ein Geselle vorzeitig vom Meister weggeht.

‚Mit der Leimstange laufen‘

Ein bair. Ausruf bei einer argen Enttäuschung lautet: ‚Itz geht ma's Gsicht ausm Leim!‘; vgl. die ähnl. nordd. Wndg. ‚Daß du die Näse ins Gesicht behältst!‘ (↗Nase). Die westf. Rda. ‚He löppt mit 'n Limpott‘, er ist ein Pfuscher, erklärt sich daraus, daß eine nicht ordentlich gemachte oder verdorbene Arbeit oft mit Leim notdürftig geflickt wird, eben von einem Pfuscher.

Lit.: *L. Röhrich* u. *G. Meinel:* Redensarten aus dem Bereich der Jagd und der Vogelstellerei, S. 316, 323. *R. W. Brednich:* Der Vogelherd. Flugblätter als Quellen zur Ikonographie der Jagd, in: Rhein.-Westf. Zs. f. Vkde. 24 (1978).

Leine. *Einen an der Leine haben:* ihn in seiner Gewalt haben, ihn lenken können, wie man will, ihn unter Kontrolle halten, so wie der Herr seinen Hund an der Leine hat; vgl. ndl. ‚iemand aan het lijntje hebben (krijgen)‘, engl. ‚to have a person on a string‘, frz. ‚tenir quelqu'un en laisse‘. Umgekehrt kann man einem *die lange Leine lassen,* d.h. ihm mehr oder weniger Bewegungsfreiheit zugestehen; ndd. ‚de Lîne hängen laten‘, schlaff und nachsichtig sein, eigentl.: den Pferden ihren Willen

‚Jemanden an der Leine haben'

lassen. *An einer Leine ziehen* (vgl. ‚an einem Strick, am selben Strang ziehen'): gemeinsam eine Arbeit oder ein Unternehmen ausführen, gleiche Interessen haben, zusammenhalten. Von denen, welchen diese Zusammenarbeit nicht gelingt, sagt man iron.: „Sie ziehen an einer Leine, aber an zwei Enden'.

Leine ziehen: sich davonmachen, ausreißen, verschwinden, auch: klein beigeben. Diese Rda. stammt wohl nicht vom Lenkseil des Tieres, weil hier die Leine ja nicht eigentl. zum Ziehen dient, geschweige denn gezogen wird. Leine bedeutet hier vielmehr das Schiffszugseil. Die Rda. ‚Zieh Leine!' stellt also von Hause aus schiffahrtliches Sondergut dar. Sie entstammt der Zeit des alten Binnenschiffahrtbetriebes, wo noch die Fahrzeuge vom Ufer der Wasserstraße her (vom ‚Leinpfad') getreidelt wurden. ‚Leine ziehen' bedeutete für die Zugknechte soviel wie: dafür sorgen, daß man von der Stelle kommt. Ein Bild im Giltbuch der Passauer Schiffszieher aus dem Anfang des 15. Jh. trägt als Befehl an den Zugknecht, der vor ein ↗Seil gespannt ist, die Worte: ‚Nu zeuch am Sail!' (Die Miniatur ist wiedergegeben von K. Gröber in: Alte deutsche Zunftherrlichkeit, München 1936, S. 76.) Der reine Fachausdr. hat im Laufe der Zeit seinen alten Anschauungsgehalt mehr und mehr eingebüßt und ist heute vollkommen abgeblaßt. Er begegnet nur noch in der Befehlsform und besagt jetzt nichts anderes als schlechthin: ‚Mach, daß du fortkommst!' Die Rda. ist erhalten geblieben und allg. verbreitet, obwohl für ihr Fortleben seit fast einem Jh. die Voraussetzungen nicht mehr bestehen. Der Ausdr. ‚Leine ziehen' hat in jüngerer Zeit zu einem scherzhaften Wortspiel Anlaß gegeben, in dem ebenfalls zugleich ein Deutungsversuch steckt: ‚Wenn die Weiber waschen, müssen die Männer Leine ziehen'. Um 1846 gab es in der Berliner Dirnensprache dieselbe Wndg. ‚Leine ziehen' = ‚auf den Strich gehen', d.h. „sich behufs der Anlockung von Männern auf der Straße umhertreiben".

In wieder andere Zusammenhänge des mehrdeutigen Wortes Leine führen einige, nur regionale und mdal. Rdaa. Im Rheinl. ist bekannt: ‚Op de Leine gohn', nichts zu essen haben. Hier wird die brotlose Kunst des Seiltänzers als Vergleich dienen. Ebenso heißt es von einem Stromer: ‚Der loschiert op de Lein'. ‚Er geht über die Lein' heißt: er macht Bankerott, aber auch: er stirbt. ‚Einen über die Leine springen lassen' sagt man von dem, der an seiner Arbeitsstelle entlassen wird.

Lit.: *Kluge:* Rotw. (Straßburg 1901); *H. Becker:* Schiffervolkskunde (Halle 1937), S. 51f.

Leisten. *Alles über einen Leisten schlagen:* alles gleichmäßig, nach demselben Schema behandeln, Unterschiede nicht berücksichtigen, ‚alles über einen ↗Kamm scheren'; vgl. frz. ‚mettre tout dans le même sac' (wörtl.: alles in denselben Sack hineintun). Daneben findet sich die Wndg. *über denselben Leisten geschlagen:* von der gleichen Sorte oder Art sein (vgl. ndl. ‚op dezelfde leest geschoeid zijn', frz. ‚frapper tout au même coin' (veraltet), engl. ‚to make one shoe for every foot'). Der Schuster fertigt die Schuhe nicht individuell nach jedem menschlichen Fuß, sondern nach feststehenden hölzernen Modellformen, den Leisten. Das rdal. Bild stammt also von einem bequemen Schuhmacher, der nicht nach Maß arbeitet und alles ungenau nimmt. Die Rda. ist seit dem 16. Jh. belegt. H. Steinhöwel sagt in seiner Boccacciobearbeitung von 1535: „dann du als sie in der selben Sünd bist, ihr seid all über ein Leist gemacht".Das Fastnachtsspiel des

‚Alles über einen Leisten schlagen'

16. Jh. bringt ähnl. Wndgn. ebenf. sehr häufig, z. B. Hans Sachs: „ir seit alle über ein Leist geschlagen". 1625 schreibt Joh. Höpfner im ‚Spiegel der Kleider Hoffart' (S. 27): „Sie sind alle, wie man pflegt im Sprichwort zu reden, vber eine Leiste geschlagen"; Joh. Gerlingius 1649 („Sylloge adagiorum' Nr. 94): „Eundem calceum omni pede inducere. Alle Schuhe über eine leist machen". Kant verurteilt es, „alles dem Leisten scholastischer unfruchtbarer Abstraktion an(zu)passen". 1889 heißt es bei J. Stinde in ‚Frau Buchholz im Orient' (S. 83): „Alle Art ihrer Musik geht nach demselben Leisten". In positiver Bdtg. verwendet Goethe den Leisten als Bild des Maßes und der maßvollen Beschränkung:

Niemand will ein Schuster sein,
Jedermann ein Dichter,
Alle kommen sie gerennt,
Möchtens gerne treiben;
Doch wer keinen Leisten kennt,
Wird ein Pfuscher bleiben.

Von dem ungewöhnlichen Menschen verlangt der Volksmund: ‚Man muß ihn über einen anderen Leisten schlagen', d. h. man darf ihn nicht mit dem gewöhnlichen Maß messen. ‚Man muß ihn auf den Leist spannen' heißt dagegen: man muß ihm einmal eine Lehre beibringen, oder: ihn in die Kur nehmen.

In der Abwandlung ‚Alles über einen Leisten zuschneiden' begegnet die Rda. in der 43. Historie des Volksbuches vom Eulenspiegel, der den Auftrag des Schuhmachermeisters wörtl. ausführt.

Schuster bleib bei deinem Leisten sagt man, wenn einer über seine Möglichkeiten und Fähigkeiten hinaus will; sprich nicht von Dingen, die du nicht verstehst. Das Sprw. hat noch bis in den Schlagertext aus den fünfziger Jahren des 20. Jh. nachgewirkt:

Schuster, bleib bei deinen Leisten,
Schöne Frauen kosten Geld.

Plinius berichtet in seiner ‚naturalis historia' (35,10) von Apelles, dem Hofmaler Alexanders des Großen, daß ein Schuster ihn anläßlich einer Ausstellung seiner Bilder getadelt habe, weil der Maler eine Sandale falsch dargestellt hatte. Apelles verbesserte daraufhin das Bild; als der Schuster nun noch weitere Einwände gegen das Gemälde vorbrachte, soll der Maler gesagt haben: „Ne sutor supra crepidam" (Schuster, nicht weiter als die Sandale). Unser Sprw. ist also keine direkte Übers. dieser Pliniusstelle. Man mag es später jedoch darauf bezogen haben. Vgl. frz. ‚Mêle-toi de tes oignons': Kümmere dich um deine eigenen Zwiebeln, ↗Schuster.

Leistung, leisten. *Sich etw. leisten* wird rdal. in zweifacher Bdtg. verwandt, einmal i. S. v. sich auch einmal etw. zugute kommen lassen, sich auch einmal etw. gönnen, dann auch entgegengesetzt: sich etw. herausnehmen, unverschämt oder unmöglich sein. Noch eine dritte, dazwischenliegende Bdtg. hat die Feststellung ‚Du hast dir da ja etw. (Schönes) geleistet' als rhet. Floskel: Das soll wohl etw. sein! Na, das ist ja schön! In dem selben Sinne kann die Wndg. *Das war (aber) eine Leistung* als iron. Euphemismus fungieren. Vgl. frz. ‚Quel exploit!' (wörtl.: Was für eine Heldentat!). Ernst gemeint ist dagegen die Wndg.: *eine schmissige Leistung!* für eine flotte, schnell entstandene, aber gelungene Leistung. Sie ist in einem Zug hingeworfen, ‚hingeschmissen'. Wer sie vollbracht hat, der hat ‚Schmiß'; ähnl. die anerkennende Bemerkung *Das war (aber) eine reife Leistung*. Die Rdaa. um Leistung und leisten sind recht jung. Ihr starker Gebrauch entspricht der anwachsenden Bdtg. des Leistungsbegriffs in der technischen Gesellschaft des 20. Jh., die diesen Begriff sprachl. über den engeren Bereich der Technik ausdehnt.

Leiter. *Auf der Leiter geschlafen haben:* mager sein; die Rippen zeichnen sich deutlich ab; in den dreißiger Jahren des 20. Jh. aufgekommen; ↗gelehrt.

Leitfaden ↗Faden.

Leitung. *Eine lange Leitung haben:* langsam begreifen, nur schwerfällig etw. lernen; vgl. frz. ‚avoir la comprenette un peu dure' (wörtl.: kein richtig funktionierendes Auffassungsvermögen haben).
Die Wndg. ist erst im 20. Jh. in Analogie zum Telefondraht oder überhaupt zur elektrischen Leitung aufgekommen; entspr. *ihm (bei ihm) steht einer auf der Leitung:* er begreift nicht; *die Leitung funktioniert:* er faßt richtig auf. *Bei ihm schließt die Leitung kurz:* er braust leicht auf. An die Wasserleitung ist vermutl. bei folgenden, ebenfalls in der gegenwärtigen Umgangssprache aufgekommenen Wndgn. gedacht: *die Leitung aufdrehen:* zu weinen beginnen; *eine undichte Leitung haben:* das Wasser nicht halten können, auch: nicht recht bei Verstand sein.

Lektion. *Seine Lektion wissen:* seine Sache gründlich gelernt haben, Rede stehen können; vgl. frz. ‚savoir sa leçon'. Lektion meint urspr. Vorlesung einer bestimmten Stelle aus der Bibel beim Gottesdienst, dann einen Abschnitt aus der Grammatik. Goethe sagt in den ‚Zahmen Xenien' über die ‚Bürgerpflicht':

Ein jeder übe sein Lektion,
So wird es gut im Rate stohn.

Noch immer gebräuchl. ist die im 16. und 17. Jh. häufig bezeugte Rda. *einem eine Lektion lesen* (oder *geben, erteilen*): ihn ausschelten (↗Leviten); vgl. frz. ‚donner une leçon à quelqu'un'.

Lerche. *Eine Lerche schießen:* jählings hinfallen (durch Stolpern, aber auch vom Pferde oder Fahrrad herab). Ob die nicht vor dem 19. Jh. bezeugte Rda. erst nachträglich mit dem Vogel in Zusammenhang gebracht und dann durch ‚schießen' erweitert worden ist, bleibt ungeklärt. Doch sind mdal. ähnl. Wndgn. bezeugt, z. B. ndd. ‚Koppheister scheten', einen Purzelbaum schießen, zu Heister = Elster gehörig; vgl. auch sächs. ‚hinlerchen', hinfallen; vielleicht hat das schnelle Herabschießen des Vogels mit dem Kopf voran den Anlaß zu dem Bild gegeben.
Warten, bis einem eine gebratene Lerche (Taube) in den Mund fliegt; ↗Taube.
Ins Lerchenfeld gucken: ins Leere starren; *jem. auf das Lerchenfeld führen,* gemeint ist wohl urspr.: einen zum Lerchenfang auf ein Feld führen, auf dem, wie der Führende genau weiß, keine Lerchen zu holen sind. Daraus ergibt sich dann die allg. Bdtg.: jem. zum Narren halten, jem. düpieren; lit. z. B. in Joh. Fischarts ‚Gargantua' (S. 388): „Es ist auch einer auff dem Lerchenherd nicht sicher, wenn einer schlafft, dann die Räbhüner dörffen eim bald ohren abstoßen und abbeissen". Möglicherweise ist die Rda. aber auch auf eine eigentümliche Fangmethode zurückzuführen, die darin besteht, daß man Lerchen durch Spiegel blendet und sie so ins Garn lockt. Eine ausführliche Beschreibung des ‚Lerchenspiegels' findet sich in Naumanns ‚Naturgeschichte der Vögel Mitteleuropas'. Zum Vergleich läßt sich heranziehen die frz. Rda. ‚se laisser prendre au miroir comme l'alouette', sich wie die Lerche mit dem Spiegel fangen, d. h. sich durch Schmeicheleien betören lassen. Ein Analogon findet sich noch im ital., wo ‚specchietto delle allodole' (Lerchenspiegel) geradezu für Hinterhalt, Falle gebraucht wird.
Im Lerchenfeld sein: im Irrtum sein.

Lit.: *O. Keller:* Die antike Tierwelt (Leipzig 1913), S. 85–86; *R. Riegler,* Dt. Rdaa., in: Zs. f. d. U., 23 (1919), S. 525f.; *A. Taylor:* Art. ‚Lerche', in: HdA. V, Sp. 1219–1221; *V. Doebele-Flügel:* Die Lerche als lit. Motiv in der dt. Dichtung (Berlin 1976); *E.* u. *L. Gattiker:* Die Vögel im Volksglauben (Wiesbaden 1989), S. 245–253.

Letzt. *Zu guter Letzt:* zum erfreulichen Beschluß, auch iron. gebraucht. Mit dem Superlativ ‚der letzte' hat die Wndg. urspr. nichts zu tun; vielmehr ist Letzt aus mhd. ‚letze' = Abschied (zu letzen = ein Ende mit etw. machen, Abschied feiern, dann: laben, erquicken) hervorgegangen. Die

Grundbdtg. der Wndg. ist also: als guter Abschiedstrunk oder -schmaus; in diesem Sinne in altertümelnder Sprache noch bei Wieland:

Wie sie zu guter Letze
Den goldenen Becher mir bot.

Die Rda. wird dann auch auf andere Gaben, die als Abschluß gewährt werden, übertr. In der Einleitung zu den zwölf Artikeln der oberschwäb. Bauern von 1525 wird das Liebesgebot Christi, das er bei der Abendmahlseinsetzung gegeben hat, als die ‚Letze' bez., die er uns hinterlassen habe. Bei Blumauer heißt es in der ‚Äneis' (1784, Bd. II, S. 41): „Nun begann das dritte Spiel dem Volke zu guter Letze". Als man den Urspr. der Wndg. nicht mehr verstand, wurden Form und Bdtg. an das Adj. ‚letzt' angeknüpft. Auch in der veralteten Wndg. *eine Letze lassen:* ein Abschiedsgeschenk geben, die im 16. Jh. oft, bes. auch im Volkslied, bezeugt ist, steckt das obengenannte Subst. ‚Letze'.

Letzte. Das Sprw. *Der letzte sein ist nimmer gut* verdeutlicht die allg. Anschauung des Volkes, nach der dem Menschen, der mit seiner Arbeit zuletzt fertig wird oder der als letzter bei einer Zusammenkunft erscheint, ein Makel anhaftet. Der Schnitter, der die letzte Garbe auf dem Feld abmäht, wird gehänselt; der Langschläfer erhält an bestimmten Tagen im Jahr einen Spottnamen, und bei Wettkämpfen ist nach wie vor derjenige der eigentl. Verlierer, den man im Sportjargon als ‚Schlußlicht' zu bezeichnen pflegt. Selbst beim Spiel der Kinder ist dieser Brauch als ‚letzten geben' zu beobachten. Vgl. ‚der letzte Mohikaner', ‚das letzte Gefecht', ‚letztes Aufgebot' oder ‚das ist das Letzte'. Die Sinngebung des Sprw. ‚Den Letzten beißen die Hunde' ergibt sich aus der realen Beobachtung: Das schwächste Tier bleibt auf der Flucht zurück und wird leicht eine Beute der Verfolger (Wolf, Gepard, Falke, Fuchs usw.), aller Feinde, die auf Nahrungssuche sind. Bis in die 2. Hälfte des 19. Jh. hinein – wurde genauer differenziert durch die Wndg. ‚als Letztes, aber nicht als Geringstes' (engl. ‚last, but not least'). In Dtl. geriet sie freilich in Vergessenheit. Anders in England; dort blieb sie bis in die heutige Zeit hinein eine sehr beliebte Formel, i. S. v.: nicht zuletzt, nicht zu vergessen.

Das Letzte versuchen (aus sich herausholen): das letzte Mittel einsetzen, noch einmal alle Kraft zusammennehmen, um ein Ziel zu erreichen.

Lit.: *C. G. Knorre:* Usum Paremiae Iuris Germanici: ‚Der Letzte thut die Türe zu', in: Successione Coniugum (Hallae 1741); *Anon.:* ‚Ein Beitrag zur Erläuterung des Sprichwortes: Den letzten beißen die Hunde' in: E. E. Klein: Merkwürdige Rechtssprüche der Hallischen Juristenfakultät (Berlin 1797), vol. II, No. 30; *C. W. v. Sydow:* Die Begriffe des Ersten und Letzten in der Volksüberlieferung mit bes. Berücksichtigung der Erntebräuche, in: Folk-Liv (1939); *A. Eskeröd:* Årets Äring. Nordiska Museets Handlingar 26 (Stockholm 1947); *D. Sauermann:* Der Letzte im Pfingstbrauch, in: Zs. f. Vkde. 64 (1968), S. 228 ff.; *W. Mieder:* Angloamerikan. u. dt. Überlieferung des Ausdrucks ‚last (but) not least', in: Der Sprachspiegel 37 (1981), S. 131–134, 162–166; *P. Portmann (Hg.):* Di letschti Chue tuet's Törli zue (Frauenfeld 1983).

Leuchte. Die Rda. *eine Leuchte der Wissenschaft sein:* ein hervorragender Gelehrter, ein erfolgreicher Forscher sein, geht bereits auf die Antike zurück. In seiner Naturgeschichte (‚Naturalis historia' XVII,5) nennt Plinius (23–79 n. Chr.) den Cicero die zweite Leuchte der Wissenschaft nach Homer: ‚Lux doctrinarum altera". Meistens begegnet die Wndg. heute in der Negation als tadelnde oder bedauernde Feststellung: *jem. ist keine große Leuchte* oder *er ist nicht gerade eine Leuchte:* er ist nicht sonderlich gescheit; obwohl er sich klug dünkt, vollbringt er keine entspr. Leistungen; er bleibt merklich hinter den allg. Erwartungen und Anforderungen zurück; vgl. frz. ‚Ce n'est pas vraiment une lumière'. Die Wndg. *jem. ist eine Leuchte* wird im gleichen Sinne auch iron. angewendet, um einen Überklugen zu bezeichnen, der alles besser wissen will. Er wird auch als ‚Leuchter' oder ‚Armleuchter' (euphemist. für ‚Arschloch') bez., ↗ Licht.

Leute. *Er ist einer von unsere Leut:* er gehört zu uns, ist mit uns verwandt, gehört zur selben Gruppe. Die jüd. Rda. ist durch eine Posse von David Kalisch (1820–72) mit dem Titel ‚Einer von unsere Leut' lit. geworden (1870).

Das sind die besten Leute: sie sind (wieder) gut Freund miteinander, sagt man, um eine stattgefundene Versöhnung auszudrücken. *Unter den Leuten gewesen sein:* Erfahrungen gesammelt haben; Menschenkenntnis besitzen; vgl. frz. ‚avoir parcouru le monde' (wörtl.: durch die Welt gezogen sein).

Sich nicht unter die Leute wagen: sich seines Aussehens schämen; menschenscheu sein. *Da streiten sich die Leut' herum* ist ein Zitat aus dem ‚Hobellied' aus Raimunds ‚Verschwender' von 1833.

Etw. unter die Leute bringen: bekanntmachen, ein Gerücht ausstreuen; ndd. ‚dat is unner de Lüde', so geht das Gerücht, so erzählt man sich.

In der Leute Mäuler sein: im Gerede sein; in üblem Ruf stehen. Vgl. ndl. ‚Hij is op der lieden tong'.

Die bösen Leute sind an ihm sagt man, wenn ein Kind ständig schreit und dabei verfällt. Die Rda. bezieht sich wohl auf den Glauben an Hexen, die dem Kind etw. angetan haben.

Du willst wohl alte Leute foppen (ndd.: ‚Du wullt wol olle Lit foppen') sagt man zu jem., der Unglaubliches erzählt.

Geschiedene Leute sein: nichts mehr miteinander zu tun haben (wollen) – meist in Verbindung mit einer Drohung gebraucht.

Aus Kindern werden Leute: auch erwachsene, vernünftige Menschen. Im Badischen heißt es: ‚Berg und Tal komme nit zamme, aber d'Leut'; ‚Von de reiche Leut muss mr spare lerne'; scherz.: ‚s geht halt de Mensche wie de Leut'. Scherzhafte Aufforderung für allzu seßhafte Gäste: ‚Mr welle ins Bedd go, daß d' Lidd haim kenne, sunscht halde mr si noch lang uff'.

Lit.: Hessen-Nass. Volkswb. 2,137,47 ff.: *L. Berthold:* Sprachliche Niederschläge absinkenden Hexenglaubens, in: Volkskundliche Ernte. H. Hepding dargebracht in: Gießener Beiträge zur dt. Philologie 60 (1938), S. 32–39, bes. S. 35 f.

Leutnant. *Ein Leutnant zahlt seine Schulden* ↗ Kirmes.

Leviten. *Einem die Leviten lesen,* auch *die Epistel, die Kapitel, die Lektion, den Text lesen:* ihm einen Verweis erteilen, ihn zurechtweisen. Der Urspr. dieser Wndgn. ist alt. Um das Jahr 760 stellte der Bischof Chrodegang von Metz zur Besserung der verwilderten Geistlichkeit einen Kanon nach Art der Benediktinerregel auf. Dieser verpflichtete die ‚Canonici' zu gemeinschaftlichem Speisen und Schlafen, zu gemeinsamem Gebet und Gesang, ferner zu bestimmten Versammlungen mit bes. Buß- und Andachtsübung. Da pflegte ihnen der Bischof oder dessen Stellvertreter einen Abschnitt aus der Bibel, insbes. aus dem dritten Buch Mosis (‚Leviticus' genannt, weil es hauptsächlich Vorschriften für Leviten, d.h. Priester enthält), ferner aus Satzungen, die in ‚Capitula' eingeteilt waren, vorzulesen; in der Regel knüpften sich hieran ermahnende und strafende Reden. Daher wohl die Rda., die auch durch spätere kirchliche ‚Strafpredigten' in wechselnder Form erneuert worden sein kann. In dem Gedicht ‚Des Teufels Netz' aus dem Anfang des 15. Jh., in dem die Laster aller Stände gegeißelt werden, heißt es V. 10476:

> Da will ich dir denn ein letzgen (Lektion) lesen,
> Daz si niemer me mag genesen.

Eine andere Hs. hat statt ‚letzgen' das Wort ‚Leviten'. In einem spätma. Schauspiel, das sich in Franz Josef Mones Sammlung „Schauspiele des Mittelalters" (1846, Bd. II, S. 280) findet, wird Petrus angeredet:

> Man mües dir ouch die leviten lesen,
> Du bis by Jhesu von Gallile gewesen.

Hans Sachs sagt von einem Heruntergeputzten:

> Im wardt der harnisch wol gefegt.
> Sie las im sein legendt so kurz.

Gelegentlich tritt das Wort ‚Levit' auch kurzweg in der Bdtg. ‚Strafpredigt', ‚Verweis' auf, so im ‚Deutschen Grandison' von 1755: „Ich geb' ihm mit meiner gewöhnlichen Sanftmut ganz gelassen einen kleinen Leviten". Vgl. auch die Rda. ‚einen ins ↗ Gebet nehmen'.

Lit.: *G. Fohrer:* Art. ‚Leviticus', in: RGG. IV, Sp. 339–340.

Licht. *Es geht ihm ein Licht auf:* es wird ihm alles klar, er hat verstanden. Die Rda. beruht auf Bibelstellen wie Hiob 25,3, Ps. 97,11 („Dem Gerechten muß das Licht immer wieder aufgehen ..."); Matth. 4,16 u.a. („Das Volk, das in Finsternis saß, hat ein großes Licht gesehen; und die da saßen am Ort und Schatten des Todes, denen ist ein Licht aufgegangen").

‚Es geht ihm ein Licht auf'

Obwohl schon die Bibel die Wndg. durchaus bildl. versteht und die Erhellung des menschlichen Geistes durch das Licht des Glaubens oder durch das göttliche Licht meint (z. B. Hiob 25,3), hat die Volkssprache – nicht selten in iron. Überspitzung – das Bild immer wieder in die Realität zurückbezogen. So hat auch Moritz von Schwind (1804–71) die Rda. bildl. dargestellt. Els. wird z. B. die Rda. ‚Es geht mir ein Licht auf' mit dem Zusatz ‚wie e Fakkel' versehen. Scherzhaft sagt man auch: ‚Es geht ihm ein Dreierlicht auf'; berl. ‚Mir jeht 'n Talchlicht (ne Latüchte, Jaslatern, Stallaterne, Kronleuchter Tranfunzel) uf', ich verstehe; gesteigert auch: ‚Mir jeht ne janze Jasfabrik uf'. Vgl. frz. ‚Une lumière jaillit dans son esprit'. In der Rda. ‚jetzt geht mir ein Seifensieder auf' ist statt des Lichtes sein Hersteller eingesetzt; die Rda. findet sich lit. z. B. in W. v. Kügelgens ‚Jugenderinnerungen' (Reclam-Ausg. S. 87): „Es mußte einem ein großer Seifensieder aufgehen". ‚Dämmert's?' fragt man scherzhaft, wenn man hofft, daß einem etw. ‚einzuleuchten' beginnt. Ähnl. schon in Schillers ‚Kabale und Liebe' (I,5): „Ist Ihm das helle?" – „Daß mich die Augen beißen". Bair. ist volkstümlich ‚einen Funken von etw. kriegen', anfangen, der Sache auf die Spur zu kommen.

Einem ein Licht aufstecken: ihn aufklären; dann auch: ihn zur Rede stellen, ihn zurechtweisen. Das Bild der Rda. ist vom Aufstecken des Kerzenlichtes auf einen Leuchter genommen. Bei F. Reuter findet

‚Dem Tag ein Licht anzünden'

sich die Variante: „'ne Laterne anstikken". 1639 führt Lehmann S. 476 (‚Lehrer' 24) an: „Einer, der einem von seinem Liecht ein Liecht anzünd, dem geht nichts davon ab; wer andern lehrt, der hat an seiner Geschicklichkeit keinen Verlust".

Dem Tage ein Licht anzünden: ebenso *Licht in die Sonne bringen:* etw. Überflüssiges, Unnützes, Unsinniges tun (vgl. ‚Eulen nach Athen tragen', ↗ Eule); ähnl. *das Licht an beiden Enden anzünden,* zugleich auch in der Bdtg.: seine Arbeitskraft doppelt verbrauchen (vgl. engl. ‚he lights his candle at both ends'; frz. ‚On brûle la chandelle par les deux bouts'; ndl. ‚Dei kaars brandt aan beide einden', ‚hij stecht zijne kaars aan beide kanten aan'). *Das Licht nehmen und den Leuchter damit suchen:* unüberlegt oder zerstreut handeln; ebenso *ein Licht verbrennen, um eine Nadel zu suchen* (ndl. ‚eene kaars verslinden, om eene spelt ze vinden').

Sein Licht unter den Scheffel stellen: allzu bescheiden sein, die vorhandenen Kräfte nicht voll, oder nicht zum allg. Besten anwenden (entspr. engl. ‚not to hide one's light under a bushel'; frz. ‚ne pas mettre la lampe – lumière – sous le boisseau'; ndl. ‚zijn licht niet onder de korenmaat zet-

,Sein Licht unter den Scheffel stellen' – ,Sein Licht leuchten lassen'

ten'). Den Gegensatz bildet *sein Licht leuchten lassen:* seine Gaben zur Geltung bringen, ,mit seinem Pfunde wuchern'. Beide Rdaa. sind bibl. Herkunft und stammen aus Matth. 5,15f.: „Man zündet auch nicht ein Licht an und setzt es unter einen Scheffel, sondern auf einen Leuchter, so leuchtet es allen, die im Hause sind. Also laßt euer Licht leuchten vor den Leuten, daß sie eure guten Werke sehen ..." (vgl. Mark. 4,21; Luk. 8,16; 11,33). Das bibl. Gleichnis ist vom sog. Petrarcameister in seiner Bildwirklichkeit dargestellt worden. Dieses Bild bedarf allerdings einer kurzen Erläuterung: Der Mann im Vordergrund links führt die Rda. genau aus. Nur ist der Scheffel zu klein, um das Licht zu verbergen. Ebenso geht es dem Manne im Hintergrund, der mit einem Löschhütchen, wie es zum Löschen der Kerzen verwendet wurde, die Kirchtürme verdecken möchte. Den Gegensatz verdeutlicht ein gelehrter Magister (rechts), der verschämt sein Gesicht hinter einem Lichtschirm verbergen möchte, um nur seine Werke, nicht aber seine Person gelten zu lassen; vielleicht genießt er eher auch die eigene Weisheit unter dem Vergrößerungsglas.

Er ist kein (großes) Licht: er ist nicht gerade klug. Die Rda. wird auch verstärkt:

,Sein Licht leuchten lassen'

„Er ist kein großes Kirchenlicht', er ist geistig wenig bedeutend; älter auch: ,Er ist kein (großes) Lumen', ↗ Leuchte. Modern: ,Er ist ein Armleuchter', ,Er ist wenig belichtet', ,Er ist unterbelichtet', er taugt überhaupt nichts. Alle diese Rdaa. negativer Bdtg. beziehen sich letztlich und urspr. auf eine positive Aussage: Matth. 5,14 sagt Jesus zu den Jüngern: „Ihr seid das Licht der Welt" (Vulgata: „Vos estis lux mundi"). Bereits Cicero (,Catilina' III, 10,24) nannte berühmte Männer ,Lumina civitatis'. ,Lumen ecclesiae' wird Augustin in mehreren Quellen genannt, z.B. in Luthers ,Tischreden'. Als ,Kirchenlichter' bez. Mathesius (,Historien von Luthers Anfang ...' 1570) die Wittenberger Theologen.

Dem Licht zu nahe kommen; sich am Licht verbrennen (vgl. frz. ,Cet homme s'est venu brûler à la chandelle'); ,wie die ↗Motte ums Licht'. *Das Licht brennt ihm auf den Fingern:* ,das Wasser steht ihm bis zum Hals', er braucht rasche Hilfe. Bereits 1649 bei Gerlingius ist die Wndg. verzeichnet, und 1718 überliefert sie Celander (,Verkehrte Welt'): „So brennet ihm das Licht, wie man im Sprichwort zu reden pflegt, recht auf den Nagel". Zu denken ist an eine Kerze, die bis auf die Finger, die sie halten, herabgebrannt ist. Man hat auch daran erinnert, daß sich die Mönche bei der Frühmesse zum Lesen im Dunkeln kleine Wachskerzen auf die Daumennägel klebten, wenn man die Rda. nicht von den Foltermethoden des MA. (Brennen der Fingernägel durch aufgelegte glühende Kohlen) herleiten will, entspr. ihrer verkürzten Form: ,es brennt ihm etw. auf den Nägeln' (↗Nagel).

Licht ziehen: den Nasenschleim hinaufziehen und einschnupfen. Wie das Talglicht früher beim Brennen oft überlief, so nennt man auch im Scherz den auslaufenden Schleim einer Kindernase Licht. ,'s Licht brennt zu hell' sagt man, wenn die Anwesenheit von Kindern eine gewisse Mitteilung nicht gestattet, die für Kinderohren nicht gedacht ist, und man deshalb abbricht. In anderen Wndgn. bedeutet Licht nicht nur die erleuchtende Kerze, sondern auch das Lichte schlechthin, z.B. den erhellten Raum. Daher: *etw. ans Licht bringen (kommen):* an den Tag bringen: vgl. frz. ,mettre quelque chose en lumière': eine Sache hervorheben; ferner: *einen hinter's Licht führen:* ihn täuschen, betrügen. Der eigentl. Sinn ist: jem. ins Dunkle führen, wo er nichts sehen kann (vgl. KHM. 44 u. KHM. 61). Dazu die alten Nebenformen: ,einen unters Licht, ums Licht führen'. Die Wndg. *bei Lichte besehen* bedarf keiner Erklärung. Nur um ihr Alter darzutun, sei Hans Sachs (,Der böhmisch sprechende Schwabe') zitiert: „und we mans pey dem liecht peschawt'. Chr. Weise (,Erznarr' I,67): „... und wenn man hernach das Raben-aasz beim Liecht ansiehet, so verdienet es kaum die Beine ..."

Die schlesw.-holst. Rda. ,Zwee (dree) Lichter op'n Disch! Mien Ohm is kamen' wird nicht nur gebraucht, um diesen speziellen Fall, sondern überhaupt jedes besondere Ereignis anzukündigen; dazu die Variante: ,Licht op'n Disch! Is Cölmar Volk' (= es sind Leute aus Colmar, einem Dorf bei Glückstadt), da muß etw. Besonderes geschehen.

Ich habe nicht das Licht dazu gehalten: ich bin an der Sache nicht beteiligt gewesen, ich bin unschuldig. Das Bild der Rda. ist von einem Einbruchsdiebstahl hergenommen, bei dem ein Mitschuldiger dem eigentl. Dieb das Licht hält.

Das Licht scheuen: sich verbergen müssen; heimliche und ungesetzliche Taten ausführen; ein Verbrechen im Dunklen vorbereiten.

Sich selbst im Lichte stehen: sich selbst schaden, sich selbst das Sehen dadurch unmöglich machen, daß man zwischen die Lichtquelle und den zu beobachtenden Gegenstand tritt. Ein ndd. Sprw. lautet: ,Et get di as en Klumpemaker (Holzschuhmacher), du stest di selwer in't Licht'. Ähnl. schon in Joh. Fischarts ,Ehzuchtbüchlein' (S. 332,13): „Stehe dir nur selbs nicht im Liecht". Anders jedoch 1639 bei Lehmann, S. 780 (,Verachtung' 27): „Wer sich gering und wolfeil macht, der steht jhm selbst vorm Licht".

In Grimmelshausens ,Simplicissimus' (Buch III, Kap. 21) erscheint ,bei jem. zu Licht kommen': „... und gaben mir damit zu verstehen, daß ich ... wohl zu ihnen zu Licht kommen dürfte", d.h. zum Abendbesuch.

Neueren Datums und von den Verkehrsampeln her übernommen ist das vielgebrauchte Schlagwort vom *grünen Licht* (frz. ,feu vert'), das man jem. bzw. einer Sache geben kann. Auch sagt man: ,Das Licht steht auf Grün'. Diese rdal. Wndgn. bezeichnen völlige Handlungsfreiheit, gleichsam das Startzeichen zu einem Vorhaben und bedeuten ,Freie ↗Bahn'.

Dabei verdient man nicht das Licht: es lohnt sich nicht (vgl. frz. ,le jeu ne vaut pas la chandelle'). *Kein Licht brauchen:* kahlköpfig sein (etwa seit 1910 bezeugt). Ähnl.

rhein. und hess. von Rothaarigen: ,die sporen et Licht deham', oder ,bei der brauchste kein Licht', wenn einer eine Rothaarige heiratet.

Das Licht im Kopf geht aus: das Erinnerungs- und Denkvermögen kommt abhanden. In der modernen Boxersprache: ,jem. das Licht auspusten', ihn besinnungslos schlagen; vgl. die schwäb. Drohung: ,Dir will i zünde ohne Licht!' ,Sich das Licht auspusten', Selbstmord verüben. ↗Lebenslicht, ↗Schatten.

Zu Licht gehen: in die Lichtstube, Spinnstube, Kunkelstube gehen. Man traf sich dazu reihum in einem anderen Hause, um beim Spinnen Licht u. Wärme zu sparen und die Arbeit am Abend in der Geselligkeit zu verrichten.

Aus der jüngsten Zeit stammt die Rda.: *Licht am Ende des Tunnels sehen:* herauskommen, nach einer finsteren Wegstrecke das Dunkel weichen sehen, in übertr. Bdtg.: einen Hoffnungsschimmer, einen Ausweg sehen; ähnl.: *Einen Lichtblick haben:* neue Hoffnung schöpfen, etw. Erfreuliches in trostloser Lage erfahren. Die Wndg. begegnet oft in der Form eines erleichterten Ausrufes: *Das ist (endlich) mal wieder ein Lichtblick!:* nun geht es wieder voran, aufwärts, die Lage bessert sich.

Beliebt sind auch Wortkombinationen, die an Stelle einer vollständigen Rda. stehen, wie z. B. ,lichterloh': in hellen Flammen; ,Lichtjahre' (entfernt): eine nicht nachvollziehbar lange Zeit, eine Ewigkeit weit weg.

Lit.: *H. Freudenthal:* Art. ,Licht', in: HdA. V, Sp. 1240–1258; *G. J. van der Keuken:* ,Bij dit licht', in: Tijdschrift voor Nederlandse Taal- en Letterkunde 53 (1934), S. 114–116; *L. Schmidt:* Volksglaube und Volksbrauch (Berlin 1966), S. 19ff. (Kap. ,Lebendiges Licht im Volksbrauch und Volksglauben Mitteleuropas'); *M. Lurker:* Wb. bibl. Symbole (München 1973), S. 195–197; *W. Schivelbusch:* Lichtblicke (München 1983).

Liebe. ,Liebe' erscheint in Sprww. und Rdaa. zumeist in metaphorischen Umschreibungen (s. Register). Bibl. taucht ,Liebe' (griech. ,Agape', lat. ,caritas') sowohl als Gottesliebe wie als Nächstenliebe, Gattenliebe, Kindesliebe auf. Paulus schrieb im 13. Kap. seines 1. Korintherbriefes (V. 1 u. 13): „Wenn ich mit Menschen- und mit Engelszungen redete und hätte der Liebe nicht, so wäre ich ein tönend Erz oder eine klingende Schelle ..." – „Nun aber bleibet Glaube, Hoffnung, Liebe, diese drei; aber die Liebe ist die größte unter ihnen".

Goethe preist die sinnliche Liebe z. B. in seinem Gedicht ,Rastlose Liebe':

Krone des Lebens,
Glück ohne Ruh,
Liebe bist du.

Novalis meint:

Liebe ist der Endzweck
der Weltgeschichte,
das Amen des Universums.

Heine dichtet („Junge Leiden' 8):

Die Engel, die nennen es Himmelsfreud',
Die Teufel, die nennen es Höllenleid,
Die Menschen, die nennen es – Liebe!

In der heutigen Umgangssprache umschließt ,Liebe' eine breite Skala von Gefühlen und Bedeutungen: *Liebe zu etw. haben (zeigen):* Neigung, Begabung und Begeisterung zu einer bes. Aufgabe, zu einem bestimmten Beruf, zu künstlerischer oder wissenschaftlicher Arbeit, ähnl.: *etw. mit Lust und Liebe tun:* mit wahrer Hingabe, mit dem Einsatz aller Fähigkeiten u. Kräfte für ein hohes Ziel; lit. bei Goethe in ,Iphigenie' II, 1 (Worte des Pylades).

Liebe suchen (finden): nach Zuneigung u. Verständnis verlangen (Geborgenheit u. Zärtlichkeit erhalten), oft von Kindern oder Tieren gesagt.

Jem. Liebe (einen Liebesdienst) erweisen: ihm in Nöten beistehen, ihm Treue bewahren, in bewährter Freundschaft helfen, auch i.S.v. ,Nächstenliebe' gebraucht. Auf die Liebe in erot. Hinsicht spielen viele Rdaa. an, die das Gefühl treffend zu umschreiben suchen: *Vor Liebe brennen,* auch: *in Liebe entbrennen für jem.,* ↗Herz; *in Liebe erglühen (vergehen):* seine Gefühle (Leidenschaft) für jem. entdecken, bes. von noch ,verborgener Liebe' gesagt, denn ,heimliche Liebe' brennt wie Feuer, wie es im Volkslied heißt:

Kein Feuer, keine Kohle
kann brennen so heiß
als heimliche Liebe,
von der niemand nichts weiß.

Vor Liebe ↗blind sein: Fehler und negative Eigenschaften des Partners nicht sehen (wollen). Dagegen heißt es im Sprichwort; ‚Wo Liebe fehlt, erblickt man alle Fehler'.

‚Liebe macht blind'

Von der Liebe allein nicht leben können: auch materielle Absicherung benötigen, eine Mitgift erwarten.

(Nur) von der Luft und von der Liebe leben: kaum etw. zu sich nehmen, im Wechselbad der Gefühle keinen Hunger verspüren. Die Wndg. wird mitfühlend oder iron. gebraucht, wenn jem. nichts essen möchte, weil er ‚in höheren Regionen schwebt' u. an Alltägliches, Notwendiges u. Reales nicht mehr denkt.

Seine Liebe verbergen (müssen): aus bestimmten Gründen oder Rücksichten (Scham, Aussichtslosigkeit, Furcht vor Abweisung oder auch Gefahr, eine Freundschaft, eine Ehe zu zerstören) sich nicht dem Partner offenbaren, dagegen: *seine Liebe erklären (gestehen):* offen seine Neigung zu erkennen geben, auch: einen Heiratsantrag machen.

Jem. Liebe (nicht) erwidern: gleiche (keine) Zuneigung zu ihm hegen (ihn zurückweisen). Haben sich Liebende gefunden, heißt es oft: *Es war Liebe auf den ersten (zweiten) Blick:* die Erkenntnis, nicht mehr voneinander lassen zu können, füreinander geschaffen zu sein, kam plötzlich, sie ‚schlug wie ein ↗Blitz ein'.

Einen vor Liebe (fast) erdrücken: jem. fest umschlungen halten, aber auch: ihm seine Bewegungsfreiheit nehmen, ihn an seiner persönlichen Entfaltung hindern.

Jem. mit Liebe überschütten: ihn unglaublich verwöhnen, ihm ‚jeden Wunsch von den ↗Augen ablesen', oder gar: *einen (am liebsten) vor Liebe (auf)fressen (wollen),* eine schon in mhd. Zeit bekannte Wndg.

Liebe und Leid teilen (wollen): alle Freuden u. Leiden gemeinsam erleben (wollen), sich eine gemeinsame Zukunft aufbauen.

Sich gegenseitig die Liebe bewahren: sich auch bei Trennung, über einen langen Zeitraum (das ganze Leben) treu bleiben, seine Gefühle nicht erkalten lassen, so daß es bei einem Wiedersehen heißen kann: *Ihre Liebe war (ist) lebendig wie am ersten Tag.* Häufiger geschieht jedoch das Gegenteil: *jem. Liebe ist erloschen (erkaltet, erstorben).*

Bes. häufig sind die Wndgn.: *Jem. etw. zuliebe tun:* ihm eine Gefälligkeit erweisen; *Das tut (doch) der Liebe keinen Abbruch:* das ist nicht so schwerwiegend, das macht gar nichts, u. *Das macht der Liebe (noch) kein Kind:* es ist erlaubt, unschädlich, das ist doch nicht schlimm.

Viele Sprww. preisen die Liebe: ‚Liebe überwindet alles' – ‚Omnia vincit amor'; ‚Liebe ist stärker als der Tod'; ‚Liebe höret nimmer auf'; ‚Liebe grünt immer'; in Schillers ‚Lied von der Glocke' (V. 78–79) heißt es ähnl.:

> O daß sie ewig grünen bliebe,
> Die schöne Zeit der jungen Liebe!

‚Alte Liebe rostet nicht'; ‚Liebe ist (macht) erfinderisch'; ‚Liebe bringt alles ins rechte ↗Lot'; ‚Liebe lehrt singen'; ‚Liebe haßt die Angst'; ‚Liebe macht Gegenliebe'.

Oft wird auch vor der Liebe gewarnt: ‚Keine Liebe ohne Leid', so schon in der mhd. Dichtung: „lieb âne leit mac niht gesîn" (v. Eist); ‚Kurze Liebe – langes Leid'; oder es heißt humorvoll-resignierend: ‚Wider die Liebe ist kein Kraut gewachsen'; ‚Der Liebe und dem Tode kann niemand entgehen'; ‚Die Liebe macht kluge Leute zu Narren'; ‚Die Liebe und der Husten lassen sich nicht verbergen'; „Wo die Liebe hinfällt, da bleibt sie liegen, und wär' es ein Misthaufen'.

‚Liebe geht durch den ↗Magen'. ‚Ein ↗Kind der Liebe sein'.

Lit.: *A. de Cock:* Spreekwoorden en zegswijzen over de Vrouwen, de liefde en het huwelijk (Gent 1911); *M. Bauer:* Liebesleben in dt. Vergangenheit (Berlin

‚Liebe grünt immer'

‚Liebe haßt die Angst'

1924); *L. Röhrich:* Liebesmetaphorik im Volkslied, in: Folklore International. Essays in Traditional Literature, Belief and Custom in Honor of Wayland Debs Hand (Hatboro/Pa. 1967), S. 187–200; Liebe u. Hochzeit. Aspekte des Volkslebens in Europa (Antwerpen 1975); *E. Borneman:* Lexikon der Liebe (Frankfurt/M. 1978); *L. Röhrich:* Art. ‚Ehe', in: EM. III, Sp. 1023–1042; *W. Mieder:* Moderne Varianten des Blumenorakels „Er (sie) liebt mich, er (sie) liebt mich nicht" (mit 4 Abb.), in: Jb. f. Vlf. 27/28 (1982/83) (= Fs. Röhrich), S. 335–345; *L. Röhrich:* Art. ‚Erotik, Sexualität', in: EM. IV, Sp. 234–278; *W. Mieder:* Modern Variants of the Daisy Oracle ‚He loves me, he loves me not', in: ders.: Tradition and Innovation in Folk Literature (Hannover/New York 1987), S. 84–117.

lieben. Auf das Gebot der ‚Nächstenliebe' (in der Bergpredigt) beziehen sich die Wndgn.: ‚seinen Nächsten lieben' u. ‚seine Feinde lieben'.

Jem. lieben wie (mehr als) sein Leben: bereit sein, sich für einen anderen aufzuopfern, ohne ihn nicht leben können.

Sich selbst am meisten lieben: ein großer Egoist sein, immer zuerst an die Befriedigung eigener Wünsche und Bedürfnisse denken.

Von Leuten, die sich ständig streiten, heißt es iron.: ‚Sie lieben sich wie Hund u. Katze'.

Scherzhaft meinen Beobachter eines jungen Paares, das sich selbst noch seiner Liebe kaum bewußt ist: ‚Was sich liebt, das neckt sich' oder: ‚Was sich neckt, das liebt sich'. Gern wurde früher das ‚Liebesorakel' befragt, um Gewißheit über die Liebe des anderen zu erhalten. Man zupfte dabei die Blüten einer Margerite aus mit den Worten:

Er liebt mich –
Er liebt mich nicht –
ein wenig –
von Herzen –
mit Schmerzen –
gar nicht.

Dieses ‚Liebesorakel' befragt Gretchen in ‚Faust' I, um sich der Liebe Fausts zu vergewissern.

Eine Häufung von Metaphern, mit denen ‚lieben' in dichterischer Sprache ‚begründet' werden kann, bringt das Gedicht ‚Liebeserklärung in Redensart' v. Fritz Werf (geb. 1934):

Ich liebe dich
weil du deine Haut nicht zu Markte trägst
weil deine Liebe nicht durch den Magen geht
weil es dich nicht kümmert ob wir alle Tassen
im Schrank haben

Ich liebe dich
weil du mit beiden Beinen auf der Erde stehst
wenn ich den Boden unter den Füßen verliere

weil du nicht den Kopf in den Sand steckst
wenn ich das arme Tier kriege
weil du Kinder nicht beizeiten zu Haken krümmst
weil du ihnen nichts vom Sandmann erzählst
Ich liebe dich
weil wir oft in die Luft gehen federleicht
und kein Zeitungsblatt zwischen uns paßt
Ich liebe dich
weil du zwischen den Zeilen liest
weil du weißt was uns die Stunde geschlagen hat
weil dir die Taube in der Hand lieber ist
als der Adler auf dem Dach
weil du glaubst daß Wasser den Stein erweicht
weil wir zusammen gegen den Strom schwimmen

Ich liebe dich ist keine Redensart
ist eine Kriegserklärung
du weißt genau
an wen.

(Aus: Fritz Werf, *Kopfherz, Gedichte*. Andernach: Atelier Verlag, 1982, S. 43)

Lit.: ↗*Liebe*

lieber. Mit dem Komparativ ‚lieber' wird in der heutigen Umgangssprache eine Reihe von rdal. Vergleichen verbunden, z. B. *lieber eine Laus im Pott als gar kein Fleisch; lieber scheintot im Massengrab; lieber den Spatz in der Hand als die Taube auf dem Dach; lieber klopfe ich mir selber Steine auf dem Arsch; lieber ein Jahr in Sibirien ohne Hose; lieber den nackten Arsch in Schwefelsäure hängen; lieber fünf Minute geschämt als Geld ausgebe* (schwäb.); *lieber e Ranze vum Esse als e Buckel vum Schaffe; lieber krankfeiern als gesundschuften; lieber den fleißigen Bock zum Gärtner als den faulen zum Ehemann; lieber durch Glück dumm als durch Schaden klug; lieber reich und glücklich als arm und unglücklich; lieber etwas in der Birne haben als Birne sein; lieber fernsehmüde als radioaktiv; lieber instand setzen als kaputtbesitzen; lieber Gott als tot; lieber*

‚Lieber ein lebendiger Hund als ein toter Löwe'

Sonne im Herzen als Eis am Stiel; lieber einen guten Film als ein schlechtes Gespräch; lieber gar keine Haare als eine Glatze; lieber ein kalter Krieger als ein warmer Bruder; besser ein kinderloses Ehepaar als ein eheloses Kinderpaar; lieber nett im Bett als cool auf dem Stuhl; lieber no future als überhaupt keine Zukunft ; lieber von Picasso gemalt als vom Schicksal gezeichnet; lieber 'nen Tag in Eis und Gletscher als 'ne Nacht mit Margret Thatcher!; lieber strahlen als zahlen (mit Bezug auf die Entschädigung der Landwirte nach dem Reaktorunglück in der UdSSR 1986); lieber Ostern als Western; lieber rot als tot.

Lied. *Ich kann ein Lied davon singen:* ich kann davon aus eigener (schlimmer) Erfahrung berichten; vgl. frz. ‚Je connais la musique' oder ‚... la chanson' (wörtl.: Ich kenne die Musik oder das Lied).
1529 erklärt Joh. Agricola (Nr. 378) „Ich wolt einem wol eyn liedlein daruon singen" so: „Eyn liedlein singt man von einer that vnd geschichte, das ruchtbar vnd gewiß ist, vnd wer eyn ding weyß vnd betracht es wol, der kan vil dauon singen vnd sagen, daß ich wolt wol ein lidlein da von singen, also vil sey, als ich weyß warheit drumb. Zuo eynem liede gehoeren vil wort, also wer grund kundtschafft weyß von eynem ding, der kan es dester baß sagen, als wenn man sagt, an and leüt kindern ist das brot verloren. Antwort ich, Ja lieben herren, ich wolt eynem wol eyn liedlein darvon singen. Ich hab ettlich vil weisichen (Waisenkinder) erzogen, aber

den danck vnd lon, den ich darfür entpfangen hab, ist gering, ia eyn muck fueret yhn auff dem schwantz hynweg. Item, wie es vnderweilen zugehet ynn Kloestern, ynn Fürstenhoefen, ynn stedten, ym Kammergericht vnd Cantzleyen, da wolt ich einem wol ein liedlin von singen, das ist, ich wolt yhm wol souil daruon sagen, das er genuog solt zu hoeren haben".
Joh. Agricolas Zeitgenosse, der bayr. Geschichtsschreiber Johannes Aventinus (Thurmair), sagt, als er von altdt. Geschichten spricht: „Von diesen Dingen und Sagen allen seind noch viel alte teutsche Reimen und Maistergesäng vorhanden in unsern Stiften und Klöstern, denn solche Lieder allein sind die alte teutsche Chronika, wie denn bei uns noch der Landsknecht brauch ist, die allweg von ihren Schlachten ein Lied machen". Derartige Bericht- oder Ereignislieder gehören zum Repertoire des älteren Berufssängertums, von dem ja auch die Rda. stammt: *einem ein Lied singen:* ihm zuliebe reden, u. das alte, schon in mhd. Zeit belegte Sprw. ‚Wes Brot ich eß, des Lied ich sing', ↗singen.
Es ist das alte Lied ↗Leier: *das Ende vom Lied* ↗Ende.

liefern. *Geliefert sein.* verloren sein; eigentl.: dem Gericht, dem Scharfrichter ausgeliefert sein; so noch in Schillers ‚Räubern' (V. 2): „Man hat tausend Louisdore geboten, wer den großen Räuber lebendig liefert", und bei Jean Paul 1798 in den ‚Palingenesien' (1, XI): „So ist man ein gelieferter Mann".

Lilie. *Dastehen wie eine geknickte Lilie:* traurig sein, den Kopf hängen lassen, äußerst betrübt sein, keine Hoffnung mehr besitzen. Bei den Römern war die Lilie ein Sinnbild der Hoffnung und der Juno geweiht; bei uns und bes. im christl. Bereich gilt sie als Zeichen der Reinheit und Unschuld, aber auch als sichtbarer Beweis göttlicher Gnade und Vergebung, wenn sie auf Gräbern erblüht. Die Lilie wird deshalb auch in der christl. Kunst häufig als Attribut der Jungfrau Maria u. vieler Heiliger und Märtyrer dargestellt. Die ‚geknickte Lilie', die ihre stolze Haltung verloren hat, ist später zum Bild für die

Weiße Lilie als Attribut der Jungfrau Maria

verletzte Unschuld geworden. Die Rda. ist wahrscheinl. eine Umbildung zu einem oft zitierten Vers von Schiller. In seinem Gedicht ‚Die Kindsmörderin' (in der ‚Anthologie auf das Jahr 1782') lautet die Frage der Verurteilten: „Henker, kannst du keine Lilie knicken?" Nach Matth. 6,28 zitiert man ‚die Lilien auf dem Felde'.
Die Lilien im Garten sind verwelkt: die Unschuld ist verlorengegangen. Die Wndg. dient als euphemist. Umschreibung für die verlorene Ehre eines Mädchens. Die blühende Lilie dagegen gilt auch bei Schiller noch als Symbol der Ehrenhaftigkeit. Seine Kindsmörderin bittet:

> Weinet um mich, die ihr nie gefallen.
> Denen noch der Unschuld Liljen blühn.

Wegen ihrer Schönheit, ihres stolzen Wuchses u. ihrer reinen weißen Farbe wurde die Lilie neben der Rose häufig in der Dichtung und im Volkslied besungen und im sprachl. Vergleich verwendet. Bereits bei Otfried von Weißenburg (1,16,23) heißt es:

> thaz kint uuuahs untar mannon,
> sô lilia untar thornon.

Bes. die Schönheit der Frau wurde wiederholt mit der Lilie verglichen. In mhd. Zeit war dies ein beliebtes dichterisches Bild. So wird z.B. im ‚Erec' (337) eine schöne Frau mit folgenden Versen geschildert:

ir lîp schein durch ir salwe wat
alsam diu lilje, dâ sî stât
under swarzen dornen wîz.

Im Volkslied erscheint die Lilie als häufigste Grabesblume. Wohl am bekanntesten bis heute ist das Lied ‚Drei Lilien, die pflanzt' ich auf mein Grab'. Außerdem ist die Verbindung von ‚Rosen und Lilien' häufig im Volkslied u. bis heute in der Dichtung üblich.

Einem die Lilie anheften (anhängen): einen Verurteilten brandmarken. Die Rda. bezieht sich auf einen Brauch in Frankreich: den Missetätern wurde eine Lilie aufgebrannt, ↗brandmarken.

Die Lilie war die Wappenblume der Bourbonen. Frankreich hieß früher ‚das Reich der Lilien' und der frz. König ‚Fürst der Lilien'.

Auf den Lilien sitzen: eine Stelle in den oberen Gerichtshöfen Frankreichs haben. Die Wndg. weist auf die Sitze in den frz. Gerichtssälen, die mit Lilien ausgeschlagen waren.

Lit.: *Geiger:* Art. ‚Grabblumen', in: HdA. III, Sp. 1103 ff.; *H. Marzell:* Art. ‚Lilie', in: HdA. V, Sp. 1300 ff.; *E. K. Blümml:* Die Lilie als Grabespflanze, in: Studien zur vergleichenden Literaturgesch., Bd. 6 (1906), S. 409 ff. und Bd. 7 (1907), S. 161 ff.; *L. Weiser-Aall:* Erlebnisgrundlagen der Volksüberlieferung u. Dichtung. Der Liebestod, in: Schweiz. Archiv f. Vkde. 44 (1947). S. 117–140; *L. Vargyas:* Researches into the Mediaeval History of Folk Ballad (Budapest 1967), S. 112 ff; *W. Danckert:* Symbol, Metapher, Allegorie im Lied der Völker, III (Bonn-Bad Godesberg 1978), S. 1150–1158; *G. Meinel:* Art. ‚Grabpflanzen', in: EM. VI, Sp. 72–78.

links. *Die Linke kommt von Herzen* sagt man, wenn man die rechte Hand nicht frei hat, um jem. die Hand zu geben, und man statt dessen die linke Hand gibt. Die Rda. ist eigentl. ein Euphemismus, denn links ist nach dem Volksglauben die ungünstigere, unglückbringende Seite; die Wndg., daß die Linke ‚von Herzen' kommt, soll nur diese urspr. Unglücksbdtg. beschönigen. Ähnl. Wndgn. sind z. T. auch in den Mdaa. geläufig, z. B. in der Uckermark ‚Linkerpoot schlag'n Dübel dot!'

Jem. links liegen lassen: ihn vernachlässigen, ihn nicht beachten. Auch hier bezieht sich links auf die ungünstige Seite, wie sie vielen abergläubischen Regeln geläufig ist. Ebenso: *mit dem linken Bein zuerst aufgestanden sein:* frühmorgens schlecht gelaunt sein; wer mit dem linken Bein zuerst aufsteht, hat den ganzen Tag schlechte Laune; vgl. frz. ‚s'être levé du pied gauche'. *Zwei linke Hände haben:* ungeschickt sein; beim gewöhnlichen Rechtshänder ist die linke Hand tatsächlich ungeschickter und weniger geübt als die rechte; lit. schon 1847 bei Grillparzer; vgl. frz. ‚être gaucher des deux mains' (wörtl.: auf beiden Händen Linkshänder sein).

Jem. (auf) links drehen: ihn ärztlich gründlich untersuchen; das Bild ist vom Wenden eines Anzugs hergenommen, der zur gründlichen Reinigung auf links gedreht wird.

Nicht wissen, was rechts oder links ist: sich gar nicht auskennen. Nach Jona 4,11 sprach Gott: „Und mich sollte nicht jammern Ninives, solcher großen Stadt, in welcher sind mehr denn hundertundzwanzigtausend Menschen, die nicht wissen Unterschied, was rechts oder links ist?"

Die rechte Hand nicht wissen lassen, was die linke tut ↗Hand.

Ging einer vom Adel eine eheliche Verbindung mit einer Bürgerlichen ein, eine „Mesalliance", so sagte man: ‚Sie ist ihm links angetraut worden'. – Sie durfte auch nicht an seiner ‚rechten' Seite gehen – wie Gleichgestellte.

In Mythen, Sagen u. Märchen ist links oft die weibliche, rechts die männliche Seite. Schon im alten Ägypten galt die linke Hand (Isishand) als die mütterliche, die ‚nährende' Hand. Sie war als ‚manus aequitatis' die würdigere vor der rechten, männlichen Hand. Psycholg. wird sie auch gedeutet als die Seite des mehr Unbewußten.

Lit.: *A. Gornatowski:* Rechts und Links im antiken Aberglauben (Diss. Breslau 1936); *P. Hajdu:* Die Benennung der Begriffe rechts und links als Ausdr. der Beziehung zwischen Sprache und Denken (= Acta Linguistica I), Budapest 1951, S. 171–248; *L. Röhrich:* Art. ‚Links und rechts', in: RGG. ³IV, Sp. 382; *W. Danckert:* Symbol, Metapher, Allegorie im Lied der Völker, II (Bonn-Bad Godesberg 1977), S. 746–759.

Lippe. *Eine (große) Lippe riskieren,* eine Äußerung wagen, sich in ein Gespräch mischen, widersprechen; etwa in der zweiten H. des 19. Jh. aufgekommen; vgl.

,ein ↗ Auge riskieren'. Dagegen meint die Wndg. *sich auf (in) die Lippe beißen:* eine ärgerliche oder ungehörige Antwort unterdrücken; infolge einer Beschämung schweigen, aber auch: sich das Lachen verbeißen. Vgl. ndl. ,hij bijt op zijne lippen' u. frz. ,s'en mordre les lèvres': eine vorschnelle, ungehörige Antwort bereuen. *An jem. Lippen hängen:* begeistert seinen Worten lauschen, sie ihm vom Munde ablesen wollen; vgl. frz. ,être suspendu aux lèvres de quelqu'un'.

Lobby. *Eine (keine) Lobby haben:* eine (keine) mächtige Vereinigung hinter sich, (keine) einflußreichen Fürsprecher haben. Die Wndg. bezieht sich auf die im Amerikanischen als Lobby bezeichnete Empfangshalle eines Hotels.

Loch. *Ein Loch kriegen:* schadhaft werden; *ein Loch haben:* schadhaft sein; oft bildl. gesagt, z.B. ,eine Freundschaft hat ein Loch bekommen', ähnl. wie ,einen Riß bekommen'. Der Dramatiker Jakob Ayrer (um 1543–1605) schreibt in den Fastnachtsspielen: ,Ir brüder, der krieg hat ein loch, dem ich bei hundert meil' nachzog"; öfters bei Grimmelshausen, z.B. im ,Simplicissimus' (II, 219): „daß der damascenische Krieg bald ein Loch gewinnen würde". H. Kurz teilt in einer Anmerkung zu dem letztgenannten Beleg mit, daß auf dem Frieden zu Ryswick 1697 eine Münze geschlagen worden sei mit der Prägung: „GOTT LOB DER KRIEG HAT NVN EIN". Zur Ergänzung des Satzes war unter den Buchstaben eine Trommel mit einem Loch dargestellt. Das Loch ging auf der Kehrseite der Münze durch einen Korb, in den das Füllhorn des Friedens seine Früchte schüttete; auf dieser Seite stand die Umschrift: „WER ABER FLICKT DEM FRIEDE SEINEN BODEN?" Dieses Bild von der durchlöcherten Pauke ist schon 100 Jahre früher rdal. gebraucht worden. In Kirchhoffs ,Wendunmuth' von 1581 finden sich zwei Belege: „gedacht dieser pauken, daz sie den klang verlür, ein loch zu machen" (128b); „der Bayer gedachte der pauken, wie man spricht, ein loch zu machen". Später heißt es bei Lessing: „die Narrenpossen dauern zu lange. Ich muß der Pauke ein Loch machen, damit ich doch erfahre, woran ich bin".

Die Sache hat ein Loch: es ist falsch geplant, falsch durchgeführt, man geht von einem Irrtum aus.

Da ist ein Loch in der Socke: da ist etw. höchst bedenklich, da stimmt etw. nicht.

Löcher im Heiligenschein haben: nicht untadelig sein (20. Jh.).

Ein Loch haben kann aber auch bedeuten: ,einen Ausweg wissen', wie der Fuchs aus seiner Höhle: „Item wenn man ie mer kriegen müst, daß man denn vor, als feren (sofern) man möcht, ein fürsten oder zwien bestellet, wie man möcht, daß man ein loch het, daß wir net ganz umbgeben weren als in dem vergangenen kriege" (,Dt. Städtechroniken' II,230). Schlesw.-holst. ,He hett ümmer'n Lock apen'; ,he süht door' keen Lock in', die Sache ist ihm zu verwickelt; ,he weet ni mehr Lock ut un Lock in', er weiß nicht mehr ein noch aus. Ebenf. schlesw.-holst. ,to een Lock mutt de Voß rut', ein Ausweg muß sich finden; ,dor kümmt de Voß to't Lock herut', die Sache kommt ans Licht (↗ Fuchs).

Ein Loch finden: eine Lücke finden, davonkommen, sich in der Not zu helfen wissen. Luther (Werke III, 447[b]) sagt vom Teufel, der überall einen Ausweg kennt: „er ist gleich wie der Wind, der findet, wie man sagt, gar enge Löcher". Bes. im Nordostdt. ist die mdal. Wndg. häufig: ,Dar is keen Lock dor to finen', da ist kein Ausweg, kein Ende abzusehen.

Im Badischen sagt man, wenn einer nichts zuwege bringt: ,Mit deam kame au mause, wemmer em d Lecher zoigt': Mit dem kann man auch Mäuse fangen, wenn man ihm die Löcher zeigt.

Mit Loch ist die Tür gemeint in der Rda. *jem. das Loch zeigen (weisen):* ihn hinauswerfen; heute meistens in der Form *einem zeigen, wo der Zimmermann das Loch gelassen hat:* ihn hinauswerfen, einem die Tür weisen; hess. auch ,do hott de Schreiner e Loch gelosse'. Die Rda. ist auch mehrfach lit. überliefert. In ,Jucundi Jucundissimi Wunderliche Lebensbeschreibung' von 1680 heißt es: „werdet ihr mir noch einmal eins (von den Kindern) mit finger anrühren, so will ich euch das loch weisen, welches der zimmermann im hause offen gelassen hat". Bekannter ist das Zitat aus Schillers ‚Kabale und Liebe‘ (I,1): „Ja, ja, dem Major will ich weisen, wo Meister Zimmermann das Loch gemacht hat“. In den Erlebnissen eines Schuldenbauern von Jer. Gotthelf (1854) heißt es: „Ihr habt es gehört, dort machte der Zimmermann das Loch, wenn ihr es nicht seht, und macht daß ihr draus kömmt, so kann man es euch zeigen“. Eine Entsprechung findet sich im Ndl.: ‚iemand het gat van dem timmerman wijzen‘.

Einem ein Loch in den Bauch (oder *in den Kopf) reden:* eigentl. durch Reden jem. schadhaft machen, scherzhaft übertreibender Ausdr. für: heftig oder ausdauernd auf jem. einreden. Moderne scherzhaft-übertreibende Abwandlungen dieser Rda. sind: *jem. ein Loch in den Arsch fragen:* ihn eingehend ausfragen; ‚jem. ein zweites Loch in den Arsch fragen‘, einem Fragen über Fragen stellen; ‚jem. ein Loch in den Bauch quasseln‘, 1639 bei Lehmann, S. 356 (‚Natur‘ 63): „Wenn man ein Loch durch manchen predigt, so hilffts doch nicht“. Loch in solcher bildl. Verwendung ist seit frühmhd. Zeit bezeugt. Der 2. Abschnitt von Thom. Murners ‚Schelmenzunft‘ (1512) ist überschrieben: „Eyn loch durch brieff reden“ und zeigt das Bild eines Juristen mit derbem Mund, der auf einen durchlöcherten Brief in seinen Händen gerichtet ist, dazu die Verse:

Versigelt schon der babst mit bley
So kan ichs wieder sprechen frey
Ich bins der selbig dapffer man
Der sigel und brieff durch reden kan
Und thuon wenig noch rechtem synnen
Wen ich nur kan das gelt gewinnen.

Geiler von Kaysersberg sagt in seinen Predigten über das ‚Narrenschiff‘ von Seb. Brant (55a): „Es sein kein brief so gut, sie wölen ein loch dreinreden“. In Paulis ‚Schimpf und Ernst‘ von 1522 heißt es: „sie wöllen gelt von einem nemen und helfen ein sach gewinnen und wöllen darnach gelt nemen von dem andern und wöllen inn ein jeglichen brief ein loch reden“. Weitere Belege finden sich bei Luther: „wo ist jemals ein vertrag, recht, handel, siegel oder brieve gemacht, gestellet, oder aufgerichtet, da man nicht hat wider disputirn mügen, oder ein loch dadurch zu machen fürgenommen“; Luther wendet diese Rda. auch auf das Deuteln an der Hl. Schrift an: „als nu die schrift also ein zerrissen netz war worden, das sich niemand damit lies halten, sondern ein jglicher boret jm loch, wo jm seine schnausze hin stund, und fuhr seinem sinn nach, deutet und drehet sie, wie es jm gefiel“; an anderer Stelle heißt es: „das ist abermal ein dürrer heller text, von der Gottheit Christi wider die Arianer, wiewol sie sich doch unterstanden haben, ein loch dadurch zu boren, mit jren glosen und deuten, aber Gottes Wort leszt sich nicht also mit drehen und deuteln umbstoszen“.

Ähnl. Rdaa. sind: *Ich laß' mir lieber ein Loch ins Knie bohren:* ich tue alles andere eher; *ein Loch in die Welt laufen:* zwecklos ins Weite gehen (seit dem 17. Jh. belegt); *Löcher in den Himmel gucken* (oder *stieren*): erstaunt dreinschauen; *Löcher in die Luft* (oder *in die Natur*) *schießen* (von schlechten Schützen gesagt); *ein Loch in den Tag brennen:* das Licht bis in den hellen Tag hinein brennen lassen; *ein Loch in den Tag schlafen:* sehr lange schlafen.

Ein sehr drastischer rdal. Vergleich ist *saufen wie ein Loch:* unersättlich, denn das Loch läßt die Flüssigkeit immer wieder verlaufen; es wird nie ‚voll‘; vgl. frz. ‚boire comme un trou‘.

Auf (aus) dem letzten Loch pfeifen: schwerkrank, am Ende sein, sein Vermögen fast ganz durchgebracht haben, am Rand des Grabes stehen. Die Rda. bezieht sich

‚Ein Loch durch einen Brief reden‘

urspr. sicher auf die Löcher eines Blasinstruments. Lit. schon bei Grimmelshausen im ‚Simplicissimus' (I, 283): „Er sagte, ich werde aus dem letzten Loch pfeifen!" und bei Goethe:

Da lachte die Vergiftrin noch:
Ha! sie pfeift auf dem letzten Loch.

Den Gürtel ein Loch enger schnallen: Hunger leiden müssen, wenig essen; vgl. frz. ‚resserrer sa ceinture d'un cran'; *ein Loch zurückstecken:* nachgeben, die Ansprüche mindern; ebenfalls hergenommen von dem Leibriemen, den man enger schnallt.

Das reißt ein (böses) Loch in den Beutel: das kostet viel Geld; vgl. frz. ‚Cela fait un trou dans le porte-monnaie'; *ein Loch mit dem andern zustopfen:* neue Schulden machen, um alte zu tilgen; vgl. das ‚Milliardenloch' im Staatshaushalt. Auch Körperöffnungen werden Loch genannt, z. B. der Mund. In Seb. Francks Sprww. von 1545 heißt es: „der got venter und das closter maulbronn (ich mein das loch unter nasen) treibt und lert uns fast alle, alles was wir thuon, reden und könden, des lied ich sing, des brot ich esz und singt jedermann das bettelliedlein, dem loch under nasen zu lieb". *Loch unter der Nase* ist eine in allen Mdaa. beliebte Umschreibung für ‚Mund'. *Zu Loch fahren:* essen, schlingen. In Friedr. Dedekinds ‚Grobianus' finden wir einen frühen Beleg dieser Rda. (1551):

soltu der erst in d'platten greifen,
und nemen rausz bei guter zeit
das best, an welchem ort es leit,
das nicht ein andrer greife dar,
und alsobald zu loch mit fahr.

Mdal. ‚Halt's Loch!' oder ‚Hep's Loch zue!' meint: Halte den Mund; vgl. engl. ‚He has a hole under his nose that all his money runs into'; belegt schon 1611.

Loch steht auch für die Afteröffnung (↗Arsch), z. B. obersächs, ‚Setz dich auf's Loch', setz dich auf das Hinterteil; *einem das Loch versohlen (daß das Fell raucht):* ihn verhauen. Bei Geiler von Kaysersberg kann man lesen: „ein muter, die irem kind schlecht (schlägt) das Loch vol, die ist nit sein feind, man sol kind zimlich schlagen". In Fischarts ‚Gargantua' von 1594 heißt es: „das hier schlegt eim fürs loch".

Aufs Loch setzen: sich hinsetzen; von einem, der lange sitzen bleibt, sagt man z. B. schwäb. ‚Ma meit grad, er häb Pech am Loch'. Das Gegenteil davon ist, wenn jem. nicht stillsitzen kann: *keine Ruhe im Loch haben* oder *Hummeln im Loch haben.* In allen Mdaa. ist Loch = After Anlaß zu den verschiedensten derben Rdaa. Aber es gibt auch Unterschiede. Während man rhein. auf das Schimpfwort ‚Arschloch' antwortet: ‚De brauchst nore Arsch ze san, dann es et Loch sowieso debei', wird im Elsaß Loch als anständigster Ausdr. für diesen Körperteil bevorzugt. Häufig sind auch obszöne Rdaa., in denen Loch für weibl. Scham steht, z. B. ndl. ‚Lock is Lock', Mädchen ist Mädchen; hess. ‚Hans vor allen Löchern', Schürzenjäger; hess. ‚ein schönes Loch in der Schürze haben', nicht mehr Jungfrau sein; wenn ein Geistlicher ein Mädchen geschwängert hat, sagt man: ‚Er hat ein Loch durch die Kanzel gebohrt'.

Jem. ins Loch stecken: ihn ins Gefängnis werfen; vgl. frz. ‚mettre au trou'; *im Loch sitzen:* Strafgefangener sein; vgl. frz. ‚être au trou'.

Loch bedeutet in diesen Wndgn. das Gefängnis oder die Gefängniszelle. Diese Ausdrucksweise bezieht sich nicht nur auf die Enge der Zelle, wie man nach heutigem Sprachgebrauch annehmen möchte, sondern gemeint ist urspr. das Hundeloch, wie es sich in alter Zeit am Rathaus befand, und nicht nur unsicherem Gesindel als unfreiwillige Nachtherberge angewiesen wurde, sondern vorübergehend als Gefängnis diente. Nach ihm wurde sodann jedes Gefängnis ‚Hundeloch' oder verkürzt ‚Loch' genannt. In Heinrich Julius' Drama von einem Wirte, der dreimal betrogen wird, droht derselbe den drei betrügerischen Gesellen: „Ich will Euch vor dem Richter verklagen, der soll Euch so lange in das Hundeloch stecken, bis das Ihr mich bezahlt habt", u. in des herzogl. Dichters ‚Ungeratenem Sohn' nennt Nero das Gefängnis das Hundeloch, sagt aber auch in beliebter Kürzung (III,6): „man will mich ins Loch stecken". In einem Fastnachtspiel (Keller, 404) heißt es:

Hör Strolntrit, was ich Dir sag!
Gar pald verantwurt hie die clag,
Die über dich get von uns allen
Ee du must in richters loch vallen.

In der ‚Ehrlichen Frau Schlampampe' begegnet (S. 59) Hundeloch neben Loch,

wie auch in den Mdaa. beide in gleicher Bdtg. miteinander wechselten. Heute ist nur noch die Kürzung gebräuchl.
Loch bez. umg. schließlich auch die menschliche Behausung; *nicht vors Loch kommen:* zu Hause bleiben; vgl. frz. ‚ne pas sortir de son trou‘. Obersächs. ‚zu Loche gehen‘, nach Hause gehen.
Zuweilen wird Loch auch an Stelle von Bett gebraucht; ndd. ‚to Lock kruppen‘, zu Bett gehen. ‚Walt Gott, in's alt Loch!‘ sagt man schwäb., wenn man ins ungemachte Bett steigt.
Die Volkssprache bez. die Himmelsrichtung oder Gegend, aus der gewöhnlich das Wetter aufzieht, mit ‚Wetterloch‘. Wenn ein kalter Wind weht, sagt man z. B. schlesw.-holst. ‚de Wind blaast ut'n koold Lock‘, es ist empfindlich kalt. An diese Vorstellung knüpfen einige Rdaa. an: *Der Wind pfeift aus einem anderen Loch* und *Es pfeift aus allen Löchern:* es weht ein andrer, scharfer Wind, der Schlendrian muß aufhören. *Wissen, aus welchem Loch der Wind pfeift:* wissen, worum es geht, was dahintersteckt.

locker. *Nicht locker lassen:* nicht nachgeben. Die Rda. ist erst im 19. Jh. bezeugt: hergeleitet ist sie vom Nachlassen der Zügel beim Pferdegespann. Anders: *Geld locker machen:* flüssig machen, finanzielle Unterstützung erhalten.

‚Lockvogel‘ (‚Drossel‘)

Lockvogel. *Ein Lockvogel sein; als Lockvogel gelten (benutzt werden):* durch leere oder falsche Versprechungen in eine Falle, einen Hinterhalt locken, Leidenschaft und Begehrlichkeit reizen, um zu unüberlegtem Handeln zu verführen, aber auch: als bes. schöne und billige Ware im Schaufenster Käufer werben. Die Rdaa., die in übertr. Bdtg. auf Personen und Sachen angewendet werden können, sind bereits bibl. Herkunft. Bei Jer. 5,27 heißt es z. B.: „Ihre Häuser sind voller Tücke, wie ein Vogelbauer voller Lockvögel ist“ und bei Sir. 11,31: „Ein falsches Herz ist wie ein Lockvogel im Korbe und lauert, wie es dich fangen möge“. Das sprachl. Bild der rdal. Vergleiche wurde der Jagd entlehnt. Die Vogelsteller benutzten Lockvögel, die durch ihr Pfeifen und Singen andere Vögel herbeiriefen, die ohne Scheu geflogen kamen und dadurch leicht in die in der Nähe aufgestellten Fallen, Leimruten oder Netze gerieten. Von dieser Art des Vogelfanges berichten einige Sprww.: ‚Ein Lockvogel bringt einen andern mit lieblichem Gesang ins Garn‘ und ‚Lockvögel können alle Weisen“.
Vgl. frz. ‚attrappe-nigaud‘ (von attrapper = fangen, hereinlegen und nigaud = albern).

1

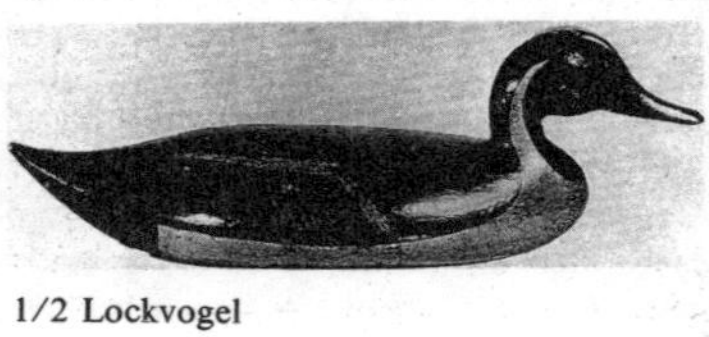

2

1/2 Lockvogel

Als Lockvogel arbeiten (eingesetzt werden): bewußt auf die Verführung ausgehen, einen ins Verderben locken. In Verbrecherkreisen werden gern Mädchen und Frauen bei einem Unternehmen beteiligt, wenn jem. der Argwohn und die übliche Vorsicht genommen werden soll. Häufig sind es auch Prostituierte (‚Drosseln'), die diese Aufgabe übernehmen.

Lit.: *L. Röhrich* u. *G. Meinel:* Redensarten aus dem Bereich der Jagd und der Vogelstellerei, S. 317; *J. Lipman u. A. Winchester:* Art. ‚Lockvögel-Decoys', in: Die Vkde. in Amerika. Ausstrahlung, Vorlagen, Quellen (München 1976), S. 170f.

Lödlein. *Einem Lödlein eintragen:* ihn betrügen. Die Rda., die bes. in bergmännischen Kreisen bekannt ist, stammt aus der Webstube und bedeutet urspr.: ein Stück untaugliches Garn (‚Lode' = Zotte) in Aufzug oder Kette hineinschmuggeln. „Und weil jhr sach nicht gar gut war, tregt er lödlein ein und macht weitleuftig ding" (Mathesius: ‚Sarepta', 1562, 21b). Heute ist die Rda. praktisch ausgestorben.

Löffel. *Etw. mit Löffeln gegessen* (auch *gefressen) haben:* es gründlich satt haben, zu viel von etw. haben.

Mit dem großen Löffel essen: eingeladen sein. In der seit dem 17. Jh. häufig bezeugten Wndg. *die Weisheit mit Löffeln gegessen (gefressen) haben:* sich sehr weise dünken (und dabei ein Dummkopf sein), liegt ein doppelter Spott: denn erstens wird geistige Nahrung nicht so bequem eingenommen wie leibliche, und zweitens geht es auch nicht so schnell wie beim Löffeln der Suppe. So heißt es 1663 bei Schuppius (Schriften 145): „Ihr habt Salomons Weisheit mit Löffeln gefressen", und an anderer Stelle (264): „Du wirst meynen, daß man auf Universitäten lauter Weisheit mit Löffeln fresse". Bisweilen wird die Rda. noch iron. verstärkt: ‚die Weisheit mit Schaumlöffeln gefressen haben', so auch in den Mdaa., z. B. ostfries. ‚De heet ett Verstand mit de Schümlepel gefrette'; obersächs. ‚Die haben alle Tugenden mit Rohmleffeln (Rahmlöffeln) gefressen'.

Mit einem goldenen (auch *silbernen, großen) Löffel im Mund geboren sein:* reich sein, in allen Dingen Glück haben (vgl. engl. ‚to be born with a silver spoon in his mouth').

Jem. über den Löffel barbieren: ihn betrügen. Die Rda. soll ihre Entstehung einem Verfahren verdanken, das früher weniger geübte Barbiere mit alten zahnlosen Leuten vornahmen: Anstatt die eingefallene Backe vorsichtig zu behandeln, steckten sie einen Löffel hinein, um so eine glatte Wölbung herzustellen. Der Ausdr. bedeutete also zunächst: mit jem. nicht viel Umstände machen, ihn rücksichtslos behandeln, und hat sich dann zu der heutigen Bdtg. verschlimmert. Zur Zeit Ludwigs XIV. war das ‚über den Löffel barbieren' allg. bekannt. Die Galane, die zum Rendez-vous gingen, mußten scharf ausrasiert sein, durften nicht ‚kratzen' beim Tête-à-tête. Vielleicht liegt hier der urspr. Real-Gehalt der Redensart, die später andere Inhalte bekam, je mehr sich das Rasieren änderte.

Doch ist auch eine andere Entwicklung denkbar. Man sagte zunächst nur ‚barbieren' für betrügen (ähnl. wie ‚scheren' und ‚einseifen'). Nun kann Löffel (richtiger ‚Läffel' zu ‚Laffe') auch ‚Tolpatsch, Narr, Schelm' bedeuten, und so konnte man zu ‚barbieren' hinzufügen ‚über den Löffel' wie in der Rda. ‚einen über einen Tölpel werfen', ihn als Einfältigen behandeln. Vielleicht beruht der Witz der Rda. auf diesem Doppelsinn. Liegt der Doppelsinn des hölzernen Eßlöffels (oder des Löffelbretts) und des Schelms doch auch dem aus Sachsen bezeugten witzigen rdal. Vergleich zugrunde: ‚Das Kleid hängt an ihm herum wie Löffel(holz) am Galgen', es sitzt ihm schlecht.

Als Löffel werden schon in mhd. Weidmannssprache die großen Ohren des Hasen bez.: umg. wird das auf den Menschen übertr.: *Wer die Löffel nicht (gehörig) aufsperrt* und sich eine gute Lehre nicht *hinter die Löffel schreibt, kriegt eins hinter die Löffel.* ‚Er scheint die Löffel am Hintern zu haben', er hört schwer; ist aus Leipzig bezeugt.

Die Löffel spitzen: etw. erlauschen wollen, aufmerksam zuhören.

In zahlreichen mdal. Versionen wird das Sterben mit dem Bild vom Weglegen des Löffels umschrieben. *Da hat wieder einer den Löffel hingelegt (weggeworfen, fallen lassen)* sagt man, wenn jem. gestorben ist; z. B. meckl. ‚de het den Läpel an de Wand stäken', ‚de lickt den Läpel ok nich wedder'; schles. ‚se hot a Löffel ibrig gemacht'; rhein. ‚der hät de letzten Löffel geleckt'; schwäb. ‚den Löffel wischen (aufstecken)'. Schon in Joh. Fischarts ‚Geschichtklitterung' heißt es im selben Sinn: „Es entful jhm der Löffel". Der Löffel ist nicht nur ein sinnfälliges Bild der Vitalfunktion ‚essen' und auf dem Land individueller Besitz jedes Essers, der ihn nach Gebrauch ‚wischt' und auf das geschnitzte Löffelbrett an der Wand ‚aufsteckt', sondern er ist auch Rechtssymbol des Besitzers. Das Abendblatt zur Neuen Münchner Zeitung 1857, Nr. 280 bemerkt: „Hier (in München) ist ein adeliges Haus bekannt, wo jeder Dienstbote strengen Verweis erhält, wenn ein Silberlöffel auf den Boden fällt, denn dann sterbe jemand aus der Familie, heißt es", ↗zeitlich.

Da muß man schon silberne Löffel gestohlen haben: da muß man sich etw. Schwerwiegendes, etw. Kriminelles zu Schulden haben kommen lassen, bevor man entlassen werden kann. Die Wndg. bezieht sich urspr. auf Dienstboten, die bei ihrer Herrschaft eine Vertrauensstellung besaßen, doch die Gelegenheit zum Diebstahl nutzten. Voller Empörung heißt es dagegen von jem., der sich ungerecht behandelt fühlt, der unschuldig in Verdacht geraten ist: *Ich habe ja schließlich keine silbernen Löffel gestohlen.*

Zum schmutzigen Löffel oder *Schmutziger Löffel* nennt man ein heruntergekommenes, schlampig geführtes, in schlechtem Ruf stehendes Wirtshaus.

Lit.: *E. L. Rochholz:* Dt. Glaube und Brauch im Spiegel der heidnischen Vorzeit, 2 Bde. (Berlin 1867), I, S. 142; *G. Rhyner:* ‚Über den Löffel barbieren', in: Schweiz. Arch. f. Vkde. 1 (1897), S. 320; *A. Haberlandt:* Art. ‚Löffel', in: HdA. V, Sp. 1317–1323; *A. Helfrich-Dörner:* Messer, Löffel, Gabel seit wann? (Schwäbisch Hall 1959); *G. Benker:* Alte Bestecke. Ein Beitrag zur Geschichte der Tischkultur (München 1978); *Chr. A. Douglas:* Die Konstanzer Silberschmiede von 1550 bis 1800 (Diss. Freiburg i. Br. 1984), S. 131; *Th. Gantner:* Die ausgelöffelte Suppe. Eine kleine Kulturgesch. des Löffels in Europa, in: Rund ums Essen (Mensch, Kultur. Umwelt 1) (Basel 1986), S. 55–62; *E. Gerhards (Hg.):* Löffel. Zur Kulturgeschichte eines Eßgerätes, Museum für Völkerkunde (Freiburg i. Br. 1988); *J. P. Barbier (Hg.):* Der Kongreß der Löffel (Genf 1989).

Lohgerber. *Dastehen wie ein betrübter Lohgerber,* der seine ↗Felle fortschwimmen sieht. Auch in anderen rdal. Vergleichen kommt der Lohgerber vor, z. B. *reden* (auch *spielen) wie ein Lohgerber:* schlecht reden. Gerberlohe ist eine sehr übelriechende Lauge. Die Rda. kann darum wohl auch meinen: ‚anrüchig' reden, doppelsinnig, doppeldeutig.

Lorbeer. *Lorbeeren ernten:* wegen einer ausgezeichneten Leistung gerühmt werden, vgl. frz. ‚récolter de lauriers'.

Schon im Altertum wurde aus den Zweigen des dem Apollo hl. Lorbeers der Ruhmeskranz gewunden: Mit Lorbeer bekränzt wurden die Sieger bei den Pythischen Spielen in Delphi, die römischen Feldherren, wenn sie im Triumph in die Stadt einzogen. Die Sitte, Dichter mit Lorbeeren zu schmücken (‚poeta laureatus'), haben in der Renaissance die Kaiser aus dem Altertum übernommen; so ist Petrarca am Ostertage 1341 auf dem Kapitol gekrönt worden, so 1517 Ulrich von Hutten durch Kaiser Maximilian, so noch Martin Opitz. Seit dem 18. Jh. wird Lorbeer in übertr. Sinne für ‚Ruhm' oft gebraucht, obwohl schon Klopstock statt des fremden Lorbeers den heimischen Eichenkranz forderte, der dann im 19. Jh. von den Turnern als Siegeszeichen eingeführt wurde. Von einem, der nach hervorragendem Tun bequem wird, sagt man: *Er ruht auf seinen Lorbeeren aus, Er ist auf seinen Lorbeeren eingeschlafen* (beides schon bei Goethe). In einem undatierten Brief, wahrscheinl. vom April 1808, schreibt Königin Luise von Preußen (1776–1810) an ihren Vater: „Wir sind eingeschlafen auf den Lorbeeren (Friedrichs des Großen)". Vgl. frz. ‚Il s'est endormi sur ses lauriers'.

Von einem, der Lob erntet, ohne schon etwas geleistet zu haben, sagt man: *Er bekommt Vorschußlorbeeren,* lit. schon in Heinrich Heines ‚Romancero' (1846–51):

Wollten keine Ovationen
Von dem Publico auf Pump,
Keine Vorschuß-Lorbeerkronen,
Rühmten sich nicht keck und plump.

Lit.: *A. Birlinger:* Zwei Redensarten, in: Alemannia 3 (Bonn 1875), S. 132–134; *H. Marzell:* Art. ‚Lorbeer', in: HdA. V, Sp. 1349–1351.

Los. *Das große Los gezogen* (oder *gewonnen) haben* wird bildl. gesagt von einem, dem ein großes Glück in den Schoß gefallen ist, der einen guten Griff getan hat (so in übertr. Sinne schon bei Jean Paul). Vgl. frz. ‚avoir gagné le gros lot (à la Loterie Nationale)'. Dagegen ist aus Sachsen bezeugt: ‚ein Viertel in der großen Lotterie spielen', etw. geistesgestört sein; ‚du spielst wohl e Achtel vom Sonnenstein?' (einer Irrenanstalt), du bist wohl verrückt?

Mit seinem Los unzufrieden sein: mit seinem Geschick hadern; vgl. frz. ‚être mécontent de son sort'. Die Doppeldeutigkeit des Wortes ‚Los' i. S. v. Schicksal und Lotterielos regte humoristische Rdaa.-Zeichnungen an, z. B. auch Moritz von Schwind.

Lit.: *E. Boehm:* Art. ‚Los, Losen', ‚Losbücher', ‚Losnächte', in: HdA. V, Sp. 1351–1425; *E. Roth:* Das grosse Los (o. O. 1965).

los. *Was ist los?:* was ist geschehen? Los meint, es habe sich etw. aus der gewohnten Ordnung gelöst, es sei etw. Außergewöhnliches geschehen. Auf die Frage: ‚Was ist los?' wird gern die rdal. Scherzantwort gegeben: ‚Was nicht angebunden ist' oder ‚was nicht fest ist'.

Mit ihm ist nicht viel los: er leistet nichts Besonderes, taugt nicht viel; *mit ihm ist heute nicht viel los:* er ist heute nicht in guter Stimmung; *was ist mit dir los?:* was fehlt dir, was hast du?

Los kommt auch sonst sehr häufig in gegenwartsprachl. Wndgn. vor: ‚etw. los haben', etw. können; ‚einen Brief loslassen', einen Brief abschicken; ‚loslegen', energisch beginnen; ‚losschießen', mit der Sprache herausrücken; ‚loszittern', abmarschieren, ebenso: ‚lostigern'; ‚losgehen', anfangen, etc.

loseisen. *Jem. loseisen:* im älteren Bair. auch ‚auseisen', bedeutete urspr.: einen Angefrorenen vom Eise losmachen. In übertr. und verallgemeinertem Sinne: ihn aus einer Verlegenheit, Zwangslage befreien, ihn aus einer beruflichen oder unangenehmen gesellschaftlichen Bindung durch gewaltsames Eingreifen zu lösen wissen. Das sprachl. Bild kann sich auf das Flottmachen eines Schiffes bei Eis-

‚Mit seinem Los unzufrieden sein'

gang beziehen. Möglicherweise geht die Rda. aber auch auf den in ein Fangeisen geratenen Fuchs zurück, der verzweifelt alles zu seiner Befreiung versucht und sich gelegentlich unter Verlust des eingeklemmten Gliedes, das er selbst abbeißt, aus dem Fangeisen löst.

Etw. loseisen: Geld flüssig machen, unter großer Anstrengung etw. für sich erlangen, was zunächst fast aussichtslos schien.

Lit.: *L. Röhrich u. G. Meinel:* Redensarten aus dem Bereich der Jagd und der Vogelstellerei, S. 320.

Lot. *Im Lote sein* (landschaftlich auch: *im Blei):* in Ordnung sein; *etw. ins Lot brin-*

‚Liebe bringt alles ins rechte Lot'

1

2

1/2 ‚Der Lotse geht von Bord'

gen: in Ordnung bringen; urspr.: genau senkrecht, wie es der Maurermeister mit dem Richtlot nachprüft. Dagegen gehen auf das Lot als Gewicht zurück die um 1700 häufige Wndg. ‚Wie viele auf ein Lot?', die als Ausdr. der Geringschätzung in das Gespräch eingeworfen wurde, und das schon mhd. bezeugte Sprw. ‚Freunde in der Not gehen hundert auf ein Lot', das sich auch in Seb. Brants ‚Narrenschiff' (10,32) findet.

löten. *Nicht zu löten an'n Holzeimer* (oder *an eine Holzkiste)!* Ausdr. der Ablehnung. Da beim Löten nur zwei Metallstücke verbunden werden können, meint der Ausdr. eigentl. eine technische Unmöglichkeit; dann verallgemeinert; etw. seit 1900 (Küpper).

lotsen. *Jem. durch etw. hindurchlotsen:* ihm über seine schlimmsten Schwierigkeiten hinweghelfen. Die Wndg. ist aus der Seemannssprache in die allg. Umgangssprache übergegangen.

‚Der Lotse geht von Bord': er verläßt das (sinkende) Schiff. Anläßlich von Bismarcks Entlassung erschien am 29. März 1890 in der englischen Satire-Zs. ‚Punch' eine Karikatur von John Tenniel. In unzähligen Variationen haben die Karikaturisten das Motiv seither zitiert u. abgewandelt.

Lit.: *Fr. Kluge:* Wb. der Seemannssprache (Halle 1911); *W. Stammler:* Seemanns Brauch und Glaube, in: Dt. Philol. im Aufriß, 29. Lieferung (1956), Sp. 1815–1880.

Löwe. *Sich in die Höhle des Löwen wagen:* mutig dem Stärkeren entgegentreten. Die Rda. bezieht sich auf die 246. Fabel (Mot. 644,I) des Aesop (um 550 v. Chr.). Der Fuchs antwortet dem in der Höhle krank liegenden Löwen auf dessen Frage, warum er nicht nähertrete: ‚Ich träte schon ein, wenn ich nicht sähe, daß so viele Spuren hinein-, keine aber herausführt'. Horaz überträgt die Antwort ins Lat.: „Quia me vestigia terrent omnia te adversum spectantia, nulla retrorsum", woraus sich das geflügelte Wort ‚Vestigia terrent' (die Spuren schrecken) entwickelt hat. Vgl. die bildl. Darstellung der Fabel in Steinhöwels ‚Aesop'. Desgl. AaTh. 50 u. 51. *Den Löwenanteil bekommen;* vgl. frz. ‚recevoir la part du lion'; bzw. *sich den Löwenanteil nehmen:* den größten Teil bekommen; vgl. frz. ‚se réserver la part du lion'. Die Rda. geht auf Aesops 260. Fabel zurück: ‚Der Löwe, der Esel und der Fuchs'. Die Fabel (AaTh. 51), die auch von Luther in seine Fabelsammlung aufgenommen wurde, berichtet, daß der Löwe bei einer gemeinsamen Jagd mit dem Esel und dem Fuchs sich die ganze Beute aneignete. Auf Grund dieser Fabel nannte der Rechtsgelehrte C. Cassius

1 

2 

1/2 ‚Sich (nicht) in die Höhle des Löwen wagen'

Longinus (1. Jh. n. Chr.) einen Vertrag, wonach der eine Teilnehmer allen Nutzen zieht, der andere allen Nachteil trägt, eine ‚societas leonina' (eine Vereinbarung nach dem Muster des Löwen). Nach V. B. Dröscher ist die Realität noch eindrucksvoller: denn die oft gefährliche Aufgabe, für das Futter des Rudels zu sorgen, obliegt den Löwinnen. Die Löwen selbst schauen nur zu, bis die Beute erledigt ist, beanspruchen aber dann das Recht des Stärkeren gegenüber der abgekämpften Löwin, d.h., sie bemächtigen sich der Beute und fressen, bis sie satt sind – oft die ganze Beute.

Auch der Ausdr. *der Esel in der Löwenhaut* für einen Feigling, der den Mutigen spielt, geht auf eine Fabel zurück (↗ Esel).

Ein Löwenmaul und ein Hasenherz haben: große Worte im Munde führen, dabei aber feige sein. Seb. Franck (I,51): „Er hat ein lewen maul vnd ein hasen hertz". In Seb. Brants ‚Narrenschiff' (56, 24ff.) heißt es von Xerxes:

Er greiff Athenas grüslich an
glich wie der löw angrifft eyn hun.
Vnd floch doch als die hasen thun.

Den Hund vor dem Löwen schlagen ↗ Hund.

Die Klaue des Löwen erkennen lassen: die Könnerschaft (des Genies) deutet sich bereits an, z.B. bei noch unbekannten Künstlern (Dichtern). Lat.: ‚ex unguine leonem'. *Der Löwe des Tages sein:* im Mittelpunkt des Tagesinteresses stehen. Die Rda. ist gegen 1830 aufgekommen und dem Engl. nachgebildet. Engl. ‚lion of the day' ist zu der Bedeutung ‚(Tages-)Berühmtheit' dadurch gekommen, daß im Londoner Tower in früherer Zeit Löwen gehalten wurden, zu denen man Besucher als zu einer besonderen Sehenswürdigkeit führte.

Der rdal. Vergleich *umhergehen wie ein brüllender Löwe* ist eine bibl. Wndg.: 1. Petrus 5,8 heißt es: „Der Teufel geht umher wie ein brüllender Löwe und sucht, welchen er verschlinge"; vgl. frz. ‚se promener comme un lion en cage' (wörtl.: umhergehen wie ein Löwe im Käfig): vor lauter Wut umhergehen.

‚Gut gebrüllt, Löwe!' ist ein Zitat aus Shakespeares ‚Sommernachtstraum', das gerne als Zustimmungsformel verwendet wird.

Lit.: *K. Gorski:* Die Fabel vom Löwenanteil in ihrer geschichtl. Entwicklung (Diss. Rostock 1892); *O. Keller:* Die antike Tierwelt, Bd. 1 (Leipzig 1909), S. 24–60; *A. Smith:* ‚Meine Truppen haben wie Löwen gefochten', in: Moderna Sprak 14 (1920), S. 200–203; *H. Bächtold-Stäubli:* Art. ‚Löwe', in: HdA. V, Sp. 1432–1436; *V. B. Dröscher:* Mich laust der Affe (1981), S. 109–112.

Luchs. *Augen haben wie ein Luchs;* vgl. frz. ‚avoir des yeux de lynx', ↗ Auge. *Luchsaugen haben, aufpassen wie ein Luchs:* sehr scharf sehen, sehr scharf beobachten; dazu die Wndgn. *einem etw. abluchsen, ihn beluchsen:* es ihm abspähen, ablisten. Schon Konrad von Megenberg rühmt 1350 in seinem ‚Buch der Natur' (146, 27) die Scharfsichtigkeit des Luchses (die nach Brehm von seinem feinen Gehör noch übertroffen wird, daher auch: ‚Ohren haben wie ein Luchs'): „Linx haizt ain luhs. Der hat so scharpfiu augen ... daz er durch starch wend siht". So auch bei Luther: „Man sagt viel, das adeler und luchse scharf sehen"; 1682 in dem Drama ‚Masaniello' Christian Weises (III, 19): „Ich bin kein Lux, der durch ein Bret sehen kann". Daher auch Luchs bildl. für einen schlauen, hinterlistigen Menschen.

Lit.: *A. Becker:* ‚Luchsen, beluchsen', in: Zs. f. d. U. 6 (1892), S. 845–846; *O. Keller:* Die antike Tierwelt, Bd. 1 (Leipzig 1909), S. 81–85; *W. E. Peuckert:* Art. ‚Luchs', in: HdA. V, Sp. 1440–1442.

Luft. *Es liegt in der Luft* wird von Ideen gesagt, die nur ausgesprochen zu werden brauchen, um sofort allg. Anklang zu finden, etwa wie man sich gewisse Krankheitsstoffe, zumal wenn eine Seuche aufgetreten ist, als in der Luft schwebend vorstellt. Vgl. frz. ‚C'est dans l'air'. Dagegen bedeutet *etw. hängt (schwebt) (noch) in der Luft,* es ist noch ganz ungewiß, unsicher, ist noch nicht entschieden, und *jem. hängt in der Luft:* er hat keine feste Existenzgrundlage, kein Auskommen. ‚En hänkt ön der Luft' sagt man in Trier auch von einem Menschen, der mit seiner Ansicht ganz allein steht. Euphemismen wie *in der Luft tanzen, jem. einen Tanzplatz in der freien Luft bauen, in den Lüften schweben* oder *mit der Luft spielen* umschrieben früher die Galgenstrafe.

Die Luft ist rein: jetzt ist nichts zu befürchten, es ist kein Verdächtiger anwesend (vgl. KHM. 60).

Die Luft ist nicht rein! dient als Warnung und Hinweis auf unerwünschte Zuhörer, z. B. wenn Kinder anwesend sind.

Dicke Luft nennt man ein drohendes Unheil. Schon ‚Die Teütsch Spraach' von Josua Maaler (1561) kennt die Bez. „dicker/schwårer oder bőser lufft" in der Bedeutung krankmachender drückender Luft, und Gryphius schrieb: „die dicken Lüfte blitzen". Bei Adelung und Campe bedeutete dicke Luft staubige bzw. trübe, dunstige Luft. ‚Dicke Luft kriegen' hieß in der Soldatensprache des 1. Weltkriegs unter heftigen Artilleriebeschuß geraten. Der Frankfurter Dialekt bewahrt noch den urspr. Sinn der Rda.: ‚da drinne is e bes (böse) Luft' sagt man bei streitsüchtiger Stimmung, drohendem Unheil.

Na, gute Luft! ist eine jüngere iron. Wndg. mit der Bdtg.: Ich danke! Das kann ja gut werden. In der Schweiz bedeutete dagegen früher ‚gute Luft haben' wohlgelitten sein. *Luft haben:* Bwegungsfreiheit haben; in der techn. Sprache bedeutet die Wndg., daß die beweglichen Teile, z. B. die Zahnräder in einem Uhrwerk, nicht zu eng angeordnet sein dürfen, damit sie leichten Lauf haben. *In etw. ist noch Luft drin:* es gibt noch einen Spielraum, eine bestimmte Handlungsfreiheit. *Luft schaffen; seinem Herzen Luft machen:* bei Stieler (1699) noch in der Form „sein Herz entlüften": sich frei aussprechen; *Luft ablassen* ↗Dampf. *Jem. geht die Luft aus,* er gerät außer Atem.

Ihm ist die Luft ausgegangen: er ist zahlungsunfähig, kampfunfähig geworden.

Aus etw. ist die Luft raus: es hat seine Aktualität, seine Wirkung verloren, ist verpufft. Schwäb. ‚der Luft pfeift aus'm letzte Loch': es geht nicht nach Wunsch (vgl. ↗Loch). *Nach Luft schnappen,* eigentl. rasch u. mühsam atmen, übertr. unter wirtschaftl. oder sonst. Druck stehen.

Luft bekommen (oder *kriegen):* aus einer Schwierigkeit herauskommen; auch: *wieder etw. Luft haben,* nicht mehr so unter Streß stehen.

Halt die Luft an: Sei still!, bes. berl. *Mir bleibt die Luft fort (weg):* ich bin sehr erstaunt, sprachlos, fassungslos; vgl. frz. ‚Cela me coupe le souffle'; synonym dazu ist: *etw. verschlägt jem. die Luft (Atem). Jem. die Luft abdrehen (abdrücken, abschnüren)* meint eigentl. ‚würgen'; übertr.: seine Handlungsfreiheit stark beschränken, ihn beruflich oder geschäftlich erledigen.

Jem. die Luft zum Atmen nehmen: ihn in seiner Handlungsfreiheit einschränken, ihn durch bloße Anwesenheit erdrücken, so daß er die Nähe als bedrohlich empfindet. ‚He hett dat Luchthalen vergeten' sagt man plattdt., wenn jem. gestorben ist. Rhein. ‚e macht e Gesech, wie us der Luft gefalle': so verdutzt (vgl. ↗Himmel, ↗Wolke). *In die Luft fliegen,* explodieren, schon bei Adelung (1796) aufgeführt, ebenso *etw. in die Luft sprengen* (oder jünger: *jagen*), wobei die Luft hier für ‚Höhe' steht, wie auch bei der Rda. *In die Luft gehen:* zornig werden, aufbrausen, wohl vom Bild des Explodierens hergenommen. Diese Wndg. ist schon bei Stieler verzeichnet, jedoch noch in der konkreten Bdtg. von aus dem Haus hinaus-, ins Freie gehen.

Wenn man *an die frische Luft geht,* ohne dabei einzukehren, sagt man wohl auch scherzhaft: *in die Luftschenke gehen* oder *Luft kneipen gehen.*

Das ist die Berliner Luft! Die Wndg. stammt urspr. aus Paul Linckes Operette ‚Frau Luna' (1898):

Das macht die Berliner Luft, Luft, Luft,
So mit ihrem holden Duft, Duft, Duft ...

Jem. an die Luft setzen: ihn hinauswerfen, derb zum Verlassen der Wohnung auffordern; Variante zu: ‚auf die ↗Straße setzen'.

Die gleiche Luft atmen: ähnliche Ansichten oder gleiche Herkunft haben.

Gesiebte Luft atmen (schnappen): eine Freiheitsstrafe verbüßen (wegen der vergitterten Zellenfenster).

Die Luft verändern: einen Ortswechsel vornehmen, schon in der Zimmerischen Chronik gebraucht. Daraus *Luftveränderung brauchen* in übertragenem Sinne für Abwechslung, Situationswechsel. *Frische Luft in etw. hineinbringen:* neuen Schwung in eine Sache bringen, Anstoß geben. Schweiz. ‚es gōt en andere Luft': die Sache hat eine Wendung genommen' (vgl. auch ↗Wind).

Jem. wie Luft behandeln: ihn unbeachtet lassen; ‚er ist Luft für mich', ich beachte ihn gar nicht, eigentl.: er ist für mich gar nicht vorhanden, unsichtbar wie die Luft. Schon bei Seb. Frank steht Luft rdal. für Nichts: „ich geb nit luft umb jn" und bei Lehmann: „umbs lufts willen". Daraus *nach der Luft greifen, haschen,* nämlich nach Nichtigem, Ungreifbarem, entspr. schwäb. ‚da tust Luft greife', fehl greifen. Man sagt auch von einer grundlosen Behauptung, *sie sei aus der Luft gegriffen,* weil sie auf nichts beruht, keine feste Grundlage hat.

Der Schuß geht in die Luft: trifft nicht, verfehlt das Ziel, eine giftige Bemerkung kommt nicht an. Man sagt auch; *etw. zerfließt in der Luft, löst sich in der Luft auf,* wenn es verschwindet und so zu nichts wird. *Jem. in der Luft zerreißen* bedeutet in der lit. Sprache eine vernichtende Kritik über einen Künstler, den man gleichsam zu ‚nichts' zerfetzt. *Ich könnte dich in der Luft zerreißen* ist dagegen Ausdruck von Wut und dient auch als Drohung. *In die Luft gucken:* das Nachsehen haben, leer ausgehen (vgl. ↗Röhre). Rhein. ‚en Loə en de Luft kike', den Himmel anstarren, vor sich hinstieren; vgl. ‚Hans Guck in die Luft' *In die Luft reden, etw. in die Luft schlagen,* vgl. ↗Wind. In Frankfurt sagt man ‚ich hab Luft im Leib': mir gurgelt der Leib vor Hunger. Scherzhaft heißt es auch, *es ist Luft im Glas,* wenn es leer ist, und *die Luft aus dem Glas lassen* bedeutet nachfüllen, eingießen.

‚Der hebt sei Sach z'säme wie der Luft 's Mehl' sagt man in Schwaben ironisch u. meint damit, wie der Wind das Mehl fortbläst. ‚Du schwätzst, wie der Luft geht': unbeständig wie der Wind. ‚Dés is e rèchtə Luft' sagt man in Bayern von einem leichtsinnigen, oberflächlichen, windigen Menschen. Man sagte auch ‚Lüftling', ‚Lufti' (alem.) und in der Studentensprache wurde es latinisierend ‚Lufticus'.

Von der Luft leben ↗leben.

Luftballon. *Einen Luftballon verschluckt haben:* schwanger sein. Die scherzhafte Wndg. ist eine Anspielung auf den runden Bauch der Hochschwangeren, ↗Kürbis.

Luftschloß. *Luftschlösser bauen:* unausführbare Pläne entwerfen, sich kühne Hoffnungen machen, die wenig Aussicht auf Erfüllung haben, sich seinen Wunschträumen und Phantasiespielen überlassen.

Luftschloß in der Bdtg. ‚Phantasiegebilde' ist seit der Mitte des 17. Jh. bezeugt und 1691 von Stieler gebucht. Voraus geht „Ein Schloß in den Lufft bawen" (1541 bei Seb. Franck). Im Engl. entspricht ‚to build castles in the air', was gleichfalls seit dem 16. Jh. bezeugt ist; ndl. ‚luchtkastelen bouwen'; auch franz. entspr. ‚bâtir en l'air'.

Schon bei dem Kirchenvater Augustin (354–430) heißt es (‚Sermones' 2, 6; 8): „Subtracto fundamento in aere aedificare" (= nachdem einem das Fundament entzogen ist, in die Luft bauen). Das Bild vom Toren, der auf ungeeignetem Boden baute, ist im christl. Abendland seit Matth. 7,26 allg. bekannt gewesen (vgl. ‚auf ↗Sand bauen').

Das Wort ‚Schloß', das es im Ahd. noch nicht gab, bedeutete seit dem Mhd. eine ‚feste Burg'. Erst durch spätere Bedeutungsverengung trat der Sinn ‚Befesti-

,Luftschlösser' – ,Seifenblasen'

gung' zurück und wurde das Schloß zum glanzvollen Fürsten- und Herrensitz auch ohne Befestigungsanlage. Eine Festung ist aber nur fest und also sinnvoll, wenn sie selber auf festem, sicherem Grund gebaut ist. Demgegenüber steht ,Luft' in dieser Rda. für ,Ungrund' schlechthin. So gab es denn auch die Variante ,ein Schloß auf ↗ Eis bauen', holl. ,Kasteelen op het ijs bouwen', oder mhd. im gleichen Sinne: ,ûf den regenbogen bûwen', so in Freidanks Lehrgedicht ,Bescheidenheit' (I, 5):

der hât sich selber gar betrogen
und zimbert ûf den regenbogen;
swenne der regenboge zergât,
so enweiz er (weiß er nicht) wâ
sîn hûs stât.

In Umkehrung dieses rdal. Bildes sagt man von einem besonders zuverlässigen und soliden Menschen auch: ,man darf ein Schloß auf ihn bauen' (↗ Schloß). Volkstümlich ist die Weiterentwicklung der Rda. in der Operette ,Frau Luna' von Paul Lincke, wo eines der Couplets beginnt: „Schlösser, die im Monde liegen", d. h. unerreichbar sind (↗ Mond). Frz. sagt man: ,bâtir des châteaux en Espagne', Schlösser in Spanien bauen, so schon im ,Roman de la Rose' (,Rosenroman', 13. Jh.). Der Ausdr. stammt aus der Zeit, als die Mauren Herren von Spanien waren und deshalb Landgüter und Schlösser für einen Franzosen dort keinen Wert hatten. Die Rda. kam dann je nach politischer u. kriegerischer Lage auch als ,châteaux en Albanie' (= Albion, England) oder ,châteaux en Asie' vor. Wander vermerkt fürs Deutsche ebenfalls ,spanische Schlösser bauen'.

Auch in den Mdaa. ist die Rda. verbreitet; z. B. ndd. ,Mancher but Schlösser in de Luft, de keen Schithus upn Lanne buen künn' und schwäb. ,Der hat gut in Himmel komme, er hat scho viel Luftschlösser baut'. Im Rheinland heißt es: ,me mutt kein Luchtschlöter baue'.

Lit.: *A. Morel-Fatio:* „Châteaux en Espagne", in: Etudes sur l'Espagne, 4th ser. (Paris 1925), S. 119–130; *R. M. Smith:* ,Chaucer's ,Castles in Spain', in: MLN. 60 (1945), S. 39–40. *A. Nelso:* ,Châteaux en Espagne' dans le latin médiéval, in: Eranos 49 (1951), S. 159–169; *S. A. Gallacher:* ,Castles in Spain', in: JAF. 76 (1963), S. 324–329.

lügen. Seit alters wird lügen gern durch einen Zusatz verstärkt; so bes. in den rdal. Vergleichen *wie ein Lügenmeister, wie eine Leichenrede, wie ein Zahnreißer;* vgl. frz. ,mentir comme un arracheur de dents' (lügen wie ein Zähneausreißer). Am bekanntesten und verbreitetsten ist *lügen, daß sich die Balken biegen.* Häufig gehen die rdal. Vergleiche von der Vorstellung aus, daß Lügen eine Last sind, wie z. B. in der Wndg.: „Er log ihr einen ganzen Lastwagen voll" in Grimmelshausens ,Simplicissimus'. Diese Vorstellung liegt auch unserer Rda. zugrunde. Sie findet sich schon um 1500 bei dem Prediger Geiler von Kaysersberg; Thomas Murner sagt 1512 in der ,Schelmenzunft' (15, 14): „lügen, daß die Balken krachen"; vgl. auch Hans Sachsens Schwank vom ,Lügenberg' und von der ,Lügenbrücke'. Stärker noch drückt sich in der zweiten H. des 16. Jh. Joh. Fischart in ,Sankt Dominici Leben' aus: Da lügt ein Schneidergeselle, „daß die Werkstatt kracht"; die Sterndeuter in ,Aller Praktik Großmutter' lügen, „daß die Himmel krachen".

Abraham a Sancta Clara kennt außer der Form ,lügen, daß sich die Balken biegen' noch die Varianten: „Lügen, daß sich die

Bäum möchten biegen"; „Wann zu einer jeden Lug allzeit solte bey dem Verkauffen sich ein Baum Biegen, so wurde in kurtzer Zeit ein gantzer Wald bucklet"; „Lügen so sehr, daß sich der Thurn zu Cölln möcht auff die andere Seiten biegen" (‚Judas' I, 354); „erstlich hat er stark gelogen, daß sich fast der Himmel gebogen" (‚Narren-Nest' II, 39).

Einen ganzen Strauß derartiger Ausdrücke bietet die kräftige Sprache des Schweizer Reformationsdichters Nikolaus Manuel. Einem alten Kriegsmann legt er den Reim in den Mund:

Ich mag ouch wol nüt destminder kriegen
Und schweren, daß sich der himmel möcht biegen.

Ein andermal wirft er den Papisten vor:

Sie stond am kanzel ietz und liegend,
Daß sich ganze wend und bollwerk biegend.

Einen Bettler läßt er von dem Ablaßkrämer sagen:

Da treibt er wunder abentür mit liegen;
Ich dacht ein wil, der kilchturm
sött sich biegen.

Als Luthers Gegenspieler Johann Eck von der Badener Disputation zurückgekehrt ist, weiß er von ihm zu dichten:

Er log, wie man für's wetter lüt,
Und schampt sich minder dann nüt.

Diese Satire schließt gar mit dem burlesken Witz:

Do Egg und sin gsell Faber log,
Daß sich der berg Runzefal bog!

In den heutigen Mdaa. haben sich derartige Nebenformen z. T. bis heute erhalten, z. B. siebenb. ‚E lecht, dat sich de Ierd (Erde) bigt'; ähnl. schon in dem Gedicht ‚Des Teufels Netz' aus dem 15. Jh.: „Der ander lügt, das sich der boden under in bügt". Auf die sich biegenden Balken spielt man schwäb. an, wenn man bei einer offenkundigen Lüge sagt: ‚Joo, i han dea Durchzugsbalka schau lang im Aug. I moa, er häb se a bisle boga'. Mit einem Blick an die Balkendecke warnt man den, der in Ggwt. Unmündiger Unpassendes sagen will: ‚Seid still, 's sind so viel Balken da'.

Verbreitet ist auch *dem Teufel ein Ohr ablügen* (↗Teufel); ferner *das Blaue vom Himmel herunterlügen* (↗blau); *einem die Hucke* (oder *die Haut) vollügen; nach Strich und Faden lügen* (↗Strich).

Jünger ist die Rda. *wie gedruckt lügen* (z. B. bei Chamisso belegt), ein böser Vorwurf des Volksmundes gegen Bücher und Zeitungen. Schon bei Joh. Fischart (‚Aller Praktik Großmutter', 1623, S. 546) heißt es: „Die Lügen ist getruckt, darumb ist sie geschmuckt". Eine Erweiterung brachten die bekannten Worte Bismarcks aus der Sitzung des preuß. Herrenhauses vom 13. Febr. 1869: „Es wird vielleicht auch dahin kommen, zu sagen: er lügt wie telegraphiert" (‚Reden', IV. 144).

‚Dann war's gelogen' heißt es immer dann, wenn jem. vergessen hat, was er sagen wollte.

Lit.: *C. Müller-Fraureuth:* Die deutsche Lügendichtung bis auf Münchhausen (Halle 1881, Ndr. Hildesheim 1965); *A. Rüstow:* Der Lügner (Diss. Erlangen) (Leipzig 1910); P. Sartori: Art. ‚Lüge, lügen', in: HdA, V, Sp. 1450–1453; *H. Weinrich:* Linguistik oder Lüge (Heidelberg 1966).

Lügenbrücke. *Kommst du auch heil über die Lügenbrücke?*: Jetzt hast du bestimmt gelogen, deine Lügen und Aufschneidereien sind durchschaut. Die Frage, meist an ein Kind gerichtet, gilt als Aufforderung, bei der Wahrheit zu bleiben, und bezieht sich auf die bekannte Fabel Gellerts ‚Der Bauer und sein Sohn'. Der Bauer übertrumpft die Lügen seines von der Reise heimkehrenden Sohnes über einen Hund so groß wie ein Pferd, indem er die Lügenbrücke erfindet, auf der man sich sofort ein Bein bricht, wenn man am gleichen Tag gelogen hat. Der nun ängstlich gewordene Sohn reduziert seine Aufschneiderei stufenweise bis zur gewöhnlichen Größe des Hundes und wird durch die List des Vaters überführt. Der Stoff zu Gellerts Schwankfabel beruht auf der 88. Fabel ‚Vom lügenhafften Jüngling' im ‚Esopus' des Burkard Waldis. Der Stein auf der Brücke, an den der Lügner stößt und sich das Bein bricht, ist eine Erfindung Gellerts, er fehlt in der sonstigen Überlieferung. In der oralen Tradition wird der Stoff zum Schwankmärlein umgestaltet und souverän von den Erzählern um neue Züge bereichert.

Aus Gellerts Gedicht wird ein Vers rdal. gebraucht, wenn man jem. bei einer offensichtlichen Lüge ertappt: „Die Brücke

1

2

1/2 ‚Auf den Lukas hauen'

kömmt! Fritz, Fritz! wie wird dir's gehen!", auch abgewandelt zu: *Fritz, Fritz! Die Brücke kömmt/* (↗Brücke).
Ähnl. sagt man auch: *wenn das Wort eine Brücke wäre,* zu ergänzen: ‚dann wäre es eine Lügenbrücke', d.h., man würde sich auf ihr ein Bein brechen, ↗Wort.

Lit.: *Büchmann; K. Ranke:* Die Lügenbrücke, in: Festschrift Mathias Zender – Studien zu Volkskultur, Sprache und Landesgeschichte, hg. v. Edith Ennen u. Günther Wiegelmann, Bd. II (Bonn 1972), S. 868–874.

Lukas. Mit Lukas bez. man den Kraftmesser auf dem Jahrmarkt; mit Hilfe eines großen Holzhammers wird ein Schlag auf einen Holzklotz abgegeben. Durch den damit ausgelösten Druck wird ein Metallstück an einer Latte hochgetrieben, das bei ausreichender Stärke des Schlags an der oben befindlichen Figur einen Knall verursacht. Der Besitzer und Schausteller des Geräts, der Lukasmann, lockt die Jahrmarktsbesucher an mit dem Ausruf: „Haut den Lukas!": „Wer haut ihn, den Lukas?", schlesw.-holst. ‚Hau den Lukas op den Knast!', auf den Holzklotz; schwäb. ‚Haut den Lukas auf den Mokas' (Kopf). In Schlesien (Liegnitz): ‚Hau den Lukas! Hau druff, kriegst Blumme, hau zweimal druff, kriegst'n Bild von Jesus!'

Von daher übertr. *auf den Lukas hauen:* tüchtig dreinschlagen, rhein. ‚He hät den Lukas kregen', ihm ist der Schlag gelungen, und ‚enen lukasen', ihn verprügeln.

Lit.: *F. Dering:* Volksbelustigungen (Nördlingen 1986), S. 160–162.

Lumpen, lumpen. *Einen aus den Lumpen schütteln:* ihn auszanken, kräftig zurechtweisen; schon um 1500 bei dem Prediger Geiler von Kaysersberg bezeugt: „Du wilt yederman sin lumpen auswaschen", d.h. dich in alles mischen, bes. beim Tadeln anderer.
Sich nicht lumpen lassen: sich nicht schäbig, nicht geizig zeigen, eigentl.: sich nicht Lump nennen, sich nicht als verächtlichen, armseligen Menschen behandeln lassen.
Tanzen wie der Lump am Stecken: unentwegt, flott tanzen; der vor allem in Südwestdtl. verbreitete rdal. Vergleich meint eigentl. die Vogelscheuche, d.h. den im Wind hin und her flatternden Lumpen.
‚'s Lümple kriegt's Stümple': alem. Rda. mit der Bdtg.: derjenige, der am meisten trinkt, bekommt den Rest. Die Wndg. wird beim Einschenken des Weines gebraucht.
Auf ähnl. Vorstellungen beruht auch der

Ausdr. ‚Lumpensammler', das ist die letzte Straßenbahn, die die späten Gäste nach Hause befördert. Im Badischen ist ein beliebtes Schimpfwort für einen Mann: ‚Lumpenseckel' (Dreckskerl).

Lit.: *Anon.:* ‚Sich nicht lumpen lassen', in: Sprachpflege 10 (1961), S. 153.

‚Lunte anlegen'

Lunte. *Lunte riechen:* merken, daß Gefahr im Verzug ist. Die seit 1585 belegte Rda. geht auf Lunte = brennender Docht, dann Zündschnur zurück. Vor der Einführung der Steinschlösser und Zündhütchen benutzte man Lunten zum Entzünden der Geschützladungen. Der üble Geruch, der durch das Anstecken der Lunte entstand, noch bevor der Schuß losging, hat die Veranlassung zu der auch in den Mdaa. verbreiteten Rda. gegeben. Ähnl. sagt man z.B. berl. ‚Hier riecht's sengerig': entspr. schwäb. ‚es wird brenzlig', die Sache scheint bedenklich, es wird gefährlich. Vgl. frz. ‚eventer ...' oder ‚découvrir la mèche': das Geheimnis eines Komplotts entdecken, sowie ‚vendre la mèche' (wörtl.: die Lunte verkaufen): ein Geheimnis preisgeben.

Mit der Lunte am Pulverfaß spielen: mit der Gefahr spielen, einen Krieg vorbereiten, provozieren, auch *die Lunte anlegen.*

Lit.: *H. Rausch:* ‚Lunte riechen', in: Sprachfreund 4, 1955), Nr. 3, S. 3–4 (Beil. zur Zs. Muttersprache).

Lupe. *Etw. (jem.) unter die Lupe nehmen:* es genau betrachten, ihn genau beobachten und prüfen.

‚Nicht lupenrein sein': nicht in Ordnung sein, etw. zu verbergen haben. Der Ausdr. ist vor allem von der Begutachtung der Diamanten u. Brillanten her bekannt.

M

Machart. *Das ist meine Machart:* das sagt mir sehr zu; das entspricht meinen Wünschen, Vorstellungen; hergenommen vom Schneiderhandwerk: Machart ist die Art und Weise, in der ein Kleidungsstück gefertigt wird; erst in der Mitte des 20. Jh. umg. aufgekommen.

Mache. *Einen (jem.) in die Mache nehmen* (oder *kriegen*): unter die Hände bekommen, z.B. zur Erziehung; dann auch: tadeln, herunterputzen; in der Gaunersprache bedeutet diese Rda., jem. mit Gewalt einschüchtern oder umbringen.

Etw. in der Mache haben: es in Arbeit haben; seit dem 17. Jh. bezeugt, zunächst in wörtl. Bdtg.: „weil sie ihr einziges Paar (Schuhe) in die Mache gegeben", d.h. zur Reparatur (Schiller, ‚Räuber' II,3), bald aber, so oft beim Grafen von Zinzendorf (1700–60), in übertr. Anwendung. Dabei hat Mache meist abschätzigen Sinn, so auch in der Wndg. ‚Alles Mache!' oder ‚Quatsch, det is allens Mache!', mit der der Berliner eine eingebildete Krankheit abtut.

machen. Das Verb ‚machen' ist zu einem Allerweltswort geworden und steht oft als Ersatz für ein die jeweilige Tätigkeit besser umschreibendes Verb. In einem Schulaufsatz ist das etw. farblose ‚machen' daher verpönt. Goethe gebrauchte es darum iron.:

Es meinet jedermann,
Er könn' es machen;
Und wenn er's machen soll,
Kann er's nicht machen.

(Goethe, Gedichte: Invektiven: Ultimatum 3, Schlußzeilen).

Machen, was man kann: sich mit allen Kräften für etw. (jem.) einsetzen, seinen ganzen Einfluß gebrauchen, versichern, sich um etw. (jem.) bemühen zu wollen. Die Wndg. ‚Was gemacht werden kann, wird gemacht': das Mögliche wird versucht (durchgesetzt), ist als Ausspruch von Finanzminister Joseph Graf Wallis (1767–1818) bekanntgeworden. Mit diesen Worten verteidigte er 1811 eine Verfügung in Wien im Ministerrat gegenüber Metternich. Bismarck hingegen hielt die Wndg. für eine jüd. Rda. (Briefe an Braut und Gattin, Nr. 21).

In den vielfältigen Wndgn., in denen das Wort ‚machen' erscheint, hat es mit der Zeit verschiedene Bdtgn. erhalten, die sprachlich fein differenzieren, oft nur durch die Betonung oder Stellung innerhalb der Rdaa. Bes. in den Mdaa. wird ‚machen' gern verwendet. Die im Hess. gebräuchl. Wndgn. ‚uff die Gass mache': auf die Gasse gehen, und ‚ins Bett mache': zu Bett gehen, werden oft wegen ihrer Doppeldeutigkeit im Hd. iron. zitiert.

Jem. (ruhig) machen lassen: ihn gewähren lassen, davon überzeugt sein, daß er erfolgreich sein wird. Diese Wndg. begegnet auch in der Form einer Aufforderung: *Laß mich mal machen!:* laß es mich einmal versuchen, vielleicht kann ich den Schaden schnell beheben, leichter mit einer technischen Schwierigkeit fertig werden.

Der ermunternde Zuruf: *Mach weiter so!* dient als Bestätigung, daß man mit einem anderen zufrieden ist, daß man ihn auf dem rechten Weg zum Erfolg weiß. Dagegen ist der nur wenig abweichende Ausruf: *Mach nur so weiter!* iron. oder gar drohend gemeint, denn er spielt auf die negativen Folgen eines bestimmten Verhaltens an.

Die Rda. *Mach, was du willst!* meint resignierend: Du hörst ja doch nicht auf andere, es interessiert mich deshalb nicht weiter, was schließlich daraus wird.

Jem. kann machen, was er will: er erfährt keinerlei Einschränkung, er besitzt ↗ Narrenfreiheit. Die gleiche Wndg. als unvollständiger Satz heißt aber auch: Jem. kann sich anstrengen, soviel er will, er hat doch keinen Erfolg (kein Glück) dabei.

Aus allem etw. zu machen wissen: sehr geschickt sein, alles, auch Reste verwenden (verwerten) können. *Es wird sich (schon) machen (lassen):* es wird sich einrichten lassen. *Jem. macht sich:* er entwickelt sich zu seinem Vorteil; oft anerkennend gesagt: *Du machst dich (wirklich);* manchmal auch mit dem Hintergedanken: Das hätte ich gerade von dir nicht so leicht erwartet. *Es (etw.) macht sich ganz gut:* es geht voran, auch: etw. sieht sehr geschmackvoll aus. *Das macht sich gut:* Das trifft sich gut, das kommt wie gelegen. *Etw. ist wie gemacht dazu:* es ist bes. gut geeignet, als wäre es extra dafür geschaffen (worden).
Die Formel: *Ist gemacht!:* einverstanden, dient als Bekräftigung einer Zusage, eines Kaufvorhabens. Dagegen meint die Feststellung: *Das war nur gemacht:* das war nicht echt, das war nur vorgetäuscht, ↗Mache.
Einem nichts recht machen können: immer mit Kritik zu rechnen haben, keine Anerkennung finden. Ähnl. heißt es auch im Sprw. resignierend: ‚Wie man es macht, macht man es verkehrt (falsch)'.
Machen, daß man davonkommt: sich schnell entfernen, sich davon- ↗scheren; oft in der Form einer Drohung gebraucht: *Mach, daß du wegkommst (Land gewinnst)!*
Etw. aus sich machen: sich bilden, entwickeln; sich vorteilhaft kleiden; sich ins rechte ↗Licht zu setzen wissen.
Sich nichts daraus machen: sich nicht beirren lassen, einen Tadel, eine Kritik gelassen hinnehmen. *Sich nichts (wenig) aus jem. machen:* jem. nicht mögen, ihn wenig sympathisch finden, jem. nicht leiden können.
Etw. macht nichts: es schadet (stört) nicht; auch: es kostet nichts. Bes. häufig wird die Frage nach dem Preis: *Was macht das (alles zusammen)?* gestellt.
Es ist (leider) nichts zu machen: es ist vergeblich, nicht zu ändern, dagegen bedeutet: *Da ist nichts (mehr) zu machen,* oder achselzuckend: *Da kann man nichts mehr machen:* jede Hilfe kommt zu spät, da ist keine Rettung mehr zu hoffen, die Krankheit verläuft tödlich. *Nicht mehr lange machen:* bald sterben, ↗zeitlich.
Es macht es nun einmal nicht anders: das ist so seine Art, er nimmt keinen Rat, keine Hilfe an, aber auch: er ist sehr großzügig, er verwöhnt seine Gäste, Verwandten. *Darunter macht er es nicht:* das ist das mindeste, das ist der Preis (Lohn), der nicht unterboten werden kann.
Bes. oft hört man die Frage: *Was machst du denn so?:* Wie geht es dir? Wo arbeitest (wohnst) du? Hast du inzwischen das Examen (Familie)? Bekannte und Freunde, die sich aus den Augen verloren hatten, erkundigen sich so beim Wiedersehen. Als Abschiedsformel gebraucht man auch gern: *Mach's gut!* Die scherzhafte Entgegnung heißt: *Mach's besser!* ↗Gruß, grüßen. Zur Eile treibt dagegen der Ausruf: *Mach, mach!* oder: *Mach voran!*

Machenschaften. *Dunkle Machenschaften betreiben:* undurchsichtige Geschäfte abschließen, intrigieren, geheime Abmachungen treffen.
Das Wort ‚Machenschaft' ist schweiz. Herkunft und bedeutet urspr.: Vergleich, Kontrakt. Die heutige Bdtg. ‚üble Praktiken' gewann der Begriff im 18. Jh.; er erfuhr Verbreitung durch die Schriften Lavaters (‚Herzenserleichterung' 1784) und im 19. Jh. durch die Dichtungen von Gottfried Keller.

machiavellistisch. *Machiavellistisch handeln:* skrupellos sein, seine Ziele rücksichtslos verfolgen. Die Wndg. bezieht sich auf die polit. Vorstellungen des ital. Staatsmannes und Schriftstellers Niccolò Machiavelli (1469–1527). In seiner polit. Lehre gibt er der Machtpolitik Vorrang vor der Moral. Da er die äußere Schwäche und den inneren Zerfall der ital. Staatenwelt erlebte, suchte er nach Wegen der Erneuerung. Der Glaube an den Kreislauf der Geschichte und ein pessimistisches Menschenbild beherrschten dabei sein Denken. In seinem 1513 entstandenen Werk ‚Il Principe' (‚Der Fürst') stellt er bis heute umstrittene Verhaltensregeln auf. Danach kann das Handeln des zur Staatsgründung und -erhaltung begabten neuen Fürsten dann im Widerspruch zur überlieferten Ethik stehen, wenn es die polit. Verhältnisse einer feindlich gesonnenen Umwelt erfordern. Machiavelli formt damit den Begriff der ‚Staatsräson' vor.
Das Neue seiner Lehre war die Erkennt-

nis, daß die Macht ein konstituierendes Element der Politik sei. Seine Gedanken von einer berechtigten Anwendung von Gewalt zur Erlangung eines Zieles wurden seit dem 19. Jh. von revolutionären Bewegungen aufgegriffen.

Macho. *Ein Macho sein,* auch: *sich wie ein Macho verhalten:* ein übersteigertes Männlichkeitsgefühl besitzen, ganz dem Männlichkeitswahn verfallen sein, seine angebliche Überlegenheit und Vitalität bewußt betonen und brutal ausleben, ohne bes. Sensibilität. Das erst in der Gegenwartssprache geläufig gewordene span. Wort ‚Macho' (= männl. Tier, Männchen) geht als substantiviertes Adj. auf lat. ‚masculus': männlich zurück.
Frauen gegenüber spielt sich ein Macho gern auf, hält sich dem anderen Geschlecht gegenüber für unwiderstehlich, ist aber als krasser Egoist mit Pascha-Allüren zu Liebe und echter Partnerschaft nicht fähig.
Ein Schlager der Ggwt. (Ende der 80er Jahre) greift dieses falsche ‚Idealbild' eines Mannes unter dem Titel ‚Macho, Macho' auf und verspottet es. Im Refrain heißt es iron.:

Macho, Macho
kannst net lernen.
Macho, Macho
muß ma sei.

Macht. Das Verbalabstraktum (ahd. maht) zu ‚mögen': können, vermögen bezieht sich auf den privaten u. öffentl. Bereich i. S. v. Kraft, Stärke, Einfluß, Vermögen, Herrschaft u. Gewalt. *Macht ausüben:* herrschen; *Macht über jem. haben:* ihn nach seinem Willen leiten, ihn bevormunden; *jem. in seiner Macht haben:* ihn in seiner Gewalt haben, ihn unterdrücken, zwingen; *eine unwiderstehliche Macht auf jem. ausüben:* eine große Anziehungskraft, guten (schlechten) Einfluß auf jem. haben; *seine Macht gebrauchen (auskosten, ausspielen):* seinen Willen durchsetzen, sich seines Einflusses erfreuen; *andere seine Macht fühlen lassen,* auch: *seine Macht mißbrauchen:* Gewalt anwenden, andere unterdrücken; *jem. der Macht berauben:* ihn aus seiner Stellung verdrängen, ihm Wirkungsmöglichkeiten nehmen. Wie sehr machtpolit. Denken Eingang in den allg. Sprachgebrauch gefunden hat, zeigen die vielen Rdaa., die um Ausübung, Erringung u. Erhaltung von Macht kreisen, wie z. B.: *an die Macht kommen:* an die Regierung kommen; *die Macht erringen:* alle Anstrengungen aufbieten, um uneingeschränkte Regierungsgewalt, Herrschaft über ein Volk zu erhalten; *die Macht an sich reißen:* durch einen Putsch (Umsturz) alle Gegenspieler ausschalten, die Befehlsgewalt übernehmen; *die Macht ergreifen:* sich zum Führer machen, die Gunst der Stunde nutzen, um sich selbst zum Regierungschef aufzuwerfen. Diese Wndg. wurde bes. auf das Vorgehen Hitlers bezogen.
Alle Macht in einer Hand vereinigen: das Parlament weitgehend ausschalten, als Gesetzgeber selbstherrlich fungieren; ähnl.: *die Macht in Händen halten. Sich die Macht nicht entreißen lassen:* alle Kraft aufbieten, um seine bevorzugte Stellung in der Politik (in der Partei) zu halten, auch: bei einer Auseinandersetzung die Oberhand behalten; ähnl.: *sich an der Macht festklammern:* sich nicht verdrängen lassen, sein Amt nicht aufgeben wollen.
Sich mit aller Macht gegen etw. stemmen: seinen persönlichen Einfluß geltend machen, um eine Entwicklung (Neuerung) zu verhindern. *Mächte der Reaktion bekämpfen:* den Weg für den Fortschritt ebnen. *Mit großer Macht anrücken:* eine große Truppenstärke aufbieten. *Sich mit einer feindlichen Macht auseinandersetzen:* seine Gegner bekämpfen.
In den Medien ist auch gern von einer ‚ausländischen' oder einer ‚verbündeten Macht' die Rede. In übertr. Bdtg. ist von der ‚Macht des Geldes', der ‚Macht der Gewohnheit', der ‚Macht der Liebe' zu hören. Vgl. das Lied von Gerhard Tersteegen v. 1737:

Ich bete an die Macht der Liebe,
die sich in Jesu offenbart ...

(Ev. Kirchengesangbuch 470, Str. 1).
Die Macht des Schicksals: die Unabwendbarkeit, das Vorherbestimmte, ist der Titel einer Oper v. Giuseppe Verdi, die 1862 in St. Petersburg uraufgeführt wurde und in der Neufassung 1869 an der Mailänder Scala herauskam.
Es ist die Macht der Verhältnisse: es ist un-

abänderlich, die Umstände lassen nichts anderes zu. ‚Die Macht der Verhältnisse' ist ursprünglich der Titel eines 1815 verfaßten Trauerspiels von Ludwig Robert (1778–1832).
‚Geistige Macht' u. ‚überirdische Macht' werden gepriesen, ‚himmlische', aber auch ‚höllische Mächte' angerufen.
Von der *Macht der Finsternis* ist bereits im Lukasevangelium bei der Gefangennahme Jesu die Rede, der zu seinen Häschern sagt: „Ich bin täglich bei euch im Tempel gewesen, und ihr habt keine Hand an mich gelegt; aber dies ist eure Stunde und die Macht der Finsternis" (Luk. 22,53). ‚Die Macht der Finsternis' ist außerdem der dt Titel von L. Tolstois Tragödie ‚Vlast' t'my' (1887).
Aus Luthers Trutzlied ‚Ein feste Burg ist unser Gott' (Ev. Kirchengesangbuch 201) stammt das sprw. gewordene Zitat: „Mit unsrer Macht ist nichts getan", das den Menschen in seiner Ohnmacht u. Gefährdung auf eine ‚höhere Macht', d.h. auf Gottes ‚Allmacht' verweist. Vgl. auch die Wndg. *nicht in jem. Macht stehen:* seine Kräfte u. Möglichkeiten übersteigen.
Kurz vor seiner Hinrichtung am 9.4.1945 im KZ Flossenbürg bezeugte Dietrich Bonhoeffer seinen festen Glauben in den Versen:

> Von guten Mächten
> wunderbar geborgen
> erwarten wir getrost,
> was kommen mag...

Dagegen meint die Wndg. *mit bösen Mächten im Bunde stehen:* nach dem Volksglauben einen Teufelspakt geschlossen haben, auf die unheilvolle Wirkung von Dämonen vertrauen. Eine neue Rda. der Jugendsprache ist: *Etw. ist eine Macht:* es ist eine Wucht.

Machtwort. *Ein Machtwort sprechen:* eine Äußerung tun, die keinen Widerspruch duldet, die respektiert und befolgt werden muß.
‚Machtwort' als Wort von befehlender, zwingender Gewalt ist zuerst bei Luther lit. belegt: „da er (= Gott) sprach Gen. 1. es sei Sonn und Mond, und war kein Lügenwort, so ist sein Wort freilich nicht ein Nachwort, sondern ein Machtwort, das da schaffet, was es lautet".

machule. *Etw. macht jem. machule:* eine Anstrengung oder Arbeit ermüdet jem. in starkem Maße. Ist ein Unternehmen in Konkurs gegangen, so sagt man auch: *Die Firma ist machule.* Das jidd. Wort ‚mechulle' bedeutet ‚krank'.

Macke. *Eine Macke haben:* eine gestörte Persönlichkeit besitzen, absonderliche Eigenheiten pflegen, wenn die Wndg. auf den Menschen bezogen wird. Bei Gegenständen besagt die Rda., daß es sich hier um Dinge zweiter Wahl handelt; denn im Jidd. bedeutet ‚makke' Schlag, Streich, Hieb.

Mädchen. *Das macht dem Mädchen (der Liebe) kein Kind:* eine Sache ist nicht so schlimm, sie kann keinen großen Schaden anrichten oder nach sich ziehen. Die Rda. spiegelt moralische Vorstellungen der Gesellschaft vergangener Jhh.; denn es galt als schlimm und verwerflich, wenn eine ledige Frau (Mädchen) schwanger wurde; alles, was nicht zu dieser sog. Schande beitrug, war somit harmlos und unschädlich.
Ein Mädchen anführen: ihm unter Vorspiegelung des Eheversprechens die Jungfräulichkeit rauben. *Das Mädchen hat ein Hufeisen verloren:* sie hat ein uneheliches Kind, ↗Eisen, ↗Hufeisen. *Das Mädchen ist zu haben:* es ist leicht zu verführen; vgl. frz. ‚Cette fille a le bouquet sur l'oreille'.
Ein leichtes Mädchen sein: eine leichtlebige, auch leichtsinnige Frau sein, die aus Abenteuerlust häufig Beziehungen zu verschiedenen Männern sucht und eingeht.
Ein Mädchen (eine Frau) mit Vergangenheit sein: einen häufigen Partnerwechsel hinter sich haben.
Das Mädchen muß einen Mann haben: Rda. unter Kartenspielern, wenn die Dame vom König gestochen wird.
Das Mädchen hat mehr, als man sieht: sie hat Geld, besitzt ein großes Vermögen.
Ein Mädchen nach Maß sein: eine Modevorführerin sein. Die nach 1945 aufgekommene Rda. bezieht sich auf die körperlichen Voraussetzungen und strengen Maßstäbe für die Wahl und den Erfolg eines Mannequins. Heute wird die Wndg. verallgemeinernd auf ein Mädchen mit idealer Figur und idealen Maßen bezogen, so auch bei Heiratsanzeigen und

Schönheitswettbewerben (Schönheitskönigin). ‚Jem. braucht ein Mädchen nach Maß‘: ein Mann ist bes. wählerisch, keine ist ihm gut genug.

Ein spätes Mädchen sein: ein Mädchen, das nicht rechtzeitig geheiratet worden ist. Die Rda. ist um 1900 erstmals belegt und nicht ganz so abwertend gemeint wie der Ausdr. alte ↗ Jungfer, der dasselbe besagt.

Ein Mädchen für alles sein: Umschreibung für eine Person – männlichen oder weiblichen Geschlechts –, die alle Arbeiten und Dienste erledigt. Früher bezog sich die Rda. auf Dienstmädchen; heute gilt sie auch für den außerhäuslichen Bereich, wie z. B. in einer Firma, einem Betrieb usw. Vermutl. entstand die Rda. in Berlin, wo in Zeitungsannoncen junge Frauen gesucht wurden, die sämtliche Geschäfte im Haus erledigen konnten. Die Rda. wurde auch verändert zu ‚Mädchen für alle‘ als Bez. für eine Prostituierte. *Ein Mädchen auf Anruf sein:* ein Callgirl sein.

Unter uns Mädchen gesagt: frei herausgesprochen, unter Gleichgesinnten, ↗ Pastorentöchter. Dasselbe besagt die Wndg. *Wir Mädchen unter uns,* die häufig von erfahrenen Frauen benutzt wird. *Für kleine Mädchen müssen (gehen):* die Damentoilette aufsuchen müssen. *Das ist nichts für kleine Mädchen:* es ist nur etw. für Erwachsene, auch für erfahrene Männer. Vgl. den Liedtext: „Hm, das schickt sich nicht für kleine Mädchen, das schickt sich nur für einen Mann“.

Soll dich das Mädchen mit dem langen Arm holen? Das sagt man zur Abschreckung, um Kinder von tiefen Wassern fernzuhalten. Das ‚Mädchen mit dem langen Arm‘ ist eine Kinderschreckfigur und meint eine Wassernixe; in Mecklenburg heißt es mdal. ‚Shall dy de Metje mit dem langen Arm holen?‘

Mädchen, die pfeifen, und Hühnern, die krähen, den' soll man beiden (beizeiten) den Hals (die Köpfe) umdrehen. Diese drastische Warnung im Sprw. begegnet auch in mdal. Versionen, wie z. B. ‚Wenn d'Maidle pfiffe un d'Hiener krahje, Sott me ne der Hals umdraihje‘. „Besonders gewarnt wird das weibl. Geschlecht vor dem Pfeifen, das man als ebenso normwidrig u. unnatürlich wie eine krähende Henne ansieht. Ein solcher Normdurchbruch in Richtung Geschlechtertausch wird als Bedrohung, als böses Omen erfahren: krähende Hennen müssen sofort geschlachtet werden, sonst stirbt ein Familienmitglied innerhalb eines Jahres. Dergestaltige weibl. Grenzüberschreitung zeigt außerdem einen Bund mit dem Teufel an, bei dem am Ende das Mädchen der Hölle verfällt, zur Hure wird, oder doch zumindest einen untauglichen Mann erhält. Pfeifende Mädchen rufen außerdem materielle Not für sich und ihre Nächsten herbei. Der Teufel freut sich über den Normbruch, während Gottvater, die Engel und die Muttergottes dabei weinen, und die sieben Kirchen erzittern (HdA. VI, Sp. 1580–1581).

Vgl. engl.:

Whistling maids and crowing hens.
Never come to no good ends;
A whistling maid and crowing hen.
Is good to neither God nor man.

Im amer. Englischen ist dieses Sprw. aus feministischer Perspektive umfunktioniert worden:

Girls that whistle and hens that crow
Make their way wherever they go.

Lit.: *A. de Cock:* „Een spreekwoord op bijgeloof berustend: Wenn die Mädchen pfeifen und die Weiber keifen und die Hühner krähen, dann ist Zeit, ihnen den Hals umzudrehen“, in: Mélanges Paul Frédéricq (Brüssel 1904). S. 151–160; *H. Lewy:* „Zum Verbot des Pfeifens: Mädchen, die pfeifen, und Hühnern, die kräh'n, soll man beizeiten den Hals (den Kopf) umdreh'n“, in: Zs. f. Vkde. 41 (1931), S. 58–59; *E. Seemann:* Art. ‚Pfeife, pfeifen, Flöte, flöten‘, in: HdA. VI, Sp. 1577–1597, bes. Sp. 1580–1581; *G. Grober-Glück:* Motive und Motivationen in Redensarten und Meinungen. Aberglaube, Volks-Charakterologie, Umgangsformen, Berufsspott in Verbreitung und Lebensformen. Textband (Marburg 1974), § 145–152, S. 237–251; *A. Dundes:* The Crowing Hen and the Easter Bunny. Male Chauvinism in American Folklore, in: ders.: Interpreting Folklore (Bloomington – London 1980), S. 171; *U. Mittwoch:* Whistling Maids and Crowing Hens – Hermaphroditism in Folklore and Biology, in: Perspectives in Biology and Medicine 1981, pp. 595–606.

Made, madig. *Sitzen wie die Made im Speck:* genug zu essen haben, dann allg.: es sich wohl sein lassen; vgl. frz. ‚être comme un rat dans un fromage‘ (wörtl.: wie die Ratte im Käse sitzen).

Sich Maden in die Augen schlafen: sehr lange schlafen (↗ Auge). *Jem. madig machen:* ihn herabsetzen, schlecht machen; *jem. etw. madig machen:* jem. etw. vermiesen; *sich madig machen:* sich unbeliebt machen (bes. durch Wichtigtuerei); madig, eigentl. ‚von Maden befallen', hat bes. in mittel- und ostdt. Mdaa. die Bdtg. ‚wertlos, schlecht' angenommen, z.B. obersächs. ‚Die Geschichte ist madig', bedenklich, faul; so wie: ‚da ist der ↗ Wurm drin'.

Magen. *Einen guten Magen haben:* Beleidigungen, Spott und Spaß ertragen können, ohne gekränkt zu sein. Schon in Joh. Fischarts ‚Geschichtklitterung': „Mein magen steht allzeit offen, wie eyns Fuersprechen Tasch" (d.h. wie der Geldbeutel eines Advokaten). Der große oder gute Magen wird oft mit rdal. Vergleichen umschrieben, z.B. ‚ein Magen wie ein Stiefelschaft'; ‚wie eine Strumpfkappe'; ‚wie ein Soldatentornister'; ‚wie eine Schublade'; vgl. frz. ‚avoir de l'estomac': die anderen einschüchtern können. *Er hat 'nen pommerschen Magen, der verdaut Eisen und Kieselsteine:* er hat einen guten Magen, kann alles vertragen; vgl. frz. ‚Il a un estomac d'autruche' (wörtl.: Er hat den Magen eines Straußvogels).

Sein Magen ist lutherisch, aber seine Feiertage sind katholisch; er ißt gut (fastet nicht) und arbeitet nicht gern.

Dazu gehört ein guter Magen: das ist ein harter Brocken, schwer zu verdauen; pomm. ‚Dar hört 'ne goden Mage to'.

Seinem Magen keine Stiefmutter sein: gern gut essen. Schlesw.-holst. ‚Iß, sunst löpt de Hund mit dinen Magen weg!'; sächs. (wenn man sich genügend mit Mundvorrat eingedeckt hat) ‚Da kennen uns de Meise den Magen nich verschleppen'. Am verbreitetsten ist, beim Anblick einer reichlichen Mahlzeit zu sagen: *Da wird dir die Katze den Magen nicht forttragen* (↗ Katze).

Seine Augen sind größer als sein Magen (oder *Mund*): er hat sich mehr auf seinen Teller genommen, als er nun aufzuessen imstande ist; vgl. frz. ‚Il a les yeux plus grands que le ventre' (Bauch). *Lieber den Magen verrenkt, als dem Wirt was geschenkt* sagt man, wenn man im Gasthaus die Portion bis auf den letzten Rest aufißt, auch wenn der Hunger schon gestillt ist.

Sich den Magen vollschlagen: sehr viel essen; Parallelbildung zu ‚sich den Bauch vollschlagen'.

Ihm bellt (knurrt) der Magen: er hat Hunger, ↗ Bauch.

Den Magen in der Kniekehle hängen haben: sehr hungrig sein. Groteske Physiologie, seit etwa 1900 aufgekommen. Ähnl. *Der Magen hängt mir bis auf die Füße, der Magen hängt mir lang* (oder *schief*): ich habe großen Hunger; vgl. frz. ‚J'ai l'estomac dans les talons' (wörtl.: Der Magen steckt mir in den Fersen). *Man kann dir bis in den Magen sehen* sagt man zu einem, der gähnt, ohne die Hand vor den Mund zu halten; schon 1847 belegt, allerdings in anderem Zusammenhang: „Die Statistik, diese schonungslose Forscherin, die den Leuten bis in den Magen sieht" (Br. Bauer, ‚Parteikämpfe' I,47). *Einen im Magen haben:* zornig oder verdrießlich über ihn sein, als ob er einem wie eine schwerverdauliche Speise Magenbeschwerden verursachen würde; auch ‚die Geschichte liegt mir im Magen', sie macht mir zu schaffen, ich möchte am liebsten nichts mehr damit zu tun haben; vgl. frz. ‚avoir quelque chose sur l'estomac' (wörtl.: etw. auf dem Magen haben): seinen Zorn oder Ärger schwer überwinden, ↗ Blei; ähnl. ‚einen gefressen haben' (↗ fressen). In Hans Sachs' Schwank von einem jungen Gesellen und einer Frau, die den Buhler mit lauter Scherzen abtrumpft, heißt es:

Er sprach: „Ich wolt, daß Ihr doch west
mein groß hertzen, das ich tu tragen".
Sie sprach: „'s liegt auch leicht im magen,
Ihr habt nechten truncken zu viel
odern grimm gwunnen ob dem spiel.
Wölt Ihr des unraths ledig sein,
so nemet ein purgatzen ein!"

Die Nachricht *schlug ihm auf den Magen, der Magen drehte sich um:* sie verdarb ihm die Laune.

Es kommt ja doch alles in einen Magen: die Reihenfolge der verschiedenen Speisen ist gleichgültig.

Und das auf nüchternen Magen!: Ausruf der Verwunderung, des Ärgers, i.S.v.: auch das noch, das fehlt gerade noch, der Tag fängt gut (gemeint ist: schlecht) an. *Jem. den Magen auspumpen:* Jem. in brutalster Weise zusammenschlagen, ihn derart hauen und boxen, daß er sich übergeben muß (umg.).

Die europ. Literatur kennt die Fabel vom Magen und den Gliedern. Der Magen steht stellvertretend für den Obersten, den Herrn, die Glieder sind die Diener und Knechte des Magens. Die sozialkritische Komponente dieser Fabel liegt darin, daß die Glieder als Untertanen sich weigern, ihrem Herrn, dem Magen, weiterhin zu dienen (indem sie ihn nicht nähren), jedoch nicht bedenken, daß solcher Ungehorsam auch ihren Untergang bewirkt. Als Moral dieser Fabel steht in einer ma. Hagenauer Hs.:

So wenig als wir könden sein
on brot, on wasser und on wein
So wenig könden wir empern
Der König, Fürsten und der Herrn!

Lit.: *H. Gombel:* Die Fabel vom Magen und den Gliedern in der Weltliteratur, 1934 (= Beiheft z. Zs. f. roman. Phil. 80); *D. Peil:* Der Streit der Glieder mit dem Magen. Studien zur Überlieferungs- und Deutungsgeschichte der Fabel des Menenius Agrippa von der Antike bis ins 20. Jh. (= Mikrokosmos. Beiträge zur Lit. Wiss. Bedeutungsforschung 16) (Frankfurt a.M. – Bern – New York 1985).

mahlen. *Wer zuerst kommt, mahlt zuerst.* Bei der noch heute allg. geläufigen Wndg. handelt es sich primär um ein Rechtssprw. Der früheste dt. Beleg findet sich in Eike von Repkows ‚Sachsenspiegel' (um 1230): „Die ok irst to der molen kumt, die sal erst malen" (II, 59). Ähnl. im ‚Schwabenspiegel' (ca. 1275): „Der ouch e zer müli kumt, der sol auch e malen". In lat. Form begegnet das Sprw. schon in einer Münchener Handschrift des ausgehenden 12. Jh., in den sog. Sprüchen aus Scheftlarn: ‚Qui capit ante molam, merito molit ante farinam'. In diesen Frühbelegen besteht eine deutliche Verbindung zwischen Mühle und mahlen, während die Mühle ja in unserem heutigen Sprw. nicht erwähnt wird. Damit scheint sich die Vermutung von Petsch und Künßberg zu bestätigen, wonach das Sprw. auf die Kundenmühle des MA. zu beziehen ist, wie sie vielfach heute noch in ländlichen Bezirken üblich ist: Derjenige, der sein Getreide zuerst in der Mühle abliefert, hat den Anspruch, daß es auch zuerst gemahlen wird (im Gegensatz zu der Bevorzugung des Herren bei einer Herrenmühle und der Zwangsgäste bei einer Bannmühle). Ähnl. äußert sich S. B. Ek, der das in Europa weitverbreitete Sprw. nach Alter u. Funktion untersuchte. Es handelt sich hier also um eine förmliche Rechtsregel, die wahrscheinl. schon als sächs. Sprw. bestand, als der Sachsenspiegel aufgezeichnet wurde. In einem ähnl. Sinn benutzen wir das Sprw. heute noch, wenn auch ohne Bezug auf die Mühle in allg. und übertr. Weise. Vom Spezialfall der Mühle erweiterte sich der Sinn des Sprw. auf andere Rechtslagen, bei denen der Zeitvorrang maßgebend ist, entspr. dem lat. ‚Prior tempore potior iure'. Die versuchten Deutungen auf ahd. ‚mahalen' = feierlich reden, greifen daneben, wenn sich auch eine solche Deutung schon bei Luther zu finden scheint (Thiele, S. 161; Wander II, 1472, 166: „wer ehe kompt, der melet ehe"). Den gleichen rechtlichen Grundgedanken finden wir in ähnl. Form noch zweimal im ‚Sachsenspiegel' wieder: „Svelk wagen erst up di bruegen kumt, die sal erst overgan, he sie idel (leer) oder geladen" (II, 59) und „Svelkes ordeles man irst bedet, dat sal man irst vinden" (I, 62). Wieder ein anderes Bild für den Grundsatz des Zeitvorranges bei Egenolf (Bl. 217): „der erster zum herd kompt, setzet sein häflin wohin er will". Mahlsteine ↗Stein.

Im Volkslied ist mahlen als Umschreibung für koitieren gebräuchl., z. B. bei Liedern von der Müllerin.

‚Wer zuerst kommt, mahlt zuerst'

1. „Ich weiß mir eine Müllerin,
Ein wunderschönes Weib.
Wollt Gott ich sollt bei ihr mahlen,
Mein Körnlein zu ihr tragen,
Das wär der Wille mein!
2. Der Müller aus dem Holze kam,
Von Regen war er naß,
‚Steh auf, Frau Müllerin stolze,
Mach mir ein Feuer von Holze,
Von Regen bin ich naß!'
3. ‚Ich kann dir nicht aufstehen!'
Sprach sich des Müllers Weib;
‚Ich hab die Nacht gemahlen
Mit einem Reutersknaben,
Daß ich so müde bin!'"
(E. B., Nr. 156a).

Lit.: *Sachse,* in: Zs. f. d. Recht 16, S. 102ff.; *Hillebrand:* Dt. Rechtssprww. (1858), S. 12f.; *Günther:* Rechtsaltertümer, S. 94; *Weizsäcker,* S. 324; *S. B. Ek:* Den som kommer först till kvarns – in: Scripta Minora Regiae Societ. Human. Litter. Lundensis 1963/64: 1 (Lund 1964), S. 1–66; *L. Röhrich:* Liebesmetaphorik im Volkslied, in: Essays in Traditional Literature, Belief, and Custom in Honor of Wayland Debs Hand (1967), S. 187–200.

Mahlzeit. *Prost Mahlzeit!* sagt man umg. in dem iron. Sinne: ‚das kann ja gut werden', ‚das ist eine schöne Bescherung!'. ‚Prost' ist aus ‚Prosit' zusammengezogen; vgl. frz. ‚Bon Appétit!' in derselben iron. Bdtg. Ähnl. *Ja, Mahlzeit!* ‚Gesegnete Mahlzeit!' sagt man vor und bes. nach dem Essen als Abschiedsgruß an die Tischgenossen. Von da entwickelt zu der Bdtg.: ‚dafür bedanke ich mich!' im Sinne einer iron. Ablehnung.

Mai. *Wie einst im Mai:* wie früher, in glücklicher Zeit; gleichbleibend. Die Wndg. stammt aus dem Gedicht ‚Allerseelen' des Tiroler Dichters Hermann von Gilm (1812–1864): „Stell auf den Tisch die duftenden Reseden" (1844). In der Vertonung von Richard Strauss (‚Acht Lieder' op. 10) gehörte das Gedicht zum musikalischen Grundbestand des Bürgerhauses. Als Stütze der Wndg. kommt wahrscheinlich noch der Titel der Operetten-Posse von Walter Kollo ‚Wie einst im Mai' (uraufgeführt 1913) hinzu.
Am 17. Mai geboren sein: homosexuell sein; verhüllend für § 175 des Strafgesetzbuches, der wie ein Datum gelesen wird; erst im 20. Jh. aufgekommen.
Im Mai seines Lebens stehen: sehr jung sein. Mit dieser Wndg. umschreibt man vor allem poetisch die Zeit der Jugend und der jungen Liebe:

Des Lebens Mai
blüht einmal
und nicht wieder

heißt es in Friedrich Schillers Gedicht ‚Resignation' (Sämtl. Werke, [4]1965–67, Bd. 1, S. 130–133). Ebenso verwendet Schiller dieses sprachl. Bild in der ‚Elegie auf den Tod eines Jünglings': „Einen Jüngling trägt man hier heraus, einen Jüngling, noch nicht reif zum Sarge, in des Lebens Mai gepflückt."
Den Ersten Mai feiern: nicht arbeiten am sog. ‚Tag der Werktätigen'. Der Erste Mai ist seit 1890 zum Demonstrationstag der internationalen Arbeiterbewegung geworden. Schon in alter Zeit war dieser Tag ein Anlaß zu Frühlingsfesten.

Lit.: *H. Goersch:* Dâr hadde hê werf alse Meibôm tô Aken. Ein Erklärungsversuch, in: Zs. des Aachener Geschichtsvereins 2 (1880), S. 117–126; *A. Haas:* De Herthe gifft Gras un füllt Schünen un Faß, in: Blätter für pommersche Vkde. 3 (1894), S. 1–4; *D. Esser:* Das Heiraten im Mai, in: Zs. des Vereins für rhein. und westf. Vkde. 5 (1908), S. 46–49; *A. Verwaetermeulen:* Te Meie verhuizen, in: Biekorf 38 (1932), S. 158; *U. Achten:* Illustrierte Geschichte des 1. Mai (Oberhausen 1979).

Maikäfer. *Strahlen wie ein Maikäfer:* über das ganze Gesicht strahlen; auch in den Mdaa. bekannt, z.B. schwäb. ‚dear lacht mit'm ganza Gsicht wie a Moikäfer'.
Über die Unsterblichkeit des Maikäfers nachdenken: sinnen, auch Unsinn reden; stud. Ausdr.; seit dem Ende des 19. Jh. aufgekommen.
Maikäfer numerieren: eine knifflige, aber unnötige Arbeit tun, ↗ Fliegenbeine, ↗ Käferbeine.

maikäfern. *Jem. maikäfert:* veralt. Ausdruck für jem., der sich während eines Festessens die Rede überlegt, die er anschließend zu halten hat; dieses Verhalten wird deshalb mit dem Maikäfer verglichen, da dieser schon vor dem Auffliegen die Flügel kräftig bewegt, ‚pumpt'.

Lit.: *O. Behagel:* Maikäfern, in Zs. f. dt. Wortf. 11 (1930), S. 3.

Mailüfterl. ‚Wenn's Mailüfterl weht': es wird Frühling, stammt aus einem Gedicht von Anton Freiherr v. Klesheim: ,'s Mailüfterl', das in der Sammlung ,Schwarzblatl aus'n Weanerwald' 1845 veröffentlicht wurde.

Main. *Wenn der Main brennt:* niemals; mdal., bes. hess. ,Wann de Maa brennt' (Biebrich); ,de Mao brennt' (Frankfurt); vgl. auch den schwäb. Spottvers:

Fuirio, der Necker brennt,
Holet Straoh ond löschet gschwend!

Das Brennen des Wassers als rdal. Bild des Unmöglichen kennen schon ma. Dichter. In Wolframs v. Eschenbach ,Titurel' (77,4) versichert Sigune dem Schionatulander: „ez brinnent elliu wazzer, ê diu liebe mînhalp verderbe"; vgl. ,zu ↗Pfingsten auf dem Eise'.

Lit.: *I. Zingerle,* in: Germania VII, S. 190; *L. Berthold:* Ma. Sprww., S. 65f.; *A. Taylor:* Locutions for ,Never', in: Romance Philology 2, Nos. 2 and 3 (1948/49), S. 103–134.

Majestätsbeleidigung. *Das grenzt ja an Majestätsbeleidigung:* iron. nach Kritik an jem., der sich schwer beleidigt fühlt. Von ,Majestätsbeleidigung' spricht man gelegentlich, wenn einer höhergestellten Persönlichkeit nicht der von ihr erwartete Respekt gezollt wird. In ihrem heutigen umg. Gebrauch ist die Rda. in der Regel somit nicht auf irgendwelche Monarchen bezogen. Rechtshist. gesehen stellte jedoch die Majestätsbeleidigung einen schweren Straftatbestand dar. Sie gehört bereits zum röm. Recht: ,Crimen laesae maiestatis' und ist im Rom der Kaiserzeit aufgekommen. Da der Kaiser wie ein Gott verehrt wurde, konnte seine Schmähung wie eine Gotteslästerung bestraft werden. 397 n. Chr. erging die berüchtigte ,Lex Arcadia', die diesen Personenschutz bes. betonte und durch ihre Aufnahme in die ,Goldene Bulle' die dt. Strafrechtsgeschichte stark beeinflußte. Die ,Bambergische Halsgerichtsordnung' von 1507 definiert die Majestätsbeleidigung in Art. 132: „So einer Römische Keyserliche oder Königliche maiestat lestert". In den Aufklärungsgesetzen von 1787 reichte die Majestätsbeleidigung vom Attentat bis zum Außerachtlassen der pflichtgemäßen Ehrerbietung gegenüber dem Landesfürsten. Die die Majestätsbeleidigung betreffenden Paragraphen wurden durch das Ende der Monarchie 1918 gegenstandslos. Doch nach der Ermordung Erzbergers und Rathenaus wurde 1922 ein entsprechender Strafschutz für den Reichspräsidenten und die Mitglieder der Regierung erlassen. Das Strafgesetz von 1951 stellt das Verunglimpfen der höchsten Staatsorgane unter Strafe (§ 90 StGB) und die Beleidigung eines ausländischen Staatsoberhauptes oder seiner diplomatischen Vertreter (§ 103 StGB) und steht so sachlich in der Tradition der früheren Majestätsbeleidigung.

Lit.: *H. Holzhauer:* Art. ,Majestätsbeleidigung', in: HRG. III, Sp. 177–182., *E. Schmidt:* Einführung in die Gesch. der dt. Strafrechtspflege (Göttingen [3]1965).

Makler. *Ein ehrlicher Makler sein:* ein neutraler Vermittler sein. Dieser Ausdr. geht auf Bismarck zurück. Dieser sagte am 19. Februar 1878 im Dt. Reichstag: „Die Vermittlung des Friedens denke ich mir nicht so, daß wir nun bei divergierenden Ansichten den Schiedsrichter spielen und sagen: So soll es sein, und dahinter steht die Macht des Dt. Reiches, sondern ich denke sie mir bescheidener, ja – ohne Vergleich im Übrigen stehe ich nicht an, Ihnen etwas aus dem gemeinen Leben zu zitieren – mehr die eines ehrlichen Maklers, der das Geschäft wirklich zustande bringen will".

Makulatur. *Makulatur reden:* Unsinn reden. Makulatur sind unbrauchbare Drucke, auch Altpapier, also Wertloses; seit dem ausgehenden 19. Jh. in Berlin bezeugt.

malen. *Ich will dir was malen; dem werde ich's malen!; laß dir was malen!; du kannst dir was malen lassen* (evtl. mit dem Zusatz: ,auf Löschpapier'). Diese Ausdrücke bedeuten eine grobe Abweisung für jem., der einen mit irgendeinem Anliegen belästigt (in ähnl. Sinne: ,einem etw. ↗husten'). Vielleicht ist eigentl. gemeint: Das, worum du bittest, kann oder will ich dir nicht verschaffen; male es dir, dann hast du's! Urspr. wird wohl hinter der Wndg. eine Derbheit stecken; vgl. ostfries. ,lat di wat ofmalen upn Stück Klackerpapier

(up'n Buskohlblatt)'; westf. ‚Du kannst di wat op Löskpapier moalen laten'.
Er kann malen ohne Farbe: er ist ein Schlaumeier. *Dem muß man eine malen* sagt man von dem Mann, dem keine weibl. Person zusagt. *Nicht gemalt hat er's gesehen* sagt man von einem, der sich rühmt, etw. gesehen zu haben, es aber niemals gesehen hat (schon lat. ‚Ne pictum quidem videt'). *Den Teufel an die Wand malen* ↗Teufel.

malochen. *Die ganze Woche nichts als malochen:* die ganze Woche ausgefüllt mit schwerer körperlicher Arbeit; der Ausdr. kommt aus dem jidd. ‚melocho', Arbeit.

Mammon. Aramäisch ma mon = Hinterlegtes, gelangt durch die Lutherbibel aus Matth. 6,24 und Luk. 16,9 in der Bdtg. ‚(ungerechter) Reichtum' ins Dt. und wird in den Rdaa. *dem (schnöden) Mammon dienen:* dem Geld nachjagen, eigentl: dem syrischen Gott des Reichtums dienen, *ein Knecht des Mammons sein* seit etwa 1600 geläufig (entspr. engl. ‚to serve Mammon'; frz. ‚servir le Mammon', auch: ‚un serviteur de Mammon' und ndl. ‚de Mammon dienen').

man. Viele Sprww. fangen mit einem verpflichtenden ‚Man soll', ‚Man muß', ‚Man darf' an: ‚Man soll den Tag nicht vor dem Abend loben', ‚Man soll sich nicht ausziehen, bevor man sich schlafen legt'. Man findet diese Formulierungen insb. in Anstandsregeln: ‚Man spricht nicht mit vollem Mund', ‚Man legt die Füße nicht auf den Tisch'; ähnlich in Werbeslogans: ‚Man trägt wieder Hut', ‚Man gönnt sich ja sonst nichts'. Die alltägliche Umgangssprache ist voll von solchen ‚Man-Formeln': ‚Man tut, was man kann', ‚Man dankt', ‚Man benimmt sich'. Auch in wiss. Texten sind solche Formeln gebräuchl.: ‚Man muß sich doch fragen'. Viele dieser Ausdrucksweisen sind mit dem Konjunktiv (Irrealis) verbunden: ‚Man müßte noch einmal zwanzig sein', ‚Man müßte Klavier spielen können', ‚Wenn man täte, was man müßte.'
Hinter dem ‚man' der dritten Person verbirgt sich der Allgemeingültigkeitsanspruch des Sprw.s vor allem, wenn man von anderen etw. erwartet, was ‚man' eigentlich selber tun sollte: ‚Man sollte weniger essen', ‚Man sollte mal wieder den Rasen mähen'. Feministische Sprachforscher haben vorgeschlagen, ‚man' durch ‚frau' zu ersetzen. Es ist jedoch noch nicht in den allg. Sprachgebrauch eingegangen.

Mangel. *Jem. durch die Mangel drehen:* ihm mit Fragen zusetzen, ihn rücksichtslos behandeln. Mangel ist die Glättrolle für die Wäsche; wenn ein Mensch durch die ‚Mangel gedreht' wird, wird er also ‚gepreßt'. Ähnl. *jem. in der Mangel haben, in die Mangel kriegen* (oder *nehmen*): ihn heftig rügen; auch in den Mdaa., z.B. meckl. ‚he hätt em dägt in de Mangel nahmen', er hat ihn tüchtig zugerichtet.
Auch ein Übermüdeter fühlt sich ‚wie gemangelt'.
In der Mangel sein: gymnastische Übungen machen (Mitte 20. Jh.).

Mangelware. *Etw. ist Mangelware:* es ist schwer erhältlich, ist selten u. daher nur mühevoll oder unter hohen Kosten zu beschaffen. Urspr. bezieht sich der Ausdr. auf Probleme des Handels, der in Not-, Kriegs- oder Krisenzeiten nicht alle gewünschten Güter vorrätig haben u. überall anbieten kann. In übertr. Bdtg. dient die Rda. zur scherzhaft-euphemist. Umschreibung eines festgestellten geistigen Unvermögens beim Menschen, von dem man sagt: *Bei ihm ist etw. Mangelware,* d.h. es fehlt ihm z.B. an Einsicht, Intelligenz, Verstand oder gutem Willen.

manipulieren. *Etw. (jem.) manipulieren:* eine Sache steuern, geschickt zu Werke gehen, einen Menschen in seinem Sinne beeinflussen. *Etw. als Manipulation bezeichnen (erkennen):* gewisse Machenschaften durchschauen. Das Subst. ‚Manipulation' ist wie das Verb seit dem Ende des 18. Jh. gebräuchl. und zuerst als Terminus des magnetischen Heilverfahrens bekannt geworden, i.S.v. geschickte Handhabung, Kunstgriff. In der Rda. besitzt das Wort heute meist negative Bdtg.

Manko. *Das (etw.) ist ein schweres Manko:* es fehlt Beträchtliches, es gereicht zum Nachteil. Das ital. Wort ‚manco' bedeutet urspr. verstümmelt, unvollständig, mit einem großen Fehler oder Schaden behaftet sein. So auch: *Ein Manko haben an etw.:* einen Bedarf haben an etw. Ital. ‚a manco' gehört der Kaufmannssprache an und bedeutet ‚Fehlbetrag'; in dieser Bdtg. ist ‚manco' seit 1712 auch in der dt. Handelssprache belegt; in erweitertem, übertragenem Sinn wurde ‚Manco' ab 1869 in lit. Texte übernommen.

Lit.: *A. Schirmer:* Wb. d. dt. Kaufmannssprache (Straßburg 1911), S. 125.

Mann. *Seinen Mann stehen (*oder *stellen*): die Aufgaben und Pflichten, die einem als Mann zufallen, zu erfüllen wissen; Vollwertiges leisten; ähnl. ndd. ‚Da bin ik Mann vör', dafür bin ich Bürge.

Seinen Mann finden: einen finden, der einem gewachsen ist; so schon 1541 in Seb. Francks ‚Sprichwörtern'; auch frz. ‚trouver son homme'. Das ostfries. ‚de is sien Mann ankamen!' bedeutet auch: er ist unangenehm überrascht worden.

(Ein) Mann bei der Spritze sein: tüchtig dabeisein, auch: eine wichtige Rolle spielen; der Ausdr. hat sich vom Feuerlöschwesen aus verbreitet, wo die Männer bei der Spritze die entscheidende Tätigkeit ausüben, ↗Spritze.

Ein gemachter Mann sein: in guter Position, vermögend sein.

Ein Mann von Welt sein: Analogiebildung zu ‚Kinder dieser Welt'; Luk. 16,8: „Die Kinder dieser Welt sind klüger denn die Kinder des Lichts". Im MA. bez. man mit ‚werltman' einen Menschen, dem irdische Güter sehr wichtig erschienen, während im 16. Jh. – wohl unter span. Einfluß – derjenige als Mann von Welt galt, der Karriere in einem weltlichen Beruf gemacht hatte, der sich in der höfischen Gesellschaft im Gegensatz zu Geistlichkeit und Kirche hervortat; in dieser Bdtg. auch bei Grimmelshausen, Simplicius Simplizissimus: „... daß sie keinen Mönch, sondern einen Weltmann aus mir machen wollten". Heute charakterisiert man mit dieser Wndg. jem., der sich weltgewandt benimmt u. mit den Umgangsformen der gehobenen Gesellschaft vertraut ist.

Ein Mann in den besten Jahren; lit. auch bei Heinrich Heine ‚Die Heimkehr' (1826), wo vom Teufel gesagt wird:

Er ist nicht häßlich und ist nicht lahm,
Er ist ein lieber, charmanter Mann.
Ein Mann in seinen besten Jahren;

frz. entspr. ‚un homme dans la fleur de l'âge'.

Mann Gottes steht urspr. 5. Mos. 33,1 und sonst noch sehr oft im A.T. Heutzutage wird die Wndg. meist als Ausdr. mißbilligender Verwunderung gebraucht; ähnl. *Mann, Mann!, Mannomann!* oder *Mannometer!* Hier ist die Anrede ‚Mann!' gedehnt durch Herbeiziehung des gleichanlautenden Fremdworts ‚Manometer', entstanden aus frz. ‚manomètre', einem Druckmesser für Gase und Flüssigkeiten.

Männeken! ist eine verächtliche Anrede.

Die stabreimende Zwillingsformel *mit Mann und Maus (untergehen)* stammt aus der Seefahrt.

„Wärn gute Leute auf dem Schiff gewesen, in Grund gesunken wär's mit Mann und Maus", heißt es bei Schiller (‚Tell', IV,3). Vgl. auch frz. ‚périr avec armes et bagages'. Dagegen ist *mit Mann und Roß und Wagen* (hat sie Gott geschlagen) ein Zitat aus dem ‚Fluchtlied' (1813) von Max von Schenkendorf, dieses wiederum stammt aus der Bibel: 2. Mos. 15.

Mann für Mann: eine Person nach der anderen, jeder einzelne für sich.

Von Mann zu Mann sprechen: vertraulich.

Das ist gesprochen wie ein Mann kommt als Zitat aus Schillers Drama ‚Die Piccolomini' (IV,4).

Das Sprw. ‚Ein Mann – ein Wort' soll die Einhaltung eines gegebenen Wortes garantieren. Bei Schiller heißt es im ‚Pegasus im Joche': „Der Täuscher, hoch vergnügt, die Ware loszuschlagen, schlägt hurtig ein. ‚Ein Mann, ein Wort!' und Hans trabt frisch mit seiner Beute fort". In frauenfeindl. Absicht erweitert zu: ‚Ein Mann – ein Wort. Eine Frau – ein Wörterbuch'.

Etw. an den Mann bringen: seine Ware absetzen, auch: eine Geschichte, einen Witz erzählen können; urspr. wohl eine kaufmannssprachl. Wndg.

Goethe schreibt: „Gewöhnlich haben unsere Schauspieler eine aparte Leibesbewegung einstudiert, die sie mit ... Fertigkeit an den Mann zu bringen wissen".

Jem. an den Mann bringen: verheiraten. Umg. sagt man von einer Frau, deren Ehe von Eltern, Verwandten, Freunden arrangiert wurde, sie wurde an den Mann gebracht.

Manns genug sein, etw. zu tun: die nötige Stärke, Tapferkeit und den Mut besitzen, um eine Sache zu bewältigen. Die Rda. kann sich auf beide Geschlechter beziehen. Lit. Beispiele:

„Nathan: ‚Bleibt! Wohin?'
Tempelherr: ‚Zu ihr! Zu sehn, ob diese Mädchenseele manns genug wohl ist, den einzigen Entschluß zu fassen, der ihrer würdig wäre.'" (Lessing, ‚Nathan der Weise'.)

„Wie? Sind wir beide ihm nicht manns genug, daß er, besorgt, uns den Gehilfen sendet?" (Schiller: Fragment Macbeth).

Das ist unser Mann: das ist diejenige Person (männl. oder weibl. Geschlechts), die wir gerade suchen; man sagt auch: ‚Das ist der rechte Mann', jedoch bez. sich diese Wndg. nur auf Männer. Lit. z. B. bei Hans Sachs, Fastnachtsspiele:

„da kumbt der rechte Mann herzu."

Oder bei Goethe:

„Kaum hatte er Ferdinanden gesehen, als dieser ihm sein Mann zu sein schien."

Den wilden (starken) Mann markieren (machen), sich hemmungslos gebärden, kraftvoll dünken, als Betrunkener Streit suchen. Urspr. war der ‚Wilde Mann' ein riesiger Waldmensch in Volkssagen, ma. Epen und bildl. Darstellungen.

Voll wie tausend Mann: schwer bezecht.

Männchen machen wird zunächst von Tieren (Hunden, Hasen) gesagt, die sich auf den Hinterbeinen aufrichten; in der Soldatensprache bedeutet es: stramme Haltung annehmen; dann wird es übertr. zu ‚sich sträuben', so z. B. wien. ‚Manderln machen', Umstände machen, sich widersetzen. Vgl. frz. ‚faire le beau' (wörtl.: den Schönen machen), auch in der urspr. ersten Bdtg. der dt. Rda., dann aber i. S. v. ‚radfahren', sich hervortun und bei anderen beliebt machen, um einen Vorteil zu bekommen (wie der Hund sich auf den Hinterbeinen aufrichtet, um einen Lekkerbissen zu bekommen), ↗ Radfahrer.

Einen kleinen Mann im Ohr haben: nicht ganz bei Verstand, verrückt sein. Die Rda. soll eine Aussage, vor allem einen Wunsch oder eine Forderung, als sinnlos abtun. Es ist, als ob der kleine Mann im Ohr das Sinnlose oder Törichte hervorgebracht hätte, dem Vernünftigen den Gehörgang versperrend (↗ Ohr).

Obwohl die Rda. neu erscheint, ist sie doch in Berlin mindestens schon vor dem 1. Weltkrieg bekannt gewesen. Im Grunde zeigt sich dabei ein altertümliches krankheitsdämonistisches Denken. Ähnl. kann der Berliner Arzt beim klinischen Ausspülen des Ohres und Entfernen eines Pfropfens sagen: ‚Jott sei Dank, det der kleine Kerl raus is!'

Kleiner Mann, was nun? ist der Titel eines Romans von Hans Fallada (Berlin 1932).

Einem nackten Mann in die Tasche greifen: etw. holen wollen, wo es nichts zu holen gibt.

Man kann doch einem nackten Mann kein Bonbon ins Hemd kleben: es ist nicht möglich, man kann ihm nichts anhaben.

Einen alten Mann schlagen: eine Arbeit verrichten, die wenig einbringt, die vergebens ist. Die Wndg. stammt aus dem altsächs. Bergmannswesen; ein ‚alter Mann' ist die Bez. für das abgebaute Flöz, ein ‚toter Mann' ist ein Gang ohne Erz.

‚Wilder Mann'

Den toten Mann machen: sich ohne Bewegung auf dem Rücken im Wasser treiben lassen.

‚Auf Männerfang ausgehen'

Ein toter Mann sein: verloren sein, keine Überlebenschancen besitzen; oft als Drohung gegen Verräter in der Unterwelt verwendet.

Sich stellen wie der alte Mann von Wien: eine verschollene Rda., deren Sinn sich nicht mehr erklären läßt; belegt in den Ingolstädter Reimen 1562, wahrscheinl. i.S.v. Niemand:

„Spräch ich, du hetst mich gheißen,
Du laugnest hin und hin,
Und köndst dich gar wol stellen
Als der alt Mann von Wien."

Dastehen wie's Mandl beim Sterz: diese Wiener Rda. meint einen ungeschickten Menschen. Lit. belegt bei Nestroy.

Männchen auf Männchen setzen: Ausdr. aus der Druckersprache, der besagt, daß bei der Neuauflage eines schon gedruckten Buches völlige Übereinstimmung zwischen beiden besteht.

Sei ein Mann!: sei so (tapfer, furchtlos, beherzt), wie es sich für einen Mann gehört; dies sagte schon der sterbende David zu seinem Sohn Salomo (1. Könige 2,2). In Goethes ‚Faust' (2. Teil, 3. Akt) findet sich die Wndg. *Selbst ist der Mann:* er weiß sich selbst zu helfen. Daß sich ein Volk erhebt ‚wie ein (d.h. einziger) Mann' (ohne Unterschied, vollständig), ist bereits bibl. (Richter 20,1.8.11) bezeugt.

Dem Manne kann geholfen werden: hier kann Abhilfe geschaffen werden, so lauten die letzten Worte Karl Moors in Schillers ‚Räubern' (V, 2).

Als Schnelligkeitsprobe beim Sprechen dient der eigentl. zum Nachdenken anregende Spruch:

Wenn mancher Mann wüßte,
wer mancher Mann wär',
Gäb' mancher Mann manchem Mann
manchmal mehr Ehr'.

Auf Männerfang ausgehen (aussein): unbedingt heiraten wollen und alles daransetzen, einen Mann für sich zu gewinnen.

Die Wndg. *Männerstolz vor Königsthronen* entstammt als Zitat Friedrich Schillers Gedicht ‚An die Freude', das er zuerst in der ‚Thalia' Bd. I, H. 2, S. 1–5 im Jahre 1787 veröffentlichte.

Lit.: *A. Spamer:* Wenn mancher Mann wüßte, was mancher Mann wär ..., in: Zs. f. Vkde. 46 (1936/37), S. 134–149; *R. Bernheimer:* Wild Men in the Middle Ages. A Study in Art, Sentiment, and Demonology (Cambridge 1952); *F. Neumann:* Der kleine Mann im Ohr, in: Muttersprache 69 (1959), S. 129–131; *E. Meyer-Heisig:* Vom Herrn Niemand, in: Zwischen Kunstgeschichte und Volkskunde, Festschr. für Wilhelm Fraenger (Berlin 1960), S. 65 ff.; *L. Richter:* Mutter, der Mann mit dem Koks ist da; Berliner Gassenhauer (Leipzig [2]1977); *D. Rünzler:* Machismo. Die Grenzen der Männlichkeit (Kulturstudien. Bibliothek der Kulturgeschichte. Bd. 16, hrsg. v. H. C. Ehalt und H. Konrad), (Köln 1988).

manoli. *Du bist wohl manoli:* du bist nicht ganz normal; die Rda. wurde einer früheren Zigarettenmarke und deren Lichtreklame nachempfunden. Die kreisende Bewegung der Reklamefigur wurde mit jener Handbewegung verglichen, die man macht, um anzudeuten, daß jem. nicht ganz normal ist.

Manschette. *Manschetten haben:* Angst, Furcht, Respekt haben; ndd. auch in der Form: ‚Manschettenfieber haben'. Die Rda. ist in der zweiten H. des 18. Jh. in student. Kreisen entstanden, als die Mode der überfallenden Manschetten den Gebrauch des Degens hinderte. Wer Manschetten trug, konnte sich nicht schlagen, sondern war ein modischer Zärtling. Völlig aus dieser Anschauung heraus schreibt Rahel Varnhagen 1814 eine zornige Charakteristik der Diplomaten, die sie mit dem heftigen Ausruf schließt: „Diese Kerle mit Manschetten!" (O. Berdrow: Rahel Varnhagen, Stuttgart 1900, S. 202). Damals war die Rda. noch ganz frisch: Am 1. Febr. 1811 schreibt Theodor Körner einen Brief an die Landsmannschaften in Jena mit einem poetischen Anhang, der zeigt, wie die Rda. ‚Manschetten haben' (die zur Tracht der Adeligen gehörten) für ‚feige sein' gebraucht wurde. Es war ja die Zeit, in der auf der Wartburg die Schnürbrust als Zeichen der Verweichlichung unter Hohnversen verbrannt wurde. Vgl. die scherzhafte Parodie auf Schillers ‚Hektors Abschied', die den Hallischen Professor Wilh. Gesenius besang, als dieser beim Anrücken der Cholera Halle verließ, um sein Leben in Nordhausen in Sicherheit zu bringen:

Wer wird künftig Exegese lehren,
Hiob lesen, Genesis erklären,
Wenn du mit Manschetten dich
gedrückt?

Daß man dem mit Manschetten Ausgerüsteten kein festes Zupacken, insbes. keine grobe Arbeit zutraut, zeigt auch die Bez. *Manschettenbauer.*

Dagegen *Manschetten machen:* wuchern und dafür im Gefängnis sitzen. Hier meint Manschetten gaunersprachl. die Handschellen der Gefangenen.

Lit.: *R. M. Meyer:* Schlagworte, S. 34f.

Mantel. *Den Mantel nach dem Wind kehren* (oder *hängen*): nicht nach festen Grundsätzen handeln, charakterlos, wetterwendisch sein; eigentl.: sich in die Umstände schicken wie ein Wanderer, der auf der Landstraße bei stürmischem Wetter den Mantel immer nach der Seite hängen muß, aus der der Wind kommt. Urspr. hatte die Wndg. keinen tadelnden Nebensinn, sondern bedeutete nur: sich in die Verhältnisse schicken, ‚sich nach der ↗Decke strecken'; so als Lebensweisheit in einem der Sprüche Spervogels (‚Minnesangs Frühling' 22,25):

Man sol den mantel kêren, als daz
weter gât,

oder in Gottfrieds von Straßburg ‚Tristan' (V. 10430f.):

Man sol den mantel kêren,
als ie die winde sint gewant.

Diese Frühbelege, aber auch noch spätere Zeugnisse beweisen, daß unsere Rda. sich erst aus einem vollen Sprw. verkürzt hat.

1

2

1/2 ‚Seinen Mantel nach dem Wind hängen'

In dem satirisch-didaktischen Epos ‚Der Ring‘ des Heinrich von Wittenweiler heißt es (V. 4514ff.):

Besich, in welhem zeit du pist,
Dar zuo, wie daz weter ist,
Daz du deinen mantel gschwind
Mugest keren gen dem wind!

In Freidanks ‚Bescheidenheit‘ (115,2) findet sich die Variante:

Ein man den nüschel (Mantelspange) kêret,
Als in daz weter lêret.

Tunnicius bucht 1513 die Rda. in ndd. Form (Nr. 707): ‚Men mot de hoiken (Mantel) na dem winde hangen‘. Schon frühnhd. nimmt die Rda. den Sinn der Charakterlosigkeit an; so heißt im ‚Reinke de Vos‘ von 1498 ein Großer am päpstlichen Hofe ‚Wendhoyke‘; Luther schreibt (Erlanger Ausg. Bd. 60, S. 308): „Bauchdiener hängen den Mantel, nachdem der Wind wehet“. Hans Sachs hat die Rda. ebenfalls häufig gebraucht, z.B. in den ‚drei wachsenden Dingen‘:

Wer der armut entpfind,
Der henck den mantel nach dem Wind,
Und treib allen Überfluß aus,
Halt nach seinem vermügen haus.

Und in dem Schwank ‚Der Pfennig ist der beste Freund‘:

Wer sein gelt also prauchen thut
Zur noturft aus ainfalting mut,
Dem selben gar selten zurint;
Er henckt den mantel nach dem wint,
Lest sich begnügen, was er hab,
Und dankt got deglich seiner hab.

In KHM. 83 ‚Hans im Glück‘ findet sich das Lied eines Scherenschleifers:

Ich schleife die Schere und drehe geschwind
Und hänge mein Mäntelchen nach dem Wind.

Der Reim ist alt und findet sich schon auf einem Kupferstich von Israel von Meckenem im 15. Jh., wo verschiedene Sprww. durch handwerkliche Verrichtungen veranschaulicht werden. Der Sichelschmied z.B. sagt: „Das Recht kann ich krumm machen, drum trag ich rot Scharlachen“; ein Werkzeugmacher: „Meine Dinge mach ich recht und schlecht, drum bleibe ich ein armer Knecht“, und der Scherenschleifer: „Ich schleif, ich wend und kehr mein Mäntelchen nach dem Wind“. In der ndl.-fläm. Rdaa.-Malerei ist unsere Rda. von Bruegel bis zu den späteren Bilderbogen immer wieder dargestellt worden. Sprw. und Rda. scheinen nur dem dt., frz. und ndl. Sprachbereich anzugehören. Zwar schreibt schon Plautus „Utcumque est ventus, exim velum vortitur“, aber ma. und moderne Tradition sagen ‚Mantel‘ statt ‚Segel‘; vgl. frz. ‚retourner sa veste‘ (wörtl.: seine Jacke umkrempeln): seine Einstellung ändern.

Den Mantel auf beiden Schultern tragen: mit jedem gut auskommen, sich von vornherein auf alle Möglichkeiten gefaßt machen, sich überallhin gut zu stellen wissen, friedliche Absichten zeigen. Diese Rda. ist schon sehr alt und beruht auf der Rechtsformel ‚den Mantel schultern‘, wie sie etwa um 1220 im Sachsenspiegel auftaucht; auch ältere schwed. und fries. Rechtstermini kennen den geschulterten Mantel als Zeichen der Waffenlosigkeit. *Im Mantel den Kopf verhüllen* bedeutet jedoch das Gegenteil der vorherigen Rda.; hier wird Unheil signalisiert oder die unredliche Absicht eines Menschen beschrieben.

Etw. mit dem Mantel der (christlichen) (Nächsten-)Liebe bedecken: über einen Fehler, eine Schwäche oder eine nicht ganz saubere Sache schweigen; so tun, als ob man sie nicht bemerke; sie der Vergangenheit anheimgeben, um den, der sie verschuldet hat, nicht in Verlegenheit oder in Ungelegenheiten zu bringen. Friedrich v. Logau (1604–1655) sagt in einem Epigramm:

Nenne mir den weiten Mantel, drunter alles sich verstecket;
Liebe tut's, die alle Mängel gerne hüllt und fleißig decket,

und Samuel von Butschky 1677 im ‚Pathmos‘ (88): „Christus deckt die Sünden mit dem Mantel seiner Gerechtigkeit zu“. Das Bild von dem das Unrecht verhüllenden Mantel findet sich schon in Hugos v. Trimberg Lehrgedicht ‚Der Renner‘ (V. 3307ff.):

kappen und swestermentellîn
(Mantel einer geistlichen Frau)
bedeckent manec untaetelîn.

Im Corpus iuris canonici, Decretum Gratiani, Kap. 8,96 wird berichtet, der röm. Kaiser Konstantin (306–337), der das

Christentum zur Staatsreligion erhob, habe gesagt: „Wahrscheinlich, wenn ich mit eigenen Augen einen Priester Gottes oder jemanden im Mönchsgewand hätte sündigen sehen, so würde ich meinen Mantel abnehmen und ihn bedecken, damit er von niemand gesehen würde". In den Sprüchen Salomonis 10,12 heißt es: „Haß erregt Hader; aber Liebe deckt zu alle Übertretungen"; ähnl. im 1. Brief Petri 4,8: „Die Liebe decket auch der Sünden Menge". In der heutigen Form stammt die Rda. jedenfalls aus geistlichem Munde, wo sie oft in salbungsvollem Ton ernst gemeint ausgesprochen worden sein wird, was den iron. Sinn, den wir heute gewöhnlich mit ihr verbinden, mit hervorgerufen haben mag.

Die nahe verwandten Ausdrücke *bemänteln, einer Sache ein Mäntelchen umhängen* in dem Sinne von ‚beschönigen' brauchen selbstverständlich weder aus dem jüd. noch dem klassischen Altertum abgeleitet zu werden; sie enthalten ein Bild, wie es jede Sprache immer wieder aus sich zu erzeugen imstande ist. So sagt Schiller in der ‚Jungfrau von Orleans' (II,1):

Der Aberglaube ist ein schlechter Mantel
Für Eure Feigheit.

Bismarck sprach einmal (‚Reden' IX,429) von dem „Mantel der gekränkten Unschuld, in dem man sich einhüllt, wenn man sachlich nichts zu sagen weiß", und wiederholte: „die Triftigkeit seiner sachlichen Gründe mit dem Mantel der sittlichen Entrüstung, des persönlichen Gekränktseins zudecken" (‚Reden' IX,433). Im altdt. Rechtsleben hat der Mantel eine wichtige Rolle gespielt. Vor der Ehe geborene Kinder wurden dadurch legitimiert, daß die Frau sie bei der Trauung unter ihren Mantel nahm (‚Mantelkinder', lat. ‚filii mantellati', frz. ‚enfants mis sous le drap'). Auch als Sinnbild des Schutzes galt der Mantel; in der Wartburgsage flüchtet der Minnesänger Heinrich von Ofterdingen unter den Mantel der Landgräfin. Ebenso bedeuten die Worte Wolframs im ‚Parzival' (88,7f.):

Dô diu botschaft was vernomn,
Kaylet, der ê was komn,
saz ter küngîn undr ir mantels ort

keine Vertraulichkeit, sondern die Bitte

‚Mantel der Nächstenliebe' – ‚Schutzmantelmadonna'

um Schutz. An die Stelle des Mantels tritt dann der Schleier, so wenn in dem mhd. Heldenepos ‚Rosengarten' erzählt wird, daß Kriemhild den Siegfried mit ihrem Schleier deckte, als er von Dietrich besiegt wurde. Erinnert sei auch an die spätma. Schutzmantelmadonnen, Darstellungen der Madonna, wie sie mit einem mächtig ausgebreiteten Mantel alle diejenigen schützt, die bei ihr Zuflucht gesucht haben. Im Zusammenhang mit unserer Rda. hat man auch an die Tracht der Femrichter erinnert: „Sie sollen Mäntelein auf ihren Schultern haben. Diese bedeuten die warme Liebe, recht zu richten, die sie haben sollen; denn so wie der Mantel alle andere Kleider oder den Leib bedecket, also soll ihre Liebe die Gerechtigkeit bedecken. Sie sollen auch darum die Mäntel auf den Schultern haben, damit sie dem Guten Liebe beweisen, wie der Vater dem Kinde" (Th. Berck: Geschichte der westf. Femgerichte, Bremen 1815, S. 32). Es fehlt bei dieser Erklärung der Rda. allerdings der Sinnbezug zur ‚Bemäntelung' begangenen Unrechts.

Den blauen Mantel umhängen ↗blau.

Im Schwäb.: ‚Der hat sein Mantel z'lang mache lasse' bedeutet, daß eine Person zu großartig aufgetreten ist, zu sehr angegeben hat.

Lit.: *A. Fink:* Mantel, in: HRG. III, Sp. 251–254; *M. de Meyer:* ,De Blauwe Huyk', in: Proverbium 16 (1971), S. 564–575; *O. Holzapfel:* Den Mantel auf beiden Schultern tragen, in: Proverbium Paratum 1 (1980), S. 45–47.

Märchen. Das Wort ,Märchen' ist eine Verkleinerungsform von ,Mär' (mhd. diu oder daz maere) und bedeutet urspr. Kunde, Bericht, Erzählung. Den Beigeschmack einer ,fabula incredibilis', d.h. einer unglaubwürdigen, rein fiktiven Erzählung oder eines bloßen Gerüchts, hat der Begriff ,Märchen' erst im Laufe seiner Entwicklung erlangt. Noch im Ahd. (Otfried v. Weißenburg) kann ,mari' die gewiß für wahr gehaltene bibl. Geschichte, das Evangelium bedeuten. Wie andere Diminutive unterlag auch das Märchen oder Märlein früh einer Bedeutungsverschlechterung, so daß damit erfundene, phantastische, unrealistische oder gar unwahre Geschichten bez. werden konnten, was bes. in Zusammensetzungen wie ,lügenmaere', ,tandmaere', ,entenmäre', ,gensmäre' deutlich wird. Charles Perrault nannte seine Märchen ,Contes de ma mère l'Oye'. Noch heute kann man mit ,Märchen' höchstes Glück umschreiben: ,Es war wie im Märchen'. In Werbetexten bez. ,märchenhaft' – ebenso wie ,sagenhaft' – ein Hochwertwort. Aber auch die Welt der Lüge kann mit demselben Wort umschrieben werden: *Erzähl mir keine Märchen!:* sag nicht die Unwahrheit.

Eine Reihe von Märchenschlußformeln sind durch den großen Bekanntheitsgrad der Grimmschen Sammlung sprichwörtl. geworden, wie z.B. ,Mein Märchen ist aus, da läuft eine Maus' (so und ähnl. in KHM. 15, 108, 127 u.a.)

Lit.: *L. Röhrich:* Märchen und Wirklichkeit (Wiesbaden [4]1979); *M. Lüthi:* Märchen (Sammlung Metzler 16) (Stuttgart [8]1990, bearbeitet von H. Rölleke), S. 1; *B. Holbek:* Art. ,Formelhaftigkeit, Formeltheorie', in: EM. IV, Sp. 1416–1440.

Maria. *Mir ist ganz maria-magdalenisch:* ich habe ein komisches, unerklärliches Gefühl, mir ist ↗ blümerant. Die Rda. ist in Oberschwaben bekannt. Sie bezieht sich wohl auf die bibl. Maria Magdalena (Luk. 8, 2), aus der Jesus sieben Teufel ausgetrieben hat.

Marionette. *Eine Marionette (in den Händen eines anderen) sein:* ein willenloses Geschöpf sein, sich widerspruchslos lenken lassen.

Eine Marionettenregierung einsetzen: eine von einem fremden Staat bestimmte und abhängige Regierung eines Landes, eine Scheinregierung.

Der frz. Ausdr. ,Marionette' bez. eine Gliederpuppe eines Puppentheaters. Der Name taucht erst im 14. Jh. auf und wurde zuerst für hölzerne Statuetten gebraucht, die junge Mädchen bei religiösen Feiern ersetzen sollten. In Dtl. war der Name zu Beginn des 17. Jh. für eine Puppe gebräuchl., deren Glieder an Schnüren befestigt und somit beweglich sind.

Doch schon im ,Hortus deliciarum' der Äbtissin Herrad von Landsberg (12. Jh.) werden unter der Bez. ,Ludus monstrorum' zwei an Schnüren tanzende Puppen erwähnt. Die Oxforder Hs. des Alexanderromans (entstanden 1344) enthält zwei Miniaturen, die Handpuppenbühnen darstellen.

Lit.: *H. v. Kleist:* Über das Marionettentheater (1810); *Ch. Magnin:* Histoire des Marionettes en Europe (Paris [2]1862); *E. Rapp:* Die Marionette in der dt. Dichtung vom Sturm und Drang bis zur Romantik (Leipzig 1924); *H. Schulz:* ,Marionette', in: Dt. Fremdwörterbuch, hg. v. O. Basler, Bd. 2 (Berlin 1942), S. 73; *A. Ch. Gervais:* Marionettes et marinettistes de France (Paris 1947); *J. Chesnais:* Histoire générale des marionettes (Paris 1947); *P. L. Mignon:* Marionettentheater (Lausanne 1963); *G. Böhmer:* Puppentheater (München 1969).

,Marionetten'

Mark (das). *Es geht* (oder *dringt*) *einem durch Mark und Bein;* es geht einem durch und durch; von einem heftigen Seelen- oder Nervenschmerz, bes. bei einem schrillen Klang; vgl. frz. ,Cela vous pénètre jusqu'à la moëlle des os'. Auffällig ist dabei die Reihenfolge ,Mark und Bein'; denn was von außen kommt, muß doch erst die Knochen (↗ Bein) durchdringen, ehe es ans Mark gelangen kann. Wohl nur dem Reim zuliebe ist die Formel bisweilen umgestellt, z. B. 1573 in Joh. Fischarts ‚Flöhhatz' (Neudruck, 1619 f.) und in einem Lied von 1657 auf den Tod von Kaiser Ferdinand III.:

Dann der Schmerz ist also stark,
Daß er dringt durch Bein und Mark.

Die formelhafte Verbindung ‚Mark und Bein' steht freilich seit der Lutherbibel fest; Hebr. 4,12 steht: „Das Wort Gottes ist ... schärfer denn ein zweischneidig Schwert und dringt durch, bis daß es scheidet Seele und Geist, auch Mark und Bein". In der Volkssprache z. T. in reimhafter oder liedhafter Verbindung, z. B. in dem alten Spottvers auf den sauren Wein von Grünberg (Schlesien):

O Grüneberg, mich faßt ein Schauer,
O weh, wie ist dein Wein so sauer,
Der geht durch Mark, der geht durch Bein
Als hätte man das Zipperlein.

In älterer Sprache kommen z. T. daneben noch andere Zwillingsformeln vor, z. B. mhd. ‚marc und verch' (Leben), bei Goethe: ‚Mark und Seele'. Um 1900 hat sich, von Berlin ausgehend, die Wndg. ‚Das geht mir durch Mark und Pfennig' ausgebildet, wobei ‚das' Mark scherzhaft als ‚die' Mark aufgefaßt wurde und ‚Pfennig' sinngemäß zu Mark hinzutrat.

Einen älteren (partitiven) Gen. stellt vielleicht die mdal. Form ‚Marks' für ‚Mark' dar, z. B. obersächs. ‚Ich habe gar kein Marks mehr in den Knochen', ich fühle mich schwach, ermüdet; vgl. frz. ‚Il n'a rien dans le ventre' oder ‚... dans les couilles' (wörtl.: Er hat nichts im Bauch oder in den Hoden): Er ist ein Schwächling. Obersächs. ‚er hat Marks im Kopf', er ist ein verständiger Mensch; dagegen ostpreuß. das Wortspiel ‚ik heet Markus', d. h. ich kann mir leicht etw. merken.

Mark in den Knochen haben: stark sein; *sich vom Marke anderer nähren:* den Ertrag der Arbeit anderer auf betrügerische Weise an sich bringen. *Jem. das Mark aus den Knochen saugen:* ihm das Lebensnotwendigste rauben, ihn bis aufs Äußerste ausbeuten, ihn zugrunde richten. *Jem. (bis) ins Mark treffen (erschüttern):* ihn tödlich verletzen (beleidigen).

Mark (die). *Die Mark dreimal umdrehen* (bevor man sie ausgibt): sehr sparsam sein, auf seine Ausgaben achten (müssen); auch Bez. für jem., der knauserig und geizig ist.

Eine schnelle Mark machen: auf schnellste Weise zu Geld kommen; ohne große Anstrengung seinen Geschäftsvorteil nutzen.

Keine müde Mark wert sein: überhaupt nichts wert sein.

Die Mark ist (dann) nur noch fünfzig Pfennig wert: man muß seinen Verdienst, sein Einkommen teilen. Die Rda. wird gern scherzhaft oder zur Warnung vor einer Heirat gebraucht. Sie umschreibt die finanzielle Situation bei Eheleuten im Unterschied zu der offenbar besseren Lage der Alleinlebenden. Die Wndg. wird in der Ggwt. aber auch auf die hohen Steuerabzüge bezogen, die 50% und mehr betragen können.

Mit fünf Mark dabeisein: etwas hat den Preis von fünf Mark, eine aus der Fernseh-Lotterie bzw. deren Werbung entstandene Rda.

Markt hat in der Volkssprache auch die allgemeinere Bdtg. ‚Geschäft, Betrieb', ähnl. wie ‚Handel'. So bedeutet *seinen Markt machen:* gute Geschäfte machen; vgl. frz. ‚faire son marché': auf den Markt einkaufen gehen; *seinen Markt haben, einen Markt über* (oder *mit*) *etw. machen:* sich damit abgeben, sich sehr dafür erwärmen; obersächs. ‚en langen Jahrmarkt mache ich nich drum', viele Worte mache ich deshalb nicht; schon bei dem Prediger Geiler von Kaysersberg (1445–1510): „Macht nur nicht lang märckt mit ihm"; vgl. frz. ‚faire bon marché de quelque chose'. Obd. ‚Der Markt hat e End', schwäb. ‚Der Markt ist verloffe', die Gelegenheit ist vorbei (z. B. von solchen, die sich nicht zur rechten Zeit zum Heiraten haben entschließen können); holst. ‚Dor bün ik schön (bös) to Markte bröcht', oder ‚Ik heff en schöne Markt maakt', ich bin übel angekommen; els. ‚einen uf der Markt führen', ihn zum besten halten; sächs. ‚der Markt leert sich', ‚der Markt wird klar', die Sache lichtet sich, klärt sich auf; ‚marktwischen', nennt man es sächs., wenn man bloß in der Mitte der Stube kehrt, ohne Möbel zu rücken und in die

Ecken zu gehen. In Leipzig sagt man von einer Putzfrau, die den Schmutz in den Winkeln liegen läßt: ,Sie geht uf'n Marcht, aber nich in die Ecken'.

Etw. zu Markte tragen: es öffentl. mitteilen; *seine Haut zu Markte tragen* ↗Haut.

Auf einem anderen Markte einkaufen: euphemist. Umschreibung für ein Kind, das aus einer ehebrecherischen Verbindung der Frau hervorgegangen ist, die es ihrem Ehemann als sein eigenes unterschieben will. Von einem argwöhnischen Ehemann, der keine Ähnlichkeit an dem Kind entdecken kann, sagt schon Abraham a Sancta Clara: „Er glaubt stets, seine Frau habe auf einem andern Markte eingekauft".

marode. *Marode sein:* durch körperliche Strapazen geschwächt sein. Die Wndg. entstand während des 30jähr. Krieges und ist der Soldatensprache entnommen. Das aus dem Frz. entlehnte Wort (frz. ,maraud' bedeutet Lump, Vagabund) wurde auf die Nachzügler einer Soldatentruppe (,Marodeure') angewandt, die entweder marschunfähig waren oder plünderten. Im Oesterr. ist die Rda. noch verbreiteter als im Dt.: ,Du bist ja ganz und gar marodi'.

Marotte. *Eine Marotte haben:* eine seltsame, schrullige Eigenart an sich haben, eine ↗Grille haben. Das urspr. frz. Wort ,marotte' meinte eine kleine Heiligenfigur oder Puppe; es entstand als Verkleinerungsform von Maria; später bez. man mit ,marotte' ein Narrenzepter mit einem Puppenkopf.

,Eine Marotte haben'

Im 18. Jh. wurde es in der heutigen Bdtg. in Dtl. übernommen. 1759 schrieb Ramler an Gleim: „auf ein Spiel, auf eine Marotte, mit einem Wort, auf Proben des griechischen Sylbenmaßes" (Dt. Fremdwb. v. H. Schulz u. O. Basler, Bd. II [Berlin 1942], S. 77). Bei G. Seume findet sich die Adjektivbildung ,marottisch' (1798). Klaus Mann schreibt im ,Wendepunkt', S. 168: „Uns fiel auf, daß Mrs. Kahn beim Tee den Hut aufbehielt ... – eine gewiß sehr elegante, aber doch nicht besonders kostspielige Marotte". Eine Anekdotensammlung mit schwankhaften Einschüben heißt: „Das kurtzweilige Leben des Clement Marott oder Allerhand lustige Materi für die kurzweilliebende Jugend. Aus dem Franz. ins Niederl. und aus demselben anitzo ins Hochdt. gebracht".

Wie es dazu gekommen sein mag, daß die Hauptfigur eines Schwankbuches den Namen Marot erhalten konnte, beruht höchstwahrscheinlich darauf, daß ,marot' von frz. ,marotte' auch im Ndl. den Narrenkolben bez. und im übertr. Sinn dann wie im Dt. einen merkwürdigen Einfall; ↗Steckenpferd, ↗Hobby.

Lit.: *E. Moser-Rath:* Clément Marot als Schwankfigur, in: Fabula 20 (1979), S. 137–150; *M. Lever:* Zepter und Narrenkappe. Geschichte des Hofnarren (Titel d. frz. Ausg.: ,Le sceptre et la marotte'), (München 1983); *W. Mezger:* Narren, Schellen und Marotten (Remscheid 1984); *E. Moser-Rath:* Lustige Gesellschaft (Stuttgart 1984), S. 74–77; *W. Mezger:* Narrenidee u. Fastnachtsbrauch. Studien zum Fortleben des Mittelalters in der europäischen Festkultur (Konstanz 1991).

Marsch. *Einem den Marsch blasen* (mdal. auch *machen*): ihn zurechtweisen, ausschelten, ihn zur Ordnung mahnen, auch: ihn hinauswerfen, fortjagen. Das Bild der Rda. stammt vom militärischen Trompetensignal, mit dem zum Aufbruch geblasen wird. Die Rda. ist aus der Soldatensprache in die Umgangssprache übergegangen, aber erst seit dem Anfang des 19. Jh., lit. z. B. bei Jeremias Gotthelf, belegt.

Den langen Marsch antreten (müssen): große Strapazen auf sich nehmen müssen. Der Ausdr. ,Langer Marsch' bezieht sich auf den Rückzug der chinesischen Roten

Armee unter Mao Tse-tung, der im Oktober 1934 in der Prov. Jiangxi (SO-China) begann und Oktober 1935 in Yanan (Prov. Shenxi, NW-China) endete. Er führte durch 11 Provinzen über insgesamt 12000 km, doch von den mehr als 80000 Kämpfern gelangten infolge der enormen Strapazen und andauernder Kämpfe nur etwa 4000 ans Ziel.
In übertr. Bdtg. wird diese Wndg. dann gebraucht, wenn es deutlich wird, daß jem. eine schwierige Wegstrecke vor sich haben wird und große Anstrengungen unternehmen und bes. viel Geduld aufbringen muß, um schließlich doch noch erfolgreich zu sein, obwohl dies schier unmöglich erscheint. So spricht man heute auch vom ‚langen Marsch durch die Institutionen'.

Martin. *Sanct Martin (Merten) feiern (loben):* ein gutes Mahl bereiten, tüchtig essen und trinken, das Leben genießen, wie es am Martinstag üblich war. Die Rda. bezieht sich auf Martini als Freß- und Sauffest vor Beginn der Weihnachtsfastenzeit. Vgl. auch frz. ‚faire la Saint Martin' oder ‚martiner': gut essen und trinken; ‚mal de Saint Martin' bedeutet Trunkenheit und ein verdorbener Magen.
Bereits der Stricker verspottet das übermäßige ‚minnetrinken' in seiner ‚Martinsnacht': Ein reicher Bauer „tranch vil vaste uber maht; also tet daz gesinde sîn". Währenddessen steigen Diebe in seinen Stall, um das Vieh des Bauern zu stehlen: Der Bauer, durch das Brüllen der Bullen aufgeschreckt, läuft in seinen Stall, wo sich einer der Diebe als heiliger Martin ausgibt und das ganze Hab und Gut des Bauern segnet. Überglücklich trinkt der Bauer weiter die Martinsminne, bis er am nächsten Morgen seinen leeren Stall sieht: „er begunde vaste weinen".
Die Martinsgans überbringen: eine Naturalgabe entrichten. Dorfschullehrer erhielten früher am Martinstag eine solche Gabe.
Nach der Legende hat sich der hl. Martin vor seiner Wahl zum Bischof in einem Gänsestall verborgen. Durch ihr Geschnatter verrieten ihn die Tiere. Zur Strafe werden die Gänse deshalb noch immer am Martinstag geschlachtet. Die Wndg. ‚Er hat viel Mertens Genss helffen essen', meint: Er hat lange gelebt.
Da am Martinstag ein neuer Zeitabschnitt im bäuerlichen Wirtschaftsjahr beginnt – die Dienstboten wechselten an ihm die Stellung, Zins und Pacht waren fällig (‚Martin ist ein harter Mann für den, der nicht bezahlen kann' oder ‚wart bis St. Martin!') –, wurde er wichtig für viele Weissagungen und bes. für Wetterregeln: *Der Martin kommt auf dem Schimmel geritten:* er bringt den ersten Schnee und die Kälte mit. Die Gedankenverbindung zwischen dem Schnee und dem Schimmel beruht auf der Legende, in der der wohltätige Reiter seinen Mantel mitleidig geteilt hat. Eine Bauernregel lautet:

St. Martin weiß
Nichts mehr von heiß.

Die Rda. *Martin wirft mit Nüssen* besagt, daß stürmisches Wetter herrscht (bes. in Kleve). Das Andenken an den hl. Martin als Gabenbringer kommt hier zum Ausdr.
Einem den Martinsmantel umhängen: jem. ins Gefängnis bringen. Dies ist eine veraltete euphemistische Freiburger Rda., da das Martinstor früher als Verlies diente. Ähnl. Wndgn. gibt es auch in Berlin, wo das Schuldgefängnis ‚Möser' hieß: ‚In Mösers Ruh sein' heißt: im Schuldgefängnis sitzen; es gibt auch ein Sprw.: ‚Hüte dich vor Mösersruh', ist man drin, so ist es zu'.

Lit.: *C. Clemen:* Der Ursprung des Martinsfestes, in: Zs. f. Vkde. 28 (1918), S. 1–14; *K. Meisen:* Sankt Martin im volkstümlichen Glauben und Brauch, in: Rhein. Jb. f. Vkde. 19 (1968), S. 42–91; *W. W. Moelleken u.a.* (Hg.): Die Kleindichtung des Strickers, Bd. III 1, Gedicht Nr. 59: Die Martinsnacht (Göppingen 1975), S. 128–141; *I. Weber-Kellermann:* Saure Wochen, Frohe Feste (München u. Luzern 1985), S. 89; *M. Grätz:* Art. ‚Gans', in: EM., Bd. V, Sp. 676–683; bes. Sp. 679.

‚Die Martinsgans überbringen'

Märtyrer, Martyrium. *Jem.* oder *sich zum Märtyrer machen:* allein für alle anderen die Verantwortung übernehmen, stellvertretend für die anderen büßen müssen; jem. zum Symbol für eine Sache machen. Griech. μάρτυς bedeutet Zeuge. In christl. Zeit wurden damit zunächst die Apostel als Zeugen des Lebens und der Auferstehung Christi benannt. Dann ging der Name auch auf solche Christen über, die unter schwierigsten Umständen an ihrem Glauben festhielten; im Römerreich stand auf dem christl. Bekenntnis die Todesstrafe; daher wurde der Name Märtyrer vor allem Ehrentitel für solche, die sich durch ihre Standhaftigkeit im christl. Glauben bei ärgsten Folterungen auszeichneten.

Etw. ist für jem. ein einziges Martyrium: jem. erlebt eine Zeit voller Leid und Schmerz, erleidet große psychische Qualen.

Lit.: Art. ‚Märtyrer', in: RGG. IV ([3]1960), Sp. 587–592; *F. W. Deichmann:* Art. ‚Martyrion', in: ebd., Sp. 783–785.

Masche. Vom Stricken hergeleitet ist die Rda. *'s ist eine Masche gefallen:* die Sache ist mißlungen, eigentl.: so, wie eine von der Stricknadel fallende Masche die ganze Arbeit verdirbt. Auf das Netz des Vogelstellers oder des Fischers bezieht sich dagegen die bereits bei dem Prediger Abraham a Sancta Clara (1644–1709) vorkommende Rda. *in die Maschen geraten:* ins ↗Garn gehen, gefangen werden, in übertr. Sinn: Unglück haben; vgl. frz. ‚tomber dans le filet' (ins Garn geraten).

Der Gegensatz dazu ist: *durch die Maschen* (z.B. eines Gesetzes) *schlüpfen*. In der Umgangssprache der Ggwt. bedeutet Masche auch die günstige, gewinnbringende Gelegenheit; vielleicht in Verbindung mit ‚Massel' = Glück, Geschäftserfolg (neuhebr. und rotw.). *Das ist die Masche!, das wäre eine Masche!:* das ist die Gelegenheit, das ist die Idee! Ausruf der Zustimmung, wenn eine blitzartig einleuchtende Lösung zu einem Problem gefunden wurde; dieses Wort Masche kommt aus der jidd. Sprache: ‚mezio' heißt hier Lösung, Erfindung, Fund, Gewinn.

Eine neue Masche ausprobieren: sein Glück auf andere Art und Weise versuchen, einen andersartigen Trick anwenden. Im Obersächs. erhält das Wort ‚Masche' sogar die Bdtg. von einer Lüge: ‚Er sagte so, aber's war enne Masche'.

Lit.: *A. Wolf:* Das's de Masche, in: Muttersprache 66 (1956), S. 28.

Maschinengewehr. *Reden wie ein Maschinengewehr:* pausenlos reden; wahrscheinl. erst seit 1914 gebräuchl.

Im Unterschied zu der Rda. ‚Wie aus der ↗Pistole geschossen', die eine prompte Antwort auf eine Frage meint, wird mit dieser Rda. ein längeres, schnelles Reden beschrieben. Der Vergleich einer sprechenden Person mit einem Maschinengewehr (erstes Maschinengewehr in Dtl.: 1901) zielt auf das beim Betätigen des Abzugs einsetzende Dauerfeuer ab.

In den 50er Jahren nannte man Massenprediger wie den Jesuitenpater Johannes Leppich das ‚Maschinengewehr Gottes'.

Maske. *Die Maske fallen lassen (abwerfen, von sich werfen):* sein wahres Gesicht zeigen, sich zu erkennen geben. Bes. häufig ist die gleichbedeutende Wndg. ‚sich (jem.) demaskieren'.

Das Wort ‚Maske' geht auf arab. ‚maschara': Scherz, Maskerade, Spaßmacher, maskierte Person und Gesichtsmaske zurück, das früh als ‚máschera' ins Ital. entlehnt wurde und bereits im 16. Jh. zu uns über die Alpen gelangte. Im Bair., Schwäb., Alem. und Schweiz. bedeutet es bis heute nur ‚maskierte Person', während die Gesichtsmaske in diesen Mda.-Gebieten als ↗Larve bez. wird.

Bei Maskenbällen war es üblich, um Mitternacht die Maske abzulegen. Der Tanzpartner wartete deshalb gespannt auf diesen Augenblick und pochte bei einer Weigerung auf sein Recht. Dies wird auch in Opern und Operetten geschildert, wie z.B. in Mozarts ‚Don Giovanni' oder der ‚Fledermaus' von Johann Strauss. Vgl. auch ndl. ‚Hij ligt het masker af'.

Sich ohne Maske zeigen: sich ganz natürlich (zwanglos) geben, seine Verstellung (bes. Freunden gegenüber) aufgeben. Das Gegenteil meint die Wndg.: *Sich hinter seiner Maske verbergen:* seine wahren Gefühle nicht verraten, unerkannt seine Absichten verfolgen. Vgl. auch ndl. ‚Hij doet het masker voor‘.

Etw. im Schutz der Maske tun: eine Straftat, ein Verbrechen begehen und versuchen, unerkannt der Gerechtigkeit zu entkommen (bes. aktuell als Vermummung bei Banküberfällen, Demonstrationen, terroristischen Anschlägen und Gewaltverbrechen). Auch Giuseppe Verdi (1813–1901) läßt entsprechend der Rda. in seiner Oper ‚Ein Maskenball‘ einen Mord ‚im Schutz der Maske‘ geschehen.

Jem. die Maske herunterreißen (vom Gesicht reißen): seine Machenschaften enthüllen, ihn ‚entlarven‘.

Lit.: *K. Meuli:* Art. ‚Maske, Maskereien‘, in: HdA. V, Sp. 1744–1852; *ders.:* Schweizer Masken (Zürich 1943); *L. Schmidt* (Hg.): Masken in Mitteleuropa: volkskundliche Beiträge zur europ. Maskenforschung (Wien 1955); Masken zwischen Spiel und Ernst. Beiträge des Tübinger Arbeitskreises für Fasnachtsforschung (= Volksleben, 18), (Tübingen 1967); *R. Wildhaber* (Hg.): Masken u. Maskenbrauchtum aus Ost- und Südosteuropa (Basel 1968); *O. Bihalji-Merin:* Masken der Welt. Verzauberung, Verhüllung, Verwandlung (Gütersloh 1970); *A. Lommel:* Masken: Gesichter der Menschheit (Zürich 1970); *I. Ebeling:* Masken u. Maskierung. Kult, Kunst u. Kosmetik (= DuMont-Taschenbücher, 153), (Köln 1984); *H.* u. *E. Schwedt:* Masken u. Maskenschnitzer der schwäb.-alem. Fasnacht (= Forschungen u. Berichte zur Vkde. in Baden-Württemberg, 7), (Stuttgart 1984); *D. R. Moser:* Fastnacht, Fasching, Karneval. Das Fest der ‚verkehrten Welt‘ (Graz 1986); *W. Mezger:* Narrenidee und Fastnachtsbrauch. Studien zum Fortleben des Mittelalters in der europ. Festkultur (Konstanz 1991).

Maß. *Ein gerüttelt Maß an (von/voll):* sehr viel von etw.; oft bezogen auf etw. Negatives, wie: ‚ein gerüttelt Maß an Frechheit besitzen‘. Die Wndg. geht auf Luk. 6,38 zurück:

> Ein voll, gedrückt, gerüttelt und überfließend Maß wird man in euren Schoß geben; denn eben mit dem Maß, mit dem ihr messet, wird man euch wieder messen.

Das Maß vollmachen: die Grenze des Erträglichen überschreiten, das Unglück noch größer, noch unzumutbarer machen. Lit. belegt in Schillers ‚Jungfrau von Orleans‘ (1802): „Sein Maß ist voll, er ist zur Ernte reif“; holl.: ‚De maat is vol‘.

Mit zweierlei Maß messen: nicht objektiv genug eine (oder mehrere) Sache(n) beurteilen, indem man unterschiedliche Maßstäbe anlegt.

Jem. Maß nehmen: oder auch: ‚jem. maßregeln‘: jem. in scharfem Ton zurechtweisen, ihm die Meinung sagen; umg.

In der Gaunersprache bedeutet der dem Schneiderhandwerk entnommene Ausdr. jem. zusammenschlagen.

Weder Maß noch Ziel kennen: auch ‚ohne Maß und Ziel sein‘: in seinem Denken und Tun keine Grenzen mehr anerkennen, ‚maßlos sein‘; die ältere Wndg. heißt ‚ohne Maß und Zahl sein‘, so in einem Lied von Paul Gerhardt:

> Die Wolken gießen allzumal
> die Tränen ohne Maß und Zahl.

Alles mit Maaß!
sagte der Hanswurst und trank einen Krug Bier nach dem andern.

‚Alles mit Maß‘

Masse. *Zur großen Masse gehören:* zur (schweigenden) Mehrheit der Bevölkerung, deren Anschauungen und Ziele man sich zu eigen macht; auch: keine bes. bedeutende Persönlichkeit sein. Oft wird dabei ‚Masse‘ im verächtlichen Sinne gebraucht u. dient gar zur Bez. des ‚Pöbels‘. Scherzhaft spricht man bei großen Menschenansammlungen auch von der *Masse Mensch.* Der Ausdr. beruht auf dem Titel eines Schauspiels von Ernst Toller (1893–1939), der in den ersten Jahren der Weimarer Republik als „der Dramatiker des dt. Proletariats“ galt. Während seiner Festungshaft entstand das 1920 uraufgeführte Drama, in dessen Zentrum sein Erlebnis der Revolution und deren Scheitern steht.

Ebenso ist der Ausdr. ‚Der Aufstand der Massen‘ lit. Urspr.s und geht auf die Übers. des Buchtitels ‚La rebelión de las masas‘ (1930) des span. Kulturphilosophen José Ortega y Gasset (1883–1955) zurück.

Welches Machtpotential die ‚Masse‘ be-

sitzen kann, zeigt sich bei Demonstrationen und Protestaktionen, die sogar eine Regierung oder ein ganzes diktatorisches System aus Freiheitsdrang hinwegfegen können. Man spricht deshalb auch vom ‚Gesetz (Diktat) der Masse', wenn bei Streiks oder ‚Massendemonstrationen' Hunderttausende auf die Straße gehen und ihren Willen durchsetzen.
Sich aus der Masse herausheben (von der Masse abheben): sich deutlich von den anderen (in Bildung, Einfluß, Vermögen) unterscheiden; sich durch seine Vorzüge von der Allgemeinheit positiv abheben; als Persönlichkeit herausragen; ein Individualist sein. Dagegen: *in der Masse untergehen:* keine bes. Beachtung finden, auch: sich total anpassen.
Von der Masse erdrückt werden: zugrunde gehen, sich als Individuum nicht behaupten können, aber auch: die große Menge an Stoff (Wissen) nicht bewältigen können.
Der Begriff ‚Masse' kann aber auch in übertr. Bdtg. Geld, Kapital und Waren meinen, wie in den folgenden Wndgn.: *Die Masse muß es bringen:* ein Profit ergibt sich bei billigen Waren nur, wenn sich möglichst viele Käufer finden; ähnl.: *Die Masse macht's;* vgl. engl. ‚It is the mass that matters'. *Etw. mangels Masse aufgeben:* wegen fehlender finanzieller Möglichkeiten ein Geschäft schließen, ein Projekt nicht durchführen können, Pleite gehen.

Lit.: *P. R. Hofstätter:* Gruppendynamik. Kritik der Massenpsychologie (= Rowohlts dt. Enzyklopädie, 38), (Hamburg 1957); *M. Rassem:* Die Masse, in: Zs. f. Politik 33 (1986), Heft 1, S. 108–113.

Massengrab. *Lieber scheintot im Massengrab!* Ausdr. der Ablehnung, sold. seit dem 1. Weltkrieg; ↗lieber.

Matratze. *Die Matratze abhorchen* (auch *an der Matratze horchen*): schlafen; sold. seit dem 1. Weltkrieg; dazu *auf den Matratzenball gehen:* ins Bett gehen.

Matrosenkleid. *Noch im Matrosenkleid stecken:* noch Kind sein. Für Kinder eine Kleidung à la matelot (wie die Matrosen) zu wählen, ist schon ziemlich alt. 1787 schreibt F. Schiller im ‚Don Carlos' (I, 2): „So tief bin ich gefallen – bin so arm geworden, daß ich an unsere frühen Kinderjahre dich mahnen muß – daß ich dich bitten muß, die lang vergessenen Schulden abzutragen, die du noch im Matrosenkleide machtest". Schiller konnte kaum ein solches Bild für die Kindheit gewählt haben, wenn nicht sein Publikum den Knabenanzug à la matelot gekannt hätte. Ungefähr 100 Jahre später erlebte der Matrosenanzug in Dtl. ein Comeback: 1874 begann der Aufbau der kaiserlichen Flotte und erfüllte die Deutschen mit einer ungeheuren Marinebegeisterung. Die Kaiserkinder trugen vorzugsweise Matrosenanzüge, die dann auch in der bürgerlichen Mode kopiert wurden. Erst die Nationalsozialisten schätzten diese Kinderkleidung nicht mehr und verachteten sie als bürgerlich-reaktionär; so verschwand sie allmählich aus dem Klassen- und Straßenbild.

Lit.: *D. Lühr:* Matrosenanzug und Matrosenkleid. Entwicklungsgeschichte einer Kindermode von 1770–1920, in: Beitr. zur dt. Volks- und Altertumskunde 5 (1960), S. 19–42; *I. Weber-Kellermann:* Die Kindheit (Frankfurt/M. 1979), S. 126–131; *R. Kuhn* u. *B. Kreutz:* Der Matrosenanzug. Kulturgesch. eines Kleidungsstücks (Dortmund 1989).

Matte *Auf der Matte bleiben:* sich nicht aufspielen; sportsprachl. Parallelausdr. zu: ‚auf dem ↗Teppich bleiben'. Ebenfalls die Matte des Sportbetriebes (Ringkampf) ist gemeint in den Rdaa.: *voll auf der Matte stehen:* voll einsatzbereit sein; *es haut ihn auf die Matte:* er ist erschüttert, solchen Mißerfolg hat er nicht erwartet; *jem. auf die Matte legen:* ihn besiegen, übertreffen, unschädlich machen; vgl. engl. ‚to take somebody on the mat', frz. ‚rester sur le tapis': besiegt werden; *auf der Matte liegen:* kampfunfähig sein. *Wieder auf der Matte stehen:* wieder auf dem ↗Posten sein; nach langer Krankheit wieder seinen Dienst versehen.
Von der Matte auf das Stroh kommen: von einem schlimmen Zustand in einen noch schlimmeren geraten. Eine Matte bestand früher aus einer Stoffdecke, in welche Stroh, Schilf oder ähnliches eingenäht war; so meint diese veraltete Rda. mit Matte und Stroh Dinge aus minderwertigem Material (stellvertretend für das Unglück), betont jedoch den größeren Kom-

fort der Matte gegenüber Stroh als Liegeplatz, um die Verschlimmerung der Unglückssituation eines Menschen zu verdeutlichen; ndl. ‚De kumt van de Matt up dat Stro'; vgl. ‚vom Ochs auf den Esel kommen', ↗Ochse.

Matthäus. *Bei ihm ist Matthäi (Matthäus) am letzten:* es ist aus mit ihm, sein Geld ist alle; *mit ihm ist Matthäi am letzten:* er wird bald sterben. Die Rda. ist mehrfach und in widersprechender Weise gedeutet worden. Eine zweifellos etw. zu gewagte Erklärung gibt Wackernagel, der darauf hinweist, daß bei dem von den Persern übernommenen Schachspiel ‚schah mate' bedeutet: ‚Der König ist tot' (↗Schach). Der Ausdr. sei dann in die rom. wie germ. Sprachen übergegangen (‚schachmatt'). Wenn wir den Worten ‚Matthäi am letzten sein' den Sinn unterlegen von ‚zu Ende gehen', so erklärt Wackernagel dies als ein durch den Anklang des Wortes ‚Matthäi' an ‚matt' entstandenes Wortspiel. Schwerlich hat auch Wustmann recht, wenn er den Ausdr. an den Tod Karls V. anknüpft, der am 21. September 1558 starb, am ‚abent Mathei', wie eine Magdeburger Chronik berichtet. Die Rda. ist vielmehr der ev. Kirchensprache entnommen, wo sie eigentl. bedeutet: im letzten Kapitel des Matthäusevangeliums, und es ist damit auf dessen Schlußworte (Matth. 28,20) angespielt: „... bis an der Welt Ende". Durch Luthers Katechismus, wo es in dem Hauptstück von der Taufe heißt: „Da unser Herr Jesus Christus spricht Matthäi am letzten: Gehet hin in alle Welt ..." ist die Wndg. in weite Kreise gedrungen (ganz ähnl. heißt es von einem langweiligen Menschen: ‚er ist immer Johannes in eodem'; ↗Johannes). Im überwiegend kath. Rheinl. ist die Rda. in der Form bezeugt: ‚He steht bi Matthäus an't leste Kapitel!', mit ihm geht es zu Ende. Lit. läßt sich die heutige Bdtg. zuerst 1626 in Friedrich Seidels ‚Türkischer Gefängnuß' (4a) belegen: „Der eine Koch, so anrichten sollen, ein Pollack, spricht auff sein böse Deutsch: Nu ist mit uns der letzte Mattheus". Auch Abraham a Sancta Clara gebraucht in ‚Judas' (III, 174): „Matthäei am letzten". Die Wndg. wird aber auch erklärt als Kurzform von ‚[Evangelium] Matthäi am letzten [Sonntag nach Pfingsten]': in Matth. 24,15-35 ist die Rede von der Zerstörung Jerusalems und vom Weltuntergang. Zur Volkstümlichkeit der Rda. hat, wie auch Wieland bezeugt, sicher G. A. Bürgers Ballade ‚Die Weiber von Weinsberg' (1777) beigetragen, in der es heißt:

Doch wann's Matthä' am letzten ist
Trotz Raten, Tun und Beten,
So rettet oft noch Weiberlist
Aus Ängsten und aus Nöten.

Lit.: *G. Wackernagel:* Kleine Schriften (Leipzig 1872), S. 112 u. 119; *A. Götze:* Alte Rdaa. neu erklärt, in: Zs. f. dt. Wortf. 4 (1903), S. 332.

Mattscheibe. *Mattscheibe haben:* nicht klar aus den Augen sehen, benommen sein, leicht betrunken, oder auch leicht verrückt sein. Der Ausdr. kommt aus der früheren Phototechnik. Den Gegensatz bez die Wndg.: ‚den rechten ↗Durchblick haben'.

Matz, Mätzchen. Aus ‚Matthäus' und Matthias' über ‚Mattes' entstanden, ist Matz, ebenso wie ↗Hans, zum Gattungsnamen geworden und bedeutet einen traurigen Gesellen ohne geistige und körperliche Fähigkeiten. Außer in Zusammensetzungen wie ‚Hosenmatz', ‚Hemdenmatz', ‚Dreckmatz' usw. ist Matz bes. geläufig geworden in der Rda. *Da will ich Matz heißen!:* ich will mich einen Dummkopf schelten lassen, wenn das und das nicht so ist, wie ich behaupte; lit. seit dem 17. Jh. bezeugt (daneben auch: ‚Da will ich Hans heißen!').
Weit verbreitet, auch in der Lit. von Zschokke bis Fritz Reuter, ist der rdal. Vergleich *wie Matz von Dresden* (daneben *wie Matz von Zeitz*), eine Anspielung auf eine bekannte Steinfigur in Dresden, die ein hockendes Steinmännchen an der alten Elbbrücke darstellte (Näheres bei Müller-Fraureuth II, 217); vgl. den ndd. Spottreim:

Hans Matz ut Dräsen
Kann schreiben und nich lesen.

Hier geht es zu wie auf Matzens Hochzeit: lustig und in Freuden. Neben ‚Matzens Hochzeit' ist ebenso häufig und vermutl. richtiger und urspr. ‚Metzenhochzeit'. ‚Metze' ist Kurzform für Mechthild und

ein verallgemeinernd-typischer Name für die Bauernmädchen in der Lit. des späten MA. Es sind aus dieser Zeit mehrere mhd. Gedichte von der Metzenhochzeit erhalten, die allerhand Unglaubliches von der Hochzeit einer ‚Mätzli' oder ‚Metze' erzählen und berichten, wie üppig und ausgelassen es dabei herging.
Mätzchen machen: Unsinn treiben; Ausflüchte, Winkelzüge machen; sich sträuben, sich widersetzen, geht auf die Verkleinerungsform von Matz zurück, bedeutet also eigentlich: sich wie ein kleiner Matz benehmen, d.h. dumm, einfältig, possenhaft. Obersächs. ‚Mach mer keene Mätzchen vor!', mache mir nichts weis! Vor mehreren Jahrzehnten begann ein in der Mark Brandenburg viel gesungenes Lied:

Mach mir keine Mätzchen vor;
Denn ich bin vom Garde-du-Corps.

Lit.: Der Bauernhochzeitsschwank. Meier Betz und Metzen hochzit, hg. v. *E. Wiessner* (Altdt. Textbibliothek 48), Tübingen 1956.

mau. *Mir ist (so) mau:* ich fühle mich nicht ganz wohl (in meiner Haut), ich habe ein merkwürdiges Angstgefühl, eine unbestimmte, böse Vorahnung (z.B. vor einer Reise, Entscheidung, Prüfung). Diese offenbar nervöse Störung wirkt sich meist recht unangenehm auf den Magen und damit auf das Allgemeinbefinden aus. Mau ist zuerst 1878 berl. bezeugt, es gilt als halb scherzhafte lautmalende Bildung zu ‚mauen', ‚miauen', womit man das klagende Geschrei einer Katze bez. Möglicherweise hat das lautlich ähnl. Wort ‚flau' eingewirkt, oder mau ist als eine Mischbildung aus ‚matt und flau' hervorgegangen. *Etw. ist (war) mau:* es ist (war) nur dürftig, mittelmäßig, unbedeutend. Diese Wndg. ist ebenfalls von Berlin ausgegangen. In der Schülersprache hat sich daraus die Sonderbdtg. entwickelt: eine Leistung war schwach, dürftig, die Note ist nur mangelhaft, es ist ein schlechtes Ergebnis zu befürchten. Seit Anfang des 20. Jh. ist die Rda. auch im Rotw. im Sinne von bedenklich, faul und erfolglos bezeugt. Vielleicht besteht sogar ein Wortzusammenhang mit dem Glücksspiel ‚Mau-Mau', das man z.T. streng verboten hatte, weil man es wegen der möglichen hohen Verluste für äußerst bedenklich und gefährlich hielt, da um Geld gespielt wurde.

Mauerblümchen. *Ein Mauerblümchen sein:* ein unscheinbares, wenig attraktives Mädchen sein, nicht umworben werden, einsam bleiben, kaum Heiratschancen besitzen. Auch: *Ein Mauerblümchendasein führen:* nicht beachtet werden, traurig der Fröhlichkeit anderer zusehen müssen. Oft wurde ein Mädchen, das nicht zum Tanz aufgefordert wurde, das also an der Wand ‚sitzen blieb', mit einer Blume verglichen, die an einem ungünstigen Platz an der Mauer blüht, wo man sie leicht übersehen kann; vgl. engl. ‚wallflower'.

Lit.: *R. Schmidt:* Sie war immer nur ein Mauerblümchen, in: ders.: Der Mensch im Spiegel der dt. Sprache (Gerabronn o.J.)

Maul steht in Rdaa. vielfach als derber, vom Tier auf den Menschen übertr. Ausdr. für ‚Mund'. Die meisten Rdaa. mit Maul sind Parallelbildungen zu Ausdrükken mit ↗Mund, bes. in den obd. Mdaa; z.B. *jem. übers Maul fahren:* ihn wegen einer Äußerung scharf zurechtweisen; *nicht aufs Maul gefallen sein:* schlagfertig, um eine Antwort nicht verlegen sein; *sich das Maul verbrennen:* sich durch Worte schaden. *Das Maul aufreißen:* übertreiben, vorlaut sein; vgl. engl. ‚gaping against an oven'; *das Maul voll nehmen:* prahlen; *ein loses (grobes) Maul(werk) haben:* freche (derbe, unsaubere) Reden füh-

‚Sein Maul aufreißen'

ren. Allg. üblich ist *Halt's Maul!:* Sei still! „Liebe Kinder, lernet das Maul halten; denn wer es hält, der wird sich mit Worten nicht vergreifen", übersetzte Luther Sir. 23,7; vgl. frz. ‚ferme ta gueule' oder ‚ta gueule' (beides derb).

Maulen: mürrische Widerworte geben. So schon bei Hans Sachs (‚Töchtermann' 18); als dem Ehemann anstatt des erwarteten Sohnes eine Tochter geboren wird, heißt es:

Darob het der jung man ein grawen
Und meulet sich ob seiner frawen.

Ähnl. ‚sich vermaulen', ein halb mucksiges, halb naseweises Dagegenreden, Sichverteidigen.

Ein Maul anhängen: frech widersprechen.

Das Maul hängen lassen: mürrisch, mißvergnügt sein; aus ‚melancholisch' hat die Volksetymologie *maulhängolisch, maulhenkolisch* gemacht (so schon bei Joh. Fischart). Das Bild wäre von alten Pferden entlehnt, hat man gemeint mit Berufung auf den Satz in Pestalozzis ‚Lienhard und Gertrud': „Er hängt die Oberlippe wie eine alte Stute". Aber dieser Übertr. bedarf es nicht; mürrische Menschen lassen wirklich den Mund hängen (oder *ziehen ein schiefes Maul*). Schon in der Namenlosen Sammlung von 1532 heißt es unter Nr. 301: „Sihe wie henckt er das Maul. Mault sich". Dazu die Erklärung: „Sihe wie ist der so zornig, die da zürnen, sehen sawr, vnd lassen das maul mit den lippen lang heraußhangen". Ähnl. Agricola, Nr. 323. Auch in der ‚Zimmerischen Chronik' (IV, 14): „Damit macht er das meniglich ... das maul hanckte". In Ifflands ‚Jägern' von 1785 heißt es (I, 1): „Hängt das Maul, so tief Ihr wollt – hier kann ich es nicht aushalten".

Maul und Nase aufsperren: dumme Verwunderung äußern. Bei höchstem Erstaunen öffnen wir unwillkürlich gleichsam alle Sinne, als ob wir sie alle zu Hilfe nehmen wollten bei dem Erfassen eines merkwürdigen Anblicks, einer verblüffenden Geschichte. Der offenstehende Mund erklärt sich dabei so, daß man sich äußern möchte, aber vor Erstaunen kein Wort hervorbringt. Schon der Prediger Geiler von Kaysersberg (1445–1510) rechnet die unter die Narren, „die mit dem Kopff und Maul hören; denn es sein etlich also geartet, daß sie nicht hören können, wenn sie nicht das Maul aufsperren und gaffen, gleichwie ein Esel, der Distel frißt"; vgl. frz.: ‚rester bouche bée' (wörtl.: mit offenem Mund dastehen); ähnl. *die Maulsperre haben (kriegen):* vor Staunen sprachlos sein, ↗ Maulaffe.

Ein ungewaschenes Maul nennt man einen Mund, aus dem nur unnützes Gewäsch, schmutzige oder freche Reden kommen. Die Vorstellung ist sehr alt und früher offenbar weniger anstößig gewesen als jetzt, sogar die höfische Dichtung des 13. Jh. verschmäht sie nicht. Die rechte Waschung für den Mund sind Gebete; Murner predigt in der ‚Narrenbeschwörung' (47, 12):

Das mul solt ir mit beten weschen!

‚Sein Maul in den Himmel stoßen'

Von bes. frechen Schnäbeln sagt Murner in der ‚Schelmenzunft', daß sie *das Maul in den Himmel stoßen,* wenn sie Gottes Regiment tadeln, wobei er auf den alten Glauben von den Schnabelmenschen anspielt:

Man sagt myr das in alten zeyten
Warendt der schneblechten leyten
Ich kanß nit fur eyn wunder han
Man findt wol ietz eyn schnebler man
Der mit seym maul erreichen kan
Den hymmel vnd all sternen dran.

Das Maul ausleeren nennt es der Bayer, wenn einer alles Böse, was er über jem. oder eine Sache zu wissen glaubt, vorbringt. *Das Maul nach etw. spitzen (und doch nicht pfeifen):* auf etw. begierig sein;

nach der Mundhaltung, die man einnimmt, wenn *einem das Maul nach etw. wässert;* Grimmelshausen sagt dafür im ‚Simplicissimus' (II, 102): „mir die Zähne wässerig zu machen".

Einem etw. ins Maul schmieren: es ihm so leicht und angenehm wie möglich beibringen; eigentl. von einer Speise gesagt, die der andere nicht von selber essen will, wie der Lehrer erst ‚vorkaut', was die Schüler verdauen sollen. Geläufig ist auch: *einem das Maul schmieren, einem ums Maul gehen:* ihm schöne Worte geben, Versprechungen machen, die nicht gehalten werden; vgl. Luther (‚Tischreden', 1577, Bl. 362a): „Einem das Maul schmieren, ohne ihm etwas zu geben". So auch 1529 bei Joh. Agricola (Nr. 692): „Er schmirbt yhm das Maul, und gibt yhm ein dreck drein. Das ist, er betrügt yhn", ↗Honig.

Einem das Maul stopfen: ihn zum Schweigen bringen, um nicht weiter von ihm belästigt zu werden. Nach einer lat. Fabel des Phaedrus versucht ein Dieb dem kläffenden Hofhund ein Stück Brot anzubieten, um ihm das Maul zu stopfen, damit er nicht mehr belle (vgl. Singer I, 118, II, 43). Luther gebrauchte die kräftige Wndg. öfters in seiner Bibelübers.: z. B. Ps. 107, 42: „Aller Bosheit wird das Maul gestopft werden"; Ps. 63, 12 steht: „Lügenmäuler stopfen"; Ps. 40, 10 und Luk. 11, 53: „Den Mund stopfen". Geiler von Kaysersberg sagt: „Wenn du jedermanndes maul wöltest stopfen, würdest du fürwar nirgendt lumpen und scher wollen gnug bekommen mögen". In Seb. Brants ‚Narrenschiff' (41, 27f.) findet sich die Rda. angewandt auf die Klatschbasen und schwatzhaften Narren, denen es niemand recht machen kann:

Der muß mäl han, vil me dann vil,
wer yedems mul verstopfen wil.

In lat. Form auch bei Heinrich Bebel (Nr. 340): „Multa farina opus est, si quis omnium hominum ora occludere velit". 1541 führt Seb. Franck an (I, 85): „Der muß vil mel haben, der alle meuler wil verkleyben". Bei Abraham a Sancta Clara (‚Judas' I, 181) heißt es: „Es gibt wohl zu Zeiten einen schlechten Doctor, über den kein Patient thut klagen, denn er stopffet ihnen allen das Maul zu mit der Erden".

‚Nur so übers Maul raschwätze' sagt man im Schwäb., wenn man meint, es wird nur so dahergeredet, das Gesagte ist nicht allzu ernst zu nehmen.

Sehr drastisch ist die aus neuerer Umgangssprache bezeugte Rda. *Dem sein Maul muß noch bes. totgeschlagen werden, wenn er mal stirbt,* womit man einen boshaften Schwätzer brandmarkt. Ähnl. auch in den Mdaa., z. B. schwäb. ‚Bei dear muaß ma amaul d'Gosch oiges toatschlaga'; ‚wemma dear d'Gosch zuanäha, no tät se no zua de Nähta rausbäbbera'; ‚dia hot a Maul wie a Scheraschleifer'.

Das Maul geht ihm wie geschmiert, er läßt kein Spinnweb vor seinem Maul wachsen, sein Maul geht ihm wie ein Schlachtschwert, wie ein Entenarsch, er hat sein Maul nicht in der Hosentasche stecken. So schon bei Schuppius: „Wann Sie mich aber mit der Feder angreifen wollen, so will ich meine Feder und mein Maul nicht in die Hosentasche stecken, sondern mit Gottes Hülf sehen, daß ich Ihnen allein Mann's genug sei" (vgl. frz. ‚Il ne met pas sa langue dans sa poche').

Dem Schweigsamen umgekehrt *ist das Maul zugefroren* oder er *hat es gar zu Hause vergessen;* vgl. frz. ‚Il a oublié sa langue' (wörtl.: Er hat die Zunge vergessen); oder aber er sitzt still da und *hält die Zunge im Maul.*

Die Rda. *sich den Mund (das Maul) wischen* hat mannigfachen Bedeutungswechsel erfahren. Urspr. wischt man sich das Maul (das Wort erscheint noch im 16. Jh. in edlem Sinne), nachdem man eine Speise verzehrt, wie die Edelfrau und Vögtin in Hans Sachs' ‚Edelfrau mit dem Aal' 39: „wischten darnach das maul paidsam". Dann tut man in iron. Sinne dasselbe, wenn man nichts davon bekommen hat, wenn man ohne Anteil geblieben ist. Sodann wird die Geste angewandt, um anzudeuten, daß man überhaupt keinen Anteil an etw. hat. In dieser Anwendung kann die Geste (und die aus ihr gewordene Rda.) auch auf Heuchelei zurückgehen. In diesem Falle stellt man sich unbeteiligt (wischt sich das Maul), obwohl man eigentl. recht stark beteiligt sein sollte. In älterer Zeit findet sich die Rda. gerade in diesem Sinne recht oft. In Hans Sachs' ‚Krämer mit den Affen' (105) wischen die Spottvögel sich „den mund,

1

2

3
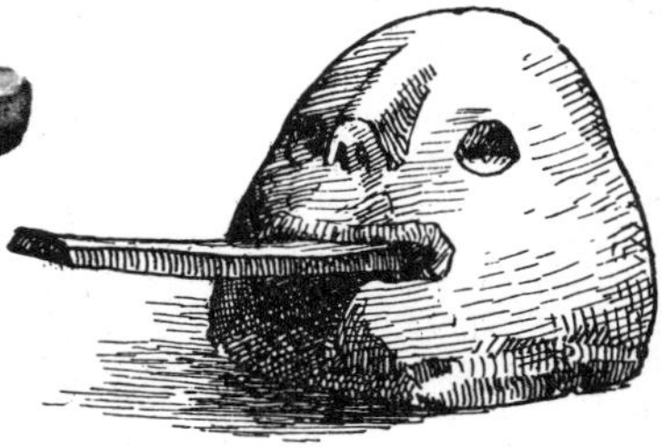
4

‚Maulaffen feilhalten': 1 Der brennende Kienspan kann im Notfall mit dem Mund gehalten werden; 2 Eiserne Kienspanklemme, sog. ‚Mäulåff'; 3 Stövchen, sog. ‚Malåpen'; 4 Kienspanhalter aus Ton, sog. ‚Geanmaul' oder ‚Mulaffe'

drollen davon", und in desselben Dichters ‚Zwei Gesellen mit dem Bären' (117) wischt sich der Ausreißer ebenfalls „den mund und geht darfon".
Der heutige Gebrauch der Rda. nähert sich mehr der ersten, iron. Umdeutung, insofern als sie heute fast durchgehend in der Bdtg. verwandt wird, keinen Anteil an einer Sache erhalten zu haben, auf den man doch eigentl. ein Anrecht hatte oder zu haben vermeinte.
‚Maul' als Bezeichnung für einen mißgebildeten Mund kommt in dem Sprichwort vor:

‚Familie (Maul) Schiefeschnut
kriegt de Kerz' nit ut'.

Lit.: *Anon.:* Een muilband op een lampe, in: Biekorf 39 (1933), S. 94.

Maulaffe. *Maulaffen feilhalten (feilhaben, -tragen, -bieten; verkaufen):* mit offenem Mund untätig zusehen, dumm dastehen und glotzen, ohne etw. zu tun, auf törichte Weise seine Neugier bekunden.
Die Erklärung der Rda. ist nicht einfach, weil sich offenbar ganz verschiedene Vorstellungs- und Sprachbereiche unentwirrbar vermischt haben. Man hat die Rda. früher fälschlich gedeutet als Übers. von ndd. ‚dat mul apen hollen' in hd. ‚das Maul offen halten'; in Holst. sagt man noch heute ‚he steiht mul apen'. In der Entwicklungsgeschichte unserer Rda. müßten dann aus ndd. ‚apen' = offen durch eine doppelte Volksetymologie schließlich die Affen geworden sein. Abgesehen davon, daß damit das Wort ‚feilhalten' nicht erklärt ist, spricht gegen diese Deutung, daß es auch im Ndd. zusätzlich noch die Wndgn. ‚Mulapen to kop hebben' und ‚Mulapen verköpen' gibt. Doch scheint der Rda. eine andere Realvorstellung zugrunde zu liegen: Der Kienspan, mit dem man einst das Haus

notdürftig erhellte, wurde gelegentlich, wenn man die Hände nicht frei hatte, zwischen die Zähne geklemmt, wie es Olaus Magnus bereits im 16. Jh. für die nordischen Völker berichtet (‚Historia de gentibus septentrionalibus'. Dt. Ausg. Basel 1567, Kap. 16): „Vber das braucht man auch durch alle mittnächtige Länder das Kienholtz in allerley gestalt / wie die gemeinen Haußkertzen / Nemlich also / wann einer mit beiden henden zuschaffen hat / steckt er etliche dünn geschnittne spän / so vil er will vnder die gürteln, vnd nimpt ein brennenden spon in den mundt / ... geht also hin vnd wider wo er will / ... vnd arbeitet was jm gefelt ..." Ähnl. im finn. ‚Kalewala-Epos' (23. Rune, V. 175 ff.): „In dem Mund ein Feuerhölzchen". Es lag nahe, den Tonklotz, der dem brennenden Kienspan als Unterlage diente, in einen menschlichen Kopf umzubilden, dessen verbreiteter Mund den Span hielt. Tatsächlich sind solche Tonköpfe als Kienspanhalter seit dem 13. bis 14. Jh. nachweisbar, und sie wurden in Oesterr. als ‚Maulauf' oder ‚Geanmaul', in Süddtl. als ‚Gähnaffen' bez. (vgl. ‚jem. einen Gähnaffen machen', eine Grimasse mit offenem Mund und herausgestreckter Zunge schneiden). Später wurden diese Kienspanhalter aus Eisen hergestellt, behielten aber den alten Namen, obwohl sie nicht mehr die Form eines Kopfes mit geöffnetem Mund, sondern die Form eines in der Höhe verstellbaren zangenförmigen Gerätes bekamen. Dies entspricht durchaus Bez. bei anderen Leuchtgeräten wie ‚Leuchterweibchen' (Kerzenhalter), ‚Ölgötze' (Hängevorrichtung für die Öllampe); vgl. ‚dastehen wie ein ↗Ölgötze'.

Lit.: *R. E. A. Drey:* Apothekengefäße. Eine Geschichte der pharmazeutischen Keramik (München 1980).

Maulkorb. *Jem. einen Maulkorb anlegen:* jem. durch Verbot die freie Meinungsäußerung unmöglich machen. Der Maulkorb ist eigentl. eine Schutzvorrichtung, die das Beißen von Tieren verhindern soll. Sie besteht aus einem Draht- oder Lederkorb, welchen die Tiere vor das Maul gebunden bekommen. Schon Jean-Paul Friedrich Richter (1763–1825) schrieb in den ‚Teuflischen Papieren': „... eine Art

‚Jemandem einen Maulkorb umhängen'

von Fatum, von Maulkorb und von Daumenschrauben für den menschlichen Verstand". Ein Gedicht A. Glassbrenners aus dem Jahre 1849 meint mit ‚Maulkorb' die politische Zensur. Der ‚dt. Michel' wird hier nach dem Grund seiner Trauer gefragt:

Michel, warum weinst du,
weinest du so sehr?
– Weil es mir nicht macht Behagen,
daß ich soll den Maulkorb tragen!
Darum, darum weine ich so sehr.

(U. Otto, S. 493).

In diesem Sinne spricht man heute auch von ‚Maulkorberlaß', ‚Maulkorbgesetz' oder ‚Maulkorbparagraph', wenn man die staatliche Unterdrückung freier Meinungsäußerung des Bürgers meint.

Lit.: *U. Otto:* Die hist.-politischen Lieder und Karikaturen des Vormärz und der Revolution von 1848/1849 (Diss. Freiburg), (Köln 1982).

Maulsperre. *Die Maulsperre kriegen;* vor Staunen sprachlos sein; von der Tierkrankheit auf den Menschen, der mit offenem Mund staunt, übertr., schon 1809 lexikographisch verzeichnet. Obersächs. braucht man die Wndg. vor allem scherzhaft dann, wenn der Kuchenteig bes. gut gegangen ist und die Kuchenstücke zu groß zum Abbeißen erscheinen.

Maulwurf. *Wie ein Maulwurf wühlen:* emsig, ohne Pause arbeiten, voller Eifer sein und nicht einmal bei der Arbeit aufschauen. Der rdal. Vergleich wird bes. auf Erdarbeiten und auf Arbeiten im Bergwerk angewandt. In der Bergmannssprache hat die Feststellung *Der Maulwurf schafft* die bes. Bdtg. angenommen, daß durch den Sohlendruck das Gestänge gehoben wird, gleichsam als ob eine unsichtbare Kraft, die man sich in Gestalt des Tieres denkt, am Werke gewesen sei.

Der alte Maulwurf wühlt fort: die geheimen Machenschaften und Feindseligkeiten werden fortgesetzt; weitere Angriffe und Schwierigkeiten werden in der Stille vorbereitet.

Blind wie ein Maulwurf sein; ↗blind; vgl. frz. ‚myope comme une taupe' (wörtl.: kurzsichtig wie ein Maulwurf).

Lit.: *O. H. Werner:* Der Saarbergmann in Sprache und Brauch (Diss. Bonn 1934), S. 49.

‚Da beißt keine Maus (k)einen Faden ab'

Maus. *Da beißt keine Maus einen Faden ab,* auch *Davon beißt die Maus keinen Faden ab:* da ist nichts mehr zu ändern; das steht unabänderlich fest; davon geht nicht das geringste ab. Die Rda. ist in der Schriftsprache und in den Mdaa. allg. bekannt. Bei Moscherosch (1650) in den ‚Gesichten Philanders von Sittewald' (Bd. 2, S. 474) heißt es: „Vnd da beißt kein Mauß kein Faden ab"; so auch noch heute in schwäb. Mda.: ‚Da beißt kei Maus kein Fade ab'. Eine rein rationalistische Erklärung möchte diese Rda. urspr. im Munde eines Schneiders vermuten, der von einem Kunden Tuch zur Bearbeitung erhält und so versichert, daß er nicht das kleinste Stück davon veruntreuen wolle. Man könnte auch an die Schilderung einer großen Armut denken, bei der die Mäuse nicht einmal mehr einen Faden zu nagen und zu beißen haben.

Doch trifft dies weder den Wortlaut noch den Inhalt der Rda. Die Entstehung der Rda. ist vielmehr ganz anders zu erklären und steht vermutlich in Zusammenhang mit der hl. Gertrud von Nivelles, die im MA. vor allem zur Abwehr von Ratten- und Mäuseplagen angerufen wurde. Der Tag der hl. Gertrud, der 17. März, spielt im bäuerlichen Kalender eine große Rolle; es ist der Beginn des Frühlings, an dem die Winterarbeiten eingestellt werden und mit der Feldbestellung und Gartenarbeit begonnen wird. Wenn am Gertrudentag noch gesponnen wurde, so behauptete man, werde der Flachs von den Mäusen zerfressen oder der Faden abgebissen. Unter den zahlreichen Sprww., die das Ende der Winterarbeiten fordern, erscheinen in Oberdtl. und Oesterr. immer wieder die folgenden: ‚Gertrud hört mit Spinnen auf, sonst läuft die Maus den Faden auf und beißt ihn ab' oder: ‚Gertrud mit der Maus treibt die Spinnerinnen aus'. Bair. ‚Am Gertraudtag laufft die Maus am Rocken hinauf und beißt den Faden ab'. Schon Joh. Fischart (‚Geschichtklitterung') kennt den Vers:

St. Gertraut mit Mäusen
Die den Mägden das Werck abbeißen.

Diese Sprüche wollen nur in volkstümlicher Weise ausdrücken, daß mit dem 17. März das Spinnen aufzuhören habe. Heute noch findet sich die Meinung in Hunderten von Rdaa. weit über das Gebiet des eigentl. Gertrudenkultes hinaus. Auch in den Bauernkalendern wird der Gertrudentag oft durch zwei Mäuse an einer Spindel dargestellt. Die Wndg. ist von Gertrud z. T. auch auf andere Tage mit einem Spinnverbot übertr. worden.

Seit etwa 1400 taucht in den Einblattdrucken, die für die volkstümliche Religiosität charakteristisch sind, Gertrud mit einer oder mehreren Mäusen auf, die an ihrem Gewand oder dem Faden zur Spindel hinauflaufen oder aber sonderbarerweise auf ihrer Schulter oder gar auf ihrem Haupte sitzen; und da die Einblattdrucke im

Grunde nur Ill. der volkstümlichen Auffassung sind, müssen die Rdaa. noch älter sein. Unsere allg. umg. Rda. hätte sich dann von der Heiligengestalt gelöst und allgemeinere Bdtg. angenommen. Eine Holzstatue des 14. Jh. im Schnütgenmuseum in Köln zeigt Gertrud mit einer Maus in ihrer Hand; und getreu jahrhundertealter Überlieferung backt in Oberdtl. die Bäuerin am Gertrudstag einen Eierteig, den sie um ein Salbeiblatt wickelt, so daß der Stiel wie ein Schwänzchen aussieht, die ,Mäusenudel'. Denkbar wäre allerdings auch ein Bezug zu der Fabel vom Löwen und der Maus, die aus Dankbarkeit den gefangenen Löwen befreit, indem sie mit ihren Zähnen seine Fesseln zerbeißt (AaTh. 75):

,Da beißt die Maus den Faden ab'

Als der Lew gieng spatzieren auß
Da fing er auff dem feld ein Mauß.
Gedacht, mir wers ein grosser Spot,
Wen ich der Mauß anthet den Todt.
Ließ sie drauff loß: darnach ward er
Gefangen vnd verstricket sehr.
Alß die Mauß hoert des Lewens gschrey,
Kam sie vnd nagt das netz entzwey.
Vnd macht den Lewen wider frey.
Es sollt auch billich jederman
Des andren schonen wo er kan.
Vielleicht sich ein solcher findt.
Der dir auß noht auch helffen kündt.

(Aegidius Sadeler: Theatrum novum. Artliche Gespräch der Thier mit wahren historien den Menschen zur Lehr. Prag 1608, S. 194.)

Wo diese Fabel in der dt. Überlieferung vorkommt (z. B. in Steinhöwels Äsop, bei Burkard Waldis oder bei Aegidius Sadeler), ist indessen immer nur von ,Stricken' oder einem ,Netz', nicht von einem Faden die Rede. Auch paßt der gute Ausgang der Fabel, die den Löwen entkommen läßt, nicht zum Sinn der Rda., die die Maus den Faden eben nicht abbeißen läßt. Zu dieser Erklärung würde das engl. Sprw. passen ,mouse in time may bite in two a cable'. Es gibt jedoch einen Typ von Mausefallen, bei dem die Maus einen Faden abbeißen muß, um an den Köder zu gelangen (z. B. im Vogtsbauernhof-Museum Gutach/Schwarzwald). Hat die Maus den Faden abgebissen, so fällt die Falle zu.

Jem. tut wie die Maus am Faden: jem. ziert sich sehr.

Wie eine gebadete Maus sieht einer aus, der ganz durchnäßt ist, dem das Wasser am Leibe herunterläuft. Schon das klassische Altertum kennt diesen rdal. Vergleich (Petronius, ,Cena Trimalchionis', Kap. 44). Er ist wohl deshalb so geläufig, weil man der in der Falle gefangenen Maus gewöhnlich ein schlimmes Bad bereitet, indem man sie durch Ersäufen tötet. In einem Soldatenlied vom Jahre 1693 jammert der Türke:

Ich gedachte das Spiel viel anders zu karten;
Jetzt sitz ich wie eine gebattene Maus.

Schwäb. auch ,wie eine getunkte, getaufte Maus'. Schon Hans Sachs sagt von einem Bayern, der in die Donau gefallen ist und an Land schwimmt:

Stig auch an dem gestate aus
Triff nasser wie ain taüfte maus.

Schwäb. ,Der macht Auge wie d'Maus unterm Ziegel' (d. h. in der Falle).

Schles. ,A wil andern Loiten Ratten fangen und kannem salber keene Mäuse fangen'. Die Maus stiehlt, daher schon mhd. *mausen:* stehlen; ausführlicher in der Wndg. *nach den Mäusen werfen,* so z. B. bei Hans Sachs von einem diebischen Schneider:

Der schneider pehilt etlich stück
Tuchs, im selber zu ungelück.
Dieselben warf er in seinem haus,
Wie man saget, nach der maus.

Ein weiterer Beleg findet sich in Grimmelshausens ,Simplicissimus' (V, Kap. 15): „... und die Weber bleiben aus Redlichkeit so arm, daß sich auch keine Mäus bei ihnen ernähren können, denen sie etwa ein Knäul Garn nachwerfen müßten".

Das trägt eine Maus auf dem Schwanze fort: das ist äußerst wenig, ein lächerlich geringer Gewinn; dafür im 16. Jh. auch: ‚Das führt eine Mücke auf dem Schwanze hinweg'.

Wie die Maus im Speck sitzen: mit irdischen Gütern gesegnet sein und dieselben benutzen, um sich das Leben angenehm zu machen; ↗ Made. ‚Der spricht auch wie die Maus im Speck: Unser täglich Brot gib uns heute!' Vgl. frz. ‚être comme un rat dans un fromage' (wörtl.: wie eine Ratte im Käse sitzen). *Leben wie die Mäuse in der Speckseite:* ein behagliches Wohlleben führen. Das Gegenteil ist *arm wie eine Kirchenmaus* (↗ arm). Wolfram von Eschenbach klagt im ‚Parzival' (185,1 ff.) über die Ärmlichkeit seines Haushaltes:

dâ heime in mîn selbes hûs,
dâ wirt gefreut vil selten mûs.
wan diu müese ir spîse steln:
die dörfte niemen vor mir heln:
ine vinde ir offenlîche niht.
alze dicke daz geschiht
mir Wolfram von Eschenbach,
daz ich dulte alsolch gemach.

Noch heute sagt man: ‚vor den Mäusen sicher sein', nichts besitzen, was zu fressen wäre, ‚kommet d'Müs d'Kellertrepp ruf', so ist das im Alem. ein Bild für unübersehbare Armut. Bei einem Geizigen ‚kriege d'Mäus Blase an d'Füß', heißt es in Schwaben.

Es ist eine Maus im Mehl: die Sache hat einen Haken, sie hat einen Fehler, ist nicht in Ordnung.

Auch als Beisp. der List wird die Maus gerne in rdal. Vergleichen gebraucht, z. B. schwäb. ‚Du bist gscheider als d'Mäus'; ‚der moint, er hör' d'Mäus pfeife'.

Das ist den Mäusen gepfiffen: das ist umsonst. Tatsächlich hat man in früheren Jhh. bei Mäuse-, Ratten- und anderen Ungezieferplagen sich durch Pfeifen zu helfen gesucht, wie auch die Sage vom Rattenfänger von Hameln und manche Parallelüberlieferung beweist; ↗ Ratte.

Von einem sehr faulen Menschen sagt man els. ‚Dem könnte d'Müs Stroh ins Loch trojn'; ebenso *Dem wird keine Maus Speck aus dem Arsch fressen;* ‚Dem wird keine Maus Stroh in den Arsch tragen',

‚Wie die Maus im Speck sitzen'

schon bei Joh. Fischart heißt es in der ‚Geschichtklitterung' (S. 57): „... daß jhnen die Mäuss also Spannen tief auss dem Arss Speck nagen ..." Eine ganz nichtsnutzige Tätigkeit nennt man sächs. ‚Mäuse schwänzen'.

Es ist zum Mäusemelken: es ist unerträglich, zum Verzweifeln. ‚Mäuse zu melken' gilt als große Unsinnigkeit; westf. spottet man von einem, der sich getäuscht hat: ‚du kannst Müse melken'. Etw. Unsinniges tun bedeutet auch: ‚Die Mäuse mit Speck vertreiben wollen; vgl. frz. ‚vouloir attirer les mouches avec du vinaigre' (wörtl.: die Fliegen mit Essig locken wollen).

Von einem, der Wind von einer Sache bekommen hat, sagt man ostfries. ‚de hett'n Muske davon pipen hört'; holst. ‚en Stückchen ut de Muskist singen', schlecht singen; schwäb. ‚Der singt so schö, daß d'Mäus' drvo laufe'.

Mäuse merken: Unrat wittern, hinter etw. kommen; z. B. in Jean Pauls ‚Titan': „Daß von allen bisher an die Verlagshandlungen eingeschickten mit Mutmaßungen gefüllten Brieffelleisen keines Mäuse merkte".

Wenn ein Mann seine Frau beim Ehebruch überrascht, heißt es im Ndd.: ‚Un dar is de Mann komen, de hett Müs merkt'.

Ähnl. schon bei Luther *Mäuse riechen:* „Denn er (der Papst) reuchet meuse und schmeckt den braten wol, sorget er künde damit nicht bapst bleiben". Auch westf. ‚he rüket Muse', er ahnt nichts Gutes. Dazu in allg. Gebrauch: *Mäuse (vor-)machen:* Flausen, Schwierigkeiten machen. Der Schlesier Johann Christian Günther kennt den Ausdr. (‚Gedichte' 1034): „Der

Kaiser macht uns Mäuse"; auch Hermes (‚Sophiens Reise von Memel nach Sachsen', Bd. 3, S. 172): „Da vergaft sich eine; machte den Eltern so viel Mäuse, daß sie sie ins Kloster sperren".

Aussehen wie ein Topf voll Mäuse sagt man von einem, der ein verdrießliches Gesicht macht, bes. auch von schmollenden Frauen. Meckl. fragt man einen Verdrießlichen: ‚Hest Müs freten?'

Da möchte ich Mäuschen spielen (oder *sein*): das möchte ich im verborgenen mit anhören. Dazu gehört auch *mäuschenstill* und die ndd. Rda. ‚Müseken besliken', es sehr listig anfangen. „Es sei den Mäusen gesagt", heißt es bei Johann Fischart für: ‚Es sei leise unter uns gesagt'. Goethe in der Ballade vom getreuen Eckart: „Schweiget und horchet wie Mäuslein". Der Vergleich ist alt und wird schon in der Dichtung des MA. zur Bez. größter Stille verwendet; vgl. z.B. Heinrichs von Freiberg ‚Tristan' (V. 5919ff.):

Dô allez daz entslâfen was
in gademe und in palas
daz dâ lac in dem hûs,
und sich nindert regte ein mûs.

Maus wie Mutter: eins wie's andere; vgl. ‚Jacke wie Hose' (↗Jacke), ‚gehupft wie gesprungen' (↗hüpfen) und ähnliche Wndgn., schon in Luthers ‚Tischreden' 51,b.

Es war keine Maus da; auch *Es war keine Maus von einem Menschen da:* es war niemand da.

Schwäb. ‚Der hot seine beste Mäus schon gfange', seine beste Zeit ist vorbei, es geht mit ihm bergab. ‚I muß meine Mäus anderst richte', die Sache anders anfangen.

Mäuse im Kopf haben: verrückt sein; ähnl. wie ‚Grillen im Kopf' (↗Grille); auch ‚Mäusenester im Kopf haben' (ndl. ‚muizennesten in het hoofd hebben').

Weiße Mäuse sehen: stark betrunken sein; im Volksmund wird häufig die Meinung vertreten, weiße Mäuse gäbe es nicht.

Heute werden auch Verkehrspolizisten, die eine weiße Mütze tragen, scherzhaft als ‚weiße Mäuse' bez., die Verkehrssünder fürchten, vor allem, wenn sie sich nach Alkoholgenuß ans Steuer gesetzt haben.

Bis dahin wird noch manche Maus in ein ander Loch schlüpfen: bis dahin ist noch viel Zeit. Schwäb. ‚Do fendet siebe Meis koi Loch', es hat keinen Sinn, es gibt keinen Platz mehr.

In ein Mausloch kriechen mögen: aus Angst oder Scham sich verstecken mögen. Das Mauseloch steht sinnbildl. für jeden Schlupfwinkel. Das Bild findet sich zuerst am Ende des 12. Jh. im ‚Erec' des Hartmann von Aue (V. 6655): „Und fluhen ze loche sam diu mûs". Schles. ‚Ich finde ihn, und wenn er im tiefsten Mauseloch steckte'.

Mäuse haben: viel Geld besitzen (umg.).

Ein paar Mäuse springen lassen: etw. spendieren, großspurig für etw. Geld ausgeben. Mäuse i.S.v. Geld ist nur im Plur. gebräuchlich. Es ist aus dem rotw. Wort für Geld ‚Moos', ‚Mous' entstanden, dem das jidd. Wort ‚moo' (Pfennig) zugrunde liegt.

Daß dich das Mäuslein beiß'! Diese scherzhafte Verwünschung und harmlose Fluchformel, die heute bes. in den südl. Teilen Dtl.s bekannt ist, war früher gar nicht so harmlos. Das ‚Mäusle' ist nämlich keineswegs eine kleine Maus, sondern volksetymol. entstellt aus frühnhd. ‚Meisel', mhd. mîsel (gekürzt aus mîselsucht) = Aussatz. Als man ‚Meisel' nicht mehr verstand, wurde es zu ‚Mäusle' umgebildet. Noch in einem Erfurter Judeneid aus dem 12. Jh. heißt es: ‚daz dich di miselsucht bistê!' (‚bestehe', d.h. befalle). Die urspr. Bdtg. der Rda. wäre also eigentl.: Mögest du vom Aussatz befallen werden! Gegen diese Deutung spricht das Verbum ‚beißen'. Es könnte allerdings sein, daß die Verbindung von Mäusle und beißen erst nach der Umformung von Meisel zu Mäusle entstand, mit ihr auch die Rda. in der heutigen Form. Analog gebildet erscheint ‚Daß dich der Has beiß'!' (schwäb.), wobei also auch ein harmloses Tier beißt. Hier zeichnen sich allerdings auch ganz andere Zusammenhänge ab (Schwank von den sieben Schwaben, die Angst vor einem Hasen haben). ‚Das Mäusle beißt' nennt man in schwäb. Kindersprache auch den Schmerz am ‚Elektrisierknochen' des Ellbogens.

Lit.: *A. L. P.:* Een levendige muis in de hand hebben, in: Ons Volksleven 2 (1890), S. 118–119; *O. Keller:* Die antike Tierwelt 1 (Leipzig 1909), S. 193–202; *L. Kohler:* Die Fabel von der Stadt- und Feldmaus in der dt. Lit. (Programm Mährisch-Ostrau 1909); *O. Meisinger:* Da beißt keine Maus einen Faden ab, in: Zs. f. dt.

Mdaa. 4 (1909), S. 24f.; *H. Ahrens:* Die Fabel vom Löwen und der Maus in der Weltlit. (Diss. Rostock 1920); *K. Rother:* Hund, Katze und Maus im schles. Sprw., in: Mitt. d. Schles. Ges. f. Vkde. 16 (1925); *W. Treutlein:* Das Arbeitsverbot im dt. Volksglauben (Bühl 1932), S. 63ff.; *U. Uittien:* Een en ander over huizen en muizen in folklore en taalgrenzen, in: Eigen Volk 6 (1934), S. 243–245; *H. Carl:* Die Maus im Sprachgebrauch, in: Muttersprache (1955), S. 369–372; *M. Zender:* Die Verehrung der hl. Gertrud von Nivelles, in: Räume und Schichten ma. Heiligenverehrung (Düsseldorf 1959), S. 89–143, sowie Abb. 4–10; *J. Cornelissen:* De muizen en ratten in het volksgeloof, in: Vragen van den Dag, Jg. 35, o.J., S. 350–364 und Jg. 36, o.J., S. 267–283; *B. Beckmann:* Von Mäusen und Menschen: Die hoch- und spätmittelalterlichen Mäusesagen (Zürich 1974); *F. Otten:* Die Sage von Bischof Hatto von Mainz und dem Mäuseturm bei Bingen, in: Zs. f. Slav. Philologie Bd. 39, H. 2 (1977), S. 233–250; Münzen in Brauch und Aberglauben (Nürnberg 1982), S. 223 (Ausstellungskatalog); *J. van der Kooi:* Art. ‚Hilfe des Schwachen', in: EM. VI, Sp. 1023–1029.

mauscheln, Mauschelei. *(Über) etw. mauscheln:* Unterderhand, in undurchsichtiger Weise Vereinbarungen treffen; Gerüchte in die Welt setzen und weitertragen; beim Kartenspiel betrügen; undeutlich reden.
Das Wort ‚mauscheln' kommt von dem Namen ‚Moses', hebr. ‚mōschē', jüd. ‚Mousche', der zur Schelte des Handlungsjuden geworden war. Schon im 17. Jh. bez. man abfällig einen jüd. Händler als ‚Mauschel'.
‚Mauscheln', hebr. ‚mōschel', bedeutete urspr.: reden wie ein Jude.
Das ist eine ungeheure Mauschelei: Das ist ein undurchsichtiges Geschäft, etw., das sich am Rande der Legalität bewegt.

Mausefalle. *In die Mausefalle geraten:* sich verraten, beim Lügen ertappt werden, generell in eine ↗Falle geraten.
Weiter bez. Mausefalle ein anrüchiges Lokal, das vor allem der Anknüpfung von Bekanntschaften dient (vgl. E. Borneman: Sex im Volksmund, Art. 55.11). Der Schlagertext spielt direkt darauf an, in dem es heißt:

Pigalle, Pigalle,
das ist die große Mausefalle
mitten in Paris.

mausern. *Jem. mausert sich:* er verändert sich durch eigene Anstrengung (Kraft) zum Vorteil. Die Wndg. wird oft anerkennend gebraucht, z.B. wenn sich ein junges Mädchen zu einer Schönheit entwickelt, wenn sich jem. elegant kleidet oder seinen ganzen Lebensstil vervollkommnet.
Urspr. wurde die Rda. ‚sich mausern' nur auf Vögel bezogen, die ein schöneres Federkleid erhalten, ↗mausig. Heute ist diese Wndg. im übertr. Sinne auch auf vieles beziehbar. Z.B. in einem Spiegel-Artikel (Nr. 51 [1974], S. 36): „Bald schon hatte sich die Ausnahme zur Regel gemausert!"

mausig. *Sich mausig machen:* sich hervordrängen, sich durch lautes Wesen unangenehm bemerkbar machen; eine bereits im 16. Jh. bezeugte Rda., die nichts mit der ↗Maus zu tun hat, sondern auf die Jagd mit Falken zurückgeht. Mhd. ‚mûzec' (zu ‚mûzen' = die Federn wechseln, aus lat. mutare) bez. den Jagdfalken, wenn er die (erste) Mauser überstanden hat und dadurch übermütig und zur Jagd bes. geeignet wird. Die Falkner suchten die Mauser, wenn sie sich verzögerte oder gar ausblieb, durch bes. Mittel hervorzurufen. Man nannte dies ‚mäusen', d.h. den Falken mausig machen. Daraus ist die Rda. entstanden, die anfänglich noch durchaus lobenden Sinn hatte: „New Besen keren wol ... new Ehehalten (Dienstboten) machen sich den ersten Tag zween oder drei so maußig und rüstig, das die Hern wünschen, es solt keiner kein Ehehalten über acht Tag halten" (Seb. Franck, ‚Sprichwörter' I, 84a). Bald aber tritt der Nebensinn des Übermütigen in den Vordergrund, so daß mausig die Bdtg. ‚vorlaut, unverschämt' annimmt. Heutiges Sprach-

‚Mausefalle'

gefühl bringt mausig gelegentl. mit Maus in Zusammenhang, so in dem ndd. Sprw.: ‚De sik musik maakt, den fret de Katt'.

Lit.: *Fr. Seiler:* Deutsche Sprichwörterkunde (München 1922), S. 284; *L. Röhrich* u. *G. Meinel:* Rdaa. aus dem Bereich der Jagd und der Vogelstellerei, S. 323.

meckern. *Über alles meckern (wie eine Ziege):* überall etw. zu kritisieren haben, an allem herummäkeln.

Bes. in der Propaganda während des II. Weltkriegs wurden unangenehme Kritiker als ‚Meckerer und Miesmacher' gebrandmarkt.

Da ‚meckern' die Stimme der Ziege meint, spielen entsprechende Übertragungen gerne im Tierwitz eine Rolle.

Mecklenburg. *Das Mecklenburgische Wappen machen:* die Ellbogen auf den Tisch stemmen und den Kopf in die Hände stützen. Die Rda. bezieht sich auf das alte meckl. Wappen, das einen Ochsenkopf führte.

Einen Mecklenburger zu Hilfe rufen, auch: ‚nach dem Mecklenburger greifen': nach dem Prügel greifen. Die heute ausgestorbene Rda. bezieht sich auf das einstige Mecklenburger Prügelgesetz.

Medizin. *Etw. ist für jem. (wie) bittere Medizin:* jem. macht eine unangenehme, bittere Erfahrung, die er psychisch so schlecht verkraften kann wie ‚das Schlukken bitterer Medizin'. In einem Schlager der Ggwt. wird dies verharmlost: „Mit 'nem Teelöffel Zucker nimmst du jede Medizin ..."

Lit.: *A. de Cock:* Spreekwoorden, Zegswijzen en Uitdrukkingen op Volksgeloof berustend: IV. Oude Geneeskunde, in: Volkskunde 26 (1920), S. 26–43, 115–131, 183–199; *F. H. Garrison:* Medical Proverbs, Aphorisms and Epigrams, in: Bulletin of the New York Academy of Medicine 4 (1928), S. 979–1006; *R. A. Elmquist:* English Medical Proverbs, in: MP 32 (1934–35), S. 75–84; *R. Bouissou:* Medical Proverbs. The Common Sense of Centuries, in: World Health. The Magazine of the World Health Organization (July 1971), S. 2–26; *H. A. Seidl:* Medizinische Sprichwörter im Englischen und Deutschen (Frankfurt a. M./Bern 1982) (= Forum Anglicum Bd. 11).

Meer. *Das Meer ausschöpfen* (auch *ausbrennen, austrinken, austrocknen) wollen:* Unmögliches versuchen; auch von einer langwierigen Arbeit gesagt, deren Ende man nicht absieht (frz. ‚c'est la mer à boire' wird heute eher in der negativen Form: ‚Ce n' est pas la mer à boire', i. S. v.: Das ist nicht so schwer, gebraucht); ebenso: ‚das Meer mit einem Schwamm austrocknen'; ‚das Meer in ein Krüglein schöpfen'. Der hl. Augustin erklärte das Meer auszuschöpfen für nicht unmöglicher als das Geheimnis der Dreieinigkeit zu ergründen.

Am Meer wohnen und Wasser suchen: etw. Unsinniges tun; ebenso: ‚auf dem Meer nach Wasser gucken'; ‚auf dem Meer säen'. *Ans Meer gehen, um seine Hände zu waschen:* einen großen Aufwand für eine kleine Sache betreiben (vgl. frz. ‚pour laver ses mains on ne vend pas sa terre').

In einem Meer von ... versinken: eine Unzahl, Unmenge einer Sache sehen, erfahren, auch: ‚in einem Meer von Tränen ertrinken': unendlich traurig sein; lit. bei Wieland im ‚Oberon' (1,4) gebraucht: „In welches Meer von Jammer stürzt sie euch?"

Vom Meer und der Seefahrt sind zahlreiche Rdaa. u. Sprww. ausgegangen (vgl. Stammler u. Sverrisdóttir).

Lit.: *W. Stammler:* Seemanns Brauch u. Glaube, in: Dt. Philologie im Aufriß, Bd. III (1956), Sp. 1815–80; *O. G. Sverrisdóttir:* Land in Sicht (Frankfurt/M. etc. 1987).

Meerrettich. *Mach nur keinen Meerrettich!:* Sei kurz und bündig! Bes. obersächs. steht Meerrettich übertr. für: weitschweifiges Geschwätz. In gleichem Sinn sagt man auch: ‚Mach nur keen Senf her!' In Österr., wo man statt Meerrettich ‚Kren' sagt, gilt die Rda.: ‚sein Kren dazuageben', seine Ansicht äußern (↗Senf).

Mehl. *Kein Mehl im Maul behalten:* frei heraus seine Meinung äußern (so schon in Luthers ‚Tischreden'). Obersächs. ‚Mehl im Munde und Holzbündel im Schlunde haben', undeutlich, unverständlich reden.
Es ist aus demselben Mehl gebacken: die Sache hat dieselbe Herkunft.
Es geht viel Mehl in den Kasten sagt man von jem., der für Geschenke empfänglich und bestechlich ist.
Gemahlenes Mehl mahlen: etw. Überflüssiges tun.
Els. ‚'s is bös Mehl a de Knöpfle', die Sache steht schlimm; bair. ‚Es kommt ihm alles durcheinander wie dem Bettelmann das Mehl', er bringt alles durcheinander.

Mehlspeise. *Das is a Mehlspeis' zum Umhängen* – als Antwort auf eine dumme Frage – ist eine scherzhafte Rda., die man in Wien, aber auch sonst in Oesterr. häufig hören kann. Noch gesteigert, aber dann mit anderer Bdtg., lautet sie: *A Mehlspeis' zum Umhängen mit drei Reihen Knöpf* (wenn man sehr viel Bewirtung erfahren hat). Die Rda. ist heute nur noch bildl. gemeint, muß ursprüngl. aber unmittelbar sinnfällig und verständlich gewesen sein. Die Realbeziehung geben wohl die mannigfachen Bräuche, bei denen Brot oder bestimmte Gebildbrote umgehängt werden (Mehlspeis' = Kuchen). Der Umhängebrauch eines festlichen Brotes (an Mensch und Tier) läßt sich von antiken Zeugnissen bis etwa zur umgehängten Brezel im Faschingsbrauch verfolgen. Die Rda. als sprachl. Bild für etw. Unwahrscheinliches zeigt, daß der Brauch unverständlich geworden ist oder nur noch scherzhaft geübt wird. Der Witz der Rda. liegt einmal darin, daß ‚Brot' nicht gleich ‚Mehlspeise' ist, zum anderen, daß eine Mehlspeise zum Essen und nicht zum Umhängen da ist.

Lit.: *L. Kretzenbacher:* ‚A Mehlspeis' zum Umhängen'. Kleiner Versuch über eine scherzhafte Rda., in: Blätter für Heimatkunde (Steiermark) 35, H. 2 (1961), S. 41–49; *E. Burgstaller:* Brauchtumsgebäcke und Weihnachtsspeisen (Linz 1957).

Mehrheit. *Die schweigende Mehrheit sein,* auch: *Zur schweigenden Mehrheit gehören:* zur großen Zahl der Menschen gehören, die ihre Meinung in einer Sache nicht äußern wollen oder können, z. B. zu denen, die keiner Partei oder politischen Gruppierung angehören, die für ihre Belange eintreten könnten, oder zu denen, die sich bei Wahlen fernhalten und ihr demokratisches Recht nicht nutzen.
Die Rda. ist die wörtl. Übers. von ‚silent majority'. Das Wort, ‚Mehrheit' existierte bereits um 1000 im dt. Sprachschatz. Notker übers. lat. ‚maioritas' mit mērheit; jedoch taucht es dann erst wieder im 18. Jh. auf, so als Bez. des Stimmenverhältnisses bei Abstimmungen (Möser, Klopstock, Schiller); später dann auch allg. i. S. v. Mehrzahl.
Die Mehrheit entscheiden lassen: eine demokratische Verfahrensweise wählen bei polit. Entscheidungen. *Mit wechselnden Mehrheiten regieren müssen:* einen schwierigen Regierungskurs steuern, wenn die Partei, die die Regierung bildet, keine absolute Mehrheit besitzt. Bei jeder Entscheidung ist die Situation deshalb völlig offen. Da die Regierung keine absolute Entscheidungsfreiheit besitzt, muß sie zunächst um die Zustimmung der anderen Parteien werben, was die Verabschiedung von Gesetzen verzögert oder gar verhindert.

meien. *Meien gehen:* sich gesellig am Abend zum Spinnen u. gemütlicher Unterhaltung, zu Gesang u. Tanz reihum in einem der Häuser zusammenfinden; vgl. ‚zu ↗ Licht gehen'. Im Lothringischen gab es die Bez. ‚Meistube' für die Spinn-, später Flechtstube, von der die Wndg. abgeleitet worden ist. Angelika Merkelbach-Pinck hat in Meistuben Volkserzählungen, Rdaa. u. Sprww. gesammelt.

Lit.: *A. Merkelbach-Pinck (Hg.):* Aus der Lothringer Meistube. Sagen, Schwänke, Legenden, Bauerngeschichten, Redensarten, Sprichwörter. Bd. I (Kassel 1943).

Meile. *Drei Meilen gegen den Wind riechen (stinken):* einen starken, intensiven Geruch an sich haben, der als unangenehm oder aufdringlich empfunden wird; iron. übertreibend.

Mein. *Mein und Dein verwechseln (nicht unterscheiden können):* es mit den Besitzverhältnissen nicht so genau nehmen, sich an fremdem Eigentum vergreifen. Das

Possessivpronomen steht hier stellvertretend für den Besitz einer Person wie auch in dem Sprw. ‚Das Mein und Dein ist alles Zaubers Ursprung'.

Scherzhaft heißt es von dem gemeinsamen Besitz der Eheleute – meist von Seite des Mannes:

Was Deine ist, ist meine,
und was meine ist,
geht Dich nichts an.

Die parodist. Anspielung bezieht sich auf die im allg. Sprachgebrauch formelhafte Beteuerung gegenseitiger Liebe u. Treue: ‚Du bist mein, und ich bin dein', wie sie auch im Grimmschen Märchen begegnet (KHM. 67, KHM. 94 u. KHM. 127).

Der Besitzanspruch des Mannes drückt sich bereits bei der Brautwerbung aus: ‚Willst Du die Meine werden?' oder als Bitte des Liebenden: ‚Sei die Meine!'

Lit.: *J. Meier:* ‚Du bist mîn, ich bin dîn', in: Schweiz. Arch. f. Vkde. 11 (1907), S. 269–287.

Meinung. *Jem. die Meinung sagen:* urspr. einfach sagen, was man meint; dann: es sehr nachdrücklich tun; daraus allg.: mit Worten derb anfassen. Schon in Lindeners ‚Katzipori' (53) sagt „die Frau dem junkern bald die meynung". Vgl. frz. ‚Je vais lui dire ce que je pense'.

Jem. die Meinung geigen ↗geigen.

Meise. *Da kannst du Meisen ausnehmen;* damit wirst du nichts erreichen; bes. mdt. verbreitet. Das Bild der Rda. bezieht sich auf die Wertlosigkeit eines Meisennestes, das einer ausräumt.

Eine Meise (unterm Pony) haben: nicht recht bei Verstand sein; eine vorzugsweise berl. Analogie zu ‚einen ↗Vogel haben'.

Lit.: *O. Keller:* Die antike Tierwelt 2 (Leipzig 1913), S. 120–121; *E. u. L. Gattiker:* Die Vögel im Volksglauben (Wiesbaden 1989), S. 192–197.

Meister. *Seinen Meister finden:* jem. begegnen, der einem in einer Fähigkeit überlegen ist, der einen in seine Schranken weist. *Seinen Meister suchen:* auf einem bestimmten Gebiet ungeschlagen sein. *Eine Sache meistern:* mit einem schwierigen Problem fertig werden, eine komplizierte Sache bewältigen.

Lit.: *R. Wissell:* Des alten Handwerks Recht und Gewohnheit, 2 Bde. (Berlin 1929); *L. Röhrich* u. *G. Meinel:* Rdaa. aus dem Bereich von Handwerk und Gewerbe, in: Alemannisches Jahrbuch (Bühl 1973), S. 163–198.

Mekka. *In seinem Mekka sein:* an dem Ziel seiner Wünsche angelangt sein; an dem Ort sein, der das bietet, was man als höchste Erfüllung erwartet.

Diese Rda. beruht auf einer Vorschrift der islamischen Religion: Jeder Moslem sollte wenigstens einmal in seinem Leben nach Mekka, dem religiösen Zentrum des Islam gepilgert sein, um die Große Moschee und die Ka'aba gesehen und betreten zu haben. Mekka gilt als die Geburtsstadt des Propheten Mohammed, von wo aus dieser Ende September 622 zur Hidschra nach Medina aufbrach.

In übertr. Bdtg. kann der Begriff ‚Mekka' auch auf profane Bereiche angewendet werden, z. B. spricht man heute von einem ‚Mekka der Technik', um damit eine Industrie-Ausstellung zu bez., die das Neueste auf allen Gebieten der Technik zeigt.

Etw. als das neue Mekka preisen: eine neue ↗Masche, eine beglückende, auch: zukunftsverheißende Sache entdeckt haben und sie anderen empfehlen wollen, sie davon zu begeistern suchen.

Melaten. *Nach Melaten kommen:* sterben (köln.), begraben werden, ↗zeitlich.

Mit dem Wort ‚Melaten' verbindet der Kölner die alt-ehrwürdige Friedhofsanlage der Stadt. Jahrhundertelang vorher war Melaten die Kölner Hinrichtungsstätte. Den Anstoß zur Errichtung des Melatenfriedhofs gab Napoleons Dekret über die Begräbnisse von 1804. Es schrieb die Beerdigung der Toten außerhalb der Gemeinden vor.

Der Name ‚Melaten' deutet auf ein ehemaliges Leprosenhaus hin. Er bez. den Ort ‚zu den Maladen' (= Aussätzigen). Das mnd. Wort ‚malat' lebt heute noch in der köln. Mda. fort. Während der Friedhof im Hd. ‚Melaten' heißt, wird er in der köln. Mda. ‚Malote' genannt. Wenn sich ein Nichtkölner ‚elend fühlt', ‚es et dem Kölsche janz malätzisch'.

Beerdigungen von Köln nach Melaten endeten häufig für einen Teil der Trauernden noch vor dem Hahnentor. Sie zogen sich in das Hahnenbräuhaus zurück ‚för ze suffe'. Man sagt darum in Köln sprw.: ,Fresse brengk mieh Lück noh Malote als Drinke' (Fressen bringt mehr Leute nach Melaten als Trinken).

Lit.: *J. Abt* u. *W. Vomm:* Der Kölner Friedhof Melaten. Begegnung mit Vergangenem und Vergessenem aus rhein. Geschichte und Kunst (Köln 1980).

Melkkuh. *Jem. ist eine (die) Melkkuh von einem anderen:* jem. wird über einen längeren Zeitraum hinweg regelmäßig finanziell ausgebeutet, als ergiebige Geldquelle angesehen, immer wieder erpreßt. Allg. heißt eine Kuh, die täglich gemolken wird, Melkkuh oder auch: eine melkende Kuh, d.h. eine Kuh, die viel Milch gibt, bes. dann, wenn sie gerade gekalbt hat. Im Schwäb. nennt man daher eine frischerschlossene Möglichkeit, finanzielle Zuwendungen zu erhalten, sogar ,eine neumelkige Kuh'. Der Begriff ,Melkkuh', der aus der Agrarsprache stammt, hat eine Bedeutungserweiterung erfahren und begegnet häufig im Zeitungsjargon. Die Feststellung: ,Der Steuerzahler ist die Melkkuh der Nation' erscheint dabei bes. oft.
Die Rda. ist jedoch auch lit. bei Franz Werfel belegt: „Die unerschöpfliche Melkkuh seines Lebens ist entwichen für immer".

Memento mori. *Ein Memento mori sein:* etw., das an den Tod gemahnt.
Memento mori (lat.) ist ein Mahnruf und bedeutet: ,Denk' ans Sterben!' Im deutschsprachigen Raum ist die Wndg. mindestens seit dem 11. Jh. bekannt (Notker Balbulus schrieb um 1070/80 ein gleichnamiges Gedicht). Im 12. Jh. betitelte Heinrich von Melk sein geistliches Werk ,Von des Todes gehügede' mit ,Memento mori'. Unter dem Memento-mori-Gedanken versteht man im weitesten Sinne alles, was an den Tod erinnert und gemahnt und die Vergänglichkeit des Irdischen aufzeigt. „Schon der Anblick eines Leichnams kann für viele ein eindringliches Memento mori bedeuten". (A. Hahn: Einstellungen zum Tod und ihre soziale Bedingtheit [Stuttgart 1968], S. 57).

Lit.: *A. Freybe:* Das Memento mori in dt. Sitte, bildlicher Darstellung und Volksglauben, dt. Sprache, Dichtung und Seelsorge (Gotha 1909, Nachdr. Walluf 1972); *K. Weihrauch:* Das Memento mori auf den Einblattdrucken des 15. und 16. Jhs. (Magisterarbeit Freiburg i.Br. 1982).

Menetekel. *Ein Menetekel aufrichten:* ein Warnzeichen geben, drohendes Unheil anzeigen.

,Menetekel'

Die Rda. geht auf eine Danielstelle (5,25) des A.T. zurück. Während eines Gelages des babylonischen Königs Belsazar († 539 v.Chr.) schrieb eine geheimnisvolle Hand folgende Worte der aramäischen Sprache an die Wand des Festsaales: ,mĕnē, mĕnē tĕquel ûfarsîn'. Daniel, zur Deutung dieser Ausdrücke herbeigerufen, las den Untergang des babylonischen Reiches daraus ab: ,Er (Gott) hat (dein Reich) gezählt ... gewogen ... zerteilt'. Belsazar wird in derselben Nacht umgebracht und sein Reich den Medern und Persern gegeben. Mit dieser Danielstelle hängt auch die Rda. ↗ ,Gewogen, und zu leicht befunden' zusammen.

Lit.: *O. Eißfeldt:* Die Menetekel-Inschrift und ihre Deutung, in: Zs. für alttestamentl. Wiss. 63 (1951), S. 105–114; *A. Alt:* Zur Menetekel-Inschrift, in: Vetus Testamentum 4 (1954), S. 303–305; *K. Galling:* Die 62 Jahre des Meders Darius in Dan 6,1, in: Zs. für alttestamentl. Wiss. 66 (1954), S. 152.

Menge. *Jede Menge:* viel, unbegrenzt viel; auch *in rauhen Mengen* (,rauh' von neuhebr. raw = viel); *die schwere Menge.* Alle diese Wndgn. sind neuere umg. Steigerungen von viel und Menge.
Ein Bad in der Menge nehmen ↗ Bad.

Menkenke. *Menkenken machen:* Schwierigkeiten machen, Vorbehalte haben, Widerstand leisten (auch: *Menkenkes machen*).
Das Wort ist entweder aus ‚mengen' entstanden i.S.v. Gemisch, Durcheinander oder jidd. Ursprungs: ‚mechanne sein' bedeutet hier: um eine Sache herumreden.

Lit.: *S. A. Wolf:* Wb. des Rotwelschen: Dt. Gaunersprache (Mannheim 1956), S. 215.

Mensch. *Einen neuen Menschen* (↗*Adam*) *anziehen:* sich (zum besseren) ändern; die Wndg. ist bibl. Herkunft und hat ihren Urspr. in Eph. 4,22.24: „Leget von euch ab den alten Menschen ..., und ziehet den neuen Menschen an" und Kol. 3,9.10: „ausgezogen den alten Menschen mit seinen Werken und angezogen den neuen"; entspr. ndl. ‚den ouden mensch afleggen'.
Ein ganz neuer (anderer) Mensch werden: sich grundlegend ändern, wobei die Veränderung des Menschen zum Schlechteren hin nicht ausgeschlossen ist.
Etw. für seinen inneren (äußeren) Menschen tun: dem Körper oder Geist etw. Gutes, Wohltuendes zukommen lassen, indem man sich z.B. erholt, neu einkleidet, sich weiterbildet etc. Die Rda. läßt sich auf Röm. 7,22 zurückführen, wo vom Geist, der Seele des Menschen als innerem Menschen im Gegensatz zu seiner körperlichen Existenz, dem äußeren Menschen gesprochen wird.
Jem. zu einem Menschen machen: eine Person ihrer wahren menschlichen Bestimmung zuführen, ihr aus Leid oder Verfehlungen heraushelfen, sie zu einem wertvollen Mitglied der menschlichen Gemeinschaft erziehen; auch euphemist. Umschreibung für sinnlosen Kasernenhofdrill.
Kein Mensch mehr sein: weder Verstand noch Vernunft gebrauchen, alle menschlichen Gefühle vermissen lassen. In hochgradiger Erregung (Kummer, Ärger, Zorn, Verzweiflung) den Eindruck vermitteln, unvernünftige Reaktionen zu zeigen, die scheinbar denen von Tieren gleichen. Mdal. war diese Rda. bes. im 19. Jh. geläufig. Die lat. Lit. kennt dafür die Bez. ‚non homo' (z.B. Petronius), welche dem dt. Begriff ‚Unmensch' zugrunde liegt.
Wieder Mensch sein: sich nach einer Strapaze, einer körperlichen oder geistigen Anstrengung, nach einer schweren Erkrankung erholen und sich wieder wohlfühlen und seinen bisherigen Interessen leben können. *Nur ein halber Mensch sein:* körperlich oder seelisch sehr angegriffen, erschöpft sein, auch: sehr abgemagert sein, sich in einer schlechten geistigen Verfassung befinden.
Jem. wie einen Menschen zweiter Klasse behandeln: jem. sehr herablassend, von oben herab behandeln; ihm gegenüber sehr überheblich tun. *Man ist ja nur ein Mensch* oder: *Wir sind doch alle nur Menschen* heißt es zur Entschuldigung von Schwachheiten oder Vergehen. Man will damit ausdrücken, daß nicht mehr gefordert werden kann, als das, was in eines Menschen Kraft steht. In Pommern heißt es: ‚Ik bin dog man ên Mensch!' Die Wndg. ist bereits bei Petronius lat. belegt: ‚Homines sumus, non dei'.
Es gibt Menschen, es gibt auch Hirsche: mit dieser Wndg. werden Handlungen eines Menschen kommentiert, die verkehrt und töricht wirken und die den handelnden Menschen als unbesonnen und unüberlegt kennzeichnen. Die Rda. stellt dem normalerweise besonnenen, vernünftigen Wesen des Menschen den ↗Hirsch als unüberlegt und kopflos gegenüber. Die Wndg. ist bes. in Rheinhessen verbr.: ‚'s gebt Mensche, 's gebt aach Hersch!' In dieser Form erscheint sie in dem Roman ‚Daheim' (1908) von W. Holzamer.
Wie der erste Mensch (auch *wie die ersten Menschen):* weltunerfahren, unwissend, unmodern, töricht, unbeholfen; sold. seit dem 1. Weltkrieg, dann in allg. Umgangssprache übergegangen.
Wie der letzte Mensch sein: vor allem äußerlich in verwahrlostem Zustand sein, ungepflegt sein. Die Wndg. ‚Die letzten Menschen' wird als Titel eines lit. Werkes wörtl. verstanden, so bei Fr. Jacobsen, Hans Schmidt (1887) und Wolfgang Kirchbach (1890).
Mit jem. von Mensch zu Mensch sprechen: in vertraulichem Ton, ohne konventionelle Schranken zu berücksichtigen, offen miteinander reden. *Das geht den Menschen wie den Leuten:* das geht allen so. Hier wie in den drei folgenden Rdaa. wird

der Begriff ‚Mensch' i.S.v. allen Menschen, jedermann gebraucht. *Das kann einem Menschen passieren, der Frau und Kinder hat:* das kann jedem Mann zustoßen, selbst einem, der große Lebenserfahrung besitzt.

Unter Menschen gehen: sich in Gesellschaft begeben, sich der menschlichen Gemeinschaft nicht fernhalten, seiner Trübsal und Einsamkeit entfliehen.

Mensch und Vieh verrückt machen: jedermann in Aufregung versetzen.

Das wird einem alten Menschen sauer: in der Niederlausitz sagt man das vor allem spottend zu oder von einem jungen Menschen, der schon bei kleinster Anstrengung stöhnt.

Der Mensch, das unbekannte Wesen: Rda., die die Unwissenheit des Menschen über sich selbst ausdrückt; urspr. ein Buchtitel: ‚Man – the unknown' von Alexis Carrel (1873–1945), ersch. 1935 in Amerika, dt. Übers. 1936.

Ein Mensch mit drei Buchstaben sein: ein in der Öffentlichkeit bekannter Mensch sein, dessen Name dreiteilig ist und sich so zu drei Buchstaben abkürzen läßt; z.B. Franz Josef Strauß = FJS. Die urspr. lat. Rda. ‚Homo trium litterarum' bez. zunächst einen Dieb (lat. ‚fur'), wurde später auch auf hochstehende Persönlichkeiten angewandt: L.C.S. = Lucius Cornelius Sulla; G.J.C. = Gajus Julius Caesar.

Er ist heute keines Menschen Freund: Er ist verdrießlich gestimmt, er hat schlechte Laune.

Ein Menschenfreund sein: auf Gewaltanwendung verzichten; urspr. berl. seit etwa 1900, jetzt allg. umg. geläufig.

Aus ihm wird kein Mensch klug: niemand versteht seine Handlungen, niemand durchschaut ihn. Die Negation von ‚Mensch' erhält hier die Bdtg. von ‚niemand'; so auch: ‚A ginnt kem Mensche nischt': er gönnt niemand etw.

Keine Menschenseele ↗ Niemand.

Mensch!: gemütliche oder erzürnte Anrede; vermutl. aus der Dichtersprache des 19. Jh. übernommen („O Mensch, gib acht!"). In Ostpreußen drückte man sein Erstaunen aus, wenn man ausrief: ‚O Mensch, drâchtiger'.

Mensch Meier! erstaunte Anrede; ihre Herkunft ist ungeklärt; die Wndg. ist erst im 20. Jh. aufgekommen, wahrscheinl. Erweiterung der gemütlichen Anrede ‚Mensch' oder auch ‚Menschenskind!'. Erstmals 1941 lit. vermerkt; 1978 Titel eines Volksstückes von F. X. Kroetz.

‚Mensch ärgere dich nicht'; auch rdal. gebrauchter Name eines beliebten Würfelspiels. Das Spiel wurde 1911 in Berlin von F. J. Schmidt entworfen (die Grundidee ist schon altindisch). Inzwischen hat sich das Spiel über die ganze Welt verbreitet (Gesamtauflage bisher 50 Millionen).

Das Mensch: hiermit wird eine bes. große Verachtung ausgedrückt. Im Bair. war ‚das Mensch' urspr. die nicht wertgebundene Bez. für einen weibl. Dienstboten (Magd) und hat sich bis ins 17. Jh. hinein in Dtl. als Neutrum ohne verächtlichen Nebensinn gehalten; erst im 18. Jh. wurde ‚das Mensch' zur Bez. ehrloser weiblicher Personen wie Dirnen, Schlampen usw. Die oberoesterr. Rda. ‚Dös is a Mensch, das man mit koan Prüg'l daschlaga kunt' bezieht sich auf eine wenig geachtete Frau, während sich die Rdaa. ‚Wenn 'k dat Minsch ansich, fall'n mi alle mîne Sünden bî' oder ‚... fehl'n mi immer sechs Drîer' auf einen Mann oder eine Frau beziehen können.

Der Abschaum der Menschheit sein; zum Abschaum der Menschheit gehören: ein verdorbener, schlechter, ehr- und tugendloser Mensch sein. Die Rda. geht auf die griech. Textfassung von 1. Kor. 4,13 zurück; Luther übers.: ‚ein Fluch der Welt'.

Es menschelt: ein hoher Würdenträger läßt erkennen, daß auch er mit menschlichen Schwächen behaftet ist; vor allem obd. geläufig; auch: *sich menschlich zeigen;* schwäb. ‚menschlen': nicht besser sein, als die Menschen es gewöhnlich sind: ‚Es menschlet bei ihm halt auch'; ‚es menschelt bis vor Gottes Thron', Rda. im Badischen; schweiz. ‚menschelen': allg.: menschliche Gebrechlichkeit an sich haben. In ähnl. Bdtg. wird auch gern der Ausdr. *Menschliches, Allzumenschliches* gebraucht, urspr. der Titel einer 1878 von Nietzsche erschienenen Schrift.

Einem ist nichts Menschliches fremd: man hat sehr viel Verständnis für alles. Diese Feststellung beruht auf einem lat. Zitat: ‚Homo sum; humani nil a me alienum puto': ‚Ich bin ein Mensch; nichts

Menschliches ist mir fremd' (Terenz: ,Heautontimorumenos' I, 1,25). Augustus teilt in den ,Epistolae' 155, IV, 14 mit, daß diese Rda. bei den Römern im Theater immer großen Beifall gefunden habe. Vgl. auch Goethes Spruch: „Denn ich bin ein Mensch gewesen ..." im ,West-östl. Divan'. *Es läuft immer etw. Menschliches mit unter:* jedem Erzeugnis des Menschen sieht man an, daß es menschlicher Herkunft ist; Wander erklärt: „Die Hand des Menschen blickt überall hervor". Vgl. ndl. ,Er loopt al tijd wat menschelijks onder'.

Ein menschliches Rühren verspüren: seine gnadenlose Härte überwinden, durch das Beispiel treuer Freundschaft überwältigt werden, sein Herz sprechen lassen. Urspr. bezieht sich diese Rda. auf ein Zitat aus Schillers ,Bürgschaft', wo es von dem Tyrannen heißt: „Der fühlt ein menschliches Rühren". Heute wird die Rda. meist scherzhaft profaniert verwendet. Sie umschreibt den Drang des Menschen, sich zu entleeren, seine Notdurft zu verrichten, aber auch seine Hunger- und Durstgefühle.

Kein Menschenfresser sein: niemandem etw. tun, umgänglich sein; ein Mensch sein, mit dem man reden kann, vor dem man keine Angst zu haben braucht.

Jem. auf die Menschheit loslassen: eine fertig ausgebildete Person aus Schule oder Lehre entlassen; iron. angewandt.

Seit Menschengedenken: soweit die Überlieferung zurückreicht, solange man sich zurückerinnern kann; vgl. lat. ,Post homines natos' (Cicero). Jean Paul schreibt: „Eine alte Sage von Wundern und Zaubereien, schreckt seit Menschengedenken die Schiffer ab, sich ihr (= der Insel) zu nähern (,Quintus Fixlein'). *Ist das (denn) die Menschenmöglichkeit?:* Ausruf der Verwunderung, des Erstaunens; schweiz. ,Ist das au menschenmügli?'. Die ältere Formel heißt: ,menschlich und möglich'.

Das sagt einem doch der gesunde Menschenverstand: zu diesem Ergebnis kommt man durch die natürliche Denk- und Urteilsfähigkeit; dazu braucht man keine gelehrte Auseinandersetzung, kein Bücherwissen.

Menschenfleisch. Die berühmten Worte des Riesen im Märchen: „Ich rieche, rieche Menschenfleisch" (z.B. KHM. 29 ,Der Teufel mit den drei goldenen Haaren') (engl.: ,I smell the blood of an Englishman') rührten an eines der größten Tabus, das die christl. Kultur errichtet hat, das aber in Folklore, Lit. und Kunst immer wieder durchbrochen wird: Die Menschenfresserei (Thomsen, S. 8). Die – wie Psychoanalytiker sagen würden – unterdrückte Lust am Kannibalismus äußert sich noch heutzutage in Science-Fiction, Film (z.B. ,Das Schweigen der Lämmer'), Karikatur und Parodie (Wedekind: ,Der Tantenmörder') oder in den sog. Kannibalen-Witzen, im Kinderbuch, wie in den Bildergeschichten Wilh. Buschs (,Max und Moritz', ,Der Eispeter') oder in den – nicht für Kinder gedachten Märchen-Illustrationen eines G. Doré oder Pocci; aber auch in sprw. Rdaa. wie z.B. ,jem. zum ↗Fressen gern haben' oder ,einen ↗Narren an jem. gefressen haben'. In ,Auerbachs Keller' (Goethe, ,Faust' I) singen die betrunkenen studentischen Saufkumpane:

Uns ist ganz kannibalisch wohl,
Als wie fünfhundert Säuen!

Unterschwellig oder ganz offen vorhanden ist Kannibalismus in Märchentraditionen wie in ,Hänsel und Gretel' (KHM. 15), ,Rotkäppchen' (KHM. 26), ,Machandelboom' (KMH. 47), ,Däumling' (Perrault: ,Le petit poucet'). Kannibalismus wird Hexen, ↗Werwölfen und Vampiren zugeschrieben. Im russ. Märchen ist die Baba-Jaga eine menschenfressende Dämonin. Der Kyklop Polyphem ist der Prototyp aller Anthropophagen der antiken Mythologie. Im Sagen-Zyklus von der ,Wilden Jagd' wird ein Mensch für seine (meist unbeabsichtigte) Jagdhilfe belohnt. Aber der Dank besteht in einem ,Aasgeschenk', das der Wilde Jäger zuteilt mit dem Ruf:

Hast mit helfen jagen,
kannst auch mit nagen!

In vielen Fällen wird die vom Wilden Jäger herabgeworfene Gabe als Menschenleiche, gebratener Mensch, halber Mensch, Menschenlende, Weiberschinken, Menschenbein, blutiges Frauenbein etc. bezeichnet. Die erste Erwähnung eines Fleisch- oder Aasgeschenkes findet sich bei Heinrich Bebel (,Facetiarum libri tres‘, 1506, I, 36). Dabei handelt es sich um ein Stück von der nach ihrem Tode gejagten sündhaften Pfaffenkellerin, seiner Jagdbeute. In übertr. Bdtg., d. h. in nicht mehr anthropophager Absicht, werden die Worte ‚Ich rieche, rieche Menschenfleisch‘ heutzutage oft benutzt gegenüber jedem Fremden, der nicht dem eigenen spezifischen ‚Stallgeruch‘, ‚Müffel‘, ‚Duftmarke‘ etc. entspricht; vgl. ‚jem. nicht ↗riechen können‘; ‚bei jem. in gutem ↗Geruch stehen‘, ‚mir stinkts‘ etc.

Lit.: *Pehl:* Art. ‚Menschenfresser, in: HdA. VI, Sp. 151–154; *W. E. Peuckert:* Art. ‚Aasgeschenk des Wilden Jägers‘, in: Handwb. d. Sage I, S. 10–16; *E. Volhard:* Kannibalismus (= Studien zur Kulturkunde 5) (Stuttgart 1939); *L. Röhrich:* Die Frauenjagdsage, in: Laographia XXII (1965) S. 408–423; *ders.:* Art. ‚Grausamkeit‘, in: EM. VI, Sp. 97–110; *Chr. W. Thomsen:* Menschenfresser in der Kunst und Literatur ... (Wien 1983).

meschugge. *Meschugge sein:* verrückt sein; das Wort ‚meschugge‘ kommt aus dem Hebr.: ‚mĕschugga‘ ist die Partizipbildung zu ‚schāgag‘, was hin- und herwanken (herumirren) bedeutet.

Lit.: *S. A. Wolf:* Wb. des Rotwelschen; Deutsche Gaunersprache (Mannheim 1956), S. 216.

Messe bedeutet sowohl den Gottesdienst wie (urspr. mit dem kirchlichen Fest verbunden) den Jahrmarkt. Beide Bdtgn. finden sich auch in Rdaa. *Auf dem Rücken zur Messe gehen:* zu seiner eigenen Totenmesse getragen und begraben werden.
Er hört nur Messe, wenn's im Kalender rot geschrieben steht: er geht nur selten in die Kirche.
Er hat gern kurze Messen und langes Essen: er ißt gern gut, der sinnliche Genuß geht ihm über den geistigen. *In die jüdische Messe gehen:* gar nicht in die Kirche gehen (weil die Juden keine Messe kennen). *Sie sind vor der Mess z'Opfer gange:* sie haben sich bereits vor der Trauung als Eheleute betrachtet; die Wndg. wird schweiz. gebraucht, wenn eine Neuvermählte zu früh niederkommt.
Zur Messe kommen, wenn die Buden leer sind: zu spät kommen, die günstige Gelegenheit versäumen. *Das dauert keine Leipziger Messe:* das geht schnell, dauert nicht lange; von den berühmten Leipziger Messen dauerten die beiden großen, die Jubilate-(Oster-)- und die Michaelis-Messe seit alters je vierzehn Tage. *Der letzte Messeschrei sein:* die letzte Messeneuheit (↗schreien).

Messer. *Jem. das Messer an die Kehle setzen:* ihm hart, nachdrücklichst zusetzen; bezieht sich eigentl. auf die Absicht, ihm den Hals abzuschneiden; vgl. frz. ‚mettre à quelqu'un le couteau sous la gorge‘; ebenso *jem. ans Messer liefern; das Messer sitzt ihm schon an der Kehle,* eigentl.: er ist in arger Geldnot.
Das Messer wetzen: Vorbereitungen treffen. Die Wndg. begegnet bereits in übertr. Bdtg. im Lied vom ‚Schnitter Tod‘ (Str. 1):

ES ist ein Schnitter heist der Todt,
Hat Gwalt von grossen GOtt.
Heut wetzt er das Messer,
Es geht schon viel besser,
Bald wird er drein schneiden,
Wir müssens nur leyden,
Hüt dich, schöns Blümelein!

Die ähnl. Wndg. *die Messer wetzen* meint: sich auf eine harte (verbale) Auseinandersetzung einstellen, schlagkräftige Argumente sammeln.

‚Die Messer wetzen‘

Einem selbst das Messer in die Hand geben: zu seinem eigenen Schaden handeln.
Jem. ins offene Messer laufen: sich ungeschickt verhalten, so daß man dem Gegner in die Falle gerät.
Etw. (jem.) bis aufs Messer bekämpfen: eine Sache oder Person mit allen Mitteln bis zum Äußersten bekämpfen.
Der Ausdr. ‚Krieg bis aufs Messer‘ beruht auf einer Antwort des span. Feldherrn José de Palafox y Melzi (1775–1847) an die Franzosen, die ihn 1808 zur Übergabe des belagerten Saragossa aufforderten.

Jem. unters Messer nehmen: jem. operieren. Ebenso wie die folgenden Rdaa. ‚Jem. unter dem Messer haben', ‚unters Messer müssen': sich operieren lassen müssen, *unter dem Messer bleiben:* während der Operation sterben; hier steht Messer stellvertretend für das Skalpell des Chirurgen. Urspr. waren alle diese Rdaa. nur auf Schlachtvieh bezogen.

Lit. bei Schiller, ‚Macbeth' IV, 6 (Übers. u. Bearbeitung von Shakespeares Drama): „Weißlich gibt man ein unschuldig Lamm dem Messer hin, um einen zürnenden Gott zu versöhnen".

Das Messer beim Heft haben, heute meist bloß *das Heft in der Hand haben:* die Macht, die Gewalt haben. So schon bildl. in mhd. Zeit, z.B. in Ottokars oesterr. ‚Reimchronik' (V. 956ff.):

Dô wart der Franzoisaere dinc
in Cecili dester bezzer,
si heten daz mezzer
begriffen bî dem hefte.

Die Entscheidung steht auf des Messers Schneide: es geht ‚auf Biegen und Brechen' (↗biegen). Schon in Homers ‚Ilias' (X, 173) ‚ἐπὶ ξυροῦ ἵσταται ἀκμῆς'.

Mit dem großen Messer (auf-)schneiden: lügen, schwindeln, ↗aufschneiden. Lit. in Grimmelshausens ‚Simplicissimus' (Buch II, Kap. 18): „... es werden sich etliche finden, die sagen werden, Simplicius schneide hier mit dem großen Messer auf" (gemeint ist die Brockenfahrt).

Ein Messer ohne Klinge, an dem der Stiel fehlt: ein ‚Nichts', scherzhafte Wndg., die G. Chr. Lichtenberg (1742–99) geprägt hat.

‚Er legt gleich das Messer bei der Käs' sagt man rheinhess. von einem, der entgegen bäuerlicher Gewohnheit gleich mit seiner Rede herausrückt.

Da steckt das Messer: da liegt der ↗Hund begraben.

Das Messer im Ferkel stecken lassen: eine Arbeit unvollendet liegen lassen.

Da geht einem das Messer im Sack (oder *in der Tasche*) *auf:* man wird sehr zornig, sehr erregt; schon um 1900 in Baden bekannt. Von einem stumpfen Messer sagt man: *Auf dem Messer kann man nach Breslau* (auch *Rom, Paris, Köln*) *reiten;* schlesw.-holst. ‚Dat Meß is so stump, dor kannst mit'n bloten Ars op na'n Blocksbarg rieden'; ‚op sien Mess kunn en Hex ahn Ünnerbüx up na'n Blocksbarg rieden'; von der stumpfen Sense heißt es meckl.: ‚Dor kann'n up nah'n Blocksbarg riden!'. Der Messerritt ist unverkennbar ein Hexenritt und bezieht sich auf den Volksglauben: Man darf sein Messer nicht mit der Schneide nach oben legen, weil sonst die Hexen darauf nach dem Blocksberg reiten.

Messer gen Himmel richten: die Schneide des Messers nach oben stellen; davor wird bes. im Volksglauben gewarnt, denn man nimmt an, dadurch könnten sich die Engel ihre Füße verletzen. Im ‚Journal von und für Dtl. von 1787', II, Nr. 17 und 18, S. 342 ist ein Artikel aus Pforzheim abgedruckt: „Legt man ein Messer mit der Schneide aufwärts, so zerschneidet man dem lieben Gott oder den Engeln das Gesicht. Wenn man einen Rechen so trägt, daß die Zähne aufwärts stehen, oder einen Finger in die Höhe reckt, so sticht man dem lieben Gott die Augen aus; – auch vergeht der Regenbogen davon". Birlinger berichtet (in: Volksthümliches aus Schwaben 1, Nr. 701, S. 492): „Wenn man ein Messer auf den Rücken legt, schneiden sich die Engel in die Füße, weshalb man solche Messer gleich abbrechen soll; dafür bekommt man den Lohn von den Engeln".

Doch ist als Erklärung weder die pädagogische Absicht noch eine von Antonius Margaritha angenommene jüd. Herkunft dieses Aberglaubens ausreichend. 1530 erschien ‚Der gantze Jüd. Glaube' von Antonius Margaritha, der darin schreibt: Die Juden „lassen auch deswegen kein Messer auf dem Rücken liegen, sprechend, ein ieder Jude habe einen eigenen Engel, welcher stets bey und um ihn sey, der möchte sich vielleicht an solchem Messer versehren oder beschädigen ... Ich glaube, daß ... auch einer vielleicht, der ein liebes Kind gehabt, solche Fabel mit dem Messer erdacht habe, damit es sich nicht schnitte" (Ausg. Leipzig 1713, S. 19).

Der Volksglaube geht auf uralte Vorstellungen zurück; schon im Altertum meinte man, einen Hagelsturm abwehren zu können, indem man blutige Beile gen Himmel richtete. Herodot berichtet von dem ägyptischen König Pheron, der durch eine solche Handlung gegen die Götter blind wurde.

Lit.: *A. Jacoby:* Messer gen Himmel richten, in: Schweiz. Arch. f. Vkde. 23 (1920–21), S. 220–223; *L. Berthold:* Sprachl. Niederschläge absinkenden Hexenglaubens, in: Volkskundl. Ernte. Hugo Hepding dargebracht. Gießener Beiträge zur dt. Philologie 60 (1938), S. 32–39; *L. Röhrich:* Sprw. Rdaa. aus Volkserzählungen, S. 260.

messerscharf. *Messerscharf denken:* logische, schnelle, Schlüsse ziehen; lit. bei Christian Morgenstern (1871–1914) im Gedicht: ‚Die unmögliche Tatsache':

Weil, so schließt er messerscharf,
nicht sein kann, was nicht sein darf.

Meßlatte. *Eine Meßlatte anlegen:* mit einem bestimmten Maßstab messen, auch: jem. schlagen.

‚Eine Meßlatte anlegen'

Metzgersgang. *Einen Metzgersgang getan haben* (obd.): einen vergeblichen Gang getan haben, umsonst dagewesen sein; entspr. ndd. ‚eenen Slachtergang don', mdt. ‚einen Fleischergang tun'. Die Rda. ist seit dem Anfang des 18. Jh. bekannt und wird damit erklärt, daß die Metzger oft manchen vergeblichen Gang über Land tun mußten, um bei den Bauern Schlachtvieh einzukaufen. Von einer solchen unnützen Reise sagt man auch, wortspielend mit dem Ortsnamen Calbe (a. d. Saale, a. d. Milde usw.): ‚das war eine Reise nach Calbe'. In manchen Gegenden Dtl.s sagt man auch ‚einen Fleischergang machen'. Lit. bei Lessing: „Kurz, sie machten, was man nennt einen Fleischergang" und bei Pfeffel: „das Schicksal will mich irre führen, sprach es nach manchem Fleischergang" (Dt. Wörterb. III, Sp. 1757). Vgl. frz. ‚faire un pas de clerc' (wörtl.: wie der Lehrling in einer Kanzlei, der mit seinem Beruf noch nicht vertraut ist, einen vergeblichen Gang machen).
Im 16. Jh. entstanden die sog. Metzgerposten, in denen sich bes. in Schwaben und im Rhld. die Metzgerinnungen als Anstalten für das Verkehrswesen organisierten. Obwohl dieses „Nebenbotenwerk" 1614 von Kaiser Matthias verboten wurde, fand die Organisation erst in der 2. Hälfte des 17. Jh. ihr Ende. In Württemberg, der Pfalz und in Baden stand die von der Metzgerzunft betriebene Post zeitweilig unter staatlichem Schutz („Post- und Metzgerordnung" vom 26. Juni 1622) unter Herzog Friedrich von Württemberg, ganz gegen die Interessen der Thurn-und-Taxis-Betriebe. Ärger zwischen den Metzgerinnungen und der Thurn- und-Taxis-Organisation gab es auch wegen des Posthornes, das Thurn-und-Taxis für sich allein in Anspruch nahm, obwohl dieser Brauch von den Metzgern abstammt: In der Memminger Chronik von 1490 wird berichtet, daß die Metzger ihre Ankunft und ihren Aufbruch jedesmal durch Blasen auf einem kleinen Horn der Bevölkerung kundtaten. Ihr Vertreter berichtete einem Boten von Thurn-und-Taxis, „daß die Metzger auf ihre eigenen Kosten ein Pferd halten und ohne die geringste Belohnung dann und wann sich zur Verschickung der Wegweiser gebrauchen lassen". Deshalb „müßte ihnen auch erlaubt sein, ein Posthörnlein mit Livree zu führen" (O. Lauffer, S. 50).

Lit.: *Anon.:* Woher kommt die Rda. ‚einen Metzgergang machen?' Schweiz. Vkde. 17 (1927), S. 21; *O. Lauffer:* Der laufende Bote, in: Beiträge zur dt. Volks- und Altertumskunde 1 (1954), S. 19–60- *E. Johann:* Das Jahr des Metzgers. Der Wurstologia anderer Band (Frankfurt/M. 1957).

mich. *Für mich und meine Erben:* diese ma. Rechtsformel regelt das Problem der Erbenhaftung bei Verschuldung des Erblassers. Steht diese Formel in einer Schuldurkunde, so haftet der Erbe nur mit dem Nachlaßvermögen für die Schulden des Verstorbenen.
In den fränk. Formelsammlungen des 8. und 9. Jh. tritt diese Formel zum ersten Mal in Erscheinung: ‚pro me et heredibus meis'. Bis Ende des MA. besitzt die häufig

vorkommende Formel noch keinen dekorativen Charakter. Sie wurde auch verpflichtend für die Schuldiger des Erblassers, die noch ausstehende Schuld an die Erben des Toten auszuzahlen. Der Sachsenspiegel erklärt:

Men scal ok deme erve gelden,
dat men deme doden sculdich was.

Bis ins 18. Jh. hält sich die Formel in Sachsen als Rda. ohne rechtliche Bdtg.; in anderen Gebieten Dtl. ist sie schon vorher ausgestorben. Heute ist die Formel weitgehend unbekannt.

Lit.: *W. Ebel:* Über die Formel ‚für mich und meine Erben' in ma. Schuldurkunden, in: Zs. der Savigny-Stiftung für Rechtsgeschichte; Germanistische Abteilung 84 (1967), S. 236–274.

Michel. Der *Deutsche Michel* gilt als Verkörperung des Deutschen allg.; ihm sagt man Schwerfälligkeit, Schlafmützigkeit und gutmütige Unklugheit nach. Die Wndg. ist daher im ganzen eine nicht eben schmeichelhafte Bez. für den Deutschen u. seine besonderen Eigenschaften. Diese werden in verschiedenen Rdaa. angesprochen, die Verschlafenheit in ‚Michel wach auf', die Dickfelligkeit in der ostpr. Version ‚Möchel, merkst nuscht?' oder mangelnde Einsicht in ‚Michel gib dich' (ins Unvermeidliche). In Schwaben bedeutet ‚jem. fürs Michele halten': ihn necken, ihn für dumm u. tolpatschig halten; ‚er spielt klein Mecheli'; in der Schweiz: ‚Micheli, Mächeli, mach ins Kächeli' (ähnl. in Kärnten); auch: ‚jem. zum Michel machen', jem. nicht ernst nehmen, zur Spottfigur machen. Die Herkunft der Wndg. ist nicht genau auszumachen. Eiselein meint,

‚Jemand zum Michel machen'

der dt. Michel habe seinen Urspr. nicht in einer Begebenheit oder einer Person, sondern wäre vielmehr ein ‚Sobriquet', d.h. eine gemeinsame Benennung des dt. Volkes wie ‚John Bull' für das engl. Volk u. ‚Yankees' für die Amerikaner. Es sei auf das ahd., ‚mihhil', (mhd. ‚michel' = ‚groß') zurückzuführen, i.S. eines klobigen, unbeholfenen Menschen, der auch als ‚klotziger Deutscher' oder ‚deutscher Großhans' bez. wurde.

A. Hauffen hingegen hält einen Zusammenhang mit dem Erzengel Michael, dem Schutzpatron der Deutschen, für wahrscheinlich. Der hl. Michael – Sieger über den Satan (Offb. 12,7ff.), Beschützer der Kirche, Patron der christl. Heere – wurde als Engel des Volkes in Dtl. besonders gefeiert. Zahlreiche Kirchen des frühen MA. wurden dem hl. Michael geweiht, viele Orte nach ihm benannt: Michelau, Micheltal, Michelstadt usw. In all diesen Orten waren dem Erzengel Kirchen oder Kapellen geweiht. Der Name Michael ist noch immer einer der beliebtesten Taufnamen. Daher auch die vielen bürgerlichen Familiennamen wie Michaelis, Michel, Michelis, Micheler, Michelmann, Kleinmichel usw. Aus der innigen Verehrung Michaels entstanden schon früh zahlreiche Lieder auf ihn, die ältesten in lat. Handschriften des 8. Jh. Im 15. Jh. tauchten vier Wallfahrtslieder auf, die nach einer Michaelslegende von Mitgliedern einer Pilgergesellschaft, den sog. ‚Michelsbrüdern' verfaßt worden waren. Darunter befand sich auch eines, das deutsche Knaben auf einem Pilgerzug zu dem berühmten Wallfahrtsort ‚Mont-St-Michel sur mer' in der Normandie sangen:

Here sante Michael, stae uns bii ...
Liber here sante Michael, was dust
du in welschem lande unter den
gesnoten Walen? Si nemen uns dii phande,
sii geben uns das kupher gelt
umbe das rode gold.

Wann u. wie aus der strahlenden Erscheinung des Erzengels der ‚deutsche Michel' entstanden ist, läßt sich nicht eindeutig klären. Von den Wallfahrtsliedern verstanden die Franzosen nur den ständig wiederkehrenden Ruf nach ‚Sankt Mi-

‚Der deutsche Michel'

chael'. Hauffen nimmt daher an, daß sie diese ‚Michelsbrüder' als dumme deutsche Michel bez. hätten, zumal in Frankr. schon damals ein zum Schein wallfahrender Bettelbruder ‚michelot' genannt wurde.

1525 soll die Wndg. ‚deutscher Michel' zum ersten Mal im Elsaß vorgekommen sein. Hauffen vermutet jedoch, daß die eigentl. Umgestaltung zum geflügelten Wort in Dtl. selbst vor sich ging, zumal es am Ausgang des 15. Jh. – im Zeitalter der Satire – Brauch wurde, daß die Fehler u. die Unwissenheit der sprachunkundigen Deutschen von einheimischen Dichtern wie Brant u. Fischart belacht u. gegeißelt wurden. Zum ersten Mal belegt ist die Wndg. 1541 in Seb. Francks zweibändiger Sprww.-Sammlung. Im 1. Band stellt Franck einige frauenfeindliche Sprww. zusammen u. fügt dann sehr unhöflich hinzu, sie seien „so torecht Tier", daß etliche daran zweifeln, ob man die Weiber überhaupt unter die vernünftigen Menschen rechnen könne. In Ränken und Listen seien sie „ja eitel geschwind Doctores", hingegen „in nötigen Sachen können sie weniger dann der teutsch Michel". Im 2. Bd. führt er als Bez. für grobe und dumme Menschen an: „Ein grober Algewer Bauer, ein blinder Schwab, ein rechter dummer Jahn, der teutsch Michel, ein teutscher Baccalaureus" (damals der niedrigste akademische Grad).

Karl Meisen jedoch führt den Ausdr. auf den dt., bei Bauern bes. beliebten Vornamen Michael, Michel zurück (s. auch die Novelle von Heinrich von Kleist: ‚Michael Kohlhaas' [1808]). Nach Meisen hat dieser Name nichts mit dem Hl. Michael zu tun. „Diese Ausdrucksweise muß, da sie im 16. Jh. bereits schriftl. überliefert wird, nach den angeführten Belegstellen zu urteilen, im 15. oder beginnenden 16. Jh. entstanden sein. Sie bez. ... urspr. den in gelehrten Dingen nicht bewanderten ..., grob und ungeschlacht verachteten Bauern" (Meisen S. 251).

In einer der frühesten Quellen, in Martin Schrots Spottbilddichtung vom Jahre 1546, ‚Von der erschrecklichen Zerstörung und Niederlag des ganzen Papsttums', läßt der Dichter die Ritter des dt. Ordens in Preußen klagen: „Wir sein verdorben Edelleut ... Spot unser jedermann behend / Die teutschen Michel

Ewig lobwürdige Ehrengedechtnuß des recht-Edlen thewren Teutschen Helden/ Herren Obristen Hans Micheln von Obentraut/ auß der Chur Pfaltz/ etc.

SChaw Teutscher Adel / schaw / vnd schawt jhr Herren zu gleiche/
Ja schawt jhr Teutschen all im Heilgen Römischen Reiche;
Schawt an/ schawt an mein Leich/ die Tilly gfangen helt/
Vnd mich zum spectacul euch für die nasen stellt.
Tilly hat zwar mein Leich in seinem zwang vnd gwalte/
Aber der liebe Gott/ an den ich mich steiff halte/
Der hat mein seel vnd geist/ der Leichnam ghört der Erd/
Daß er widrumb zu staub/ vnd wenig äschen werd.
Mein Nam̃ von Obentraut/ mein Waapen vnd Kleinothe/
So ich durch göttlich Gnad erhalten biß in todte/
Bey der posteritet bleibt ewig vnversehrt/
Auch bey den Feinden selbs wol g'achtet vnd geehrt.
Solchs gwiñt ein redlich Hertz/ das trew an seinem Herren/
Vnd sich von jhm nicht wolt zu jemandt anders kehren.
Der Nam̃ eins frommen Mañs ist aller Ehren wärth.
Ein fauler Mamaluck ist ein fluch auff der Erd.
O weh der losen Rott/ die Spannisch gelt gefressen/
Vnd seind zur Widerparth wie Judas nider gsessen.
Die straaff kompt auch mit hin/ meyneyd hat kein bestand/
Es sey zu welcher zeit/oder in welchem Land.
Meinn Feind hab ich verfolgt/ vnd war bey mir kein schimpffe/
Sücht weder bey klein Hans/noch auch bey groß Hans glimpffe.
Mein König war mir lieb/vnd das gantz Vatterlandt/
So leyder/Gott erbarms/jetz steht in disem stande.
Der Spannier trotzt vnd pocht/vnd tritt Teutschland mit füssen/
Alß wann sich alle Landt jhm vnderwerffen müssen.
Das that mir schmertzlich weh/ vnd macht mir angst vnd bang/
Daß ich im Vatterlandt solt sehen solchen zwang.
Ach hett meins sinns gehabt die gantz Teutsch Ritterschafft/
Vnd hette Gott der Herr geben sein gnad vnd krafft/
Man hett der lieben Pfaltz/vnd andrem Teutschen Lande
Nicht anthün sollen den spott/vnd vnerhörte schandt.
Nun hat vns Gott gestrafft/der wirdt sich auch erbarmen/
Vnd widrumb schaffen raht den vndertruckten Armen.
Keiner poch auff sein glück; Gott ist im Himmel g'recht/
Der seinem Völcklin hül[illegible] rett sein trewen Knecht.

: 6 2 5.

‚Der deutsche Michel'

man uns nennt, / Ist wahr, können nit vil Latein, / Denn Fressen, Saufen, Buben sein". Seit der Reformationszeit bez. man mit diesem Spottnamen die gutmütigen, aber unbeholfenen und einfältigen Deutschen, die sich von fremden und eigenen Zwingherren alles gefallen lassen. Jakob Frey berichtet in seiner ‚Gartengesellschaft' (1556, 14) von einem beschränkten Pfarrer und deutet sein Wesen mit den Worten an: „Er wußt weniger, weder sein Pfarrkinder, ja weniger dann der teutsche Michel". Die ‚Zimmerische Chronik' bringt den Michel mit einem andern Beiwort: „Er (Schenk Albrecht) hätt ein Narrn, war ein lauters Kind, man nampt (nannte) ihn unsern Michel".

Die Wbb. des 17. Jh. nehmen den alten Gattungsnamen wieder auf. Zuerst Georg Henisch, ‚Teutsche Sprach und Weisheit' (1616): „Ein einfältiger Teutscher Michel richt kein ketzerei an". Sodann verdient ein Aufruf des „Deutschen Michels" zum Kampf gegen die Fremdländerei und Sprachvermengung des 17. Jh. hervorgehoben zu werden. Erst ging ein Gedicht im Jahre 1638 als kleine Flugschrift aus. Dann erschien es im Jahre 1642, „da die teutsche Sprache verderbt war", mit einem Spottbild auf die Modesucht der Zeit in Form eines Flugblattes: „Ein schön new Lied, genannt: der teutsche Michel etc., wider alle Sprachverderber, Concipisten und Canzellisten, welche die alte teutsche Muttersprach mit allerlei fremden, lateinischen, wälschen, spanischen und französischen Wörtern so einfältig vermischen, verkehren und zerstören, daß sie ihr selber nicht mehr gleich siehet und kaum halber kann erkannt werden". Durch eine endlose Aufzählung gebräuchl. Fremdwörter wird das Kauderwelsch der dt. Sprache bespiegelt und lächerlich gemacht. Mit dem Seufzer: „Ich deutscher Michel / Versteh schir nichel / In meinem Vaterland, / Es ist ein Schand" beginnen und enden die Klageverse. Ähnl. und der damaligen Auffassung nahestehend heißt es in dem Roman von Hans Michael Moscherosch, ‚Gesichte Philanders von Sittewald' (1642, I, 12): „Heuchelst du nicht mit, sondern wirst als ein redlicher deutscher Michel frei durchgehen und aus guten Herzen Alles meinen, reden und tun wollen" und (II, 35): „Einer wollte Griechisch an mich, der Ander Spanisch, der dritt Italienisch mit mir reden, aber ich sagte ihnen allen, ich wäre ein geborner Teutscher Michel, könnte kein andere Sprach als die Deutsche".

Wahrscheinl. haben diese Vorlagen Grimmelshausen zu ‚Des Simplicianisch-teutschen Michels verstümmelten Sprach-Gepräng' und seinen fünf Büchern der Urfassung ‚Simplicissimus Teutsch' (1669, II, 17) veranlaßt, wo es heißt: „Ich wußte dermal weniger als der deutsche Michel, was ein Secret war".

Daß nicht Philander von Sittewald, sondern Simplicius eine sinnbildl. Gestalt wurde, liegt daran, daß Moscherosch kein Erzähler war wie Grimmelshausen. In der Folgezeit des Dreißigjährigen Krieges wird die Bdtg. des ‚teutschen Michel'-Namens immer pejorativer gebraucht, so daß Kaspar von Stieler in seinem ‚Teutschen Sprachschatz' (Nürnberg 1691) ‚ein deutscher Michel' geradezu mit „idiota, indoctus" wiedergibt. Der Ausspruch von Stieler zeigt, daß im 17. Jh. unter ‚deutscher Michel' Leute gemeint waren, die kein Latein verstanden, also Ungebildete.

Erhard Weigel, seit 1654 Professor in Jena, sagte in einer seiner Streitschriften: „Das Wörterwissen bläht an sich schon auf, daß auch ein Knabe, wenn der deklinieren und konjugieren kann, sich in der Schule mehr einbildet als ein guter Deutscher auf dem Rathaus. Denn diesen heißt man Idioten, Barbaren, deutschen Michel, einen gemeinen Mann, unweise, ungelehrt und ungeschickt, welchen Schimpf gedachter Knabe schon von sich ablehnet, zu geschweigen, was ein höherer Lateiner sich einbilden muß". Das kam aber der Gestalt des ‚teutschen Michel' zugute, weil er in dieser und weiteren Schriften jener Zeit als Verteidiger der Reinheit unserer Muttersprache auftritt. In Augsburg erschien 1642 das Flugblatt „Ein new Klagelied, Teutscher Michel genannt, wider alle Sprachverderber". Aber auch der tapfere Reiterführer Michael Obentraut (1574–1625), der sich als Reitergeneral im Dreißigjährigen Krieg auszeichnete, erhielt den Beinamen „der deutsche Michel". 1620 besiegte er bei

Der
Deutsche Michel
auf
breitester demokratischer Grundlage.

Almanach
für
Deutschlands vierunddreißig Einheiten,
herausgegeben vom Reichshanswurst.
Leipzig, 1849. Verlag von E. O. Weller.

einem Reiterüberfall die Spanier bei Frankental, die ihm den Namen des Deutschen Michel beigelegt haben sollen. Dies ist jedoch nicht die Quelle des bis heute fortlebenden Spitznamens, sondern die schon ältere Bez. wurde nur auf ihn übertragen. Um die Mitte des 18. Jh. bez. man mit Michel einen Bauernknecht oder einen jungen Bauern mit den guten und schlechten Eigenschaften des Landvolks, der meist nicht sehr gescheit, auch verträumt ist, aber arbeitsam und bieder und auch gemütlich als ‚Vetter Michel' angesprochen wird. In jener Zeit heißt es weiter: „Ich armer Michelissimus, Weltmutter, was hatt'st du verbrochen, das dich unser lieber Herrgott ließ kommen mit mir in die Wochen? Sie (andere Völker) kräftigten zu Nationen sich, und ich – ich blieb der Michel. Ich blieb der Michel und ging nach Hause und legte mich auf den Glauben; denn weil mir die irdischen hingen zu hoch, so schielt' ich nach himmlischen Trauben. So bracht' ich das Mittelalter herum, gehörsam Gott und dem Fürsten, den einen Hang verspürend nur, nach Sauerkraut und Würsten". Zur politischen Spottfigur (mit der Zipfelmütze) wird der deutsche Michel in der Zeit zwischen den Befreiungskriegen und der Revolution von 1848. Als volkstümliche Gestalt spielt er in witzigen Flugschriften eine Rolle, wo er zu tatkräftigem Eingreifen in das politische Geschehen wachgerüttelt und aufgerufen werden sollte.

Das Wort hat sich bis in die politische Sprache der Gegenwart erhalten: Ob neuzeitliche Versuche, den ‚teutschen Michel' ins Positive umzumünzen, auf Dauer fruchten, bleibt abzuwarten. An Versuchen fehlt es nicht: „Am vergangenen Donnerstag, gegen elf Uhr, wurde im Plenarsaal des Bundestages der neue deutsche Michel geboren. In wohlklingenden Wendungen beschrieb ihn Landesvater Willy Brandt seinem Volk: Der Bürger 73 arbeitet hart und zahlt ehrlich seine Steuern, er sorgt für Kunst am Eigenbau und ist lieb zu Kindern, er übt Barmherzigkeit am Nächsten und achtet Eltern und Großeltern, freudig trägt er Mitverantwortung am Staat und betrachtet ‚Frieden' als ‚eine Lebenshaltung'." (Der Spiegel vom 22. Januar 1973, S. 19).

Lit.: Liederbuch des deutschen Michel (Leipzig 1843); *R. Köhler:* Joh. Mich. Moscherosch u. sein Sprechverderber u. der teutsche Michel wider alle Sprechverderber, in: Archiv f. Literaturgeschichte I (1870), S. 291–295; *J. E. Heß:* Obentraut, in: Allg. Dt. Biographie, Bd. 24 (Leipzig 1887), S. 85 f.; *J. Frey:* Gartengesellschaft (Bibl. d. litter. Ver. Stuttgart, Bd. 209, S. 23, 25): *G. M. Kueffer:* Die Deutschen im Sprw. (Heidelberg 1899), S. 14 f.: *G. Hoerner:* Hans Michael Elias von Obentraut, genannt ‚Der deutsche Michel', in: Pfälz. Geschichtsblätter IV (1908), S. 17–21; *A. Hauffen:* Gesch. des dt. Michel (1918); *K. Schottenloher:* Flugblatt und Zeitung (Berlin 1922), S. 400 ff.; *K. Meisen:* St. Michael in der volkstümlichen Verehrung des Abendlandes, in: Rhein. Jb. f. Vkde. 13/14 (1962/63), S. 195–255; *U. Otto:* Die historisch-politischen Lieder und Karikaturen des Vormärz und der Revolution von 1848/1849 (Köln 1982); *Ch. Köhle-Hezinger* u. *A. Zippelius:* „Da ist der Michel aufgewacht und hat sie auf den Schub gebracht". Zu zwei Zeugnissen antisemitischer „Volkskunst", in: Zs. f. Vkde. 84 (1988), S. 58–84.

Miene. *Gute Miene zum bösen Spiel machen:* sich schweren Herzens etw. gefallen lassen, scheinbar gleichgültig über etw. hinwegsehen; die Rda. ist eine Lehnübers. des frz. ‚faire bonne mine à mauvais jeu' und bezieht sich auf das Glücksspiel (↗ Spiel).

Keine Miene verziehen: keinen Laut, keine Regung von sich geben; auch: keine Ge-

fühle zeigen. Kant: „Es ist schwer, den Eindruck eines Affekts durch keine Miene zu verraten".
Miene machen, etw. zu tun: erkennen lassen, daß man etw. tun will, sich anschikken, etw. zu tun.
„Wer die Freiheit zu stürzen Miene macht" (Schiller: ‚Die Verschwörung des Fiesko zu Genua' III,5).

Miese. *In den Miesen sein:* das Konto überzogen haben, Schulden haben, auch: bei bestimmten Kartenspielen Minuspunkte haben.
Das Wort ‚Miese' geht auf jidd. ‚mis' zurück, das dort urspr. schlecht, miserabel bedeutet.

Milch. *Er hat nicht viel in die Milch zu brokken* (auch gekürzt: ‚er hat nicht viel zuzubrocken'): er lebt bescheiden, kann keine ‚großen Sprünge machen' (↗Sprung). Das Gegenteil heißt ndd. ‚He hett wat in der Melk to krömen' (krümeln); ‚he hett wat intostippen'; ebenso ndl. ‚veel in de melk te brokken hebben', viel Einfluß, viel zu sagen haben. Seb. Brant geißelt es im ‚Narrenschiff' (17,28), daß auch ein Dummer als Schwiegersohn willkommen geheißen werde, wenn er nur Geld habe:

Man sucht eyn vß der narren zunfft,
Der jnn die mylch zu brocken hab.

Etw. mit der Muttermilch eingesogen haben: Eigenschaften und Eigenheiten als angeborene Eigentümlichkeit besitzen. So schon bei Augustinus (‚Confessiones' 3,4): „Nomen Salvatoris in ipso adhuc lacte matris cor meum praebiberat"; entspr. frz. ‚sucer avec le lait'; engl. ‚to imbibe with one's mother's milk'; ndl. ‚iets met de moedermelk inzuigen'.
Ndd. ‚De Melk löppt mi nich mer ut dem Mund', ich bin kein Kind mehr. ‚Die Milch ist von blauen Kühen', sie ist sehr stark mit Wasser gemischt.
Milch und Honig: diese beiden Begriffe stehen für Überfluß, bes. in der Wndg. ‚Land, wo Milch und Honig fließt!' Dieser Ausdr. kommt in der Bibel häufig vor (z.B. 2. Mos. 3,8) und ist auch in den klassischen Sprachen bekannt; gemeint ist das Paradies oder das Jenseits; heute ist diese Umschreibung für alle Gegenden, in denen die Menschen gut und wohlversorgt leben können, gebräuchlich. Im christl. Denken gehören 12 Flüsse von Milch und Honig zum himmlischen Jerusalem; in einer apokryphen Vision umgeben vier Flüsse die Stadt: sie sind gefüllt mit Honig, Milch, Wein und Öl. Der Honigstrom ist der Ort der Propheten, der Milchfluß derjenige der unschuldigen Kinder und der reinen Seelen. Diese Vorstellungen gaben Anlaß, Milch und Honig als ‚reinigende' Elemente bei der christl. Taufe mitzuverwenden. Um 600 n. Chr. starb dieser Brauch aus. Rom hatte ihn am längsten unverändert bewahrt.
Wie Milch und Blut aussehen: weiß und rot, gesund sein; das Weiß der Milch und das Rot des Blutes zusammen im Antlitz gilt als ein Zeichen der Schönheit. „Hadd ik doch en Kind, so rood as Blood un so witt as Snee" heißt es im Grimmschen Märchen (KHM. 47) ‚Von dem Machandelboom', und ebenso wünscht sich die Mutter Schneewittchens (KHM. 53) „ein Kind so weiß wie Schnee, so rot wie Blut und so schwarz wie Ebenholz". Die Wndg. ist ein uralter poetischer Ausdr. für die Schönheit, die ängstlich vor der Sonne gehütet wurde. So steigt schon vor Parzival (Wolfram 282,20; Chrestien, Conte del Graal V. 5550), als der Falke auf eine Wildgans stößt und drei Blutstropfen vor ihm in den Schnee fallen, das Bild der geliebten Condwiramur mit ihrer weißen Haut und ihrem rosigen Munde auf und zwingt ihn zu unwiderstehlicher Sehnsucht:

ûz ir wunden ûfen snê
vieln drî bluotes zäher rôt,
die Parzivâle fuogten nôt ...
Condwîr âmûrs, hie lît dîn schîn.
sît der snê dem bluote wîze bôt,
und ez den snê sus machet rôt,
Cundwîr âmûrs,
dem glîchet sich dîn bêâ curs.

Die höfische Lyrik umschreibt die weibl. Schönheit sonst meist im Bild der Rose und der Lilie, so auch Walther von der Vogelweide (53,38):

so reine rôt, so reine wîz,
hie roeseloht, dort liljen var.

Über vergossene Milch reden: Belanglosigkeiten erörtern, längst Entschiedenes besprechen (engl. ‚crying over spilt milk').

,Über verschüttete Milch weinen', Sinnloses tun, sich über Sinnloses aufhalten.
Bei ihm ist die Milch sauer: er verhält sich ablehnend; er ahnt Benachteiligung; man hat ihm etw. verleidet; etwa seit 1920.
Dä wird d'Milch scho no abegee: ,dem wird die Milch schon noch abgehen' sagt man in der Schweiz von einem Überheblichen, der schon nachgeben wird. *Ich verkaufe meine Milch nicht an dich:* meint, mit dir will ich nichts zu tun haben; schwäb. ,i verkauf mei Milch it a di'. *Es gibt doch keine Milch:* etw. ist vergebens.
Die Milch der frommen Denkungsart: poetische Umschreibung für ein ehrliches, frommes und aufrichtiges Denken einer Person.

„In gärend Drachengift hast
du die Milch der frommen
Denkart mir verwandelt."
(Schiller, Tell IV, 3)

Vgl. auch Shakespeares ,Macbeth' (I, 5): „Too full of the milk of human kindness" u. die ähnl. Aussage in 1. Petr. 2, 1–2.

Lit.: *V. Loveling:* Volkstaal en volksgeloof; Melk te drinken geven, in: Vkde. 12 (1899–1900), S. 167–169; *H. Usener:* Milch und Honig, in: Rhein. Museum für Philologie 57 (1902), S. 177; *R. Foncke:* Een Mechelse verwensing: Loopt naar de melk, in: Feestbundel H.-J. van de Wijer, ed. H. Draye (1944), II, S. 335–338; *H. Braddy:* Wild mare's milk, in: American Speech 35 (1960), S. 79–80; *E. Strübin:* Zur dt.-schweiz. Umgangssprache, in: Schweiz. Arch. f. Vkde. 72 (1966), S. 116.

Milchmädchenrechnung. Die Redewndg. *eine Milchmädchenrechnung aufmachen* wird bildl. auf eine unlogische Gedankenkette angewandt, auf eine an unzureichende Bedingungen geknüpfte Erwartung. Sie dient zur Verächtlichmachung und Kritik des Gegners bes. bei Haushalts- und Finanzdebatten, wenn man die vorausberechneten Einnahmen anzweifelt. Der Ausdr. geht möglicherweise zurück auf die Fabel ,Die Milchfrau' von Joh. Wilh. Ludw. Gleim (2. Buch, Berlin 1757, S. 14) und die Fabel ,Der Milchtopf' von Joh. Benj. Michaelis (,Fabeln, Lieder und Satyren', Leipzig 1766, S. 49), die beide Bearbeitungen von La Fontaines Fabel ,La laitière et le pot au lait' sind. Lisettchen trägt in der Fabel La Fontaines die Milch in die Stadt und träumt von dem zu erwartenden Geld, das sie in die bäuerliche Wirtschaft investieren will. Voller

,Eine Milchmädchenrechnung aufmachen'

Vorfreude hüpft sie, und Topf, Milch und Pläne sind dahin. Mit dem Sprw. ,Es ist das Milchmädchen in der Fabel' meint man eine Person, die Hoffnungstürme und Luftschlösser baut.

Lit.: *P. Fendi:* Das Milchmädchen (Wien 1830); *G. Zick:* Der zerbrochene Krug als Bildmotiv des 18. Jahrhunderts, in: Wallraf-Richartz Jb. 31 (1989), S. 149–202; *U. Looft-Gaude:* Zur Geschichte des Bildmotivs ,Milchmädchen' in der Kunst, in: Meiermädchen. Arbeits- und Lebensformen im 19. Jh., Ausstellung des Schleswig-Holst. Landesmuseums Schloß Gottorf (Schleswig 1991), S. 39–45.

mild. *Um eine milde Gabe bitten:* um eine durch Barmherzigkeit bewirkte Wohltä-

,Milchmädchen'

tigkeit bitten. Hier wird das Adj. ‚mild' in seiner alten Bdtg. von großzügig, freigebig gebraucht. Urspr. war die ‚milte' eine standesmäßige Eigenschaft eines guten Fürsten oder Herren: dieser sollte sein Hausgesinde materiell gut versorgen, so wie Hartmann von Aue ihn schildert (‚Erec', V. 2730ff.):

vil ritterlîchen stuont sîn muot:
an im erschein niht wan guot: ...
er was getriuwe
und milte âne riuwe,
staete unde wol gezogen.

Später bedeutet ‚mild' allg. großzügig im Gegensatz zu geizig, so z.B. bei Hans Sachs (Fastnachtspiele): „Epimenides sagt gar fein, das gelt dem geizigen sei ein pein, dem milden aber ist's ein zier".
Eine veraltete sprw. Rda. heißt: ‚Er ist mild auf der nehmenden Seite, auf der anderen aber Gebhart'.

Lit.: Dienstboten in Stadt und Land: Vortragsreihe zur Ausstellung ‚Dienstbare Geister – Leben und Arbeitswelt städtischer Dienstboten' im Museum für Dt. Vkde. Berlin. Februar bis März 1981 (Berlin 1982); *U. Ottmüller:* Die Dienstbotenfrage: Zur Sozialgeschichte der doppelten Ausnutzung von Dienstmädchen im Kaiserreich, (Zur Sozialgeschichte der Frau, Bd. 1) (Fulda 1978).

Mine. *Alle Minen springen lassen:* alle Kräfte in Bewegung setzen, alle Mittel einsetzen; urspr. ein Kriegsausdr.: Der Feldherr läßt alle Pulverminen auf einmal explodieren, um die gegnerischen Verteidigungsanlagen möglichst völlig zu zerstören. Bildl. verwendet z.B. Schiller den Ausdr. in ‚Kabale und Liebe' (II,3): „Ich laß' alle Minen sprengen". Die Rda. ist wohl erst in der zweiten H. des 18. Jh. dem frz. ‚faire jouer une mine' nachgebildet worden (heute ungebräuchl.).
Eine Mine legen: eine Intrige spinnen.

Minna. *Jem. zur Minna machen:* ihn scharf zurechtweisen, ihn rücksichtslos behandeln, ihn einem harten Examen unterwerfen; vgl. *Ich werde zur Minna!* Ausdr. höchster Verwunderung.
Minna ist die Kurzform des Namens Wilhelmine. So wurden früher viele Dienstmädchen gerufen, auch wenn sie einen anderen Taufnamen hatten. Frieda von Kronoff gibt 1910 in ihrem Buch über ‚Lebensart. Ein Wegweiser des feinen Takts' genaue Anweisung über das Verhalten und die Behandlung eines Dienstmädchens: „Es paßt nicht, daß Haustochter und Dienstmagd denselben Rufnamen haben. Entweder nenne man in solchem Fall das Haustöchterlein mit einem zweiten oder Kosenamen, oder man rufe das Dienstmädchen mit dem Taufnamen der Vorgängerin an" (S. 28). Der Name Minna wandelte sich so geradezu zu einer Berufsbezeichnung der Dienstmädchen, deren Arbeitsbedingungen oft sehr schlecht waren.
Die grüne Minna besteigen: als Festgenommener in das grüngestrichene Transportauto der Polizei einsteigen müssen.

Minne. *Minne trinken:* Als Zeichen des miteinander Verbundenseins wurde im MA. durch gemeinsames Trinken betont, daß man sich – bes. in Zeiten der Trennung – in liebender Erinnerung behält. Die urspr. Bdtg. des Wortes Minne ist hier erhalten als ‚sich erinnern', ‚jem. in Liebe gedenken' (lat. meminisci). Der Minnetrunk selbst ist einer älteren Kultsitte entsprungen und war von Anfang an ein Abschiedstrunk. In christl. Zeit wurde dieser Brauch auf Heilige übertragen, deren man an bestimmten Tagen bes. gedachte. Am häufigsten trank man Johannis- und Gertrudis- (Heilige Gertrudis von Nivelles, † 654, Schutzpatronin der Reisenden) Minne; z.B. im ‚Erec' von Hartmann von Aue (Verse 4023ff.):

ze hant truoc er im dô
ze heiles gewinne
Sant Gêrtrûde minne
alsô reit er snahtes dan.

Die von den Bauern und ihrem Gesinde ausgiebig gefeierte ‚Martinsminne' wird vom Stricker in seiner Versdichtung ‚Die Martinsnacht' geschildert, wobei er den Brauch bereits ad absurdum führt und der Lächerlichkeit preisgibt, ↗ Martin. Dieser Brauch des Minnetrinkens wurde bald von der christl.-gelehrten Seite her bekämpft und wird heute nur noch vereinzelt praktiziert. So geht ‚das Schäppeln', das Trinken Jugendlicher zu Ehren verstorbener Altersgenossen (bes. im Rheinl.) auf diesen Minnetrunkbrauch zurück.

Lit.: *A. de Cock:* Hij heeft een minne drankje ingenomen, in: Vkde. 12 (1899–1900), S. 136–141; *L. Mak-*

kensen: Art. ‚Minne', in: HdA. VI (1934, 1935) Sp. 375–380; *H. Schommer:* Die Heiligenminne als kirchlicher und volkstümlicher Brauch, in: Rhein. Jb. f. Vkde. 5 (1954), S. 184–231; *G. Schreiber:* Dt. Weingeschichte (Köln 1980), S. 375–387.

Minnedienst. *Minnedienst haben,* auch: *Zum Minnedienst gehen (müssen):* seine Freundin (Geliebte) besuchen, ihr zur Verfügung stehen müssen. Die Rdaa. werden heute scherzhaft oder mit iron. Anspielung gesagt, wenn ein (junger) Mann eine intensive Liebesbeziehung unterhält. Im MA. gehörte der Minnedienst zur Werbung eines Ritters um eine Frau und war vorwiegend in sozial höhergestellten Schichten üblich. Z. B. konnte sich ein Ritter seiner Herzensdame verpflichten, indem er für sie auf Turnieren kämpfte, ihr den überwundenen Gegner zu ihrem Dienst übersandte und durch Siege ihre Gunst zu erlangen suchte. Lange gehörte der Minnedienst zur höfischen Kultur des MA. Wolfram von Eschenbach im ‚Parzival' (114, 15 ff.):

ob ich guotes wîbes minne ger,
mag ich mit schilde und ouch mit sper
verdienen niht ir minne solt,
al dar nâch sî sie mir holt.

Minute *Keine Minute verlieren wollen:* sofort handeln, keine Zeit vergeuden.
In letzter Minute kommen: gerade noch rechtzeitig, z. B. zur Bahn, zum Flugzeug.
Fünf Minuten vor Zwölf sein: die letzte Gelegenheit, sich eines Besseren zu besinnen, z. B. seine Lebensgewohnheiten zu verändern; sich vor einem körperlichen oder seelischen Zusammenbruch Ruhe zu gönnen. Die Wndg. steht auch in Zusammenhang mit der Narrenzahl ‚Elf', die darauf hinweist, daß dem Narren, dem Sünder nur wenig Zeit für Reue, Buße u. Besserung verbleibt.
Fünf Minuten vor dem nackten Arm gibt man scherzhaft zur Antwort auf die Frage: ‚Wieviel Uhr ist es?', wenn man keine (Armband-)Uhr bei sich hat.

Lit.: *D. R. Moser:* Elf als Zahl der Narren. Zur Funktion der Zahlenallegorese im Fastnachtsbrauch, in: Jb. f. Vlf. 27/28 (1982/83), S. 346–363.

mir. *Mir nach!:* Wenn Weg oder Ziel unbekannt oder unklar sind oder wenn es gefährlich wird, lautet die Aufbruchsaufforderung des Führenden: ‚Mir nach!' (Heute meist: ‚Folgen Sie mir bitte!'). Joh. Scheffler (Angelus Silesius) dichtete 1668: „Mir nach, spricht Christus, unser Held ..." (Ev. Kirchengesangbuch 256).

mir nichts, dir nichts ↗ nichts.

Mischmasch. *Ein Mischmasch sein:* abwertend über ein Gemisch aus nicht zusammengehörenden Dingen. Mischmasch ist eine lautmalende Bildung von ‚mischen' und erscheint im 16. Jh. als ‚mischmesch'. Wahrscheinlich wurde diese Form von Paracelsus († 1541) gebildet; vgl. auch engl. ‚mishmash'.

Misere. *Jem. singt das Misere:* jem. geht es vor allem finanziell sehr schlecht. In der Liturgie der kath. Kirche wird der Bußpsalm 50 (51) gesungen. Er beginnt (Vulgatatext) mit ‚Miserere mei' (Erbarme dich meiner). In der Rda. wird das Miserere durch lat. miseria, dt. Misere, ersetzt. Misere bedeutet Elend, Unglück.
Lit. bei Grimmelshausen im ‚Vogelnest': „Die Handwerks-Leute das Misere sangen und am Hungertuche nagten".
In der Misere stecken: in schwierigen Verhältnissen leben, keinen Ausweg finden. Diese Rda. ist heute geläufiger als die vorherige, sie kann auf Einzelpersonen, Firmen, Staaten, auf die allg. Wirtschaftslage oder polit. Schwierigkeiten bezogen werden.

Missionsfest. *Es wäre mir ein inneres Missionsfest:* es würde mich sehr freuen; blasiert-burschikose Erweiterung von ‚es wäre mir ein Fest' unter Anspielung auf die religiöse Bewegung der Inneren Mission; um 1930 aufgekommen.

Mist. *Mist reden:* Unsinn reden; vor allem imperativisch: ‚Rede doch keinen solchen Mist!'
Mist bauen: eine sehr schlechte Leistung vollbringen, eine schlimme Tat begehen; schülersprachl. und sold. etwa seit 1930; älter ist *Mist machen;* schon bei Joh. Fischart (‚Flöhhatz' 1577): „... hie machstu kain Mist". Vgl. auch die modern umg.

Wndgn. ‚erhabener Mist', ‚gediegener Mist', völliger Unsinn; ‚schick garnierter Mist', Unsinn in gefälliger Form.

Faul wie Mist; der rdal. Vergleich ist schon um 1500 bei dem Prediger Geiler von Kaysersberg belegt: „es seint etlich fauler dann mist".

Das ist nicht auf seinem Mist gewachsen: es ist nicht sein geistiges Eigentum, es zeigt fremden Einfluß. Das rdal. Bild geht aus von einem Bauern, der niemals fremden Mist zu kaufen braucht, sondern alles auf eigenem Mist wachsen läßt; lit. bei Goethe in ‚Sprichwörtlich':

Diese Worte sind nicht alle in Sachsen
Noch auf meinem eignen Mist gewachsen,
Doch was für Samen die Fremde bringt,
Erzog ich im Lande gut gedüngt.

Über den Mist heiraten: in die Nachbarschaft einheiraten; in ländl. Gebieten gebräuchl., wo sich der Misthaufen vor dem Haus befindet, wie z.B. in Franken. Ein Sprw. sagt ‚Heirat über'n Mist, dann weißt, wo du bist (wer sie ist)'.

Etw. auf den Mist werfen: etw. wegwerfen.

Auf seinem Mist scharren, sich auf seinem Miste wälzen: gierig für seinen Vorteil sorgen. Mist wird hier in der Bedeutung von Düngerhaufen gebraucht. „Laßt nur die schnöde Welt sich auf dem Miste welzen, wer in den Lastern steckt, der liebt auch Koth und Grauß" (Chr. Gryphius, Poetische Wälder).

Nicht lange Mist machen: sich nicht lange aufhalten, keine Umstände machen. Die Rda. war bes. im 16. u. 17. Jh. gebräuchl. und spielt auf die langwierige Pflege des Düngers auf dem Bauernhof an. Hans Sachs schreibt (‚Fastnachtsspiele'): „Doch wil ich nit lang mist da machen, wann kemb der pawer zu den sachen, so schlueg er mich im Feld darnider". Im Abzählvers der Kinder lebt diese Rda. bis in die Ggwt. weiter, wenn es heißt:

Wir machen keinen großen Mist –
Und du bist!

Schreiben wie mit der Mistgabel: schlecht schreiben, gar nicht schreiben können. Der rdal. Vergleich ist bereits bei Hans Sachsens Fastnachtsspiel ‚Der schwangere Bauer' vorgebildet: „Er kan nur schreiben mit der Mistgabel".

Mistfink. *Ein Mistfink sein:* Schimpfname für einen Menschen mit schmutziger Gesinnung, aber auch für eine unordentliche, schlampige Person. *Einen Mistfinkendiskurs führen:* eine gemeine, schlüpfrige Unterhaltung führen.

mitspielen. *Einem böse (übel) mitspielen:* ihm Schaden zufügen, ihn schlecht behandeln. Die Rda. stammt vom ma. Kampfspiel und dem Niederstrecken des Gegners her. Schon in mhd. Zeit geläufig; so droht im ‚Tristan' Heinrichs von Freiberg Kandin seinem Schwager Tristan (V. 3856):

Ist, daz ich genzlich ervar,
daz du mîn swester smaehen wilt,
eins spils wirt mit dir gespilt,
daz dîne friunt beginnen klagen.

Ähnl. im 16. Jh. in Oldecops ‚Hildesheimer Chronik': „Dat wart den von Hildensem capitel und stat ovel gespelet". Mit dem Kartenspiel hat die Rda. nichts zu tun.

Nicht mehr (länger) mitspielen: sich nicht länger beteiligen wollen, seine Mitwirkung aufkündigen.

Mittag. *Im Mittag des Lebens stehen:* sich in der Zeit der höchsten Schaffenskraft befinden, auf dem Höhepunkt, in der Mitte seines Lebens sein. Die bildl. Rda. bezieht sich auf den Lauf der Sonne, die am Mittag am höchsten steht und ihre größte Strahlungskraft an Wärme und Helligkeit besitzt.

Am Mittag eine Laterne anzünden: etw. zu unrechter Zeit tun, etw. Überflüssiges und Verschwenderisches.

Mittel. *Sich ins Mittel legen* (älter: *schlagen*): bei schwierigen Verhandlungen zweier Gegner eine ausgleichende Lösung versuchen; zunächst von dem Dritten gesagt, der sich in die Mitte zwischen zwei Streitende wirft, um sie zu versöhnen; d.h. das Mittel ist hier rein örtlich zu verstehen als die Mitte. 1639 führt Lehmann S. 633 (‚Recht' 74) an: „Bey langem Rechtfertigen ist man endlich fro, daß sich Leut darein schlagen vnd Vergleichung machen". ‚Sich schlagen' bedeutet hier soviel wie: sich werfen, sich rasch begeben; ebenso wie in dem Schlußvers von

Seumes Gedicht ‚Der Wilde'; „Und er schlug sich seitwärts in die Büsche". In wörtl. und bildl. Sinne läßt Schiller die Jungfrau sich ins Mittel schlagen bei dem Zweikampf zwischen Dunois und Burgund („Jungfrau von Orléans'). Vgl. frz. ‚Bons offices' als Bezeichnung für die Tätigkeit eines Vermittlers.

Nicht bei Mitteln sein: kein Vermögen besitzen, nicht bezahlen können, ‚mittellos sein'.

Mittel und Wege kennen (finden): alle Möglichkeiten nutzen, guten Rat wissen, einen Ausweg zeigen.

Mittelalter. *Das ist (ja) wie im finsteren (finstersten) Mittelalter!* Dieser Ausruf bezieht sich auf die Rückständigkeit bestimmter Bräuche und Sitten der heutigen Gesellschaft. Die Rda. kann in dieser Form erst im 19. Jh. entstanden sein, da der Begriff MA. bis dahin in der dt. Sprache nicht vorhanden war. Wieland spricht noch vom mittleren Zeitalter, von der Mittelzeit oder von mittleren Zeiten. In der dt. Sprache ersch. das Wort MA. lit. 1809 im Titel eines geschichtl. Werkes: ‚Die kürzeste und bündigste Charakteristik des Mittelalters deutscher Nation' (von Campe). Goethe benutzt neben Mittelzeit auch das neugeprägte Wort ‚Mittelalter'.

Jedoch ist die Zeit vom 8. bis 14. Jh. schon immer als finsteres Zeitalter bez. worden. In der Periode der Renaissance belegten die Humanisten das MA. mit allerlei Schimpfnamen, unter denen die Metapher der Finsternis an erster Stelle stand. Die Reformation sah im MA. eine Zeit der religiösen Verfinsterung, und in der Folgezeit empfand man das MA. als eine Epoche religiösen und kulturellen Verfalls. Das Jh. der Aufklärung bezog diese ‚Finsternis' des MA.s auch auf die damalige Staatsform. Die ältere Historiographie des MA.s ist von Verachtung gegenüber diesem Zeitalter geprägt. Nach Meinung des Historikers Iselin z.B. füllen Barbarei, elendes Staatsrecht, Aberglaube, Dummheit, Mangel an Sitten und Abgeschmacktheit diese Jhh. aus und erlauben ihm, von der „Finsternis der mittleren Zeiten" zu reden („Über die Geschichte der Menschheit', Karlsruhe 1784).

Herder („Auch eine Philosophie der Geschichte', Riga 1774) wendet sich erstmals gegen die bisherige Betrachtungsweise des MA.s durch die Aufklärung, kann sich jedoch in der Folgezeit selbst nicht ganz von dem althergebrachten Gemeinplatz lösen; so auch Goethe, der zwar eine anerkennende Haltung vor allem gegenüber der Baukunst des MA.s einnimmt, über eine ma. Malerei jedoch urteilt: „das Werk steht ... auf dem eingeschränkten düstern Pfaffenschauplatz des medii aevi".

Wurde die Formel seit der Renaissancezeit eher als Kampfparole gebraucht, um die neuen Ideale von den alten abzugrenzen, so ist heute daraus eine Rda. entstanden, die sich generell auf alles Rückständige beziehen kann.

Wir leben doch nicht mehr im Mittelalter: in dieser Rda. steht der Begriff MA. allein für die angebliche Verfinsterung und Rückständigkeit dieser Zeit; vermutl. ist auch sie erst im 19. Jh. aufgekommen, wahrscheinl. in Anlehnung an die oben zitierte Rda. vom ‚finsteren MA.', da man mit beiden Rdaa. dieselben Umstände kritisieren will.

Dem Mittelalter den Vortritt lassen (u. ä.): der Begriff MA. dient hier zur Umschreibung von Personen mittleren Alters. In der Lit. des 17. Jh. ist in demselben Sinne ‚medium aevum' belegt; heute ist die Rda. scherzhaft gemeint.

Lit.: *L. Varga:* Das Schlagwort vom ‚finsteren Mittelalter' (Ndr. d. Ausg. Brünn 1932, Aalen 1978).

Mittelweg. *(Den (goldenen) Mittelweg gehen:* eine ausgleichende Lösung zu finden suchen. Die Rda. geht letztlich auf lat. ‚aurea mediocritas' (Horaz, Oden II, 10,5) zurück. In Ovids ‚Metamorphosen' heißt es: „Medio tutissimus ibis" (auf dem Mittelweg gehst du am sichersten), woher die Rda. vom *sicheren Mittelweg* stammt. Dazu auch das Sprw.: ‚In der Mitte ist das Beste'. Auch in der Lyrik Mörikes spielt der Mittelweg eine Rolle, so etwa in dem ‚Gebet':

Herr! schicke was du willt.
Ein Liebes oder Leides.
Ich bin vergnügt, daß beides
Aus Deinen Händen quillt.

‚Den (goldenen) Mittelweg gehen‘

Wollest mit Freuden
Und wollest mit Leiden
Mich nicht überschütten!
Doch in der Mitten
Liegt holdes Bescheiden.

Von dem Maler-Dichter Mörike stammt auch eine Zeichnung zum Mittelweg.

Vgl. frz. ‚trouver le juste milieu‘ (wörtl.: die sichere Mitte finden).

In dem ‚Lied vom gehorsamen Mädchen‘ greift Frank Wedekind die Formel vom goldenen Mittelweg auf, um die bürgerlichen Moralvorstellungen seiner Zeit zu kritisieren. Die Befolgung des unbestimmten Rates der Mutter:

Verlier dich von dem Lebenspfad
Nie seitwärts ins Geheg.
Geh immer artig kerzengrad'
Den goldenen Mittelweg

wird dem Mädchen zum Verhängnis. Wedekind parodiert hier die prüde Erbauungs- und Erziehungslit., wie sie gerade ‚den höheren Töchtern‘ zuteil wurde. Während er zunächst die Moral des ‚goldenen Mittelwegs‘ verulkt, indem er ihn in iron. gespielter Naivität als das leibliche Ziel der erotischen Erfüllung auffassen läßt, ahmt er dann die Form des moralischen Imperativs nach, wendet aber den Inhalt ins Gegenteil.

Lit.: *W. Freund:* Die literarische Parodie (Stuttgart 1981), S. 98.

Mittwoch. *Der krumme (schiefe) Mittwoch:* Der Mittwoch vor dem Karfreitag in der Karwoche heißt der krumme oder schiefe Mittwoch. Der Name beruht angeblich darauf, daß die Quadragesima (= 40tägige Fastenzeit) durch diesen Mittwoch 41 Tage zählt. Schon 1386 hieß dieser Mittwoch in Westfalen ‚der krumme oder schiefe Guetentag‘ (HdA. VI, Sp. 441). Eine weniger überzeugende Erklärung für den Namen des Karmittwochs wird darin gesehen, daß an diesem Tag Jesus zum Tode verurteilt wurde, also das Recht ‚gekrümmt‘ wurde.

Lit.: *G. Bilfinger:* Der krumme Mittwoch, in: Zs. f. dt. Wortf. 4 (1903), S. 253–256; *G. Jungbauer:* Art. ‚Mittwoch‘, in: HdA. VI (1934/35), Sp. 440–450.

Mob. *Zum Mob gehören:* zu einer aufgewiegelten Volksmasse gehören; auch in der Bdtg. Pöbel, Gruppe heruntergekommener Leute. Aus: Claudian, ‚De IV consulatu Honorii‘, V. 302: ‚Mobile mutatur semper cum principe vulgus‘ (Mit seinem Fürsten verändert sich der schwankende Pöbel) ist engl. ‚mob‘ entstanden und war bis zum 17. Jh. noch in der vollen Form ‚mobile‘ gebräuchl. 1759 übernimmt Zinzendorf das engl. ‚mob‘ ins Dt.; bis ins 19. Jh. bezieht sich das Wort nur auf Londoner Verhältnisse, wird dann um 1860 allg. in der heutigen Bdtg. gebraucht.

Möbel. *Jem. die Möbel geraderücken:* ihn vom falschen Standpunkt abbringen, ihm heftige Vorhaltungen machen; erweitert aus gleichbedeutendem ‚richtigstellen' und ‚zurechtweisen'.

Ein möblierter Herr, eine möblierte Dame sein: scherzhaft für eine Person, die ein möbliertes Zimmer gemietet hat.

Früher nannte man eine langjährige Dienerschaft eines Hauses ‚altes (Haus)Möbel'.

Mode. *A la mode sein:* dem neuesten Zeitgeschmack entsprechen. Das frz. Wort ‚mode' wurde nach lat. ‚modus' (rechtes Maß) gebildet und bedeutete im 15. Jh. in Frankr. zeitgemäße Kleidertracht. Im 17. Jh. wurde die frz. Kleidertracht in Dtl. übernommen und ab 1628 wird ‚à la mode' zum Schlagwort dafür. Seit 1629 ist ‚alamodisch' belegt, das später zu ‚modisch' gekürzt wird.

‚Sich à la mode kleiden'

Ein Modeteufel sein: übertrieben modisch gekleidet sein. Quelle für das Wort Modeteufel ist eine Schrift des Frankfurter Pastors A. Musculus (1514–81) gegen in Mode gekommene Pluderhosen: ‚Vom Hosen Teuffel'. Auf dem Titel der Neuauflage von 1629 wird der Hosenteufel als des ‚jetzigen weltbeschreyten verachten und verlachten Almodo Kleyder der Teuffels Alt-Vatter' bez. Heute sagt man auch ‚eine Modepuppe sein' (auf Frauen bezogen) oder ‚ein lebendiges Modejournal sein', was bedeutet, daß man sich kleidet wie die Modelle in den Modezeitschriften.

Lit.: *R. König:* Kleider und Leute, Zur Soziologie der Mode (Frankfurt/M. – Hamburg 1967); *H. Kessler-Aurisch:* Mode und Malerei in Wien vom Wiener Kongreß bis zum Ersten Weltkrieg (Bonn 1983).

Modepuppe. *Eine Modepuppe sein:* sich betont modisch kleiden, herausputzen, von den Puppendamen auf Frauen übertragen.

Puppendamen aus Frankr., teuer und modisch nach neuestem Pariser Schick ausgestattet, halfen im 19. Jh. dem spielenden Mädchen das gewünschte Modebewußtsein einzuüben. Berühmt waren die frz. Modepuppen für ihre ‚Trousseaux' (die beigegebenen Aussteuern). Ankleidepuppen, Puppenkleider-Schneidereivorlagen dienten alle dem gleichen Zweck: im Umgang mit Mode den Wunsch nach modischem Aussehen zu festigen und das herrschende Schönheitsideal zu verinnerlichen.

Das Mädchen sollte sich danach sehnen, als junge, heiratsfähige Dame genauso herausgeputzt und begehrenswert zu werden wie ihre Puppen. Die Modepuppe war Vorbild und schließlich eine möglichst perfekte Spiegelung des eigenen Selbstbildes.

Lit.: *K. Engels u. G. Meinel:* Leben mit Puppen (Freiburg i. Br. 1987); *K. H. Roewer:* Spielzeug als Lebensmodell. Spielzeug als Abbild gesellschaftlicher Wirklichkeit von der Mitte des 19. Jh. bis zum 1. Weltkrieg (Mag. Arbeit [masch.] Freiburg, i. Br. 1989), S. 17.

Mohikaner. *Der letzte (der) Mohikaner sein:* jem. sein, der von vielen als einziger übriggeblieben ist. Die Rda. ist nach dem 2. Bd. der Lederstrumpf-Romane des amerikan. Schriftstellers J. F. Cooper (1789–1851), ‚The Last of the Mohicans' (1826), gebildet. Der hist. Stoff des Romans sind die Kämpfe zwischen Engländern und Franzosen zur Zeit des 7jährigen Krieges (1756–63). Der Freund des Helden, Lederstrumpf (= Natty Bumppo), ist nach dem Tod seines einzigen Sohnes Uncas der Letzte des Delawarenstammes der Mohikaner; sein Name ist Chingachgook, ↗ Letzte.

Mohr. *Einen Mohren weiß waschen wollen:* das Unmögliche versuchen; dazu das Sprw.: ‚Wer einen Mohren wäscht, verliert Mühe und Seife'. Als Quelle für beides wird oft der Bibelvers Jer. 13,23 genannt: „Kann auch ein Mohr seine Haut wandeln oder ein Parder seine Flekken?", aber auch schon im griech.-röm. Altertum war die Rda. ‚einen Äthiopier

,Einen Mohren weiß waschen'

waschen' sprw. für eine mühselige und doch von vornherein aussichtslose Arbeit. Im Dt. ist die Rda. seit 1649 durch Gerlingius (Nr. 29/30) gebucht: „Aethiopem lavas ... Du wäschest einen Mohren, oder thust vergebliche Arbeit", „Aethiops non albescit. Ein Mohr wird nit weiß". Mit einem anderen Bild heißt es frühnhd. (A. v. Keller: Alte gute Schwänke, 5,1):

Wer baden will ainen rappen weiß
vnd daran legt sein ganzen fleiß,
der tut, das da vnnutz ist, gar.

Ähnl. im ,Eulenspiegelvolksbuch': „das hieß wol bleichen einen Moren"; vgl. frz. ,à laver la tête d'un Maure on y perd sa lessive' (heute veraltet); engl. ,to wash a blackamoor white'; ndl. ,het is de Moriaan gewassen'.

Auf den gleichen Sachverhalt bezieht sich die Wndg. *Mohrenwäsche halten:* eine erfolglose Arbeit verrichten. Schon Äsop berichtet von einer Mohrenwäsche: „Ein Mann hatte einen Äthiopen gekauft und dachte, dieser habe eine so schwarze Hautfarbe, weil sein früherer Herr sich nicht um ihn gekümmert habe. Er nahm ihn mit nach Hause, schrubbte ihn mit allen möglichen Laugen ab und suchte ihn durch allerlei Bäder weiß zu bekommen. Doch alle Mühe war umsonst, und er erreichte nur, daß der Äthiope krank wurde von der Rumpelei". (Schöne Fabeln des Altertums ..., hg. von Horst Gasse, Leipzig o.J., S. 44).

Woher die Rdaa. *Mohr machen, es wurde schwerer Mohr:* große Erregung, *die Familie macht großen Mohr:* sie treibt großen Aufwand, stammen, ist ungeklärt; der Hinweis auf frz. Flüche wie ,mort de ma vie!', ,mort de dieu!' hilft kaum weiter. Vielleicht ist daran zu denken, daß sich früher nicht selten Neger (Mohren) unter der höfischen Dienerschaft befanden.

Mohren haben: Angst, Furcht haben. Die Wndg. stammt aus der Studentensprache; vermutl. als scherzhafte Entstellung aus ↗,mores'.

Die zum geflügelten Wort gewordene Wndg. ,Der Mohr hat seine Schuldigkeit getan', aus Schillers Fiesko, III, 4 (1783) wird scherzhaft abgeändert zu: ,Der Mohr hat seine Schuldigkeit getan, der Mohr kann kaum noch gehen'.

Lit.: *J. Morawski:* A laver la tête d'un Maure on perd sa lessive, in: RSS 17, 1930, S. 138–143.

Moll. *Auf Moll gestimmt sein:* betrübt sein. ,Moll' (von lat. mollis = weich, Gegensatz durus = hart), ist das ,andere' harmonische Tongeschlecht, dessen Grundakkord sich aus kleiner Terz über dem Grundton aufbaut. Die naive Auffassung, ,Dur' klinge fröhlich, ,Moll' traurig, ist im 16. Jh. entstanden aus der älteren musiktheoretischen Lehre über den Affektgehalt der Kirchentonarten (vgl. H. J. Moser: Musik-Lexikon, Berlin 1935, S. 515–517).

Lit.: *H. Stephani:* Der Charakter der Tonarten (Regensburg 1923); *P. Mies:* Der Charakter der Tonarten (Köln – Krefeld 1948).

Molle. *Mit Mollen gießen;* stark regnen; Berliner Rda. ,Molle' ist eine Abwandlung von Mulde; in Berlin heißt eine Molle auch ein Glas Bier, und eine ,Molle mit Schuß' ist eine durststillende Mischung aus Bier und Himbeersaft.

Molli. *(Den) Molli machen:* trunksüchtig sein, aus der Rolle fallen, ,den ↗Bär machen'. Die rhein. und Westerwälder Rda. geht wohl auf den Grafen von Molzberg zurück, dessen Schloß bei Wallmerod im Westerwald steht. Das Dorf Möllingen, das seinen Namen trägt, war ihm lehenspflichtig. Vgl. Lothar Späth im ,Spiegel' Nr. 7, 1979, S. 24: „Ich bin wild entschlos-

sen, mit mir überhaupt nicht den Molli machen zu lassen".
Einen Mollikopf machen: in übler Laune sein, dickköpfig sein. Im Schwäb. und in der Schweiz sagt man ‚das Molle' für Rindvieh; jedoch wird der Ausdr. auch auf dicke, dumme Menschen übertr.

Moloch. *Einem Moloch opfern:* einer grausamen Macht opfern, die immer wieder neue Opfer fordert; so z.B. der Moloch Krieg, der Moloch Verkehr.

‚Moloch'

Moloch (griech. molōch, hebr. molęk) bedeutete urspr. Opfer, bes. Kinderopfer, wurde jedoch als Name eines grausamen Gottes mißdeutet und seit dem 17. Jh. appellativisch gebraucht. In 3. Mos. 18,21 wird der furchtbare Gott der Kanaaniter Moloch genannt.

Lit.: *O. Eißfeldt:* Art. ‚Moloch', in: RGG. IV (³1960), Sp. 1089–1090.

Monat. *An den russischen Monat denken:* sich eine Beleidigung oder ähnliches merken, um sich dafür bei passender Gelegenheit zu rächen.
Dreizehn Monate für ein Jahr geben: einem Verhandlungspartner mit günstigen Angeboten sehr entgegenkommen.
Jem. ein 13. (14.) Monatsgehalt anbieten: ihn durch großzügige Versprechungen als Mitarbeiter zu gewinnen suchen, auch: ihn einer anderen Firma abwerben.

Mönch. *Das ist der alte Mönch mit einer neuen Kappe:* es ist die alte Geschichte, nur in etw. anderer Form; vgl. ndl. ‚Het is de oude monnik onder eene nieuwe kap'.
Das Kleid (Kapuze) macht (noch) keinen Mönch: man soll nicht nach Äußerlichkeiten urteilen, da die innere Haltung entscheidend ist; vgl. frz. ‚L'habit ne fait pas le moine'.
Verzweifeln macht einen Mönch (Luther): Der Lebensuntüchtige zieht sich in die Geborgenheit zurück; er wählt nicht nur aus Glaubensgründen den geistlichen Stand.
‚Dat is Müenke Arbeit' sagt man im Münsterischen und am Rhein über eine vergebliche Arbeit; vgl. frz. ‚C'est un travail de bénédictin': eine bes. langwierige Arbeit.
Den Mönch haben: veraltete Rda. für Unglück haben. Die Wndg. kommt aus dem frz. ‚bailler le moine'. So auch bei Fischart, in der ‚Geschichtklitterung' S. 486: „Da sagt ihm Grandgurgel, daß seine Feinde für gewiß den Mönch hätten. Wann sie, antwurt Grandgoschier, nach dem franz. Sprichwort den Mönch, d.i. den Hasen oder das Unglück im Busen haben, so stehn sie übel".
Mit einem Mönch gehen: Unglück haben, ähnl. ‚den Mönch im Busen haben'. Der Angang des Mönchs galt als unglückverheißend (vgl. HdA. I, Sp. 423ff.).
Den Mönch im Sack haben: jem. in irgendeinem Sinne überwältigt haben; ↗Sack.
Einem den Mönch stechen bez. eine höhnische Gebärde, die urspr. unzüchtig (auch apotropäisch) dasselbe meinte wie ‚die ↗Feige weisen'. Man machte dabei die Hand zur Faust und steckte den Daumen zwischen Zeige- und Mittelfinger hindurch. Die unzüchtige Bdtg. ist jedoch schon früh verblaßt und wurde nur noch i.S.v. ‚jem. betrügen' gebraucht.
Die Rda. einen Mönch schlagen stammt aus der Druckersprache und meint: die Farbe ist nicht gleichmäßig stark aufgetragen.

Lit.: *A. Andrae:* Das Wort ‚Mönch' in der Bdtg. Wärmflasche, Bettwärmer, in: Zs. f. d. U. 20 (1906), S. 589–590.

Mond. *Den Mond anbellen:* auf jem. schimpfen, dem man nicht schaden kann. Auch frz. sagt man im gleichen Sinn ‚aboyer à la lune'. Die Rda. findet sich bereits im 16. Jh. in Joh. Fischarts ‚Geschichtklitterung'. 1639 bei Lehmann S. 409 (‚Hund' 27): „Der Mond fragt nichts darnach, daß ihn die Hund anbellen"; S. 723 (‚Sorgen' 12): „Mancher sorgt vnnützlich wie ein Hund, der bellet den Mond an, vnnd meynet, er wöll ins Haus steigen". Der Begründung, die in den letzten Worten liegt, bedarf es ebensowenig, wie der in der bekannten Fabel ‚Der Mops und der Mond' (G. Wustmann: ‚Als der Großvater die Großmutter nahm', 5. Aufl. 1922, S. 134f.): Ein dicker Mops geht beim Mondenschein spazieren und kommt an einen Graben. Er will darüberspringen, fällt aber hinein und bellt nun wütend auf den Mond, als ob der an dem unfreiwilligen Bade schuld sei.

Der Mond, nicht wahr, der schalt doch wieder?
O nein, sah lächelnd auf den Mops hernieder
Und fuhr, als ging's ihn gar nicht an,
Lustwandelnd fort auf seiner Himmelsbahn.

In ‚Faust II' sagt Phorkyas zum Chor der gefangenen Trojanerinnen:

Wer seid ihr denn, daß ihr des Hauses Schaffnerin entgegenheulet,
Wie dem Mond der Hunde Schar.

1885 schreibt Elisabeth Ebeling das Kindergedicht ‚Spitz und Mond':

Der Spitz bellt den Mond, den strahlenden an,
Den Mond, der doch nie 'was zu Leid ihm gethan.
„Pfui", brummt er, „ich hasse Dich bleichen Gesellen.
Du kannst weder knurren, noch beißen, noch bellen
Du hast weder Beine, noch Ohren noch Schwanz,
Hast nichts, als das bißchen erbärmlichen Glanz.
Bist häßlich, und über und über voll Flecken,
Wahrhaftig, Du solltest Dich lieber verstecken".
Der Mond, der entgegnet dem Spitzel kein Wort
Zieht schweigend am Himmel, dem nächtlichen fort,

Zu dem Bild vom bellenden Hund gehört auch die Rda. *Das hieße den Mond mit den Zähnen fassen.* Der gereizte Hund fletscht die Zähne und erweckt den Anschein, als wolle er mit ihnen den Mond fassen. Im

1

2

1/2 ‚Den Mond anbellen'

übertr. Sinn bedeutet daher die Rda.: etw. Unmögliches tun wollen, eine unmögliche Sache verlangen, vgl. frz. ‚vouloir prendre (décrocher) la lune avec ses (les) dents'.

Den Mond am hellen Tage suchen: sich vergebliche Mühe machen. Die Rda. ist eine Lehnübers. der frz. Wndg. ‚chercher la lune en plein midi (jour)'. Die gleiche Bdtg. hat auch die Rda. ‚den Mond mit der Laterne suchen'. Dagegen rhein. ‚den Mond anhülen', einsam im stillen Kämmerlein sich seinem Seelenschmerz ergeben.

Neben dem Hund ist auch der Wolf in Verbindung mit dem Mond gebracht worden. Das bei Rabelais (I, 11 und V, 22) zu findende ‚garder la lune des loups' (heute veraltet) hat den Sinn: unnütze Sorgen haben, sich unnötige Mühe machen. Im Dt. gibt es für diese Rda. keine Entsprechung. Das Lat. kennt ‚luna tuta a lupis', was soviel bedeutet wie: es ist dafür gesorgt, daß die Bäume nicht in den Himmel wachsen.

Nach dem Volksglauben muß alles, was gedeihen soll, bei zunehmendem Mond vorgenommen werden. Entspr. schädigt, hemmt, ja vernichtet sogar abnehmender Mond. Dieselbe Analogie zeigen folgende Rdaa.:

Bei ihr ist zunehmender Mond: sie ist schwanger. Grimmelshausen: (‚Simplicissimus' 4,70): „eine von unseren mägden wird wie der mond zunehmen". Von Dienern, Beamten usw., welche die Güter ihrer Herrschaft schmälern, sagt man: ‚da regiert der abnehmende Mond'. Muß bei einem Unternehmen mit Sicherheit mit Verlust gerechnet werden, so ‚kommt es in den abnehmenden Mond'.

Den Mond im Brunnen suchen, der am Himmel hängt: sich vom falschen Schein verführen lassen. Entspr. *den Mond im Brunnen suchen:* einen täuschen. *Nach dem Monde greifen:* nach Unerreichbarem streben.

Etw. liegt im Monde: es ist nur in der Phantasie oder als Wunschtraum vorhanden. So sind die ‚Schlösser, die im Monde liegen' dasselbe wie ‚Luftschlösser' (vgl. frz. ‚promettre la lune' [wörtl.: den Mond versprechen], i.S.v.: Unmögliches versprechen). Die Wndg. ist vor allem durch Paul Linckes (1866–1946) Operette ‚Frau Luna' bekanntgeworden, wo es in der Schlußszene heißt:

Schlösser, die im Monde liegen,
Bringen Kummer, lieber Schatz ...

Spottend sagt man von einem, der anspruchsvoll auftritt, aber bzgl. seiner Reichtümer verdächtig ist: ‚seine Güter liegen im Monde', ‚sein Geld ist im Monde'. „Die Grafschaft des Grafen liegt im Monde, von wo er, ... wenn der Mond dieser Erde näher kommt, seine ungeheueren Revenüen beziehen kann" (H. Heine II, 279).

Ist jem. vom Glück außerordentlich begünstigt, so heißt es: *Der Mond scheint ihm die ganze Nacht.* Der früheste Beleg für diese Wndg. findet sich bei Hans Sachs (‚Fastnachtspiele' 2, 143, 58): „Jetzt scheine die ganze nacht der mon".

In den Mond gucken: leer ausgehen, das Nachsehen haben (in gleicher Bdtg.: ‚in den ↗Eimer gucken' oder ‚durch die ↗Röhre gucken'); rhein. ‚de hat de Mond gesehn' sagt man jedoch von einem, den man für närrisch hält; hier steckt wahrscheinl. die abergläubische Vorstellung dahinter, daß man ungeschickt und blöde wird, wenn man in den Mond schaut. Hat einer nichts zu leben, dann sagt man: ‚der Mond scheint ihm in den Topf'. Bei Sebastian Franck (Sprww. II, 1876) ist die Rda. belegt: „Narren, die da meinen, sie haben Milch im Napf, so scheint ihn nun (d.h. nur) der mon drein"; vgl. ndl. ‚de maan schijnt in het water'.

Die Uhr geht nach dem Mond: geht unzuverlässig, falsch, im Gegensatz zur Sonnenuhr, die die Tagesstunden zuverlässig anzeigt. Wer rückständig ist, ‚bleibt drei (sieben) Meilen hinter dem Mond zurück'. Die Rda. *hinter dem Mond sein* (oder *leben*) bedeutet: wirklichkeitsfremd leben, über aktuelle Geschehnisse nicht unterrichtet sein; vgl. frz. ‚être dans la lune' (wörtl.: im Mond sein), i.S.v. verträumt sein.

Gegen den Mond pissen (spucken): sich selbst schaden (vgl. ndl. ‚hij pist tegen de maan', eine Rda., die den Hochmütigen lächerlich machen will). In der Gegend von Moers und Xanten sagt man für eine vergebliche Arbeit: ‚das ist tegen de Mond geseicht'; vgl. frz. ‚il pisse sur la terre'. Die Rda. spielt in der ndl. Rdaa.-Malerei wiederholt eine Rolle, so mehrfach bei P. Bruegel (auf dem Rdaa.-Bild), auf einer Misericordie in Champeaux sowie auf Bilderbogen.

‚Gegen den Mond pissen'

Du kannst mir mal im Mondschein (auch: *am Abend*) *begegnen:* ‚du kannst mir gestohlen bleiben'; die berl. Rda. ist eine schonende Verhüllung für das Götz-Zitat. *Der Mond geht auf:* er bekommt eine Glatze. *Den Mond putzen:* Licht anzünden. Ist man jem. leid, so möchte man *ihn auf den Mond schießen*, d. h., man wünscht ihn in weite Ferne. Vgl. die Sage vom ‚Mann im Mond', der wegen eines Sonntagsfrevels in den Mond versetzt wurde. Einer ist *voll wie der Mond* oder *Er sieht den Mond für eine Laterne an* sagt man von einem Betrunkenen, ↗trinken.

Einen ordentlichen Mond haben (Saarland): viel Geld verdienen; wahrscheinl. steht hier Mond für ‚Monat' und bezieht sich auf den Monatslohn, wie ja auch Monat urspr. auf Mond (Mondphasen) zurückgeht.

Rdaa. bringen oft starke Übertreibungen ohne jeden Wirklichkeitsgehalt; dazu gehört *Sie wischte dem Mond die Hörner ab, wenn sie ihn erreichen könnte*, für eine Frau, die in ihren Liebesbezeigungen oder ihrer Putzwut keine Grenzen kennt. Weiterhin: ‚Wenn er so groß wäre, wie er dumm ist, könnte er den Mond auf den Knien küssen' (Süd- u. Mitteldtl.) für einen unwissenden Menschen. *Dem Mond ein Kleid machen wollen:* etw. Unmögliches schaffen wollen. In Plutarchs ‚Convivium septem sapientium' (Kap. 14) findet sich das Märlein vom Monde: Selene, die Mondgöttin, bat einst ihre Mutter, ihr ein gutpassendes Röckchen zu weben. Diese aber erwiderte: Wie soll mir das gelingen? Sehe ich dich doch bald voll, bald abnehmend, bald zunehmend. An diesen erzählenden Teil schließt das Märchen seine Nutzanwendung: der Gestaltwandel der jungen Selene wird gleichnishaft auf die unberechenbare Unbeständigkeit ‚maßloser' Menschen übertr. Fischart zieht in seiner ‚Geschichtklitterung' den Inhalt des Märchens formelhaft zusammen: „So man sonst dem vnstäten Mon, kein Kleid anmachen kann".

Als ‚proverbium germanicum' geht die Wndg. Fischarts in Janus Gruterus' ‚Florilegium ethico-politicum' über: „Dem vnstedigen Mon kann man kein Kleyd anmachen"; aus Fischarts ad-hoc-Wndg. ist also ein ‚dt. Sprichwort' geworden, das auch in späteren Ausg. in den dt. Sprww.-Schatz aufgenommen wird. In die Umgangssprache ist die Rda. kaum gedrungen, jedoch wurde sie öfter lit. variiert, so z. B. bei Lessing in seiner Schrift ‚Leibniz

‚Mann im Mond'

von den ewigen Strafen' (1773): „Wie wäre das auch möglich gewesen? Wie hätte es ihm einkommen können, mit einem alten Sprichwort zu reden, dem Mond ein Kleid zu machen?"

In Schwänken des 16. Jh. (Wickram, Westphal, Joh. Strauss aus Elsterberg) wird von einem Mann erzählt, den man auf Bildern nur nackt darstellen kann, da er seine Kleidung dauernd ändert. Im Märchen bei Plutarch kann dem Mond kein Kleid gemacht werden, weil er seine Gestalt wandelt, im Schwank kann dem Menschen kein Kleid gemacht werden, weil er immer etw. Neues will; beider Verhalten wächst aus ihrer Unbeständigkeit.

Lit.: *E. Ebeling:* Vier und zwanzig Fabeln u. Gedichte für Kinder (Leipzig 1885); *A. de Cock:* Hij heeft in (tegen) de maan gepist, in: Vkde. 19 (1907/08), S. 132; *E. H. van Heurck:* Hij pist tegen de maan, in: Folklore Brambaçon 7 (1927/28), S. 195; *A. Haas:* Der Mond krangt, in: Unsere Heimet 7 (1928), Nr. 8; *W. Wolf:* Der Mond im dt. Volksglauben (Bühl 1929); *Stegmann:* Art. ‚Mond', in: HdA. VI, Sp. 477 ff.; *F. Sieber:* Dem Monde kann man kein Kleid machen, in: Dt. Jb. f. Vkde. 3 (1957), S. 366 ff.; *T. Harley:* Moon Lore (London 1885, Ndr. Detroit 1969).

Mondkalb. *Er ist ein Mondkalb:* er ist sehr dumm, einfältig. Mondkalb ist eigentl. eine Mißgeburt der Kuh; denn der Mond gilt als verantwortlich für Mißgestaltungen. Luther (Werke VII, S. 84) schreibt: „Muß also den Widertäuffern ein Kind nicht ein Kind, sondern ein Mondkalb oder Wechselbalg heißen". Dazu auch die volkstüml. Sentenz:

Dinge kommen vor im Mond,
Die das Kalb selbst nicht gewohnt.

Wie ein Mondkalb in die Gegend gucken: sehr verwundert, hilflos herumschauen.

Moneten. *Moneten haben:* Geld haben. Der Ausdr. kommt aus dem lat. ‚monetae', Münzen; urspr. wohl zuerst in der Studentensprache gebräuchl.

Monogramm. *Beiß dir ein Monogramm in den Bauch (Hintern):* tu, was du willst, aber laß mich ungeschoren. *Man kann sich auch ein Monogramm in den Bauch beißen* ist eine Entgegnung auf eine mit ‚man kann ...' beginnende Äußerung, deren Verwirklichung man bezweifelt, seit etwa 1920. ‚Ich beiß' mir ein Monogramm in den Bauch' gilt auch als Ausdr. der Überraschung. *Sich vor Wut ein Monogramm in den Bauch (Arsch) beißen:* sich über alle Maßen ärgern müssen, so daß man fast die körperliche Beherrschung verliert; drastisches Sprachbild.

Monokel. *Jem. fällt das Monokel in den Kakao:* ein eingebildeter Mensch muß eine Niederlage hinnehmen. ‚Monokel' steht hier als Zeichen für einen aufgeblasenen Menschen, ‚Kakao' für Schmutz. So ist die Rda. angebracht, wenn sich ein Höhergestellter, Eingebildeter blamiert.

Monstranz. *Sie ist eine schöne Monstranz, wenn nur ein Heiligtum drin wäre,* sagt man von einer schönen Frau, die keine Tugend besitzt. Bereits Seb. Franck hat die Wndg. in seine Sprww.-Sammlung (II, 35[a]) aufgenommen: „Es ist eyn schön monstrantz, wen nur heyltumb drinne wer". Sinnverwandte Wndgn., die Seb. Franck schon anführt, sind: ‚ein ↗Bild ohne Gnade sein', ‚ein Haupt ohne Hirn oder Zung' und ‚ein ↗Ölgötze sein'. Vgl. lat. ‚corpus sine pectore' und ndl. ‚Het is eene schoone monstrantie, ware er heiligthum in'.

Montag. *Blauen Montag machen:* nicht arbeiten; am Montag die Arbeit ruhen lassen, ihn ebenso feiernd zubringen wie den Sonntag. Gekürzt: *blau machen,* auch lit., z.B. bei G. Keller in ‚Martin Salander', 6. Kap.: „morgen mach' ich Blauen"; vgl. engl. ‚to blue', ‚tu keep St. Monday'; ndl. ‚een blauwe Maandag houden'; frz. ‚faire le lundi', ‚fêter saint lundi' (veraltet).
Das Bestreben, die Arbeitszeit durch Einlegung eines ganz oder teilweise freien Tages zu kürzen, tritt schon früh hervor: Im späteren MA. und z.T. bis in die Neuzeit hinein hatten die Handwerksgesellen den Anspruch, am Montag oder wenigstens an bestimmten Montagen nicht für ihren Meister zu arbeiten, diesen Tag vielmehr für eigene Arbeit frei zu lassen; das hieß ‚Montag halten'. Der Tag wurde als ‚guter Montag', seit der Mitte des 17. Jh. als ‚blauer Montag' bez. Dieser war bei der oft langen Arbeitszeit nicht ganz ohne Berechtigung. Er sollte es den Gesellen ermöglichen, sich zu erholen oder ein Bad zu nehmen oder die Gesellenvereinigung zu halten. Freilich wurde dieser freie Montag von den Gesellen oft als Nachfeier des Sonntags aufgefaßt; schon im 14. Jh. stoßen wir in den Handwerkssatzungen auf die Verbote des guten Montags. Sie wurden vielfach dadurch wirksam zu machen versucht, daß dem Meister die Pflicht auferlegt wurde, dem feiernden Gesellen einen Teil des Lohnes, oft den ganzen Wochenlohn einzubehalten. Der Rat Krakaus bestimmt z.B. im Verhältnis der Schneider zu ihren Knechten am 18. November 1392: ‚daz dy knechte keynen guten Montag süllen heben nach der aldin saczunge der Stat'. Im 15. Jh. scheint sich der gute Montag doch allg. durchgesetzt zu haben. Wenigstens stoßen wir jetzt auf Bestimmungen, die den Gesellen im Prinzip den guten Montag zugestehen und nur die Zahl der Montage oder das Feiern auf einen halben Tag zu beschränken suchen. „Vortmer so hebben de knechte alle maendage vry. In den vryen maendagen mögen se mâken to dem jahr veer armborste an erem egenen horne" heißt es in der ‚Ordeninge der armborster', Hamburg 1458. An manchen Orten wurde der blaue Montag nicht regelmäßig erlaubt; nach der württ. Schreinerordnung (1593) höchstens alle vier oder fünf Wochen, in Frankfurt gibt es nach der Schuhknechtordnung (1589) einen halben Tag, und zwar nur in dem Fall, wenn kein Feiertag in die Woche fällt; in Nürnberg haben die Gesellen um 1550 in einer Woche ohne Feiertag erst nach der Vesperzeit frei. Der Obrigkeit war der blaue Montag von je ein Dorn im Auge. So häufig wie die den blauen Montag betr. Bestimmungen der Zunftsatzungen sind

auch die Verordnungen der Obrigkeit gegen ihn, z. B. eine Nürnberger Ordnung von 1550 ‚Ordnung und verpot welcher gestalt die guten Montag von den hantwerksgesellen alhie gehalten werden sollen'. Auch Hans Sachs ist darum ein ausgesprochener Feind des guten Montags, in dessen Gefolge nach seiner Meinung Trunkenheit, Fraß und Spiel, Zorn, Hader und Schlägerei, endlich Faulheit, Armut und Krankheit einherschreiten. Wir verdanken H. Sachs zwei Gedichte (I, Nr. 124, S. 339, Bd. II, Nr. 262, S. 218), in denen er ein schreckliches Ungeheuer als Personifikation des guten Montags auftreten läßt:

Mir gueten montag, er da sprach,
Volgt stecz ein poeser samstag nach ...
Ich gueter montag mach doll köpff,
Lere pewtel vnd volle kröpff ...
Mach manche werckstat ler vnd öd,
Hosen vnd rock schieter vnd plöd.

Vom Dichter heißt es zum Schluß des Traumes:

Ich erwacht vnd dem traum nach son,
Stund auf, fing zw arbeiten on,
Mit zw entgen vil vngemachs
Des gueten montags, spricht Hans Sachs.

150 Jahre später hat sich der Wortgebrauch vom ‚blauen Montag' gegenüber dem älteren ‚guten Montag' schon ganz durchgesetzt; Abraham a Sancta Clara schreibt: „Lorenz Blaurock, Handwerks-Gesell! Euer Handwerk trägt zwar ein sehr ehrliches Geld, gleichwohl gehet Euch nichts von der Hand. Der hl. Lorenz oder Laurentius, dessen Namen Ihr führt, ist auf dem Rost gebraten worden, hat dannenhero einen schweren Rosttag gehabt; Ihr macht aber aus dem Rosttag einen Rasttag und heisst nicht umsonst Blaurock, denn ihr liebet nichts mehr als die blaue Farb, sonderbar den blauen Montag; aus dem blauen Montag aber wird ein fauler Dienstag und darauf ein durstiger Mittwoch, aus diesem entsteht ein schläfriger Pfingsttag (Donnerstag), so geht's die ganze Wochen durch"; und später: „Der heil. Crispinus und Crispinianus seynd Schuster gewest. Ich bin nicht darwider, sagt der Meister Pechpatz, ich hab zwar die ganze Wochen einen blauen Montag gemacht, nun aber kommt mir die Arbeit auf Ein Mahl zusammen". Im 18. Jh. wurde diese alte örtliche Einrichtung von der Reichsgesetzgebung bekämpft. So schreibt J. Möser in den ‚Patriotischen Phantasien' (1774f., Bd. 4, S. 35): „In andern Ländern, wo ... die blauen Montage eingezogen sind", 4, 47: „Wenn er gehört hätte, daß man solchen jungen Burschen ... sogar den Trost, sich alle vier Wochen einmal richtig ausdehnen zu können, oder den sogenannten blauen Montag abgeschnitten hätte".

Daß man gerade den Montag als Ruhetag gewählt hat, mag damit zusammenhängen, daß an den ‚Mondtagen', bes. bei Neu- oder Vollmond, in alter Zeit Gerichts- und Dingversammlungen stattgefunden hatten. Vielfach dehnte man auch größere Feste, die auf Sonntage fielen, auf den Montag aus, was ja auch für die zweitägigen hohen Kirchenfeste (Ostern, Pfingsten und Weihnachten) gilt. Auch die ‚Morgensprachen', d. h. die mit Gelagen und Schmäusen verbundenen regelmäßigen Zusammenkünfte der Innungen, hielt man am Montag ab. Was die Meister taten, ahmten die Gesellen nach. Vielfach galt auch, wie schon bei den Römern, der Montag als Unglückstag, an dem man lieber keine Arbeit begann. Die Bäckergilde Münster feiert noch alle 3 Jahre am ersten Montag im Juni ihren ‚Guten Montag' als Schützenfest. Dieser Brauch wird als Zunftprivileg auch in Wien und in anderen Städten erwähnt. In Münster selbst wird er mit einer Sage von der Belagerung Wiens durch die Türken in Zusammenhang gebracht, die wahrscheinl. erst sekundär mit dem schon vorher urkundlich bezeugten Brauch verbunden wurde: 1683 soll ein Bäckergeselle aus Münster in einer Backstube von Wien nachts Geräusche gehört haben. Als er es der Wache meldete, entdeckte man, daß die Türken dabei waren, einen unterirdischen Gang in die Stadt zu graben. Seine Wachsamkeit rettete die Stadt. Zur Belohnung gestattete man der Zunft der Bäcker in Münster von da an die festliche Begehung dieses denkwürdigen Tages. Eine Urkunde darüber ist aber nicht erhalten.

Problematisch ist vor allem die Frage, warum diese Montage ‚blau' benannt wurden. Dafür sind im Laufe der Zeit die verschiedensten Deutungen und Erklärungen versucht worden, von denen keine völlig bewiesen ist. Blau, so hat man argumentiert, wurden diese Montage genannt, weil an dem Fastnachtsmontag, an dem ebenf. die Arbeit ruhte und der auch ‚der unsinnig Montag', ‚Fraßmontag', rhein. ‚Rosenmontag', d.h. eigentl. ‚rasender Montag' genannt wurde, die Altarbehänge in den Kirchen von blauer Farbe waren. Diese Erklärung findet sich z.B. in Haltaus' ‚Calendarium medii aevi' (1729): „In Palatinatu Bavaria etc. hunc diem appellant den blauen Montag a colore violaceo, quo omnia in templo ornantur. Et hoc die ab operis vacant otioque ac laetitiae indulgent opifices cum famulis; unde forsan in genere dies otiosi atque geniales ab iis blaue Montäge nuncupantur". Gegen diese Ableitung erheben sich aber Bedenken: Die blaue (eigentl. violette) Altarverkleidung, ein Symbol der Buße und des Fastens, beginnt mit dem Sonntag Septuagesimae als dem Anfang der siebzigtägigen Fastenzeit der älteren Kirche und dauert bis Ostern; es ist also nicht einzusehen, warum gerade der Fastnachtsmontag darnach benannt sein soll. Wenn also die Bez. tatsächlich vorkommt – ein sicherer Beleg ist dafür nicht bekannt –, so ist immer noch die Frage, ob sie nicht erst sekundär auf diesen Bummelmontag übertragen wurde.

Eine ganze andere Erklärung bringt Kluge-Götze: Solange mit Waid blau gefärbt wurde, mußte die Wolle, nachdem sie zwölf Stunden im Färbebad gelegen hatte, ebensolange an der Luft oxydieren. Sonntags ließ man sie im Bad, worauf sie den ganzen Montag an der Luft liegen mußte. Die Gesellen konnten müßig gehen, wenn in solcher Weise ‚blau gemacht' wurde.

Andere Erklärungen gehen von sprachl. Erwägungen aus. Man hat z.B. an eine Übertr. aus dem engl. ‚playmonday', d.h. Spiel-Montag, gedacht. Auch eine volksetymolog. Umbildung aus dem engl. ‚plough-Monday', dem Montag nach Epiphanias, an dem die jungen Burschen mit einem Pflug umherzogen und unverheiratete Mädchen davorspannten, hat man erwogen. Natürlich liegt die Analogie zu Benennungen wie ‚Grüner Donnerstag', ‚Weißer Sonntag' u.a. nahe. Auch eine Entstellung aus ‚Palm-Montag' hat man für möglich erachtet. Wer vom Sonntag her noch ‚blau' ist, kann auch am Montag nicht viel leisten. Trotz dieser plausiblen Erklärung ist es unwahrscheinl., daß der blaue Montag von ‚blau sein' = betrunken sein herzuleiten ist (↗blau).

Eine andere Theorie meint, der blaue Montag habe seinen Namen von der Tollheit und Ungebundenheit der Handwerksburschen an den Montagen, die häufig damit endeten, daß manche verbleut wurden und mit blauen Striemen und Flecken am Kopf und Körper nach Hause kamen. In Nürnberg seien die Drohworte: ‚Wart, ich will Dir an Blöbling (Bläuling) stechen, wennst noch a Wurt redst', d.h. ich will Dir die Augen blauschlagen, üblich gewesen. – Nicht zutreffend dürfte auch die Erklärung sein, daß die Kleidung der Genossenschaften, die sich im späteren MA. unter den Handwerksgesellen bildeten, blau gefärbt gewesen sei. Doch liegt ein anderer Bezug zu Kleidersitten näher und ist wahrscheinlicher: Nach der Kleiderordnung des MA. war für jeden Stand auch die Farbe des Kleiderstoffes festgelegt. Die für Bauern und Handwerker zuständige Kleiderfarbe war grau, daneben auch braun; es sind die ‚geringen Farben'. Daneben stand für den Sonn- und Feiertag die blaue Farbe. Eine ganz eindeutige Äußerung haben wir aus der Zeit um 1290 von dem oesterreich. Dichter Helbling (II, 72), der schon damals die später oft erhobene Klage anstimmt, daß die Bauern sich nicht in ihren Grenzen halten:

> Dô man dem lant sin reht maz,
> man urloubt im hûsloden grâ
> und des virtages Blâ
> von einem guoeten stampfhart.
> dehein varve mêr erloubt wart
> im noch sînem wibe.

Wenn die Handwerker am Montag nicht arbeiteten und statt dessen den blauen Feiertagsrock anzogen, konnten sie vom blauen Montag sprechen. Er steht damit also als Gegensatz zum ‚grauen Alltag'.

Eine ganz andere Erklärung für das Wort ‚blau' bietet sich aus dem jidd. ‚belo' i.S.v. ‚ohne' an, das sich in rotw. ‚blau' (sehr schlecht, böse, gar nicht, überhaupt nicht) veränderte. So wäre der ‚blaue Montag' als Tag zu erklären, an welchem die Handwerker nicht arbeiten, also als unnütz und vergeblich (S. A. Wolf: Wb. d. Rotw., S. 55, Nr. 524). Auch S. Landmann schreibt (S. 87): „Und wer gibt sich Rechenschaft, daß ein ‚blauer Montag' oder ‚blau sein' rein nichts mit der blauen Farbe zu tun haben, sondern mit einer hebr. Negation, nämlich ‚b'lo' oder ‚b'law'."

Die oft schlechte handwerkliche Arbeit an Montagen prägte das Sprw. ‚Montag(sarbeit) wird nicht wochenalt'. Besitzt ein neues Auto erhebliche Mängel, die nach und nach in Erscheinung treten, so sagt man: *Ich habe mir einen Montagswagen gekauft* und meint damit, das Auto sei an einem Montag gefertigt worden, d.h. ohne große Sorgfalt.

Lit.: *Jeitteles:* Blauer Montag, in: Germania 26 (1881), S. 506–507; *Anon.:* Blauwe Maandag, in: Vkde. 1 (1888), S. 59; *E. Mummenhoff:* Der Handwerker in der dt. Vergangenheit (Leipzig 1901), S. 70f.; 125; *E. Berend:* Der blaue Montag, in: Bayer. Hefte f. Vkde. 2 (1915), S. 180f.; *H. F. Singer:* Der blaue Montag (1917); *Koehne:* Studien zur Gesch. des Blauen Montags, in: Zs. f. Sozialwiss. 11 (1920); HdA. VI, Sp. 554–565; *R. Wissell:* Des alten Handwerks Recht und Gewohnheit, Bd. I (Berlin 1929), S. 378–390; *R. Foncke:* Folklore van de Maanday, in: Volkskunde. Nieuwe Reeks, Jg. 3; *O. Lauffer:* Farbensymbolik im dt. Volksbrauch (Hamburg 1948), bes. S. 20ff.; *F. C. Tubach:* Notes on the expression ‚Blauer Montag', in: MLN 74 (1959), S. 329–333; *S. Landmann:* Jiddisch, Abenteuer einer Sprache (München 1964); *R. Brockpähler:* Der ‚Gute Montag' der Bäckergilde Münster – Sage und hist. Wirklichkeit, in: Rhein.-westf. Zs. f. Vkde. 16. Jg. (1969), H. 1–4, S. 123–163.

Moos. *(Viel) Moos haben:* viel Geld haben, reich sein. Moos ist urspr. ein student. Ausdr. für ‚Geld'; er kommt über das Rotw. aus jüd. mãos = hebr. mā'ōth = Pfennige, Kleingeld (vgl. ‚Most' in der Rda. ‚wissen, wo ↗Barthel den Most holt'). Die Wndg. ‚Moos haben' ist dann in der Studentensprache scherzhaft erweitert worden zu: *Moses und die Propheten haben,* mit Anlehnung an die bibl. Erzählung vom reichen Mann, der, in der Hölle schmachtend, Abraham bittet, seine noch auf Erden weilenden Brüder vor einem sündigen Leben zu warnen, worauf Abraham ihm bedeutet: „Sie haben Moses und die Propheten, laß sie dieselbigen hören" (Luk. 16,29). Th. G. v. Hippel (1741–96) verwendet die Rda. und bemerkt dazu: „Hieß zu der Zeit (um 1757) in Kurland Geld und Gut oder, wie einige wollen, Gold- und Silbergeld, oder im Provinzialausdruck grob und fein, groß und klein Geld, das will sagen Albertstaler und Vierlings".

Ebenfalls aus der Studentenspr. stammt das Sprw. ‚Ohne Moos nix los'. Moos hat auch hier die Bdtg. von ‚Geld'.

Moos ansetzen: alt werden; studentensprachl. ‚ein bemoostes Haupt sein': ein alter, verbummelter Student sein. J. Gotthelf beschreibt die Situation der Studenten in seinem ‚Schuldenbuch': „Was unsere Väter in sechs Jahren (auf der Hochschule) lernten, so daß sie gelehrt wurden, daran lernt man jetzt zwölf Jahre und im dreizehnten ist man wohl was geworden, aber nicht geehrt, sondern ein famoser Bierrülps, ein Urbursche mit Moos auf dem Haupte und Dreck überall". Im Engl. sagt man für jem., der geistig frisch und beweglich bleibt: ‚a rolling stone gathers no moss'.

Aufs Moos kommen: eine alte Jungfer werden, ledig sterben. Die Moore (= mhd. mos: Moor, Sumpf) wurden als Aufenthalts- und Strafort für unverheiratete Mädchen und Frauen nach ihrem Tode angesehen, bes. in Bayern, Oesterr., Tirol und der Schweiz. Dort müssen sie Kiebitze hüten, Scheite sieben, Ladhölzer säen, Hosen flicken oder gar als häßliche Schnecken umherkriechen. *Das Mooslied singen:* ein Lied singen, das als Thema alte Jungfern hat.

Lit.: *F. Sarasin:* Die Anschauungen der Völker über Ehe und Junggesellentum, in: Schweiz. Arch. 33 (1934).

Mops. *Sich ärgern* (auch *sich langweilen*) *wie ein Mops.* Der rdal. Vergleich geht von dem mürrischen Gesicht des Tieres aus. Danach auch: *sich mopsen:* sich langweilen, sich ärgern; *mopsig:* langweilig. Doch gilt der rundliche Mops auch für ein zufriedenes Tier: daher *mopsfidel, ein vergnügter Mops.* Hierher gehört auch der um 1870 aufgekommene parodistische Stammbuchvers:

Lebe glücklich, lebe froh
Wie der Mops im Paletot!

und der Liedvers: „Wenn der Mops mit der Wurst über'n Spucknapf springt ..."

Wenn der Mops mit der Wurst über'n Spucknapf springt.

Eigenthum von J. E. Maier.

1.

Ein Jeder kennt gewiß das Lied,
Das froh sich auf die Wurst bezieht,
Und das den Mops dabei besingt,
Der über'n Spucknapf springt!
Gesungen ist es schon sehr viel,
Darum jetzt auch beim Orgelspiel
Ertöne laut und froh:
„Wenn der Mops mit der Wurst über'n Spucknapf springt
Und der Storch in der Luft den Frosch verschlingt!
Wenn der Mops mit dem Frosch über'n Spucknapf springt
Und der Storch in der Luft die Wurst verschlingt!"

2.

Ein Jüngling spricht zum Mägdelein:
„Dir werde ewig treu ich sein!"
Doch wenn sie ihn dann zärtlich fragt:
„Wann ihr die Hochzeit tagt?"
Dann wird er plötzlich still und stumm
Und denkt, da kümm're Dich nicht d'rum!
Ich nehme Dich zur Frau,

Das ist unterm Mops: das ist ‚unter aller Kritik'; Nebenform von ‚unter allem ↗Hund'; ↗Kanone; ↗Strich.
Altmärkisch: ‚He hett Möps in'n Kopp', er hat Launen. Dagegen meint die Wndg. *Möpse haben* heute allg. auch: viel Geld besitzen, reich sein.

Moral *Die Moral heben wollen:* das ethische Verhalten der Allgemeinheit durch Erziehung zum Guten u. Schönen verbessern wollen. Das Wort ‚Moral' ist im 16. Jh. entlehnt worden aus frz. ‚morale' zu lat. ‚moralis': die Sitten (mores) betreffend, ethisch.
Gegen die Moral verstoßen: gegen Sitten u. Anstand, gegen die verbindlichen Werte einer Gemeinschaft handeln.
Eine Moral mit doppeltem Boden: eine von Fall zu Fall verschiedene Verhaltensweise mit einer ‚strengen' oder ‚lockeren' Moral, sich nach außen hin als ‚moralisch einwandfrei' darstellen, aber strenge Grundsätze heimlich mißachten. Man spricht daher auch von einer ‚erschütterten Moral', einem Sittenverfall.

Die Moral für sich gepachtet haben: sich als Richter über das Verhalten anderer aufwerfen, sich entrüsten. Häufig besaßen früher Geschichten, Fabeln, selbst Schwänke eine Schlußmoral, auch im Bänkelsang war dies die gewöhnliche Zusammenfassung, die Warnung vor falschem Verhalten. Wilhelm Busch bringt eine solche Lehre, den ethischen Kern einer Geschichte in seinem ‚Bad am Samstag Abend' in die humoristischen Verse:

Und die Moral von der Geschicht:
Bad' zwei in einer Wanne nicht!

Bekannt ist auch der klassenkämpferische Kehrreim aus der ‚Dreigroschenoper' (2. Dreigroschen-Finale, II. Akt) von Bert Brecht (1928):

Erst kommt das Fressen,
Dann kommt die Moral!

Mord. *Es gibt Mord und Totschlag:* es gibt Zank und Streit; die übertreibend umschreibende Zwillingsformel ‚Mord und Totschlag' stammt aus dem Rechtsleben. Im Gegensatz zum offenen, im Affekt begangenen Totschlag ist Mord die heimliche, geplante Tötung. In der Rda. wird dieser Unterschied nicht berücksichtigt, sondern beide Begriffe sollen sich auf denselben Umstand, nämlich Streit, beziehen.
Etw. ist reiner Mord: eine Arbeit ist so hart, daß man sich bis zum letzten verausgabt.
Mordio schreien: ↗Zeter und Mordio.

Lit.: *R. Schmidt-Wiegand:* Art. ‚Mord (sprachlich)', in: HRG. III, Sp. 673–675.

Mördergrube. *Aus seinem Herzen keine Mördergrube machen* ist eine Prägung Luthers, der σπήλαιον λῃστῶν, vielleicht über ‚spelunca latronum' der Vulgata, in seiner Septemberbibel (1522) als ‚eine Mördergruben' übersetzt.
Da zur Mördergrube (ndd. ‚mortkule') das Versteckte und Heimliche gehört, gebraucht man die angeführte Rda. von einem offenherzigen Menschen.

Mores. *Jem. Mores lehren:* ihm Sitte, Lebensart beibringen; auch: ihn zurechtweisen. Die Rda. stammt wohl aus der Studentensprache und geht auf die Schulsprache der Humanistenzeit zurück. Lat. ‚mores' = Sitten ist seit dem 15. Jh. im Dt.

belegt, z. B. in der Verbindung ,weder zuht noch mores'. Die volkstümlich gewordene Wndg. ist seit dem Reformationszeitalter oft bezeugt; sie taucht schon bei Hans Sachs in dem Fastnachtsspiel ,Der Krämerkorb' (V. 303) auf: „Ich wolt dich gar wol mores leren"; ebenso bei Sebastian Franck 1531. ,Den will ich emol Mures liern' (Unterwesterwald) wird oft als Drohung verstanden; umgekehrt bedeutet daher *Mores haben:* Angst, Respekt vor etw. haben. Vielleicht spielt hier das hebr. ,mōrā' Furcht, das aus der Kundensprache eingedrungen sein könnte, herein und das auch der Urspr. von ,mauern' = zurückhaltend spielen ist.
Umg. ist die Rda. scherzhaft umgestaltet worden zu: *jem. Moritz lehren,* so z.B. 1779 bei Jung-Stilling. ,Ech well dech Moritz kennen lärnen' sagt man in Hessen, desgleichen in Norddtl.
Vgl. auch ndl. ,Hij zal nog anders mores moeten leeren'.

Morgenluft. *Ich wittre Morgenluft* ist eine durch die Schlegel-Tiecksche Übers. aus Shakespeares ,Hamlet' (I, 5) geläufig gewordene Rda., die auf den Ausspruch des Geistes von Hamlets Vater „But soft! Me thinks I scent the morning air" („Doch still, mich dünkt, ich wittre Morgenluft") zurückgeht. Bei Shakespeare ist der Ausdr. wörtl. gemeint, da der Geist bei Anbruch des Tages verschwinden muß. In übertr. Bdtg. wird heute damit ausgedrückt, daß man eine ,Chance wittert', für ein Vorhaben einen günstigen Verlauf voraussieht.

Lit.: *M. Lüthi:* Lob der Autonomie und der Heteronomie, in: Röhrich Fs. (Jb. für Volksliedforschung 27/28), (Berlin 1982), S. 17–27, hier S. 22.

Morgenstunde. Das Sprw. ,Morgenstund hat Gold im Mund' beruht – so hat man gemeint – auf der Vorstellung der personifizierten Morgenröte = Aurora, die Gold in Haar und Mund trägt. Diese Vorstellung ist schon altnordisch bezeugt, und so sagt man denn in Schweden, daß ein goldener Ring aus ihrem Munde fällt, wenn sie lacht; in Norwegen fallen Goldstücke aus ihrem Munde, wenn sie spricht, und aus den Haaren, wenn sie sich kämmt. In Dänemark fallen Edelsteine aus ihrem

,Morgenstund hat Gold im Mund'

Munde und Silber aus ihrem Haar. Ähnl. Metaphern finden sich in vielen europ. Sprachen, so im Ungarischen; ,wer früh aufsteht, findet ein Goldstück'; frz.: ,a bon gain qui se lève matin; l'aurore est l'amie des Muses'; engl.: ,the early bird catches the worm'; lat.: ,aurora musis amica'. Man sieht indessen sofort, daß diese Beisp. zwar den gleichen Sinngehalt haben, nicht aber dasselbe Bild verwenden.
Die Frage der Herkunft des dt. Sprw.s ist seit W. Wackernagels Aufsatz von 1848 immer wieder diskutiert worden. Zuletzt hat W. Mieder eine befriedigende Antwort darauf gegeben, indem er die Ergebnisse früherer Forschungen miteinander verglich und auf ihre Wahrscheinlichkeit hin überprüfte. Für ihn ist die Erklärung Fr. Seilers (1922), das Sprw. sei eine Art Erfindung eines listigen Lateinlehrers, der seinen Schülern mit ,aurora habet aurum in ore' gleich drei lat. Vokabeln beibringen wollte, nicht haltbar.
Demgegenüber gibt es aber ein lat. Sprw., das als rechtmäßiger Vorläufer des dt. angesehen werden kann: ,aurora musis amica'. Dieses lat. Sprw. wurde von der älteren Forschung deshalb nicht als Quelle anerkannt, weil man es irrtümlicherweise erst um 1625 belegt glaubte, das dt. Sprw. jedoch schon 1612 in Jan Gruters Sprichwörtersammlung erschien. Doch sind beide Daten überholt: das dt. Sprw. wird von Seiler schon 1585 nachgewiesen in Michael Neanders Sprichwörtersammlung, während das lat. Vorbild 1497 von Erasmus von Rotterdam in einem Brief an Christian Northoff verwendet wurde (A. Taylor). Mieder erklärt sich vor allem mit den Ergebnissen von R. Jente einig und findet in Georg Philipp Harrsdörfers

‚Schauspiel Teutscher Sprww.‘ (1641) eine weitere Stütze für Jentes Argumentation.

‚Aurora Musis amica‘ wird hier mit ‚Morgenstund hat Brot im Mund; morgens studiert man am besten‘ übers. In der Lit. des 17. und 18. Jh. finden sich kaum Belege für das Sprw., was jedoch dessen Volksläufigkeit nicht ausschließt.

B. Brecht verwendet es 1930 in einem Gedicht als sozialpolitische Kritik:

Ach, des Armen Morgenstund
Hat für den Reichen Gold im Mund.
Eines hätt ich fast vergessen:
Auch wer arbeit', soll nicht essen!

(Ges. Werke, Frankfurt/M. 1977, S. 137).

Das Sprw. wird auch gelegentlich durch einen Zusatz erweitert, der sich auf das Frühaufstehen bezieht, das bekanntlich den meisten Menschen recht schwerfällt. Diesem Sachverhalt wird auf drastische Weise Rechnung getragen; im Rheinl. sagt man: ‚Morgenstund hat Gold em Mond – on Blei em Arsch‘ (oder – ‚on Bech [Pech] em Hind‘); in Schwaben heißt es: ‚Morgenstund hat Gold im Mund – und Blei im Füdle‘. Vgl. frz. ‚La fortune appartient à ceux qui se lèvent tôt‘ (wörtl.: Das Glück gehört den Frühaufstehern). Mit Sprw.-Mischung: ‚Morgenstund ist aller Laster Anfang‘.

Lit.: *W. Wackernagel:* Gold im Munde, in: Zs. f. d. A. und dt. Lit. 6 (1848), S. 290; *L. Tobler:* Morgenstunde hat Gold im Munde, in: Germania 25 (1880), S. 80–81; *R. Geete:* Morgenstunde hat Gold im Munde, in: Germania 26 (1881), S. 348–350; *R. Sprenger:* Morgenstunde hat Gold im Munde, in: Zs. des allg. dt. Sprachvereins 17 (1902), S. 321; *A. Götze:* Morgenstunde hat Gold im Munde, in: Zs. f. dt. Wortf. 13 (1911/12), S. 329–334; *E. Slijper:* Morgenstunde hat Gold im Munde, in: GRM 4 (1912), S. 607; *Fr. Seiler:* Dt. Sprichwörterkunde, S. 24 f.; *R. Jente:* Morgenstunde hat Gold im Munde, in: Publications of the Modern Language Association 42 (1927), S. 865–872; *A. Taylor:* The Proverb (Cambridge [Mass.] 1931), S. 48–49; *E. Kalinka:* Morgenstund hat Gold im Mund, in: Anzeiger der Akademie der Wissenschaften in Wien 76 (1939), S. 56–58; *L. Röhrich:* Gebärde-Metapher-Parodie. Studien zur Sprache und Volksdichtung (Düsseldorf 1967), S. 181 ff.; *W. Mieder:* Rund um das Sprichwort ‚Morgenstunde hat Gold im Munde‘, in: Muttersprache 88 (1978), S. 378–385.

Moritz. *Jem. Moritz lehren:* ihn scharf zurechtweisen, ↗ Mores.

Wie der kleine Moritz sich das (so) vorstellt: naiv betrachtet, aus der Perspektive eines Kindes. ‚Aus dem Skizzenbuch des kleinen Moritz‘ veröffentlichte der populäre Münchner Zeichner A. Oberländer (1845–1923) seit 1863 eine Reihe von Karikaturen für die humoristisch-satirische Zeitschrift ‚Fliegende Blätter‘, die später unter dem Titel ‚Heimliche Randzeichnungen aus dem Schreibhefte des kleinen Moritz‘ zusammengefaßt wurden. Die Serie steht in der Tradition der seit W. Buschs ‚Max und Moritz‘ (1865) in Mode gekommenen Lausbuben-Bildergeschichten.

‚Der kleine Moritz‘

Lit.: *A. Oberländer:* Schreibheft des kleinen Moritz mit einem Nachwort versehen von H. Heisenbüttel, hg. v. K. Riha (Siegen 1985).

morixeln. *Jem. morixeln:* scherzhaft für jem. töten. Das Wort morixeln ist eine Verballhornung aus lat. ‚mori‘ und dt. ‚metzeln‘.

Morpheus. *In Morpheus' Armen ruhen:* gut und angenehm schlafen. Morpheus als Sohn des Schlafgottes ὕπνος (lat. somnus) hat nach Ovid (‚Metamorphosen‘ XI 634–639) die Macht, Traumgestalten hervorzurufen. Sein Name bedeutet daher ‚der Gestaltende‘ nach griech. μορφή, die Gestalt. Nach ihm ist auch das 1804 von W. Sertürner in Paderborn entdeckte Schlafmittel Morphium benannt, als Parallelbildung zu Opium; vgl. frz. ‚être dans les bras de Morphée‘ (gehobene Sprache).

Moses. Bei jem. ‚eam easchte Buch Mosis stihn‘ bedeutet in Hessen: viele alte Schulden haben.

Er hat das 6. und 7. Buch Mosis gepredigt bez. einen Menschen, der aus seinem Unglauben keinen Hehl macht. Mit dem Schimpfwort ‚Kalb Moses‘ bzw. ‚du bist e

räechts Kalb Moses' belegt man im Elsaß, aber auch im Hess. einen ungeschliffenen, flegelhaften Menschen.
Moses und die Propheten haben ↗Moos.
Sich um Moses Grab zanken: sich nutzlos streiten. Vgl. die ähnl. Wndg. ,sich um des Kaisers ↗Bart streiten' und die ndl. Rda. ,zij kijven om Mozes' graf'.
Er hat Moses Grab gesucht: er hat sich vergeblich bemüht.

Mosthannes. *Keiner hat mehr zu tun als Mosthannes* ist eine Rda., die auf die ma. Zehentwirtschaft zurückgeht. Der Mosthannes war der Fronbote des Meiers, der bei der Erhebung des Weinzehnten sehr beschäftigt war. Die Bdtg. ist jedoch früh verblaßt, und man gebraucht scherzhaft in Bernkastel-Kues die Rda. ,dau häs me Arbet wie Misthannes am Kihdrecksdag' von einem, der über zuviel Arbeit klagt. Als ,Mosthans' bezeichnete man auch einen, der auf Most begierig war (Seb. Franck, ,Sprichwörter' 286), in Anlehnung an Bildungen wie ,Prahlhans', ,Schmalhans', ,Hansdampf' u. a., ↗Hans.

Mostrich, Mostert. Mostrich besteht aus zerriebenen Senfkörnern, die mit Most angesetzt sind. Goethe spricht daher von ,Mostsenf'. Das in Nordostdtl. gebräuchl. Mostrich ist eine Eindeutschung aus dem ital. ,mostarda' und an Namensbildungen wie Friedrich angelehnt. Ebenso wird Mostert, das von der Unterelbe bis zu Rhein und Mosel gilt, schon mhd. umgedeutet zu musthart, in Gleichsetzung zu Namen wie Gebhart (Kluge-Mitzka). Firmenich (I, 381) erwähnt die Rda. ,wo Barthel den Mostert holt', die aber wohl urspr. heißt ,wo Barthel den Most holt' (↗Barthel). Im Ndd. und Ndl. sagt man für etw., das zu spät kommt und daher keinen Nutzen mehr hat, *Möstrich nach der Mahlzeit* bzw. ,Mosterd na de maaltijd', wohl in Anlehnung an das frz. ,servir de la moutarde après diner' (veraltet) oder engl. ,after dinner mustard'.
Jem. mit Mostrich bestreichen: ihn übervorteilen. *Du hast ja Mostrich auf der Pupille:* du kannst wohl nicht deutlich sehen, du bist wohl nicht recht bei Verstande; *Du hast wohl Mostrich auf der Windschutzscheibe?* fragt man einen Autofahrer, der einen Zusammenstoß verursacht hat.
Dich haben sie wohl mit Mostrich geimpft?: du bist wohl nicht recht bei Verstand? *In Mostrich treten:* Anstoß erregen. Mostrich steht in diesen Rdaa. euphemist. für ,Scheiße'.

Motte. *Da sind die Motten hinein gekommen:* die Sache steht nicht mehr so gut wie früher, sie hat keinen glatten Fortgang genommen. Die Rda. geht wohl zurück auf Matth. 6,19: man sollte keine Schätze auf Erden sammeln, „da sie die Motten und der Rost fressen" (vgl. auch Hiob 13,28 und Jes. 56,9); daher wohl auch die Verwünschung: *Daß du die Motten kriegst!* oder *Daß du die Motten in den Pelz kriegst!* Hess. ,du sollst der die Motte krieje' (mit dem Dativus ethicus ,dir', der, in der Umgangssprache häufig gebraucht, die innere Beteiligung ausdrückt). Vielleicht steht hier eine stärkere Verwünschung dahinter, wenn man bedenkt, daß ,die Motten haben' im Rotw. eine Umschreibung für Lungentuberkulose ist, wobei die von der Tuberkulose infizierte Lunge mit einem von Motten zerfressenen Stoffgewebe verglichen wird.
Du kriegst die Motten! berl. Ausdr. des Erstaunens und Entsetzens.
Motten im Kopf haben: sonderbare, wunderliche Gedanken haben, ungerechtfertigte Ansprüche haben. *Dem will ich die Motten vertreiben* (oder *ausklopfen*): ich will ihn (durch Schläge) von seinen nichtsnutzigen Gedanken abbringen.
Die Motte ist Sinnbild des Vergehens und Symbol der Seele. *Wie Motten um das Licht schwärmen* drückt die Kurzlebigkeit und Vergänglichkeit einer Sache in stark negativem Sinne aus. Der Vergleich

,Wie die Motten ums Licht'

taucht in anderem Zusammenhang schon bei Lohenstein (‚Sophonisbe' 1,1) auf: „die schuld schwermt um verderb, wie mutten um das licht".

Lit.: *O. Keller:* Die antike Tierwelt 2 (Leipzig 1913), S. 442.

motzen. *Jem. anmotzen:* jem. ausschimpfen, unfreundlich mit ihm reden. *Dauernd motzen:* sich dauernd nicht einverstanden zeigen mit gewissen Dingen; schimpfen. *Bis in die Motzen schlafen:* berlin. Rda.; sehr lange schlafen!
‚Motzen' bedeutete früher: in Verwesung übergehen.

Muck. *Jem. auf der Muck haben:* ihn scharf beobachten, ihn nicht leiden können. Muck oder Mücke nennt man das Korn des Gewehrs. Parallelbildung zu: ‚auf dem ↗Korn haben' und ‚im ↗Visier haben'; im 19. Jh. in westdt. und obd. Mdaa. verbreitet. Wien. bedeutet ‚an auf der Mucken hab', ihm gram sein.

Mücke. *Sich über die Mücke (Fliege) an der Wand ärgern:* sich über die geringste Kleinigkeit aufregen. Jean Paul 1795 im ‚Quintus Fixlein': „Wenn uns oft die Mücke an der Wand irren kann, so sollten uns auch die Mücken wie den Domitian belustigen oder wie einen noch lebenden Kurfürsten beköstigen". Ähnl. auch in den Mdaa., z. B. rhein. ‚den hennert de Mücke an der Wand'; hess. ‚mich ärjert heit die Mick an de Wand'; Saarl. ‚de krakehlt met de Mükken an der Mauer'; els. ‚die Muck(e) a dr Wand verdrießt (irrt) ne'; schwäb. ‚er kann d'Muck an der Wand nicht leiden', wobei zu bedenken ist, daß Mücke in manchen Mdaa. zur Bez. der ↗Fliege gebraucht wird. Frz. ‚il est sensible (tendre) aux mouches', oder ‚il se fâche pour une mouche qui lui passe devant les yeux' (beide Rdaa. nicht mehr gebräuchl.).
Aus einer (jeder) Mücke einen ↗Elefanten machen: etw. stark übertreiben, etw. Unbedeutendes über alle Maßen aufbauschen. Schon griechisch: ‚ἐλέφαντ' ἐκ μυίας ποιεῖν' (Lukian. ‚Encomium muscae', 12). Im Neugriechischen sagt man sowohl: ‚ἔκαμεν τὴν μυῖγαν ἐλέφαντα' als auch: ‚ἔκαμεν τὸν φύλλον κάμηλον' = er machte den Floh zum Kamel (Strömberg, S. 38). In lat. Form bei dem Humanisten Erasmus von Rotterdam: „Elephantum ex musca facis". Grimmelshausen stellt im ‚Simplicissimus' (III, 289) die Rda. mit einer anderen zusammen: „Woraus ich lernete, daß die Verwunderung aus der Unwissenheit entstehe und daß man aus der Muck einen Elephanten macht, ehe man weiß, daß der Berg nur eine Mauß gebären werde". Wie dieser letzte Vergleich aus dem klassischen Altertum stammt (Horaz, ‚Ars poetica', V. 139), so sagten die Römer im gleichen Sinne auch: „arcem facere e cloaca" = aus einer Kloake eine Burg machen (Cicero); „e rivo flumina magna facere" = aus einem Bach große Ströme machen (Ovid); im Dt. kommt auch vor: ‚Aus einem Maulwurfshaufen einen Berg machen'; ‚aus einem Schnall (= Schnippen mit den Fingern) einen Donnerschlag machen'; ‚aus einem Furz einen Donnerschlag machen'; vgl. frz. ‚faire une montagne de tout' (wörtl.: aus allem einen Berg machen).
Im Schwäb. sagt man: ‚Nach der Muck schlagen und den Elefanten springen lassen', etw. Unwichtiges wichtig nehmen.

‚Aus der Mücke einen Elefanten machen'

‚Aus einem Elefanten eine Mücke machen'

Diese Rda. ist schon bei Luther belegt: „das ich anzeige die verkerte meinung deren, die mucken fahen und elephanten lassen faren". Schweiz. bedeutet: ‚Er hebet d'Mugg und lod d'Märe laufe', er läßt sich einen großen Gewinn eines kleinen Vorteils wegen entgehen. ‚Mücken richten, Kamele schonen', die Kleinen hängen und die Großen laufen lassen.

Mücken seigen und Kamele verschlucken: in Kleinlichkeiten peinlich genau sein und es dabei in wichtigen Dingen nicht genau nehmen. ‚Seigen' ist die ältere Form für ‚seihen, durchseihen'. Die Rda. beruht auf Matth. 23,24: „Ihr verblendete Leiter, die ihr Mücken seiget und Kamele verschlucket'. So auch in den Mdaa., z.B. rhein.: ‚Mücken seihn on Kameel schlukken'. Von einem, der von Natur aus grob ist, sich vor anderen aber feiner Umgangsformen bedient, sagt man hess. ‚Er kann vörr'n Lüen Muggen sugen un in öwrigen kann'n Elefanten schluggen'. Bei Burkard Waldis (1495–1557) heißt es: „Man sieht jezt leider in grossen sachen durch die finger, laufft vbers grass, stosst sich ans gräger, gross kamelthier sie gantz verschlukken vnd weichen doch die kleinen mukken". Während Mücke hier überall etw. sehr Kleines meint, bedeutet es in anderen Wndgn. ‚Einfall', ‚Gedanke' (↗Grille). Doch ist dafür die unumgelautete obd. Form ‚Mucken' = Launen gebräuchlicher, die in dieser Bdtg. seit Hans Sachs belegt ist (‚Fastnachtsspiele', 38, 81):

Mein Fraw die treibt gar seltzam mukken
Vnd zepfft mich an mit diesen stucken,
Das ich sol tragen das heiss Eyssen,
Mein vnschuld hie mit zu beweisen,
Das ich nie brochen hab mein Eh.

Das hat seine Mucken: das hat seine Schwierigkeiten. Als Fortsetzung der angeführten Rda. findet man: *einem die Mucken vertreiben:* einen wieder zur Vernunft bringen. Ebenso in den Mdaa.: obersächs. ‚ich wer dr schon de(ine) Mukken austrei'm'. Els. ‚dëm hai mr d Mucke us m Chopf tribe'. *Mücke (die Mücke) machen:* flüchten, davongehen. *Zisch die Mücken!:* scher dich fort! Laß uns in Ruhe!

Der mdal. Vergleich ‚Lästig wie Clo-Mücke' (Mainz) wird oft noch durch den Zusatz verdeutlicht ‚ma wird se ach net los'.

Noch mit den Mücken fliegen: noch ungeboren sein; schwäb. ‚Er is no mit de Mucke g'floge'.

Mücken fangen: müßig sein, nichts zu tun haben.

Muckefuck, dünner, aus Gerste hergestellter Kaffee, im Volksmund scherzhaft als ‚Spitzbohne' oder ‚vorne spitz und hinten spitz' bez., Malzkaffee im Gegensatz zu Bohnenkaffee; daher heißt es im frz. ‚mocca faux', woher das Wort, das Ende des 19. Jh. in Barmen-Elberfeld belegt ist, übernommen und verballhornt wurde. Umgekehrt heißt es frz. ‚Café-Ersatz'.

Mucker. *Ein Mucker sein:* ein heimtückischer, scheinheiliger Mensch sein. Die Bez. ist der Jägersprache entnommen; sie bezieht sich auf den männlichen Hasen in der Paarungszeit; zu Beginn des 18. Jh.s wurde ‚Mucker' Spitzname der pietistischen Anhänger von Joh. Franz Budde (Professor in Jena 1705–29). Weite Verbreitung fand das Wort durch die dt. Übers. des ‚Tartuffe' von Molière: „Der Mucker oder Molièrens scheinheiliger Betrüger Tartüffe", ersch. 1748 in Breslau und Leipzig.

Muff, Muffe. *Nicht Muff sagen (können):* aus Befangenheit, Dummheit, Schuldbewußtsein oder Trägheit nichts sagen (wollen oder können), wortkarg (maulfaul) sein, sich an einer Unterhaltung nicht beteiligen.

Einem den Muff nachschlagen: jem. in seiner Abwesenheit oder wenn er gerade den Rücken wendet, lächerlich machen, verspotten.

Ihm geht die Muffe: er hat Angst; *ihm geht die Muffe eins zu tausend (hunderttausend):* er hat sehr große Angst. Muffe steht in diesen neu-umg. Wndgn. für After, eigentl. das Verschlußstück am Rohrende. Ähnl.: *Das Muffensausen bekommen:* Angst bekommen.

Mit der Muffe gepiekt sein: verrückt sein. Die berl. Rda. ‚Dir ha'm se wol mit de Muffe jeschmissen (oder: jebufft)?', Du bist wohl nicht recht gescheit? geht, ähnl. wie andere gleichbedeutende Rdaa. der

Umgangssprache (z. B. ‚Du bist wohl mit dem Klammersacke gepudert worden?‘), auf die Vorstellung zurück, daß jem. einen leichten Schlag gegen das Gehirn bekommen habe.

Mufti. *Par ordre de Mufti* (frz.): auf Befehl des Mufti. Ein Mufti (arab.) ist ein Rechtsprecher und Gesetzesausleger, gegen dessen Urteile keine Berufung eingelegt werden kann. Die Rda. wird dann gebraucht, wenn eine erlassene Anordnung strengstens befolgt werden soll, oder auch im iron. Sinne, um achselzuckend und bedauernd anzudeuten, daß man gegen höheren Befehl nichts ausrichten könne.

Mühle. *Das ist Wasser auf seine Mühle:* etw. gereicht ihm zum Vorteil, ebenso *alle Wasser auf seine Mühle leiten (richten),* oder ‚uf sin Mühl huse‘ (Els.), auf seinen Vorteil bedacht sein; ndl. ‚Dat is koren (water) op zijn molen‘, frz. ‚C'est de l'eau à mon moulin‘. Beide Rdaa. gehen auf die Technik des Wassermüllers zurück, wie sie schon der Holzschnitt aus Thomas Murners ‚Mühle von Schwyndelßheim‘ (1515) zeigt mit den Worten:

Der Müller findt man wahrlich viel,
Die alle Wasser uff ir mühl
Richten, das es rusch do here,
Ob sunst niender kein tropffe wäre.

Lit. auch bei Lohenstein (‚Arminius‘): „Es ist nichts seltzames fremdes Wasser auff seine Mühle leiten“; dann auch bei Schiller in den ‚Räubern‘ (III, 2): „Das ist Wasser auf unsere Mühle, Hauptmann!“ Goethe schreibt (Weim. Ausg. 25,1,14): „Dichter und Bildner beide beschäftigen sich an einer Quelle, und jeder sucht, das Wasser nach seiner Seite, zu seinem Vorteil hinzulenken“.

Etw. ist Wind auf jem. Mühle: die Ansichten desjenigen werden bestätigt und gefördert.

Das ist noch in der Mühle: das ist noch nicht abgeschlossen, noch nicht fertig; bei Joh. Fischart im ‚Bienenkorb‘ (97 a) in der Form: „Darum muß folgen, ... daß etwas anders auf der mülen ist, dann man uns sagen will“.

Jem. Mühle steht niemals still: jem. redet ununterbrochen. Über einen, der viel und dauernd redet, sagt man schwäb. ‚dem geht sei Maul wie e Mühl‘. Von einem Spitzbuben, der alles mitgehen heißt, heißt es rheinhess. ‚der läßt nichts liegen als Mühlsteine und glühendes Eisen‘. ‚Die ok irst to der molen kumt, die sal erst malen‘ ist die ndd. Form des Sprw. ‚wer zuerst kommt, mahlt zuerst‘ (↗mahlen). Von einem, der unnötig laut spricht, sagt man in Hessen-Nassau ‚mer meent, dau (du) werst in der Meel groß worn‘, wegen des Lärms, der in einer Mühle herrscht. Aus dem gleichen Grunde gebraucht man auch die Rda. ‚in der Mühle sagt man's zweimal‘, die vor allem in Süddtl. und Vorarlberg beheimatet ist. Man hält sie demjenigen entgegen, der beim ersten Mal nicht verstanden hat oder nicht ver-

‚Alle Wasser auf seine Mühle lenken‘

‚Wasser auf seine Mühle‘

stehen will. Diese Rda. von der Mühle wird mit vielen Zusätzen versehen. So heißt es,

‚In der Mühle sagt man's zweimal,
– den Narren dreimal'
– einem Esel dreimal'
– alten Weibern dreimal'
– das dritte Mal kostet's einen Kreuzer'
– das dritte Mal schlägt man einem den Sack um die Ohren'
– und bei den Bauern, bis man's versteht'.

Von der sprw. Unehrlichkeit der Müller heißt es: ‚In der Mühle ist das beste, daß die Säcke nicht reden können'. Im Volksmund werden noch verschiedene Dinge als Mühle bez. Ein altes Fahrrad nennt man, wohl weil es klappert, ‚eine alte (Tret-)Mühle'- man spricht auch von der ‚Tretmühle des Alltags', wobei wohl im Hintergrund die Vorstellung von den Treträdern in Arbeitshäusern des 17. und 18. Jh. steht, die von Verurteilten bedient werden mußten, ↗Tretmühle. Eine schwere Arbeit bez. man als ‚Knochenmühle'.

Jem. durch die Mühle drehen: jem. hart zusetzen.

Ein Mühlrad geht einem im Kopf herum: man ist schwerfällig im Denken, verwirrt. In Goethes Faust (1790) sagt der Schüler zu Mephisto: „Mir wird von alledem so dumm, als ging mir ein Mühlrad im Kopf herum".

Mühlstein ↗Stein.

Lit.: *E. Handrik:* Müllersagen (Leipzig 1928): *L. de Wolf:* Een molen ist duist menschen, in: Biekorf 34 (1928), S. 11–13; *C. Ruyterman:* Hij heeft een molen met een gieuw-gauw, in: Eigen Volk 8 (1936), S. 233; *P. Boorsma:* Hij heeft een molen, met een hieuwhauw, in: Eigen Volk 8 (1936), S. 286; *H. Gleisberg:* Beiträge zu einer Vkde. des Müllers und der Mühle, in: Dt. Jb. f. Vkde. 1 (1954), S. 157ff.; *H. Bausinger:* Müller und Mühle im Denken des Volkes, in: Schwäb. Heimat 12 (1961), S. 73–76; *S. Grosse:* Die Mühle und der Müller im dt. Volkslied, in: Jb. d. Oesterr. Volksliedwerkes 11 (1962), S. 8–35; *W. Danckert:* Unehrliche Leute. Die verfemten Berufe (Bern – München 1963), S. 125–145; *L. Kretzenbacher:* Voraussetzungen und Erscheinungsformen von Bild- und Wortzeugnissen zum mystischen Thema der „Geistlichen Mühle", in: Bair. Jb. f. Vkde. (1983), S. 55–75.

Müll. *Sich über den Müll in der Tonne unterhalten:* über Belangloses reden.

Auf den Müllhaufen (die Müllkippe) der

‚Auf die Müllkippe kommen'

Geschichte kommen: Zu der Vielzahl bedeutender und unbedeutender historischer Ereignisse gezählt werden, die bald der Vergessenheit anheimfallen.

Mulle. *Einem das Mulle streichen:* jem. schmeicheln. Eine besonders im Schwäb. verbr. Rda. ‚Mulle' ist hier eine Bez. für Katze.

Müller. *Lieschen Müller heißen:* zu dem ‚Kleinen Mann' auf der Straße gehören, so denken und handeln wie jedermann. Iron. spricht man sogar von ‚Dr. Lieschen Müller', wenn Akademiker einen ‚Klein-Leute-Geschmack' entwickeln. Bes. in den 50er Jahren war der sprw. Vergleich gebräuchl.: ‚Was die „Bild-Zeitung" für Lieschen Müller, ist der „Spiegel" für Dr. Lieschen Müller'.

Müllers Sackträger sein: ein Esel sein, ↗Esel. Um einen anderen zu verspotten und herabzusetzen, benutzen Kinder mit Vorliebe den Auszählreim:

Ich und du –
Müllers Kuh.
Bäckers Esel,
Das bist du.

mulmig. *Die Sache wird mulmig* sagt man bei einer Angelegenheit, die bedenklich wird und schlecht auszugehen droht.

Mulmig wird so im gleichen Sinn wie ‚brenzlig' gebraucht. ‚Mulm', ndd. ‚molm', ist Staub, Stauberde (auch faules Holz) und geht auf mahlen, zermalmen zurück. Die Vorstellung ist wohl, daß eine Sache undurchsichtig, faul wird.

Mulus mulum. *Das mulus mulum spielen:* loben, um wieder gelobt zu werden, eine veraltete, bes. zu Lessings Zeiten verbr. Rda. Heute bez. man diese Haltung als ‚fishing for compliments'.

Mumm. *Keinen Mumm (in den Knochen) haben:* keine Entschlußkraft haben; ziemlich tatenlos vor sich hin leben.
Das dt. Wort ‚Mumm' ist ein Kürzel von lat. ‚animus', was Entschlossenheit, Tatkraft bedeutet; die Wndg. hieß urspr. ‚keinen animum haben'.

Mummenschanz. *Mummenschanz treiben:* sich maskieren und vermummt tanzen, sich amüsieren, Unsinn treiben.
Das Wort ‚Mummenschanz' setzt sich zusammen aus spätmhd. ‚mumman' und ‚schanz'. Mumman war vom 14. bis zum 16. Jh. ein beliebtes Glücksspiel mit Würfeln; einen Glückswurf nannte man Schanz (fem.).
Zur Fastnachtszeit gingen herumziehende maskierte Gruppen in die einzelnen Häuser, forderten die Anwesenden stumm zu einem Mummenschanzspiel auf und zogen weiter. So nahm das Wort, das zu Beginn des 18. Jh.s veraltet war und von Goethe, Campe u.a. unter Geschlechtswandel neu belebt wurde, den bloßen Sinn einer Vermummung an, ohne daß weiter an das Glücksspiel gedacht wurde.

Mumpitz. *Mach (red) keinen Mumpitz:* mach keine Dummheiten, red kein dummes Zeug.
Els. ist seit Moscherosch (1643) das Wort ‚Butzemummel' (auch ‚Mummelputz'; mummen = verhüllen, Butz = Gespenst) für Vogelscheuche gebräuchl. In der Umgangssprache entwickelte sich wohl daraus das hess. ‚Mombotz', Schreckgestalt, Schreckgespenst. Später wurde das Wort zu der Bdtg. ‚leeres Geschwätz' verflacht. Als Berl. Börsenausdr. taucht es in der Bdtg. ‚Schwindel, Unsinn, leeres Gerede, mit dem man erschrecken will', um 1870 auf. Fontane belegt es 1883 für Berlin und Ostpreußen.

München. *Von München nach Frauenhofen gehen:* den geistlichen Stand mit dem weltlichen eintauschen. Die Rda. ist ein Wortspiel: München bedeutet urspr. ‚bei den Mönchen', denn ‚münch' (ahd. munich) war bis ins 17. Jh. hinein die Bez. für Mönch.

Mund. In Mdaa. und Umgangssprache steht für Mund meist ‚Maul', bes. in den obd. Mdaa. Nordd. tritt dafür oft auch der derbe Ausdr. ‚Schnauze', ndd. ‚Snuut' ein. Außer den bereits bei ↗Maul aufgeführten Rdaa. seien noch die folgenden ergänzt: *Seinen Mund nicht auftun:* schweigsam, nicht redselig sein, ‚maulfaul' sein; die Rda. beruht auf Jes. 53,7: „Er tat seinen Mund nicht auf wie ein Lamm, das zur Schlachtbank geführt wird".
Nicht auf den Mund gefallen sein: redegewandt, schlagfertig sein; oder verstärkt: *ein gutes Mundwerk haben;* ndl., hij is goed van de tongriem gesneden', 1603 belegt; frz. ‚avoir la langue bien pendue', ‚avoir le filet coupé'; engl. ‚to have the gift of the gab', ‚to have a well-oiled tongue', ‚to have one's tongue well hung'.
Wie auf den Mund geschlagen sein: vor Verblüffung kein Wort zu sagen wissen, *sich den Mund verbrennen* (bei Luther: „sich das Maul verbrennen"): unbedacht mit den Worten herausfahren, die einem dann Tadel und Unannehmlichkeiten zuziehen. Das Bild der Rda. ist vom Essen zu heißer Suppe hergeleitet, wie denn auch Lehmann S. 68 (‚Behutsamkeit' 3) erklärt: „Wer das Maul verbrennt hat, der bläst in die Supp"; dazu auch das ndd. Sprw.: ‚De kann swigen, de heet eten kann'. Das Bild des Essens steht auch hinter *den Mund vollnehmen:* übertreiben, prahlen. Lekkere Speisen machen den *Mund wäßrig.* Einem, der eine wohlbesetzte Tafel sieht, *läuft das Wasser im Mund zusammen;* frz. ‚l'eau vient à la bouche'.
Sich etw. vom Mund absparen: am Essen sparen, um sich etw. kaufen zu können; daß dies nicht richtig ist, sagt ein Sprw. aus dem Westerwald: ‚Wot mer sport on

seim Mund, frißt die Katz orrer de Hund'. Diese Rda. erscheint lit. bereits in Hans Sachs' Schwank ,Der zu karg und der zu milt' (4):

Wo er nur kund bey seinen jaren
Ein Pfenning kund am maul ersparen –

und in seinem bekannten Fastnachtsspiele, dem ,Heiß eisen' (179):

Vier gulden zwölffer, die ich doch hart
Hab selbst an meinem maul erspart.

Einem etw. vor dem Munde wegnehmen; in älteren Belegen statt wegnehmen ,abschneiden', so heißt es in Murners ,Narrenbeschwörung' (59,52):

Wer all die Buben ertränkte ...
Der thet doch gott ein dienst daran
Das sy dem armen krancken man
Syn brot abschnyden vor dem mundt;

und in Grimmelshausens ,Simplicissimus' (I, 16) ist die Rede von Schmarotzern und Hungerleidern, die denen, „so etwas meritirt, das Brot vorm Maul abschneiden"; vgl. frz. ,oter à quelqu'un le pain de la bouche', (wörtl.: einem das Brot vom Mund wegnehmen), i.S.v.: einem den Lebensunterhalt nicht gönnen.

Jem. die Bissen in den Mund zählen: ihm nicht gönnen, daß er sich satt ißt. *Von der Hand in den Mund leben* sagt man von einem, der nicht spart, sondern das Erworbene sogleich ausgibt; scherzhaft bezieht man es auf den Zahnarzt, der davon lebt, daß er anderen mit der Hand in den Mund fährt. *Einem den Mund sauber halten:* ihm nichts vom Essen abgeben, auch allgemeiner: jem. etw. vorenthalten; *wie aus einem Munde* wird vermerkt, wenn zwei gleichzeitig dasselbe sagen.

Die Rda. *warm und kalt aus einem Munde blasen* oder *aus einem Mund kalt und warm blasen:* zwiespältig, unaufrichtig, ,doppelzüngig' sein, geht auf eine Fabel Äsops (Nr. 64) zurück. Ein Waldschrat schloß Freundschaft mit einem Menschen. Eines Tages sah er, wie der Mensch sich in die Hände blies, um sie zu wärmen; kurze Zeit später, als er beim Essen saß, blies der Mann in den dampfenden Teller, um das Essen abzukühlen. Als der Waldgeist sah, daß der Mann warm und kalt aus einem Munde blies, kündigte er ihm die Freundschaft. Die Rda. ist zumindest seit dem 16. Jh. bei uns bekannt. Auch in den Niederlanden ist sie verbreitet (,heet

SPRECKT·VYT TWEEMONDEN.

,Aus zwei Mündern sprechen'

end koud uit een mond blazen'); es gibt ein Gemälde von Jordaens über diese Fabel. Ebenso: *aus zwei Mündern sprechen:* doppelzüngig sein; in der ndl. Form ,hij spreekt uit twee monden', womit man einen Betrüger bez., ist die Rda. im 18. Jh. auch in den ndl. Bilderbogen dargestellt worden.

Sehr alt ist die in Süddtl. gebräuchl. Rda. *von Mund auf in den (gen) Himmel kommen (fahren).* In einer Predigtsammlung aus Salzburg heißt es 1705 in einer Kapitelüberschrift: „Von einem / der von Mund auf ist gen Himmel gefahren / weil er niemand freventlich verurtheilt hat" (Heribert von Salurn, ,Festivale' I, 126). Sofort, ohne Aufenthalt im Fegfeuer, gelangt die Seele in den Himmel; früher dachte man sich, daß die Seele eines sterbenden Menschen durch den Mund dem Körper entfloh. Die Rda. wurde parodiert zu: ,von Mund auf gen Himmel fahren, gleich wie die Kuh ins Mauseloch'.

Der Mund der Wahrheit (ital. ,bocca della verità') ist ein altes Sagenmotiv. In der Vorhalle der Kirche Santa Maria in Cosmedin in Rom steht eine antike kreisrunde Brunnenablaufmaske, die ein menschliches Gesicht darstellt, ,Mund der Wahrheit' (1,7 Meter Durchmesser). Daran knüpft sich die Sage, daß jeder, der einen Eid leisten soll, seine Hand in den offenen Mund dieser Plastik legen muß; wird ein Meineid geschworen, kann der Lügner seine Hand aus dem zugeschnappten Mund nicht mehr befreien. Erstmals ist diese Art der Wahrheitsfindung in Dtl. in der ,Kaiserchronik' bezeugt (Mitte des 12. Jh., VV 10688–10819):

‚Der Mund der Wahrheit'

Eine Witwe vertraut Julian ihren Schatz an, den dieser jedoch für sich behalten will, als sie ihn zurückfordert. Vor dem Bild des Mercurius muß Julian, die Hand im Mund der Figur, die Wahrheit schwören. Da er jedoch lügt, beißt der Mund zu und hält Julian fest, bis dieser sich zur Rückgabe des Schatzes bereit erklärt.
In späterer Zeit verband man die Erschaffung des Bildes mit dem ‚Zauberer' Vergil und benutzte den ‚Mund der Wahrheit' zur Keuschheitsprobe. In der 1522 ersch. Schwanksammlung ‚Schimpf und Ernst' (Nr. 206) von J. Pauli wird das Bild allerdings durch eine des Ehebruchs angeklagte Frau überlistet: ihr Geliebter umarmt sie – als Narr verkleidet – vor dem Schwur, so daß sie in aller Öffentlichkeit behaupten kann, nur ihr Mann und der Narr hätten sie berührt. Das Bild soll daraufhin in tausend Stücke zersprungen sein.
Einem nach dem Munde reden: ihm schmeicheln; *jem. das Wort vom Munde ablesen,* im gleichen Sinne wie etwa: jeden Wunsch von den Augen ablesen und damit erfüllen; ‚enen deep in de Mund seen', ihm Glauben schenken.
Einem über den Mund fahren: ihn scharf zurechtweisen; *einem das Wort im Munde umdrehen:* seine Äußerungen entstellt weitergeben, sie absichtlich anders deuten; *das Wort aus dem Mund nehmen:* dasselbe sagen, was der andere auch gerade sagen wollte; *ein Schloß an den Mund hängen:* jem. zum Schweigen bringen; *den Finger auf den Mund legen* ist von der Gebärde, mit der man jem. zum Schweigen auffordert, genommen; *einem die Worte in den Mund legen:* ihm zu verstehen geben, was er sagen soll; vgl. frz. ‚parler par la bouche de quelqu'un'.
Sich den Mund nicht verbieten lassen: sich von einer unerwünschten oder peinlichen Äußerung nicht abhalten lassen; *sich den Mund fusselig* oder *fransig reden:* etw. ausführlich und doch wirkungslos darlegen; obersächs. auch: ‚sich Fransen ums Maul reden, sich Troddeln schwatzen'.
In aller Leute Mund sein: ins Gerede kommen; frz. ‚être dans toutes les bouches'; engl. ‚to be in everybody's mouth'; ndl. ‚over de tong gaan'; *Mund und Nase aufsperren:* sehr erstaunt sein; *den Mund halten:* schweigen; *den Mund auftun:* etw. sagen; ‚e krumm Maul mache' (els.), Zeichen von Unlust geben; ‚wie us dem Mull gegroffe' sagt man im Siegerland über einen, der jem. sehr ähnl. sieht. *(Sich) kein Blatt vor den Mund nehmen* ↗Blatt, ↗Schloß.
Etw. geht von Mund zu Mund: ein Gerücht verbr. sich.

Lit.: *G. F. Deinlein:* Dissertatio de dubiis quibusquam in successione ab intestatio collateralium in capita secundum regulam, So viel Mund, so viel Pfund (Altdorfi 1743); *C. Riessner:* Art. ‚Bocca della verità', in: EM. II (1979), Sp. 543–549.

mundtot. *Jem. mundtot machen:* ihn zum Schweigen bringen, ihn ausschalten; die Rda. bezieht sich urspr. nicht auf den Mund, sondern auf ahd. und mhd. munt (f.) = Schutz, Schirm, Gewalt, Schutzgewalt und steht in Zusammenhang mit lat. ‚manus' ↗Hand. In unserem Wort ‚Vormund' (der vor dem Mündel stehende, der über sein Mündel Gewalt habende) lebt die alte Bdtg. noch fort. ‚Mundtot machen' bedeutet also urspr.: entmündigen; der Ausdr. ist von Schottel um 1665 erstmals gebucht und erklärt worden. Außerhalb der Rechtssprache wurde er bald als auf den Mund bezüglich volksetymol. umgedeutet und zum Parallelausdr. von ‚den Mund (das Maul) stopfen' (↗Maul), eine Entwicklung also, für die die Homonymie der Wörter Munt und Mund verantwortlich zu machen ist.

Lit.: *W. Ebel:* Über Redensarten und Recht, in: Moderna Språk (1960), S. 1–12.

munkeln. *Von etw. munkeln:* über eine Sache im geheimen reden. Das ndd. Wort ‚munkelen' gelangte im 16. Jh. in den Süden Dtl.s und wurde dort zu ‚munkeln'. Das Sprw. ‚Im Dunkeln ist gut munkeln' entspricht dem lat. ‚in tenebris saltare'.

Münze. *Etw. für bare Münze nehmen.* Diese seit dem 18. Jh. belegte, auch in den Niederlanden (‚iets voor gangbare munt aannemen') und Frankr. („prendre quelque chose pour argent comptant') geläufige Rda. wendet man auf jem. an, der etw. als ernst auffaßt, das nur im Scherz gesagt wurde. Über jem., den man nicht für normal hält, sagt man im Els. ‚der is nit bi barer Münz'. *Mit gleicher (grober) Münze heimzahlen (zurückzahlen)* steht bereits bei Abraham a Sancta Clara (‚Etwas für alle', 163) und bedeutet: jem. in ähnl. unfreundlicher; grober Weise behandeln; vgl. frz. ‚rendre à quelqu'un la monnaie de sa pièce'.
Da muß man Münzen haben: dazu braucht man viel Geld (Vorarlberg); ähnl. *mit klingender Münze bezahlen:* mit Bar- bzw. Hartgeld (als Grundlage einer soliden Währung, in der der Metallwert einer Münze ihrem Nennwert entspricht) bezahlen; vgl. frz. ‚payer en espèces sonnantes et trébuchantes'.
Es auf jem. gemünzt haben bedeutet eigentl.: eine Denkmünze, die mit Anspielungen und anzüglichem Bildwerk versehen ist, auf jem. prägen. Solche Denkmünzen wurden vom Handwerker in der Münzwerkstatt hergestellt und vorzugsweise im 17. und 18. Jh. geprägt. Heute bedeutet die Rda.: etw. über jem. äußern, ohne seinen Namen zu nennen.

Lit.: Münzen in Brauch und Aberglauben, hg. German. National-Museum, Nürnberg (Mainz 1982).

Mus. Urspr. bezeichnete Mus jede Art von gekochter Speise. Im Mhd. ist ‚muoshus' das Speisehaus. Erst später wird die Bdtg. zu ‚(süßem) Brei' verengt; dazu die Ableitung Gemüse.
Jem. das Mus süß einstreichen (ums Maul streichen): einem schmeicheln, um einen Vorteil von ihm zu erlangen. *Einem das Mus versalzen;* Parallel-Rda. zu ‚einem die ↗Suppe versalzen'. Murner schreibt: „Das muosz versaltzen" (‚Schelmenzunft' 33), ebenso Fischart: „Welche jnen das Muß versaltzen wolten" (III 259); gemeint ist: jem. einen Plan durchkreuzen, einen ‚Strich durch die Rechnung machen' (↗Strich).
‚Mer mot nicht alle mose smecken', heißt es in Bremen, um auszudrücken, daß man nicht alles ausprobieren oder erfahren muß. ‚Dat môs is vorgoten' (das Mus ist ausgegossen), die Sache ist zu Ende (ndd.). Im Hess. heißt es ‚Mus on (und) Saft gehn kee Kraft', ähnl. in der nordostdt. Rda. ‚Môs maht lostig, awer schwach op de Bên', um auszudrücken, daß Mus bzw. Brei keine kräftigende Nahrung ist. Umgekehrt sagt man jedoch zu einem Jungen, der für eine Arbeit noch zu schwach ist, er ‚muess noch mehr Mus esse' (Vorarlberg).
Eine tote Fliege kann das beste Mus verderben ist ein schwäb. Sprw., das besagt, daß eine diffizile Angelegenheit durch eine Kleinigkeit wertlos bzw. verdorben werden kann.

Münzwerkstatt (‚Es auf jem. gemünzt haben')

‚Er het's Mus verschütt' sagt man im Els., wenn einer sich unbeliebt gemacht hat. In erster Linie waren damit wohl Verstöße gegen das gute Benehmen bei Tisch gemeint, in übertr. Bdtg. später dann alle Ungeschicklichkeiten, die Ärger verursachten; man sagte dann auch ‚er hat ins Mus getappt' oder bezeichnete einen tolpatschigen Menschen als ‚Hans-tapp-ins-Mus'. *Jem. zu Mus hauen:* ihn heftig prügeln; Parallel-Rda. zu ,einen zu ↗ Brei hauen'.

Lit.: *H. J. Teuteberg* u. *G. Wiegelmann:* Unsere tägliche Kost (Münster 1986); *St. Mennell:* Die Kultivierung des Appetits. Geschichte des Essens vom Mittelalter bis heute (Frankfurt/M. 1988).

Muse. *Von der Muse geküßt sein (werden):* künstlerisch inspiriert sein (werden), auch: *Warten, daß einen die Muse küßt:* auf eine Eingebung, die zündende Idee hoffen, die das geplante Werk gelingen läßt. *Nicht von der Muse (den Musen) geküßt sein:* keine schöpferischen Anlagen besitzen, ein ganz prosaischer, phantasieloser Mensch sein.

,Von der Muse geküßt werden'

Jem. ist unter den Musen erzogen: er ist sehr gelehrt, den Künsten zugetan; vgl. frz. ,Il a été nourri dans le sacre Vallon'.
Den Musen leben: sich nur den Künsten und Wissenschaften widmen, ohne materielle Sorgen sich mit Höherem beschäftigen können.
Die Muse von jem. sein: ihn begeistern und beflügeln, oft scherzhaft oder iron. von der Geliebten oder Lebensgefährtin eines Künstlers gesagt.
Mit ,leichter Muse' meint man oberflächliche Unterhaltungsliteratur oder -musik, während die ,zehnte Muse' für kabarettistische Darbietungen steht.
Die gelehrte Dichtung des 17. Jh.s führte die 9 Musen in die gehobene Rede ein; erst später setzte sich die Singularform durch.

Musik, Musikant. *Musik im Blut haben:* eine angeborene Musikalität besitzen; hier kommt die alte Auffassung vom Blut als Träger der Erbfaktoren zutage.
Der kann abkommen ohne Musik sagt man im Saarland für einen, der sich unbeliebt gemacht hat; es ist wohl an den Besuch großer und beliebter Persönlichkeiten gedacht, die mit Musik empfangen und wieder zur Stadt hinausgeleitet wurden.
Wer gern tanzt, dem tut's jede Musik sagt man im schwäb. Sprw. und meint damit, daß einer, der etw. um jeden Preis erreichen oder haben will, nicht sehr wählerisch ist, bzw. sein kann.
Da liegt Musik(e) drin!: Die Sache läßt sich hören; eigentl.: sie klingt erfreulich wie Musik; *das ist Musik in meinen Ohren:* eine willkommene Botschaft.
Mehr als Musikalität spielt Unmusikalität in Sprww. und Rdaa. eine Rolle. ,Ich bin auch musikalisch, ich häng' immer die Mütze an die Orgel'; schles. ,du bist wull au musekalsch. Dei Vater war e Leiermann, un du hust 'm de Nota gehaln'; oder im Sagwort: ,Ich bin auch musikalisch, sagte die Magd, ich blase – die Suppe'; oder: ,Es geht nichts über die Musik, sagte der Inspektor, als er die Tischglocke läutete'.
Kein Musikgehör haben: Bitten gegenüber ablehnend sein.
Musik steht oft für Geld, indem man auf den Klang der Münzen anspielt: *Da hast du die ganze Musik* hört man wohl einmal beim Skatspiel, indem man dem Gewinner die gewonnenen Pfennige zuschiebt. Die Rda. wird aber auch allgemeiner gebraucht. Ähnl. sagt man *hier sitzen die Musikanten,* indem man auf den Geldbeutel schlägt, so daß die Münzen klimpern. Der Ausdr. soll auf den Theaterschriftsteller L. Angely (1787–1835) zurückgehen.
Da liegt ein Musikant begraben ist der Ausruf, wenn man an einen Stein stößt oder stolpert. Die Rda. geht vielleicht auf den ma. Brauch zurück, Musikanten, Gaukler und Komödianten als ,unehrliche Leute' außerhalb des Friedhofes, auf freiem Feld zu begraben. Mehr Wahrscheinlichkeit hat jedoch die Herleitung des Ausdr. aus Schatzgräbersagen (,da liegt der Hund begraben'; ↗ Hund) für sich, wo Musikant verhüllend für den Namen des Teufels steht. Lit. belegt ist die Rda. allerdings in ihrer älteren Form bei Hans Sachs:

Da wird ein pfeiffer begraben sein,
Wer drüber geht, muß stolpern dran.

(Handschin: Das Sprw. bei Hans Sachs, S. 101).

Das ist Zukunftsmusik: das liegt noch in weiter Ferne, es ist unsicher, ob es sich verwirklichen läßt. Urspr. bezog sich der Ausdr. iron. auf Richard Wagners Buch ‚Das Kunstwerk der Zukunft' (1850).

Lit.: *D. Lutsch:* Da liegt der Hund begraben, da liegt ein Musikant begraben, in: Zs. f. Deutschkunde 37 (1923), S. 211–212; *M. Willberg:* Die Musik im Sprachgebrauch, in: Muttersprache (1963), S. 201 ff.; *A. Taylor:* To face the music, in: American Notes and Queries 7 (1968/69), S. 120.

Muskatnuß. Die Muskatnuß (Myristica fragrans) war bereits Ende des 12. Jh. in Nordeuropa bekannt. Schon sehr früh holten die Araber die Droge aus Indien. Als Gewürz wird sie gegenwärtig sehr viel weniger als im MA. benutzt. Die fremdländische Herkunft der aromatischen Frucht gab wohl Anlaß zu Rdaa., wie *er versteht soviel davon wie eine Kuh (Ochse) von einer Muskatnuß,* wenn man ausdrükken wollte, daß jem. über eine Angelegenheit redete, von der er nichts verstand. Luther schreibt „was soll der Kuh Muskate? sie frißt wohl Haferstroh!", um die Unangemessenheit einer Sache aufzuzeigen. Ähnl. drückt es eine schwäb. Rda. aus: ‚Es gehört keiner Sau keine Muskatnuß, sie weiß sie nicht zu reiben'. Um die Rückständigkeit oder Weltfremdheit eines Menschen auszudrücken, sagt man in Hessen: ‚Was versteht der Bauer von Muskatnuß? er glaubt, es wär' e Setzkartoffel'. Von einem Tölpel, der einen guten Einfall oder unvermutetes Glück hat, sagt man auch ‚jetzt hat die blind' Sau e Muskatnuß gefunde' (Schwaben), wohl in Analogie zu dem Sprw. von dem blinden Huhn, das auch einmal ein Korn findet. *Der Kuh Muskaten geben* wird im gleichen Sinne gebraucht wie die Rda. ‚Perlen vor die Säue werfen' (↗Perle).

Mut. Das Wort Mut umfaßte urspr. alle Regungen des Seelenlebens, was sich heute noch in der Wndg. ‚zumute sein' ausdrückt. *Sein Mütchen an jem. kühlen:* seine übermütige Laune an ihm auslassen. Mhd. steht in gleichem Sinne (Haß, Zorn, Ärger) das Wort muot; z. B. im ‚Nibelungenlied' (Str. 2133): „Dô kuolten mit den wunden die geste wol ir muot". Luther übersetzt 2. Mos. 15,9: „Ich will nachjagen ... und meinen Mut an ihnen kühlen; ich will mein Schwert ausziehen, und meine Hand soll sie verderben". Seit Luther begegnet auch die Verkleinerungsform häufiger: „küle dein mütlin nicht, wenn du straffen solt" (Sirach 10,6), das Hans Sachs in freier Reimfassung gibt:

Rech nit zu gnaw all misse that,
Kül nicht dein Mütlein frü und spat.

Seit dem 17. Jh. wird die Rda. in der Schriftsprache in der uns heute geläufigen Form verwendet. Sie ist auch ndl. ‚zijn moed koelen aan iemand', frz. ‚assouvir sa vengeance, sa colère sur quelqu'un' bzw. ‚excercer sa rage contre quelqu'un' sowie engl. ‚to vent one's anger (spleen) on a person' gebräuchl.

‚Die Feststellung: *Mut zeiget auch der Mameluck* ist durch Schillers Gedicht ‚Der Kampf mit dem Drachen' (Musenalmanach 1799, S. 151 f.) zur Rda. geworden. Im Volksmund wird sie oft scherzhaft zu einem Wechselreim ‚Mut zeiget auch der lahme Muck' verdreht.

Den Mut sinken lassen: die Hoffnung aufgeben, alle Anstrengungen für vergeblich halten.

Etw. mit dem Mut der Verzweiflung tun: sich in die Gefahr stürzen, um evtl. eine Chance zu bekommen; seine Angst überwinden und etw. Schwieriges und Gefährliches in Angriff nehmen, ↗Angst.

Lit.: *M. Wandruszka:* Angst und Mut (Stuttgart 1950), bes. Kap. ‚Der Wortschatz des Mutes', S. 81–150.

Mutter *Vorsicht ist die Mutter der Weisheit* oder in volkstümlicher Konkretisierung *Vorsicht ist die Mutter der Porzellankiste* meint, daß ↗Vorsicht wichtiger ist als alles andere und daher noch vor der Weisheit kommt. Das Sprichwort ist wohl in Anlehnung an ähnl. aus dem Lat. wie ‚repetitio est mater studiorum' gebildet. Nach demselben Bautypus (‚X ist die Mutter von Y') verlaufen die Sprww. ‚Not ist die Mutter der Künste', ‚Überfluß ist die Mutter der Langeweile', ‚Erfahrung ist die Mutter der Wissenschaft', ‚Die Erde ist die Mutter des Reichtums', ‚Der Friede ist die Mutter des Reichtums', ‚Tyrannei ist die Mutter der Ungerechtigkeit', ‚Schwelgerei ist die Mutter der Habgier' (Cicero: ‚Luxuria avaritiae mater'), ‚Die Zeit ist die Mutter der Wahrheit'; oder auch engl. ‚Necessity is the mother of invention'; vgl. auch frz.

,La prudence est la mère de la sagesse', sowie nach demselben Bautyp: ,La pauvreté est la mère de tous les vices' (wörtl.: Die Armut ist die Mutter aller Laster).
Einer der ältesten dt. Belege für diesen Bautypus findet sich 1495 in den ,Proverbia metrica et Vulgariter rytmisata' des Joh. Fabri aus Donauwörth: ,Weyssheyt ist aller künst muter'. Im 16. Jh. geht die Beliebtheit von Neubildungen zurück; erst das 18. Jh. findet wieder neue Variationen, so: ,Ungerechte Regierung ist die Mutter alles Ungehorsams'.
Der Ausdr. *Mutter Natur* geht auf Klopstocks Ode ,Zürchersee' (1750) zurück. *Die Mutter Erde küssen* ist ein Euphemismus für ,zu Boden fallen'. Der Franzose gebraucht dafür die witzige Rda. ,prendre un billet de parterre'. Der dt. Ausdr. erinnert an die Geschichte von den Söhnen des Tarquinius Superbus, denen prophezeit worden war, nach dem Vater werde herrschen, wer zuerst die Mutter küsse; Brutus wußte das Orakel zu erfüllen, indem er absichtlich stolperte, zu Boden schlug und die Erde mit den Lippen berührte.
Bei Mutter Grün übernachten: im Freien übernachten. Die Rda. ist von Berlin ausgegangen, aber auch in die allg. Umgangssprache eingedrungen.
Der Mutter am Schoß hängen sagt man von einem Kind, das ängstlich nicht von der Mutter weicht, übertr. bezieht man es auch auf Heranwachsende; vgl. frz. ,rester accroché aux jupons de sa mère' (wörtl.: Der Mutter am Unterrock hängen).
Eine andere Mutter hat auch ein liebes, schönes Kind oder *jede Mutter hat ein liebes Kind* sagt man im südd. Raum und den Alpen einem abgewiesenen Freier; in übertragener Bedeutung gebraucht man diesen Ausdruck resignierend, wenn man etw. nicht erhalten konnte, das man erstrebte.
Da ist's Kind vor der Mutter auf die Welt gekommen sagt man über ein vorlautes Kind, das alles besser weiß. Der Ausdr. entspricht sinngemäß der Rda. ,da ist das ↗Ei klüger als die Henne'.
Wenn du noch eine Mutter hast ...: Anfang eines Gedichts von Friedrich Wilhelm Kaulisch (1827–81), der oft parodiert wird, so z.B. zusammen mit Heinrich Heines Gedicht „Wenn du eine Rose schaust":

Wenn du noch eine Tante hast,
sag, ich laß sie grüßen.

Nach der alten Mutter Weise handeln: Mütter, die ihren Töchtern bei Liebesabenteuern nachspionieren, sind hiermit gemeint.
Ein Berliner Gassenhauer hat den Titel: ,Mutter, der Mann mit dem Koks ist da'. Er spielt auf die nicht spurlos gebliebene Begegnung der Tochter mit dem ,schwarzen Mann' an, die die Mutter sofort bemerkt.

,Mutter, der Mann mit dem Koks ist da ...'

Im Westerwald sagt man beim Anblick, den das Wogen des blühenden Getreidefeldes hervorruft: ,die Mutter läuft durchs Korn'; gemeint ist damit ein mythisches Wesen, das als Kornmutter oder Kornmuhme bez. wird und auch als Kinderschreck dient.
Mutterseelenallein ist eine verstärkende Bildung für ,ganz allein' und seit etwa 1809 (Campe) gebräuchl. Im Frühnhd. begegnet ,mutterallein', eine ähnl. Bildung wie ,mutternackt', und Gottfried Keller schreibt ,seelenallein'. Über die Zusammensetzung ,Mutterseele' (ähnl. wie: Menschenseele) kommt es dann über ,mutterseligallein' zu dem heute noch gebräuchl. Ausdr.

Lit.: *W. D. Hand:* A Classical Proverb-Pattern in Germany: X is the mother of Y, in: JEGP 36 (1937), Heft 2, S. 224–233; *F. Ströbele:* ,X ist die Mutter von Y', in: Proverbium 15 (1970), S. 120 f.; *L. Richter:* Mutter, der Mann mit dem Koks ist da (Leipzig 1977); *E. Badinter:* Die Mutterliebe. Geschichte eines Gefühls vom 17. Jh. bis heute (Zürich 1981).

Muttermilch ↗ Milch.

Mütze. ‚Dat es em noh der Mötz' sagt man am Niederrhein, wenn etw. im Sinne des Betreffenden geschieht; umgekehrt: *das ist ihm nicht nach der Mütze:* es paßt ihm nicht, etwa im Sinne der Rda. ‚danach steht ihm nicht der ↗ Kopf'; so heißt es 1652 bei Laurenberg „darna steit im de Kagel" (= Kapuze).
Etw. auf seine Mütze (Kappe) nehmen: die Verantwortung für etw. übernehmen (↗ Kappe); vgl. frz. ‚endosser quelque chose' (wörtl.: sich etw. aufbürden).
Etw. auf die Mütze kriegen: einen Tadel einstecken müssen; entspr. *einem etw. auf die Mütze geben:* ihn ausschelten, schlagen; rhein. ‚enen öm de Mitz haue', ihn ohrfeigen, ↗ Hut.
Den drückt die Mütze: es fehlt ihm etw., er ist durch sein Benehmen auffällig. *Die Mütze steht ihm nicht recht:* er ist nicht gut gelaunt. *Er hat heute die gute Mütze nicht auf:* er ist schlecht gelaunt. Von einem, der schlecht gelaunt ist, sagt man auch, er habe *seine Mütze schief auf(gesetzt).* Der Ausdr. geht auf das 18. Jh. zurück, als man allg. Perücken trug. Nach der Art, wie einer seine Perücke (oder Hut) trug, schloß man auf seine Stimmung; so heißt es im Holländischen ‚de priuk zit hem scheef'. Die entsprechende Redensart im Englischen heißt ‚to have one's hair combed the wrong way'.
Mit der Mütze nach etw. werfen: etw. leicht Erreichbares zu erlangen suchen; umgekehrt heißt es ‚dar is keen Smiten mit de Mütz da', wenn etw. außerhalb des Bereichs des Möglichen liegt.
Einen unter der Mütze haben: betrunken sein (nordd.), ↗ trinken.

Myrte. *Die Myrte verloren haben:* die Jungfräulichkeit verloren haben und damit das Recht, bei der Trauung einen Myrtenkranz zu tragen. Die immergrüne Pflanze war schon im alten Vorderasien ein heiliger Strauch der Frühlings- und Liebesgöttin; sie wurde als Aphrodisiakum und als Brautkraut verwendet. 1538 soll eine Tochter Jakob Fuggers in Augsburg als erste Deutsche bei ihrer Hochzeit einen Myrtenkranz getragen haben. Das Symbol des Myrten-(Jungfern-)Kranzes, der nur der reinen Jungfrau bei der Hochzeit zukommt, ist ein Motiv unzähliger Volkslieder. Geradezu von einer Art Jungfräulichkeitstest handelt das noch viel gesungene Volkslied vom Donaustrudel.

Als wir jüngst in Regensburg waren,
sind wir über den Strudel gefahren.

Unüberhörbar heißt es im Text weiter:

Wem der Myrtenkranz geblieben,
landet froh und sicher drüben;
wer ihn hat verloren,
ist dem Tod erkoren.

Der weitere Text des Liedes exemplifiziert dies an einem positiven und an einem negativen Beispiel.

Lit.: *W. Danckert:* Symbol, Metapher, Allegorie im Lied der Völker; Teil 3: Pflanzen (Orpheus-Schriftenreihe Bd. 3), (Bonn 1978), S. 1177–1178; *L. Röhrich:* Das Bild der Frau im Märchen und im Volkslied, in: H.-B. Harder u. D. Henning (Hg.): Jacob und Wilhelm Grimm zu Ehren (Marburg 1989), S. 35–61.

N

Nabel. *Sich für den Nabel der Welt halten:* sich für den Mittelpunkt halten, um den sich alles dreht.
Die griech. Mythologie hat als ,Nabel der Welt' den Omphalos-Stein zu Delphi angesehen (griech: Nabel). Man nahm an, daß sich hier kosmische Bereiche des Himmels, der Erde und der Hölle berührten und die Schöpfung der Welt ihren Anfang genommen habe. Der Omphalos-Stein im Tempel Apollos wurde im 7. Jh. v. Chr. errichtet und nach zweimaliger Zerstörung durch Feuer und Erdbeben 369–323 v. Chr. wieder aufgestellt. Einen derartigen Stein gibt es auch in Rom auf dem Forum Romanum, den ,Nabel der Stadt Rom', umbilicus urbis Romae. Auch der Berg Garizim (Richter 9,37) galt als Nabel der Erde, von dem es heißt: Gaal aber setzte seine Reden fort und sprach: „Siehe doch, Krieger steigen vom Nabel des Landes herunter, und eine Gruppe kommt gar von der Wahrsager-Eiche her".
Jem. den Nabel reindrücken: jem. demütigen, kleinkriegen wollen. Vor allem in Bayern ist als Drohung ,Deam will i de Nabel scho 'neidrucka' gebräuchl.
Nabelschau betreiben: sich mit sich selbst beschäftigen, in Gedanken nur um sich selbst kreisen; etw. Unwichtigem zu große Aufmerksamkeit schenken. In der Joga-Praxis bedeutet die Nabelschau jedoch die meditative Betrachtung des eigenen Nabels.
Die Nabelschnur ist noch nicht ganz abgerissen, jem. hat sich noch nicht abgenabelt: die materielle und psychische Eigenständigkeit wird bei gewissen Erwachsenen durch ihre anormal starke Bindung an ihre Eltern erschwert. In diesem Sinne erscheint die Rda. bei Schiller, ,Räuber' IV,2: „Die Nabelschnur ist nicht unterbunden worden".

Lit.: *H. U. Ziolko* u. *V. Hückel:* Der Nabel, in: Sexualmedizin 10 (1981), S. 387–390 u. 425–429.

Nachgeburt. *Bei dir haben sie wohl das Kind fortgeworfen und die Nachgeburt aufgezogen?:* Ausdr. spöttischen Mitleids und mitleidigen Spotts auf einen dummen Menschen; wohl berl. um 1900 aufgekommen; seit dem 1. Weltkrieg auch sold. geläufig.

Nacht. *Die Nacht zum Tage machen:* die ganze Nacht durch arbeiten oder feiern und sich erst gegen Morgen schlafen legen. ähnl.: *sich die Nacht um die Ohren schlagen.* Solche Menschen nennt man auch ,Nachtmenschen' oder, da die Eule ein nachtaktives Tier ist, das am Tage ruht, ,Nachteulen'.
Bei Nacht und Nebel kommen: heimlich und ungesehen, plötzlich kommen; so wird auch eine in aller Heimlichkeit durchgeführte (Polizei-)Aktion als ,Nacht-und-Nebel-Aktion' bez. In die Geschichte ist unter dem Schlagwort ,Nacht-und-Nebel-Erlaß' ein geheimer Erlaß Hitlers vom 7.12.1941 eingegangen: Die Staatsfeinde in besetzten Gebieten sollten heimlich nach Dtl. in Konzentrationslager gebracht werden.
Etw. passiert über Nacht: etw. ist auf einen Schlag, ganz plötzlich geschehen.
Die Nacht der langen Messer: eine Nacht, in der ein grausames Gemetzel stattfand. Die Wndg. wird heute eher iron. allg. als ,Zeit der Rache für etw.' verwendet.
Na, dann gute Nacht: Wenn das so ist, dann ist alles zu spät; das klappt bestimmt nicht mehr.
Eine ital. Nacht feiern: die ewige Nacht im Totenreich feiern; gestorben sein, ↗zeitlich.

Lit.: *E. Th. Reimbold:* Die Nacht im Mythos, Kultus und Volksglauben (Köln 1970).

Nachtigall. *Nachtijall, ick hör' dir trapsen (trampsen, loofen);* ich merke, was los ist, ich ,rieche den ↗Braten'; die berl. Rda. ist zuerst 1878 in Hans Meyers ,Richtigem

Berliner‘ gebucht und wird auch heute umg. allg. nur im berlin. Dialekt gebraucht. Die Rda. ist vermutl. eine Verballhornung der ersten Zeile des Liedes ‚Frau Nachtigall‘, einem Fliegenden Blatt, das in ‚Des Knaben Wunderhorn‘ abgedruckt ist:

Nachtigall, ich hör dich singen,
Das Herz möcht mir im Leib
zerspringen;
Komme doch und sag mir bald,
Wie ich mich verhalten soll.

Nachtigall, ich seh dich laufen,
An dem Bächlein tust du saufen,
Du tunkst dein klein Schnäblein ein,
Meinst, es wär der beste Wein.

Möglicherweise liegt bei der Rda. eine Vermischung der Anfangszeile der ersten mit der der zweiten Strophe „Nachtigall, ich seh dich laufen“ vor.

Die Nachtigall singen lehren: etw. Unnützes tun. Vgl. ndl. ‚Hij leert den nachtegaal zingen‘.

Der Gesang der Nachtigall gilt seit der Antike als glückbringendes Omen; im Volksglauben ist sie zudem als Bringerin eines sanften Todes bekannt. Aus ‚Romeo und Julia‘ stammt die Wndg. „Es war die Nachtigall und nicht die Lerche“ (III,5: „It was the nightingale and not the lark“). Dieser Spruch wurde von Georg Herwegh in seinem Gedicht ‚Morgenruf (1845) parodiert. Die Lerche ist hier als Verkünderin des Tages zu verstehen: „Die Lerche war’s und nicht die Nachtigall“.

Weiterhin wurde die Nachtigall in vielen Gedichten personifiziert, so z. B. in Goethes ‚Faust‘ im ‚Lied des Frosches‘ (1808): „Schwing dich auf, Frau Nachtigall!“

Eine Gedichtsammlung nennt H. Hoffmann von Fallersleben: ‚Die schlesische Nachtigall‘ (1825). ‚Die Nachtigall von Sesenheim‘ ist der Titel einer lyrischen Erzählung von Gustav Ad. Müller (1894).

Lit.: *K. Bode:* Die Bearbeitung der Vorlagen in ‚Des Knaben Wunderhorn‘ (= Palaestra 76), Berlin 1909, S. 395; *O. Keller:* Die antike Tierwelt 2 (Leipzig 1913), S. 73–74; *E. Ingersoll:* Birds in Legend, Fable and Folklore (New York 1923), S. 48–50; *L. Röhrich* u. *R. W. Brednich:* Dt. Volkslieder, Bd. 2 (Düsseldorf 1967), S. 359 ff. ‚Nachtigall als Liebesbotin‘ (mit weiterführender Lit.); *E.* u. *L. Gattiker:* Die Vögel im Volksglauben (Wiesbaden 1989), S. 82–89.

Nachtmütze. *Eine Nachtmütze (Schlafmütze) sein:* ein langweiliger, schläfriger Mensch sein; vgl. frz. ‚être un bonnet de nuit‘. Das Kleidungsstück, das der Mann früher anlegte, wenn er zu Bette ging, steht für negative Charaktereigenschaften. Da es bes. von älteren Männern bevorzugt wurde, die nur noch wenige Haare hatten, wird der Traum von der Nachtmütze so gedeutet, daß man einen alten Mann heiraten werde.

Die in Bremen bezeugte Rda. ‚he hett ok noch nich de leste Nachtmützen up‘ meint: mit ihm geht es noch nicht so bald zu Ende; sein Tod ist noch nicht zu befürchten.

Nachttopf. *Dich haben sie wohl auf den Nachttopf gesetzt und unters Bett geschoben?* Diese Frage gilt als mitleidiger Spott für einen dummen Menschen; man umschreibt mit der Rda. das deutlichere ‚einen ↗ Schlag auf den Kopf bekommen‘.

Nachtwächter. *Ein Nachtwächter sein:* ein Versager, ein Mensch ohne Unternehmungsgeist, ein geistesabwesender Träumer sein. Der Ausdr. gilt als häufige Schelte für langweilige und untaugliche

‚Nachtwächter‘

Schüler, Lehrlinge und Rekruten, wird aber auch als verächtliches Schimpfwort unter Gleichaltrigen gebraucht. Der sprachl. Vergleich beruht auf der Tatsache, daß der Nachtarbeiter am Tage den Schlaf nachholen muß und deshalb immer nur müde zu Hause anzutreffen ist. Der Traum von einem Nachtwächter bedeutet daher, daß man das Haus hüten muß.

Das ist noch unter dem Nachtwächter!: das ist dümmer als dumm, das ist unter aller Kritik, das ist das Verächtlichste, was man sich denken kann. Die Rda. spiegelt die soziale Geringschätzung dieses Berufes. Da keine Ausbildung dafür nötig war, konnte ihn der Einfältigste ausüben.

Ein Nachtwächter ohne Knochen ist die scherzhaft euphemist. Umschreibung für einen Kothaufen, der heimlich nachts auf die Straße gesetzt wurde.

Lit.: *A. Memminger:* Hört Ihr Leut' und laßt Euch sagen! Ernstes und Heiteres vom Nachtwächter (Würzburg 1922); *K. Adrian:* Von Salzburger Sitt' und Brauch (Wien 1924), S. 104 ff; *E. Bonomi:* Der Nachtwächter im Ofner Bergland, in: Südostforschungen 6 (1941), S. 273–277: *W. Danckert:* Unehrliche Leute (Bern – München 1963), S. 57 ff.

Nacken. *Einen harten (unbiegsamen) Nakken haben:* eigensinnig, ‚hartnäckig' sein; nicht nachgeben wollen; ebenso in den Mdaa.: ostfries. ‚he het en stiewe Nack'; rhein. ‚en stive Nacke han'; vgl. frz. ‚avoir la nuque raide' (gehobene Sprache).

Jem. den Nacken steifen: ihn zum Widerstand ermuntern. Dagegen *einem den Nacken beugen:* ihn zwingen, seine Handlungsweise zu verändern; els. ‚es blit im m Näcke henke', er muß die Schuld bezahlen.

Einem auf dem Nacken liegen (sitzen): ihn ständig belästigen, ↗ Hals.

Angst sitzt jem. im Nacken: große Angst haben, hier ist die Vorstellung des Aufhockers angesprochen, ↗ Angst.

Einem den Fuß auf den Nacken setzen: ihn unterwerfen, aufs ärgste demütigen; urspr. nach ma. Kriegsbrauch wörtl. zu verstehen: Der Ritter setzte dem Besiegten den Fuß in den Nacken zum Zeichen der Unterwerfung, ↗ Fuß.

Einem in den Nacken schlagen: ihn empfindlich treffen. Luther gebraucht die Wndg. i. S. v.: verleumden, übel nachreden (‚Sprichwörter', 437). Heute ist das davon abgeleitete Subst. ‚Nackenschlag' häufiger (z. B. ‚geschäftliche Nackenschläge erhalten'). Bemerkt der Betroffene diese Heimtücke, so sagt man: *Er hat Augen im Nacken,* ↗ Auge.

Den Schalk im Nacken haben: zum Scherzen, zum Possenspielen aufgelegt sein (↗ Schalk); Goethe schreibt: „doch glaubt mir, er hatte den Schelmen faustdick im Nacken"; Claudius:

Der Knabe hat blaue Augen, gelbes Haar
Und Schalk im Nacken immerdar.

nackt, Nackter. *Einem Nackten die Kleider ausziehen; einem Nackten in die Tasche greifen wollen:* sich umsonst bemühen.

Einen Nackten auf die Wache stellen: jem. mit Aufgaben betrauen, die er nicht bewältigen kann. Während in dieser Rda. die Nacktheit als Zeichen der Schutz- und Wehrlosigkeit verstanden wird, besitzt sie in abergläubischen Vorstellungen eine apotropäische Wirkung: jede Art von Unglück kann vertrieben werden, wenn sich der Mensch dem unglückbringenden Dämon nackt und bloß zeigt (HdA. VI. Sp. 841, Abs. 9). Vgl. ‚Jem. mit dem nackten Arsch ins Gesicht springen', ↗ Arsch. Der Ausdr. ‚die nackte Wahrheit' (↗ Wahrheit) geht auf eine Stelle im ersten Buch der Oden (24,7) von Horaz (65–8 v. Chr.) zurück: Hier heißt es ‚nuda veritas'.

Lit.: *A. Kuntz:* Der bloße Leib. Bibliographie zu Nacktheit und Körperlichkeit (Frankfurt a. M. – Bern – New York 1985); *H. P. Duerr:* Nacktheit und Scham (Frankfurt/M. 1988); *M. Andritzky* u. *Th. Rautenberg (Hg.):* ‚Wir sind nackt und nennen uns Du'. Eine Geschichte der Freikörperkultur (Gießen 1989).

Nadel. *Er hat bei mir noch etw. auf der Nadel:* er soll mir noch für etw. büßen. Die Rda. ist seit dem 16. Jh. bezeugt, heute aber nur noch in den Mdaa. vorhanden, z. B. schwäb. Schiller verwendet sie in folgender Form:

Manches Stück von altem Adel,
Vetter (Bacchus), hast du auf der Nadel,
Vetter, übel kommst du weg.

Man hat zur Erklärung der Rda., deren Bdtg. der von ‚etw. auf dem Kerbholz haben' entspricht, an einen Schneider gedacht, der so von einem Kunden sagt, für den er beschäftigt ist und von dem er noch Geld zu erwarten hat. Mit größerem Recht wird man aber unter der Nadel die Stricknadel verstehen, wie es denn auch landschaftlich heißt: ,etw. bei einem noch auf der Nadel sitzen haben'. Der bildl. Sinn hätte sich dann ebenso eingestellt wie in den Rdaa. ,noch etw. bei einem auf der Kunkel haben', ,einen ↗Schinken bei jem. im Salz liegen haben'.

Wie auf Nadeln sitzen: sehr ungeduldig dasitzen (↗Kohle). Bei Chr. Fr. Henrici (Picander, 1700–64) heißt es:

Seht, wie der Bräutigam hier wie
auf Nadeln sitzt
Und ärger als jemand das
Leckermäulchen spitzt

(im Frz. genauso: ,être assis comme sur des épingles').

Älter ist die Form *auf Nadeln gehen* (oder *stehen*); z.B. bei Daniel Stoppe (1697 bis 1747):

Da geht man fast auf lauter Nadeln,
Denn jede findet was zu tadeln.

Ähnl. aus Breslau: ,O, macht ok furt! 's is ja, as wenn ma auf Nadle schtinde'; schweiz. ,of d'Nodle setze', jem. in die Enge treiben. Die Rda. bezieht sich wohl auf die Gottesurteile und Folterungen, wo der Angeklagte zum Beweis seiner Unschuld über ein Nagelbrett gehen mußte.

In verschiedenen Rdaa. wird Nadel auch kennzeichnend für ein sehr kleines Ding gebraucht; so sagt man von einer dichtgedrängten Menschenmenge: *Es konnte keine Nadel zur Erde (fallen).*

Etw. wie eine (Steck-)nadel suchen: eine verlorene Kleinigkeit vergeblich suchen; ähnl. *eine Nadel in einem Heuhaufen suchen,* womit man die Nutzlosigkeit eines Suchens charakterisiert (ebenso engl. ,to look for a needle in a bottle of hay'; frz. ,chercher une aiguille dans une botte de foin'; ndl. ,het is een naadl in een hooiberg').

Etw. mit der heißen Nadel nähen: etw. eilig und darum schlecht und flüchtig ausführen, nicht in allen Einzelheiten durchdacht (z.B. polit. Gesetzesvorhaben).

Bis heute hat sich der Volksglaube erhalten, daß es gefährlich sei, jem. spitze Gegenstände zu schenken. Man könnte sonst verletzen oder die bestehende Freundschaft zerstören. Die Warnung der Rda. *Eine Nadel sticht die Freundschaft tot!* wird noch immer beachtet, d.h. man hütet sich, Anstecknadeln oder Broschen zu verschenken. *Jem. eine Nadel schenken* bedeutet in der Schweiz, die Freundschaft mit jem. aufkündigen (HdA. VI, Sp. 919). In Frankr. schenkt man keine Nähutensilien, da auch hier die Vorstellung verbreitet ist, diese könnten eine Freundschaft ,totschneiden'.

An der Nadel hängen: stark drogensüchtig sein; sich in regelmäßigen Abständen Heroin injizieren müssen. Ist jem. dieser Droge total verfallen, so sagt man, *er kommt nicht mehr von der Nadel los.*

Nadelgeld bekommen: von den Eltern als Tochter regelmäßige Beisteuer für den späteren Haushalt bekommen; oder auch, wie die veraltete Rda. heute noch in der Schweiz gebräuchlich ist, das Geld meinend, das der Ehemann seiner Frau zu deren freier Verfügung gibt. Der Ausdruck ,Nadelgeld' hängt damit zusammen, daß Nadeln früher sehr teuer waren. König Ludwig XI. von Frankr. z.B. schenkte seiner Tochter zur Hochzeit eine Büchse voller Nadeln.

Die (zukünftige) Hausfrau mußte in der Lage sein, ihre Kleidung und die ihrer Kinder, auch die Wäsche selbst in Ordnung zu halten, auszubessern oder gar anzufertigen, um zu sparen oder sich in Notzeiten behelfen zu können. Das Nadelgeld verhalf ihr dazu, selbständig zu wirtschaften und für das Nötigste an Textilien zu sorgen.

In dem schwäb. Volkslied: ,Sitzt e klois Vogerl im Tannenwald' heißt es in Strophe 5:

Mädle, was kriegscht für e Heiratsgut,
daß de des Köpfle so trägscht?
La, La ...
Nadel und Faden und Fingerhut
und e verroschtete Scher.

Die schlagfertige Antwort des um seine Zukunft unbekümmerten Mädchens bedeutet, daß es von zu Hause nichts zu erwarten hat, doch sich selbst durchzubringen hofft.

Nadel und Faden werden auch als Umschreibungen der männlichen und weiblichen Genitalien gebraucht; so z.B. von

Balzac, der in seinen ‚Ergötzlichen Geschichten' die Unmöglichkeit einer Vergewaltigung behauptet und dies so begründet: „Man kann keinen Faden einfädeln, wenn die Nadel nicht stillhält."

Ein Kamel durch ein Nadelöhr treiben (wollen): etw. Schwieriges, Unmögliches versuchen; *einen mit etw. durchs Nadelöhr treiben:* ihn durch Zwang oder Drohung zu etw. fast Undurchführbarem veranlassen. Die Wndgn. beziehen sich auf Matth. 19,24: „Es ist leichter, daß ein Kamel durch ein Nadelöhr gehe, denn daß ein Reicher ins Reich Gottes komme". Mit dem Nadelöhr könnte ein sehr enges, kleines Tor in der Stadtmauer von Jerusalem gemeint sein, das nur Menschen den Durchgang gestattete und tatsächlich im Volksmund ‚Nadelöhr' genannt wurde. Wahrscheinlich beruht die Übers. jedoch auf einer falschen Lesart, so daß κάμηλον = Kamel mit καμίλιον = Schiffstau verwechselt wurde. Es müßte demnach in einem wirklich aufeinander bezogenen Vergleich richtiger heißen: „Es ist leichter, daß ein Schiffstau (dickes Seil) durch ein Nadelöhr gehe ...".

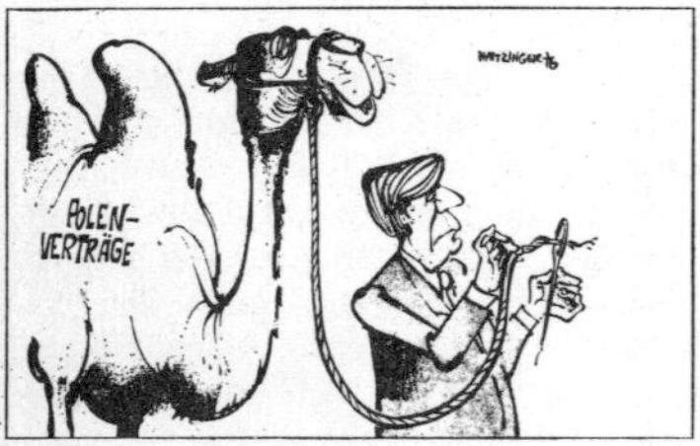

‚Eher geht ein Kamel durchs Nadelöhr ...'

Eine Politik der Nadelstiche betreiben: jem. durch ständiges ↗ Piesacken unaufhörlich quälen oder peinigen, ↗ Politik.

Nagel bedeutete urspr. den Finger- und Zehennagel sowie (aber im Dt. nur noch selten) die Tierkralle. Neben dieser Grundbdtg. kann mit Nagel aber auch ein hölzerner oder metallener Stift zum Festhalten von Brettern oder ähnl. Materialien gemeint sein. Dieses Überschneiden der Bdtg. macht die Erklärung von alten, oft in ihrem Sinn dunkel gewordenen Rdaa. bes. schwierig. In anderen europ. Sprachen ist fast durchweg eine Trennung dieser beiden Hauptbdtgn. von Nagel auch in sprachl. Hinsicht eingetreten (z. B. frz. Fingernagel: l'ongle; Stift: clou).

Vom Nagel als Fingernagel sind folgende Rdaa. abgeleitet: *Etw. brennt einem auf den Nägeln* (oder *auf die Nägel)* bez. die ängstliche Eile, mit der eine Arbeit in letzter Stunde fertiggemacht wird; man hat die Rda. vom Brennen der Fingerspitzen durch aufgelegte glühende Kohlen bei der Folterung hergeleitet. Die 1649 von Gerlingius unter Nr. 27 verzeichnete Form: „Die kertz ist auff den nagel gebrandt" sowie die 1718 von Celander (‚Verkehrte Welt', S. 520) gebrauchte Wndg. „So brennet ihm ... das Licht, wie man im Sprichwort zu reden pflegt recht auf den Nagel" lassen eine andere Erklärungsmöglichkeit offen, nämlich die Vorstellung der bis auf die haltenden Finger herabgebrannten Kerze. Man hat daran erinnert, daß sich die Mönche bei der Frühmette zum Lesen im Dunkeln kleine Wachskerzen auf die Daumennägel klebten, so schwer dieses Bild auch einem heutigen Kirchenbesucher einleuchten dürfte. Goethe gibt der Wndg. noch etw. anderen Sinn:

> Der Dichter freut sich am Talent,
> An schöner Geistesgabe;
> Doch wenns ihm auf die Nägel brennt,
> Begehrt er irdischer Habe.
> Mit Recht soll der reale Witz
> Urenkeln sich erneuern;
> Es ist ein irdischer Besitz –
> Muß ich ihn doch versteuern!

D.h.: wenn er dichten muß, will er auch bezahlt sein, wobei unsere Rda. die Dringlichkeit unterstreicht.

Einem die Nägel stutzen: ihm die Gelegenheit zum Stehlen nehmen; ndd. ‚ik möt di de Nägel wol kort holln'.

Sich etw. unter den Nagel reißen: sich etw. zulegen (mit dem Unterton: auf nicht ganz redliche Weise).

Die Nägel (oder *an den Nägeln) kauen:* sich langweilen, ungeduldig, verlegen sein. Heinrich Heine dichtet: „Der Hans und die Grete sind Bräutigam und Braut ... der arme Peter die Nägel kaut" (‚Buch der Lieder'); vgl. engl. ‚You had as good eat your nails'; frz. ‚se ronger (zernagen), se manger, se mordre ses ongles', höchst ungeduldig oder betrübt sein.

Sich mit stumpfen Nägeln wehren: sich nur zum Schein wehren; lit. bei Wieland (9,86): „Die sich solang es hilft mit stumpfen Nägeln wehret"; Bismarck (,Reden' XI,428): „Ich habe mir damals nur erlaubt, mich mit stumpfen Nägeln zu wehren".

Auf den Fingernagel bezieht sich auch die wien. Rda.: ,er hat net, was schwarz unterm Nagel is', gar nichts; auch sonst: *das Schwarze unter dem Nagel:* eine Kleinigkeit, Geringfügigkeit; vgl. rhein. ,net dat Schwatte onger dem Nagel dervan han', keinen Vorteil davon haben. Sebastian Franck zitiert: ,Einem das Weisz vom Nagel geben', nichts; els. ,was ufme Nagel hebt', sehr wenig; ,nit was under der Nagel geht', nichts. Ähnl.: ,nicht um Nagelsbreite nachgeben'.

Den bair. Ausdr. ,aufs Nägel', aufs Haar, ganz genau, der dem lat. ,ad unguinem' wörtl. entspricht (hier vom Steinmetz entlehnt, der mit dem Fingernagel die Glätte der Arbeit prüft), hat der Mda.-Forscher Andreas Schmeller (1785–1852) von den Nägeln oder Stiften herleiten wollen, die an der Innenseite von Schenkgefäßen zur Messung des Inhalts angebracht waren. Wenn man jedoch die schwäb. Varianten ,auf's Nägele 'na' und ,da muß älls uf's Nägele sei' berücksichtigt, scheint die Erklärung doch in dem Umkreis der zuletzt behandelten sprw. Wndgn. zu liegen, die den Nagel als etw. Bildhaftes für etw. Geringes gebrauchen. ,Aufs Nägele' hieße dann also: korrekt bis zum Geringsten.

Es ist erstaunlich, in wie vielen, zum Teil völlig beziehungslosen Wndgn. immer wieder die bildhafte Vorstellung des Fingernagels eine Rolle spielt. Hier seien nur die Wichtigsten mitgeteilt: rhein. ,die Orwet (Arbeit) geht mer vum Nagel', geht gut voran; schweiz. ,uf de Negel ha', zur Verfügung stehen. Häufiger findet sich schon: *etw. auf den Nagel können* (oder *kennen).* Joh. Fischart: „Kann er dieselbe Kunst auf ein Nägelein ..." = bis aufs Äußerste, so daß nichts daran fehlt. Oder noch deutlicher ein Zitat von Luther: „Meister Klügel, der die Hl. Schrift gar auswendig und auf dem Nägelein kann". Schwäb. ,etw. über den Nagel abbrechen': etw. übereilen, steht in enger Verwandtschaft zu schweiz. ,über Nagel verreise müsse', Hals über Kopf, plötzlich; (vgl. engl. ,on the nail').

Nur mdal. verbreitet ist das schweiz. ,eim of em Negli chratze', schmeicheln. Ebenfalls wenig verbreitet sind: schlesw.-holst. ,he kann 'n Nagel afbieten', hat ein sehr gutes Gebiß. *Etw. an den Nägeln herzählen:* Analogiebildung zum Fingerzählen. *Von den Nägeln an den Zehen anfangen:* von unbedeutenden und wenig zur Sache gehörenden Dingen reden, statt von der Hauptsache. *Nägel haben wie ein Schinder:* recht lange Fingernägel haben, ähnl. schles. ,Er hat Nägel wie die Schurschaufeln'.

Vom Nagel als hölzernem oder metallenem Stift sind die folgenden Rdaa. abgeleitet: *etw. an den Nagel hängen:* aufhören, eine Sache zu treiben (mit einem ähnl. Bild: ,etw. aufstecken'; zunächst wohl von Handarbeiten gesagt, und ,etw. aufgeben', eigentl.: ein Sinnbild eines zu übergebenden Lehens oder Rechtes hochhalten). In wörtl. Sinne steht die Rda. noch in einem alten Soldatenlied:

Doch heißt es an den Nagel g'hangen,
Weil's Fried, Geharnisch, Spieß und Schwert.

Mit kühner Übertr. ist es gebraucht in den Worten eines patriotischen Mannes an den Kurfürsten Max Emanuel von Bayern (1679–1726), als dieser in dem Streit um die Erbfolge in Spanien auf Frankreichs Seite trat:

Anderst sollest dich bedenken –
Warum willst dein schönes Land
Also an den Nagel henken?
Das ist dir dein größte Schand!

In neuerer Zeit wird die Rda. vor allem bei der Aufgabe eines Berufes gebraucht: „Da er sein Studium nicht, nach Art so vieler geistlicher Herren an den Nagel hängte" (F. Ch. Laukhard, ,Leben und Schicksale', 1792, hg. v. Petersen, I,8).

Groß ist die Zahl der Abwandlungen der Rda.: ,etw. an einen lockeren Nagel hängen', etw. Unsicheres tun; ,etw. an einen hohen Nagel hängen', sich Aufschub zur Überlegung verschaffen; ,alles an einen Nagel hängen', alles verwischen, alles durcheinanderwerfen, anstatt jeder besonderen Sache ihren eigentümlichen Platz anzuweisen oder auch: das ganze Vermögen an ein Unternehmen wagen;

,nicht alles an einen Nagel henken', nicht zuviel auf einen Wurf wagen; ,von einem Nagel an einen anderen hängen', alte Schulden durch neue bezahlen; immerfort borgen. Schwäb. ,e Schuld von eim Nagel ab den andere henke', an's Nägele henke', ,er hat's am Nägele', hat's ganz sicher. ,Etw. hängt am Nagel', ist unbenutzt.

Den Nagel auf den Kopf treffen: genau das Richtige treffen; freilich wohl nicht mit dem den Nagel einschlagenden Hammer, sondern mit dem Bolzen, denn die Rda. stammt aus der Sprache der Schützen: Ein Nagel, eine Zwecke (daher ,Zweck' = Ziel eines Tuns) bezeichnete den Mittelpunkt der Scheibe (vgl. die gleichbedeutende Rda. ,ins ↗Schwarze treffen'; hierzu wohl auch ,Kernschuß' in wörtl. und übertr. Anwendung). Luther schreibt (Jenaer Ausgabe V,246 a): „Es ist not, daß ein guter Schütz allwegen den Pflock oder Nagel treffe". Im Lat. entspricht ,rem acu tangere', wörtl.: die Sache mit der Nadel berühren (Plautus: „rem acu tetigisti", ,du hast den Nagel auf den Kopf getroffen'); in Frankr. sagt man: ,Viser dans le mille', also: die Mitte der Zielscheibe treffen, wo die Zahl 1000 steht. Goethe verwendet die Rda. in ,Dichtung und Wahrheit' (II,6, S. 250) in bezug auf die sprachl. Treffsicherheit: „Ich sollte vergessen (i.S.v.: sollte gezwungen werden), daß ich den Geiler von Kaysersberg gelesen hatte, und des Gebrauchs der Sprichwörter entbehren, die doch, statt vieles Hin- und Herfakkelns, den Nagel gleich auf den Kopf treffen".

Nägel mit Köpfen machen: ganze Arbeit machen, etw. zu Ende denken, konsequent sein; vor allem seit dem 19. Jh. in westdt. Mdaa. verbreitet, so rhein. ,Nägel met Köpp make'. Als negative Personencharakteristik: ,Däär mächt lauter Nääl ohne Köpp', lauter zwecklose Arbeit. In der Diskussion um die Ausbildung Jugendlicher wurde die Rda. zur Forderung parodiert: ,Macht Stifte mit Köpfen!'

Er hat einen (hohen, oder *gewaltigen) Nagel (im Kopf):* er ist sehr dünkelhaft (ähnl. wie ,einen ↗Sparren zuviel haben'). Diese seit dem 16. Jh. bezeugte Rda. ist noch nicht erklärt. Das Gegenteil wird ausgedrückt durch die ndd. Wndg. ,enem den Nagel daal kloppen', einen demütigen (Brem.-niedersächs. Wb., 1768, III,212).

Jem. kann Nägel verdauen: jem. ist äußerst unempfindlich. Die Rda. ist schon im 17. Jh. bezeugt in der ,Kriegsordnung' des Adam Junghans von der Olnitz (Köln 1611). In der Vorrede heißt es: „Wie eine Schertzrede gehet / ein Landsknecht muß Spitzen von Radenaegeln verdawen koennen". Heute sagt man noch im Kanton Bern, wenn man sich stark fühlt: ,I kennt Neegel verdaue'.

Nägel auf sich spitzen lassen: sich alles gefallen lassen.

Er ist mir ein Nagel zum Sarge: er trägt zu meinem frühen Tode bei, er verursacht mir einen schweren Verdruß, er bereitet mir Kummer, der an meinem Leben zehrt und es verkürzt. Das rdal. Bild vom ,Sargnagel' ist seit der zweiten H. des 18. Jh. belegt, mdal. vielfach variiert, z.B. rhein. ,dat ess im der Näl op de Dudekess'; schlesw.-holst. ,dat is'n Nagel to sien Sark' oder schwäb. ,der hat ihm au en Nagel in d'Bahr g'schlage', hat ihn tödlich beleidigt; vgl. engl. ,that is a nail in my coffin'; ndl. ,dat is een nagel aan mijn doodkist'. ↗Sargnagel.

Neben den Rdaa., die das Hauptwort Nagel als Kompositionsglied haben, tritt Nagel in einigen Wndgn. auch prädikativ auf. Schon Adelung hat (1777) in Sp. 714 *nagelneu sein* wohl zunächst für etw. gebraucht, in das eben frisch Nägel eingeschlagen worden waren.

Eine weitere allg. gebräuchl. Wndg. ist *vernagelt sein:* ungeschickt, begriffsstutzig, erstaunt sein; eigentl.: wie ein Pferd, dem von ungeschicktem Schmied beim

,Vernagelt werden (sein)'

Beschlagen die Nägel ins Fleisch getrieben wurden. Für vernagelt sein kann in diesem Zusammenhang auch ‚ein Brett vor dem Kopf (angenagelt) haben' stehen; frz.: ‚être bouché'. Ähnl. *vernagelt werden:* getäuscht, verdummt werden. Ebenfalls negativ ist nageln in der Wndg. ‚wo die Welt mit Brettern zugenagelt ist' gebraucht (↗Brett).

Der Ausdr. kommt aus dem Schieß- und Waffenwesen vergangener Zeiten. Eroberte Kanonen wurden unbrauchbar gemacht, indem man einen Nagel in das Zündloch schlug.

Was nicht niet- und nagelfest ist: was beweglich ist, was man mitnehmen kann, fast alles. *Etw. ist niet- und nagelfest:* etw. steht unumstößlich fest. Die Rda. erwuchs aus einer Formel der Rechtssprache: mit ‚niet- und nagelfest' wurden die Immobilien im Gegensatz zu den Mobilien bez.. Ein alter Rechtsspruch lautet: „Zum Haus gehört, was Niet und Nagel begreift". Das Einschlagen von Nägeln war zudem eine Art Aneignungsritus: früher schlug der Bauherr den ersten und den letzten Nagel bei einem Bau ein.

‚Nageln', ‚den Nagel einhauen' ist außerdem eine Sexualmetapher für Koitus.

Ein ‚Nagel-Auto' heißt ein Auto, in dem Geschlechtsverkehr stattfindet.

Lit.: *H. Schrader:* Er hat einen Nagel im Kopfe, oder kurz: er hat einen Nagel, einen hohen, einen gewaltigen Nagel, in: Zs. f. dt. Sprache (Hamburg), 4 (1890), S. 311–317; *H. Bächtold:* Wie vernagelt sein, in: Schweiz. Arch. f. Vkde. 13 (1909), S. 208–209; *G. Kessler:* Wie vernagelt sein, in: Schweiz. Arch. f. Vkde. 14 (1910), S. 305; *B. Fehr:* To pay on the nail, in: Archiv 142 (1921), S. 262–264; *P. J. J. Diermanse:* In den nagel zien, in: De Nieuwe Taalgids 23 (1929), S. 311–312; *K. Löber:* Einen Nagel im Kopf: Merkwürdige Zusammenhänge um eine Rda., in: Heimatjahrbuch für den Dillkreis 1 (1958), S. 54–57; *A. Hauser:* Vom Essen und Trinken im alten Zürich. Tafelsitten, Kochkunst und Lebenshaltung vom Mittelalter bis in die Neuzeit (Zürich 1962), S. 119; *J. R. Russ:* To blow one's nails, in: American Notes and Queries 9 (1970–71). S. 24.

Nagelprobe. *Die Nagelprobe machen:* ist ein Trinkerbrauch, der darin besteht, daß man ein auf das Wohl jemandes geleertes Trinkgefäß umgekehrt über den Daumennagel der linken Hand hält, zum deutlichen Beweis dafür, daß der Becher bis auf den letzten Tropfen geleert worden ist. Diese schon altskandinavisch bezeugte Sitte wird in Dtl. 1494 von Sebastian Brant im ‚Narrenschiff' (110a, 109ff.) mit anderen närrischen Trinkerbräuchen ausführlich beschrieben:

Das drinckgeschyrr heben sie entbor
Vnd bringent eym eyn früntlich drunck,
Do mit der becher mach glunck glunck,
Vnd meynen do mit andere eren
Das sie den becher vor umb keren.
Ich darff der selben hoffzucht nit,
Das man mir vor das glaß vmb schüt
Oder man mich zu drincken bitt.

Joh. Fischart nennt in seiner ‚Geschichtklitterung' von 1575 die Nagelprobe ‚das Säuferisch Nägleinklopffen'. Der Ausdr. Nagelprobe ist zuerst in einer Hoftrinkordnung des sächs. Kurfürsten Christian II. († 1611) nachgewiesen; die Rda. ist auch latinisiert worden: ‚super nagulum trinken', was sogar ins Engl. (dort seit 1592 belegt) und ins Frz. gedrungen ist (engl. ‚to drink super nagulum', auch ‚to make a pearl on your nail'; frz. ‚boire rubis sur l'ongle', und im Lied: ‚Ils faisaient en les renversant / Un super nagle allemand'; oder ‚payer rubis sur l'ongle' i.S.v.: seine Schuld restlos begleichen). Durch Bundeskanzler H. Kohl wurde diese Rda. wieder aktualisiert: „Machen wir doch einmal die Nagelprobe" gebraucht er i.S.v. ‚lassen wir es doch einmal darauf ankommen'.

‚Die Nagelprobe machen': etw. genau prüfen, ist auch ein Ausdr. aus der Druckersprache. Mit dem Nagel prüft der Drucker die Laufrichtung des Papiers, bevor er es in die Maschine einlegt. Diese Probe ist notwendig, damit das Papier beim Binden sich nicht wellt. Die Probe ist erst mit der maschinellen Herstellung des Papiers aufgekommen; beim handgeschöpften Büttenpapier war sie nicht nötig.

nagen. *Nichts zu nagen und zu beißen haben:* nichts (nicht genug) zu essen haben. Die ältere Form dieser Wndg. ist: ‚weder zu beißen noch zu brocken'. Unter Nr. 706 seiner Sprww.-Sammlung führt Joh. Agricola aus: „Natur mag leicht gesettigt werden, denn wer brot hatt, erhungert nit, denn der bauch würd wol satt ..., darumb ist es die äusserst armuot, sich des hungers nit weren künden, vnd nicht zubeissen noch zubrocken haben. Die Ertzte sagen, daß die erste däwung des menschen geschehe im munde vnd zenen, also daß das wir kewen, ... Wer nun nichts zubeissen hatt, vnd die erste däwung des munds zuerfüllen, der wirt zuo der andern däwung zur stercke fleysch vnd bluots langsam kommen, sondern muß verderben. Er hatt weder zubeissen noch zubrokken, er hatt nichts des er geniessen vnd teylen mochte, das ist, er hatt nichts". Vgl. frz. ‚n'avoir rien à se mettre sous la dent'.

Nähkästchen. *Aus dem Nähkästchen plaudern:* intime Geheimnisse preisgeben, private Dinge zum besten geben. Die Rda. ist eine jüngere Parallelbildung zu: ‚aus der ↗Schule plaudern'; mdal.-rhein.: ‚Niehkästche'. In Fontanes ‚Effi Briest' werden sechs Jahre nach ihrem Ehebruch ihre verhängnisvollen Briefe im Nähkästchen entdeckt, wo sie sie verborgen hatte.

Nährwert. *Das hat keinen (sittlichen) Nährwert:* das hat keinen Zweck; hergenommen vom Kaloriengehalt eines Nahrungsmittels; vor allem seit 1945 stark verbreitet.

Naht. In den umg. und mdal. Rdaa. bedeutet Naht nicht nur die Naht an einem Kleidungsstück, die zu platzen droht, wenn einem scharf zugesetzt wird; Naht sind auch die Prügel selber; schließlich bedeutet Naht eine große Menge, was möglicherweise von der Wundnaht hergeleitet ist: Wer ohne Narkose eine Naht vertragen kann, kann viel vertragen. Die Zuweisung der einzelnen Rdaa. zu den jeweiligen Bedeutungsfeldern ist nicht immer ganz leicht.
Eine Naht machen: etw. Gelungenes zuwege bringen; früher: *etw. zur Naht bringen:* es zustande, zu Ende bringen; *bei der Naht weg:* ohne Ausnahme, frei weg; ähnl. hess. ‚eim uf der Naht weg spreche', ihm grundlegend die Meinung sagen. *Einem die Naht beschneiden:* ihn beim Handel betrügen. *Einem die Naht streichen:* ihn tüchtig verprügeln. *Eine gute Naht saufen:* tüchtig trinken. *Eine (Sau-) Naht spielen:* schlecht spielen. Obersächs. ‚der schmiert enne Naht zusammen', er schreibt schlecht. *Das geht an die Nähte:* das greift durch. *Einem auf die Naht gehen* (oder *rücken, knien):* ihm scharf zusetzen. Diese Rda. führt man auch zurück auf die Wndg. ‚jem. auf die Nähte schauen', einer Sache auf den Grund gehen. In Hans Sachs' ‚Sieben klagenden Männern' heißt es (53):

> Wenn ich ir auff die net thu schauen,
> So klagt sie dann bey andern frauen.

Die Bdt. der Rdaa. ist: eine Sache nicht oberflächlich und nur ihrem Gesamteindrucke nach betrachten, sondern in ihre Einzelheiten genau hineinschauen. Daher auch häufig mit dem Beiwort ‚scharf' verbunden. *Einem auf die Nähte fühlen:* prüfen, ob er Geld bei sich hat; dann auch geistig wie: ‚auf den ↗Zahn fühlen'. *Etw. auf der Naht haben:* wohlhabend sein, Geld haben. *Einem nicht von den Nähten gehen:* ihn belästigen. *Aus allen (den) Nähten gehen (platzen):* für den engen Anzug zu dick sein, dick werden, auseinanderfallen (vgl. ‚aus den Schnüren gehen', ↗Schnur).
Eine große (dolle) Naht draufhaben: eine hohe Fahrtgeschwindigkeit entwickeln. *Eine Naht reden:* viel reden. *Es brennt mir auf den Nähten* (auch *auf die Nähte):* ich verspüre starke Nötigung; bin in Drang und Zwang; in dieser Rda. scheint Naht mißverstanden für ↗Nagel zu stehen.

Name. *Sich einen (großen) Namen machen:* bekannt werden, ans ↗Licht der Öffentlichkeit treten. Die Rda. ist schon bei Hans Sachs lit. belegt (6, 86, 29): Der Frosch überlegt sich, ruhmsüchtig, wie er ist „wie bein thierlein allensamen bekumen möht einen groszen namen". Man sagt auch: *sich einen guten Namen machen.* Diese Rda. leitet sich ab von dem Sprw. ‚Sein Name hat einen guten (schlechten) Klang': man steht in gutem (oder schlechtem) Ruf.
Friedrich von Schiller dichtete:

> Von des Lebens Gütern allen
> ist der Ruhm das höchste doch,
> wenn der Leib in Staub zerfallen,
> lebt der große Name noch.

Diese Rdaa. beruhen auf den Bibelstellen 1. Mos. 11,4 und 2. Sam. 8,13.
Schon in frühester Zeit galt der Name als Kraftträger, der seinen Besitzer mit Namenseigenschaften ausstattet oder mit

ihm wesensgleich ist. Auf Plautus geht der Spruch ‚nomen est omen' zurück, welcher genau diese schicksalhafte Beziehung zwischen Namen und Namensträger bezeichnet. Im babylonischen Schöpfungsmythos wurden die Dinge erst wirklich durch ihr Benanntwerden. In vielen Mythen kann daher das Aussprechen eines Namens gefährlich sein (↗Tabu). Ein altes und weit verbr. Märchen- und Sagenmotiv ist das des ‚Namengeheimnisses': derjenige, der den Namen einer bösen Macht kennt, besitzt Gewalt über sie (vgl. Rumpelstilzchen, KHM. 55).

Das Gegenteil besagt: *Name ist Schall und Rauch* ↗Schall.

Die Rechtsprechung eröffnet die Urteilsverkündung mit der Formel: „Im Namen des Volkes ergeht folgendes Urteil ...". Da nach Art. 20 II des Grundgesetzes die Rechtsprechung als Teil der Staatsgewalt beim Volk liegt, unterstützt diese Formel die Legitimation des urteilverkündenden Richters. Diese Formel war auch in der Rechtsprechung der Weimarer Republik üblich. In der Epoche der Monarchie verkündete man das Urteil im Namen des Landesherrn (Majestätsrecht), im 3. Reich „Im Namen des Deutschen Volkes". Von 1945 bis 1950 hieß es dann „Im Namen des Rechts".

Etw. beim rechten Namen nennen: ↗Kind, ↗Spaten.

Lit.: *W. Schmidt:* Die Bdtg. des Namens in Kult und Aberglaube (1912): *L. Röhrich:* Der Dämon und sein Name, in: Paul und Braunes Beiträge zur Geschichte der dt. Sprache u. Lit. 73 (1951) S. 456–468; *W. Leiser:* Im Namen des Volkes: eine Formel und ihre Geschichte, in: Vierteljahresschrift für Sozial- und Wirtschaftsgeschichte 55 (1968/69), S. 501–515.

Narr, närrisch. *Einen zum Narren haben* (oder *halten*): ihn zum besten haben, ihn aufziehen, foppen; eigentl.: ihn als Narren behandeln. Die Geschichte des Narren beginnt mit der alten Sitte, sich zur Unterhaltung bei Gastmählern Lustigmacher zu halten. Schon in dem ‚Symposion' des Xenophon (um 430 bis etwa 354 v. Chr.) kommt ein solcher Lustigmacher vor, und im Rom der Kaiserzeit waren die Scurrae an den Tafeln der Großen ganz gewöhnlich. In Dtl. kommen berufsmäßige Narren z. Zt. der Kreuzzüge auf. Nicht bloß an fürstlichen Höfen wurden

‚Narrensamen'

Narren gehalten (Kunz von der Rosen bei Maximilian I., Klaus von Ranstat bei Kurfürst Friedrich dem Weisen), sondern fast von jedem adligen Herrn. Witze auszuteilen und einzustecken war ihre Aufgabe. Diese ‚Hofnarren' trugen eine eigentümliche Kleidung: auf dem geschorenen Kopfe saß die Narrenkappe (Gugel, latein. cucullus), eine runde Mütze mit Eselsohren und einem Hahnenkamm, einem ausgezackten Streifen roten Tuches, das von der Stirn bis zum Nacken lief. Um den Hals trugen sie einen breiten Kragen wie später noch der Hanswurst auf Messen und Jahrmärkten, und an

‚Narrenkappe'

Kappe, Gürtel, Ellenbogen, an den Knien und Schuhen waren Schellen befestigt, um die Aufmerksamkeit auf sie zu lenken. Soll nun, wie das Sprw. sagt, der Narr einem König gleich sein, so darf ihm das Zepter nicht fehlen; er führte es in der Gestalt des Narrenkolbens, anfangs nichts als ein Rohrkolben, der spöttisch auch „Narrenzepter‘ hieß; später brachte man oben einen Narrenkopf mit herausgestreckter Zunge als Verzierung an, ↗Marotte. Vom 16. bis zum 18. Jh. wurden von einzelnen Herrschern sogar witzige Gelehrte anstelle der Hofnarren verwendet; so ließen sich Taubmann am sächs. Hof (mit der amtlichen Bez. als ‚kurzweiliger Rat‘) und Gundling unter Friedrich Wilhelm I. am preuß. Hof ‚zum Narren halten‘, vgl. engl. ‚to make a fool of a person‘: ndl. ‚jemand voor de gek houden‘.

Schweiz. ‚eim de narre mache‘, umsonst arbeiten, von jem. sich ausnutzen lassen, entspr. rheinhess. ‚jem. den Aff' machen‘. Das Gegenteil besagt die ebenf. in der Schweiz, aber auch in anderen Mdaa. übliche Rda. ‚e Narr i sin Sack sin‘, auf seinen eigenen Nutzen bedacht sein, trotz aller Narrheit; hd. *Er ist ein Narr in seinem Sack.*

Die Gestalt des Narren hat nicht nur der Dichtung (Brant, Murner, Hans Sachs) vielfache stoffliche Anregung geboten, sondern ist auch der Anlaß zu zahlreichen volkstümlichen Rdaa. geworden: *Der Narr muß ein Abzeichen haben* sagt man von einem, der immer etw. Absonderliches haben will; rheinhess. sprw.: ‚Jedem Narr gefällt sei Kapp‘, jeder hat seine Eigenheit, die er liebt.

Ein (Bücher-)Narr sein: sich nur noch mit Lesen beschäftigen. Nach diesem Muster werden mehrere Komposita gebildet, die alle die übertriebene Liebe oder Beschäftigung eines Menschen mit einer Sache bezeichnen, wie z.B. ‚Kinder-Narr‘ oder ‚Pferde-Narr‘, die noch im Sprachgebrauch sind.

Er ist ein Narr in Folio: er ist ein großer Narr, d.h. eigentl. ein Narr von größtem Format; ‚Folio‘ ist ein Fachausdr. für ein großes Buchformat, bei dem die Seite von einem halben Bogen (folium) gebildet wird. Von dem Prediger Abraham a Sancta Clara haben wir ein ‚Centifolium Stultorum in Quarto, oder hundert ausbündige Narren in Folio‘ (1709), in dem solche Begriffe auftauchen, denn „Alphabetisch geordnete 100 Narrenbeschreibungen vom ‚Abergläubischen Narren‘ bis zum ‚Zeitungs-Narren‘ behandeln ... sünd- und lasterhafte Verhaltensweisen“.

Einen Narren an jem. (oder auch *an etw.*) *gefressen haben:* in lächerlicher Weise dafür eingenommen, verliebt sein. Die alte Vorstellung, daß ein Alberner einen kleinen dämonischen Narren leibhaft in seinem Innern stecken habe, hat zunächst die Rda. geschaffen: ‚einen Narren im Leibe haben‘, ‚einen Narren gefressen haben‘. Murners ganze ‚Narrenbeschwörung‘ (1512) erklärt sich ja so: Er will versuchen, „die narren von den lüten zu bringen“ (1,7). Freilich weiß er, wie ihn seine Gegner deswegen verhöhnen, legt aber doch selbst einem von ihnen die Worte in den Mund (2,40):

Darum muß ich mein buch (Bauch) zerlachen,
Das er die sach wil underston,
Und hat selbs wol zwölf legion,
Als vil das ichs nit zelen mag,
Und meeret sich von tag zu tag;
Die alten machen jung in dir.

‚Einen Narren an jem. gefressen haben‘

In der ‚Mühle von Schwyndelßheim' (V. 609;) erklärt Murner:

Wer hohen zorn nit kan vergessen,
Der hat auch rohe narren fressen.

Hans Sachs hat einen Schwank ‚Der Narrenfresser' und ein Fastnachtsspiel ‚Das Narrenschneiden' geschrieben; in dem Spiel schneidet der Arzt einem Kranken die Narren der Hoffart, des Geizes, des Neides, der Unkeuschheit, der Völlerei, des Zorns, des Scheltens usw. aus dem Leibe heraus. Vgl. auch im Engl. ‚he ought to be cut (oder: bored) for the simples'.

‚Narrenschneiden'

Wie Smith-Heseltine (S. 125) bemerkt, beinhaltet diese Rda. im Engl. ein Wortspiel: ‚simple' als Narr und gleichzeitig: ‚‚simples' being medicinal herbs'. Seit 1650 ist die Rda. im Engl. belegt; 1738 gebraucht sie auch Swift: „Indeed Mr. Neverout, you should be cut for the simples". Zu der jetzt geläufigen Form hat die Rda. wohl nur erweitert werden können, als man bereits an ihren eigentl. Sinn nicht mehr dachte; ‚einen Narren an jem. gefressen haben' – das ist, wörtl. genommen, Unsinn, es soll aber der Sinn darin liegen: ein Narr sein in Beziehung auf jem.: in ihn ‚vernarrt' sein. In der ‚Zimmerischen Chronik' (16. Jh.) steht die einfache alte Rda. noch neben der jüngeren (II, 466): „Die zeit er aldo verharret und von der schönen Rellingern gehört, da hat er ainsmals den narren gefressen und von iretwegen ain söllichs panketieren angefangen, das sich menigclichen darob verwundert hat" und (III, 581): „Der hat den narren gleichergestalt an dieser von Barr gefressen".

Mit einem Narren schwanger sein: verrückt sein; auch in derselben Bdtg.: *dem Narren übers Säcklein kommen;* schwäb. ‚Er ist em Narre überm Säckle gwese', els. ‚em Narre üwers Säckle gerote' (geraten).

Vom Narren gestochen werden: sich von der Narrheit anstecken lassen; (bair. ‚es sticht einen der Narr', ebenso schwäb. ‚den hat der Narr gschtoche'), ist zu erklären als Vermengung von Rdaa. wie: ‚der ↗Schalk schlägt ihm in den Nacken' und ‚ihn sticht der ↗Hafer'.

Den Narren stechen (bohren): jem. durch eine Geste andeuten, daß man ihn für blöd hält.

Narrenfreiheit genießen: von allen Zwängen befreit sein, tun und lassen können, wozu man Lust hat; im Schwäb. auch: ‚Narrenrecht'.

Einen am Narrenseil führen: seinen Scherz mit ihm treiben, ihn mit leeren Worten hinhalten. Auf dem Holzschnitt zu Kap. 13 von Seb. Brants ‚Narrenschiff' hält Venus einen Gauch, einen Esel, einen Affen und drei Narren an Seilen. Sie sagt von sich:

An mynem seyl ich draffter (hin und her) yeig (jage)
Vil narren, affen, esel, geüch,
Die ich verfuer, betrueg und leych (täusche).

Das Narrenseil ist das Seil, woran die Narren geführt werden; urspr. sind es die

‚Einen am Narrenseil führen'

Gestalten der verschiedenen Laster und Torheiten, auch der Teufel, die die Narrenwelt am Seile hinter sich herziehen. In der ‚Zimmerischen Chronik‘ (IV, 327) klagt ein betrogener Liebhaber:

Dieweil sie mich gefiert am narrensail,
Wie ain affen an ainer ketten.

In den ‚Räubern‘ (II, 3) kreuzt Schiller die Rda. mit der ähnl. Wndg. ‚einen an der Nase herumführen‘, indem er Spiegelberg die Worte in den Mund legt: „Wir führen sie (die Polizei) erbärmlich am Narrenseil herum“. In den gleichen Zusammenhang gehört wohl die aus Zwickau bezeugte Rda: ‚Heute hab'ch emal en Narren loofen lassen‘, ich habe mir etw. Besonderes zugute getan.

Er ist ein Narr auf eigne Hand; die Wndg. beruht auf Goethes Gedicht ‚Den Originalen‘, worin es am Schluß heißt: „Ich bin ein Narr auf eigne Hand“.

Narren um Christi willen sein: asketisch lebende Menschen, die zur Besiegung ihrer Eitelkeit den Verlust ihres Verstandes vortäuschen, um sich der Vereinsamung und auch Mißhandlungen aussetzen zu können. Von der Kirche wurde diese heilige Narrheit anerkannt; urspr. ist dies eine rein morgenländische Erscheinung gewesen. In Rußland gelangte die heilige Narrheit im 16. Jh. zu höchster Blüte. Der Ausdr. *Narr in Christo* entstammt dem Titel des 1910 erschienenen Romans von Gerhart Hauptmann (1862–1946) ‚Der Narr in Christo Emanuel Quint‘; zugrunde liegt 1. Kor. 4, 10: „Wir sind Narren um Christi willen“.

Da könnte man doch närrisch werden: da könnte man sich aufregen, verrückt bzw. zornig werden. ‚Närrisch sein‘ wurde in früheren Jhh. auch für jede Form von (Geistes-) Krankheit gebraucht, aber auch für Bösartigkeit; schwäb. ‚narret werden‘ meint: in Zorn geraten.

Lit.: *Flögel:* Gesch. der Hofnarren (1784); *Nick:* Die Hof- und Volksnarren (Stuttgart 1861); *Ebeling:* Zur Gesch. des Hofnarren F. Taubenborn (Leipzig 1883); *ders.:* Die Kahlenberger; zur Gesch. der Hofnarren (Berlin 1893); *Oswald:* Stultorum infinitus est numeros, in: American Notes and Queries 8, 1 (1892), S. 132; *O. Mönkemöller:* Narren und Toren in Satire. Sprw. und Humor, 2. Aufl. (Halle 1912); *M. Held:* Das Narrenthema in der Satire am Vorabend und in der Frühzeit der Reformation (Diss. Marburg 1945); *H. Hanckel:* Narrendarstellungen im Spät-MA. (Diss. Freiburg 1952); *R. Gruenther:* Die ‚Narrheit‘ in Sebastian Brants ‚Narrenschiff‘, in: Neophilologus 43 (1959), S. 207 ff.; *P. Hauptmann:* Art. ‚Narren um Christi willen‘, in: RGG. IV ([3]1960), Sp. 1308; *W. Kayser:* Das Groteske in Kunst und Dichtung (Hamburg 1960); *B. Könneker:* Wesen und Wandlung der Narrenidee im Zeitalter des Humanismus. Brant – Murner – Erasmus (Wiesbaden 1966); *O. F. Best:* Über die Dummheit der Menschen (München 1979); Narrenfreiheit. Beiträge zur Fastnachtsforschung (Tübingen 1980); *S. Poley* (Hg.): Unter der Maske des Narren (Stuttgart 1981); *W. Mezger:* Hofnarren im Mittelalter (Konstanz 1981); *ders.:* Narrenidee und Fastnachtsbrauch. Studien zum Fortleben des Mittelalters in der europäischen Festkultur (= Konstanzer Bibliothek 15) (Konstanz 1991).

Nase. *Eine gute (feine) Nase für etw. haben:* etw. richtig ahnen. Die Rda. geht auf den feinen Geruchssinn eines Menschen, wahrscheinlicher aber auf den des Jagdhundes zurück, auf den sich urspr. auch das Adj. *naseweis,* eigentl. ‚mit der Nase die Spur weisend‘, bezieht, so schon bei Konrad von Würzburg: „tugende spürt er, sam daz wilt eine nase wîser bracke“. Was beim Spürhund ein Lob war, wird beim Menschen zum Tadel (ähnl. früher auch ‚naseklug‘, z. B. im 16. Jh. bei C. Faber: „hie müssen wir auch der naseklugen nicht vergessen, die das pferdt im hindern zäumen“). Ndd. ‚ene dünne Näs hebben‘, spitzfindig sein; schweiz. ‚e gschide Nasa ha‘, etw. gleich merken, einen feinen Spürsinn haben; Rückert schreibt: „Doch daß auch Männer mit hochfeiner Nase sich täuschen lassen vom falschen Schein, das weiß ich“; vgl. frz. ‚avoir du flair‘ (wörtl.: einen feinen Geruchssinn haben) oder ‚avoir du nez‘.

Seine Nase im Wind haben: progressiv sein, einen ‚Riecher‘ für das Aktuelle besitzen.

Die Nase voll davon haben: nichts mehr davon wissen wollen (in ähnl. Sinn: ‚verschnupft sein‘); scherzhaft auch halbfrz.: *die Nase plein (pleng, pläng) haben.* In korrektem Frz. heißt die Rda.: ‚en avoir plein le dos‘ (wörtl.: den Rücken voll haben). Medizinisch gesehen ist die Ursache des Gefühls einer verstopften Nase das Aufschwellen der Nasenmuscheln in psych. Streßsituationen. Der Widerstand beim Atmen ist größer, es fällt schwerer. *Das fuhr ihm in die Nase:* es prägte sich ihm unangenehm ein, es gab ihm zu denken.

‚Ich hab' d'Nas voll'

Jem. in der Nase haben: eine Person nicht leiden können.

Obersächs. ‚einem die Nase wischen', ihn tadeln; ndd. ‚wat op de Näs kreegen'. Allg. *eine Nase kriegen (bekommen):* einen Verweis erhalten; bair. ‚e Nase fangen'. Zur Erklärung wird darauf hingewiesen, daß dem, der einen Verweis bekam, ehemals eine Nase aus bunter Pappe aufgesetzt wurde. Man erinnert auch daran, daß, während sich beim Lachen das Gesicht verbreitert, es sich bei unangenehmen Empfindungen verlängert; vor allem scheint die Nase dann länger zu werden. Ebenso könnte man erklären: *mit einer langen Nase abziehen, die Nase hängen lassen.* Als der böhmische Winterkönig Friedrich V. in der Schlacht am Weißen Berge 1620 von Tilly, dem Feldherrn der Kath. Liga, besiegt worden war und Böhmen den Rücken kehren mußte, sangen die Katholiken (R. Wolkan, Deutsche Lieder auf den Winterkönig, S. 268):

Die Flucht den Böhmen allen,
Darzu der Prager Städt
Mit nichten wollt gefallen,
Daß ihre Majestät
Allein sie wollt verlassen
In Unglück und Elend,
Bekamen lange Nasen,
Doch war der Jagd kein End.

Genauso heißt es in Grimmelshausens ‚Simplicissimus' (II,191) von einem Zöllner, der auf eine naseweise Bemerkung gehörig abgetrumpft wird und einen tüchtigen Verweis bekommt: „Davon kriegte der Zöllner eine lange Nase". Eine moderne übertreibende Verstärkung ist: ‚mit (kilo-)meterlanger Nase abziehen'; schlesw. ‚he lett de Nes hangen', er schämt sich, ist traurig; ‚he süht bi de Nese da', er blickt beschämt, traurig, befangen drein; rhein. ‚de kickt sich langs de Nas af'; schlesw. ‚wer sin Nas afsnitt der schändt sin Gesicht'; els. ‚wemer sich d'Nas üs'm Gesicht schnid't, het mer keni meh'; rhein. ‚wer sing Nas afbitt, der verschängelert sin eige Angesech' (vgl. engl. ‚don't cut your nose off to spite your face'; frz. ‚c'est couper le nez pour faire dépit à son visage' (veraltet); heute eher: ‚partir la queue basse' (wörtl.: mit eingezogenem Schwanz abziehen).

Sich selber die Nase abschneiden: seinen eigenen Verwandten oder Landsleuten etw. Schlechtes nachsagen. Das Nasenabschneiden war aber auch eine Rechtsstrafe für ein Vergehen (s. Grimm, Rechtsaltertümer II,296).

Daß du die Nase im Gesicht behältst! So ruft man ndd. einem zu, der vor Überraschung oder ähnlichem außer Fassung zu geraten droht. In der Form ‚Daß du die Nas' ins Gesicht behältst' ist diese Rda. die Lieblingswendung des Inspektors Bräsig in Fritz Reuters (1810–47) ‚Stromtid'; nach Gaedertz (Aus Fritz Reuters jungen und alten Tagen II,77) eine Lieblingswndg. des Pastors Joh. Gottfried Dittrich Augustin in Rittermannshagen.

Die Nase hoch tragen: ‚hochnäsig', hochmütig sein; vgl. engl. ‚to turn up one's nose at a person'; ndl. ‚voor iemand of iets zijn neus optrekken, ophalen'.

Über jem. die Nase rümpfen: jem. nicht (mehr) mögen, ‚nicht (mehr) riechen können'.

Sich eine goldene Nase (dabei) verdienen (verschaffen): ein lukratives Geschäft machen, sehr reich werden, unerwartet hohen Profit erzielen.

Immer der Nase nach gehen: geradeaus gehen; rheinhess. erweitert: ‚Immer der Nas' nach, geht der Arsch net irr' (vgl. engl. ‚to follow one's nose'; ndl. ‚hij volgt zijn neus').

Einen an der Nase herumführen: ihn nach eigenem Vergnügen lenken, seinen Scherz mit ihm treiben, ihm absichtlich falsche Hoffnungen machen; verkürzt *ihn nasführen.* Das Bild dieser sehr alten Rda. kommt von den Tierbändigern, die ihren Opfern Ringe durch die Nase ziehen, um sie so ganz in ihrer Gewalt zu haben. So

‚Einen nasführen' – ‚Wenn zwei sich streiten, freut sich der dritte'

‚Jemanden an der Nase herumführen'

hat sich auch Luther den Ursprung der Redensart erklärt (‚Tischreden', 1568, Bl. 414b).

Auf P. Bruegels Rdaa.-Bild führen zwei Spieler einander an der Nase herum, während der Narr sie inzwischen betrügt. In Goethes ‚Faust' ist die Rda. mehrfach verwendet. Vgl. frz. ‚mener quelqu'un par le bout du nez'.

Einem eine Nase drehen: ihn zum besten halten, ihn verspotten. Die Rda. bezieht sich auf die Gebärde der ‚langen Nase' mit ausgespreizten Fingern. Vielleicht ist die Rda. auch eine Verkürzung der älteren Rda. *eine wächserne Nase drehen.* In Seb. Brants ‚Narrenschiff' (71,11) ist bezeugt, daß die Narren eine lange Nase aus Wachs trugen. Die Gebärde der langen Nase ist eine einfache Art der Verspottung; sie ist verhältnismäßig spät, offenbar erst in der Renaissance, in Westeuropa entstanden. Am frühesten begegnet sie im 18. Kapitel des I. Buches von Rabelais' ‚Pantagruel' anläßlich des Gebärdenwettstreites von Panurg mit dem Engländer Thaumastos. Noch etw. früher liegt nur der bildl. Beleg auf einem Fastnachtsbild Pieter Bruegels von 1560. Wir kennen den Gebrauch der langen Nase dann bes. aus verschiedenen Darstellungen des Verlorenen Sohnes. Bei diesen Bildern gehört sie offenbar geradezu zum Darstellungstypus. Der Verlorene Sohn wird schließlich sogar von dem Narren verspottet, der bis dahin sein Begleiter gewesen war. Die lit. Belege reichen bis ins 19. Jh.; Gottfried Keller (‚Romeo und Julia auf dem Dorfe'): „und so, statt mit ihrem Manne zu leiden, drehte sie ihm eine Nase"; Conrad Ferd. Meyer: „Ich will euch noch von jenseits des Grabes eine Nase drehen". Man denke auch an Goethes Gedicht ‚Lilis Park', wo es heißt:

1

2

3

4

1–4 ‚Einem eine lange Nase machen'

Ein jedes aufgestutzte Bäumchen höhnt
Mich an ... Der Buchsbaum zieht mir eine Nase.

Der erst seit dem 18. Jh. sehr häufig auftretende Gebrauch der Gebärde kann darauf beruhen, daß sie nun als Parodie des militärischen Grußes aufgefaßt wurde, vergleichbar mit dem Narrhalla-Gruß der rhein. Fastnachtsnarren. Bis zur Ggwt. hat sich die lange Nase vor allem in der Kinderwelt erhalten, und zu erinnern ist, welchen Gebrauch in diesem Zusammenhang Wilhelm Busch oder auch der ‚Struwwelpeter' von der langen Nase machen. Vgl. frz. ‚faire un pied-de-nez à quelqu'un'.

Einem etw. auf die Nase binden: es ihm weismachen; oder auch: jem. auf eine neugierige Frage hin scharf abweisen; oft in der negierten Form: *Jem. etw. nicht (gerade) auf die Nase binden:* es ihn nicht wissen lassen.

Einem etw. unter die Nase reiben: es ihm deutlich zu verstehen geben, es ihm derb vorhalten, so daß er ‚daran riechen' kann; schon um 1500 bei dem Prediger Geiler von Kaysersberg; vgl. frz. ‚mettre à quelqu'un quelque chose sous le nez'.

Vor der Nase: ganz dicht vor einem, z. B. ‚einem etw. vor der Nase wegschnappen'; vgl. frz. ‚sous le nez'. *Sich etw. an der Nase vorbeigehen lassen:* etw. versäumen, verpassen; vgl. frz. ‚passer sous le nez de quelqu'un'.

Pro Mann und Nase: pro Person, für jeden

einzelnen; die Wndg. ist eine Erweiterung von ,pro Mann'.

Seine Nase in alles (oder *in jeden Dreck, Quark) stecken:* sich unbefugter- oder neugierigerweise um alles bekümmern; 1541 begegnet bei Seb. Franck die ähnl. Rda.: „Sy stoßt jr mul in alle ding"; in Goethes ,Faust' heißt es (I,V. 292): „In jeden Quark begräbt er seine Nase". Vgl. frz. ,fourrer son nez partout'.

Die Nase ins Buch stecken: fleißig lernen (weil beim Lesen die Nase dem Text am nächsten ist).

Man sieht's ihm an der Nase an sagt man oft, um ein Urteil über jem. gleichsam aus seinen Gesichtszügen zu begründen; scherzhaft auch übertreibend: *Das sieht man ihm an der Nasenspitze an.* Luther: „daß man ihnen an der Nasen habe angesehen, was sie je und je getan haben". Götz von Berlichingen erzählt in seiner Lebensbeschreibung vom Kaiser Maximilian, er sei sehr bescheiden gekleidet gewesen, „ich aber als ein junger erkant Ihn bey der Nasen, daß Er's war" (Kaiser Maximilian war allerdings leicht an der langen gebogenen Habsburger-Nase zu erkennen). Bei manchen Krankheiten läßt sich ja tatsächlich aus der Färbung der Nasenspitze auf bestimmte körperliche Gegebenheiten schließen: der Trinker hat eine rötliche oder rote Nase; der Ohnmächtige hat eine weiße Nasenspitze; vgl. frz. ,Cela se voit sur le bout de son nez'.

So sagen auch Eltern zu ihren Kindern: ,Ich sehe dir an der Nase an, daß du lügst'. Um es den Kindern glaubhaft zu machen, wird meistens noch der Zusatz angehängt: ,denn sie wackelt'; zuweilen befühlt man sie auch; ist sie kalt, so hat das Kind die Wahrheit gesagt, ist sie warm, so hat es gelogen.

Er sieht nicht weiter, als seine Nase reicht. Die Nase als Längenmaß bez. sprw. eine winzige Entfernung; noch heute heißt es beim Wettrennen der Pferde: ,um eine Nasenlänge gesiegt haben', ,um eine Nasenlänge voraus sein'; daher auch: ,alle Nas(en) lang', jeden Augenblick. Von einem Menschen mit beschränktem Gesichtskreis sagt Seb. Brant im ,Narrenschiff' (70,11 ff.):

Nit witer gedenkt er vff alle stundt
Dann von der nasen biß jnn mundt.

Ebenso frz. ,Il ne voit pas plus loin que le bout de son nez'; schweiz. ,für d'Nas use g'seh', etw. weiter blicken, als die Nase reicht, nicht nur auf das Nächstliegende schauen und sorgen.

Du bist wohl auf der Nase gegangen? fragt man im Scherz einen, der sich durch einen Stoß oder Fall die Nase geschunden hat.

Einem auf der Nase herumspielen: ihn geringschätzig behandeln, sich alles mit ihm erlauben, ihn zum besten haben. Man sagt sogar: *einem auf der Nase herumtrommeln,* häufiger noch: *einem auf der Nase herumtanzen;* z.B. 1639 bei Lehmann, S. 393 (,Heucheley' 27): „Das Fräwlein Adulatio (Schmeichelei) trumpelt Kaiser, Churfürsten, Grafen vnd Obrigkeiten auffm Maul". Schweiz. ,sich nüd uf d'Nas schisse la', sich nicht alles gefallen lassen.

Sich die Nase begießen (oder *die Nase zu tief ins Glas stecken)* ist eine jüngere Rda. für: sich betrinken. Ringwald (1603): „... dem Saufen war er bitter feind, hielt keinen Mann für seinen Freund, der liederlich die Nasz begosz". Vgl. frz. ,se piquer le nez': saufen und ,avoir un verre dans le nez': betrunken sein, ↗trinken.

Auf der Nase liegen: krank sein.

Die Nase kriegt Junge: es bilden sich auf der Nase Warzen und Auswüchse (um 1900 rhein.).

Sich eine unter die Nase stecken: sich eine Zigarre anzünden. *Verliebte Nasenlöcher machen:* jem. verliebt ansehen. *Mund und Nase aufreißen (aufsperren):* einen erstaunt anblicken. Manche Leute staunen offenen Mundes. Daß auch die Nase aufgesperrt wird, ist nur eine starke Übertreibung.

Sie haben Nas' auf Mund gelegen: sie haben Geschlechtsverkehr gehabt; rheinhess.

Unter der Nase gut zu Fuß sein: redegewandt, schlagfertig sein (20. Jh.); ,schnell unter der Nase sein', viel reden; aber auch: schnell essen.

Sich einen Knopf in die Nase machen (hess.): sich etw. merken; groteske Weiterbildung vom Knopf im Taschentuch.

Von jem., der eine große, dicke oder auch lange Nase hat, sagt man scherzhaft: *Du hast dreimal hier gerufen, als die Nasen* (auch *Gurken) ausgeteilt wurden;* oder els.

‚Ihr seid tapfer gelaufen... de hat d'Scheid bekummen, wu d'r Hergott d'Nasen drin g'ha hett'.

Seine Nase gefällt mir nicht: er ist mir unsympathisch; er mißfällt mir aus mehr oder minder unerklärlichen Gründen; vgl. frz. ‚avoir quelqu'un dans le nez': unsympathisch finden, ↗schleifen.

Sich an (bei) der (eigenen) Nase fassen (nehmen, zupfen): Selbsterkenntnis üben, sich Selbstvorwürfe machen, sich seine Schuld eingestehen. Dem Tadler ruft man zu: ‚Zupf dich an deiner eigenen Nase!' Auch in den Mdaa. häufig belegt und verschieden variiert, z. B. ‚Hei sollte sik sulwest bei der Nasen kreigen, denn hedde he beede Hännen vull'; meckl. ‚jeder fat an sin Näs, dann find't hei Fleisch'; ostpr. ‚fatt dich do an die Näs, af dei nich natt ös!' Schon im 16. Jh. in der ‚Zimmerischen Chronik' (III,469) wird zu einer, die sich über andere Frauen aufhält, gesagt: „Ach fraw, zichet euch selbert bei der nase". Ähnl. dann bei Abraham a Sancta Clara sowohl in ‚Judas der Erzschelm' wie in ‚Etwas für Alle': „Nimm dich selbst bey der Nasen!" Die Rda. geht vermutl. auf eine alte Rechtsgebärde zurück. So war es normannische Rechtsgewohnheit, daß beim Widerruf von Schmähungen und Beleidigungen der Verurteilte sich selbst am Nasenzipfel zu fassen hatte: „convictus debet taliter emendare, quod nasum suum digitis per summitatem tenebit et sic dicet: ex eo, quod vocavi a te latronem, etc. mentitus fui". Wenn hier der Urspr. der Vorstellung liegt, so scheint sie doch erst viel später in der Sphäre der typisierenden Verfestigung zum bildl. Gebrauch und gar zur Verbildlichung aufgestiegen zu sein. Wahrscheinl. waren es satirische Bilderbogen der Barockzeit, die das Motiv allg. geläufig machten. Seit dem letzten Drittel des 17. Jh. findet sich in der populären Graphik, in der volkstümlichen Plastik und in der Volkskunst (z. B. auf Hinterglasbildern) das Bildthema vom ‚Vogel Selbsterkenntnis'. Er wird als storchenartiger Vogel mit einem menschlichen Antlitz auf der Brust dargestellt, dem der Vogelschnabel in die Nase zwickt. Vgl. die sinnverwandte Wndg. vom ‚Splitter im fremden Auge', ↗Balken. Nicht selten geben die barocken Darstellungen mit

‚Vogel Selbsterkenntnis'
(‚Sich an der eigenen Nase fassen')

beigegebenen Sprüchen auch Belege für die Rda., z. B.:

Wer selber weder Storch noch Strauß
Vil närrischer sieht als andre auß,
Doch jedermann weiß außzulachen
Die kleine Fehler groß zu machen
Der jedem kann die mängel sagen
Und allen Leuthen Blech anschlagen,
Der mag nur seine Federn rupfen
Und selbst sich bey der Nasen zupfen.

oder:

Ziech sich ein yezts selbst bey der nasn
Waß dich nit Prendt Thue auch nicht Plasn.

Andere nehmen Bezug auf die Inschrift des Apollotempels in Delphi „γνῶθι σεαυτόν", die in der lat. Übers. Ciceros „Nosce te ipsum" im Dt. wieder an Nase anklingt. Auch im Volkslied wirkt die Rda. bis zur Ggwt. weiter, etwa in dem ndd. Kanon:

Dat best is ümmer
Sät Jochen Brümmer
Sich an sin eegen Naat tau faten
Un annere Lüt in Rauh tau laaten.

Zu den Rdaa. von der Nase gehört auch ein Zweizeiler, der in ganz Dtl., Oesterr. und der Schweiz, auch in Holland bekannt ist und der offenbar als eine Art negativer Schönheitsregel gilt:

Lange Nas' und spitzes Kinn,
Da sitzt der Satan leibhaft drin.

Vgl. schweiz.:

Spitznas übli Bas,
Spitzes Chinn böse Sinn.

Ndl.:

Een spitsche neus en spitsche kin:
Daar zit sinjeur de duivel d'rin.

Der früheste bekannte Beleg stammt vom Jahre 1565 aus Wien. Er bezieht sich auf ein Turnier am Hofe, zu dem die Ritter vermummt erschienen. Die Maskierungen wurden durch Reime gekennzeichnet. Von einigen Masken heißt es:

Spitzig Nasen, helle Stimmen,
Wohnt der Teufel darinnen.

Ebenso zeigen die Hexen- und Teufelsmasken der südd. Fastnacht allenthalben das spitze Kinn und die lange, gebogene Nase.

Die Nase steht des öfteren als pars pro toto für den Menschen, besonders für den Mann. So verliert z.B. in der Novelle ‚Die Nase' (1835) von Nikolaj Gogol (1809–52) – komponiert 1927 als Oper von Dimitri D. Schostakowitsch – der Held der Erzählung seine Nase als Zeichen für den Verlust seiner Individualität. Weiterhin meint man umschreibend mit ‚Nase des Mannes' den Penis: ‚Wie die Nase des Mannes, so auch sein Johannes'. Umg. ungebräuchl. ist der poetische Ausdr. ‚die Klugheit stieß sich die Nase breit' i.S.v. die Klugheit hat jem. auf den falschen Weg geführt, ihm eine falsche Spur gewiesen. So z.B. bei P. Rosenwall in seinen ‚Malerische(n) Ansichten und Bemerkungen auf einer Reise durch Holland ... und Württemberg' (Mainz 1818), 2. Teil, S. 102.

Eine Nasenlänge voraus sein: knapp der Erste sein im sportlichen, geschäftlichen oder gesellschaftlichen Wettbewerb.

Etw. um ein Nasenwasser kaufen: eine Sache für einen geringen Betrag erwerben; schwäb. ‚Des is dem ein Nasewasser': diese Arbeit zählt für jem. nichts, hat keinen Wert.

Lit.: *J. Grimm:* Rechtsaltertümer I, S. 198; *W. Fraenger:* Dt. Vorlagen zu russ. Volksbilderbogen des 18. Jh., in: Jb. f. hist. Vkde., 2 (1926), S. 127ff.; *O. Fenichel:* Die ‚lange Nase', in: Imago, Zs. f. Anwendung der Psychoanalyse auf die Natur- und Geisteswissenschaften, 14 (1928), S. 502ff.; *M. H.:* Die Nase in volkstümlichen Rdaa., in: Muttersprache 57 (1942), S. 110–111; *L. Schmidt:* Der Vogel Selbsterkenntnis. Zwischen Volkskunst und Rda., in: Oesterr. Zs. f. Vkde., Kongreßheft 1952, S. 134–144; ders.: Spitze Nase, spitzes Kinn, in: Oesterr. Zs. f. Vkde. Nr. 8, Bd. VI (1952), S. 59ff.; *L. Kretzenbacher:* Ein steirischer Beleg zum Vogel Selbsterkenntnis, in: Oesterr. Zs. f. Vkde. 7 (1953), S. 51–52; *A. Taylor:* The Shanghai Gesture, FFC. 166 (Helsinki 1956); *L. Röhrich:* Gebärdensprache und Sprachgebärde, S. 121ff.; *L. Röhrich* u. *G. Meinel:* Rdaa. aus dem Bereich der Jagd u. der Vogelstellerei, S. 317; *W. Escher:* Wie deutet man das Jukken der Nase, in: Atlas der schweiz. Vkde. II (Basel 1971), S. 583–590; *W. Baronowsky:* Ich hab' die Neese pleng, in: Sprachdienst 18 (1974), S. 75.

naß. Naß bedeutete im Frühnhd.: liederlich, ohne Geld; ‚nasse Knaben', ‚nasse Brüder' waren Trunkenbolde. Murner überschreibt das 23. Kapitel der ‚Schelmenzunft' mit dem Titel ‚Der nasse Knabe' und setzt über das Bild die Worte:

Das sindt mir freilich nasse Knaben,
Die den schalk beschlossen haben ...
Das sindt mir freilich nasse Knaben,
die fill verzeren und wenig haben.

Hans Sachs läßt einmal den Katzenkrämer allerhand Katzen feilbieten:

Das erst das ist ein Schmeichelkatz ...
Das ander ist ein nasse Katz,
Das sie bered und überschwatz
Die Leut mit hinderlistig worten
Und hintergeh an allen orten
Mit lug und arglist alles weis.

Jörg Wickram sagt in seinem ‚Rollwagenbüchlein' (32): „Er war ein unnützer nasser Vogel, als man dann solchen gesellen pflegt zu heissen oder nennen, welcher zu vielmalen umb kleine diebstal in der gefenknuß gelegen war, doch sich alle mal außgeredet hatte, das er allweg darvon kam".

In den Mdaa. haben sich ähnl. Wndgn. noch erhalten: *sein Geld naß machen:* es vertrinken; schlesw.-holst. ‚'n Groschen natt maken', oder ‚he hett natt fodert'; rhein. ‚de hat nasse Föt', er ist betrunken. Naß i.S.v. ‚schlecht' kommt auch in folgenden mdal. Rdaa. vor: rhein. ‚far ne nasse Dag sorge', etw. sparen für schlechte Zeiten; ‚sech naß mäken', bei einem Unternehmen umfallen; schweiz. ‚zum Nasse regne', übel ausschlagen; els. ‚nassa als naß kann mer nit were', schlechter kann es nicht mehr kommen; schwäb. ‚da geht's dir naß in d'Hose', dabei kommst du schlecht weg; schlesw.-holst. ‚er steit da as'n natten Sack', er weiß sich nicht zu helfen.

Jem. naß machen: Rda. aus dem Sportlerjargon; sie bedeutet entweder: den Gegner hoch besiegen oder: ihn häufig ausspielen und dadurch blamieren; bes. im Fußball beliebter Zuruf: ‚Mach' ihn naß'. *Noch naß hinter den Ohren sein:* noch zu unreif zum Mitsprechen sein (↗Ohr).

Nassauer, nassauern. *Ein Nassauer sein* oder *nassauern:* schmarotzen, insbes.: auf Kosten eines andern im Wirtshaus essen und trinken. Die Erklärung dieser Rda. ist mit mancherlei ätiologischen Sagen versucht worden: Für die in Göttingen studierenden Nassauer bestanden zwölf Staatsstipendien. Erschien einer der Inhaber nicht am Freitisch, so ‚nassauerte' ein nicht Berechtigter. Nach einer anderen (mündl. in Wiesbaden aufgezeichneten) Variante gewährte der Landgraf von Hessen allen Studenten Gastfreiheit. Es genügte, am Portal des Schlosses die Herkunftsbez. ‚Nassauer' zu nennen, um eingelassen zu werden. Da dieses Recht oft mißbraucht wurde, hat sich nassauern zu der Bdtg., ‚bei andern schmarotzen' entwickelt. Alle diese Geschichten sind aber wohl erst nachträglich erfunden worden. Die Anlehnung an den Ortsnamen Nassau ist vermutl. ein Namensscherz wie ‚Freiberger' für einen, der gern umsonst mitgeht, ‚freibergert'; ‚aus Nehmersdorf oder Nimwegen, vom Stamme Nimm ist', gern etw. umsonst nimmt. Berl. bedeutet ‚per naß' oder ‚für naß' umsonst. Der älteste Beleg dieses Namensscherzes findet sich bei Joh. Fischart (‚Aller Praktik Großmutter'): „Spielt die Sonne der blinden Mäuß unter den Wolken, so zieht sie mit dem von Nassau ins Feld", d.h. es wird bald Regen geben.
Heute nimmt man an, daß der Ausdr. ‚nassauern' von dem rotw. Verb ‚nassenen' abgeleitet wurde; auch ‚naß sein' wurde in dieser Bdtg. gebraucht: ↗naß. „Schwierig ist es, die Frage zu beantworten, wie ‚naß' zu dieser Verwendung gekommen sein mag. Daß es nicht aus Nassauer verstümmelt worden ist, liegt auf der Hand" (Weise, S. 275); vgl. engl. ‚Free-loader'.

Lit.: *O. Weise:* Nassauern, in: Zs. f. dt. Wortf. 1 (1901), S. 273–275; *A. Richter:* Dt. Rdaa. (Leipzig [4]1921), S. 154; *Richter-Weise,* Nr. 140, S. 154; *Schoppe* in: Mitt. d. Schles. Ges. f. Vkde., 29 (1928), S. 301; *E. Schröder* in: Hess. Bl. f. Vkde., 36 (1938), S. 167f.; *L. Pound:* Free-loader, in: American Speech 29 (1954), S. 229–300; *S. A. Wolf:* Nassauer und Usinger, verkannte „Landsleute", in: Muttersprache (1955), S. 339–340; *H. Plecher:* Nassauern, in: Geroldsecker Land (Sonderh. 1970/71), S. 148–149; *H. J. Schoeps:* Ungeflügelte Worte (Berlin 1971), S. 170.

Natur. *Das ist ihm zur zweiten Natur geworden:* er hat sich daran gewöhnt; es ist ihm zur Selbstverständlichkeit geworden. Die Rda. geht zurück auf ein Zitat aus Ciceros ‚De finibus' (V, 25, 74): „dicunt consuetudine quasi alteram quandam naturam effici". Aber auch schon in der ‚Rhetorik' des Aristoteles (I,11) heißt es: „Die Gewohnheit wird gleichsam zur Natur" (andere Stellen bei Otto, Sprww. der Römer, S. 90f.). Entspr. auch in anderen europ. Sprachen, z. B. engl. ‚it has become second nature to him'; ndl. ‚dat is hem een tweede natuur'; frz. ‚C'est devenu sa seconde nature'. Vgl. auch Pascal (‚Pensées'): „L'habitude est une seconde nature".
Natur wird in vielen Wndgn. im Sinne von Konstitution, Gesamtorganismus, Körperkraft gebraucht, z. B. *es geht einem gegen die Natur:* es widerstrebt einem; vgl. frz. ‚Cela va contre sa nature'; auch in den Mdaa., z. B. schwäb. ‚die Natur ist zu kurz', die physische Kraft reicht nicht aus, man ist zu klein; schlesw.-holst. ‚de Mann het en goode Natur', er ist gutmütig, gutartig; hess. ‚e gut Natur (e Gaulsnatur) habe', sehr kräftig und widerstandsfähig sein.
Von der Natur stiefmütterlich bedacht sein: wenig Gesundheit, Kraft, Schönheit oder Verstand besitzen; vgl. frz. ‚ne pas être gâté par la nature' (wörtl.: von der Natur nicht verwöhnt sein).
Natur kneipen gehen: spazierengehen, ohne einzukehren; ist eine jüngere umg. Rda. (↗Luft).
Der berühmte Imperativ ‚Zurück zur Natur!' (‚Retour à la nature!') wird allgemein mit J. J. Rousseau (1712–78) in Verbindung gebracht, obwohl er sich in diesem Wortlaut in keiner seiner Schriften finden läßt. Das berühmte, vermeintliche ‚Zitat' hat bis zur Gegenwart sprichwortbildend weitergewirkt, etwa in Versionen wie: ‚Alle wollen zurück zur Natur, nur nicht (aber keiner / nur keiner) zu Fuß'. Verschiedene Persönlichkeiten werden als Urheber dieses modernen Sprw.s nachge-

wiesen, u. a. Petra Kelly, Bundestagsabgeordnete der Grünen, aber vor ihr schon andere. Weitere Parodien des Spruches sind: ‚Alle wollen zurück zur Natur. Aber keiner zum Zahnarzt'; in der Form des Wellerismus: ‚Zurück zur Natur, sagte der Fisch, schnallte die Flossen ab und ging wieder zu Fuß' oder als Graffiti-Spruch: ‚Zurück zur Natur, solange sie noch da ist'.

Lit.: *C. B. Herrligkoffer:* Discussion of Hippocrates' aphorism: ‚Natura sanat, medicus curat', in: Münchner Medizinische Wochenschrift 82 (1935), S. 1693–1697; *W. Mieder:* ‚Zurück zur Natur'. Zum Weiterleben eines angeblichen Rousseau-Zitats, in: Der Sprachdienst 33 (1989), 146–150.

Neapel. *Neapel sehen und sterben:* sagt man, wenn man etw. Schönes erblickt hat, in heller Begeisterung. Doch ist diese Übers. aus dem ital. Sprw.: ‚Vedi Napoli e poi muori' nicht ganz korrekt. Im Ital. ist dieses Sprw. ein Wortspiel mit dem Ortsnamen ‚Muori', einem kleinen Ort bei Neapel, den man erst nach Neapel sehen kann, und der Verbform ‚muori', sterben. Doch wird die klimatisch günstig gelegene Stadt Neapel als ein besonderer Ort empfunden: während der Italiener ein auf die Erde gefallenes Stück Himmel darin sieht, wurde es in Dtl. und Frankr. noch bis ins 19. Jh. als Sitz der Zauberei und Nekromantie betrachtet.

Nebel. *Das fällt aus wegen Nebel(s):* das findet nicht statt; urspr. vielleicht auf eine Dampferfahrt, auf ein Feuerwerk und sonstige Veranstaltungen bezogen, die infolge Nebels undurchführbar waren. Heute ist ‚wegen Nebel(s)': ein undurchsichtiger Grund; vgl. frz. ‚à cause des mouches' (scherzh.: wegen der Fliegen: aus einem Grund, den man verheimlichen will.

Mit der Stange im Nebel herumfahren: unsicher herumraten; bes. im Schwäb. gebräuchl.

Einen kleinen Nebel haben, benebelt sein: nicht klar im Kopf sein, keinen klaren Gedanken fassen können; meist auf Alkoholgenuß zurückzuführen.

Den Nebel heilen, kastrieren: so heißt ein Brauch der schweiz. Hirten auf der Alm. Wenn dichter Nebel sie am Arbeiten hindert, versuchen sie, den Nebel folgendermaßen zu vertreiben: zwischen Tür und Pfosten wird quer ein hartes Holzstück geklemmt und mit einer Schnur umwickelt. Durch das Hin- und Herziehen der Schnur dreht sich das Holzstück und gerät an beiden Enden durch die entstehende Reibung an Pfosten und Tür in Brand. Soll der Zauber wirken, so muß gerufen werden: ‚Näbel, Näbel, ich heile di'. Da ‚heilen' hier in der Bdtg. von ‚kastrieren' verwendet wird und der Nebel männlichen Geschlechts ist, flieht er schnell davon. Dieser Brauch, der in Graubünden auch ↗‚Teufelheilen' genannt wird, ist von einer primitiven Feuerbereitungstechnik übernommen. Das durch Holzreibung entstandene ‚Notfeuer' wurde in Irland, Schottland und Dtl. als reines, heiliges Feuer aufgefaßt und zu kultischen Zwecken, zur Dämonenvertreibung sowie zur Bekämpfung von Viehkrankheiten entfacht. (J. Grimm: Dt. Mythologie I [^{2}1844], S. 570 ff.)

‚Nebel heilen'

Lit.: *Zimmermann:* Art. ‚Nebel', in: HdA. VI, Sp. 987–988, Abs. 3: Nebelheilen; *H. Freudenthal:* Das Feuer im dt. Glauben und Brauch (Berlin / Leipzig 1931), Notfeuer, S. 189–216; *R. Weiss:* Nebelheilen, Teufelheilen: Notfeuerbereitung und Wetterzauber als Hirtenbrauch, in: Schweiz. Arch. f. Vkde. 45 (1948), S. 225–267.

Neckermann. *Neckermann macht's möglich* ist ein Werbeslogan von sprichwörtl. Prägung. Er wurde oft parodiert, so z. B. auch in diesem Vierzeiler:

Wer einmal nur im Monat kann
und möchte gerne täglich,
der wende sich an Neckermann,
denn Neckermann macht's möglich.

Jem. hat sein Abitur (seinen Führerschein u.a.) bei Neckermann gemacht: jem. hat sich bei einer best. Prüfung nicht sehr anstrengen müssen, um ein gutes Ergebnis zu bekommen.

nehmen. *Woher nehmen und nicht stehlen?:* Äußerung, die jem. macht, der in äußerster Geldnot ist. In diesem Sinne auch bei Jeremias Gotthelf belegt in ‚Jakobs Wanderungen', S. 391: „Woher Geld nehmen und nicht stehlen?"
Vom Stamme Nimm sein: sehr habgierig sein und nur nehmen, nie geben. 4. Mos. 13,9 ist vom Stamme Benjamin die Rede, wonach man vielleicht scherzhaft diese Wndg. gebildet hat.

Neid. *Das ist der blasse Neid! (der ihm da aus den Augen schaut)* sagt man von einem, der etw. neidisch betrachtet; darum auch: *blaß vor Neid sein, platzen vor Neid,* letzteres schon bei Horaz (Sat. II, 3,314) und Vergil (Ecl. 7,26). Ähnl. auch in Sprww.: ‚Wenn der Neid in den Spiegel schaut, muß er sich schämen'; ‚Der Neid ist eine Natter, ist eine Eule, die das Licht eines fremden Glückes nicht ertragen kann'. *Den wird der Neid noch selber auffressen; der Neid sieht ihm aus den Augen heraus* (ndl. ‚de nijd zieht hem oogen uit'); grotesk verstärkt: schwäb. ‚der Neid guckt ihm aus dem Arsch heraus'; ‚der Neid reitet ihn'. In allen diesen Sprww. und Rdaa. ist der Neid personifiziert gedacht. Daher kann man auch von dem ‚blassen Neid' reden; auch ‚gelb' ist die Farbe des Neides. Seb. Brant entwirft im ‚Narrenschiff' (53,10ff.). nach dem Muster von Ovids ‚Metamorphosen' (II,740ff.) folgendes Bild vom Neid; dabei denkt er ihn sich, trotz des grammatischen Geschlechts im Dt., als ein weibl. Wesen, beeinflußt durch die Vorstellung von lat. ‚invidia':

Wann sie jr ettwas gantz setzt für
So hat keyn ruw sy, tag noch nacht,
Biß sie jr anschlag hat vollbracht
So lieb is jr keyn schloff noch freyd,
Das sie vergeß irs hertzen leyd
Dar umb hat sie eyn bleichen mundt
Dürr, mager, sie ist wie ein hundt
Jr ougen rott, vnd sicht nyeman
Mitt gantzen vollen ougen an.

Das muß ihm der Neid lassen; man muß ihm Anerkennung zollen, wenn es auch widerwillig geschieht; trotz aller möglichen Einschränkungen ist sein Geschick, seine Leistung beachtlich.
Den Neid der Götter fürchten: sich vor bösen Schicksalsschlägen fürchten; diese poet. Formel ist aus dem griech. Götterglauben entstanden, nach dem die Götter auch neidisch auf Menschen sein können (Hybris). Schiller verwendet die Rda. im ‚Ring des Polykrates' (1798): „Mir grauet vor der Götter Neide".
Ein Neidhammel sein: immerzu auf alle Leute neidisch sein. Das Wort ersch. in Texten des 16. Jh. als ‚neidhemel' und wird im 17. Jh. geläufig. Es wurde in Anlehnung an ‚Streithammel' gebildet. Die Farben des Neids sind vorwiegend Grün und Gelb; vielleicht haben die grüngelben Augen eines Hammels den Ausschlag für diese Wortbildung gegeben. Freidank schreibt:

grünen gel und weitîn
sol din nitvarwe sîn.

‚Neidhals' oder ‚Neidkragen' sind analoge Bildungen zu ‚Geizhals' oder ‚Geizkragen'.
Einen Neidnagel haben: einen Finger- oder Zehnagel haben, an dem ein kleines Stück an der Seite schmerzhaft abgespalten ist. Im Volksglauben gilt der Besitz eines Neidnagels als ein Hinweis auf eine neidische Person. In Anlehnung an ‚nieten' = schmerzen, drücken, heißt dieser Nagel auch ‚Nietnagel'.

Lit.: *H. Schoeck:* Der Neid. Eine Theorie der Gesellschaft (Freiburg – München 1966).

Nein. *Nur das Nein hören:* Nur die ablehnende Antwort, nicht aber die Gründe, die hierzu geführt haben, zur Kenntnis nehmen. Im 1. Akt, 3. Szene spricht Thoas zu Iphigenie (Goethe, 1787): „Man spricht vergebens viel, um zu versagen. Der andre hört vor allem nur das Nein".
‚Eure Rede sei ja, ja, nein, nein' ist ein Zitat aus Matth. 5,37. ↗ja.

Nerv, Nerven. *Nerven haben wie Drahtseile* (auch: *wie Dreierstricke, wie ein Batzenstrick, wie Kupferdrähte, wie breite Nudeln, wie Nylonseile):* starke Nerven haben, sich durch nichts aus der Ruhe bringen lassen, sich nicht aufregen; vgl. frz. ‚avoir des nerfs d'acier' (aus Stahl).

Knitterfreie Nerven (knitterfeste Nerven) haben: seelisch unerschütterlich sein (hergenommen aus der modernen Textiltechnik); ebenso *gußeiserne Nerven haben.*

Sonnige Nerven (einen sonnigen Nerv) haben: wunderliche Einfälle haben, beschränkt sein, wobei ‚sonniger Nerv' das sonst üblichere ‚sonnige Gemüt' umschreibt.

Jem. den letzten Nerv rauben (töten, kosten), jem. die Nerven klauen: jem. die Fassung rauben, jem. die Geduld verlieren lassen; die Rdaa. sind eine moderne Weiterbildung der Grundvorstellung *die Nerven verlieren;* vgl. frz. ‚mettre quelqu'un à bout de nerf', ähnl. ‚être à bout de nerfs': mit seiner Nervenkraft am Ende sein.

Das sägt meine Nerven an: das macht mich leicht nervös, raubt mir meine Fassung; vgl. frz. ‚Cela me tape sur les nerfs' (wörtl.: Das schlägt mir auf die Nerven).

Auf einem Nerv bohren: auf Empfindliches anspielen (wahrscheinl. aus der zahnärztlichen Praxis genommen).

Jem. die Nerven auf Zwirnsrollen drehen: ihn sehr nervös machen; die Nerven als ‚Geduldsfäden' werden wie Zwirn auf Rollen gedreht; vgl. ‚mettre à quelqu'un les nerfs en pelote'.

Jem. auf die Nerven gehen: jem. sehr ärgern, zur Last fallen; auf den ↗ Wecker gehen.

Du hast vielleicht Nerven!: Du stellst vielleicht sonderbare Forderungen!

Den Nerv haben: den Mut haben; sich etw. zutrauen, anmaßen.

Den richtigen Nerv haben: das richtige Verfahren wählen.

Sie hat 'ne Nerve: sie ist ein empfindsames Frauenzimmer; auch: ‚Dafür hab' ich ne Nerve', das kann ich nicht.

Keinen Nerv für etw. haben: keine Geduld dafür haben, an etw. Schwierigem, Mühsamem, Zeitraubendem uninteressiert sein.

Nerven behalten: Ruhe bewahren, sich nicht aus der Fassung bringen lassen, in einer schwierigen Situation überlegt handeln; vgl. frz. ‚Allons! du nerf!' (wörtl.: Wohlan, nur Nerven!), i.S.v.: Nur Mut! Nerven behalten!

Den nervus rerum treffen: die peinliche Geldfrage aufwerfen. Mit ‚nervus rerum' (lat. ‚der Nerv der Dinge') wird scherzhaft das Geld umschrieben. Nach Sextus Empiricus hat zuerst der griech. Philosoph Krantor (um 340–275 v. Chr.) das Geld ‚νεῦρα τῶν πραξέων' genannt. Die lat. Form wurde erstmals von Cicero (106–43 v. Chr.) angewandt.

Das Nervenfieber haben: volkstüml. für Typhus haben.

Nessel. *Wie auf Nesseln sitzen:* unruhig und ungeduldig sitzen. Mit ‚Nessel' ist meist die Brennessel gemeint, dann aber auch das Nesseltuch, das urspr. aus deren Fasern verfertigt wurde. Schon der Prediger Geiler von Kaysersberg (1445–1510) sagt von einer, die nicht gern spinnt, es sei ihr an der Kunkel, „als säße sie auf nasseln und ameisen"; doch sind hier mit ‚nasseln' wohl ‚Asseln' gemeint; 1698 ist dagegen belegt: „Sie säße wie auf Nässeln".

Sich (gehörig) in die Nesseln setzen: sich arg versehen, sich sehr schaden, sich Unannehmlichkeiten aussetzen. *In den Nesseln sitzen:* in arger Verlegenheit sein. Ähnl. auch in den Mdaa., z.B. hess. ‚du fällst aach noch emol ean die Neassln', du fällst auch noch einmal herein; schlesw.-holst. ‚he hett sik in'e Netteln sett mit'n barden Ors'; ‚he hett en Ei in'e Netteln leggt', er hat Mißerfolg gehabt, einen Fehler begangen; oder ‚kloke Höhner leggt ok in e Netteln', kluge Leute machen auch Fehler. Das Gegenteil drückt die Rda. aus: ‚he leggt sin Ei nit in e Netteln', er weiß für seinen Nutzen zu sorgen und dabei allen Unannehmlichkeiten aus dem Wege zu gehen; der fängt keine aussichtslose Sache an. Von einem ‚grünen Jungen' sagt man rhein.: ‚de näßt noch in de Nesseln'. Rheinhess. ‚sie hat auf eine Nessel geschissen', ‚sich in die Nesseln verkriechen', vor Scham versinken mögen, ähnl. ‚sich in ein Mauseloch verkriechen wollen'.

Nest. Das Nest des Vogels dient oft als sprachl. Bild menschlichen Wohnens, z.B. ‚jeder Vogel hat sein Nest'. Diese Wndg. hat außerdem sexuelle Bdtg.: ‚Vogel' und ‚Nest' als Metaphern für penis und vulva. *Sein Nest bauen:* sich eine ei-

‚Ein kleiner Vogel, ein kleines Nest'

gene Wohnung einrichten. Wer behaglich sitzt, *hat ein warmes Nest.* Das jüngste Kind heißt oft mit demselben Bilde ‚Nesthäkchen', ‚Nesthocker' oder ‚Nestküchlein', ‚Nesthopper', ‚Nestkegel', weil es noch nicht ausfliegt; schweiz. ‚Nestquak', ‚Nestquackelchen'; Goethe (‚Dichtung und Wahrheit' I,4): „Der jüngste, eine Art von naseweisem Nestquackelchen". *Sich ins warme* (oder *gemachte*) *Nest setzen:* günstig einheiraten; rhein. ‚He hät sech en wärm Nest gesuck'; dagegen schwäb. ‚sich jem. ins Nest hocken', jem. seine Geliebte wegnehmen. *Das Nest ist ausgeflogen:* die Familie ist auf und davon. *Den hat der Teufel im Nest vergessen:* er ist sehr böse. Hinzuzufügen ist eine Reihe mdal. Wndgn.: hess. ‚des Näast richtig voll hoo', betrunken sein; schlesw.-holst. ‚De keen Eier hett, mutt Nester bröden', man muß mit dem vorliebnehmen, was man hat; schwäb. ‚ins Nest stieren', eine längst vergessene unangenehme Sache wieder aufrühren; rhein. ‚jem. e Nest in de Kopp baue', ihm Sparren, dumme Einfälle in den Kopf setzen; ‚mit jem. in de Nester hange', Streit mit ihm haben; ‚jem. en Ei in et Nest legge', ihm schmeicheln. Von einem ‚grünen Jungen' sagt man, ‚er habe die Nestschalen noch am Kopf hänge'.

Weniger anheimelnde Ausdrücke sind: ‚Diebsnest', ‚Raubnest', ‚Rattennest'. Auch die Wndg. ‚sich einnisten' hat einen schlechten Klang, weil sie sich eigentl. auf das Eindringen von fremden Vögeln in ein Nest bezieht.

Nest bedeutet aber auch das Bett. *Ins Nest gehen:* zu Bett gehen. Sächs. ‚das Nest nicht finden können', ewig nicht ins Bett gehen, durchfeiern.

In der Schweiz wird Nest auch i. S. v. ‚Gesäß' scherzhaft gebraucht, z. B. ‚chast dis Nest niene still ha?', kannst du nicht ruhig sitzen bleiben?

Er tut es nicht um den Vogel, er tut es um das Nest sagt man von einer Einheirat, vor allem im Handwerk; im 18. Jh. war an vielen Orten die Meisterzahl beschränkt. War kein Sohn da, um die Werkstatt nach dem Tode des Vaters weiterzuführen, konnte ein tüchtiger oder strebsamer Geselle Witwe oder Tochter heiraten (Mecklenburg, Bützower Stadtakten).

Das eigene Nest beschmutzen: Schlechtes über die eigene Familie sagen, die eigene Verwandtschaft in Mißkredit bringen. Der urspr. Realbereich der Rda. liegt in der Vogelwelt und bezieht sich speziell auf den Wiedehopf, dem nach der Zoologie des MA. diese Eigenschaft in bes. Maß zugeschrieben wurde und der damit schon früh in rdal. Gebrauch kam. So schreibt der spätmhd. Dichter Muskatblüt (74,60 ff.):

Duostu selbe in din eigen nest
Du glichest wol dem wedehoppen,
Wa du dan sitzest oder stest,
Darin so muostu knoppen.

In Joh. Fischarts ‚Ehzuchtbüchlein' heißt es: „Dan was ist dieses für ein Viehische Widhopfenart, sein eygen Nest bescheyssen?" Und ebenso bucht Seb. Franck in seinen ‚Sprichwörtern': „in sein eygen nest hofieren wie ein widhopff". Zu Anfang des 16. Jh. ist die Rda., allg. auf den ‚Unnutzvogel' übertr., auch bildl. dargestellt worden; so in Thom. Murners ‚Schelmenzunft'. Darunter stehen die Worte:

Der Vogel hatt eyn bose art
Der seym eigen nest nit spart
Sunder selber scheisset dreyn
Den gschmack doch selber nymmet eyn …
Der Vogel kan nit sein der best,
Der scheisset in sein eigen nest.

In seiner ‚Außlegung gemeyner deutscher Sprichwörtter' schreibt Joh. Agricola im Kap. 665: „Wer in sein eygen nest scheißt, der ligt vnsannft, und ist nit ehren werdt … Man sagt, daß vnder allen fögeln keyner in sein nest thuo denn der Widhopff, darumb er auch eyn verachter vogel ist, wiewol er eyn kron vnd kamp tregt, vnd hatt hübsche federn, denn er ist nit ehren werdt".

‚Das eigene Nest beschmutzen'

Vermutl. war das Sprw. ‚Es ist ein schlechter Vogel, der sein eigenes Nest beschmutzt' schon vor 1000 n. Chr. geläufig. Doch kann die Frage der Herkunft nicht geklärt werden: entweder ist es eine Prägung der gelehrten theologischen Lit., der klassischen Antike oder des frühen europ. MAs.

Die Vorstellung vom Wiedehopf als schmutzigem Vogel erscheint schon in Aristophanes' ‚Vögel'. Als Ursprungsland dieser Vorstellung gilt der Orient.

In Schwaben sagt man: ‚'s ist e schlechter Vogel, der's eige Nest verscheißt; wenn er aber de Hintere net 'nausbringt, hat er kei andere Wahl'.

Das Gegenteil drückt die Rda. *das (eigene) Nest rein halten* aus: keine unsauberen Handlungen im eigenen Haus, in der eigenen Familie begehen, sich mit seiner Verwandtschaft solidarisch fühlen.

Lit.: *J. G. Kunstmann:* The Bird that fouls its Nest, in: Southern Folklore Quarterly 3 (1939), S. 75–91; wieder in: W. Mieder / A. Dundes (Hg.): The Wisdom of Many, S. 190–210; *K. Boström:* Das Sprw. vom Vogelnest, in: Konsthistorisk Tidskrift 18 (1949), S. 77–89.

Nestor. *Der Nestor seines Faches sein:* der älteste (und weiseste) einer bestimmten Gruppe sein. Nestor ist eine Figur in Homers ‚Ilias' und ‚Odyssee'. Er verkörpert immer den ältesten und weisesten Griechen.

Lit.: *R. Cantieni:* Die Nestorerzählungen im 11. Gesang der Ilias. Diss. (Zürich 1942).

Nestwärme. *Nestwärme bekommen:* Geborgenheit und Liebe im familiären Milieu erleben, treu umsorgt werden bis zur eigenen Selbständigkeit.

Häufiger hört man umg. die Rda. in der Negation: *keine (zu wenig) Nestwärme erfahren haben,* auch: *Nestwärme (schmerzlich) vermissen müssen:* in der Kindheit und Jugend als Heranwachsender keine (geringe) liebevolle Zuwendung durch Eltern und Geschwister erhalten haben, Gefühlskälte begegnet sein, keine Zuflucht im Schoß der eigenen Familie gefunden haben. Die Wndg. wird oft entschuldigend für eine charakterliche Fehlentwicklung eines jungen Menschen herangezogen, für die man gern frühkindliche schlechte Erfahrungen verantwortlich zu machen sucht.

‚Ins Netz gehen'

‚Jem. ins Netz gehen' – ‚Mädchen fangen'

‚Jem. ins Netz gehen' – ‚Buben fangen'

Netz. In vielen Rdaa., denen Bilder aus der Jagd und dem Fischfang zugrunde liegen, wird Netz im übertr. Sinne gebraucht (schon im Mhd. ist der übertr. Gebrauch des Wortes Netz häufig). *Jem. ins Netz lokken:* ihn mit falschen Versprechungen lokken; *jem. ins Netz gehen:* sich von falschen Versprechungen überreden lassen; *sich im eigenen Netz verstricken:* selbst in die Falle gehen, die man jem. anderem gestellt hat; Burk. Waldis: „Die sich mit Lügen dekken wöllen, werden in einem Strick gefangen und in ihrem eigenen Netz behangen". Vgl. frz. ‚être pris à son propre piège' (wörtl.: in die eigene Schlinge gehen).
Mit goldenen Netzen fischen: mehr zusetzen als gewinnen; Luther: „Das heiszt die verkehrte Welt, die mit güldenen Netzen

,Ins Netz gehen'

fischet, da die Kost gröszer ist, denn der Gewinn". *Mit trockenen Netzen fischen:* aus der Arbeit anderer Gewinn ziehen. Ndd. ,achter't Nett fisken', vergeblich fischen, wo andere schon ihre Netze ausgeworfen haben (diese Rda. ist auch in P. Bruegels Rdaa.-Bild dargestellt). *Das Netz fängt ihm Fische, während er schläft:* er hat einen Gewinn ohne sein Zutun, ohne bes. Anstrengung, ↗Strick.

Ohne Netz (und doppelten Boden) arbeiten: ohne Sicherheitsvorkehrungen getroffen zu haben, etw. unternehmen; urspr. stammt die Rda. aus der Sprache der Zirkus-Artisten, wird heute im übertr. Sinne gebraucht.

Lit.: *L. Röhrich* u. *G. Meinel:* Rdaa. aus dem Bereich der Jagd und der Vogelstellerei, S. 321; *O. G. Sverrisdóttir:* Land in Sicht (Frankfurt a. M. 1987), S. 144–145.

neu, Neues. ,Es gibt nichts Neues unter der Sonne' sagt man, wenn nichts passiert ist, wenn alles seinen alten Gang geht; die Wndg. ist der Bibel entnommen: Pred. I, 9: „und es geschieht nichts Neues unter der Sonne".

Auf ein Neues! ist ein ermunternder Aufruf, wenn man eine begonnene Arbeit nach einer Pause fortsetzt oder auch, wenn man sich erneut ein Bier o. ä. bestellt hat.

Alles neu macht der Mai: alles scheint sich zu verjüngen wie im Frühling, schöner und bunter zu werden. Die Wndg. wird auf Kleidung, Mode, aber auch auf eine neue Liebe bezogen. Sie stammt urspr. als Zitat aus einem Gedicht von Hermann Adam von Kamp ,Der Mai' von 1829.

Neujahr. *Jem. das Neue Jahr abgewinnen:* jem. mit den Neujahrsglückwünschen zuvorkommen. Die im 19. Jh. mdal. bezeugte Rda. scheint eine alte abergläubische Vorstellung am Leben zu erhalten: am 1. Januar soll man der erste beim Glückwunsch sein, denn das bringt einem selbst Glück oder sichert sogar ein Geschenk, das ebenfalls als gutes Omen für den Verlauf des neuen Jahres gilt.

Im Böhmerwald (v. Reinsberg-Düringsfeld, Fest-Kalender aus Böhmen, Prag o. J., S. 3 f.) ist am Neujahrsmorgen jeder ängstlich bemüht, dem anderen mit seiner Gratulation zuvorzukommen; so wünscht etwa ein Knecht seinem Mitknecht:

Brüaderl! Nuis Johr! Nuis Johr!
's Kristkin'l liegt im Kröstnhoor
(im krausen Haar);
Longs Lö'm (Leben), longs Lö'm,
Und an Badl (Beutel) völl Gald
(Geld) danö'm (daneben)!

Einem Mädchen wünscht man:

Longs Lö'm, longs Lö'm
Und an schei'n (schönen) Mo (Mann)
danö'm!

Einem Burschen:

Longs Lö'm, longs Lö'm
Und a schei's Wa (Weib) danö'm!

Oder die Schwester neckt ihren Bruder:

Longs Lö'm, longs Lö'm
Und hüsch (hübsch) viel Schlö
(Schläge) danö'm!

Auch in Westf. sucht jeder dem anderen ,das Neujahr abzugewinnen', um danach eine kleine Gabe (Kuchen, Äpfel, Nüsse usw.) zu erhalten; in einem Schaltjahr jedoch muß der Gewinnende das Neujahr geben. Die Rda. ist jedoch im allg. Sprachgebrauch wenig geläufig.

Lit.: *P. Heitz:* Neujahrswünsche des 15. Jh. (Straßburg [2]1900); *J. Künzig:* Neujahrslieder in Baden, in: Mein Heimatland 7/8 (1928), S. 235–347; *W. Escher:* Dorfgemeinschaft u. Silvestersingen in St. Antönien (Basel 1947); *K. M. Klier:* Das Neujahrssingen im Burgenland (Burgenländische Forschungen 11) (Eisenstadt 1950); *H. Siuts:* Die Ansingelieder zu den Kalenderfesten (Göttingen 1968), S. 26 ff.

Neuland. *Neuland betreten:* in ein bisher unbekanntes Gebiet vordringen, urspr. in Bezug auf die Entdeckungsreisen mit ihren vielfältigen Möglichkeiten, Überraschungen, aber auch Gefahren gesagt, ähnl.: *In Neuland vordringen (vorstoßen):* gegen alle Widerstände seine Kenntnisse erweitern, heute bes. im Hinblick auf wissenschaftliche Forschungen gebraucht, die ganz neue Wege beschreiten.

Neumann. *Ein dreifach Hoch dem Sanitätsgefreiten Neumann* sagt man gelegentlich iron., wenn man zum Ausdr. bringen will, daß Person u. Anlaß einer Gratulation überbewertet werden. Es handelt sich um die Anfangszeile eines verbreiteten erot. Soldatenliedes, das schon im Ersten Weltkrieg aufkam:

Ein Hoch, ein dreifach Hoch dem Sanitätsgefreiten Neumann,
der die graue Salbe hat erfunden.
Früher mußte man sich plagen,
jede Filzlaus selbst erjagen.
Heute wendet jedermann
Neumanns graue Salbe an.

Der Allerweltsname Neumann ebenso wie der Dienstgrad dieser fiktiven Person des erot. Volkswitzes stehen für einen ,Jedermann', dem alle möglichen ,Erfindungen', vorzugsweise auf dem Gebiet der Sexualhygiene, zugeschrieben werden, u.a. die Erfindung des Präservativs, der Pille, des Bordells, des Schlüpfers, des Büstenhalters etc.

Lit.: *P. Schalk (Hg.):* Sanitätsgefreiter Neumann und andere ergötzlich unanständige Verse (München [8]1972).

neun. *Ach du grüne Neune!:* Ausruf der Verwunderung oder des Erschreckens. Die Erklärung dieser Rda. ist nicht sicher. Die ,grüne Neun' im Kartenspiel ergibt keine Deutung; man hat sodann unter Hinweis auf schlesisch ,krumme Neune' = gebückt gehender Mensch, daran gedacht, daß die Wndg. eine verhüllende Form für ,krumme Not' = Epilepsie sei. Mehr Wahrscheinlichkeit hat die Erklärung mit dem Berl. Vergnügungslokal ,Conventgarten' in der Blumenstraße 9 mit dem Haupteingang am Grünen Weg. ,Die Grüne Neune' wäre dann im Volksmund die Ersatzbez. für das unvolkstümliche ,Conventgarten'. Nach 1852 wurde das Lokal ein billiges Tanzcafé und Stätte mancher Handgreiflichkeiten.

Die Zahl Neun spielt in volkstüml. Wndgn. auch sonst eine wichtige Rolle, z. B. ,neunmalgescheit(-klug)', ↗sieben. Das Gegenteil ist ,eine dumme Neune', ein albernes Frauenzimmer. Ein ,neunhäutiger Kerl' ist ein durchtriebener Bursche; H. J. Ch. Grimmelshausen schreibt im ,Simplicissimus' (I,47): „ein viel erfahrener und durchtriebener neunhäutiger schlauer poeticus und kluger Weltmann". Hess. ,ein neun mal Aas', eine bösartige Frau.

Schweiz. ,e sechsi für nes nüni aluege', Wucherzinsen nehmen; rhein. ,mit fünf e neun betale', auf eine alte Schuld hin und wieder etw. abzahlen. *Alle neun werfen* (nämlich alle neun Kegel), auch: *alle neun neigen:* ganze Sache machen. Die christl. Zahlensymbolik betrachtet die Neun, die durch die Dreimaligkeit der heiligen Zahl drei entsteht, als Zahl der Vollendung (z.B. die neun Chöre der Engel). So versprach man sich im Volksglauben eine apotropäische Wirkung von Speisen oder Gegenständen, die aus neun verschiedenen Bestandteilen zusammengesetzt waren.

Neunerlei Kräuter müssen im Kräuterbüschel enthalten sein, das noch immer an Mariä Himmelfahrt (15.8.) in den Kirchen (Süddeutschland) geweiht wird. Sie bilden auch den Hauptbestandteil der ,Neunstärke', wie das Gründonnerstagsgericht in Norddtl. hieß; die Volksmedizin benutzte Abkochungen von neunerlei Kräutern sowie Räucherungen aus neunerlei Holz, das von neun verschiedenen Bäumen stammte, deren Namen nicht auf -baum enden. Hexen konnte man erkennen, indem man sich während der Christmette in der Kirche auf einen Schemel aus neunerlei Holz setzte. Man sah dann ,richtige' Hexen mit dem Rücken zum Altar sitzen. Notfeuer zur Vertreibung von Katastrophen konnte nur wirken, wenn es aus neunerlei Holz entzündet wurde. Ein gewisser Frater Rudolfus schreibt um 1250, daß man frisch getauften Kindern neunerlei Kräuter ins Bad legte.

,Verrückt und drei macht neun' ist ein Berliner Ausspruch für verrückte, unverständliche Erscheinungen und Personen. Lit. belegt ist er öfters bei Heinrich Zille.

Lit.: *K. Weinhold:* Die mystische Neunzahl bei den Deutschen, 1897; *Marzell:* Art. Neunerlei Holz, Körner, Kräuter, in: HdA. VI, S. 1057–1066; *L. Kretzenbacher:* Die hl. Rundzahl 72. Zur Zahlenmystik in Legende und Sakralbau, in Volksglaube und Rda., in: Blätter für Heimatkunde, hg. v. Hist. Verein für Steiermark 26 (Graz 1952), S. 11–18.

neunundneunzig ist eine scherzhaft-summarische Bez. für: sehr viel, wobei man doch irgendwelche Kritik einfließen lassen will, weshalb man nicht ‚hundert' sagt. *Alle neunundneunzig treiben:* allerlei Liederlichkeiten treiben. *Auf neunundneunzig sein:* sehr erregt sein, seinen Zorn nur mühsam bändigen können. *Neunundneunziger* ist eine alte Schelte für den Apotheker, wenn man ihm vorwarf, daß er mit 99 Prozent Verdienst arbeite.

Im Schneiderspottlied heißt es von den wegen ihres geringen Körpergewichts verlachten Schneidern:

In Regensburg auf der Kirchturmspitz,
da saßen die Schneider zusamm'.
Da saßen ihrer neunzig,
ja neun mal neunundneunzig
auf einem Wetterhahn.

Neunundneunzig als besondere Zahl findet sich im religiös-magischen Bereich (Zahlenmystik), z. B. die neunundneunzig schönsten Gottesnamen im Islam, und im Rechtsbereich, z. B. Erbpachtverträge, Dauerleihgaben.

neunundzwanzig. *Hoch in den neunundzwanzig sein:* im mittleren Lebensalter stehen; scherzhaft-galante Bez. für das Alter der Frauen, die nur ungern angeben, daß sie das dreißigste Lebensjahr bereits überschritten haben (20. Jh.).

Nibelungentreue. *Jem. Nibelungentreue halten:* starkes Vertrauen in jem. setzen und ihm so in jeder Situation zur Seite stehen; der Begriff der ‚Nibelungentreue' wurde von Reichskanzler Bernhard von Bülow (1849–1929) für die Bündnistreue zwischen dem Dt. Reich und Österreich-Ungarn während der Bosnienkrise 1908/09 geprägt; heute wird der Begriff eher abwertend gebraucht, i. S. v. bedingungslose, kritiklose Treue; hündische Anhängerschaft. Von Bülow bezog sich in seiner Rede vom 29. März 1909 auf das Nibelungenlied, das Anfang des 13. Jh.s niedergeschrieben worden ist: „Meine Herren, ich habe irgendwo ein böhmisches Wort gelesen über unsere Vasallenschaft gegenüber Österreich-Ungarn. Das Wort ist einfältig! Es gibt hier keinen Streit um den Vortritt wie zwischen den beiden Königinnen im Nibelungenlied; aber die Nibelungentreue wollen wir aus unserem Verhältnis zu Österreich-Ungarn nicht ausschalten, die wollen wir gegenseitig wahren" (Fürst von Bülows Reden, hrsg. v. O. Hötzsch, Bd. 3 [1909], S. 187).

nichts. *Mir nichts, dir nichts:* ohne Rücksicht auf mich und dich, ohne weiteres, ohne alle Umstände, ist wohl eine Verkürzung aus ‚ohne mir und dir zu schaden'. Joh. Joach. Schwabe alias Vit. Blauroekkelius schreibt 1745 in seinem ‚Volleingeschanckten Tintenfäßl eines allezeit parat-seyenden Brieff Secretary' (S. 38): „Bei den Zeitungsschreibern haißts mir ninx, dir ninx: die tractiert mer (= man) wie seins gleiches". In der Bdtg. von ‚ohne weiteres', ‚im Nu' verwendet bereits Lessing die Rda. im ‚Nathan' (3,2):

Der (Wassereimer) ließ sich füllen,
ließ sich leeren mir nichts,
dir nichts ...;

ähnl. auch in Schillers ‚Wallenstein' (‚Wallensteins Lager' 7).

Nichts wie raus!: schnell hinaus!

Nichtsdestotrotz: trotzdem, gleichwohl; scherzhaft dem ‚nichtsdestoweniger' nachgebildet, dessen Etymologie dem Gefühl des Laien unzugänglich ist.

Mit *nichts für ungut!* entschuldigt man sich bei einem Versehen bei dem Betroffenen (↗ungut).

Ein ndd. Schwankspruch verwendet die Formel als Ausdr. der Heuchelei:

‚Niks vör unguud!'
Segg de Foß,
do bäät he den
Haan den Kopp af.

Vor dem Nichts stehen: plötzlich mittellos sein; den Besitz verloren haben.

Überaus häufig hört man das Sprw.: ‚Wo nichts ist, hat der ↗Kaiser sein Recht verloren'.

Nichts ist gut für die Augen (aber nicht für den Magen): dies wird im südlichen dt.-sprachigen Raum als Erwiderung gegeben, wenn man auf eine Frage die Antwort ‚nichts' erhält. Die Wndg. beruht auf einem volkstüml. Übersetzungsfehler für lat. ‚Nix alba' (oxydiertes Zink). ‚Nix' wurde nun nicht mit ‚Schnee' übers., sondern mit dt. ‚nichts' gleichgesetzt. Die Apotheker ihrerseits übersetzten das volkstüml. ‚nichts, nix' wieder ins Lat.,

und so gelangte das weiße, pulvrige Zinkoxyd zu dem lat. Namen ‚nihilum album'. Als Salbe verarbeitet (unguentum nihili) wurde Zinkoxyd gegen Augenflüsse und hitzige Blattern der Augen erfolgreich angewandt. Schon Luther war diese Rda. 1535 geläufig. Er schreibt im 2. Kommentar zum Galaterbrief: „Minutissima festuca in oculo, offendit visum. Hinc Germani dicunt de remediis oculorum, Nichts ist inn die augen gut".
Das *angenehme (süße) Nichtstun* wird im allg. in der ital. Form ‚il dolce far niente' gebraucht, ohne daß man den Urspr. dieser Wndg. genau nachweisen könnte. Carlo Goldoni (1707–93) nimmt wohl schon auf eine zu seiner Zeit geläufige Rda. Bezug, wenn er in ‚Metempsicosi' (II,3) sagen läßt: „Quel dolce mestier di non far niente" (welch süßes Handwerk, dieses Nichtstun!). In der komischen Oper ‚Galathée' von Jules Barbier und Michel Carré, komponiert von Victor Massé, die 1852 erstaufgeführt wurde, lautet ein Kehrreim (II,1): „Ah! qu'il est doux / De ne rien faire, / Quand tout s'agite autour de nous!" (Büchmann), ↗Deut, ↗Pfingsten.

Lit.: *J. N. Hertius:* Observatio juris germ. in par. „Da nichts ist het der Kaiser sein Recht verloren" (no place, no date); *J. Zinck:* Disputatio inauguralis Juridica ... Wo nichts ist ... (Rostocki 1686); *J. Festing:* De Germanorum proverbio: Wo nichts ist, da hat der Kaiser sein Recht verloren (Jenae 1745); *H. Schrader:* Nichts ist gut für die Augen, in: Zs. f. dt. Sprache (Hamburg) 9 (1895–1896), S. 173–177; *Olbrich:* Art. ‚Nicht, Nichts', in: HdA. VI, Sp. 1069–1070; *P. J. Diermanse:* Niks hor, in: Eigen Volk 6 (1934), S. 88; *H. Vittien:* Nix is goed voor de ogen, in: Eigen Volk 7 (1935), S. 71; *H. B.:* Waar niets is, verliest de Keizer zijn recht, in: Biekorf 60 (1959), S. 288; *E. Grabner:* Nix is gut für die Augen; Heilchemie, Volksmedizin und Rda. um das Augennix, in: Carinthia 152 (1962), S. 316–321.

Nichtschen. *Ein goldenes Nichtschen in einem silbernen Büchschen!* sagt man rdal. den Kindern auf die neugierige Frage, was man ihnen wohl mitgebracht habe. Die Wndg., eine kindertümlich-poetische Umschreibung für das absolute Nichts, ist in zahlreichen volkstümlichen Variationen bekannt (z.B. wien. ‚a goldenes Nixerl in an' sülbernen Bixerl!'; hannoveranisch ‚ein silbernes Nichtschen und ein goldenes Warteinweilchen!'). Das Alter der Rda. läßt sich bisher nicht festlegen, da unsere Zeugnisse keine besondere zeitliche Tiefe erreichen. Dagegen scheint die Verbreitung einigermaßen deutlich: das ‚goldene Nixerl im silbernen Büxerl' ist südd., bes. in den Alpen- und Donauländern wie im Sudetenland beheimatet. Für den Böhmerwald bezeugt es etwa Hans Watzlik in der kleinen Erzählung ‚Einöde im Schnee'; dort ist der Vater am Weihnachtsabend gezwungen, seinen Kindern zu sagen: „Ach, diesmal kriegt ihr wirklich nur ein silbernes Nichtslein in einem goldenen Büchslein". In dieser einfachen, durch den Reim gebundenen Form wird immer das ‚Nichts' als ein ‚Etwas' aufgefaßt und dementsprechend sogar ein Behälter dazu erfunden. Den gleichen Weg geht die Rda. in der Schweiz, wenn man in Kerenz (Kanton Glarus) den Kindern verspricht: ‚ä golldis niänäwägäli und ä sillberis nütali', d.h. ein goldenes Nirgendswägelchen und ein silbernes Nichtschen. Im Westen und Nordwesten ist die andere Fassung der Rda. beheimatet. In Westf. sagt man ähnl. wie in Hannover: ‚En golden Niksken un en sülwern Wacht en Bietken'. Nicht nur das ‚Nichts' ist hier zum ‚Etwas' erhoben, sondern auch eine Wortformel, das vertröstende ‚Wart ein Weilchen', zum Gegenstand gemacht. Dies ist die Fassung, die Clemens Bretano von Kindheit an gefesselt haben muß. Aus der Kinderzeit nimmt er sie in seinen persönlichen Sprachgebrauch herüber und schreibt z.B. am 1. Jan. 1802 an seinen Schwager Savigny aus Weimar: „Die Brüder von Terenz, die ich hier nach Einsiedels Übersetzung mit Masken gesehen habe, machen ganz den Eindruck einer Scheibe Lachs mit Essig und Pfeffer für einen Satten. Wallensteins Lager kam hinterher, und die beiden Stücke waren wie ein silbernes Nichtschen und ein goldenes Warteweilchen". In ‚Des Knaben Wunderhorn' hat er dann die Rda. als Sprüchlein übernommen und erweitert:

Ich schenk dir was,
Was ist denn das?
Ein silbernes Warteinweilchen
Und ein goldnes Nixchen
In einem niemalenen Büchschen.

Lit.: *L. Schmidt:* Wiener Rdaa. 9. Das goldene Nichtschen, in: Das dt. Volkslied 46 (1944), S. 77f.; *R. Ludwig:* Das silberne ‚Wart ein Weilchen', in: Die Frau. Blätter der Frankfurter Zeitung, 28.12.1942.

niederlegen. ‚Do legst di nider (und stehst nimmer auf)‘: bair. Ausdr. der Verwunderung.

nie, niemals ↗ Pfingsten.

Niemand. Die Figur eines personifizierten ‚Herrn Niemand‘ taucht in der Massenkunst des bebilderten Flugblatts im 16. und 17. Jh. mehrfach auf. Ein ähnl. Namenspiel kennt ja bereits die Polyphem-Episode aus Homers Odyssee, wo Odysseus dem Zyklopen gegenüber seinen Namen als Οὖτις, d.h. als Niemand, Keiner angibt. Er erreicht damit, daß später die übrigen Zyklopen die Hilferufe des Geblendeten nicht verstehen und daher nicht eingreifen. So kann er mit seinen restlichen Gefährten entkommen. Im Zeitalter des Humanismus wird der Outis oder Nemo zum anonymen Prügelknaben, zum Pseudonym und Stellvertreter. So etwa bei U. v. Hutten in seinem 1515 an den Freund Crotus Rubeanus gerichteten Schreiben, dem er den Titel ‚Outis et Nemo‘ gab. In ihm geißelt er Einrichtungen und Zustände seiner Zeit für die im einzelnen ‚niemand‘ die Verantwortung auf sich nehme. Sie sind eben das Werk des ‚Niemand‘. Diesen Niemand läßt Hutten in einem Gedicht selbst zu Wort kommen.
Zuvor aber war der zur Person gewordene Niemand literarischer Gegenstand und ironischerweise sogar schon zur Heiligsprechung vorgeschlagen worden, indem man Bibelstellen mit dem Wort und Begriff ‚nemo‘ in Form einer Predigtparodie zusammenstellte und daraus die Existenz eines Heiligen namens Nemo beweisen wollte. Hieraus erklärt sich auch die Rda. vom St. Nimmerlein und dem St.-Nimmerleins-Tag als Ausrede und faules Versprechen.
Der Straßburger Jörg Schan verfaßte um 1500 ein Gedicht vom Niemand, der von Mägden und Knechten angerufen wird. Er erscheint – auch in bildl. Darstellungen – als Schutzpatron des um faule Ausreden bemühten Gesindes. Auf den Flugblättern stellt er sich selbst in diesem Sinne vor:

Der Niemandts so bin ich genandt
Mägden vnd Knechten wol bekandt.

‚Herr Niemand‘

Oder auch:

Niemant hais ich
was ieder man tut
das zucht man mich.

Bildlich wurde er oft auch als Mann mit einem Schloß vor dem Mund dargestellt und von zerbrochenem Hausrat umgeben.
Die Figur des Niemand ist nicht auf Deutschland beschränkt geblieben. Frankreich kennt ihn ebenfalls schon früh, wie die 1525 gedruckten ‚Les grands et merveilleux faictz du seigneur Nemo‘ zeigen; in England entsteht gegen das Jahrhundertende die Ballade vom armen ‚John Nobody‘. Dieser Herr Niemand ist ein Gegenbild zum Jedermann. Im 17. Jahrh. werden Jedermann und Niemand sogar gemeinsam dargestellt und auch mit entsprechenden Texten versehen:

Hie Ihmand und der Niemand stehen,
wie nasse Katzen sich ansehen.
Was Ihmand tut, hat Niemand getan,
drumb ist niemand ein frommer Mann.
Ihmandt ist arm, niemand ist reich,
drumb seyn die betler alle gleich.

Lit.: *E. Meyer-Heisig:* Vom „Herrn Niemand“, in: Zwischen Kunstgeschichte und Vkde., Fs. f. W. Fraenger, hg. v. R. Peesch (Berlin 1960), S. 65–76; *L. Röhrich:* Die mittelalterlichen Redaktionen des Polyphem-Märchens und ihr Verhältnis zur außerhomerischen Tradition, in: Fabula 5 (1969), S. 48–71.

Niemandsland. *Niemandsland betreten:* sich auf unerlaubtem, unerforschtem Gelände bewegen, sich mutig vorwagen.
Als ‚Niemandsland‘ wird das Gebiet bez., dessen Besitz rechtlich noch ungeklärt ist oder das noch nicht besiedelt und von der

Zivilisation berührt wurde. Im Krieg wird das Gebiet zwischen den Fronten so benannt.
Der Grenzstreifen zwischen Staaten verschiedener politischer Systeme wurde ebenfalls so genannt. Zur besseren Übersicht für die Bewacher mußte er unbewohnt und land- und forstwirtschaftlich ungenutzt bleiben. Um Spuren Flüchtender sofort bemerken zu können, wurde das Land sogar des öfteren neu geeggt!
Im Niemandsland (der Träume) sein: sich in einer (Gedanken-)welt befinden, die dem Menschen noch völlig fremd ist, die er noch nicht erforscht, über die er keine Macht hat.

Niere. *Das geht mir an die Nieren:* das trifft mich empfindlich, es kommt mich hart an. *Das geht mir noch lange nicht an die Nieren:* das trifft mich nicht hart, das geht nicht tief. Die Nieren galten im MA. als Sitz der Gemütsbewegungen, insbes. aber des Geschlechtstriebes, und wurden ertappten Ehebrechern bisweilen ausgeschnitten. Doch bez. Niere oft auch wie Herz allg. das Innere des Menschen, den Sitz der Lebenskraft; daher die auf Ps. 7,10 beruhende Rda. *jem. auf Herz und Nieren prüfen* (vgl. auch Jer. 11,20 u.ö. sowie Offenb. 2,23). Luther: „Meyne Nieren sind fro"; rhein. ,he hät de Niere warm ligge', er ist zum Scherzen aufgelegt, er lacht gern. *Jem. die Nieren quetschen* oder ,jem. op de Niere setzen', ihm hart zusetzen. *Dem will ich auf die Nieren treten* ist eine bekannte Drohung. Von einer einfältigen Person sagt man schweiz. ,e dummi Niere', ↗Herz.

Nierenstück. *Jem. ist nicht sauber übers Nierenstück:* schweiz. Rda. für jem., der einen dubiosen, zweifelhaften Eindruck macht. Gebraucht z.B. von Johann Georg Kohl: Alpenreisen, 2. Teil (Dresden – Leipzig 1849), S. 456: „Dieser Oberst, dessen Namen ich vergessen, pflegte z.B. von einem Manne, den er nicht für einen vollkommenen guten Radicalen hielt, zu sagen, ,er sei nicht sauber überm Nierenstück'."

Nimmerleinstag. ↗Pfingsten.

Nimmersatt. *Ein Nimmersatt sein:* unersättlich sein. Der Ausdr. beruht auf der Bibelstelle Pred. 1,8: „Das Auge sieht sich nimmer satt, und das Ohr hört sich nimmer satt".
Das Subst., das ähnl. wie ,Gernegroß' gebildet wurde, ist seit Ende des 17. Jh. geläufig, das Adj. jedoch erst seit dem 18. Jh.

Nimrod. *Ein wahrer Nimrod sein:* ein leidenschaftlicher Jäger oder auch Kegler sein. Nimrod, eine Figur aus dem A.T. (1. Mos. 10,8–12) war der Sohn des Kusch, Gewaltherrscher auf Erden und ein gewaltiger Jäger vor dem Herrn. Sein Reich soll sich von Babel bis nach Assyrien erstreckt haben; er war König von Babylon und wird als Gründer der Stadt Ninive angesehen. Sein Name wird auf denjenigen des babylonischen Kriegs- und Jagdgottes Ninurta von Nippur zurückgeführt.
Vor allem in Fabel und Sage ist ,Nimrod' zu einem Übernamen für einen gewaltigen Jäger geworden. Eine oberhess. Sage berichtet von einem König Nimrod, der um Weihnachten das wütende Heer anführt und niemals zur Ruhe gelangen kann, da er für seine Jagdleidenschaft die Seligkeit geopfert hat.

Lit.: *T. Bindewald:* Oberhess. Sagenbuch (Frankfurt/M. 1873), S. 32ff.; *W. v. Soden:* Art. ,Nimrod' in: RGG.IV (^{3}1960), Sp. 1496-1497.

Nirwana. *Ins Nirwana eingehen:* sterben (↗zeitlich). Im Sankskrit heißt nirwāna: das Erlöschen, das Vergehen; im Buddhismus bedeutet das Nirwana das Endziel des Lebens als Zustand völliger Ruhe und Aufgabe des individuellen Bewußtseins. Der Begriff wurde durch A. v. Humboldt und A. Schopenhauer ins Dt. vermittelt.

Lit.: *H. v. Glasenapp:* Art. ,Nirvâna', in: RGG. IV (^{3}1960), Sp. 1498f.

Noah. *Aus Noahs Kasten sein:* schon sehr alt sein.
Die Geschichte Noahs wird in Gen. 6,9–27 erzählt; zwei Überlieferungen sind hier vereint worden: Noah als erster Weinbauer und Noah als Ahne von Sem, Ham und Japhet und erster Bauer. Mit dem ,Kasten' ist in der Rda. die Arche

Noahs gemeint, in der er je zwei Exemplare der Tiere und sich mit seiner Familie rettete, als Gott beschloß, die Welt wegen ihrer Sündhaftigkeit durch eine gewaltige Überschwemmung zu vernichten. ↗Olim.

Lit.: *L. Röhrich:* Noah und die Arche in der Volkskunst, in: Vkde., Fakten und Analysen (=Fs. f. L. Schmidt), (Wien 1972), S. 433–442.

Nobiskrug. *In den Nobiskrug einkehren, fahren:* zum Teufel, in die Hölle fahren. „Nobishaus ist die eigentümliche, ihrer Etymologie nach noch unerklärte Bez. der Hölle oder der alten Unterwelt, deren Wirt der Teufel ist". 1938 erschien der Roman ‚Der Gang zum Nobiskrug' von Walter Vollmer. Hier antwortet eine Greisin auf die Frage nach der Bdtg. des Wortes ‚Nobiskrug': „Niemand weiß genau, was er (=der Ausdr.) bedeutet. Er ist da, und damit genug". Trotz verschiedener Erklärungsversuche kann die eigentliche Entstehung des Namens nicht mehr ausfindig gemacht werden. Belegt ist Nobiskrug auch als Wirtshausname vom Niederrhein bis Danzig, am frühesten 1526 in Hamburg.

Eine Sage aus Niedersachsen enthält verschiedene Volksglaubensvorstellungen vom Nobiskrug: „Im Nobiskrug, heißt's in der Altmark, kommen wir alle einmal nach dem Tode zusammen; da wird Karten gespielt, und die, welche das im Leben nicht gelernt haben, müssen dort Fidibusse machen. Wer bei Lebzeiten nichts getaugt hat, muß Schafböcke hüten. Andere aber sagen, im Nobiskrug erhalte man den Paß zum Himmel, und wieder andere meinen, der Nobiskrug sei der Himmel selber".

(G. Kahlo: Niedersächsische Sagen I [Leipzig 1923], S. 112, Nr. 177, II).

‚Im Nobiskrug einkehren'

Lit.: *L. O. G.:* Hij is naar nobis, in: Rond den Heerd 16 (1881), S. 54; *L. Laistner:* Nobishaus und Verwandtes, in: Germania 26 (1881), S. 65ff. und 176ff.; *H. Tardel:* Moderne Nobiskrug-Dichtungen, in: Nddt., Zs. f. Vkde. 3 (1925), S. 31ff.; *J. Bolte:* Eine alte Abb. des Nobiskruges, in: Zs. des Vereins für Vkde. 37/38 (1927–28), S. 250ff.; *E. Grohne:* Nobiskrug, in: Nddt. Zs. f. Vkde. 6 (1928); *H. Zimmermann:* Ein niederländischer Nobiskrug-Holzschnitt, in: Nddt. Zs. f. Vkde. 10 (1932), S. 70ff.; *W. Krogmann:* Beitr. z. ndd. Wortforschung, in: Jb. des Vereins f. ndd. Sprachforschung 55/56 (1941), S. 55–77; *W. Hartnacke:* Nobiskrug, in: Muttersprache 58 (1943), S. 22f.; *J. Knobloch:* Nobiskrug, in: Mnemes charin (Gedenkschrift für Paul Kretschmer 1), (Wien 1956); *G. Kahlo:* Frau Holle und der Nobiskrug, in: Wiss. Zs. d. Universität Jena 7 (1957/58).

Noblesse. *Noblesse oblige* (frz.): Adel verpflichtet; die Wndg. wird oft im scherzhaften oder iron. Sinn gebraucht; sie bedeutet urspr., daß eine höhere gesellschaftliche Stellung zu Verhaltensweisen verpflichtet, die von anderen nicht unbedingt erwartet werden. Sie erschien erstmals als Vorschrift des frz. Didaktikers Duc de Lévis in seinen ‚Maximes et réflexions' (1808).

nolens. *Nolens volens* (lat.; eigentl.: wollend – nicht wollend): ‚wohl oder übel', man mag wollen oder nicht. In seinem Werk ‚Retractationes' (I, 13,5) sagt Augustinus: „Ille qui concupiscente adversus spiritum carne non ea quae vult facit, concupiscit quidem nolens et in eo non facit quod vult; sed si vincitur, concupiscentiae consentit volens et in eo non facit nisi quod vult. – Der Mensch, der dem Verlangen des Fleisches nicht nachgibt, wenn es wider den Geist aufbegehrt, hat wohl ein Verlangen, aber er will ihm nicht folgen, und in diesem Entschluß unterdrückt er seine Wünsche. Unterliegt er aber, so widerstrebt er seiner Begierde nicht und will auch nicht widerstreben; in dieser Schwäche tut er nur das, was er will". Der Sinn der Worte ist: Für die Begehrlichkeit des Fleisches ist man nicht verantwortlich, wohl aber dafür, daß man ihr nachgibt. Aus dieser Stelle scheint sich die Rda. ‚nolens volens' entwickelt zu haben. Das antik-klassische Vorbild für unsere Wndg. ist „velim nolim" (mag ich wollen oder nicht) in Ciceros ‚De natura deorum' (I,7,17); „velis nolis" bei Martial (VIII,44,16). Der lat. Verbindung entspr. bildet Shakespeare im ‚Hamlet' (V,1): „will he nill he" und in ‚Der Widerspenstigen Zähmung' (II,1): „will you nill you". In der dt. Umgangssprache ist die Wndg. seit der Mitte des 17. Jh. oft belegt; z.B. 1665 in ‚Gepflückte Finken' (S. 117): „Drauff giengen sie den andern Gang zusammen, in demselben wurde der Frantzoß durch den Arm gestoßen, daß er also aus Unkräfften nolens volens den Degen fallen lassen mußte". Die unverstandenen lat. Worte sind in der volkstümlichen Umgangssprache scherzhaft zu ‚nolenz – bohlenz', bes. aber zu ‚Nolenz – Koblenz' verdreht worden.

Lit.: *A. Otto:* Sprww. d. Römer, S. 362.

Nonplusultra. *Das Nonplusultra sein:* (lat.) etw. Unübertreffliches, nicht Verbesserbares sein; non plus ultra bedeutet: nicht noch weiter, nicht darüber hinaus. Die Wndg. beruht wahrscheinl. auf Hiob 38,11: „Bis hierher sollst du kommen, und nicht weiter".

Nordlicht. *Ein Nordlicht sein:* in nördlichen Gegenden geboren sein. Im dt. Volksglauben ist das Nordlicht eine nicht alltägliche Himmelserscheinung: dessen blutig rote Farbe wurde Omen für Krieg und Blutvergießen. Die Bez. wurde in Bayern im letzten Jh. geprägt: die bair. klerikale Partei nannte Männer, die aus Preußen oder anderen norddt. Staaten nach Bayern in amtliche Stellungen berufen wurden, Nordlichter. Noch heute spielt die Wndg. bei Politikern und in den Medien eine Rolle. Sie drückt eine gewisse Distanzierung oder sogar Geringschätzung aus.

Not, nötig. *Aus der Not eine Tugend machen:* eine schlimme Lage geschickt ausnutzen. Am frühesten bezeugt ist die Rda. in lat. Form bei dem Kirchenvater Hieronymus (etwa 331–420). Er sagt in seiner Schrift ‚Adversus libros Rufini' (III,2): „Facis de necessitate virtutem", und in ‚Epistolae' (54,6): „Fac de necessitate virtutem". Aus der Not einen Trost („de necessitate solatium") zu machen, ermahnt schon M. Fabius Quintilianus in den ‚Declamationes' (4,10). Entspr. findet sich die Wndg. auch in den anderen europ. Sprachen; frz. ‚faire de nécessité vertu'; engl. ‚to make a virtue of necessity'. Im 16. Jh. heißt es in der ‚Zimmerischen Chronik' (III,230): „Darumb mußten sie user der not eine tugent machen". Fritz v. Stolberg schreibt an den Philosophen F. H. Jacobi (Jacobis Briefwechsel II,151): „Sie hatten aus der Noth Tugend gemacht, bürgerliche Tugend, deren sie bedurften, weil der gesittete Mensch ohne sie nicht bestehen kann!" Das Wort ‚Not' erscheint in auffallend vielen Anti-Sprichwörtern, wie z. B. ‚Aus der Not eine Untugend machen'; ‚Kosmetik ist die Kunst, aus der Not eine Jugend zu machen'.

Es geht (oder *ist) Not an (den) Mann:* die Gefahr wird dringend, eigentl.: die Kampfes-Not geht an den Mann, Kampf steht ihm bevor; später nicht mehr verstanden, wurde diese Rda. auf jede Zwangslage umgedeutet und bezogen; z.B. bei Bismarck: „Zeit, wo in der Landwirtschaft Not am Mann ist"; heute erscheint sie fast nur noch in der Form ‚wenn Not am Mann ist', so bei M. Hausmann („Abel mit der Mundharmonika', 1932, S. 166): „Wenn Not am Mann ist, dann wählt man seine Worte doch nicht so genau".

Die *schwere Not* ist eigentl. die Epilepsie; sie liegt der Verwünschung *Daß dich die schwere Not!* zugrunde, ferner dem Ausdr. ‚Schwerenöter' (18. Jh.), d.i. eigentl. einer, dem man die schwere Not anwünscht oder der sie verdiente.

Seine liebe Not mit etw. haben: viel Mühe und Sorge mit etw. (jem.) haben; Goethe (‚Faust' I): „ich hatte mit dem Kind wohl meine liebe Not, doch übernähm ich gern noch einmal alle Plage".

Auch in vielen mdal. Rdaa. steht Not als Sammelbegriff für die verschiedensten Bdtgn. wie Mühe, Mangel, Entbehrung, Krankheit, Zwang; ‚Notlager' = Krankenbett; ‚es hat keine Not', es eilt nicht, es ist nichts zu befürchten; ‚es tut not', es eilt, es wird dringend gebraucht; schweiz. ‚es wird Not ha‘, es wird schwerhalten, Kraft kosten; tir. ‚in oaner Noat‘, eilig, hastig; ‚zur Not etw. geltenlassen‘, gegebenenfalls, wenn nichts anderes da ist; ‚notgedrungen‘, gezwungenermaßen. Für die veraltete Rda. des 13. Jh. ‚mir gêt nôt eines dinges‘, ich bin gezwungen, ich muß, steht seit dem 16. Jh. ‚mich geht Not an‘; Luther (Briefe IV, 186): „Was ginge mich Noth an, in eines anderen Sachen, mir oder anderen Verlust zu schaffen“. ‚Etw. ohne Not tun‘, es freiwillig, ohne Zwang tun, obwohl es nicht hätte sein müssen; ‚etw. über Not tun‘, etw. über Erfordernis und Bedürfnis hinaus tun; schweiz. ‚sich nit ze Not tue‘, sich nicht überanstrengen; ‚einem ze Not tue‘, ihn scharf züchtigen.

Der Not gehorchend (nicht dem eignen Triebe) ist eigentl. ein Zitat und der Anfangsvers von Schillers ‚Braut von Messina‘. Vielleicht hat Schiller die Worte aus Shakespeares ‚Romeo und Julia‘ (V,1) entlehnt: „My poverty, but not my will, consents“.

Wer seinen Kindern gibt das Brot
Und leidet nachmals selber Not,
Den soll man schlagen mit der Keule tot.

Dieser Spruch findet sich an den Stadttoren verschiedener Städte Norddtls. neben

‚Not leiden durch eigene Schuld‘

einer dabei aufgehängten Keule. Der Spruch ist zuerst in der Erzählung ‚Der Schlägel‘ des mhd. Dichters Rüdiger von Hünchhoven erwähnt (Ende des 13. Jh.). Die Dichtung erzählt, wie ein alter Mann sein ganzes Vermögen seinen Kindern überlassen hat, die ihn nun schlecht behandeln. Als er in ihnen den Glauben zu erwecken weiß, daß er noch einen Schatz zurückbehalten habe, halten sie ihn wieder in Ehren. Nach seinem Tode finden aber die Kinder in der vermeintlichen Schatzkiste nichts als einen Schlägel mit der Beischrift, man solle jedem, der seine ganze Habe seinen Kindern gibt und infolgedessen in Not und Elend lebt, mit diesem Schlägel das Gehirn einschlagen (v.d. Hagen; Gesamtabenteuer, Nr. 49). In Dänemark wird diese Geschichte von Oluf Bagger in Odense unter Friedrich II. erzählt, es handelt sich also um eine Wandersage. Der Spruch ist auch Seb. Brant bekannt gewesen, der sich im ‚Narrenschiff‘ milder ausdrückt:

Der ist eyn narr der kynden gytt
Do er syn zyt solt leben mytt,
Verlossend sich uff guoten won,
Das jnn syn kynd nit sollen lon.
Und jm ouch helffen jnn der not,
Dem wünscht man allen tag den dot
Und wurt gar bald eyn überlast
Den kynden syn, eyn unwert gast.

Im zugehörigen Holzschnitt dringen die Kinder mit Keulen auf den alten Vater ein.

Nötig ist in vielen Rdaa. in der Bdtg. von ‚Mangel haben an‘, ‚arm sein‘ belegt, z.B. bair. ‚Er isch e nötige Ma‘; schweiz. ‚nötig sin an öppis‘, Mangel haben an, ‚genot leben‘, sich kümmerlich durchschlagen; els. ‚Es hat mich nötlich‘, es befremdet, beunruhigt mich.

Es wäre nicht nötig gewesen: Verlegenheitsformel; wenn z.B. einem Gast etwas angeboten wird, sagt er im Schwäb.: ‚Es wär’ nedd needich gwä‘.

Der Notanker sein: für jem. in höchster Not Zuflucht sein. Der Notanker ist der Anker, den man auf dem Verdeck bereithält, um ihn erst in der äußersten Not zu gebrauchen.

Seine Notdurft verrichten: Umschreibung für den Drang des menschlichen Körpers, sich zu entleeren.

Einen Notnagel suchen, er ist sein letzter Notnagel: seine letzte Rettung.

Lit.: *J. Hoops:* By the skin of one's teeth (= mit knapper Not), in: Englische Studien 74 (1940/41), S. 392.

Note. *Nach Noten:* gründlich; *es geht (wie) nach Noten:* abgemessen und geläufig, schnell und ohne Unterbrechung. Wahrscheinl. geht die Rda. auf die Musiknoten zurück: Während das Volk seine Lieder nach musikalischem Gehör singt, scheint das Singen nach Noten als Zeichen eines besseren, höheren, des wahren Gesanges gegolten zu haben. So war es z.B. in der Schweiz ein bes. Vorrecht, die Totenmesse nach Noten mitsingen zu dürfen. In einer spätma. Predigt auf das Fest Allerheiligen heißt es an einer Stelle, wo „die lobeliche stadt des herrn" gepriesen wird, von den musizierenden Engeln: „Sie singen noch (= nach) den noten vor gottes throne den lobesang alleluia". Was sich nach Noten richtet, folgt einer bestimmten Regel, einer bestimmten Vorschrift, ist also regelrecht, seinem anerkannten Vorbild ebenbürtig. Die Bedeutungsentwicklung ist hier ähnl. wie bei ‚gehörig', eigentl.: ‚wie es sich gehört', heute jedoch: tüchtig, sehr. Da die Rda. häufig in Wndgn. gebraucht wird, wie ‚nach Noten essen, trinken, lügen, prügeln, einem die Meinung sagen' usw., wäre auch eine andere Erklärung möglich: die Entstehung aus ahd. ‚mit nôti', ‚bî nôti' = sehr, heftig, gewaltig; mhd. ‚genôte' = eifrig, sehr, in hohem Grade; vgl. noch schweiz. ‚das god de genote Weg', das geht sehr schnell und gründlich.

Eine persönliche Note besitzen, auch: *Seine persönliche Note bewahren:* einen besonderen Lebensstil, eine charakteristische Eigenart beibehalten, sich nicht davon abbringen lassen.

Noten austauschen: zwischen Diplomaten Nachrichten, Briefe, Grundsatzerklärungen austauschen; oft iron. gebraucht, wenn nichts weiteres geschieht.

Schlechte Noten erhalten: als Politiker bei demoskopischen Umfragen schlecht abschneiden.

Nücke. *Seine Nücken und Tücken haben:* unangenehme Eigenschaften besitzen; eine Nücke (ndd. ‚Nucke') ist im Norddt. eine versteckte Bosheit oder eine unfreundliche Laune.

Nudel. *Das geht (ja) wie genudelt:* das läuft glatt, das geht ‚wie geschmiert'; *er sieht aus wie genudelt:* er ist dick; ‚wie genudelt' fühlt man sich nach einer reichlichen Mahlzeit, d.h. sehr satt. Der Ausdr. kommt von der Gänse- und Hühnermast, bei der man den Tieren Mehl- oder Kartoffelnudeln in den Schnabel schiebt, um sie fett zu machen. Neuerdings auch als Merkmal einer (meist weibl.) Person: ‚Sie ist eine putzige, freche, komische, tolle, versoffene Nudel'.

null. Das Adj. null, aus lat. ‚nullus' = keiner, für die arabische Ziffer 0 gebraucht, ist in vielen Rdaa. zu finden; seit dem 16. Jh. ist es in der dt. Rechtssprache belegt. Sehr bekannt ist heute noch die stabreimende Formel *null und nichtig:* völlig ungültig, außer Kraft; vgl. ‚Lehens- und Besitzurkunden Schlesiens" (1883, II, 365, vom Jahre 1522): „wofern einige brief und privilegien weren auszbracht und ertheilt worden, so thuen wir dieses alles ... für null und nichtig erklären". Kant (V, 90): „Ein Vertrag, der in sich selbst null und nichtig ist"; Schiller (‚Wallensteins Tod' V, 2): „Das Jurament ist Null"; vgl. frz. ‚C'est nul et d'aucune valeur'; auch: ‚Nul et non avenu'; engl. ‚that is null and void'. *Zu null werden:* zu nichts werden, aufhören zu existieren; Goethe in der ‚Farbenlehre': „Ein brechend Mittel, in welchem die Farberscheinungen ... völlig zu null werden könnten". *Null Komma nischt:* gar nichts, ist eine junge, wohl vom Berl. ausgegangene Rda., die aus der Schreibung 0,0 für ‚nichts' abgeleitet worden ist. *In Zeit von null Komma nichts:* in sehr kurzer Zeit. *Null für Null aufgehen:* genau aufgehen, so daß nichts übrigbleibt. Ein unbedeutender Mensch ist ‚eine Null', ein Nichts; rhein. ‚He ös de Null fier de Ziffer'.

Von lauter Nullen regiert werden: von inkompetenten Leuten, auch: *Da oben sitzen doch nur lauter Nullen,* heißt es heute kritisch oder resignierend von Politikern und Managern, wenn Mißstände offenbar werden, wenn keine Abhilfe geschaffen wird, die dringend nötig erscheint.

In einem Kirchenlied von E. Neumeister (1671–1756) heißt es, jedoch in anderer, nicht übertr. Bdtg.: „Mein Jesus kann addieren und kann multiplizieren, auch da, wo lauter Nullen sind".
Rhein. ‚nulle maken', aufschneiden, ‚Wind machen'; ‚sin Alter nullt' sagt man, wenn jem. glatte 20, 30, 40 usw. Jahre alt wird; ‚dat nollt sich' (bei einer Rechnung), das summiert sich; auch viele kleine Beträge können eine große Rechnung ergeben.
Null-acht-fuffzehn: üblicher Verlauf, veralteter Gegenstand. Bezieht sich urspr. sold. auf die Bez. des Maschinengewehrs, das im Jahre 1908 eingeführt und 1915 verbessert wurde. Im 2. Weltkrieg gab es den Namen her für veraltete, in Massen und Serien hergestellte Gegenstände, überhaupt für alles bis zum Überdruß Wiederholte.
‚Null-Null': bedeutet die Toilette (als Raum, der im Hotel nicht als Zimmer gilt, daher keine Nummer hat, sondern ‚00').
Null Bock auf etw. haben: absolut kein Bedürfnis, kein Verlangen, keine Lust nach etw. haben. Die Rda. ist eine Prägung der ‚No-future'-Generation der 80er Jahre. ‚Null Bock auf nichts' diente sogar der Jungen Union zum Wahlslogan (Spiegel), ↗Bock.
Eine Null-Nummer herausgeben: den Prototyp einer neuen Zeitung oder Zeitschrift; gilt als erstes Versuchsexemplar und wird meist kostenlos abgegeben.
Eine Null-Serie auflegen: eine Probeserie in der industriellen Fertigung herstellen.
Die Augen auf Null stellen: schlafen, auch: sterben; ↗zeitlich.

Nulltarif. *Zum Nulltarif fahren:* nichts bezahlen, schwarz fahren, ↗schwarz. In öffentl. Verkehrsmitteln werden Alte u. Behinderte gelegentlich ‚zum Nulltarif', d.h. ohne Fahrtausweise mitgenommen; manchmal dient der ‚Nulltarif' auch zur Werbung für eine neueröffnete Linie (Bus, Straßenbahn).
Sich zum Nulltarif bedienen: Waren entwenden. Die Wndg. gilt als euphemist. Umschreibung für stehlen.
Nichts zum Nulltarif bekommen: nichts kostenlos, nichts ohne größere finanzielle Aufwendungen erhalten können. Diese Wndg. ist in der polit. Diskussion heute bes. aktuell in Hinblick auf höhere Ausgaben im Staatshaushalt und die damit verbundenen Erwägungen, die Steuern zu erhöhen.

Nummer. *Eine gute Nummer bei jem. haben:* gut bei ihm angeschrieben sein, viel gelten. Die Rda. geht auf die Nummern zurück, d.h. auf die Zensuren, die in der Schule erteilt werden.
Nummer steht oft auch für eine Person; die Übertr. stammt wohl aus dem Geschäftsleben, wo die Güte der einzelnen Waren mit Nummern bez. wird (ähnl. wie ‚Marke', ‚Sorte' u.a.). Einen seltsamen Menschen nennt man ‚eine putzige Nummer', ‚eine wunderliche Nummer' etc., rhein. ‚e dolle Nummer', ein Spaßmacher: vgl. frz. ‚un numéro', i.S.v.: ein Sonderling, ein komischer Kauz, auch ein Spaßmacher.
Nur noch wie eine Nummer behandelt werden: im Verwaltungsapparat eines Betriebes oder Staates ohne Rücksicht auf persönliche Umstände behandelt werden; es heißt auch: *Zu einer Nummer werden:* als Mensch nicht mehr beachtet werden; auch: herabgewürdigt werden, z.B. bei der Behandlung im Krankenhaus, als Zahl in der Unfallstatistik usw. Der Mensch fühlt sich angesichts der üblichen Praxis, seine persönlichen Daten mit Hilfe eines Nummernsystems zu erfassen, irgendwie gedemütigt. Sein Name, sein Schicksal zählen nichts mehr. Ins Positive gewendet heißt es aber im Frz.: ‚tirer le bon numéro': eine tüchtige Frau geheiratet haben (das große Los gezogen haben), ↗Los.
Schwäb. ‚des isch e böse Nummer', ein böser Mensch, auch: eine üble Sache. *Nummer eins sein:* Hauptperson sein; J. J. W. Heinse (‚Ardinghello' I, 286): „Der schöne Mensch im bloßen Gefühl seiner Existenz ohne Leidenschaft, in Ruhe, ist der eigentliche Gegenstand der Nachahmung des bildenden Künstlers und seine Nummer eins". Vgl. frz. ‚... numéro un' als Bez. für ein Thema (‚sujet numéro un'), ↗Thema.
Schwäb. ‚etw. hat koi Nummer', ist unbedeutend, nicht gut, sieht nach nichts aus.
Eine große Nummer sein: sehr leistungsfä-

hig sein; aus der Artistensprache hergenommen: die einzelnen Darbietungen im Zirkus, Kabarett usw. werden Nummern genannt.
Eine Nummer machen (abziehen, bauen, drehen, schieben): koitieren; die Wndg. aus der Dirnensprache bezieht sich vielleicht auf die Entgeltsberechnung im Bordell; dagegen: *eine ruhige Nummer schieben:* nur bequemen Dienst tun (sold., 2. Weltkrieg).
,Auf Nummer Sicher sein', im Gefängnis, Arrestlokal. Bezieht sich einerseits auf die fortlaufende Numerierung der Gefängniszellen, andererseits darauf, daß der Insasse ,sicher' sitzt. Davon abgeleitet: *auf Nummer sicher gehen:* alle Vorsichtsmaßnahmen treffen.

Nurmi. *Ik bin doch keen Nurmi* sagt der Berliner, wenn er das Gefühl hat, man verlange doch etw. zu viel von ihm; die Redewndg. wiederholt sich in vielen Sprachen der Welt und bezieht sich auf den finn. Sportler Paavo Nurmi, den lange Zeit erfolgreichsten Läufer in der Gesch. der Olympischen Spiele, der von 1920 bis 1928 in Antwerpen, Paris und Amsterdam insgesamt neun olympische Goldmedaillen erhielt und dem schon zu Lebzeiten in Helsinki vor dem Stadion ein Denkmal errichtet wurde.

Nürnberg. Die alte blühende Reichsstadt mit ihrer Weltgeltung vor allem im 15. und 16. Jh. wird in vielen Rdaa. genannt, wenn auch meist nicht ohne Spott. Von allem möglichen, was schlecht und unerlaubt war, hieß es schon im 16. Jh.: ,Ich gloub, daß mans zuo Nürnberg thuot' oder ,Zuo Nürnberg latt man solche wal' (= läßt man solche Wahl). Vermutl. liegt hier der Gedanke an die freiheitliche Verfassung der Stadt zugrunde, die nun der Neid der weniger glücklichen Orte mit dieser abwertenden Bemerkung gern zu einer Stadt der ,unbegrenzten Möglichkeiten' abstempeln wollte. Barack handelt über die Wndg. (Abh. d. lit. Ver. in Nürnberg, 1875, S. 76–80) und erinnert zur Erklärung an die Sage von einem in Nürnberg zum Tod verurteilten Verbrecher, der auf die Frage, welche Todesart er sich wünsche, den Tod durch Alter angab und daraufhin freigelassen werden mußte. Darauf bezieht sich auch eine Stelle in Murners ,Narrenbeschwörung' (33,25), wo es heißt:

Im todt wendt sy ouch hon den fal!
Zuo Nuernberg liesz man in die wal.
Hie liesz man sy den ritten hon
Ee das man geb den val darvon.

Von einem Menschen, der sich um Dinge kümmert, die ihn nichts angehen, sagt man westf. ,Hei bekümmert sik umme Nürnberg un hett kein Hius inne'. Die Hamburger erkennen die Nürnberger scherzhaft als kluge Leute an, wenn sie beim Regen sagen: ,Ik mak es as de Nürnberger, ik ga darünner weg'. Zu einem sehr neugierigen Menschen sagt man schwäb. ,In Nürnberg isch au no e Ma, hat nit alles gsehe'. ,Einen Nürnberger' macht der Drechsler, wenn er danebendreht. Rhein. sagt man spöttisch für ein nicht dauerhaftes Gerät: ,Das ist Nürnberger War, dreimal gebacke un net gar!' Auf die Nürnberger Spielzeugindustrie spielt das Sprw. an: ,Nürnberger Tand geht durch alle Land', das meist nicht mehr in seinem urspr. Sinn verstanden wird, weil ,Tand' die Bdtg. von ,Wertlosem' angenommen hat. *Die Nürnberger hängen keinen, sie hätten ihn denn (zuvor)* sagt man, um eine Warnung in den Wind zu schlagen, in der Hoffnung, der angedrohten Strafe zu entgehen. Die Wndg. hat voneinander abweichende Erklärungen gefunden. Wahrscheinl. gehört diese Rda. zur Sage von dem Raubritter Eppelin von Gailingen (DS. 130) und entstammt einem Spottvers, der seinerseits aus einem Volkslied des 16. Jh. hervorgegangen ist. Weniger wahrscheinl. ist die Herleitung aus der 32. Historie des Eulenspiegelvolksbuches. Dort läßt Eulenspiegel die ihn verfolgenden Nürnberger Stadtwächter von einer Brücke, an der er vorher einige Bohlen gelockert hatte, in die Pegnitz stürzen.
Mit dem Nürnberger Trichter eingießen: einem etw. auf eine grobe Lehrweise beibringen; in älterer Form: ,mit einem Trichter eingießen (oder: einziehen)'; so am frühesten in der Sprww.-Sammlung von Seb. Franck 1541 belegt, ↗Trichter. Die Rda. ist zunächst wohl deshalb auf Nürnberg bezogen worden, weil sich der nach dem Dreißigjährigen Krieg zurückgehende Handel der einst so reichen

1

2

1/2 ‚Mit dem Nürnberger Trichter eingießen'

Nürnberger Kaufleute fast nur noch auf Metallkleinwaren erstreckte. Wirklich geläufig geworden aber ist die Rda. erst seit dem Jahre 1647, wo der Nürnberger Dichter Harsdörffer eine Poetik veröffentlichte, der er den Titel gab: ‚Poetischer Trichter, die Teutsche Dicht- und Reimkunst, ohne Behuf der lateinischen Sprache, in VI Stunden einzugießen'. Das Bild vom Trichter ist freilich nicht Harsdörffers Erfindung, da er sich in der Vorrede auf H. Schickards ‚Hebreischen Trichter' (Tübingen 1627) bezieht und ein solcher Trichter schon in der lat. Komödie ‚Almansor, sive ludus litterarius' des Mart. Hayneccius (Leipzig 1578) genannt wird. Franz Trautmann gab 1849f. in Nürnberg ein humoristisches Blatt ‚Der Nürnberger Trichter' heraus.

Lit.: *G. A. Will:* Über das Sprw. ‚Nur ein Nürnberg', in: Historisch-diplomatisches Magazin 2 (1781), S. 415–422; *Joh. Priem:* Nürnberger Sagen und Geschichten (Nürnberg 1872), S. 64–74; *F. Reicke:* Gesch. der Reichsstadt Nürnberg (Nürnberg 1896), S. 314ff; *F. Bauer:* Alt-Nürnberg. Sagen, Legenden und Geschichten (3. Aufl. München 1955), S. 25ff., 208ff.; *L. Röhrich:* Sprw. Rdaa. aus Volkserzählungen, S. 256f.

Nuß. *Einem eine harte Nuß zu knacken geben:* ihm eine schwere Aufgabe stellen; auch schweres Geschick kann eine *harte Nuß* genannt werden; rhein. ‚de hett noch en hart Nüßje zu knacke', er hat noch viel Schwierigkeiten zu überwinden; vgl. frz. ‚donner à quelqu'un du fil à retordre' (wörtl.: einem Draht geben, den er zurechtbiegen soll). ‚Muß ist eine harte Nuß' lautet ein Sprw. Ein altes Lied läßt die böhmischen Jesuiten 1622 über ihre schwierige Lage klagen:

Die Nuß ist hart, stumpf sind die Zähn,
Drum ist sie bös zu beißen.

Nach der Eroberung Sigeths 1686 spottete man in Dtl.:

Sigeth ist zwar eine harte Nuß,
Die Deutschen seynd Nußbeißer!

1514 vermerkt Tunnicus unter Nr. 152: „De de kerne wil eten, de mot de not upbreken"; ähnl. schon bei Plautus (gest. 184 v. Chr.): „Qui e nuce nucleum esse vult, frangit nucem" (d.h.: Wer den Vorteil will, darf die Anstrengungen nicht scheuen); vgl. das Sprw. ‚Gott gibt die Nüsse, aber er knackt sie nicht auf'; im gleichen Sinne auch: ‚Er will die Nüsse nicht knacken, aber den Kern will er essen', engl. ‚to eat the kernel one must crack the nut'. Ebenso werden auch Rätsel oft bildl. *(Knack-)Nüsse* genannt, so z. B. bei G. A. Bürger in seiner Ballade ‚Der Kaiser und der Abt':

So geb ich denn Euren zwei tüchtigen Backen
Zur Kurzweil drei artige Nüsse zu knacken.

Vgl. engl. ‚that is a hard (tough) nut to crack'.

Ein Nüßchen mit jem. zu knacken haben: mit jem. über eine Angelegenheit abzurechnen haben, mit ihm ‚ein Hühnchen zu rupfen' haben. Von einem sehr bösen Menschen sagt Joh. Fischart: „er war so bös, er hätte eine Nuß mit dem Arsch aufgebissen"; heute wird damit mehr auf die Gerissenheit und Klugheit eines Menschen angespielt.

Auch *taube Nuß* für etw. Wertloses oder auch als Schimpfwort ist sprw.; *er tut es nicht um taube Nüsse:* er versichert sich eines ordentlichen Gewinnes für seine Arbeit. So heißt es bei Kotzebue: „Mein Leben ist eine taube Nuß"; bei Wieland (X, 250): „So wollt ich keine Nuß um eine Tugend geben"; rhein. ‚do gef ich ken Nöss for', das ist so wertlos, daß man nicht einmal Nüsse dafür gibt; ebenfalls rhein. ‚de hot ken Noss', er besitzt nichts; hess. ‚Klä-Nissje' ist ein Kosewort für ein kleines Kind; ostfries. ‚um dofe Nöten deit he't nêt; ndl. ‚niet voor doove neuten'; engl. ‚not worth a nutshell'. Ähnl. ‚es ist keine gelöcherte Haselnuß wert'.

Rhein. ‚Nöss met Löcher', faule Ausreden; schweiz. ‚e Nuss mit em Löchli'. Hess. ‚große Nüsse im Sack haben', große Ansprüche stellen; ‚dasitze wie fimf Niss', ängstlich, verschüchtert dasitzen; rhein. ‚e micht e Gsicht wie elf Ness', ein griesgrämiges Gesicht machen; hess. ‚wie auf fünf Nüssen sitzen', unruhig, ängstlich dasitzen; schweiz. ‚zur dritte Nuß cho', zu spät kommen, wenn der Markt schon ausverkauft ist; ‚die Nuß vom Baume schwätzen', sehr viel, schnell und ausdauernd reden.

Nuß wird sprw. auch gebraucht für einen kleinen Raum, etw. sehr Kleines: *in einer Nuß:* ganz zusammengedrängt; Lessing: „Der Leser erwartet etwas ganz anderes, als die Geschichte der Weltweisheit in einer Nuß"; eine Schrift J. G. Hamanns heißt ‚Aesthetica in nuce'. *Aus der Nuß sein:* außer sich sein vor Zorn, seiner nicht mehr mächtig sein; dazu *jem. wieder in die Nuß bringen:* ihn besänftigen. *Nicht lang in der Nuß liegen:* schnell von Entschluß sein, eine Sache schnell angreifen, erinnert an die Rätsel, die die Nuß als Kammer bezeichnen, und an das sächs. ‚jem. aus der Nuß heben', ihm aus der Klemme helfen, ihn aus bedenklicher Lage befreien, heute aber meist: ihm Vorwürfe machen, ihn ausschelten; vgl. rhein. ‚enem de Nöt aufhaue', ihm aufs Dach steigen, ihn ausschelten. Von einem Knirps sagt man: ‚der kann in einer Haselnuß hüpfen'.

Umg. bedeutet Nuß auch ‚Kopf': *einem eins auf die Nuß geben.* Seit dem 16. Jh. ist Nuß auch in der Bdtg. ‚Schlag', ‚Stoß' bezeugt; heute vor allem in der Zusammensetzung ‚Kopfnuß'; Hans Sachs (5,64,29): „Schlag zu, schlag zu, gib ir der Nüsz".

Eine kleine, fest eingewachsene Nuß heißt obd. ‚Grübelnuß'; diesen Ausdr. gebraucht Hugo von Trimberg im ‚Renner' bildl., indem er von den religiösen Grüblern sagt:

wir lazzen die der grübelnüzze walten,
den sanft nit grübelnüzzen sei,

wobei ein Wortspiel zwischen ‚Grübelnuß' und ‚Grübelnis' vorliegt.

Bair. ‚is alls denußt (d.h. die Nüsse sind schon alle herabgeschlagen), hat der Teufel gsagt, is um Weihnachten ei d'Nuss gang', da ist nichts mehr zu bekommen, es ist schon alles ausverkauft.

In die Nüsse gehen kann, wie die aus dem 16. Jh. bezeugte Rda. ‚in die ↗Haseln gehen', die erotische Bdtg. haben: sein Liebchen aufsuchen; es bedeutet aber auch: sterben, vgl. ‚in die ↗Binsen gehen'.

In einem Stammbuch des 16. Jh. steht:

Dum nux virescit et virgo crine pubescit:
Tum nux vult frangi et virgo stipite tangi.

Der Zusammenhang mit Sexuellem wird auch in den alten Versen deutlich:

‚Nüsse durch einen Sack beißen'

Ein harte Nuß, ein stumper Zahn,
Ein junges Weib, ein alter Mann
Zusammen sich nicht reimen wol,
Seinsgleichen ein jeder nemen sol.

Die Nüsse gelten auch als Fruchtbarkeitssymbol, daher war es ein alter, weitverbreiteter Brauch, bei Hochzeiten Nüsse zu verschenken. Schon Festus versichert, daß während der Hochzeit Nüsse zum Zeichen guter Vorbedeutung für die Neuvermählten geworfen worden seien.

Das Wachstum vieler Nüsse in einem Jahr gilt als eine Art Orakel für reichen Kindersegen. Auch in Frankr. heißt es: ‚année de noisettes, année d'enfants'.

Von einem Menschen, der den Höhepunkt seines Lebens bereits überschritten hat, sagt man hess. ‚Der hat die beste Nüss gekloppt', der hat nicht mehr viel zu erwarten; rhein. ‚dem sin die Niss gekracht'.

In Thüringen spottet man über ein uneheliches Kind: ‚Si Vader es ofn Nesbaum drsofn'.

Schwäb. ‚einem d'Nuss auftue', ihn aufklären, aber auch: ihn verprügeln; schweiz. ‚eim a d'Nuss cho', ihm seine Braut ausspannen.

Nüsse durch einen Sack beißen war eine im 16. Jh. allgemeinverständliche Rda., mit der die verbotene Liebschaft zu einer Nonne im Kloster bildl. umschrieben wurde. In Murners ‚Schelmenzunft' heißt es unter der Überschrift ‚Nus durch eyn sack beyßen':

Wer do buolt eyn closter frouwen,
Die er mit ougen nit kan schouwen
zuo sehen im nit werden magk,
Der beyßt die nuß do durch eyn sagk.
Der schaum im maul der kern ist deyn
Und ist daß kuwen nur seyn gwyn.

Heute wird mit dieser Rda. derjenige getadelt, der sich nicht die Mühe macht, die Wahrheit einer Sache festzustellen.

Einen wie einen Nußsack prügeln: ihn tüchtig schlagen; obersächs. ‚Dresche kriegen wie ein Nußsack'; die Rda. stammt von dem Brauch, die geernteten Nüsse in einem Sack zu schlagen, bis die grünen Schalen alle abgesprungen sind; man vermeidet so, daß die Finger von dem Saft der grünen Schalen gebräunt werden.

Nutzen. *Mit allerslahte Nut:* veraltete Rechtsformel, die in den Niederlanden und in Norddtl. bei Eigentumsübergaben gebräuchl. war und die Nutznießung des neuen Besitzes der Immobilie garantierte. ‚Allerslahte Nut' waren die mit dem Gut verknüpften Rechte und auch das Zubehör; dieser Gesamtnutzen konnte auch bei Lehensverhältnissen garantiert werden. Gegen Ende des 15. Jh. kommt diese Rechtsformel außer Gebrauch, da das Vokabular des römischen Rechts immer mehr Einfluß gewinnt: die Wndg. ‚mit allerslahte Nut' wurde durch den lat. Begriff ‚redintegranda' ersetzt.

↗Mit Torf und Zweig.

Lit.: *W. van Iterson:* Der Ausdruck ‚mit allerslahte Nut' und sein Zusammenhang mit der Gewere, in: Zs. der Savigny-Stiftung für Rechtsgeschichte, Germanist. Abt. 84 (1967), S. 310–329.

Georg Denzler
Die Geschichte des Zölibats
Band 4146

Das Zölibat – fast schon ein Existenzproblem für die katholische Kirche. Kritische Bestandsaufnahme und leidenschaftliches Plädoyer des streitbaren Theologen.

Georg Fohrer
Geschichte der israelitischen Religion
Band 4144

Von Macht und Ohnmacht, phantastischen Aufbrüchen und verheerenden Niederlagen: ein Meisterwerk lebendiger Geschichtsschreibung.

Hartmut Stegemann
Die Essener, Qumran, Johannes der Täufer und Jesus
Ein Sachbuch
Band 4128

Das Geheimnis der Höhlen von Qumran und einer der einflußreichsten religiösen Vereinigungen zur Zeit Jesu.

Eugen Drewermann
Dein Name ist wie der Geschmack des Lebens
Tiefenpsychologische Deutung der Kindheitsgeschichte nach dem Lukasevangelium
Band 4113

Die geheimnisvolle Botschaft von der Ankunft Gottes in der Welt wird in dieser poetischen Meditation der Liebe lebendig.

Die Reden des Buddha
Lehre, Verse, Erzählungen
Band 4112

Texte voll denkerischer Tiefe und Poesie – ein Kompendium des Weisheitswissens von unvergleichlicher Aktualität.

Karlfried Graf Dürckheim
Vom doppelten Ursprung des Menschen
Band 4053

„Menschliche Reife ist kein Privileg für wenige. Praktische Übungen, die jeder vollziehen kann“ (Lehrer und Schule heute).

Karlheinz Weißmann
Druiden, Goden, Weise Frauen
Zurück zu Europas alten Göttern
Band 4045

Sind die neuen Heiden im Kommen? Fakten und Trends.

Walter Jens/HAP Grieshaber
Am Anfang der Stall, am Ende der Galgen
Das Matthäus-Evangelium
Band 4042

„Die Übersetzung eines Meisters der deutschen Sprache, die das ursprüngliche Wort unvergleichlich leuchten läßt“ (Hans Küng).

Eugen Drewermann
Der tödliche Fortschritt
Von der Zerstörung der Erde und des Menschen im Erbe des Christentums
Band 4032

Eine erschreckende Bilanz – zugleich ein Plädoyer für ein neues Menschenbild.

Karlfried Graf Dürckheim
Das Tor zum Geheimen öffnen
Ausgewählt und eingeleitet von Gerhard Wehr
Band 4027

Die Kerngedanken eines Meisters der Meditation, der die Weisheitslehren des Ostens und des Westens schöpferisch vereint hat.

Tanz der göttlichen Liebe
Das Hohelied im Karmel
Band 4023
Karmeliter-Mystik aus fünf Jahrhunderten, bewegende Zeugnisse einer innigen Beziehung vom Menschen zum absoluten Du.

Die fünf großen Weltreligionen
Islam, Judentum, Buddhismus, Hinduismus, Christentum
Herausgegeben von Emma Brunner-Traut
Band 4006
Über die Grenzen der Kontinente hinweg erschließt dieses Buch den Kosmos der Religionen.

Eugen Drewermann
Die Spirale der Angst
Der Krieg und das Christentum
Mit vier Reden gegen den Krieg am Golf
Band 4003
Ein Buch für eine neue Qualität des Zusammenlebens in Politik, Gesellschaft und Religion.

Peter L. Berger
Auf den Spuren der Engel
Die moderne Gesellschaft und die Wiederentdeckung der Transzendenz
Band 4001
Spuren des Transzendenten heute: „Ein ausgesprochenes Lesevergnügen“ (Süddeutsche Zeitung).

Lutz Röhrich

Lexikon der sprichwörtlichen Redensarten

HERDER / SPEKTRUM
Band 4800

Das Buch

„Wenn man zwei Tage lang in Röhrichs Lexikon herumgeblättert, querbeet-gelesen, sich festgebissen...gespannt, verblüfft...lachend gesucht hat, so möchte man am liebsten sich ein Bündel Redensarten heraussuchen, die höchstes Gelingen einer Arbeit bezeichnen... und dem Leser...noch ein vergnügt beschwörendes ‚Nimm und lies!' zurufen..." (Süddeutsche Zeitung). „Es ist unmöglich, vom ‚Röhrich' nicht gefesselt zu sein – oder der Rezensent frißt einen Besen" (Kölner Stadt-Anzeiger).
Lutz Röhrich und seine Mitarbeiter schauten dem Volk aufs Maul und ging unzähligen Hinweisen und Vorschlägen nach. Das Ergebnis ihrer Bemühungen: Ca. 15000 Redensarten aus Vergangenheit und Gegenwart werden ebenso leichtverständlich wie wissenschaftlich exakt in ihrer Bedeutung, Herkunft und Anwendung erklärt. Rund 1000 Abbildungen aus zeitgenössischen Quellen illustrieren die Herkunft vieler sprichwörtlicher Redensarten und bieten darin ein reiches Anschauungsmaterial von kulturhistorischer Bedeutung. Ein „Muß" für alle, für die Sprache mehr ist als ein bloßes Mittel der Kommunikation.

Der Autor

Lutz Röhrich, geb. 1922, em. ordentlicher Professor für Volkskunde und Germanische Philologie an der Universität Freiburg i. Br., bis 1991 Direktor des Instituts für Volkskunde und des Deutschen Volksliedarchivs. Mehrere Aufenthalte als Gastprofessor in den USA. Mitglied der Österr. Akad. d. Wiss. und der Königl. Gustaf-Adolfs-Akad. in Uppsala. Mehrfacher Preisträger: 1. Chicago Folklore Prize (1974); Oberrheinischer Kulturpreis, Univ. Basel (1984); Brüder-Grimm-Preis, Univ. Marburg (1985); Internationaler Preis Pitré (Sigilo d'oro), Palermo (1985); Europäischer Märchenpreis, Wetzlar (1991).
Zahlreiche Publikationen auf dem Gebiet der Volksprosa (Märchen, Sage, Witz, Sprichwort) und des Volksliedes sowie weitere wisssenschaftliche Publikationen. Herausgeber von: Motive. Freiburger Folkloristische Forschungen (München 1971 ff.); Artes Populares. Studia Ethnographica et Folkloristica (Bern 1976 ff.). Mitherausgeber von: Handbuch des Volksliedes (München 1973 und 1975); Enzyklopädie des Märchens (Berlin/New York 1977 ff.)

Lutz Röhrich

Lexikon der sprichwörtlichen Redensarten

Band 4
Oben – Spielverderber

Herder
Freiburg · Basel · Wien

Gedruckt auf umweltfreundlichem,
chlorfrei gebleichtem Papier

Vierte Auflage

Herstellung: Freiburger Graphische Betriebe 1999
Umschlaggestaltung: Joseph Pölzelbauer
Umschlagmotiv: „Sich an die eigene Nase fassen" – „Vogel Selbsterkenntnis". Barockes Tafelbild, Tiroler Volkskundemuseum, Innsbruck. (S. 1078–1084 in diesem Lexikon)
ISBN 3-451-04800-0

O

oben. *Etw. kommt von oben:* umg., vor allem im Berufsleben, für den Vorgesetzten. Z. B.: eine Anordnung kommt von oben, von höherer Stelle. Ein Kollege, der seinem Chef gegenüber freundlich oder schön tut, um befördert zu werden, seinen Mitarbeitern aber das Leben schwermacht, ist *einer, der nach oben buckelt, nach unten tritt.*

Hierher gehört auch das – oft zum parodistischen Widerspruch reizende – Sprw.: ‚Alles Gute kommt von oben'. Meist wird es scherzhaft angewandt, z. B. wenn ein Vorhaben durch einen starken Regen unmöglich gemacht wird oder ein Vogel seine Exkremente fallen läßt.

Jem. ist oben hui und unten pfui (vgl. ‚außen hui und innen pfui'): jem. macht auf den ersten Blick einen ordentlichen Eindruck, der sich jedoch bei näherem Hinsehen in sein Gegenteil verkehrt; früher sagte man auch: ‚oben fix un' unnen nix'.

Oberförster. *Ja, ja, sagte der alte Oberförster und seine Frau, die Grete, saß am Fenster und nähte:* Nonsens-Wellerismus.

Eine Variante lautet:

„Ach ja, sagte der alte Oberförster, Hugo war sein Name, und der Schalk blitzte ihm aus den Augenwinkeln. Und seine Tochter Grete saß am Fenster und nähte. Und da stach sie sich in den Finger, und da floß das rote, rote Blut. Ach ja, sagte der Oberförster". Prototyp einer endlosen Geschichte. Rdal. wird oft nur die erste Zeile zitiert, wenn jemand eine altbekannte Geschichte wieder und wieder auftischt.

Oberhand. *Die Oberhand gewinnen:* sich als der Stärkere erweisen, den Sieg davontragen (ebenso engl. ‚to have, to get the upper hand'; ndl. ‚de bovenhand krijgen, nemen, hebben'; frz. ‚avoir le dessus', auch: ‚garder la haute main'; die Oberhand behalten; ↗Hand.

Die Rda. begegnet bereits im ‚Talmud', Baba Mezia IV, 2. Sie stammt aus der Sprache der Ringer: wer die Hand über seinen Gegner bringen und ihn mit der Hand niederhalten kann, ist Sieger. Schon im ‚Iwein' Hartmanns von Aue (V. 1537) wird die Wndg. bildl. verstanden: „vrou Minne nam die obern hant". Vgl. *obenauf sein:* gesund, vergnügt, erfolgreich, Herr der Lage sein.

Oberkante. *Jem. steht mir bis (zur) Oberkante Unterlippe:* jem. ist mir unangenehm, zuwider; ↗Hals.

Oberste. *Das Oberste zuunterst kehren:* ein großes Durcheinander anrichten, die Ordnung zerstören, auch: alles durchsuchen. Lit. bei Schiller: „Glaubt ihr wohl, Gott werde zugeben, daß ein einziger Mensch in seiner Welt wie ein Wüterich hause und das Oberste zuunterst kehre?" (Räuber V, 1).

Oberstübchen. *Nicht recht im Oberstübchen sein:* nicht ganz bei Verstand sein, verdreht, verrückt, auch: betrunken sein. Ebenso: *Es ist bei ihm im Oberstübchen nicht richtig* (auch: ‚bei dem fehlt's im oberen Stübchen' oder ‚der hat's im oberen Stockwerk nicht recht'; ‚er hat im Oberstübchen [zu stark] eingeheizt'; ‚es rappelt bei ihm im Oberstübchen'): er ist etw. verdreht im Kopf, wobei Oberstübchen scherzhaft für ‚Kopf' steht; lit. gebraucht seit 1741 bei norddt. Schriftstellern. Das Werk ‚Hartensteins Reise' (1780) von C. W. Kindleben machte die Umschreibung populär: „im Oberstübchen nicht richtig" (S. 161). In Österreich sagt man: ‚Dir fehlt's im oberen Stock'; vgl. die landschaftlich gebrauchten Wndgn.: ‚Es wird hell im Oberstübchen', es geht ihm ein Licht auf; ‚einem das Oberstübchen fegen', ihm Klarheit schaffen. Auch der thür. Ausdr. ‚Kröpelstöcken', d. i. ein halbes Stockwerk als Aufbau zum unteren, wird scherzhaft für ‚Gehirnkasten' gebraucht (↗Dach); beruht auf der Gleichsetzung von Mensch und Haus.

Oberwasser. *Oberwasser haben (bekommen):* im Vorteil sein, in Vorteil kommen. Mit Oberwasser bez. man das oberhalb der Mühle durch das Wehr gestaute Wasser, das das Mühlrad antreibt, im Gegensatz zum ‚Unterwasser', das unterhalb der Mühle wegfließt. Die aus dem Mühlenbetrieb stammende Rda. ist vor allem mdt. und ndd. sehr verbreitet. Im 19. Jh. drang sie in die Schriftsprache vor: „Das gab Reichardten Oberwasser" schreibt der Berliner Musiker Karl Friedrich Zelter 1831 an Goethe. Vgl. ‚Wasser auf seine Mühle' (↗Wasser).
Man spricht von ‚oberschlächtigen Mühlrädern', wenn herabfallendes Wasser das Mühlrad antreibt.

Obligo. *Jem. hat sich ins Obligo begeben:* jem. hat sich für etw. verpflichtet, hat fest versprochen, daß er etw. tun wird. *Jem. ins Obligo nehmen:* ihn verpflichten.
Der Begriff ‚Obligo' (lat. obligare) kommt aus dem Ital. und ist der Handels- und Wirtschaftssprache entnommen; auch hier bedeutet er: ‚Verpflichtung übernehmen'. Ist jem. der Verantwortung enthoben, so sagt man: *Er ist außer Obligo.* Seit Anfang der 80er Jahre bes. häufig in der Sprache der Politik.

Obolus. *Seinen Obolus entrichten:* einen kleinen Beitrag zahlen, eine erwartete Opfergabe darbringen, etw. spenden, heute auch scherzhaft für: Eintritt zahlen, oft in der Form: *seinen Obolus bereits entrichtet haben.*
Das seit dem 18./19. Jh. im Dt. gebräuchl. Fremdwort beruht auf dem griech. Münznamen ‚obolós' (etwa 12 Pfennige), der seinerseits eine Dialektform von griech. ‚obelós' ist in der Bdtg. von Bratspieß (vgl. ‚Obelisk'). Die Bez. der kleinen griech. Münze gelangte über das gleichbedeutende lat. ‚obolus' nach Dtl., wo es in der Rda. tradiert wird.
Die Wndg. geht auf die umfangreiche Hadesschilderung in einem der frühen griech. Epen zurück, der nur fragmentarisch überlieferten ‚Minyas' (7./6. Jh. v.Chr.), die von Prodikos von Phokis stammen soll. Darin wird berichtet, daß die Toten, denen man einen Obolos, die kleinste griech. Münze, als Fährlohn in den Mund legte, vom Fährmann Charon mit seinem Kahn über den Unterweltsstrom Acheron gebracht wurden.

Obst. *Danke für Obst (Backobst) und (andere) Südfrüchte!:* Ausdr. der Abweisung und Ablehnung; bezieht sich urspr. auf die Äußerung eines Gesättigten, der auf den Nachtisch dankend verzichtet; ↗Birne. Im Riesengebirge bedeutet die Wndg. ‚Wir danken für Obst und sonstige Früchte' einen verhüllten Glückwunsch, wenn man eine Schwangerschaft vermutet.
Obst in fremden Gärten lesen: euphemist. Umschreibung für verbotene sexuelle Beziehungen zu einem verheirateten Partner. Ähnl. Bdtg. hat die Rda. *verboten(es) Obst gegessen haben,* bei der eine gedankliche Verbindung zum Sündenfall besteht; vgl. frz. ‚avoir mangé du fruit défendu'.

Lit.: *Marotzke:* Das Obst im Volksmunde, in: Monatsbl. d. Kolberger Ver. f. Heimatkunde, 6 (1929), Nr. 10.

Obstbaum. *Pflanz dir Obstbäume, dann kannst du heiraten!* sagte man früher in Tarnowitz. Dazu berichtet die mdl. Volksüberlieferung: „Wenn ein junges Paar früher heiraten wollte, dann mußten sie erst sechs Obstbäume pflanzen, die auch angehen. Dann durften sie erst heiraten und zum Standesamt gehen. Das wollte der Alte Fritz so. Das war Zwang. Das war so toll, daß die Leute heute noch sagen: Pflanz dir Obstbäume, dann kannst du heiraten!" (ZA. 118331.)
Dieser Brauch ist auch anderwärtig bezeugt. Die Äbtissin Josephe Zandt von Merle hat am 6. Hornung (Februar) 1787 in einer Verordnung für die Gemeinde Geislar folgenden Paragraphen erlassen: „7tens. Solle künftig jedes Ehepaar, welches im Dorf gebürtig ist, für Nachbargeld 1 rthlr. spc. an den Baumeister zahlen und zwey gute täugliche Obstbäume auf anweisung des Baumeisters auf den gemeinen grund pflantzen und selbige zwey jahr auf seine gefahr dergestalt pflegen,

daß, falls sie in dieser Zeit abhängig werden, von ihnen zwei neue Obstbäume auf die nemliche art gepflantzet und unterhalten werden sollen". (Abgedruckt in: G.H.Chr. Maaßen: Geschichte der Pfarreien des Dekanats Königswinter [Köln 1890]), ↗Baum.

Lit.: *L. Röhrich:* Der Baum in der Volksliteratur, in: Märchen, Mythen und Riten, in: Germanistik aus interkultureller Perspektive ... Hommage à G.-L. Fink (Strasbourg 1988), S. 9–26.

Ochse. *Die Ochsen hinter den Pflug spannen,* auch in der Form: *den Pflug vor die Ochsen spannen:* eine Sache verkehrt anfangen; gleichbedeutend ist frz. ‚mettre la charrue devant les bœufs'.
Er steht da wie der Ochse am Berg (ebenso: ‚wie die ↗Kuh vor dem neuen Scheunentor'): er steht ratlos vor einer Schwierigkeit; schon von Luther öfters gebraucht. Ähnl. sagt man obersächs. ‚Der versteht von der Sache soviel wie der Ochse vom Sonntag'. *Vom Ochsen auf den Esel kommen:* rückwärts, von einem höheren sozialen Ansehen absinken (ebenso ndl. ‚hij springt van den os op den ezel'), auch in der Bdtg.: ‚vom Hundertsten ins Tausendste', ‚vom Hölzchen aufs Stöckchen kommen', Die ndl. Rdaa.-Bilderbogen haben diese Rda. festgehalten, sie findet sich als Detail auch auf Bruegels Rdaa.-Bild.

‚Vom Ochsen auf den Esel kommen'

Einen Ochsen melken wollen: etw. Vergebliches tun; ebenso: ‚einen Ochsen in die Apotheke schicken'.
Dem Ochsen ins Horn pfetzen: jem. etw. erklären wollen, obwohl dieser unfähig ist, den Sachverhalt zu verstehen; so sagen manche Lehrer zu ihren Schülern: ‚Bei euch ist es so, als ob man einem Ochsen ins Horn pfetzt', ↗Horn.
Einen Ochsen auf der Zunge haben: Hemmungen haben, etw. zu sagen.
Die Ochsen kälbern ihm: er hat unwahrscheinliches Glück; so auch in Thomas Manns ‚Buddenbrooks' (II. Teil, Kap. 5): „Großvater sagte von Heinrich Hagenström: ‚Dem kalbt der Ochse', das waren seine Worte ..."
Ostfries. ‚De swarte Oss het er al up den Fôt treten', sie ist ein Pechvogel; ↗Kuh.
Die Ochsentour machen (reisen): einen beschwerlichen Weg einschlagen, mühevolle Arbeit leisten, die übliche Reiseroute absolvieren, übertr.: die Beamtenlaufbahn, Offizierslaufbahn einschlagen, den vorgeschriebenen Dienstweg einhalten. Vgl. frz. ‚travailler comme un bœuf'.

‚Die Ochsentour machen'

‚Paß auf, daß dich nicht der Ochse stößt' sagt man in Westf., wenn jem. die Butter zu dick aufs Brot streicht.
Schwarzer Ochse ↗Kuh.
Im süddt. Raum sagt man, um auszudrükken, daß man zufrieden sein soll mit dem, was man hat, oder mit dem, was einer leistet, was seinen (geringen) Fähigkeiten und Begabungen entspricht: ‚Von e'me Ochse ka ma net meh verlange als e gut's Stück Rindfleisch'.
Von einem dummen jungen Menschen heißt es: ‚Was en Ochs were will, hörnt sich bald'.
Aus der Schüler- und Studentensprache kommt der Ausdr. *ochsen müssen* für: schwer begreifbare Dinge lernen, mechanisch lernen; er ist dem älteren ‚büffeln' nachgebildet und wird von Kluge-Götze seit 1813 in der Studentensprache nachgewiesen.

Jem. ochseln ist heute nicht mehr gebräuchl. und bedeutete früher: jem. zum Narren halten.

Lit.: *A. Beets:* Van den os op den ezel dalen, in: Tijdschrift voor Nederlands Taal- en Letterkunde 13 (1894), S. 72; *A. de Laborde:* Origine de la mort chevauchant un bœuf, in: Comptes rendus des sécauses de l'académie des inscriptions et belles lettres (Paris 1923), S. 100–113; *J. Cornelissen:* Den os is vet, in: Eigen Volk 1 (1929), S. 322; *J. N. Tidwell:* Adam's off ox: A study in the exactness of the inexact, in: Journal of American Folklore 66 (1953), S. 291–294; *C. Kruyskamp:* Van den os op den ezel, in: Tijdschrift voor Nederlands Taal- en Letterkunde 81 (1965), S. 85–93; *A. B. Rooth:* Döden och den svarta oxen. Symbolsprak och värderingar (= studia ethnologica upsalensia, Bd. 15) (Stockholm 1985).

Oder. Die Oder spielt in verschiedenen älteren schles. Rdaa. eine Rolle. Mit der rdal. Frage ‚Kimmste meite aibr de Audr?' forderte man urspr. auf, zu einem Tanzvergnügen mitzugehen, später auch in dem Sinne: Wollen wir nicht mal leichtsinnig sein, mal einen Streich spielen, ‚über den ↗Zapfen hauen', irgendeine Dummheit anstellen? Nach dem Verblassen dieser Bdtgn. wird die Rda. nur noch aufgesagt, um jem. wegen seiner Mda. zu necken, weil in der genannten rdal. Formulierung der gesamte Vokalismus von der Hochsprache abweicht.

Das ist zum Oder zuschütten sagt man schles., wenn man das Vorhandensein eines großen Vorrates von irgendeiner Sache bezeichnen will; auch in der Form einer Aufforderung: *Schütt's in die alte Oder!* Die Rda. dürfte wohl aus der Mitte des 19. Jh. stammen, als mit zunehmender Bevölkerungszahl und entspr. Bauplatzmangel alte Oderarme zugeschüttet werden mußten, um Land zu gewinnen.

Die Oder ist nicht weit wird gesagt, wenn man in einem Gasthaus sehr dünnes Bier findet.

Lit.: *K. Rother:* Die schles. Sprww. und Rdaa. (Breslau 1928, Ndr., Darmstadt o. J.).

Ofen. *Der Ofen will einfallen:* die Schwangere wird bald gebären; *der Ofen ist eingefallen:* die Frau hat entbunden. Man hat hier wohl an den ↗Backofen zu denken, dessen älteste Form ein mit einem runden oder ovalen tönernen Gewölbe umspannter Herd war. Diese alte Rda. ist mdal. weit verbreitet. Unklar ist, ob und wie damit die z. B. aus dem Erzgebirge und aus Bayern bezeugte Rda. zusammenhängt: ‚Da möchte man ja gleich den Ofen einschmeißen!', die man vor Erstaunen über einen unerwarteten Besuch anwendet; vgl. auch sächs. ‚aus der hintersten Ofenkachel stammen', weitläufig verwandt sein.

In Nachbars Ofen backen: sexuelle Beziehungen zur Nachbarin haben.

In einem Ofen gebacken sein: vom selben Schlag, Stamm sein; vgl. frz. ‚être de la même fournée". In Schillers ‚Räubern' heißt es: „Das ist dein Bruder! Das ist verdolmetscht: Er ist eben aus dem Ofen geschossen worden, aus dem du geschossen bist" (II, 26).

In einen kalten Ofen blasen: unnützes Zeug treiben, etw. an der falschen Stelle versuchen, sich erfolglos bemühen, auch: Kinder mit einer frigiden, unfruchtbaren Frau zeugen wollen.

Jetzt ist der Ofen heiß: die Gelegenheit ist günstig.

Der Ofen ist nicht für ihn geheizt: es geschieht nicht seinetwegen.

Geht es einem Unternehmen finanziell gut, so *raucht der Ofen;* ↗Schornstein.

Ist eine Person anwesend, die das gerade geführte Gespräch nicht hören soll, so sagt man zur Information der anderen: *Es ist ein Ofen im Zimmer.*

Er hat erst aus einem Ofen Brot gegessen: er ist noch nicht von zu Hause fortgekommen.

Von einem Harmlosen sagt man rheinhess. ‚Er beißt keine Ofenschrauben ab'.

Dem Ofen sein Leid klagen, ‚etw. Geheimes dem Ofen sagen', ‚den Ofen um etw. bitten', ndd. ‚dem Ofen vertellen'. Diese Wndgn. beziehen sich auf den Brauch der Ofenbeichte; sie sind darüber hinaus im Märchen (z. B. KHM. 89 u. 91) konkretisiert. Nach einer Luzerner Sage (DS. 519) rettet ein durch einen Schwur gebundener Junge die Stadt vor den verschworenen oesterr. Gesinnten, indem er den Ofen in der Metzgerstube anredete:

O Ofen, Ofen, ich muß dir klagen,
Ich darf es keinem Menschen sagen ...

W. Baumgartner sieht den ältesten Beleg für die Ofenbeichte in der 11. Tafel des Gilgamesch-Epos, wo ein Geheimnis, das niemand erzählt werden darf, einer Wand anvertraut wird; der Plauderer durchkreuzt so bewußt einen geheimen Plan der Götter, denn er weiß, daß hinter der Rohrstockwand sein Schützling liegt und den Hinweis versteht. (Vgl. Ungnad-Graßmann: Das Gilgameschepos, 1911, S. 53 und S. 192).

Den Ofen anbeten: noch um 1860 betete man bei Sonnenfinsternis in der Oberpfalz und in Böhmen dem Ofen zugewandt und warf Tannenzweige und Brosamen ins Feuer (HdA. VI, Sp. 1192). Das scherzhaft gemeinte Gebet einer Heiratslustigen lautet: ‚Lieber Ofen, i bet di a, du brauchst Holz und i en Ma'. In Sachsen heißt der Spruch: ‚Lieber Ofen, ich bet' dich an, du hast keine Frau und ich kein'n Mann'.

Eine Shakespearesche Redewndg. ist bei Annette von Droste-Hülshoff in ‚Bei uns zu Lande auf dem Lande' (Sämtl. Werke, hg. von E. Arens, Leipzig o.J., 5, S. 77) zu finden: „Diese junge Rheinländerin stiftet überhaupt einen greulichen Brand im Schlosse an: die westfälischen Herzen seufzen ihretwegen wie Öfen".

Denn in Shakespeares ‚As you like it', Akt II, 7, beinhaltet der berühmte Monolog „All the world's a stage, And all the men and women merely playes" dieselbe Rda.: „And then the lover, sighing like furnace ..." To ‚sigh' bedeutet seufzen, einen langgezogenen Ton von sich geben und wird auch für das Geräusch angewandt, das grüne Scheiter im glühenden Ofen verursachen. Im Dt. steht dafür jedoch ‚singen'.

Damit lockt man keinen Hund vom Ofen ↗Hund.

Gegen den Ofen gähnen ↗Backofen.

Der Ofen ist aus: die Geduld ist zu Ende; die Lage ist nicht mehr zu retten; Ausdr. der Ablehnung (sold. seit 1939).

Umg. heißt ein leistungsstarkes Motorrad ‚heißer Ofen'.

Lit.: *R. Sprenger:* Eine Shakespearesche Redewndg. bei Annette von Droste-Hülshoff: Seufzen wie Öfen, in: Archiv für das Studium der neueren Sprachen und Lit. 115 (1905), S. 176–177; *W. Baumgartner:* Antworten und Nachträge: Ofenbeichte, in: Schweiz. Vkde. 15 (1925), S. 38; *V. v. Geramb:* Art. ‚Ofen', in: HdA. VI, Sp. 1186–1199; *C. I. Onions:* Gaping against an oven, in: Medium Aevum 9 (1940), S. 86–87.

Offenbarungseid. *Den Offenbarungseid leisten (müssen):* seine katastrophale Finanzlage offenlegen und bestätigen, daß keinerlei Rücklagen und Vermögenswerte mehr vorhanden sind, um die Schulden zu tilgen; seine Zahlungsunfähigkeit zugeben.

Der ‚Offenbarungseid' ist im juristischen Sinne ein Eid, mit dem der Schuldner (auf Verlangen des Gläubigers) vor Gericht erklärt, seine Vermögensverhältnisse wahrheitsgemäß dargelegt zu haben und nicht in der Lage zu sein, seiner Zahlungspflicht nachzukommen.

Jem. zum Offenbarungseid zwingen: ihn dazu bringen, seine aussichtslose Lage darzulegen und sein Unvermögen einzugestehen.

Einem Offenbarungseid gleichkommen: seine Schuld und Unfähigkeit auch ohne Einschaltung des offiziellen Gerichts bekennen. Alle Wndgn. werden auch in übertr. Bdtg. gebraucht und auch auf den geistigen Bereich bezogen, z.B. i.S.v.: sein Unvermögen bekennen (müssen); eine bestimmte Aufgabe (ein Forschungsvorhaben) nicht erfüllen können, gescheitert sein.

Die Rdaa. werden heute auch gern auf die Politik bezogen, wenn z.B. eine Regierung (Partei) zugeben muß, mit ihrer Politik am Ende zu sein, und dies nur unter dem Druck der Öffentlichkeit oder der Opposition.

Ohmfaß. *Ins Ohmfaß fallen:* in Ohnmacht fallen. Von Studenten und Schülern seit etwa der Mitte des 19. Jh. wortspielerisch, wohl auch beschönigend aus ‚Ohnmacht' entstellt, wobei zugleich an ‚Ohm' als Hohl- und Flüssigkeitsmaß gedacht ist.

ohne. *Das ist nicht (ganz) ohne:* das ist nicht übel, es ist etw. daran. In dieser elliptischen Rda. ist das von der Präposition ohne abhängige Subst. (‚Grund', ‚Nutzen', ‚Zweck', ‚ein Körnchen Wahrheit', ‚ein Schein von Recht', oder was sonst zu ergänzen sein könnte) eingespart. Die Wndg. findet sich seit frühnhd. Zeit. Im ältesten bis jetzt bekannten Beleg aus dem Jahre 1603 in den ‚Ordnungen und Lectiones in den Stadtschulen 1603' (hg. v. Philipp Keiper als Gymn.-Programm Zweibrücken 1902) wird über die Fabeln Äsops u.a. gesagt: „... Fürs Ander unndt ob-

schon nit ohn, dass darin viell herrliche Lehren begriffen, so ist doch am Tag, dass es allegoriae unndt lauter verblumte reden seindt ..." ‚Nicht ohne' also hier i. S. v. ‚obschon es nicht grundlos ist' oder ‚obschon nicht zu leugnen ist', ‚obschon etw. daran ist'. Die Rda. wurde also schon im Anfang des 17. Jh. ganz in demselben Sinne gebraucht wie heutzutage. In Seb. Francks Sprww.-Sammlung: „Es is nit gar on, was sagt herr iederman"; bei Grimmelshausen heißt es im ‚Simplicissimus' (IV, 39): „Es ist nicht ohn, daß kein Mensch glauben kann, wie jämmerlich einen die Liebe peinigt, der es selbt noch nicht erfahren"; später z. B. bei Ludwig Tieck in der Erzählung ‚Vittoria Accorombona' (1840, Buch 2, Kap. 5): „Die Sache, wie Ihr sie da vorstellt, ist nicht ohne".
Jem. ist ganz oben ohne: ohne Verstand, ohne Gehirn, dumm, eine Rda. neuesten Datums, die in Anlehnung an die busenfreie Badekleidung geprägt wurde, die man als ‚Oben-ohne-Mode' bez.

Lit.: *P. Keiper:* ‚Es ist nicht ohne', in: Zs. f. d. U. 17 (1903), S. 655 f.

Ohnmacht. *Seine eigene Ohnmacht fühlen:* sich hilflos ausgeliefert sehen, nicht rettend eingreifen können, eine höhere Macht spüren, auch: dem Schicksal nicht entgehen können. Ähnl.: *ohnmächtig zusehen müssen,* z. B. bei Unfällen, tödlich verlaufenden Krankheiten, Naturgewalten, Katastrophen, Krieg und Gefahr.
Beinahe in Ohnmacht fallen (vor Schreck, Scham): einer Aufregung kaum gewachsen sein. Bes. Damen aus der besseren Gesellschaft fielen früher (18./19. Jh.) häufiger in Ohnmacht, um von einer Peinlichkeit, einer für sie höchst unangenehmen Situation abzulenken, aber auch, um die Ritterlichkeit des Mannes (des Liebhabers, Partners), um Teilnahme und liebevolle Besorgnis durch gespielte Schwäche herauszufordern (vgl. ‚schwaches Geschlecht'). Andererseits lag das damalige Schwinden der Sinne auch an der Blutarmut der jungen Mädchen und Frauen, vor allem aber an der Mode mit ihren Schnürmiedern, die den Leib und den Brustkorb unnatürlich einengten und die Atmungsorgane sogar regelrecht verkümmern ließen, da auch Heranwachsende diese den Körper verändernde Kleidung ertragen mußten, ↗Wespentaille. Dies führte zu akutem Sauerstoffmangel und hatte manchmal eine Ohnmacht zur Folge.
Eine Ohnmacht nahen fühlen: noch rechtzeitig den Schwächeanfall spüren und sich dagegen zu schützen suchen. Das Schwinden der Sinne konnte auch ein Zeichen einer beginnenden Schwangerschaft sein. Goethe gestaltet bes. eindringlich die Gedanken Gretchens vor ihrer Ohnmacht im Dom über ihre Sünde und Schuld und die damit verbundenen Beklemmungsgefühle (Faust I, Dom):

Wär ich hier weg!
Mir ist, als ob die Orgel mir
Den Atem versetzte,
Gesang mein Herz
Im Tiefsten löste ...
Mir wird so eng!
Die Mauerpfeiler
Befangen mich!
Das Gewölbe
Drängt mich! – Luft! –
„Nachbarin! Euer Fläschchen!"
(Sie fällt in Ohnmacht)

Der Hilferuf Gretchens weist auf den Brauch der Frauen hin, immer für Notfälle ein Fläschchen mit ätherischem Öl, meist von Rosmarin, bei sich zu tragen, um bei einer Ohnmacht durch den starken

‚In Ohnmacht fallen'

Geruch der Kräuter wieder zu sich zu kommen.

Von einer Ohnmacht in die andere (nächste) fallen: sich ständig neu aufregen müssen, immer neue Schreckensnachrichten erhalten.

Ohr. Das Ohr spielt in Sprww. und Rdaa. eine größere Rolle als das ↗Auge.

Bis über die (oder *beide) Ohren:* ganz und gar. In Wirklichkeit kann man bis über die Ohren etwa im Bett stecken; im rdal. Gebrauch der Wndg. kann man aber auch ‚bis über die Ohren in Schulden stecken', auch ‚bis über die Ohren in Arbeit stekken', mit Arbeit überhäuft sein, oder – noch komischer – ‚bis über beide Ohren verliebt sein', was vor allem durch das Schlagerlied ‚Ich hab' mein Herz in Heidelberg verloren' allg. verbreitet worden ist. Der urspr. Realbereich der Rda. geht wahrscheinl. von einem Ertrinkenden oder im Sumpf Versinkenden aus. Die Rda. findet sich schon um 1500 bei dem Prediger Geiler von Kaysersberg: „Er aber in sünde, schand und laster steckt bis über die ohren". Im Elsaß wird die Frage ‚Wo ist er?' scherzhaft beantwortet: ‚in der Hut bis üwr d'Ohrn, wenn er nit dort is, is er verlorn'. Vgl. engl. ‚over head and ears'.

Einen übers Ohr hauen: ihn arg übervorteilen; eigentl. bloß: ihm einen derben Streich versetzen; die Wndg. stammt aus der Fechtersprache. Die Abb. aus einem Fechtbuch verdeutlicht dies: Vorn greift der linke Fechter mit einem ‚Oberhau' an, indes der rechte nach links ‚austritt' und mit der Fläche gegen seines Widerparts rechtes Ohr schlägt.

Jem. etw. um die Ohren hauen (wollen): eine schlechte Arbeit tadeln; urspr. wörtlich zu nehmen.

Er ist noch nicht trocken (er ist noch naß) hinter den Ohren: er ist ein naseweiser Bursche, der noch gar nicht mitreden kann; eigentl.: ein neugeborenes Kind. Die Rda. ist über ganz Dtl. verbreitet, auch mdal., z. B. ostfries. ‚bist ja noch heel neet drög achter de Ohren!' Lit. bei Schiller (‚Räuber' I, 2), wo Karl Moor ergrimmt ruft: „Feuchtohrige Buben fischen Phrases aus der Schlacht bei Cannä".

Es (faustdick) hinter den Ohren haben: verschmitzt, durchtrieben sein und doch gar nicht danach aussehen. Die Rda. ist eine Kurzform aus der älteren Vollform: ‚den ↗Schalk hinter den Ohren haben'. Thomas Murner schreibt 1512 in der ‚Narrenbeschwörung':

Das hat er kündt in jungen joren,
Wie ein schalck sy hindern oren.

Barth. Ringwaldt schreibt 1588 in dem Lehrgedicht ‚Christliche Warnung' (K 8b): „und hat den jecken (Narren) hinderm ohr"; 1639 heißt es bei Lehmann (‚Gleißnerey' 37, S. 334): „Der Schalck schläft offt hinter den Ohren, wenn er erwacht, so läst er sich erst sehen". Dann spielt aber eine Art volkstümlicher Schädellehre herein, wonach der Sinn der Verschlagenheit hinter den Ohren liegt und dort desto größere Wülste hervorbringt, je stärker er entwickelt ist. Daher: *es dick, faustdick, knüppeldick hinter den Ohren haben.* Andere Varianten z. T. in den Mdaa., z. B. els. ‚er het Knepf hänger de Ohre'; obersächs. ‚der hat's hintern Ohren wie die Ziege den Speck, wie die Schweine die Leise'.

Jem. an den Ohren erkennen: jem. trotz angeberischen Wesens erkennen, durchschauen: die Eselsohren verraten den Esel in der Löwenhaut. Ovid erzählt in den ‚Metamorphosen' (11) die Geschichte

‚Übers Ohr hauen'

des Königs Midas von Lydien. Dieser widerspricht dem Urteil eines Richters, welches Apollo zum Sieger eines musikalischen Wettstreites gegen Pan erklärt. Apollo bestraft Midas für seinen Ungehorsam nun gerade an den Ohren, indem er ihm Eselsohren wachsen läßt. Obwohl Midas diesen Makel mit Hilfe einer Kopfbedeckung zu verbergen sucht, bemerkt ein Diener beim Haareschneiden die langen Ohren. Der Diener ist unfähig, das

Geheimnis für sich zu behalten und vertraut es der Erde an. An derselben Stelle wächst nach einem Jahr ein Gebüsch von Schilfrohr, das durch sein Geflüster das Geheimnis von den Ohren des Königs Midas verrät.

Lange Ohren machen: schnell davonlaufen, wie ein Angsthase, aber auch: etw. erlauschen wollen.

Einen bei den Ohren nehmen: ihn tüchtig vornehmen, hart tadeln. 1639 bei Lehmann (‚Beschwerden' 24, S. 81): „Wer mit Beschwernüssen geplagt wird, von dem wird gesagt: man hat jhn beym Ohr".

Sich etw. hinter die Ohren schreiben: sich etw. merken. 1649 bucht Gerlingius (Nr. 142): „Manet alta mente repostum. Ich wil mirs wol hinter ein Oehrigen schreiben". Lit. u.a. auch in Schillers ‚Räubern' (II, 3): „Ich will mir diese Lektion mit goldnen Ziffern auf meine Hirntafel schreiben". Die Rda. erinnert an einen alten Rechtsbrauch. Die Zeugen werden, wie man umg. sagt, ‚zugezogen'. Das muß man für die Frühzeit ziemlich wörtl. nehmen. Man pflegte beim Abschluß eines Vertrages, bei der Festsetzung von Grenzzeichen u. dgl., Knaben als Zeugen zuzuziehen, sie zur Erinnerung in die Ohren zu kneifen bzw. am Ohr zu ziehen und ihnen das Bedeutsame der Handlung überdies noch durch Ohrfeigen bemerkbar zu machen. Schon in den Gesetzen der ripuarischen Franken ist dieser Rechtsbrauch belegt, und er soll in Bayern noch bis ins 18. Jh. hinein ausgeübt worden sein. Auch das alem. Volksrecht des 7. bis 8. Jh. spricht von den „testes per aures tracti", d.h. von den an den Ohren gezupften Zeugen. Noch im 19. Jh. nahm man in Schwaben bei der alljährlich stattfindenden dörflichen Feldbegehung zur Feststellung der Gemeindegrenzen Knaben mit, denen man an den wichtigen Grenzpunkten Ohrfeigen verabreichte, damit sie sich noch im Alter des Ortes entsännen. Dermaßen wurde es ihnen hinter die Ohren geschrieben; schwäb. als Drohung: ‚Dem sollte man's hinter die Ohren schreiben'.

‚Sich etwas hinter die Ohren schreiben'

Eine andere Erklärung für diese Rda. gibt Christian Thomasius 1690 in den ‚Freimüthigen, lustigen und Ernsthafften, jedoch Vernunfft- und Gesetz-Mässigen Gedanken oder Monats-Gespräche über allerhand, fürnehmlich aber Neue Bücher durch alle zwölff Monate des 1688 und 1689 Jahres' (S. 633ff.): er habe bei einem ‚Anatomico' gelesen, „daß die Ohrläpgen mit einer subtilen Narwe an das Hertze, oder vielmehr das Hertze dadurch an das Ohrläpgen befestigt sey. Zu geschweigen, daß der ehrliche Altvater Hippocrates und der Experientissimus Avicenna der beständigen Meinung sind, daß wenn man einem hinter den Ohren zur Ader liesse, er sey männlichen oder weiblichen Geschlechts, so würde er unfruchtbar, weil zwey Adern von den Ohren noch weiter herunter über das Hertze giengen, die dieses verursachten. Und daher ist das teutsche Sprichwort kommen: sich etwas hinter die Ohren schreiben, weil die Leute, denen man hinter denen Ohren zur Ader gelassen, solches die Zeit ihres Lebens nicht vergessen, indem sie dadurch ihrer Ehre gleichsam beraubt werden".

Jem. eine Ohrfeige geben: jem. einen Schlag auf die Wange geben; in übertr. Bdtg.: ihn demütigen, empfindlich strafen. Solche Schläge galten jedoch im Volksglauben früher auch als übelabwehrend und heilkräftig. Man sprach ihnen erlösende und krankheitsbannende Wirkung zu, bes. dann, wenn sie ein mit göttlicher Gnade und Kraft erfüllter Herrscher einem Kranken verabfolgte, der darum gebeten hatte.

Die ‚Ohrfeige' hat mit der Feigenfrucht nichts zu tun. Früher hieß das Wort: Ohrfeg, Ohrfeeg und kam von ‚Veeg': Streich, Hieb, das auch in dem Wort ‚Fegfeuer', ‚fegen' noch nachklingt.

Die Ohren spitzen: genau auf etw. horchen, achtgeben. Schon bei Thomas Murner findet sich ein Frühbeleg dieser Rda., ähnl. *die Ohren steifhalten:* wach sein; vgl. frz. ‚dresser l'oreille'; vom Tier, bes. von Pferd und Hund, auf den Menschen übertr., der freilich seine Ohren nicht spitz in die Höhe richten kann. Ja sogar auf Wesen, die überhaupt nicht mit leiblichen Ohren zu denken sind, wird die Rda. angewendet; so beginnt ein Klagelied auf die schlechte Zeit aus dem Jahre 1649:

Merk auf, du Gotts vergeßne Welt,
Hör zu und spitz dein Ohren!

Das steife Ohr ist der Gegensatz zum ‚geneigten Ohr' und ‚geneigten Gehör'.

‚Die Ohren steifhalten'

Einem sein Ohr leihen: einer Bitte, einem Anliegen zuhören und sich der Sache annehmen. *Ein offenes Ohr finden:* Aufmerksamkeit finden. *Ganz Ohr sein:* sehr aufmerksam zuhören.

Etw. mit eigenen Ohren gehört haben ist eine Bestätigungsformel und will eine Aussage glaubhafter machen.

Die Ohren aufsperren, scherzhaft: *aufknöpfen,* vom Auge auf das Ohr übertr.

Dünne Ohren haben: ein feines Gehör haben. Das Gegenteil ist: *dicke (harte) Ohren haben:* nicht hören wollen (z.B. bei Luther); auch *auf den Ohren sitzen;* derb: *Dreck in den Ohren haben.*

Etw. zu einem Ohr herein- und zum andern hinauslassen: sofort wieder vergessen, was einem soeben gesagt worden ist. Schon in mhd. Zeit üblich; Wolfram von Eschenbach erklärt in seinem ‚Parzival' (241,21 ff.), „sîn maere" vom Parzival nicht für Leute gesungen zu haben, für die es eine Qual wäre, es aufmerksam zu fassen:

wan daz hât dâ ninder stat
und vil gerûmeclîchen pfat,
zeinem ôren în, zem andern für.

Ähnl. heißt es in dem Artusroman ‚Wigalois' des Wirnt von Grafenberg (8,12f.):

er lât ez durch diu ôren gar
zem einen în, zem andern ûz.

1529 bei Joh. Agricola (Nr. 152): „Es gehet dir zu einem ohr eyn, zum andern widder aus". Vgl. frz. ‚rentrer par une oreille et sortir par l'autre'.

Die Ohren auf Durchfahrt stellen: eine Mahnung nicht beherzigen; vom Eisenbahnwesen hergenommen (seit 1930); rheinhess. auch: ‚die Ohren auf Durchzug stellen'.

Tauben Ohren predigen: vergeblich mahnen; früher häufiger: *tauben Ohren singen.* Noch anders in der ‚Zimmerischen Chronik' (III, 141): „Aber er sagt hiemit aim dauben ain merlin, wie man sprücht". Schon lat. ist sprw.: „ad surdas aures canere" (tauben Ohren singen) bei Ovid, „surdo asello narrare fabulam" (einem tauben Esel eine Geschichte erzählen) bei Horaz, „surdis auribus dicere" bei Livius III,70,7 u.ö. Diese lat. Frühfassungen haben sicher auf die Ausformung unserer Rda. mit eingewirkt; vgl. frz. ‚prêcher à des sourds'.

Einem die Ohren kitzeln: ihm eine Schmeichelei sagen; älter: *jem. die Ohren melken:* schmeicheln; meist passivisch gewendet: *sich die Ohren melken lassen:* zum Opfer der Schmeichler werden. Unverhohlen wird hier durch das ‚Melken' gleich der für den Schmeichler herausspringende Gewinn gekennzeichnet. Die Wndg.

Die oren lassen melkē

‚Die Ohren melken'

stammt aus lat. ‚aures mulcere'; die dt. Übers. ‚melken' beruht auf Verwechslung mit ‚mulgere'. Thomas Murner überschreibt das 12. Kap. seiner ‚Schelmenzunft' mit den Worten „Die oren lassen melken" und führt dazu aus:

Wer myr frindtlich melkt eyn or
Und sagt myr das ich hab schon hor
Und sagt myr alß das ich gern her,
Der kan der oren melker ler.
So brist im nuet den nur der lon
Von dem rad zum galgen gon.

Obersächs. ist bezeugt: *einem das Ohr pinseln:* ihm schmeicheln.

Einem in die Ohren blasen ist ebenfalls ein rdal. Ausdr. für den Schmeichler, der einem beständig mit etw. ‚in den Ohren liegt', wie man heute eher sagen würde. Hans Weiditz hat diese Rda. ins Bild gesetzt: Rechts von der Hauptfigur stehen zwei ‚Ohrenbläser', deren einer mit einem großen Blasebalg hantiert (vgl. ‚Narrenschiff' Kap. 100). Links fauchen ihm zwei andere Schmeichler Dampfwolken entgegen. Dieses Gebläse der Schmarotzer hängt jedenfalls mit jener im ‚Narrenschiff' gebrauchten Rda. zusammen:

Wer tuon will das eym yeden gfalt
der muoß han ottem warm und kalt.

Die Ohrenbläserei war indes urspr. keine Metapher, sondern hängt aufs engste mit altem Volksglauben und Brauch zusammen. Durch das Hineinsprechen ins Ohr will man die größtmögliche Sicherheit haben, daß die gesprochenen Worte den Gemeinten auch wirklich treffen und wunschgemäß beeinflussen. „Wer blies dir das Wort ein?" ruft Karl Moor seinem Kumpanen Schwarz in Schillers ‚Räubern' (I, 2) zu. In diesem Ausdr. wird nicht nur ein bloßes Sprechen, sondern eine vollkommene Gedanken- und Wesensübertr. gekennzeichnet. ‚Das hat ihm der Teufel eingeblasen' sagt man auch, wenn man eine teuflische Eingebung schildern will. Dämonische Wesen, die im menschlichen oder tierischen Körper hausen, werden durch ins Ohr gesagte Beschwörungen vertrieben. Heute bedeutet *einem etw. (in die Ohren) einblasen* nur noch: ihm etw. vorsagen (in der Schule); vgl. frz. ‚souffler quelque chose à (l'oreille de) quelqu'un'.

Jem. mit etw. die Ohren vollblasen: jem. eindringlich zu etw. zureden, ihn überreden wollen, immer von derselben Sache sprechen (16. Jh.); gleichbedeutend: ‚jem. in den Ohren liegen'; vgl. frz. ‚rebattre les oreilles de quelqu'un de quelque chose' (wörtl.: jem. mit etw. die Ohren vollschlagen).

Von oren blosen.
Der ist eyn narr/der vasst jnns houbt
Vnd sichtlich yedes schwätzen gloubt
Das ist eyn anzeig zů eym toren
Wann eyner dünn/vnd witt/hat oren

‚Ohrenbläser'

‚In die Ohren blasen'

Jem. etw. ins Ohr sagen: ganz leise jem. etw. zuflüstern.

Die Ohren klingen mir sagt man bei plötzlichem leisen inneren Ertönen der Ohren und glaubt dabei wohl, daß Abwesende von einem reden. Hinterher sagt man auch: *Die Ohren hätten dir davon klingen müssen* (weil wir von dir geredet haben). Dabei gilt auch hier der alte Glaube an die günstige Bdtg. alles dessen, was rechts, an die ungünstige dessen, was links von einem geschieht: Klingt das rechte Ohr, so wird Gutes von einem gesprochen, klingt das linke, glaubt man an üble Nachrede. Man sagt aber auch: ‚Links klingt's, rechts was Schlecht's' oder ‚Recht Ohr – schlecht Ohr'; ‚link' Ohr – Klingohr'; vgl. engl. ‚my ears tingle with it', ndl. ‚zijn oren zullen tuiten', frz. ‚les oreilles me cornent'.

Die Ohren jucken einem: er ist neugierig; so schon bei Luther (Jenaer Ausg. V, 326 a): „Es jucken inen die ohren so fast und sind so lüstern zu hören", ↗Fell.

Jem. die Ohren vom Kopf essen: sehr viel essen.

Sich aufs Ohr hauen: sich schlafen legen; vergröberte Parallelbildung zu: ‚sich aufs Ohr legen'.

Mit den Ohren schlackern: etw. erstaunlich finden, auch ängstlich sein, ‚schlakkern' gehört zu ‚schlagen' und meint das Hinundherschlagen, das Baumeln; denn der Mutlose läßt ‚die Ohren hängen'. *Sich die Zeit um die Ohren schlagen:* die Zeit (nutzlos) verbringen; Parallelbildung zu: ‚die Zeit totschlagen'.

Sich ins Ohrläppchen beißen können: scherzhaft übertreibende Wndg. für: einen sehr breiten Mund haben. ‚Beiß dir nicht die Ohren ab!' sagt man im Schwäb. zu einem, der breit lacht.

Die Ohren bekommen Besuch: jem. lacht so stark, daß die Mundwinkel fast die Ohren erreichen.

Er hat einen im (am) Ohr: er ist betrunken; *einen kleinen Mann im Ohr haben:* verrückt sein (↗Mann).

Jem. einen Floh ins Ohr setzen ↗Floh.

‚Ohren des Herzens' ist eine altchristl. Metapher und eine Analogiebildung zu ‚Augen des Herzens'. Dem äußeren Menschen des Leibes wird der innere Mensch der Seele zugesellt; beide zusammen ergeben den ganzen Menschen.

Lit.: *J. Grimm:* Dt. Rechtsaltertümer I, S. 198f.; *H. Schrader:* Das Ohr in sprachlichen Bildern und Gleichnissen, in: Zs. f. dt. Sprache 7 (Hamburg 1893/94), S. 401–408, 441–450; *J. Schmied-Kowarzik* u. *H. Kufahl:* Fechtbüchlein (Leipzig o.J. 2 [1894]); *D. C. Hesseling:* Iemand de oren wassen, in: Tijdschrift voor Nederlandse Taal- en Letterkunde 26 (1907), S. 66–69; *K. Windel:* Zur Erklärung der Rda. ‚sich etw. hinter die Ohren schreiben', in: Zs. f. d. U. 24 (1910), S. 330; *R. Lehmann-Nitsche:* König Midas hat Eselsohren, in:

Zs. f. Ethnologie 68 (1936), S. 281 ff.; *H. Bächtold-Stäubli:* Art. ‚Ohr', in: HdA. VI, Sp. 1204–1217; *A. Otto:* Die Sprww. der Römer, S. 47, Nr. 212; HdA. VI, 1204 ff.; *L. Schmidt:* Der Männerohrring im Volksschmuck und Volksglauben (Wien 1947); *Ö. Beke:* Füle botját se moz dîtja (l'expression: il ne montre pas le bout de l'oreille), in: Magyar Nyelv 57 (1961), S. 215–216; *M. Bambeck:* Zur altchristl. Vorgeschichte der Metapher ‚Ohren des Herzens' im Margues de Rome und in der Sainte L'Eocade des Gautier de Coincy, in: Zs. f. franz. Sprache und Lit. 77 (1967), S. 23–29; *M. Bošković-Stulli:* Zusammenfassung: König Midas hat Eselsohren, in: dies.: Narodna Predaja o vladarevoj Tajni (Zagreb 1967), S. 301–341; *M. Bambeck:* Das Sprichwort im Bild ‚Der Wald hat Ohren, das Feld hat Augen'. In einer Zeichnung von Hieronymus Bosch (o. O. 1987).

Ohrwurm. *Ein (richtiger) Ohrwurm:* eine eingängige, beliebte Melodie, die man zwar immer wieder gern hört, die einem aber mitunter den ganzen Tag nicht mehr aus dem Kopf geht, was die Konzentration bei der Arbeit stören und wie ein lästiges Insekt geradezu quälen kann.

Urspr. gab es einen Zusammenhang mit antiken und volkstümlichen Krankheitsvorstellungen. Die frühesten dt. Belege für den ‚Ohrwurm' (Forficula auricularis) stammen aus dem 14. Jh., altengl. Quellen gehen bis ins 8. Jh. zurück; vgl. neuengl. ‚earwig' u. frz. ‚perce-oreille'.

In der Spätantike wurde der ‚Ohrwurm' getrocknet und zerstoßen als Heilmittel gegen Ohrenerkrankungen verwendet. Die Bez. wurde später nicht mehr verstanden und deshalb mit den angeblich krankheitsverursachenden Ohrwürmern der antiken Medizin identifiziert. Daraus entstand der Volksglaube, der ‚Ohrwurm', auch ‚Ohrenkriecher', ‚Ohrmützel' u. ‚Ohrling' genannt, solle im Ohre verschiedene Krankheiten, besonders bohrende und stechende Schmerzen verursachen und manchmal sogar bis in das Gehirn kriechen.

Das Ohrenweh wurde bes. Kindern gegenüber mit dem vermeintlichen Hineinkriechen des Ohrwurms erklärt, vor dem man die Ohren schützen müsse, vor allem, wenn man im Grase schlafe. Der Ohrwurm suche nämlich das Ohr als dunkles Versteck u. zerkneife dann das Trommelfell.

Der ‚Ohrwurm' dient sogar als Bild für menschl. Verhalten. Im Ndd. heißt es: ‚He krümt sik as ên Ôrworm': er weiß sich mit viel Freundlichkeit oder Unterwürfigkeit einzuschleichen.

Lit.: *O. v. Hovorka* u. *A. Kronfeld:* Vergleichende Volksmedizin, Bd. II (Stuttgart 1909), S. 811 u. 817; *F. Kluge:* Etymol. Wb. d. dt. Sprache (Berlin, New York [22]1989), S. 515; *R. Riegeler:* Art., ‚Ohrwurm', in: HdA. VI, Sp. 1219–1223; *E. Werz:* Der Ohrwurm (Diss. Marburg).

Okay. *Etw. ist okay:* eine Sache ist in Ordnung, findet Zustimmung, auch: etw. ist zur Zufriedenheit erledigt worden, ist erfolgreich beendet. Der Ausruf: *Alles okay!* dient der Bestätigung und meint: Alles ist bereit; es kann losgehen! *Sein Okay für (zu) etw. geben:* in etw. einwilligen, die Erlaubnis u. sein Einverständnis, sein ‚placet' zu etw. geben.

Jem. ist okay: er ist vertrauenswürdig, zuverlässig, integer, aber auch: er ist unverletzt geblieben, er ist (wieder) gesund. Die Wndg. begegnet oft in der besorgten Frage: ‚Bist du auch wirklich (wieder) okay?' Dagegen meint die Rda. *noch nicht ganz okay sein:* noch krank, noch nicht wieder im Vollbesitz seiner Kraft (Lebensfreude) sein, sich noch ‚angeschlagen' fühlen, seinen Kummer (Schmerz) nicht völlig überwunden haben. Bei Okay, international abgekürzt auch als o. k., handelt es sich „um den erfolgreichsten aller Amerikanismen" (Mieder). Die Erklärungen für die Entstehung sind ebenso zahlreich wie spekulativ. Über 30 Möglichkeiten der Herkunft sind mittlerweile schon benannt worden. Für die Verstümmelung der Kürzel a. c. für all correct in o. k. sind schon verantwortlich gemacht worden: General von Steuben, ein ehem. preußischer Offizier des Unabhängigkeitskrieges; Präsident A. Jackson (1829–37), der, da er in der amerikanischen Orthographie ziemlich unsicher war, alles mit ‚oll korrekt' statt mit ‚all correct' abgezeichnet haben soll. Weiterhin soll okay von dem 1840 in New York gegründeten Okay-Club herstammen, welcher die Wiederwahl des demokratischen Präsidenten Martin van Buren (1782–1862) propagierte, dessen Spitzname nach seinem Geburtsort ‚Old Kinderhook' war. Auch andere Sprachen sind für die Entstehung von ‚okay' verantwortlich gemacht worden: so das Französische ‚aux quais', das Finnische ‚oikea' oder das Schottische

,och aye'. Am wahrscheinlichsten klingt folgende Erklärung: die Mandingosprache kennt das Wort ,o ke' für ,in Ordnung': durch Negersklaven Westafrikas kann dieses Wort nach Amerika gekommen sein.

Mehrere Forscher glauben jedoch, daß ,okay' griech. Ursprungs ist und schon in der Antike gebräuchl. war. Griech. Lehrer sollen Schularbeiten mit o. (= ὀλὰ [ola]: alles) k. (= καλὰ [kalla]: gut) bewertet haben (Weber, Pound, Rife). Dt. Erklärungen gibt es allerdings auch: o.k. soll für ,ohne Korrektur' stehen, oder ein deutschstämmiger amer. Fabrikant namens Otto Kaiser soll alle seine Produkte mit seinen Initialen O.K. signiert haben.

Keine der Erklärungen überzeugt. Die tatsächliche Etymologie des Wortes ,okay' wäre noch zu entdecken.

Lit.: *W. S. Wyman:* O.K., in: Magazine of American History 14 (1885); *W. B. Wait:* Richardsons's O.K. of 1815, in: American Speech 16 (1941), S. 85–88; *R. Weber:* A. Greek O. K., in: American Speech 17 (1942), S. 127–128; *L. Pound:* O. K. Redivivus, in: American Speech 17 (1942), S. 249–250; *A. W. Read:* The First Stage in History of O. K., in: American Speech 38 (1963), S. 5–27; *A. W. Read:* The Second Stage in History of O. K, in: American Speech 38 (1963), S. 83–102; *H. van Hoof:* Une abréviation universelle: O. K., in: Lebende Sprachen, Zs. f. fremde Sprachen in Wissenschaft und Praxis 9 (Heft 3) (1964), S. 65–66; *J. M. Rife:* The Early Spread of O. K. to Greek Schools, in: American Speech 41 (1966), S. 238; *W. Mieder:* Eine bibliographische Skizze zum Ursprung vom O. K. (okay), in: Der Sprachspiegel 5 (1975); dort auch weiterführende Lit.; *W. Mieder:* Sprichwort, Redensart, Zitat. Tradierte Formelsprache in der Moderne (Bern – Frankfurt/M. 1985), S. 109ff.

Öl. *Öl ins Feuer* (oder *in die Flammen*) *gießen:* das Übel ärger machen, die flammenden Leidenschaften noch mehr anfachen. In der ,Namenlosen Sammlung' von 1532 steht der Rat: „Laß den Hund schlaffen, schüt nit öhl ins fewr, richt keinen hader an, erzürne keinen bösen". Auch bei Horaz (gest. 8. v. Chr.) findet sich schon das gleiche Bild (,Satiren' Liber 2, Satira 3, V. 321): „Oleum addere camino"; vgl. engl. ,to add fuel to the fire'; ndl. ,Olie in het vuur gieten' u. frz. ,jeter de l'huile sur le feu'.

Bismarck sagte einmal iron. mildernd von Windthorst (,Reden' XI, 311): „Ich bin überzeugt, daß der Herr Vorredner mit der Absicht, aus dieser Flasche wieder Öl auf die Lampe des Kulturkampfes zu gießen, bei unsrer öffentlichen Meinung doch nicht durchkommen wird".

Öl auf die Wogen gießen: die Leidenschaften besänftigen. Die Tatsache, daß die Oberfläche der See durch Daraufgießen von Öl geglättet wird, war schon im Altertum bekannt. Plinius schreibt in seiner Naturgeschichte: „Quem fallit omne mare oleo tranquillari, et ob id urinantes ore spargere quoniam mitiget naturam asperam lucemque deportet?"

Nach Luk. 10,34 wird rdal. gebraucht: *Öl in die Wunden gießen;* vgl. frz. ,un baume (Balsam) pour les blessures'.

Es rinnt ihm wie Öl durch die Kehle: es geht ihm leicht ein, er hört es gerne; auch: *Es geht (jem.) hinunter wie Öl:* ein Lob, ein Kompliment wird (von jedem) gerne gehört.

Öl auf die Lampe gießen: einen Schnaps trinken, zechen; 19. Jh.; in der Form ,Öl auf die Ampel gießen' schon 1812/13 für Berlin gebucht. Vgl. engl. ,He is oiled'; ndl. ,in de olie zijn'.

Die Rda. *Öl am Hut haben:* zuviel getrunken haben, bes. im Alem. gebräuchl., ist die binnenländische Umformung von ,einen Aal haben', ↗ Aal.

Kein Öl und kein Docht haben: gar nichts besitzen; ,er hat nicht mehr viel Öl in der Lampe', es geht mit seinen Kräften zu Ende; ,er hat wenig Öl im Kopf', es fehlt ihm an Ausdauer; vgl. ndl. ,et is geen olie

,Öl ins Feuer gießen'

meer in de lamp'; frz. ,il n'y a plus d'huile dans la lampe'; engl. ,the light is out'. Els. ,bi einem 's Öl verschütt han', bei ihm in Ungnade gefallen sein; umg. in gekürzter Form: *es bei* (oder *mit*) *ihm verschüttet haben:* seine Gunst verloren haben; ↗Fettnäpfchen.

Rheinhess. sagt man bei großer Anstrengung: ,Ich bin so müde, als ob ich den Ölberg abgetragen hätte'.

Lit.: *Anon.:* To pour oil on the troubled waters, in: Classical Review 1 (1887), S. 245; *Zepf:* Art., ,Öl', in: HdA. VI, Sp. 1238–1245; *J. Stave:* Öl in die Wogen, in: Wörter und Leute (Mannheim 1968), S. 168–169; *E. Lasky:* To pour oil on fire, in: Classical Philology 68 (1973), S. 219.

Ölgötze. *Dastehen* (oder *dasitzen*) *wie ein Ölgötze:* steif und stumm dastehen, sich regungslos verhalten. Der noch heute ganz geläufige rdal. Vergleich begegnet zuerst 1520 bei Luther: „wen wyr ynn der kirchen seyn unter der meß, da stehn wir wie die öl götzen, wissen nichts auff zcu bringenn" (Weimarer Ausg. IX, 266). Urspr. sollen mit den ,Öl(berg)götzen' die während Christi Gebet im Garten Gethsemani am Ölberg schlafenden Jünger gemeint sein (Matth. 26,43), eine Szene, die seit dem 15. Jh in Baldachinhäuschen an oder neben Kirchen (z.B. an der Sebalduskirche in Nürnberg) gern im Bilde dargestellt wurde. Allein die Herleitung des Ausdr. Ölgötze von Öl(berg)götze ist ziemlich fraglich; während das Dt. Wb. und das HdA. den Urspr. des Ausdr. in Frage stellen, gibt allein das Schwäb. Wb. von 1920 diese fragwürdige Erklärung.

Vor dem 16. Jh. ist diese Bez. nicht nachweisbar, sondern wird erst in der Reformationszeit als Spottwort gegen die Holzbilder der Katholiken oder auch gegen die mit Öl gesalbten Priester gebraucht (bes. von Zwingli). Im August 1520 wendet Luther den Spottausdr. auf die mit heiligem Öl gesalbten röm. Priester an: „das aber der Bapst odder Bischoff salbet... mag eynen gleysner und ölgötzen machen" (Weimarer Ausg. VI, 407). In den Kämpfen der Reformationszeit wird das Schlagwort häufig gebraucht. So ist 1522 aus Augsburg bezeugt: „Dann es stat manicher ölgötz auff die Cantzel vnd wil den Luther mit seinen guten buchern außrichten". Thomas Murner sagt im gleichen Jahr in seinem Streitgedicht ,Vom großen Lutherischen Narren':

Sein es bischöff vnd prelaten,
So nennen sie's Apostaten,
Die priester esel vnd ölgötzen.

1529 in Joh. Agricolas ,Sprichwörtern' (Nr. 186) ist der Urspr. des Ausdr. bereits nicht mehr verstanden: „Ein stock vnd ein holtz, das geferbet ist, vnd ölgetrencket, auff daz die farbe bleibe vnd vom regen nicht abgewaschen werd, ist ein ölgötze. Götze kompt von Gott, vnd ist etwas das ein bildtnis hat on leben, on seele, darumb ist ein ölgötze ein mensch, der nyrgent zu nütze ist, da wedder verstandt noch witze bey ist". Seb. Franck („Sprichwörter' II, 51) schreibt 1541: „ut Bagas stas, du stehst wie ein Klotz, Ölgötze, Tielmann (Dillemann, Mann mit einer Dille), Leuchter". Hans Sachs meint mit ,den Ölgötzen tragen': demütigende Dienste (im Hause) verrichten müssen. Ihm ist die Herkunft des Wortes noch bewußt, wenn er (z.B. 1533 in einem Fastnachtsspiel IV, 477) sagt:

Hewer will ich unverheyrat bleyben,
Das ich mich nit thu vberweyben,
Müst auch den ölgötzen tragen,

denn bei Prozessionen wurden mit den Kirchenheiligen auch die Gestalten der Apostel vom Ölberg im Zug mitgeführt. Diese Ölgötzen, die wohl keine bes. klugen oder willensstarken Gesichter aufwiesen (denn sie waren ja schlafend dargestellt!), waren auch als Laternen- oder Lichterträger dargestellt. Daher dürfte es kommen, wenn für Ölgötz in den Mdaa. z.T. die Bdtg. ,hölzerner Pfosten, an dem die Öllampe hängt' erscheint; ebenso ,Paule' (= Paulus) im Kärntischen: Leuchterknecht, Leuchteruntersatz. In Niederdtl. sagt man dafür auch: ,Hei steit as en Lüchterpiep', ,as en Pickpahl (Pechpfahl)', ,as en Trangötze'; vgl. auch Stieler, Sprachschatz, S. 687: „Ölgötze statua ex ligno, lapide vel aere facta, qualis est Petri, Johannis in monte olivarum dormientis"; ↗Maulaffe.

Einen ähnl. Bedeutungswandel wie das heutige ,Öl(berg)götze' machte die schwäb. Rda. ,dastehen wie ein Bildstock' (bei Gottfr. Keller: ,wie ein Opferstock') durch sowie siebenb. ,et es en hölzera Johannes', er ist steif und plump. In anderer

Kürzung ist vom Ölberg auch der in älterer Studentensprache bezeugte Scheltname ‚Ölberger' für ‚Häscher', ‚Stadtsoldat' abgeleitet.

Lit.: *Webinger:* Art. ‚Ölgötz', in: HdA. VI., Sp. 1247–1249; *K. Baumann:* Art. ‚Götzenbild', in: EM. VI., Sp. 37–42.

Olim. *Zu Olims Zeiten:* vor langer Zeit; ein Scherzausdr. des gelehrten Schulunterrichts, der weithin in die Volkssprache gedrungen ist: Aus lat. ‚olim' (einst, vor alters) hat man den erfundenen Eigennamen Olim zurechtgestutzt. Die Wndg. ist zum erstenmal 1618 in Martin Rinckarts ‚Jubelkomödie' (169) belegt, dann öfters, z.B. 1738 bei J. Chr. Günther (‚Curieuse Lebensbeschreibung' 165, 24): „Du weißt, ich bin dein Freund aus alter Olims-Zeit"; ähnl. sagt Chr. F. Henrici (Picander) einmal zu einem alten Studienfreund von vor zwanzig Jahren:

Freund von denselben alten Tagen,
Da Olim uns studieren ließ.

Die seit 1691 von Stieler in ‚der Teutschen Sprache Stammbaum' (S. 37) vorgebrachte Deutung aus ndd. ‚öling' (Ableitung von ‚alt') ist irrig; vgl. die sprw. Wndg. ‚zu Noahs Zeiten', in uralten Zeiten, die gleichfalls einen Eigennamen verwendet (vgl. auch ↗ Anno).

Ölsardine. *Wie die Ölsardinen:* sehr beengt in einem kleinen Raum; vgl. frz. ‚dans une boite de sardine' (umg.), ↗ wie.

Olymp. *Auf dem (hohen) Olymp sitzen:* eine zu hohe Meinung von sich haben; durch die eigene Überschätzung sehr arrogant und herablassend anderen gegenüber sein; niemanden an sich herankommen lassen.

Der Olymp (griech. ‚Ὄλυμπος' = Berg) ist der Name für die Wohnung der Götter in der griech. Mythologie. Man ernannte den höchsten Berg Griechenlands, der durch seine überragende Höhe von 2900 Metern einen gewaltigen Eindruck macht, schon früh zum Göttersitz; das Gebirgsmassiv aus Marmor und Schiefer liegt im Norden Thessaliens. Bei den späteren Dichtern (z.B. Aristophanes und Vergil) heißt dann auch das Himmelsgewölbe, auf dem die Götter wohnen, ‚Olymp'.

Heute meint man damit scherzhaft die obersten Sitzreihen eines Theaters.

Bis heute unvergessen geblieben ist der 1943/45 gedrehte frz. Film ‚Kinder des Olymp', dessen Titel an die antike Vorstellung erinnert.

Nicht zuletzt wegen seiner Ruhe, Ausgeglichenheit und zurückgezogenen Lebensweise im Alter, heißt J. W. v. Goethe ‚der Olympier'.

Lit.: Art. ‚Olympos', in: Der kleine Pauly IV (1972), Sp. 291–295

Onkel. *Über den (großen) Onkel laufen (gehen):* mit einwärts gerichteten Füßen gehen. Die berl. und sächs. Rda. beruht wohl auf einer Mißdeutung von frz. ‚ongle' = Fußnagel: entspr. ‚onkeln', mit einwärts gerichteten Füßen gehen, über die große Zehe gehen.

Eine Onkelehe führen meint die Hausgemeinschaft eines Mannes mit einer Witwe, die ihn nicht heiratet, um ihren Pensionsanspruch nicht zu verlieren; der Mann wird von der Witwe als Onkel ausgegeben; auf dem Katholikentag 1954 als ‚Rentenkonkubinat' bez.

Oper. *Eine Oper reden (quatschen):* umständlich, überflüssig, wortreich sprechen; auch: *Opern erzählen:* sich weitschweifig über uninteressante oder unsinnige Dinge auslassen. Das Wort ‚Oper' kam mit der Sache im 17. Jh. aus Italien.

Die Rda. bezieht sich auf die darin üblichen ‚Da capo-Arien', die die Aufführungen bes. in die Länge zogen.

Als grobe Aufforderung, sich kurz zu fassen oder keinen Unsinn zu erzählen, heißt es umg., meist negativ imperativisch: ‚Quatsch keine Oper!' Die erst im 20. Jh. aufgekommene Rda. bezieht sich auf die Spieldauer von Opern; überhaupt gilt die Oper in volkstümlicher Auffassung sinnbildl. für Unnatürlichkeit.

Opfer, opfern. *Ein Opfer bringen:* etw. darbringen, spenden, schenken, das man selbst entbehren, schmerzlich vermissen muß, wobei man auch bereit ist, eigene Bedürfnisse einzuschränken. Bei einem echten Opfer handelt es sich also nicht nur um einen unbedeutenden Teil eines Überflusses, den man bereitwillig hingibt. Urspr. wurden einer Gottheit aus Dank oder der Hoffnung auf Hilfe und Gnade Opfer dargebracht. Dies konnten Menschen, Tiere, Früchte und andere kostbare Gaben sein. Auch den Elementen, bes. dem Wasser, oder Dämonen wie den ↗Drachen mußten zu bestimmten Zeiten Opfer gebracht werden, um sie zu besänftigen.

Ein Opfer sein (für jem.): gequält, ausgenutzt werden, auch zur Zielscheibe des Spottes dienen, in jem. Gewalt geraten, hilflos leiden müssen, gefoltert, ermordet werden.

Etw. zum Opfer fallen: dahingerafft werden, sterben müssen, z. B. durch Hungersnöte, Kriege, Seuchen, heute auch durch den Verkehr, durch Drogen.

Viele Opfer zu beklagen haben: viele Tote betrauern müssen, vor allem bei Katastrophen, Überfällen und Unfällen.

Ein Opfer seiner Begierden werden: sich nicht mehr in der Gewalt haben.

Ein Opfer der Justiz sein: einem Fehlurteil unterliegen, unschuldig büßen müssen.

Ein Opfer der Politik werden: aus Staats- oder Parteiinteressen zum Rücktritt bewegt werden, seine wichtige Position aufgeben müssen, stellvertretend für einen Mächtigeren zum ↗Sündenbock abgestempelt werden.

Ein Opfer der Wissenschaft werden: sein Leben ganz in ihren Dienst stellen, sich ihr voll und ganz verschreiben, auch: sich durch Experimente und Selbstversuche gefährden wie namhafte Ärzte und Naturwissenschaftler der Vergangenheit, wie Astronauten, aber auch wie falsch behandelte Patienten oder gar Tiere in heutigen Versuchslabors. Bereits 1863 nannte Siegmund Schlesinger ein Lustspiel: ‚Ein Opfer der Wissenschaft‘ – ein Hinweis auf die Beliebtheit dieser Wndg.

Ein Opferlamm sein: sich klaglos in sein Geschick fügen, sich willig töten lassen. Die Rda. bezieht sich auf den Opfertod Christi am Kreuz, der deshalb auch als ‚Lamm Gottes‘ (vgl. Joh. 1,29) bez. wird. Einen prophetischen Hinweis auf den Tod Jesu gab schon Jesajas: „Da er gestraft und gemartert ward, tat er seinen Mund nicht auf wie ein Lamm, das zur Schlachtbank geführt wird“ (Jes. 53,7).

Sich opfern lassen: sich nicht zur Wehr setzen, auch: für andere einstehen.

Sein Leben für andere (fürs Vaterland) opfern: unter Einsatz seines Lebens andere um jeden Preis retten wollen (im Kampf um seine Heimat sein Blut vergießen).

Etw. für einen guten Zweck opfern: einer guten Sache dienen, Bedürftigen etw. zukommen lassen.

Zeit und Geld für etw. (jem.) opfern: unter Hintanstellung eigener Interessen mit Rat und Tat Hilfe leisten.

Scherzhaft übertr. Bdtg. besitzen die Rdaa: *Dem Bacchus opfern:* viel Wein trinken und: *Dem Neptun opfern:* seekrank werden und sich an der Reling erbrechen müssen.

Lit.: *B. Götz:* Die Bedeutung des Opfers bei den Völkern (Leipzig 1933); *E. O. James:* Origins of Sacrifice (London 1937); *K. Beth:* Art. ‚Opfer‘, in: HDA. IX (Nachträge), Sp. 19–54; *R. Rendtorff:* Studien zur Geschichte des Opfers im alten Israel (Göttingen 1953); *A. Vorbichler:* Das Opfer auf den uns heute noch erreichbaren ältesten Stufen der Menschheitsgeschichte (Mödling bei Wien 1956); *G. Schmitt:* Das Menschenopfer in der Spätüberlieferung der dt. Volksdichtung (Diss. Mainz 1959); *A. Schimmel u. a.:* Art. ‚Opfer‘, in: RGG. IV ([3]1960), Sp. 1637–1658.

Opium. *Etw. ist Opium für das Volk:* gemeint ist hier eine Ideologie o. ä., die dafür sorgt, daß die Bevölkerung zwar nicht die Wahrheit erkennt, sich aber ruhig verhält und sich dabei wohl fühlt. Der Ausdr. geht auf Karl Marx zurück. In dem Aufsatz ‚Zur Kritik der Hegelschen Rechtsphilosophie‘ (ersch. in den Dt.-franz. Jbb., Paris 1844) schreibt er: „Die Religion ist der Seufzer der bedrängten Kreatur, das Gemüt einer herzlosen Welt, wie sie der Geist geistloser Zustände ist. Sie ist das Opium des Volkes“. Schon vor Marx wird Opium in poetischen Bildern verwendet, aber i. S. v. einem gefühlsverstärkenden Mittel: „Sie stehen auf dem Verdeck und schaun; und jede neue Scene ist Opium für ihren Liebesdrang“ (Wieland: ‚Oberon‘ 6,13).

Optik. *Einen Knick in der Optik haben:* leicht geistesgestört sein, auch: schielen, ↗dumm, ↗verrückt.

Ora et labora (lat.). Diese alte christl. Maxime heißt ‚bete und arbeite‘ und wurde

vor allem von den Benediktinermönchen betont.
In heutiger Jugendsprache und bes. sold. wird sie abgewandelt zu ,ora et deflora'.

Orakel. *Wie ein Orakel reden:* dunkle, rätselhafte Vermutungen und Andeutungen von Zukünftigem machen; auch: *orakeln.* Es gibt im Volksglauben höchst unterschiedliche Arten von Orakeln, wie z.B. die Zukunftserforschung durch Andreas- oder Barbarazweige, das Apfelorakel; ferner magische Praktiken wie Schuhwerfen, Zettelgreifen, Lichterschwemmen, Bleigießen, Wachsgießen, Kranzwerfen, Halmmessen, Kugelwerfen, Federblasen, Topfraten, Baumklopfen, Ofenschauen, Kartenschlagen, Bettstatt-Treten, Bachschauen, Brunnenhorchen, Münzwerfen, Pantoffelwerfen. Manche Orakelhandlungen werden auch rdal. erwähnt, wie z.B. das Knopfzählen: ,Sich etw. an den Knöpfen abzählen', ↗Knopf.

Lit.: *L. Herold:* Art. ,Orakel', in: HdA. VI, Sp. 1255–1294; *E. Stemplinger:* Antiker Volksglaube (Stuttgart 1948); *A. Dihle:* Art. ,Orakel', in: RGG. IV ([3]1960), Sp. 1664–1666; Art. ,Orakel', in: Der Kleine Pauly 4 (1972), Sp. 323–328.

organisieren. *Etw. organisieren:* etw. planmäßig ordnen, gut vorbereiten, leiten, sich um eine Angelegenheit kümmern, für einen reibungslosen Ablauf sorgen.
Das seit dem 18. Jh. belegte Fremdwort ist von frz. ,organiser': einrichten, anordnen, gestalten entlehnt, das auch ,etw. zu einem lebensfähigen Ganzen zusammenfügen' bedeuten kann. Die Rda. ,etw. organisieren' dient auch als verhüllende Umschreibung für: sich etw. (auf nicht ganz rechtmäßige Weise) beschaffen, besorgen, auch: stehlen. In der Soldatensprache ist damit gemeint: etw. Eßbares (Wertvolles) aufstöbern, Beschlagnahmen von lebensnotwendigen Dingen.
Sich organisieren: sich zu Verbänden zusammenschließen, gemeinsame Ziele verfolgen.

Orgel. Vorehelicher Geschlechtsverkehr wird rdal. umschrieben und verhüllt: *er hat die Orgel vor der Messe gespielt.* Vgl. ndl. ,het orgel spelen voor de mis'.
In Norddtl. heißt es: ,Solange die Orgel noch speelt, solang is de Kark noch nich ut'.; d.h. in übertr. Bdtg.: eine Schwangerschaft ist immer noch möglich.
Auch das Verb ,orgeln' hat eine sexuelle Bdtg.: es wird als Umschreibung für ,Koitieren' gebraucht (Borneman 24.1, 25.1, 26.25, 54.8); z.B. in der Rda. *Er hat georgelt, bevor die Kirche angegangen ist.*
Wenn jem. auf alles eine Antwort weiß, so sagt man im Schwäb.: ,ein Kerl wie e Orgel sein, er pfeift, wo ma 'natupft'; wobei sich die Wndg. direkt auf die leichte Spielbarkeit dieses Instruments bezieht.

Orgelpfeife. *Dastehen wie die Orgelpfeifen:* nach der Größe aufgestellt sein. Man sagt so z.B. von einer Reihe von Geschwistern, wenn sie, der Größe nach abgestuft, nebeneinanderstehen. Das Bild ist schon 1575 Joh. Fischart geläufig (,Geschichtklitterung' 68a): „Da stellen sie (nämlich die Weiber ihre Kinder) jre zucht vmb den Tisch staffelsweis wie die Orgelpfeyffen, die kan der Vatter mit der Ruten pfeiffen machen, wann er will on blaßbälg tretten".

orientieren, Orientierung. *Sich (erst einmal) orientieren:* sich in einer neuen Umgebung zurechtfinden, sich einen Überblick verschaffen, die Richtung bestimmen. ,Orientieren' ist entlehnt aus dem gleichbedeutenden frz. ,orienter' bzw. ,s'orienter': sich zurechtfinden.
Sich nicht (mehr) orientieren können: die Richtung verloren haben (auch in weltanschaulicher Hinsicht), sich nicht mehr auskennen. Ähnl.: *Völlig die Orientierung verlieren:* nicht wissen, welchen Weg man einschlagen soll, in übertr. Bdtg. auch: den geistigen Überblick, den moralischen Halt verlieren, ziellos werden. *Sich neu orientieren müssen:* eine neue Richtung einschlagen, sich den Gegebenheiten anpassen müssen, z. B. im Beruf, in der Politik, in der Wissenschaft und Forschung; sich in einem neuen Beruf (Betrieb) erst einmal umsehen, um das am besten geeignete Arbeitsgebiet u. Aufstiegschancen für sich ausfindig zu machen. Eigentl. meint das Wort ,orientieren' sich nach Osten, nach Sonnenaufgang, auch: nach Jerusalem richten, da von dort das Heil erwartet wurde und die Klarheit des Lichtes, ↗Licht.

Orkus. *Jem. in den Orkus schicken (stoßen, befördern):* jem. umbringen. Orkus hieß in der röm. Mythologie der Gott des Todes; sein Name übertrug sich dann auch auf das Reich der Toten, die Unterwelt. Die Schlußworte von Schillers Gedicht ‚Nänie'(1799): „Klanglos zum Orkus hinab", sind zum geflügelten Wort geworden; es bez. sich auf die Situation des Dahinschwindens, z. B. wenn ein ehemals bekanntes Werk in Vergessenheit gerät, fährt es klanglos zum Orkus hinab.
Etw. im Orkus verschwinden lassen, scherzhaft für: etw. im WC hinunterspülen.

Ort. *Den gewissen Ort aufsuchen:* auf die Toilette gehen; auch: *das gewisse (stille, verschwiegene) Örtchen aufsuchen.*
Neben ‚Ort' ist auch die lat. Übers. ‚Locus' eine verhüllende Umschreibung für die Toilette; sie dient als Wortspielerei in dem folgenden Wellerismus: ‚Alles an seinen Ort, sagte Jerns, das Aug' ins Fenster, den Arsch in die Brill'. Weitere Umschreibungen sind: ‚in die heiligen ↗ Hallen gehen', ‚die keramischen ↗ Anstalten besuchen', ‚um die große (kleine) ↗ Ecke gehen' und ‚dahin müssen, wo auch der ↗ Kaiser zu Fuß geht'; vgl. auch engl. ‚powder-room' und ‚mens-restroom' und die allg. übliche Abkürzung: W. C. oder 00.
Vor Ort sein: an vorderster Front sein, dort sein, wo sich das entscheidende Geschehen abspielt. Diese Rda., die heute häufig in der Journalistensprache anzutreffen ist, stammt urspr. aus dem Fachwortschatz der Bergleute. Und zwar bedeutet hier ‚der Ort' das Ende eines Stollens, die Stelle, an der weitergegraben werden muß. Leibniz schreibt in seinen Werken (Bd. I, S. 468): „... man sagt Ort und Ende ... die Ursache wissen wenig, allein man verstehet es aus der Sprache der Bergleute; bei denen ist Ort so viel als Ende, so weit nemlich der Stollen, der Schacht oder die Grube getrieben".

Lit.: *H. Wolf:* Studien zur dt. Bergmannssprache des 16.–20. Jh. (Tübingen 1958).

Orwell. *Im Orwell-Jahr leben:* Im Jahr 1984 leben. George Orwell ist der Schriftstellername des Engländers Eric Blair (1903–50); sein Roman ‚Nineteen-eighty-four' (1949) (dt.: 1984) ist eine Zukunftsvision, in der er die Freiheit der Menschen bedroht und verloren sieht durch eine totalitäre Staatsform; der einzelne wird beobachtet, verwaltet und beherrscht von einer ihm unerreichbaren Macht.

Lit.: *B.-P. Lange:* George Orwell „1984" (München 1982); *W. Erzgräber u. a.:* Plus Minus 1984: George Orwells Vision in heutiger Sicht (Freiburg 1983).

Oskar. *So frech wie Oskar* ↗ frech.

Osterhase. *Der (Oster-) Has(e) hat g(e)legt.* Mit diesen Worten wird am Ostermorgen den Kindern die Suche nach den versteckten Ostergeschenken und insbes. nach den bunt bemalten Ostereiern freigegeben. Die Kinderfabel von dem Eier legenden Osterhasen schaltet – ähnl. wie bei anderen Brauchfiguren (Nikolaus, Christkind, Julklapp, Knecht Ruprecht) – zwischen dem Beschenkten und dem Geber noch eine Mittelsperson ein, die unerkannt bleibt. Es handelt sich um eine Scherzfiktion, um einen ‚Brauch ohne Glaube', denn natürlich glaubt kein Kind im Ernst, daß ein Hase Eier legen könne. Der Osterhase hat sich erst in der 2. Hälfte des 19. Jh. durchgesetzt, obwohl die Frühbelege weiter zurückreichen. Das erste lit. Zeugnis für den Eier legenden Hasen findet sich in einer Schrift des Heidelberger Arztes Georg Frank von 1682, worin er sich über die häufigen Erkrankungen nach dem reichlichen Genuß von ‚Haseneiern' äußert. Sein Anliegen ist ein medizinisches. So berichtet Frank von verschiedenen Fällen, in denen der übermäßige Genuß hartgekochter Ostereier bei Jung und Alt schwere Magen- und Darmstörungen hervorrief: Da büßte ein Franzis-

‚Ostereier suchen'

1

2

1/2 ‚Osterhase'

kaner auf Ostern an den von ihm gesammelten Ostereiern das Leben ein. Ein anderer hatte „zur österlichen Zeit ein rothes Ey gantz wollen hineinschlucken, es ist aber das Ey zu gross und sein Halß zu klein gewesen, dass er alsobald daran ersticket". Und in diesem Zusammenhang kommt der Arzt auch auf den Osterhasen zu sprechen. Er schreibt u.a.: „Man macht dabei einfältigen Leuten und kleinen Kindern weis, daß der Osterhase diese Eier ausbrüte und sie im Garten verstecke".

Wenn auch heute der Osterhase in Dtl. allg. bekannt ist, so ist das nicht immer so gewesen. In Tirol spricht man daneben von der Ostereier legenden ‚Osterhenne'. In Oberbayern, Österreich, Thüringen und Schleswig-Holstein war es der Hahn, in Hannover der Fuchs, an der holländischen Grenze der Ostervogel oder Kranich. Daneben heißt es in Thüringen auch, der Storch sei es gewesen. In manchen Gegenden der Schweiz bringt der Kuckuck die Ostereier. In Oberbayern wurde auch vereinzelt das Osterlamm als Eierbringer bezeichnet. In den Vogesen wie auch in Kärnten sagt man: Wenn die Glocken am Gründonnerstag verstummen, sie seien nach Rom geflogen, um die Ostereier zu holen. Wenn sie dann am Karsamstag zurückkehren, werfen sie die Eier beim Vorüberfliegen ins Gras, wo die Kinder sie suchen müssen. Interessanterweise findet man in Italien keinen Osterhasen.

Auch dort, wo zu Ostern bestimmte Gebäcke hergestellt werden, ist der Osterhase ungemein beliebt: Brote und Kuchen in Gestalt eines Hasen, wobei dem Hasen häufig ein Osterei in das Hinterteil eingebacken wird. Ebenso häufig ist daneben das Osterlamm als geformtes Backwerk. Und vielleicht ist der Osterhase überhaupt erst als ein Mißverständnis aus der Osterlammdarstellung hervorgegangen. Dies läßt sich allerdings nicht mit Sicherheit beweisen. Vielleicht sind mit Osterhase und Osterei auch unbewußt einfach zwei Fruchtbarkeitssymbole – Ei und ↗ Hase – zusammengebracht worden. Mythische Vorbilder des Osterhasen sind jedenfalls nicht anzunehmen. Dagegen beziehen viele Witze, Karikaturen, insbes. aber auch Ostergruß-Bild-Postkarten ihre Komik aus dem fiktiven Dreiecksverhältnis Hahn – Huhn – Hase, wobei der Henne aufgrund der bemalten oder gefärbten Eier ein ehebrecherisches Verhältnis zum Osterhasen unterstellt wird. So gewinnen die Erwachsenen der scheinbar eher harmlosen Kinderfabel noch eine erotische, manchmal auch skatologische Perspektive ab. Erwähnt sei etwa der Freiburger Maler und Illustrator Wilhelm Wohlgemut (1870–1942), der zeigt, wie Menschen in Hasengestalt sich verhalten müßten, wenn sie Eier legen wollten. Schon ein launiges Gedicht von Eduard Mörike beschreibt das Verhältnis von Osterei und Osterhase:

Die Sophisten und die Pfaffen
Stritten sich mit viel Geschrei:
Was hat Gott zuerst erschaffen,
Wohl die Henne? Wohl das Ei?

Wäre das so schwer zu lösen?
Erstlich ward ein Ei erdacht:
Doch weil noch kein Huhn gewesen,
Schatz, so hat's der Has' gebracht.

Lit.: *H. Hepding:* Ostereier und Osterhase, in: Hess. Bl. f. Vkde. 26 (1927), S. 127–147; *A. Becker:* Osterei und Osterhase (Jena 1937); *V. Newall:* An Egg at Easter. A Folklore Study (London 1971); *A. Dundes:* The Crowing Hen and the Easter Bunny. Male Chauvinism in American Folklore, in: Interpreting Folklore (Bloomington/Ind. 1980), S. 160–175; *K. Göbel:* Das Summenformel-Spiel. Zur Stellung eines Wettspiels zwischen Osterbrauch und Rechenbuchillustration (Kulturhistorische Forschungen 8) (München 1987).

Ostern. Ein Sprichwort der Sammlung von Sebastian Franck (2,124) lautet: „Zwischen Ostern und Pfingsten heiraten die Unseligen", ↗Pfingsten (Niemalsformeln).

Ein Osterbad nehmen: schön werden wollen; zugrunde liegt aber auch ein abergläubischer Brauch zum Schutz gegen Otterbisse: Man muß bei Sonnenaufgang am Ostermorgen in das Bad gehen und dabei dreimal wiederholen: „Wurm, Wurm, geh' in dein Nest, ich bin im Osterbad gewest". Dann bleibt man im folgenden Jahr von dem Biß der Otter verschont.

Ein Osterfeuer abbrennen: einen Holzstoß am Vorabend des Osterfestes oder in der Nacht zwischen den Feiertagen abbrennen. Die Praxis des Osterfeuers ist schon 751 in einem Brief des Papstes Zacharias an Bonifatius bezeugt; aus dem 8. Jh. stammt auch die in der kath. Liturgie der Osternacht bis heute geübte Weihe des Osterfeuers. Im 15. Jh. wurde das Osterfeuer zur festen Tradition, verlor jedoch an Bedeutung zugunsten des Fastenfeuers.

Der Osterhase hat gelegt, sagt man zu Kindern am Ostersonntag, wenn man (Schokoladen-)Eier für sie im Freien versteckt hat, die die Kinder nun suchen sollen; schwäbisch: ‚Gag gag, gag gag, der Has' hat glegt'. Daß der Osterhase die Eier legt, ist erstmals im Saarland und im Neckargebiet im 17. Jahrhundert bezeugt. Aus dem 12. Jahrhundert gibt es Quellen für den Ostereierbrauch; zum Beispiel ist ein Beleg für das schwäb. Gebiet in Freidanks ‚Bescheidenheit'. Da der Genuß von Eiern in der Fastenzeit verboten war, hat die Kirche im 12. Jahrhundert die ‚geweihten Eier' eingeführt und ihren Verzehr auf den Tag der Auferstehung Jesu festgelegt. Das Ei gilt seither als Symbol der Auferstehung; ↗Ei.

Wenn Weihnachten und Ostern auf einen Tag fällt ↗Weihnachten.

Lit.: *H. Hepding:* Ostereier und Osterhase, in: Hess. Bl. f. Vkde. 26 (1927), S. 127–141; *H. Freudenthal:* Das Feuer im dt. Glauben und Brauch (Berlin – Leipzig 1931), S. 248–266; *P. Sartori:* Art. ‚Osterfeuer', ‚Ostern', in: HdA. VI, Sp. 1333–1336 u. 1341–1352; *A. Becker:* Osterei und Osterhase (Jena 1937); *R. Wildhaber:* Ostereier und Ostergebäck in Europa (Basel 1957); *H. Moser:* Ostereier und Ostergebäck, in: Bayer. Jb. f. Vkde. (1957), S. 67–89; *V. Newall:* An Egg at easter: A Folklore Study (London 1971); *R. Wolfram:* Die Jahresfeuer (Wien 1972), S. 14–20; *A. Dundes:* The Crowing Hen and the Easter Bunny, in: Interpreting Folklore (Bloomington 1980), S. 160–175; *K. Göbel:* Der Osterbrauch als Rechenexempel. Zur Stellung eines Wettspieles zwischen Brauchtermin und Rechenbuchillustration (Diss. Freiburg i. Br. 1986).

Otto. Der früher sehr häufige, jetzt aber wesentlich seltener gewordene Vorname Otto gilt, wohl gerade wegen seiner Häufigkeit, als rdal. Bez. eines Durchschnittsmannes, z. B. ‚Otto Normalverbraucher', der nur die einfache, ‚normale' Lebensmittelkarte bekam; Durchschnittsverbraucher von Nahrungsmitteln; Durchschnittsgenießer von Kunst- und Literaturwerken; männliches Gegenstück zu ‚Lieschen Müller'; in dem um 1947 spielenden Film ‚Berliner Ballade' dargestellt von Gerd Froebe. ‚Gruß an Onkel Otto', Winken von Leuten aus der Menge zur Fernsehkamera (seit 1958). ‚Jem. zum Otto machen', ihn heftig ausschimpfen (etwa seit 1930). ‚Von wegen Otto!',

Ausdr. der Verneinung; vielleicht weil man einen Menschen mit dem Allerweltsnamen Otto anredet, der einen ganz anderen Vornamen hat. ‚Otto' (oder: ‚Otto-Otto'), irgendeine, nicht näher bezeichnete Sache. ‚Otto-Otto!' aber auch anspornender Zuruf; Ausdr. höchsten Lobes. Die Wndg. soll von dem Filmschauspieler Hans Albers stammen: mit ‚Otto, Otto!' spornte er den volkstümlichsten Jockei Otto Schmidt im Hoppegarten an (1920ff.).

Die ndd. Wndg. *Der soll Otto heißen* kennzeichnet einen tüchtigen Kerl, übertr. auch auf Sachen angewendet: z. B. ‚Ik will Füer anboten, dat schall Otto heten'.

Einen flotten Otto haben: Durchfall haben, seit dem Anfang des 20. Jh. gebraucht.

Otto Bellmann ↗ Bellmann.

P

P. *Da will ich ein (großes) P vorschreiben:* das will ich verhindern. ‚Vorschreiben' meint hier: vor die betreffende Sache schreiben, die einer angreifen will, aber nicht soll. Die Wndg. stammt aus der Zeit der Pest oder der nicht minder gefährlichen schwarzen Pocken und bezieht sich darauf, daß an das verseuchte Haus ein P geschrieben wurde. Schon 1541 steht bei Seb. Franck: „Ich will ein P für das hauß schreiben". Ein alter Hausspruch lautet:

Ich schrieb ein P vor mein Haus:
Bleib du da drauß!

Paar. *Zu Paaren treiben:* in die Flucht schlagen, in die Enge treiben, zum Gehorsam zwingen, auch: zur Ruhe bringen. Die urspr. Form dieser Rda. ist: ‚zum bar(e)n bringen'. Hans Sach schreibt 1535 in einem Fastnachtsspiel (9,53 Ndr.): „Darmit ich Pawren bracht zum paren". Man hat dieses Wort ‚bar(e)n' aus mhd. ‚barn' = Futterkrippe herleiten wollen; die richtige Deutung gibt aber schon 1539 Tappius in seinen ‚Adagia' (207b): „zum baren bringen, in casses inducere, est arte sic concludere quemquam, ut iam nullum sit effugium" = ins Jagdnetz treiben, d.h. jem. geschickt so einschließen, daß keine Flucht mehr möglich ist. Auch Gerlingius erklärt 1649 (Nr. 123): „In laqueum (Fallstrick, Schlinge) inducere. Zum barren bringen". Danach läge mhd. ‚bêr(e)' = sackförmiges Fischnetz zugrunde, das seinerseits aus lat. ‚pera' = Beutel entlehnt ist. In solche Netze wurden die aufgestörten Fische mit Stangen hineingetrieben. Im 18. Jh., als das alte Wort nicht mehr lebendig war und die Wndg. in ihrem urspr. Sinn nicht mehr verstanden wurde, gestaltete man sie unter Anlehnung an Paar = Zweizahl um zu der Form ‚zu Paaren treiben'. So bucht sie 1734 der Schlesier Steinbach in seinem ‚Vollständigen deutschen Wörterbuch': „zu Paaren treiben, in ordinem cogere". Erst im 18. Jh. setzt sich also die falsche, mißverständliche Schreibung durch. Hippel bildet die neue Form einmal weiter: „Nachdem sie ihre zu Paaren getriebenen Ideen wieder zu Hauff gebracht hatte, entwarf sie einen neuen Operationsplan". Die Anlehnung an Paar bewirkte, daß seit dem 19. Jh. die Rda. nur noch von einer Vielheit gebraucht wird: „Die Mordbauern sind zu Paaren getrieben" (C. F. Meyer, ‚Die Versuchung des Pescara', 1889).

Das sind zwei Paar Stiefel, sagt man, um einen Unterschied zwischen zwei Dingen zu betonen. Die Wndg. spielt mit den Wörtern ein ‚paar' (mehrere, ungleiche Stiefel) und ein ‚Paar' Stiefel (zwei gleichbeschaffene, für den rechten und linken Fuß geschaffene Stiefel). Überhaupt wird die Fußbekleidung auch in anderen rdal. Vergleichen für das Bild des Doppelten, Zweifachen, verwendet: z.B. ‚Paarweis kommen wie die Strümpf'; ↗Schuh.

Lit.: *L. Röhrich* u. *G. Meinel:* Rdaa. aus dem Bereich der Jagd u. der Vogelstellerei, S. 315.

Päckchen. *Sein Päckchen zu tragen haben:* kein leichtes Schicksal, viele Sorgen haben. Entspr. der hochsprachl. Vorstellung sieht auch die Umgangssprache Leid und Sorge unter dem naheliegenden Bild einer Last; vgl. frz. ‚porter son fardeau'.

Palaver. *Ein Palaver abhalten, palavern:* lange sinnloses Zeug reden; Gerede. Der Ausdr. entstand nach griech.-lat. ‚parabola' (Bericht) im Portugiesischen. Portugiesisch ‚palavra' bedeutet urspr. Verhandlung mit Eingeborenen; das Wort, das portugiesische Händler an die afrikanische Küste brachten, führten engl. Seeleute 1771 ihrer Sprache zu. Über das Engl. gelangte der Ausdr. ins Deutsche.

Palletti. *Alles palletti:* es ist alles in Ordnung; etw. ist erledigt, u. zwar mit Erfolg. Die Herkunft des ital. klingenden Wortes

‚palletti' ist, ähnl. wie bei ↗okay noch nicht endgültig geklärt. Obwohl lautgeschichtlich das Wort ‚Palette' (auch ‚Pallette' geschrieben) naheliegt, führt eine neuere Spur auf eine hebr. Wurzel: hebr. plṭ soll der Wortstamm sein; die Grundbdtg. von plṭ ist: ‚in Sicherheit bringen, davonbringen, retten'. Im 2. Jh. n. Chr. wurde im Hebr. palleṭ i. S. v. ‚gerettet, bewahrt' für Personen und Sachen verwendet. Auch im modernen Hebr. wird ‚pallet' i. S. v. ‚Rettung' benutzt. Jüd. Kaufleute sollen dieses gebraucht haben, wenn sie bei einer ↗Pleite (auch dieses Wort ist dem Wortstamm plṭ zuzuordnen) ihr Gut noch haben retten können. Umg. wurde später die Bdtg. von ‚Alles palletti' verallgemeinert und ausgedehnt in Richtung auf ‚in Ordnung, o. k!' ↗Okay.

Lit.: *L. Koehler, W. Baumgartner:* Hebr. und aramäisches Lexikon zum Alten Testament (Leiden [3]1983). *H. Stegemann:* Alles palletti – hebräisch?, in: Der Sprachdienst 28 (1984), S. 143–144; *W. Magaß:* Alles palletti – hebräisch?, in: Der Sprachdienst 28 (1984), S. 144–145.

Palme. *Jem. auf die Palme bringen:* ihn erbosen, erzürnen; *auf der Palme sein:* erzürnt, zornig sein. Die Rda. beruht auf der Grundvorstellung des ‚Hochgehens' des Zornigen, die hier nur konkretisiert und bildl. weiter ausgeschmückt erscheint.

‚Man wandelt nicht ungestraft unter Palmen'

Noch mehr erweitert: ‚Das treibt den stärksten Neger auf die Palme' (20. Jh.).

Von der Palme wieder herunterkommen: sich langsam wieder beruhigen.

Anders dagegen: *die Palme erringen:* den Sieg davontragen, wobei auf die Siegespalme, den Lorbeerkranz des Siegers angespielt wird (entspr. engl. ‚to bear, to win the palm'; frz. ‚remporter la palme', ndl. ‚de palm wegdragen').

Nicht ungestraft unter Palmen wandeln: nicht ungestraft in der Region der Ideale leben. Die Wndg. ist urspr. ein Zitat aus Goethes ‚Wahlverwandtschaften' (2,7) und steht dort in Ottiliens Tagebuch. Später wurde die Wndg. auf die Politik übertragen, wie z. B. eine Karikatur auf den militärischen Schutz des dt. Kolonialbesitzes in Afrika zeigt.

Palmesel. *Er ist aufgeputzt wie ein Palmesel* sagt man von einem, der sich allzuviel auf seine Schönheit einbildet und sich schmückt und ziert. Der rdal. Vergleich geht zurück auf den religiösen Volksbrauch, in der Palmsonntagsprozession den Einzug Jesu in Jerusalem, wie er Matth. 21 geschildert wird, zu spielen, indem man einen Esel, geschmückt mit Grün und den frühen Blumen dieser Jah-

‚Aufgeputzt wie ein Palmesel'

,Palmesel'

reszeit, mitführte. Auf dem Palmesel mußte dabei ein junger Kleriker oder Pilger als Darsteller Jesu reiten und ,in Jerusalem einziehen'. Den Beteiligten kam es immer mehr auf den weltlichen Prunk eines echten Barockschauspiels und die eigene Zurschaustellung als auf eine demütige Nachfolge Jesu in der Prozession an, wie der rdal. Vergleich zeigt, der übertriebenen Schmuck verurteilt. Der lebendige Esel wurde schon früh durch einen holzgeschnitzten ersetzt, wie er noch in verschiedenen Museen zu sehen ist. Palmesel als Liturgierequisiten sind schon seit dem 10. Jh. bezeugt.

Jedoch wurden wahrscheinl. zuerst Reliefdarstellungen von Jesus auf dem Esel bei Prozessionen mitgeführt; der Gebrauch von Plastiken wird frühestens um 1200 vermutet. Der Ausdruck der Christusfigur schwankt bei den ältesten Plastiken zwischen herrschaftlicher Kaiserdarstellung (München) – was der Rda. am ehesten entspricht – und leidvollem Aussehen (Zürich, Berlin).

Bei den acht aus dem 14. Jh. erhaltenen Skulpturen herrscht der königliche Typus vor. In den folgenden Jhh. werden berühmte Künstler mit Schnitzarbeiten beauftragt, um die Figur so prunkvoll wie möglich zu gestalten. Im 19. Jh. wurden wenige, fast nur die historisch überlieferten Modelle wiederholende Palmesel verfertigt.

Mißbräuche mit dieser Figur führten seit der Reformation und noch mehr in der Zeit der Aufklärung zu scharfer Kritik. Der Schriftsteller Johann Georg Jacobi (1740–1814) beschrieb den Brauch der Ministranten in Baden, an einer bestimmten Stelle der feierlichen Prozession ihre Meßgewänder über den Kopf zu ziehen und sie auf den Weg des Palmesels zu legen. Derjenige, der zuletzt damit fertig wurde, wurde ein ganzes Jahr lang ,Palmesel' genannt.

In der Ggwt. ist der Palmesel fast völlig aus dem Kirchenbrauch verschwunden, nur die Rda. erinnert noch an den vergessenen alten Sinnbezug.

Ein rechter Palmesel sein: ein tölpischer Mensch sein, der sich wie der hölzerne Palmesel – bildlich gesprochen – überall herumziehen läßt und nicht bemerkt, was um ihn herum passiert (Wander III, Sp. 1169). Ein Palmesel ist aber auch derjenige, der am Palmsonntag zu spät kommt, der verschlafen hat oder der zuletzt mit seinen Palmen zur Weihe kommt.

Lit.: *A. Mitterwieser:* Der Palmesel und die Palmprozession in Bayern, in: Bair. Heimatschutz 30 (1934), S. 67–69; *L. Kretzenbacher:* ,Aufputzt wie ein Palmesel ...', in: Heimat im Volksbarock (Klagenfurt 1961), S. 81–84; *J. A. v. Adelmann:* Christus auf dem Palmesel, in: Zs. f. dt. Vkde. 63 (1967), S. 182–200; *E. Lipsmeyer:* Jahreslaufbrauchtum. Palmsonntag – Christus und Palmesel, in: Volkskunst 12 (1989) Heft 1, S. 50–58.

Pan. *Es (jetzt) ist die Stunde des (großen) Pan:* es herrscht lautlose Mittagsstille. Diese poetische Umschreibung, die lit. und umg. bezeugt ist, beruht auf der antiken Vorstellung von einem arkadischen Gott der Hirten und Beschützer der Herden. Er durchstreift am Tage mit den Nymphen Berg und Tal, pflegt jedoch in der ihm heiligen Mittagsstunde zu schlafen. Diese Zeit, die ,Stunde des Pan', in der auch Mensch und Tier ruhen sollen, darf durch keine Geräusche mutwillig gestört werden, deshalb kann die Wndg. außer der bloßen Feststellung auch eine Mahnung enthalten, die Mittagsruhe zu achten.

Der große Pan ist tot: ein bedeutender Mensch ist gestorben, ein großer Geist hat die Erde verlassen. Heinrich Heine gebraucht die Wndg. in diesem heutigen Sinne 1840 lit. in seiner Schrift ,Über Ludwig Börne'. Das sprachl. Bild ist jedoch viel älter. Es steht mit dem antiken Bericht vom Tod des Gottes Pan in Zusammenhang, den Plutarch († um 120 n. Chr.) überliefert hat. Mit ihm stimmen auch die späteren Sagen von der Todesbotschaft eines übernatürlichen Wesens überein, von denen es zahlreiche Varianten in Dtl., Engl. und Skandinavien gibt: Ein Wanderer hört unterwegs eine Todesnachricht, und es wird ihm von einem Unsichtbaren aufgetragen, diese Botschaft an jem. weiterzugeben, dessen Namen er aber noch nie gehört hat. Als er ratlos zu Hause davon erzählt, beginnt plötzlich eine Magd um den Verlust ihres Verwandten zu klagen und eilt für immer davon. Erst dadurch wird offenbar, daß sie ebenfalls elbischen Charakter besessen hat. Die Wndg. ist bereits 1581 in Joh. Fischarts ‚Dämonomania' (51) bezeugt: „solt er zu wissen thun, das der Grose Pan gestorben sei ... darum deiten den Pan vil auff Christum" (157). Auch in diesem Beleg bei Fischart ist noch der urspr. wichtige Zug erhalten, daß ein unsichtbares Naturwesen einem Menschen aufträgt, die Todesbotschaft zu überbringen, obwohl hier schon eine Umdeutung ins Christliche anklingt. Christoph Martin Wieland hat in seinem ‚Oberon' (2, 18) die beiden antiken Vorstellungen von der Stunde und dem Tod des großen Pan vermischt, denn er schreibt: „Es ist so stille hier, als sei der große Pan gestorben".

Eine Zeitschrift der Jahrhundertwende, deren bedeutendster Redakteur Richard Dehmel war, hieß ‚Pan'. Das Titelblatt entwarf Franz Stuck.

Lit.: *G. A. Gerhard:* Der Tod des großen Pan (1915; *A. Taylor:* Northern Parallels to the Death of Pan (Washington 1922); *Inger M. Boberg:* Sägnet om de Store Pans Død (Diss. Kopenhagen 1934); *H. Schulz* u. *O. Basler:* Dt. Fremdwb. II (Berlin 1942), S. 298 f.; *R. Herbig:* Pan, der griech. Bocksgott (1949); *D. Grau:* Das Mittagsgespenst (Quellen und Studien zur Vkde. 9) Siegburg 1966; *P. Merivale:* Pan the Goat-God; his Myth in modern times (Cambridge [Mass.] 1969); *L. Röhrich:* Sage (Stuttgart [2]1971), S. 43.

Panier. *Etw. auf sein Panier schreiben:* ein Ziel unbeirrt verfolgen, gemäß dem Wahlspruch oder Motto, dem man sich verpflichtet hat.

Im Kriegswesen des MA.s wurden auf die ‚baniere' (von frz. ‚bannière') die Zeichen aufgesetzt, die diejenige Sache verbildlichen sollten, für die man kämpfte; so trugen die Kreuzritter auf ihrem Panier das Kreuz als Zeichen.

Panik, panisch. *In Panik geraten:* durch grundlose Angst, Verwirrung und Entsetzen plötzlich unüberlegt handeln und schwerwiegende Fehler begehen (vgl. Torschlußpanik, ↗Tor), kopflos fliehen. Das Subst. Panik ist erst um die Mitte des 19. Jh. von der ebenfalls jungen frz. Bildung ‚panique' entlehnt, das auf lat. ‚panicus' und griech. πανικός = dem Pan eigen, von Pan ausgehend beruht. Es bez.

‚Pan'

vor allem die plötzlich auftretende grundlose Furcht, die die Masse bei einem Kurssturz oder Konkurs ergreifen kann, und hat sich durch die Kaufmannssprache verbreitet. Von daher erklären sich auch unsere Rdaa. *jem. in Panik versetzen* und *Panik erzeugen (hervorrufen):* anderen bewußt Furcht einjagen und sie zu kopflosem Verhalten bringen, um selbst Vorteile daraus zu ziehen. Der Begriff der modernen Massenpsychologie kann jedoch ebenfalls auf die Antike zurückgeführt werden. Der von den Griechen verehrte Gott Pan, ein Sohn des Hermes, wurde als Walddämon mit struppigem Haar, Hörnern und Bocksfüßen dargestellt und hat unsere Teufelsvorstellung weitgehend bis heute beeinflußt. Seine plötzliche und unsichtbare Nähe hielt man für die Ursache des bei Mensch und Tier zu beobachtenden Fluchtverhaltens, das rücksichtslos alles mitriß, obwohl es aus einer nur unerklärlichen Furcht entsprang. Außerdem galt Pan als Erfinder der Syrinx, einer Hirtenflöte aus 7 oder 9 Rohrpfeifen, die er abends vor seiner Grotte spielte. Ihr plötzliches Ertönen wurde auch als ein Anlaß für den *panischen Schrecken* angegeben. Auch als Traumgott war Pan bekannt, er konnte die menschliche Seele mit wunderbaren Bildern erfüllen, aber auch mit Entsetzen. So erklärten Griechen und Römer sich die nächtlichen heillosen Verwirrungen in den Heerlagern durch blinden Alarm und die wie ansteckend wirkende Massenangst vor einer nur eingebildeten Gefahr. So heißt es z.B. in der 11. orphischen Hymne von Pan in V.7:

Bringer der Schreckphantasien,
Erreger der menschlichen Ängste,

und in V.23:

Bis zu den Grenzen der Erd'
entsendend das panische Rasen.

Auch die antiken Geschichtsschreiber berichten davon, z.B. schreibt Xenophon darüber, und bei Pausanias (X,23) heißt es über die von den Mazedoniern geschlagenen Gallier: „In der Nacht befiel sie ein panischer Schrecken (φόβος Πανικός)..., sie glaubten Pferdegetrappel zu hören und den Feind zu sehen und huben an, sich in ihrer Verblendung untereinander anzugreifen und zu töten". Cicero verwendet den Ausdr. nur in der griech. Form und versteht darunter die Schrekkensgerüchte wie auch die Kriegsschrekken selbst.

Im Dt. begegnet das Adj. in der Verbindung ‚panischer Schrecken' als Übers. des lat. ‚panicus terror', das das griech. πανικὸν δεῖμα, πανικὸς φόβος wiedergibt, bereits seit dem 16. Jh. Auch andere bis heute gültige Fügungen, wie *panische Angst, panisches Entsetzen,* sind bereits damals entstanden. Für die Rda. *(nur) ein panischer Schrecken sein* gibt Joh. Fischart 1575 im ‚Gargantua' (409) einen lit. Erstbeleg: „Also flohen diese Leut, als ob sie vnsinnig weren, vnnd nichts von sich selbs wüssten, noch wer sie jaget, dann es nichts als ein Panischer Laubplattrauschender schrecken war, den sie jhnen so steif einbildeten, als ob jhnen der Hencker auff dem Rucken wer". Im 18. Jh. wird die Wndg. bes. häufig in der Lit. gebraucht, z.B. auch von Schiller in seinen ‚Räubern' (II,3): „Ein panischer Schreck schmeißt alle zu Boden".

Böcklin hat den panischen Schrecken sogar bildl. dargestellt.

Lit.: *H. Schulz* u. *O. Basler:* Dt. Fremdwb. II (Berlin 1942), S. 298f.; *Kluge-Götze* (Berlin [16]1953), S. 544; *Büchmann;* weitere Lit. ↗Pan.

Panne. *Eine Panne haben:* wegen eines unvorhersehbaren Zwischenfalls in irgendeiner Weise nicht mehr weiterkönnen; vgl. frz. ‚tomber en panne'. *Eine Panne befürchten (erleben):* mit einem möglichen Mißgeschick rechnen, nicht weiter wissen, z.B. bei einem öffentlichen Auftritt, bei einer Rede. *Eine Panne beheben:* etw. in Ordnung bringen, reparieren.

Pant, lat. pannus = Lappen; Schimmelbelag auf Wein, namentlich in nicht vollgefüllten Weinfässern. Die Rda. *Der Wein zieht Pant* wird an der Mosel scherzhaft auch von Trinkern gesagt, die plötzlich das Trinken einstellen und dadurch krank werden.

Pantinen. *Das haut einen aus den Pantinen:* etw. bringt einen außer Fassung. Obgleich die Pantine, ein grober Schuh aus Leder mit einer Holzsohle schon seit 1400 in Gebrauch ist, ist die Rda. erst seit 1900 nachgewiesen; entspr. ndd. ‚Das haut einen aus den Puschen'.

Aus den Pantinen kippen: ohnmächtig werden, tot umfallen, ↗zeitlich.

Pantoffel. *Unter dem Pantoffel stehen, ein Pantoffelheld sein, unter den Pantoffel kommen, jem. unter den Pantoffel bringen, den Pantoffel schwingen:* Diese Rdaa. bezeichnen die Abhängigkeit des Ehemanns von seiner herrschsüchtigen Ehefrau. Pantoffeln sind ein häusliches Kleidungsstück; man trägt sie bequemlichkeitshalber zu Hause. Deshalb gilt der Pantoffel als ein Zeichen der Hausfrau u. ist vorzugsweise auch ein weibliches Kleidungsstück. Die Frau hat den Pantoffel wohl auch des öfteren als Waffe benutzt (zumal eine Frau sonst keine Waffen trug) wie später das Nudelholz. Wenn es sich um einen Holzpantoffel handelte, wie das die ndl. Malerei gelegentlich darstellt, war das auch eine Schmerzen verursachende Waffe. So gilt der Pantoffel als Symbol der Frauenherrschaft.

‚Ein Pantoffelheld sein'

Daß eine Frau ihren Mann schlug, galt als Inbegriff einer männlichen Unterlassungssünde, weil dieses Recht innerhalb der Ehe nur einem Mann zustand. Das hängt mit dem traditionellen Geschlechterrollen-Verständnis zusammen (wie beim Streit um die ↗Hose). Es gab zahlreiche Ehrenstrafen für den ‚Pantoffelhelden' (wie Dachabdecken, Charivari).

Nach älterer, gelehrter Deutung (seit Grimm) sollen die Rdaa. von dem Brauch stammen, daß der Sieger dem Besiegten zum Ausdr. völliger Niederwerfung den beschuhten Fuß auf den Nacken setzte. Bei der Eheschließung wurde dieser

‚Unter dem Pantoffel stehen'

Brauch in der Form nachgeahmt, daß es für jeden der beiden Gatten galt, dem anderen womöglich zuerst auf den Fuß zu treten; welchem Teil das gelang, dem, so glaubte man, sei die Herrschaft in der Ehe zeit seines Lebens gesichert. Man pflegt in diesem Zusammenhang auf die Dichtung ‚Meier Helmbrecht' von Wernher dem Gartenaere (um 1270) zu verweisen, wo es am Schluß einer Trauung heißt (V. 1534):

si sungen alle an der stat,
ûf den fuoz er ir trat.

Der in der älteren Lit. und auch sonst bezeugte Rechtsbrauch des Besitzergreifens durch das Treten auf den Fuß gilt vielfach bis in die Ggwt. 1865 wird aus dem gleichen Innviertel, aus dem die Dichtung vom ‚Meier Helmbrecht' stammt, berichtet: „Es ist hier noch jetzt eine allgemeine Unsitte, daß die am Altar stehenden Brautleute, sowie der Priester den ehelichen Bund eingesegnet hat, einander auf den Fuß oder ein Kleidungsstück zu treten suchen. Sie verbinden damit die abergläubische Meinung, daß der zuerst getretene Teil zeitlebens unter dem Pantoffel stehen werde". Hier ist dann auch an die zweite Str. des Volksliedes ‚Wenn alle Brünnlein fließen' zu denken (E. B. II, 247 ff., Nr. 429):

Ja winken mit den Äugelein
Und treten auf den Fuß:
's ist eine in der Stube drin,
Die meine werden muß.

Diese Deutung der Rda. ‚unter dem Pantoffel stehen' und der von dieser abgeleiteten übrigen Redewendungen ist weit verbreitet. Sie setzt jedoch nicht nur ein hohes Maß an Abstraktion für ihre Entstehung voraus, sondern gibt auch keine un-

Die
Pantoffel-Herrschaft,
oder der
gefährliche
Rang-Streit der bösen Weiber.

Eine Farce
des
achtzehnten Jahrhunderts.

1796.

‚Pantoffelherrschaft'

mittelbare Erklärung für den Begriff des ‚Pantoffelhelden', der mit der Rda. in Zusammenhang steht. Eine neue Erklärung versucht D. R. Moser (‚Schwänke um Pantoffelhelden') aus folgendem Sachverhalt abzuleiten:

An den Stadttoren der meisten dt. Städte hing seit dem MA., z. T. bis in das 19. Jh. hinein, eine Keule als sichtbares Zeichen der Gerichtsbarkeit. Belege dafür sind aus Wien, Müncheberg, Jüterbog, Woldenberg, Sternberg, Treuenbrietzen, Krossen, Königswusterhausen, Guben, Wendisch-Buchholtz, Stargard, Sorau und Frankfurt a. d. O. bekannt. Als der Sinn dieser Keule im Bewußtsein der städtischen Bevölkerung unklar geworden war, fing man an, eine Erklärung für den merkwürdigen Gegenstand zu suchen, und fand sie in einem alten Schwankmotiv. Man sagte, es sei ein Schinken, ein Pachen, als Preis für den Mann ausgesetzt, der sagen könne, daß er der Herr in seinem Haus sei und von seiner Ehefrau nicht beherrscht werde. So erzählt man sich heute noch in Wien die Sage vom Schinken am Rotenturm-Tor, einem der vielen Stadttore, das Ende des 18. Jh. abgerissen wurde. An diesem Tor hingen nach dem Zeugnis Jacob Sturms (1659) „die Nachbildung eines Schinkens" und zwei Tafeln mit Inschriften. Die erste lautete:

Befind sich irgendhir ein Mann,
Der mit der Wahrheit sprechen kann:
Daß ihm sein Heirat nicht geräen (= gereue),
Und fürcht sich nicht für seiner ehrlichen (= ehelichen) Frauen,
Der mag diesen Pachen herunder hauen.

Die andere fuhr fort:

Welche Frau ihren Mann oft reuft und schlägt,
Und ihm mit solcher kalten Laugen zweckt,
Der soll den Pachen lassen henckhen.
Ihr ist ein ander Kirchtag zu schencken.

Hieran knüpft sich nun die Erzählung, daß mehr als hundert Jahre vorübergehen mußten, ehe es ein Mann wagte, seine Ansprüche auf den Schinken geltend zu machen. Wie diesem aber eine Leiter an das Stadttor gelehnt wurde, damit er sich die Trophäe herabholen könnte, trat er ängstlich zurück, um seine Kleidung nicht zu verderben. Unter dem Gelächter der Zuschauer mußte er wieder abziehen.

Die Erzählung, daß sich erst nach hundert Jahren ein Mann als der Held angegeben habe, der nicht von seiner Frau beherrscht werde, dann aber beschämt abziehen mußte, gehört zu dem Schwanktyp ‚Search for Husband in command' (AaTh. 1366 A*). Er findet sich in drei Ausprägungen, von denen mindestens eine in jeder der bekannten Schwank- und Facetiae-Sammlungen vertreten ist. Die erste Version ist die vom Schinken am Stadttor, die zweite, eine Übertr. eines orientalischen Schwankes, lautet so:

Ein großer Bauer, dem es eines Tages zuviel wird, immer von seiner Frau beherrscht zu werden, schickt seinen Knecht mit hundert Hühnern und zwei Pferden auf die Suche nach dem Mann, der zu Hause das Regiment führt. Dort, wo die Frau alles bestimmt, soll er ein Huhn hingeben, ein Pferd aber da, wo der Mann Herr im Haus ist. Der Knecht fährt von Dorf zu Dorf, findet jedoch überall nur herrschsüchtige Frauen. Schließlich kommt er mit den beiden Pferden und dem letzten ihm verbliebenen Huhn zu einem Wirt, der vorgibt, Herr in seinem Haus zu sein. Als dieser sich nun eines der Pferde auswählen soll, redet ihm seine Frau dazwischen, und so geht er des Preises verlustig. Diese Fassung ist auch auf einem Bilderbogen des 17. Jh. überliefert; sie war offenbar sehr verbreitet.

Die dritte und letzte, in mehr als zwei Dutzend Aufzeichnungen überlieferte Fassung führt zur Deutung der in Frage stehenden Rdaa. In ihr geht es um die Stiefel, die als Preis für den Herrn im Haus ausgesetzt werden (vgl. z.B. Joh. Pauli, Schimpf und Ernst, 1545, Bl. 24a, Nr. 753). Hier heißt es, daß die Stiefel lange vergeblich feilgeboten werden, bis schließlich ein Mann kommt, der seine Frau nicht zu fürchten meint, und den Preis für sich fordert. Als er aber die Stiefel einstecken soll, fürchtet er sich, seine Kleidung zu beschmutzen, und erweist damit die Unglaubwürdigkeit seines Heldentums. Er erhält die Stiefel nicht.

Die Ähnlichkeit dieses Motivs mit dem als Preis ausgesetzten ‚Schinken' am Stadttor ließ beide Schwänke miteinander verschmelzen. In Julius Wilhelm Zincgrefs und Joh. Leonh. Weidners ‚Deutschen Apophthegmata', Amsterdam 1653 (III, S. 317c), wird gesagt, daß die Stiefel neben „der seiten Speck" am Stadttor als Preis für den Helden hängen, der von seiner Frau nicht beherrscht wird:

„Einmal ward gefragt, welches die ältiste Monarchia oder Regierung were. Nach vielen reden sagt ein lustige Fraw: Der Weiber Regiment. Dann die hat ihren anfang im Paradeiß bekommen, da Eva gesagt Adam, dahero biß auff diese stund der Mann aus Holland mit den sechs Kutschpferden herumb fehrt, vnd nirgend ein Mann finden kan, der in seinem Hauß Meister, dem er dieselbige verehren möchte, wiewol er etliche grosse Schiff mit Eyern geladen, von deren er jedem ein par gibt, der nicht absolut Meister in seinem Hauß, ausgeladen, vnd die Eyer verschluckt, vnd bleiben die Stiffel mit der seiten Speck zu N. vor der Pfordten noch hangen, weil niemand zu finden, der mit guten gewissen sagen könte, daß er Meister in seinem Hauß". Der ,Pantoffelheld' war also jener Angeber, der sich am Stadttor um die neben der Keule hängenden Stiefel bewarb, der sich als Held antrug, obwohl er in Wahrheit von seiner Frau beherrscht wurde. Moser folgert nun daraus, daß dieser Mann ,unter den Stiefeln' oder, mit einem nach 1500 eingebürgerten Modewort, ,unter den Pantoffeln', jenen Fußbekleidungsstücken aus Kork (vgl. griechisch παντόφελλος), die heute noch als Symbol der Frauenherrschaft gelten, gestanden habe, geht also von dem realen Vorgang aus. Er verweist auf die frz. umg. Bez. ,pantouflard' und das engl. Wort ,hen-pecked husband' für den Pantoffelhelden, das sich offenbar auf die 2. Version des Schwankes bezieht.

Die Gleichsetzung von Stiefeln und Pantoffeln, die Moser im Zusammenhang mit dem dargestellten Schwankmotiv von den Stiefeln am Stadttor vornimmt, um damit die Entstehung der Rda. zu erklären, ist aus mehreren Gründen nicht ganz überzeugend, vor allem werden ,Pantoffeln' in keinem seiner Belege genannt. Bei einem Vergleich der Schwankvarianten wird deutlich, daß der ausgesetzte Preis für den Helden, der sich nicht von seiner Frau beherrschen läßt, als Siegestrophäe gedacht ist. Stiefel oder Pferd gehören zur Ausrüstung des Mannes und sind daher als Symbole echter Kraft und Männlichkeit zu verstehen. Wären nun Stiefel und Pantoffeln austauschbare Ausdrücke, würde der Schwank seines Hauptmotives beraubt. Der unterjochte Ehemann erhält nämlich gerade wegen seines feigen und weibischen Verhaltens ein Huhn oder Eier, d. h. solche Dinge, die normalerweise der Hausfrau unterstehen. Das Geschenk, das ihm zuteil wird, ist daher das sichtbare Zeichen für den Rollentausch der Geschlechter, der verächtlich gemacht und verspottet werden soll. Pantoffeln statt der Stiefel am Stadttor, die als Lohn ausgesetzt waren, sind in diesem Zusammenhang undenkbar, denn sie bedeuten ja gerade das Gegenteil. Bereits 1494 wurden sie von Seb. Brant im ,Narrenschiff' (4,18) als Modetorheit des aufgeputzten weibischen Mannes u. a. verspottet. Nach 1500 verschwanden sie wieder aus der Männertracht und wurden zu einem Charakteristikum der modischen Frauenkleidung.

Weiterhin ist zu beachten, daß bei allen in Frage kommenden Rdaa. der Pantoffel nur im Singular benutzt wird, so daß auch von diesem sprachl. Befund her eine Ableitung von dem Schwank kaum möglich erscheint, in dem es um ein Paar Stiefel geht. Vermutlich beruhen diese Rdaa. daher nur auf dem auch sonst üblichen Sprachgebrauch, ein wichtiges und kennzeichnendes Kleidungsstück mit seinem Träger gleichzusetzen. Ähnl. wie die Schürze galt der Pantoffel pars pro toto als Bez. der weibl. Person. Die Ausdrücke ,Schürzenjäger' und ,Pantoffelheld' sind deshalb ihrer Bildung nach durchaus vergleichbar, außerdem sind beide iron.-scherzhaft gemeint.

Der Pantoffel spielt auch in manchen Volksbräuchen eine Rolle (Pantoffelbälle, Pantoffelwerfen als Heiratsorakel u. Pantoffelverstecken im Hochzeitsbrauch).

Darüber hinaus erhielt der Pantoffel wie Schuh und Strumpf spezifisch erotische Bdtg. und diente zur verhüllenden Bez. der weibl. Genitalien. Aigremont (Fuß- und Schuhsymbolik und -Erotik) verweist zur Erklärung auf alte Volksrätsel und -lieder: diese Fußbekleidungen haben eine Öffnung für den Fuß, die oft mit Pelz umsäumt ist. Das Hineinstecken des Fußes in seine Bekleidung erinnert an den Geschlechtsakt. Um erotische Anspielungen handelt es sich auch in dem bekannten Lied ,Zu Lauterbach' (E. B. Nr. 1009) und in dem ,Pantoffellied' (E. B. 120[d]), das eine Umbildung des Liedes von dem verlorenen Schuh ist. In seiner 6. Strophe, die den Verlust der Jungfräulichkeit umschreibt, heißt es:

> Es hat ein schwarzbraun Mägdelein
> Pantöffelein verlorn,
> Sie kanns nicht wiederum finden.

Vgl. auch das Wunderhornlied vom ,Straßburger Mädchen', in dem es heißt:

> Bald hat das schwarzbraun Mädelein
> Verloren ihr Pantöffelein,
> Sie kanns nicht wiederfinden.
> Sie suchet hin, sie suchet her,
> Verliere nicht den andern mehr,
> noch unter dieser Linde!

‚Den Pantoffel verlieren'

Die Beschäftigung des Handwerkers mit dem Schuh oder dem Pantoffel und die entsprechende Berufsbez. wird im erotischen Lied gern verwendet, wobei mit der Zweideutigkeit bewußt gespielt wird. Der ‚Pantoffelflicker' als Bez. des Liebhabers ist dem ‚Pfannenflicker' durchaus vergleichbar. Lit. ist dieser Ausdr. sogar früher als der ‚Pantoffelheld' belegt. Friedrich Müller gebraucht ihn 1778 in ‚Fausts Leben dramatisiert' (109,21, Ndr.): „Der Königin von Arragonien Pantoffelflicker möcht er gerne sein!"
Neben der Gleichsetzung des Pantoffels mit den weiblichen Genitalien, der Jungfräulichkeit und der Frau selbst erfolgte seine Erhebung zum Herrschaftssymbol der Frau in Liebe und Ehe. Die Ursprünge dafür lassen sich bis zur Antike zurückführen, in der die weibl. Sandale die entspr. Rolle spielte. Lucian berichtet z. B. in seinen ‚Göttergesprächen' (13), daß die lydische Königin Omphale eine Sandale als Zeichen ihrer Macht über Herakles führte und den Heroen sogar damit geschlagen habe. Eine Statue der Venus mit dem aufgehobenen Schuh bezieht sich wohl auf das gleiche Herrschaftsmotiv.
Die Rda. ist übrigens nicht auf das Weiberregiment in der Ehe beschränkt; vgl. Schillers ‚Räuber' (I, 1): „In der Tat, sehr lobenswürdige Anstalten, die Narren im Respekt und den Pöbel unter dem Pantoffel zu halten".
Zu erwähnen ist auch die Traumdeutung *vom Pantoffel träumen:* einen gutmütigen Mann bekommen. Als Zeichen äußerster Unterwerfung war auch der ‚Pantoffelkuß' üblich, der den Fußkuß ablöste. Griechen und Römer ehrten damit die Götterstatuen, nach Luk. 7,38 küßte eine Sünderin die Füße Christi, der Papst ließ sich ebenfalls die mit einem Kreuz bestickten Pantoffeln küssen. Von daher übertrug sich der Fußkuß in den weltlichen Bereich als Zeichen höchster Dankbarkeit und Bewunderung der Geliebten, der sich der Mann zu eigen gab. Um 1210 bereits heißt es im ‚Wigalois' (V. 4228) des Wirnt von Grafenberg:

> Der meide kußte er an den fuoz
> Vor freuden und ergab sich ir.

Die Rda. *jem. den Pantoffel küssen:* ihm unterwürfig sein, wird auch heute noch gern verwendet, wenn man in übertr. Sinne ein Eheverhältnis charakterisieren möchte, in dem der Mann sich sogar erniedrigen würde, um seiner Frau zu gefallen.

‚Unter dem Pantoffel stehen'

Daß die Frau den Pantoffel offenbar tatsächlich auch zum Schlagen des Ehemanns benutzt hat, zeigen unsere Rdaa. *den Pantoffel schwingen* und *jem. pantoffeln* in der doppelten Bdtg.: den Ehemann mit dem Pantoffel bearbeiten und das Regiment im Hause führen, nachdem der Streit, wer die Hosen anhat, bereits zugunsten der Frau entschieden worden ist. Bei Siegfried von Lindenberg findet sich 1782, (3,131) dafür auch ein lit. Beleg: „'s kam mir auch spansch vor, dasz 'n Mann kurasig genug hat 'n Bullen zu Leibe zu gehen, und läszt sich von 'n Frauensmensch seine drei Buchstaben pantoffeln".

Wolf berichtet eine hess. Sage. Ein Arbeitsmann wurde jede Nacht von einem Alb heimgesucht. Endlich war er es leid und versuchte mutig, den Alb während einer Erscheinung zu packen. Er hatte schließlich einen Pantoffel in der Hand. „Gut", sprach er, ‚du sollst mich nicht wieder pantoffeln', nahm Hammer und Nägel und nagelte den Pantoffel an die Thür und als er morgens aufstand, was fand er? – Seine Frau, die mit einem Ohr an der Thür festgenagelt hing. Da wuszt er, wo der Has im Pfeffer lag" (S. 58, Nr. 91).

Von der Unterordnung des Mannes, der es auf eine Auseinandersetzung nicht ankommen lassen will, berichtet auch der Dichter Christian Friedrich Daniel Schubart (Briefe 2,392), wenn er einen Bekannten wie folgt charakterisiert: „Ihr Mann ist duldsam, den Winken des Pantöffeleins gehorsam".

Die Begriffe ‚Pantoffelherrschaft', ‚Pantoffelregiment' und ‚Pantoffelheld' sind erst seit dem 18. Jh. bezeugt und besitzen alle abwertende Bdtg. Die allzu offensichtliche Herrschaft der Hausfrau, die dem Ansehen ihres Mannes schadet, wird dadurch verurteilt. Holtei erwähnt 1853 lobend in ‚Christian Lammfell' (1,191) das Verhalten der Frau: „Sie machte so mäßigen Gebrauch von der Pantoffelherrschaft". Offenbar war also der ‚Pantoffelheld' eine alltägliche Erscheinung. Bei der Deutung dieses Wortes ist zu beachten, daß der Ausdr. ‚Held' keine Steigerung mehr erfahren kann und daß deshalb fast alle Zusammensetzungen einen abwertenden oder völlig negativen Sinn erhalten, wenn man z. B. die Begriffe ‚Messerheld', ‚Weiberheld' und ‚Pantoffelheld' zum Vergleich nebeneinanderstellt. Es ergeben sich die Abstufungen von widerwilliger Anerkennung, moralischer Verurteilung und Verkehrung des Grundwortes Held ins Gegenteil durch das beigefügte Bestimmungswort. Dieser Vorgang ist rdal. ebenfalls durch ein hinzugesetztes Adj. möglich, denn wenn jem. sagt: ‚Du bist mir der rechte Held' oder ‚Das ist ein wahrer Held', kann er durchaus den Untauglichen, den Feigling damit meinen.

Ins Pantoffelkino gehen: zu Hause bleiben und fernsehen.

Lit.: *Anon.:* Das Pantoffelregiment oder gründliche Anweisung, wie Mädchen und Frauen sich der Herrschaft des Pantoffels versichern und das häusliche Scepter mit Kraft und Anstand führen sollen, Auf Erfahrung gegründet und hg. von einer Hausregentin 1829 (Neudr. Zürich 1979); *J. W. Wolf:* Hess. Sagen (Leipzig 1853); *J. Crombie:* Shoe-throwing at weddings, in: Folk-lore 6, 7 (1895, 1896); *J. Bolte:* Setz deinen Fuß auf meinen, in: Zs. f. Vkde. 6 (1896), S. 204–208; *A. Bock:* Hochzeitsbräuche in Hessen und Nassau, in: Zs. f. Vkde. 13 (1903), S. 287–294; *Aigremont:* Fuß- und Schuh-Symbolik und -Erotik (Darmstadt o.J.); *W. Wöhrle:* Der Schuh, das Symbol der Untertänigkeit, in: Heimat und Volkstum 10 (1932), S. 46–59; *A. v. Avanzin:* Treten auf den linken Fuß, in: Der Schlern 35 (1961), S. 45–46; *D. R. Moser:* Schwänke um Pantoffelhelden oder die Suche nach dem Herrn im Haus, in: Fabula 13, H. 3 (1972), S. 205–292.

Panzer. *Stur wie ein Panzer sein:* unerbittlich, unnachgiebig sein; immer seinen eigenen Willen durchsetzen. Die Rda. übernimmt die Vorstellung vom Panzerwagen, der alles überwalzt. Früher bezog sich das Wort Panzer auf die Rüstung; zunächst auf diejenige der Brust, dann verallgemeinert auf die ganze Rüstung. In poet. Bildern spielt der Panzer eine Rolle als Metapher der Härte und Stärke: A. W. v. Schlegel übers. in Shakespeares ‚Romeo und Julia' (I,1): „Umsonst hat ihren Panzer keuscher Sitten der Liebe kindisches Geschoß bestritten".

Papier. *Etw. zu Papier bringen:* etw. niederschreiben, ein Protokoll führen, einen Vertrag, ein Testament aufsetzen, aber auch: einen Brief, ein Gedicht, einen Aufsatz, ein Manuskript vollenden und sich mit der entsprechenden Formulierung bes. abmühen. Dagegen: *Etw. aufs Papier werfen:* etw. schnell zeichnen, nur flüchtig skizzieren, seinen Eindruck, einen Sachverhalt schriftlich festhalten, sich Notizen machen.

Papier ist geduldig (und errötet nicht) heißt es beruhigend: man kann dem Papier al-

‚Papiertiger‘

les anvertrauen, selbst das, was man sich auszusprechen scheuen würde, aber auch: es wird viel geschrieben, was nicht stimmt, ↗Lüge. Ähnl. heißt es schon in Ciceros Briefen, ‚Ad familiares‘ (V,12,1): „Epistola non erubescit“ (Ein Brief errötet nicht).

Nur auf dem Papier stehen: nur in der Planung existieren, ein Vorhaben sein, das zwar schriftlich fixiert ist, von dem aber anzunehmen ist, daß es nie in die Realität umgesetzt wird (werden kann), auch: Maßnahmen ankündigen, die keinerlei Wirkung zeigen.

Das Papier nicht wert sein, auf dem etw. steht: hinfällig, völlig sinnlos sein, Makulatur werden.

Seine Papiere bekommen (kriegen): entlassen werden; dagegen: *seine Papiere einreichen:* sich mit allen erforderlichen Unterlagen bewerben.

Papieren sein: dem Ausdr. nach der gehobenen, oft geschraubten Schriftsprache zugehören, dem Stil nach dem Deutsch alter Chroniken entsprechen, Natürlichkeit und Lebendigkeit der Sprache vermissen lassen.

Ein Papierheiliger sein: ein Heiliger, den es so nie gegeben hat. Durch die Kombination verschiedener Legendenversionen und der Lebensgeschichten von Personen gleichen Namens entstanden durch das Schrifttum neue Heilige, die verehrt wurden, obwohl ihre Vita Züge enthält, die von anderen Heiligen auf sie übertragen wurden. Gute Beispiele für solche ‚Papierheilige‘ sind Felix, Fidelis oder auch Valentin, u.a., so daß sogar von einem ganzen „Chor der Heiligen auf dem Papier“ gesprochen werden kann.

Einen (unnötigen) Papierkrieg betreiben (führen): viele Formulare, Gesuche, Verfügungen für nötig erachten, ausgedehnten Briefwechsel führen, bürokratische Maßnahmen verlangen, die unsinnig, langwierig und zwecklos erscheinen, wie z.B. das Ausfüllen von ausführlichen Fragebögen und das wiederholte Vorlegen von immer anderen Bescheinigungen.

Ein Papiertiger (-drache) sein: nur den Anschein erwecken wollen, bes. gefährlich zu sein, eine Abschreckung, Verunsicherung versuchen, sich jedoch als völlig harmlos erweisen (vgl. ‚Gummilöwe‘), ↗Drache.

Etw. auf dem Papierwege verbreiten, auch: *auf dem Papierwege kommen:* Anordnungen, wichtige Hinweise, Akten, Nachrichten zusenden oder in den Umlauf geben.

Lit.: *Chr. Pieske:* Das ABC des Luxuspapiers. Herstellung, Verarbeitung und Gebrauch 1860–1930. Unter Mitarbeit von K. Vanja u.a. (Berlin 1983); *G. Bayer* u. *K. Pichol:* Papier. Produkt aus Lumpen, Holz und Wasser (rororo Sachbuch 7727), Dt. Museum (Reinbek bei Hamburg 1986); *H. Kühn* u. *L. Michel:* Papier. Katalog der Ausstellung. Dt. Museum (München 1986); *K. Kunze:* Papierheilige. Zum Verhältnis von Heiligenkult und Legendenüberlieferung um 1400, in: Jb. d. Oswald von Wolkenstein Gesellschaft, hg. v. H.-D. Mück u. U. Müller, Bd. 4 (1986/87), S. 53–65.

Papierkragen. *Ihm platzt der Papierkragen:* er braust auf; moderne scherzhaft-verstärkende Parallelbildung zu ‚ihm platzt der ↗Kragen‘.

Wirf (schon) mal den Papierkragen herunter: mach dich auf das Schlimmste gefaßt! Diese scherzhafte Aufforderung erhält die Frau in Sachsen, wenn der Mann kurz heimkehrt, um sich mit dem Nötigsten zu versorgen, weil ihm eine Verhaftung droht, oft wegen Zahlungsunfähigkeit. Der Papierkragen – einen besseren kann er sich nicht leisten – dient dazu, vor Gericht ordentlich gekleidet zu erscheinen.

Pappe, pappen. Pappe bedeutet urspr. ‚Kinderbrei‘ und ist ein Lallwort, das in den Formen ‚Papp‘ oder ‚Papps‘ mdal. weit verbreitet ist; die Bdtg. ‚dickes Papier‘, ‚Karton‘ ist erst später entstanden und stammt von den dicken Kleisterschichten her, die die einzelnen Papierlagen der anfangs im Handbetrieb hergestellten Pappe miteinander verbanden. In diesem Sinne heißt es auch: *pappen bleiben:* klebenbleiben. Auf die ältere Bdtg. ‚Brei‘ gehen zurück die Rdaa.: *etw. satt haben wie kalten Papps:* einer Sache überdrüssig sein; *nicht mehr papp sagen kön-*

nen: völlig gesättigt sein. *Der Junge, das Mädel ist nicht von Pappe:* kernig, kräftig; eigentl.: nicht mit Kinderbrei genährt, auch auf Sachen u. Situationen übertr.: *Das ist nicht von Pappe:* ordentlich, solid; sogar: ,Die Hitze, der Stoß war nicht von Pappe'; kräftig, stark; dagegen frz. „... en cartonpâte': aus Pappe, i. S. v.: künstlich, unecht. ferner: *einem Pappe ums Maul schmieren:* ihm zureden, schmeicheln (↗Brei); obersächs. ,Er redet, als hätte er Pappe im Maule', schwerfällig, mit ungelenker Zunge.

Pappenheimer. Wallensteins anerkennende Worte an die Kürassierabordnung des Pappenheimschen Regiments (Schiller ,Wallensteins Tod' III, 15): „Daran erkenn' ich meine Pappenheimer", sind volkstümlich geworden in der entstellten Form: *Ich kenne meine Pappenheimer:* ich weiß genau, mit wem ich es zu tun habe, ich habe dich durchschaut, ich weiß besser Bescheid als du, z. T. bis in die Mdaa. vorgedrungen. Die Wndg. wird im Gegensatz zu ihrem Zitaturspr. heute meist in abschätzigem Sinne gebraucht.

Den hist. Hintergrund für das Zitat aus Schillers ,Wallenstein' bilden die Kämpfe um die Stadt Magdeburg. Der kaiserliche Feldherr Tilly besetzte im April 1631 die äußeren Befestigungsmauern der Stadt; er forderte die Stadt auf, sich zu ergeben, was jedoch immer wieder hinausgezögert wurde. Der ungestüme Gottfried Heinrich Graf von Pappenheim drängte seinen Feldherrn zur Erstürmung Magdeburgs; schweren Herzens gab Tilly den Befehl zum Angriff. Am 19. Mai um 7 Uhr morgens drangen die Pappenheimer in die Stadt ein und wüteten grausam. (G. Mann: Wallenstein [Frankfurt/M. 1971] S. 862 ff.)

Als Appellativ ist ,Pappenheimer' in Nürnberg schon seit dem 14. Jh. gebräuchl. *Jem. schläft stehend wie ein Pappenheimersgaul* ist ein veralteter Nürnberger rdal. Vergleich.

Pappenstiel. *Das ist doch kein Pappenstiel:* das ist keine Kleinigkeit; vgl. frz. ,Une paille' (Strohhalm).

Etw. für einen Pappenstiel kaufen (hergeben): sehr billig u. dgl. ,Pappenstiel' hat in diesen Rdaa. nichts mit ,Pappe' zu tun, sondern ist eine Klammerform für ,Pappenblumenstiel' d. i. der Stiel des Löwenzahns (ndd. ,Pâpenblôme', obd. Pfaffenröhrlein, aus griech.-lat. ,pappus' = ,Samen-, Federkrone' umgedeutet). Der Pappenblumenstiel, den die Kinder zu allerlei Spielereien verwenden können, wurde zum Sinnbild des Wertlosen und hat sich in einen ,Pappenstiel' verwandelt. Dieser Sinn des Wortes ist seit 1691 durch K. Stieler in ,Der Teutschen Sprache Stammbaum' (2163) bezeugt: „Nicht ein Pappenstiel / ne hilum quidem". Auch aus älterem ,Pappelstiel' (Malvenstiel) ist die Rda. erklärt worden, ,Pappelstiel' heißt es z. B. in Hans Kirchhoffs ,Wendunmuth' (194b); in einem hist. Volkslied aus dem Jahre 1502 (Liliencron 2, 480) steht dafür ,Pfifferstiel', d. h. Stiel des Pfifferlings. Der Sinn ist derselbe.

Hans Dittrich (,Pappenstiel', in: Zs. Muttersprache, Jg. 62, 1. Heft, S. 25) lehnt die bisherigen Deutungen ab und verweist auf die Dissimilation, einen häufiger zu beobachtenden lautlichen Wechsel, in der Wortnaht von l zu n. Er setzt deshalb als Ausgangsform ,Pappelstiel' an. Dabei stützt er sich auf die Stelle im ,Wendunmuth' von 1503 und auf eine Angabe im Dt. Wb., Bd. VII, Sp. 1447, wo es unter dem Stichwort ,Pappenstiel' heißt: „im Sinne des älteren pappelstiel und vielleicht daraus verderbt". Dittrich deutet nun aber den ,Pappelstiel' nicht wie Weigand (Dt. Wb. 6. Aufl.) als Stiel der Malve, sondern, von praktischen Überlegungen ausgehend, überzeugender als ,Stiel aus Pappelholz'. Bei Handwerkern und Bauern, die Werkzeuge benutzen, ist allg. bekannt, daß sich ein Stiel aus Pappelholz wenig eignet. Das Pappelholz ist zu weich und deshalb brüchig. Eschen- oder Akazienholz werden für Stiele verwendet. Ist ein Werkzeug nur mit einem Pappelholzstiel versehen, ist es also wertlos und darum sehr billig. Zu dieser Erklärung kann man auch noch die Rdaa. *(Nur) einen Pappenstiel kosten:* fast nichts, nur so wenig wie ein Stiel aus Pappelholz kosten, und *keinen Pappenstiel wert sein:* unbrauchbar, nichts wert sein, heranziehen.

Lit.: *H. Dittrich:* Pappenstiel, in: Muttersprache 62, 1, S. 25.

Pappkamerad. *Auf Pappkameraden schießen:* auf eine der menschl. Figur nachgebildete Attrappe schießen; bes. bei Militär und Polizei zu Übungszwecken; der Ausdruck meint auch allgem. einen unzuverlässigen, untreuen Kameraden.

Papst. *Den Papst nach Rom führen:* jem. dahin bringen, wo er hingehört und unumstrittener Herrscher ist.
In einem ital. Schwank des 15. Jh. wird diese Wndg. als Metapher für sexuelle Handlungen gebraucht: „Der Pfarrer antwortete nicht und warf die Frau des Zimmermanns ohne ein weiteres Wort auf die Wandbank. Dann legte er die Hand an seine Lanze und rief: ‚Der Papst zieht in Rom ein!' worauf er sie kunstgerecht in das für sie geschaffene Ziel versenkte".
‚Habemus papam' sind die Worte bei der Verkündung der Papstwahl (‚Wir haben einen Papst'); übertr. sagt man dies auch, wenn der rechte Mann für eine Aufgabe gefunden wurde.
‚Der Papst lebt herrlich auf der Welt' ist der Anfang eines früher oft gesungenen Studentenliedes von Ch. L. Noack (1789); heute will man damit auf das gute Leben, das jem. führt, anspielen. *Den Papst zum Vetter haben:* die Unterstützung einer einflußreichen Person genießen.
Päpstlicher als der Papst sein: übertrieben unerbittlich sein, eine bestimmte Richtung mehr als notwendig vertreten. Die Wndg. steht wohl in Zusammenhang mit der heftig angefeindeten Unfehlbarkeitserklärung des Papstes (1870) und ist vermutl. durch eine Äußerung Bismarcks mit beeinflußt worden, der am 21. April 1887 in seiner Antwort auf den Freisinnigen Eugen Richter sagte: „Katholischer als der Papst?" (Bismarck, Ges. W., 2. Aufl., Bd. XIII, S. 293). Das Vorbild der Bismarckschen Wndg. seinerseits ist vermutl. das Wort „Il ne faut pas être plus royaliste que le roi" (Man muß nicht königstreuer gesinnt sein als der König). Nach Chateaubriand (‚La monarchie selon la Charte', Paris 1816, S. 94) wurde unter Ludwig XVI. (regierte 1774–93) dieses Wort geprägt. Ein Witz nimmt diese Rda. wörtlich (L. Röhrich: Der Witz [München 1980], S. 207).

Parabel bedeutet in der Studentensprache des 18. Jh. scherzhaft die Perücke; daher obersächs.-thür. gelegentl. in der Bdtg. ‚Kopf', ‚Gesicht', z. B. *einen bei der Parabel kriegen;* ihn beim Schopfe packen; *die Parabel voll haben;* schlechte Laune haben.

Parade bez. in der Fechtersprache die abwehrende Stellung oder Deckung, vgl. den ebenfalls bildl. Ausdr. ‚einen Hieb parieren', einen Hieb abwehren, ihn zurückweisen. Daher die Rda. *einem in die Parade fahren;* ihm ‚einen ↗Strich durch die Rechnung machen', ihn treffend zurückweisen, eigentl.: seine Abwehr durchbrechen und einen erfolgreichen Stoß gegen ihn führen.

‚In die Parade fahren'

Mit etw. Parade machen: mit einer Sache Aufsehen erregen, angeben. Gegen Ende des 17. Jh. kam das Wort aus frz. ‚la parade' (Schau, Prunk). In vielen Komposita, wie ‚Paradebett', ‚Paradepferd' u. ä. bez. ‚Parade' das Ausstellungswürdige des Gegenstandes. Gerade Paradebetten als Repräsentationsmöbel waren seit dem ausgehenden MA. bei fürstlichen Hochzeiten sehr beliebt; diese Betten dienten mehr der Zurschaustellung als dem Gebrauch.

Paradies. *Das Paradies auf Erden haben;* sehr gut leben können. Eigentl. wird das bibl. Paradies auch als Gebiet auf der Erde angesehen; vornehmlich gilt das Quellgebiet von Euphrat und Tigris als ehemaliges Paradies. ‚Paradies' ist ein Lehnwort aus dem Altiranischen (pairidaēza: Umwallung, umzäumter Park);

griech. παράδεισος meint zunächst die Parks der persischen Könige (Xenophon); im N.T. bedeutet das Paradies schon den himmlischen Sitz Verstorbener, bes. Seliger. In 1. Mos. 2–3 wird von den ersten Menschen Adam und Eva die Geschichte erzählt, wie sie aus dem Paradies vertrieben wurden. Sie verloren mit dieser Vertreibung, die die Folge des Ungehorsams der Menschen gegenüber ihrem Schöpfer war, neben dem unbeschwerten, glücklichen Leben auch ihre leibliche Unsterblichkeit.

‚Das verlorene Paradies' ist der dt. Titel des Epos, ‚The paradise lost' von J. Milton (1667). In seinem Roman ‚Die unsichtbare Loge' (1793) schreibt Jean Paul: „Die Erinnerung ist das einzige Paradies, woraus wir nicht vertrieben werden können". In Märchen und Schwänken (↗Schlaraffenland) spielt das Paradies als Ort ungestörten Glücks eine große Rolle. Die Möglichkeit, in diese Gegend zu gelangen, wird demjenigen zuteil, der ein bes. Geheimnis löst, oder auch demjenigen, der wie der ‚Bruder Lustig' der Grimmschen Märchen (KHM. 81) mit List und Tücke sich Eingang in das Paradies verschaffen kann.

‚Ein Leben wie im Paradies' ist die erste Zeile eines 1775 verfaßten Trinkliedes von L. H. Ch. Hölty.

Lit.: *Winkler;* Art. ‚Paradies', in: HdA. VI, Sp. 1400–1458. *L. Röhrich:* Adam und Eva. Das erste Menschenpaar in Volkskunst und Volksdichtung (Stuttgart 1968).

Paragraph. *Im Gestrüpp der Paragraphen ertrinken, sich im Paragraphengestrüpp verirren:* durch die Vielzahl der Gesetzesparagraphen derart verwirrt werden, daß man die gültige Rechtsauffassung nicht finden kann. Das aus dem Griech. stammende Wort bedeutet eigentl. ‚Randzeichen' und kommt aus der altgriech. Theatertradition: mit dem Zeichen Π, Paragraph genannt, wurden die verschiedenen Dramenrollen gekennzeichnet.

Mit ‚Paragraphenhengst' meint man einen pedantischen Rechtsgelehrten, der – ohne menschl. Mitgefühl – nur nach Paragraphen die einzelnen Fälle beurteilt.

Pardon. *Kein Pardon geben:* nichts entschuldigen, keine Gnade walten lassen. Wilhelm II. prägte das harte Wort: ‚Pardon wird nicht gegeben'. ‚Pardon' kommt aus dem Frz. und bedeutete – bes. im Kriegswesen – Gnade walten lassen. Heute ist es eine allg. Entschuldigungsfloskel.

Parfüm. *Bei mir Parfüm!:* ich gehe fort, fliehe. Der Sinn der Rda. hängt mit ‚verduften' zusammen (20. Jh.). *Da hört das Parfüm auf zu riechen!:* Ausdr. starker Verwunderung, Mitte des 20. Jh.

Lit.: *A. Corbin:* Pesthauch und Blütenduft. Eine Geschichte des Geruchs (Berlin 1984).

Parkinsonsches Gesetz. *Nach dem Parkinsonschen Gesetz die Arbeit verteilen:* die bürokratische Arbeit in Behörden und Unternehmen so lange ausdehnen, bis sie die zur Verfügung stehende Zeit ausfüllt; unrationell arbeiten. Dieses iron. gemeinte ‚Gesetz' des engl. Historikers und Journalisten Cyril Northcote Parkinson (geb. 1909) ist eine Kritik an der Arbeitsorganisation bürokratischer Einrichtungen, wo manche Verordnungen den Eindruck erwecken können, sie seien nur zur Arbeitsbeschaffung erlassen.

Lit.: *C. N. Parkinson:* Parkinsons Gesetz und andere Untersuchungen über die Verwaltung (Düsseldorf 1958).

Paroli. *Einem (ein) Paroli bieten* (auch *biegen*): ihm in überbietender Weise entgegentreten, es ihm mit derberer Münze heimzahlen (↗heim), ihm ‚die ↗Spitze bieten'. Paroli, über das Frz. im 18. Jh. aus dem Ital. entlehnt, ist urspr. ein Fachausdr. des Pharospiels, eines Kartenglücksspieles; es bez. eine Verdoppelung des ersten Einsatzes, wobei ein Ohr in die betreffende Karte geknifft wurde (deshalb die Nebenform ‚biegen'). Die Rda. ist in übertr. Anwendung seit dem Anfang des 19. Jh. bezeugt.

Partie. *Eine gute (schlechte) Partie machen (sein):* sich – vom materiellen Aspekt her – gut verheiraten (oder schlecht); (k)einen finanziellen Anreiz bieten, um geheiratet zu werden.

Mit von der Partie sein; bei einer geselligen Veranstaltung mitmachen, dabeisein.

Paß, über das Frz. aus lat. passus = Schritt, Gang entlehnt, bedeutet ‚Durchgang(sweg)'; daher die aus der Soldatensprache stammende Wndg.: *einem den Paß verlegen:* ihm den Durchgang verwehren, in übertr. Sinne: ihn an etw. hindern. So in Grimmelshausens ‚Simplicissimus' (I,365): „daß das Weinen dem Singen den Paß verlegen wollte". Vgl. frz. ‚barrer le passage à quelqu'un'. *Den Paß unter die Füße nehmen:* fliehen, sich schnell davonmachen.

Der Paß als Ausweis, Reisepapier für die Grenze ist in den folgenden Rdaa. gemeint: *einem den Paß geben:* ihn entlassen (vgl. Laufpaß); *doppelte Pässe führen:* Freibriefe für beide Seiten führen, meist von einem gesagt, dem man nicht traut; *seinen Paß zerreißen:* sich die Mittel zum Fortkommen selbst nehmen; *jem. die Pässe zustellen:* Diplomaten zur Abreise veranlassen; *einen Paß für die Ewigkeit gekauft haben:* euphemist. Umschreibung für gestorben sein, ↗zeitlich.

Vom Mndl. (‚te pas zijn') über das Mnd. (‚to passe sîn') gehen die im Hd. seit dem 16. Jh. bezeugten Wndgn. *zu passe sein, zu passe kommen:* recht sein, gelegen kommen, aus, denen Paß in der Bdtg. ‚(rechtes) Maß', ‚Angemessenheit' zugrunde liegt; 1618 ist belegt „ubel zu paß oder krank", neundl. ‚goed van pas', ‚ferner nhd., ‚unpaß', ‚unpäßlich'.

Passau. *Er versteht die Passauer Kunst:* er vermag sich hieb-, stich- und kugelfest zu machen; er ist gegen jedes Unglück gefeit. Die Rda. war früher sehr verbreitet, ist aber heute weithin verschollen. In übertr. Anwendung findet sie sich noch 1802 bei Jean Paul im ‚Titan' (90. Zykel): „Schöne Kunst und nichts als Kunst war für die Fürstin die Passauer-Kunst gegen Hof- und Lebenswunden".

‚Passauer Kunst' ist das im Dreißigjährigen Krieg sehr verbreitete Verfahren, sich durch Zettel, die auf dem Leibe getragen wurden, gegen Verwundung ‚fest' zu machen. Zur Erklärung des Namens wird gesagt: Die Soldaten wandten sich an Zauberkundige, die sich bes. unter fahrendem Volk fanden. Solche professionelle Zauberkundige hießen in der Studentensprache ‚Pessulanten'. Das Wort wäre dann in die Soldatensprache übergegangen und zu ‚Passauer' entstellt worden. Die ‚Passauer Kunst' galt als teuflisch. Grimmelshausen erwähnt dies im ‚Simplicissimus' (IV, 186): „Mußte es auch, wie sehr und eygentlich du dich dem Teufel obligiret hattest, ordentlicher Weis verbriefft seyn, welches durch die Zettel geschehen, die du vor die Festigkeit bey dir getragen oder gar in Leib gefressen, maßen die Zettel der Passauer Kunst (welche den Namen darvon hat, daß sie ein Student zu Passau erfunden) keinen andern Inhalt haben, die viele darbey stehende Creutz-Zeichen ohnangesehen, als diesen erschröcklichen, den nimmermehr kein Christ wegen seiner Greulichkeit vor sein Maul, geschweige auff das Papier kommen lassen solte:

Teuffel hilff mir,
Leib und Seele gib ich dir".

Eine andere Erklärung besagt, daß der Name ‚Passauer Kunst' einen geschichtl. Urspr. habe. Als der spätere Kaiser Matthias 1611 bei Passau ein Heer sammelte, benutzte der Henker Caspar Neithardt aus Passau die Gelegenheit, um den Soldaten mit Figuren und anderen Zeichen bemalte Zettel als Schutzmittel zu verkaufen (so Anhorn, ‚Magio logia' 837f.). Nach dem ‚Simplizianischen Vogelnest' (II, 25) war ein Student Christian Eisenreiter aus Passau der Erfinder. Die Zettel wurden als Amulette von den Soldaten getragen, nach Anhorn auch gegessen (‚Schluckzettel').

Der Zettel machte gegen Schuß, Hieb und Stich fest. Der Glaube an ihre Wirkungskraft wurde dadurch befestigt, daß die unzufriedenen Soldaten Rudolfs II. den Truppen des Erzherzogs Matthias keinen Widerstand leisteten (HdA. VI, Sp. 1460f.). Mit geringerer Wahrscheinlichkeit hat man auch an den Ausdr. ‚passen', nicht mittun beim Kartenspiel, nicht drankommen beim Stechen, gedacht.

Lit.: *A. Spamer:* Romanusbüchlein (Veröffentlichungen des Instituts für dt. Vkde. 17), (Berlin 1958); *L. Röhrich:* Art. ‚Zauberbücher' und ‚Zaubersprüche', in: RGG. VI ([3]1962), Sp. 1869–1871 und Sp. 1873–1875.

passen. Als Vergleich für Nicht-Zusammenpassendes hat die Volkssprache eine Fülle von Sprachbildern parat, wie z. B.:

Das paßt nicht in seinen Kram; das paßt
,wie das fünfte Rad am Wagen',
,wie der Kirchturm zum Mantel',
,wie der Mönch zur Nonne',
,wie ein Deckel auf eine Kanne',
,wie ein Strumpf zu einer Gewürzbüchse',
,wie eine Maus auf einen Elefanten',
,wie eine Sonnenuhr in einen Sarg',
,wie Honig auf Neujahrsabend',
,wie Tag und Nacht',
,wie der Geier ins Taubenhaus',
,wie die Katze auf die Maus',
,wie der Esel zum Lautenschlagen' (↗Esel),
,wie dem Ochsen ein Sattel',
,wie ein alt Weib zur Hasenjagd',
,wie ein schwarzer Wolf zur weißen Ziege',
,wie Haare in die Suppe',
,wie „Heil dir im Siegerkranz" zu einer Leichenpredigt',
,wie Rotz auf den Ärmel'.
Es paßt ihm wie einem Esel die Stiefeln. Im Ndd. sagt man mdal.:
,Dat paßt as en dänsk Uniform',
,as Knüppl op'n Kopp',
,as Snodder (Rotz) up de Mau (Hemdärmel)',
,wie Pint op Gret'.
Vgl. frz. z. B. ,Cela lui va comme un manteau à la lune'; dieser Vergleich geht zurück auf eine von Plutarch überlieferte Geschichte: Der Mond bat seine Mutter, ihm einen passenden Mantel anzufertigen. Doch die Mutter ruft aus: ,Wie könnte ich das, da du jede Woche deine Gestalt änderst?" (W. Gottschalk, S. 4), ↗Mond.
Etw. paßt nicht in die Landschaft: etw. ist unzeitgemäß, eine lokale Metapher für einen zeitlichen Vorgang.
Passen wie die Faust aufs Auge ↗Faust.
Passen müssen: nicht mithalten können, etw. nicht wissen, keine Auskunft geben können. Die Wndg. meint urspr.: bei einem Spiel eine Runde aussetzen müssen, wenn die Karten oder die gewürfelte Zahl nicht entsprechen.

Lit.: *Wander* III, Sp. 1188–1191; *A. de Cock:* Overeenkomen lijk Manten en Kalle, in: Vkde. 8 (1895–96), S. 140.

Pastete wird ähnl. scherzhaft gebraucht wie ↗Bescherung: *Da haben wir die Pastete! Da liegt die ganze Pastete:* das Unangenehme ist, wie erwartet, eingetroffen. Schon 1783 bei J. T. Plant (,Akademische Liebe' S. 162). „Das wär' 'ne schöne Pastete", das wäre eine schöne Geschichte; Schiller in ,Kabale und Liebe' (I, 1): „Gleich muß die Pastete auf den Herd", sofort muß die Sache abgemacht werden; wien. ,a schöne Pasteten', eine nette Bescherung; tir. ,einem Pasteten versprechen', leere Versprechungen machen.

Pastorentöchter. *(Wir sind ja) unter uns Pastorentöchtern* (oder *Pastorstöchtern, Pfarrerstöchtern*): unter uns gesagt, nur nicht zimperlich, von gleich zu gleich, unter Eingeweihten. Die Rda. ist am Ausgang des 19. Jh. aufgekommen; sie ist eine umg., leicht iron. Rda., mit der man eine freie Aussprache oder einen derben Ausdr. entschuldigt. Zuweilen wird die Rda. noch parodistisch erweitert: ,unter uns kath. Pfarrerstöchtern'.

Pate. Obersächs.-thür. *einem die Paten sagen:* ihm die Wahrheit sagen, ihn ausschelten; ähnl. wie: ,ihm die ↗Leviten lesen'. Die Herleitung von Pate = Taufzeuge ist unsicher, denn seine Paten sollte eigentl. jedermann kennen, so daß er sie nicht gesagt zu kriegen brauchte; Müller-Fraureuth (Wb. der obersächs. Mdaa. I, 69) vermutet unter Hinweis auf die Form ,einem die Paten stecken' einen Zusammenhang mit Pate = Setzling, Pflänzling, Pfropfreis (aus mittellat. inpotus).
Bei einer Sache Pate gestanden haben (nicht Pate stehen wollen). am Anfang mitgewirkt haben (mit etw. nichts zu tun haben wollen).

Lit.: *Anon.:* Jem. die Paten stecken, in: Muttersprache 40 (1925) Sp. 61.

Pater peccavi (lat.). *Das Pater peccavi sagen:* flehentlich um Verzeihung bitten; wörtl. übers., ,Vater, ich habe gesündigt'. Das Schuldbekenntnis (nach Luk. 15, 18 und 15, 21) ist als Entschuldigungsfloskel oft eine scherzhafte Übertreibung.

Patsche, üble, bedrängte Lage, Verlegenheit, kommt vor in den Wndgn. *jem. in die Patsche bringen:* ihn in eine üble Lage ver-

setzen; vgl. frz. ‚mettre quelqu'un dans le pétrin' (Hefeteig).
Patsche in der Bdtg. von ‚Verlegenheit' ist seit dem 17. Jh. lit. belegt. Das Wort ist aus der lautmalenden Interjektion ‚patsch' abgeleitet.
Jem. aus der Patsche helfen: ihm aus der Verlegenheit helfen; auch ‚jem. aus der Patsche ziehen'; vgl. frz. ‚sortir quelqu'un du pétrin'; *in die Patsche kommen:* in eine üble Lage geraten; *in der Patsche sitzen:* in übler Lage sein, ↗Tinte; vgl. frz. ‚être dans le pétrin'.

Patt. *Im Patt:* unentschieden. Der Ausdr. stammt aus der Fachsprache der Schachspieler und geht auf das Ital. zurück; entspr. ist auch von einer ‚Patt-Situation' die Rede.

Pauke, pauken. *Auf die Pauke hauen:* sich gewaltsam Gehör verschaffen, prahlerisch erzählen. Die Rda. beruht auf der Vorstellung, daß der Paukenschläger in der Militärkapelle nicht zu überhören ist; er gibt den Takt des Marschierens an.
Aus einem eine Pauke machen: ihn ständig mißhandeln.
Der Pauke ein Loch machen: eine Sache vereiteln, zum Aufhören bringen. So Lessing: „Ich muß der Pauke nur ein Loch machen, damit ich weiß, woran ich bin".
Er steht bei der Wahrheit wie der Has' bei der Pauke: er muß die Wahrheit fürchten und fliehen.
Das Alter der Zwillingsformel *mit Pauken und Trompeten* zeigt sich daran, daß die Prägung nicht umgestellt werden kann. Bes. gebräuchl. ist die Rda. bei einer ergebnislosen Prüfung: ‚Er ist durchgefallen mit Pauken und Trompeten', er hat völlig versagt. In dieser Rda. wird der negative Ausgang einer Prüfung euphemist. umschrieben, da ‚Pauken und Trompeten' eigentl. einen festlichen Anlaß kennzeichnen (lit. 1853 bei Kügelgen). Gemünzt auf heuchlerisches, scheinheiliges Gehabe sind die Verse:

Mit Pauken und Trompeten,
Das ist die Art, wie sie beten.

Einem etw. einpauken: einem etw. durch ständige Wiederholung eintrichtern. *Einen herauspauken:* einem aus einer Verlegenheit heraushelfen. Pauken kommt von mhd. ‚puken', was darauf lostrommeln bedeutet. In der Sprache der Studentenverbindungen heißt ‚pauken' = fechten.

Lit.: *E. Seemann:* Art. ‚Pauke, pauken', in: HdA. VI, Sp. 1462–1463; *M. Willberg:* Die Musik im Sprachgebrauch ..., in: Muttersprache (1963), S. 201 ff.; *Anon.:* Mit Pauken und Trompeten, in: Sprachpflege 18 (1969), S. 90.

Paulus. *Darauf losgehen wie Paulus auf die Korinther* ist ein bes. in ndd. Mdaa. bezeugter rdal. Vergleich, der wohl darauf zurückgeht, daß der Apostel Paulus in seinen beiden Briefen an die Korinther, namentlich im ersten, diesen strafende Vorhaltungen macht; ostfries. ‚He geit drup los as Paulus up de Korinther'; rhein. ‚Du schlehs (häus) dren wie Paulus en de Korenther', du übertreibst.
Davon hat Paulus nichts geschrieben: dafür gibt es keine Vorschrift, davon ist keine Rede, ↗Saulus.

Pech, Pechvogel. *Pech haben:* Unglück haben. Die Wndg. stammt von der Vogelstellerei: Der an der Leimrute klebende Vogel hat Pech (an den Federn) und geht daran zugrunde (↗Leim). In einer Hs. aus dem Jahre 1479 schreibt ein vom Unglück verfolgter schles. Edelmann: „Ich bin so weit in das pech gesaczt, das ichsz nyme achte". Auch Mäuse müssen früher mit Pech gefangen worden sein; vgl. 1541 Seb. Franck: „Die maus hat das bech, der vogel den leim versucht. Die maus weiß nit was bech, noch der Vogel was leim ist, bis sies versuchen, etwa drob gefangen werden und schwerlich davon kommen". Die Wndg. ist bes. durch die Studentensprache weiterverbreitet worden, wo sie seit 1795 nachweisbar ist. Vgl. frz. ‚avoir de la déveine' oder: ‚... de la malchance'.
Doch hat man, freilich mit geringer Wahrscheinlichkeit, zur Erklärung auch an andere Rdaa. gedacht, z.B. *Pech an den Hosen haben:* sich nicht entschließen können, aufzustehen und zu gehen, was bereits im 17. Jh. geläufig ist; daraus könnte ‚Pech haben' gekürzt sein. Obd. ‚Pech kaufen' (auch ‚Pech geben'), fliehen, erinnert an ‚Fersengeld geben'. An die Herkunft vom Vogelfang klingt auch der Ausdr. ‚Pechvogel', vom Unglück verfolgter

Mensch, an, der gleichfalls zufrühst in student. Kreisen bezeugt ist.
Die Vorstellung der Hölle wird immer mit Pech, Schwefel und Feuer in Verbindung gebracht. Pech ist das Böse, Schwarze. Im Märchen fällt Pech von den Bäumen auf den Bösen herab; der ‚Pechvogel' heißt hier ‚Vogel Kleban'. Vgl. auch die faule ‚Pechmarie' in KHM. 24 (‚Frau Holle').
Pech und Schwefel (eigentl. ‚Feuer und Schwefel') ist in dieser Verbindung geläufig aus 1. Mos. 19,24: „Da ließ der Herr Schwefel und Feuer regnen von dem Herrn vom Himmel herab auf Sodom und Gomorra ..."
Sir. 13,1 steht: „Wer Pech angreift, besudelt sich". Das Sprw. läßt verschiedene Deutungsmöglichkeiten zu: einmal kann es heißen, daß der Umgang mit schlechten Menschen schädlich ist, dann trifft es zu, wenn sich jem. durch Beteiligung an Verbrechen selbst strafbar macht und drittens kann es auf Menschen bezogen sein, die gerne von schmutzigen, gemeinen Dingen erzählen und so Rückschlüsse auf ihr Wesen zulassen (Fr. Seiler; Dt. Sprww.kunde, S. 309).
Im Volksglauben ist das ‚Pechmännlein' der Sandmann, der den Kindern Sand in die Augen streut und sie gut schlafen läßt.
Bis in die Pechhütte sitzen ist wohl eine Entstellung aus ‚Pechhitze'; in der Umgebung von Braunschweig sagt man zu heißem Sommerwetter ‚Pechhitze', ↗aschgrau.
Pechsträhne ↗Scheiße, *Pechvogel* ↗Rabe. Von einem Dieb heißt es, er habe *Pech an den Fingern.*

Lit.: *O. Schütte:* Bis in die Pechhütte, in: Zs. f. d. U. 14 (1900), S. 730; *Webinger:* Art. ‚Pech', in: HdA. VI, Sp. 1466–1468; *W. Lehnemann:* Standessprache und Gemeinschaftssprache, in: Deutschunterricht Jg. 15, H. 1. Febr. 1963, S. 51ff.; *L. Röhrich* u. *G. Meinel:* Rdaa. aus dem Bereich der Jagd u. der Vogelstellerei, S. 316f.

Pechstiefel. Nach einer wohl mehr scherzhaften als ernsten naturgeschichtl. Überlieferung fängt man gewisse Affenarten, indem man ihnen innen mit Pech angestrichene Stiefel hinsetzt. Daher ist wohl die Rda. entstanden, es lasse sich *jem. in Pechstiefeln fangen,* d.h. er sei so dumm wie ein Affe und lasse sich aufs ärgste täuschen. In der Mitte des 19. Jh. ist es eine durchaus geläufige Rda.: ‚jenseits der Oder, wo se de Bauern mit Pechstiebeln fangen' (Uckermark, jetzt nicht mehr gebräuchl.). Vaerst erzählt (1836) von einem Pariser Abenteurer, der sich nach vielem Herumstreichen als angeblicher Waldmensch in Südamerika habe einfangen lassen, um dann in Paris als eine Art Wundertier Geld zu verdienen: „Lässt sich der Kerl, der sich in seinen Urwäldern nicht mehr nähren kann, pfiffigerweise in Pechstiefeln einfangen, nach Paris schleppen, um hier rohe Hühner, wahrscheinlich seine Lieblingsspeise, gegen Entree zu fressen". Wander (III, Sp. 1202) führt aus der Breslauer Zeitung vom 31. März 1864 (S. 841) an: „Wenn dem so wäre, so hätte Preussen sich im eigenen Pechstiefel gefangen".

Pedal. *In die Pedale treten, sich in die Pedale werfen:* sich körperlich oder geistig sehr anstrengen. Die Rda. kommt aus dem Radrennsport.

Pegasus. *Den Pegasus besteigen:* dichten. Der Pegasus ist nach der griech. Sage das Musenroß; vgl. Hesiod (‚Theogonie' 284): Πήγασος ἵππος (das Pferd Pegasus) und Ovid (‚Metamorphosen' V, 257): „Dura Medusaei quem praepetis ungula rupit" (Die Quelle, die der harte Huf des geflügelten Medusenrosses erschloß). Das aus dem Rumpf der Medusa entsprungene Flügelroß wurde von Bellerophon gezähmt. Als er sich auf ihm zum Himmel schwingen wollte, warf es ihn ab, stieg selbst zum Himmel auf und wurde ein Sternbild. Auf dem Helikon soll sein Hufschlag die den Musen geweihte Quelle ‚Hippokrene' hervorgebracht ha-

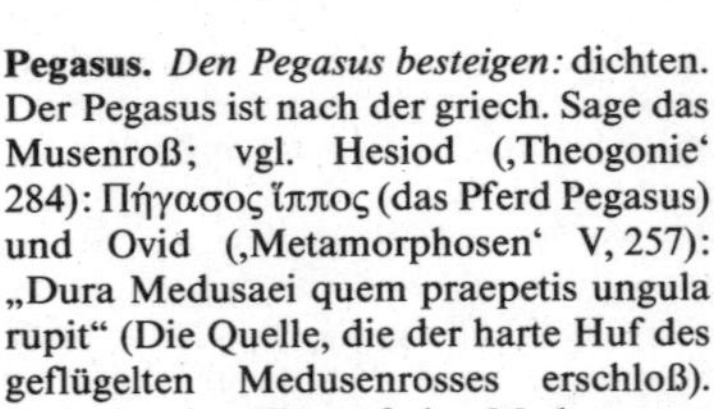

‚Pegasus'

ben. Wer aus dem Wasser dieses ‚Roßquells' trank, wurde ein Dichter. Vgl. Persius (‚Satiren', Prolog): „Nec fonte labra prolui caballino" (und ich benetzte die Lippen nicht mit dem Roßquell). Die Pegasus-Vorstellung geht auf alexandrinische Dichter zurück.

Joh. Fischart läßt Eulenspiegel in dem Prolog zu ‚Eulenspiegel reimensweiß' (1572) sagen:

Nun hab ich guter Eulenspiegel
Bekommen auch poetisch Flügel,
Wie Pegasus, welchs war ein Pferd,
Soviel ist auch mein Esel wert.
So wag ichs nun, ich Eulenspiegel.
Flieg zu, Esel, ohn' Zaum und Zügel!

Vom *Pegasus im Joche* sprechen wir, wenn ein Dichter durch Brotsorgen genötigt wird, irgendeiner ihm nicht gemäßen Erwerbsarbeit nachzugehen, oder wenn die Dichtkunst dazu mißbraucht wird, einem unkünstlerischen, politischen und allzu profanen Zweck zu dienen. Im ‚Musenalmanach für das Jahr 1796' war das Schiller-Gedicht, aus dem dieses Zitat stammt, noch mit ‚Pegasus in der Dienstbarkeit' überschrieben (Büchmann).

Lit.: *F. Hannig:* De Pegaso (Diss. Breslau 1902); *L. Malten* in: Jb. des Dt. Archäolog. Instituts 40 (1925); *ders.* in: Hermes 79, 1/2 (1944); *P. Kretschmer* in: Glotta 31 (1951); *F. Schachermeyr:* Poseidon und die Entstehung des griech. Götterglaubens (1950).

Pelle, lat. pellis = Haut, meint dt. eigentl.: die dünne Haut oder die Schale, auch: die Kleidung. Im 12. Jh. wurde dieses Wort von ndl. Siedlern nach Norddtl. getragen. Dem entsprechen die Rdaa.: *aus der Pelle fahren* als Parallelbildung zu: ‚aus der ↗Haut fahren'; *jem. nicht von der Pelle gehen, jem. auf der Pelle sitzen:* ihn ständig begleiten, ihn durch ständiges Begleiten belästigen (‚das Kind geht der Mutter nicht von der Pelle'); vgl. frz. ‚ne pas quitter les jupes de sa mère': seiner Mutter nicht vom Rock gehen; *jem. auf die Pelle rücken:* ihm energisch zusetzen, als Parallelbildung zu: ‚zu Leibe rücken'.

Pelz wird ähnlich wie ↗Fell und ↗Pelle gern für die menschliche Haut gebraucht: *sich die Sonne auf den Pelz scheinen lassen:* sich sonnen (19. Jh.); *einem auf den Pelz kommen* (oder *rücken*): dringlich mit einer Angelegenheit an ihn herantreten, jem. bedrängen; *jem. eins auf den Pelz geben:* ihn prügeln; *jem. eins auf den Pelz brennen:* auf ihn schießen, der Jägersprache entlehnt; aber auch bildl. auf den Menschen übertr.: *einem auf den Pelz schießen:* seine Fehler und schwachen Seiten angreifen. Abraham a Sancta Clara berichtet eine Anekdote (‚Abrahamisches Bescheidessen' 282): „Ein Fürst sagte zu seinem Hofprediger, der durch Gleichnisse die Fehler und Laster desselben gerügt hatte, über Tische: ‚Ihr habt mich heut' ziemlich auf den Pelz geschossen, Herr Hofprediger'; worauf dieser erwiderte: ‚Das thut mir leid, ich hatte aufs Herz gezielt'." *Einem den Pelz waschen:* ihm derb zusetzen (schon um 1500 bei dem Prediger Geiler von Kaysersberg). In Thomas Murners ‚Schelmenzunft' findet sich die Sentenz:

Ye me man wescht ein beltz fürwar,
Ye mer vnd mer bschyst er das har.

‚Wasch mir den Pelz, aber mach ihn mir nicht naß!' sagt man, wenn man bei Tadel doch sanft behandelt werden möchte oder wenn jem. ein Vorhaben ankündigt, aber viel zu schwache Mittel anwendet.

Vgl. dazu die 30. Historie des Eulenspiegelvolksbuches, wo Eulenspiegel in Thüringen den leichtgläubigen Frauen die Pelze neu waschen wollte: Von seiner neuen Wirtin nach seinem Handwerk befragt, antwortet Eulenspiegel: „Ich bin kein Handwerksgesell, sondern ich pflege die Wahrheit zu sagen ...", was er auch sogleich tut, indem er die schielende Wirtin zweimal mit „schielende Frau' anredet. Die Frau ist darüber entsetzt: „Ach, daß dir nimmer Gutes geschehe. All mein Lebtag hat mir niemand vorgeworfen, daß ich schiele." Doch als Eulenspiegel ihr von seiner Fähigkeit erzählt, alte Pelze neu waschen zu können, vertraut sie (und etliche andere Frauen) ihm alte Pelze an, die er in warmer Milch kocht; während die Frauen im Wald junges Lindenholz auf Eulenspiegels Geheiß suchen, macht er sich auf und davon. (H. Bote: Till Eulenspiegel [Frankfurt/M. 1978], S. 92–94).

Einem eine Laus in den Pelz setzen ↗Laus; *einem den Pelz lausen:* einen heimsuchen; die Rda. spielt eine Rolle in der 30. Historie des Eulenspiegelvolksbuches, wo Eulenspiegel den Frauen ‚die Pelze waschen'

will; wie häufig in den Eulenspiegelschwänken gibt es dabei eine Verknüpfung von Metapher und wörtl. Auslegung.
Der Pelz ist ihm zu enge: er ängstigt sich, hat Furcht vor Strafe; lit. schon bei A. Gryphius (‚Geliebte Dornrose'): „O wie enge war mir der Pelz!"
Man hat etw. zu Freiburg im faulen Pelz erlernt: man hat etw. im Wirtshaus ‚gelernt'. „So z. B. sagte man, daß Murner seine Kunst zu Freiburg im faulen Pelz erschnappt habe, d. h. in einer Kneipe; wie denn auch heutzutage noch in Heidelberg eine Brauerei zum faulen Pelze ist, wo man allerlei profane Kunst erlernen mag" (Eiselein, Sprww. und Sinnreden der Deutschen, S. 182).

Perle *(Die) Perlen vor die Säue werfen:* Edles, Gutes und Schönes dem bieten, der es nicht zu würdigen versteht. Die Rda. ist bibl. Urspr.: „Ihr sollt das Heiligtum nicht den Hunden geben, und eure Perlen sollt ihr nicht vor die Säue werfen, auf daß sie dieselbigen nicht zertreten mit ihren Füßen und sich wenden und euch zerreißen" (Matth. 7,6; Vulgata: „Neque mittatis margaritas vestras ante porcos, ne forte conculcent pedibus suis").
Bei ihrer Interpretation der Bibelstelle fragen H. und R. Kahane nach der Bdtg. der Perlen in diesem Zusammenhang und verweisen auf eine Tradition der byzantinischen Kirche, wo das geheiligte Brot, als kleine Brocken zerkrümelt, μαργαριτας (griech.) genannt wurde und das Neugriech. Perlen und Brotkrümel immer noch mit demselben Begriff bez. So wäre die Bibelstelle sinngemäß zu übertr.:

‚Perlen (Rosen) vor die Säue streuen'

‚Wirf nicht den Hunden das geheiligte Fleisch und den Schweinen das geheiligte Brot vor'. Besonderes Gewicht gewinnt diese Interpretation, wenn man bedenkt, daß im jüd. Glauben die Tiere Symbole der Unreinheit sind, während Heiligem die absolute Reinheit anhaftet.
Das rdal. Bild ist schon vor der Lutherischen Bibelübers. im Dt. geläufig. Es findet sich z. B. in der altbair. Predigtsammlung ‚Speculum ecclesiae' aus dem 12. Jh.: „man sol diu mergriezer (Perlen) vur diu swîn niht giezzen"; die Wndg. erscheint ferner um 1230 in Freidanks Lehrgedicht ‚Bescheidenheit' (123, 6):

Swer berlîn schüttet für die swîn,
Diu mugen niht langer reine sîn.

Vollkommen frei schaltet Hugo von Trimberg in seinem Lehrgedicht ‚Renner' (V. 6302 ff.) mit der überlieferten Formel; er klagt:

daz zuht, scham, kunst und witze
fleischlichem gelust entwîchen müezen
und under der gîtekeit (Gier) füezen
ligen als vor swînen edel gesteine.

In ndd. Form bucht 1513 Tunnicius die sprw. Rda.: „Men sal de perlen nicht vor die swyne werpen". Auch dem Engl. und dem Frz. ist sie geläufig (‚to throw pearls before swine'; ‚donner des perles aux porcs' u. ‚jeter ses perles aux pourceaux'). Ndl. heißt es außer ‚paarlen voor de zwijnen werpen' auch synonym: ‚rozen voor de varkens strooien'. Die Szene ist auch oft von den ndl. Bildschnitzern dargestellt worden, z. B. in Aerschot, Hoogstraeten, Dordrecht und anderorts. Auf allen ndl.-fläm. Skulpturen dieser Rda. und ebenso auf dem späteren Bilderbogen werden nicht Perlen, sondern Blumen den Schweinen vorgeworfen, wobei wahrscheinl. eine Verwechslung von lat. ‚margarita' = Perle und frz. ‚marguérite' = Gänseblümchen, die Margarite, vorliegt. Hier zeigt sich ein deutlicher Übersetzungsunterschied zwischen ndl. und dt. Tradition aufgrund derselben bibl.-lat. Quelle. Wo die Szene mit Blumen auf dt. Chorgestühlen vorkommt, wie z. B. in Kempen am Niederrh., da ist die Mitarbeit oder das unmittelbare Vorbild fläm. Künstler anzunehmen. – Parodistisch: ‚falsche Perlen vor echte Säue werfen'.
Er sitzt drin wie die Perle im Golde sagt.

2

3

1–3 ‚Perlen (Rosen) vor die Säue werfen'

man scherzhaft von einem Herrn, der zwischen mehreren Damen sitzt. *Ihm fällt eine Perle aus der Krone:* er vergibt sich etw.; Parallelbildung zu ‚ihm fällt ein Stein aus der ↗Krone'.

Das dt. Wort ‚Perle' leitet sich von lat. ‚pirula' ab, was ‚kleine Birne' bedeutet. Als ‚Perle' wird auch die Zugehfrau, die Hausdame oder manchmal auch die Hausfrau bez., wie z. B. in einem Sprw.: ‚Ein kluges Weib ist eine Perl' im Hause'. Ein verbr. Aberglaube sieht in den Perlen, von denen man träumt, Vorboten kommenden Leids: ‚Perlen bedeuten Tränen'. Lit. zuerst bei Lessing, ‚Emilia Galotti' (1772) (II, 7, 8).

Es ist nicht so wie Perlen anfädeln: die Sache ist schwerer, als sie anfänglich erscheint. Den entspr. rdal. Vergleich gibt es auch frz.: ‚Ce n'est pas pour enfiler des perles'.

Dagegen meint die Rda.: *Etw. ist doch kein Perlenstück:* eine Sache ist nicht so schwierig, wie sie zu sein scheint. Diese Rda. wird gesagt, um einen Unentschlossenen oder Unmutigen zu ermuntern; sie entstand in Anlehnung an ‚Meisterstück', ‚Heldenstück', hat jedoch mit dem Wort ‚Stück' urspr. nichts zu tun, sondern kommt von der heute ausgestorbenen Handarbeitskunst des Perlenstickens. Im Laufe der Zeit ist der Bezug zum Ursprung nicht mehr nachvollziehbar gewesen. Die Rda. wurde – um wieder sinnvoll zu erscheinen – einer anderen lautlich angeglichen. 1611 sagt ein Prediger in den 'acta colloquiorum reverendi ministerii Brunsvicensis' (Stadtbibliothek in Braunschweig) zu einem Mädchen: „Was sie nicht wüßte, könnte sie lernen, es wäre ja kein Perlensticken".

Lit.: *V. Loveling:* Eene parel op het oog, in: Vkde. 13 (1900/01), S. 14–19; *O. Schütte:* Das ist doch kein Perlenstück, in: Zs. f. d. U. 18 (1904), S. 65; *D. McGillivray:* Pearls before swine (Matthew VII, 6), in: Expository Times 27 (1915/16), S. 46; *A. M. Perry:* Pearls before swine, in: Expository Times 46 (1934/35), S. 381–382; *Singer* III, 83; *G. Castellini:* Struttura letteraria di Mt. 7,6, in: Rivista biblica 2 (1954), S. 310–317; *T. F. Glasson:* Chiasmus in St. Matthew VII. 6, in: Expository Times 68 (1956/57), S. 302; *L. Röhrich:* Sprw. Rdaa. in bild. Zeugnissen; *H.* u. *R. Kahane:* Pearls before swine? A reinterpretation of Matthew 7, 6, in: Traditio 13 (1957), S. 421–424.

Perlicka, Perlacka. So lautet eine verstümmelte Zauberformel aus dem Bereich der Hamburgischen Handpuppen- und Kasperlespiele; nicht nur hier, sondern auch im Volksschauspiel vom Doktor Faust, erscheint der Teufel bei dem Ruf 'Perlicka', bei 'Perlocka' (oder: 'Perlacka') verschwindet er wieder. Die Herkunft der 'Per-lac'-Formel wird in einem ma. Segen gesehen: „Conjuro te per lac genitricis dei, beatae virginis Sanctae Mariae" (Ich beschwöre dich bei der Milch der Gottesgebärerin, der seligen Jungfrau, der Heiligen Maria). Der Schwur 'per lac' – auf die Milch der Mutter Gottes – oder auch die Beschwörung gehören zur Gattung der vulgären Beschwörungsworte, wie auch ↗Hokuspokus (aus: Hoc est corpus meum).

Lit.: *E. Grohne:* Perlicka, Perlacka!, in: Zs. f. Vkde. 54 (1958), S. 117–120.

perplex. *Perplex sein:* sprachlos, verwirrt sein. Das Wort ist ein Lehnwort aus mlat. 'perplexus': verlegen, verwirrt, verblüfft.

Persilschein. *Den Persilschein geschickt kriegen:* den Gestellungsbefehl erhalten; während des 2. Weltkriegs aufgekommen. Die Rda. knüpft an die Gepflogenheit der Wehrpflichtigen an, beim Einrücken in die Kasernen ihre Wäsche in Kartons mitzubringen, in denen die Einzelhändler das Waschmittel Persil bezogen hatten. Nach 1945 gebrauchte man den Ausdr. Persilschein im Zusammenhang mit der Entnazifizierung für die schriftliche Bestätigung einer makellosen politischen Vergangenheit; wie durch ein Waschmittel wurde der tatsächlich oder vermeintlich Belastete gewissermaßen weiß gewaschen, deshalb die Wndgn.: *einen Persilschein erhalten* und *jem. einen Persilschein ausstellen.* Wer einen Persilschein hatte, der hatte wieder eine 'weiße ↗Weste'.
Auch heute wird die Floskel im politischen Fachjargon verwendet, vor allem als Umschreibung für Vetterleswirtschaft oder auch Heuchelei (↗Vetter).
Der Name 'Persil' setzt sich aus den Anfangssilben der beiden Hauptbestandteile des Waschpulvers, nämlich aus *Per*borat und *Sil*ikat, zusammen.
Der sprw. gewordene Werbeslogan 'Persil bleibt Persil' stammt von Elli Heuss-Knapp, der Gattin des ersten Bundespräsidenten.

Persona. *In Persona erscheinen:* selbst erscheinen. Die Etymologie des Wortes Persona ist umstritten. Naheliegend ist es, lat. 'per' und 'sonare' in der Bdtg. 'hindurchklingen', anzunehmen, denn Persona hatte zuerst die Bdtg. 'Theatermaske'. Doch ist der Quantitätsunterschied des 'o' von personare und persōna ein Grund, diese Erklärung zu bezweifeln. Heute spricht man von jem. abwertend, wenn man ihn als eine 'Person' bez.
Eine 'Persona ingrata' ist ein nicht gern gesehener, unwillkommener Mensch, im Gegensatz zur 'Persona grata'. Diese Begriffe gehören urspr. zum Bischofswahlrecht und entstanden im 19. Jh. Heute werden auch politische Vertreter und Diplomaten als Persona grata oder ingrata bez.

Lit.: Art. 'Persona', in: Pauly, Sp. 657; *H. Rheinfelder:* Das Wort 'Persona': Geschichte seiner Bdtgn. mit bes. Berücksichtigung des frz. und ital. MA. (Beih. zur Zs. für roman. Philologie, 77), (Halle 1928).

Perücke wird in ndd. und mdt. Rdaa. bildl. gebraucht und steht dann für den Begriff der Unechtheit, der Unnatürlichkeit und des Scheins von Ansehen, das sich einer gibt: *einem in die Perücke fahren:* seine Überheblichkeit, Heuchelei aufdecken; ndd. 'Ik fohr em in'e P(a)rück', ich fuhr ihn an; rhein. 'He het de P(e)rück verkeahrt stohn', er ist schlecht gelaunt.

Lit.: *M. Jedding-Gesterling (u. a. Hg.):* Die Frisur. Eine Kulturgeschichte der Haarmode von der Antike bis zur Gegenwart (Hamburg 1990).

Pest. Der noch heute ganz geläufige rdal. Vergleich *einen fürchten wie die Pest* ist lit. schon u. a. bei Grimmelshausen im ‚Simplicissimus' (II. Kap. 30, S. 195) belegt: „davon wurde ich gefürchtet wie die pest"; vgl. frz. ‚craindre quelqu'un comme la peste'; daneben ist *stinken wie die Pest* geläufig. Das Ndl. kennt darüber hinaus ‚gierig als de pest' insofern, als die Pest viele Opfer verlangt. Der alte Fluch ‚Daß du die Pest kriegst!' ist heute ausgestorben.

Jem. die Pest an den Hals wünschen: jem. Unglück wünschen. Als erstes sichtbares Symptom der Pestkrankheit galten die Pestbeulen am Hals; obwohl sich die Drüsen am ganzen Körper entzündeten, sagte man gewöhnlich über einen von der Pest Befallenen: ‚Er hat die Pest am Halse'. Der Volksmund bez. jede andere, sich rasch ausbreitende, ansteckende und bösartig verlaufende Seuche als Pest (lat. ‚pestis': Seuche). Im Volksglauben entsteht die Pest durch böse Leute, die mit dem Teufel im Bunde stehen oder aber die Pest geht in Tiergestalt umher. (Die wahre Ursache der Pestübertragung, nämlich der Rattenfloh, wurde erst 1894 entdeckt.) Auch dachte man sich die Pest als blaues Flämmchen mit übelriechendem ↗ Dunst, das bald hier, bald da in Erscheinung trat. Viele Bräuche beruhen auf Praktiken der Pestbekämpfung: so z. B. die Oberammergauer Passionsspiele, die auf ein Gelübde von 1633/34 zurückgehen, welches die Oberammergauer vor der Pest bewahren sollte; auch die Totentänze, die Pestaltäre, Pestsäulen und -kapellen entstanden zur Zeit der grausamen Epidemien, die vor allem vom 15. bis zum 18. Jh. viele Opfer forderten, ja ganze Landstriche entvölkerten.

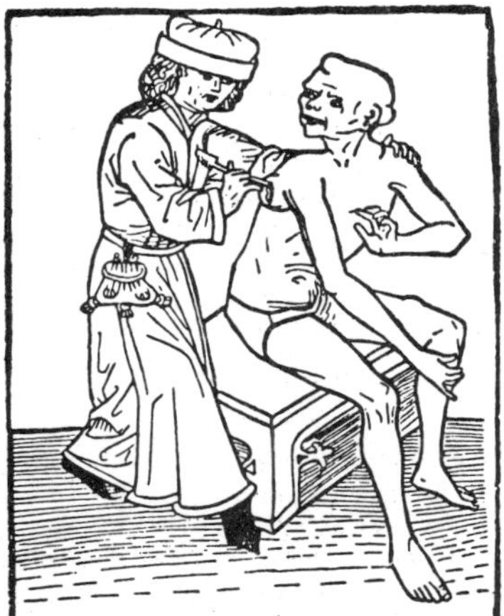

‚Eine Pestbeule aufschneiden'

Die Pestilenz mit Franzosen heilen wollen: meint, genau den falschen Weg beschreiten, um etw. zu verbessern; den ↗ Bock zum Gärtner machen.

Das Gedicht von Hermann Lingg: ‚Der schwarze Tod' (1854) beginnt mit der Zeile: „Erzittre Welt, ich bin die Pest".

Lit.: *W. Wehle.* Punisches Sprw. bei Augustin: ‚unum nummum quaerit pestilentia', in: Rhein. Museum f. Philologie 17 (1862), S. 638; *P. Heitz:* Pestblätter des 15. Jahrhunderts (Straßburg 1918); *J. Nohl:* Der schwarze Tod. Eine Chronik der Pest 1348–1720 (Potsdam 1924); *P. Sartori:* Art. ‚Pest', in: HdA. VI, Sp. 1497–1522; *L. Honko:* Krankheitsprojektile (FFC. 178), (Helsinki 1959); *A. Corbin:* Pesthauch u. Blütenduft (Berlin 1984); *W. Hartinger* u. *W. Helm:* Die laidige Sucht der Pestilentz. Kleine Kulturgeschichte der Pest in Europa. Begleitheft zu den Ausstellungen in Dingolfing (Stadthalle, 23. 6. – 4. 7. 1986) u. Passau (Sparkasse, 7. 7. – 25. 7. 1986).

Peter, Petrus. *Dem Peter nehmen und dem Paul geben:* es dem einen nehmen und dem andern geben; von dem einen etw. leihen, um den andern damit zu bezahlen. Diese ältere Rda. ist heute kaum noch üblich (vgl. engl. ‚to rob Peter to pay Paul'; frz. ‚dépouiller saint Pierre pour habiller saint Paul' oder: ‚découvrir Pierre pour recouvrir Paul'). Die Zusammenstellung der beiden stabreimenden Hauptapostelnamen ist sehr gebräuchl.; heißt doch auch ein Kalendertag, der 29. Juni, nach ihnen gemeinsam. Die Rda. erklärt sich aus dem einst nicht seltenen Vorkommnis, daß aus einer Kirche Gegenstände der Verehrung und des Schmuckes, die dort reichlich vorhanden waren, genommen wurden, um sie an neue Kirchen zu geben, denen diese Dinge noch fehlten. Handelte man doch dabei sogar in Übereinstimmung mit Paulus, der 2. Kor. 11,8 schreibt: „... und habe andere Gemeinden beraubt und Sold von ihnen genommen, daß ich euch predigte". So mag es denn vorgekommen sein, daß man dem heiligen Petrus den Rock nahm, um ihn dem heiligen Paul anzuziehen (vgl. die oben erwähnte frz. Rda.); denn es war da durchaus üblich, den Statuen der Heiligen wirkliche Gewänder anzulegen. Nach Quittard (‚Études littéraires et morales sur les proverbes français', 1860, S. 305) findet sich die Rda. lit. schon zur Zeit des Frankenkönigs Dagobert, der zur Gründung der Abtei Saint-Denis verschiedene Kirchen zu den erwähnten Schenkungen nötigte. So mußte unter anderen die Martinskirche in Tours ihre eisernen Türen an die Dionysius-Abtei abtreten; schon damals wurde sprw. geklagt: „Non est spoliandus Petrus, ut vestiatur Paulus'. Friedrich der Große am 1. August 1786: „Man mus nicht Petern ausziehen, vmb Paulen zu bekleiden" (Stadelmann, Aus der Regierungszeit Friedrichs des Großen, Halle 1890, S. 95).

Petrus gilt als Wetterregent. Bei schönem Wetter sagt man: ‚Petrus meint es gut mit uns'. Wenn weiße Wölkchen am Himmel stehen, sagt man: ‚Der heilige Petrus weidet Schäfchen oder Lämmel' oder ‚backt Brot'; wenn es regnet, sagt man: ‚Petrus schließt den Himmel auf'; wenn es schneit: ‚Petrus hat ein Loch aufgemacht und kann es nicht wieder zustopfen'. Bei Gewitter ‚fährt Petrus Unsere Liebe Frau in einem Wagen spazieren' (vgl. HdA. VI, Sp. 1536ff.); weitere Wetter-Rdaa. mit Petrus: ‚Petrus blinzelt', es wetterleuchtet; ‚jetzt ist Petrus der Sack geplatzt', Blitz, Donnerschlag und Wolkenbruch ereignen sich gleichzeitig: ‚Petrus kegelt', es donnert; ‚Petrus läßt Wasser', es regnet: ‚Petrus rückt Schränke', es donnert verhalten in der Ferne; ‚Petrus hat gefurzt (geschissen)', es donnert heftig; ‚Petrus schifft', es regnet heftig; ‚Petrus zieht um', es donnert heftig.

Auf Petrus als Himmelspförtner beziehen sich sold.-euphemist.-verhüllende Rdaa. für ‚sterben', wie z.B. ‚bei Petrus anklopfen'; ‚sich mit Petrus bekannt machen'; ‚gen Petrus fliegen', bei einer Explosion in die Luft fliegen. ‚Sei bloß ruhig, oder hast du eine Verabredung mit Petrus?' ist eine hamb. Drohung. ‚Mit Petrus Sechsundsechzig spielen', ↗zeitlich.

Jem. den Peter Puff singen: jem. schlagen (heute veraltet); z.B. in den Fastnachtsspielen von Hans Sachs (4,3,19): „ich wil ir (der Frau) den Peter Puff singen, thu ich sie heim zu Hause bringen".

Peter friß, 's sind Linsen: tu es nur, die Folgen werden schon nicht so schlimm sein; heiße das Unangenehme gut; pomm. ‚frett Peter, 't sünd Lünsen', das stecke ein, es ist auf dich gemünzt. Die Rda. hat ihren Ursprungsbereich in der Sprache der Kartenspieler; sie ist durch ihre Verwendung in Fritz Reuters ‚Stromtid' (II, Kap. 22) lit. geflügelt geworden.

Peterle auf allen Suppen sein ↗Petersilie. Eine Zigarre, 1945–48 eine Zigarette aus selbstgezogenem Tabak (‚Eigenbau') ‚Marke Petrus', ist minderwertig mit Anspielung auf Luk. 22,62: „Er ging hinaus und weinte bitterlich".

Den schwarzen Peter in der Tasche haben: der Schuldige, der Letztverantwortliche sein. Die Rda. leitet sich von dem Kinderkartenspiel her, bei dem der Besitz des ‚Schwarzen Peters' Unterlegenheit bedeutet und andererseits die Gewinner zu vorher vereinbartem Mutwillen berechtigt; ebenso: *den schwarzen Peter zurückgeben:* die Verantwortung auf den eigentl. Verantwortlichen abwälzen; *jem. den schwarzen Peter zuschieben:* jem. die Schuld, die Verantwortung aufbürden, ↗schwarz.

Der Scharfrichter hieß früher – neben vielen anderen Namen – euphemist. oft ‚Meister Peter'. ‚Petrus ins Credo' kommt in Hugo von Hofmannsthals ‚Rosenkavalier' (III. Akt) vor, ↗Pilatus.

Einen Peterskopf haben: eigensinnig sein. Die bibl. Erzählung von der Fußwaschung, wo Petrus erst nicht dulden wollte, daß Christus ihm die Füße wusch, dann aber, von seinem Herrn belehrt, auch noch Haupt und Hände gewaschen haben wollte, gilt als Grundlage der Bez. Peterskopf. Nigrinus sagt: „als wolte vnd musst ers nirgends machen, nach des Herrn sinn, sondern nach seinem eygensinnigen kopff, darauss ein sprichwort entstanden ist in der Welt, das man ein eygensinnigen ein Peterskopff nennet"; so auch bei Luther, Thom. Murner, Joh. Fischart.

Neben der Fußwaschungsszene rechtfertigt auch die jähzornige Art, mit der Petrus bei der Gefangennahme Jesu dem Malchus ein Ohr abschlägt, den Hintergrund der Rda.: ,einen Peterskopf haben'. Sie ist bes. im 16. Jh. sehr gebräuchl.; schon in den Mysterienspielen des MA.s tritt Petrus als komischer Held auf. Joh. Fischart spielt in seiner ,Flöhhatz' (V. 344ff.) auf den Peterskopf im Sinne der wunderlichen, hitzigen Art von Petrus an:

Gleich wie man von Sant Peter saget,
Der, als er Herr Gott war ein Tag
Und Garn sah stehlen eine Magd,
Warf er ihr gleich ein Stuhl zum Schopf,
Erwies also sein Peterskopf.
Hätts solcher Gstalt er lang getrieben,
Es wär kein Stuhl im Himmel blieben.

Im 15. bis 17. Jh. galt die Regel, daß alle Männer, die Petrus heißen, wunderlich seien: ,omnes petri sunt mirabiles'. In Erfurt durfte im 15. Jh. kein Mann namens Petrus zum Bürgermeister gewählt werden. In Nürnberg und Umgebung werden Glatzenträger als Peter(s)köpfe bez. 1612 schrieb der Nürnberger Patrizier Behaim an seine Braut: „Zu wünschen wäre, daß Ihr Eure schöne Haar auf meinen platten Peterkopf hättet setzen und machen können".

,Einen Peterskopf haben'

In der dt. Kunst wird seit der 1. H. d. 15. Jh. Petrus mit Glatze und Stirnlocke (Rest der Kranztonsur) dargestellt, bes. bei Dürer. Hans Sachs gibt in einem Meistergesang von 1551 dafür eine Erklärung. Eine Bäuerin rauft Petrus die Haare aus, weil er verschlafen hat:

Darumb malt man noch ueberal
Sant Petter gar glaczet vnd kal,
Seit die pewrin in also ruepft.

In einer ndl. Erzählung (Mont en Cock, Vlaamsche Vertelsels, S. 129) dagegen soll Petrus vor dem Herrn unter seinem Hut einen heißen Kuchen verborgen haben, der ihm die Haare wegbrannte.

Lit.: *R. Köhler:* Aufsätze über Märchen und Volkslieder (Berlin 1894), S. 67–69; *J. van Vlierberghe:* Ons Heer wilt door St.-Pieter niet uit 't water gehaald worden. St.-Pieter op ons Heer leggen, in: Vlaamsche Zanten 2 (1900), S. 15; *O. Dähnhardt:* Natursagen I (Leipzig–Berlin 1907), S. 172f.; *Bolte-Polívka* I, S. 344f.; Mot. 774 J.: *T. Zwölfer:* Sankt Peter, Apostelfürst und Himmelspförtner (Stuttgart 1929); *Werkbie:* Pietjes, pierkes en pieters; De naam Pieter in Spreekwoorden en volksuitdrukkingen, in: Biekorf 36 (1930), S. 270–273; *H. Brinkmann:* Die Darstellung des Apostels Petrus (Diss. Erlangen 1936); Schwänke aus mündl. Überlieferung: authentische Tonaufzeichnungen 1952–1970 v. J. Künzig u. W. Werner, Kommentare *H. Lixfeld* (Freiburg 1973), S. 75–76.

Petersilie. *Petersilie auf allen Suppen sein:* überall dabeisein müssen, bei allen Gelegenheiten obenauf und vorne dran sein wollen; vorwiegend südwestdt., in schwäb. und alem. Mda. in der Form *Peterling* (oder *Peterle*) *auf allen Suppen.* Die Rda. ist schon bei dem Prediger Geiler von Kaysersberg (1445–1510) bezeugt. Bei Jakob Heerbrand (,Ausklopfung', 1588, S. 2) heißt es: „Der überall vornen daran, Hans in allen Gassen, Peterling auf allen Suppen sein will".

Einem die Petersilie verhageln: iron. moderne Verstärkung für: ,ihm die ↗Suppe versalzen'; *ihm ist die Petersilie verhagelt:* er ist niedergeschlagen, blickt mißmutig drein. Auch regional begrenzte mdal. Wndgn. sind bezeugt, z.B. sagt man im Bergischen ,de Peterzellich kriegen', wenn man sich langweilt (vielleicht weil das Kraut lange zum Aufgehen braucht).

Petersilie pflücken: als Mädchen bei einer Tanzveranstaltung keinen Tänzer finden, lange auf eine Aufforderung warten müssen, bes. in Mecklenburg geläufige Wndg. Wahrscheinl. hängt diese Rda. mit dem Volksglauben zusammen, Petersilie sei wegen ihres starken Aromas als Aphrodisiakum zu verwenden. Bis heute genießt sie diesen Ruf, worauf auch der Spruch anspielt:

Petersilie hilft dem Mann aufs Pferd,
der Frau aber unter die Erd'.

Aus der röm. Gartenkultur kam sie als Arzneipflanze in den Norden.
In einem alten Bauerntanzlied steht sie verhüllend für den Penis: ‚Nachbar Brosius' (um 1600):

Die Petersilie die ist gut,
Brosius steckts auf seinen Hut.
Da wackelt ihm sein Federbusch,
es daucht ihm leiden gut.
(Aus: Danckert, S. 1223).

Lit.: *W. Danckert:* Symbol, Metapher, Allegorie im Lied der Völker. Teil 3: Pflanzen (Bonn 1978), S. 1223–1226.

Petitesse. *Sich mit Petitessen aufhalten:* seine Zeit mit Nebensächlichkeiten verbringen. Nach der Bundestagswahl von 1976 antwortete Willy Brandt auf die Frage eines Reporters, wie sich die SPD der Probleme Jugendlicher annehmen wolle, man solle sich doch jetzt nicht ‚mit solchen Petitessen' aufhalten. Von den Medien wurde Brandt daraufhin als Schöpfer eines neuen Wortes gefeiert; doch er ist nicht der Erfinder von ‚Petitesse'. Im Frz. heißt ‚la petitesse': Kleinigkeit, Geringfügigkeit und existierte in dieser Bdtg. schon im 18. Jh. in der dt. Sprache. So in Speranders (= F. Gladow) Werk: ‚A la Mode-Sprach der Teutschen' (1727) oder bei Moses Mendelssohn (Briefe, die Neueste Lit. betreffend, vom 1. Mai 1760): „Unsere Petitessen mochten noch so tief unter ihrer Majestät sein ..." über die norwegische Sprache ist dann das ausgestorbene Wort wieder ins Dt. gelangt.

Lit.: *H. Walther:* Kein brand(t)neues Wort: Petitesse, in: Der Sprachdienst 20 (1976), S. 188–190.

petto. *Etw. in petto haben:* etw. vorhaben, im Sinn, in Bereitschaft, zur Verfügung haben. Die Rda. entspricht einer im 18. Jh. aus dem Ital. übernommenen Wndg., die bis in die südd. Mdaa. vorgedrungen ist; ital. ‚in petto' = in der Brust, verschlossen, unerörtert; nur gedacht (lat. ‚in pectore'). Was man ‚in petto' hat, verwahrt man als Geheimnis noch in der Brust.
Wenn der Papst jem. zum Kardinal ‚in petto' erhebt, wird sein Name nicht genannt; wirklich Kardinal wird er erst mit dessen Veröff., die Kardinalatsjahre aber zählen dann von der Kreierung an.
Das Herz und im übertr. Sinn der Thorax gelten als pars pro toto für das Wesen des Menschen überhaupt, für sein Denken und Fühlen, für sein Trachten und für sein Gewissen. Diese Vorstellung beruht noch auf dem ma. Glauben, wo man das Herz als Sitz der Gedanken ansah.

Lit.: *R. Schenda:* Art. ‚Brust', in: EM. II (1979), Sp. 957–963.

petzen. *Jem. (ver-)petzen:* jem. verraten, verpfeifen, denunzieren. Das Wort ‚Petze' (Verräter) gelangte im 18. Jh. durch die Theologiestudenten des Hallischen Waisenhauses in die Studentensprache, bleibt jedoch bis ins 19. Jh. auf Halle beschränkt und ersch. erst ab 1825 in anderen dt. Städten; der Ausdr. ist wohl aus rotw./hebr. ‚päzäh (den Mund aufreißen) herzuleiten (Kluge-Götze, S. 555).
Für ein Kind gibt es kaum etw. Schlimmeres, als als ‚Petze' erkannt und bez. zu werden. Es wird damit gleichsam ins Abseits gestellt und von den Spielgefährten oder Mitschülern gemieden. Oft geben auch die Erwachsenen nicht viel auf die ‚Petzerei' und weisen das Kind damit ab. Ein Kinderspottvers aus Sachsen spielt darauf an:

Petze, Petze ging in'n Laden,
kauft für'n Dreier Käsemaden.
Käsemaden gibt es nicht,
Petze, Petze ärgert sich.

Pfad. *Auf krummen Pfaden wandeln:* etw. Unrechtes tun, ↗ Weg.
Die ausgetretenen Pfade verlassen: neue Einfälle und Ideen haben, im Denken und Handeln vom alten Schema abweichen.
Auf den steilen Pfad der Tugend zurückkehren: eine sorglose, verantwortungslose Lebensführung eintauschen gegen ein arbeitsvolles, moralisch einwandfreies Leben. Die Vorstellung vom ehrlichen Leben als beschwerlich zu gehenden Weg ist

wohl an Hesiods (700 v. Chr.) Lehrgedicht ,Werke und Tage', V. 289 angelehnt: „Tugend kennt erst den Schweiß, so wollen's die unsterblichen Götter, lang ist und steil der Weg hinan bis zum Gipfel".

Pfaffe. Pfarrer. ,Pfaffe' (lat. Papa; vgl. Pope) war urspr. der Ehrenname jedes Geistlichen (,Pfaffe Lambrecht', ,Pfaffe Âmîs' usw.). Erst seit dem ausgehenden MA. und der Reformationszeit bekommt ,Pfaffe' einen negativen Beigeschmack: ,Pfaffengezänk', ,Pfaffenschwank' usw.
In vielen Sprww. wird der Pfaffe verhöhnt als selbstsüchtiger und gieriger Mensch. „Er rafft zusammen, was er kriegen kann, preist deswegen sein Heiligthum als bes. segensvoll und gibt sowenig wie der Wolf wieder heraus, was er hat: ,Pfaffen' segnen sich zuerst" (Fr. Seiler, S. 342). Nach den Zeugnissen der Goethezeit ist der Pfarrer im Ansehen tief gesunken, z. T. hat hier Lessings Kampf gegen Pastor Goeze nachhaltig gewirkt. Wagner sagt in der ersten Studierzimmerszene im Faust I: „Ich hab' es öfters rühmen hören: ein Komödiant könnt einen Pfarrer lehren".
Das schwäb. Sprichwort ,In jedem Pfäffle steckt a Päpstle' kritisiert die überhebliche und rechthaberische Art eines Menschen allg. Die Schwankliteratur bes. hat das Pfaffentum hart kritisiert; z. T. lag die Feindseligkeit gegenüber dem Pfarrer in dessen Privilegien begründet: er war von Abgaben und Diensten befreit.

Lit.: *P. Drews:* Der evangelische Geistliche (Leipzig 1905); *H. Werdermann:* Der evangelische Pfarrer in Geschichte und Gegenwart (Leipzig 1925); *J. H. V.:* De duiven van de paster van Lombartsijde, in: Biekorf 59 (1958), S. 126; *G. Laukens:* Als de pastoor (van Wenduine) zijn duiven loslaat, in: Biekorf 59 (1958), S. 146; *G. Holtz:* Art. ,Pfarrer', in: RGG. V ([3]1961), Sp. 273–280.

Pfahl. *In seinen vier Pfählen:* innerhalb des Hauses, in der eigenen Wohnung. Die Rda. ist eigentl. eine alte Rechtsformel, die sich wohl weniger auf die Eckpfosten des Hauses, als auf die Eckpfähle der Hofumfriedung bezieht. Im ,Sachsenspiegel' wenigstens ist mit der Wndg. ,Haus und Hof' gemeint: „binnen sînem hûse unde hove, dat is binnen sînen veer pâlen" (Glosse zu 2,66). Hans Pfriem, der Held von Hayneccius' gleichnamiger Komödie aus dem Jahre 1582, klagt (V. 1586):

Ist dan heut aller fried dahin,
Das ich kein stund nicht sicher bin
In meinen vier pfelen, erbarm es Gott.

Auf seinem Kopf kann man Pfähle anspitzen: er ist unempfindlich, er ist dumm; die Rda. greift einen bes. harten Fall von Dickschädeligkeit heraus.
Ein Pfahl im Fleisch: ein peinigendes körperliches oder seelisches Leiden, eine Wunde am eigenen Leib. Die Wndg. ist bibl. Urspr.: „Auf daß ich mich nicht der hohen Offenbarung überhebe, ist mir gegeben ein Pfahl ins Fleisch, nämlich des Satans Engel, der mich mit Fäusten schlage, auf daß ich mich nicht überhebe" (2. Kor. 12,7): entspr. auch in anderen Sprachen (frz. ,c'est une épine au pied'; engl. ,a thorn in the flesh'; ndl. ,een doorn in het vlees zijn'), ↗Dorn.

Pfandhaus. *Die Uhr geht nach dem Pfandhaus:* die Uhr geht falsch. Wahrscheinl. ist sie so lange im Pfandhaus gewesen, daß sie abgelaufen und beim Abholen lediglich aufgezogen, aber nicht gestellt worden ist; die Rda. ist ungefähr seit 1900 geläufig.

Pfanne. *Einen in die Pfanne hauen:* ihn gänzlich vernichten; auch: ihn im Wortgefecht gründlich besiegen. Pfanne ist hier die Koch- oder Bratpfanne, auf der man ein Ei zerschlägt oder in die man ein Stück Fleisch zerkleinert hineinwirft; vgl. auch ,einen zur ↗Bank hauen' und die im 18. Jh. häufige Rda. ,einen in Kochstücke zerhauen', ihn jämmerlich verprügeln. Als bloße Drohung ist ,in die Pfanne hauen' auch 1687 in einem Lied auf die Schlacht bei Patras von den Türken gesagt:

Also er zweimal stürmet an,
Uns in die Pfann zu hauen.

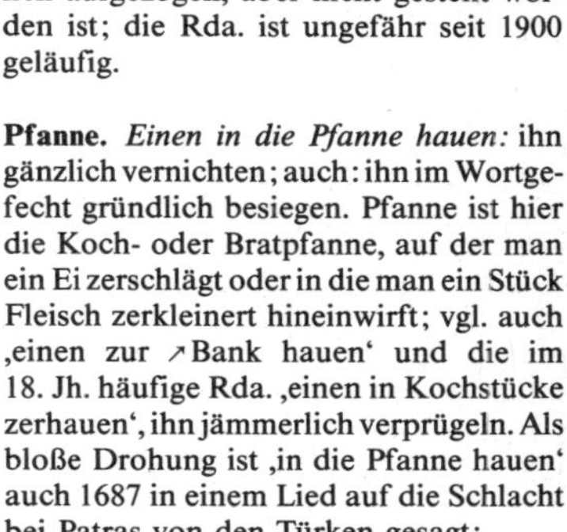

Sämmtliche Feinde werden in die Pfanne gehauen.

,Jem. in die Pfanne hauen'

Lit. noch bei Thomas Mann (‚Tristan', Reclam-Ausg. S. 55): „... und ich würde Sie in die Pfanne hauen ..., wenn das nicht verboten wäre" (vgl. engl. ‚to cut to pieces'; ndl. ‚in de pan hakken'; frz. ‚tailler des croupières à l'ennemi en taillant l'armée en pièces').

Einen vor die Pfanne kriegen: Prügel beziehen, ins Gesicht geschlagen werden.

In die Pfanne treten: einen Fehltritt begehen; vgl. ‚ins ↗Fettnäpfchen treten'; lit. bei Grimmelshausen im ‚Simplicissimus' (IV, Kap. 18, S. 360): „... und verließ seine alte Wittib samt deren einziger Tochter, die kürzlich in ein Pfann getreten" (d.h. ihre Jungfernschaft verloren hatte); vgl. els. ‚sie het eins uf dr Pann', sie ist schwanger (Pfanne hier im Sinne von vagina).

Gut in der Pfanne liegen: in jem. Gunst stehen; etwa seit 1910 üblich.

Etw. einmal über die Pfanne rollen: es schnell, oberflächlich erledigen. Auch bei dieser Rda. ist an die Koch- und Bratpfanne gedacht: das gebratene Stück Fleisch, nur einmal kurz über die Pfanne gerollt, erhält äußerlich eine leichte Kruste, bleibt aber im Innern blutig-roh (seit Anfang des 20. Jh. bezeugt).

Etw. auf der Pfanne haben: Besonderes leisten können, in Bereitschaft oder in Arbeit haben, vorhaben. Hier bedeutet Pfanne die kleine Mulde, in die man bei den alten Lunten- und Steinschloßgewehren das Zündpulver schüttete. Die Rda. bedeutet also urspr.: gleich losschießen können (↗abblitzen). Übertr. meint ‚einen auf der Pfanne haben' auch: betrunken sein, sich einen schlimmen Plan ausgedacht haben; sold. auch: einen Darmwind zurückhalten. *Nicht auf die Pfanne kommen:* nicht berücksichtigt werden; *keinen Ton auf der Pfanne haben:* unmusikalisch singen.

Die ‚Pfanne' ist auch Umschreibung für die weiblichen Geschlechtsteile. So z.B. in dem weitverbr. Lied vom ‚Pfannenflikker'. Mit ‚Pfannenflicken' wird Koitieren umschrieben. In dem Lied zeigt eine Jungfrau dem Pfannenflicker

> ein Pfännlein klein,
> das war bedeckt mit Ruß.
> Darinnen war ein Löchlein klein
> wie eine Haselnuß.
> „Ach Pfannenflicker, nimm dich in acht,
> daß du das Löchlein klein
> nicht größer machst!"
> Und als der Pfannenflicker fertig war,
> die Pfanne war geflickt,
> da hat sie ihm ein Silberstück
> wohl in die Hand gedrückt.
> Der Pfannenflicker schwingt seinen Hut.
> „Leb wohl, mein lieber Gesell,
> der Flick war gut."

Die letzte Str. wird nur manchmal gesungen:

> Und als dreiviertel Jahr um warn,
> die Pfanne war zerplatzt,
> der Pfannen Pfannenflicker war
> schon lange ausgekratzt.
> Der Pfannenflick flick flick war nicht mehr da,
> er war schon lang, lang, lang
> in Amerika.

In Schwaben sagt man über eine Frau, die kurz vor der Niederkunft steht: ‚Da wird mer bald's Pfännle schärre müsse'. Veraltete Rdaa. sind weiter: ‚Jem. etw. an der Pfanne kleben lassen': jem. etw. schenken. (So bei Murner: „Ich will euch nichtz an der Pfannen kleben lassen". ‚Luth. Narr' 3574); und: ‚die Kelle nicht an der Pfanne kleben lassen' i.S.v. schnell arbeiten (lit. belegt z.B. bei J. Gotthelf: ‚Der Schuldenbauer', 1852, S. 82).

Lit.: *H. Rausch:* Etw. auf der Pfanne haben, in: Sprachfreund 4, Heft 7 (1955), S. 2–3; *R. W. Brednich:* Erotische Lieder aus 500 Jahren (Frankfurt 1979), S. 116–117.

Pfannkuchen. Der Pfannkuchen (i.S.v. Omelett) spielt in einigen rdal. Vergleichen eine Rolle: *ein Gesicht wie ein Pfannkuchen:* plattes, rundes, ausdrucksloses Gesicht; *platt wie ein Pfannkuchen:* sehr überrascht (↗platt); *aufgehen wie ein Pfannkuchen:* dick werden. Rdal. ist ferner: *Pfannkuchen machen:* mit dem Flugzeug abstürzen und auf dem Erdboden aufprallen (sold. seit dem 2. Weltkrieg); *aus jem. Pfannkuchen machen:* ihn platt schlagen, ihn niederwalzen. Als rdal. Ausdr. für ‚niemals' kennt man in Hessen die Wndg. ‚wenn's Pfannkuche schneit und Buttermilch regnet'.

In Holst. sagt der Pechvogel resignierend:

,Wenn 't Pankoken regnet, so is min Vatt umstülpt', selbst wenn das Glück vom Himmel fiele, ich ginge leer aus.
Mit Pfannkuchen eingedeckt sein: ein auskömmliches Leben führen.
Fast alle Rdaa. und Sprww., in denen der Pfannkuchen eine Rolle spielt, kommen aus Norddtl. Hier einige Beispiele:
,Ik wull, ik leeg in't Bett un weer mit Pannkoken todeckt'. Kindern gegenüber droht man scherzhaft: ,Du schaßt barfoot to Bett un mit Pannkoken todeckt warrn'. Ein ndd. Wellerismus lautet: ,Man mut allens eten lihren, sä de Jung, do smeer he sick Botter op den Pannkoken'. Ein ndd. Sprw.: ,Noot lett beden – un Hunger Pannkoken eten'.
Das dt. Sprw. Lexikon von Wander (III, Sp. 1249, Nr. 7) weiß bereits: ,Wer Pfannkuchen essen will, muß Eier schlagen'.
In Sachsen heißt eine kleine, dicke Frau ,Pfannkuchen mit Been'; hier werden aber die Berliner [Ballen] als Pfannkuchen bez.

Lit.: *F. Eckstein:* Art. ,Pfannkuchen', in: HdA. VI, Sp. 1552–1565.

Pfau. *Etw. ist wie ein Pfau ohne Schwanz:* etw. ist nichts wert.
Dem Schwanz der Pfauen galt schon in frühester Zeit das Interesse der Völker: in seinem Herkunftsland Indien sieht man im radschlagenden Pfau ein Abbild des gestirnten Firmaments. In Griechenland war der durch sein Federkrönchen ausgezeichnete königliche Pfau als ein dem Luftraum zugehöriges Tier der Himmelskönigin Hera heilig. Die ersten Christen nahmen sich die Pfauenvorstellungen der Römer zum Vorbild, die Jenseitsvorstellungen vom Paradies entsprachen den Luxusgärten der dekorativen römischen Wandmalerei mit Pfauen und Brunnen. Der Pfau wurde zum Sinnbild des ewigen Lebens, der erlösten Seele und der Wiedergeburt. Letztere Vorstellung beruht vor allem auf einem Bericht des Plinius (,Naturgeschichte' Bd. 20, Kap. 20): im Frühling gewinne der Pfau sein Gefieder und die Schwanzfedern wieder.
War der Pfau in der frühchristl. Zeit ein positives Symbol der Reinheit (Augustinus berichtet, Pfauenfleisch sei unverweslich. ,De Civitate Dei' XXI, 4) und Erlösung, so wurde er in späterer Zeit ein Sinnbild des Hochmuts und der Eitelkeit. In der christl. Symbolik war der Pfau vor allem ein Bild für die ,superbia' und hatte deshalb in den bildl. Darstellungen der Todsünden eine ikonographisch festgelegte Bdtg.
Ganz anders bei Walther von der Vogelweide (19,32): „dô gienc ich slîchent als ein pfâwe". Hier ist der Pfau nach alter kirchlicher Überlieferung das Bild der Demut.
Der rdal. Vergleich *sich spreizen wie ein Pfau* ist höchst anschaulich und ohne weiteres verständlich: ,sie gênt als die pfawen' heißt es schon im späten MA. von solchen, die sich prunksüchtig zeigen.
Hugo von Trimberg führt im Lehrgedicht ,Der Renner' (V. 1733ff.) den Vergleich an einem stolzen Krähenmännchen näher aus:

er gienc stolzieren hin und her
rechte als er ein phâwe wêr;
er nam im mangen tummen ganc
und tet ouch mangen ümmeswanc
mit den vedern swâ er gienc.

Bei Hans Sachs bieten sich dem Fuchs, der auf die Wallfahrt gehen will, allerlei Tiere zu Gefährten an, auch der Pfau:

Der fuechs sprach: ,Ich nem dich nit on,
Weil du durch dein vergülten schwanz
Dich heltst rumreich und prechtig ganz,
Hoffart und Hochmut stecz nachtrachst,
Alle ander neben dir verachst'.

,Stolz wie ein Pfau'

1

2

1/2 ‚Stolz wie ein Pfau'

Vgl. auch die Wndg. *stolz wie ein Pfau sein;* schon Ovid bestätigte dem Pfau die ‚superbia' in den ‚Metamorphosen' (XIII, 802), wo er die spröde Galathea ‚superbior pavone' (stolzer als ein Pfau) nennt.

Das ‚Pfauenauge', das mit dem bösen Blick in Verbindung gebracht wurde, diente u.a. im kirchlichen und liturgischen Dienst als magisches Schutzmittel, ↗Argusaugen.

Der ‚Pavane' (Pfauentanz) der höfischen Kultur war ein Prachttanz, langsam und zierlich, bei dem man sich in prunkenden Gewändern zeigte. In Bayern sagt man noch heute über jem., der großtuerisch auftritt und einen schlechten Charakter besitzt: ‚Außen wie a Pfau, innen wia a Sau'.

Der berühmte ‚Pfauenthron' des ehemaligen persischen Monarchen stammt aus Indien; bis 1739 stand er in Delhi. Er wurde aus 27000 Smaragden, Diamanten und Rubinen gefertigt und seine Rückenlehne dem Pfauenrad nachgebildet.

Lit.: *Anon.:* De Pauwen komen in het Land met de Waels, op Thorouts feeste, in: Vlaamsch Museum 1 (1855), S. 214; *O. Keller:* Antike Tierwelt 2 (Leipzig 1913), S. 148; *E. Ingersoll:* Birds in Legend, Fable and Folklore (New York 1923), S. 141–147; *H. Lother:* Der Pfau in der altchristl. Kunst (Leipzig 1929); *Schneeweis:* Art. ‚Pfau', in: HdA. VI, Sp. 1568–1770; *Th. W. Danzel:* Symbole, Dämonen und heilige Tiere (Hamburg 1950) *E. Th. Reimbold:* Der Vogel, ein Bild der Seele in Mythen und Märchen, in: Miszellen (1977), S. 153; *E. Th. Reimbold:* Der Pfau, Mythologie und Symbolik (München 1983); *J. Leibbrand:* Speculum Bestialitatis. Die Tiergestalten der Fastnacht u. des Karnevals im Kontext christl. Allegorese (Diss. Freiburg i. Br. 1986), S. 126ff.; *E. u. L. Gattiker:* Die Vögel im Volksglauben (Wiesbaden 1989), S. 553–559.

Pfeffer. Zum erstenmal wird der Pfeffer in Europa, und zwar als Heilmittel, bei Hippokrates (‚Morb. mulier'. 1,81) erwähnt, und sogar noch in moderner Zeit wird er als Mittel der Volksmedizin gebraucht (vgl. HdA. VI, Sp. 1570), wie auch einige Sprww. zeigen, z.B. ‚Der Pfeffer hilft dem Mann aufs Roß, dem Weib ins Grab' (schwäb.); ‚peper helpt de mannen te paard, en de vrouwen onder de aarde' (ndl.). Im MA. war Pfeffer dann das Hauptgewürz, so daß die Gewürze allg. Pfeffer und die Gewürzhändler ‚piperarii' genannt wurden. Von hier aus erklärt sich der Schimpfname ‚Pfeffersack' für den Kaufmann (insbes. für den holl. Kaufmann oder überhaupt für den Holländer, aber auch für den Nürnberger Kaufmann) sowie der dän. Spitzname ‚Pebersvend', der seit dem 16. Jh. die allg. Bdtg. ‚Junggeselle' bekommen hat.

Schon früh kommt der Pfeffer in sprw. Rdaa. vor. Das älteste Beisp. dafür bietet Petronius 44 (‚Safinius'): „piper non homo. Is quacumque ibat, terram adurebat. Sed rectus, sed certus, amicus amico ... nec schemas loquebatur sed directum". Im Alexanderroman (hg. v. F. Pfister, Heidelberg 1913, 1,41) fragt Darius seine Gesandten, was Alexander mit den ihm zugeschickten Mohnkörnern getan habe, und sie erzählen: „apprehendit et memordit et despiciendo dixit: ‚multi sunt, sed molles'. Accepto itaque Dario piper mittens in os suum mandens atque dixit cum lacrimis: ‚pauci sunt, sed duriores'." Im

Dt. wird genau derselbe Gedanke durch das Sprw. ‚Ein Pfefferkorn überbeißt hundert Mohnkörner' ausgedrückt. Ähnl. Bdtg. hat auch die von beißender Rede und Witz gebrauchte Verbindung *Pfeffer und Salz* (vgl. ital. ‚è tutto pepe e sale, tutta pepe e sale'; dän. ‚peber og salt'; ndl. ‚peper en zout'; schwed. ‚peppar och salt'). – ‚Pfeffer und Salz' (frz. ‚poivre et sel') nennt man auch eine aus Schwarz und Weiß gemischte Farbe von Kleiderstoffen, einen grauen Schnauzer dementspr. einen ‚Pfeffer-und-Salz-Schnauzer'.

Nach der beißenden Wirkung des Pfeffers spricht man von ‚pfeffern' (‚hineinpfeffern', ‚draufpfeffern'), heftig auf etw. einwirken, durch Schlagen, Schießen u. ä.

Von der starken Wirkung des Gewürzes übertr. sind auch folgende Rdaa.: *Das ist starker Pfeffer:* das ist ein starkes Stück, eine unverfrorene Rede; *einen gepfefferten Brief schreiben;* vgl. frz. ‚écrire une lettre salée' (einen gesalzenen Brief) ↗ Salz.

Mit Pfeffer wird auch der Ärger des Menschen bildhaft bez., z. B. ‚Mein Pfeffer ist so gut wie dein Safran', meine derbe Rede macht soviel Eindruck wie deine glatte; engl. ‚grow pepper', span. ‚comer pimienta', dän. ‚vaere (blive) saa ond som peber'.

Im Pfeffer sitzen: in Verlegenheit sein; *in den Pfeffer geraten:* in Unannehmlichkeiten kommen (ähnl. ‚in die Brühe', ‚in die ↗ Patsche geraten').

Wegen seines kräftigen, beißenden Geschmackes und seines teuren Preises ist das winzige, schwarze Pfefferkorn ein Sinnbild dafür, daß man die Dinge nicht nach ihrem Aussehen beurteilen darf. Rückert sagt in ‚Die Weisheit des Brahmanen':

> Das kleine Pfefferkorn sieh für gering nicht an.
> Versuch es nur und sieh, wie scharf es beißen kann.

Dieser Gedanke begegnet auch in den Sprww. verschiedener Sprachen, z. B. ‚Der Pfeffer ist schwarz, und doch will jeder davon haben'; engl. ‚though pepper be blek yt hath a gode smeck' (vom Jahre 1530); frz. ‚le poivre est noir et si chacun en veut avoir'.

Andere Rdaa. beziehen sich auf den hohen Wert und Preis dieses weither importierten Gewürzes. Schon Plinius (‚Nat. hist.' 12,7,28) schreibt von den hohen Preisen des Pfeffers: „emitur ut aurum vel argentum". *Eine gepfefferte Rechnung* ist eine bes. hohe Rechnung; vgl. span. ‚tiene mucha pimienta'; frz. ‚cela est cher comme poivre', ‚rendre bon poivre' = bezahlen; auch: ‚une note salée' (eine gesalzene Rechnung); dän. ‚det koster peber'. Viel Pfeffer zu haben ist ein sicheres Zeichen des Reichtums: lat. ‚qui piperi abundat, oleribus miscet piper'; ital. ‚chi ha molto pepe ne concisce anche gli erbaggi'; engl. ‚who has plenty of pepper, will pepper his cabbage'; so auch Seb. Franck in seinen Sprww. vom Jahre 1565 (98): ‚Wer Pfeffer genug hat, der pfeffert auch seinen Brei'; im heutigen Sprw.: ‚Wo Geld genug ist, tut man den Pfeffer an die Suppe'; ndl. ‚wie pepers te veel heeft, die pepert sijne boonen'.

Als Gegenstück des teueren Peffers wird in einigen dt. Rdaa. der Dreck genannt, z. B. bei Fischart: ‚Was er scheißt, sieht man gleich für Pfeffer an'. Bes. werden die Streber und Emporkömmlinge gegeißelt: *Er will immer unter dem Pfeffer sein;* ‚er ist Pfeffer uff allen Suppe' (els.); ‚der ist wütig, wenn der Dreck zu Pfeffer wird' (schwäb.); ‚Gott tröst, wenn Kohschiet Peper ward' (schlesw.-holst.); ‚der Müsdreck möcht gern Pfeffer sin' (schweiz.).

In den germ. Sprachen begegnet eine Rda., die sich auf die Heimat des Pfeffers bezieht: *jem. ins Pfefferland wünschen* oder *jem. hinschicken (hinwünschen), wo der Pfeffer wächst:* weit fort. ‚Ich wollte, er wäre, wo der Pfeffer wächst!'; schweizerdt. ‚ich wett du wärist, wo der Pfeffer wachst!'; bzw. ‚wenn d' nur im Pfefferland wärist!'; ndl. ‚iemand naar het Peperland wenschen'. Das ‚Pefferland' ist aber nicht, wie viele Autoren behauptet haben, Guayana, die Heimat des Cayenne-Pfeffers, das ein für den Europäer mörderisches Klima hat und früher von der frz. Regierung als Verbannungsort verwendet wurde. Diese Erklärung ist sicher nicht richtig. Die Rda. kommt nämlich schon im Jahre 1512 in der ‚Narrenbeschwörung' von Thomas Murner vor (Ndr. 77,64):

> Ach, werents an derselben statt,
> Do der pfeffer gewachsen hat!

Und im selben Werk (55,21):

Ach gott wer der in pfefferland
Der das spil zum ersten erfand.

Ungefähr gleichzeitig (1515) begegnet die Rda. in lat. Form in den ‚Epistolae obscurorum virorum' (1,25,55): „utinam omnes poetae essent ubi piper crescit". Tatsächlich wurde Guayana im Jahre 1500 von Spaniern entdeckt und erst 1581 von Holländern und 1604 von Franzosen kolonisiert. Es ist aber ausgeschlossen, daß sein gefährliches Klima schon in zwölf Jahren unter den Dt. sprw. geworden wäre. Andererseits hat man von jeher gewußt, daß der Pfeffer in Indien wächst; so schon in dem ersten Beleg bei Hippokrates (s.o.). In Grimmelshausens ‚Simplicissimus' (III, Kap. 20, S. 282) heißt es: „Bis du mit deinen Beweistümern fertig bist, so bin ich vielleicht wo der Pfeffer wächst".

Von dem ägyptischen Kaufmann und Seefahrer Kosmas Indikopleustes (um 525) wurde zuerst von der Westküste Südindiens als von einem Land gesprochen, ‚wo der Pfeffer wächst', eine Beschreibung, die ganz real gemeint ist. Indien als Heimat des Pfeffers wird auch von den Persern gemeint, wenn sie das sprw. ‚Pfeffer nach Hindustan tragen', im selben Sinne anwenden, wie wenn Europäer sagen: ‚Eulen nach Athen tragen' bzw. ‚coals to Newcastle'. Daß die traditionelle Auffassung von der indischen Heimat des Pfeffers diese in das äußerste Ende der bekannten Welt verlegte, wird auch durch den Plan von Kolumbus, westwärts zu fahren, um in das gewürzreiche Indien zu kommen, bestätigt. Wenn man also eine unangenehme Person dahin wünscht, wo der Pfeffer wächst, will man sie nach dem entlegensten Ort in der Welt schicken (vgl. frz. ‚Je voudrais que cet homme fût aux antipodes', auch ‚envoyer au Mississippi'; engl. ‚go to Jericho!', ‚to wish somebody at Jericho!'). Die Wndg. kommt, auf Indien gemünzt, ma. auch ohne Pfeffer vor. In Ottokars oesterr. ‚Reimchronik' heißt es V. 54 279ff. von einem Bischof, den die Salzburger nicht leiden mögen:

Des wunschten im die Salzpurgaere
Daz er bî priester Johan waere
Datz sant Thomas in India
Unde daz er waer aldâ
Primas oder patriarch.

Da liegt der Hase im Pfeffer ↗Hase.

Jem. Pfeffer in den Arsch blasen (oder *streuen*): ihn antreiben, ermuntern, streng behandeln. Die Rda. ist möglicherweise der Pferdehändlerpraxis entnommen: zum Verkauf vorgeführte Pferde werden vorübergehend feurig, wenn man ihnen Pfeffer in den After gibt; entspr. *Pfeffer im Arsch haben:* ungeduldig stehen, temperamentvoll sein; abgewandelt: *jem. Pfeffer unter das Hemd blasen:* ihn antreiben. *Pfeffer reiben:* beim Radfahren wegen Kurzbeinigkeit auf dem Sattel hin- und herrutschen.

Der hat seinen Pfeffer: dem hat es viel gekostet. Die Rda. aus Rottenburg (Schwaben) bezieht sich auf den Hochzeitsschmaus, der nach einem Einzelgericht als Pfeffer bez. wurde. Den Sängern, die das Hochzeitspaar ehrten, wurde immer der ‚Pfeffer', eine Speise aus Schweineblut und schwarzem Pfeffer, aufgetischt, wenn sie das ‚Pfefferlied' vortrugen.

Bereits Fischart erwähnte im 16. Jh. in ‚Aller Praktik Großmutter' (578) diese Speise:

so kompt ihr gnug auf die hochzeit früe,
Daß man euch schenk die pfeffer brüe.

‚Des wird sein Pfeffer koschte!' Das wird teuer werden! Diese Pforzheimer Rda. hängt wohl auch mit dem Pfeffer als dem teuren Hochzeitsschmaus zusammen.

Der Name des beliebten Gerichtes ‚Pfeffer' (auch: ‚Hasenpfeffer') gilt aber im Obd. gleichzeitig auch als scherzhaft makabre Bez. für ein Kruzifix, dessen Korpus nur andeutungsweise aus Herz, Händen und Füßen des Gekreuzigten besteht.

Die Rdaa. *etw. auf die Pfefferwaage legen* und ‚etw. auf die Goldwaage legen' sind gleichbedeutend: etw. sehr genau nehmen, prüfen, ↗Goldwaage.

Jem. eine pfeffern: jem. kräftig ohrfeigen.

Lit.: *J. Künzig:* „Der Pfeffer", ein Hochzeitslied im Fränkischen, in: Obd. Zs. f. Vkde., I (1927), S. 20–23; *P. Aalto:* ‚Wo der Pfeffer wächst', in: Neuphilolog. Mitteilungen. Bulletin de la société néophilologique de Helsinki, 50 (1949), S. 13–23; *H. Küster:* Wo der Pfeffer wächst. Ein Lexikon zur Kulturgeschichte der Gewürze (München 1987).

Pfeife. *Sein Pfeifchen schneiden* (oder *schnitzen*). die Gelegenheit ausnützen, seinen Vorteil wahrnehmen. Die günstige Gelegenheit besteht im Bilde darin, daß der Pfeifenschneider mitten im Rohr sitzt und hier bei der reichen Auswahl bequemes Arbeiten hat. Luther verzeichnet die Rda. in seiner Sprww.-Sammlung. Eine Erklärung findet sie erstmals bei Gerlingius (Nr. 102): „Wer in den roren sitzet, der mag jhm pfeiffen schneiden, wo er will"; lit. z.B. in Rückerts Lehrgedicht ‚Die Weisheit des Brahmanen' (11. Buch, 17): „Das Sprichwort auch ist wahr: Wer sitzet in dem Röhricht und keine Pfeife sich da schneidet, der ist töricht".

Die Pfeife im Sack halten: schweigen, kleinlaut sein; *die Pfeife in den Sack stekken, die Pfeife einziehen:* kleinlaut werden, das Spiel aufgeben. Die Rda. ist von der Sackpfeife, dem Dudelsack, genommen. In einem Volkslied des Dreißigjährigen Krieges (J. W. v. Ditfurth, Nr. 62, Str. 72) heißt es:

Der Hans hat es gemerket wol,
Die Pfeif' hübsch eingezogen.

Bei Grimmelshausen im ‚Simplicissimus' (I, S. 239): „So hätte ich die Pfeiffe wol im Sacke müssen stecken lassen"; ähnl. im 2. Bd. (S. 35): „Die Pfeiffe fiel mir bald in Dreck", es ging mir schlecht.

Nach jem. Pfeife tanzen müssen: sich nach ihm richten, ihm gehorchen müssen (vgl. Geige). Die Rda. geht auf die Äsopsche Fabel vom flöteblasenden Fischer zurück: Ein Fischer versucht, zunächst vergeblich, durch Flötenspiel die Fische an sich zu locken. Schließlich greift er zum Netz und sagt dann zu den gefangenen und vor ihm auf dem Strand zappelnden Fischen: „O ihr schlechtes Getier, als ich flötete, wolltet ihr nicht tanzen, nun ich aber aufgehört habe, tut ihr's". Die Nutzanwendung dieser Fabel durch Cyrus berichtet Herodot I, 141 (Büchmann).

Es wurde allerdings beobachtet, daß die äsopische Geschichte kaum das in der Bibel bei Matth. (11,17) stehende Gleichnis beeinflußt haben kann (D. Zeller, S. 253). Denn die Aussagen sind jeweils grundverschieden: Durch das Verhalten der Fische bei Äsop wird folgende Weisheit vermittelt: was man nicht freiwillig tut, kann, in einer Zwangslage getan, wertlos werden. Die Bibelstelle lautet (Matth. 11,16–17): „Wem soll ich aber dies Geschlecht vergleichen? Es ist den Kindlein gleich, die an dem Markte sitzen und rufen gegen ihre Gesellen und sprechen: Wir haben euch gepfiffen, und ihr wolltet nicht tanzen; wir haben euch geklagt und ihr wolltet nicht weinen". Das bibl. Gleichnis steht für die Verstocktheit der Menschen, ähnl. dem Sprw. ‚Pfeife oder weine, so wird doch nichts daraus' (Wander III, Sp. 1261, Nr. 15). Als Quelle für Matth. 11,16f. wird ein rabbinischer Text herangezogen (D. Zeller, S. 256): „Welchen Gesang auch immer einer singt, er geht nicht ein in die Ohren der Tanzenden, welchen Gesang auch immer einer singt, der verstockte Sohn hört es nicht".

Abraham a Sancta Clara verwendet die Rda. in seinem 1721–23 in Wien u. Nürnberg gedruckten Werk ‚Abrahamische Lauberhütt' (Bd. III, S. 280): ‚Tantze, wie dir Gott pfeift' (aus: Fr. Lauchert: Sprww. u. sprw. Rdaa. bei Abraham a Sancta Clara, S. 27), ↗Friedenspfeife.

‚Nach jem. Pfeife tanzen müssen'

Das reichste Leben entfaltet diese Rda. in den Totentänzen seit dem Ende des 15. Jh. Sie stellen in Bildern und Versen dar, wie der Tod als Musikant die Menschen zu seinem Tanze abholt und jedem Stand mit einem besonderen Instrument aufspielt. Bei dem Maler und Dichter Nikolaus Manuel (1484–1530) z.B. schlägt er dem Bischof die Laute, vor dem Priester bläst er in ein Horn, dem Bettler flötet er, die Königin folgt seinem Fiedelbogen, der Dirne bläst er auf der Sackpfeife vor, und die Witwe führt er mit Pfeife und Trommel. Ein ndd. Sprw., 1768 im ‚Bremisch-niedersächs. Wb.' (III, 320) gebucht, lautet: ‚Fleuten sunt holle Pipen', leere Versprechungen; darauf geht wohl die nordd. Wndg. *Det is mir pipe:* gleichgültig, zurück. Eine ähnl. Wndg. muß einst freilich auch obd. bekannt gewesen sein, denn schon bei dem Prediger Geiler von Kaysersberg heißt es: „... gaben ein Edelgestein, das viel Königreich wert ist, umb ein Pfeiffen"; auch ‚ein Roß um ein Sackpfeifen geben'. Gerade die Sackpfeife muß schon um 1500 als bes. minderwertig gegolten haben. Auf dem Holzschnitt zum 54. Kapitel von Seb. Brants ‚Narrenschiff' bläst ein Narr wohlgefällig auf einem Dudelsack, während Harfe und Gitarre zu seinen Füßen liegen. Darüber stehen die Verse:

Wem sackpfiffen freüd, kurtzwil gytt
Vnd acht der harpff vnd luten nytt,
Der gehört wol vff den narren schlytt.

Die Pfeife galt früher als Rauchgerät der armen Leute. Bismarck hat am 21. Mai 1869 in einer Rede die Wndg. vom ‚Pfeifchen des armen Mannes' geprägt: „Und wenn ich mich darauf einlassen wollte, davon zu reden, wie grausam es wäre, dem armen Mann sein Pfeifchen Tabak oder den stärkenden Trank zu verkümmern ..." (Büchmann). ‚Ja, Pfeifendeckel!' sagt man im Schwäb., um seine große Ablehnung einer Sache gegenüber deutlich zu machen, oder auch bei einer Enttäuschung, ähnl. wie rhein. ↗Pustekuchen, ↗Flötekies.

Neben diesen älteren Rdaa. sind im 20. Jh. mehrere neue Rdaa. aufgekommen, die Pfeife im Sinne von Raucherpfeife oder bildl. für ‚Versager', verhüllend für ‚penis' gebrauchen; z. B. ‚dein Kopf auf einer Pfeife, und man kann vor Lachen nicht ziehen' (zur Bez. eines Dummen); ‚dabei kann einem die Pfeife ausgehen', das dauert mir zu lange; ‚ihm geht die Pfeife aus', er bekommt keine Atemluft mehr, er ist impotent geworden, er liegt im Sterben; ‚die Pfeife ausklopfen', coire; ‚sich die Pfeife verbrennen', sich eine Geschlechtskrankheit zuziehen; ‚halt die Pfeife!', schweige!; ‚das haut einem die Pfeife aus der Schnauze', Ausdr. großer Erschütterung (Küpper; Bornemann, Sex im Volksmund).

Lit.: *D. Zeller:* Die Bildlogik des Gleichnisses Matth. 11,16f. / Luk. 7,31f., in: Zs. für neutestamentliche Wissenschaft 68 (1977), S. 252–257.

pfeifen. *Der pfeift nicht mehr lange:* der lebt nicht mehr lang; in verwandtem Sinne: *er pfeift auf dem letzten Loch* (↗Loch).

Einen pfeifen: einen Branntwein trinken. Die Wndg. ist vorwiegend in niederen gesellschaftlichen Kreisen üblich und rührt von dem alten Brauch her, daß man, wie es noch heute ab und zu geschieht, am Rande der Flasche mit dem Mund einen pfeifenden Ton hervorbringt, ehe man aus ihr trinkt. In Thomas Murners ‚Narrenbeschwörung' (18,57) heißt es: „Noch wendt sy uß der fleschen pfyffen". Das Pfeifen hatte auch einen praktischen Zweck: wenn die Flasche aus undurchsichtigem Material bestand, konnte man aus der Höhe des Pfeiftons schließen, wie weit die Flasche noch gefüllt war. Da der, der pfiff, auch trank, ist der Begriff pfeifen in den des Trinkens selbst übergegangen.

Neben dieser Umschreibung für Trinken, Saufen sind auch fast alle anderen Wndgn. aus dem Musikbereich genommen: z. B. sagt man auch: ‚einen blasen', ‚einen schmettern', oder ndd. ‚tûten', was auch: ‚ins Horn blasen' heißt; vgl. engl. ‚to wet one's whistle': einen heben.

Einem etw. pfeifen: nicht tun, was er wünscht; dazu: *auf jem. (auf etw.) pfeifen:* darauf verzichten; lit. z. B. in Freys ‚Gartengesellschaft' (46): „ein pfeiff geb ich euch, lieben Herrn, umb alle eure gedult und geistlichkeit". Aus dieser Stelle läßt sich schließen, daß die Grundbdtg. der Rda. ist: eine ↗Pfeife, d. h. etw. Wertloses, für eine Sache geben.

In einem obd. Volkslied heißt es:

I pfeif' auf mei Jungfernschaft,
i pfeif auf mei Leb'n,
Der Bu', der mir's g'nomme hat,
der kann mir 's nimmer geb'n.

Sich eins pfeifen: den Gleichgültigen spielen.

Da hilft kein Maulspitzen, es muß gepfiffen werden: hier muß gehandelt werden. Dieser Satz ist die Pointe einer weitverbreiteten, in vielen Varianten auftretenden Sage, in der der Gehenkte beim Anziehen des Stricks durch Pfeifen auf seinen Schmerz aufmerksam machen soll, es aber nur noch bis zum Mundspitzen schafft. Es handelt sich um die Sage von den Knaben, die Hängens spielen. Als sie statt des verabredeten Zeichens nur ein Mundzucken bei dem (im Spiel) Gehenkten sehen – ohne zu begreifen, daß es sich um die letzten Zuckungen des Erwürgten handelt – rufen sie ihm zu: „Maulspitzen gilt nicht, es muß gepfiffen sein!" Später verselbständigt sich diese Mahnung u. kehrt mit verändertem Sinn, nämlich als Schlußfolgerung daraus, im Sprw. wieder in der Bdtg.: ‚Jetzt muß etw. geschehen'.

Wenn in dieser Rda. das Pfeifen als selbstverständliches Mittel der Kommunikation begegnet, dann nur, weil es sich hier um spielende Jungen handelt. Bei Mädchen hingegen galt das Pfeifen von jeher als Einbruch in die männliche Domäne, den es mit abschreckender Härte zu bekämpfen galt; daher heißt es warnend: ‚Mädchen, die pfeifen, und Hühnern, die krähn, soll man beizeiten die Hälse umdrehn', ↗Mädchen.

Jem. zurückpfeifen: einen mit einer Sache Beauftragten wiederum zu sich rufen, um ihm neue Anweisungen zu geben.

Nord- und mitteldt. *Bei dir piept's wohl?:* Du bist wohl nicht recht bei Verstand?, auch: *er hat einen Piepmatz, einen Vogel (im Kopfe).*

Lit.: *J. Grimm:* Hängens Spielen, in: Kleinere Schriften (Berlin 1871, Nachdr. Darmstadt 1965) VII, S. 259; *O. Glöde:* Einen pfeifen, in: Zs. f. d. U. 5 (1891), S. 776; *R. Becker:* Einen pfeifen, in: Zs. f. d. U. 5 (1891), S. 645; 7 (1893), S. 137; *M. Willberg:* Die Musik im Sprachgebrauch ..., in: Muttersprache (1963), S. 201 ff.; *St. Odlivak:* Whistling in the dark, in: American Notes and Queries 9 (1970–71), S. 24; *M. E. Barrick:* Whistling in the dark, in: American Notes and Queries 9 (1970–71), S. 89; *A. Dundes:* The Crowing Hen and the Easter Bunny, in: A. Dundes: Interpreting Folklore (Bloomington/Indiana 1980), S. 160–175; *L. Röhrich:* Die Welt der alemann. Sprww., in: Einheit in der Vielfalt, FS f. P. Lang (Bern 1988 u. a.), S. 447; *R. W. Brednich:* Hängen spielen, in: EM. VI, Sp. 481–485.

Pfeifer. *Wie ein Pfeifer dastehen:* kläglich, wie ein begossener ↗Pudel dastehen. Dieser rdal. Vergleich ist heute nicht mehr gebräuchl., war aber im 16. Jh. ganz geläufig. Dürer stellt z. B. im Bilde einen hilflosen Pfeifer dar, dem eine Bremse um die Nase schwirrt, der aber die Musik trotzdem nicht unterbrechen darf. Eine Steigerung der Rda. ist: ‚dastehen wie ein Pfeifer, der den Tanz verdorben hat', d. h. der falsch geblasen, die Tänzer in Verwirrung gebracht hat und nun allg. Schelten über sich ergehen lassen muß. Beide Formen der Rda. finden sich bei Hans Sachs, als Eulenspiegel einen Pfaffen verführt hat, in Kot zu greifen:

Der pfaff sich segent unde
Recht wie ein pfeuffer stunde;

und als die als Apostel verkleideten Spitzbuben den Müller um sein Erspartes gebracht haben:

Der miller verdattert halb dot,
Stünd als ein pfeiffer an der stet,
Der einen dancz verderbet hat.

Wegen ihres erbärmlichen, ohrenzerreißenden Spiels wurden ungeübte Musikanten sogar an den Pranger gestellt und der öffentlichen Verspottung preisgegeben. Dabei wurde ihnen eine ‚Schandflöte' mit einem eisernen Band um den Hals gebunden, wie sie das Kriminalmuseum in Rothenburg o. d. T. zeigt.

Pfeil. *Einen Pfeil nach dem anderen senden:* mit unzulänglichen Mitteln eine Sache betreiben, etw. Unsinniges tun (vgl. ndl. ‚den een pijl na den anderen schieten'). Die Rda. hat P. Bruegel nicht nur in seinem großen Rdaa.-Bild, sondern auch

‚Einen Pfeil nach dem anderen senden'

in einem selbständigen Rundbild dargestellt. Zum selben Rdaa.-Feld gehören: ‚Er hat mehr Pfeile in seinem Köcher' (ndl. ‚hij heeft meer pijlen in zijn koker), er hat noch nicht alle seine Argumente dargelegt; ‚er hat seine Pfeile verschossen', er hat alle Möglichkeiten genutzt, er ist am Ende seiner Kraft und Möglichkeiten.
Jem. den Pfeil fi(e)dern heißt wörtl.: Jem. den Pfeil mit Federn versehen. Die heute veraltete Rda. hatte jedoch eine übertr. Bdtg., denn ‚fideren' hieß auch: erdichten, lügen. Die Rda. war also eine Umschreibung für ‚jem. etw. vormachen', ‚jem. anlügen'. Bei Joh. Agricola steht das Sprw.: ‚Der eine fidert die Pfeile, und der andere verschießt sie' (in: J. Eiselein: Die Sprww. und Sinnreden des dt. Volkes [Freiburg 1840, Nachdr. Leipzig 1980], S. 509).

Pfennig steht in der Volkssprache oft für ‚Geld' schlechthin (↗Heller, ↗Mark). *Pfennige haben:* vermögend sein, Geld haben; *auf die Pfennige sein:* geldgierig, geizig, sparsam sein; *den Pfennig ansehn:* geizig sein; derber: *den Pfennig dreimal umwenden (ehe man ihn ausgibt):* sehr geizig sein; frz. ‚Etre près de ses sous'.
Nicht für fünf Pfennige: überhaupt nicht.
Einen Pfennig ausgeben, um einen Groschen zu ersparen: ‚mit der ↗Wurst nach der Speckseite werfen'; *er hat drei Pfennige in der Tasche und für einen Taler Durst:* er hat nicht das Nötigste zum Leben; *er hat keinen Pfennig* (auch: *keinen Hosenknopf, keinen roten Heller*); vgl. frz. ‚C'est un sans-le-sou' oder: ‚Il n'a pas le sou'; ähnl. Wndgn.: ‚den letzten Pfennig mit jem. teilen'; ‚niemand einen Pfennig schuldig bleiben'; ‚den letzten Pfennig an eine Sache wagen'. Von einem Geizigen sagt man gelegentlich: ‚Der läßt sich für einen Pfennig einen rostigen Nagel durch die Kniescheibe schlagen (treiben)'. Ein ‚Pfennigfuchser' ist ein geiziger, bes. in finanziellen Angelegenheiten kleinlicher Mensch.
Etw. für keinen Pfennig weniger verkaufen: eine Preisgrenze setzen, die den Verhandlungsspielraum eingrenzt.
Mit dem Pfennig rechnen müssen arme Leute. Das Wort ‚Pfennig' hat sich höchstwahrscheinl. aus ahd. pfanting entwickelt, welches wiederum mit Pfand i.S.v. ‚zum Pfand gehörig' zusammenhängt. Nach dem Zusammenbruch der röm. Währung in den germ. Landesteilen war das Wiegen der umlaufenden Münzen wegen Fälschung nötig. Eine geeichte Münze war das Pfand, das zu wiegende Geldstück der phanting. Unter Pippin und Karl dem Großen wurde das fränkische Münzwesen neu geordnet; einzige Münze war der phanting. Kupferpfennige gab es erstmals im 16. Jh. in Westfalen. (Kluge-Mitzka, S. 542; dort auch andere, jedoch unwahrscheinl. etymolog. Erklärungen für ‚Pfennig').
Auch Sprww. haben oft vernünftiges Handeln in Geldangelegenheiten zum Thema. Wohl am bekanntesten ist:

Wer den Pfennig nicht ehrt,
ist des Thalers nicht wert.

Ähnl. heißt es schon in Agricolas Sprww.-Sammlung (Nr. 70): ‚Wer keinen Pfennig achtet, der wirt nimmer eins Gulden Herr!' (Eiselein, Sprww. und Sinnreden, S. 509), ↗Geld.

Lit.: *S. Lyer:* N'avoir pas un sou vaillant, in: Zs. f. frz. Sprache und Lit. 58 (1934), S. 22–27.

Pferd. *Das Pferd beim Schwanze aufzäumen:* eine Sache verkehrt anfangen (vgl. frz. ‚brider son cheval par la queue' (heute veraltet); ndl. ‚hij toomt het paard an den staart'). Mdal. Varianten sind: ndd. ‚he töumt 't Piäd am Mäse op', und ‚he tömt sien Perd bi'n Stert op'; vgl. das ndd.

‚Das Pferd beim Schwanz aufzäumen'

‚Das Pferd beim Schwanz aufzäumen'

Scherzwort ‚Practica est multiplex – sä de Bur, do bünd he sin Pärd mitn Steert ann Ploog'; ↗Esel. In einem Schreiben Luthers an die Stadt „Frankfurt am Meyen" heißt es:

Das heißt der rechte Meister Klügle:
Der das Roß am Hintern zäumen kann
Und reitet rücklings seine Bahn.

Ähnl. im ‚Sendbrief vom Dolmetschen' (Weimarer Ausg., 30. Bd., 2. Halbbd., S. 634): „denn die wellt wil meister klüglin bleiben, vnd mus ymer das Ros vnter dem schwantz zeumen, alles meistern, vnnd selbs nichts könnęn". Im ‚Simplicissimus' von Grimmelshausen (I, 76) steht: „Manche zäumen das Pferd (so zu reden) von hinten auf und nehmen allerlei mit der Jugend für, auszer keine Gottesfurcht".

Vom Pferd auf den Esel kommen: herunterkommen, aus leidlichem Wohlstand in armselige Verhältnisse geraten (vgl. frz. ‚monter l'âne' und ‚le temps bien employé fait monter à cheval' – beides veraltet). Diese Rda. ist bereits in einer äsopischen Fabel belegt. Plautus verwendet das gleiche Bild, aber gewissermaßen in umgekehrter Richtung: „Ab asinis ad boves transvendere", was einen Aufstieg bezeichnet; bei Bruegel in der Variante mit dem Ochsen.

Erasmus erklärt die entspr. lat. Wndg. ‚ab equis ad asinos' (‚Adagia' I, 282) mit den Worten: „Ubi quis a studiis honestioribus ad parum honesta deflectit, veluti si quis e philosopho cantor, e theologo grammaticus, e mercatore caupo, ex oeconomo coquus, e fabro fierit histrio" (d.h.: von ehrenvolleren Studien zu wenig ehrenvollen absinken, z.B. vom Philosophen zum Küster, vom Theologen zum Schullehrer, vom Kaufmann zum Krämer, vom Gutsverwalter zum Koch, vom Handwerker zum Spielmann). Die lat. Form scheint im 16. Jh. ziemlich gebräuchl. gewesen zu sein; z.B. findet sie sich in der ‚Zimmerischen Chronik' (II, 326): „Sie kamen, wie man sprücht, ab equis ad asinos". Aber schon um 1300 ist die Rda. dt. bezeugt; Hugo von Trimberg klagt in seinem Lehrgedicht ‚Der Renner' (V. 8420ff.) die Richter an, man sähe oft,

wie jener des sache, dirre jens klage
sô lange verziehen, bis daz sîn habe
kume von dem rosse zu dem stabe.

Grimmelshausen im ‚Simplicissimus' (IV, Kap. 9, S. 330): „Also kam ich vom Pferd auf den Esel, und mußte ein Musketier werden wider meinen Willen". Noch in neuerer Zeit in siebenb. Mda.: ‚vum Roß af de Kea (Kuh), von der Kea aft Schweng (Schwein), vum Schweng af den Heangd (Hund) kum', wozu sich trefflich die Geschichte von ‚Hans im Glück' (AaTh. 1415, KHM. 83) fügt, und ndl.: ‚van den os (für ors, hros = Ross) op de ezel' (↗Ochse). Der Name des Kardinals Klesl in Wien forderte die spottlustige Zeit um die Wende des 16. zum 17. Jh. zu einem Reim auf die Rda. heraus, und so sangen ihm denn die protestantischen Böhmen 1618 nach:

Ach Clesel, lieber Clesel,
Dein höllische Praktik
Bringt dich vom Pferd aufn Esel,
Bis kommt der Galgenstrick.

Mit dem kann man Pferde stehlen (oder *ein Pferd mausen*): mit ihm kann man schwierige Vorhaben ausführen, er ist zu allem brauchbar, er ist im guten Sinne unternehmungslustig und kein Spaßverderber, er ist ‚zu jeder Schandtat bereit'. Die Rda. bezieht sich auf die Tatsache, daß der Pferdedieb schlau, umsichtig und vielerfahren sein muß. Schon Theobald schreibt 1621 in den ‚Hussittenkriegen' (II, 162): „Sie waren die besten Freunde und wie man im sprüchwort sagt, hätten sie miteinander dörffen Pferd wegreiten"; E. Meisner 1705 in ‚133 Sprichwörter' (S. 119): „Wären sie nicht gute Freunde, sie hätten Pferde miteinander stehlen können – eine treffliche Freundschaft, die sich mit solchen losen Stücken zusammenkoppelt". Henrici (Picander) dichtet 1737:

Hauptsächlich sag ich unverhohlen,
Daß noch, wie man bei Leuten sieht,
Die Pferd in Compagnie gestohlen,
Die alte lustige Freundschaft blüht.

Auf einem fahlen Pferde reiten: lügen, sich irren; auch: *einen auf einem fahlen Pferde ertappen* (oder *finden, treffen*): ihn bei einer Lüge, bei einem Irrtum, auf falscher Fährte treffen; volkstümlich entstellt in der Form: ,einen auf einem faulen Pferde ertappen'. *Einen aufs fahle Pferd setzen:* ihn bloßstellen; *auf einem fahlen Pferde gesehen werden:* über einer bösen Geschichte ertappt werden, eine Schwäche verraten, so z.B. Bismarck (,Reden' XI, 312): „Ich freue mich, die Herren auf demselben fahlen Pferde im preußischen Landtage wiederzusehen". Die Deutung dieser Rda. ist schwierig. Als unwahrscheinl. abzulehnen sind die Erklärungen, das ,fahle Pferd' stamme aus Offenb. 6,8: „Siehe, ein fahles Pferd, und der darauf saß, des Name hieß Tod, und die Hölle folgte ihm nach", oder es sei der Grauschimmel Wotans in der Wilden Jagd. Eine andere Erklärung sieht in dem Wort ,fahl' kein Eigenschaftswort, sondern einen Eigennamen, und zwar ,Voland' oder ,Valant', d.i. ist der Name des Teufels in der Volkssage, der auch in der verkürzten Form ,Fahl' vorkommt. Die Volkssprache habe also einem groben Schwindler oder Bösewicht angedichtet, er reite auf ,des Fahles Pferd', d.h. dem Pferde des Teufels, des Vaters der Lüge. Richtiger ist wohl, daß Pferde von fahler Farbe selten waren und deshalb auffielen, daher die Rda. des Predigers Geiler von Kaysersberg (1445–1510) unter ,Adulatores' (Schmeichler): „den falwen hengst streichen", d.h. wohl eigentl., den Hengst jemandes um seiner seltenen Farbe willen streicheln und loben. Möglicherweise ist aber schon hier als Ursinn anzusetzen: den mit der ungewöhnlichen fahlen Farbe behafteten Hengst doch streicheln, um seinem Besitzer zu schmeicheln. So würde denn auch die Rda. ,auf einem fahlen Pferde gesehen werden' einfach bedeutet haben: einen unangenehmen Anblick gewähren, mit einer zweifelhaften Sache verbunden erscheinen. Die Rda. ,Er reitet ein fahl Pferd' ist seit 1691 durch Stieler in ,Der Teutschen Sprache Stammbaum' (S. 425) lexikalisch gebucht; dieser hat daneben auch: „Man hat ihn auf einer fahlen Ziege ertappt" (= beim Lügen erwischt); lit. belegt ist die Rda. seit 1677 bei Butschky (,Pathmos' 612): „Wer einmal auf einem fahlen Pferde ertappet wird, dem glaubt man nicht leichte mehr"; heute ist sie nur noch selten gebraucht.

Eine sprachgeschichtl. Spur führt nach Frankreich: in der altfranz. Lit. ist das falbe Pferd als Sinnbild für Lüge und Falschheit ungemein häufig: „sowohl Fauvel, abgeleitet von fauve: gelb, als auch Fauvain ... (begegnen) als Nomina propria für Pferde" (Bambeck. S. 242); dazu gehört die franz. Rda. ,chevauchier Fauvain': den Falben reiten i.S.v. Falschheit üben; auch, in derselben Bedeutung: ,estriller Fauvain': den Falben striegeln. Diese Rdaa. sind schon für das 13. Jh. belegt (Thiele, S. 116–117). In anderer Form erscheint die Rda. schon 1170 in der Reimchronik der normannischen Herzöge von Benoît de Sainte-More: „Bien conoissum la fauve asnele", sagt jem., als er ein hinterlistiges Ansinnen zurückweist (Gaston Paris, Histoire Littérature de la France, 1898, Bd. 32, S. 110).

Weiterhin gibt es einen ma. ,Roman de Fauvel' (von 1310 und 1314) von Gervais du Bus, in welchem in einer satirischen Allegorie das Pferd Fauvel als Symbol der Falschheit dargestellt wird, dem aber alle Stände, geistlich wie weltlich, schmeicheln. Der Name des Pferdes besteht aus den Anfangsbuchstaben der Laster: Flatterie, Averice, Vilenie, Variété, Envie und Lâchete' (vgl. Becker).

Bei Sebastian Brant erscheint dann frz. ,étriller le cheval fauve' als frühe dt. Übersetzung: ,den falben Hengst streichen' (1494).

Da die frz. Belege früher einsetzen als die dt., spricht vieles für eine Entlehnung. Es kommt nicht von ungefähr, daß sowohl Geiler von Kaysersberg als auch Sebastian Brant diese Rda. kennen, denn sie kommen aus dem Elsaß, einer Vermittlungszone zwischen beiden Sprachen (vgl. Bambeck, S. 247). Für eine weitere Verbreitung sorgte dann die Predigt.

Als Ausgangspunkt der Rda. überhaupt

wird der Psalm 32,17 angesehen, wo vom „fallax equus" die Rede ist.

Sich aufs hohe Pferd (Roß) setzen: sich hochmütig spreizen, stolz tun; vgl. frz. ‚monter sur ses grands chevaux'. Unwillkürlich gibt das Gefühl, hoch zu Roß zu sitzen, dem Reiter einen gewissen Stolz; so sagt der erste Kürassier in ‚Wallensteins Lager' (11. Auftr.):

Frei will ich leben und also sterben,
Niemand berauben und niemand beerben
Und auf das Gehudel unter mir
Leicht wegschauen von meinem Tier.

In übertr. Bdtg. findet sich die Rda. seit dem 16. Jh.: „Das exempel dient vff böse exempel geben, als ordenszlüt thuon, die etwan hohe rosz reiten, dadurch die edlen etwan geergert werden" (Joh. Pauli, Schimpf und Ernst, 1522, hg. v. Österley, S. 50); hierher gehört auch der seit dem 17. Jh. in übertr. Bdtg. bezeugte Ausdr. ‚hochtrabend'. Berl. ‚er is uf sein Ferd', in gehobener Stimmung; schwäb. ‚auf den höchsten Gaul 'nauf sitzen', seine Forderungen aufs höchste spannen; ‚einem auf den Gaul helfen', ‚ihn auf Trab bringen'. Heinrich von Freiberg im ‚Tristan' (V. 2195): „Er rîtet der zwelf boten pfert", geht zu Fuß, ↗Apostel.

Immer sachte (oder *nicht so hitzig*) *mit den jungen Pferden!* ist eine Mahnung, nicht überstürzt zu handeln.

Die Pferde hinter den Wagen spannen: etw. Unsinniges, Verrücktes tun. Die sprw. Rda. ist in allen rom. und germ. Sprachen verbreitet, wobei für das Pferd auch oft das Rind oder der Ochse steht. So etwa bei Freidank: „Der gebûr dânicht glückes hât, da der wagen für diu rinder gât". Das Bild stammt aus der verkehrten Welt. Vgl. engl. ‚to set the cart before the horse'; frz. ‚mettre la charrue avant les bœufs; ndl. ‚he spant de paarden achter den wagen'; ital. ‚metter il carro inanzi ai buoi', aber schon die Römer sagten: ‚Currus bovem trahit'.

Die Pferde stehen: die Sache geht nicht vorwärts.

Das beste Pferd im Stall sein: der leistungsfähigste Mitarbeiter sein.

Wer die tüchtigste, schönste Tochter bekommen hat, von dem sagt man rhein. ‚der het et beste Perd us dem Stall kriegen', und zur Bekräftigung der guten Wahl: ‚de best Perd sökt (fend) mer em (op de) Stall, de schlechten övverall'.

Das hält kein Pferd aus: das hält niemand aus, selbst der Stärkste nicht.

Von hier bringen mich keine zehn Pferde fort: hier bleibe ich unter allen Umständen; vgl. das rhein. Volksrätsel: ‚Et läft in de Keller, un zehn Geil ziehen et nit ruf?' (Antwort: der Garnknäuel).

Das Pferd suchen und darauf sitzen (reiten): sich unnütze Mühe machen, gedankenlos sein. Schlesw.-holst. sagt man entspr.: ‚He söcht dat Perd und sitt dorop'. Bei Moritz August v. Thümmel schließlich erscheint die Rda. in seiner ‚Reise in die mittäglichen Provinzen von Frankreich' (1784, S. 163): „... Es ist nichts natürlicher als die Natur, die immer da liegt, wo wir hinsehen, man sucht das Pferd, worauf man reitet".

Die Pferde scheu machen: die Leute einschüchtern, verängstigen.

Es wird ein Pferd begraben: es ertönt schwere, ernste Musik (Mitte 20. Jh.).

Überlaß das Denken den Pferden, oft mit dem Zusatz: *die haben einen größeren Schädel* oder *den größeren Kopf:* du kannst nicht denken.

Ihm gehen die Pferde durch: er verliert leicht die Beherrschung.

Emanuel Geibel prägte die Verse:

Was rühmst du deinen raschen Ritt –
Dein Pferd ging durch und nahm dich mit

(Jähns 1, S. 227). Vgl. frz. ‚Il a mangé du cheval': Er ist eine dynamische Persönlichkeit; ↗Roß.

Pferde im Hintern haben: ein Auto mit Heckmotor fahren; die Pferdestärken (PS) sitzen dann hinten.

Man hat schon Pferde kotzen sehn (oft mit dem Zusatz: ‚direkt vor der Apotheke'): man hat schon anderlei Unglaubliches erlebt, daher Vorsicht, etwa seit 1900 (Küpper).

Mit jem. eine Pferdekur (Roßkur, Gaulskur) vornehmen: die stärksten Mittel anwenden, die eigentl. nur für Pferde berechnet sind, vgl. frz. ‚une médecine de cheval', heute besser: ‚un remède de cheval', ital. ‚una medicina da cavallo'. In früheren Zeiten galten die Schmiede als Sachverständige für Pferdekrankheiten und wirkten daher als Roßärzte. Noch heute pfuschen sie manchmal auf dem Land dem Veterinär ins Handwerk. Die Behandlung der Tiere war, wie die alten ‚Doktorsbüchlein' bezeugen, gewaltsam und geradezu grausam. Der Schmied operierte mit glühendem Eisen, mit Zange und Hammer und kurierte mit den fürchterlichsten inneren Mitteln. Es gehörte wirklich eine ‚Gaulsnatur' dazu, diese Heilmethoden zu überstehen. Die Wndg. ‚Er besitzt eine Gaulsnatur (Roßnatur)' ist heute noch volkssprachl. gebräuchlich.

Um eine Pferdelänge voraus sein: knapp im Vorsprung sein; diese Rda. ist vom Pferderennen hergenommen, desgleichen die folgende: *aufs richtige (falsche) Pferd setzen:* Recht oder Glück haben (Pech haben).

Vom Pferd getreten werden: sehr verwundert, überrascht sein (werden); der Ausdr. ist bes. häufig bei Jugendlichen. Diese Wndg. ist bes. verbreitet seit Ulrich Plenzdorfs Stück ‚Die neuen Leiden des jungen W'; so sagt der Held Edgar Thibaut S. 92: „Ich dachte, mich tritt ein Pferd und streift ein Bus und alles zusammen" (ed. Suhrkamp). ‚Ich denk', mich tritt ein Pferd' ist auch als Lieblingsspruch des ehemaligen Ministers Hans Apel bekannt geworden.

‚Vom Pferd getreten'

Jem. ist schon auf dem trojanischen Pferd geritten: jem. hat ein hohes Alter. (Wander III, Sp. 1316, Nr. 852). Das ↗Trojanische Pferd war ein von den Griechen vor Troja gebautes riesiges Holzpferd, in dessen Bauch sie die Krieger verstecken und in die Stadt Troja schmuggeln konnten,

‚Das Trojanische Pferd'

↗Danaergeschenk. Diese List hatte sich Odysseus ausgedacht. Das Pferd war eines der Lieblingstiere der griech. Götter. So dachte man sich das erste Pferd ‚Arion' aus der Vereinigung Poseidons mit Demeter entstanden. In der weißen Gischt des Meeres sah man die Pferde Poseidons. Auch die Indogermanen brachten Pferde mit Gottheiten in Zusammenhang, indem sie sie als deren Verkörperung verehrten. Dem schnellen, klugen Tier wird Weissagekraft, Segenswirkung und Heilkraft zugeschrieben. Im Engl. gibt es die Rda.: ‚I heard it out of the horse's mouth': ich weiß es aus erster Hand, aus sicherer Quelle.

Im Volksmund ist das Pferd oft eine Umschreibung für ‚Penis'. So sagt man, wenn ein Mann die Hose offen hat: ‚Das Pferd ist durch die Stalltüre zu sehen'. Überhaupt sind Begriffe wie ‚reiten', ‚aufsitzen', ‚mit der Stute gen Acker fahren', ‚einer Frau den Hengst machen' Bez. für Beischlaf. Sebastian Frank schreibt 1541: „Der Wein macht das adamisch Rößlein laufen". W. Danckert (Sp. 1419) teilt einen erot. Zweizeiler aus Polen mit:

Erbarm dich, lege dich hin, denn drei Tage steht mir schon
mein Pferdchen im Ställchen, wer wird es mir tränken?

In vielen Volksliedern bedeutet die Aufforderung eines Mädchens an einen Mann, er solle doch sein Pferd an einen Baum anbinden, daß er seine Leidenschaft zügeln solle. Nach einem arab. Sprw. liegt das Paradies auf dem Rücken der Pferde. Friedrich von Bodenstedt (1819–1892) führt es im 34. Spruch seiner ‚Lieder des Mirza-Schaffy' (1851) in die dt. Lit. ein:

Das Paradies der Erde
liegt auf dem Rücken der Pferde,
In der Gesundheit des Leibes
und am Herzen des Weibes ...

Jem. gut zureden wie einem kranken Pferd (Gaul): jem. Mut zusprechen. Unter Pferdehaltern gilt, daß sich ein krankes Pferd nicht hinlegen darf, sonst stirbt es. Damit es auf den Beinen bleibt, redet man ihm u. a. auch gut zu.

Lit.: *M. Jähns:* Roß und Reiter in Leben und Sprache, Glauben und Geschichte der Deutschen. Eine kulturhist. Monographie, Bd. 1 (Leipzig 1872); *A. Tobler:* Verblümter Ausdr. und Wortspiel in altfranz. Rede, in: Sitzungsberichte der Preuß. Akademie der Wissenschaften 1882; *A. de Cock:* Het Paard in de spreekwoordentaal, in: Vkde. 9 (1896–1897), S. 89–90; *J. v. Negelein:* Das Pferd im Seelenglauben und Totenkult, in: Zs. d. V. f. Vkde. 11 (1901); *R. Schönbeck:* Das Pferd und seine Darstellung in der bildenden Kunst (1908); *L. Malten:* Das Pferd im Totenglauben, in: Jb. des dt. archäolog. Instituts 29 (1914), S. 174 ff.; *J. Müller:* Das Pferd im Volksmund, in: Niedersachsen 25 (1919), S. 208; *M. O. Howey:* The Horse in Magic and Myth (London 1923); *O. Lutsch:* Auf einem faulen Pferde ertappt werden, in: Zs. für Deutschkunde 37 (1923), S. 76–77; *A. Wesselski:* Hüte dich, mein Pferd schlägt dich!, in: ders.: Erlesenes (Prag 1928), S. 120–125; *K. de Flou:* Het peerd van de molenaar laat zijn oren hangen, in: Biekorf 36 (1930), S. 128; *W. Koppers:* Pferdeopfer und Pferdekult der Indogermanen, in: Wiener Beiträge zur Kulturgeschichte und Linguistik 4 (1936), S. 279–411; *P. A. Becker:* Fauvel und Fauvelliana, in: Berichte über die Verhandlungen der Sächs. Akademie der Wissenschaften, Phil.-hist. Klasse 88 (1936); *Fr. Thiele:* Kulturkunde bei der Darbietung idiomatischer Ausdrücke, in: German Quarterly 14 (1941), bes. S. 115–118; *R. de Roeck:* Het paard in de Volksgeneeskunde en de Folklore, in: Brabant 11 (1959), 3, S. 15–16; *A. Taylor:* Out of the horse's mouth, in: American Notes and Queries 10 (1972), S. 72; *W. Danckert:* Symbol, Metapher, Allegorie im Lied der Völker, Bd. IV (Tiere) (Bonn 1978), S. 1404–1430; *W. Gobracht:* Wer Glück hat, dem fohlt sogar der Wallach. Sprichwörter und Redensarten vom Pferd (Bad Homburg 1978); *M. Bambeck:* Auf einem fahlen Pferde reiten. Ursprung und Sinn einer alten Rda., in: Archiv für das Studium der neueren Sprachen und Literaturen 217 (1980), S. 241–258; *E. Rosenberger:* Das Pferd in deutschen Sprichwörtern und Redensarten (Lizentiatsarbeit (masch.) Basel 1989).

Pferdearbeit. *Das ist eine rechte Pferdearbeit (Roßarbeit):* das ist eine äußerst schwere, harte Arbeit. 1529 sagt Joh. Agricola unter Nr. 690 zur Erklärung des Ausdr.: „Ein pferd vnd ein maul (Maultier) thun grosse arbeyt, darumb wenn man von grosser arbeyt sagt, die schier vber eines menschen kreffte ist, so spricht man es sey roß arbeyt". Die ‚Namenlose Sammlung' von 1532 führt unter Nr. 397 an: „Es ist roßarbeit", und gibt dazu die Erklärung: „Die eym menschen zuuil, vnd zuhart ist, würt auch zum innerlichen gebraucht", vgl. frz. ‚un travail de Romain' (eine Römerarbeit). Auf die Arbeitsleistung des Pferdes spielen auch an die Wndgn.: ‚arbeiten wie ein Pferd', vgl. frz. ‚travailler comme un bœuf' (wie ein Ochse), ↗Ochse; ‚das bringen keine zehn Pferde fertig', ‚keine zehn Pferde bringen mich dazu', ‚Pferdearbeit und Spatzenfutter', viel Arbeit und wenig Essen.

Pferdefuß. *Da schaut der Pferdefuß raus:* da wird plötzlich eine bisher verborgene Hinterlist oder Unannehmlichkeit offenbar; im 17. Jh. in der Form ‚der schwarze Fuß sieht hervor' geläufig. Träger eines Pferdefußes ist nach dem Volksglauben der ↗Teufel, ↗Roß.

Urspr. hatte der Teufel in bildl. Darstellungen Vogel- oder Bocksfüße. Den Pferdefuß, der relativ spät erscheint, versucht Moser wie folgt zu erklären: „Auf der Gleichsetzung von Roß, Reiter, Tod und Teufel, die sich aus dem Zusammenhang mit dem vierten Pferd der apokalyptischen Reiter ergibt, beruht letztlich auch die Figur des Teufels mit dem Pferdefuß". In der Volksballade vom Teufelsroß begegnet einer ungehorsamen Tochter ein schöner Kavalier, der sich durch seinen Pferdefuß als Teufel entpuppt:

Da kam ein Monsieur daher
Sie meint es wär ein grosser Herr
Thät Stiefel und Sporn antragen
Er sprach: ‚mein liebe Jungfraw hört
Einen Freyer habet jhr begehrt
Drumb thu ich zu euch kommen ...'
Darüber sie erschrocken ist
Vnd sah jhm bald auff seine Füß
Ein Pferde Fuß thet er haben.

Lit.: *L. Röhrich:* Die Ballade vom Teufelsroß, in: Der Deutschunterricht 15, 2 (1963), S. 73–89; *D.-R. Moser:* Verkündigung durch Volksgesang (Berlin 1982), bes. S. 554.

Pferdekauf. Die Imponderabilien und Risiken bei Brautwerbung und Heirat umschreibt das Sprw. ‚Freien ist kein Pferdekauf'. Die Wndg. kommt als Leitmotiv und Refrain mehrfach in Volksliedern vor und ist primär ein Zitat aus dem Singspiel ‚Die Glückselige Verbindung Des Zephyrs mit der Flora' (Weißenfels 1688), wo es im 6. Auftr. der 2. Handlung heißt:

Freyen ist kein Pferde-Kauff.
Wer sich hier nicht will bedencken,
Der wird sich vergeblich kräncken
Durch den gantzen Lebens-Lauff.
Freyen ist kein Pferde-Kauff.
...
Freyen ist kein Pferde-Kauff,
Will sich einer ja verneuen
Und ein liebes Mädgen freyen,
O der thu die Augen auff.
Freyen ist kein Pferde-Kauff.

Bis heute verbreitet ist der Reimspruch:

Freyen ist kein Pferdekauf,
Jungfer, thu die Augen auf.

Ebenso in dem Lied ‚Meine Red ist abschiedsvoll' (bei Mündel, Elsässische Volkslieder, S. 123, Schlußstrophe):

Heirathen ist kein Pferdverkauf,
Mädchen thu deine Äuglein auf,
Thu sie auf und schau ihn recht an,
Daß du auch bekommst ein braven Mann.

Ans andre Geschlecht wendet sich (bei O. Böckel [Hg.], Dt. Volkslieder aus Oberhessen [Marburg 1885, Nachdr. Vaduz 1985], S. 59) im Liede ‚Meine Rede ist abschiedsvoll' die Schlußstrophe:

Freien ist kein Pferdekauf,
Bürschchen thu' die Augen auf,
Es freit so mancher gar umsonst,
Thaler geben und Thaler geben ist gar keine Kunst.

Lit.: *A. Kopp:* ‚Freien ist kein Pferdekauf', in: Euphorion 10 (1903), S. 256–257; *A. de Cock:* ‚Spreekwoorden en Zegswijzen, afkomstig van oude gebruiken en volkszeden: N. Vrijen en Trouwen, Kinderen en begraven', in: Volkskunde 13 (1900–1901), S. 151–160, 183–186, 231–237. *W. Linder-Beroud:* Von der Mündlichkeit zur Schriftlichkeit? Untersuchungen zur Interdependenz von Individualdichtung und Kollektivlied (= Artes populares 18) (Frankfurt a. M.. 1989), S. 146–151.

Pferdekopf. *Er hängt den Pferdekopf heraus:* er (der Händler) hat nichts mehr zu verkaufen; thür. und obersächs. bezeugt: ‚Nu da hängt nor glei 'ne Pfärdekopp naus, ihr habt doch gar nischt mehr zu verkoofen!', vom Kunden gesagt, wenn mehrere gewünschte Waren ausgegangen sind. Der Urspr. der Rda. ist unbekannt. Vielleicht soll auf den Pferdekopf als Zeichen einer Pferdeschlächterei hingewiesen werden, deren Fleisch- und Wurstangebot z. T. verachtet und als minderwertig angesehen wurde und im Unterschied zu Schweine- und Rindfleisch sehr viel weniger kostete. Wenn der Metzger also nichts Rechtes mehr in seinem Laden anzubieten hatte, wurde ihm verächtlich der Rat gegeben, sich auf die Pferdeschlächterei umzustellen.

Pfiff. *Den Pfiff kennen* (auch *verstehen, heraushaben); sich auf den Pfiff verstehen:* wissen, wie man am vorteilhaftesten seinen Zweck erreicht; sich darauf verstehen, wie man andere auf feine Weise täuscht und betrügt. Der Ausdr. Pfiff i. S. v. ‚List', ‚Trick', ‚listige Absicht' könnte aus der Jägersprache entlehnt sein: Die Jäger und Vogelfänger müssen die Stimmen der Vögel nachzuahmen, nachzupfeifen verstehen, vor allen Dingen aber an dem Pfiff den Vogel selbst erkennen. Andere Erklärungen knüpfen an den Pfiff des Taschenspielers an, der die Aufmerksamkeit der Zuschauer ablenken will. Doch denkt man wohl besser an den Pfiff des Gauners, urspr. ‚geheimes gepfiffenes Signal', dann auch ‚listiger Streich' (oft reimend gepaart mit ‚Kniff', d. h. eigentl.: betrügerisches Kennzeichen an Spielkarten, zu ‚kneifen' gehörig). Pfiff in der Bdtg. ‚Kunstgriff', ‚listiger Streich' lit. erst im letzten Drittel des 18. Jh.: „Ihr Pfiff, lieber Nachbar, hilft Ihnen nichts, daß Sie eine solche Antwort nicht selbst geben, sondern nur geben lassen" (Lessing, ‚Duplik', 8. Widerspruch); „Der Pfiff ist gar nicht übel! Die Einfalt vor der Schurkerei vorauszuschicken" (Lessing, ‚Nathan' V, 5); öfters bei Schiller, z. B. im ‚Fiesko' (I, 3; III, 7). Die gleichzeitigen Ableitungen ‚pfiffig' und ‚Pfiffigkeit' sind sicher älter, da das in der Studentensprache danach gebildete Wort ‚Pfiffikus' schon gegen 1700 bezeugt ist.

Wahrscheinl. im Anschluß an ↗ Pfifferling bedeutet Pfiff auch eine geringfügige, nichtige Sache; daher: *ein Streit um einen Pfiff,* ferner landschaftlich, so in Bayern und Sachsen: ein kleines Glas Bier oder Branntwein. Obersächs. ‚den Hut auf dem Pfiffe sitzen haben' meint: ihn weit hinausgeschoben, schief aufgesetzt haben.

Eine Sache hat Pfiff: etw. findet großen Anklang wegen Originalität.

Im Berl. und Obersächs. meint die Feststellung: ‚Das is ’n Ding mit ’m Pfiff‘ (oft mit einem anerkennenden Pfiff verbunden): Das ist modern, schick, hat das gewisse Etwas, auch: Das ist die Idee, die durchschlagende Erfindung.

Lit.: *L. Röhrich* u. *G. Meinel:* Rdaa. aus dem Bereich der Jagd u. der Vogelstellerei, S. 317. *E. Strübin:* Zur dt.-schweiz. Umgangssprache, in: Schweiz. Arch. f. Vkde. 72 (1976), S. 121.

Pfifferling. *Keinen Pfifferling wert sein:* nichts wert sein; *keinen Pfifferling für etw. geben:* nichts dafür geben; *sich keinen Pfifferling um etw. kümmern* (oder *scheren*): sich auf keinen Fall darum kümmern. Der Name des oft in Massen auftretenden Pilzes Pfifferling (heute allerdings eine teure Delikatesse) wird schon im 16. Jh. von etw. Wertlosem oder Belanglosem bildl. gebraucht: „Wie Pfifferling wachsen die Flecken (‚Kaldaunen‘)“, sagt Hans Sachs vom Schlaraffenland; Luther (Jenaer Ausgabe III, 285 b): „das im Sacrament ... eitel Pfifferling und Morchen (‚Morcheln‘) weren“. Lit. noch in Karl Immermanns ‚Münchhausen‘ (Buch VI, Kap. 4): „Von deinen Ziegen und deinen Holländern und deinen Poltergeistern habe ich den Pfifferling gehabt“ (= nichts). Auch ‚Pfifferstiel‘, eine Klammerform aus ‚Pfifferlingsstiel‘ kommt ebenso wie ↗ Pappenstiel frühnhd. in gleichem Sinne vor.

Lit.: *O. Weise:* In die Wicken gehen, flöten gehen und Verwandtes, in: Zs. f. hd. Mdaa., 3 (1902), S. 211–217.

Pfingsten. *Zu Pfingsten auf dem Eise:* nie und nimmermehr, niemals. Die Rda. kommt in dieser Form schon in Luthers Sprww.-Sammlung vor. In den volkstümlichen Lügenliedern (z. B. E. B. III, 36 ff.) begegnet die Rda. öfters neben anderen Unmöglichkeiten als Zeitbestimmung zu der Begebenheit, daß ein Amboß oder ein Mühlstein über den Rhein geschwommen sei und ein Frosch sie beide verschlungen habe oder ähnl. Die mdt. und nordd. verbreitete Wndg. *zu Pflaumenpfingsten* meint: wenn es zu Pfingsten reife Pflaumen gibt, d. h. ebenfalls: niemals; vgl. westf. ‚up Ulepinxte (Eulenpfingsten), wann de Kräjjen op’m Ise danset‘ (oder auch: ‚zu Pfingsten, wenn die Esel auf dem Eis tanzen‘); els. ‚zwischen Pfingsten und Straßburg (Hagenau, Basel)‘, nie und nirgends. Zu derartigen rdal. Zeitbestimmungen für ‚niemals‘ wird vorwiegend eines der drei großen Feste des Jahres, Ostern, Pfingsten oder Weihnachten, benutzt und der Begriff so getroffen, daß damit etw. Unvereinbares zusammengebracht wird, z. B. auch: ‚auf Maienostern‘ (Ostern fällt niemals in den Monat Mai); ‚auf Weihnachten in der Ernte‘; ‚zu Martini, wenn die Störche (und Schwalben) kommen‘ (am 11. Nov. sind die Störche längst weggezogen). Am verbreitetsten ist: *wenn Ostern und Pfingsten auf einen Tag fallen;* sächs. ‚da kriegste e paar Backpfeifen, daß de denkst, Ostern und Pfingsten fällt of een Tag‘. Anlaß zu diesen Rdaa. hat vielleicht die Beweglichkeit der Termine der beiden Feiertage gegeben, daneben die Erfahrung, daß zu Pfingsten im allg. mit günstigem Frühlingswetter zu rechnen und daher mit diesem Zeitbegriff weniger Zweifelhaftes verbunden ist als bei den anderen Festen, denn ‚weiße Ostern‘ gehören ebenso wie ‚grüne Weihnachten‘ nicht zu den meteorologischen Unmöglichkeiten. In Holst. sagt man auch: ‚He fiert Pingsten vör Paschen‘ (Ostern), er handelt verkehrt; in Oldenburg: ‚Dat sleit in as Pingsten upn Sondag‘.

Ebenso wie das einfache ‚nichts‘ in unzähligen Wndgn. eine bildhafte Erweiterung erfährt (↗ Deut), hat die Volkssprache auch für die Zeitbestimmung ‚niemals‘ eine Fülle von rdal. Umschreibungen geprägt. Bes. gern sind sie mit fiktiven Heiligentagen oder durch die Perversion von Heiligentagen gebildet worden. Am bekanntesten ist: ‚am St. Nimmerleinstag‘ (auch: ‚auf Sankt Nimmers‘ oder ‚Nimmermehrs Tag‘), ferner: ‚uf St. Zilorgentag‘, ‚am Fest der Beschneidung Mariä‘ (nach einem obszönen Schwank), ‚auf Teufels Himmelfahrtstag‘ (Luther). In einem schweiz. hist. Volkslied von 1335 findet sich die Formel:

Ich wil uf sant Jüten tag
Sicher varen von hus.

Dieses Zeugnis ist das älteste Beisp. für eine Rda., die sonst nur aus Nordwestdtl. und den Niederlanden seit der Mitte des 16. Jh. bekannt ist und bedeutet: ‚am Tage der Päpstin Johanna‘. Andere fiktive Daten, die rdal. für ‚niemals' stehen, sind: ‚am zweiten Sonntag vor dem ersten Schnee' (dessen Eintreten natürlich nicht vorherberechnet werden kann), ‚auf den Sommer über drei Wochen', ‚auf den Sommer über acht Tage', ‚auf den Mittwoch um drei', ‚von zwölf bis Mittag', ‚am 32. des Monats', ‚auf den 30. Februar' (vgl. Erich Kästners Buchtitel: ‚Der 35. Mai'), ‚zehn Jahre hinter dem Jüngsten Tag', ‚tausend Jahre (drei Tage) nach der Ewigkeit', ‚fünf Minuten vor der Erschaffung der Welt', vgl. engl. ‚at four o'clock next summer (week, month)', ‚the first Sunday in the middle of the week', ‚next moon's day after the week of eternity'; frz. ‚trois jours après jamais' (heute veraltet).

Nicht selten wird das rdal. Bild in die Form eines Bedingungssatzes gekleidet: ‚wenn zwei Sonntage in eine Woche kommen', vgl. frz. ‚la semaine des quatre jeudis' (wörtl.: in der Woche, die vier Donnerstage hat); ‚wenn die Sonne stillsteht', ‚wenn die Sonne in die Hölle scheint', ‚wenn der Teufel gen Himmel fährt', ‚wenn es Gulden regnet', ‚wenn es Katzen hagelt', ‚wenn die Katz kräht', ‚wenn die Hunde mit dem Schwanz bellen', ‚wenn die Böcke lammen', ‚wenn die Hennen für sich scharren', ‚wenn die Schnecken werden biesen' (mhd. bîsen = rennen, wie von Bremsen geplagtes Vieh); vgl. auch frz. ‚quand les poules auront des dents' (wörtl.: wenn die Hühner Zähne bekommen); ‚wenn die Weiden werden Pflaumen tragen', ‚wenn der Main (die Elbe usw.) brennt'; im Westerwald: ‚wenn't Wasser brennt', ‚wenn de Rhein de Berg roffleift', ‚wenn die Woch elf Dach' hot', ‚wenn de Oos (Ochs) Kälwer macht'; westf. ‚wann de swarte Snee fällt un de Lus en Daler gelt'; hess. ‚wenns Pfannkuche schneit und Buttermilch regnet'. Die Mdaa. kennen manchmal ganze sprw. Sätze für ‚niemals', z. B. schles. ‚aale Liewe rost nee, on wenn se siewa Joahr hinderm Zaune leit', ‚... on wenn se aach schon zahn Joahr onderm Miste liecht', ‚... und wenn der Deifel mit seiner Großmutter uf'm Seile tanzt'.

Eine große Rolle spielen solche Umschreibungen im Volkslied (das bloße Wörtchen ‚niemals' erscheint hier zu eindruckslos, zu prosaisch, und es umschreibt darum die Negation in poesievoller Weise), bes. beim Abschied der Liebenden, bei der Versicherung der Treue, den Befürchtungen der Untreue und den Hoffnungen auf ein Wiedersehen, z. B.:

Wenn es schneit rote Rosen
Und regnet kühlen Wein ...

Wenn's Kirschkuchen regnet
und Bratwürstl schneit ...

Bis der Birnbaum wird Äpfel tragen,
Dann soll mein Trauern ein Ende haben.

Mein Schätzlein, mein Kätzlein,
O warte nur ein Jahr,
Und wann die Weiden Kirschen tragen,
So nehm ich dich fürwahr.

Wenn das Feuer den Schnee entzündt,
Wenn der Krebs Baumwolle spinnt,
Wenn alles Wasser wird zu Wein
Und Berg und Tal zu Edelstein
Und ich darüber Herr werd sein,
Wirst du, fein's Mädle, mein eigen sein.

Viele der älteren Rdaa. für ‚niemals' sind heute in Vergessenheit geraten und nur noch aus lit. Quellen erschließbar. So verzeichnet Joh. Agricola in seiner Sprww.-Sammlung z. B.: ‚Das wirt geschehen, wenn der Teuffel von Ach kumpt', und erklärt: „Das ist: es wirt nymmermer geschehen. Zu Ach ist ein grosser thurn in der Statmauren, genent Ponellen thurn, darinne sich der Teuffel mit vil wunders, geschrey glocken klingen, vnnd anderm vnfug offtmals sehen vnd horen lest, vnnd ist die sage, er sey hinein verbannet, vnd da muß er bleiben biß an den jungsten tag. Darumb wenn man daselbs von unmöglichen Dingen redet, so sagt man, Ja es wirt geschehen, wenn der Teuffel von Ach kumpt, das ist nymmer mehr".

Zahlreiche individuelle, heute oft kaum noch verständliche Varianten bringt Joh. Fischart in seinen Dichtungen, z. B.: „An Cuntz Schlauraffen hochzeit, zu nacht bey dem Kälber dantz auff dem Nollsack", „Auff des karnöffels tag des spielers", „Auff Lutz Schwolnars tag, der den schlegel frass sechs hasensprung hinder dem Kalkofen", „An dem tag des würdigen latzenbessers", „Am tag Heintz lapp den Bapp, des würdigen Würstbuben, zwo stund zwischen Loch und Bruchhausen, in dem Eulenflug". – Nach der Eroberung von Ofen 1686 wurde Graf Tököly, der nach der ungarischen Krone unter türkischer Oberhoheit gestrebt hatte, aus dem kaiserlichen Lager verspottet:

Wann fünf König hat einmal
Die französisch Karten,
Wärst der nächste in der Wahl,
Wannst es kannst erwarten.

Schiller benutzt die volkstümliche Verhüllung des ‚niemals' in den ‚Räubern' (II, 3), wo der Pater beteuert: „So gewiss Kirschen auf diesen Eichen wachsen und diese Tannen Pfirsiche tragen, so gewiss werdet ihr unversehrt diesen Eichen und diesen Tannen den Rücken kehren"; und in der ‚Jungfrau von Orleans', wo Johanna auf des Dauphins Frage „Und Orleans, sagst du, wird nicht übergeben?" erwidert: „Eh'r siehst du die Loire zurückfließen!". – Der röm. Geschichtsschreiber Sueton (‚Augustus' 87) erzählt, daß Kaiser Augustus im täglichen Leben gewisse Worte oft wiederholt, z. B. von faulen Schuldnern häufig gesagt habe, sie würden ‚ad Calendas Graecas' (an den griech. Kalenden) zahlen. ‚Calendae' sind im röm. Kalender der erste Tag jeden Monats, ein Zahlungstermin der Römer. Da nun der Grieche diesen Termin nicht kennt und im griech. Kalender überhaupt keine Kalenden vorhanden sind, so bedeutet ‚ad Calendas Graecas': ‚bis zu einer Zeit, die nie kommen wird', auf niemals. Auch diese Wndg. ist zweifellos anschaulicher und kräftiger als das einfache lat. ‚numquam'.

Lit.: *Ed.:* Ein Pfingsten auf dem Eise, in: American Notes and Queries 5, 1 (1874), S. 402; *O. Weise:* Ad calendas Graecas und Verwandtes, in: Zs. f. hd. Mdaa. 3 (1902), S. 47–51; *S. Freud:* Die Verneinung, in: Ges. Werke Bd. 14, S. 9 ff.; *A. Wallner:* Zwischen Pfingsten und Straßburg, in: Z. f. d. A. 64 (1927), S. 95–96; *P. Sartori:* Art. ‚Pfingsten', in HdA. VI, Sp. 1684–1694; *A. Taylor:* On Tib's Eve, neither before nor after Christmas, in: Studia germanica tillägnade Ernst Allan Kock (Lund 1934), S. 385–386; *ders.:* ‚Niemals' in einem hist. Schweizer Volkslied, in: Volkskundl. Gaben, John Meier zum 70. Geburtstag dargebracht (Berlin – Leipzig 1934), S. 280 f.; *ders.:* ‚Zwischen Pfingsten und Straßburg', in: Studies in Honor of John Albrecht Walz (Lancaster [Pa] 1941), S. 21–30; *ders.:* Locutions for ‚Never', in: Romance Philology, Nos. 2 and 3 (1948–49), S. 103–134; *O. Mensing:* Zur Gesch. der volkstümlichen Verneinung, in: Zs. f. d. Ph. 61 (1936), S. 343–380; *L. Berthold:* Wenn die Katz kräht, in: Nassauische Bl., Bd. V, S. 132 f. und 199 f.; *J. Szövérffy:* Irisches Erzählgut im Abendland (Berlin 1957), S. 16 ff.; *J. Arndt:* ‚Nichts' und ‚Niemals', in: Rhein.-Westf. Zs. f. Vkde. 8 (1961), S. 118 f.; *L. Röhrich:* Gebärde – Metapher – Parodie (Düsseldorf 1967), S. 77 ff.; *E. Weiher:* Der negative Vergleich in der russischen Volkspoesie (München 1972); *W. Kürschner:* Studien zur Negation im Deutschen (Tübingen 1983); *A. Nozsicska:* Die Grammatik der Negation (= Oesterr. Akademie d. Wiss. 506) (Wien 1988).

Pfingstochse. *Aufgeputzt* (oder auch *geschmückt*) *wie ein Pfingstochse:* übertrieben (und zugleich geschmacklos) gekleidet, ‚aufgedonnert'. Der weitverbreitete rdal. Vergleich hängt mit einem Brauch der Vieh- und Weidewirtschaft zusammen: Zu Pfingsten wird in vielen Landschaften das Vieh zum erstenmal auf die Weide getrieben, oder der erste Austrieb wird mit festlichem Brauch wiederholt. Bis Pfingsten wird zuweilen ein besonderes Wiesenstück unbenützt gelassen (‚Pfingsthege', ‚Pfingstweide'). Unter lautem Jubel, mit Grün bekränzt und ge-

‚Aufgeputzt wie ein Pfingstochse'

schmückt zieht das Vieh auf die Weide. Das erste (oder letzte) Tier heißt ,Pfingstochse' (oder ,Pfingstkuh'). Als Pfingstochse wird da mancherorts, z.B. in Mecklenburg, auch der zum Pfingstbraten bestimmte fette Ochse bez., der am Donnerstag oder Freitag vor dem Fest von den Schlächtern feierlich, mit einem Blumenkranz um den Kopf, die Hörner mit Gold- oder Silberfiligran belegt und mit einer Zitrone auf der Hornspitze, endlich auch den Schwanz mit Blumen und bunten Bändern geschmückt, herumgeführt wird. Der festliche Schmuck deutet möglicherweise darauf hin, daß die Schlachtung ehedem als eine Art Opferhandlung aufgefaßt wurde. Doch mag auch der oben angeführte Brauch aus der Weidewirtschaft auf den zu Pfingsten gebratenen Ochsen eingewirkt haben (vgl. HdA. VI, 695ff.). Auf einen ähnl. Brauch geht in Frankr. der ,bœuf gras', der Fastnachtsochse, zurück, ein aufgeputzter Mastochse, der von den Metzgergesellen in den letzten Fastnachtstagen durch die Straßen geführt wird. In Marseille ging der Prachtochse, mit Teppichen behangen und mit Blumen bekränzt, sogar an der Spitze der Fronleichnamsprozession; vgl. die frz. Rda. ,promener comme le bœuf gras'.

Vgl. ,aufgeputzt wie ein ↗Palmesel'.

Lit.: *P. Sartori:* Art. ,Pfingstochse', in: HdA. VI, Sp. 1695–1697.

Pfingstrose. *Aussehen wie eine Pfingstrose:* runde, rote Backen haben wie die Blüte der Päonie; vgl. frz. ,rouge comme une pivoine'; ↗aussehen; ↗rot.

Pflaster. *Ein Pflaster* (oder *ein Pflästerchen) kriegen* (oder *auf die Wunde bekommen*): zum Entgelt für eine Zurücksetzung, sozusagen als ,Schmerzensgeld' (Trostpflaster) eine kleine Entschädigung erhalten; eine Auszeichnung oder Anerkennung, die auf eine Herabsetzung erfolgt, gleichsam zur Heilung der frisch geschlagenen Wunde. Auch sagt man im Scherz zu einem Kind, dem man zum Trost für eine Verletzung eine Süßigkeit schenkt: ,Ich will dir ein Pflaster drauflegen', wie man auch einen guten Bissen ein ,Magenpflaster' nennt. Dagegen bedeutet ,ein Pflaster auf den Buckel kriegen' Prügel beziehen; ähnl.: ,einem eine pflastern', ihn ohrfeigen.

Als ein Pflaster wird pars pro toto auch eine Stadt bez., z.B. in Wndgn. wie ,ein teueres Pflaster', eine Stadt mit teueren Lebensverhältnissen; ,das ist kein Pflaster für ihn', diese Stadt paßt nicht zu ihm, diese Stadt wird seine Moral gefährden.

Pflaster treten: nichts zu tun haben. Vgl. frz. ,battre le pavé', auch: ,être sur le pavé' (wörtl.: auf der Straße liegen), i.S.v.: arbeitslos sein; und ,mettre sur le pavé': auf die Straße (das Pflaster) setzen, i.S.v.: vor die Tür setzen.

Mit etw. die Straße pflastern können: an etw. Überfluß haben.

Pflaume. *Eine Pflaume sein:* ein nichtsnutziger Mensch sein.

Jem. anpflaumen meint: jem. necken, verspotten, veräppeln. *Sich nicht (von jedem) anpflaumen lassen:* anzügliche, spöttische Bemerkungen, provozierende Anrede energisch zurückweisen.

Lit.: *W. Danckert:* Symbol, Metapher, Allegorie ... III, S. 1047ff.

Pflicht. *Seine verdammte* (oder *verfluchte) Pflicht und Schuldigkeit tun.* Die Rda. gilt als ein angebliches Zitat Friedrichs des Großen, was aber nicht sicher verbürgt ist. In dem Aufsatz ,Die Tänzerin Barberina' erzählt Louis Schneider (,Der Bär', Berlin 1880, S. 25), Graf Dohna habe für seinen Haushofmeister C. L. Mayer, der sich darum bemüht hatte, die Tänzerin 1744 für Berlin zu gewinnen, eine besondere Belohnung beim König beantragt. Dieser aber habe geantwortet: „Kriegt nichts! hat nur seine verfluchte Schuldigkeit getan". Nach anderen Überlieferungen soll ein württembergischer Soldat diese Worte zu Napoleon gesagt haben; ↗Röhrle. Diese voneinander abweichenden ätiologischen Anekdoten machen keinen urspr. Eindruck und wecken den Verdacht, daß das vermeintliche Zitat doch als Rda. im Volksmund entstanden ist.

Jem. in die Pflicht nehmen: dafür sorgen, daß jem. gewisse Aufgaben übernimmt und die Verantwortung dafür trägt. Lit. z.B. belegt in ,Wallensteins Tod' (V, 2) von Schiller: „Nun ja, du nahmst uns ja

für ihn [= für Wallenstein] in Pflicht".
,Eheliche Pflicht' ↗Ehe; ↗Obligo.
Ein Couplet des Bergdirektors Zwack aus der Operette von Karl Zeller ,Der Obersteiger' (1893 Uraufführung in Wien) hat den Kehrreim: „Der Bureaukrat tut seine Pflicht, von neun bis eins! Mehr tut er nicht" (II. Akt).

Pflock. *Einen Pflock davorstecken:* einen Riegel vorschieben, einer Sache Einhalt gebieten, bis hierher und nicht weiter! Der Pflock ist in dieser Rda. der Vorstecker, der in die Öse am Türriegel gesteckt wird, damit die Tür nicht von außen geöffnet werden kann. Luther führt die Rda. „ein pflocklin dafur stecken" 1530 in seiner Sprww.-Sammlung an und gebraucht sie in übertr. Sinne von der menschlichen Zunge: „So ist auch hie nicht not eilens, und sollen Gottes Weise lernen, der nicht eilet, sondern mit Geduld herauslocket, bis er ein Pflöcklin fur die Zunge stecket, daß sie die nicht können wieder ins Maul ziehen" (Briefe, hg. v. de Wette, Bd. V, S. 54). Ebenfalls im 16. Jh. bei Oldecop (S. 406): „De toch (Zug) des graven von Mansfelde in dat brunswicksche lant mit Clawes Barner was mest des fursten clage anfank und orsake. Aver dar wart beide ein plock vorgeslagen".
Einen Pflock zurückstecken: Forderungen, Ansprüche reduzieren; kürzer treten; es einmal nicht so genau nehmen, milde urteilen, Nachsicht üben. Das Bild der Rda. kann vom Pflugkeil oder Stellpflock des Pfluges genommen sein: Steckt man den Pflock mit der Kette zurück, so geht der Pflug weniger tief und auch leichter. Vielleicht steht die Rda. aber auch in Zusammenhang mit der Zähl- oder Markiermethode, wie sie in England z.B. beim Aufrechnen der gewonnenen Punkte beim Bagatellespiel noch üblich ist: zu beiden Seiten des Spielbrettes befinden sich besondere Zählleisten, eine für jede Partei. Diese Leisten sind mit Löchern in regelmäßigen Abständen versehen, in die ein Pflock (,peg') paßt, der um so weiter heraufgesteckt wird, je mehr Punkte eine Partei gewonnen hat. Wenn nun ein Spieler irrtümlich oder fälschlich sich zu viele Punkte gutgeschrieben hat, so wird er veranlaßt, ,seinen Pflock zurückzustecken', ,he is taken down a peg or two'. Die engl. Rda. hat denselben Sinn wie die dt. und wäre dann wohl ebenso zu erklären. Wahrscheinl. hatte das Zählbrett mit dem Pflock früher eine weitere Verbreitung.

Lit.: *O. Hauschild:* Einen Pflock zurückstecken, in: Zs.f.d.U. 20 (1906), S. 591–592; *V. Dörr:* ,Einen Pflock zurückstecken', in: Zs. f.d.U. 21 (1907), S. 795f.; *L. Verlende:* ,De stake uittrekken', in: Biekorf 38 (1932), S. 63.

Pflug dient bildl. zur Bez. jeder Arbeit, so in der Wndg. *die Hand an den Pflug legen:* eine Arbeit aufnehmen; so z.B. Luk. 9,62: „Wer seine Hand an den Pflug legt und sieht zurück, der ist nicht geschickt zum Reich Gottes"; auch schon in Seb. Brants ,Narrenschiff' (84,1): „vil legen ir hant an den pflug"; vgl. frz. ,mettre la main à la charrue'; *mit jem. an einem Pfluge ziehen:* die gleiche Arbeit tun, das gleiche Interesse haben; *die Feder ist sein Pflug:* er verdient sein Brot mit Schreiben; so schon mhd. bei Wolfram von Eschenbach im ,Parzival' (544,15): „Von anders nihtiu gienc sîn phluoc" = von nichts anderem gewann er seinen Lebensunterhalt; und um 1400 im ,Ackermann aus Böhmen' (Kap. 3): „Von vogelwât (Vogelkleid, d.i. Schreibfeder) ist mein pflug".
Eine Umschreibung für Stand und Beruf ist die Wndg. ,Wagen und Pflug'. Auch Grimmelshausen gebraucht ,Pflug' i.S.v. Beruf: „Du sollst nicht mehr verzehren, als dein Pflug mag ernähren". Hans Sachs verwendet dieses Sprw. in einem Vierzeiler bzw. Fünfzeiler:

Ein iegliches nach seinem standt
Halt innen beide, mundt und handt
Das er nit mehr hie tu verzeren
Dan im sein pflug mag erneren
Nach der alten spruchsag.

Im ,Meier Helmbrecht' von Wernher dem Gartenaere wird der an den Hof strebende Sohn vom Vater gewarnt und in seine Standesgrenzen gewiesen (V.91): „dîn ordenunge ist der phluoc".
In einer Hs. des ehemaligen Breslauer Stadtarchives vom Jahre 1571 sagt einer vor Gericht aus, daß „das Spiel sein Pflug und Eiden (Egge)" sei.
Meckl. sagt man: ,Da wert de Plog den Sten wol finden', der Aufwand wird seine Grenzen finden; els. ,Er geht de Pflüng hünten', er wird wohl bald sterben.

‚Mein pflueg get uneben‘ gebraucht Oswald von Wolkenstein (Ausg. v. Schatz 1904, 104, 10) in der Bdtg.: es geht mir schlecht.
Das ‚Pflugziehen‘ ist ein heute ausgestorbener Brauch. Ledige Mädchen mußten in der Fastnachtszeit einen Pflug durch die Ortschaft ziehen. Das erste Zeugnis

‚Pflugziehen‘

davon steht in dem Rechnungsbuch des Sigismund des Münzreichen, Herzog von Tirol (1460): „Frauen der Vorstadt von Innsbruck, die am Aschermittwoch einen Baumstamm durch die Straßen gezogen“ hatten, bekamen „zwei rheinische Gulden“ (H. Moser, S. 184). In einem vor 1494 verfaßten Fastnachtspiel ‚Die Egen‘ heißt es:

Was heur von meiden ist überblieben und verlegen,
Die sein gespant in den Pflug und in die Egen.
Das sie drinnen ziehen mußen
Und darinnen offentlich bueßen,
Das sie sein kumen zu iren tagen,
Fut, ars, tutten vergebens tragen.

(H. Moser, S. 186). 1532 schrieb Hans Sachs den Schwank ‚Die Hausmaid im Pflug‘.

Lit.: *M. Lenschau:* Grimmelshausens Sprww. u. Rdaa. (Frankfurt/M. 1924); *Heckscher:* Art. ‚Pflugziehen‘, in: HdA. VII, Sp. 6–9; *H. J. Endepols:* Een konter als breekijzer, in: De Nieuwe Taalgids 34 (1940), S. 173–174; *J. Bergmann:* Der Pflug im Sprw., in: Unser Egerland, 8, S. 25 ff.; *H. Koren:* Pflug und Arl. Ein Beitrag zur Volkskunde der Ackergeräte. Veröffentlichung d. Inst. f. Vkde. Salzburg, Bd. 3 (Salzburg 1950); *K. M. Klier:* Das Blochziehen: ein Faschingsbrauch von der Südostgrenze Österreichs (Burgenländische Forschungen, H. 22) (Eisenstadt 1953); *H. Moser:* Städtische Fastnacht des MAs. in: Volksleben 18 (1967), S. 184–202.

Pforte. *Die Pforten schließen:* als Institution, Firma usw. zu existieren aufhören. Die Rda. spielt auf die (Fabrik-)Tore (Pforte von lat. porta: Tor) an. Die ‚Hohe Pforte‘ war die Bez. des Hofes des osmanischen Sultans in Istanbul; diese Umschreibung der ehemaligen türkischen Regierung entstand nach der hohen Pforte am Eingang des Großwesirats, die noch heute zu sehen ist. Die Stadt Jerusalem wird oft als ‚Pforte der Völker‘ bez.

Pfosten. In einer Reihe von ndd. Rdaa. steht der Ständerpfosten des ndd. Hausgerüstes als pars pro toto für das ganze Hauswesen, z.B. ‚Dat Hus steiht up papierne Pöste‘, das Anwesen ist verschuldet; ‚dat sitt dao in de Pöste‘, das liegt da in der Familie.
Neuere Rdaa. beziehen sich auf das Tor beim Fußballspiel: *Zwischen den Pfosten stehen:* Torwart sein; *an den Pfosten spielen:* den Sieg nur knapp verfehlen, indem det; ‚dat sitt dao in de Pöste‘, das liegt da in der Familie.

Lit.: *J. Schepers:* Das Bauernhaus in Nordwestdeutschland (Münster/Westf. o.J.), S. 54.

Pfote. Die Rda. *sich etw. aus den Pfoten saugen* ist bedeutungsgleich mit ‚sich etw. aus den ↗ Fingern saugen‘ und geht vielleicht auf diese zurück, möglicherweise fußt sie aber auch auf einer recht alten, allg. verbreiteten Anschauung von den Bären. In Joh. Stumpfs ‚Gemeiner loblicher Eydgnoschafft ... beschreybung‘ (Zürich 1548, Bd. II, S. 286) heißt es unter der Überschrift ‚Von allerley thieren im Alpgebirg‘: „In den ersten 14 tagen schlaffend die jungen Bären also hart ... Nach 14 tagen erwachend sy/und saugend jre tapen: davon läbend sy/und gebrauchend sich keiner anderen narung biß sy fruehlings zeyt herfür gand ...“ Ähnl. vermerkt Conrad Gesner in ‚De quadrupedibus viviparis‘ (1551) unter ‚Proverbia‘ (S. 1080): „Germani si quem de paupertate, aut avaritia et parcitate notaverint, manum ab eo sugi dicunt sicut ab urso: Er sugt den taapen wie ein baer“. Und entspr. lautet die Stelle in der Übers. von Gesners ‚De quadrupedibus‘, dem ‚Thierbuoch. Das ist ein kurtze beschreybung aller vierfüessigen thieren ... durch D. Cuonrat Forer ... in das teütsch gebracht. Zürich 1563 (Überschrift: ‚Etlich lustig Historien und Sprüchwörter von dem Bären haerruerend‘): „Item so einer arm/dannocht stoltz/scheyn der reychthumm fueren wil/spricht man: Er saugt an den dappen wie ein Baer".

Auch in zahlreichen Sagen wird das Saugen des Bären an den Hungerpfoten erwähnt. In den meisten Fällen gelangt ein verirrter Jäger an eine Bärenhöhle und wird von dem Bären vor dem Hungertod gerettet, indem ihm das Tier seine Tatzen zu saugen gibt; ↗Hungerpfote. *Sich die Pfoten verbrennen* ↗Kastanie.

Lit.: *W. Beinhauer:* A la pata la llana, in: Romanische Forschungen 56 (1942), S. 178–180; 57 (1943), S. 105–107; *H.-J. Paproth:* Art. ‚Bär', in: EM. I, Sp. 1194–1203; *ders.:* Studien über das Bärenzeremoniell (Uppsala 1976).

Pfropfen. *Auf dem Pfropfen sitzen:* in größter Verlegenheit sein. Mit Pfropfen ist hier wahrscheinl. nicht der Flaschenkork gemeint, sondern der Verschluß des Pulverfasses oder auch der auf die Pulverladung gepreßte Stöpsel: wer auf ihm sitzt, kann jeden Augenblick in die Luft fliegen (vgl. ‚auf dem Pulverfaß sitzen', ↗Pulver). Der Flaschenkork dagegen ist gemeint bei den Rdaa.: *jem. am Pfropfen riechen lassen:* ihn an etwas Angenehmem nicht beteiligen; *am Pfropfen riechen müssen:* bei einer Verteilung leer ausgehen; *am Pfropfen gerochen haben:* betrunken sein; obersächs. ‚een ufn Froppen setzen', ihn abführen, abfallen lassen, des Unsinns überführen; der geringe Platz, den ein Pfropfen bietet, ist der Anlaß des Vergleichs.

Pfui. Pfui! ist ein Ausruf des Abscheues, der lautmalend das Geräusch des Ausspeiens wiedergibt. *Pfu dich!* ist die ältere Form, die dann zu ‚pfui' kontrahiert wurde. Das Mißfallen oder der Ekel wird verstärkt durch *Pfui Teufel!* u.ä. ausgedrückt: *Da kann man nur pfui sagen!* oder *Pfui über dich!*

Etw. ist pfui ist eine aus der Kindersprache entnommene Wndg. Sie meint: Etw. ist verboten. ‚Pfui' ist auch lit. belegt, so z.B. bei J. W. v. Goethe und J. Gotthelf: Brander sagt in Auerbachs Keller in Leipzig (Faust I): „Ein garstig Lied! Pfui! Ein politisch Lied!" ↗Politik. In Gotthelfs Roman fragt sich Uli der Knecht: „Soll ich meineidig werden? Pfy! pfi tusig!" In Heinrichs v. Freiberg mhd. Schwanksage ‚Schrätel und Wasserbär' (13. Jh.) heißt es (V. 338): „Pfî dich! sprach daz schretel, pfî!" (L. Röhrich: Erzählungen des späten MA.s I, S. 15).

Pfund. *Mit seinem Pfund(e) wuchern:* seine Begabung, Mittel klug anwenden. Die Rda. ist bibl. Urspr. und beruht auf dem Gleichnis von den ‚anvertrauten Pfunden' (Luk. 19,11–28), obwohl die zur Rda. gewordene Wndg. im bibl. Text nicht unmittelbar enthalten ist. Das ‚anvertraute Pfund' wird in der Regel für ‚Geistesgaben' bildl. angewandt. Den Gegensatz bez. die aus demselben Gleichnis stammende Rda. *sein Pfund vergraben;* Matth. 25,18: „Und machte eine Grube in die Erde und verbarg seines Herrn Geld" (vgl. V. 25: „ ... und verbarg deinen Zentner in die Erde"); vgl. Luk. 19,20: „Hier ist dein Pfund, welches ich habe im Schweißtuch behalten". Lit. z.B. bei Joh. Fischart im ‚Ehzuchtbüchlein' (S. 244): „Er vergrabet sein pfündlin". Noch Schiller gebraucht die Wndg. in den ‚Räubern' (I, 2), wo Spiegelberg zu Karl Moor sagt: „Und du willst also deine Gaben in dir verwittern lassen? Dein Pfund vergraben?"

Pfunde geben: einem Jäger, der gegen eine Waidmannsregel verstoßen hat, drei Schläge mit dem flachen Waidmesser auf das Gesäß geben; der Brauch ist seit dem Ende des 16. Jh. bezeugt. Die nur in Jägerkreisen bekannte Rda. geht darauf zurück, daß Pfund im späteren MA. die Bdtg. ‚Strafe' angenommen hatte, weil Geldstrafen häufig nach Pfunden festgesetzt wurden.

Um einige Pfunde leichter sein: von einer großen, bedrückenden Sorge oder von einem Kummer befreit sein: eine ↗Last fällt von einem.

Mit ‚Pfundskerl' ist nicht etwa ein dicker Mensch gemeint, sondern ein bes. guter Freund, mit dem man ↗Pferde stehlen kann. In der Pfalz sagt man: ‚Er esch e Kerl wie a Pfund Wurscht'. In den 30er Jahren war ‚pfundig' ein allg. Ausdr. für etw. Gutes, entspr. dem heutigen ‚Klasse' oder ‚Spitze'.

Lit.: Münzen in Brauch und Aberglauben (Mainz 1982), S. 233; *H. Lixfeld:* Art. ‚Fleischpfand', in: EM. IV, Sp. 1256–1262; *E. Schamschula:* A pound of flesh. A Study of Motif J 1161,2 in Folklore and Literature (Mag. Berkeley 1981).

pfuschen, Pfuscher. *Bei etw. (bei der Arbeit) pfuschen,* auch *Pfuscharbeit leisten (liefern):* rasch, liederlich, ohne die nötige Sorgfalt, nicht zunftgerecht arbeiten, nichts Wertbeständiges und Haltbares schaffen. Das Verb ist zuerst 1572 für Breslau bezeugt. Es gilt als Bildung zu der Interjektion ‚pfu(t)sch', die lautmalend das Aufzischen von Raketen oder das Reißen von Zeug bei schlechter Arbeit nachahmt. Mit dem ostmdt. Anlaut f ist der Ausdr. auch ins Westmdt. gewandert und am Rhein, in Lothringen und Luxemburg als ‚fuschen' neben ‚puschen' bezeugt.

Das Wort stammt urspr. aus der Handwerkssprache. Bes. deutlich wird der urspr. Zusammenhang bei der Rda. *jem. ins Handwerk pfuschen:* mit ungeschickter (ungelernter) und oberflächlicher Arbeit in ein bestimmtes Fachgebiet eindringen, sich die gleichen Rechte wie ein zünftiger Handwerker anmaßen, ein zwar verachteter, doch gefährlicher Konkurrent sein, der durch billigere Arbeit Kunden abwirbt und den Gewinn anderer schmälert (↗Handwerk). Die Wndg. ist heute in übertr. Bdtg. allg. verbreitet i.S.v. stümperhaft eingreifen, sich unbefugt einmischen, auf einem Gebiete etw. zu leisten suchen, das man nicht völlig beherrscht. In dieser allgemeineren Bdtg. ist die Rda. auch häufig in der Lit. zu finden, z.B. bei Lessing, Wieland und Goethe. Wieland charakterisiert damit die Arbeiten Platos (Werke 36, 242): „Plato ist immer nur halb, was er sein möchte. Wo er scharf räsonnieren sollte, macht er den Dichter; will er dichten, so pfuscht ihm der grübelnde Sofist in die Arbeit". Auch beim versuchten Eingreifen in die Natur, die Schöpfung ist vom Pfuschen die Rede; z.B. heißt es, daß jem. *Gott (der Natur) hineinpfuschen* wolle oder *in ihren Werken herumpfusche.*

In der Gegenwartssprache besitzt der Ausdr. pfuschen noch einige Sonderbdtgn. Der entrüstete Ausruf *Das war aber gepfuscht!* oder *Das ist (doch) Pfusch!* meint, daß bei einem Spiel die Regeln nicht beachtet werden, daß betrogen wird, daß sich die Beteiligten nicht wie ehrliche Kartenspieler verhalten. Dieser Spielerausdr. ist in die Schülersprache übernommen worden in der Nebenbdtg. in der Schule unerlaubte Hilfsmittel benutzen, bei einer Arbeit, Prüfung zu täuschen versuchen.

Ein Pfuscher sein, als Pfuscher gelten: ohne Erlaubnis oder gründliche Kenntnisse eine Arbeit ausführen, aber auch: für seine oberflächliche, schlechte Leistung bekannt sein. Der Ausdr. Pfuscher galt zur Zeit des strengen Zunftwesens als Schimpfwort und verächtliche Bez. desjenigen, der heimlich, ohne die Erlaubnis des Handwerksmeisters, für sich und andere kleinere Arbeiten verrichtete. Der zunftmäßige Meister legte Wert darauf, sich deutlich von ihm zu differenzieren und seine Rechte zu wahren. Das Ergebnis der heimlich und deshalb in Hast und Eile hergestellten Waren des Pfuschers entsprach vielfach nicht den strengen Anforderungen der Zunft, der bearbeitete Gegenstand erschien den kritischen Prüfern als verdorben, also ‚verpfuscht'. Den raschen Arbeitsvorgang, aus dem nichts Solides hervorgehen kann, veranschaulicht treffend die sprw. Feststellung: ‚Pfuscher sind Huscher'. Die alten Zunftordnungen bekämpften die Böhnhasen, Pfuscher und Stümper, zu ihnen zählten Gesellen, die heimlich etw. herstellten, aber auch die zünftigen Meister selbst, wenn sie in einem Bereich tätig waren, für den ihre Zunft nicht zuständig war, oder etw. anfertigten, was einer anderen Berufsgruppe zustand, z.B. wenn der Schmied Schlosserarbeiten durchführte. Dieser Übergriff in andere Erwerbszweige wurde nicht geduldet, vor allem wegen der materiellen Interessen der Zunftmitglieder. Die negative Einstellung zum Pfuscher spiegelt auch das Sprw., z.B. heißt es in Luzern: ‚Der Pfuscher hed Brod und der Meister hed Noth'. Ein wichtiger Grund für die Verfolgung der Pfuscher war jedoch auch die Wahrung der Handwerksehre und des Ansehens der Zunft, die darüber wachte, daß ihre Mitglieder sorgfältige Arbeit verrichteten, die überall hochgeschätzt wurde.

‚Ein Kurpfuscher sein' ↗Kurpfuscher.

Lit.: *R. Wissell:* Des alten Handwerks Recht und Gewohnheit (Berlin 1929), S. 337–338; *Kluge-Götze,* S. 563; *Küpper* I, S. 248; *L. Röhrich* u. *G. Meinel:* Rdaa. aus dem Bereich von Handwerk und Gewerbe, in: Alem. Jb. (Bühl/Baden 1973).

Pharisäer. *Heuchlerisch wie ein Pharisäer sein:* Die Pharisäer waren z. Zt. Jesu eine jüdische, religiös-politische Partei. Ihr Name (griech. 'Ασιδαῖοι) bedeutet urspr. ‚die Frommen'. Die Rda. geht auf die Bibelstelle (Luk. 18, 11) zurück, die ein Gebet eines Pharisäers mitteilt: „Ich danke dir, Gott, daß ich nicht bin wie die anderen Leute". Auch in der Bergpredigt wird den Pharisäern Heuchelei vorgeworfen. Tatsächlich trugen sie ihr religiöses Bekenntnis zur Schau und betonten die Trennung von ‚Ungebildeten' und Sündern. Jedoch bemühten sie sich auch hart um Gehorsamkeit gegenüber Gott.

Lit.: *E. L. Dietrich:* Art. ‚Pharisäer', in: RGG. V (^{3}1961), Sp. 326–328; *L. Finkelstein:* The Pharisees (Philadelphia ^{3}1962).

Philipp. *Zu Vater Philipp gehen:* in das Gefängnis müssen. Diese euphemist. Umschreibung für die Strafanstalt stammt aus Berlin; und zwar hieß so das frühere Militärgefängnis Berlins in der Lindenstraße. Angeblich soll ein Unteroffizier namens Johann Philipp, der seit 1818 Arrestaufseher der Potsdamer Garnison war, Anlaß zu dieser Namensgebung gewesen sein.

Lit.: *H. Meyer:* Der richtige Berliner in Wörtern und Rdaa. (Berlin 1904).

Philippi. *Bei Philippi sehen wir uns wieder* droht man und meint damit, daß man sich bei geeigneter Gelegenheit für etw. an jem. rächen will. Philippi ist eine antike Stadt in Makedonien. Im Jahre 42 v. Chr. besiegten dort Oktavian und Antonius Caesars Mörder Brutus und Cassius. Die Wndg. geht zurück auf eine Stelle in Shakespeares Tragödie ‚Julius Caesar' (1599). Dort (IV, 3) fragt Brutus den Geist Caesars: „Weswegen kommst du?" Dieser antwortet: „Um dir zu sagen, daß du zu Philippi mich sehen sollst". Shakespeare benutzte hier Plutarchs ‚Caesar', wo es heißt: „Bei Philippi wirst du mich sehen".

Philister. *Philister über dir, Simson!* Im Gespräch warnt diese Bemerkung den Angesprochenen vor dem dritten Gesprächspartner. Der Spruch geht zurück auf das Buch der Richter 16, 9.

Der griech. Kirchenschriftsteller Origines (um 185 n. Chr.) hat schon in der 12. und 13. Homilie über die Genesis, die die Verschüttung der Brunnen Isaaks durch die Philister behandelt (1. Mos. 26, 15), diesem Tun der Philister symbolische Deutung gegeben: die Philister hätten nicht nur die Brunnen zugeschüttet, sondern sich selbst den Weg zur geistigen Erkenntnis verschlossen (Büchmann). Die Söldnertruppe Davids (2. Sam. 8, 18), Philister genannt, gehörte urspr. zu den sogenannten Seevölkern, die seit dem 14. Jh. v. Chr. zu Wasser über das Mittelmeer und zu Land über Kleinasien in den alten Vorderen Orient einströmten. Ihre Herkunft ist dunkel. Das A.T. bringt sie mit Kreta in Verbindung: ↗ Krethi und Plethi.

Ebenfalls auf Richter 16, 9 bezog sich die Predigt, die anläßlich der Ermordung eines Jenaer Studenten durch aufgebrachte Bürger der Stadt 1693 von Generalsuperintendent Georg Goetze gehalten wurde. „Dieses Wort ertönte bald in allen Gassen Jenas, und von Stund' an hießen die Bürger daselbst Philister. Der Ausdr. gefiel und ward von den Studenten auch anderwärts auf Nichtstudenten angewandt" (Eiselein: Sprww. u. Sinnreden, S. 512).

So sagt man auch: *über jem. her sein wie die Philister über Simson* und meint damit eine Gruppe von Menschen, die einen einzelnen in schwere Bedrängnis bringen.

Das (Schimpf-)Wort ‚Philister' für einen Bürger ist innerhalb der Studentensprache entstanden und seit 1697 schriftlich belegt: so lautet die Grabinschrift eines am 16. 11. 1697 erschossenen Bürgers, die von Studenten verfaßt wurde:

Hier liegt ein Goliath von der Philister Schaar,
der dem Apollo zwar mit trotze hohn gesprochen,
doch weil ihm Davids Schuß den schnellen Todt gebahr,
so ist nun dieser Hohn mit Renommee gerochen.
Philister, nemt darbei die teure Warnung ab,
daß ihr der Musen Zeug bey seiner Freyheit laßt
sonst schicken wir euch all ins finstre Todten Grab.
Wo Pluto euren leib in pech und schwefel faßt

(Fr. Kluge, S. 54).

Vorher war der Begriff gebräuchl. für die Wächter und Stadtsoldaten in Jena. Da die Bürgerschaft sich den Studenten gegenüber ähnl. verhielt wie die Ordnungshüter, lag die Bedeutungserweiterung von ‚Philister' nahe. Ein schlesisches Studentenlied verdeutlicht das wachsame Verhalten der Bürger:

Will man inter pocula
lustig sein und singen,
sind alsbald Philister da,
wollen uns verdringen

(Fr. Kluge, S. 56).

Über den engherzigen Spießbürger schreibt Goethe:

Was ist ein Philister?
Ein hohler Darm,
mit Furcht und Hoffnung ausgefüllt,
daß Gott erbarm!

(Weimarer Ausg. 56, S. 104).

Die Bez. ‚Bildungsphilister' wird vielfach Fr. Nietzsche zugeschrieben: gegen David Strauß gerichtet, schreibt Nietzsche (1873; Werke, Bd. 10, S. 475, Ausg. Leipzig 1903): „Der Bildungsphilister aber unterscheidet sich von der allgemeinen Idee der Gattung ‚Philister' durch einen Aberglauben: er wähnt selber Musensohn und Kulturmensch zu sein". Doch bestand dieses Schlagwort schon um 1850 (Büchmann).

Lit.: *H. Donner:* Art. ‚Philister', in: RGG. V, Sp. 339–341; *Fr. Kluge:* Die ältesten Belege für ‚Philister', in: Zs. f. dt. Wortf. 1 (1901), S. 50–57; *G. Krüger:* Philister, in: Germ.-rom. Monatsschrift (1911), S. 116; *M. und H. Erlenmeyer:* Über Philister und Kreter, in: Orientalia 29 (1960), S. 121–150.

Phoenix. *Sich wie ein Phoenix aus der Asche erheben:* nach scheinbar völliger Vernichtung, nach schwerem Zusammenbruch wieder frisch erstehen. Der Phoenix ist ein mythischer Vogel, dessen Sage im Orient entstanden ist. Er soll eine außerordentlich lange Lebensdauer, die ‚Phoenixperiode', haben und sich dann im Feuer verbrennen lassen, um verjüngt ins Leben zurückzukehren. Bei Hesiod (um 700 v. Chr.) hat der Phoenix eine Lebensdauer von 97200 Jahren; oft wurde die Dauer eines Phoenixlebens mit dem Sonnenjahr in Verbindung gebracht.

Überhaupt wird der Phantasievogel Phoenix als der Sonne heilig angesehen, er entsteht durch ihre Strahlen und ist oft ihr

‚Wie ein Phönix aus der Asche'

Abbild in der Kunst. Er ist mit der ägyptischen Stadt Heliopolis (Sonnenstadt) in Verbindung gebracht worden. Ebenso ist die amerikan. Stadt Phoenix [Arizona] nach ihm benannt.

In einfacher Form, d.h. ohne Verbrennung und Wiederbelebung, führt Herodot (2,73) die Phoenix-Sage in die Weltlit. ein. Erst Plinius (10.2.3) kennt die Verjüngungsgeschichte, die im MA. in erster Linie durch den ‚Physiologus' verbreitet wurde. Nach Lactantius (1. Drittel des 4. Jh.) ‚De ave Phoenice' lebt der wunderbare Vogel als Begleiter des Phoebus in einem glücklichen Lande im fernen Osten ein paradiesisches Leben. Wenn 1000 (nach anderen 500) Jahre seines Daseins vergangen sind, verläßt er seine Heimat und sucht die Welt auf, wo der Tod herrscht. Er begibt sich nach Syrien, setzt sich auf eine hohe Palme, wo er vor wilden Tieren, Schlangen und Raubvögeln geschützt ist. Auf dem Baume baut er sich ein Nest, das zugleich sein Grab wird. Mit Wohlgerüchen besprengt er seine Glieder und sein Lager und erwartet den Tod. Die Sonnenstrahlen entzünden ihn, so daß er zu Asche verbrennt. Aus der Asche entsteht nach Lactantius ein Wurm, der bei zunehmendem Wachstum sich in ein Ei verwandelt. Aus diesem kriecht nun der junge Phoenix aus. Nach Claudian (etwa 370–404) entsteht während des Verbren-

nungsprozesses in den aufgelösten Gliedern neues Leben, neues Blut durchströmt die Adern, und verjüngt erhebt sich der Phoenix aus der Asche. Der Gebrauch des Phoenix in der christl. Symbolik bot sich von selbst an. Auch in Volksmärchen kommt der Phoenix vor (vgl. Bolte-Polívka I, 153). Im ‚Millstädter Reimphysiologus' aus dem 12. Jh. tritt neben die Beschreibung des Vogels bereits seine Deutung als Symbol Christi und seiner Auferstehung. Die Str. 177–180 lauten:
„Fenix ein vogil heizzet, got selbe sich dem gelichet, wan er sprichet so in dem ewangelio: ‚ich han gewalt, minen lip ze lazzene unde widir ze nemene. andir nieman hat ubir mich gewalt': die Juden waren im erbolgen umbe disiu wort.
Von disem vogil sprichet sus der meister Phisiologus: der vogil hat gewont ubir ein lant, India ist ez genant, so er funfhundirt jar alt wirt, in einen walt, heizzet Libanus, er vert unde fullet sine fedrach beidiu mit der bimentoniu, diu in dem walde ist, er machet im von der bimenton ein nest. ein michil teil holzes er samenet, daz er dar undir leget. er vert an den stunden, uf zuo der sunnen. er nimit daz holz, daz viur in danne brennet, in sin nest er danne sliuffet, dar inne verbrinnet er mit smerzen, daz gesciht in dem merzen.
Darnach, wirt er ze ascen, in dem tage ersten wirt er ze einem wurme, des anderen tages ze einer stunde wirt er zeinem vogele, des dritten tages wirt er, als er e was ze lobene.
Dirre vogil bezeichint Christ, des vedrach sint vol mit suozzem smache, von niwer unde alter e gemachet. wol gelert ist er, in dem himilriche ein meister. niwe unde alten e er uobet, vaterlichen er unsir houtet. des si geseit lop und genade unserem herren got! Amen. Amen".
(Fr. Maurer: Die religiösen Dichtungen des 11. u. 12. Jh., Bd. I [Tübingen 1964], S. 243 u. 245).
Das Bild vom Phoenix lebt in bildender Kunst und Lit. bis zur Ggwt. fort. Schiller gebraucht es lit. in seinem Drama ‚Die Jungfrau von Orleans' (III, 3): „Frankreich steigt, ein neu verjüngter Phoenix, aus der Asche". Vgl. frz. ‚être comme le phénix qui renaît de ses cendres". In den Varianten zu KHM. 29 (‚Der Teufel mit den drei goldenen Haaren') taucht wiederholt der Vogel Phoenix auf; vgl. Bolte-Polívka I, 276.
Die Rda. ‚Wie ein Phoenix aus der Asche' ist auch parodiert worden zu: ‚Wie ein Phoenix aus der Patsche'.

Lit.: *W. Roscher:* Lexikon der griech. Mythologie III, 2, Sp. 3450 ff.; *W. Spiegelberg:* Der Name des Phönix, in: Festschrift zur 46. Versammlung dt. Philologen 1901, S. 163 ff.; *Bolte-Polívka* I, 513; *O. Keller:* Die antike Tierwelt 2 (Leipzig 1913), S. 147; *E. Ingersoll:* Birds in Legend, Fable and Folklore (New York 1923), S. 191–211; *A. Taylor:* Art. ‚Phoenix', in: HdA. VII, Sp. 18; *J. Hubaux, M. Leroy:* Le mythe du Phénix dans les littératures grecques et latins (Lüttich, Paris 1939); *R. van den Broek:* The Myth of the Phoenix according to classical and early christian traditions (Leiden 1972); *S. L. Cranston, J. Dead:* Reincarnation, The Phoenix Fire Mystery (New York 1977).

Phrase. *(Leere) Phrasen dreschen:* bloßes Gerede von sich geben, hohle Rdaa. machen. Bei der seit Beginn des 19. Jh. bezeugten Rda. liegt vermutl. eine Übertr. der Wndg. ‚leeres ↗Stroh dreschen' vor.

Pi. *Pi mal Daumen, Pi mal (x mal) Schnauze* sind Wndgn., die ‚ungefähr, nach Gutdünken' wiedergeben. Die Ludolfsche Zahl Pi π (griech. Buchstabe) als mathemat. Bez. geprägt von L. Euler [Schweizer Mathematiker, 1707–1783] gibt das Verhältnis von Kreisumfang zu Kreisdurchmesser an und hat den numerischen Wert 3,1415 ...

Picasso-Euter. *Aus dem Picasso-Euter trinken:* Milch aus einer Milchtüte trinken. Der um 1960 aufgekommene Spottname für die dreieckige Milchtüte erklärt sich aus der kubistischen Phase des spanischen Malers Pablo Ruiz y Picasso (1881–1973).

picheln. *Mit jem. einen picheln:* mit jem. gemütlich Alkohol trinken. Das Wort geht zurück auf Pegel und bedeutet eigentl., nach Eichzeichen trinken. Ein Pichler ist jem., der häufig ‚pichelt', ↗trinken.

Pickelhering. *Lustig wie ein Pickelhering:* außerordentlich fröhlich sein, erheiternd auf andere wirkend. Der Pickelhering war eine lustige Person auf der Bühne, bes. in Theaterstücken des 17. und 18. Jh. Er wurde von dem Schauspieler R. Reynold

‚Pickelhering'

geschaffen und hat seinen Namen – wie auch Hans Wurst oder Jean Potage – nach dem Lieblingsgericht des Volkes (bes. Norddtl.). Seit 1648 ist der Name bekannt; er bedeutet ‚eingepökelter Hering' (J. Eiselein: Sprww. und Sinnreden ..., S. 512).

Lit.: ↗Hans.

Piep. *Nicht ‚piep' sagen:* Kein Wort reden.
Keinen Piep mehr sagen: tot sein, ↗zeitlich.
Etw. ist zum Piepen: Etw. ist unwahrscheinlich komisch und belustigend.
Einen Pieps haben: Nicht mehr ganz bei Verstand sein; einen ↗Vogel haben.

piesacken. *Jem. piesacken:* jem. sehr quälen, ärgern, nicht in Ruhe lassen. Der Ausdr. kommt aus dem ndd. ‚ossenpesek', was nhd. ‚Ochsenziemer' heißt. Der Ausdr. bedeutet so eigentl.: Jem. mit dem Ochsenziemer schlagen. Die Herleitung aus dem Litauischen oder Polnischen ist abwegig.

Pike. *Von der Pike auf dienen:* von der untersten Stufe auf dienen. Die Rda. ist seit der 2. H. des 17. Jh. bezeugt; lit. z. B. in den ‚Teutschen Gedichten' von H. Mühlpfordt, 1686 (S. 227): „Bist von der Picken auf zum Hauptmanns-Stand gestiegen". Die Wndg. bezieht sich in wörtl. Gebrauch zunächst nur auf die militärische Karriere, d. h. auf den hohen Offizier, der in seiner Jugend wie die gemeinen Soldaten mit der Pike, d. h. dem Spieß, gedient und sich dann Stufe um Stufe emporgearbeitet hat. Heute wird die Rda. auf jeden Beruf angewandt; vgl. auch die frz. Rda. ‚sortir du rang': aus der Reihe der Lanzenträger hervortreten, die ebenfalls ihren Urspr. im Militärwesen hat.
Eine Pike (moderner heute meist *einen Pick) auf jem. haben:* einen heimlichen Groll gegen ihn hegen, ihn ‚auf dem ↗Strich' haben. Die Rda. ist im 17. Jh. über das Ndd. aus dem Ndl. (‚eenen pick hebben teghen iemanden') ins Hd. gedrungen. In den obd. Mdaa. ist auch mit einer Entlehnung unmittelbar aus dem Rom. zu rechnen, insbes. von frz. ‚pique', das sich, wie ital. ‚picca', von der Bdtg. ‚Spieß' zu ‚Groll' entwickelt hatte. Gebucht ist die Wndg. zufrühst 1691 bei K. Stieler in ‚Der Teutschen Sprache Stammbaum' (S. 117): „Er hat einen Pik auf mich/indignatur mihi", vgl. frz. ‚avoir une dent (Zahn) contre quelqu'un'.

Pik-Sieben. *Dastehen (dasitzen, aussehen) wie Pik-Sieben:* sich in Verlegenheit befinden, verblüfft, dumm dastehen; der Nichtbeachtete, Übertölpelte sein; entspr.: ‚gucken wie Pik-Sieben'; ‚die Pik-Sieben ziehen', die geringste Erfolgsaussicht wählen. Diese Rdaa. beruhen auf der Geringwertigkeit der Pik-Sieben im Kartenspiel. Die Wndg. ist ungefähr um 1900 aufgekommen und hat sich seitdem weit verbreitet, vor allem in Norddtl.

Pilatus. *Man gedenkt seiner wie des Pilatus im Credo:* er steht in keinem guten Andenken. Die heute nicht mehr gebräuchl. Wndg. ist für das 16. Jh. mehrfach bezeugt. Joh. Agricola erklärt sie in seiner Sprww.-Sammlung: „Wenn man den Catechismum lehret die jungen Kinder, so sagt man ynen im glauben: Ich glaube an Jhesum Christ etc., der da gelitten hatt vnder Pontio Pilato, gecreutziget, gestorben vnd begraben etc. Des Pilati wirt hie gedacht, aber in keynem guetten, denn man sagt, er habe Jhesum Christum zum tode des Creutzes geurteylt, vnd sey schuldig am sterben des sons Gottes. Des Herostrati, da yetzt von gesagt ist, gedenckt man auch, aber eben wie Pilatus im Credo, das ist, daß er hatt vbel gethan". Diese Deutung hat Seb. Franck wörtl. in seine Sammlung übernommen. Im 34. Abschnitt von Thomas Murners ‚Schelmenzunft' heißt es (V. 15ff.):

Wen man dyn gedenckt also,
Wie pilatus im credo,
So soltstu selten werden fro.
Das ist pilatus testament,
Wen einer nach sym letsten endt
Vff erden laßt ein bösen namen,
Des all syn kindt sich miessent schamen.

Verwandt ist die noch heute gelegentlich gehörte sprw. Scherzfrage: ‚Wie kommt Pilatus ins Credo?' Schon die Sammlung der ‚Proverbia Communia' verzeichnet: „Wo quam pilatus in den creden/Intrat quomodo Pilatus nescio credo". In der Form ‚Er ist dazu gekommen wie Pilatus ins Credo' kommt die Wndg. als rdal. Vergleich in den Mdaa. noch vor, z.B. rhein. ‚He es do eren kumme we Pilatus en et Credo' (Köln) oder schwäb. ‚an einen denken wie an Pilatus im Credo'.

Einen von Pontius zu Pilatus schicken: ihn von einem zum andern schicken, ihn zwecklos hin und her schicken; ebenso *von Pontius zu Pilatus laufen;* erfolglos von einem zum andern laufen. Die Rda. ist sehr weit verbreitet, nicht nur in Dtl., sondern auch in Frankr. (‚envoyer quelqu'un de Ponce à Pilate'; heute jedoch veraltet) und in den Niederlanden (‚iemand van Pontius naar Pilatus sturen'). Diese Rda. ist schon 1704 lit. belegt bei dem steirischen Prediger P. Amandus von Graz in seinem: ‚Fasten-Bancket der Christlichen Seelen: die dritte Speisen-Auftracht von der menschlichen Seelen'. Auch bei Friedr. Spielhagen (‚Hammer und Amboß' IV, 107): „Da läuft er von Pontius zu Pilatus"; Heinrich Heine (XII, 119): „Von Pontio nach Pilato rennen"; und im III. Akt von Hofmannsthals ‚Rosenkavalier' wird die Rda. verwendet. Auf den ersten Blick scheint die Rda. barer Unsinn zu sein: Pontius und Pilatus ist doch derselbe Mann. Christus wurde von dem röm. Statthalter Pontius Pilatus zum König Herodes geschickt, und von diesem zurück zu Pontius Pilatus; die Rda. ist also ein volkstümliches Witzwort. Den Anlaß dazu werden wohl Aufführungen von Passionsspielen zur Osterzeit gegeben haben: auf der einen Seite der unter freiem Himmel errichteten Bühne wurde das Haus des Pilatus, auf der anderen der Palast des Herodes gedacht, so daß das Hin und Her zu deutlichster Anschauung kam. Landschaftlich heißt es übrigens auch: ‚einen von Herodes zu Pilatus schikken', und auch das Umgekehrte kommt vor (vgl. dän. ‚fra Pilatus til Herodes'). Wie anrüchig der Name des Pilatus einst war, geht daraus hervor, daß der Abtritt gelegentlich ‚des Pilati heimliche Kanzlei' genannt wird, so z.B. in der Einleitung zum zweiten Teil des ‚Wunderbarlichen Vogelnestes'. Da sagt Grimmelshausen, wer sein Buch satt habe, könne es seinetwegen „kühnlich in das Wasser, in das Feuer oder wol gar in deß Pilati heimliche Cantzley werffen". Schon in einer ahd. Glosse steht für lat. ‚latrina' die Übers. ‚sprâchhûs', womit der Benediktinermönch Otfrid von Weißenburg (4,23,30) das lat. ‚praetorium' (= Amtshaus des Statthalters) wiedergegeben hatte. Dieser Witz des Glossators, der dem Pilatus ansinnt, er habe zwischen den Worten Joh. 18,33 und 38 den Abort aufgesucht – und nicht sein Amtshaus, um Jesus zu befragen, ob er der Juden König sei – hat früh Anklang gefunden: ‚Sprachhaus' bez. mhd. und frühnhd. allg. den Abort.

Das sinnlose Hin und Her, das Nicht-zur Ruhe-kommen-Können, das Jesus vor seiner Kreuzigung durch die Unentschlossenheit des Pilatus erfuhr, wurde auf diesen selbst übertragen. Seit dem MA. war Pontius Pilatus eine beliebte Sagenfigur, die eine spiegelnde Bestrafung zu erleiden hatte. Auf dem Pilatusberg bei Luzern muß er noch immer ruhelos umherwandern und zeigt sich dabei in verschiedenen Gestalten. Er heißt durch sein vergleichbares Geschick auch ‚der ewige Jude' und gilt in der Schweiz als Wetterprophet.

Lit.: *Th. Distel:* Von Pontio nach Pilato rennen, in: Zs. f. d. U. 15 (1901), S. 604; *Linde:* Zur Rda. ‚von Pontius zu Pilatus', in: Zs. f. d. U. 17 (1903), S. 368f.; *E. Meyer:* ‚Von Pontius zu Pilatus schicken', in: Zs. f. d. U. 17 (1903), S. 796ff.; *R. Vogt:* Von Pontius zu Pilatus laufen, in: Zs. f. d. U. 20 (1906), S. 520; *H. Schulz:* Pilatus, in: Zs. f. dt. Wortf. 10 (1908/09), S. 163–165; *Fr. Seiler:* Dt. Sprwwkde, S. 277; *H. Mandos:* Van Pontius naar Pilatus, in: Onze Taaltuin 4 (1935–36), S. 275–277; *Sartori:* Art. ‚Pilatus', in: HdA. VII, Sp. 25–28.

Pilgerfahrt. *Eine Pilgerfahrt antreten müssen:* eine beschwerliche Reise unternehmen. Die Rda. erinnert an die bes. im MA. mit vielerlei Gefahren verbundenen Besuche im ‚gelobten Land' und an die großen Pilgerströme zu beliebten, aber entfernten Wallfahrtsorten, wobei viele Teilnehmer den Strapazen erlagen, wie ihre Grabstätten an den Pilgerstraßen erweisen.

In vielen Metaphern gilt ‚Pilgerfahrt' für das menschl. Leben ganz allgemein, das auch als ‚Reise' bez. wird. Lit. bei Klopstock (7,302):

Pilger sind wir, wallen hier,
Gottes Stadt, nach dir gen Himmel.

Schon Geiler von Kaysersberg schreibt im ‚Narrenschiff' (1520,84): „unser leben ist ein bilgerfahrt". Vgl. das engl. Sprw.: ‚Life is a pilgrimage'.

‚Den Pilgerstab nehmen'

An einen bestimmten Ort (zu einem Grab, zu einer Veranstaltung) *pilgern:* sich in großen Scharen aufmachen, um ein bestimmtes Ziel zu erreichen.

Lit.: *R. M. Smith:* Life is a pilgrimage, in: Modern Language Notes 65 (1950), S. 443–447; *J. Parr:* Life is a pilgrimage, in: Modern Language Notes 67 (1952), S. 340–341; *I. Baumer:* Wallfahrt als Metapher, in: Wallfahrt kennt keine Grenzen, hg. v. L. Kriss-Rettenbeck u.a. (München 1984), S. 55–64.

Pille. *Einem eine bittere Pille zu schlucken geben:* ihm eine unvermeidliche Unannehmlichkeit bereiten; *eine bittere Pille hinunterschlucken müssen:* etw. Unangenehmes über sich ergehen lassen müssen. Diese aus der Medizin stammenden Rdaa. sind wohl im 17. Jh. aufgekommen; 1639 gibt Lehmann S. 84 (‚Beschwerden' 73) einen guten Rat für solche Fälle: „Pillen muß man schlucken, nicht käuwen"; vgl. frz. ‚devoir avaler la pilule'.

Eine bittere Pille versüßen (oder *vergolden, versilbern*): eine peinliche Mitteilung oder dergleichen in gemilderter Form anbringen (vgl. frz. ‚dorer la pilule à quelqu'un'; engl. ‚to gild the pill'; ndl. ‚hij krijgt eene vergulde pil'; span. ‚dorar la píldora'). 1740 heißt es in der ‚Kritischen Dichtkunst' (Abschnitt 1) des Schweizers J. J. Breitinger: „Ein kluger Arzt, der sich die Gesundheit seiner Kranken angelegen sein läßt, vergüldet oder verzuckert die bittern Pillen". Die Wndg. ‚die Pille versüßen' hat in der modernen Sprache der Erotik noch die spezielle Bdtg.: die Kosten der Antikonzeptionsmittel der Freundin übernehmen (Borneman, Sex im Volksmund).

Da helfen keine Pillen: er bleibt unbelehrbar; gegen seine Dummheit ‚ist kein Kraut gewachsen' (20. Jh.); in Kürzeln häufig unter Kindern gebräuchl.: ‚D-b-d-d-h-k-P' (für: doof bleibt doof, da helfen keine Pillen), gelegentl. noch mit dem Zusatz: u-k-M (= und keine Medizin) oder: s-A-v (= selbst Aspirin versagt).

Pilz. *In die Pilze gehen:* verlorengehen, abhanden kommen (wie sich Pilzsucher im Wald verirren). Wer neugierig fragt, wo jem. steckt, wird mit der Antwort abgefertigt: ‚Er ist in die Pilze gegangen'. Die Rda. stammt aus dem 17. Jh., wird aber erst im 18. Jh. gebräuchlicher; lit. schon

1663: „die Weisheit würde darüber in die Piltze nach Schwammen gehen"; heute bedeutet ‚der ist in die Pilze gegangen und sucht Schwämme' im Altenburgischen: er ist unter Hinterlassung von Schulden durchgebrannt. Ähnl. Wndgn. sind: ‚in die ↗Binsen, in die Nüsse, in die Wicken gehen'. Anders ostfries. ‚he geit in de Röwen (Rüben)', er macht es nicht mehr lange; ‚he kummt dermit in de Röwen', er bringt sich damit in die Patsche.

Die Rda. ‚in die Pilze gehen' spielt in einem Gedicht- und Zeichenbuch von G. Grass eine Rolle. Unverschlüsselt betont der Autor dabei den phallischen Charakter der Pilze (G. Grass: Mit Sophie in die Pilze gegangen [Göttingen 1987]).

Wachsen wie die Pilze gilt sprw. von schnellem, üppigem Emporschießen; aber nicht nur von Organischem, auch Fabriken oder ganze Städte können ‚wie Pilze aus dem Boden schießen'. Ähnliches besagt die Wndg. in Bocks ‚Kräuterbuch' vom Jahre 1560 (Germania 16,86): „Gemelte schwemme (die genannten Pilze) verwelken und verdorren im meyen, werden affter der zeit im ganzen jar nit mer gesehen. Dannenher ein sprichwort auffkommen: du wechst und nimmest zu wie die morchel im meyen"; vgl. frz. ‚pousser comme des champignons'. *Aufschießen wie die Pilze (Schwammerl) nach dem Regen* sagt man auch, wenn etw. plötzlich und in großer Menge erscheint. In der Antike hielt man die Pilze für ein Gärungsprodukt der Erde nach starken Regengüssen. Im Volksglauben gelten Pilze als Fruchtbarkeitssymbol, da sie oft innerhalb kurzer Zeit aus dem Boden schießen. Auch im Wetter- und Ernteorakel treten Pilze häufig auf: Wenn es am 4. Juli oder an Peter und Paul (29. Juni) viel regnet, regnet es Schwämme, ↗Binsen.

Lit.: *P. Hoffmann:* In die Pilze gehen, in: Zs. f.d. U. 6 (1892), S. 495–496; *R. Sprenger:* In die Pilze gehen, in: Zs. f. d. U. 7 (1893), S. 492; *F. Kuntze:* In die Pilze gehen, in: Zs. f. d. U. 7 (1893), S. 573–574; *A. Englert:* Zu den Ausdrücken ‚in die Binsen gehen', ‚in die Pilze gehen', in: Zs. f. d. U. 7 (1893), S. 626; *O. Rößner:* Zur Rda. ‚in die Pilze gehen', in: Zs. f. d. U. 8 (1894), S. 198; *M. Busse:* In die Pilze gehen, in: Zs. f. d. U. 10 (1896), S. 446; *H. Marzell:* Art. ‚Pilze', in: HdA. VII, Sp. 28–33.

pingelig. *Pingelig sein:* überaus korrekt und sorgfältig sein, anderen mit seiner Kleinlichkeit auf die Nerven gehen. Die aus der Fachsprache der Färber stammende Rda. kommt urspr. aus dem Rheinland. Der Blaufärber, der die früher bes. begehrten Blaudrucke herstellte, benutzte zum Bereiten der Farbe einen ‚Pingelpott'. Dieser Eisentopf enthielt drei Eisenkugeln, die ständig darin bewegt werden mußten, um die Indigoklumpen zu zerreiben. Da sich die Farbe am Innenrand des großen Topfes gern absetzte, klopfte der Färber sie mit einem Knochen ab. Er ‚pingelte' also von außen gegen den Topf, um ja keinen Rest der teuren Farbe zu verlieren. Daher auch die Feststellung: ‚Du bist 'nen alen Pingelpott': Du bist übergenau, pedantisch, auch: empfindlich, ein Nörgler.

Das Westfälische Freilichtmuseum Hagen zeigt in seiner ‚Blaudruckerei' außer den Druckmodeln auch einen solchen Pingelpott.

Pinie. *Jem. auf die Pinie bringen:* ihn erbosen; Analogiebildung zu: ‚jem. auf die ↗Palme bringen'; entspr.: ‚auf die Pinie klettern', sich aufregen, aufbrausen; ‚auf der Pinie sein', sehr zornig sein.

pinkeln. *Den Kleinen mal pinkeln lassen:* heißt es im Rheinl., wenn der Vater anläßlich der Geburt eines Sohnes eine Flasche Sekt spendiert. Seit dem 16. Jh. ist nordd. ‚pinkeln' belegt; niederländ. pink heißt eigentl. ‚Kleiner Finger', woraus ostfries. die Bdtg. ‚Penis' abgeleitet wurde.

Pinkepinke. *Pinkepinke haben:* viel Geld besitzen. Das lautmalerische, dem Klang der Münzen nachgebildete Wort kommt wohl aus griech. πίναξ ‚Schüssel', was entlehnt wird zu aramäisch, neuhebräisch ‚pinka', das über ‚Geldbüchse' zu ‚Geld' wird; über rotw. ‚Penunge' ist das Wort ins Dt. eingedrungen (A. Wolf, Wb. des Rotw., Sp. 4120).

In einem beliebten rhein. Karnevals-Schlager (Text: Kurt Feltz [Pseud. für Walter Stein], Melodie: Jupp Schmitz, 1949) erscheint die Wndg. im Refrain:

Wer soll das bezahlen?
Wer hat das bestellt?
Wer hat soviel Pinkepinke?
Wer hat soviel Geld?

Pinsel. *Einen großen Pinsel führen:* sehr angeben; aus der Malerei kommt diese Rda. und spielt auf das dicke, starke Auftragen der Farbe mit großem Pinsel an.
Mit trockenem Pinsel malen heißt sich und andere täuschen, (sich) etw. vormachen.
Auf den Pinsel drücken: beim Autofahren Gas geben; Pinsel ist hier eine Umschreibung für das Gaspedal.
Ein alberner Pinsel ist ein dummer und eingebildeter Mensch; ein einfältiger Mensch wird oft ‚Einfaltspinsel' genannt. ‚Pinsel' dient auch zur Umschreibung von Penis. Lat. ‚peniculus' heißt Schwänzchen; über mlat. ‚pinsellus' kam diese Umschreibung zustande.

pipe. *Etw. ist jem. pipe:* eine Sache ist einem egal, man interessiert sich nicht dafür. Pipe ist die ndd. Form von ‚Pfeife' i. S. v. Flöte. Indem man nun auf eine Sache pfeift, drückt man seine Mißachtung ihr gegenüber aus: man sagt auch: *Das ist mir pip(en)-schnurz-egal.*
↗Wurst, ↗Pfeife, ↗Flötekies.

Lit.: *O. Behagel:* Das ist mir Wurst, das ist mir pipe, in: Zs. f. dt. Wortf. 1 (1901), S. 279–280.

Pisse, pissen Die vulgärsprachl. Bez. für ‚Harn' wird rdal. gebraucht in Wndgn. wie: *die kalte Pisse kriegen:* lange, vergeblich warten; *mir läuft die Pisse weg!:* Ausruf des Erstaunens; vgl. frz. ‚Il y a de quoi pisser de rire' (umg.): Das ist zum Pissen vor Lachen! Wartet man den Verlauf der Dinge ruhig ab, so sagt man in Frankr.: ‚laisser pisser le mérinos' (wörtl.: das Merinoschaf pissen lassen), eine derbe umg. Rda. Sold. ist Pisse auch das Meer; *jem. in die Pisse jagen:* ihn ins Meer treiben.
Alle pissen in einen Topf: alle verfolgen dasselbe Ziel. *Sich verpissen:* sich wegschleichen. Wie alle Rdaa., die mit ‚pissen' gebildet werden, ist auch diese sehr derb. *Verpiß dich!:* Hau ab! *Krumm pissen,* auch: *einen Bogen pissen:* Umwege machen.
Im 12. Jh. tritt altfrz. ‚pissier' auf, das auf ein lautmalendes Wort aus der Ammensprache zurückgeht. ‚Pißnelke' ist eine berl. iron. Bez. für eine abgetakelte Frau.

Lit.: *J. H. Brunvand:* Piss in Boots, in: Northwest Folklore 1 (1965), S. 21; *V. Randolph:* Pissing in the snow and other Ozark Folktales (Urbana – Chicago – London [4]1979).

Pistole. *Wie aus der Pistole geschossen:* umgehend (bes. gern von schneller, schlagfertiger Entgegnung gesagt). Die Rda. umschreibt aber auch bisweilen das Exakte und Runde einer Leistung (vgl. ‚wie aus dem ↗Ei gepellt'). Ähnl. 1793 in Hippels Roman ‚Kreuz- und Querzüge des Ritters A–Z' (II, 21): „als folgendes Gespräch wie aus der Pistole fiel"; 1852 in Robert Prutz' Wochenschrift ‚Deutsches Museum' (I, 141): „während ein armer deutscher Schauspieler nach zwei oder drei Proben ins Feuer geht, seine Rolle aus der Pistole schießt"; vgl. frz. ‚comme un coup de pistolet'.
Einem die Pistole auf die Brust setzen: ihm energisch zusetzen, ihm keine Wahl mehr (zwischen Nachgeben und Erschossenwerden) lassen. Die Rda. ist in übertr. Sinne seit der Mitte des 19. Jh. belegt.

Pitt. *Ein unmöglicher (Herr) Pitt:* Abenteuer-Film; Kassenschlager der 30er Jahre.
Im Niederrhein. steht der Vorname ‚Pitt' (= Peter) als Bez. für Jedermann.

Placebo singen. Zweimal erscheint im ‚Lübecker Totentanz' (V. 445 u. 958, ed. Baethke 1876) die Rda. *placebo seggen* in der Bdtg.: schmeicheln, nach dem Munde reden. Nach dem ‚Breviarium Romanum' beginnt das ‚Officium defunctorum' mit dem 114. Ps.: „Dilexi, quoniam exaudiet Dominus vocem orationis meae". V. 9 lautet: „Placebo Domino in regione vivorum". Die Ableitung aus diesem Text wird deutlich in einem satirischen Dialog von 1525: „Euer vicarius und der beichtvater sind schmeichler, streichen den falben hengst, singen euch (spricht mein Kuonz) ein placebo sive dilexi". Hier sind der Anfang des Psalms und die Antiphona zusammengestellt.
Die allg. Verbreitung der Rda. beweisen die zahlreichen lit. Belege, z. B.: ‚Boek der profecien', Lübeck 1488; ‚Reineke Voss' von 1539; ‚Niederdt. Reimbüchlein' (ed. Seelmann, 1885, V. 1373): „Und spreckt Placebo, dat itzlick gern hört", Joh. Römolt in ‚Laster der Hoffart' 1563 (V. 469): „Wiltu hier zu Hoffe sein, So mustu auch thun den willen mein Vnd mir jetzt das Placebo singen"; Barth. Krüger im ‚Spiel

von den bäurischen Richtern' 1580 (V.2562): „Gehn gern zu Hoff die teller lecken, Vnd lassen jn die Hoffsup schmekken. Auch helffen das Placebo singen"; Aegidius Albertinus in ‚Lucifers Königreich und Seelengejaidt' 1616 (S. 18): „welche bissweilen vbel rahten, jhren Herrn das placebo oder wolgefallen singen"; Moscherosch 1652 (S. 83): „Solche Tisch- vnd Seckel-Freund ... loben offtermals der Herren offentliche Laster, nicht daß sie vermeynen es sey lobenswerth, sondern allein daß sie ihnen das placebo singen, Färbelstreichen usw."
Auf den Urspr. der Rda. aber werden wir hingewiesen durch einen Satz aus Chaucers ‚Canterbury Tales' (3,317). In der Erzählung des Pfarrers nämlich werden die Schmeichler beschrieben: „Flaterers ben the develes norices, that norisshen his children with mylk of losingerie ... Flaterers ben the develes chapeleyns, that singen ay Placebo". Dieser Passus ist direkt oder indirekt entlehnt aus der ‚Somme de Vices et de Vertus', die im Jahre 1279 der Dominikaner Frère Lorens dem frz. König Philipp III. widmete; es heißt da: „Losenges dist pechies se devise en V fuelles: ... quant il chantent touz jors Placebo, c'est a dire ..."
Die iron. Verwendung jenes Wortes der Totenmesse stammt also offenbar aus der lat. Predigtlit. des MA.; einem Laien mußte sie überhaupt zunächst fernliegen. *Placebo singen* ist das Ursprüngliche, nicht das ‚sagen' des Lübecker Totentanzes. Joh. Pauli gebraucht die Wndg. „Placebo spielen" dafür (‚Postilla' 44[a]). Man vergleiche ähnl. gebildete Ausdrücke, wie z. B. das ‚Gaudeamus bzw. das Benedicimus singen', die aber seltener bezeugt sind, z. B. heißt es bei Römolt in ‚Laster der Hoffart' 1563 (V.1152):

Er wird gesellschaft finden gering,
Mit dem ers Gaudeamus sing.

Und in V.1179:

Sing hin der Narren Gaudeamus,
So sing ich der Thoren Benedicimus.

‚Einem das Placebo singen' kennt auch Abraham a Sancta Clara (in ‚Judas' u. ö.), Eiselein (Sprww. und Sinnreden, S. 513) teilt ein älteres Sprw. mit: ‚Wer das Placebo domino nicht wol singen kann, der bleibe vom Hof'. Placebo kommt aus dem Lateinischen und heißt: ‚Ich werde gefallen'.
In der Medizin werden als Test ‚Placebo' genannte Präparate verwendet, die in Farbe und Geschmack einem Arzneimittel nachgebildet sind, jedoch keine medizinisch wirksamen Stoffe enthalten.

Lit.: *Joh. Bolte:* Placebo singen, in: Korrespondenzblatt d. Ver. f. ndd. Sprachforschung 10 (1885), S. 19 f.

Placet. *Sein Placet geben:* seine Zustimmung geben (lat. ‚placet': es wird genehmigt). Die Rda. ist im Spät-MA. entstanden: vom 15. Jh. bis Ende des 19. Jh. stand das Placet im Mittelpunkt der Auseinandersetzungen zwischen der weltlichen Gewalt und dem Papsttum. Heute ist diese Rda. an keinerlei Rechtsvorschriften gebunden, sondern allg. gebräuchl., ↗Okay.

Lit.: *W. Weber:* Art. ‚Plazet', in: RGG. V ([3]1961), Sp. 416–417.

Plan. *Jem. (etw.) auf den Plan rufen:* eine Person oder eine Sache vorzeigen, zum Erscheinen bringen. Genauso auch: *auf den Plan treten:* erscheinen. Plan bedeutet hier Fläche; mlat. ‚planum', adj. ‚planus' heißt ‚eben'. Im altfranz. (plain) und mhd. (plan) bedeutete dieses Wort vorwiegend ‚Kampfplatz'. Wolfram von Eschenbach schreibt im ‚Parzival' (Verse 173,27–28): „sus kom der fürste ûf den plân: dô wart mit rîten kunst getân".
Pläne schmieden: Zukünftiges (z. B. Hochzeit, Reise) gezielt vorbereiten oder sich auch nur in der Phantasie ausmalen. Das Verb ‚schmieden' kann aus der Rda. ‚sein Glück schmieden' eine neue rdal. Verbindung eingegangen sein.
Die Rda. ‚Pläne schmieden' kann sowohl positive wie auch negative Bdtg. durch ein zusätzliches Adj. erhalten: *neue Pläne schmieden:* voller Hoffnung etw. anderes versuchen, aber auch: *finstere Pläne schmieden (machen):* Böses, Schädliches, gar Kriminelles planen.
Jem. Pläne durchkreuzen: sein Vorhaben vereiteln.

Planet. *Einem die Planeten lesen:* kann in zwei Bdtgn. vorkommen: erstens dem Wortsinn getreu: jem. wahrsagen, zum anderen auch: ihm einen Verweis geben, ‚ihm die ↗Leviten lesen', ihm den Stand-

punkt klarmachen. Es wird vermutet, daß ‚Planeten' hier ein scherzhafter Ersatz für ‚Propheten' ist.
Die Rda. erscheint lit. u.a. mehrfach bei Abraham a Sancta Clara (z.B. ‚Judas' III,488): „Sein Weib, die ihme stäts die Planeten gelesen". Zur Erklärung der Rda. wird an die Bdtg. der Planeten als Schicksalssterne anzuknüpfen sein, ebenso wie in der Rda. *unter einem bösen* (oder *unglücklichen) Planeten zur Welt gekommen sein;* vgl. frz. ‚être né sous une bonne étoile', ↗Stern.
Er ist allein unter dem richtigen Planeten geboren: er will alle Weisheit für sich in Anspruch nehmen, alles am besten wissen. Vgl. ndl. ‚Hij is alleen onder da regte planeet geboren'.

Lit.: *A. de Cock:* Spreekworden, Zegswijzen en Uitdrukkingen op Volksgeloof berustend: I. De Planeten in het volksgeloof, in: Vkde. 19 (1907–08), S. 214–222; 20 (1909), S. 22–30, 45–54, 102–109, 168–178, 214–225; 21 (1910), S. 31–37, 70–76, 96–101, 143–149, 186–193; *A. de Cock:* Jem. zijn planeet lezen, in: Vkde. 19 (1907–08), S. 133; *V. Stegemann:* Art. ‚Planeten', in: HdA. VII, Sp. 36–294; *K. Helm:* Einem die Planeten lesen, in: Hess. Bl. f. Vkde. 37 (1938), S. 191.

platonisch. *Jem. platonisch lieben:* Jem. lieben, ohne die Erfüllung in der sinnlichen Liebe finden zu wollen. Der Ausdr. bezieht sich auf den griech. Philosophen Platon (427–348/47 v. Chr.), der in seinem Werk ‚Symposion' dem Eros eine metaphysische Deutung gibt.

Lit.: *R. Lagerborg:* Platonische Liebe (Leipzig 1926); *K. Ritter:* Platonische Liebe. Dargest. durch die Übersetzung und Erläuterung des ‚Symposions' (Tübingen 1931).

platt ist häufig in rdal. Vergleichen, wie: *platt wie eine Briefmarke:* sehr verblüfft, sprachlos; *platt wie ein Bügelbrett:* flachbusig; vgl. frz. ‚plat comme une planche à repasser'; *platt wie eine Flunder (Scholle):* flachbusig, hager; *platt wie ein ↗Pfannkuchen.*
Platt sein: erstaunt, sprachlos sein. Der Ausdr. kommt von ‚plätten' (bügeln), welcher zurückgeht auf franz. ‚plat', das im 16. Jh. aus dem Ndd. in das Hochdt. gekommen ist. Ähnl.: *platt wie Zeitungspapier:* sehr überrascht; *sich platt wie eine Briefmarke machen:* sich eng an den Boden schmiegen, volle Deckung nehmen.

Platte. *Die Platte putzen:* sich davonmachen, Schluß machen, verschwinden. Obwohl die Rda. neuerdings auch gelegentlich i. S. v. ‚alles aufessen' gebraucht wird, hat sie vermutl. nichts mit der Servierplatte zu tun; sie stammt vielmehr über das Rotw. aus talmudisch ‚p'lat' = Flucht (↗Pleite) und ‚puz' = sich zerstreuen. Auf die fotografische Platte beziehen sich die Rdaa.: *jem. auf die Platte bannen:* ihn fotografieren; *das kommt nicht auf die Platte:* das kommt nicht in Betracht, ‚das kommt nicht in die ↗Tüte'.
Die Schallplatte ist in folgenden Rdaa. gemeint: *die alte Platte laufen lassen:* sich ständig wiederholen, die gewohnten Rdaa. wieder auftischen; vgl. frz. ‚remettre le disque'; *die Platte ist abgespielt:* die Sache ist veraltet, unwirksam; vgl. frz. ‚Le disque est usé'; *etw. auf der Platte haben:* etw. gerade erörtern, etw. routinemäßig beherrschen; *die Platte hat einen Kratzer bekommen:* die oftmals wiederholte Behauptung hat inzwischen ihre Berechtigung eingebüßt; *die Platte kennen:* die übliche Entwicklung, den üblichen Gedankengang kennen; vgl. frz. ‚connaître la musique'; *eine neue Platte auflegen:* den Gesprächsstoff wechseln.
Platte ist auch ein rdal. Bild für die Glatze; *jem. die Platte polieren:* ihn auf den Kopf, ins Gesicht schlagen.
Platte schieben: im Freien übernachten; verkürzt aus dem handwerksburschensprachl. und gaunersprachl. ‚eine platte Penne machen', flach auf dem Erdboden schlafen.

Lit.: *S. A. Wolf:* Die Platte putzen, in: Muttersprache 64 (1954), S. 364.

Platz. *Auf dem Platz bleiben:* im Kampf fallen; ein schonend-verhüllender Ausdr., wobei Platz für Kampfplatz steht. Die Wndg. kommt schon in einem hist. Volkslied aus dem Jahre 1446 vor: „Leib und blut auf dem platze blieb" (Liliencron 78,11). ‚Auf dem Platz bleiben' bedeutet aber auch: Sieger in einem Zweikampf sein, das Feld behaupten; lit. bereits in übertr. Sinne, z. B. in den Worten der Lady Milford in Schillers ‚Kabale und Liebe' (II,3): „Wir wollen sehen, ob die Mode oder die Menschheit auf dem Platze bleiben wird".

Jem. auf die Plätze verweisen: siegen; den Gegner auf die niedrigeren Plätze zwingen, ihn im sportlichen Wettkampf überflügeln, ihm überlegen sein.
Das war hier nicht am Platze: eine Bemerkung war nicht angebracht; dies ist die Übers. der lat. Wndg. von Horaz (65–8 v. Chr.): ‚non erat his locus'. „Platz, Platz dem Landvogt" stammt aus Schillers ‚Tell' (1804) (III, 3); heute ist es eine iron. Bitte, einem Schwerbeladenen Platz zu machen. In der Schleswigschen Geest sagt man auf plattdän.: ‚Enva aa sit Plads aa ä Mjelkkmand ve ä Pomp' (jeder an seinem Platz und der Milchmann bei seiner Pumpe).
‚Am rechten Platz der rechte Mann' ist eine Formulierung von Austen H. Layard, gemacht im engl. Unterhaus 1855: ‚The right man in the right place'. Das engl. Sprw. ‚A place for everything and everything in its place' ersch. ebenfalls erstmals 1855 und ist eine Variation des antiken Spruches: ‚Omnia tempus habent et suis spatiis transeunt universa sub cælo' (A. Taylor, S. 238). Ein ‚Platzhirsch' ist derjenige, dem alle Frauen am Ort nachlaufen; der Ausdr. wurde urspr. nur auf den Hirsch angewandt, der sich als der Stärkste während der Brunftzeit erwiesen hat.
Mit der Wndg. *mehr Platz als Kuchen* bez. man rheinhess. einen Projektemacher (‚Platz' ist hier aber Name eines einfachen Gebäcks).
Den Platz an der Sonne nicht gönnen: eifersüchtig, neidisch sein. In der Reichstagssitzung vom 6. 12. 1897 sagte Fürst Bülow (1849–1929) mit Bezug auf die Inbesitznahme von Kiautschou: „Wir sind gern bereit, in Ostasien den Interessen anderer Großmächte Rechnung zu tragen in der sicheren Voraussicht, daß unsere eigenen Interessen gleichfalls die ihnen gebührende Würdigung finden. Mit einem Worte: Wir wollen niemand in den Schatten stellen, aber wir verlangen auch unseren Platz an der Sonne". Als ältester Beleg der Wndg. gelten Pascals ‚Pensées' (1670), wo es heißt: „Ce chien est à moi, disaient les pauvres enfants, c'est là ma place au soleil: voilà le commencement et l'image de l'usurpation de toute la terre" (Büchmann). ‚Der Platz an der Sonne' spielt auch in der Ggwt. als Schlagwort eine Rolle, ebenso die Wndg. ‚kein Platz für wilde Tiere', die durch die Fernsehsendungen Prof. Grzimeks allg. bekannt geworden ist.

Lit.: *A. Taylor:* Method in the history and interpretation of a proverb: A place for everything and everything in its place, in: Proverbium 10 (1968), S. 235–238; *B. Ketelsen:* Rdaa von Mensch- und Menschenleben, in: Jb. f. Schleswigsche Geest 19 (1971), S. 165.

Plebs. *Zum Plebs gehören:* einer niederen Volksschicht angehören. Plebs heißt lat. ‚Menge'; so hießen im röm. Staat nichtadelige Familien, also die mittleren und unteren Schichten. Im 18. Jh. wurde aus lat. ‚plebeius' der Plebejer gebildet und bedeutet: einer aus dem gemeinen Volk. Nach antiker Vorstellung hatten die Plebejer nach Meinung der Patrizier keine Verbindung mit göttlichen Ahnherren und konnten deshalb auch kein Imperium erhalten. (Vgl. Art. ‚Plebs', in: Pauly, Sp. 919–922).

‚Pleitegeier'

Pleite. *Pleite gehen:* Bankrott machen; Pleite aus hebr. ‚pelētā' = Entrinnen, Rettung; in der Bdtg. ‚Bankrott' ist urspr. die Flucht vor der Schuldhaft gemeint, die dem Zahlungsunfähigen droht. Das Wort erscheint zuerst in der Mitte des 19. Jh. in der Berliner Verbrechersprache und ist

dann in die allg. Umgangssprache übergegangen.
Eine Pleite erleben (oder *schieben):* nichts verkaufen. Wer ‚pleite geht', ist ein ‚Pleitegeier' (zunächst ein ‚Pleite-Geher'); daß man dabei an den Vogel denkt, ist offenbar eine jüngere Erscheinung. *Der Pleitegeier sitzt auf dem Dach:* der Bankrott steht bevor. Als ‚Pleitegeier' wird auch oft der Adler des Reichs- bzw. Bundeswappens bez.

plemplem. *Plemplem sein:* nicht ganz bei Verstand sein. Die Herkunft des Ausdr. ist nicht geklärt. Vielleicht hängt er mit obd. ‚Plempel'; mdt. ‚Plempe' zusammen. Der Plempel bez. ein hin- und herschwappendes, schlechtes, schales Getränk. Vermutl. liegt aber nur ein lautmalendes Wort zugrunde, das Nonsens zum Ausdr. bringt, den ein Irrer ausspricht.

Pol. *Ein ruhender Pol sein:* immer gleichbleibend ruhig sein. Die Bez. stammt aus Schillers Elegie ‚Der Spaziergang' (1795), 134. Vers: „Der Weise sucht den ruhenden Pol in der Erscheinungen Flucht".

Polen, polnisch. *Noch ist Polen nicht verloren:* noch gibt es Rettung, noch ist eine Möglichkeit vorhanden. Mit diesen Worten (poln. „Jeszcze Polska nie zginęła ...") beginnt der von Joseph Wybicki 1797 gedichtete ‚Dombrowski-Marsch', mit dem die Polen auf den „Finis Poloniae" (Das Ende Polens) antworteten, das ihr Führer Thaddäus Kościuszko am 10. Oktober 1794 nach der verlorenen Schlacht bei Maciejowice ausgesprochen haben soll. Er selbst bestreitet dies in einem Brief an den Grafen Louis Philippe de Ségur vom 12. November 1806.
Jetzt ist Polen offen: die Aufregung ist groß; man befindet sich in einer Situation, in der alles möglich, alles erlaubt zu sein scheint. In Schlesien sagt man: ‚Dö is Polen uffe un Frankreich zu'.
Eine polnische Wirtschaft nennt man eine große (finanzielle, materielle usw.) Unordnung. So heißt auch eine Operette von Jean Gilbert (1910). Die Wndg. ist ebenso als Titel verschiedener Dichtungen verwendet worden, so z.B. als Gedichttitel von Ernst Ortlepp (1831), Friedrich Hebbel (1853) und als Romantitel von Marie von Roskowska (1863).
Sich polnisch verabschieden: sich heimlich davonmachen, bes. aus einer Gesellschaft; ‚sich ↗französisch empfehlen' (vgl. engl. ‚to take French leave'); *sich polnisch verheiraten:* in wilder Ehe leben. Von einem Betrunkenen heißt es in Frankreich: ‚Il est soûl comme un polonais'.

Lit.: *K. Rother:* Die schlesischen Sprww. und Rdaa. (Breslau 1927, Nachdr. Darmstadt o.J.); *B. Stasiewski:* ‚Polnische Wirtschaft' und Johann Georg Forster, eine wortgeschichtliche Studie, in: Dt. wissenschaftliche Zeitschrift im Wartheland 2 (1941), S. 207–216.

Politik. Der Volksmund sieht politisches Handeln als ‚ein schmutziges Geschäft' an und meint: ‚Politik verdirbt den Charakter'. Diese stehende Wndg. geht zurück auf einen Prospekt, der dem ‚Blatt für die Gebildeten aller Stände' an Neujahr 1882 beigelegt war: „Diesen zwar paradox klingenden, aber ein Körnchen Wahrheit in sich tragenden Ausspruch eines berühmten Staatsmannes hat man noch niemals zuvor so oft wiederholen gehört." Man vermutete hinter diesem Staatsmann einen bekannten Diplomaten des Wiener Kongresses, z.B. Talleyrand, Metternich, Gentz u.a., doch ist er bis heute unerkannt geblieben.
Die Feststellung: ‚Politisch Lied – ein garstig Lied' enthält einen ähnl. Gedanken. Sie geht zurück auf Goethes ‚Faust' I, in dem in der Szene ‚Auerbachs Keller in Leipzig' Brander ausruft: „Ein garstig Lied! Pfui! Ein politisch Lied!", ↗Lied. Im 20. Jh. sah Max Weber politisches Handeln vor allem als Streben nach Macht an, während es im 17. Jh. noch als ‚Regier- oder Weltkunst' verstanden wurde.

Polizei. *Für jem. die Polizei spielen:* auf jem. aufpassen. Nach dem Polizeirecht greift die Polizei dann ein, wenn eine Gefahr für den einzelnen oder für die Allgemeinheit besteht. Spätmhd. ‚polizî' bedeutet die Aufrechterhaltung der öffentl. Sicherheit.
Dümmer sein, als die Polizei erlaubt heißt, so dumm sein, daß diese Dummheit als ‚Gefährdung' angesehen werden muß; ↗dumm.
Ein Werbeslogan der Polizei, der später

iron. aufgefaßt wurde, lautet: ‚Die Polizei, dein Freund und Helfer‘.

Polster. *Sich ein gutes Polster schaffen:* sich finanziell gut absichern. So heißt auch ‚gut gepolstert sein‘ einmal: dick sein oder: viel Geld haben.
Auf einem weichen Polster sitzen: gute Tage erleben. Goethe schreibt im ‚Tasso‘ (8,1): „Sein launisch Mißbehagen ruht auf dem breiten Polster seines Glücks“. Zum Schlagwort wurde: ‚Der Glaube ist ein gutes Polster‘. Es kritisiert das allzu rasche Übernehmen von Glaubensvorstellungen religiöser Art, die Probleme der Menschheit, wie z. B. die Todesangst, irrational erklären und somit verniedlichen. Vgl. das Sprw. ‚Ein gutes Gewissen ist ein sanftes Ruhekissen‘.

pomade. *Das ist mir pomade:* das ist mir gleichgültig. Die Rda. ist bes. in den ostmdt. Mdaa. verbreitet, aber in der Form ‚das ist mir pomadig‘ auch schwäb. und schweiz. bekannt; sie hat nichts mit Pomade = Haarsalbe zu tun, sondern geht auf poln. ‚po malu‘ = allmählich (zu po = nach, mały = ein wenig) zurück. Die Wndg. ist dt. seit dem 16. Jh. bezeugt und in der Volkssprache irrigerweise mit dem Subst. Pomade zusammengebracht worden, so obersächs. ‚hat die aber eene Pomade‘, ‚die hat die Ruhe weg‘. Im alten Berlin hieß die Kreuzung der Jäger- und Oberwallstraße die ‚jleichjültje Ecke‘, denn dort war bei einem Fleischer ‚alles Wurst‘, bei einem Kleiderhändler ‚alles Jacke wie Hose‘, in einem Kerzenladen ‚alles schnuppe‘ und in einem Parfümeriegeschäft ‚alles Pomade‘. Dem Gedicht ‚Mir und mich‘ des Berliner Hofschauspielers Joh. Ferd. Rüthling (1793–1849) entstammen die Verse:

Ich liebe dir, ich liebe dich!
Wie's richtig is, ich weeß es nich
Un's is mich ooch Pomade.

‚Ich bin gerührt wie Apfelmus und flüssig wie Pomade‘ ist ein iron. Spruch, der gerade die Ungerührtheit des Sprechers betont.

Pommern. In sprw. Rdaa. ist Pommern vor allem für reichliches Trinken und Essen gebräuchlich: ‚ein pommerischer Trunk‘, ein bes. tiefer Zug aus dem Glas; ähnl.: ‚ein pommerscher Schluck‘, und ‚er hat einen pommerischen Magen‘, ‚er kann Kieselsteine vertragen‘.
In verschiedenen Landschaften ist ‚Pommer‘ soviel wie Dummkopf oder auch: kleiner, dicker Mensch.
Eine ‚Landpomeranze‘ ist mit etw. Wortwitz ein ‚pommersches Fräulein‘; ähnl. der ‚pommersche Junker‘. Öfters begegnet auch der rdal. Vergleich ‚grob wie ein Pommer‘.
‚Pommerland ist abgebrannt‘ ist der – auch sprw. zitierte – am häufigsten gesungene Refrain des im ganzen dt. Sprachgebiet bekannten Kinderliedes:

Maikäfer flieg,
dein Vater ist im Krieg,
deine Mutter ist in Pommerland,
Pommerland ist abgebrannt.

Dieses Lied wurde in Frage 59/60 des Atlasses der Dt. Volkskunde (ADV) erfragt und verkartet.
Danach heißt es an der betr. Stelle in anderen Varianten: Sachsen, Polenland, Holland, Hessenland, Schwabenland, Bayerland, Oberland etc. Oder es wird gelegentlich ein imaginäres ‚Pulverland‘ genannt. Manchmal wird der Reim fortgesetzt:

Pommerland ist zugeschlossen
und der Schlüssel abgebrochen.

Das ‚abgebrannte Pommerland‘ kann sich auf kriegerische Ereignisse während des Dreißigjährigen Krieges beziehen, oder auch auf andere Kriegs- und Notzeiten. Von solchen handeln ja auch die anderen Zeilen des Liedes. Pommern wurde im Laufe seiner Geschichte häufig durch Kriege zerstört.

Lit.: *G. M. Kueffner:* Die Dt. im Sprw. (Heidelberg 1899), S. 65; *H. Benzmann:* Pommern im deutschen Liede (Leipzig 1924); *G. Grober-Glück:* Volkslied und Kartographie am Beispiel der Lieder an den Marienkäfer, in: Rhein. Jb. f. Vkde. 20 (1969), S. 176–207 (daraus auch die Karte Abb. 7).

Pomuchelskopf. *Einen Pomuchelskopf haben (aufsetzen):* einen Dickkopf haben, eigenwillig, launisch sein. Die Bez. erscheint abwertend, in verschiedenen Wndgn. auch bei Fritz Reuter. ‚Pumuckl‘ aus der Kinderlit. und dem Fernsehen bekannt, ist etymol. verwandt, ja sogar identisch.

Pontius ↗Pilatus.

ponzen ↗Eselsbrücke.

Popanz. *Der Popanz für jem. sein:* Jem. sein, der alles mitmacht. ‚Ich bin doch nicht dein Popanz!' sagt man und meint, daß man doch nicht alles mit sich machen läßt. *Einen Popanz aufbauen:* zweckbestimmt etw. aufbauschen.
Das Wort kommt aus tschech. ‚bukák' und bedeutet urspr. eine künstlich hergestellte Schreckgestalt, insbes. eine ausgestopfte Puppe, die als Kinderschreck verwendet wurde. Seit dem 16. Jh. ist das Wort in Dtl. gebräuchl. für Popelmann, Poppelhans (entstanden aus Puppe und Hans).

Lit.: *W. Brückner:* Bildnis und Brauch. Studien zur Bildfunktion der Effigies (Berlin 1966).

Portepee. *Jem. beim Portepee fassen:* jem. dahingehend beeinflussen, daß er dasjenige tut, was Ehr- und Verantwortungsgefühl verlangen. Eigentl. ‚jem. bei seiner Offiziersehre packen'.
Jem. fühlt sich aufs Portepee getreten: jem. fühlt sich in seiner Ehre verletzt. Frz. ‚la porte-épée' meinte einstmals das Degengehenk der Offiziere und wurde in Dtl. die Bez. für die silberne oder goldene Quaste am Degen als Abzeichen des Offiziers (bis 1945).

Portion. *Eine halbe Portion sein:* ein magerer, unscheinbarer, auch hilfloser Mensch sein; oft sagt man dies auch scherzhaft von einem jungen Mädchen oder einer zerbrechlich wirkenden Frau, der man keine Kraft zutraut, auch in einer nochmaligen Steigerung: *ein Portiönchen sein.* Die Bez. als ‚halbe Portion' kann aber auch in beleidigender, herabsetzender Absicht erfolgen: ‚Was willst du denn, du halbe Portion?': Was kannst du schon ausrichten?
Jem. hat seine Portion: er hat genug Alkohol zu sich genommen, er ist angetrunken, ↗trinken.

Porzellan. *Porzellan zerschlagen:* eine behutsam eingeleitete Entwicklung zum Besseren plump zerstören; schwierige geistig-seelische Vorgänge roh stören. *Sich benehmen wie der Elefant im Porzellanladen:* sich ungeschickt, tölpelhaft, seelisch undifferenziert verhalten, ↗Elefant.
Vorsicht ist die Mutter der Porzellankiste ↗Vorsicht.
Nicht aus der Porzellanbranche sein: nicht empfindlich sein.

Posaune. Die Posaune, deren Name um 1200 über das Altfrz. aus lat. ‚būcina' (zu bos = Rind, canere = singen) ins Dt. gedrungen ist, wurde durch Luthers Bibelübers. auch in der Volkssprache bekannt (‚Die Posaunen von Jericho', ‚die Posaunen des Jüngsten Gerichts'). In rdal. Vergleichen wirken diese Wndgn. nach; z.B. *Lärm machen wie die Posaunen von Jericho; etw. ausposaunen* oder *die große Posaune blasen:* prahlerisch verkünden, über eine vorerst noch geheime Sache schon öffentl. reden.

Posaunenengel. Den Posaunenengel verdanken wir Matth. 24,31: „Und er wird senden seine Engel mit hellen Posaunen"; vgl. Offenb. 8,2. Seit der Barockzeit waren posauneblasende Engel ein beliebter Schmuck der Kirchenorgel. Von diesen Gestalten stammt der rdal. Vergleich *wie ein Posaunenengel aussehen:* ein gesundes, rosiges, pausbäckiges Gesicht haben; lit. z.B. bei Gustav Freytag (‚Graf Waldemar', 1850, III,1): „Die Welt sieht mir rosa und goldgelb aus, und alle Menschen wie liebenswürdige Posaunenengel auf einer Dorfkanzel, die Backen vorn und hinten gleich rund und gleich wohlwollend".

Lit.: *M. Willberg:* Die Musik im Sprachgebrauch, in: Muttersprache (1963), S. 201 ff.

Posemuckel. *Aus Posemuckel kommen:* aus der hintersten Provinz, aus einer weit abgelegenen Gegend kommen. *(Noch) bis nach Posemuckel (fahren) müssen:* noch sehr lange. Posemuckel gilt als Bez. eines abgelegenen ärmlichen Dorfes oder einer unbedeutenden Kleinstadt, gelegentlich noch gesteigert zu ‚Hinterposemuckel'. Es soll urspr. der Name eines bei Bomst gelegenen Dorfes gewesen sein und kennzeichnet die fremden Ortsnamen im Gebiet um Posen ironisierend. Der Ortsname könnte jedoch auch das jidd. Wort für Posen selbst gewesen sein oder nur eine fingierte Bez. für ein elendes Nest.

Positur. *Sich in Positur setzen (stellen):* eine bewußt repräsentative Haltung seines Körpers einnehmen, um sich am besten zur Geltung zu bringen oder um in einer bestimmten Situation entsprechende Beachtung zu finden. Umg. erhält die Wndg. manchmal einen leicht spöttischen Unterton.
In Positur gehen: eine zweckmäßige Kampfstellung im Sport einnehmen, bes. von Fechtern und Ringern gesagt.
In der Berliner Lokalposse ‚Das Fest der Handwerker' (1828) von Louis Angely (1788–1835) sagt Maurerpolier Kluck: „Positus, ich setz' den Fall". Doch betont Büchmann, daß diese Wndg. schon älter ist und in einem vielgelesenen Roman Joh. Gottwerth Müllers (‚Die Herren von Waldheim', 1784) in der Form: „Posito, ich setz den Fall" vorkommt.

Posse(n), frühnhd. ‚bosse, posse' = Figur, Zierat, Beiwerk an Kunstdenkmälern, bes. Scherzfigur an öffentl. Brunnen. *Possen reißen* (später *Possen treiben)* ist urspr. das Entwerfen solcher Scherzfiguren auf dem Reißbrett; seit dem 16. Jh. bedeutet die Wndg. soviel wie: Scherz, Unfug treiben; „einen kurzweiligen Menschen, der vil weidelicher Bossen gerissen hat" (J. Aurifaber, Luthers Tischreden, 1571, 339b). Dazu *Possenreißer:* derber Spaßmacher, seit 1563 bezeugt. Bald geht die Wndg. in die Bdtg. ‚Torheiten begehen' über; so schon 1536 in Paul Rebhuns Drama ‚Susanna' (V.247).

Das müst yhr selbs am besten wissen,
Was yhr fur bossen habt gerissen.

Heute ist der Ausdr. in Rdaa. wie *jem. einen Possen spielen, ihm etw. zum Possen tun:* ihm einen Streich spielen, *ach Possen:* Unsinn, noch weiterhin üblich.

Possenreißer

Post. *Die Post geht ab:* (oder auch *ab geht die Post):* man fährt ab, die Sache ist erledigt; bekräftigende Schlußformel einer Handlung; *jetzt geht die Post ab:* jetzt ist die Zeit, oder: jetzt ist die Zeit vorbei.

‚Ab geht die Post'

Das Postwesen mit Relaisstationen ist bei den Persern aufgekommen, wurde in der röm. Kaiserzeit weiterentwickelt (hier sogar mit Wagen zur Personenbeförderung) und gelangte im 15. Jh. aus Italien nach Frankr. und Dtl. Es diente zunächst den Zwecken der Staatsverwaltung. 1451 errichtete der Oberjägermeister Roger de Tassis Stationen der Briefbeförderung in Tirol. Die berittenen Eilkuriere der Regensburger Fürsten Thurn und Taxis wurden zum Symbol der Schnelligkeit. Das Wort Post selbst ist eine Abkürzung von lat. ‚a positis equis': Standort der Pferde.
Einen Posttag zu spät kommen: mit einer Sache etw. zu spät kommen; die Rda. stammt aus der Zeit, als der Postwagen noch nicht alle Tage fuhr und, wer die

Post benutzen wollte, achtgeben mußte, daß er den Abfahrtstag nicht versäumte. Eine sehr langsame Beförderung von Personen, Gütern und Nachrichten nennt man ↗*Schneckenpost,* lit. bei Ludwig Börne in der ‚Monographie der deutschen Postschnecke‘.

‚Wenn du oben bist, schreibst du mir 'ne Postkarte‘ sagt man scherzhaft zu einem, der mit Ausdauer in der Nase bohrt.

Das Berufsbeamtentum im Bereich der Post wird oft geringschätzig beurteilt, wie in dem Sprw. ‚Wer nichts ist und wer nichts kann, geht zu Post und Eisenbahn‘.

Post kann auch i.S.v. ‚Nachricht‘, ‚Botschaft‘ (↗Hiob) rdal. verwendet werden. Als in Hans Sachs' Schwank vom Mönch mit dem gestohlenen Huhn der Mönch von seinem Gesellen die Aufforderung des Priors erhält, in der Kirche seines Amtes zu walten, heißt es: „Der münich dieser post erschrack“. Aber noch in neuerer Zeit wird Post in diesem Sinne verwendet, z.B. bei Schiller:

> Eiskalte Angst durchlief die
> zitternden Gebeine.
> Als in dem Lager diese Post erklang.

Lit.: *Anon.:* Die Post geht ab, in: Sprachpflege 10 (1962), S. 222; *H. Glaser* u. *Th. Werner:* Die Post in ihrer Zeit. Eine Kulturgeschichte menschlicher Kommunikation (Heidelberg 1990).

Posto, Posten. *Posto fassen* ist urspr. ein militärischer Ausdr. für: sich aufstellen; er ist wie so viele militärische Ausdrücke im 17. Jh. aus dem Ital. entlehnt (‚prendere il posto‘ = seinen Standort einnehmen); vgl. frz. ‚se poster‘. In seinem urspr.

Der Hauptmann läßt einen Posten vorschieben.

‚Einen Posten vorschieben‘

Lebenskreis wird das Wort z.B. auf den Prinzen Eugen in einem alten Lied auf die Schlacht bei Peterwardein von 1716 angewendet: „Thät in guten Posto stehen“, d.h. in einer militärisch günstigen Stellung. Seit dem 18. Jh. wird die Wndg. in der Bdtg. ‚Fuß fassen‘, ‚sich aufstellen‘, auch: eine günstige Gelegenheit wahrnehmen, auf nicht militärische Anwendungsgebiete verallgemeinert. Gleichen Urspr. ist ‚Posten‘; dazu die Rda. *auf dem Posten sein,* eigentl. ‚Wache stehen‘, dann: wohlauf sein. *Immer auf dem Posten* geht auf einen Ausspruch Friedrichs des Großen („toujours en vedette“) zurück.

Auf verlorenem Posten kämpfen: einen aussichtslosen, vergeblichen Kampf führen.

Einen sicheren Posten erstreben (erhalten): eine gute berufliche Stellung wünschen (bekommen). *Seinen Posten verlieren:* entlassen werden.

Posten tragen, auch: *ein Postenträger sein:* eigentl. nur Nachrichten überbringen, dann mit üblem Nebensinn: Zwischenträgereien machen.

Potemkinsches Dorf ↗Dorf.

Pott. *Zu Potte kommen:* mit einer Aufgabe fertig werden, etw. Schwieriges bewältigen, auch: sein Ziel erreichen, z.B. eine Wohnung, den erwünschten Partner, eine ersehnte Stellung erhalten, Erfolg haben. Vgl. das Sprw. ‚Jeder Pott kriegt seinen Deckel‘: für jeden gibt es einen passenden Partner.

Etw. ist Pott wie Deckel: etw. ist sich gleich. Pott ist das ndd. Wort für Topf. In Mecklenburg und Dänemark war Pott ein altes Flüssigkeitsmaß.

Potz ist als erster Bestandteil von Flüchen und Verwünschungen aus ‚Gottes‘ entstellt (z.B. ‚Potz Sakrament‘, ‚Potz Blitz‘). ‚Potz Tausend‘ als Ausruf des Erstaunens ist verkürzt aus ‚potztausendsackerment‘. Seit dem 15. Jh. kommen Flüche auf wie ‚Potz Angst‘, ‚Potz Jammer‘, ‚Potz Marter‘, die sich auf Christi Passion beziehen; ↗Bockshorn; ↗Kotz.

Powidl. *Jem. Powidl sein:* Jem. gleichgültig sein. Dieser Ausdr. ist nur in Österreich verbreitet. Powidl (von tschech. povidla = Mus) heißt eigentl. Pflaumenmus.

Lit.: *P. Kretschmer:* Powidl, in: Wortgeographie in der dt. Umgangssprache (Göttingen 1918), S. 367–368.

Prä. *Das Prä haben* (zu ergänzen ist: vor anderen): den Vorrang haben, mdal. auch: ‚Er will immer das Pree haben', er drängt sich an die erste Stelle vor, er will immer ‚die erste ↗Geige spielen'; zu lat. ‚prae' = vor. Die Rda. ist ein alter Kartenspielerausdr., der seit dem Ausgang des 16. Jh. sehr häufig belegt ist, auch in der Verbindung ‚das Prä und den Vorzug haben', was wohl dem heutigen Ausdr. ‚in der Vorhand sein' entspricht. Über die Studentensprache ist die Rda. bis in die Umgangssprache und die Mdaa. vorgedrungen; seltenere Fügungen sind: ‚das Prä behalten, erhalten', ‚einem das Prä lassen'. In übertr. Bdtg. begegnet die Wndg. seit dem 17. Jh., z.B. in einem Volkslied von 1631 (bei F. W. v. Ditfurth, Die historisch-politischen Lieder des Dreißigjährigen Krieges, Nr. 56):

Gott Mahumet, ich hätt' gemeint,
Daß, wo ja je auf Erden
Ein Potentat von Grausamkeit
Crudel (grausam) genannt soll werden,
Du hättest nur allein das Prae
Von allen Völkern geben.

Einen weiteren Beleg bietet der Anfang eines allegorischen Liedes vom Jahre 1656 auf den Sieg der Luzerner:

Ein reine Magd
Ihrn Kranz noch tragt
Und prangt trutz allen Damen;
Sie hat das prae
Am Zürcher See
Und gar ein großen Namen.

In Grimmelshausens ‚Simplicissimus' (I, 425): „Ein jeder hoffte, seiner Gattung Soldaten das prae zu erhalten".

Pracht. *Kalte Pracht:* unbewohntes, ungeheiztes Zimmer; ungemütliche Wohnungseinrichtung; das Gesellschaftszimmer, der Salon der bürgerlichen Wohnung. Er wurde nur an Feiertagen oder für hohen Besuch benützt und blieb sonst ungeheizt, dem Wohnen entzogen; Kinder hatten keinen Zugang zur ‚kalten Pracht'. Die Wndg. bezieht sich urspr. wohl auf die unheizbare gute Stube des ndd. Bauernhauses, dessen einzige Feuerstelle primär das offene Herdfeuer des Fletts war.

Es ist eine wahre Pracht: es ist eine treffliche Leistung, es verdient volles Lob; *daß es eine Pracht ist:* tüchtig, heftig, völlig (z.B. ‚unser Kind gedeiht, daß es eine Pracht ist').

Lit.: *J. Schepers:* Das Bauernhaus in Nordwestdtl., in: Schriften der Volkskundlichen Kommission im Provinzialinstitut für westf. Landes- und Volkskunde, H. 7 (Münster/Westf. o.J.); *B. Schier:* Hauslandschaften und Kulturbewegungen im östl. Mitteleuropa (Göttingen [2]1966).

Münzwerkstatt (‚prägen')

prägen, Prägung. *Sich tief ins Gedächtnis prägen:* einen unauslöschlichen Eindruck hervorrufen, als unvergeßliches, starkes Erlebnis ständig in Erinnerung bleiben. Vgl. die ähnl. Wndg. *sich etw. einprägen:* es sich gut merken, unter Willensanstrengung etw. bewußt lernen, sich ins Gedächtnis schreiben. Der Ausdr. prägen, der bereits im Ahd. als (gi)prâhhan = gravieren bezeugt ist, steht in deutlichem Zusammenhang mit der Münzherstellung, denn er bedeutete urspr. Münzen schlagen, sie mit einem Prägestempel kennzeichnen. Vom Einpressen eines Bildes, vom Formen und Bilden eines Gegenstandes erfolgte die Übertr. auch auf Abstrakta. So spricht man heute z.B. vom Prägen neuer Ausdrücke, Begriffe, Namen und Wörter. Der übertr. Gebrauch erstreckt sich auch auf die zusammenge-

setzten Verben ‚ausprägen‘ = deutlich gestalten und ‚einprägen‘.
Von etw. geprägt sein: entscheidend geformt, beeinflußt sein. *Eine eigene Prägung besitzen:* von bes. Eigenart sein, als starke Persönlichkeit gelten, die charakteristische Züge besitzt und sich von anderen abhebt, aber auch: absonderliche Eigenheiten haben. Ähnl. *ein bes. Gepräge haben, einer Sache ein bes. Gepräge geben:* entscheidend geformt sein, etw. mit bes. Kennzeichen versehen, vgl. ‚einer Sache seinen ↗Stempel aufdrücken‘.

Lit.: Münzen in Brauch und Aberglauben (Mainz 1982), S. 220–221.

Pranger. *Jem. an den Pranger stellen:* ihn bloßstellen, ihn der öffentl. Verachtung preisgeben; vgl. frz. ‚mettre quelqu'un au pilori‘.
Der Pranger war im MA. und darüber hinaus ein steinerner Pfeiler oder hölzerner Pfahl, an dem Verbrecher, durch ein Halseisen festgehalten, vor aller Welt zur Schande ausgestellt wurden. Noch 1781 wurde in Rottweil a. N. eine Frau aus Dunningen auf dem Wochenmarkt eine Stunde lang am Pranger ausgestellt. Auf der Schandtafel, die man ihr umgehängt hatte, stand ihr Name und darunter „Strafe der betrügerischen Scheinheiligkeit“ (Oberamtsbeschreibung Rottweil, S. 398).
Der regelmäßige Standort des Prangers

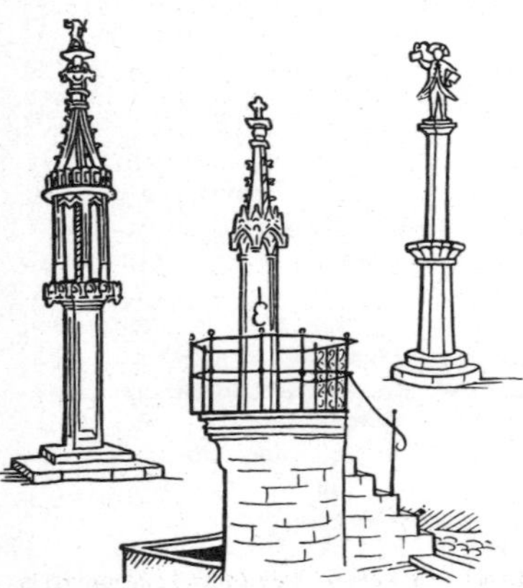

Pranger (Schandsäule)

1

2

1/2 ‚An den Pranger stellen‘, ‚anprangern‘

war in der Nähe der Kirche oder auf dem Marktplatz. Entwickelt hat sich diese Art der Bestrafung aus einer einfachen Form: Reste von Schließwerkzeugen an Bäumen weisen auf sie hin, nämlich Verbrecher an den nächsten Baum (Kräxbaum) anzubinden. Der Schandpfahl, eine Säule aus Holz oder Stein, trat erst im MA. in Erscheinung. Er hieß auch: Käks, Kax und geht auf idg. *Kak = Stamm, Strunk, Stumpf zurück. So sagte man auch: ‚jem. up den Katz setzen'.

Das Wort Pranger ist urspr. ndd. und hängt mit mnd. ‚prangen' = drücken, klemmen, beklemmen und ‚prange' = Schranke, Maulkorb zusammen; mit ‚prangen' = prunken, prahlen hat es nichts zu tun. Das Strafgerät Pranger ist also nach dem drückenden Halseisen benannt.

An den Pranger kommen: sich bloßgestellt sehen, sein Ansehen, seine Ehre einbüßen, auch: *am Pranger stehen.*

In übertr. Sinn gebraucht z. B. Schiller die Wndg. im ‚Tell' (III, 3):

> Höre, Gesell, es fängt mir an zu däuchten,
> Wir stehen hier am Pranger vor dem Hut.

Häufig ist heute auch die Übertr. *angeprangert werden:* der öffentl. Verachtung preisgegeben werden. Noch 1836 heißt es im gleichen Sinn: ‚geprangert werden'.

Lit.: *J. Grimm:* Dt. Rechtsaltertümer, Bd. II (Göttingen 1828); *G. Bader-Weiß* u. *K. S. Bader:* Der Pranger, ein Strafwerkzeug und Rechtswahrzeichen des MA. (Freiburg 1935); *Chr. Helfer:* Denkmäler des Vollzugs von Ehrenstrafen am unteren Mittelrhein, in: Rhein. Jb. f. Vkde. 15/16 (1964/65), S. 56–75; *R. Horna:* Der Pranger in der Tschechoslowakei, in: Grazer rechts- und staatswissenschaftliche Studien 16 (Graz 1965); *A. Thomson:* I stocken. Studier i stockstraffets historia (Am Pranger, Studien zur Geschichte der Stockstrafe) (= Acta Reg. societas humanorum literarum Lundensis 68) (Lund 1972).

Präsentierteller. *Wie auf dem Präsentierteller sitzen:* allen Blicken ausgesetzt sein, in einer großen Versammlung weithin sichtbar sitzen (mit dem Beiklang, daß man sich auf einem solchen Platz unbehaglich fühlt). Der witzige Vergleich des auffallenden Platzes mit dem Präsentierteller, auf dem die Speisen herumgereicht werden, ist auch den Mdaa. geläufig; so nennt der Leipziger Volksmund scherzhaft den ersten Rang im Theater Präsentierteller. Goethe sagt zu Eckermann am 2. Jan. 1824: „Unsere jetzigen Talente liegen alle auf dem Präsentierteller der Gegenwart". Umg. ist auch die Wndg. üblich: *einem etw. auf dem Präsentierteller bringen:* es ihm möglichst bequem entgegenbringen.

precken. ‚Jod Preck!', eigentl. u. wörtl.: gutes Werfen (des Lazarus), ist der Gruß der Karnevalsgesellschaft in Jülich, ↗prellen.

Prediger, Predigt. *Ein Prediger in der Wüste sein:* keine Aufmerksamkeit finden. Die Wndg. bezieht sich auf Jes. 40, 3: „Es ist eine Stimme eines Predigers in der Wüste" (Vulgata: „Vox clamantis in deserto"), was, gedeutet auf Johannes den Täufer, Matth. 3, 3 und öfter wiederholt wird; vgl. frz. ‚prêcher dans le désert'.

Das bekannte Sprw. ‚Kurze Predigten, lange Bratwürste' ist schon in Thomas Murner ‚Lutherischem Narren' vorgebildet:

> Es hat doch Christus selbs der hort
> Uff erd gemacht ein kurtzes wort
> Lange bratwürst und senff darzu.

Das Sprw. zeigt schon im MA. Verbindung mit der Fastnacht. So schreibt der ma. Wappendichter des Wiener Hofes, Peter Suchenwirth (zwischen 1356 und 1395): „Kurtz predig vnd lang praten gehören zu der vasnacht". Auch Geiler von Kaysersberg schreibt 1515 in seinem Evangelienbuch über die Faschingszeit: „Wan zu dieser Zeit sprechen die groben Knollen, wir hen nit gern lang predigen, vil lieber lange bratwürst".

In Kärnten wurde mit diesem Spruch jeweils zur Hochzeit auf den Faschingssonntag oder -montag eingeladen.

In Seb. Francks Sprww.-Sammlung heißt es dann: „Kurtze predigt vnd lang bratwürst haben die bawren gern"; so auch noch in den Mdaa., z. B. schweiz. ‚Churzi Predigt, langi Brotwürst', ↗Gardinenpredigt.

Lit.: *O. Moser:* Kurze Predigt, lange Bratwürst. Ein Sprw. auf die Faschingszeit, in: Die Kärntner Landsmannschaft 2 (1965), S. 7.

Preis. *Um keinen Preis (der Welt):* niemals einer Sache zustimmen, etw. zu tun; *etw.*

in dieser Preislage: etw. Ähnliches, ein ungefähr gleicher Sachverhalt.
‚Alles hat seinen Preis' hat dieselbe Bdtg. wie ‚nichts ist umsonst': ‚selbst der Tod nicht, denn der kostet das Leben'.

prellen. *Jem. prellen (wollen):* ihn übervorteilen, betrügen, seine Einfalt mißbrauchen (wollen), ihn zu täuschen suchen. Durch die Bedeutungsentwicklung des Verbs, das als Kausativum zu ‚prallen' gebildet worden ist und urspr. nur ‚jem. aufprallen lassen' hieß, ist der einst vorhandene Realbezug der Rda. in Vergessenheit geraten. Sie stammt vermutl. aus dem jägersprachl. Bereich und bezieht sich auf das ‚Fuchsprellen'. Die bei der Jagd lebendig gefangenen Tiere wurden dabei grausam zu Tode gequält: auf einem straff gespannten Netz, dem Prellgarn oder Prelltuch, wippte man die Füchse, schleuderte sie in die Luft und ließ sie auf den

‚Prellen': 1 Fuchsprellen 2 Wolfprellen 3 Schnell- oder Wippgalgen

1

2

3

Boden aufschlagen. Wenn die Tiere verzweifelt Freiheit zu erlangen suchten und davonliefen, gerieten sie unversehens auf das nächste, noch am Boden liegende Netz. Es wurde sofort aufgenommen, und die Quälerei begann erneut. An den Verrenkungen beim Schleudern und Fallen und den zwecklosen Anstrengungen der Tiere zu entkommen, belustigte man sich. Daher galt das Fuchsprellen früher als eines der beliebtesten höfischen Vergnügen, an dem viele geladene Gäste teilnahmen. Das Fuchs- und Hundeprellen ist ein urspr. spanischer Brauch und kam erst im 17. Jh. an deutsche Höfe.

Bei der Übertr. der Rda. auf den Menschen spielte die Doppelbdtg. von ‚Fuchs' eine wichtige Rolle. Auch junge Studenten nannte man Füchse. Sie wurden von den älteren gern um Geld angegangen, dessen Rückzahlung meist ‚vergessen' wurde. Dies nannte man scherzhaft ebenfalls ‚Füchse prellen'. Da das zum Spaß betriebene Ausnützen und Mißbrauchen der Unerfahrenheit und Gutgläubigkeit anderer bis zum Betrug führen konnte, erhielt das Verb prellen die zusätzlichen Bdtgn. von nicht bezahlen, täuschen, hintergehen und betrügen, die im rdal. Gebrauch heute vorherrschend sind, vgl. ‚die Zeche prellen' und ‚jem. um etw. prellen', ihn um seinen Gewinn, Vorteil bringen. Den urspr. Zusammenhang zwischen ‚Fuchs' und ‚prellen' weist noch eine lit. Textstelle bei Hagedorn (3,22) auf, in der beide Ausdrücke bereits übertr. Bdtg. besitzen:

Ein Schulfuchs hofft mit dürren Gründen
Den Beifall aller Welt zu finden:
Allein er wird geprellt.

Auch Wölfe wurden geprellt. Man band sie an einem Ziehbrunnen fest und ließ sie immer wieder auf den Boden aufprallen, um ihre Todesqual zu verlängern.

Die Beteuerungsformeln *Ich will geprellt werden, wenn* ... und *Ich will mich prellen lassen* weisen noch auf einen anderen interessanten kulturhist. Zusammenhang: Auch im Strafvollzug wurde geprellt, z.B. wurden Diebe durch den Schnell- oder Wippgalgen hingerichtet, indem man sie so lange am Galgen emporzog und wieder fallen ließ, bis ihre Knochen zerschmettert waren, ↗Schippe. Bereits Luther (Werke V,141[a]) gebraucht die Wndg.: „und ist einer unter ihnen, der ein Capitel im Aristotele recht verstehet, so will ich mich prellen lassen". Bei dieser Textstelle ist offensichtlich die Bestrafung gemeint, die man auf sich nehmen will, falls etw. ganz Unvorhergesehenes eintreten sollte, was man aber für absolut ausgeschlossen hält. Diese Rda. ist auch lit. belegt in Wielands ‚Don Sylvio' (1764), S. 102: „Ich will mich prellen lassen, wenn ich meiner leiblichen Mutter auf ihr bloßes Wort glaubte, daß ich meines Vaters Sohn sei". Schon um 80 n. Chr. wird von dem Satiriker Martial in einem Epigramm das Prellen als volkstümliche Strafe erwähnt. Als studentischer Schabernack erscheint das Prellen in der späteren Antike: Libianus zu Antiochien tadelte seine Schüler Ende des 4. Jh.s, da diese einen mißliebigen Lehrer auf einem Teppich schlimm geprellt hätten. Kaiser Justinian verbot 533 n. Chr. in seiner Studienordnung den Studenten das Prellen.

Als kultischer Brauch erscheint das Prellen bei Herodot (Historien, Bd. 4, S. 94f.): Bei den Thrakern wurde alle fünf Jahre dem Gott Zalmoxis ein ‚Bote' geschickt: Man prellte den ‚Boten' in die Höhe u. spießte ihn beim Herunterfallen mit Lanzen auf. Starb er, war er gottbegnadet, blieb er am Leben, so war er böse, und ein anderer mußte an seiner Stelle ‚geschickt' werden.

Dieser, an ein Gottesurteil erinnernde Brauch, sowie auch ma. Belege für prellen stehen alle der Sphäre der Rechtsbräuche sehr nahe. In der ‚Weltchronik' des Wieners Jans Enekel (nach 1250 verfaßt) liest man Vers 17270–17275:

swer in swacher waet
kom und het sich niht genaet
an sînem brîs den ermel zuo,
des spottet man spât und fruo.
man hiez in ûf einer rinderhût
werfen ûf, daz er schrê lût.

Das Prellen des Menschen diente in harmloserer Form auch der Volksbelustigung und galt als Mutprobe bei jungen Burschen und Soldaten, die in die Gemeinschaft aufgenommen werden wollten. Prellen als Hänselbrauch ist heute noch beliebt und spielt im Fastnachtsbrauch-

1

2

3

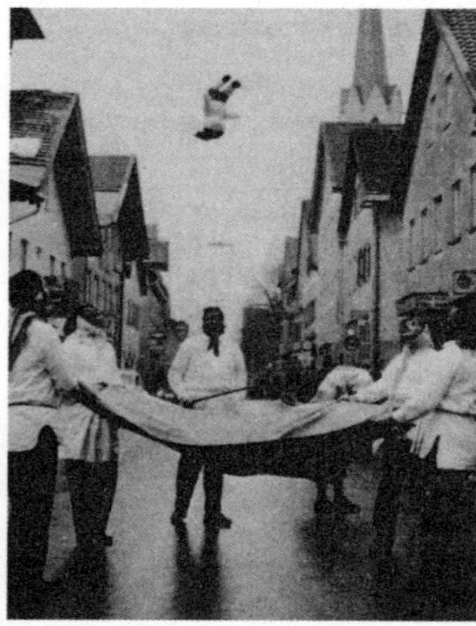

4

1–4 ‚Prellen' von Personen und menschlichen Puppen in hist. und gegenwärtigen Bräuchen

tum eine Rolle, wobei stellvertretend für den Menschen auch eine Puppe verwendet werden kann.

Bereits Seb. Franck bringt das Prellen (einer Puppe) in Verbindung mit Fastnachtsbräuchen: (‚Weltbuch', ersch. Tübingen 1539): „Halten auch ir vier eyn leylach bey den vier zipfeln und einen ströinen angemachten butzen in hosen und wammes mit einer larven, wie einen toten man, schwingen si ihn mit den vier zipfeln auf in die höhe und entfahen ihn wider in das leylach. Das treiben sie durch die ganze Stadt".

Als Strafe für Zechprellerei begegnet das Prellen in dem Roman von Cervantes ‚Don Quijote de la Mancha' (Lübeck-Leipzig 1939), S. 88 (übers. nach L. Braunfels): „... hier legten sie Sancho mitten auf die Bettdecke und begannen, ihn in die Höhe zu schnellen, und hatten ihren Spaß mit ihm wie mit einem Hunde

auf der Fastnacht". Denn Sancho Pansa kann die verlangte Rechnung für die Beherbergung in dem Wirtshaus, das Don Quichote für eine Burg gehalten und erstürmt hatte, nicht begleichen.
Im 19. Jh. nehmen die Belege für das Prellen ab; heute gilt es als Relikt aus alter Zeit; 1950 wurde in Paris ein Theaterstück des franz. Flamen Michel de Ghelderode aufgeführt, das das Prellen zum Inhalt hat: ,Hop, Signor'.
Die Erinnerung an den ma. Strafvollzug scheint dagegen im Brauchtum des „Todaustragens" erhalten geblieben zu sein: Eine Strohpuppe wird symbolisch getötet, indem sie durch ein aufgespanntes Tuch in die Luft emporgeschnellt, wiederaufgefangen und geprellt wird.

Lit.: *R. Köhler:* Up der Hut werpen, in: Korrespondenzblatt des Vereins für ndd. Sprachforschung 6 (1881), S. 36; ergänzt in: *ders.:* Kleinere Schriften zur Neueren Literaturgeschichte, Vkde. und Wortf., hg. v. J. Bolte (= Kleinere Schriften, Bd. 3), (Berlin 1900), S. 606–607; *W. Mannhardt:* Wald- und Feldkulte, Bd. 1 (Berlin ²1904), bes. S. 612; *Tiemann:* Art. ,prellen, schnellen', in: HdA. VII. Sp. 306f.; *E. Hoffmann-Krayer:* Fruchtbarkeitsriten im schweiz. Volksbrauch, in: Schweiz. Arch. f. Vkde. S. 239; wieder in: *ders.:* Feste und Bräuche des schweiz. Volkes (Zürich 1940), S. 122; *J. de Schuyter:* Op, Signorken, Zijn Legenden en zijn Oorsprong (1944); *L. Schmidt;* Jagglschutzen und Fuchsprellen, in: Österr. Zs. f. Vkde. 71 (1968), S. 1–31; *L. Röhrich* u. *G. Meinel:* Rdaa. aus dem Bereich der Jagd u. der Vogelstellerei, S. 321 f.; *A. Wacke:* Nachlese zum Volksbrauch, in: Österr. Zs. f. Vkde. 82 (1979), S. 151–166; *D. R. Moser:* Lazarus Strohmanus Jülich (Jülich ²1980); *ders.:* Fastnacht – Fasching – Karneval (Graz – Wien – Köln 1986), S. 282–285.

Prellbock. *Als Prellbock dienen:* derjenige sein, bei dem alle anderen ihre Sorgen lassen können, der für alles einstehen muß; der den ersten heftigen Ausbruch von Wut abbekommt.
Der Ausdr. kommt aus der Sprache der Technik; ein Prellbock ist ein stabiler, aber elastischer Stoßdämpfer als Bremse am Ende eines Eisenbahngleises: er fängt die heranrollenden Fahrzeuge auf.
Auch in übertr. Bdtg. muß ein ,Prellbock' einen Stoß abfangen oder mildern, der sonst voll einen anderen treffen würde; vgl. ↗Sündenbock.

Preußen, preußisch. *So schnell schießen die Preußen nicht:* die Sache geht nicht so schnell wie erwartet, nur keine Aufregung und Übereilung! Die Wndg. wird zur Beruhigung gebraucht, wenn man das rasche Vorgehen eines anderen fürchtet oder wenn man glaubt, durch Zögern und überlegtes Abwarten dem Gegner Vorteile einzuräumen. Ein zur Eile Angetriebener kann die Wndg. aber auch zu seiner Entschuldigung gebrauchen, wenn es anderen nicht schnell genug geht.
Die Rda. hat zweifellos einen bestimmten, aber bisher noch nicht gefundenen lit. Urspr. (vgl. Büchmann). Trotzdem seien hier einige Erklärungsversuche aufgeführt: Der neuesten Datums stammt von A. Meder. Doch er wiederholt nur eine der ältesten Versuche, diese Rda. zu erklären: „Hier könnte man die recht einleuchtende Erklärung anbieten, die Franz Schnabel in seinen Vorlesungen gab: Diese Rda. sei aufgekommen, nachdem in der preuß. Armee das Zündnadelgewehr eingeführt worden sei, das sehr viel schneller schoß als alle bisherigen Gewehre und zu einem guten Teil auch den Ausgang des Krieges von 1866 entschied: „So schnell schießen nicht einmal die Preußen". (Dieser Meinung ist auch Karl M. Klier, S. 88). Nach Fr. Seiler dagegen stammt die Rda. „aus der Zeit der preuß. Zauderpolitik vor Bismarcks Auftreten" (Dt. Sprwwkde., S. 35). Als 1875 die frz. Zeitungen zur Revanche gegen Dtl. aufriefen und Frankr. stark aufrüstete, schrieben auch dt. Zeitungen über eine drohende Kriegsgefahr. Bismarck wurde deshalb auch von einem engl. Journalisten befragt, ob die dt. Eroberungspläne etwa die Ursache der frz. Nervosität seien. Er antwortete darauf beruhigend: „So schnell schießen die Preußen nicht!"
Eine südbad. Sentenz beschreibt anschaulich die Schnelligkeit der Preußen: „Bis mir Wurscht g'sait han, het se der Preuß schu g'fresse".
Will man in Süddtl. und in der Schweiz aber auch in Sachsen und in Holst. sagen: ,Werden Sie nur nicht grob', so heißt es: ,Werden Sie nur nicht preußisch'. Auch ein Hochmütiger wird mit ,er ist preußisch' abgetan.
Nicht preußisch miteinander sein: kein gutes Verhältnis haben (Schoeps, S. 168).
,Das ist zum Preußisch werden' ist in Sachsen ein Ausruf der Verzweiflung (Schoeps, S. 168).

Preußischer als die Preußen sein: päpstlicher als der ↗Papst sein.
„Ich bin ein Preuße, kennt ihr meine Farben" dichtete Joh. Bernhard Thiersch (1794–1855) zu Ehren des Geburtstags Wilhelms III. am 3. August 1830 (Büchmann).
„Ich wollte es wäre Nacht und die Preußen kämen", soll Sir Arthur Wellesley, Herzog von Wellington (1769–1852) in der Schlacht bei ↗Waterloo am 18. Juni 1815 ausgerufen haben.
Die frz. Rda. ‚travailler pour le roi de Prusse' soll ihren Urspr. davon haben, daß zur Zeit Friedrich Wilhelms I. im preuß. Heer am 31. des Monats kein Sold ausbezahlt worden sei, man also an diesem Tage dem König umsonst dienen mußte. Deshalb soll ‚pour le roi de Prusse' den Sinn von ‚pour rien' bekommen haben. Wenn ein Sachse einen anderen mit den Worten warnt: ‚Du kriegst was aus der preuß. Kriegskasse', so droht er mit einer Ohrfeige.

Lit.: *K. Hirsch:* De spreekwijze: voor den koning van Pruisen arbeiden, in: De Toekomst 15 (1871), S. 127; *G. M. Kueffner:* Die Dt. im Sprw. (Heidelberg 1899), S. 66ff.; *R. M. Klier:* Eine Rda. aus den Kriegszeiten (so schnell schießen die Preußen nicht), in: Das dt. Volkslied 44 (1942), S. 88; *A. Meder:* So schnell schießen die Preußen nicht, in: Blätter für Deutschlehrer (1979), S. 89.

Primel. *Eingehen wie eine Primel* (auch: *wie ein Primelpott):* seelisch wie körperlich zusammenfallen, untergehen.
Die Wndg. beruht auf der Beobachtung, daß Primeln in der Vase rasch verwelken und sich auch als Topfpflanzen, wenn sie im Zimmer stehen, nicht lange halten.
In der Symbolik bez. die Schlüsselblume die verschmähte oder unglückliche Liebe.
Strahlen wie eine Primel: über das ganze Gesicht lachen, sich sehr freuen. Die Primel (von lat. prima bzw. primula veris: die Erste) ist eine der ersten Blumen des Frühlings.

Lit.: *W. Danckert:* Symbol, Metapher, Allegorie im Lied der Völker, hg. von H. Vogel, Bd. 3 (Bonn-Bad Godesberg 1978), S. 1206–1207.

Prinzip. *Ein Prinzip (zu Tode) reiten; auf einem Prinzip herumreiten:* auf einer Sache stur beharren, sie über einen längeren Zeitraum hinweg immerzu betonen. Die Wndg. ist dem frz. Ausdr. ‚être à cheval sur un principe' nachgebildet, genauso auch das Subst. ‚Prinzipienreiter'. Der Schulmeister Baculus sagt in Lortzings ‚Wildschütz' (1842) (III,9): „Der Herr Stallmeister reitet jetzt ein anderes Prinzip".
Bekannt geworden ist auch die Verordnung des Fürsten Reuß zu Lobenstein und Ebersdorf († 1853), die in der Vossischen Zeitung (18.9.1845) abgedruckt wurde: „Ich befehle hiermit Folgendes ins Ordrebuch und in die Spezialordrebücher zu bringen. Seit 20 Jahren reite Ich auf einem Prinzip herum, d.h. Ich verlange, daß ein jeglicher bei seinem Titel genannt wird. Das geschieht stets nicht. Ich will also hiermit ausnahmsweise eine Geldstrafe von 1 Thlr. festsetzen, der in Meinem Dienste ist, und einen Andern, der in meinem Dienste ist, nicht bei seinem Titel oder Charge nennt. 12. Oktober 1844" (Büchmann).

Pritsche. *Einem die Pritsche schlagen:* Jem. verhauen (veraltet). Eine Abb. zeigt die kath. Soldaten als unmündige Pfaffenknechte, die ihrer Untaten wegen Strafe verdient haben. Die kaiserlichen Soldaten werden so blamiert und dem Spott der Öffentlichkeit preisgegeben.
Auf die Pritsche kommen, auch: *auf der Pritsche schlafen:* ins Gefängnis eingeliefert werden, in Haft sein und allen Komfort zurücklassen müssen.
‚Pritsche' gilt auch als verächtliche Bez. einer Prostituierten, bes. in der Soldatensprache.

Probe. *Die Probe aufs Exempel machen:* die Gültigkeit einer Aussage oder eines Ergebnisses anhand eines Beispiels überprüfen.
Jem. auf die Probe stellen: ihn genau prüfen, seine Fähigkeiten, seine Ehrlichkeit durch eine bewußt herbeigeführte Entscheidungssituation erkunden wollen; vgl. frz. ‚mettre quelqu'un à l'épreuve'.
Die Probe bestehen: allen Anforderungen gerecht werden.
In vielen Märchen ist die Bewährungsprobe, die der Held bestehen muß, ein wichtiger Bestandteil des Handlungsverlaufs. Die Art dieser Proben ist unterschiedlich; geprüft werden damit Eigen-

schaften des Helden; so sind Tugenden wie Furchtlosigkeit oder Hilfsbereitschaft für die Bewährung des Helden am ausschlaggebendsten; oft wird der Einsatz des ganzen Lebens gefordert; um einen höheren Lebensabschnitt erreichen zu können, muß der Held mittels der Probe seine Fähigkeiten beweisen.
Auf Probe arbeiten: versuchsweise arbeiten, innerhalb der Probezeit arbeiten.
Rhein. ‚ä hot en goud Prov', er hat eine gute Probe, d.h. Zungenprobe, von einem Weinfachmann oder Winzer gesagt, der den Wein proben, d.h. auf seine Beschaffenheit prüfen kann. Rhein. ‚de Prowen eraus gen' (herausgeben), Weinproben in einem Probefläschchen an den Weinhändler oder Weinkommissionär abgeben.

Lit.: *L. Röhrich:* Art. ‚Bewährungsprobe', in: EM. II, Sp. 274–279; *E. Moser-Rath:* Art. ‚Brautproben', in: EM. II, Sp. 746–753; *K. Ranke:* Art. ‚Charaktereigenschaften und -proben', in: EM. II, Sp. 1240–1248; *E. Blum:* Art. ‚Geschicklichkeitsproben', in: EM. II, Sp. 1131–1134; *A. Bihari-Andersson:* Art. ‚Geschlechtsproben', in: EM. II, Sp. 1134–1138. Außerdem sei im voraus verwiesen auf die in der EM. geplanten Artikel ‚Kraftproben', ‚Mutproben', ‚Scharfsinnsproben' und ‚Testerzählungen'.

Probelauf. *Einen Probelauf machen:* etw. auf seine Funktionstüchtigkeit hin prüfen, etw. testen. Die Rda. stammt urspr. vom Sport her. Sie bezog sich auf die Läufer, die vor einem entscheidenden Wettkampf noch einmal trainierten, die Strecke abliefen, um sie genau kennenzulernen und ihre körperlichen Kräfte richtig einsetzen zu können. Heute ist die Wndg. auch auf das Gebiet der Technik übertr. worden. So macht man bei Maschinen, Motoren, Autos einen Probelauf, um ihre Eignung, aber auch evtl. Mängel festzustellen.

Professor. *Ein zerstreuter Professor sein:* unaufmerksam, seinen Gedanken und Träumen nachhängend, nicht auf seine Umgebung achtend, von lächerlicher Vergeßlichkeit sein. Die Rda. enthält einen leichten Tadel oder gutmütige Verspottung. Eine frühe ill. Ausg. von Äsops Fabelbuch zeigt einen Astrologen als ‚zerstreuten Gelehrten': Dieser schaut mit einem Fernrohr in den Himmel und stürzt dabei in eine Grube. Nach Diogenes Laertios wird diese Episode dem griech. Weisen Thales von Milet zugeschrieben.
Eine andere Ill. des 16. Jh. zeigt einen sich in ein Buch vertiefenden Gelehrten, der sich durch den Unfug seiner spielenden Kinder nicht stören läßt und es auch nicht

‚Ein zerstreuter Professor'

bemerkt, daß im selben Raum seine Frau ihn mit einem anderen betrügt.
Noch Wilhelm Busch verwendet das Motiv in einer Bildergeschichte vom reisenden Engländer.
Das Wort ‚zerstreut' hatte früher die negativere Bdtg. von albern, verwirrt und sogar geistesgestört. So verwendet es schon Hans Sachs (Werke 9,365):

Der stelt sich einfeltig und schlecht,
Gleichsam halb alber und zerstreut.

Erst seit dem Beginn des 18. Jh. besitzt das Wort durch den Einfluß des frz. ‚distrait' die moderne Bdtg. von abgelenkt, träumerisch, unaufmerksam und wird häufig lit. verwendet, z.B. von Lessing, Herder, Goethe und Schiller.
Der Standesspott richtete sich im 19. Jh. gern gegen den weltfremden Stubengelehrten. Er erscheint zerstreut, weil er sich so von seinen Problemen fesseln läßt, daß er die Vorgänge in seiner Umwelt nicht beachtet. Bes. in Flugblättern wurde der ‚zerstreute Professor' lächerlich gemacht, der noch heute Gegenstand zahlloser Witze ist.

Lit.: *E. Reicke:* Der Gelehrte in der dt. Vergangenheit. Monographien zur dt. Kulturgesch. VII (Jena [2]1924); *E. Moser-Rath:* Art. ‚Astrologe', in: EM. I, Sp. 928–931.

Profil. *Jem. hat Profil:* Jem. ist unverwechselbar, eine starke Persönlichkeit. Eigentl. bedeutet Profil (aus ital. profilo): Seitenansicht, bes. des (menschlichen) Kopfes.
Eine Profilneurose bekommen: sich durch überzogenen Ehrgeiz selbst schaden, über seine Kräfte gehen bis zur totalen körperlichen und geistigen Erschöpfung. Ähnl. die Feststellung: *Unter einer Profilneurose leiden.*

profilieren. *Sich zu profilieren suchen:* sich durch seine Fähigkeiten, sein Geschick, seine hervorragende Leistung vor anderen auszeichnen, sich zu einer unverwechselbaren Persönlichkeit entwickeln wollen. Die Rda. wird heute vor allem auf junge Manager, Wissenschaftler und Politiker angewandt, die durch ihre Einsatzbereitschaft, ihren Erfolg, ihr Werk, ihre Überzeugungskraft imponieren und für sich einnehmen.
Sich erst noch profilieren müssen: sich vor einem Aufstieg erst bewähren müssen; oft warnend von oder zu einem allzu stürmisch nach höheren Positionen Strebenden gesagt.

Prokrustes. *Jem. auf das Prokrustesbett spannen* oder: *in ein Prokrustesbett zwängen:* jem. Gewalt antun; auch: jem. in ein Schema hineinzwängen.
Prokrustes ist eine Gestalt der griech. Sage. Diodor (um die Mitte des 1. Jh. v. Chr.) berichtet, daß der Riese Prokrustes (wörtl. ‚Strecker') nahe Athen in der Enge von Salamis hauste und alle Vorbeikommenden zu Tode marterte, indem er – falls sie zu kurz waren – ihre Glieder dehnte und streckte, bis sie in sein Riesenbett paßten; zu Großen schnitt er die über das Bett hinausragenden Füße ab. Der Unhold wurde von Theseus erschlagen.

Lit.: *L. Radermacher:* Mythos und Sage bei den Griechen (Wien [2]1942); *J. Granlund:* ‚Zwei gleich groß machen'. Eine nordische Prokrustessage, in: Å. Hultkrantz (Hg.): The supernatural Owners of Nature (Stockholm 1961), S. 38–52.

Propeller. *Etw. am Propeller haben:* nicht recht bei Verstand sein; *einen Propeller im Arsch haben:* es stets sehr eilig haben; *jem. an die Propeller kriegen* (auch *bei den Propellern packen):* ihn zur Rechenschaft ziehen, zurechtweisen; ‚bei dir hat sich wohl ein Propeller gelöst?', du bist wohl nicht recht bei Verstand.

Prophet. *Ein falscher Prophet sein:* jem. sein, der falsche Behauptungen aufstellt, der die Menge zu verführen sucht.
Diese Rda. hat bibl. Urspr. Matth. 7,15 spricht Jesus: „Sehet euch vor vor den falschen Propheten, die in Schafskleidern zu euch kommen, inwendig aber sind sie reißende Wölfe". Auch der Spruch: ‚Der Prophet gilt nichts in seinem Vaterlande' ist an Matth. 13,57 angelehnt: ‚Nullus propheta in patria'. Heute bedeutet dies: die nähere Umgebung erkennt oft nicht die Genialität oder Weisheit einer Person. Das Prophetentum gab es schon seit frühester Zeit; alle Propheten haben einen Namen, sind der Volksmasse entwachsen und entschleiern oft die undurchsichtige Zukunft. Eine göttliche Stimme spricht aus ihnen; so bedeutet der urspr. Wort-

sinn: jem., der an Gottes Stelle zu den Menschen spricht; er gilt als allwissend. So sagt man auch, wenn man die Entwicklung einer Sache nicht voraussehen kann: *Ich bin doch kein Prophet!*
Aus der Literatur sind zwei geflügelte Worte bekannt geworden, die den Propheten erwähnen: Goethe erinnert sich in ‚Dichtung und Wahrheit' (14. Buch) an den 14. Juli 1774. Er ißt mit Lavater und Basedow in Koblenz; Lavater spricht mit einem Geistlichen über die Offenbarung, Basedow sagt zu einem Tanzmeister, die Taufe sei ein veralteter Brauch. Goethe, zwischen beiden, widmet sich der Mahlzeit und dichtet: „Prophete rechts, Prophete links, das Weltkind in der Mitten". Aus orientalischen Quellen dagegen stammt die Wndg. ‚Wenn der Berg nicht zum Propheten kommen will, muß der Prophet zum Berge gehen', ↗Berg.
‚Wie kommt (der) Saul unter die Propheten?' ↗Saul.

Lit.: *W. E. Peuckert:* Art. ‚Prophet, Prophetie', in: HdA. VII, Sp. 338–366; *M. Buber:* Der Glaube der Propheten (Zürich 1950); RGG. V ([3]1961), Sp. 608–638 (mehrere Autoren; reiche weiterführende Lit.).

Proselyten. *Proselyten machen,* auch: *Ein Proselytenmacher sein:* andere für den eigenen Glauben oder eine Sache gewinnen wollen. ‚Proselytenmacherei' ist ein verächtliches Wort für unlauteres Werben um Anhängerschaft. Es geht auf Matth. 23,15 zurück und kommt aus dem griech. προσήλυτος (Ankömmling).

Lit.: *A. F. Carrillo de Albornoz:* Art. ‚Proselytismus', in: RGG. V ([3]1961), Sp. 640; *N. Levison:* The proselyte in biblical and post-early biblical times, in: The Scottish Journal of Theology 10 (1957).

Prost. *Na, dann prost!* ist ein Ausruf, der die Befürchtung zum Ausdr. bringt, daß eine Sache eine schlimme Entwicklung nehmen könne oder ähnliches. Prost (aus lat. ‚prosit' = es möge nützen) ist eine Wunschformel beim Zutrinken; seit dem 18. Jh. ist sie weit verbreitet. Ihren Urspr. hat sie in der Studentensprache. ‚Prost, Gemeinde' war – nach einem Schwank – der Abschluß einer Predigt eines Pfarramtsanwärters, der die Gemeinde statt mit ‚Amen' damit entließ. Die Entstehung der Formel innerhalb studentischen Lebens wird von G. Schreiber folgendermaßen erklärt: Wein und Konfekt gehörten (nach alten Urkunden z. B. aus Rostock oder Ingolstadt) schon im 15. Jh. zu dem sog. Doktorschmaus. Der Prüfling hatte vor der Prüfung seinen Examinatoren Wein mitzubringen, der während des Rigorosums getrunken wurde. Die Annalen der Universität Ingolstadt berichten (21. April 1665, Theologische Fakultät): „Etwas nach zwei Uhr begann die Disputation, wobei der Kandidat durch seinen Geist glänzte, die anderen aber, bes. die Perillustres und Illustres (die Adligen) um die Wette tranken. Spanischer Wein wurde nicht gegeben, weil dieser für den Nachmittag nicht paßt, deshalb reichte man einen anderen süßen Rotwein, und zwar denselben während der ganzen Disputation, was allgemeine Zustimmung fand" (G. Schreiber, S. 226). Die Prüfer nun wünschten dem Kandidaten ein ‚Prosit', indem sie die Gläser hoben.

Lit.: *G. Schreiber:* Dt. Weingeschichte (Köln 1980), S. 225–226: Der Wein im akademischen Brauchtum.

Protokoll. *Ein Protokoll bekommen,* rhein. auch ‚ein Knöllchen bekommen', einen Strafbefehl bekommen. Protokoll ist eigentl. die Niederschrift des wesentlichen Tatbestandes, hier aber die Strafverfügung (bei einem fahrlässigen Verkehrsverhalten) selbst.

Provinz. *Aus der tiefsten (hintersten) Provinz kommen:* aus einer rückständigen Umgebung kommen, im Vergleich zum Wesen der Hauptstadt. Eine Provinz war urspr. ein den Römern unterworfenes Land außerhalb Italiens, das von einem römischen Statthalter verwaltet wurde.

Prozeß. *Kurzen Prozeß machen:* kurz entscheiden; ohne Rücksicht auf Widerspruch handeln. Prozesse dauern nach der volkstümlichen Meinung im allg. übermäßig lange; ein ‚kurzer Prozeß' ist also ein abrupt abgebrochenes, gewaltsam verkürztes Verfahren; lit. schon bei Grimmelshausen im ‚Simplicissimus' (II, Kap. 29, S. 188): „sie machte ihnen (den Läusen) den Prozeß kurz und gut ..."
Dem Prozeß ein Loch machen: ihm einen Ausgang verschaffen; *einen Prozeß ma-*

chen, wenn der Esel einen Hund gebissen hat: sich wegen der geringfügigsten Kleinigkeit gerichtlich streiten.

Prüfstein. *Ein Prüfstein für etw. sein:* ein Maßstab, ein Kriterium sein, eigentl. ein Probierstein zur Ermittlung des Feingehaltes von Gold- u. Silberlegierungen, seit dem 16. Jh., ↗Stein.
In übertr. Bdtg. auf den Menschen bezogen: *Für jem. ein Prüfstein (der Geduld) sein:* eine Art Orakel bilden. Vielleicht bezieht sich die Wndg. auf eine frühere Art, um Gesundheit oder Krankheit öffentl. festzustellen, wie z. B. in Lübeck: in vergangener Zeit mußten sich ankommende Fremde ‚auf den Prüfstein setzen'; begann der Stein zu schwitzen, so galten sie als nicht aussätzig (vgl. HdA. VIII, Sp. 390).

Prügel. *Jem. Prügel zwischen die Beine werfen:* jem. ↗Knüppel zwischen die Beine werfen. Bei Abraham a Sancta Clara erscheint die Rda. in ‚Judas, der Ertzschelm' (1710) und im ‚Geistlichen Kramerladen' (1725) in der Form: ‚Jem. Prügel unter die Füß werffen', ↗schlagen.

Prügelknabe. *Als Prügelknabe dienen:* statt eines anderen leiden. Wanders Sprww.-Lexikon gibt als einzigen Beleg eine Stelle aus der Breslauer Zeitung von 1864: „England dient der französischen Presse als Prügelknabe", und das Grimmsche Wb. führt aus Gustav Freytags ‚Bildern aus der dt. Vergangenheit' (1867, Ges. W. XIX, 298) den Junker Hans von Schweinichen an, der als Knabe Page des eingesperrten Herzogs Friedrich des Vaters und Prügeljunge Friedrichs des Sohns gewesen wäre. Schweinichen selber erzählt jedoch nichts dergleichen, im Gegenteil: er war zwar mit einem andern Knaben Erziehungsgenosse des Herzogs Friedrich (IV. von Liegnitz), und der Präzeptor Hans Pfitzner hielt die drei sehr streng, aber Hans hatte, da er ihn schmierte, einen Vorteil vor den andern und wurde in der ganzen Zeit nicht öfter als zweimal gestrichen, „welches ich doch wohl verdienet gehabt und er (der Präzeptor) es ehrenhalber nicht hat umgehen mögen" (Denkwürdigkeiten von Hans von Schweinichen, hg. von H. Oesterley, Breslau 1878, S. 15).
Hat also Freytag sachlich unrecht, so hat er doch wohl viel zur Popularisierung des Wortes – nicht auch des Begriffes – beigetragen. Das Wort aber scheint nur eine Übers. des engl. ‚Whipping-boy' zu sein, das schon im Jahre 1647 belegt ist. Das Oxford English Dictionary bringt z.B. (X, 57) Hinweise auf William Murray und Mungo Malogrowther, die Prügelknaben der Könige Charles I. und James VI. In Frankr. kam dafür nach dem kleinen Husaren, der für Louis XV. die Streiche in Empfang zu nehmen hatte, das Wort ‚Hussard' auf (heute jedoch nur noch in der Bdtg. von ‚Husar' gebräuchl.), während es in Spanien, wo die Sitte noch im 19. Jh. im Schwange war, keine eigene Bez. für ihre Opfer gegeben zu haben scheint. Ebenso verhält es sich bei dem einzigen Beisp., das einen dt. König betrifft, nämlich Konrad IV. (1228–54), den Vater Konradins, des letzten Hohenstaufen. Von ihm berichtet eine der ‚Novelle antiche': „Von König Konrad liest man, er habe als Knabe zwölf gleichaltrige Knaben zur Gesellschaft gehabt, und wenn er in etwas fehlte, so schlugen die Meister, die ihm zur Aufsicht gegeben waren, nicht ihn, sondern diese Knaben, seine Kameraden. Und er sagte: ‚Warum schlagt ihr sie?' Antworteten die Meister: ‚Wegen deiner Verfehlungen'. Und er sagte: ‚Warum schlagt ihr dann nicht mich, der ich die Schuld trage?' Und die Meister antworteten: ‚Weil du unser Herr bist; diese aber schlagen wir an deiner Statt. Darum muß es dich, wenn du ein edels Herz hast, sehr betrüben, daß ein anderer für deine Schuld leidet'. Darum, heißt es, hat sich König Konrad aus Mitleid mit ihnen wohl gehütet, etwas Unrechtes zu tun" (F. Zambrini, Libro di novelle antiche, Bologna 1868, 78); vgl. die ähnl. pädagogische Methode: ‚den ↗Hund vor dem Löwen schlagen'.

Lit.: *A. Wesselski:* Der Prügelknabe, in: Erlesenes (Prag 1928), S. 126–128; *W. Hävernick:* „Schläge" als Strafe (Hamburg [4]1970).

Pudding. *Pudding in den Armen (Beinen) haben:* schwache Arme (Beine) haben; vgl. frz. ‚avoir les jambes (Wolle) de laine'.

Pudding unter der Glatze haben: dumm sein (Anspielung auf Gehirnerweichung); *auf den Pudding hauen:* ausgelassen sein, prahlen; *das ist Pudding:* das gefällt mir sehr; *auf Pudding treten:* keine feste Zusage erhalten. Alle diese Rdaa., in denen Pudding wegen seines geringen Festigkeitsgrades bildl. für eine weiche Sache steht, sind erst neuerdings aufgekommene Wndgn.

Puddingabitur. *Ein Puddingabitur machen:* (nur) eine Abschlußprüfung am hauswirtschaftlichen Zweig einer höheren Schule ablegen, d.h. an einem Gymnasium, das nicht den höchsten Anforderungen entspricht, z.B. geringere Fremdsprachenkenntnisse verlangt.
Diese Art Abitur berechtigt deshalb auch nicht zum Besuch der Universität oder sieht nur das Studium bestimmter Fächer vor. Die zunächst ganz lustig oder scherzhaft klingende Wndg. wird häufig auf junge Mädchen (oft aus gutem Hause) bezogen, die weniger wissenschaftlich-theoretische Begabung zeigen, die ganz andere Interessen besitzen oder denen das Lernen grundsätzlich schwerfällt. Sie ziehen den leichteren Weg in ihrer Schulbildung vor, die man andererseits von ihnen erwartet. Auch der Hintergedanke kann dabei mitspielen, ja doch bald zu heiraten und dann das mühsam Gelernte doch nicht mehr anwenden zu können.
Bes. Hauswirtschaftslehrerinnen trifft der Vorwurf, nur ein ‚Puddingabitur' zu besitzen, da sie tatsächlich nur dieses bei ihrer weiteren Ausbildung als Voraussetzung vorlegen müssen. Ihnen wird außerdem böswilligerweise unterstellt, weniger Wissen als andere Lehrer zu brauchen, da es bei ihnen ohnehin nur bis zum ‚Pudding-Kochen' reichen müßte.

Pudel. *Einen Pudel machen (schießen):* beim Kegeln einen Fehlwurf tun; sodann allg.: einen Fehler machen: zuerst 1754 in Hamburg bezeugt; daneben seit dem Anfang des 18. Jh. ‚pudeln', Fehler machen. Auch lat. ‚canis' hatte schon die Bdtg. ‚schlechtester Wurf im Spiel'; vgl. die ähnl. geringschätzige Bdtg. von ↗Bock.
Wie ein begossener Pudel dastehen (oder *abziehen):* sehr kleinlaut, beschämt dastehen; das komische Aussehen des sich vor Nässe schüttelnden Tieres hat den Anlaß zur Rda. gegeben, wie auch zu dem Ausdr. ‚pudelnaß'. Schon 1618 heißt es im Volkslied von den zum Prager Rathausfenster hinuntergeworfenen Herren, sie hätten sich davongeschlichen „alsam begoßne Hund". In Schillers ‚Räubern' (II,3) vergleicht Spiegelberg einen, der Angst kriegt: „Tausend Sakerment! da hättest du den Kerl sehen sollen die Augen aufreißen und anfangen zu zappeln wie ein nasser Pudel"; vgl. auch die Ausdrücke ‚pudelnackt', völlig nackt (wie ein geschorener Pudel) und ‚pudelnärrisch', närrisch, mutwillig, übermütig (wie ein ausgelassener Pudel).
Es ist einem pudelwohl: man fühlt sich rundherum glücklich und gesund. Der Name Pudel wurde im 18. Jh. aus ‚Pudelhund' gekürzt. Ndd. ‚pudel' heißt eigentl. Pfütze, ‚pudeln' im Wasser plätschern. Danach ist der auf Wasserjagd abgerichtete Pudel benannt.
Die Wndgn. „Knurre nicht, Pudel!" und „Das also war des Pudels Kern!" sind Zitate aus Goethes ‚Faust' I (Studierzimmer). In den Volkssagen spielt der Pudel oft eine Rolle als Geistertier und Spukerscheinung.

Der Pudel lernt tanzen.

‚Den Pudel das Tanzen lehren'

Den Pudel das Tanzen lehren: einen zwingen, das zu tun, was man befiehlt, auch: jem. zu niederträchtigen Streichen anstiften. Die Rda. beruht auf der Beobachtung, daß sich Pudel gelehrig erweisen und sich daher leicht abrichten lassen. Bei der Übertr. auf den Menschen erhält die Wndg. negative Bdtg., denn sie charakterisiert den Willensschwachen, der zu leicht zu beeinflussen ist.

Lit.: *Güntert:* Art. ‚Pudel', in: HdA. VII, Sp. 381–382; *B. A. Woods:* The Devil in Dog Form (= Folklore Studies 11), (Berkeley – Los Angeles 1959).

Puff. *Einige Püffe vertragen können:* nicht empfindlich, nicht wehleidig sein. Das Wort ‚Puff' ist abgeleitet von ital. ‚buffo': Windstoß. ‚Puff' ist auch seit ca. 1900 die Bez. für ein Bordell. Dieser Name jedoch stammt aus dem Brettspiel, wie ältere Zeugnisse beweisen. Der Schall der aufgeschlagenen Würfel auf das Brett wurde als Symbol für Geschlechtsverkehr angesehen. So gab es Wndgn. wie ‚mit ir anfahen im pret zu spilen'. (H. Fischer, Schwäb. Wb. I (1904), S. 1409).

Lit.: *E. Borneman:* Sex im Volksmund (Reinbek bei Hamburg 1971).

Pulle. *Etw. volle Pulle machen:* eine Sache ganz intensiv, mit größtem Einsatz erledigen.

Volle Pulle geben (fahren): Das Gaspedal im Auto durchtreten, mit höchster Kraft und Geschwindigkeit vorankommen wollen und dazu alle Möglichkeiten einsetzen.

Puls. *Einem den Puls fühlen:* ihn ausforschen, seine Gesinnung oder auch sein Denkvermögen prüfen; von der ärztlichen Feststellung des Pulsschlages auf die Feststellung der Gesinnung und des Denkens übertr. (19. Jh.).

Pulver. *Das Pulver nicht erfunden haben:* beschränkt, dumm, einfältig sein; vgl. frz. ‚n'avoir pas inventé la poudre'.

Jobst Sackmann, Pfarrer zu Limmern bei Hannover (um die Zeit 1686–1720), sagt in einer plattdt. Predigt über die Erfindung des Schießpulvers: „Is dat ene Kunst, dat men enen dot schütt? Jo, ick kant nig gnog seggen, dat so en Stück Schelms, so en liederlick Mönk dat Pulver het utdacht, wenn et noch en Soldat odder dapper Kriegsmann dan hadde, so wull ick daer noch nich van seggen". Diese Schelte bezieht sich auf Berthold Schwarz, der in Freiburg, wo sein Denkmal steht, das Schießpulver bei alchimistischen Versuchen hergestellt haben soll.

‚Das Pulver (nicht) erfunden haben'

Bertholdus Niger muß – nach neueren Forschungen – als historische Person betrachtet werden, die die erste Hochdruckwaffe herstellte. Vor 1370 hatte es nur Niederdruckwaffen gegeben. Bertholds Erkenntnis lag darin, daß er beobachtete, welch ungeheuren Druck hocherhitzte, eingeschlossene Gase entwickeln können. Berthold selbst stammte aus der Stadt Konstanz, lebte in der ersten Hälfte des 14. Jh. als Magister artium an der Universität Paris. Er beschäftigte sich mit der alchimistischen Kunst und entdeckte die Sprengwirkung eines Pulvergemischs aus Schwefel, Salpeter und Holzkohle. Das ‚Große vollständige Universal-Lexikon' (Leipzig – Halle 1732–54) schreibt 1741 über Berthold: „Schwartz … hieß sonst Constantin Angklitzen, war zu Freyburg in Dtl. um die Mitte des 14. Jh. gebohren, und seiner Profeßion nach zu Mayntz ein Münch, und hat die Erfindung des Schießpulvers und der Büchsen 1330 wider sein Vermuthen zu Stande gebracht … Im übrigen haben einige vorgegeben, daß endlich Kayser Wentzel den Schwartz wegen dieser seiner Erfindung 1388 lebendig habe verbrennen lassen".

In Ifflands ‚Jägern' von 1785 (II, 5) sagt Anton zu Friederike: „Ich habe wenig, vornehm bin ich nicht, es kann auch sein, daß ich das Pulver nicht erfände – aber soviel gesunden Sinn, als man fürs Haus braucht, traue ich mir zu". Karl Gutzkow hat die Rda. zu einem Haupttreffer in der Szene des Tabakskollegiums in seinem Lustspiel ‚Zopf und Schwert' (1844) benutzt. Da entgegnet der Erbprinz von Bayreuth auf die Frage, was der Alte Dessauer erfunden habe: „Das Pulver kann's nicht sein, denn das hat schon Herr von Seckendorf erfunden". Scherzhaft wird der durch die Rda. ausgedrückte Tadel auch in gemilderter Form geäußert: ‚Er hat bei der Erfindung des Pulvers im Nebenzimmer gesessen'.

Sein Pulver verschossen haben: nichts mehr leisten können, am Ende der Kräfte angelangt sein, auch: sich sexuell verausgabt haben, impotent sein.

Ein Beispiel für die erotische Bdtg. dieser Rda. ist die zweite Strophe eines Jägerliedes aus Unterfranken: ‚Ich bin ein lust'ger Jägersknecht':

Was ein Jäger haben soll,
hab' ich wohl;
all' mein' Taschen, die sein voll.
Schönes Pulver, Blei und Kugel
schieß ich so fix
aus meiner Büchs
nach diesem Vogel.

(R. W. Brednich: Erotische Lieder [Frankfurt/M. 1979], S. 84–85).

Sein Pulver trocken halten: seine Reserven zurückhalten, auf der Hut sein, seine Kräfte nicht vorzeitig vergeuden. Im Kriegsbuch von Margret Mead steht der Aufruf: ‚Haltet Euer Pulver trocken'. Die Rda. kann auch erot. Bdtg. erhalten: mit seiner Potenz sparsam umgehen (Borneman: Sex im Volksmund).

Kein Pulver riechen können: feige sein.

Keinen Schuß Pulver wert sein: nicht das geringste wert sein; bezieht sich auf den Tod durch Erschießen, der als weniger schimpflich und entehrend gilt als der Tod durch Erhängen etc. *Auf dem Pulverfaß sitzen:* in gefährlicher Lage sein; vgl. frz. ‚tonneau de poudre'.

Auf das Arzneipulver bezieht sich die obersächs. Rda. ‚dummes Pulver (ein)nehmen', sich dumm stellen, Verständnislosigkeit heucheln.

Jem. Maschinenpulver verabreichen: meint salopp, jem. vergiften. Im Volksglauben gibt es die Vorstellung, daß, Pulver ins Essen und Trinken gemischt, mutig mache (HdA. VII, Sp. 382–383).

Lit.: *H. Hansjakob:* Der schwarze Berthold (Freiburg 1891); *F. M. Feldhaus:* Was wissen wir von Berthold Schwarz?, in: Zs. f. hist. Waffenkunde 4 (1906/08), S. 66 und 113f.; *H. J. Rieckenberg:* Berthold Schwarz, in: Neue dt. Biographie 2 (1955); *H. Biedermann:* Handlexikon der magischen Künste (München-Zürich 1973), S. 60–61; *W. Gerd Kramer:* Berthold Schwarz: Erfindung, Lebenszeit und Bdtg., in: Schauins-Land 93 (1975), S. 63–82.

Pump. *Auf Pump leben:* mit geliehenem Geld leben. ‚Auf Pump' heißt: auf Vorschuß, urspr. wurde pumpen nur auf das Wasserschöpfen bezogen; seit 1687 wurde es zu rotw. ‚pompen' = borgen, gewendet.

Auf Pump kaufen: auf Ratenzahlung bzw. auf Kredit kaufen. Es handelt sich um eine saloppe Rda. für die veraltete, nur noch im Sprw. erhaltene Wndg. ‚auf Borg kaufen', d.h. mit gestundetem oder geliehenem (geborgtem, gepumptem) Geld.

Jem. anpumpen: ihn um eine Anleihe (einen Pump) bitten. Meist ist das Versprechen der Rückgabe damit verknüpft, oft aber auch die Hoffnung, die Anleihe vergessen zu können, z. B. wenn der Vater ‚angepumpt' wird, ↗anzapfen, ↗borgen.

‚Jemanden anpumpen'

Pumpernickel. *Den Pumpernickel singen:* Schläge austeilen.

‚Wo s dr Brauch ist, singt mr de Pumpernickel en dr Kirch.' Der Bumbernickel war wie das ↗Bohnenlied ein derbes Lied. Man verstand unter ‚de Bumbernickel singe' auch Prügeleien zwischen Eheleuten.

Lit.: *K. Ranke:* Pompa diaboli. Etymologisches und Volkskundliches zur Wortfamilie Pumper, in: Beiträge zur deutschen Volks- und Altertumskunde 1 (1954), S. 79ff.; *H. Moser:* Die Pumpermetten, in: Volksbräuche im geschichtlichen Wandel (München 1985), S. 141–167.

Punkt. *Das ist der springende Punkt:* das ist der Kernpunkt einer Sache, das, worauf es ankommt (gelegentlich auch in lat. Form: ‚das ist das punctum saliens'). Die Rda. ist gelehrten Urspr. Der griech. Naturforscher Aristoteles (384–322 v. Chr.)

spricht in der ‚Historia animalium' (6. Buch, 3. Kap.) davon, daß sich im Weißen des Eies das Herz des werdenden Vogels „als ein Blutfleck" anzeige; „dieses Zeichen (σημεῖον) hüpfe und springe wie ein Lebewesen". Theodorus Gaza († 1478) übertrug die letzten Worte so: „quod punctum salit iam et movetur ut animal", und so wurde allg. in der Sprache der Humanisten der Ausdr. mit ‚punctum saliens' wiedergegeben und von hier aus in der Bdtg. ‚Kernpunkt des Lebens', ‚Punkt, in dem die spätere Entwicklung des Wesens beschlossen liegt', übertr. als ‚Punkt, auf den alles ankommt', weiterverbreitet. Im urspr. Sinn gebraucht Schiller noch die Wndg. in dem Gedicht ‚Der Genius' (1795):

Da noch das große Gesetz, das oben im Sonnenlauf waltet
Und verborgen im Ei reget den hüpfenden Punkt,
Noch der Notwendigkeit stilles Gesetz, das stetige, gleiche,
Auch der menschlichen Brust freiere Wellen bewegt.

Jean Paul schreibt 1807 in ‚Levana oder Erziehungslehre': „Jede Erfindung ist anfangs ein Einfall; aus diesen hüpfenden Punkten entwickelt sich eine schreitende Lebensgestalt". Goethe spricht gern vom ‚Lebenspunkt' oder ‚Quellpunkt'. Wilh. Raabe sagt 1875 im 2. Kap. seiner Erzählung ‚Vom alten Proteus': „So wollen wir nun dem Hüpf-, Brüt- und Lebenspunkt im Ei dieser Historie näher gehen".

Der Punkt des Archimedes ist sprw. geworden: ‚Wenn er den Punkt fände, er brächte die Erde aus der Bahn' (Wander III, Sp. 1425, Nr. 19).

Etw. hängt vom Punctum puncti ab: etw. richtet sich nach dem ‚Punkt des Punktes', d.h. nach der finanziellen Situation.

Ein dunkler Punkt im Leben einer Person: eine unklare, moralisch nicht ganz einwandfreie Geschichte, die nie aufgehellt wird. Ein Sprw. heißt: ‚Ein Pünktlein macht die ganze Ehre schwarz'. ‚Es gibt schwarze Punkte am Himmel' ist durch Napoleon III. sprw. geworden: am 26. August 1867 sagte dieser zum Bürgermeister von Lille: „Seit vierzehn Jahren sind viele meiner Hoffnungen in Erfüllung gegangen und große Fortschritte gemacht worden, es haben aber auch dunkle Punkte (‚points noirs') unsern Horizont umwölkt".

Auch von einem *wunden Punkt* reden wir bildl. zur Bez. einer Schwierigkeit, einer dunklen Stelle, eines faulen Flecks, der wie eine Wunde geheilt sein möchte und doch behutsam angefaßt sein will; vgl. frz. ‚le hic'. Bismarck zu den Freisinnigen: „Da haben die Herren gefunden: Aha, da hat die Regierung einen wunden Punkt, da wollen wir darauf reiben".

Auf den toten Punkt gelangen: mit einer Sache nicht weiterkommen. Die Wndg. ist im 19. Jh. aufgekommen und stammt aus der Sprache der Technik: Auf dem ‚toten Punkt' befindet sich eine Dampfmaschine, wenn Kurbel und Pleuelstange eine gerade Linie bilden. So schreibt der Dichter-Ingenieur Max Eyth 1899 in ‚Hinter Pflug und Schraubstock' (II, 263): „Dank dem nicht zu bändigenden Willen meines unglaublichen Schwiegervaters ist der tote Punkt überwunden". Vgl. frz. ‚en être au point mort'.

Der Punkt auf dem i bez. sprw. das, was eine Sache erst zum vollen Abschluß bringt, so klein es auch sein mag (vgl. auch das Tüpfelchen auf dem ↗I). *Den Punkt aufs i setzen:* peinlich genau sein; ndl. ‚De punten op de i zetten'; Bismarck: „Daß wir noch nicht in der Lage sind, in allen diesen Fragen die Punkte so genau über das I zu setzen, wie sie vielleicht in zwei oder drei Jahren von selbst auch dem ersten Herrn Redner ins Auge springen werden" (‚Reden' VIII, 187; vgl. XII, 198).

Keinen Punkt übers i setzen können: zu nichts taugen. *Einem den Punkt über das i machen:* etw. verständlich machen, was sich von selbst versteht; vgl. frz. ‚mettre à quelqu'un les points sur les i'.

Nun mach aber einen Punkt!: nun hör aber auf (mit deinen Klagen, Fragen oder dergleichen); die Rda. bezieht sich auf den Punkt als Satzschlußzeichen; in ähnl. Sinne die ältere Rda. *Punktum, Streusand drauf!* die Sache ist entschieden; Widerrede gibt's nicht! (mit Streusand löschte man früher nach Fertigstellung eines Briefes oder Schriftstückes die Tinte ab).

Ohne Punkt und Komma reden: immerzu, ohne Unterbrechung, unentwegt, ohne Atem zu holen reden.

pünktlich. *Pünktlich wie die Maurer:* sehr pünktlich; dem rdal. Vergleich liegt die weitverbreitete Ansicht zugrunde, daß die Maurer auf die Minute genau die Kelle aus der Hand legen, um Feierabend zu machen. Diese Berufsneckerei ist auch in die Form von Witzen gefaßt worden; so wird z. B. erzählt, daß ein Maurer, der in den Rhein gefallen war, zu schwimmen aufhörte und ertrank, als die Glocke vom Kirchturm den Feierabend einläutete.
Die Wndg. ‚Pünktlichkeit ist die Höflichkeit der Könige‘ wird gern gebraucht, wenn es zu den Vorzügen eines Vorgesetzten gehört, auch Untergebene nicht warten zu lassen. Sie bezieht sich urspr. auf einen Ausspruch Ludwigs XVIII., der von 1814 bis 1824 regierte: ‚L'exactitude est la politesse des rois‘.

Pupille. *Die Pupille auf null drehen:* sich zum Schlafen legen, geistig ‚abschalten‘; sold. seit dem 2. Weltkrieg; *die Pupille bibbert:* man wagt einen Blick auf Aufreizendes; *er kriegt es in die falsche Pupille:* er sieht es falsch; *jem. in der Pupille haben:* sich ihn genau merken, ihn sofort wiedererkennen; *eine Pupille hinschmeißen:* auf etw. ein Auge werfen, etw. beobachten; *eine Pupille riskieren:* einen Blick wagen; vgl. frz. ‚risquer un œil‘ ↗Auge; *sich die Pupille verstauchen:* schlecht Entzifferbares zu lesen versuchen; *ich rotze dir auf die Pupille, dann siehst du drei Tage Farbfilm:* Drohung unter Berliner Jugendlichen; Mitte 20. Jh.

Puppe. *Die Puppen tanzen:* eine heftige Auseinandersetzung findet statt; *jetzt kommen die Puppen ans Tanzen:* jetzt kommt der Stein ins Rollen; der urspr. Realbereich dieser Rdaa. ist wohl das Puppentheater (19. Jh., mdal. u. lit.).
Bis in die Puppen (gehen): sehr weit. Als in der Mitte des 18. Jh. der Große Stern im Berliner Tiergarten, der damals von der Stadt weit entfernt war, nach frz. Geschmack der Gartenkunst mit Statuen aus der antiken Götterwelt geschmückt wurde, nannten die Berliner diese Standbilder ‚Puppen‘ und den Großen Stern den ‚Puppenplatz‘. ‚Bis in die Puppen gehen‘ war ein verhältnismäßig weiter Spaziergang. Die Wndg. wurde von der räumlichen auf die zeitliche Ausdehnung übertr., so daß ‚bis in die Puppen‘ soviel wie ‚immerfort, sehr lange‘ bedeutete (z. B. auch ‚bis in die Puppen schlafen, arbeiten, ausbleiben‘); dann auch allg.: z. B. ‚Das geht mir doch über die Puppen!‘, das übersteigt alles Maß. Diese Erklärung ist übrigens angezweifelt worden; man hat die Rda. – aber wohl kaum mit Recht – zu deuten gesucht aus einer auf dem Lande gebrauchten Wndg. ‚es regnet bis in die Puppen‘, d. i. bis in die zu Haufen gesetzten Getreidegarben, die durch eine Deckgarbe vor mäßigem Regen geschützt sind.

Lit.: *H. Krügler:* ‚Bis in die Puppen‘, in: Mitt. d. Ver. f. d. Gesch. Berlins 49, Nr. 4; *H. Meyer:* Der richtige Berliner in Wörtern u. Rdaa.; *A. Lasch:* ‚Berlinisch‘. Eine berl. Sprachgesch. (Berlin o. J. [1928]), S. 186; *O. N. Heinertz:* Bis in die Puppen, in: Moderna Språk 36 (1942), S. 189–190.

Puste, pusten, Pustekuchen. Puste = Atem gehört zu pusten = blasen, schnauben; rdal. z. B. in der Drohung: ‚Ich knall dir die Puste aus dem Ranzen!‘ Ähnl. die berl. Drohung: ‚Ich puste dich pfundweise aus dem Trauring!‘ *Ihm geht die Puste aus:* er atmet schwer, er gibt auf, er kann nicht weiter, er stirbt.
Da bleibt einem ja die Puste weg! ruft man, wenn man sehr erstaunt oder körperlich erschöpft ist.
Ja Pustekuchen: ist eine starke rdal. Verneinung, Ausruf der Ablehnung; zusammengezogen aus: ‚Ich puste auf Kuchen‘ (zu: ‚jem. etw. pusten‘, eine Sache abschlagen); auch: *Ja, Pusteblume!*
Hohe Noten pusten: hohe Töne blasen.

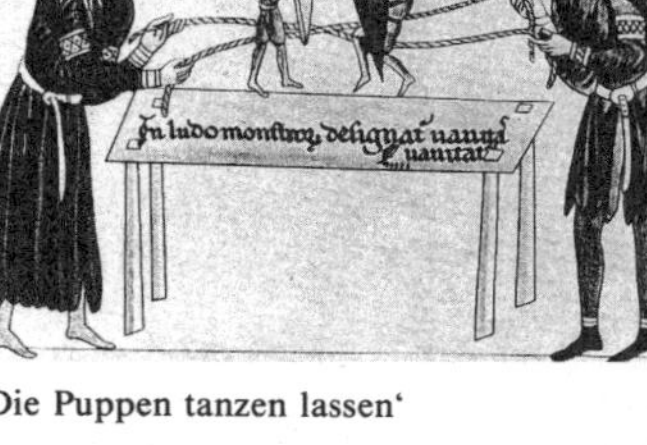

‚Die Puppen tanzen lassen‘

Putz. *Auf den Putz hauen:* sehr schimpfen, sich beschweren, auch: viel Geld schnell ausgeben. *Putz machen* bedeutet: Streit

anfangen oder sich sehr über etw. aufregen.
Ist jem. beruflich erfolgreich und hat keine finanziellen Sorgen, so ist er bei den Schwaben ‚putzt und g'strählt'.
Putzmunter ist jem., der überquillt vor Lebensfreude, dem es sehr gut geht.

Puzzlearbeit. *Eine Puzzlearbeit verrichten:* eine bes. mühevolle, viel Geduld erfordernde Aufgabe durchführen; aus vielen kleinen Einzelteilen das Ganze zusammensetzen.
Die Wndg. bezieht sich auf das vor allem bei Kindern beliebte Puzzlespiel, das sie lange Zeit beschäftigen kann, aber auch ihre Kombinationsgabe und Geduld auf die Probe stellt, ↗Geduld.

Pyrrhussieg. *Sich einen Pyrrhussieg erkämpft haben:* einen Scheinsieg errungen haben, der mit empfindlich hohem Einsatz, mit großen Opfern erreicht wurde und eher einem Fehlschlag gleichkommt. König Pyrrhus von Epirus (319–272) besiegte 280 bei Herakleia den Konsul P. Valerius Laevinus unter solch hohen Verlusten, daß er erklärt haben soll: „Noch einen solchen Sieg über die Römer, und wir sind verloren!"
In übertr. Bdtg. meint die Wndg. heute: einen Erfolg zu teuer erkaufen.

Q

Quacksalber. *Ein Quacksalber sein,* auch *Quacksalbereien treiben:* ein schlechter Arzt und Pfuscher sein, der seine Wunderkuren, Salben und Hausmittel anpreist und mit seinen angeblichen Heilerfolgen prahlt; ohne fundierte medizinische Kenntnisse mit untauglichen Mitteln Kranke behandeln und oft ‚zu Tode kurieren'. Das Subst. ist aus dem gleichbedeutenden ndl. ‚kwakzalver' entlehnt, das zu ‚kwakken' = schwatzen, prahlen und ‚zalf' = Salbe gebildet ist. Für Dtl. ist der Ausdruck seit 1570 durch Fischart bezeugt (‚Barf. Sekten- und Kuttenstreit', 465). Vgl. frz. ‚être un charlatan', ↗Scharlatan. Die Bez. ‚Quacksalber' könnte auch mit ‚Quecksilber' in Zusammenhang stehen, denn Quecksilbersalben u. -pflaster oder ‚Merkurienpflaster', eine Verreibung von zwei Teilen Quecksilber in zehn Teilen Bleipflastermasse, dienten zur örtlichen Behandlung syphilitischer Geschwüre. Weiße, gelbe u. graue Salben mit Quecksilber dienten zur angeblichen Heilung.

Lit.: *T. Hampe:* Die fahrenden Leute in der dt. Vergangenheit. Monographien zur dt. Kulturgeschichte X (Leipzig 1902).

1

2

1/2 ‚Quacksalber'

Quadrat. *Ums Quadrat gehen:* um einen Häuserblock herumgehen.

Pech (Glück) im Quadrat haben: mehrfaches Glück oder Pech haben; der eigentl. mathematische Begriff ‚(im) Quadrat' hat hier steigernde Bdtg., so auch bei: *Quadratschädel* (ein sturer Mensch) oder *Quadratlatschen* (große, klobige Füße oder ausgeleierte Schuhe).

Die Quadratur des Kreises suchen: eine Aufgabe lösen wollen, die eigentl. unlösbar ist. Das mathematische Problem, von dem sich die Rda. ableitet, besteht darin, einen vorgegebenen Kreis nur mit Hilfe von Zirkel und Lineal in ein flächengleiches Quadrat zu überführen. Den Beweis für die Unlösbarkeit dieser Aufgabe brachte F. Lindemann 1882, indem er die Transzendenz der Zahl π nachwies.

Als Ausdr. der Harmonie galten in der Renaissance die sog. magischen Quadrate. Die schachbrettartigen Felder dieser Tafeln waren mit Zahlen besetzt, deren Summe, von oben nach unten, von rechts nach links, diagonal und jeweils in anderer Richtung gelesen, immer die gleiche Zahl ergibt.

Lit.: *H. Biedermann:* Handlexikon der magischen Künste (München – Zürich 1968), S. 205–206.

Qual. *Die Qual der Wahl haben:* bei großer Auswahlmöglichkeit Schwierigkeiten haben, sich für eines der Dinge entscheiden zu können. Zu dieser Rda. gibt es auch zwei alte Sprww.: ‚Wahl macht Qual' und: ‚Wer die Wahl hat, hat die Qual'.

Qualm. *Großen Qualm machen:* viele überflüssige Umstände machen; viel Wertloses sprechen; vor allem aber: mehr scheinen wollen als sein. Der Realbereich der Rda. ist ein Feuer, das sehr viel Qualm entwickelt, aber nicht recht brennen will.

Es ist Qualm in der Küche (Waschküche): im Hause herrscht Unfrieden, Streit; ähnl. wie ‚dicke Luft'; vgl. frz. ‚Le torchon brûle' (wörtl.: Das Küchentuch brennt): es gibt Streit; mhd. ‚qualm' bedeutet eigentl. Plage, Beklemmung, Bedrängung, Qual.

Jem. einen Qualm vormachen: jem. täuschen, ↗Rauch.

Quark. Schon seit dem 16. Jh. bez. Quark bildl. etw. völlig Wertloses, eine Nichtigkeit; daher Rdaa. wie: *Kümmere* (oder *mische*) *dich nicht um (in) jeden Quark!* (lit. in Goethes ‚Faust' I, ‚Prolog im Himmel': „In jeden Quark begräbt er seine Nase"); *davon verstehst du einen Quark* (ähnl. wie Dreck, Pappenstiel, Pfifferling); ndd. ‚dat geit di 'n Quark an'; ‚davon versteihst du Quark'.

Eine veraltete Rda. heißt: *mit einem Quark versiegelt sein* und meint, um etw. gebracht worden sein, betrogen sein. Bei Gottfried Keller (‚Die Leute von Seldwyla') steht die sprw. Wndg.: „Der gibt dem Quark eine Ohrfeige und meint, er sei der Fechtmeister", ↗Käse.

Er hat Quark in den Händen: er läßt fallen, was er in der Hand hat. Vgl. frz. ‚Il a des mains de beurre' (veraltet).

„Getretner Quark wird breit, nicht stark" sagt Goethe im ‚Buch der Sprüche' des ‚Westöstlichen Divans'.

Im Quarksack wird der Quark durch Pressen von der Molke befreit; daher der schles. rdal. Vergleich: ‚schwitzen wie ein Quarksack'; obersächs. ‚naß wie ein Quarksack'.

Eine vor allem in Norddtl. verbreitete sprw. Gesundheitsregel lautet: ‚Quark macht stark'.

Im westdt. und obd. Raum ist dieselbe Sache unter anderen Bez. geläufig, wie z. B. rhein. ↗‚Flötekies', schwäb. ‚Lukeles-' oder ‚Bibbeleskäs'.

Quarre. *Erst die Pfarre, dann die Quarre!* Dieser Rat besagt, daß man sich zuerst eine gesicherte Existenzgrundlage schaffen soll, bevor man eine Familie gründet. Zu dieser seit der Mitte des 17. Jh. bezeugten Rda. hat die Quarre, ein schnarrendes Musikinstrument, den Anlaß gegeben.

Der Name des Musikinstruments sowie die ‚Quarre' in der Bdtg. ‚Frau' gehen zurück auf das ahd. Verb queran, quarren, was schreien, knurren oder weinen bedeutet. Da das weinende Kind die Quarre zur Ablenkung und Beruhigung erhielt, wurde das Wort auch auf das schreiende Kind übertr. In dieser Bdtg. steht es in der Rda.

Quartalssäufer. *Ein Quartalssäufer sein:* nur selten, aber dann sehr viel Alkohol trinken. Urspr. wurde damit wohl derjenige Handwerksgeselle bez., der im allg. solide lebte, es aber wahrnahm, wenn es beim Quartal, der vierteljährl. Versammlung der Handwerker bei der Lade, aus Strafgeldern Freibier gab.

Wenn einer vor Freude fortwährend pfeift, fragt man in Berlin: ‚De Schefer haben wol Quartal?' Damit meint man ebenfalls die Versammlung zu jedem Quartal. Schäfer war die alte Bezeichnung für einen ständig Pfeifenden (Schulz-Basler: Dt. Fremdwb. III, 1, S. 34f.).

Quatsch. *Quatsch verzapfen:* Unsinn machen; blödsinniges Zeug reden. Um seine große Ablehnung einer Sache gegenüber deutlich zu machen, sagt man: *Quatsch mit Soße.* Ermahnend heißt es: *Mach keinen Quatsch!,* sei vorsichtig, besonnen. Quatsch kommt aus dem Ndd. quat: schlecht, böse. So hieß auch ‚quatschen' früher: über etw. (jem.) böse reden.

Quecksilber. *Quecksilber im Hintern haben:* unruhig, äußerst lebhaft sein; holst. ‚He hett quicksülber im steert'.

Quelle. *An der Quelle sitzen (sein):* sich gut mit dem Nötigsten versorgen können, Waren direkt vom Hersteller beziehen, auch: Nachrichten aus erster Hand bekommen; vgl. frz. ‚être à la source'.
Urspr. ist mit Quell oder Quelle nur das frisch aus dem Boden hervorsprudelnde Wasser gemeint. Von hier aus erfolgte eine Übertr. auf andere Lebensbereiche, indem Quelle die Bdtg. von ‚Ursprung' erhielt. So sprechen wir heute von einer *Quelle des Lebens* (vgl. frz. ‚Fontaine de vie': Brunnen des Lebens ↗ Brunnen), *der Freude* (frz. ‚Source de joie') und *der Weisheit* (frz. ‚Fontaine de la sagesse').
Das Wort Quelle wurde erst durch Luther in der nhd. Schriftsprache geläufig, da er es über 20mal in seiner Bibelübers. verwendete, z.B. heißt es bei 1. Mos. 47,22: „Er wird wachsen wie an einer Quelle", in den Sprüchen Salomos (13,14): „Die Lehre der Weisen ist eine lebendige Quelle", und in Ps. 36,10: „Denn bei Gott ist die lebendige Quelle". Das Subst. ‚Quelle' ist eine Bildung zum Verb ‚quellen', die vom mdt. Osten ausgeht, jedoch in den anderen Mdaa. völlig fehlt, wo dafür Ausdrücke wie ‚Brunn', ‚Born' oder ‚Spring' bevorzugt werden, so daß auch mdal. Rdaa. zu Quelle nicht entstehen konnten. Lit. verwendeten Schiller und Goethe das Wort häufig. So heißt z.B. der 1. Vers aus Schillers Romanze ‚Der Jüngling am Bache', die in das 1803 in Weimar uraufgeführte Lustspiel ‚Der Parasit oder die Kunst, sein Glück zu machen' eingeflochten ist: „An der Quelle saß der Knabe", was häufig zitiert wird i.S.v.: an der richtigen Stelle sitzen, um sich Vorteile zu sichern. Oder in Schillers Drama ‚Wallensteins Tod' (II, 3) steht:

Und was uns blindes Ohngefähr nur dünkt,
Gerade das steigt aus den tiefsten Quellen.

Eine gute Quelle haben (kennen): wissen, wo man etw. direkt und ohne fremde Vermittlung erhalten kann, eine Ware auch in Notzeiten regelmäßig bekommen, gute Verbindungen haben und dadurch billig kaufen können oder wichtige Neuigkeiten als erster erfahren; vgl. frz. ‚avoir ...' oder ‚connaître une bonne source'. Ähnl. heißt es dafür: *Etw. frisch von der Quelle weg erhalten:* etw. aus erster Hand, unverdorben und unverfälscht bekommen.
Etw. aus sicherer (guter, zuverlässiger) Quelle erfahren (wissen): seine Nachricht oder Kenntnis von einem guten Gewährsmann haben oder aus einem guten, wissenschaftlichen Werk schöpfen und damit die Garantie für die Wahrheit der Information besitzen. Vgl. lat. ‚A sexaginta viris nobis venit'; ndl. ‚Hij heeft het uit een goed kanaal' und frz. ‚connaître de source sûre'.
Aus trüben Quellen schöpfen: seine Informationen von unzuverlässigen oder gar böswilligen Personen bekommen oder aus unwissenschaftlichen und sogar gefälschten Schriften nehmen.
Die Quelle aufsuchen: einer Sache auf den Grund gehen, ähnl. *etw. von der Quelle herleiten:* zu den Ursprüngen, den ersten Nachrichten zurückgehen. Vgl. lat. ‚a fonte ducere' und frz. ‚remonter à la source'.
Bei der Quelle stehen und vom Flusse reden: die naheliegende Hauptsache übersehen und von fernen Dingen reden. Vgl. lat. ‚omissis fontibus consectari rivulos'.
Die (lebendige) Quelle verlassen und Brunnen graben: etw. Überflüssiges oder sogar Schädliches tun, sich das Naturgegebene nicht zunutze machen. Die Wndg. bezieht sich auf eine Bibelstelle. Bei Jer. 2,13 heißt es: „Denn mein Volk tut eine zwiefache Sünde: mich, die lebendige Quelle, verlassen sie und machen sich hie und da ausgehauene Brunnen, die noch löcherig sind und kein Wasser geben", d.h. die Weltmenschen verlassen Gott, die Quelle des Lebens und ihres Heiles, und hängen dem Götzendienst an.
Aus solchen Quellen kommen solche Wasser: die Handlungen können gar keine anderen (besseren) Folgen haben.
Die Quelle ist versiegt (erschöpft): es wird nichts mehr hervorgebracht, es ist nichts mehr zu erhalten, eine geistige Leistung ist nicht mehr möglich oder zu erwarten, die Lebenskraft eines Menschen ist geschwunden. Vgl. lat. ‚Baccae egent oleo' und frz. ‚La source est tarie'.

quer, Quere. *Jem. quer ansehen:* jem. mißtrauisch, feindselig ansehen; quer ist abgeleitet von dem Wort twern: drehen, umdrehen, rühren, mischen.
Ein *Quertreiber,* der *anderen in die Quere kommt,* ist eigentl. ein Schiffer, der sein Fahrzeug überzwerch treibt; das Wort, das aus ndd. ‚dwarsdryver' kommt, ist seit 1681 bezeugt. Veraltet ist: *Jem. geht alles in der Quere:* jem. gelingt nichts, es geht ihm alles verquer.
Ein sprw. gewordener Protest-Slogan lautet: ‚Leg dich quer, dann bist du wer'.
‚Querbeet': durch alles hindurchgehend, z. B. ein Eintopf aus allem, was der Garten bietet, vgl. ‚durch die ↗Bank'. In übertr. Bdtg.: ‚querbeet lesen': diagonal lesen.

Quinte heißt in der Fechtersprache ein verschmitzter Schlag neben der einfachen Prime, Sekunde usw.; darauf beziehen sich die Rdaa.: *Quinten machen* (oder *gebrauchen*): lächerliche, unnatürliche, wilde Gebärden machen, auch: arglistige Streiche spielen; *einem die Quinten austreiben:* einen zur Räson bringen; ‚er hat seine Quinten', er hat seine Tücken; ndd. ‚he hett Quinten im Kopp', er hat Grillen, verdrießliche Gedanken, aber auch: listige Anschläge, feine Ränke; ähnl.: ‚Quinten und ↗Flausen im Kopf haben'.
Auf Quinte als musikalischen Begriff beziehen sich die ndd. Rdaa. ‚de Quint platzt di', deine Stimme schlägt über; hamb. ‚up dr letzten Quinte fiddeln', ‚auf dem letzten Loch pfeifen', am letzten Rest des Vermögens oder Lebens zehren. Mit der Quinte wurde die oberste Saite bei der Geige bez. Diese springt am leichtesten, wodurch die obersten Töne ausfallen müssen. Noch heute gebraucht man die Wndg. *Mir ist die Quint gesprungen:* ich habe die Geduld verloren, ich wurde wütend.

Lit.: *J. Schmied-Kowarzik* u. *H. Kufahl:* Fechtbüchlein, 2. Aufl. (Leipzig o.J. [1894]); *M. Willberg:* Die Musik im Sprachgebrauch, in Sprww., in Rdaa., im Schrifttum, in: Die Muttersprache (1963), S. 201–221.

Quintessenz. *Die Quintessenz von etw. sein:* der wesentliche Hauptinhalt von etw. sein. Die ‚Quinta Essentia' war ein Ausdr. der Spätantike und des MA. Urspr. bez. die ‚quinta essentia' den von Aristoteles zu den vier Elementen hinzugefügten Äther. Wieland schreibt: „Das Element der Himmelskörper ist der ewige, unveränderliche Äther, das unvergängliche Licht und Feuer, welches aber nicht wie das irdische verlöschen kann. Es gehört darum nicht zu den Elementen unserer Erde, sondern ist ein fünftes Element, die quinta essentia, woher noch unser Ausdruck Quintessenz stammt, womit wir das Allerfeinste bezeichnen".

quitt. *Etw. quitt sein:* etw. verloren haben; sich von etw. befreit haben. Aus lat. ‚quietus' = ruhig über altfrz. ‚quite' = los, frei schon in mhd. Zeit übernommen in der Bdtg.: aller Verbindlichkeiten ledig. *Mit jem. quitt sein:* mit einem alle ungeklärten Angelegenheiten bereinigt haben (vgl. ‚quittieren'); in neuerer Bedeutungswandlung auch: mit jem. gebrochen haben, sich mit ihm verfeindet haben, mit ihm nichts mehr zu tun haben wollen; vgl. frz. ‚en être quitte avec quelqu'un'.

Quittung. *Die Quittung erhalten:* die Folgen tragen müssen für ein bestimmtes Verhalten. ‚Da hast du nun die Quittung!' sagt man und meint, daß das Ergebnis einer Sache schlecht ausgefallen ist.

Quivive. *Auf dem Quivive (stehen) sein:* auf der Hut sein, auf dem Posten sein, sich gegenseitig beargwöhnen; *einen auf dem Quivive haben:* es auf einen abgesehen haben (mit für den Betreffenden unangenehmen Folgen). Die Rda. ist von dem frz. Postenruf ‚Qui vive?', dt. ‚Wer da?', abgeleitet und erst Ende des 18. Jh. ins Schrifttum eingedrungen. Die Wndg. ist auch in Frankr. rdal. geworden (‚être sur le qui vive'; ebenso engl. ‚to be on the quivive' und ndl. ‚op zijn quivive zijn') (Schulz-Basler: Dt. Fremdwb. III, 1, S. 99 f.).

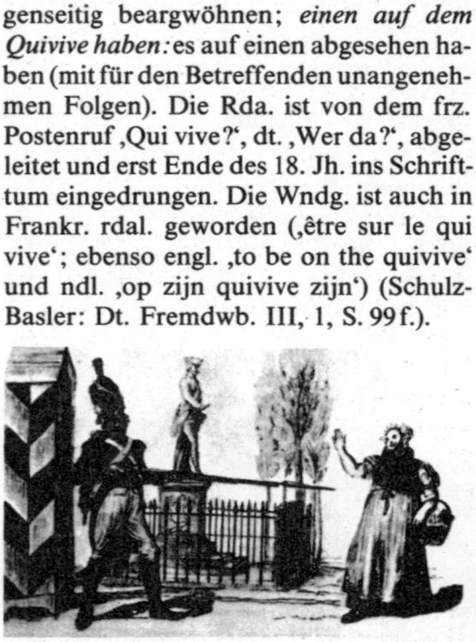

‚Auf dem Quivive sein'

R

Rabatte. *Etw. an die Rabatten bekommen:* geschlagen werden. Die in früherer Zeit geläufige Androhung, bes. gegenüber Kindern: ‚Gleich kriegst du welche an die Rabatten!' ist heute nicht mehr gebräuchlich. Das Wort Rabatte kam schon im 17. Jh. über ndl. ‚rabat' i.S.v. Randbeet aus dem frz. ‚rabattre' (zurückschlagen) nach Dtl. Einerseits bedeutete es in der Gärtnersprache einen schmalen Streifen Land, andererseits aber auch Aufschlag am Rock, an der Jacke; bes. der andersfarbige Umschlag an Uniformen wurde Rabatte genannt. Die Rda. umschreibt so mit Hilfe von ‚Rabatte' (Kragen), daß jem. Ohrfeigen bekommen wird.

Rabe. *Ein weißer Rabe:* eine große Seltenheit, die große Ausnahme, ein Individualist; ndl. ‚een witte raaf'; engl. ‚a white crow', ‚a black swan'; frz. ‚un merle blanc'. Schon bei dem röm. Dichter Juvenal (‚Sat.' VII, 202) ist überliefert „Corvus albus" als Bez. für einen Menschen, der unter seinesgleichen eine Ausnahmestellung einnimmt und zu der allg. Meinung abweichende Ansichten äußert. Mhd. in Hugo von Trimbergs Lehrgedicht ‚Der Renner' (V. 8426):

Selten wir gesehen haben
swarze swanen und wîze raben.

In der ‚Zimmerischen Chronik' (II, 172): „Wie ein seltzammer Vogel ist es umb ein weissen Rappen oder umb ain schwarzen Schwanen". Ähnl. bei Burkard Waldis (ca. 1490–1557): „Ein weisser rappen vnd schwartzen schwan, wer mag den je gesehen han".

Ein griech. Mythos erzählt von einem urspr. weißen Raben, der erst schwarz wurde, nachdem er die Untreue der Koronis Apollo verraten hatte. In der Realität kommen weiße Raben (Albinos) sehr selten vor, während schwarze Schwäne nicht als große Seltenheit gelten. In diesem Zusammenhang ist auch das slaw. Sprw. zu erwähnen: ‚Ein Rabe, den man eine Taube nennt, wird dadurch nicht weiß'.

Einen Raben waschen (baden): unnütze Arbeit verrichten, etw. Törichtes tun. Mlat.: ‚albior estne quidem cornix studiosa lavandi?' In Freidanks ‚Bescheidenheit' (142, 15) heißt es:

Sich badet diu krâ in allem flîz
Und wirt durch daz doch niemer wîz.

Freidank geht wohl indirekt auf Boëthius zurück (‚In Porphyrium' II, 56): „Verum est quoniam Aethiopem aut corvum color niger numquam deserit". Ähnl. in der ‚Colmarer Hs.' (144, 42): „Ein swarziu krâ, swer sie gebât, sô wirt sie doch niht wîze". 1513 heißt es bei Tunnicius (530): „Den raven kan men nicht wyt waschen". Auch Abraham a Sancta Clara bringt (‚Judas' IV, 215): „Einen raben waschen". Zwei weitere Sprww. gebrauchen die Metapher von der Rabenwäsche: ‚Wer sich entschuldigt, dem geht's oft wie einem Raben, je mehr er sich wäscht, bleibt er doch schwarz'. Simrock notiert in seiner Sprww.-Sammlung: ‚Der Raben Bad und der Huren Beichte sind unnütz' (Nr. 436); ↗Mohrenwäsche.

In Konrad von Megenbergs ‚Buch der Natur' (176, 31) heißt es um 1350: „die raben werfent etleicheu kint auz dem nest, wenn si der arbait verdreuzt mit in, daz si in nicht genuog speis pringen mügent". Seit dem 16. Jh. kommen dann – zuerst in erbaulichen Texten – die Begriffe ‚Rabenvater', ‚Rabenmutter', ‚Rabeneltern' vor und werden rdal. gebraucht.

Schon in der Bibel werden hungrige, von ihren Eltern verstoßene Rabenjunge erwähnt, so in Ps. 147, 9: Der Herr gibt dem Vieh Futter, wie „den jungen Raben, die ihn anrufen" und irre fliegen, „weil sie nicht zu essen haben" (Hiob 38, 41). Diese Vorstellung vom hungrigen Rabenjungen beruht auf der Tatsache, daß die Rabeneltern ihre Jungen aus dem Nest vertreiben, sobald diese allein leben können. Dieses berichtet auch Plinius in seiner Naturgeschichte. Konrad von Megenberg jedoch zitiert die irrige Auffassung Augustinus' „Die früheste Nachricht vom Volksglauben an die Lieblosigkeit der Rabenmutter steht wohl im Talmud, der überhaupt an unkritischen zoologischen Nachrichten reich ist" (O. Keller, Bd. 2, S. 94).

Wie den ↗Elstern wird auch den Raben nachgesagt, daß sie diebisch seien; daher *stehlen wie die Raben*. Der rdal. Vergleich ist schon bei Niklaus Manuel (1484–1530) belegt: „Ir diebsböswicht stelend wie die rappen"; im 16. Jh. bei Oldecop in der ‚Hildesheimer Chronik' (S. 297): „und nemen alse raven und vosse (Füchse)", und 1691 bei Stieler in ‚Der Teutschen Sprache Stammbaum'; „Er stielet wie ein Rabe"; vgl. frz. ‚voler comme une pie' (stehlen wie eine Elster).

Die Raben um ihr Mahl bringen: dem Galgen auf eine schlaue Weise entgehen.

Der Fluch *Daß dich die Raben fressen!* (ndl. ‚dat u de raven picken, schenden, vreten'; lat. ‚ad corvos') ist schon in Joh. Agricolas Sprww.-Sammlung (Nr. 55) belegt und erläutert: „Das ist eyn Deutscher fluch, also daß wir wunschen dem wir fluchen, daß er nicht alleyn sterbe, sonder daß er eyns schendtlichen todes sterben soll am galgen, da von die raben yhre speise haben ..."

Etwas abgewandelt ist der Fluch in einem schwäb. Volksmärchen. Die Verwünschung einer Mutter: „o wollt' ich doch, daß die Pastetenfresser zu Raben werden!" verwirklicht sich: ihre drei Söhne, die die Fleischpastete heimlich gegessen hatten, fliegen daraufhin als Raben zum Stubenfenster hinaus. Doch werden ‚die drei Raben' (so auch der Titel dieses Märchens) von ihrer standhaften Schwester nach 7 Jahren erlöst (E. Meier, S. 174-179). Ähnl. aufgebaut sind auch das Grimmsche Märchen von den ‚Sieben Raben' (KHM. 25) und ‚Die Rabe' (KHM. 93).

Edgar Allan Poe hat das Unheimliche in seiner Erzählung ‚The Raven' durch dieses Tier dargestellt.

In antiker und germ. Mythologie wurde der Rabe als Seelen- und Totenvogel angesehen; der germ. Gott Odin besaß das Rabenpaar Hugin und Munin, welches Gedanke und Erinnerung verkörperte. Erst im christl. MA. wurde der Rabe zum Galgen- und Höllentier, vor allem wegen seiner sprw. gewordenen schwarzen Farbe (kohlrabenschwarz, ↗Pechvogel), seines unheimlichen Krächzens (‚Krächzen wie ein Rabe') und wegen seiner Eigenschaft als Aas- und Leichenfresser. Der Rabe ist der Galgenvogel, so wie auch der gemauerte Richtplatz unter dem Galgen ‚Rabenstein' genannt wurde. Doch wurde mit dem Wort auch der Galgen selbst umschrieben: „Hetten uns die Stattsöldner erdappet, der Rabenstein het nach uns geschnappet", schreibt Hans Sachs in einem seiner Fastnachtspiele.

Ähnl. erläutert Joh. Agricola (Nr. 51) auch das Sprw. ‚Was den Raben gehört, ertrinkt nicht': „Wer an galgen soll, der kan yhm nicht entlauffen, er muoß hyn an; das meer vnd wasser muoß yhn auch nicht hieran hyndern. Es ist geschehen bey vnsern zeitten, daß eyner von guttem geschlecht vnd gantz ehrlichen freunden auff dem Rhein in wassers not ist kommen vnd endtlich biß vndter die muelen zu Oppenheym halb todt geschwimmet. Die müller vnd fischer seind zu gefaren vnd haben yhn also, wie wol schwerlich, errettet, erwermet, vnd bey dem leben erhalten. Diser hatt gesagt, was den raben gehoert, ertrinckt nicht. Also ist nun dises sprichworts brauch dem gleich, wie eynem yeglichen sein todt bescheret ist, also muß er sterben, eyner im fewer, der ander im wasser, der dritt eynes anderen todes, wie wir denn das selbig auß teglicher erfarung erlernen, vnd vor augen sehen".

Rabenaas ↗Aas.

Das Sprw. ‚Ein Rabe hackt dem anderen kein Auge aus' stimmt nicht mit dem natürl. Verhalten der Vögel Rabe und ↗Krähe überein. Denn generell haben diese die Angewohnheit, bei Tieren, die sie verzehren wollen, zuerst die Augen auszuhacken, auch bei Artgenossen.

Lit.: *E. Meier:* Dt. Volksmärchen aus Schwaben (Stuttgart 1852, Nachdr. Hildesheim – New York 1971); *O. Keller:* Die antike Tierwelt, Bd. 2 (Leipzig 1913), S. 92–109; *E. Ingersoll:* Birds in Legend, Fable and Folklore (New York 1923, Ndr. Detroit [Mich.] 1968), bes. S. 228–234; *Singer I.*, S. 109f., III, S. 104; *C. H. Tillhagen:* Fåglarna i folktron (Vögel im Volksglauben) (Stockholm 1978), S. 43–61; *J. Leibbrand:* Speculum Bestialitatis. Die Tiergestalten der Fastnacht und des Karnevals im Kontext christlicher Allegorese (Kulturgesch. Forschungen, 11), (Diss. Freiburg i. Br. 1986) (München 1989), S. 131 ff. *E. u. L. Gattiker:* Die Vögel im Volksglauben (Wiesbaden 1989).

Rache. *Rache des kleinen Mannes:* Rache, die sich nicht offen vorwagt und sich kleinlicher Mittel bedient; etwa seit 1910 aufgekommen.

Rache ist Blutwurst (und Leberwurst ist Zeuge): scherzhafte Racheandrohung, schülersprachl. Entstellung aus ‚Rache ist süß', ↗Revanche.

Auf die Bibelstelle 5. Mos. 32,35 geht der Spruch zurück: „‚Die Rache ist mein, ich will vergelten!', spricht der Herr".

Bedeutet Rache heute eine sozusagen persönl. ‚Bestrafung', so verstand man unter ahd. ‚rahha' eine förmliche Strafe; störte jem. den Landfrieden, so wurde er aus dem Land vertrieben; dies war im Vergleich zum ↗vogelfrei erklärt werden noch die mildere Strafe.

Rachen. *Den Rachen weit aufreißen:* das große Wort führen, prahlen, laut reden, zanken (analog zu: ‚das Maul aufreißen').

Alles in seinen Rachen haben wollen: gierig sein; entspr. *den Rachen nicht voll (genug) kriegen:* unersättlich, gefräßig, habgierig sein; *jem. etw. in den Rachen schmeißen (werfen):* einem Vermögenden noch mehr Geld geben: *jem. den Rachen stopfen:* etw. ihm eilig überlassen, um ihn zu befriedigen, um ihn zum Schweigen zu bringen.

Etw. in den falschen Rachen kriegen: etw. falsch auffassen; gleichbedeutend mit: ‚etw. in den falschen Hals (in die falsche Kehle) bekommen'.

Einem etw. aus dem Rachen reißen: einem Habgierigen etw. entwinden. Ähnl. Bdtg., aber eine Steigerung enthält die Rda. *etw. aus dem Rachen des Wolfs erhalten:* schon Verlorengeglaubtes zurückgewinnen.

Rad. *Das fünfte Rad am Wagen* nennt man einen, der bei einer Sache überflüssig, vielleicht sogar ein lästiges Zuviel ist, für den kein Platz und keine Verwendung ist. Den ältesten Beleg für diese Rda. finden wir in der ‚Fecunda ratis' des Egbert von Lüttich, einer lat. Sprww.-Sammlung des 11. Jh. (‚Germania' 18, 315): „Quem fastidimus, quinta est nobis rota plaustri" (Wer uns lästig ist, der ist uns das fünfte Rad am Wagen).

Der Verfasser benutzte dabei eine dt. Rda., die volkssprachl. erst aus dem Anfang des 13. Jh. überliefert ist, und zwar im Prolog des ‚Trojanerkrieges' des Herbort von Fritzlar (83): „So zele man mich zu dem funften rade, Und frume ich niht, ich bin nicht schade". Die Rda. findet sich dann wieder in Freidanks Lehrgedicht ‚Bescheidenheit' (127, 13):

> Der wagen hât deheine stat,
> dâ wol stê das fünfte rat.

Ulrich Boner, der Verfasser der ältesten gereimten Fabelsammlung in dt. Sprache, des ‚Edelsteins' von etwa 1350, meint (84, 33):

> Ein klôsterlugner boeser ist
> und arger denn des tiuvels list:
> er verirt daz klôster, hoer ich sagen,
> recht als daz vünfte rat den wagen.

Luther gebraucht das Bild gerne: „Eben so nutz alß dz funfft rad dem wagen" (Werke, hg. v. Clemen II, 113, 25); „Welche wol so not ist zur sachen als das funfft rad zum wagen" (ebd. III, 421, 28). Altes und neues Bild verquickend, sagt Bismarck: „Nur den Zusammenhang sehe ich nicht, wie alle diese Übelstände dadurch beseitigt werden sollen, daß man dem vielfachen Räderwerk, welches unsere Maschine bewegt, noch ein fünftes Rad am Wagen hinzufügt, in Gestalt eines verantwortlichen kollegialischen Bundesministeriums" (‚Reden' III, 121); frz. ‚être la cinquième roue du carosse'.

Ein Gegenstück zur Rda. vom fünften Rad am Wagen ist: *bei ihm fehlt ein Rad* oder *bei ihm ist (im Oberstübchen) ein Rad los (locker):* er ist nicht ganz bei Verstand; vgl. westf. ‚Dem es en gued Rad vam Wagen flogen'; schlesw.-holst. ‚He hett'n Rad los', er ist verrückt; els. ‚'s is 'm 'n Rad ab', er ist erzürnt; obersächs. ‚Er hat e Rädel zuviel', er ist nicht ganz bei Verstand. Diese Rdaa. beruhen auf der Vorstellung vom Verstand als einer vielgliedrigen Maschine. Geistesgestörtheit setzt – technisch gesehen – einen Schaden an der Maschine voraus.

In Ostfriesland sagt man: ‚Dat lüttje Rad geit vör in de Wagen', wenn ein Kind vor den Eltern hergehen soll; in Westf. ‚He

1

1/2 ‚Jem. aufs Rad flechten‘

2

heäd op een Rad lann‘, d.h. ‚schief geladen‘; in Sachsen: ‚Bei dem gehen die Räder rückwärts‘, seine Verhältnisse verschlechtern sich; allg. bekannt ist: *unter die Räder kommen:* sittlich verkommen. Moralisches Absinken erscheint hier unter dem Bild eines Überfahrenwerdens, eines Verunglückens (etwa seit 1850 belegt), ↗Moral.

Auch das Rad, mit dem früher dem verurteilten Verbrecher die Glieder gebrochen wurden, damit er ‚aufs Rad geflochten‘ werden konnte (mhd. radebrechen), lebt in bildl. Verwendung weiter: *eine Sprache radebrechen:* sie stümperhaft anwenden, verstümmeln, mißhandeln (seit dem Ausgang des 16. Jh. bezeugt); ebenso in dem rdal. Vergleich *sich wie gerädert fühlen:*

‚Radebrechen‘

sich durch große Anstrengungen ermattet und ‚wie zerschlagen‘ fühlen. Ebenso ndl. ‚geradbraakt zijn‘, ‚zich als geradbraakt voelen‘; frz. ‚être comme roué de coups‘; auch *auf dem Rade sein:* große Angst ausstehen und Marter erdulden.

Bei den Römern und im Spätmittelalter war das Rädern die gebräuchl. Art der Todesstrafe für Staatsverbrecher und Räuber. Der noch Lebende wurde oft zur Schau gestellt, wenn er mit gebrochenen Gliedern im Rad eingeflochten war. Im 18. Jh. kam diese Art der Folter außer Gebrauch, 1811 wurde sie in Preußen abgeschafft.

Das Volksbuch von Georgs Martyrium berichtet von der Folterung des hl. Georg. Die ältesten Texte stammen aus dem griech. Sprachbereich, der erste aus dem späten 5. Jh. Eine dieser Folterqualen, nämlich die Räderung Georgs, wird auf einem Maßwerkfenster der Tübinger Stiftskirche St. Georg dargestellt. Der Legende nach widersetzte sich der junge Georg dem Edikt des Perserkönigs Dadianos gegen die Christen, indem Georg sich zu christl. Tugenden öffentlich bekannte. Daraufhin wurde seine Folterung beschlossen. „Alles Schreckliche, was je Menschen einander antaten, was sie an Qualen und grausamen Straftaten für andere Menschen erdachten, hat die Legende im Folgenden auf ihren Helden gehäuft“ (S. Braunfels-Esche, S. 14).

Auf das Mühlrad bezieht sich wohl westf.

‚Et löpt em e Rad im Koppe rüm'; vgl. Goethes ‚Faust' (I, V. 1946f.):

Mir wird von alledem so dumm,
Als ging mir ein Mühlrad im Kopf herum

Gewandte Jungen *schlagen ein Rad,* indem sie sich vom Fuß auf die nächste Hand, die andere Hand und den andern Fuß rundum werfen, so daß Arme und Beine wie Speichen eines Rades sind (bes. bekannt die ‚Düsseldorfer Radschläger'); daher in Sachsen: ‚Da mechte mer doch glei e Rad schlan', sich vor Überraschung, Zorn überstürzen; und meckl. ‚Dat wir'n Rad slagen', ein heftiges Benehmen; frz. ‚faire la roue', auch i.S.v.: kokettieren, flirten. Im MA. hieß ‚an das Rad kommen', auch: Erfolg haben, maßgebend mitwirken.

Ein einzelnes Rad wird getrieben, geführt, auch als Kinderspiel; dazu die ältere Rda. *sein* (oder *das*) *Rädlein treiben:* die Angelegenheit in Gang bringen. Sie findet sich 1639 bei Lehmann S. 930 (‚Zeit' 11): „Wann etliche in Sachen vnnd Geschäfften gar eyffrig vnnd hitzig seyn, das Rädlein starck treiben, so vergehts doch mit der Zeit, vnd was zuvor war nichts, das wird zunicht". Luther schreibt in der ‚Treuen Vermahnung an alle Christen'; „Es ist nicht unser Werk, das jetzt geht in die Welt ... Ein anderer Mann ist's, der das Rädlein treibt"; dazu schweiz. das Subst. ‚Rädlitriber' in Hans Rudolf Manuels Fastnachtsspiel ‚Vom edlen Wein' von 1548:

Ich wil ufwiglen unsre wiber,
Das sind die rechten rädlitriber.

In einem schweiz. Spottlied vom Jahre 1656 heißt es:

Weil er Schabab,
Drum zieht er ab,
Heimwärts sein Rad zu trüllen.

↗Schabab.

Frühnhd. bedeutet ‚Rädlein' eine Zusammenrottung, eine Schar; *das Rädlein führen* ist ein Fachausdr. der Landsknechte. Der Führer eines solchen Rädleins wurde ‚Rädleinführer' genannt, woraus dann der Ausdr. *Rädelsführer* (vgl. engl. ‚ringleader', ndl. ‚raddraaier') entstanden ist (die Herleitung von einem Rad in der Fahne des ‚Armen Konrad', des Bauernbundes von 1514, oder von einem Pflugrad in einer Fahne des Bauernkrieges von 1525 ist spätere Volksdeutung).

Das Rad ist in fast allen Kulturen ein Bewegungs- und Sonnenzeichen. Die älteste Darstellung des Rades findet sich auf einer sumerischen Kalksteinplatte: es ist ein elliptisches, aus drei Stücken zusammengefügtes und durch Stricke zusammengebundenes Scheibenrad. Die Entstehung des Speichenrades ist unbekannt. Die Rda. *Man muß das Rädlein laufen lassen:* dem Geschick seinen Lauf lassen, geht auf das Glücksrad der Göttin Fortuna zurück. Die Metapher vom Glücksrad entstand bei den Griechen. Schon bei den Dichtern des Altertums findet sich die Vorstellung, daß Fortuna die Menschen auf ihr Rad setze und sie mit dessen Umschwung auf und nieder steigen lasse. Pindar und Sophokles sprechen beide vom Glück, das sich dreht wie ein Rad (D. M. Robinson, S. 208), ↗Glück.

Auch in die ma. Welt ist die Vorstellung von einem Glücksrad übergegangen. Die ma. Dichter sprechen oft von ‚des glückes rat' und benutzen mit Vorliebe das Bild

Von gluckes fall
Der iſt eyn narr der ſtiget hoch
So mitt man ſäch ſyn ſchand vnd ſchmoch
Vnd ſüchet ſtäts eyn höhern grad
Vnd gdencket nit an glückes rad

‚Auf dem Glücksrad sitzen'

von den auf das Glücksrad gesetzten und mit ihm auf und ab geführten Menschen. Stellen wie „Fortûna brâht in zem hôhsten sitze ûf glückes rat" oder

Er ist komen ûf gelückes rat,
Daz muoz im iemer stille stên

oder:

Got werfe in von gelückes rat,
Der sich bôsheit understât

begegnen bei diesen Dichtern außerordentlich häufig. Zum sprw. Ausdr. hat diese Vorstellung ebenfalls schon zeitig geführt. Bereits im ‚Titurel' findet sich der Ausdr. „waz danne? es muoz nu walzen!" ganz in dem Sinne gebraucht wie die heutige Rda. ‚Man muß das Rädlein laufen lassen', d. h. man muß es gehen lassen, wie es will; man muß es, unbekümmert um die Folgen, auf gut Glück geschehen lassen. ‚Der sauft und spielt drauflos und laßt halt's Radl laufe' sagt man in Süddtl.

Nur Gottes wundervolle Hand
Kann unser Glücksrad drehen

heißt es in einem frommen Liede, und dieser Vorstellung entspr. findet sich unter den alten Holzschnitten zu Seb. Brants ‚Narrenschiff' einer, auf dem eine aus den Wolken ragende Hand mit einem Seile ein Glücksrad in Bewegung setzt. Auch in einer beim Brand der Straßburger Bibliothek vernichteten Hs. des 12. Jh., dem ‚Hortus deliciarum' der els. Nonne Herrad von Landsberg, fand sich als Ill. zu Versen, die von der Eitelkeit alles Irdischen handeln, das Bild einer Fortuna, die auf ihrem Rade Könige auf und ab wälzt. Zum selben Vorstellungsbereich gehören die Rdaa. *das Rad wird sich wenden:* das Schicksal wird sich ändern; *bis dahin wird noch manches Rad umgehen.* So heißt *das Rad der Geschichte anhalten (zurückdrehen) wollen:* eine unaufhörliche Entwicklung unterbrechen wollen, Geschehenes rückgängig machen wollen; frz. ‚arrêter le cours de l'histoire'.

Das Zitat ‚Alle Räder stehen still' i. S. v. nichts arbeitet, bewegt sich mehr, stammt aus dem 1863 gedichteten Bundeslied für den Allgemeinen Deutschen Arbeiterverein von Georg Herwegh (1817–75):

Mann der Arbeit, aufgewacht!
Und erkenne deine Macht!
Alle Räder stehen still,
wenn dein starker Arm es will.

Auf die moderne Technik bezieht sich die Rda. *nur ein Rädchen im Getriebe sein:* eine untergeordnete Rolle spielen. Zugrunde liegt die Vorstellung vom Ineinandergreifen von Zahnrädern, die nur innerhalb eines größeren Zusammenhangs eine Funktion haben.

Eine dicke (oder ‚schwangere') Frau wird boshaft umschrieben mit: ‚Hätte sie Räder, wäre sie ein Omnibus'.

Die Wndgn. *Er fährt ganz schön Rad* und *jem. ist ein Radfahrer,* aber auch die entrüstete Ablehnung: *Ich bin doch kein Radfahrer!* sind zweideutig. Vom Bild des Radfahrers, der nach oben seinen Rücken krümmen muß und nach unten tritt, erfolgte die verallgemeinernde Übertr. auf einen Menschen, der seinen Vorgesetzten schmeichelt und seine Untergebenen schikaniert.

Lit.: *F. M. Feldhaus:* Fünftes Rad am Wagen, in: Zs. des allg. dt. Sprachvereins 24 (1909), S. 371; *A. Doren:* Fortuna im MA. und in der Renaissance, in: Vorträge der Bibliothek Warburg, Bd. 2 (1922/23), S. 71–144; *Richter-Weise,* Nr. 157, S. 171 f. *H. Vermeulen:* Het rad van fortuin, in: Ons Eigen Volk 1 (1940), S. 243-249; *Singer I.,* S. 90, II, S. 104, III, S. 88; *D. M. Robinson:* The Wheel of Fortune, in: Classical Philology 41 (1946), S. 207–216; *H. v. Hentig:* Die Strafe 1 (1954), *J. Hempel:* Art. ‚Rad', in: RGG. V ([3]1961), Sp. 761–762; *W. Treue:* Achse, Rad und Wagen (München 1965); *S. Braunfels-Esche:* Sankt Georg: Legende, Verehrung, Symbol (München 1976); *N.-A. Bringéus:* Das Lebensrad, in: Rhein.-westf. Zs. f. Vkde. 32/33 (1987/88), S. 13–37; *N. A. Bringéus:* Pictures of the Life Cycle, in: Ethnologia Scandinavica 1988, S. 5–33; *B. A. Schüle, D. Studer, Ch. Oechslin* (Hg.): Das Rad in der Schweiz vom 3. Jt. vor Chr. bis um 1850. Katalog zur Sonderausstellung des Schweiz. Landesmuseums (Zürich 1989).

Radfahrer ↗Rad.

Radieschen. *Sich die Radieschen von unten anschauen* (berl.: ‚bekieken'): euphemist. Umschreibung für tot, begraben sein, ↗zeitlich.

Radikalkur. *Jem. eine Radikalkur verordnen:* jem. derart behandeln, daß dessen körperliche und seelische Leiden in kürzester Zeit verschwinden sollen. Dabei wird auf eventuelle Verschlimmerungen oder Verlagerung des Leidens keine Rücksicht genommen. Oberstes Ziel ist es, das vorhandene Übel im Ursprung (lat. radix: Wurzel) zu ersticken.

Rage. *Jem. in Rage bringen:* jem. wütend machen; genauso; *in Rage geraten (sein):* wütend sein. das Wort ‚Rage' wurde aus frz. ‚la rage' (die Wut) entlehnt.

Rahm. *Den Rahm abschöpfen:* das Beste vorweg für sich nehmen (ähnl.: ‚das Fett abschöpfen', eigentl. von einer fetten Fleischbrühe gesagt); vgl. ndl. ‚zijn melk obtrekken'. Bei Teilungen hört man oft: ‚Der erste hat den Rahm abgeschöpft, der andere kriegt die Sauermilch' (ähnl.: ‚Der schöpft den Rahm von der Milch, und mir bleiben die Molken'; ndl. ‚Hij heeft den room weg en laat de melk voor anderen'). Die übertr. Bdtg. der Rda. kennt bereits Grimmelshausen (‚Simplicissimus', Bd. II, S. 83): „Als ward meiner jungen Frau ihr Mann ein Cornet, vielleicht deswegen, weil ihm ein anderer das Raum (ältere Form für Rahm) abgehoben und Hörner aufgesetzt hatte", ↗Hahnrei, ↗Horn.

Rahmen. *Aus dem Rahmen fallen:* nicht mehr im Bereich des Normalen, Alltäglichen sein, positiv oder negativ auffallen. *Den Rahmen sprengen:* über die Norm hinausgehen, außergewöhnlich sein. *Sich im Rahmen des Möglichen bewegen:* möglich sein, durchführbar sein.

Rampe, Rampenlicht. *Im (öffentlichen) Rampenlicht stehen:* in der Öffentlichkeit, im Blickfeld stehen, eine bekannte Persönlichkeit sein, deren Handeln genauestens beobachtet wird, aber auch Bewunderung findet wie ein vom Publikum gefeierter Schauspieler oder Künstler auf der hell beleuchteten Bühne; jeder Kritik ausgesetzt sein. Die Rda. ist vom Theater auf die allg. ‚Bühne des Lebens' übertragen worden. Auch: *im Rampenlicht der Öffentlichkeit stehen.* Das Rampenlicht ist eine jetzt kaum mehr verwendete Beleuchtungsart. Am Ende der Rampe befanden sich die Beleuchtungskörper. ↗Lampenfieber.
Auch die Rda. *nicht über die Rampe kommen* ist der Theatersprache entlehnt und bedeutet urspr. ‚beim Publikum keine Zustimmung, keinen Beifall finden.' Heute sagt man vereinfachend: ‚nicht rüber kommen'.

ran. *Jem. geht ran wie Blücher:* jem. versucht, mit viel Energie schnell an sein Ziel zu gelangen. Am Niederrhein sagt man auch: ‚Ran wie Ferkes Jan'. Dieser rdal. Vergleich meint oft einen Draufgänger, auch dessen stürmisches Verhalten gegenüber Frauen.

Rand. *Mit einer Sache zu Rande kommen:* damit zu Ende kommen; eine Wndg., in der uns das Bildliche fühlbarer geblieben ist als in andern gleichbedeutenden Ausdr.; z. B. bei Lessing im ‚Nathan' (III, 7): „Du bist zu Rande mit deiner Überlegung". Früher verband man gern mit ‚Rand' noch ‚Land'; dies deutet darauf hin, daß in der Rda. Rand verstanden wurde als das erhöhte Ufer des Meeres oder Flusses. Von hier aus erklären sich auch die Wndgn. *am Rande des Abgrundes (des Unterganges, des Verderbens) stehen* und *völlig am Rande (der Verzweiflung) sein:* kurz vor der Vernichtung, dem völligen Ruin stehen, seine Kraft und Mittel endgültig erschöpft haben. In diesem Sinne verwendet Wolzogen in seiner ‚Ballade vom verkauften Assessor' den Begriff, wenn er schreibt:

> Welch' Ausweg steht dem Manne offen,
> Der pekuniär am Rande ist?
> Nur von der Eh' ist was zu hoffen,
> Zumal, wenn er von Stande ist.

Ganz deutlich ist die Vorstellung des Randes als Ufer noch im ndl. Sprachgebrauch: ‚Hij is aan den oever van't verderf', vgl. frz. ‚être au bord du précipice'.
Auch die Rda. *am Rande des Grabes stehen:* todkrank sein (frz. ‚être au bord de la tombe') bewahrt noch die alte Bdtg. eines erhöhten Grubenrandes, dagegen hat die Wndg. *mit jem. zu Rande kommen:* mit ihm fertigwerden und mit ihm auskommen, nur noch übertr. Bdtg.
Das versteht sich am Rande: ohne weiteres, ohne tieferes Eingehen, Eindringen in die Sache. Die Wndg. ist wohl kaum von der ‚Randbemerkung' zu einem Schriftstück abzuleiten, vielmehr steht wohl nahe braunschweigisch: ‚Et finnt sich an'n Ranne, wat in de Schetel (Schüssel) is'; westf. ‚Dat de Pankauken (Pfannkuchen) rund is, süt me am Rande'.

Etw. nur am Rande miterleben: nicht selbst davon betroffen werden.

Den Rand halten: sich in seinen Grenzen halten, bes. den Mund halten, schweigen, wie in dem Zuruf: ‚Halt den Rand!'

Außer Rand und Band sein: sich nicht in Ordnung befinden, von Kindern: ausgelassen sein; eigentl. von Fässern gesagt, die ‚aus Rand und Band' geraten. Die Rda. stammt aus der Fachsprache des Böttchergewerbes: ein Faß, das aus Rand und Band ist, fällt auseinander. Die gereimte Häufung des Begriffes der Schranken, die übertreten worden sind, verstärkt den Begriff der Übertretung. Die Rda. ist erst seit der Mitte des 19. Jh. lit. belegt. Vgl. ndl. ‚Het is met hem te randen en te panden gemaakt'.

Rang. *Einem den Rang ablaufen:* ihm zuvorkommen, ihn überflügeln. Der eigentl. Sinn der Rda. ist: einem Läufer, der einem ein Stück voraus ist, dadurch zuvorkommen, daß man die Krümmung, die er macht (den ‚Rank', verwandt mit ‚renken', vgl. ‚Ranke'), vermeidet, sie auf einem geraden Wege abschneidet; wie man heute von ‚krummen Wegen' oder von ‚krummen Touren' redet, auf denen man erschleicht, was auf geraden nicht zu erreichen ist; vgl. auch unser modernes: ‚die Kurve schneiden' in übertr. Bdtg. Im eigentl. Sinne begegnet nicht nur das Wort, sondern die ganze Rda. in Hadamar von Lebers ‚Jagd', einem allegorischen Gedicht des 14. Jh. Der Dichter behandelt unter der Form einer Jagdallegorie das ritterliche Liebeswerben: Um einem edlen Wilde nachzujagen, reitet der Minnejäger aus, an der Hand das Herz führend, das ihn auf die rechte Fährte bringen soll. Ihn begleiten Hunde mit Namen wie Treue, Glück, Lust, staete (Beständigkeit) usw. Auch die Blicke werden als schnelle Windhunde dargestellt. Da wird nun u. a. erzählt, wie er ‚Blicke' auf das edle Wild gehetzt habe, und es heißt an der betr. Stelle:

> Der snelle wint (Windhund) mit schricken (Sprüngen)
> hât im vil mangen ranc doch ab genomen;

d.h. durch Sprünge geradeaus ist der Hund dem Wilde, das in Bogen läuft, nahe gekommen. So noch Grimmelshausen im ‚Simplicissimus' (Bd. I, S. 207): „Weil sie mich noch endlich zu überwinden verhoffte, verlegte sie ihm alle Pässe und lieffe ihm alle Räncke ab". Die Form Rang, die in dieser Rda. mit dem militärischen Fachausdr. Rang (s.u.) nichts zu tun hat, findet sich auch 1542 bei O. Schade in ‚Satiren und Pasquille aus der Reformationszeit' (1856–58, I, S. 57):

> Sint dem fromen man zu frü auf die kerwei kumen.
> Haben jm also einen rang abgelaufen.

Die Abweichung des Weges von der geraden Richtung heißt in südd. Mdaa. auch ‚die Reib' oder ‚die Reiben'. ‚Die Reib zu kurz nehmen' bedeutet: mit dem Wagen eine zu schnelle Wendung machen. Auch ‚Rib' kommt vor. Alliterierend verbindet man nun ‚Rib und Renke' und meint damit listige Anschläge, Kniffe, und während man in Norddtl. sagt: ‚den Rank ablaufen', heißt es in Süddtl. nicht selten: ‚die Reib (oder: die Rib) ablaufen'.

Auch die Wndg. *Ränke schmieden:* Listen aussinnen, weist auf die urspr. Bdtg. von ‚Rank' = Wendung, Krümmung hin. In der nhd. Schriftsprache ist nur die Mehrzahl ‚Ränke' in diesem Sinne noch gebräuchl., während in südd. Mdaa. noch Ausdrücke begegnen wie: ‚Was habt's denn wieder für'n Rank angefangt?' ‚Mit Ränken und Schwänken', mit List und Tücke; z.B. in dem rdal. Vergleich: ‚Er ist so voller Ränke und Schwänke als ein Ei voll Dotter'.

Das mit ‚Ring' verwandte ‚Rinken' in der gleichbedeutenden Rda. *Rinken gießen* wird von Joh. Agricola (Nr. 35a) folgendermaßen erklärt: „Rinken seind krum, vnnd man bleibt offt drinnen behangen. Also gießen Rincken, die mit allerley büberey vmbgehen, andere leut damit zu betriegen, vmb jres genieß willen". Im ‚Narrenschiff' von Seb. Brant (19,68) heißt es:

> Wer wol redt, der redt dick zu vil
> Vnd musz auch schiessen zu dem zil,
> Werfen den schlegel verr vnd wit
> Vnd rincken giessen zu widerstrit.

Rang und Namen haben: eine hohe Stellung im bürgerlichen Leben innehaben und innerhalb eines Kreises bekannt sein. So sagt man z.B. bei größeren Festen: al-

les, was Rang und Namen hatte, wurde eingeladen. Das Wort ‚Rang' ersch. hier in seiner zweiten Bdtg., nämlich i. S. v. Reihenfolge, Stufe in allg. anerkannter Ordnung. Es ersch. zunächst als frz. Lehnwort in der Soldatensprache des 30jährigen Krieges und bedeutete Reihe, Ordnung. *Jem. den Rang streitig machen:* jem. von seiner Position verdrängen wollen.
Den Rang nicht kriegen, aufzustehen: der Lust nachgeben, liegenbleiben; nicht die nötige Motivation zum Aufstehen besitzen.

Lit.: *E. Thiele:* Luthers Sprww.-Sammlung, Nr. 129, S. 141 ff.; *Richter-Weise,* Nr. 158, S. 173 ff.; *Anon:* Ränke schmieden, in: Sprachdienst 3 (1959), S. 107–109; *L. Röhrich* u. *G. Meinel:* Rdaa. aus dem Bereich der Jagd u. der Vogelstellerei, S. 317 f.

Ranzen. *Sich den Ranzen vollhauen:* derb für: essen, bis man nicht mehr kann. Überhaupt wird der Bauch (Magen), wenn er voll ist, gerne als Ranzen bez. Doch kann auch der Rücken damit gemeint sein, z. B. in der Rda. *jem. etw. auf den Ranzen geben:* jem. verprügeln.
Der Ranzen ist eigentl. ein lederner Tragsack, den man auf den Rücken schnallt. Eine veraltete Wndg. heißt: *sich das Ränzlein umhängen* und meint: sich auf Wanderschaft begeben (wie z. B. die früher auf Wanderschaft ausgezogenen Handwerksgesellen). Ähnl.: *Sein Ränzel schnüren:* sich auf die Reise vorbereiten, sein Gepäck für die Wanderschaft (heute: Wanderung) richten, so wie es in dem beliebten Wanderlied ‚Heute wollen wir das Ränzlein schnüren' heißt.

Rappe. *Den Rappen laufen lassen:* sich auch etw. gönnen. Der Rappe ist ein schwarzes Pferd, aber auch der Name einer Münze.
Der Adler auf einer zufrühst im Elsaß geschlagenen, erst silbernen, später kupfernen Münze wurde als ‚Rabe' verhöhnt, danach entstand die Bez. ‚Kolmar-Rappen' seit dem Ende d. 14. Jh. Der ‚Rappenmünzbund' zwischen Freiburg i. Br., Kolmar, Basel usw. (1403–1584) baute seine Währung auf dieser Pfennigmünze auf und hielt das Spottwort bei Leben, so daß ‚Rappe' in der Schweiz amtlich noch heute für ‚Centime' gilt (Schweiz. Id. VI, S. 1173 ff).
Nicht einen Rappen wert sein: gar nichts wert sein. ↗Heller, ↗berappen.

Rappel. *Einen Rappel haben:* nicht recht bei Verstand, töricht sein; *bei ihm rappelt es:* er ist nicht ganz bei Verstand. Seit dem ausgehenden 18. Jh. belegt, hat das Zeitwort ‚rappeln', urspr.: lärmen, klappern, schelten, die Bdtg. nicht recht bei Verstand sein angenommen. Dazu auch *Rappelkopf:* aufgeregter, verwirrter Mensch; frz. ‚Il a un grain' (wörtl.: Er hat ein Korn, d. h. wahrscheinl. ein Sandkorn im Getriebe).

Rapus(ch)e. *In die Rapus(ch)e kommen:* in der Unordnung verlorengehen. Spätmhd. ‚rabusch' = Kerbholz, entlehnt aus gleichbedeutendem tschech. ‚rabuše', ist seit dem 15. Jh. bezeugt und lebt in südostdt. Mdaa. fort. Bisher wurde die Rda. deshalb von ‚rabusch' mit der Grundbdtg.: etw. gegen Kerbholzeintragung abgeben, d. h. so gut wie verloren geben, abgeleitet (befremdlich wäre freilich die völlig andere Bedeutungsentwicklung als bei ↗Kerbholz). Da das tschech. Wort ‚Rapuge' nicht nur Kerbholz, sondern auch Plünderung, Raub, Wirrwarr, aber auch Rumpelkammer, Verlust, Preisgabe und Beute bedeuten kann, was dem heutigen Sinn der Rda. auch viel besser entspricht, ist ‚rabusch' = Kerbholz als Ausgangspunkt für diese Wndg. auszuschließen, obwohl das entlehnte tschech. Wort auch weiterhin als Grundlage, nur in anderer Übers. gelten muß. Zu Beginn des 16. Jh. erscheinen im Ostmdt. Wndgn. wie ‚in dy rapuß werfen', ‚yn die rappuse gehen', zur Plünderung, zum Raube preisgeben; so auch mehrf. in Luthers Bibelübers. Luther übersetzt z. B. Jer. 15,13: „Ich will euer Gut und Schätze in die Rappuse geben", und in ähnl. Zusammenhang gebraucht er das Wort ‚Rapuse' auch Jer. 17,3 und Hes. 23,46. Dasselbe wird auch von Münzen gesagt, die große Herren bei Festen unters Volk werfen.
Früh spielen im Volksmund Anklänge an dt. Wörter mit, etwa an ‚rapsen', ‚rapschen' = eilig erraffen; eigentümlich 1623 in Theobalds ‚Hussitenkrieg' (Bd. III, S. 14): „Ihre Güter wurden in den Rappbusen des gemeinen Pöbels ge-

worfen". Vielleicht ist auch das Wort ‚Rabatz' = Getümmel, Eile, Unordnung eine Nebenform von ‚Rapuse', das in der Wndg. *Rabatz machen* verbreitet ist.
‚Rabuschen' bedeutet aber auch stehlen, etw. in der allg. Aufregung, dem Durcheinander unauffällig verschwinden lassen. Die Rda. *Er ist ein Rabuscher* heißt demnach: er ist ein Dieb, der sich billige Beute verschafft, indem er aus dem Wirrwarr Nutzen zieht.
Die Rda. *in die Rapuse gehen:* verlorengehen, ist seit dem Ausgang des 17. Jh. öfters bezeugt.
In einer gereimten ‚Zeitung' von 1740 heißt es:

In Welschland geht es närrisch her,
Da werden auch gewiß nunmehr
Des Reiches alte Lehen,
Die man mit harter Noth behaupt't
Und die schon der und der beraubt,
In die Rapuse gehen.

Leibniz schreibt in seinen ‚Unvorgreiflichen Gedanken, betreffend die Ausübung und Verbesserung der deutschen Sprache' von den Verwüstungen des Dreißigjährigen Krieges in Deutschland: „und ist nicht weniger unsre Sprache als unser Gut in die Rappuse gegangen".
Auch ein vom Südosten ausgehendes Kartenspiel heißt Rapuse, das in Frankr. auch als ‚Rabus(ch)e' bekannt ist. Bei diesem Spiel werden die Karten durcheinandergeworfen.
Vgl. auch Goethes Gedicht ‚Die Lustigen von Weimar' (1812):

Montag reizet uns die Bühne;
Dienstag schleicht dann auch herbei,
Doch er bringt zu stiller Sühne
Ein Rapuschchen frank und frei.

Diese Bez. kann freilich auch auf frz. ‚grabuge', ital. ‚garbuclio' = Unordnung zurückgehen oder damit gekreuzt sein.

Lit.: *Richter-Weise,* Nr. 159, S. 175f.

rar. *Rar wie Maurerschweiß:* sehr selten, kostbar; beruht auf der volkstümlichen Ansicht, wonach die Maurer langsame und faule Handwerker sind. Im 19. Jh. sagte man ihnen nach, ein Tropfen Schweiß koste bei ihnen einen Taler. Abraham a Sancta Clara gebraucht im ‚Judas der Erzschelm' II folgenden Vergleich: „Vorhin war bei diesem Herrn das Beichten so rar, wie Speck in einer Judenküche".
Sich rar machen: selten kommen. Urspr. ist mit der Rda. gemeint, es wolle einer durch seine Abwesenheit sein Fehlen bes. fühlbar machen; vgl. ‚durch ↗Abwesenheit glänzen'; vgl. frz. ‚se faire rare'.

Rasen. *Jem. unter den Rasen bringen,* euphem. für ‚töten'. Gräber waren häufig mit Rasen bewachsen; ↗zeitlich. *In den Rasen beißen,* ähnl. wie ins Gras beißen, ↗Gras.
Mit dem Rasenmäher über etw. hinweggehen: eine Sache grob, schnell, radikal, aber nur oberflächlich erledigen.

rasieren. *Jem. kalt rasieren:* ihn heftig zurechtweisen: *jem. scharf rasieren:* ihm die Gurgel durchschneiden. *Du mußt dich mal von einem alten Mann rasieren lassen* ist ein scherzhafter Rat an einen naiven Fragesteller, in der Sprache der Hamburger Jugendlichen bezeugt. *Jem. ist an der falschen Stelle rasiert:* umg. jem. hat sich über etw. grob getäuscht.
Das ‚Rasiermesser' steht wegen seiner Schärfe im rdal. Vergleich: *scharf wie ein Rasiermesser* wird einerseits wörtl. verstanden, andererseits auch als Bild für die Geilheit gebraucht; auf jem. scharf sein, ↗scharf.

Rasmus. ‚Den hett Rasmus fatt' (= den hat Rasmus gefaßt) heißt es in der Seemannssprache, wenn ein Matrose vom Wellengang erfaßt und über Bord geworfen wird; ebenso: ‚Rasmus hett nix mihr to fräten' oder ‚Rasmus will sick hüt mal ornlich upspeelen'. ‚Wohr di, Rasmus kommt!' ist ein Warnruf bei schwerem Seegang. Rasmus stellt die stürmische, tobende See dar, die mit gierigen Armen nach dem Menschen faßt. Eigentl. ist damit der heilige Erasmus gemeint. Er ist einer der 14 Nothelfer und bes. auch Schutzpatron der Seeleute. Den Namen dieses Schutzpatrons übertrugen sie nun auf ihren grimmigsten Feind, vor dem er sie schützen sollte. Es ist also ein magischer Name apotropäischer Natur; spricht man ihn aus, so ruft man damit zugleich den Heiligen zu Hilfe. Die Rasmus-Personifikation ist bis in den hd. Reporterstil eingedrungen: „Ab und zu gab es auch hier wieder kleine Unterbrechungen, indem Rasmus mit frechem Gesicht über die Reeling glotzte und mit Donnergepolter auf Deck heruntertapste" (‚Hamburger Correspondent', 22. Jan. 1910).

Lit.: *W. Stammler:* Seemanns Brauch und Glaube, in: Dt. Philologie im Aufriß (1956), Sp. 1875f.

Rat. *Mit Rat und Tat helfen:* mit allen, einem zur Verfügung stehenden Mitteln helfen. Die Zwillingsformel ‚Rat und Tat' meint eigentl., mit materiellen und immateriellen Gütern zu Hilfe kommen. Denn ‚Rat' war früher alles, was dem leiblichen Leben diente: Hausrat, Vorrat, Geräte, im Gegensatz zu ‚Unrat' i. S. v. Schaden, Verlust.

Aus der älteren Rechtssprache stammt die Wndg. *Rat suchen:* Rechtsbelehrung, Hilfe, Ratschläge suchen. Weiß man sich keinen Rat und befindet sich in großer Verlegenheit, dann ist ‚guter Rat teuer'.

Rate. *In Raten sprechen:* stottern, seit 1930 belegt. *Auf Raten schlafen:* mit Unterbrechung schlafen. *Ehe auf Raten:* Ehe, in der der Ehemann aus beruflichen Gründen nur zum Wochenende daheim ist. Alle diese Wndgn. sind modern umg.

Ratte. *Auf die Ratte spannen:* scharf aufpassen; eigentl.: wie der Hund (die Katze) vorm Loch auf die zu fangende Ratte.

Das ist für die Ratte: das ist umsonst, nichts wert. Anders: *Die haben für die Ratten:* sie haben mehr, als sie selbst aufessen können, sind wohlhabend.

Eine Ratte im Kopfe haben: einen tollen Gedanken haben, etw. närrisch sein; ndd. ‚däm löpet en Ratt im Koppe herüm'.

Von einem Menschen ohne allen Verstand sagt man: ‚Man wird tote Ratten mit ihm fangen'.

Wie eine Ratte schlafen: sehr fest schlafen; eigentl.: *schlafen* (auch *schnarchen*) *wie ein Ratz.* ‚Ratz' ist die obd. Form von Ratte, dann auch Bez. für verwandte Tiere wie Iltis, Murmeltier, Siebenschläfer usw. Das Murmeltier ist als Langschläfer bekannt (vgl. frz. ‚dormir comme une marmotte' (auch: ‚dormir comme un loir', wie ein ↗Siebenschläfer schlafen), während die Ratte weder in Winterschlaf verfällt noch sich durch tiefen Schlaf auszeichnet, im Gegenteil nachts sehr munter herumrennt. Bereits Johann Fischart (1546 bis 1590) kennt die Rda. Eine moderne Bildung hieraus ist ‚ratzen', tief schlafen.

Eine Ratte (auch *Ratze*) *schieben:* beim Kegeln nichts treffen: Die Kugel geht wie eine Ratte zwischen Eckkegel und Bande hindurch (↗Pudel).

Von einem, der anderen Rat erteilt, sich selbst aber nicht helfen kann, sagt man: ‚Andern will er Ratten fangen, und ihn selbst fressen die Mäuse'. Schles. ist bezeugt: ‚A wil andern Ratten fangen und konem (kann ihm) salber kene Moise fangen'; auch rheinhess. für einen Projektemacher: ‚Er fängt gar anderen Leut die Ratten und sich selbst kei Mäus'.

Die Ratten verlassen das sinkende Schiff – ein alter Seemannsglaube – wird in übertr. Bdtg, gesagt, wenn Schmeichler und Schmarotzer sich zurückziehen, sobald die Glücksumstände sich ändern: vgl. den Holzschnitt von 1533: Ratten und Schmeichler verlassen das einstürzende Haus. Der Seemann weiß, daß die Ratte nicht erst das sinkende Schiff verläßt, sondern daß sie oft schon Tage vorher ins Meer springt, wenn sie Anzeichen einer Katastrophe (Untergang, Explosion, Vergiftung) spürt. Die Ratten ertrinken lieber auf offener See, als daß sie mit dem Schiff

‚Die Ratten (und Schmeichler) verlassen das einstürzende Haus (das sinkende Schiff)'

‚Die Ratten verlassen das sinkende Schiff'

untergehen. Daher ist ihre Flucht für die Besatzung eine große Warnung, denn sie hat einen handfesten Grund: da das eindringende Salzwasser in die unteren Schiffsräume das Leben den Ratten unmöglich macht, gehen sie eben von Bord. Für den Seemann ist dies ein Zeichen, daß Wasser in den Schiffsrumpf eindringt. Vgl. lat. ‚Cum ruinae imminent, mures migrant', s. Abb.

Rattenkönig heißt eigentl. die Erscheinung, wenn mehrere Ratten, mit den Schwänzen verfilzt, aneinanderhängen; bildl.: eine ganze Menge von Fehlern, Mißverständnissen und dgl., die sonst nur vereinzelt auftreten.

Im Tierbuch von Gesner (1563) bez. ‚Rattenkönig' noch eine große Ratte, die sich vom Raub anderer Ratten nährt; später heißt so die Gruppe alter Ratten, die sich mit den Schwänzen verwirrt hat und von den Jungen verpflegt wird.

Die Wndg. gilt heute als veraltet und wird meist ersetzt durch die Wndg. *Rattenschwanz von ...*: eine große Folge von zusammenhängenden Fragen und Problemen usw.

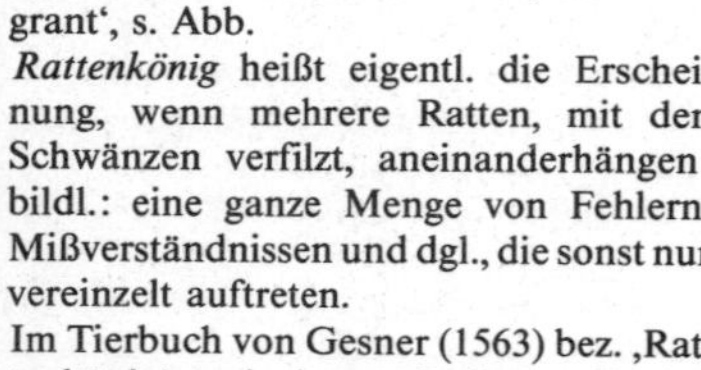

‚Einen ganzen Rattenschwanz hinter sich herziehen'

Weitere, mit ‚Ratte' gebildete Komposita haben mit dem Tier nichts mehr gemein. So sagt man zu einem ‚Bücherwurm' auch ‚Leseratte'. ‚Landratten' sind in der Sprache der Seeleute die Landbewohner, sie selbst sind ‚Wasserratten', d. h. Seefahrer, Schiffer, begeisterte Schwimmer.

Wahrscheinlich ist der Begriff ‚Landratte' eine Lehnübers. aus dem engl. ‚landrat', welches schon 1596 bezeugt ist. Im Engl. werden überhaupt – viel früher als im Dt. – Menschen mit ‚rat' bez.

Eine Stelle in Shakespeares ‚Kaufmann von Venedig', die das Wort ‚landrat' beinhaltet (I, 3), wurde wörtl. ins Dt. übers. Vielleicht ist dies der Urspr. der Namen ‚Wasserratte' (für eifrige Schwimmer), ‚Leseratte' usw. Sie lautet: „... but ships are but boards, sailors but men, there be land-rats, and water-rats, water-thieves, and land-thieves, (I mean pirats)".

Lit.: *A. Gittée:* Ratten, in: Vkde. 2 (1889), S. 175; *O. Keller:* Die antike Tierwelt, Bd. 1 (Leipzig 1909), S. 203–207; *R. Riegler:* Dt. Rdaa., in: Zs. f. d. U. 23 (1909), S. 526; *K. Becker* u. *H. Kemper:* Der Rattenkönig (= Beihefte der Zs. f. angew. Zoologie 2) (Berlin 1964); *S. Krüger:* Die Figur der Ratte in literarischen Texten. Eine Motivstudie (Frankfurt/M., Bern, New York, Paris 1989).

Rattenfänger. In Anlehnung an die weltweit bekannte Sage vom ‚Rattenfänger zu Hameln' wird ein Verführer (bes. in politischer oder auch kommerzieller Hinsicht) oft als ‚Rattenfänger' bez.

Eine ‚Rattenfängerei' bedeutet, daß mit unlauteren, unseriösen oder zweideutigen Versprechungen für eine Sache lautstark geworben wird.

Die Rattenfängersage stellt Historikern wie Volkskundlern noch immer viele ungelöste Fragen. Sicherlich bilden wirtschafts- und sozialhistorische Hintergründe die reale Basis der Sage: In einer Stadt, die jahrhundertelang vom Handel und Getreideexport lebte, konnte eine Rattenplage ein wirkliches Problem sein. Die früheste Erwähnung des Hamelner Pfeifers von 1284 weiß jedoch noch nichts von den Ratten und dem Magistrat, der dem Rattenfänger den Lohn nicht zahlte. Es wird nur von 130 Kindern berichtet, die von dem ‚Piper' vors ‚Oisterdor' gelockt wurden und seitdem verschwunden sind. Aber wohin sind die Kinder gezogen? Nach Siebenbürgen, nach Pommern, nach Mähren oder Masuren? Sind sie getötet worden, einer Katastrophe zum Opfer gefallen, ein Opfer der Pest geworden oder sind sie nur ausgesiedelt worden? Unter den mannigfachen Erklärungsmodellen ist die Rattenfängersage in den letzten Jahrzehnten am häufigsten und auch am meisten kontrovers mit Hilfe der Ostkolonisation erklärt worden: Der Rattenfänger sei in Wirklichkeit ein Werber gewesen, der im Auftrag eines Adeligen Kolonisten für den Osten suchte. Die Kolonistenauszugsthesen sind freilich nicht so durchschlagend und widerspruchsfrei, daß sie alle anderen Thesen hätten völlig verdrängen können: Unglück durch Bergsturz, Tanzwut, Kinderkreuzzug etc. Nicht befriedigend beantwortet ist damit auch die Frage: Wer sind die Hämelschen Kinder? Wirklich Kinder, junge Leute, oder Unfreie, Leibeigene, Arbeitslose? Sind ‚Ratten', ‚Mäuse' etc. gar Metaphern für unliebsame Menschen? Gerade die Ungelöstheit des Falles hielt bis zum heutigen Tag die Phantasie wacher als ein gelöster Fall.

1

2

3

1–3 ‚Rattenfänger'

Auch die Figur des Entführers und Verführers bleibt im Dunkel. Er erscheint in den historischen Quellen als Landfahrer, Abenteurer, Pfeifer, Trommler, Spielmann, Lumpensammler oder gar dämonisiert als Zauberer oder Teufel. Er ist Spielmann, aber auch Tierbanner, Ungeziefervernichter oder ‚Kammerjäger', wie man dies heute nennen würde. In der Sage geht es sozialgeschichtlich auch um Standeshaß und um Vorurteile gegenüber den sog. unehrlichen, nicht zunftfähigen Berufen. Ein zeitloses Thema ist aber auch das Motiv der Kinderent- und -verführung, der Verlust des Liebsten und Wertvollsten.

‚Rattenfänger'

Die literar. Auswirkungen und Transformationen der Rattenfängersage reichen von Goethe, Cl. Brentano und Wilh. Raabe zum ‚Pied Piper of Hamelin' von Rob. Browning bis zu Bert Brecht und Carl Zuckmayer.

Lit.: *H. Dobbertin:* Quellensammlung zur Hamelner Rattenfängersage (Göttingen 1970); *N. Humburg* (Hg.): Der Rattenfänger von Hameln (Hameln 1984); *N. Humburg* (Hg.): Geschichten und Geschichte. Erzählforschertagung in Hameln 1984 (Hildesheim 1985).

Ratz ↗ Ratte.

Raub. *Den Raub unter sich teilen* beruht auf Jos. 22,8.

Etw. nicht für Raub achten: etw. für nicht unter seiner Würde halten; sich nicht der Mühe entziehen, etw. zu tun. Eine Erklärung der Rda. gibt das Wörterbuch der Schwedischen Akademie (Svenska Akademiens Ordbok I, Sp. 857): Bei ungenauer Erinnerung an die Bibelstelle („Ein jeglicher sei gesinnt, wie Jesus Christus auch war; welcher, ob er wohl in göttlicher Gestalt war, hielt er's nicht für einen Raub, Gott gleich zu sein, sondern entäußerte sich selbst und nahm Knechtsgestalt an ..." (Phil. 2,5–7) habe man die Worte „Gott gleich zu sein" übersprungen, und so wurde der Sinngehalt von Raub ein ganz anderer als der bibl., nämlich: Beraubung seiner selbst. Während die Rda. in Dänemark und Schweden sehr verbreitet ist (Belege bei E. Låftman, in: Nysvenska Studier 1944, S. 190ff.), ist sie im Dt. nur lit. belegt; so z. B. bei Goethe: Mephistopheles sagt im ‚Faust' I, Vers 258f.: „Leb' mit dem Vieh und acht es nicht für Raub, den Acker, den du erntest, selbst zu düngen".

In einem Brief an Lavater vom 24. November 1783 schreibt Goethe: „Du erfahrener Arzt, der es nicht für einen Raub hält, zu quacksalbern ...".

Weiterhin erscheint sie in Thomas Manns Roman ‚Joseph und seine Brüder' (Berlin 1934), Bd. 1, S. 378: Jaakob sagt: „Jetzt hör mich an. Es ist gut, daß du da bist und hast's nicht für Raub gehalten, hinter mir drein zu ziehen so viele Tage um dieser Sache willen".

Positiv gebraucht erscheint diese Rda. bei Jeremias Gotthelf in seiner Novelle ‚Bartheli der Korber' von 1852 (1927, S. 188), jedoch in einem anderen Sinn. Hier bedeutet Raub ‚Unrecht, frecher Eingriff': „Für ein Gläschen Schnaps jagten sie (= die Eltern verwahrloster Kinder) dieselben dem Teufel barfuß zu, und will sie wer anders zum Guten halten, so brüllt ihr, als ob man sie ans Messer stecken wollte, und achtet es einem Raube gleich, wenn man für ihre Seelen sorgen will".

Etw. auf den Raub machen: in aller Eile, nebenher, flüchtig. ‚Auf den Raub' baut der Bergmann, wenn es ihm nur auf augenblickliche, schnelle Gewinnung von Metallen ankommt; dann verwendet er auf die Anlegung der Stollen wenig Sorgfalt und denkt nicht an Erhaltung oder spätere gründliche Ausbeutung der Grube. Daher: *Raubbau treiben,* d.h. eine Wirtschaftsführung bevorzugen, die für den Augenblick einen möglichst hohen Ertrag anstrebt, ohne auf die dauernde Erhaltung der Erzeugungsgrundlagen Rücksicht zu nehmen, z.B. beim Ackerbau, beim Abholzen; übertr.: *Raubbau mit seinen Kräften* (oder *mit seiner Gesundheit) treiben*. Von solchem Raubbau stammt auch der übertr. Sinn von Wndgn. wie: ‚jem. auf den Raub sprechen', ‚etw. auf den Raub abzeichnen'; wien. ‚I kumm nur auf an Raub', nur auf einen Augenblick.

Lit.: *A. Fridrichsen:* Nicht für Raub achten, in: Theologische Zs. 2 (1946), S. 395–396; *H. Bruppacher:* Zur Redewndg. ‚nicht für Raub achten', in: Theologische Zs. 3 (1947), S. 234; *H. Wolf:* Studien zur dt. Bergmannssprache (Mdt. Forschungen 11) (Tübingen 1958).

Räuber. Die Rda. *unter die Räuber fallen* geht auf das Gleichnis vom barmherzigen Samariter (Luk. 10,30–37) zurück, wo es im revidierten Text in V. 30 heißt: „Es war ein Mensch, der ging von Jerusalem hinab gen Jericho und fiel unter die Räuber". Urspr. stand an dieser Stelle: „unter die Mörder", aber im allg. wurde schon immer sinngemäß richtiger zitiert: *Er ist unter die Räuber gefallen:* er ist zu Menschen gekommen, die ihn schamlos ausnützen.

Denn (und) im Wald, da sind die Räuber,
halli, hallo, die Räuber,
die machen alles tot.

So oder ähnlich lautet ein Refrain, der als sog. ‚Draufstrophe' an unterschiedliche Lieder in scherzhafter Weise angehängt wurde, wie z.B.

Wenn du eine Schwiegermutter hast,
dann schick sie in den Wald;
denn im Wald, da sind die Räuber …
die machen alle kalt.

Rauch. *Den Rauch sehen und nicht wissen, wo das Feuer brennt:* die (negativen) Wirkungen einer Sache bemerken, doch nicht ihren Ursprung kennen. Die Rda. gehört in die Nähe des Sprw. ‚Wo Rauch ist, ist auch Feuer'.

Jem. einen Rauch machen: jem. Leid, Verdruß bereiten.

Es ist Rauch in der Küche: es gibt Zank und Streit.

Sich aus dem Rauche machen: vor Lästigem weichen (auch ↗Staub). Diese Rda. wird an das Ausräuchern von Tierställen angelehnt sein, obwohl auch eine Beziehung zum früheren Kriegswesen möglich ist: Konnte ein belagerter Ort von den Einwohnern nicht mehr gehalten werden, so zündeten sie ihn an und machten sich im Schutz des Brandrauches davon.

Jem. Rauch verkaufen: jem. schmeicheln, durch leeres Geschwätz gefallen. Diese Rda. ist heute so nicht mehr gebräuchlich (statt von ‚Rauch' ist von ‚heißer ↗Luft' die Rede), sie beruht auf einer wörtl. Übers. von Martials ‚fumum vendere'. Martin Opitz verwendet sie: „Ich bin kein Hofemann, ich kan nicht Rauch verkaufen, nicht küssen fremde Knie".

Etw. in den Rauch hängen: eine Sache beiseite legen für spätere Benutzung. Rauch ist hier eine Kürzung für Rauchfang ↗Esse.

Jem. einen bösen Rauch machen: Jem. in Verruf bringen. Diese veraltete Rda. benutzt Rauch i.S.v. böser Krankheit.

Den Rauch fliehen und ins Feuer fallen: von einer schlechten Situation in eine noch schlechtere geraten.

Die Sprww., die mit Rauch zusammenhängen, sind sehr zahlreich; ‚Wo Rauch ist, ist auch Feuer'; ‚Rauch ist beschwerlich, frißt aber niemand'; ‚Wo Rauch aufgeht, da ist das Feuer nicht weit'; ‚Je mehr Rauch aufsteigt, je mehr verfliegt er', ↗Feuer, ↗Qualm.

rauchen. *Das raucht:* das ist geprahlt; vermutlich eine Erweiterung der Rda. ‚einem blauen Dunst vormachen'; seit 1861 für Berlin belegt. Entspr.: *Ich glaube, du rauchst:* das kommt mir sehr verdächtig, unglaubwürdig vor, ↗Tabak.

Etw. tun, daß es nur so raucht: etw. sehr schnell, mit aller Kraft tun. Erinnert diese Rda. an den Mechanismus einer Dampfmaschine, so wird in folgender, heute veralteter Rda. ‚rauchen' in den Bdtgn. von ‚dampfen', ‚schwitzen' gebraucht: ‚arbeiten, daß einem die Haut raucht'. Aus der Schüler- und Studentensprache kommt: ‚Lernen, daß einem der Kopf raucht'.

Etw. raucht einem: man hat die ↗Nase voll, man hat etw. satt; diese Rda. ist vor allem im alem. Sprachraum verbreitet (E. Strübin, S. 122).

Die Friedenspfeife rauchen ↗Friedenspfeife.

Rauchen wie ein Schlot (Schornstein): sehr viel, ununterbrochen rauchen. Schlot ist das ostfränk. Wort für Kamin; vgl. frz. ‚Il fume comme un sapeur' (Er raucht wie ein Soldat der Pioniereinheiten).

Es raucht (im Hause) in der Küche: es herrscht Streit, die Frau schilt mit dem Mann, mit dem Gesinde, ↗Rauch.

Lit.: *E. Strübin:* Zur dt.-schweiz. Umgangssprache, in: Schweiz. Arch. f. Vkde. 72 (1976); *M. W. Rien* u. *G. N. Dorén:* Das neue Tabago-Buch. Ein Buch vom Tabak und der Kulturgeschichte des Rauchens (Hamburg 1985); Der blaue Dunst. Eine Kulturgeschichte des Rauchens. Hg. v. Niederrhein. Museum für Vkde. u. Kulturgeschichte Kevelaer (Kevelaer 1987).

Raum. *Etw. im Raum stehen lassen:* ein Problem zunächst ungelöst lassen.

Einer Sache Raum geben: etw. wohlwollend aufnehmen; zu seiner Entfaltung beitragen. Die Rda. steht in der Bibel, Röm. 12,19: „Rächet euch selber nicht, meine Liebsten, sondern gebet Raum dem Zorn Gottes".

Das geflügelte Wort ‚Raum ist in der kleinsten Hütte' ist lit. belegbar schon in Wielands ‚Musarion' (1768). Tanias sagt hier zu einer Schönen: „Allein, mein Haus ist klein", worauf sie antwortet: „Und wenn es kleiner wäre, für eine Freundin hat die kleinste Hütte Raum" (Sämtl. Werke, Bd. 9 [1795], S. 25). Dann erscheint sie wieder in Schillers ‚Parasit oder die Kunst, sein Glück zu machen' (1806). Der Schluß des Stückes lautet nämlich: „Raum ist in der kleinsten Hütte für ein glücklich liebend Paar".

Aus Schillers Ballade ‚Der Alpenjäger' stammt das Zitat:

> Raum für alle hat die Erde.
> Was verfolgst du meine Herde?

Raupe. *Raupen* (dafür auch: *Graupen) im Kopf haben:* absonderliche Gedanken, auch: komische Einfälle haben; *jem. Raupen in den Kopf setzen:* ihn auf törichte Gedanken bringen; lit. bei Fritz Reuter (‚Schurr-Murr' 218): „Der Ratsherr setzt den Schlingels blos Raupen in den Kopf". Obersächs. ‚enne Raupe loslassen', Unsinn begehen; ‚enne Raupe machen', einen lustigen Streich spielen. Raupen sind auch ein sprachl. Bild für unruhige Gedanken, Schrullen, Schnurren; ähnl. wie Würmer (↗Wurm) oder ↗Grillen. Die aufgeführten Rdaa. stammen größtenteils aus der Studentensprache und treten seit dem Ende des 17. Jahrhunderts in Erscheinung.

Sich wie eine Raupe einspinnen: die völlige Einsamkeit suchen. Vgl. frz. ‚s'enfermer dans son cocon'.

Wie eine neunköpfige Raupe fressen: sehr viel essen, unersättlich sein.

Das fehlt mir noch in meiner Raupensammlung: das hat mir gerade noch gefehlt; auch: das besäße ich gern, seit etwa 1910 bes. sold. geläufig.

Rechnung. *Die Rechnung ohne den Wirt machen:* sich zu seinen Ungunsten verrechnen, falsch schätzen, sich täuschen (immer in Beziehung auf etw. Zukünftiges gesagt). Ähnl. schon bei Joh. Fischart (‚Bienenkorb' 221 a): „Wie der Papst on seinen Wirt gerechnet gehabt". Auch 1639 bei Lehmann S. 936 (‚Zehrung' 20): „Wer die Zech ohn den Wirth macht, muß zweymahl rechnen"; vgl. ndl. ‚zonder de waard rekenen'; engl. ‚to reckon without one's host'; frz. ‚compter sans son hôte' (heute fast nicht mehr gebräuchl.); auch ital. ‚chi fa il conto senza l'oste, lo fa due volte'.

Jemandes Rechnung geht nicht auf: Jem. hat sich getäuscht, in einer Sache, verrechnet'.

Die Wndgn. *seine Rechnung bei etw. finden* (wohl eine Lehnübers. von frz. ‚trouver son compte'), *auf seine Rechnung kommen* erklären sich so, daß bei einem gemeinsamen Unternehmen ein Teilhaber zum Schluß das gewinnt, was er vorher für sich ausgerechnet hat.

Das Schlagwort *einer Sache Rechnung tragen:* sie berücksichtigen, sich ihr anpassen, ist wohl eine Lehnübers. der ital. Kaufmannsausdrücke ‚portare conto', ‚rendere conto' = Rechnung ablegen, woher auch frz. ‚tenir compte de quelque chose' stammt. Belegen läßt sich der Ausdr. seit der Mitte des 16. Jh., recht in Gang gekommen ist er aber erst in der Mitte des 19. Jh., insbes. in der offiziellen Sprache von 1848. Aus der Kaufmannssprache (oder aus der Rechenlehre?) stammen wohl auch die Wndgn. *etw. in Rechnung ziehen:* erwägen, *etw. außer Rechnung lassen:* außer acht lassen, nicht damit rechnen. *Eine alte Rechnung begleichen:* an jem. Rache nehmen, frz. ‚régler un compte avec quelqu'un'.

Einen Strich durch die Rechnung machen ↗Strich.

Er hat seine Rechnung abgeschlossen: er ist gestorben.

Seine Rechnung mit dem Himmel machen: seine Sünden bereuen. Schiller verwendet die Rda. im ‚Tell' (IV, 3):

Mach deine Rechnung mit dem
Himmel, Vogt!

und in ‚Maria Stuart' (I, 2):

Schließt eure Rechnung mit dem
Himmel ab.

Lit.: Zs. f. dt. Wortf. 2 (1902), S. 270; *G. Schoppe,* in: Mitt. d. schles. Ges. f. Vkde. 19 (1917), S. 139; *O. Ebner v. Eschenbach:* Rechnung tragen, in: Muttersprache 40 (1925), S. 328-331; *O. Hauschild:* Rechnung tragen, in: Muttersprache 41 (1926), S. 220–221; *J. Langhe* u. *L. de Wolf:* Een – z'n rekening te gare tellen met'n, ‚fersette' (vork), in: Biekorf 34 (1928), S. 223.

Recht, recht. *Dem Recht den Rücken geben:* nicht vor Gericht erscheinen.

Scherzhaft: *nach dem kanonischen Recht:* nach dem Recht des Stärkeren, nämlich dem ‚Recht der Kanonen'.

Das Recht der ersten Nacht (‚Jus primae noctis') beanspruchen: sich vorbehalten, die Hochzeitsnacht mit der Braut zu verbringen. Es handelt sich um ein angebliches Privileg des Grundherren auf Beiwohnung in der Brautnacht einer Grundhörigen. Dieses Recht hat die Phantasie bes. in der Zeit antifeudaler Bestrebungen beschäftigt u. ist vor allem durch das Libretto von Mozarts ‚Figaro' bekannt geworden.

In Frankr. soll es unter der Bez. ‚droit de culage', ‚droit de prélibation' bestanden haben. In zwei schweiz. Weistümern (‚Öffnung von Muri', 1543 u. im ‚Weistum vom Hirslanden', 1538) wird es dem Herren (seinem Beamten) zuerkannt; doch wird dem hörigen Bräutigam das Recht zugestanden, die erste Nacht durch eine geringe Abgabe zu erkaufen. Vermutl. hängt es damit zusammen, daß Hörige vor einer Eheschließung die Erlaubnis ihres Grundherren einholen u. eine Gebühr dafür entrichten mußten.

Aus 2. Mos. 23,6 und anderen Bibelstellen entnehmen wir *das Recht beugen* nach Luther, der so übersetzt, gleichviel, ob in der Vulgata ‚declinare', ‚opprimere', ‚subvertere' oder ‚pervertere' steht. Aber unabhängig von ihm entstand aus den Vulgataworten (5. Mos. 27,19; vgl. dazu 24,17 und Hiob 34,12: „maledictus, qui pervertit iudicium") die Wndg. *das Recht verdrehen.*

Das Recht mit Füßen treten: das Recht schwer verletzen. Nach einem ma. Strafbrauch mußten Wucherer und Ehebrecher an drei Sonntagen hintereinander barfuß um die Kirche gehen, sich dann hinlegen und die Leute über sich treten lassen, damit symbolisch das getretene Recht durch die gleiche Vergeltung wiederhergestellt wurde.

Das ist der Rechte! Die Rda. ist ein Beweis, welche Rolle die Ironie bei dem Bedeutungswechsel unserer Rdaa. gespielt hat. Dieser urspr. ‚Rechte' ist völlig in sein Gegenteil umgeschlagen. „Es ist gar die rechte, die Camille" heißt es schon in ‚Schlampampes Tod' (111). *Er ist an den Rechten gekommen* ist ebenfalls iron. gemeint, denn es heißt: an den, der bestimmt mit ihm fertig wird, der ihm eine gehörige Abfuhr erteilen wird.

Nach dem Rechten sehen: nachprüfen, ob alles in Ordnung ist.

Mit dem Adv. ‚recht' gibt es eine große Zahl rdal. Wortspielereien, meist iron. Art, z.B. ‚Du hast recht, und dir gehört auch recht, aber mit einem dicken Prügel'; ‚Du hast recht, du kommst neben die Mutter Maria in den Himmel'; ‚gerade recht wie der Bock zum Feste'. ‚Hast recht, sollst gehängt werden'; *Schlecht und recht* ↗schlecht.

Das Kind beim rechten Namen nennen ↗Kind.

Es nicht jedem recht machen können: Trotz aller Bemühung nicht alle befriedigen können; vgl. das Sprw.:

Allen Leuten recht getan,
ist eine Kunst, die niemand kann.

Etw. ist recht und billig: es entspricht den allg. Rechtsgrundsätzen, es erscheint angemessen. Die Bdtg. von ‚billig' = wohlfeil ist erst im 18. Jh. aufgekommen. Bis dahin war ‚billig' synonym mit ‚recht'. Allerdings bez. recht, was den Satzungen gemäß ist, und billig, was dem natürlichen Rechtsempfinden entspricht. In dieser Bdtg. steht ‚billig' schon im 11. Jh. und ist für alle Jhh. reichlich belegt. Aus der Bdtg. ein billiger = angemessener Preis wurde im 18. Jh. ein niederer Preis. So kam das Wort billig zu der Bdtg. wohlfeil. Inzwischen hat es sich weiter gewandelt und bez. vielfach etw. Minderwertiges, z. B. ein ‚billiger Witz'. Die alte Bdtg. hat sich fast nur noch in der Rda. ‚recht und billig' gehalten.

Etw. steht im alten Recht: ein alter Streit geht weiter, wird fortgesetzt.

Eine veraltete Wndg. ist auch: *Recht halten* i. S. v. Gerichtssitzung halten.

Mit jem. um etw. rechten: gegen jem. in einem Streitfall vor Gericht gehen.

Lit.: *J. G. Fichtner:* Dissertatio Juridica de Cereo Juris Naso, seu Vulgari Dicterio Jus habere Cereum Nasum, Das Recht habe eine wächserne Nase; respondente J. F. Puchelbergero (Altdorfii 1724); *A. C. Dorn:* Programma in quo veritatem paroemia: Stadtrecht bricht Landrecht, Landrecht bricht gemeines Recht inquirit (Kiel 1748) *A. L. Reyscher:* Die Überlieferung der Rechte durch Rechtssprww., in: Zs. für dt. Recht und dt. Rechtswiss. 5 (1841), S. 189–209; *G. Lohn:* Deutsches Recht im Munde des Volkes, in: ders.: Drei rechtswissenschaftliche Vorträge (Heidelberg 1888), S. 1–43; *A. de Cock:* Spreekwoorden en zegswijzen, afkomstig van oude gebruiken en volkszeden, in: Vkde. 10 (1897/98), S. 67-223; *C. Koehne:* Handwerkerrecht in Rechtssprww., in: VSW 15 (1919), S. 64–71; *W. Schmidt:* Rdaa. des dt. Rechtslebens, in: Zs. des allg. dt. Sprachvereins 34 (1919), S. 199–263; *D. E. Bond:* The Law and Lawyers in English Proverbs, in: American Bar Association Journal 21 (1935), S. 724–727; *D. E. Bond:* Englisch legal Proverbs, in: Publications of the Modern Language Association 51 (1936), S. 921-935; *O. Urbach:* Dt. Recht im dt. Sprw., in: Muttersprache 52 (1937), S. 230–234; *F. Beyerle:* Sinnbild und Bildgewalt im älteren dt. Recht, in: Zs. der Savigny-Stiftung für Rechtsgeschichte (germanist. Abt.) 58 (1938), S. 788–807; *K. Spiro:* Alte Rechtssprww. und modernes Privatrecht, in: Zs. für Schweiz. Recht 69 (1950), S. 121–142; *W. Weizsäcker:* Volk und Staat im dt. Rechtssprw., in: Aus Verfassungs- und Landesgeschichte. Festschrift zum 70. Geburtstag von Th. Mayer (Lindau 1954/55), Bd. I, S. 305–329; *J. W. Hedemann:* Aus der Welt der Rechtssprww., in: Das dt. Privatrecht in der Mitte des 20. Jh., in: Festschrift für Heinrich Lehmann (Berlin 1956), Bd. 2, S. 131–142; *W. Ebel:* Über Rdaa. und Recht, in: Moderna Språk 56 (1962), S. 21–32; *A. Erler:* Art. ‚Jus primae noctis', in HRG. II, Sp. 498.

rechts. *Weder rechts noch links schauen:* stur seinen Weg verfolgen, ↗Scheuklappen aufhaben.

Nicht mehr wissen, wo rechts und wo links ist: geistig etw. verwirrt sein, aufgeregt sein; schon in der Bibel ist diese Rda. vorhanden: „Der Herr spricht: ‚Und mich sollte nicht jammern Ninive, eine so große Stadt, in der mehr als hundertundzwanzigtausend Menschen sind, die nicht wissen, was rechts oder links ist, dazu auch viele Tiere?'" (Jona 4, 11).

Rede, reden. *Jem. Rede und Antwort stehen:* zur Rechenschaft verpflichtet sein, Auskunft geben müssen, oder *jem. zur Rede stellen:* Rechenschaft von ihm fordern. Rede ist in diesen Wndgn. nicht das einfache Gespräch oder die Äußerung, sondern die vor Gericht gehaltene Rede, die zu den wichtigsten Teilen des altdt. Gerichtsverfahrens gehörte. Der ‚Redner' war der Fürsprecher der Parteien, die ‚Einrede' (heute: ‚Gegenrede') war der Widerspruch.

Eine Rede schwingen: eine Rede halten. ‚Schwingen' bezieht sich auf das leidenschaftliche, wirkungsvolle Gebärdenspiel, mit dem der Redner seine Worte begleitet (erst im 20. Jh. aufgekommen). Das Zitat aus Schillers ‚Wallenstein' (‚Piccolomini' I, 2) „Was ist der langen Rede kurzer Sinn" ist auch im Volksmund sprw. und rdal. geworden. Ähnl. auch volkstümlich und sprw.: ‚Lange Rede – kurzer Sinn' oder ‚Kurze Reden – lange Bratwürste' u. a.

Das Sprw. ‚Reden ist Silber, Schweigen ist Gold' ist in seinem Ursprung noch nicht restlos geklärt. Wahrscheinl. stammt es, wie G. Freytag schon 1843 vermutete, aus dem Orient. In einer Berliner und Pariser Handschrift aus dem 16. Jh. begegnet es in lat. Form: ‚Narratio argentea, silentium vero aureum est'. Die Weisheit, daß Schweigen mehr wert sei als Reden, erscheint auch im Talmud: „Ist ein Wort ein Sela wert, ist Schweigen zwei Sela wert" (Jente, S. 33), ↗Sela.

Büchmann weist auf den Psalm 12, 7 und auf die Sprüche Salomos 10, 20 hin: „Die Rede des Herrn ist lauter wie durchläutert Silber" und: „Des Gerechten Zunge ist köstliches Silber".

Herder führte das Sprw. in den ‚Zerstreuten Blättern' (1792) ins Dt. ein: „Lerne schweigen, o Freund. Dem Silber gleichet die Rede, aber zu rechter Zeit schweigen ist lauteres Gold". – Ins Engl. wird das Sprw. 1837 von Thomas Carlyle übersetzt: ‚Speech is silvern, silence is golden'. Im Holl. wird es 1858 nachweisbar: ‚Spreken is zilver, zwijgen is goud'.

Von etw. kann keine Rede mehr sein: eine Sache ist abgetan, erledigt.

Etw. ist nicht der Rede wert: man läßt eine Sache wegen ihrer Unbedeutendheit eher unerwähnt; als Floskel oft gebraucht als Antwort auf ein ‚Dankeschön': ‚Es ist nicht der Rede wert'.

Jem. hat gut reden: jem. steckt nicht in denselben Schwierigkeiten wie ein anderer und sieht so dessen Probleme oft zu einfach. ‚Reden, daß die Milch zu Butter wird', i. S. v. zuviel reden, erwähnt S. Lenz im ‚Geist der Mirabelle' (S. 115).

Das Zeitwort ‚reden' kommt häufig in Verbindung mit sprw. Vergleichen vor, z. B. ‚reden wie ein Buch', ‚reden wie ein Wasserfall' (vgl. schwäb. ‚der kann schwätze als wie 'n Amtmann'): schon in Johann Fischarts ‚Geschichtklitterung' (S. 335) heißt es im rdal. Vergleich: „Er redet wie ein cometischer Gesandter vom Himmel mit jhm selber". ‚Er redet davon wie der Blinde von der Farbe', er versteht überhaupt nichts davon; schon in Luthers ‚Tischreden' (213 a) gebraucht und in vielen europ. Sprachen üblich (vgl. Wander III, Sp. 1568).

In den Wind reden (nach 1. Kor. 14,9) ↗Wind.

Mit sich reden lassen: zum Verhandeln bereit sein, Zugeständnisse machen.

Viel von sich reden machen: berühmt werden; frz. ‚faire beaucoup parler de soi'.

Jem. nach dem Munde reden: so sprechen, daß es ihm zusagt, wie er es hören will.

Lit.: *R. Jente:* Reden ist Silber, Schweigen ist Gold, in: Publications of the Modern Language Association 48 (1933), S. 33-37; *L. Röhrich:* Gebärdensprache und Sprachgebärde, in: Humaniora. Essays in Literature, Folklore ... honoring Archer Taylor (New York 1960), S. 121–149; *V. Roloff:* Reden und Schweigen (München 1973); *K. Knüsel:* Reden und Schweigen in Märchen und Sagen (Diss. Zürich 1980); *H. Kolb:* Rede und Antwort stehen: Zur Semasiologie einer sprachlichen Formel, in: Sprachwissenschaft 6 (1981), S. 142–148.

Regel. *Nach allen Regeln der Kunst.* Gemeint ist urspr. die alte Tabulatur der Meistersinger, eine Art Gesetzbuch, in dem die Regeln der Kunst des Gesanges von Meistersingern zusammengestellt waren. Diese Tabulatur oder ‚die Kunst' erscheint sodann i. S. v. strenger Ordnung und Konvenienz, bes. hinsichtlich gesellschaftlicher Veranstaltungen und gesellschaftlichen Umganges, schließlich als Inbegriff der Regeln vom feinen Ton. Alles mußte nach der ↗Tabulatur geschehen:

Es wird dazu geschnürt nach bester Tabeltur
Das Müder und der Latz mit einer Silberschnur

sagt Rachel in seinen satirischen Gedichten (IX, 103), und in der ‚Ehrlichen Frau Schlampampe' wird (S. 65) natürlich auch nach der ‚Tablatur' getanzt. Daß in diesem Sinne Tabulatur und ‚Kunst' völlig füreinander eintraten, zeigt eine ganze Reihe von Stellen. In Heinrich Julius' Komödie von ‚Vincentius Ladislaus' tut (I, 5) der miles gloriosus „alle Tritte nach der Tabeltur", und in V, 1 setzt derselbe, als er zum Herzog berufen ist, „die Füße nach der kunst". Wer nach allen Regeln dieser Kunst sein Benehmen einzurichten verstand, war natürlich die Krone der Gesellschaft. Heute wird der Ausdr. auch vielfach in iron. Sinne gebraucht, und schon in ‚Vincentius Ladislaus' erscheint etw. von dieser Färbung (Söhns S. 697).

Am Abend vor der Schlacht bei Leuthen, also am 4. Dez. 1757, hielt Friedrich II. von Preußen an seine Generale und Stabsoffiziere eine Ansprache. Darin begründete er seinen wagemutigen Angriffsplan: „Lassen Sie es sich also gesagt sein, ich werde gegen alle Regeln der Kunst die beinahe dreimal stärkere Armee des Prinzen Karl angreifen, wo ich sie finde" (‚Der König Friedrich der Große in seinen Briefen und Erlassen sowie in zeitgenöss. Briefen, Berichten und Anekdoten', hg. von G. Mendelssohn-Bartholdy, Ebenhausen 1912, S. 321); frz. ‚selon les régles de l'art'.

Lit.: *B. Nagel:* Meistersang (Stuttgart 1962).

Regen, regnen. *Vom (aus dem) Regen in die Traufe kommen:* ein Übel vermeiden und dafür einem schlimmeren verfallen, urspr. von einem gesagt, der sich bei Regenwetter an die Häuser unter den überspringenden Rand der Dächer flüchtet, aber dabei unter die Traufe gerät, aus der das gesammelte Dachregenwasser herunterschießt, so daß er erst recht naß wird. Die sprw. Rda. ist in Dtl. in dieser Form nicht älter als drei Jhh. Sie ist vermutlich orientalischer Herkunft. Die früheste Form, die Wander zitiert, ist ein Beleg vom Jahr 1627: „Auss dem Regen in die Dachtrauff gerathen" (aus Konrad Dietrich, Buch der Weisheit [Ulm 1627], II,

525). Die Rda. kommt dann des öfteren vor, z.B.:

Wer dem Regen wil entlauffen
Kömmet offtmals in die Trauffen

(J. Simon, Gnomologia [Leipzig 1683], S. 211);

Er kommt vom Regen in die Traufe

(Ms. Breslau 1722, zitiert nach K. Rother, Die schles. Sprww. u. Rdaa. [Breslau 1928], S. 17);
‚Wer dem Regen entlauffen will, kömmt gemeiniglich in die Trauffe' (O. W. Schonheim, Proverbia illustrata [Leipzig 1728], S. 51);

Es regnet, spricht der Thor, und
eilt mit vollem Laufe;
Wohin? das siehst du: er stellt
sich in die Traufe

(C. C. G.Fischer, Sprww. und sittliche Denksprüche zum Gebrauch der Schulen [Halle 1793], S. 96, Nr. 95). Das Dt. Wb. der Brüder Grimm zitiert verschiedene lit. Belege, bes. aus Gryphius' ‚Horribilicribrifax' (II. Akt), aus Christian Weise, Lessing, Goethe, Wieland. An früheren Belegen gibt es zwar Sprww. in ähnl. Form und mit ähnl. Inhalt, die aber doch nicht identisch sind. So heißt es z. B. im ‚Esopus' des Burkard Waldis (1527):

(Mancher) Dem regen offt entlauffen
thut
Vnd senckt sich in wassers flut.
Wer offt dem regen will entlauffen,
Im grossen wasser thut ersauffen.

Luther und seine Zeitgenossen benutzen gewöhnlich: ‚Er entläuft dem Regen und fällt ins Wasser' (vgl. Luthers Sprww.-Sammlung, hg. v. E. Thiele [Weimar 1900], S. 410f.). Eine andere Formulierung des 16. Jh. heißt: ‚Vom Regen in den Bach kommen'. Noch bei Goethe heißt es in ‚Sprichwörtlich': „Er springt in den Teich, dem Regen zu entfliehen".
Aber in arabischen Sammlungen finden wir Formulierungen wie: ‚Wir flohen vor dem Regen, da geriethen wir unter die Dachrinne'; ‚von der Dachtraufe unter die Dachrinne', „he fled from the rain, and sat down under the waterspout' (J. L. Burchhardt, Arabic Proverbs [London 1875], S. 167; A. Socin, Arabische Sprww. u. Rdaa. [Tübingen 1878], S. 11, Nr. 148). Der frühe und allg. Gebrauch bei den Arabern läßt keinen Zweifel an der orientali-

‚Vom Regen in die Traufe kommen'

schen Herkunft dieser Rda. aufkommen. Die Franzosen sagen hier: ‚tomber de Charybde en Scylla' und parodieren, ‚tomber de canif en syllabe' (wörtl. ‚vom Taschenmesser in die Silbe fallen'), ↗Scylla. Früher dafür auch: *vom Galgen auf das Rad kommen*. 1646 bei Gerlingius (Nr. 94): „Incidit in Scyllam cupiens vitare Charybdim. Der der Troffen entlauffen will, der kömpt mit all in den Platzregen. Ich wil den Rauch umbgehen, und komme gar ins fewr". Seit dem 1. Weltkrieg wird die Rda. sold. auch parodiert: ‚vom Regen unter Umgehung der Traufe in die Scheiße kommen', beim Stellungswechsel sich verschlechtern. Weitere Varianten sind: ‚aus einem kleinen Regen laufen und gar in den Teich fallen'; ‚sich wegen des Regens ins Wasser verstecken' (vgl. auch Wilhelm Busch, Aus dem Regen in die Traufe, 1861. Beiträge zu den ‚Fliegenden Blättern'). Ebenso ndl. ‚van de regen in de drop komen'; frz. ‚tomber de la poêle dans la braise', ‚de fièvre en chaud mal'; engl. ‚to fall out of the frying pan into the fire', ‚from the smoke into the smother' (Shakespeare, As you like it I, 2).
Diese Rda. wird heute auch parodiert zu ‚Vom Regen in die Jauche kommen'. (So z. B. Wolf Biermann nach seiner zwangsweisen Übersiedlung von der damaligen DDR in die Bundesrepublik; vgl. ‚Die Zeit' vom 27. 1. 1978).
Jem. im Regen stehenlassen: jem. in einer

kritischen Situation im Stich lassen, ihm seine Hilfe versagen. Scherzhaft: *jem. im Regen ohne Schirm stehen lassen.*
Etw. ist ein warmer Regen; eine Hilfe kommt zur rechten Zeit, vor allem: eine finanzielle Zuwendung. Der Ausdr. stammt aus der Sprache des Films: Szenen, die trotz Regens im Freien gedreht werden, werden höher honoriert.
Der Regen als Naturerscheinung spielt in allen Kulturen eine große Rolle; vor allem gehört er zu den großen Fruchtbarkeitsmythen. Über den Regen bei Sonnenschein hat der Volksglaube verschiedene Vorstellungen entwickelt. Eine davon findet ihren Niederschlag in einem Kinderlied aus dem Münstertal (Graubünden):

I plova a solai,
Nos Segner va a chavai,
Col anguel sün bratsch,
Con flütta e butatsch'

(Decurtis, Rätoroman. Chrest. 10, 1107). Übers. heißt dies: ‚Es regnet bei Sonnenschein, unser Herrgott reitet mit dem Engel auf dem Arm, mit Flöte und Trommel', ↗Strippe, ↗Bindfaden, ↗Engel, ↗Kirmes.
Wenn es während einer Beerdigung regnet, sagt man mancherorts (z.B. in der Pfalz): ‚Dem Glücklichen regnet es ins Grab' (Mitt. d. hist. Ver. d. Pfalz 20, 241). Dieses Sprw. hängt wohl zusammen mit der Vorstellung von den dürstenden Seelen, zu deren Erquickung Wasser ausgegossen werden muß. Der Regen, der auf ein Grab fällt, hat lustrative Kraft, er reinigt den Toten von seinen Sünden. Darum wünscht der Araber dem Toten ‚die Regengüsse der Sündenvergebung in sein Grab' (Arch. f. Rel. Wiss. XIII, 26). Deshalb beerdigt man auch in Oberhessen noch vielfach die ungetauft gestorbenen Kinder unter der Dachtraufe der Kirche, und auf der Südseite der alten Christenberger Kirche im Burgwald steht noch unter der Dachtraufe ein kleiner steinerner Sarkophag für Kinder. Auf den Kirchhöfen der kath. Dörfer zwischen Karlsruhe und Rastatt fand man ausgeblasene und mit Weihwasser gefüllte Hühnereier an den Grabkreuzen befestigt. Aus einem Löchlein tropft das Wasser ganz langsam auf das Grab, um dem Toten das Fegfeuer zu löschen (Kolbe, Hess. Volkssitten).
Ähnl. Vorstellungen gibt es noch heute im Morgenland: Wem es tüchtig auf sein Grab regnet, der wird selig. Allah wird also bes. auf die regnen lassen, die er liebt, also auf die Heiligen. Deckt man daher ein Heiligengrab auf, zeigt man dem Himmel das Grab, so wird er regnen auf das dürstende Land.

Lit.: *G. Gesemann:* Regenzauber in Dtl. (Diss. Kiel 1913), S. 60f.; *R. Jente:* German Proverbs from the Orient, in: Publications of Modern Language Association 48 (1933), S. 30–33. *M. Kuusi:* Regen bei Sonnenschein: zur Weltgeschichte einer Rda., in: FFC. 171 (Helsinki 1957); *W. D. Hand:* „The Devil is beating his wife" and other folk beliefs about the sun's shining while it rains, in: Kentucky folklore record 3 (1957), S. 139–143; *W. Danckert:* Symbol, Metapher, Allegorie im Lied der Völker, Bd. 1: Natursymbole (Bonn-Bad Godesberg 1976), S. 118–135.

Regenbogenpresse. *In die Regenbogenpresse kommen:* als Sensationsnachricht einem breiten Publikum zur Kenntnis gebracht werden; auch: für so prominent gelten, daß über die Lebensverhältnisse und Schicksale, über Glück und Unglück, über Denken und Tun desjenigen ausführlich berichtet wird. Dies gilt vielen Emporkömmlingen als erstrebenswertes Ziel, um bekannt zu werden und als Bestätigung ‚dazuzugehören', andererseits empfinden es die bereits im Licht der Öffentlichkeit Stehenden manchmal als lästig, da sie von den Reportern auf Schritt und Tritt beobachtet werden.
(Morgen schon) in der Regenbogenpresse stehen: allg. bekannt werden, meist auf Enthüllungen bezogen und auch als Warnung gebraucht, sich mehr vorzusehen, wenn man Aufsehen und Peinlichkeiten vermeiden möchte.
Als ‚Regenbogenpresse' bez. man beliebte Wochenendzeitschriften, die in buntfarbigem Rotationsdruck erscheinen und stark leserorientiert bevorzugt Themen aus Adel und Gesellschaft mit vielen Abbildungen bringen, um dadurch Einblick in die sonst unzugängliche und der Allgemeinheit verschlossene Lebenswelt der Reichen und Berühmten zu gestatten. Darüber hinaus sorgen Serien, triviale Beratung und Horoskope für einen ständigen und interessierten Leserkreis, der ‚leichte Kost' bevorzugt.

Lit.: *W. Nutz:* Die Regenbogenpresse: Eine Analyse der dt. bunten Wochenblätter (Opladen 1971).

Regenschirm. *Gespannt wie ein (alter) Regenschirm:* sehr begierig, neugierig. Der scherzhaft-groteske rdal. Vergleich ist etwa seit 1900 aufgekommen.
Den Regenschirm zumachen: Umschreibung für sterben, bes. im alem. Sprachgebiet, ↗zeitlich.

Regiment. *Auf Regiments Unkosten leben:* auf Rechnung anderer. Mit dem Regiment ist entweder die Heeresabteilung oder die Regierung gemeint. Da es von einer großen Menge Geld, von einer gemeinsamen Kasse abgeht, leistet man sich etw., ohne auf Sparsamkeit zu achten. Auch mdal. ist die Rda. gebräuchl., z. B. in der Steiermark: ‚Dos ged af Regiments Unkeste'.
Sie führt das Regiment im Hause wird von der herrschsüchtigen Frau gesagt, die allein bestimmen will.

‚Sie führt das Regiment'

Register. *Ins alte Register kommen:* alt werden, zu den Alten gehören; seit der Mitte des 17. Jh. lit. bezeugt; eigentl.: in das Register kommen, wo die Alten verzeichnet sind; *ins alte Register gehören:* nichts mehr gelten, aus der Mode gekommen sein; schlesw.-holst. ‚Se hört (geit öwer, kummt) all in't ole Register', sie ist (wird) alt; danach mdal. ‚ein altes Register', eine alte Jungfer; lit. bei Christian Weise: ‚ins fromme Register kommen'.
Entspr. *ins schwarze Register kommen:* eigentl. in das Sündenregister eingetragen werden, schlecht angeschrieben sein; vgl. ndl. ‚Hij staat op het zwarte register' und frz. ‚Il est écrit sur le livre rouge' (heute veraltet).
‚Sein Register hat ein Loch', seine Sachen sind nicht ganz in Ordnung, ↗schwarz.
Ein großer, langaufgeschossener Mensch wird auch ein ‚langes Register' genannt, in Analogie der Länge vieler Verzeichnisse, etwa der Urkundenregister.
Alle Register ziehen: alle verfügbaren Mittel anwenden, alle Kräfte aufwenden beim Zureden, etw. mit aller Kraft betreiben. Das Bild der Rda. kommt von der Orgel: Register heißen hier bestimmte Pfeifengruppen, die mit Hilfe von Zugvorrichtungen eingestellt werden. *Andere Register ziehen:* andere Saiten aufziehen.

Reibach. *Den Reibach machen:* einen Gewinn machen; öfter in der Form ‚seinen/ihren Reibach machen'. Etymol. kommt der Begriff aus jidd. ‚Rebbach', ‚Rebbes' (hebr. ribiyt: Zinsen). Auch in der Form ‚Reiwach' ist er in den dt. Mundarten nachgewiesen, bes. im Berl.; rotw. seit dem 18. Jh. vorhanden.

Lit.: *S. A. Wolf:* Wb. des Rotw. (Mannheim 1956), S. 264, Nr. 4520.

reiben. *Sich an jem. reiben:* Streit mit ihm suchen, beleidigende Bemerkungen fallen lassen. Im ‚Theuerdank', einem allegorischen Gedicht von 1517, das die Lebensgeschichte Kaiser Maximilians I. schildert, heißt es:

> Ich wil all seinem rath absagen
> Und mich für seiner list und wüten
> Mit Gottes hilff wissen zu hüten,
> Wo er sich weitter an mich reibt.

Während das urspr. wörtl. im Sinne einer feindlichen Berührung zu verstehende Wort ‚reiben' so in die Bildlichkeit hinaufgerückt ist, ist von unten für das eigentl. Reiben in diesem Sinne ‚rempeln' (eingetreten. Eine zänkische, ungesellige und widerspenstige Person wird auch als ‚Reibeisen' bez., was schon 1839 in einer Schimpfwörtersammlung bezeugt ist. Ähnl. frz. ‚se heurter à quelqu'un' (sich gegen jem. stoßen) oder auch ‚se frotter à quelqu'un' (sich im Umgang mit einem anderen abhärten).

Reichartshausen, Reichenbach. *Er ist von Reichartshausen:* er sucht schnell reich zu werden. So sagt man im Rheinfränk., indem man mit dem Namen des Weinortes Reichartshausen im Rheingau spielt; ähnl. im Obersächs. bisweilen nach dem Namen der Stadt Reichenbach: ‚Der Kuchen (Braten oder dgl.) ist von Reichenbach', d.h. bes. gut, wie für reiche Leute zubereitet.

Reif. *Einen Reif anstecken* (auch *ausstekken*). Die im 16. Jh. ganz geläufige Rda. ist heute ausgestorben. Einen Reif, d. h. eigentl. einen Kranz, an einer Stange befestigte der Weinhändler an seinem Haus entspr. dem noch heute in Weingegenden geläufigen Zeichen einer ‚Besen'- oder ‚Kranzwirtschaft'. Da beim Weinkauf zu allen Zeiten immer auch mit Betrug zu rechnen ist, meint die Wndg. in übertr. Bdtg. soviel wie: einen bösen oder falschen Anschein erwecken. Thomas Murner nennt es in der ‚Schelmenzunft' so, wenn Frauen mit ihren Reizen locken, ohne sich etw. vergeben zu wollen.

Der steckt den reiff vergebens auß
Der keyn weyn hat in seym hauß
Es wurdt fill mancher schelm veracht
Der im daß wort doch selber macht
Wiltu han eyn erbren schein
So zühe den schelmen reiff doch eyn.

‚Einen Reif ausstecken'

Die ‚Zimmerische Chronik' berichtet (II,312): „und gieng eben hiemit zu wie man sprücht, das kein wurt von ains gasts wegen ain raif ußsteckt".
Els. ‚durch den Reif gehen' sagt man, wenn Mensch oder Tier durchbrennen.
‚Der ist auch der Reif g'sprungen' heißt es in Schwaben von einem Mädchen, das ledig geboren hat.
Der fallende Reif als Bild der Vernichtung des Glücks, des Abschieds, des Verlustes von Liebe und Treue begegnet bereits im 16. Jh. in Volksliedern. Am bekanntesten ist:

Es fiel ein Reif in der Frühlingsnacht.
Er fiel auf die kleinen Blaublümelein.
Sie sind verwelket, verdorret ...
(E.-B. I, S. 589).

Reifenschaden. *Einen Reifenschaden im Gehirn haben:* nicht recht bei Verstand sein; seit dem 2. Weltkrieg.

Reihe. *Bunte Reihe machen* sagt man, wenn Damen und Herren bei Tisch abwechselnd nebeneinandersitzen. Nachweisbar ist die Rda. erst seit dem 17. Jh., doch ist der Brauch schon in dem ältesten Abenteuer- und Ritterroman Dtls., dem lat. geschriebenen ‚Ruodlieb' (um 1050), und ähnl. auch im ‚Biterolf' (V. 7399 f.) geschildert. Auch sonst in der mhd. Dichtung wird ähnl. bezeugt, z. B. in Heinrichs von Freiberg ‚Tristan' (V. 893 ff.):

her Tristan saz zu tische hin,
man sazte Isoten neben in,
und ie zwischen zwein vrouwen guot
saz ein ritter hochgemuot,
eine vrouwe zwischen rittern zwein.

1728 gibt J. B. v. Rohr in seiner ‚Ceremoniel-Wissenschaft' (S. 377) folgende Erklärung: „Bisweilen werden bei Hofe und in andern Gesellschaften sog. bunte Reihen angestellt, da einem ein Frauenzimmer auf einige Stunden durch das Looß zu theil wird ... Hat man seine sog. Frau bei der bunten Reihe zur Tafel geführt, so muß man sich alle Mühwaltung geben, sie auf das beste zu bedienen, zu unterhalten usw." Goethe beginnt seine venezianischen Epigramme:

Sarkophagen und Urnen verzierte
der Heide mit Leben:
Faunen tanzen umher, mit der
Bacchantinnen Chor
Machen sie bunte Reihe.

In einer Reihe mit jem. stehen: ihm ebenbürtig sein, gleiche Ziele verfolgen. *In Reih' und Glied stehen:* eine Gruppe steht in einer Linie, einer neben dem anderen. Bes. in der Soldatensprache geläufig. ‚In Reih und Glied' ist auch der Romantitel eines Werkes von Friedrich Spielhagen (1866).
Aus der Reihe tanzen: eigene Wege gehen. Das Bild der Rda. ist von der älteren Form des Reigentanzes her genommen, wie er sich etwa beim Volkstanz erhalten hat.

Nicht alle in der Reihe haben, nicht alle der Reihe nach gebrauchen: nicht ganz bei Verstand sein, gemeint sind hier die fünf Sinne; *nicht ganz in der Reihe sein:* nicht ganz gesund sein. *In die Reihe bringen:* in Ordnung bringen, reparieren. *Etw. auf(in) die Reihe kriegen:* etw. zustande bringen (neuere Wndg.).

Reiher. *Kotzen wie ein Reiher:* sich heftig erbrechen müssen. Der rdal. Vergleich bezieht sich wohl auf den heiseren Schrei des Reihers, der den Würgelauten beim Erbrechen ähnl. klingt. Die Rda. ist seit Ende des 19. Jh. gebräuchl. Möglicherweise ist auch an die Art gedacht worden, in der Raubvögel ihre Jungen füttern: sie verschlingen zunächst ihre Beute und würgen sie im Nest wieder hervor, um sie den Jungen schon halb verdaut in den Schnabel zu stopfen. Doch schon Aristoteles berichtet vom weißen Löffelreiher, der in Europa und Afrika lebt; auf diesen Vogel geht das zurück, was wir vom Erwärmen der Muscheln im Magen und Wiederausspeien, Aussuchen und Fressen bei Pseudoaristoteles und Cicero lesen.

Lit.: *O. Keller:* Die antike Tierwelt, Bd. 2 (Leipzig 1913), S. 202–207; *E. Ingersoll:* Birds in Legend, Fable and Folklore (Ndr. Detroit [Mich.] 1968); *C. H. Tillhagen:* Fåglarna i folktron (Stockholm 1978); *E. u. L. Gattiker:* Die Vögel im Volksglauben (Wiesbaden 1989), S. 548–550.

Reim, reimen. *Wie reimt sich das (zusammen)?* fragt man rdal. bei einer Nebeneinanderstellung von zwei Tatsachen, die scheinbar nichts miteinander zu tun haben. Derb verspottet Burkard Waldis (gest. um 1556) einmal in einem Streitgedicht den Herzog Heinrich den Jüngeren von Braunschweig: Er habe sich einen Wahlspruch angemaßt,

Der sich zu jm reimbt gleich so vil
Wie der esel zum seytenspil.

Eine Fülle von Vergleichen für schlechte Reime findet sich in z. T. rdal., teils individuellen Prägungen bei Johann Fischart: „Diß reimt sich fein, wie eyn faust inns Aug" (‚Bienenkorb' 5a): „das reimt wie eyn zang auff eyn Sau" (‚Bienenkorb' 72b); „das reimt vnd schickt sich wie eyn Haspel auff eyn Topff" (‚Bienenkorb' 143a). Viele dieser rdal. Vergleiche sind durchaus volkstümlich: ‚Es reimt sich wie weiß und schwarz', ‚wie Hans und Friedrich', ‚wie Arsch und Friedrich'; ‚wie Sauerkraut und Hobelspäne', ‚wie Glauben und Fühlen', ‚wie ein Igelshaut zum Kissen', ‚wie ein Kälbermagen zu einer Messe', ‚wie Fastnacht und Karfreitag', ‚wie Honig und Galle', ‚wie Speck zu Buttermilch', ‚wie ein Pflug zum Fischergarn'. „Wie soll ich das wieder reimen?" fragt der alte Daniel, als ihn Franz Moor nach einem Beichtvater schickt (Schiller, ‚Räuber', V, 1). Ein törichtes, sich widersprechendes Geschwätz nennt man ‚ungereimtes Zeug'. In Frankreich sagt man dazu: ‚A quoi cela rime-t-il?' und man antwortet: ‚Cela ne rime à rien' (Wozu hilft das? – Zu nichts).

Wenn man einem mehrere sich scheinbar widersprechende Dinge mitgeteilt hat, fügt man wohl auch hinzu: ‚Nun mach dir selber einen Vers daraus!' Andererseits sagt man von Dingen, die gut zueinander passen, daß sie ‚sich reimen', so Uhland im ‚Metzelsuppenlied':

Es reimt sich trefflich: Wein und Schwein,
Und paßt sich köstlich: Wurst und Durst,
Bei Würsten gilt's zu bürsten.

Wenn wir uns über stümperhafte Reimereien lustig machen, gebrauchen wir das Wort ‚Reim' dich, oder ich freß' dich!'; aber auch übertr. gebraucht i. S. v.: geht es nicht gütlich, so geht es mit Gewalt. ‚Reime dich, oder ich fresse dich' heißt eine in Nordhausen 1673 ersch. Satire. Unter dem Pseudonym Hartmann Reinhold verbirgt sich der Verfasser Gottfried Wilhelm Sacer (1635–99). In der Schrift verspottet der Verfasser die Unsitten der damaligen Poeterei. Anfangs auf ungeschicktes Reimen gemünzt, drückt die Rda. heute aus, daß bei Erledigung einer Angelegenheit äußere Schönheit und Sauberkeit nicht berücksichtigt werden können (vgl. Goedeke, Grundriß, 2. Aufl. 3, 239; Büchmann, Küpper). Bei Joh. Fischart (‚Aller Praktik Großmutter', 1623, S. 591) findet sich: „Reim dich oder du must die Stieg hinein"; bei Abraham a Sancta Clara: „Reim dich Bundschuh" (‚Judas' I, 10) sowie „Reim dich oder ich iß dich".

Sich keinen Reim auf etw. machen können, keinen Reim auf etw. finden: sich etw. nicht erklären können, mit etw. nichts anfangen können. Die Rda. erklärt sich aus der Schwierigkeit, auf manche Wörter (wie z. B. Mensch) ein Reimwort zu finden.
Sich seinen eigenen Reim auf etw. machen: sich sein(en) Teil denken (↗denken).

Lit.: E. B. III, S. 535, Nr. 1749; *Brüder Grimm:* Volkslieder I (Marburg 1985), S. 544.

rein. *Mit etw. (jem.) im reinen sein:* sich mit etw. (jem.) ausgesöhnt haben; sich damit abgefunden haben. Man sagt auch: ‚man muß mit sich selbst ins reine kommen' und meint, man muß zuerst seine eigenen Probleme lösen.
Als bes. rein oder überhaupt mit der Reinheit gleichgesetzt, galt früher das Wasser. So fußte die Wasserprobe auf dem Grundgedanken, daß das reine, heilige Wasser nichts Sündhaftes in sich dulde und eine als Hexe angesehene Frau oben schwimmen ließ. War sie schuldlos, ging sie unter; vgl. Max Bauer, S. 23. Als unrein wurden Krankheiten, Tiere oder auch das Geschlechtsleben angesehen.
Der Slogan ‚Dem Reinen ist alles rein' beruht auf einer Briefstelle des Paulus (Titus 1,15). Nietzsche hat diese Stelle in ‚Also sprach Zarathustra' parodiert: „Dem Reinen ist alles rein – so spricht das Volk. Ich aber sage euch: den Schweinen wird alles Schwein!"

Lit.: *M. Bauer:* Das Geschlechtsleben in der dt. Vergangenheit (Leipzig [2]1902); *O. Gaupp:* Zur Geschichte des Wortes ‚rein' (Diss. Tübingen 1920); *F. Nietzsche:* Sämtliche Werke (München 1955), Bd. 2, 3. Teil, Kap. 14, S. 451.

Reise, reisen. *Reisende Leute nicht aufhalten:* jem., der gehen will, gehen lassen, einen in Gang gekommenen Prozeß nicht vorzeitig stoppen.
In Voss' ‚Musenalmanach auf das Jahr 1786' wurde das Lied ‚Urians Reise um die Welt' abgedruckt, dessen Anfangsverse heute noch zitiert werden: „Wenn jemand eine Reise tut, so kann er was erzählen", ↗Pilgerfahrt.
Aus der Oper ‚Der Waffenschmied' von A. Lortzing stammt: „Das kommt davon, das kommt davon, wenn man auf Reisen geht".
Die letzte Reise antreten oder *die große Reise machen* sind Umschreibungen für Sterben, ↗zeitlich.
In der Drogenszene gebraucht man das sprachl. Bild der Reise für ‚Rausch, Trip'; *auf Reise gehen:* Drogen einnehmen.

Lit.: *J. Strooman:* 't zit al reis om reis, in: Rond den Heerd 5 (1870), S. 39; *H. Jehle:* Ida Pfeiffer. Weltreisende im 19. Jh. Zur Kulturgeschichte reisender Frauen (Diss. Freiburg i. Br. 1988) (Internat. Hochschulschriften 13) (Münster–New York 1989).

reißen. *Er läßt sich einen reißen* (zu ergänzen: einen Krankenschein): krank sein oder krank werden. Die Krankenzettel waren zu einem Block zusammengeheftet, und jedesmal, wenn sich jem. krank meldete, wurde einer abgerissen.
Sich kein Bein ausreißen: gemächlich arbeiten, ↗Bein.
Vulgär-umg. *sich einen abreißen:* masturbieren.
Etw. reißen: etw. verdienen, erfolgreich verkaufen.
Sich etw. reißen: sich etw. widerrechtlich aneignen, entstand als Verkürzung von *sich etw. unter den Nagel reißen* (↗Nagel).
Sich um jem. (etw.) reißen: sich heftig um etw. bemühen. Ein ‚Reißer', d. h. ein Verkaufsschlager, wird dem Händler förmlich ‚aus der Hand gerissen'; vgl. frz. ‚s'arracher quelque chose'.
Spöttisch sagt schon Seb. Franck von einem, der nicht gern gesehen ist: ‚Man reisst sich vmb jhn wie vmb die marterwochen' (Franck I, 117 b).
Innerlich hin und hergerissen werden: schwankend sein, charakterlich nicht gefestigt sein; vgl. frz. ‚être déchiré intérieurement'. Ein rdal. Vergleich lautet: ‚hin- und hergerissen werden wie eine Decke zwischen zwei Eheleuten'.
Sich am Riemen reißen ↗Riemen.
Reißaus nehmen: fliehen, ausreißen, spurlos verschwinden.

Reißnagel. *Mit Reißnägeln gegurgelt haben:* heiser sein; seit etwa 1910 bezeugt.

reiten, Reiter, Ritt. *Sich fühlen wie der Reiter auf dem Bodensee;* sich einer überstandenen Gefahr erst im nachhinein bewußt werden und darüber erschrecken. Der Vergleich beruht auf einer schwäb. Sage, die Gustav Schwab nach mündl. Überlie-

ferung zu einer Ballade mit dem Titel ‚Der Reiter und der Bodensee' gestaltete (1826). Die Sage berichtet, daß ein Reiter ahnungslos über den zugefrorenen und zugeschneiten Bodensee reitet. Als er – glücklich angekommen – hört, welcher Gefahr er entronnen ist, stürzt er vor Schreck tot vom Pferd (G. Schwab: Gedichte, Bd. 1 [Stuttgart 1928], S. 364–366).
Etw. zu Tode reiten: überstrapazieren, ein Thema so oft wiederholen, bis es niemand mehr hören will, urspr. vom Pferd gesagt, das man immer wieder anspornt, ohne ihm Ruhe zu gönnen, bis es vor Erschöpfung zusammenbricht.
‚Reiten' wird in der volkstümlichen Umgangssprache oder auch in Liedern nicht selten als Sexualmetapher für Koitieren gebraucht. So z. B. in der ‚Teufelsroßballade', wonach die Pfaffenkonkubine zum Leibroß des Teufels wird.
Jem. reitet der Teufel ↗ Teufel. Zum selben Vorstellungskreis gehört auch die auf dem Besen oder Gabelstiel reitende Hexe.
Auf einen Ritt: etw. auf einmal, ohne Unterbrechung erledigen, ↗ Sitz, ↗ Wind, ↗ Roß.

Lit.: *O. Glöde:* Auf einen Ritt, in: Zs. f. d. U. 6 (1892), S. 498.

Rennen. *Sich ein totes Rennen liefern:* einen Wettkampf (und ähnl.) unentschieden austragen; leitet sich vom Wettrennen ab, das nicht zur Entscheidung gelangt und somit für die Buchmacher und Wetter „tot", d. h. gleichsam ungelaufen ist.
Nicht mehr im Rennen sein: ausgeschieden sein, wurde vom sportl. Wettkampf auf den Beruf übertr.; vgl. frz. ‚n'être plus dans la course' heißt dagegen: ‚nicht mehr auf dem laufenden sein'.
Das Rennen machen: als einziger erfolgreich sein.
Etw. ist ein echter Renner: eine Sache verkauft sich gut, wird gerne gehört, ist beliebt.

Rest. *Jem. den Rest geben:* ihn vollends zugrunde richten, ihn seelisch erschüttern, ihn ins Grab bringen. Bezieht sich wohl urspr. auf den letzten Schlag, mit dem man ein Schlachttier tödlich trifft. Dieselbe Wndg. ist aber auch schon früh als Zecherausdr. belegt und bedeutet dann: einen völlig betrunken machen; entspr. *seinen Rest weghaben,* auch *seinen Rest empfangen:* völlig betrunken sein.
Sich den Rest holen: sich eine schwere Krankheit holen.
Der Rest ist für die Gottlosen: geht zurück auf Ps. 75,9, ↗ gottlos.
‚Der Rest ist Schweigen' sagt man, wenn jem. plötzlich verstummt oder seinen Gedankengang verliert und nicht mehr weiter weiß.
Die Worte sind eine Übers. von Hamlets letztem Satz in William Shakespeares (1564–1616) Drama: „The rest is silence".
Der Rest vom Schützenfest: das Übriggebliebene, der Rest vom Ganzen; seit dem frühen 19. Jh. belegt.

Retorte. *Etw. aus der Retorte:* eine künstlich hergestellte Sache. Eine Retorte (frz.) ist eigentl. ein Glas- und Metallkolben mit sich verjüngendem, langem Ende, welches nur noch bei speziellen Destillationen verwendet wird.
Ein Baby, das künstlicher Befruchtung entsprang, heißt ‚Retortenbaby'.

retten. *Nicht mehr zu retten sein:* scherzhaft zu jem., dem man zu verstehen geben will, daß man seine Taten und Pläne für verrückt hält: ‚Bist du noch zu retten?'
Sich vor etw. (jem.) kaum noch retten können: von einer Sache oder Person verfolgt werden, ihr immer wieder mit Unwillen begegnen; auch: sehr viel von etw. bekommen: z. B. ‚sich vor Geld kaum retten können', wenn man einen großen Gewinn gezogen hat.

Rettich. *Ein Augenmaß haben wie ein Rettich:* sehr gut sehen können. Für jem., der schlecht sieht, sagt man: ‚Er hat ein Augenmaß wie ein Rettich, nur nicht so scharf', ↗ Auge.

Revanche. *Revanche für Speierbach!* als Androhung von ↗ Rache und Vergeltung hört man noch heute in Hessen und Westfalen, im übrigen Dtl. ist es unbekannt. M. v. Ditfurth berichtet über den Urspr. der Rda. im 3. Kap. seiner ‚Erzählungen aus der hess. Kriegsgeschichte' (Span. Erbfolgekrieg):
„Am 14. Nov. 1703 wurden die dt. Trup-

pen, unter ihnen ein von seinem Erbprinzen geführtes hess. Korps, am Speierbach vollständig geschlagen. Als sich nun im folgenden Jahr, am 13. August, die französisch-bayerischen Truppen gegen Marlborough bei Höchstädt zum entscheidenden Kampfe stellten, erhielt der hess. Erbprinz die Aufgabe, mit seinen Schwadronen die Reiterei der Franzosen zu werfen. Ehe er jedoch das Zeichen zum Angriff gab, soll er im Vorbeireiten den hess. Dragonerregimentern zugerufen haben: Heute, Dragoner, nehmt Rache für Speierbach! In der Tat wurden die Franzosen geschlagen, ihr Feldherr, der Marschall Tallard, gefangen und vor den Erbprinzen geführt, der ihn mit den Worten empfing: Ah, Monsieur le maréchal, vous êtes le très bien venu; voilà la revanche pour Speierbach!"

Bekannter sind folgende Wndgn.: *Revanche für Sadowa!* – ein 1866 in Frankreich geprägtes Schlagwort – und *Revanche für Sedan! Revanche für Pavia!* stammt vom Nebentitel ‚La Revanche de Pavie' des 1850 entstandenen Lustspiels von Scribe und Ernest Legouvé: ‚Die Erzählungen der Königin von Navarra'.

Im 18. Jh. wurde das frz. Verb ‚se revancher' entlehnt und zu ‚revanchieren' umgebildet. Unsere Rda. *sich für etw. revanchieren* hat heute häufig den positiven Sinn: sich für etw. erkenntlich zeigen, neben dem urspr. rächen, es jem. heimzahlen.

Reverenz. *Jem. seine Reverenz erweisen:* jem. sehr höflich und zuvorkommend begrüßen. Die heute veraltete Wndg. benutzt den lat. Begriff ‚Reverenz' für ‚Ehrerbietung'.

In Schillers Schauspiel verweigert Wilhelm Tell (III,3) den Ehrengruß dem vom Landvogt Gessler zur Prüfung des Untertanengehorsams aufgehängten Hut und wird darum angeklagt: „Er hat dem Hut nicht Reverenz bewiesen".

↗Aufwartung.

Revue. *Etw. Revue passieren lassen:* sich ein Ereignis in Erinnerung rufen; es an seinem geistigen Auge vorüberziehen lassen.

Frz. ‚revue' als ‚Übersicht über die Ereignisse des Jahres' gab es in Frankreich bereits am Ende des MA. ‚Revue' i.S.v. Schau, Übersicht, Zusammenstellung wurde später Titel oder Titelbestandteil frz.-sprachiger Zeitschriften, entspr. dann auch dt. ‚Rundschau', ebenso einer dt. Illustrierten, gegr. 1948 in München. ‚Revue' wurde schließlich auch zum Fachausdruck für Bühnenschau, das Revue-Theater (Ausstattungsrevue, Eisrevue, Revuefilm etc.). Seit dem 2. Weltkrieg sind die Revue-Theater fast ganz verschwunden und wurden abgelöst durch die ‚Show'.

Lit.: *R. Mander* u. *J. Mitchenson:* Revue. A story in pictures (London 1971); *P. Kaupp:* Die schlimmen Illustrierten. Leserschaft, Inhalt und Wirkung der ‚Neuen Revue' (Düsseldorf 1971).

Rhabarber. Mit den sich wiederholenden Worten, Rhabarber ‚Rhabarber' wird auf dem Theater das Volksgemurmel gemacht; aus der Theatersprache ist es schon seit der Mitte des 19. Jh. auch in Rdaa. übergegangen, wie *Rhabarber machen:* in der Masse laut protestieren; *quatsch keinen Rhabarber!:* rede keinen Unsinn.

Rheumatismus. *Rheumatismus zwischen Daumen und Zeigefinger haben:* kein Geld haben, denn mit Daumen und Zeigefinger wird Geld aufgezählt.

Anhänglich wie Rheumatismus: treu ergeben, dienstbeflissen, aufdringlich, nicht loszuwerden.

Volksetymol.-spielerisch wird das Fremdwort unter dem Einfluß von ‚Reißen in den Gliedern' oft auch zu ‚Reißmatismus', ‚Reißmichtüchtig' und berl. ‚Reißmirtüchtig' scherzhaft umgeprägt.

richtig. *Mit jem. ist nicht alles richtig* und *Mit einer Sache ist nicht alles richtig:* der Mensch ist unheimlich, er verfügt über übernatürliche Kräfte, und: mit einer Sache, an einem Ort geht es nicht mit rechten Dingen zu, es spukt. Urspr. besagten die Rdaa., daß Magie im Spiele sein müsse, heute bedeuten die allg. gebräuchl. Ausdrücke, daß jem. oder etw. außerhalb der gesellschaftlichen, sittlichen oder rechtlichen Norm steht.

Die Feststellung *Bei ihm ist es (im Ober-*

stübchen) nicht ganz richtig meint: er ist nicht bei Verstand, es spukt bei ihm im Kopf.
Doppeldeutig ist die pomm. Rda. ,He is richtig, hett Stroh in d' Stebel', denn es heißt entweder: er ist schlau, er hat seinen Vorteil berechnet, oder iron. ins Gegenteil verkehrt: er ist ein Dummkopf. Ebenfalls iron. zu verstehen ist der Ausruf *Du bist mir der Richtige!:* gerade der, der am wenigsten zu gebrauchen ist, vgl. frz. ,Tu es celui qu'il me faut!'
Zur euphemist. Umschreibung, daß eine Frau wieder schwanger ist, gebraucht man in der Altmark: ,Mit är is't wedd'r richtig'.
Die Rda. *etw. richtig machen:* einen Vertrag, ein Verlöbnis schließen, weist auf den urspr. Zusammenhang von richtig und Recht.
Eine moderne Wndg. ist: *richtigliegen mit etw.:* das der Situation Entsprechende tun, mit seinen Plänen und Vorhaben genau der allg. Erwartung vieler entgegenkommen.

riechen, Riecher. *Jem. (sich selbst) nicht riechen können:* ihn nicht leiden, nicht ausstehen können; vgl. frz. ,ne pas pouvoir sentir quelqu'un'.
Etw. nicht riechen können: etw. ohne ausdrücklichen Hinweis nicht wissen, nicht ahnen können. Dagegen beinhaltet die Wndg. *Er muß das direkt gerochen haben:* es geahnt, vorhergesehen haben, Erstaunen und Bewunderung für das richtige Verhalten im Hinblick auf das Zukünftige; vgl. frz. ,Il faut qu'il l'ait senti'.
Einen guten Riecher haben: eine gute Nase für eine geschickte Gelegenheit haben (1846 bei Willibald Alexis lit. belegt). Das Bild dieser Rdaa. ist von der feinen Witterung des Tieres hergenommen, ↗Nase.
Nach dem Grabscheit riechen: am Rande des Grabes stehen, auch: *Er riecht nach Tannenholz;* vgl. frz. ,Cela sent le sapin': Die ersten Todesanzeichen werden bemerkbar. Diese Redewndg. wird spöttisch beim leisesten Husten eines Gesunden gebraucht.
Den Braten riechen ↗Braten.
Lunte riechen ↗Lunte.

Lit.: *A. Hagen:* Die sexuelle Osphresiologie. Die Beziehungen des Geruchsinnes und der Gerüche zur menschlichen Geschlechtstätigkeit (Berlin 1905). *A. Corbin:* Pesthauch und Blütenduft. Eine Geschichte des Geruchs (Berlin 1984); *U. Jeggle:* Der Kopf des Körpers (Weinheim-Berlin 1986), bes. S. 134ff., Funktionen des Riechens!

Riegel. *Einer Sache (endgültig) einen Riegel vorschieben:* sie (für immer) verhindern, ↗Pflock.

Riemen. *Sich am Riemen reißen:* sich zusammennehmen, sich ermannen, sich ermutigen. Die im 1. Weltkrieg aufgekommene Wndg. bezieht sich auf den Riemen, d.h. Gürtel des Soldaten: der Soldat reißt am Riemen, wenn er ihm den vorgeschriebenen Sitz gibt. *Den Riemen enger schnallen:* sich einschränken, hungern müssen; vgl. frz. ,serrer sa ceinture d'un cran', ↗Flasche.
Die Rdaa. *Es geht ihm an die Riemen* und *Es geht um seine Riemen:* auf seine Gefahr oder Kosten, bewahren die Erinnerung an eine ma. Strafe: dem Verurteilten wurden schmale Streifen (Riemen) aus der Haut geschnitten, ↗schinden.
Riemen schneiden bedeutete: Vorteil aus etw. ziehen, zweifaches Riemenschneiden galt als strafbar. Bei Waldis (IV, 13, 55) heißt es: „Die gselln, die so jrn datum setzen vnd all morgen jr messer wetzen, damit sie zwiefach riemen schneiden, ob sie denn auch an galgen leiden, des soll man kein mitleiden hon".
Sich in die Riemen legen: sich sehr anstrengen, für etw. einsetzen. In dieser Rda. steht Riemen für Ruder; vgl. frz. ,s'atteler (à la tâche)': wörtl. sich an (die Arbeit) spannen.

Riemenstecher. Die Feststellung *Er ist ein (alter) Riemenstecher* bedeutet: er ist ein bes. schlauer, gerissener Kerl, der alle Vorteile wahrnimmt. ,Riemenstecher' galt auch als Schimpfwort und bezeichnete urspr. den betrügerischen Landstreicher, der auf Jahrmärkten in einen zusammengerollten Riemen stechen ließ. Er konnte es immer so einrichten, daß der Stich der anderen an dem Riemen vorbeiging. Bereits im 13. Jh. erschien die Bez. Riemenstecher im Stadtbuch von Augsburg. Noch ein Edikt Friedrich Wilhelms I. von Preußen vom 28. Jan. 1716 richtet sich gegen sie und stellt sie auf eine Stufe mit

Marktschreiern und Komödianten: „Marktschreier, Comödianten, Gaukler, Seiltänzer, Riemenstecher, Glückstöpfer, Puppenspieler u. dgl. Gesindel". Außerdem galt das Riemenstechen als beliebtes Kinderspiel, das besondere Geschicklichkeit erforderte, weil dabei mit dem Griffel in die Schlingen des Riemens gestochen werden mußte, der die Schulbücher zusammenhielt (Wander, Bd. III, Sp. 1684).

Riese. *Nach Adam Riese.* Diese Rda., mit der man die Richtigkeit einer Rechnung zu bekräftigen pflegt, geht zurück auf die verbreitetsten und volkstümlichsten Rechenbücher des 16. Jh.: Adam Rieses (auch Ries, Rys und Ryse geschrieben) ‚Rechenung auff der linihen' (zuerst 1518 o. O.) und ‚Rechenung auf der linihen und federn' (zuerst 1522 in Erfurt erschienen).

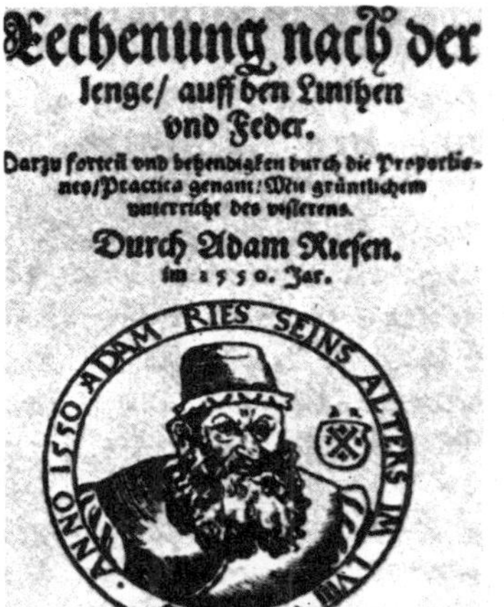
Rechenung nach der lenge/ auff den Linihen vnd Feder.
Darzu forteil vnd behendigkeit durch die Proportiones/Practica genant/ Mit grüntlichem vnterricht des visierens.
Durch Adam Riesen.
im 1550. Jar.

Cum gratia & privilegio Caesareo.

‚Nach Adam Riese'

Im Gegensatz zu den meisten Rechenbüchern des 16. Jh. waren sie alle in dt. Sprache abgefaßt. Der Verfasser, geboren 1492 in Staffelstein bei Bamberg, starb 1559 in Annaberg im Erzgeb., wo er Bergschreiber war. Seine beiden Söhne Abraham und Jakob Riese hatten ebenfalls einen Ruf als Rechenmeister. Namentlich stand der erstere in großem Ansehen, und auch dessen Söhne, Heinrich und Karl Riese, erhielten den Ruf ihres Großvaters aufrecht. Seine Rechenbücher aber waren bis in die Mitte des 18. Jh. weit verbreitet.

Ein abgebrochener Riese sein: scherzhafte Umschreibung für klein gewachsene Leute. Ein ‚halber Riese' ist auch der saloppe Name für einen 500-DM-Schein, 1000 DM sind ‚ein Riese'.

Etw. kommt mit Riesenschritten auf einen zu: ein Ereignis nähert sich in unheimlicher Schnelle.

Lit.: *B. Berlet:* Zur Feier des 400. Geburtsjahres von Adam Riese (Frankfurt/M. 1892); *K. Vogel:* Adam Riese, der dt. Rechenmeister (München 1959); *F. Deubner,* in: Zs. f. Gesch. der Naturwissenschaften, Technik und Medizin 1 (1960), 7 (1970), 8 (1971).

rin. *(Immer) rin in die gute Stube!:* tritt ein! „Kommen Sie 'rein in die gute Stube" soll während der Kaisermanöver im September 1876 eine Leipzigerin zu Prinz Friedrich Carl von Preußen gesagt haben, als er ihr als Einquartierung zugewiesen wurde; 1880 bei Stinde belegt. Eine verwandte rdal. Aufforderung einzutreten ist: *Rin ins Vergnügen!* und *Immer rin in die Kartoffeln!*

Rin in die Kartoffeln, raus aus die Kartoffeln! ist ein Ausruf der Verärgerung über Entschlußlosigkeit oder sich widersprechende Anordnungen. Die Wndg. stammt aus dem militär. Scherz ‚Vom Manöver'. Friedrich Wülfing veröffentlichte ihn in Nr. 1885 der ‚Fliegenden Blätter' im Nov. 1881.

Rindermist. *Um Rindermistes willen etw. erdulden müssen:* wegen einer Bagatelle Strafe erleiden müssen. Das Stehlen von Rindermist wurde freilich in der Antike mit scharfer Buße belegt, da Mist als wertvoller Dünger hoch geschätzt war.

Lit.: *O. Keller:* Die antike Tierwelt, Bd. 2 (Leipzig 1909), S. 329–371, bes. S. 351.

Ring. *Ringe tauschen (wechseln):* heiraten. Fessel und Ring binden ihren Träger in irgendeiner Form nach alter Vorstellung. Ein früher Nachweis dieser Traditionskette, die den Ring als äußeres Zeichen eines Gelübdes interpretiert, ist der Bericht von Tacitus in der ‚Germania' über die Chatten (Kap. 31): „Die Tapfersten trugen außerdem einen eisernen Ring wie eine Fessel, bis sie sich durch Tötung eines Feindes davon freimachen konnten".

Auf den Ehering beziehen sich folgende Rdaa.: *einen Ring darauf geben:* ein Eheversprechen eingehen; *einen zu engen Ring an den Finger gesteckt haben:* eine Mißheirat eingegangen sein.

‚Einen Ring darauf geben'

Du kannst mich um den Ring pfeifen! ist die verächtliche Abfertigung eines Menschen, der einem lästig oder gleichgültig ist, wobei Ring wohl verhüllend für einen derberen Ausdr. steht. Joh. Fischart (‚Ehezuchtbüchlein' S. 247) gebraucht „durch den Ring schlagen". Doch kann Ring sich auch auf eine Runde beim Tanz beziehen; so 1668 bei Christian Weise in den ‚Überflüssigen Gedanken der grünenden Jugend' (S. 204): „Wer ein Narr wäre, ließe sich um den Ring fiedeln", so daß die Rda. also auf eine ähnl. Vorstellung zurückginge wie: ‚nach jem. ↗ Pfeife tanzen'.

Jem. einen Ring durch die Nase ziehen: ihn als einfältig und dumm behandeln. Der Ring durch die Nase bezieht sich wohl auf den an einem Nasenring herumgeführten Tanzbären der Schausteller. Häufig in imperativischer Form: ‚Laß dir einen Ring durch die Nase ziehen!' Wem man diesen Rat erteilt, den hält man für unselbständig und einfältig wie einen Tanzbären; vgl. ndl. ‚Iemand een' ring door den neus steken'. *Ein goldener Ring in die Nase eines Schweines* (schon lat. ‚annulus aureus in naribus suis') i. S. v.: ‚Perlen vor die Säue werfen'.

Lit.: *Jungwirth:* Art. ‚Ring', in: HdA. VII, Sp. 702–724; *H. Battke:* Geschichte des Ringes (Baden-Baden 1953); *O. Holzapfel:* Zur Phänomenologie des Ringbrauchtums, in: Zs. f. Vkd. 64 (1968), S. 32–51; *G. Hempel:* Fingerringe. Eine Sonderausstellung aus den Beständen des Österr. Museums f. Vkde. (Wien 1985); *A. Ward, J. Cherry u. a.:* Der Ring im Wandel der Zeit (Fribourg 1987).

Ringelpietz. *Ringelpietz mit Anfassen machen:* auf einer Gesellschaft sehr lustig und ausgelassen sein.

Slaw. ‚pieć' (singen) steckt in dem zweiten Teil des Wortes, welches vor allem in Berlin sehr gebräuchl. war.

Ringeltaube. *Das sind Ringeltauben* sagt man, wenn man etw. Seltenes sieht. So auch in einem ndd. Wellerismus: ‚„Dat sünd Ringelduwen!" sagg de Buur, do hadde he teggen nen rieken Kerl ne Prozeß wunnen' (H. Büld: Ndd. Schwanksprüche ..., S. 45).

Die Ringeltaube begegnet in den Mdaa. häufig als rdal. Bild für etw. Seltenes; z. B. ndd. ‚dat sind Rengeldüvcher', das sind Seltenheiten; ‚dat send Ringeldouwen, dei schütt me nit alle Dage'; auch rheinhess. ‚du bist en Ringeltäubche', d. h. was du sagst, ist so gut wie ausgeschlossen, weil die Ringeltauben so selten sind.

Die Ringeltauben unterscheiden sich von ihren Artgenossen durch ihre ungewöhnliche Größe; außerdem haben sie auf blau-grauem Federkleid weiße Halsflekken, die mitunter zu einem Ring (obd. ‚Ringel') zusammenlaufen.

Lit.: *O. Keller:* Die antike Tierwelt, Bd. 2 (Leipzig 1913), S. 127; *E. Ingersoll:* Birds in Legend, Fable and Folklore (New York 1923, Ndr. Detroit [Mich.] 1968); *C. H. Tillhagen:* Fåglarna i folktron (Vögel im Volksglauben) (Stockholm 1978); *E. u. L. Gattiker:* Die Vögel im Volksglauben (Wiesbaden 1989), S. 379–384.

Rinke(n) ↗ Rang.

Rippe. *Das kann ich mir nicht aus den Rippen schneiden* (auch *durch die Rippen schwitzen):* etw. Unmögliches kann ich nicht schaffen; ich weiß nicht, wo ich das Geld dazu hernehmen soll. Die Rda. ist wohl eine Weiterbildung der aus der Bibel bekannten Vorstellung, daß Gott aus Adams Rippe Eva geschaffen hat. Ähnl.

ostfries. ‚Ik kann mi doch keen Geld ut de Beenen snieden'. In etw. abweichendem Sinne schwäb. ‚Des kann mr net durch die Rippe schwitze', es will seinen natürlichen Ausgang.
Von einem Faulpelz sagt man meckl. ‚De hett ne ful Ribb', von einem Dicken in Ostfriesland ‚De hett wat up de Ribben', übertr.: er hat Vermögen, stellt sich gut.
Nichts in den Rippen haben: hungrig, mager sein. *Bei ihm kann man alle Rippen zählen:* er ist sehr mager, schlecht ernährt (schon im 16. Jh. bei Hans Sachs). Vgl. frz. ‚On peut lui compter les côtes'.
Etw. in (hinter) die Rippen kriegen: nach Hungerzeit zu essen bekommen.
Ndd. ‚Dat steit bi de Ribben', das setzt den Rippen Fleisch an (z.B. von Kohlsuppe mit Speck gesagt).
Einen hinter die Rippen plätschern: Alkohol trinken.
Jem. etw. in die Rippen stoßen (schmeißen): ihn bestechen.
Durch die Rippen stinken: sehr übel ausdünsten.

Riß. *Vor dem Riß stehen, vor den Riß treten:* für einen entstandenen Schaden die Verantwortung tragen, dafür aufkommen, eigentl.: wie tapfere Männer vor den Riß traten, den der Feind in die Stadtmauer geschlagen hatte, und, sich für andere bloßstellend, den entstandenen Schaden wiedergutzumachen und weiteren Gefahren vorzubeugen suchten. Das Bild findet sich öfters in Luthers Bibelübers., z.B. Hes. 22,30: „Ich suchte unter ihnen, ob jemand sich eine Mauer machte und wider den Riß stünde gegen mir für das Land, daß ich's nicht verderbete; aber ich fand keinen"; ebd. 13,5 heißt es von den falschen Propheten: „Sie treten nicht vor die Lücken und stehen nicht im Streit am Tage des Herrn"; ferner Ps. 106,23: „Und er sprach, er wollte sie vertilgen, wo nicht Mose, sein Auserwählter, den Riß aufgehalten hätte". Im 18. Jh. tritt dafür die Wndg. ‚in die ↗Bresche treten' ein; doch findet sich ‚für den Riß stehen', für den Schaden aufkommen, Hilfe bringen, noch in den Mdaa., z.B. obersächsisch.
Es gibt mir einen Riß: ich erschrecke, von dem reißenden Gefühl der Nervenerregung abgeleitet; bes. oesterr. üblich.
Einen Riß im Kopf haben: nicht recht bei Verstand sein; ‚hirnrissig'; vgl. frz. ‚avoir le timbre fêlé' (einen Riß in der Glocke haben); vgl. auch das frz. Sprw. ‚Un pot fêlé dure plus qu'un neuf': einen Topf mit einem Sprung ist dauerhafter als ein neuer.

Ritten. *Daß dich der Ritten schütt!* ist ein alter rdal. Fluch. Ritten ist das altdt. Wort für Fieber, von diesem Lehnwort erst im 17. Jh. verdrängt. Mit Ritten bezeichnete man vom 14. bis 16. Jh. vor allem ein sehr verbreitetes pestartiges Fieber, das die Leute jäh ergriff und dahinraffte. Lit. bei dem Prediger Geiler von Kaysersberg (‚Sünden des Mundes' 39): „Das dich der rit schit!" oder „Das im got den ritten geb"; bei Joh. Pauli (‚Schimpf und Ernst'): „Das Gott dem kargen schelmen den ritten gebe". Bei Thomas Murner in der ‚Schelmenzunft' findet sich die Rda. sehr häufig: „Ich zitter als mich der ritten schit", „Wolt Got, das sie der ritte schit"; ebenso bei Hans Sachs (IV, 44): „Geht hin, dass euch der Riet schüttelt". Weitere lit. Belege bei Wander III, Sp. 1695f.

Lit.: *O. v. Hovorka* u. *A. Kronfeld:* Vergleichende Volksmedizin, 2 Bde. (Stuttgart 1908–09), Bd. I, S. 135ff.

Ritter. *Jem. ist ein Ritter von der traurigen Gestalt:* jem. der groß gewachsen, lang und hager ist, eine schlechte Haltung hat und wirtschaftlich heruntergekommen ist. Der Titelheld des Romans ‚Don Quijote' von Miguel de Cervantes Saavedra (1547–1616) trägt diesen Beinamen (span. ‚el caballero de la triste figura'). Schon im 18. Jh. war diese Bez. für einen lächerlichen Helden in der dt. Dichtung üblich. Kortum erzählt 1784 in seiner Jobsiade: „So nahm dann dies Abenteuer behende für unseren Helden ein erwünschtes Ende. Und gleich dem Ritter von der traurigen Gestalt fuhr er mit der Kutsche alsbald". H. Heine schreibt in einem Brief vom 4.5.1823: „Ich Ritter von der traurigen Gestalt werde nie eines solchen (Weibes) teilhaftig werden können, und, wie die Weiber im Koran, muß ich mich mit dem Anblick des Paradieses begnügen". Schon die ma. Abenteuer- und Ritterromane gaben ihren Helden entspr. deren

Wappenbild (↗Schild) Beinamen wie ‚Löwenritter', ‚Ritter mit dem Rade' u.a. Heute werden manche Berufsgruppen scherzhaft damit umschrieben. So sind die ‚Ritter von der Feder' die Schriftsteller; ein ‚Ritter des Pedals' ist ein Radrennfahrer, ein ‚Ritter der Landstraße' ein LKW-Fahrer. Ein ‚Ritter' ist die Bez. eines Mannes, der Frauen gegenüber sehr höflich und zuvorkommend ist; ein Kavalier (aus frz. chevalier: Ritter), ein ritterlicher Mann.

‚Ein irrender Ritter' ist jem., der nur kurze Zeit an einem Ort bleibt, da er immer wieder auf der Suche nach neuen Abenteuern ist. Dieser Ausdr. ist die wörtl. Übers. von ‚chevalier errant', einem Beinamen eines Ritters aus der Artusrunde.

Auch *ein Ritter ohne Furcht und Tadel sein* geht auf einen frz. Ausdr. zurück: ‚Chevalier sans peur et sans reproche' war der Beiname des Ritters Bayard (1476–1524) und bedeutet: ein mutiger, sich vorbildlich benehmender Mann sein (vgl. Dürers Darstellung ‚Ritter, Tod und Teufel').

Arme Ritter backen: arm sein, in dürftigen Verhältnissen leben; diese Rda. ist heute veraltet, da die ‚armen Ritter' heute nicht mehr als ‚Arme-Leute-Essen' angesehen werden: es sind in Milch eingelegte Weißbrotscheiben, die paniert und mit einem Ei überschlagen in Fett gebacken werden. Sie sind als Speise seit dem 14. Jh. bekannt.

Lit.: *A. de Cock:* Ridder of meersman, in: Vkde, 7 (1894), S. 49–53; *A. de Cock:* Spreekwoorden en Zegswijzen, afkomstig van oude gebruiken en volkszeden: A. Uit het Ridderwesen, in: Vkde. 9 (1896/97), S. 207–217; 16 (1904), S. 82–89.

Ritze, ritzen. *Auf die Ritze hauen:* beim Kartenspiel Glück haben. Dahinter steht die Vorstellung, daß der zu gewinnen pflegt, der mit der Fuge der Holztischplatte in einer Richtung sitzt und so beim Ausspielen ‚auf die Ritze haut'. Diese Wndg. war bes. in Preußen bekannt. Von da stammt ebenfalls die Rda. *In die Ritze schnorren:* spurlos verschwinden.

Allg. in Dtl. verbr. ist die Rda. *Längs der Ritze gehen können:* noch nicht betrunken sein, ↗trinken.

Auf die Ritze müssen: im Ehebett in der Mitte unbequem schlafen müssen. Die Rda. begegnet auch scherzhaft, wenn Besuch kommt u. man befürchtet, daß eine weitere Schlafgelegenheit fehlt; oft auch in Form einer Frage: ‚Da muß ich wohl auf die Ritze?'

Etw. ist geritzt: etw. ist vorbereitet, in die Wege geleitet worden, geht in Ordnung. Der Ausdr. kommt wahrscheinl. von der Sprache der Bergleute her. Hier bedeutet die ‚Ritze' eine Vertiefung, die in die Felswand gehauen wird, um Keile zum Sprengen eintreiben zu können. ‚Es ist geritzt' bedeutet hier, daß die nötigen Vorbereitungen für eine Aktion getroffen wurden.

Rochus. *Einen Rochus auf jem. haben:* Aggressionsgefühle gegen jem. hegen, einen Groll, Zorn haben; auch: *etw. aus Rochus tun:* etw. in Wut, Zorn tun. Das Wort ‚Rochus' kommt aus jidd. ‚rochus', ‚rauches' (Ärger, Zorn). Es ist in den dt. Mdaa., bes. im Rhein., sehr verbr., im Rotw. konnte es seit dem 19. Jh. nachgewiesen werden.

Rock. *Rock wie Hose:* eines wie's andere, gleichgültig; veraltet, heute gewöhnlich: ‚Jacke wie Hose' (↗Jacke); vgl. frz. ‚C'est bonnet blanc ou blanc bonnet'.

Den bunten (moderner: *grauen*) *Rock anziehen:* Soldat werden. Früher galt der ‚graue Rock' als Zeichen des geistlichen Standes, während das Militär den blauen Rock trug. Ähnl. auch in den Mdaa., z.B. schlesw.-holst. ‚im kommenden Johr schall mien Jung den bunten Rock anhebben'. Die Redewndg. vom ‚bunten Rock' ist bibl. Urspr. und findet sich zuerst 1. Mos. 37,3.

Die rote Farbe war sonst die Kleiderfarbe der Hoftracht; daher sagte man auch für ‚sich in Gunst setzen': *sich einen roten Rock verdienen.* ‚Sich e rots Reckel verdiene' heißt im Elsaß: sich durch Verleumdung eines Dritten einschmeicheln wollen.

Einen grauen Rock verdienen wollen sagt man von uneinigen und schwatzhaften Dienstboten und Ohrenbläsern. Schon Murner gebraucht diese Wndg. in seiner ‚Schelmenzunft' (10): „Ich heiss knecht heintz, vnd hab mer gsellen, die alzeit mehr aussrichten wöllen, dann man jn beuolhen hat, doch selten mit einer guten that. Nur mit falschen Schelmenstücken, das wir all Ding zu Vnfal schicken, vnd vnserm Herrn zu ohren tragen, was wir wissen, jnen sagen. Was wir nit wissen, liegen wir; bist du weise, hüt dich vor mir. Wer mich dingt, fart an ein stock, vnd muss mir geben ein grawen Rock".

Im Schwäb. heißt ‚solang der Rock noch nicht am Bett hängt': es geht alles noch, solange man nicht bettlägrig ist.

In Ostfriesland hört man: ‚Se hett'n grönen Rock an', sie ist längst gestorben, auf ihrem Grab wächst Gras.

Das Hemd ist (mir) näher als der Rock ↗Hemd.

Einen steinernen Rock anziehen: ins Gefängnis kommen.

Sich den Rock nicht zerreißen lassen: sich nicht nötigen lassen; die Rda. geht zurück auf die Verführungsszene 1. Mos. 39,12. Lit. in Grimmelshausens ‚Simplicissimus' (I. Buch, Kap. 29): „Ich ließ mir nicht lange den Rock zerreißen, sondern folgte meinen Begierden".

Im Lauf der Zeit wurde der Rock zur typischen Kleidung des weibl. Geschlechts und steht als pars pro toto in der Rda. *hinter jedem Rock hersein:* jeder Frau nachlaufen, ein ↗Schürzenjäger sein.

Aus älterer Zeit stammen die Rdaa. *jem. gerade noch beim Rock erwischen können:* jem. in letzter Sekunde erreichen.

Sich an jem.s Rockschöße hängen: sich aus großer Unselbständigkeit an andere anklammern. *Am Rockzipfel hängen:* sich an die Mutter anklammern, Nähe und Schutz durch engen Kontakt suchen, sich noch nicht lösen können, unselbständig sein. Die Rda. wird oft mißbilligend gebraucht, wenn dieses Verhalten aus der Kleinkindphase auch noch bei Heranwachsenden anhält.

Roggenwolf. *Brüllen (fressen, heulen) wie ein Roggenwolf:* etw. sehr heftig, laut tun, ndd.: ‚He frett' as'n Roggenwulf': er ist gierig. Roggenwolf ist der Name für eine gespenstische Erscheinung im Roggenfeld, auch derjenige der letzten Garbe und der daraus verfertigten Puppe. Im Ndd. heute Schimpfwort für einen faulen Menschen: ‚He ligt dar as en Roggenwulf.'

Lit.: *W. Mannhardt:* Roggenwulf und Roggenhund (Danzig 1865); *A. Haas:* Rügensche Sagen und Märchen (Stettin [4]1912), S. 93, Nr. 103: ‚Der Roggenwulf'; *R. Beitl:* Art. ‚Korndämonen', in: HdA. V, Sp. 249–314.

Rohr, Röhre. *Etw. auf dem Rohre haben:* es darauf abgesehen haben, seine Aufmerksamkeit darauf gerichtet haben; hergeleitet von dem Rohr des Gewehrs, über das hinweg der Schütze das Ziel ins Auge faßt (in gleichem Sinn: ‚aufs Korn nehmen', ↗Korn; ‚auf der Muck haben', ↗Mücke, vgl. ‚auf dem Kieker haben', ‚auf dem Visier haben'). Christian Felix Weiße schreibt in seinen ‚Lustspielen' (1783, Bd. III, S. 101): „Er hat gewiß wieder etwas auf dem Rohre".

Vom Gewehr her genommen ist auch *Das Rohr ist geladen:* ich bin zum Kampf bereit.

Volles Rohr bringen: etw. mit äußerster Kraftaufwendung tun; bes. beim Autofahren Vollgas geben. Urspr. kommt der Ausdr. aus der Soldatensprache von einem Geschützrohr, das mit größtmöglicher Ladung schießt.

Etw. ist im Rohr: etw. Schlimmes ist zu befürchten.

Vom Schilfrohr: *Er weiß sich aus jedem Rohr eine Pfeife zu schneiden:* er findet sich in allen Lebenslagen zurecht; vgl. frz. ‚Il fait feu de tout bois' (wörtl.: Aus jedem Holz macht er Feuer). *Im Rohr sitzen und sich Pfeifen schneiden:* die günstige Gelegenheit nutzen.

Lit. Belege für diese Rda. sind schon aus dem 17. Jh. vorhanden. Ein Pater namens Florentius Schilling predigte am 18. Mai 1660 in der Michaelerkirche in Wien: „Rohr wäre auch eine Feder und die im Rohr sitzen schneiden sich die besten Pfeifen, daraus könnte hernach allerley geschnitten werden". Abraham a Sancta Clara schreibt in der ‚Toten-Capelle': „Er sitzt in Röhren und kann Pfeifen schneiden, wie er will" (Lauchert, S. 13).

Er hat im Rohr gesessen, ohne sich Pfeifen zu schneiden: er hat eine günstige Gelegenheit nicht ausgenutzt.

Der rdal. Vergleich *wie ein schwankendes Rohr (im Wind)* für einen charakterschwachen oder unschlüssigen Menschen ist bibl. Urspr.; Luk. 7,24 heißt es: „Wolltet ihr ein Rohr sehen, das vom Winde bewegt wird?" Rohr meint in der gegenwärtigen Umgangssprache auch eine Flasche Alkohol, vor allem Bier; daher: *ein Rohr anbrechen:* eine Flasche öffnen, *ein Rohr brechen:* eine Flasche trinken.

In (oder *durch*) *die Röhre gucken:* leer ausgehen, das Nachsehen haben; vor allem auch berl. ‚in die Röhre kieken'; bair. erweitert: ‚mit'm Ofenrohr ins Gebirg' schaung'. Das Bild der Rda. ist entweder vom Fernrohr genommen, mit dem man in den Mond guckt (was ja dieselbe Bdtg. hat), oder von der Abtrittsröhre, wodurch Verwandtschaft mit dem gleichbedeutenden ‚in den ↗Eimer sehen' besteht. Dazu auch das Scherzwort: ‚Das Leben ist eine Klosettröhre: man macht viel durch'. Auch eine eng anliegende Hose wird als Röhre bez. Heute meint man damit auch die Bildröhre beim Fernsehen.

Ein Rohr verlegen bedeutet auch: Geschlechtsverkehr haben.

Lit.: *E. Grawi:* Die Fabel vom Baum und dem Schilfrohr in der Weltliteratur (Diss. Rostock 1911); *H. Stein:* Art. ‚Baum und Rohr', in: EM. I, Sp. 1386–1389.

Röhrle. *Jem. ist ein Röhrle:* heißt schwäb.: ‚ein pfiffiger Schwabe'; auch: ein ‚blitzgescheiter', heller, fleißiger und wacher Mensch. Unter Napoleon diente ein Soldat namens Gottlieb Röhrle aus Häfner-Neuhausen, der sich einer Auszeichnung mit der Antwort, er habe nur seine Schuldigkeit getan, entziehen wollte. Seither erscheint er auf Bilderbogen als wackerer, pfiffiger Schwabe, als militärisches Vorbild, ↗Schuldigkeit.

‚Röhrle'

Rohrspatz. *Schimpfen wie ein Rohrspatz* (auch *wie ein Rohrsperling;* ostfries. ‚he schellt as'n Reitlünink'). Alwin Voigt (Programm der 1. Realschule zu Leipzig [Leipzig 1892]) sagt über diesen Vogel (Acrocephalus turdoides): „aus den Schilffeldern, welche die Ufer umsäumen, ruft ein Vogel ohne Unterlaß karra, kara, karrn – kint, kint, kint, weshalb man ihn in Holland Karrakind nennt. Das Karra-Karrn macht ganz den Eindruck, als sei es dem Froschkonzert entlehnt; das Kint-Kint klingt mehr rufend oder schreiend als pfeifend und liegt mindestens eine Quinte höher als das Schnarren und Karren". Der rdal. Vergleich selbst ist aus dem 18. Jh. belegt, z. B. bei G. A. Bürger:

Sie schimpfte wie ein Rohrsperling,
Wenn man sie wollte necken,

bei Wieland (‚Pervonte', 2. Teil, V. 56): „und wie ein Rohrspatz auf mich schimpfet".

Zelter an Goethe (6.–9. Nov. 1830): „Alle (Personen in Grillparzers ‚Medea') quälen sich und schimpfen wie die Rohrsperling".

Rohrspatz ist der volkstümliche Name des Drosselrohrsängers, Acrocephalus arundinaceus, auch Rohrschliefer, Rohrsperling, Flußnachtigall, großer Spitzkopf u. a. genannt. Der Ornithologe Naumann schreibt über diesen Vogel: „Seine Lockstimme ist ein schnalzendes tiefes Tack oder Zatsch und ein knarrender Ton, dumpfer und gröber als das Knarren der Nachtigall. Dies tiefe schnarchende Karr oder Scharr hört man bes., wenn er etwas Auffallendes in seiner Nähe bemerkt. In der Angst stößt er harte schäkkernde Töne aus, die der Stimme eines Würgers ähneln, und die Jungen haben, solange sie der elterlichen Pflege bedürfen, eine quäkende Stimme, die dem Lockton des Bergfinken gleicht. – Das Männchen läßt seinen sehr lauten und nicht unangenehmen Gesang hören, sobald es im Frühjahr bei uns ankommt. Es gibt Liebhaber, die ihn schön finden und sehr gern hören, er klingt auch, bes. des Nachts oder in der Dämmerung, höchst angenehm, zumal weil er auf dem Wasser so widerhallt und der Ton dadurch verstärkt wird; allein es gibt auch viele Menschen, welche ihn schlecht finden und die Töne mit dem Quaken der Laubfrösche vergleichen. Ganz unrecht haben denn nun diese auch nicht; denn das Kärr kärr kärr – Dore dore dore – karre karre karre – kai kei ki – karra karrakied und andere ähnliche Strophen haben wirklich viel Ähnlichkeit mit Froschmusik ...

Ihre Unruhe und Zanksucht treibt sie bald

hier-, bald dahin, und wo mehrere Pärchen beisammen nisten, nimmt der Hader kein Ende ... Ihre Zanksucht ist indessen meist nur gegen ihresgleichen gerichtet; mit anderen befiederten Bewohnern des Rohres leben sie häufig in friedlicher Nachbarschaft beisammen".

Rohrspatz (‚Schimpfen wie ein Rohrspatz')

In Mecklenburg hat das Volk der sonderbaren Melodie einen entspr. Text unterlegt: ‚Korl, Korl, Korl, Korl? Kikik! Kikik! – Wecker, wecker, wecker, wecker? – De Dick, de Dick, de Dick!' (Karl, Karl, guck, guck! – Welcher, welcher? – Den Dicken, den Dicken!).

Lit.: Brehms Tierleben, hg. v. O. zur Strassen, Vögel, Bd. IV (Leipzig–Wien [4]1913), S. 82ff.; *Naumann:* Naturgesch. der Vögel Mitteleuropas (Gera o.J.), II, 52; *E. Ingersoll:* Birds in Legend, Fable and Folklore (Ndr. Detroit [Mich.] (1968); *C. H. Tillhagen:* Fåglarna i folktron (Stockholm 1978); *E. u. L. Gattiker:* Die Vögel im Volksglauben (Wiesbaden 1989), S. 69–70.

Röhrwasser. *Ausbleiben* (oder *wegbleiben*) *wie Röhrwasser:* unvermutet auf einmal wegbleiben, auch: stumm bleiben. Noch heute kommt es vor, daß das Wasser aus einer Rohrleitung aus irgendeinem Grunde plötzlich nicht mehr zum Hahn heraustritt, wenn man ihn aufdreht; viel öfter geschah dies bei den unvollkommenen technischen Einrichtungen älterer Zeiten. Die Rda. findet sich schon 1673 bei Christian Weise in dem Roman ‚Die drei klügsten Leue' (S. 195) „Die Autorität und Geschicklichkeit bleiben unterweilen außen wie das Röhrwasser"; bei Goethe im ‚Faust' (II, V. 4832f.):

Subsidien, die man uns versprochen,
Wie Röhrenwasser bleiben aus.

In Hfflands ‚Jägern' (I, 5) sagt der Oberförster von Kordelchen: „Es geht ihr mit ihren Liebhabern wie uns mit Röhrwasser – sie bleiben aus".

Rolle, rollen. *Eine große Rolle spielen:* wichtig sein, von Ansehen und Bedeutung sein; wohl erst aus dem 18. Jh. nachzuweisen. Ebenso: *keine Rolle spielen:* nicht viel zu sagen haben; auch von Dingen gesagt, z.B. ‚Geld spielt bei ihm keine (große) Rolle', scherzhaft erweitert zu: ‚Geld spielt keine Rolle, da nicht vorhanden'. Die Rdaa. sind von der Schauspielkunst entlehnt, wo unter der Rolle eines Schauspielers die ihm zufallenden Worte verstanden werden. Der Text des Schauspielers wurde seit Ende des 16. Jh. auf einen Papierstreifen geschrieben, von dem er auf den Proben die eben gebrauchte Stelle sichtbar hielt, während er das übrige aufrollte. Daher auch: *aus der Rolle fallen:* sich unpassend benehmen (scherzhaft verdreht zu: ‚aus der Falle rollen'), wie ein Schauspieler, der statt des darzustellenden Charakters sich selbst spielt. Ferner: *sich in die Rolle eines anderen versetzen:* einfühlend sein; *einem durch die Rolle fahren:* seine Absichten durchkreuzen, ihn mißhandeln; *mit seiner Rolle zu Ende sein:* nicht mehr wissen, was man tun oder sagen soll; frz. ‚être au bout de son rouleau' (Pergamentrolle).

Er hat seine Rolle ausgespielt: er ist gestorben. *Die Rollen vertauschen:* Aufgaben, Posten, auch Ansichten tauschen, wie ausgewechselt sein; frz. ‚intervertir les rôles'.

Jem. auf die Rolle schieben: jem. zum Schein wütend machen, ihn auf den ↗Arm nehmen; vor allem alem. ‚jem. uf d' Rolle schiebe'. Die Wndg. bezieht sich auf das Glätten großer Wäschestücke mit Hilfe einer Rolle, ↗Mangel. Daher auch das bekannte Berliner Lied:

Hilf mir mal die Rolle drehn,
Du bist so dick und stramm.
G(sch)enier dich nicht
Und zier dich nicht!
Wir dreh'n das Ding zusamm',

das auch eine erotische Bdtg. besitzt.

Etw. ins Rollen bringen: den Anstoß zu einer Entwicklung geben; auch: ‚Der ↗Stein kommt ins Rollen'.

Rom. *Er ist in Rom gewesen und hat den Papst nicht gesehen* (ital. ‚essere stato a Roma senza aver veduto il Papa') wird auf jem. angewendet, der sich eine berühmte Sehenswürdigkeit hat entgehen lassen, obwohl er an Ort und Stelle war, also gute Gelegenheit gehabt hätte. Schon in einem Fastnachtsspiel von 1457 gebraucht: „Als sei er zu Rom gewesen und hab den babst nit gesehen".

Er will nach Rom und fährt den Rhein hinab: er schlägt einen Weg ein, auf dem man nicht ans Ziel gelangen kann.

Es ist mir eben, als wenns zu Rom donnert: es ist mir sehr gleichgültig; so schon bei Burkard Waldis: „Welches den kauffman so wundern that, als obs zu Rom gedonnert het".

Die Beteuerungsformel *Ich wollte lieber rücklings nach Rom wallen* (mit der Ergänzung: ‚wenn es nicht wahr ist') hat sich heute nur noch in den Mdaa. erhalten, z.B. schweiz. ‚i will hindersi ge Rom laufe'.

Man könnte nach Rom gehen und wieder kommen sagt man, wenn etw. ungewöhnlich lange dauert (auch ndl. ‚men zoude eerder naar Rom gaan en wederkomen').

Rom (der Papst) hat gesprochen (‚Roma locuta – causa finita'): die Sache ist nun endgültig entschieden.

Sie ist nach Rom gereist verhüllend für: sie ist in die Wochen gekommen.

Von einem stumpfen Messer sagt man: *Darauf kann man (bis) nach Rom reiten* (↗Messer).

Zustände (Sitten) wie im alten Rom ↗Zustand.

Mit der Rda. ‚Los von Rom' wird zum Aufbruch gedrängt. Es handelt sich dabei urspr. um die Losung der Ende des 19. Jh. in Österreich entstandenen ‚Los-von-Rom-Bewegung'. Doch berichtet der österr. Dichter Robert Hamerling (1830–89) in ‚Stationen meiner Lebenspilgerschaft', er habe 1848 in Wien an einer dt.-kath. Versammlung teilgenommen, bei der der ehemalige kath. Priester Hermann Pauli jeden Abschnitt seiner Rede mit „Los von Rom!" abschloß.

Will man sich rechtfertigen, wenn eine Arbeit länger dauert als erwartet, so sagt man: ‚Auch Rom ist nicht an einem Tag erbaut worden'. Dieses Sprw. ist, wie die Angaben bei Wander (III, 1716, Nr. 52) beweisen, recht alt und in allen europäischen Sprachen vorhanden; vgl. engl. ‚Rome was not built in a day'. Auch das Sprw. ‚Alle Wege führen nach Rom' ist international bekannt. Es besagt, daß es oft mehrere Lösungsmöglichkeiten für ein Problem gibt.

Das in Senecas ‚Apocolocyntosis' im 8. Kap. überlieferte Sprw. ‚In Rom lecken die Mäuse die Mühlsteine' ist in seiner Bdtg. nicht restlos geklärt. F. Dornseiff zählt etliche Deutungsversuche auf: Die Römer sind Feinschmecker. In Rom stimmt etwas nicht. In Rom ist man dreist. In Rom ist alles ordentlich und sauber, selbst die Mühlsteine werden von den Mäusen saubergeleckt. In Rom nähren sich die Mäuse gottselig vom Opferschrot. Auch in Rom wird nur mit Wasser gekocht. In Rom geht es streng zu, da fällt nichts für die Mäuse ab.

Betrachtet man jedoch den Kontext, in dem das Sprw. ‚Quia Romae, inquis, mures molas lingunt' steht, so bekommt es ohne Zweifel eine erotische Bedeutung: Der Kaiser Claudius ist gestorben. Nun bittet sein Schatten, zusammen mit Herkules, ihn in den Kreis der Götter aufzunehmen. Ein Zwiegespräch beginnt zwischen den Göttern und Herkules, der Claudius' Sache vertritt. Herkules greift die Götter an, indem er Jupiter vorwirft, er sei mit seiner eigenen Schwester Juno vermählt. Jupiter rechtfertigt sich damit, daß in Alexandria die Ehe zwischen Geschwistern erlaubt sei, in Athen die Ehe zwischen Halbgeschwistern. Dann kommt die Rede auf Rom, und Herkules betont verhüllend durch das Sprw. „daß in Rom die Lüstlinge (Mäuse) die cunnas (Mühlsteine) ihrer Schwestern nur zu lecken pflegen".

Lit.: *R. Hamerling:* Stationen meiner Lebenspilgerschaft (Hamburg 1889), S. 155; *J. Diefenbach:* Die Wahrheit über die Los von Rom Bewegung in Österreich (Frankfurt/M. 1900); *Th. Hopfner:* In Rom lekken die Mäuse Mühlsteine, in: Wiener Studien 44 (1925), S. 117–120; *H. Lackenbacher:* In Rom lecken die Mäuse die Mühlsteine, in: Wiener Studien 45 (1926), S. 126–129; *F. Dornseiff:* In Rom lecken die

Mäuse die Mühlsteine, in: Rhein. Museum für Philologie 77 (1928), S. 221–224; *M. Ruhlen:* When in Rome, do as the Romanians do, in: American Speech (1970), S. 154–155; *M. Besso:* Roma e il Papa nei proverbi e nei modi di dire (Rom 1971).

röntgen, Röntgenaugen. Die durchdringenden Röntgenstrahlen sind rdal. auch auf den menschlichen Blick übertr. worden: *röntgen:* jem. scharf beobachten; *Röntgenaugen machen:* durchdringend blicken, durch dünne Bekleidung hindurch blicken wollen.

Rose. *Auf Rosen gebettet sein, auf Rosen gehen, auf lauter Rosen sitzen* usw. sind Rdaa. zur bild. Umschreibung eines sehr glücklichen Zustandes; ebenso ndl. ,op rozen gaan'; frz. ,être (couché) sur des roses', ,son chemin est jonché de roses'; engl. ,their path is strewn with roses'.

,Auf Rosen gebettet sein'

Entspr. das Gegenteil: *nicht auf Rosen gebettet sein:* Not, Leid, Sorgen zu ertragen haben. Die Rose ist die Blume der Freude und diente z.B. bei den Gastmählern im alten Rom zum Schmuck auf dem Haupt der Trinkenden; mit Rosen bestreut man noch heute bei festlichen Anlässen (z.B. bei der Fronleichnamsprozession oder vor einem Brautpaar) den Boden. Die Spätkultur des Altertums hat es fertiggebracht, sich buchstäblich auf Rosen zu betten; das lat. ,iacere in rosa', in stetem Vergnügen schwelgen', ist zunächst ganz wörtl. zu verstehen: Der Tyrann Dionys ließ sich zu seinen Ausschweifungen Lagerstätten von Rosen bereiten. Nero ließ bei seinen Schwelgmählern durch Öffnungen in der Decke des Saales Rosen auf die Gäste herabregnen. Verres reiste in einer Sänfte, auf einer mit Rosen ausgestopften Matratze lagernd; dabei hatte er einen Kranz von Rosen auf dem Kopf und einen um den Hals. Kleopatra ließ zu einem Gastmahl den Fußboden des Speiseraumes eine Elle hoch mit Rosen bedekken. Auch von den Sybariten, den im Altertum wegen ihrer Schwelgereien berüchtigten Bewohnern der unterital. Stadt Sybaris, wird erzählt, daß sie auf Betten geschlafen hätten, die mit Rosenblättern gefüllt gewesen seien. Wir haben die Wndg. aus dem Altertum übernommen; sie wird aber im Dt., soweit sie sich zurückverfolgen läßt, immer nur bildl. und in übertr. Bdtg. gebraucht, wie z.B. in Luthers Spruch:

Des Christen Herz auf Rosen geht,
Wenn's mitten unterm Kreuze steht.

Ebenfalls nur in übertr. Bdtg. gemeint ist das Rosenstreuen in Höltys 1776 gedichtetem Lied ,Lebenspflichten', wo es heißt:

Rosen auf den Weg gestreut
Und des Harms vergessen!

Das alte Sprw. ,Es ist nicht auf Rosenblätter zu bauen', das sich z.B. 1541 bei Seb. Franck findet, erklärt sich so: Wem Rosenblätter gestreut werden, der soll darin nicht mehr als eine für den Augenblick gespendete Artigkeit sehen.

Da blüht ihm keine Rose: davon hat er nichts, er erlebt dort keine Freude; *das wird ihm keine Rosen tragen:* es wird ihm keinen Segen bringen; vgl. frz. ,Il ne l'emportera pas en paradis' ↗Paradies.

Der rdal. Vergleich einer ,Rose unter den Dornen' kommt zuerst im Hohenlied vor, wo es 2, 1 heißt: „Wie eine Rose unter den Dornen, so ist meine Freundin unter den Töchtern".

In manchen sprw. Rdaa. steht die Rose bildl. für die Jungfräulichkeit eines Mädchens (vgl. Goethes ,Heideröslein'). In bezug auf ein gefallenes Mädchen wird z.B. gesagt: ,Die Rose ist zu früh gepflückt' (ebenso ndl. ,Het roosje is te vroeg geplukt').

Pflücket die Rose,
Eh' sie verblüht!

heißt es in dem zum Volkslied gewordenen Gedicht ,Freut euch des Lebens', das Joh. Martin Usteri 1793 in Zürich verfaßt hat.

Rosen brechen: das Abbrechen roter Rosen ist nicht nur im Volkslied stets ein erotisches Symbol; Wander (III, 1728) zählt zahlreiche Sprww. auf, die dieses verhüllende Bild benutzen, so z. B. ‚Wer Rosen da will brechen, der scheu die Dornen nicht'. Im Volkslied heißt es:

Als ich im Gärtlein war,
Nahm ich der Blümlein wahr,
Brach mir ein Röselein,
Das sollt mein eigen sein.

‚Wenn's schneiet rote Rosen' ist eine volkstümliche Formel für ‚niemals', die im Volkslied gern als Umschreibung gebraucht wird, ↗Pfingsten. Auch ein Gedicht von E. Geibel trägt den Titel: ‚Wenn es rote Rosen schneit'.
Friedrich Rückert dichtete:

Hatt' ich wirklich dem Wunsche geglaubt
Daß ihm genüg' am Rosenblatte!
Wie die Ros' ihm ein Blatt erlaubt,
Ruht' er nicht, bis die Ros' er hatte.

Auch der ‚Rosengarten' spielt im Volkslied eine Rolle, er ist ‚locus amoenus', ein lieblicher Ort der Begegnung der Liebenden, aber auch die euphemistische Umschreibung für den Friedhof, wenn es im Lied heißt:

Im Rosengarten
will deiner warten,
im weißen Schnee,
im grünen Klee.

Der ‚Rosengarten' ist, wie K. Ranke nachgewiesen hat, urspr. ein altgerm. Kultplatz gewesen, wo die Toten bestattet waren und wo Recht gesprochen wurde.
Sie ist einmal bei einer Rose vorbeigegangen: sie bildet sich nur ein, jung und blühend zu sein.
Von denen, die bei der Heirat auf die Schönheit des Gesichts und nicht auf die Güte des Charakters sehen, sagt Joh. Fischart in seinem ‚Ehezuchtbüchlein', daß sie „die Rose küssen und nicht daran riechen".
Unter der Rose reden, etw. sub rosa sagen: unter dem Siegel der Verschwiegenheit; ‚durch die Blume', ‚verblümt' (↗Blume); schon um 1500 bei dem Prediger Geiler von Kaysersberg: „unter den rosn kosn". In der Antike war die Rose ein Sinnbild der Verschwiegenheit und der Liebe. Daher schenkt auch das Venuskind Cupido dem Gotte des Schweigens eine Rose, damit dieser über das Treiben seiner Mutter Stillschweigen bewahre. In Klöstern war über dem Tisch eine Rose aufgehängt oder gemalt, ebenso in einem Sitzungszimmer des Bremer Rathauses, als Mahnung, das, was bei Tische gesprochen wurde, zu verschweigen; daher die lat. Wndg. ‚sub rosa', die seit der Zeit des Humanismus bei uns, wie auch in England, bezeugt und dann mit ‚unter der Rose' übersetzt worden ist. Von einem Tegernseer Mönch des 15. Jh. stammen die Verse:

Quidquid sub rosa fatur
repetitio nulla sequatur.
Sint vera vel ficta,
sub rosa tacita dicta.
Si quid foris faris
haud probitate probaris.

‚Unter der Rose reden'

In Joh. Fischarts ‚Bienenkorb' von 1579 heißt es: „Sie mögn darvon, wann sie unter den Rosen sitzen mit etlichen Kannen Rheinischen Weins magistralisch disputieren"; 1649 bei Gerlingius (Nr. 176): „Odi memorem compotorem. Was wir hier kosen oder bedryven, dat soll under diser Rosen blyven. Alhie unter der Rosen gesagt". Ebenso ndl. ‚onder de roos', engl. ‚under the rose'.

Lit.: *M. J. Schleiden:* Die Rose, Geschichte und Symbolik (Leipzig 1873); *R. Hildebrand:* Materialien zur Gesch. d. dt. Volkslieds (Leipzig 1900), S. 113ff.; *M. Tantau* u. *K. Weinhausen:* Die Rose, ihre Kultur und Verwendung (Stuttgart 1950); *K. Ranke:* Rosengarten, Recht und Totenkult (Hamburg 1951); *R. E. Shepard:* History of the Rose (New York 1954); *E. Sitte:* Vom Röslein auf der Heiden, in: Der Deutschunterricht 11 (1959), S. 96-111; *L. Röhrich* u. *R. W. Brednich:* Dt. Volkslieder II, S. 394ff.; *L. Röhrich:* Liebesmetaphorik im Volkslied, in: Folklore international... in honor of W. D. Hand (Hatboro 1967), S. 187–200; *ders.:* Gebärde – Metapher – Parodie (Düsseldorf 1967), S. 70–72; *W. Danckert:* Symbol, Metapher, Allegorie... III, S. 1109; *W. Mieder:* Sprww. im Volkslied, in: Jb. des Österr. Volksliedwerkes 27 (1978), S. 44–71, bes. S. 66–67; *G. Meinel:* Pflanzenmetaphorik im Volkslied, in: Jb. f. Volksliedforschung 27./28. Jg. 1982/83 (= Festschrift L. Röhrich z. 60. Geburtstag), (Berlin 1982), S. 162–174. *P. Coats:* Rosen (Essen 1987); *G. Heinz-Mohr* u. *V. Sommer:* Die Rose. Entfaltung eines Symbols (München 1988).

Rosette. Die Bez. für das Rundfenster ist sold. seit dem 1. Weltkrieg als rdal. Bild für den After gebraucht worden; so erklären sich Rdaa. wie *ein komisches Gefühl um die Rosette haben:* böse Ahnungen, Angst haben; *Sausen in der Rosette haben:* mutlos sein, Angst haben; *es ist ihm flau (mulmig) um die Rosette:* er hat Angst.

Rosine. *Große Rosinen im Sacke haben.* Urspr. hat der reiche Kaufmann große Rosinen im Sacke, in übertr. Sinne: große Pläne hegen, hoch hinauswollen. Dann sagt man: *große Rosinen im Kopfe haben* (↗Graupen): überstiegene Pläne hegen, sehr eingebildet sein. Erzgeb. kommt vor: ‚Dar huut gruß Rusinken in Kupp, zletzt war'n Pfafferkerner (= Pfefferkörner) draus'.

Sich die Rosinen aus dem Kuchen klauben: sich das Beste vorwegnehmen; so auch in den Mdaa., z. B. niederrhein. ‚die Rosinen aus dem Kuchen plucken', jem. das Beste vor der Nase wegschnappen.

Er glaubt, die Rosinen im Kuchen gefunden zu haben: er glaubt (irrtümlich), einen guten Fund (oder Kauf) gemacht zu haben.

Roß. Das alte Wort ‚Roß' ist vor allem in den obd. Mdaa. gegenüber dem jüngeren ‚Pferd' erhalten geblieben, z. B. ‚Den bringt man nicht mit sechs Rossen fort', ‚das Roß hinter den Wagen spannen', ‚zwischen Roß und Wagen stehen'. In den sprw. Rdaa. sind Roß und Pferd meist auswechselbar. Die älteren lit. Belege sagen meist Roß.

Roß und Reiter nennen: klare Angaben machen, wer oder was hinter einer Anspielung steckt; Namen nennen, nichts verborgen halten, deutlich sagen, wovon die Rede ist, auch: wer die wahren Schuldigen und ihre Hintermänner sind. Diese Rda. bezieht sich auf einen ma. Brauch: Bei den Turnieren war es üblich, den hinter seiner Rüstung verborgenen Ritter, den nur Eingeweihte an seinen Farben und Wappen erkennen konnten, bei seiner Ankunft oder seinem Eintritt zum Kampf laut mit seinem Namen und dem seines edlen Pferdes auszurufen, um ‚Roß und Reiter' der Öffentlichkeit zu präsentieren.

Diese alte stabreimende Zwillingsformel ist auch durch ein geflügeltes Wort aus Schillers ‚Wallenstein' (‚Wallensteins Tod', II, 3) bekannt: „Und Roß und Reiter sah ich niemals wieder". Dieses Zitat ist sprw. geworden.

Auch die ‚Pferdearbeit' ist in den älteren Zeugnissen eine ‚Roßarbeit'. So schreibt Joh. Agricola in seinen ‚Sprichwörtern' (Nr. 690): „Eyn pferd vnd ein maul thun grosse arbeit, wie droben gesagt ist, darumb wenn man von grosser arbeyt sagt, die schier vber eyns menschen kreffte ist, so spricht man, es sey roßarbeyt". Christoph Lehmann (817, 12) sagt für heutiges ‚das Pferd beim Schwanz aufzäumen': „Das Ross beim hindern auffzeumen" = etw. durchaus verkehrt anfangen (↗Pferd).

Das Roß galt früher als der teuerste Besitz eines hochgestellten Herrn und wurde deshalb oft neben ihm bestattet, was archäologische Funde erweisen. Als Relikt eines alten Rechtsbrauches kann auch angesehen werden, wenn noch heute ein gesatteltes, aber reiterloses Roß dem Leichenkondukt eines Herrschers oder Staatsmannes folgt. Es sollte urspr. die große Trauer verkörpern, die beim Verlust des Verstorbenen dem ganzen Land zugefügt wurde.

Hoch zu Roß sein: hochmütig, stolz, eingebildet sein. Urspr. wurde die Wndg. nur auf vornehme Herren und Damen, vorwiegend aus dem Adel, bezogen, denn nur sie ritten zu Pferde und ließen die Untergebenen ihre Macht spüren, gaben ihren Launen nach und ließen Willkür walten. Einfache Leute hingegen besaßen, wenn überhaupt, nur einen Esel als Last- oder Reittier (vgl. auch Jesu Einzug in Jerusalem auf einer Eselin) oder nahmen nur einen Hund als Zugtier für ihren Karren. *Sich aufs hohe Roß setzen* ↗ Pferd. Vergleiche englisch ,to get upon one's high horse'.

,Auf dem hohen Roß sitzen'

Ein Roß um ein Pfeifen geben: etw. überaus Wertvolles für ein Nichts eintauschen. Vgl. das Märchen von ,Hans im Glück' (KHM. 83), in dem Hans seinen ganzen Verdienst nach und nach hingibt, indem er unvorteilhaft tauscht, weil er das Geringere begehrt. Diese Rda. wurde in der Barockzeit manchmal gebraucht, so von Hieremias Drexel (,Himmel, die ewig Bleibstatt' [München 1667]) u. bei Abraham a Sancta Clara.

Lit.: *M. Jähns:* Roß und Reiter in Leben und Sprache, Glauben u. Geschichte der Deutschen (Leipzig 1872); *W. Brückner:* Roß und Reiter im Leichenzeremoniell: Deutungsversuch eines historischen Rechtsbrauchs, in: Rhein. Jb. für Vkde. 15/16 (1964/65), S. 144–209.

Roßkur: *Eine Roßkur durchmachen (müssen),* auch: *sich einer Roßkur unterziehen:* eine für den Patienten überaus anstrengende Behandlung, eine grobe, strapaziöse Heilmethode, eine Gewaltkur über sich ergehen lassen, die aber doch den gewünschten Heilerfolg bringt, wenn man sie überhaupt überlebt (weil man eine ,Roßnatur' hat). Die ,Roßkur' spielt auf die drastischen Behandlungsmethoden der Volksmedizin an, die bes. bei Pferden angewandt wurden, für den Menschen aber ungeeignet erscheinen.

Lit.: *H. Zengeler:* Roßkuren. Brachiale Heilmethoden für den Alltag (Weingarten 1986); *R. Plötz* (Hg.): Der Schmied als Roßarzt. Ausstellungskatalog Niederrhein. Museum f. Vkde. u. Kulturgeschichte (Kevelaer 1990).

Rost. *Jem. den Rost runtermachen:* jem. gehörig die Meinung sagen, ihm die ↗ Leviten lesen; eigentl.: Jem. so grob behandeln, als ob er aus Eisen sei und man ihm mit einer Drahtbürste den darauf angesetzten Rost herunterkratzen und abfegen könnte. Diese Rda. ist bes. im südwestdt. Raum verbr., z.B. schwäb.; ,Dem wer i scho no de Roscht runner mache (ronderdo)'.

rot. *Einen Tag im Kalender rot anstreichen:* ihn bes. hervorheben, ihn (als einen Freudentag) bes. gut im Gedächtnis bewahren; nach dem seit jeher üblichen Brauch, die Sonn- und Festtage im Kalender mit roter Farbe zu drucken. Daher auch der alte sprw. Vers:

Dem Glauben ist man bald geneigt,
Der viel Rot im Kalender zeigt.

In Frankreich: ,marquer en rouge un jour au calendrier'.
Den roten Faden verlieren ↗ Faden.
Rot (vor allem das ,Rotwerden') wird in der volkstümlichen Umgangssprache und in den Mdaa. mit zahlreichen sprw. Vergleichen erläutert: ,bis hinter die Ohren rot werden'; frz. ,rougir jusqu'aux oreilles'; ,rot wie eine Rose'; ,feuerrot werden'; ,so rot wie glühend Eisen'; ,er wird rot wie ein Zinshahn'; schles. ,er wird su rut wie enne tudte Lêche'; ,rot wie ein gestochener Bock'; ,rot wie Zunder'; ,wie ein Puter': ,er wird so rot wie ein gesottener Krebs'; ,rot wie ein gefüllter Schröpfkopf'.

Rot als Farbe des Blutes ist auch die Farbe der Liebe, des Feuers und der Sonne. Außerdem wird dem weibl. Geschlecht die rote Farbe zugeordnet, während das männl. mit blau gekennzeichnet wird.

Nur noch rot sehen: sehr wütend werden; vgl. frz. ‚voir tout rouge'. Die rote Farbe ist die häufigste Reizfarbe im Tierreich und oft Zornauslöser. So nimmt man auch an, der Stier in der Arena werde erst richtig wütend, sobald er das rote Tuch sieht; jedoch reagiert dieser nur auf die Bewegung des Tuches, da er farbenblind ist. Trotzdem hat diese Rda. ihren Ursprung im Stierkampf.

Das rote Tuch für jem. sein ↗Tuch. Vgl. auch die sprw.-iron. Gästebucheintragung:

> Was für den Stier das rote Tuch,
> ist für den Gast das Gästebuch!

Einer Sache (jem.) rotes Licht geben: etw. verhindern, die Handlungsfreiheit einschränken.

Roter Teppich ↗Teppich; *rote Zahlen* ↗Zahl.

Den Rotstift ansetzen: geplante Ausgaben einsparen, streichen. Der Rotstift ist der Korrekturstift, vor allem in der Schule. Wird eine Stelle oder ähnl. wegen Sparmaßnahmen gestrichen, so sagt man: *Sie ist dem Rotstift zum Opfer gefallen.*

Lit.: *E. Wunderlich:* Die Bdtg. der roten Farbe im Kultus der Griechen und Römer (Gießen 1925); *W. Widmer:* Volkstüml. Vergleiche im Französischen nach dem Typus: „Rouge comme un coq" Diss. (Basel 1929); *H. Meyer:* Rot, in: Zs. d. Savigny-Stiftung für Rechtsgeschichte (germanist. Abteilung) 50 (1930); *O. Lauffer:* Farbsymbolik im dt. Volksbrauch (Hamburg 1948); *H. Fischer:* Rot und Weiß als Fahnenfarben, in: Antaios 4 (1962), S. 136–153; *L. Schmidt:* Rot und Blau; Zur Symbolik eines Farbenpaares, in: Antaios 4 (1962), S. 168–177; *W. Danckert:* Symbol, Metapher, Allegorie ... I, S. 417–421.

Rothschild: *Wir zwei (ich und du) und Rothschilds Geld:* wir schaffen es schon, uns kann nichts passieren, hätten wir nur Rothschilds Vermögen.

Bin ich denn Rothschild? fragt man erbost, wenn man immer nur zur Kasse gebeten wird.

Der frz. König Louis-Philippe soll einmal gestöhnt haben: ‚So reich wie Rothschild müßte man sein!' Tatsächlich spielen alle Wndgn. auf den unermeßlichen Reichtum der Familie Rothschild an. 1766 gründete Meyer Amschel Rothschild ein Bankhaus in Frankfurt. Nach Gründung weiterer Banken in London, Paris, Wien und Neapel gewann die Familie Rothschild zusehends auch an politischem Gewicht. Sie trat in der napoleonischen Zeit zu Dalberg in Finanzbeziehungen und erlangte von ihm das Bürgerrecht für Juden in Frankfurt. Nathan Rothschild finanzierte die gegen Napoleon gerichteten Operationen Wellingtons und wertete Napoleons Niederlage bei Waterloo an der Londoner Börse spekulativ aus, da er frühzeitig genug davon unterrichtet war. Seit dem Wiener Kongreß (1815) waren die Rothschilds führend im Anleihegeschäft und finanzierten maßgeblich die ersten Eisenbahnen, bes. in Österreich und Frankreich. Mit dem Aufblühen der Großindustrie und der Großbanken verlor das Haus Rothschild zusehends an Bdtg. Doch noch 1875 finanzierten sie den Kauf der Suezkanalaktien.

Lit.: *E. C. Conte Corti:* Das Haus Rothschild. 2 Bde. (Leipzig 1927–28; Neudr. Frankfurt/M. 1971)

Rotkehlchen. *Mich rammt ein Rotkehlchen* ist ein Ausdr. des Erstaunens und vor allem in der Jugendsprache in der ehem. DDR belegt. Ähnl. Ausdr. sind: ‚Ich glaub', mich streift ein Bus'; ‚Ich glaub', ich steh' im Wald'; ‚... mich küßt (knutscht) ein ↗Elch'; ‚Ich glaub', mein Hamster bohnert' ↗Schwein.

Lit.: *H. Henne* u. *G. Objartel* (Hg.): Bibliothek zur hist. dt. Studenten- und Schülersprache (Berlin 1984).

Rotz. Das der niederen Umgangssprache zugehörige Wort Rotz = Nasenschleim dient in vulgären Rdaa. und Vergleichen als negatives Steigerungsmittel, z. B. *Rotz und Wasser heulen:* so heftig weinen, daß auch die Nase mitbetroffen ist; *frech wie Rotz am Ärmel.* Der drastische rdal. Vergleich bezieht sich auf einen Menschen, der den Rockärmel als Taschentuch benutzt hat; ↗frech.

Sich wie Rotz am Ärmel benehmen: sich sehr ungesittet benehmen. Dazu Schimpfworte wie ‚Graf Rotz von der Backe', ‚Baron Rotz auf Arschlochhausen', Vornehmtuer; ↗angeben.

Jem. behandeln wie einen Rotzbuben: ihn sehr schlecht, unfreundlich, wegwerfend

behandeln, seine Meinungen oder Wünsche wie die eines Kindes ignorieren, mdal. bes. im Schwäb.: „Jem. behandeln wie a Rotzbue'.
Eine kleine Rotznase sein: ein vorlautes, freches Kind sein, das sich noch nicht einmal recht die Nase zu putzen versteht und deshalb nicht ernst genommen wird.

Rübe. Die Rübe ist nach der Volksmeinung keine geachtete Feldfrucht; daher ostfries. ‚He kriggt Röwen', er wird gescholten; ‚he kummt damit in de Röwen', in eine schlechte Lage; sogar: ‚'s geit in de Röwen', es geht verloren (↗Pilz); westf. ‚dör de Reiwen gehen', sterben. Statt ‚fünf gerade sein lassen' heißt es ndd. auch: ‚Röwen Beeren (Birnen) sin laten'; vgl. auch ‚Kraut und Rüben' (↗Kraut).
Nicht wissen, was die Rüben gelten: die Wahrheit nicht kennen, wie es um eine Sache steht, keine Ahnung von etw. haben. Murner gebraucht diese Rda. öfter, z. B. in der ‚Schelmenzunft' (24) heißt es:

Sie lassen sich fürsichtig schelten
vnd wissen nit, was die rüben gelten.

Landschaftlich wird Rübe auch für ‚Kopf' gebraucht, z. B. obersächs. in dem rdal. Ausruf: ‚O Rübe!', o je!, auch: ‚eins auf die Rübe kriegen', einen Schlag auf den Kopf bekommen.
Rübchen schaben: Schäm dich, oft auch verbunden mit, ‚ätsch', eine Bewegungsgebärde, bes. unter Kindern als Spottgebärde üblich, ↗Schabab.
Mit jem. eine Rübe zu schaben haben: mit jem. ein Hühnchen zu rupfen haben (↗Huhn); vgl. frz. ‚avoir des petits pois à écosser ensemble' (mit jem. Erbsen auszuschoten haben).

Rubel. *Der Rubel rollt:* es wird viel Geld ausgegeben, viel gekauft, auch: der Handel floriert, die Geschäfte gehen gut.
Den Rubel rollen lassen: verschwenderisch leben, leichtsinnig Geld ausgeben und sich alle Wünsche erfüllen. Die Wndgn. sind in Rußland selbst ungebräuchl. gewesen. Sie beziehen sich vermutl. auf das viele Geld, das russische Aristokraten auf ihren Reisen in Westeuropa ausgeben konnten oder in Spielbanken wie z. B. in Monte Carlo, Nizza oder Baden-Baden verloren. Der ehemalige Wert der russischen Währung spielt auch in dem Scherzlied: ‚In einen Harung, jung und schlank' noch eine Rolle, in dem die urspr. verschmähte Flunder durch den Besitz eines Rubels für die Ehe in Betracht kommt: denn der Text lautet:

Da stieß die Flunder auf den Grund,
Wo sie 'nen goldnen Rubel fund.
Ein Goldstück von zehn Rubel,
Ja, welch ein Jubel, ja, welch ein Jubel!
Da war die alte Flunder reich, 2, 3, 4,
Da nahm der Harung sie sogleich.
Denn so ein alter Harung,
Der hat Erfahrung, der hat Erfahrung ...

In der Ggwt. wird die Wndg. ‚Der Rubel rollt' noch immer häufig gebr., auch in bezug auf die zunehmenden wirtschaftlichen Beziehungen zur Sowjetunion.
Eine in der ehem. DDR entstandene Wndg. für das (illegale) Umtauschen von Ost- in Westmark heißt ‚umrubeln'.

Rübezahl. ‚Das ist auch des Ruebzagels seiner Arbeiter ainer gewesen' sagen die Bergleute, „wann sie ain Khnappen sehen, der da hinkht, oder nur ainen fuess hat". So schreibt Math. Burgklechner von Thierburg, Kanzler der Regierung zu Innsbruck 1619. Die Rda. bezieht sich auf eine von Burgklechner mitgeteilte Sage, daß Rübezahl, der am Rammelsberg ein Bergwerk besessen habe, der Urheber einer Bergwerkskatastrophe gewesen sei.

‚Rübezahl'

Noch in unserem Jh. hat sich die Kunde von einem Bergsturz erhalten, dem vor Jahrhunderten eine große Zahl von Bergarbeitern zum Opfer fiel. Auch die Rda. scheint sich in leicht veränderter Form erhalten zu haben. Die oberschles. Bergleute haben eine ganz entspr. Rda.: Wenn ein Bergmann infolge einer Schlägerei oder eines Falles ein geschwollenes oder zerschundenes Gesicht hat, sagt man scherzhaft: ‚Den hat der Berggeist hübsch gezeichnet'. Auch hier liegt wohl die Erinnerung an einen bestimmten Vorfall zugrunde, und die Rda. will urspr. nichts sagen als: dem ist es so ergangen wie damals den Leuten bei dem Bergunfall.

‚Das ist ein rechter Rübezahl': er ist auffallend kräftig, gesund und widerstandsfähig (eigentl. rot wie eine Rübe), aber auch: ein verwilderter, bärtiger, alter Mann. Die heute veraltete Wndg. ist bes. in Ost- und Nordböhmen verbreitet gewesen.

Lit.: *Th. Siebs:* Rübezahl, in: Mitteilungen der Schles. Gesellschaft für Vkde. 20 (1908), S. 127–132; *K. de Wyl:* Rübezahl-Forschungen (= Wort und Brauch 5) (Breslau 1909); *J. Praetorius:* Bekannte u. unbekannte Historien von Rübezahl (Leipzig 1920, Nachdr. Frankfurt/M. 1966); *W.-E. Peuckert* (Hg.): Die Sagen vom Berggeist Rübezahl (Jena 1926); *A. Moepert:* Die Anfänge der Rübezahlsage. (= Form und Geist 6), (Leipzig 1928); *E. Schwarz:* „Das ist ein rechter Rübezahl", in: Sudd. Zs. f. Vkde. 2 (1929), S. 229–235; *G. Heilfurth:* Bergbau und Bergmann in der deutschsprachigen Sagenüberlieferung Mitteleuropas, Bd. I (Marburg 1966).

Rubikon. *Den Rubikon überschreiten:* einen (strategischen) entscheidenden Schritt tun, der nicht mehr korrigierbar ist oder rückgängig gemacht werden kann. Die Rda. hat die Rubikonüberschreitung Gaius Julius Caesars (100–44 v. Chr.) als historischen Hintergrund (49 v. Chr.). Der Grenzfluß Rubikon trennte Italien von der Provinz Gallia cisalpina. Caesar, der mit dieser Entscheidung den Bürgerkrieg entfesselte, zitierte Menander: ‚Alea iacta est', ↗ Würfel.

Die Wndg. besitzt häufig auch eine erotische Metaphorik und bedeutet dann: die Reizschwelle überschreiten, nach der es kein Zurück mehr gibt; auch: die Jungfräulichkeit verlieren.

Ruck. *Sich (innerlich) einen Ruck geben:* sich zu etw. entschließen, etw. überwinden.

Rücken. *Einen breiten Rücken haben:* viel aushalten, vertragen können; sich um die nachteiligen Folgen einer Handlung nicht kümmern. Ähnl. auch ndl. ‚een brede rug hebben'; engl. ‚to have a broad back', ‚to have broad shoulders'; frz. ‚avoir bon dos'.

Schon Thomas Murner sagt in der ‚Schelmenzunft' (97):

So ich eyn bryten rucken hab,
Erschrick ich dester minder drab.

Die erste Erklärung der Rda. findet sich bei Joh. Agricola in seiner Sprww.-Sammlung (Nr. 170): „Ist nun yemand so redlichs gemuets, vnd weiß daß man yhm vnrecht thut, wie vil man yn auch beschuldigt, der sagt menlich, er konne es alles wol tragen, er hab eynen breyten rucken, er sey des geschreyß gewonet, er achte es nicht, er konne es wol tragen. Eyn breyter rucke ist geschickter zum tragen, denn ein buckel rucke, oder der schmal ist".

Einen steifen Rücken haben: hochmütig sein; vgl. frz. ‚avoir la nuque raide', ↗ Nakken.

Jem. mit dem Rücken ansehen: ihn absichtlich nicht beachten; gilt ebenso wie *einem den Rücken kehren* als Gebärde der Verachtung; vgl. frz. ‚tourner le dos à quelqu'un'.

Von einem Faulen sagt man: ‚Der Rücken tut ihm weh, er kann sich nicht bücken'. Die Rda. ist zuerst bei Agricola in seiner Sprww.-Sammlung erläutert (Nr. 169).

Den Rücken wenden (kehren): sich für kurze Zeit entfernen.

Nicht den Rücken wenden können (ohne daß etw. geschieht): unabkömmlich sein; vgl. frz. ‚ne pas pouvoir tourner le dos'.

Einem den Rücken bleuen steht erstmalig Sir. 30, 12: „Bleue ihm den Rücken, weil er noch klein ist, auf daß er nicht halsstarrig und dir ungehorsam werde".

Jem. in den Rücken fallen: ihn unerwartet, heimtückisch angreifen; vgl. frz. ‚frapper quelqu'un dans le dos'.

Sich den Rücken decken: für den Fall, daß die Sache mißlingt, einen Weg zum Rückzug freilassen, auch: ‚sich den Rücken freihalten'; vgl. frz. ‚protéger ses arrières' (wörtl.: für Rückzugsmöglichkeiten sorgen).

Mit dem Rücken an die Wand zu kommen suchen: eine günstige Position einnehmen; Schutz, Deckung suchen, vgl. ‚Rükkendeckung'.

Jem. den Rücken stärken (steifen); auch: *einem den Rücken halten:* ihm beistehen,

ihn unterstützen (meist dort gebraucht, wo der Betreffende die Unterstützung nicht verdient hat). *Jem. im Rücken haben:* Hilfe zu erwarten haben. *Etw. im Rücken haben:* Vermögen besitzen.
Hinter dem Rücken eines anderen: heimlich, ohne daß er es merkt; vgl. frz. ‚derrière le dos de quelqu'un'.
Auf dem Rücken zur Kirche gehen: eine umschreibend-verhüllende Ausdrucksweise für ‚sterben, tot sein'.
Ndd. ‚Em jökt de Rügge', er verhält sich so ungezogen, daß er Prügel provoziert.
Auf den Rücken fallen: sich erschrecken, entsetzen.
Auf den Rücken fallen und die Nase brechen: sich sehr ungeschickt verhalten, Pech, Unglück haben; vgl. frz. ‚se casser le nez' (wörtl.: sich die Nase brechen), ↗Nase.
Jem. läuft es heiß und kalt den Rücken herunter: Jem. hat große Angst, fürchtet sich sehr.
↗Buckel, ↗Schelmenbein.
Viele Jahre auf dem Rücken haben: sehr alt sein, große Erfahrung besitzen.
... *Wo der Rücken seinen ehrlichen Namen verliert, die Verlängerung des Rückens:* umständliche, weitschweifige Umschreibung für das Gesäß; bes. beliebt in der speziell berl. Aufforderung: ‚Küß mir den Rücken, wo er seinen ehrlichen Namen verloren hat!' ↗Arsch.
Rückwärts frühstücken (essen): sich erbrechen; seit etwa 1900 bezeugt.

Rückenwind. *Rückenwind haben:* vom Glück begünstigt sein, die besseren Chancen besitzen.
Die Wndg. stammt aus der Sprache des Sports. Bei Wettkämpfen spielen die Windverhältnisse eine große Rolle und sind manchmal für den Sieg entscheidend. Dies gilt bes. für Läufer, Radfahrer, Segler und Skifahrer.
Ohne Rückenwind vorwärtskommen: nicht dem Zufall sein Weiterkommen verdanken, sondern eigener Anstrengung.

Rückgrat. *Kein Rückgrat haben:* nicht den Mut haben, für persönliche Fehler oder Überzeugungen öffentlich geradezustehen.
Jem. das Rückgrat brechen: jem. derart schädigen, ihn demütigen oder tödlich beleidigen, daß er sein Selbstbewußtsein verliert, daß sein Lebensmut erheblich geschwächt wird.
Im Gegenteil meint: *Jem. das Rückgrat (den Rücken) stärken:* ihn zum Widerstand ermuntern, ihm Mut machen, durchzuhalten; ↗Kreuz.

Rücksicht. *Rücksicht üben,* auch: *Rücksicht auf etw. (jem.) nehmen:* den jeweiligen Gegebenheiten Rechnung tragen, jem. schonen, seine Bedürfnisse respektieren.
Etw. Rücksicht verlangen (erwarten) können (dürfen): wegen Gebrechlichkeit, Krankheit, Alter bevorzugt behandelt werden wollen, größere Aufmerksamkeit oder Hilfsbereitschaft wünschen. Diese Wndg. wird oft in vorwurfsvollem Ton von Verwandten, Nachbarn, Kollegen gesagt, wenn sie das Verhalten anderer stört.
Rücksichten zu wahren haben: keine freien Entscheidungen treffen können, sich gesellschaftlichen Regeln unterwerfen, seine eigentl. Gefühle unterdrücken müssen; oft als Entschuldigung gebraucht.
Ohne Rücksicht auf andere vorgehen, auch: *keinerlei Rücksichten kennen:* seine Ziele unbedingt, auch auf Kosten anderer durchsetzen wollen, die Wünsche seiner Mitmenschen ignorieren, keine Skrupel kennen und nur seinen eigenen Vorteil im Auge haben, d. h. ein krasser Egoist sein.
Ohne Rücksicht auf Verluste (handeln): alles riskieren, ‚rücksichtslos vorgehen', um ein Ziel, einen Sieg zu erreichen. Die Wndg. stammt urspr. aus der Soldatensprache und bezieht sich auf den Angriffsbefehl um jeden Preis, auf einen riskanten militärischen Einsatz, bei dem nicht nur beim Gegner viele Verwundete und Tote zu erwarten sind, sondern große Opfer auch in den eigenen Reihen in Kauf genommen werden.
In übertr. Bdtg. ist diese Wndg. heute auch auf den Handel und den Sport bezogen worden. Wenn es darum geht, die Konkurrenz aus dem Felde zu schlagen, wird viel gewagt, ein Risiko ganz bewußt eingegangen. So wird z. B. bei einem Ausverkauf oder einem Schlußverkauf die Ware unter Preis angeboten, um die Kunden anzulocken. Auch bei sportlichen

Wettkämpfen wird für den Sieg alles eingesetzt, selbst wenn es die Kräfte übersteigt, der Gesundheit schadet, mit Unfällen, Verletzungen und gar mit dem Verlust des Lebens zu rechnen ist.
Theodor Storm gibt in seinem Gedicht von 1854 ‚Für meine Söhne' den etw. zweifelhaften Rat in Str. 2:

Blüte edelsten Gemütes
Ist die Rücksicht; doch zu Zeiten
Sind erfrischend wie Gewitter
Goldne Rücksichtslosigkeiten.

Oft empören sich Ältere über die angeblich *zunehmende Rücksichtslosigkeit* der Jugend, die jedoch nicht immer böse Absicht ist, sondern auf einer gewissen Unbekümmertheit und Gedankenlosigkeit beruhen kann, die sogar ‚golden' sein kann, wie es der Dichter positiv formuliert hat.
Ein Schlager von Hofmann und Hofmann trägt den Titel ‚Rücksicht'. In ihm heißt es: „Rücksicht ist Vorsicht, daß man den andern nicht verletzt".

Rückzieher: *Einen Rückzieher machen:* seine Forderungen zurückschrauben, merken, daß man zu weit gegangen ist, auch: etw. eingestehen, zugeben, eine Beschuldigung, eine Beleidigung zurücknehmen.
Die Wndg. wird oft auf Kinder bezogen, deren Wünsche zurückgewiesen werden u. die sich daraufhin mit weniger begnügen oder sich beschämt entfernen, oder auch auf Parlamentarier und Politiker, die Kompromisse eingehen müssen.
In übertr. sexueller Bdtg. dient die Rda. auch als Umschreibung für den ‚Coitus interruptus'. (E. Borneman: Sex im Volksmund 16.3)

Rückzug. *Zum Rückzug blasen:* den Kampf aufgeben, auch: die Jagd beenden; urspr. durch ein Signal die versprengten Soldaten sammeln, um weitere Verluste zu vermeiden. Die Wndg. wird heute in übertr. Sinne auch auf andere Lebensbereiche angewendet u. z.B. auf die Politik bezogen.
Die folgenden Rdaa. stammen ebenfalls aus dem militärischen Sprachgebrauch: *Den (geordneten) Rückzug antreten (müssen):* dem Feind weichen und eroberte Gebiete aufgeben, sich planmäßig in sicherere Stellungen begeben; *den Rückzug sichern (decken):* den Gegner ablenken und von Angriffen abhalten; *jem. den Rückzug abschneiden:* ihm zuvorkommen, seine Flucht vereiteln und: *Den Rückzug des Gegners erzwingen:* ihn zur Umkehr bewegen. Alle diese Wndgn. aus der Soldatensprache können heute in übertr. Bdtg. auf das Verhalten einzelner, ganzer Gruppen, Parteien, Völker, auf Wirtschaft u. Politik bezogen werden.

Ruder. *Am Ruder sitzen, das Ruder in den Händen haben, ans Ruder kommen;* so auch in den Mdaa.; z.B. ndd. ‚de sitt bi'm Roder', er hat das meiste zu sagen. Ruder ist in diesen seit dem Anfang des 18. Jh. bezeugten Wndgn. in der seemännischen Bdtg. als ‚Steuerruder' zu verstehen, in übertr. Sinne: ‚Leitung'; z.B. eine Partei, ein Politiker ‚kommt ans Ruder'; vgl. frz. ‚être à la barre'.
Ebenso: *ohne Ruder schiffen:* sich der Leitung des Zufalls überlassen, ↗Steuer. In den gleichen Zusammenhang gehört die Narrenschiff-Symbolik. Auch das Narrenschiff treibt ziellos ohne Steuerruder.
Die Ruder einziehen: ein Vorhaben aufgeben.
Aus dem Ruder laufen: außer Kontrolle geraten, von der Norm abweichen. Auch diese Rda. stammt aus der Sprache der Schiffahrt, genauso wie: *Sich in die Ruder legen:* sich mächtig anstrengen, etw. energisch durchführen, ↗Riemen.
Er hat seine Zeit am Ruder gestanden: er hat seine Pflicht getan; ostpreuß. ‚mit diesem Ruder wird er nicht übers Haff fahren', mit diesen Mitteln wird er den Zweck nicht erreichen, die Aufgaben nicht lösen.
Das Ruder nach dem Winde wenden: den Mantel nach dem Wind hängen (↗Mantel).
Das Ruder herumwerfen: seinen Kurs ändern; dieser Vergleich erscheint vor allem in der Politikersprache.

Lit.: *O. G. Sverrisdóttir:* Land in Sicht (Frankfurt/M. etc. 1987), S. 109–112, 114, 116–117; *W. Mezger:* Narrenidee und Fastnachtsbrauch (Konstanz 1991), S. 309ff. (‚Narrenschiff und Schiff des Heils').

Rüffel. *Einen Rüffel kriegen:* einen Verweis bekommen, getadelt werden. Die

Rda. stammt wohl erst aus dem 17. Jh. Rüffel ist eine Rückbildung aus dem Verb ‚rüffeln' = derb tadeln, das seinerseits auf ndd. Ruffel = Rauhhobel beruht; vgl. Henricis (Picanders) ‚Ernst-Schertzhafte Gedichte' aus dem Jahre 1727 (I, 413):

Darum besucht das Frauenzimmer,
Wer da des Hobelns noch bedarff,
Den riefeln sie gewißlich scharff.

Doch mag auch mhd. riffeln = durch die ‚Riffel', d.h. den Kamm zur Flachsbearbeitung, ziehen, durchhecheln, eingewirkt haben (↗Hechel).

Ruhe. *Ruhe bewahren!:* besonnen bleiben, sich nicht von der allg. Aufregung mitreißen lassen, bei vermeintlicher oder wirklicher Gefahr nicht in Panik geraten (↗Panik). Die Befolgung dieses Rates hat schon oft Katastrophen verhindert oder die Gefahr für die Beteiligten an einem Unglück herabgesetzt; vgl. frz. ‚garder son calme' oder, Gardons notre calme!'

Eine Mahnung zu überlegtem Handeln kann auch durch die Wndg. *Ruhe ist die erste Bürgerpflicht!* erfolgen, die eine größere Volksmenge vor öffentl. Aufruhr gegen den Staat in Zeiten der Gefahr warnt. Der Minister Friedrich Wilhelm Graf von der Schulenburg-Kehnert richtete diese sprw. gewordene Aufforderung in einem Anschlagzettel vom 17.10.1806 nach der schweren Niederlage bei Jena an die Berliner: „Der König hat eine Bataille verlohren. Jetzt ist Ruhe die erste Bürgerpflicht. Ich fordere die Einwohner Berlins dazu auf".

Willibald Alexis gab 1852 seinem Roman ebenfalls den Titel: ‚Ruhe ist die erste Bürgerpflicht'. Die Wndg. kann rdal. auch scherzhaft zur Verteidigung des Müßiggangs gebraucht werden. *Die Ruhe selbst sein:* sich ganz in der Gewalt haben, eine bewundernswerte Gelassenheit zeigen, sich keine Erregung anmerken lassen; vgl. frz. ‚ne pas se départir de son calme' (sich nicht der Ruhe begeben). Dagegen beinhalten die Rdaa. *sich nicht aus der Ruhe bringen lassen* und *die Ruhe weg haben* eine gewisse Kritik an Gleichmut und Trägheit oder gar Stumpfsinn eines anderen. *Nur seine Ruhe haben wollen:* sich außer um sein eigenes Wohlergehen um nichts kümmern.

Etw. in Ruhe tun: sich für etw. genügend Zeit nehmen, sich einer Sache ungestört widmen können.

Wer sich zu etw. gedrängt fühlt, aber keine Übereilung wünscht, sagt entweder: *Nur die Ruhe kann es machen (bringen),* oder häufiger: *Immer mit der Ruhe!* Diese Wndg. erhält manchmal noch scherzhafte Zusätze wie: *und dann mit 'nem Ruck* oder *fährt Großvater in die Schuhe.*

Sich Ruhe verschaffen: einer erregten Menge Stille gebieten, um zu ihr sprechen zu können. Manchmal geschieht dies durch die folgenden Zurufe: *Ruhe im Unterhaus (Kuhstall)! Ruhe auf den billigen Plätzen da hinten!* oder berl. ‚Ruhe im Saal! Jroßmutter will danzen!'

Keine Ruhe finden; nicht zur Ruhe kommen: sich mit Sorgen quälen, überlastet sein, aus den Aufregungen nicht herauskommen, von seinem Gewissen geplagt werden. So klagt z.B. Gretchen am Spinnrad (‚Faust' I):

Meine Ruh' ist hin,
Mein Herz ist schwer.
Ich finde sie nimmer
Und nimmermehr.

Die ähnl. Wndg. *keine Ruh' bei Tag und Nacht* beruht auf der dt. Übers. einer Stelle des ‚Don Juan' durch Joh. Friedrich Rochlitz von 1801. Doch bereits in der Offenb. 14,11 heißt es von der ewigen Qual der Verdammten: „und hatten keine Ruhe Tag und Nacht". Shakespeare übers. die Bibelworte in seine Sprache und schreibt im ‚Wintermärchen' (II, 3): „Nor night nor day no rest".

Von einem, der rastlos tätig ist, der etw. nicht lassen kann, heißt es mdal. in Köln: ‚Hä hätt gein Rauh bes em de Fingere gliche lang sind', d.h.: bis er tot ist.

Als formelhafte Wndgn. werden gern *Ruhe und Rast* und *Ruhe und Frieden* verwendet. Schon in der ‚Zimmerischen Chronik' (4, 399, 18) heißt es:

Ir kainer hat nit überlast,
mit wollust hand sie ruw und rast.

Die heutige Form der Rda. *weder Rast noch Ruhe haben* ist lit. früh bezeugt, zeigt aber eine Umstellung der Substantiva, z.B. bei Geiler von Kaysersberg im ‚Seelen-Paradies' (LX^b, 1): „Weder ru noch rast gewinnen", oder in einem Fastnachtsspiel (1, 2, 40 Ndr.) von Hans Sachs:

Das krencket meinen Son so fast,
Het darnach weder Ruh noch Rast.

Vgl. frz. ,sans relâche'.

Einem keine Ruhe lassen: ihn ständig beunruhigen, ihm Gewissensbisse bereiten, auch: seine Aufmerksamkeit, Neugierde erregen. Hölty meint das lastende Bewußtsein, Böses getan zu haben, das oft neue Schuld hervorbringt, um die Spuren zu verwischen, wenn er dichtet (Werke, 186):

Dem Bösewicht wird alles schwer,
Er thue was er thu!
Der Teufel treibt ihn hin und her
Und läßt ihm keine Ruh.

In Bayern sagt man, wenn man nicht belästigt werden will: ,Laßt mir mei königlich bairische Ruah!'

Keine Ruhe vor jem. haben: ständig gedrängt, belästigt, gestört, gequält werden.

Jem. die Ruhe mitnehmen: sich bei einem kurzen Besuch nicht einmal hinsetzen. Man nötigt deshalb auch einen eiligen Besucher dazu, damit Ruhe und Frieden im Hause bleiben, in der Altmark mit den Worten: ,Nimm mi de Rau nich mit!' Von dieser allg. verbreiteten Vorstellung zeugen auch die Verse Rückerts (Werke, 318):

Geh lieber Gast, nicht von diesem Haus,
Ohne dich auszuruhn,
Daß du uns nicht tragst die Ruhe hinaus
Mit deinen staubigen Schuhn.

Die Wndg. *Das ist Ruhe auf der Flucht:* das ist nur eine kurze Rast (Atempause), ist eine Anspielung auf die in der christl. Kunst beliebte Darstellung ,Ruhe auf der Flucht', einer Station bei der Flucht der Heiligen Familie nach Ägypten.

Der Ausdr. *Ruhe vor dem Sturm* beruht auf guter Beobachtung der Gewitterstille vor dem Ausbruch des Unwetters. In übertr. Bdtg. ist das lastende Schweigen vor einer drohenden Auseinandersetzung gemeint und überaus gut charakterisiert; vgl. frz. ,le calme avant la tempête'.

Die Feststellung *Es ist die Ruhe eines Kirchhofs (des Grabes)* dagegen ist ein sprw. gewordenes Zitat aus Schillers ,Don Carlos' (III, 10), womit Marquis Posa den unnatürlich starren, leblosen Zustand umschreibt, der ihn schaudern läßt.

Die Rda. *endlich Ruhe geben:* von etw. ablassen, nicht weiter drängen und fordern, mit einem lästigen Lärm aufhören, ist häufig auf unleidliche Kinder gemünzt, die die Erwachsenen fortgesetzt stören, vor allem dann, wenn sie sich unterhalten wollen. Sie ist oft in der Form ,Willst du nun endlich Ruhe geben!' zu hören oder als Tadel: ,Du kannst wieder mal keine Ruhe geben!' Die Feststellung *Nun hat die arme (liebe) Seele Ruh!:* jetzt bist du ja endlich befriedigt, nun ist nach heftigem Drängen der Wunsch erfüllt, ist meist scherzhaft gemeint mit dem Hintergedanken: jetzt ist alles aufgegessen, zerbrochen, verdorben, ein weiteres Drängen danach verbietet sich von selbst. Die meist in diesem Sinne zu Kindern gesprochene Rda. weist urspr. auf die ewige Ruhe, den Frieden Gottes hin, den die Seele sucht.

Sich keine Ruhe gönnen: rastlos tätig sein, sich keine Erholung, keinen Urlaub leisten; vgl. frz. ,ne pas s'accorder de repos'.

Sich zur Ruhe setzen: seine Arbeit, sein Handwerk im Alter aufgeben, seinen Platz jüngeren Kräften frei machen.

Die schweiz. Rda. ,Er isch i d'Rue g'stellt' hat ganz andere Bdtg. Sie meint nämlich: er hat sich verheiratet, sein Umherschwärmen hat nun ein Ende.

Als euphemist. Umschreibungen für sterben (↗zeitlich) und beerdigen dienen die Wndgn. *Er ist zur Ruhe gegangen* (vgl. ndl. ,Hij is reeds in de rust') und *jem. zur letzten Ruhe bringen,* ↗ruhen.

Ruhe finden: innere Ausgeglichenheit, Erlösung von Mühe, Sorge und Leid durch den Glauben finden. Die Wndg. bezieht sich auf den Rat Jesu (Matth. 11,29): „Nehmet auf euch mein Joch und lernet von mir; denn ich bin sanftmütig und von Herzen demütig; so werdet ihr Ruhe finden für eure Seelen".

ruhen. *Etw. ruht:* es wird zeitweise nicht weitergeführt, bleibt jedoch bestehen, z.B. ein Betrieb, eine Verhandlung, eine Versicherung.

Etw. ruhen lassen: nicht mehr daran denken, eine Sache (einen Prozeß, einen Streit) nicht weiter verfolgen, ähnl.: *Etw. auf sich beruhen lassen.*

Dagegen: *Nicht eher ruhen, bis etw. geschieht:* unerbittlich sein, seine Bemühungen unentwegt fortsetzen bis zum Erfolg.

Auf jem. ruht etw. (alles): er trägt die ganze Verantwortung, auch: der Verdacht liegt nur auf ihm.
Das Verb ‚ruhen' dient auch zur poetischen Umschreibung von Nacht, Schlaf und Tod. So war die Formel: *Wünsche, wohl zu ruhen!* früher als Gute-Nacht-Wunsch für den Gast üblich. Am Morgen konnte er auch mit: *Wünsche, wohl geruht zu haben!* begrüßt werden.
Lit. verwendet Paul Gerhardt (1606–76) ‚ruhen' in dieser Bdtg. in seinem bekannten Abendlied ‚Nun ruhen alle Wälder' (Ev. Kirchen-Gesangbuch, 361).
Die Schlußverse des von Goethe 1780 an die Innenwand des 1870 abgebrannten Jagdhäuschens auf dem Gickelhahn bei Ilmenau geschriebenen Gedichtes ‚Über allen Gipfeln ist Ruh" lauten:

Warte nur, balde
Ruhest du auch.

Sie deuten sowohl auf die Ruhe der Nacht als auch auf die des Grabes hin. Die formelhafte, euphemistische Grabinschrift: *Hier ruht ...*, die auf den Schlaf des Toten anspielt, lautet ähnl. im Frz.: ‚Ici repose ...'
Bei Beerdigungen begegnet häufig die Formel: *Ruhe sanft!*, die auch als Schrift auf Kranzschleifen, Trauerkarten, Grabkreuzen und Grabsteinen erscheint. Ein weiterer Wunsch für den Verstorbenen ist: *Ruhe in Frieden!* oder: *Er ruhe in Frieden,* die Übers. von ‚Requiescat in pace!', das auf Ps. 4,9 zurückgeht, obwohl dort nicht vom Tod die Rede ist.
Die Totenmessen der kath. Kirche schließen seit dem 12. Jh. mit der Pluralform ‚Requiescant in pace'.

Ruhm ↗bekleckern.

Rühren. *Ein menschliches Rühren fühlen (verspüren):* Hunger verspüren, Stuhldrang haben. Die Wndg. beruht urspr. auf einem Zitat aus Schillers ‚Bürgschaft' („Der fühlt ein menschliches Rühren") und meint das echte Mitleid. Das ‚menschliche' hat für die volkstümliche Umgangssprache nichts mit Humanität zu tun, sondern meint das Allzumenschliche und Grobmenschliche in Form von Hungergefühl und Stuhldrang.
Jem. rühren: ihn innerlich bewegen.
An etw. rühren: eine unangenehme (peinliche) Sache erwähnen.
Sich rühren: sich bemerkbar machen, sich um etw. kümmern, nicht alles geduldig hinnehmen. *Sich etw. mehr rühren müssen:* tätiger, fleißiger sein müssen, oft in der Form einer Aufforderung oder Mißbilligung gesagt.
Der Befehl: *Rührt euch!* gilt einer Gruppe angetretener Soldaten. Das militärische Kommando erlaubt eine bequemere Stellung.
Sich nicht rühren: sich still verhalten, sich in seinem Versteck nicht verraten.
Die Feststellung: *Jem. rührt sich nicht mehr* meint hingegen: er ist bewußtlos oder tot.
Sich nicht mehr rühren können: wie gelähmt sein (vor Schreck): auch: sich in finanzieller Bedrängnis befinden.

Rummel. *Den Rummel kennen* (oder *verstehen*): eine Sache gründlich kennen; wissen, wie ein Geschäft zu betreiben ist, wie die Leute zu behandeln sind; meist in etw. verächtlichem Sinn: allerlei Kniffe wissen; seinen Vorteil im Auge haben; lit. häufig bei Lessing, z. B. in der ‚Minna von Barnhelm' (III,2): „Mein Herr versteht den Rummel; er weiß, daß der Weg zu den Fräuleins durch die Kammermädchens geht", und im 40. Stück der ‚Hamburgischen Dramaturgie': „Leser, die den Rummel einer Tragödie nicht wohl gut verstehen, können leicht darüber irre werden". Rummel in den Bdtgn. ‚Lärm' und ‚ungeordneter Haufe' ist eine erst nhd. bezeugte Rückbildung von dem lautmalenden Verb rummeln = lärmen, durcheinanderwerfen; vgl. frz. ‚connaître la musique' ↗Musik.
Jem. geht auf den Rummel: auf den Jahrmarkt (die Messe o. ä.); wo die Lärm verursachenden Fahr- und Schaugeschäfte aufgebaut sind, ist der ‚Rummelplatz'. Davon abgeleitet meint ‚viel Rummel' auch einfach das Gedränge vieler Menschen.
Mit Rummel oder ‚Rommel' bez. man seit dem 17. Jh. auch die gleichfarbigen Karten, auf die im Pikettspiel alles ankommt (eingedeutscht aus frz. ‚ronfle'); das Spiel ist heute ungebräuchl. geworden. Der gründlich erfahrene Pikettspieler ‚kennt

den Rummel'. Der Ausdr. tritt auch in den Rdaa. auf: *Ich habe den (ganzen) Rummel satt, ich mache den Rummel nicht mehr mit, ich kaufe den ganzen Rummel,* in denen Rummel etwa die gleiche Bdtg. wie ‚Kram' hat.

rund. *Es geht rund:* es herrscht Hochbetrieb; Rücksicht wird nicht genommen; man zankt heftig; auch soviel wie ‚strafexerzieren' und andere Kasernenhofschikanen, bei der der Bestrafte rund um den Kasernenhof zu laufen hat; etwa seit 1920 aufgekommen. Der Ausdr. wurde erweitert zu dem Wellerismus: ‚„Jetzt geht's rund", sagte der Wellensittich, da flog er in den Ventilator', ↗Kreis, ↗laufen.
Das ist mir zu rund: das kann ich nicht begreifen, nicht fassen. In Pommern hat diese Rda. noch einen Zusatz: ‚Dat is mi to rund in minen vêrkant'gen Kopp'.
Ein schwäb. Spruch lautet: ‚I nem älles, was rund isch' und meint: Geld ist mir immer willkommen. ↗Ball.

Runde ist das Teilstück eines Wettkampfes (z.B. beim Boxkampf, beim Autorennen usw.); in rdal. Übertr.: *etw. über die Runde bringen:* einer Sache zu befriedigendem Ausgang verhelfen; *noch eine (Ehren-)Runde drehen:* in der Schule nicht versetzt werden; *jem. über die Runden helfen:* ihm seinen Weg erleichtern; *über die Runden kommen:* die Schwierigkeiten meistern.
Die Rda. stammt aus der Sprache der Boxsportler. Eine Runde dauert in einem Boxkampf, der aus bis zu 15 Runden bestehen kann, drei Minuten. Anschließend gibt es eine einminütige Pause.
Eine Runde ausgeben: für alle Anwesenden Getränke spendieren; vgl. frz. ‚payer une tournée'.
Die Runde machen: überall schnell bekannt werden, von Hand zu Hand gehen.

Ruß. *Mach keinen Ruß!:* Mach keine Geschichten, keine Redereien! *Da wird nicht viel Ruß gemacht:* da werden nicht viele Umstände gemacht, da wird nicht lange gefackelt; bes. obersächs.; eigentl. vom Rauch und Qualm in der Küche. Westf. ‚et is Raut in der Küeke', der Herr oder die Frau des Hauses ist übel gelaunt.
Er färbt den Ruß und verkauft ihn für Weizenmehl: er lügt.
Ruß mit Kohlen waschen: Böses mit Bösem vergelten.

Russe. *Jem. einen Russen aufbinden:* ihm Unwahres als glaubhaft ausgeben. Nach 1945 in Leipzig aufgekommen in Abwandlung von ‚einem einen Bären aufbinden', denn der ↗Bär ist das Symboltier Rußlands.
Russisches Roulette spielen: die Trommel eines Revolvers mit nur einer Patrone laden, drehen und dann abdrücken. Vor allem Lebensmüde, die mit dem Gedanken an Selbstmord spielen, benutzen diese Art von ‚Schicksalsbefragung'.

Rute. *Sich selbst eine Rute (auf)binden:* eine lästige Verpflichtung eingehen, sich selbst etw. Unangenehmes aufhalsen.
Sich die Rute selber flechten: eine Last selbst verschulden. Die Rda. entsprach in Zeiten der Leibeigenschaft durchaus der Wirklichkeit: der zu Züchtigende mußte sich tatsächlich zuweilen die Rute, mit der er geschlagen wurde, selbst binden. Hinterher hatte er noch zu seinem Herrn zu sagen: ‚Ich danke für gnädige Strafe', eine Rda., die heute noch im Kartenspiel von dem gebraucht wird, der verloren hat. Erasmus von Rotterdam führt 1528 in den ‚Adagia' (1, 1,86) die Rda. in lat. Form an: „Flagellum ipse paravit, quo vapularet" (er hat die Peitsche selbst bereitet, mit der er Prügel erhalten soll). 1513 verzeichnet Tunnicius (Nr. 712): „Mannich maket eyne rode tot synen egen stêrte"; ähnl. in den zahlreichen Sprww.-Sammlungen des 16. Jh. Sinnverwandte Wndgn. sind: „Im selbs ein galgen aufrichten" (1561 bei Maaler); „Mancher schnitzt jhm selbst ein Creutz" (1639 bei Lehmann, S. 83). Lit. noch im 19. Jh., z. B. bei Immermann (‚Münchhausen' IV, Kap. VII): „Ist's aber der letztere, dann haben sich die Herren eine Rute gebunden, des sie mich ins Haus nahmen!" Frz. lautet dieselbe Rda.: ‚Se donner des verges pour se fouetter'; engl. ‚You gather a rod for your own breech' (du pflückst die Rute für deinen eigenen Hintern).
Mit eiserner Rute regieren: mit großer Strenge, geht zurück auf Offenb. 2,27.

Sich unter jem. Rute beugen: sich seiner Herrschaft unterwerfen; vgl. frz. ,se plier sous le fouet de quelqu'un'.
Früher spielte die Rute in der Kindererziehung eine wichtige Rolle, als Relikt erscheint sie noch heute im Nikolausbrauch.
Die Rute küssen (müssen): verdiente Strafen demütig, sogar dankbar hinnehmen (müssen).
Die Rda. entsprach tatsächlichem Brauch: Kinder, die straffällig wurden, mußten die Rute, mit der sie geschlagen wurden, küssen, zum Zeichen der Erkenntnis, die Züchtigung ,verdient' zu haben und sie zur ,Besserung' zu benötigen.
Ähnl.: *die Rute nicht scheuen:* sich willig der Strafe beugen, die zum Besten des Kindes ausgegeben wurde.
Im Sprw. spielt die Rute als Züchtigungsinstrument eine verhältnismäßig große Rolle: ,Die liebe Rute tut alles Gute'; oder es heißt in Formeln repressiver Erziehung: ,Pferde ohne Zaum – Kinder ohne Rut' tun nimmer gut' und ,Strafe muß sein'. Geiler von Kaysersberg schrieb in seinem ,Christlichen Pilger':

Liebe Ruot, traute Ruot,
waerest du nit,
ich thet nimmer guot.

Ein dt. Gedicht aus dem 16. Jh. lautet:

Grüß dich, du edles Reise,
dein Frucht ist Goldes werth,
der jungen Kinder Weise,
du machst sie fromm und gelehrt.
Beugst ihren stolzen, wilden Mut,
nicht besser Holz wird funden,
Erfahrung bringen tut.

Lit.: *Anon.:* Unterricht in Sprichwörtern durch passende Erzählungen, Fabeln u. Erklärungen für Lehrende und Lernende, Schule u. Haus, Jugend u. spätere Lebensjahre (Duisburg 1838); *A. David, S. J.:* Die Erziehung nach dem Sprichwort. Winke u. Fingerzeige zur Erziehung der Kinder (Paderborn 1889); *W. Hävernick:* „Schläge" als Strafe (Hamburg [4]1970); *W. Mieder:* International Proverb Scholarship. An Annotated Bibliography (New York u. London 1982), S. 556: Stichworte „education" und „educational"; *V. J. Brøndegaard:* Birken som ,Visdommens Trae', in: Tradisjon 13 (1983) S. 93–99.

Rutsch. *Etw. auf einen Rutsch erledigen:* eine Sache schnell, in einem ↗Zug hinter sich bringen.
Einen Rutsch (Rutscher) machen: eine kleine Reise machen, mdal. seit 1850 für Sachsen, Thür. und Berlin bezeugt.
Einen guten Rutsch ins neue Jahr! wünscht man sich an Silvester; zugrunde liegt die Vorstellung des langsamen, fast unmerklichen Hinübergleitens (seit 1900). Verkürzend sagt man auch: ,Komm gut rüber!'

S

Saat, säen. *Etw. ist dünn gesät:* eine Sache ist selten, vereinzelt zu finden; in geringer Zahl vorhanden; schweiz.: ‚nitt dik g'sait si'. Bes. bibl. Sprww. arbeiten mit den sprachl. Bildern des Säens und Erntens: sie alle haben die Bdtg., daß auf böse Taten Strafen folgen oder daß gute Taten belohnt werden: z.B. ‚Wer Wind säet, wird Sturm ernten' (Hosea 8,7). ‚Saat geht auf', ‚sein Weizen blüht'. Schiller verwendet in Anlehnung an die Bibel eine ähnl. Wndg. in ‚Wallensteins Tod' (V,11): „Ihr sätet Blut und seht bestürzt, das Blut ist aufgegangen."

Lit.: *E. Lohmeyer:* Das Gleichnis von der Saat, in: Deutsche Theologie (1943), S. 20–39; *W. G. E. Watson:* Antecedents of a New Testament proverb (Joh. 4,37). One sows and another reaps, in: Vetus Testamentum 20 (1970), S. 368–370; *D. R. Moser:* Art. ‚Brot' in: EM. II, Sp. 805–813.

Säbel. *Mit dem Säbel rasseln;* mit prahlerischem Gerede drohen; Zeichen geben, daß man angriffslustig ist. Die Drohung wird meistens nicht ernst genommen und man sagt: ‚Spar' dir dein Säbelgerassel'.
Mit bleiernem Säbel kämpfen: sehr ungeschickt, einfältig und schwerfällig argumentieren.
‚... und wenn der Säbel bricht' ist gleichbedeutend mit der Formel ‚und wenn es zum Äußersten kommt'. Sie will die große Entschlossenheit ausdrücken, mit der jem. an eine Sache herangeht. Für 1590 ist ndl. belegt: ‚He hett en groten sabel': er hat viele Trümpfe in der Hand. Der Säbel kam erst im 15. Jh. aus dem Orient mit den Türken nach Osteuropa und setzte sich im 16. und 17. Jh. neben dem Degen durch; insofern ist die ndl. Rda. als einer der frühesten Belege anzusehen, in denen das Wort ‚Säbel' bildl. gebraucht wurde.

Sache. *Eine Sache drehen, wie man will.* Die Rda. ist bibl. Urspr. und geht auf Sir. 19,22 zurück. Dort heißt es vom ‚Schalk': er „kann die Sache drehen, wie er's haben will".
Die älteste Bdtg. des Wortes Sache (ahd. sahha: Streit, Krieg, Prozeß) ist noch in der Rda. aus dem Rechtsleben spürbar: *eine Sache ist anhängig* heißt, ein Verfahren schwebt vor Gericht.
Im Zusammenhang mit der Sache als Rechtsfall stehen die Wndgn.: *einer Sache auf den Grund gehen:* etw. genau untersuchen; vgl. frz. ‚aller au fond des choses'.
Der Sache näher kommen: in einer Diskussion sich dem Punkt nähern, wo Verständigung oder (und) Kompromisse möglich sind.
Seiner Sache sicher sein: wissen, daß man im Recht ist, daß man Gewißheit über etw. besitzt und durch vernünftige Gründe überzeugen wird; vgl. frz. ‚être sûr de son affaire'.
Hart in der Sache sein: unerbittlich nach eigenen Grundsätzen handeln; auf keine Kompromisse eingehen. Der Ausdr. geht zurück auf den Jesuitengeneral Claudio Aquaviva (1543–1615), der in seiner Schrift ‚Industriae ad curandos animae morbos' (1606) eine starke und zugleich milde Regierung für einen Staat gefordert hatte: „Stark ... in der Erreichung des Ziels und milde in der Art, es zu erreichen" (Kap 2,1). Der schon in der Bibel (Weisheit 8,1) vorhandene Gedanke wurde zu einem lat. Spruch verdichtet: ‚Fortiter in re, Suaviter in modo' (Hart in der Sache, milde in der Form).
Das tut nichts zur Sache: das ist unwesentlich, bringt keine entscheidend neuen Gesichtspunkte zu einer umstrittenen Angelegenheit; vgl. frz. ‚Cela ne fait rien à l'affaire' oder ‚Cela n'a rien à voir'.
Mit jem. gemeinsame Sache machen: sich mit ihm verbinden. vgl. frz. ‚faire cause commune avec quelqu'un'.
Etw. ist jem. Sache: etw. ist eine ganz persönliche Angelegenheit. Um Einmischun-

gen zu unterbinden, sagt man: ‚Das ist meine Sache', ↗Bier.
Seine Sache auf Gott stellen: sein ganzes Vertrauen auf Gott richten. In einem Kirchenlied des Joh. Pappus (1549–1610) heißt es schon ganz ähnl.:

Ich hab' mein' Sach'
Gott heimgestellt.

Seine Sache auf etw. stellen: seine Hoffnung auf etw. gründen, sich eine Basis errichten, auf der man aufbauen kann, bes. in materieller Hinsicht, kann als Übertr. der vorherigen Wndg. auf den profanen Bereich verstanden werden. Als Formel ist sie bes. durch Goethe bekannt geworden:

Ich stellt' mein Sach'
auf Geld und Gut!

(Goethe, Weimarer Ausg. I, S. 145). Im Gegensatz dazu schreibt Goethe aber auch 1806 in seinem Gedicht ‚Vanitas! Vanitatum vanitas!': „Ich hab' mein' Sach' auf nichts gestellt", wohl eine bewußte Negierung des bekannten Kirchenliedes.
Das ist (vielleicht eine) Sache!: das ist großartig, hervorragend, ausgezeichnet; verkürzt aus: ‚das ist eine große, bedeutende, ausgezeichnete Sache' o. ä.
Das ist Sache mit Ei: das ist ganz hervorragend. *Etw. ist eine runde Sache:* jedermann ist mit einem Plan, einer Angelegenheit zufrieden.
Das ist so 'ne Sache: das ist schwer zu entscheiden. Ähnl. Wndgn. auch in den Mdaa., z. B. im Anhaltischen: ‚Dat heest mer ene Sache', da gibt es nichts zu verwundern, dabei ist nichts Außerordentliches. *Das sind keine Sachen:* so etw. gehört sich nicht.
Sache!: einverstanden! selbstverständlich! Wohl verkürzt aus: ‚das ist eine abgemachte Sache'.
Mach keine Sachen! Ausruf des Erstaunens; wohl verkürzt aus: ‚mach keine unglaubwürdigen Sachen!'; auch: Tu nichts Unerlaubtes, Ungehöriges!
Nicht bei der Sache bleiben können: ständig abschweifen, unaufmerksam sein; vgl. frz. ‚Ne pas s'en tenir au fait'. Bei einer Verhandlung, die durch Nebensächliches verzögert wird, ist die Aufforderung *Zur Sache, bitte!* oft nötig; vgl. frz. ‚(Venons-en) au fait, s'il vous plaît!'
Als neue Prägung entstand nach einem Filmtitel die Wndg. *Zur Sache, Schätzchen!:* keine Umschweife, kommen wir direkt zum Geschäftlichen, zum Sex.
Mit -zig Sachen: mit größter Geschwindigkeit; eigentl.: mit soundso viel (‚achtzig' oder ‚neunzig') Kilometern Geschwindigkeit beim Auto- oder Motorradfahren; aus der Kraftfahrersprache.
Sieben Sachen ↗sieben, ↗Siebensachen.
Die formelhafte Wndg. ‚in Sachen XY' ersetzt oft das sinngleiche Wort ‚betreffend', ‚betrifft': so z. B. ‚Mexiko will sich in Sachen Erdöl von niemandem beeinflussen lassen'.
‚Sache' wird auch verhüllend für Menstruation gebraucht; südbad. ‚Hasch dei Sach?'

Lit.: *H. G. Reichert:* Urban und human: Gedanken über lat. Sprww. (Hamburg ²1956), S. 280–281; *J. T. Kieran:* It's in the bag (dt.: die Sache ist geritzt), in: Saturday Review of Literature 10 (1973), S. 1–3, S. 64.

Sachsen. Wird das Gebiet Sachsen erwähnt, so fügt man oft hinzu: ‚Ja, ja in Sachsen, wo die (schönen) Mädchen auf den Bäumen wachsen'. Über die Herkunft dieser Floskel ist schon oft gerätselt worden, eine eindeutige Erklärung blieb jedoch bis heute aus. 1893 wurde ein Kinderreim aus Quedlinburg veröffentlicht (Zs. f. d. U. 7 [1893], S. 426) und seither erscheint der Zweizeiler öfter: „Ich bin der Herr von Sixen-Saxen, wo die schönen Mädchen wachsen. Hätt' ich daran gedacht, Hätt' ich N. N. eine mitgebracht".
Man dachte, daß vielleicht die Vorstellung vom Ursprung der Menschen aus Steinen und Bäumen eine Rolle bei der Entstehung des Spruches gespielt haben könnte und nimmt an, daß ‚Sachsen' nur des Reimes wegen (Reimzwang) erwähnt wird (R. Sprenger). „Denn von einer überragenden, gar sprichwörtlichen Schönheit der sächsischen Mädchen besteht keine Überlieferung, und auch die vielen einschlägigen neulateinischen Traktate des 17. Jh.s (De virginibus; De linea amoris usw.) melden nichts davon" (L. Fränkel [1894], S. 544).
Auch das Märchen vom Schlaraffenland, wo bekanntlich alles auf den Bäumen wächst (R. Flygare), sowie die Etymologie des Wortes Germanien, wie sie in Turmaiers Bayrischer Chronik gegeben wird,

werden zu einer Herleitung herangezogen: „Reußen, Winden, welche völcker kommen sein auß Germanien als auß ainer werckstat, da man die leut inn schmidt, und auf den päumen wachsen und herab fallen nach sag der alten, die's darumb also nennen, Germaniam' von dem lat. Wort ‚germinare', so wachsen, außfallen und herfürschießen haist" (Thurmaier, Bayr. Chronik 1,1,83).

Lit.: *R. Sprenger:* In Sachsen, wo die Mädchen auf den Bäumen wachsen, in: Zs. f. d. U. 7 (1893), S. 426–427; *L. Fränkel:* In Sachsen, wo die schönen Mädchen auf den Bäumen wachsen und Verwandtes, in: Zs. f. d. U. 8 (1894), S. 543–544; *R. Flygare:* Zum Spruche: In Sachsen, wo die Mädchen auf den Bäumen wachsen, in: Zs. f. d. U. 8 (1894), S. 703–704; *L. Fränkel:* Weiteres zu ‚Aus Sachsen, wo die (schönen) Mädchen (auf den Bäumen) wachsen', in: Zs. f. d. U. 13 (1899), S. 130–139; *C. Müller:* Das Wachsen der Mädchen auf Bäumen, in: Zs. f. d. U. 14 (1900), S. 214; *L. Fränkel:* Nochmals die schönen Mädchen aus Sachsen, die auf Bäumen wachsen, in: Zs. f. d. U. 14 (1900), S. 735–739.

Sachsenspiegel. ‚Ik warr dî den Sassenspêgel noaschloân (ûtlegen, revendêren)', ich werde dir den Sachsenspiegel nachschlagen, auch vollschlagen, wobei ‚Sassenspêgel' euphemist. für ‚Hintern' steht, wie auch in den weiteren derben ndd. Rdaa.: ‚den Sassenspêgel wîsen', einem den Rücken zukehren, den Hintern weisen, urspr. eine wirksame Abwehrgeste, und in der Aufforderung: ‚Sett di up dînen Sassenspêgel!', setz dich auf deine vier Buchstaben!

Diese Wndgn. erinnern an das alte Rechtsbuch der Sachsen, das um 1222 von Eike von Repkow aufgezeichnet wurde und dessen Prolog beginnt:

Spigel der Saxen
sal diz buch sin genant,
wende Saxen recht ist hir an bekant,
als an einem spiegele de vrouwen
ire antlize beschouwen.

Luther gebrauchte das Wort ‚Sachsenspiegel' noch in seiner urspr. Bdtg. als festgelegtes Recht, wenn er schreibt: „die heiden sind dem Mose nicht schüldig gehorsam zu sein. Mose ist der Juden Sachsspiegel" (Werke 3,167^b). Die besonders in Pommern gebrauchten Redensarten bewahren zwar das Wort, doch dessen alter Sinn scheint nach der humoristischen Umdeutung nicht mehr bewußt zu werden.

Sack. *Einen in den Sack stecken:* ihm an Kräften überlegen sein; so auch in den Mdaa., z.B. thür. von einem argen Schwätzer: ‚he schwatzt en in Sack un us de Sacke'; els. von einem Schlauen: ‚der ist in ken Sack zu bringe'. Seb. Brant im ‚Narrenschiff' (83,29): „Allayn der arm (Arme) muß jnn den sack". Auch ‚stoßen' statt ‚stecken' findet sich, z. B. im ‚Narrenschiff' (69,7f.):

Wer andern stoßen wil jnn sack,
Der wart auch selbst des backenschlag.

‚Jem. in den Sack stecken'

Die Rda. hat ihren Urspr. vermutl. in einer bes. Art von Ringkämpfen, wobei der Besiegte vom Sieger wirklich in einen Sack gestoßen oder gesteckt wurde. In einem alten Lügenmärchen heißt es:

Er liuget, er saehe ûf einer wise,
daz ein getwerc (Zwerg) unde ein rise
die rungen einen halben tac.
Do nam daz getwerc einen sac,
da stiez ez den risen in.

In einem hist. Volkslied von 1400 (Liliencron I,192) heißt es:

Und wer den andern übermag,
Der schieb in fürbaß in den Sack.

Dies war also nicht bloß eine bildl. Rda., wie Grimms Dt. Wb. (8,1611) meint, sondern wurde noch im 16. Jh. bei öffentl. Zweikämpfen ausgeführt. In dieser Weise spielt das ‚In-den-Sack-Stecken' auch in vielen Volkserzählungen, insbes. Märchen, eine Rolle: so steckt der Geisterbanner den Geist in einen Sack; so zeigt der Meisterdieb seine Geschicklichkeit, indem er Pfarrer und Küster in seinen Sack lockte; ebenso das Bürle (KHM.61) seine List, indem es sich durch einen leichtgläubigen Wanderer aus dem Sack befreien läßt. Das gleiche gilt für den Bruder Lustig (KHM.81), der alles in seinen Sack springen läßt (Bolte-Polívka II, 157f., III, 379). Einen Nachhall dieser Vorgänge könnte man auch in dem schweiz. Familiennamen des 15. Jh. ‚Springinsack' vermuten. Die Wndg. ist jedenfalls noch lange in volkstümlicher Sprache üblich gewesen; 1639 führt sie Lehmann S. 304 (‚Gewalt' 10) an: „Wer den andern vermag, der steckt jhn in Sack". Constant von Wurzbach (1818–93) berichtet von einem Ringkampf um die natürliche Tochter Kaiser Maximilians II. (1564–66). Die beiden Kämpfer waren des Kaisers Kriegsrat, ein wegen seiner Größe und Leibesstärke berühmter Ritter, und ein vornehmer Spanier. Da der Vater keinen von beiden verletzen wollte, so kam er auf den lustigen Einfall, die Herren miteinander um den Besitz ringen zu lassen, und zwar sollte Sieger sein, wer den andern in einen Sack zu stecken vermöchte. Der Kriegsrat steckte nun wirklich zum großen Gelächter des Hofes den Spanier in den Sack und hatte damit auch gewissermaßen den Kaiser, die schöne Braut und die reiche Mitgift ‚im Sacke' (Sack bedeutet obd. ja auch ↗Tasche).

Bereits bei Joh. Agricola (1528) findet sich die Wndg. in bildl. Gebrauch: „Wer Meister wird, steckt den andern in den Sack"; ebenfalls bei Agricola anläßlich der Erklärung des Sprw. ‚Gott hilft dem sterckisten' heißt es: „Gross Gewalt kan Gott nicht erleiden, dass sie lang stehen solle. Die Welt aber sagt also: Gott hyn, Gott her, ich sihe wol, wer den andern vermag, der steckt den andern ynn Sack"; vgl. frz. ‚mettre quelqu'un dans sa poche'.

Den Mönch im Sack haben: ihn überwältigt haben.

Jem. in den Sack hauen: jem. übervorteilen.

In den Sack hauen: aufgeben, abdanken. Die Rda. ist in der Liedparodie auf die Abdankung des dt. Kaisers bezogen:

O Tannenbaum, o Tannenbaum!
Der Kaiser hat in'n Sack gehaun.

Jem. auf den Sack niesen, husten, treten: jem. grob zurechtweisen, jem. drillen.

Schlafen wie ein Sack: sehr fest schlafen; vgl. frz. ‚dormir comme une souche'.

Er ist voll wie ein Sack: er ist schwer betrunken; rhein. ‚de löt sech hange wie ne Sack'; oder auch: ‚he hängt ennen an den Ärm wie ennen Sack'; vgl. frz. ‚Il est plein comme une outre'.

Der Sack ist noch nicht zugebunden: die Sache ist noch nicht zu Ende. *Sack und Bändel* ist sprw. für eine Hauptsache mit den dazugehörigen kleinen Nebensachen: *Da ist der Sack 's Bändel nicht wert:* das ganze Ding taugt nichts; rhein. ‚Wenn der Sack des Bängels (Bändels) wert ös, dann wierd e zogebonge'; ‚do wird och der Bändel dürer als der Sack', mehr Umstände machen als die Sache wert ist.

Er ist wie ein umgekehrter Sack: er hat sich ganz verändert. Schweiz. ‚d'Lüt chönnid si mengsmol ommchehre wie en Sack', ihre Gesinnung völlig ändern.

Sich fühlen wie ein nasser Sack: sich sehr matt, kraftlos fühlen. Überhaupt wird der menschliche Körper öfter mit ‚Sack' umschrieben; so schon bei Luther: „Unser eigen Fleisch, der alte faule Sack" (Werke 5, 436). Heute ist ‚fauler Sack' eine Beschimpfung.

Sack und Pack, dabei meint Sack das Große und Pack das Kleine; der westf. Müller tröstet sich: ‚Brenget se nit Säcke, brenget se doch Päcke'.

Einen ganzen Sack voll: sehr viel. „Ein gantzen Sack voll eifers" findet sich schon bei Seb. Franck. Im Rhein. findet sich eine humorvolle Anwendung: ‚Wasste wat ich wollt; eich hätt en Sack voll Gold'.

Sack steht auch bildl. für: Gabe, Vermögen; auch geistig; sämtliche Absichten und Pläne; Bismarck (‚Reden' VII, 430): „Ich habe da nach einer vulgären Redensart einen Sack vollständig vor Ihnen ausgeschüttet von all dem, was ich bisher darin hatte".

Jeder hat seinen Sack zur Mühle zu tragen: durch etw. zu leiden, eine Last auf sich zu nehmen.

An den Sack müssen; sich stark anstrengen müssen, ans Werk gehen. Diese Rda. kommt aus der schweiz. Soldatensprache,

wo der Tornister mit ‚Sack' umschrieben wird.
Sackzement (Sack Zement): Fluchwort; entstellt aus ‚Sakrament'. Schwäb. steht die Verbindung ‚Sack am Bändel' euphem. für den Fluch Sackerment.
‚Versacken' meint, aus der Ordnung geraten, den Anforderungen des Lebens nicht mehr gewachsen sein, größtenteils aus eigenem Versagen. Oft wird das Verb irrigerweise mit ‚Sack' in Verbindung gebracht, es kommt jedoch aus der Seemannssprache und heißt ‚sinken'.
Den Sack schlägt man, den Esel meint man ↗ Esel.
In Sack und Asche trauern ↗ Asche.
Die Katze im Sack kaufen ↗ Katze.
Nüsse durch einen Sack beißen ↗ Nuß.
Die Hand im Sack erwischen ↗ Hand.
Den Knüppel aus dem Sack lassen ↗ Knüppel.

Lit.: *H. Stubbe:* Formen der Trauer (Berlin 1985).

Sackgasse. *In eine Sackgasse geraten;* keinen Ausweg finden, weil das Ende einer Sackgasse geschlossen ist; bei einem angefangenen Werk nicht weiterkönnen. Im 17. Jh. hieß die Sackgasse auch ‚blinde Gasse', „Strumpfgasse', seit 1797 auch bei Serz in den ‚Teutschen Idiotismen', S. 48 mit ‚das Gäßchen kehr um' belegt. In übertr. Sinne z.B. bei Goethe. Vgl. frz. ‚aboutir à une impasse' oder ‚tomber dans un cul-de-sac'.
Jem. in eine Sackgasse führen: ihn irreleiten, in eine ausweglose Situation bringen.

Saft. *Saft und Kraft haben;* eine große Wirkung haben, sehr stark sein. Dagegen: *ohne Saft und Kraft sein:* müde, erschöpft sein, nicht überzeugen können. Die Rda. ist bei Luther belegt: „ Christus gebe solchem seinem Wort Safft und Krafft in eurer Hertzen" (Werke 6, 1^b).
Jem. im eigenen Saft schmoren lassen; jem. aus einer selbstverschuldeten Schwierigkeit nicht heraushelfen.
‚Das ist ein Saftladen!' sagt man, um seine Enttäuschung über einen Betrieb, eine Firma oder eine andere Einrichtung auszudrücken.

Sage. *Jem. in Sage bringen:* jem. verleumden; seinem guten Ruf schaden, indem man jem. ins Gerede bringt. Diese heute veraltete Rda. kennt noch nicht den heutigen Begriff ‚Sage' der Erzählforschung. Sage bedeutet hier, wie schon für 1646 belegt: Aussage, Bericht, verbunden mit der Vorstellung des Unsicheren, Unzuverlässigen; Gerücht, „gemeine Sag' und Red!" (Grimm Dt. Wb. 8, 1645). In diesem Sinne ist auch das Sprw. zu verstehen: ‚Wer jeder Sage Glauben schenkt, dessen Scheitel ist verrenkt'. Eine weitere Redewndg. ist die Formel: ‚Es geht die Sage, daß ...': man erzählt sich; man weiß nicht genau, ob; es geht ein Gerücht; nach lat. ‚fama est'. ‚Sage' wurde erst in der Romantik zu einem Sammelbegriff für sehr verschiedene Gruppen von Volkserzählungen.
Etw. ist sagenhaft (oder auch ‚märchenhaft'): es ist großartig, unvorstellbar, auch: unglaublich.

Lit.: *L. Röhrich:* Sage (Stuttgart ^{2}1971); *L. Petzoldt:* Dämonenfurcht und Gottvertrauen. Zur Geschichte und Erforschung unserer Volkssagen (Darmstadt 1989).

Sägebock. *Dem kälbert der Sägbock auf der Bühne* sagt man von einem, der stets unverdientes Glück hat, ohne daß er viel dazu tut, also von einem Glückspilz. Der drastische Vergleich enthält eine mehrfache Hyperbolik: Der Sägebock kann aus mehreren Gründen nicht kälbern: 1. ist er ein Ding aus Holz, und 2. würde es sich um einen lebendigen Bock handeln, könnte das männliche Tier, der Bock, ohnehin keine Jungen zur Welt bringen, und 3. ein Ziegenbock auch keine Kälber. Dazu steht 4. das Ding noch auf der ‚Bühne', d.h. auf dem Dachboden, den man normalerweise gar nicht im Blick hat. (Varianten: ‚De richa Litt kélbret d'Holzschlégl hinderm Ofe'. ‚Wem's Glück will, dem kälwert d'r Holzschläjel (Dreschflegel) uf d'r Biehn!' ‚Wears Glück håt, deam kélbert am End no der Ochs'. ‚Be de Richa kélbret de Misthufe, be de Noatega [Notleidenden] verrécket d'Kélber').

Lit.: *L. Röhrich:* Alemannische Sprichwörter. Form und Funktion, in: G. Gréciano (Hg.), Europhras 88 (Straßburg 1989), S. 357–370.

Sägemehl. *Sägmehl knüpfen:* eine unnütze und vergebliche Arbeit verrichten. Man glaubte, daß bes. die alten Jungfern oder Junggesellen solche Arbeiten nach ihrem

Tode leisten müßten (vgl. Schneesieber). In der Schweiz bez. man auch einen Geizhals als ‚Sagmelchnüpfer'. Daneben bestand die Vorstellung, daß ein bes. Pfiffiger sogar Seile aus Spreu herstellen konnte, so in KHM.112: ‚Der Dreschflegel vom Himmel'. Von dem Bauern, der auf einem Baum bis in den Himmel gestiegen war, heißt es: „Und in der Not wußt er sich nicht besser zu helfen, als daß er die Spreu vom Hafer nahm, die haufenweis dalag, und daraus einen Strick drehte".
Häufiger und älter ist die Behauptung, daß aus Sand Seile geflochten werden. Aus dem Griech. übersetzt, entstanden lat. Rdaa.: ‚ex arena funem nectere' und ‚de harena resticulas nectentes'. In der Edda spricht Odin im ‚Hârbardslied' (18) von überaus klugen Frauen, die sogar aus Sand Stricke drehen konnten.
Joh. Fischart schreibt diese bes. Fähigkeit in seinem ‚Bienenkorb' sogar den Ketzern zu und berichtet „vom sand, darauß die alten Ketzer jhre schnür und seyler pflegten zu winden und zu flechten".
Auch das Frz. kennt diese Wndg. für Unmögliches tun: ‚tresser des cordes de sable' (heute veraltet). *Sägmehl im Kopf haben:* dumm sein. Die Rda. ist in Südtirol besonders häufig, im Deutschen ist dafür ‚Häcksel (Stroh) im Kopf haben' geläufiger.

Lit.: *J. Bolte* u. *G. Polívka:* Anmerk. zu den KHM. der Brüder Grimm, Bd. II (Leipzig 1915), S. 513: *W. Gottschalk:* Die sprw. Rdaa. der frz. Sprache (Heidelberg 1930), S. 252; *Niedner,* in: Zs. f. d. A. 31,254; *A. Otto:* Die Sprww. d. Römer (Hildesheim 1965), S. 160; *S. Singer:* Sprww. d. MA., Bd. I (Bern 1944), S. 172; *L. Tobler:* Kleine Schriften, S. 147; *Zachariae,* in: Zs. d. Verf. f. Vkde, 17, 186; *F. Sarasin:* Die Anschauungen der Völker über Ehe und Junggesellentum, in: Schweiz. Arch. f. Vkde. 33 (1934).

sagen. *Nichts zu sagen haben:* unbedeutend sein. Andere Formeln, die mit ‚sagen' gebildet werden, sind z.B. ‚Sagen wir mal ...'; ‚Ich muß schon sagen!'; *sich nichts mehr zu sagen haben:* nebeneinander herleben; *etw. ist nicht gesagt:* eine Sache ist nicht sicher, noch nicht entschieden; *sich nichts sagen lassen:* keinen Rat annehmen; *Das Sagen haben:* der Chef sein, das Regiment führen; Zwillingsformeln mit ‚sagen' sind oft alt und einer bestimmten Tradition entsprungen. So auch ‚singen und sagen', eine Alliteration, die die zweifache Tätigkeit des Dichters zusammenfaßt, ↗singen.
Etw. vom Hören-Sagen kennen: etw. nicht aus eigener Anschauung, sondern von Erzählungen kennen, ↗hören.
Die Formel ‚sage und schreibe' betont die Glaubwürdigkeit des erzählten Sachverhalts. (Sie könnte eine Rechtsformel auf Urkunden gewesen sein, die die Vertragspartner aufforderte, schriftlich und mündlich ihre Abmachung zu bekräftigen).
Partizipialbildungen sind: *sich etw. gesagt sein lassen:* eine Rüge, Kritik hinnehmen müssen; ‚gesagt, getan'; ‚wie gesagt, so geschehen'; ‚gerade heraus gesagt'.

‚Sägen'

sägen. Mit dem Wort ‚Sägen' werden metaphorisch zwei Vorgänge umschrieben: schnarchen und ein Streichinstrument schlecht spielen. Das Tertium comparationis liegt in beiden Fällen in dem von einer Säge verursachten Geräusch. Die Zeichnung von G. Haitzinger anläßlich des Rücktritts von Lothar de Maizière realisiert außerdem noch drei weitere Sprachbilder: Wer ‚die erste Geige spielen' will, darf nicht sägen. Und schon gar nicht hält dies ein ‚zart-besaiteter' Politmusiker aus. Er wird ‚abgesägt', und es wird ihm gezeigt, wer die erste Geige spielt und daß schlecht gespielt wird, wenn dies der Bundeskanzler Kohl tut.

Saite. *Andere* (häufig *mildere) Saiten aufziehen:* einen anderen Verkehrston anschlagen, eine andere Behandlungsweise versuchen: „worauf er denn gelindere Saiten aufzog" (Melissus, Die galante und liebenswürdige Salinde, 1713, S. 243); vgl. frz. ‚baisser le ton'.

Das Gegenteil ist: *Die Saiten etw. straffer anziehen:* strenger vorgehen; im 16. Jh. in der ,Zimmerischen Chronik' (Bd. II, S. 187): „Und wurden dem pfaffen die Saiten wol gespannen".

Jem. die Saiten spannen: jem. scharf zurechtweisen, ↗Ton.

Schon früh im MA. waren Saiteninstrumente wie die ↗Harfe und ↗Laute Gegenstand allegorischer Betrachtung. Seit der Mitte des 18. Jh.s wird der Barde, der ,in die Harfe singt', als Zeuge einer fernen, glücklichen Vergangenheit umschwärmt. Adolph Menzel gestaltete 1836 zur Ausg. der ,Sämtlichen Werke' des poln. Dichters Adam Mickiewicz eine Lithographie mit dem ,Barden' als Kind der Vorzeit.

Verwandte rdal. Bilder sind: *die Saiten zu hoch spannen:* eine Sache zu weit treiben. so schon lit. bei Joh. Fischart (,Aller Praktik Großmutter' S. 642): „Dann wer die Saiten vberspannet ..."

Auf der gleichen Saite geigen: derselben Meinung sein, ,in dieselbe Kerbe hauen'.

Alle Saiten anspannen: alle Mittel einsetzen, um seinen Zweck zu erreichen.

Er kann bloß auf einer Saite geigen: er ist einseitig, er kann nicht so viel, wie er eigentl. können müßte.

Eine Saite berühren (anschlagen). Lessing liebte dieses Bild: im ,Nathan' (III, 10), als Daja den Tempelherrn fragt, ob er Nathan seine Liebe offenbart habe: „Doch, Daja, wenn ich Euch nun sage, daß ich selber die Sait' ihm anzuschlagen bereits versucht?" Daja darauf: „Was? Und er fiel nicht ein?" – „Er fiel mit einem Mißlaut ein, der mich – beleidigte". Und als Daja den Weisen zum wiederholten Male bittet, Recha dem Tempelherrn zur Frau zu geben, sagt Nathan: „Doch die alte Leier wieder? Mit einer neuen Saite nur bezogen, die, fürcht ich, weder stimmt noch hält."

Die Saite darf man nicht anschlagen: diese Angelegenheit darf man nicht berühren, erörtern. vgl. frz. ,la corde sensible'.

Die Saiten herunterstimmen: in seinen Anforderungen nachlassen. In Schillers ,Kabale und Liebe' heißt es, als Wurm seinen schurkischen Plan entwickelt, Luise die Liebe des Majors und den Ruf ihrer Tugend verlieren zu lassen: „Vater und Mutter ziehen gelindere Saiten auf".

Auf der letzten Saite spielen: mit letzter Anstrengung, Kraft etw. tun.

Lit.: *M. Willberg:* Die Musik im Sprachgebrauch, in: Die Muttersprache (1963), S. 201 ff.

Redensarten **Münchener Bilderbogen**

Ein voller Bauch studiert nicht gern!
sagte das Schwein, nachdem es sich satt gefressen.

Der Gescheitere gibt nach!
sagte der Ochs zum Metzger.

Was der Deutsche nicht Alles um's Geld macht! sagte der Hanswurst, als er zum erstenmal einen Affen sah.

Es haben nicht alle Esel lange Ohren! sagte der Hanswurst, als er von der Rathssitzung herabkam.

Gott verläßt keinen Deutschen, hungert ihn nicht, so dürstet ihn! sagte der Hanswurst und ließ sich frisch einschenken.

Viel Geschrei und wenig Wolle! sagte der Hanswurst, als er ein Schwein schor.

Ich strafe mein Weib nur mit guten Worten! sagte der Hanswurst und warf seiner Frau das Gebetbuch an den Kopf.

Ein gutes Wort findet einen guten Ort! sagte der Hanswurst, als ihn der Landvogt in den Thurm werfen ließ, weil er ihn geschimpft hatte.

Salamander. *Einen Salamander reiben:* eine Trinksitte der Studentenverbindungen, bei der auf Kommando die Gläser auf dem Tisch gerieben, ausgetrunken, auf den Tisch getrommelt und mit einem Schlag niedergesetzt werden. Dies wird oft zu Ehren einer bestimmten Person vorgenommen.. Noch heute gilt, was im Grimmschen Dt.Wb. über die Herkunft und Erklärung dieser Trinksitte steht: Sie ist im 18. Jh. noch nicht bekannt. „Wo und wie es aufgekommen, und was dem Ausdr. und der Sitte zugrunde liegt, hat sich bisher auch nicht einmal mit einiger Wahrscheinlichkeit, geschweige denn Sicherheit feststellen lassen" (Dt.Wb. 8, Sp. 1679).

Lit.: *Fr. Schulze* u. *E. Ssymank:* Das dt. Studententum von den ältest. Zeiten bis zur Ggwt. (München [4]1932); *U. Bartscher:* Korporationen in Hochschule und Gesellschaft (1971); *Th. Gantner (Hg.):* Couleurstudenten in der Schweiz. Ausstellung des Schweiz. Museums f. Vkde. Basel 1979/80; *H. Henne* u. *G. Objartel* (Hg.): Bibliothek zur historischen deutschen Studenten- und Schülersprache (Berlin 1984).

Salami. *Salamitaktik betreiben:* ganz allmählich, unter Vermeidung von Aufsehen, eine bestimmte Politik verfolgen; mit kleinen Schritten, ‚scheibchenweise', eine Absicht durchsetzen.

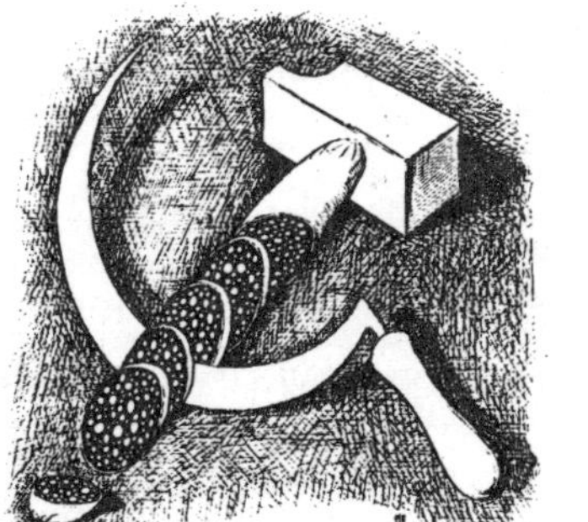

Mit der Salami-Taktik ins eigene Fleisch

Salat. *Jem. den Salat verhageln:* jem. einen ↗Strich durch die Rechnung machen, ↗Petersilie. Seit Mitte des 19. Jh.s gebräuchl. in der Bdtg.: Durcheinander, Unordnung, wie in den Wndgn.: *Da haben wir den Salat:* da haben wir die Bescherung, das Unglück, oft mit dem Zusatz: ‚das ist mehr Essig dran als Öl'; meckl. ‚Doar hebben wi den Salat'.

Das Wort wurde aus dem ital. ‚insalata': gemischtes, kalt serviertes Gericht im 15. Jh. entlehnt. Neuere Zusammensetzungen, die alle ein ungeordnetes Gemisch bezeichnen, sind ‚Wellensalat' (Senderüberlagerung beim Rundfunk), ‚Blechsalat' (Autokarambolage), ‚Skisalat' (Ski-Unfall) oder ‚Bandsalat' (Verwicklung von Tonbändern). (Dt. Fremdwb., Bd. 4, S. 23–24).

Salbader. *Ein Salbader sein:* ein Schwätzer sein; sinnloses, unzusammenhängendes Zeug reden; ‚salbadern'. Der Ausdr., dessen etymolog. Herleitung noch nicht geklärt ist, ist um 1620 in Jena aufgekommen und von dortigen Studenten verbr. worden. Die ältere Bdtg. war ‚Witze erzählen', ‚alberne Reden halten', ↗Kanne, dort ↗Kannegießer.

Salbe. *Mit allen Salben geschmiert:* durchtrieben, verschlagen, entspr.: ‚mit allen Hunden gehetzt' (↗Hund), ‚mit allen Wassern gewaschen' (↗Wasser). Nordböhmisch ist 1892 bezeugt: ‚Ar war mit olln Solben geschmiert, ok mit kenner guten' (Müller-Fraureuth II, 987); ndd. ‚An den Minsken is kine Salve to striken', wörtl.: an diesen Menschen ist keine Salbe zu streichen, d.h. er ist unverbesserlich böse (Bremisch-niedersächs. Wb. 1770, IV, 585).

Eine große Salbe um etw. machen: um eine Sache ein großes Gerede machen.

Das ist wie die weiße Salbe: das hilft nichts und schadet nichts. Die ‚weiße Salbe' aus Bleiweiß und Tierfett war die gebräuchlichste Salbe vom 16. bis 18. Jh. *Jem. ist wie die weiße Salbe:* jem. hat eine schwache, willenlose Natur. So auch: *jem. eine weiße Salbe geben:* jem. einen nutzlosen Rat, einen unbefriedigenden Trost geben. In Kärnten sagt man: ‚Jem. is wia a Sålbm': jem. ist von unechter, falscher Sanftmut und Liebenswürdigkeit.

In der Gegend von Bremen dient ‚Salbe' auch als Umschreibung für Schläge; auch österr.: ‚Den habns recht gsalmt'.

Lit.: Idioticon Austriacum, d.i. die Mundart der Österreicher ... (Wien [2]1824), S. 107; *I. Weiß:* Altkärntner Spruch, in: Die Kärntner Landsmannschaft 10 (1983), S. 40.

Salm. *Einen langen Salm über etw. machen:* lang und breit davon reden, sich wichtig tun. Salm ist eine schon mhd. übliche vereinfachte Form von ,Psalm'; ndd. ,Dat was en langen Salm', ein langes Gerede; urspr. also gebraucht für den bei der Predigt zu lang empfundenen Bibelabschnitt. Schlesw.-holst. auch: ,He weet keenen Salm to singen', er ist ratlos.

Salomo. Der rdal. Vergleich *weise wie Salomo* beruht auf 1. Kön. 4,29 ff., auf vielen anderen Bibelstellen und auf dem Titel des apokryphen Buches ,Die Weisheit Salomos an die Tyrannen'. Schon mhd. ist der rdal. Vergleich durchaus geläufig, z. B. „daz sîn witze niht gein Salomône wac" (,Willehalm' 448,12); „ sînen wîstuom Salomône" (,Erec' V.2816). In neuerer Zeit finden sich auch zahlreiche Variationen, wie *er ist ein zweiter Salomo; auch der weise Salomo hatte einen Rehabeam zum Sohn* (ndl. ,de wijze Salomo had wel een Rehabeam tot soon'); *er hat Salomos Pantoffeln geerbt;* er ist weise, klug; meist aber: er dünkt sich weise. Ähnl. die rdal. Aufforderungen an einen allzu aufdringlichen Fragesteller: ,Frage den Salomo, wenn er's weiß, so nickt er'; ,gehe hin zum Salomo, der wird's wohl wissen'.

Lit.: *A. Alt:* Die Weisheit Salomos, in: Theologische Literaturzeitung 76 (1951), S. 139–144; *J. Fichtner:* Salomos Weisheit, in: RGG, V ([3]1961), Sp. 1343–1345.

salomonisch ↗ Urteil.

Salonlöwe. *Den Salonlöwen spielen:* in einer vornehmen Gesellschaft der begehrte, bewunderte und umschwärmte Mittelpunkt sein, als glänzender Unterhalter die Aufmerksamkeit aller Anwesenden auf sich ziehen, sich als eleganter Frauenfreund und Herzensbrecher der jungen Damen erweisen. Der Ausdr. entstand zu einer Zeit, als es für bes. vornehm galt, in der besseren Gesellschaft frz. zu sprechen, vor allem aber bei den Zusammenkünften der Künstler und Gelehrten in den Salons der gebildeten Damen, die das Pariser Vorbild nachahmen wollten. Vgl. auch die Wndg. ,ein Pariser Löwe sein', die die gleiche Bdtg. besitzt. Urspr. bezeichnete man den schönen Mann frz. einfach als ,le beau'; als man diese Bdtg. später nicht mehr verstand, wurde daraus

,Salonlöwe' – ,Pariser Löwe'

der ,Löwe des Salons', wobei an die beherrschende Rolle des Löwen im Tierreich gedacht wurde.

Salpeterer. *Ein Salpeterer sein:* sich gegen obrigkeitliche Verordnungen massiv zur Wehr setzen. Hinter dem Ausdr. Salpeterer steht die Person des Salpetersieders Johann Fridolin Albiez von Buch, genannt Salpeterhans († 1727). Dieser leitete eine kath. Laienbewegung in dem Gebiet zwischen Waldshut und St. Blasien, welche für mehr Freiheit von der österr. Herrschaft kämpfte. Später wandte sich diese Bewegung auch gegen die Reformen Josephs II. (Abschaffung von Heiligenfesten) und der badischen Regierung. Die Bewegung ist Mitte des 19. Jh.s erloschen.

Lit.: *H. Hansjakob:* Die Salpeterer, eine politisch-religiöse Sekte aus dem südöstlichen Schwarzwald (1867, Waldshut [3]1876); *Th. Lehner:* Die Salpeterer (Berlin 1977); *E. Müller-Ettikon:* Die Salpeterer. Geschichte eines Freiheitskampfes auf dem südlichen Schwarzwald (Freiburg i. Br. 1979).

Salz. *Das Salz der Erde sein:* diejenigen sein, die das Evangelium überallhin bringen, die dem sittlichen Verfall auf Erden entgegenwirken. Auf die konservierende und reinigende Kraft des Salzes spielt die Bergpredigt (Matth. 5,13) an. Die Jünger werden von Jesus der Schlechtigkeit der

Welt gegenübergestellt: „Ihr seid das Salz der Erde". Zusammen mit dem Brot ist Salz der Inbegriff der Hausnahrung und Sinnbild der Ergebenheit und Treue. Ausschütten von Salz bei Tisch bedeutet im Volksglauben kommenden Streit, Zank, Tränen.

Damit verdient er nicht das Salz auf (in) die (zur) Suppe: damit verdient er nur ganz wenig. In einem Hochzeitsgedicht vom Jahre 1738 wird der Beruf des Verfassers mit einem Kebsweib verglichen:

Und wenn ich nicht stets bei ihr sitze,
So ist sie stumm und mausetot
Und bringt mir nicht das Salz zur Grütze.

Erzgeb. heißt es: ‚Dar hot immer geschanzt wie eener, dar's Salz ufs Brut nutwend'g braucht'; els. ‚Er hat nit Salz uf en Ei', er hat gar kein Vermögen.

Jem. das Salz in der Suppe nicht gönnen: mißgünstig, neidisch auf jem. sein, ↗Suppe. Überhaupt werden Suppe und Salz in volkstümlichen Vorstellungen oft in Verbindung miteinander gebracht. So heißt es z. B. daß eine versalzene Suppe auf ein Verliebtsein des Kochs oder der Köchin hindeutet, die mit ihren Gedanken woanders sind und daher mehrfach Salz einstreuen. Daneben besteht auch die Vorstellung, daß ein sogenanntes ‚salzloses Leben' ein verfehltes, unerfülltes oder liebesleeres Dasein, umschreibt.

Umg. sagt man über eine zu teure Ware: ‚Dieser Preis ist mir zu gesalzen'. Eine scherzende und zugleich scharfsinnige Rede ist ;Attisches Salz'.

Einen Scheffel Salz mit jem. gegessen haben: lange mit ihm zusammen gelebt, ihn genau kennengelernt haben (um einen Scheffel Salz zu verzehren, benötigt man lange Zeit). Mit den Worten ‚Wir haben noch keinen Scheffel Salz miteinander gegessen' weist man allzu große Vertraulichkeit zurück (vgl. Schwein). Schon bei Cicero heißt es: „Verum illud est, quod dicitur, multos modios salis simul edendos esse, ut amicitiae munus expletum sit". Aber schon bevor Cicero die Redensart benutzte, war sie eine alte griechische Phrase. In Heinrich von Wittenweilers satirisch-didaktischem Epos ‚Der Ring' (Wende des 14. zum 15. Jh.) heißt es (V. 4724 ff.):

Doch scholt du getrawen swach
Einem in vil grozer sach,
Hast du noch nicht mit im gessen
Ein vierding salz wol aufgemessen.

und bei Burkard Waldis (gest. 1596):

Wenn du wilt einen freunt erwelen,
So mustu gar genaw zelen,
Sein zusag nicht zu hoch vermessen,
Habst denn viel saltz erst mit jm gessen.

Goethe schreibt in ‚Hermann und Dorothea' (6. Gesang, V. 162):

Denn ich habe das Sprichwort so oft erprobet gefunden:
Eh' du den Scheffel Salz mit dem neuen Bekannten verzehret,
Darfst du nicht leichtlich ihm trauen.

Die Rda. ist auch in den Niederlanden bekannt.

Keinen Zentner Salz mehr essen: nicht alt werden; schwäb. ‚Hier fress' ich keinen Sack Salz mehr': hier werde ich nicht mehr lange bleiben. Wenn einem schwäb. Bauern beim Essen etw. auf den Boden fällt, sagt er, indem er das Stück aufhebt: ‚'s ißt kei Bauer was ug'salze'.

Das Salz bringen, wenn die Eier gegessen sind: zu spät kommen.

Mit Salz und Brot zufrieden sein: genügsam, bescheiden sein.

Ins Salz hacken gebraucht der Schulmann und Dichter Christian Weise (1642–1708) für ‚verleumden' (vgl. ‚zur Bank hauen', ↗Bank); wien. bedeutet: ‚an ausn Salz haun', ihn prügeln.

Im Salz liegen: in Bedrängnis, gefangen sein (z. B. in Schillers ‚Räubern' II, 3), bairisch-schwäbisch: im Wochenbett liegen, wobei an das Pökelsalz gedacht ist.

Die els. Rda., ‚Wo'r auf d'Welt kummen is, hän si kein Salz ghabt' erinnert an das im Altertum sprw. ‚attische Salz', worunter man den Witz feinerer Bildung verstand.

Das ist weder Salz noch Schmalz: das ist nichts Halbes und nichts Ganzes, ‚weder Fisch noch Fleisch'.

Jem. Salz in die Wunde streuen: (durch eine ärgerliche Äußerung) eine unangenehme Lage noch verschlimmern. *Das ist Salz in ein krankes Auge:* das ist sehr schädlich.

Salz ins Meer tragen: etw. Überflüssiges tun, ‚Eulen nach Athen tragen' (↗Eule). In der Naturgeschichte (‚Naturalis historia' XXIII, 8, 149) des älteren Plinius (23–79 n. Chr.) heißt es von einem Gegengiftrezept, daß das Mittel nur „cum grano salis", *mit einem Körnchen Salz* versehen, wirksam sei. Das Zitat ist sprw. und rdal. geworden in dem Sinne, daß eine bestimmte Behauptung nur unter ganz bestimmten Voraussetzungen und sehr eingeschränkt Gültigkeit haben könne. Entspr. auch ndl. ‚iets met een greintje zout opvatten'; engl. ‚to take a thing with a grain of salt'.

‚Cum grano salis' heißt ein Novellenmärchen aus dem Kreis der Gruppe ‚The Good Precept'. Ratschläge, die gegeben werden, sind anspruchsvollen Rätseln vergleichbar. Auch der Zuhörer der Geschichte erfährt erst am Ende deren Auflösung (AaTh 915).

Lit.: *M. R. Schleiden:* Das Salz. Seine Geschichte, seine Symbolik und seine Bdtg. im Menschenleben (Leipzig 1875, Ndr. Weinheim 1983), (= Dokumente zur Geschichte von Naturwissenschaft, Medizin u. Technik 6); *V. Hehn:* Das Salz (²1901, Ndr. Leipzig 1919); *K. Olbrich:* Art. ‚Salz', in: HdA. VII, Sp. 897–916; *R. Wehse:* Cum grano salis, in: EM. III (1981), Sp. 188–190.

Salzmann. *Laufen wie ein Salzmann:* sehr schnell laufen. Vielleicht kann die Entstehung dieser Rda. mit dem ehemaligen, blühenden Salzhandel erklärt werden. Salz wurde als sehr kostbar angesehen, und die heutigen ‚Salzstraßen' geben noch Zeugnis von den Wegen der Salzhändler. In früherer Zeit diente Salz zudem als Zahlungsmittel: die römischen Legionäre wurden manchmal mit Salz bezahlt, ↗laufen.

Salzsäule. *Zur Salzsäule werden:* vor Entsetzen erstarren; aber auch iron. gebraucht bei Überraschungen, die schon keine mehr sind. Die Wndg. ist bibl. Urspr. und bezieht sich auf 1. Mos. 19,26: „Und sein (Lots) Weib sah hinter sich und ward zur Salzsäule".

Salztrog. *(Nicht) dauernd auf dem Salztrog sitzen:* (nicht) immer zu Hause bleiben. Die Salztruhe war ein fester Bestandteil älterer Küchen, meist aus Stein oder Holz und wurde als Sitzgelegenheit benutzt; schwäb. ‚nid dauernd uf der Salztrucke sitze'.

Samariter. *Ein barmherziger Samariter sein:* einem hilfsbedürftigen, notleidenden Menschen helfen, auch wenn er ein Fremder ist. Diese Bez. für einen gutmütigen, hilfreichen Menschen geht auf die bibl. Erzählung vom ‚Barmherzigen Samariter' zurück. (Luk. 17,11–19). Zur Zeit Jesu bildeten die Samariter eine Sondergruppe mit kulturellen und nationalen Unterschieden zu den Juden in Samaria. Jesus stellt den Juden die Samariter oft als Vorbild hin, auch werden die Samariter als erste Nichtjuden getauft. Die im 18. Jh. geprägte Bez. meint freiwillige Hilfsbereitschaft, auch: ‚Samariterdienst'.

Lit.: *W. Jens:* Der barmherzige Samariter (Stuttgart 1973); *M. Lüthi:* Lob der Autonomie und der Heteronomie, in: Jb. für Volksliedforschung 27/28 (1982/83), S. 23 (Röhrich-Festschrift).

Samt. *In Samt und Seiden gehen:* mit kostbaren Stoffen bekleidet sein, auch: ein prunkvolles Leben führen. Schon mhd. ist diese alliterierende Rda. belegt, in: ‚sammith unde syden'. Da Samt erst Anfang des 15. Jh. größere Bdtg. erlangte, kann der mhd. Beleg kaum älter sein. In Goethes ‚Faust' I singt Mephistopheles in Auerbachs Keller das Lied vom Floh:

Es war einmal ein König,
Der hatt einen großen Floh,
Den liebt' er gar nicht wenig:
Als wie seinen eignen Sohn.
Da rief er seinen Schneider,
der Schneider kam heran:
„Da, miß dem Junker Kleider,
Und miß ihm Hosen an!" –
In Sammet und in Seide
War er nun angetan,
Hatte Bänder auf dem Kleide,
Hatt auch ein Kreuz daran,
Und war sogleich Minister ...

Lit.: *M. Lehmann:* Seide und Samt (= Dt. Textilbücherei 3) (Hannover u. Berlin 1925).

samt. *Samt und sonders:* alles zusammen ohne Ausnahme. Mhd. ‚sament' bez. das Zusammengehörige, Gleichzeitige, mhd. ‚sunder' das Alleinstehende, Einsame. So bedeutet diese stabreimende Zwillingsformel, daß alles, auch das Abseitigste, das weit Entfernte erfaßt werden soll.

Sanatorium. *Ins Sanatorium kommen:* in die Psychiatrische Klinik eingeliefert werden. Das Wort ist im späten 19. Jh. unter Einfluß von engl. ‚sanatorium' im Dt. populär geworden; später wurde es als Euphemismus für Lungenheilanstalt und Irrenhaus gebraucht.

Lit.: S. Sonntag: Krankheit als Metapher (München 1978).

Sand. *Einem Sand in die Augen streuen:* ihm die Wahrheit entstellt berichten, ihn täuschen (vgl. frz. ‚jeter de la poudre aux yeux de quelqu'un'; ndl. ‚iemand zand in de ogen strooien'; engl. ‚to throw dust in a person's eyes'; amer. ‚to pull the wool over a person's eyes'). Die Wndg. beruht auf einem alten Fechterkniff, es dem Gegner dadurch zu erschweren, daß man ihm Staub oder Sand in die Augen treiben läßt oder geradezu mit einer Hand hineinwirft. So erklärt sich leicht, wie die Rda. im Ndd. auch den Sinn haben kann: einen übertreffen. Ähnl. erklärt 1528 Erasmus von Rotterdam (‚Adagia' 2,9): „Pulverem oculis offundere. Dicitur, qui de industria rem obscurat et adversario iudicium eripit. Traductum videtur a militia". Schon bei dem röm. Schriftsteller Gellius (geb. um 130 n. Chr.) kommt in gleicher Bdtg. vor: „Pulverem ob oculos aspergere" = Staub gegen die Augen streuen.

Der ‚Dictionnaire de la langue française' von Antoine Furetière von 1701 gibt allerdings noch eine andere Erklärung, die einleuchtender und wahrscheinlicher ist als diejenige aus der Praxis des Fechtsports: bei den Olympischen Spielen sollen die

‚Einem Sand ins Auge streuen'

vordersten Läufer mit ihren Füßen Sand aufwirbeln, um ihre Verfolger zu behindern, die dann nichts mehr sehen können. (C. Duneton: La Puce à l'oreille: Anthologie des expressions populaires avec leur origine [Paris 1978], S. 307).

Die Wndg. *jem. auf den Sand setzen* stammt aus dem Turnierwesen, wo der Kämpfer seinen Gegner aus dem ↗Sattel hob und in den Sand warf.

Auf (den) Sand bauen: seine Hoffnung oder sein Vertrauen auf einen schlechten, unzuverlässigen Grund setzen; ndd. ‚op Sand is keen good Hus to buwen'; entspr. frz. ‚bâtir sur le sable'; engl. ‚to build on sand'; ndl. ‚op zand, zandgrond, bouwen'. Die Rda. ist bibl. Urspr.: Matth. 7,26 steht das Gleichnis von dem „törichten Manne, der sein Haus auf den Sand baute", so daß Regen und Wind es zu Fall brachten. Bes. bekannt wurde der Ausdr. durch die Schlußzeile von Neumarks (gest. 1681) Gesangbuchlied ‚Wer nur den lieben Gott läßt walten', wo es heißt:

Wer Gott dem Allerhöchsten traut,
Der hat auf keinen Sand gebaut.

Eine Erzählung von Nik. Fries von 1872 heißt: ‚Das Haus auf Sand gebaut'.

Etw. ist in den Sand geschrieben: etw. hat keinen Bestand; auch: *etw. in den Sand schreiben:* etw. bald wieder vergessen. ↗Wind.

Ein Spruch für das Poesie-Album lautet:

Was du gibst,
schreib' in den Sand;
was du empfängst,
in eine Marmorwand!

Sand über etw. streuen: der Vergessenheit übergeben; die Rda. geht auf den Streusand (↗Punkt) zurück, mit dem man früher die Tintenschrift ablöschte; weniger wahrscheinl. auf den Sand, den man auf den Sarg im Grabe streut; vgl. frz. ‚passer l'éponge sur quelque chose'.

Wie Sand am Meer: sehr viel. Dieser rdal. Vergleich der Vielheit beruht auf 1. Mos. 22,17; 32,13 und anderen ähnl. Bibelstellen, wie 1. Sam. 13,5: „Da versammelten sich die Philister, zu streiten mit Israel, 30000 Wagen, 6000 Reiter und sonst Volk, so viel wie Sand am Rand des Meers ..."; vgl. engl. ‚as numerous as the sands of the sea'.

Den Sand pflügen: eine vergebliche Arbeit

verrichten; ebenso: *in den Sand säen* (engl. ,he is sowing on the sand'), *Sand in die Wüste tragen, Sand zusammenknüpfen,* ↗Sägmehl.

Sand auf Hagenau führen bedeutet im Elsaß dasselbe wie: ,Wasser in den Rhein tragen' (↗Wasser). Joh. Fischart verwendet (,Ehezuchtbüchlein', S. 123/6f.) „Sand zum Meer tragen" als rdal. Bild unsinnigen und überflüssigen Tuns.

Im Sande verlaufen; ergebnislos ausgehen; bildl. vom Wasserrinnsal im Wüstensand. Vielleicht ist auch einfach an eine Spur oder Fährte gedacht, die nur bis zum Sand zu verfolgen ist; der Wind weht sie zu und macht sie im Sande unkenntlich.

,Sand ins Getriebe streuen'

Sand im Getriebe haben: nicht verstehen, nicht recht bei Verstand sein; der Maschinentechnik entlehnte, modern umg. Wndg.; vgl. frz. ,avoir un grain'; entspr. auch: *einem Sand ins Getriebe schmeißen (schütten, streuen);* das erfolgversprechende Vorgehen eines Menschen heimtückisch zu beeinträchtigen suchen.

Lit.: *K. Olbrich:* Art. ,Sand', in: HdA. VII, Sp. 936–939.

Sandmann. *Der Sandmann kommt,* sagt man zu Kindern, die müde sind. Entstanden ist die Rda. wahrscheinlich durch die Beobachtung, daß sich müde Menschen die Augen reiben, als ob sie Sand darin hätten.

Wann genau dieses Bild vom Sand in die Augen streuenden Sandmann entstanden ist, läßt sich nicht genau sagen; vielleicht ist der altgriechische Gott Hypnos, der Gott des Schlafs, ein Vorbild für die Figur des Sandmanns gewesen. Hypnos dachte man sich als mit einem Mohnstengel Umherwandelnden und den Schlummer Ausstreuenden; im Ndd. sagt man ,Sandsäer', bayr. heißt der Sandmann ,Pechmandl'. Auch im Engl. (sandman), Schwedischen (John Blund) und Dän. (Ole Lukøje) ist die Figur vorhanden. E. Th. A. Hoffmann hat ein grausiges Nachtstück ,Der Sandmann' genannt, in welchem der Sandmann eine äußerst angsteinflößende Figur ist – im Gegensatz zu seiner Rolle in Volks- und Kunstliedern: „Der Sandmann ist da; er hat so schönen weißen Sand, ist allen Kindern wohlbekannt". Die zweite Strophe des Liedes ,Die Blümelein sie schlafen' lautet:

Sandmännchen kommt geflogen
und schaut zum Fenster rein,
ob irgendwo ein Kindelein
nicht mag zu Bette sein.
Und wo es noch ein Kindlein fand,
streut es ins Aug' ihm Sand.

Berühmt geworden ist auch das Lied aus E. Humperdincks Kinderoper ,Hänsel und Gretel': „Der kleine Sandmann bin ich …". Für Kinder wohnt der Sandmann wie auch in ,Peterchens Mondfahrt' am Himmel in der Milchstraße.

Lit.: *F. Ranke:* Art. ,Sandmann', in: HdA. VII, Sp. 939.

Sang. *Ohne Sang und Klang:* ohne große Feierlichkeiten, ohne viel Umstände; *sang- und klanglos verschwinden:* unrühmlich ausscheiden; auch: unauffällig, unbemerkt weggehen. Die Wndg. bezieht sich urspr. auf die kirchlichen Feierlichkeiten bei einem Leichenbegängnis und bedeutet eigentl.: ohne daß zu Ehren des Toten die Glocken erklingen und ein Trauerlied oder ein Requiem gesungen wird; vgl. G. A. Bürgers Ballade ,Lenore':

Nach Mitternacht begrabt den Leib
Mit Klang und Sang und Klage.

In anderer Form bei Luther: „Er wird beerdigt ohne Läuten und Däuten, ohne Gesäng und Gepräng"; vgl. frz. ,déloger sans tambour ni trompette', ,décamper à la sourdine'; engl. ,leave without drum or trumpet'; ndl. ,met stille trom vertrekken'. ,Da schweigt des Sängers Höflichkeit' ↗schweigen.

Sankt … In der modernen Gesellschaft werden ,fiktive Heilige' oder ,Heiligtümer' mit ‚Sankt' gekennzeichnet, und zwar in iron. Weise: So *Sankt Bürokratius, Sankt Ohnegeld, Sankt Nimmerleinstag* ↗Pfingsten, ↗nie; *Sancta Simplicitas* usw.

Lit.: *Fr. Wörndel:* Sankt Bürokratius wie er lebt und wirkt; 250 Kapitel mit gegen 300 lustigen und betrüblichen Schnurren aus reichs-, staats- und gemeindebeamtlichen Verwaltungen ... (Stuttgart 1922).

Sardinenbüchse. *Eng wie in der Sardinenbüchse:* übermäßig zusammengedrängt; auf engstem Raum, ↗Ölsardine.

Sarg. *Etw. streckt jem. auf den Sarg:* ein Ereignis führt zum Tod einer Person. Diese stark poetische Wndg. wurde z.B. von Schiller gebraucht: „Eine Aufwallung des Zorns ... streckte ihn auf den Sarg" (Werke 6, S. 117), ↗zeitlich.
Ein Ort ist wie ein Sarg: eine Stadt, ein Dorf scheint ausgestorben, ist menschenleer.
Ein Sargnagel für jem. sein: jem. sehr ärgern, enttäuschen.
Die Rda.: *Einen leeren Sarg begraben* i.S.v. etw. Unnützes tun, gehört in den Umkreis der Sage vom Toten, der seinem eigenen Begräbnis zusieht, während der Sarg, in dem er liegen sollte, leer begraben wird.
In dem letzten Gedicht (Nr. 65) seiner ‚Dichterliebe' verwendet H. Heine die Sarg-Metapher:

Die alten, bösen Lieder,
Die Träume schlimm und arg,
Die lasst uns jetzt begraben;
Holt einen großen Sarg.

Hinein leg' ich gar Manches,
Doch sag' ich noch nicht, was;
Der Sarg muss sein noch größer,
Wie's Heidelberger Faß.

↗Kredit, ↗Tod.
Über die Geschichte des Sarges ist leider noch wenig Gesichertes bekannt. Als einer der ältesten Särge aus Holzplanken wird der Sarg König Childerichs I. (481) betrachtet (H. L. Cox, S. 11). Literarisch bezeugt sind Särge und Bretter zum ersten Mal bei Gregor von Tours im Jahr 571, als bei der Pest in Clermont Mangel an Särgen und Brettern auftrat. Die Bestattungen ohne Särge wurden in den darauffolgenden Jhh. in freien Erdgräbern vorgenommen; bes. in Süddtl. und Österr. fanden noch bis ins 19. Jh. Bestattungen ohne Särge statt. Noch im 18. Jh. wurde eine Beerdigung in einem Sarg als Luxus empfunden.

Lit.: *K. Gernaud:* Die Bez. des Sarges im Galloromanischen (Gießen 1928); *P. Geiger:* Art. ‚Sarg', ‚Sarglegung', ‚Sargnagel', in: HdA. VII, Sp. 942–957; *A. Bretschneider:* Särge, in: Indogermanische Forschungen (1948), S. 191; *H. L. Cox:* Die Bez. des Sarges im Kontinental-Westgermanischen (Marburg 1967) (= Atlas der dt. Vkde., N. F. Beiheft 2); *K. Ranke:* Die Sage vom Toten, der seinem eigenen Begräbnis zuschaut, in: Die Welt der Einfachen Formen (Berlin 1978), S. 135–162; *S. Metken* (Hg.): Die letzte Reise. Sterben, Tod und Trauersitten in Oberbayern (München 1984).

Satan ↗Teufel.

Satisfaktion. *Satisfaktion verlangen (gewähren):* Genugtuung mit der Waffe. Das Prinzip der Genugtuung mit der Waffe verlangt, daß ein Ehrenhandel mit der Waffe ausgetragen werden muß. Das

‚Satisfaktion'

Waffenprinzip gehört zum Wesen der sog. Schlagenden Verbindungen (Corps). Sog. ‚Bestimmungsmensuren' (umg. Paukerei, Mensur, Partie, Schlägermensur) sind kein Ehrenzweikampf. Sie werden ausgetragen zwischen zwei Paukanten, die von einem Gremium als Kontrahenten bestimmt wurden. Vertreter des strengen Waffenprinzips lehnen das Schlagen von Bestimmungsmensuren ab und kennen nur den Ehrenzweikampf: einen geregelten Waffengang nach vorausgehender Forderung zur Beendigung eines Ehrenhandels (umg.: Zweikampf, Duell, Paukerei, akad. Mensur, pers. Kontrahage, Partie).
Die Regelung, Ordnung der Sitten und Gebräuche nach herkömmlicher ständi-

scher (commentmäßiger) Art nennt man Comment. Hierher gehören neben den allgemeinen Verhaltensregeln für richtiges Benehmen auch die Vorschriften für das Tragen von Farben und Zeichen sowie der sog. Trinkcomment.

Lit.: *Th. Gantner (Hg.):* Couleurstudenten in der Schweiz. Ausstellung des Schweiz. Museums f. Vkde. Basel 1979/80.

satt. *Jem. (etw.) satt haben:* genug von jem. (etw.) haben; jem. (etw.) überdrüssig sein. *Sich (einfach) nicht satt sehen können:* seinen Blick nicht lösen können, in dem Anblick schwelgen.
Dem Märchen ,Tischlein deck' dich, Goldesel streck dich und Knüppel aus dem Sack' (KHM. 36) ist die Formel entnommen, die oft gesagt wird, wenn man satt ist, aber noch etw. zu essen aufgezwungen bekommt: „Ich bin so satt, ich mag kein Blatt".

Sattel. *Einen aus dem Sattel heben:* ihn besiegen, ihn verdrängen; eigentl.: ihn im ritterlichen Zweikampf zu Pferd aus dem Sattel werfen (↗ Sand). Wer aus dem Sattel gehoben war, war nicht nur besiegt, sondern nach den strengsten Turnierbestimmungen samt Pferd, Rüstung und Wagen

,Aus dem Sattel werfen'

eine Beute des Siegers geworden, in dessen Belieben es stand, ob und wann er den Besiegten freilassen, ob und für welche Summe er ihm Pferd und Waffen zurückgeben wollte. Die Rda. begegnet in übertr. Sinne seit dem 16. Jh.; gebucht ist sie seit 1691 durch Stieler in ,Der Teutschen Sprache Stammbaum' (2045). Das Gegenteil ist: *sich im Sattel halten, fest im Sattel sitzen;* vgl. Goethe im ,Westöstlichen Divan': „Laßt mich nur in meinem Sattel gelten!", und ,Sprichwörtlich':

Nein! heut ist nur das Glück erbost!
Du sattle gut und reite getrost!

Vgl. frz. ,être bien en selle'.
In den Sattel setzen. Bismarck schloß eine am 11. März 1867 im Nordd. Reichstag gehaltene Rede: „Meine Herren, arbeiten wir rasch! Setzen wir Deutschland, sozusagen, in den Sattel! Reiten wird es schon können" (,Reden' III, 184). Er wiederholte das Wort in einer Unterredung mit den Abgeordneten Dietze (Barby) und Lucius am 27. März 1874 und nannte es damals schon ein geflügeltes, indem er sagte: „Ich fürchte, dieses geflügelte Wort muß man wieder streichen". In seinen ,Gedanken und Erinnerungen' (2,58) schreibt Bismarck im Hinblick auf dieses Wort: „Ich habe nie gezweifelt, daß das deutsche Volk, sobald es einsieht, daß das bestehende Wahlrecht eine schädliche Institution sei, stark und klug genug sein werde, sich davon frei zu machen. Kann es das nicht, so ist meine Redensart, daß es reiten könne, wenn es erst im Sattel säße, ein Irrtum gewesen" (Büchmann)
Vgl. frz. ,mettre en selle'.
Sattelfest sein, in vielen (oder *allen*) *Sätteln gerecht sein:* in allem tüchtig, zu allem gut zu gebrauchen sein; die Redensart bedeutet heutzutage ein Lob; das war es z.T. schon im 16. Jh.; vgl. Hans Sachs' ,Klage dreier Hausmägde über ihre Herrschaft':

(Wir) seind doch auff all settel gerecht,
Ein gantzes jar umb kleinen lon;

ähnl. auch im 16. Jh. in der ,Zimmerischen Chronik' (4,169): „sich zu allen sätteln gebrauchen lassen", und (2,251): „Ist zu allen sätteln wie man sprücht, zu schimpf und zu ernst, vor andern seinesgleichen zu gebrauchen gewesen"; verneinend (4,167): „Es ware ihm kein sattel gerecht"; dagegen abschätzig 1649 bei

Gerlingius (Nr. 74): „Cothurno versatilior. Vnbeständiger als ein zweyfüßiger schuch. Der ist auf alle Sättel gerecht".

Vom Sattel leben: vom Raub, vom Erbeuteten leben; so bei Jean Paul („Aus des Teufels Papieren' 1,72): „Er lebte, wie man aus der dt. Geschichte weiß, sonst vom Rauben, und hieß es, ‚vom Sattel oder Stegreif leben'", ↗Stegreif.

Den Sattel tragen müssen: rdal. Umschreibung für die alte Strafe desjenigen Freien, der sich gegen seinen Herrn empört hat und nun wieder zum Gehorsam gezwungen wird.

Auch *einen in den Sattel weisen* geht auf einen alten Rechtsbrauch zurück. Man umschrieb damit eine bes. Art der Pfändung von Haus und Hof (Grimm: Rechtsaltertümer, S. 718).

Noch kräftig draufsatteln: jem. noch größere Belastungen auferlegen, als er ohnehin schon hat; ein Problem noch zusätzlich schaffen.

Umsatteln: das Studium, den Beruf wechseln, eigentl.: in einen andern Sattel steigen (so seit dem Ende des 16. Jh.); vgl. frz. ‚changer son fusil d'épaule'.

Sau wird in vielen derben rdal. Vergleichen gebraucht, z. B. *davonlaufen wie die Sau vom Trog:* ohne Abschied, ohne Dank oder Gruß weggehen. Die Wndg. ‚Die Sau läuft mit dem Zapfen fort', auf schlimme Folgen wird nicht geachtet, ist in der ndl. Rdaa.-Malerei mehrfach bildl. dargestellt worden; *schreien wie eine gestochene Sau;* vgl. frz. ‚crier comme une truie qu'on égorge'.

Mit einem umgehen (ihn anfahren) wie die Sau mit dem (den) Bettelsack (aus dem sie die Treber herauswühlt); bei Luther: „wie die Sau den Habersack"; *passen wie der Sau das Halsband:* schlecht passen; *es so dick hinter den Ohren haben wie die Sau die Läuse:* sehr schlau und gemein sein (↗Ohr); *Augen machen, als ob die Sau sichten* (Mehl sieben) *hört:* erwartungsvoll dreinsehen; *schwitzen wie eine Sau;* vgl. frz. ‚suer comme un boeuf'.

Von zwei Menschen gleichen Schlags sagt man nordostdt.: ‚Sie sind wie von einer Sau geferkelt'. *Sich benehmen wie eine gesengte Sau:* sich sehr schlecht, ungesittet benehmen.

„Uns ist ganz kannibalisch wohl als wie fünfhundert Säuen" in Goethes ‚Faust' (I, ‚Auerbachs Keller') beruht auf einem alten volkstümlichen rdal. Vergleich, den z. B. Thomas Murner einmal in der Form „vierhundert Beckerschweine" bringt.

Die Sau rauslassen; unanständig werden; sich schlecht benehmen, unflätige Reden führen; diese Rda. ist bes. in Bundeswehrkreisen beliebt.

‚Die Sau rauslassen'

Vor die Säue gehen: verkommen, ‚vor die Hunde gehen' (↗Hund). Die Rda. stammt vom bibl. Gleichnis vom verlorenen Sohn.

Einen zur Sau machen: ihn grob anherrschen, beschimpfen, schinden. Der Betreffende wird zugerichtet, daß er einer geschlachteten Sau gleicht.

In Homers ‚Odyssee' (10, 133–574) wird von der Landung des Odysseus und seiner Gefährten auf der Insel der Zauberin Kirke berichtet, wo letztere die Leute des Odysseus bewirtet und die Hälfte von ihnen mit Hilfe eines Zaubertranks in Schweine verwandelt.

Ich werde zur Sau! Ausruf des Erstaunens; seit etwa 1900 aufgekommen. Älter ist, z. B. bei Joh. Fischart (‚Podagrammatisch Trostbüchlein' 106): „Die Sau kurzer am strick führen" = schärfer auftreten.

Die wilde Sau (oder *Wildsau*) *spielen:* Untergebene gröblichst schikanieren, wütend sein, toben wie ein auch den Menschen angreifendes Wildschwein.

Einer fetten Sau den Arsch schmieren: einem Reichen Geschenke machen. ‚Einer fetten Sau das Loch schmieren' auch: als derbe Abweisung, wenn jemand etwas verlangt, was er selbst im Überfluß besitzt.

Ich hab's schon einer anderen Sau versprochen hört man als Abweisung auf die Aufforderung ‚Leck mich am ↗Arsch!'

Einen Zudringlichen weist man ab mit dem Bemerken, daß man *noch nicht die*

1

Die sauw kronen

Sus sauw/ grobians heißt eyn schweyn
Der nüt kan den eyn vnflat seyn
Von dem mit worten/wercken/berdē
Die mor im stall müß kronet werden
Vnd vnser loß so adlich schertzt
Das er sy vff eyn küssen setzt

3

Und könnt' die Wildsau Pauken schlagen,
2 Das wäre lustig, nicht zum sagen!

1 ‚Die Sau läuft mit dem Zapfen fort'
2 ‚Die Wildsau spielen'
3/4 ‚Die Sau krönen'

4

Säue mit ihm gehütet habe, was als eine sehr geringgeschätzte Tätigkeit galt. In den ‚Soldaten' von J. M. R. Lenz (II,3) sagt Marie: „Papa, denkt doch, was der grobe Flegel, der Stolzius, mir für einen Brief schreibt; er nennt mich Ungetreue! Denk doch, als ob ich die Säue mit ihm gehütet hätte". Ähnl. auch in den Mdaa., z. B. rheinhess. ‚ich wüßt' net, daß mer z'sammen die Säu gehüt' hän' – so wird ein unberechtigter Anspruch Niedrigstehender abgewehrt. Vgl. französisch ‚Nous n'avons pas encore gardé les cochons ensemble'.

Thom. Murner behandelt in seiner ‚Schelmenzunft' von 1512 auch die, „die die Säue krönen", d.h. unflätige Reden führen, und läßt ihr Tun im Bilde darstellen; vgl. auch ‚die ↗Sauglocke läuten'.

Die Sau in den Kessel stoßen: eine Sache sehr grob erledigen, ist eine alte Rda., die sich samt bildl. Darstellung z. B. in Seb. Brants ‚Narrenschiff' findet:

Wer sich uff gwalt im reht verloßt
Und henckt sich, wo der wind her bloßt,
Derselbe die suw inn kessel stoßt.

In der Rangstufe der Haustiere (vgl. ‚vom Pferd auf den Esel') steht die Sau an einer der untersten Stellen; daher etwa schwäb. ‚auf der Sau naus', els. ‚ich möcht uf der Su furt!', mir geht die Geduld aus, eigentl.: ich möchte lieber auf dem elendesten Reittier fort als gar nicht, was wohl einer alten obszönen Haltung und Gebärde entspricht. *Keine Sau:* niemand; Verstärkung der Negation durch das geringschätzige Wort, ähnl. wie ‚nicht die ↗Bohne'; vgl. frz. ‚pas un chat'.

Als Verstärkung dient Sau auch in Zusammensetzungen, wie ‚Sauarbeit', ‚Saubande', ‚Saufraß', ‚saugrob', ‚Sauhund', ‚Sauzeug' usw.

Das ist unter aller Sau: sehr schlecht, wertlos, ‚unter aller Kritik', ‚unter aller Kanone'. Das Wort ‚Sau' hat in dieser Rda. nichts mit dem Tier zu tun, sondern stammt aus dem Jidd. ‚seo': Maßstab. Sau bedeutet auch soviel wie ‚Fehler' (ähnl. wie ‚Bock', ‚Pudel' u.a.). *Eine Sau machen;* einen Fehler begehen; auch: *ein Sau aufheben:* einen Fehler machen, Mißerfolg haben; so bei A. a Sancta Clara (Lauchert, S. 28) und in Andreas Gryphius' „Schimpff Spiel" ‚Peter Squenz': „zehn Säue machen".

Eine Sau haben: Glück haben, ‚Schwein haben', ↗Schwein.

Die Sau verkaufen: jem. ein Schwein unter dem Preis anbieten, schenken; bedeutet soviel wie: durch unsittliches Tun Unheil über andere bringen. Murner bringt die Darstellung des Helena-Raubes in der ‚Schelmenzunft' unter dem sprw. Motto des ‚suw-kouffes', des Schweineverkaufens. Paris hat durch die gewalttätige Entführung Helenas den Trojanern „eine suw verkauft und dadurch Troja in eschen gelegt". All diesen verächtlichen Rdaa. gegenüber wird aber die Sau auch als wertvoller Besitz und wichtige Ertrags-

‚Die Sau in den Kessel stoßen'

quelle in der bäuerlichen Wirtschaft gewürdigt und wird so zum Bild für Geschäft, Einnahme, Glück. ‚Sein suw ist ietzund feiszt' meint: sein Geschäft steht gut, er ist vom Glück begünstigt, und die burschikose Rda. ‚Schwein haben' darf hier vielleicht ihren Urspr. suchen.

Scherzhaft heißt es im Schwäb.: ‚I koch halt, wie i ka; was mei Sau it frißt, des kriegt mei Ma', ↗Schwein.

Perlen vor die Säue werfen ↗Perle.

Lit.: *A. Risse, in:* Zs. f. d. U. 8 (1894), S. 298: *R. Merkelbach:* Untersuchungen zur Odyssee (München 1951);

R. Wildhaber: Kirke und die Schweine, in: Schweiz. Arch. f. Vkde. 47 (1951), S. 233–261; *S. A. Wolf, in:* Mitteilungen aus dem Arbeitskreis der Jiddistik (1957), S. 84; *R. Gruenter:* Thomas Murners satirischer Wortschatz, in: Euphorion 53 (1959), S. 27f.; *G. Debereux:* Die mythische Vulva (Frankfurt/M. 1981.

Saubohne. *Gröber sein als Saubohnenstroh:* sehr grob, unerzogen, taktlos sein. Dieser rdal. Vergleich ist bes. im südwestdt. Raum belegt: ‚Er isch gröber aß Saubohnestrau' (J. Ph. Glock: ‚Breisgauer Volksspiegel; S. 7).

Sauce. *Keine lange Sauce machen:* keine Umschweife machen, sich kurz fassen. Seit dem späten 19. Jh. wird ‚Sauce' hauptsächlich in sprachl. Bildern mit pejorativer Bdtg. wie Brühe, Dreck, Brei verwendet; dann auch: Schwierigkeit, Wertlosigkeit.
In der Sauce sitzen: in Verlegenheit sein; in der ↗Tinte sitzen.
Jem. in der eigenen Sauce schmoren lassen ↗Saft. ‚Quatsch mit Sauce' sagt man und kommentiert damit ein dummes Gerede.

sauer. *Einem das Leben sauer machen:* ihn schikanieren, ärgern, quälen; vgl. frz. ‚mener la vie dure à quelqu'un'. Die Rda. ist bibl. Urspr.: 2. Mos. 1,14 wird erzählt, daß die Ägypter den Kindern Israel „das Leben sauer machen". Sir. 11,11 übersetzt Luther: „Mancher läßt es sich sauer werden", aber doch wohl unter Benutzung eines schon vorher volkstümlich gewesenen Ausdr. *sich etw. sauer werden lassen.*
‚Sauer' wird oft mit seinem Gegensatz ‚süß' in Verbindung gebracht, vor allem in Rdaa., die sich auf eine unglückliche, unharmonische Ehe beziehen. Abraham a Sancta Clara schreibt in seiner ‚Dorotheenpredigt' von 1679: „Will er sauer, will sie süß". Aus der Mitte des 13. Jh. ist ein Tiroler Schwank erhalten. Er heißt: ‚Die böse Frau'. Der Ehemann klagt hier: „Spriche ich ‚guot', si sprichet ‚sur', spriche ich ‚sur', si sprichet ‚guot', wir haben ungelichen muot".
Das Sprw. ‚Sauer macht lustig' (urspr. ‚Sauer macht Appetit', um 1700) meint: saure Speisen fördern den Appetit, sie machen ‚gelüstig' auf Speisen. Ein ndd. Sagte-Sprichwort parodiert die Wndg.: „‚Sûr mâkt lustig', sä Gode to sîne Frô, to terslöögt he ehr den Essigput up'n Kopp". Eine moderne ironische Weiterbildung ist: ‚Sauer macht lustig, da lacht der deutsche Wald (da hat wenigstens der Schwarzwald was zu lachen)': Anspielung auf den sauren Regen. *Sauer sein* (oder *reagieren):* verärgert sein, beleidigt, verschnupft sein; ebenso: *sauer aufstoßen* (Ärger bewirkt eine Überproduktion v. Magensäure).
Laß es dir sauer kochen, koch es (oder *ihn*) *dir sauer!:* Ausdr. der Abweisung, der Ablehnung. *Er kann sich sauer kochen lassen:* er ist dumm, unfähig. *Es riecht sauer:* es steht bedenklich. *Sauer werden:* die Lust verlieren. vgl. engl.: ‚to turn sour'.
Gib ihm Saures!: verprügle ihn tüchtig. Im rdal. Vergleich steht: *sauer wie eine Essiggurke, wie ein Tankwagen mit Weinessig. In den sauren Apfel beißen* ↗Apfel; *saure Trauben* ↗Traube; *Saure-Gurken-Zeit* ↗Gurke.

Lit.: *E. Schröder* (Hg.): Zwei altdt. Schwänke (Leipzig [3]1935), S. 16–17; *H. Schrader:* Sauer macht lustig, in: Zs. f. dt. Sprache (Hamburg) 10 (1896/97), S. 7–8; *B. Petzold:* Er hat sich's redlich sauer werden lassen. Es ist ihm sauer geworden, in: Zs. f. Deutschkunde 34 (1920), S. 271.

Sauerkraut. *Noch tief im deutschen Sauerkraut stecken:* in der Fremde noch zu sehr mit deutschen Sitten und Anschauungen behaftet sein; diese Rda., sowie die folgende, sind bei Deutschen, die im Ausland leben, entstanden, bes. jedoch in Nordamerika verbreitet. *Jem. hat deutsches Sauerkraut gegessen* heißt dort, jem. ist mit dt. Verhältnissen vertraut. Generell steht ‚Kraut' bei den Amerikanern als Symbol für die Deutschen (‚The Krauts'). Die 86. Street in New York, wo viele Deutsche wohnen, heißt im amer. Volksmund ‚Sauerkraut-Street'.
Sauerkrautlatein sprechen: ein sinnloses, deutsche Wörter verlatinisierendes Latein sprechen. Diese Sprachscherze erfreuen sich seit dem MA. bes. in Schülerkreisen großer Beliebtheit. Sie wurden nach der angeblichen Nationalspeise der Dt. benannt, heißen aber auch: Makkaronische Poesie.
Beispiele: ‚distinguendum': dies Ding wend' um; ‚pauper non est anser': der

Arm ist nicht ganz; ‚Kuhfortis stalleris‘: Kuh fort ist, Stall leer ist.

Lit.: *F. W. Juxicus* (= F. Winterstein): Der lustige Lateiner (Frankfurt/M. 1909); *H. Weis:* Bella Bulla (Bonn [5]1969).

Sauerteig. *Der Sauerteig in der Bewegung sein:* der positive Anreger, der vorwärtstreibende Initiator einer Sache sein. Bei Goethe (Weim. Ausg. 16, S. 99) belegt als: „Der Sauerteig, der mein Leben in Bewegung setzt, fehlt“

Schon in der Bibel wurde der Sauerteig in zwei Bdtgn. gebraucht: einerseits positiv als eine Sache, die die Mittelmäßigkeit und Schlechtigkeit der Welt besiegt (Matth. 13,33: „das Himmelreich ist einem Sauerteig gleich“) und andererseits negtiv, indem die Säuerung des Brotes mit einer beginnenden Zersetzung und Fäulnis, einer geistigen Verderbnis verglichen wird (Christus warnt seine Jünger vor dem ‚Sauerteig‘, d.h. vor der heuchlerischen Lehre der Pharisäer, Matth. 16,6.12).

Ein Sauerteig sein: ein böser Mensch sein; auch hier ist der Sauerteig ein Sinnbild der Sündhaftigkeit.

Den Sauerteig fortschaffen: eine lästige Angelegenheit erledigen. – In der jüd. Religion wird der Sauerteig am Vorabend des Osterfestes beseitigt, um – in Erinnerung an den Auszug aus Ägypten – das ‚Fest der ungesäuerten Brote‘ zu feiern.

Lit.: *O. Kuss:* Zum Sinngehalt des Doppelgleichnisses vom Senfkorn und Sauerteig, in: Biblica 40 (1959), S. 641–653; *D. Forstner:* Die Welt der Symbole (Innsbruck–München–Wien [2]1967), S. 470–472.

saufen. Das Wort saufen wird durch zahlreiche rdal. Vergleiche häufig verstärkt, wie z. B.: *saufen wie ein Bürstenbinder, wie ein Loch, wie eine Senke, wie ein Templer, wie ein Abt, wie ein Domherr* (so schon bei Joh. Fischart in der ‚Geschichtklitterung‘: „Ich sauff wie ein Tumbher“); vgl. frz. ‚boire comme un trou, comme un tonneau‘ und ‚biberonner‘ oder ‚picoler‘ oder ‚lever le coude‘; *wie ein Franziskaner, wie ein Bär, wie ein Frosch, wie ein Füllen, wie ein Igel, wie ein Nilhund* (ebenfalls schon bei Joh. Fischart in der ‚Geschichtklitterung‘: „Er saufft so gählich wie ein Hund aus dem Nil“), *wie eine Kuh, wie eine Katze, wie ein Schwamm, wie eine Kanone,* ‚saufen, daß der Bauch zerplatzen möchte‘, ‚saufen, bis eine Blase vorm Arschloch steht‘, ‚sich krumm und bucklig saufen‘, ‚bis zum Überlaufen saufen‘.

„Sauft Wasser wie das liebe Vieh“ steht in einem Studentenlied im ‚Leipziger Kommersbuch‘ von 1815; ↗trinken. Griech. ἢ πῖθι, ἢ ἄπιθι; els. ‚Sauf oder lauf!‘ wird rheinhess. in ‚Kauf oder lauf!‘ abgewandelt.

Sauglocke. Derb-anschaulich sagt der Volksmund von einem Menschen, der mit Behagen Unanständigkeiten hört: *Er hört gern mit der Sauglocke (Säuglocke) läuten.* Aufklärend ist das dazugehörige Sprw.: ‚Wo man bei Tische zötelt und die Sauglocke tönt, da wohnt der Teufel‘. Seb. Brant geißelt im ‚Narrenschiff‘ die Grobiane und Zotenreißer unter dem Bilde von Leuten, „die die Sauglocke läuten“,

‚Die Sauglocke läuten‘

und ill. dies mit einem Holzschnitt, der eine Sau mit der Glocke und den Sauglöckner darstellt. Auch Christian Weise (1642–1708) verwendet den in manchen Mdaa. bis heute gebräuchl. Vergleich, z. B. im ‚Bäurischen Machiavell‘ heißt es: „Wer mit der Sauglocke nicht läuten kann, der hat sich keiner Kanne Bier zu

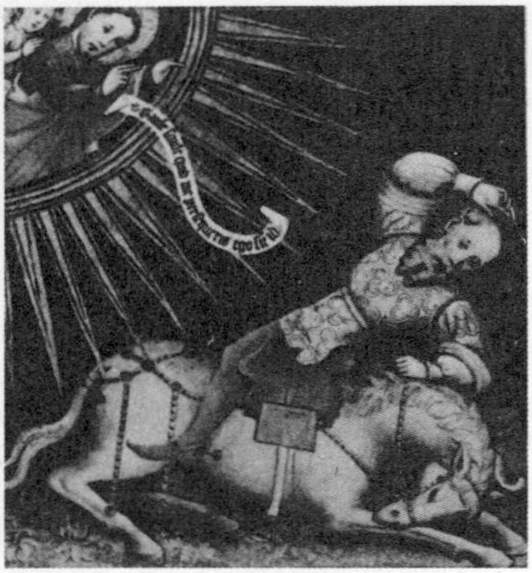

‚Aus einem Saulus ein Paulus werden‘

getrösten“. Ebenso steht in Johann Fischarts ‚Geschichtklitterung‘ (S. 194/747): „Drum läutet jm nur all Säuglokken“; und bei Abraham a Sancta Clara: „Du wirst zu Hof sehen lauter Meßner, aber nur solche, die mit der Sauglocken leutten“ („Judas‘ I, 45). In einer Männergesellschaft z. B. wird gegen Mitternacht ‚die Sauglocke geläutet‘, d. h. es werden Zoten erzählt, ‚es wird gesaut‘.
Dieselbe Bdtg. hat die heute ungebräuchl. Rda. ‚mit dem Saukarren fahren‘. 1590 schreibt ein gewisser Alberus: „So hatte er doch Zucht, Tugend und Ehre sehr lieb und wert und fuhr nicht mit dem Säwkarren“.

Lit.: *J. F. Castelli:* Die Sauglocke (München 1970) (= Nachdr. der Ausg. von ca. 1840).

Saul. *Wie kommt Saul unter die Propheten?:* Ausdr. der Verwunderung über einen Menschen, der aus niederem Stand plötzlich zu hohen Ehrenstellen gelangt, aber diesen nicht gewachsen zu sein scheint. Auch von jem. gesagt, den man in einer Gesellschaft bemerkt, wohin er seiner ganzen Bildung nach nicht zu gehören scheint. Die Rda. ist bibl. Urspr. (1. Sam. 10, 11): Einer Prophetenschar begegnend und vom Geiste Gottes ergriffen, fing Saul auch an, unter ihnen zu weissagen. Da sprachen alle: „Ist Saul auch unter den Propheten?“ „Daher“, heißt es im folgenden Vers, „ist das Sprichwort gekommen: Ist Saul auch unter den Propheten?“

Aus einem Saulus zu einem Paulus werden: seine Meinung völlig ändern, und zwar meist bestimmt: aus dem Bekämpfer einer Ansicht zu ihrem Verteidiger werden. Die Rda. stammt von der plötzlichen wunderbaren Bekehrung des Saulus auf seiner Reise nach Damaskus (Apostelg. 9): Der Saulus jüd. Glaubens war einer der heftigsten Christenverfolger in Palästina gewesen, der bekehrte Paulus hat den Glauben an Christus wie kein anderer Apostel bekannt. Daher auch: *seinen Tag von Damaskus erleben:* ein anderer Mensch werden. Vgl. frz. ‚faire son chemin de Damas‘.

Säule. In Anlehnung an die Bez. der vier Evangelisten als *Säulen des Glaubens* gibt es viele ähnl. Bildungen, so: *eine Säule der Wissenschaft (der Kirche, der Freiheit* usw.) *sein.* Damit meint man immer eine Person, die die jeweiligen Prinzipien der einzelnen Bereiche bes. eindringlich verkörpert oder vertritt.

‚Säule der Wissenschaft‘

Säulenheiliger. *Ein volkstümlicher Säulenheiliger sein;* ein einsiedlerischer Mensch sein; ein Eigenbrötler sein. Der Ausdr. geht auf religiös begründete Praktiken einiger Mönche in Syrien und Palästina im 4.–6. Jh. zurück. Um Gott näher zu sein, brachten sie ihr Leben in Abgeschiedenheit auf einer Säule zu. Diese Mönchsasketen wurden Styliten genannt (von griech. στῦλος = Säule). Sie waren oft das Ziel von Wallfahrten und hatten mit ihren Predigten großen Einfluß.

Lit.: *H. Delehaye:* Les saints Stylites (Brüssel 1923).

Saum. *Jem. auf den Saum treten:* sich immer nahe bei einer bestimmten Frau aufhalten, ihr den Hof machen. Hans v. Schweinichen schreibt (Werke 1, S. 70): „Spricht eine Witwe ... zu ihrer Schwester Ursula: ‚Der Schweinichen tritt dir wohl auf den Saum, du magst ihn wohl wieder lieb haben?' – darauf sie im Beisein meiner Schwester sagt: ‚die Junker dürfen mir nicht auf den Saum treten, ich mag keinen nehmen'."

Saus. *In Saus und Braus leben:* herrlich und in Freuden, im Wohlstand leben. Die Rda., schon mhd. in der einfachen Form ‚in dem sûse leben' bezeugt, bezieht sich eigentl. auf das Getöse des Windes und das Brausen der Wellen. Noch bei Hans Sachs heißt es nur „im Saus leben", wie z. B. in dem Schwank, wo der Schuster das Leder mit den Zähnen dehnt,

Das ich vil schuch machet darauß
Und vil geldts löst, das wir im sauß
Davon gut hamburgisch bier trancken;

ebenso im ‚Bauer mit den Karpfen' und an zahlreichen anderen Stellen. Auf die prahlerische Schilderung von den wüsten Heldentaten der Holkischen Jäger, die der zweite Jäger in ‚Wallensteins Lager' gibt, erwidert der Wachtmeister:

Nun, da sieht man's! Der Saus und Braus,
Macht denn der den Soldaten aus?

Die reimende Doppelform ist erst seit dem Jahre 1691 durch Stieler in ‚Der Teutschen Sprache Stammbaum' bezeugt, doch kommen daneben auch andere Verbindungen vor, z. B. ‚im Saus und Luder' (1561 bei Maaler), ‚im Saus und im Schmaus'. Vgl. französisch ‚vivre dans l'opulence'.

Im Sauseschritt vergehen: schnell vorbei sein; bes. von der Zeit wird oft gesagt: ‚sie verfliegt im Sauseschrittt'. Wilhelm Busch (1832–1908) hat im ‚Julchen' (1877) geschrieben:

Eins zwei drei!
im Sauseschritt
läuft die Zeit;
wir laufen mit.

Savoir-vivre. *Das Savoir-vivre besitzen:* wissen, wie man sich sein Leben auf angenehme Art einrichten kann; das Know-how haben.

Bes. den Franzosen wird ein hoher Lebensstil nachgesagt, nicht zuletzt aufgrund der prunkvollen Regierungszeit Ludwigs XIV. in Versailles; übersetzt heißt die Rda.: ‚zu leben wissen'.

Schabab. *Schabab sein (werden):* abgewiesen, ausgestoßen und verhöhnt werden, als Freier bei der Wahl durchgefallen sein, schimpflich abziehen müssen, verloren, zum Verderben bestimmt sein, das Spiel verloren haben, ruiniert, am Ende, dem Tode geweiht sein, aber auch: ein verachteter Mensch sein (↗ Abschaum), zum Abfall und Wertlosen gezählt werden, ein Verworfener vor Gott und den Menschen sein. Die schweiz. Mda. kennt ‚tschabab gsi' in der Bdtg. für beschämt und niedergeschlagen sein und zur Bez. für überständige alte Jungfern und Junggesellen.

Die rdal. Formel, die bes. häufig seit dem 16. Jh. lit. bezeugt ist und so viele Bdtgn. besitzt, ist ihrer Herkunft nach sehr verschieden beurteilt worden. Da ‚schabab' in den Wndgn. gleichzeitig nebeneinander als verbale, adjektivische und substantivische Form beobachtet und verstanden werden kann, erschwert dies eine gültige Erklärung. Außerdem ist die starre, unveränderliche Form von ‚schabab' in verschiedenen Satzzusammenhängen sehr auffallend. Luther, der das Wort kannte und verwendete und sich als erster Gedanken darüber machte, glaubte deshalb an die Übernahme eines hebr. Wortes in die dt. Sprache. Diese hätte tatsächlich durch das A. T. oder über das Jidd. erfolgt sein können. Er hielt ‚schabab' für ein urspr. hebr. Subst. und schrieb als Erklärung zu seiner Übers. des Ps. 119 (Samech), die von V. 119 (= V. 7 bei Luther) lautet:

Du hast alle gotloßen auff erden
alß das kerich auß worffen,
darumb hab ich lieb DEYN tzeugniß,

folgendes über Wortsinn und Herkunft von ,schabab': „Im 7. verß das hebreisch wort ,Schabab' ist deutsch worden unnd heyst vorwerfflich ding, alß kerich, schlacken, spene, schawm, sprew, trestern etc. und laut alßo: Du hast sie schababt wie das kerich und was yderman weg wirfft, das sie nichts nutz sind, den temme und wehre mit yhn tzu fullen, das man ubir sie lauffe, wie wol sie viel anderß wehnen, alß seyn sie alleyn außerlesen. Sie seyn Schabab" (Luthers Werke, Weimarer Ausg., Bd. VIII, S. 198). Interessant hierbei ist, daß Luther die Bibelstelle wohl sinngemäß richtig übersetzt hat, daß aber im hebr. Text das Wort ,schabab' fehlt. Statt dessen steht dafür ,sigun' = Schlacke, Auszuscheidendes beim Schmelzen von Erzen, so daß die Übers. des Verses mit „Du erachtest als unrein Silber" genauer wäre. ,Schabab' oder ,schebeb' kann jedoch als hebr. Wurzel erschlossen werden. Es hat die Bdtg. von behauen und abschneiden von Holz und damit auch von Spänen, Abfall und Weggeworfenem, also von Kehricht, wie es Luther erklärt hat. Er braucht hierbei außerdem die merkwürdige Form: „Du hast sie schababt", d.h. du hast sie verworfen, ausgesondert. Dieses Wort ,schababt' erscheint nun neben der durch Jahrhunderte unveränderten Formel ,schabab' als überraschende Ausnahme und ist auch sonst nirgends bezeugt. Es beweist jedoch, daß der Ausdr. ,schabab' bereits lange vor Luther im dt. Sprachgebrauch gewesen sein muß und seine Etymologie bereits zu Luthers Lebzeiten so unklar gewesen sein dürfte, daß er das Wort nach üblichem dt. Muster wie ein Verb konjugiert. Es ist also nicht erst durch Luthers Bibelübers., in der es mehrmals erscheint, verbreitet worden, wie man annehmen könnte, da Schabab seit der 1. H. des 16. Jh. bes. häufig belegt ist. Auch bei Hosea 8,6 findet sich eine ähnliche hebräische Form, die ,schəbabim' lautet. Dazu erklärt Luther in seiner ,Hoseasvorlesung' von 1524 (Exeget. opp. lat. Franc. ad. M. XXIV, S. 52): „Schabab wurden sicut praesegmina et praecisiones lignorum, peripsema est, id est: deus Samariae ist schabab. fit peripsema, id est: redigetur in nihilum".

Selbst bei seiner Übers. des N.T. aus dem Griech. verwendete Luther das seiner Meinung nach aus dem Hebr. stammende, eingedeutschte und allgemeinverständliche Wort ,schabab'. So steht in den alten Bibelausg. von 1522, 1524 und 1527 bei 1. Kor 4,13 noch: „und eyns ydermans schabab", wo es in der Übers. von griech. περίψημα heute heißt: „und ein Fegopfer aller Leute".

Schabab im Sinne von Abschabsel, Spreu, Kehricht wurde also schon damals in übertr. Bdtg. für einen Verachteten und Ausgestoßenen, für einen von Gott Verworfenen, für ein menschliches Scheusal in der Sprache der Bibel gebraucht.

Damit erklärt sich nun auch der Sinn der Wndgn.: *Er ist ein Schabab:* er ist ein armer verachteter Mensch, und: *Er muß aller Schabab sein:* er ist der Verspottete, der Ausgeschabte, der Weggeschickte, der von allen Verachtete. Vgl. auch ndl. ,schavuit' = der Schabaus, der von allen Gemiedene, einer, der wie ein Aussätziger behandelt wird. Im Rheinl. gibt es ähnl. mdal. Ausdrücke zur Bez. eines armseligen, unangenehmen Menschen: ein ,Schabäbes', eigentl. ein Molch, ist der verachtete Mensch, der ,Schabausbruder' ist ein Säufer und das ,Schabbaas' gar ein bes. unsauberer Kerl mit Krätze und Ungeziefer. Im Elsaß war der Ausdr. ,der Geschabte' ein bes. Schimpfwort für den Juden, denn er bez. den Beschnittenen.

Leop. Schmidt meint, daß Schabab nichts mit Schabe oder Krätze zu tun habe, sondern zum Verb ,schaben' gehöre, und verweist für Dtl., Oesterr. und die Schweiz auf den brauchtümlichen Zusammenhang mit dem ,Rübenschaben', ↗Rübe. Diese spottende Fingergebärde, die heute nur noch im Kinderbrauch vorhanden ist, soll mit dem Zuruf ,schabab' verbunden gewesen sein. Aus der Überlieferung und den Mda.-Wbb. sind dazu auch andere rdal. Wndgn. bekannt, wie z.B. schwäb. ,Ätsch Gäbili', schweiz. ,Gäbelimachen', kärtn. ,den Guler stechen' und oberhess. ,e Mîrche schaben'. Im Elsaß schaben die Kinder mit den Fingern und rufen dazu den Reim:

Lawe, lawe,
D' Katz isch g'schawe!

Im Obersächs. erscheint ‚Schabab' zwar in einem Bastlösereim:

Schabab, Schabab,
Mein Pfeifchen geht gut ab
(Dähnhardt 2, 155);

doch besitzt er hierbei nicht die sonst begegnenden Bdtgn. der rdal. Formel.

Die Spottgeste des ‚Rübchenschabens' hatte früher auch im Volksbrauch der Erwachsenen Gültigkeit, sie findet sich z.B. als Hohngebärde auf spätma. realistischen Passionsdarstellungen (z.B. auf einem Altarbild von Hans Holbein d.Ä.): mit dem ausgestreckten Zeigefinger der rechten Hand wird dabei wie beim Schaben einer Rübe über den Zeigefinger der linken gefahren. Diese Geste soll nun auch in Verbindung mit der Abweisung eines Freiers und den zahlreichen Belegen von ‚Schabab' im Volkslied gestanden haben. In seinem Aufsatz ‚Wiener Rdaa.: Schabab und Schleckabartl' (S. 120) schreibt L. Schmidt dazu: „Die spottende Fingergebärde war samt dem Zuruf im 16. Jh. zu einer stehenden Formel geworden, die in kürzester Form die Verschmähung des Liebhabers bedeutete". Es fehlt jedoch ein lit. oder bildl. Beleg, daß diese Geste urspr. tatsächlich mit der Formel ‚Schabab' zusammen gebraucht wurde. Bei der in Liebesdingen früher üblichen Zurückhaltung der jungen Leute, die ihre Gefühle voreinander und vor anderen streng geheimhielten und auch ihre Abneigung meist nur indirekt und schonend ‚durch die Blume' zu verstehen gaben, ist es sehr unwahrscheinlich, daß ein Freier mit offenem Hohn durch eine Spottgeste oder die gleichbedeutende Sprachgebärde abgewiesen wurde. Dagegen spricht auch, daß in den Volksliedbelegen der Abgewiesene sich selbst als ‚schabab' bez. und die Formel nicht direkt bei seiner Verschmähung erscheint. Außerdem nennt man seit dem 16. Jh. auch die Blume ‚Schabab', die ihm beim Abschied überreicht wird. Es wäre immerhin sehr merkwürdig, wenn im gleichen Jahrhundert eine höhnische Abfuhr und die mildere Form der Abweisung durch eine Blume mit demselben Wort ausgedrückt würden.

‚Schabab'

Durch einen Frühbeleg kann die Herkunft von ‚schabab' noch in anderer Weise erklärt werden. Joh. von Tepl gibt bereits 1401 in seinem ‚Ackermann aus Böhmen' ein Beisp. für die lit. Verwendung des Wortes. Im III. Kap. des Gespräches zw. dem Ackermann und dem Tod heißt es: „ein jegliches jar was mir ein genadenreiches jar. Nu wirt zu mir gesprochen: schab ab!" Nach einer anderen Lesart: „schabe abe!" ist dies eindeutig ein Imperativ. Demnach ist ‚schabab' also als ein dt. Wort und als imperativische Bildung zu verstehen, die bereits in mhd. Zeit vorkommt und zum Verb ‚schaben' gehört.

Wichtig dabei ist jedoch, daß dieses Verb schon früh mehrere Bedeutungen besaß: als transitives, starkes Verb hieß ‚schaben' = kratzen, scharren, reflexiv gebraucht bedeutete es entsprechend: sich abschaben, schäbig werden, aber auch: fortstoßen, vertreiben, austilgen, als intransitives Verb jedoch: schnell von dannen gehen, sich fortscheren.

Diese letzte Bdtg. liegt der Formel ‚schabab' zugrunde. Bereits in ahd. Zeit hatte das Verb ‚skaban' diesen Nebensinn, denn „scaben sinen wech' hieß: sich trollen, fliehen, sich wegscheren, dem die modernen Ausdrücke, ‚abhauen' und ‚die Kurve kratzen' entsprechen, und vor allem die imperativische Form: ‚schieb ab!' In der mhd. Lit. gibt es dafür viele Belege, die oft zur Verdeutlichung des Wortsinnes noch einen Zusatz erhalten. So schrieb z. B. um 1190 Hartmann von Aue im ‚Erec' (V. 4195): „schabet iuwern wec" = packt euch! In Ulr. von Türheims ‚Tristan' steht (V. 2253): „hiezen in balde ûz schaben", und in Herbort von Fritzlars ‚Liet von Troye' (V. 2080): „hîz mich ûz sînen ougen schaben". Daneben begegnen in der mhd. Lit. noch die Wndgn.: ‚hinnen schaben' (‚Kölner Passional', 43,93), ‚dannen schaben' (Heinr. von Türlins ‚Krone' 273) und ‚fürder schaben' (‚Krone' 31b); sie haben alle die Bdtg.: schnell von dannen gehen, sich aus den Augen machen. Den Sinn von stoßen, fortstoßen, vertreiben hat die folgende Textstelle: „si wellent daß man vürder schabe die tumben" (Minnesängerhs. 2, 153b).

Der Imperativ ‚Schab ab!' erstarrte und wurde substantiviert. Er erhielt die bes. Bdtg. von: bergab, zu Ende gehen, sterben, verachtet werden, als Freier abgewiesen sein, und als Subst. wurde ‚Schabab' die Bez. des Abschieds und der Name einer Pflanze, die dabei überreicht wurde. Dies zeigt sich in der Rda. *einem den Schabab geben:* ihn wegschicken, ihm den Abschied geben. Interessant sind Belege, die zeigen, daß die Herkunft von ‚schabab' schon früh vergessen war, ein anderes Verb wird zur Verdeutlichung danebengestellt, so daß eine Tautologie entsteht. In einem Fastnachtspiel (Keller 742,29) steht: „Wer das nicht kan, der ist schabab", dagegen heißt es in einem anderen Fastnachtsspiel (1025,13): „Darum geh du narr schabbab".

In den Volksliedern steht die sprachl. Formel ‚Schabab' meist für den abgewiesenen und enttäuschten Freier, für den Abschied und das Ende einer Liebesbeziehung. Im ‚Ambraser Liederbuch' (147,46) fleht der Liebhaber um Erhörung mit den Worten:

Ach megdlein du viel junge,
Laß mich nicht sein schabab.

Die erste Str. des Liedes ‚Gut Gesell und du mußt wandern' aus dem ‚Kölner Liederbüchlein' (Nr. 204) um 1580 lautet:

Gvt Gesell vnnd du must wandern,
Das Megdlein liebet ein anderen,
Welches ich geliebet hab,
Bey der bin ich schabab.

In einem Lied, das die Auseinandersetzung zweier Liebhaber und eines Mädchen schildert, weist der triumphierende Rolandt seinen Nebenbuhler, den Küster, mit den Worten ab:

Gha make des Kuesters Graff
Nu ys Margretha Rolandes,
So gha du nu schabab.

(Uhland – de Bouck, Ndd. Lieder-Bücher, 1883, S. 109, Nr. 134, Str. 9)

Auch im Liederbuch der Clara Hätzlerin begegnet ‚schabab' für das Fortmüssen nach einer Abweisung: „Wolhin, wolhin, wolhin, ich bin schabab" (I, 104,25), daneben steht aber bereits die Wndg. ‚Schabab müssen' (II, 58, 231).

Die geistliche Literatur der Barockzeit kennt die Rda. vor allem als Wortsinnbild der Vergänglichkeit, und Abraham a Sancta Clara dichtet:

Die Blätter fallen ab,
Und du wirst auch schabab.

Bei G. Ph. Harsdörffer (1607–58) heißt es in ‚Das Leben des Menschen': „In Gesellschaft etlicher Poeten wurde umgefragt, was doch wäre das menschliche Leben? Darauf sie folgende Reimzeilen, welche Anfang und Ende schließen, verfasset.

Das Leben ist …
Ein Schatten, der uns macht schabab,
Die Matten, so gräbt unser Grab

(Str. 9)".

Bis ins 20. Jh. hinein ist die Wndg. ‚schabab sein' im Volksbrauch als umschreibende sprachl. Formel für den abgewiesenen Freier lebendig geblieben, und noch bei Hermann Löns heißt es in einer Strophe:

Schabab, schabab,
Einen andern Schatz ich hab.

Schabab als Subst. bez. daneben auch eine Herbstpflanze, das Achilleskraut (Euphrasia officinalis), bei dessen Blüte es mit dem Sommer und in übertr. Sinne mit der Liebe zu Ende geht. In manchen Gegenden wird unter Schabab auch die Kornrade verstanden, die dem Bauern als Unkraut gilt und deshalb nur in verächtlichem Sinne betrachtet werden kann, ebenso wie sich der Abgewiesene selbst fühlt. Die verschiedenen Bedeutungen von Schabab vermischen sich in einem Lied des 16. Jahrhunderts von Senfl, wo es heißt:

Schabab ist mir gewachsen
Ein ganzer Garten voll.
Ich brach mir ab Vergißmeinnit,
Hab mich lieb und acht mein nit:
Schabab, ja schabab bin ich.

Lit.: *Erk-Böhme* II, S. 293f., Nr. 472f.; HdA. III, Sp. 327–337; *L. Schmidt:* Wiener Rdaa. III. Schabab und Schleckabartl, in: Das dt. Volkslied, 43 (1941), S. 119–121; *L. Röhrich:* Gebärdensprache und Sprachgebärde, S. 132–134; *L. Röhrich* u. *G. Meinel:* Nochmals ‚schabab', Archer Taylor octogenario in honorem, in: Proverbium, 15 (Helsinki 1970), S. 102–105. *A. Niederer:* Beschämung, Lob und Schadenfreude. Hand- und Fingergebärden mit bestimmter Bedeutung, in: Schweiz. Arch. f. Vkde. 85 (1989), S. 201–217, hier bes. S. 212–214.

Schabernack. *Jem. einen Schabernack spielen;* ihm einen Streich spielen, ihn nekken: *Schabernack treiben:* Possen, Unfug treiben. Das Wort Schabernack, über dessen Urspr. viel gedeutelt worden ist (‚eine den Nacken schabende Winterkappe', ‚ein scharfer Wein', ähnl. wie ‚Rachenputzer'), tritt zuerst um 1200 als Name eines mittelrhein. Weinguts (‚ze Schabernakken') und etwa gleichzeitig als hess. Familienname auf (Mittelrhein. Urkunden-Buch II, 380). Mhd. ‚schavernac' = Beschimpfung, mnd. ‚schavernak' = Spott, wird, da das Wort auch zur Bez. eines Südweins vorkommt, als ‚Wein aus Chiavenna in Norditalien' erklärt.
Lit. belegt ist die Bdtg. ‚rauher Winterhut' für ‚Schabernak' bei Neidhart (hrsg. v. M. Haupt, V. 47,12):

nû treit man den schavernak
für die bluomenhüete.

Als wahrscheinlichste aller Erklärungen nimmt man heute an, daß das Scheren des Nackens als alte Rechtsstrafe den Hintergrund des Wortes bildet (gotisch ‚skaban': scheren).

Lit.: *Kluyver* in: Zs. f. dt. Wortf. 9 (1907), S. 3ff.; *E. Lindig:* Hausgeister. Die Vorstellungen übernatürlicher Schützer und Helfer in der deutschen Sagenüberlieferung (Diss. Freiburg i. Br.), (Frankfurt/M., Bern, New York, Paris 1987), S. 167ff. (Artes Populares, 14).

Schablone. *(Wie) nach der Schablone arbeiten:* gedankenlos arbeiten, stereotype Nachahmung eines Arbeitsvorganges.
Die Bearbeitung von Glas, Stoff, Leder erfolgte oft nach Schablonen, die nach Vorzeichnungen ausgeschnitten und auf das jeweilige Material gelegt wurden, um die Arbeit zu erleichtern.
Jem. (etw.) in eine Schablone pressen: Jemanden oder etwas nach hergebrachtem Muster beurteilen. Das Wort Schablone kam Anfang des 18. Jh. auf aus mnd. ‚schampelûn' mit der Bedeutung ‚Muster, Modell, nachgearbeitete Gestalt, Vogelscheuche'.

Schach, schachmatt. Das schon in mhd. Zeit beliebte Schachspiel stammt aus Indien; durch die Perser und Araber ist es in Europa bekannt geworden. Sein Name geht auf persisch šāh = König zurück. Vom Schachspiel stammen die Rdaa. *jem. in Schach halten:* ihn nicht zur Ruhe kommen lassen, ihn dauern bedrängen: vgl. frz. ‚tenir quelqu'un en échec'; auch: *jem. Schach bieten.*
Nur eine Schachfigur sein, auch: *als Schachfigur benutzt werden:* dem Willen anderer unterliegen, in einem Plan, den man selbst nicht durchschaut, als Werkzeug gebraucht werden, auch: auf verschiedenen Stellen (Posten) hin- und hergeschoben werden (in einem Betrieb, einer Behörde), wo man wenig Bdtg. besitzt und daher austauschbar ist. Die Wndg. ist bes. in der Sprache der Politik üblich, vor allem dann, wenn sich das ‚Stellenkarussell' dreht.
Bes. häufig hört man die Rda. *schachmatt sein:* ganz entkräftet sein. Der letztgenannte Ausdr. ist keine bloße Verstärkung des einfachen Wortes ‚matt' (wie etwa in ‚todmüde'), sondern die wörtl. Entlehnung von arabisch ‚esch-schāh māt' = der König ist gestorben, womit der siegende Schachspieler seinen letzten Zug ankündigt. Er findet sich bereits in Konrad von Ammenhausens ‚Schachzabelbuch', einem Lehrgedicht von 1337:

wie kleine nun der fende (Bauer im Schachspiel) sî,
sô ist er doch alsô frî,
daz er dem künic sprichet schâchmat.

In übertr. Bedeutung ist ‚matt' seit dem 13., ‚schachmatt' seit dem 16. Jh., z. B. bei Joh. Fischart, bezeugt. Den bewußten Übergang zur bildlichen Verwendung von ‚matt' bezeichnen die folgenden Verse in Heinrichs von Freiberg ‚Tristan' (V. 1560ff.):

allen iren vröuden mat
wart da gesaget sunder schach.

Vgl. auch ndl. ‚hij is schaakmat'; frz. ‚faire quelqu'un échec et mat', ‚être échec et mat'; engl. ‚to be checkmated'.

Lit.: *H.* u. *S. Wichmann:* Schach. Ursprung und Wandlung der Spielfigur in 12 Jahrhunderten (München 1960).

schachern. *Etw. verschachern:* eine Ware (Sache) ‚an den Mann bringen', vorteilhaft verkaufen, einen Interessenten suchen und den Käufer überzeugen wollen, daß er ein bes. günstiges Angebot erhält und daher zugreifen sollte, obwohl es bei dem Handel nur um den eigenen Gewinn geht.

Jem. verschachern: jem. um des eigenen Vorteils willen verraten. Das Schachern bez. einen gewinnsüchtigen Hausierhandel und kommt aus dem Jüd. Das Jidd. ‚Schacherer' bedeutet: Handelsmann. Früher waren vor allem in ländlichen Gegenden ‚Jude' und ‚Handelsmann' Synonyma. Die heutige negative Bdtg. besaß das Wort ‚schachern' schon bei Rinkart 1613: ‚z schachern'.

Lit.: *S. A. Wolf:* Wb. des Rotw. (Mannheim 1956), Sp. 4775–76.

Schachtel. *Eine alte Schachtel sein:* eine alte Jungfer, ein häßliches, böses altes Weib sein. Schachtel gilt als derber Ausdr. für die weibl. Geschlechtsorgane und dient pars pro toto seit dem 17. Jh. zur verächtlichen Bez. der Frau. Darauf weisen auch die modernen Wndgn. mit ausgesprochen sexueller Bdtg.: *die Schachtel aufmachen:* ein Mädchen deflorieren und: *die Schachtel aufbrechen:* eine Frau vergewaltigen (Borneman: Sex im Volksmund).

Die Beschimpfung einer älteren Frau mit ‚alte Schachtel' stammt aus der Jägersprache; hier werden sehr alte Hirschkühe damit bez., so z.B. in Johann Wilhelm von Pürsons ‚Der Edle Hirschgerechte Jäger' von 1734, S. 80. Einen weiteren Beleg dafür führt das Dt. Wb. (8, 1965) an: „Er siehet die Fährte eines alten Thiers (das auch eine Schachtel genennet wird) ...".

Wie aus dem Schächtelchen kommen: sauber gekleidet sein, wie eine neue Puppe aus einer Schachtel aussehen. Vgl. ‚wie aus dem Ei gepellt'. Auch in anderen Sprachen sind ähnl. Vergleiche üblich: ndl. ‚alsof hij uit een spanen doosje kwam', engl. ‚to look as if one has just come out of a bandbox', frz. ‚avoir l'air de sortir d'une boîte'. Ähnl. Sinn haben die ndl. und engl. Rdaa., die im Dt. fehlen: ‚iemand door een ringetje kunnen halen' und ‚to pass through a ring'.

Lit.: *Th. Distl:* Die Bez. einer vorgerückten Frauensperson durch ‚Alte Schachtel', in: Zs. f. d. U. 15 (1901), S. 604.

Schaden. *Durch eignen (fremden) Schaden klug werden;* die Rda. gehört zu dem verbreiteten Sprw. ‚Durch Schaden wird man klug'; vgl. den Erzähltyp AaTh. 910 A. Ndl., ‚door schade en schande wordt men wijs'; engl. ‚it is costly wisdom that is bought by experience'; frz. ‚dommage rende sage'.

Den Schaden mit Salz abreiben; eine schlimme Sache noch schlimmer machen, als sie schon ist.

Die insbes. schwäb. verbreitete Rda. *Fort mit Schaden!* entspricht dem im volkstümlichen Zauberspruch häufig vorkommenden Prinzip der ‚Apopompe', d.h. des imperativischen Wegschickens des Übels, wie es schon im lat. Zauberspruch gegen das Podagra (‚fuge, fuge Podagra!') begegnet; auch erweitert: ‚Fort mit Schaden, der Profit kommt nach'.

Ein Sprw. aus dem 17. Jh. heißt: ‚Selten ein Schaden, wo nicht ein Nutzen dabei ist'. Ein Heiligenkreuzer Zisterzienser beschreibt seine Flucht vor den Türken 1683: „Ist also wahr, das selten ein Schaden ist, eß ist ein nutzen darbey".

Sich an jem. für etw. schadlos halten: sich für eine Benachteiligung oder ein Unrecht auf Kosten anderer Entschädigung verschaffen. Ein alter, heute ausgestorbener Rechtsbegriff ist die ‚Schadloshaltung', welche bed., daß man jem. beschützt, bewahrt, vor Schaden behütet; so auch: *jem. schadlos halten.*

Lit.: *O. Weinreich:* Unheilbannung im volkstümlichen Gebet, Segen und Zauberspruch, in: Universitas 1 (1946), S. 275–299; *H. Watzl:* Flucht und Zuflucht (Wien 1956), hier S. 90; *L. Schmidt:* Sprw. dt. Rdaa., in: Österr. Zs. f. Vkde 77 (1974), bes. S. 116–117.

Schadenfreude. *Schadenfreude empfinden:* Freude über den Schaden, der ande-

‚Sein Schäfchen ins trockene bringen'

ren entsteht, (heimliche) Genugtuung am Pech, Mißerfolg anderer empfinden, einen Unglücklichen noch obendrein verspotten. In älterer Zeit wurde wegen dieser negativen Eigenschaft sogar der ↗Teufel mit ‚der (höllische) Schadenfroh' umschrieben.

Dagegen loben verschiedene Sprww. die Lust an der Schadenfreude: ‚Schadenfreude ist die beste (reinste) Freude' oder verharmlosen ihre Schädlichkeit: ‚Wer den Schaden hat, braucht für den Spott nicht zu sorgen', oft parodiert: ‚Wer den Schaden hat, spottet jeder Beschreibung'.

Lit.: *L. Spitzer:* Schadenfreude, in: Monatshefte 34 (1942), S. 357–361; Repr. in: L. Spitzer: Essays in Historical Semantics (New York 1948), S. 135–141.

Schädel. *Jem. raucht der Schädel* ↗Kopf.

Schaf, Schäfchen. *Sein Schäfchen ins trokkene bringen:* sich seinen Vorteil, Gewinn sichern; *sein Schäfchen im trockenen haben:* sich seinen Erwerb in Sicherheit gebracht haben, um sich ein sorgloses Leben zu gönnen. Die Rda. wurde früher so erklärt, daß man annahm, ein unverständlich gewordenes ndd. ‚Schepken' = Schiffchen sei durch das ähnl. klingende hd. ‚Schäfchen' ersetzt und die Rda. so auch den Binnenländern geläufig und verständlich gemacht worden. Rudolf Hildebrand (‚Vom deutschen Sprachunterricht', Ausg. von 1954, S. 58) lehnt mit Recht diese Etymologie ab. Auch die mdt. Mdaa. kennen die Wndg. ‚sei Schouf en Troig'n hann'. Das verdeutlicht die Herkunft der Rda. aus der bäuerl. Vorstellungswelt und ihren Zusammenhang mit der Schafzucht. Das Wesentliche der Rda. haftet jedoch nicht an dem Wort ‚Schäfchen', sondern an dem Begriff ‚ins trokkene bringen', d.h. in Sicherheit, im Gegensatz zu Wndgn. wie ‚in die Patsche geraten', ‚in der Tinte sitzen' usw. So ist denn auch aus Holstein rdal. bezeugt: ‚He hett sin Saken up't Dröge brocht', ‚he sitt hoch un drög'. Das Schäfchen bez. typisch jede Erwerbung eines kleinen Mannes (wie im 2. Buch Sam. 12,3). In seinem ‚Hauswirthschaftsbuch' vom Jahre 1722 (S. 390) schreibt v. Rohr: „Die sumpfigen Wiesen und Teichtriften sind den Schafen über die Maassen schädlich, aber die Weide auf hohen Feldern, Gehölzen und Bergen ist ihnen zuträglich". Belegt ist die Rda. zuerst 1576 bei J. Burkhard (‚Patrocinium', S. 114): „Ihre Schäflin ins trocken (wie man pfleget zu sagen) zu treiben". Warum nun aber die Schafe auf nassen Wiesen gefährdet sind, wurde bisher noch nicht hinreichend erklärt. Hildebrands Überschwemmungstheorie geht fehl, ebenso der Hinweis in Meyers Lexikon

(1925), daß der Schäfer bei Gewitter seine Herde in den Stall bringen müsse. Der Regen schadet den Schafen nämlich nicht, da ihr Fell fettig ist und das Wasser abstößt. Hans Dittrich (‚Sein Schäfchen im Trockenen haben') zitiert zur Erklärung das Schweizer Lexikon (1947). Danach werden Schafe auf sumpfigen Wiesen häufig von der Egelseuche (Distomatosis) befallen. Die Leberegel, die in sumpfigen Gebieten leben, verursachen schwere Leberentzündungen bei den Tieren und hohe Verluste durch ein Massensterben. Die Tiere bleiben jedoch verschont, wenn man sie nicht auf nassen Wiesen und am Wasser weiden läßt. Wer also eine trokkene Weide besitzt, braucht um seine Herde nicht zu bangen, er hat sein Kapital in Sicherheit.

In übertr. Bdtg. wurde der Ausdr. bereits 1597 verwendet in einer Beschreibung der Frankfurter Messe in Reimen, erschienen unter dem Titel ‚Marckschiffs Nachen' von Max Mangold. Darin heißt es von Kaufleuten, die zu ihrem Nutzen mehrmals bankrott gemacht haben:

Kanst dann ein guter Gsell wol bleiben,
Wann du schon kein Gwerb mehr thust treiben.
Wirst globt, daß du deim Handel bist
So wol vorgstanden jeder Frist,
Hast dein Schaff in das trucken bracht,
Keiner ist, der dich drumb veracht.

Reichliche weitere Belege gibt das Dt. Wb. der Brüder Grimm (VIII, 1999f.).

Er hat sein Schäfchen geschoren: er hat seinen Vorteil wahrgenommen; *sein Schäfchen zu scheren wissen:* sich auf seinen Vorteil verstehen.

Das Schaf scheren, ohne es zu schinden: mit Geschicklichkeit erpressen, daß kein Klagen und Murren erregt wird.

Der eine schert das Schaf, der andere das Schwein (vgl. ‚viel ↗Geschrei und wenig Wolle').

Die Schafe von den Böcken scheiden (sondern, trennen): das Nützliche vom Unnützen, das Brauchbare vom Unbrauchbaren, das Gute vom Schlechten trennen; scherzhaft übertr. auch: Personen verschiedenen Geschlechts auseinander–, gesondert halten. Die Wndg. ist bibl. Urspr., Matth. 25,32f. heißt es von Christus: „Und werden vor ihm alle Völker versammelt werden. Und er wird sie voneinander scheiden, gleichwie ein Hirt die Schafe von den Böcken scheidet. Und wird die Schafe zur Rechten stellen und

‚Die Schafe von den Böcken scheiden'

die Böcke zur Linken". Vgl. frz. ,séparer le bon grain de l'ivraie'.

Das schwarze Schaf (der Familie) sein: der Schuldige sein, die von den Angehörigen durch unsittliche Lebensführung unvorteilhaft abstechende Person; die Wndg. bezieht sich auf 1. Mos. 30,32: „Ich will heute durch alle deine Herden gehen und aussondern alle gefleckten und bunten Schafe und alle schwarzen Schafe und die bunten und gefleckten Ziegen ..."

Das räudige Schaf sein, das die ganze Herde ansteckt, indem es sich an den anderen juckt (ähnl. schon lat. bei dem röm. Satiriker Juvenal, 2. Satire, V. 80); vgl. frz. ,passer (toujours) pour la brebis galeuse' ([immer] für das räudige Schaf gelten).

,Es ist keine Herde so klein, es stecken räudige Schafe darein'

Den Schafen wurde schon im MA. Dummheit nachgesagt. So schreibt Konrad von Megenberg im ,Buch der Natur' (ed. Pfeiffer) S. 154: „daz schâf hât minner vernunft dann andren tier". Auf das ,dumme Schaf' beziehen sich die Rdaa. *Das merkt ein Schaf:* das bemerkt selbst der Dümmste; *sich vom Schaf beißen lassen;* dumm sein; obersächs. ,laß dich kee Schaf beißen', halte mich nicht für dumm

,Schafskopf'

und sei selbst nicht so dumm, das zu glauben.

Die Schafe austreiben: sich albern benehmen (↗Kalb).

Ausreißen wie Schafleder, ↗ausreißen.

Einen plötzlichen Kälteeinbruch im Juni bez. man auch als ,Schafskälte'; dies deshalb, weil die niedrigen Temperaturen den frisch geschorenen Schafen schaden können.

,Schafmelker' ist ein Schimpfwort.

Lit.: *Anon.:* Verklaring van het Amsterdams spreekwoord ,Schaap afkomen', in: Algemeene Konst- en Letterkunde (1886), S. 316; *O. Keller:* Die antike Tierwelt, Bd. 1 (Leipzig 1909), S. 309-320; *H. W. J. Kroes:* Zijn Schaapjes op het droge hebben, in: De Nieuwe Taalgids 11 (1917), S. 290–292; *Kreifelts:* Der hat seine Schäfchen im Trockenen, in: Zs. f. Deutschkunde 35 (1921), S. 221; *J. de Langhe:* Binst dat't schaapje bleet (schreit), in: Biekorf 37 (1931), S. 95; *Th. Hornberger:* Der Schäfer. Landes- und volkskundliche Bedeutung eines Berufsstandes in Süddeutschland (Stuttgart–Köln 1955); *H. Rausch:* Sein Schäfchen ins Trockene bringen, in: Sprachfreund 4, Nr. 3 (1955) o. P.; *Anon.:* Sein Schäfchen ins Trockene bringen, in: Sprachpflege 6 (1957), S. 26–27; *H. Dittrich:* Sein Schäfchen im Trockenen haben, in: Muttersprache 71 (1961), H. 5. *W. Jacobeit:* Schafhaltung und Schäfer in Zentraleuropa bis zum Beginn des 20. Jahrhunderts (Berlin 1961); *J. Goldbeck:* Ins Trockene gebrachte Schäfchen, in: Sprachdienst 20 (1976), S. 136.

Schäfer. *Dem Schäfer die Keule abkaufen:* dort etw. erstehen, wo es am teuersten ist.

Der Schäfer hütet: es droht ein Wetterwechsel. Die Wndg. ist sehr volkstümlich, man gebraucht sie, wenn kleine weiße Wolken sehr hoch oben am blauen Himmel stehen, als eine Art Wetterorakel. Diese Zirren, die sog. ,Schäfchenwolken', deuten auf baldigen Regen hin. Vgl. dazu das Sprw. ,In den Zirren kann man sich irren'.

Auch in einem bekannten Kinderlied findet sich der Vergleich weißer Wolken mit den Schäfchen:

> Wer hat die schönsten Schäfchen,
> die hat der goldne Mond ...

Ein Schäferfeuer anzünden: bei großer Kälte die Arme um die Schultern schlagen, um sich durch diese Bewegung zu erwärmen. Vgl. ndd. 'en Schaiperfüer böten'.

Lit.: *Th. Hornberger:* Der Schäfer. Landes- und volkskundliche Bedeutung eines Berufsstandes in Süddeutschland (Stuttgart–Köln 1955); *W. Jacobeit:* Schafhaltung und Schäfer in Zentraleuropa bis zum Beginn des 20. Jahrhunderts (Berlin 1961).

Schäferstündchen. *Ein Schäferstündchen halten (verbringen):* eine Zeit traulichen, zärtlichen, liebevollen Beisammenseins von Verliebten.
Seine Schäferstunde schlägt: das Glück winkt ihm, es kommt zu einem Treffen der Liebenden u. der Erfüllung ihrer Wünsche. Mit einem ‚Schäferstündchen' bez. man die gemeinsam verbrachte Zeit eines Liebespaares, das sich oft heimlich zuzammenfinden muß. Der Begriff ist dem frz. ‚heure du berger' nachgebildet.
In der Zeit des Barock u. Rokoko erfolgte eine bewußte Hinwendung der höfischen u. bürgerlichen Gesellschaft zur Natur u. dem angeblich naiv-sündlosen Landleben. Schäferspiele wurden nachgeahmt, indem man in entsprechenden Kostümen und unter antiken Schäfernamen in ländlicher Idylle in einer Art Rollentausch zu leben versuchte, um den erstarrten zeremoniellen Formen zu entgehen und sich natürlich und ungezwungen benehmen zu können.
Die Hirtendichtung zum Preise der Idylle, die zum Vorbild diente, geht auf Theokrit zurück u. fußt auf den Eklogen Vergils. Sie wird als ‚bukolische' Dichtung bez. Lit. belegt ist der Begriff ‚Schäferstunde' z. B. in Schillers ‚Don Carlos' (II, 8): „Der Seelen entzückender Zusammenklang – ein Kuß – der Schäferstunde schwelgerische Freuden".

schaffen. *Etw. (Großes) schaffen:* etw. aus eigener Leistung hervorbringen, gestalten, bewirken; ein Ziel erreichen, eine Prüfung bestehen, ein Werk vollenden. Dagegen: *etw. nicht schaffen:* den Anforderungen nicht genügen.
Beliebt sind rdal. Vergleiche für ‚schaffen' in der Bdtg. von arbeiten: *Schaffen wie ein ↗Bär, wie ein ↗Brunnenputzer:* tüchtig arbeiten, sich mächtig anstrengen; *sich nicht zu Tode schaffen:* ein Faulenzer sein.
Etw. ist nicht zu schaffen: es ist nicht (rechtzeitig) fertigzustellen. ‚Etw. ist g'schafft wie g'schifft': es ist flüchtiges, rasches Arbeiten ohne Sorgfalt (schwäb.).
In der Pfalz heißt es: ‚So wie mer schafft, so ißt mer', u. umgekehrt: ‚So wie mer ißt, so schafft mer'. Letzteres sagen oft die dikken Schnellesser als Rechtfertigung für ihr Eßverhalten.
Für etw. wie geschaffen sein: aufgrund angeborener oder erworbener Anlagen eine Aufgabe bes. gut erledigen können.
Jem. (schwer) zu schaffen machen: jem. große Sorgen, bereiten, Mühe machen.
Nichts mit jem. (etw.) zu schaffen haben wollen: nichts damit zu tun haben wollen.
(Ganz) geschafft sein: völlig erschöpft sein von einer großen Anstrengung.
‚Anschaffen gehen' ist eine umg. Umschreibung für Geld verdienen; auch im Zuhältermilieu heißt dies, daß die Dirnen auf dem Strich Geld heranschaffen müssen.

Schale. *Sich in Schale werfen (schmeißen);* seinen besten Anzug anziehen, sich für einen Ausgang oder eine Einladung bes. fein machen; vgl. frz. ‚se mettre sur son trente-et-un'.; *(fein) in Schale sein:* vorschriftsmäßig gekleidet sein. Die Rdaa., die im 20. Jh. auch lit. bezeugt sind, stammen aus dem Rotw. und sind umg. Parallelbildungen zu: ‚sich in Gala schmeißen' und ‚in Gala sein'. Das hebräische ‚klipha', aus dem sich ‚Kluft' entwickelt hat, bedeutet Schale. Es handelt sich bei dem Wort also um eine Lehnübersetzung, die durch Gauner, Handwerksburschen, Studenten und Soldaten verbreitet worden ist. ↗Wichs.
Von der Schale auf den Kern schließen: nur nach dem äußeren Schein urteilen, einen Menschen nach seiner Kleidung einschätzen.
Eine rauhe Schale besitzen: nach außen hin sich grob oder gefühllos verhalten, doch im Grunde ein weiches Herz haben, einen ‚guten Kern' besitzen.
Auf die Schale als Gefäß bezieht sich die Wndg.: *Die Schale seines Zorns über jem. ausgießen:* jem. seine berechtigte Empörung, seine ganze Wut spüren lassen. Dieses sprachl. Bild beruht auf zwei Stellen in der Offenbarung des Johannes, wo es heißt: „Und eines der vier Tiere gab den sieben Engeln sieben goldene Schalen voll Zorns Gottes" (Offenb. 15,7) und weiter: „Und ich hörte eine große Stimme aus dem Tempel, die sprach zu den sieben Engeln: Gehet hin und gießet aus die Schalen des Zorns Gottes auf die Erde!" (Offenb. 16,1). Im Anschluß daran handelt das ganze Kap. 16 der Offenbarung

von den Strafen Gottes, die durch das Ausgießen der sieben Schalen durch die Engel über die Menschen kommen.
Die folgenden Rdaa. beziehen sich auf die Waagschalen: *Mit ungleichen Schalen wiegen:* ungerecht urteilen und *Die Schalen gleich halten:* unparteiisch sein, keinen bevorzugen.

Schalk. *Den Schalk* (oder *Schelm) im Nakken* (oder *hinter den Ohren) haben:* es hinter den Ohren haben (↗Ohr), ein Schalk sein und sich's nicht merken lassen. Die Wndg. bezieht sich auf einen Menschen, der gleichsam von einem kleinen schalkhaften Dämon besessen ist, doch so, daß ihm der Wicht hinten im Nacken oder hinter den Ohren sitzt, so daß ihn der Genarrte nicht sehen kann. 1639 ist bei Lehmann S. 124 (‚Dienst' 42) die Rede von „Augendienern, die trew seynd vorm Gesicht, vnd tragen den Schalk auffm Rücken". Alle diese Wendungen sind alt und seit dem 16. Jh. reichlich zu belegen, z.B. bei Thomas Murner, Luther usw. In der alten Redensart liegt der Ton auf ‚hinter', bei uns auf ‚Schalk', so daß uns der Gedanke der versteckten Schelmerei fast ganz verlorengeht. Die Redensart bekommt dadurch eine ihr ursprünglich nicht innewohnende Intensität. Diese macht sich auch in den Steigerungen geltend, die wir gern hinzufügen: ‚dick', ‚fingerdick', ‚daumendick', ‚faustdick'. Der Liebhaber, der nicht weiß, woran er ist, klagt im Volkslied die Geliebte an (F. W. v. Ditfurth, 52 ungedruckte Balladen, S. 19):

> Ihr tragt ein Schalk im Nacken,
> Man weiß nicht, treibt Ihr Ernst oder Scherz,
> Thut Honigküchel backen,
> Dazwischen Dörner hacken,
> Verspottet redlichs Herz.

Anders Goethe, ‚Zweite Epistel': „wie eben sich mir der Schalk im Busen bewegte", und Schiller in der ‚Phädra' (IV,2): „daß der Schalk im Herzen durch äußre Zeichen sich verkündete"; altbair. ‚etw. auf den Schalk tun', ‚auf den Schalk hin', zum Scherze; heute auch: ‚Der Schalk guckt ihm aus den Augen'; ‚Der Schalk schlägt ihm in den Nacken'.
Etymol. Untersuchungen haben gezeigt, daß ‚Schalk' aus mlat. ‚scalcius': barfüßig und ‚di scalceatus': ‚der Schuhe ledig' entstanden ist. Das got. Wort ‚skalks' für Diener, Knecht, weist noch darauf hin, daß Schalk urspr. die Bez. für die unbeschuhten Leibeigenen war.
Mit einer Schalkshaut überzogen sein: ein Bösewicht, Betrüger sein.

Lit.: *J. Knobloch:* Der Ursprung von nhd. ‚Schalk', got. ‚skalks', Diener, Knecht, in: Muttersprache 89 (1979), S. 45–46; *R. Johannsmeier:* Spielmann, Schalk und Scharlatan (Reinbek bei Hamburg 1984).

Schall. *Etw. ist nur Schall und Rauch:* eine Sache ist völlig wertlos. Die Wndg. wurde gebildet in Anlehnung an Goethes Faust I, 3457: „Name ist Schall und Rauch", ↗Name. Ähnl.: *Etw. ist (nur) leerer Schall.*
In Schalle leben: in ↗Saus und Braus leben. Die Rda. ist schon sehr alt und heute selten zu hören, lit. bei Oswald von Wolkenstein (Lieder 177, 6,15).
Jem. eine schallern: jem. eine Ohrfeige geben, ↗schlagen. In Berlin sagt man dafür u.a. ‚Hinter de Schalltüten mußte en paar kriejen'.
Spricht jem. überlaut, so wird ihm in der Schweiz spaßhaft empfohlen, er solle doch ‚Schalldämpfer uuf setze!' (E. Strübin, S. 118).

Schallmauer. *Die Schallmauer durchbrechen,* oft auch in Verbindung mit einer zahlenmäßigen Größe oder qualitativen Bez., z.B. ‚die Schallmauer von einer Mark durchbrechen' oder ‚die psychologische Schallmauer durchbrechen': ein allgemein für unüberwindlich gehaltenes Hindernis überwinden, einen als unüberbietbar geltenden Rekord brechen, eine für absolut angesehene Grenze überschreiten.
Interessant ist die Entwicklung dieser neueren Rda. Zunächst war ‚Schallmauer' die bildhafte Bez. für die starke Zunahme des Luftwiderstandes für Flugzeuge, die die Schallgeschwindigkeit erreichten. Da in diesem Bereich das physikalische Verhalten der Luft sich grundlegend ändert, wurden Flugzeuge, die sich z.B. beim Sturzflug auf diese Geschwindigkeit beschleunigten, unlenkbar und die auftretenden Verdichtungsstöße haben sie

schließlich auseinandergerissen. Die Schallmauer galt deshalb als unüberwindlich.
Erst 1947 gelang es erstmals den Amerikanern, mit einem raketengetriebenen bemannten Spezialflugzeug (Bell X-1) diese ‚Schallmauer‘ zu durchbrechen. In der Folge wurde dann die bildhafte Bez. dieses physikalisch-technischen Phänomens nach einer nochmaligen bildl. Transformation zur Rda., die sich nun meist auf psychische oder soziale, also vorwiegend nichttechnische Hindernisse und Grenzen bezieht, wobei die urspr. Bdtg. nur noch durch den gelegentlich von den Düsenflugzeugen erzeugten Überschallknall in Erinnerung gehalten wird.
Seltener dient der Ausdr. ‚Schallmauer‘ in scherzhaft-iron. Verwendung zur Bez. von persönlichen Referenten von Ministern sowie von Vorzimmerdamen, die ihren Vorgesetzten vor Störungen von außen abzuschirmen haben.

Lit.: *M. Bues:* Rez. zu R. Klappenbach u. W. Steinitz: Wb. der dt. Gegenwartssprache, Bd. IV (Berlin 1972/73), in: Muttersprache 88 (1978), S. 137–141; *H. Küpper:* Alltagssprache und Werbung, in: Muttersprache 91 (1981), S. 15–23.

Scham, schämen. *Voller Scham (schamhaft) sein:* scheu, schüchtern, zurückhaltend sein, oft von Kindern u. jungen Mädchen gesagt. Ähnl.: *Scham empfinden:* das Gefühl haben, bloßgestellt zu werden, eine Tat bereuen, zerknirscht über einen Tadel sein. Eine Steigerung bedeutet die Wndg. *vor lauter Scham in den Boden versinken mögen:* sich am liebsten verbergen wollen; ähnl. *sich zu Tode schämen.*
Dagegen: *alle Scham verloren haben (schamlos sein):* keinerlei moralische Bedenken haben, sich über alles hinwegsetzen, was Anstand u. Sitte gebieten.
Weder Scham noch Schande kennen: skrupellos sein. Aus dem MA. ist die ältere Formel *nicht Scham u. Gram haben* in ähnl. Sinne bezeugt (vgl. mittelengl. ‚scame and grame‘, lit. im ‚Poema morale‘, 12. Jh., V. 167).
Keine falsche Scham! hört man heute oft als Aufforderung, sich nicht lange zu zieren, nicht zu zögern.
Etw. treibt einem die Schamröte ins Gesicht: man nimmt an etw. Anstoß, man fühlt sich der öffentl. Verachtung preisgegeben.

Schamade. *Schamade schlagen (*oder *blasen*): klein beigeben; eigentl.: mit Trommel und Trompete das Zeichen zum Rückzug oder zur Übergabe (frz. chamade) geben. Der Ausdr. stammt aus dem alten Kriegsleben und ist seit dem Ausgang des 17. Jh. im Dt. nachgewiesen. 1709 verwendet ihn Menantes (Hunold) in ‚Der Europäischen Höfe Liebes- und Helden-Gedichte‘ (S. 132): „Hierauf war man resolviret, den Wall ebenfalls zu stürmen, als der Feind an allen Attaquen die Chamade schlug und weiße Fahnen, als Zeichen der Übergabe, aussteckte“. Bekannt wurde die Wndg. auch durch Moltkes Urteil über die Emser Depesche vom 13. Juli 1870: „vorher klang es wie Chamade, jetzt wie eine Fanfare“ (Bismarck, Gedanken und Erinnerungen II, 1898, 91). Vgl. auch die schweiz. Rda. ‚er schlot Schamadi‘, er gibt sich verloren.

Schamhut. *Das Schamhütlein ablegen:* sich nicht mehr schämen; auch: *den Schamschuh ausziehen.* Luther gibt eine Erklärung dieser Rda.: „das heißt, mein’ ich, das Schemhütlin abgethan, nicht mehr rodt werden können“ (Werke 3, 92).

Schanddeckel. *Der Schanddeckel für etw. sein sollen:* etw. Schändliches mit seiner Person decken sollen. Die Rda. ist heute praktisch verschollen, war aber im 15. und 16. Jh. sehr gebräuchlich.; häufig z. B. bei Luther.
Ähnl. *einen zum Schanddeckel machen* oder *einen bloßen Schanddeckel aus etw. machen:* jem. oder etw. vorschieben, um unter dem Schein der Ehrbarkeit und Frömmigkeit ungestört seinen leichtsinnigen Lebenswandel fortsetzen zu können. Vgl. die ndd. Wndg. ‚se brûkt den Mann to’m Schanddeckel‘, sie hat nur geheiratet, um bei ihrem lasterhaften Leben sicherer zu sein.

Schande. *Seine eigene Schande hören:* mit eigenen Ohren hören müssen, wie ehrlos man ist. Diese Rda. ist eine Umwandlung des Sprws: ‚Der Horcher an der Wand

hört seine eigne Schand'. Die urspr. Bdtg. des Wortes ist ,Beschädigung'. Doch sehr früh verengte sich die Bdtg. auf ,Ehrverminderung'. In der bibl. Sprache ist die erste Bdtg. noch gültig: „lass mich nicht zu Schanden werden ..." (Ps. 25,20).
Jem. alle Schande sagen; jem. tüchtig die Meinung sagen.
Ein Schandmaul besitzen: ein ordinäres Mundwerk haben.
Eine weitverbr. Floskel ist folgende Einleitung einer Rede: *Zu meiner Schande muß ich gestehen* ... Entrüstung über einen Sachverhalt zeigt man mit der Äußerung: *Es ist eine Schande!*
Sich mit jem. schänden: sich mit jem. zanken.
Jem. ein Schandzeichen anhängen: jem. etw. ↗anhängen; ↗Schandmantel.
Zu jeder Schandtat bereit sein: ein guter Kumpel, ein lustiger Freund sein, der abenteuerliche, riskante Unternehmungen liebt.
,Schande' tritt oft in Zwillingsformeln auf wie: ,mit ↗Schimpf und Schande', ,in Sünde und Schande', ,mit Schande und Spott!'

Schandfleck ↗anhängen.

Schandmantel. *Den Schandmantel tragen:* seine Ehre, seinen guten Namen verlieren; in Schande, in Verruf geraten. Schandmantel, Schandlaken und Schandkleid waren Kleidungsstücke, die Übeltäter oder von der Gesellschaft Verfemte zu ihrer bes. Kennzeichnung tragen mußten. So wurde im MA. demjenigen, der am ↗Pranger stand, ein Schandmantel angezogen. In vielen europ. Städten waren auch Dirnen durch bestimmte Trachten gekennzeichnet, so z.B. durch rote Schuhe und gelbe Schleier. Die Diskriminierung der Juden durch Zwangstrachten begann schon im 13. Jh., in Dtl. mußten sie einen gelben Spitzhut, in Frankreich ein gelbes Rad aus Stoff an der Brust tragen.

Lit.: *G. A. Löning:* Schandlaken, Schandmantel, Schandkleid, in: Zs. der Savigny-Stiftung für Rechtsgeschichte (Germanist. Abt.).

Schanze. *Sein Leben für jem. (etw.) in die Schanze schlagen:* es für ihn einsetzen, es aufs Spiel setzen. Die Rda. hat mit der Schanze als Wehrbau, Bollwerk nichts zu tun, sie ist vielmehr ein alter Spielerausdruck und stammt wie andere derartige Ausdrücke (vgl. ,kaputt') aus dem Frz. Aus mittellat. ,cadentia' = Fallen der Würfel ist altfrz. ,cheance' = Glückswurf, Spiel, Einsatz des Spielers, Wechselfall geworden, und dieses ist um 1200 zu gleichbedeutendem mhd. ,schanze' entlehnt worden. *Etw. in die Schanze setzen, legen* oder *schlagen* bedeutet also eigentl.: etw. auf einen Wurf setzen, es einsetzen als Gewinn für den, der am höchsten würfelt. Die Rda. ,etw. in die Schanze schlagen', es aufs Spiel setzen, bucht schon 1540 Erasmus Alberus. In der ,Zimmerischen Chronik' (I,231) heißt es: „Mitler weil haben si uf einen abent mit einander gespilt und im spill so fürgeschritten, daß der Beringer auch sein harnasch und das roß in die schanz geschlagen und verloren"; bei Grimmelshausen im ,Simplicissimus' (II,115): „Und setzest die Seele in eine gewisse Schantze" (auf ein gewagtes Spiel). Zum selben Bereich gehört auch: *einem etw. zuschanzen:* jem. ohne sein Verdienst einen Vorteil zuwenden.
In seiner Straßburger Diss. beschäftigt sich H. A. Rausch mit dem Spielkartenverzeichnis in Fischarts ,Geschichtklitterung', das er mit dem frz. Verzeichnis von Rabelais vergleicht, auf welches sich Fischart bezieht. Spiele, die vermutl. im Elsaß und am Oberrhein heimisch waren, hat Fischart dem Verzeichnis noch ergänzend hinzugefügt. Unter den Würfelspielen ist ein Spiel aufgeführt, das bei Fischart „der Schantz" heißt, bei Rabelais „à la chance". Das frz. Wort ist also von Fischart oder ganz allg. im Elsaß in ,Schantz' eingedeutscht worden. In der frz. Literatur kommt die Bez. ,à la chance' für ein Würfelspiel bereits im 13. Jahrhundert vor; Meister Ingold spricht in seinem Traktat über das Würfelspiel vom ,Schantzen'. Hans Sachs erwähnt, ,umschantzen' und im Schwäb. Wb. 5, 690 wird eine Ulmer Verordnung aufgeführt (1484) in der „uff der Karten schanzen" verboten wird.

Lit.: *H. A. Rausch:* Das Spielverzeichnis im 25. Kap. von Fischarts ,Geschichtklitterung' (Gargantua) (Diss. phil. Straßburg 1904); *M. Rumpf:* Zur Entwicklung der Spielkartenfarben in der Schweiz, in Dtl. und in Frankr., in: Schweiz. Arch. f. Vkde. 72 (1976), S. 1–32.

scharf. *Scharf sein auf etw.:* begierig danach sein; *scharf hinter einer Sache her sein:* sie eifrig betreiben; *scharf sein:* etw. dringend begehren, sinnlich, geil sein, nach geschlechtlicher Befriedigung verlangen; *scharf schießen:* rücksichtslos vorgehen: *einen scharf haben:* ihn hassen. Alle diese Rdaa. sind jüngere umg. Wndgn., die wahrscheinl. vom ‚scharfen' Jagdhund hergeleitet sind. In rdal. Vergleichen wird scharf näher bestimmt: ‚scharf wie eine Rasierklinge', ‚wie Senf', ‚wie Mostrich', ‚wie tausend Russen', ‚wie Paprika'.

Scharmützel. *Ein Scharmützel ausfechten:* mit jem. ein Wortgefecht führen, ein Rededuell austragen.
Schon im 14. Jh. ist die Entstehung aus ital. ‚scaramuccio': kleines Gefecht, Plänkelei belegt. Seit dem späteren 16. Jh. wird der Begriff auch bildl. verw.: zuerst für Coitus, dann auch im heutigen Sinn. Aus dem 14. Jh. findet sich ein Beleg bei Suchenwirt (XVI, S. 35).: „mit scharrenmützel schiezzen".

Scharte. *Die Scharte auswetzen:* einen Fehler wiedergutmachen, einen erlittenen Schimpf wieder wettmachen. Das Bild der Rda. stammt aus der Landwirtschaft: Wie der Bauer die Sicheln und Sensen, die durch Steine und Unebenheiten des Bodens beim Mähen Scharten bekommen haben, mit dem Wetzstein wieder ausschleift, so kann ein Mensch einen begangenen Fehler, einen Mißerfolg oder gar eine Niederlage durch entspr. Taten wieder wettzumachen suchen. Ndl. gibt man einem, der einen Fehler begangen hat, den guten Rat: ‚Hij zal de schaarden uitslijpen'. Ein dt. Spruch aber sagt: ‚Die Scharten kosten Geld, die Haare aber wachsen wieder ohne Geld'. Vgl. lat. ‚lacunam explere', bei Cicero.
In der Soldatensprache geht die Bdtg. für ‚eine Scharte auswetzen' noch weiter: hier macht man nicht nur einen begangenen Fehler wieder gut, sondern rächt einen erlittenen Schimpf oder stellt die gekränkte Ehre wieder her. In dieser Bdtg. ist die Scharte schon im frühen MA. bildl. gebraucht worden: „dem wuohs vil manic scharte an lîbe", schreibt Konrad von Würzburg im ‚Trojan. Krieg', V. 216. Daher stammt auch der Ausdr. Heinrichs von Meißen (‚Frauenlob' 310,17): „Dîn lop nie scharte gewan". Wigalois (Wirnt von Grafenberg, V. 11502) preist bei einem Ritter „triuwe âne valschen scharten"; und an einer anderen Stelle heißt es vom Kaiser:

ob den keizer daz wol verswirt
sô muoz er doch die scharten tragen,
die niht gâhens wirdet heil.

In Ottokars ‚Oesterreich. Reimchronik' (V. 22675) wird schon ganz deutlich, daß mit der Scharte die gekränkte Ehre und der verletzte Ruhm gemeint sind:

ich furchte daz er slach
in iuwer lop ein scharten.

Bei Abraham a Sancta Clara heißt es auch in übertragenem Sinne: „Die Scharten widerumb ausschleiffen" (‚Judas' IV,331). Ein deutsches Lied aus dem Jahre 1691 läßt den besiegten türkischen Großwesir jammern:

In unsre Säbel hat gemacht
Die starke Badnisch Adlermacht
Ein gar zu große Scharten;
Glaub, keiner werd sie schleifen aus
So bald von Ottomaner Haus,
Ich würd es nit erwarten.

Man vergleiche auch die ‚Zimmerische Chronik' (III,495): „Darzu hat das bischtumb ganz wol gethan und diese alte scharten alle künden ußwetzen". In Schillers ‚Räubern' (V,2) kommt der Räuberhauptmann Moor vor seinen letzten Kumpanen am Ende seiner Taten zu der schrecklichen Selbsterkenntnis: „Ich nannte es Rache und Recht – ich maßte mich an, o Vorsicht, die Scharten deines Schwerts auszuwetzen und deine Parteilichkeiten gutzumachen – aber – o eitle Kinderei! – da steh ich am Rand eines entsetzlichen Lebens".
Im bair. Sprachgebrauch kennt man noch den Ausdr. ‚Das hat eine Scharten', wenn irgendeine Sache einen ‚Haken' hat. Schwäb. ist das Sprw. ‚Allzu scharf macht (gibt) Scharten' weit verbreitet und bedeutet ungefähr das gleiche wie: Allzu viel ist ungesund.

Scharwenzel, scharwenzeln. *Ein Scharwenzel (ein richtiger Scher[r]wenzel) sein:* ein überaus höflicher, unterwürfiger und dienstbeflissener Mensch, der sich zu allem gebrauchen läßt und der sogar Mißachtung und Mißhandlung ohne Widerspruch erträgt in der Hoffnung, daß dies später etw. einbringt. Die Rda. bez. heute vor allem den ‚Allerweltsdiener' und heuchlerischen ‚Schmeichler' mit der negativen Nebenbedeutung eines unzuverlässigen und unsteten Menschen, der nur auf seinen Vorteil bedacht ist.

Die Herkunft des Wortes Scharwenzel ist umstritten. Das Dt. Wb. hält es für eine volksetymol. Umdeutung aus ital. ‚servente' – der Dienende oder für eine Zusammensetzung aus ‚Schar' = Fronarbeit und dem häufigen Vornamen ‚Wenzel', der für die in Dtl. arbeitenden slaw. Landarbeiter zu einer verallgemeinernden, verächtlichen Bez. wurde (vgl. auch ‚Lausewenzel' und ‚Sauwenzel'). Auch K. Braun (‚Oberdt. Vornamen') bemerkt dazu: „Man hat dieses Wort von ‚servus' oder ‚serviens' oder irgendeinem Stamm ‚Scherw' oder ‚Serv' ableiten wollen. Lassen wir es lieber einfach beim böhmischen Wenzel, welcher zu den Deutschen zu landwirtschaftlicher Arbeit, zum Schneiden, Mähen, Graben, zur ‚Schar' oder zum ‚Scharwerk' ging". In mhd. und frühnhd. Zeit war das Wort ‚schar' sehr geläufig, das sowohl die Pflugschar, das schneidende Eisen, den Schnitt, die Ernste und den Ertrag als auch die Schar als Menge von Menschen bezeichnen konnte. Zusammensetzungen wie ‚harmschar' = auferlegte Strafe und ‚Scharwerk', ‚Scharwerker', ‚scharwerken' lassen auf eine ähnl. Wortbildung bei Scharwenzel schließen. Für diese Erklärung spricht bes., daß auch Luther in ähnl. Bdtg. öfters statt Scharwenzel das Wort ‚Scharrhans' verwendet, also ebenfalls eine Zusammensetzung mit ‚Schar' und dem geläufigsten dt. Vornamen. Er schreibt z.B.: „Das fichtet mich nicht an, dass ein Rültz oder Tölpel lästert oder ein unadliger Scharrhans poltert und scharret" (Werke VI, S. 225) und: „Denn eben dieselben Scharrhansen waren zur selben Zeit solche verzagte Schelmen, als ich mein Tage gesehen habe" (Werke V, 40b).

Eine andere Deutung versuchen Adelung und Frischbier, die darauf hinweisen, daß das Wort Scharwenzel auch die Bez. eines bestimmten Kartenspieles oder einer Spielkarte (Unter, Bube) ist, die sich als Trumpfkarte ebenfalls vielseitig gebrauchen läßt. Schmeller (Bair. Wb., Bd. II, 452) bezeugt auch, daß Scharwenzel im Bair. dasselbe wie ‚Scherer' im ‚Färbeln', einer Art des Kartenspiels, ist, wo die 7, 8, 9 und 10 ‚der klein Scherer' und Unter, Ober, König und As zusammen ‚der groß Scherer' heißen. Fr. Kluge verweist ebenfalls auf einen Zusammenhang mit dem Kartenspiel und hält Scharwenzel für eine Entlehnung aus dem Tschech., die im 17. Jh. zusammen mit der Übernahme des Kartenspiels ‚Trischak' erfolgte. Zu tschech. ‚červený' = rot gehört ‚červenec' = der Rote, der rote Unter, der Herzbube. Im Oesterr. erfolgte eine Umbildung und Verkleinerung wahrscheinl. unter dem Einfluß von Wenzel zu Scharwenzel = Bube im Kartenspiel. Im 18. Jh. entwickelte sich erst die Bdtg. von Allerweltsdiener. Da Scharwenzel aber auch der ‚Kratzfuß' als bes. Höflichkeitsbezeigung ist, besteht vielleicht auch der Einfluß von ital. ‚servente' = Diener und dem dt. ‚scharren'.

Um jem. herumscharwenzeln: behilflich, dienstbeflissen um ihn herumlaufen, sich mit Kratzfüßen drehen, jem. durch Schmeicheln zu betören und gewinnen suchen, sich in lakaienhafter Weise ergeben zeigen. Scharwenzeln zeigt eine ähnliche Bildung wie ‚hänseln' = necken, ‚nickeln' = ärgern und ‚stoffeln' = schwerfällig gehen, so daß auch hierbei an den Einfluß des Namens von ‚Wenzel' gedacht werden muß.

Goethe, Schiller und Heine gebrauchen die Form ‚scherwenzen' statt ‚scharwenzeln'. Goethe schreibt zum Beispiel (Werke VIII, 29): „da hielt dich das unglückliche Hofleben, und das Schlenzen und Scherwenzen mit den Weibern", er betont dabei die die bis heute gültige Hauptbedeutung der Redensart: sich besonders intensiv oder auffallend um die Gunst der Frauen bemühen.

Lit.: Dt. Wb. VIII, Sp. 2229f.; *F. Kluge:* Etymol Wb. (Berlin 1967); *M. Lexer:* Mhd. Handwb., Bd. II, Sp. 661f.; *V. Pisani,* in: Idg. Forsch. 38 (1930), S. 243.

Scharwerk. ‚Jem. ze scharwerck sitzen': einen mit Frondienst belasteten Grundbesitz haben; diese heute ausgestorbene Rda. ist belegt seit 1476.
Jem. die Scharwerk bieten: jem. zur Fronarbeit aufbieten. Sprw. ist überliefert: ‚Wei (wer) sik imm scharwerke daud arweded, demme lütt de äsel'. Heute ist ‚scharwerken' noch üblich in der Bdtg.: hart arbeiten, ohne sonderlich dafür belohnt zu werden, ↗malochen.
Auch: *gehen wie ein Scharwerker:* sehr langsam gehen.

Schatten. *Etw. (jem.) in den Schatten stellen:* eine Sache verdunkeln, gering erscheinen lassen, einen Menschen in seinen Leistungen übertreffen, ihn in den Augen anderer herabsetzen, ihn nicht ‚im

‚Nicht über seinen Schatten springen können'

‚Über seinen eigenen Schatten springen können'

besten Licht erscheinen' lassen. Das entgegengesetzte ‚beleuchten' bildet nicht auch bildl. einen Gegensatz, sondern meint ganz objektiv: ein reines (ungetrübtes) Urteil über etw. möglich machen, genau wie die Rda. ‚etw. ins rechte Licht rücken', ↗Licht. Vgl. ndl. ‚iemand in de schaduw stellen'.
In jem. Schatten stehen: wegen anderer Personen nicht die rechte und verdiente Anerkennung finden. Vgl. auch ndl. ‚niet in iemands schaduw kunnen staan', frz. ‚vivre dans l'ombre de quelqu'un'.
Einen Schatten werfen auf jem.: ihn in ungünstigem Licht, nicht untadelig erscheinen lassen; vgl. frz. ‚jeter une ombre sur quelque chose'.
Man muß ihn an Schatten legen: man sollte ihn ins Gefängnis bringen. Diese euphemist. Umschreibung ist auch in den Mdaa. üblich, so heißt es z. B. in Norddtl.: ‚He sitt in'n Schatten', er ist eingesperrt worden. *Nicht über seinen Schatten springen können:* seine Natur, sein Wesen nicht ändern, nicht verleugnen können, trotz aller Anstrengung etw. nicht fertigbringen, was der eigenen Persönlichkeit nicht entspricht. Der Schatten gilt im Volksglauben als Symbol der menschlichen Seele, die sich ebensowenig wie er vom Körper zu lösen vermag. Chamissos ‚Peter Schlemihl' verkauft deshalb auch mehr als nur seinen Schatten. Weiter hat Lenau im Gedichtzyklus ‚Anna' auf dieses Motiv zurückgegriffen sowie H. von Hofmannsthal in seinem Schauspiel: ‚Frau ohne Schatten'.
Die Rda. wird gelegentlich zu einer sprichwörtlichen Sentenz umgeformt: ‚Du sollst nicht über deinen Schatten springen!' und ist nun ein sittlicher Anspruch, ein Imperativ.
Über seinen Schatten springen wollen: etw. Unmögliches vorhaben, sich grundlegend durch eine große Willensanstrengung ändern wollen, was für längere Zeit nicht durchführbar ist, ‚über sich selbst hinauswachsen' wollen. Von einem Trunkenen, dem man alles zutrauen kann, heißt es scherzhaft: *Er springt über den Schatten. Nach seinem Schatten springen,* auch: *seinem eigenen Schatten nachlaufen:* etw. Sinnloses tun.
Den Schatten für den Körper nehmen: das

'Schlagschatten werfen'

Abbild für das eigentl. Wesen, eine Idee für die Wirklichkeit halten. Vgl. frz. 'prendre l'ombre pour le corps'.

Etw. wirft seine Schatten voraus: ein großes Ereignis wird durch bestimmte, unheilvolle Vorzeichen angekündigt. Der Schatten spielte im alten Volksglauben eine doppelte Rolle. Das Wort 'Schatten' wurde häufig mit 'Schaden' gleichgesetzt. Der Schatten von Harzbäumen galt als fiebererregend, der Schatten fruchttragender Obstbäume aber als heilkräftig. In der Verkündigung an Maria findet sich eine ähnl. Vorstellung, wenn es bei Luk. (1,35) heißt: „Die Kraft des Höchsten wird dich überschatten", d.h. der Schatten Gottes wird als fruchtbringend angesehen.

Etw. wirft einen Schatten auf die Vergangenheit: von der Gegenwart her wird Vergangenes ungünstig beurteilt, oder: ein Makel aus früherer Zeit wird erkennbar.

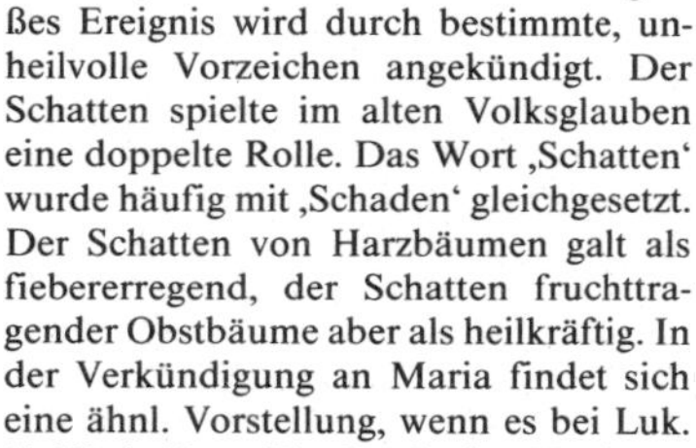

'Die Schatten der Vergangenheit'

Einen Schlagschatten werfen: einen bes. kräftigen Schatten auf andere werfen; selbst im hellen Licht (der Öffentlichkeit) stehen und Vorzüge und Verdienste anderer nicht in Erscheinung treten lassen.

Nach dem Schatten greifen: nach etw. Nichtigem, Vergänglichem streben. Vgl. ndl. 'eene schaduw omhelzen'.

Nach dem Schatten greifen (und das Fleisch fallen lassen): in der Gier, noch mehr zu erlangen, alles verlieren. Die Wndg. beruht auf einer Fabel, in der ein Hund das Stück Fleisch, das er in der Schnauze trägt, im Wasser gespiegelt sieht. Als er nach ihm schnappen will, verliert er beides. Ulr. Boner gibt in seinem 'Edelstein' einen dt. Frühbeleg für diese Fabel ('Von einem Hunde der truog ein Stücke'):

Man list von einem hunde,
der truog in sînem munde
ein stücke vleisches, daz was grôz,
des sîn geslechte nie verdrôz.
an einen bach truog in sîn weg,
dâ vant er weder brugg noch steg,
dâ was weder schif noch man:
ze vuoze muoster über gân.
do kam er mitten in den bach,
den schatten er des vleisches sach,
daz er in sînem munde truog.
er sprach: „ich haete wol genuog,
möcht ich daz stük zuo disem hân."
vil schiere er ginen began
und wolt daz stük begrîfen:
dô muoste im daz entslîfen,

1

2

1/2 ‚Nach dem Schatten greifen‘

daz er in dem munde hât.
dô stuont er leidig unde mat.
daz er sîn stückl hât verlorn
dur gîtekeit, daz was im zorn.
der schatte in betrogen hât.

Vgl. ndl. ‚Hij grijpt naar de schaduw, en laat zich het vleesch ontvallen‘ und frz. ‚lâcher la proie pour l'ombre‘.

Den Schatten fangen: statt einer wertvollen Sache eine nutzlose gewinnen.

Um den Schatten eines Esels streiten: einen Prozeß wegen einer völlig nichtigen Angelegenheit führen. Vgl. auch frz. ‚faire un procès, une querelle sur un pied de mouche‘, ↗Esel.

Mit seinem eigenen Schatten fechten: einen nur eingebildeten Feind bekämpfen, sich vergeblich anstrengen oder aufregen. Vgl. ndl. ‚Hij vecht met (tegen) zijne eigene schaduw‘, engl. ‚to fight with one's own shadow‘ und frz. ‚combattre son ombre‘. Ähnl. heißt es auch: *sich mit seinem eigenen Schatten zanken:* sich selbst nicht leiden können.

Schattenboxen betreiben: mit einem gedachten, eingebildeten Gegenüber kämpfen. ‚Schattenboxen‘ ist eine bekannte chines. Trainingsform, wobei der Gegner nur fiktiv gedacht ist.

In Schwaben sagt man: ‚Klag's em Schatte an dr Wand, so wird's niemand bekannt‘.

Seinen eigenen Schatten fliehen: gesteigerte Angst empfinden, ganz natürliche Erscheinungen in einer Gespensterfurcht verkennen, sich ohne Ursache fürchten. Der Schatten spielte früher eine viel größere Rolle als heute im Zeitalter der Elektrizität. Durch das Fackel- oder Kerzenlicht entstanden in den nur schlecht ausgeleuchteten Winkeln der Räume riesige und bewegliche Schatten, die der Phantasie über unheimliche Wesen ständig neue Nahrung gaben und vieles bei der Sagenbildung erklären. In griech. Form wurde diese Wndg. schon bei Platon (427–347 v. Chr.) im ‚Phaidon‘ gebraucht, in lat. Sprache bei Cicero (106–43 v. Chr.): „timere umbram suam“. Dt. erscheint sie zuerst 1532 in der ‚Namenlosen Sammlung‘ (Nr. 283): „Der fuercht sich vor seim eygen schatten. Das sagt man von einem kleynmüthigen menschen“. Vgl. auch ndl. ‚Hij vlugt voor zijne schaduw‘.

Ähnliche deutsche Wendungen sind noch: *sich vor seinem eigenen Schatten fürchten* und *den Schatten an der Wand fürchten.* Vgl. ndl. ‚Hij is bang voor zijne schaduw‘ und russ. ‚den Schatten eines Riesen fürchten‘.

Einem wie sein Schatten folgen: immer in der Nähe eines anderen bleiben, jeden seiner Schritte verfolgen, aufdringlich sein. Die Rda. wird im verächtlichen Sinne bes. auf solche Menschen angewandt, die fortwährend um andere herum sind, um etw. bei ihnen zu erreichen. In lat. Form wird die Wndg. bereits von dem röm. Dichter Plautus (gest. 184 v. Chr.) gebraucht: „quasi umbra persequi“. Der Humanist Erasmus von Rotterdam schreibt in seinen ‚Adagia‘ (3,7) dafür: ‚velut umbra sequi“.

Einen unter die Schatten seiner Flügel nehmen: ihn unter seinen persönlichen Schutz nehmen, so wie die Vögel ihre Jungen bei Gefahr. Die Wndg. bezieht sich auf Ps. 17,8 und 57,2. Vgl. auch ndl. ‚iemand onder de schaduw zijner vleugelen nemen'.

Ein Schatten seiner selbst sein: seine ehemalige Kraft und Gesundheit verloren haben, nur noch ein blasses Abbild seiner früheren lebensvollen, zukunftsbejahenden Persönlichkeit sein. Die Rda. wird heute bes. auf Kranke angewandt, deren auffallend schlechtes Aussehen mit ihrem Schatten verglichen wird, oder auf Menschen, die von Kummer und Sorgen gleichsam ‚aufgezehrt' wurden. Unsere Rda. ist eigentl. ein Zitat aus der ‚Pharsalia' des röm. Schriftstellers Marcus Annaeus Lucanus (39–65 n.Chr.), der darin den Bürgerkrieg zwischen Pompeius und Caesar schilderte. Von dem geschlagenen Pompeius schrieb er (I, 135): „Stat magni nominis umbra", d.h. er steht noch da, nur noch der Schatten seines einst so großen Namens. Vgl. frz. ‚être l'ombre de soimême'.

Dem Schatten an der Wand gleichen: blaß und kraftlos sein. Dieser rdal. Vergleich wurde früher bes. auf das veränderte Aussehen Liebender bezogen, die darunter litten, betrogen oder verlassen worden zu sein, und in ihrer Hoffnungslosigkeit wie unheilbar Kranke aussahen. In diesem Sinne ist die Wndg. auch im Liederbuch der Hätzlerin im 16. Jh. bezeugt, in dem es (II, 29, 15) heißt: „Dem schatten gleich ich an der wand".

Wie ein Schatten hinschwinden (vergehen): rasch immer kraftloser werden. Die Redensart gilt auch als bildliche Umschreibung für das langsame Dahinsiechen und Sterben; vgl. frz. ‚disparaître comme une ombre'.

Einen Schatten haben: geistig nicht ganz normal sein.

Im Reich der Schatten sein: gestorben sein. Nach antiker Anschauung war das ‚Reich der Schatten' der Aufenthaltsort der Seelen in der Unterwelt, ↗zeitlich; vgl. frz. ‚être au royaume des ombres'.

Im 11. Gesang von Homers ‚Odyssee' steigt Odysseus in die Unterwelt ins Reich der Schatten. Dort trifft er auch auf Achilles, der ihm bekennt: „Lieber ein Bettler sein im Reiche des Lichts als ein König im Reiche der Schatten".

Ein Schattendasein führen: ein kümmerliches Dasein fristen, ohne Lebensglück und Freude dahinvegetieren. Die Rda. bezieht sich entweder auf die antike Vorstellung vom Reich der Schatten oder auf den Vergleich mit einer Pflanze, die im Schatten nur schlecht gedeihen kann.

Die Schattenseiten des Lebens kennenlernen: persönliches Mißgeschick erleiden, durch widrige Umstände ins Unglück geraten, eigentl.: ohne Sonne, d.h. ohne Glück, leben müssen; vgl. frz. ‚les ombres de la vie'.

Ein Schattenkabinett aufstellen: von einer parlamentarischen Opposition für den Fall eines Regierungswechsels bereits die Mitglieder des neuen Kabinetts bestimmen.

Ein bloßer Schattenmann sein: keine geachtete Persönlichkeit sein, einen Namen ohne Kraft, einen Titel ohne Macht führen, nicht für ‚voll genommen' werden, ↗voll.

Lit.: *E. L. Rochholz:* Dt. Glaube und Brauch, Bd. I (Berlin 1867), S. 75 u. 78–79; *W. F. Otto:* Die Manen oder von den Urformen des Totenglaubens (Berlin 1923); *E. Rohde:* Psyche. Seelenkult und Unsterblichkeitsglaube der Griechen (Tübingen [10]1925); *I. Paulsen:* Die primitiven Seelenvorstellungen der nordeurasischen Völker (Stockholm 1958).

Schatz. *Der Schatz ist zu Kohlen (Wasser) geworden:* aus einer erhofften Sache ist nichts geworden. In den Sagen ist das Motiv häufig, daß sich ein gefundener Schatz oder eine Belohnung in Kohlen oder etw. anderes Wertloses verwandelt und der Mensch sich in seiner Hoffnung betrogen sieht. Vgl. lat. ‚Thesaurus carbones erant'. Ähnl. heißt es, auf einen bestimmten Menschen bezogen, der eine Enttäuschung erleben mußte: „Als er seinen Schatz wollte heben, wurde er ihm zu lauter Kohlen".

Schätz(e) sammeln: wertvolle Güter aufbewahren. Diese Rda., die Agricola (II, 488) verzeichnet, erscheint in übertragener Bedeutung bereits bei Matth. 6, 19–20: „Ihr sollt euch nicht Schätze sammeln auf Erden, da sie die Motten und der Rost fressen und da die Diebe nachgraben und stehlen. Sammelt euch aber Schätze im Himmel ..."

‚Mer hôt da Schatz g'funda', man hat den Schaden entdeckt, sagt man in Schwaben. ‚Der Schatz denkt a si!' heißt es in Sach-

‚Schätze sammeln'

sen, wenn einem Mädchen die Schürze entfällt oder wenn sie einen heftigen Schluckauf hat.
Sie ist ein alter Schatz: sie ist eine verblühte Schöne.
Die Wndg. *Schatz, mach Kasse!* stammt aus der Prostituiertensprache und wurde 1920 durch das Berliner Kabarett ‚Stettiner Sänger' umgewandelt und verbreitet durch das Couplet ‚Schatz, mach Kasse, du bist zu schade fürs Geschäft'.
Zur Sache, Schätzchen! ↗Sache.

Lit.: *L. Winter:* Die dt. Schatzsage (Diss. Köln 1925).

Schau. *Jem. die Schau stehlen:* jem. den Effekt rauben, den Erfolg streitig machen, den Hauptbeifall ernten, der eigentl. einem anderen gebührte, einen anderen listig übertrumpfen und sich dadurch selbst in den Vordergrund spielen. Die Rda. ist eine wörtl. Übers. des engl. ‚to steal someone's show' und ist urspr. vom Theater und bes. von der Revue hergeleitet, in denen ein Schauspieler in einer Rolle glänzen möchte, aber von einem mißgünstigen Kollegen an die Wand gespielt und um den Applaus gebracht wird. Die Wndg. ist erst nach 1945 in Dtl. bekannt geworden und wird auf viele Lebensbereiche, auch auf die Politik, angewandt.
Etw. (sich) zur Schau stellen: etw. öffentl. zeigen, auffallend auftreten.
Ebenfalls junge Wndgn. sind: *Die (eine) große Schau abziehen:* etw. Tolles veranstalten, unternehmen, geräuschvoll vorführen, auf Affekthascherei ausgehen, auch: Lärm schlagen, sich wirkungsvoll zur Geltung bringen wollen; auf äußere Aufmachung wert legen; vgl. frz. ‚faire son numéro'; da dies oft als aufdringlich und unecht verurteilt wird, gilt als Warnung: *Mach nicht so eine Schau!:* Gib nicht so an! Zier dich nicht!
Schau haben: vor Freude laut schreien. Diese Rda. ist nur im norddt. Raum belegt. Als Ursprung wird got. ‚sifan': mit einem pfeifenden und kreischenden Geschrei nach einem Entfernten rufen, angenommen.

Lit.: *R. A. Schröder:* Nochmals zum Ausdr. ‚Schau haben', in: Zs. f. d. U. 8 (1894), S. 775–776; *R. A. Schröder:* Nachträge zum Ausdr. ‚Schau haben', in: Zs. f. d. U. 10 (1896), S. 283–284.

Schaukel(n). *Auf der Schaukel und Waage sitzen:* eine unsichere Stellung, haben, keinen festen Fuß fassen können. Vgl. ndl. ‚Hij zit op een' schopstoel'.
‚Sich schaukeln wie a Lülew' ist ein in Warschau üblicher jüd.-dt. Ausdr. für einen Menschen, der einen wackelnden, schwankenden Gang hat. Diese Rda. bezieht sich auf einen Brauch beim jüd. Laubhüttenfest: ein Palmenzweig, Lülew genannt, wurde nach den vier Himmelsrichtungen geschüttelt.
Wir werden das Ding (Kind) schon schaukeln!: Wir werden die Schwierigkeiten überwinden, die Sache in Ordnung bringen. Diese Versicherung beruht auf einem Vergleich: das Kind in der Wiege wird durch die gleichförmigen Bewegungen beruhigt, so daß es schließlich einschläft

‚Jemanden verschaukeln'

und nicht mehr stört. Die übertr. Bdtg. der Rda. ist demnach vor allem: eine Störung beseitigen.
Ähnl. Rdaa. aus jüngerer Zeit sind: *eine Sache schaukeln:* eine schwierige Angelegenheit geschickt meistern, und der zuversichtliche Ausruf: *Die Kiste werden wir gleich geschaukelt haben!:* die Sache wird sich bestimmt schnell und zweckmäßig regeln lassen. Diese Wndg. stammt aus der Zeit des 1. Weltkrieges, wobei mit „Kiste" nicht nur schwere Lasten beim Verladen, sondern auch Flugzeuge gemeint sein konnten; in der Schweiz sagt man: ‚Es is öppis gschaukelt worde' und meint, eine Sache ist auf nicht ganz redlichem Weg zum Ziel geführt worden.

Lit.: *E. Strübin:* Zur dt.-schweiz. Umgangssprache, in: Schweiz. Arch. f. Vkde. 72 (1976), S. 121.

Schaum. *Schaum schlagen:* aufgeblasenes, angenehm klingendes Zeug reden, hinter dem nicht viel ist; vgl. frz. ‚faire du baratin' (umg.).
Dazu gehört das Sprw. ‚Schaum schlagen ist keine Kunst'. Die Russen sagen dafür: ‚Das Schaumschlagen gehört zur Kunst der Barbiere'. Einen Menschen, hinter dessen prahlerischen Worten nicht viel Wissen und Können steckt, nennt man einen *Schaumschläger;* vgl. frz. ‚baratineur'.
Überhaupt wird mit dem Wort Schaum eine nichtige, wertlose Sache bez. In Schwaben kennt man dafür den treffenden Vergleich: ‚Das Fett schwimmt oben, aber der Schaum noch weiter oben'. Das weitverbreitete Sprw. ‚Freund, sieh dich für: Schaum ist kein Bier' ist auch ndl. anzutreffen: ‚Siet wael toe, schuum en is gheen bier', oder nur kurz: ‚Schaum ist kein Bier'. Deshalb hat auch ‚wer Schaum schöpft, leichte Arbeit, aber wenig Lohn'. Verächtlich sagt man von einem nichtsnutzigen Menschen, er sei *leichter als Schaum.* Oder man stellt ihm gar das Zeugnis aus: *Du bist der Schaum von allen Häfen.* ‚Träume sind Schäume', sagt man im Volksmund; dieses bekannte Sprw. hat der Altmeister des Schüttelreims, Benno Papentrigk, in die Form gebracht:

Ihr Toren, nicht dem Schaume traut!
Es trügt, was man im Traume schaut.

Vgl. frz. ‚Tout songe tout mensonge'.
Wenn einer stark erregt ist, so *steht ihm der Schaum vorm Maul; er schäumt vor Wut;* vgl. frz. ‚Il écume de colère'.
Im Ulmer Äsop von Steinhöwel wird der lat. Ausdr. „spumando" beim Eber folgendermaßen übersetzt: „Mit umbisch howen, schomen und die Zen ze weczen". Der rdal. Vergleich *schäumen wie ein Eber* ist schon in der ‚Zimmerischen Chronik' belegt; dort heißt es: „Schumet als ein Eberschwin", und bei Mathesy (180[b]) kann man lesen: „Schawmen vnd wüten wie ein Mertzengaul".
Schwäb. sagt man lächelnd von einem, der in Eile ist und bes. geschäftig hin und her läuft: ‚der schaumet'. Seb. Franck warnt vor allzu unmäßigem Weingenuß: „Ein Leib von Wein angezündet schaymet leichtlich in Unlaŭterkeyt".

Lit.: *F. Bertrich:* Kulturgeschichte des Waschens (Düsseldorf 1966).

scheckig. *Sich scheckig lachen (wollen):* sehr heftig lachen, sich beinahe krank, fast zu Tode lachen. Das Wort scheckig ist in mhd. Zeit aus dem altfrz. eschiec = Schach entlehnt und bedeutet deshalb: wie ein Schachfeld aussehen, würfelig, kariert sein, gefleckt, bunt gefärbt sein. Innerhalb der Rda. könnte sich das Wort auf die Beobachtung beziehen, daß sich das Gesicht eines Lachenden durch plötzlichen Blutandrang zum Kopf rötet oder rote Flecken zeigt.
Lit. ist die Rda. bei dem schles. Dichter Holtei in seinem ‚Eselsfresser' (I, 227) bezeugt: „Ein Engel hat dem Jakob einen Vorteil gezeigt, reich zu werden mit den gescheckten Schafen, worüber sich Jakob scheckig gelacht". Holtei stützt sich dabei auf den bibl. Bericht in der Jakobsgeschichte (1. Mos. 30,32–39) und weist damit auf einen Zusammenhang der Rda. mit „gescheckten", d. h. gefleckten Tieren. Göhring (Nr. 348) meint dagegen, daß die Wndg. nichts mit Farbflecken zu tun habe. Er leitet sie von „verecket lachen" her, in der Bdtg.: so lachen, daß man dabei verendet, stirbt.
Scheckig reden: unverständlich, verworren, töricht reden; eine seit 1900 gebräuchl. Wndg. In gleicher Bdtg. verwendet man dafür auch: ‚kariert reden', wobei

sich die Kenntnis von der urspr. Bdtg. von scheckig noch bewahrt zeigt.

scheel. *Etw. (einen) scheel (mit scheelen Augen) ansehen:* neidisch, mißgünstig von der Seite ansehen. Vgl. ndl. ,schele ogen maken' und frz. ,regarder de travers'; ↗schielen.

Scheffel ↗Licht.

Scheibe. Die Rda. *Ja, Scheibe* ist vielleicht urspr. auf das Scheibenschießen zu beziehen: ein schlechter Schütze, der nur die Scheibe und ,nicht ins Schwarze' traf, mußte sich ein verächtliches ,Ja, Scheibe!' oder auch nur ,Scheibenschießen' zurufen lassen. Dieser Ausruf wurde schließlich auch allg. gebraucht, wenn etw. Erhofftes oder Erwartetes nicht eintrat. In Berlin kennt man die rdal. Wndgn.: *Scheibe, mein Herzken!* und *Scheibe mit Reis*. Jedoch dürfte diese schroffe Abweisung zumeist verhüllend für ,Scheiße' gebraucht sein. ,Das ist mir völlig Scheibe' sagt man von Dingen, die einem völlig gleichgültig sind. Von jem., der als Vorbild gilt, an dem man sich ein Beisp. nehmen kann, von dem *kann man sich (noch) eine Scheibe abschneiden* wie von einem guten Stück Brot, Kuchen, Schinken o. ä., denn er ist so gut, daß dieser Verlust seine Qualität nicht mindert.
Hat einer allzu große Langeweile, dann *zählt er die Scheiben:* er widmet sich einer so unsinnigen Beschäftigung, wie es das Zählen von Fensterscheiben ist.
Es ist eine recht alte Sitte, beim Neubau eines Hauses schöne gemalte Fensterscheiben mit Wappen und Jahreszahl der Errichtung zu stiften, um dem Besitzer des Hauses eine besondere Ehre zu erweisen. Heute noch sagt man: *Ich will dir auch einmal eine Scheibe einsetzen,* nun allerdings nicht mehr im realen, sondern im übertr. Sinne: du scheinst den Sachverhalt nicht durchschauen zu können. Man kann aber ebensogut *die Scheiben einschlagen,* wenn man eine völlig unerwartete Handlung unternimmt, die alles Vorhergegangene zunichte macht. In der Berliner Zeitung von 1861 (Nr. 109) hieß es: „Der Prinz Napoleon hat in der Senatssitzung vom 1. März 1861 die Scheiben eingeschlagen, indem er die Schlußfolgerung von der Broschüre des Herrn von Laguerronnière lieferte". Vgl. frz. ,casser les vitres'.
Der *Scheibenhonig* und der *Scheibenkleister* bedeuten wie die Scheibe eine schroffe Abweisung; beide Ausdrücke werden ebenfalls als verhüllende Umschreibung für ↗Scheiße gebraucht.

Lit.: *O. Lauffer:* Niederdeutsches Bauernleben in Glasbildern der neueren Jahrhunderte (Berlin–Leipzig 1936).

scheiden. *Scheiden tut weh* ist eine auch rdal. verwendete, formelhafte Liedzeile, die in vielen Liedtypen, insb. in Liebes- u. Abschiedsliedern, aber auch in Soldaten- und Auswandererliedern vorkommt, z. B.: ,Scheiden und das tut weh' (E. B. 730), ,Schätzchen ade! Scheiden tut weh' (E. B. 770), ,Winter ade! Scheiden tut weh' (v. Heinrich Hoffmann von Fallersleben), ,Scheiden tut weh, ach ich vergeh', ,Muß ich endlich dann scheiden ... Scheiden tut weh', ,Ach Gott, wie weh tut scheiden' (E. B. 746). Auch die Formel ,Scheiden und Meiden' umschreibt im Lied die Trennung Liebender.

Lit.: *W. Mieder:* Das Sprw. im Volkslied, in: Jb. d. Österr. Volksliedwerkes 27 (1978), S. 47f. u. 67f.

Scheideweg. *An einem Scheideweg stehen:* sich an einem Punkt befinden, wo sich mehrere ↗Wege scheiden, mehrere Möglichkeiten des Handelns anbieten; auch: vor einer Wahl oder wichtigen Entscheidung stehen. Die Rda. ist eine Anspielung auf die antike Parabel von ,Herkules am Scheideweg'. In der Lit. finden sich mehrere Beispiele: so bei Wieland (Werke 9,5):

Der großen Wahrheit voll,
daß alles eitel sey
stellt Fanias der Weise,
wie Herkules sich auf den
Scheideweg hin.

Die Metaphorik des Weges hat sich an mancherlei Bildern konkretisiert, etwa in der Verdinglichung des Buchstabens Y, der als Bild einer Wegscheide fungiert, oder auch in der Motivik des schmalen und breiten Weges, des rechten und linken Weges etc. Der Mensch, der sich als Wanderer auf seinem Lebensweg befindet, sieht sich vor die Entscheidung gestellt, die rechte Fortsetzung seines Weges zu erkennen oder überhaupt eine endgültige Wahl des Wegeziels zu treffen.

Lit.: *E. Panowsky:* Hercules am Scheidewege und andere antike Bildstoffe in der neueren Kunst (= Studien d. Bibliothek Warburg, 18), (Leipzig 1930); *W. Harms:* Homo Viator in Bivio. Studien zur Bildlichkeit des Weges (München 1970).

Schein. *Den (bösen) Schein (ver)meiden:* das Böse in jeder Gestalt fliehen, jede Anfechtung zurückweisen. Die Wndg. ist bibl. Herkunft und beruht auf 1. Thess. 5,22: „Meidet allen bösen Schein".
Den Schein wahren: nach außen hin so tun, als sei alles in bester Ordnung, z.B. bei Ehe- und Familienproblemen, bei finanziellen Schwierigkeiten nichts an die Öffentlichkeit dringen lassen, lieber hungern, als am äußeren Aufwand zu sparen, auch: seine wahren Gefühle zu verbergen wissen.
Der Schein des Rechts: die Vorspiegelung eines angeblichen Anspruchs, ist aus Luthers Erklärung zum 9. Gebot in seinem ‚Katechismus' von 1529 rdal. geworden.
Etw. nur zum Schein tun: nur so tun, als sei es einem ernst, nur vorgeben, etw. zu erledigen, etw. in irreführender Absicht durchführen, oder gar: etw. hintertreiben. Aus der Vorstellung heraus, daß mancher nur durch sein heuchlerisches Wesen eine Art Heiligenschein erworben hat, erklärt sich das Wort ‚scheinheilig'. Schon eine ndd. Glosse um 1500 bezeugt: ‚Du kanst wal enen schalck dragen vnder een schijn der hillichkeit'. Die zusammengesetzte Form des Wortes ist erst in der 2. Hälfte des 17. Jhs. bezeugt; lit. belegt schon bei Andreas Gryphius (Werke 1, S. 289): „man muß nicht auf scheinheilige Wort und falsche Tugend bauen"; entspr. *den Scheinheiligen spielen:* heuchlerisch den Unschuldigen spielen.

scheinen. Die Rda. *seine Sonne scheinen lassen über Gerechte und Ungerechte:* keinen Unterschied machen, ist eine Abwandlung des Bibelwortes: „Er läßt seine Sonne aufgehen über die Bösen und über die Guten und läßt regnen über Gerechte und Ungerechte" (Matth. 5,45). Von einem Menschen, der in seinem Wirken Güte und Wärme ausstrahlt, sagt man: ‚Er scheint wie die Frühlingssonne'. Vgl. frz. ‚faire briller le soleil sur les justes et les impies'.
Mehr scheinen als sein: andere durch sein äußeres (elegantes) Auftreten täuschen, seine Unzulänglichkeiten zu verbergen wissen und in der Öffentlichkeit eine große (unangemessene) Rolle spielen (wollen). Diese Rda. ist die negative Umkehrung der Wndg. *mehr sein als scheinen:* viel leisten, sich aber (bescheiden) zurückhalten. Diese als vorbildlich geltende Haltung ist bereits im Schrifttum des klass. Altertums rdal. bezeugt. ‚Mehr sein als scheinen' wurde später zum Wahlspruch dt. Adelsgeschlechter. In frz. Übers. lautet er: ‚Plus être que paraître'.

Scheiße. *Das ist alles Scheiße!:* das taugt alles nichts, es ist eine schwierige, höchst unangenehme Lage. Die Wndg. wird seit dem 17. Jh. zur kräftigen Ablehnung gebraucht. Das Wort Scheiße selbst ist bereits seit dem MA. ein Ausdr. der Ablehnung und des Fluches. Vgl. frz. ‚Tout celà, c'est de la merde'.
Heute sagt man in humorvoller Anlehnung an die Grußformel des Briefes auch: *Alles Scheiße, deine Elli (Emma).* Das Wort, das im ndd. Bereich die Lautverschiebung nicht mitgemacht hat, klingt in den mdal. Wndgn. weniger derb: ‚alles Schitt' (Schîte) oder ‚en ôlen Schêt', holst. Abweisungs- und Verneinungsformel.
Häufig wird das Vulgärwort in der Umgangssprache durch ‚Scheibe' oder ‚Schauspiel' ersetzt. Stud. ist seit dem 18. Jh. das Wort ‚Schiß' belegt. Die Rda. *Schiß in den Hosen haben:* furchtsam sein, wurde zunächst auf einen ängstlichen Studenten angewendet, der die akademische Rauferei der schlagenden Verbindungen scheute. Vgl. frz. ‚faire dans son pantalon' oder ‚... dans son froc'.
Wer sich in ihnen nicht entspr. bewährte, konnte *in Verschiß geraten:* verachtet und ausgeschlossen werden. Vor allem sind in der Soldatensprache viele Kraftausdrücke entstanden, die in Gefahr oder Verzweiflung über die aussichtslose Lage an der Front das persönliche Kraftbewußtsein stärken und ein Ventil für Zorn und Angstgefühle sein konnten („Scheißkrieg").

Jem. in die Scheiße treiben: jem. ängstigen, ihn gefährden.

Die Wndg. *in der Scheiße liegen* ist ebenfalls sold., sie umschreibt das Vegetieren im Schlamm der Schützengräben oder die höchste Lebensgefahr in vorderster Front. Vgl. frz. ‚être dans la merde' oder ‚... dans le merdier'.

Wer davongekommen ist, erzählt davon, daß er *die ganze Scheiße mitgemacht* habe, also alles durchgestanden habe, sich wirklich auskenne und alle Begeisterung für kriegerische Auseinandersetzungen verloren habe.

In älterer Zeit erscheint das Wort selbst in der Schriftsprache in ganz unbefangen gebrauchter Weise. So schreibt S. Helbling (4, S. 308): „Jâ scheiß! gedâht ich mir!" In der Ggwt. ist unter Jugendlichen Fäkalsprache erneut modisch geworden, weil sie ein emanzipatorisches Bewußtsein gegenüber als bürgerlich empfundenen Tabus zur Schau stellt. Die Kraftsprache soll die Kompromißwilligkeit zerstören, die eigene Schwäche verdecken und die Bürger schrecken und provozieren. Der Weg des Wortes Scheiße und seiner Zusammensetzungen von der Soldaten- zur Schüler- und Studentensprache ist hierbei gut zu beobachten.

Als Schimpfwörter sind ‚Scheißer' und ‚Scheißkerl' beliebt. Die Wndg. *ein Scheißkerl sein* ist bereits seit dem Bauernkrieg belegt und bez. den Feigen, Unzuverlässigen bis heute, ein ‚Klugscheißer' dagegen ist der Besserwisser, vgl. frz. ‚un merdeux'.

Sich um jeden Scheißdreck kümmern: sich um alle Kleinigkeiten sorgen, alles genauestens beobachten und prüfen, sich um nichtiger Angelegenheiten willen aufregen; ↗Furz; ↗Haufen; ↗Hand; ↗Kacke.

Dem Scheißhaus opfern: etw. auf verächtliche Weise dahingeben. Seb. Franck schreibt in seinen ‚Sprichwörtern' (2,113[a]): „unnd heyszt zu gůtem teutsch sacrificare lari, dem Scheißhauß opfferen unnd umb einen dreck fechten".

Lit.: *J. G. Bourke:* Skatologic Rites of all Nations (Washington [D. C.] 1891, Repr. New York 1968); *F. M. Feldhaus:* Ka-Pi-Fu und andere verschämte Dinge (Berlin–Friedenau 1921); *P. Englisch:* Das skatologische Element in Literatur, Kunst und Volksleben (Stuttgart 1928); *M. Küpper* u. *H. Küpper:* Schülerdeutsch (Hamburg – Düsseldorf 1972); *D. Sabbath* u. *M. Hall:* End Product. The First Taboo (New York 1977); *W. Mieder:* Das Wort ‚Shit' und seine lexikographische Erfassung, in: Sprachspiegel 34 (1978), S. 76–79; *U. Kutter:* Art. ‚Exkremente', in: EM. IV, Sp. 649–664; *A. Dundes:* Life is like a chicken coop ladder (New York 1984), dt. unter dem Titel: ‚Sie mich auch! Das Hinter-Gründige der dt. Psyche (Weinheim – Basel 1985); *W. Pieper* (Hg.): Das Scheiss Buch. Entstehung, Nutzung, Entsorgung menschlicher Fäkalien (Löhrbach 1987).

scheißen. *Auf etw. scheißen:* etw. gründlich verachten, darauf verzichten können, sich nicht mehr um eine Angelegenheit kümmern; sie als erledigt ansehen. Häufig erscheint diese Rda. als realisierte Metapher im Eulenspiegel Volksbuch. Die öffentl. Verrichtung der Notdurft im Angesicht eines anderen bedeutete bereits im 16. Jh. gröbste Abweisung und Verachtung. Vgl. frz. ‚Tu me fais chier', i. S. v. ‚Du ärgerst mich'.

Jem. etw. scheißen: seine Wünsche ablehnen, seine Pläne durchkreuzen. Die Wndg. ist sold. seit dem 18. Jh. bezeugt. Ähnl. *Da scheißt der Hund drein:* die Sache mißlingt, und *einem in den Kram scheißen:* ihn stören, nicht ausreden lassen.

Einige Wndgn. sind früh durch Bildbelege oder lit. bezeugt, z. B. heißt es schon bei Joh. Fischart in der ‚Geschichtklitterung': „Er scheißt gern zum größten Haufen". Heute sagt man: *Der Teufel scheißt immer auf den großen Haufen,* d. h.: wo Geld ist, kommt immer noch mehr dazu; vgl. das Sprw. ‚Geld will zu Geld'.

Die Rda. *Sie scheißen alle durch ein Loch (auf einen Haufen):* sie stimmen überein, halten zusammen, ist in der ndl. Rdaa.-Malerei mehrmals dargestellt, z. B. von Pieter Bruegel und auf älteren ndl. Holz-

‚Zwei scheißen auf einen Haufen'

schnitten; vgl. die ndl. Rda. ‚Twee schijten door een gat'.

Er scheißt auf die Welt: er macht sich nichts daraus, ihm ist alles gleichgültig, auch: er zieht sich zurück. Diese Rda. ist ebenfalls auf Bruegels Rdaa.-Bild dargestellt und auch sonst Gegenstand der ndl. Malerei und Plastik.

‚Auf die Welt scheißen'

In sein eigenes Nest scheißen ↗ Nest.

In die Hosen scheißen: große Angst haben.

Dukaten scheißen können: immer Geld und Überfluß haben. Die Wndg. erinnert an das Märchen vom Goldesel, ‚Tischlein, deck dich' (KHM. 36), oder an das Dukatenmännchen von Goslar; ↗ Geld. Iron. sagt man auch zu einem, der hofft, daß er einen Anteil vom Reichtum eines anderen erhält: *Er scheißt Dukaten, darfst nur den Sack unterhalten!*

Nun scheißt das Pferd im vollen Rennen: gilt als Ausruf der Verwunderung, wenn etw. Außerordentliches geschieht oder wenn sich jem. lange mit etw. Zeit ließ und es dann überstürzt erledigen will.

Gegen Langeweile gibt es verschiedene derbe Ratschläge, z. B. *Scheiß auf den Boden und schleife darauf* oder bair.-schwäb. ‚Scheiß in die Hand und schmeck' dran'.

Auch mdal. Umschreibungen für Geiz und Knauserigkeit im eigenen Haushalt klingen oft recht drastisch: ‚He schitt nich ehrer, bett he wedder wat fo frêten hatt' sagt man in Pommern und in Holst. ‚He schitt up en Schneeball un fritt em vör Dörst (Durst)'.

Die schwäb. Wndg. ‚Scheiße und 's Fiedle putze z'mal gaht net', meint: gleichzeitig ist etw. unmöglich, zwei Dinge lassen sich nur nacheinander erledigen.

Etw. ist beschissen: es ist äußerst schlecht, unangenehm, kaum erträglich; vgl. frz. ‚C'est de la merde'; *jem. geht es beschissen:* er ist in einer höchst unglücklichen Lage. Dagegen *beschissen worden sein:* betrogen, übers Ohr gehauen worden sein.

Lit.: *H. M. Ledig-Rowohlt:* Die ständige Verschiebung der Tabu-Begriffe, in: Eckart-Jahrbuch (1964/1965), S. 215–224; *L. Röhrich:* Gebärde – Metapher – Parodie (Düsseldorf 1967), S. 41 ff.; *L. Röhrich:* Till Eulenspiegels ‚lustige' Streiche?, in: Eulenspiegel-Jahrbuch 21 (1981), S. 17–30. Weitere Lit. ↗ Scheiße.

Scheitel. *Vom Scheitel bis zur Sohle* sagt man, wenn man den ganzen Menschen meint, sowohl im eigentl. Sinn als auch auf das moralische und geistige Gebiet übertr. Diese Rda. ist gebildet nach 5. Mos. 28, 35, obwohl die Stellung da umgekehrt ist: „Der Herr wird dich schlagen mit bösen Drüsen an den Knien und Waden, daß du nicht kannst geheilt werden, von den Fußsohlen bis auf den Scheitel". Auch an anderen Stellen spricht Luther in dieser Reihenfolge; das Griech. (Homer, Ilias 18, V. 353), Lat. (‚a capite usque ad calcem') und auch das Engl. (‚from top to toe') dagegen haben unsere heutige Stellung, die auch im MA. die übliche war: „bei verlust leibes und lebens und zu straffen von der schittel bisz auf die solen" (Reuter von Speir, ‚Kriegsordn.' 70); in diesem Beisp. ist der eigentl. körperliche Sinn gemeint. Der Beleg aus dem Mhd. zeigt, daß das Bild auch schon früh übertr. gebraucht wurde:

man sol der vrouwen minne ervlêhen,
von ir scheitel ûf ir zêhen.
(Minnes. 3, 439)

Vgl. frz. ‚De pieds à la tête'.

Von einer bedrohlichen Sache sagen wir, daß sie sich uns *auf den Scheitel senkt,* so Goethe (1, 269): „Da mich ein graulicher Tag hinten im Norden umfing, trübe der

Himmel und schwer auf meine Scheitel sich senkte".
Die Verantwortung für begangene Taten und Verbrechen wird *auf unseren Scheitel fallen,* wie es in Ps. 7,17 heißt: „Sein Unglück wird auf seinen Kopf kommen und sein Frevel auf seinen Scheitel fallen".

Scheiterhaufen. *Dem Scheiterhaufen übergeben:* dem Gericht, der völligen Vernichtung preisgeben. *Nach dem Scheiterhaufen riechen:* ketzerische Meinungen vertreten, sich gegen die Lehre der kath. Kirche wenden, was im MA. sehr gefährlich war und nicht selten mit der Verurteilung zum Feuertod endete. Vgl. ndl. ‚Het riekt naar de mutsaard' (mitsaard = Stapel von Reisigbündeln als Scheiterhaufen), frz. ‚sentir le fagot' und engl. ‚to smell of the faggot'. Im ‚Klosterspiegel in Sprww., Anekdoten und Kanzelstücken' (Bern 1841, 27,11) steht das Sagte-Sprw. ‚Ehe ich auf den Scheiterhaufen ginge, sagte der Mönch, würde ich nit nur Dreieinigkeit, ich würde die Viereinigkeit Gottes glauben', das treffend den Heuchler charakterisiert, der sich um seiner persönlichen Sicherheit willen in alles fügt und den direkten Gegensatz zum Glaubensstreiter bildet.

Schelle. *Einem die Schelle(n) anhängen:* ihn zum Narren machen. Murner gebraucht die Rda. schon so (‚Schelmenzunft' 4):

> Du henkest jm ein Schellen an,
> der hat dir das, der jhens gethan.

Urspr. galt das Schellentragen jedoch als Auszeichnung. Nach 2. Mos. 28,33 mußte der jüd. Hohepriester Schellen an seinem Gewand befestigen: „Und unten an seinem Saum sollst du Granatäpfel machen von blauem und rotem Purpur und Scharlach um und um und zwischen dieselben goldene Schellen auch um und um". Die Schellen galten als Zeichen der Wachsamkeit. Ihr Klang zeigte dem Volk, das im Vorhof wartete, die Verrichtungen des Priesters im Heiligtum an, so daß es diese betend verfolgen konnte.
Im MA. wurde es zu einer Mode bei den Rittern und Vornehmen, Schellen als Verzierung der Festgewänder zu verwenden. In Wolframs ‚Parzival' (122,8) heißt es:

> sîn zeswer arm von schellen klanc,
> swar ern bôt oder swanc.

In seinem ‚Gargantua' (177, Ndr.) beschreibt Joh. Fischart die Kleidung seines Helden Gargantua: „Er trug, ein fein wapenröcklin, daran silberne schellelein und

‚Scheiterhaufen'

flinderlein zum thurnieren und schlittenfahrn an kettlein hingen. Dann solchs war damals der brauch, dasz man mit eim klingenden gepräng und prangendem gekläng, als wann der hohe priester ins heiligthumb gieng, auff den platz erschien".

Auch Geistliche befestigten Schellen an ihren Meßgewändern, selbst Heiligenbilder wurden damit geziert, wie die Statue des ,Schellenmoritz' (1411 v. Konrad von Eimbeck) in der Mauritiuskirche in Halle a. S. beweist.

Noch bei der Krönung Karls V. hatten Beamte Schellen an ihren Gewändern. Die Bauern übernahmen diesen Brauch, denn von ,Meier Helmbrecht' heißt es:

> dâ der ermel an daz muoder gât
> alumbe und umbe was diu nât
> behangen wol mit schellen.

Erst später erhielten die Schellen negative Bdtg. und dienten zur Kennzeichnung der Narren, ein Brauch, der sich bis heute bei den Narrenkostümen der südd. Fastnacht erhalten hat.

Die folgenden Rdaa. beziehen sich auf die Schelle als Symbol für die Narrheit: *Jeder hat seine Schelle:* jeder hat eine närrische Seite. *Die Schelle bleibt ihm unbenommen:* an seiner Narrheit zweifelt niemand.

Einem die Schellen rühren: seine Narrheit offenbaren.

Seine eigenen Schellen schütteln: seine Schande selbst bekanntmachen. Ähnl. zu verstehen ist die Wndg. bei Seb. Franck (II, 52b): ,Er hat dannoch die schellen dauon bracht', er ist mit Schaden und Schande noch einmal davongekommen (vgl. ,mit einem blauen Auge davonkommen').

Alle Schellen an ein Pferd hängen: sein ganzes Vertrauen nur auf einen Menschen, eine Sache setzen, vgl. ,alles auf eine Karte setzen'. Im Engl. mahnt die Wndg. zur Vorsicht: ,I'll not hang all my bells on one horse'.

Die Rda. *eine klingende Schelle sein:* ohne Inhalt, ohne inneren Wert sein, bezieht sich auf 1. Kor. 13, 1: „Wenn ich mit Menschen- und Engelszungen redete und hätte der Liebe nicht, so wäre ich ein tönend(es) Erz oder eine klingende Schelle". Vgl. frz. ,une cymbale retentissante'.

,Jeder hat seine Schelle' – ,Schellennarr'

Da man Geschwätz mit Schellengerassel gleichsetzt, nennt man im Schwäb. ein schwatzhaftes Weib ,eine alte Schelle'. Auch in Oberösterr. sagt man von einer alten, ständig keifenden Frau: ,Dös is recht an altö Schell'.

Schellen ziehen (klopfen): jem. necken, ärgern oder täuschen. Es ist heute noch ein beliebtes Kinderspiel, bei fremden Leuten zu schellen und sich dann zu verstekken, um deren Ärger zu beobachten. Sprachl. wird dieser Vorgang verschieden umschrieben. Am Rhein heißt es ,Mäuschen fangen', ähnl. ndl. ,puisjes vangen', frz. ,tirer les sonnettes', engl. ,giving runaway knocks (rings)'.

Der Katze die Schelle umhängen (wollen) ↗Katze.

Lit.: *D. Möller:* Untersuchungen zur Symbolik der Musikinstrumente im Narrenschiff des Sebastian Brant (Regensburg 1982), bes. S. 86–87; *W. Mezger u. a.* (Hg.): Narren, Schellen und Marotten (= Kulturgeschichtliche Forschungen 3) (Remscheid 1984); *ders.:* Narrenidee und Fastnachtsbrauch. Studien zum Fortleben des Mittelalters in der europäischen Festkultur (= Konstanzer Bibliothek 15) (Konstanz 1991); *D.-R. Moser:* Fastnacht – Fasching – Karneval (Graz – Wien – Köln 1986) (s. Register).

Schellenkönig. *Jem. (etw.) über den Schellenkönig loben:* jem., etw. über alle Maßen, gewaltig loben.

Der Schellenkönig ist der König der Farbe der Schellen im dt. Kartenspiel. Im Bair. sagt man: ‚dasitzen wie ein Schellenkönig': steif, affektiert dasitzen.

Lit.: *Anon.:* Über den Schellenkönig loben, in: Schweiz. Vkde. 10 (1920), S. 15.

Schelm. *Du sollst mich einen Schelm heißen,* wenn ich das nicht tue. Diese Beteuerungsformel ist ein Rest der ma. Sitte, treubrüchigen, meineidigen Leuten ehrenrührige Scheltbriefe zu senden oder öffentl. anschlagen zu lassen. Die Schelmenschelte war im älteren dt. Recht eine Klausel in Schuldurkunden, wonach der Gläubiger befugt sein sollte, den säumigen Schuldner in Wort u. Bild einen Schelmen zu schelten u. durch Karikaturen verächtlich zu machen. Abgeschlossene Verträge enthielten häufig den Zusatz, daß den etwa wortbrüchigen Teil ein solches Schelten treffen solle: „Er hat bei zwaien jaren dem churfürsten bei Rhein, pfalzgraf Ludwigen, bei der handt und bei schelmen schelten verheiszen, er wollt noch vier jar leben" (‚Zimmerische Chronik' I, 345). Die alte Bdtg. dieses gerichtlichen Scheltens hat sich noch in den Ausdrücken ‚bescholten' und ‚unbescholten' erhalten.

Die Grundbdtg. des Wortes Schelm ist im Dt.: Aas, gefallenes Tier (das finn. Wort ‚kalme' = Tod, Grab scheint in ältester Zeit aus germ. *skalm-j-an entlehnt zu sein). Belegt sind ahd. scalmo (bzw. skelmo) und mhd. schalme (bzw. schelme) = toter Körper von Vieh und Mensch: ‚sîn pêrd tom schelm maken lâten', es abstechen lassen (Versuch eines bremisch-niedersächs. Wb., 1770). In Jörg Wickrams ‚Rollwagenbüchlein' findet sich auch die Geschichte ‚Von zweien Roßtauschern, die Schelmen tauschten'. Zahlreiche Flurnamen (Schelmenmatte, -acker, -halde) weisen auf Spuren früherer Begräbnisstätten hin. Der Schinder, der dem gefallenen Vieh die Haut abzog, und der Henker, der oft zugleich das Amt des Schinders oder Abdeckers ausübte, wurden ‚Schelmen' genannt. Daher stammt auch die Sage vom Adelsgeschlecht der Schelme von Bergen: „Und weil du ein Schelm (= Henker), so nenne dich Herr Schelm von Bergen künftig" (H. Heine). Uralt daneben ist die Bdtg. ‚Seuche': „Die saw ist mir am schelm gestorben" (Hans Sachs, Fastnachtspiele, 1554). Die ‚Chronik der Stadt Straßburg' berichtet: „Dô kam ouch ein gemeiner schelme und ein sterben under die lüte" (Dt. Städtechroniken 8, 120), und im ‚Brünner Stadtrecht' (S. 246) heißt es: „si pecus ex pestilentia, quod vulgariter schelm dicitur, moriatur, tunc cutem demonstrando liber erit". Noch heute gibt es in Niederoesterr. den Ausdr. Schelm für eine bestimmte Schweinekrankheit. Ohne verächtliche Nebenbdtg. wurde unser Wort manchmal für den Leichnam eines Menschen gebraucht: „sie verpranten die schelmen" (= die im Kampf gefallenen Soldaten) heißt es in einer Münchner Hs. des 15. Jh. Da die verächtliche Bdtg. vorherrschte, wurde ein Schimpfwort daraus: „ir schalm und gebûr" (Lassberg, Liedersaal 1, 198). Das kräftige Schimpfwort ‚Du Schelm und Filzlaus!' stammt aus Schwaben. Richard Wagner läßt die kühnen Recken und Helden in seinen Musikdramen häufig stabreimend auf Schelm schimpfen, wie es z. B. Alberich in ‚Rheingold' tut:

Schau, du Schelm!
Alles geschmiedet
Und fertig gefügt,
Wie ichs befahl!

Der neuere Sprachgebrauch bez. mit unserem Wort vor allem einen Betrüger. „Der Schelm! Der Dieb an seinen Kindern!" ruft Frau Marthe bei der Nachricht über den angeblichen Tod ihres Gatten aus (‚Faust' I, 2985). Dazu gehört auch das Sprw. aus dem Oberallgäu: ‚Gelegenheit macht Dieb und Schelm' und Goethes „Schelmenfabrikant" im ‚Egmont' (IV, 296). Norw. und dän. ‚skjelm' und schwed. ‚skälm' (Betrüger) sind Lehnworte aus dem Dt. Auch Schiller benutzt die Rda. lit.: „Dein Vater ist zum Schelm an mir geworden" (‚Wallensteins Tod' 3, 18); ↗Bürger.

‚Schelm, der mehr gibt, als er hat' ist eine heute noch in Österr. geläufige Wndg. Grillparzer (Werke Bd. 16, S. 81) hat sie umgewandelt zu: ‚Ein Tor will mehr, als er kann'. Ein Sprw. aus dem 17. und 18. Jh. ist: ‚Je größer der Schelm, desto besser das Glück'. Lit. belegt ist es bei Abraham a

Sancta Clara (Lauchert, S. 13) und in den ‚Teutschen Arien' (hg. v. Max Pirker, Bd. 1, S. 223).
Wurde im MA. ein Soldat für unehrlich und meist zugleich auch für vogelfrei erklärt, so wurde er *zum Schelmen gemacht,* was oft mit empfindlichen Strafen verbunden wurde: „Wird einer zu eim Schelmen erkanndt, sol ihn der Züchtiger auf den freyen Platz führen, ime die zween Finger forne abhawen" (Fronsperger, Kriegsbuch 1587, 1, 13[a]). Es bedurfte einer eigenen Zeremonie, um einen armen Schelm wieder ehrlich zu machen. Im heutigen Sprachgebrauch ist der entehrende Sinn von Schelm fast gänzlich verschwunden (vgl. Schalk). Thomas Murner verwendet den Ausdr. in seiner Satire ‚Schelmenzunft' von 1512. Die Bez. des Titelhelden in Chr. Reuters Roman ‚Schelmuffsky' (1696) zeigt ebenfalls den Übergang an. „Obendrein hat mich ein Schelm von Schneider noch sitzen lassen" (Schiller, ‚Kabale und Liebe' 1,6). Schließlich kann man mit Schelm heute sogar einen ‚armen Teufel' bezeichnen, wie es in einem schwäb. Vers geschieht:

Wer nix derheiratet und nix dererbt,
Bleibt ein armer Schelm, bis er sterbt.

Seit Beginn des 18. Jh. wird Schelm sogar zum Kosewort mit neckischem, schalkhaftem Nebensinn: „Ach du Schelm, so neckst du mich!" ruft der verliebte Faust dem Gretchen zu (‚Faust' I, 3205). ‚Die Liebe ist ein Schelm' lautet ein Sprw., und man kann nicht nur den Schalk, sondern auch *den Schelm im Nacken haben.* So bedeutete auch *Schelmerei* einst eine ‚Spitzbüberei' und wandelte seine Bdtg. zu ‚Schalkheit' und ‚Schäkerei'.
Genau die gleiche Entwicklung wie der Schelm machte auch dessen Adj. *schelmisch* durch. Hans Sachs gebraucht es noch in einem Gedicht für verwesendes Fleisch: „Weil aber des beren natur ist, Das er kein schelmisch fleisch nit frist". In den ‚Gesta Romanorum' heißt es im Sinne von ‚Pesttod': „Da chom ein schelmiger tod und nam hin alle sein chneht und dirn". Später steht das Adj. für betrügerisch: „verwickelt ihn in Schlägereien und schelmische Streiche" (Schiller, ‚Räuber' 2,3). Schließlich und endlich wandelt sich die Bdtg. zu ‚neckisch', bes. den verliebten

‚Schelmenzunft' (Titelblatt)

Mädchen gegenüber. Das *Schelmenlied(lein)* war anfangs ein anstößiges Lied: „Da sollen wir nun die neuen Psalmen nicht singen ... aber Schelmenlieder, so viel wir wollen" (‚Egmont' 1,1).
In den Alpegebieten meint man mit *Schelmenlieder singen* nichts anderes, als ein paar lustige ‚Schnadahüpfl' zum besten geben.

Lit.: *E. v. Künssberg:* Rechtsgeschichte u. Vkde., in: Jb. f. hist. Vkde. 1 (1925), insbes. S. 106–112; *O. Hupp:* Scheltbriefe u. Schandbilder (1930); *W. Danckert:* Unehrliche Leute. Die verfemten Berufe (Bern – München 1963); *R. W. Brednich, L. Röhrich, W. Suppan:* Handbuch des Volksliedes, Bd. 1 München 1973), S. 189, 624.

Schelmenbein. *Jem. hat ein Schelmenbein im Rücken:* jem. hat keine Lust zur Arbeit. Das ‚Schelmenbein' ist eine alte Bez. für einen Knochen von einem toten Körper; die Rda. meint also, jem. habe einen toten, steifen Knochen im Rücken, der sich nicht bewegen läßt und so am Arbeiten hindert.
Die sehr alte Rda. ist zu finden bei Seb. Brant im ‚Narrenschiff' (63,26):

mancher důt bättlen by den joren
so er wol wercken möht und kundt
und er, jung, starck ist und gesundt,
wann das er sich nit wol mag bucken,
im stäckt eyn schelmen beyn jm rucken.

Aus der Steiermark ist eine gröbere Form

der Rda. bezeugt: ‚er hat ein Stangl im Arsch', sagt man zu einem Faulpelz.

Lit.: *J. Bächtold:* Schweiz. Schauspiele des 16. Jhs., Bd. 2 (Zürich 1891), S. 298; *L. Schmidt:* Sprw. dt. Rdaa., in: Österr. Zs. f. Vkde. 77 (1974), S. 117–118.

Schema. *Etw. nach Schema F. erledigen:* eine Sache gedankenlos, routinemäßig erledigen. Die Rda. ist entstanden nach den beim preuß. Heer mit einem ‚F' gekennzeichneten, nach einem best. Muster aufzusetzenden Frontrapporten. ↗Schablone.

schenken. *Jem. nichts schenken:* jem. hart arbeiten, sich anstrengen lassen; keine Milde zeigen. ‚Nichts geschenkt kriegen' heißt, daß man für alles, was man erreichen oder besitzen will, einen Preis bezahlen muß. Dagegen: *Sich nichts schenken lassen:* hart dafür arbeiten wollen.
Hat jem. etw. sehr schlecht gemacht, so sagt man im Nordd. zu ihm: ‚Du kannst di wat schenken laten'.
Für ‚geschenkt gekriegt' heißt es auch scherzhaft ‚geschonken gekrochen'.
Etw. nicht geschenkt nehmen wollen: etw. ablehnen, weil man es für wertlos (unbrauchbar, geschmacklos) hält.
Sich jem. (ganz) schenken: sich einem anderen (aus Liebe) hingeben, oft in gehobener Sprache als poetische Umschreibung gebraucht.
Sich etw. schenken können: etw. unterlassen, oft in der Form einer tadelnden Feststellung: ‚Das (diese Bemerkung) hättest du dir schenken können'.
Jem. die Freiheit schenken: ihn aus der Haft entlassen.
Jem. sein Herz schenken ↗Herz.
Jem. das Leben schenken: ein Kind auf die Welt bringen, aber auch: einen Verurteilten begnadigen, ↗Leben.

Lit.: *J. Grimm:* Über Schenken u. Geben, in: Kl. Schriften, Bd. II; *P. Sartori:* Art. ‚Geschenk', in: HdA. III, Sp. 716–724.

Scherben. *Aus den Scherben sehen, wie der Hafen war* oder *von den Scherben auf den Topf schließen:* aus den Handlungen und Werken eines Menschen auf seine Gesinnung, seinen Charakter und seine Bildung schließen.
Scherben flicken: eine nutzlose Arbeit verrichten. Schon bei Sir. 22,7 heißt es: „Wer einen Narren lehret, der flicket Scherben zusammen". Vgl. lat. ‚ovum agglutinare'. Im sprachl. Vergleich hat Scherbe die Bdtg. von ‚Blumentopf', so in Ps. 22,16: „Meine Kräfte sind vertrocknet wie eine Scherbe". Auch Schiller verwendet das Bild in den ‚Räubern' (III,2): „Meine Zunge ist trocken wie eine Scherbe".
In Scherben gehen (fallen): zerstört, vernichtet werden, vgl. die ähnl. Wndg. ‚in die Brüche gehen'.
Scherbe dient auch zur Umschreibung der Gebrechlichkeit, z. B. nennt man in Oberösterr. alte, hinfällige Leute ‚alte Scherben'. Dagegen bez. man mit der Wndg. ‚eine alte Scherbel' ein liederliches Weib. Im Hess. kann Scherbe auch für ‚Kopf' stehen: ‚He is nitt ganz helle mär in der Scherwe', er ist nicht mehr recht bei Verstand.

Scherbengericht. *Es ist ein Scherbengericht (gewesen):* ein oberflächliches Urteil einer großen Mehrheit. Durch das Scherbengericht wurden in Athen seit Kleisthenes (509 v. Chr.) verdiente Staatsmänner verbannt, wenn dies im Interesse des Staates geboten schien. Aristoteles berichtete darüber in seiner ‚Politik' (III, 13).
Dieses athenische Volksgericht urteilte so, daß jeder Stimmende den Namen dessen, den er verbannt wissen wollte, auf eine Scherbe schrieb (= Ostrakon, daher Ostrakismus). Herder schreibt in ‚Zur Philosophie der Geschichte' (13, 308): „Sollte uns nicht ... die Stimme jedes Bürgers, gesetzt, daß sie auch gedruckt erschiene, ... als ein heiliges Scherbengericht gelten?"

Schere. *Etw. unter die Schere nehmen:* etw. bearbeiten oder in Angriff nehmen in der Absicht, es zu bessern. Das rdal. Bild bezieht sich auf die Tätigkeit des Wollscherers, der Knoten und die Unebenheiten aus dem Tuch entfernte, um es zu glätten.
Die Rda. *einen unter die Schere nehmen* bezieht sich dagegen mehr auf den Haarschneider. In übertr. Bdtg. meint sie heute: einen zurechtweisen, jem. den Übermut dämpfen.
Einen in die Schere nehmen: einen unter Druck setzen, ihn ‚in die Zange nehmen',

‚Etwas unter die Schere nehmen'

ihn etw. entgelten lassen. Ähnl. heißt es schon in der ‚Zimmerischen Chronik' (III, 242): „Der fiel in zum ersten, wie man sprucht, in die scheeren und must die suppen ußfressen".

Die sächs. Wndg. ‚Ich wer'n emal in de Schere nehm, aber nich mit Brechstangen' hat das Bild von der Schere auf die kreuzweise zuschlagenden Arme übertr. und bedeutet: mit jem. ohne fremde Hilfe fertig werden.

‚Mit de knappe Scher tosnieden' wird in Holst. bei übergroßer Genauigkeit und Geiz als Rda. verwendet. Dabei werden die urspr. dem Schneider zugeschriebenen Eigenschaften verallgemeinert.

‚He het de grote Schere uthangen' ist eine in Ostfriesland übliche Wndg. Das Aushängen der Schere als Handwerkszeichen des Schneiders deutet in der Rda. auf Übervorteilung hin. Die ndl. Rda. ‚Daar hangt de schaar uit' meint ebenfalls überteuerte Preise und Beutelschneiderei. Pieter Bruegel hat sie auf seinem großen Rdaa.-Bild dargestellt.

Die bair. Wndg. ‚einem d'Schar aufheben' bedeutet: einem die Ausübung seines Gewerbes untersagen. Es erfolgte hierbei eine Verallgemeinerung vom Schneiderhandwerk auf alle übrigen Gewerbe, die die Schere nicht zum Kennzeichen haben.

Scheren schleifen: schwatzen, lästern, verleumden; die Vorstellung vom Abschneiden der Ehre wirkt auf das Bild von der Schere wie auch die allg. schlechte charakterliche Einschätzung eines ↗ Scherenschleifers.

Schon früh wurde die Tätigkeit böser Zungen in Rdaa. festgehalten und verurteilt, z.B. von Joh. Pauli in ‚Schimpf und Ernst' (13[a]): „Sie tragen wasser auff beyden achseln, und schleiffen scheren und wenden und reitten auff zweyen sätlen". Auch Joh. Fischart schreibt über die Weiber: „dann eh sie ein halb stund gelachten, und scheren schliffen eine stund, da jn nit gstehet hand noch mund" (‚Flöhhatz-Weibertratz' 333, 1577). Ganz ähnl. Rdaa. sind noch heute in Köln gebräuchl., wenn es vom Kaffeeklatsch heißt: ‚Et Schierche wor fließich em Jang', oder daß man dort ‚et Schierche schliefe' kann.

Die Wndg. *Sie sind mit einer Schere gestutzt* hat die gleiche Bdtg. wie die Rda. ‚Sie sind über einen Kamm geschoren', d.h. sie sind gleich zu beurteilen, einer ist nicht besser als der andere.

Ist eine Schere bes. stumpf, macht sich der Ärger darüber auch in Rdaa. Luft: ‚Die Schere schneid', wie e dooder Hund beißt' (obersächs.) oder ‚De Scher bitt mehr as se snitt' (holst.).

Will man in Köln jem. in den April schikken, dann läßt man ihn ‚de Jlasescher holle'.

scheren. Das gemeingerm. Wort für lat. ‚tondere' ist im Ahd. als ‚sceran' und im Mhd. als ‚schern' bezeugt. Neben dem starken Verb, das schon früh mehrere Bdtgn. besitzt, besteht das schwache Verb ‚scheren' (ahd. ‚scerian', mhd. ‚schern') i.S.v. teilen, abteilen und zuteilen. Die schwachen Formen werden im Nhd. nur bei ‚bescheren' und ‚sich scheren' noch gebraucht. Aus dem Nebeneinander der Wortbedeutungen erklärt sich auch der verschiedene Sinn der Rdaa.

Einen scheren: jem. übervorteilen, prellen, betrügen, auch: ausbeuten, bedrücken, Geld erpressen; vgl. franz. ‚tondre quelqu'un'.

Die Wndg., die seit dem 16. Jh. übertr. gebraucht wird, bezieht sich urspr. wohl auf

,Einen scheren'

das Scheren der Schafe oder auf den Barbier, der seine Kunden übervorteilt. Sie wird vor allem auf den betrügerischen Wirt bezogen, der seine Gäste eine zu hohe Zeche zahlen läßt.

Goethe gebraucht den Ausdr. i. S. v. berauben, ausplündern lit. in seinem ,Götz von Berlichingen' (I. Akt): „Reitersmänner von Ansehn; dergleichen Volk schnorrt das ganze Jahr im Land herum, und schiert die Leut was tüchtigs".

Auf die Herkunft der Rda. von der Schafschur weisen parallele Wndgn., wie ,sein Schäfchen scheren', seinen Vorteil wahrnehmen, ,die Schafe scheren, daß die Wolle fliegt' und ,die Schafe scheren, ohne daß sie schreien', die Leute unterdrücken und ausbeuten auf eine vorsichtige und versteckte Weise, so daß sie es kaum bemerken und sich nicht dagegen zur Wehr setzen. Vgl. ndl. ,Hij scheert het schaap, zonder dat het schreeuw'. Das Gegenteil besagt die Rda. ,Er schiert bis aufs Fell', er nimmt alles und läßt einem nur die nackte Haut. In Schlesw.-Holst. heißt es mdal. noch heute von einem, der alles verloren hat: ,He is'n scharen Schaap', ↗Schaf.

Auch auf die Getreideernte wurde scheren angewandt, so in der Rda. *seinen Weizen scheren:* sich Gewinn verschaffen. Die Wndg. ist bereits in der Chronik Aventins (1,367,23) bezeugt: „Wiewol die groszen Hansen und hauptleut, die bei im irn waiz nach irem sin nit schern mochten, oft aufrüerisch warn wider in".

Einen gut scheren: ihn beim Spiel übervorteilen; dafür steht auch: *einem den Beutel scheren,* lit. z. B. bei Hans Sachs (3,312[c]): „Sie nam vert erst ein jungen man, der hat jrem beutel geschorn". Drastisch verstärkt heißt es im ,Teufels-Netz' (9250) sogar: „Der koufman aim daz hâr im ars schirt".

Scheren erscheint auch im Wortspiel als Gegensatz zu dem noch stärkeren und verwerflicheren ↗schinden. So dichtet Logau (2,166,39):

Große Herren, die da herschen,
Mögen schehren nur nicht schinden.
Hirten nemen so die Wolle,
Daß sie Wolle wieder finden.

Einen trocken scheren: einen übervorteilen, meist aber iron. oder euphemist. umschreibend gebraucht für: einem den Kopf abschlagen, jem. enthaupten. Eigentl. meint die Rda. jem. den Bart abnehmen, ohne ihn vorher naß zu machen und einzuseifen. Vgl. ndl. ,scheren zonder zeep'.

Auch im Volkslied ist die Rda. verwendet worden, im ,Ambraser Liederbuch' stehen die Verse (130,2):

Sich klagt der vollen brüder orden,
Der wirth der hat uns trucken geschoren.

Die Stelle in J. Rufs ,Etter Heini' (Vorspiel 238):

Zu Nĕfels an der Lez
Hannd wir inen geschoren ungenez

entspricht der Rda. ,jem. trocken scheren' i. S. v. töten. Die Verse beziehen sich auf einen Sieg am 9. April 1388 bei Näfels im Kanton Glarus, wo 6000 Österreicher von nur 500 Glarnern besiegt wurden, die die meisten ihrer Feinde töteten.

Ein bair.-oesterr. Schimpfwort ist ,G'scherter!', oft auch gebraucht in Verbindung mit ,Hammel' oder ,Hund' etc.: ,G'scherter Hund, g'scherter!' Der Gescherte ist urspr. der Unfreie sowie der Sträfling, die beide die Haare nicht lang tragen durften.

Einem den Gecken scheren: ihn zum Narren machen, seinen Spott mit ihm treiben. Der geschorene Kopf war früher das

Kennzeichen des Narren. Vgl. ndl. ‚de gek (den sot) scheren met iemand'. ‚Die Laus um den Balg scheren', sehr geizig sein, eine bes. im Schwäb. bekannte Wndg.
Alles über einen Kamm scheren ↗Kamm.
Sich um etw. (jem.) scheren: sich darum kümmern, sich Gedanken, Sorgen darum machen. Die Wndg. wird meist negativ oder in Frageform gebraucht, häufig auch lit., z.B. bei Goethe (Werke 4,364):

Was schiert es mich,
Ob jemand weiß,
Daß ich das Volk verfluchte.

In der Ballade ‚Die Grenadiere' läßt Heinrich Heine den Todwunden sagen:

Was schert mich Weib,
Was schert mich Kind?
Ich trage weit beß'res Verlangen.

Sich (davon)scheren: sich entfernen, eilig davongehen, verschwinden. Die Rda. wird meist imperativisch gebraucht: *Scher dich zur Hölle (zum Kuckuck, zum Teufel)!* Spätmhd. ist das Wort ‚schern' in der Bdtg. sich fortmachen bereits bei dem Tiroler Oswald von Wolkenstein belegt (6,21).
Hochgeschoren sein: vornehm, von hohem Stande sein, aber auch spöttisch gesagt, wenn sich jem. mehr dünkt, als er ist. Die Wndg. erinnert an die bes. Haartracht der

‚Den Gecken scheren'

Adligen und Geistlichen, die sie vom niederen Volke unterschied. Ein lit. Frühbeleg findet sich schon in Hartmanns von Aue ‚Erec' (6632):

swie hohe er waere beschorn,
er wart do lützel uz erkorn,
ez waere abt od bischof.

Mdal. hat sich diese Vorstellung rdal. bis heute erhalten. So sagt man z.B. in Sachsen: ‚Das ist nichts Geschorenes weiter', wenn es sich um vornehm tuende Personen handelt, deren Wert man herabsetzen möchte.
Einen ungeschoren lassen: ihn in Ruhe las-

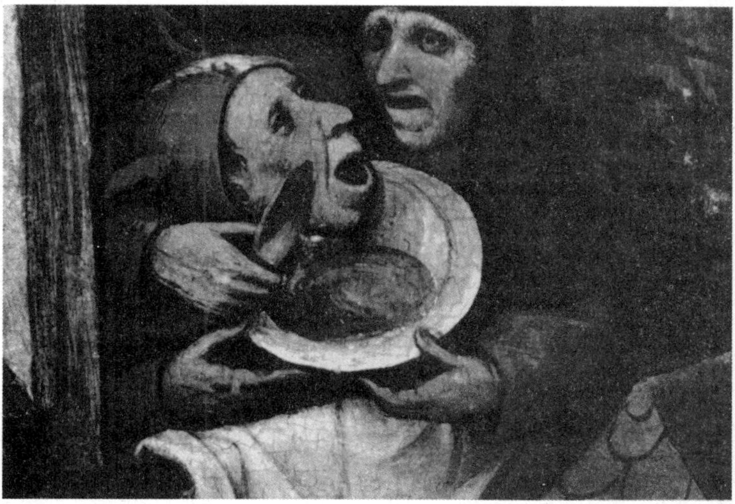
‚Den Gecken scheren'

sen, nicht weiter belästigen, quälen. Die Rda. ist seit der 2. H. des 17. Jh. belegt und soll an die Badeszenen der Handwerker und die Deposition der Studenten erinnern, denen Haar und Bart grob bearbeitet wurden, um ihnen symbolisch ihre Tölpelhaftigkeit und Unbildung zu nehmen, ↗ungeschoren.

Scherenschleifer. *Er ist ein Scherenschleifer:* er ist ein charakterloser Mensch, auch einer, der beruflich versagt hat. Diese verächtliche Bez. beruht darauf, daß den umherziehenden Scherenschleifern geringeres Können als den ansässigen und auch schlechtere Charaktereigenschaften nachgesagt wurden. Aber auch ein Hund ohne Stammbaum kann so genannt werden; hier spielen gleiche Überlegungen eine Rolle: Umherstreunen und schlechte Eigenschaften.

Die Wndg. ‚He schimpt as'n Scherenslieper' (vgl. Kesselflicker) ist in Schlesw.-Holst. üblich und beruht vielleicht darauf, daß man die Sprache der umherziehenden Fremden nicht verstand. Außerdem wurden sie allg. mißachtet, so daß auch ihre Ausdrücke für entspr. niedrig und unflätig gehalten wurden.

In Ulm wird gesagt: ‚Er hat e Schereschleifermaul', was sich auf einen Menschen bezieht, der gern lästert und beschimpft. Der Ausdr. ‚Hool dien Schernsliepersnuut!' wurde bereits 1850 in Flensburg im Ärger zu einem kläffenden Hund gesagt.

Der rdal. Vergleich ‚Er rennt wie e Scherenschleifer' ist in Sachsen häufig. Er beruht auf der Beobachtung, daß der umherziehende Scherenschleifer die Entfernungen zwischen den einzelnen Ortschaften mit seinem Karren rasch zurücklegt, um Zeit für seine Arbeit zu gewinnen und mehr verdienen zu können.

Scherenschleifer

Lit.: *T. Hampe:* Die fahrenden Leute in der dt. Vergangenheit (Leipzig 1902); *W. Danckert:* Unehrliche Leute. Die verfemten Berufe (Bern 1963).

Schererei. *Scherereien haben (bekommen):* unangenehme Schwierigkeiten haben, Belästigungen erwarten müssen.

Jem. in Scherereien bringen: ihm Ungelegenheiten schaffen, ihn in eine gefährliche Lage bringen, ihn in Unruhe versetzen. Schererei ist von ↗scheren abgeleitet. Das Scheren des Haares war bei den älteren Barbiertechniken mit Unannehmlichkeiten verbunden. Darüber hinaus ist bei diesen Wndgn. wahrscheinl. auch an das Kahlscheren als Ehrenstrafe zu denken.

Scherflein. *Sein Scherflein beitragen:* einen kleinen Beitrag leisten, beisteuern, mitwirken (im materiellen wie auch im geistigen Sinne); die Rda. geht zurück auf die Bibelstellen Mark. 12,42 und Luk. 21,2: „Und es kam eine arme Witwe und legte zwey Scherflein ein, die machen einen Heller". Das Scherflein, auch ‚Schärft', ‚Helbing', ‚Großler', ‚Halmkäppchen' genannt, war eine sächsische und niedersächsische Scheidemünze aus Silber. Das Wort ist entstanden aus ahd. ‚scarbôn', mhd. ‚scherben': in kleine Stücke schneiden, ↗Dreier, ↗Heller, ↗Obolus.

Direkten Bezug zur Bibelstelle besitzt die Wndg.: *Es ist das Scherflein der Witwe:* es ist zwar wenig, aber den schlechten materiellen Verhältnissen entsprechend außerordentlich viel. Ähnl. meint auch die Rda. *Besser ein Scherflein als ein Garlassensein.*

Lit.: *Overmann:* Sein Scherflein beitragen, in: Zs. des Ver. f. Kirchengesch. in Sachsen 10 (1914), S. 116–117;

Münzen in Brauch und Aberglauben. Schmuck und Dekor, Votiv und Amulett, politische und religiöse Selbstdarstellung (Mainz 1982), bes. S. 230.

Scheuklappen. *Scheuklappen tragen* (oder *haben*): einen begrenzten Blickwinkel haben, borniert sein, eine Rda., die erst seit Beginn des 19. Jh. in unseren Sprachgebrauch eindringt. Vgl. frz. ‚porter des oeillères'.

Um das Jahr 1810 prägen die Zeitungsschreiber und Journalisten das Wort: *Scheuklappen der Politik* („Den freien Blick benimmt ihm die Scheuklappe der Parteipolitik").

Die Scheuklappen gehören zum Geschirr der Pferde. Sie werden am Kopf des Tieres so angebracht, daß sie den Blick der seitlich stehenden Augen einengen. Sie verhindern, daß die Pferde durch die Vorgänge rechts und links des Weges verwirrt und scheu gemacht werden. Die ältere Bez. ist ‚Scheuleder'. Wieland mahnt die leitenden Staatsmänner in seinen ‚Aufsätzen über die Französische Revolution': „Ich erwarte also von der Klugheit der Herren Repräsentanten, daß sie sich beeifern werden, der gar zu hell sehenden Nation die nöthigen Scheuleder vor die Augen zu hängen". Schließlich schreibt Jean Paul in seiner ‚Auswahl aus des Teufels Papieren' (1789): „Sonst hatte das Alter die Erfindung eines zweiten Auges, der Brille, vonnöten: allein tausendmal nötiger war jetzt für die Jugend ein zweites Augenlid, ein Ding offenbar wie ein Scheu- oder Augenleder der Pferde, kurz ein Glas zu schleifen, das die Augen hinlänglich schwächte und ihnen das Weitsehen versperrte".

Scheune. *Die Scheune neben die Drescher bauen:* die Gelegenheit zu sündigen herbeiführen, z. B. ein Nonnenkloster neben ein Mönchskloster bauen und damit sexuelle Vergehen begünstigen und erleichtern.

Wohl die Scheune haben, aber kein Korn darin: einen großen Mund besitzen, aber wenig Geist.

Im amerikanischen Englisch bedeutet ‚Scheune', ‚barn' in übertr. Sinne auch: Zufluchtsort, Sicherheit. So sind zwei amerikan. Rdaa. ‚heading for the barn' und ‚the barn as a haven' beides Um-

1

2

1/2 ‚Scheuklappen tragen'

schreibungen für ein sicheres Plätzchen, für Geborgenheit.

Lit.: *V. v. Geramb:* Art. ‚Scheune', in: HdA. VII, Sp. 1040–1045; *W. D. Hand:* ‚The barn as a haven', in: Proverbium 2 (1965), S. 26; *R. Pinon:* ‚The barn as a haven', in: Proverbium 4 (1966), S. 83; *W. D. Hand:* ‚Heading for the barn, in: Proverbium 5 (1966), S. 107.

Scheunendrescher. *Essen (fressen) wie ein Scheunendrescher:* übermäßig viel essen, großen Appetit haben. Der rdal. Vergleich ist schon bei Thomas Murner (1475–1537) bezeugt; ähnl. heißt es altmärkisch: ‚Sin Moag'n is'n Schündäl' (Scheunendiele). Die Scheunendrescher mußten schwere körperliche Arbeit verrichten, die gleichzeitig viel Staub erzeugte und entspr. durstig und hungrig machte. So wurden die Scheunendrescher wegen ihrer ungewöhnlich großen Eß- und Trinklust sprw. bekannt. Auch Grimmelshausens Simplex berichtet von sich selbst (‚Simplicissimus' IV, 8): „Ich mochte damals fressen wie ein Drescher, dan mein Magen war nicht zu ersättigen". Obersächs. sagt man dafür auch: ‚Fressen wie e Scheffeldrescher'. Scheffeldrescher waren gemietete Leute, die um den Scheffel droschen, d. h. in einer Art von Akkord arbeiteten.
Ein ähnl. rdal. Vergleich, der vom gleichen Urspr. abzuleiten ist, lautet: *hungrig sein wie ein Scheunendrescher.*

Scheunentor. Der *Wink mit dem Scheunentor* ist noch eindeutiger und unmißverständlicher als der ‚Wink mit dem Zaunpfahl'. Dieser Wink bezieht sich auf die Größe des Scheunentors, das man keineswegs übersehen kann. Westf. sagt man: ‚met der Schüerdör wenken'. In Franken droht man einem, der von sanfteren Hinweisen absolut keine Notiz nehmen will: ‚Dem muß mer mit'n Scheurator winken'. Aus Bedburg ist sogar die Rda. bekannt: ‚Dä fällt met der Schürendür en et Hûs'. Ferner gibt es noch den Ausdr.: ‚Hei hirt möt Schulten Schindohr' (= mit Schulzens Scheunentor) und meint damit: er hört falsch.
Dastehen wie die Kuh vor dem neuen Scheunentor ↗ Kuh.

Schib(b)oleth. *Das ist das (sein) Schibboleth:* das ist das Losungswort für eine Person oder eine Partei. Urspr. war ein mdal. unverkennbares Zeichen der Zugehörigkeit zu einem bestimmten Volksstamm gemeint. Die Rda. bezieht sich auf folgende Bibelstelle (Richter 12, 5–6):
„Und die Gileaditer nahmen ein die Furten des Jordans vor Ephraim. Wenn nun die Flüchtigen Ephraims sprachen: Laß mich hinübergehen! so sprachen die Männer von Gilead zu ihm: Bist du ein Ephraimiter? Wenn er dann antwortete: Nein! hießen sie ihn sprechen: Schiboleth; so sprach er: Siboleth und konnte es nicht recht reden; alsdann griffen sie ihn und schlugen ihn ..." Das Wort Schiboleth bedeutet: Fluß oder Ähre. Nach der Niederlage suchten die Ephraimiten den Rückweg über den Jordan. Die Gileaditer erkannten sie an ihrer anderen Aussprache und übten Rache an ihnen. Seither wird das Wort Schiboleth bis heute i. S. v. Erkennungszeichen, Losung gebraucht. Während der Sizilianischen Vesper wurde 1282 ein ähnl. Versuch unternommen, wobei die Franzosen an der Aussprache des ital. ‚ciceri' erkannt wurden. Vgl. auch ndl., ‚voor iets het schibboleth zijn'.

Schicht. *(Mit etw.) Schicht machen:* aufhören, stammt aus der Bergmannssprache, wo Schicht zunächst eine in sich gleichartige, plattenförmige Gesteinsmasse (Gesteinsbank), dann die zum Abbau einer Gesteinsschicht benötigte Zeit, schließlich die Arbeitsfrist für Bergleute bez., wie es seit etwa 1300 im erzgeb. Bergbau bezeugt ist. Schon in mhd. Zeit hatte Schicht zwei Bedeutungen: 1. eine Lage einer bestimmten Erd- oder Gesteinsart, 2. die Ordnung, Anordnung, Arbeitszeit. Das spiegelt sich in den folgenden Rdaa.: *eine Schicht fahren (wechseln)* und *in Schichten arbeiten.* Der Zusammenhang mit dem Bergbau ist deutlich, das Einfahren in den Schacht ist zunächst gemeint. Wenn aber in Köln heute gesagt wird: ‚Mer arbeide en drei Schichte, suvill hammer ze dun', dann wird nur noch an die Arbeitszeit bzw. den großen Arbeitsanfall gedacht. Vgl. frz. ‚faire les trois huit'.
Die Wndg. ‚Schicht machen' ist heute mehrdeutig; sie meint 1. nach Ablauf der Arbeitszeit Feierabend machen, 2. ohne Kündigung die Arbeit niederlegen und 3. sterben, auch ‚eine Grabschicht ma-

chen'. Stieler hat die Rda. ‚Schicht machen', mit der Arbeit aufhören, 1691 in ‚Der Teutschen Sprache Stammbaum' gebucht; in übertr. Anwendung findet sie sich seit dem 17. Jh., so 1621 in Theobalds ‚Hussitenkrieg' (Bd. II, S. 199): „Wann man am besten zu Hof ist, soll man Schicht machen"; dann 1726 bei Gerner in der ‚Historia derer Widergebohrenen in Sachsen' (Bd. I, S. 566): „Im 56. Jahre machen die großen und tapfern Gemüther Schicht, die Helden sterben". In der Oberpfalz hat die Rda. noch die Bdtg.: Ordnung machen, Ruhe wiederherstellen.
‚Ich wâr Schecht mîd 'm macha', ich werde einmal gehörig aufräumen, ihm meine Meinung sagen, wird ebenfalls i. S. v. Ordnung schaffen in Schlesien und Österr. gebraucht.
Es gibt Schicht: es gibt Schläge. In Preußen wurde eine Strafe so in Aussicht gestellt: ‚Hans, min Sän, du kröchst e Schicht!'

Lit.: *H. Wolf:* Studien zur dt. Bergmannssprache ..., vorwiegend nach mitteldt. Quellen, Mitteldt. Forschungen Bd. XI (Tübingen 1958).

Schick. *Schick sein, guten Schick haben:* elegant angezogen sein. *Seinen Schick nicht ganz haben:* nicht recht bei Verstand sein. Das Wort kommt aus frz. ‚chic' = Schick, Geschmack.
Zur Schickeria gehören: Zu der in Mode und Gesellschaftsleben tonangebenden Schicht gehören; aus ital. ‚sciccheria': Eleganz, Schick.

Schicksal. *Schicksal spielen:* eine Entwicklung so in die Wege leiten, daß sie seinen eigenen Vorstellungen entspricht. *Jem. seinem Schicksal überlassen:* sich nicht mehr um ihn kümmern. *Dem Schicksal in den Rachen greifen:* eine Sache mutig und entschlossen angehen.
In einem Brief an Franz Gerhard Wegeler (Wien am 16. Nov. 1801) schrieb Ludwig van Beethoven: „Nein, das könnte ich nicht ertragen. Ich will dem Schicksal in den Rachen greifen; ganz niederbeugen soll es mich gewiß nicht". Ähnl. Franz Grillparzer in seinem Trauerspiel ‚Die Ahnfrau' (1816): IV, 2378–2381:

Willst du mit den Kinderhänden
In des Schicksals Speichen greifen?
Seines Donnerwagens Lauf
Hält kein sterblich Wesen auf.

Am Schicksalsfaden spinnen: das Schicksal lenken. Diese Rda. geht zurück auf die Vorstellung, das Schicksal des Einzelnen werde von den Schicksalsgöttinnen, den Nornen, Parzen etc. bestimmt.

‚Den Schicksalsfaden abschneiden'

Die Vorstellungen eines vorherbestimmten Schicksals basieren auf einem vor- und außerchristlichen Weltbild. Sie spielen in vielen Sagen eine Rolle, die sich in Aufbau und Motivbestand sehr ähnl. sind. Übernatürliche Wesen, die Schicksalsfrauen, sagen dem neugeborenen Kind voraus, durch welchen Umstand, auf welche Weise es seinen Tod finden wird. Es sind außergewöhnliche, bemerkenswerte Todesarten, Unglücksfälle und Katastrophen mannigfacher Art. Das sozusagen ‚normale' Lebensende, der Tod durch Altersschwäche oder durch Krankheit, wäre kein Anlaß zur Sagenbildung. Was die Schicksalssagen als vorchristlich-heidnische Dokumente so interessant macht, ist die Tatsache, daß sich in ganz verschiedenen Kulturkreisen und Sprachfamilien mehr oder weniger dieselbe Vorstellung von schicksalsverkündenden Frauen findet. Sie heißen Hathoren im alten Ägypten, Moiren oder Miren bei den Griechen, Parzen bei den Römern, Völven oder Nornen im ma. Nordgermanien,

Scephen oder Schöpferlein in dt. ma. und neuzeitlichen Quellen, Fati oder Feen bei romanischen Völkern, Ursitori oder Ursitoiere bei Rumänen, Urmen bei Zigeunern, Sudiče, Sudniči oder Roieniče bei slaw. Völkern. Die Funktion dieser dämonischen Frauengestalten stimmt darin überein, daß sie dem neugeborenen Kind in einer der Nächte nach der Geburt sein Schicksal voraussagen. Ihren dramatischen Kern bekommen diese Sagen durch den Versuch des Menschen, sich dem vorherbestimmten schlimmen Schicksal zu entziehen, ähnl. wie noch im Märchen von ‚Dornröschen' (KHM. 50).

‚Schicksal' als unpersönliche, unerbittliche Macht begegnet als dunkle Verkettung aller Lebensumstände oder als Zufall. Im Islam nennt man den unbegreiflich vorherbestimmten Willen Allahs ↗Kismet.

Lit.: *K. Beth:* Art. ‚Schicksal', in: HdA. VII, Sp. 1045–1055; Art. ‚Schicksal', in: RGG. V ([3]1961), Sp. 1404–1410; *R. W. Brednich:* Volkserzählungen und Volksglaube von den Schicksalsfrauen (Helsinki 1964) (FFC. 193); *H. Ringgren* (Hg.): Fatalistic Beliefs in Religion, Folklore and Literature (Stockholm 1967).

Schickse(l). *Sie ist eine Schickse:* eine verachtete weibl. Person, Hure. Das Wort Schickse geht auf hebr. ‚šikkuz' = Greuel zurück. Bei den Juden wurde ‚šikzo' nur für das Christenmädchen gebraucht, wie es bei Bibliophilus 1742 im ‚Jüd. Sprachmeister' (76) bezeugt ist. Merkwürdigerweise hatte aber in der Gaunersprache der Jude eine ‚Schicksel' als Begleiterin. Eine ‚Tippelschickse' war die allg. Bez. für das Mädchen auf der Wanderschaft, für die Gaunerin. Aus dem Rotw., das schon seit 1724 die Ausdr. ‚schicksgen' = Frau-Mensch und ‚schicks(e)' = Gaunerin kannte, drang das Wort in die dt. Mdaa. ein und erhielt die neue Bdtg. ‚Judenmädchen'. Daneben blieb Schickse aber weiterhin die verächtl. Bez. für jede Weibsperson und nahm in der Studentensprache seit dem 18. Jh. den Sinn von einer Konkubine und Geliebten an, bezeugt seit 1781 bei Kindleben („Stud.-Lex.' 183).

Lit.: *Fr. Kluge:* Rotwelsch (Straßburg 1901), 1, S. 184; Zs. f. dt. Wortf. 9, 66.

schief. Die Rdaa. *auf eine schiefe Bahn geraten* und *auf die schiefe Ebene kommen* beruhen auf der Beobachtung, daß ein Körper in immer schnellere Bewegung gerät, der einmal ins Gleiten gekommen ist. Auf den Menschen übertr., enthalten diese Wendungen eine bedauernd-resignierende Feststellung: es ist kein gutes Ende mehr zu erwarten, denn es wird nun immer schneller abwärts (bergab) gehen, das Verhängnis muß sich wie ein Naturgesetz vollziehen. Auch hinter der Rda. ‚jemand ist haltlos geworden' steht das Bild von der schiefen Ebene. Um eine Warnung vor verantwortungslosem Handeln auszusprechen, sagt man: ‚Sieh zu, daß du nicht auf die schiefe Bahn gerätst!' Vgl. frz. ‚être sur la mauvaise pente'.

Die drei folgenden Rdaa. *in eine schiefe Stellung geraten, in eine schiefe Lage kommen* und *sich in ein schiefes Licht stellen* enthalten einen gemeinsamen Gedanken: Worte, Taten und Verhalten können falsch ausgelegt werden, so daß ein Zerrbild der Tatsachen entsteht. Der Vorsichtige versucht deshalb, alles zu meiden, das gegen ihn sprechen könnte.

Das Krumme und Schiefe wird im Volksglauben dem Bösen gleichgesetzt. Daraus erklärt sich der überaus häufige Gebrauch des Adj. schief in den verschiedensten Wndgn., wie z.B. *etw. geht schief, eine Sache geht schief aus, etw. läuft schief, es steht schief um eine Sache,* d.h. etw. mißlingt, eine Sache nimmt eine verkehrte, üble Wndg.

Als iron. Ausdr. der Ermunterung wird seit dem Ende des 19. Jh. bes. in Berlin, Sachsen und dem Rheinl. einem Verzagten zugerufen: ‚Nur Mut – die Sache wird schon schiefgehen!'

Geht jem. von falschen Voraussetzungen aus, die zum Irrtum führen müssen, sagt der Berliner: ‚Wenn de det denkst, denn biste schief jewickelt'. Die seit dem 19. Jh. bes. in Norddtl. verbreitete Rda. leitet sich entweder vom falsch gewickelten Säugling her (im Scherz wird behauptet, daß verschrobene Ansichten auf eine falsche Behandlung in der Säuglingszeit zurückzuführen sind) oder vom schief auf die Spule gewickelten Garn oder auch vom schiefgewickelten Tabak bei der Zigarre. Die Kölner Rda. ‚de Zijar scheif rauche' macht den Zusammenhang deutlicher. Theodor Fontane schreibt in einem Brief

vom Juli 1856 an seine Frau Emilie: „Ein guter Kerl, aber total schiefgewickelt".
Einer der zahlreichen Ausdrücke für das Torkeln des Betrunkenen ist *schief geladen haben.* Die Vorstellung vom schiefgeladenen Erntewagen oder von der schlecht verteilten Schiffsladung wurde auf den Bezechten übertr. (↗trinken).
Muß man sich wegen einer Sache *die Stiefel (Absätze) schief laufen,* dann bedeutet das, daß eine große Anstrengung nötig ist. Sagt aber jem. in Norddtl. ‚Da krig' ek scheiwe stewel von', dann lehnt er ein Ansinnen ab, das ihm Unannehmlichkeiten bringen kann.
Die Feststellung *Es ist zum Schieflachen* beruht auf der Beobachtung eines heftig Lachenden, der sich dabei biegt und krümmt. Die Rdaa. ‚sich krummlachen' und ‚sich einen Ast lachen', d.h. ‚sich bucklicht lachen', verdeutlichen dies. Vgl. frz. ‚Il y a de quoi se tordre de rire'.
Seit etwa 1850 sagt der Berliner auf die Bemerkung: ‚Det sitzt ja schief', schlagfertig: *Schief is englisch! Englisch is Mode!* Der heute in ganz Dtl. verbreitete Ausdr. weist auf eine als neu empfundene engl. Sitte, die Kopfbedeckung schief zu tragen, die zuerst bei engl. Matrosen beobachtet wurde.
Daß man die Gedanken eines Menschen an seinem Gesichtsausdruck ablesen kann, beweisen die folgenden Wndgn.: *einen schiefen Mund ziehen* und *ein schiefes Gesicht machen,* sie gelten als Ausdr. von Ärger und Mißgunst. Gehässigkeit, Verachtung und Neid sind im Spiel, wenn man *jem. einen schiefen Blick zuwirft, ihn schief ansieht.* Die ndl. Rdaa. ‚iets met scheele oogen aanzien' oder ‚scheele oogen maken' meinen dasselbe. Vgl. frz. ‚regarder quelqu'un de travers'.
Auch in übertr. Sinne werden die Wndgn. *etw. schief ansehen,* d.h. falsch auffassen, und *eine Sache schief sehen,* ein falsches Abbild, eine unrichtige Vorstellung davon gewinnen, angewendet. In Zusammenhang damit stehen folgende Ausdrücke: *etw. in einem schiefen Licht sehen (zeigen, darstellen), etw. von einer schiefen Seite, einem schiefen Gesichtspunkt aus betrachten:* falsch beurteilen.
In übertr. Bdtg. spricht man von ‚einem schiefen Sinn', einem ‚schiefen Urteil', von dem ‚schiefen Spiel' eines Schauspielers, vom Gebrauch ‚schiefer Bilder und Vergleiche' beim Reden und Schreiben. Verschiedenes meinen die Wndgn. *etw. schief anfangen (anfassen):* falsch beginnen; vgl. frz. ‚prendre quelque chose par le mauvais côté; *etw. schief auffassen:* falsch verstehen, *etw. schief aufnehmen:* sich beleidigt fühlen; vgl. frz. ‚prendre quelque chose de travers'.
Die Rda. *etw. ist windschief* bewahrt in der Zusammensetzung ein altes Adj. ‚wind' = gewunden, das heute nicht mehr verstanden wird. In der Volksetymologie tritt das Subst. Wind an seine Stelle.
‚Damit du nicht schief wirst' sagt man scherzhaft in Ostpreußen und Sachsen, wenn man rechts und links Ohrfeigen austeilt.

schielen. *Auf etw. (nach jem.) schielen:* etw. verstohlen beobachten, begehrlich auf etw. (jem.) blicken. Vgl. frz. ‚loucher sur quelque chose'. Auch: *Schielaugen machen:* durch begehrliche Blicke verraten, daß man etw. gerne haben möchte. ↗Stielaugen.
Das Schielen galt außerdem als Ausdr. des Spottes, der Verachtung und des Neides. Schon Walther von der Vogelweide setzte das Schielen mit Tücke und feindlicher Gesinnung gleich (57,35):

Kumt ein junger ieze dar,
sô wird ich mit twerhen ougen
schilhend angesehen.

Im Volksglauben ist das Schielen ein wichtiges und sicheres Kennzeichen für einen Menschen mit dem ‚zweiten Gesicht', aber auch für den ‚bösen Blick'. So darf z.B. in Mecklenburg niemand zugegen sein, der schielt, wenn gebuttert wird, da dies sonst mißraten könnte.
Die Wndg. *an (auf) einem Auge schielen* wird im Volkslied zur metaphorischen Umschreibung der Entehrten gebraucht. So heißt es z.B. im Liederbuch der Clara Hätzlerin (2,68, 516):

Die ere man ir nit mer bevilcht,
Wann sy an ainem augen schilcht.

Die rdal. Vergleiche schildern das Schielen in scherzhaften und verspottenden Übertreibungen, z.B. *er schielt wie ein Bock; sie schielt wie eine Gans, wenn's donnert.* Bes. drastisch sind die Vergleiche in

den mdal. Wndgn.: schwäb. ‚Der schielt wie a Ratz'; ndd. ‚Dat schêlt as Dag un Nacht'; niederrhein. ‚Der guckt mit dem linken Aug in die rechte Westentasche'; siebenbürg.-sächs. ‚E sêgt än de schiele wänkel'.
Eine neuere berl. Rda. besitzt nur übertr. Bdtg.: ‚Er schielt mit den Beinen', er ist betrunken.

Lit.: *S. Seligmann:* Der böse Blick und Verwandtes, 2 Bde. (Berlin 1910); *K. Meisen:* Der böse Blick und seine Abwehr in der Antike und im Frühchristentum, in: Rhein. Jb. f. Vkde. 1 (1950), S. 144ff.; *ders.:* Der böse Blick, das böse Wort und der Schadenzauber durch Berührung im MA. und in der neueren Zeit, in: Rhein. Jb. f. Vkde. 3 (1952), S. 169ff.; *A. Dundes* (Hg.): The Evil Eye. A Folklore Casebook (New York – London 1981); *Th. Hauschild:* Der böse Blick (Berlin ²1982).

Schienbein. *Jem. vors (ans) Schienbein treten:* jem. an einer sehr empfindlichen Stelle treffen, jem. kränken, jem. verletzen, ↗ Schiene. Ähnl.: *Jem. blaue Schienbeine machen:* ihm Schaden zufügen.
Jem. ist einem nicht ans Schienbein gewachsen: er steht einem nicht so nahe, daß er geschont werden sollte.

Schiene. Mit Schienen oder Schenen werden mdal. die Schienbeine bez., z.B. westf. ‚sik vor de Schienen stauten', übel anlaufen, barsch abgewiesen werden; ostfries. ‚He het säk blau Schênen lopen', ‚jem. hat sich ein blaues Schienbein gelaufen': er hat einen ablehnenden Bescheid erhalten, bei einem Unternehmen ist ihm merklicher Schaden entstanden, er hat einen schmerzlichen Verlust hinnehmen müssen. Vgl. ndl. ‚Hij heeft eene blaauwe scheen geloopen'. Aus Moers stammt der Rat: ‚Schlôn öm vör de Schenen, wo de Jöd et Speck sitten het', triff ihn an seiner empfindlichsten Stelle! Vgl. ndl. ‚iemand iets voor de scheenen werpen'. Um auszudrücken, daß einem Schmerz (Unheil) noch ein größerer zugefügt wird, sagt man in Solingen: ‚En blô Schên schwart stuten'.
Die Eisenbahnschienen meinen die folgenden Rdaa.: *Auf einer Schiene laufen:* ausschließlich eine bestimmte Idee, Spur verfolgen; eingleisig fahren. *Jem. aus der Schiene werfen:* dafür sorgen, daß jem. aus der ↗ Bahn gerät, verzweifelt; schweiz.: ‚ab der Schine!' heißt: weg! fort!
Aus der Konkurrenz des Gütertransportes durch Eisenbahn und durch Lastkraftwagen ergab sich das Schlagwort vom *Wettlauf zwischen Schiene und Straße.* Mit Schiene ist hierbei sehr umfassend der gesamte Güter- und Personenverkehr der Bahn gemeint.

Schierlingsbecher. *Jem. den Schierlingsbecher reichen:* jem. zum Selbstmord zwingen. Im antiken Athen war es üblich, einem zum Tode Verurteilten ein Getränk zu reichen, dem das Gift des Schierlings beigemischt war. Wahrscheinl. wurde dieser Strafvollzug zu Beginn des 5. Jh. v. Chr. in Athen von den dreißig Tyrannen eingeführt, die damit ihre polit. Gegner zu beseitigen suchten. Platon schildert im ‚Phaidon' den Gifttod des Philosophen Sokrates (399 v. Chr.). Aber auch an-

‚Den Schierlingsbecher trinken'

dere berühmte Persönlichkeiten wurden so ums Leben gebracht; z.B. ließen der Tyrann Klearchos von Herakleia (411–353 v. Chr.) und Attalos III. Philometor, der in seinem Garten auch die giftige Schierlingspflanze zog, zahlreiche mißliebige Bürger heimlich durch Schierling töten. Der Athener Feldherr Phokion wurde 318 v. Chr. zum Tode durch Schierling verurteilt. Nero ließ 55 n. Chr. Britannicus durch eine Mischung von Opium und Schierling vergiften. Im Altertum bestand auf der Insel Kea in der Ägäis die Sitte, daß sich alte Menschen mit Hilfe des Schierlings das Leben nahmen.
Das im Schierling enthaltene Alkaloid Coniin bewirkt von den Beinen her aufsteigende Lähmungen, verbunden mit Trockenheit im Hals, Erbrechen, Sinnestäuschungen, Zuckungen, Herzschwäche.

Der Tod tritt durch Lähmung des Atemzentrums ein.

Lit.: *H. Marzell:* Art. ‚Schierling', in: HdA. VII, Sp. 1057–1058; *L. Lewin:* Die Gifte in der Weltgeschichte (Berlin 1920); *R. Guardini:* Der Tod des Sokrates (Bad Godesberg [4]1952).

schießen. *Einen Bock* (auch: *einen Fehler) schießen:* einen Irrtum begehen, ↗Bock; *daneben-(vorbei-)schießen, Löcher in die Luft schießen:* das Ziel verfehlen, seinen Zweck nicht erreichen, ↗Loch; *den Vogel abschießen:* die beste Leistung erzielen, ↗Vogel; *über das Ziel hinaus schießen:* zu weit gehen, ↗Ziel. Alle diese Rdaa. stammen aus der Schützensprache und beziehen sich auf das Wettschießen. Von einem bes. treffsicheren Schützen heißt es: *Er schießt einen Thaler zwischen den Fingern weg* oder *Er schießt seinem Kinde einen Apfel vom Kopfe,* d.h. er ist so unerschrokken wie Wilhelm Tell. Dagegen: *zu kurz schießen mit etw.:* fehlen, vgl. ndl. ‚te kort schieten'.

Mit der silbernen Büchse schießen: Geschenke geben, um etw. wiedergutzumachen, bestechen, um Vorteile zu erlangen. Eine vergleichbare Rda. findet sich auch im Lat. ‚argenteis hastis pugnare'.

Die einfache Feststellung *gut schießen können* besitzt ebenfalls noch eine übertr. Bdtg. Sie umschreibt das bes. Talent, ohne Geld einzukaufen, etw. zu organisieren, seinen täglichen Bedarf zusammenzustehlen. Der Urspr. der Rda. ist im 14. oder 15. Jh. zu suchen, als die fahrenden Schüler noch verpflichtet waren, für ihre Reisegefährten zu sorgen. Sie verstanden es z.T. recht gut, Enten, Gänse und Hühner, die sie etw. vom Haus entfernt antrafen, mit einem wohlgezielten Steinwurf zu töten.

Die Warnung *Schieße noch nicht!:* überlege erst, bevor du (den Kampf) beginnst, ist lit. bereits bei Thomas Murner (‚Vom großen lutherischen Narren', in Kloster X, 149) bezeugt: „Gib frid... und schüss noch nit". Eine moderne Wndg. ist die Aufforderung *Schieß mal los!:* Laß hören! Beginne ohne Umschweife mit deinem Bericht; erzähle, was du erlebt hast!

So schnell schießen die Preußen nicht ↗Preußen.

Seine Bolzen verschießen ↗Bolzen.

Etw. geht aus wie das Hornberger Schießen ↗Hornberg.

Moderne Wndgn. sind: *einen abschießen:* dafür sorgen, daß er entlassen wird; *etw. schießen lassen:* auf etw. verzichten; *aus dem Boden (in die Höhe) schießen:* plötzlich kräftig wachsen, rasch gebaut werden, und *ins Kraut schießen:* wuchern, rasch zunehmen, ↗Kraut.

Etw. ist zum Schießen!: Es ist zum Totlachen! Diese Rda. leitet sich von schießen in der Bdtg. hervorwachsen her, so wie wir sagen, daß ‚der Salat schießt'. Beim Lachenden, der sich krümmt, wächst gleichsam ein Buckel hervor, vgl. ‚sich bucklig lachen'.

Auf das Weberhandwerk bezieht sich die Wndg. *hin und her schießen:* sich rasch und unruhig bewegen wie das Weberschiffchen zwischen den Kettfäden.

Jem. ist geschossen (auch: *angeschossen):* er ist närrisch, angeheitert, aber auch: verliebt (vgl. Liederbuch der Clara Hätzlerin II, 58, 370).

Für das Verliebtsein gebrauchen wir heute die Wndg. *in jem. (etw.) verschossen sein.* Urspr. hieß es aber in den Altwiener Lustspielen und Possen ebenfalls „ich bin geschossen', d.h. von Amors Pfeilen getroffen. Das Wort verschossen wurde erst in Anlehnung an ‚verliebt' gebildet.

Die Begriffe ‚Schuß', ‚schießen' werden im übertr. Sinne auch als Sexualmetaphern verwendet.

Aussehen wie eine Schießbudenfigur: lächerlich, ungepflegt aussehen.

Auch nicht gerade das Schießpulver erfunden haben ↗Pulver.

Lit.: *A. Förg:* Schießscheiben (Rosenheim 1976), bes. S. 176ff.

Schießhund. *Aufpassen (aufmerken) wie ein Schießhund* stammt aus der Jägersprache. Es bedeutet soviel wie: mit größter Gespanntheit auf etw. achten, scharf aufpassen. Der Schießhund ist bei der Jagd ein Vorstehhund, der so lange gespannt wartet, bis der Jäger ‚schußfertig' ist und ihm das Zeichen zum Aufscheuchen des Wildgeflügels gibt: „Wie eine Herde geschwätziger Gänse, vom Schießhund gejaget, Mit Geschrey in die Lüfte sich hebt", so heißt es bei F.W. Zachariä (‚Murner in der Hölle', 1775).

Der Schießhund ist auch dazu abgerichtet, das erlegte Wild aufzuspüren und dem Jäger zu apportieren. *Er läuft wie ein Schießhund* heißt es in Heinrich Julius' Komödie von ,Vincentius Ladislaus' (VI, 3), wo in einer der Münchhausiaden der Bramarbas das Pferd aus dem Wasser holt (,apportiert'), „als (wie) ein Schießhund". Schon im 17. Jh. wird Schießhund auf menschliches Verhalten übertr. In der ,Comedia vom Studentenleben' (1658) von J. G. Schoch wird damit eine gewisse Art von Studenten gekennzeichnet: „Es sind wohl zum Theil Schießhunde und sind auff lose Stückgen abgericht, wie die Schießhunde".

Unser heutiger Sprachgebrauch kennt nur noch die eingangs genannte sprw. Rda., die seit dem 18. Jh. bezeugt ist. In J. C. Adelungs ,Versuch eines grammatisch-kritischen Wörterbuches' (1780) kann man den Ausdr. finden ,wie ein Schießhund aufmerken', und im Bremisch-niedersächs. Wb. (1768/71) heißt es: ,uppassen as een Scheethund'.

Lit.: Zs. f. d. U. 21 (1907), S. 696; *Anon.:* Aufpassen wie ein Schießhund, in: Sprachpflege 11 (1962), S. 222.

Schiff. *Seine Schiffe hinter sich verbrennen,* auch *brennen sehen:* sich selbst jeden Fluchtweg abschneiden, um als kühner Heerführer seine Entschlossenheit zu Sieg oder Untergang im fremden Land zu zeigen und den Mitkämpfern Mut zu machen. Diese Rda. bezieht sich vielleicht auf das Verhalten des Spaniers Hernando Córtez, der 1519 mit elf Schiffen von Kuba nach Mexiko segelte. Er gründete Veracruz und ließ die Schiffe verbrennen, um seine meuternden Mannschaften zu zwingen, ihm ohne Hoffnung auf einen offenen Fluchtweg ins gefährliche Innere Mexikos zu folgen.

Der Grundgedanke, alles hinter sich zu lassen, um entweder zu siegen oder unterzugehen, ist jedoch viel älter, und in mehreren parallelen Fällen sind Schiffsverbrennungen in der Geschichte bezeugt, zuerst von den Frauen der Flüchtlinge aus Troja, die nach ihrer Ankunft auf Sizilien, um ihren Männern Mut zu machen, die Schiffe selbst in Brand steckten. Im 4. Jh. v. Chr. ließ Agathokles, der Tyrann von Syrakus, seine Landungsflotte vor Afrika vernichten, 1066 tat dies Wilhelm der Eroberer, als er in England gelandet war. Die Rda. ist weit verbreitet und hat unabhängig vom Kampfgeschehen eine allg. Bdtg. gewonnen: alles hinter sich lassen, was zur Umkehr (auch in geistiger Hinsicht) bewegen könnte, ähnl. wie die Rda. ,alle Brücken hinter sich abbrechen'. Vgl. auch ndl. ,de schepen achter zich verbranden', engl. ,to burn one's boats (behind one)', frz. ,brûler ses vaisseaux' (nicht mehr gebräuchl.) und span. ,quemar las naves'.

Im ,Nibelungenlied' ist das Motiv der eigenen Schiffszerstörung lit. verwertet.

Das Schiff ist mit Mann und Maus untergegangen: alles ist verloren, aus dem Schiffbruch ist nichts gerettet worden. Vgl. auch ndl. ,het schip is geblewen met man en muis'. vgl. frz. ,Le navire est perdu corps et biens'.

Das geht über Schiff und Gut: der Schaden ist größer, als man denkt, und betrifft auch entfernt Beteiligte, wie z. B. die Kaufleute, die ihre Güter mit dem Schiff verlieren.

Etw. ist zwischen Schiff und Ufer gefallen: es ist verloren. Die Rda. beruht auf der Beobachtung, daß ein über Bord gegangener Gegenstand zwischen Schiffswand und Ufer nicht geborgen werden kann und ein Mensch meist ertrinkt, wenn er von einem ankernden Schiff zur Uferseite ins Wasser fällt, während Schiffbrüchige auf hoher See gerettet werden können.

Das Schiff ist leck: es droht Gefahr und Untergang, auch: das Unternehmen kann nicht gelingen, es ist von vornherein heimlich bedroht, oder: der Mensch ist krank. Vgl. frz. ,Le bateau fait eau'. Deshalb heißt es auch: *Das Schiff muß auf die Werft,* wenn ein kranker Mensch oder die wirtschaftlichen Verhältnisse von jem. dringend einer Kur bedürfen.

Sein Schiff (Schifflein) ist gestrandet (gescheitert): seine Hoffnungen haben sich zerschlagen, sein Leben ist unglücklich verlaufen, ,er ist gescheitert'. Das Schiff dient häufig zur Umschreibung von Leben und Schicksal, es erreicht entweder glücklich den ruhigen Hafen oder scheitert, d. h. es verunglückt unterwegs, eigentl.: es wird durch einen Anprall an Felsen zertrümmert. Vgl. ndl. ,zijn scheepje is gestrand'. Dagegen heißt: *Er weiß sein Schifflein zu führen:* er weiß sich den Bedingungen gut anzupassen, er bringt sich oder seine Unternehmungen nie in Gefahr und weiß sich jederzeit zu helfen, sein überlegtes Handeln verdient Bewunderung. Vgl. frz. ,Il conduit bien sa barque', auch: ,Il sait conduire sa barque'.

Er hat sein Schiff ins trockene gebracht: er hat so viel verdient, daß seine Zukunft gesichert ist, daß er weitere Wagnisse vermeiden kann. Vgl. ,sein Schäfchen ins trockene bringen' (↗Schaf). Ndl. ,zijne schepen op het drooge hebben'.

Er rüstet mit an den Schiffen: er ist bei der Sache mitbeteiligt.

Er führt ein großes Schiff: er leitet ein wichtiges Unternehmen, er trägt hohe Verantwortung.

Auf einem kleinen Schiffe bunte Wimpel führen: dem geringen Einkommen (Vermögen) entspr. zu großen Aufwand treiben, nach außen hin Wohlstand und Hochstimmung vortäuschen. Vgl. ndl. ,op een klein schip bonte wimpele van den top voeren'.

Sein Schiff fährt mit großem Segel: er kommt rasch vorwärts, er nützt die günstige Gelegenheit aus, aber er achtet bei seinem Streben nicht auf Gefahren und trifft keine rechtzeitigen Vorkehrungen. Vgl. ndl. ,zijn schip voert te groote zeilen'; vgl. frz. ,mettre toutes voiles dehors' oder ,faire force de voiles'.

Sein Schiff gerät unter den Wind: es gerät in Not bei einem Seesturm, in übertr. Bdtg.: sein Leben, seine Unternehmungen sind bei ungünstigen Bedingungen in großer Gefahr.

,Jetz up See un keen Schipp unner de Fööt!' heißt es bei heftigem Sturm in der Seemannssprache mit dem humoristisch steigernden Zusatz: ,Un denn een Leck in de Seestäbel!" (Vgl. Stammler, Aufriß, Sp. 1849).

Sein Schiff nach dem Winde richten: sich den Verhältnissen anpassen, eigentl.: seine Segel nach der Windrichtung und -stärke richten und notfalls seinen Kurs ändern; vgl. frz. ,louvoyer' (lavieren). Vgl. ,seinen Mantel nach dem Winde hängen' (↗Mantel).

Das Schiff wenden: eine neue Richtung verfolgen, andere Lebensgewohnheiten annehmen, umkehren oder sich zu seinem Vorteil anpassen. Vgl. lat. ,vertere vela!'

Er muß das Schiff dem Meer übergeben: er muß einen Menschen seinem Schicksal überlassen, oder: um nicht selbst in Gefahr zu kommen, muß er etw. preisgeben, seine Mitwirkung bei einem Unternehmen abbrechen.

Es ist ein Schiff ohne Ballast: es besteht die Gefahr, daß das Schiff kentert, weil es keinen Tiefgang besitzt, übertr.: es ist ein unsicheres Geschäft.

Teure Schiffe bleiben am Rande: zu anspruchsvolle Mädchen bleiben unverheiratet, eigentl.: zu teure Schiffe werden nicht verkauft und bleiben am Ufer oder im Hafen zurück. Vgl. ndl. ,Oude (dure) schepen blijven aan land' u. engl. ,A dear ship stands long in the haven'.

Wir sind auf einem Schiffe: wir sind aufeinander angewiesen, wir befinden uns in gleicher Gefahr (↗Boot). Vgl. frz. ,Nous sommes dans le même bâteau'. Ähnl. *Er fährt mit mir in einem Schiffe:* wir haben dasselbe Ziel, unsere Ansichten stimmen überein.

Sie gehen nicht alle in ein Schiff: sie sind gegenteiliger Meinung, sie halten und arbeiten nicht zusammen, ,sie sind nicht unter einen Hut zu bringen' (↗Hut).

Geh aus meinem Schiff, du verdirbst die Fracht wird zu einem gesagt, dessen Gesellschaft Nachteil bringt.

Er geht mit dem ersten Schiffe fort: er benutzt die erste sich bietende Gelegenheit. Vgl. ndl. ,Hij gaat met de eerste schepen voort'.

Er kommt mit den letzten Schiffen: er kommt spät oder zu spät, er versäumt die beste Zeit und Gelegenheit und kann es deshalb anderen nicht gleichtun. Vgl. ndl. ,Hij gaat met de laatste schepen onder zeil'.

Wir müssen nicht in das Zurzacher Schiff: wir werden nicht gedrängt, sondern haben genügend Zeit, die Sache hat keine Eile. Diese Rda., die diesmal der Binnenschiffahrt entstammt, bezieht sich auf die Zurzacher Messe am Oberrhein, die früher sehr bedeutend war. Die Messebesucher mußten zu einer bestimmten Zeit am Ufer sein, sonst trafen sie das Schiff nicht mehr an, das nur einmal überfuhr.

Es ist ein Schiff oder eine Pudelmütze: so

heißt es scherzhaft, wenn jem. sehr auseinandergehende Angaben über etw. macht, wenn man einen Gegenstand von weitem nicht erkennen kann, aber auch wenn sich Leute anders gebaren, als sie in Wirklichkeit sind. Bei Egenolff (298[a]) heißt die Wndg. ähnlich: „Es ist ein schiff oder schinhut".

Das Schiff der Wüste ist ein sprachl. Bild für das Kamel, das sich wie ein lebendes Schiff seinen Weg durch den Sand sucht und Lasten befördert. Vgl. ndl. ‚het schip der woestijn; engl. ‚the ships of the desert' und frz. ‚le vaisseau du désert'.

Die Ratten verlassen das sinkende Schiff ↗Ratte.

Das ‚Schiff' war schon in der antiken poetischen und politischen Metaphorik ein häufig gebrauchtes Bild, so z.B. für den Staat. In christl. Deutung gebrauchte man ‚Schiff' als Symbol für die Kirche mit z.T. ausgeführter Allegorie; der Mastbaum: Kreuz, die Ruderer: die Apostel usw. Schließlich wird das Leben des Menschen oft als ‚Seefahrt', der Mensch selbst als Schiff, das von Wellen (Schicksal) hin- und hergeworfen wird, empfunden. Lit. erscheint dieses Bild in einem Sonett von Andreas Gryphius: ‚Der Abend'.

↗Narrenschiff.

Lit.: *F. Kluge:* Wb. der Seemannssprache (Halle 1911); *F. Moll:* Das Schiff in der bildenden Kunst (Berlin 1929); *F. Panzer:* Hagen und die Meerfrauen, in: Sitzungsberichte der Heidelberger Akad. d. Wissensch., Phil. hist. Klasse 1953 (Heidelberg 1954); *W. Stammler:* Seemanns Brauch und Glaube, in: Dt. Philologie im Aufriß, Bd. III (Berlin 1956), Sp. 1815–1880. *H. Rahner:* Griech. Mythen in christl. Deutung (Zürich ²1957); *ders.:* Symbole der Kirche (Salzburg 1964); *R. Gruenter:* Das Schiff. Ein Beitrag zur hist. Metaphorik, in: W. Kohlschmidt u.a. (Hg.): Tradition und Ursprünglichkeit (= Akten des 3. Internationalen Germanistenkongresses 1965) (Bern – München 1966), S. 86–101; *R. Drux:* Des Dichters Schiffahrt. Struktur u. Pragmatik einer poet. Allegorie, in: Formen u. Funktionen der Allegorie, hg. v. *W. Haug* (Stuttgart 1979), S. 38–51; *E. Schutt-Kehm:* Pieter Brueghels d. Ä. ‚Kampf des Karnevals gegen die Fasten' als Quelle vkdl. Forschung (Frankfurt a. M. – Bern – Las Vegas 1983), S. 202ff.; *W. Rudolph:* Das Schiff als Zeichen (Leipzig – Berlin 1987); *O. G. Sverrisdóttir:* Land in Sicht (Frankfurt/M. 1987) (Germanistische Arbeiten zu Sprache u. Kulturgeschichte, 9); *W. Mezger:* Narrenidee u. Fastnachtsbrauch. Studien zum Fortleben des Mittelalters in der europ. Festkultur (= Konstanzer Bibliothek 15) (Konstanz 1991).

Schiffbruch. *Schiffbruch erleiden:* scheitern, keinen Erfolg haben. Das Leben der

‚Schiffbruch erleiden'

Menschen und Völker wird oft mit einer Schiffahrt verglichen. Mancher leidet Schiffbruch, manchem erfüllt es sich nicht, in den stillen Hafen eines ruhigen Lebensabends einlaufen zu können (↗Schiff, ↗Segel). Daher stammt auch das Sprw.: ‚Besser den Schiffbruch von der Küste schauen als auf einer Planke'; ndl. ‚Het is beter, van een duin de schipbreuk te aanschouwen, dan op eene plank te drijven, op hoop van aan land te komen'. Das Sprw. ‚Wer im Schiffbruch gewesen ist, zittert auch bei ruhigem Wasser' kann bereits in der Antike eine Parallele vorweisen: ‚Tranquillas etiam naufragus horret aquas'.

Schon der Apostel Paulus überträgt die Bdtg. des Wortes Schiffbruch auf den Bereich des menschlichen Lebens. In seinem 1. Brief an Timotheus (1,19) weist er seinen Schüler auf bestimmte Leute hin, „die im Glauben Schiffbruch litten". Wir gebrauchen heute die Rda. (ndl. ‚Hij lijdt schipbreuk') für Situationen, in denen Menschen in Not kommen oder Mangel an den notwendigsten Lebensbedürfnissen leiden: ‚Es ist ein schlimmer Schiffbruch, wenn Geld fehlt'. Schiffbruch leidet vor allem auch jem., der in seinen Aussichten und Hoffnungen getäuscht worden ist, seine Ehre verloren hat oder

der Trunksucht verfallen ist: ‚Es gibt größere Schiffbrüche im Wein als in See, in Gläsern als auf Schiffen' (↗trinken).
Das Bild vom Schiffbruch ist in der Lit. ungemein häufig verwendet worden.
Lit.: ↗Schiff.

Schikane. *Etw. (nur) aus Schikane tun:* böswillig Schwierigkeiten bereiten, einen anderen ärgern und schädigen wollen. Das frz. Wort ‚chicane' erscheint erst 1695 seit Scheibner in Dtl. Es ist eine Rückbildung aus ‚chicaner' = das Recht verdrehen. Urspr. hieß es ‚einen Rechtsfall einfädeln', denn das Wort leitet sich von dem mnd. ‚schikken' = ordnen, zuwege bringen ab und kehrte mit gegenteiligem Sinn aus dem Frz. nach Dtl. zurück.
Die moderne Wndg. *mit allen Schikanen:* mit allen Feinheiten und neuzeitlichen Errungenschaften der Technik, mit allen Mitteln für größte Bequemlichkeit, aber auch Leistungssteigerung (z. B. ein Auto, ein Haus mit allen Schikanen), hat den frz. Wortsinn verfeinert von Ränken zu Raffinessen.
Am Übergang der beiden Bdtgn. steht eine Stelle in Fontanes Roman ‚Cécile' (1887), wo es heißt: „Die Nürnberger henken keinen nicht, sie hätten ihn denn zuvor, und dieser Milde huldigten auch die Quedlinburger. Aber wenn sie den zu Henkenden hatten, henkten sie ihn auch gewiß, und zwar mit allen Schikanen".
Seit der 2. H. des 19. Jh. ist die Wndg. auch in den Mdaa. zu beobachten, z. B. schweiz. ‚ein Kartenspiel mit allen Schikanen' ist ein Spiel mit allen üblichen Kniffen; berl. ‚ein Beefsteak mit allen Schikanen', mit allen nur denkbaren Beilagen.

Schild. *Jem. auf den Schild heben:* ihn an die Spitze stellen, ihn zum Führer einer Bewegung machen, ihn groß herausstellen. Die Rda. beruht auf dem altgerm. Brauch, den neuerwählten Fürsten auf den Schild zu erheben und ihn dreimal vor dem versammelten Volke im Kreise herumzutragen, damit er von jedermann gesehen werden konnte. Das Zusammenklirren der Waffen auf den Schilden galt dann als Zustimmung. Tacitus (‚Historiae' IV, 15) bietet hierfür das älteste Zeugnis: „Erat in Canninefatibus stolidae audaciae Brinno, claritate natalium insigni ... inpositusque scuto more gentis et sustinentium umeris vibratus dux deligitur". Cassiodor berichtet von Vitiges: „scuto impositus, more gentis". Dasselbe wird für die Frankenkönige durch Gregor von Tours bezeugt. Montfaucon hat die Élévation du roi sur un bouclier im Disc. prélim. zu den ‚Monuments de la monarchie française' behandelt und ein Bild aus einer byzantin. Hs. des 10. Jh. mitgeteilt, das den König David auf den Schild erhoben darstellt. Noch im Jahr 1204 wurde Balduin von Flandern bei seiner Wahl zum griech. Kaiser auf den Schild

‚Jemand auf den Schild heben'

gehoben. Die Rda. ist jedoch nicht von der Germanenzeit her überliefert, sondern wurde im Zeitalter des Humanismus neu geprägt, als man durch das Studium der alten Schriftsteller diese Sitte kennenlernte. Ebenso steht es mit den Rdaa. ‚jem. den Handschuh hinwerfen' und ‚den Handschuh aufnehmen'.
Etw. im Schilde führen: etw. beabsichtigen, etw. vorhaben, was der andere nicht ahnt. Die Rda. bezieht sich auf Wahlspruch und Abzeichen, die der Turnierritter auf seinem Schilde führte und die, für die Zuschauer oft ein Rätsel, ihn nur eingeweihten Freunden kenntlich machten. Urspr. fehlte der Wndg. der Unterton des

‚Etwas im Schilde führen'

Hinterhältigen, Heimlichen und Bösen, wie die Str. 215 aus der 4. Aventiure des ‚Nibelungenliedes' beweist:

Dô het der herre Liudegêr ûf eime
schilde erkant
gemâlet eine krône von Sîvrides hant.

Uhland verwendet die Rda. in einem Gedicht ebenfalls noch in ihrem urspr. Sinne:

Der Hauptmann führt im Schild
Ein Röslein roth von Golde und einen
Eber wild.

Am Wappenbild des Schildes konnte der Wächter einer Burg ablesen, was der nahende Reiter ‚im Schilde führte', ob er Freund oder Feind war. Die Redewndg. wurde nun auf die Absicht, die der Ritter hegte, übertr. und erhielt immer mehr eine negative Bdtg., vielleicht auch weil der nahende Feind seine Waffen hinter dem Schild verbergen konnte. Im Ndl. ist der Ausdr. in diesem Sinne schon im 16. Jh. bei Campen aufgezeichnet worden: „Wie weet wat hij in sijnen schilt voert!" Fischart schreibt 1575 im ‚Gargantua' (148[a]): „Also bald sieht man eim an der nasen an, was er im schilt führt". Auch in einem Lied aus dem Anfang des 17. Jh. auf Wallensteins Belagerung von Stralsund ist die Rda. bezeugt:

Drum, Deutschland, tu die Augen auf,
Merk, was des Wallensteiners Hauf
In ihren Schilden führen!

In der dt. Lit. fand diese Redewndg. dann sehr häufig einen Platz, so bei Kant, Wieland, Opitz, Gerhard, Gellert, Bürger, Goethe, Schiller, Hebel und Uhland. In den ‚Räubern' (IV,5) wird z.B. festgestellt:

Er ging nicht von uns wie einer,
Der einen Schelmenstreich im Schild
führt.

Die Rda. begegnet auch in KHM. 8 und 166 u. wird auch durch die Märchen weiter tradiert. Die Wndg., in ihrer urspr. Bdtg. verblaßt, lebt noch heute in ganz Dtl. weiter und wird in der Umgangssprache nun auch zum Ausdr. der verborgenen Absichten der Frauen. Wenn man sagt: ‚Sie führt etw. gegen ihn im Schilde', wird deutlich, daß sich die Rda. sehr weit von ihrem Ausgangspunkt entfernt hat. In der Mda. hat sich mdt. die alte Bdtg. besser bewahrt, denn ‚uff'n schille firen' bedeutet: in der Öffentlichkeit etw. zur Schau tragen.

Sich durch Kennzeichen auf den Schilden zu unterscheiden war nicht bloß ein Brauch des höfischen Rittertums, sondern auch Sitte bei den altgerm. Stämmen. Tacitus (‚Germania' Kap. VI) erzählt, daß sie ihre Schilde bunt bemalt hatten: ‚nulla cultus iactatio scuta tantum lectissimis coloribus distinguunt". Die altfries. Gesetze sprechen von braunen Schilden als den eigenen und von roten sächsischen. Die fränk. Schilde beschreibt Sidonius Apollinaris im 5. Jh. als in der Mitte goldgelb und nach dem Rande zu weiß gemalt. Im Norden wurde als Zeichen des Krieges ein blutroter Schild an der Rahe der Schiffe aufgehißt, ein weißer Schild galt als Friedensschild und als Zeichen der Ergebung.

Im Brauchtum und Rechtsleben spielte der Schild eine wichtige Rolle. Tote und Verwundete wurden auf dem Schild getragen, Krieger schliefen auf ihrem Schilde, Gold und Schätze wurden auf den Schild gehäuft, der als Maß diente. *Ein Schild voll Gold* war eine alte Rechtsformel als Maß für eine Geldbuße, und zwar für eine sagenhafte und im Grunde unerschwingliche Bußsumme, z.B. in der Aufzeichnung der Rechte der Burg und des Dorfes Dürnstein in der Wachau aus der Mitte des 14. Jh.:

„Wer aber uns di freiung prech, der ist der

herschaft auf vier tail, der marich auf des marich hant oder fues, wolt er sich aber lösen, so sol er geben ain raisschilt voll golt" (Wer das Asylrecht der Burg verletzt, der soll gevierteilt und jedes Viertel an einem Grenzpunkt ausgesteckt werden. Wenn er davonkommen will, so hat er eine sehr hohe Buße zu entrichten, nämlich einen Kriegsschild voll Gold). (Österr. Weistümer, III, S. 982).

Aus dem 15. Jh. gibt es sieben Belege, aus dem 16. fünfzehn, aus dem 17. sechs und einen sogar aus dem 18. Jh. Andere Quellenstellen sprechen von einem ‚übergulten schild', womit entweder ein vergoldeter oder ein mit Gold überdeckter gemeint sein kann. Bis jetzt ist keine urkundliche Nachricht bekannt, daß jem. wirklich einmal einen Schild voll Gold als Buße bezahlt hat. Aber daß sich diese Bestimmung in den Weistümern hielt, zeigt, daß man an so altertümlichen Ausdrücken festhielt.

Über Schildes Rand rechnen: ungenau, in Bausch und Bogen. Die leuchtende rote Farbe des Schildes diente zur Bestimmung der Entfernung im alten Recht: „als ferre man einen rothen schild mag gesehen" (‚Lorscher Wildbann' von 1423). Bei Übergabe von Schild und Speer erfolgte die Mündigkeitserklärung. Zum Zeichen der Trauer wurde der Schild mit der Spitze nach oben getragen, wie wir aus Parzival 92,1 erfahren:

si hânt ir schildes breite
nâch jâmers geleite
zer erden gekêret:
grôz trûren si daz lêret.

Die Rda. ‚Er möchte wol den schildt zu brudern hangen' heißt eigentl.: er soll den Schild zu den übrigen (den Brüdern) hängen, und leitet sich von dem Brauch her, Schilde, die nicht mehr benutzt wurden, als Schmuck in den Hallen und an den Schiffen aufzuhängen. Bereits in der ‚Edda' findet sich die Vorstellung von Odins Halle, die von goldenen Schilden bedeckt war. Im ‚Grimnismal' heißt es:

Leicht kenntlich ist allen,
Die zu Odin kommen,
Des Herrschers hoher Saal;
Speere bilden das Sparrengerüst,
Schilde decken als Schindeln die Halle.

Die noch heute in unseren Kirchen vorhandenen Totenschilde bezeugen den Zusammenhang. Die Rda. in übertr. Sinne aber bedeutet: jem. soll als alter Mann nicht Dinge treiben oder Vergnügungen nachgehen, zu denen junge Kräfte gehören; er soll Waffen oder Werkzeuge den Jüngeren überlassen.

In den Schild reden: jem. die Berechtigung bestreiten, einen Schild oder ein Wappen zu führen; seine Ritterbürtigkeit, seinen Adel anzweifeln. Der Schild war das Symbol der Freigeborenen, bezeichnete den Stand, den Rang und die Lehensfähigkeit seines Trägers. Man konnte seinen Heerschild erniedrigen, wenn man Dienstmann eines Standesgenossen wurde, man konnte ihn aber auch beim Eintritt in ein Kloster niederlegen. Im übertr. Sinne meint die Rda. heute: Einwände gegen jem. vorbringen, ihm die Wahrheit sagen.

In den Schild sehen hat dieselbe Bdtg. wie die Wndg. ‚hinter die Kulissen sehen'.

Die Rdaa. *seinen Schild blank (rein) erhalten* und *seinen Schild beflecken* zeigen noch den Zusammenhang mit dem Ahnen- und Adelsschild, der als Symbol für die Ehre galt.

Etw. an den Schild schreiben (malen): eine Sache zum Vorwurf machen, einem etw. öffentl. ins Gesicht sagen. Hans Sachs verwendet die Rda. 1558 in der Negation: „darumb schreybt man dirs nit an schilt" (I, 524[a]).

Einen Schild tragen wie der Spiegelschwab: den Schild bei der Flucht auf dem Rücken tragen, denn dieser sagte: „Geh ich zurück und fällt mir das Herz in die Hosen, so ist der Schild am rechten Orte" (Eiselein, 549).

Schild und Speer von sich werfen: den Mut verlieren. Heute geläufiger ist dafür die Rda. ‚die Flinte ins Korn werfen'.

Nach dem Schilde urteilen: bezieht sich auf das Schild als Wahrzeichen eines Hauses, eines Handwerkers, einer Gaststätte und meint, daß man sich leicht vom äußeren Schein blenden läßt. Wenn einer wegen Alters, Krankheit oder Not sein Handwerk nicht mehr treiben kann, heißt es: ‚Er muß seinen Schild einziehen' oder ‚Er muß das Schild hereinnehmen'. Diese Rdaa. werden vom Handwerk auf das Tun und Treiben allg. übertragen.

Schildwache stehen: auf Posten stehen mit

dem Schild in der Hand, um bei jedem Angriff gewappnet zu sein. *Er gehört zur verlorenen Schildwache,* ndl. ‚Hij staat op verloren schildwacht', meint die Posten, die bei einem plötzlichen Abzug zurückgelassen werden müssen. Gebräuchlicher ist ‚auf einem verlorenen Posten stehen'.

‚Schilderwald' ↗Wald.

Lit.: *E. Frh. v. Künssberg:* Die Rechtsformel: Schild voll Gold, in: Hess. Bl. f. Vkde. 39 (1941), S. 185–188; *D. Hüpper-Dröge:* Schild und Speer. Waffen und ihre Bez. im frühen MA. (Frankfurt/M. 1983).

Schildbürger. *Ein Schildbürger sein:* ein Mensch sein, der sich lächerlicher Mittel bedient, der dumme Streiche verübt, wie dies den Einwohnern von Schilda nachgesagt wird. Jedes Land kennt einen anderen Ort, der die Geburtsstätte aller Albernheiten sein soll und in Ortsneckereien eine Rolle spielt, z.B. Schöppenstädt im Braunschweigischen, wo Till Eulenspiegel seine ersten Taten verübte, Polkwitz in Schlesien, Ganslosen und Bopfingen in Schwaben, Damnau bei Königsberg, Büsum und Hastrup in Holstein, Teterow in Mecklenburg, Köpenick in Brandenburg, Beckum in Westfalen u.a. Bei den Juden war es Nazareth, aber auch die späteren Prager, Frankfurter und Wormser Juden standen in diesem Ruf der Narrheit.

Das lustige und recht lächerliche
Lalen-Buch /
Das ist:
Wunderseltsame / abentheurliche / unerhörte / und bißher unbeschriebene Geschichten und Thaten der Lalen zu Lalenburg / in Misnopotamia / hinter Utopia gelegen.
Durch
M. Aleph / Beth / Gimel / der Vestung Ypsilonburger Amtmann.
Vier Herren von Lalenbürg.
Letzterer Druck / so mit Figuren vermehret ist.

‚Lalebuch' (Vorläufer des Schildbürgerbuches).

Die Schildbürger sind die Verwandten der Abderiten, haben wie diese erst im Laufe der Jahrhunderte die Bdtg. eines Gattungsnamens erlangt und sind wie diese erst mit der Zeit in den Bund der Spieß- und Pfahlbürger aufgenommen worden. Martin Zeiler, ein sächsischer Topograph schreibt 1650 bei der Besprechung Schildas ganz offen: „Es seyn die von Schilda, gleich wie die von Hirschau in der Obern Pfaltz, wegen ihrer einfältigen, lächerlichen Thaten, so man von ihnen begangen zu sein erzehlet, vor Jahren berühmt gewesen; das 30jährige Kriegswesen hat dieses Städtlein auch sehr betroffen, indem es damals abgebrandt worden; jetz und aber ist es gäntzlich sambt dem Rathauß wieder gebauet" (Jeep, S. 357).

Es ist ein Schildbürgerstreich: es ist ein närrisches Tun, das den geschilderten Streichen der Schildbürger zu vergleichen ist (ähnl. bekannt und sprw. sind die ‚Schwabenstreiche' und die ‚Hirschauerstückchen'). Unmittelbarer Vorläufer des Schildbürgerbuches ist das 1597 erschienene ‚Lalebuch', dessen Verfasser vermutl. der Elsässer Wolfhart Spangenberg war. 1598 wurden von einem unbekannten Plagiator die ‚Schiltbürger' in der Festung Misnopotamia (= Meißen) herausgegeben, die viel größere Berühmtheit als die Laleburger erlangten. Er machte die sächs. Kleinstadt Schilda zum Zentrum der närrischen Taten und Abenteuer, die er dem Lalebuch entnahm, dessen Vorbild wiederum die Eulenspiegelschwänke und Stoffe waren, die Hans Sachs bearbeitet hatte.

Lit.: *E. Jeep:* Schildbürger, in: Zs. f. dt. U. 5 (1891), S. 355–357; *H. Hepding:* Schildbürgergesch. und andere Schwänke aus Hessen, in: Hess. Bl. f. Vkde. 18 (1919), S. 104ff.; *H. Bausinger:* Schildbürgergesch., Betrachtungen zum Schwank, in: Der Deutschunterricht 13 (1961), H. 1, S. 18–44; *H. Trümpy:* Die Hintergründe des Schwankbuches von den Laleburgern, in: Festgabe Hans von Greyerz zum 60. Geburtstag (Bern

1967), S. 759ff; *A. Kovács:* Typen der ungarischen Schildbürgerschwänke. AaTh. 1200–1349 (Magyar Népmesekatalógus 6) (Budapest 1990).

Schildkröte. Die Schildkröte gilt als ein Symbol der Ausdauer, Genügsamkeit, Langsamkeit, Schwerfälligkeit, Gelassenheit, Verschlossenheit, der Armut, Zufriedenheit, Niedrigkeit, Einsamkeit, Klugheit etc.

Sie erscheint als Bildzeichen für Geheimnis, für Mutterschaft, als Abbild des Himmelsgewölbes, als Sinnbild von Haus und Häuslichkeit. (‚Das eigene Haus ist das beste', ‚My home my castle'). Die Schildkröte will keinen Streit, darum trägt sie ihr Haus auf dem Rücken! Sie gilt auch als Ausdruck der Bedürfnislosigkeit: ‚Omnia mea mecum porto' (‚Ich trage all mein Hab und Gut mit mir herum').

Der schützende Panzer der Schildkröte ist ein Symbol der Geborgenheit. Die römischen Soldaten hatten beim Angriff die Gewohnheit, ihre Schilde über sich zu halten und sich so wie eine Schildkröte zu schützen. Der kriegstechnische Ausdruck für diese Formation war ‚testudo' = Schildkröte.

Vor allem ist Gelassenheit eine Schildkrötentugend. Eine griech. Rda. bringt dies zum Ausdruck: ‚sich so wenig stören lassen, wie sich eine Schildkröte von Mükken stören läßt'. Dies bringt noch ein Holzschnitt des 17. Jh. zum Ausdruck.

‚Sich so wenig stören lassen wie eine Schildkröte von Mücken'

Das Sprw. ‚Eile mit Weile' (‚Festina lente') war ein Lieblingsthema der Emblematik des 16. und 17. Jh. Es wird immer

‚Eher fliegt eine Schildkröte'

wieder durch die Schildkröte illustriert, häufig in binärem Gegensatz zu Flügeln oder geflügelten Wesen oder Gegenständen.

‚Immer langsam voran' (‚paulatim, paulatim', ‚Gemach, gemach!'). Wenn etw. bes. unwahrscheinlich ist, gebrauchten die Griechen das Wort ‚Eher fliegt eine Schildkröte'.

‚Eine Schildkröte mit dem Pegasus vergleichen', d. h. das Unähnlichste; hier das Langsamste mit dem Schnellsten. Ähnlich ‚Einer Schildkröte mit dem Pferde nachsetzen' betr. allg. die Anwendung ungeeigneter Mittel.

Ätiologische Erzählungen berichten davon, daß die Schildkröte ihren abgeflachten Panzer von einem mißglückten Flugversuch hat. In nicht wenigen weitverbreiteten Tiererzählungen wird der Schildkröte das Fliegen als Hochmut ausgelegt. Die fliegende Schildkröte ist ein Emblem-Bild für Unmöglichkeit.

Die Schildkröte spielt in zahlreichen Mythen Afrikas, Asiens und Amerikas eine Rolle.

Das Märchen von Hase und Igel (KHM. 187) wird bei vielen Völkern als Wettlauf zwischen Hase und Schildkröte geschildert, wobei die langsame Schildkröte über den schnellen Hasen siegt. So auch noch in der Fabel von La Fontaine. Von etw. sehr Unwahrscheinlichem sagt

man: ‚Die Schildkröte wird eher einen Hasen erlaufen', vgl. ndl. ‚De schildpad zou eerder den haas voorbij loopen'.
Ein Lehrgedicht aus dem 17. Jh. schildert den Parnaß, den Berg der Götter. Auf seinem Gipfel rasten Schwäne, die ohne große Mühe dort hinaufgeflogen waren. Mitten auf dem Weg sieht man eine Schildkröte. Auch sie wird den Gipfel erreichen und die Schwäne einholen.

Lit.: *O. Keller:* Die Schildkröte im Altertum (Prag 1889); *E. Schneeweiß:* Art. ‚Schildkröte', in: Hd. VII, Sp. 1071–1075; *S. Nadolny:* Die Entdeckung der Langsamkeit (München 1987); *R. Süss* und *M. Malter:* Vom Mythos der Schildkröte (Dortmund 1991).

Schiller. *So was lebt (und zappelt), und Schiller mußte sterben!* Ausruf der Empörung und Entrüstung über einen bes. Einfältigen, der durch den Vergleich mit Schiller noch wertloser erscheint. Seine Dummheit wird als Krankheit betrachtet, die aber nicht zum Tode führt. Wenn dies bedauert wird, so ist es natürlich nur im Scherz gemeint.
Ein Gedanke, eine Idee von Schiller nennt man einen bes. glücklichen Einfall. Er erscheint so vollendet, daß er eigentl. nur von Schiller stammen kann. Die Rda. ‚Das ist ein Gedanke von Schiller!' enthält gleichzeitig ein hohes Lob durch den Vergleich mit dem großen Dichter.
Die Wndg. *Auch Schiller ist ein Dichter* hat dagegen iron. Bdtg. Sie wird gebraucht, wenn einer mehr scheinen will, als er ist, und sich selbst für einen Dichter hält, von denen es nur wenige wirklich begabte gibt; ↗Vielliebchen.
Wenn zwei Kinder zur gleichen Zeit denselben Gedanken äußern, so geben sie sich die Hand und sprechen zusammen: ‚Schiller oder Goethe'. Wählen beide die gleiche Reihenfolge der beiden Namen, so können sie sich etw. wünschen, was dann innerhalb einer bestimmten Zeit in Erfüllung geht. Wenn aber das eine Kind ‚Goethe oder Schiller' und das andere ‚Schiller oder Goethe' sagt, so wird's nichts mit dem Wünschen. (Vgl. Frankfurter Wb. [1982], S. 2686).

Lit.: *R. Weiss:* Gleichzeitigkeit. Was sagt man, wenn zwei Personen gleichzeitig dasselbe Wort aussprechen, in: Atlas der schweiz. Vkde., hrsg. von W. Escher und E. Liebl, Bd. II (Basel 1963), S. 571–576.

Schilling. *Jem. einen guten Schilling geben:* jem. verprügeln. Schilling ist nicht nur der Name einer seit dem MA. bekannten Münze, sondern bez. auch das Maß der Prügelstrafe. Nach dem ‚Codex Austriacus' (von 1766), Art. 49, § 5 und nach der ‚Constitutio Criminalis Theresiana' von 1768, Art. 6, § 3 entsprechen einem Schilling 30 Rutenstreiche. Ende 1594 wird einem Ansbacher Scharfrichter aufgetragen, „einem Jungen uf den Arsch ... einen zimblichen gueten schilling zu geben" (Münzen in Brauch und Aberglauben. Schmuck und Dekor – Votiv und Amulett – Politische und religiöse Selbstdarstellung [Mainz 1982], S. 233).

Schimmer. *Keinen (blassen) Schimmer von etw. haben,* auch *nicht den leisesten Schimmer haben;* nicht die geringste Kenntnis, keine blasse Ahnung haben, uneingeweiht sein. Schimmer wurde erst in nhd. Zeit zum Verb ‚schimmern' gebildet und bedeutet: ganz schwaches Licht, auch Dämmerung. Übertr. heißt es auch: Ahnung, Spur, kleinstes Teilchen, so z. B. bei Goethe (‚Plato als Mitgenosse einer christl. Offenbarung'): „Hätte Ion nur einen Schimmer Kenntniß der Poesie gehabt". Da das Wort Schimmer erst nach 1748 durch Dichter wie Klopstock und E. v. Kleist in der Lit. beliebt wurde, blieben auch die Rdaa. schriftsprachl. und fehlen in den Mdaa. Im 20. Jh. entstanden noch Steigerungen, indem fast gleichwertig andere Begriffe, die das Schwache und Wenige umschreiben, hinzugefügt wurden, z. B. *nicht den Schimmer einer Ahnung haben* oder *nicht den Schimmer der Ahnung einer Idee haben.* Bei Herm. Löns steht sogar iron.: „Keinen Schimmer von einem Schein von einem Dunst einer Ahnung haben".

Schimpf, schimpfen. Die Rda. *mit Schimpf und Schande* kann erst in nhd. Zeit entstanden sein, nachdem die urspr. Bdtg. des Wortes Schimpf (aus ahd. scimpf, mhd. schimpf): Scherz, Spaß, Kurzweil, Spiel, durch die Wörter Scherz und Spaß in frühmhd. Zeit übernommen worden war. Danach setzte sich langsam die heute allein noch gültige Bdtg. für Schimpf durch: Schmach, Ehrverletzung, Hohn,

Spott; jedoch blieb der urspr. Sinn bis ins 17. Jh. allg. bekannt. In Verbindung mit anderen Wörtern verwandter Bdtg. gebraucht Luther Schimpf in seinen Tischreden: „Sihe, wie du mich, mein frommes Weib und arme Kinderlein hast wöllen in Schimpff und Hohn und Spott setzen". Die alliterierende Verbindung mit dem Wort Schande kommt im 18. Jh. auf: ‚in Schimpf und Schande gerathen, bringen' (J. Chr. Adelung, Umständl. Lehrgebäude, 2 Bde. [Leipzig 1781/82]), ↗ Boden. Der rdal. Vergleich *schimpfen wie ...:* heftig schimpfen, schelten, dürfte nicht viel weiter als bis ins 18. Jh. zurückreichen. Aus dieser Zeit (bei Bürger und bei Wieland) ist auch die heute in ganz Dtl. geläufige Wndg. *schimpfen wie ein Rohrspatz* belegt (↗ Rohrspatz). Sehr oft wird in dieser Rda. auch auf bestimmte Berufsgruppen angespielt, insbes. auf solche, die allg. wenig Achtung genießen: Fuhrknecht, Brunnenputzer, Scherenschleifer, Kesselflicker, Fischweib, Kuppelweib usw.

Seit dem vorigen Jh. wird ‚schimpfen' noch in einer weiteren Bdtg. gebraucht, nämlich iron. als Synonym für ‚nennen', und zwar reflexiv in Verbindung sowohl mit Familiennamen als auch mit Titeln oder Berufsbez. Dabei wird der Familienname als eine Art Schimpfname apostrophiert. Sagt man dagegen von jem., er ‚schimpfe sich Arzt' oder ähnl., so heißt das, daß die betreffende Person ihre Berufsbez. oder ihren Titel zu Unrecht trägt.

In der Bdtg. ‚nennen' sagt man an der Lahn (Birkenfeld) von zwei Streitenden, die sich gegenseitig mit wenig schmeichelhaften Namen bedenken: ‚Do schempt ai Esel de annere Languhr'.

Vorzugsweise mit Geschichte, Herkunft u. Funktion von Schimpfwörtern, Flüchen u. anderer verbaler Aggression befaßt sich eine spezielle Zeitschrift zur Schimpfwortforschung (‚Maledictologie') mit dem Titel ‚Maledicta'.

Lit.: *P. Sartori:* Art. ‚schelten/schimpfen', in: HdA. VII, Sp. 1033–1040; *A. A. Roback:* A Dictionary of International Slurs. Aspects of Ethnic Prejudice (Cambridge [Mass.] 1944, Nachdr. Waukesha [Wis.] 1979); *R. Aman:* Bayerisch-österr. Schimpfwörterbuch (München ²1975); Maledicta. The International Journal of Verbal Aggression, ed. R. Aman, 1 ff. (Waukesha [Wis.] 1977 ff.); *F. Kiener:* Das Wort als Waffe. Zur Psychologie der verbalen Aggression (Göttingen 1984).

Schindel. ‚Es sind Schindeln auf'm (am) Dach', es gibt hier unberufene Zuhörer. Diese bair.-oesterr. Rda. wird bes. gern angewendet, wenn Kinder im Zimmer sind und neugierig zuhören wollen, für deren Ohren aber das Besprochene nicht bestimmt ist. Vgl. ndl. ‚Er zijn pannen op het dak'.

Das sind keine Schindeln auf mein Dach: das paßt nicht für mich, es entspricht mir nicht.

Er bleibt eine dürre Schindel: er wird nicht dicker, auch wenn er noch so gut lebt.

schinden. *Jem. (zu Tode) schinden:* einen mißhandeln und unsäglich quälen, ihm ständig neue Mühen und schwierigste Arbeiten aufbürden und dabei nur einen Hungerlohn zahlen, zu hohe Abgaben (Steuern) erpressen und dadurch weitere Lebensmöglichkeiten vernichten. Die Rda. bezieht sich auf die Tätigkeit des verachteten Schinders, der gefallenem Vieh die Haut abzog und wegen seiner Roheit auch bei Hinrichtungen grausamer Art vom Henker zu Hilfe gerufen wurde. Zur größeren Qual wurde dem Verurteilten

‚Jemand (zu Tode) schinden'

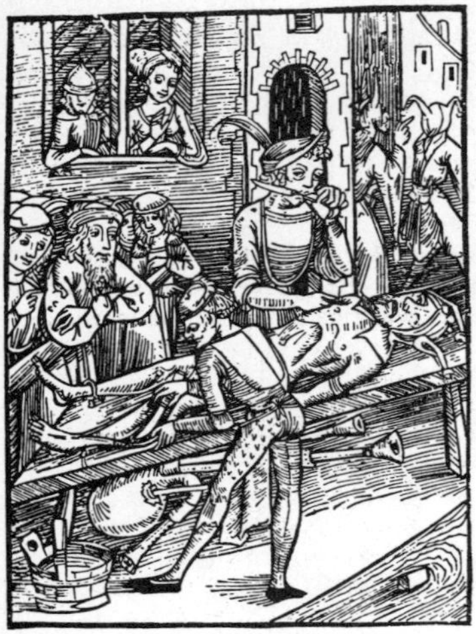

1

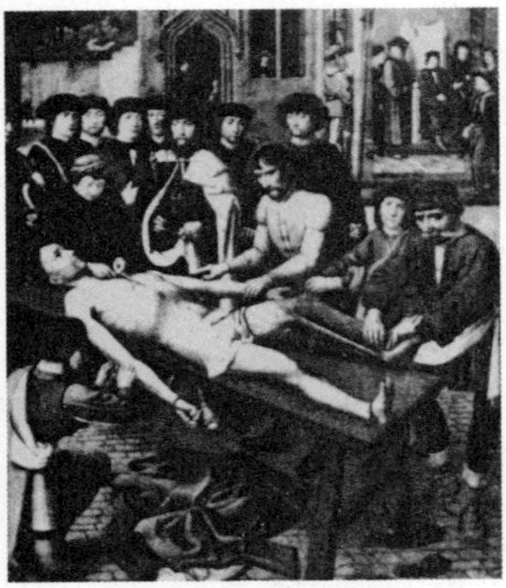

2

1/2 ‚Jemand (zu Tode) schinden‘

die Haut in Streifen vom Leibe geschnitten, der danach völlig zerstückelt wurde. Walther von der Vogelweide (85,14) nennt schon das Schinden unter anderen grausamen Strafen:

Ich wil sîn ouch niht brennen.
noch zerliden noch schinden.
noch mit dem rade zerbrechen
noch ouch dar ûf binden.

Nach der Legende soll das Martyrium des Apostels Bartholomäus ebenfalls im Schinden bestanden haben, weshalb ihm als Attribute Haut und Messer bei Darstellungen beigegeben sind.

Luther kennt das Schinden bei Sakramentsfrevel sogar bei Kindern und berichtet davon: „wenn ein Kind oder leie ongefehr das sacrament anrüret im munde, und wolts vom gaumen mit einem finger lösen, so schunden und scheleten sie dem Kinde ... den finger und die haut abe“. In seiner ‚Beschreibung der Lande Preußen‘ (Eisleben 1599) erzählt Schütz von einem strengen Richter, „das er ihn schinden und mit seiner haut den richterstul überziehen ließ“. In übertr. Bdtg. erscheint schinden als mißhandeln, schänden und unterdrücken bereits im A.T. (2. Mos. 22,21), und Schiller schreibt über Franz Moor (‚Räuber‘ IV,5): „Der Sohn hat den Vater tausendmal gerädert, gespießt, gefoltert, geschunden!“

Er schindet eine Laus um des Balges willen: er ist außerordentlich geizig, sucht überall zu sparen und selbst mit unmöglichen Dingen Gewinn zu erzielen. Kirchhoff schildert einen Geizhals in seinem ‚Wendunmuth‘ (1,221) durch diesen Ausdr.: „auff solche art ... wohnete in einem stettlein ein reicher burger, der ... umb den balg einem ein lausz geschindt hette“.

Häufig bezieht sich schinden auf das Erpressen und gewaltsame Eintreiben des Geldes oder auf das Übervorteilen durch einen Wucherer. In der ‚Hennenberger Landtafel‘ von 1595 (342) wird von dieser Art des Schindens berichtet: „da war ein pfleger zu Passenheim, den die unterthanen, umb seines schindens halben den geitzbauch nenneten, und was dieser erschunde, schicket er gen Nürnbergk“.

Einen schinden und schaben bis auff den grat: einen bis zum Äußersten ausplündern und aussaugen. Diese Rda., die bei Erasmus (814), bei Mathesy (243[a]) und bei Tappius (203[a]) belegt ist (vgl. auch lat. ‚Radit usque ad cutem‘), wird heute durch die Wndgn. ‚einem das Fell über die Ohren ziehen‘ oder ‚einen bis aufs Hemd ausziehen‘ ersetzt.

Grimmelshausen läßt im ‚Rathstübel Platonis‘ den Knän als Vertreter des Bauernstandes aussprechen, was viele Untertanen so empfunden haben mögen: „Es ist aber auch wahr, ein jeder rupft an uns, und will reich an uns werden, es ist ja deß

Schindens und Schabens kein Ort und kein End". Die Alliteration ‚schinden und schaben' ist lit. seit dem 16. Jh. belegt und war eine überaus eindrückliche Metapher für eine umbarmherzige, die Untertanen bedrohende Obrigkeit.
Die Verbindung *schinden und schaben* steht in neueren Mdaa. für Knickern und Knausern der geizigen Reichen und der ständig Mangel leidenden Armen, die sparen müssen. Friedr. Hebbel schreibt 1891 (9,48) vorwurfsvoll: „Ich begreife dein Knickern, dein Schinden und Schaben nicht". Dagegen ließ Pestalozzi (‚Lienhard und Gertrud' 3,150) die Gertrud klagen: „ich bin sechzig Jahr alt und habe mein Lebtag schinden und schaben müssen wie eine Bettelfrau".
Sich schinden (und plagen) müssen: sich redlich mühen und plagen, sich abarbeiten, seinen Lebensunterhalt nur schwer verdienen. In Köln sagt einer, der sich rastlos mühen muß: ‚Mer muß sich der janze Daach schinde un ploge, dat mer sing Arbeit jedon kritt'. Die häufig von älteren Leuten getroffene Feststellung *Ich habe mich (jem. hat sich) in meinem (seinem) Leben genug geschunden* meint: ich habe einen ruhigen und sorglosen Lebensabend verdient, da ich genug Anstrengungen und Sorgen hinter mir habe.
Den geschundenen Hund schinden: einen Nackenden ausziehen wollen, die Erpressung über Gebühr weit treiben.
Etw. schinden: nicht bezahlen und doch in den Vorteil einer Sache kommen, auf Kosten anderer genießen, sich frei halten lassen. Die Wndg. wurde durch die Studentensprache verbreitet und auf viele Gebiete übertr., z. B. *eine Vorlesung (ein Kolleg) schinden:* eine Vorlesung heimlich besuchen, ohne die Gebühren zu bezahlen; *Eintrittsgeld, Fahrgeld, Gebühren schinden;* aber auch: *ein Lokal schinden:* in einer Wirtschaft mit anderen zusammentreffen und nichts verzehren. Den Leipziger Juristen wurde nachgesagt, daß sie *Vergleiche schinden* wollten, d. h. die streitenden Parteien unbedingt zu einem Vergleich überreden wollten. Eine moderne Wndg. ist *Zeilen schinden:* einen Zeitungsartikel in die Länge ziehen, da er nach der Zeilenanzahl honoriert wird.
Zeit schinden: notwendige Zeit zu gewinnen suchen, Aufschub erlangen, um eine Angelegenheit regeln zu können.
Eindruck schinden wollen: mit einer bes. Leistung, durch eine einmalige Anstrengung einen günstigen Eindruck erwecken wollen, sich Achtung und Lob verdienen.
Etw. (he)rausschinden: durch Knausern Gewinn erzielen wollen. Im Obersächs. meint die Feststellung ‚Der schind't aber!': er wiegt oder mißt beim Verkauf einer Ware viel zu knapp. Hatte jem. den Ruf des auf seinen Vorteil allzusehr bedachten Geschäftsmannes, verlangte man in seinem Laden scherzhaft eine geringe Menge, z. B. mit diesen Worten: „Für 10 Pfenn'ge Wurst, aber nich so schinden!"

Schinder. *Dem Schinder die Keule abkaufen:* schlechte Ware teuer bezahlen müssen, aus 2. oder 3. Hand kaufen und dabei übervorteilt werden. Diese Rda. ist auch mdal. verbreitet, so heißt es z. B. im Harz: ‚dem Schinder de Keil abkäfen', und im Obersächs., wenn sich einer übervorteilt vorkommt: ‚Da kooft mer ja'n Schinder de Keile ab!'
Er muß mit dem Schinder trinken: er ist verachtet und aus der Gemeinschaft ausgestoßen. Schinder und Scharfrichter wurden allg. gemieden und wohnten meist auch außerhalb der Stadt, nur Vertreter von unehrlichen Gewerben zählten zu ihrer Gesellschaft. Die Angehörigen von Berufen ohne bürgerliche Ehrenrechte mußten ihr Bier im Hausflur des Wirtshauses aus einer Kanne ohne Dekkel trinken, von der noch ein Stück abgeschlagen war. Verachtung und Vorurteil dieses Standes spiegelt auch das Sprw. ‚Abdecker und Schinder sind Geschwisters Kinder'.
Der Schindersknecht als Gehilfe des Henkers vertrat diesen in Verwünschungen und Flüchen und diente dabei gleichzeitig zur Umschreibung des mit einem Sprachtabu versehenen Teufels, der nicht genannt werden sollte: ‚Gang (geh) zum Schinder und Schaber!' ‚Gang zum Schinder an der Done!' heißt es in Ulm, und in Norddtl.: ‚Gao nao'n Schinn'r!', wenn man jem. unwillig abweisen will. Häufige Fluchformeln sind: ‚Hol der Schinder!' ‚Zom Schinner noch!' ‚Das ist zum Schinder holen', ‚es ist nicht mehr auszuhalten',

oder ndd. ‚Dat di de Schinner hal!‘ und köl. ‚Der Schinner sall dich holle!‘ als Verwünschung zum Henker oder Teufel. Als Ausdr. der Überraschung und Verwunderung sagt man vom Vogtland bis zur Oberlausitz: ‚Das weeß doch der Schinner, wie dos kimmt!‘ In kurzen Ausrufen des Ärgers, des Unwillens und der Zurechtweisung spielt der Schinder in den Mdaa. eine besondere Rolle: ‚I wo Schinder!‘, ‚Hez Schinder!‘, ‚Pfit (pfui) Schinder!‘ und ‚De Schinn'r ôk!‘

Sich den Schinder holen: sich eine gefährliche Erkältung zuziehen.

Jem. hat der Schinder geholt: der Teufel hat ihn geholt, er ist zugrunde gegangen, ist seiner Existenz beraubt worden, eine bes. in Preußen verbreitete Rda. Die ndd. Wndg. ‚Dat hat de Schinn'r haolt‘ meint ähnl., daß eine Sache verlorengegeben werden muß, daß etw. zum Teufel gegangen ist.

Den holt der Schinder nicht: er ist so gut eingerichtet und wirtschaftlich gesichert, daß sein Untergang nicht zu befürchten ist.

Den kann der Schinder nicht brauchen: selbst der Schinder (Henker oder Teufel) weiß nichts mit ihm anzufangen, er ist zu nichts nütze.

Auch zur Steigerung der Aussage wird der Schinder genannt, wobei es offenbleibt, ob damit Schinder, Henker oder Teufel gemeint ist: *Ich gebe dir eins (hinter die Ohren), daß du eine halbe Stunde vom Schinder träumst,* oder mit anderem Zusatz: *daß es dem Schinder drob möcht gruse.*

‚Auf, der Schinder will die Haut haben!‘ gilt in Meiningen als scherzhafter Weckruf.

Glänzen wie des Schinders Hose: ungeheuer schmutzig sein; bes. im Frankfurter Raum sagt man: ‚Deß klenzt wie 'm Schinner sei Hoose‘.

In den bildl. Wndgn. der älteren Sprache ist meist der Leuteschinder gemeint, der andere plagt, aussaugt und beraubt: „und ich will deine Schinder speisen mit ihrem eigenen Fleische“ steht schon bei Jes. 49,26. In Aventins ‚Chronik‘ (2, 462, 33) heißt es von Papst Joh. XXII.: „wiewol er allenthalben sein schinder und schaber, gelt im aufzuraspeln, an alle ort sendet“. Ayrer schreibt 1646 (8, Keller): „ich mein, er sey zum schinder worn, zicht uns die haut schir uber d ohrn“.

Der hat seine Leute wie der Schinder seine Hunde: er läßt seine Dienstboten hart für sich arbeiten. Diese Rda. wird noch heute in der Gegend um Zwickau gebraucht.

Der Schinder hat Handschuhe an: es ist ein Tyrann, der unter dem Schein des Rechts andere unterdrückt, der seine Forderungen so geschickt stellt, daß seine Absichten nicht sofort erkannt werden, die Wndg. dient deshalb meist zur Warnung.

Du Schinderknecht!: gilt als Schelte für einen Tierquäler.

Lit.: *A. Keller:* Der Scharfrichter in der Kulturgesch., in: Bücherei der Kultur, 21 (o.O. 1921); *E. Angstmann:* Der Henker in der Volksmeinung, seine Namen u. sein Vorkommen in der mdl. Überlieferung, in: Teuthonista, Zs. f. Dialektforschung u. Sprachgesch., Reihe H 1 (Bonn 1928); *R. Schömer:* Art. ‚Abdecker‘, in: HdA. I, Sp. 19–21; *A. Steinegger:* Handwerker, Henker u. Galgen im alten Schaffhausen, in: Schweiz. Arch. f. Vkde. 44 (1947); *W. Danckert:* Unehrliche Leute. Die verfemten Berufe (Bern – München 1963); *J. Glenzdorf* u. *F. Treichel:* Henker, Schinder und arme Sünder, I. Teil: Beiträge zur Gesch. d. dt. Scharfrichter- und Abdeckerwesens; II. Teil: Scharfrichter und Abdeckerfamilien. Bd. I (Münster am Deister 1970).

Schinderei. *Etw. ist eitel (eine große) Schinderei:* es ist eine schwere Arbeit und Plakkerei, auch: eine große Anstrengung, z. B. beim Bergsteigen und Transportieren von Lasten. Urspr. wurde die Handlung des Schindens selbst, aber auch die Abdeckerei, der Wohnort des Schinders, mit Schinderei bez. Doch bereits im A. T. wurde das Wort in übertr. Sinne für Bedrückung durch harte Herren und Wucherer gebraucht, z. B. heißt es bei Jes. 3,5: „Und das Volk wird Schinderei treiben, einer an dem andern und ein jeglicher an seinem Nächsten“. Im MA. verstand man auch Raub und Straßenräuberei darunter. Luther bezeichnete damit das betrügerische Vorgehen beim Ablaßhandel. In seinen ‚Tischreden‘ (9[a]) heißt es: „dasz sie von des bapsts grewel, erbermlichen drangsal und zwang der armen gewissen, und untreglichen schinderey solten frey sein“. Kirchhoff verstand die Prellerei des Geldgierigen darunter und stellte in seinem ‚Wendunmuth‘ (5) fest: „aus dem geitz entspringt betriegerey und schinderey“.

Lit.: ↗Schinder.

Schinderhannes. *Es ist ein wahrer (zweiter) Schinderhannes:* er ist ein Räuber, ein für die öffentliche Sicherheit gefährlicher Mensch, der wegen seiner Klugheit andere immer überlistet und deshalb schwer zu fassen und überall gefürchtet ist.

In Hessen sagt man über einen moralisch schlechten Menschen: ‚Der kemmt direkt nachem Schinnerhannes', d.h. er ist fast genauso schlimm.

Der Schinderhannes hieß eigentl. Johann Bückler. Er war der Anführer einer berüchtigten Räuberbande am Rhein und wurde 1803 in Mainz hingerichtet. Als er einmal gefragt wurde, warum er Schinderhannes genannt werde, antwortete er, diesen Namen habe er sich nicht selbst beigelegt, „sondern der Pöbel, vermutlich weil sein Großvater ein Scharfrichter gewesen".

Daß sein zweifelhafter Ruf sich sogar über die dt. Grenzen hinaus verbreitet hatte, beweist eine ndl. Rda. ‚Dat is de troep van Schinder Hannes'.

Lit.: *M. Zender:* Schinderhannes und andere Räubergestalten in der Volkserzählung der Rheinlande, in: Rhein.-westf. Zs. f. Vkde. 2 (1953), S. 84ff.; *K. Elwenspoek:* Schinderhannes, ein rhein. Rebell (Trier

Authentische
Beschreibung der Herkunft
des
Schinderhannes und schwarzen Jonas
nebst
der Abbildung aller Personen
wie sie den 16ten Junii 1802. Morgens um halb 4 Uhr nach Mainz
transportirt worden sind.

Erklärung des Kupfers:

No. 1. Der Schinderhannes. No. 2. Der schwarze Jonas, welcher seinen 6jährigen Knaben zwischen seine Beine hat, der ihn schmeichelt und seine Haare aus dem Gesicht streicht. No. 3. Des Schinderhannes Beischläferin mit einem halbjährigen Mädchen des schwarzen Jonas auf dem Schoose. No. 4. Des schwarzen Jonas Frau. No. 5. Der schwarze Peter. No. 6 Matthes Weber; beide letztere wurden von Bergen hieher geliefert. No. 7. Amschel Riedeburg, ein Jude von Rödelheim. Ein Offizier nebst 6 Mann von den französischen Gens d'armes begleiten den Wagen.

Frankfurt am Mayn 1802.

Martin May.

Bückler

[2]1953); *C. M. Franke:* Der Schinderhannes in der dt. Volksüberlieferung (Diss. Frankfurt/M. 1958); *ders.:* Schinderhannes. Das kurze wilde Leben des Johannes Bückler neu erzählt nach alten Protokollen, Briefen und Zeitungsberichten (Düsseldorf 1984); *H. Boehncke* u. *H. Sarkowicz* (Hg.): Die deutschen Räuberbanden, 3 Bde. (Frankfurt/M. 1991).

Schindluder. *Schindluder mit jem. treiben (spielen):* ihn grob veralbern, eigentl.: ihn wie ein Aas behandeln, dem die Haut abgezogen wird, wie ein verächtliches, unnützes Wesen. Ein Schindluder war das gefallene Vieh oder todkranke Tier, das zum Schinder kam. ‚Luder' hieß das Fleisch von gefallenem Vieh, das als Lockspeise für Raubwild verwendet wurde. Vom gierigen Fressen des reichlich ausgelegten Luders entwickelte sich der Begriff ‚Schlemmerei'. Ein ‚luderlicher' Mensch, ein ‚Lüderjahn', verluderte (verschwendete) mit Essen und Trinken sein Geld.

Schindluder wird als grobes Schimpfwort gebraucht: in Köln in der Wndg. ‚Su e jemein Schindsluder!' Es ist gleichbedeutend mit ‚Schindaas' (südd. ‚Schinnoos'), das 1691 bei Stieler bezeugt ist, im Ausgang des 18. Jh. als student. Schimpfwort in Halle erscheint und heute in den Mdaa. weit verbreitet ist. Aber auch anerkennend und scherzhaft werden ‚Schindaas' und ‚Schindluder', oft auch im Deminutiv, verwendet: ‚E, gieh du alts Schindluder!' beinhaltet die Feststellung, daß es sich um einen Spaßvogel, einen Aufschneider, einen geriebenen Menschen handelt. ‚Na, du gutes Schindluderchen?' wird als Begrüßung eines Freundes in Obersachsen nicht übelgenommen. Mit dem Ausruf ‚Du kleenes Schindluder!' erkennt z. B. der Großvater in Sachsen die Klugheit seines Enkelkindes an, am Rhein heißt es schon 1859: ‚Du bes e klei Schinnösje', ein kluges Bürschchen. So werden diese Ausdr. auch bei Bürger und H. Heine in Briefen gebraucht: „Warum schreibt denn das kleine Schindluder nicht?" (Bürger, Briefe 1, 128) und „Da bin ich armes Schindluderchen schon wieder marode!" (H. Heine, 3, 25 Elster).

Schindluder machen bez. einen Streich, einen Spaß unter Freunden. Wenn aber einem die üble Behandlung zuviel wird, ruft er aus: ‚Ich lasse doch nicht Schindluder mit mir spielen!' Damit gibt er zu erkennen, daß er die Absichten der anderen durchschaut hat, seine Gutmütigkeit nicht ausnützen und sich nicht alles gefallen lassen will. In Thür. sagt man dafür ‚Schindleichs spielen'. Aber auch die Rda. *Schindluderei treiben mit jem.* ist allg. verbreitet. *Mit etw. Schindluder spielen:* von einem Ding, einer Sache schimpflichen Mißbrauch machen. In übertr. Bdtg. kann man mit seiner Kraft, seiner Gesundheit, mit seinem Leben Schindluder spielen, aber auch mit seinem Gewissen: „Er trieb nicht Schindluder mit Eid und Gewissen" stellte Gotthelf fest (‚Erzähl'. 3, 250).

Schinken. *Bei jem. einen Schinken im Salze liegen haben:* mit ihm noch eine Sache auszutragen haben, evtl. noch Strafe von ihm zu erwarten haben. Diese sprw. Rda. ist in den ndd. Mdaa. beliebt und gebräuchl. und läßt sich bis ins 16. Jh. zurück nachweisen. So erzählt z. B. der Hildesheimer Chronist Oldecop, die Florentiner hätten die Venezianer vergebens darum gebeten, beim Kaiser Karl Fürbitte für sie einzulegen, denn die Venezianer „hadden sulvest einen schinken im solte ligende". Der Satz bei Petri (II, 705): „Wer einen Schincken im Salz hat, der muß schweigen, wenn ander Leut reden", bedeutet etwa: wer sich einer Schuld bewußt ist oder wer eine Untersuchung oder Strafe zu fürchten hat, der soll sich ruhig und möglichst unauffällig verhalten. In der Altmark sagt man zu einem, mit dem man noch eine unangenehme Angelegenheit abzumachen hat: ‚Du hast noch 'n Schink' bi mi in 't Solt'. Ähnl. sagt man von manchen Leuten, daß sie ‚en fulen Schinken im Salte hebben', wenn mit ihnen ‚etw. faul ist', wenn sie nicht ganz ‚hasenrein' sind. Ist aber *der Schinken abgeklaubt* oder *der Schinken verschnitten,* so ist die unangenehme Sache vorbei und ins reine gebracht.

Wer jedoch *fremden Schinken mit seinem Messer schneidet,* lebt wie ein Schmarotzer auf Kosten anderer. Ebenso unangenehm ist es, mit einem Menschen Umgang zu haben, auf den das Sprw. paßt: ‚Wer seinen Schinken allein ißt, der mag auch sein Pferd allein satteln'; das span. Gegenstück dazu ist: ‚Quien e solas come el gallo, a solas ensilla el caballo'. Trifft einen zu Unrecht eine Strafe, so sagt man mitfühlend von ihm: ‚Der eine hat den Schinken gestohlen, den andern schlägt man mit der Schwarte'.

Das Wort Schinken wird oftmals verächtlich für Schenkel oder Bein gebraucht (‚Die hat aber Schinken'). Die peiorative Bdtg. gilt aber noch nicht für die Worte Christi im ‚Sterzinger Osterspiel' von 1526, wenn Christus zur Samariterin am Brunnen spricht:

Weib gib mir her zu trinken,
Ich bin so müed auf meinen schinken.

Will man in der Altmark ‚enem de Schink'n besên', so möchte man ihn nur auf den Hinteren schlagen. Das kommt auch zum Gaudium aller Buben in dem Spiel vom *Schinkenklopfen* vor, in dem jeder der Anwesenden einem ausgewählten Opfer einen kräftigen Schlag auf das Hinterteil geben darf, wobei der Leidtragende an der ‚Handschrift' den Urheber seiner Schmerzen erraten muß. Nicht so grob geht es bei den Kindern zu, die in einem beliebten Abzählvers ihre Spielpartner wählen:

Ich schneide, schneide Schinken,
Wen ich lieb hab', werd' ich winken.
Ich schneide, schneide Speck,
Wen ich lieb hab', hol' ich weg.

Sind die Kinder in Holstein zu unruhig am Tisch, dann werden sie gemahnt: ‚Hôl dine Schinken lik', womit gemeint ist: ‚Halte deine Beine gerade', wie auf der Inschrift an einem holst. Grabe:

O Herre Gott im Himmelrîk,
Mak em doch sine Schinken lîk.

„Einen Schuncken nach einem Schwein werffen" schreibt schon Moscherosch und meint damit ‚mit der Wurst nach der Speckseite werfen'.

Als einen *alten Schinken* aber bez. man nicht nur verächtlich ein altes Buch (vgl. Schwarte), sondern auch ein kitschiges Kolossalgemälde. Vertritt einer auf dem Lande bei der Taufe für einen anderen die Patenstelle, so nennt man ihn *Schinkenvater.*

Schippe. *Einen auf die Schippe nehmen:* ihn verulken, Scherz mit ihm treiben, aber auch: ihn verspotten, grob verhöhnen. ‚Ich lasse mich doch nicht auf die Schippe nehmen!' ruft derjenige empört, der das hinterlistige Vorhaben, den Schabernack anderer schon vorher durchschaut hat. Vgl. frz. ‚mettre quelqu'un en boîte'.

‚Einen auf die Schippe nehmen'

Die Herkunft dieser Rda. ist umstritten. Küpper (II, 250) erklärt die aufgestellte Schaufel (Schippe) als Sinnbild für die Abweisung eines Freiers. Nach Wolf stammt der Ausdr. aus der Gaunersprache. Er meint urspr. die hinterhältige Vernehmungsmethode, durch leere Versprechungen und falsche Liebenswürdigkeit etwas herauszubekommen versuchen. Ähnl. Bdtg. hat auch die Rda. ‚jem. auf den Besen laden' (↗Besen). Vielleicht steht die Wndg. aber auch in Zusammenhang mit dem ‚Hänseln' bei Aufnahmebräuchen, worauf auch die Rda. ‚in die

Schipp beißen' weist. Sie wird dann gebraucht, wenn ein junger Schlepper bei seiner Einstellung für seine Arbeitskollegen Bier oder Branntwein bezahlen muß (O. H. Werner: Der Saarbergmann in Sprache und Brauch [Diss. Bonn 1934], S. 48).

Dem Tod noch einmal von der Schippe gesprungen (gehopst) sein: heißt es von einem wider Erwarten genesenen Schwerkranken, oder dieser gebraucht die Rda. in scherzhafter Weise selbst, um zu sagen, daß er gerade noch einmal davongekommen ist. In Schleswig verwendet man eine ähnl. Rda.: ,He hett den Dood 'n Schipp (Scheffel) Hawer geben', er hat sich noch einmal vom Tode loskaufen können, ist von schwerer Krankheit genesen.

In Rheinhessen sagt man von einem Reichen, über den man sich ärgert: ,Der kriegt auch nur drei Schippe!' Man denkt an die Schaufeln Sand, die bei der Beerdigung auf den Sarg geworfen werden, also an die ausgleichende Gerechtigkeit des Todes, um sich über Geiz, Habsucht und Reichtum eines anderen zu trösten.

Jem. die Schippe geben: ihm den Abschied geben, ihn fortjagen. Lessing verwendete die Rda. in dieser Bdtg., denn er schrieb (Werke 3, 409): „So will ich kommen und die Bauern aufhetzen, daß sie ihm (dem Schulmeister) Knall und Fall die Schippe geben".

Der Ursprung der Rda. wird aus dem Frz. vermutet. Hier lautet die Wndg. ,donner de la pelle au cul à quelqu'un'. Über lat. ,pâla' (Schüppe) und frz. ,la pelle', die Haut, soll die dt. Rda. entstanden sein.

In Aachener Mundart heißt es: ,enge der schöpp gevve', jem. aus dem Dienst entlassen, wegjagen.

Schülersprachl. heißt *die Schippe kriegen:* von der Schule müssen, relegiert werden. Die junge berl. Rda. *Er winkt Schippen* bedeutet: er lehnt etw. ab, sie bezieht sich wahrscheinl. auf Schippe als schmollend oder trotzig vorgeschobene Unterlippe wie die Rda. *eine Schippe ziehen.*

Die Schippe (Schüppe) bekommen hieß früher: zur Schippe (Schupfe, Wippe) verurteilt werden. Diese Rda., die Stieler 1780 verzeichnet, weist auf eine alte Vorrichtung, mit der Verbrecher bestraft wurden: Sollte jem. des Ortes verwiesen werden,

Wippgalgen (,Schupfe' – ,Die Schippe bekommen')

wurde er auf eine Wippe gebracht und (symbol.) davongeschnellt. Noch 1773 war in Wien die ,Bäckerschupfe' in Gebrauch, mit der betrügerische Bäcker ins Wasser getaucht wurden. Auch im Straßburger Stadtrecht war eine ähnl. Strafe bekannt: „quicunque etiam vina injuste mensuraverit, de scupha cadet in merdam: = den sol man schupfen". (Vgl. Grimm, Rechtsaltertümer, 726); ↗prellen.

Lit.: *R. Sprenger:* Up 'n Schüppestaule sitten, in: Zs. f. d. U. 7 (1893), S. 265–266; *Esser:* Die Schüppe geben, in: Zs. des Vereins für rhein. und westf. Vkde. 9 (1912), S. 46–50; *S. A. Wolf:* Wb. des Rotwelschen (Mannheim 1956), S. 137.

Schirm. *Den Schirm zumachen:* sterben. Diese Umschreibung für den Tod ist bes. im alem. Sprachgebrauch verbr. Die Schweizer kennen den Witz: „Warum bekommt der Katholik die letzte Ölung?" – „Das es nöd gixed (quietscht), wänn er de Schirm zuetuet"; ↗zeitlich.

Einen Schirm in die Ecke stellen: verhüllend: einen Wind lassen.

Etw. auf dem Schirm haben: im Repertoire haben, wobei der Bildschirm gemeint ist.

Lit.: *E. Moser:* Der Schirm. Eine Kulturhist. Studie (1924); *W. Anderson:* Art. ,Schirm', in: HdA. VII, Sp. 1078–1080.

Schiß. *Schiß haben:* Angst haben. Angstgefühle können ja tatsächlich auf Magen und Darm schlagen und zu Durchfall führen. ↗Scheiße, ↗Wind.

Schlaf, schlafen. *Den Schlaf des Gerechten schlafen:* tief und ruhig schlafen, ohne sich stören zu lassen. Der ,Schlaf des Gerechten' ist wörtl. nicht in der Bibel zu finden, doch ist sinngemäß des öfteren die

Rede davon. So z.B. Sprüche 24,15: „Laure nicht als ein Gottloser auf das Haus des Gerechten, verstöre seine Ruhe nicht“, oder 3. Mos. 26,6: „Ich will Frieden geben in eurem Lande, daß ihr schlafet und euch niemand schrecke“. Vgl. auch Ps. 3,6.7; 4,9; Spr. 3,24. Die gleiche Redewndg. kennen auch andere Völker: engl. ‚the sleep of the just‘; frz. ‚le sommeil du juste‘; ital. ‚il sonno del giusto‘.

‚Der Schlaf des Gerechten‘

Den Seinen gibt's der Herr im Schlaf sagt man von einem, der ohne erkennbare Anstrengung etw. erreicht hat. Auch hier liegt ein Bibelwort zugrunde. Ps. 127,2 sagt: „Es ist umsonst, daß ihr früh aufstehet und hernach lange sitzet und esset euer Brot mit Sorgen; denn seinen Freunden gibt er's schlafend“. Eine Kontamination beider Sprww. ist: *Dem Gerechten gibt's der Herr im Schlafe.*

Das fällt mir nicht im Schlaf (im Traum) ein ist eine sehr entschiedene Verweigerungsform: daran ist gar nicht zu denken. Selbst im Traum, in dem doch die unwahrscheinlichsten Dinge geschehen, könnte einem so etw. nicht einfallen; vgl. schon lat. ‚Ne per somnium quidem hoc velim‘.

Der kann sanft schlafen, der keine Sorge hat ist etwa gleichzusetzen mit: ‚ein gutes Gewissen ist ein sanftes Ruhekissen‘. Schon im MA. findet sich dieses Sprw. in zahlreichen Varianten.

Wer sehr fest schläft, von dem sagt man: *Er schläft auf beiden Ohren,* um anzudeuten, daß er sich durch keinerlei Lärm stören läßt. In Warschau heißt es jüd.-dt.: ‚Er schluft wie a Gehargenter‘ (ein Erschlagener, von hebr. hurog = erschlagen). Vgl. frz. ‚Il dort sur ses deux oreilles‘. Gleicherweise sprechen wir von *schlafen wie ein Toter.*

‚Schlafen wie ein Murmeltier‘

Zahlreiche rdal. Vergleiche gibt es für ‚fest und lange schlafen‘, vor allem solche, die aus dem Tierreich übernommen sind. So kann man *schlafen wie ein Bär,* der ja einen langen Winterschlaf hält, oder *wie ein Dachs, wie ein Murmeltier;* vgl. frz. ‚dormir comme un loir‘; oder *wie eine Katze.*

Allg. gebräuchl. ist die Rda. *schlafen wie ein Ratz* (oder *eine Ratze),* wovon das Verbum ‚ratzen‘ für schlafen abgeleitet ist. Mit Ratz(e) ist nicht etwa eine Ratte gemeint, sondern der Siebenschläfer, der in Süddtl. auch die Schlafratz oder schlechtweg Ratz genannt wird und sich im Winter in einem schlafähnlichen Zustande befindet. Nach Brehm heißt der Iltis auch Ratz, und von diesem sagt er, er ruhe oder schlafe den ganzen Tag, woher die obige Rda. komme.

Wer tief und ohne sich zu bewegen schläft, *schläft wie ein Stock.* Spottend sagt man auch: *Er schläft wie ein Beamter.*

Jem. den Schlaf nicht austragen lassen: jem. bei einem kurzen Besuch zum Sich-Niedersetzen einladen.

Ich will drüber schlafen oder *Ich überschlaf es erst einmal:* ich will es genauer überlegen, möchte nichts überstürzen. „Wir wöllen heut drüber schlaffen" (Franck I, 50); lat. ‚de mane consilium' (Sutor 118).

Von jem., der den ganzen Tag über schläft, sagt man: *Er schläft ein Loch in den Tag hinein.*

Den unruhigen, leichten Schlaf bez. man als *Hasenschlaf,* denn man sagt, die Hasen schliefen mit offenen ↗Augen, sie seien auch im Schlaf noch wachsam. „Er schläft mit offnen Augen wie ein Hase" (Franck II, 73[a]). Die Holländer sagen zu vorsichtig-wachsamem Schlaf: ‚slapen as de kraanvogels'.

Er schläft den ewigen Schlaf oder *er ist entschlafen* umschreibt den Tod eines Menschen. Diese Redewndg. geht auf Jer. 51,39 zurück: „Ich will sie ... trunken machen, daß sie fröhlich werden und einen ewigen Schlaf schlafen, von dem sie nimmermehr aufwachen sollen, spricht der Herr", ↗zeitlich.

Schlafmütze nennt man seit dem 17. Jh. die leinene Kopfbedeckung, die nachts getragen wurde. Seit Lessing steht das

Schlafmütze

Wort fast häufiger für einen schläfrigen, trägen Menschen: eine Art pars pro toto, das den Träger nach dem Kleidungsstück benennt; vgl. frz. ‚Bonnet de nuit'.

Schlaflaus ↗Laus.

Lit.: *C. Walter:* To lange geslapen. Ein Sprw. vom Spätaufstehen, in: Korrespondenzblatt der Ver. f. ndd. Sprachforschung 5 (1881), S. 207; *J. de Langhe:* Hij slaapt te Meneere Verstraete's en drinkt te Madam Verpompe's, in: Biekorf 34 (1928), S. 91; *L. Schmidt:* Sprw. dt. Rdaa., in: Österr. Zs. f. Vkde. 77 (1974), S. 118; *W. Schwarz:* Er schläft bis in die Motzen, in: Sprachdienst 18 (1974), S. 179; *Anon:* Er schläft bis in die Motzen, in: Sprachdienst 19 (1975), S. 112.

Schlafittchen. *Jem. beim Schlafittchen kriegen* (auch *packen, nehmen, halten*): jem. am Kragen oder Rockzipfel packen, ihn festhalten, erwischen; auch: ihn derb zurechtweisen. Die Herkunft ist nicht ganz sicher geklärt. M. Richey deutete 1743 in seinem ‚Idioticon Hamburgense' Schlafittchen als urspr. ‚Schlagfittich', also die Schwungfedern der Vögel: „Daher die Rda.: ‚eenen by der Slafittje kriegen', so viel bedeutet, als einen beym Flügel erwischen, das ist, beym Aermel oder beym Kleide zu packen kriegen". In gleicher Bdtg. heißt es ndl. ‚iemand zijne slagpennen uittrekken' oder ‚iemand bij de kladden grijpen'; engl. ‚to collar a person'.

Bes. in ndd. und mdt. Mdaa. ist die Rda. seit dem 18. Jh. verbreitet; zahlreiche Nebenformen zu Schlafittchen haben sich gebildet, so etwa ‚Schlafittel', ‚Slafitten' oder ‚Schlavitt' und durch Vermischung mit der Rda. ‚jem. beim Wickel kriegen': ‚bi'n Schlawickel kriegen' (Schlesw.-Holst.).

‚Jemanden beim Schlafittchen kriegen'

Neben Schlafittchen hört man vielfach auch: ‚einen beim ↗Fittich kriegen'. In Grimmelshausens ‚Simplicissimus' heißt es in gleichem Sinne: „Ich hatte aber zu solchem End meine Sackpfeife kaum aufgeblasen, da ertappte mich einer aus ihnen beim Flügel" (3. Kap.). Die Form ‚Schlafittchen' war urspr. Dat. Plur., wurde jedoch später als solche nicht mehr verstanden und als Verkleinerungsform aufgefaßt, daher: beim Schlafittchen. In Königsberg soll statt Schlafittchen ‚Klaffêz' üblich gewesen sein, in Litauen ‚Klafittchen', ebenso in der Gegend von Hildesheim. Von diesen Formen leitet sich die folgende Erklärung her: hebr. ‚khâlif' = Kleid wurde in der Gaunersprache des MA. zu ‚Klaffot' = Rock, Kleid. Die Verkleinerung desselben würde Klafottchen heißen. Daraus wäre dann Klafittchen entstanden, wie es tatsächlich in einzelnen Gegenden Niederdtls. (z.B. im Braunschweigischen) erscheint. In anderen Mdaa. ist daraus ‚Klüftchen' geworden. Eine Umwandlung von ‚Klafittchen' zu ‚Schlafittchen' ist jedoch lautlich nicht zu rechtfertigen. Ganz unhaltbar ist auch die Erklärung H. Schröders (Streckformen S. 189), ‚slawitje', ‚slafitje' sei eine Streckform aus ndd. ‚slitje', der angeblichen Verkleinerungsform von ‚slip(pe)' = Rockzipfel. ↗Kanthaken.

Schlafzimmeraugen, -blick. *Schlafzimmeraugen haben:* übernächtigt, müde aussehen, die Augen kaum offen halten können, meist von Frauen gesagt. Da ihr Aussehen auf einen unsoliden Lebenswandel schließen läßt und darauf, daß die Erlebnisse der Nacht Vorrang in ihrem Leben besitzen, können dadurch bei Männern sexuelle Wünsche erweckt werden.
Einen Schlafzimmerblick haben: sein Gegenüber mit verschleierten Augen betrachten und damit seine Bereitschaft für erotische Abenteuer signalisieren.

Schlag, Schläge. *Jem. einen Schlag versetzen:* ihn sehr enttäuschen, ihn vor den Kopf stoßen, eigentl. ihn unvermutet angreifen, ihm Schmerzen zufügen; vgl. frz. ‚donner un coup à quelqu'un'.
Ähnl. ein *Schlag ins Gesicht für jem. sein:* eine äußerst unangenehme Überraschung, eine schwere Beleidigung, eine öffentl. Kränkung sein. Häufig hört man heute dafür auch in übertr. Bdtg. die Rda. *ein Schlag in die Magengrube sein,* deren sprachl. Bild an einen bes. wirkungsvollen, aber nach den sportlichen Regeln untersagten Angriff beim Boxen erinnert; vgl. frz. ‚un coup à l'estomac'.
Prügel hielt man lange für die beste Erziehungsmethode, auch heute noch heißt es in diesem Sinne von der Züchtigung: *Schade um jeden Schlag, der danebengeht!* Der Schlag wird andererseits aber auch dafür verantwortlich gemacht, wenn jem. beschränkt geblieben ist. Die Frage *Du hast wohl einen Schlag auf den Kopf bekommen?* gilt als mitleidiger Spott für einen dummen Menschen oder für einen, der sich plötzlich wie geistesgestört verhält; vgl. frz. ‚Tu as pris certainement un coup sur la tête'.
Ähnl. *einen Schlag (Hau, Hieb) weghaben, einen Schlag schräg haben* und scherzhaft *einen Schlag mit der Wichsbürste gekriegt haben* und mdal. im Ndd. ‚He het enen Slag van der Windmolen'. Vgl. ndl. ‚Hij heeft een' slag met den meelzak weg (van der Kamper molen weg)'.
Mit einem Schlag zwei Fliegen treffen: durch eine einmalige Bemühung doppelten Erfolg haben; vgl. frz. ‚faire d'une pierre deux coups'. Vgl. die Wndg. ‚Sieben auf einen ↗Streich'. *Der Schlag gab Öl (kein Öl)* stellt man nach einem gelungenen (mißglückten) Unternehmen fest.

Welcher man auff eym weyer drischt

‚Ein Schlag ins Wasser'

Ein Schlag ins Wasser sein: eine wirkungslose, vergebliche Maßnahme sein. Die heute sehr geläufige Rda. ist erst seit dem 19. Jh. belegt. Sie umschreibt eine Tätigkeit, die keine nachhaltigen Folgen hat, also eine nutzlose Bemühung. Bereits

Walther von der Vogelweide gebraucht ein ganz ähnl. sprachl. Bild in seiner ‚Elegie', als er wehmütig der vergangenen Zeiten gedenkt:

als ich gedenke an manigen
wünneclîchen tac,
die mir sint enpfallen sam in daz
mêr ein slac,
iemer mêre ouwê!

Die Rda. ist wohl entstanden aus der älteren Wndg. ‚das Wasser mit Ruten schlagen', ndd. ‚mit der Rood in't Water slan'. Im Wendthagenschen ‚Bauernrecht' von 1731 heißt es: „Nichts mehr ..., als wenn man mit einer Ruthen ins Wasser schlägt", und Mommsen schreibt in seiner ‚Römischen Geschichte' (1894, 5, 50): „So sind auch die Ergebnisse seiner Siege wie ein Schlag ins Wasser verschwunden". Vgl. frz. ‚un coup d'épée dans l'eau'.

Keinen Schlag tun (arbeiten): nichts vollbringen, keine Hand rühren. Die Wndg. bezieht sich urspr. wohl auf das Fällen und Bearbeiten von Holz.

Einen Schlag machen: großes Glück haben, ein gutes Geschäft machen. Die Rda. erinnert an den früher üblichen Geschäftsabschluß durch Handschlag. Vgl. ndl. ‚zijn slag slaan (waarnemen)', eine günstige Gelegenheit wahrnehmen, um sich einen Vorteil zu verschaffen. Seit 1900 besitzt die Wndg. noch die weitere Bdtg.: seinem Vergnügen nachgehen, tüchtig zechen und schlemmen.

Bei jem. Schlag haben: sich seiner Gunst erfreuen. Die Rda. leitet sich vermutl. aus der Soldatensprache her: der Essenausteiler gab dem begünstigten Soldaten eine Portion mehr. ‚Schlag' meint hier wohl die Bewegung des Auffüllens. Ähnl. *Schlag haben:* Erfolgsaussichten besitzen, vor allem in der Umgangssprache der Jugendlichen üblich.

Vom alten Schlage sein: von guter alter Art, von bewährter Treue und Rechtschaffenheit sein. Der Vergleich stammt aus dem Münzwesen wie die Rda. ‚von echtem ↗Schrot und Korn sein'. Lessing verweist deutlich auf diesen urspr. Zusammenhang, wenn er feststellt: „Die alten Jungfern sind wie die Münzen vom alten Schlage".

Der Schlag i. S. v. Rasse, Menschenschlag (vgl. ‚Geschlecht' und ‚ungeschlacht') ist gemeint in den Wndgn. *vom selben Schlage sein* und *von einem Schlage sein:* die gleiche Art besitzen. Diese Rdaa. haben häufig negativen Sinn: keiner ist besser als der andere. Auch die holst. Wndg. ‚Dat is ên vun dat rechte Slag' ist iron. gemeint und heißt soviel wie: der taugt nicht viel.

Das ist mein Schlag: stellt derjenige fest, dem ein anderer Mensch gefällt, in seiner Art bes. zusagt, der übereinstimmende Wesenszüge bei ihm entdeckt.

Auf den Blitzschlag beziehen sich mehrere Rdaa.: *wie vom Schlage getroffen (gerührt) sein:* im höchsten Grade bestürzt sein (auch ein Zusammenhang mit dem Schlaganfall wäre hier denkbar); vgl. frz. ‚Coup de foudre'.

Mit einem Schlage, auf einen Schlag: plötzlich, ganz überraschend; vgl. frz. ‚tout d'un coup' oder ‚d'un seul coup'.

Schlag auf Schlag: in rascher Folge hintereinander wie die Blitz- und Donnerschläge bei einem Gewitter, in übertr. Bdtg. ein Unglück nach dem anderen, dann aber auch: eine Pointe nach der anderen, so lit. z. B. von Gleim gebraucht. Er schreibt ‚Beim Lesen eines wizreichen Buchs':

Wiz auf Wiz!
Bliz auf Bliz!
Schlag auf Schlag!
Ob's auch einschlagen mag?

Der Schlag wird bald geschehen: ein Unglück steht nahe bevor.

Das ist ein Schlag ins Kontor: ein Ereignis, das wie ein Donnerschlag erschreckt, eine unangenehme Überraschung, eine große Enttäuschung. Beim Kartenspiel meint der Ausruf ein wider Erwarten verlorenes Spiel.

Einen Schlag warten: einen Augenblick zögern. Die Rda. leitet sich vom Glockenschlag her und veranschaulicht besser als ‚Augenblick' die genaue Zeitspanne zwischen zwei Glockenschlägen oder die Dauer des Glockenschlags selbst. In den gleichen Zusammenhang gehören die Wndgn.: ‚eine geschlagene Stunde' (Viertelstunde), ‚geschlagene zehn Minuten warten müssen'.

Eine noch andere Wortbdtg. von Schlag zeigt die Rda. *den Schlag zumachen, wenn die Tauben fort sind:* erst etw. unterneh-

men, wenn das Unglück bereits geschehen ist, ↗Brunnen, ↗Stall.
Einen Schlag mehr bekommen als der Hund heißt es scherzhaft auf die neugierige Frage der Kinder, was sie wohl zum Geburtstag bekommen werden.
Die Züchtigung der Kinder, Weiber und Dienstboten und die Prügeleien der Erwachsenen untereinander spielen in den Rdaa. und sprachl. Vergleichen eine große Rolle, wie die folgende Auswahl erweist.
Trockene Schläge bekommen: Prügel erhalten, die keine Blutungen und Verletzungen verursachen, so schon im germ. Recht unterschieden. Vgl. ndl. ‚het zijn blinde mans slagen'. Auch: *blinde Schläge führen:* keinen großen Schaden zufügen.
Schläge und faule Fische bekommen: von einem doppelten Übel betroffen werden, harte Bestrafung erleiden müssen. A. Tendlau (Sprww. u. Rdaa. dt.-jüd. Vorzeit, Frankfurt a. M. 1860, S. 627) vermutet, daß diese Rda. auf einer Erzählung (‚Fellmeier's Abende' XXII) beruhe: „Ein Herr befahl seinem Diener, auf den Markt zu gehen und Fische zu kaufen. Der Diener ging und kaufte todte Fische, die schon übel rochen. Darüber erzürnte sich der Herr und sagte zum Diener: Du hast die Wahl, entweder ißt du selbst die Fische oder erhältst hundert Schläge, oder du zahlst hundert Gulden. Der Diener wählte, die Fische zu essen. Als er aber einen Theil gegessen hatte, konnte er nicht weiter und bat, ihm das Essen zu erlassen und lieber die Schläge zu geben. Doch auch diese konnte er nicht bis zu Ende aushalten, er wollte lieber hundert Gulden Strafgeld geben. So hatte er alle drei Strafen erlitten, faule Fische gegessen, Schläge erhalten und Strafgeld gezahlt". Die Rda. kann aber auch an eine Strafart in Polen und Rußland erinnern, wo man den Gefangenen zu den Schlägen nur faule und stark gesalzene Fische gereicht haben soll, um sie den Durst noch qualvoller empfinden zu lassen.
Mehr Schläge als Brot erhalten: sehr streng erzogen werden.
Um die große Zahl der Schläge zu veranschaulichen, sagt man: *Es regnet (hagelt) Schläge auf den Rücken;* vgl. frz. ‚Les coups pleuvent sur le dos de quelqu'un'. Allzu viele Schläge können absolut wirkungslos bleiben, weil der Bestrafte sie hinnimmt und rasch vergißt. Diese Tatsache umschreibt die Rda. *die Schläge abschütteln wie der Hund die Flöhe* überaus treffend. Vgl. wien. ‚Der beutelt die Schläg ab, wia de Hund d' Flöh'. Die Heftigkeit und Wirkung der Schläge werden ebenfalls rdal. geschildert: *Schläge bekommen, daß das Fell raucht, daß man den Himmel für einen Dudelsack (für eine Baßgeige) ansieht,* vgl. ndl. ‚Hij kreeg een' klap, dat hij den hemel voor eene viool, en de aarde voor een' strijkstok aanzag'; *Schläge nach Noten erhalten; Schläge kriegen, was das Zeug hält; Schläge (Prügel) bekommen wie ein Jagdhund, wie ein Esel, wie ein Tanzbär,* da man die Tiere auf diese Weise abrichtet. Die Zusammenstellung anderer Ausdrücke, die das Schlagen und Geschlagenwerden veranschaulichen, vermittelt einen Eindruck von der Beliebtheit dieses Themas und von der sprachl. Erfindungsgabe, z. B. in den Wndgn. ‚einem Bengelsuppe', auch ‚Prügelsuppe geben', so schon 1548 bei Burkard Waldis im ‚Esopus' (4, 74, 80) belegt:

Man kan ein schleffrigen Knaben
Mit einer Prügelsuppen laben.

Scherzhaft sagt man auch: ‚einem etw. Prügelsaft verordnen' oder ‚einen mit Schlagbalsam versehen'.
Neben den gebräuchlichen Ausdrücken, wie ‚Prügel', ‚Schläge', ‚Hiebe', ‚Ohrfeigen', ‚Maulschelle', und den umg. und mdal. Wörtern, wie ‚Dresche', ‚Keile', ‚Holze', ‚Bimse', ‚Wichse', ‚Schmiere', ‚Fotzen', ‚Dachtel', gibt es zahlreiche Neubildungen, die auf die Schlagwerkzeuge anspielen: ‚Ungebrannte Asche', ‚Farrenschwanz', ‚Gabelwurzel', ‚Rutenelixier', ‚Steckenöl', ‚Trümelbraten', ‚Scheiterkraut', ‚Besenstil-Pasteten', ‚eine Portion Schlagwurst', ‚Schlägelküchlein', ‚Fausttäflein', ‚Fußmilch' und ‚Fünffingerkraut'.
Rdal. gibt man jem. ‚einen Deuter', ‚einen Fingerzeig', ‚eine böse Nuß auf den Kopf', ‚Kopfnüsse', ‚einen Kopfgroschen' oder ‚einen Nasenstüber'. In Niederösterr. verabreicht man ‚einen Schilling Streiche', in Westf. gibt es ‚Essigsaures' oder allg. auch ‚Jackenfett'. Iron. spricht man von einem ‚Fisch ohne Grä-

ten' oder den ,Knallschoten, die aus der flachen Hand wachsen', man ,verabreicht den Genickfang' oder ,einen Fünfthalerschein, an dem der Empfänger mehrere Tage zu wechseln hat', in Süddtl. macht man ,warme Umschläge'.

Mit der Rda. *Nicht vor dem ersten Schlaganfall!* weist man eine Hilfeleistung zurück. Bei Ungeschicklichkeit seufzt man in Österr. ,Es ist zum Schlagtreffen!'

Ein Schlaglicht auf eine Sache werfen: einen guten Einblick geben, das Augenmerk darauf lenken, bezeichnend für etw. sein. Das ,Schlaglicht' war urspr. ein Malerausdr. aus dem 18. Jh., der den scharf begrenzten Lichteinfall bez. sollte. Ebenso ist der Begriff ,Schlagwort' als Fachwort der Theatersprache zu verstehen, das sich heute allg. verbreitet hat und urspr. gleichbedeutend mit ,Stichwort' gewesen ist. Heute meint man damit ein Wort, das in aller Munde ist und einen Sachverhalt ,schlagartig' erhellt. Der Ausdr. ist nicht vor Jean Paul belegt.

Starke (leichte) Schlagseite haben: betrunken sein, nicht mehr gerade gehen können, torkeln. Das sprachl. Bild beruht auf dem Vergleich mit einem Schiff, das sich zur Seite neigt, wenn es nicht gut gebaut oder falsch beladen ist. Seit dem 17. Jh. bez. die Schlagseite in übertr. Bdtg. bereits die geneigte Lage selbst, erst im 20. Jh. ist aber das Bild für den taumelnden Betrunkenen aus der Seemannssprache entlehnt worden; vgl. ,schief geladen haben', ↗trinken.

Schlagzeilen machen: so großes Aufsehen erregen, daß sogar die Zeitungen auf ihren Titelseiten groß darüber berichten.

Lit.: *P. Sartori:* Art. ,Schlag, schlagen', in: HdA. VII, Sp. 1091–1114; *L. Honko:* Krankheitsprojektile (FFC. 178) (Helsinki 1959); *W. Hävernick:* „Schläge" als Strafe (Hamburg [4]1970); *O. G. Sverrisdóttir:* Land in Sicht (Frankfurt/M. 1987), S. 55.

schlagen. *Ehe ich mich schlagen lasse* ist eine Rda., mit der man dem Nötigenden nachgibt; *sich breitschlagen lassen:* sich nach anfänglichem Widerstreben zu etw. bereit erklären; *sich geschlagen geben:* vor allem heute in einer Diskussion keine Gegenargumente mehr vorbringen können. Vgl. frz. ,se donner pour battu'.

,Verschlagen' bedeutete eigentl. ,durch Schläge in die falsche Richtung gebracht werden, dann auch übertr. ,zu weit wegtreiben, verstecken', daher die Ausdrücke *verschlagen werden:* an einen Ort gelangen, an den man nicht wollte, *verschlagen sein:* listig, durchtrieben (eigentl. wohl ,versteckt') sein. Ebenso wie ,ausschlagen' gehörte wohl auch ,schlagfertig' urspr. zur Fachsprache der Fechtkunst (vgl. ,parieren' = urspr. einem Hieb oder Stich geschickt ausweichen, ihn vereiteln).

Beschlagen sein: gute Kenntnis von einer Sache haben, seit dem 17. Jh. belegt, geht wohl vom gut beschlagenen Pferd aus. Vgl. frz. ,être ferré'.

An seine Brust schlagen: schon bei den Griechen und Römern ein Zeichen der Betrübnis, vgl. Lukas 18,13; „Und der Zöllner ... schlug an seine Brust und sprach: Gott, sei mir Sünder gnädig!"

Sich etw. aus dem Sinn (Kopf) schlagen: eine Idee aufgeben, ebenso ,sich einer Sache entschlagen'.

Sich mit seiner eigenen Rede schlagen: sich selbst widersprechen.

Er schlägt viel Holz sagt man von einem Aufschneider.

Sich etw. um die Ohren schlagen ↗Ohr.

Von den Pflanzen ist die Wndg. genommen *Wurzeln schlagen:* lange stehen.

Sich in die Büsche schlagen ↗Busch.

Eine Sonderbedeutung ,in bestimmte Richtung gehen, nacharten', wie sie sich auch in den Wörtern ,Geschlecht' und ,ungeschlacht' zeigt, finden wir in den Wndgn. *in ein Fach schlagen* oder *aus der Art schlagen.* Der Schlag i. S. v. Menschenschlag ist auch gemeint in der Rda. *Er schlägt nach seinem Vater:* er hat große Ähnlichkeit mit ihm, artet ihm nach; schon ahd. ist diese Bedeutung bekannt: ,nah tien forderon ze slahenne an iro tugede'.

Nun schlägt's 13! ist ein Ausruf der Verwunderung, denn eine Uhr schlägt höchstens zwölfmal; *wissen, was die Glocke geschlagen hat* oder *wieviel es geschlagen hat:* wissen, wie es um die Sache steht; wissen, wie man sich zu verhalten hat, die Folgen einer Handlungsweise kennen; diese Rda. muß noch aus der Zeit stammen, in der es keine Taschenuhren gab, wo man also auf den Glockenschlag der Turmuhr angewiesen war; bair. ,Oetz wüssi wi viel's g'schloag'n hat'.

Zahlreich sind die rdal. Wndgn. für die Androhung von Schlägen und ihrer üblen Folgen, z. B. *jem. grün und blau (braun und blau) schlagen* (vgl. ndl. ,iemand bont en blouw slaan' und engl. ,to beat one black and blue'); *jem. windelweich schlagen; ihn ungespitzt in den Boden hineinschlagen; jem. krumm und lahm schlagen; ihm die Zähne einschlagen; schlagen, daß jem. nicht mehr sitzen kann, daß man ihm die Schwielen aufschneiden muß; einem den Buckel (Ranzen) vollschlagen* usw.

In der gehobenen Umgangssprache vermeidet man das Wort schlagen und verwendet Euphemismen, wie ,jem. mit dem Stab Bekanntschaft machen lassen', ,ihn die Rute kosten lassen', ,ihn durch die hölzerne Mühle ziehen', ,die Prügel kommen nicht von schlechten Eltern'.

In der Sprache der Straße ,verholzt' man einen, ,deckt ihn mit Prügel zu', ,klopft ihn (weich) mürbe', ,traktiert', ,vermöbelt', ,stäupt' und ,stupst', ,verbimst' und ,verbleut' (von mhd. ,bliuwen' = schlagen) und ,zwiebelt ihn, bis er Wasser gibt'. Der Geprügelte ,fängt einen' (= Schlag), ,hat einen abbekommen', ,einen geschmatzt' bzw. ,geschmiert bekommen'. Der Schläger hat es ihm ,ellenlang und daumendick verordnet'. Des weiteren kann man seinem Opfer ,eine aufbremsen', ,aufdämmen', ,aufmessen', ,aufsenken', ,aufzählen', ,runterlangen', ,überziehen' und ,versetzen', ,einen (runter)pauken', ,fegen', ,(durch-)fäusteln', ,boxen', ,fuchteln', ,fummeln', ,eine keulen', ,karbatschen', ,klabastern', ,klappsen', ,schmieren', ,reinhauen', ,flatschen' und ,verpassen'. Der Schläger ,keult', ,knocht', ,knufft', ,knüppelt', ,pufft', ,pritscht' und ,rüttelt' den Geschlagenen, er ,verbeult', ,verballert', ,vertobakt (Rotw.) ihn', ,hämmert auf ihm rum', ,leuchtet ihm heim', ,tanzt auf ihm' und ,schlägt ihn kaputt'.

Die Zuschauer beteiligen sich mit lautstarken Anfeuerungen an der Schlägerei: ,Wisch ihm eins aus!', ,Gib's ihm!', ,Steck ihn ein!', ,Zünd ihm eine!' Lautmalende Ausdrücke sind: ,jem. patschen', ,bummhasen', ,bumpsen', ,bumfasen' und ,dätschen'. Auch kann man ,einen derart schlagen, daß er in allen Farben schillert', ,man (ab-, aus-, durch-, zer-,)bleut ihn' (eigentl. von mhd. ,bliuwen' = schlagen, heute jedoch im Sinne der Farbenbedeutung verstanden).

,Grün und blau schlagen' – ,Verwamsen'

Auf die Musik und Musikinstrumente zurückgehende Ausdrücke hängen wahrscheinl. mit der Vorstellung des jammernden und schreienden Geschlagenen zusammen: ,einem die Flötentöne aus dem ff. beibringen', ,einem eine fideln oder (rein)geigen', ,einen nach Noten prügeln', ,ihm ins Gesangbuch (Gesicht) schlagen, daß die Noten durcheinanderfallen'.

Auch ,einem den richtigen (scharfen) Text lesen (singen)' (↗Text) und ,einem die Leviten lesen' (↗Leviten) haben die Bdtg. ,ihn prügeln'. Ferner sind iron.-bagatellisierende Redewndgn. gebräuchlich: ,einen begrüßvogeln', ,begrüßlusen' (beide Wndgn. schon 1806 belegt), ,jem. jucken', ,rupfen', ,knipsen', ,streicheln' und ,lausen', ,ihm die Ohren flöhen'.

Auf die Kleidung beziehen sich: ,einem die Beinkleider strammziehen', ,die Hosen (aus-)spannen', ,ausstauben' und ,ausfressen', ,aufs Wams klopfen', ,einem eine (gehörig) wamsen'. ,Ich heb' dich aus dem Anzug' ist eine ebenso häufige Drohung wie das neuere ,Ich verschale dich' (von Schale = Kleidung). Rhein. belegt sind: ,Ich schlag' dich pfundweis' aus dem Anzug raus', ,schlag dich noch aus Rock und Kamisol'.

Vergleiche mit den täglichen (handwerklichen) Arbeitsverrichtungen sind: ,jem. in die Arbeit nehmen', ,in die Mache nehmen', ,ihn (durch-)gerben', ,versohlen',

,(durch-)walken', ,(an-)streichen', ,abbalgen', ,schrammen', ,abdecken', ,jem. ansalben' (16. Jh.), ,duschen', ,tampen', ,(durch-)wichsen', ,verbolzen', ,verledern', ,verpflastern', ,verrollen' (moderne Prägung, vielleicht von ,Rollkommando'), ,ihm eine bürsten', ,ihm heimleuchten', ,einheizen'. An die bäuerliche Arbeit lehnen sich an: ,auf einen losdreschen', ,einen (ver-)dreschen', ,striegeln', ,hacken', ,einem eine dengeln' und ,jem. trockenen Hafer geben'. Seltener scheinen Tiervergleiche zu sein: ,Ich will dir gleich Bienen geben'. ,Ich schlag' dich wie einen Bären', ,wie einen Tanzbären', ,wie ein Tanzpferd'.

Eine wichtige Rolle in der Schlägerterminologie spielen die Drohungen. Meistens übertreiben sie die Stärke des Drohenden. Der Bedrohte soll eingeschüchtert werden. Seine Körperteile werden durch verächtliche Ausdrücke ersetzt, sein Zustand nach der Durchprügelung wird in den schwärzesten Farben geschildert. Der vorrangige psychologische Zweck der Drohungen liegt weniger in der Einschüchterung des Gegners als vielmehr in der Stärkung des eigenen Mutes begründet: ,einen prügeln, daß er sich bepinkelt', ,daß er Öl pißt', ,daß er Pomeranzen scheißt', ,daß er Baumöl seicht', ,daß er drei Tage Buttermilch pißt'. ,Ich schlag dich, daß du dich überschlägst', ,daß du Rad schlägst', ,daß du dich dreimal um dich selbst drehst', ,daß du acht Tage rund läufst', ,daß du drei Tage Galopp läufst', ,daß du die Wände hochläufst'. ,Ich schlag dich, daß du scheel kuckst', ,daß du die Heiligen Drei Könige für drei Spitzbuben ansiehst', ,daß du nicht weißt, wohin du gehörst', ,daß du den Himmel für einen Dudelsack ansiehst', ,daß du den Himmel vor lauter Sternen nicht siehst', ,daß du den Himmel nicht siehst', ,daß du den Mond für einen Handkäs' ansiehst', ,daß du meinst, die Sterne fielen vom Himmel und du hörtest die Engel im Himmel tanzen und pfeifen', ,daß dir Hören und Sehen vergeht', ,daß der Kopf brummt', ,es vor den Ohren summt und vor den Augen flimmert', ,daß du nicht mehr sitzen kannst', ,daß dir vierzehn Tage das Liegen wehtut', ,daß du toll und taub wirst', ,daß du in die andere Woche guckst', ,daß du die Gänse in Paris gackern hörst', ,daß du nach Gott verlangst', ,daß du den Herrn nötig hast'. ,Ich schlag dich zum Krüppel', ,daß man aus dir Riemen schneiden kann', ,daß dir die Beine scheppern', ,brei-', ,leder-', ,windelweich', ,daß das Fell raucht', ,krumm und lahm', ,daß du Zwillinge bekommst', ,zu Dreck', ,zu Mus', ,daß du alle viere von dir streckst', (,tot bist'), ,ungespitzt in den Erdboden rein', ,kurz und klein'. ,Ich lauge dich', ,zerfleische dich', ,will dich dürängeln'. ,Ich haue dich zusammen wie alt Eisen', ,daß die Stücke herumfliegen', ,daß man dich um die Haspel herumwinden kann'. Mit ,Warte, du wirst mir etw. abbetteln!' droht man Schläge an, mit denen man dann ,dem Geschlagenen aufs Lebendige kommt', ,ihm einen Bruch' oder ,ihn zu einem heiligen Leib schlägt'. Äußerst plastisch ist ,Ich mach Kreenfleisch (= heiß abgekochtes Schweinefleisch mit Meerrettich gewürzt) aus dir'. Abstrusen Assoziationen entspringt der Ausdr. ,Warte, ich will dich katholisch machen, du sollst Jesum Christum kennenlernen'.

Auf die geistige Verwirrung und den körperlich desolaten Zustand des Geschlagenen spielen auch einige rhein. Drohungen an: ,Ich schlag dir ein paar, daß du dich hinter der Stubentür aufrichtest', ,daß du dich in der anderen Woche wiederfindest'. ,Ich schlag dich, daß du meinst, Ostern und Pfingsten fielen auf einen Tag', ,daß du meinst, dein Kopf wäre eine Drehorgel', ,daß du meinst, du säßest drei Tage hinter dem Mond', ,daß du meinst, die Sterne tanzten', ,daß du meinst, der Teufel käm auf Stelzen', ,daß du meinst, du hörtest die Glocken zu Köln läuten', ,daß du meinst, der Kopf brummte wie eine Baumsäge', ,daß du meinst, die Zähne spielten Klavier', ,daß du meinst, die Zähne flögen dir in den Hals'. ,Ich schlag dich, daß du Backenzähne scheißt', ,daß das Kaffeewasser im Arsch kocht', ,daß dir Strümpfe und Schuhe abfallen', ,daß dir vierzehn Tage kein Stehkragen mehr paßt', ,daß es dir bis aufs siebente Fell geht', ,daß die Sonne durch dich scheint'.

In den bildl. Redewendungen, bes. in den Drohungen, werden die einzelnen Körperteile mit den verschiedensten Bez. bedacht, und ihre Beschädigungen werden farbig ausgemalt, so daß, wollte man den fiktiven Drohcharakter in Abrede stellen, ein Bild unumschränkter Grausamkeit entstände. Wndgn., die sich auf den Kopf beziehen: ‚einen vor die Platte‘, ‚den Kappeskopp‘, ‚die Rübe‘, ‚die Pflaume hauen‘, ‚einem aufs Dach steigen‘, ‚ihn auf den Dätz‘, ‚den Giebel‘, ‚das Tabernakel‘, ‚auf das Zifferblatt schlagen‘; ‚ich schlag dir den Hirnkasten ein‘; ‚ich schlag dir eine auf den Speicher, daß der Keller wackelt‘; ‚ich schlag dir auf den Kopf, daß du Plattfüße kriegst wie ein Gänserich‘; ‚ich schlag dir Knubbeln an den Kopf wie einem Holländerkäse‘; ‚ich schlag dich auf das Kapital, daß die Zinsen die Backen raufrollen‘; ‚ich schlag dich auf das Dach, daß die Pfannen rappeln‘; ‚daß der Giebel kracht‘; ‚ich schlag dich auf den Tabernakel, daß alle Heiligen wackeln‘; ‚ich schlag dich auf den Kopf, daß er platt wird wie ein Pfannkuchen‘.

Das Gesicht (Augen, Backen, Ohr, Mund, Nase) ist gemeint: ‚Ich schlag dir ins Gesicht, daß die Augen Feuer geben‘; ‚ich schlag dich auf ein Auge, daß dir ein Schienbein blau geht‘; ‚ich schlag dir eine auf die Backe, daß du sie auf der anderen Seite greifen kannst‘; ‚ich schlag dir einen um die Löffel‘, ‚geb dir einen hinters Ohr‘; ‚ich schlag dir einen Batzen in die Schnautze‘; ‚ich schlag dir auf den Rüssel‘; ‚ich schlag dir einen auf die Schnautze, daß die Zähne korporalschaftsweise zum Arsch rauskommen‘; ‚ich schlag dir alle Zähne zum Rachen rein‘; ‚ich schlag dir ins Landgericht, daß die Schreiber den Hals runterkugeln‘, ‚ich schlag dir in die Fresse, daß dir die Zähne zum Arsch hereinfliegen‘; ‚ich schlag dir in die Backenzähne, daß die Milch in der gesamten Nachbarschaft gerinnt‘; ‚ich schlag dir in die Fresse, daß dir die rote Brühe zum Arsch herauskommt‘; ‚ich schlag dir in den Rachen, daß du vierzehn Tage nach Atem schöpfst‘; ‚ich schlag dich, daß der Mund so dick wird wie der Arsch‘; ‚ich schlag dir das Maul so platt wie ein Abc-Buch‘; ‚Warte, dir poliere ich die Fresse!‘

Auf die Haut beziehen sich: ‚einem etw. am Leder flicken‘, ‚das Leder gar machen‘, ‚hart aufs Leder kommen‘; ‚einen (durch-, zer-)ledern‘; ‚einen pelzen‘; ‚einem auf den Pelz kommen‘, ‚den Pelz ausklopfen‘, ‚versengen‘; ‚einem das Fell lose machen‘, ‚verarbeiten‘, ‚gerben‘, ‚verledern‘, ‚schmieren‘ und ‚ziehen‘; ‚jem. was auf den Bast geben‘. Auf verschiedene Körperteile: ‚jem. den Rücken mit Knütteln traktieren‘, ‚messen‘; ‚einem den Buckel auswaschen‘, ‚die Hucke vollhauen‘; ‚einem die Rippen bekloppen‘, ‚ihm alle Rippen im Leibe entzweischlagen‘; ‚ich schlag dich, daß du deine Knochen hinten greifen kannst‘; ‚einem auf die Finger klopfen‘, ‚die Nieren losschlagen und ihm in die Herzgrube langen, daß der Mond hineinscheint‘; ‚dem Hintern Kirmes‘, ‚dem Arsch Kirchweih machen‘; ‚einem die Schinken besehen‘, ‚den Arsch bepflastern‘, ‚kalfatern‘, ‚den Staub aus dem Hintern klauben‘, ‚’s Quartier versohlen‘ (schwäb.); ‚ich schlag dich, daß dir der Arsch schwillt‘, ‚du den Arsch nicht mehr in die Hosen kriegst‘.

Als Beisp. für die vielen mdal. Ausdrücke sollen die berl. Wndgn. angeführt werden. Man droht einem, den man schlagen möchte: ‚Willst wol ne kleene Abreibung ham?‘ ‚Du krist eens an’ Ballong, det de Jondel wackelt‘. ‚Krist jleich eens in de Batterie‘. ‚Sie könn’ de scheeenste Keile besehn‘. ‚Krist jleich eens uf’t Dach‘. ‚Krist eens uf’n Deckel‘. ‚Dir soll der Deibel frikassieren‘. ‚Wat? Sie wolln mir dreckig kommen?‘ ‚Sie nich, verstehn Se, mir nich!‘ ‚Kommen Se mir nich dumm, sonst komm ick Ihnen noch dummer‘. ‚Hast wol lange keenen blutjen Einsatz jehatt?‘ ‚Den Kerl wer’k de Eisbeene knicken‘. ‚Dir hau ick in Fetzen‘. ‚Den wer’k de Flötentöne beibringen‘. ‚Den wer’k bei de Hammelbeene kriejen‘. ‚Det mir nich de Hand ausrutscht‘. ‚Riech mal an meine Handschuhnummer‘. ‚Een Hieb – de zweete wäre Leichenschändung‘. ‚Hast wol lange nich dein eijnet Jeschrei jeheert?‘ ‚Liebe mir, oder ick zerhack dir die Kommode‘. ‚Ick wer dir zu Karbenade verhaun‘. ‚Ick hau dir uf’n Kopp, dette durch de Rippen kiekst wie der Affe durch ’n Kefich‘. ‚Wo willst ’n liejen?‘ ‚Lej mal deine Finger uf’n Amboss, ick will dir mal de Näjel manekiern‘. ‚Ihnen hat wol lange nich de Nase jeblut?‘ ‚Noch een Ton, un du bist pangsionsberechtigt'. ‚Ick hau dir eene, dette denkst, Ostern und Pfingsten fällt uf eenen Dag'. ‚Den schlag ick mit 'n nassen Rejenschirm dot'. ‚Riech mal an die Knospe (Faust)'. ‚Dir wer'k 'n Schnörjel nach links drehn'. ‚Denn kannste deine Knochen in 't Schnuppduch zu Hause dragen'. ‚Lass dir man zusammenfejen'. ‚Ick hau dir eene an deinen Resedatopp, det dir die Blieten noch vierzehn Dage wackeln'. ‚Reich mir mal det Beil von de Kommode, ick wer den Kerl mal'n Scheitel ziehen'. ‚Det soll dir sauer ufstossen'. ‚Ick hau dir eene, dette aus de Pantinen kippst'. ‚Wenn ick nich' in' Tierschutzverein wäre, hätt ick dir schon eene jeklebt'. ‚Wir treffen uns nach neine'. ‚Ick hau dir eene, dette 'ne Turmspitze for'n Zahnstocher ansiehst', oder: ‚dette 'ne Stubeflieje for 'n Doppeldecker ansiehst'. ‚Ick lass dir ufjehn wie 'n Ballong'. ‚Hast wol lange keen Veilchenbukett unter de Nase jehatt?' ‚Du krist eene, die sich jewaschen hat'. ‚Den wer'k de Wurscht anschneiden'. ‚Weeßte, vastehste! Det Aas steck ick mit 'n jefrornen Waschlappen dot!' ‚Wünschen Se vielleicht noch wat?'

Lit.: *A. Gittée:* Hij slaat er op lijk Stoffel op zijn Katten, in: Vkde. 2 (1889), S. 226; *A. de Cock:* Hij slaat er op lijk Stoffel op zijn Katten (of: lijk de Diuvel op Geeraard), in: Vkde. 8 (1895/96), S. 140; *U. Holzmeister:* Vom Schlagen auf die rechte Wange (Matth. 5,39), in: Zs. f. Kath. Theologie 45 (1921), S. 334–336; *A. Verdenius:* Slaan en zalven, in: De Nieuwe Taalgids 22 (1928), S. 205–209; *P. Sartori:* Art. ‚Schlag, schlagen', in: HdA. VII, Sp. 1091–1114; *Meyer-Mauermann:* Der richtige Berliner (München [10]1965); *J. Schaeffer:* Der lachende Volksmund, S. 45 f.; *W. Hävernick:* „Schläge" als Strafe (Hamburg [4]1970). Maledicta. The International Journal of Verbal Aggression, ed. R. Aman, 1 ff. (Waukesha [Wis.] 1977 ff.); *Fr. Kiener:* Das Wort als Waffe. Zur Psychologie der verbalen Aggression (Göttingen 1984).

Schlager. *Das ist ein Schlager!:* das ist ein Erfolg, eine hervorragende Leistung. Die Bez. Schlager kommt aus der Sprache der Musik. Um 1850 hießen so in Wien Lieder aus Operetten und Singspielen, die durchschlagenden Erfolg hatten. Um 1900 wandelte sich die Erfolgsbez. in eine Gattungsbez.: der Versuch wird unternommen, Einzelstücke in Erfolgsabsicht zu fertigen; diese werden nun generell ‚Schlager' genannt. Einzelstücke, die sich hier bes. hervorheben, heißen heute ‚Hit' (engl.). In übertr. Bdtg. spricht man auch von einem ‚Kassenschlager', was z. B. ein Buch, ein Film oder eine Ware im Kaufhaus sein kann oder eine Messeneuheit.

Lit.: *H. Chr. Worbs:* Der Schlager (Bremen 1963); *H. Fischer:* Volkslied-Schlager-Evergreen, in: Volksleben 7 (Tübingen 1965); *H. Bausinger:* Schlager und Volkslied, in: Handb. d. Volksl., Bd. I (1973), S. 679–690; *D. Kayser:* Schlager – Das Lied als Ware (Stuttgart 1975); *W. Mezger:* Schlager. Versuch einer Gesamtdarstellung (Tübingen 1975); *J. Hunkemöller:* ‚Schlager', in: Das große Lexikon der Musik, hrsg. v. M. Honegger u. G. Massenkeil, Bd. VII. (Freiburg i. Br. 1976), S. 248–250.

Schlagseite ↗ Schlag, Schläge.

Schlamassel. *In den (die) Schlamassel kommen:* in eine schlimme Lage, in Bedrängnis, in höchst unangenehme Verhältnisse kommen, in Verlegenheit geraten. Seit dem 18. Jh. war die Wndg. auch mdal. üblich. In Ulm heißt ‚ein in a Schlamass bringen', ihn ins Unglück stürzen. Bes. häufig braucht man heute die Rdaa. *im Schlamassel sitzen:* Pech haben; und *aus dem größten Schlamassel heraus sein:* die Gefahr, das Schwierigste überwunden haben, deshalb auch der Wunsch: *Nur raus aus dem Schlamassel!*
Das Wort Schlamassel kann aus dem aramäischen ‚che-lâ-massâl' hervorgegangen sein, das Unglück bedeutet (= was nicht Glück ist). Eine andere Deutung weist auf die Zusammensetzung des neuhebr. ‚mazol' = Geschick, Glücksstern mit dem nhd. ‚schlimm' zu ‚schlimm-mazol' = Unstern, Mißgeschick. Im Jidd. entstand daraus ‚schlimasel' und zuletzt im Dt. Schlamassel in der Bdtg. von Unglück, Durcheinander, Gemengsel und Bedrängnis, vielleicht in der Anlehnung an ‚Schlamm' und ‚Masse'.

Lit.: *Avé-Lallemant:* Das dt. Gaunertum, Bd. IV, S. 571.

Schlampe(r). *Eine Schlampe (Schlampampe) sein:* eine unordentliche, schmutzige, plumpe, nachlässig gekleidete Frau sein, die auch als ‚Schlumpe' oder ‚Schlumpel' bez. wird. Die Rda. ist auch mdal. üblich, z. B. heißt es im Siebenb.-sächs.: ‚Et äs en Schlamp'. Der Ausdr. wurde durch Christian Reuter bekannt. ‚Frau Schlampampe' ist die Heldin seiner beiden satirischen Lustspiele: ‚L'honnête Femme oder Die ehrliche Frau zu Plissine‘ (1695) und ‚La Maladie et la mort de l'honnête Femme das ist: der Ehrlichen Frau Schlampampe Krankheit und Tod‘ (1696).

Das Verb ‚schlampen‘ und seine Streckform ‚schlampampen‘, eine Schallnachahmung von ‚schmatzend essen‘ und ‚schlürfend trinken‘, waren in der urspr. Bdtg. von ‚schlemmen‘ schon lange vorher in Gebrauch. Joh. Fischart benutzte bereits 1575 im ‚Vorritt‘ seines ‚Gargantua‘ ein davon abgeleitetes Adj.: „Ihr meine Schlampampische gute Schlukker“, und das Subst. ‚Schlamp‘ kennt er als Ausdr. für ein Schlemmermahl: „Jedoch gefiel jhm besser die Edelsässische weiss de virtute in virtutem von einem Schlamp zum andern“ (‚Geschichtklitterung‘, S. 62, 17). Ein ‚Hundsschlamp‘ ist für ihn eine Mahlzeit ohne Wein.

Auf den urspr. Sinn von ‚schlampen‘ weist noch die preuß. Rda. *Er ist ein Schlampamper:* ein Schlemmer und Prasser. Allg. bezieht sich die Rda. in übertr. Bdtg. heute aber nur auf schlechte Charaktereigenschaften der Frau, die sich in ihrem vernachlässigten Äußeren zu zeigen scheinen. ‚Schlampen‘ und ‚schlampig‘ haben jetzt den neuen Sinn von ‚schlaff herabhängen‘, ‚liederlich‘ erhalten und beziehen sich auf Kleidung, Haare, aber auch auf die Handlungsweise der Frau, wie ein Reim aus Lauingen beweist:

Du alte Schlampampel,
Zünd' an dein Oellampel,
Zünd' an dein Lateren
Deam König zu Ehren,
'm König zu Eahra
Und andra zum Trutz,
Du alte Schlampampel,
Hast dein Oellampel
Nett butzt.

Das Wesen der liederlichen Frau wird bes. treffend mit der Wendung umschrieben: *Sie heißt Schlampe, obgleich sie nicht dabei war, als dieser Name ausgetauft wurde.*

Etw. ist eine (große, unmögliche) Schlamperei! Diese Rda. ist als Unmutsäußerung und Tadel einer Nachlässigkeit in der Ausführung von Aufträgen und der Arbeit allg. zu verstehen. Gemeint sind damit auch Vergeßlichkeit, Unzuverlässigkeit und Unpünktlichkeit.

Schlange. *Eine Schlange am Busen nähren (wärmen, erziehen):* jem. Gutes tun, den man für seinen Freund hält, der sich aber später als undankbar und verräterisch erweist, jem. zu Unrecht vertrauen, am scheinbar besten Freund den gefährlichsten Feind haben. Die Rda. war bereits im Altertum bekannt und bezieht sich auf Äsops Fabel 97: ‚Der Bauer und die Schlange‘, wo es im Text heißt: „Er nahm die Schlange und legte sie unter den Bausch seines Gewandes“. Die Fabel bei Phaedrus (4,19) geht auf Äsop zurück. Uns ist sie aus dem ‚Reinecke Fuchs‘ bekannt, Erasmus (IV,2) erzählt sie in folgenden Versen:

Sinu fovebat quidam agricola viperam
Gelu rigentem, at haec calorem ut senserat,
Ferit foventem, moxque perimit vulnere.
Ingrati ad hunc bene meritos tractant modum.

Ähnl. hieß es schon bei Petronius Arbiter (gest. 66 n. Chr.) in ‚Saturae‘ (77): „Tu viperam sub ala nutricas“ = Du nährst unter deinem Flügel (in der Achselhöhle) eine Schlange. Im Lat. hieß die Rda. ‚Serpentem in sinu fovere‘. Vgl. auch frz. ‚nourrir un serpent (une vipère) dans son sein‘, ndl. ‚een adder aan zijn borst koesteren‘ und engl. ‚to cherish a snake (a serpent, a viper) in one's bosom‘.

Außer der Fabel müssen noch andere Vorstellungen auf die Rda. eingewirkt haben. So war der Schlangenbiß eine beliebte Selbstmordart, die bereits Kleopatra wählte. Hans Sachs spricht in seinen Gedichten (Bd. IV, Nr. 489, S. 371) von der ‚Schlange am Busen‘, die den Tod bringt, ebenso Kirchhoff in ‚Wendunmuth‘ (7,73). Wahrscheinl. hat das poetischere Wort ‚Busen‘ für ‚Brust‘ das Wort ‚nähren‘ zu sich herangezogen; die Rda. kann deshalb auch mit einem ma. Bildmotiv in Verbindung gebracht werden. Schon in der karolingischen Kunst findet sich das Motiv der Schlangensäugerin. Die nackte Frau, die zwei Schlangen säugt und festhält, wurde im kirchlichen MA. im asketischen Sinn als die Nährerin von Voluptas und Luxuria gedeutet. Kohl sieht in dem Motiv den Nachklang der antiken Darstellung von der nährenden Erdenmutter

‚Eine Schlange am Busen nähren'

Terra und bringt damit auch die Melusinensage in Zusammenhang (Melusine kehrt in der späteren Sage zurück, um ihre Kinder zu nähren) und die ma. Darstellung eines weibl. Zwitterwesens, das zwei hochgebogene Fischschwänze in den Händen hält. Bei dem Wort ‚nähren' wurde wohl auch im Hinblick auf die Schlange daran gedacht, daß sie bei ihrem Biß nicht nur Gift in die Wunde spritzte, sondern das Blut ihres Opfers aussaugte.
Innerhalb der christl. Symbollehre bedeutet die Schlange als Versucherin zum Bösen den ‚geistlichen' Tod des Menschen, wie D.-R. Moser (‚Verkündigung durch Volksgesang', S. 558) belegt: „Serpens significat mortem" (Petrus Cantor). Zudem bringt Moser ein Beispiel für die Bdtg. der Schlange als Sinnbild der ‚avaritia': Einer reichen, aber geizigen Bauersfrau legt sich als Bestrafung eine Schlange um den Körper; Strophe 10 des sog. ‚Schlangenliedes' lautet dann:

Ihr Christen seht das Wunder an,
Und nehmt euch ein Exempel dran,
Was Gott an dieser Frau
Für ein Schicksal begangen hat,
Die Schlange sich umschlungen hat,
An ihrer Brust thut saugen.

Hier ist die an der Brust saugende Schlange als Sinnbild der Unfruchtbarkeit zu verstehen.
Die auffallenden Eigenschaften einer Schlange wurden schon zeitig beobachtet und im Vergleich zur Charakterisierung eines Menschen herangezogen. Die Rda. *klug wie eine Schlange sein* ist bibl. Urspr. Von der Klugheit der Schlange und ihrer Fähigkeit zu reden spricht bereits 1. Mos. 3,1, und bei Matth. 10,16 rät Jesus seinen Jüngern: „Seid klug wie die Schlangen". Da die Schlange wegen ihrer Verführerrolle beim Sündenfall mit dem Bösen und dem ↗Teufel gleichgesetzt wurde, entstanden Wndgn. wie *listig, falsch wie eine Schlange sein,* auch einfach: *eine (wahre) Schlange sein,* die meist benutzt werden, um eine verräterische, heimtückische weibl. Person zu kennzeichnen. Vgl. ndl. ‚Het ist een regte otter'. Verborgene Gefahr und heimliche Laster meint die Wndg. *Es ist eine Schlange unter Blumen,* vgl. frz. ‚C'est un serpent caché sous les fleurs'. Ähnl. *Da liegt die Schlange im Grase!* Vgl. ndl. ‚Daar is een otter in't bolwerk' und ‚Da liegt der Hase im Pfeffer'.
Andere rdal. Vergleiche verbinden sich mit verschiedenen charakteristischen Verhaltensweisen der Schlange, z. B. *sich winden (ringeln) wie eine Schlange:* verlegen sein, nach Ausflüchten suchen, auch *beißen wie eine Schlange,* schon als Ausspruch Salomos bekannt: „Sieh den Wein nicht an, wenn er gelb wird, wenn seine Farbe im Glase schön leuchtet; er gehet lieblich ein, aber endlich wird er beißen wie eine Schlange", und auf Äußerungen von Zorn und Mißgunst bezogen, heißt es: *fauchen (zischen) wie eine Schlange.*
Der Schlange auf dem Schwanze stehen: sie zum Angriff reizen, schon 1573 in der ‚Flöhhatz' von Joh. Fischart (S. 47/1680) und 1577 (S. 109/3756) gebraucht: „Man wird aufn schwanz der Schlangen stan".
Die Schlange am Schwanz fassen: keine Gefahr scheuen, den Angriff wagen, vgl. engl. ‚He holds the serpent by the tail'. Die Rda. *einer Schlange das Gift nehmen:* sie ungefährlich machen, beruht auf der Gewinnung von Schlangengift zu Heilzwekken. In den Schlangenfarmen werden die Schlangen zum Beißen veranlaßt, wobei sie ihr Gift verspritzen, das sich dann erst wieder neu im Giftzahn sammeln muß.
Von einem Überängstlichen heißt es: *Er ist gewiß einmal von einer Schlange gebissen worden, weil er sich vor jedem Wurme fürchtet.* Neuere Wndgn. sind *Schlange stehen müssen:* sich in einer Reihe aufstellen und warten müssen, und *eine Schlange, die sich in den Schwanz beißt:* eine Sache, die kein Ende nimmt, die immer wieder von vorn beginnt, ohne daß

ein Ergebnis erzielt werden kann. Vgl. frz. ,un serpent qui se mord la queue'.
Die bildl. Darstellung der Schlange galt auch als Symbol der Dauer und Ewigkeit. In der griech. Alchimie sah man in dem Ouroboros, der Schlange, die sich selbst in den Schwanz beißt, ein Wesen, das sich an sich selber erfreut (luxuriam in se ipso). Weiterhin hütet die Schlange den Goldapfelbaum der Hesperiden und den Baum der Erkenntnis im Paradies (Danckert IV, S. 1464–1465).

,Eine Schlange, die sich in den Schwanz beißt'

Im Hain des Apoll in Epirus und auf der Akropolis wurden zu Ehren der Pallas Athene Schlangen gehalten, und der Heilgott Asklepios wurde meist mit einer Schlange dargestellt; sie galt als Sinnbild des Lebens, da man annahm, die Schlange verjünge sich bei ihrer jährl. Häutung. Dieses Bild wurde von den Römern übernommen. Der Äskulapstab mit der ihn umwindenden Schlange wurde zum Symbol der Heilkunst. Überall, wo die Römer Heilbäder errichteten, verbreiteten sie dieses Symbol.
Schlangen schießen: eine Umschreibung für faulenzen, noch heute im Westerwald gebräuchlich.
Etw. ist ein Schlangenfraß: eine Speise ist ungenießbar.

Lit.: *K. Knortz:* Reptilien und Amphibien in Sage, Sitte und Literatur (Annaberg 1911); *O. Keller:* Die antike Tierwelt 2 (Leipzig 1913), S. 284–305; *F. Seiler:* Das dt. Lehnsprw., Bd. I–IV (Halle 1921–24), Bd. I, S. 16; *E. Hoffmann-Krayer:* Art. ,Schlange', in: HdA. VII, Sp. 1114ff.; *R. Kohl:* Das Melusinenmotiv (Bremen 1934); *H. Leisegang:* Das Mysterium der Schlange, in: Eranos Jahrbuch 7 (1939), S. 151–250; *K. v. Spieß:* Die Sagen von der Fisch- oder Schlangenjungfrau, in: Wiener Zs. 46 (1941); *H. Carl:* Sprachstudien an der Schlange, in: Muttersprache (1959), S. 5–9; *A. P. Hudson:* A snake can't staddle a log, in: North Carolina Folklore 9 (1961), S. 34–41; *A. Bhattacharyya:* The serpent in Bengali proverbs, in: Folklore Calcutta 2 (1961), S. 329–343; *J. A. Oliver:* Snakes in Fact and Fiction (New York 1964); *A. Otto:* Die Sprww. der Römer (Hildesheim 1965); *L. Röhrich:* Die Sagen vom Schlangenbann, in: Volksüberlieferung, Festschrift f. K. Ranke (Göttingen 1968), S. 327–344; *D. R. Barnes:* The bosom serpent. A Legend in American Literature and Culture, in: Journal of American Folklore 85 (1972), S. 111–122; *W. Danckert:* Symbol, Metapher, Allegorie im Lied der Völker, Bd. IV. (Bonn 1978), S. 1464–1476; *B. Garbe:* Vogel und Schlange: Variation eines Motivs in Rda., Fabel, Märchen und Mythos, in: Zs. f. Vkde. 75 (1979), S. 52–56; *D.-R. Moser:* Verkündigung durch Volksgesang. Studien zur Liedpropaganda und -katechese der Gegenreformation (Berlin 1981), S. 556–561; *H. Egli:* Das Schlangensymbol: Geschichte – Märchen – Mythos (Freiburg 1982); *W. H. Fischle;* Das Geheimnis der Schlange: Deutung eines Symbols (Fellbach-Öffingen 1983); *J. Milliet:* Un allaitement insolite, in: *J. Hainard* u. *R. Kaehr:* Des animaux et des hommes (Neuchâtel 1987), S. 87–118; *J. Leibbrand:* Speculum bestialitatis (München 1989), S. 134ff.

schlapp, Schlappe. *Sich schlapplachen:* so heftig lachen, daß man davon ermattet, müde und geschwächt wird, vgl. ,sich krank lachen'.
Schlappmachen: kurz vor dem Ziel wegen großer Erschöpfung zurückbleiben, nicht mehr mithalten können, etw. wegen zu großer Anstrengung aufgeben.
Schlapp ist die ndd. Lautform für hd. ,schlaff', die als von der Soldatensprache begünstigte Lehnform in die obd. Mdaa. eindrang. Auch im rdal. Vergleich wird schlapp verwendet: ,Se is so slapp as'n Ribbelappen', vgl. ndl. ,Het is zoo slap als een vaatdoek'.
Eine Schlappe erleiden (zugefügt bekommen): eine Niederlage hinnehmen müssen. Schlappe ist zum Schallwort schlapp für einen klatschenden Laut gebildet. Frühnhd. war ,schlappe' der leichte Schlag mit der Hand, der ,Klaps'. Von hier aus entwickelte sich zuerst in der Schweiz (1513) die heutige Bdtg. von einer leichten Niederlage. Schon Luther verwendet in seinen ,Tischreden' (392[a]) die

Wndg. ‚einem eine Schlappe beibringen'. Bei Pauli („Schimpff u. Ernst' XXXIII[b]) heißt es: „einem ein schlappen setzen". Noch heute: *einem (Gegner) eine Schlappe versetzen* oder *sich selber eine Schlappe beibringen:* an seiner eigenen Niederlage schuld sein. Vgl. lat. ‚Ipse mihi asciam in crus impegi'.

Eine Schlappern machen: schmollend den Mund verziehen, eine Schnute machen, die Unterlippe hängen lassen.

Schlappschwanz. *Ein rechter Schlappschwanz sein:* ein energieloser, schlaffer, auch einfältiger Mensch sein, der keinen Unternehmungsgeist besitzt und Schwierigkeiten und Anstrengungen scheut; vgl. frz. ‚une mauviette'.

Die Rda. beruht wahrscheinl. auf dem Vergleich mit einem Hund, der seinen Schwanz hängen läßt. Man deutet dies allg. als Zeichen, daß er nicht rassenrein, minderwertig, krank, schwach oder feige ist. Vielleicht ist aber auch das männl. Glied gemeint, das häufig als ‚Schwanz' bez. wird. Darauf deutet die Verwendung der Rda. als verächtl. Bez. eines Mannes, dem Freunde und Kollegen bes. in sexueller Hinsicht keine Erfolge zutrauen.

Schlaraffenland (-leben). *Wie im Schlaraffenland sein (leben):* als Müßiggänger im größten Überfluß leben, ein Schlemmerleben führen; vgl. frz. ‚vivre comme au pays de Cocagne'.

Die Rda. bezieht sich auf das in Europa allg. bekannte Märchen vom Lande der Faulenzer (AaTh. 1930; vgl. KHM. 158). Von ihm stammen noch die folgenden Wndgn.: ‚ein Schlaraffenleben führen'; ‚sich die gebratenen Tauben in den Mund fliegen lassen'; ‚warten, bis einem die gebratenen Tauben ins Maul fliegen'.

Aus dem mhd. ‚slur' = fauler Mensch entwickelte sich im 14. Jh. das Schimpfwort ‚slûr-affe' für den üppig und gedankenlos lebenden Müßiggänger. Noch 1494 spricht Seb. Brant in seinem ‚Narrenschiff' (Kap. 108) vom „Schluraffenlandt" während es 1530 bei Hans Sachs (‚Fabeln' Nr. 6), „Schlaweraffen Landt" und „Schlauraffen landt" lautet:

> Ein Gegend heißt Schlauraffenland,
> Den faulen Leuten wohlbekannt.
> Auch fliegen um (möget ihr glauben)
> Gebratne Hühner, Gäns' und Tauben.

Grimmelshausen schildert dieses utopische Land auch im ‚Simplicissimus' (I,262): „Und als dann wirds in Teutsch-

‚Ein Schlaraffenleben führen'

Das schluraffen schiff

land hergehen wie im Schlauraffen-Land, da es lauter Muscateller regnet und die Creutzer-Pastetlein über Nacht wie die Pfifferlinge wachsen! Da werde ich mit beyden Backen fressen müssen wie ein Drescher und Malvasier sauffen, daß mir die Augen übergehen".

Ins Schlaraffenland gehören: dorthin, wo Faule und Gefräßige erwünscht sind. Der Wndg. ‚Er wäre gut ins Schlaraffenland, da gibt man einem von der Stunde ein Pfund zu schlafen' entspricht im Engl.: ‚You'd do well in labberland, where they have half a crown a day for sleeping'.

Meidet einer gern jede Anstrengung, wird ihm iron. der Rat gegeben: ‚Geh ins Schlaraffenland, wo die gebratenen Tauben ins Maul fliegen', auch: ‚wo es Pfannkuchen regnet', ‚wo die Hühner Lobbenkräg tragen', ‚da man die Leute und die Hunde an die Würste henkt!' Die verschiedenen Zusätze zeigen, wie verbreitet die Vorstellungen vom Schlaraffenland sind.

Heinrich Mann nannte einen Roman ‚Schlaraffenland'.

Lit.: *Hans Sachs:* Sämtliche Fabeln und Schwänke, hg. v. E. Götze, Bd. I (Halle 1893) S. 8–11, Nr. 4 (1530); *F. J. Poeschel:* Das Märchen vom Schlaraffenlande, in: PBB. 5 (1878), S. 389–427; *C. Müller-Fraureuth:* Die dt. Lügendichtungen bis auf Münchhausen (Halle 1881, Ndr. Hildesheim 1965); *E. Schmidt:* Charakteristiken, 2. Reihe (Berlin 1901), S. 51–70; *J. Bolte:* Bilderbogen des 16. u. 17. Jh., Nr. 14: Das Schlaraffenland, in: Zs. f. Vkde. 20 (1910), S. 187–193; *Bolte-Polívka:* Anmerkungen zu den KHM. der Brüder Grimm, Bd. III (Leipzig 1918), S. 244–258; *E. M. Ackermann:* Das Schlaraffenland in German Literature and Folksong. Social aspects of an earthly paradise… (Diss. Chicago [Ill.] 1944); *K. Lazarowicz:* Verkehrte Welt, Vorstudien zu einer Geschichte der dt. Satire (= Hermaea N. F. 15) (Tübingen 1963); *Röhrich-Brednich:* Dt. Volkslieder, Bd. II (Düsseldorf 1967), S. 488 ff.; *M. Müller:* Das Schlaraffenland. Der Traum v. Faulheit u. Müßiggang (Wien 1984); *W. Biesterfeld* u. *M. H. Haase:* The Land of Cokaygne, in: Fabula 25 (1984), S. 76–83; *D. Richter:* Schlaraffenland. Geschichte einer populären Phantasie (Köln 1984, Ndr. 1989); *P. Assion:* Schlaraffenland schriftlich und mündlich. Zur Wiederkehr von Märchenmotiven, in: L. Röhrich u. E. Lindig (Hg.): Volksdichtung zwischen Mündlichkeit und Schriftlichkeit, ScriptOralia 9 (Tübingen 1989), S. 109–123.

schlau. *Aus etw. (jem.) nicht schlau werden:* sich bei einer Sache oder einer Person nicht mehr auskennen; sich gewisse Dinge nicht erklären können.

Jem. ist ein Schlauberger: jem. ist bes. gescheit und pfiffig dazu; auch: ‚Schlaufuchs', ‚Schlaumeier'.

Bes. beliebt sind rdal. Vergleiche, um den Grad der Schlauheit eines Menschen zu veranschaulichen; hier sind vor allem Tiervergleiche am häufigsten, so wie: ‚schlau wie ein(e)… Fuchs, Katze, Schlange, Luchs, Ratte, Iltis, Elster'. Dummheit wird oft umschrieben mit; ‚schlau wie zehn Dumme'.

Lit.: *G. Grober-Glück:* Motive und Motivationen in Rdaa. und Meinungen. Textband. (= Atlas der dt. Vkde., Neue Folge, Beitr. 3) (Marburg 1974), §§ 87–90.

Schlauch. *Auf dem Schlauch stehen:* eine Sache nicht begreifen; ratlos sein.

Etw. ist ein Schlauch: eine Sache ist sehr anstrengend; nach einer solchen Arbeit ist man ‚geschlaucht'.

Schlawiner. *So ein Schlawiner!:* Ausruf, wenn man sich von jem. hereingelegt fühlt und dies nun entdeckt. Der Name kommt von ‚Slowena'; die slowenischen Hausierer, auf die diese Beschimpfung zurückgeht, galten als bes. gerissene Geschäftemacher.

schlecht. *Etw. schlecht und recht machen:* es einfach, aber richtig machen, schon bei Hiob 1,1: ‚Derselbe war schlecht und recht, gottesfürchtig und mied das Böse". In dieser alten Reimformel hat das Wort schlecht noch seine mhd. Bdtg. bewahrt: schlicht, eben, gerade, glatt, richtig. Luther benutzte die Formel ‚schlecht und recht' in diesem alten Sinne, als er 2. Sam. 15,3 übersetzte: „Siehe, deine Sache ist recht und schlecht; aber du hast keinen, der dich hört, beim König" (ebenso Hiob 2,3). Ps. 25,21 heißt es: „Schlecht und Recht, das behüte mich; denn ich harre dein", und Luther übersetzt Luk. 3,5: „Was uneben ist, soll schlechter (d.h. ebener) Weg werden".

In der alten Bdtg. stand schlecht im Gegensatz zu krumm. In zahlreichen Sprüchen des MA. taucht es formelhaft auf, so zum Beisp. auch in Seb. Brants ‚Narrenschiff' (19,46).

Die zung die brucht man jn daz reht,
Durch sie würt krum das vor was slecht.

Das ist ein alter volkstümlicher Reim, der wenig anders schon 1350 in Boners ‚Edelstein' (VII, 46) steht:

Die valschen zungen hant daz reht,
Sie machent krump, daz ê was slecht.

Im ‚Renner' des Hugo von Trimberg (V. 13872) heißt es: „er vert über sleht und über krump". Von der Bdtg. ‚einfach', ‚bescheiden' ausgehend, wandelte sich der Sinn der Worte immer mehr ins Negative. ‚Schlecht und recht leben' deutete die bescheidenen Verhältnisse an, wie etwa bei Lessing: „Er lebte schlecht und recht, ohn Amt und Gnadengeld, und niemands Herr noch Knecht".

Wenn wir heute sagen: ‚Er schlägt sich schlecht und recht durchs Leben', so kommen wir der heutigen Bdtg. von schlecht schon sehr nahe, und bei der Redewendg. *mehr schlecht als recht* ist schlecht vollends zum Negativum geworden. Als Ersatz für die urspr. Bdtg. von schlecht schuf die Sprache aus dem Zeitwort ‚schlichten' und dem Abstraktum ‚diu slihte' ein neues Eigenschaftswort: ‚schlicht'.

Lit.: *H. Peters:* Das mittelenglische Wortfeld schlecht/böse (Frankfurt/M. 1983).

Schleier. *Den Schleier nehmen:* ins Kloster gehen, Nonne werden; vgl. frz. ‚prendre le voile'.

Volkstümlich ist die Wndg. nicht, sie lebt nur in gehobener Sprache; ist sie doch auch wahrscheinl. wesentlich jünger als die Sache, die sie bildl. bez. Von der höfischen Tracht her erhielt der Nonnenschleier (bis dahin nach lat. ‚vēlum' mhd. ‚wīhel' genannt) um 1300 im Deutschordensland den Namen: „Den sloier si von im entpfie Und gelobete gote küsch mē wesen" (‚Passional' 659, 36 Köpke). Seit dem 15. Jh. erscheint in Schlesien die Zusammensetzung ‚nunnenslawer', ‚-sloer', von dort her bedeutet die Wndg.: Nonne werden.

Es liegt ein Schleier über etw. sagen wir, wenn eine Sache nicht klar erscheint. Schiller benutzt das Bild im ‚Verschleierten Bildnis zu Sais'. Wir sprechen vom ‚Lüften oder Heben des Schleiers', wenn wir die Wahrheit einer Sache herausfinden. Sehr hübsch spottet Bismarck über die, die es unter Umständen für gut halten, „sich in dumpfe Mutlosigkeit, in den Schleier der Schwermut zu hüllen" (‚Reden' I, 245).

Einen Schleier über etw. werfen: eine Sache nicht bekannt werden lassen. Ndl. ‚Laat ons daar mar een' sluijer over werpen'; vgl. frz. ‚jeter un voile sur quelque chose'. Kurz vor 1910 entstand das Modewort *schleierhaft*: unklar.

Lit.: *G. Jungbauer:* Art. ‚Schleier', in: HdA. VII, Sp. 1207–1215.

schleifen. *Schleifen und wenden können:* gewandt, betrügerisch sein. Agricola erklärt diese alte Formel (II,84):

„Schleiffen vnd wenden – d.i. liegen, triegen vnd verschlahen, das es leicht abgeht vnd nit saur wirt, dann schleiffen vnd wenden wil für sich ain yetliches ainen aignen menschen han. Zum schleiffen gehören zwu hende, dessgleichen zum wenden. Wer nun zwu schwäre arbeit auff ainmal vnd leichtig thun kann, der kan schleiffen vnd wenden, d.i. auff alle tail verschmitzet vnd abgeschliffen auf alle ecken. Vor dir ist er gut, hinter dir ist er dein Teufel".

Im Moers heißt diese Rda. ähnl.: ‚He kann slîpen on dreien' (drehen).

Er schleift, aber nicht ohne Wasser: er kann auch nicht mehr als andere. Diese Rda. ist auch mdal. verbreitet. Im Sauerland heißt es z.B. ‚Hei slîepet auk nie ohne Water'. Die Rda. ‚He slîpt nig dröge' bedeutet dagegen in Bremen: er trinkt gern.

Die Vorstellung des Schärfens und Schleifens von Messern, Scheren und Waffen an der Schleifscheibe, die hinter den genannten Rdaa. steht, ist noch in einer Abb. in Murners ‚Schelmenzunft' von 1512 lebendig, während die dazugehörige Rda. *glatte (breite) Worte schleifen* nur noch

‚Glatte Worte schleifen'

übertr. Bdtg. besitzt. *Er schleift Worte* heißt: er versteht es, sich gewandt auszudrücken, er stellt alles als gut und richtig hin. In der älteren Sprache hatte diese Rda. noch mehr als heute den Nebensinn von Lüge und Betrug. So schreibt Luther (3,388[b]): „wie denn die gottlosen jre Wort wissen zu wetzen, zu scherffen, und zu schleiffen". Auch in einem Fastnachtsspiel (Ausg. v. Keller, 386, 31) ist davon die Rede: „Und treiben mangerlei gewesch mit worten uber ort geschliffen". Bei Murner heißt es in seiner ‚Schelmenzunft' (37, 22, 15 Ndr.):

man find ietz meister, die dich leren
wie du deyn worter umb solt keren,
schliffen glatt und glitzendt gerben
und uff der zungen zierlich ferben.

So bedeutet auch ‚e g'schliffes Mul haben': eine beredte, gewandte Zunge haben. *Ein abgeschliffener Kerl sein:* routiniert, pfiffig, betrügerisch sein, vgl. ‚abgefeimt'.

In neuerer Zeit spricht man auch von *geschliffenen Versen;* vgl. frz. ‚limer et perfectionner ses écrits' (Boileau); von einem *geschliffnen Geist, einer mörderisch geschliffenen Ironie* und *vom Schleifen des Verstandes.*

Er schleift sich selbst den Degen, womit er sich sticht: er bereitet sich selbst Unannehmlichkeiten oder seinen Untergang.

Etw. geht wie geschliffen: ganz leicht.

Jem. schleifen: ihn zu gesittetem Betragen erziehen, ihn abrichten, tüchtig zur Arbeit heranziehen, auch: scharf exerzieren. Schleifen meint hier auch in übertr. Sinne: die Unebenheiten beseitigen, eine glatte, wohlgefällige Oberfläche herstellen. Die Rda. hatte urspr. einen realen Hintergrund und weist auf einen alten Aufnahmebrauch bei der Übernahme eines Lehrlings in den Gesellenstand hin, bes. bei den Böttchern (vgl. Wissell II, 465 ff.).

Jem. zu Tode schleifen: ihn unsagbar quälen, eine ma. Strafe für Verbrecher und gefangene Feinde, die an Pferde gebunden wurden.

Ein geschliffener Mann sein, ein geschliffenes Wesen haben: gebildet, angenehm im Betragen sein. Häufiger ist die Wndg. in negativer Bdtg.: *Ein ungeschliffenes Wesen haben:* ungebildet, eckig im Betragen sein, vgl. ‚ungehobelt sein', ↗ Hobel.

Der *Nasenschleifer* behandelt die Leute, die in alles ihre Nase stecken; er schleift sie ihnen ab.

Etw. schleifen: in der älteren Sprache etw. zerstören, verderben, z. B. eine Stadt (Burg, Festung) schleifen. Stud. heißt *Kartell schleifen:* eine Forderung überbringen; *einen beim Kartenspiel schleifen:* ihm das Geld abnehmen. *Hier ist nichts zu schleifen:* hierbei ist nichts zu gewinnen.

Schleifen gehen: zugrunde gehen, auch: sich heimlich davonmachen, sich vor seinem Dienst drücken. *Eine Sache geht schleifen:* sie mißlingt, geht verloren. Hinter dieser erst um 1910 aufgekommenen Wndg. steht die Vorstellung des unaufhaltsamen Abwärtsgleitens.

Jem. in eine Gesellschaft (ins Kino, vors Gericht) schleifen: einen Widerstrebenden (der die Beine am Boden schleifen und sich mit Gewalt ziehen läßt) mitnehmen.

1

2

1 ‚Nasenschleifer'
2 ‚Jem. schleifen'
3 ‚Zu Tode schleifen'

3

Die Zügel schleifen lassen: nicht mehr so streng sein, nicht mehr konsequent auf die Durchführung der Anordnungen achten; vgl. frz. ‚laisser flotter les rênes'.

Lit.: *W. Mezger:* Narrenidee u. Fastnachtsbrauch. Studien zum Fortleben des MA. in der europ. Festkultur (Konstanz 1991).

Schlendrian. *Beim alten Schlendrian bleiben:* mit nachlässiger Gleichgültigkeit an eine Arbeit herangehen, kein Engagement zeigen; bei Routinearbeiten ‚verfällt man gern in den alten Schlendrian'. Deshalb wird oft das Motto ausgerufen: ‚Kampf dem Schlendrian!': Kampf der schludrigen oder langsamen Arbeitsweise! Das Wort kommt aus dem mhd. slûdern: schlenkern, mit dem Material schludern und es vergeuden.

Sich dem Schlendrian hingeben: nur das Allernötigste tun, gern faulenzen.

Einen Schlendrian einreißen lassen: bei der Bummelei zusehen, nicht eingreifen, wenn durch die Fortführung alter Verfahrensweisen und Nachlässigkeiten Schaden und Verlust drohen.

‚Ins Schlepptau nehmen'

Schlepptau. *Einen ins Schlepptau nehmen* (früher: *aufs Schlepptau*) ist eine aus der Schiffahrt entlehnte Rda., die 1741 für den grönländischen Walfischfang bezeugt ist. Soviel wie: einen mitnehmen, um ihm behilflich zu sein, auch: ihn gegen seinen Willen mit sich ziehen, ihn von sich abhängig machen. Schiffe, die wegen Wind- oder Treibstoffmangels nicht vom Fleck kommen, müssen als Anhängsel eines kräftigeren und beweglicheren Schiffes in den Hafen geschleppt werden. Lastkähne werden von Schleppdampfern stromaufwärts gezogen. Dazu sind sie durch das Schlepptau mit dem Dampfer verbunden.

In einer Rede wandte Bismarck sich dagegen, „daß wir uns vom Bunde und Österreich ins Schlepptau nehmen ließen" (‚Fürst Bismarck als Redner' 2,127).

Ndl. sagt man: ‚Hij neemt hem op het sleeptouw'. Etw. anderes ist: ‚eenen upt sleeptau krigen', zu einer Partie bereden (Schütze, Holst. Idiotikon, 1806, Bd. IV, S. 117): „He harr de Ol sin Seel glik opt Sleptau".

Lit.: *K. Groth:* De Waterbörs, Ges. W., Bd. III (1855), S. 94; *F. Kluge:* Dt. Seemannssprache (Halle 1911); *O. G. Sverrisdóttir:* Land in Sicht (Frankfurt/M. 1987), S. 129–131.

schleudern. *Jem. etw. entgegen (ins Gesicht) schleudern:* ihn offen beleidigen, ihm heftige Vorwürfe machen.

Jem. ins Schleudern bringen: ihn verunsichern, aus der Bahn werfen, seine schwache Stelle entdecken und ihn damit aus der Fassung bringen, z. B. durch unangenehme Fragen bei einer Prüfung, vor Gericht, bei einer Vorstellung oder Gegenüberstellung.

Ins Schleudern geraten: unsicher werden. Die Kontrolle über etw. verlieren. Der Ausdr. stammt aus der Sprache der Autofahrer.

Schleudersitz. *Auf dem Schleudersitz sitzen,* auch: *auf den Schleudersitz geraten:* die ungünstigste Position innehaben, nicht abgesichert sein und immer befürchten müssen, bei nächster Gelegenheit, seinen Arbeitsplatz, seine Stellung zu verlieren. Die Wndg. wird in übertr. Bdtg. gern auf Politiker bezogen, die bei einem Mißerfolg ihrer Partei (Fraktion) als erste, ‚ihren ↗Hut nehmen müssen'. *Sich wie auf dem Schleudersitz fühlen:* sich der akuten Gefahr bewußt sein, Furcht haben.

Sich mit dem Schleudersitz retten: den letzten Ausweg bei einer Katastrophe wählen, um z. B. bei einem Flugzeugabsturz doch noch mit dem Leben davonzukommen.

Schliche. *Die Schliche kennen:* genau alle Wege und Möglichkeiten kennen und zu nutzen wissen, um entweder heimlich oder auf Umwegen einen Vorteil oder ein Ziel zu erreichen. Die Rda. weist urspr. auf den Jäger, der alle Schleichwege (Schliche) des Wildes genau kennen muß. Noch in diesem alten Sinne gebraucht Schiller die Wndg. in seinem ‚Tell' (I,4): „Die Schliche kenn' ich und die Felsensteige".

Die Übertr. der Rda. erfolgte jedoch bereits in mhd. Zeit, wobei sie die Bdtg. von heimlichen Verfahren, Listen und Kunstgriffen erhielt. Im ‚Parzival' (78,5) heißt es:

Sie geloubten sich der sliche
die man heizet friwendes stiche:
heinlich gevaterschaft
wart dâ zefuort mit zornes kraft.

Jem. hinter (auf) seine Schliche kommen: herausfinden, was einer tut und welche Mittel er gebraucht, auch: seine heimlichen Absichten merken und seine wahre Natur erkennen. Im Ndd. heißt ‚Ek kenne dîne slêke', ich bin hinter dein Geheimnis gekommen, deine Winkelzüge und Kunstgriffe sind mir bekannt.

Einen auf die Schliche bringen: ihm auf die Sprünge helfen, ihm etw. begreiflich machen.

Lit.: *L. Röhrich* u. *G. Meinel:* Rdaa. aus dem Bereich der Jagd und der Vogelstellerei, S. 317.

schlicht. Schlicht tritt häufig in Zwillingsformeln auf wie: *schlicht um schlicht:* in direktem Tausch. Leistung gegen Leistung; es erscheint hier noch in seiner älteren Bdtg. von ‚direkt', ‚auf geradem Wege'. Verstärkend gebraucht werden Wndgn. wie: ‚schlicht und ergreifend' oder ‚schlicht und einfach'; ↗ schlecht, ↗ dicht.

Lit.: *O. Hauschild:* ‚Dicht an dicht' und ‚schlicht um schlicht', in: Muttersprache 53 (1938), S. 76–77.

Schliff. *Jem. hat Schliff:* er besitzt gute Umgangsformen, ↗ schleifen. *Schliff kriegen:* ein besseres Benehmen zeigen, gute Umgangsformen annehmen. *Einer Sache (jem.) den letzten Schliff geben:* einer Sache gefällige Form geben, sie zur vollendeten Schönheit bringen, einem Menschen zur Entfaltung aller positiven Eigenschaften verhelfen. Diese Rdaa. beziehen sich auf das Schleifen der Edelsteine und des Glases, wobei der Vorgang des Glättens und Verschönerns auf das menschl. Verhalten übertr. wurde. In der Schweiz sagt man von einem groben (ungehobelten) Menschen: ‚Er ist ein Schliffel'.

Bei einer Sache Schliff backen: nichts erreichen, scheitern. Das Wort Schliff ist hierbei die Bez. für die unausgebackene, speckige Stelle in Brot oder Kuchen, die ungenießbar ist.

Schlinge. Der Sprache des Jägers sind die folgenden Rdaa. entlehnt: *in die Schlinge gehen:* auf einen versteckten Anschlag hereinfallen, frz. ‚tomber dans le lacs'; *einem eine Schlinge legen, einen in die Schlinge führen:* einen durch List zu Fall, ihn hinterlistig in Gefahr bringen; ebenso frz. ‚dresser un piège à quequ'un', ‚poser un gluau (Leimrute) à quelqu'un' (vgl. auch ‚Falle', ‚Garn', ‚Netz').

Sich in seiner eigenen Schlinge fangen, vgl. das Sprw. ‚Wer andern eine Grube gräbt, fällt selbst hinein'; diese Rda. ist auch schon lat. bekannt: ‚laqueo suo captus est', sowie auch frz. ‚être pris dans ses propres lacets' und ndl. ‚Hij is in zijn eigen strik gevangen'.

Von der Schlinge des Galgens sind andere Rdaa. hergeleitet: *sich (den Kopf) aus der Schlinge ziehen:* den Gefahren einer schwierigen Lage geschickt zu entgehen wissen; eigentl. heißt es: den schon in die Schlinge geratenen Kopf noch herausziehen, bevor der Henker sie zuzieht. Schon bei Luther findet sich diese Rda. in bildl. Anwendung (‚Briefe' 3, 548): „Darumb der meister nicht daheimen gewest ist, der dir solchen vertrag gestellet, und solche stücklin drinnen nicht bedacht, hat gleichwohl den kopf aus der schlingen ziehen, und die sachen ganz auf Hornung schieben wollen, siehet aber nicht, dasz er gar mit dem hintern hinein gefallen ist". Seitdem ist die Rda. sehr oft belegt, sie begegnet uns auch im Frz.: ‚se tirer d'un piège', ‚se tirer de la presse'; im gleichen Sinne wird die Wndg. ‚den Kopf aus dem Halfter ziehen' gebraucht (z. B. ‚Zimmerische Chronik' II, 292).

Den Kopf in die Schlinge stecken: sich in größte Gefahr begeben; *jem. die Schlinge um den Hals legen:* etw. tun, damit jem. vernichtet wird; abgewandelt finden wir die Rda. bei Schiller (‚Tell' 3,2):

Doch wie mich retten – wie die
Schlinge lösen,
Die ich mir töricht selbst ums
Haupt gelegt?

Die Schlinge zuziehen: den letzten Schritt zu jem. Vernichtung oder Ergreifung tun. Umg. sagt man heute von einem Menschen, der einem wie ein beschwerliches, widerliches Anhängsel überallhin folgt: ‚Er ist eine Schlingpflanze'.

Lit.: *L. Röhrich* u. *G. Meinel:* Rdaa. aus dem Bereich der Jagd u. der Vogelstellerei, S. 316, 321 f.

Schlips. *Jem. auf den Schlips treten:* jem. kränken. *Sich auf den Schlips getreten fühlen:* beleidigt sein. *Jem. beim Schlips erwischen:* ihn gerade noch zu fassen bekommen. Diese Rdaa. beziehen sich auf das ndd. ‚slip' = Zipfel am Hemd oder Rock. Es ist also der Rockschoß gemeint, ebenso wie in der schlesw.-holst. Rda. ‚Pedd di man ni op'n Slips!', bilde dir nur keine Schwachheiten ein, oder hamb. ‚Nu pedd' di man nich up Slips'.

Schlips i. S. v. Halstuch, Krawatte ist erst 1840 aus dem Engl. in nhd. Texte Nord- und Mitteldtls. eingedrungen. Die neueren Rdaa. verwenden das Wort meist in dieser Bdtg.: *Spuck dir nicht auf den Schlips!:* bilde dir nichts ein; *das haut einen auf den Schlips!:* das ist unerhört; *eins auf den Schlips kriegen:* etw. Unangenehmes, einen Tadel zu erwarten haben; *einen hinter den Schlips (Binde) gießen:* ein Glas Alkohol trinken (↗trinken); vgl. frz. ‚S'en envoyer un derrière la cravate' (umg.).

Mit Schlips und Kragen erscheinen: korrekte Kleidung tragen, auch offiziell, formell auftreten, sich keine Nachlässigkeit erlauben.

‚Färtz mit Schlips' sagt man scherzhaft in der Gegend von Heidelberg, um damit etw. total Unnötiges, Überflüssiges zu bez.

Lit.: *A. Bach* in: Zs. f. Vkde. 51 (1954), S. 189.

Schlitten. *Unter den Schlitten kommen:* in elende Verhältnisse geraten, herunterkommen, in schlechter Gesellschaft sein und den sittlichen Halt verlieren. Die Rda. kann aber auch nur bedeuten: ins Hintertreffen geraten, in Nachteil versetzt werden. Die Wndg. ‚A öss ondern Schlitten g'kumm' bezieht sich in Böhm.-Friedland bes. auf das Geschäft und den Charakter. Die Rda. ‚unter den Schlitten kommen' ist bereits im ‚Rollwagenbüchlein' (111) vorgebildet: „sein Herz fuhr ihm auf dem Schlitten" (= war übermütig). Befindet es sich auf dem Schlitten, kann es natürlich leicht durch einen Unfall darunter fallen.

Im Schles. heißt die Rda. ‚hinter den Schlitten kommen': in einem Geschäft, einer Angelegenheit übervorteilt werden und deshalb zurückbleiben. Ähnl. in Leipzig: ‚von der Pritsche fallen', Amt und Stellung verlieren, anderwärts sagt man dafür auch: ‚unter die Räder kommen' (↗Rad) und ‚unter den Karren kommen'.

Die westf. Rda. ‚de Sliye vom Iyse hewwen' bedeutet: sein Ziel erreicht haben, sein Vermögen in Sicherheit wissen, vgl. ‚sein Schäfchen im trockenen haben', ↗Schaf.

Mit jem. Schlitten fahren: ihn grob, rücksichtslos behandeln, ihn gehörig zurechtweisen. Küpper meint, daß sich die junge Rda. auf das Rodeln beziehe, bei dem ein Mitfahrer keine Rücksichtnahme erwarten kann. Vgl. ‚jem. den Kopf waschen', ‚jem. den Marsch blasen'.

Scherzhaft sagt man: *Der Hund fährt Schlitten,* wenn er auf seinem Hinterteil rutscht, das ihn juckt. Die Schwaben kennen einen humorvollen Vergleich: ‚Er fährt Schlitten wie die Bettelleute, mit dem Hintern übers Bett na'.

Jem. muß vom Schlitten gehen: jem. muß aus einer Mannschaft, Partei, Gruppe ausscheiden.

Lit.: *D. R. Moser:* Maskeraden auf Schlitten. Studentische Faschings-Schlittenfahrten im Zeitalter der Aufklärung (München 1988).

Schlitzohr. *Jem. ist ein Schlitzohr:* jem. ist ein listiger, durchtriebener Mensch; vgl. frz. ‚enfant terrible'. Die Bez. eines gerissenen Burschen und Gauners als ‚Schlitzohr' mag ihren realen Hintergrund in der Tatsache haben, daß Betrüger früher durch Einschlitzen der Ohren bestraft und gekennzeichnet wurden.

‚Schlitzöhrchen' ist der Name eines Wassergeistes, Titelfigur von D. S. Nr. 63 und eines nach der Grimm-Sage gestalteten Sagengedichts von August Kopisch.

Schloß. *Einem ein Schloß vor den Mund legen (wollen):* ihn zum Schweigen bringen. Die Rda. ist bibl. Herkunft. Sir. 22,23 heißt es: „Oh, daß ich könnte ein Schloß an meinen Mund legen, und ein fest Siegel auf mein Maul drücken", und Sir. 28,28: „Warum machest du nicht vielmehr deinem Munde Tür und Riegel?"

‚Ein Schloß vor dem Mund haben'

Ebenso wird bei Micha 7,5 der Mund als Tür gedacht.
Walther von der Vogelweide lehrt die Knappen (87,9f.):

Hüetet iuwer zungen,
daz zimt wol den jungen,
stôz den rigel vür die tür
lâ kein boese wort darfür.

Schloß vor den Mund! ist daher die kurze Aufforderung zur Verschwiegenheit. In Mozarts ‚Zauberflöte' wird danach gehandelt und dem lustigen Schwätzer Papageno ein wirkliches Schloß vor den Mund gelegt. Ein Grabfund deutet auf die Verwendung des Mundschlosses im hist. Strafvollzug.
Die Rda. *Man hat ihm ein silbern (gülden) Schloß vors Maul gelegt* bedeutet: man hat ihn bestochen, damit er schweigt.
Ein Schloß vor dem Mund haben: sehr schweigsam sein. Vgl. frz. ‚Il a la langue liée'. Dagegen bedeutet die Rda. *Er hat kein Schloß vor seinem Munde:* er kann nichts für sich behalten, oder: er spricht offen seine Meinung aus, ähnl. wie in der Rda. ‚kein Blatt vor dem Munde haben'. Vgl. ndl. ‚Hij heeft geen slot in den mond'.
Es ist ein Schloß an einem zerstörten Hause wird gesagt, wenn sich jem. unnötige Sorgen um Dinge macht, die wertlos sind.

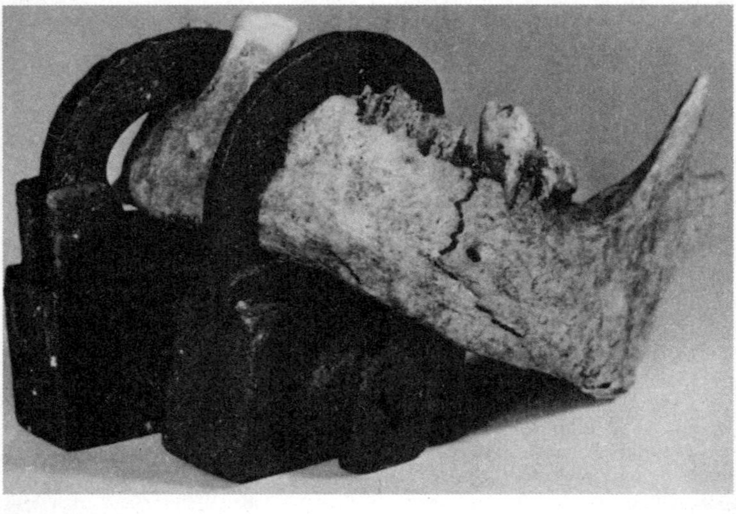

Mundschloß (Grabfund)

Etw. unter sieben Schlössern haben: gut verwahrt, sehr sicher. Dagegen heißt es resignierend: *Und wenn ich's unter sieben(hundert) Schlössern hätte,* es würde mir doch entrissen werden. Vgl. ndl. ‚Al zou ik het ook achter zeven sloten heenhalen'. *Hinter Schloß und Riegel sitzen:* im Gefängnis sein; vgl. frz. ‚être sous les verrous'.

Häufig verwendete, stabreimende Zwillingsformeln sind: ‚Schloß und Schlüssel', ‚Schloß und Schrein', ‚Schloß und Stadt'.

Das Schloß als Bauwerk meinen die Rdaa.: *Ein Schloß auf einen bauen können:* großes Vertrauen auf ihn setzen. Heute ist dafür gebräuchlicher: ‚Häuser auf einen bauen'. Die Warnung *Man darf keine Schlösser auf ihn bauen* bezieht sich auf einen Unzuverlässigen oder einen Betrüger. *Ein Schloß auf Eis bauen:* auf unsicherem Grunde. Vgl. ndl. ‚kasteelen op het ijs bouwen'.

Schlösser in die Luft bauen (Luftschlösser bauen): unausführbare Dinge erhoffen und ausführen wollen. Vgl. dän. ‚At bygge slotte i luften' und ndl. ‚Kasteelen in de lucht bouwen'. Die Wndg. ‚spanische Schlösser bauen' hat die gleiche Bdtg.; vgl. frz. ‚bâtir des châteaux en Espagne'.

Etw., das nur in der Einbildung besteht, bezeichnen wir nach P. Linckes Operette ‚Frau Luna' als *Schloß im Mond.* In der Schlußszene empfiehlt Frau Luna der Braut Maria: „Gib acht auf deinen Schatz, daß er nicht wieder Schlösser im Monde baut", und die bekannte Schlußarie beginnt: „Schlösser, die im Monde liegen".

Lit.: *H. Freudenthal:* Art. ‚Schloß', in HdA. VII, Sp. 1215–1223.

Schloßhund. *Heulen wie ein Schloßhund:* stark weinen, aufheulen müssen vor Kummer, Schmerzen usw. Mit dem Schloßhund in dem rdal. Vergl. ist eigentl. der Hund, der an der Kette liegt, gemeint, ↗heulen.

Lit.: *F. Krämer:* Er heult wie ein Schloßhund; Versuch einer Deutung, in; Muttersprache 67 (1957), S. 292; *J. Goldbeck:* Er heult wie ein Schloßhund, in: Muttersprache 67 (1957), S. 463–464; *F. Krämer:* Nochmals ‚Er heult wie ein Schloßhund', in: Muttersprache 68 (1958), S. 252.

Schluck. *Einen kräftigen Schluck aus der Pulle verlangen:* hohe (Lohn-)Forderungen stellen; bes. seit Mitte der 70er Jahre geläufig im Zusammenhang mit den jährl. Lohntarif-Runden.

Gerhard Hauptmann nannte ein Scherzspiel ‚Schluck und Jau' (1900). Mit ‚Schluckspecht' bez. man jem., der gerne und oft viel Alkohol trinkt, ↗trinken.

schlucken. *Vieles (allzuviel) schlucken (müssen):* viel Unangenehmes ertragen (einstecken), sich nicht gegen Beleidigungen oder herabsetzenden Spott verteidigen wollen oder dürfen, sich seinen Ärger nicht anmerken lassen, seine Wut nicht zu äußern wagen, um nicht weitere Demütigungen oder Schlimmeres heraufzubeschwören, auch: nicht den Mut haben, seine eigene Meinung zu vertreten, ein Feigling sein. Die Wndg. wird entweder in der Ich-Form als eine Art Selbsterkenntnis gebraucht oder bedauernd im Hinblick auf andere. Sie spielt auf das oft zu beobachtende, falsche Verhalten eines (anscheinend) Wehrlosen an, der seine Erregung regelrecht ‚hinunterschluckt'. Die so unterdrückten Gefühle können krank machen, denn was einem ‚schwer (wie ein Stein) im Magen liegt', kann sogar zu Entzündungen und Geschwüren führen, ↗Magen. Das Gegenteil meint der Vorsatz: *Nicht mehr alles schlucken wollen:* aufbegehren, sich (endlich) zur Wehr setzen, sich nicht mehr alles gefallen lassen und auch die Folgen dafür auf sich nehmen.

Etw. hat viel (zuviel) geschluckt: ein Vorhaben (ein Bau, eine Reise) hat mehr gekostet als erwartet, es hat mehr an Kraft (Zeit) als vorgesehen erfordert.

Schlucker. *Ein armer Schlucker sein:* ein bemitleidenswerter Mensch sein, der so arm ist, daß er sich nicht jeden Tag ein warmes Essen leisten kann, oder der aus Not gezwungen ist, alles zu essen und zu trinken, was man ihm vorsetzt, und dabei schlechte Behandlung erdulden muß. Im 15. Jh. bezeichnete man mit Schlucker den Schlemmer, der sein Gut verpraßte. Die Wndg. ‚armer Schlucker' i.S.v. Schmarotzer gebrauchte zuerst Hans Sachs 1553 in einem Fastnachtsspiel (58,3) als verächtlich mitleidige Schelte. Vgl. auch ndl. ‚Het is een goede slokker'.

Im Mittelfränk. tanzen die Bauern einen Dreher zu folgendem Vierzeiler:

Oh ihr arma Bauramadli,
Oh ihr arma Schluckerli:
Müßt ihr nit Kartoffeln fressen
Wie die junge Suckerli
(Saugschweine).

Ein ‚armer Schlucker' ist ein Mensch, der nicht viel zu beißen und daher zu schlukken hat, darüber hinaus überhaupt ein sehr bedürftiger – auch ein geistig bedürftiger – Mensch. Im 16.–18. Jh. sprach man auch von *einem guten Schlucker*. Da man in dieser Zeit die Freude der Tafel würdigte und gern selbst genoß, milderte sich das Urteil darüber, so daß ein ‚guter Schlucker' zwar ein eifriger Trinker, aber ein guter und ehrlicher Kerl war.

Er ist ein guter (armer) Schlucker, er hat Haus und Hof verschluckt: Cholevius (‚Programm' 19) bemerkt dazu: „Der arme Schlucker (‚Sophiens Reise' 5,71 u. 6,478) wäre ein passendes Beispiel zu lucus a non lucendo, wenn er wirklich den Namen davon hätte, daß er das Wohlleben liebt, aber nichts zu schlucken hat. Natürlicher dächte man an einen Armen, der etwa ein ihm dargereichtes Schälchen Grütze gierig hinunterschluckt".

Lit.: *H. Walter:* Der arme Schlucker, in: Sprachdienst 18 (1974), S. 134; *L. Schmidt:* Der „arme Schlucker" und seine Konsorten. Zu einigen Wiener Sagen, Legenden und Schwänken, in: Österr. Zs. f. Vkde. 80 (1977), S. 299–301.

Schluß. *Schluß gemacht haben:* eine Beziehung beendet, eine Liebschaft abgebrochen, sich getrennt haben. Vgl. das bekannte Volkslied:

Ade zur guten Nacht!
Jetzt wird der Schluß gemacht,
daß ich muß scheiden.

Dagegen: *Schluß machen wollen:* sich das Leben nehmen wollen.

Der Weisheit letzter Schluß sein: das Ergebnis von Überlieferung und Lebenserfahrung. Die Wndg. beruht auf Goethes ‚Faust' (II, 5. Akt: Großer Vorhof des Palastes). Faust bekennt als Summe seiner Weisheit:

Nur der verdient sich Freiheit
wie das Leben,
Der täglich sie erobern muß.

Jetzt ist Schluß der Vorstellung! heißt es scherzhaft, wenn etw. endgültig aus ist, wenn es nichts mehr gibt. Die Wndg. beruht vermutl. auf dem Theaterbrauch, das Ende der Vorstellung durch einen Epilog bes. anzukündigen, wie es auch bei Jahrmarkts- und Zirkusdarbietungen üblich war.

Schlüssel. *Etw. unter seinem Schlüssel haben:* Macht über etw. besitzen. Die Rda. ist bibl. Herkunft. Bei Matth. 16,19 verheißt Jesus dem Jünger Petrus die Schlüsselgewalt: „Und ich will dir des Himmelreichs Schlüssel geben". Der Schlüssel wurde deshalb zum christl. Symbol (Schlüssel Petri, der Kirche) und die ‚Schlüsselgewalt' zu einem feststehenden Rechtsbegriff, die in der Rechtsprechung des Papstes als ‚Statthalter Christi auf Erden' und ‚Nachfolger Petri' eine wichtige Rolle spielt; vgl. frz. ‚avoir quelque chose sous clé'.

Die Rda. *die Schlüssel üben* bedeutet: ein Amt ausüben, denn der Schlüssel entwikkelte sich auch im außerkirchlichen Bereich zu einem Sinnbild der Gewalt, der Machtbefugnis, des Besitzes und eines hohen Amtes. So trug z. B. der Kammerherr einen goldenen Schlüssel hinten am Rocke zum Zeichen seiner Würde. Die Rda. *die Schlüssel kriegen:* Hausfrau werden, bezieht sich auf einen alten Rechtsbrauch: Wenn die Ehefrau zum erstenmal das Haus ihres Mannes betrat, erhielt sie die Schlüssel zu Schränken und Truhen, wobei ihr die Herrschaft über den Hausrat und das Gesinde übertr. wurde. Zum Zeichen ihrer Würde trug sie von nun an die Schlüssel an ihrem Gürtel (vgl. Grimm, Rechtsaltertümer, 176).

Einem die Schlüssel nehmen: jem. den Dienst aufkündigen, ihn davonjagen. Luther gebrauchte in seinen ‚Tischreden' (139) eine ähnl. Wndg.: „einem die Schlüssel vor die Füße (Tür) werfen".

Den Schlüssel zurückgeben: seine Stellung, das Haus verlassen. Hans Sachs forderte in seinem Fastnachtsspiel (1, 42, 173, Ndr.) in ähnl. Weise zum Gehen auf:

und du unflat, lang her mein schlüssel,
und komb mir nimmer inn mein hausz!

Die Schlüssel übergeben: seine Macht, seinen Besitz einem Mächtigeren oder dem Nachfolger überlassen. Bei der Übergabe einer Festung oder Stadt galt das Überrei-

,Die Schlüssel übergeben'

chen des Schlüssels an den Sieger als Zeichen der Unterwerfung. Besuchte ein Fürst, ein Landesherr die Stadt, wurde ihm ebenfalls feierlich vom Bürgermeister der Stadtschlüssel überreicht, ein Brauch, der sich bis heute im rhein. Karneval erhalten hat, indem Prinz Karneval für die ,drei tollen Tage' den Schlüssel der Stadt und damit die Gewalt über sie erhält; vgl. frz. ,remettre les clés'.

Den Schlüssel suchen: ein Amt, Macht und Ansehen zu erlangen suchen. Die Rda. *Er hat die Schlüssel funden* heißt: er hat die erstrebte Stellung erhalten und daraufhin seine Einstellung, sein Verhalten geändert.

Von einem, der in demütiger Weise ein Amt sucht, sagt man auch: *Er sucht die Schlüssel Petri.* Die Rda. bezieht sich auf das Verhalten von Papst Sixtus V. vor seiner Wahl. Als Kardinal ging er an Krükken und scheinbar von Schwäche gebeugt. Man gab seinem Leben nur noch kurze Frist und wählte daher ihn. Danach erhob sich der ,kränklich gebeugte' Mann gesund in seiner neuen Würde, und danach gefragt, wie diese plötzliche Verbesserung zu erklären sei, sagte er: „Ich ging gebücket, weil ich die Schlüssel des Petrus suchte, und nun habe ich sie gefunden".

Er hat den Schlüssel ins Feld: er kann gehen, wohin er will, er hat freie Pirsch. *Jem. den Schlüssel ins Feld geben:* ihm die Freiheit geben, damit er gehen kann, wohin es ihm beliebt; vgl. frz. ,remettre à quelqu'un les clés des champs'; ,Il a pris la clé des champs' u. ,jeter les clés sur la fosse'.

Einem den Schlüssel aufs Grab legen (werfen): sich von der Erbschaft losmachen, die Schulden des Verstorbenen nicht übernehmen wollen, auch: sich öffentl. für zahlungsunfähig erklären (bes. im Dän.): die Rda. weist auf einen alten Rechtsbrauch, der in manchen Gegenden noch heute geübt wird: die Ehefrau, die die Schulden ihres verstorbenen Mannes nicht bezahlen wollte, legte oder warf ihm die Schlüssel aufs Grab oder auf die Bahre, um damit auszudrücken, daß sie keine Verpflichtungen ihm gegenüber mehr habe (Grimm, Rechtsaltertümer, 453). Der Brauch und ähnl. Rdaa. waren weit verbreitet. Vgl. lat. ,Quis aberrit a janua' und ,nolle alicujus hoeredem esse', frz. ,jetter les clés sur la fosse' und ndl. ,den sleutel op de dood-kist leggen'.

Man darf den Schlüssel nicht aufs Grab legen dient bes. in Rheinhessen als Warnung, nicht vorzeitig aufzuhören oder aufzugeben.

Alle Schlüssel an einen Haken hängen: den Erfolg einer Sache nur von einem Umstand, einer Person abhängig machen, etw. sehr Unsicheres wagen; vgl. ,alles auf eine Karte setzen'.

Einem den Schlüssel zur Geldkiste übergeben: ihm unbegrenztes Vertrauen schenken, das mißbraucht wird; einem Erben oder Fremden die Möglichkeit selbst eröffnen, das angesammelte Vermögen zu verschleudern. Vgl. ndl. ,Hij geeft hem den sleutel van zijne geldkist'. *Den Schlüssel in der Tasche haben:* sein Vorhaben leicht ausführen können.

Die Rda. *jem. mit dem Schlüssel richten:* ihn brandmarken, bewahrt die Erinnerung an einen alten Strafvollzug: dem Dieb wurde mit einem glühenden Schlüssel ein Zeichen eingebrannt, das zur Abschreckung und Warnung diente, ↗brandmarken.

Den Schlüssel zu einer Sache finden (kennen): den Sinn für richtiges Verständnis besitzen, die Erklärung für ein Geheimnis, eine Geheimschrift, das Verhalten eines Menschen haben. Bereits in der Bibel besitzt der Schlüssel diese übertr. Bdtg., denn Luk. 11,52 heißt es: „Weh euch Schriftgelehrten! Denn ihr habt den Schlüssel der Erkenntnis weggenommen", d.h. durch falsche Schriftauslegung wurde den Menschen die wahre Erkenntnis und damit der Weg zu Gott verschlossen. Vgl. frz. ‚trouver la clé de quelque chose'.

Die Rda. *den Schlüssel zum Herzen finden* steht in Zusammenhang mit der im Volkslied beliebten Vorstellung vom ‚Herzensschlüssel', der entweder verloren ist oder nur von einem bestimmten Menschen gefunden werden kann. Schon in einem Liebesbrief des Wernher von Tegernsee (12. Jh.) heißt es:

Dû bist beslozzen
in mînem herzen;
verlorn ist daz slüzzelîn:
dû muost immer drinne sîn.

Und in einem Lied aus Kärnten:

Mei Herzerl ist treu,
Is a Schlösserl darbei,
Und an oanziger Bua
Hat 'n Schlüssel darzu. (E. B. II, S. 87).

Von einem Menschen, der zu nichts zu gebrauchen ist, sagt man im rdal. Vergleich: *Das ist ein Schlüssel, der nirgends hinpaßt.* Vgl. ndl. ‚Iemand, die niet deugen wil, is gelijk aan een' sleutel, die nirgends op past'.

Der Schlüssel gilt häufig als erotisches Symbol und ist eine verhüllende Bez. des Penis, während mit ‚Schloß' das weibl. Geschlechtsorgan umschrieben wird (vgl. KHM. 67). *Der Schlüssel paßt nicht:* sie passen nicht zusammen. Die Rda. *Er soll mit seinem Schlüssel dies Schloß nicht öffnen* bezieht sich also auf den sexuellen Bereich. Vgl. ndl. ‚Hij zal zijn sleutel in dat slot niet steken'. Die im Preuß. übliche Feststellung *Er hat sich den Schlüssel verdreht* heißt: er hat die Syphilis bekommen.

Schlüssel als erotisches Symbol

Lit.: *J. Bolte:* Dû bist mîn, ich bin dîn, in: Zs. f. d. A. 34 (1890), S. 161–167; *E. Goldmann:* Art. ‚Schlüssel', in: HdA. VII, Sp. 1224–1228; *J. Meier:* Kleinigkeiten 1. Du bist mîn, ich bin dîn, in: Schweiz. Archiv f. Vkde. 11 (1907), S. 269–278; *A. Hauffen:* Das Bild vom Herzensschlüssel, in: Archiv für das Studium der neueren Sprachen u. Lit. 105 (1909), S. 10ff.; *H. Bächtold:* Die Gebräuche bei Verlobung und Hochzeit, Bd. I (=Schriften der Schweiz. Gesellschaft f. Vkde. 12) (Basel–Straßburg 1914), S. 84ff.; *H. Meyer-Benfey:* Das älteste dt. Liebeslied, in: Germ.-rom. Monatsschrift 25 (1937), S. 389–393; *A. Becker:* „Du bist mein, ich bin dein", in: Volk und Volkstum. Jb. f. Vkde. 3 (München 1938), S. 332–335; *A. Taylor:* I Am Thine and Thou Are Mine, Hommages à Georges Dumézil, Bruxelles (Collection Latomus XLV) (1960), S. 201–208; *L. Schmidt:* Volksglaube und Volksbrauch (Berlin 1966), Kap. ‚Brauch ohne Glaube', S. 290; *Röhrich-Brednich:* Dt. Volkslieder, Bd. II (Düsseldorf 1967), S. 340–342; *W. Mezger:* Narrenidee und Fastnachtsbrauch (Konstanz 1991).

Schlüsselkind. *Ein Schlüsselkind sein,* auch: *zu den Schlüsselkindern gehören:* viel allein sein und selbständig heranwachsen, aber auch: ohne Aufsicht u. notwendige Betreuung u. Zuwendung durch die Eltern allein zurechtkommen müssen u. deshalb manchmal sogar verwahrlosen. ‚Schlüsselkinder' war in den 50er Jahren die Bez. von Kindern berufstätiger u. alleinerziehender Mütter, die den Wohnungsschlüssel besaßen u. sich tagsüber selbst überlassen blieben.

Schlußlicht. *Das Schlußlicht machen:* als letzter hinterdreingehen, der Tabellenletzte beim Fußball sein. Die Rda. entstand erst in unserem Jh. in Verbindung mit einer Verkehrsregel: Der letzte einer marschierenden Kolonne muß zur Sicherheit ein rotes Licht tragen. Die Übertr. erfolgte auf verschiedene Lebensbereiche, so daß die Rda. heute bedeuten kann: die schlechteste Leistung beim Sport zeigen, der Klassenschlechteste sein, aber auch das zuletztgeborene Kind einer Familie sein.

Nur noch die Schlußlichter gesehen haben: zu spät gekommen sein, eine günstige Gelegenheit verpaßt haben. Diese Wndg. bezieht sich urspr. auf das Versäumen eines Zuges; vgl. frz. ,n'avoir plus vu que les feux rouges'.

Schlußstrich. *Den Schlußstrich unter etw. ziehen:* eine Sache beenden, abschließen. In der Familienchronik der Buddenbroocks von Thomas Mann zieht der letzte Sproß der Familie, nämlich Hanno, symbolischerweise selbst den Schlußstrich.

Schmachtlappen (-fetzen) ↗Hungertuch.

Schmachtriemen. *Den Schmachtriemen anlegen (anziehen, umschnallen, enger schnallen):* wenig zu essen haben, sich gegen den peinigenden Hunger wappnen. Vgl. ndl. ,den smachtriem aandoen'. Ähnl. Bdtg. hat die verbreitete Rda. ,den Gürtel enger schnallen müssen'. Adelung erklärt 1780 in seinem ,Versuch eines grammatisch-kritischen Wörterbuches' (Bd. IV, Sp. 165) das Wort. Schmachtriemen ist „ein breiter lederner Riemen der Fuhrleute, Reiter usf. den Unterleib damit zu gürten, wenn er leer ist, damit er auf dem Pferde nicht so erschüttert werde; von dem veralteten Hauptworte Schmacht, der Hunger". 1756 ist der Ausdr. osnabrückisch als ,smachtreeme' bezeugt.

Schmäh. *Jem. am Schmäh halten:* jem. zum besten halten; mhd. ,smaehe' bedeutet Beschimpfung, verächtliche Behandlung. Dagegen meint österr. ,Schmäh': Sprüche, Scherze.

Lit.: *R. Aman:* Bayerisch-Österreichisches Schimpfwörterbuch (München [2]1975).

Schmalhans. *Da (dort) ist Schmalhans Küchenmeister:* dort gibt es wenig zu essen, es gibt schlechte, knapp bemessene Kost. Diese weitverbreitete Rda. wird entweder als Entschuldigung der Armut oder als Tadel des Geizes und der Ungastlichkeit gebraucht und ist bereits seit dem 17. Jh. bezeugt.

Schmalhans als Personifizierung des Hungers ist zuerst 1663 lit. belegt bei Schupp (Schriften 31). Man glaubte vom Aussehen des Kochs auf die Qualität der Speisen schließen zu können und umgekehrt; bei einem wohlgenährten Küchenmeister erwartete man üppige Mahlzeiten; da, wo man nicht satt zu essen bekam, arbeitete vermutlich ein dünner Koch, ein ,schmaler Hans', in der Küche. Der Name ist wahrscheinl. aus einem Scherz mit dem wirklich vorkommenden Familiennamen Schma(h)l entstanden, der mit dem häufigsten Vornamen ,Hans' zusammengesetzt wurde, ↗Hans. Vorbild dafür war wohl das nur wenig ältere ,Prahlhans'. Der neu entstandene Begriff erhielt gleich mehrere Bdtgn., nämlich Mäßigkeit, Mangel und Hunger. In Grimmelshausens ,Simplicissimus' erzählt der Held von sich selbst (I,212): „So hätte mich auch der Schmalhans (= Hunger) trefflich gequält". Auch den Begriff ,Hunger als Koch' verwendet Grimmelshausen. Im 7. Kap. des ,Simplicissimus' heißt es: „... darin war die Armut selbst Hofmeisterin, der Hunger Koch, und der Mangel Küchenmeister". In einem Volkslied des Dreißigjährigen Krieges (J. W. v. Ditfurth, Nr. 75, Str. 3) wird Tilly verspottet:

Ein andermal bleib Hannes Schmal
Und nit so gierig schaue,
Denn wer zu voll das Maul nimmt wol,
Hat übel zu verdaue.

In diesem Zusammenhang erscheint die Wndg. als Mahnung, künftig bescheidener zu bleiben. Die Umstellung und getrennte Schreibung von ,Hannes Schmal', die bis heute in dem meckl. Sprw. ,Hans Smäl sett allens bi sick däl' weiterbesteht, machen deutlich, daß die Rda. von dem Familiennamen hergeleitet wurde und erst zur Zeit Grimmelshausens oder später ihre endgültige Fassung erhielt, die überall in Dtl. bekannt ist. Seit 1691 ist der Begriff ,Schmalhans Küchenmeister' in breitem Gebrauch (Stieler 766) und greift bald auch auf die Nachbarsprachen über. Im Ndd. und Ndl. gilt gleichbedeutend ,Schraalhans' von ,schraal' = mager, dünn. Vgl. auch oesterr. ,In dem Haus ist der Schmalhans Kuchlmaster'; ndl. ,Schraalhans is kelder- (keuken-)meester' und frz. ,Il n'y a ni pain ni pâte au logis – La marmite est renversée dans cette maison' (veraltet). Weniger verbreitet sind die Rdaa. *Hier führt Schmalhans das Zepter* und *Er muß schmalhansen:* er muß sich einschränken, er leidet Not.

schmarotzen, Schmarotzer. *(Tüchtig) drauflosschmarotzen:* auf Kosten anderer leben, ohne sich dafür erkenntlich zu zeigen, auch: nicht arbeiten und sich vom Staat ernähren lassen. Die Römer verglichen das Leben der Maus damit und sagten: ‚Muris in morem vivit'.

Die Herkunft des dt. Wortes ist noch ungeklärt. In frühnhd. Zeit bedeutete ‚schmorotzen' wie ein Parasit leben (parasitari). Bei den Griechen war der ‚Parasitos' ein Priester beim Gottesdienst des Appollon und Herakles, der die Aufsicht über die Getreideopfer hatte und für diese Mühe einen Teil des Opfers erhielt. Daraus entwickelte sich die spätere Bdtg. von Parasit, der auf Kosten anderer lebt und ihnen nach dem Munde redet.

Ein Schmarotzer sein: ein Mensch sein, der die Gastfreundschaft anderer ausnutzt, also auch ein ‚Tellerlecker', ‚Schwenkdenrüssel', ‚Leerdieschüssel' sein, z.B. nennt Seb. Franck „Schmarotzer und Tellerlecker" gleichzeitig in seinem ‚Zeytbuch' (CLIX[a]). Heute hat der Ausdr. noch eine Bedeutungsverschlechterung erfahren, da er allg. auf unnütze Glieder der Gesellschaft angewandt wird; vgl. frz. ‚parasite'.

Lit.: *L. Göhring:* Volkstümliche Rdaa. und Ausdrücke (München 1937), S. 199, Nr. 362; *F. Kluge:* Etymol. Wb.; *O. F. Best:* Das angebrochene Horn. Überlegungen zur Bedeutungsgeschichte des Wortes ‚Schmarotzer', in: Studia Neophilologica 42 (1970), S. 451–458.

Schmarre(n). *Er hat eine Schmarre bekommen:* er hat einen empfindlichen Nachteil, einen schmerzlichen Verlust hinnehmen müssen, der jedoch nicht zum völligen Untergang geführt hat. Die Rda. bezieht sich auf das Fechten der Studenten. Die ‚Schmarre' war urspr. die Wunde (Narbe), der Hieb, den einer beim Raufen davontrug. Die Rda. *Er wird einmal einen Schmarren davontragen* (mdal. ‚A wird a mohl anne Schmerre davontragen, wegkriegen') meint, daß jem. nicht auf die Dauer ohne Schaden bleiben wird.

Die Wörter Schmarre und Schmarren haben sich heute stark auseinanderentwikkelt, besitzen aber gleichen Urspr.: sie sind zu ‚Schmer' und ‚schmieren' gebildet worden. Vgl. die Rda. ‚jem. eine ↗schmieren' und dän. ‚smøre' = Hiebwunde. Die Bdtg. von Narbe hat ‚Schmarre' noch im Südhess., Schwäb. und in der Schweiz bewahrt. Allg. ist ‚Schmarren' heute im Hd. die Bez. für etw. Wertloses, für ein kitschiges Gemälde, für nichtige Äußerungen: *einen Schmarren daherreden:* Unsinn reden; bes. bair. ‚So ein Schmarr'n!': welch ein Blödsinn, was für ein Quatsch; *einen Schmarren von etw. verstehen:* so gut wie nichts davon verstehen. *Das geht dich einen Schmarren an!:* Das geht dich nichts an, du solltest dich nicht darum kümmern! Diese Wndgn. stehen mit den bes. in Bayern und Oesterr. beliebten Mehlspeisen in Zusammenhang. Weil sie sehr häufig auf den Tisch kamen, erhielten sie immer mehr den Sinn des Alltäglichen, des gering Eingeschätzten und schließlich des Wertlosen, was die übertr. Bdtg. der Rdaa. deutlich zeigt.

Schmerz. *Hast du sonst noch Schmerzen?* fragt man jem., der viele unerfüllbare Wünsche hat. Diese rdal. Wndg. beruht auf einer Stelle im 2. Aufzug (II, 8) der Oper ‚Don Giovanni' von W. A. Mozart (1790): „Weiter hast du keine Schmerzen?" (übers. von J. F. Rochlitz 1801). Das geflügelte Wort: ‚Geteilter Schmerz ist halber Schmerz' ist ein Zitat aus Chr. A. Tiedges (1752–1841) ‚Urania' (1801). Der ganze Vers lautet:

Sei hochbeseligt oder leide:
Das Herz bedarf ein zweites Herz,
Geteilte Freud' ist doppelt Freude,
Geteilter Schmerz ist halber Schmerz.

Ein Zitat ist ebenso: „Kurz ist der Schmerz und ewig währt (eigentl. ‚ist') die Freude". Es stammt aus Schillers ‚Jungfrau von Orleans' (1802); es ist der Schlußsatz. Eine Wndg. der neueren Umgangssprache lautet: *Schmerz laß' nach!* Sie wird ausgerufen, wenn jem. sehr erstaunt, überrascht, enttäuscht ist; oft mit dem Zusatz; ‚der Doktor kommt!'

Schmetterling. *Wie ein Schmetterling von Blume zu Blume (Blüte zu Blüte) flattern:* die Gunst vieler Frauen genießen, seine Partnerin häufig wechseln, flatterhaft, treulos sein. Als ‚Schmetterling' wird auch ein flatterhaftes Mädchen bez.

Lit.: *R. Riegler:* Art. ‚Schmetterling', in: HdA. VII, Sp. 1237–1254.

Schmidt. Das Berliner Tanz-Spottlied von Herrn Schmidt und seinen heiratslustigen Töchtern stammt aus der Biedermeierzeit und ist lit. im 19. Jahrh. häufig belegt (u. a. bei Theodor Fontane). Die erste Strophe lautet:

‚Herr Schmidt, Herr Schmidt,
Was kriegt denn Julchen (Jule) mit?'
‚Ein Schleier und ein Federhut,
Das kleidet Julchen gar zu gut'.

Es folgen noch entspr. Strophen auf Lottchen, Riekchen, Minchen, Rosalchen, Malchen, Christinchen und Hannchen. Entstanden ist das Lied nach glaubwürdiger Lokaltradition in Halle. Dort wohnte zwischen 1820 und 1830 unfern des damaligen Moritztores ein Fleischermeister Schmidt, der zahlreiche Töchter hatte und außerdem Zimmer an Studenten vermietete. Auf ihn und seine Töchter verfertigte ein übermütiger Studiosus den Text des Liedes. Die Melodie wurde von einem um 1790 gedruckten portugiesischen Militärmarsch übernommen, der im Zeitalter Napoleons nach Deutschland gelangt war. Der sog. ‚Stiefelknechtsgalopp' fand im Vormärz in ganz Deutschland schnelle Verbreitung, bildete viele Varianten und machte den töchterreichen Herrn Schmidt sprw., zumal sich ein Neuruppiner Bilderbogen der Firma Gustav Kühn der Szene bemächtigte.

Der Allerweltsname Schmidt verleitete überdies zu zahlreichen weiteren Spottversionen, wie z. B.

Herr Schmidt, Herr Schmidt,
De sitt uppm Perd un schitt,
Un her ick em nich runnerräte,
Her he mi dat Schop beschäte.

Oder

Herr Schmidt, Herr Schmidt,
ich führ kein Dynamit ...

Lit.: *J. Bolte:* Der Hallische Stiefelknechtgalopp. Ein Tanzlied aus der Biedermeierzeit, in: Mitt. d. Ver. f. d. Gesch. Berlins 1926, Nr. 10–12, S. 2–9; *L. Richter:* Mutter, der Mann mit dem Koks ist da (Leipzig 1977).

Schmied. *Der Schmied seines Glückes sein:* sein Schicksal selbst in der Hand haben. Die Rda. beruht auf dem Sprw. ‚Jeder ist seines Glückes Schmied', das sich bis zur Antike zurückverfolgen läßt. In lat. Form war es in einer heute verlorenen Sammlung des röm. Konsuls Appius Claudius

‚Der Schmied seines Glückes sein'

Caecus (307 v. Chr.) bereits verzeichnet, denn in einer späteren Schrift des Pseudo-Sallust ‚De re publica ordinanda' (1,1) findet sich ein Hinweis darauf: „In carminibus Appius ait fabrum esse suae quemque fortunae". Plautus schreibt diese Fähigkeit, sein Glück selbst zu gestalten, ausschließlich dem Weisen zu (‚Trinummus' II, 2,84). Vgl. frz. ‚être le forgeron de son bonheur'.

Dafür hat der Schmied Zangen: eine Sache ist nicht so schwierig und gefährlich, wie sie aussieht, wenn man sie nur richtig anzugreifen weiß; wenn man das richtige Werkzeug kennt, besteht keine Gefahr, daß man sich dabei die Finger verbrennt. Die Wndg., die auch in Norddtl. mdal. als ‚Davör hett de Smid Tangen' bekannt ist, geht wie S. Singer (‚Sprww. des MA' I, S. 122) vermutet, auf ein ma. Sprw. zurück.

Zum Schmied und nicht zum Schmiedchen gehen: sich an den Meister und nicht an einen Stümper wenden, ↗Schmiede. Die Wndg. ist auch mdal. weit verbreitet; vgl. auch schweiz. ‚'s ist besser me gang zum Schmid as zum Schmidli' und ndl. ‚Het is beter, tot den smit te gaan dan tot het smeedige'. Vgl. frz. ‚Il vaut mieux s'adresser au Bon Dieu qu'à ses saints'.

Lit.: *K. Jettmar:* Der Schmied im germ. Raum (Diss. Wien 1941); *M. Eliade:* Schmiede und Alchemisten (Stuttgart 1956); *E. Marold:* Der Schmied im germ. Altertum (Diss. Wien 1967); *L. Röhrich* u. *G. Meinel:* Rdaa. aus dem Bereich von Handwerk und Gewerbe, in: Alem. Jb. (Bühl/Baden 1973); *H. Beck:* Der kunstfertige Schmied, in: Medieval Iconography and Narrative (Odense 1980), S. 15–37; *F. Stöckle:* Vom Schmied – Solange die Esse noch glüht (Stuttgart 1989); *R. Plötz* (Hg.): Der Schmied als Roßarzt. Ausstellungskatalog Niederrhein. Museum f. Vkde. u. Kulturgeschichte (Kevelaer 1990); *H. Schopf:* ‚Wenn i wuhi geh, geh i zun Schmied un nid zun Schmiedla', in: Volkskultur–Geschichte–Religion. Festschrift für Wolfgang Brückner (Würzburg 1990).

Schmiede. *Vor die rechte Schmiede gehen (kommen):* gleich an die richtige Stelle gehen (geraten), wo einem die gewünschte Auskunft und tatkräftige Hilfe und Unterstützung wirklich zuteil werden, wo Fachleute zur Verfügung stehen. Manchmal wird diese Wndg. auch iron. gebraucht i.S.v. derb abgefertigt werden, sich gerade an die falsche Stelle wenden, wo eine Abfuhr zu erwarten ist, vgl. auch die im negativen Sinne gebrauchte Rda. ‚an den Richtigen geraten', d.h.: gerade an den Falschen.

Die Rda. läßt sich seit 1600 belegen, ist aber vermutl. älter. Da in der Schmiede vor allem die Pferde beschlagen werden, ist es ein merkwürdig vollständiges Gleichnis, daß derjenige auch bildl. ‚gut beschlagen' ist, der vor die rechte Schmiede kam. Vgl. auch KHM. 163. Th. Mann gebraucht die beliebte Wndg. 1924 lit. in seinem ‚Zauberberg' (4. Kap., S. 138): „kein Zweifel, ich bin vor die rechte Schmiede gekommen". In Westf. drückt man den gegenteiligen Sinn der Rda. mit einem anderen sprachl. Bild aus: ‚Hei is in de unrechte Apteik kumen'. Die schweiz. Rda. ‚Si sind mit enand vor der Schmide g'sii' bezieht sich auf die Eheschmiede und bedeutet: sie haben geheiratet. Vgl. frz. ‚frapper à la bonne porte'.

schmieden. *Etw. schmieden, solange es heiß ist:* nicht lange zögern, sondern die besten Chancen für sich zu nutzen suchen, eine Angelegenheit, die keinen Aufschub duldet, sofort in die Hand nehmen, um sie in seinem Sinne beeinflussen oder entscheiden zu können. Das sprachl. Bild beruht auf einem Vergleich mit der Arbeit des Schmiedes, der das glühende Eisen sofort bearbeiten muß, solange es sich noch formen läßt; vgl. frz. ‚Il faut battre le fer pendant qu'il est chaud'.

Nägel mit Köpfen schmieden: etw. zur Vollkommenheit, zum Abschluß führen, sich nicht mit Halbheiten zufriedengeben; so wie der Nagel erst brauchbar wird, wenn er am Ende seiner Fertigung durch den Nagelschmied mit dem Kopf versehen worden ist, ↗Nagel.

Kann er nicht schmieden, so kann er doch den Blasebalg ziehen heißt es von einem, der nicht bes. geschickt ist, den man jedoch für Handlangerdienste und untergeordnete Tätigkeiten gebrauchen kann, so wie der Schmied den Lehrling, der die eintönige, aber notwendige Aufgabe erhält, mit dem Blasebalg das Schmiedefeuer zu entfachen und es ständig glühend zu halten.

Er ist in Ruhla hartgeschmiedet worden: seine anfängliche Milde und Nachsicht hat sich in unnachgiebige Strenge verwandelt. Die Rda. bezieht sich auf die Sage vom zu milden Landgrafen, den der Schmied zu Ruhla mit den Worten „Landgraf, werde hart!" hartgeschmiedet haben soll, vgl. DS. Nr. 55.

Lit.: ↗Schmied.

Schmiere. *Schmiere stehen:* Wache halten, bei Diebstahl und anderen Vergehen und Verbrechen aufpassen, damit die Täter nicht überrascht und von der Polizei gefaßt werden.

Schmiere ist ein Ausdr. der Gaunersprache. Das Wort leitet sich von hebr. ‚šim'rah' = Wache ab. In urspr. positiver Bdtg. geht die Wndg. auf Ps. 121,4 zurück: „Siehe, der Hüter Israels schläft noch schlummert nicht". Der Herr Israels steht also in gutem Sinne ‚Schmiere', indem er über die Menschen wacht und sie behütet.

Über neuhebr. ‚šemīrā' = Bewachung gelangte der Ausdr. verändert zu ‚Schmehre' in das Rotw., wo er seit 1714 bezeugt ist: „stehet wohl auf der Schmehre, denn also hätten sie die Wache geheißen" (Kluge, Rotw., 1901, I, 177). Als nach der Übernahme in die Umgangssprache die urspr. Bdtg. nicht mehr bekannt war, wurde Schmiere mit ‚schmieren' in Zusammenhang gebracht und die Rda. später sogar zu ‚Butter (Käse) stehen' verwandelt.

In den Wndgn. *Schmiere kriegen* (vgl. ‚Wichse kriegen') und *einem Schmiere geben* hat Schmiere den Sinn von Prügel, Schlägen. Vgl. ndl. ‚iemand smeer geven' und engl. ‚to give a person palmoil'.

‚Das ist eine Schmiere, die auf alle Stiefeln paßt' sagt man in Schlesien von einem charakterlosen Menschen, der sich zu allem gebrauchen und mißbrauchen läßt. Diese und die folgende Rda. weisen auf den Zusammenhang mit ‚Stiefel' und ‚Wagenschmiere' hin. *Tüchtig in der Schmiere*

sitzen: in großer Verlegenheit, in einer höchst unangenehmen Lage sein.
Die ganze Schmiere bezahlen müssen: für alles einstehen, aufkommen müssen.
Bei einer Schmiere beginnen: seine Laufbahn als Schauspieler bei einem Vorstadttheater, einer verachteten Wanderbühne beginnen. Man spricht daher auch von ‚Schmierenkomödiant', von ‚Schmierenschreiber' u. ‚Schmierentheater'.

schmieren. *Es geht wie geschmiert:* es geht vortrefflich, ohne Stockungen. Obersächs. sagt man: ‚jem. liest wie geschmiert', also mühelos, ohne Anstoß und ohne steckenzubleiben. Die Rda. leitet sich vom Schmieren des Wagenrades ab. Dagegen stammt die Rda. *einen schmieren:* ihn bestechen, wohl eher von dem Einreiben der Hände mit Salbe her. Bei Seb. Franck (I, 79b) sind ‚schmieren' und ‚salben' getrennt, doch beide in gleicher übertr. Bdtg. verwendet: „Die habend beide den Richter bestochen vnnd die hend gesalbet; also gadts, waer baß schmirwet, der fart dest baß". Was unter der Salbe zu verstehen war, erklärt Freidank in seiner ‚Bescheidenheit' (147, 17):

pfennincsalbe wunder tuot,
sie weichet manegen herten muot.

In Ottokars oesterr. ‚Reimchronik' wird sogar von einer „Handsalbe" berichtet, die „vierzic tûsent marc" betrug. Joh. Pauli rät 1546 in seinem Schwankbuch ‚Schimpf und Ernst' (S. 20) geradezu: „Ir solten einmal dem Richter die Hend schmieren oder salben". Grimmelshausen benennt diese ‚Salbe' sehr treffend in seinem ‚Simplicissimus' (II, 80), wo es heißt: „Durch was vor Schmiralia ich die Medicos persuadiren wolte", und an anderer Stelle (III, 407): „daß beydes, der, so geschmiret und die, so des Schmiral angenommen, ihren Theil bekämen". Vgl. hierzu auch das Sprw. ‚Schmieren und salben hilft allenthalben'. Die Rda. *Ich will ihm was schmieren* heißt: ich will ihm etw. extra geben; schon Grimmelshausen (‚Springinsfeld') gebrauchte sie im Sinne von Trinkgeld, Bestechung, wenn er erzählt: „Er schmierte mir sechs Reichsthaler".
Ein weit verbr. Sprw., das auch von Abraham a Sancta Clara zitiert wird, war: ‚Wer schmiert, der fährt'. Die ndd. Variante spricht den Zusammenhang mit den gut geschmierten Wagenrädern direkt an: ‚Wagenrööd un Afkaten mööt goot smeert warrn'.
In Quellen des 17. und 18. Jh., aber auch schon im Eulenspiegel-Volksbuch taucht oft der Schwank von dem Bauern auf, der das Schmieren wörtl. nimmt und dem Richter oder Advokaten die Hände mit Schmalz oder Butter einreibt, worauf die Frau des Gesalbten noch ein Stück Leinwand zum Abwischen verlangt.
Er hat gut geschmiert: er ist betrunken. Ähnl. *sich die Kehle schmieren (ölen):* eins trinken; ostpreuß. sagt man dafür: ‚He smêrt sik den Rache'.
Einem etw. in den Mund (ins Maul) schmieren: ihm vorher nahelegen, was er zu sagen hat.
Einem Honig ums Maul schmieren: ihm schmeicheln; Abb. ↗Federlesen.
Einem eine schmieren: ihn schlagen, ihm eine Ohrfeige geben (vgl. hierzu: ‚Schmiere geben, kriegen', ↗Schmiere). Im Rheinland droht man Kindern eine Züchtigung mit den Worten an: ‚Warte nur, du wirst gleich abgeschmiert!' *Einem den Buckel schmieren* heißt ebenfalls: eine Tracht Prügel geben. Auch die Rda. ‚einem Jackenfett geben' steht mit der Vorstellung des Schmierens in Zusammenhang.
Die Wndg. *seine Schuhe mit Hasenfett schmieren:* sich drücken, sich schnell davonmachen, verrät etw. vom alten Glauben, daß Teile eines Gegenstandes oder eines Tieres besondere Kräfte und Fähigkeiten auf den Menschen übertr. können: die Schnelligkeit des Hasen soll durch sein Fett auf die Schuhe und damit auf den Menschen einwirken, damit dieser rascher fliehen kann. Vgl. auch ndl. ‚zijn schoenen met hazevet smeren'.
Jemanden anschmieren hat die allgemeine Bedeutung von betrügen, wird aber speziell dann angewendet, wenn ein Mädchen ein Kind erwartet und deshalb von ihrem Liebhaber verlassen wird (‚Er hat sie angeschmiert').

Lit.: *L. Schmidt:* Sprw. dt. Rdaa., in: Österr. Zs. f. Vkde. 77 (1974), S. 119; *E. Moser-Rath:* Art. ‚Bestechung', in: EM. II (1979), Sp. 209–214; *dies.:* Lustige Gesellschaft (Stuttgart 1984), S. 185–186.

Schmiß. *Etw. hat Schmiß:* eine gute Idee hat Schwung, kommt gut an, gefällt; etw. klingt nicht alltäglich oder gewöhnlich; z.B. kann ein Musikstück ‚Schmiß' haben.
Etw. auf den ersten Schmiß hinwerfen: etw. gelingt auf ‚Anhieb'.
Einem einen Schmiß geben: Hieb, Schlag.
Schmisse kriegen (beziehen): Prügel bekommen.
In der Studentensprache bedeutet ein ‚Schmiß' die zurückbleibende Narbe von einer Mensur, wie sie bei sog. schlagenden Verbindungen üblich war und ist. ↗Satisfaktion. Ein ‚schmissiges Gesicht' ist ein Gesicht voller Narben vom Fechten.
Einen Schmiß haben: scherzhaft im Bayer. und Schwäb. für verliebt sein: *sich einen gewissen Schmiß geben:* sich modisch kleiden.

Schmollis. *Schmollis trinken:* Bruderschaft schließen. ‚Schmollis' ist ein alter, heute nicht mehr gebräuchl. studentischer Trinkgruß. Der Gegengruß hieß: ‚Fiducit', aus lat. ‚fiducia sit': verlaß dich darauf. ↗Prosit.

Schmollwinkel. *Sich in den Schmollwinkel zurückziehen:* sich grollend, gekränkt zurückziehen. Im ‚Schmollwinkel' sitzt jem., der sich von der Welt mißverstanden fühlt, die Schuld aber eher bei den anderen sucht. Das Grundwort ‚schmollen' ist eher lit. als umg. Ein Mädchen, das getadelt wurde oder Mißerfolg hatte, konnte ein ‚Schmollmündchen' ziehen. Dem steht die heutige Verhaltensforderung gegenüber, immer ein freundliches Gesicht zu zeigen (‚keep smiling').
Gottfried Keller nannte eine Novelle ‚Pankraz, der Schmoller' nach deren Helden, der melancholisch wurde aufgrund strenger und autoritärer Erziehung.
Der Schmollwinkel kann durchaus etw. zu tun haben mit der Ehrenstrafe, mit der man z.B. in der älteren Schulpädagogik ‚in die Ecke gestellt', d.h. vom Lehrer zeitweilig aus der Gesellschaft entfernt wurde; ↗Ecke.

Schmu. *Etw. ist Schmu:* es ist Betrug, eine Täuschung, ein unrechtmäßiger Gewinn. Hd. ‚Schmu' und ndd. ‚smū' = leeres Gerede, Gerücht, haltlose Versprechungen gehen auf hebr. ‚šemū'a' = das Gehörte zurück. Über das Rotw. drang das Wort Schmu in die dt. Sprache ein, wo es seit 1729 bei Stoppe (‚Ged.' 2,209) lit. bezeugt ist. Durch die Studentensprache, in der es seit 1781 bei Kindleben (‚Stud.-Lex.' 188) verzeichnet ist, wurde es über ganz Dtl. verbreitet. Die Bdtg. als ‚unlauterer Vorteil' entstand aus dem Lohn des Maklers, der durch seine Bemühungen, sein Gerede, den Kauf zustande brachte. Da er auch falsche Versprechungen bei seiner Überredungskunst nicht scheute und den Käufer häufig übervorteilte, erhielt Schmu den negativen Sinn des vorsätzlichen Betruges.
(Etw.) Schmu machen: etw. unterschlagen, veruntreuen. Schüler- und studentensprachl. hat die Wndg. *Schmu machen* die speziellere Bdtg. des Benutzens unerlaubter Hilfsmittel bei Klassenarbeiten und Prüfungen und des Abschreibens vom Heft des Nachbarn, um unrechtmäßige Vorteile zu erzielen und gute Leistungen vorzutäuschen.
Auch in mdal. Wndgn. ist der aus dem Hebr. übernommene Ausdr. zu finden, in Pommern heißt es z.B.: ‚he wett sinen Smu to maken', er weiß, wie er sich Vorteile erschleichen kann.
Dieselbe Bdtg. und Herkunft wie ‚Schmu' hat auch ‚Schmus'. Das Wort ist bes. in der Frankfurter Gegend gebräuchl. in der Wndg.: ‚Schmuß von Enkenem': dummes Geschwätz. In der ‚Frankfurter Latern' von 1883, S. 10 heißt es: „Wann e Altfrankforter zu jemand segt, ‚Schmus von Enkenem!', so bewegt er daderrbei de Kopp hin un her un mecht mit der Hand e abwehrend Bewegung, als Gottersprich, ‚geh hin un sag de wärscht dagewese!'; ‚Wie laaf ich uff!/Loß errsch!/Schmuß von Enkenem' will soviel besagen als wie ‚hör auf, man glaubt's doch nicht'."

Lit.: *S. A. Wolf:* Wb. des Rotwelschen (Mannheim 1956); Frankfurter Wb. 14 (1982), S. 2763–2766.

Schnabel. *Reden, wie einem der Schnabel gewachsen ist:* unumwunden reden. Mit deutlicher Beziehung auf den Vogelschnabel war statt ‚reden' urspr. ‚singen' gebräuchl., so bereits in der Reimvorrede zum ‚Sachsenspiegel' im frühen 13. Jh.:

Ja ist uns von den argen kunt
Ein wort gesprochen lange:
Der vogel singet als ime der munt
Gewaczen steit tzu sange.

Die Zeile ‚ein wort gesprochen lange' zeigt, daß die Rda. auf ein seit langem bekanntes Sprw. gleichen Inhalts zurückgeht. Zwar löst sich mit der Zeit das Sprw. in die Rda. auf: „bey dem gesang kennet man den fogel, denn er singet, wie yhm seyn schnabel gewachsen ist" (Luther X, 1,188), aber noch zur Zeit des Hans Sachs (15. Fastnachtspiel) behauptet das Sprw. neben der Rda. seinen Platz:

Auch ist vns noch ein sprichwort sagen,
Ein ider fogel sing all frist,
Wie im sein schnabel gwachsen ist,

und später noch äußert sich in Rollenhagens ‚Froschmeuseler' der Storch mit den nämlichen Worten:

... Ich kan von singen nicht sagen,
Muß über meinen schnabel klagen;
Der vogel singt zu aller frist
Wie ihm der schnabel gewachsen ist.
(2. Buch, 2. Teil, Kap. 6)

Etwa im 17. Jh. kommt jedoch das Sprw. außer Gebrauch, das Wort ‚singen' wird durch ‚reden' ersetzt. So bedient sich Goethe in ‚Wilhelm Meisters Lehrjahren' (4. Buch, 19. Kap.) dieser Rda.: „... anstatt daß man bei anderen Gesellschaften schon anfing, nur diejenige Prosa vorzutragen, wozu einem jeden der Schnabel gewachsen war".

Den Schnabel nicht aufmachen: nichts sagen. ↗Mund.

Als Aufforderung zum Zuhören sagt der Frankfurter: ‚Schnawwel zu un Leffel (Ohren) uff!'

Jem. nach dem Schnabel reden ↗Mund. Im hess. und pfälz. Raum heißt es: ‚Eem noch em Schnawwel redde': so reden, wie es der andere gerne hört.

Die Rda. *den Schnabel wetzen* ist schillernd in ihrer Bdtg. und wird meist nur in ihrem Kontext verständlich. Abraham a Sancta Clara verwendet sie für jem., der zotige Reden führt, und vergleicht einen solchen Menschen mit dem Wiedehopf, von dem man sagt, daß er sein eigenes Netz beschmutze: „unzüchtige zotten ... lernen, und nicht viel anders als ein widhopff den schnabel jmmerzu im koth und unflath wetzen" (‚Erzschelm' I, 1687, S. 162). Die Rda. kann auch ausdrücken: sich abwertend oder tadelnd über etw. äußern: „ach wertheste schöne, sie vergebe meinem kiel, dasz er die feuchtigkeit seines schnabels an ihrem ruhm wetzen will" (Weise, Erznarren, Ndr. 1878, S. 57).

schnackeln. *Es hat bei jem. geschnackelt:* jem. hat nach längerem Nachdenken einen Sachverhalt begriffen; ‚der Groschen ist gefallen'; ‚es hat gefunkt'.

Es hat bei ihr geschnackelt: sie ist schwanger geworden.

Es hat bei den beiden geschnackelt: zwei Leute haben sich ineinander verliebt; ‚der Funke ist übergesprungen'. Alle drei Rdaa. sind umg.

In Bayern bedeutet ‚schnackeln' auch: ein schnalzendes Geräusch mit den Fingern hervorbringen.

Schnalle. *Keiner Schnalle achten:* nichts darauf geben, sich nicht darum kümmern (scheren). Die Rda. war früher sehr häufig. In mhd. Zeit hatten ‚der schnall' und ‚die schnalle' die Bdtg. von ↗Schnippchen. ‚Schnall' war das schallnachahmende Wort für die schnippende Bewegung der Finger. Das bei dieser geringschätzigen Geste entstehende Geräusch wurde zur formelhaften Bez. eines nichtigen Dinges. Mehrfach ist der Ausdr. lit. bezeugt, z.B. heißt es in Rollenhagens ‚Froschmeuseler' (D5[a]):

so acht ich doch das pochen all,
nicht umb einen vergebnen schnall,

ähnl. bei ‚Eulenspiegel' (XXXI): „Ich geb vmb euch all nicht ein schnall".

Im Zusammenhang mit der Mode, an Schuhen Schnallen zu tragen, steht die Wndg. *Er geht über die Schnalle:* er geht mit nach innen gekehrten Fußspitzen, ‚er geht über den Onkel'.

Von dem Verb ‚schnallen' (schnellen) = foppen, prellen, betrügen entwickelte sich die Bdtg. von Schnalle zu: lustiger Einfall, Possen, Lügenmärchen. Das erklärt die folgenden Rdaa.: *einem eine Schnalle anbinden:* ihn belügen (vgl. ‚jem. einen Bären aufbinden'; ↗Bär), und *Schnallen machen:* einem etw. weismachen. Die Feststellung *Das ist eine Schnalle* ist doppeldeutig, sie kann eine Lüge, aber auch ein liederliches Weib meinen. Schnalle war in älterer Sprache auch die Bez. für Schnabel, Maul, bes. für das Weibermaul. Hans Sachs gebrauchte das Wort in diesem Sinne (Werke V, 349[e]): „west ichs, ich geb jm eins auff dschnallen".

Außerdem hieß in der Jägersprache das weibl. Geschlechtsteil der Wölfin und Füchsin Schnalle, und die Gaunersprache verwendet heute noch das Wort i.S.v. ‚vulva'. Die Übertr. erfolgte pars pro toto auf die Frau überhaupt, um sie negativ zu kennzeichnen. *Eine alte Schnalle sein* bedeutet demnach: eine alte Frau, eine liederliche Hure sein. Noch in der Ggwt. wird ein unansehnliches Mädchen eine *vergammelte Schnalle* genannt. In diesen Zusammenhang gehört auch die Wndg. *auf den Schnallenritt (das Schnallenrennen) gehen:* auf den ↗Strich gehen.

Ganz andere Bdtg. hat dagegen die österr. Rda. ‚Schnallendrücken gewesen sein', die gebraucht wird, wenn jem. auffallend viel Kleingeld besitzt. Hinter ihr verbirgt sich die scherzhafte Annahme, daß das Geld vom Betteln an vielen Haustüren stamme, weil mit Schnalle auch die Türklinke gemeint sein kann. Ähnl. kennzeichnet die bair. Wndg. ‚Er ist ein Schnallendrücker' den Schmeichler, dessen Worte genauso geringgeachtet werden wie der schnallende Laut der Türklinke oder des Schlosses.

schnappen. *Jem. schnappen:* ihn bei strafbarer Handlung überraschen, ihn verhaften, ähnl.: *sich jem. schnappen wollen:* ihn zu ernster Aussprache festhalten, auch: ihn bestrafen, prügeln. *Sich etw. schnappen:* sich schnell aneignen, sichern, sold. Rda. ebenso wie ‚Ihn hat's geschnappt', er ist verwundet worden.

Etw. geschnappt haben: es verstanden haben (vgl. auch ‚geschnallt').

Jetzt hat's (aber) geschnappt! sagt der, dessen Geduld zu Ende ist, der mit einer Sache oder Person endgültig Schluß machen will, weil ‚das Maß voll ist' und der ständige Ärger zu einem Bruch zwingt. Die Rda. beruht entweder auf einem Vergleich mit dem schnappenden Schloß der Tür, wobei das Geräusch anzeigt, daß sie wirklich zugefallen ist, oder auf dem Vergleich mit dem Schnappen des Hahnes bei der Flinte. Damit in Zusammenhang steht auch die Wndg. *Bei mir bist du geschnappt:* bei mir kannst du nichts ausrichten, ein bes. in Bayern gebräuchl. Ausdr. der Ablehnung und Abweisung.

Es hat geschnappt hat aber auch seit 1900 die Bdtg.: die Frau ist schwanger.

Nach dem Bettzipfel schnappen: vor Müdigkeit gähnen.

Schnappen hat in rdal. Vergleichen die Bdtg. von ‚essen' und ‚gierig zu erfassen suchen' und bezieht sich meist auf das Verhalten von Tieren: *Er schnappt danach wie der Hund nach Beinen an Ostertagen,* dieser ist nach der Fastenzeit bes. gierig nach Knochen; *er schnappt danach wie eine Maus nach Speck* (vgl. ndl. ‚Hij hapt als eene muis naar het spek'); *er schnappt danach wie ein Fisch nach Wasser* (vgl. ndl. ‚Hij snapt ernaar als een vischje naar het water'); *er schnappt danach wie die Gans nach dem Apfelbutzen;* aber auch: *Er schnappt danach wie der Teufel nach einer Seele,* dieser muß bes. flink sein, damit ihm die Seele nicht streitig gemacht wird.

schnarchen. Schnarcher, die andere stören, werden gern verspottet. Die übertreibenden Schilderungen beziehen ihre Vergleiche entweder aus dem Tierreich: *schnarchen wie ein Bär, Esel, wie ein Schwein, wie ein Walfisch oder Walroß,* oder zur weiteren Steigerung aus Technik und Industrie, z.B. *schnarchen wie eine Kreissäge, Sägemühle.* Die oberoesterr. Rda. ‚schnarchen as wan ma Lad'n schneiden thät' bezieht sich ebenfalls auf die Geräusche in einer Sägemühle.

schnattern. *Schnattern wie die Gänse (Enten):* aufgeregt durcheinander reden, meist abschätzig von Frauen gesagt.

Schnattern vor Kälte (Furcht): zittern.

schnaufen, Schnaufer. ‚Dös leidt's Schnaufe net', sagt man im Obd., wenn es gefährlich ist, an eine Sache zu rühren, und es deshalb schon bedenklich erscheint, auch nur davon zu sprechen.

Sehr beliebt sind Tiervergleiche, um starkes Schnaufen zu charakterisieren, z.B. *Er schnauft wie ein Dachs, wie ein Fleischerhund,* vgl. ndl. ‚Hij snaauwt en bijt van zich als eene vleeschhouwers teef';

wie eine gestopfte Gans; in Österr. heißt es: ‚Er schnauft wie der Igel im Birnhaufen'; ganz ähnl. in Westf.: ‚He snüwt as en Tuniegel' (= Zaunigel), im Schwäb. sagt man: ‚Dear schnauft wie a Neascht voll Ig'l'. Eine noch größere Steigerung enthalten die Rdaa., die sich auf die Technik beziehen: *schnaufen wie ein Dampfroß, wie eine Lokomotive;* vgl. frz. ‚souffler comme une locomotive' sowie ‚souffler comme un boeuf'.

Die Feststellung *Der Schnaufer wird ihm bald ausgehen* hat übertr. Bdtg.: der Atem wird ihm ausbleiben, es geht zu Ende mit seinem Geschäft, er kann nicht mehr Schritt halten, er ist nicht mehr konkurrenzfähig, mit ihm selbst und seiner Kraft wird es bald vorbei sein. Zur Umschreibung von ‚sterben' gebraucht man auch die Wndg. *seinen letzten Schnaufer getan haben;* ↗zeitlich.

Schnauze. Die Übertrag. des Wortes Schnauze vom Tier auf den Menschen zur derben Bez. des Mundes war bereits im 16. Jh. vollzogen und ist bei Luther neben ‚Maul' bezeugt. Bes. in Norddtl. und Berlin ist der Begriff in verschiedenen Wndgn. beliebt, z. B. *eine große Schnauze haben:* das Wort führen, vorlaut oder frech in seinen Antworten sein; vgl. frz. ‚avoir une grande gueule'; oder: *sich die Schnauze fransig (fusselig) reden müssen* (↗Mund): sich übermäßig anstrengen müssen, um jem. zu überzeugen, viele Worte machen müssen. *Halt die Schnauze!* gilt als eindeutige Warnung, keine Erwiderung mehr zu wagen; vgl. frz. ‚Ferme ta gueule!' Ähnl. meint die Feststellung *Er (ich) hätte besser die Schnauze gehalten:* es wäre vorteilhafter gewesen, nichts zu sagen; vgl. frz. ‚Il aurait mieux fait de fermer sa gueule' oder ‚... de la fermer'. Neuere Wndgn. aus der Soldatensprache sind: *die Schnauze voll haben:* etw. gründlich satt haben (↗Nase), und *frei nach Schnauze:* nach eigenem Gutdünken, ohne viel zu prüfen und zu messen; sie haben sich bereits in ganz Dtl. eingebürgert.

Sich die Schnauze verbrennen: etw. unbedacht äußern und sich damit unbeliebt machen, ↗Mund.

Mit frisierter Schnauze sprechen: statt des gewöhnlichen Dialekts plötzlich Hochdeutsch reden; auch aus dem alem. Raum kommt: ‚Do bruuchts halt Männer mit Schnäuz!': hier sind entscheidungsfreudige und kompetente Männer vonnöten (*E. Strübin:* Zur dtschweiz. Umgangssprache, in: Schweiz. Archiv. f. Vkde. 72 [1976], S. 121).

Immer mit der Schnauze vorne sein: immer der Erste sein; derjenige sein, der die Aufmerksamkeit der anderen auf sich zieht.

Schnecke. Mit dem Vergleich *wie eine Schnecke* pflegt man verschiedene Handlungsweisen oder Fähigkeiten sowohl von Tieren als auch von Menschen zu charakterisieren. Am häufigsten begegnet uns die Anspielung auf die langsame Art, mit der sich die Schnecke fortbewegt, so z. B. bei Goethe (XII, 208):

> Wir schleichen wie die Schneck' im Haus,
> Die Weiber alle sind voraus.

Aber nicht nur von der Fortbewegung spricht man in dieser Weise, sondern auch von anderen Tätigkeiten:

> Der Bau gerieth dabey, wie man
> Leicht denken kann, ins Stecken:
> Die Maurer sahn einander an,
> Und maurten wie die Schnecken

(J. A. Blumauer, Abentheuer des ... Aeneas, Bd. I [1784], 140).

In den Mdaa. finden sich zahlreiche Beisp. für die Schnecke als Sinnbild der Langsamkeit: schwäb. ‚Du laufst so stät, dir könnten die Schnecken nachreisen'; schlesw.-holst. ‚He krüppt dor lank as 'n Snick'. In der Eifel sagt man: ‚De geht esu lassem (langsam) wie en Schneck iwer er Broch' (Brachfeld) oder ‚Dat gäht ejo bal asu sihr, as wie wann en Schneck iwer Broch Galopp läft'; els. entspr. ‚Der geht wie e Schneck iwers Ackerfeld'. Vielfach hat unser Vergleich auch in Ortsneckereien Eingang gefunden. Vgl. frz. ‚comme un escargot'.

Jem. zur Schnecke machen: jem. heftig schelten, grob anfahren, sehr streng behandeln, moralisch vernichten, ‚runterputzen'. Der Rda. liegt wohl die Vorstellung zugrunde, daß jem. durch rücksichtslosen Drill nur mehr wie eine Schnecke kriechen kann. Dieser Ausdr. hat erst in diesem Jh., wahrscheinl. aus dem Solda-

‚Jemand zur Schnecke machen'

tenjargon kommend, in der Volkssprache Fuß gefaßt. Aus der Sicht des Getadelten lautet die Rda. entspr. *zur Schnecke werden:* moralisch vernichtet sein, erschüttert sein oder auch abgeschwächt: erstaunt sein.

Gelegentlich gebraucht man zur Kennzeichnung einer scheuen, verschreckten Reaktion die Wndg. *sich ins Schneckenhaus zurückziehen:*

Nicht immer gleich
Ist ein galantes Mädchen,
Ihr Herrn, für euch;
Nimmt sich der gute Freund zu viel heraus,
Gleich ist die Schneck' in ihrem Haus

(Goethe XIII, 14).

Die Wndg. ‚sich in (s)ein Schneckenhaus zurückziehen' meint bildl. auch: sich isolieren, auf Kommunikation verzichten, gern zu Hause bleiben. Vgl. ndl. ‚in zijn schulp kruipen'; frz. ‚rentrer dans sa coquille'; engl. ‚to draw in one's horns' (vgl. ‚die Hörner einziehen').

Der österr. Ausruf: ‚Ja, Schnecken' bedeutet, daß man sich getäuscht hat, ↗Pustekuchen.

Im Schwäb. sagt man: ‚E fauler Schneck, wo sei Haus net trage mag' und meint damit die Verweigerung einer Person, Verantwortung zu übernehmen.

Schnecke sowie die Muschel sind Umschreibungen für die weibl. Geschlechtsteile.

Lit.: *Aigremont:* Muschel und Schnecke als Symbole der Vulva ehemals und jetzt, in: Anthropophyteia VI (1909), S. 35–40; *O. Keller:* Die antike Tierwelt 2 (Leipzig 1913), S. 519–543; *E. Schneeweis:* Art. ‚Schnecke', in: HdA. VII, Sp. 1265–1273; *S. Nadolny:* Die Entdeckung der Langsamkeit (München 1987); *J. Leibbrand:* Speculum bestialitatis (München 1989), S. 139ff.

Schneckengang, -post, -tänze, -tempo. *Es geht den Schneckengang:* etw. geht nur sehr langsam, träge vorwärts. Der Ausdr. verspottet nicht nur träge Lebewesen, sondern vor allem die sich oft endlos hinziehenden Verhandlungen und den schleppenden Gang innerhalb der Bürokratie. Vgl. ndl. ‚Het gaat den slakkengang'; vgl. frz. ‚Cela va à un rythme d'escargot'.

Auf (mit) der Schneckenpost fahren (kommen, reisen): eine überaus lange Reisezeit benötigen, kaum vorankommen. Wir nennen eine schlechte und langsame Beförderung von Personen, Gütern und Nachrichten eine ‚Schneckenpost', seit Börne 1821 die durch viele Rastpausen unterbrochene Fahrt der Thurn- und Taxisschen Postwagen in seiner ‚Monographie der deutschen Postschnecke' verhöhnte (Ges. Schriften, Teil 3 [Hamburg ³1840], S. 78–118). Ähnl. Vorstellungen von der Langsamkeit der Post spiegeln sich im Lied. Im ‚Vogelhändler' singt die Christel von der Post: „denn bei der Post geht's nicht so schnell". Vgl. auch den Kanon: „I fahr, i fahr, i fahr mit der Post! Fahr mit der Schneckenpost ...."

Es geht nur im Schneckentempo vorwärts: man kommt kaum voran. Diese moderne

1

2

1/2 ‚Mit der Schneckenpost fahren'

Wndg. wird bes. häufig bei Stauungen im Verkehr (Kreuzungen und Ampeln in der Stadt, Bauarbeiten an der Straße, Unfall) gebraucht, wenn der Autofahrer lange warten oder ‚Schritt fahren' muß.
Im Elsaß und in der Pfalz sind mdal. Wndgn. mit *Schneckentanz* verbreitet. ‚Mache mir keine Schneckentänz vor!' Täusche mich nicht, suche keine Ausflüchte zu machen! warnt man in der Pfalz einen, den man durchschaut hat. Im Elsaß stellt man bei Lügen, Possen und Narrheiten fest: ‚Diss sinn Schnecketänz!', es ist sowenig wahr wie das Märchen von demjenigen, der Schnecken tanzen lehrte (Alsatia 48 [1851]).

Schnee. *Und wenn der ganze Schnee verbrennt!:* trotz alledem, oft mit dem Zusatz: *die Asche bleibt uns doch!* Dieser Ausruf dient bei gewagten Unternehmungen zur Bekräftigung, daß trotz möglicher Mißerfolge alles versucht werden soll, und zur Bekundung eines festen Entschlusses, z.B. beim Kartenspiel. Die Wndg. ist bes. in Berlin, Obersachsen und Schlesien in mdal. Form bekannt; Gerhart Hauptmann verwendet sie 1892 auch lit. in seinen ‚Webern' am Ende des V. Aktes.
Den Schnee für Salz verkaufen wollen, auch: *einem Schnee für Baumwolle verkaufen:* ihn übervorteilen, betrügen wollen, eine wertlose Sache als begehrenswert darstellen und voller Eifer feilbieten. Schon Heinrich Bebel erzählt als eine ‚Res gesta atque sibi cognatissima', ein Bote habe einem neugierigen Frager als Neuigkeit aufgebunden, daß einer verbrannt worden sei, weil er Schnee hinter dem Ofen gedörrt und für Salz verkauft habe. Auch im ‚Lügenlied' des Suchenwirth heißt es (148, 72): „das salz seudet man auz snee". Die Rda. *den Schnee im Ofen backen (dörren),* eine Umschreibung für törichtes und vergebliches Tun, begegnet häufig in der ma. Schwanklit., z.B. bei Seb. Franck (II, 13), in Paulis ‚Schimpf und Ernst' und in Kirchhoffs ‚Wendunmuth' (I, Nr. 236). Vgl. auch ndl. ‚Hij wil sneeuw in den oven bakken' und engl. ‚He roasts snow in a furnace'. Ähnl. heißt es bei Keller in den Schwänken (5): „wer an der sunnen schnee will derren", daß derjenige eine unnütze Arbeit versucht. Pieter Bruegel bezieht sich in seiner Darstellung der gleichen Rda. auf Rabelais' Stoffkreis der ‚Absurda und Praepostera'. In Bayern und Oesterr. braucht man im gleichen Sinne die Wndg. ‚den Schnee selchen'.
Das ist schwarzer Schnee: es ist etw. völlig Unmögliches, das nie eintreten wird. Schon Hartmann von Aue gebraucht diesen Ausdr. in seinem ‚Büchlein' (614):

ich gloube an sîne wîsheit
hinnen fürder niht mê
dan an wizen koln und swarzen snê.

Schwarzen Schnee suchen: sich vergeblich abmühen. Die Antwort auf eine neugierige Frage nach einem ungewissen Zeitpunkt heißt ähnl.: *wenn schwarzer Schnee fällt,* also nie oder am St.-Nimmerleins-Tag, auch mdal. Im Westf. erhält die Wndg. noch einen scherzhaften Zusatz: ‚wann de schwarte Schnei fällt und de Lûs 'n Daler gelt'. Im Obersächs. antwortet man auf die neugierige Frage, wann im Ort Kirchweih sei: ‚Kirmes fällt (bei uns) acht Tage vor'm ersten Schnee', d.h. dieses Fest wird überhaupt nicht gefeiert, ↗Pfingsten.
Den Schnee des vorigen (vergangenen) Jahres suchen: sich um eine längst abgetane und vergessene Sache bekümmern, auch: *vom vorjährigen Schnee reden.* Vgl. ndl. ‚Hij praat van de sneeuw, die in het ander jaar viel'. Schon François Villon fragte im 15. Jh. in der ‚Ballade des dames du temps jadis': „Mais où sont les neiges d'automne?" *Das ist alter Schnee:* das ist altbekannt und uninteressant, vgl. lat. ‚anni nives praeteriti'.
Schnee nach Lappland (Spitzbergen) tragen: etw. völlig Überflüssiges tun, vgl. ‚Eulen nach Athen tragen', ↗Eule.
Wie Schnee an der Sonne bestehen: unbeständig und unzuverlässig sein; vgl. frz. ‚Cela fond comme neige au soleil'.
Einen Schnee auf etw. fallen lassen: Zeit darüber vergehen lassen, damit es in Vergessenheit gerät, damit der Zorn verraucht.
In manchen Schnee gepißt haben: erfahren sein, in der Welt herumgekommen sein.
Heute ist ‚Schnee' auch eine Umschreibung für die Kokain-Droge.

Lit.: *Zimmermann:* Art. ‚Schnee', in: HdA. VII, Sp. 1273–1278; *Ch. Sadoul:* Note sur le folklore de la neige, in: Folklore Brabançon 22 (1950), S. 226–232.

Schneeballeffekt, Schneeballsystem. *Etw. hat einen Schneeballeffekt:* es findet rasche Verbreitung, eine Nachricht wird von einem zum anderen weitergegeben, der ebenso verfährt.
Das Schneeballsystem anwenden oder *nach dem Schneeballsystem funktionieren:* andere rasch verständigen u. alamieren durch die Weitergabe einer Mitteilung, z. B. üblich bei Pfadfindern u. ähnl. Gruppen u. Organisationen, auch: ein Gerücht ausstreuen. Das ‚Schneeballsystem' ist außerdem eine in Dtl. verbotene Form des Warenabsatzes, bei dem dem Käufer Vorteile eingeräumt werden, falls er weitere Kunden wirbt.

Schneekönig. *Sich freuen wie ein Schneekönig:* sich lebhaft, von ganzem Herzen freuen. Die Rda. bezieht sich auf unseren kleinsten Singvogel, den Zaun- oder Schneekönig, der auch im strengsten Winter bei uns bleibt und trotz Kälte und Schnee munter pfeift und singt. Er trägt auch noch andere Königsnamen wie Winter-, Dorn-, Nessel-, Meisen- und Schlupfkönig. Die vogtländische Wndg. ‚Er freut sich wie a kleener Schniekönig' macht durch das Adj. noch deutlicher, daß es sich um einen der zahlreichen Tiervergleiche handelt, wie z.B. auch ‚singen wie eine Heidelerche' und ‚schimpfen wie ein Rohrspatz'. Die Rda. ist bes. in Schlesien, Sachsen und Thüringen verbreitet, wo Schneekönig aber auch als Spottname für den König Gustav Adolf gilt. Der Ausruf *Wenn der Schneekönig wiederkommt!* leitet sich als Niemals-Formel deshalb wohl eher vom Schwedenkönig als vom Zaunkönig ab, der unser Land ja nicht verläßt. Im Schlesw.-Holst. nennt man den Aufseher der zum Schneeschaufeln aufgebotenen Männer ebenfalls ‚Schneekönig' oder ‚Schneevogt'.

Lit.: *E. u. L. Gattiker:* Die Vögel im Volksglauben (Wiesbaden 1989), S. 199.

Schneesieber. Als Schneesieber wird obersächs. und schles. ein besonders langsamer und ungeschickter Mensch bez., ein Bummler (preuß.). In der Begrüßung *Na, alter Schneesieber!* spiegelt sich die alte Vorstellung, die in den Kreis der Sagen von der Altweibermühle gehört: man glaubte, daß Unverheiratete im Himmel Schnee sieben müßten, wenn sie gestorben waren. Deshalb gilt dieser Gruß vor allem ledigen Burschen und Männern.

Wer freiled'g bleibt, muß im Himmel
Mit'n alten Mädeln Schnee sieben,

heißt es auch in Nordböhmen (Tieze, Unse liebe Hejmt 1, 38). In ähnl. Sinne nennt man in Schlesien einen alten Mann, der noch heiraten will, ebenfalls spöttisch einen alten Schneesieber. Schon 1652 verwendet der schles. Dichter Wenzel Scherffer (Geistliche und Weltliche Gedichte, S. 567) ‚Schnee sieben' als überflüssige Beschäftigung alter Junggesellen:

Müßt' ich dann anstat zu lieben
Helffen dort den Schnee durchsieben.
(Denn das soll die Arbeit seyn
Alter Bursche, die nicht freyn!).

Lit.: *F. Sarasin:* Die Anschauungen der Völker über Ehe und Junggesellentum (Basel 1934).

Schneid(e). *Schneid haben:* Mut, Kraft haben, energisch auftreten, gern seine Kräfte mit Gegnern oder Nebenbuhlern messen, vor allem beim Kiltgang. Wer der Überlegene blieb, trug stolz zum äußeren Zeichen seiner Tapferkeit und seines Sieges die ‚Schneidfedern' am Hut, die er den anderen abgenommen hatte. Daher die oberösterr. Rda. ‚einem d' Schneid abkaufen', ihn durch sein entschiedenes Auftreten entmutigen, und bair. ‚kein Schneid haben', feige sein. Die Übertr. erfolgte von der Waffe oder anderen schneidenden Werkzeugen. An die Schärfe einer Waffe erinnert noch deutlich die bair. Wndg. ‚Auf di hab i schon lang a Schneid', mit dir wollte ich schon längst anbinden, vgl. ‚eine Pike auf jem. haben', ↗Pike. Durch die Soldatensprache ist die Wndg. um 1860 in die allg. Umgangssprache gedrungen, zusammen mit dem Adj. ‚schneidig' = tapfer. Die Mdaa. haben z.T. die fem. Form bewahrt, z.B. sagt man im Hunsrück: ‚De Kerl hot kän rechte Schneide'. Die obersächs. Wndg. ‚Er hat keine Schneide zu etw.', bedeutet: er hat kein rechtes Vertrauen dazu, keine Lust darauf. Vgl. frz. ‚avoir du cran' (altfrz.: créné: zackig).
Ihm ist die Schneide in den Finger gegangen (vgl. ‚sich ins eigene Fleisch schneiden'): er hat sich selbst geschädigt, seine Waffe hat sich gegen ihn selbst gewendet.

Seb. Franck bezeugt 1541: „Nicht mit der Schneide, sondern mit der Scheide hauen“. Dadurch wird einer verhöhnt, der seine Waffe nicht richtig zu benutzen weiß. Ähnl. das Sprw. ‚Wer sitzt auf der Schneide, sitzt schlecht und kommt zu Leide‘, d.h. wenn man sich auf gefährliche Angelegenheiten einläßt, kann man wohl zu Schaden kommen.

Gleichbedeutend ist die Rda. *auf des Messers Schneide stehen:* kurz vor der Entscheidung sein, sich zum Positiven oder Negativen wenden können. Die Wndg., die die Unsicherheit einer Situation treffend beschreibt, stammt aus der Antike. In der ‚Ilias‘ (X, 173) Homers heißt es schon: „Es steht auf des Messers Schneide“.

Häufig ist auch die Vorstellung von der Zunge als schneidendem Instrument, z.B. schwäb. ‚Sie hat die Schneide auf der Zunge und er in den Fingern‘ oder ‚Das Maul schneidet wie geschliffen‘. Schweiz. kann Schneide gleichfalls ein böses, schneidendes Maul sein. Dazu gehört das Sprw. ‚Scharfe Schwerter schneiden sehr, scharfe Zungen noch viel mehr‘.

Anscheinend nur rhein. sagt man von einem zum Schmollen verzogenen Mund: ‚E micht en Schneide (Schnute), dat mer en Schweinstall drop baue kann‘.

Übertr. spricht man auch von der *Schneide* (Schärfe) *des Todes, des Verstandes* und sogar *der Sehnsucht;* vgl. frz. ‚Le tranchant de l'esprit‘.

Eine Schneide haben: scharf oder sauer schmecken, bes. in Süddtl. vom Wein, Bier oder Essig gesagt.

schneiden. *Sich schneiden:* sich falschen Hoffnungen hingeben, meist in burschikoser Rede i.S.v. ‚sich täuschen‘ gebraucht. Die Rda. ist im 18. Jh. verkürzt worden aus: sich mit dem Messer schneiden. Vgl. auch ‚sich in den Finger schneiden‘ (↗Finger) und ‚sich ins eigene Fleisch schneiden‘ (↗Fleisch). Vgl. frz. ‚se couper‘ i.S.v. sich unbedacht verraten.

Der Ausruf *Der wird sich schneiden!* enthält eine gewisse Schadenfreude des Klügeren und Vorsichtigeren, der den zukünftigen Fehlschlag voraussieht. In Schwaben sagt man statt schneiden ‚brennen‘. Auch Schiller läßt in seinen ‚Räubern‘ (IV, 5) Schweizer zu Grimm sagen: „Da brennst du dich“.

Jem. schneiden: ihn absichtlich übersehen, so tun, als ob man ihn nicht kennt, um jem. seine Verachtung zu beweisen. Die Rda. ist eine nach 1850 aufgekommene Übers. von engl. ‚to cut someone‘.

Der kann schneiden: er versteht seinen Vorteil wahrzunehmen, ähnl. ndd. ‚He versteit dat Sniden‘, er weiß den Leuten das Geld abzunehmen, vgl. ‚seinen Schnitt machen‘ (↗Schnitt). Die Rda. kann aber auch i.S.v. ‚aufschneiden‘ die Bdtg. von lügen besitzen, z.B. am Niederrhein und an der Mosel.

Von einem sehr scharfen Werkzeug oder Messer sagt man in treffenden Vergleichen: *Das schneidet wie Gift, wie ein Schermesser, wie eine Flöte,* die durchdringende Töne hat.

Jem. wie aus dem Gesicht geschnitten sein: ihm überaus ähnl. sehen, ↗Gesicht.

Schneider. *Frieren wie ein Schneider:* sehr leicht frösteln, kälteempfindlich sein. Den Schneider hielt man früher wegen seines angeblich geringen Körpergewichts, seiner Schmächtigkeit, Schwäche und Kränklichkeit und vor allem wegen seiner Stubenhockerei ohne körperliche Ausarbeitung für weibisch, verzärtelt, überempfindlich und nicht genügend abgehärtet.

Essen wie ein Schneider: sehr wenig zu sich

‚Schneidergewicht‘ – ‚Essen wie ein Schneider‘

nehmen. Die Schwächlichkeit der Schneider führte man auf mangelnde Nahrung zurück. Vor allem wenn die Schneider zu den Bauern auf Stör gingen und bei ihnen im Hause arbeiteten, fiel auf, daß sie sehr wenig vertragen konnten im Gegensatz zu dem kräftigen Appetit der Landarbeiter. Vgl. Schneiderspottlieder, z.B. E.B. Nr. 1634/35: ‚Schneider Jahrstag'.

Laufen wie ein Schneider: sehr schnell laufen, nicht vom eigenen Körpergewicht gehemmt werden.

Sich wie ein Schneider am Ostertag tummeln: sogar an den Sonn- und Feiertagen arbeiten. Dies geschah bei den Schneidern häufig, wenn sie termingerecht etw. fertigstellen mußten.

Herein, wenn's (was) kein Schneider ist! ruft man scherzhaft, wenn jem. anklopft und man nicht weiß, wer hereinkommen wird. Vermutl. hat der seine Forderungen eintreibende Schneider den Anlaß zu dieser Rda. gegeben, eigentl. eine Parodie der Wndg. *Herein, wenn's ein Schneider ist!*, die in der Schneiderzunft eine wichtige Rolle spielte. Die Sitzungen der Schneidergesellen fanden bei offener Zunftlade statt. Es war also eine streng geschlossene Gesellschaft, zu der niemand sonst Zutritt hatte. Forderte jem. Einlaß, dann hieß es: ‚Herein, wenn's ein Schneider ist!' (Wissell II, S. 110).

Der Schneider hatte immer Schwierigkeiten, seine Rechnungen zu kassieren, er wurde oft abgewiesen und noch dazu verspottet. Darauf weisen verschiedene Rdaa.: *beim Schneider hängenbleiben:* seine Kleiderrechnung nicht bezahlen, Schulden haben; *dastehen wie ein geleimter (nicht bezahlter) Schneider* und *einen Schneidergang(-ritt) tun:* unverrichteterdinge zurückkehren, einen vergeblichen Gang tun, um Geld zu erlangen, seine Schulden einzutreiben. Sprw. wurde daher auch die Armut der Schneider: *den Schneider im Hause haben:* Mangel leiden, sich mit eigenen Sorgen quälen müssen. Auffällig war auch die lange, ungeregelte Arbeitszeit der Schneider, die oft bis tief in die Nacht nähen mußten. Daher sagt man rdal. übertr. *den Schneider auf den Augen haben* oder *Der Schneider kommt (kriecht) jem. in die Augen:* er wird schläfrig, die Augen fallen ihm zu.

Dem Schneider werden nur üble Eigenschaften nachgesagt, vor allem gilt er als diebisch und lügnerisch. So sagt man z.B. *Dem Schneider ist viel unter den Tisch gefallen:* er hat von dem Stoff, den er verarbeiten sollte, viel für sich behalten und für seine Kinder. Tatsächlich hatte der Schneider unter seinem Tisch eine Kiste für Stoffreste, das ‚Auge' oder die ‚Hölle' genannt, in das er auch manches noch brauchbare Stück fallen ließ. Man glaubte, daß aus diesem Grunde kaum ein Schneider in den Himmel käme. Deshalb heißt es, wenn etw. Seltenes geschieht, wenn bei Regen die Sonne scheint oder eine Stockung im Gespräch eintritt: *Nun kommt ein Schneider in den Himmel.*

Dem Schneider wurden auch Faulheit und Nachlässigkeit nachgesagt, ↗Pfuscher.

Wenn die Nähte nicht halten, heißt es: *Der Schneider hat mit der heißen Nadel genäht,* paßt das Kleidungsstück nicht oder ist eine Sache ihrer ganzen Anlage nach verdorben, sagt man: *Der Schneider hat die Hosen verschnitten (das Maß verloren).* Auf den Pfuscher weisen die Wndgn. ‚Meister, ich bin fertig, darf ich trennen (flicken)?' und *Er ist einem Schneider durch die Werkstatt gelaufen:* er besitzt wenig Kenntnisse und Fertigkeiten in seinem Beruf.

Die Wndg. *den Schneider auskaufen (ausklopfen,* oberoesterr. ‚herauszwicken') bezieht sich auf den Brauch, jem., der ein neues Kleidungsstück zum erstenmal trägt, im Scherz zu schlagen oder zu kneifen.

Als verächtliches Schimpfwort gilt die einfache Feststellung *Er ist ein Schneider,* auch: *ein hinkender (windiger) Schneider,* denn sie bez. den Schwächling und den Furchtsamen, den sogar ganz geringe Gegner, wie Läuse, Mücken, Spinnen oder Schnecken, in die Flucht schlagen können. Daher erscheint eben das Märchen vom ‚Tapferen Schneiderlein' (KHM. 20) als bemerkenswerte Ausnahme von der Regel. Eine bes. dt. Ausprägung des Handwerkerspottes ist der um 1400 in Süddtl. entstandene ‚Schneider-Geiß-Spott'. Der 1. Hinweis darauf findet sich 1408 in einem Straßburger Ratsprotokoll, in dem ein Schneider-

1

3

2

4

1–5 Schneider-Geiß-Spott (‚Geißbuhler' – ‚Schneiderbock' – ‚Schneider, Schneider, meck, meck, meck')

5

Spottlied verboten wird. Urspr. handelt es sich um eine sexuelle und obszöne Anspielung auf den Schneider als ‚Geißbuhler'. Aus Oberschwaben ist belegt:

Der Schneider und die Geiß,
die machten eine Reis.
Der Schneider wollte reiten,
die Geiß, die wollt's nicht leiden,
die Geiß nimmt einen Seitensprung
und wirft den Schneider im Kuhdreck rum.

Erst im 16. Jh. wurde ‚Schneiderbock' der verallgemeinerte Spottname. Der Ritt des Schneiders auf dem Bock und der Kampf zwischen Schneider und Bock wurden nun Themen der bildl. und lit. Darstellungen. Vor allem in Spottversen und -liedern spielten sie bis zum 17. Jh. eine große Rolle und sind bis heute im allgemeinen Bewußtsein geblieben im Unterschied zu anderen Berufsschelten. Vgl. E. B. Nr. 1631/32: ‚Es wollt ein Schneider wandern wohl auf sein Schneidergeiß', und EB. Nr. 1636: ‚Es hatten sich 77 Schneider verschworn'. Man denke auch an rdal. Scherzworte wie „Schneider, Schneider, meck, meck, meck!" (Wilh. Busch).

Das Wort Schneider tritt andererseits euphemist. für Teufel ein, vor allem im Fluch: *Hol dich der Schneider!*

Aus dem Schneider (heraus) sein: über dreißig Jahre alt sein (vgl. ‚tief in den 29 stecken', ‚dreimal genullt haben'), nicht mehr ganz jung sein, bes. von alten Jungfern gesagt. Weiterhin bedeutet diese Rda.: aus den schlimmsten Geldverlegenheiten und Schulden heraussein, u. schülersprachl.: in den Stimmbruch kommen. Der Ausdr. stammt vom Kartenspiel, wo *Schneider werden* weniger als dreißig Augen bekommen hieß. Wer aus dem Schneider ist, hat demnach mehr als dreißig Augen, d.h. mehr als die Hälfte der unbedingt zum Gewinn nötigen. Auch in einem alten student. Bierspiel (‚Lustig, meine Sieben') spielte die Wndg. eine ähnl. Rolle: wer unter dreißig blieb, mußte das doppelte Quantum trinken, und auf seinem Platz wurde unter lautem Gesang eine Schere gemalt.

Die Wndg. *Schneider sein* bedeutet allg. leer ausgehen, keinen Jagderfolg haben, aber auch: am Tag nichts verkauft haben. Lit. Ursprungs ist der in der Anrede gebräuchl. Ausdr. *Gevatter Schneider und Handschuhmacher*. Bei Schiller heißt es in ‚Wallensteins Lager': „Sind Tieffenbacher, Gevatter Schneider und Handschuhmacher".

Den Schneider haben ist umg. eine verhüllende Umschreibung für die Menstruation.

Lit.: *E. K. Blümml* u. *F. S. Krauss:* Der Schneider im Vierzeiler Ausseer und Ischler Schnaderhüpfel (Leipzig 1906); *H. Klenz:* Schelten-Wb. (Straßburg 1910); *A. Keller:* Die Handwerker im Volkshumor (Leipzig 1912); *H. Gumbel:* Alte Handwerksschwänke (Jena 1928); *R. Wissell:* Des alten Handwerks Recht und Gewohnheit, 2 Bde. (Berlin 1929); *B. Salditt:* Der Schneider und die Geiß im Volksmunde bis zum 17. Jh., in: Hess. Bl. f. Vkde. 30 (1932), S. 88–105; *H. Hepding:* Zum Schneider-Spott, in: Hess. Bll. f. Vkde. 39 (1941), S. 67; *H. Rosenfeld:* Die Entwicklung der Ständesatire im MA., in: Zs. f. d. Ph. 71 (1951/52), S. 196–207; *M. Rumpf:* Dt. Handwerkerleben und der Aufstieg der Stadt (Stuttgart 1955); *W. Danckert:* Unehrliche Leute. Die verfemten Berufe (Bern – München 1963); *M. Eidel:* Schneiderlieder, in: Handbuch d. Volksliedes I, in: Motive, Freiburger folkloristische Forschungen, Bd. I (München 1973); *L. Röhrich* u. *G. Meinel:* Rdaa. aus dem Bereich von Handwerk und Gewerbe, in: Alem. Jb. (Bühl/Baden 1973); *G. Grober-Glück:* Motive und Motivationen in Redensarten und Meinungen. Textband. (Marburg 1974), S. 357–369 (= § 195–§ 200); *E. Moser-Rath:* Lustige Gesellschaft (Stuttgart 1984), S. 204–210.

Schneider von Ulm. ‚Der Schneider von Ulm' wurde sprw. wegen seines Wagemutes und seines Scheiterns als Erfinder, der sich den Menschheitstraum des Fliegens

‚Der Schneider von Ulm'

erfüllen wollte. Im Jahre 1811 verfiel er mit seinem Flugversuch dem öffentl. Spott, als dieser mißlang u. er in die Donau stürzte. Noch heute erinnern Verse daran:

Der Schneider von Ulm
hat's Fliege probiert,
Da hat ihn der Deifel
in d' Donau neig'führt.

Trotzdem kann seine Erfindung von beweglichen Flügeln als Vorläufer des 85 Jahre späteren Hanggleiters von Otto Lilenthal verstanden werden, so daß er im Grunde ein Vorkämpfer der heutigen Drachenfliegerei ist.

Lit.: Der Schneider von Ulm. Fiktion u. Wirklichkeit (Weißenborn 1986).

schneien. Die Wndgn. *einem plötzlich ins Haus schneien* oder *hereingeschneit kommen* gebraucht man, wenn man durch unverhofftes Glück überrascht oder durch unangemeldete Gäste belästigt wird. In der Kölner Mda. z. B. heißt dies: ‚Einem en et Hus jeschneit kumme'. *Aus einer anderen Welt hereinschneien* bedeutet: unerwartet erscheinen, völlig anders geartet, fremdartig sein. *Jetzt soll's gleich schneien!* gilt als Ausruf des Unwillens. *Morgen schneit's!* wird häufig verwendet, wenn etw. Erhofftes nicht eingetreten ist. So entgegnet man z. B. in Kamenz: ‚Ja, morgen schneit's', wenn man ausdrücken will, daß sich der andere sehr irrt, daß seine Erwartungen ebensowenig in Erfüllung gehen wie der für den nächsten Tag prophezeite Schneefall. *Im Sommer, wenn's schneit* ist deshalb auch die scherzhafte Antwort für einen lästigen Frager, der einen ungewissen Zeitpunkt genau wissen möchte.

Die Rda. *wenn's grün schneit* verweist auf etw. völlig Unmögliches und ist eine Umschreibung für ‚niemals'. Bes. beliebt sind solche ‚Niemals-Formeln' im Volkslied, wo beim Abschied auf die Frage nach der Rückkehr das harte ‚Niemals' vermieden wird. So heißt es z. B. in einer bekannten Wanderstrophe:

Wenn's schneiet rote Rosen
Und regnet kühlen Wein!

In anderen irrealen Vorstellungen stehen ‚schneien und regnen' oder ‚schneien und hageln' nebeneinander:

Wenn's Buttermilch regnet
Und Weinbeerlein schneit.

Im Schwäb. sagt man: ‚Ich komme, wenn's alte Weiber schneit und Katzen hagelt' oder ‚wenn's Katzen hagelt und Spitzstecke schneit', ↗Pfingsten.

Aus dem bäuerl. Bereich stammt die Rda. *Es schneit Kühjungen (Bauernjungen):* es schneit bes. heftig. Das Subst. dient hierbei genauso zur Steigerung wie in der Wndg. ‚Es regnet Bindfäden'.

In Verbindung mit dem alten Volksglauben entstand die Rda. *Es hat ihr (ihm) in die Blume geschneit,* da es Glück bedeuten sollte, wenn es auf dem Weg zur Trauung plötzlich zu schneien begann. Dagegen heißt *Dem hat's auch auf die Flinten geschneit:* er hat Unglück gehabt. Als Zeichen des Elends gilt, wenn es einem *in die Bude, ins Haus* oder *in die Schuhe schneit,* er also keinen Schutz mehr besitzt.

Die Feststellung *Es (hagelt) schneit und hagelt (schneit) bei ihm mit Geld,* oft mit dem scherzhaften Zusatz: *daß es Beulen gibt,* veranschaulicht ein plötzlich wie ein Frühlingsgewitter erscheinendes Glück in Geldgeschäften. Die schwäb. Rda. ‚Es schniebt ihm's Geld' heißt: er erwirbt sehr leicht viel Geld. Die Kölner Wndg. ‚Et hät im op der Kopp jeschneit' bedeutet: sein Haar ist ihm schneeweiß geworden.

schnell, Schnelle. *Es geht so schnell wie's Heftelmachen (Haftelmachen):* Die Arbeit geht bei höchster Angespanntheit rasch voran. Bei der Herstellung von Hefteln und Schlingen für den Verschluß von Röcken und Kleidern mußten sich vor der Automatisierung in den Betrieben viele Personen flink in die Hand arbeiten, damit keine Stockung eintrat. Für einen fremden Beobachter war dies ein bewundernswürdiger, rascher Vorgang, dem er kaum mit dem Auge zu folgen vermochte. Die Rda., deren urspr. Bezug bei der fortschreitenden Industrialisierung verblaßte, wurde später entstellt zu: *Es geht so schnell wie's Katzenmachen,* ↗Brezel, ↗Heftelmacher.

Zahlreiche rdal. Vergleiche dienen zur Beschreibung hoher Geschwindigkeit: *Es geht schnell wie der Blitz* (vgl. frz. ‚rapide comme l'éclair'), *wie ein Gedanke; etw. schießt davon, schnell wie ein Pfeil; es kommt schnell wie der Wind.* Vgl. lat. ‚velis equisque‘ (Cicero).

Der rdal. Vergleich ‚schnell, wie ein Gedanke‘ soll in den meisten Fällen die geschwindeste Art von Schnelligkeit ausdrücken. In der komparativischen Form wird die Vorstellungskraft von der beschriebenen Schnelligkeit noch gesteigert: *etw. fliegt schneller als ein Adler, ein Falke, eine Rakete; es geht schneller, als Spargel kocht.*

So schnell schießen die Preußen nicht! heißt es zur Beruhigung, ↗ Preußen.

Mit etw. schnell fertig sein: etw. ohne Überlegung rasch abtun, ein Urteil zu voreilig fällen. Die Rda. beruht auf einem Zitat aus Schillers Drama ‚Wallensteins Tod‘ (II, 2), wo es heißt:

Schnell fertig ist die Jugend mit dem Wort.

Vgl. frz. ‚bâcler quelque chose‘.

Ein schnelles Geschenk bringen: eine willkommene Gabe von letzter modischer Neuheit schenken.

Etw. auf die Schnelle erledigen: eine Arbeit ungern, unzuverlässig und flüchtig ausführen.

Jemanden auf die Schnelle besuchen: ihn nur auf einen Augenblick sprechen oder einen Blitzbesuch während einer Reise machen.

Lit.: *R. Köhler:* ‚Schnell wie der Gedanke‘, in: Euphorion 1 (1894), S. 47–51; *J. Stave:* ‚Auf die Schnelle‘, in: Wörter und Leute (Mannheim 1968), S. 136.

schniegeln ↗ geschniegelt.

schnieke. *Etw. (jem.) ist schnieke:* etw. (jem.) ist fein, sauber, adrett. Da das Wort urspr. berl. nachgewiesen ist, heißt es richtigerweise: ‚Det is schnieke‘. Man hat versucht, das Wort aus dem ndd. ‚snigger‘, ‚snicker‘: munter, hübsch, zierlich herzuleiten. Doch überzeugt eine Ableitung aus dem Rotw. mehr: Schneicke, Schnecke, Schnike (seit 1820) bez. hier das blendend weiße, glänzende Taschentuch oder Halstuch, das zu einer feinen Tracht gehört. So kann mit ‚schnieke‘ pars pro toto das ganze feine Herausputzen gemeint sein und als tertium comparationis das Saubere, Weiße.

Lit.: *S. A. Wolf:* ‚Det ist schnieke‘ und Verwandtes, in: Muttersprache 67 (1957), S. 229–231.

Schnippchen. *Einem ein Schnippchen schlagen:* ihm einen Streich, einen Possen spielen, seinen Plan vereiteln. Urspr. bezeichnete die Rda. nur eine gebräuchl. Gebärde, die Geringschätzung oder Spott ausdrücken sollte. Man ließ den 3. oder 4. Finger am Daumen hingleiten und führte einen Schnalzer gegen den anderen aus, indem man dazu nur dachte: Nicht so viel, nicht diesen Knips gebe ich auf dich, auf deine Meinung! So 1604 bei Eyering

‚Einem ein Schnippchen schlagen‘

in ‚Proverbiorum Copia‘ (3. Teil, S. 59): „Ich geb nit ein Schnipgin drumb“. Ndd. heißt es im gleichen Sinne auch ‚Knippken‘. Bereits 1625 heißt es in Martin Rinckarts Drama ‚Bauernkrieg‘:

Er schlug uns all nider ins Gras
Und mir ein knipgen vor die Naß.

Mit einer gewissen Schadenfreude wird in Köln festgestellt: ‚Dem han ich e Schnippche jeschlage!‘, ich bin ihm zuvorgekommen, dem habe ich übel mitgespielt, ich habe ihn mit Spott abgewiesen.

Die Bedeutung der 1691 durch Stieler in ‚Der Teutschen Sprache Stammbaum‘ (S. 1894) gebuchten Rda. ‚einem ein Schnippchen schlagen‘ wird sich so entwickelt haben: Urspr. war das Schnippchenschlagen eine Geste der Nichtachtung; einem Gegner gegenüber angewendet, bedeutete es: Ich fühle mich dir so überlegen, daß ich auf deine Feindschaft nicht viel gebe. Das Bewußtsein, den andern in die Tasche stecken zu können, ihm dies und das antun zu können, macht heute den Hauptinhalt der Rda. aus.

In der Lit. erscheint das Schnippchenschlagen als symbolische Handlung, die sich gegen Gott und Welt richten kann. Bei Iffland (‚Mann von Wort' V, 5) steht die Aufforderung: „Schlagen Sie der gemeinen Welt ein Schnippchen!" Gottfr. Keller schreibt in seinem Roman ‚Grüner Heinrich' (Buch II, Kap. 11): „ich pflege dann höchst vergnügt ein Schnippchen gegen den Himmel zu schlagen und zu rufen: Siehst du, alter Papa! nun bin ich dir doch durchgewischt!" Die geistreichste Verwendung der Rda. findet sich in Goethes ‚Faust', wo im Maskenball (II, 1; V. 5582ff.) der Knabe Lenker, die Poesie, Schnippchen schlägt: „Hier seht mich nur ein Schnippchen schlagen".

Schnitt. *Seinen Schnitt bei etw. machen,* auch: *einen guten Schnitt machen:* einen beträchtlichen Gewinn erzielen, ein gutes Geschäft machen; ähnl. ‚seinen Schlag machen'. Die Rdaa. entstammen der bäuerl. Welt und beziehen sich auf die Getreideernte. Nach alter Rechtsauffassung gehörte das Getreide auf dem Felde dem Bauern erst dann, wenn es geerntet war. Es wurde nach dem Schnitt, der früher mit Sichel oder Sense erfolgte, verkauft, die Hauptgelegenheit des Bauern, Bargeld zu bekommen. War der Schnitt gut, so bedeutete das reichen Ertrag, der Bauer verdiente viel; vgl. ‚Geld wie Heu haben'. Da die Rda. vor allem aber die mehr oder weniger listige Art meint, sich einen Vorteil zu verschaffen, kann sie auch mit der im späten MA. häufigen ↗Beutelschneiderei der Gelddiebe in Zusammenhang gestanden haben. Vgl. ndl. ‚een slaatje uit iets slaan' oder ‚sijn snettjes weten te snijden' und frz. ‚faire son coup' und ‚beaucoup'; auch: ‚réussir son coup'.

Dagegen heißt *keinen großen Schnitt machen:* nicht viel bei einer Sache verdienen.

Jem. unter kurzem Schnitt halten: ihn in strenge Zucht nehmen. Die Rda. vergleicht die menschliche Erziehung mit der Arbeit eines Gärtners, der durch das Schneiden der Bäume und Sträucher ihren Wuchs günstig zu beeinflussen sucht. Übertr. Bdtg. besitzt die Rda. *einen Schnitt ins Fleisch machen:* jem. Schmerzen zufügen müssen, um eine größere Gefahr zu beseitigen; wie ein Chirurg vorgehen müssen, der ein Geschwür entfernt, um einen Menschen nachhaltig zu ermahnen und zu seinem Vorteil zu verändern. Die Feststellung *Das war ein grober Schnitt* hat einen ähnl. Sinn: ein Tadel war sehr stark, eine notwendige Aussprache wirkte verletzend.

Schnitzer. *Einen Schnitzer machen:* einen groben Fehler machen. Die Rda. ist seit Luther bezeugt; man leitet sie her von den Holzschnitzern und Holzbildhauern. Durch zu grobe Schnittführung konnte das Werk ‚verschnitzt', d.h. entstellt und verunstaltet werden. Vgl. ndl. ‚een flater begaan' und frz. ‚faire une gaffe'. Ähnl. Bdtg. hat die aus dem Vorstellungskreis der Zimmerleute stammende Rda. ‚über die Schnur hauen' (↗Schnur). *Ein grober Schnitzer* ist in der Schülersprache auch ein Verstoß gegen die Regel, ein Fehler, der bei etw. Überlegung zu vermeiden gewesen wäre.

schnuppe. *Das ist mir schnuppe* ist hergeleitet von dem Fem. ‚Schnuppe' (= verkohltes Ende eines Dochtes) und bedeutet: das ist mir gleichgültig, bedeutet mir nichts, ist mir soviel wert wie eine Schnuppe. Dabei wird schnuppe als prädikatives Adj. gebraucht. Seit etwa 1850 ist die Rda. für Berlin belegt. ‚Mir is allens schnuppe' vermerkt Hans Meyer 1878 im ‚Richtigen Berliner'. Die Rda. ist heute in der allg. Umgangssprache mit regional unterschiedlicher Dichte vertreten.

Schnuppe ist gleichbedeutend mit den ebenfalls in Berlin zuerst gebräuchlichen Ausdrücken ‚pipe', ‚schnurz', ‚pomade', ‚Wurst', ‚Jacke wie Hose'.

Lit.: *S. A. Wolf:* ‚Det is mir allens schnuppe', in: Muttersprache 66 (1956), S. 29; *Anon.:* ‚Das ist mir schnuppe', in: Sprachpflege 10 (1961), S. 153.

Schnur. *Über die Schnur hauen:* übertreiben, zu weit gehen, über den angemessenen Rahmen hinausgehen, das rechte

Maß überschreiten; vgl. frz. ‚tailler au cordeau'.
Die Rda. bezieht sich urspr. auf die Schnur, die ein Zimmermann spannt, um einen Balken gerade zu behauen. Um die Schnur nicht zu beschädigen, wird sie zumeist mit roter oder weißer Kreide oder mit feuchter, zerstoßener Holzkohle eingefärbt und senkrecht auf das zu bearbeitende Holz abgeschnellt, wodurch eine gerade Linie entsteht. Schlägt der Zimmermann über die Schnur hinaus, so verdirbt er möglicherweise den ganzen Balken, und doch muß er stets unmittelbar an der Schnur entlanghauen. So kennzeichnet die Rda. treffend, wie ein selbst geringfügiges Hinausgehen über das zulässige Maß großen Schaden bewirken kann (daher auch ‚sich verhauen', sich vertun).

‚Über die Schnur hauen'

In einem Fastnachtsspiel des 15. Jh. werden bestimmte verwerfliche Praktiken in unsere Rda. gekleidet:

der official ist kumen her
und wil verhörn man und frauen,
ob iemant über di schnur het gehauen
mit spil, mit wucher, mit feir zusprechen
und was das gaistlich recht schol rechen.

(Fastnachtsspiele des 15. Jh., ed. Keller, 769,6).
Seb. Franck rät in seiner Sammlung: „Stateram ne transgredieris" (1541): „Ubermache nit, haw nit über die schnur".
Luther gebraucht gern, „über die Schnur fahren": „wie mag ich mich gewis versehen, das alle meine werck gott gefellig sind, so ich doch zu weilen falle, zu viel rede, esse, trincke, schlaffe, oder je sonst uber die schnur fare, das mir nicht müglich ist zu meiden?" (Luther I, 230a).
Oft wird noch erläutert, ob mehr oder weniger weit über das rechte Maß hinausgegangen wurde, so z.B. bei Hans Sachs (‚Gedichte' Bd. I, 1558, 542c):

Grob hab ich ubert schnur gehawt,
Derhalb man mir auch nit mehr trawt,

und in der ‚Zimmerischen Chronik' (Bd. II, S. 113, Z. 23–29): „Do befliße sich menigclich, das dem doctor der durst würde gelescht, und wiewol er ungern sich im trunk einließe, dann es war nur eitel weishait und vernunft umb in, iedoch ließe er [durch] die guete wörtlin sich dohin bringen, das er weiter, dann sein brauch, über die schnur heube und nit ußerm haus kommen kont, sondern sich uf den nechsten bank legte schlaffen".
Daß das Bild vom Zimmermann mit seiner Schnur von Predigern des späten MA. gern verwendet wurde, verwundert nicht, ließ es sich doch unschwer allegorisch ausdeuten: „was das bleyscheid und rechte kirchenschnur unnd masz belanget, sollet jr wissen, das der propheten und apostel lere, unser richtschnur unnd bleywoge und rötelstein ist, darnach wir alle andere abrisz oder muster in der kirchen abmessen sollen, auff das wir bawleut nicht über dise schnur hawen, oder den kirchenbaw nicht ungerad aufführen, ... denn der propheten und aposteln schnur und rötelstein, rötet und weiset uns auffs blut unnd wunden Jesu Christi, disz ist das einige löszgelt und bezalung für unsere sünde" (Joh. Mathesius, Sarepta ..., 1571, 98b).
Von der Aufschneiderei ist die Rede in der ‚Continuatio des abentheuerlichen Simplicissimi' (14. Kap.): „... wann ich aber verständige Leut vor mir hatte/so hiebe ich bey weitem nit so weit über die Schnur". Von der Schlemmerei dagegen in den ‚Nuptialia' des H. Creidius (Bd. II, 214): „allein wie die masz zu allen dingen gut ist, so soll man auch sehen, dasz man hie (beim Hochzeitsmahl) nicht über die schnur haue, und etwa das hertz beschwere mit fressen und saufen".

Entweder in bewußt umgedeuteter oder aber mißverstandener Form findet sich die Rda. bei Abraham a Sancta Clara: „Die Kutscher oder Fuhrleut seind sonst solche Leut, welche nicht allein mit der Geißel umgehen, sondern gar oft auch über die Schnur hauen".

Nach der Schnur leben: unter Einhaltung des rechten Maßes, der gesellschaftlichen und sittlichen Normen leben.

Von der Schnur zehren: vom Grundstock seines Vermögens – und nicht nur von den laufenden Einkünften – zehren. Diese Rda. begegnet uns bereits am Ende des 13. Jh. in den Marienlegenden aus dem ‚Alten Passional' (hg. v. H.-G. Richert, ATB 64, [1965], XX, 32):

also lange er umme fuor,
und vertet (Var.: verzert,
verzerte) von der snuor,
unz (bis) er wart metalle blôz.

Die Rda. bezieht sich auf die frühere Gewohnheit, als Rücklage für Notzeiten Geldstücke auf eine Schnur aufzureihen. Zu diesem Zwecke durchbohrte man die Münzen oder versah sie mit einer Öse. Wer von seiner Schnur zehrte, verringerte sein Vermögen, geriet in Armut. In diesem Sinne sagt man obersächs. und erzgeb. von einem armen Mann: ‚Dar muß vun der Schnur zehrn'. Zuweilen ist die Rda. gleichbedeutend mit der Rda. ‚von der Hand in den Mund leben':

„Wo will aber ein faulentzer diese 3 pfennig nehmen, der nichts begehrt zu erwerben, sondern immer auff der bärnhaut liegt und aus der schnur zehret?" (Creidius: ‚Nuptialia' II, 1652, 277). Entspr. gebraucht man heute noch im Siegerland: ‚van de Schnur lewe'.

Bei der Rda. *Es geht wie am Schnürchen:* es geht reibungslos, flott vonstatten, kann man an den Rosenkranz denken, an dem Katholiken ihre Gebete abzählen und dessen Perlen wie von selber durch die Hand gleiten. Deshalb sagt man in der Kölner Mda.: ‚Dat muß immer förangohn wie de Schnur am Rusekranz'. Nicht weniger wahrscheinl. ist jedoch die Deutung, daß sich diese Rda. auf die Schnüre des Puppentheaters bezieht, an denen der Spieler seine Puppen nach seinem Willen bewegt. Man denke an den heute noch gebräuchl. Schnürboden im Theater; vgl. ‚Drahtzieher'. Die auffällige Verwendung der Diminutivform erklärt sich vielleicht aus einer älteren Wndg. ‚Es geht wie an Schnüren'. Auf die Schnüre des Puppentheaters nimmt Murner Bezug, wenn er in seiner ‚Narrenbeschwörung' schreibt:

Er hat ir stimmen an der schnier,
Ein jeder sunst syn ampt verlier

(ed. M. Spanier, Ndr. dt. Lit.-Werke 119–124, 1894).

Dagegen ist bei den folgenden Worten Kants (Sämtl. Werke, ed. G. Hartenstein, 1838ff., Bd. X, 193) an den Rosenkranz zu denken: „der gemeine Mann hat das Mannigfaltige, was ihm aufgetragen wird, gemeiniglich besser auf der Schnur, es nach einer Reihe zu verrichten und sich darauf zu besinnen".

Einen schnüren oder in die Schnur nehmen: ihm Geld abnehmen, ihn in die Enge treiben, übervorteilen. Die Rdaa. leiten sich her von dem Handwerksbrauch der Maurer und Zimmerleute, denjenigen, der den Bau zum Zwecke der Besichtigung betritt, mit der Meßschnur einzufangen und ihm ein Lösegeld bzw. Trinkgeld abzuverlangen. Obersächs.-erzgeb. ‚Wenn sa mich a wing geschnirt hötten, do hött ich ver Fraad wos zun Besten gaam'.

Das geht über die Hutschnur ↗ Hutschnur.

Lit.: *E. Weiß:* Die Entdeckung des Volks der Zimmerleute (Jena 1923); *L. Röhrich* u. *G. Meinel:* Rdaa. aus dem Bereich von Handwerk und Gewerbe, in: Alem. Jb. (Bühl/Baden 1973).

Schnurre, schnurren. *Einen über die Schnurre (Schnauze) hauen:* ihn schlagen und damit zum Schweigen bringen, ihn für sein loses Mundwerk bestrafen. Mdal., bes. im Obd., ist die Schnurre (Schnorre) die Bez. für Maul oder Schnauze und ein verächtlicher Ausdr. für Mund. Auch im Rotw. ist das Wort bekannt, der ‚Schnurrenputzer' ist in der Gaunersprache eine übliche Umschreibung für den Barbier.

Einen wieder in die Schnurre bringen: ihm einhelfen, ihm zu einem neuen Redefluß verhelfen. Die Wndg. wird dann gebraucht, wenn einer den ‚roten Faden verloren hat', wenn er bei einem Vortrag steckenbleibt. Vgl. frz. ‚apporter un bout de chandelle pour trouver ce qu'il veut dire'.

Auf die Schnurre gehen: mit Musik (mit der Schnurrpfeife) betteln gehen, umherziehen und andere für seinen Unterhalt sorgen lassen, seine schlechte Musik zum Vorwand nehmen, um Gehöfte zu betreten und um Gaben zu bitten.

Bei jem. etw. schnurren (schnorren), auch *jem. anschnorren:* mit Erfolg um etw. anhalten, ihm etw. abbetteln, ablisten. Die Wndg. wird heute auch von Kindern gesagt, die es durch Schmeicheleien verstehen, ihre Wünsche erfüllt zu bekommen. Das Verb schnurren geht zurück auf das mhd. ‚schnurren' = rauschen, mit Musik betteln, neben dem sich seit dem 18. Jh. auch die Form ‚schnorren' durchsetzte, das aus der Gaunersprache stammt.

Es sind Schnurren: es sind possenhafte Einfälle, Scherzlügen oder komische Anekdoten, aber auch: es sind Häscher der Universitätspolizei. Diese Mehrdeutigkeit der Rda. beruht auf einer stud. Sonderbez. Die Schnurre war früher der Name für die Knarre des Nachtwächters. Die Studenten des 18. Jh. nannten nach diesen Instrumenten die Häscher ebenfalls Schnurren, wie Kindleben 1781 für Halle, Göttingen, Jena und Tübingen in seinem ‚Studentenlexikon' (175) bezeugt (vgl. Zs. f. dt. Wortf., 12,289). Andererseits hieß der Possenreißer, der lustige Erzählungen, Schnurren, zum besten gab, bereits in ahd. Zeit ‚snurring' und im Mhd. ‚snurraere', so daß sich die Hauptbdtg. von Schnurre sprachl. sehr weit zurückverfolgen läßt.

Schnurrpfeifereien. *Das sind (doch nur) Schnurrpfeifereien:* das sind launige Späße, das sind lustige Einfälle und Erfindungen, auch abwertend gemeint: das sind geschmacklose, unnütze Gegenstände und Verzierungen, das ist lumpiger Flitterkram, eine minderwertige Leistung. Urspr. bez. man mit Schnurrpfeifereien das schlechte Spiel der Musikanten. Mit der Schnurrpfeife war der Dudelsack gemeint. Seine mit einer Pfeife hervorgebrachte Melodie wurde durch einen Brummbaß begleitet, der schnurrende, schnarrende Töne erzeugte. Diese Schnurrpfeiferei galt als wenig hervorragende Musikleistung. Unserer heute vorherrschenden Bdtg. als lustiges Zeug, scherzhafte Erzählung liegt eine Vermischung des Ausdr. mit ‚Schnurre' = lustige Geschichte zugrunde, an die man mehr als an den Brummbaß der Pfeifer denkt, die seit dem MA. für die Tanz- und Festmusik mit ihren Flöten, Schalmeien und Dudelsäcken sorgten.

Schnutzelbutzhausen. Schnutzelbutzhausen ist ein Spottname für ein kleines Dorf. Der Name ist schon für 1848 belegt in einem Lied mit dem Kehrreim:

So geht es in Schnutzel-Putz-Häusel,
Da tanzen die Ratzen und Mäusel.

In der Frankfurter Gegend wurden unerzogene, ungebildete Leute oft als aus Schnutzelbutzhausen kommend dargestellt, wie folgende rdal. Vergleiche zeigen: ‚Die Unterthanen der Schnutzelbutzhäuser Herzöge haben keine Sacktücher und fahren zweispännig über die Nase'; ‚wie err uffsteiht, wie der Schnutzelbutzhäuser Herzog in der Charwoch'; auch in Kinderlügenmärchen spielt Schnutzelbutzhausen eine Rolle.

Lit.: Frankfurter Wb. 14 (1982), S. 2809–2810.

schofel. *Etw. ist schofel:* es ist gemein, von niedriger Gesinnung, jem. ist nicht freigebig, eine Sache ist wertlos. Das Wort schofel stammt von hebr. ‚šāfāl' = lumpig, wertlos, gemein ab. Es spielte im Rotw. eine Rolle und gelangte über die Studentensprache zur Verbreitung. Bei G. K. Pfeffel und Gottfr. Keller ist es lit. bezeugt. Das Subst. ‚Schofel' = Ausschußware wurde seit 1782 auch auf minderwertiges Schrifttum übertr. und durch A. v. Kotzebues ‚Kleinstädter' (4,2) von 1803 bekannt, wo es heißt: „Waren Sie rasend, als mein Oheim seine Lesebibliothek auskramte, zu sagen, es sei lauter Schofel?"

Lit.: *F. Kluge:* Etym. Wb. (Berlin [19]1963), S. 674; *S. A. Wolf:* Wb. des Rotw., S. 296.

Scholi. ‚Mein lieber Scholi!' oder auch ‚Ja mein Scholi!' sagt man zu einem, den man gern leiden mag, der aber doch eher ein Träumer, vielleicht auch ein Narr ist. Diesen ‚Scholi' hat es wirklich gegeben. Es handelt sich um Ferdinand Joly (1765–1823), den man zu seinen Zeiten den ‚ausgejagten Studenten von Salzburg' nannte. Er stammte – worauf schon der

Name hinweist – aus einer frz. Hugenottenfamilie. Infolge seiner Verwicklung in ein mysteriöses Vorkommnis wird er 1783 von der Salzburger Universität verwiesen. Er stirbt 1823 in Kay bei Tittmonig an der Salzach. Durch Jahrzehnte führte er ein unstetes Vagantenleben: Singend, dichtend und schauspielend hinterläßt er kaum sichtbare Spuren in Gehöften, Dörfern, selten nur in größeren Orten. Die wenigen erhaltenen Spiele, verfaßt in bildhafter Volksprache, dazu etliche Lieder mit Melodien, einige saftige ‚Predigten' und kuriose Gedankensplitter zeugen von einer höchst eigenwüchsigen Begabung. Sein Onkel war Prior und Stiftsdirektor von Kremsmünster. Er selber war eher ein gesellschaftlicher ‚Aussteiger', wie man heute sagen würde, ein weiser Narr, ein Hanswurst, dessen Name mit der Geschichte des alpenländischen, insbes. des Erler Volksschauspiels verbunden ist.

Lit.: *A. Hartmann:* Volksschauspiele in Bayern und Österreich–Ungarn (Leipzig 1880); *C. Bresgen:* Der Scholi. Ein Salzburger Student, Vagant und Musikus um 1800 (Wien 1984); *ders.:* Das ‚Liederbuch' des Scholi (Wien 1984).

schön, Schönes. *Etw. ist zu schön, um wahr zu sein:* es ist eine herrliche Sache (Aussicht), die jedoch leider kaum verwirklicht werden kann; die anfängliche Begeisterung wird vom Zweifel am Erfolg gedämpft. Die Wndg. ist durch den Schlagerrefrain:

Das gibt's nur einmal,
Das kommt nicht wieder,
Das ist zu schön, um wahr zu sein

allgemein bekannt geworden. Vgl. frz. ‚C'est trop beau pour être vrai'.

Einem schöntun: ihm schmeicheln, ähnl. *jem. schöne Worte (Augen) machen:* ihn übertrieben loben, ihm nach dem Munde reden (kokettieren). Vgl. ndl. ‚mooi weer spelen', freundlich wie schönes Wetter an einem Sonnentag, untertänig, dienstbeflissen sein; vgl. frz. ‚faire les beaux yeux à quelqu'un'.

Schön heraus sein: glücklich zu preisen sein, eigentl. froh sein, nicht beteiligt, betroffen zu sein, nicht zur Verantwortung gezogen werden können; vgl. frz. ‚S'en être bien tiré'.

Das Adj. schön wird gern zur iron. Umschreibung des Gegenteils benutzt, z. B. in den Feststellungen *Schön ist das!* Vgl. frz. ‚C'est du beau'. *Das ist ja eine schöne Bescherung (Leistung), ein schöner Reinfall! Das sind ja schöne Aussichten (Geschichten);* vgl. frz. ‚Quelles jolies perspectives!' Auch in der Verbindung mit einem bestimmten Verb erhält ‚schön' negative Bdtg.: *bei jem. schön ankommen:* von ihm schlecht aufgenommen werden, abblitzen, Unwillen erregen; *jem. wird schön gucken:* er wird (unangenehm) überrascht werden; *etw. schön bleiben lassen:* sein Vorhaben bestimmt aufgeben müssen.

Subst. und Komparativ werden in der gleichen Weise benutzt: *etw. Schönes angerichtet (angestellt) haben; sich etw. Schönes geleistet (eingebrockt) haben; daraus wird etw. Schönes entstehen:* es wird kein gutes Ende nehmen, aber auch: *Das wäre ja noch schöner!:* das kommt überhaupt nicht in Frage, ein häufiger Ausdr. der Ablehnung; vgl. frz. ‚Il ne manquerait plus que cela', und: *Das wird ja immer schöner:* es wird immer schlimmer, unglaublicher.

Die Schönheit einer Frau wird in den rdal. Vergleichen gern übertrieben und gesteigert: *Sie ist schön wie der (junge) Tag,* vgl. frz. ‚Elle est belle comme le (beau) jour'; *Sie ist schön wie ein Engel,* aber auch: *wie die Sünde,* d.h. also bes. verführerisch; mdal. ‚S' is (woar) su schîne, der Moaler het's nich schinner moalen kinnen' (schles.); ‚Sie ist schön wie Anke von Tharau' (ostpreuß.). Scherzhaft sagt man in Schwaben zu einem Mädchen, das oft vor dem Spiegel steht, um es zu necken und zu verspotten: ‚Du bist schön, du schielst und blöckst d' Zähn'.

Oft enthalten die Feststellungen über die Schönheit eines Mädchens oder einer Frau iron. Zusätze, die sie einschränken oder ganz in Frage stellen: *Sie ist so schön wie ein Engel und dumm wie eine Gans; sie ist schön, man darf sie aber nicht bei Tage (nur bei Kerzenlicht) sehen.*

Manchmal enthalten die Rdaa. auch einen gewissen Trost, der die mangelnde Schönheit vergessen läßt: *Ist sie gleich nicht schön, hat sie doch Geld im Kasten; sie ist nicht so schön zum Verlieben und nicht so häßlich zum Erschrecken.*

Schöneberg. *Es war in Schöneberg ...* sagt man, wenn einem bes. angenehme, schöne Erinnerungen einfallen und man dieser vergangenen Zeit etwas nachtrauert. Die Bemerkung bildet die Refrainzeile eines Berliner Schlagers:

Das war in Schöneberg, im Monat Mai,
ein kleines Mädelchen war auch dabei.
Das hat den Buben oft und gern geküßt,
wie das in Schöneberg so üblich ist.

(Aus: R. Eberhard [Hg.]: Fritze Bollmann wollte angeln [Berlin 1980], S. 87–88).

schönfärben. *Etw. schönfärben, schönfärberisch darstellen, ein Schönfärber sein:* etw. in einem günstigeren Licht darstellen, etw. beschönigen, verharmlosen. ‚Schönfärber' war früher eine Berufsbez. (Gegensatz: ‚Schwarzfärber') für den mit leuchtenden Farben arbeitenden Färber.

Schönhausen. *Von Schönhausen sein:* sehr schön oder, iron. gemeint, bes. häßlich sein. Schönhausen gehört wie ↗Schwarzburg zu den erfundenen Ortsnamen, in der scherzhaften Voraussetzung, daß alle Leute, die von dort kommen oder stammen, entspr. Eigenschaften besitzen müssen.

Sie ist einmal in Schönhausen gewesen, aber es ist schon lange her: sie war vielleicht früher eine Schönheit, doch jetzt ist nichts mehr davon zu erkennen. Vgl. ndl. ‚Zij is van Schoonhoven af (vorbij) gevaren, en te Seelijkendam aangekommen'.

Schönheit. *Die Schönheit ist ihm (ihr) nicht nachgelaufen:* er (sie) ist überaus häßlich. Die Feststellung *Ihre Schönheit ist über den Mittag hinaus* (vgl. frz. ‚Cette beauté est à son midi') meint: es geht nun abwärts, die blühende Jugend ist bereits vorüber, sichtbare und unaufhaltsame Zeichen des zunehmenden Alters machen sich immer mehr bemerkbar. Ähnl. *Ihre Schönheit hat abgeblüht (ist verwelkt):* sie ist endgültig vorbei, unwiederbringlich verloren. Solche Vergleiche mit dem Werden und Vergehen einer Blume sind sehr beliebt, wie die folgenden Rdaa. erweisen, die positive Bdtg. besitzen: *zur vollen Schönheit erblüht sein; ihre Schönheit hat sich voll entfaltet (steht in schönster Blüte).*

Einen (kleinen) Schönheitsfehler besitzen: einen geringfügigen Mangel aufweisen. Die Wndg. kann auf Personen, Sachen und in übertr. Bdtg. auch auf den geistigen Bereich bezogen werden, z.B. kann eine Arbeit, ein Vorschlag einen solchen Fehler besitzen. *Ein Schönheitspflaster auflegen:* durch den Kontrast eines kleinen Mangels die sonst makellose Schönheit noch mehr hervorheben. Die Wndg. bezieht sich auf eine vergangene Modeströmung des 17./18. Jh.: die Damen klebten sich einen künstlichen, dunklen Fleck aus schwarzem Taft auf die Wange, um die Schönheit der Haut und die Zartheit des Teints damit zu unterstreichen. Vermutlich geht dies auf eine Sitte der schönen Orientalinnen zurück, die bekannt und nachgeahmt wurde. Dies geschah zuerst in Frankr., wo diese Pflästerchen ‚mouche' (= Fliege) genannt wurden.

Schönste. *Er ist der Schönste vom Dutzend und wird obenauf gebunden* heißt es spöttisch, wenn sich einer mehr dünkt als die anderen und wie ein Musterstück bevorzugt behandelt werden möchte. Die Rda. erinnert an den Kaufmannsbrauch, ein bes. schönes Stück ihrer Ware auf der Verpackung außen anzubinden, ↗Ausbund und ↗Dutzend.

Sie ist die Schönste, wenn sie allein ist: sie ist so häßlich, daß sie hinter allen anderen zurückstehen muß, nur wenn sie allein ist, fällt dies nicht auf. Die Ironie erfährt ihre Steigerung durch den Gebrauch des Superlatives und den vernichtenden Zusatz.

Schoof. *Om Schoof lije:* auf dem Sterbebette aufgebahrt sein. Die Rda. ist im Rheinl. verbreitet und erinnert an die frühere Art der Aufbahrung: vom Sterbebett aus wurde die Leiche direkt auf Stroh oder auf ein Brett gelegt, das mit einer Schicht Stroh bedeckt worden war. Schoof ist die mdal. Bez. für den Strohbund, die auf mhd. ‚schoup' = Stroh, das zusammengeschoben wurde, zurückgeht. ‚Et laid op et Schoof', die Sterbeglocke läutet; oder ‚Et laid Schoof', es läutet für den Verstorbenen, der aufgebahrt worden ist, heißt es im Rheinl., im Hunsrück sagt man ganz ähnl. mit einer lautlichen Veränderung ‚Et laid Schaop', ↗zeitlich.

Lit.: *A. Wrede:* Rhein. Vkde. (Leipzig ²1922).

Schopf ↗Glück, ↗Zopf.

Schornstein. *Etwas in den Schornstein schreiben:* es verloren geben, eine unsichere Forderung der Vergessenheit anheimgeben. In Meckl. sagt man mit einem Zusatz: ‚Wi will 'nt in Schornstein schrieben, damit 't dei Haüner nich utkratzen'. Vgl. ndl. ‚Schrijf het in den schoorsteen, dan zal de haan het niet uit krabben'.
Weil die Schrift im Schornstein durch Rauch und Ruß unleserlich wird und damit die Erinnerung an ein Guthaben verlorengeht, gilt sie als genauso zwecklos wie die Kreideschrift an weißer Wand. Im östl. Ndd. bestehen beide Vorstellungen in Rdaa. nebeneinander: ‚Dat schriew möt Kahle ön e Schornsten' und ‚Dat schriew möt Kried an de Wand'. Vgl. lat. ‚alba linea signare', wobei zu ergänzen ist: auf weißer Unterlage. In Westf. heißt die trichterförmige Einfassung des Schornsteins über dem Herde ‚Bansen', daher sagt man dort: ‚Du kanns dat man innen Bansem schriewen'. Die gleiche Vorstellung von einer Aufzeichnung, die sofort wieder vergeht, beinhalten die Rdaa. ‚etw. in den Sand schreiben' und ‚in aqua scribere', die schon Catull (70,3) verwendet. Im Bad. hat die Wndg. ‚Das muß man in den Schornstein schreiben' noch eine weitere Bdtg. Man gebraucht sie, wenn etw. sehr Seltenes geschieht, i. S. v. ‚etw. im Kalender ankreuzen'.
Der Schornstein raucht (wieder): Das Geschäft geht wieder gut. *Woher nur sein Schornstein raucht?* fragt man sich, wenn man sich über die Mittel eines anderen wundert, dessen Untätigkeit und geringes Einkommen bekannt sind. *Wovon soll der Schornstein rauchen?* gibt der zur Antwort, der auf seinen Fleiß, seine lange Arbeitszeit oder seine hohen Preise hin angesprochen wird. Vgl. ndl. ‚Daar moet de schoorsteen van rooken'. *Er sieht, wo der Schornstein raucht:* er sucht sich auf Kosten anderer zu ernähren. Verneinend heißt es bereits 1770 im ‚Bremisch-niedersächs. Wb.': ‚Daarvan will de Schornsteen nig roken', das bringt nichts ein. *Er hat alles durch den Schornstein gejagt (geblasen):* er hat sein Vermögen verlebt, verpraßt.
Scherzhaft sagt man von einem Mann, der stets mit der Tabakspfeife im Munde herumgeht: *Er ist ein wandelnder Schornstein.* Vgl. auch ndl. ‚Het is een wandelnde schoorsteen', ↗Esse, ↗Kamin.

Schornsteinfeger (Kaminfeger, Rauchfangkehrer, Essenkehrer). Die Figur des Schornsteinfegers wird in rdal. Vergleichen wie ‚schwarz wie der Schornsteinfeger' oder ‚ein Gesicht wie ein Schornsteinfeger machen', d.h. ein finsteres Gesicht machen, gebraucht. Die Begegnung mit einem Schornsteinfeger (Angang) gilt allgemein als gutes Vorzeichen. Der Grund, daß der Schornsteinfeger einen günstigen Angang abgibt, liegt vor allem in seiner auffallenden Erscheinung und Berufstracht. Eine weitere Begründung mag damit zusammenhängen, daß früher die Schornsteinfegergesellen zu Neujahr die Jahresrechnung in den Häusern einkassierten und unter Glückwünschen Gaben für sich sammelten. Sie überreichten dafür bis in die jüngste Zeit ein Kalenderblatt, das einen Glückwunsch enthielt. So waren die Schornsteinfeger die ersten Neujahrsgratulanten.
Wegen seines geschwärzten Äußeren wird der Schornsteinfeger aber auch ‚der Schwarze' geheißen; in dieser Bez. fungiert er als Kinderschreck oder wird sogar mit dem Teufel gleichgesetzt. Dann gilt sein Anblick entsprechend als Unglück bringend. So sagt man z. B. im Frankfurter Raum: ‚Dann wann der erschte Mensch, der em morjens begegne deht, e Schornstääfeger oder e Strohdeckemann oder e alt Frää wär, da hät er an dem Dag Unglück' (Frankfurter Wb. 2822). Weiterhin soll es Unglück bedeuten, wenn man einen Schornsteinfeger ohne Leiter von hinten sieht. Der Beruf des Schornsteinfegers hat immer wieder auch Anlaß zu erotischen Anspielungen und Metaphern gegeben, wie in frivolen Schornsteinfegerliedern, z. B.:

Des Morgens wenn ich früh aufsteh
und zum Schornsteinfegen geh',
Dann beschau ich erst vorher
meinen Besen hin und her ...
Guten Morgen, dicke Dern,
laß mich deine Röhre kehren,
Denn mein Besen ist bereit
heut zu fegen eng und weit.

Ähnl. Vorstellungen spielen auch im erotischen Schlager der Gegenwart noch eine

Rolle, z.B. ,Schornsteinfeger mag ein jeder ...'.

Lit.: *F. A. Stoett:* Schoornsteenveger zonder leer, in: De Nieuwe Taalgids 29 (1935), S. 119–121; *Jungwirth:* Art. ,Kaminfeger', in: HdA. IV, Sp. 939–942; *H.-G. Griep:* Das Dach in Volkskunst und Volksbrauch (Köln 1983); *R. W. Brednich:* Erotisches Lied, in: Handbuch des Volksliedes I, 605 f.

Schoß. *Etw. in seinem Schoß tragen:* etw. ganz bes. lieben und pflegen, es behutsam behandeln und schützen. Die Rda. bezieht sich urspr. auf die Zärtlichkeit der Mütter zu ihren Kindern; vgl. frz. ,porter quelque chose dans son sein'.

So sicher wie in Abrahams Schoß sein: ohne Angst und Gefahr sein; häufiger sagt man dafür: *in Abrahams Schoß sitzen:* wie in der Seligkeit, wie im Paradies leben. Diese Wndg. beruht auf Luk. 16,22, wo es heißt: „Es begab sich aber, daß der Arme starb und ward getragen von den Engeln in Abrahams Schoß", ↗Abraham. Schiller gebrauchte diesen Ausdr. lit. in der ,Kapuzinerpredigt' (,Wallensteins Lager', V. 550): „Wie machen wir's, daß wir kommen in Abrahams Schoß?" Vgl. frz. ,Dans le sein d'Abraham' und ,dans le sein de Dieu'.

In den Schoß der Familie zurückkehren: als Teil der Familie in ihrem Kreis wieder Sicherheit und Geborgenheit finden; nach langer Abwesenheit, nach Irrwegen und Enttäuschung Zuflucht suchen; vgl. frz. ,revenir au sein de sa famille'.

Im Schoß der Erde ruhen: im Innern der Erde verborgen, begraben sein; vgl. frz. ,au sein de la terre'.

Das ruht noch im Schoß der Götter (der Zeit, der Zukunft): es ist sehr ungewiß, es läßt sich nicht voraussagen. Diese Rda. ist eigentl. ein Zitat aus Homers ,Ilias' (XVII, 514): „ϑεῶν ἐν γούνασι κεῖται" = das liegt (ruht) noch im Schoße der Götter. Gebräuchlicher dafür ist aber die Kurzform ,Das wissen die Götter', ↗wissen.

Etw. ist einem in den Schoß gefallen: es ist einem sehr leicht gemacht worden. Eine Steigerung erfährt die Wndg. durch den Zusatz ,als reife Frucht' oder ,wie eine reife Frucht': jem. unerwartet, wie ein Geschenk zufallen. Vgl. ndl. ,Het wordt hem zoo maar in den schoot geworpen'.

Es ist einem nicht in den Schoß gefallen: es hat großer Anstrengung und Mühe bedurft; der Erfolg ist nicht leicht zu erringen gewesen und wirklich verdient.

Die Hände in den Schoß legen: nichts tun, abwarten und zusehen, ↗Hand.

Ein Schoßkind des Glücks sein: ein vom Glück begünstigter Mensch sein. *Ein Schoßkind der Natur sein:* mit allen körperlichen und geistigen Vorzügen ausgestattet sein, mit allen Gaben verwöhnt worden sein.

Die Vorstellung vom ,Schoßkind des Glücks' geht bis in die Antike zurück. Neid auf das von den Eltern bevorzugte Kind, das begabt, schön und liebenswert ist, spricht aus den Worten von Franz in Schillers ,Räubern' (I, 1), als es ihm gelungen ist, seinen Bruder Karl in die Verzweiflung zu treiben: „Glück zu Franz! Weg ist das Schoßkind".

Lit.: *R. B. Onions:* On the knees of the gods, in: Classical Review 38 (1942), S. 2–6.

Schote. *Einem in die Schoten gehen:* ihn bestehlen, betrügen, ihm ins Gehege kommen. Diese Rda. ist zweideutig, da z.B. in Sachsen die Frau verächtlich als Schote bez. wird. Die Rda. wäre demnach eine Umschreibung für den Ehebruch. In einem Hochzeitscarmen Henricis (1738) auf einen Auswärtigen, der eine Leipzigerin freit, heißt es:

> Wer sich von diesem unterfinge
> Und seinen Nachbarn ohne Scheu
> Nur halbweg in die Schoten ginge,
> Dem schlug man Arm und Bein entzwei.

Ein Vergleich mit dem Sprw. ,Schoten am Wege und ein Weib am Fenster sind schwer zu hüten' läßt den Zusammenhang deutlicher werden und gibt eine Erklärung für die sächs. Bez. der Frau. Im Lied ist die Rede von den „Kirschen in Nachbars Garten", die von einem anderen begehrt werden. Dagegen heißt *Es wird ihm niemand in die Schoten kommen:* sein Besitz, sein Weib ist nicht begehrenswert, er braucht keinen Betrug zu fürchten.

Jem. Schoten erzählen: jem. zum Spaß erfundene Geschichten erzählen. ,Schote' in dieser Bdtg. hat nichts mit der pflanzlichen Schote zu tun, sondern kommt aus dem jidd. ,schôte', hebr. ,šōte' und bedeutet hier ,dumm, töricht'.

Schotten. *Die Schotten dicht machen:* etw. beschließen, zu Ende bringen, aufhören; Arbeitsschluß; auch: alle Türen und Fenster verriegeln. Die Rda. kommt aus der Seemannssprache. Dort bedeuten die Schotten die Riegel- und Schiebetüren der in Längs- und Querrichtung des Schiffsrumpfes laufenden, wasserdichten Stahlwand.

Schragen. *Den Schragen zum Markt richten:* eine Sache gut vorbereiten, um seinen Vorteil wahrnehmen zu können, sich die Gelegenheit zunutze machen, sich anpassen. Vgl. die ähnl. Rdaa. ‚den Mantel nach dem Winde hängen' und ‚mit dem Strome schwimmen'. Schragen ist die bes. in Oberdtl. bekannte Bez. für ein Gestell oder einem Tisch mit kreuzweise stehenden Holzfüßen, auf dem der Krämer auf dem Markt seine Ware auslegt, um Käufer anzulocken. Vgl. lat. ‚Scit uti foro' (Terenz). *Er weiß seinen Schragen gegen den Markt zu stellen:* er kennt die richtigen Mittel zum Erfolg, er weiß, wie man in der Welt vorankommt. Schragen gehört zur germ. Wurzel ‚skrag' = schräg sein. Die Bdtg. von mhd. und mnd. ‚schrage' = schräges Brett für die Aufbahrung des Verstorbenen hat sich bis heute in Rdaa. erhalten.

Er wird bald auf dem Schragen liegen: er wird bald sterben, auf der Bahre sein. Im obd. Gebiet sind ähnl. mdal. Wndgn. verbreitet, z. B. ‚auf 'n Schragn kumma', eine Umschreibung für sterben, ↗zeitlich.

Schranke. *Gegen jem. in die Schranken treten:* ihm öffentl. gegenübertreten, ihn mit der Waffe, auch mit Wort oder Schrift angreifen; vgl. frz. ‚entrer en lice'.

Einen in die Schranken fordern: ihn zum Kampf herausfordern. Rechenschaft von ihm verlangen.

Für jem. in die Schranken treten hieß urspr.: stellvertretend den Kampf mit dem Gegner aufnehmen, um das Recht des Schwächeren (Frauen, Kinder, Greise) zu verteidigen (z. B. trat Lohengrin in den Zweikampf für das Recht der Elsa von Brabant ein), heute bedeutet es ganz allg.: sich für jem. einsetzen. Vgl. auch ndl. ‚in het krijt treden voor iemand' und frz. ‚entrer dans le balustre' (veraltet). Diese Rdaa. gehen auf das Turnierwesen des MA. zurück, wo sich die Kämpfenden innerhalb der Turnierschranken gegenübertraten. Belegt ist die übertr. Anwendung aber erst in neuerer Sprache, so bei Schiller im ‚Don Carlos' (I. Akt, 9. Sz), wo es heißt: „Arm in Arm mit dir, so fordr' ich mein Jahrhundert in die Schranken".

‚Gegen jemand in die Schranken treten'

Die Rdaa. *von den Schranken an:* ganz von vorn beginnend, und *von den Schranken zum Ziel:* vom Anfang bis zur Vollendung, bis zum Erfolg, stehen mit den Schranken an der Rennbahn in Zusammenhang, die einen Verschlag bilden, an dem der Wettlauf beginnt.

Die Schranken überschreiten: weiter gehen, als recht und billig ist! Diese Rda. weist auf die altertümliche Gerichtshegung. Da die Gerichtsversammlungen urspr. unter freiem Himmel stattfanden, mußten Richter und Gerichtsplatz gegen den Andrang der Menge abgetrennt und gesichert werden. Dies geschah zuerst durch Haselstäbe, die im Kreis in den Boden gesteckt und mit Schnüren verbunden wurden (nach J. Grimm, ‚Rechtsaltertümer', S. 809), später wurde der Dingplatz von festen Holzschranken umgeben. Wer sie überschritt, wurde bestraft. In den ‚Salfelder Statuten' (Walch 1,42) wurde dazu bestimmt: „wer da ouch trete in daz ge-

stuele vor deme geheiten dinge ane loube des richters, der gibet zwene schillinge"; anderwärts galt sogar: „wer ins gericht freventlich tritt, greift, fällt, hat fuß, hand oder hals verbrochen" (vgl. J. Grimm, ‚Rechtsaltertümer', S. 854).
Die Wndgn. *jem. in die Schranken zurückweisen:* ihn auf das rechte Maß von Anstand, Geschmack, Moral, Sitte oder Takt hinweisen, vgl. frz. ‚remettre quelq'un à sa place'; und *sich mühsam in den Schranken halten:* sich gerade noch beherrschen können, stehen ebenfalls noch mit dem Gerichtswesen in Zusammenhang. Da dieser weitgehend vergessen wurde, mußte die neuere Rda. *jem. vor die Schranken des Gerichts zitieren (fordern, ziehen)* zur näheren Bestimmung den Zusatz ‚des Gerichts' erhalten; vgl. frz. ‚citer quelqu'un à la barre'.
Die modernen Wndgn. *Das übersteigt alle Schranken!:* das läßt jedes herkömmliche Maß vermissen; vgl. frz. ‚Cela dépasse toutes les limites'; *Schranken zwischen jem. erichten:* Hindernisse, Grenzen aufbauen, *alle Schranken niederreißen:* alles Hemmende aus dem Wege räumen, und die Feststellung, daß *einer Sache (keine) Schranken gesetzt* sind, besitzen nur noch übertr. Bdtg. Bei ihrer Anwendung wird kaum noch an ihren Urspr. gedacht. Vgl. auch ndl. ‚paal en perk aan iets stellen', engl. ‚to set bounds to' und frz. ‚mettre un frein, des bornes, le holà à quelque chose'.

Schrapnell. *Ein altes Schrapnell sein:* eine nicht mehr attraktiv wirkende, ältere Frau sein (gleichwohl mit großer ‚Durchschlagskraft'). Das Schrapnell bez. eigentl. ein Artilleriegeschoß. Es bestand aus einer dünnwandigen Metallhülle, mit Hartbleikugeln gefüllt. Das Geschoß wurde nach seinem Erfinder, dem engl. Offizier H. Shrapnel (1761–1842) benannt.

Schraube. *Eine Schraube drehen:* sich anstrengen und doch nicht zum Ziel gelangen können. Die Rda. wird gebraucht, wenn man auf eine Antwort dringt und doch weder Ja noch Nein erhalten kann; bereits Luther verwendete sie in seinen ‚Tischreden' (102[a]).
Die moderne Wndg. *die Schraube überdrehen* hat in der Sprache der Erotik die spezielle Bdtg.: seine Freundin überfordern.
Eine Schraube ohne Ende ist eine Sache, bei der ein Abschluß nicht abzusehen ist; vgl. frz. ‚une vis sans fin'. Die erst in neuerer Zeit aufgekommene Wndg. bezieht sich auf die Technik und wird meist dann gebraucht, wenn es sich um ständig steigende Ausgaben oder Steuern handelt. So meinte auch Bismarck die Steuern, als er sagte: „Diese Schraube hat ja gar kein Ende" (‚Reden' 8,370). *Einem die Schrauben ohne Ende ansetzen:* ihn immer wieder quälen und neue Forderungen an ihn stellen; die Rda. hängt vermutlich mit der Folter durch ↗ Daumenschrauben zusammen, durch die Geständnisse erpreßt wurden.
Seine Worte auf Schrauben stellen nennt man es, wenn sich einer so vorsichtig wie möglich ausdrückt, wenn er absichtlich zweideutig spricht.
Eine Sache steht auf Schrauben: sie ist unbestimmt, unentschieden und schwankend, verschiedene Lösungen bleiben offen. Vgl. ndl. ‚Het staat op losse schroeven'.
Die Feststellung *Bei dem ist eine Schraube locker!* meint: es ist in seinem Kopfe nicht mehr alles in Ordnung, er ist nicht ganz zurechnungsfähig. Der Ausdr. ist auch mdal. verbreitet. In der Nordmarsch heißt es z. B. ‚Ham is en Skröw luas' und ostfries. ‚'n Schrufe los hebben'. *Es ist eine Schraube los:* es ist etw. nicht recht in Ordnung. Vgl. ndl. ‚Daar is eene schroef los'. Das Gehirn wird dabei mit einem Uhr- oder Maschinenwerk verglichen, wo jedes Schräubchen festsitzen muß, wenn es funktionieren soll.
In der Pfalz gilt als Umschreibung für die Dummheit eines Menschen der Ausdr. ‚Er hat eine Schraube im Kopf'. Einen Menschen, der sich merkwürdig oder verrückt benimmt, bez. man auch kurz *als verdrehte Schraube,* ein Ausdr., der bes. auf das weibl. Geschlecht angewendet wird. Häufig wird die Sprache durch eine Geste ersetzt, indem mit der rechten Hand eine drehende Bewegung vor der Stirn ausgeführt wird.
Wird auf den Einzelnen oder auf das Volk Druck von oben ausgeübt, so gebraucht

man als Ausdr. hierfür gerne das Bild der Schraube: ‚Die Steuerschraube wird angezogen' meint: die Steuern werden erhöht.

‚Die Steuerschraube anziehen'

schrauben, Schraubstock. *Jem. schrauben:* ihn durch Anzüglichkeiten in eine üble Lage bringen, ihn verlegen und lächerlich machen, ihn aufziehen. Die Rda. kann mit der Folterung in Zusammenhang gestanden haben, hat jedoch heute einen harmloseren Sinn erhalten. Vgl. jedoch engl. vulgärsprachl. ‚to screw' für Geschlechtsverkehr.

Geschraubt tun (reden): sich geziert, unnatürlich, gezwungen verhalten, sich hochtrabend ausdrücken, sich verdreht benehmen.

Die meckl. Rda. ‚jem. in'n Schrufstock nehmen', meint: ihn in eine Zwangslage bringen, ihn zu einem Geständnis zwingen, ein Geheimnis von ihm erpressen. Vgl. die ähnl. Wndgn.: ‚einen in die ↗Zange nehmen' und ‚einem ↗Daumenschrauben ansetzen'. Von dem Offenherzigen, dem redseligen Schwätzer, der doch alles ausplaudern muß, heißt es: *Man darf ihm keinen Schraubstock anlegen, er sagt, was er weiß.* Vgl. frz. ‚Il ne lui faut point donner la question pour savoir ses secrets' (veraltet).

Schreck. *Mit dem Schrecken davonkommen:* außer einem Schock oder Schrecken keinen weiteren Schaden bei einer gefährlichen Sache erleiden.

Schrecke läuten: am Vorabend hoher christl. Feste dreimal alle Glocken läuten lassen; bes. für schwäb. kath. Ortschaften bezeugt. Während dieses Geläuts vollbringt man verschiedene Verrichtungen, die im nächsten Jahr oder in der nächsten Zeit Glück bringen sollen: man bindet Stroh um die Bäume, füttert das Vieh, rüttelt den Essig. Der Ausdr. ‚Schrecke' i.S.v. stark läuten begegnet zum ersten Mal in dt. Sprache in einem Manuskript von St. Blasien aus dem 14. Jh.; Abt. Martin Gerbert hat daraus Teile in seiner ‚Monumenta Veteris Liturgiae Alemannicae' gedruckt: nachdem die Mönche sich am Weihnachtsmorgen erhoben, „accensis luminibus, pulsetur scilla cum duabus parvis campanis, quae compusatio vulgariter dicitur ‚schreki' ". Im 15. Jh. entstand die latinisierte Form: ‚terrores pulsare'.

Der ‚Schreck' wird oft personifiziert angeredet in Ausrufen wie: *Schreck laß' nach!* (oft mit dem Nachsatz: ‚der Doktor kommt') zur Beruhigung oder als Ausdr. des Erstaunens, ↗Schmerz; oder: *Ach du lieber Schreck!*

Lit.: *N. C. Brooks:* Schrecke läuten, in: Modern Language Notes 40 (1925), S. 76–79.

Schrei. *Der letzte Schrei sein,* auch: *nach dem letzten Schrei gekleidet sein:* die letzte Modeneuheit besitzen, sich auffallend kleiden. Die Wndg. ist eine Lehnübers. aus frz. ‚le dernier cri' u. beruht wohl auf der ‚schreienden' Reklame. Der Ausdr. ist nach dem 1. Weltkrieg neu aufgelebt.

schreiben. *Mit einem eisernen Griffel schreiben:* es unauslöschlich eingraben, es nicht in Vergessenheit geraten lassen. Die Rda. ist bibl. Herkunft. Hiob klagt über sein Elend und die Härte seiner Freunde (Hiob 19,23.24): „Ach daß meine Reden geschrieben würden, ach daß sie in ein Buch gestellt würden, mit einem eisernen Griffel auf Blei und zu ewigem Gedächtnis in einen Fels gehauen würden!"

Dagegen meinen die Wndgn. *etw. mit Kohle (schwarzer Kreide) in den Schornstein schreiben* und *mit Kreide an die (weiße) Wand schreiben,* daß etw. rasch unleserlich wird, daß die Schrift wirkungslos ist, ↗Schornstein.

Es steht nirgends geschrieben noch gedruckt: es ist keine zwingende Vorschrift, kein Gesetz, kein Gebot Gottes, es ist nicht selbstverständlich. Vgl. lat. ‚Neque fictum, neque pictum, neque scriptum'.

Zur Bestätigung der Wahrheit wird bes. in Predigten die Wndg. ‚es steht geschrieben' (in der Bibel) gebraucht. Die Frage „Wo steht das geschrieben?", die Luther in seinem 4. und 5. Hauptstück des Katechismus stellt, erscheint humoristisch wieder in einem bekannten Liedtext:

Wo steht denn das geschrieben?
Man darf nur eine lieben.

Was ich geschrieben habe, das habe ich geschrieben: es ist unumstößlich. Die Wndg. wird auch in griech. und lat. Form zitiert: „ὃ γέγραφα, γέγραφα" und ‚Quod scripsi, scripsi", wie es in der Bibel steht. Es ist ein Ausspruch des Pilatus (Joh. 19,22), als er sich weigerte, die Schrift über dem Kreuze Jesu zu verändern. Vgl. frz. ‚Ce qui est écrit, est écrit'.

Er kann schreiben, aber keine Federn schneiden: er ist mehr für die praktische Seite; er ist nicht mit der Planung, sondern mit der Durchführung eines Unternehmens beschäftigt.

Er schreibt: er ist schriftstellerisch tätig. Vgl. schweiz. ‚Er cha schriba wien Landama', er kann sehr gut schreiben, formulieren.

Eine kräftige Handschrift schreiben: tüchtige Ohrfeigen austeilen können.

Sich etw. hinter die Ohren schreiben: es sich nun endlich merken, eine Lehre aus etw. ziehen.

Rdal. Vergleiche werden gern gebraucht, um schlechte, unordentliche und unleserliche Schrift zu charakterisieren: *Er schreibt mit der Krähe um die Wette, als wären die Hühner über das Papier gelaufen;* vgl. frz. ‚pattes de mouches' (Fliegenbeine), auch: *wie ein Doktor*. Dagegen: *Er schreibt wie gestochen, wie gedruckt:* die Schrift ist so sauber und regelmäßig, als wäre sie für den Druck in eine Kupferplatte sorgfältig gestochen worden (L. Günther, Wörter und Namen, S. 61). Die schles. Wndg. ‚Er schreibt, daß ein Auge das andere nicht sieht', meint: er arbeitet sehr emsig und angestrengt.

Etw. ins unreine schreiben: einen Entwurf, ein Konzept anfertigen.

Einem steht etw. auf der Stirn (im Blick, im Gesicht) geschrieben: man kann seine Gedanken, Absichten erkennen, er verrät sich selbst; vgl. frz. ‚Cela se voit sur son front, à ses yeux, sur son visage'.

Einem ist etw. wie auf den Leib geschrieben: es ist wie für ihn geschaffen. Die Wndg. meint in der Theatersprache vor allem eine Rolle, die sehr gut zu einem Schauspieler paßt, so als hätte sie der Autor extra für ihn geschrieben.

Traditionell gehört ‚schreiben' außerdem in den Bereich der erotischen oder skatologischen Bildhaftigkeit:

Mein Schatz ist ein Schreiber,
ein Schreiber muß sein,
bald spitzt er sein' Feder,
bald dünkt er's mir ein.

(Beleg aus Luzern, Schweizer Archiv). Feder und Tintenfaß, Embleme eines seit jeher viel verspotteten Berufsstandes, sind jedoch in ihrer zweideutigen Metaphorik im heutigen Kontext oft nicht mehr unmittelbar zu entschlüsseln.

Nicht wenige Redensarten und Wendungen sind Schriftmetaphern des Mündlichen, d.h. sie umschreiben mündliche Vorgänge mit Bildern des Schreibens. Dazu gehören Ausdrücke wie ‚Denkzettel', ‚Wegbeschreibung', etw. hat sich ‚ins Gedächtnis eingegraben'.

Lit.: *Th. Gantner:* Kalligraphie – von der Schreibkunst zur Schulschrift. In: Schreibkunst. Ausstellungskatalog (Zürich 1981); *W. Sandermann:* Die Kulturgeschichte des Papiers (Berlin 1988); *B. Holbek:* What the Illiterate Think of Writing, in: *K. Schonsboe* and *M. I. Larsen (eds.):* Literacy and Society (Kopenhagen 1989), S. 183–195; *K. Müller:* ‚Schreibe, wie du sprichst'. Eine Maxime im Spannungsfeld von Mündlichkeit u. Schriftlichkeit (Frankfurt/M.–Bern–New York–Paris 1990).

Schreibtischtäter. *Ein Schreibtischtäter sein:* nicht direkt als Ausführender Straftaten begehen, aber durch die berufliche Stellung als Berater, Planer, Beamter, Publizist usw. indirekt zu Verbrechen oder kriminellem Verhalten beitragen. Das Schlagwort vom ‚Schreibtischtäter' kam mit der Verfolgung nationalsozialistischer Kriegsverbrecher auf. Es wird heute auch scherzhaft oder (selbst-)iron. gebraucht, wenn einem der Praxisbezug fehlt, aber auch, wenn in Wirtschaft oder Politik weitreichende Entscheidungen ohne Sachkompetenz und Gespür für die Realisierbarkeit getroffen werden.

schreien. *Etw. schreit zum Himmel:* es klagt laut an und fordert Gottes strafende Gerechtigkeit heraus, wenn die irdische versagt. Diese Rda. und die ähnl. Wndg. *etw. ist himmelschreiend* beruhen auf 1. Mos. 4,10; 18,20; 2. Mos. 3,7.9; 22,22 und auf Jak. 5,4. Die alte Dogmatik leitete hiervon den Begriff der ‚schreienden Sünden', der ‚peccata clamantia', ab und zählte diese in den folgenden Versen auf:

Clamitat ad caelum vox sanguinis et Sodomorum,
Vox oppressorum, viduae, pretium famulorum.
(= Es schreit zum Himmel die Stimme des Bluts und der Sodomer,
die Stimme der Unterdrückten, der Witwe, der Arbeiter Lohn).

Das Schreien um Gehör und Hilfe, das vor dem irdischen und dem himmlischen Richter üblich war, ist auch in den Psalmen und Kirchenliedern bezeugt. Luther dichtete z.B. 1524 in Anlehnung an den Ps. 130 das Lied ‚Aus tiefer Not schrei ich zu dir'.

Die Steine werden schreien ↗ schweigen.

Nach Rache (Strafe) schreien: Sühne verlangen, Vergeltung androhen; vgl. frz. ‚crier vengeance'.

Etw. ist zum Schreien: es ist so komisch, daß man darüber laut und herzlich lachen muß.

Das sind schreiende Farben: es sind grelle Farben, die nicht zusammen harmonieren; vgl. frz. ‚des couleurs criardes'. *Es ist mir zu schreiend:* es ist zu auffallend, zu bunt und grell.

In einem schreienden Gegensatz stehen: ein auffallender Widerspruch sein.

Viele rdal. Vergleiche dienen der genaueren Charakterisierung des Schreiens oder seiner Steigerung, wie die folgenden Beisp. beweisen: *Schreien (brüllen) wie ein Zahnbrecher* ↗ Zahnbrecher.

Schreien wie ein Hehmann: so laut schreien wie eine Sagengestalt, deren Namen sich auf ihren Ruf bezieht, mit dem sie einsame Wanderer schreckt.

Schreien, als wenn ein Walfisch zum Himmel flöge: als ob etw. ganz Außerordentliches passiert sei.

Schreien wie ein Blinder, der seinen Stock verloren hat: sich wie jem. gebärden, der völlig hilflos und daher verzweifelt ist. Vgl. frz. ‚crier comme un aveugle qui a perdu son bâton'.

Schreien, als ob man am Spieße stäke: schreien, als habe man den Tod zu befürchten. Diese Rda. wird bes. häufig angewandt und oft von Kindern gesagt, die ihren Jammer übertreiben. Auch mdal. Wndgn. sind davon verbreitet, z.B. heißt es in Pommern: ‚He schrijet, als wenn he up'n Speer steke', und in Westf.: ‚Hei schrigget, ässe wenn'n am Spiete stäke'. Ähnl. *Er schreit, als ob ihm das Messer an der Kehle stecke;* vgl. frz. ‚Il crie comme s'il avait le couteau sous la gorge', *als ob das Haus brenne;* vgl. frz. ‚Il crie comme s'il y avait le feu à la maison'.

Er schreit wie ein Ketzer: vor lauter Qualen bei der Hinrichtung, vor allem bei dem üblichen Feuertod.

Er schreit wie eine in Kindesnöten.

Er schreit wie ein Besessener: so, als wäre ein böser Geist in ihn gefahren. Die Rda. ist bes. in Oesterr. verbreitet; vgl. frz. ‚Il crie comme un possédé'.

Er schreit lauter als ein Stentor ↗ Stentor.

Bes. beliebt sind auch Tiervergleiche, z.B. *Er schreit wie ein Bock, der zum Markte geführt wird, wie ein Mülleresel, wie ein Bär, wie ein Hund vor dem Streich,* ‚wie 99 Marder' (Leipzig); schwäb. ‚Dear schreit wia a Dachma(r)der, wia a g'stochene Sau'; vgl. auch frz. ‚Il crie comme un putois' (Iltis).

Lit.: *L. Günther:* Wörter und Namen, S. 54: *E. Rath:* Der Hehmann, Herkunft und Bdtg. einer Waldviertler Sagengestalt (Wien 1953).

schreiten. *Zu etw. schreiten:* feierlich, im umständlichen Zeremoniell mit etw. beginnen, z.B. mit einer Abstimmung (‚zur Urne schreiten'), einer Trauung, einer Preisverleihung, einer Testamentseröffnung.

Die Wndg. ‚Und das Unglück schreitet schnell' ist ein Zitat aus Schillers ‚Lied von der Glocke', das früher zum geistigen Allgemeinbesitz gehörte und sehr viel zitiert wurde.

Schritt. *Er macht Schritte wie der Breslauer Tod:* er macht ungeheuer große Schritte. Die Rda. bewahrt die Erinnerung an eine gräßliche Erscheinung vor Ausbruch der Pest, von der schles. Sagen berichten: um Mitternacht sei der Tod als ungeheuer großes Knochengerippe mit zwei Schritten über die Stadt Breslau hinweggeschritten.

Er hat den großen Schritt getan: er ist gestorben, eine euphemist. Umschreibung, die auf der Vorstellung beruht, daß der Weg ins Jenseits sehr weit sei. Vgl. ndl. ,Hij heeft den grooten stap gedaan'.

Es war nur ein Schritt zum Tode: die Gefahr, der Tod war sehr nahe, er kam plötzlich und völlig unerwartet. Die Rda. ist bibl. Herkunft. In seiner Furcht vor der ständigen Bedrohung seines Lebens durch Saul sagt David zu seinem Freund Jonathan, der nicht daran glauben will, daß sein Vater David nach dem Leben trachtet: „Es ist nur ein Schritt zwischen mir und dem Tode" (1. Sam. 20,3). Vgl. auch ndl. ,Het was maar éene schrede van den dood'.

Ähnl. *Es ist oft nur ein Schritt:* Leben und Tod, Glück und Unglück, Mitleid und Liebe, Erhabenheit und Lächerlichkeit liegen dicht nebeneinander. Napoleon I. machte diese Feststellung auf seiner Flucht aus Rußland mehrmals und sagte im Dez. 1812 zu seinem Gesandten de Pradt in Warschau: „Du sublime au ridicule il n'y a qu'un pas" (= Vom Erhabenen zum Lächerlichen ist nur ein Schritt). Er gab damit einem oft ausgesprochenen Gedanken die bleibende Form.

Einen Schritt vom Wege tun: unmoralisch, ungesetzlich handeln, sich außerhalb der geltenden gesellschaftlichen Regeln stellen, ,vom Pfade der Tugend abirren'. ,Ein Schritt vom Wege' war der Titel eines 1873 erschienenen Lustspiels von Ernst Wichert, auch Theodor Fontanes Roman ,Effi Briest' wurde 1939 unter dieser neuen und vielversprechenden Bez. verfilmt. Vgl. frz. ,S'écarter du droit chemin'.

Den entscheidenden Schritt wagen: etw. unternehmen, was zwar Gefahren in sich birgt, aber für die bessere Gestaltung der Zukunft unerläßlich ist; vgl. frz. ,faire la pas décisif'.

Den ersten Schritt tun: den Anfang machen, nach unangenehmen Auseinandersetzungen sich überwinden und den anderen versöhnlich entgegenkommen; vgl. frz. ,faire le premier pas'.

Einen Schritt in die richtige Richtung tun: erste Anzeichen dafür geben, daß man die Problematik einer Sache erkannt hat und sie richtig lösen will; heute im Zeichen der Entspannung bes. häufig in der Sprache der Politik, um Verbündete oder auch Gegner zu loben und zu ermutigen, den eingeschlagenen Weg weiter zu verfolgen.

Etw. einen (guten) Schritt weiterbringen: einen Teilerfolg erzielen, eine Angelegenheit fördern.

Den zweiten Schritt vor dem ersten tun: nicht folgerichtig vorgehen, eine Sache falsch beginnen, Zeit und Mühe am Anfang sparen wollen und dadurch jede Aussicht auf Erfolg verlieren.

Schritt halten mit jem. (etw.): nicht hinter jem. zurückstehen, ihm in seiner Leistung ebenbürtig sein, in gleicher Weise vorankommen, im Tempo seiner Entwicklung sich anderen angleichen, aber auch: den Fortschritt, die laufenden Veränderungen verfolgen und auf dem neuesten Stand der Erkenntnisse sein.

Einen aus dem Schritte bringen: ihn aus der Fassung bringen, eigentl. ihn stören, so daß er aus dem Gleichschritt mit anderen kommt.

Jeden Schritt zählen: sich gemessen und würdevoll verhalten, sich ja nichts vergeben und etw. zuviel tun. Die Rda. erinnert an die alte Hofetikette, die dem Fürsten oder Würdenträger genau vorschrieb, wie viele Schritte er seinem Besuch zur Begrüßung entgegengehen durfte. Die Anzahl der Schritte war dabei genau nach dem Rang des Besuchers und des Empfangenden abgestuft; vgl. frz. ,a pas comptés'.

Große Schritte machen: das natürliche, durch das Gesetz bestimmte Maß überschreiten. Vgl. die ähnl. Wndg. ,Ausschreitungen begehen'.

Einen guten (langen) Schritt am Leibe haben: sehr schnell gehen.

Kurze Schritte machen: kleinlaut werden, vgl. ,kleine Brötchen backen' und lat. ,gradum formicinum movere'.

Sich jem. drei Schritt vom Leibe halten: jem. nicht zu nahe an sich herankommen lassen, nicht zu vertraut mit ihm werden wollen; vgl. frz. ,tenir quelqu'un à distance'.

Die Wndg. begegnet häufig als Aufforderung: *Bleib mir drei Schritt vom Leibe!:* Faß mich nicht an! Komm mir nur nicht zu nahe!

Sich alle weiteren Schritte vorbehalten: die nötigen Maßnahmen zur rechten Zeit treffen, es offenlassen, ob man etw. gesetzlich verfolgen lassen will, ob man jem. die Stellung kündigen muß.

Andere Schritte unternehmen müssen: schärfere Maßnahmen treffen, die den gewünschten Erfolg bringen.

Einen Schritt vor und zwei zurück gehen: so tun, als sei man mutig entschlossen, aber dann doch im entscheidenden Moment zurückweichen. Vgl. die ↗Echternacher Springprozession.

Etw. Schritt für Schritt tun: ganz allmählich und vorsichtig, aber immer mehr und mehr vorankommen. Vgl. die Wndg. ‚langsam, aber sicher'; vgl. frz. ‚pas à pas'.

Jem. auf Schritt und Tritt verfolgen: ihm überallhin nachgehen, ihn nicht aus den Augen lassen. Die endreimende, formelhafte Wndg. meint eigentl.: jem. auf seiner Spur folgen und immer einen Schritt tun, wenn der andere einen gemacht hat. Vgl. die ähnl. Rda. ‚in jem. Fußstapfen treten'; vgl. frz. ‚être sur les talons de quelqu'un'.

schröpfen. *Jem. gehörig (ordentlich) schröpfen:* ihn übervorteilen (vgl. ndl. ‚gruizen': übervorteilen, wörtl.: zu Gries mahlen), ihm viel Geld abnehmen, eigentl. ihn tüchtig bluten lassen. Die Rda. erinnert an das ‚Aderlassen', das bei vielen Krankheiten angewendet wurde und als Allheilmittel galt. Der Bader setzte dazu dem Patienten Schröpfköpfe an, die sich vollsaugten und auf diese Weise krankes und überflüssiges Blut beseitigen sollten. Dieser Bezug wird in der längeren Wndg. *die Leute schröpfen wie der Bader die Weiberhaut* bes. deutlich. In der übertr. Bdtg.: den Leuten überflüssiges Geld abnehmen, hat sich die Rda. durch die Jahrhunderte bis heute erhalten, ↗Aderlaß.

‚Einen schröpfen'

Sie schröpfen einander wie die Bauern im Kruge tun: sie schlagen sich in der Trunkenheit die Köpfe blutig.

Jem. einen Schröpfkopf setzen: ihn ausnutzen, ihn zwingen, Geld herauszurücken.

Eine moderne und scherzhafte Neubildung zum Katalog der Heiligen ist ‚Sankt Schröpfius', der als Schutzheiliger der Steuerbehörde gilt.

Schrot. *Von altem (echtem) Schrot und Korn sein:* ein rechtschaffener, ehrlicher und zuverlässiger Mensch sein, der an den guten alten Gewohnheiten festhält, der ‚vom guten, alten Schlage' ist, ↗Schlag.

Der rdal. Vergleich stammt aus dem Münzwesen. Schrot (zu ‚schroten' = abschneiden) bezeichnete das zur Prägung von einem Metallbarren abgeschnittene Stück (Bruttogewicht), dann einfach das Gewicht der Münze, im Gegensatz zu ihrem Feingehalt, der Gewichtsmenge des in ihr enthaltenen edlen Metalls, dem Korn. Bei der Wertsetzung einer Münze (Valvierung) wird nur das in ihr enthaltene Edelmetall, das Korn, berücksichtigt, was zu Unzuträglichkeiten etwa bei Goldmünzen führte, die ja hauptsächlich mit Silber legiert waren. Der Feingehalt der Münzen wurde regional verschieden und immer wieder neu gesetzlich geregelt. In der Münzordnung von 1397 für Straßburg heißt es z.B.: „daz man sollte usser 15½ lot rines silbers und eime halben lote zusatzes 65 grossen (Groschen) schroten". Die Rda. bedeutet urspr. die unverfälschte Art der Münze, ehe diese durch die ↗Kipper und Wipper entwertet wurde. Der Ausdr. Schrot erhielt im 17. Jh. bereits die übertr. Bdtg. von Art und Weise, daher bildete man auch den Stabreim ‚Schrot und Schlag'. Im Westf. Frieden z. B. heißt es in diesem Sinne, daß

„der Catholischen Stiffter halb alles auff den Schrot deß letzten Tridentinischen Concilii reducirt werde". Grimmelshausen schreibt in seinem ‚Simplicissimus' (I,68): „Ich antwortete wieder auff meinen alten Schrot, ich wüste es nicht".
Die bis heute erhaltene Rda. ist in übertr. Bdtg. erst aus dem 18. Jh. bezeugt. Ein Mann von echtem Schrot und Korn ist demnach ein Mann, der nach seiner äußeren Erscheinung und seinem inneren Wesen ganz echt ist und ganz dem entspricht, was er sein soll, was seiner Art gemäß ist, was man von ihm erwartet. Im 2. Teil des ‚Faust' (5. Akt) redet deshalb Mephistopheles auch die Teufel in dieser Weise an:

Ihr Herrn vom graden, Herrn vom krummen Horne,
Vom alten Teufelsschrot und -korne.

Vgl. auch frz. ‚un homme de bon aloi, un homme marqué au bon coin'.

Lit.: *Fr. Seiler:* Dt. Sprichwörterkunde (München 1922, [2]1967), S. 261; *H. Rausch:* Von echtem Schrot und Korn, in: Sprachfreund 4 (1955), Nr. 4, S. 4 (= Beilage zur Zs. Muttersprache); *L. Veit:* Das liebe Geld. Zwei Jahrtausende Geld- u. Münzgesch. (München 1969), S. 140; Münzen in Brauch und Aberglaube (Mainz 1982), S. 221.

Schub. *Einen auf den Schub bringen:* ihn zwangsweise entfernen, mit gelinder Gewalt fortschieben, urspr. ein Fachausdr. für das polizeiliche ‚Abschieben' von Übeltätern, Bettlern und Landstreichern. Sie wurden ‚per Schub' an die Grenze gebracht. Schub bedeutete aber früher auch die Verweisung eines Rechtsfalles an ein anderes Gericht, was zur Verzögerung führte oder die Sache gar in Vergessenheit geraten ließ. Bismarck meinte das Nimmerwiedersehen damit, als er (‚Reden' 6,315) feststellte: „Der Herr Vorredner hat zwei Bestimmungen ausdrücklich getadelt und sie damit auf den Schub ad calendas Graecas gebracht".
Jem. auf den Schub verfrachten: veralteter Ausdr. für das Wegschicken oder Ausweisen von Kranken, Sterbenden oder Bettlern aus Angst vor Seuchen (E. Moser-Rath: Lustige Gesellschaft [Stuttgart 1984], S. 251).
Auf Schub gehen hieß früher in der Gaunersprache einbrechen und stehlen.

Lit.: *A. Burkhart:* Kirschenpflücker im Winter und Schneeschipper im Sommer. Zeitgenössische Darstellungen des Vagabundenlebens um die Jahrhundertwende (Mag. Arbeit, Freiburg i. Br. 1989).

Schublade *Etw. aus der Schublade holen:* etw. schon fertig Vorbereitetes, auch bereits Abgestandenes, oft Wiederholtes, zum Repertoire Gehöriges wieder aufwärmen, z. B. ein vorbereitetes Gesetz, ein Gutachten, auch: einen bisher unveröffentlichten Beitrag, ein Manuskript. Ähnl.: *Etw. in der Schublade (des Schreibtischs) liegen haben:* auf einen günstigeren Zeitpunkt der Veröffentlichung warten.

Schubsack. *Das hat seine geweisten Schubsäcke:* seine guten Gründe, seine besondere Bewandtnis, auch: seine zwei Seiten. Die im Obersächs. häufige Rda. meinte urspr.: es hat alles seine bestimmten Säcke (Taschen), in die es gehört, also seine bestimmte Ordnung. Schubsäcke nannte man tiefe Taschen von vielfacher Verwendung, es konnten z. B. Kleidertaschen, Zeitungsmappen oder Brotbeutel sein. In Christian Reuters satir. Lustspiel ‚Der ehrlichen Frau Schlampampe Krankheit und Tod' heißt es 1696: „Er wird gewiß einen Schubesack voll neuer Zeitung (= Nachrichten) mitbringen", an einer anderen Stelle dieses Stückes steht: „er greift in den Schubesack hinein, um Konzepte herauszuholen". Noch Schiller verwendet den heute fast unbekannten Ausdr. in seinem ‚Fiesko' (III,4): „Noch muß ich euch meinen Schubsack von Zeitungen stürzen". Wahrscheinl. trugen die Schubsäcke Bez., durch die auf die spezielle Bestimmung hingewiesen (geweist) wurde. Als die Schubsäcke außer Gebrauch kamen, erhielt sich nur die Rda. in ihrer übertr. Bdtg., daß alles seinen bestimmen Zweck besitze.
‚Geweist' ist das Partizip zu ‚weisen' = anweisen, bestimmen, das früher schwach gebeugt wurde, heute aber fast überall durch ‚gewiesen' verdrängt worden ist. In unserem ‚weisen' sind die Formen des schwach flektierenden ‚weisen' und des starken ‚wizen' = strafen zusammengeflossen, was sich bei dem Wort ‚verweisen' noch deutlich zeigt, das beide Bdtgn. besitzen kann. Man hat die Rda. mit den Taschenspielern in Zusammen-

hang gebracht, die für ihre einzelnen Kunststücke bestimmte Taschen besaßen. Die bei Wander angeführte Nebenform ,Das hat seine gewußten Schubsäcke' spricht für diese Annahme.

Schuft, schuften. *Ein Schuft sein:* ein gemeiner Kerl sein, ein sittlich Verworfener, dem jede Schlechtigkeit und Gemeinheit zuzutrauen ist. Schiller gab sogar einem seiner Räuber den Namen ,Schufterle' und charakterisierte damit seine Rolle und Stellung unter seinen Kameraden von vornherein.

An jem. zum Schuft werden: ihn treulos in der Not verlassen, bes. aber: ein Mädchen nicht heiraten, wenn eine Schwangerschaft eintritt.

Das Wort Schuft ist seiner Herkunft nach verschieden erklärt worden. Es könnte in Zusammenhang mit ↗schofel stehen und von hebr. ,schafat' = schlecht, gemein abgeleitet worden sein. Nach Kluge-Götze ist es ein ndd. Wort, das nach dem Ruf des Uhus ,schûf ût', der als ,schieb aus!' gedeutet wird, gebildet und auf den ebenfalls lichtscheuen Raubritter übertr. wurde. Das ndd. ,schufft' (schofft) ist zuerst 1611 bei Helvig in der ,Allg. Sprachkunde' (294) als Schelte für heruntergekommene Edelleute bezeugt und bis Anfang des 18. Jh. darauf beschränkt geblieben. Im späteren 18. Jh. werden im Ndd. (nach dem Bremer Wb., 4,725f.) ,schuvut' und ,schuft' nebeneinander für ,Lumpenhund' gebraucht und dann ins Hd. übernommen.

Schuften müssen: sich mühsam plagen, hart, angestrengt arbeiten müssen. Der Ausdr. ist im 19. Jh. in der Studentensprache in launiger Anlehnung an Schuft als Nebenform aus ,schaffen' entwickelt worden.

Schuh. Der Schuh hatte früher eine große Bdtg. in der Brautwerbung (vgl. ,Aschenputtel'; ,Thidrekssaga', Kap. 61; ,König Rother'): damit in Verbindung steht wohl noch die schwäb. Sitte des Schuhweintrinkens, bei der am Hochzeitstag die ledigen jungen Männer versuchen, der Braut den Schuh zu rauben, der dann versteigert wird und von der Braut zurückgekauft werden muß; der Erlös wird vertrunken.

,Fremde Schuhe', d.h. ein auswärtiger Bräutigam, werden in Oberhessen nicht im Haus einer Dorfschönen geduldet, ohne daß der Fremde sich durch Freihalten löst. Das Ausziehen des Schuhs war früher Symbol für das Auflassen von Gut und Erbe, vgl. Ruth 4,7; 5. Mos. 25,9; das Nachwerfen eines alten Schuhs diente der Abwehr böser Geister.

Der Schuh ist in der sprachl. Metaphorik häufig ein sexuelles Symbol; des Mannes Fuß wurde zum Penis, des Weibes Schuh zur Vulva. Deshalb kann die Wndg. *Schuhe anmessen* auch in erot. Sinne gebraucht werden; vgl. frz. ,trouver chaussure à son pied'. i.S.v.: die richtige Frau finden.

,Schuhe anmessen'

Dem Freund (der Freundin) den Schuh geben: sich von ihm (ihr) trennen. Diese Rda. ist bes. im alem. Raum belegt.

Der Beduine, der sich von seiner Frau scheiden läßt, sagt: ,Ich habe meinen Pantoffel weggeworfen'. Ein Sprw., das den Mann vor Ehebruch warnt, lautet: ,Man muß nicht die Füße in fremde Schuhe stecken'. Der Brautschuh gilt auch als Symbol der Jungfräulichkeit. Das Ausziehen der Brautschuhe als Hochzeitsbrauch hat dieselbe Bdtg. wie das Lösen des Brautgürtels. Den heute noch gebräuchl.

‚Wissen, wo einen der Schuh drückt‘

Rdaa. liegt hauptsächlich der Schuh als Bekleidungsgegenstand zugrunde.

Den Schuh (Pantoffel, Strumpf) verloren haben: seine Unschuld (Jungfräulichkeit) eingebüßt haben, eine verhüllende Metapher aus dem sexuellen Bereich.

Sehr alt ist die Rda. *wissen, wo einen der Schuh drückt:* das heimliche Übel kennen; sie geht zurück auf Plutarch, der in seinen ‚Coniugalia praecepta‘ (c. 22) berichtet, ein Römer habe auf die Frage und Vorwürfe seiner Freunde, weshalb er sich von seiner schönen und keuschen Frau scheiden ließe, seinen Schuh vorgestreckt und geantwortet: „Auch dieser Schuh ist schön und neu, es weiß aber niemand, wo er mich drückt‘ (lat. ‚Nemo scit praeter me ubi me soccus premat‘).

Die Rda. hat sich sehr weit verbreitet: Seb. Franck verzeichnet sie bereits in seiner Sprww.-Sammlung (I,84[b]); Abraham a Sancta Clara schreibt: „Dieser Schuh thut einen jeden trucken“, Seb. Brant (‚Narrenschiff‘ 111,67): „ich weisz wol wo mich drucket der schuch“, Agricola (Nr. 61) führt das Sprw. an: ‚Es weyß niemand wo eynen der schuoch drucket / denn der yhn anhat‘ mit der Erklärung: „Den schaden empfind niemand / denn der yhn tragen muoß / vnd drinnen steckt. Zu dem so scheynet eyn schuch eusserlich hübsch / gleisset vor schwertze / vnnd drucket doch den der yhn an hat kummerlich vbel / eyn ander sihet das nicht / vun wiewol der still schweiget der yhn anhatt / vnd frissets in sich / so weyß ers doch“. Auch Goethe gebraucht dieses Bild (28,277): „Wahrhaft gerührt und freundschaftlich Abschied nehmend vertraute er mir dann noch zuletzt, wo ihn eigentlich der Schuh drücke“. In bezug auf Napoleon III. schrieb der ‚Kladderadatsch‘ (Nr. 9, 1859): „Er möchte, weil der Schuh ihn drückt, Europas Stiefel anprobieren“.

Die Rda. wird auch variiert zu ‚Wo drückt der Schuh?‘, welche Sorgen hast du? ‚Das ist nicht meine Schuhnummer‘, das liegt, paßt mir nicht; ‚das ist kein Schuh für meine Füße‘, das paßt mir nicht, die Sache sagt mir nicht zu; ndl. ‚Het ist geen schoen naar zijnen voet‘. Ebenfalls auf den zu engen Schuh bezieht sich die Drohung ‚Ich will ihm ein Paar Schuhe anmessen, in denen er übel (nicht) tanzen kann'; ndl. ,Ik zal hem een paar schoenen aanmeten, daar hij niet mede tansen zal'.

Das Bild wird dann auch umgekehrt; in einem Schuh, der paßt, fühlt man sich wohl; holst. ,De Schôe sulln mi wol passen', das würde sich wohl für mich eignen; der passende Schuh aber muß nicht immer etw. Positives bedeuten, wie auch aus dem Sprw. ,Wem der Schuh paßt, der zieht ihn sich an' hervorgeht; er kann durchaus auch eine negative Anspielung bezeichnen, durch die nur der getroffen wird, auf den sie gemünzt war, so z. B. in den Rdaa. ,Der Schuh paßt dir'; altfries. ,De skogh es skaapet to Di'; ,Die Schuhe passen ihm besser als mir'; ndl. ,Die schoenen passen u beter dan mij'. ,Du sollst auch noch Schuhe für deine Füße finden', die Vergeltung wird nicht ausbleiben.

,Wem der Schuh paßt, der zieht ihn sich an'

Sich diesen Schuh anziehen: eine Sache aufnehmen, sie zur eigenen Angelegenheit machen; ebenso: ,Diesen Schuh sollen sich andere anziehen': die Verantwortung für etw. sollen die dafür Zuständigen übernehmen.

In allen diesen Rdaa. ist ausgesagt, daß gerade der Schuh meist nur einem Menschen richtig paßt; daher versteht der sein Handwerk nicht, der *alle Schuhe über einen Leisten* macht, denn er macht es sich zu bequem; übertr. bedeutet es: man kann nicht in jeder Situation dasselbe Mittel anwenden, sondern es muß auf die jeweilige Lage zugeschnitten sein. Bei Eyering (1601) heißt es:

er wil all schueh (man auch thut sagen)
nur vber einen leisten schlagen.

Lat. ,Eundem calceum omni pedi inducunt"; engl. ,Every shoe fits not every foot'; im Sauerland sagt man: ,Hä mäkt de Schau ümmer no innen Leisten'; vgl. auch ,aus einer Büchse alle Speisen würzen', ,mit einem Pflaster alle Schäden heilen'. Variiert wird das Bild in der Wndg. ,große Schuhe für kleine Füße machen' (Montaigne), in wichtigem Ton von unwichtigen Dingen reden.

Im Eulenspiegel-Volksbuch, Historie 4, heißt es von einer sinnlosen Beschäftigung: „Helmstädter Schuhe flicken".

Wenn man ,schon viele Schuhe zerrissen hat', so ist man nicht mehr jung und unerfahren; siebenbürg.-sächs. heißt es: ,E hôt vil Schragen zerässen'.

Etw. an den Schuhen abgelaufen (zerrissen, verschlissen) haben, die Rda. stammt aus der Handwerkssprache der Zünfte: wer Meister werden wollte, mußte nachweisen, daß er drei Jahre auf der Wanderschaft gewesen war, in Gegenden, wo sein Handwerk bes. ausgeübt wird. Zweck war, daß der Geselle Neues hinzulerne und Erfahrungen sammle, daher auch die Bdtg. der Rda.: etw. aus eigener Erfahrung wissen; vgl. auch das Sprw. ,was sich einer an den Schuhen abgelaufen hat, wächst ihm im Kopf doppelt nach'. Schon Luther gebraucht die Wndg. in diesem Sinne (5,141): „so gar herrlich prangen sie (die Papisten) herein mit jrer kunst, und leren mich, was ich vor zwenzig jaren an den schuhen zurissen habe", und bei Th. Körner (,Nachtwächter' 1. Auftr.) heißt es: „Was helfen aber die Bettelkünste? Ich lief sie mir längst an den Schuhen ab". Ndl. ,Dat lap ik onder mijne schoenen' und ,Zijne oude schoenen weten het wel'.

In Volkserzählungen ist es ein beliebtes Motiv, vor dem Erreichen seines Zieles dem Helden die Aufgabe aufzuerlegen, 3, 7 oder mehrere Paar (eiserne oder steinerne) Schuhe abzutragen (z.B. AaTh. 400, 425, 451, 552).

Sich die Schuhe (Schuhsohlen) nach etw. ablaufen: sich – meist erfolglos – um etw. bemühen; ndl. ‚Hij loopt zijne schoenen intwee, om ook in't spel te zijn'.

Ein alter Mensch braucht nicht mehr viele Schuhe, daher die Rda. *Er wird nicht mehr viel Schuhe zerreißen,* ndl. ‚Hij zal niet veel schoenen meer verslijten'; in dieselbe Richtung gehen auch die Wndgn.: *seine letzten Schuhe sind besohlt:* er wird bald sterben, *die Schuhe stehen lassen:* sterben, *in den Schuhen sterben:* plötzlich sterben; hess. ‚mit Schuh und Strümpfen in die Hölle fahren', sich bewußt ins leibliche und geistige Verderben stürzen; ‚in den Schuhen krepieren' dagegen ist Studentensprache und heißt soviel wie: plötzlich verschwinden, ohne seine Schulden zu bezahlen.

Jem. bekommt bald ein paar Schuhe: jem. soll bald aus dem Dienst entlassen werden. Der Anspruch auf neue Schuhe war früher bei Dienstbotenwechsel üblich; vgl. auch das ‚Ausgelohntmotiv' in den Zwergensagen: Die Zwerge kommen nicht wieder, wenn sie aus Dankbarkeit für ihre Hilfe Schuhe oder ein anderes Kleidergeschenk erhalten. Sie mißverstehen es als Zeichen, daß sie nicht mehr gebraucht werden.

Wer fest in seinen Schuhen steht, der weiß, daß er sicher gehen kann; *er steht nicht fest in seinen Schuhen* kann einmal heißen: er ist schon alt, zum andern aber: er befindet sich in einer unsicheren Lage; vgl. auch ‚aus den Schuhen (Latschen) kippen', schwach werden, umfallen. Vgl. das frz. Sprw. ‚C'est le cordonnier qui est le plus mal chaussé' (Der Schuster muß die schlechtesten Schuhe tragen: ihm fehlt es selbst am Nötigsten).

Er steht in seinen eigenen Schuhen: er ist ein selbständiger Charakter und verdankt alles sich selbst.

In guten Schuhen stehen: in gutem Ruf, in glücklichen Umständen stehen; das Gegenteil dazu: *in keinen guten Schuhen stehen:* sich in schlechten Verhältnissen befinden, ebenso ital. ‚Non ha ne anche una buona scarpa in piè'.

In weiten Schuhen gehen: wohlhabend sein, ndl. ‚in een' ruimen schoen treden'; *in festen Schuhen gehen:* sich seiner Sache ganz sicher sein, ndl. ‚vast in zijn schoenen staan'; das Gegenteil dazu: ‚nicht fest in seinen Schuhen stehen', ndl. ‚Hij staat los in zijne schoenen'. Die Schuhe werden also hierbei auf den Charakter des Menschen bezogen, sie können daher auch mit anderen Adj. verbunden werden, z.B. mit ‚sauber, schmutzig, schlecht' usw.

In den gleichen Schuhen stecken: in den gleichen Verhältnissen leben, das Geschick teilen; ebenso: *Ich möchte nicht in seinen Schuhen stecken* (↗Haut), ndl. ‚Ik wil niet in zijne schoenen staan'.

‚Nik in liken schoen gaan' sagt man in Bremen von einem, der Ränke gebraucht, der nicht ehrlich geradeaus geht.

Einem die Schuhe austreten heißt hess.: einem auf Schritt und Tritt in lästiger Weise folgen; sonst bedeutet es: einem auf dem Fuße nachfolgen und in dessen Schuhe treten, so daß dieser den Schuh verliert; bei Grimmelshausen (‚Simplicissimus') steht: „Er besorgt, ich möchte ihm vielleicht die Schuh gar austretten, sah mich derwegen heimlich mit missgönstigen neidischen Augen an und gedachte auf Mittel, wie er mir den Stein stossen und durch meinen Unfall dem seinigen vorkommen möchte". Das Positivum davon ist *einem (wieder) in die Schuhe helfen:* sein Fortkommen fördern; so bei Franck (‚Chronik' 262): „item sy (die Christen in Rom) hetten auch vor Paulo Narcissum, Andronicum, Juliam, die sy in Christo anleiteten bisz Pauli zuokunfft yhn gar in die schuoch und auff die füsz halff".

Seinen Fuß in eines andern Schuh haben: ihn am Fortkommen, an seinem Glück hindern.

Keine kleinen Schuhe anhaben: gut leben; ebenso *seine Schuhe mit Hasenfellen füttern,* ndl. ‚Hij heeft zijne schoenen met hazevellen gelapt'. ‚Es ist em koa Schua g'reacht', er ist mürrisch, mit nichts zufrieden.

In keinen alten Schuh mehr taugen (passen): zu nichts brauchbar sein, in allem getadelt werden: auch mdal. ‚in kai schue me basse (guet sei)', ‚ar töigt in ken alt'n Schuah mehr', schweiz. ‚er ist i ke Schue ie gut'.

Einem etw. in die Schuhe schieben (gießen): jem. einer Tat bezichtigen, ihm die Schuld an etw. geben. Die Rda. wird zurückgeführt auf die fahrenden Gesellen: wenn sie etw. gestohlen hatten und es drohte eine Durchsuchung, so schoben sie den gestohlenen Gegenstand im gemeinsamen Nachtquartier einem anderen in die Schuhe, um den Verdacht von sich abzulenken; ndd. ‚weame wat in de Schau geiten'; ndl. ‚iemand iets in de schoenen schuiven'.

Entspr. *etw. in die Schuhe nehmen:* die Verantwortung eines anderen übernehmen; in diesem Sinne auch bei Brentano (8,336): „Es soll mir eine Freude sein, allen Verdruß, alle Unbequemlichkeit, die dieser Sache folgen könnten, ganz allein in die Schuhe zu nehmen".

Dagegen umschreibt die Rda. *jem. in die Schuhe brunzen* einen gemeinen Streich, vgl. ‚jem. in die Suppe spucken'; ähnl. schweiz. ‚jem. in die Schuhe blasen', einem eins auswischen.

Umgekehrt wird ein Schuh daraus sagt man im Scherz, wenn einer etw. gerade auf die entgegengesetzte Weise anfängt, als es richtig wäre, ↗umgekehrt.

Mit Schuhen werfen: stark laufen; obd. ‚d'Schue binde', sich auf und davon machen; ndd. ‚eenem een paar Schoe geven', einem den Laufpaß geben, ihn davonjagen.

Seine alten Schuhe wieder anziehen: zu den alten Zuständen zurückkehren, ndl. ‚Hij treekt zijne ouden schoenen weer aan'; *Er hat vergessen, daß er in zerrissenen Schuhen gegangen ist:* er will sich seiner geringen Herkunft nicht mehr erinnern.

Fränk. ‚Dein Schuh wird mir auch einmal g'recht', dich werde ich auch noch einmal zu fassen bekommen.

‚Die Schuhe mit Bast binden' zu müssen, war ein Zeichen großer Armut; ähnl. ‚die Schuhe mit Rotz schmieren'; so schildert Mathesy einen Geizhals mit den Worten: „Ein Nagenranfft vnnd filtziger Küssenpfennig frisset daheim wie eine Saw, kleidet sich wie Codrus, schmiert die Schuhe mit Rotz, flickt die Hosen mit Ablaßbriefen". *Das Herz fällt in die Schuhe* (gebräuchlicher: *Hose*), so bei Martin Luther (6,492): „... wenn sie es gleich so hart fületen, das jnen das hertz in die schuch und noch tiefer fellet".

Die Schuhe an jem. abwischen ist ein Zeichen der Verachtung, obd. ‚Er wör ken schue anner abwüscha', er verachtet sie so sehr, daß er nicht einmal die Schuhe an ihr abwischen will. *Sich wie einen Schuhwisch behandeln lassen:* sich zu allem gebrauchen lassen, keinen Stolz haben.

Etw. für einen Schuhlumpen achten: es sehr geringachten; Luther (‚Hauspostille' 53): „Ein Christ soll sein Leben wie Johannes als einen Schuhlumpen achten".

Nicht wert sein, jem. die Schuhriemen zu lösen: nicht würdig sein, selbst den niedrigsten Dienst zu leisten; die Rda. ist bibl. Herkunft (Mark. 1,7; Luk. 3,16; Joh. 1,27 u.a.); Luther verwendet sie im ‚Sendbrief von Dolmetschen': „Urteileten dem guten man sein werck die jhenige, so ym die schuch hetten sollen wischen" (Weimarer Ausg. 30,2, S. 634). Vgl. frz. ‚N'être pas digne de défaire la courroie de la chaussure de quelqu'un'.

Heute sagt man, um eine unzumutbare Dienstleistung abzuweisen: ‚Deinen Schuhputzer mache ich noch lange nicht'; ndl. ‚niet waard zijn iemands schoenriem te ontbinden'. *Etw. ist um einen Schuhriemen zu teuer:* es ist wertlos.

Der Ausdr. ‚Schuhnägel' wurde zuerst für eine kräftige Sorte von Pillen gebraucht, dann auch übertr. für Ungebührlichkeiten; daher die Rda. *ein ganzes Gericht Schuhnägel verschlucken:* viele Ungebührlichkeiten einstecken müssen; so heißt es einmal im Wochenblatt der New Yorker Staatszeitung (vom 10. Okt. 1863): „Die Deutschen (in den USA) hatten schon mehr als ein Gericht Schuhnägel (von seiten der Yankees) verschluckt". In Bremen sagt man iron.: ‚Dat is so gesund, as ene Hand vull Schonagel'.

Die Einwohner von Meran werden ‚Schuhverlierer' genannt, weil sie im Jahre 1499 nach der Schlacht an der Calven gegen die Engadiner den Rückzug nach Meran in ungebührlicher Eile angetreten haben sollen. Ndd. ‚sick up de Scholappen geven', sich auf die Socken machen, Reißaus nehmen; ‚Schuhlappen' bezeichnete urspr. den Flecken am Schuh, dann den Schuh selbst.

Lit.: *G. H. Goetz:* Dissertatio pervulgatum illud: Doctor Luthers Schuhe sind nicht allen Dorfpriestern gerecht (Lübeck 1725); *Aigremont:* Fuß- und Schuh-

Symbolik und -Erotik (Ndr. Darmstadt o.J.); *G. Jungbauer:* Art. ‚Schuh', in HdA. VII, Sp.1292–1353; *R. Forrer:* Archäologisches über den Schuh (Schönenwerd 1942); *W. Sulser:* Im Zeichen des Schuhs, in: Atlantis 33 (1961); *W. Till:* Schuh- und fußförmige Anhänger und Amulette (München 1971); *L. Röhrich* u. *G. Meinel:* Rdaa. aus dem Bereich von Handwerk und Gewerbe, in: Alem. Jb. (Bühl/Baden 1973). *W. Danckert:* Symbol, Metapher, Allegorie im Lied der Völker, Bd. II (Bonn 1976), S. 735ff.; *K. Ranke:* Art. ‚Abtragen der Schuhe', in: EM. I, Sp. 40–42.

Schulbank. *Noch die Schulbank drücken müssen:* noch schulpflichtig sein, tüchtig lernen müssen; vgl. frz. ‚Aller encore à l'école'.

Ähnl. Bdtg. hat die Wndg. *Er mag noch etw. auf der Schulbank (herum)rutschen.* Sie wird gebraucht, wenn die Eltern der Meinung sind, daß ihr Sohn noch eine weiterführende Schule besuchen soll, entweder um seine Bildung zu vervollkommnen oder weil er für das Berufsleben noch nicht reif genug ist und auch seine körperlichen Kräfte noch wachsen sollen. Vgl. ndl. ‚Hij mag nog wel een jaartje of wat ter school gaan'. Von einem, der recht wenig gelernt hat, heißt es scherzhaft: *Er hat sich auf der Schulbank wenig Schiefer eingezogen.* Die Schulbank spielt in der Ausstattung der modernen Schulen keine Rolle mehr, doch der Ausdr. ist auf die Schulzeit allg. übertr. worden.

Sebastian Franck: Sprichwörter (Zürich 1545), Stichwort: Schuld, schuldig

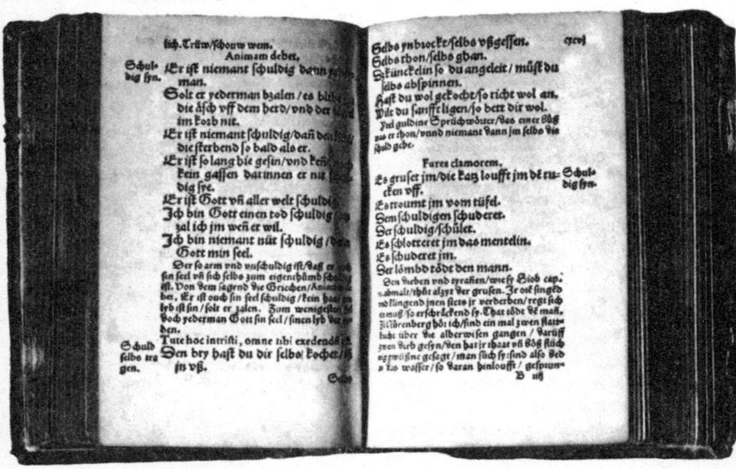

sich. Trüw/schouw wem.
Animam debet.
Schuldig syn. Er ist niemant schuldig denn …
man.
Solt er yederman bzalen/es blib …
die äsch vff dem herd/vnd der …
im korb nit.
Er ist niemant schuldig/dann den …
die sterbend so bald als er.
Er ist so lang bie gesin/vnd kein …
kein gassen darinnen er nit …
dig sye.
Er ist Gott vnd aller welt schuldig.
Ich bin Gott einen tod schuldig …
zal ich jm wenn er wil.
Ich bin niemant nüt schuldig/…
Gott min seel.
Tute hoc intristi, omne tibi exedendum est.
Schuld selbs tragen. Den bry hast du dir selbs kochet/…
jn vß.

Selbs ynbrockt/selbs vßgessen.
Selbs thon/selbs ghan.
Sküncklin so du angeleit/müst du
selbs abspinnen.
Hast du wol gekocht/so richt wol an.
Wilt du sanfft ligen/so bett dir wol.

Fures clamorem.
Es gruset jm/die katz laufft jm dē ruckē vff. Schuldig syn.
Es troumt jm vom tüfel.
Dem schuldigen schuderet.
Der schuldig/schület.
Es schlotteret jm das mentelin.
Es schuderet jm.
Der lömbd tödt den mann.

Schuld, schuldig. *Schuld an etw. tragen:* etw. Negatives, eine falsche Entwicklung, einen Unfall, ein Unglück verursacht haben. *Die Schuld bei sich selbst suchen müssen:* für etw. die Verantwortung übernehmen müssen, vor sich selbst ehrlich sein u. sich etw. eingestehen müssen. Ähnl.: *Die Schuld auf sich nehmen,* aber auch i. S. v.: einen anderen entlasten wollen; für andere leiden wie Christus. Dagegen: *Jem. die Schuld zuschieben:* einen anderen für sich leiden lassen, sich einen ↗Sündenbock suchen. *Sich keiner Schuld bewußt sein:* ein reines Gewissen haben.

Jem. eine Schuld vergeben: ihm verzeihen. Die Wndg. ist durch die Bitte im ‚Vater unser': „Und vergib uns unsere Schuld …" Allgemeingut geworden.

Die Feststellung, daß sich am Ende ‚alle Schuld rächt' beruht auf den Worten des Harfenspielers in Goethes ‚Lehrjahren' (2,12):

Ihr führt ins Leben uns hinein,
Ihr laßt den Armen schuldig werden,
Dann überlaßt ihr ihn der Pein;
Denn alle Schuld rächt sich auf Erden.

Dostojewski nannte seinen Roman von 1866: ‚Schuld und Sühne'.

Die Rda. *Mehr Schulden als Haare auf dem Kopfe haben* ist bibl. Herkunft, denn nach Psalm 40,13 heißt es von den Sünden: „Ihrer ist mehr, denn Haare auf meinem Haupt“.

Jem. nichts schuldig bleiben: in übertr. Sinne: jem. einen (verbalen) Angriff mit gleicher Münze heimzahlen, mit gleicher Schärfe reagieren.

Schuldigkeit. *Seine Schuldigkeit getan haben:* seine Kraft eingesetzt und seine Aufgabe so gut wie möglich erfüllt haben, aber auch: nicht mehr gebraucht werden und Undank erfahren müssen. Schiller gebrauchte die Wndg. in seinem ‚Fiesko‘ (III, 4) 1783, wonach wir auch zitieren: „Der Mohr hat seine Schuldigkeit getan; der Mohr kann gehen“.

Seine (verdammte) verfluchte Schuldigkeit tun: eine selbstverständliche Pflicht erfüllen. Häufiger sagt man dafür: *seine verdammte Pflicht und Schuldigkeit tun,* ↗Pflicht.

Schuldturm. *Jem. in den Schuldturm werfen:* wegen Zahlungsunfähigkeit ins Gefängnis bringen. Früher gab es speziell ein ‚Schuldgefängnis‘: in der Nürnberger Polizeiordnung aus dem 15. Jh. heißt es: bleibt der Schuldner mit der Rückzahlung säumig, „so sol er auff begern des clagers in den schultthurn gefüret ... werden“. Hans Sachs dichtete in den Fastnachtspielen (Neudr. 3, 57,50):

> Ach, ich muß heut zwölff gülden han
> oder in den schuldthuren gan.

Lit.: *Ch. Hinckeldey* (Hg.): Strafjustiz in alter Zeit (Rothenburg 1980), Kap. Geldstrafen, S. 173–175.

Schule. *Hinter (neben) die Schule gehen:* den Unterricht absichtlich versäumen; seit 1691 durch Stieler gebucht. Gemeint ist urspr.: statt ins Schulhaus daran vorbeigehen. Bei Platen heißt es (1839): „wenn ich nicht hinter die Schule gegangen wäre, so könnt ich lesen“. Es gibt zahlreiche mdal. Varianten. Im Els. bez. man mit ‚Neweh d Schuel gehn‘ auch Ehemänner, die ‚neben hinaus‘ gehen. Vgl. ndl. ‚Hij heeft achter de haag geloopen‘ und frz. ‚faire l'école buissonnière‘. In gleicher Bdtg. sprechen wir von *die Schule schwänzen.* ‚Schwänzen‘, (eine Vorlesung) versäumen, ist um die Mitte des 18. Jh. aus rotw. ‚schwentzen‘ = herumschlendern, bummeln von Studenten übernommen worden; durch Hagedorn und Schiller wurde es schriftsprachl.; vgl. frz. ‚sécher l'école‘ (Schülersprache).

Man hat ihn in die Schule gebracht (genommen): man hat ihn in Zucht und Ordnung genommen, ihn hart angefaßt. Hier wird die Schule als Erziehungsanstalt fürs Leben gesehen. Jidd. ‚Män hot ihn genömmen in Cheeder (= Schule) hinein‘. Schweiz. ‚I will di in d'Schuel füere-n, daß lehrsch läse‘, ich will dir zeigen, wer recht hat.

In die Schule gefoppt werden: durch Versprechungen zu einem Übel verlockt werden, wie man das Kind z. B. durch Süßigkeiten und Versprechen zum Besuch der Schule bringt. 1866 die jidd. Form ‚So werd me ins Cheeder geuzt‘.

Jem. noch in die Schule schicken müssen: ihn erst einmal die Anfangsgründe seines Berufs erlernen lassen; vgl. frz. ‚renvoyer quelqu'un à l'école‘.

Bei jem. noch in die Schule gehen können: bei einem noch viel lernen, sich seine Erfahrung zunutze machen können. Vgl. ndl. ‚Gij kunt bij hem nog wel school gaan‘.

Miteinander in eine Schule gegangen sein: sich gut kennen und dieselben Fehler besitzen. Vgl. lat. ‚Eodem in ludo docti sunt‘; frz. ‚être allé à l'école ensemble‘.

Die Wndg. *Ich bin auch mal zur Schule gegangen* dient der empörten Zurückweisung überflüssiger Belehrungen.

Alle Schulen durchgemacht haben; sehr viel Lebenserfahrung besitzen, auch in negativer Bdtg. durchtrieben sein, es faustdick hinter den Ohren haben.

Eine Schule zuviel haben: dünkelhaft, eingebildet, närrisch sein; schwäb. ‚Er hat e Schul z'viel‘.

Von der alten Schule sein: sehr höflich, formvollendet sein. ‚Ein Kavalier der alten Schule‘ ist einer, der sich Damen gegenüber sehr galant und zuvorkommend verhält; meist anerkennend gesagt, z. B. ‚Man wäre heutzutage froh, man fände noch einen Kavalier der alten Schule‘. Zuweilen hat sich jedoch Anerkennung in Tadel gewandelt, und man benutzt die Wndg. als abfällige Bez. für einen Mann älteren Jahrgangs, der glaubt, sich alles, bes. Frauen gegenüber, erlauben zu können. Als Beispiel für diese Bedeutungsver-

änderung ein Beleg aus der modernen dt. Lit.: „Der Mann, der hier das Wort führt, am Tischende der Runde vorsitzt, ein Chirurg um die sechzig, zu Scherzen immerzu aufgelegt, faßt die junge Frau des Kollegen beim Arm, um sie zu ihrem Platz zu geleiten, drückt beiläufig an ihrem Oberarm in Brusthöhe herum, mit der anzüglichen körperlichen Bedrängung, die dem Kavalier alter Schule immer erlaubt ist, um dann wenig später mit der Kellnerin seine Späße zu machen, blinkender Goldzahn, nennt die servierte Kasserolle mit Mixed Grill einen Panzerkreuzer und bekommt sofort einen Frostbeschlag auf die Augen, wenn diese zufällig auf seine Frau treffen" (Botho Strauß: Paare, Passanten, S. 69–70).
Einmal durch die Schule laufen wie die Sau durch den Kot; durch die Schule gegangen sein wie der Esel durch die Mühle: nur eine oberflächliche Bildung besitzen, nur wenig Nutzen von der Schule haben, vielerlei, aber nichts gründlich gelernt haben.
Aus der Schule schwatzen (oder jünger: *plaudern,* auch: *klopfen, waschen*): von Dingen reden, die eigentl. Geheimnisse eines bestimmten Kreises sind. Der urspr. Sinn der Rda. dürfte sein: die Wissenschaft eines besser unterrichteten Kreises vor dem Volke preisgeben, wobei man namentlich an das Wissen der Ärzte denken mag. Aber auch schon den Schülern der griech. Philosophenschulen war es nicht gestattet, das in der Schule Gelernte an Außenstehende weiterzugeben. Die Rda. findet sich 1512 bei Murner in seiner ‚Narrenbeschwörung' (55,2): „usz der schuolen sagen" und in der ‚Zimmerischen Chronik', Bd. 2, S. 465: „Das unsellig mendlin hat sein glück nit erkennen oder behalten künden, sondern sich vil berüempt und außer der schuel geschwetzt". Die Rda. ist weit verbreitet, wie die zahlreichen mdal. Belege zeigen. Els. ‚us der Schuel bapple' ‚ut'r Schaule kören' oder schweiz. ‚us der Schul schwätze'.
Andere europ. Sprachen kennen die Rda. ebenfalls, so ndl. ‚uit de school klappen', frz. ‚dire des nouvelles de l'école' (heute ungebräuchl.) oder engl. ‚to tell tales out of (the) school'.
Schule machen: Nachahmer finden, so wie etwa die großen Maler des MA. und der Renaissance ihre Malschulen hatten; vgl. frz. ‚Faire école'
Jem. hat seine Schularbeiten gemacht: jem. hat sich für eine Aufgabe gut vorbereitet, hat sein Pensum geschafft; offenbar aus dem amer. ‚he has done his homeworks'.
Aus dem bildungsbürgerlichen Zitatenschatz stammt die zu schulischer Leistung auffordernde Wndg.: ‚Nicht für die Schule, sondern für das Leben lernen'. Tatsächlich lautet die Formel in den ‚Epistulae morales' 106 des Lucius Annaeus Seneca (4 v. Chr.–65 n. Chr.) genau umgekehrt: ‚Non vitae, sed scholae discimus'.

Lit.: *O. Sutermeister:* Der Schulmeister im dt. Sprw. (Aarau 1878); *K. Knortz:* Der Schulmeister in Literatur und Folklore (Evansville [Ind.] 1899); *E. Reicke:* Lehrer und Unterrichtswesen in der dt. Vergangenheit (Leipzig 1901); *R. Beitl:* Volkskunde und Schule (Leipzig 1934); *L. Schmidt:* Volksglaube und Volksbrauch (Berlin 1966); *E. Moser-Rath:* Lustige Gesellschaft (Stuttgart 1984), S. 171–182.

Schulfieber. *Das Schulfieber haben:* angeblich erkrankt sein, Vorwände haben, um nicht zur Schule (Arbeitsstelle) gehen zu müssen, weil gerade eine Arbeit geschrieben wird oder sonst etw. Unangenehmes bevorsteht. In ihrer Aufregung und der Furcht, daß die Lügen über plötzliche Schmerzen von den Eltern durchschaut werden, kann bei den Kindern die Körpertemperatur tatsächlich vorübergehend etw. ansteigen. Zur Erläuterung dieser Schulkrankheit heißt es schon 1660 bei Corvinus (‚fons latinit.' 1,348[b]):

Bist so krank als ein Huhn:
Magst gern essen und nichts thun.

Schulfuchs. *Den Schulfuchs spielen,* auch: *wie ein Schulfuchs aussehen:* ein Stubengelehrter sein, sich steif und pedantisch verhalten, eine wertlose, weltfremde Gelehrsamkeit verteidigen. Hagedorn charakterisiert den Schulfuchs in seinen Versen (Werke 3,32):

Ein Schulfuchs hofft mit dürren Gründen
Den Beyfall aller Welt zu finden:
Allein, er wird geprellt.

Vgl. auch frz. ‚faire le pédant'.
Der Ausdr., der der Verspottung von Lehrern und eifrigen Nachahmern großer Künstler und Wissenschaftler diente, war in der dt. Lit. des 18. und 19. Jh. sehr be-

liebt und wurde u.a. von Herder, Bürger, Günther, Goethe und Schiller verwendet. Die Studenten verspotteten damit die Schüler, die sich ähnl. wie Füchse in ihrem Bau im Schulhaus verbergen mußten und noch keine student. Freiheit besaßen. *Aus einem Schulfuchs gleich einen geheimen Rat machen wollen:* einem unerfahrenen Anfänger gleich eine unangemessen hohe Stellung geben, für die ihm die Voraussetzungen noch fehlen, auch: einem jungen Menschen falsche Hoffnungen machen, ein Ziel mühelos und rasch zu erreichen.

Schulgeld. *Das Schulgeld zurückverlangen, sich das Schulgeld zurückzahlen lassen:* nichts gelernt haben, eigentl. ohne jeden Erfolg die Schule besucht und das Geld dafür umsonst ausgegeben haben. Die Wndg. wird meist in der Form einer Aufforderung gebraucht: *Laß dir dein Schulgeld (Lehrgeld) zurückgeben!* Wer offensichtlich geringe Kenntnisse besitzt und sich dumm und ungeschickt bei einer Arbeit anstellt, bekommt dies gelegentlich als eine Art niederschmetternde Beurteilung zu hören. Die Wndg. ist zuerst 1899 im Els. Wb. belegt, wird heute noch oft gebraucht und ist in zahlreichen mdal. Varianten verbreitet. Im Rheinl. heißt es, wenn jem. etw. ganz Einfaches nicht weiß: ‚Bei wem bas de an de Schul gang? Loss der et Lehrgeld zerröck bezahlen' und in Schlesw.-Holst. ‚He schull sien Schulgeld man wedder halen'. Früher hatten die Kinder das festgesetzte Schulgeld dem Lehrer abzuliefern. Dies war bereits in der Antike so. Bei Petronius Arbiter (gest. etwa 66 n.Chr.) findet sich bereits die Sentenz „Iam scies, patrem tuum mercedes perdidisse" (= Du wirst bald merken, daß dein Vater das Lehrgeld umsonst ausgegeben hat). Vielleicht ist hierin das Vorbild für unsere Rda. zu suchen, obwohl sie erst spät bezeugt ist. Immermann führt aus, wieviel der Lehrer früher erhielt: „Er (der Schulmeister) ... hatte 30 Gulden jährlichen Gehalt, außerdem das Schulgeld, zwölf Kreuzer für den Knaben und sechs für das Mädchen" (Werke 1,72, Boxberger). In übertr. Bdtg. hat bereits Schiller den Ausdr. lit. in seinem ‚Fiesko' (I,9) verwendet: „Feige Memmen sind's oft, aber doch Kerls, die dem Teufel das Schulgeld mit ihrer armen Seele bezahlen".

Schulsack. *Einen Schulsack gefressen haben:* das ganze Wissen eingeheimst haben (ähnl.: die Bücher fressen, verschlingen). Schulsack war früher die Bez. der Tasche, in der die Kinder ihre Bücher zur Schule trugen. In Murners ‚Schelmenzunft' von 1512 werden diejenigen verspottet, die sich umsonst auf hohen Schulen umhergetrieben haben; das Kapitel ist überschrieben ‚Eyn schulsack fressen' und beginnt:

Das latein hab ich vergessen,
Wiewol ich hab ein schulsack fressen.

Eyn schulsack fressẽ

Einen guten (keinen) Schulsack haben heißt demnach: eine gute (keine) Schulbildung haben. Der Schulsack steht also für die in der Schule erworbenen Kenntnisse, die man im Schulsack ‚schwarz auf weiß' mit sich trug. Heute noch ist in der Schweiz die Rda. ‚e guete Schuelsak ha' geläufig.

Schulter. *Einem die kalte Schulter zeigen:* ihn abweisend behandeln, ihn zurücksetzen; kalt, gleichgültig gegenüber einem anderen auftreten; so tun, als kenne man ihn nicht; ihm die Hilfe versagen. Die Rda., die bes. in Norddtl. üblich ist, gilt als eine Lehnübers. aus dem Engl. ‚to show one a cold shoulder'. ‚Kalt' ist in der Bdtg. von ‚gefühllos' gebraucht. Ähnl. *auf kalte*

Schultern stoßen: auf Ablehnung, Teilnahmslosigkeit treffen.
Einen über die Schulter ansehen; ihn verächtlich, schief ansehen, ↗Achsel, ↗schief. Vgl. ndd. ‚Den süt se kûm över de Schullern an', ndl. ‚Hij kijkt hem over den linker schouder'; frz. ‚regarder quelqu'un de haut'.
Etw. auf die leichte Schulter nehmen: unbekümmert, leichtsinnig sein; etw. für unwichtig halten, es nicht ernst nehmen und vernachlässigen. Die Wndg. beruht auf einem Zitat aus den Satiren des Horaz (II, 3, 172): „ferre sinu laxo", eigentl.: etw. nachlässig im Bausch (der Toga) tragen, ↗Achsel.
Auf beiden Schultern (Wasser) tragen: es mit keinem verderben wollen; es mit verschiedenen Parteien halten. Vgl. lat. ‚Duabus se venditat partibus' (Phaedrus) und ndl. ‚Het is een man, die op twee schouders draagt'. Ähnl. Bdtg. hat die Rda. *auf der rechten Schulter unsern Herrgott und auf der linken den Teufel tragen,* vgl. frz. ‚donner une chandelle à Dieu et une au diable' (veraltet). *Einem etw. auf die Schulter legen:* ihn belasten, ihm etw. aufbürden; vgl. frz. ‚charger les épaules de quelqu'un'; ähnl. *alles auf seinen (den eigenen) Schultern liegen haben:* alle Last allein tragen müssen; vgl. frz. ‚porter un fardeau sur ses épaules'. *Etw. auf seine Schultern nehmen:* die Verantwortung übernehmen wollen.
Breite Schultern haben: eine große Last ertragen können. Vgl. ndl. ‚Hij heeft breede schouders' und frz. ‚Il a de bonnes épaules, il portera bien tout'.
Auf jem. Schulter stehen: sich auf jem. stützen, seine Erfahrungen oder wissenschaftlichen Erkenntnisse nutzen, seine eigene Arbeit darauf gründen und weiterführende Gedanken entwickeln. In einem alten Sprw. wird der Sinn dieser Wndg. bes. deutlich: ‚Wer einem andern auff den Schultern stehet, der kan weiter sehn dan er' (Petri II, 699).
Auf anderer Schulter treten: Vorteile durch andere haben; ihre Hilfe ausnützen und sie gleichzeitig unterdrücken; andere für den eigenen Aufstieg mißbrauchen, da dieser aus eigener Kraft allein nicht möglich wäre; vgl. lat. ‚alienis uti soleis'.
Jem. auf die Schultern heben: ihn zum Anführer und Vorbild erheben (↗Schild); ihn vor Begeisterung umhertragen und feiern. *Mit hängenden Schultern dastehen:* mutlos und traurig aussehen, kraftlos in sich zusammensinken.
Schulter an Schulter stehen: sehr dicht nebeneinander stehen, gemeinsam kämpfen und Angriffen standhalten; vgl. frz. ‚être debout côté à côté'. Diese solidarische Haltung bez. man auch mit dem Schlagwort ‚Schulterschluß'.

Lit.: *H. Bateson:* To look over the left shoulder, in: Folklore (London) 34 (1923), S. 241–242; *H. Fischer:* Die eheliche Verantwortung und das Schultersymbol, in: Antaios 1 (1960), S. 186–208.

Schund. *Schund- und Schmutzgeschichten erzählen:* verderbliche, aber wertlose Geschichten erzählen oder schreiben.
Zur ‚Schundliteratur' gehören Schriften, die ohne lit. Anspruch geschrieben wurden und nur das Sensationsbedürfnis der Masse befriedigen wollen. Der Ausdr. ‚Schund und Schmutz' wurde zwar durch das ‚Gesetz zur Bewahrung der Jugend vor Schund- und Schmutzschriften' vom 18.12.1926 verbreitet, war aber auch schon vorher umg. gebräuchl.

Lit.: *R. Joerden:* Art. ‚Schund und Schmutz', in: RGG. V ([3]1961), Sp. 1581–1584.

Schuppen. *Jem. fällt es wie Schuppen von den Augen:* er erkennt den wahren Sachverhalt, den er vorher nicht begreifen konnte; seine Verblendung hört auf, er sieht plötzlich klar. Die Rda. ist bibl. Urspr. Als der blinde Saulus durch Ananias im Auftrag Gottes geheilt wird und sich bekehrt, heißt es in der Apostelg. (9,18): „Und alsobald fiel es von seinen Augen wie Schuppen, und er ward wieder sehend". Vgl. auch KHM. 164 u. 186. Die Wndg. ist deshalb auch in anderen Sprachen geläufig, vgl. ndl. ‚De schellen vallen hem van de ogen'; engl. ‚The scales are fallen from his eyes'; frz. ‚Les écailles lui sont tombées des yeux.'

Schur. *Jem. etw. zum Schur tun:* jem. Verdruß bereiten, absichtlich ein Ärgernis verursachen, ganz bewußt einen schlimmen Possen spielen; ein häufiger Ausdr. in den Mdaa. mit verschiedenen Lautformen (bair. Schuer, oesterr. Schuar, ndd.

Schôr). Schur ist eine ablautende Bildung zu ‚scheren'. Als Fem. hat es meist seine urspr. Bdtg. von schneiden, scheren bewahrt, wie z. B. im Sprw. ‚Nach der Schur ist nicht mehr viel zu scheren'. Als Masc. hingegen tritt es in allen mdal. Redewndgn. mit übertr. Sinn als Schererei und Plage auf. Vereinzelt begegnet es so schon im Mhd.:

der wuoterîch sâ vur Augespure fuer,
mit roube tet er grôzen schuer.
(Alberus, St. Ulrichs Leben, 813)

‚I wer eam schon an Schurr antuan' heißt es in Kärnten. Wenn bei einem sehr ungleichen Ehepaar der jüngere Partner auf den Tod des älteren hofft, versucht dieser jenem ‚recht lange zum Schur zu leben'. *Nun zum Schur!* dient als Ausruf der eigenen Ermutigung und bedeutet: Nun erst recht!

In Sachsen hört man oft die Feststellung: ‚Das macht er mir (direkt) zum Schure', womit der Verärgerte oder Beleidigte ausdrücken will, daß er die böse Absicht des anderen durchschaut hat. Aber man kann auch versichern, daß man keinen Verdruß oder Verlust verspürt: ‚Das ist mir kein Schur'.

In der Schriftsprache ist ↗ Schererei geläufiger als Schur. Anzengruber gibt deshalb in einer Anmerkung dafür eine Erklärung, als er das Wort gebraucht: „Viel Schur hab' ich dir anthan". Der nordd. Ausspruch ‚Lat die ins erst so mennig Schûr af de Kopp gahn, as ik dan hebb' verwendet das Wort Schur so, daß es zweideutig erscheint: es kann die lange Zeit und Erfahrung des Menschen meinen, aber auch die Plagen und Scherereien, die er bisher aushalten mußte. Die Rda. heißt also: überwinde du erst einmal so viele Schwierigkeiten.

Die Schur haben: Dienst haben. In Schwaben ist diese volksetymol. Entstellung aus dem frz. ‚du jour' bekannt, z. B. ‚der Offizier von der Schur sein'.

Lit.: *E. Damköhler:* Jem. etw. zum Schure thun, in: Zs. f. dt. U. 12 (1898), S. 658–661; *G. Krause:* Jem. etw. zum Schure thun, in: Zs. f. dt. U. 13 (1899), S. 63–64; *D. Kummerow:* Nochmals ‚jem. etw. zum Schure thun', in: Zs. f. dt. U. 13 (1899), S. 67–68.

schurigeln. *Jem. schurigeln;* jem. ohne Grund u. Zweck durch Schikanen das Leben schwermachen, ihn zum Vergnügen quälen, schulmeistern. Die Belege für ‚schürgeln', ‚schur(i)geln' reichen bis Anfang des 17. Jh. zurück.

Schürze. *Jeder Schürze nachlaufen:* in jede Frau verliebt sein, rasch entflammt sein und daher verschiedenen Mädchen oder Frauen seine Liebe erklären. Vgl. frz. ‚aimer le cotillon'. Ähnl. *hinter jeder Schürze her sein* und *in jede Schürze verliebt sein:* ein ↗ Schürzenjäger sein.

Die Schürze als Hauptbestandteil der Frauenkleidung ist zum Symbol geworden und steht pars pro toto für die Frau. In unseren Nachbarländern wird der gleiche Sinn in anderer Weise ausgedrückt. In Italien sagt man: ‚Attaca il majo ad ogni uscio', er pflanzt den Maibaum vor jeder Tür, d. h. er verehrt gleichzeitig viele. Vgl. auch frz. ‚Il est amoureux des onze vierges' (heute ungebräuchl.) und ndl. ‚Hij loopt altijd achter de meisjes'.

Jem. an der Schürze hängen: jem. auf Schritt und Tritt nachfolgen, ihn durch Anhänglichkeit belästigen, sich aufdrängen, ängstlich und unselbständig sein, keine Entscheidung allein treffen wollen. In der Schweiz heißt es von einem Freier, dessen zu häufige Besuche bei seiner Braut auffallen: ‚Er will'r a immer am Schurz stechn'.

Seiner Mutter immer noch an der Schürze (am Schürzenband, Schürzenzipfel) hängen: von ihr abhängig sein, sich gern bevormunden und leiten lassen. Die Rda. wird bes. auf Kinder angewendet, die sich nur schwer von ihrer Mutter trennen und von unselbständig gebliebenen Erwachsenen, die alles der Mutter wie bisher überlassen. Vgl. ndl. ‚aan iemands riem hangen', engl. ‚to hold by the apron-strings'; frz. 'être toujours dans les jupons de sa mère'; ↗ Gängelband.

Die Schürzen sind hier klüger als die Hosen: die Frauen zeigen mehr Einsicht als die Männer. Vgl. frz. ‚l'esprit est tombé en quenouille dans cet endroit' (veraltet).

Sie trägt etw. unter ihrer Schürze: sie ist schwanger. Diese Rda. ist auch mdal. verbreitet, z. B. heißt es in Vorpommern von einem Mädchen, das ein Kind erwartet: ‚Und nu hett sei all wat ünner de Schört'. Ebenfalls zur Umschreibung dient die Wndg. *Der Schurz (die Schürze) wird ihr zu*

kurz und die schwäb. Wndg. ‚*Sie hat a neue Schurz a*'.
Nicht nur die Frau als Ganzes wurde durch die Schürze symbolisiert, sondern auch die weibl. Geschlechtsteile. Daher ist *der Verlust der Schürze* synonym mit der Entjungferung. Verliert z. B. in Oldenburg eine Braut die Schürze, ‚so fleit die Freete af', d. h. die Brautschaft wird abgebrochen.
Auch im Volksglauben spielt die Schürze eine Rolle. Allg. heißt es, wenn einem Mädchen die Schürze abfällt, denkt der Schatz seiner. In Meckl. meint man, daß die Braut die Liebe ihres Verlobten verliert, wenn sich ihr Schürzenband von selbst löst. In Schlesien soll eine Weibsperson niemanden die Hand an ihrer Schürze abwischen lassen, weil derjenige ihr sonst gram wird.

Lit.: *D. H. Van:* Een schortje spannen, in: Biekorf 38 (1932), S. 223; *G. Jungbauer:* Art. ‚Schürze', in: HdA. VII, Sp. 1364–1378; *E. Legros:* Les „tabliers sans cordons" et les „larges tabliers" dans les expressions proverbiales, in: Enquêtes du Musée de la Vie Wallone 9 (1962), S. 243–249.

Schürzenjäger. *Ein Schürzenjäger sein:* ein in der Liebe nicht ernst zu nehmender Schmeichler der Frauen sein, der von ihnen meist abgelehnt wird, wenn sie ihn erkannt haben und nun seinen Versicherungen und Liebesschwüren keinen Glauben mehr schenken können; vgl. frz. ‚un coureur de jupons' und ‚courir le jupon'. Die Rda. ist um 1900 aufgekommen, ↗Schürze.

Schuß. *Einem vor den Schuß kommen:* jem. unversehens in den Weg laufen, der nur auf diese günstige Gelegenheit gewartet hat, um einmal mit ihm abrechnen zu können. Urspr. bezieht sich die Wndg. nur auf den Jäger, der sein Wild belauert, um es dann sicher erlegen zu können. In übertr. Bdtg. braucht Schiller die Rda. auch lit. So ruft der Musikus Miller in ‚Kabale und Liebe' (II, 4) in seinem Zorn auf den Sekretär Wurm aus: „Aber soll mir der Tintenkleckser einmal in den Schuß laufen!"
Ähnl. Sinn hat die Rda. *in die Schußlinie geraten:* ins Feuer, ins Gefecht geraten, in die Gefahr hineinlaufen, in übertr. Bdtg.: sich heftiger Kritik aussetzen. So verwendet Bismarck diesen Ausdr. in seinen Reden (6,38): „Der Herr Redner hat sich über Nacht künstlich in die Schußlinie gewisser von ihm mir zugeschriebenen Vorwürfe gestellt". Vgl. auch frz. ‚passer dans la ligne de mire de quelqu'un'.
Im Obersächs. meint man mit der Aufforderung: ‚Geh mir aus der Schußlinie!' steh mir nicht im Wege herum, störe mich nicht beim Arbeiten, hindere mich nicht bei meinem eiligen Hinundherlaufen!
Weit vom Schuß sein (sitzen, stehen): außer Reichweite, außer Gefahr sein, auch: sich durch seine Abwesenheit geschickt der Kritik entziehen, weit entfernt von der Stelle sein, wo man gerade dringend gebraucht wird. Vgl. lat. ‚Extra telorum jactum sedere'. Ähnl.: *über den Schuß sein:* an einer sicheren Stelle sein, wohin der Schuß nicht reicht. Vgl. ndl. ‚buiten schot blijven'; engl. ‚to be out of gun-shot'; frz. ‚rester hors d'atteinte'.
Zu weit vom Schuß sein: zu weit weg sein und deshalb die brennenden Probleme nicht gut genug kennen, um etw. richtig beurteilen zu können, eigentl.: weit vom Gefecht, weit hinter der Front sein.
Nicht zum Schuß kommen: keine Gelegenheit haben, sein Vorhaben durchzuführen, den günstigen Augenblick verpassen, gehindert werden, auch: keine Möglichkeit haben, eine fotografische Aufnahme (einen Schnappschuß) zu machen.
Zum Schuß kommen: zu seinem Ziel gelangen. Die Wndg. wird auch als verhüllende Umschreibung für die sexuelle Befriedigung des Mannes gebraucht. Daher auch: *gut in Schuß sein:* potent sein.
Seinen Schuß gut anbringen: die erwünschte Wirkung erzielen, seine Mittel gut und zweckentsprechend einsetzen, seinen Vorteil zu nutzen wissen. Vgl. frz. ‚assener bien son coup'.
Den ersten Schuß haben wollen: einen Vorsprung und damit die größere Chance haben wollen. Die Rda. bezieht sich auf das Duell mit Pistolen, wobei der erste Schütze im Vorteil war, weil er die Möglichkeit besaß, gleich beim erstenmal seinen Gegner zu verwunden oder zu töten und damit für sich ungefährlich zu machen. Die Bedingungen beim Duell waren verschieden und wurden vorher genau ausgehandelt und festgelegt: entweder

hatte der Beleidigte den ersten Schuß, oder es wurde darum gelost, manchmal schossen die Gegner auch gleichzeitig.

Nicht auf den ersten Schuß fallen: standhaft sein, sich nicht vorschnell ergeben, solange noch etw. Hoffnung bleibt. Diese Wndg. bezieht sich urspr. wohl auf die Belagerung einer Festung oder Stadt, die standhaften Widerstand leistet. Vgl. ndl. ‚Hij valt niet met het eerste schot'.

Einen Schuß in den Himmel tun: etw. Unnützes und Unsinniges tun. Wahrscheinl. besteht bei dieser Rda. ein Zusammenhang mit dem noch heute in einigen Gegenden üblichen Wetterschießen, das das Unwetter vertreiben soll. Fremde, die diesen Brauch nicht kennen, verurteilen ihn und machen ihn als wertlos verächtlich. Ähnl.: *Es ist ein Schuß in die Luft:* es ist ein ziel- und planloses Vorgehen, es bleibt wirkungslos. Vgl. frz. ‚C'est un coup tiré en l'air'.

Der Schuß geht nach hinten (los): eine Maßnahme richtet sich gegen jem. selbst.

Der Schuß geht daneben: etw. schlägt fehl. Ein Schlager der Ggwt. nutzt die Wndg. im Refrain mehrfach als bloße Feststellung und schließlich als Spott:

Im Leben, im Leben
geht mancher Schuß daneben.

Der Schuß ins Schwarze ↗schwarz.

Jem. einen Schuß vor den Bug geben (setzen): jem. durch Worte oder Taten nachdrücklich warnen, ihn zur Änderung seines Verhaltens zwingen. Die Wndg. beruht auf der Kriegführung zur See. Durch einen Warnschuß dicht vor den Bug wurde ein fremdes Schiff zur Kursänderung gezwungen oder aufgefordert, sich zu ergeben.

Es ist ein Schuß unter Wasser: es ist ein verborgener, gefährlicher Angriff. Auf See waren diese Geschosse am gefürchtetsten, weil man oft nicht rechtzeitig bemerkte, wenn der Schiffsboden ein Leck erhielt. Vgl. ndl. ‚Hij geeft hem een schot onder water'.

Keinen Schuß (Pulver) wert sein: nichts taugen, schlechte Charaktereigenschaften haben, für bes. ehrlos gelten. Ein Soldat, der wegen eines schweren Vergehens verurteilt werden sollte, hatte meist einen ‚ehrlichen Tod' durch die Kugel zu erwarten. Es war eine Art Auszeichnung gegenüber den anderen Hinrichtungsarten, wenn er zum Tod durch Erschießen, ‚zu Pulver oder Blei begnadigt' wurde. War einer nicht einmal einen Schuß wert und die Kugel für ihn zu schade, so daß er gehängt wurde, dann mußte er sich eines abscheulichen, unmenschlichen Verbrechens schuldig gemacht und diese Verachtung verdient haben.

Einen Schuß (weg) haben (bekommen): betrunken, närrisch sein, auch: verliebt und übermütigster Laune sein. Bei dieser Wndg. ist an die Geschosse der Krankheitsdämonen, aber auch an die Pfeile Amors zu denken, ↗Bilwis. Die mdal. Rda. aus der Steiermark ‚ea hod an Schuß' meint: er ist launisch, überspannt. Ähnl.: *Er hat einen Schuß zuviel:* er ist verrückt. Vgl. frz. ‚Il a un coup de hache' (veraltet).

Einen Schuß Leichtsinn im Blut haben: unbekümmert leben, nicht an die Folgen für die Zukunft denken. Die Wndg. beruht auf der alten Vorstellung, daß die Zusammensetzung der Körpersäfte für Charakter und Temperament des Menschen verantwortlich ist. Die Rda. dient somit der scherzhaften Entschuldigung eines Leichtsinnigen. Der Grund für sein Verhalten wird in seiner Blutbeschaffenheit gesucht, er selbst kann also nichts dafür und vermag sich auch nicht zu ändern.

Einen Schuß tun: plötzlich stark zu wachsen beginnen.

Etw. in Schuß bringen: eine Sache kräftig vorwärtsbringen, ordnungsgemäß herrichten, reparieren. Die Rda. ist vom Geschütz hergenommen, das für den Abschuß vorbereitet und hergerichtet, auf das Ziel eingestellt wird. Vielleicht besteht auch ein Zusammenhang mit der Weberei und der Einrichtung des Webstuhles, da ‚Schuß' auch die Bez. für die Querfäden eines Gewebes ist. Vgl. frz. ‚mettre quelque chose en branle' (in Schwung bringen).

Etw. in Schuß haben (halten): es gut in Ordnung, im Gang haben, eine Sache funktionsbereit und brauchbar erhalten.

Im Schuß sein: in Betrieb, in Gang sein, laufen, auch: ganz gesund sein. Dagegen: *nicht recht im Schuß sein:* nicht recht in Ordnung sein, sich nicht ganz wohlauf fühlen.

Sich einen Schuß verabreichen: in der Drogenszene: sich eine Dosis Heroin spritzen. Mit dem ‚goldenen Schuß' wird die Injektion einer tödlichen Dosis Heroin bez. Im amer. heißt ‚Schreckschuß': ‚crack shot'.

Lit.: *L. Honko:* Krankheitsprojektile (= FFC. 178) (Helsinki 1959); *A. Taylor:* Crack shot, in: Western Folklore 19 (1960), S. 130; *L. Röhrich* u. *G. Meinel:* Rdaa. aus dem Bereich der Jagd u. der Vogelstellerei, S. 320f.

Schüssel. *Die Schüssel leer finden* oder *nur leere Schüsseln finden:* nichts mehr vorfinden; keinen Anteil erhalten, eigentl.: zu spät zum Essen kommen, wenn nichts mehr übriggeblieben ist. Vgl. lat. ‚Ne bolus quidem relictus' (Erasmus, 517); frz. ‚être obligé de diner par cœur'; engl. ‚to dine with Duke Humphrey' und ndl. ‚de Hond in de pot vinden', in dem Augenblick kommen, wenn der Hund den Topf ausleckt und die Knochen erhält.

Vor leeren Schüsseln sitzen: Hunger leiden müssen; vgl. frz. ‚danser devant le buffet' (vor dem (leeren) Küchenschrank tanzen).

‚Eine reine Schüssel und nichts drin haben' heißt es in der Niederlausitz von einer Bäuerin, die viel putzt und zu wenig Zeit und Interesse für die Landwirtschaft hat.

Aus einer Schüssel essen: zusammengehören, gleiches Schicksal haben, die gleichen Meinungen und Ziele haben, zusammenhalten, eigentl.: zu der bäuerlichen Hausgemeinschaft gehören, die miteinander vertraut war und aus einer großen Schüssel aß. Vgl. lat. ‚eodem bibere poculo' und ndl. ‚Zij eten uit éénen schatel'.

‚Aus einer Schüssel essen'

Aus zwei Schüsseln zugleich essen: von zwei Seiten Vorteile haben, aus zwei Stellungen Gehalt beziehen; vgl. frz. ‚manger à tous les râteliers' (aus allen Futterkrippen sowie ‚s'emparer de l'assiette au beurre' (nach der Butterschüssel greifen).

Immer der erste in der Schüssel sein wollen: nur an sich denken, sich das Beste vorwegnehmen, sich unverschämt vordrängen und etw. beanspruchen, was einem nicht zukommt. Vgl. auch das Sprw. ‚In der Schüssel der erste, aus dem Bett der letzte'.

Einem die große Schüssel vorsetzen: ihn bevorzugen, ihm die größten Vorteile zuwenden.

Einem etw. in die Schüssel bieten (bringen, legen, werfen): ihn unterstützen, ihm Zuwendungen machen, zu seinem Lebensunterhalt beitragen, auch: ihn auf seine Seite bringen, ihn bestechen. Vgl. ndl. ‚Iemand iets in zijn schotel schaffen', engl. ‚to lay a thing in one's dish' und frz. ‚mettre les petits plats dans les grands': jem. köstlich bewirten. ↗Tablett.

Es hat ihm gut in die Schüssel geregnet: er hat eine große Erbschaft erhalten, er ist über Nacht (im Schlafe) reich geworden. Vgl. ndl. ‚Het heeft veel geregend in zijne kom'.

Verdeckte Schüsseln auftragen: seine Absichten nicht verraten, sich mit einem Geheimnis umgeben. Vgl. ndl. ‚Met gedekte schotels opdischen' und die ähnl. dt. Wndg. ‚seine Karten nicht aufdecken'.

In seine eigene Schüssel schauen: sich um sein Haus, um seine eigenen Angelegenheiten zuerst kümmern.

Das ist eine Schüssel aus seiner Küche: das stammt unbedingt von ihm, das kann nur er fertiggebracht haben, das ist ein Streich, der ihm ähnl. sieht. Vgl. frz. ‚C'est un plat de son métier'.

Dir hab' ich schon lang' was auf der Schüssel: mit dir habe ich noch etw. abzurechnen. Die Wndg. wird als Drohrede gebraucht. Die wien. Rda. ‚Sie ist aus der zehnten Schüssel' meint: sie ist eine sehr entfernte Verwandte.

Lit.: *A. Haberlandt:* Art. ‚Schüssel', in: HdA. IX (Nachtr.), Sp. 396–399.

Schuster. *Auf Schusters Rappen reisen (reiten, ankommen):* zu Fuß gehen. Die schwarzen Schuhe wurden scherzhaft die Rappen des Schusters genannt. Abraham a Sancta Clara brauchte diese Rda. bereits lit. in seinem ‚Judas' (I, 197): „Auf deß Schusters Rappen reiten". Gottfried Seume dichtet sinngemäß (Werke, I, 212):

Darauf lief ich, wie ein Don Quischott,
Hinab, hinan die Erde,
Bald Kuhschritt und bald Hundetrott,
Auf meines Schusters Pferde.

Früher sagte man auch statt dessen: ‚auf seiner Mutter Fohlen reiten', z. B. heißt es in Behaims ‚Buch der Wiener' (203, 29):

Wir musten all zu fußen gan,
man sach viel manchen werden man
reiten auff seiner muter voln.

Diese Wndg. ist bereits in mhd. Zeit belegt. In Heinrichs von Freiberg ‚Tristan' wird Keie, als er zu Fuß anstatt zu Pferde heimkehrt, von einem anderen Ritter verspottet:

Twar als alt als ich bin,
so gesach ich iuch, ritter wert,
geriten nîe so guot ein pfert,
als ir nu tuot in dirre zît.
ir und iuwer rössel sît
zwâr mît einander geborn
„Keie uf siner muoter vüln
ist gesezzen!" einer sprach,
darnach aber ein ander jach:
er ritet der zwelfboten pfert.

Die letzte Zeile der Spottrede wird heute meist in lat. Form als ‚per pedes apostolorum', zu Fuß wie die Apostel, gebraucht. In Köln nennt man die Füße deshalb die ‚Apostelpferde', und die ndd. Rda. ‚Spann din Apostelpeerd an!' meint: mach dich auf die Beine! Diese Wndg. wird schon 1653 von Johann Wilhelm Lauremberg in seinen ‚Schertzgedichten' (4. Gedicht, V. 141) lit. verwertet:

Ick quam in eine vörnehme Stadt
up mine Apostel Peerde gereden.

Vgl. ital. ‚andare sul cavallo di San Francesco': auf dem Pferd des heiligen Franziskus reiten. Die Rda. ist ebenfalls spöttisch gemeint, weil die armen Franziskanermönche zu Fuß gingen, im Unterschied zu den reichen Benediktinern, die zu Pferde reisen konnten. Vgl. auch frz. ‚aller su la haquenée des cordeliers' (veraltet).

Ein Schuster sein: ein Pfuscher sein, der nur Flickarbeit oder ein unvollkommenes Werkstück herstellen kann, weil er nichts Rechtes gelernt hat. Schuster galt früher als Schimpfwort für den ungeschickten Schuhmacher und wurde dann erweitert auf alle die bezogen, deren schlechte Arbeit man verächtlich machen wollte. Waldis (Werke II, 19, 9) verwendet den Ausdr. auch lit.:

Denn mich daselbst kein visch nit kent
Vnd nit mehr einen Schuster nennt.

Vgl. frz. ‚travailler comme un sabot' (wie ein Holzschuh arbeiten).

Einen Schuster machen: einen mißlungenen Versuch machen, etw. durch seine Arbeit oder Einmischung grundsätzlich verderben. Ähnl. meint die Wndg. *etw. zusammenschustern:* ohne Geschick und Neigung etw. nur notdürftig bewerkstelligen; vgl. frz. ‚saboter quelque chose'.

Schuster werden: im Spiel doppelt verlieren, ↗Schneider; *spielen wie ein Schuster:* schlecht, ohne rechte Aufmerksamkeit spielen, nichts davon verstehen; vgl. frz. ‚jouer comme un sabot'.

Sie hat ihm den Schuster gegeben: sie hat ihn abgewiesen, ihm den Abschied gegeben.

Schuster und Schneider werden dem nicht mehr viel anzupassen haben, aber der Tischler: er wird bald sterben.

Er will Schuster werden, um sich die Schuhe selber machen zu können: er will alles selbst tun, ist geizig und will andere nichts verdienen lassen.

Auch mdal. Wndgn. sind verbreitet, z. B. sagt man in Norddtl. ‚pralen as de Schoster mit enem Leest', wenn jem. sehr arm ist und sich dessen noch rühmt. Macht jem. große Umstände oder führt weitschweifige Gespräche, so heißt es in Bremen: ‚He rekked idt uut, as de Schoster dat Ledder'.

Jem. etw. zuschustern: ihm etw. zukommen lassen, zu seinem Unterhalt etw. beisteuern.

Nicht wissen, zu welchem Schuster man gehen soll: unentschlossen sein, sich schwer für das eine oder andere Übel entscheiden können. Diese Rda. ist bes. in Obersachsen bekannt.

Die Mahnung *Schuster, bleib bei deinem Leisten!* gilt dem, der ohne Sachverstand

,Schuster, bleib bei deinem Leisten!'

Kritik übt und sich unberufen in alles einmischt, ↗Leisten. Die Wndg. ist griech. Urspr. und sehr alt. Sie beruht auf einem Ausspruch des Malers Apelles, der zur Regierungszeit Alexanders d.Gr. seine Gemälde öffentl. auszustellen pflegte und sich verbarg, um die Urteile anzuhören. Als ein Schuhmacher getadelt hatte, daß bei den Schuhen auf dem Bilde eine Öse fehlte, fügte der Maler sie hinzu. Dadurch ermutigt, versuchte der Schuhmacher noch weitere Kritik, wurde aber von Apelles zurechtgewiesen. Die Rda. wirkt bis in den neuzeitlichen Schlager weiter:

Schuster, bleib bei deinem Leisten,
Schöne Mädchen kosten Geld.
Leider kostet stets am meisten,
Was nur kurze Dauer hält.

Vgl. auch ndl. ,Schoenmaker, houd u bij uwe leest'; engl. ,let the cobbler stick to his last' und frz. ,chacun doit se mêler de son métier, les vaches sont bien gardées; mêlez-vous de vos pantoufles'; auch: ,Mêle-toi de tes oignons!' (wörtl.: Kümmere dich um deine eigenen Zwiebeln).

Lit.: *Jungwirth:* Art. ,Schuhmacher', in: HdA. IX (Nachtr.), Sp. 391–394; *L. Röhrich* u. *G. Meinel:* Rdaa. aus dem Bereich von Handwerk und Gewerbe, in: Alem. Jb. (Bühl/Baden 1973); weitere Lit. ↗Schuh.

Schutt. *Etw. in Schutt und Asche legen:* eine Sache total vernichten. Die Zwillingsformel verdeutlicht die vehemente Zerstörung, indem sie betont, daß sowohl Erschütterung (Erdbeben, Bomben und Granaten) als auch Feuer eine Sache (Haus, Stadt) vernichtet haben. Die Wndg. wurde bes. in Kriegszeiten als Drohung dem Gegner gegenüber gebraucht, sein Land völlig verwüsten zu wollen. In älterer Zeit verwendete man dafür auch die Formeln ,Schutt und Staub' oder ,Schutt und Trümmer'.

Schutzengel. *Jem. hat einen Schutzengel (gehabt):* er ist auf wunderbare Weise behütet, vor Schaden bewahrt worden, bei einem Unfall unverletzt geblieben. Man sagt dies insbesondere von einem Kind, das einer drohenden Gefahr, die es nicht erkennen konnte, entronnen ist, das vor einem Abgrund rechtzeitig zurückwich. Die Schutzengel-Vorstellung begegnet mehrfach bereits in der Bibel: Gute Engel üben gegenüber den Menschen ein Schutzamt aus (Ps. 90,11; Hebr. 1,14). Ihre Aufgaben sind: Abwendung von Gefahren des Leibes u. der Seele, Fernhaltung teuflischer Anfeindungen, Einflö-

,Einen Schutzengel haben'

ßung guter Gedanken, Darbringung der Gebete vor Gott (Tob. 12,12), Fürbitte u. Beistand im Tod. Theologisch gewiß ist, daß wenigstens jeder Gläubige (seit Empfang der Taufe) dauernd einen Schutzengel hat (vgl. Matth. 18,10 u. Apostelgesch. 12,15), der ihn ein Leben lang begleitet. Die Idee eines individuellen Schutzengels (in Verbindung mit Matth. 18,10 u. der Lehre des Thomas v. Aquino: Summa theol. I, S. 113, a. 1) wurde erst im Spät-MA. zum Bildgut. Vom 17.–19. Jh. war die Darstellung dieses Themas sehr beliebt u. verbreitet. In der populären Druckgraphik werden Kinder mit ihrem Schutzengel gezeigt, der sie an der Hand auf rechten Wegen leitet. Eindringlich hat Humperdinck diese allg. Vorstellung in seiner Märchenoper ‚Hänsel u. Gretel' gestaltet. Die von ihren Eltern im Wald schutzlos alleingelassenen Kinder singen vertrauensvoll gemeinsam den Abendsegen, der auf einem Kindergebet beruht:

Abends will ich schlafen gehn,
Vierzehn Engel um mich stehn:
Zwei zu meinen Häupten,
Zwei zu meinen Füßen,
Zwei zu meiner Rechten,
Zwei zu meiner Linken,
Zweie, die mich decken,
Zweie, die mich wecken,
Zweie, die mich weisen
zu Himmels Paradeisen.

Bes. beliebt ist das Schutzengel-Motiv bis zur Ggwt. geblieben: In einem Schlager von 1989 heißt es:

Schutzengerl, Schutzengerl,
bleib doch bei mir!

Ein Schlagerlied von 1990 hat das Schutzengel-Motiv ebenfalls aufgegriffen:

Jedes Kind hat einen Engel,
der es schützt u. der es hält.

Lit.: *H. Lange:* Art. ‚Engel' II,3, in: Lexikon f. Theologie u. Kirche, hg. v. M. Buchberger, Bd. III (Freiburg i. Br. 1931), Sp. 675–676; *K. Hofmann:* Art. ‚Schutzengel', in: Lex. f. Theol. u. Kirche, Bd. IX (Freiburg i. Br. 1937), Sp. 360; *E. Lindig:* Das Hinzelmannbuch von 1704 (Staatsexamensarbeit Freiburg i. Br. 1978), S. 127–131.

Schwabe. *Die Schwaben fechten dem Reiche vor:* sie wollen immer in vorderster Kampflinie, überall an erster Stelle stehen, wie es ihrer sprw. Tapferkeit zukommt, die schon Caesar gerühmt hat. Die Schwaben sind stolz auf diesen hist. bezeugten Charakterzug, der zu ihrem Vorrecht führte, in der Schlacht anzuführen und entscheidend zum Sieg beizutragen. Mehrfach wird dies in der mhd. Lit. erwähnt, z. B. im ‚Rolandslied' und in der ‚Kaiserchronik'. In den DS. Nr. 456: ‚Warum die Schwaben dem Reich vorfechten' heißt es zur Erklärung: „Die Schwaben haben von alten Zeiten her unter allen Völkern des deutschen Reiches das Recht, dem Heer vorzustreiten. Und dies verlieh Karl der Große ihrem Herzoge Gerold (Hildegardens Bruder), der in der blutigen Schlacht von Runzefal vor dem Kaiser auf das Knie fiel und diesen Vorzug als der älteste im Heer verlangte. Seitdem darf ihnen niemand vorfechten. Andere erzählen es von der Einnahme von Rom, wozu die Schwaben Karl dem Großen tapfer halfen. Noch andere von der Einnahme Mailands, wo der schwäbische Herzog das kaiserliche Banner getragen und dadurch das Vorrecht erworben".

Ein wackrer Schwabe forcht sich nit: ein echter Schwabe trotzt jeder Gefahr, heißt es recht selbstbewußt. Die Wndg. ist urspr. ein Zitat aus Ludwig Uhlands Gedicht ‚Schwäbische Kunde', in dem es heißt, als ein Schwabe von mehreren türkischen Reitern auf seinem Zug ins Heilige Land angegriffen wird:

Der wackre Schwabe forcht sich nit,
Ging seines Weges Schritt vor Schritt,
Ließ sich den Schild mit Pfeilen spicken
Und tät nur spöttlich um sich blicken...

Durch das gleiche Gedicht sind die *Schwabenstreiche* berühmt geworden. Der Held, der mit einem Schwertstreich einen Türken zerschlagen hat, antwortet auf die Frage Barbarossas, wer ihn solche Streiche gelehrt habe:

Die Streiche sind bei uns im Schwang;
Sie sind bekannt im ganzen Reiche:
Man nennt sie halt nur Schwabenstreiche.

Die ‚Schwabenstreiche' sind aber auch noch in ganz anderer Bdtg. als lustige Schwänke bekannt geworden. In KHM. 119: ‚Die sieben Schwaben' werden die Abenteuer der Sieben berichtet, die mit einem großen Spieß bewaffnet einen Dra-

,Die sieben Schwaben'

chen bekämpfen wollen. In ihrer Angst halten sie einen Hasen für ein Untier und wollen einer den anderen vorschicken, ganz im Gegensatz zu der angeblichen Tapferkeit, die man ihnen nachsagt.

Einen Schwabenstreich (ein Schwabenstücklein) machen bedeutet daher: sich ungeschickt, töricht, überängstlich anstellen. Vielleicht stehen damit auch die Wndgn. in Zusammenhang: ,Die Schwaben haben nur vier Sinne' (weil sie ,riechen' mit ,schmecken' bezeichnen) und ,Der Schwabe wird erst im 40. Jahr klug', ↗Schwabenalter.

Der Schwabe muß allzeit das Leberlein gegessen haben: er wird immer verdächtigt, ihm wird die Schuld zugeschoben. Die Wndg. bezieht sich auf das Märchen ,Vom Schwaben, der das Leberlein gefressen'. Der Schwabe leugnet hartnäckig gegenüber seinem Reisegefährten (Christus), das Leberlein beim Zubereiten des Lammes genommen zu haben, und behauptet, es habe keines besessen. Er gesteht erst, als ihm auch der zweite Geldanteil noch zufällt, da er dem gehören soll, der das Leberlein gegessen hat (L. Bechstein: Sämtliche Märchen [Darmstadt 1966], S. 31).

Gott verläßt keinen Schwaben: selbst in höchster Not und Gefahr ergibt sich immer noch ein Ausweg, eine Rettung. Sprw. ist auch die Reiselust der Schwaben geworden. So sagt man: ,Die Schwaben und bös Geld führt der Teufel in alle Welt'. Da man den Schwaben auch gern wegen seiner Mda. in der Fremde verspottet, sagt er dazu ruhig: ,Ein Schwabe wird doch noch schwäbeln dürfen'.

Über die Schwaben gibt es viele Sprww., von denen noch einige angeführt werden sollen: ,In Schwaben ist die Nonne keusch, die noch nie Kind gewann'; ,Stirbt dem Schwaben die Frau am Karfreitag, so heiratet er noch vor Ostern wieder' oder das Sagte-Sprw.: ,D' Supp ist's best, sagte der Schwab, wenn sie aber zuletzt käme, äße niemand mehr davon'. ,Schwäb. Gruß' ↗Arsch.

Lit.: *M. Radlkofer:* Die sieben Schwaben und ihr hervorragendster Historiograph Ludwig Aurbacher

(Hamburg 1895); *G. M. Kueffner:* Die Deutschen im Sprw. (Heidelberg 1899), S. 74ff.; *A. Keller:* Die Schwaben in der Gesch. des Volkshumors (Freiburg i. Br. 1907); *H. Moser:* Schwäb. Volkshumor (Stuttgart 1950, ²1981); *T. Troll:* Deutschland, deine Schwaben (Hamburg ¹⁷1972); *L. Röhrich:* Der Witz. Figuren, Formen, Funktionen (Stuttgart 1977), S. 249–259.

Schwabenalter. *Ins Schwabenalter kommen:* 40 Jahre alt werden und endlich zu Verstand kommen. Die Rda. bezieht sich auf ein altes Sprw., nach dem die Schwaben erst mit 40 Jahren gescheit werden sollen. Auch der schwäb. Humanist Joh. Bohemus urteilte bereits 1520 in seinen ‚Omnium gentium mores' (61ᵇ) über seine Landsleute: „Sero resipiscunt". Vgl. das Sprw. ‚Der Schwabe wird erst im vierzigsten Jahre klug'. Dies ist nicht nur als Verspottung und Schelte aufzufassen, da es auch ein gewisses Lob enthält durch die Feststellung, daß die Schwaben auf jeden Fall später kug werden, was auf viele andere nicht einmal im Alter zutrifft. Als Rda. ist der Ausdr. erstmalig bei Wieland belegt, der in einem Briefe vom 14. August 1773 an Fr. H. Jacobi schreibt: „Ich habe nun endlich das Schwabenalter erreicht, und ich bekenne williglich, daß ich wenig Lust habe, mich alle Augenblicke hofmeistern zu lassen". Auch Goethe erwähnt in einem Brief vom 6. September 1787 diesen Volksscherz über das Schwabenalter. Noch in der Ggwt. ist als Spruch verbreitet:

Mir Schwobe werdet erscht
mit 40 gscheit.
Die andere net in Ewigkeit.

Er hat das Schwabenalter noch nicht bedeutet entweder: er ist noch nicht 40 Jahre alt, oder: er ist noch immer nicht zu Verstande gekommen, obwohl noch Hoffnung darauf besteht. *Mit den Schwaben klug werden:* erst im reifen Mannesalter zur Einsicht gelangen. Dagegen ist die Feststellung *Er hat Schwabenverstand* eine Umschreibung für Dummheit, so wie das Sprw.: ‚Die Schwaben mangeln eines Sinnes'. Vgl. lat. ‚Abderitica mente est'. Wilh. Wackernagels Nachforschungen, seit wann die Schwaben für so dumm gelten, führten auf Kirchhoffs ‚Wendunmuth' von 1563 zurück.

Lit.: *A. Keller,* Die Schwaben in der Gesch. des Volkshumors (Freiburg 1907), S. 69 u. 110; *T. Troll:* Deutschland, deine Schwaben (Hamburg ¹⁷1972).

schwach, Schwäche, Schwachheit. *(Etw.) schwach auf der Brust sein,* eine scherzhafte Umschreibung für: ohne Geld sein, das früher im Beutel steckte, heute aber in der Brieftasche an der Brust getragen wird. Die urspr. Bdtg. der Rda. war: gefährlich krank sein, an der Schwindsucht leiden, ein Schwächling sein, der Sport scheut und körperliche Anstrengungen zu meiden sucht.

Etw. schwach bleiben: etw. schuldig bleiben, weil man ‚schwach bei Kasse ist'.

Sich schwach machen: sich heimlich aus einer Gesellschaft davonschleichen, vgl. ‚sich dünn machen', ‚sich drücken'.

Jem. schwach machen: jem. willensschwach machen, ihn erweichen und rühren, so daß er nachgibt, sich verleiten oder verführen läßt, aber auch: jem. die Fassung, die Geduld rauben. Bes. so zu verstehen sind die Ausrufe: ‚Mach mich nicht schwach!' und ‚Das ist zum Schwachwerden!'

Zum schwachen Geschlecht gehören: eine Frau sein, die körperlich für weniger leistungsfähig gehalten wird. Die Wndg. bezieht sich aber auch auf das Vorurteil von der geistigen Schwäche der Frau, da sie sich als leicht nachgiebig erweist und Angriffen wenig Widerstand entgegensetzt. Das Adj. schwach kann aber in dieser Wndg. auch i. S. v. gering, minderwertig gebraucht werden, indem sich der Mann seiner Stärke und Überlegenheit bewußt ist und sich vom weibl. Geschlecht distanziert. Vgl. frz. ‚faire partie du sexe faible'.

Jem. an der schwachen Seite fassen ↗ Seite.

Etw. in einer schwachen Stunde tun ↗ Stunde.

Seine Schwächen besitzen: negative Seiten, angreifbare Punkte haben. Oft wird die Wndg. zum eigenen Trost über seine Unzulänglichkeiten und Sünden gebraucht, indem man feststellt, daß ‚jeder seine Schwächen besitze'. Vgl. frz. ‚avoir ses faiblesses'.

Eine Schwäche für etw. (jem.) haben: eine Vorliebe für etw. (jem.) haben, sehr begierig darauf sein, von jem. sehr eingenommen (begeistert) sein. Vgl. ndl. ‚een zwak voor iets (iemand) hebben'; frz. ‚avoir un faible pour quelque chose (quelqu'un)'; engl. ‚to have a weakness for'.

Die Warnung *Bilde dir keine Schwachhei-*

ten ein! heißt: mache dir keine falschen Hoffnungen, eigentl.: denke nur nicht, eine schwache Stelle bei uns zu finden, so daß wir uns zu Torheiten verleiten lassen und deine Wünsche doch noch in Erfüllung gehen könnten.

Schwachstelle ↗Achillesferse.

Schwadroneur, schwadronieren. *Ein Schwadroneur sein:* ein mundfertiger Vielredner, ein Schwätzer, ein Aufschneider und Prahler sein; vgl. frz. ‚un hâbleur' (span. ‚hablar').
Bekannter ist der Ausdr. *schwadronieren* für: unnützes Zeug reden, viele Worte machen, prahlen, der aus der Fechtschule stammt. Er hatte urspr. die Bdtg.: mit dem Degen wild hin und her fahren, planlos um sich hauen, um die Feinde von sich fernzuhalten. Um 1780 entstand unter dem Einfluß des älteren ‚schwadern' = viel schwatzen, das auf lat. ‚suadere' = zureden zurückgeht, und ‚Suada' = wortreiche Sprache in Studentenkreisen die Übertr. auf Geschwätz und Prahlerei. Als erster verwendete Goethe 1775 den Ausdr. in diesem neuen Sinne im ‚Urfaust' (V. 1379) lit., und Kindleben verzeichnete ihn 1781 in seinem Studenten-Lexikon (177). Wie sich die Übertr. vom planlosen Fechten auf das Wortgefecht vollzogen hat, zeigt eine Briefstelle Lichtenbergs von 1787 (Briefe 2,314): „Entwürfe gegen seine Sätze werden seiner Vertheidigung die gehörige Richtung geben, da er jetzt blos schwadronirt, und wohl noch nicht selbst weiß, wohin er seine individuellen Hiebe richten soll".

Schwager. *Schwager, fahr zu!:* beeile dich, fahre schneller, laß die Pferde traben! Diese Anrede des früheren Postillions hat mit der Verwandtschaftsbez. nichts zu tun. Schwager war allg. in der vertraulichen Begrüßung und Anrede beliebt. Bei Seb. Brant heißt es im ‚Narrenschiff' (XVII, 22f.):

Wer pfennig hat, der hat vil fründ,
Den grüßt und swagert yedermann.

Im 13. Buch von ‚Dichtung und Wahrheit' erzählt Goethe, wie er selbst über sein Mißverständnis des Ausdr. Schwager von einem angesehenen Geschäftsmann, der seinen ‚Götz' beurteilte und sein Geschichtsverständnis sehr lobte, aufgeklärt wurde. Dieser wies den Dichter darauf hin, daß Götz kein Schwager Sickingens sei.
Goethe suchte seine Annahme damit zu rechtfertigen, daß Götz in seiner eigenen Lebensbeschreibung den Sickingen Schwager nenne. Doch der Besucher belehrte ihn, daß dies nur eine Rda. sei, um ein näheres freundschaftliches Verhältnis auszudrücken.
Die Anwendung des Ausdr. auf den Postillion kam zuerst Anfang des 18. Jh. unter Jenaer Studenten auf und beruht auf einem Mißverständnis. Vor rund 400 Jahren vermittelten die Thurn-und Taxisschen Postknechte die Post zwischen Augsburg und Italien. Sie mußten mit Pferden umgehen können und stammten deshalb meist von Bauernhöfen, die Pferdezucht trieben und in Bayern ‚Schwaigen' genannt wurden. Diese Postreiter nannte man nun ebenfalls wie die Senner auf der Bergschwaige Schwaiger, in bair. Mda. auch Schwager. Mittel- und norddt. Studenten, die den Namen ‚Schwaiger' nicht kannten, der auf ahd. ‚sweigari' = armentarius zurückgeht und nur noch in südd. Mdaa. fortlebt, hörten nur das Wort Schwager heraus. Es war zu Beginn des 18. Jh. die studentische Anrede des Nichtstudenten, während ‚Bruder' als Anrede der Studenten untereinander üblich war. Die häufige Verbindung von ‚Schwager Postillion' führte dann dazu, daß Schwager die Bdtg. von Postillion erhielt.
Vgl. auch Goethes Gedicht ‚An Schwager Kronos'. In diesem Gedicht wird der griech. Gott Kronos (Chronos) zum Pferdelenker des Lebensgefährts(-wagens), dessen Fahrt schließlich zwangsläufig in der Unterwelt endet:

Töne, Schwager, ins Horn,
Raßle den schallenden Trab,
Daß der Orkus vernehme: wir kommen,
Daß gleich an der Türe
der Wirt uns freundlich empfange.

Schwalbe. *Eine Schwalbe macht noch keinen Sommer:* es ist äußerst gewagt und oft sogar recht verhängnisvoll, von einem vereinzelten Anzeichen oder einer einmali-

1

2

1–4 ‚Eine Schwalbe macht noch keinen Sommer' – Brauchtümlicher Frühlingsumzug mit der Schwalbe in Griechenland

3

4

gen Erscheinung (Handlungsweise) aus, allg. Schlüsse zu ziehen oder leichtsinnig, sorglos und voreilig zu handeln. Die Wndg. stammt bereits aus der Antike. In seiner Fabel ‚Der verschwenderische Jüngling und die Schwalbe' erzählt Äsop von einem jungen Mann, der in kurzer Zeit sein Erbe durchgebracht hatte. Als er die erste Schwalbe im Frühling sah, hoffte er, daß die warme Jahreszeit beginnen müsse und verkaufte als letzten Besitz seinen Mantel, da er ihn für nun entbehrlich hielt. Als noch einmal kalte Tage kamen und die erste Schwalbe sogar erfror, fühlte sich der Jüngling von ihr betrogen. Unter der Kälte leidend, schalt er auf die Unschuldige und machte die bittere Erfahrung, daß eben eine Schwalbe noch keinen Sommer macht. Aristoteles hat die griech. Wndg. in seiner ‚Nikomachischen Ethik' (I, 6) überliefert: „Μία χελιδὼν ἔαρ οὐ ποιεῖ“.

‚Eine Schwalbe macht noch keinen Sommer'

Auch in der griech. Vasenmalerei ist die Beobachtung der Schwalbenankunft und ihre freudige Begrüßung dargestellt worden. In Dtl. ist die Wndg. seit mhd. Zeit bekannt, z.B. heißt es im ‚Ritterspiegel' (Zingerle, 135): „Ein swalbe ouch nicht bringet den lenzin wan si komit geflogin“; auch in mdal. Formen ist sie verbreitet: ‚En Swulk mâkt ken Sommer' (ndd.) oder ‚Êne Schwolbe macht kin Summer' (schles.). Die weite Verbreitung und Übers. der antiken Wndg. zeugt für ihre Beliebtheit, vgl. ndl. ‚Eene zwaluw maakt geen zomer'; engl. ‚One swallow makes no summer, nor one wood-cock a winter'; schwed. ‚En swala gör ingen sommar'; frz. ‚Une hirondelle ne fait pas le printemps'.

Die Schwalbe gilt bis heute allg. als Verkünderin des Frühlings oder des Sommers. Ihre Rückkehr wird noch gegenwärtig in Griechenland am 1. März bes. gefeiert. Bei ihren Umzügen führen Kinder und Jugendliche künstliche Schwalben mit, sie singen dabei Schwalbenlieder und heischen Gaben.

Auch in den dt. und ndl. Städten war es früher die Pflicht der Turmwärter, auf die erste Schwalbe zu achten, sie durch Blasen zu begrüßen und ihre Ankunft öffentl. als frohes Ereignis anzukündigen. Von einem Übervorsichtigen und Pessimisten, der schwer von der Wendung zum Besseren zu überzeugen ist, heißt es rdal. *Er muß viel Schwalben sehen, bis er glaubt, daß es Frühling sei.*

Schwalben schießen: aufschneiden, prahlen, lügen, da es äußerst schwierig ist, eine Schwalbe im Fluge zu treffen.

Schwalben (Sperlinge) unter dem Hute haben: unhöflich sein und den Hut beim Grüßen nicht ziehen, so als habe man Angst, daß einem die darunter sitzenden Schwalben fortfliegen könnten.

Schwalben bekommen: scherzhaft für Ohrfeigen bekommen, vor allem im Obersächs. und Thür. üblich. Vgl. auch die in diesem Gebiet übliche Strafandrohung: ‚Du wirst gleich eine geschwalbt kriegen'.

Lit.: *K. Knorz:* Die Vögel in Geschichte, Sage, Brauchtum und Literatur (München 1913); *O. Keller:* Die antike Tierwelt, Bd. 2 (Leipzig 1913), S. 114–118; *E. Ingersoll:* Birds in Legend, Fable and Folklore (New York 1923, Ndr. Detroit [Mich.] 1968); *A. Taylor:* Art. ‚Schwalbe', in: HdA. VII, Sp. 1391–1399; *A. v. Vietighoff-Riesch:* Die Schwalbe, bes. die Rauchschwalbe in Glaube und Brauch, in: Rhein. Jb. f. Vkde. 4 (1953), S. 205–244; *A. Taylor:* The Proverb (Kopenhagen 1962), S. 29; *K. Spyridakis:* Eine Schwalbe macht noch keinen Sommer (Τὸ Ἆσμα τῆς χελιδόνος), (Athen 1969); *M. Kuusi:* Towards an international Type-System of Proverbs, in: FFC 211 (1972), S. 29–30; *W. Mieder:* Das Sprw. im Volkslied, in: Jb. des Oesterr. Volksliedwerkes 27 (1978), S. 68; *C. H. Tillhagen:* Fåglarna i folktron (Vögel im Volksglauben) (Stockholm 1978); *E. u. L. Gattiker:* Die Vögel im Volksglauben (Wiesbaden 1989), Sp. 212–244.

Schwamm. *Schwamm drüber!:* Nichts mehr davon! Es sei vergeben und vergessen, eigentl.: die mit Kreide auf dem schwarzen Brett angeschriebene Zechschuld sei ausgelöscht. Der Malerdichter Karl Stauffer-Bern bezeichnete den Ausruf im Mai 1883 als „neueste Berliner Redensart". Sie wurde durch den Bühnenerfolg von Millöckers Operette ‚Der Bettelstudent' von 1882, deren Text F. Zell schrieb, in ganz Dtl. verbreitet. Das Bild war aber schon vorher bekannt. So heißt es z. B. bei Goethe: „mit dem Schwamm über alles hinzufahren, was bisher auf die Tafel der Menschheit verzeichnet worden war" (Ausg. letzter Hand, Bd. 53, S. 64).

Einen Schwamm im Magen haben: viel trinken können, da angeblich ein Schwamm die Flüssigkeit aufsaugt. Vgl. ndl. ‚Hij heeft eene spons in zijne keel'; frz. ‚Il a l'estomac comme une éponge'.

Er kann sich mit dem Schwamm frisieren: er ist kahlköpfig. Die junge berl. Rda. verspottet durch einen sprachl. Scherz den Glatzköpfigen.

Es ist ein wahrer Schwamm von einem Menschen: der Einfältige und Leichtgläubige wurde schon in altröm. Zeit damit charakterisiert. Heute hat die Rda. auch die noch negativeren Bdtgn. eines Menschen, der wie ein Schwamm weich, kraftlos und zerbrechlich ist, und daher leicht zu beeinflussen, aber auch schwer zu fassen ist. Als ‚der ganze Schwamm' werden im Obersächs. verächtlich wertloser Vorrat, nicht mehr benötigte Waren und veraltete Gegenstände bez.

In die Schwämme gehen (kommen): verlorengehen. Die Rda. ist eine landschaftliche Nebenform zu ‚in die Pilze gehen' (↗Pilz, ↗Binse).

‚Da kann man ja die Schwämmchen kriegen!', der obersächs. Ausruf des Ärgers und besonders der Ungeduld leitet sich von der Kinderkrankheit ‚Schwämmchen' = Mundfäule her.

Schwan, schwanen, Schwansfeder. *Es schwant mir,* auch: *Mir schwant etw. (nichts Gutes):* ich ahne etw., eine Sache fängt an, mir klarer zu werden, ich erwarte Schlimmes, sehe ein kommendes Unglück voraus, habe böse Vorahnungen, auch: ich habe nur eine dunkle Erinnerung an etw. Meist dient die Wndg. zur Vordeutung auf etw. Unheilvolles, so auch in einem Lied auf die Schlacht von Trier im Jahre 1675:

De Dütschen stännen aß en Pahl
Un schlögen wohl twe- und drehmahl
In ene Stäh den Hanen
De sik det nicht vermoen währn,
Begun darbie to schwanen.

Das Wort schwanen findet sich nur im Dt. und ist zuerst in ndd. Form 1514 im ‚Schichtbuch der Stadt Braunschweig' (132, Scheller) belegt: „Ome hadde so etwas geswanet". In hd. Form ist der Ausdr. im ‚Tacitus' von J. Micyllus (221[a]) bezeugt, der 1535 in Mainz erschienen ist, danach findet er sich aber während vieler Jahrzehnte nur bei lateinkundigen Schriftstellern. 1582 braucht Hayneccius in seiner Komödie ‚Hans Pfriem' die Wndg.: „Vors letzte schwant mir mächtig sehr, wie ich mich aller Gewalt erwehr" und in Grimmelshausens ‚Simplicissimus' heißt es schon ganz im heutigen Sinne: „Dem Simplex schwahnt der sach, drum hat er kein gefallen".

Von den Universitätsstädten aus ist das Wort erst seit Ende des 18. Jh. in die Mdaa. gedrungen, und zwar stets mit langem â wie bei ‚Schwan', mit dem es deshalb von Jacob Grimm in seiner ‚Dt. Mythologie' (I, 354) in Zusammenhang gebracht wird. Er führt schwanen auf die angebliche prophetische Begabung des Schwanes zurück, auf die der germ. Glaube an die Verwandlung von Jungfrauen in weissagende Schwäne und der Ausdr. ↗Schwanengesang hindeute.

Doch der Ausdr. hat nichts zu tun mit den weissagenden Schwanenjungfrauen im ‚Nibelungenlied' oder den Schwänen in der ‚Gudrun'. S. Singer deutet ihn als eine im 16. Jh. entstandene gelehrte Nachbildung von ‚es ahnt mir' hervorgerufen durch die antike Sage vom Schwanengesang, dem Gesang, den der sterbende Schwan hören läßt, weil er die Seligkeit des Lebens im Jenseits vorausahnt. Axel Lindquist versuchte 1913 eine etymol. Deutung der Wndg. Er glaubt, daß durch eine irrige Worttrennung im mdt. Gebiet aus dem mnd. ‚es wānet mir' das Wort ‚swanet' entstanden sei. Da der Ausdr. aber in den Mdaa. stets mit tonlangem â

erscheint, scheidet die Möglichkeit einer verschobenen Silbengrenze aus.
Vermutl. ist das Wort eine gelehrte Scherzübers. des lat. ‚olet mihi' = es ahnt mir, das im Studentenwitz mit dem ähnl. klingenden ‚olor' = Schwan verbunden wurde. Auf die volksetymol. Deutung, die ‚schwanen' mit ‚Schwan' in Verbindung bringt, weisen auch die Rdaa.: *Mir wachsen die Schwansfedern* und: *Ich habe (kriege) Schwansfedern:* ich merke es schon lange. Ähnl. heißt es 1725 bei Henrici (Picander) in der ‚Weiberprobe' (S. 76): „Er hat Ihnen Schwahnfedern aufgesetzet", d.h. er hat sie auf eine Ahnung gebracht, hat sie gewarnt.
‚Mein lieber Schwan!' ist eine spöttische Anrede oder Ausruf des Erstaunens. Eigentl. gehört dieser Ausdr. zu einem Zitat aus der Oper ‚Lohengrin' von Richard Wagner (1847): „Nun sei bedankt, mein lieber Schwan!"

Lit.: *J. Grimm:* Dt. Mythologie, I. S. 354; *S. Singer,* in: Zs. f. dt. Wortf. 3 (1902), S. 10 und 234; *O. Keller:* Die antike Tierwelt, Bd. 2 (Leipzig 1913), S. 213–219; *A. Lindquist,* in: Beitr. 38 (1913), S. 339 und 39 (1914), S. 398; *Fr. Seiler:* Dt. Sprichwörterkunde (München 1922, ²1967), S. 236; *A. Verwaetermeulen:* De zwanen houden schole, in: Biekorf 38 (1932), S. 178; *E. Hoffmann-Krayer:* Art. ‚Schwan', in: HdA. VII, Sp. 1402–1406); *E. u. L. Gattiker:* Die Vögel im Volksglauben (Wiesbaden 1989), S. 519–522.

Schwanengesang. *Es ist sein Schwanengesang(-lied):* sein letzter Auftritt als Schauspieler oder Sänger, seine letzte Rede kurz vor seinem Tode, das letzte Werk eines Schriftstellers oder Gelehrten. Die Rda. läßt sich bis ins klassische Altertum zurückverfolgen. Die Griechen hielten den Schwan für ein prophetisches Tier, dem Apollon die Gabe der Weissagung geschenkt habe. Sie glaubten, daß die Schwäne deshalb auch ihren eigenen Tod ahnten und kurz vorher bewunderungswürdige Klagelaute hören ließen. Schon Aischylos verglich die letzten bedeutungsvollen Worte eines Menschen mit dem Todeslied des Singschwans (Cycnus musicus), indem er im ‚Agamemnon' (V. 1445) Klytämnestra von der Seherin Kassandra sagen ließ: „Daß sie nach Art des Schwanes letzte Todesklage zu singen anhob". Cicero wendete denselben Vergleich in ‚De oratore' (III, 2,6) auf den Redner L. Crassus an, der kurz danach starb, als er eine Rede gehalten hatte: „Illa tanquam cycnea fuit divini hominis vox et Oratio" (= Das war gleichsam die Schwanenrede des außerordentlichen Mannes). Vgl. Plato, Phaedon, Cap. 35; Cicero, Tusc. I, 30,73. Der singende Schwan war auch bei den Germanen bekannt, doch hielt man dies bis zur Mitte des vorigen Jh. für eine Sage, weil keine singenden Schwäne beobachtet werden konnten. Dies erklärt sich daraus, daß es in Europa zwei Arten von Schwänen gibt, wovon nur die stumme Art des Höckerschwans auf Dtls. Seen und Teichen zu finden ist. Der Singschwan kommt bei uns nicht vor, er brütet im Norden. Er kann laute Töne wie ein Blasinstrument hervorbringen und wechselt zwischen einem starken hohen und einem schwächeren tiefen Ton ab. Wenn mehrere dieser Schwäne zusammen auf einem Teiche ihre Töne hören lassen, so entsteht durch den Wechsel in der Tonfolge der Eindruck eines Gesanges. Hierzu schreibt Brehm: „Der Schwanengesang ist in der Tat oftmals der Grabgesang dieser schönen Tiere; denn da diese in tiefen Wassern ihre Nahrung suchen müssen, ist oft Nahrungsnot – in der Kälte Erstarrung ...; aber bis an ihr Ende lassen sie ihre klagenden und doch hellen Laute hören".
Bei Heinrich von Veldeke und Heinrich von Morungen finden sich Textstellen, die Bekanntschaft mit dem Liede des Schwanes kurz vor seinem Tode voraussetzen, doch dies kann auf rom. Einfluß zurückgehen. Konrad von Würzburg vergleicht in seiner ‚Goldenen Schmiede' (V. 976–983) das Singen des sterbenden Schwans mit dem Ruf des Gekreuzigten zu Gott:

> man seit uns allen daz der swan
> singe swenne er sterben sol,
> dem tet din sun geliche wol
> an dem heren criuze fron:
> ely, den jammerlichen don,
> sang er des males, unde schrei
> daz im sin herze wart enzwei
> gespalten von des todes maht.

Sehr auffällig ist jedoch, daß das Subst. Schwanengesang in übertr. Bdtg. sich erst aus der Mitte des 16. Jh. belegen läßt, was wahrscheinlich auf den Einfluß von Ciceros ‚De oratore' beruht, da das Werk in dieser Zeit viel gelesen wurde. Auch Fischart kannte diese Vorstellung, denn er schrieb 1577 in der ‚Flöhhatz' (S. 5/66): „Wan singt der Schwan, so stirbt er dran". Die Vorstellung vom Schwanengesang ist auch außerhalb Dtls. verbreitet. Vgl. ndl. ‚Hij zingt zijn zwanenzang'; engl. ‚It is the swan song'; frz. ‚C'est le chant du cygne'; schwed. ‚Han haar gjört sin sidsta swanesang'.

Lit.: *Büchmann; W. Danckert:* Symbol, Metapher, Allegorie im Lied der Völker, Bd. IV (Bonn 1976), S. 1354–1357; *Fr. Goethe:* Das Sympathie-Tier Schwan, in: Museum und Kulturgeschichte (Festschrift für Wilhelm Hansen) (Münster 1978), S. 331–342; *C.-H. Tillhagen:* Fåglarna i folktron (Stockholm 1978), S. 314–315; weitere Lit. ↗Schwan.

Schwang. *Im Schwange sein:* allg. üblich sein, in Umlauf sein, von vorübergehendem Gebrauch, einer Mode gesagt, eigentl.: in schwingender Bewegung sein, gegenüber Dingen, die ruhen und die Zeiten überdauern. Die Wndg. ist seit frühnhd. Zeit bezeugt. Schwang ist aus dem mhd. ‚swanc' = Schwung, Hieb, Streich hervorgegangen, zeigt aber eine Angleichung an ‚schwingen', mit dem es wie ‚Schwung' im Ablaut steht und dem es früher seiner Bdtg. nach auch völlig entsprach. Seit dem 18. Jahrhundert wurde Schwang im freien Sprachgebrauch durch ‚Schwung' abgelöst und ist heute nur noch auf feste Wndgn. beschränkt.

Im Schwange gehen: gegenwärtig vorhanden und gebräuchl. sein.

In Schwang kommen (bringen): im allg. Gebrauch sein, etw. aufbringen, zu einer Mode machen. Vgl. ndl. ‚in zwang komen (raken, brengen)'; engl. ‚to be in vogue, to bring into use' und frz. ‚être, mettre en vogue'.

Für den Schwang halten: die Gefahr abwenden, einen Schlag aufhalten. Die Rda. bezieht sich auf das Schwingen des Schwertes, ebenso der Ausdr. ‚überschwenglich'. Er gehört zu mhd. ‚überswanc', das war urspr. der Schlag, den einer noch über den Schlag des anderen, also noch besser als dieser, schlug, ebenso wie ‚unübertrefflich' von dem besten Wurfe mit der Lanze, dem besten Schusse gesagt wurde.

Lit.: *Anon.:* Im Schwange sein, in: Sprachpflege 10 (1961), S. 153.

Schwank. *Jem. einen Schwank aus seinem Leben erzählen:* ihm von einer lustigen, merkwürdigen, ihm durchaus nicht nur zur Ehre gereichenden Angelegenheit berichten, einen tollen Streich erzählen. Das nhd. Wort Schwank ist die direkte Fortsetzung des mhd. ‚swanc' mit den verschiedenen Bdtgn.: Schwung, Hieb, lustiger Streich und die Erzählung davon. Göhring (Nr. 386) weist auf den Zusammenhang mit ‚schwenken' hin. Er meint, daß Schwank urspr. das in die Höheschwenken der Bauerndirnen in den ausgelassenen Fastnachtsspielen und Possen bez. habe, was deren Höhepunkt darstellte. Als dies immer mehr bei den Spielen in den Hintergrund trat, sei Schwank als Bez. für die Posse erhalten geblieben und habe sich zum Namen für harmlos-lustige Bühnenstücke und heitere Geschichten erweitert.

Lit.: *H. Bausinger:* Schwank und Witz, in: Studium Generale 11 (1958), S. 699, 710; *ders.:* Bemerkungen zum Schwank und seinen Formtypen, in: Fabula 9 (1967), S. 118–136; *E. Straßner:* Schwank (Stuttgart 1969); *E. Moser-Rath:* ‚Lustige Gesellschaft'. Schwank und Witz des 17. und 18. Jh. in kultur- und sozialgeschichtlichem Kontext (Stuttgart 1984).

Schwanz. *Den Schwanz einziehen (hängenlassen):* kleinlaut werden, bedrückt, verzagt, mutlos sein. Die Rda. bezieht sich auf das Verhalten des Hundes, der wegen Krankheit und Schwäche, aber auch aus Furcht und meistens in Erwartung einer Strafe den Schwanz einzieht oder hängenläßt, den er normalerweise stolz erhoben trägt. Bereits Erasmus von Rotterdam (‚Adagia' Nr. 695) führt 1528 diese Wndg. in lat. Form auf: „Inter crura caudem subicit = Er zieht den Schwanz zwischen die Schenkel. Die Herkunft des Bildes in der Rda. wird durch die Vergleiche *Er klemmt (zieht) den Schwanz ein wie ein Hund* und *Er läßt den Schwanz hängen wie ein begossener Hund* (↗Pudel) verdeutlicht und bestätigt. Die Rda. ist auch mdal. verbreitet, z. B. heißt es im Siebenb.-Sächs.: ‚de Schwoanz änzän'. Vgl. auch ndl. ‚Hij laat den staart hangen', und ‚met hangende pootjes terugkomen'; frz. ‚la queue basse'.

Etw. auf den Schwanz schlagen (klopfen): es sich unrechtmäßig aneignen, beiseite bringen, einen heimlichen Gewinn beim Ein- oder Verkauf machen. Die Rda.

scheint mit dem Viehverkauf zusammenzuhängen: ‚auf den Schwanz des verkauften Tieres rechnen'; hineingespielt mag noch haben: *einen Schwanz machen:* treulos sein, das Wort brechen, eigentl: einen Umweg machen, nicht geradeaus gehen, woraus dann die Bdtg. ‚betrügen' entstanden ist. *Einem eins auf den Schwanz geben:* ihn demütigen, schon in Murners ‚Schelmenzunft' (26) bezeugt: „Auch wie er uns mit list darneben eines uff den schwantz was werde geben" (Kloster I, 859).
Einem auf den Schwanz treten: ihn beleidigen (↗Schlips). Zeigt sich jem. schnell gekränkt und empfindlich, heißt es von ihm: *Er fühlt sich auf den Schwanz getreten* oder *Der hat aber einen langen Schwanz, der fühlt sich dauernd draufgetreten.*
Einen (etw.) beim Schwanz fassen: es gerade noch schaffen, jem. (etw.) festzuhalten. Vgl. ndl. ‚Hij trekt se bij den start'. Die Rda. hat daneben die Bdtg.: jem. an seiner empfindlichsten Stelle angreifen, packen. *Mit dem Schwanz wedeln (schmeicheln):* sich wie ein Hund einschmeichelnd benehmen in der Hoffnung, einen Vorteil zu erschnappen. Vgl. lat. ‚cauda blandiri'. Der rdal. Vergleich *mit dem Schwanz wedeln und mit den Zähnen beißen wie die falschen Hunde* verdeutlicht wieder die Herkunft des Bildes.
Der Schwanz kommt nach! Eine Warnung, daß das Ende noch nicht gekommen oder sehr Unangenehmes noch zu erwarten ist. Schwanz steht hier wie in der folgenden Rda. für Ende und Schluß: *Am Schwanz ist er steckengeblieben:* der Abschluß einer Sache bringt oft unerwartete Schwierigkeiten und Verzögerungen. Vgl. lat. ‚Toto devorato bove in cauda defecit'.
Kein Schwanz ist da (zu sehen): es ist niemand anwesend. Urspr. bezog sich diese Feststellung wohl auf das fehlende Nutzvieh im Stall; da Schwanz aber auch zu einem beliebten Schimpfwort wurde (Du Schwanz! Du ↗Schlappschwanz!), trat das Wort auch stellvertretend für Mensch ein, ohne in dieser Rda. die verächtliche Bdtg. beizubehalten; vgl. frz. ‚Je n'en ai pas la queue d'un'.
In der Sprache der Erotik ist ‚Schwanz' die Bez. für Penis. Daher die Rdaa.: *Sein Schwanz wedelt schon lange nicht mehr:* er ist impotent; *mit dem Schwanz bellen:* pervers sein und: *sich in den Schwanz beißen:* Autofellatio betreiben (Borneman: Sex im Volksmund).
Es ist zum Schwanz ausreißen ↗Bein.
Das Pferd beim Schwanz aufzäumen ↗Pferd.
Salz (Pfeffer) auf den Schwanz streuen ↗Salz.

schwänzen. *Schwänzen:* eine Unterrichtsstunde, ein Kolleg absichtlich versäumen, ohne Genehmigung der Schule fernbleiben, ohne sachlichen Grund und Entschuldigung eine verpflichtende Veranstaltung nicht besuchen. Vgl. frz. ‚faire l'école buissonnière'. Das schwache Zeitwort schwänzen gehört zu der Intensivbildung ‚schwankezen' von ‚schwanken' i.S.v. sich schlendernd bewegen, ziellos herumgehen. Das rotw. ‚schwentzen' = herumschlendern, müßiggehen mit der Absicht, eine günstige Gelegenheit auszuspähen, entwickelte sich daraus mit dieser Nebenbdtg. im 16. Jh. Es ist bereits 1510 im ‚Liber Vagatorum' bezeugt (Kluge, Rotwelsch, 1901). In der Sprache der fahrenden Schüler erhielt der Ausdr. schwänzen die heutige Bdtg. von bummeln, um 1750 ist das Wort bei Studenten belegt. Durch das Schwänzen drückten die Studenten ihre größte Mißachtung gegenüber den bürgerlichen Philistern aus, die sie prellten, betrogen und ignorierten. Sie schwänzten auch einen unbeliebten Professor, indem sie sein Kolleg nicht besuchten. Heute ist die Wndg. bes. in der Schülersprache verbreitet und erscheint deshalb meist in der Form *die Schule schwänzen.*
Die Nebenbdtg. von prellen, die aus der Gauner- und Studentensprache stammt, hat sich mdal. erhalten. So heißt es z. B. in Solothurn: ‚Er schwänzt e', er übervorteilt ihn.

Schwarm, Schwarmgeist. *Immer einen ganzen Schwarm um sich haben:* viele Anhänger, Gleichgesinnte um sich versammeln, viele Kinder bei sich haben, bes. aber: als Frau viele Anbeter besitzen, umschwärmt werden, ↗schwärmen. Das sprachl. Bild bezieht sich auf den Bienenschwarm, bei dem eine Vielzahl von Insekten die Königin ‚umschwärmt'.

Sein ganzer Schwarm sein: der Gegenstand, die Person seines höchsten Interesses, seiner Begeisterung und Verehrung sein; vgl. frz. ‚être son idôle'.

Sein früherer Schwarm gewesen sein: eine frühere Geliebte von jem. sein. *Sein neuester Schwarm sein:* der gegenwärtig am meisten bewunderte Gegenstand seiner heftigen Zuneigung, seine neueste Freundin sein. Diese Wndg. besitzt einen geringschätzigen Unterton. Sie wird häufig in der Frageform gebraucht und auf jem. bezogen, der gar zu leicht zu ‚entflammen' ist und den Wechsel liebt.

Nur seinen Schwarm im Kopfe haben: immer an sein Mädchen denken und dadurch unaufmerksam sein, nicht konzentriert arbeiten können, ↗Salz.

Ein Schwarmgeist sein: ein (junger) Mensch sein, dessen Begeisterungsfähigkeit leicht irregeleitet werden kann, der unklaren, aufrührerischen Ideen, die die Welt verbessern sollen, bes. auf philosophischem, politischem und religiösem Gebiet, zugeneigt ist. Der Ausdr. Schwarmgeist beruht auf einer Schrift Luthers, die 1527 unter dem Titel ‚Das diese wort Christi (das ist mein leib usw.) noch fest stehen widder die Schwermgeister' in Wittenberg erschienen ist.

schwärmen, Schwärmer. *Für jem. (etw.) schwärmen:* sich für jem. (etw.) überaus stark begeistern, jem. glühend verehren und seiner Bewunderung häufig Ausdr. geben, jem. lieben und anbeten und eine weit über das gewöhnliche Maß gehende und deshalb oft belächelte Neigung zu jem. zeigen. Das sprachl. Bild beruht auf der Beobachtung der Bienen, die beim Schwärmen unruhig werden und erregt sind. Die Übertr. erfolgte auf das gesteigerte Gefühlsleben des Menschen, das ihn ebenfalls in Unruhe versetzt.

Ausschwärmen, ins Gelände schwärmen: ein Gebiet erkunden. Die Wndg. stammt aus der Soldatensprache. Einzelne Soldaten werden beim ‚Ausschwärmen' von ihrer Kampftruppe gesondert ausgeschickt, um das Gelände zu sichern und ihre Kameraden vor einem plötzlichen Angriff der Feinde zu warnen. Diese Wndg. bezieht sich ebenfalls auf das Schwärmen der Bienen: ein Teil des Volkes trennt sich ab und bildet mit einer jungen Königin ein neues, das sich an einer anderen Stelle niederläßt.

Die Nacht hindurch schwärmen, auch: *ein Nachtschwärmer sein:* nicht nach Hause finden, nachts seinen Vergnügungen nachgehen, auch: einen unmoralischen, lockeren Lebenswandel führen, eigentl. wie ein Nachtfalter sich nur im Dunkeln wohlfühlen; vgl. frz. ‚un papillon'.

Ein (sonderbarer) Schwärmer sein: ein Mensch mit absonderlichen Neigungen sein, ein begeisterungsfähiger Mensch sein, der seine Ideen verwirklichen zu können glaubt und andere davon überzeugen und dafür gewinnen will, der aber von real und nüchtern Denkenden nur mitleidig belächelt oder verspottet wird. Der Ausdr. ‚sonderbarer Schwärmer' ist ein Wort König Philipps aus Schillers ‚Don Carlos' (III. Akt, 10. Sz.).

Schwarte. *Einem die Schwarte klopfen (gerben):* ihn tüchtig verprügeln, vgl. auch: ‚einem das Fell gerben', ↗Fell. Ähnl. heißt es bei Mathesy (66[a]): „Einem auf die Schwarten greiffen", und bei Frommann (III, 369): „Einem wuat op de Swoate gîwen".

Schwarte steht oft derb für ‚Haut'. Die Wndg. klingt heute schlimmer als früher, denn noch in mhd. Zeit bezeichnete man mit ‚swarte' eine behaarte Körperstelle, vor allem die Kopfhaut und dann die menschliche Haut allg., und in der Medizin ist der Ausdr. noch immer geläufig (z.B. in ‚Kopfschwarte').

Früher wurden auf allen Bauernhöfen Schweine gehalten, deren borstiges Fell ‚Schwarte' heißt; allgemein bekannt und vielseitig verwendbar ist die ‚Speckschwarte'. Sollten Schweinshäute zu Leder verarbeitet werden, mußte man ‚die Schwarte klopfen' und dann weiterbereiten. Das Schweinsleder wurde zum Einbinden von Folianten gebraucht, die man deshalb oft ‚alte Schwarten' nannte. „Na, was liest du denn da für eine alte Schwarte?" Daher stammt auch der Ausdr. ‚schwarten' für viel lesen.

Daß die Schwarte kracht (knackt): ein Kraftausdr. für tüchtig, gewaltig, meist in der Verbindung: arbeiten (zahlen) müssen, daß ..., eigentl. sich so anstrengen müssen, daß dabei die Haut platzt. Aus dem 16. Jh. ist die Rda. bei O. Schade (,Satiren und Pasquille aus der Reformationszeit' Bd. III, S. 68) belegt: „Nüt bessers, man thet in die roten hütlin ab, daß in die schwart kracht". Auch Thomas Murner verwendet die Rda., z. B. in seiner ,Narrenbeschwörung' (21,74) und im ,Lutherischen Narren' (2127, Ausg. von Merker 393). Bei Winterholler (I, 791, vgl. Zachers ,Zeitschrift für deutsche Philologie' 17,23) steht: „Die Scythen, welche Hunger und Durst leiden, daß ihnen die Schwarten krachten". In Murners ,Mühle von Schwindelsheim' (V. 1114) hieß es dagegen anders: „drincken, das die lenden krachen".

Deutlich erkennbar ist die Grundbdtg. von Schwarte in einer Stelle aus den ,Proben der Poesie' des Leipzigers Amaranthes (Corvinus), der 1711 (Bd. II, S. 311) schrieb:

So geht es an ein Schlagen,
Daß ihm die Haut und Schwarte kracht.

Daß die Schwarte raucht: so sehr, daß man stark schwitzt und die Haut förmlich dampft, daß einem ,das Fell raucht', ↗ Fell. Im Jahre 1683 ließ man z. B. die am Kahlenberg bei Wien besiegten Türken klagen:

Der tapfre Markgraf auch,
Nach seinem Heldenbrauch,
Der hieb uns auf die Schwarten,
Daß darvon ging der Rauch.

Jem. etw. vor die blanke Schwarte sagen: jem. etw. unverblümt, klipp und klar sagen; ohne großes Drumherumreden zum Wesentlichen kommen.

Eine tüchtige Schwarte haben: verächtl. Bez. für ein lebhaftes Mundwerk. Die bes. obersächs. und rhein. Rda. entstand aus einer volksetymol. Entstellung von lat. ,suada' = Beredsamkeit, ↗ Suade.

schwarz, Schwarze. *Etw. schwarz auf weiß haben (besitzen),* auch: *es einem schwarz auf weiß geben:* ein Schriftstück, eine Urkunde, eine genaue Aufzeichnung haben, jem. ein Beweisstück, eine schriftliche Versicherung oder Bestätigung geben, einen Schuldschein ausfertigen, eine Vereinbarung notariell festlegen. Was mit schwarzer Tinte auf Papier geschrieben oder mit Druckerschwärze gedruckt steht, gilt mehr als das gesprochene Wort, das in Vergessenheit geraten oder verdreht werden kann. Die Wndg. wird oft in der Form eines Zitates aus Goethes ,Faust' (I, V. 1966f.) gebraucht:

Denn was man schwarz auf weiß besitzt,
Kann man getrost nach Hause tragen.

Vgl. auch ndl. ,iets zwart op wit hebben', engl. ,to have it black on white' und frz. ,mettre du noir sur du blanc', auch: ,avoir quelque chose noir sur blanc'.

Scherzhaft wird der Ausdr. auch in einem Sagte-Sprw. verwendet: ,Ich will dir's schwarz auf weiß geben, sagte der Schornsteinfeger zur Müllerin, da küßte er sie'.

Einem schwarz für weiß vormachen, auch: *aus schwarz weiß, aus weiß schwarz machen:* einen bewußt zu täuschen suchen, eine Tatsache in ihr Gegenteil verkehren wollen, einen gegen seinen Willen und besseres Wissen doch zu etw. überreden. Ähnl. *schwarz weiß nennen* und *Es muß ihm allezeit weiß schwarz und schwarz weiß sein:* er ist immer gegenteiliger Meinung und verdreht die Tatsachen. Vgl. lat. ,Nil intra est oleam, nil extra est in nuce duri'. Im ,Eulenspiegel' (XL, 5550) ist die Wndg. lit. gebraucht: „Vnd hat offt schwartz für weiß geredt".

Einer sagte schwarz, der andere weiß: sie haben sehr widersprüchliche Meinungen, sie können zu keiner Übereinstimmung finden und sagen aus Prinzip immer gerade das Gegenteil; vgl. frz. ,L'un disait blanc, l'autre noir'.

Er ist weder schwarz noch weiß: man weiß nicht recht, was man von ihm halten soll, er ist unentschieden, er ergreift nicht eindeutig Partei, verhält sich neutral.

Schwarz und weiß aus einem Tiegel malen: doppelzüngig sein.

Da kannst du warten, bis du schwarz wirst: da kannst du lange warten, eigentl.: bis du tot bist, wobei sich schwarz auf das Verfärben der verwesenden Leiche bezieht. In der Gaunersprache bedeutet deshalb ,verschwarzen' auch sterben.

Sich schwarz ärgern oder *schwarz werden (vor Ärger):* sich (fast) zu Tode ärgern. Die Rdaa., die seit dem späten 18. Jh. auch lit. verwendet werden, sind verhüllende

Wndgn. für das sich Verfärben des Toten. Bes. deutlich ist dieser Zusammenhang bei dem Ausdr. ‚der schwarze Tod' für die Beulenpest, da sich bei dieser Krankheit der Körper des Sterbenden mit dunklen Flecken bedeckte. Vgl. dagegen: frz. ‚se fâcher tout rouge' (wörtl. sich ganz rot ärgern).

Schwarz sein: kein Geld (mehr) besitzen, ↗Schwarzburg, aber auch: betrunken sein, vielleicht im Hinblick auf die Verdunklung des Bewußtseins durch den Alkohol gesagt. Im Obersächs. kennt man dazu folgenden witzigen Vergleich: ‚Ihr seid schwarz, ich bin illuminiert'. Die Feststellung, daß jem. „schwarz sei' kann darüber hinaus noch bedeuten, daß er einen schlechten Charakter (eine ‚schwarze Seele') besitzt. Seit dem 19. Jh., vor allem seit dem Kulturkampf, umschreibt man mit dieser Wndg. die Zugehörigkeit zur kath. Konfession oder auch zur Zentrumspartei, wahrscheinl. im Hinblick auf die schwarze Amtstracht der kath. Geistlichen.

Schwarz sein vor Hunger: ausgezehrt, mager und bleich aussehen. Im MA. wurde das Adj. schwarz gern mit bleich und fahl verbunden. Vgl. ndl. ‚zwart zien van de honger' und engl. ‚black fasting'. Im Ndl. gibt es dazu auch ein scherzhaftes Sagte-Sprw.: ‚Dat is iemand, die zwart van den honger is, zei Roelof, en hij zag een moor gaan'. *Jem. wird es schwarz vor den Augen:* er verliert das Bewußtsein; die ersten Anzeichen einer nahenden Ohnmacht sind tatsächlich Sehstörungen und Bewußtseinstrübungen.

Jem. schwarz machen (malen): seine schlechten Eigenschaften hervorheben, ihn verdächtigen und verleumden, ihn im ungünstigsten Licht erscheinen lassen, ‚ihn anschwärzen'. Vgl. ndl. ‚iemand zwart maken (afmalen, afschilderen)'; frz. ‚peindre en noir les actions de quelqu'un'; engl. ‚to blacken a person's reputation (name)', ‚to paint something black'. Eine Steigerung bedeutet die Wndg. *einen so schwarz machen wie der Teufel:* nichts Gutes an ihm lassen, ihn wie das verkörperte Böse hinstellen. Im Gegensatz zur lichten Farbe der Engel und dem reinen Weiß der Unschuld wurde und wird der Teufel bildl. schwarz dargestellt. Vgl. ndl. ‚Hij veegt hem zoo zwart, dat zijns vaders varkens niet van hem zouden lusten'; frz. ‚distiller sur la vie de quelqu'un un venin dangereux'.

Einen schwarz machen (oder *brennen*): nennt man auch eine Partie bei dem Spiel ‚Sechsundsechzig', falls der Gegner nicht zum Anlegen kommt. Dazu sagt man auch ‚einen geistlich machen'.

Etw. in den schwärzesten Farben schildern

‚Jemand schwarz machen (malen)' – ‚Sich gegenseitig anschwärzen'

(malen), auch: *schwarz in schwarz malen:* etw. überaus pessimistisch darstellen, das Negative, Sündhafte bei anderen zur Abschreckung hervorheben oder um sich selbst um so reiner und tugendhafter vorzukommen. In der Erkenntnis ihrer Selbstüberhebung sagt Gretchen in ‚Faust I' (‚Am Brunnen'):

Wie konnt' ich über andrer Sünden
Nicht Worte genug der Zunge finden!
Wie schien mir's schwarz, und
schwärzt's noch gar,
Mir's immer doch nicht schwarz
g'nug war.

Vgl. frz. ‚dépeindre quelque chose sous les couleurs les plus noires'.

Schwarz angeschrieben sein: schlecht beurteilt, unbeliebt sein, einen ungünstigen Eindruck hinterlassen haben, bei Freunden oder Vorgesetzten verleumdet, in Ungnade gefallen sein. Ähnl. Bdtg. haben die Wndgn. *ans schwarze Brett* (↗Brett) *kommen:* öffentl. getadelt werden; *im schwarzen Buch (auf der schwarzen Liste) stehen* (↗Buch). Im schwarzen Buch wurden alle Straftaten verzeichnet, sein Name rührt wahrscheinl. von seinem urspr. schwarzen Einband her, der dann auch symbolische Bdtg. erhielt. Vgl. auch ndl. ‚met een zwarte kool aangetekend staan', ‚in het zwarte boek (verdomboekje) staan'; engl. ‚to mark black' und frz. ‚être sur la liste noire'.

Ins schwarze Register kommen, im schwarzen Register stehen: als Straftäter aktenkundig gemacht werden, ↗Register.

Alles schwarz sehen: äußerst mißgestimmt und pessimistisch sein, keinen Ausweg oder Hoffnungsschimmer erblicken; vgl. frz. ‚voir tout en noir'. *Für jem. schwarz sehen:* seine böse Zukunft ahnen, seine Mißerfolge und seinen Untergang. Ähnl.: *durch eine schwarze Brille sehen:* sich einer Weltschmerzstimmung hingeben, sich über nichts freuen können.

Den Teufel schwärzer machen, als er ist: eine Sache schlimmer schildern, als sie in Wirklichkeit ist, sich die Folgen noch schrecklicher ausmalen, durch Haß oder Furcht alles übertreiben.

Zahlreich sind die rdal. Vergleiche, in denen die schwarze Farbe eine Rolle spielt, z. B. *etw. (jem.) ist schwarz wie nasse Erde, wie Kohle, wie Pech, wie ein Schornstein, wie ein Kachelofen;* vgl. frz. ‚noir comme du charbon, comme de l'ébène, comme un nègre'.

Umg. bez. ‚schwarz' auch katholisches Denken wie überhaupt einen klerikalen Anstrich. Dagegen dient der Slogan ‚Black is beautiful' in den USA der schwarzen Bevölkerung als Wahlkampfslogan und Eigenwerbung.

Negative Wertung enthalten die Wndgn. *schwarz sein wie ein Essenkehrer (Kaminkehrer), wie ein Pechjunge, wie ein Zigeuner* und bes. *schwarz sein wie ein Zyklop, wie der Teufel;* vgl. ndl. ‚Hij ziet er zoo zwart en verbrand uit, als of hij familie van Lucifer was'.

Die Rda. *schwarz wie das Grab* hat Schiller in ‚Kabale und Liebe' (2,3) lit. verwendet: „Schwarz wie das Grab grau'te mich eine trostlose Zukunft an".

Schwarz ist die Farbe der Trauer, deshalb umschreibt die Wndg. *jem. geht schwarz,* daß er einen Angehörigen verloren hat, daß er Trauerkleidung trägt.

Das Heimliche, Unerlaubte wird gern im Schutze der Dunkelheit ausgeführt. Die Wndg. *schwarz über die Grenze gehen:* ohne Paß in das Ausland zu kommen suchen, zeigt diesen Zusammenhang noch am deutlichsten. In den anderen Rdaa. steht das Adj. schwarz nur noch in übertr. Bdtg. für unerlaubt: *schwarz arbeiten:* ohne Auftrag seiner Firma und ohne Steuern und Sozialabgaben zu bezahlen, meist an den freien Wochenenden oder am Abend, auch *etwas schwarz verdienen; schwarz bauen:* ohne behördliche Genehmigung; *schwarz brennen:* unerlaubt Schnaps brennen; *schwarz fahren:* ohne Fahrkarte, aber auch ohne Führerschein; *schwarz gehen:* wildern; *schwarz hören:* Vorlesungen besuchen, ohne Gebühren zu zahlen, auch: Rundfunk hören, ohne das Gerät anzumelden; *etw. schwarz verkaufen:* unter der Hand, unter dem Ladentisch, ohne den eingenommenen Betrag in die Registrierkasse aufzunehmen; vgl. frz. ‚vendre au marché noir'; *schwarz wohnen:* ohne polizeiliche Anmeldung.

Auch verschiedene Substantivierungen sind dazu gebildet worden, wie ‚Schwarzbauten', ‚Schwarzbrennerei', ‚Schwarzfahrer', ‚Schwarzhörer', ‚Schwarzschlachtung' usw.

Nach dem Krieg spielte der ,Schwarze Markt' eine wichtige Rolle für den Schleich- und Tauschhandel von kaum zu beschaffenden Waren, die für entspr. hohe Preise angeboten wurden. Die Bez. ,Schwarze Kasse' ist heute allg. üblich. Man versteht darunter entweder eine unerlaubte Nebenkasse, deren Bestand nicht in den Büchern registriert wird, oder auch veruntreute Gelder.

Das Adj. schwarz kann auch die übertr. Bdtg. von böse, verdorben, ungünstig annehmen. Die Wndg. *ein schwarzes Herz besitzen* läßt sich bis zur Antike zurückverfolgen. In der ,Ilias' Homers (I, 103) wird von dem zürnenden Agamemnon gesagt: „Von gewaltigem Zorn wurde sein schwarzes Herz erfüllt". Ähnl. sprechen wir auch von ,schwarzen Gedanken', einem ,schwarzen Plan', einer ,schwarzen Tat' (Büchmann); vgl. frz. ,avoir des idées noires'.

Der ,schwarze Mann', eine Schreckfigur für Kinder, kann sowohl die Bez. des Schornsteinfegers als auch des Teufels oder eines unheilvollen Dämons sein. Die unpädagogische Maßnahme, Kindern damit zu drohen, hat im Kinderspiel ,Wer fürchtet sich vorm schwarzen Mann?' ihren Niederschlag gefunden, ist jedoch darin völlig verharmlost worden, da sich auch im Spiel eben kein Kind mehr davor fürchtet. Die einfache Feststellung: *schwarz bleibt schwarz* besitzt eine zusätzliche übertr. Bdtg.: ein einmal verdorbener Mensch ist selten zu bessern, auch die Wndg. *schwarz macht schwarz* bedeutet noch etw. anderes: das Böse (der Verdorbene) verführt auch andere.

In festen Fügungen mit bestimmten Substantiven sind rdal. Wndgn. entstanden: *immer das schwarze Schaf sein:* für den Schuldigen, den Übeltäter gelten, derjenige sein, der seiner Familie Ungelegenheiten bereitet, der oftmals von ihr verstoßen wird, ↗Schaf.

Einem den schwarzen Peter zuschieben (zuspielen): es so einrichten, daß ein anderer das Unerfreuliche zu tun oder die Schuld, den Verlust auf sich zu nehmen hat, ↗Peter.

Der Ausdr. ,schwarzer Tag' geht auf lat. ,dies ater' zurück. Es ist der ungünstige Tag, an dem Unheil droht, an dem einem alles, was man nur anfängt, von vornherein mißlingt. Es besteht hierbei noch deutlich ein Zusammenhang mit der ,Tagwählerei' und der Einteilung der Wochentage in ,schwarze' und ,weiße', d.h. in ungünstige und glückliche, die man vor wichtigen Vorhaben zu beachten hatte. Dagegen beruhen ,Schwarze Kunst' und ,Schwarzkünstler' auf einer volkstümlichen Deutung von ,Nekromantie' (= Totenbeschwörung). Durch die Schreibweise ,Negromantie' wurde das Wort zu ,Nigromantie' verändert i.S.v. Magie und Zauber. Unter ,Schwarzer Kunst' versteht man heute aber auch den Buchdruck.

Jem. könnte vor Berthold Schwarz gelebt haben: er ist ein Schwachkopf, so daß er das Schießpulver bestimmt nicht erfunden hätte, ↗Pulver.

Ins Schwarze treffen: größten Erfolg haben, ins Ziel treffen, seinen Zweck erreichen, das Richtige tun (sagen); vgl. frz. ,mettre dans le mille' (wörtl. in die Mitte der Zielscheibe, wo die Zahl Tausend steht, treffen) und ,mettre au plein'. Ähnl.: *ein Schuß ins Schwarze sein:* genau das Richtige, ein Haupttreffer. Die Wndgn. stammen aus der Schützensprache, sie bezeichnen den Meisterschuß in den Mittelpunkt, das Schwarze der Zielscheibe, ↗Nagel.

Nicht soviel wie das Schwarze unter dem Nagel haben: gar nichts besitzen, sehr arm sein; *jem. nicht das Schwarze unter dem Nagel gönnen:* ihm nicht das geringste zukommen lassen wollen, ↗Nagel.

Lit.: *A. Bos:* Mettre au plein, in: Romania 19 (1890), S. 301–302; *B. S. Puckle:* Funeral customs – their origin and development (London 1926, Nachdr. Detroit [Mich.] 1968); *C. Mengis:* Art. ,schwarz', in: HdA. VII, Sp. 1431–1455; *O. Lauffer:* Farbensymbolik im dt. Volksbrauch (Hamburg 1948); *F. Lecoy:* Plus noir que gros, in: Romania 70 (1948/49), S. 145–157; *S. Ek:* Bleikna som bast, svartna som jord. Uttryck för vrede eller sorg i norska folkvisor (= Erblassen wie der Bast, schwarz werden wie die Erde. Ausdrücke für Zorn oder Trauer in den norwegischen Volksliedern), in: Saga och sed (1959), S. 44–51; *J. Hanika:* Der Wandel schwarz-weiß als Erzähl- und Brauchmotiv, in: Bair. Jb. f. Vkde. (1961), S. 46–60; *L. Röhrich:* Art. ,Tagewählerei', in: RGG. VI (^{3}1962), Sp. 604f.

Schwarzburg, Schwarzenberg. Scherzhaft wird eine unangenehme Eigenart eines Menschen mit dem Namen einer Stadt in Verbindung gebracht, so als ob dieser die Erklärung und Entschuldigung für das

Verhalten ihrer Einwohner sei, bes. in Obersachsen verbreitet.
Aus Schwarzburg sein: unsauber, ein Schmutzbartel sein. Ähnlich hieß in der Jenaer Studentensprache ein Mittelloser ‚Schwarzenberg' und ein Reicher ‚Lichtenstein'.

Schwärze, schwärzen. *Einen in die Schwärze bringen:* ihn beschuldigen, verleumden, ihn in den schwärzesten Farben schildern, um ihm zu schaden und ihm Hindernisse und Unannehmlichkeiten zu bereiten. Vgl. die Rda. ‚einen in die ↗Tinte bringen'.
Jem. schwärzen: ihn beschuldigen. Die veraltete Wndg. ist schon bei Fischart bezeugt und wird heute durch ‚anschwärzen' ersetzt.
Über die Grenze schwärzen: unerlaubt die Grenze überschreiten, Schmuggel treiben. Der Ausdr. schwärzen bezieht sich hier auf die Gewohnheit gewerbsmäßiger Schmuggler, ihre Gesichter schwarz zu schmieren, um von den Grenzern nicht erkannt zu werden.

Schwarzfärber. *Er ist ein Schwarzfärber:* was andere denken, sagen oder tun, stellt er immer als schlechter dar, als es in Wirklichkeit ist; er besitzt ein Vorurteil, versucht anderen zu schaden, ist pessimistisch eingestellt.

Der Schwartzferber.

Schwede. *Ein alter Schwede sein:* ein Schlaumeier, ein gerissener Kerl sein. In Berlin wird der Ausdr. ‚alter Schwede' als gemütliche und scherzhafte Anrede verwendet für einen guten Bekannten, der zu leben versteht, seinen Vorteil wahrnimmt und sich überall mit Witz und Pfiffigkeit durchsetzen kann. Heinrich v. Treitschke gab im Sommer 1879 anläßlich einer Vorlesung über die Geschichte des preuß. Staates an der Berliner Universität eine Erklärung der häufigen Rda.: nach Beendigung des Dreißigjähr. Krieges habe der Große Kurfürst bewährte und erfahrene alte schwedische Soldaten für sein Heer als Ausbilder anwerben lassen. Weil sie sich bes. gut auf ‚fürtrefflichen Drill' verstanden, wurden sie meistens als Unteroffiziere eingestellt. In der Soldatensprache wurden diese schwed. Korporale kurzweg ‚die alten Schweden' genannt. Diese Bez. wurde dann allg. gebräuchl. (Büchmann).
Auch von der Studentensprache ist der Ausdr. hergeleitet worden. In der schwedischen Zeitung ‚Sörda Skäne' vom 7. August 1915 gab E. Gleye folgende Erklärung: unter einem ‚ollen Schwiet' verstanden die Dorpater Studenten in Anlehnung an das aus dem Frz. abgeleitete Wort ‚suitier' einen student. Draufgänger, der die Ungebundenheit des akademischen Lebens über ein erfolgreiches Studium stellte. Im 18. Jh. bedeutete ‚suite' einen Studentenstreich. Durch volkstüml. Umdeutung und Weiterbildung des burschikosen Ausdrucks ‚Alter Schwietjeh' ist möglicherweise ‚Alter Schwede' entstanden. ‚Du kleiner Schwede!' gilt im Obersächs. auch als gutmütiges Scheltwort für kleine Kinder.
Schwede ist in manchen Gegenden Dtls. auch zum Scheltwort geworden in Erinnerung an die Verheerungen durch schwedische Truppen im Dreißigjährigen Kriege und die grausamen Mißhandlungen von Wehrlosen durch schwedische Soldaten. *Die Schweden kommen!* heißt es noch heute in Sachsen und Bayern bei nahender Gefahr. *Einem den Schweden wünschen:* einem größtes Unglück wünschen. Eine verbreitete Verwünschungs- und

Fluchformel heißt: *Daß dich der Schwede!* Sie wird auch mdal. gebraucht, z.B. ostfries. ‚Dat du den Sweden kriegst!‘

Schwedische Gardinen ↗Gardine.

Das (den) haben die Schweden liegen gelassen: es ist etw., das nichts taugt oder das zu schwer zum Fortbringen ist, sonst hätten es sicher die plündernden Schweden mitgenommen. Die bes. im Bergischen und am Rhein bekannte Rda. hat ebenfalls ihren Urspr. im Dreißigjährigen Kriege und erinnert an die Verwüstungen, die die Schweden mit den verbündeten Franzosen in Dtl. nach dem Tode Gustav Adolfs angerichtet haben. Wenn sie einen Ort heimgesucht hatten, waren meist nur noch Steine liegengeblieben, weil alles niedergebrannt und ausgeraubt worden war. Fragte man nach einem auffälligen Felsblock, war deshalb die scherzhafte Antwort in späterer Zeit: ‚Den haben die Schweden liegen gelassen‘. Da die Findlinge Norddtls. in der Eiszeit tatsächlich vom Inlandeis aus dem Norden mitgebracht wurden, ist vielleicht die Kenntnis dieser Tatsache mit der Erinnerung an die Schweden selbst, von denen man seit dem großen Krieg nichts Gutes erwartete, in der Rda. verbunden worden, die nun einen scherzhaften Sinn als Antwort auf eine törichte Frage erhalten hat.

Lit.: *H. Küpper:* Alter Schwede, in: Muttersprache 52 (1937), S. 380–383.

Schwedenkopf. *Einen Schwedenkopf tragen:* keine Perücke, sondern kurzgeschnittenes Haar tragen und sich damit als fortschrittlich und natürlich erweisen. „Der Herzog ist wohl, trägt, wie Du vielleicht schon weißt, einen Schwedenkopf“, berichtet Goethe im April des Jahres 1770 in einem Brief an seinen Freund Merck und läßt Mephistopheles zum Baccalaureus (‚Faust‘ II, 2. Akt, V. 6731 ff.) sagen:

Am Lockenkopf und Spitzenkragen
Empfandet Ihr ein kindliches Behagen.
Ihr trugt wohl niemals einen Zopf?
Heut' schau ich Euch im
Schwedenkopf!

Kurzgeschnittenes Haar – wohlverstanden bei den Männern – ist in Dtl. unter dem Namen Schwedenkopf geläufig gewesen. In der Zeit der Allongeperücken erregte der Schwedenkönig Karl XII. mit seinem kurzgeschnittenen Haar Aufsehen. Sein Naturscheitel oder Schwedenkopf begann in der 2. H. des 18. Jh. Mode zu werden, als der von Friedrich Wilhelm I. 1713 in Preußen eingeführte Zopf die runde Perücke abgelöst hatte und zum Kopfschmuck der feinen Kavaliere und zur vorgeschriebenen Haartracht der Armee geworden war.

Schwedentrunk. *Den Schwedentrunk erhalten,* auch: *einem ein Schwedentränklein vorsetzen (eingießen):* eines qualvollen Todes sterben müssen, unmenschlich gefoltert werden. Die Rda. erinnert an die Greuel des Dreißigjährigen Krieges. Die Schweden sollen zuerst ihre unglücklichen Opfer durch Einfüllen von Jauche zu Geständnissen gezwungen haben, ehe sie sie zu Tode marterten. Der Schwedentrunk wurde dann auch von anderen Truppen übernommen und als Foltermittel bei Gericht verwendet. In der Chronik von Forst (Niederlausitz) findet sich eine auf das Jahr 1630 bezügliche Schilderung des Schwedentrankes: „Zur Zeit, als die Kroaten hier lagen, wurde der eisgraue Kirchen- und Hospitalvorsteher Johann Seidner von ihnen zu Tode gemartert. Er wurde am 11. Oktober von ihnen auf der Gasse ergriffen, in sein Haus geführt und barbarisch gemishandelt, damit er die vermauerten Kirchenschätze anzeige. Weil er dies zu thun verweigerte, haben sie den alten Mann gebunden, zu Boden geworfen, ihm durch ein zwischen die Zähne getriebenes Stück Holz den Mund weit aufgesperrt und Spülicht und Pfützenwasser in grosser Menge eingegossen, sind ihm dann auf den Leib gesprungen, daß es wieder heftig herausgespritzt ist, und haben diese Marter so lange wiederholt, bis er seinen Geist elendiglich aufgegeben hat. Diese Folter hieß der schwedische Trank“.

Schweigen, schweigen. *Dann ist Schweigen im Walde:* darauf erfolgt keine Antwort; es entsteht bei einem Gespräch ratlose Stille. Vgl. die Rda. ‚ein ↗Engel geht durchs Zimmer‘. Die Wndg. soll auf dem gleichnamigen Gemälde von Arnold Böcklin beruhen; sie ist seit dem Ende des 19. Jh. geläufig und heute allg. in Dtl. und

,Das Schweigen im Walde'

Österr., bes. bei Schülern und Studenten, üblich.
Einen früheren Beleg als Böcklins Gemäldetitel bietet jedoch eine Zeile aus Goethes ,Wanderers Nachtlied': die verbalisierte Form lautet hier: „die Vögelein schweigen im Walde".
Ludwig Ganghofer (1855–1920) hat einen Roman von 1899 mit ,Das Schweigen im Walde' betitelt. In vielen dt. Sprww. wird das Schweigen zu einer Tugend erhoben, so z.B. ,Schweigen und denken mag niemand kränken'; oder: ,Schweigen, dulden, lachen hilft zu manchen Sachen'.
Schweigegebote sind schon in der Bibel belegt (Hiob 13,5 und Spr. 17,28: „Auch ein Tor, wenn er schwiege, würde für weise gehalten und für verständig, wenn er den Mund hielte").
Bekannt geworden ist eine Nachbildung aus den ,Philosophiae Consolationes' des Boëthius (um 476–524): „Si tacuisses, philosophus mansisses". Dahinter steht folgende Geschichte, die Boëthius berichtet (Kap. 2, S. 7): „Als jem. einen Mann, der den falschen Namen eines Philosophen nicht zur Übung wahrer Tugend, sondern aus hochmütiger Eitelkeit führte, mit Schmähungen angegriffen und hinzugefügt hatte, er werde bald wissen, ob jener ein Philosoph sei, da trug der Angegriffene einige Zeit lang Geduld zur Schau. Dann aber fragte er, gleichsam über die erlittene Schmähung höhnend: ,Merkst du nun endlich, daß ich ein Philosoph bin?' Darauf sagte der erste: ,Ich hätt's gemerkt, wenn du geschwiegen hättest'" (Intellexeram, si tacuisses); übers. von K. Büchner (Leipzig 1939).
Der Rest ist Schweigen: es ist das Ende. Die Wndg. bezieht sich auf die letzten Worte Hamlets in Shakespeares Drama: „The rest is silence"; vgl. frz. ,Et le reste est silence'.
Sich in Schweigen hüllen: die Neugierde anderer nicht befriedigen, so tun, als wisse man von nichts, keinerlei Andeutungen machen, nichts verraten. Ähnl.: *Schweigen bewahren:* sich nichts anmerken lassen, seine Gefühle meisterhaft beherrschen, alle Äußerungen zurückhalten.
Schweigen gebieten (fordern): bei einer heftigen Auseinandersetzung, bei einem Tumult Ruhe gebieten, um selbst zu Wort zu kommen, aber auch: jem. dringend auf seine Schweigepflicht hinweisen; vgl. frz. ,Imposer le silence'.
Das Schweigen brechen: ein lange gehütetes Geheimnis endlich doch preisgeben, zur Aufklärung einer wichtigen Angelegenheit beitragen; vgl. frz. ,Rompre le silence'.
Jem. zum Schweigen bringen: jem. töten, dessen Aussage man fürchten muß.
Es herrschte ein eisiges (gespanntes, unerträgliches) Schweigen: durch das plötzliche Verstummen wurde Ablehnung ausgedrückt, höchste Spannung erzeugt; vgl. frz. ,silence glacial'.
Die Wndg. von dem *beredten Schweigen* geht zurück auf Ciceros 1. Rede ,In Catilinam', wo es bereits im Jahre 63 v.Chr. (8,21) heißt: „Cum tacent, clamant" = gerade ihr Schweigen ist laute Anklage.
Wenn diese schweigen, werden die Steine schreien: wenn die Menschen kein Mitleid haben, wird sich die Natur erbarmen. Die Wndg. beruht auf einem Ausspruch Jesu (Luk. 19,40) und auf einer Legende, die von Jacobus de Voragine in der ,Legenda aurea' (Kap. 181) in der 2. H. des 13. Jh. berichtet wird: Beda Venerabilis (gest. 735) habe sich im hohen Alter, als er blind geworden war, führen lassen. Sein Führer gab in einem steinigen Tale vor, daß eine große Menschenmenge auf eine Predigt Bedas warte. Dieser ließ sich täu-

schen. Am Ende seiner Predigt hätten die Steine ‚Amen' gerufen, ↗Stein. Vgl. lat. ‚Saxa loquuntur' (Büchmann).

In sieben Sprachen schweigen, auch: *in allen Sprachen schweigen:* unbedingt schweigen, keine einzige Antwort geben, die Aussage verweigern. Die Rda. beruht auf einem Ausspruch F. A. Wolfs, der von seinem Schüler, dem berühmten Philologen Immanuel Bekker, als von dem „Stummen in sieben Sprachen" berichtete (Büchmann). Vgl. ndl. ‚in zeven (alle) talen zwijgen', ↗Sprache.

Davon schweigt des Sängers Höflichkeit: über das Weitere spricht man besser nichts, eine Mitteilung wird aus Klugheit oder Schonung vermieden. Ein Studentenlied, das um 1840 viel gesungen wurde, trägt den Kehrreim: „Dies verschweigt des Sängers Höflichkeit", der aber vermutlich auf der älteren Rda. beruht.

Zur Bestätigung, daß jem. die schwere Kunst des Schweigens vollendet beherrsche und man ihm voll vertrauen könne, werden rdal. Vergleiche gebraucht: *Er schweigt wie ein Stein, den man ins Wasser geworfen hat,* vgl. lat. ‚Pythagoreis taciturnior'; *er kann schweigen wie ein Spiegel, an dem das Glas fehlt,* vgl. ndl. ‚Hij weet te zwijgen als een spiegel, waaraan het glas ontbrekt'; *er kann schweigen wie ein abgeschlachtet Huhn,* vgl. ndl. ‚Hij kan zwijgen als en hoen, dat de keel is afgestoken'.

Am häufigsten gebraucht wird die Wndg. *schweigen wie das Grab:* ein Geheimnis auf keinen Fall preisgeben.

Die Rda. *schweigen wie eine Maus* begegnet bereits im 16. Jh. im Liederbuch der Hätzlerin (II, 8,357): „Schweigen als ein Maus".

Lit.: *Anon.:* Mit Schweigen verräth man sich nicht, wer schweigt, scheint einzuwilligen, in: Beiträge zur populären Rechtsgelehrsamkeit 2 (1788), S. 287–409; *Anon.:* Doen zwijgen, in: Biekorf 39 (1933), S. 159; *Jungwirth:* Art. ‚Schweigen', in: HdA. VII, Sp. 1460–1470; *E. Hertzsch, G. Mensching:* Art. ‚Schweigen', in: RGG. V ([3]1961), Sp. 1605–1606; *V. Roloff:* Reden und Schweigen (München 1973); *U. Ruberg:* Beredtes Schweigen in lehrhafter u. erzählender dt. Lit. des MA. (Münster 1978); *K. Knüssel:* Reden und Schweigen in Märchen und Sagen (Diss. Zürich 1980).

Schwein. *Schwein haben:* (unverdientes) Glück haben.

Die Wndg. hat verschiedene Deutungen erfahren. Man bringt sie z. B. mit dem Kartenspiel in Zusammenhang, in dem früher das As auch ‚Sau' genannt wurde und die Schellendaus-Karte auch die Abb. eines Schweines trug, ↗Sau. Lit. Beweise dafür stammen schon aus dem 16. Jh. Abraham a Sancta Clara eifert in einer seiner Predigten: „So sind in den Karten vier Säu: Eichel-Sau, Schellen-Sau, Herz-Sau, Gras-(Laub-)Sau, und weil die Säu mehr gelten als der König, so ist ja das ein säuisch Spiel". Zincgref erzählt in seinen ‚Apophthegmen' (III, 285), daß einer zu jem. sagte, der sich aufs höchste verschwor: „Das het man wol mit einem Unterbuben stechen können und wäre unvonnöthen gewesen, die Saw vorzusetzen". Die Rda. würde demnach bedeuten: die höchste Karte im Spiel besitzen, gewinnen können, und wäre dann verallgemeinert zu: Glück haben. Göhring (Nr. 390) ist dagegen der Meinung, daß man ein bes. großes Glück im Sinne der sonst üblichen Verstärkungen, wie bei saudumm, saugrob, ein ‚Sauglück' genannt habe. Dieses wäre dann zu ‚Schweineglück' ähnl. wie bei ‚Schweinegeld' verfeinert worden, woraus dann die verkürzte Form ‚Schwein haben' hervorgegangen sei. Möglicherweise ist der Urspr. der Rda. auch in den ma. Wettspielen und in einem Brauch bei den alten Schützenfesten zu suchen: neben den wertvollen Ehrenpreisen für die Sieger wurde auch dem letzten und schlechtesten Teilnehmer ein Preis überreicht, der in der Regel ein Schwein war.

Die Preise bestanden anfänglich oft aus Tieren, später aus goldenen Kleinoden und aus Geld und steigerten sich im Laufe der Jahre immer mehr. So wird von einem Rennen in München im Jahre 1448 berichtet: „Das vordist pferdt gewan ain Scharlach-Tuch, das ander darnach ain Sperber mit seiner Zuegehörung, das drit ain armbst (Armbrust), vnnd das lest (letzte) pferdt ain Saw". Ähnl. ist bei den Schützenfesten und anderen bürgerlichen Waffenfesten das Schwein regelmäßig der letzte Gewinn gewesen, ein Trostpreis, der aber Spott einbrachte.

Heute ist für die Bdtg. der Rda. der Gewinn das Wesentliche. Aber lange hat man den urspr. gemeinten Spott noch deutlich gefühlt. Der letzte Sieger ist ja eigentl. ein Besiegter, und der bei den schlechtesten Aussichten unerwartet erzielte Gewinn war nur ein sehr zweideutiger Triumph. Er wurde unter spöttischen Glückwünschen neben einer Fahne überreicht, die statt des Wappens ein Spottbild trug. Unter dem Spotte der Bürger, vor allem der Jugend, mußte der Preisträger das Schwein durch die Stadt nach Hause führen. Wenn es ein Ferkel war, versteckte er es gern in den weiten Ärmeln, wie Seb. Brant im ‚Narrenschiff' (75,61) berichtet:

Wer schießen wil und fält des rein,
Der dreit die suw im ermel heim.

Ganz deutlich erscheint die zugrunde liegende Vorstellung noch in der ‚Zimmerischen Chronik' (III, 233): „So hatten doch die herren zum wenigsten die saw davongetragen und behalten", und so konnte auch ein reformatorisch gesinnter Schweizer Dichter den Dr. Eck, der bei der Disputation in Baden mit seinen sieben Thesen besiegt worden war, verspotten:

Es wäre gar z'vil der eren,
Das da sollt ein einig man
Ein schwein mit siben färlin dran
Gewinnen mit sim leren.

Mehrfach wird im 17. Jh. mit ‚Sau' geradezu eine Niederlage bez.; nach der Eroberung von Ofen 1686 rief man den besiegten Türken zu: „Seraskier, treib heim die Sau!", und nach dem Sieg an der Sau (Save) 1683 über den Türken sang dt. Volkswitz von ihm:

Konnt nirgend, schau, als an der Sau
Ein größre Sau aufheben.

1639 verzeichnet Lehmann (S. 708 ‚Schimpff' 5): „Der die Saw heimführt, der darff vor Schimpff nicht sorgen".

Auch als der letzte Preis längst nicht mehr in einem Schwein, sondern in einem Geldpreis bestand, blieb der Name erhalten. Die Rda. ist davon abzuleiten, denn sie besitzt urspr. den Sinn: eines unverhofften Glückes teilhaftig werden, ohne es eigentl. verdient zu haben.

Das Schwein am Schwanze haben: das Glück haben und es festhalten.

Das falsche Schwein geschlachtet haben: einen Mißgriff getan haben, der nicht mehr gutzumachen ist, einen unverzeihlichen Fehler begangen haben. Die Wndg. soll nach 1945 von Winston Churchill im Hinblick auf die Entwicklung der sowjet. Politik geprägt worden sein.

In Sachsen heißt es von einem Prediger, der nach seiner Versetzung an dem neuen Ort dieselben Vorträge hält wie am früheren: ‚Er bringt seine geschlachteten alten Schweine'.

Wir werden das Schwein schon töten: wir werden die Sache schon erledigen. Die Wndg. ist im 1. Weltkrieg entstanden, als die Tiere heimlich (↗schwarz) von nicht berufsmäßigen Schlachtern getötet wurden. In übertr. Bdtg. meint die Rda., daß man eine schwierige Sache auszuführen imstande sei, auch wenn man keine spezielle Ausbildung dafür besitzt. Die Wndg. dient zur Ermutigung, wenn jem. am Erfolg zweifelt. Vgl. ndl. ‚Wij zullen dat varken wel wassen' (waschen).

‚Ick scher de scaepen dien anderen verckens' (Ich schere die Schafe, die anderen die Schweine [Ferkel]) ist die ndl. Version der Rda. und die Bildunterschrift eines niederländischen Bilderbogendetails, dessen dt. Variante ‚Viel Geschrei und wenig Wolle' lautet, ↗Geschrei.

Ihn kann man nehmen, um die Schweine zu zählen: er hat stark nach außen gebogene Beine. Die Rda. bezieht sich auf den Schweinekauf der Viehhändler. Beim Ankauf einer größeren Menge ließen diese die Schweine durch ihre gespreizten Beine laufen, um sie so besser zählen zu können. Im Ndd. heißt ein Mann mit O-Beinen ‚Ferkenfänger'.

Das kann kein Schwein lesen: die Schrift ist sehr schlecht, es ist völlig unleserlich geschrieben. Die Rda. soll sich nicht auf die verschmierte Schrift, die man einem Schwein zuschreiben könnte, sondern nach einer ätiologischen Sage auf einen Familiennamen beziehen: Im 17. Jh. lebte in Schlesw. eine Gelehrtenfamilie namens Swyn. Sie war sehr hilfsbereit, und deshalb kamen die Bauern vertrauensvoll mit Briefen und Urkunden zu ihr, um sich Schriftstücke vorlesen oder abfassen zu lassen. Wenn aber selbst ein Angehöriger der Familie Schwein eine unleserliche Schrift nicht entziffern und ihren Sinn nicht verstehen konnte, sagten die Bauern: ‚Dat kann keen Swyn lesen!'

Ähnl.: *Daraus wird kein Schwein klug (ge-*

scheit): das versteht niemand. *Das frißt (glaubt) ja kein Schwein:* das begreift (glaubt) kein Mensch. Im 19. Jh. entstand die Formel *kein Schwein* mit der Bdtg. niemand aus der Wndg. ‚Kein Schwein ist im Stall' als Verkürzung. Die letzten Wndgn. können ebenfalls noch auf die Familie Swyn bezogen sein, oder Schwein hat bereits die allgemeine Bdtg. von ‚niemand' angenommen. Vgl. frz. ‚Pas un chat' (keine Katze).

Das Schwein stehlen und die Borsten um Gottes willen verschenken: heuchlerisch von seinem unberechtigten Überfluß etw. abgeben, das man leicht entbehren kann. Vgl. ital. ‚rubar il porco, e darne i piedi per ‚amor di Dio'. Ähnl.: *das Schwein stehlen und die Füße als Almosen geben.*

Noch keine Schweine miteinander gehütet haben: sich noch nicht gut genug kennen, um sich von einem anderen duzen zu lassen. Vgl. frz. ‚Nous n'avons pas encore gardé les cochons ensemble'. Meist erfolgt die scharfe Zurückweisung plumper Vertraulichkeit durch die Frage: ‚Wo haben wir denn zusammen die Schweine gehütet?'

Jem. ist ein Schwein (Schweinigel): er ist unsauber und unflätig, von niedriger Gesinnung, er reißt gern Zoten; vgl. frz. ‚C'est un cochon' oder ‚... un porc' (i. S. v. er reißt gerne Zoten).

Ähnl.: *sich wie ein Schwein benehmen;* verstärkend wird der rdal. Vergl. erweitert zu: ‚sich benehmen wie das Schwein auf dem Sofa'; obersächs. ‚ein Hans von Schweinfurt sein': sich menschenunwürdig verhalten; vgl. frz. ‚se conduire comme un cochon'. Ähnl. die Rdaa.: *Haben wir Schweine am Tisch?* Oder: *Er frißt wie ein Schwein,* wenn einer beim Essen schmatzt und auch sonst schlechte Tischmanieren hat. Die Wndgn. werden als starker Schimpf und grobe Beleidigung empfunden, wenn sie einem tadelnd oder verächtlich direkt ins Gesicht gesagt werden.

Normalerweise ist ‚faules Schwein!' ebenfalls ein Schimpfwort. In den Darstellungen der ‚verkehrten Welt' jedoch wird folgerichtig das Schwein als ‚fleißig' dargestellt, indem es spinnt oder andere Hausarbeiten verrichtet (vgl. Bringéus). Dagegen erscheint die Feststellung *Er ist (nur, auch) ein armes Schwein* stark gemildert und verharmlost, denn sie enthält Mitleid mit einem armen, bedauernswerten Menschen, dem ‚es dreckig geht'. Die rdal. Vergleiche *bluten wie ein Schwein* und *schwitzen wie ein Schwein* dienen nur der Steigerung und beruhen auf der Beobachtung, daß ein Schwein viel Blut beim Schlachten verliert und im Brühkessel stark zu schwitzen scheint. Vgl. frz. ‚saigner ...' oder ‚suer comme un bœuf' (Ochse).

Voll (besoffen) wie ein Schwein sein: sehr betrunken, seiner Sinne nicht mehr mächtig sein. Die seit dem 16. Jh. bezeugte derbe Rda. spielt auf die Freßgier der Schweine an und besitzt Schimpfwortgeltung. Die weniger bekannte Wndg. *Das Schwein läuft mit dem Faßhahn weg* richtet sich satirisch gleichfalls gegen die Trunkenbolde, die ihre klare Urteilsfähigkeit beim Trinken einbüßen und Vergeudung und Verschleuderung ihres Besitzes nicht mehr verhindern können. Vgl. fläm. ‚Het varken (de zeug) loopt met den tap weg'. Auch Bruegel hat auf seinem Rdaa.-Bild dargestellt, wie das Schwein den Faßhahn mit den Zähnen faßt, weil es glaubt, dies sei etw. zu fressen. Beim Auslaufen des Weines entsteht natürlich großer Schaden, ↗Sau.

In der Jugendsprache sind bes. Tiervergleiche aufgekommen, wenn man z.B. sein Erstaunen zeigen will. Analog zu Sprüchen wie ‚Ich glaub', mein Hamster bohnert', ... mein Rotkehlchen singt', gibt es auch den Spruch: ‚Ich glaub', mein Schwein pfeift'.

Bei jem. zeigt sich der innere Schweinehund: sein schlechter Charakter, Feigheit und Gemeinheit werden erst bei einer Bewährungsprobe offensichtlich. *Seinen inneren Schweinehund bekämpfen (besiegen, überwinden):* seine eigene Schwäche, seine erbärmliche Gesinnung, die selbstsüchtigen Gefühle und den Mangel an Idealismus selbst erkennen und zu überwinden suchen. Der Ausdr. kommt in General Schleichers Antrittsrede als Regierungschef vor, von wo ihn Göring übernommen hat (Küpper).

Die meisten zusammengesetzten Substantive wie ‚Schweinearbeit', ‚Schweinebande', ‚Schweinekerl', ‚Schweineköter' und ‚Schweinestall', besitzen verächtliche

Bedeutung, während ‚Schweinegeld' und ‚Schweineglück' eine Steigerung ausdrükken, ähnl. bez. man mit ‚Schweinsgalopp' oder ‚Schweinstrab' einen bes. schnellen Lauf.

Sprw. wurde auch Nietzsches Umdeutung des Pauluswortes (Titus 1,15): „Den Reinen ist alles rein". In seinem Buch ‚Also sprach Zarathustra' (3. Teil, Kap. 14) schreibt er: „Den Reinen ist alles rein – so spricht das Volk. Ich aber sage euch: den Schweinen wird alles Schwein!", d. h. auch das Reine wird von ihnen in den Schmutz gezogen (Büchmann).

Zu Kindern, die überall dabeisein u. mithelfen wollen, sagt man gelegentlich scherzend: „Ja, du bist lieb, du darfst auch mit. Wenn wir die Schweine waschen, darfst du die Seife tragen".

Lit.: *H. Dunger:* Schlein haben, Schwein haben, Schleim haben auf jem., in: Zs. d. allg. dt. Sprachvereins 17 (1902), S. 167–169; *O. Keller:* Die antike Tierwelt 1 (Leipzig 1909), S. 388–404; *Esser:* Teilen wie ein Schweinsfuß, in: Zs. f. rhein. u. westf. Vkde. 9 (1912), S. 64–65; *E. E. Ericson* and *W. Fischer:* Speaking of swin, in: Anglia, Beiblatt 47 (1936), S. 346–347; *L. Herold:* Art. ‚Schwein', in: HdA. VII, Sp. 1470–1509; *J. E. Miller:* To ‚luck out' (Schwein haben), in: American Speech 29 (1954), S. 303–304; *F. C. Sillar* and *R. M. Meyler:* The Symbolic Pig. An Anthology of Pigs in Literature and Art (Edinburgh 1961); *H. Rosenfeld:* Das Schwein im Volksglauben u. in der Spielkartenillustration, in: Börsenblatt für den dt. Buchhandel 18 (1962), S. 622–625; *A. Fenton:* Pork in the rural diet of Scotland, in: Schweiz. Archiv v. Vkde. 68/69 (1972/73), S. 98–110; *N.-A. Bringéus:* Sömnens och lättjans skamlighet, in: Rig. 1974, S. 73–90; *M. Rumpf:* Zur Entwicklung der Spielkartenfarben in der Schweiz, in Dtl. und in Frankr., in: Schweiz. Arch. f. Vkde. 72 (1976), S. 1–32, bes. S. 11; *R. Hauschild* u. *H. Schuh:* ‚Ich glaub', mich knutscht ein Elch!' Sprüche aus der Bundeswehr (Herford [4]1980); *H. Henne* u. *G. Objartel* (Hg.): Bibliothek zur hist. dt. Studenten- und Schülersprache (Berlin 1984); *Th. Kleinspehn:* Warum sind wir so unersättlich? Über den Bedeutungswandel des Essens (Frankfurt/M. 1987), bes. Kap. I, 4: „Die ‚innere Sau' oder der Umgang mit dem Tierischen der Nahrung, S. 70 ff.; *J. Leibbrand:* Speculum Bestialitatis (München 1989), S. 141 ff.

Schweiß. *Etw. im Schweiße seines Angesichts tun müssen:* sich abmühen, eine lange qualvolle Arbeit verrichten müssen. Die Wndg. ist ein Bibelwort. Bei der Verfluchung nach dem Sündenfall spricht Gott zu Adam: „Im Schweiße deines Angesichts sollst du dein Brot essen", d. h., nur durch harte und oft erfolglose Arbeit kann er dem kargen Boden nach der Vertreibung aus dem Paradies Früchte abringen (1. Mos. 3, 19). Vgl. ndl. ‚in het zweet zijns aanschijns'; engl. ‚in the sweat of thy brow (face)'; und frz. ‚à la sueur de son front'. *Der Boden ist mit Schweiß gedüngt:* er ist unter großen Mühen bearbeitet worden.

Daran hängt der Schweiß von Generationen: der Erfolg ist nur als Ergebnis des Fleißes und der Anstrengung vieler zu verstehen, die sich lange Zeit darum mühten und auf deren Erfahrungen aufgebaut wurde.

Ähnl.: *Das hat viel Schweiß (der Edlen) gekostet:* es hat vieler Anstrengung und Überlegung der hervorragendsten Männer bedurft. *Das ist des Schweißes der Edlen wert:* das Ziel ist wirklich erstrebenswert, die Anstrengung um eine gute und aussichtsreiche Sache wird sich in der Zukunft auszahlen. Die Wndg. ist ein Zitat aus Klopstocks Ode ‚Der Zürchersee' (1750), in der wiederholt gesagt wird, die Dichterunsterblichkeit sei „des Schweißes der Edlen wert" (Büchmann).

Das hat ihn nicht viel Schweiß gekostet: es war für ihn eine einfache Sache, er hat sich dabei nicht überanstrengt. Vgl. lat. ‚citra pulverem'.

Die Früchte seines Schweißes ernten: den Erfolg seiner Bemühungen sehen, belohnt werden; vgl. frz. ‚récolter les fruits de son labeur' (Arbeit).

Keinen Schweiß riechen können: schwere Anstrengungen scheuen, faul und träge sein, eine scherzhafte Entschuldigung des Arbeitsscheuen, die auch mdal. verbreitet ist, z. B. heißt es in Norddtl.: ‚He mag sîn egen Swêt net ruken'. Vgl. auch ndl. ‚Hij mag (kan) zijn zweet niet ruiken'.

Schweizerkrankheit ↗ Heimweh.

Schwelle. *An der Schwelle von etw. stehen:* an einer wichtigen Grenzlinie angelangt sein, einen neuen Lebensabschnitt beginnen, kurz vor einem Neubeginn zur Rückbesinnung noch etw. verhalten. Vgl. frz. ‚être au seuil de quelque chose'.

Die Wndg. wird heute oft und gern bei bes. Anlässen gebraucht. Wir sprechen z. B. davon, daß jem. an der Schwelle des Mannesalters, des Todes stehe, daß an der

Schwelle des 20. Jh. eine neue Entwicklung begonnen habe.

Die moderne Rda. bewahrt die Erinnerung an die große Bdtg. der Schwelle im Volksbrauch und Volksglauben. An ihr werden bestimmte Übergangsriten (‚rites de passage') verrichtet, z. B. wird noch heute die Braut zu Beginn der Ehe über die Schwelle ihres neuen Heims getragen. Die Schwelle galt auch als Grenze für die bösen Geister, die dem Hause fernbleiben mußten.

Jem. (etw.) auf der Schwelle begrüßen: Besucher nicht ins Haus hereinbitten, sondern sie unhöflich an der Tür empfangen, um sie bald wieder loszuwerden. Heute sagt man dafür häufiger: ‚Jem. vor der Tür stehen lassen' oder ‚an der Tür abfertigen'. Dasselbe meint die Wndg.: *An der Schwelle auf die ‚Schnelle'.* Es bedeutet aber auch: nur oberflächliche Bekanntschaft mit etw., z. B. mit einem großen Wissensgebiet, machen.

Jem. Schwelle nicht mehr betreten wollen, auch: *keinen Fuß mehr über diese Schwelle setzen:* sein Haus, seine Wohnung nicht mehr betreten, jem. nach einer großen Beleidigung streng meiden. Vgl. frz. ‚Ne plus vouloir mettre les pieds chez quelqu'un' (wörtl. jem. Haus nicht mehr betreten wollen).

Er kommt mir nicht mehr über die Schwelle: er darf sich bei mir nicht mehr sehen lassen. Oft wird die Wndg. in Form eines direkten Befehls gebraucht: *Daß du mir nicht mehr über die Schwelle kommst!:* Laß dich hier nicht mehr blicken! Vgl. frz. ‚Ne remets plus les pieds chez moi!'

Er ist auf der Schwelle (schon) gefallen: gleich zu Beginn seines Unternehmens hatte er Mißerfolg. Vgl. lat. ‚in porta impingere'. Ähnl.: *Er ist auf der Schwelle schon müde geworden:* Kraft und Mut haben ihn schon zu Anfang verlassen.

Erst vor der Schwelle niederfallen (zusammenbrechen): nach beendetem Geschäft, bei der fast glücklich vollendeten Heimkehr noch einen Unfall haben, seine letzte Kraft verlieren.

Die Schwelle des Bewußtseins kaum (nicht mehr) erreichen können: eine Empfindung kaum wahrnehmen können, auf nichts mehr reagieren; vgl. frz. ‚le seuil de la conscience'.

‚Schwellenangst haben', übertragen: jede Angst vor etwas Neuem oder Unbekanntem.

Lit.: *L. Weiser-Aall:* Art. ‚Schwelle' in: HdA. VII, Sp. 1509–1543; *A. v. Gennep:* Übergangsriten (frz. ‚Les rites de passage') (Frankfurt/M. 1986).

Schwemme. *Sich nach der Schwemme wieder im Dreck (Kot) herumwälzen:* sich nach der Reinigung sofort wieder beflekken, nach kurzer Reue und Besserung wieder dem Laster verfallen, nach der Absolution erneut sündigen. Diese Rda. mit ihrer ausgesprochen moralisch-religiösen Bdtg. beruht auf einem alten Sprw., das im 2. Brief des Petrus (2,22) auf die Irrlehrer bezogen wird, von denen es heißt: „Es ist ihnen widerfahren das wahre Sprichwort: ‚Der Hund frißt wieder, was er gespieen hat' und ‚Die Sau wälzt sich nach der Schwemme wieder im Kot'". Das Subst. ‚Schwemme' ist von ‚schwemmen' = schwimmen machen abgeleitet und bez. den Ort der Handlung, eine tiefere Stelle im Gewässer, und das Waschen im Fluß selbst.

In die Schwemme wurden die Pferde geritten und von den Knechten gesäubert, Schweine und geschorene Schafe trieb man ebenfalls hinein, außerdem diente sie früher auch als Badeplatz der Menschen, als es noch keine öffentl. Freibäder gab. Da die Schwemme aber auch zur Bez. des Gasthauses, der Wirtsstube, in der nur einfache Gäste verkehrten, des billigen Restaurants in einem vornehmen Hotel, das die Bediensteten der Reisenden aufsuchten, diente und man einfache Bierlokale so benannte, entstanden Rdaa. mit humorvoll übertr. Bdtg. Sie dienten der euphemist. Umschreibung des Trinkens und des häufigen Aufenthaltes in einem Lokal, wie z. B. *einen in die Schwemme reiten:* selbst ins Wirtshaus gehen oder einen anderen zum Trinken auffordern; *den Mund (die Zunge) in die Schwemme reiten:* viel trinken, eigentl. den Mund mit Alkohol überschwemmen, waschen. Will man wissen, ob einer ein Wirtshausgänger ist, fragt man scherzhaft: *Er ist wohl oft in die Schwemme geritten?* ↗trinken.

Selbst in obszönem Sinne wurde das Wort verwendet, wie ein lit. Beleg (Fastnachtsspiele, Ausg. v. Keller, 143,8) erweist:

Eur frau erkennt zu aller Zeit,
Das ir in ein fremde schwem reit.

In die Schwemme kommen: in eine unangenehme Zwangslage, in höchste Bedrängnis geraten; vgl. die moderne Wndg. ‚in der Patsche (Tinte) sitzen'. Zur Erklärung dieser Rda., die einen ganz gegenteiligen Sinn besitzt, kann man die tatsächlich bezeugte Wortbdtg. von Überschwemmung heranziehen, die dem Betroffenen gefährlich werden oder Schaden bringen kann. Wahrscheinlicher ist es jedoch, daß die Rda. die Erinnerung an die ma. Strafe des Schwemmens bewahrt. Der Übeltäter wurde dazu auf einen Knüttel oder in einen Korb gesetzt und dann ins Wasser geschleudert, das an der Stelle der Schwemme so tief war, daß er keinen Grund mehr fand. Erst kurz vor dem Ertrinken wurde der auf diese Weise Bestrafte wieder herausgezogen. Außerdem fand in ganz ähnlicher Weise die ‚Wasserprobe' statt, mit der man eine angeklagte Hexe erkennen und überführen wollte. Sie galt dann als schuldig, wenn sie nach dem Eintauchen sofort wieder oben schwamm. Vor allem darauf bezieht sich wohl die Wndg. *jem. in die Schwemme bringen:* ihn in Unannehmlichkeiten bringen, ihn seiner Strafe zuführen.

schwer. *Es schwer haben:* mit Schwierigkeiten zu kämpfen haben, ein mühevolles Leben führen, von Sorgen belastet sein. *Es schwer mit jem. haben:* schlecht mit dem anderen auskommen, oft Ärger und Streit haben, auf wenig Verständnis und Hilfsbereitschaft rechnen können, ihn ständig unterstützen (betreuen) müssen, ihn als große Belastung empfinden. Urspr. bez. das Adj. schwer das Gewicht, das in übertr. Bdtg. auch die drückende Last, die Sorge und Qual umschreiben kann. Deutlicher ist dies noch in der älteren Rda. *etw. liegt einem schwer.* Wir ergänzen heute: *auf dem Herzen, auf der Seele,* auch: *im Magen,* d.h. es bereitet Kummer oder Unbehagen und Angstgefühle. Die Wndg. *etw. liegt schwer auf einem* hat Schiller lit. in den ‚Piccolomini' (3,3) gebraucht: „Schwer lag auf mir des Scheidens Bangigkeit".

Schwer in der Hand liegen: schlecht zu bewältigen sein, Anstrengung und Ermüdung verursachen. Urspr. stammt die Wndg. aus der Reitersprache. Wenn das Pferd beim Reiten immer den Kopf hängenläßt, ‚ist (liegt) es schwer auf der Hand', d.h. die Hand des Reiters, die die Zügel hält, muß ständig fest zupacken und ermüdet zu schnell. Vgl. ndl. ‚zwaar op de hand sijn'; frz. ‚être pesant à la main'; engl. ‚to be heavy in hand'.

Die Rda. *jem. eine schwere Hand auflegen (fühlen lassen):* ihn mit Strenge erziehen, ihm wenig freien Willen lassen, ihm Übermut und Leichtsinn nicht durchgehen lassen, ist bibl. Ursprungs. In Ps. 32,4 heißt es: „Deine (des Herrn) Hand war Tag und Nacht schwer auf mir".

Etw. schwernehmen: von einer Kritik (einem Tadel) getroffen, tief beeindruckt, von Trauer, Verzweiflung erfüllt sein, sich nicht ohne weiteres über etw. Unangenehmes hinwegsetzen können; vgl. frz. ‚prendre quelque chose au tragique'.

Alles zu schwer nehmen: sich unnötige Gedanken machen, sich mit Zweifeln oder Gewissensbissen quälen. *Einem das Herz schwermachen* ↗ Herz.

Etw. schwer tragen: eine Unglücksnachricht kaum fassen, einen Verlust kaum verwinden können. Die Wndg. erscheint bereits in der mhd. Dichtung in übertr. Bdtg.: Im ‚Tristan' Gottfrieds von Straßburg (V.13665) heißt es:

doch truog erz in dem muote
leitlîchen unde swâre.

Vgl. auch *schwer an etw. tragen:* tief bekümmert sein.

Einem schwer sein (werden): für ihn sehr schwierig, kaum durchführbar, höchst unangenehm sein; *zu schwer sein für jem.:* seine Kräfte übersteigen, seinem Leistungsvermögen nicht entsprechen. *Jem. fällt etw. schwer:* er kann seine Aufgaben nicht ohne Anstrengung und Mühe bewältigen, er braucht viel Zeit und Kraft dafür, er besitzt ein schlechtes Gedächtnis, er muß ständig lernen, wiederholen und üben, um mit anderen Schritt zu halten. Vgl. auch die Wndgn. *einem nur schwer eingehen:* ihm kaum verständlich und faßbar sein, *nur schwer zu begreifen sein* und *sich schwertun mit etwas.* Jem., der sich ungeschickt anstellt, der einen Sachverhalt nicht gleich erfaßt, nennt man ‚schwer von Begriff'.

Schwer geladen haben: betrunken sein, schwerfällig gehen, hin und her schwanken (torkeln), eigentl. sich wie ein beladener Wagen, wie ein volles Frachtschiff bewegen.

Oben so schwer wie unten sein: einen Rausch, einen ‚schweren Kopf' haben. Vgl. engl. ‚He ist top-heavy', ↗trinken.

Der rdal. Vergleich *Er ist so schwer wie Blei* (ndl. ‚Het is zoo zwaar als lood') wird in übertr. Bdtg. bereits von Walther von der Vogelweide (76,3) verwendet:

die tôren sprechent sniâ snî.
die armen liute owê owî.
des bin ich swaere alsam ein blî.

Um ein großes Körpergewicht eines Menschen anschaulich zu machen, sagt man auch (vor allem in Mitteldtl.): *Er ist so schwer wie ein toter Mann,* da sich ja bekanntlich Tote nur schlecht heben und tragen lassen und schwerer geworden zu sein scheinen. Vgl. frz. ‚Il a le poids d'un âne mort' (wie ein toter Esel).

Das Adj. ‚heiß' kann mit ‚schwer' gleichgesetzt werden, weil es ähnl. Folgen haben kann: man läßt einen Gegenstand fallen, an dem man sich die Hände verbrennt oder den man wegen seines Gewichts nicht halten kann. Wer von der Hitze eines Topfes, den er aufheben möchte, überrascht wird, ruft z. B.: *Au, ist der aber schwer!,* bevor er ihn rasch losläßt.

Wenn etw. nur äußerst zögernd und mühevoll vorangeht, spricht man im rdal. Vergleich von einer *schweren Geburt;* die Entbindungszeit wird euphemist. umschrieben, denn man sagt, daß eine Schwangere ihrer *schweren Stunde* entgegensehe.

Um die Unmöglichkeit einer Sache deutlich zu machen, kennt man in Ostpreußen den Vergleich ‚So schwoar, as wenn de Bock lamme sull'.

Zur Umschreibung der Schwangerschaft selbst wird die Wndg. *schwer gehen* benutzt, die bereits 1660 bei Corvinus (‚Fons latinit.' 1,305[a]) belegt ist: „so spricht der deudsche man und mutterzunge, das weib gehet schwanger, oder gehet schweer, oder ist schwanger".

Schweres Geschütz auffahren ↗Geschütz.

Die schwere Not bekommen ↗Schwerenöter.

Schwerenöter. *Ein Schwerenöter sein:* ein leichtsinniger und gerissener Kerl sein, der allerhand auf dem Gewissen hat und es mit der Moral nicht allzu genau nimmt, der sich aber andererseits wegen seiner besonderen Fähigkeiten und ungewöhnlichen Eigenschaften widerwillige Anerkennung und Bewunderung verdient. Urspr. war Schwerenöter ein erniedrigender Schimpfname, der einen durchaus nichtswürdigen Menschen bezeichnete, der eigentl. die schwere Not, d. h. die Fallsucht oder Epilepsie, verdient hätte. So heißt es z. B. auch in einer Verwünschung: *Die schwere Not (die ↗Kränke) sollst du kriegen!* Im 18. Jh. ist Schwerenöter als grobes Schimpfwort auch lit. bezeugt, z. B. 1778 bei Hermes in ‚Sophiens Reise' (6,212), und bes. im rhein.-westf. Raum verbreitet. Im 19. Jh. ist das Wort allg. bekannt und in seiner Bdtg. gemildert, weil auch der urspr. Sinn von ‚schwere Not' verblaßte. Der Wert des Wortes hob sich immer mehr, und seine Bdtg. schlug ins Gegenteil um. Das erklärt sich daraus, daß solche Burschen, die eigentl. die Fallsucht, den Galgen oder die Hölle zu erwarten haben, sich stark vom Alltagsmenschen unterscheiden und sich durch bes. Eigenschaften hervortun. So enthält der Ausdr. Schwerenöter heute eine ähnl. Anerkennung wie ‚Teufelskerl' und ‚Galgenstrick'.

Gern den Schwerenöter spielen: sich gern, bes. vor Frauen, aufspielen und so tun, als sei man noch schlimmer als sein Ruf, um das Interesse auf sich zu lenken; sich selbst für unwiderstehlich halten und deshalb glauben, sich insbes. dem weibl. Geschlecht gegenüber mehr als andere herausnehmen zu dürfen.

Schwert. *Ein zweischneidiges Schwert sein:* von bes. Schärfe sein, aber auch: eine Sache sein, die ihr Gutes wie ihr Schlechtes hat, die verschiedene Konsequenzen besitzt. Bereits bei Sir. 21,3 heißt es: „Wie ein zweischneidiges Schwert ist alle Ungerechtigkeit; für ihren Hieb gibt's keine Heilung". Vgl. frz. ‚une épée à deux tranchants' oder ‚une arme ...'.

Scharf wie ein zweischneidiges Schwert sein: alles durchdringend und scheidend. Dieser urspr. bibl. Vergleich bezieht sich auf die Rede und vor allem auf das Wort Gottes. In den Sprüchen Salomos steht bei Kap. 5, V. 3–4: „Denn die Lippen der Hure sind süß wie Honigseim, und ihre Kehle ist glätter als Öl, aber hernach bitter wie Wermut und scharf wie ein zweischneidiges Schwert". Bei Hebr. 4,12 heißt es: „Denn das Wort Gottes ist lebendig und kräftig und schärfer denn kein zweischneidig Schwert, und dringt durch, bis daß es scheidet Seele und Geist, auch Mark und Bein, und ist ein Richter der Gedanken und Sinne des Herzens". Ähnl. wird auch vom ‚Schwert des Geistes' gesprochen: „Nehmet den Helm des Heils und das Schwert des Geistes, solches ist das Wort Gottes" (Eph. 6,17).

Häufig wird die verletzende Schärfe des bösen Wortes durch ‚die spitze Zunge', aber auch durch das Schwert im Munde umschrieben. Fischart gebraucht diese Wndg. 1578 in seinem ‚Ehezuchtbüchlein' mehrmals lit.: „Zweyschneidend schwerter zwischen den zaenen" (S. 203,7), und: „Das ist, das schwerd nit im maul füren" (‚Ehez.' S. 266,33f.). Bereits Luther kennt die Rdaa. *das Schwert im Munde führen:* scharfe Reden führen, verletzend wirken (‚Tischreden', 178[b]), und *Er führt das Schwert im Maul.*

Sein Schwert in die Waagschale werfen: eine Auseinandersetzung gewaltsam

‚Sein Schwert in die Waagschale werfen'

beenden, eine Entscheidung auf drastische Weise erzwingen. Die Wndg. beruht auf einer Begebenheit in der Antike, die Livius (V,48), Florus (I,13) und Festus (S. 372, Ausg. v. O. Müller) überliefert haben: Der Gallierkönig Brennus, der 390 v. Chr. die Römer an der Allia besiegt hatte, warf mit den Worten „Vae victis!" (= Wehe den Besiegten) höhnisch noch sein Schwert in die Waagschale, als sich die besiegten Römer sträubten, die auferlegten 1000 Pfund Kriegskontribution in Gold nach den zu schweren Gewichten der Feinde abzuwiegen (Büchmann). Die Rda. findet in der polit. Sprache bis in die Neuzeit Verwendung.

Das Schwert mit beiden Händen fassen: seine ganze Kraft zusammennehmen, tüchtig zupacken, angreifen. Die Wndg. ist bereits in Luthers ‚Tischreden' (273[b]) bezeugt.

Das Wort Schwert steht sinnbildlich für Krieg, Feindschaft, Entzweiung, Gewalt und Gefahr, z.B. heißt es bei Matth. 11,34: „Ich bin nicht gekommen, den Frieden zu bringen, sondern das Schwert".

Sich mit dem Schwerte gürten: sich kampfbereit machen, dann allg.: sich auf alles vorbereiten. Die Wndg. bezieht sich auf die Bibelstelle bei 2. Mos. 32,27: „Gürte ein jeglicher sein Schwert um seine Lenden". Vgl. frz. ‚se ceindre de son épée' oder ‚ceindre son épée'.

Etw. mit dem Schwerte erlangen: nur durch Gewalt Erfolg haben. Ähnl. ‚mit dem Schwerte (Petri) dreinschlagen'. Vgl. frz. ‚emporter une chose à la pointe de l'épée'.

Etw. mit dem Schwerte teilen: eine Sache mit Gewalt entscheiden, Gesetz und Gerechtigkeit außer acht lassen.

An das Schwert gebunden sein: an den Soldatenstand, das Kriegshandwerk gefesselt sein.

Es hängt ein Schwert über seinem Haupt: er schwebt in unmittelbarer Gefahr. Vgl. ndl. ‚Hem hangt een zwaard boven het hoofd'. Die Rda. bezieht sich auf das Schwert des Damokles, was noch deutlicher in der Wndg. wird: *Das Schwert des Damokles schwebt über ihm:* ihn kann jeden Augenblick ein Unheil treffen; ↗ Damoklesschwert; vgl. frz. ‚L'épée de Da-

,Schwerter zu Pflugscharen' – Denkmal vor dem UN-Gebäude in New York

mokles est suspendue au-dessus de sa tête'.

Zwischen zwei Schwertern stehen: zwischen zwei Gefahren, in größter Bedrängnis sein, zwischen zwei Übeln wählen müssen.

Er will mit zwei Schwertern fechten: er will bes. viel Erfolg haben, auf verschiedene Weise verdienen, verliert aber dabei alles, weil er seine Mittel unmöglich gleichzeitig einsetzen kann. Vgl. ndl. ,Hij wil met twee zwaarden vechten'.

In sein eigen Schwert fallen: in seine eigene Falle gehen, gegen sich selbst reden. Eine ähnl. Wndg. gebraucht Waldis (III, 22, 18) auch lit.: „Wir han mit vnserm eygnen schwerdt vns selb geschlagen solche wunden". Vgl. auch frz. ,Il s'est enferré lui-même'. Die Feststellung *Er wird mit dem eigenen Schwert geschlagen:* seine Arglist, die dem Feinde bereitete Waffe, kehrt sich gegen ihn selbst, wurde schon von Hartmann von Aue im ,Iwein' (V. 3224) gebraucht: „in het sîn selbes swert erslagen". Bei Waldis (II, 9, 29 und I, 38 50) findet sich zu der Rda. noch eine nähere Erklärung: „Werden von andern selb betrogen, mit ihren eignen schwerd geschlagen". Ähnl.: *einen mit seinem eigenen Schwerte töten.*

Das Schwert (gern) in die Scheide stecken: einen Streit beenden, friedfertig sein. ,Schwerter zu Pflugscharen' ist ein in der internationalen Friedensbewegung gängiger Spruch. Er ist einer Jesajastelle (2, 4) entnommen, wo es heißt: „Jahwe, so sagt der Prophet voraus, wird in seinem kommenden Reich richten unter den Heiden und strafen viele Völker. Da werden sie ihre Schwerter zu Pflugscharen und ihre Spieße zu Sicheln machen". Die ehemalige Sowjetunion schenkte der Institution der Vereinten Nationen in New York eine Plastik, welche dieses Bibelwort versinnbildlicht. Daraufhin wurde der Spruch und sein Symbol zum Motto der kirchlichen Friedensbewegung in der ehemaligen DDR. In der Bundesrepublik gab es teils ernsthafte, teils ironisch gemeinte Varianten: ,Panzer zu Schulbussen', ,Uniformierte zu Menschen', ,Patronen zu Lokkenwicklern' u. a.

Lit.: *H. Schneider:* Schwerter und Degen (Bern 1971); *E. Moser-Rath:* Lustige Gesellschaft (Stuttgart 1984), S. 109; *D. W. Sabean:* Das zweischneidige Schwert. Herrschaft und Widerspruch im Württemberg der frühen Neuzeit (Berlin 1987).

Schwiegermutter. Man wird *eine böse (bucklige) Schwiegermutter bekommen* heißt es, wenn man zufällig in einer größeren Gesellschaft an der Tischecke (am

Tischbein) sitzen muß. Für den ,Atlas der dt. Volkskunde' wurden die Rdaa. über den Platz an der Tischecke in ganz Dtl. erfragt (ADV-Frage 234c) und verkartet. Es

ergeben sich dabei zwei Hauptverbreitungsgebiete: in Norddtl. heißt es vor allem: ‚sieben Jahre warten', ↗warten oder ‚ledig bleiben', und in Mitteldtl. ist die Rede von der ‚bösen Schwiegermutter'. In Schlesien gibt es eine eigene Wndg. ‚über Eck bald weg', in Süddtl. dagegen soll man entweder ‚bald oder gar nicht heiraten'.

Ähnl. beim Nachfüllen der Kaffeetassen: „Trink den Rest erst aus, sonst bekommst du eine böse Schwiegermutter". – „Das macht nichts, die brauch' ich ja nicht zu heiraten!" – „Nein, die gibt's zu!"

Im selben Sinne lautet eine Scherzfrage: „Was ist flüssiger als Wasser?" – „Die Schwiegermutter; die ist überflüssig".

Den umgekehrten Sinn hat der Refrain eines bekannten Karnevalsschlagers von Willi Ostermann: „Wenn du noch eine Schwiegermutter hast, betrachte sie als eine süße Last.... wo kämen all die Mädchen her, gäb es keine Schwiegermütter mehr".

Lit.: *E. Fuchs:* Die Frau in der Karikatur (München 1906); *G. Grober-Glück:* Zur Verbreitung von Rdaa. und Vorstellungen des Volksglaubens nach den Sammlungen des Atlas der dt. Vkde., in: Zs. f. Vkde. 58 (1962), S. 41–71; *K. Huffzky:* Wer muß hier lachen? Das Frauenbild im Männerwitz (Darmstadt-Neuwied 1979); *E. Müller:* Das Bild der Frau im Märchen (München 1986); *E. Moser-Rath:* Art. ‚Frau', in: EM. V, Sp. 100–137.

schwimmen. *Schwimmen lernen, wenn das Schiff gescheitert ist:* eine Maßnahme ergreifen, wenn es bereits zu spät ist. Vgl. die Rda. ‚den Brunnen zuschütten, wenn das Kalb hineingefallen ist', ↗Brunnen.

Er kann auch in seichtem Wasser schwimmen: er weiß sich in jeder Lage zu helfen. Das Gegenteil besagt die schweiz. Wndg. ‚Er mag weder z' schwümme noch z' wate cho', ihm mißlingt alles, er ist ein Pechvogel.

Mit dem Strom schwimmen: sich anpassen, sich von der allg. Meinung leiten lassen, Widerstände meiden, ↗Strom.

Wider den Strom schwimmen: sich einer Entwicklung entgegenstellen; vgl. frz. ‚nager à contre-courant'. Die Wndg. ist bibl. Herkunft. Bei Sir. 4,31 steht die Mahnung: „Strebe nicht wider den Strom". Vgl. auch Juvenal (4,89): „Nunquam direxit brachia contra torrentem", ↗Strom.

In etw. schwimmen: sich im größten Überfluß befinden, z. B. ‚im Geld schwimmen', auch in übertr. Sinne: ‚in einem Meer von Wonne schwimmen', ‚in Seligkeit', ‚im Glück schwimmen'. Auch zur Steigerung eines konkreten Vorganges wird die Wndg. gebraucht, z. B. ‚in Tränen schwimmen'; ‚in seinem Blute schwimmen', sehr viel Blut verloren haben, davon überströmt sein; vgl. frz. ‚nager dans quelque chose'.

Mit etw. schwimmen: sich nicht sicher wissen, im Text steckenbleiben, bei einer Prüfung Pech haben und über ein Gebiet gefragt werden, von dem man nur ungenaue Kenntnis besitzt. Die Wndg. ist seit 1800 unter Schülern, Studenten, Schauspielern und Rednern verbreitet. Sie beruht auf der Beobachtung, daß jem., der nicht weiterweiß, dies durch schwimmartige Armbewegungen offenbart. Er verhält sich unwillkürlich dabei so, als habe er den festen Boden unter seinen Füßen verloren und müsse nun seine Unsicherheit durch entsprechende Schwimmbewegungen überbrücken.

Ähnl.: *ins Schwimmen geraten (kommen):* aus dem Konzept kommen, ins Schleudern geraten, keine fundierten Kenntnisse besitzen und seine Phantasie zu Hilfe nehmen müssen.

Jem. ins Schwimmen bringen: ihn unsicher machen, aber auch: ihn zu Tränen rühren.

Etw. schwimmen lassen: darauf verzichten, sich etw. entgehen lassen. Die Rda. ist um 1900 belegt und gilt als eine Parallelbildung zu: ‚etw. sausen lassen'.

Jem. schwimmen lassen: ihn im Stiche lassen, ihn belasten. Die Wndg. stammt urspr. aus der Gaunersprache, in der ‚schwimmen müssen' auch ‚ins Gefängnis müssen' bedeutet.

Wie ein Fisch schwimmen: sehr gut schwimmen können, sich im Wasser wie in seinem eigentl. Element wohl fühlen. vgl. frz. ‚nager comme un poisson'.

Ähnl. Sinn hat die Rda. *wie ein Pfannkuchen in der Butter schwimmen.* Ähnl.: ‚Die Kartoffeln schwimmen im Fett': man hat zuviel Fett zum Braten genommen.

Immer oben schwimmen wollen: immer den größten Vorteil für sich beanspruchen, immer Glück haben und eine höhere Stellung als andere einnehmen wollen. Abraham a Sancta Clara gebrauchte eine ähnl. Wndg. öfter lit., in seinem ‚Judas' (I, 436) heißt es: (will allzeit) „oben schwimmen, wie das Pantoffel-Holtz". In seiner Schrift ‚Etwas für Alle' (237) stellt er fest: „Der Weiber Natur mit dem Pantoffel-Holtz gleichet, so in allweg nur will oben schwimmen", hier i.S.v. immer Recht haben, die Herrschaft im Hause an sich reißen wollen.

Jem. schwimmt es vor den Augen: er kann nicht deutlich sehen, das Bild im Auge ist unscharf, es ‚verschwimmt'.

Zahlreich sind die Vergleiche, die einen ungeschickten Schwimmer oder einen Nichtschwimmer verspotten: *Er kann schwimmen wie eine bleierne Ente, er schwimmt mit der bleiernen Ente um die Wette,* ↗Ente; *er schwimmt wie ein bleiernes Fischlein,* mdal. in Ulm: ‚Er ka schwimm wie a bleiern Fisch'.

Er schwimmt wie ein Wetzstein: er eignet sich für ein Geschäft ganz und gar nicht. Vgl. schweiz. ‚Er cha schwümme wie 'ne Wetzstei' und ostfries. ‚He kann swemmen as 'n Backstên (as 'n Mölenstên)'.

Lügenlieder realisieren gelegentlich diese Metapher:

Ein Amboß und ein Mühlenstein,
Die schwammen bei Köln wohl über den Rhein.

(vgl. Röhrich-Brednich II, S. 500).

Lit.: *F. K. Mathys:* Wassersport. Kleine Historie der Wassersportarten (Basel 1975).

Schwindsucht. *Sich die Schwindsucht an den Hals ärgern:* sich sehr ärgern, sich selbst krank machen vor lauter Ärger und Unannehmlichkeiten. Lessing gebraucht die Wndg. 1748 lit. im ‚Misogyn' (1,6): „Ich fürchte, daß ich mir noch die Schwindsucht über dein Plaudern an den Hals ärgern werde".

Die Schwindsucht im Gehirn haben: ein Schwachkopf sein, den Anschein erwekken, als würde das Gehirn ständig abnehmen. In dieser Rda. ist bereits eine Übertr. der Krankheit auf einen Bereich erfolgt, dem sie nicht zu schaden vermag.

Die Schwindsucht im Beutel (Geldbeutel) haben: ständig sein Geld vertun, nie lange Geld bei sich halten können, ohne Mittel sein. Die Rda. ist schon 1678 in Kramers ‚Dictionarium' verzeichnet. Ähnl. sagt man dafür heute auch noch: *Mein Beutel (mein Portemonnaie) hat die Schwindsucht:* er leert sich zusehends. Scherzhaft wird dabei dem Beutel die Schuld an dem Geldmangel gegeben. Vgl. frz. ‚avoir le diable dans sa bourse'. Abraham a Sancta Clara gebraucht diese und ähnl. Wndgn. in seinen Werken oft, z.B.: „Wann der Beutel die Schwindsucht bekommt" (‚Judas' III, 551, V, 84). „Sein Brod-Korb hatte stets die Schwindsucht" (‚Lauber-Hütt' I, 177).

Lit.: *R. Hessky:* ‚Ich habe die Schwindsucht im Geldbeutel' – zur synchronischen Motiviertheit von Phraseologismen, in: Germanistisches Jahrbuch DDR – UVR (Budapest 1982), S. 51–57.

Schwitzen. Um starkes Schwitzen zu beschreiben, gibt es iron. rdal. Vergleiche wie: *schwitzen wie ein Apfelbutzen im Kühlschrank, schwitzen wie ein Braten, ein Handkäse, ein Schwein* u.a.

In den Schwitzkasten kommen ist eine Drohung, oft allerdings scherzhaft gemeint. Der Schwitzkasten ist ein ärztliches Gerät zum Schweißerzeugen der Kranken. Von daher leitet sich auch ab: *Jem. im Schwitzkasten haben:* jem. beim Kämpfen derart umschlungen haben, daß er sich nicht mehr wehren kann.

schwören. *Hoch und heilig schwören,* auch: *sich hoch und teuer verschwören:* etw. unter Berufung auf alles, was einem bes. wert ist (Götter, Sterne, Gesetz, Weib, Kind, Ehre, Seligkeit), mit der zum Schwur erhobenen Hand versprechen und bekräftigen. Vgl. frz. ‚jurer par tous les dieux' (bei allen Göttern schwören) oder: ‚jurer ses grands dieux'.

Die Rda. *bei Himmel und Erde schwören* steht vermutlich mit der Warnung Jesu vor leichtfertigem Schwören (Matth. 5,34–35) in Zusammenhang.

Bei Christus (bei allen Heiligen) schwören: mächtige Zeugen für die Wahrheit anrufen, um zu überzeugen. Man glaubte allg., daß ein falscher Eid durch die Angerufenen bestraft würde, deshalb schwor man auch ‚bei Gott und dem Teufel', ‚bei Himmel und Hölle', ‚bei allen guten und bösen Mächten'. Vgl. ndl. ‚bij hoog en laag zweren', ‚zweren bij God en duivel', ‚bij kris en kras zweren'; frz. ‚jurer par tous les dia-

‚Bei Christus und allen Heiligen schwören'

bles', oder ‚tous les saints du paradis'; engl. ‚to swear by all that ist holy (sacred)'.

Er schwört Bocksdarm und Bockslung: er schwört bei allem möglichen, eigentl. beim Teufel, für den der Bock als Umschreibung eintritt. Diese Wndg. findet sich bereits bei Murner in der ‚Schelmenzunft' (2, in Kloster, I, 829):

Ich schwür bocksdarm vnd auch bockslung,
Der prediger hat eine falsche zung.

Einen Meineid zu leisten, galt und gilt als besonders schwere Sünde. Es hieß, daß der Teufel selbst die Schwurhand halte und ihm der falsch Schwörende verfallen sei. Daher auch die Selbstverwünschung beim Schwören, um die Wahrheit der Aussage zu bekräftigen: ‚Der Teufel soll mich holen, wenn ich nicht die Wahrheit sage'; ↗Teufel.

Wenn jem. ohne Bedenken oft und falsch schwört, wird in verschiedenen Rdaa. vor ihm gewarnt, z.B. *Er schwört dem Teufel ein Ohr ab* oder *Wenn's bei ihm zum Schwören kommt, so verliert der Teufel ein Ohr:* er lügt mit Leichtigkeit. Vgl. ndl. ‚Hij zal zweren, dat de duivel Henrik heet' und engl. ‚He 'll swear the devil out of hell'. Ähnl. Sinn haben die Wndgn.: *Er schwört des Henkers Großmutter ein Bein ab* (vgl. Grimmelshausens ‚Vogelnest' I) und *Er schwört das Blaue vom Himmel herunter.* Vgl. lat. ‚per solis radios, tarpejaque fulmina jura'.

Das heißt nicht hoch geschworen: er bemüht sich nicht um geachtete, geheiligte Zeugen, deshalb scheint es ihm nicht allzu ernst zu sein, man darf ihm nicht trauen. Schon bei Seb. Franck (II, 131[a]) heißt es: „Er schwert nit thewer, jm ist nit ernst".

Er schwört beim Schwein des heiligen Antonius: er schwört nicht sehr hoch, er ist leichtfertig. Vgl. ndl. ‚Hij zweert bij den tand van Sint Pleun' oder ‚Hij sweert bij Sint Anthonies zwijn'.

Stein und Bein schwören ↗Stein.

Aus der Stadt, aus dem Land schwören: sich durch Eid verpflichten, Stadt oder Land zu verlassen.

Übers (ans) Meer schwören: geloben, als Teil der Sühne oder Buße für ein Verbrechen, eine Wallfahrt ins Heilige Land für die Seele des Getöteten zu machen. Die Rda. ist im 15. und 16. Jh. häufig belegt (vgl. Beck, 1900, S. 586). Danach wurden die Rdaa. gebildet: *Über (an) den Rhein schwören:* als Buße für einen Totschlag eine Wallfahrt nach Aachen unternehmen

‚Der Teufel soll mich holen ...' (‚sich verschwören' beim Meineid)

und: *über (an) die Donau schwören:* eine Bußfahrt nach Regensburg zur ‚schönen Maria' oder nach Inchenhofen zum hl. Leonhard unternehmen.
Auf jem. schwören: ihm unbedingt Vertrauen schenken; vgl. frz. ‚jurer par quelqu'un'.
Auf des Meisters Worte schwören: die Worte des Lehrers für unwiderrufliche Wahrheit halten, nicht daran zweifeln und sich kritisch damit auseinandersetzen. Diesen Rat erteilt Mephisto dem Schüler (‚Faust' I, ‚Schülerszene'), doch die Wndg. ist viel älter. Sie erscheint bereits 20 v. Chr. in den ‚Episteln' des Horaz (I, 1,14) als: „iurare in verba magistri".

Lit.: *P. Beck:* Zu dem Ausdr. ‚schwören' (übers Meer, über den Rhein, über die Donau schwören) in Grimms deutschem Wörterbuch, in: Euphorion 7 (1900), S. 586; *ders.:* Übers Meer, über den Rhein, über die Donau schwören, in: Diöcesanarchiv von Schwaben (1902), S. 29–30; *R. Lasch:* Der Eid (Stuttgart 1908); *H. Fehr:* Art. ‚Eid', in: HdA. II, Sp. 659–672; *R. M. Smith:* He that will swear will lie, in: Modern Language Notes 65 (1950), S. 442–443; *A. Erler:* Art. ‚Eid', in: HRG. I, Sp. 861–863; *W. Brückner:* Art. ‚Eid, Meineid', in: EM. III, Sp. 1125–1140.

Schwulitäten. *In Schwulitäten geraten:* in Bedrängnisse kommen; das Wort ist urspr. eine studentische Scherzbildung zu ‚schwül'. Schon Ende des 19. Jh.s ist bei F. Kluge (Studentensprache, S. 38) das jüngere ‚in Schwulibus' belegt.

Schwung. *Schwung haben:* kraftvoll, mitreißend sein, voller Begeisterung, Triebkraft, Initiative sein und deshalb alle Hindernisse leicht überwinden. Ähnl.: *alles mit Schwung tun:* Freude und Mut besitzen, sich seine anfängliche Begeisterung durch Rückschläge nicht nehmen lassen, mit Lust und Liebe an einer Aufgabe arbeiten und andere dazu ermuntern und anregen. Dagegen: *jem. fehlt aller Schwung:* er ist mißmutig, lustlos und tut nur, was er unbedingt erledigen muß, er besitzt keine neuen Ideen und zukunftsweisenden Pläne, er lähmt auch die Freude anderer.
In Schwung sein (kommen, geraten): lebhaft tätig sein, viel leisten und bestens vorankommen, intensiv und unaufhörlich arbeiten, auch: in guter Stimmung sein und eine ganze Gesellschaft unterhalten können, zu gedeihen anfangen, eine kräftige Aufwärtsentwicklung nehmen. Vgl. ndl. ‚voor den wind gaan'; frz. ‚être en forme'.
Jem. auf den (in) Schwung bringen: einen Nachlässigen anfeuern, bewirken, daß jem. in seiner Tätigkeit intensiver wird, daß die Arbeit vorangeht. Schwung meint das Schwingen und allg. das rasche Bewegen unter einem starken Antrieb, das oft durch ein Schwungrad an der Maschine erst ermöglicht und intensiviert wurde. Ähnl.: *etw. in Schwung bringen:* eine Sache in Gang bringen, eine Angelegenheit kräftig vorantreiben.
Einem die Schwungfedern ausrupfen: ihm Hab und Gut, die Mittel zu seiner Existenz nehmen, ihm den Mut lähmen, ihm die Kraft und die Voraussetzungen zur Ausführung hochfliegender Pläne nehmen, eigentl. einen Vogel am Wegfliegen hindern. Die Rda. ist auch mdal. verbreitet, z. B. heißt es von einem Übermütigen und Leichtsinnigen in Schlesien: ‚Ma muss'n die Schwungfadern a wing oasrefen'; vgl. frz. ‚plumer quelqu' un'.

Scylla. *Aus der Scylla in die Charybdis geraten:* aus einer Gefahr gerettet werden und in eine größere kommen. Vgl. ndl. ‚van Scylla in Charybdis vervallen'; vgl. frz. ‚tomber de Charybde en Scylla', auch die parodistische Form: ‚tomber de canif en syllabe' (wörtl.: vom Taschenmesser in die Silbe fallen).
Daneben werden im Dt. noch ähnl. Wndgn. gebraucht: *der Scylla entfliehen und in die Charybdis fallen:* mit übergroßer Ängstlichkeit einem Übel zu entgehen suchen und dann, alle Vorsicht vergessend, in eine unerwartete zweite Gefahr geraten. In der Umkehrung heißt es auch: *der Charybdis entfliehen und in die Scylla geraten,* so bereits im mlat.: „Incidis in Scyllam, cupiens vitare Charybdim" = während du wünschest, der Charybdis zu entgehen, verfällst du der Scylla. Dieser Vers aus der 1178–82 verfaßten ‚Alexandreis' (5,301) des Gualtherus ab Insulis ist einem griech. Sprw. bei Apostolius (‚Paroemiogr. Graeci' 16,49) nachgebildet, das auf die Odyssee zurückgeht. Vgl. auch engl. ‚in trying to avoid Charybdis to drift into Scylla'.
Die Wndg. *zwischen Scylla und Charybdis*

sein bedeutet dagegen: sich zwischen zwei gleich großen Gefahren oder Unannehmlichkeiten befinden, in auswegloser Lage sein.
Alle diese Rdaa. beziehen sich auf die ‚Odyssee' XII, 85–110, in der Homer als erster die Gefahren in der Straße von Messina schilderte. Die Scylla, eine gefährliche Klippe, galt in der griech. Sage als Seeungeheuer mit sechs Köpfen und zwölf Füßen, das die Seeleute von den Schiffen riß. Ihr gegenüber befindet sich die Charybdis, ein verderbenbringender Meeresstrudel, den man sich als Riesin dachte.

Lit.: *Waser:* Skylla und Charybdis in der Lit. und Kunst der Griechen und Römer (Diss. Zürich 1894); *K. Reinhardt:* Von Werken und Formen (Godesberg 1948), S. 70; *Büchmann.*

Sechs. *Immer gerade durch die Sechse gehen:* die ehemalige Arbeitswoche von sechs Tagen immer gut und fleißig hinter sich bringen. Obwohl die Sprww.sammlungen und Wbb. zu dieser in der Schweiz im 18. Jh. bezeugten Rda. nichts beitragen, sie nicht einmal erwähnen, ist hier nicht an das naheliegende Würfelspiel zu denken. Einen Anhaltspunkt liefert nämlich ein Vers Walthers von der Vogelweide (Lachmann 58,19), wo es heißt: „si (die Frau Minne) besouche wâ die sehse sîn: von mir hâts in der wochen ie den sibenden tac". Schon hier sind die ‚Sechse' die Bez. für die Arbeitswoche, ↗sieben.
Den sechsten Sinn haben ↗Sinn.
Eine Grimmsche Version des weit verbreiteten Märchens von den Menschen mit den wunderbaren Eigenschaften trägt den Titel ‚Sechse kommen durch die ganze Welt' (KHM. 71; vgl. B. P. II, S. 79–96).

Lit.: *Anon.:* Er ging immer gerade durch die Sechse, in: Schweiz. Vkde. 9 (1919), S. 11–12; *H. Bender:* Unser sechster Sinn (Stuttgart ³1972); *A. Szemerkényi* u. *V. Voigt:* The Number Six in Hungarian Proverbs: an Attempt at Interpreting the Systematic Nature of Proverbs, in: Proverbium paratum 1 (1980), S. 82–96.

See. *Der wird mir keinen See anbrennen:* er kann mir keinen großen Schaden zufügen, seine Feindschaft achte ich für ungefährlich.
Er geht gerade durch den See: er ist aufrichtig, er hat einen festen Charakter und läßt sich durch nichts von seinem Wege abbringen; was er einmal begonnen hat, führt er unbeirrt zu Ende, er handelt ohne Verstellung.
Er ist ein grundloser See: er ist sehr verschlossen, schwer zu durchschauen, seine Handlungsweise ist sehr undurchsichtig. Vgl. das Sprw. ‚Stille Wasser gründen tief'.
Die See ausschöpfen wollen: etw. Sinnloses vorhaben, sich mit einer nutzlosen und erfolglosen Arbeit abgeben, vgl. ‚Eulen nach Athen tragen', ‚Wasser in den Rhein schütten', ↗Eule, ↗Wasser. Vgl. auch ndl. ‚de see met sponsen opdroogen'.
Den See von Camarino bewegen: mit Vorbedacht, freventlich ein Unglück heraufbeschwören. Die Rda. spiegelt den Volksglauben, daß dann ein Ungewitter entsteht, wenn man vorsätzlich etw. in den See wirft und ihn somit erregt und aufwühlt. In übertr. Bdtg. hat die Rda. die Erinnerung an den See in Sizilien bewahrt, der sich in einen Sumpf verwandelt hatte und zur Ursache vieler Krankheiten wurde. Da man meinte, daß von ihm die verheerende Pest ausginge, wurde das Orakel befragt, ob es nicht besser sei, den See völlig trockenzulegen. Apoll verbot, ihn aufzurühren, aber gegen den Orakelspruch wurde er doch entwässert. Die Pest hörte zwar auf, doch nun konnten die Feinde ungehindert in das Land eindringen.
Von einem, dem alles im Leben mißlingt, heißt es: *Wenn er auf die See gehen wollte, würde kein Wasser dort sein.* Vgl. ital. ‚Se io andassi al mare, lo troverei secco'.
Wenn reiche Leute klagen, sagt man: *Die See ist ohne Wasser.*
Die See geht bei ihm hoch: er ist sehr erregt, aber auch: er ist in einer gefährlichen Situation.
Mdal. Wndgn. stammen bes. aus Norddtl.: ‚Dat Läben ist jüst so up un dol as de See', Glück und Unglück wechseln sich ab, es geht herauf und herunter. Auf die ständige Bedrohung der Küste weist die ostfries. Rda. ‚He mênt, üm kann kên Sî to hoch lôpen', er glaubt, daß ihm nichts wirklich gefährlich zu werden vermag.
Das kann jeder Seehund sagen: das weiß jeder.

Lit.: *F. Kluge:* Wb. der Seemannssprache (Halle 1911); *W. Stammler:* Seemanns Brauch und Glaube, in: Dt. Philologie im Aufriß, 2. Aufl. Bd. III,

Sp. 2901ff; *O. G. Sverrisdóttir:* Land in Sicht. Eine kontrastive Untersuchung dt. u. isländ. Redensarten aus der Seemannssprache (Frankfurt/M. 1987), S. 166–167.

Seele. Eine große Anzahl von Rdaa. hat sich des Begriffes Seele bedient, jedoch in ganz verschiedener Bdtg. Mit der Vorstellung vom Sitz der Seele im Körper des Menschen hängen die Rdaa. zusammen, in denen vom Ausfahren der Seele beim Tode die Rede ist, ↗zeitlich.

Er hat seine Seele ausgehaucht: er ist gestorben, lit. bei Seb. Brant (‚Narrenschiff'): „bis das die sel fert uß dem mund". Vgl. frz. ‚Il a rendu l'âme'.

‚Die Seele aushauchen'

Die Seele sitzt ihm auf der Zunge: er liegt im Sterben. Luther (3,397b) sagt: „Denn es sind etliche so verseumblich, daß sie nicht eher lassen fordern, bis die seel auf der zungen sitzt". Seb. Franck verzeichnet in seiner ‚Sprww.-Sammlung' (II, 152b): „Die seel under den zeenen haben". Von einem Alten, der scheinbar alles überlebt, sagt man: *Die Seele ist ihm angewachsen (angeklebt);* vgl. frz. ‚Il a l'âme rivée (festgeschraubt) au corps' (Er kann nicht so bald sterben).

Eine große Anzahl an Rdaa. läßt sich aus dem ‚Arme-Seelen-Glauben' erklären, nach dem die in Schuld Verstorbenen diese Schuld im Fegefeuer oder auch als Geister abbüßen müssen. Durch Gebet und Fürbitte kann der Gläubige zur Erlösung beitragen.

Nun hat die arme Seele Ruh sagt man etwa, wenn ein Kind nach langem Quälen das Gewünschte erhalten hat, was es verlangte. Ebenso wie die erlöste ‚arme Seele' hält es nun Ruhe. Daneben steht: *Nun hat die liebe Seele Ruh,* wohl nach Luk. 12,19: „Liebe Seele, du hast einen großen Vorrat auf viele Jahre; habe nun Ruhe", ↗Ruhe.

Er setzt seine Seele auf die Übertür sagt man vom Kaufmann, der Gewichtsbetrug macht; ähnl. beim betrügerischen Bäcker: *Er hat seine Seele ins Brot gebacken.* Gewichtsbetrug war eine jener Sünden, die nach dem Tode mit ruhelosem Umherirren der Seele oder mit dem Fegefeuer bestraft wurden; ebenso der Meineid. Von einem Meineidigen heißt es noch heute in Schlesw.-Holst.: ‚He hett Seel und Seligkeit verswaren'.

Das *Schwören bei seiner Seele* ist wohl als alter Rechtsbrauch anzusehen. Schon im ‚Iwein' Hartmanns von Aue (1236) heißt es: „des sî mîn sêle iuwer pfant". Bis ins 18. Jh. hinein ist das ‚Schwören bei oder in eines anderen Seele' belegt, so in einer Dresdener Urkunde aus dem Jahre 1719: „zur erhuldigungs- und lehenspflicht, daz er solch in unsre seelen ablegen solt". Vgl. frz. ‚jurer par son âme'.

In den Verkürzungen *Meiner Seel!* oder *Mein Seel!* ist diese Beteuerung noch heute lebendig. Oft treten sie in abgewandelten Formen wie ‚mein Sechs', ‚mein ↗Six' auf. Die Rda. *auf dein Seel' und Gewissen,* noch bei Seb. Franck zu finden (vgl. frz. ‚en mon âme et conscience'), wird heute in der Regel ersetzt durch ‚auf Ehre und Gewissen'. Beim Schwur setzte man die Seele zum Pfand. Diese Vorstellung liegt auch in den Rdaa. *seine Seele dem Teufel verpfänden, verkaufen;* vgl. frz. ‚vendre son âme au diable'. Wer sich dem Teufel ‚verschwor', verpfändete ihm seine Seele. Aus der Vorstellung vom Pakt mit dem Teufel und der von der Armen Seele lebt die Rda. *hinter etw. her sein wie der Teufel hinter der armen Seele,* ↗Teufel.

Die Seele als Sitz des Gemütes und Gewissens liegt den Rdaa. *jem. etw. auf die Seele binden, legen* zugrunde: ihm etw. eindringlich ‚ans Herz' legen, es seiner Obhut anvertrauen. Lit. verwendet von Schiller im ‚Don Carlos' (4,21): „Sagen Sie ihm, daß ich Menschenglück auf seine Seele lege".

Im Ndd. wird die Wndg. noch in anderer

Bdtg. gebraucht, denn eine neugierige, schwatzhafte Frau erhält auf ihre Fragen häufig die Antwort: ‚Das werde ich dir auch gerade auf die Seele binden!‘: Das wirst du von mir niemals erfahren, vgl. ‚jem. etw. auf die Nase binden‘, ↗Nase. Ganz offensichtlich sah man im Herzen den Sitz der Seele, ja man setzte beide Begriffe gleich. Dies erklärt die Auswechselbarkeit der beiden Begriffe, z. B. *etw. auf dem Herzen, auf der Seele haben;* oder *sich etw. vom Herzen, von der Seele reden.*

Ein Herz und eine Seele sein sagt man von zwei Personen, die in ihren Anschauungen völlig übereinstimmen. Apostelg. 4,32 heißt es: „Die Menge aber der Gläubigen war ein Herz und eine Seele“.

Eine ebensolche völlige Übereinstimmung drückt sich aus in *zwei Seelen und ein Gedanke.* Diese Rda. geht zurück auf Friedr. Halms (1806–71) Drama ‚Der Sohn der Wildnis‘ von 1842 (II):

> Zwei Seelen und ein Gedanke
> zwei Herzen und ein Schlag.

Ähnl. heißt es in Shakespeares ‚Sommernachtstraum‘ (II, 2, 50): „Two bosoms and a single troth“.

Von ganzem Herzen und von ganzer Seele wünscht man etw., also ‚mit seinem ganzen Wesen‘; gekürzt aus Matth. 22,37: „Du sollst lieben Gott, deinen Herrn, von ganzem Herzen, von ganzer Seele und von ganzem Gemüte“, ein Wort, das im Lutherischen Katechismus oft vorkommt. Vgl. frz. ‚de tout son cœur et de toute son âme‘. In gleicher Bdtg.: *aus tiefster Seele etw. hoffen.*

Eine Seele von Mensch nennt man einen, der bes. gütig ist. Ähnl.: *eine treue, gute, geduldige Seele.*

Als *durstige Seele* bez. man heute in scherzhafter Abwandlung von Ps. 107,9 den Trinker.

Die Seele des Geschäftes ist der, ohne den das Geschäft nicht bestehen könnte, der also die Hauptsache, die Triebfeder darstellt; vgl. frz. ‚l'âme de l'affaire‘, ‚l'âme du complot‘ (Hauptanführer).

Mit *Seelchen* bezeichnete man im 18. Jh. ein zartes, empfindsames Mädchen; heute wird der Ausdr. pejorativ i. S. v.: sentimental, ohne viel Geist gebraucht.

Jem. ist eine schöne Seele: jem. hat ein ausgeglichenes Gemüt, ist gutherzig, freigebig, intelligent. Der Begriff der ‚schönen Seele‘ geht auf die Antike zurück und kommt über Shaftesbury und Wieland zu Schiller und Goethe, welche ihn jedoch unterschiedlich fassen. Schillers Ideal der ‚schönen Seele‘ ist eine Harmonie zwischen dem natürlichen und geistigen Sein des Menschen, quasi ein Übereinstimmen des Menschen mit sich selbst.

Goethe überträgt auch den Begriff des Schönen vom Sinnenhaften in den seelischen Bereich; er überschreibt das 6. Buch der ‚Lehrjahre‘ (1795/96) mit: ‚Bekenntnisse einer schönen Seele‘, meint aber hier die fromme, den Herrnhutern verbundene Freundin seiner Mutter, Susanna Katharina von Klettenberg (1723–74).

Ein *Seelenwärmer* ist eine Strickjacke, urspr. das Rücken und Brust bedeckende dreieckige Trachtentuch.

Mit *Seelenverkäufer* bezeichnete man urspr. den Sklavenhändler, der mit Menschen, also mit Seelen, handelte. Wohl in der Zeit der Auswanderungen nach Amerika übertrug man die Bez. auf die für die Überfahrt gekauften Schiffe, die wegen Geldmangels meist alt und brüchig waren und oft das Reiseziel nicht erreichten.

Eine große Zahl an Worten hat sich mit dem Ausdr. Seele verbunden, z. B. Seelenadel, Seelengröße, Seelenruhe, seelenvergnügt, Seelenverwandtschaft usw. Auch manche Rda., die urspr. nichts mit der Seele zu tun hatte, wurde durch diesen Begriff verstärkt. So hieß es für ‚einem etw. dringend ans Herz legen‘ im 16. Jh. noch nicht ‚ihm etw. auf die Seele binden‘, sondern man sagte bloß: ‚es einem einbinden‘. In der ‚Hildesheimer Chronik‘ von Oldecop (S. 98) steht: „Und dusse befeil war allen hemelich eingebunden und befolen“.

Lit.: *W. Feldmann:* Modewörter des 18. Jh.s, in: Zs. f. dt. Wortforschung 6 (1904/05), S. 101–119; 299–353; *M. v. Waldberg:* Studien und Quellen zur Geschichte des Romans. Bd. 1: Zur Entwicklungsgeschichte der „schönen Seele“ bei den spanischen Mystikern (Berlin 1910); *O. Tobler:* Die Epiphanie der Seele in der dt. Volkssage (Diss. 1911); *E. Rohde:* Psyche. Seelenkult und Unsterblichkeitsglaube der Griechen (Tübingen [10]1925); *E. Moser-Rath:* Art. ‚Arme Seele‘ in: Handwb. d. Sage, Bd. I, Sp. 628–641; *J. Sailer:* Die Armen Seelen in der Volkssage (Diss. München 1956); *I. Paulson:* Die primitiven Seelenvorstellungen der nordeurasischen Völker (Stockholm 1958); *G. Thomann:* Die armen Seelen im Totenbrauch und Totenglauben des altbayerischen, insbes. des oberpfälz. Raumes (Diss. Würzburg 1969); *J. Le Goff:* Die Geburt des Fegefeuers (Stuttgart 1984).

Seemannsgarn ↗ Garn.

Segel. *Mit vollen Segeln fahren:* alle Mittel ins Werk setzen, um seinen Zweck zu erreichen; vgl. die Worte des Musikus Miller in Schillers ‚Kabale und Liebe' (I, 1): „(Da) geht ihm ein Licht auf, wie meinem Rodney, wenn er die Witterung eines Franzosen kriegt, und nun müssen alle Segel dran und drauf los". Vgl. frz. ‚mettre toutes voiles dehors' sowie ‚faire force de voiles' (mit vollen Segeln).

In gleicher Bdtg: *alle Segel setzen:* alle Kräfte anspannen, oder: *mit Segeln und Rudern fahren:* allen Fleiß und alle Mühe anwenden.

Das ist Wind in seine Segel: das fördert seine Absichten.

Er kann noch Segel setzen: er hat noch nicht alle Möglichkeiten erschöpft, ist noch nicht am Ende.

Man muß die Segel nach dem Winde richten, mit dem Winde segeln: die günstige Gelegenheit nutzen, sich den Gegebenheiten des Augenblicks anpassen, ↗ Wind. Vgl. frz. ‚avoir le vent dans les voiles', i. S. v. in einer günstigen Lage sein, aber: ‚avoir du vent dans les voiles', i. S. v. Schlagseite haben.

Jem. den Wind aus den Segeln nehmen: ihn hemmen, lahmlegen. Das geschieht beim Segeln, indem man mit seinem Boot sich zwischen Wind und Segel des anderen Bootes schiebt, ihm also tatsächlich ‚den Wind aus den Segeln' nimmt, ↗ Wind.

Vor jem. die Segel streichen: nachgeben, sich für überwunden erklären, wie ein Schiff, das sich dem Feinde ergibt. Das Einholen der Segel war ein altes Zeichen der Aufgabe (vgl. ‚Flagge'). Bereits im 16. Jh. heißt es in der ‚Hildesheimer Chronik' von Oldecop (S. 159): „De Engelschen streken ere segeln"; auch das Lat. kennt die Wndg.: ‚vela contrahere' (Cicero, Tusculanae disputationes, 4,9); ebenso im Frz.: ‚caler la voile'; ndl. ‚Hij heeft het zeiltje gestreken'.

Die Segel aufspannen: sich aus dem Staube, auf und davon machen; vgl. frz. ‚mettre les voiles'.

Die Segel den Winden überlassen: eine Sache, sein Schicksal dem Zufall überlassen.

Die Segel wenden: seine Ansicht ändern.

Lit.: *O. G. Sverrisdóttir:* Land in Sicht (Frankfurt/M. 1987), S. 93–98 u. 186–187. Weitere Lit. ↗ See.

Segen. *Dazu hast du meinen Segen!* kann ernst gemeint sein und bedeutet dann, daß man ein Unterfangen gutheißt; oder aber man meint es iron. i. S. v. ‚probiere es ruhig einmal, aber du wirst schon sehen, was dabei herauskommt'. *Meinen Segen hast du dazu nicht* bedeutet eindeutig, daß man ein Unternehmen, einen Plan ablehnt. Der Segen oder das Segnen gehört zu fast allen gottesdienstlichen Handlungen. Urspr. zugrunde liegt die Vorstellung, daß durch den Segen eine Übertragung numinoser Kräfte stattfindet.

So spendet Segen noch immer die Hand: eine Sache ist noch immer nützlich und brauchbar. Diese Wndg. ist ein Zitat aus Theodor Fontanes Ballade ‚Herr von Ribbeck auf Ribbeck im Havelland'. Das Gedicht schließt mit den Zeilen:

> So spendet Segen noch immer die Hand
> Des von Ribbeck auf Ribbeck im Havelland.

Im Engl. und Amer. umschreibt man mit: ‚Out of God's blessing into the warm sun', daß es einem immer schlechtergeht, daß man vom ↗ Ochsen auf den Esel kommt. Schon Shakespeare schreibt 1605/06 im ‚King Lear' II, 2, 168: „Thou out of heaven's benediction comest to the warm sun".

Lit.: *R. W. Bond:* Out of God's blessing into the warm sun, in: Athenaeum 15 (1903), S. 220–221; *P. L. Carver:* Out of Heaven's Benediction to the warm sun, in: Modern Language Review 25 (1930), S. 478–481; 29 (1934), S. 173–176; *F. Ohrt:* Art. ‚Segen', in: HdA. VII, Sp. 1582–1620; *S. Morenz u. a.:* Art. ‚Segen und Fluch', in: RGG. V (^{3}1961), Sp. 1648–1652.

sehen. *Nichts sehen, nichts hören, nichts sagen:* völlig passiv, meinungslos, desinteressiert sein; auch: etw. verheimlichen wollen, so tun, als sei nichts geschehen. Zurück geht dieser sprw. Ausdr. auf ein mittellat. Sprw.: ‚Audi, vide, tace, si tu vis vivere pace' (Walther, I, S. 194–195); daß allerdings der bildl. Ausdr. drei Affen sind, von denen sich einer die Augen, der andere die Ohren, der dritte den Mund zuhält, hat eine andere Quelle: 1957 haben zwei Forscher völlig unabhängig voneinander den Ursprung der drei Affen im Fernen Osten entdeckt. Archer Taylor wies nach, daß die Geschichte der drei Affen nach Japan, evtl. nach China führt, während der Japanologe André Wedemeyer Japan als Ursprungsland festlegte.

1

2

1/2 ‚Nichts sehen, nichts hören, nichts sagen'

Zur Entstehung des Affensymbols läßt sich sagen: In der japanischen Sprachformel ‚mi-zaru, kika-zaru, iwa-zaru' (nicht sehend, nicht hörend, nicht sprechend) entspricht ‚zaru' dem dt. Wort ‚nicht', aber es läßt sich auch leicht mit dem japanischen Wort für Affe, ‚saru', verwechseln, so daß aus der dreimaligen Negativ-Endung leicht drei Affen werden konnten.

Lit.: *A. Taylor:* Audi, Vide, Tace and the Three Monkeys, in: Fabula 1 (1957), S. 26–31; wieder in: ders.: Comparative Studies in Folklore (Taipei 1972), S. 287–292; wieder in: Selected Writings on Proverbs by Archer Taylor (hg. W. Mieder), FFC. 216 (Helsinki 1975), S. 165–171; *A. Wedemeyer:* Das japanische Drei-Affen-Symbol und der Koshin-Tag, in: Jb. des Museums für Völkerkunde zu Leizpig 16 (1957), S. 28–56; *W. Mieder:* Die drei weisen Affen und das Sprw. ‚Nichts sehen, nichts hören, nichts sagen', in: Muttersprache 90 (1980), S. 167–178; *ders.:* The Proverbial Three Wise Monkeys, in: Midwestern Journal of Language and Folklore 7 (1981), S. 5–38; *ders.:* The proverbial Three Monkeys. Hear no evil, see no evil, speak no evil, in: ders.: Tradition and Innovation in Folk Literature (Hannover – New York 1987), S. 157–177.

Seide. *Keine (gute) Seide bei etw. spinnen:* keinen Nutzen bei etw. haben, kein Glück, keinen Erfolg mit etw. haben. Unter ‚Seide spinnen' verstand man, abgeleitet von der konkreten Bdtg., ‚Rohseide verarbeiten': eine feine und sorgfältige Arbeit tun, etwa im Gegensatz zur Verarbeitung der groben Wolle. Vgl. ndl. ‚bij iets geen zijde spinnen' und frz. ‚ne pas tirer grand denier de quelque chose' und ‚filer un mauvais coton' (schlechte Baumwolle spinnen, i.S.v. sich in einer schwierigen Lage befinden).

1560 heißt es in den ‚Schönen, weisen Klugreden': „Wer kann allzeit seiden spinnen? Seiden ist weych und zart, wer die seiden spinnen soll, der musz hübschlich mit umbgehn, dasz ers nit verderbe unnd nichts vergesse, also spinnet seiden, wer auff all sein red weiszlich acht hat, bedenckt mit vernunfft, was er reden, thun und lassen soll. Her widerum, wer sich nit allweg fürsihet in reden und wircken, der spinnet nicht seiden, sondern grob sackgarn". Schon in Thomas Murners ‚Großem lutherischem Narren' findet sich 1522: „Er hat nit allzeit seidin gespunnen". Ebenso 1538 in Seb. Francks ‚Chronik der Teutschen': „sie haben aber warlich etwan übel genug hauß gehalten und nit allweg seiden gespunnen". Genauso noch schwäb. ‚keine Seide spinnen', nicht bloß Gutes tun; els. ‚mer kann nit als furt Sid spinnen'.

Verneint bedeutete die Formel also: grob, unhöflich sein. J. Brenz in ‚Von Milderung der Fürsten' (Augsburg 1525): „er wißt wol, das er gegen seinen Vnderthonen auch nit allweg Seyden hett gespunnen".

Seide spinnen bedeutete auch: leichte Arbeit tun. In diesem Sinne heißt es 1580 bei Tob. Stimmer (‚Comedia'): „Da ist kein Feyrtag noch Seidenspinnen / Im Schweiß muß er sin Brot gewinnen".

In der Bdtg. ‚keinen Vorteil bei etw. haben' ist ‚Seide spinnen' in verneinter Form seit dem 17. Jh. belegt: „Der König hir hatt woll, wie man sagt, gar keine Seide bey dem Krieg gespunden" (Briefe der Liselotte, hg. v. Holland, Bd. I, S. 120). „Er wird dabei keine Seide spinnen / hac re finem equidem prosperum non consequetur" (C. E. Steinbach, Vollst. dt. Wb. II, 1734).

Die beiden spinnen keine gute Seide: sie vertragen sich nicht miteinander.
Im Volkslied begegnet die Wndg. ‚Seide spinnen‘ in übertr. Bdtg. auf Mädchen bezogen. Von der ermordeten Schwester sagt der nach ihr befragte Mörder:

„Dort oben auf jener Linde,
Schwarzbraune Seide tut sie spinnen“.
(Wunderhorn).

Sein Schicksal (*die Sache* usw.) *hing am seidenen Faden:* er war in höchster Gefahr, ein guter Ausgang der Sache war höchst zweifelhaft, ↗ Faden; vgl. frz. ‚tenir à un cheveu‘ (Haar), ↗ Haar. Das Motiv des ↗ Damoklesschwertes findet sich auch in zahlreichen dt. Volkserzählungen, doch abgewandelt zum ‚Mühlstein am seidenen Faden‘.

Seife, Seifenblase, Seifensieder. *Einen ohne Seife scheren (rasieren):* ihn grob (falsch) behandeln, auch euphemist. gebraucht für köpfen; vgl. ‚einen trocken scheren‘, ↗ scheren.
Er geht nach Seife: mit seinem Leben geht es zu Ende. Die Teilnehmer an den Kreuzzügen brachten jerusalemische Seife mit; da es aber so wenige waren, die heimkehrten, wurde der Zug nach Jerusalem mit Sterben gleichgesetzt und iron. mit dem Holen der Seife in Verbindung gebracht. Vgl. ndl. ‚Hij is om zeep‘.

‚Zerplatzen wie eine Seifenblase‘

Abjemacht, Seefe ist eine vorwiegend schles. und berl. Rda., deren Urspr. man in dem frz. ‚C'est fait‘ suchte. Wahrscheinl. handelt es sich um eine lautliche Angleichung an das im 19. Jh. beliebte ‚Abjemacht, Sela‘, nachdem die Bdtg. des Wortes ↗ Sela aus dem Gedächtnis des Volkes entschwunden war.
Bei Plänen, Hoffnungen u. ä., die zunichte geworden sind, spricht man davon, sie seien *zerplatzt wie Seifenblasen.* Die Seifenblase galt als Vanitas-Symbol und gilt als Sinnbild des Unbeständigen und Nichtigen. In dieser Bdtg. heißt es bei Hebbel:

Das nenn ich eine hübsche Phrase,
So bunt wie eine Seifenblase,

und bei Schiller (‚Räuber‘ V,2): „... Wo sind deine hochfliegenden Pläne? Sinds Seifenblasen gewesen, die beim Hauch eines Weibes zerplatzen?“
Wie ein Seifensieder denken geht zurück auf Schillers Drama ‚Wallensteins Lager‘ (11): „Schad um die Leut! Sind sonst wackre Brüder ... Aber das denkt wie ein Seifensieder“.

Von einem, der bei der Arbeit laut singt, sagt man, er sei *ein munterer Seifensieder* oder auch *wie Johann, der muntere Seifensieder.* Entnommen ist diese Gestalt dem Gedicht ‚Johannes, der Seifensieder‘ von Friedrich v. Hagedorn (1708–54). Übrigens übernahm Hagedorn die Gestalt aus La Fontaines Fabel ‚Le savetier et le finan-

cier', wobei er irrtümlich ,savetier' statt richtig mit ,Flickschuster' mit ,Seifensieder' (frz. savonnier) übersetzte.
Der Seifensieder war auch zugleich Kerzenzieher. Daher erklärt sich wohl die Rda. *Mir geht ein Seifensieder* (statt: Licht) *auf.* Man setzte den Hersteller für das Produkt. Der Ausdr. ist 1810 zuerst für die hallesche Studentensprache belegt. Bei Wilh. v. Kügelgen (,Jugenderinnerungen', Reclamausg. S. 87): „es mußte erst eine glückliche Anschauung kommen oder mit anderen Worten ein großer Seifensieder aufgehen".
Wander berichtet, in Prag habe man statt Seifensieder ,Gasbeleuchtung' gesagt. Berl. heißt es in gleicher Bdtg.: ,Mir jeht'n Talchlicht uf' oder ,Mir jeht 'ne Jasfabrik uf', ↗Licht.

Lit.: *F. A. Stoett:* Om zeep gaan, in: Tijdschrift voor Nederlandse Taal- en Letterkunde 15 (1896), S. 122–127; *A. de Cock:* Om zeep gaan, in: Vkde. 9 (1896/97), S. 197; *A. Taylor:* ,No Soap', in: Western Folklore, 16 (1957), S. 198–200; *ders.:* ,No soap' once more, in: Western Folklore 20 (1961), S. 124; *F. Bertrich;* Kulturgeschichte des Waschens (Düsseldorf 1966); *W. Mezger:* Narrenidee u. Fastnachtsbrauch (Konstanz 1991).

Seil. *Einem das Seil über die Hörner werfen:* ihn mit List einfangen, da man seine Kraft fürchtet, eigentl. wie einen jungen Stier fesseln, da man ihn nicht anders überwältigen kann und anzupacken wagt; dann auch: einen berücken, betrügen. Bes. gern wendet der Volksmund diese Rda. auf einen an, der sich verlobt hat, sich also von einem Mädchen hat ,einfangen' lassen. So heißt es z. B. bremisch von einem Verlobten: ,Hei het sek dat Säl ümm de Hören smiten laten'. Ähnl. schrieb schon Grimmelshausen in seinem ,Simplicissimus' (II, 182): „Ein junger Schnautzhann, dem sie das Seil über die Hörner warff", und Hans Sachs in der ,Eulenbeiz': „Man hat mirn strick ant hörner bracht". 1639 wird die Wndg. auch von Lehmann (S. 940, Zusatz 2) gebraucht: „Zusagen steht im Willen, aber das halten hat das Seil an Hörnern". Bismarck wandelt den Ausdr. etw. ab, meint aber auch sich fangen, überlisten, festnageln lassen: „Wir werden uns wegen dieser Fragen von niemand das Leitseil um den Hals werfen lassen" (,Reden' 12, 183).

Die Rda. begegnet auch in der Form *einem das Seil über den Kopf werfen* und in der Kurzfassung *einem das Seil überwerfen,* so bei Murner in seiner ,Narrenbeschwörung' (69): „Vber einen das seil werffen" i. S. v. übervorteilen.
Über das Seil werfen: jem. betrügen, ist vielleicht als eine Art Kurzform der vorigen Rdaa. nach dem Muster ,über den Tölpel werfen' gebildet. Hans Sachs verwendet neben der anderen auch diese Rda., Seb. Franck (I, 104[a]) schreibt auch: „Vber das seil werffen", und in der ,Bayrischen Chronik' (DXIV[b]) findet sich ein ausführlicher Beleg: „Hertzog Ludwig von Ingelstatt vermeint ... Keyser Carl hett seinem Vettern Hertzog Otten in solchem Kauff mercklich vber das seil geworffen, hett jm nicht die strick an den Glocken bezalt". Alem. heißt betrügen auch: ,ein' am Seil abilau'.
Auf dem Seil tanzen (gehen): in unsicherer Lage sein, sich auf ein gefährliches Unterfangen einlassen. In Ulm sagt einer, der weiß, daß er sich in Gefahr begibt wie ein Seiltänzer, der bei einer Ungeschicklichkeit abzustürzen droht: ,Heut muess i aufs Soil!' Vgl. auch lat. ,ire per extentum funem' (Horaz); frz. ,danser sur la corde raide'.

,Auf dem Seil tanzen'

Er geht im Seil: er verdient sich sein Brot schwer. Die Rda. erinnert an die schwere Arbeit der Schlepper, die eine Leine um den Leib geschlungen hatten und damit ein Schiff stromauf ziehen mußten. Da

,Im Seil gehen' – ,Am selben Seil (Strang) ziehen'

Seil in enger etymol. Verwandtschaft zu ,Siele' steht, ist die Rda. nur eine Abwandlung der bekannteren Wndg. ,in den Sielen gehen (sterben)', ↗Siele.

An einem (am gleichen) Seil (Strang) miteinander ziehen: miteinander die gleiche Tätigkeit vollziehen, ein gemeinschaftliches Geschäft (Verbrechen) ausführen, mitschuldig sein und das gleiche Schicksal tragen, auch: gemeinsame Interessen verfolgen, eines Sinnes sein. Die Rda. ist auch mdal. verbreitet. In Bedburg heißt es z.B. ,De träcken ê Sel', wenn zwei gut übereinstimmen und zusammenhalten, vgl. auch: ,unter einer ↗Decke stecken'. Häufig erscheint diese Rda. auch ins Negative gewendet, um große Uneinigkeit auszudrücken: *Sie ziehen nicht an einem Seil* oder *Sie ziehen wohl an einem Seil, aber jeder an einem andern Ende,* so daß sich die Kräfte gegenseitig aufheben und nichts erreicht werden kann; vgl. frz. ,tirer à hue et à dia' (Hüh und hott ziehen).

An diesem Seil muß man nicht ziehen: man sollte sich nicht daran beteiligen, auch: die Sache nicht verkehrt anfangen. Ob das Glockenseil oder Leitseil gemeint ist, bleibt ungewiß. Pestalozzi verwendet die Rda. *am rechten Seile ziehen* lit. (Werke XII, 127). *Er hat mehr als ein Seil zu seiner Kunst:* er hat mehrere Mittel in Bereitschaft, er wird sich im Notfall zu helfen wissen; vgl. frz. ,avoir plus d'une corde à son arc' (mehr als ein Seil an seinem Bogen haben). Vgl. auch frz. ,se mettre la corde au cou', i.S.v. auf seine Freiheit verzichten, heiraten, sowie ,tirer sur la corde', i.S.v. einen Vorteil mißbrauchen, und ,parler de corde dans la maison d'un pendu': in der Wohnung eines Gehängten vom Seil sprechen, i.S.v. unüberlegt reden.

Immer dasselbe Seil spinnen: die alte Sache weiterbetreiben, erledigte Probleme wieder aufgreifen.

Er will ein Seil durch ein Nadelöhr ziehen: er versucht Unmögliches. Die Rda. erinnert an die Bibelstelle: Matth. 19,24: „Es ist leichter, daß ein Kamel durch ein Nadelöhr gehe, denn daß ein Reicher in den Himmel komme", wobei ,Kamel' die Bez. für ein dickes Seil war, was oft mißverstanden wurde; ↗Nadel.

Seiler. *Des Seilers Braut heiraten:* gehängt werden. *Er wird mit des Seilers Halstuch beschenkt werden:* man wird ihn zum Galgen verurteilen. Diese Wndg. wird z.B. im ,Judas der Erzschelm' (II) gebraucht. Vgl. ndl. ,Door een hennepen venster kijken'. Bes. häufig ist die Rda. *Er wird eine Seilerstochter heiraten,* da man den Strick des Henkers wegen eines Sprachtabus als ,des Seilers Tochter' bezeichnete. Bei Braun steht dazu in der ,Bibliothek des Frohsinns' (Bd. III, H. 2ᵇ, Nr. 50, S. 173) eine erklärende Erzählung: „Von zwei Dieben wurde einer zum Galgen, der andere zum Auspeitschen verurtheilt. Als jener unter dem Galgen stand, fragte dieser: ,Was soll ich deiner Mutter sagen?' – ,Sage ihr, ich habe mich mit einer Seilerstochter verheirathet, und du habest auf meiner Hochzeit getanzt' ". Die Brüder Grimm verwenden die Rda. *mit des Seilers Tochter Hochzeit halten* mehrfach in ihrer Märchensammlung (KHM. 4, KHM. 192, KHM. 199).

Der Ausdr. ist auch in die Lit. eingedrungen. Joh. Chr. Günther schreibt: „Des Seilers Tochter wird seine Braut", und bei J. P. Hebel heißt es: „Er wird mit des Seilers Tochter kopuliert". Noch 1872 berichtet die ‚Allgemeine Modezeitung' (Nr. 10, S. 150): „So wollte der Magistrat gern ein Exempel statuiren, und Gripschgrapsch wurde verurtheilt, mit des Seilers Tochter copulirt zu werden, die hiess Jungfer Strick". Vgl. auch: ‚mit Jungfer Hänfin (Strick) Hochzeit machen' (↗ Hanf) und ndl. ‚Hij is aan Lijntjes dochter getrouwd'.

Lit.: *E. Angstmann:* Der Henker in der Volksmeinung, seine Namen und sein Vorkommen in der mdl. Überlieferung, in: Teuthonista, Zs. f. Dialektforschung u. Sprachgesch., Reihe H 1 (Bonn 1928); *W. Danckert:* Unehrliche Leute. Die verfemten Berufe (Bern – München 1963).

Seinen. *Den Seinen gibts der Herr (Gott) im Schlaf (schlafend):* manchen fällt das Glück in den Schoß, ohne daß sie sich darum bemühen müßten, oft iron. gesagt. Die Wndg. ist bibl. Herkunft und bezieht sich auf Ps. 127,2. Diese Stelle lautet in der heutigen Ausg. der Lutherbibel: „Es ist umsonst, daß ihr früh aufstehet und hernach lange sitzet und esset euer Brot mit Sorgen; denn seinen Freunden gibt er's schlafend", was besagen soll, daß Gott seinen Segen dazu geben muß, wenn das Menschenwerk nicht vergeblich gewesen sein soll, und daß er andererseits ohne menschliches Zutun reich machen kann, wen er will. Die moderne Übers. der Züricher Bibel hat fast den gleichen Wortlaut wie die heutige volkstümliche Wndg., die wohl erst gegen Ende des 18. Jh. aufgekommen ist: „... den Seinen gibt er's im Schlafe". Dem Sinne nach übereinstimmende Wndgn. hat Seb. Franck bereits in seinen ‚Sprichwörtern' verzeichnet: ‚Wem's Gott gönnt, der wird schlaffend reich' und ‚Gott bescheert vber nacht'. Vgl. auch frz. ‚Les biens viennent en dormant à ceux que Dieu aime'.

Die Wndg. wird durch den Erzähltyp ‚Was mir von Gott ist zugedacht, das wird mir wohl ins Haus gebracht' veranschaulicht.

Lit.: *G. Henßen:* Was mir von Gott ist zugedacht, das wird mir wohl ins Haus gebracht. Zum Formwandel einer Schatzsage, in: Zs. f. Vkde. 53 (1956/57), S. 157ff.

Seite. *Etw. auf die Seite bringen:* etw. heimlich entwenden, stehlen, eigentl. etw. unauffällig neben sich stellen, so daß es nicht mehr gesehen wird und dadurch in Vergessenheit gerät und es dann nicht mehr auffällt, wenn es verschwindet. Vgl. frz. ‚mettre quelque chose du côté de l'épée' (veraltet) und frz. ‚mettre quelque chose de côté', i. S. v. ‚etw. beiseite legen'.

Etw. auf der Seite haben: etw. gespart haben, Vermögen besitzen.

Sich auf die Seite machen: sich schnell und heimlich entfernen.

Jem. auf die Seite bringen (räumen, schaffen): ihn töten, weil er lästig, unbequem oder gefährlich ist, eigentl. ihn wie ein Hindernis ‚aus dem Wege räumen'.

Jem. auf die Seite nehmen: ihn aus einem Kreis von anderen Gesprächspartnern an eine unbeobachtete Stelle führen, um ihm eine vertrauliche Mitteilung zu machen; vgl. frz. ‚prendre quelqu'un à part'.

Jem. auf seine Seite bringen (ziehen): ihn beeinflussen und veranlassen, daß er sich einer bestimmten Ansicht, Gruppe anschließt, ‚Partei ergreift', wenn eine Auseinandersetzung droht; die Gunst und den Einfluß eines anderen für sich gewinnen. Vgl. ndl. ‚iemand aan zijne koord krijgen'; frz. ‚mettre quelqu'un de son côté'.

Sich auf jem. Seite schlagen (stellen), auch: *jem. zur Seite treten (springen):* ihm Recht geben, für ihn eintreten, ihn unterstützen, seine Worte bekräftigen. Die Rdaa. bewahren die Erinnerung an einen alten Rechtsbrauch: wer sich des Angeklagten vor Gericht annehmen wollte, mußte sich als Zeuge oder Bürge neben ihn stellen; vgl. frz. ‚se mettre du côté de quelqu'un'.

Jem. mit etw. in die Seite treten: jem. beipflichten, ihm helfen. Die seit dem Ende des 19. Jh. bezeugte Wndg. ist eine scherzhafte Entstellung der vorigen Rda.

Einem zur Seite gehen: achthaben auf jem., ihn schützen, ihm schnelle Hilfe leisten. Im Ndd. hat die Rda. auch den Sinn von ‚Nebengänger' bei der Trauung, also: Trauzeuge.

Seite an Seite stehen: gemeinsam handeln; vgl. frz. ‚être côté à côté'.

Einen bei seiner schwachen Seite fassen: ihn dort angreifen, wo er leicht verwundbar ist, eigentl. ihn von seiner ungeschützten Körperseite her im Kampf bedrängen; in übertragener Bdtg.: die Schwäche und Unvollkommenheit eines anderen kennen und seinen Vorteil ausnutzen (z.B. seine übergroße Gutmütigkeit, seinen übertriebenen Gerechtigkeitssinn, seine Habsucht und Eitelkeit). Vgl. ndl. ‚Hij pakt (vat) hem aan zijne zwakste zijde aan'.

Ähnl. *einem die weiche (schwache) Seite abgeben:* seinem Gegner selbst seine Mängel offenbaren, ‚sich eine Blöße geben'.

Nicht die stärkste Seite von jem. sein: etw. sein, das er nicht bes. gut beherrscht, das er nicht gern tut.

Sich auf die faule (rauhe, schlechte) Seite legen: träge (unfreundlich) werden, sich dem Laster ergeben. Die Wndg. ist seit dem Ausgang des 17. Jh. bezeugt.

Die Feststellung *Er hat sich auf die schwere Seite gelegt* meint dagegen: er ist zu der Partei übergegangen, die in der Mehrzahl ist und deshalb den größten Vorteil bietet; vgl. frz. ‚Il s'est mis du côté du plus fort'.

Auf die große (kleine) Seite gehen: umschreibend ebenso wie ‚ein großes (kleines) Geschäft verrichten'.

An jem. grüner Seite sitzen: von jem. sehr geschätzt sein, ihm sehr nahe sein; jem. auf die linke Seite, die Herzseite, setzen, um zu verdeutlichen, daß man ihm sehr gewogen ist. Bekannt aus dem schwäb. Volkslied:

Mädele ruck, ruck, ruck
an meine grüne Seite,
I hab di gar so gern,
i mag di leide.

Vgl. ndl. ‚aan iemands groene zijde zitten, ↗grün.

Jem. etw. (jem.) an die Seite stellen können: es vergleichen können; neben dem Wert des anderen nicht zurückstehen müssen. Dagegen: *Dem kann nichts zur Seite gestellt werden:* es gibt nichts Gleichwertiges, es ist ausgezeichnet und deshalb einmalig.

Sich von seiner besten Seite (manchmal auch: ‚von seiner ↗Schokoladenseite') *zeigen:* sich bewußt vorbildlich benehmen; in einer Gesellschaft glänzen wollen; seine Vorzüge deutlich machen und seine Mängel verbergen; vgl. frz. ‚se montrer de son meilleur côté'.

Jem. von dieser Seite noch nicht kennen, auch: *einen von einer ganz anderen (neuen) Seite kennenlernen:* über einen bisher verborgenen Charakterzug überrascht sein.

Eine Sache von allen Seiten betrachten: zur genauen Beurteilung alle Gesichtspunkte beachten; genauestens prüfen und alle Konsequenzen erwägen.

Einer Sache eine neue Seite abgewinnen: Neues, Positives und Interessantes entdecken.

Etw. von der guten (besten) Seite ansehen: in allen Dingen das Positive zu sehen versuchen, optimistisch sein; vgl. frz. ‚prendre les choses du bon côté'. Ähnl.: *Alles von der leichten (heiteren) Seite nehmen:* nichts schwernehmen, sich nicht bedrükken lassen. Dagegen: *Alles auf die schlimme Seite nehmen:* alles für schwieriger und tragischer halten, als es in Wirklichkeit ist; vgl. frz. ‚prendre quelque chose au tragique'.

Seine zwei (guten und schlechten) Seiten haben: Vorteile und Nachteile zugleich besitzen, zwiespältig sein; nicht ohne weiteres für gut oder schlecht befunden werden können, auch: *zwei Seiten einer Medaille;* vgl. frz. ‚avoir son bon et son mauvais côté'.

Etw. von dritter (anderer) Seite erfahren: etw. von jem. erfahren, von dem man es nicht hören möchte; etw. nicht direkt erfahren, sondern auf Umwegen.

Etw. von unterrichteter Seite wissen: etw. aus Quellen haben, denen direkte Informationen zugrunde liegen, so daß man sich darauf verlassen kann.

Sich die Seiten halten: sehr kräftig lachen; vgl. frz. ‚se tenir les côtes'.

Lange Seiten haben: viel essen oder trinken können, viel vertragen können; vgl. frz. ‚avoir les côtes en long', i.S.v. sich nicht bücken können, daher schlecht körperlich arbeiten können.

Auf allen Seiten beschlagen sein: auf allen

Gebieten Kenntnisse besitzen, sich im Leben zurechtfinden. Vgl. siebenb.-sächs. ‚Dî äs af alle Sêgten beschloen'.

Auf beiden Seiten Wasser tragen: es mit keiner Partei verderben wollen. Murner gebrauchte in seiner ‚Schelmenzunft' (21) eine ähnl. Wndg.: „Auf beiden seiten auf einem stecken reiten", d.h. Gott und dem Teufel gleichzeitig dienen.

Auf beiden Seiten hinken: unbeständig, bestechlich sein. Vgl. ndl. ‚Hij hinkt op beide zijden'. Seb. Franck verwendete bereits 1531 in seinem ‚Zeytbuch' (CCXXXV[b]) diese Rda. „Auf beyden seyten hincken".

Jem. von der Seite (her) ansehen: ihn verachten, ihm nur einen kurzen, bösen Blick zuwerfen.

Auf die Seite sehen, wie eine Gans, die Äpfel sucht: begehrlich nach etw. schielen, auch: seinen Kopf steif geradeaus gerichtet halten und nur einen Blick auf etw. (jem.) werfen, wenn man sich unbeobachtet glaubt. Das sprachl. Bild ist sehr alt und beruht auf guter Beobachtung. Bereits Geiler von Kaysersberg schrieb dazu: „Man sagt gemeiniglich: So sieht ein Entrich, eine wilde Ente, mit einem Auge auf das Erdreich, wo die Speise ist, und mit dem andern Aug' an den Himmel, wo der Sperber ist". Ähnl.: *auf eine Seite sehen, wie der Hund, der an einem Bein nagt:* in eine Richtung blicken, um einen anderen nicht grüßen zu müssen, weil man ihn ja offensichtlich nicht gesehen haben kann.

Jem. (dumm) von der Seite anreden (anquatschen): mit jem. aufdringlich, frech zu sprechen beginnen; einen Unbekannten plötzlich auf der Straße anreden, um seine Aufmerksamkeit auf sich zu lenken.

Zur Seite sprechen: sich an einen bestimmten Zuhörer wenden und leise eine Bemerkung machen, die nicht für die Ohren anderer bestimmt ist, auch: hinter der vorgehaltenen Hand sprechen. Die Wndg. stammt aus der Theatersprache und meint den Schauspieler, der sich nicht an seine Partner, sondern direkt an das Publikum wendet, so als würde der eigentl. Betroffene diese Bemerkung nicht verstehen können.

Sela. *Sela! Abgemacht!* wird ausgerufen, wenn man zum glücklichen Ende einer Sache gekommen ist. Sela ist ein hebr. Wort, das soviel wie ‚abgemacht' bedeutet. In den Psalmen begegnet der Ausdr. 71mal, zuerst in Ps. 3,3; seit dem 16. Jh. wird er auch im Dt. verwendet. Man erklärt das Wort als Bez. des Finales eines musikalischen Vortrags (Büchmann). Die Wndg. ist auch lit. bezeugt. Noch bei Julius Voß (gest. 1832) und Adolf Glaßbrenner (gest. 1876) heißt es: „Abjemacht, Sela"; ↗Seife.

Seitensprung. *Seitensprünge machen:* aus der Ehe ausbrechen, verbotene sexuelle Beziehungen unterhalten; verhüllende u. verharmlosende Umschreibung für normwidriges Verhalten.

Eigentl. bez. der Ausdruck. ‚Seitensprung' einen Sprung in seitlicher Richtung, im 18. Jh. in übertr. Bdtg. ein Abweichen von einer festen Linie, einen dummen Streich. Erst im 19. Jh. wird das Wort, ausgehend von Österreich, auch in moralischer Hinsicht gebraucht.

selbst. *Selbst tun, selbst haben:* was man sich selbst zugefügt hat, muß man auch ertragen, für die Folgen seiner Handlungen muß man persönlich einstehen. Diese Wndg. war urspr. eine Rechtsformel. Es ist bereits in mhd. Zeit als ‚Selbe taete, selbe habe' bezeugt (vgl. J. Grimm, Dt. Rechtsaltertümer, 34). Auch Seb. Franck hat die Wndg. als ‚Selbs thon, selbs gehon' in seinen ‚Sprichwörtern' (43b und 58b) verzeichnet. Vgl. auch ndl. ‚Self doen, self hebben'. Das schweiz. Sagwort ‚Selber tô, selber g'hâ, seit der Erdwyblimâ', das nach Form und Sinn völlig der Rechtsformel entspricht, bezieht sich auf die im Alpenraum mehrfach bezeugte ‚Selbtan-Sage'. Sie ist mit der ‚Niemand-Episode' der ‚Polyphemsage' zwar verwandt, doch bilden ihre Varianten in der Volksüberlieferung Mittel- und Nordeuropas eine homerunabhängige Tradition. Der Inhalt der kurzen, lokalisierten und sagenhaften Erzählungen (vgl. Sammlungen von Jecklin, Ranke und Vonbun) ist folgender: Ein Mensch begegnet einem Unhold (Fänggin, Erdweiblein, Unterirdische, Wassergeist) und lügt ihm vor, sein Name sei „Selb" oder „Selbst". Er quält ihn oder klemmt den Unvorsichtigen in einen gespaltenen Baumstamm ein, weil er sich bei der Arbeit durch sein ständiges Fragen belästigt fühlt. Auf das Geschrei des Dämons eilen dessen Verwandte herbei und fragen, wer ihm Leid zugefügt habe. Als er schreit: „Selb!", rufen sie: „Selb tô, selb hô!" oder so ähnl. und lassen ihn in seiner qualvollen oder hilflosen Lage allein zurück, weil sie meinen, jeder müsse die Suppe auslöffeln, die er sich selbst eingebrockt habe.

Sich selbst helfen: sich nicht auf andere verlassen, vgl. das Sprw. ‚Hilf dir selbst, so hilft dir Gott'; vgl. frz. ‚Aide-toi, le ciel t'aidera'; u. die Wndg. *Selbst ist der Mann.*

‚Hilf dir selbst, so hilft dir Gott'

An sich selbst zuletzt (zuerst) denken: überaus große Hilfsbereitschaft zeigen, für sich kaum etw. beanspruchen (seinen Vorteil im Auge haben); vgl. frz. ‚penser à soi en dernier'. Vermutl. hat die lit. Verwendung in Schillers ‚Wilhelm Tell' (I, 1): „Der brave Mann denkt an sich selbst zuletzt", zur Verbreitung beigetragen; ähnl.: *seiner selbst vergessen,* auch i. S. v. geistesabwesend sein, nicht seiner Persönlichkeit gemäß handeln.

Zu sich selbst kommen: aus einer Ohnmacht (einem (bösen) Traum) erwachen, auch: nach einem Gefühlsausbruch (nach Zorn oder Verzweiflung) wohlüberlegte Entschlüsse fassen, sich auf sein eigentl.

‚Zu sich selbst kommen'

Wesen besinnen; sich seines sinnlosen (unwürdigen) Tuns bewußt werden. In der bildl. Darstellung ist die Rda. ganz wörtl. genommen; vgl. frz. ‚revenir à soi'.

Sich selbst besiegen: seine negativen Charaktereigenschaften und hemmungslosen Triebe mit Erfolg bekämpfen, seine Leidenschaften zähmen, dagegen: *sich selbst betrügen:* sich gegen besseres Wissen etw. vormachen, die Augen vor der Wirklichkeit verschließen, ähnl.: *sich selbst beschwichtigen* u. *sich vor sich selbst zu rechtfertigen suchen.*

Dagegen: *sich selbst anklagen (bezichtigen):* sich Vorwürfe machen, auch: seinem Gewissen folgen u. etw. eingestehen.

Mit sich selbst ins Gericht gehen: seine Handlungsweise kritisch prüfen.

Mit sich selbst reden: laut reden, wenn man allein ist.

Der Ausdr. ‚selbstredend' meint hingegen, daß *sich etw. von selbst versteht.*

Mit sich selbst Zwiesprache halten: seine Beweggründe erforschen, seine wahren Gefühle ergründen.

Lit.: *S. Singer:* Schweizer Märchen. Anfang eines Kommentars (= Untersuchungen zur neueren Sprach- und Literaturgesch. 33) (Bern 1903), S. 20ff.; *O. Hackman:* Die Polyphemsage in der Volksüberlieferung (Helsingfors 1904); *L. Röhrich:* Die ma. Redaktionen des Polyphem-Märchens (AaTh. 1137) und ihr Verhältnis zur außerhomerischen Tradition, in: Fabula, 5 (1962), S. 48–71; *ders.:* Erzählungen des späten MA. und ihr Weiterleben in Lit. und Volksdichtung bis zur Ggwt., Bd. II (Bern – München 1967), S. 213ff. u. S. 447ff.; *M. Lüthi:* Volksliteratur und Hochliteratur (Bern – München 1970), S. 100–113, Kap. ‚Zum Thema der Selbstbegegnung des Menschen in Volksdichtung und Hochliteratur'.

Selbsterkenntnis. ‚Selbsterkenntnis ist der erste Schritt auf dem Weg zur Besserung', sagt man als iron. Kommentar zu jem., der sich über sich selbst ärgert, ↗ Nase.

Lit.: *L. Schmidt:* Der Vogel Selbsterkenntnis zwischen Volkskunst und Rda., in: Österr. Zs. f. Vkde. 55 (1952), S. 134–144.

Semester. *Jem. ist ein älteres Semester:* jem. ist nicht mehr jung. Das Semester ist eigentl. das akademische Studienhalbjahr, nach dessen Anzahl die Studiendauer berechnet wird; lat. ‚semester': Dauer von 6 Monaten.
Die rdal. Wndg. dient zur euphemist. Umschreibung des vorgerückten Alters oder zur humorvollen Charakterisierung eines Menschen. Witzig ist dabei die Charakterisierung eines älteren Menschen mit dem jugendlichen Maßstab eines Studenten.

Semmel. *Abgehen wie warme Semmeln:* gut abgehen, sich schnell verkaufen lassen, sehr begehrt sein. Der rdal. Vergleich beruht auf der Beobachtung, daß bes. frische Ware, die gerade fertig wurde, die noch warm aus dem Backofen kommt, bes. rasch ausverkauft ist, weil die Kunden schon darauf gewartet haben. In übertr. Bdtg. bezieht sich die Rda. auf die Töchter aus einem Hause, die sich rasch hintereinander verheiraten. So sagt man z. B. rdal. in Berlin: ‚Den jehn seine Döchter ab wie bei'n Bäcker de warme Semmeln'. Gottfr. Keller gebraucht im ‚Fähnlein der sieben Aufrechten' dafür die Wndg. „wie frische Wecken". Auch auf Hervorbringungen im geistigen und künstlerischen Bereich findet die Rda. Anwendung. Karl Philipp Emanuel Bach (1714–88), Johann Sebastian Bachs dritter Sohn, gab dafür schon ein Beisp. Er schrieb in Erinnerung an seine in Leipzig verbrachte Jugend an seinen Verleger Breitkopf: „Meine Sonaten und mein Heilig gehen ab wie warme Semlen, bey der Börse vor dem Naschmarkt, wo ich vordem mancher Mandel Pretzel den Hals gebrochen habe". Vgl. frz. ‚partir comme des petits pains'.
Das Gegenteil dieser Rda. ist die Wndg. ‚etw. ausbieten wie sauer ↗ Bier'.
Er hat seine Semmel zuerst gegessen: er hat das Beste vorweggenommen, das Gute bereits erhalten und nichts Besseres mehr zu erwarten; vgl. frz. ‚Il a mangé son pain blanc le premier'.

Sendepause. *Jetzt ist Sendepause:* das Gespräch stockt, geht nicht mehr weiter. Ebenso wie ‚Funkstille' ist ‚Sendepause' ein Ausdr. der Telemedien; er bez. das Unterbrechen oder Abschalten eines Programms in Radio oder Fernsehen ↗ Engel. Die Wndg. kann jedoch auch auf Personen bezogen werden. *Jem. hat (macht) Sendepause:* er hüllt sich in Schweigen. Diese Rda. wird auch oft als unmißverständliche Aufforderung gebraucht: ‚Du hast jetzt Sendepause!': Du solltest jetzt nichts mehr sagen, dich nicht in das Gespräch einmischen.

Senf. *Einen langen Senf über etw. machen:* viele unnütze Worte machen, ein weitschweifiges, unklares Gerede ausführen. Im gleichen Sinne wird statt Senf auch ‚Meerrettich' in den Wndgn. gebraucht. Wenn Senf hier nicht ein bloßer Scherz ist, gebildet nach ‚Brei', ‚Kohl' und ‚Quark', die ebenfalls bildl. für umständliche, dumme oder unpassende Ausführungen und Bemerkungen stehen, so wird Adelungs Vermutung (Versuch eines grammatisch-kritischen Wörterbuches 1780, Bd. IV, Sp. 433) als zutreffend gelten können: „Senf stehet für Senfbrühe, und lang bedeutet, wie in anderen Fällen, mit vielem Wasser verdünnet". Vgl. wien. ‚a langi Soß machen', eine lange Rede halten; frz. ‚faire tout un fromage de quelque chose' (Käse).
Häufig wird die Rda. in der imperativischen Form als Warnung verwendet: *Mach keinen Senf!:* spiele kein Theater, reg dich nicht so auf, vermeide eine lange Auseinandersetzung!
Vilmar (‚Idiotikon von Kurhessen' S. 382) sagt, daß die Rda. *Senf machen* in älterer Zeit eine nicht seltene sprachl. Formel für ‚nichtige Rdaa. vorbringen' gewesen sei. Er stellt sie mit der Wndg. *eine Senfmühle heimbringen:* nichts ausgerichtet haben, zusammen, die in einer (wahrscheinl. von einem Hersfelder verfaßten) Chronik bezeugt ist. Auch in den ndd. Mdaa. ist die Rda. verbreitet, z. B. heißt es in Pommern und Holst.: ‚en(en) langen Semp maken'.

Er macht mir viel (gelehrten) Senf vor: er kramt umständlich seine große (überflüssige) Gelehrsamkeit aus. Vgl. ndd. ‚He makt mi vêl gelêrten Semp vör'.
Einen Senf dazu anrichten: durch seine Einmischung eine Angelegenheit nur noch verschlimmern.
Den Senf überzuckern: etw. Unangenehmes in eine mildere Form bringen, einen notwendigen Tadel etw. abschwächen.
Seinen Senf dazugeben: ungefragt seine Meinung zu etw. äußern, eigentl. etw. als Würze hinzufügen, was zu der angerichteten Speise passen sollte, ohne es immer zu tun. Diese seit etwa 1700 belegte Wndg. erklärt die alte Rda. vom ‚Senf bezahlen', womit eben der Senf gemeint ist, der als unnützer Rat sogar Schaden bringen kann. Damit ist diese Wndg., die auch mdal. verbreitet ist, als Ablehnung fremder Einmischung zu verstehen. Vgl. auch: ‚seinen ↗ Dreier dazugeben'; ndl. ‚ook een duit in't zakje doen' oder ‚zijn boontje bijleggen'; frz. ‚Y mettre son grain de sel' (Salzkorn).
Dieser Senf steigt in die Nase: der Spaß ist zu grob, er verursacht Ärger und Zorn. Vgl. ndl. ‚De mostaard kriebelt hem in den neus'; frz. ‚La moutarde lui monte au nez'. Im Ndd. heißt es auch: ‚Senf macht frech!' Der Käufer verlangt im Geschäft zum Scherz: ‚... und ein Glas Senf, aber nicht von dem ‚frechen'!'
Jem. wird durch den Senf gezogen: ‚er wird durchgehechelt', ‚durch den ↗ Kakao gezogen'.
Die ndd. Rda. ‚enem Semp up de Titt smeren', jem. eine Sache verleiden, bezieht sich auf die Entwöhnung des Kindes von der Mutterbrust, wozu diese mit Senf bestrichen wurde, um durch den scharfen Geschmack dem Kind das Trinken zu verleiden.

senkrecht. *Sich senkrecht halten:* lange gesund bleiben. Die Rda. ist auch als Wunschformel belegt: ‚Halt dich senkrecht!': bleib gesund und sorge dafür, daß du nicht gleich auf das Krankenlager mußt (‚in die Waagrechte').
Senkrecht, urspr. ‚senkelrecht' ist vom Senkblei hergenommen, auch: ‚Senkel' genannt.
Einen in den Senkel stellen: jem. stark zurechtweisen, anpfeifen, zur Ordnung ermahnen.
Einen Menschen, der beruflich eine blitzschnelle Karriere macht, nennt man einen ‚Senkrechtstarter'.

Sense. *Jetzt (dann) ist Sense:* jetzt ist endgültig Schluß damit, hör auf!, und: *Bei mir ist (endgültig) Sense:* ich habe es satt, aus, ich mache nicht mehr mit, ich mache Feierabend, ich werfe meine Arbeit hin. Die berl. Rda. ‚Det is Sense' hat darüber hinaus noch die Bdtg:: das ist Unsinn, das ist ein Irrtum. Diese neueren, zuerst in der Soldatensprache bezeugten Wndgn. sind in ihrem Urspr. noch nicht geklärt. Küpper (II, S. 265) meint, daß der Ausdr. Sense nur eine sprachl. Formulierung der begleitenden Gebärde ist, die Ablehnung und Abweisung ausdrückt. Beim Sprechen wird der rechte Arm wie beim Mähen mit einer Sense rasch seitwärts bewegt. Vielleicht beruht die Rda. aber auch auf einem Schnitterzuruf, die Sense bei einer Pause oder beim Feierabend wegzulegen, also die Arbeit einzustellen.
Eine alte Sense sein: ein energieloser, unfähiger Mensch sein. Diese Rda. ist ebenfalls im 1. Weltkrieg zuerst bei den Soldaten aufgekommen, um Spott und Verachtung auszudrücken.
Eine ganz moderne Wndg. ist: *eine wüste Sense übers Parkett hauen:* wild und ausgelassen tanzen.

Sensenmann. *Der Sensenmann kommt:* der Tod naht. Wie der ‚Schnitter Tod' wird auch der ‚Sensenmann' als euphemist. Umschreibung des von allen Gefürchteten seit Jahrhunderten gebraucht. Die Sense löste mit der Zeit die Sichel als Attribut des Todes ab, wie bildl. Darstellungen erweisen.
Auch in der Sage spielte der Tod als Sensenmann bes. bei Pestepidemien eine Rolle, manchmal besaß er sogar eine Helferin, die Tödin, die das seiner Sense zum Opfer Gefallene zusammenrechte. Diese Vorstellung ist bis in unser Jahrhundert lebendig geblieben, wie eine erst 1977 veröffentlichte Sage aus Niederbayern erweist: „Zu der Zeit, als das große Sterben war, haben Leute den Tod auf einer Wiese bei Schweinhütt mähen sehen. Sein Weib hat

gerecht. Was durch den Rechen fiel, blieb stehen, d.h. starb nicht". (E. Böck: Sagen aus Niederbayern [Regensburg 1977], S. 258, Nr. 432: ‚Der Tod und seine Frau').

‚Der Sensenmann kommt'

Der Sensenmann hält reiche Ernte: viele Opfer sind zu beklagen, z. B. bei Kriegen, Krankheiten und Katastrophen. Das im Grunde tröstliche Bild der Ernte verweist auf das schicksalhafte, aber naturgegebene Werden und Vergehen hin.
Die Vorstellung vom ‚Schnitter Tod' ist am bekanntesten aus dem Volkslied:

Es ist ein Schnitter heißt der Todt,
Hat gewalt vom Grossen Gott

(Röhrich-Brednich II, 143 ff.).

Lit.: *W. Block:* Der Arzt und der Tod in Bildern aus sechs Jahrhunderten (Stuttgart 1966); *K. B. Heppe u. a.* (Hg.): Bilder und Tänze des Todes. Ausstellungskatalog (Paderborn 1982); *G. Condrau:* Der Mensch und sein Tod (Zürich 1984).

Servus ↗Gruß.

Sesam. Sesam ist eine in den Tropen u. Subtropen angebaute Ölpflanze. Die reife Fruchtkapsel öffnet sich, so daß die Samen herausfallen. Die Zauberworte *Sesam öffne dich!* (‚Sesam öffne die Tür') stammen aus der Erzählung ‚Ali Baba und die 40 Räuber' aus den Märchen von ‚Tausendundeiner Nacht'. Im verwandten Grimmschen Märchen ‚Simeliberg' (KHM. 142) lautet der Zauberspruch, der nicht vergessen werden darf: ‚Berg Semsi, Berg Semsi, tu dich auf' (bzw. ‚tu dich zu'). Entstellt ist die schwäb. Fassung bei E. Meier (Nr. 53): ‚Simson tu dich auf' (B. P. III, S. 138).

Sester. *Vom Sester kein Maß verstehen:* bei einem Thema so mitreden, als verstehe man etw. davon, obwohl man keine Ahnung hat. Ein Sester (aus lat. sextarius) ist ein Hohlmaß für Wein und Getreide; es ist ein Sechstel vom größeren Maß.
‚Sester' ist auch als Bez. für jegliches Gefäß im bad. Raum verbreitet gewesen. In der folgenden Rda. wird es abwertend für Kopf gebraucht: *Jem. hat nichts im Sester:* er ist sehr dumm.

setzen. *Sich gut setzen:* vorteilhaft einheiraten. Die Rda. ist auch in mdal. Form bes. im Rheinl. üblich. Sie bewahrt die Erinnerung an einen alten Hochzeitsbrauch, der rechtliche und symbolische Bdtg. hatte: der Einheiratende brachte mit anderem Hausrat den Brautstuhl, der mit seinem Namen versehen war, mit in sein neues Heim und schaffte sich damit einen festen Platz im Hause, der ihm kaum mehr genommen werden konnte. Indem er sich zum erstenmal daraufsetzte, erhielt er alle ihm gebührenden Rechte und war dadurch gleichzeitig als Mitglied der Familie anerkannt. Dieser Rechtsanspruch endete erst, wenn man ihm ‚den ↗Stuhl vor die Türe setzte'.
Sich mit einem setzen: sich gütlich einigen, auch mdal. bezeugt, z. B. pomm. ‚sick mit enen setten'. Die Wndg. ist vermutlich als Verkürzung der Rda. *sich mit jem. an einen Tisch setzen:* mit ihm verhandeln, um eine Übereinkunft, ein Abkommen zu erzielen, entstanden. *Jem. über andere setzen:* ihn bevorzugen und bes. schätzen, ihm eine höhere Stellung verschaffen. Die Rda. erinnert an die früher streng eingehaltene Tischordnung nach Rang und Namen, vgl. frz. ‚placer quelqu'un au-dessus des autres'.
Die Einladung, sich zu setzen, erfolgt oft scherzhaft, z. B. heißt es *Setz dich, du bist groß genug!* oder *Setz dich auf deine vier Buchstaben!* Auf die Frage, wohin man sich setzen solle, wenn ein Stuhl fehlt, hört man: *Setze dich, wo du stehst, und hänge die Füße herab!* Die mdal. Wndgn. sind weit derber, im Preuß. z. B. gibt es die Aufforderungen ‚Sett di op't Loch, dat de Mües nich rön krupe' u. ‚Sett di op e Narsch, wo dine Mutter heft als Brut gesete'.

Etw. (jem.) in die Welt setzen: ein Gerücht aufbringen (ein Kind gebären), ohne sich um die weiteren Folgen zu kümmern.
Jem. auf freien Fuß setzen: ihn aus der Haft entlassen, dagegen: *einen setzen:* ihn ins Gefängnis bringen.
Jem. matt setzen: ihm keinen Ausweg mehr lassen. Die Rda. bezieht sich urspr. auf das Schachspiel, bei dem der König des Gegners schachmatt gesetzt werden muß.
Auf etw. setzen: Geld bei einem Spiel, einem Rennen, einer Lotterie zum Einsatz geben in der Hoffnung auf einen großen Gewinn.
Auf jem. setzen: ihm das größte Vertrauen schenken.
Etw. muß sich (erst) setzen: es bedarf einer gewissen Zeit, um sich etw. fest einzuprägen, so wie sich Flüssigkeiten erst langsam klären, wenn sich der Bodensatz gebildet hat. Damit in Zusammenhang steht wohl auch die Wndg. *sehr gesetzt sein:* für sein Alter reif, besonnen sein, also nicht mehr aufbrausend wie gärende Flüssigkeiten.
Da setzt es etw.: es gibt Verweise, Schläge, oft in Form einer Drohung: *Gleich wird es etw. setzen!*
Die aus Rheinhessen stammende Wndg. ‚Beim Setze werd' sichs wiese!', der Schaden wird sich schon noch herausstellen, du wirst es bald merken, soll auf einem Ausruf einer Frau aus Bermutshain beruhen. Als sich ein Hühnerhabicht, der auf ihrem Hof in die Falle gegangen war, befreite, wobei ihm die Falle die Beine abschlug, rief sie ihm nach: ‚Fläig dou nur fort, beim Setze werd sichs wiese'.

Lit.: *H. Hepding:* Schildbürgergesch. und andere Schwänke aus Hessen, in: Hess. Bl. f. Vkde., 18 (1919), S. 10; *K. Rumpf:* Hessische Brautstühle, in: Volkswerk 1942, S. 37–53.

Show. *Jem. die Show stehlen:* jem. aus dem Vordergrund verdrängen, jem. um die beabsichtigte Wirkung bringen, indem man die Aufmerksamkeit auf sich zieht. Wie das Wort ‚show' kommt auch die Rda. aus dem Engl.; vgl. ‚to steal the show'. Im späteren 19. Jh. wurde der Begriff ins Dt. übernommen in der Bdtg. von Darbietung, buntes Unterhaltungsprogramm.
Eine große Show abziehen: sehr angeben, sich in Szene setzen, Aufsehen erregen.
Mach' keine Show: sagt man und meint: ‚Spiel dich nicht auf, sei vernünftig!'.
Etw. ist nur Show: eine Sache ist nur vorgespielt, nicht echt, verdient keine Glaubwürdigkeit.

sicher. *Auf Nummer Sicher sein (sitzen):* Strafgefangener sein. *Jem. auf Nummer Sicher bringen:* dafür sorgen, daß jem. seine gerechte Strafe erhält und ins Gefängnis muß. Die Wndg. ‚Nummer Sicher' dient hier als euphemist. Umschreibung.
Auf (Nummer) sicher gehen (spielen): sich auf kein Risiko einlassen. Vgl. frz. ‚Il a mangé du pain du roi' (veraltet).
Sicher ist sicher!: Prüfen wir es noch einmal nach, seien wir lieber etw. vorsichtig.
Aber sicher, sagte Blücher!: ganz bestimmt ist es so.
Jem. ist nicht sicher: es ist nicht gewiß, ob er zahlungsfähig ist, ob er das Geliehene zurückgibt, er gilt als wenig vertrauenswürdiger Geschäftspartner.
Jem. (etw.) ist uns sicher: er hält unbedingt zu uns, eine Sache, die uns interessiert, kann uns nicht mehr entgehen.
Seiner selbst sicher sein: sich genau kennen und wissen, daß man sich nicht umstimmen lassen wird, daß man etw. beherrscht und mit Erfolg durchführen wird, daß die eigenen Kräfte ausreichen.
Etw. sicherstellen: etw. entwenden. Die umg. Wndg. ist ein Euphemismus, sie meint eigentl.: etw. wegnehmen, bevor es ein anderer für sich beanspruchen kann. In der Behördensprache bedeutet ‚sicherstellen' u. ‚Sicherstellung' etw. beschlagnahmen. Vgl. frz. ‚mettre en sécurité', i. S. v. vor Schaden schützen.
Rdal. Vergleiche, die die absolute Sicherheit bestätigen, sind häufig, z. B. *Das ist so sicher als zweimal zwei vier ist;* vgl. frz. ‚C'est sur comme deux et deux font quatre'.
Das ist so sicher wie das Amen in der Kirche ↗ Amen; *das ist so sicher wie die Steuer* sagt man bes. in Rheinhessen; *er ist so sicher wie die Maus im Kornhaufen:* er ist gut verborgen; *er ist so sicher wie in der Kirche,* die Wndg. bezieht sich auf das ‚Jus Asylis', das jedem Verbrecher gewährt wurde, wenn es ihm gelungen war, sich an einer geweihten Stätte zu verbergen.

Das spiegeln beispielsweise heute noch die Straßennamen z. B. um den Osnabrükker Dom: ,die kleine Domsfreiheit' und ,die große Domsfreiheit'. ,Sünder', die sich dahin geflüchtet hatten, waren ,in Sicherheit'.
Auch um die gesteigerte Gefahr auszudrücken, werden rdal. Vergleiche benutzt, die sofort als paradox erkannt werden: *so sicher wie eine Laus zwischen zwei Daumen; wie eine Forelle unter zehn Hechten; wie eine Taube vorm Geier; wie die Maus bei der Katze.*
Die größte Unsicherheit wird im Schwäb. umschrieben mit dem rdal. Vergleich: ,Mancher isch so sicher wia d'r Frosch em Storchaschnabl'.

Sicherheit. *Sich in Sicherheit bringen:* nur an sich denken und sich aus der Gefahrenzone zurückziehen.
Sich in Sicherheit wiegen: überzeugt sein, daß alles ungefährlich ist, sich nicht verfolgt fühlen, was sich dann meist als Irrtum herausstellt.
Sicherheit (im Auftreten) haben: sich in jeder Lage richtig zu verhalten wissen, bei Verhandlungen gewandt sein, sich in allen Gesellschaftskreisen angemessen bewegen können.
Etw. mit tödlicher Sicherheit wissen: hundertprozentige Gewißheit haben.
Etw. mit schlafwandlerischer Sicherheit tun: instinktmäßig das einzig Richtige tun, nicht von seinem Wege abirren, wie ein Schlafwandler, der die schwierigsten Wege ohne Gefahr zurücklegen kann, wenn er nicht erschreckt und geweckt wird.
Jem. alle Sicherheiten bieten können: eine gefestigte Stellung, ein großes Vermögen besitzen.
Keine Sicherheit geben können: keine Vermögenswerte zum Ausgleich seiner Schulden besitzen, niemand zum Bürgen bekommen, ein schlechter Geschäftsmann ohne Kredit sein, keine festen Einnahmen haben.

Sie. *Dazu muß man Sie sagen:* davor muß man Achtung haben, es ist hervorragend, einmalig und bewunderungswürdig. Die Anrede ,Sie', die Hochachtung ausdrükken soll, wird scherzhaft von Personen auch auf Dinge übertr. Dies geschieht auch in mdal. Wndgn., z. B. sagt man in Meckl. zu einem Dicken mit einem beachtlichen Bauch: ,Tau dinen Buuk möt'n all Sei seggen'.
Im Ndd. heißt es auch: ,Wenn meine Frau ,Sie' zu mir sagt, dann ist was los!' (Der Nachsatz kann variieren).
Eine Sie sein: ein weibl. Wesen sein. Der Ausdr. wird häufig auf Tiere angewandt, deren Geschlecht nicht sofort zu erkennen ist.

Sieb. *Durchs Sieb gehen:* durchkommen, unbehelligt bleiben, eine Grenze, Kontrolle glücklich passieren, eigentl. durch die Löcher des Siebes unbemerkt mit durchrutschen. Das Sieb diente urspr. zum Sondern und Reinigen und spielte deshalb auch im älteren Brauchtum eine Rolle. Bei Abraham a Sancta Clara ist der Begriff Sieb bereits auf das moralische Gebiet übertr. worden, denn er rät: „deswegen ihr lieben Eltern, gebt ein Sieb ab, und tut euere guten Kinder von den bösen Gesellen absönderen".
Die Wndg. ist auch mdal. verbreitet, z. B. els. ,Do ischt guet bezahle, wenn mr unbeschroijn durchs Sib geht'. In Sachsen bedeutet ,durchs Sieb gucken' oder ,gesiebte Luft atmen' im Gefängnis sitzen, wobei an die Gitterstäbe der Gefängniszelle gedacht wird, ähnl. heißt es auch: ,durch den Garnsack gucken'.
Neben das Sieb gefallen sein: sein Ziel verfehlt haben. Die Rda. *durchs Sieb gefallen sein* hat die spezielle Bdtg. von unverheiratet geblieben sein und damit als Frau das eigentl. Ziel nicht erstrebt oder erreicht haben.
Auch in den Jenseitsvorstellungen spielt das Sieb eine wichtige Rolle: unverheiratete Mädchen und Junggesellen werden nach ihrem Tode zu einer unnützen Arbeit verurteilt. Als spiegelnde Strafe für ihr unfruchtbar und unnütz gebliebenes Leben müssen sie sich mit einer erfolglosen Arbeit abmühen und ,Wasser im Siebe tragen', ↗ Wasser.
Die Rda. *mit einem Siebe Wasser schöpfen* bezieht sich entweder ebenfalls auf diesen Volksglauben oder meint das aussichtslose Abmühen an sich. Vielleicht enthält diese Wndg. auch eine Anspielung und

Erinnerung an das Faß der Danaiden und seinen siebartig durchlöcherten Boden. Als Beweis für die Unschuld wurde das Wassertragen im Siebe manchmal auch im Gottesurteil gefordert, im Märchen erscheint es häufig als bes. schwere Probe, als eine für unlösbar gehaltene Aufgabe für den Helden, der sich bewähren muß.

In ein Sieb pissen: vergebliche Dinge tun. Ein rdal. Vergleich lautet: ‚Ein armer Mann hat so viele Kinder, wie ein Sieb Löcher‘.

Das Sieb laufen lassen: durch abergläubische Mittel einen Diebstahl aufdecken, einen Schuldigen ermitteln. Vgl. frz. ‚faire tourner le sas‘ (veraltet).

Die Koskinomantie (Sieborakel) war schon in der Antike bekannt. Die Rda. weist auf einen Brauch, der bei uns seit dem 16. und 17. Jh. lit. bezeugt ist. Die älteste Beschreibung dafür gibt Georg Pictorius aus Villingen in seiner Abhandlung ‚De speciebus magiae ceremonialis‘ (Basel 1563): Das Sieb wurde auf eine Schere oder Zange gesetzt und diese nur mit zwei Fingern in die Höhe gehalten. Nach einem Gebet oder Zauberspruch nannte man der Reihe nach die Namen aller Verdächtigen. Begann das Sieb bei einem Namen zu zittern oder sich gar zu drehen, galt der Betreffende für schuldig, und man klagte ihn an. Man glaubte auf diese Weise, durch das Sieb Hinweise auf geheime Verbrechen und unbekannte Täter zu erhalten, aber auch etw. über zukünftige Ehepartner, über Geburt und Tod zu erfahren. In Predigten wurde deshalb oft gegen diesen Volksbrauch gewettert. Bes. Hexen und Zauberer galten als erfahrene Siebdreher und wurden manchmal nur aus diesem Grunde verurteilt, wenn sie die Ausübung dieses Brauches zugegeben hatten. Bei Grimmelshausen heißt es z. B. auch von einem zauberkundigen Profos im ‚Simplicissimus‘ (II, 22): „Er war ein rechter Schwarzkünstler, Siebdreher und Teufelsbanner“. Das Sieb galt überhaupt allg. als Attribut der Hexen, die es zum Fliegen durch die Luft gebrauchten. Außerdem nutzte ein Sieb, wenn man die Hexen beobachten wollte. Dazu mußte man ‚durch das Sieb sehen‘. Diese Vorstellung verbindet Goethe mit dem Siebdrehen, denn er gebraucht die Wndg. *durch das Sieb sehen,* um einen Dieb zu entdecken, die sonst in dieser Bdtg. nicht rdal. bezeugt ist. Im ‚Faust‘ erteilt in der Hexenküche der Kater der Katze folgenden Rat:

Sieh durch das Sieb,
Erkennst du den Dieb.

Ein Gedächtnis wie ein Sieb haben: ein nur lückenhaftes, schlechtes Gedächtnis haben; ähnl.: *sein Gehirn ist wie ein Sieb:* es läßt alles durch, er merkt sich nichts, weil es offenbar Löcher besitzt, vgl. frz. ‚avóir la tête comme une passoire‘.

Eine derb-humoristische Umschreibung für ‚Sommersprossen haben‘ ist die moderne Wndg. *Ihn haben sie durch das Sieb angeschissen,* auch: ‚Der Teufel hat durch ein Sieb geschissen‘.

Lit.: *F. Eckstein:* Art. ‚Sieb‘, in: HdA. VII, Sp. 1662–1686.

sieben. *Tüchtig sieben:* bes. hohe Prüfungsanforderungen stellen, um nur eine kleine Auswahl der Tüchtigsten zu treffen, eigentl. das Sieb sehr lange rütteln, damit viel hindurchfällt oder -läuft. Zur Entschuldigung für jem., der eine Aufnahmeprüfung oder ein Examen nicht bestanden hat, heißt es oft: *Aber es ist auch tüchtig gesiebt worden!* Die Übertr. der Rda. erfolgte schon früh auf Prüfung und Läuterung des Menschen, doch in der Bdtg. eines Examensgrundsatzes wurde ‚sieben‘ erst nach 1850 allg. üblich. So sagen die Prüfer, die nur wenige Bewerber zulassen können: *Wir werden tüchtig sieben müssen.*

‚Aussieben‘

Sieben. *Eine böse Sieben sein:* eine böse, zanksüchtige Frau, eine ↗Xanthippe sein, die ihrem Mann das Leben zur Hölle macht, in diesem Sinne auch: *mit einer bösen Sieben leben müssen:* eine unglückliche Ehe führen.

Für die Entstehung des Ausdrucks ‚böse Sieben' und seine Anwendung auf die streit- und herrschsüchtigen Ehefrauen gibt es verschiedene Theorien. So hat man z. B. einen Zusammenhang mit der Sterndeutung des MA. vermutet. Das ganze Himmelsgewölbe wurde, soweit es in der Geburtsstunde eines Menschen, dem das Horoskop gestellt werden sollte, sichtbar war, in zwölf Abteilungen, die sogenannten Häuser, eingeteilt, wobei das siebente Haus besondere Bdtg. für die Ehe besaß. Wurde diese unglücklich, so sagte man: ‚Er ist mit einer bösen Sieben behaftet', und gab den Sternen die Schuld. Nachdem die urspr. Bdtg. verlorengegangen war, sei die Bez. dann auf die Ehefrau übergegangen, mit der das Zusammenleben sehr schwer war.

Vermutl. stammt der Ausdr. jedoch von einem alten Kartenspiel, wie die folgenden Belege zeigen, auf die K. Kant (Zs. f. dt. Wortf. VI, 98 ff.) hingewiesen hat. Seit dem Ende des 15. Jh. ist das ‚Karnöffelspiel' bezeugt, dessen Karten neben der Zahl ein Bild trugen. Die ‚Sieben' war die Trumpfkarte und zeigte das Bild des Teufels. Mit ihr konnte man alle anderen 47 Karten, Papst, Kaiser, Kardinäle usw., stechen; sie selbst konnte von keinem Blatt gestochen werden und wurde ‚Teufel' oder ‚böse Sieben' genannt. Zur Bekämpfung des bes. bei den Landsknechten beliebten Spiels verfaßte 1562 Cyriakus Spangenberg sein Buch ‚Wider die böse Sieben in Teufels Karnöffelspil'. Darin schreibt er (A 4b): „der Teuffel heißt im Karnöffelspil Siben".

Noch im 16. Jh. tritt das Bild eines bösen Weibes an die Stelle des Teufels. Jodocus Ammans ‚Charta lusoria', die er 1588 in Nürnberg gestochen hat, gibt dafür den Beweis. Die erste Sieben zeigt folgendes Bild: ein böses Weib höhnt einen Korbmacher, der im Begriff ist, sie mit einem Knüttel zu schlagen. Über der Karte stehen zwei lat. Distichen:

> Nulla uxore mala res est deterior, ausu
> Quae superat pestem, et nigra aconita, suo.
> Desine, fuste malum qui pellere niteris, uno
> Pulso, bis quinis panditur hospitium.

Unter dem Bild stehen als Übers. 8 dt. Verse von dem ‚Kayserlichen Coronirten Poeten' Janus Hainricus Schröterus von Güstrow:

> Nichts ergers kan auff diser Erdn/
> Dann ein böß Weib erfunden werdn/
> Welch alle gifft/wie herb die sind/
> Mit jrer boßheit vberwind.
> Laß ab/der du mit Prügeln starck/
> Außtreiben wilst all boßheit argk/
> Schlegst du gleich einen Teuffel drauß/
> Besitzen zehen dasselbe Hauß.

H. Ullrich (Zs. f. dt. Wortf. 6, S. 379) verweist zur Erklärung des zankenden Korbmacherehepaares auf der Spielkarte ‚Sieben' auf einen Schwank des Martinus Montanus in seinem ‚Wegkürtzer' von 1565. Auch Hans Sachs hat den Stoff in einem Meisterlied behandelt (‚Meistergesangbuch' 11, 228). Bei Montanus hat die Geschichte folgenden Inhalt: Ein Korbmacher fordert eines Tages nach Fertigstellung eines Korbes seine Frau auf, die Worte zu sagen: ‚Gott sei gelobt, der Korb ist gemacht!' Sie weigert sich halsstarrig, deshalb erhält sie eine grobe Züchtigung. Der vorübergehende Vogt erzählt dies seiner Frau, die ebenfalls erklärt, dies nicht zu sagen, worauf er sie schlägt. Mit ihrer Magd, die es dem Knecht sagt, geschieht das gleiche. Montanus stellt am Schluß der Erzählung fest: „Also ward des Körbelmachers frau, die vögtin und ir magd, alle drei auf ein tag, eins korbs wegen, dapfer geschlagen. Wann man aber die halsstarrigen Weiber alsamen schlagen solt, wurden nit genuog bengel da sein, man must auch etwan stein und andere instrumente brauchen".

Vielleicht nun wurde wegen dieser bekannten Geschichte gerade die Korbmachersfrau zum Typus der Halsstarrigen, der ‚bösen Sieben' auf der Spielkarte. Daß die ‚böse Sieben' zur Schelte eines bösen Weibes wurde, ist zuerst 1609 in Johann Sommers Hauptwerk, der satirischen Weltbetrachtung ‚Ethnographia mundi' (2. T., S. 15), schriftlich nachgewiesen: „Ist denn deine Fraw so eine böse Siebene vnnd eine solche böse Wettermacherin?" Die Bez. kann also, vom Kartenspiel ausgehend, übertr. und verallgemeinert worden sein.

Am Anfang des 17. Jh. lief auch das Witzwort um: ‚Sieben Greten machen dem Teufel die Hölle heiß'. Das für Sachsen schrecklichste Jahr des Dreißigjährigen Krieges war 1637; man nannte es deshalb auch ‚die böse Sieben'. Joachim Rachel trug zur Verbreitung des Ausdrucks bei, indem er über das erste seiner oft aufgelegten ‚Teutschen satirischen Gedichte' (zuerst 1664 erschienen) schrieb: ‚Das poetische Frauenzimmer oder Böse 7'. Darin verspottete er sieben verschiedene Frauenzimmer, das mürrische, das schmutzige, das verschmitzte, das schimpfende, das herrschsüchtige, das plaudernde und das hochmütige. Rachel führt in dieser Satire einen kirchlichen Gedanken weiter aus: Nach Matth. 12,45 wurden die sieben Todsünden als Teufel betrachtet („sieben andere Geister"); später stellte man neben sie noch sieben weibl. Todsündenteufel, wobei man sich auf Luk. 8,2 berief: „... nämlich Maria, die da Magdalena heißt, von welcher waren sieben Geister ausgefahren ..." Ein Vorbild für Rachel sind auch die neun bösen weibl. Typen in der Satire des Simonides von Amorgos gewesen, wie H. Klenz (‚Die Quellen Rachels' [Diss. Freiburg 1899]) nachweist. Auch Thom. Murner hat bereits 1519 in seiner ‚Geuchmatt' unter dem Titel ‚Die syben bösen wyber' ein ähnl. Thema gestaltet und führt aus Sage und Gesch. die Römerin Tullia, Potiphars Weib, die Königinnen Jesabel, Herodias, Semiramis, Jobs Weib und die Königin Alba als bes. negativ an. Die sieben Todsünden wurden auch als ‚Töchter Luzifers' bez. und erschienen als weibl. Gestalten im 17. Jh. in Marlowes ‚Faust' auf der dt. Schaubühne. Fr. Seiler meint deshalb, daß unsere Wndg. als verkürzter Ausdr. verstanden werden muß und daß es genauer heißen müßte: ‚eine von den bösen Sieben' (Fr. Seiler, Dt. Sprichwörterkunde [Ndr. München ²1967], S. 278). 1662 erschien auch in Zeitz eine Druckschrift unter dem Titel: ‚Die böse Sieben, von welchen heutzutage die Unglückselige Männer grausahmlich geplaget werden, fürgestellet in einem Wunderbahren Gesichte durch ein Mitglied des hochlöblichen Schwanenordens', und so hat der Ausdr. bis heute weitergewuchert.

Ganz andere Bdtg. besitzen einige mdal. Wndgn.: ostfries. ‚t is'n malle söven' heißt: er ist verdreht, verrückt, ähnl. schlesw.-holst. ‚He mutt na Nummer söben', er ist nicht ganz richtig im Kopfe, er sollte besser in einer Anstalt untergebracht werden. Im A.T. wurde die Zahl ‚sieben' auch zur Steigerung gebraucht, z.B. heißt es: „Der hat sieben Greuel im Herzen"; vor allem aber galt sie auch als heilige Zahl (vgl. 7 Planeten, Siebengestirn, 7 Wochentage, siebenarmiger Leuchter der Juden usw.).

Einer aus der siebenten Bitte sein ↗ Bitte; *ein Buch mit sieben Siegeln* ↗ Siegel; *im siebenten Himmel sein* ↗ Himmel; *sieben auf einen Streich* ↗ Streich.

Lit.: *W. H. Roscher:* Die Sieben- und Neunzahl in Kultus und Mythos der Griechen (Leipzig 1904); *H. Willert:* Eine böse Sieben, in: Zs.f.d.U. 18 (1904, S. 509–510; *K. Kant:* Zur bösen Sieben, in: Zs.f.dt. Wortf. 6 (1904/05), S. 98f.; *H. Ullrich:* Zur bösen Sieben, in: Zs.f.dt. Wortf. 6, S. 379; *J. H. Graf:* Die Zahl Sieben (Bern 1917); *L. Kretzenbacher:* Die heilige Rundzahl 72. Zur Zahlenmystik in Legende und Sakralbau, in Volksglauben u. Rda., in: Blätter f. Heimatkunde 26 (Graz 1952), S. 11–18; *E. Koelwel:* Die böse und die heilige Sieben, in: Sprachpflege 6 (1957), S. 65–67; *O. Schnitzler:* The Particularity of the Number Seven and the Origin of the Seven Days Week, in: Folklore Research Center Studies I (Jerusalem 1970), S. 73–80; *A. Dreizehnter:* Die rhetorische Zahl: Quellenkritische Untersuchungen anhand der Zahlen 70 und 700 (München 1978).

siebengescheit. *Er ist siebengescheit,* auch: *ein Siebenkünstler:* er dünkt sich selbst überklug, er hört das Gras wachsen, er versteht mehr als andere, ist hochbegabt. Die Wndg. wird entweder anerkennend oder iron. gebraucht. Urspr. bezieht sie sich auf das Studium der ‚Sieben Freien Künste', worauf auch die mhd. Wndg. ‚er kann wol siniu sibeniu', er beherrscht alles, weist. Im gleichen Sinne sprechen wir auch von ‚neunmalklug', ↗ neun.

Lit.: *F. Seiler:* Dt. Sprichwörterkunde (Ndr. München ²1967), S. 273.

Siebenmeilenstiefel. *Das geht ja (wie) mit Siebenmeilenstiefeln:* es geht sehr schnell vorwärts, etw. macht große Fortschritte; *Siebenmeilenstiefel anhaben:* große Schritte machen können, eine weite Strecke überraschend schnell zurücklegen, sich seinem Ziel mit Riesenschritten nähern; vgl. frz. ‚avoir des bottes de sept'.

Mit Siebenmeilenstiefeln voraus sein: anderen weit überlegen, kaum noch einzuholen sein. Vgl. auch lat. ‚Sedecim pedibus superat'. Die Rdaa. beziehen sich auf das Märchen ‚Der kleine Däumling'. Dieser hilft seinen Brüdern aus der Gewalt eines Menschenfressers. Als dieser die fliehenden 7 Brüder verfolgt und nach vergeblichem Suchen einschläft, zieht ihm der Däumling die Wunderstiefel von den Füßen, die die Eigenschaft haben, an jeden Fuß zu passen. Von ihnen heißt es bei Bechstein: „Das waren Stiefeln, wenn man damit sieben Schritte tat, so war man eine Meile gegangen, das war nichts Kleines" (L. Bechstein, Sämtliche Märchen [Darmstadt 1966], S. 162); vgl. B. P. I, S. 330, 442, 499).

Adalbert von Chamisso hat seinem Helden in ‚Peter Schlemihls wundersame Geschichte' (1814) als letzten Trost ein Paar Siebenmeilenstiefel zukommen lassen.

Siebensachen. *Seine Siebensachen packen:* seine wenigen Habseligkeiten zusammenpacken, um damit abzureisen, auszuziehen oder eilig zu verschwinden, auch: in aller Hast aufräumen, Umherliegendes zusammenraffen; vgl. frz. ‚emballer son saint-frusquin' oder ‚emballer ses frusques' (seine Lumpen packen).

Die Zahl ‚sieben' spielt in der volkstümlichen Anschauung von jeher eine wichtige Rolle, sowohl als heilige Zahl, wie in der Bibel und überhaupt im Orient, als auch als böse Zahl, die gefürchtet und als Unglückszahl möglichst gemieden wurde. In der 1. H. des 12. Jh. hat der oesterr. Priester Arnold eine Dichtung ‚Von der Siebenzahl' verfaßt, in der er die besonderen Eigenschaften dieser Zahl hervorhebt. In unserer seit dem 17. Jh. bezeugten Rda. steht das Zahlwort für eine geringe Menge, für wenig. Oft wird die Wndg. in der Form einer Aufforderung gebraucht: *Pack deine Siebensachen!:* Geh! Verschwinde für immer! Der Ausdr. ‚Siebensachen' diente früher auch zur euphemist. Umschreibung der Geschlechtsteile. Im Bair.-Oesterr. lautet die Wendung ‚seine sieben Zwetsch(g)en packen'. Vgl. auch ndl. ‚zijn biezen pakken' oder ‚zijn matten oprollen' und engl. ‚to pack up one's traps'.

Seine Siebensachen herumschleppen, wie die Katze ihre Jungen: seinen wertvollsten Besitz immer bei sich tragen, seine Habseligkeiten überallhin mitnehmen, viel unterwegs sein und nicht wissen, wo man unterdessen seine Sachen lassen könnte.

Siebenschläfer. *Er ist ein Siebenschläfer:* er ist ein Langschläfer, eigentl. er ist einer von den sieben Schläfern, deren Gedächtnistag auf den 27. Juni fällt. Die Wndg. geht auf die Legende von den sieben Jünglingen zurück, die bei der Christenverfolgung unter Decius um das Jahr 251 in eine Höhle des Berges Kalion bei Ephesus flüchteten, dort einschliefen und vermauert wurden. Unter der Herrschaft

‚Siebenschläfer'

Kaiser Theodosius' II. erwachten sie erst im Jahre 447 wieder, als diese Höhle zufällig eröffnet wurde, um bald darauf aber, „vom Glorienschein der Heiligkeit umgeben", zu sterben. Gregor von Tours erzählt dies u. a. gegen Ende des 6. Jh., in dt. Sprache ist das mhd. Gedicht ‚von den siben schlafaeren' wohl der erste Beleg (Aa Th. 777). Auch in den Mdaa. ist die Rda. bekannt, z. B. heißt es im Schles.: ‚A îs a rechter Sîbeschläfer'. Im Ndl. bestehen die Wndgn. ‚Het is er een van de zeven slapers', in der sprachl. Formulierung noch deutlicher als im Dt. auf die Legende bezogen, und ‚Het is een negen-slaper', ein Beweis für das Nebeneinander der wichtigen Zahlbereiche von neun und sieben, die einander in den Wndgn. durchdringen und ersetzen können, vgl. die Ausdrücke

‚siebengescheit' und ‚neunmalklug', ↗sieben und ↗zweiundsiebzig.
Die frz. Wndg. ‚Il dort comme un loir' bezieht sich nur auf den Siebenschläfer als Tier. Der Siebenschläfertag spielt auch im Volksglauben eine Rolle: wenn es an diesem Tage regnet, soll es danach noch sieben Wochen schlechtes Wetter sein. In einem bair. Hauskalender heißt es z. B.: ‚Nach den Siebenschläfern richten sich sieben Tage und sieben Wochen', und eine meckl. Bauernregel lautet mdal.: ‚Wenn et up Säbenslöper rägent, denn rägent et sêben Wêken, un wenn âk mant all Dâge en pâr Droppen fallet'.
Man glaubt auch, daß ein Blatt mit den Namen der Siebenschläfer (Maximinianus, Malchus, Martinianus, Constantinus, Dionysius, Johannes, Serapion) gegen Schlaflosigkeit helfen könne, wenn man es einem heimlich unter das Kopfkissen lege (Zs. f. Vkde. 8, 1898).

Lit.: *P. Sartori:* Art. ‚Siebenschläfer', in: HdA. VII, Sp. 1702–1704.

Siebzehn. *Ein falscher Siebzehner sein:* ein hinterlistiger, unglaubwürdiger Mensch sein. Die Rda. ist in Oesterr. seit dem frühen 19. Jh. belegt. Dort gab es schon im 18. Jh. Siebzehnkreuzerstücke. Sie gerieten in den zwanziger Jahren des 19. Jh. in Verruf, weil sie für neue Zwanzigkreuzerstücke ausgegeben wurden; daher entstand die Rda.
Im romantischen Märchen: ‚Der Preis einer Lebensstunde' (Text: Karl Meisl, Musik: Josef Lanner; Uraufführung 1836) heißt es in einer Frauenarie:

Die flatternden Männer,
Die falschen Siebzehner,
Sie wissen zu schwören,
Um uns zu betören ...

↗Fünfziger.

Lit.: *L. Schmidt:* Sprw. dt. Rdaa. in: Oesterr. Zs. für Vkde. 77 (1974), S. 120–121.

sieden. *Es (er) ist weder zu sieden noch zu braten* (und auch nicht gut roh zu essen): etw. (jem.) ist in keiner Form zu gebrauchen. Vgl. frz. ‚Cet homme n'est bon à rien; n'est bon ni à rôtir ni à bouillir' (veraltet). Von einem Eigensinnigen heißt es ebenfalls: *Der ist nicht zu sieden und nicht zu braten:* sein Starrsinn ist nicht zu brechen, oder: *Den mögt ihr sieden und braten:* den könnt ihr trotz der schärfsten Maßnahmen nicht ändern oder umstimmen.
In Ulm sagt man abweisend: ‚Jetzt kannst's siede oder braute', jetzt kannst du daraus machen, was du willst; jetzt mußt du sehen, wie du zurechtkommst. Vgl. frz. ‚Vous en ferez des choux ou des raves' (veraltet).
Er will sie sieden und braten: er hat Schlimmes mit ihnen vor, doch es sind nur leere Drohungen. Sieden und Braten war jedoch früher eine tatsächlich durchgeführte, grausame Hinrichtungsart. Bes. auf Ketzer und Falschmünzer wurde sie angewendet, um sie als ‚Teufelsbraten' mundgerechter für den ↗Teufel zu machen. Im ‚Welschen Gast' (Cod. pal. 389, 194[a]) wird erzählt, der Herzog von Oesterreich lasse Ketzer sieden und braten, damit sich der Teufel nicht die Zähne verbeiße: „[enwil] niht daz der vâlant zebreche sîne zend zehant".
Jem. siedet das Blut: er ist erregt vor Zorn oder Leidenschaft; vgl. frz. ‚Cela me fait bouillir' (‚le sang dans les veines').
Ähnl. spricht man auch von einem ‚siedenden Haß', der das Blut in Wallung geraten läßt.
Die schwäb. Rda. ‚'s ist mer siedig heiß n'aufg'stiege', ich habe mich plötzlich unter heftigem Schrecken an etw. erinnert, beruht auf der Beobachtung, daß es einem bei einem unangenehmen Gedanken plötzlich heiß wird, weil einem das Blut in den Kopf schießt.
Häufig wird die rdal. Formel auch im Partizip gebraucht: *Da gibt's Gesottenes und Gebratenes:* da geht es hoch her wie auf einem Fest. Els. heißt es von einem, der in Saus und Braus lebt: ‚Der lebt in Sottis und Brotis'.
In der Übertr. auf den Menschen liebt auch Goethe das Wortpaar, denn er schreibt:

Gesotten oder gebraten!
Er ist ans Feuer geraten.
Gebraten oder gesotten!
Ihr sollt nicht meiner spotten.
Was ihr auch heute getröstet,
Ihr seid doch morgen geröstet.

Du kommst mir gesotten: du kommst mir gerade recht, eigentl. du kommst mir in den Weg, wie dem Schlaraffen die gebratene Taube in den Mund fliegt.

Lit.: *J. Grimm:* Dt. Rechtsaltertümer II, S. 284f.

Siegel. *Sein Siegel an etw. heften:* eine Sache für gut befinden, sie bestätigen, sie durch Unterschrift und Siegel bekräftigen und beglaubigen. Die Rda. bezieht sich auf die frühere Gewohnheit, Urkunden und Briefe mit einem Siegel zu versehen, um die Echtheit des Inhalts zu verbürgen. Urspr. wurden große Siegel mit Kordel oder Band an dem Pergament befestigt, bis in der 2. H. des 16. Jh. Prägestempel für das Papier aufkamen. Vgl. auch ndl. ‚zijn zegel aan iets hechten (hangen)'; engl. ‚to put the seal upon a thing'.

Sein Siegel auf etw. drücken (setzen): einer Sache Nachdruck verleihen, aber auch: ihr den Stempel persönlicher Eigenart aufprägen. Diese Wndg. ist etw. jünger, denn sie hat die neuere Art des Siegelns mit einem Stempel zur Voraussetzung. Vgl. ndl. ‚zijn zegel op iets drukken (zetten)' und engl. ‚to set one's seal to a thing'.

Er muß überall sein Siegel draufdrücken: er bildet sich ein, daß alles seiner besonderen Zustimmung bedürfe, er macht sich wichtig und mischt sich gern ein.

Jem. Brief und Siegel auf etw. geben: etw. rechtskräftig machen. Diese Wndg. stammt aus der alten Rechtssprache und beruht auf einer Bibelstelle bei Jer. 32,44, wo es heißt: „Dennoch wird man Äcker um Geld kaufen und verbriefen, versiegeln und bezeugen"; ↗Brief.

Einem etw. unter dem Siegel der Verschwiegenheit mitteilen: etw. zum unverletzlichen Geheimnis erklären, unbedingte Verschwiegenheit dafür fordern; vgl. frz. ‚confier quelque chose à quelqu'un sous le sceau confidentiel' oder ‚... du secret'.

Ein Buch mit sieben Siegeln sein: geheimnisvoll und unverständlich sein, eine bibl. Redensart, die auf Offenb. 5,1ff. zurückgeht, ↗Buch.

Etwas ist besiegelt: (früher auch: *versiegelt):* es ist eine beschlossene Sache, es ist nicht mehr zu ändern, es bleibt unumstößlich. Auch: *etw. ist versiegelt und verbrieft.*

Lit.: *K. Thiele-Dohrmann:* Unter dem Siegel der Verschwiegenheit. Die Psychologie des Klatsches (Düsseldorf 1975).

Siele. *In den Sielen sterben:* während der Arbeit sterben, aus einem erfüllten, tätigen Leben gerissen werden; ohne sich eine Ruhepause im Alter zu gönnen, bis zum Tode arbeiten. Der Vergleich bezieht sich auf das Zugtier, das, während es angeschirrt ist, tot zusammenbricht.

Siele ist ein vorwiegend ndd. Wort für Riemenzeug, ledernes Geschirr der Ochsen und Pferde. Verbreitet wurden Wort und Rda. durch Bismarck, der am 4. Februar 1881 in einer Rede vor dem Preuß. Abgeordnetenhaus den Gedanken an seinen möglichen Rücktritt mit den Worten zurückwies: „Ein braves Pferd stirbt in den Sielen!"

In den Sielen gehen: stets hart arbeiten müssen wie ein Lasttier, aber auch wie ein Schiffsschlepper, ohne einmal ‚ausspannen' zu können, ohne von einer ständigen Last (Bedrückung) befreit zu werden, ↗Seil.

‚In allen Sîlen trecken', ‚in allen Sätteln gerecht sein', ↗Sattel. Diese bes. in Braunschweig verbreitete Rda. enthält das Lob, daß jem. viele Kenntnisse besitzt und überall zu gebrauchen ist.

Siemann (Simandl). *Er ist ein Siemann,* auch: *Er ist der Doktor Siemann:* er steht unter dem Regiment seiner Frau, er muß tun, was sie befiehlt. Siemann oder Simandl ist in den bair.-oesterr. Mdaa. ein Ausdr. für den Pantoffelhelden, abzuleiten von Sie-Mann; ↗Pantoffelheld.

In der Lit. eingeführt erscheint dieser scherzhafte Volksausdr. zum erstenmal durch Adam Schubart in ‚Haussteuffel, das ist der Meister SIEman usw.' (Frankfurt/M. 1565). Um die Mitte des 18. Jh. bildeten sich in Wien ‚Simandlsbruderschaften', Gesellschaften heiterer Männer, die in der Regel am wenigsten an dem Gebrechen litten, das sie verspotteten. Davon zeugen noch die Rdaa. ‚zur Simandlbruderschaft gehören' und ‚ein Simandl von Krems sein'. In Krems soll noch heute eine solche Bruderschaft bestehen, die jedem Verheirateten ein Simandl-Diplom mit 17 Paragraphen ausstellen darf. Ein Brunnen in Krems stellt eine Frau mit ihrem Simandl dar.

Der Name ‚Simandlbruderschaft' ist nicht nur mit dem Wort ‚sie', sondern

Haußteuffel/
das ist/
Der Meister
SIEman / Wie die bösen
Weiber jre fromme Männer / vnd wie die
bösen leichtfertigen Buben / jre frome Weiber
plagẽ / Sampt einer vermanung auß heiliger
Schrifft vnd schönen Historien/wie sich frome
Eheleut gegen einander verhalten sol-
len/ nützlich vñ lustig zu lesen.
Beschrieben durch Adamum Schubart.

1 Getruckt zu Franckfurt am Mayn/ 1565.

2

1/2 ‚Siemann‘

auch mit ‚sieben‘ in Zusammenhang gebracht worden. In einem alten, zu Pantoffelhausen gedruckten Buche ‚Geschichte und Statuten der weltberühmten Simandlbruderschaft‘ wird von deren Gründung berichtet: „Es sollen einst sieben Brüder, alle von sehr kleinem Wuchse gewesen sein, sämmtlich verheirathet und unter der Herrschaft ihrer Weiber stehend und sehr streng gehalten. Wenn es ihnen einmal gar zu arg wurde, kamen die sieben Märtyrer an einem bestimmten Orte zusammen, um sich ihre Leiden zu klagen und sich zur Geduld zu ermahnen. Allmählich schlossen sich andere Männer ähnlichen Schicksals als Leidensgenossen an. Dies war der Kern der Gesellschaft, die sich von den ursprünglichen sieben Manndeln die Sini- (mdal. für sieben) Mandlbruderschaft nannte“.

Lit.: *J. Bolte:* Doktor Siemann und Doktor Kolbmann, zwei Bilderbogen des 16. Jh., in: Zs. d. Ver. f. Vkde. 12 (Berlin 1902), S. 296–307.

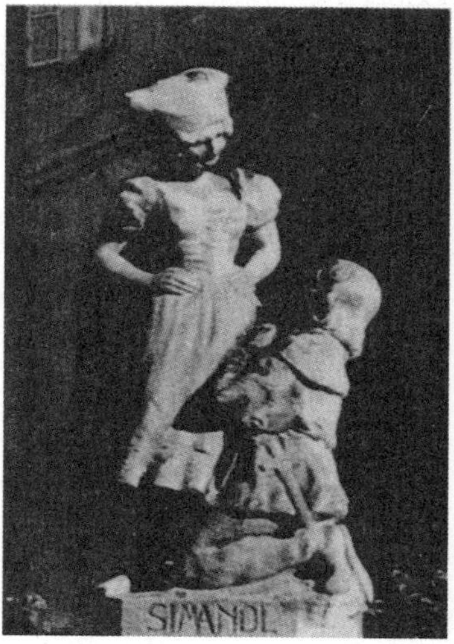

‚Simandl-Brunnen‘

Silber, silbern. *Sein Silber ist zu Schaum geworden:* sein wertvoller Besitz, sein Vermögen hat sich in nichts aufgelöst, das vermeintlich Echte hat sich als bloßer Schein herausgestellt. Die Rda. ist bibl. Herkunft. Bei Jes. 1,22 heißt es: „Dein Silber ist Schaum geworden und dein Getränk mit Wasser vermischt".

All sein Silber und all sein Gold ist ihm durch die Kehl gerollt: er hat sein Vermögen durchgebracht, sein Geld vertrunken.

Wie Silber glänzen: blank sein, einen metallischen Glanz besitzen. Der Vergleich wird häufig poetisch gebraucht, z.B. spricht man vom Fluß, den Haaren, dem Mondlicht, daß sie wie Silber glänzen.

Einen Silberstreifen am Horizont sehen: ein Zeichen beginnender Besserung (bes. in politischen, wirtschaftlichen Dingen), einen Anlaß zu Hoffnungsfreudigkeit besitzen, eigentl. den ersten Lichtschimmer am Morgen freudig begrüßen. Die Wndg. beruht auf einer Äußerung des dt. Politikers Gustav Stresemann auf einem Parteitag am 17. Februar 1924 in Elberfeld: „er sehe zum erstenmal einen Silberstreifen an dem sonst düsteren Horizont". Vgl. frz. ‚voir une lueur à l'horizon' (Schimmer am Horizont).

Ein silbernes Lachen besitzen: ein helles, fröhliches Lachen ertönen lassen, ähnl.: *eine silberne Stimme haben:* eine klare, hohe Stimme haben, gut singen können; vgl. frz. ‚avoir une voix argentine' (gehobene Sprache).

Einen Silberblick haben: schielen.

Etw. auf dem Silbertablett überreichen: etw. bes. anzupreisen wissen, es einem ‚schmackhaft' machen, so daß man es kaum ablehnen kann.

Etw. versilbern: etw. verkaufen, zu Geld machen, eigentl. in Silbermünzen umwandeln. So ‚versilbert' Simplicissimus die Pferde und stellt „das übrige dem Geistlichen zu mit der Bitte, solches in der nächsten Stadt zu versilbern" (‚Simplicissimus' IV, 6). In gleichem Sinne spricht Murner im ‚Lutherischen Narren' (S. 75) von ‚vermüntzen'.

Ein silbernes (goldenes) Nichtschen ↗nichts.

singen. *Er singt nicht seines Vaters Liedlein:* er ist völlig aus der Art geschlagen, er hält sich nicht an überlieferte Gewohnheiten und alte Bräuche, vgl. lat. ‚Haud canit paternas cantiones'.

Er hat davon singen gehört, weiß aber nicht wo (in welchem Walde): er ist nur oberflächlich von einer Sache unterrichtet, er hat kaum eine Ahnung davon und will mitreden, vgl. ‚etw. läuten gehört haben'.

Aus dem Singen ins Pfeifen kommen: vom Thema abschweifen, auf etw. kommen, das nicht zur Sache gehört. In Pommern bedeutet eine ähnl. Wndg. Anerkennung: ‚De kann singen un fläut't datô', er ist überaus geschickt, so daß es ihm zuzutrauen ist, daß er selbst unmöglich Scheinendes fertigbringt.

Guter und schlechter Gesang wird durch eine ganze Reihe rdal. Vergleiche gekennzeichnet: *singen wie eine Heidelerche, wie eine Nachtigall:* eine hohe, klare und geübte Stimme besitzen; im Ndd. sagt man bewundernd: ‚Singen kann dat Wicht, do is'n Nachtigall 'n Beest (Kuh) giärgen'; vgl. frz. ‚chanter comme un rossignol', auch: *singen wie ein Kantor, wie nach Noten:* richtig singen, sich im Gesang nicht beirren lassen.

Singen wie die Vögel im Hanfsamen: sorglos, voller Freude sein und seinem Wohlbefinden durch Singen Ausdr. verleihen.

Singen, wie einem der Schnabel gewachsen ist: sich keine Vorschriften machen lassen, ohne bes. Schulung seiner Stimme lustig drauflossingen, keine Bedenken haben, sich zu blamieren, vgl. lat. ‚Cantat avis quaevis, sicut rostrum sibi crevit', ↗Schnabel.

Hat jem. eine mißtönende Stimme und ist es für jeden eine Zumutung, seinem Gesang zuhören zu müssen, heißt es übertreibend: *Er singt, wie ein altes Pferd hustet;* vgl. ndl. ‚Hij zingt als een oud paard' und frz. ‚chanter comme une (vieille) casserole' (singen wie ein alter Kochtopf), oder *Er singt den Eselsgesang; er singt so schön wie ein rostiger Brunnenschwengel, wie die Katze, wenn man ihr auf den Schwanz tritt.* In einer Mainzer Lokalposse heißt es mdal.: „Er singt wie e Bachstelz, die de Schnuppe hat". Um anschaulich auszudrücken, daß jem. überhaupt keine musikalische Begabung besitzt, sagt man schweiz. ‚Er cha singe wie der Wetzstein schwimme' (‚wie e Chue pfife').

Beliebte formelhafte Wndgn. sind: *singen und beten, singen und springen, mit Sing und Sang.* Am bekanntesten und ältesten ist wohl die stabreimende Zwillingsformel *singen und sagen.* Karl Lachmann schreibt 1833 in seiner Abhandlung ‚Über Singen und Sagen' (Kleinere Schriften, Bd. I, S. 461 ff.): „Die zwiefache Tätigkeit des Dichters, Singen und Sagen, ist in den ältern Zeiten der deutschen Poesie als so wesentlich verbunden betrachtet worden, daß die sprichwörtliche Zusammenstellung beider Ausdrücke noch jetzt dauert, da doch von dem Singen der Dichter selten noch die Rede sein kann". Er zeigt, wie sich die beiden Begriffe erst allmählich gesondert haben. Noch in der Karolingerzeit konnte sogar dem Gedanken Wort und Weise zugeschrieben werden; aber im weiteren Verlauf des MA. tritt neben die gesungene Poesie, die sich immer mehr auf das Lied beschränkt und an deren Hand sich die Musik selbst zunächst weiterentwickelt, die gelesene Dichtung. Die Formel ‚singen und sagen' stammt jedoch urspr. aus dem christl. Bereich. Sie ist die Übers. von kirchenlateinisch ‚cantare et dicere (psalmum)', d.h. einen Psalm singen und sagen, Gott anbeten, loben und preisen. Auf diesen alten Zusammenhang weist auch die bis heute übliche Feststellung *Da hilft kein Singen und kein Sagen (Beten):* es ist alles zwecklos, es gibt keine Abhilfe. Martin Opitz gebraucht die Formel in diesem Sinne, wenn er dichtet:

Kein Singen und kein Sagen
Vermag den Tod zu jagen

(Werke 2,122).

Die christl. Verkündigung in Wort und Ton versteht auch Luther unter dieser sprachl. Formel, denn in seinem ‚Kinderlied auff die Weihenachten' von 1535 (‚Vom Himmel hoch ...') heißt es:

Der guten mehr bring ich so viel,
Dauon ich singen vnd sagen wil.

Spielleute und Minnedichter haben aber bereits vor ihm die allg. geläufige Wndg. auch auf den weltlichen Bereich übertr. und dann ‚singen' auf den Vortrag lyrischer, ‚sagen' auf den epischer Dichtungen bezogen. Offenbar waren die Worte früher noch austauschbar, denn Seb. Brant schreibt im ‚Narrenschiff' von 1494 (65,66):

Die drucken alles das man bringt,
Was man von Schanden sagt und singt.

Noch Burkard Waldis gebraucht die Wndg. in dieser Form 1548 in seinem ‚Esopus' (4,66, 110):

Von himelisch und jrdschen Dingen,
Davon wir offt hörn sagen und singen.

Goethe benutzt die Formel ‚singen und sagen' mehrfach lit. Sie umschreibt bei ihm das Dichten und das Verbreiten von Nachrichten durch den Dichter als ein ganzheitliches und allseitiges Wirken, wie z.B. in seinem ‚Hochzeitslied':

Wir singen und sagen vom Grafen so gern,
Der hier im Schlosse gehauset.

In manchen Rdaa. werden die beiden Begriffe ‚singen' und ‚sagen' absichtlich und ganz bewußt einander entgegengesetzt und ganz konkret als verschiedene Formen menschlicher Äußerung verstanden, wobei der urspr. Bezug zur religiösen oder weltlichen Dichtung verlorengegangen ist. In der Theatersprache z.B. heißt es bei einem ausländischen Gast auf die Frage ‚Kann er deutsch?' oft scherzhaft: *Singen, nicht sagen!* Dies beruht wohl auf der Beobachtung, daß ein Ausländer sich leicht die durch Reim und Melodie gebundenen Texte der Fremdsprache einprägen kann, während ihm der Wortschatz der Umgangssprache bei einer Unterhaltung weitgehend fehlt. Die negierte Zwillingsformel ‚Singen, nicht sagen' gehört meist in einen größeren Textzusammenhang und wird deshalb selten allein aufgezeichnet. Bes. deutlich ist dies bei der wien. Rda. ‚Wannst es net sagen kannst, so tue's singen!', die mit schwankhaften Erzählungen in Verbindung steht. Meist sind es Lehrlingsgeschichten, von denen Leopold Schmidt einige Varianten veröffentlicht hat, z.B. aus Wien: Der Lehrbub ist ein Stotterer. Er kommt aufgeregt aus dem Keller und versucht, etwas zu melden: „I-i-i-". Der Lehrherr wird ungeduldig und herrscht ihn an: „Wannst es net sagen kannst, so muasst es singen!" Das wirkt, der Lehrbub fängt an zu singen: „Im Keller brennt der Spiritus" (ungefähr nach der Melodie von ‚In München steht ein Hofbräuhaus'). Eine niederoesterr. Fassung, aus Krems mitgeteilt, hat den gleichen Handlungsverlauf. Auch hier ist es ein Stotterer, der eine wichtige Nachricht überbringen will, sie aber in der Aufregung nicht sagen kann. Es ist ein alter Bauer, der zu seiner Frau stürzt. Sie schneidet sein Stottern energisch ab, er solle es singen, wenn er es nicht sagen könne. Und nun beginnt der Alte: „Alte, unser Häusl brennt, jupeidi, jupeida!" Die Wirkung des Schwankes beruht jedesmal auf dem gleichen grotesk-komischen Motiv des Widerspruchs zwischen Erzählinhalt und Erzählform der beabsichtigten Nachricht. Schreckliche Dinge: ein Brand im Keller, der Brand des eigenen Hauses, sollen mitgeteilt werden und wirken, da die Nachricht gesungen wird, unwiderstehlich komisch. Grundvoraussetzung für die Verwendung dieses Motivs ist, daß der Überbringer der Nachricht sie nicht herausbringt, sie nicht ‚sagen' kann. Der Schwank stützt sich dabei auf die völlig wirklichkeitsgetreue Beobachtung, daß der Stotterer u. U. tatsächlich anstandslos singen kann, weil die Hemmung, die ihn sonst übermannt, dabei überwunden wird. Deshalb sagt man auch zu einem Stotterer in Rheinhessen in der Kurzform: ‚Ei, so sing!'

Der Schwank scheint geschichtslos, doch gibt es eine interessante frz. hist. Anekdote aus dem 17. Jh., die eine gewisse Parallelität aufweist: 1677 wurde Concini, Marschall von Ancre, der Günstling der Königin Maria Medici von Frankreich, auf Befehl des Königs Ludwig XIII. erschossen. Als die blutige Tat der Königin mitgeteilt wurde, fragte man sie, die selbst höchst Erregte, wie man die Nachricht Concinis Frau sagen solle. Jemand fragte die Königin: „Wie wird man die Marschallin in Kenntnis setzen?" – „Ich habe anderes zu denken, laßt mich in Ruhe", schrie Maria, „wenn man es ihr nicht sagen will, soll man es ihr vorsingen" (Carl J. Burckhardt, Richelieu – Der Aufstieg zur Macht [München 1935], S. 109). Die Wirkung wäre ebenfalls komisch gewesen, wenn man der rdal. Aufforderung der Maria von Medici nachgekommen wäre und die Nachricht von der Ermordung Concinis seiner Frau gesungen hätte. Die Überlieferung des volkstümlichen Ausrufes der Königin gibt der rdal. Grundlage des Schwankes eine gewisse hist. Tiefe. Noch weiter zurück führt ein urkundlicher schweiz. Beleg von 1459, in dem ein Zögernder aufgefordert wird: „Gang sing ims! Du bist nit als manlich, das du ims getörest sagen" (‚Schweiz. Idiotikon' VII, 1193).

In Wien begegnet auch eine kürzere Form dieser Rda.: ‚Dös müassens ma aber singen!', die jedoch eine andere Bdtg. besitzt. Es geht nicht um das Nicht-sagen-Können, sondern es wird damit das Mißtrauen gegen die Ausführungen eines anderen ausgesprochen. Was hier gesungen werden soll, ist eine unglaubwürdige Nachricht, die nicht ernst genommen werden kann. Für diese wien. Rda. sind bereits Belege aus dem 19. Jh. bezeugt.

Bekannter ist die berl. Beteuerung ‚Det kannste singen!', die wie die allg. dt. Wndg. *Das kann ich dir singen:* darauf kannst du dich verlassen, das ist sicher, genau entgegengesetzte Bdtg. besitzt. Vermutl. ist sie eine moderne Weiterentwicklung der Rda. ‚von etw. ein ↗ Lied(chen) singen können'.

Einem das Benedicimus singen ↗ Placebo; *einem das Gaudeamus singen* ↗ Placebo; *einem den Görgen (Georg) singen* ↗ Georg; *einem den Judas singen* ↗ Judas; *Placebo singen* ↗ Placebo.

Lit.: *K. Lachmann:* ‚Über Singen und Sagen', in: Kleinere Schriften, Bd. I (1833), S. 461 ff.; *J. Schwietering:* Singen und Sagen (Diss. Göttingen 1908); *G. Thurau:* Singen und Sagen. Ein Beitrag zur Geschichte des dichterischen Ausdrucks (Berlin 1912); *L. Spitzer:* Singen und Sagen – Schorlemorle (Zwillingsformeln), in: ders.: Stilstudien, Bd. I (München 1928), S. 85–100; *L. Schmidt:* Singen, nicht sagen. Zwischen Rda. und Schwank, in: Volkslied, Volkstanz, Volksmusik, 49 (Wien 1948), S. 67 f.; *M. Willberg:* Die Musik im Sprachgebrauch, in: Muttersprache (1963), S. 201 ff.; *E. Klusen:* Singen. Materialien zu einer Theorie (= Perspektiven zur Musikpädagogik und Musikwissenschaft 11) (Regensburg 1989), S. 68–74.

Sinn. *Mit jem. eines Sinnes sein:* völlig mit seinen Ansichten übereinstimmen; *anderen Sinnes werden:* sich überzeugen, umstimmen lassen, seine vorgefaßte Meinung, Absicht ändern.

Keinen Sinn für etw. haben, auch: *einem geht der Sinn dafür ab:* kein Verständnis (Gefühl) für etw. aufbringen können, einen völlig unbeeindruckt (kalt) lassen; vgl. frz. ‚N'avoir pas le sens de quelque chose'.

In den folgenden Wndgn. steht Sinn für Kopf oder Verstand: *Jem. in den Sinn kommen;* vgl. frz. ‚venir à l'esprit de quelqu'un', auch: *einem durch den Sinn fahren:* einem plötzlich wieder einfallen, sich Gedanken um etw. (jem.) machen müssen, aber auch: eine neue Idee haben. Ähnl.: *etw. im Sinne haben:* etw. beabsichtigen, neue Pläne haben; vgl. frz. ‚avoir quelque chose derrière la tête'.

Etw. kommt einem nicht in den Sinn: man denkt nicht im entferntesten daran, die Wndg. wird meist als beruhigende Versicherung gebraucht, wenn einer Sorge und Zweifel über das künftige Verhalten des anderen äußert. Vgl. ndl. ‚Het komt mij niet eens in den zin'; frz. ‚Quelque chose ne vient pas à l'esprit de quelqu'un'.

Etw. kommt einem nicht aus dem Sinn: man muß ständig daran denken, es bedrückt, beschäftigt einen immerzu, die Erinnerung verblaßt nicht, eine liebevolle Bindung bleibt trotz räumlicher Trennung bestehen. Diese Wndg. begegnet auch im Liebeslied, z.B. lautet eine bekannte Str.:

Du, du liegst mir im Herzen,
Du, du liegst mir im Sinn.
Du, du machst mir viel Schmerzen,
Weißt nicht, wie gut ich dir bin.

Etw. will einem nicht in den Sinn: man kann es sich nicht vorstellen, man begreift nicht, daß so etw. möglich ist, daß man sich so in einem Menschen getäuscht hat.

Jem. steht (nicht) der Sinn nach etw.: sein Wunsch, Interesse, Verlangen richtet sich (nicht) darauf. Ähnl.: *etw. ist jem. ganzes Sinnen und Trachten:* ihm gilt sein ganzes Bestreben. Diese Wndg. ist wahrscheinl. dem bibl. Ausdr. ‚Dichten und Trachten' (1. Mos. 6,5) nachgebildet worden. Ebenfalls bibl. Herkunft sind die Rdaa. *nichts Gutes im Sinne haben* (Sir. 11,34) und *Böses im Sinne haben* (Ps. 7,15).

Sich etw. aus dem Sinn schlagen: hoffnungslose Wünsche und fruchtlose Gedanken aufgeben, sich bewußt neuen Zielen und der Zukunft zuwenden. Diese Wndg. erscheint in dem bekannten Wanderlied ‚Es, es, es und es', in dem es heißt:

Drum schlag ich Frankfurt aus dem Sinn
Und wende mich, Gott weiß, wohin ...

Vgl. frz. ‚se sortir quelque chose de la tête'.

Etw. ist ganz in (nach) seinem Sinne: es entspricht seinen Anordnungen, seiner Denkart, die Handlungsweise verdient sein Wohlgefallen.

Neuere Wndgn. sind: *Das ist nicht der Sinn der Sache:* das war damit nicht beabsichtigt, und *Das ist nicht im Sinne des Erfinders:* das ist nicht das Richtige, nicht ‚der Zweck der Übung'.

Weder Sinn noch Verstand haben: keine schlüssige Beweiskraft besitzen, den logischen Zusammenhang vermissen lassen, ohne sinnvolle Begründung und deshalb bedeutungslos sein. Vgl. ndl. ‚slot noch zin hebben'; frz. ‚n'avoir ni rime ni raison' oder ‚ni queue ni tête'; engl. ‚to be without rhyme or reason'. Ähnl.: *etw. ohne Sinn und Verstand tun:* planlos beginnen, die Folgen des Handelns nicht vorher bedenken.

Einen sechsten Sinn für etw. haben: eine Ahnung, einen sicheren Instinkt, eine fast übernatürlich erscheinende Fähigkeit besitzen, immer das Richtige vorauszusehen und sich in seinen Handlungen darauf einzustellen. Seit 1920 bez. man mit dem 6. Sinn auch den Unsinn, der über die normalen fünf Sinne hinausgeht, aber auch den Geschlechtstrieb. Auch sonst ist es rdal. üblich, den Geistesgestörten und Verschrobenen scherzhaft mit mehr als den üblichen Sinnen auszustatten. Mdal. heißt es z.B. ostpreuß. ‚He heft sewe Sönne: fîf dwatsche on twê nich recht kloge' und schles. ‚Er hat sieben Sinne, drei tolle und vier verrückte'. Dagegen spielt die Fernsehsendung ‚Der siebte Sinn' auf einen angeblich vorhandenen ‚Verkehrssinn' an, der nur weiterentwikkelt und ausgebildet werden muß.

Meistens wird der Schwachsinnige durch das Fehlen einiger oder aller Sinne charakterisiert: *wie von Sinnen sein,* auch: *nicht bei Sinnen sein:* wahnsinnig, verstört, verrückt sein, eigentl. besinnungslos, ohne Bewußtsein sein; vgl. frz. ‚N'avoir pas tout son bon sens' (wörtl.: seinen gesunden Menschenverstand verloren haben).

Scherzhaft heißt es von einem geistig Minderbemittelten: *Er hat seine fünf Sinne alle drei* (vgl. ndl. ‚Hij heeft zijne vijf zinnen alle drie') oder *Er hat drei Sinne wie ein Bär.* Von einem Zerstreuten dagegen sagt

man: *Ein Sinn ist ihm ausgeflogen, der andere sitzt noch auf dem Neste* oder *seine Sinne sind auf Reisen; er hat seine fünf Sinne nicht beieinander,* vgl. lat. ‚Communi sensu plane caret' (Horaz) und ndl. ‚Zijne zinne zijn van huis' und ‚Hij heeft zijne vijf zinnen niet bij elkander'.
Die Wndg. *Er hat seine Sinne in die Wäsche gegeben* verzeichnet bereits Seb. Franck in seiner Sammlung (II, 69[b]): „Sie haben jre Sinn ausszuwaschen geben".
Dagegen: *seine fünf Sinne zusammenhalten (nehmen):* seine Aufmerksamkeit auf eine Aufgabe konzentrieren, seine Fassung bewahren, sich in der Gewalt haben.
Etw. mit allen Sinnen aufnehmen: etw. genießen, vollständig zu erfassen suchen, von gespannter Aufmerksamkeit sein.
Seinen Sinnen unterworfen sein: seiner Begierden und Triebe nicht mächtig sein.

Lit.: *H. G. Adler:* Die fünf Sinne im Spiegel der Sprache, in: Muttersprache (1963), S. 222–233; *H. Bender:* Unser sechster Sinn (Stuttgart [3]1972).

Sintflut. *Nach mir (uns) die Sintflut:* die Konsequenzen, die Folgen für die Zukunft sind mir (uns) gleichgültig; die Sorge um eine unheilvolle Entwicklung, um ein allg. befürchtetes Unglück drückt mich (uns) nicht, da ich dies doch nicht mehr erleben werde; nach uns geschehe, was da will. Die Rda. ist aus dem Frz. in unsere Sprache übernommen worden. Sie ist eine Übers. des Ausspruches „Après nous le déluge!", den Jeanne Antoinette Poisson, die Marquise von Pompadour, 1757 nach der Schlacht bei Roßbach getan haben soll, und zwar nicht frivol wie im heutigen Sinne, sondern vorahnend. Die Wndg. war bald darauf schon gebräuchl., denn bereits am 18. Aug. 1758 schreibt der Abbé de Mably in seinen ‚Droits et devoirs du citoyen' (6. Brief) über das frz. Parlament: „L'avenir les inquiète peu: après eux le déluge" *(Œuvres* XI, Paris 1794/95, S. 445). Es handelt sich also nicht um ein Bibelzitat, sondern ein Bild der Bibel wird in der Rda. auf die Ggwt. übertragen.
Mit der Sintflut beginnt ein neues Bundesverhältnis zwischen Gott und Mensch. Deshalb ist die Sintflut für alle frühere Geschichtsschreibung ein weltgeschichtliches Ereignis. Das erste Zeitalter der Menschheitsgeschichte reicht von Adam bis Noah, das zweite von Noah bis Abraham.
Nach Hans Lamer (Wb. der Antike [Leipzig 1933], S. 37) ist die bisher vergeblich gesuchte Quelle des Ausdr. viel älter. In einem Epigramm des Straton (2. Jh. n. Chr.) findet sich bereits eine sinngemäß ähnl. Stelle. In seiner ‚Anthologia Palatina' (XI, 19,6) heißt es: „Trinke und liebe! Nach meinem Tode soll Deukalion meine Knochen überspülen!" Gemeint ist hierbei die griech. Vorstellung von der Sintflut, bei der Deukalion und sein Weib Pyrrha allein überlebten und aus Steinen neue Menschen schufen (Büchmann).
Da möchte doch eine zweite Sintflut kommen: es sollte am besten alles untergehen; es ist so übel, daß Gott Veranlassung genug hätte, in seinem Zorn zum zweiten Male alles zu vernichten. Ähnl. Verwünschungen sind: ‚Da sollte doch gleich der Donner (Blitz) dreinschlagen, das Wetter dreinfahren'; ndd. ‚ein Donnerwetter sollte reinschlagen'.
Die Rda. weist auf die verbreitete Vorstellung von der Möglichkeit einer Wiederholung der Sintflut. Tatsächlich fürchtete man im 16. Jh. eine katastrophale Weltüberflutung. Der angesehene Astrologe Johann Stöfler hatte diese im Jahre 1518 dem Kaiser Karl V. für den Febr. 1524 angekündigt, weil zu dieser Zeit eine Verbindung von Saturn, Jupiter und Mars im Zeichen der Venus eintreten werde. Viele suchten sich davor zu schützen, flüchteten auf Berge, bauten Schiffe und sammelten an hochgelegenen sicheren Orten Lebensmittel, in der höchsten Angst verloren sogar einige den Verstand oder nahmen sich das Leben.
Neuere Wndgn. sind: *Das ist seit der Sintflut nicht geschehen:* es ist schon sehr lange her, auch: es ist ein äußerst seltenes Ereignis, und: *Das ist noch von (schon vor) der Sintflut her:* es ist sehr altmodisch, es ist ‚vorsintflutlich'; vgl. frz. ‚antédiluvien'.

Lit.: *M. Walcott:* After me the deluge, in: American Notes and Queries 1,11 (1855), S. 16; *R. Andree:* Die Flutsagen (Braunschweig 1891); *H. Usener:* Die Sintflutsagen (Bonn 1899); *M. Winternitz:* Die Flutsagen des Alterthums und der Naturvölker, in: Mitteilungen der Anthropolog. Gesellschaft in Wien 31 (1901), S. 305–333; *J. G. Frazer:* Ancient Stories of a Great Flood, in: Journal of the Royal Anthropol. Institute 46 (1916), S. 231–283; *J. Riem:* Die Sintflut in Sage und

Wissenschaft (Hamburg ²1925); *H. Baumann:* Schöpfung und Urzeit des Menschen im Mythus der afrikanischen Völker (Berlin 1936); *J. C. Whitcomb* and *H. M. Morris:* The Genesis Flood (Grand Rapids [Mich.] 1961); *W. A. Oesch:* Après nous le déluge (nach uns die Sintflut), in: Proverbium 16 (1971), S. 575; *L. Röhrich:* Noah und die Arche in der Volkskunst, in: Fakten und Analysen. Festgabe für Leopold Schmidt zum 60. Geburtstag (Wien 1972), S. 433–442; *A. Dundes* (Hg.): The Flood Myth (Berkeley – Los Angeles – London 1988) (mit weiterer Lit.).

Sisyphus. *Eine wahre Sisyphusarbeit* nennen wir noch heute wie Properz (‚Sisyphios labores‘, Lachm. III, 17, 7) eine bes. schwere und qualvolle Arbeit, die zur Erfolglosigkeit verdammt scheint und deshalb niemals zu einem Abschluß gebracht werden kann. Auch in anderen europ. Sprachen wurde die Sisyphusarbeit zu einem festen Begriff, vgl. ndl. ‚een Sisyphusarbeid‘; frz. ‚un travail de Sisyphe‘ und engl. ‚Sisyphean task (labour)‘.

Den Stein des Sisyphus wälzen: übermenschliche Anstrengungen machen, sich vergeblich abmühen, auch leeres Stroh dreschen.

Beide Rdaa. beziehen sich auf die Hadesstrafe des Sisyphus, von der Homer in der ‚Odyssee‘ (XI, V. 593–600) berichtet. Sisyphus, des Äolus Sohn, war der König von Korinth. Er war verschlagen und schlecht und galt bei Homer für den gewinnsüchtigsten aller Menschen. Odysseus erzählt

‚Sisyphusarbeit‘

deshalb, daß er auch den Sisyphus in der Unterwelt sah. Zur Strafe für seine Schlechtigkeit mußte dieser mit Kopf und Händen ein Felsstück einen hohen Berg hinaufwälzen, von dem es aber immer wieder in die Tiefe rollte, so daß er wieder von vorn beginnen mußte.

Lit.: *J. Kern:* Danaiden- u. Sisyphusarbeiten in der dt. Volksüberlieferung, in: Sudetendt. Zs. f. Vkde. 7 (1934), S. 23 ff.

sitzen. *Sitzenbleiben:* als Schüler nicht in die nächsthöhere Klasse aufgenommen werden, weil die Leistungen zu schwach sind. Das Zeugnis erhält den Vermerk: ‚Wird nicht versetzt!‘ Vgl. frz. ‚redoubler (une classe)‘ (wörtl.: [eine Klasse] wiederholen).

Die Wndg. kann aber auch auf den Teig bezogen werden, der durch die Hefe nicht ‚gegangen‘ ist, und es wird enttäuscht festgestellt: *Der Kuchen ist sitzengeblieben.* Meistens denkt man jedoch bei dieser Rda. an das Mädchen, das beim Tanz nicht aufgefordert wird oder das überhaupt keinen Freier findet, das eine alte Jungfer wird. Von einem hübschen oder reichen Mädchen, das nicht in diese Verlegenheit gerät, heißt es daher: *Die wird nicht lange sitzenbleiben:* sie wird bald heiraten.

Auf (mit) etw. sitzenbleiben: eine Ware nicht verkaufen. Das sprachl. Bild bezieht sich auf die Marktfrauen, die neben ihrer Ware sitzen und auf ihre Kunden warten, die an den Nachbarständen Preis- und Gütevergleiche anstellen, bevor sie sich zum Kauf entschließen. Wer minderwertige Ware hat, findet keinen Absatz. Die Wndg. ist allg. kaufmannssprachl. geworden in der Bdtg. etw. nicht loswerden, es als Ladenhüter zurückbehalten.

Ein Mädchen sitzenlassen: ein gegebenes Eheversprechen nicht einlösen, ein Mädchen im Stich lassen, untreu sein, ein geschwängertes Mädchen nicht heiraten, aber auch in allg. Bdtg.: nicht aus der Verlegenheit helfen. Die Wndg. ist bibl. Herkunft. Bei Sir. 22, 4 steht: „Eine vernünftige Tochter kriegt wohl einen Mann, aber eine ungeratene Tochter läßt man sitzen, und sie bekümmert ihren Vater“ (Büchmann); vgl. frz. ‚laisser tomber une fille‘.

Etw. nicht auf sich sitzenlassen: einen Vorwurf, eine abträgliche Bemerkung, Falsches, Kränkendes und Ehrabschneidendes nicht unwidersprochen lassen, sich zu rechtfertigen und von einem Verdacht zu reinigen suchen. Vgl. frz. ‚Je n’en aurai pas le démenti‘.

Jem. sitzen: sich porträtieren lassen, einem Maler als Modell dienen.

Über etw. sitzen: ausdauernd und lange, angestrengt an etw. arbeiten, sich auf schwierige Aufgaben konzentrieren, sich

einen Lern- oder Prüfungsstoff gut einprägen.
Sitzen müssen: im Gefängnis sein, verkürzt aus: ‚gefangensitzen müssen', oft noch weiter verkürzt zu einfachem ‚sitzen'. *Zu sitzen kriegen:* mehrere Jahre Freiheitsentzug zu erwarten haben, nicht nur mit einer Geldstrafe davonkommen. Scherzhaft gebraucht man die mehrdeutige Wndg. *Er sitzt* auch, um zu sagen, daß er gerade an einer Sitzung teilnimmt oder, wieder doppeldeutig, ‚eine Sitzung hat', d.h. die Toilette benutzt.
Etw. muß sitzen: man muß es sich fest ins Gedächtnis einprägen, es muß so intensiv gelernt werden, daß es zum unverlierbaren Besitz wird.
Einem noch zwischen Fell und Fleisch sitzen: noch nicht endgültig überwunden, durchdacht, noch zu keinem festen Entschlusse reif sein; *zwischen den Stühlen sitzen* ↗Stuhl.
Weder sitzen noch liegen können: es vor Schmerzen und Ungeduld in keiner Lage lange aushalten, nicht wissen, wie man die Folgen einer Krankheit oder Schlägerei überstehen soll. Die Wndg. wird oft als Drohung gebraucht: *Ich schlage dich, daß du drei Tage weder sitzen noch stehen kannst!* ↗schlagen.
Als Warnung ist die Feststellung zu verstehen: *Da sitzt ein Habicht auf der Hecke!:* Nehmt euch in acht, es ist ein Aufpasser da, es gibt unbefugte Zuhörer!
Ja, da sitzt es und hat Mützchen auf! Diese Wndg. wird gebraucht, wenn man etw. sucht, was man an einem bestimmten Ort glaubt gesehen zu haben, und es dann doch nicht finden kann. Dieser Ausruf bezieht sich auf die Volksüberlieferung von den Zwergen, die ein unsichtbar machendes Käppchen oder Mützchen besitzen (vgl. L. Bechstein, Dt. Sagenbuch, S. 515; Grässe, Sagenschatz, S. 377).
Einen sitzen haben: betrunken sein. Die Rda. ist verkürzt aus: *einen Affen sitzen haben* ↗Affe; vgl. auch: *den Schelm im Nacken sitzen haben* ↗Nacken.
Etw. sitzt gut (wie angegossen): ein Kleidungsstück paßt sehr gut, dagegen: *Das sitzt wie ein Hopfensack:* es ist plump, unkleidsam und paßt überhaupt nicht, ist nur wie eine Hülle, in die man etw. hineinstopfen kann, das Kleidungsstück hat weder einen angemessenen guten Schnitt noch Schick.
Die meist schadenfroh klingende Feststellung *Das hat gesessen!* kann sehr Verschiedenes meinen: der Schuß hat getroffen, die Ohrfeige hat gesessen, der Vorwurf, die kränkende, scharfe Bemerkung hat ihren Zweck nicht verfehlt.
Entscheidend für die Charakterisierung der Eigenschaften und persönlichen Verhältnisse ist es, wo und wie jem. sitzt: z.B. *im Glashaus sitzen:* in exponierter, gefährlicher Stellung sein, in der man nichts riskieren sollte, ↗Glas; *auf den Ohren sitzen:* nichts hören (wollen), ↗Ohr; *an der Quelle sitzen:* sehr günstig, vorteilhaft, ↗Quelle; *auf dem hohen Roß sitzen:* eingebildet sein; *fest im Sattel sitzen:* gesichert sein, die Lage beherrschen, ↗Sattel; *in der Tinte sitzen* ↗Tinte; *auf dem trockenen sitzen:* in mißlicher Lage sein, kein Geld besitzen, dagegen: *im trocknen sitzen:* wohl geborgen sein, ↗trocken.
Sehr anschaulich sind die folgenden rdal. Vergleiche. Vom Geizigen heißt es: *Er sitzt auf dem Geld wie der Bock auf der Haferkiste,* vgl. ndl. ‚er op zitten als de bok op de haverkist'. Verkürzt heißt es auch: *auf dem Geld sitzen. Wie die Henne auf den Eiern sitzen:* nur sehr ungern aufstehen, nichts hergeben wollen. Von jem., der seinen Besuch allzulange ausdehnt, den nichts zum Gehen bewegen kann, heißt es im Schwäb.: ‚Er bleibt sitzen wie eine Häslaus (Kleiderlaus)'.
Von einem, der im Überfluß lebt, der es sich gut sein läßt, sagt man: *Er sitzt wie der Hase im Kraut, wie die Made im Speck* ↗Speck; holst. ‚He sitt as de Lûs in Schorf' oder sauerländisch ‚Hei sittet as de Mius oppet Kommissbräud'.
Wenn einer eine schlechte Figur auf dem Pferd macht, eine lächerliche Reithaltung besitzt, spottet man mdal. ostfries. ‚He sitt up't Perd as de Esel up'n Plûmbôm'; westf. ‚Er sitzt auf dem Pferde wie ein Frosch auf dem Kuhschiß' oder ostpreuß. ‚Er sitzt auf dem Pferd wie die Kneifzange auf der Sau'.
Eine äußerst bedrängte, gefahrvolle Lage wird durch folgende Wndgn. verdeutlicht: *wie auf glühenden Kohlen sitzen* ↗Kohle; *wie auf Nadeln sitzen* ↗Nadel; *wie die Laus zwischen zwei Daumen (Nä-*

geln) sitzen, vgl. ndl. ‚Hij zit gelijk eene luis tusschen twee nagelen'; *wie auf dem Pulverfaß sitzen* ↗ Pulver; *wie der Teufel im Weihwasser sitzen:* sehr unbehaglich, vgl. ndl. ‚Hij zit gelijk de duivel in een wijwatervat'.

Lit.: *F. Hempler:* Psychologie des Volksglaubens (Königsberg 1930); *P. Geiger:* Eigentum und Magie, in: Volkskundliche Gaben, John Meier zum 70. Geburtstage dargebracht (Berlin – Leipzig 1934), S. 36–44; *H. Frommberger:* Das Sitzenbleiberproblem (Dortmund 1955); *A. Kern:* Sitzenbleiberelend und Schulreife (Freiburg [5]1966); *L. Schmidt:* Bank, Stuhl und Thron, in: Antaios XII, 1 (1970), S. 85–103; *S. Wienker-Piepho:* Der „Aufhock" in Baden – Regionalismen populärer Dämonologie am Beispiel eines unvergänglichen Sagentyps, in: Bad. Heimat, Heft 3 (1990), S. 467–479.

Sitzfleisch. *Kein (rechtes) Sitzfleisch haben:* nicht lange stillsitzen können, keine Ausdauer und Neigung zu sitzend ausgeübten Arbeiten haben. Die Rda. ist bereits 1691 durch Stieler in ‚Der Teutschen Sprache Stammbaum' (503) bezeugt und ist auch mdal. verbreitet, z. B. heißt es in Pommern: ‚He hett kên Sitzflêsch'. Daneben besteht auch die Wndg. *kein Sitzleder haben;* in der Steiermark sagt man: ‚Ea hod kuan Sitzleda'.

Die Rdaa. *gutes Sitzfleisch (Sitzleder) haben* und *über (dauerhaftes) Sitzfleisch verfügen* drücken das Gegenteil aus: fleißig und ausdauernd sein. Die Rdaa. werden meist auf Schüler, Studenten und Gelehrte angewendet. Joh. Christian Günther (1695 bis 1723) meint damit den Schriftsteller, wenn er dichtet:

Wie tieff man hier und da des Mannes Schatten küsse,
Der, weil ihm die Natur viel Sitzefleisch gemacht,
Den Stuhl nicht frieren läßt vom Morgen in die Nacht,
Mehr Bücher drückt als kennt.
(‚Gedichte', 1735, S. 409)

Die Wndg. *Sitzfleisch haben* gebraucht man heute aber auch, wenn Gäste nach einer Einladung nicht an den Aufbruch denken.

Six. *Meiner Six!,* auch: *Mein Six!:* eine volkstümliche Beteuerungsformel, die neben ‚Meiner Treu!' und ‚Meiner Seel!' gebraucht wird. ‚Meiner Six!' gilt als scherzhafte Verstümmelung und verhüllende Entstellung des älteren ‚Meiner Seel!' und weist auf eine ähnl. Bildung wie ‚verflixt' neben ‚verflucht'. Nachgewiesen ist die Formel seit 1729 bei Stoppe (‚Gedichte', Bd. II, S. 87): „Ah wird mei Sixi! droa gedencka, wie Juncker Hannsa Kaspers Koch".

G. A. Bürger verwendet in seinem Gedicht ‚Der Kaiser und der Abt' den Ausruf ‚Mein Sixchen!' gleichwertig neben der Anrufung von Maria und Joseph. Da die Wndg. in diesem Zusammenhang eines Gesprächs mit dem Abt begegnet, ist dies ein Beweis, daß ‚Mein Six!' für ‚Meiner Seel!' eintreten konnte. In der 16. Str. des Gedichtes heißt es:

„Herr Abt", sprach Hans Bendix, „was mögt Ihr Euch grämen?
Ihr schwindet ja wahrlich dahin wie ein Schemen.
Maria und Joseph! Wie hotzelt Ihr ein!
Mein Sixchen! Es muß Euch was angethan sein".

Später wurde die Wndg. zu ‚Meiner Sechs(e)!' verändert, weil der urspr. Sinn verlorengegangen war. Sie hat nichts mit dem ahd. ‚sahs' = Messer, Schwert zu tun, ebensowenig mit einem alten Rechtsbrauch.

Skelett. *Ein Skelett im Schrank (Hause) haben:* Sorge und Schande im Hause haben; die Rda. ist auch im Engl. vorhanden: ‚to have a sceleton in the cupboard'. Mit ‚sceleton' wird hier eher das Schreckgespenst der Schande und Not bez. als ein Skelett im wörtl. Sinne.

Ein lebendiges Skelett sein: sehr abgemagert sein: auch: *nur noch ein Skelett sein:* vgl. ‚nur noch ↗ Haut und Knochen sein'.

Skorpion. *Einen mit Skorpionen züchtigen:* ihn mit den strengsten Mitteln bestrafen, eine äußerst schmerzhafte Züchtigung durchführen. Die Rda. ist bibl. Urspr. In 1. Kön. 12, 11 läßt Salomos Sohn dem um Erleichterung flehenden Volk keine Hoffnungen: „Mein Vater hat euch mit Peitschen gezüchtigt; ich will euch mit Skorpionen züchtigen". Mit Skorpionen sind hierbei schmerzliche Wunden schlagende Geißeln gemeint, die aus Lederriemen bestanden und mit Stacheln versehen waren. Vgl. auch ndl. ‚met schorpioenen geselen' und engl. ,to chastice a person with scorpions'.

Lit.: *J. Leibbrand:* Speculum Bestialitatis, (München 1989), S. 145ff.

Snellert. *Das geht mit dem Snellert:* eine Fahrt oder Bewegung ist ungewöhnlich schnell. Die Rda. ist eigentl. nur auf der Delmenhorster Geest im Oldenburgischen gebräuchl., hat aber einen interessanten Ursprung. ,Dat geit mit'n Snellert' bezieht sich auf das Schnellertsschloß im Odenwald. Der Schnellerts ist durch das wilde Heer berüchtigt, das nach der Sage mit Pferdegetrappel, Hörnerschall und Peitschenknall und mit solcher Kraft und Schnelligkeit den Berg hinab und nach der Burg Rodenstein stürmte, daß bei totaler Windstille Staub aufflog. Zog das wilde Heer aus dem Schnellerts, so stand Krieg bevor.

Lit.: *W. Ramsauer:* ,Dat geit mit'n Snellert', in: Zs. d. Ver. f. Vkde. 10 (1900), S. 228–229; *F. Panzer:* Bair. Sagen und Bräuche 1; (Ndr. Göttingen 1954), S. 162f.; *F. Mössinger:* Die Sage vom Rodensteiner (Darmstadt 1962).

Socken. *Sich auf die Socken machen:* sich davonmachen, schnell weglaufen; vgl. ,sich auf die Sprünge machen' und ,die Beine in die Hand nehmen'. Diese Rda. ist bes. in Mitteldtl. verbreitet, allg. bekannter ist: ,sich auf die Strümpfe machen' (↗Strumpf).

Bert Brecht verwendet die Rda. lit. in seiner ,Mutter Courage'. Mit Socke war urspr. ein niedriger, leichter Schuh gemeint, der im Lat. als ,soccus' bez. wurde. Jägersprachl. heißt aber auch der unterste Teil der Hasenpfote Socke. Die Rda. könnte demnach auch auf einem Vergleich beruhen: so schnell flüchten wie ein Hase.

Einem auf die Socken helfen und *einen auf die Socken bringen:* ihn das Laufen lehren, ihn wegjagen, auch: ihn mit vielen Aufträgen und Laufereien ,in Atem halten'. Vgl. ,jem. Beine machen', ↗Bein. Die Feststellung *Er ist mir auf den Socken* heißt: er verfolgt mich, er hat mich fast eingeholt. Die Rda. ist wie das gleichbedeutende ,Er ist mir auf den Fersen' bereits im 16. Jh. bezeugt; vgl. frz. ,Il est sur mes talons' (wörtl.: Er ist mir auf den Fersen).

Aus der Soldatensprache des 2. Weltkrieges stammt die Wndg. *mit qualmenden Socken laufen:* angestrengt marschieren, so davoneilen, daß die Socken heiß werden, auch eine humorvolle Steigerung von: sich warm laufen. Es kann aber auch gemeint sein, daß einer unruhig auf eine Nachricht wartet, daß ,ihm der Boden unter den Füßen brennt'.

Auf Socken gehen (reiten): sehr vorsichtig zu Werke gehen, jem. aushorchen. Schon Luther gebraucht die Wndg. in seinen ,Tischreden' (31ª); vgl. frz. ,Y aller sur la pointe des pieds' (wörtl.: auf den Fußspitzen zu Werke gehen).

Von den Socken sein: sehr verwundert sein, völlig außer Fassung geraten. Ähnl. heißt es im Obersächs. ,vor Schreck aus den Latschen kippen'. Vgl. auch ndl. ,van de sokken vallen'.

,Er ist mit den Socken geschossen' sagt man in Braunschweig, um einen Dummen zu bezeichnen.

Sod. *In Sod kommen:* in die Patsche, ins Unglück geraten. In dieser bes. in Bayern verbreiteten Rda. ist Sod, das zu ,sieden' gehört und eigentl. Kochbrühe bedeutet, ins Negative übertr. worden.

Die Hände im Sode haben und *in allem Sode die Hände haben wollen:* bei etw. (überall) beteiligt sein (wollen). Im 16. und 17. Jh. ist der Ausdr. sehr geläufig gewesen. Luther verwendet ihn sehr häufig: „wo kumpt die frembd pflicht her, die der papst darüber fodert, und will auch ynn dem heymlichen mittel die hand ym sode haben" (VIII, 184, Weimarer Ausg.). 1745 heißt es in einer Übers. nach Fielding: „Wir würden gar bald ins Spital wandern, wenn ich euch die Hand im Sode ließe". Vgl. frz. ,mettre la main à la pâte' (wörtl.: mit der Hand den Teig mitkneten). Dagegen bedeutet *die Hände nicht im Sode haben:* an einer schmutzigen Sache, an einem betrügerischen Handel nicht teilnehmen.

In seinem Sode aufwachsen (dahinleben, liegen), auch: *leben wie Hans im Sode:* nach seiner angeborenen rohen Art, in Unbildung und Unsauberkeit, ganz nach seiner natürlichen Bequemlichkeit, seinen Gelüsten leben, waren im 18. Jh. beliebte Rdaa., die heute veraltet sind, aber auch lit. bezeugt sind. In einer Übers. Bodes (‚Klinkers Reisen' II,171) heißt es z.B.: „So mögen sie meinethalben in ihrem eigenen Sode fortwaten".

Sodom. *Es geht zu wie in Sodom und Gomorrha:* es geht lasterhaft, unmoralisch, sündhaft zu. Die beiden bibl. Städte Sodom und Gomorrha liegen am Südende des Toten Meeres. Sie wurden nach 1. Mos. 19 von Jahwe wegen ihrer Lasterhaftigkeit zerstört. ‚Sodom und Gomorrha' erscheinen in der Bibel oftmals als warnendes Beispiel der Sünde und des göttlichen Strafgerichts (Ps. 10,7; Matth. 11,23f. u.ö.). Ein Nebenmotiv ist die zur Salzsäule erstarrte Frau des Lot. Sodom und Gomorrha sind bereits im A.T. sprichwörtl. (Jes. 1,9). Früh schon wird Sodom auch zum Gleichniswort für das verderbte Jerusalem (Offenb. 11,8), dann allg. für ‚böse Welt'.

Lit.: *J. Penrose Harland:* Sodom and Gomorrha, in: The Biblical Archaeologist 5 (1942), S. 17–32 und 6 (1943), S. 41–54; *O. Eißfeldt:* Art. ‚Sodom und Godom und Gomorrha', in: RGG. VI, Sp. 114–115.

Sohle, versohlen. *Auf fremden Sohlen gehen:* die Vorarbeiten, Verdienste von anderen für sich nutzen, auch: fremde Sitten annehmen. Mit den Sohlen waren urspr. Schuhe in der Art von Sandalen gemeint, die aus einer Sohle bestanden und um den Fuß gebunden wurden. Da die Griechen ohne Schuhe zu Tische saßen, kam es vor, daß einer aus Eile oder Trunkenheit fremde Sohlen ergriff.

Auf frischen Sohlen gehen: gut vorankommen, mit neuer Kraft etw. zu erreichen suchen.

Sich die Sohlen schmieren: Vorbereitungen zur Abreise treffen, sich zum Sterben anschicken. Vgl. frz. ‚graisser ses bottes' (veraltet).

Ähnl. heißt *Er geht auf den letzten Sohlen:* er stirbt bald. Vgl. engl. ‚He goes on his last legs'. *Er hat schon manche Sohle ab-* oder *durchgelaufen:* er ist schon weit herumgekommen, hat viel erlebt, ist alt.

Es brennt ihm unter den Sohlen, auch: *Die Sohlen brennen ihm:* ‚er steht wie auf Kohlen', die Zeit drängt sehr, er brennt vor Ungeduld; vgl. frz. ‚Il est sur des charbons ardents' (wörtl.: Er steht auf glühenden Kohlen).

Sich die Sohlen wundlaufen: sich sehr um etw. bemühen, viele Gänge unternehmen, ‚sich die Schuhsohlen ablaufen'.

Sich etw. an den Sohlen (Schuhsohlen) abgelaufen haben: etw. gründlich kennen.

Sich an jem. Sohlen heften: ihm unermüdlich folgen, ihn verfolgen und nicht aus den Augen lassen; vgl. frz. ‚Ne pas quitter quelqu'un d'une semelle'.

In Niederösterr. sagt man für barfuß gehen: ‚Er geht auf deutscher Sohle'.

Auf leisen Sohlen kommen: geschlichen, unbemerkt kommen, häufig in der Dichtersprache verwendet.

Aus der Soldatensprache des 1. Weltkrieges stammt die Wndg. *eine kesse Sohle aufs Parkett legen:* schwungvoll tanzen.

Jem. tüchtig versohlen: ihn schlagen, eine Umschreibung neben vielen anderen aus verschiedenen Berufen, wie z.B. ‚einen verwichsen'.

sollen. *Es hat nicht sollen sein:* das Glück (Wiedersehen) erscheint als unmöglich. Der Ausspruch enthält eine resignierende Feststellung und den Glauben, daß dem Menschen sein Schicksal vorbestimmt sei. Die Wndg. wird meist in dieser verkürzten Form gebraucht und bezieht sich auf Joseph Viktor v. Scheffels Versepos ‚Der Trompeter von Säckingen, ein Sang vom Oberrhein', wo es im 2. Stück heißt:

> Behüt dich Gott! es wär' zu schön gewesen.
> Behüt dich Gott! es hat nicht sollen sein!

Sommer. *Im Sommer seines Lebens stehen:* sich in den besten Jahren befinden, in der Mitte des Lebens sein.

Sich scheiden wie Sommer und Winter: sich stark voneinander unterscheiden; ‚da scheydet sichs denn wie sommer und winter' (Luther, Weim. Ausg. 24, 12, 18).

Den Sommer stecken: beim Frühlingsfest am Sonntag Laetare stecken Kinder mit frischergrünten Zweigen und geschmückten Stäben den Sommer, halten Umzüge und singen Sommerlieder, auch: *den Sommer singen.* Bis zur Mitte des 19. Jh.s hatten nur einzelne kleine Kindergruppen ein mit bunten Bändern verziertes Sommerbäumchen oder eine Puppe, die ‚Sommerdocke', mit herumgetragen, damit von

Haus zu Haus den Sommer angekündigt und dafür Gaben erhalten. Diese Form ist für das 17. Jh. auch für Heidelberg bezeugt, bis dort 1893 eine eigene Organisation einen großangelegten Sommerzug schuf.

Ein Sommertheater veranstalten: unwichtige Dinge aufgreifen und in den Medien hochspielen; auch: sich selbst ins Gespräch bringen, sich in den Vordergrund spielen. Während der Urlaubszeit im Sommer fehlt es den Journalisten oft an aufregenden Neuigkeiten; dann werden, bes. in der sog. ‚Regenbogenpresse', Un-

‚Sommertheater'

wichtigkeiten aufgebauscht. ‚Bonner Sommertheater' nennt man das selbstschädigende u. das Ansehen der Regierung herabsetzende Auftreten einzelner Politiker während der sommerlichen ‚Sauren Gurkenzeit', wenn sie mit Interviews unnötig Staub aufwirbeln.

Ins Sommerloch fallen: in Vergessenheit geraten; nach der langen Sommerpause sich an bestimmte Dinge nicht mehr erinnern, ↗Winter.

Lit.: *W. Liungman:* Der Kampf zwischen Sommer und Winter (Helsinki 1941); *H. Siuts:* Die Ansingelieder zu den Kalenderfesten (Göttingen 1968); *F. Sieber:* Deutsch-westslawische Beziehungen in Frühlingsbräuchen. Todaustragen und Umgang mit dem ‚Sommer' (Berlin 1968).

Sonne. *Die Sonne scheint!* ist bes. in Sachsen und Nordböhmen eine übliche Mahnung zur Vorsicht beim Reden, wenn Kinder anwesend sind, aber gleichzeitig auch ein Wink für die unberufenen Zuhörer, sich zu entfernen (↗Schindel).

Nicht wert sein, daß einen die Sonne bescheint: ein schlechter Kerl sein, der (nach Ansicht anderer) eigentl. nichts Angenehmes mehr erleben dürfte und dem deshalb selbst Licht und Wärme der Sonne fehlen sollten. Schon 1540 verwendet Jörg Wickram das Bild: „Du schandtlicher treuloser verräter, welcher du nit wirdig bist, das dich die sonn anscheint". Die Rda. ist auch im Ndd. bekannt: ‚De es net wert, dat de Sonne op en scheint'. Oft wird dem Nichtsnutzigen auch der Mondschein mißgönnt, z.B. heißt es in Ostfriesland: ‚Dî schal gîn sün of mân beschînen'.

Nicht leiden können, daß die Sonne ins Wasser scheint: einem anderen nichts gönnen, ihm das Glück neiden, böse sein, weil ein anderer etw. genießt, so als ob die Sonne nur für einen selbst bestimmt sei. Die Rda. gilt auch zur Charakterisierung eines Mißmutigen und Schlechtgelaunten, z.B. sagt man in Holstein: ‚He kann

‚Nicht leiden können, daß die Sonne ins Wasser scheint'

nich lieden, dat de Sünn in't Water schient!' Bei Burkard Waldis (I,64,21) heißt es: „Sie hassens wie ein offner Feindt, das jm die sonn ins wasser scheint". Vgl. auch ndl. ‚niet kunnen zien (velen), dat de zon in het water schijnt' und engl. ‚to be like the dog in the manger'.

Er sieht gern die Sonne ins Wasser scheinen: er kümmert sich um nichts, ist völlig

gleichgültig; in der Barmer Gegend meint man mit der Wndg. ‚He süht gern de Sonne en't Water schiinen' einen hinterlistigen, verschlagenen Menschen.
Zur Charakterisierung eines ständig mißgelaunten Menschen, den seine Umgebung nie freudig erregt und voller Unternehmungslust erlebt, werden verschiedene Rdaa. verwendet: *Er läßt das ganze Jahr keine Sonne von sich scheinen; in seiner Sonne ist allzeit Finsternis*. Sehr treffend heißt es schon bei Seb. Franck (II,34[a]): „Es hat jn nie kein Sonn beschienen". Bes. die Mdaa. sind reich an solchen Wndgn., die die manchmal zu beobachtende schlechte Laune umschreiben, so sagt man z.B. in Aachen: ‚Be dem schingk och net alle Dag de Sonne', und in Schwaben: ‚Er hat die Sonne heut noch nicht gesehen'.
Der Müßiggänger genießt sein Nichtstun und vor allem den Sonnenschein. Von ihm sagt man am Rhein: ‚Er lit en de Sonne en lätt sech de Speck wasse', in Köln läßt sich der Faulpelz ‚die Sonn en de Hals schinge', und in Bonn heißt es von einem Faulen: ‚em steht de Sonne zu huh'. Dem Langschläfer ist auch der Stand der Sonne keine Mahnung zum Aufstehen: *Die Sonne scheint ihm ins Bett. Er läßt sich die Sonne in den Hals (Magen) scheinen:* er hat nichts zu essen und versucht auf diese Weise, etw. Warmes in den Magen zu bekommen. Die Rda. ist mdal. weit verbreitet, z.B. gibt man in Köln den Rat: ‚Laß der de Sonn' in der Hals schinge, dann kriszte och jet Wärms en der Mage', und in Schlesw.-Holstein: ‚Legg di up'n Rück un laat di von de Sonne in't Muul schienen, denn hesst wat Warms in'n Lief'.
Es ist ihm die Sonne eher im Haus als (denn) das Brot: er ist sehr arm. Bereits Geiler von Kaysersberg verwendet in seinem ‚Narrenschiff' (52) diese Rda. und schreibt: „So du arm bist und auch vil Kinder hast, aber wenig Brot darzu, also daß dir die Sonne ehe im Hauss ist weder das Brot, ist fürwahr kein Freund da".
Humorvoll übertreibend schildern die Rdaa. einen bes. mageren Menschen: *Die Sonne scheint bei ihm durch,* oder schwäb. ‚Er ist so mager, daß die Sonne durch ihn durchscheinen kann'. Am Rhein sagt man: ‚Der es so därr, daß de Sonn der dorch scheinet', oder auch: ‚em scheint de Sonn dorch de Rebbe'.
Jem. schlagen, daß die Sonne durch ihn scheint: ihn sehr schlagen. Die weitverbreitete Rda. wurde bereits in mhd. Zeit von Neidhart von Reuental (57,1) verwendet: „Er slahes daz diu sunne durch sî schîne". Im Rheinl. erfährt dieser Ausdr. noch eine Verstärkung durch verschiedene Zusätze: ‚Eich hauen dich durch Sonne un Mond' oder ‚datste dorch Sonne on Mond feahrscht' (Cochem) und ‚dat de mens, de gängs dörch Sonn en Mond' (Eupen).
Um einen tölpelhaften oder einfältigen Menschen zu kennzeichnen, sagt man z.B. im Rheinl.: ‚De kann jo noch net de Sonne vom Moen am helle Dag ongerschede', und in Schlesw.-Holst.: ‚He sit dorher as de Venus vör de Sünn', also sehr schüchtern, unscheinbar und dumm.
Wie Butter in der Sonne bestehen ↗ Butter.
Die Sonne viereckig sehen: im Gefängnis sitzen und die Sonne deshalb nur durch die Gitterfenster sehen können. In Schlesw.-Holst. heißt es weniger humorvoll: ‚He is dor, wo keen Sünn un Maan hinschient'.
Die Sonne für einen Dudelsack halten: betrunken sein, dasselbe meint die Rda. *Er sieht zwei Sonnen* ↗ trinken.
Der Sonne die Augen ausbrennen wollen: bei hellem Tage Licht brennen, unsinnige Verschwendung treiben.
Wider die Sonne reden: gegen etw., was klar und offensichtlich ist, vorgehen, es wegleugnen wollen. Vgl. lat. ‚Adversus solem ne loquatur' (Pythagoras). Dasselbe meinen die Rdaa. *die Sonne vom Himmel wegleugnen* und *der Sonne das Licht bestreiten,* vgl. lat. ‚Ex omnibus aliquid, in toto nihil'.
Der Sonne Licht zuführen: etw. völlig Überflüssiges tun. Vgl. ndl. ‚Hij wil de zon verlichten'. Ähnl.: *der Sonne ein Licht anzünden;* die Rda. wird dann gebraucht, wenn einer große Gelehrte belehren will, wenn etw. völlig Klares nochmals auseinandergesetzt wird, wenn durch Lobreden Berühmtes noch gefeiert werden soll. Vgl. lat. ‚soli lumen inferre'. Gleiche Bdtg. hat die Wndg. *die Sonne mit Fackeln (einer Laterne) erleuchten*. Vgl. lat. ‚solem adjuvare facibus', ndl. ‚Hij steekt der zon eene

kaars aan' und frz. ‚montrer le soleil avec un flambeau' (veraltet oder nur noch landschaftlich gebräuchl.).

Die Sonne aufhalten wollen: etw. Unmögliches versuchen, in den unvermeidlichen Gang eines Geschehens eingreifen wollen. Diese Rda. ist bereits Seb. Franck bekannt (II, 133[a]): „Die sonnen auffhalten". Von einem, der eine Bewegung aufhalten möchte oder der anderen nichts gönnt, heißt es auch: *Er möchte der Sonne verbieten zu scheinen* und *Er möchte andern vor der Sonne stehen:* er will ihnen also das Licht versperren, ihr Glück verhindern; vgl. frz. ‚Ote-toi de mon soleil' (wörtl.: ‚Geh von meiner Sonne', i.S.v.: Störe mich bei der Durchführung meiner Pläne nicht!).

Die Sonne anbeten: einem huldigen, dessen Macht und Ansehen steigen, sich dem aufgehenden Gestirn zuwenden. Die Rda. bezieht sich auf die Gewohnheit vieler Orientalen, die aufgehende Sonne anzubeten. In übertr. Bdtg. wurde die Wndg. bereits in der Antike gebraucht, z.B. heißt es bei Plutarch im ‚Pompeius' (14,3): „Τὸν ἥλιον ἀνατέλλοντα πλείονες ἢ δυόμενον προσκυνοῦσιν" (= Es gibt mehr, die die aufgehende Sonne anbeten als die untergehende). Vgl. auch frz. ‚adorer le soleil levant' (veraltet) und engl. ‚to worship the rising sun'. ‚Sonnenanbeter' nennt man auch Leute, die sich aus kosmetischen Gründen gerne der Sonne aussetzen u. der Freikörperkultur huldigen.

Die Sonne im Gesicht haben: geblendet werden, in übertr. Bdtg.: Hindernisse zu überwinden haben. Vgl. lat. ‚solem ab oculis habere' und frz. ‚avoir le soleil aux yeux'. Häufig steht die Sonne als Umschreibung für Glück, angenehme Verhältnisse und Leben: *Sonne und Wind im Rücken haben:* günstige Voraussetzungen besitzen, nicht geblendet und vom Wind vorangetrieben werden, also: gut vorankommen. Vgl. lat. ‚Sol et ventus a tergo sunt' und frz. ‚Le soleil et vent sont au dos' (veraltet), dafür ist frz. ‚le vent en poupe' (wörtl.: der Wind im Heck des Schiffes) allg. gebräuchl.

Die Sonne hat ihm zu lang geschienen: das Glück war ihm zu lange hold, so daß es ihm nun wieder schlechter geht.

Seine Sonne ist untergegangen: das Glück ist vergangen, die Zukunft erscheint trübe. Vgl. ndl. ‚Zijne zon heft uitgeschenen'.

Sonne und Mond sind ihm entgegen: er hat nur Unglück zu erwarten. Vgl. ndl. ‚Zon en Maan is hem tegen'.

Die Sonne geht in seinem Staat nicht auf: er besitzt nichts. Die Rda. entstand aus einer scherzhaften Umwandlung der Worte Philipps in Schillers ‚Don Carlos' (I,6): „Die Sonne geht in meinem Staat nicht unter".

Die Sonne wirft lange Schatten: der Abend des Lebens naht. Vgl. ndl. ‚De zon maakt lange schaduwen'.

Es wird dich noch nach dieser Sonne frieren: du wirst dich noch nach den angenehmen Verhältnissen zurücksehnen. Die Rda. wird auch mdal. gebraucht, z.B. fränk. ‚Dî wird's nu noach der Sunna friar'n'. Sie war bereits Hans Sachs bekannt: „Mich will gleich nach der Sonnen frieren". Albrecht Dürer schrieb ebenfalls nach seiner Rückkehr aus Italien in übertr. Sinne: „O wie wird mich nach der Sunnen frieren, hier bin ich ein Herr, daheim ein Schmarotzer".

Die Sonne scheinen lassen, wenn es Zeit ist: dem günstigsten Zeitpunkt nicht vorgreifen, den besten Moment abwarten und nichts übereilen. Vgl. auch ndd. ‚de Sunne nich eher schinen lat'n als et Tid is'.

Seine Sonne scheinen lassen über Gerechte und Ungerechte ↗ Schein.

Die Sonne scheint noch über den Zaun: der Ausgang steht noch nicht fest, ‚es ist noch nicht aller Tage Abend'. Vgl. schlesw.-holst. ‚De Sünn schient noch öwer en'n Tuun'.

Sonne im Herzen haben: allezeit fröhlich und vergnügt sein, das Leben von der besten Seite betrachten. Die Wndg. wurde durch ein Gedicht Caesar Flaischlens bekannt, das den Titel ‚Hab' Sonne im Herzen' trägt und 1899 veröffentlicht wurde, oft iron. ergänzt:

Hab Sonne im Herzen
Und Zwiebel im Bauch,
Dann kannst du gut scherzen,
Und Luft hast du auch.

Geh mir aus der Sonne!: Geh mir aus dem Licht, versperre mir nicht die Aussicht, auch: Geh mir aus den Augen! Diese Aufforderung und die Wndg. *ein Platz an der*

Sonne werden mit dem Gespräch in Zusammenhang gebracht, das Diogenes mit Alexander dem Großen in Korinth geführt haben soll, worin Diogenes, nach einem Wunsch befragt, Alexander bat, ihm aus der Sonne zu gehen. Der Ausdr. ‚der (ein) Platz an der Sonne', die Möglichkeit zu einem unbeschwerten Leben, wird heute in der Werbung gern verwendet.

Die Sonne spielt auch in verschiedenen Niemalsformeln eine Rolle: *eher würde die Sonn aus ihrer Bahn weichen,* ehe das geschieht, oder *wenn die Sonne still steht; wenn die Sonne in die Hölle scheint.* Hierbei wirken wohl auch Vorstellungen vom Eintreten des Jüngsten Gerichtes ein, über dessen Zeitpunkt keine konkreten Angaben gemacht werden können und das deshalb auch zur volkstümlichen Umschreibung des ‚Sankt Nimmerleinstages' benutzt wird. ‚Daz in der sunne vert' galt in mhd. Zeit für das kleinste Stückchen, die geringste Kleinigkeit als rdal. Vergleich mit den Staubteilchen, die im schräg einfallenden Sonnenstrahl grell beleuchtet und dadurch erst sichtbar werden.

Andere rdal. Vergleiche widersprechen sich sogar, so heißt es allg.: *so redlich wie die Sonne sein, so rein wie die Sonne sein.* Dagegen steht aber die Wndg. *so falsch wie die Sonne sein,* in Norddtl. sagt man z.B. auch mdal.: ‚He is so falsch as de Sünn'. *Wie die Sonne im Jänner sein:* ohne Kraft sein, eine ironische Bezeichnung für einen Menschen ohne Energie und Tatkraft.

Die Verbindung von Sonne und Mond dient der Verdeutlichung eines großen Gegensatzes: *Es ist wie Sonne und Mond gegeneinander.* Vgl. lat. ‚Lumen lucernae obscuratur luce solis'.

Die Sonne bringt es an den Tag: das Licht macht sichtbar, was verborgen bleiben sollte, was im Schutze der Dunkelheit geschah. Diese Wndg. wird entweder voller Genugtuung als Feststellung gebraucht, wenn etw. bekannt wurde, oder sie soll die Gewißheit ausdrücken, daß auf die Dauer nichts zu verheimlichen ist. Bes. verbreitet wurde sie durch ein Gedicht Chamissos mit diesem Titel und Kehrreim, das 1827 in Gubitz' ‚Gesellschafter' erschien. Chamissos Quelle war ein Märchen der Brüder Grimm (KHM.115) mit der Überschrift: ‚Die klare Sonne bringt's an den Tag'. Dem Sinne nach ist der Ausdr. jedoch viel älter. Bibelverse (Luk. 12,3 und Mark. 4,22) und verwandte antike Sentenzen gelten als Grundlage. Bereits 1215 schrieb Thomasin in seinem ‚Welschen Gast' (V. 8261):

Swaz man nahtes tuon mac,
Daz meldet gar der liehte tac.
Vil dicke man der naht schant
An dem tage wol bevant.

Ungefähr zur selben Zeit heißt es bei Freidank (2,8):

Ez sî übel oder guot,
Swaz ieman in der vinster tuot,
Od in dem herzen hât erdâht,
Daz wirt doch gar ze liehte brâht.

↗Tag.

‚Die Sonne geht zu Gnaden': die Sonne geht unter; schon in Jörg Wickrams ‚Goldfaden' von 1557 (hrsg. v. Bolte, S. 269) heißt es: „biss auff den Abent, das die sonn zu genaden gieng".

Auch in Agricolas Sprww.sammlung erscheint das Sprw. und wird auch erklärt: „es werete biss die sonne wolt zu gnaden gen i.e. undergehn und der welt ir gnade und schein versagen und zu ruhe gehen" (737). Wie Walz nachweist, ist die Wndg. im 16. und 17. Jh. sehr verbr. (S. 11). ‚Gnade' ist dabei in seiner alten Bdtg. von ‚ruhiger Lage' zu verstehen. So ist auch L. Spitzers Interpretation: „das Verschwinden oder der anscheinende Tod der Sonne" (S. 506) abzulehnen, „for Gnade and its plural in the old Language meant rest".

Lit.: *J. Bolte* u. *G. Polívka:* Anmerkungen zu den KHM. der Brüder Grimm, Bd. II (Leipzig 1915), S. 531 ff.; *F. Boll:* Die Sonne im Glauben und in der Weltanschauung der alten Völker (Stuttgart 1922); *V. Stegemann:* Art. ‚Sonne', in: HdA. VIII, Sp. 31–71; RGG. VI, Sp. 856 ff. *L. Spitzer:* Die Sonne geht zu Gnaden, in: Modern Language Notes 52 (1937), S. 506–508; *J. A. Walz:* Die Sonne geht zu Gnaden, in: Modern Language Notes 54 (1939), S. 8–13; *Singer* I, S. 141 und II, S. 158; *A. Taylor:* Die Sonne tanzt am Ostermorgen, in: Hess. Bll. für Vkde. 41 (1950), S. 195; *M. Kuusi:* Regen bei Sonnenschein, FFC.171 (Helsinki 1957); *R. Wolfram:* Beiträge zur Diskussion über die Bdtg. von Sonne und Mond im Volksglauben, in: Mitteil. der anthropol. Ges. in Wien 95 (1965); *L. Röhrich:* Sonnen-Folklore, in: Le soleil (Lausanne 1973, dt.: Die Sonne. Licht u. Leben, hg. v. J. Jobé, Freiburg i. Br. 1975), S. 89–150; *G. H. Lemke:* Sonne, Mond und Sterne in der dt. Lit. seit dem MA. (Bern – Frankfurt/M. 1981).

Sonnenschein. *Den Sonnenschein verbieten:* etw. Sinnloses tun, den Gang der Natur aufhalten wollen, ↗Sonne.
Er kann beim hellen Sonnenschein hinters Licht führen: jem. täuschen und betrügen können, obwohl es eigentl. unmöglich erscheint. Die Rda. enthält gegenüber der Wndg. ‚einen hinters Licht führen' eine große Steigerung, ↗Licht.
In mdal. Wndgn. spielt der Sonnenschein ebenfalls eine Rolle. Im Rheinl. wird Armut und mangelnder Besitz damit umschrieben: ‚He het twenteg Morgen Sonneschin en verzig Morgen Moneschin' oder ‚De het sieve Morgen Sonneschien en et Vermüege'. Zu der bekannten Rda. ‚Einfälle wie ein altes Haus haben' gibt es im Ndd. noch treffende Zusätze: ‚Dat is'n ol Huus, dat bi Sünschien ümfallt' oder ‚He het Infäll as'n ool Hus, dat bi Sünschien ümfällt', ↗Haus.

Sonntagskind. *Ein Sonntagskind sein:* ein Glückskind sein, dem alles gelingt und dem selbst das Unglück zum Guten ausschlägt, weil ihm bei seiner Geburt überirdische Gaben zuteil wurden; vgl. frz. ‚un chançard' (wörtl.: ein Glückskind).
Der am Sonntag Geborene galt schon bei Griechen und Römern als Glückskind. Die Römer nannten ihn ‚fortunae filius' oder ‚albae gallinae filius' = das Kind der weißen Henne, da weiße Tiere allg. als glückbringend verehrt wurden (vgl. auch frz. ‚C'est le fils de la poule blanche').
Bei den Germanen hatte das ‚Donnerstagskind' diese bevorzugte Stellung. Es stand unter dem bes. Schutz des Gottes Thor und besaß die Fähigkeit, Geister zu sehen, was vom späteren christl. Volksglauben in Dtl. zuerst übernommen wurde. Joh. Fischart schrieb davon 1574 in ‚Aller Praktik Großmutter' (126): „Ich bin ein Sonntagskind; ich sehe kein Gespenst, ohn die Magd im Unterhembd". Weil die Sonne alles sieht und an den Tag bringt, schrieb man den am Sonntag Geborenen die Fähigkeit zu, alles sehen und sogar in die Zukunft blicken zu können. Mit der Einführung der Planetenwoche erhielt alles, was mit dem größten Gestirn zusammenhing, erhöhte Bdtg., bes. dann, als der Sonntag mit dem christl. ‚Tag des Herrn' verschmolz.
Im Volksglauben wurden jedoch Einschränkungen nötig, denn nicht jeder, der am Sonntag geboren worden war, erwies sich später als Glückskind. So gibt es z. B. im Siebenbürg.-Sächs. die resignierende Feststellung, die gleichzeitig ein Trost sein soll: ‚Et git gōr wīnich Sangtichkäindjer'. Es kommt eben dabei auf einen bestimmten Tag im Jahr oder auf eine bestimmte Uhrzeit bei der Geburt an. Sagen und Märchen berichten häufig von Sonntagskindern: nur sie können mit dem Geisterreich in Verbindung treten, Erlösungen vollbringen, die Wunderblume finden und Schätze heben, ihre Träume gehen in Erfüllung, sie bringen auch anderen Menschen Glück und gelten selbst für talentvoll, gescheit, reich und schön. Hauff verwendet diese Vorstellungen lit. in seiner Erzählung ‚Das kalte Herz'.
Die engl. Rda. ‚to be born in a caul': in der Fruchtblase geboren werden, hat dieselbe Bdtg. wie ‚als Sonntagskind geboren werden'. Im nordd. Sprachraum gibt es dafür auch die Rda. ‚mit einem Helm geboren sein'. Kluge-Mitzka (1967, S. 263) führt als Bez. für ‚Glückskind' die Rda. ‚ein mit einer Glückshaube geborenes Kind' auf. Im Engl. ist die Rda. seit 1540 belegt. Auch Swift gebraucht die Rda. 1738: „I believe you were born with a caul on your head, you are such a favourite among the ladies".

Lit.: *G. Jungbauer:* Art. ‚Sonntagskind', in: HdA. VIII, Sp. 114–120; Atlas der dt. Vkde., Lieferung I: Karten über Wochentage als Glücks- u. Unglückstage, hg. v. *H. Harmjanz* u. *E. Röhr* (1937–39); *R. Beitl:* Der Kinderbaum (Berlin 1942); *R. Wolfram:* Brauchtümlich bevorzugte Wochentage für die Abhaltung bäuerlicher Hochzeiten, in: Oesterr. Volkskundeatlas, 2. Lieferung (1965), Bl. 32; *L. Weiser-Aall:* Svangerskap og Fødsel i nyere Norsk Tradisjon (Oslo 1968).

Sophie ↗Eisheilige.

Sorte. ‚Von die Sorte jehn zwölwe uf's Dutzend' sagt der Berliner scherzhaft, um einen recht durchschnittlichen und in keiner Weise hervorragenden oder auffallenden Menschen zu kennzeichnen, vgl. auch den Ausdr. ‚ein Dutzendmensch sein'.
An der Sorte ist nichts zu verderben! Die Feststellung, bei der die Betonung auf ‚der' liegt, umschreibt die mangelnde Qualität. Eine Sache ist so schlecht, daß

sie nicht mehr verschlechtert werden kann. Eine sprachl. interessante Form der Steigerung begegnet in dieser Rda., die seit dem 19. Jh. ihren verächtlichen Nebensinn von einer Warenart auf die Menschenart übertr. hat.

S. O. S. Das in der Funktelegrafie übliche Zeichen (...---...) wurde als internationales Notsignal der Schiffe vereinbart, weil es sich auffallend von den übrigen Zeichen im immer stärker werdenden Funkverkehr unterschied. Daß es nach dem Morsealphabet gerade ‚S-O-S' war, ergab sich rein zufällig. Die Buchstaben haben keine Bedeutung, sind also keine Abkürzung des engl. ‚Save our souls!' (= Rettet unsere Seelen); diese Worte sind eine sekundäre Textunterlegung. Im Dt. entstanden weitere scherzhafte Umdeutungen zu: *So oder so!* und *Sauf oder stirb!* oder *Schlips, Oberhemd, Socken* als Geschenklösung zu Weihnachten für den Mann. Im heute üblichen Funksprechverkehr lautet der Notruf ‚Mayday'.

Lit.: *W. Stammler:* Seemanns Brauch und Glaube, in: Dt. Philologie im Aufriß, Bd. III (Berlin 1957), S. 1850.

Span. Der Span ist wie das ↗ Kerbholz die älteste Form eines urkundlichen Verzeichnisses, um Schulden und Leistungen durch Einschneiden darauf einzutragen und zu verrechnen. *Über den Span fordern:* übermäßige Bezahlung verlangen, entwickelt sich weiter, so daß *über Span* allg. den Begriff des Verstoßes gegen eine rechtmäßig geltende Abmachung, somit überhaupt des Unrechtes enthält: *Etw. übern Span bezahlen müssen:* höhere Forderungen begleichen müssen, als eigentl. berechnet und gerechtfertigt war. *Das geht (doch) über den Span:* das ist mehr, als berechtigt und zu ertragen ist. Vgl. auch obersächs. ‚Das is mer übern Span', das ist zu arg, ähnl.: ‚Das geht über die ↗ Hutschnur'.
Von der Bdtg. Span = Kerbholz entwickelte sich der Sinn von Span = Vermögen. *Späne haben* heißt demnach: viel Geld haben, vgl. auch siebenb.-sächs.: ‚E hôt Spên'. *Jem. einen Span einhauen:* ihn verleumden, ins Gerede bringen, anschwärzen, wohl auch im Sinne des unrechtmäßigen Einkerbens gemeint. Auch mdal. verbreitet, z. B. schles. ‚A werd'm schunn an'n Spoan ei'hau'n'.
Die veraltete Wndg. *einen Span wider jem. haben:* einen Anlaß zum Streit, Ärger, Groll haben, geht auf mhd. ‚span' = Spannung, Zerwürfnis, Streitigkeit zurück und hängt auch mit ‚spanen' = lokken, reizen zusammen, von dem auch ‚abund widerspenstig' stammen. In Jörg Wickrams ‚Rollwagenbüchlein' aus dem 16. Jh. heißt es in diesem Sinne von einem Ratsherrn, der 15 Jahre verheiratet, aber kinderlos geblieben war, daß „deßhalben offt etwas spans bey inen sich erhob". Diese Bdtg. hat sich auch in neueren Wndgn. erhalten: *mit jem. einen Span haben:* noch etw. mit ihm auszumachen haben, *den alten Span (beilegen) begraben:* den alten Groll, Streit vergessen, und *den Span teilen:* die Mißhelligkeiten ausgleichen, bei einem Streit von jeder Seite etw. nachgeben, Kompromisse schließen. Damit hängt wohl auch der Ausdr. *Späne machen:* Einwände, Schwierigkeiten (eigentl. Streit auf Grund anderer Ansichten) machen, zusammen, und nicht, wie Lehmann meint, mit mhd. ‚span' = Holzspan, der 1639 anführt (S. 719, ‚Schwätzen' 12): „Kan er nicht zimmern, so hawet er doch Späne, machts wie ein vngeschickter Zimmermann, der viel späne hawet".
Die Rda. *Die Späne fliegen nur so* ist mehrdeutig: die Arbeit geht tüchtig vorwärts; es gibt sehr viel Abfall, Wertloses wird ohne Rücksicht beseitigt, wobei an die Arbeit des Zimmermanns, Tischlers oder Bildhauers (‚Holzschnitzer') gedacht wurde, vielleicht aber auch an die Spechte, die ‚Zimmerleute des Waldes', ↗ Hobel.
Zieh dir keinen Span ein: bilde dir nichts ein.

Lit.: *K. Gleissner:* Das geht über die Hutschnur, in: PBB. 58 (Halle 1934), S. 296 f.

spanisch. *Das kommt mir spanisch vor* wird von einer Sache gesagt, die befremdend, unangenehm, wohl auch komisch wirkt. ‚Das wird dir spanisch vorkommen', du wirst dich wundern. Als Karl V. (1519–56), ein Spanier seiner Abstammung und Erziehung nach, die dt. Kaiserkrone trug, fanden manche span. Sitten, Moden, Glaubenssatzungen, die den Deutschen bis dahin unerhört waren, in Dtl. Eingang. Damals wird die Rda. aufgekommen sein, bezeichnend für ein – wenn auch geringes – bewußtes Fühlen der eigenen Art gegenüber aufgedrängtem fremden Brauch. Die Rda. ist auch in die Lit. und die Mdaa. eingedrungen: Bei Grimmelshausen heißt es im ‚Simplicissimus' (Bd. I, S. 167): „Bey diesem Herrn kam mir alles widerwertig und fast Spanisch vor". Auch Abraham a Sancta Clara verwendete den Ausdr. öfter, z. B. im ‚Judas' (I, 78, 94, III, 144, 173, 363, IV, 364). Bei Celander (‚Die verkehrte Welt', 1713, S. 461) steht: „Dem Wirth kam solche Zeitung ganz spanisch vor". Vgl. frz. ‚C'est de l'hébreu pour moi' (hebräisch).

Da geht es spanisch zu und *Da sieht es spanisch aus:* also seltsam, unverständlich, unordentlich. Vgl.auch ndl. ‚Het gaat er Spaansch toe' und ‚Het ziet er Spanisch uit'. Wenn den Spaniern Eigenheiten ihres Volkes merkwürdig erscheinen, sagen sie spöttisch: ‚Cosas de España', oder daß ihnen etw. griech. vorkomme, wenn es fremdländisch ist oder unglaubwürdig.

Die mehr drohende Rda. *einem spanisch kommen* erinnert an das Auftreten der Spanier in Westeuropa in der 2. H. des 16. Jh. Goethe gebraucht die Wndg. nur in Beziehung auf die span. Kleidung, wenn er Egmont zu Klärchen sagen läßt: „Bist du zufrieden? Ich versprach dir, einmal spanisch zu kommen" (‚Egmont' III, 2).

Bei unvollkommener Beherrschung der frz. Sprache heißt es in Frankr.: ‚Vous parlez français comme une vache espagnole', urspr. ‚un basque espagnol' (wie ein spanischer Baske), oder: ‚... comme un basque l'espagnol' (so schlecht, wie ein Baske spanisch spricht), also auf baskische Fremdarbeiter bezogen. Ein Traumgebilde der Zukunft umschreiben die Franzosen mit: ‚faire des châteaux en Espagne'; dies ist bei La Fontaine in der Fabel vom Milchmädchen lit. belegt (AaTh. 1430, vgl. Milchmädchenrechnung).

Das sind spanische Dörfer ↗Dorf, vielleicht in Anlehnung an ‚böhm. Dörfer'.

Jem. span. Stiefel anziehen ↗Stiefel.

Stolz wie ein Spanier ↗stolz.

Lit.: *E. H. Zeydel:* Das kommt mir Spanisch vor, in: Journal of English and German Philology 21 (1922), S. 335–340.

sparen. *Sparen, wenn man am Boden ist:* wenn es bereits zu spät ist, eigentl.: wenn alle Vorräte aufgebraucht sind, so daß der Boden des Gefäßes sichtbar wird. Vgl. lat. ‚Post rem devoratam ratio'.

Hierzu gibt es eine weithin bekannte Sprichwortverdrehung: ‚Spare in der Not, dann hast du Zeit dazu' gegen das Original: ‚Spare in der Zeit, dann hast du in der Not'.

Vom unnützen Sparen an der verkehrten Stelle berichten mehrere Rdaa: *Er spart am Zapfen und läßt es am Spundloch wieder heraus; er spart für den alten Mann, er nimmt einen Kreuzer ein und vertrinkt drei; sie sparen löffelweis und verzehren scheffelweis,* vgl. ndl. ‚Zij sparen 't met lepels, en verteren 't met schepels'.

Er spart für die lachenden Erben heißt es von einem Geizigen und einem, der sich selbst nichts gönnt, ohne Dank dafür erwarten zu können. Vgl. ndl. ‚Zij sparen voor neefjes en nichtjes'. Ähnl. Bdtg. hat der schwäb. Spruch:

Spare, spare,
Häusle baue,

iron. parodiert zu:

Spare, spare,
Hund verkaufe,
Selber belle.

Der Rat *Das kannst du dir sparen!* besagt, daß jede Bemühung, jedes weitere Wort vergebens sein wird, während die Feststellung *Das hättest du dir sparen können* meint, daß bei besserer Überlegung und klügerem Vorgehen Ärger, Anstrengung und Aufregung vermeidbar gewesen wären.

Mir bleibt aber auch nichts erspart! ruft der vom Schicksal Verfolgte verzweifelt aus, wenn neue Schwierigkeiten auftauchen und er die Wahrheit des Sprw. ‚Ein Unglück kommt selten allein' bei sich selbst erleben muß; vgl. frz. ‚Rien ne m'est épargné'.

Auf Sparflamme setzen: etw. kürzen.

Auf Sparflamme weiterkochen: sehr sparsam wirtschaften, auch: zurückhaltend mit jem. umgehen.

Das Sprw. ‚Vom Sparen ist noch niemand

reich geworden' meint, daß Reichtum nicht dem anständigen Sparer zuteil wird, sondern nur dem entweder mutigen oder skrupellosen Spekulanten.

Sparren. *Einen Sparren (im Kopf) haben:* verschroben, nicht ganz normal sein, im ‚Oberstübchen' nicht ganz richtig, leicht verrückt sein. Diese Rda. gehört zu den vielen umschreibenden Wndgn. für die als tabu geltende Geisteskrankheit und bezieht sich in ihrem Vergleich auf das in Unordnung geratene oder schadhaft gewordene Sparrenwerk (Gebälk) des Dachstuhls, da auch sonst vielfach ‚Dach' und ‚Kopf' in Rdaa. gleichgesetzt werden (↗Dach); vgl. KHM. 81.
Die Rdaa. *einen Sparren zuviel haben* und *einen Sparren zuwenig haben,* auch: *die Sparren nicht alle haben* stehen wahrscheinl. in Zusammenhang mit der längeren, aber veralteten Wndg. *einen Sparr(e)n zuviel oder zuwenig haben,* die bereits Hans Sachs kennt: „Ich mein, der docktor hab eins sparrn im kopf zu wenig oder zu vil". Auch Grimmelshausen gebraucht in seinem ‚Simplicissimus' (Buch I, Kap. 27) diese Rda.: „als wenn er einen Sparren zu viel oder zu wenig gehabt hätte". Noch 1776 heißt es bei Hermes in ‚Sophiens Reise von Memel nach Sachsen' (Bd. 6, S. 431): „Sie haben einen Sparren zu viel oder zu wenig".
Sparren nach Norwegen führen: eine unnütze Arbeit verrichten, da Norwegen ja als Holzlieferant bekannt war. Vgl. ‚Eulen nach Athen tragen' (↗Eule).

Lit.: *L. Spitzer:* Er hat einen Sparren (Span). Antike und romanische Parallelen, in: ders.: Essays in Historical Semantics (New York 1948), S. 67–133.

spartanisch. *Spartanisch leben:* genügsam, hart, einfach, anspruchslos leben. Die Wndg. kommt von der ungewöhnlich harten Erziehung und Lebensweise der Spartiaten. Vom vollendeten 7. Lebensjahr an wurden ihre Söhne in strenger staatlicher Zucht zur Kriegsführung und zum Gehorsam erzogen; zu den gemeinsamen Mahlzeiten hatten die Spartiaten einen Naturalbeitrag zu leisten. Wer das nicht konnte, verlor das Vollbürgerrecht.
‚Spartanisch' als Ableitung des griech. Städtenamens Sparta ist schon im 17. Jh. vereinzelt nachweisbar.

Spaß. *Jem. den Spaß versalzen (verderben):* jem. sein Vorhaben vereiteln, seinen Gewinn zunichte machen. Die Rda. ist bereits im 17. Jh. in Grimmelshausens ‚Simplicissimus' lit. bezeugt. Ähnl.: *Der Spaß hat ein Ende:* das Spiel ist aus. Vgl. frz. ‚tirer le rideau'. Das plötzliche Umschlagen von überschäumender Freude in Ernst, in eine unangenehme Wirklichkeit wird durch mehrere Rdaa. umschrieben: *aus Spaß Ernst machen,* vgl. lat. ‚Res in seria versa est'; *da hört der Spaß auf!:* das geht zu weit, führt zur ernsthaften Beleidigung; *das ist kein Spaß!* gilt als Mahnung an einen Leichtfertigen, die Sache, die Worte nicht nur als Scherz aufzufassen, ähnl. bei der Wndg. *Spaß beiseite!,* die im Obersächs. durch den scherzhaften Zusatz ‚Ernst, komm du her!' wieder etw. abgemildert wird. Vgl. ndl. ‚alle gekheid op een stokje!', gemeint ist der Narrenstock; frz. ‚plaisanterie à part' und engl. ‚(all) joking apart'.
Spaß muß sein bei der Leiche ↗Leiche.
Das war ein dummer (teurer) Spaß!: die Sache ist übel ausgegangen (es war sehr kostspielig).
Jem. versteht keinen Spaß: er ist humorlos, faßt harmlose Scherze falsch auf. Vgl. frz. ‚Il n'entend point raillerie' (veraltet); die moderne Wndg. lautet: ‚Il ne comprend pas la plaisanterie'.
Bei etw. (in einer Sache) keinen Spaß verstehen: nur in einer bestimmten Angelegenheit empfindlich reagieren, auch: seinen festen Willen ernsthaft durchsetzen.
Mit solchen Späßen komm mir nicht mehr! gilt als Ablehnung eines unvernünftigen Ansinnens.
Etw. tun aus Spaß an der Freud: eine Sache aus Vergnügen tun, ohne einen praktischen Zweck oder einen Nutzen dabei zu verfolgen; auch: etw. tun ‚aus Jux und Dollerei'.
Mit etw. ist nicht zu spaßen: es sind ernste Gefahren vorhanden. Die Rda. wird heute häufig als Warnung bei gewissen Krankheitssymptomen verwendet. Vgl. auch lat. ‚Per ignem incedis'; frz. ‚Il ne faut pas plaisanter avec cela'.
Ein Spaßvogel sein: ein lustiger Mensch voller witziger Einfälle sein, der eine ganze Gesellschaft zum Lachen bringen kann; vgl. frz. ‚un plaisantin'.

spät. *Wer zu spät kommt, den bestraft das Leben,* geflügeltes Wort v. Michail Gorbatschow.

Spaten. *Einen Spaten einen Spaten nennen:* eine Sache beim rechten Namen nennen, ↗Kind.

Diese wörtl. Übers. der eigentl. engl./amer. Rda. taucht erst seit kürzester Zeit in Dtl. auf, und zwar, wie W. Mieder nachweist, in der Journalistensprache. Die engl. Rda. ‚to call a spade a spade' ist sehr weit verbr. und läßt sich auch ziemlich gut bis zu Erasmus' ‚Apophthegmata' (1531) zurückverfolgen. Hier heißt es: „Ficus ficus, ligonem ligonem vocat". In das Engl. kam die Rda. durch die Erasmusübers. von Nicholas Udall, welcher ‚ligo': die Rodehacke, im Engl. mit ‚spade' wiedergegeben hat: „to call a spade by another name than a spade".

Lit.: *J. M. Edmonds:* On calling a spade a spade, in: Publications of the Cambridge Philological Society, Nr. 157–159 (1936), S. 5–7; *B. M. Metzger:* To call a spade a spade, in Greek and Latin, in: Classical Journal 33 (1937/38), S. 229–231; *J. P. Heironimus:* On calling a spade ‚an agricultural implement' in Latin, in: Classical Journal 33 (1937/38), S. 426–427; *W. Mieder:* Einen Spaten einen Spaten nennen, in: Der Sprachdienst 22 (1978), S. 121–122.

Spatz. *Die Spatzen pfeifen es auf (von) den Dächern:* das Geheimnis ist stadtkundig, es ist bereits in aller Munde (↗Dach). Vgl. auch frz. ‚C'est le secret de la comédie'. Küpper hält die Rda. für eine Weiterbildung von Prediger Salomo 10,20, wo zur Vorsicht gemahnt wird: „Fluche dem König nicht in deinem Herzen, und fluche dem Reichen nicht in deiner Schlafkammer; denn die Vögel des Himmels führen die Stimme fort, und die Fittiche haben, sagen's weiter". Die Rda. ist aber erst im 19. Jh. belegt.

Der Spatz will die Nachtigall singen lehren wird gesagt, wenn Unerfahrene oder Unwissende ihnen geistig Überlegene belehren wollen. Vgl. lat. ‚Pica cum luscinia certat' oder ‚Sus cum Minerva certamen suscipit'.

Aus einem Spatz eine Nachtigall machen: einem zu unverdientem Ansehen verhelfen. Vgl. ndl. ‚Eene musch tot een' nachtegaal verheffen'.

Auf Spatzen mit Kanonen schießen: bei einem geringen Übel unangemessen starke Gegenmittel anwenden. Die Rda. soll auf einen Ausspruch des Grafen Andrassy von 1871 zurückgehen. In einem Gespräch mit Bismarck über die Jesuiten soll er gesagt haben, daß er sie nicht für so gefährlich hielte und es nicht liebe, „mit Kanonen auf Spatzen zu schießen".

Du hast wohl Spatzen unterm Hut? wird der gefragt, der bei einer Begrüßung den Hut nicht abnimmt. Scherzhaft wird dabei unterstellt, daß ihm sonst die Spatzen wegfliegen könnten (↗Hut). *Einen Spatz(en) gefrühstückt haben:* verrückt, schlechter Laune sein. *Spatzen im Kopf haben:* törichte Gedanken hegen. *Einem die Spatzen ausnehmen:* ihm die Flausen vertreiben, seinen Dünkel verjagen.

Ich bin kein heuriger Spatz! sagt man in Wien, um anzudeuten, daß man genügend Erfahrung besitze.

Auch in rdal. Vergleichen spielt der Spatz eine Rolle: *ein frecher (süßer) Spatz sein, wie ein Spatz essen:* sehr wenig zu sich nehmen, auch: *ein Spatzengehirn besitzen:* ein kleines Gehirn besitzen, sehr wenig Verstand, ein schlechtes Gedächtnis haben.

Sprw. heißt es: ‚Besser den Spatz in der Hand als die Taube auf dem Dach', d.h. besser einen kleinen, aber sicheren Gewinn als große Hoffnungen, die sich nicht erfüllen. Ähnl. im Ndl.: ‚Beter een vogel in de hant als thien in de loght'.

‚Besser den Spatz in der Hand als die Taube auf dem Dach'

Es machen wie der Ulmer Spatz: geschickt zu Werke gehen.

Eine Ulmer Sage berichtet, wie sich Handwerker beim Bau des Ulmer Mün-

sters von einem Spatzen haben belehren lassen müssen. Die Handwerker standen vor dem Problem, daß ein langer, zum Münsterbau benötigter Balken der Breite nach nicht durch das sogenannte Gaisbergtor zu transportieren war. Kurz bevor der Beschluß, das Tor abzureißen, ausgeführt werden konnte, zeigte ein zu seinem Nest fliegender Spatz, wie er einen langen Strohhalm im Schnabel der Länge nach durch eine enge Stelle transportierte. Aus Dankbarkeit sollen die Ulmer einen Spatzen mit einem Strohhalm im Schnabel aus Stein gehauen und aufs Münsterdach gestellt haben. Zudem sollen sie nach der Geschichte zu dem Spitznamen ‚die Spatzen' gekommen sein (Meier 1852, Bd. II, S. 362, Nr. 403).
Der schwäb. rdal. Vergleich: ‚'s isch, als scheißt e Spatz ins Meer' bedeutet: eine Sache ist ganz belanglos, unwichtig.

Lit.: *J. Sansom:* Living Dog better than a dead Lion, in: American Notes and Queries 1,2 (1850), S. 62; *W. Underhill:* One bird in the hand above five in the bush, in: American Notes and Queries 4,11 (1873), S. 214; *A. F. Robbins:* Whether to cherish a bird in the hand or two in the wood, in: American Notes and Queries 10,2 (1904), S. 22–23; *W. E. Peuckert:* Art. ‚Sperling', in: HdA. VIII, Sp. 235–250; *L. Röhrich:* Denkmalerzählungen, in: EM. III (1981), bes. Sp. 424; *E. u. L. Gattiker:* Die Vögel im Volksglauben (Wiesbaden 1989), S. 96–107.

Speck. *Er sitzt im Speck:* er hat reichlich zu essen, es geht ihm sehr gut; ähnl.: *wie die Made im Speck leben:* im Überfluß schwelgen können, ↗Made.
(Keinen) Speck in der Tasche haben: (kein) Geld haben. Vgl. auch das Sprw. ‚Wer Speck in der Tasche hat, der hat das Recht'.
Das ist der rechte Speck!: Das ist der rechte Mann, der das fertigbringt. Die Rda. wird meist iron. gebraucht wie der Ausruf: ‚Du bist mir gerade der Rechte!'
Das ist kein Speck für sein Maul (seinen Schnabel): das schmeckt ihm nicht, damit kann man ihn nicht reizen, auch: das gefällt (paßt) ihm nicht. Vgl. ndd. ‚Dat ies kên Speck vör min Bek' und ndl. ‚Dat is geen spek voor zijnen bek'.
Das gibt keinen andern Speck: ein anderer Nutzen ist nicht aus der Sache zu ziehen. Schon bei Murner (‚Vom großen lutherischen Narren') heißt es: „Die beschornen buben sieden solt in braunen ruben, dan sie sein feisst vnd darzu queck, so geben sie sunst kein andern speck". Ähnl. Bdtg. hat die Feststellung *Das gibt keinen Speck in die Wurst (Erbsen):* das gibt keinen Nutzen, keine Verbesserung.
Speck wird gern sprw. und rdal. mit anderen Speisen in Verbindung gebracht, vor allem in den mdal. Wndgn.: schwäb. ‚Do goht der Speck auf d' Würst', der Speck ist teurer als die ganze Wurst, übertr.: die Ausgaben und Anstrengungen sind größer, als die ganze Sache wert ist; bair. ‚Der is m'r grad e Speck aufs Kraut', mit dem werde ich sehr leicht fertig; els. ‚Dis is'm Speck in d' Erbse', ‚das ist Wasser auf seine Mühle' (↗Wasser); pomm. ‚He lat sik nich dat Speck utn Kol teen', er läßt sich seinen Vorteil nicht nehmen, er paßt auf und weiß sein Recht zu wahren. Um 1700 hieß es bereits im Altmeißnischen: ‚Das reimt sich wie Speck zur Mährde', das paßt bes. schlecht zusammen, denn ‚Mährde' hieß eine Kaltschale von verdünntem Sirup und Rosinen.
Sie sind dabei als Speck und Äpfel (Bohnen): sie gehören nicht zu den Hauptbeteiligten, sie sind entbehrliche Mitläufer, sind Überzählige (vgl. ‚der Dreizehnte im Dutzend sein'), eigentl.: sie sind nur wie eine Zutat beim Hauptgericht, die fehlen kann.
Für Speck und Bohnen mitmachen: für gering geachtet werden, keinen Lohn verdienen und eine Art ‚Gnadenbrot' erhalten. Vgl. ndl. ‚voor spek en bonen meedoen'.
Das ist Speck in Butter gebraten: es ist entweder sinnlose Verschwendung oder etw. Zweckloses, das zum zweiten Male geschieht. Ähnl.: *den Speck spicken:* des Guten zuviel tun.
Den Speck in der Hundehütte (im Hundestall) suchen: sich an die verkehrte Stelle wenden, sich vergeblich bemühen.
Mit Speck schießen: mit Lug und Trug vorgehen. Früher soll tatsächlich mit Speck geschossen worden sein. Die verheerende Folge war z.B. die Verursachung eines Brandes auf einem feindlichen Schiffe. Die Bdtg. entwickelte sich vom Schießen mit scharfen Geschützen zu bluffen, aufschneiden und lügen. Vgl. hess. ‚Er scheust mit Speck', er ist ein Lügner, und ndl. ‚Hij schiet met spek' oder ‚een spekkoegel op't geweer hebben'.

Mit der Wurst nach der Speckseite werfen ↗Wurst.

Sich den Speck (gut) einsalzen: sich gegenseitig tüchtig verprügeln. Bereits Johann Fischart (‚Geschichtklitterung', in Kloster VIII, 132) gebraucht diese Rdaa.: „Darumb gebe es auch nachmals so fein Kiefferwerck, dass sie einander den Speck dapffer einsaltzen".

Das ist Speck auf die Falle: es ist ein Lockmittel, ein gefährlicher, hinterlistiger Anschlag. Vgl. Murner (‚Schelmenzunft' 27): „ein specklein auf die fallen legen". Vgl. ‚Mit Speck fängt man Mäuse'.

‚Mit Speck fängt man Mäuse'

Der ist mit keinem Stückchen Speck zu fangen: er ist nicht zu überlisten, die gewöhnlichen Mittel durchschaut er.

Jem. geht ran an den Speck: er packt eine Aufgabe energisch an. Diese Rda. steht wie die Aufforderung *Ran an den Speck!:* Mutig drauflos! in Zusammenhang mit dem Speck in der Mausefalle, vor dem die Maus oft ängstlich zögert. Die urspr. Bdtg. der Gefahr ist in diesen Wndgn. heute jedoch weitgehend verlorengegangen. Vgl. frz. ‚rentrer à quelqu'un dans le lard', i.S.v. ‚jem. zusetzen'.

Den Speck riechen ↗Braten.

Einem Speck (eine Speckschwarte) durchs Maul ziehen: ihm schmeicheln, ihm Erfreuliches vorspiegeln, um ihm einen Anreiz zu geben, als Rda. bes. in Sachsen häufig. Die Standhaftigkeit gegen alle Verlockungen versichert die ostpreuß. Wndg. ‚Se könne mi Speck op'n Nase binde!', d.h. ich tue es trotzdem nicht.

Sich den Speck wachsen lassen: faul sein, ein gemächliches Wohlleben führen, eine bes. in Oberoesterr. häufige Rda. Allg. verbreitet ist die jüngere Wndg. *Speck ansetzen:* dick werden. Oft wird unerklärliche körperliche Zunahme scherzhaft als ‚Kummerspeck' bez.

Die Reimformel *Speck und Dreck* bez. entweder geringschätzig den armseligen Besitz eines Menschen (vgl. auch ‚Habchen und Babchen') oder dient zur Verstärkung von ↗Dreck.

Die wien. Rda. ‚vor einem (etw.) Speck haben', Angst haben, ist als Verkürzung aus ‚Respekt haben' entstanden. Auch in scherzhaften Vergleichen spielt der Speck eine Rolle. So heißt es z.B. von einem Kind, wenn es einen Ausschlag am Mund hat, daß es *Speckgriefen genascht* habe. Strahlt jem. über das ganze Gesicht, dann *glänzt es wie eine Speckschwarte,* vor allem auch dann gesagt, wenn es mit einer Salbe eingerieben worden ist.

‚Ich habe wol Speck in der Tasche?' fragt der Berliner, wenn einer ständig in seiner Nähe bleibt, als würde er angelockt.

Lit.: *F. Eckstein:* Art. ‚Speck', in: HdA. VIII, Sp. 142–148.

Speichel. Ein Zeichen der Erniedrigung, der Demütigung und des Schmeichelns ist das *Speichellecken:* Der, auf den es zutrifft, ist der ‚Speichellecker'. So schreibt der barocke Kirchenlieddichter Joh. Rist: „Dein Mund wird lauter Gall / und Höllenwermuth schmecken, / des Feindes Speichel lecken". Ernst Christoph Steinbach bucht 1734 in seinem Dt. Wb.: „anderer Leute Speichel lecken, aliorum salivam lingere". Ähnl. Bdtg. hat die Wndg. ‚Staub lecken', die sich bei Luther häufig findet (Ps. 72,9; Jes. 49,23: „deiner Füße Staub lecken"; Mich. 7.17). Sie geht aus von der Geste des Auf-die-Erde-Niederfallens als besonderer Demutsbezeigung vor einem Herrn. Bei Gotthelf findet sich in ‚Uli der Pächter' „Füße lecken" für schmeicheln (vgl. Jes. 49,23).

Er muß Speichel schlingen: er muß hungern, bes. in Thür. bekannte Rda.

Lit.: *F. Graz:* Speichelleckerei, in: Zs. f.d.U. 14 (1900), S. 210–211; *L. Deubner:* Art. ‚Speichel', in: HdA. VIII, Sp. 149–155.

Spendierhosen. *Die Spendierhosen anhaben:* in Geberlaune sein, für andere mitbezahlen. Abraham a Sancta Clara verwendet ‚Spendir-Hosen' bereits in seinem ‚Narren-Nest' (II,37). Der Ausdr. ist wahrscheinl. durch die Studentensprache bekanntgeworden und bereits im 17. Jh. in allen dt. Landschaften zu finden; im Nordd. steht dafür auch ‚Spender-Büxen', z.B. schles. ‚Hoite hoat a de Spendirhosen oan', dagegen ‚de Spandêrbüxe anhebb'n' in der Altmark. Die Rda. beruht auf der scherzhaften Vorstellung, als wäre die Freigebigkeit nicht Sache des Charakters, sondern läge an den bes. Hosen und deren Schneider. Das Gegenteil besagt die Wndg. *nicht die Spendierhosen anhaben:* nichts ausgeben wollen, die auch mdal. verbreitet ist, z.B. siebenbürg.-sächs. ‚E hôt net de Spändîrhuesen an'.

Sperenzien. *Sperenzien (Sperenzchen) machen:* Umstände, Schwierigkeiten, leere Ausflüchte machen, auch: sich zieren, sich sträuben. Die in vielen Mdaa. verbreitete Wndg. wird heute als scherzhafte Weiterbildung von ‚sich sperren' empfunden; obersächs. ist z.B. ‚Sperrenzien machen' belegt. Wie die älteren Nebenformen ‚Speranzen' und ‚Sparanzen' aber bezeugen, geht der Ausdr. auf ital. ‚speranza' und mlat. ‚sperantia' = Hoffnung zurück; vgl. Johann Gottwerth Müllers Roman ‚Siegfried von Lindenberg' von 1779 (Bd. I, S. 71): „Das kömmt von den Speranzen, sieht er! fiel ihm der Edelmann ins Wort". ‚Er ist ein Sperenzchenmacher' heißt es in Ostpr. für einen, der gar zu viele Bedenken hat und Schwierigkeiten bereitet. In der Oberlausitz bedeutet ‚Sperrenzeln machen' dumme Streiche ausführen. Es ist dem bair. ‚Speranzel' gleich, das Lieblingskind, aber auch Schelm und Narr meinen kann. So heißt dort: ‚oan zu sein'm Speranzl machen', ihn betrügen oder foppen.

Spesen. *Spesen machen:* bei der Berufsausübung zu erstattende Kosten, Aufwendungen haben. Das spöttische Sprw. ‚Außer Spesen nichts gewesen' wird häufig bei sogenannten Verhandlungstreffen zitiert, die nur Geld kosten, aber zu keinem Ergebnis kommen. ‚Spesen' kommt aus ital. ‚spese' (Ausgabe, Aufwand) und ist seit dem 17. Jh. im Dt. belegt.

Speyer. *Nach Speyer appellieren:* sich übergeben, sich erbrechen; witzige Anspielung auf den Ortsnamen Speyer zu ‚speien', ↗ Ulrich.

Sphinx. *Rätselhaft wie eine Sphinx sein:* eine undurchschaubare Sache, ein unergründlicher Mensch, geheimnisvoll sein. Die Sphinx ist ursprüngl. das sagenhafte Ungeheuer der vorderasiat. und ägypt. Mythologie, sodann vor allem der griech. Ödipussage, ein Mischwesen aus Mensch und Tier, mit geflügeltem Löwenleib und Frauenkopf, das denjenigen tötete, der das von ihm aufgegebene Rätsel nicht lösen konnte. Die mit der Sphinx verbundene ‚geheimnisvolle Rätselhaftigkeit' hängt vermutlich mit der bereits von den antiken Autoren bezeugten sakralen Schweigepflicht über mythische und kultische Vorstellungen zusammen. Dieses Phantasiewesen hat eine erstaunliche lit. Wirkung gehabt und ist zum Symbol eines tiefgründigen und exklusiven Wissens, aber auch zum Inbegriff von unberechenbarer Gefährlichkeit geworden. Die berühmte ägypt. Sphinx von Giseh bei Kairo ist von zahlreichen Künstlern noch mit den Filmstars des 20. Jh.s in Verbindung gebracht worden, um den Frauentyp des gefährlich-undurchsichtigen ‚Vamps' zu charakterisieren.

Lit.: *L. Laistner:* Das Rätsel der Sphinx, 2 Bde. (Berlin 1889); *H. Demisch:* Die Sphinx. Geschichte ihrer Darstellung von den Anfängen bis zur Gegenwart (Stuttgart 1977); *L. Edmunds:* The Spinx in the Oedipus Legend (= Beiträge zur klass. Philologie 127) (Königstein/Ts. 1981).

Spiegel. Der Ausdr. Spiegel wurde früher häufig in einem übertr. Sinne gebraucht, indem man Werke pädagogischer oder moralischer Tendenz als Spiegel menschlichen Verhaltens bezeichnete. Diese Werke gaben meist Beisp. zu einer bestimmten ständischen oder religiösen Lebensführung, wie es z.B. noch der Begriff des ‚Fürstenspiegels' ausdrückt oder auch heute noch in dem Wort ‚Beichtspiegel' enthalten ist. Auch als Titel von Rechtsbüchern wurde das Wort Spiegel gebraucht, z.B. im ‚Sachsenspiegel' oder dem ‚Schwabenspiegel', die das geltende Recht und damit die Norm des Zusammenlebens angaben.

Jem. den Spiegel vorhalten: ihm zeigen, daß er auch mit menschlichen Fehlern behaftet ist. In diesem Sinne verwendet schon Seb. Brant in der Vorrede zu seinem ‚Narrenschiff' (V.31–37) die Rda.:

Den narren spiegel ich diß nenn,
In dem ein yeder narr sich kenn:
Wer yeder sey, wurt er bericht,
Wer recht in narrenspiegel sicht,
Wer sich recht spiegelt, der lert wol,
Das er nit wis sich achten sol.
nit uf sich haltten, das nit ist.

Sich etw. hinter den Spiegel stecken (das kann er sich hinter den Spiegel stecken) stammt von der Gewohnheit her, daß man Glückwunschkarten, angenehme Briefe u.ä. mit einem Ende hinter den Spiegel steckte, um sie so ständig vor Augen zu haben. So heißt es in Gottlieb Wilhelm Rabeners Schriften (1777, Bd. 2, S. 81): „Ich lasse mir alle Morgen, wenn ich mir die Haare zurichte, ein Stück von Ihren Schriften vorlesen, welche ordentlich hinter dem Spiegel liegen"; dagegen bei A.F.E. Langbein (Sämtliche Schriften, 1835–37, Bd. 29, S. 39): „Ich will ihm ein Blättchen senden, das er gewiß nicht an den Vorhang heften soll". Auch: „Das wird er nicht jeden Vorbeigehenden lesen lassen". Die Rda., die heute meist negativ (‚Den Brief wird er sich nicht hinter den Spiegel stecken') gebraucht wird, kann sowohl in positivem wie in negativem Falle ausdrücken, daß man jem. eine unangenehme Warheit sagt, bzw. ihm seine Meinung über ihn zu verstehen gibt.

Spiegelfechten (Spiegelfechterei) wird schon früh in bildl. Sinne für leeres Getue, Heuchelei, Betrug gebraucht. So heißt es im 16. Jh. in Thomas Murners ‚Narrenbeschwörung' (70,66):

Valsch und bschiß in allen landt
Die geistlichkeit getrieben handt
Und machent nun ein spiegelfechten.

Urspr. ist ‚Spiegelfechten' ein Scheingefecht, eine Fechtübung vor dem Spiegel, wobei der Fechter die Genauigkeit und Gewandtheit seiner Bewegungen selbst im Spiegel prüfen konnte. Diese Übung ist kein ernster Kampf; darum hat man nach ihr dann leichtes Kriegsgeplänkel, dann auch Scheinangriffe, schließlich das Erwecken eines falschen Scheins als Spiegelfechterei bez. Diese Entwicklung begann schon im 16. Jh. So sagt Oldecop (9): „Und juwe spiegelfechten vor der gemeine, ift gi nicht wettęn, we den geloven betalen schall und mot, is undüchtig".

Als Vorspiegelung eines wirklichen Kampfes, aber doch wohl in übertr. Bdtg. steht der Ausdr. bei Grimmelshausen (‚Simplicissimus' III,10): „Mein Bürschlein, es seyn keine Kinder darin (in der Festung), sie werden diesem Spiegelfechten nicht glauben". Hier soll ein wirklicher Kampf vorgespiegelt werden, denn Simplex will durch Doppelhaken, Fässer und andere Geräte die Feinde glauben machen, daß die Belagerer grobes Geschütz besäßen.

Els. ‚in de Spegel lögn': auf dem Grundbuchamt Erkundigungen nach jem. Vermögen einziehen.

Kaum ein anderer Märchenvers ist so oft aus dem Zusammenhang gerissen zitiert und rdal. gebraucht wie der aus dem ‚Schneewittchen-Märchen':

Spieglein, Spieglein an der Wand,
Wer ist die Schönste im ganzen Land?

mit dem die Königin im Grimmschen Märchen (KHM.53) ihren Zauberspiegel befragt. Unzählige Male ist das Motiv auch in Cartoons und Werbung aufgegriffen und transformiert worden.

Lit.: *E. Böklen:* Sneewittchenstudien (Leipzig 1915); *G. Róheim:* Spiegelzauber (Leipzig – Wien 1919); *Bieler:* Art. ‚Spiegel', in: HdA. IX (Nachtr.), Sp. 547–577; *G. F. Hartlaub:* Zauber des Spiegels (Stuttgart 1951); *Anon.:* Sich etw. nicht hinter den Spiegel stecken, in: Sprachpflege 10 (1961), S. 91; *St. S. Jones:* The structure of Snow White, in: Fabula 24 (1983), S. 56–71; *ders.:* The New Comparative Method: Structural and Symbolic Analysis of the Allomotifs of ‚Snow-White' (= FFC. 247) (Helsinki 1990); *L. Röhrich:* Wandlungen des Märchens in den modernen Bildmedien, Comics und Cartoons, in: Märchen in unserer Zeit, hg. v. *H.-J. Uther* (München 1990), S. 11–26.

Spiel. *Alles (etw.) aufs Spiel setzen:* einen hohen Einsatz wagen, leichtsinnig sein, etw. riskieren. In bildl. Übertr.: ‚sein Leben aufs Spiel setzen'. Vgl. lat. ‚omnem

iacere aleam', frz. ‚jouer à tout perdre' (veraltet), heute: ‚mettre tout en jeu'.
Die Rda. stammt vom Karten- und Würfelspiel, vgl. ‚in die ↗Schanze schlagen', eigentl. alles auf einen Wurf setzen, auch: ‚alles auf eine ↗Karte setzen'. Jakob Michael Reinhold Lenz gebraucht die Wndg. lit., indem er Spiel und Karte nebeneinanderstellt. In den ‚Soldaten' (III, 10) schreibt er: „Einem so unglücklichen Hazardspiel zu Gefallen Ihr ganzes Glück, Ihre ganze Ehre, Ihr Leben selber auf die Karte zu setzen".
Auf dem Spiele stehen, auch: *im Spiele sein:* gefährdet, ein großes Wagnis sein, einen ungewissen Ausgang nehmen können. Bismarck gebraucht die Wndg., um festzustellen, daß sich das Risiko gelohnt habe (‚Reden' 3, 19): „Die glänzenden Erfolge der Armee haben nur unsern auf dem Spiel stehenden Einsatz gewissermaßen erhöht".
Ähnl.: *ein gefährliches (gewagtes) Spiel spielen:* unerlaubte Mittel anwenden, sich selbst gefährden. Schiller gebraucht die Wndg. lit. In seinem Drama ‚Maria Stuart' (4, 6) läßt er Leicester sagen: „Ich habe ein gewagtes Spiel gespielt". Vgl. auch ndl. ‚Hij speelt een gewaagd spel'; frz. ‚jouer un jeu dangereux'.
‚Das Spiel mit dem Feuer' ↗Feuer.
Das Spiel zu weit treiben: den Einsatz immer mehr steigern, die Grenzen des Vernünftigen, Zulässigen überschreiten.
Das Spiel gewonnen geben: eine Sache vorzeitig aufgeben, weil sie aussichtslos scheint. Diese Wndg. ist in ähnl. Form und in ironischem Sinne bereits bei Thomas Murner bezeugt, der in seiner Schrift ‚Vom großen lutherischen Narren' die Niederlage umschreibt: „So hon wir dan das spil gewunnen, wie suer milch, die da ist zerrunnen". Vgl. auch ndl. ‚het spel gewonnen geven'; frz. ‚abandonner la partie' (wörtl.: das Spiel aufgeben). Wir sagen heute dafür: *Das Spiel verloren geben:* resignieren, am Erfolg zweifeln, sich an etw. Aussichtslosem nicht weiter beteiligen, aufgeben, auch: sich der Polizei stellen, wenn eine Flucht unmöglich scheint. Vgl. auch ndl. ‚het spel verloren geven'.
Ähnl. meint die Feststellung *Das Spiel ist aus,* daß es keinen Sinn mehr hat weiterzumachen, daß die Hintergründe aufgedeckt worden sind und ein schlimmes Ende gekommen ist. Die Wndg. ist bereits lat. bei Ovid bezeugt: ‚Ludus habet finem'. Vgl. auch frz. ‚Il faut tirer le rideau'; oder ‚Les jeux sont faits'.
Ein deutlicher Bezug zum Kartenspiel zeigt sich auch in den folgenden Wndgn.: *Das Spiel in Händen haben:* seiner Sache gewiß sein, eigentl. so gute Karten haben, daß am Gewinn des Spieles nicht mehr zu zweifeln ist; vgl. frz. ‚avoir des atouts (die Trümpfe) en main'; *ein doppeltes (falsches) Spiel spielen:* unehrlich handeln, beide Seiten zu täuschen suchen; vgl. frz. ‚jouer double jeu'; *jem. Spiel durchschauen:* seine bösen Pläne und Absichten erkennen; *ein verdecktes Spiel spielen:* täuschen und betrügen wollen; dagegen: *ein offenes Spiel spielen:* offen und ehrlich handeln, vgl. ‚seine Karten aufdecken', ↗Karte; vgl. frz. ‚abattre ses cartes' (wörtl. ‚seine Karten zeigen'); *ein abgekartetes Spiel sein:* eine vorher besprochene und bereits entschiedene Sache sein. Dazu gehört auch die Feststellung: *Das Spiel hat sich gewendet:* eine Sache hat sich zum Schlechten verändert, vgl. ‚Das Blatt hat sich gewendet', ↗Blatt.
Einige Rdaa. beruhen auf einem Vergleich mit dem musizierenden Spiel. In diesem Sinn steht 1649 in der Sammlung bei Gerlingius unter Nr. 156: ‚Ne vites Musicam. Verderbe uns nicht die Musicam oder das Spiel". In übertr. Bdtg. meint heute die Wndg. *jem. das Spiel verderben:* sein Vorhaben vereiteln, ↗Spielverderber. Auch die Rdaa. *seine Hand im Spiele haben:* mitbeteiligt sein; *sich ins Spiel mengen:* sich einmischen; *mit im Spiele sein:* Einfluß besitzen; vgl. frz. ‚être de la partie'; *überall im Spiel sein (wie Pilatus im Credo):* alles mitentscheiden können, gehören in diesen Zusammenhang.
Einen aus dem Spiele lassen: ihn in Ruhe lassen, nicht erwähnen oder ihn nicht in eine unangenehme Angelegenheit mit hineinziehen; *aus dem Spiele bleiben:* ausgeschaltet, unbeteiligt bleiben.
Jem. (etw.) mit ins Spiel bringen: ihn (etw.) zur Wirkung kommen lassen, seinen Einfluß geltend machen, aber auch: ihn mit in eine schlimme (gefährliche) Sache verwikkeln.
Gute Miene zum bösen Spiel machen: sei-

nen Ärger nicht zeigen, so tun, als sei nichts gewesen, mit einer unangenehmen Sache, durch die Ereignisse gezwungen, zufrieden sein, ↗Miene.

Oft wird sogar der Kampf ein Spiel genannt, so schon im ,Heliand' (V.4685): „ik gibu mîn ferah furi thik an uuâpno spil" (= ich gebe mein Leben für dich ans Waffenspiel). Auf das ritterliche Kampfspiel des Mittelalters geht auch die Redensart ,einem böse mitspielen' zurück, ↗mitspielen.

In der mhd. Dichtung wird das Wort Spiel für Kampf und Turnier gebraucht. So droht z.B. Kandin seinem Schwager Tristan in Heinrichs von Freiberg ,Tristan' (V. 3856):

Ist daz ich genzlich ervar,
daz du mîn swester smaehen wilt,
eins spiles wirt mit dir gespilt,
daz dîne friunt beginnen klagen.

Derselbe Dichter ist sich aber der eigentl. Bdtg. des Wortes Spiel wohl bewußt und setzt es dem Ernst gegenüber. In V.1612ff. des ,Tristan' schreibt er:

da wart mit schilden und mit spern
ritterernst, nicht ritterspil
gepflogen und geübet vil.

Unsere Rdaa. *ein leichtes Spiel mit jem. (etw.) haben:* leicht mit ihm fertig werden können (,etw. spielend bewältigen'); vgl. frz. ,avoir beau jeu avec quelqu'un'.; *freies Spiel haben* und *sein Spiel mit jem. treiben:* ihn necken, quälen, nicht ernsthaft mit ihm verhandeln, lassen sich diesem Bdtg.-Bereich des Kampfes und der Auseinandersetzung zuordnen.

Die Wndg. *Genug des grausamen Spiels!* beruht auf einem Zitat aus Schillers Ballade ,Der Taucher'. Die Tochter bittet den König, das Schicksal nicht herauszufordern und den Knappen nicht noch einmal in den Abgrund des Strudels zu schicken, mit den Worten: „Laßt, Vater, genug sein das grausame Spiel!"

Lit.: *J. Lewalter:* Dt. Kinderlied und Kinderspiel (Kassel 1911); *J. Huizinga:* Homo ludens (³Basel – Brüssel – Köln – Wien o.J.); *R. Peesch:* Das Berliner Kinderspiel der Gegenwart (Berlin 1957); *F. G. Jünger:* Die Spiele (München 1959); Freiburger Dies Universitatis: Das Spiel – Wirklichkeit und Methode (Freiburg 1966); *C. Meyer:* Die Kinderspiele (Zürich 1970); *B. Sutton-Smith:* Die Dialektik des Spiels (Schorndorf 1978); *W. Salmen:* Der Spielmann im Mittelalter (Innsbruck 1983); *W. Einsiedler:* Das Spiel der Kinder (Bad Heilbrunn/Obb. 1991).

Spielball. *Zum Spielball werden:* machtlos hin- und hergeworfen werden (vom Schicksal), zu einem willenlosen Werkzeug werden, den Launen der Mächtigen unterworfen, ausgeliefert sein.

spielen. *Etw. nur spielen:* etw. vortäuschen, z. B. Ruhe, Zuversicht, Reue, Überlegenheit.

Was wird hier gespielt?: Was geht hier eigentlich vor? So fragt derjenige, der sich nicht täuschen lassen will, der Verdacht geschöpft hat u. die Hintergründe durchschauen möchte.

Mit jem. (mit den Gefühlen eines anderen) spielen (wie die ↗Katze mit der Maus): es nicht ernst meinen, ihn täuschen, sich an seinen Qualen weiden, ihn in Hoffnung wiegen u. schließlich verlassen, oft in Hinblick auf ein Liebesverhältnis gesagt, dessen Scheitern vorauszusehen ist.

Goethes Faust (,Faust' I, Studierzimmer), der sein bisheriges Gelehrtendasein als Last empfindet, bekennt gegenüber Mephistopheles:

Ich bin zu alt, um nur zu spielen,
Zu jung, um ohne Wunsch zu sein.

Dagegen: *Hingebungsvoll (selbstvergessen) spielen:* wie ein Kind ganz in seinem Spiel aufgehen, ohne auf seine Umgebung zu achten.

Mit dem Feuer spielen ↗Feuer.

Mit dem Leben spielen ↗Leben.

Spielverderber. *Ein Spielverderber sein:* anderen die Freude an etw. nehmen, sich nicht mehr beteiligen. Die Bez. gilt unter Kindern als ungeheure Anschuldigung, die einen als Miesepeter u. Quertreiber abstempeln kann. Oft hört man daher die Aufforderung: *Sei doch kein Spielverderber!,* wenn ein Mitspieler keine Lust (mehr) hat u. die anderen im Stich läßt, ihr Vorhaben stört.

Kein Spielverderber sein wollen: sich widerwillig bereitfinden mitzumachen, sich gutmütig überreden lassen, sich nicht ausschließen wollen, um Vorwürfen zu entgehen.

Lutz Röhrich

Lexikon der sprichwörtlichen Redensarten

HERDER / SPEKTRUM
Band 4800

Das Buch

„...mehr als nur ein wissenschaftliches Nachschlagewerk. Als solches erfüllt es seinen Zweck mit einem Höchstmaß an Zuverlässigkeit, Vollständigkeit der Information und Verständlichkeit der sprachgeschichtlichen Erläuterungen...Es steckt voll...wertvollsten Materials...Daß dieser Zuwachs an Wissen nicht mit didaktischer Verbissenheit eingetrichtert wird, sondern sozusagen dem Leser...unter der Hand eingeht, ist ein nicht zu unterschätzender Vorzug...es hat die Qualität einer literarisch und sprachgeschichtlich nützlichen...schier unerschöpflichen Lektüre...Ein besonderes Augenmerk verdient schließlich auch die reichhaltige Illustration, die mit Witz ausgewählt wurde..." (Rheinischer Merkur). „...Rang eines Standardwerkes... Wozu das nicht hoch genug zu rühmende Verdienst...kommt, die Bände reich mit Illustrationen ausgestattet zu haben. Illustrationen, die eben mehr sind als das..."(Norddeutscher Rundfunk).
Der „Röhrich": Das sind rund 15000 sprichwörtliche Redensarten aus Vergangenheit und Gegenwart, leicht verständlich und wissenschaftlich exakt erklärt sowie etwa 1000 Abbildungen, die den Ursprung der Redensarten auf einzigartige Weise veranschaulichen. Ein ebenso lehrreiches wie amüsantes Dokument des Sprachwitzes und des unendlichen Formenreichtums der lebendigen Sprache.

Der Autor

Lutz Röhrich, geb. 1922, em. ordentlicher Professor für Volkskunde und Germanische Philologie an der Universität Freiburg i.Br., bis 1991 Direktor des Instituts für Volkskunde und des Deutschen Volksliedarchivs. Mehrere Aufenthalte als Gastprofessor in den USA. Mitglied der Österr. Akad. d. Wiss. und der Königl. Gustaf-Adolfs-Akad. in Uppsala. Mehrfacher Preisträger: 1. Chicago Folklore Prize (1974); Oberrheinischer Kulturpreis, Univ. Basel (1984); Brüder-Grimm-Preis, Univ. Marburg (1985); Internationaler Preis Pitré (Sigilo d'oro), Palermo (1985); Europäischer Märchenpreis, Wetzlar (1991).
Zahlreiche Publikationen auf dem Gebiet der Volksprosa (Märchen, Sage, Witz, Sprichwort) und des Volksliedes sowie weitere wisssenschaftliche Publikationen. Herausgeber von: Motive. Freiburger Folkloristische Forschungen (München 1971 ff.); Artes Populares. Studia Ethnographica et Folkloristica (Bern 1976 ff.). Mitherausgeber von: Handbuch des Volksliedes (München 1973 und 1975); Enzyklopädie des Märchens (Berlin/New York 1977 ff.)

Lutz Röhrich

Lexikon der sprichwörtlichen Redensarten

Band 5
Spieß – Zylinder

Herder
Freiburg · Basel · Wien

Gedruckt auf umweltfreundlichem,
chlorfrei gebleichtem Papier

Vierte Auflage

Herstellung: Freiburger Graphische Betriebe 1999
Umschlaggestaltung: Joseph Pölzelbauer
Umschlagmotiv: „Einem geschenkten Gaul schaut man nicht ins Maul“, Illustration von Robert Högfeld, 1950.
(S. 511–512 in diesem Lexikon)
ISBN 3-451-04800-0

S

Spieß. *Den Spieß umkehren (umdrehen):* die Rollen tauschen, eine Sache am anderen Ende angreifen, eigentl.: von der Abwehr zum Angriff übergehen, die Waffe des Gegners gegen ihn selber wenden. Die Rda. läßt sich am leichtesten als so entstanden denken, daß der Angegriffene im Handgemenge dem Angreifer den Spieß entreißt und ihn nun gegen den wehrlosen Angreifer richtet, vielleicht mit den Worten: ‚Jetzt kehren wir den Spieß einmal um', wobei der Beraubte iron. als mithandelnd und gleichsam als einverstanden bez. wird.

Den Spieß gegen jem. kehren: ihn angreifen, heute nur in übertr. Bdtg. für geistige Auseinandersetzungen gebraucht.

Wie am Spieß schreien oder *schreien, als ob er am Spieße stäke:* so laut schreien, als wenn es ans Leben ginge. Die Rda. wird meist auf Kinder angewendet, die oft wegen einer Kleinigkeit ein großes Geschrei erheben. Bereits 1577 gebraucht Joh. Fischart (‚Flöhhatz, Weibertratz', S. 50, V.1625) einen ähnl. Ausdr.: „gaellen, als ob es an aim Spiß thaet staecken".

Der Spieß ist ihm an den Bauch (das Herz) gesetzt: er ist in äußerster Zwangslage, in höchster Gefahr oder Verlegenheit. Vgl. ‚jem. die Pistole auf die Brust setzen', ↗Pistole.

Einen Spieß um (für) etw. brechen: für etw. kämpferisch eintreten, jem. verteidigen, ↗Lanze; vgl. frz. ‚rompre une lance pour quelque chose'.

Wie ein Spieß hinter der Tür sein: stets zur Hand sein, wenn er gebraucht wird, immer zu guten Diensten bereit sein. Die heute veraltete Rda. spiegelt die Gewohnheit, seine Waffe immer griffbereit im Hause zu haben. Bei Seb. Franck (II,54[a]) und Agricola (I,563): „Er ist yhm wie ein Spiess hynder der thur", also ein treuer Freund und Wächter, besitzt die Wndg. bereits übertr. Bdtg. Vgl. auch ndl. ‚Hij is hem gelijk eene spiets achter de deur'.

Einem in die Spieße laufen: wie blind in eine Gefahr hineinrennen.

In seinen eigenen Spieß fallen: sehr ungeschickt sein, sich selbst den Schaden zufügen, der einem anderen zugedacht war. Die Rda. ist bei Burkard Waldis (III, 62, 21) lit. bezeugt: „Der fellt offt in sein eigen Spiess".

Den Spieß wegwerfen (fallen lassen), auch: *Spieß und Stange fallen lassen:* verzagt sein, den Kampf vorzeitig aufgeben, eine Sache verloren geben. Vgl. lat. ‚hastam abjicere' und die modernere dt. Rda. ‚die Flinte ins Korn werfen', ↗Flinte.

Aus Spießen Sicheln machen: die Waffen zu Werkzeugen umschmieden, vom Kriege zu friedlichen Beschäftigungen übergehen; ↗Schwert.

Spieße hüten wurde früher von Mädchen gesagt, die beim Tanz sitzenblieben und die man mit Soldaten verglich, die den ‚Kriegstanz' nicht mitmachten, sondern Waffen und Lager bewachten. Im Bauerntanzschwank schreibt Hans Sachs:

Ein theil die hüeten doch der Spies,
Des sie gewunnen groß verdries.

Noch mit dem 1. Spieße laufen: kindlich und unbesonnen handeln wie ein spielender Knabe, primitiven Anschauungen huldigen.

Mit dem goldenen (silbernen) Spieß stechen, auch *mit goldenen Spießen kriegen:* mit goldenen (silbernen) Münzen jem. zu bestechen suchen. Später sagte man dafür: ‚mit der silbernen Büchse (mit silbernen Kugeln) schießen', ↗Kugel. Einen Rest dieser Vorstellung bewahrt noch unser ‚bestechen', d.h. einen durch dieses Stechen mit goldenen Spießen herumkriegen, ihn willig und geneigt machen.

Verwandt sind die Wndgn. *Spieße haben:* Geld haben, und *einen langen Spieß haben:* sehr viel Geld besitzen. Im Rotwelschen hieß ein Sechspfennigstück Spieß. Von der Gaunersprache ist der Ausdruck in die Studentensprache gedrungen, die

ihn noch heute kennt, und hat sich von ihr aus weiterverbreitet.
Auch verschiedene rdal. Vergleiche, die als Formeln des Trotzes verwendet werden, gebrauchen das Bild vom Regnen oder Schneien von Spießen zur Umschreibung großer Gefahr, die mißachtet wird: *Und wenn's Spieße schneite!* oder oesterr. ‚Und wann's Spiss und alta Weiba rägnat', oder mit noch größerer Steigerung: *Wenn es auch Spieße regnete mit der Spitze nach unten!* Zu ergänzen ist immer: trotz alledem muß ich gehen (werde ich es tun).

Spießbürger. *Ein Spießbürger (Spießer) sein:* ein engstirniger Mensch sein, der sich jedem Fortschritt verschließt und veraltete Anschauungen und moralische Grundsätze hartnäckig verteidigt.
Nachdem Heinrich I. (919–936) viele Städte gegründet hatte, hießen ihre Bewohner Bürger. Sie verteidigten die Stadt mit dem Spieß, daher ‚Spießbürger', während die Söldner Hellebarden trugen. Die Bez. erhielt erst dann eine abschätzige Bdtg., als die Kleinstädter den Fortschritt der Feuerwaffen ignorierten. Noch im 16. Jh., also z. Zt. des Niederganges der Städte, hielten sie schwerfällig an der alten Bewaffnung fest und traten wie ihre Urgroßväter mit Spießen auf den Wällen zur Verteidigung ihrer Stadt auf, so daß sie an ihrer Niederlage selbst schuld waren, weil sie nie einen Blick über die Mauern ihrer Stadt hinaus getan hatten, sich in ihrer Beschränktheit wohlgefühlt und die moderne Entwicklung nicht kennengelernt hatten. Als Spottname und Schelte für rückständige Menschen, bes. auf geistigem Gebiet, wurde der Begriff Spießbürger zuerst von den Studenten gebraucht, die sich dagegen weltoffen und überlegen dünkten. Joachim Schröder berichtet davon 1640 in seiner ‚Friedensposaune' (39): „(Die Studenten) schelten feine eisgraue und erfahrene Männer, Matronen, keusche Jungfrauen und Bürger für ... Spießbürger". Wieland verwendete 1767 die Schelte zuerst lit. in seinem ‚Agathon' (3,129). Während die Bez. ‚Philister' aus dem Ostmdt. stammt, ist Spießbürger urspr. nordd. und seit 1781 bei Dähnert im ‚Plattdt. Wb.' (446) als ‚Speet-Börger' verzeichnet.
Da ‚Spieße' in der Studentensprache auch Geld bezeichnen, könnte man heute unter einem Spießbürger auch einen Reichen verstehen, der ängstlich über seinen Besitz wacht. In diesem Sinne schrieb H. Heine an Varnhagen (S. 167): „Mit meiner Familie stehe ich auf gutem Fuss; und meine spiessbürgerlichen Verhältnisse wären wol leidlich zu nennen".

Spießruten. *Spießruten laufen müssen:* sich bei einem unangenehmen Gange von Neugierigen scharf und kritisch beobachtet wissen, wobei die zudringlichen und spöttisch-schadenfrohen Blicke von links und rechts beinahe schmerzhaft empfunden werden und die lieblosen ‚Stichelreden' der ‚spitzen Zungen' tatsächlich verwunden können. Vgl. dazu auch das Sprichwort ‚Kein Spieß

‚Spießrutenlaufen'

‚Spießrutenlaufen'

macht solche Wund' als gift'ge Zung' und böser Mund'.

Die Rda. bezieht sich auf eine grausame militärische Strafe, die sich im Laufe der Jhh. verändert hat. Bei den Römern mußte der Verurteilte durch eine Doppelreihe von Soldaten laufen, die mit Spießen nach ihm stießen, wobei er meist den Tod fand. Noch im 16. Jh. war diese Strafe in Dtl. üblich und wurde von den Landsknechten ‚durch die Spieße jagen' genannt, wie es auch in einem Vokabular von 1618 als Übers. von ‚praepilatis hastis obicere' erscheint. Aventin erzählte einmal: „Die teutschen Knechte ließen den Mörder durch die Spieß laufen". Ausführlich hat Frundsberger in seinem ‚Kriegsbuch' von 1565 „dieses Recht, wie es die Kriegsknecht füeren mit den langen spießen", beschrieben und es durch einen Holzschnitt von Jost Amman ill.: „Darnach stellt der Profoß den armen man für sich / vnd gibt jm drey Streich auff die rechte Achsel / im Namen deß Vatters / Sons / vnd des heiligen Geists / vnd stellt jn gegen den Spiessen / vnd läßt jn lauffen. Zum fünffzehnden wenn der arm Mensch verscheiden ist / so kniet man nider / vnd thut ein Gebett / darnach macht man ein ordnung / vnd ziehen drey mal vmb den Cörper / vnd die Schützen schiessen drey mal ab / im Namen deß heiligen Geists / Dreyfaltigkeit / vnd ziehen darnach wiederumb / vnd machen ein beschluß Ring".

Im 17. Jh. wurden die Spieße durch spitze Ruten ersetzt. Soldaten, die sich schwer vergangen hatten, mußten mit entblößten Rücken durch zwei Reihen von Soldaten laufen, die sie von links und rechts mit den Ruten blutig schlugen. Erst Friedrich Wilhelm III. schaffte für Preußen das ‚Spießruten- oder Gassenlaufen' ab, doch die Erinnerung an diese Strafe ist durch die Rda. lebendig geblieben. Vgl. auch ndl. ‚door de spitsroeden dansen' und ‚iemand door de spitsroeden jagen'; engl. ‚to pass through the line'.

Spinne. *Pfui Spinne!* ist ein Ausruf des Abscheus, obersächs. noch erweitert zu: ‚Pfui Spinne noch nein!' Die Spinne wird im Volksglauben vielfach als giftig gefürchtet. Es heißt, daß die Spinne das Gift aus den Blumen sauge wie die Biene den Honig und es durch ihren Biß oder die bloße Berührung auf Menschen übertr. könne. Sie wird deshalb mit einer gefürchteten Krankheit oder dem Teufel gleichgesetzt. Jeremias Gotthelf hat in seiner Erzählung ‚Die schwarze Spinne' die abergläubische Furcht vor der Pest und ihre Verbreitung durch die Spinne, die eine Gestalt des Teufels ist, lit. gestaltet. Der rdal. Vergleich *giftig (zornig) sein wie eine Spinne* zeigt deutlich den Zusammen-

‚Der Spinne ins Netz gehen'

hang mit diesen alten Vorstellungen. Er wird bereits 1573 von Joh. Fischart in seiner Satire ‚Flöhhatz, Weibertratz' (S. 74, 2489) verwendet: „... sie seien giftig wie die spinnen". Vgl. auch ndl. ‚zo boos (nijdig, kwaad) als een spin', ↗spinnefeind. Rdaa. wie *Auf deinem Rücken läuft dir eine Spinne!* oder *Eine Spinne sitzt auf deinem Hute!* sind ein beliebtes Schreck- und Neckmittel, da jeder das ekelerregende Tier von sich abwehren möchte und sofort unwillkürlich an die genannte Stelle greift, um sie abzuschütteln.

Andererseits ist die Spinne wie die Schwalbe auch als Glückstier in Haus und Stall gern gesehen, und es gilt als frevelhaft, sie zu töten. In Tirol z. B. wird die Kreuzspinne sogar als ‚Muttergottestierchen' bez., die als allg. Heilmittel wie das Spinnengewebe Verwendung findet, ↗spinnen.

Jem. hält Umgang mit den Spinnen: er ist sehr vereinsamt, von Mensch und Tier verlassen. Diese Rda. dient vor allem zur euphemist. Umschreibung für das Verbüßen einer Freiheitsstrafe.

Sich keine Spinne übers Maul wachsen lassen: seine Meinung frei heraussagen, eine flinke (spitze) Zunge haben, eigentl. seinen Mund nie so lange still halten, wie das Weben eines Spinnennetzes dauern würde.

Lit.: *R. Riegler:* Art. ‚Spinne', in: HdA. VIII, Sp. 265–284; *W. Mieder (Hg.):* Jerem. Gotthelf. Die schwarze Spinne. Erläuterungen und Dokumente (Stuttgart 1983); *E. Strübin:* Art. ‚Jer. Gotthelf', in: EM. VI, Sp. 31–37; *R. W. Brednich:* Die Spinne in der Yucca-Palme. Sagenhafte Geschichten von heute (München 1990).

spinnefeind. *Einander (sich) spinnefeind sein:* tödlichen Haß aufeinander haben, unversöhnliche Feinde sein. Die Beobachtung, daß eine Spinne die andere anfällt und aussaugt (tatsächlich töten die größeren Spinnenweibchen die kleineren Männchen), was sonst unter Artgenossen im Tierreich selten geschieht, führte bereits 1512 Geiler von Kaysersberg (‚Evang.' 49 b) zu dem Vergleich „so feind als die Spinnen". Daraus entwickelte sich seit Johannes Paulis ‚Schimpf und Ernst' von 1522 der Ausdr. ‚spinnenfeind'. Er schreibt von der nach außen nur geheuchelten Freundlichkeit der Fürsten untereinander, die er durchschaut hat (104, Österley): „die fürsten füren einander under den armen, und sein einander spinnenfeint, einer mag des andern reichtumb nit erleiden". Zuerst in einem Lutherdruck von 1566 ist in dem Wort das ‚n' der unbetonten Silbe wie bei ‚Leineweber' ausgefallen.

spinnen. Wenn man gleich zu Beginn des Tages eine Spinne entdeckt, die man für eine Unglücksbotin hält, sagt man: *Spinne(n) am Morgen, Kummer und Sorgen.* In Wirklichkeit ist jedoch in dem falschverstandenen Sprw. nicht die Spinne, sondern das Spinnen gemeint. Das Sprw. lautet in seiner urspr. Dreigliedrigkeit:

Spinnen am Morgen
Bringt Kummer und Sorgen.
Spinnen am Abend
Erquickend und labend.
Spinnen am Mittag
Bringt einen Glückstag
(oder: Glück für den dritten Tag).

Im Frz. heißt es:

Araignée du matin –
grand chagrin (Kummer);
araignée du midi –
grand souci (Sorgen);
araignée du soir –
bon espoir (Hoffnung).

Wenn sich die Frau nach der anstrengenden Tagesarbeit ans Spinnrad setzen konnte, so war das eine Feierabendbeschäftigung, die wenig Mühe erforderte und oft den Anlaß zu geselligem und fröhlichem Beisammensein gab. Mußte die Frau jedoch bereits am Morgen spinnen, bedeutete es größte Armut, denn sie versuchte durch diese Arbeit den ganzen Tag über etw. dazuzuverdienen. Sie mußte das Garn verkaufen, statt es für den eigenen Haushalt zu verwerten.

Miteinander an einem Rocken spinnen: sich gut vertragen, übereinstimmen, dagegen: *keinen guten Faden miteinander spinnen:* in Streitigkeiten leben (↗Faden), auch: *das Stroh vom Dache spinnen:* etw. Schädliches unternehmen, urspr. vom falschen Übereifer gesagt.

Sein Garn spinnen: unwahre Geschichten erzählen, ↗Garn.

Eine noch deutlichere Wndg. verzeichnet Seb. Franck in seinen ‚Sprichwörtern' (II, 11a): „Er spints auss jm selbs wie ein spin", d.h. es ist erlogen.

Sehr beliebt sind vor allem in Westdtl. die Wndgn. *Ich glaube, du spinnst! Spinne nicht so!* und die iron. Frage *Du spinnst wohl?* Auf diese Weise will man jem., der Unsinn redet oder törichte Pläne hat, zu verstehen geben, daß man ihn für nicht ganz gescheit hält. Oft wird auch nur kurz festgestellt, daß jem. ‚ein Spinner', d.h. ein Verrückter, ist. Die Wndgn. sind verkürzt aus: ‚ein Gewirr absonderlicher Gedanken zusammenspinnen', vgl. auch dazu den Ausdr. ‚Hirngespinst'.

Man spricht in ähnl. Weise auch davon, daß *jem. Betrug (Lügen, Mord, Ränke, Verrat) spinne,* wenn er sich in Gedanken damit beschäftigt und sein Vorgehen genauestens plant und vorbereitet.

Nicht recht spinnen wollen: nicht mitarbeiten, faul sein. *Gut spinnen können:* wird scherzhaft für ‚tüchtig essen' gebraucht.

Zu grob spinnen: zu starke Scherze machen, im Spott zu derb und ausgelassen sein.

Keine (wenig) Seide bei etw. spinnen: keinen Nutzen, wenig Verdienst haben, ↗Seide.

Lit.: *G. J. Klokman:* De spin als orakel, in: Eigen Volk 6 (1934), S. 272–273; *A. Löffler:* Ein mißverstandenes Sprw. (Spinne am Morgen, bringt Kummer und Sorgen), in: Muttersprache 53 (1938), S. 429–430.

Spital. *Im gleichen Spital krank sein:* an derselben Krankheit leiden; bes. schwäb.: ‚Der isch im nämliche Spital krank': er hat alle (dieselben) Fehler, leiblich oder moralisch.

Die genaue Bez. für den physischen oder psychischen Defekt ist tabuiert und wird euphemist. umgangen.

Spitz, Spitze, spitzen. *Einem spitz kommen:* ihn mit Worten verletzen. Worte können verwunden wie Schwerter, und Zungenstiche sind oft wie Lanzenstiche; vgl. frz. ‚avoir la langue pointue (wörtl.: ‚eine spitze Zunge haben', i.S.v. ‚eine Lästerzunge sein'. Auch ‚sticheln' und bair. ‚spießeln' gehören hierher; ferner obersächs. ‚Spitzbirnen austeilen', Stichelreden führen: ‚Hier werfen se mit Spitzbern', hier wird gestichelt, gelästert.

Spitzen heißen auch die gehäkelten oder geklöppelten Erzeugnisse des fraulichen Hausfleißes, daher übertr. sächs. ‚Sie handelt mit Spitzen', sie führt spitzige Reden. Auch ein schlauer, durchtriebener Mensch wird (neben ‚Spitzbube') ‚Spitzenhändler' genannt.

Schwäb. hört man für einen unangenehmen Menschen häufig den rdal. Vergleich: ‚Er ist mir wie Spitzgras!'

Etw. spitz kriegen: begreifen, herausbekommen, merken, durchschauen; häufig in negativer Anwendung: ‚etw. nicht spitz kriegen können', es nicht durchschauen, auch: weder ein noch aus wissen.

Einen Spitz haben: einen Rausch haben, sich betrinken. Die Rda. ist bereits im 16. Jh. belegt, z.B. bei Hans Sachs' ‚Der Fritz im Wandkasten', wo es heißt (V. 32): „Der knecht het noch ain spicz".

Einer Sache die Spitze abbrechen (nehmen): einem Vorwurf, einer unangenehmen Sache usw. das Verletzende, die Gefährlichkeit nehmen, ihr geschickt begegnen; vgl. ndl. ‚de spits afbijten'; engl. ‚to turn the edge of something', ‚to break the neck of an affair'.

Einem die Spitze bieten (vgl. ndl. ‚het spits bieden'; frz. ‚tenir tête à quelqu'un'; engl. ‚to make head against'): ihm Trotz bieten, eigentl.: ihm die Spitze des Schwertes entgegenhalten und ihn so zum Zweikampf herausfordern.

Noch in neuerer Zeit ist ‚einen vor die Spitze fordern' im gleichen Sinne gebräuchl. wie: ihn vor die Klinge, d.h. zum Zweikampf, herausfordern. In kühner Zusammenfassung mit ähnlichen Wndgn. findet sich die Rda. in einem Siegeslied auf die Eroberung von Ofen 1686, wo der Türke verspottet wird:

> Teutschmeisters heroisches
> Martisgemüthe,
> Der weiß dir Trutz bieten, Pistolen
> und Spitz.

Die Rda. geht aber bis ins MA. zurück; in dem Gedicht Heinzelins von Konstanz ‚Von dem Ritter und von dem Pfaffen' (um 1320) begegnet in demselben Sinne „einem ein eggen (d.i. Ecke, Schneide, Spitze) bieten". Aus dem Bair. bezeugt Andr. Schmeller häufig die Wndg. ‚einem Spitz und Knopf zugleich bieten' i.S.v. ihn möglichst weit bedrängen, eigentl.:

ihm fast im selben Augenblick die Degenspitze (zum Angriff) und den Degenknauf (zur Abwehr) entgegenhalten und ihm so im Zweikampf zu schaffen machen.

Auf Spitz(e) und Knopf stehen: bis zuletzt gut oder schlecht ausgehen können; bes. bair. und schwäb. häufig: ‚Es steht auf Spitz und Knopf', es ist bis zum Äußersten gekommen. Ähnl.: *etw. auf die Spitze treiben:* es zum offenen Kampf, bis zum Äußersten bringen; vgl. ndl. ‚iets op de spits drijven'; frz. ‚pousser les choses à l'extrême'; engl. ‚to carry matters to extremities', ‚to push things too far'.

Sich auf etw. spitzen: sich Hoffnung auf etw. machen, auf etw. lauern, gespannt sein. Vielleicht verkürzt aus: ‚die Ohren spitzen' (↗Ohr), möglicherweise aber auch einfach deshalb, weil man unwillkürlich den Mund spitzt, wenn man etw. bes. Leckeres für seine Zunge erwartet, oder allg. von einem ‚Spannen' der Sinne. Bair.-österr. ist die Wndg. heute noch bes. beliebt: „Geltn's, da spitzen's!" sagt der Münchner Alois Permaneder in Thomas Manns ‚Buddenbrooks' (6. Teil, 4. Kap.) zur Lübecker Konsulin Buddenbrook, als diese seine gleichbedeutende Wendg. „Geltn's, da schaun's!" nicht versteht; wien. ‚i spitz scho(n) drauf' bedeutet: ich lauere schon darauf. ‚Da wirst spitzen', da wirst du staunen.

Jem. anspitzen: jem. auf etw. (meistens auf Geld) ansprechen, anbetteln; aber auch: ihn neugierig, aufmerksam auf etw. machen, ihn bewußt mißtrauisch werden lassen, ihn zum Eingreifen drängen.

Als das älteste dt. Sprichwort hat Andreas Heusler jene Stelle des ahd. Hildebrandsliedes bez., in der es heißt: „mit geru scal man geba infahan, ort widar orte", d.h. mit dem Speer soll man (oder: der Mann) eine Gabe in Empfang nehmen. Die rdal. Formel ‚ort widar orte' hat Heusler frei übersetzt: ‚hart auf hart', und er sieht in diesem Sprw. einen Ausdr. altgerm. Kämpfertums. Wir können natürlich nicht wissen, und auch Heusler ist den Beweis dafür schuldig geblieben, ob diese Wndg. wirklich rdal., d.h. allg., angewandt worden ist. Dafür sind die Quellen zu unergiebig. Ein zweites Bedenken kommt hinzu: Mit der Wndg. ‚ort widar orte', was ja eigentl. ‚Spitze gegen Spitze' heißt, ist vermutlich etw. ganz anderes als das frei übertragene ‚hart auf hart' gemeint.

‚Spitze gegen Spitze' ist noch nicht eine bildl. Rda., sondern es ist wohl eine Realität des Kriegsbrauches. In dem berühmten Bildteppich von Bayeux findet sich z.B. eine ganz parallele Darstellung, wobei der ↗Schlüssel einer belagerten Festung dem Eroberer von Speerspitze zu Speerspitze übergeben wird. Es liegt also nichts Ethisches in der Formel ‚Spitze gegen Spitze', wie Heusler annahm, sondern es kommt in dieser Formel eine Distanz des Mißtrauens zum Ausdr., wie sie zum Kriegsbrauch in heroischer Zeit paßte. Der Beleg auf dem Teppich von Bayeux zeigt uns, daß die sprachl. Formel nicht etwa schon als bildhafte Formel, sondern zunächst noch ganz real aufzufassen ist:

‚Spitze gegen Spitze'

Die Verbreitung der selben Kampfregel zeigt noch im 11. Jh. die langobardische Chronik von Novalese, wo ebenfalls zwischen zwei Kriegern eine Gabe von Speerspitze zu Speerspitze ausgetauscht wird. Im ‚Nibelungenlied' heißt es in der 25. Aventiure (Vers 1553): „Vil hôhe an dem swerte einen bouc er im dô bôt", d.h. Hagen reicht dem Fährmann an der Spitze seines Schwertes einen goldenen Armring.

Im Heischelied der Kinder hat sich dieser Brauch noch bis zur Ggwt. erhalten, so z.B. thür.:

Ich reck män Spieß übern Herrn sän Disch,
Ist de Härr e gude Mao,
Steckt er mir ä Grabbel nao;
Ist de Härr kä gude Mao
Schmeiß ich ihm de Dier rächt nao.

Etw. ist (einsame) Spitze: eine Sache ist ganz ausgezeichnet. Die Rda. war bes. in den 70er Jahren ein beliebtes Modewort der Jugendsprache.

Etw. auf die Spitze treiben: etw. bis zum Äußersten treiben.

Nur die Spitze des Eisbergs sehen: nur einen kleinen Teil einer (noch) unsichtbaren Katastrophe erkennen können, die in Wirklichkeit weit größere Ausmaße und Auswirkungen besitzt, wie Eisberge nur zu ⅐ ihrer Masse aus dem Wasser ragen.

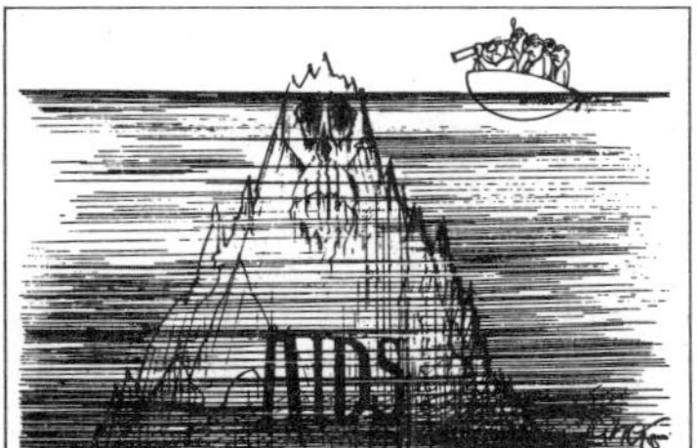

‚Die Spitze des Eisbergs'

Ein Spitzenreiter sein: immer an der Spitze einer Tabelle sein, immer der Beste, der Oberste sein; urspr. militär. wörtlich gemeint.

Lit.: *S. Singer:* Sprw.-Studien, in: Schweiz. Arch. f. Vkde. 37 (1939/40), S. 129.

Spleen. *Einen Spleen haben:* nicht ganz richtig im Kopf sein, einen ↗Tick haben. ‚Spleen' kommt von engl. ‚spleen' und bez. eigentl. die Milz (lat. splen, griech. σπλήν: die Milz). So bedeutete die Rda. urspr.: eine durch die Erkrankung der Milz hervorgerufene Gemütsverstimmung haben. Schon in der antiken Medizin wurde die Milz als der Ort der Schwermut und Melancholie angesehen.

Splitter. *Nur den Splitter in fremden Augen sehen:* kleine Fehler und Untugenden bei anderen wahrnehmen, aber die eigenen, größeren Gebrechen und schlechten Eigenschaften nicht erkennen. Die Rda. beruht auf Matth. 7,3–5 (↗Splitterrichter), ebenso die Wndg. *den Splitter im Auge des Nächsten sehen'.* Diese Bibelstelle ist

‚Den Splitter im Auge des Nächsten'

in vielen Sprachen sprw. geworden (vgl. ndl. ‚den splinter in een anders oog wel zien, maar niet de balk in zijn eigen', engl. ‚You see the splinter in your brother's eye, but not the beam in your own' u. frz. ‚voir la paille [Strohhalm] dans l'œil de son voisin') und regte bildl. Darstellungen an.

Aus jedem Splitter einen ↗Balken (einen Wiesbaum) machen: maßlos übertreiben. Bereits Luther gebraucht die Wndg. ‚aus einem Splitterlein einen Balken machen' in seinen ‚Tischreden' (147^b). Vgl. ndl. ‚van een' splinter een' balk machen' und die dem Sinne nach gleiche dt. Rda. ‚aus einer ↗Mücke einen Elefanten machen'.

Lit.: *G. B. King:* The mote and the beam (Matt. VII, 3–5), in: Harvard Theological Review 17 (1924),

S. 393–404; *ders.:* A further note on the mote and the beam, in: Harvard Theolocigal Review 26 (1933), S. 73–76.

splitternackt. *Splitter(faser)nackt sein:* völlig nackt, ganz unbekleidet sein. ‚Splitternackt' ist urspr. ndd. und hier schon im 15. Jh. bezeugt: „Ik sê, wy stân hir splitternaket", sagt Adam zu Eva im ndd. ‚Sündenfall' (Dt.Wb. 10, 1905, Sp. 2669); vgl. auch schwed. ‚splitternaken' und dän. ‚splitternøgen'. Die Erklärungen dieses Wortes reichen von: „ganz unbekleidet, so daß man auch keinen Splitter von Zeug mehr an sich hat", wozu die parallelen Ausdr. ‚fadennackt' und ‚fase(n)nackt' passen würden bis: „nackt wie ein frisch abgesprungener Splitter". Tatsächlich kommt auch die Wndg. ‚nackt wie ein Splitter sein' vor, doch scheint sie erst nach dem Kompositum gebildet worden zu sein.

Eine weitere Erklärung bietet Meisenbach, die wahrscheinlichste und überzeugendste von allen: Er legt dem Entstehen des Ausdr. die urspr. Form: ‚splinternackt' zugrunde; diese ist heute fast nur noch in den Mdaa. vorhanden (vgl. aber auch KHM. 89 u. KHM. 94, Anh. 5). „Splint ist das Fasergewebe, die Bastschicht, die zwischen der Rinde und dem Stammholz den Saft von den Wurzeln zur Baumkrone, zu den Astspitzen steigen läßt. Die erweiterte Wortform splitterfasernackt bestärkt den Wahrschein, daß damit vor dem Verschleifen des Wortes das Splintfasergewebe als Sinnbild gemeint war. Ein Fichtenstamm ist erst ganz nackt, wenn nach oder mit der Rinde auch der Splint abgeschält ist. So bedeutet also splinternackt nackt bis unter den Splint"; vgl. engl.: ‚start-naked'.

Lit.: *A. L. Hench:* Start-naked, in: American Speech 19 (1944), S. 227; *J. A. Meisenbach:* Splitternackt, in: Muttersprache (1954), S. 431–432.

Splitterrichter. *Ein Splitterrichter sein:* andere tadeln und verurteilen, ohne an die eigenen Fehler zu denken, die viel größer sind. Der Ausdr. Splitterrichter entstand aus der gedanklichen Verbindung von Matth. 7,1: „Richtet nicht, auf daß ihr nicht gerichtet werdet" und Matth. 7,3: „Was siehest du aber den Splitter in deines Bruders Auge und wirst nicht gewahr des Balkens in deinem Auge?" und gilt als Schöpfung Luthers. In seiner 1530 erschienenen ‚Vermahnung an die Geistlichen versamlet auff dem Reichstag zu Augsburg' schrieb er: „Das will ich darum gesagt haben, daß man sehe, was die Splitterrichter dran gewinnen" (Weimarer Ausg., 1909, Bd. XXX, Abt. 2, S. 314). Vgl. auch ndl. ‚Het is een splinterkijker'. Lit. bei Chr. Günther genutzt, heißt es:

Flieh auf ewig die Gesichter
Aller finstern Splitterrichter.

Die Bdtg. des Begriffs Splitterrichter wandelte sich von einem selbstgerechten Tadler zu einem bes. kleinlichen Beurteiler, der ‚alles auf die Goldwaage legt' und dabei gleichsam ‚über jedes Splitterchen zu Gericht sitzt'. So verstand es bereits Lessing, der einmal sagte: „Was übrigens den Inhalt des Freigeistes anlangt, so wird auch der eigensinnigste Splitterrichter nicht das geringste daran finden, was der christlichen Tugend und Religion zum Schaden gereichen könnte".

Sporen. *Sich die Sporen verdienen:* sich durch eine bes. Tat oder große Leistung im Kampf auszeichnen, um Aufnahme in die Ritterschaft zu erlangen. In übertr. Bdtg. heißt die Rda. viel allgemeiner: sich durch Geschicklichkeit oder große Verdienste einer Stellung, eines neuen Amtes als würdig erweisen, seine Fähigkeiten unter Beweis stellen. Im MA. trug der Knappe bereits vor dem Ritterschlag Sporen, doch bei der Verleihung der Ritterwürde wurden dem jungen Helden als Abzeichen seines neuen Standes feierlich goldene Sporen angeschnallt. Erfolgte dieser Ritterschlag kurz vor Beginn einer Schlacht, so kämpften die neuen Ritter in den vorderen Reihen, um ihre Sporen dadurch zu ‚verdienen'; diese Bewährung konnte aber auch bei Turnieren oder auf Kreuzfahrten erfolgen.

Die Rda. wurde auch lit. verwertet, z. B. bei Schiller heißt es im ‚Don Carlos' (II, 8): „Ich habe den schnellen Einfall, nach Brabant zu gehn, um – bloß um meine Sporen zu verdienen".

Hauff verweist in seinem ‚Lichtenstein' sogar auf die Verleihung der goldenen Sporen (3. Teil, Kap. 11): „Ritterliche Haft? ... zeigt vorher, wo Ihr die goldenen

Sporen verdient habt". Die weite Verbreitung dieses ritterlichen Brauches spiegelt sich in den Rdaa. anderer europ. Völker; vgl. ndl. ‚Hij heeft zijn sporen verdiend'; frz. ‚gagner ses éperons'; auch ‚faire ses premières armes' (wörtl.: seine erste Waffenprobe ablegen); engl. ‚to win one's spurs'.

Seine Sporen noch nicht verdient haben: Befähigung, Mut und Geschicklichkeit noch nicht bewiesen haben, auch: eine Auszeichnung ohne Verdienst erlangt haben. Vgl. ndl. ‚Hij heeft zijne sporen nog niet verdiend'.

Der hat Sporen!: der ist tapfer, kampferprobt. Abraham a Sancta Clara gebrauchte diese Rda. in ‚Reim dich' als Lob für den hl. Georg.

Die Sporen dienten urspr. nicht nur als Symbol der Ritterwürde, sondern hatten für den Reiter die praktische Aufgabe, sein Tier anzutreiben. In den Rdaa. erhielten sie die übertr. Bdtg. von Druckmittel, die im unterschiedlichen sprachl. Ausdr. eine Steigerung zeigen: *Er hat seine Sporen angelegt:* er ist gut gerüstet, um einen anderen zu bedrängen. Vgl. ndl. ‚Hij heeft zijne sporen gespannen'. *Einem den Sporn in die Seite setzen:* ihm zusetzen; vgl. frz. ‚harceler quelqu'un'.

Einen zwischen die Sporen fassen (nehmen): ihn hart bedrücken, ihn antreiben. Die Rda. wurde bereits von Luther in seinen ‚Tischreden' (379^b) verwendet. *Mit scharfen Sporen reiten:* einen schmerzhaften Druck ausüben, um das letzte an Leistung herauszuholen, was ein guter Reiter vermeiden würde; vgl. frz. ‚donner des éperons'. Vgl. hierzu das Sprw. ‚Zu scharfe Sporen verderben das Pferd'. Eine weitere Steigerung enthalten die Rdaa. *mit Sporen und Absatz zugleich drücken* und *die Sporen stets im Esel haben.*

Einem nicht an die Sporen reichen: sich nicht im entferntesten mit jem. messen können; vgl. ‚jem. nicht das Wasser reichen können' (↗Wasser).

Er hat ein Sporn oder *Er hat Sporen im Kopfe:* er handelt, als wäre er nicht ganz gescheit. Vgl. lat. ‚Non est sani cerebri'.

Er hat Sporen in der Haut! heißt es von einem Begierigen, Heftigen und Leidenschaftlichen.

Etw. spornstreichs tun: in höchster Eile, eigentl. wie ein gesporntes Pferd, das zu schnellem Lauf angetrieben wird. Das frühnhd. ‚spor(en)straichs' ist adverb. Gen. zu ‚spornstraich'. Noch 1644 heißt es bei Zesen (‚Lysander' 236), daß ein Reiter „in vollem Sporenstreich" komme. Nach der Erstarrung zum Adv. ist die Beziehung auf das Reiten verblaßt. Grimmelshausen schreibt 1669 im ‚Simplicissimus' (18): „kehrete derowegen sporenstreichs wieder um". Später galt ‚spornstreichs' für jedes hastige Tun.

Lit.: *E. Goldmann:* Art. ‚Sporn', in: HdA. VIII, Sp. 311–312.

Sport. *Sich einen Sport aus etw. machen:* etw. aus Übermut oder Vergnügen immer wieder tun.

‚Sport' (engl.) bedeutet eigentl. Vergnügen im Freien, Zeitvertreib, Spiel und wurde im frühen 19. Jh. eingedeutscht.

Der neueste Sport von jem. sein: seine neueste Liebhaberei, sein gerade entdecktes Hobby.

Spott. *Den Spott zum Schaden haben:* bei einem (selbstverschuldeten) Mißgeschick kein Bedauern finden, sondern Schadenfreude und Verhöhnung zu erwarten haben. Die Rda. könnte als Verkürzung aus dem weitverbreiteten Sprw. ‚Wer den Schaden hat, braucht für den Spott nicht zu sorgen' entstanden sein. Die Wndg. ist in ähnl. Form im 15. und 16. Jh. oft bezeugt. Im ‚Eulenspiegel' (LXXIIII/10307 und LXIX/9799) heißt es z. B.: „Nun habt den spott auch zu dem schaden", ähnl. bei Bebel (235); Seb. Franck (I, 111); in Johann Fischarts ‚Ehezuchtbüchlein' (262/11); Egenolf 80^a und in Paulis ‚Schimpff und Ernst' (Stöber, S. 94/56). Die Wndg. „Vnd spotten seinen zu dem schad" wird im ‚Eulenspiegel' (LVIII/7847 und XXXI/4248) gebraucht. In Jörg Wickrams ‚Rollwagenbüchlein' (XLII) und in Paulis ‚Schimpff und Ernst' (V^a) begegnet die Rda. in der bis heute üblichen Form: „den spott zum schaden han". Vgl. lat. ‚Damnum sequitur ludibrium'. Etw. abweichend heißt es im ‚Rollwagenbüchlein' (XXI) auch: „Den spott zu den streichen han".

Zum Spott werden: in die allg. Verachtung der Leute geraten. Die Rda. entstand aus der Wndg. ‚zum Spott der Leute werden', die auf der Textstelle in Ps. 22,7 beruht: „Ich aber bin ein Wurm und kein Mensch, ein Spott der Leute und Verachtung des Volks". Auch: ‚der Kinderlein Gespött werden'. Vgl. frz. ‚devenir la risée de tout le monde'.

Etw. um einen Spott geben (kaufen): etw. für einen äußerst niedrigen Preis verhandeln, auch: *für ein Spottgeld* oder *spottbillig kaufen.*

Lit.: *D. J. Ward:* Spottlieder, in: Handbuch des dt. Volksliedes 1 (1973), S. 691–735; *R. Aman* (Hg.): Maledicta. The International Journal of Verbal Aggression 1 ff. (1977 ff.).

Spottvogel. *Einen zum Spottvogel machen:* ihn verspotten. Luther gebrauchte die Wndg. in dieser passiven Bdtg., die auch durch Waldis (II,55,21) bezeugt ist: „Man soll die alten nicht belachen oder zu eim spotvogel machen, weil niemandt den die jar betragen, des alters unlust kan abtragen".

Ein Spottvogel sein: ein Spötter sein, der sich gern über andere lustig macht. Diese Rda. ist in ganz Dtl. und Oesterr. verbreitet und beruht auf einem Vergleich mit Vögeln, die die Stimmen anderer Vögel nachahmen, wie Häher, Würger und Gartenlaubvogel, die deshalb ‚Spottvogel' genannt wurden. Seb. Brant übertrug 1494 in seinem ‚Narrenschiff' (Kap. 42) zuerst diese Bez. auf spöttische Menschen. Vgl. ndl. ‚Het is een regte spotvogel'. Ähnl.: *eine Spottdrossel sein:* ein Mensch sein, der andere durch die Nachahmung ihrer Eigenarten in Stimme oder Mda. verspottet.

Sprache. *Etw. zur Sprache bringen,* auch: *die Sprache auf etw. bringen:* ein Problem zur Diskussion stellen, das Gespräch auf etw. Wichtiges lenken. Die Feststellung *etw. muß (endlich) zur Sprache kommen* hat ähnl. Bdtg.: ein bisher vermiedenes Thema muß ernstlich besprochen, ein unklarer Sachverhalt untersucht werden.

Mit der Sprache nicht herauswollen: die Wahrheit nicht sagen wollen, auch: geheimnisvoll etw. andeuten, ohne die Neugierde der anderen zu befriedigen. Diese Rda. ist auch mdal. verbreitet, in Pommern heißt es z.B.: ‚He will nig mit de Sprake herut'. Häufig wird jem., der etw. verschwiegen hat, derb aufgefordert: *Heraus mit der Sprache!*

Mit der Sprache (endlich) herausrücken: verborgene Tatsachen nach einigem Drängen bekanntgeben.

Jem. bleibt die Sprache (Spucke) weg und *jem. verschlägt es die Sprache:* er ist so entsetzt oder verwirrt, daß er nichts sagen kann, daß ‚ihm die Worte fehlen'; vgl. frz. ‚Cela vous coupe le souffle' (Atem).

Eine deutliche Sprache sprechen: etw. klar zeigen oder ausdrücken.

Dieselbe (gleiche) Sprache sprechen: sich wegen gleicher Denkgewohnheiten immer gut verstehen. Diese Rda. wird zur Verdeutlichung der Übereinstimmung bes. von Menschen gleicher Bildung, gleichen Charakters und ähnl. Berufe und sozialer Stellung verwendet; vgl. frz. ‚parler le même langage'.

Einem in seiner eigenen Sprache antworten: auf das Verhalten des anderen entspr. reagieren, mit ihm genauso verfahren, wie er es mit anderen getan hat und darum selbst verdient. Vgl. engl. ‚to answer one in his own language' und die im Dt. ähnl. Rda. ‚mit einem deutsch reden'.

Eine andere Sprache sprechen: etw. Gegensätzliches ausdrücken, sein Verhalten grundlegend gegenüber jem. ändern.

Zweierlei Sprache sprechen: nicht bei der gleichen Aussage bleiben, gegenüber verschiedenen Personen gegenteilige Meinungen äußern, um dadurch einen persönlichen Vorteil zu erlangen, hinter dem Rücken eines Menschen anders reden, aber auch: aneinander vorbeireden; vgl. frz. ‚Ne pas parler le même langage'.

Eine Steigerung enthält die Wndg. *Die Sprachen sind hier verwirrt:* die Verständigungsmöglichkeit ist gering oder völlig gestört. Diese Feststellung erinnert an die Sprachenverwirrung beim Turmbau zu Babel. Vgl. ndl. ‚De spraken zijn verward' oder, mit deutlichem Bezug auf das A.T., ‚Het is een Babel van verwarring'.

Die scherzhaften Wndgn. *Er ist in Sprachen bewandert* oder *Er spricht in vier Sprachen,* mit dem Zusatz: ‚Hochdeutsch, Plattdeutsch, Pommersch und Berlinisch', wie es z.B. in Stettin heißt, sind in verschiedenen dt. Landschaften üblich, wobei die Zusätze je nach den Mda.-Gebieten Unterschiede zeigen. Unter den verschiedenen Sprachen, die einer beherrscht, konnte aber auch, ähnl. wie bei der Rda. ‚zweierlei Sprache sprechen', noch etw. ganz anderes gemeint sein. In einem alten Sprw. hieß es z. B.: ‚Vier Sprachen sind breuchig in der Welt: Lügen, schweren, viel verheissen, wenig halten vnd hinderreden'. In ähnl. Sinne schrieb bereits Fischart (‚Geschichtklitterung'): „Er kann sechs Sprachen, und die siebente heisst: lügen".

Die Sprache Kanaans sprechen: mit Bibelstellen und bibl. Wndgn. seine Rede schmücken, um sich als bes. fromm zu zeigen. Die Wndg. erinnert an Jes. 19,18, wo es heißt: „Zu der Zeit werden fünf Städte in Ägyptenland reden nach der Sprache Kanaans".

In sieben Sprachen schweigen: nicht das geringste von sich hören lassen, obwohl begabt und hochgebildet, nichts zu einer Unterhaltung oder Diskussion beitragen. Der Ausspruch stammt von Friedrich August Wolf (1759–1824), der ihn von seinem Schüler, dem berühmten Philologen Immanuel Bekker, sagte. Wackernagel, Schleiermacher und Zelter übernahmen die Wndg., die heute nicht mehr nur lit. Verwendung findet.

sprechen. *Für sich (selbst) sprechen:* allein schon viel besagen, wichtig genug sein, einen günstigen Eindruck hinterlassen, bezeichnend sein, überzeugen.

Etw. (manches) spricht dagegen: es gibt berechtigte Zweifel und Einwände.

Mit jem. (ein ernstes Wort) zu sprechen haben: ihm Vorhaltungen machen müssen, oft in Form einer Drohung auf eine baldige Abrechnung: *Wir sprechen uns noch!*

Auf etw. (jem.) zu sprechen kommen: zufällig ein Thema berühren, eine abwesende Person erwähnen.

Nicht gut (schlecht) zu sprechen sein auf jem.: jem. nicht leiden können, Vorurteile haben und vor allem das Negative sehen.

Für jem. nicht zu sprechen sein: sich verleugnen lassen, eine Aussprache vermeiden, jede Versöhnung ablehnen.

Darüber ist mit ihm nicht zu sprechen: in dieser bestimmten Sache ist er uneinsichtig, er läßt sich keineswegs von guten Argumenten überzeugen.

Bald so, bald so (anders) sprechen: seine Meinung rasch ändern, wankelmütig sein, den Leuten nach dem Munde reden, selbst nicht wissen, was man will. Vgl. frz. ‚Il a son dit et son dédit'. Diese Redewendung geht auf eine normannische Rechtsformel zurück und wird oft im Zusammenhang mit dem angeblichen Wankelmut der Normannen verwendet.

Aus zwei Mündern sprechen: doppelzüngig sein, ↗ Mund.

Sich selbst das Urteil sprechen ↗ Urteil.

In den Wind sprechen ↗ Wind.

Lit.: *J. Stave:* Wir sprechen uns noch, in: ders.: Wörter und Leute (Mannheim 1968), S. 52–54.

spreizen. *Sich spreizen:* sich gegen etw. sperren, sich sträuben, urspr.: sich recken wie ein Balken, sich gegen etw. stemmen, da ‚spriuz' die mhd. Bez. eines Stützbalkens war. Die ‚Spreizen' verwendete man dann auch in Form von Stangen oder Balken, die zwischen zwei Lagen von Holz oder Steinen geklemmt wurden, um sie auseinander zu halten. Abraham a Sancta Clara gebrauchte im ‚Judas' (I, 197) den rdal. Vergleich: „Er spreizt sich wie ein nagelneues paar Schweitzer-Hosen".

Sich gespreizt benehmen: sich geziert, unnatürlich, hochmütig benehmen. Die Rda. bezieht sich auf das geckenhafte, gespreizte Gehen mit auswärtsgedrehten Füßen, wobei ein Vergleich mit dem Hahn gezogen wird, der durch seinen besonderen Gang auf dem Hühnerhof imponieren will (‚Imponiergehabe'). So sagt man z. B. schwäb. ‚Er spreizt sich wie der Gockeler auf dem Mist', er ist eitel und eingebildet.

springen. *Etw. springen lassen:* Geld für andere ausgeben, in Geberlaune sein, etw. spendieren. Die Rda. bezieht sich auf den früheren Brauch, Geldmünzen beim Zahlen kräftig auf den Tisch zu werfen, um durch den Klang ihre Echtheit zu beweisen oder um zu zeigen, daß man zahlungsfähig ist. Daher hieß es auch: ‚Dukaten, Taler oder ein paar Mark springen lassen', i. S. v. freigebig sein. Von hier aus erweiterte sich die Bdtg. der Rda., so daß sie sich nun auf alle gekauften Dinge bezieht, die man spendiert oder für einen guten Zweck opfert. So sagt man heute auch, daß man ‚ein paar Flaschen Wein springen lassen wolle‘.

Mit etw. nicht weit springen können: mit wenig Geld nicht viel ausrichten können, auch: keine großen Sprünge machen können, ↗Sprung.

Von einem aufs andere springen: unstet sein, nicht bei einer Sache bleiben. Die Rda. ist auch mdal. üblich, z. B. heißt es im Ostfries.: ‚He springt van't ên up't anner, as de Buck up den Haversack‘; frz. ‚sauter d'un sujet (Thema) à l'autre‘, i. S. v. ‚Vom Regen in die Traufe kommen‘.

Er will weiter springen, als der Stock lang ist: er hat sich mehr vorgenommen, als in seinen Kräften liegt. Vgl. ndl. ‚Hij wil verder springen, dan zijn stok lang is‘.

Häufig sind Tiervergleiche, um das muntere Springen vor Freude zu schildern und das ausgelassene Tanzen.

Er springt wie ein Kalb auf der Wiese: er springt vor überschäumender Lebensfreude wie ein ungebundenes Jungtier. Ähnl. hieß es im ‚Meier Helmbrecht‘ bei der Heimkehr des Sohnes: „Vater und muoter sprang als in nie kalp ersturbe“, d. h. sie waren so fröhlich, als wenn sie nie ein Unglück erlebt hätten. Vgl. ndl. ‚Hij springt als een kalf in de weide‘; frz. ‚Il saute comme un cabri‘ (Geißlein).

Häufig hört man: *Er springt wie ein Hirsch:* sehr munter, frei und ungebunden wie ein Junger. Bereits Fischart gebrauchte 1577 in seiner ‚Flöhhatz‘ (S. 26/800) diese Wndg. und schrieb: „Vnter des sprangen wir wie Hirz“. Noch mdal., z. B. österr. ‚springen wiera Hirschl‘. In Westf. sagt man statt dessen: ‚Hei springet äs en Hase‘.

In diesen Zusammenhang gehört auch die ↗Echternacher Springprozession.

Von einem äußerst Ungeschickten behauptet man: *Er schickt sich zum Springen wie die Kröte zum Fliegen.*

Springen vom Pferd zum Esel: in schlechtere Verhältnisse geraten. Fischart verwendet diese Rda. im ‚Bienenkorb‘; ↗Pferd. Ferner ↗Klinge, ↗Mine, ↗Punkt.

Lit.: *H. Dankert:* Sportsprache und Kommunikation. Volksleben Bd. 25 (Tübingen 1969).

Spritze. *Immer der erste Mann an der Spritze sein wollen:* ein großes Geltungsbedürfnis haben, anderen Befehle erteilen wollen, die entscheidende Position einnehmen wollen. Die Rda. bezieht sich auf den Feuerwehrmann, der bei Gefahr die Spritze bedient und damit zur Hauptperson wird, und ist auch mdal. verbreitet. Meckl. heißt es z. B.: ‚De will ok ümmer ierst Mann an de Sprütt sien!‘, und westf., ins Ironische gewendet: ‚Hei is de Eeste biy der Spritze, wann't kein Fuier is‘.

Die folgenden Rdaa., die wahrscheinl. als Kürzungen der vorigen zu verstehen sind, haben durchaus positive Bdtg. *Erster Mann an der Spritze sein:* der wichtigste und tüchtigste Mann sein, der die Entscheidungen zu treffen hat; *bei der Spritze sein:* bereit sein, immer wachsam auf seinem Posten stehen, mit Rat und Tat bei allen Unternehmungen mitwirken. In der Altmark sagt man von einem wichtigen Mann, der zu den Hauptpersonen eines Ortes zählt: ‚Dat is ên von de Sprütt‘.

Die Spritzen kommen, wenn das Haus abgebrannt (niedergebrannt) ist: die schützenden Maßregeln werden zu spät ergriffen. Ähnl.: *die Spritze versuchen, wenn das Feuer darnieder ist.* Vgl. lat. ‚clypeum post vulnera sumere‘.

Es ist ein Spriz'n: es ist ein leichtfertiges Mädchen. Spritze gilt als Schimpfname für die Frau, vor allem für die Buhlerin.

Voll wie eine Spritze sein: betrunken sein, ↗trinken.

Spröde. *Eine schöne Spröde sein:* eine zurückhaltende, kühle und unzugängliche Frau sein. Das Wort ‚spröde‘ erscheint am Ende des 15. Jh. in einem Fastnachtsspiel (Ausg. v. Keller 47,14) und bei Hans Sachs in der Bdtg. dürftig und schwächlich und löst das mhd. ‚broede‘ ab. Die frühnhd. Hauptbdtg. ist: ungeschmeidig. Von den Erzen, auf die das Wort meistens bezogen wurde, erfolgte eine Übertr., so daß heute von einem ‚spröden Verhalten‘, ‚spröden Mienen‘ und ‚spröden Mädchen‘ gesprochen wird, i. S. v. hart und abweisend. Göhring (Nr. 334) denkt an eine mißverstandene Eindeutschung des frz. Wortes ‚prude‘.

Er ist so spröde wie eine Jungfer: er ist unzugänglich, aber auch leicht zu verletzen.

Etw. ist spröde wie Glas: es ist leicht zerbrechlich, sehr gefährdet und muß mit Vorsicht behandelt werden.

Sprung. *Auf dem Sprunge stehen:* im Begriffe sein, etw. zu tun (zu gehen), auch: wie ein Raubtier gespannt auf etw. warten und bereit zum sofortigen Handeln sein.

Immer auf dem Sprung sein: immer große Eile haben, aber eigentl. trotzdem nichts Rechtes leisten. Goethe stellt einmal spöttisch zusammen: „Er stand immer auf dem Sprung und kam niemals vom Fleck". Vgl. auch ndl. ‚Hij staat op den sprong' oder ‚op stel en sprong'; engl. ‚with a foot in the stirrup'; frz. ‚au pied levé'. Die Feststellung *Du stehst auf dem Sprung* bedeutet dagegen: der Punkt, entlassen zu werden, ist erreicht. Der Ausdr. dient deshalb zur letzten Warnung.

Den Sprung wagen: sich zu etw. entschließen, das Mut und Kraft verlangt, dessen Gelingen aber in der Entwicklung eines Menschen oder eines Unternehmens rasche Fortschritte verspricht.

Einen Sprung ins Ungewisse tun: ein Wagnis eingehen, eine Handlung unternehmen, deren Folgen nicht abzuschätzen sind oder deren Erfolgschancen nicht allzu hoch sind; vgl. frz. ‚faire un saut dans l'inconnu'.

Einen großen Sprung machen: in seiner Laufbahn überraschend weit vorankommen, im Gegensatz zu anderen rasch befördert werden. Vgl. ndd. ‚He hett enen goden Sprung dan'; frz. ‚faire un bond'.

Auf einem Sprung vorbeikommen: einen kurzen Besuch machen. Der Ausdr. Sprung = geringe Entfernung wird auch für eine kleine Zeitspanne eingesetzt; vgl. frz. ‚faire un saut chez quelqu'un'.

Es ist ja nur ein Sprung: es ist nicht weit; ↗Katze.

Auf jem. Sprünge kommen: es ihm nachmachen, eigentl. in seine Fußstapfen treten. Diese Rda. stammt aus der Jägersprache, die die Hinterläufe des Hasen als Sprünge bez., aber auch die von ihnen hinterlassene Spur. Der Jäger muß diesen Fußstapfen des Wildes folgen, um es aufzuspüren.

Jem. hinter die Sprünge kommen: seine Art und Weise kennen, seine geheimen Machenschaften ergründen, eigentl. das Wild aufspüren und leichter verfolgen können (↗Schliche, ↗Spur). Die Rda. bezieht sich auf das Verhalten des Hasen, der ständig die Richtung seines Laufes ändert, um seine Verfolger zu täuschen. Wenn ihm die Treiber und Hunde den Weg abschneiden wollen, müssen sie die Art seiner seltsamen Sprünge kennen. In der Volksballade vom ‚Nachtjäger' ist dieses Motiv zu finden:

> Deyn' große Hunde, di tun myr nichts,
> Sie wißen meyne hoe weyte Sprunge noch nicht...
> Deyn' hoe weyte Sprunge, die wißen sy wol,
> Sie wißen, das hewte noch sterbenn solt...

(Friedrich Nicolai, Eyn feyner kleyner Almanach 1, Berlynn vnndt Stettynn 1777, S. 64ff., Nr. VIII).

Jem. auf die Sprünge helfen: jem. aus der Verlegenheit helfen, ihm den richtigen Weg weisen. Diese Wndg. stammt ebenfalls aus der Jägersprache: der Mensch braucht die Hilfe des Jagdhundes, der die Spur des Wildes ausmacht, von dem er sich ‚auf die Sprünge helfen' lassen muß.

Sich auf die Sprünge machen: sich rasch entfernen, sich auf den Weg machen, ↗Socken.

Auf die alten Sprünge kommen: frühere Verhaltensweisen wieder aufnehmen, die alten Fehler wiederholen. Die Rda. ist auch in Norddtl. üblich: ‚He kümmt up de olle Sprünge'.

Einem krumme (falsche) Sprünge machen: sein Wort nicht halten, ihn zu hintergehen suchen. Die schles. Wndg. ‚Ich wâr nich lange krumme Schpringe mide em machen' meint: mit ihm werde ich keine langen Umstände machen, ich werde ihn nicht sehr zartfühlend behandeln. Vgl. ndl. ‚Hij zal geene kromme sprongen meer maken'.

Er macht Sprünge wie ein Lachs: er macht sehr hohe Sprünge. Der Vergleich dient der Steigerung, da die Sprünge des Lachses Bewunderung erregen. Auf seinem Zug in der Laichzeit bringt er es fertig, hohe Wehre zu überspringen; vgl. frz. ‚Il fait des bonds de carpe' (Karpfen); die Rda. drückt allerdings nicht die Bewunderung aus.

Keine großen Sprünge machen können: eingeschränkt leben müssen, aus Mangel an Mitteln nichts Großes (keine weiten Reisen) unternehmen können; vgl. frz.

‚Ne pas pouvoir se permettre de grands écarts'. Ähnliches beinhalten die Rdaa. ‚angebunden sein' und ‚einen Klotz am Bein haben'. Vgl. die ndd. Wndg. ‚He hett 'n Büngel an't Been', er ist gehindert wie ein gebengelter Hund, und die ndl. Rda. ‚Zijne hoogste sprongen zijn gedaan'.

Einen Sprung in der Schüssel haben: nicht ganz bei Verstande sein. Sprung bedeutet hier aber den Schaden als Vorstufe des Zerbrechens bei Glas- und Keramikgegenständen. Diese junge, erst seit dem 2. Weltkrieg aufgekommene Rda. läßt sich der Wndg. ‚einen Knacks haben' vergleichen. (Wenn etw. einen Sprung bekommt, macht es tatsächlich mitunter ‚knacks'.)

Lit.: *R. Schmekel:* Art. ‚Sprung, springen', in: HdA. VIII, Sp. 320–325; *L. Röhrich* u. *G. Meinel:* Rdaa. aus dem Bereich der Jagd u. der Vogelstellerei, S. 315.

Spucke(n). *Da bleibt mir die Spucke weg!:* ich bin äußerst überrascht und erschrokken, es verschlägt mir die Sprache. Die Beobachtung, daß jem. vor Aufregung und Angst der Mund trocken wird, weil ihm der Speichel fehlt, wurde schon früh gemacht und im Gottesurteil praktisch verwertet. Die Rdaa. ‚sich den Mund (die Zunge) verbrennen' und ‚Der Bissen bleibt mir im Halse stecken' gehören in den gleichen Zusammenhang. Wenn dem Schuldigen vor Angst der Mund trocken wurde, gelang es ihm nicht, den ‚Probebissen' (meist trockenes Brot oder Käse) zu schlucken, weil er nicht genügend eingespeichelt werden konnte. Eine Erzählung vom ‚Gericht in der Wüste' berichtet von der Entdeckung eines Diebes auf andere Art: Ein Dolch wurde glühend gemacht und dem mutmaßlichen Täter auf die Zunge gelegt. War diese nicht feucht genug, weil die Spucke weggeblieben war, zeigten sich darauf Brandblasen, was normalerweise nicht geschah, wenn es bei einem Unschuldigen versucht wurde.

Sich in die Hände spucken: tüchtig arbeiten und zupacken; vgl. frz. ‚Se cracher dans les mains'. Vor großen Anstrengungen ist dies heute noch bei den Arbeitern zu beobachten. Angeblich sollen die Hände dadurch die Werkzeuge besser halten können. Dies gilt vor allem bei Holzstielen von Schaufeln, Spaten, Axt. Hier haftet der sonst so glatte Stiel für einen (entscheidenden) Moment. Eisenwerkzeuge, z.B. Brechstangen werden hingegen nicht bespuckt.

Die übertr. Bdtg. tradiert auch ein Schlagerlied der Ggwt.:

Und jetzt wird wieder
in die Hände gespuckt.
Wir steigern das
Bruttosozialprodukt.

Wahrscheinl. besteht aber auch noch ein Zusammenhang mit dem Volksglauben, daß das Bespucken Segen bringe, da auch das Handgeld (das zuerst am Tage eingenommene Geldstück) von Markthändlern und Taxifahrern bespuckt wird, damit es sich recht vermehrt.

Seit der Antike gilt der Speichel als eine Absonderung, die Lebenskraft enthält und deshalb heilend, glückbringend, aber auch zauberabwehrend wirkt. Mit dem Ausspucken vertreibt man die Wirkung des ‚bösen Blicks' oder den Krankheitsdämon aus dem Körper, davon zeugt noch die berl. Rda. ‚Spuck aus mein Kind, du hast den Deibl verschluckt!' Da man vor Verhaßtem ausspuckte, wurde daraus ein Zeichen der Verachtung und Geringschätzung, eine Geste, die bei uns häufig bei Kindern und Ausländern aus dem Süden zu beobachten ist, während sie von Erwachsenen heute meist als unfein abgelehnt wird. Welche Rolle der Speichel aber früher allg. spielte, beweisen zahlreiche Rdaa., wie *auf etw. spucken:* nichts darauf geben, auf etw. gern verzichten; vgl. frz. ‚cracher sur quelque chose'; *große Bogen spucken:* sich viel einbilden oder prahlen.

Seeleute haben das Spucken, urspr. das Ausspucken des Kautabaksaftes, zu einer regelrechten ‚Kunst' entwickelt. Ihr entnahm Joan Lowell die Idee zu ihrem Roman ‚Ich spucke gegen den Wind'.

In Hamburg hört man die Rda.: ‚Spütter di man nich up'n Slips!': sei nicht so betulich, gib nicht so an!

Jem. auf den Kopf spucken (können): ihn verachten; vgl. frz. ‚cracher à la tête de quelqu'un', i.S.v. jem. derb behandeln, aber auch: größer sein als der andere, ihn um Haupteslänge überragen; berl. „Er spuckt de Schwäne uf de Köppe", er ist

ohne Beschäftigung, so daß er Zeit hat, den Schwänen zuzusehen.
Einem in die Suppe spucken: einem seine Pläne zunichte machen, seine Hoffnungen gewaltsam zerstören; vgl. frz. ‚cracher dans sa soupe' (wörtl.: in die eigene Suppe spucken, i.S.v. ‚sich zu schade für etw. sein').
Diese derben Wendungen, die erst im 19. Jh. bezeugt sind, waren urspr. wörtl. zu verstehen. Sehr grotesk in der Übertreibung ist die neue Wndg. *in die Luft spukken und drunter durchlaufen,* um auszudrücken, daß Zeit und Gelegenheit zum gründlichen Waschen fehlen; vgl. frz. ‚C'est comme si on crachait en l'air', i.S.v.: Das ist vergebliche Mühe.
‚Spuck'n doch uf de Stiebeln!', ein berl. Rat, sich nichts gefallen zu lassen.

Lit.: *L. Deubner:* Art. ‚Speichel' u. ‚spucken', in: HdA. VIII, Sp. 149ff. u. Sp. 325ff.; *L. Röhrich* u. *G. Meinel:* Reste ma. Gottesurteile in sprw. Rdaa., S. 343.

Spuk(en). *Einem viel Spuk machen:* viel Unruhe bereiten, Umstände machen. Die Rda. wird oft in der negativen Form verwendet: ‚Mach keinen (nicht solchen) Spuk!', mach kein Geschrei und Aufhebens von der Sache, verursache kein Aufsehen durch eine heftige Auseinandersetzung! Diese Wndg. zeigt deutlich den Zusammenhang mit dem Volksglauben an Spukgestalten und Poltergeister, die die Menschen durch unheimliche nächtliche Geräusche erschrecken und in Aufregung versetzen. Heute sagt man auch i.S.v. Lärm machen, daß die Kinder ‚einen tollen Spuk' vollführen.
Seinen Spuk mit jem. treiben: ihn necken und ärgern, wie das in unseren Sagen oft von Hausgeistern berichtet wird.
Die ndd. Rda. ‚wie'n Spôk utseen', sehr schlecht und bleich wie ein Gespenst aussehen, bewahrt noch die Vorstellung, daß Verstorbene, die keine Ruhe finden können, den Lebenden als Wiedergänger erscheinen.
Etw. (jem.) spukt noch herum: etw. treibt noch immer sein Unwesen, eine alte Vorstellung ist noch nicht überwunden, ein Unbekannter treibt sich in der Gegend herum.
Es spukt ihm im Giebel (Oberstübchen, Kopf): er ist nicht ganz normal, eigentl.: seine Gedanken scheinen gelegentlich wie durch einen Spuk gestört zu werden. Dasselbe meint die Ulmer Wndg. ‚Dem spukt's in der Fechtschul'.
Die Rda. *Es spukt in der Fechtschule!* wird heute außerdem als Drohung verwendet, z.B. warnt man die jungen Soldaten damit, daß etw. Unangenehmes passieren wird (Tadel, Strafe), falls sich keine Änderung des Verhaltens zeigt. Die Herkunft dieser Wndg. ist nicht geklärt.

Lit.: *P. G. Heims:* Seespuk (Leipzig 1888); HdA. VIII, Sp. 344ff. Art. ‚Spuk' von *Mengis; K. Kanzog:* Der dichterische Begriff des Gespenstes (Diss. Berlin 1951); *A. Jaffé:* Geistererscheinungen und Vorzeichen (Zürich – Stuttgart 1958); *L. Röhrich:* Art. ‚Geist, Geister' in: EM. V, Sp. 909–922; *H. Fischer:* Art. ‚Gespenst' in: EM. V, Sp. 1187–1194.

Spund. *Ein junger Spund sein:* ein Halbwüchsiger, ein unreifer junger Mann sein, auch: Rekrut sein oder ein untergeordneter Mensch, der keinen Einfluß besitzt. Die Wndg. wird meist verächtlich von Erwachsenen gebraucht, die Jugendliche ‚nicht für voll nehmen' (↗voll). Das Wort Spund bezeichnete urspr. den Anstich des Fasses, es ist der Zapfen zum Verschließen von Fässern und Brunnenröhren. Küpper denkt deshalb an einen möglichen obszönen Hintergrund dieser Rda.
‚Dä schwätzt wie en Spundesprudeler', er redet ununterbrochen, eigentl.: es klingt wie bei einem Faß, das bei der Gärung sprudelt. Dieser rdal. Vergleich stammt von den Winzern an der Mosel.

Spur. *Jem. auf die Spur kommen:* Anhaltspunkte für die Aufklärung eines Geheimnisses finden. Die Rda. stammt aus der Jägersprache und meint urspr.: die Spuren des Wildes entdecken und ihm nachstellen können, ↗Sprung. Die Rda. ist auch mdal. verbreitet, z.B. heißt es in Pommern: ‚up de Spôr kommen'. Ähnl.: *einem auf der Spur sein:* ihn verfolgen; vgl. frz. ‚être sur les traces de quelqu'un'; und *der Spur nachgehen:* die Anhaltspunkte beachten und überprüfen, um zu einem Ergebnis zu gelangen, einer Fährte folgen. Vgl. ndl. ‚Hij volgt het gemeene spoor'.
Auf der richtigen (falschen) Spur sein: den richtigen (falschen) Weg einschlagen; vgl. frz. ‚être sur la bonne voie'.
Wien. ‚I hab' scho' a Spur!', ich habe

schon eine Idee, einen Hinweis für das weitere Vorgehen, eine Vermutung.

Einem auf die Spur helfen: ihm Mittel und Wege zeigen, ihm gute, weiterführende Hinweise geben. Vgl. auch frz. ,mettre quelqu'un sur la voie'. Dagegen: *jem. von der Spur abbringen:* ihn überreden und veranlassen, seine richtige Vermutung aufzugeben.

Seine Spuren verwischen: alle Hinweise auf eine frühere Anwesenheit oder den Verlauf des Fluchtweges vernichten, um seine Feinde und Verfolger zu täuschen, wie es als besondere Klugheit der Tiere, vor allem vom Löwen, berichtet wurde. Schon im ,Physiologus' heißt es von der Klugheit des Löwen:

so er in dem gebirge get
ode in dem tieffin walde stet,
so in die jegere danne jagent,
ob im ze der nasen der stanch chumet
so vertiliget er daz spor mit dem zagele,
daz man in iht vahe an dem gejagede.

Seine Spuren hinterlassen: deutlich sichtbare Zeichen zurücklassen; in übertr. Sinne hinterläßt ein schweres Schicksal, eine gefährliche Krankheit ihre Spuren im Gesicht des Menschen; vgl. frz. ,laisser des traces'.

Goethe verwendete das Wort ,Spur' in weitestem Sinne, wenn er Faust am Ende seines Lebens sagen läßt: „Es kann die Spur von meinen Erdetagen nicht in Aeonen untergehn" (,Faust' II, 5. Akt: Großer Vorhof des Palastes).

Der ist neben der Spur heißt es von einem, der von der Wahrheit entfernt ist.

Die Spur verlieren: jede Verbindung mit jem. verlieren, vom Wege abkommen; vgl. frz. ,perdre les traces de quelqu'un'.

Keine Spur! oder *Nicht die Spur davon!:* nicht im geringsten, es ist nicht daran zu denken. Wien. ,Da is ga ka' Spur', es gibt keinen Anlaß oder Anhaltspunkt, so etw. anzunehmen. Vgl. lat. ,Ne vestigium quidem'.

Keine Spur von einer Ahnung (Idee) haben: keine Ahnung haben, nicht das geringste wissen, auch: *keine blasse Spur davon haben:* keine Ähnlichkeit besitzen.

Er kann nicht Spur fahren: er ist sehr dumm. Der Ausdr. der Fuhrleute und Bauernknechte ist auch bei Seume bezeugt (Werke [Leipzig 1835], S. 60). Zum ,Spur-fahren' gehörten nämlich Geschicklichkeit, Übung und Erfahrung. Als viele Wege noch unbefestigt waren, zogen die Wagenräder tiefe Rillen. Wer dann, besonders bei aufgeweichtem Boden, nicht Spur fuhr, blieb stecken oder warf sogar den Wagen um. Die Wagenbauer achteten deshalb früher auch darauf, eine einheitliche Spurweite, eine ,Normalspur' zu halten.

In jem. Spuren wandeln: seinem Vorbild folgen; vgl. frz. ,suivre les traces de quelqu'un'.

Jem. Spuren folgen: einen Menschen lieben und hoch verehren, seine Gegenwart suchen, nicht von ihm lassen können. Aus Schillers ,Lied von der Glocke' stammt die Wndg. „Errötend folgt er ihren Spuren", die in den allg. Sprachgebrauch übergegangen ist und oft scherzhaft auf einen Schüchternen und zum ersten Mal Verliebten angewandt wird.

Im modernen Sprachgebrauch meint die Wndg. *nicht spuren:* sich nicht einordnen, sich nicht in eine Gruppe, ein Team einfügen, nicht erfolgreich lernen (z.B. ,in der Schule nicht spuren'), nicht systematisch arbeiten, nicht dem Weg folgen, den andere schon erfolgreich beschritten haben.

Lit.: *E. Stemplinger:* Art. ,Fußspur', in: HdA. III, Sp. 240–243; *L. Röhrich* u. *G. Meinel:* Rdaa. aus dem Bereich der Jagd u. der Vogelstellerei, S. 315, 318.

sputen. *Sich sputen:* sich beeilen. Die in gewählter Rede allg. gebrauchte Rda. ist ndd. Urspr. Das älteste Hd. kannte ein Hauptwort ,spuot' = Eifer, Eile, dasselbe Wort wie neuengl. ,speed'. Aber dieses kam bald außer Gebrauch wie das entspr. Zeitwort. Das moderne ,sputen' ist aus dem plattdt. ,spuden' übernommen und bloß in der Lautform (t statt d) dem Hd. angepaßt.

Staat. *Staat machen:* Aufwand treiben, prunken. Die Rda. geht zurück auf die Bdtg. von Staat (lat. status) = Vermögen, von dem jem. den seinem jeweiligen Stande angemessenen Gebrauch machte. Unter dem Einfluß des frz. Wortes ,état' (vgl. frz. ,faire état de'; ital. ,fare gran stato') erhielt Staat auch die Bdtg.: Haushaltung, Lebensführung und das dazu nötige Geld. Geiler von Kaysersberg schreibt „so man in mancherley weiß haltet einen zerhafftigen stat über sein eigen rendt und fell, zinß und gült, wann zerhafftiger stat heischet zerhafftigen und grossen rendt" (‚Der dreieckecht Spiegel', in: ‚Das Irrig schafe Sagt vo cleinmütikeit vn böser anfechtung ...', Straßburg 1514, Cc4a), und im gleichen Jh. berichtet die Basler Chronik (6 Bde., hg. von der Hist. Ges. in Basel [Leipzig 1872–1902], Bd. V, 467 24): „die zwen doctores sint nottürfftig 300 gulden, yeglicher 150 gulden fur sinen state".

Die urspr. Formulierung ‚Staat halten' oder ‚Staat führen' trug und trägt z. T. noch heute durchaus keinen negativen Akzent; sie wird erst da zu einer Rda., wo unangenehmer Aufwand in den Blick gerät. Sehr deutlich kommt dies in einem schlesw.-holst. Sprw. zum Ausdr.: ‚De Geld in de Tasch hett, bruukt keen Staat to maken'; dazu Ausdrücke wie ‚Sonntagsstaat', Sonntagskleidung, ‚Trauerstaat', Trauerkleidung.

Häufiger als die positive ist heute die negative Verwendung unserer Rda., z. B. rhein. ‚Domet kann mer kene Staat mache', damit kann man nicht glänzen, Ehre einlegen, sich nichts darauf einbilden, das ist nichts Besonderes. Obersächs. sagt man: ‚Da werd kee Staat gemacht', keine Umstände; berl. ‚Det is'n wahrer Staat', das ist prächtig; els. sogar: ‚Das is der Staat vom alten Käs – daß er stinkt'. Beide Gebrauchsweisen der Rda. sind in ganz Dtl. und auch in Holland bekannt. Vgl. dagegen auch die frz. Wndg. ‚être dans tous ses états', i. S. v.: vor lauter Aufregung völlig den Kopf verloren haben.

Allg. bekannt ist der Ausspruch von Ludwig XIV.: „L'État c'est moi" (Der Staat bin ich), während sich hingegen Friedrich der Große zu folgender Devise bekannte: „Der Fürst ist der erste Diener seines Staates".

Staatsbegräbnis. *Ein Staatsbegräbnis zu erwarten haben:* zum Dank für seine Verdienste eine staatlich verordnete, öffentliche Ehrung nach seinem Tode erhalten. Die Wndg. wird auch mit iron. Unterton als Antwort auf die Frage gegeben: ‚Was hast du später einmal von deiner ganzen Anstrengung, von deinem Einsatz für das Allgemeinwohl?' Sie erhält dann die Bdtg.: zu seinen Lebzeiten nicht gebührend gewürdigt und gefeiert werden, den Lohn erst dann bekommen, wenn es bereits zu spät ist.

Ein Staatsbegräbnis erster Klasse sein: viel Pomp und übertriebener Aufwand für eine Person oder Sache, die zwar noch anerkannt und respektiert wird, die sich im Grunde aber bereits überlebt hat und nach der öffentlichen Würdigung getrost der Vergessenheit anheimfallen kann.

Stab. Der Stab hat verschiedene Bdtgn. und Funktionen; so bez. er mhd. das Stekkenpferd der Kinder: ‚ûf einem stabe rîten' dient hier zur Bez. der Kindheit:

der ich gedienet hân mit staetekeit
sît der stunt deich ûfem stabe reit

(Minnesangs Frühling 206, 18).

Von der ganz konkreten Vorstellung gehen die Redewndgn. aus, die den Stab als Stütze bezeichnen; urspr. war damit die Stütze für schwache Pflanzen gemeint, wurde aber dann auch auf den Menschen übertr., so schon mhd. ‚an einem stabe gân' = schwach, kraftlos sein:

werlt, dû trûrest al ze sêre,
dîn lop gêt an einem stabe

(Minnes. 2, 61 b, Hagen).

Häufiger jedoch gebrauchte man ‚âne stap gên' zur Bez. von Gesundheit und Rüstigkeit; dann wurde das Bild des Stabes auch übertr. gebraucht; so reimte schon der Winsbeke (um 1220):

Du wer e snel, nu ist din trit
zu nahe leider bi dem stabe.

Der nhd. Rda. *Stab und Stütze seiner Eltern sein* kommt Rudolf von Ems näher, wenn er sagt: „Du soldest mines alters stap und miner vreuden sunnenschin mit liebe an minem alter sin". Hier ist der Stab, auf den man sich stützt, noch als Attribut des Alters gesehen, wie ja auch alte germ. Rechtsformeln von dem, der selbst über seinen Besitz verfügen wollte, verlangten, daß er ohne Stab und Stütze allein gehen und stehen konnte. Dann aber wurde er neben der körperlichen auch der vorübergehenden seelischen Schwäche zugestanden; in dem Sinne etwa Schiller: „Laßt uns ... ihr ein Stab sein auf dem Todesweg" (‚Maria Stuart' V, 1).

Im germ. Recht drückte der Stab weiter zwei entgegengesetzte Ideen aus, 1. die des Aufgebens von Gewalt oder Besitz, 2. die des Ausübens von Macht.

In dem Bild des Wanderstabes spielt neben der Funktion als Stütze auch die Vorstellung von der Besitzlosigkeit und Heimatlosigkeit eine Rolle, so daß sich die Redewndgn. vom Wanderstab und vom Bettelstab nicht immer klar gegeneinander abgrenzen lassen.

Den Stab ergreifen: eine Wanderung beginnen; vgl. frz. ‚prendre son bâton de pèlerin' (wörtl.: den Pilgerstab ergreifen); *seinen Stab weitersetzen* (17./18. Jh.): weitergehen; *seinen Stab weitersetzen müssen:* noch nicht am Ende der Wanderung sein.

Der *weiße Stab* war das Zeichen der Bettler sowie auch der Verbannten und Verwiesenen, die das Land räumen mußten; ebenso trugen auch Kriegsgefangene und verurteilte Aufrührer sowie Abgesandte, die die Übergabe anboten, einen weißen Stab in der Hand.

An den (weißen) Stab kommen: zum Bettler werden; *mit dem weißen Stabe zum Tore hinausgehen:* seinen Besitz verloren haben, mit leeren Händen aus seinem Wirkungskreis treten. In der ndl. Rda. ‚Hij is gesprongen en heeft ons den staf gelaten' wird den anderen der weiße Stab zurückgelassen, nachdem deren Vermögen aufgebraucht ist; es handelt sich also hier mehr um einen Betrüger als um einen Bettler.

‚Am Bettelstab gehen'

Deutlicher sind die späteren Wndgn. *an den Bettelstab kommen (bringen, den Bettelstab ergreifen).* ↗ Bettelstab.

Der weiße Stab als Zeichen des Sich-Ergebens findet sich in folgenden Rdaa.: *mit weißen Stäben ausziehen, mit einem weißen Stäblein ziehen:* sich auf Gnade und Ungnade ergeben (Zeit der Bauernkriege).

Der Stab als Zeichen von Macht, von höchster Gewalt findet sich in den Händen von Königen (Zepter), Fürsten, Bischöfen und Richtern und wird von Bittenden, Gelobenden und Schwörenden berührt. Ebenso tragen Boten und Herolde eines Herrschers einen Stab mit dem Zeichen ihres Herrn, um als Gesandte ausgewiesen zu sein. Der bischöfliche Krummstab ist eine Nachbildung des Hirtenstabes; die Rda. *unter dem Krummstab leben:* unter der Herrschaft eines Bischofs, in einem geistlichen Fürstentum leben, ist meist positiv gemeint (vgl. das Sprw. ‚Unter dem Krummstab ist gut leben').

‚An den Stab geloben'

Auch die Gerichtsbarkeit wurde vom Herrscher verliehen, der Gerichtsstab war das Symbol dieser Vollmacht, das Zeichen der richterlichen Gewalt. An diesen Stab wurde der Gerichtseid sowohl von dem Angeklagten als auch von dem Richter gelobt; daher *den Eid staben* oder *an den Stab geloben,* eine Rda., die schon früh belegt ist, so bei Wolfram: „sus stabt er selbe sînen eit" (‚Parzival', Lachmann 269, 3); im Sächs. Receßbuch von 1494 heißt es: „und doruf hat Hans Moier ...

ganze und genugsame verzicht und absagunge an gerichtsstab gethan, ... geredt und gelobet". Mit dem Gerichtsstab wurde die Verhandlung eröffnet; so beginnen viele Urkunden: „Da ich mit gewaltigem stabe zu gericht saß" o.ä. Mit ihm gebot der Richter Ruhe, und solange er ihn in der Hand hielt, blieb die Versammlung beisammen, war das Gericht gleichsam feierlich beschirmt; legte er ihn aber nieder, so war die Verhandlung beschlossen. Beim peinlichen Gerichtsverfahren wurde dem zum Tode Verurteilten unmittelbar vor seiner Hinrichtung der Stab über dem Haupt zerbrochen und ihm vor die Füße geworfen, wozu der Richter sagte: ‚Nun helf dir Gott, ich kann dir nicht ferner helfen', d.h. Gericht und Urteil sind unwiderruflich: daher die Rda. *den Stab über jem. brechen* (heute auch *über etw.*): jem. verurteilen, ein zu hartes Urteil über jem. sprechen. Eine weitere Sitte am Ende einer Verhandlung war, daß beim Aufstehen der Richter und Beisitzer Stühle und Bänke umgestürzt wurden zum Zeichen, daß nicht weiterverhandelt wurde.

Wie der Stab Gesandte des Königs auswies, so wurde er auch den militärischen Führern gegeben, so daß er zum Abzeichen der militärischen Obergewalt wurde. Der Feldherr trug früher als Erkennungszeichen den Feldherrn- oder Marschallstab (vgl. frz. ‚obtenir son bâton de maréchal', i.S.v.: die höchste Stufe in einem Beruf erreichen); seine Berater, die Stabsoffiziere, bildeten den Generalstab. Später wurde dann der Begriff auf die Gesamtheit der höheren Offiziere eines Heeres oder Heeresteiles übertragen (Armee-, Divisions-, Regiments-, Bataillons-, Kompaniestab). Aus diesem Bereich stammen die Rdaa. *Schulden haben wie ein Stabsoffizier,* so auch rhein. ‚He hät Scholden (Honger) wie ene Stabsoffizier'; *Backen wie ein Stabstrompeter:* so dick und aufgeblasen. Älter ist die Wndg. *Stab und Stange tragen können:* waffenfähig sein. Der Begriff ‚Stabführung' wurde auch auf die Orchesterleitung angewandt. Der Taktstock ist das Überbleibsel eines wirklichen Stockes, einer Stange, mit der der Kapellmeister den Takt stieß.

Ganz konkret wurde der Stab auch zum

1

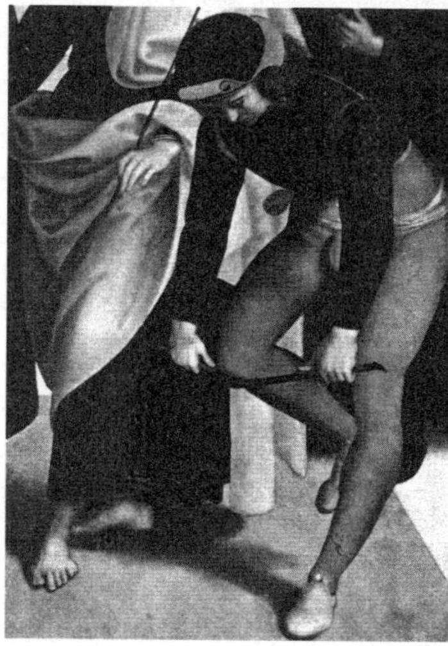

2

1/2 ‚Über jemand den Stab brechen'

Messen gebraucht (vgl. ‚Maßstab'), was noch in der schweiz. Rda. sichtbar wird ‚guet a d'Stäb cho', gutes Maß erhalten. Dem dt. ‚jem. nur mit der Zange anfassen mögen' entspricht das schweiz. ‚nid mit eme Stäbli arüere' (Luzern), was beides von einer schmutzigen, aber auch übertr. von einer widerwärtigen Person gesagt wird; ebenfalls schweiz. ist die Rda. ‚Er macht Stäbli uf und Stäbli ab' (Luzern), er redet bald so, bald so.

Früher scheint es Brauch gewesen zu sein, daß der Vater des neugeborenen Kindes auf seinem Weg zum Pfarrer zur Bestellung der Taufe sowie auch zu den Paten einen (weißen) Stab getragen hat; von diesem Brauch sind noch die Wndgn. erhalten: *mit dem weißen Stabe zum Pfarrer*

gehen (schles.), *mit dem großen Stabe laufen:* zu Gevatter bitten.
In den Mdaa. ist Stab nicht recht gebräuchl. und wird meist durch Stock, Stekken, Latte, Stange u.ä. ersetzt; zu den wenigen mdal. Wndgn. gehören rhein. ,nit wijer spröngen als de Stab reckt', sich nicht zuviel zutrauen; hess. bedeutet „stäbeln": sich stolz, breit hinstellen, z.B. ,hä stewelt sich wie die Lus (Laus) im Grinne'.

Lit.: *R. Brauser:* Disqvisitio Jvridica Paroemiae „Unter dem krummen Stabe ist gut wohnen" (Jena 1712); *Anon.:* Cöllnischer Krummstab schleust die Weiber aus, oder Vorstellung, daß die Ertz-Stifft Cöllnische Lehen regulariter auf den Mann-Stamm alein gerichtet (Hildesheim 1725); *W. H. Jones:* To break the staff over anyone, in: American Notes and Queries 6,8 (1883), (S. 323–325); *E. v. Möller:* Die Rechtssitte des Stabbrechens, in: Zs. der Savigny-Stiftung f. Rechtsgesch. 21 (1900), S. 27–115; *K. v. Amira:* Der Stab in der germ. Rechtssymbolik (= Abhandlungen d. Bayer. Akad. d. Wiss., phil.-hist. Kl., 25. Bd., 1. Abhandlung) (München 1909); *H. Siuts:* Bann und Acht und ihre Grundlagen im Totenglauben (= Schriften zur Volksforschung Bd. I (Berlin 1959), S. 115ff.; *L. Kretzenbacher:* „Stabbrechen" im Hochzeitsritus? Zur apokryphen Erzählgrundlage eines Bildmotivs, in: Fabula 6 (1963), S. 195–212; *W. Müller:* Fertigung und Gelöbnis mit dem Gerichtsstab nach alemannisch-schweizerischen Quellen (Sigmaringen 1976); *L. Carlen:* Rechtsstäbe im Wallis, in: Forschungen zur Rechtsarchäologie und rechtlichen Vkde. Bd. I (Zürich 1978), S. 36–54; Strafjustiz in alter Zeit (Bd. III der Schriftenreihe des Kriminalmuseums Rothenburg ob der Tauber) (Rothenburg 1980), S. 226.

Stachel. *Wider den Stachel löcken (lecken):* aufbegehren, starrköpfig sein, vergeblich Widerstand leisten (vgl. ,mit dem Kopf gegen die Wand rennen'); eine im Griech. (,πρὸς κέντρον λακτίζειν') und im Lat. (,contra stimulum calcitrare') ganz geläufige Wndg., dt. nur belegt aus der Bibelübers. Luthers anläßlich des Bekehrungserlebnisses des Saulus: „Es wird dir schwer werden, wider den Stachel zu lekken" (Apostelg. 9,5). Zu ,lecken' hat Luther selbst schon als Erklärung an den Rand geschrieben: „Das ist, springen, hupffen".
,Lecken' = mit den Füßen ausschlagen, hüpfen, springen ist eine Intensivbildung zur Wurzel ,lih' und heißt mhd. ,lecken'; der Gebrauch dieses Verbs war urspr. auf das Mdt. eingeschränkt. Im 17./18. Jh. wollte man das Verständnis des Wortes erhalten, und um es vom Lecken mit der Zunge abzuheben, schrieb man es ,lökken' (so seit dem 17. Jh. in den Bibelausg.) oder ,läcken' (so z.B. Lessing bezüglich eines Geistlichen: „Sehen Sie, Herr Pastor, es wird mir unmöglich sein, nicht gegen Ihren Stachel zu läcken"). Mißverstanden scheint der etymol. Sinn von ,lecken' schon bei Gryphius zu sein, der das Verb transitiv gebraucht: „Wer seine (Gottes) Stachel leckt, nimmt ein erschrecklich End". Heute ist dieses Wort völlig veraltet und ist nur noch in dieser Rda. erhalten.
Durch Luther verdrängt auch Stachel das gemeingerm. ,Angel'. Nicht gegen die Wndg. Luthers durchgesetzt hat sich auch ,wider den Stachel treten' (,Bibl. Hist.', S. 320/14). Der Rda. liegt das Bild des Ochsen zugrunde, der den Pflug zieht und gegen den Stachelstock ausschlägt, mit dem ihn der Treiber anspornt, und sich dadurch verwundet. Dieser Stachelstock war ein Stab, der an seinem dickeren Ende mit einem starken eisernen Spaten versehen war, um die Erde abzustoßen, die an der Pflugschar hängenblieb; an seinem dünneren Ende befand sich die eiserne Spitze, mit der die Tiere angetrieben wurden.
In Kenntnis des etymol. Sinnes reimt Burkard Waldis (1490–1556) in ,Der wilde Mann von Wolffenbüttel' (V. 419ff.):

Dann so gehts gewißlich allen denen,
Die sich wölln wider gott aufflenen
Und widern scharpffen stachel lecken:
Den bleibt er in der fersen stecken.

Die Rda. ist noch heute sehr bekannt, wird aber durchweg iron. verwendet, in dem Bewußtsein zu zitieren.
Den Stachel eines Insekts oder einer Pflanze hat eine größere Zahl von Rdaa. zum Bilde: *einer Sache den Stachel nehmen:* ihr das Verletzende nehmen, so wie man z.B. die Stacheln der Rose entfernt, bevor man den Zweig in die Hand nimmt; *einen giftigen Stachel in etw. finden:* eine gefährliche Seite an etw. entdecken, das zunächst sehr verlockend erschien; *einen Stachel zurücklassen:* eine schmerzhafte oder beunruhigende Erinnerung zurücklassen; so Lessing in ,Miß Sara Sampson' (IV, 5): „Es wäre schlecht, wenn sie in ihrem Gemüte ganz und gar keinen Stachel zurückließen". Denselben Sinn hat auch: *den Stachel tief in die Seele eindrücken;* eine unauslöschliche schmerzhafte Emp-

findung bewirken; vgl. frz. ‚enfoncer l'aiguillon dans la chair' (wörtl.: den Stachel in den Leib eindrücken); daher auch: *der Stachel, der im Herzen zurückbleibt* oder den man *stecken läßt* und der immer wieder schmerzt. *Einem ein Stachel im Auge sein,* heute weitgehend ersetzt durch ‚ein Dorn …', ist ebenfalls in der Bibel belegt: „… sie (die Völker) werden euch … zum Stachel in euren Augen …" (Josua 23, 13).
Einen Stachel im Maul haben: verletzend, scharf urteilen; danach auch ‚Stachel der Satire', ‚der Kritik' wie auch ‚Stacheldichter', ‚Stachelgedicht' etc.; umg. sagt man auch: *jem. Stachelbeeren zu verschlucken geben:* gegen jem. sticheln; ebenso heißt es: *Behalte deine Stachelbeeren!:* unterlaß deine Sticheleien; westf. sagt man von verfehlten Sticheleien: ‚De Stickelten sind noch nicht riype'.
Wieder anderen Rdaa. liegt die Vorstellung von den Stacheln des Igels zugrunde: *in die Stacheln beißen,* wie der Hund sich an den Stacheln des zusammengerollten Igels verletzt und schließlich von ihm ablassen muß, so zieht sich auch der Mensch unverrichteterdinge wieder zurück, wobei er sich nichts als Schmerzen eingehandelt hat; schon bei Luther heißt es: „das wird uns gelingen wie dem hunde, der ynn die stachel beysset" (Weimarer Ausg. 19, 637, 19). Die Wndg. ‚in die Stacheln beißen' kann sich auch auf den Wolf beziehen, vor dem der Hirtenhund mit einem Stachelhalsband geschützt wurde.
Seine Stacheln hervorkehren: in eine Abwehrstellung gehen, die den anderen verletzt; vgl. frz. ‚sortir ses piquants' und ‚se hérisser' (verwandt mit ‚le hérisson': der Igel); *er geht auf Stacheln:* es kommt ihn schwer an, auch frz. verbreitet: ‚Il marche sur des épines'. Rhein. ‚so stachelig wie en Il' (Igel) heißt einmal unrasiert, wird dann aber auch übertr. gebraucht für: mit der Abwehr schnell bei der Hand; *glatt wie ein Stachelschwein* bez. iron. einen unrasierten Mann, ebenso ndl. ‚Het is een stekelvarken', ‚hij is zoo knorrig als een oud stekelvarken'. Rhein. sagt man zu einem, der Ungewöhnliches behauptet: ‚Mer kann sech och Stacheln öm der Buch (Bauch) driehne (drehen)', und von einem Geizhals heißt es: ‚Er ließt sich liewer e Stachel durch den Orsch ziehjen, als …'

Lit.: *T. Y. Mullins:* Paul's thorn in the flesh, in: Journal of Biblical Literature 76 (1957), S. 299–303; *N. Lindqvist:* Hornet i sidan och palen i köttet. Kring en grupp svenska tale sätt (Der Stachel in der Seite und der Pfahl im Fleisch. Zu einer Gruppe schwed. Rdaa.), in: Nysvenska Studier 39 (1959), S. 38–67; *L. Schmidt:* Das Stachelhalsband des Hirtenhundes, in: Zwischen Kunstgeschichte u. Volkskunde, Festschrift für Wilhelm Fraenger (Berlin 1960), S. 154–181.

Stadtgraben *Mit dem Stadtgraben um die Wette gehen* sagt man, wenn sich jem. langsam zur Arbeit, zur Schule begibt, nur zögernd auf etw. herangeht. Nach Wander bez. die Rda. einen „hohen Grad von Faulheit", da die Bewegung der Stadtgrabenwasser immer eine sehr träge ist.

Stafette. *Die Stafette übernehmen (weitergeben):* eine Nachricht, eine rasch zu erledigende Arbeit aufgreifen. Unter der Stafette verstand man urspr. reitende Eilboten, die zur raschen Nachrichtenübermittlung an bestimmten Orten Reiter u. Pferde wechselten. Schon die Perser unter Kyros kannten diese Einrichtung, die bis ins 19. Jh. bestand. Vgl. die Sportart ‚Staffellauf'.

Stall. *Den Stall zuschließen, wenn das Pferd (die Kuh) gestohlen ist:* ein Übel verhindern wollen, wenn es schon geschehen ist; eine alte und sehr weit verbreitete Rda. (vgl. ‚den Brunnen zudecken, wenn das Kalb hineingefallen ist'). So heißt es bei Hans Sachs:

Nu wil den stal ich machen zu,
So mir ist hin kalb und die ku.

Dieselbe Vorstellung, aber mit einem anderen Bild gebraucht Luther: „Nun der wolff die gens gefressen hat, habens den stal zu gemacht" oder „den stal wöllen bawen, wenn der wolff die schafe gefressen hat". Der russ. Vorstellung (‚eine Hürde bauen, wenn die Herde zerstoben ist') kommt die lat. Rda. am nächsten: ‚grege amisso septa claudere'. Dasselbe Bild wie im Dt. liegt auch folgenden Rdaa. zugrunde: engl. ‚When the horse is stolen, to shut the stable door', frz. ‚fermer l'étable, quand les vaches sont prises' (veraltet); ital. ‚dopo che i cavalli sono presi, serrar la stalla'; ndl. ‚Man sluit den stal te laat, als het paard gestolen is'; mdal. rhein. ‚Wenn der Wouf e jene Stall gewes es, deeht mer de Dör zou'.

,Er hät ene Stall voll Köh' heißt es im Rheinl. von einem reichen Bauern; dieser Reichtum des Bauern wird auch auf den Kinderreichtum im allg. übertr.: *einen Stall voll Kinder haben;* dasselbe Bild wird beibehalten in der els. Rda. ,in de Küestall onneme', an Kindes Statt annehmen; daher auch: *aus einem guten Stall kommen:* aus gutem Hause sein.

In einem Stall stehen oder *miteinander stallen:* sich vertragen, sich gut mit einem stehen, meist verneint gebraucht; in dieser Rda. werden die Menschen mit zwei Pferden verglichen, die nicht nebeneinander im Stall stehen wollen und sich beißen und treten; in bildl. Anwendung ist sie seit dem 16. Jh. bezeugt, so schon bei Luther: „nymer ynn einem stall stehen", bei Thomas Murner: „sie stand nit gleich im Stall", und in der ,Zimmerischen Chronik': „die stuenden nit in einem Stall"; häufig ist die Rda. in mdt. und ndd. Mdaa., so voigtländisch ,Se kunnten net recht stallieren mitenanner', rhein. ,De hän de Keh net en enem Stall' und hess. ,Dei zwaa stalle nit gout zesamme'; auch im Ndl. bekannt: ,Zij zullen kwalijk zamen te stal staan'.

Sehr groß ist die Anzahl der Rdaa., in denen die Umgebung des Menschen mit einem Stall verglichen wird, sei es wegen der darin herrschenden Unordnung oder wegen einer anderen Unzulänglichkeit; nach der griech. Sage von Herakles wurde die Rda. gebildet: *den Stall des Augias misten:* eine sehr beschwerliche Arbeit verrichten (lat. ,Augiae claucas stabulum purgare'; frz. ,nettoyer les écuries d'Augias'); danach auch: *den Stall (aus-)misten:* Ordnung schaffen; die Unordnung im Haus wird auch ausgedrückt in: *in einem Sau(Schweine-)Stall wohnen;* vgl. frz. ,C'est une vraie écurie'; *etw. zu einem Schweinestall machen.* Diese Übertr. von Stall auf menschliche Verhältnisse ist schon im Mhd. gebräuchlich.

Der Vergleich der menschlichen Wohnung mit einem Stall – so auch *es zieht wie im Hundestall* – bezieht auch die Erziehung mit in dieses Bild ein: els. ,Er is im e Söüstall ufzoge worde', er hat eine schlechte Erziehung genossen, schweiz. ,Er isch i Stall yne g'heit', er ist ein grober, ungebildeter Mensch; *nach Stallbalsam riechen:* durch sein Betragen niedere Herkunft verraten.

Groß ist die Anzahl der rdal. Vergleiche: ,stinken wie eine Stallmagd' (schwäb.); ,der reißt det Maul off wie en Stallaamer'; ,der Kerle hurt es wie'n Stallesel', setzt uneheliche Kinder in die Welt; ,däär kimmt doo erin wäi so e Stallstier', kommt ohne Klopfen und Grußwort herein (hess.); vgl. frz. ,entrer quelque part comme dans une écurie' (wörtl.: in einen Raum wie in einen Pferdestall eintreten, i.S.v.: einen Raum, ohne zu grüßen, betreten; ,der hat 'n Stolz (Hochmut) wie e Stall voll Ente' (schwäb.); ,he frett wie en Ferke ut de Stall', er ist unmäßig im Essen (rhein.).

Das beste Pferd aus dem Stall holen: die beste Spielkarte hergeben müssen, auch allgemeiner gebraucht für: das Beste hergeben müssen; so rhein. ,Se han dem de beste Kuh ut dem Stall geholt', bei ihm ist gepfändet worden, aber auch: er hat seine (schönste) Tochter verheiratet; ,dat es et beiste Perd us jene Stall', die beste Gewinnkarte; danach auch ,enem der Stall utduhn', einen lahmlegen, plündern (vor allem beim Kartenspiel).

Auch die folgenden Rdaa. werden sowohl beim Kartenspiel als auch allg. angewandt: *noch andere Schafe haben, die nicht aus diesem Stalle sind:* noch etw. anderes in Reserve haben; diese Rda. stammt aus der Bibel (Joh. 10,16), wo sie im Gleichnis von dem Guten Hirten vorkommt: „Und ich habe noch andere Schafe, die sind nicht aus diesem Stalle"; *aus jedem Stall ein Ferkel:* Karten jeder Farbe, von jeder Sorte etw. (westf. ,ut jeem Dorp en Rüern', oft mit dem Zusatz: ,un von Holzwickede 'n Spitz'); *das ist aus meinem Stall, alles in einen Stall treiben,* die Spielkarte oder der Besitz der anderen werden mit dem Vieh verglichen.

In Schwaben heißt es von einem, der alles erbt, ohne daß er sich darum bemühen muß: ,Der därf nu d Stalltür zumache', und von einem Glücklichen wird behauptet: ,Dem kälberet der Stallbaum' (d.h. der Pfeiler im Pferdestall, der den Heuboden stützt) oder ,Dem kälbere d'Dreschflegel im Stall'. In ganz Dtl. verbreitet ist die Rda. *den Stall offenstehen haben* oder *zumachen,* wobei der Hosenlatz mit der Stalltür verglichen wird; so heißt es hess.:

,Mr maat, de häst geschlacht. – Woerim? – De host de Stall nach offstih'.

Wurst im Hundestall suchen: etw. Unmögliches unternehmen.

Im schwäb. Raum verbreitet ist die Rda. ,Der wird scho no sein Stall finde', er wird noch zum Ziele kommen, ,schau en Stall derzufinda', die Sache in Ordnung bringen.

In einem guten Stall stehen: einen guten Posten haben. *Seinen eigenen Stall misten:* sich um die eigene Angelegenheit kümmern (vgl. ,sich an die eigene Nase fassen'); ,ergends ene Stall stoeh han', irgendwo Schulden haben (rhein.); ,jemes en Ställeke beschlohn', jem. einen Riegel vorschieben, ihn bei anderen herabwürdigen. Ebenfalls im Rheinl. behauptet man von einem Dummen: ,Mer kennt Ställ met em remreissen', und um eine geduldig wartende Menge zu charakterisieren, sagt man: ,Die stohn do wie de Dier em Stall'; ,do es de Jüdd en de Stall', der Bauer ist verschuldet; ,bowen in de Stall stohn', sehr in Gunst stehen, in verächtlichem Ton gesagt: ,der hät de Sau (et Ferke, Pferd, den Esel) wegen dem Stall geholIt (genommen, gehirot)', er hat eine häßliche Frau nur ihres Geldes wegen geheiratet.

Nicht im engen Stall stehen können: von einem anspruchsvollen Menschen gesagt.

Nach dem Stalle gehen: berl. Rda. für: in die Schule gehen; ähnl. auch ,Stallfütterung' für eine Bildung und Erziehung, die nur Bücherweisheit vermittelt.

Die Stralsunder Rda. ,up'n Stall seeten', ins Gefängnis setzen, rührt daher, daß sich hier das Gefängnis über den Ställen befand.

Nach der Größe der Eimer im Stall heißt es: ,Där kann en Stallaamer voll vertraa', er verträgt sehr große Mengen an Alkohol (↗trinken).

Es geht jem. eine Stall-Laterne auf: er begreift endlich (↗Licht). ,Stalldrang' bez. übertr. auch den Wunsch des Menschen, nach Hause zurückzukehren, das Heimweh, meist iron. gebraucht. Im Ndd. heißt es: ,Wenn't naun Stall geit, löpt dat Perd van sülms', auch: ,Dat Perd rükt den Stall'; vgl. frz. ,un cheval qui sent l'écurie' (wörtl.: wie ein Pferd, das den Stallgeruch wittert und daher sehr schnell rennt).

Ständerling. *Einen Ständerling halten (machen, haben):* auf der Straße stehenbleiben, um mit jem. zu plaudern. Die Rda. ist lit. seit dem 16. Jh. belegt. Geiler von Kaysersberg rühmt Maria, als sie zu Elisabeth geht: „Nitt machet sye stenderling by den münchen und pfaffen, als unser jungkfrawen thund" (Doctor Keiserßbergs Postill: Vber die fyer Euangelia durchs jor ... [Straßburg 1522], 4,8b). Ähnl. äußert sich Luther in seinen ,Tischreden': „... und gemanet mich derselbigen prediger, die alles wöllen sagen, was jnen einfellet, gleich wie der megde, die zu marckte gehen: wenn jhnen ein andere magd begegnet, so halten sie mit jhnen einen tasschenmarckt oder ein stenderling, begegnet jhnen denn die ander magd, so halten sie mit der auch eine sprache". Offenbar war diese Plage früher nicht kleiner als heute, denn auch die Rüge Valentin Schumanns (,Nachtbüchlein', hg. v. Bolte, 324,8) geht an die gleiche Adresse: „wann mans außschickt, so mußt sie allemal zwen oder drey ständerlin haben". Die Rda. war wohl von Beginn an hauptsächlich auf den lit. Gebrauch beschränkt und ist es augenscheinlich auch geblieben. Mdal. ist sie heute nur sehr wenig bekannt, wie etwa im Obersächs.-Erzgeb. In Schwaben kennt man sie nur verblaßt in adverbialer Form: ,Er muess ständ(er)linga trinka, mer hoassen net a mool sitza'. Rhein. hält sich der verbale Ausdr. ,ständeln' = herumstehen in nur sehr engen Grenzen. Am besten gehalten hat sich die oesterr. Formulierung ,ein Standerl halten'.

Standpauke, Standrede. *Eine Standpauke halten:* heftig zurechtweisen, eindringlich ermahnen; die Rda. leitet sich aus der Studentensprache her, in der seit 1781 ,pauken' i.S.v. ,predigen' gebräuchl. wird. Das Zeitwort pauken lautet mhd. ,pūken' = draufschlagen. In diesem Sinne verwendet es noch Luther. Die bekräftigenden Schläge des Geistlichen auf die Kanzelbrüstung wurden also zum Synonym für sein eindringliches Zureden. Als Vergröberung von Standrede ist Standpauke in die Umgangssprache eingedrungen und heute allg. bekannt, jedoch mdal. kaum gängig.

Standrede: kurze, kräftige Ansprache, ist zuerst für Limmer bei Hannover vor 1718 belegt, und zwar für die Ansprache des ev. Geistlichen am offenen Grab, bei der – im Unterschied zur Leichenpredigt – die Trauergemeinde steht. Als im Stehen gehaltene Rügerede an Kinder, Schüler oder sonstige Untergebene begegnet Standrede zuerst 1747 bei Gellert in Berlin. Diese Verwendung hat den kirchlichen Gebrauch überdauert; das zusammengesetzte Wort (Standrede ebenso wie Standpauke) hat um so eher überleben können, als eine im Eifer gemachte Vorhaltung (,Pauke') stets im Stehen an den Mann gebracht zu werden pflegt.

Die dem Worte ,pauken' zugrunde liegende Bdtg. erhellt noch aus der Bez. des Lehrers als ,Pauker'; dieser Terminus stellt eine Verkürzung der älteren, bereits 1667 und 1700 nachgewiesenen Benennungen ,Hosen-' bzw. ,Arschpauker' dar. Bes. bildhaft wird der ,Pauker' auch als ,Volksbildhauer' bez., verbunden mit der Geste des Schlagens (Backpfeife).

Lit.: *H. Wiedemann:* Die „Standrede", in: ders.: Der Lahrer Hinkende Bote, eine kalenderkundliche Betrachtung, in: Jb. Geroldsecker Land 17 (1975), S. 9.

Standpunkt. Der Ausdr. Standpunkt findet sich nicht vor 1778; Vorbild für diese Bildung ist der ,Gesichtspunkt', der wiederum als Lehnübers. des lat. ,punctum visus' seit 1525 gebraucht wurde; vgl. frz. ,le point de vue'.

Kant, Lavater und Schiller gehören zu den ersten, die den Ausdr. verwenden, jedoch nur in der konkreten Vorstellung von *einen Standpunkt fassen* als ,den rechten Punkt ins Auge fassen, von dem aus man die ganze Sache übersieht'. Die konkrete Vorstellung ändert sich um 1838, als in Hegels Schule der Begriff vom *überwundenen Standpunkt* aufkommt. Hieran schließt sich auch die Rda. an: *einem den Standpunkt klarmachen:* einem die Grenzen seiner Befugnis oder das Verkehrte in seinem Benehmen, Denken oder Handeln zeigen; zuerst greifbar ist diese Rda. bei Th. Fontane 1857, schwäb. auch als ,de Standpunkt beleuchte' gebräuchlich.

Der Standpunkt als geistige Haltung wird auch deutlich in der Rda. vom *Ohnemich-Standpunkt* als Ausdr. der Ablehnung; verbreitet seit 1945 als Äußerung von Leuten, die sich der politischen Betätigung und der politischen Mitverantwortung versagten. Urspr. war ,ohne mich' die Parole der zum Pazifismus neigenden Frontsoldaten-Generation. Heute ist diese Rda. verallgemeinert und bez. allg. ein Zurückweisen jeglicher Mitverantwortung; vgl. auch die Bez. ,Herr Ohnemichel'.

Stange. *Einem die Stange halten:* jem. in Schutz nehmen, für jem. eintreten, seine Partei ergreifen, sich zu ihm bekennen, ihm treu sein.

Diese Rda. ist dem ma. Rechtsleben entnommen. Das Landrecht des ,Schwabenspiegels' kennt die Verordnung: „Ir ietwederm sol der rihter einen man geben, der ein stange trage, die sol der über den haben, der da gevellet". Jedem Kämpfer steht im gerichtlichen Zweikampf also eine Art Sekundant zur Seite, der mit Hilfe einer Stange notfalls eingreifen kann, wenn die Kampfregeln es fordern. Die entsprechende Stelle lautet im ,Sachsenspiegel': „Irme iowelkeme sol die richtêre einen man geben, der sinen boum trage; der ne sol sie nichtes irren, wan ob ir einir valt, daz her den bôm under steke, oder ob her gewunt wert oder des bômes bedet; des selben ne mut her nicht tun, her ne habes orloph von deme richtêre" (Landrecht I,63 § 4).

Im Turnier hatte der Grieswart, auch ,Stanger' oder ,Stängler' genannt, diese Aufgabe zu erfüllen, nämlich demjenigen mit der Stange beizuspringen, der *die Stange begehrte* und sich damit für überwunden erklärte. Auch diese Rda. hat sich lange gehalten, trat jedoch später hinter der erstgenannten zurück und ist heute kaum noch bekannt. Seb. Franck gebraucht sie noch in seiner ,Chronik' von 1531: „das der erstgemelt künig Ascalonitarum, ward mit drey streyten vermuedet, das sy wie das vihe gemetziget wurden und zu letst der stang begerten".

Die Rda. ,einem die Stange halten' wird etwa seit der Mitte des 17. Jh. auch in einer zweiten Bdtg. verwendet: jem. gewachsen sein, es mit jem. aufnehmen. Dafür sind viele Erklärungen gesucht und gefunden worden. Vielleicht handelt es sich hier um die bekannte Erscheinung, daß einer nicht mehr verstandenen Rda. ein neuer Sinn beigelegt wird. Mit dem Wissen von gerichtlichen Zweikämpfen und Turnieren schwindet das Wissen um den Hintergrund und den Sinn der Rda., und zu dem Wort ,halten' gesellen sich Assoziationen wie ,festhalten', ,entgegenhalten', ,abhalten' usw.

R. Sprenger zitiert eine Stelle aus Uhlands Ballade ,Junker Rechberger':

Um Mitternacht an Junkers Grab,
Da stieg ein schwarzer Reitknecht ab,
Einem Rappen hält er die Stangen;
Reithandschuh am Sattel hangen.

Hier sind mit den ,Stangen' der Teil des Zaumzeuges gemeint, der Zügel und Wagen miteinander verbindet. Obwohl Sprenger diese Wndg. in direktem Zusammenhang mit der oben aufgeführten Rda. (jem. die Stange halten) sieht, hat diese Stelle mit der Bdtg. der Rda. nichts zu tun. Allerdings gibt es im Pferdesport folgende Rda.: *einem Pferd die Stange geben:* beim Trabrennen dem Pferd im Endspurt freien Lauf lassen.

Bei der Stange bleiben: bei jem. oder bei einer Sache standhaft ausharren, eine einmal angefangene Tätigkeit fortführen, treu bleiben. Die Rda. geht wahrscheinl. auf die Fahnenstange zurück, an der der kämpfenden Truppe das Feldzeichen vorangetragen wurde, nach welchem man sich ausrichtete und um das man sich immer wieder sammelte (vgl. ,bei der ↗Fahne bleiben' und ,bei der ↗Standarte bleiben'; vgl. dagegen die vom Fechten hergenommene Rda. ,bei der Klinge bleiben'). Entspr. gilt auch die Wndg. *jem. bei der Stange halten:* jem. zu folgerichtigem Handeln anhalten, nicht ausweichen oder abweichen lassen. Dagegen im Frz.: ,ne pas en fiche une rame' (wörtl.: keine Stange tun, i.S.v.: müßig bleiben).

Das kostet eine Stange Geld: das ist sehr teuer, die junge Rda. ist hergeleitet von den stangenförmigen Rollen, in die Geldstücke verpackt sind.

Die alem. Rda. ,auf dem Stängele sitzen' bedeutet: ,unruhig etwas erwarten' (ähnl. wie ,auf feurigen Kohlen sitzen').

Erst seit Beginn des 20. Jh. gibt es die Rda. *eine Stange (eine Stange Wasser) in die Ecke stellen:* stehend urinieren. Etwa 1914/18 ist sie im Sprachgebrauch der Kriegsmarine nachweisbar. Die Redewndg. wird heute vorwiegend von Schülern und Studenten benutzt. In der vulgären Umgangssprache ist Stange auch ein Ausdr. für den erigierten Penis; entspr. ,eingerostete Stange', schlaffer Penis. Dazu Rdaa. wie: ,einem Mann die Stange halten', ihn masturbieren; ,eine Stange angeben', mit seinen Genitalien prahlen (Borneman: Sex im Volksmund).

Mit der Stange im Nebel herumfuchteln (herumstochern): etw. Sinnloses tun.

Ebenso jung ist die Rda. *etw. von der Stange kaufen:* Konfektionsware kaufen. Sie leitet sich her von den Stangen, an denen in Bekleidungsgeschäften Anzüge und andere Kleidungsstücke zum Verkauf hängen. Dabei handelt es sich im Gegensatz zur Maßbekleidung um Massenware. Daher kann man heute allg. alles Nichtindividuelle oder Massengefertigte und jedem Zugängliche als ,von der Stange' bezeichnen, so z.B. Möbel von der Stange, Gesellschaftsreisen, Freizeit, Haus von der Stange, aber auch: Kultur, Geschmack, Liebe, Gesundheit, Überzeugung von der Stange; ein Durchschnittsmann ohne individuelle Züge kann als ,Mann von der Stange' gekennzeichnet werden. Freilich handelt es sich bei solchen Sprachkombinationen meist um intellektuelle Einzelleistungen, die kaum volksläufig werden.

In ganz anderem Zusammenhang wird Stange in einer rheinhess. Rda. gebraucht; dort sagt man von einem erfolglosen Projektemacher, er habe ,mehr Stangen als Hinkel'.

Eine lange (dürre) Stange (auch *Hopfenstange*) nennt man eine lange, schmächtige Person; vgl. frz. ,un échalas'.

Lit.: *R. Sprenger:* Einem die Stangen halten, in: Zs. f.d. U. 7 (1893). S. 564; *F. Kuntze:* Einem die Stange halten, in: Zs. f.d. U. 11 (1897), S. 807.

stänkern. Gestank erregen, daraus: Unfrieden stiften, grundlos kleinlichen Streit anfachen, zanken, sticheln; hat sich aus dem mhd. Zeitwort ,stenken' herausentwickelt, das als Faktitivum neben ,stinken' steht. Die urspr. Bdtg. ist noch klar erkennbar, wenn Luther schreibt (VIII, 257b): „denn das ist des Teufels eigen Art und Ampt, das er seinen Rüssel in der armen Menschen Sünden suddelt, wület, und rüttelt, als wolt er den dreck gerne so gros und breit machen, das der Himel vol stancks, und Gott mit allen Engeln heraus gestenckert würde". Gegen Ende des 17. Jh. beginnnt sich aber die erweiterte Bdtg. durchzusetzen, jedoch ohne daß die urspr. vergessen würde. Sie findet zunächst bes. in die Studentensprache Eingang, wird dann aber allg. gebräuchlich. Entspr. heißt ein Mensch, der stänkert: ‚Stänker' oder ‚Stänkerer'.

Stapel. *Etw.* (oder *eine Rede*) *vom Stapel (laufen) lassen:* eine Rede halten, etw. von sich geben, vorbringen. Die meist in iron. Sinne gebrauchte Rda. knüpft an das Zu-Wasser-Lassen des fertiggestellten Schiffes an. Entspr. hat man bei dieser Rda. an eine wohlvorbereitete Ansprache, an ein fertiges Konzept zu denken, das flott und ohne Widerstände heruntergesprochen wird. Die Rda. dürfte kaum wesentlich weiter als bis ins 18. Jh. zurückreichen, wenngleich schon 1616 für Hamburg bezeugt ist, daß die ndd. Seemannssprache den aus mnd. ‚stapel' = Unterlage verengten Ausdr. kennt. Wieland verwendet die Rda. im 3. Teil des ‚Pervonte':

Der erste Wunsch, den wenig Tage drauf
Die schöne Vastola vom Stapel
Der Wünsche laufen ließ, flog in geradem Lauf
Zur stolzen Königsstadt Neapel.

‚Stapel' bedeutet einfach kunstvoll Aufeinandergeschichtetes: Stroh auf dem Feld, Holz im Wald, Säcke im Lagerhaus, Waren im Laden, Briketts im Keller. Frisch geschlagenes Holz wird zum Trocknen bes. luftig gestapelt. Ähnliche Holz-Stapel wurden auf der Helling errichtet, um das zu bauende Schiff zu stützen. War der Schiffsrumpf fertig, konnte man es ‚vom Stapel lassen' (‚Stapellauf').

Lit.: *O. G. Sverrisdóttir:* Land in Sicht (Frankfurt/M. 1987), S. 160.

Star. Der Vogel dieses Namens wurde früher gern in Käfigen im Hause gehalten; bedingt durch den vertrauten Umgang des Menschen mit diesem Haustier wurde der Name des Stars gelegentlich zu rdal. Vergleichen herangezogen, z.B. sächs. ‚einem zureden wie einem kranken Star', eindringlich, wohlmeinend zureden. Auf einen unreifen jungen Mann, der überall mitreden will, wendet man in Schwaben den Vergleich an: ‚das Maul aufreißen wie die jungen Staren'. Allg. gebräuchl. sind die Wndgn. ‚schwätzen wie ein Star' und ‚singen können wie ein Star'. Mit Bezug auf den frei fliegenden Star heißt es els. ‚üwer eps herefellen wie e Stor uf e Rossbollen'.

Bekannter ist jedoch die Rda., die sich auf die Augenkrankheit gleichen Namens bezieht (sie hängt nicht mit dem Namen des Vogels, sondern mit ‚starr', ‚stieren' und ‚stur' zusammen): *jem. den Star stechen:* jem. die Augen öffnen, sehend machen, aufklären, die Wahrheit offenbaren. Sie geht zurück auf die Praktiken, die früher zur Beseitigung dieser Krankheit üblich

‚Jemand den Star stechen'

waren. 1583 bemängelt ein Fachkundiger die unsachgemäße Behandlung des Stars durch ‚Zahnbrecher' und ‚Theriacksleute': „Nemen die leute an, und stechen sie am star auff dem markte im winde und lufft vor jederman, lassen sie also darvon gehen, wie ein sawe vom troge. aber solches heisst nicht am star gestochen, sondern die augen ausgestochen" (G. Bartisch, Ὀφθαλμοδουλεία. Das ist Augendienst ... [Dressden 1583], S. 60a).

Spätestens im Verlauf des 17. Jh. wird die Bez. eines realen Vorganges auch in bildl. Verwendung gängig. Nach der Befreiung Wiens im Jahre 1683 soll ein Wortspiel gegen den besiegten Türken im Umlauf gewesen sein: „Graf Starhemberg kann dir den Staren wohl stechen". Heinrich Heine schreibt in seinem ‚Wintermärchen':

Ich heisse Niemand, bin Augenarzt
Und steche den Star den Riesen.

Er spielt dabei auf die Sage von Odysseus und dem Riesen Polyphem an und will damit sagen, daß er dem Volk und den Mächtigen die Augen öffnen will. In seinem ‚Bauernspiegel' bedauert Jeremias Gotthelf: „Selbst sehen und erkennen können die meisten Menschen nicht; sie sind blind geboren, den Star muß man ihnen stechen". Die Rda. ist auch mdal. in ganz Dtl. bekannt.

Lit.: *W. Theopold:* Votivmalerei u. Medizin (München [2]1981); *E. u. L. Gattiker:* Die Vögel im Volksglauben (Wiesbaden 1989), S. 108–111.

stark. *Sich stark machen:* sich seiner Kraft rühmen, behaupten, daß man etw. kann, was andere einem nicht zutrauen, auch: festes Vertrauen auf jem. oder etw. setzen und gegen jeden Zweifel standhaft bleiben. Vgl. ndl. ‚zich sterk maken (voor)'; engl. ‚I back myself to ...'; frz. ‚se faire fort de ...'

Sich für etw. stark machen: sich selbst etw. zutrauen, sich für die Interessen anderer einsetzen, eigentl. Vorbereitungen für eine körperliche Anstrengung treffen.

So stark sein wie ein Bär (Baum, Löwe, Pferd, Tier), wie Simson, wie ein Türke: sehr große Kraft besitzen.

Das ist mir zu stark: das ist eine große Zumutung, auch: eine faustdicke Lüge. Im Schwäb. heißt es: ‚Des ist m'r z' stark wie der Katz' d'Gaissmilch'. Vgl. auch ‚Das ist ein starkes Stück' und ‚Das ist starker Tabak', ↗Tabak.

‚A kam ziemlich stark' sagt man in Schles., wenn jem. übertriebene Forderungen stellte und dabei bes. grob wurde.

Er ist stark auf der Seite des Stärkern: er schließt sich der Partei an, die die Macht besitzt. Die Wndg. wird bes. in politischer Hinsicht gebraucht. Vgl. auch: ‚Den Mantel nach dem Winde hängen', ↗Mantel. In der ‚Breslauer Zeitung' von 1865 (Nr. 407, S. 231) wurde die Rda. verwendet: „Getreu ihrem Wahlspruche, immer stark auf der Seite des Stärksten zu sein".

Start. *Einen guten (schlechten) Start haben:* einen guten (schlechten) Beginn, Anfang bei einer Sache haben. Die Rda. ist, sowie die folgenden, aus der Sprache des Sports entnommen; das Wort selbst kam im späteren 19. Jh. aus engl. gleichbedeutend ‚start'.

In den Startlöchern bereitstehen: fertig sein, bereit sein, um mit etw. zu beginnen; ungeduldig auf seinen Einsatz warten; auf die Nachfolge im Amt hoffen.

Den Startschuß geben: das Kommando zum Beginn geben; vgl. ‚grünes ↗Licht geben'; auch: *den Start freigeben:* etw. beginnen lassen; diese Wndg. wird auch in der Bdtg. ‚den Abflug eines Flugzeugs genehmigen' gebraucht.

Staub. *(Viel, mächtig) Staub aufwirbeln:* Anlaß zu lebhaften Erörterungen geben, von sich reden machen, die Aufmerksamkeit auf sich ziehen, Verwirrung stiften, sagt man seltener von Personen, sondern hauptsächlich von besonderen Ereignissen. Bei dieser Rda. ist daran zu denken, daß ein vorüberfahrender Wagen den Staub der Straße aufwirbelt und dadurch noch eine Zeitlang an sein Erscheinen erinnert, auf diese Weise also noch eine geraume Weile nachwirkt. Bismarck spricht von den Parlamenten, „in denen die Parteikämpfe so viel Staub aufwirbeln" (‚Reden' 13,230). Ndl. ‚veel stof opjagen'; frz. ‚faire de la poussière'. Dazu auch das ältere Sprw. ‚Tanzt ein Alter, so macht er viel Staub'. ‚Mächt'jen Stoob machen' bedeutet berl.: gewaltig schimpfen; anderwärts auch: sich wichtig machen, angeben.

Sich aus dem Staub machen: sich eilig entfernen, sich heimlich zurückziehen, einer Unannehmlichkeit ausweichen, flüchten; der Rda. liegt das Bild eines Schlachtgetümmels zugrunde, in dessen Staubwolken man unauffällig fliehen konnte; lat. heißt es: ‚arena cedere', vom Kampfplatz abtreten. Die dt. Rda. ist bereits im 15. Jh. bezeugt; der bair. Geschichtsschreiber Aventinus (Johannes Turmair) verwendet sie: „Jezabel, die stellt dem Helia nach dem leben. Helias macht sich aus dem staub" (Akad.-Ausg. [1882–86], Bd. IV, 1, S. 242). Im 16. Jh. finden sich mehrere Belege, so z.B. in der ‚Zimmerischen Chronik' (II, 531): „Es megen die pauren zu Walwis das ‚weberpu' ebensowenig leiden oder verguet haben, als die pauren zu Borsum im stift Hildeshaim vom ‚weihen'; dann der inen darvon meldung thuet, der mach sich kurz ußerm staub, will er anders nit frembde hendt im haar haben, und das hat die ursach"; oder, mit eindeutigem Bezug auf ein Kampfgeschehen: „da war eyn grausam geschrey, der schlug, der stach, der warff, ich aber machet mich auß dem staube, satzte mich von ferren hinder einen stein, sahe ihnen zu, wollte der suppen nicht versuchen" (‚Buch der Liebe' [Frankfurt 1587], 203 c). Die Brüder Grimm bedienen sich der Rda. in der Erzählung vom Bürle (KHM. 61): „Bürle aber machte sich am andern Morgen mit den dreihundert Talern aus dem Staub". Die Rda. ist zwar auch heute noch allg. bekannt, in mdal. Verwendung aber kaum anzutreffen; vgl. auch KHM. 179.

Den Staub von den Füßen schütteln, schon in der Bibel gebraucht (Matth. 10, 14): weggehen, weiterziehen.

Die frz. Rda. ‚mordre la poussière' (wörtl. in den Staub beißen) hat im Dt. die Entsprechung von ‚ins ↗Gras beißen'.

‚Blas mr den Stoob weg!' sagt man obersächs. zu einem hochnäsigen Gesellen, indem man ihn gleichsam auffordert, einem die Kleidung, die Schuhe zu säubern; oft auch als bloßes Einschiebsel des Tadels gebraucht.

staunen. *Er staunt wie der Hahn über den Regenwurm:* er ist sehr verwundert und hält in seiner Bewegung inne wie der Hahn, der plötzlich einen Wurm entdeckt hat.

Da staunt der Laie (oft mit dem Zusatz: ‚und der Fachmann wundert sich'; mitunter noch erweitert: ‚und dem Spezialisten kommen die Tränen') ist eine jüngere Rda., die auf den bewunderungswürdigen Fortschritt in der Technik anspielt und maßlose Überraschung ausdrücken soll.

Ackermann, da staunste! Die Wndg. ist seit 1920 bes. in der mdt. Umgangssprache geläufig, ihre Herkunft ist bisher ungeklärt. Vielleicht ist mit dem ‚Ackermann' nicht eine bestimmte Person, sondern der Bauer im allg. bez. worden, dessen Unwissenheit in vielen Dingen des modernen Lebens den Städter zum Spott reizte. Ähnl. auch: ‚Mein lieber Ackermann'.

Da staunt man Bauklötzer ↗Bauklotz.

Stecken, stecken. *Es einem stecken* wird in zweierlei Bdtg. gebraucht. Einmal i.S.v. jem. etw. heimlich mitteilen, d.h. ihm eine Nachricht zustecken. In diesem Sinne in Schillers ‚Kabale und Liebe', wo der alte Miller sagt: „Hätt' gleich alles seiner Exzellenz, dem Herrn Papa, stecken sollen". Die Rda. wird auf die Sitte der Femgerichte zurückgeführt, Vorladebriefe mit einem Dolch am Tor des zu Ladenden anzuheften. Auf ähnl. Weise, vom ‚anstekken' an ein Tor oder eine Anschlagtafel, kamen auch die ‚Steckbriefe' zu ihrem Namen.

In einer anderen Bdtg. wird die Rda. gebraucht, wenn man jem. unmißverständlich zu verstehen geben will, daß er etw. nicht wieder zu tun hat, auch i.S.v. jem. die Meinung sagen. Das dahinterstehende Bild meint: ihm Einhalt tun, indem man ihm einen Pflock in den Weg steckt. Dies wird durch die ndd. Rda. ‚Ik wil di en Sticken stecken' bekräftigt. Damit korrespondiert die ältere bair. Rda. ‚einem einen Halt stoßen', das dem lat. ‚insidias ponere alicui' entspricht.

Auch in der Wndg. *sich ein Ziel stecken* ist dieses Bild erhalten, denn es ist damit urspr. das Einstecken des Zielstabes in den Erdboden gemeint. In mhd. Zeit war anstelle von stecken das Verb ‚stoßen' gebräuchl., es hieß also ‚ein zil stôzen'; so sagt man heute noch bair. ‚einen Waldgrund mit Eicheln bestoßen', wenn man ihn mit Eichen bepflanzt.

Dem steht heute kein Stecken gerade wird festgestellt, wenn jem. nichts recht zu machen ist und er an allem zu nörgeln hat. Vgl. Holtei: „Der Marie-Luise steht auch kein Stecken gerade, wegen der Verdrüsse mit ihrem Junker und seiner Schwester" (‚Erzählende Schriften' 15, 181). Els. sagt man: ‚Wenns dr nit gfallt, so steck 'n

Steckn drzu', um jem. Kritik zurückzuweisen. Iron. heißt es dort auch: ,Uf den kan mr sich verlasse wie uf 'n gebrochene Stecke', wenn man die Unzuverlässigkeit eines Menschen kennzeichnen will.
Unter einer Decke stecken ↗Decke.

Steckenpferd. *Sein (ein) Steckenpferd reiten (haben):* seinen Lieblingsneigungen folgen und von ihnen sprechen, seine Freizeit kleinen Liebhabereien widmen. Die Rda. ist dem Kinderspiel entlehnt und auf die Lieblingsbeschäftigungen der Erwachsenen übertr. worden. Ein Frühbeleg findet sich schon in Thomas Murners ,Narrenbeschwörung':

Der ist ein gutter gouckelman,
Der zu roß nit rytten kan
Vnd sitzet dannocht vff eim stecken,
Vff das er ryt mit andern gecken.

Der Ausdr. Steckenpferd für das Kinderspielzeug begegnet zuerst bei J. Ayrer (gest. 1605 in Nürnberg), bei dem es heißt: „reyt auff einem Steckenpferdt". Auch Stieler verzeichnet 1691: „Heiligenchristpferd alias Steckenpferd, eqvulus ligneus picturis variatus". In frühnhd. Zeit sagte man dafür noch ,Roßstecken', so z. B. Luther 1527: „der Kneblin Roßstecken vnd rothe Schuhe".
Das engl. ,hobby-horse' hat aber erst zur übertr. Bdtg. von Lieblingsbeschäftigung geführt und wurde in Dtl. durch Lorenz Sternes ,Tristram Shandy' in der Übers. von Zückert 1763 gebräuchlich.
Goethe sagte einmal im Hinblick auf das abwertende Wort ↗,Marotte': „Sodann haben wir, um übertriebene Eigenheiten zu bezeichnen, das höflichere Wörtchen Steckenpferd, bei dessen Gebrauch wir einander mehr schmeicheln als verletzen". Göckingk schrieb in seinen ,Gedichten' (1,111):

Der vielgeliebte Sterne sprach
Im Shandy kaum von Steckenpferden,
So schwatzt ihm alles schon von Steckenpferden nach;
Wer aber wird davon zum Yorik werden.

Bei Kästner (Werke 1,138) findet sich folgender Beleg: „Den alten Gedanken, daß jeder Narr seine Kolbe hat, hat Tristram Shandy etw. höflicher ausgedrückt ... Jeder Mensch hat sein Steckenpferd". Vgl. auch engl. ,to ride one's hobby horse'; ndl. ,Hij zit op zijn stokpaardje' und frz. ,Cha-

1

2

3

1–3 ,Sein Steckenpferd reiten'

cun a son cheval de bataille (sa marotte)'; auch: ‚Chacun a son dada', wobei das Wort ‚dada' wie das dt. ‚Steckenpferd' auch das Kinderspielzeug bezeichnet.
In Shakespeares ‚Viel Lärm um nichts' bez. ‚hobby horse' einen albernen Menschen. Bebel erklärt (Nr. 562): ‚In baculo equitare est frustra conari'. Diese volkstümliche Verurteilung des Steckenpferdes ist noch im Göttingischen sprw.: ‚Et is darhaft (töricht), up Stockperen rien, ei maut (muß) doch te Faute (zu Fuße) gehn'. Heute hat das neu entlehnte Wort ‚hobby', das durchaus in positivem Sinne gebraucht wird, das dt. Wort weitgehend verdrängt.
Sie reiten ein und dasselbe (ein gemeinsames) Steckenpferd: sie haben die gleichen Interessen. Vgl. ndl. ‚Zij rijden op het zelfde hobbelpaard'.

Lit.: *Walz* in: Zs. f. dt. Wortf. 13 (1912), S. 124ff; *H. Freudenthal:* Steckenpferd, in: Beitr. zur dt. Volks- und Altertumskunde 4 (1959), S. 20ff.; *J. Drost:* To ride a hobby, in: American Notes and Queries 10 (1970/71), S. 94–95; *B. Strickland:* To ride a hobby, in: American Notes and Queries 10 (1971/72), S. 94; *W. Mezger:* Steckenpferd – Hobbyhorse – Marotte. Von der Ikonographie zur Semantik, in: Zs. f. Vkde. 79 (1983), S. 245–250.

Stegreif. *Aus dem Stegreif reden (dichten, schreiben, etw. vortragen* etc.) ohne Vorbereitung ....; geht zurück auf die ältere Benennung für den Steigbügel: ahd. ‚stëgareif', mhd. ‚stëgreif' bedeutet urspr. Reif bzw. Ring zum Besteigen des Pferdes. Der Name wechselte mit der Form des betreffenden Gerätes. ‚Aus dem Stegreif' meint also zunächst: ohne vom Pferd herabzusteigen, hier und jetzt. Die Rda. ist schon im 17. Jh. gut bekannt. Aus dem Jahre 1653 stammt der Beleg: „Dan dergleichen hohe und wichtige sache, darauff des gantzen reichs ruin und wolfart bestehet, wolte seines bedunckens sich also aus dem stegreiff nicht tractiren lassen" (B. Ph. v. Chemnitz, Königl. Schwed. in Teutschland geführten Kriegs 2. Theil, Stockholm 1653, 186).
Im 17. Jh. begegnet zuweilen auch *im Stegreif.* Goethe gebraucht die Rda. häufig, z. B. „Aus dem Stegreif die Reime zu machen, wie leicht war das!" (Weimarer Ausg. XIII, 1, 261). Bei Lessing (V, 344) findet sich der Satz: „Jedes große Genie redet alles aus dem Stegreif". Die Rda. lebt heute nahezu ausschließlich in intellektuellen Kreisen.
In der Volkssprache gar nicht mehr bekannt ist die Rda. *sich vom* (oder *im*) *Stegreif nähren:* sich als berittener Wegelagerer, als Stegreifritter von Straßenraub und Plünderei nähren. In dieser Weise sprach man bes. im 14. bis 16. Jh. von dem wirtschaftlich wie geistig heruntergekommenen Landadel, der sich kurzerhand (noch im Stegreif) anzueignen trachtete, was ihm gerade am Wege begegnete. In Seb. Brants ‚Narrenschiff' steht (77, 17):

Wann yeder dät als er thuon sol,
So weren sie beid gelttes wert:
Dyser mit fädern, der mit schwert,
Möht man ir beid entberen nitt,
Wann ob der hant nit wer jr schnytt
Vnd durch sie würd das recht versert,
Man vß dem stägenreiff sich nert.

Thomas Murner sagt 1512 in der ‚Narrenbeschwörung':

Noch schadts mir nit an miner eren,
Das ich des sattels mich erneren.

Dagegen scheint Hans Sachs die Situation schon realistischer einzuschätzen, wenn er schreibt:

Soll ich mich in den stegraiff nehrn,
Wie ander edel reuterlewt,
So fürcht ich aber meiner hewt,
Dieweil oft mancher wird erdappet,
Das der rabenstein nach im schnappet

(Ausg. Keller-Groetze XII, 443).

Stehaufmännchen. *Ein Stehaufmännchen sein:* nach einer schweren Erkrankung mit immer neuen Rückschlägen sich erstaunlich rasch erholen, auch: aus einer Niederlage, einem Mißerfolg frisch und wie ungeschlagen hervorgehen.
Die Wndg. bezieht sich auf ein bekanntes und beliebtes Spielzeug: Eine Puppe ist mit einem Bleigewicht versehen, die es ihr ermöglicht, sich immer wieder zu erheben.

stehen. „Hier stehe ich! Ich kann nicht anders. Gott helfe mir! Amen". Ich stehe zu dem, was ich gesagt und geschrieben habe, ich verharre trotz aller denkbaren Nachteile und persönlicher Gefahr auf meiner Überzeugung. Luther soll nach der gewöhnlichen Überlieferung am

18. April 1521 vor dem Reichstag in Worms mit diesen ablehnenden und abschließenden Worten die Frage beantwortet haben, ob er widerrufen wolle. Diese volkstümliche Fassung seines Ausrufs ist zuerst in der Wittenberger Ausg. von Luthers Werken erschienen und immer wieder so übernommen worden. Bei einem Vergleich älterer Quellen ergibt sich jedoch, daß Luther nur die im Sprachgebrauch seiner Zeit üblichen Worte: „Gott helf mir, Amen!" gesprochen hat. Das Zitat ist jedoch inzwischen so allg. bekannt geworden, daß es in verkürzter Form als *Hier stehe ich, ich kann nicht anders!* rdal. gebraucht wird (Büchmann).

Da steh ich nun!: Ich kann nicht weiter, ich weiß nicht, womit ich mein Ziel erreichen, wie ich im Leben, im Beruf vorankommen soll. Der resignierende Ausruf wird dann gebraucht, wenn sich jem. seines Stillstandes plötzlich bewußt wird und völlig rat- und hilflos ist, wie es in Zukunft weitergehen soll. Die Wndg. ist die Kurzform eines Goethezitates. Faust ruft verzweiflungsvoll in der Nacht in seinem Studierzimmer aus:

Da steh' ich nun, ich armer Tor!
Und bin so klug als wie zuvor.

Allein stehen: ohne Hilfe und Anteilnahme sein, keine Angehörigen mehr besitzen, selbst mit seinen Nöten und Schwierigkeiten fertig werden müssen.

Alle für einen stehen: füreinander eintreten, sich gegenseitig Beistand leisten, zusammenhalten, wie ein Mann handeln, um etw. Negatives zu verhindern. Schiller hat diese Wndg. ebenfalls lit. in ‚Wallensteins Lager' (11. Auftr.) verwendet:

Nein, das darf nimmermehr geschehn!
Kommt, laßt uns alle für einen stehn!

Zu jem. stehen: ihm Vertrauen schenken, recht geben, ihm in Not und Gefahr helfen und ihn nicht enttäuschen, nicht wie andere verlassen.

Ähnl. *für jem. (etw.) einstehen:* die Verantwortung, Bürgschaft für einen anderen übernehmen, von seinen ehrlichen Absichten überzeugt sein, für etw. haften.

Zu etw. stehen, meistens: *zu seinem Wort stehen:* sich zu etw. bekennen, sein gegebenes Versprechen halten, sich von seinem Entschluß oder Urteil nicht abbringen lassen.

Von Oberdtl. aus haben sich jüngere Rdaa. von ähnl. Bdtg. verbreitet: *auf jem. stehen:* ihn schätzen, es gut mit ihm meinen, es auf eine Person bes. abgesehen haben, sie lieben und treu zu ihr halten. Die Wndg. erhält oft noch den scherzhaften Zusatz: *wie auf einem Teppich.*

Auf etw. stehen: dafür schwärmen, etw. bevorzugen, z.B. eine Farbe. Diese Rda. ist seit 1920 in Dtl. und Oesterr. bekannt. Sie ist bes. bei Jugendlichen der 80er Jahre beliebt geworden.

Auf des Messers Schneide stehen: äußerst gefährlich sein, kurz vor der Entscheidung sein, d.h. eigentl. sich noch im Gleichgewicht befinden, das aber im nächsten Augenblick gestört werden kann, wenn die Schärfe der Schneide wirksam wird und etw. zertrennt, zerstört. Diese Wndg. stammt bereits aus der Antike, denn in Homers ‚Ilias' (X, 173) heißt es schon: „ἐπὶ ξυροῦ ἵσταται ἀκμῆς" (= Es steht auf des Messers Schneide). Gleiche Bdtg. besitzt die Rda. *auf Spitz und Knopf stehen.*

Zwischen Bock und Hund stehen: in Bedrängnis sein, eigentl. von der einen Seite gestoßen und von der anderen gebissen werden und keinen Ausweg sehen.

Dagegen: *sich gut stehen:* vermögend sein, in gesicherten Verhältnissen leben.

Sich gut mit jem. stehen: mit jem. im Einverständnis sein, mit Vorgesetzten oder Kollegen gut auskommen, bei jem. gern gesehen, beliebt sein.

Sich selbst im Licht stehen: sich selbst schaden, Vorteile nicht wahrnehmen.

Ganz bei einem selbst stehen: sich die Entscheidung vorbehalten, vgl. lat. ‚In tuo loco et fano est situm'.

Sich etw. erstehen müssen: an einer langen Schlange für etw. anstehen müssen, etw. kaufen müssen.

Etw. teuer erstehen: viel dafür bezahlen (opfern) müssen.

Wer steht, sehe zu, daß er nicht falle!: wer meint, einen festen Stand, eine gesicherte Position zu besitzen, sollte sich vor Versuchungen und Unglück hüten. Die Wndg., die vor Schuld, Sünde und Verdammnis warnt und zur Vorsicht und Wachsamkeit mahnt, ist der Bibel entlehnt. 1. Kor. 10,12 heißt es: „Wer sich läßt dünken, er stehe, mag wohl zusehen, daß er nicht falle".

Auch Goethe gebraucht diese Wndg., jedoch in allgemeinerer Bdtg., in seiner ‚Beherzigung‘:

Sehe jeder, wo er bleibe,
Und wer steht, daß er nicht falle.

Vgl. auch ndl. ‚Die staat, zie toe dat hij niet valle‘.

Etw. steht und fällt damit (mit jem.): der Erfolg hängt von einem wichtigen Umstand ab, eine Person ist unentbehrlich bei einem Vorhaben, einer Veranstaltung.

Alles stehen- und liegenlassen: alles aufgeben und zurücklassen, fliehen müssen, aber auch: dringend abberufen werden, seine Beschäftigung unterbrechen und Unordnung hinterlassen.

Zahlreich sind die rdal. Vergleiche, die treffend charakterisieren, wie etw. oder jem. steht und wie einem etw. steht, z. B. *stehen wie armer Leute Korn*: schlecht, dürftig sein. Die Rda. bezieht sich urspr. auf den meist unergiebigen, schlechten Ackerboden der Armen, wird nun aber in übertr. Bdtg. zur allg. Kennzeichnung eines dürftigen Aussehens, eines dünnen Haar- oder Bartwuchses verwendet.

Stehen wie ein Klotz: steif, unbeweglich sein, nicht von der Stelle weichen, ungeschickt im Wege sein. Die Rda. hat bereits Seb. Franck in seiner ‚Sprichwörtersammlung‘ (II, 51[a]) verzeichnet: „Du stehst wie ein Klotz“. Ähnl.: *stehen wie ein Pfahl*: fest, unverrückbar, vgl. holst. ‚He steit as en Pickpaal‘, wie ein eingerammter Pfahl, an den zur Beleuchtung Pechkränze gehangen wurden, auch ndl. ‚Hij staat als een' paal‘ und ‚pal staan‘; frz. ‚rester là comme un pieu‘.

Stehen wie eine Mauer: unbezwingbar, allem Ansturm trotzend. Aventin gebraucht in seiner Chronik (CCVIII[a]) bereits diesen Vergleich: „Stunden wie ein Mauwer“.

Stehen wie angewurzelt: völlig reglos dastehen, sich nicht bewegen, so als hätte man ↗Wurzeln geschlagen.

Dagegen: *wie ein Rohr (im Winde) stehen*: schwankend, wankelmütig und furchtsam sein. Vgl. ndl. ‚Het staat zoo vast en onbewegelijk als een riet, dat met alle winden medewait‘; frz. ‚être comme un roseau dans le vent‘.

Wie auf Aalen (Eiern) stehen: keinen festen Halt finden, unsicher sein; vgl. frz. ‚marcher (comme) sur des œufs‘ (wörtl.: (wie) auf Eiern gehen); ähnl.: *wie ein Storch auf einem Bein stehen; wie ein Storch im Salat.*

Wie auf glühenden Kohlen stehen (sitzen), auch: *wie auf Nadeln stehen*: voller Unruhe und Ungeduld sein, in Eile, Bedrängnis auf das Ende der Verzögerung, des Aufenthaltes warten, ↗Kohle.

Wie Butter an der Sonne stehen: beschämt sein, am liebsten vergehen mögen; auch mdal., z. B. in der Altmark: ‚Da steit 'r ass Bott'r an d' Sunn‘.

Wie das Kind beim Dreck stehen: verblüfft, sprachlos sein, vgl. fränk. ‚Ar stett wie's Kind bân Drak‘.

Wie eine Blume auf dem Mist stehen: am falschen Platze, unpassend sein.

Die rdal. Vergleiche, die die unpassende Kleidung umschreiben, sind bes. in ihren mdal. Formen von grotesker und scherzhaft iron. Übersteigerung: ‚Dös stauht d'r a wia d'r Sau a Veigele hinterm Ohr‘, ‚wie em Gockeler a Brille‘; ‚dos staht der grad win ema Hund a Paar Hose‘ (Ulm); ‚wie der Sau ein Sattel (eine Bandhaub) stehen‘ heißt es in der Eifel und in der Steiermark: ‚Es sted'n, wiar an Es'l 's Zidrinschlog'n‘. Siebenbürg.-sächs.: ‚Et stît em wä won et net seng (sein) wêr‘, die Kleider passen ihm so schlecht, als hätte er sie sich nur geborgt. *Einem steht es bis obenhin (bis hierher)*: es ekelt ihn an, er ist einer Sache überdrüssig. Die Rda., die zuerst 1881 für Leipzig bezeugt und heute allg. verbreitet ist, wird mit einer Geste zusammen gebraucht. Man zeigt beim Sprechen mit der waagerecht gehaltenen Hand auf den Hals oder unter den Mund, um anzudeuten, daß man übersättigt ist und das Erbrechen nahe bevorsteht. Vgl. auch die Wndgn. ‚etw. hängt einem zum Halse heraus‘ und ‚etw. ist zum Kotzen‘.

Im Stehen sterben können: übergroße Füße haben. Die scherzhafte Wndg. stammt aus der Soldatensprache und ist seit dem 1. Weltkrieg verbreitet worden.

Lit.: *R. van der Meulen*: ‚Em Staan hebben‘ en ‚em anhebben‘, in: Tijdschrift voor Nederlandse Taal- en Letterkunde 45 (1926), S. 70–73; *Anon.*: Dastehen wie ein Hängholz, in: Sprachdienst 16 (1972), S. 113–114.

Stehkragen. *In etw. bis zum Stehkragen stecken*: in eine Sache bis zum ↗Hals verwickelt sein.

Bis zum Stehkragen genug haben: einer Sache völlig überdrüssig sein, auch: *es satthaben bis zum Stehkragen* (bis zur Halskrause).
Die Bez. ‚Stehkragenproletarier' vom Ende des 19. und Anfang des 20. Jh. meint den kleinen Angestellten, der sich als Bürgerlicher fühlte und wie ein solcher kleidete (Arbeiter trugen gewöhnlich Hemden ohne Kragen), einkommensmäßig aber eigentlich nur Arbeiter (= Proletarier) war.

stehlen. *Sich davonstehlen:* sich heimlich davonschleichen, sich unbemerkt, geräuschlos entfernen. Die Wndg. ist bereits in mhd. Zeit häufig. Sie begegnet z. B. im ‚Iwein' lit., und im ‚Nibelungenlied' (663, 1 c) heißt es: „er stal sich von den frouwen". Auch Schiller verwendet die Rda. in seiner ‚Ode an die Freude':

> Ja – wer auch nur eine Seele
> Sein nennt auf dem Erdenrund!
> Und wer's nie gekonnt, der stehle
> Weinend sich aus diesem Bund!

Die Wndg. ist bis heute geläufig und auch in den Mdaa. und anderen Sprachen verbreitet, vgl. ndd. ‚sik af stelen' und engl. ‚to steal oneself away'.
Sich einem stehlen: sich jem. entziehen. Die Rda. ist in mhd. Form in Hugos von Trimberg ‚Renner' (V. 2999) belegt:

> Swer sich der werlde wölle steln ...
> der neme sich geistliches lebens an.

Auch später ist sie lit. reich bezeugt; vgl. frz. ‚se dérober à quelqu'un'.
Sich ins Haus (Herz) stehlen: sich heimlich einschleichen. Ähnl. bereits im Mhd., bei Freidank (131,19) z. B. steht folgende Warnung:

> Swer güetlich grüezet einen man,
> dem er guotes nicht engan,
> der stilt sich hin zer helle.

Die mhd. Wndg. *Minne steln:* unerlaubte Zärtlichkeiten tauschen, ist in Wolframs ‚Parzival' (8,24) bezeugt: „wan kunde ouch ich nu minne steln!" Sie ist heute in dieser Form nicht mehr gebräuchl., ihr entspricht dem Sinne nach etwa die heutige Rda. ‚jem. einen Kuß rauben', obwohl die Bdtg. hier eingeschränkter ist; vgl. frz. ‚dérober un baiser à quelqu'un' (ebenfalls veraltet).
Dagegen ist die Wndg. *einem das Herz stehlen* bis heute allg. üblich. Sie ist bereits im A.T. bezeugt (1. Mos. 31,20): „Also stahl Jakob dem Laban zu Syrien das Herz", d. h. er täuschte ihn, und an anderer Stelle (2. Sam. 15,6) heißt es: „Auf diese Weise tat Absalom dem ganzen Israel, wenn sie kamen vor Gericht zum König, und stahl also das Herz der Männer Israels", d. h. durch Versprechungen und herablassende Liebenswürdigkeit versuchte sich Absalom beim Volk einzuschmeicheln, um seinem Vater das Vertrauen und die Liebe seiner Untertanen zu stehlen. Herz hat hier die Bdtg. von Verstand, Vertrauen und Zuneigung, wird aber bei der heutigen Verwendung der Rda. meist i. S. v. Liebe gebraucht, wie schon im Liederbuch der Clara Hätzlerin: (I, 43,56) „mein hertz hat sy gestolen". Vgl. frz. ‚dérober le cœur de quelqu'un', i. S. v. das Herz eines Mannes oder eines Mädchens brechen.
Einem die Ehre stehlen, auch: *ihm Lob und Ehre stehlen:* ihn böswillig verleumden, sein Ansehen schädigen, ihn in der Gesellschaft unmöglich machen, oder: ihn betrügen, einem Hörner aufsetzen und dem Gespött preisgeben. Die Rdaa. waren bes. im 16. Jh. beliebt, z. B. heißt es im Liederbuch der Clara Hätzlerin (2,76,81):

> West es dein herre, wir müsten sterben,
> Wann du jm hetst sein ere gestolen!

Jem. den Glauben (die Hoffnung, die Kraft) stehlen: seine Tatkraft lähmen, ihn entmutigen.
Einem das Leben stehlen: ihn töten, umbringen, heimtückisch ermorden. Die euphemist. Umschreibung besagt eigentl., daß die einem Menschen zugemessene und ihm daher zustehende Lebenszeit arglistig verkürzt und geraubt wird. Bereits Seb. Franck gebrauchte die Wndg. lit. (‚Chronicon Germaniae', 1538, 18 b):

> Zuoletst vermaehelt er jm Agrippinam, ...
> Die stal jm zuo Mentz mit gifft das leben.

Einem die Zeit stehlen: ein lästiger Besucher sein; vgl. frz. ‚voler le temps de quelqu'un'; dagegen: *sich die Zeit stehlen (müssen):* Dringendes vorrangig behandeln, seinen Terminplan verändern und anderes in größter Eile erledigen, um Zeit zu erübrigen, auch: seine Freizeit opfern, sich selbst um angenehme Stunden bringen.

Dem lieben Gott den Tag stehlen: faulenzen, ↗Tag.

Jem. die Schau stehlen ↗Schau.

Sich vom Stehlen ernähren, ähnl.: *vom Stehlen leben:* keiner geregelten Arbeit nachgehen, Einbrüche und Raubzüge unternehmen, Diebesgut zu Geld machen. Die Wndgn. werden oft scherzhaft von einem gebraucht, der seinen genauen Beruf nicht angeben möchte, wenn er daraufhin angesprochen wird, oder wenn man sich über das aufwendige Leben eines anderen wundert, dessen Geldquelle oder Vermögenslage man nicht kennt; vgl. frz. ‚vivre de larcins'.

Mit dem wär' nicht gut stehlen: heißt es von einem, auf den man sich nicht verlassen kann, der nicht verschwiegen ist, den man bei schwierigen und gefährlichen Unternehmungen besser nicht beteiligt. Dagegen umschreibt die Wndg. *mit jem. Pferde stehlen können* Zuverlässigkeit, Vertrauenswürdigkeit und Geschicklichkeit, aber auch Abenteuerlust und Freude an gewagten Streichen eines Freundes, ↗Pferd.

Woher nehmen und nicht stehlen?: etw. ist nicht zu beschaffen, die finanziellen Mittel sind erschöpft. Die Frage wird oft in die Rede eingeflochten, um die Unmöglichkeit nachdrücklich zu bestätigen.

Oft wird in den sprachl. Wndgn. das Wort ‚stehlen' umgangen, wenn es sich nur um geringfügige Vergehen handelt: ‚etw. (ehrlich) wegfinden', ‚etw. mitgehen heißen', ‚etw. auf die Seite bringen', ‚englisch einkaufen', ‚krumme (lange) Finger machen', ‚organisieren', ‚an Land ziehen'. Auch in den Mdaa. begegnen euphemist. Ausdrücke, wie ‚erbeuten', ‚kapern', ‚klauen', ‚krallen', ‚mausen'.

Einige sprw. Feststellungen beruhen auf einer wiederholten Erfahrung: *Einem Diebe ist bös (nicht gut) stehlen:* schlaue und erfahrene Leute sind schwer zu hintergehen. Die Wndg. ist in ähnl. Form bereits von Seb. Franck (1,87b) verzeichnet: „Es ist boesz stelen wo der wirt ein dieb ist". So sagt man heute noch: *Wo der Wirt ein Dieb ist, ist nicht gut stehlen.* Vgl. ndl. ‚Het is kwaad stelen waar de waard een dief is' und frz. ‚Il est bien larron qui vole un larron; on ne tend point de filet à l'épervier' (beides veraltet).

Wer einmal stiehlt, heißt immer ein Dieb: wer sich einmal schuldig gemacht hat, gerät immer als erster wieder in Verdacht, er verliert seinen schlechten Ruf nicht wieder. Vgl. das ähnl. dt. Sprw. ‚Wer einmal lügt, dem glaubt man nicht, und wenn er gleich die Wahrheit spricht'. Die Wndg. ist auch in anderen Sprachen zu finden, z.B. heißt es ndl. ‚Wie eens steelt, is altijd een dief' und engl. ‚Once a knave ever a knave'. Vgl. auch das frz. Sprw. ‚Qui vole un œuf vole un bœuf' (wörtl.: Wer ein Ei gestohlen hat, kann auch einen Ochsen stehlen), i.S.v.: Wer einmal gestohlen hat, kann es später nicht mehr lassen.

Bes. beliebt sind rdal. Vergleiche, die die Geschicklichkeit und die Erfolge eines Diebes hervorheben. In den Mdaa. herrscht der Vergleich mit diebischen Vögeln vor: *stehlen wie ein Rabe (Nachtrabe);* ndd. ‚He stillt as een rook'; ndl. ‚Hij steelt als eene raven', oder *stehlen wie eine Elster (Dohle),* die Elster trägt tatsächlich glänzende Gegenstände in ihr Nest, die sie selbst aus Wohnräumen entführt. Vgl. schweiz. ‚Er stiehlt wie eine Dole (Atzel)'; frz. ‚être voleur comme une pie'.

Auch lit. hat die Rda. Verwendung gefunden, z.B. heißt es in Carl Zuckmayers ‚Schinderhannes' (1. Akt): „Stehlt wie siwwe Elstern". Die Wndg. *ärger stehlen als ein Böhme* begegnet bereits lit. in Grimmelshausens ‚Simplicissimus' (5,6, S. 392, Ndr.): „meinem Knecht, welcher aerger stelen konte als ein Böhme".

Von einem überaus geschickten Dieb heißt es: *Er stiehlt einem das Weiße aus den Augen:* er holt sich sogar das, was am sorgfältigsten gehütet wird wie der ↗Augapfel.

Eine noch größere Steigerung enthält die Rda. *der Schlange die Eier unter dem Schwanze (Zagel) fortstehlen:* mit der gefährlichsten Situation und den besten Sicherungsvorkehrungen gegen den Diebstahl fertig werden, äußerst gerissen sein. In ähnl. Sinne schreibt Fritz Reuter in der ‚Stromtid' (2,21): „Hei stöhl de annern mähren den hawer vör't mul weg".

Die scherzhafte Wndg. *Wer die bei Abend stiehlt, bringt sie bei Tage wieder* wird vor

allem auf die häßliche oder streitsüchtige Frau bezogen, deren Mängel, bei Licht besehen, sofort auffallen und abschrecken. Ähnl. sagt man im Ndd. zu einem Mädchen, das sich vor dem Heimweg im Dunkeln fürchtet: ‚Wer dich bei Tage besieht, läßt dich gern wieder laufen‘. Im Ndl. wird eine ähnl. Wndg. zur Selbstcharakterisierung in humorvollem oder iron. Sinne verwendet, wenn man weiß, daß andere keine dauerhafte Freude an einem haben werden: ‚Die mij van daag steelt, zal mij morgen wel weder terug brengen‘.
Die Feststellung *Er hat mehr gestohlen als erschwitzt* meint: er hat nur das Wenigste durch Mühe und ehrliche Arbeit erworben.
Dagegen meint der Hinweis *Ich habe es nicht gestohlen* das Gegenteil: der Besitz ist mühsam selbst erworben. Man legt Wert darauf, dies ausdrücklich zu betonen, um zu begründen, daß man nicht leichtfertig damit umgehen kann; vgl. frz. ‚Je ne l'ai pas volé‘. Ebenfalls als Ablehnung ist die Rda. *Ich habe mein Geld (meine Zeit) nicht gestohlen* zu verstehen, d.h. ich will nichts davon vergeuden. Die holst. Wndg. ‚He meent wol dat ikt staalen heff‘ gilt als Krämerschimpf, wenn zuwenig für eine Ware geboten wird. Die Rda. begegnet hd. auch als Frage: *Meint ihr, ich habe es gestohlen?*
Ich habe meine Beine nicht gestohlen sagt derjenige, dem übertrieben anstrengende Gänge zugemutet werden.
Wie aus dem Spiegel gestohlen: wie sein Ebenbild, von auffallender Ähnlichkeit. Lessing verwendet die Rda. in seiner ‚Emilia Galotti‘ (1,4) literarisch.
Etw. kann einem gestohlen werden (bleiben): es interessiert nicht mehr, sein Verlust würde nicht einmal beklagt und bekanntgemacht werden.
Ähnl. der Ausruf: *Du kannst mir gestohlen bleiben,* oft mit dem Zusatz: *ich holte dich nicht wieder!* Die Rda. wird als Abweisung, Ablehnung und mdal. als scherzhafte Verwünschung gebraucht und heißt: Ich will von dir nichts mehr wissen, ich habe eine so große Abneigung gegen dich, daß ich deine ständige Abwesenheit begrüßen müßte und nicht das geringste dagegen unternehmen würde, denn ich lege keinen Wert mehr auf dich. Vgl. auch schweiz. ‚Chaust mer g'stole werde‘, du bist mir gleichgültig, aber auch: es wird nichts daraus.

Lit.: *W. Müller-Bergström:* Art. ‚Stehlen‘, in: HdA. VII, Sp. 364–380.

Steigbügel. *Einem den Steigbügel halten:* jem. unterwürfig einen Dienst erweisen, ihm die Voraussetzung zu weiterem Erfolg geben, ihm beistehen, an die Macht zu gelangen.
Jem. in den Steigbügel heben: ihm über die Anfangsschwierigkeiten hinweghelfen.
Einen Fuß im Steigbügel (im Amte) haben: den ersten Schritt auf dem Wege zum Erfolg bereits getan haben, eine gute Ausgangsposition besitzen. Vgl. ndl. ‚de (een) voet in de stijgbeugel hebben‘, engl. ‚to have one's foot in the stirrup‘ und frz. ‚avoir le pied à l'étrier‘.
Er kann ohne Steigbügel in den Sattel springen: er ist nicht auf fremde Hilfe angewiesen, er meistert mit Leichtigkeit auch größere Schwierigkeiten, ↗Stegreif.
Einem den Steigbügeltrunk reichen: ihm den Abschiedstrunk geben. Die Rda. beruht auf einem früheren Gastwirtsbrauch: wenn der Fremde seine Zeche bereits bezahlt hatte und abreisefertig im Sattel saß, wurde ihm vom Wirt noch ein Trunk gereicht und eine glückliche Reise gewünscht.

steigen. *Man soll nicht zu hoch steigen wollen:* man soll keine hohe Stellung erstreben, wenn man dafür nicht geschaffen ist. Luther bemerkt in seinen ‚Tischreden‘ (397[a]) dazu: „Wer nicht zu hoch steiget, der fellet nicht hart“.
Er steigt höher, als er Sprossen hat: er treibt mehr Aufwand, als es seine Verhältnisse gestatten.
Er stieg so hoch, daß ihm die Erde wie ein Apfel erschien: er wurde hochmütig und sah verächtlich auf andere herab, er hat vergessen, wo er hergekommen ist.
‚Hei öss gestêge, vom Dösch undere Dösch‘ sagt man in Ostpr., wenn jem. in schlechtere Verhältnisse geraten ist, wenn ein sozialer Abstieg erfolgte.
Etw. steigt: es findet statt, es wird veranstaltet, z.B. eine Rede oder ein Ausflug, ein Fest. Die Wndg. war bereits im 16. Jh. bekannt. Man sagte: ‚Das Lied steigt‘ und

meinte urspr. das Aufwärtssteigen der Töne damit.

Hinter etw. steigen: etw. zu verstehen suchen, es ergründen. Die Rda. ist seit 1900 in ganz Dtl. und Oesterr. verbreitet.

Hinter jem. steigen (jem. nachsteigen): an einem Mädchen Interesse haben, jem. folgen. Schreiten oder sich begeben waren urspr. Bdtgn. von steigen, daher auch: *ins Examen (in eine Prüfung) steigen,* was als Rda. stud. bereits im 18. Jh. bekannt war.

Jem. aufs Dach steigen ↗ Dach.

Jem. steigen lassen: ihn erregen, sein Blut in Wallung bringen. Die Wndg. stammt aus Oberoesterr. Sie meint, daß jem. zum Narren gehalten wird, aber von dieser Absicht nichts merkt, was die Freude derjenigen erhöht, die ihn heimlich ‚aufziehen', vgl. frz. ‚faire monter quelqu'un'.

steil. Mit drastisch-komischen Vergleichen wird die Steilheit einer Gebirgsgegend bildhaft verdeutlicht. Da der Bergbauer am Steilhang bei seiner Arbeit gelegentlich sogar Steigeisen anlegen muß, liegt es nahe, dies im Spott auch auf die Tiere zu übertragen. Aus dem Wallis wird z. B. berichtet: „Eine Menge von Höfen und kleinen Weilern liegen seitlich an den Berghängen, die so steil sind, daß ein bekanntes Witzwort spottet, die Saasthaler lassen ihre Hühner mit Fußeisen beschlagen, damit sie nicht vom Berg herunterfallen" (J. Hunziker: Das Schweizerhaus I: Das Wallis [Aarau 1900], S. 119). Auch als Ortsneckerei ist die Wndg. belegt: „Der Hang ist so steil, dass man vom Emd sagt, man müsste den Hennen Fusseisen anlegen, damit sie nicht abfallen. Die Emder heissen deshalb scherzweise in der Nachbarschaft ‚Hennebschlaer'" (F. G. Stebler: Die Vispertaler Sonnenberge, in: Jb. des Schweiz. Alpenclub 56 [1921; publ. 1922], S. 22).

Die gleiche Vorstellung findet man im Unterwallis, im Kanton Bern, im Emmental, im Bündnerland, aber auch im Allgäu und in Tirol.

Eine Steigerung der bildhaften Umschreibung der Steilheit bedeutet es, wenn sogar die Bienen Fußeisen anziehen müssen: „Ja, bei ins isch gsund. A guats Wasser habe mr und a Milch und Arbeit gnua und zfriede sein mr, wenn a bei ins ins Bschlabs die Beia (Bienen) Eisa haba müassa" (Maria Lang-Reitstätter: Lachendes Oesterreich [[2]Salzburg 1948], S. 8).

Eine andere Bildvorstellung besteht am Luganersee: es ist so steil, „dass den Hühnern Säckchen umgebunden werden, damit die Eier nicht den steilen Hang hinab in den See rollen" (J. Jörger: Bei den Walsern des Valsertales, 2. Aufl., bearbeitet von P. Jörger [Basel 1947], S. 8, Anm. 2).

Menschen, Tiere und Gegenstände muß man anbinden, damit sie nicht vom Hang herunterpurzeln. Dies wird bei kleinen Kindern wohl tatsächlich nötig gewesen sein, wird aber auch scherzhaft von Hühnern und Katzen berichtet.

Besonders komisch ist es, wenn sogar vom Annageln von Gegenständen gesprochen wird. Die nordsteirischen Waldbauern klagen über die Steilheit ihrer Felder: „Bei uns wär' not, man nagelt die Erdäpfel am Boden an" (M. Lang-Reitstätter: Lachendes Oesterreich [[2]Salzburg 1948], S. 7). Alles, was nicht befestigt ist, kann den Steilhang hinunterfallen, der Bauer beim Arbeiten, die ganze Ernte, z. B. die Kartoffeln, wenn man die Zeile unten öffnet, wie man in Amerika behauptet. In der Umgebung von Innsbruck sagt man sogar, es sei ‚so stickl (steil) 'n ass d'Amess'n (Ameisen) oa'kugelt'n'.

Lit.: *R. Wildhaber:* Bildhafte Ausdrücke für Steilheit, in: Rechtsgesch. und Vkde., Dr. Josef Bielander zum 65. Geburtstag (Brig 1968), S. 103–109.

Stein. *Einen Stein auf jem. werfen,* auch: *den ersten Stein auf jem. werfen:* ihn einer Schuld zeihen, ihn anklagen, belasten. Die Rda. ist bibl. Herkunft; Joh. 8,7 sagt Jesus zu den Pharisäern und Schriftgelehrten, als sie ihm eine Ehebrecherin zuführen, die er verurteilen soll: „Wer unter euch ohne Sünde ist, der werfe den ersten Stein auf sie". Die Rda. erinnert an die altjüd. Strafe der Steinigung (vgl. 3. Mos. 20,27 und Josua 7,25), wobei der Ankläger auch den ersten Stein auf den Verurteilten bei seiner Hinrichtung zu werfen hatte. Er mußte deshalb seiner Anschuldigung wirklich sicher sein. Jesus warnt also vor Verleumdung und Anklage, wenn man selbst nicht frei von Fehlern (den gleichen Sünden) ist. Andere Wndgn. be-

,Den Stein gegen jem. erheben'

ziehen sich ebenfalls auf die gefährliche Position des Anklägers, dessen Anklage entweder falsch sein kann oder der ähnl. Fehler besitzt. Bei Burkard Waldis ist 1527 ein Reimpaar belegt, das sich inhaltlich eng an das Bibelwort anschließt:

Wer auf andere will werfen einen Stein,
Kehr' erst vor seiner Thüre rein!

Es wird auch darauf hingewiesen, daß eine Anklage ebensowenig zurückgenommen werden kann wie der erste Stein, den man geworfen hat. In seinem ,Florilegium Politicum' aus dem Jahre 1630 schreibt Christoph Lehmann: „Wenn der stein auss der Hand vnd dass wort aussm Mund ist, können sie nicht widerbracht werden". Vgl. auch ndl. ,Een geworpen steen,

een afgeschoten pijl en een gesproken woord zijn niet te herroepen'. Obwohl die Rda. ‚einen Stein auf jem. werfen' durch die Bibelübers. in nahezu allen Sprachen geläufig ist (vgl. frz. ‚Jeter la première pierre à quelqu'un'); wäre es einseitig, nur auf die jüd. Quelle hinzuweisen, denn die Steinigung als Todesstrafe war auch den germ. Völkern bekannt. In der Regel wurde der Täter an einen Pfahl gebunden und zu Tode gesteinigt. Vgl. Gregor von Tours (III, 36): „vinctis post tergum manibus ad columnam lapidibus obruunt". In übertr. Bdtg. verwendet August v. Platen das Verb ‚steinigen' auch lit. (Bd. I, S. 372):

(Sie) steinigen den als Egoisten,
Der tiefre Lust und Qual empfand.

Auch vor der Rückwirkung einer Verleumdung wird sprw. gewarnt, z. B. heißt es: ‚Der Stein, den man auf andere wirft, fällt uns meist selbst auf den Kopf'.

Den Stein auf (gegen) jem. erheben: ihn verurteilen und verfluchen. Die Geste des erhobenen Steines über einem Sünder hat symbolische Bdtg. im Rechtsbrauch besessen. In der Chronik des Ulrich Richental über das Konzil von Konstanz (1414–18) ist eine solche Szene bildl. dargestellt worden: Die feierliche Absetzung und Verfluchung des Papstes Benedikt XIII. erfolgt vor dem Portal des Münsters; der zuvorderst stehende Bischof erhebt einen Stein auf ihn. In Wirklichkeit ist der Papst dabei jedoch nicht anwesend gewesen, der auf dem Bild in demütiger Haltung gezeigt wird, die er niemals angenommen hat (Abb. S. 1539).

Jem. einen Stein in seinen Garten werfen: ihm einen Schaden zufügen, ihm Schwierigkeiten bereiten, ihm einen bösen Streich spielen, wie Beete durch böswillig in den Garten geworfene Steine zerstört werden können. In dieser urspr. negativen Bdtg. ist die Wndg. lit. früh bezeugt: „bezzert er mir niht, ich wirfe im einen stein in sînen garten und eine kletten in den bart" (‚Minnesinger' 3, 104b). 1498 erklärt Geiler von Kaysersberg die Bdtg. der Rda. als ‚mit Worten schaden' in einer Predigt über Seb. Brants ‚Narrenschiff' im Straßburger Münster: „Und als man gemeinlich spricht, wa man offenlich ret und ein mit worten rürt, so spricht er, er hat im ein stein in garten geworffen". Die Wndg. „Wirft jn heimlich ein stein in garten" ist auch in der Fabelsammlung ‚Esopus' des Burkard Waldis 1527 belegt. Auch Abraham a Sancta Clara hat die Rda. mehrfach lit. gebraucht, z. B. im ‚Judas' III, 350, in ‚Reim dich' 104 und im ‚Kramer-Laden' I, 101. Überhaupt ist die Wndg. von Luther über Goethe bis in die neuere Zeit beliebt geblieben.

Interessanterweise besitzt sie in manchen Gegenden Dtls. entgegengesetzte Bdtg., so vor allem in unterfränk., obersächs., schles. und westf. Mda., indem sie besagt, daß man jem. bei passender Gelegenheit einen Gefallen erweisen, einen Gegendienst leisten wird. Zum Beispiel ist aus Zwickau die Wndg. bezeugt: ‚Dadervor schmeiß'ch dr emal en annern Steen in dein' Garten', vielleicht wurde dabei urspr. an einen wirklichen Hilfsdienst, die Abwehr der die Saat wegfressenden Spatzen, gedacht; vgl. frz. ‚C'est une pierre dans mon jardin', i. S. v. ‚Das bringt Wasser auf meine Mühle'.

In der urspr. Bdtg. ‚jem. schaden' wird die Rda. nur in Schwaben, im Elsaß und in Rheinfranken gebraucht. In manchen Orten besitzt die Rda. aber gleichzeitig beide Bdtgn., so daß man nur durch Tonfall, Mienenspiel oder Situation erkennen kann, wie sie gerade gemeint ist.

In der Steiermark sagt man, um für eine Gefälligkeit zu danken, ähnl.: ‚Ich will dir einen Stein in den Rücken werfen'.

Bismarck hat die Wndg. im urspr. Sinne gebraucht (‚Reden' 12, 535): „Wo man irgend etwas ausfindig machen kann, einen Stein, den man in den Garten des Reiches werfen kann, da greift man mit beiden Händen zu".

Jem. einen Stein in den Stiefel werfen: seine Unruhe, Zweifel erregen, ihn in eine unangenehme Lage bringen, die ihn wie ein lästiger Stein im Schuh drückt.

Jem. einen Stein in den Weg legen (werfen): ihm ein Hindernis schaffen, ihn zu Fall bringen wollen. Thomas Murner sagt schon in seiner ‚Schelmenzunft' (9, 20):

Ich streich im an seyn hossen dreck
Und leit im heimlich steyn an wegk.

Grimmelshausen verwendet im ‚Simplicissimus' (I, Kap. 25) dafür die Wndg. *einem den Stein stoßen:* „Ich hab ihm den

Stein gestoßen, daß er den Hals hätt brechen mögen", d.h. er hat ihm unvermutet einen Stein unter die Füße gerollt, der ihn zu Fall bringen sollte. Vgl. auch frz. ‚Il m'a jeté le chat aux jambes'.
Die Wndg. ‚jem. einen Stein in den Weg legen' kann auch eine positive Bdtg. erhalten, wie z.B. im Ndd.: Für eine Gefälligkeit sagt man zu dem, der keinen Dank dafür begehrt: ‚Na schön, ich leg dir dafür auch mal 'n Stein in'n Weg!', d.h.: Es ergibt sich schon mal eine Gelegenheit, es wiedergutzumachen, dafür zu danken.
Jem. alle Steine aus dem Wege räumen: ihm alle Schwierigkeiten beseitigen, sein Fortkommen tatkräftig unterstützen. Vgl. lat. ‚Lapis lapidem terit'.
Den Stein werfen und dann die Hand verbergen: sich unschuldig stellen.
Den Stein ins Rollen bringen: den ersten Anlaß zu etw. geben; bewirken, daß eine schwierige Angelegenheit in Bewegung kommt, auch: etw. Unangenehmes aufdecken; *der Stein kommt ins Rollen:* eine wichtige Angelegenheit wird in Angriff genommen, der Anstoß zu einer Untersuchung ist gegeben worden, ein Skandal beginnt.
Ein Stein des Anstoßes sein: ein Ärgernis bilden. Die Wndg. ist bibl. Herkunft. Bei Jes. 8,14 heißt es: „So wird er ein Heiligtum sein, aber ein Stein des Anstoßes und ein Fels des Ärgernisses den beiden Häusern Israel"; vgl. auch Röm. 9,32 und 1. Brief Petri 2,8. Auch in einer angeblich wahren Begebenheit soll der ‚Stein des Anstoßes' eine Rolle gespielt haben: In Pillkallen (Ostpreußen) stritten sich im Jahre 1822 zwei Verwandte um das Eigentumsrecht eines großen Steines, der auf der Grenze der beiderseitigen Besitzungen lag. Da jeder den Stein für sich beanspruchte, kam es zu einem Prozeß. Der Richter schlug folgenden Vergleich vor: „Der Stein soll keinem von beiden gehören, sondern soll vor der Schwelle des Gerichtshauses unter dem Namen ‚Stein des Anstoßes' eingesenkt werden, damit jeder durch diesen Stein erinnert werde, das Gericht nicht wegen eines so geringen Gegenstandes zu behelligen" (K. E. Krack, Redensarten unter die Lupe genommen, [Berlin-Charlottenburg 1961] S. 167). Vgl. auch ndl. ‚Hij is een steen des aanstoots', frz. ‚C'est une pierre d'achoppement'; seltener: ‚une pierre de scandale'.
Steine können auch bildl. im Wege liegen, an denen man sich stößt. So heißt es z.B. in Seb. Brants ‚Narrenschiff':

Wer uff sin frumkeit halt allein
Und ander urtelt böß und klein,
Der stoßt sich oft an herte stein.

‚Von der Last des Steines hinabgezogen werden'

Von der Last des Steines handeln verschiedene Wndgn.: *Der schwerste Stein ist gehoben:* das Schwierigste ist vorbei, oder: *Der Stein ist weggewälzt.* Diese Rda. bezieht sich auf die Grablegung Christi: der schwere Stein, der das Grab verschlossen hatte, war durch göttliche Macht beseitigt worden, als die Auferstehung erfolgte. Vgl. ndl. ‚De steen is van het graf gewenteld'.
Einen Stein auf dem Herzen haben: eine drückende Sorge haben; vgl. frz. ‚avoir un poids (eine Last) sur le cœur'.
Einem Steine aufs Herz wälzen: ihn ängstigen, ihm Kummer bereiten. Am häufigsten ist diese Rda. in der Form einer erleichterten Feststellung zu hören: *Es fällt mir ein Stein vom Herzen,* vgl. pomm. ‚Dar fêl mi'n Stên vam Harten', da wurde ich leichteren Mutes, und ndl. ‚Er valt een stein van mijn hart', frz. ‚C'est un poids qui m'est ôté du cœur': ich bin einer schweren Bedrückung ledig, ich kann wieder frei atmen, ↗Alp. Früher galt es auch als Strafe für verurteilte Weiber, öffentl. einen Lasterstein eine Strecke weit vor aller Augen zu tragen (↗anhängen). Darauf spielt Hans Sachs an:

Wo du mich nit mit friden last,
Wil ich dein frömbkeit alle sagen,
Das du auch noch den stein must
tragen.

Den Stein, den seine Vorfahren nicht lichten (heben) konnten, wird er auch liegen lassen: er wird auch nicht mehr ausrichten.
Zwischen die Mühlsteine geraten: Schaden erleiden, in äußerst bedrängte Lage kommen, ↗ Mühle.

Wer zwischen stein vnd stein sich leit
Vnd vil lüt vff der zungen dreit
Dem widerfert bald schad vnd leidt

von zwytracht machen
Mancher der hat groß freüd dar an
Das er verwirret yederman
Vnd machen künn diß hor vff das
Dar vß vnfrüntschafft spring vnd haß

‚Zwischen die Mühlsteine geraten'

Sprw. ist der Stein auch wegen seiner Härte. *Es möchte einen Stein (in der Erde) erbarmen (erweichen)* heißt es oft bei dem Bericht von einem Unglück: auch die unempfindlichsten Herzen müssen von Mitleid bewegt werden. Schon in der Lit. des klassischen Altertums begegnet die Wndg., vgl. lat. ‚adamanta movere lacrimis' (Ovid, Cicero). Auch in der eddischen Sage vom Gott Baldr (‚Snorra-Edda', ‚Gylfaginning' Kap. 49) spielt diese Vorstellung eine Rolle: „Menschen und Tiere, Erde und Gestein, das Holz und alles Metall beweinten den (toten) Baldr". Ebenso wissen christl. Legenden davon zu erzählen, daß steinerne Heiligenbilder von dem Flehen der Gläubigen zu Tränen gerührt wurden. Auch in der mhd. Lit. ist die Rda. bezeugt, z. B. bei Oswald von Wolkenstein (I, 103, 12): „Es möcht ain stain erparmen". Im Liederbuch der Clara Hätzlerin heißt es später ähnl. (I, 35, 18): „Das möcht ain hertten stain erparmen". Auch Seb. Brant und Joh. Fischart haben die Rda. lit. verwendet, desgleichen die Brüder Grimm (KHM. 1, KHM. 80, KHM. 110).
Der Fabeldichter Lichtwer (1719–83) beschreibt die ‚Katzenmusik' bes. drastisch als „Ein Geheul, das Stein erweichen, Menschen rasend machen kann ..."
Das Motiv des ‚Steinerweichens' tritt vornehmlich in Sagen zutage. Eine hess. Sage berichtet von dem ‚Frauen-Holl-Stein' (Wolf: Hess. Sagen [Leipzig 1853], S. 10, Nr. 12): „Bei Fulda im Wald liegt ein Stein, in dem man Furchen sieht. Da hat Frau Holl über ihren Mann so bittere Thränen geweint, daß der harte Stein davon erweichte". Auch im bair.-österr. Gebiet gibt es Legenden vom ‚Steinerweichen' durch die Gebete von Heiligen (St. Wolfgang, Fridolin v. a.).
Dagegen heißt es von einem, der sich nicht erweichen läßt: *Er ist wie Stein so hart* oder *er hat einen Stein statt des Herzens in der Brust;* vgl. frz. ‚Il a une pierre à la place du cœur'. Seb. Franck verzeichnet in seinen ‚Sprichwörtern' (II, 97b) die ähnl. Wndg. „Er hat stein im busen".
Einem Steine sein Leid klagen oder *man könnte ebensogut Steinen predigen:* es hat keinen Zweck, auf ihn einzureden, er läßt sich nicht umstimmen; vgl. frz. ‚Autant prêche dans le désert' (wörtl.: Man könnte ebensogut in der Wüste predigen).
Die Wndg. *Da möchten doch die Steine weinen (schreien)* ist bibl. Herkunft. Luk. 19, 40 spricht Jesus zu seinen Jüngern: „Wo diese werden schweigen, so werden die Steine schreien", d. h. wenn die Menschen schweigen, werden die Steine ihre Stimme für sie erheben. Bei Habakuk 2, 11 heißt es ähnl.: „Denn auch die Steine in der Mauer werden schreien, und die Sparren am Balkenwerk werden ihnen antworten". Auch in der ‚Stralsunder Chronik' (I, 295) ist die Wndg. bezeugt: „Das die steine weinen möchten". Vgl. ndl. ‚Dan zouden de steenen spreken'.

Da will kein Stein zischen: jede Hilfe und Anteilnahme ist fern. Bei Fischer heißt es erläuternd im ‚Psalter' (147,1): „Da hat Christus gewehklaget; aber seine Hülffe ist ferne gewest, da hat kein Stein zischen wollen".

Die Prophezeiung *Es wird kein Stein auf dem anderen bleiben:* es wird alles restlos zerstört werden, beruht ebenfalls auf einer Bibelstelle. Matth. 24,2 spricht Jesus in Jerusalem: „Es wird hier nicht ein Stein auf dem andern bleiben, der nicht zerbrochen werde".

Stein und Bein schwören: etw. mit den festesten Eidesschwüren versichern. Man hat die rdal. Formel aus alten Rechtsbräuchen zu erklären versucht: Beim Schwören vor Gericht war es üblich, bestimmte Gegenstände zu berühren. In heidnischer Zeit legte man die Hand zum Schwur z. B. auf den Stab des Richters, auf das Schwert, die Erde und das Gras, auf Bäume, man berührte heiliges Wasser, Brunnen, heilige Berge, Felsen und

‚Stein und Bein schwören'

Steine, aber auch seine Brust, die Haare oder den Bart. Im 3. Gudrunlied der Edda wird der Eid bei einem weißen Stein geleistet. Der heidnische Brauch, bei einem heiligen Stein zu schwören oder die Hände auf den Altar der Gottheit zu legen (vgl. lat. ‚Jovem lapidem jurare'), soll sich nach Einführung des Christentums weiterentwickelt haben. Die Christen berührten die steinerne Altarplatte oder einen Reliquienschrein, der die Gebeine eines Heiligen barg. Im 6. Jh. n. Chr. erwähnt die ‚Lex Alamannorum', daß die Schwörenden und Eideshelfer die Hände auf ein Reliquienkästchen legten. Auch in Wolframs ‚Parzival' findet sich dafür ein Beleg: In der Klause des Einsiedlers Trevrizent findet Parzival einen Reliquienschrein und leistet auf ihn bzw. auf die darin liegenden Gebeine einen Eid. Man hat nun daraus geschlossen, da die Heiden beim Stein, die Christen jedoch beim Heiligengebein geschworen haben, daß die Verbindung beider Gerichtsbräuche einen unlösbaren Eid bedeutet habe und die rdal. Formel davon abzuleiten sei (vgl. Abb.). Vermutl. ist aber die reimende Formel ‚Stein und Bein' viel älter als die Rda. und nur der bildl. Ausdr. für große Festigkeit. So steht sie auch in der 1. H. des 13. Jh. bei Freidank (164,17):

Diu zunge hât dehein bein
und bricht doch bein unde stein.

Freidank verdeutscht damit ein älteres Sprw., das uns in lat. Form überliefert ist: ‚Osse caret lingua, secat os tamen ipsa maligna' („Die Zunge hat keinen Knochen, doch schneidet die böse selbst einen Knochen"). Dadurch, daß Freidank das Wort ‚Stein' hinzusetzt, beweist er, daß die Verbindung ‚Stein und Bein' üblich und formelhaft war. Die Vielfalt an parallelen Wndgn. mit Stein und Bein, wie *Stein und Bein klagen, Stein und Bein jammern, Stein und Bein frieren, Stein und Bein leugnen,* spricht dafür, daß die Verbindung von Stein und Bein nur eine bildhafte Verstärkung bedeutet.

Die Rda. *Es hat Stein und Bein gefroren* meint: die Kälte ist so stark gewesen, daß der Frost sogar in solch feste Dinge wie Stein und Knochen gedrungen ist. Schon in einem Soldatenlied von 1641 ist diese Wndg. bezeugt:

Wenn andre ziehen ins Quartier,
Die Waffen von sich legen,
So kriecht ihr erst im Winter für,
Wollt große Ehr einlegen,
Wo Stein und Bein gefrieren ein.

Im Ndd. begegnen auch noch die mdal. Wndgn. ‚Steen und Been floken' (fluchen) und ‚He löpt sik Steen und Been af'.

Die dt. Formel ‚Stein und Bein' hat auch ein altes engl. Sprw. (nicht zuletzt auch hier des Reimes wegen) zum Inhalt:

'When you buy meat, you buy bones, when you buy land, you buy stones'. Stein dient auch ähnl. wie ‚Stock' in Zusammensetzungen zur Steigerung: ‚steinalt', ‚steinreich', im 16. Jh. auch ‚steintaub', was wohl aus Zusammensetzungen übertr. ist, in denen das Wort Stein einen Sinn hatte, wie z. B. in ‚steinhart'.

Steine klopfen (müssen): eine schwere, stupide Arbeit verrichten müssen; oft in der Wndg. von: ‚lieber Steine klopfen, als ...'.

Einen Stein bei jem. im Brett haben: gut bei ihm angeschrieben sein, sein Wohlwollen genießen, bevorzugt werden. Die Rda. stammt vom Brettspiel ab, das Puffspiel oder Tricktrack heißt und bereits im MA. beliebt war. Joh. Agricola gibt für die Rda. in seiner ‚Sprichwörtersammlung' von 1529 einen ersten dt. Beleg (418): ‚Ich hab eyn guten steyn im brette', und erklärt dazu: „Wer auff dem spill eynen gutten bund im brette hatt / darüber ein ander sein steyne spilen muß der hatt das spil halbs gewunnen. Also auch wer vor grossen Herren und Rädten zu schaffen hatt / vnd hatt yemand der sein sach trewlich fordert vnd treibet / der hat eynen gutten steyne im brette / einen gutten freundt / der ym zu seiner sachen redt vnd hilffet". ‚Bund' bedeutet zwei nebeneinanderstehende Steine, über die der Gegner nur schwer hinwegkommen kann; hat der Spieler aber auch nur einen Stein schon im nächsten Felde stehen, so kann er dem Gegner das Weiterspielen erschweren, ↗fünfzehn.

Luther hat die Wndg. in seinen ‚Tischreden' (211a) gebraucht; in übertr. Bdtg. findet sich die Rda. ferner 1560 in des Verlegers Christian Egenolff ‚Sprichwörtern' (199b). Der bekannteste lit. Beleg für diese Rda. steht in Schillers Drama ‚Wallensteins Lager', wo der erste Kürassier folgendes über Max Piccolomini sagt:

> Der versteht sich auf solche Sachen,
> Kann bei dem Friedländer alles machen.
> Hat auch einen großen Stein im Brett
> Bei des Kaisers und Königs Majestät.

Den Stein der Weisen suchen: sich eifrig um ein hohes Ziel bemühen, ein Phantast sein und sich um etw. bemühen, das es nicht gibt. Der ‚Stein der Weisen' war in der Sprache der Alchimisten das Universalmittel, die ‚Materia prima', mit der man unedle Metalle in Gold verwandeln kann. Trotz aller Mißerfolge, einen solchen Wunderstein zu entdecken, wurde die Suche nach ihm doch eifrig fortgesetzt. Der Fabeldichter Lichtwer (1719–83) gebraucht den Ausdr. in übertr. Bdtg.: „Vergnügt sein ohne Gold, das ist der Stein der Weisen".

Für Goethe ist dieser Stein der Inbegriff des Glücks. Er schreibt im ‚Faust' (II, V. 5061–64):

> Wie sich Verdienst und Glück verketten,
> Das fällt den Toren niemals ein;
> Wenn sie den Stein der Weisen hätten,
> Der Weise mangelte dem Stein.

Der Stein der Weisen soll also Glück und Reichtum bringen und Geheimnisse enthüllen können. Deshalb glaubte man, Salomo habe ihn einst besessen. Da es ihn aber leider nicht gibt, bedeutet das Suchen nach ihm etw. Törichtes und Unnützes; vgl. frz. ‚la pierre philosophale'.

Den Stein des Sisyphus wälzen; vgl. frz. ‚le rocher de Sisyphe', ↗Sisyphus.

Die Wndg. *einem Steine statt Brot geben:* ihm Wertloses reichen, nur Phrasen sprechen, statt Trost zu spenden und tatkräftig zu helfen, ist bibl. Herkunft. Matth. 7,9 heißt es: „Welcher ist unter euch Menschen, so ihn sein Sohn bittet ums Brot, der ihm einen Stein biete?" Ludwig Uhland gebraucht in seinem Gedicht ‚Schwäbische Kunde' eine ähnl. Verbindung, wenn er schreibt: „Viel Steine gabs und wenig Brot".

Steine verdauen können, auch: *kleine Steine vertragen können:* einen guten Magen haben, auch Schweres verdauen können. Vgl. dagegen frz. ‚manger des briques' (wörtl.: Backsteine essen), i. S. v. sich schlecht, ungesund ernähren (müssen).

Den Stein verstecken und das Brot zeigen: jem. mit Hinterlist und falschen Versprechungen an sich locken, um ihn dann um so sicherer zu verderben. Vgl. lat. ‚Altera manu fert lapidem, altera panem ostentat'. *Aus Steinen Brot machen wollen:* etw. Unmögliches versuchen, vgl. frz. ‚faire de pierre pain' (veraltet).

Die Rdaa. ‚Up'n breeden Steen staan', zur Trauung stehen u. ‚Da mutt en breeden

Steen in't Huus wesen', wenn mehrere Mädchen aus dem gleichen Hause kurz hintereinander heiraten, erinnern noch an alte Hochzeitsbräuche. John Meier vermutet, daß der Brautstein einem Initiations- und Scheidebrauch der Braut gedient habe. Ein alter Pfandlösereim, der in ganz Dtl. bekannt ist, erinnert noch an den alten Hochzeitsbrauch:

Ich stehe auf einem breiten (heißen) Stein
Wer mich lieb hat, holt mich heim.

Das Mädchen, das sich gern verheiraten möchte, stellt sich oder setzt sich auf den Stein, auf dem gewöhnlich die Braut nach der Trauung stehen muß, in der Hoffnung daß die zauberhafte Wirkung des Steines, auf dem so viele Glückliche gestanden haben, ihr ebenfalls einen Mann beschert. In einem ndd. Lied von der Nord- und Ostseeküste heißt es:

Sit en lütje Deern op'n breeden Steen,
Fangt so bitterlich an to ween 'n.
All de lütten Deerns de kriegt en Mann,
Ik mutt sitten un kiken dat an.

(↗Braut, ↗Hochzeit)

Lit.: *J. P. Schmitz:* Stein und Bein schwören, in: Zs. f. d. U. 5 (1891), S. 697; 7 (1893), S. 568–569; 10 (1896), S. 832; *O. Glöde:* Stein und Bein klagen, in: Zs. f. d. U. 6 (1892), S. 577–578; 9 (1895), S. 774–776; *Th. Bekker:* Zu O. Glödes Bemerkung über ‚Stein und Bein klagen', in: Zs. f. d. U. 8 (1894), S. 259; *M. Andree-Eysn:* Volkskundliches aus dem bair.-oesterr. Alpengebiet (Braunschweig 1910), S. 3–5; *J. W. Muller:* Een steen met een brief er aan, in: Tijdschrift voor Nederlandse Taal- en Letterkunde 41 (1922), S. 227–228; *J. Vandreuse:* Les pierres de justice, in: Folklore Brabançon 7 (1927/28), S. 105–114; Art. ‚Stein', ‚Steinhaufen', ‚steinigen', ‚Steintragen', ‚Steinverwandlung' etc. (mehrere Autoren), in: HdA. VII, Sp. 380–428; *H. v. Hentig:* Der Blaue Stein zu Bonn. Bemerkungen zu einem alten Hinrichtungsritus, in: Schweizer. Zs. für Strafrecht 50 (1936), S. 403–413; *J. Meier:* Heißenstein, der Name einer öffentl. Spielbank, in: Festschr. O. Lauffer (Berlin 1934), S. 242–248; *ders.:* Ahnengrab u. Brautstein (Halle 1944); *ders.:* Ahnengrab u. Rechtsstein (Berlin 1950); *H. Halpert:* Some Forms of a proverbial rhyme, in: Journal of American Folklore 64 (1951), S. 317–319; *W. Brückner:* Art. ‚Eid, Meineid', in: EM. III (1981), Sp. 1125–1140; *H. Rölleke* (Hg.): „Redensarten des Volks, auf die ich immer horche." Das Sprw. in den Kinder- und Hausmärchen der Brüder Grimm (= Sprww.forschung Bd. 11) (Bern – Frankfurt/M. 1988), S. 27.

Steinbruch. *Etw. nur als Steinbruch benutzen:* etw. nur als Rohstoff, nur als Quellenmaterial, nicht als Fertigprodukt verwenden. Die Rda. spielt auf den Abbruch alter Bauwerke zur Gewinnung von Baumaterial an (z. B. im MA., nach der Säkularisierung).

Stelle. *Auf der Stelle treten:* nicht vorankommen oder: absichtlich nicht weitermachen, langsam arbeiten. Die Rda. hängt mit dem preuß. Befehl ‚Auf der Stelle getreten!' beim Exerzieren zusammen, der besagt, daß auf demselben Fleck die Bewegung des Marschierens nachgeahmt werden soll.

Nicht von der Stelle kommen: steckenbleiben, nicht weiterkommen. Die Rda. bezog sich urspr. auf einen Wagen, der unterwegs zum Halten gezwungen wurde, später erfolgte eine Übertr. auf die Arbeit im allg., die nicht erfolgreich weitergeführt wurde.

Zur Stelle sein: anwesend sein, um sofort helfen, eingreifen zu können.

Auf der Stelle! Der Befehl verlangt, daß etw. sofort zu geschehen hat. Vgl. lat. ‚E vestigio'; frz. ‚sur le champ'.

Die wunde Stelle berühren: einen empfindlichen Punkt treffen (↗Punkt). Vgl. auch ndl. ‚iemand op zijn zeer treden (trappen, tasten)'; frz. ‚toucher le point sensible'. Ähnl. Sinn hat die Textstelle in Schillers ‚Don Carlos' (I, 6), wo Philipp II. von sich selbst sagt: „Das ist die Stelle, wo ich sterblich bin". Dazu kursiert im Ndd. folgende Variante: ‚Das ist die Stelle, wo ich empfindlich bin!'. Dies meint neben der körperlichen Empfindlichkeit (Kitzel etc.) auch die charakterliche, etwa i. S. v.: ‚Das kann man mir nicht nachsagen'.

Eine trockene Stelle im Halse haben: gern trinken, weil sie oft angefeuchtet werden muß. Diese scherzhafte Rda. über den Trinker kennt auch das Ndl.: ‚Hij heeft eene drooge stee in den hals', ↗trinken.

Stelzen. *Auf Stelzen gehen:* sich in Sprache oder Gebärden nicht natürlich, sondern gezwungen, geschraubt benehmen. Im 16. und 17. Jh. ist die Rda. *Die Kuh geht auf Stelzen* häufig, um das unnatürliche Gebaren eines Menschen zu bezeichnen; andere Bilder für eine derartige Unart stecken in den Worten: hochtrabend, gespreizt, breitspurig, in Schwulst und geschwollen. In westdt. Mdaa. bedeutet ‚auf Stelzen gehen' auch: hochmütig sein, sich über andere erhaben dünken.

Zu Anfang des 16. Jh. gebrauchte Murner die Wndg. mit Beziehung auf die nahe Gefahr, beim Stelzenlaufen zu stürzen, in seiner ‚Schelmenzunft‘ (41,33) bereits in übertr. Bdtg.:

Wie ist ein frummer rat so seltzen!
Ach gott, es gat yetz als vff steltzen,
Biß daß ein mal den hals ab stürtzt,
Vnweyser rat ein landt verkürtzt.

‚Auf Stelzen gehen‘

In der ‚Zimmerischen Chronik‘ bedeutet ‚uf stelzen gehn‘ große Schritte tun, weit draußen sein, im 17. Jh. wird die Rda. gleichbedeutend mit ‚hinken‘ gebraucht, z. B. vom Reiche Mahomets nach den großen Türkensiegen. Schiller beklagt in den ‚Räubern‘ mit Karl Moor die großen Helden des Altertums, die jetzt nur noch dazu da seien, in Gymnasien ein trauriges Leben zu fristen – „oder, wenn's glücklich geht, von einem Tragödienschreiber auf Stelzen geschraubt und mit Drahtfäden gezogen zu werden". In Gubitz' ‚Gesellschafter‘ (S. 555) heißt es 1836: „Seht den Narr'n, wie er auf Steltzen geht! ruft der Plebs, wenn jemand edlere Gefühle, höhere Gesinnung zeigt. Aber muss er nicht auf Stelzen gehen, um rein durch den Schmutz des Lebens zu kommen?" Vgl. auch ndl. ‚ob stelten staan‘, engl. ‚to go upon stilts‘ und frz. ‚être monté sur des échasses‘.

Hohe Stelzen haben: lange Beine besitzen, eine scherzhafte Übertreibung.

Und wenn der Teufel auf Stelzen kommt: es kann kommen, was will.

Lit.: *S. Oettermann:* Läufer und Vorläufer (Frankfurt/M. 1984), S. 149–153.

Stempel. *Die sind mit einem Stempel geschlagen:* sie sind sich sehr ähnl., sie passen gut zueinander, ihre Ansichten und Pläne stimmen überein. Die Rda. bezieht sich auf den Metallstempel, der in die Münzen geschlagen wurde, um ihnen gleiches Aussehen zu verleihen und ihren vollen Wert zu bestätigen. Vgl. lat. ‚eiusdem farinae‘, ‚ovo prognatus eodem‘, ndl. ‚Hij is van den zelfden stempel‘ und frz. ‚Ils sont marqués au même coin‘. Ähnl. Beziehung zum Münzwesen hat die Wndg. ‚vom alten (guten) Schlage sein‘ (↗Schlag und ↗prägen), die im Ndl. auch ‚van de oude stempel‘ lautet.

Der Stempel ist darauf oder *Das ist der*

Hammerprägung (‚Mit einem Stempel geschlagen‘)

Prägestempel

richtige Stempel: die Sache ist in Ordnung, die Echtheit ist garantiert. Urspr. war ebenfalls die Echtheit der Münze gemeint, später wurde mehr an den Stempel auf dem Papier gedacht, und es erfolgte eine Übertr. auch auf geistiges Gebiet. Vgl. ndl. ‚Dat is van de regten stempel'.
Darauf will ich meinen Stempel nicht drükken: ich will mich nicht dafür verbürgen, ich möchte mit dieser Sache nicht in Verbindung gebracht werden. Vgl. ndl. ‚Ik druk mijnen stempel daar niet op'.
Jem. stempeln: ihn beeinflussen, sich nach den Wünschen anderer zu richten.
Der ist gestempelt: er spricht nicht unbeeinflußt, äußert seine Meinung nicht, aber auch: er ist durch ein Vorurteil einer bestimmten Kategorie zugeteilt worden.
Stempeln gehen: Arbeitslosenunterstützung empfangen, wobei das Datum mit einem Stempel in die Papiere eingetragen wird, damit eine Kontrolle über Meldung und Auszahlung möglich ist.

Stengel. *Vom Stengel fallen (kippen):* überrascht, sehr erstaunt sein, vor Schreck vom Stuhl fallen. Die Rda. ist im 19. Jh. in Berlin aufgekommen: ‚Fall nich von' Stengel!' galt als scherzhafte Mahnung, die Fassung nicht zu verlieren. Der rdal. Vergleich bezieht sich auf eine Pflanze, deren Blüte vom Stengel fallen kann, es ist also eigentl. ‚das Kopfloswerden' damit gemeint oder daß jem. vor Erstaunen zu Boden fällt.

Stentor. *Mit einer Stentorstimme schreien (rufen):* überlaut rufen, eine ungewöhnlich starke Stimme besitzen wie Stentor, von dem Homer in seiner ‚Ilias' (V, 785) berichtet, daß er eine ‚eherne Stimme' besessen habe und ‚so laut schreien konnte wie fünfzig andere'. Aristoteles verwandte bereits das Wort im rdal. Vergleich, da er in seiner ‚Politik' (VII, 4) fragt: „Wer könnte Feldherr einer riesigen Menge sein oder ihr Herold ohne eine Stentorstimme?" Auch in andere europ. Sprachen wurde der Ausdr. Homers übernommen, vgl. ndl. ‚een stentorstem', frz. ‚une voix de Stentor' und engl. ‚a stentorian voice' (Büchmann).

sterben ↗ zeitlich.

Stern. *Die Sterne befragen,* auch: *in den Sternen lesen:* sein vorherbestimmtes Schicksal mit astrologischen Methoden berechnen wollen. Die Rdaa. weisen auf die Beschäftigung mit der Sterndeutung, die in Dtl. vom 13.–18. Jh. Gelehrte und Laien bewegte und z. T. auch ihr Handeln bestimmte.
Die Anfänge der Astrologie gehen auf die Versuche der babylonischen Chaldäer und der Ägypter zurück, aus dem Stand der Gestirne und ihrer schicksalhaften Beziehung zu den Menschen die Zukunft zu enträtseln. Die Griechen systematisierten die von ihnen überkommene Lehre von den Planeten und Tierkreiszeichen und ihrer Wirkung auf das Leben und Geschick der Menschen. Sie versuchten, die Sterndeutung durch die Verbindung mit der Astronomie und ihren exakten Beobachtungen und Berechnungen zur Wissenschaft zu erheben. Durch humanistische Studien und die Vermittlung arabischer Kenntnisse über Spanien wurde die Astrologie auch im Abendland bekannt, aber nicht eigentl. volkstümlich. Die Sterndeutung setzte spezielles Wissen voraus und blieb deshalb meist den Kundigen überlassen, die in hohem Ansehen standen und ehrfürchtig bewundert wurden. Bes. an den Fürstenhöfen hielten sich ständig geschätzte Astrologen auf, die vor allem bei Geburten oder vor wichtigen Entscheidungen den Stand der Sterne beobachteten und Glück oder Unglück vorhersagten. Wallenstein z. B. war ganz dem Sternenglauben verfallen und machte seine Entschlüsse davon abhängig. Irrtümlich hielt er gerade dann seine ‚Sternstunde' für gekommen, als sein Untergang begann. Schiller stellt dies anschaulich in seinem Drama dar und gibt als persönliche Stellungnahme dazu in den ‚Piccolomini' (II, 6) den Hinweis: „In deiner Brust sind deines Schicksals Sterne". Auch in anderen westeurop. Sprachen sind ähnl. Wndgn. gebräuchl., z. B. ndl. ‚iemand zijn planeet lezen'; engl. ‚to cast a horoscope'; frz. ‚lire dans les étoiles'.
Etw. steht in den Sternen geschrieben: es ist eine (völlig ungewisse) Sache der Zukunft; vgl. frz. ‚C'est inscrit dans les astres'.
Darauf beruht die Vorahnung des Todes

in der Volksballade ‚Die Rheinbraut' (Röhrich-Brednich, Dt. Volkslieder, I, S. 157),:

Christinchen ging im Garten,
Den Bräut'gam zu erwarten.
Sie hatte schon längst in den
Sternen gesehn,
Daß sie im Rhein sollt' untergehn.

Nach dem Volksglauben besitzt jeder Mensch einen Stern am Himmel, der bei seiner Geburt erscheint und beim Tode entweder fällt oder untergeht. Diese Vorstellung spiegeln mehrere Rdaa., bei denen Stern mit Leben, Glück oder Ruhm gleichgesetzt werden kann: *Ein Stern ist vom Himmel gefallen:* jem. ist gestorben; *sein Stern erbleicht:* sein Glück schwindet; vgl. frz. ‚Son étoile pâlit'; *sein Stern ist gesunken (untergegangen):* sein Ruhm, sein Erfolg sind dahin. Dagegen sagt der, dessen Glück noch aussteht, der aber geduldig und hoffnungsvoll wartet, bis seine Stunde gekommen ist: *Mein Stern ist noch nicht aufgegangen.* Von einem, dessen Ansehen oder Reichtum ständig wächst, heißt es entspr.: *Sein Stern ist im Aufgehen:* er hat den Höhepunkt seines Glückes noch längst nicht erreicht.

Der Mensch selbst kann mit seinem Stern verglichen oder sogar gleichgesetzt werden, wenn es rdal. von ihm heißt: *Er (sie) ist ein aufgehender Stern* oder *Es ist ein Stern erster Größe:* er ist ein Künstler oder Wissenschaftler, der Hervorragendes leistet. Vgl. ndl. ‚Het is eene ster van de eerste groote'. Volkstümlich geworden ist bei uns die allg. Vorstellung von einem Glücksstern, unter dem ein ganzes Leben, ein bestimmtes Vorhaben oder nur Tag und Stunde stehen kann. Hierbei ist das Glück nicht i.S.v. Astrologie und genauen Horoskopen an einen bestimmten Stern oder ein Sternbild gebunden, d.h. jeder beliebige Stern kann für jem. zum Glücksstern werden. Davon zeugen das Schlagerlied ‚Du sollst mein Glücksstern sein' sowie verschiedene Rdaa., wie *unter einem guten (glücklichen, günstigen) Stern geboren sein (stehen):* günstige Voraussetzungen haben, ein Glückskind sein, bei allen Unternehmungen Erfolg haben; ähnl.: *einen Glücksstern haben.* Vgl. auch ndl. ‚onder een gelukkig gesternte geboren zijn'; frz. ‚être né sous une bonne étoile'; engl. ‚to be born under a lucky (propitious) star'.

Wenn jem. mehrere glückliche Zufälle erlebt und bei einem Unternehmen unerwarteten Erfolg gehabt hat oder wenn sich ihm jem. als bes. glückbringend erwiesen hat, stellt er fest: *Ein (mein) guter Stern (Glücksstern) hat mich geleitet* oder *Er ist mein guter Stern (gewesen).* Auch die Wndgn. *einen Stern haben, an seinen Stern glauben* (vgl. frz. ‚croire à son étoile') und *seinem Stern folgen,* die kein Attribut besitzen, meinen ebenfalls nur den glücklichen Stern, das günstige Geschick. Die Rda. *weder Glück noch Stern haben* verdeutlicht dies. Sie begegnet auch im Lied ‚Es fiel ein Reif in der Frühlingsnacht', in dem es von den Liebenden heißt, die in die Fremde zogen: „Sie haben gehabt weder Glück noch Stern".

Die Rdaa. *unter keinem guten Stern geboren sein (stehen), unter einem bösen (unglücklichen) Stern zur Welt gekommen sein, keinen Stern am Himmel haben* oder gar *einen Unstern besitzen* werden dann gebraucht, wenn jem. nicht vorankommt, wenn er nur Mißerfolge aufzuweisen hat. Der vom Pech Verfolgte trifft diese Feststellungen resignierend selbst, wenn er durch mehrere Schicksalsschläge hintereinander deprimiert ist und nach einer übernatürlichen Erklärung sucht oder wenn er sich die eigene Schuld an seinem Versagen nicht eingestehen will.

Der Ausruf *Da ist kein Stern, der leuchtet!* umschreibt die Hoffnungslosigkeit des Verzweifelten, der keinen Ausweg, kein Licht mehr sieht. Das sprachl. Bild stammt aus der Seefahrt, bei der der Kurs eines Schiffes nach dem Stand der Sterne festgelegt wurde. Da bei Sturm und Unwetter die Sterne verdeckt waren, verloren die Seefahrer die Orientierung und irrten hoffnungslos umher, vgl. hierzu die zehnjährige Irrfahrt des Odysseus.

Die Sterne des Himmels zählen: eine aussichtslose Arbeit unternehmen, sich vergeblich bemühen, Unnützes tun. Nur Gott wird die Fähigkeit zugesprochen, diese Aufgabe zu vollbringen. Deshalb wird er sogar durch diese alles überragende Leistung umschrieben. Bereits im Mhd. begegnet die Wndg. „Der die sterne hât gezalt" (‚Parzival', 659,20), und noch im heutigen Kinderlied ‚Weißt du, wieviel Sternlein stehen?‘ klingt diese Vorstellung von der Allmacht Gottes an. Vgl. auch lat. ‚stellas numerare‘.

Die Rda. *Sterne an den Himmel setzen (heften)* meint ebenfalls das sinnlose Tun, vgl. ‚Eulen nach Athen tragen‘. Seb. Franck verzeichnet diese Wndg. in seinen ‚Sprichwörtern‘ (2,129a) bereits 1541:

Stern an himmel setzen,
holtz in wald tragen
und wasser in Rhein,
das ist geben, da vorhin genug ist.

Jem. (Namen, Ruhm) bis zu den Sternen (zum Himmel) erheben: ihm den höchsten Grad von Achtung erweisen, übertrieben rühmend von ihm sprechen, ihm beinahe göttliche Verehrung entgegenbringen; vgl. frz. ‚porter quelqu'un aux nues‘ (zu den Wolken). Die Rda. steht vermutlich in Zusammenhang mit den Sternsagen, in denen die Versetzung eines Menschen unter die Sterne geschildert wird. Diese Verstirnungssagen sind bereits bei den Griechen bekannt, wobei die Versetzung an den Himmel entweder Belohnung oder auch Strafe bedeuten kann.

Nach den Sternen greifen: nach dem Höchsten, auch Unerreichbarem, streben, sein Ziel sehr weit stecken und von sich selbst das Äußerste fordern. Goethe mahnt dagegen in seinem Gedicht ‚Trost in Tränen‘ vor Enttäuschung:

Die Sterne, die begehrt man nicht,
Man freut sich ihrer Pracht.

Die Sterne vom Himmel holen wollen: bereit sein, alles, selbst das Unmögliche, für jem. zu tun, im übermäßigen Glück der Liebe seine Kräfte wachsen fühlen und im Überschwang alles versprechen. Die Rda. ist eine steigernde Umschreibung für die ‚himmelstürmende‘, junge Liebe. Sie wird aber auch von enttäuschten Ehefrauen gebraucht, die dann bei einer Auseinandersetzung ihrem Manne vorhalten: ‚Und dabei hattest du doch versprochen, mir die Sterne vom Himmel zu holen!‘ Im Schwäb. heißt es von einem Übermütigen: ‚Er schlägt (guckt) die Sterne vom Himmel 'rab‘.

Einen die Sterne sehen lassen: einem große Schmerzen oder große Lust verursachen. Bereits Abraham a Sancta Clara gebraucht diese Wndg. in ‚Etwas für alle‘ (2,17) lit.: „gabe sie (die Schlange) ihm etliche bisz und zwick ... mit solchen schmertzen, dasz er die stern im himmel sehen kunnte auch bei dem tag“. Die Rda. wird aber auch auf einen Geizigen bezogen, der seine Leute so hungern läßt, daß sie ganz kraftlos werden und eine Art Sinnestäuschung von tanzenden Sternen vor ihren Augen kurz vor der Ohnmacht erleben.

Sterne sehen: benommen sein durch einen Schlag oder Stoß, vorübergehend einer Ohnmacht nahe sein. Wird der Augennerv durch einen Schlag gereizt, glaubt man Funken oder Sterne zu sehen.

Nicht mehr die Sterne am Himmel sehen (können): einen Rausch haben. Auch mdal. Wndgn. umschreiben die Trunkenheit auf ähnl. Weise, so heißt es z.B. in Hessen: ‚Er hot en Stern‘. Vgl. auch ‚sternvoll‘, ‚sternhagelbesoffen‘.

Den Stern mit einem treiben: Scherz, Spott mit jem. treiben. Die Rda. ist bes. im Schwäb. und Bair. bekannt und steht vielleicht in Zusammenhang mit der häufigen Wirtshausbez. ‚Stern‘, wo in lustiger Runde gern Schabernack mit einem getrieben wird.

Im Dreikönigslied der Sternsinger begegnet die heute unverständliche Wndg. *der finstere Stern,* die eigentl. eine Umdeutung von ‚finis terrae‘ (Ende der Welt) ist. Sie bedeutet wie in der Wunderhornstr. (2,551):

Wir seind die König vom finstern Stern,
Und brächten dem Kindlein Opfer gern,
daß die Könige weit gezogen sind.

Ein Stern putzt sich: eine Sternschnuppe fällt. Dagegen heißt im Schwäb. ‚den Stern putzen‘ scherzhaft: seine Notdurft befriedigen.

Lit.: *A. de Cock:* „Onder een gelukkig (ongelukkig) gesternte geboren“, in: Volkskunde 19 (1907/08), S. 133; *V. Stegemann:* Art. ‚Stern‘, in: HdA. VIII, Sp. 458–467 u. HdA. IX (Nachtrag), Sp. 596–782; *Troels-Lund:* Himmelsbild und Weltanschauung im Wandel der Zeiten (Leipzig [5]1929); *F. Boll:* Sternglaube und Sterndeutung (Leipzig [4]1931); *W. Gundel:* Sternglaube, Sternreligion und Sternorakel (Leipzig 1933); *H. Wetter:* Heischebrauch und Dreikönigsumzug im dt. Raum (Diss. 1933); *H. Moser:* Zur Gesch. des Sternsingens, in: Bayer. Jb. H. 5 (1935); *K. Meisen:* Die hl. Dreikönige u. ihr Festtag im volkstüml. Glauben u. Brauch (1949); *H. Hommel:* Per aspera ad astra, in: Würzburger Jahrbücher für die Altertumswissenschaft 4 (1949/50), S. 15–165; *E. Zinner:* Sternglaube und Sternforschung (München 1953); *F. Strunz* u. *C. M. Edsman:* Art. ‚Astrologie', in: RGG. Bd. I (³1957), Sp. 664–666; *H. Hommel:* Der Weg nach oben. Betrachtungen zu lat. Spruchgut (Per aspera ad astra), in: Studium generale 13 (1960), S. 296–299; *W. Schadewaldt:* Griech. Sternsagen (München 1970); *C. H. Tillhagen:* Himlens Stjärnor och vädrets makter (Stockholm 1991).

Steuer(n). *Das Steuer führen,* auch: *am Steuer sitzen (sein):* an der Regierung sein, den Staat lenken, die Richtung in der Politik bestimmen, vgl. ‚am Ruder sein'; frz. ‚être à la barre', ↗Ruder.

Das sprachl. Bild der Rdaa. bezieht sich urspr. auf das Steuer des Schiffes, durch das sein Kurs bestimmt wird, in übertr. und erweiterter Bdtg. dient es zur Umschreibung von Herrschaft, Leitung und richtungweisendem Handeln und Eingreifen überhaupt, vornehmlich jedoch im öffentlichen Leben, in Wirtschaft und Politik. Das Neutrum ‚Steuer' ist ein ndd. Wort, das erst spätmhd. als ‚stiure' bezeugt ist. Wegen seiner Grundbdtg. von körperlicher Stütze kann es mit anord. ‚staurr' = Pfahl und lat. ‚restaurare' = wiederherstellen in Zusammenhang gebracht werden. Das schwache Verb ‚steuern' beruht auf mhd. ‚stiuren' = lenken, leiten, stützen.

Das Steuer (fest) in der Hand haben: an der Macht sein, seinen Willen (mit Gewalt) durchsetzen, seine Ziele konsequent verfolgen, sich auf seinem Wege durch nichts und niemanden beirren lassen.

‚Das Steuer fest in der Hand haben'

Das Steuer ergreifen: die Herrschaft an sich reißen, die Führung übernehmen, ordnend eingreifen.

Das Steuer herumwerfen: einen neuen oder entgegengesetzten Kurs einschlagen, die bisherige Richtung in der Politik (Wirtschaft) plötzlich und grundlegend ändern.

Die Wndg. *einer Sache steuern:* ihr Einhalt gebieten, beruht auf der gleichen Vorstellung und meint eigentl. das Entgegensteuern, um das Abweichen vom rechten Maß oder Wege wieder auszugleichen.

Ohne Steuer treiben: ohne feste Führung sein, die Richtung verloren haben, einer unsicheren Zukunft ohne Ziel entgegensehen, die Gewalt (Herrschaft) über sein Leben (die Politik, Wirtschaft) verloren haben; vgl. frz. ‚aller à la dérive'; ähnl.: *des Steuers verlustig gehen:* Halt und Stütze vermissen müssen.

Die mdal. Wndgn., die vor allem von der nordd. Küste stammen, zeigen ihren Zusammenhang mit der Seemannssprache noch deutlicher als die hochsprachlichen, z. B. heißt ‚oever Stür gân', über Bord gehen. Davon abgeleitet ist die Rda. ‚Et geit mit em över Stür', es geht rückwärts mit ihm, da sich ja das Steuer am Ende des Schiffes befindet. ‚Van 't Stür sein', außer Fassung geraten, eigentl. ohne Steuer sein und sich nicht mehr selbst helfen können, dagegen: ‚to Stür kommen', einem zustatten kommen. Diese Wndg. ist bereits bei Burkard Waldis (III, 50, 13) lit. bezeugt als Feststellung: „Der kompt vns wol zu steur". Die Rda. ‚De besten Stüerlüd (Käptens) stahn jümmen an Land' bezieht sich auf die Besserwisser an Land und stammt auch aus der Seemannssprache.

Etw. zur Steuer der Wahrheit tun (sagen): der Wahrheit ihr Recht geben. Das Femininum ‚Steuer' geht auf ahd. ‚stiura' = Abgabe, eigentl. Unterstützung durch Abgaben, zurück und bezeichnet urspr. die Stütze in sinnlicher Bdtg., was sich noch im bair. Ausdr. ‚Steuerleiste' = Stützleiste am Wagen, erhalten hat.

Dagegen meint die Steuer als Abgabe: *Steuer und Bett von Toten nehmen:* übergroße Forderungen stellen. Die Rda. erinnert an das frühere Recht der Grundherren, den persönlichen Besitz der verstorbenen Leibeigenen für sich zu fordern, den sogenannten ‚Todfall'.

Die Steuerschraube anziehen: die Steuern ständig erhöhen. Die Wndg. ist als anschauliche Schelte des künstlich gesteigerten Steuerdruckes in den sechziger Jahren des 19. Jh. aufgekommen und von Bismarck 1881 in seine ‚Politischen Reden' (8,370) aufgenommen worden; vgl. frz. ‚reserrer la vis des impôts'.

Lit.: *W. Stammler:* Seemanns Brauch u. Glaube, in: Dt. Philologie im Aufriß, 2. Aufl. Bd. III, Sp. 2901 ff.; *O. G. Sverrisdóttir:* Land in Sicht (Frankfurt/M. 1987), S. 107–112.

Stich. *Etw. (jem.) im Stich lassen:* etw. preisgeben, jem. in einem kritischen Augenblick nicht unterstützen, ihm nicht helfen, ihn in Gefahr verlassen; versagen, nicht funktionieren.

Diese seit dem Ende des 15. Jh. vereinzelt, vom 17. Jh. an sehr reich bezeugte Rda. ist auf die verschiedenste Weise erklärt worden. Fr. Seiler führt in seiner ‚Dt. Sprichwörterkunde' (S. 232 f.) nicht weniger als sechs Erklärungen an, dazu noch vier bis fünf Varianten. Völlig gesichert ist keine. Am wahrscheinlichsten scheint die Herleitung vom Turnierwesen, wobei, etwa im Massenturnier, ein Kämpfer die Gefährten verläßt, die nun ‚im Stich' des Feindes bleiben. Die Rda. ist allerdings wohl nicht unmittelbar aus dem ritterlichen Turnierwesen des MA. in die Umgangssprache übergegangen, sondern wahrscheinl. aus dem bürgerlichen ‚Stechen', Kampfspielen, die in Nachahmung der ritterlichen Turniere im ausgehenden MA. von den Städten abgehalten wurden. Es gab Gesellenstechen, Fischerstechen usw., bei denen es um einen Preis ging, so daß stechen die Bedeutung bekam: um einen Preis ringen, streiten.

In Rollenhagens ‚Froschmeuseler' (1595; v. K. Goedecke) gibt es zwei Stellen, die geeignet sind, mehr Licht auf die Sache zu werfen. Über den rittermäßigen Kampf zwischen Fröschen und Mäusen heißt es (I, 2,11, Verse 36 ff.):

Und wer ich da so lang geblieben,
Und nicht zuvor davon geflogen,
Eh denn es all hat ausgezogen,
Ich wer zerhackt elendiglich,
Mit dem or geblieben im stich.

Auch an anderer Stelle wird der ganze Kampf „der Stich" genannt (III, 3,8, Vers. 57). Läßt man jem. im Stich, so läßt man ihn im Kampf allein (Hauschild, S. 265). Von daher bekam ‚Stich' die Bdtg. der lebensgefährlichen Situation, der Todesgefahr, wie in der Rda.: *sich in den Stich geben:* sich dem Tod oder der Todesgefahr aussetzen; belegt bei Luther 8,278 a: „o welch ein herz ist das gewest, wie tief gedemütiget sichs, gibt sich in den Stich und nimpt gottes straf mit willigem Gehorsam an".

Späterhin wurde die Rda. sogar auf Schützenfeste übertr., wo man statt mit der Lanze mit der Armbrust kämpfte. Zwei, die gleich gut geschossen hatten, mußten ‚miteinander stechen', indem sie noch einmal schossen. Vom Schießen ging der Ausdr. auf andere Spiele, wie Kegel- und Kartenspiel, über.

Beim Fußturnier, das unter Kaiser Maximilian aufkam, stachen sich die Kämpfer über eine hölzerne Schranke hinweg. Da sie ohne Beinzeug kämpften, war es streng verpönt, unter der Schranke durchzustechen, das nannte man ‚durch den Zaun stechen', später (in der Preuß. Kammerordnung von 1648) ‚Durchstich treiben' und heute noch üblich als ‚Durchstechereien treiben' i. S. v. betrügerische Manipulationen in einer Vertrauensstellung vornehmen.

Übertr. sagt man auch ‚jem. bestechen', in einer früheren Form ‚jem. zu stechen suchen', nämlich ‚mit dem goldenen Spieß', d. h. ihn durch Gold korrumpieren. Diese Rda. findet sich bei Luther (Sir. 8,3) „Denn viele lassen sich mit Gelde stechen, und es bewegt auch wohl der Könige Herz". – Ganz unwahrscheinl. ist die Herleitung der Rda. von der Biene, die ihren Stachel beim Stich in der Wunde zurückläßt, obgleich Luther die Rda. einmal so deutet (‚Auf des Bocks zu Leipzig Antwort', 1521; Weimarer Ausg., Bd. VII, S. 277): „die weil ich sihe, das du deyne seele daran setzen wilt, und wie eine tzornige bien das leben ym stich lassen".

Auch die Wndg. *im Stich bleiben:* verlorengehen, kommt vom 16. bis zum 18. Jh. gelegentlich vor; so 1639 bei Lehmann

(S. 921; ,Wohlthat' 42): „Die guten Werck vnd Wohlthaten, so den Armen geschehen, folgen vns nach in den Tod vnd ins ewige Leben, das man sonst erspart und hinterlassen, das bleibt im Stich".

Stich halten: sich als zuverlässig (richtig, wahr) erweisen, die Probe bestehen; bei Luther und im 16. bis 17. Jh. in der Form ,den Stich halten', seit dem Ende des 17. Jh in der artikellosen Form bezeugt. Auch der Urspr. dieser Rda. ist nicht sicher. Man hat sie vom Stich beim Nähen abgeleitet (so schon 1741 Frisch in seinem ,Teutsch-lateinischen Wörterbuch'), dann vom Stich beim Kartenspiel (,den Stich behalten, festhalten'); am wahrscheinlichsten ist jedoch wiederum die Herkunft vom Kampf mit der Waffe (,den Stich des Gegners aushalten').

,Hieb- und stichfest' mußte ein Turnierpanzer sein; heute überträgt man diese Rda. auf Argumente, die so überzeugend sind, daß der Gegner keine Gegenargumente findet. Ähnl. sagt man von einem Argument, es sei nicht ,stichhaltig'; vgl. engl. ,it will not hold water'.

Wenn bei einer letzten ,Stichwahl' zwischen zwei Bewerbern der eine den anderen ,aussticht', so klingt auch hier das ritterliche Stechen an. Zwar kennt die ritterliche Dichtung des hohen MA. die Wndg. noch nicht, aber die ältesten Belege zeigen deutliche Beziehung auf den Kampf: „Also helt dieser glaube den puff und stich nicht" (Luther, Weimarer Ausgabe, Bd. XVI, S. 234); „Derhalb das buch den stich nicht halten würde, so es solt von den widersachern angefochten werden" (Luther, Jenaer Ausgabe Bd. II, S. 279 a). Von den fünf weisen Jungfrauen sagt Luther: „Sie haben Gottes Werk bei sich und nicht einen gedichteten, gemachten Wahn, der den Stich nicht halten mag".

Auf das Kartenspiel weist jedoch folgender Beleg hin:

Des Pfennigs mancher haust
Gab er Unterschlauf,
Hält den Stich – ich passe

(F. W. v. Ditfurth, Die hist.-polit. Volkslieder des Dreißigjährigen Krieges, Nr. 50, 58).

Den letzten Stich halten (auch vom Kartenspiel): als Sieger bleiben:

Als widern Kaiser bochet ich
Und hielt doch nicht den letzten Stich

(Ebd. Nr. 18, 17).

Immerhin erscheint ,Stich halten' gelegentlich schon im 16. Jh. mit Beziehung auf die Näharbeit, bes. in der Form ,keinen Stich halten' und in der Doppelform ,(den) Stich und (die) Farbe halten' (vgl. ,Farbe'), ferner als ,Stich und Strich halten' mit Anklang an bergmännische und Goldarbeitergebräuche.

Jem. einen Stich geben (versetzen): ihn verletzen, kränken; eine dem Gesprächspartner unangenehme Angelegenheit durch eine Bemerkung andeuten (vgl. ,jem. eine Spitze, einen Seitenhieb geben').

,Die Sonne sticht' rührt, ähnl. wie der ,stechende Blick', vom Bild des Strahles her, der von etw. ausgeht u. konkret mit einer Spitze vorgestellt wird, die fühlbar ist.

Einen Stich haben: verrückt sein, wobei wohl urspr. an den Sonnenstich gedacht ist, der zu Fieber und Ohnmacht führt. Im Ndd. fragt man einen, den man für nicht ganz gescheit hält, gern spöttisch: ,Du hast wohl'n Stich in der Birne (im Kopf)?' Hier liegt aber wohl eine Anspielung auf angestochenes Obst vor.

,Etw. hat einen Stich', z. B. ,die Milch hat einen Stich', ,das Bild hat einen Stich ins Blaue', bez. die Abweichung vom Normalen, d. h., die Milch ist sauer, bzw. das Bild hat eine zu starke Blautönung. Ähnl. sagt man, daß ,Kinder voneinander abstechen', d. h., ihre Charaktere sind völlig verschieden.

,Einen Abstecher machen', auch ,Stichfahrten' von einem bestimmten Ort aus unternehmen, von der geraden Route abweichen und einen abseitsliegenden Ort aufsuchen, um dann wieder zum Ausgangspunkt zurückzukehren. Die Rda. ist vielleicht vom Bild des Zirkels genommen, mit dem man die Strecke auf der Landkarte abmißt.

Lit.: *O. Hauschild:* Im Stiche lassen, in: Zs. f. d. U. 24 (1910), S. 264–265; *Dr. Reinhardt:* Über die Herkunft und urspr. Bdtg. der Rda. ,im Stich(e) lassen', in: Zs. f. d. U. 24 (1910), S. 669–670; *H. Ladstätter:* Zur Rda. ,im Stiche lassen' in: Zs. des allgem. dt. Sprachvereins 25 (1910), S. 210–212; *Fr. Seiler:* Dt. Sprww.-Kunde, S. 232 f.

Stichprobe. *Eine Stichprobe nehmen:* einen einzelnen aus einer Menge beliebig

herausgegriffenen Teil oder ein Einzelstück genau untersuchen, um danach auf die Beschaffenheit oder Qualität des Ganzen zu schließen, auch: von Zeit zu Zeit nachprüfen, ob alles in Ordnung ist. Die Wndg. stammt aus dem Hüttenwesen. Die alten Schmelzöfen, die auch ‚Stichöfen' hießen, hatten vor sich einen ‚Stichherd', aus dem mit dem Probelöffel ein kleiner Teil der Schmelzmasse zur Bestimmung des Metallgehaltes entnommen wurde, was seit dem Ende des 16. Jh. bezeugt ist. Hardanus Hake schrieb 1583 in der ‚Bergchronik' (S. 140): „so manigmahl alß nun der Schmeltzer sticht, so mannigmahl nimmet ehr eine Stichprobe darvon". Von der Metallprüfung wurde die Rda. um die Mitte des 19. Jh. auch auf die Prüfung anderer Materialien und schließlich auf Geistiges übertr. Als der urspr. Zusammenhang mit dem Schmelzvorgang weitgehend vergessen war, entstand die jüngere Wndg. *eine Stichprobe machen*. Man kann heute auch *eine Stichprobe geben,* indem man aus einem Werk, einer Dichtung einen Teil vorträgt.
Möglicherweise älter als die Probe beim Metallschmelzen ist die ‚Stichprobe' der Weinbauern. Zudem wird dort mit dem ‚Stechheber' richtig gestochen, während man die Schmelzprobe mit einem Schöpflöffel entnahm.

Stiefel. *Einen (guten, tüchtigen) Stiefel vertragen (können):* viel Alkohol vertragen können, holst. auch in der Form bezeugt: ‚en gooden Stevel supen'; eine bes. ndd. geläufige Rda., die auf die seit dem 16. Jh. bezeugte Stiefelform von Trinkgläsern zurückgeht: „ein glass, was geformiert wie ein stiffel" (Thomas und Felix Platter, Zur Sittengeschichte des 16. Jh. [1529]; bearb. von Heinrich Boos [1878]; „Ja, sie soffen aus gestifleten Krügen" (Joh. Fischart, Geschichtklitterung [1575], Ndr., S. 123). In älterer Zeit haben vielleicht wirkliche Stiefel als Trinkgefäße gedient. Um 1030 heißen im ‚Ruodlieb', dem ältesten Abenteuer- und Ritterroman Dtls., ein paar, wie es scheint, lederne Weinflaschen, die lobpreisend dargeboten werden, im Scherze Stiefel. Im ‚Theatrum diabolorum' von 1569 ist bezeugt (449b): „Man seufft auß Theereimern, Hüten, Schuen".

Es gibt zahlreiche ätiologische Ursprungsanekdoten der Rda. 1860 erzählt G. Pfarrius in dem Gedicht ‚Der Trunk aus dem Stiefel', wie sich Ritter Boos von Waldeck dadurch, daß er einen Kurierstiefel auf einen Zug leert, das schöne Dorf Hüffelsheim ertrinkt. Dieselbe Rolle spielte der Stiefel bei dem berühmten ‚Trunk von Rothenburg', durch den der Bürgermeister 1631 die von Tilly eingenommene Stadt rettete. Nach Ansicht des Berliner ‚Freimüthigen' (1806, Nr. 71) soll ein Geistlicher an der Tafel Augusts des Starken, nachdem alle anderen Anwesenden unter den Tisch getrunken waren, sich seinen Stiefel mit Wein haben füllen lassen und ihn auf einen Zug ausgetrunken haben. Eine andere Anekdote berichtet, Bassompierre, der 1602 von Heinrich IV. als Gesandter in die Schweiz geschickt wurde, habe als Begrüßungstrunk für die dreizehn Kantonsabgesandten seinen Stiefel, der dreizehn Flaschen Wein faßte, geleert.
Unter den barocken Trinkgefäßen waren solche in Form eines Stiefels, in die ein volles Quart Wein ging. Sie waren hauptsächlich in Schwaben gebräuchl. Seit dem Anfang des 18. Jh. wird aus Stiefeln nur noch Bier getrunken. Von einem Betrunkenen sagt man, er habe *einen gehörigen Stiefel* (↗trinken). In negativer Bdtg. findet sich Stiefel in zahlreichen Rdaa. *Einen Stiefel zusammenreden:* Unsinn reden, ist mdal. weit verbreitet.
Redewndgn. wie *seinen Stiefel fortmachen:* unentwegt, unkritisch etw. fortsetzen, kommen im 18. Jh. auf, zuerst in der Form *seinen Stiefel gehen*. Hier entspringen übertr. Wndgn., die das Handwerksmäßige und Geistlose hervorkehren, so schon 1752: „er predigt dir ... seinen Stiefel weg, daß es eine Art hat" (G. W. Rabener, Sämmtl. Schriften 3,44). In Gerhart Hauptmanns ‚Vor Sonnenuntergang' heißt es: „Man arbeitet eben seinen soliden Stiefel fort".
Als Ausdr. für Dummheit, Unsinn ist Stiefel mdal. weit verbreitet: „Ein Weiberleut redet oftmals einen Stiefel zusammen" (A. Schott, Seltsame Leut [1914], 10).
Einen Stiefel arbeiten, schreiben, spielen bedeutet soviel wie: schlecht. Der Musiker Joseph Joachim (1831–1907) schreibt

in einem Brief (hg. v. H. J. Moser, Bd. I, S. 119): „Der schöne Stiefel (kennst Du den Ausdruck für schlechte Schreibweise?) paßt zu den Schuhen, die ich dir schicke".

Wie in der Rda. ‚einen Stiefel vertragen' ist Stiefel oft auch in anderer Anwendung eine Mengenbez.: *sich einen gehörigen Stiefel einbilden:* eine viel zu hohe Meinung von sich haben.

Das zieht einem die Stiefel aus oder *Das ist zum Stiefelausziehen* sind Ausdrücke der Kritik, des scheinbaren Entsetzens oder gespielter Verzweiflung beim Anhören schlechter oder falsch gespielter Musik.

Gestiefelt und gespornt: völlig ausgerüstet, reisefertig, eine alliterierende Formel, oft auch als *mit Stiefeln und Sporen* belegt. Luther schreibt vom Buch Salomonis: „Es sollte völliger sein, es hat weder Stiefeln noch Sporn, es reitet nur in Socken". *Weder Stiefel noch Sporen haben:* unvollständig sein.

In Shakespeares ‚All's Well That Ends Well' heißt es: „You have made shift to run into't, boots and spurs and all".

Stiefel muß sterben ist eine Rda., die nach einer ätiologischen, d.h. ad hoc erfundenen Erzählung auf ein geschichtl. Ereignis zurückgeht: Im Jahre 1533 kam der Pfarrer Stiefel zu Luther und erzählte ihm, der Weltuntergang stehe nahe bevor, er habe es durch Berechnungen untrüglich festgestellt. Der Reformator ließ sich nicht überzeugen, desto besser gelang dies Stiefel bei den Bauern, die nun alles verzehrten und vergeudeten, was sie besaßen. Als nun der Weltuntergang ausblieb, ergriffen die zornigen Bauern den Pfarrer und führten ihn gebunden nach Wittenberg, wo sie seine Bestrafung verlangten. Auf dieses Ereignis dichtete ein Student ein Lied, das schon bald zum Studentenlied wurde, heute jedoch, nachdem das ursächliche Ereignis vergessen wurde, in der Umdichtung gesungen wird:

> Stiefel muß sterben, ist noch so
> jung, jung, jung!
> Wenn das der Absatz wüßt, daß
> Stiefel sterben müßt ...

Die Strophe ‚Stiefel muß sterben ...' taucht zuerst in A. v. Arnims Sammlungen 1806 auf, ist aber auch später noch häufig als Kinder- und Scherzlied belegt.

Einem span. Stiefel anziehen: ihm die Freiheit zwangsweise einschränken; frz. ‚donner des brodequins au criminel' (veraltet). Der span. Stiefel war ein zum Erzwingen von Geständnissen dienendes Folterinstrument, in das Waden und Knie eingezwängt wurden. Bei Goethe (‚Faust' I, Studierzimmer) sagt Mephistopheles zum Schüler:

> Mein teurer Freund, ich rat Euch drum
> Zuerst Collegium Logicum.
> Da wird der Geist Euch wohl dressiert,
> In spanische Stiefeln eingeschnürt ...

‚Einem spanische Stiefel anziehen'

Etw. sind zwei Paar Stiefel: zwei Dinge sind ganz verschieden voneinander, haben nichts miteinander gemein: vgl. engl.: ‚There are Elms and Elms'; auch: ‚That's another pair of shoes'.

Die Stiefel anhaben: die Herrschaft im Haus besitzen; vgl. frz. ‚porter les bottes', ↗Pantoffel.

Sich etw. an den Stiefeln abgelaufen haben ↗Schuh.

Lit.: *W. E.:* That's another pair of shoes, in: American Notes and Queries 10,11 (1909), S. 252; *J. Stave:* Seinen Stiefel fahren, in: ders.: Wörter und Leute (Mannheim 1968), S. 144–145.

Stiefkind. *Jem. (etw.) wie ein Stiefkind behandeln:* jem. (etw.) lieblos zurücksetzen, zu Unrecht vernachlässigen.

Etw. ist ein Stiefkind: es ist zuwenig beachtet, nicht gefördert worden. Die Vorstellung, daß Stiefkinder schlechter als eigene Kinder behandelt werden, ist schon seit der Antike bezeugt. In der ‚Alkestis' des Euripides (V. 309–310) heißt es um 438 v. Chr.:

Verfolgt die zweite Mutter doch Stiefkinder stets
Mit giftigen Blicken, einer wilden Schlange gleich.

Bis heute ist dieses Vorurteil weit verbreitet und gilt so als Regel, daß die Rdaa. immer davon ausgehen. Auch mdal. Wndgn. sind entstanden, z. B. heißt es im Schwäb. ‚Du sollst net's Stiefkind sein': du sollst nicht schlechter dran sein als die anderen. Auch im Ndd. sagt man gleichsam als Entschuldigung, wenn eines der Kinder versehentlich zu kurz gekommen ist: ‚Du bist doch kein Stiefkind!'

Ein Stiefkind der Natur sein: weder körperliche noch geistige Vorzüge besitzen, sich selbst von der Natur als Mutter alles Lebens ungerecht behandelt fühlen und ihr die eigene Unvollkommenheit zum Vorwurf machen.

Lit.: ↗Stiefmutter.

Stiefmutter. *Etw. seiner Stiefmutter klagen:* alle Mühe umsonst aufwenden, an die falsche Stelle gehen, kein Gehör finden. Die Rda. beruht auf der lat. Wndg. ‚apud novercam queri', die bei Plautus bezeugt ist. Vgl. auch: ‚dem Wolf (Henker) beichten'. Die Rda. verzeichnet auch Seb. Franck (II, 16[a]). Vgl. ndl. ‚Klaag het uwe stiefmoeder'. Auch das frz. Wort für Stiefmutter bez. sowohl die zweite Frau des Vaters wie die böse Mutter: ‚la marâtre'.

Im Gegensatz zum Stiefvater spielt die Stiefmutter in Märchen, Sage und Volksglauben eine bedeutende Rolle. Die Stiefmutter wurde schon in früher Zeit als hart, boshaft und grausam geschildert. In ahd. Sprache findet sich ein Beleg bei Notker (1, 800, Piper):

ten sin stiefmuoter vilo willigo sougta,
doh si anderiu iro stiefchint hazeti.

Bes. im Märchen wurde die Stiefmutter zur typischen, festausgeprägten bösen Gestalt, die die Kinder quälte, hungern ließ und vom Hause vertrieb oder sie sogar als böse Hexe verwandelte, verfolgte und tötete. In den KHM. der Brüder Grimm finden sich dafür viele Beisp.

Auch Hans Sachs übernahm noch bedenkenlos dieses Vorurteil und reimte (20, 364, Ausg. Keller-Goetze):

Da wurd sie irem stieffson feind,
Wie gwönlich all stieffmütter seind.

Häufig begegnet die Stiefmutter auch im Sprw. in einer negativen Rolle. Bei Petri heißt es z. B. in ‚der Teutschen Weiszheit' (2, y 5[a]):

Ein stieffmutter ist ein böse ruth
Und thut den kindern selten gut.

Die sprw. Bosheit der Stiefmutter überträgt sich nach dem Sprw. auch auf den Stiefvater: „bestimmte Umstände (legen) ein bestimmtes Verhalten nahe …: Hänsel und Gretel (AaTh. 327 A) und andere Stiefmuttermärchen wirken wie Belegerzählungen zum Sprw. ‚Stiefmutter macht auch Stiefvater'" (Lüthi, Sp. 627).

An der Stiefmutter Grabe weinen, auch: *um die Stiefmutter weinen:* Tränen und Trauer heucheln. Vgl. ndl. ‚Hij schreit op zijn stiefmoeders graf'.

‚Du gäbst e rechte Stiefmutter' heißt es im Schwäb. als Vorwurf gegenüber einer harten, boshaften und geizigen Person.

Seinem Maule (Munde, Leibe) keine Stiefmutter sein: sich nichts abgehen lassen, sich selbst alles gönnen. Die Wndg. ist bes. im mdt. u. obd. Raum verbreitet.

Er braucht keine Stiefmutter sagt man scherzhaft von einem Menschen, der sich gut in der Zucht hat, der sehr streng gegen sich ist.

Jem. (etw.) stiefmütterlich behandeln: jem. (etw.) unnatürlich hart behandeln, ihn zurücksetzen, etw. vernachlässigen.

Lit.: *G. Schambach:* Die Familie im Spiegel plattdt. Sprww., in: Bremer Sonntagsblatt, 3 (Bremen 1855), Nr. 4, S. 28/9; *J. Haltrich:* Die Stiefmutter in der siebenb.-sächs. Volkspoesie (Wien 1856); *W. Lincke:* Das Stiefmuttermotiv im Märchen der germ. Völker (= Germ. Studien 142) (Berlin 1933); *M. Beth:* Art. ‚Stiefeltern', in: HdA. VIII, Sp. 478–480; *F. Vonessen:* Die Unglaublichkeit der Wahrheit. Zur Mythologie des Stiefmuttermärchens, in: Scheidewege I (1971), S. 429–449; *S. Birkhäuser-Oeri:* Die Mutter im Märchen (Stuttgart 1976); *M. Lüthi:* Bosheit, böse, in: EM. II (1979), Sp. 618–634; *M. Tatar:* The Hard Facts of the Grimms' Fairy Tales (Princeton [N.J.] 1987); *L. Röhrich:* Das Bild der Frau im Märchen und im Volkslied, in: Jacob und Wilhelm Grimm zu Ehren, hg. v. H.-B. Harder u. D. Hennig (= Schriften der Brüder Grimm-Ges. Kassel 18) (Marburg 1989), S. 35–61; *R. Böhm-Korff:* Deutung und Bedeutung von ‚Hänsel und Gretel' (= Artes populares 21) (Frankfurt/M. 1991).

Stielauge. *Stielaugen machen (bekommen):* begehrlich oder neugierig auf etw. blicken, neidisch werden, auch: *Stielaugen wie die Setzeier machen.* Sold. wurden im 1. Weltkrieg stark hervorquellende Augen als Stielaugen bez. Die junge, durch student. Kreise verbreitete Rda. ist nicht von den an einem Stiel sitzenden Gläsern der Lorgnette hergeleitet, auch nicht vom Bild der bei Überanstrengung stark hervortretenden Augen, sondern vom tatsächlichen Vorkommen von Stielaugen in der Natur, u.a. bei Schnecken, Krebsen, Fischen etc.

In der Soldatensprache (schon des 1. Weltkriegs) wurde der begehrliche Blick eines potentiellen Diebes iron. mit ‚Stiehlauge' bezeichnet; z.B.: ‚Hast du deine Stiehlaugen auch schon wieder dazwischen?'

Stier. *Den Stier (Bock) bei den Hörnern fassen (packen),* also dort, wo der Stier seine beste Wehrkraft besitzt, in übertr. Bdtg.: eine Sache, ein Unternehmen mutig an der schwierigsten Stelle beginnen, den einzig richtigen Weg einschlagen, um eine Schwierigkeit zu bewältigen, kühn die größere Gefahr auf sich nehmen und einem Gegner offen entgegentreten, sich einem Wütenden stellen; vgl. frz. ‚prendre le taureau par les cornes'. Vgl. auch das ndd. Sprw. ‚Gott giwt uns wohl'n Koh, aber nich gliek bi de Höörn'.

‚Den Stier bei den Hörnern fassen'

In Politik und Presse wird das sprachl. Bild gern verwendet. Bereits 1874 hieß es in der ‚Schlesischen Presse' (Nr. 237): „Diese Partei verläßt den Kampfplatz, auf den sie in der Absicht getreten war, den Stier bei den Hörnern zu fassen, in sehr niedergeschlagener Stimmung". Von den deutschfeindlichen Hetzern schrieben 1887 die ‚Berliner Politischen Nachrichten': „Der imposante Durchbruch des nationalen Gedankens bei den deutschen Reichstagswahlen (21. Februar 1887) hat sie etwas stutzig gemacht, und ihr momentanes Schweigen deutet möglicherweise darauf hin, daß sie erkannt haben, es habe immer seine Bedenken, den Stier bei den Hörnern zu packen". ↗Horn.

Es ist ein fremder Stier in der Weide gewesen heißt es, wenn der verbotene Umgang eines fremden Mannes mit einer verheirateten Frau bekannt geworden ist. Vgl. ndl. ‚Er is een vreemde stier in de wei geweest'.

Zur Erklärung für leicht aufbrausendes Verhalten eines Menschen sagt man: *Er ist im Stier geboren.* Vom Tierkreiszeichen bei der Geburt wird also auf den Charakter geschlossen.

Lit.: *Spälter:* Wer entscheidet die Frage: Was heißt ‚den Stier bei den Hörnern packen', in: Zs. f. d. U. 14 (1900), S. 662–663; *H. Stickelberger:* Die Lösung der Frage: Was heißt ‚den Stier bei den Hörnern packen', in: Zs. f. d. U. 16 (1902), S. 57–58; *K. Linde:* Zur Rda. ‚den Stier bei den Hörnern fassen', in: Zs. f. d. U. 16 (1902), S. 437–439; *A. Wirth:* Art. ‚Stier', in: HdA. VIII, Sp. 482–486.

still, Stille. *Es ist still um jem. geworden:* er wird von der Öffentlichkeit nicht mehr so beachtet wie früher, er lebt im Alter sehr zurückgezogen, seine Werke (sein Verhalten) erregen nicht mehr die Gemüter, sie sind nicht mehr in der Diskussion. In einer Gesellschaft versucht man die eingetretene peinliche Stille durch den Ausruf zu überwinden: *Es ist so still, nun ist's Zeit zum Hafersäen!* Gewöhnlich fließt dann der Redestrom wieder lebhafter; denn daß der Landmann seinen Hafer an wind-

stillen Tagen sät, weiß jedermann, er weiß aber auch, daß die Rda. hier die Mahnung enthält, sich ein wenig mehr an der Unterhaltung zu beteiligen; ↗Engel.
Auf eine längere Pause in der Unterhaltung bezieht sich auch die pomm. Rda. ‚Es ist so still wie in der Schmalentiner Kirche!' Sie ruft in einem Kreise immer Heiterkeit hervor, dem bekannt ist, daß im Dorf Schmalentin (Kreis Greifenberg) keine Kirche steht. Auch in diesem Falle wird die Unterhaltung wieder in Fluß gebracht. Dieselbe Rda. gibt es auch von der Kirche des Dorfes Trampke (Kreis Saatzig).
Um die ‚lastende Stille' zu charakterisieren, werden gern die rdal. Vergleiche *still wie das Grab* oder *still wie in der Kirche* benutzt. Von einem Schweigsamen sagt man auch: *Er ist so still wie eine Maus* (‚mäuschenstill') oder *Er ist so still wie die Glokken am Karfreitag*. Diese Wndg. bezieht sich auf den katholischen Brauch, die Glocken von Gründonnerstag bis Ostern nicht zu läuten, ↗Karfreitagsratsche.
In der (aller) Stille etw. tun (vorbereiten): ohne Aufsehen zu erregen, heimlich, auch *im stillen* bei sich selbst, unbemerkt. Goethe gebraucht die Wndg. lit., in seinem ‚Tasso' (I,2) heißt es:

Es bildet ein Talent sich in der Stille,
Sich ein Charakter in dem Strom der Welt.

Der Ausdr. *die Stillen im Lande* beruht auf Ps. 35,20: „Denn sie trachten Schaden zu tun und suchen falsche Anklagen wider die Stillen im Lande". Im 18. Jh. wurde dies die Bez. für die Anhänger der pietistischen Bewegung. Friedrich der Große äußerte verwundert: „Können das die Stillen im Lande!", als man ihm Teerstegens Kritik an seiner unchristl. Haltung zu lesen gab (Büchmann).

Lit.: *O. Knoop:* Stargarder Sagen, Überlieferungen u. Geschichten (1929), Nr. 68; *Jungwirth:* Art. ‚Schweigen', in: HdA. VII, Sp. 1460–1470.

stinken. *Es stinkt,* auch: *Hier stinkt es:* etw. ist nicht in Ordnung, eine Sache erscheint verdächtig, eine Beteiligung oder Unterstützung wäre bedenklich, weil das Unternehmen entweder nicht genügend gesichert, rechtswidrig oder sogar eine verräterische Falle sein könnte, auch: es besteht Verdacht auf ein verborgenes Unrecht oder auf ein geplantes Verbrechen. Vgl. die Rda. ‚Hier ist etw. ↗faul'.
Urspr. bezog sich die Wndg. nur auf verdorbene Lebensmittel, die bereits in Zersetzung oder Verwesung übergegangen waren. Von dem dabei entstandenen unangenehmen Geruch, der zuerst wahrgenommen wurde, schloß man auf den inneren Zustand der Speisen. In übertr. Bdtg. ist gemeint, daß schon erste Anzeichen genügen, um einen Verdacht auf Unordnung, Unsitte, Verfall und Verbrechen aufkommen zu lassen. Goethe machte die Rda., die aus der Umgangssprache stammt, durch seine Verwendung im ‚Faust' literaturfähig. In der Szene ‚Am Brunnen' läßt er Lieschen verächtlich von einer Freundin sagen:

Es stinkt!
Sie füttert zwei, wenn sie nun ißt und trinkt.

Da stinkts bei ihm: in diesem Gebiet (Wissenschaft) geht es nicht vorwärts bei ihm, seine Kenntnisse fehlen.
Hier stinkt es: hier hat sich jem. selbst gelobt. Die moderne Wndg., die bes. bei Schülern und Studenten zur Abweisung und Verspottung von Prahlereien beliebt ist, beruht auf dem Sprw. ‚Eigenlob stinkt'. In der Soldatenspr. des 1. Weltkriegs hat dieses Sprw. noch eine Nebenform erhalten: ‚Eechenlob (Eichenlaub) stinkt!' Sie bezog sich auf den aus Blättern selbstgemachten, stinkenden Tabak.
Etw. stinkt zum Himmel: es ist ein offensichtliches Unrecht, es ist unerhört.
Es stinkt in der Fechtschule: etw. ist nicht in Ordnung, es kommt zu einer unangenehmen Auseinandersetzung, es gibt Streit und Ärger. Vgl. auch die Rda. ‚Es spukt in der Fechtschule' (↗spuken) und die Wndg. ‚Hier ist dicke ↗Luft'.
Es stinkt mir in die Nase: es ist mir äußerst unangenehm und widerwärtig, ich tue etw. nur höchst ungern. Häufig hört man heute nur die Kurzform der Rda.: *Mir stinkt es!* in der Bdtg.: ich habe endgültig genug, ich habe es satt. Vgl. auch die Wndg. ‚die ↗Nase von etw. voll haben'.
‚Den Dreck rütteln, daß er stinkt', eine in Vergessenheit geratene Angelegenheit wieder aufrühren, Unangenehmes durch seine Einmischung noch ärger machen.

‚Den Dreck rütteln, daß er stinkt'

Th. Murner hat die Wndg. „den dreck rutlen, das er stinckt" in seiner ‚Schelmenzunft' lit. verwendet.

Nach Geld stinken: geradezu unanständig reich sein, durch großen Aufwand und sein bes. Auftreten auf seinen Reichtum hinweisen. Die Rda. wird heute meist im negativen Sinne mißbilligend gebraucht, wenn jem. bloß seines Geldes willen zur großen Gesellschaft gezählt wird, ohne genügend Bildung und vornehme Zurückhaltung zu besitzen. Luther gebrauchte diese Wndg. bereits in seinen ‚Tischreden' (339[a]): „Das stincket nach Gelde", jedoch in etw. anderer Bdtg. als heute. Er wollte damit ausdrücken, daß bei einer Sache ein Profit zu erwarten ist, daß es bei etw. nur auf das Geld abgesehen ist. Vielleicht besteht hier ein Zusammenhang mit der Feststellung *Geld stinkt nicht,* die eigentlich das Gegenteil besagen will und auf einem Ausspruch von Kaiser Titus Flavius Vespasianus beruht, der damit seinen Sohn belehren wollte, daß man es dem Geld nicht anmerken könne, auf welche Weise es verdient wurde (‚pecunia non olet'); vgl. frz. ‚L'argent n'a point d'odeur'.

‚Stank für Dank', arger Undank; vgl. ndl. ‚Stank voor dank'.

Vor Dummheit stinken: sehr dumm sein. Diese Wndg. ist der bekannteren Rda. *vor Faulheit stinken* nachgebildet.

Die zahlreichen rdal. Vergleiche dienen zur drastischen Steigerung: *etw. stinkt sechs Meilen gegen den Wind; es stinkt wie ein Nest voll junger Füchs, wie die Pest;* mdal. sagt man schwäb. ‚Des stinkt ärger ass's Bocks Loch' und schles. ‚Das stinkt hier, als wenn sich der Teufel (die Hosen) zerrissen hätte'.

Jem. stinkt wie ein Aas, wie ein Bock, wie faule Eier, wie der Teufel, wie eine Wanze, wie ein Wiedehopf, wie ein Ziegenbock. Die mdal. Vergleiche sind bes. anschaulich, z.B. heißt es schwäb. ‚Dear stinkt wia a Kist voll kranke Affa', ‚wia d'Pest voar Wien', ‚wia sieba Juda vo Hürba'.

Allg. verbreitet sind auch die Wndgn. *Er stinkt, als wenn er beim Schinder in der Kost wäre* (vgl. ndl. ‚Hij stinkt, of hij bij een'viiler in den kost is') und *Er stinkt durch die Rippen.* Eine Umschreibung für gestorben sein sind die derben Feststellungen: *Er hat sich auf das Stinken gelegt* oder *Der stinkt schon lange nicht mehr,* ↗zeitlich.

In Berlin gebraucht man gern die scherzhafte Umkehrung: ‚Stinken Se mal, wie det riecht'.

Im Bad. heißt es: ‚Was stinkt, des düngt'.

Hält man sich in einem Raum mit schlechter Luft auf und kann daran nichts ändern, so tröstet man sich mit dem Wort: ‚Es sind schon viele erfroren, aber noch keiner erstunken'.

Etw. ist erstunken und erlogen: eine Behauptung entspricht nicht der Wahrheit. Diese Zwillingsformel betont vor allem die Gemeinheit einer Lüge.

Lit.: *A. Corbin:* Pesthauch und Blütenduft. Eine Geschichte des Geruchs (Berlin 1984).

‚Stank für Dank'

Stint. *Sich freuen wie ein Stint:* sich sehr seines Lebens freuen, sich freuen wie ein

↗Schneekönig. Der Prediger Friedrich Wilhelm August Schmidt zu Werneuchen hat in seinem Gedicht ‚Der Mai 1795' (Neuer Berlin. Musenalmanach f. 1797, 86) den kleinen Weißfisch erwähnt, der im Ndd. den Namen ‚Stint' trägt, und damit den Anlaß zu dieser Rda. gegeben:

O sieh! wie alles weit und breit
Von lindem Schmeichelwind
Mit Wonneblüten überstreut,
An warmer Sonne minnt!
Vom Storche bis zum Spatz sich freut,
Vom Karpfen bis zum Stint!

Er ging ein Stintlein zu angeln und hat einen Lachs gefangen sagt man, wenn einem ein unerwartetes Glück widerfährt. Das angeblich planlose Verhalten des geringgeachteten Fisches, den nur arme Leute auftischten, hat in Norddtl. den Anlaß zu mehreren rdal. Vergleichen gegeben: die holst. Rda. ‚He riskērt sien Leben as'n Stint' meint: er ist höchst unvorsichtig; häufig hört man in Berlin: ‚Er ist besoffen wie'n Stint' oder ‚Er ist stintmäßig besoffen', er ist sinnlos trunken und weiß nicht mehr, was er tut; aber auch: *Er ist verliebt wie ein Stint:* er ist so verliebt, daß er auf nichts mehr in seiner Umgebung achtet und einen zerstreuten, abwesenden Eindruck macht.

Im Ndd. sagt man verächtlich über einen kleinen Angeber oder Gernegroß: ‚So 'n Stint!'

Lit.: *Th. Redslob:* Sich freuen wie ein Stint, in: Korrespondenzblatt des Vereins für ndd. Sprachforschung 31 (1910). S. 14–16; *Th. Zell:* Verliebt wie ein Stint, in: Zs. des allgem. dt. Sprachvereins 35 (1920), S. 104–106; *G. Schoppe:* Sich freuen wie ein Itsch, in: German.-roman. Monatsschrift 26 (1938), S. 73; *A. Striepe:* Und ärgert sich als wie ein Stint, in: Mitteilungen aus dem Quickborn 44 (1953), S. 39–40.

Stirn. *Es steht ihm an der Stirn geschrieben:* seine Gesinnung verrät sich schon durch seinen Gesichtsausdr., man kann seine Gedanken ablesen. Ob ein Zusammenhang der Rda. mit dem Kainszeichen besteht, ist nicht sicher, doch läßt sie sich bis ins 15. Jh. zurückverfolgen. Bes. bekannt geworden ist sie durch Gretchens Worte über Mephistopheles (‚Faust' I, V. 3489), den sie rein gefühlsmäßig ablehnen muß:

Es steht ihm an der Stirn geschrieben,
Daß er nicht mag eine Seele lieben.

Ähnl. Wndgn. sind: *Man kann's ihm an der Stirn lesen* (vgl. lat. ‚ex fronte perspicere'), *etw. an der Stirn tragen* und, ins Negative gewendet, *Es steht nicht alles auf der Stirn geschrieben:* man kann nicht alle geheimen Gedanken erraten (vgl. engl. ‚Every one's faults are not written on their foreheads'), oder *Es ist ihm nicht an die Stirn geschrieben wie den Schafen auf den Pelz* und *nicht wissen, was hinter jem. Stirne vorgeht.*

Aus der Bibel stammt die Rda. *eine eherne (eiserne) Stirn haben:* sich nicht einem fremden Willen beugen, sehr hartnäckig sein. Bei Jes. 48,4 heißt es: „Denn ich weiß, daß du hart bist, und dein Nacken ist eine eiserne Ader, und deine Stirn ist ehern". Ähnl. *etw. mit eherner (frecher) Stirn behaupten:* etw. dreist behaupten.

Bildl. wird Stirn für Kühnheit und Frechheit gebraucht. Seit dem 18. Jh. begegnet deshalb die Rda. auch in verkürzter Form: *die Stirne zu etw. haben:* die Unverschämtheit besitzen. Vgl. frz. ‚avoir le front'. Die Rda. ist auch lit. bezeugt, z.B. schreibt Wieland 1794 (Sämtl. Werke Bd. XXII, S. 293):

Was ist so arg, das nicht, um sich genug zu tun,
Ein Weib die Stirne hat zu wagen?

Einem die Stirn bieten: jem. harten Widerstand entgegensetzen.

Einem die Stirn brechen: der gezeigten Hartnäckigkeit (Frechheit, Unverschämtheit) Gewalt entgegensetzen und sie besiegen.

Nach seiner Stirn und Gehirn leben: nach seinem Kopfe leben, sich nicht beeinflussen lassen.

Einen vor (für) die Stirn stoßen: ihn beleidigen und entmutigen, ihn grob abweisen, ↗Kopf. Die Rda. ist alt, denn sie ist bereits bei Fischer im ‚Psalter' (647,1) bezeugt.

Sich wie vor die Stirn geschlagen vorkommen, auch: *wie vor die Stirn geschlagen sein:* durch das unerklärliche Verhalten eines Menschen oder durch ein unerwartetes Ereignis völlig verstört sein. Vgl. auch siebenb.-sächs. ‚E äs vuer de Stern geschlôn'.

Sich an (vor) die Stirn schlagen: seine eigene Dummheit einsehen und dies mit einer Geste des Unwillens ausdrücken. Vgl. lat. ‚ferire frontem'.

Sich an die Stirn greifen (müssen): etw. ist unglaublich, man kann nur den Kopf darüber schütteln.
Du, greif dem mal an die Stirne!: mach ihm deutlich, daß er nicht recht gescheit ist, eigentl.: prüfe einmal nach, ob er vielleicht im Fieber spricht. In Sachsen zieht man deshalb nach der Berührung der fremden Stirn sofort die Hand zurück, als habe man sich dabei verbrannt, und fügt hinzu: ‚Die ist aber heiß!‘
Auch im Ndd. greift man dem ‚Fieberverdächtigen‘ an die Stirn, indem man ‚Tschsch ...!‘ sagt. Man ahmt damit das Geräusch eines Wassertropfens nach, der auf eine glühende Herdplatte fällt.
Nicht auf die Stirn gefallen sein: nicht dumm sein, ↗Kopf.
Seine Stirn runzeln über etw.: Mißfallen, Verdruß ausdrücken, etw. (moral.) beanstanden. Vgl. ndl. ‚Hij fronselt zijn voorhoofd‘; frz. ‚froncer les sourcils‘ (wörtl.: Die Augenbrauen zusammenziehen).
Er hat eine gelehrte Stirn: er hat eine Glatze, aber auch: er ist ein völlig unwissender Mensch, da ‚gelehrt‘ scherzhaft für das eigentl. gemeinte ‚geleert‘ steht.
Für die euphemist. oder übertreibende Kennzeichnung der Glatzenbildung sind im 19. und 20. Jh. humorvolle Wndgn. bes. in den Großstädten entstanden: *Die Stirn wächst in den Rücken hinein; eine hohe Stirn bis hintenhin (bis in den Nacken) haben; eine erweiterte (entlaubte, überhöhte) Stirn haben.*

Lit.: *Bargheer:* Art. ‚Kopf‘, in: HdA. V, Sp. 201–214.

Stock. *Über Stock und Stein:* über alle Unebenheiten hinweg. Die stabreimende Rda. hat sich noch in einem Kinderlied erhalten:

Hopp, hopp, hopp,
Pferdchen, lauf Galopp,
Über Stock und über Steine ...

Die Rda. ist aber wesentlich älter. In Hugos von Trimberg Lehrgedicht ‚Renner‘ (12524 ff.) heißt es (um 1300):

über rûch, über sleht, über stein,
über stöcke
sül wir hurren, loufen, springen.

Ein weiterer Beleg dieser Alliteration findet sich im ‚Kindheitslied‘ des Meisters Alexander, der in der zweiten Hälfte des 13. Jh. gelebt hat:

set, do liefe wir ertberen sůchen.
von der tannen tzů der bůchen
Vber stoc vnde vber steyn.
Der wile daz die svnne scheyn.

Beide Belegstellen beschreiben eine Situation im Wald. Bei den Stöcken handelt es sich hier jedesmal um Wurzelstöcke, Wurzelholz im Wald. „Es ist wohl das Natürlichste, dabei an die Steine und an die sogenannten Wurzelstöcke, die mit den Wurzeln noch in der Erde stehenden Stümpfe abgeschnittener Baumstämme, zu denken, die auf ungebahnten Wegen, bes. im Walde, die Schritte der Wanderer hemmen“ (Richter, S. 175).
Bismarck gebraucht die Wndg. ‚einen Stock zwischen die Räder schieben‘ (‚Reden‘ 6,453): „Wenn man zur unrechten Zeit jemand, der sich in einer schwierigen Situation befindet, einen Stock zwischen die Räder schiebt, so ist es möglich, daß der Stock für den Augenblick wirkt“.
Das sprachl. Bild kommt von den hochräderigen alten Bauern- (Leiter- oder Ernte-) wagen, wobei der Stock zwischen den Rädern unterschiedliche Wirkungen bezwecken konnte: Faßte die Bremse am Hang nicht genug, blockierte der Stock zwischen den Speichen des Rades noch zusätzlich, das nun den Wagen bremste. – Saß aber einmal der Wagen im aufgeweichten Boden fest, so vereinte der Fuhrmann die Hebelwirkung des Stockes in den Speichen mit der Kraft seiner Muskeln und der der anziehenden Pferde, um wieder ‚flott zu werden‘. Die Rda. kann also sowohl ‚fördern‘ als auch ‚bremsen‘ bedeuten. Vgl. auch: KHM. 57, 89 u. 163.
Wie ein Stock dastehen: stumm und steif dastehen, kein Unterhaltungstalent besitzen. Ähnl. die Rda. bei Grimmelshausen (‚Simplicissimus‘ I,12): „... Ich aber stand da wie ein Stockfisch“; als Schelte für den ungelenken Langweiler schon bei Joh. Fischart 1572 (‚Praktik‘ 15). Dazu die Bildungen: ‚stockdumm‘, ‚stocktaub‘, ‚stocksteif‘, ‚stockfinster‘, ‚stockblind‘. Die Ableitung des Ausdr. ‚ein verstockter Sünder‘, ein störrisch in Bosheit verhärteter Mensch, von dem Strafinstrument, dem ‚Stock‘, ist lt. Dt. Wb. 12, 1, Sp. 1761, nicht zutreffend. Ähnl. erklärt Seiler (S. 250) verstockt als unempfindlich wie ein Stock.

Aber: *im Stock sitzen:* gefangensein (vgl. ‚Stockhaus', ‚Stöcker' und ‚Stockmann' für Gefängniswärter).
Seiler führt auch ‚stockfinster' auf das Stockhaus zurück, die Rda. bedeute, es sei so finster wie im Stockhaus, im Gefängnis. In älteren Belegen heißt es jedoch ‚stickfinster', und auch das Subst. ‚Stick' ist belegt als ndd. Form für Stich. So heißt es in Hans Sachs' Schwank ‚Der faule Fritz im Schranke' (108): „kein Stick ich noch nicht sehen kan". Bereits mhd. findet sich ‚stic' für ‚Stich'. So sagt man noch heute ‚keinen Stich sehen können', vgl. auch ‚stichdunkel'. Durch Volksetymologie ist also ‚stichfinster' zu ‚stockfinster' geworden, als das Präfix ‚stich-' nicht mehr verstanden wurde; dieser Vorgang ist relativ früh anzusetzen, denn schon im ‚Simplicissimus' heißt es ‚stockfinster'.
‚Er schneidet selbst den Stock, mit dem er geschlagen werden soll', er trägt zu seinem eigenen Schaden bei.

1

2

1/2 Stock, Stockhaus (‚Im Stock sitzen')

‚Er schneidet selbst den Stock, mit dem er geschlagen werden soll'

Sich mit einem kurzen Stock wehren: sich schlecht verteidigen.
Holst. sagt man auch: ‚He sleit en goden Stock', er weiß sich gut zu wehren, zu verteidigen.
Jem. über den Stock springen lassen: jem. mit List betrügen.
Am Stock gehen: müde, krank, gebrechlich sein sowohl in körperlicher als auch geistiger Hinsicht, aber auch völlig mittellos, verarmt sein, finanzieller Unterstützung bedürfen. Ähnl. in Westf. ‚metn witten Stocke dervan gan', verarmen, vgl. ‚am Bettelstab gehen', ↗Stab.
Feucht in den Schrank gelegte Wäsche wird ‚stockfleckig'. Göhring (Nr. 407) leitet die Rda. von den Flecken her, die die vom Stockmeister in den Stock (Block) eingeschlossenen Verurteilten durch die Eisenbänder auf der Haut davontrugen.
Etw. mit dem Stock fühlen (greifen) können, iron. gebraucht (‚das fühlt [sieht] ein Blinder mit dem Krückstock'): wenn man jem. auf eine offensichtliche Tatsache hinweisen will, auch: wenn man etw. für große Aufschneiderei hält, ↗Blinder.
‚Da kam's Stöckchen zum Hölzchen' sagt man und meint, daß zwei Personen oder Dinge gut zueinanderpassen.

Im oberen Stock nicht mehr ganz sauber sein: sehr dumm sein, verrückt sein (Schwäb. Wb. 5, 1920, Sp. 1782), ↗Oberstübchen. Diese Rda. bezieht sich auf das Stockwerk unter dem Dach des Hauses, mit dem der in Unordnung geratene menschliche Kopf verglichen wird. Sie hat nichts zu tun mit dem Ausdr. ‚stockdumm‘, der auch eine extrem große Dummheit bez. Stock – als Affix hat generell die Bdtg. sehr, erz-, ganz, völlig, so wie: stockkonservativ, stockblind, stockdumm.

Lit.: *A. Richter:* Über Stock und Stein, in: ders.: Dt. Rdaa. (Leipzig [2]1893), S. 174–175; *W. Seibicke:* Über Stock und Stein, in: Der Sprachdienst 22 (1978), S. 9–10; *W. Mieder:* Über Stock und Stein, in: Der Sprachdienst 22 (1978), S. 78–79; *E. Bornemann:* Über Stock und Stein, in: Der Sprachdienst 22 (1978), S. 118–119.

Stoffel ↗Christoph.

Stolz, stolz. *Stolz sein auf (über) etw.:* voll berechtigter Freude und Genugtuung über etw. gut Gelungenes, Anerkennenswertes sein, ein gesteigertes Selbstgefühl dadurch besitzen.
Stolz sein auf jem.: seine Hoffnungen und Erwartungen durch jem., in den man sein Vertrauen gesetzt hat, in schönster Weise erfüllt sehen, sich über seine guten Eigenschaften, seine Erfolge und Fortschritte mitfreuen und ihn im stillen bewundern und schätzen.
Das Adj. stolz kann aber auch negative Bdtg. besitzen. Die Feststellung *Er (sie) ist stolz geworden* meint, daß er (sie) eingebildet und hochmütig geworden ist, daß er seine ehemaligen Freunde verachtet, weil er vergessen hat, woher er einmal gekommen ist. Vgl. auch ndl. ‚prat gaan op‘; frz. ‚Il (elle) est bien fier(e)‘.
Warum so stolz? fragt man auch scherzhaft, wenn man von einem Bekannten übersehen und deshalb versehentlich nicht begrüßt wurde.
Der rdal. Vergleich *stolz wie ein Pfau* besitzt ebenfalls negative Bdtg. und wird in tadelndem Sinne gebraucht, wenn nur auf das Äußere Wert gelegt wird und die Eitelkeit zu auffallend ist, ↗Pfau.
Die bekannte Wndg. *stolz wie ein Spanier sein* meint den übertriebenen Stolz, der als bes. Eigenart der Spanier gilt; vgl. frz. ‚fier comme Artaban‘ (König der Parthen).
Schiller gebraucht eine ähnl. Wndg. in durchaus positivem Sinne in seinem ‚Don Carlos‘ (III, 10): „Stolz will ich den Spanier“. Doch gerade wegen dieses sprw. Stolzes wurde der Spanier auch gern verspottet und Gegenstand von Karikaturen bei den Nachbarvölkern. Mit der Wndg.

1

2

1/2 ‚Stolz wie ein Spanier‘

stolz wie ein Preuße wird bes. in Oberdtl. deren Mut und Selbstbewußtsein bewundert und anerkannt.
Bes. Dünkel bezeichnen die rdal. Vergleiche *stolz wie ein Kutschenpferd sein* und *stolz wie ein reichgewordener Bettler.*
Vor Stolz nicht wissen, wie man den Kopf halten soll: durch eine übertriebene Körperhaltung seinen Hochmut zum Ausdruck bringen, seine Verachtung anderer deutlich zeigen, ‚die ↗ Nase sehr hoch tragen'.
Der (falsche) Stolz verbietet jem. etw.: er schämt sich, etw. Demütigendes zu tun, um etw. zu bitten oder in der Notlage eine Hilfe anzunehmen. Dagegen: *jem. fehlt es (offenbar) an Stolz:* er erniedrigt sich bedenkenlos.
Seinen (ganzen) Stolz in etw. setzen: sich bes. bemühen, anstrengen, weil man es sich selbst schuldig ist; vgl. frz. ‚mettre toute sa fierté dans quelque chose'.

Stopfen, stopfen. *Stopfen blasen:* das Signal zum Aufhören geben. Die Wndg. stammt aus der Soldatensprache. Der Hornist erhielt den Befehl ‚stopfen' zu blasen, um damit das Ende einer militärischen Übung bekanntzugeben. Stopfen ist ein lat. Lehnwort. Es kommt von ‚stuppa' = Werg und bedeutet urspr. etw. mit Werg ausstopfen, Risse, Löcher ausfüllen, auch: einen Weg verstopfen, jede Bewegung hemmen. Die letztere Bdtg. liegt der Rda. zugrunde, in der stopfen meint, daß etw. zum Halten (Aufhören) gebracht wird. Vgl. engl. ‚to stop'.
Etw. stopft sehr: es macht außerordentlich satt, das Essen ist bes. nahrhaft.
Jem. stopft tüchtig: er langt beim Essen kräftig zu. *Alles in sich hineinstopfen:* alles essen, was vorhanden ist, seinen Hunger gierig und wahllos stillen. Wilhelm Raabe nannte einen solchen Menschen ‚Stopfkuchen' und machte ihn zur Titelfigur eines seiner späten Romane.
Alles hineinstopfen: in eine drangvolle Enge einzwängen, z.B. in einen Korb oder einen Schrank. In übertr. Sinne wird diese Wndg. auch auf wissenschaftliche und literarische Arbeiten bezogen, die überaus viele Informationen, Ideen und Motive enthalten und dadurch unübersichtlich, unstrukturiert und überladen wirken.

Stoppel(n). *Das Stoppel abgrasen:* seinen Acker ausmergeln, Raubbau treiben, eigentl. sein Stoppelfeld nach der Ernte noch von den Schafen abgrasen lassen. Die Wndg. ist auf allg. Anstrengung und schädliche Ausbeutung und Ausnutzung des Letzten übertr. worden.
Von den Stoppeln auf die Ernte schließen: sich aufgrund unzureichender Tatsachen ein Urteil bilden wollen, falsche Schlüsse ziehen, vgl. lat. ‚ex stipula cognoscere'.
Stoppeln haben: schlecht rasiert sein. Die Bartstoppeln werden scherzhaft mit den abgeschnittenen Halmresten auf einem abgeernteten Feld verglichen.
Etw. mühsam (zusammen)stoppeln: Reste zusammensuchen. Die Wndg. bezieht sich auf das Stoppeln von Ähren (auch von Kartoffeln oder Rüben): auf den Feldern suchten sich die armen Leute das zu ihrer Nahrung zusammen, was beim Ernten heruntergefallen oder zufällig liegengeblieben war. In den Notzeiten nach den beiden Weltkriegen war das Stoppeln für viele lebensnotwendig.
Ein Stoppelhopser sein: ein Infanterist. Die sold. Wndg. ist um 1870 aufgekommen. Das Bild stammt von den gewöhnlich im Herbst, auf den Stoppelfeldern, stattfindenden Manövern. Später wurde auch der Gutsverwalter so bez. (Küpper).

Stör. *Auf der Stör arbeiten,* auch: *auf (den, die) Stör gehen:* in einem fremden Hause auf dem Lande für Kost und Tagelohn arbeiten und sein Handwerkszeug dazu mitnehmen. Die Wndgn. stammen aus der Handwerkersprache und werden in herabsetzendem, verächtlichem Sinne auf Meister und Gesellen angewandt, die die Aufträge ihrer Kunden nicht in der Werkstatt ausführen, sondern im Lande umherziehen und überall nachfragen, ob es für sie etw. herzustellen oder zu reparieren gibt. Diese Art, als Wanderarbeiter seinen Unterhalt zu verdienen, sahen die Zünfte nicht gern, da die ansässigen Handwerker dadurch benachteiligt werden konnten. In einigen Berufen wurde viel auf die Stör gegangen, vor allem Schneider, Schuster, Sattler, aber auch Böttcher und Weber nahmen auswärtige Arbeit an.
Die Etymologie von Stör ist schwierig. Das Subst. gehört vermutl. zu den mdal.

Verbformen ‚stôren' (bair.) = im Lande herumfahren (vagari) (vgl. auch ‚störzen' = nicht an einer Stelle bleiben) und ‚sturen' oder ‚stüren' (ndd.) = von zu Hause fortschicken. Die konkrete Bdtg. von Stör ist ein Strauß, den man zu bestehen hat, die Mühsal. Schmeller verweist dazu im ‚Bayr. Wb.' auf ‚storie', ‚storje' = Kriegsschar, Gedränge, Gefecht. Die urspr. Bdtg. der Rda. wäre demnach: in den Streit hinausziehen. Sie ist später verblaßt zu: hinausziehen, so daß die Wndg. heute den Gegensatz von daheimbleiben umschreibt.

Lit.: *O. Rüdiger:* Stör, in: Ndd. Korrespondenzblatt, 10 (1885), S. 45; *L. Röhrich* u. *G. Meinel:* Rdaa. aus dem Bereich von Handwerk u. Gewerbe, in: Alem. Jb. (Bühl/Baden 1973).

Storch. *Da brat' mir (aber) einer 'nen Storch!* (auch mit dem Zusatz: ‚aber die Beine recht knusprig'): da bin ich aber sehr erstaunt, das ist unerhört, das ist unmöglich. Dieser rdal. Ausruf der Verwunderung hängt damit zusammen, daß Störche in der Tat nicht gebraten und gegessen werden. ‚Du kannst mir 'nen Storch braten!' bedeutet aber auch: du kannst mir gewogen bleiben. Von einem Anmaßenden sagt man auch: ‚Der will einen Storch (extra) gebraten haben', der will immer etw. Besonderes, eine Extrawurst haben.
Wie ein Storch im Salat: steifbeinig, ungelenk, ungraziös.
DerStorch kommt zu jem.: bei jem. kommt ein Kind an; *der Storch hat sie ins Bein gebissen:* sie wird ein Kind bekommen. Moderner: ‚Der Storch hat angerufen (angeläutet)', sie ist schwanger.
Der Storch hat dich gebracht erhalten Kinder auf ihr hartnäckiges Fragen nach ihrer Herkunft gern als ausweichende Antwort. Man glaubt, diese Auskunft könne genügen, wenn aus Prüderie eine echte Aufklärung gescheut wird, ↗ Klapperstorch.

Lit.: *H. Schrader:* Brat mir'n Storch (aber de Beene recht knusprig), in: Zs. f. dt. Sprache, 5 (Hamburg 1891/92), S. 6–9; *Schneeweis:* Art. ‚Storch', in: HdA. VIII, Sp. 498–507; *F. Slanateder:* Da brat' mir doch einer einen Storch, in: Der Sprachspiegel 27 (1983), S. 52; *J. Leibbrand:* Speculum bestialitatis. (München 1989), S. 148ff.; *E.* u. *L. Gattiker:* Die Vögel im Volksglauben (Wiesbaden 1989), S. 523–548.

Störenfried. *Einen Störenfried loswerden (hinauswerfen, verscheuchen):* sich von einem permanenten Unruhestifter befreien. ‚Störenfried' ist seit dem 16. Jh. als Satzname ‚Störe den Frieden' bezeugt und bez. den, der wiederholt Eintracht, Ruhe und Ordnung zu stören versucht.
Gegen ständige Störenfriede einschreiten: kraft seines Amtes (Einflusses) negative Elemente isolieren, aber auch: mit Polizeigewalt vorgehen, um die staatliche Ordnung nicht durch einzelne Aufwiegler gefährden zu lassen.

Störfaktor. *Ein Störfaktor sein:* etw. (jem.) sein, das (der) negative Wirkungen hervorruft. *Einen Störfaktor ausschalten:* den Grund für technische Pannen erkennen und beseitigen, den Urheber von Behinderungen und falschen Entwicklungen seines Einflusses berauben. Aus der Sprache der Technik wird der Begr. häufig auf Personen übertragen.

Stoß, stoßen. *Den Stoß abgleiten lassen:* einen empfindlichen Schlag geschickt abwehren, einem Angriff ausweichen, ein Vorhaben des Gegners vereiteln, nicht voll zur Wirkung kommen lassen, was einem Schaden bringen sollte, sich gut verteidigen. Die Rda. stammt aus der Fechtersprache, wie eine Abb. aus dem Fechtbüchlein erweist: der Fechter links hat von innen nach außen gewechselt und stößt geraden Stoß, den der Gegner durch seine Waffe nach außen abgleiten läßt. Vgl. frz. ‚parer le coup'.
Einen Stoß erleiden: erschüttert werden, seine bisherige Festigkeit verlieren, vor allem von Freundschaft oder Vertrauen gesagt; vgl. frz. ‚en prendre un coup'.
Einen Stoß vertragen können: etw. aushalten, nicht sehr empfindlich oder wehleidig sein. Vgl. auch holst. ‚He kann en gôden Stôt verdragen'.
Jem. einen Stoß (in die Rippen) geben (versetzen): ihn nachdrücklich (schmerzhaft) auf etw. hinweisen, ihn verletzen, aus seiner Ruhe aufschrecken.
Sich (seinem Herzen) einen Stoß geben: sich energisch zusammenreißen, sich überwinden, sich endlich zu etw. entschließen, einem Wunsch entsprechen, etw. genehmigen.
Auf etw. stoßen: zufällig etw. finden, eine unverhoffte Entdeckung machen.

Jem. auf etw. stoßen: ihn nachdrücklich auf etw. hinweisen, auch: *jem. mit der Nase auf etw. stoßen:* ihn in grober Weise aufmerksam machen, ihn aus seiner Unaufmerksamkeit aufschrecken; vgl. frz. ‚mettre à quelqu'un le nez dans son caca' (derb), (wörtl.: jem. mit der Nase auf seinen Dreck stoßen) i. S. v. jem. seine Unfähigkeiten vorhalten.

Sich an etw. stoßen: Moral und Anstand verletzt sehen, sich ärgern oder beleidigt fühlen.

Die mdal. Wndg. aus Franken ‚Ar het si g'stoss'n' meint: er hat sich sehr geirrt, vgl. ‚sich geschnitten haben', ↗schneiden.

Lit.: *J. Schmied-Kowarzik* u. *H. Kufahl:* Fechtbüchlein, 2. Aufl. (Leipzig o.J. [1894]), S. 255, Tafel III.

Stoßgebet. *Ein Stoßgebet tun (sagen, sprechen, murmeln, loslassen),* auch: *ein Stoßgebet zum Himmel schicken:* ein kurzes, in Angst und Erregung hervorgestoßenes Gebet sprechen, in höchster Not und Gefahr, im letzten Augenblick vor dem Tode zu Gott flehen, mit großer Inbrunst beten. Die frühesten Belege für ‚Stoßgebet' finden sich bei Luther und Fischart, oft auch in der Diminutivform. Das Stoßgebet war in den Kreisen der religiös Erweckten als kurze Erhebung zu Gott bes. beliebt und wurde bei den ‚Stillen im Lande' fast zu einem Schlagwort. In einem Lied aus dem ‚Gesangbuch der Brüdergemeinde' (9) von 1765 heißt es:

Eh die Lippen kalt sein,
Soll uns kein Stoßgebet
Zu simpel und zu alt sein,
Das zu Christi Blut
Eine Wallfahrt thut.

Nur noch (kaum noch) Zeit für ein Stoßgebet haben (finden): ein sehr plötzliches Ende erwarten, seinen Tod vor Augen sehen.

Lit.: *J. Grimm:* Über das Gebet, in: Kleinere Schriften, Bd. II (Berlin 1865), S. 439–462; *F. Heiler:* Das Gebet (München 1919, Ndr. 1969); Art., Gebet', in: RGG. II, Sp. 1209ff.; *R. W. Brednich:* Art. ‚Gebet' in: EM. V, Sp. 792–800.

Strafe. *Jem. eine Strafe aufbrummen:* ihm eine Strafe auferlegen, das Strafmaß zumessen. Die Rda. enthält eine blasse Erinnerung an die alte entehrende Strafe des Maleinbrennens, denn sie müßte eigentl. ausführlicher und richtiger heißen: „Der Richter brannte dem Verurteilten die Strafe hinauf".

Eine Strafe abbrummen: eine Strafe im Gefängnis verbüßen, absitzen. Die moderne Wndg. kam zuerst in Berlin auf.

Eine Strafe über jem. verhängen: ihn verurteilen zu einer dem Vergehen entspr. Strafe, die nicht umgangen werden kann.

Jem. die Strafe schenken (nachsehen): ihn begnadigen, Milde walten lassen; vgl. frz. ‚remettre une peine à quelqu'un' (wörtl.: jem seine Buße erlassen).

Etw. unter Strafe stellen: etw. sehr streng verbieten und mit der Ahndung drohen.

Seine Strafe schon noch bekommen: später doch noch für seine Schandtaten büßen müssen. Die Wndg. dient entweder als Warnung des Übermütigen und Schuldbeladenen vor der ungewissen Zukunft, die Unheil verschiedenster Art bringen kann, oder dem zu Unrecht unter einem anderen leidenden Menschen zum Trost, daß die ausgleichende Gerechtigkeit doch einmal kommen wird. Dabei wurden Krankheit u. anderes Unglück als himmlische Strafen angesehen, die Gott verhängt, wenn sie der Mensch verdient hat und zu lange ungestraft sündigte.

Für gnädige Strafe danken: die Strafe als ein Mittel zur Erziehung und Besserung und damit als einen Liebesdienst anerkennen. Die Wndg. erinnert an einen früheren Brauch: der Gezüchtigte mußte seinem Herrn untertänig für die Prügel mit den Worten danken: „Ich danke für gnädige Strafe"; ↗Rute. Jetzt wird die Rda. gebraucht, wenn man beim Kartenspiel verloren hat oder auch sonst einen Schaden erleiden mußte.

Strafe muß sein!: Siehst du, der Übermut, das falsche Verhalten wird sofort bestraft, der Schaden, den du beklagst, war vorauszusehen. Die Wndg. ist sehr häufig und wird bei den verschiedensten Gelegenheiten gebraucht, oft mit gewisser Schadenfreude oder als Mahnung Kindern und unbedachten Erwachsenen gegenüber. Ähnl. Sinn hat die Feststellung *Das ist die Strafe (dafür)! Etw. ist eine wahre Strafe:* es ist fast unerträglich und quält deshalb sehr.

Lit.: *W. Müller-Bergström:* Art. ‚Strafe', in: HdA. VIII, Sp. 510–521; *W. Hävernick:* „Schläge" als Strafe (Hamburg [4]1970).

Strahl, strahlen. *Einen bedeutenden Strahl reden:* sich ausführlich und gewichtig äußern. Die Rda. hat sich von Berlin aus verbreitet, wo sie seit 1880 durch Stinde bezeugt ist. Dabei wird der ‚Redeschwall' bei einem ‚Herzenserguß' mit einem nie versiegenden Wasserstrahl verglichen. In Berlin gebraucht man daneben auch die Wndg. ‚'n jebildten Strahl red'n'.
Einen duften Strahl blasen, auch: *einen satten Strahl auf der Kanne haben:* ausgezeichnet Trompete blasen. Diese modernen umg. Wndgn. sind vor allem unter Jugendlichen beliebt.
Über das ganze Gesicht strahlen: voller Freude (Dankbarkeit) sein. Das sprachl. Bild beruht auf einem Vergleich mit den Sonnenstrahlen, die allem einen besonderen Glanz verleihen, es hell und glänzend machen; vgl. frz. ‚le visage rayonnant'. Eine scherzhafte Steigerung der sichtbaren, übergroßen Freude enthalten die Wndgn.: *über alle vier Backen strahlen; wie ein frischgeputzter Dreckeimer, wie eine rostige Gießkanne, wie ein Honigkuchenpferd strahlen.*

Strambach. *Gott Strambach!* oder *Ei Strambach nimmermehr!* sind mdal., bes. berl. und obersächs. rdal. Ausrufe der Verwunderung. Strambach ist dabei ein verhüllendes Ersatzwort für ‚Gott strafe mich!'

Strandkanone. *Besoffen wie eine Strandkanone (Strandhaubitze),* im Ndd. auch adjektivisch als ‚strandkanonenvoll' gebräuchl., ist eine Verstärkung des rdal. Vergleichs: ‚Er säuft wie eine Kanone'. Ähnl. schon im 18. Jh.: ‚Sein Kanönchen ist geladen'; ↗trinken.

Strang. *Über den Strang* (auch *über die Stränge) schlagen:* im Übermut, in ausgelassener Laune zu weit gehen, das normale Maß überschreiten, leichtsinnig sein. Das sprachl. Bild stammt von mutwilligen Pferden, die ‚ausschlagen', d.h. mit den Beinen über das Geschirr, die Zugstränge hinausfahren. In übertr. Anwendung ist die Rda. am frühesten gegen Ende des 16. Jh. in der Form ‚über die Stränge treten' bezeugt, zu Beginn des 17. Jh.: ‚über die Stränge ausschlagen'. Die heutige Form ist seit dem 19. Jh. allg. Im Schwäb. bedeutet ‚der schlägt aus dem Strang' auch: er ist ungeraten.
An einem (an dem gleichen) Strange ziehen: nach demselben Ziele streben, einer Gesinnung sein (vgl. ‚in ein Horn blasen'). Ähnl. schreibt 1639 Lehmann S. 820 (‚Vneinigkeit'8): „Von den vneinigen pflegt man zu sagen, sie ziehen nicht an einem Seil, tragen nicht an einer Stang (nämlich Wasser; die an einer Stange Wasser tragen, sind einträchtig, sie müssen gleichen Schritt halten, um nichts zu verschütten), ziehen nicht gleich, sie stimmen zusammen wie der Hanen vnd der Hennen Gesang, wie der Hund bellen, sie stehen oder halten zusammen, wie Zähn im gesotten Kalbskopff, sie sind einig wie die Zacken in einer Mistgabel, jeder will auff ein besondern Berg". Bismarck: „Ich glaube nicht, daß der Herr Abgeordnete Richter mit mir an demselben dynastischen Strange zieht" (‚Reden' VI, 134). In neuerer Zeit hört man auch *seinen Strang ziehen* in der Bdtg.: seine tägliche Arbeit verrichten. Auch hier steht wohl das Bild des Zugpferdes dahinter.

‚An einem Strang ziehen'

Die konditionale Rda. *wenn alle Stränge (Stricke) reißen* wendet man an, um auszudrücken, daß man stärkere Mittel anwenden wird, wenn kein gewöhnliches mehr hilft, wenn alles andere fehlschlägt. Auch diese Rda. ist wohl von dem mit Zugtieren bespannten Wagen übertr. worden. Vgl. die zahlreichen Rdaa. aus diesem Bereich: ‚ins Geschirr gehen', ‚sich ins Zeug legen', ‚nicht locker lassen' usw. Wie viele Rdaa. wird auch diese manchmal mit einem scherzhaft paradoxen Zusatz versehen: ,Wenn alle Stricke reißen, werde ich Seiltänzer'.

Man spricht auch von dem ,Schienenstrang' der Eisenbahn; Bismarck legt dieses Bild zugrunde, wenn er sagt: „Sie sind damit auf einen falschen Strang geraten ..." (,Reden' XII, 216).

Straße. *Auf der breiten (großen) Straße bleiben:* die Bequemlichkeit vorziehen und keine neuen Wege suchen; von der altgewohnten Weise nicht abgehen; dem Schlendrian folgen; es mit der Mehrzahl halten. Vgl. frz. ,suivre le chemin battu'.

Der fetten Straße nachgehen: als Schmarotzer leben und nur freigebige Bekanntschaften pflegen; nur mit wohlhabenden und gastfreundlichen Menschen verkehren, um Vorteile zu erlangen.

Die Straße abklappern: von Haus zu Haus gehen, an allen Türen nachfragen oder eine Ware anbieten.

Eine gute Straße gehabt haben: viel Kleingeld im Geldbeutel haben; die Rda. erscheint oft als iron. Frage oder Kommentar, wenn jem. viele Münzen in der Tasche hat; sie spielt auf die Bettelei an.

Einen auf die Straße setzen: ihn mit Gewalt aus seiner Wohnung vertreiben, auch: ihn entlassen, ihn hinauswerfen und brotlos machen. Vgl. ndl. ,Hij wordt op straat gezet' und ,iemand aan de dijk (Deich) zetten'; engl. ,to turn out a person'.

Auf der Straße sein (sitzen): seine Arbeitsstelle verloren haben und deshalb untätig auf der Straße herumstehen und warten; vgl. frz. ,être à la rue'.

Auf der Straße liegen: viel unterwegs sein. Meist wird die Rda. aber heute von Kindern und Jugendlichen gebraucht, die auf der Straße spielen, die müßiggehen und von ihren Eltern nicht beaufsichtigt und zu Pflichten herangezogen werden. Vgl. frz. ,battre l'estrade'.

Auf die Straße gehen: seine politische Ansicht auch außerhalb des Parlaments vertreten, die Öffentlichkeit aufmerksam machen wollen und deshalb aufbegehren und demonstrieren.

Jem. von der Straße auflesen: einen Menschen in einfachen Kreisen finden und ihn in eine bessere Umwelt bringen; einen Menschen von zweifelhafter Herkunft fördern, der jederzeit in seine schlechten Gewohnheiten zurückfallen kann und sich der Hilfe nicht immer würdig erweist.

Ich bin auch nicht auf der Straße gefunden sagt deshalb der, dessen persönlicher Wert nicht recht erkannt wird, um seine gute Herkunft zu betonen.

Mit etw. die Straße pflastern können: etw. überreichlich haben. Die Rda. bezieht sich meist auf Geldbesitz, dessen anscheinende Unerschöpflichkeit durch die sprachl. Steigerung gekennzeichnet wird. Möglicherweise stammt die Wndg. aus einem Märchen, in dem ein Reicher voller Übermut seine Straße mit Dukaten pflastern läßt.

Auf der Straße mähen wollen: eine vergebliche Arbeit unternehmen. Vgl. lat. ,ad publicam viam acuere falcem'.

Das Verhalten auf der Straße gilt als charakteristisch für einen Betrunkenen, das überall verstanden wird. So sagt man z. B. in Oberösterr., wenn ein Trunkener im Zickzackkurs torkelt: ,D' Strass' war iem bald z'eng', ähnl. in der Schweiz: ,D'Stross isch em z'schmal'. Allg. in Dtl. heißt es: *Er mißt die Straße:* er ist gestürzt, aber auch in der Bdtg.: Er ist betrunken und kann sich deshalb nicht auf den Beinen halten, ↗trinken.

Lit.: *A. B.:* De straten met aarsbillen zaaien (strooien, bestrooien), in: Tijdschrift voor Nederlandse Taal- en Letterkunde 39 (1920), S. 237; *M. Scharfe:* Straße. Ein Grundriß, in: Zs. f. Vkde. 79 (1983), S. 171–191; *R. Lindner:* Straße – Straßenjunge – Straßenbande, in: Zs. f. Vkde. 79 (1983). S. 192–208.

Strauß. *Mit jem. einen Strauß ausfechten:* eine Streitigkeit austragen. Das Subst. ist bereits in mhd. Zeit als ,strûz', neben dem Verb ,striuzen' = sträuben und streiten bezeugt.

Es wie der Vogel Strauß machen: eine Gefahr nicht sehen wollen, sich wegen eines Gegners von der Außenwelt abschließen. Dem Strauß wird nachgesagt, daß er seinen Kopf unter die Flügel oder in den Sand steckt, um seinen Feind nicht zu sehen. Damit in Zusammenhang stehen auch die Wndgn. ,den Kopf in den Sand stecken' und *Straußenpolitik treiben.* Häufiger wird jedoch dafür der Ausdr. *Vogel-Strauß-Politik* verwendet, wenn man so tut, als sei die Gefahr nicht vorhanden, wenn man bewußt seine Augen davor ver-

‚Vogel-Strauß-Politik betreiben'

schließen möchte. Die Wndg. ist auch in unseren Nachbarländern geläufig, vgl. ndl. ‚Struisvogelpolitiek', frz. ‚une politique d'autruche' und engl. ‚an ostrich policy'.

Einen Straußenmagen besitzen: viel vertragen, harte Worte verdauen können. Bereits Seb. Franck hat die Wndg. in seinen ‚Sprichwörtern' (II, 66b) verzeichnet: „Er hat eins straussenmagen, er verdewet eisen", auch Joh. Fischart (III, 856) schreibt: „Der Strauß ... frißt das Eisen", vgl. auch ndl. ‚Hij heeft eene struisvogelmaag'; frz. ‚avoir un estomac d'autruche'.

Strecke. *Jem. (etw.) zur Strecke bringen:* einen Gegner überwältigen, ihn zur Niederlage zwingen, seine Existenzgrundlage vernichten, auch: einen Verbrecher gefangennehmen, ein Tier töten. Nach Adelungs ‚Versuch eines grammatisch-kritischen Wörterbuches' von 1774ff. (Bd. IV, Sp. 810) stammt die Rda. aus der Jägersprache und bedeutet eigentl.: das Wildbret erlegen. „Die Jäger strecken das Wild, wenn sie es auf den Boden der Länge nach hinlegen", heißt es bei Adelung zur Erklärung. Vgl. auch die Rda. ‚alle viere von sich strecken', ↗vier. Im heutigen übertr. Sinne läßt sich die Rda. erst aus dem 19. Jh. nachweisen.

Auf der Strecke bleiben: nicht mehr weiterkönnen, mit seiner Kraft am Ende sein, versagen und deshalb das Ziel nicht erreichen. Die moderne Wndg. stammt aus dem Bereich des Sports und bezieht sich auf die Rennstrecke. Im übertr. Sinne bez. sie allg. ein Zurückbleiben wegen schlechter Leistung und fehlender Kraft, auch auf geistigem Gebiet und im wirtschaftlichen Wettbewerb; vgl. frz. ‚rester en rade' (wörtl.: in der Reede bleiben).

Sich nach der Decke strecken ↗Decke.

Streich. *Auf einen Streich:* auf einmal, eigentl.: auf einen Schlag des Fechters; vgl. frz. ‚d'un seul coup'.

„Sieben auf einen Streich" rühmt sich das Schneiderlein, als es sieben Fliegen mit einem Schlag sofort totgeschlagen hatte (KHM. 20). In Fischarts ‚Gargantua' wird bereits auf das Märchen angespielt: „Ich will euch töten wie die Mucken, neun auf einen Streich, wie jener Schneider". Ein Beleg aus dem 17. Jh. für diese Rda. findet sich in C. Dietrichs ‚Erklärungen über den Propheten Nahum in 63 Predigten' (Ulm 1658): „14 Mucken, wie jener Schneider sagte, auf ein Streich erschlagen". Die Feststellung *Der schlägt mit einem Streich zwei Fliegen zu Tode:* er erledigt zwei Aufgaben in einem Arbeitsgang, entspricht der häufigeren Wndg. ‚zwei Fliegen mit einer Klappe schlagen'. Im Mhd. ist das Wort Streich nur i. S. v. Schlag, Hieb bezeugt. Heute wird es nur noch selten in dieser Bdtg. angewandt, die sich aber in den Rdaa. erhalten hat.

Da geht kein Streich verloren, außer der danebengeht: jem. hat seine Prügel verdient. Diese schlagkräftige Erziehungsmethode galt früher als die beste, und man glaubte, daß Kinder unbedingt Schläge bekommen müßten, um zu rechtschaffenen Menschen heranzuwachsen. Davon zeugen auch die verschiedenen mdal. Wndgn.: ‚Bei Kinnern gihn kan Strech verlorn, als die, wu dernewigt gihn' (Rheinl.); ‚Es isch ke Streich verlorn ass wied, wo denewe fällt' (Lothringen); ‚Kae Straehh vo'lo'n, als der de'nebn gêht' (bair.).

An dem ist jeder Streich verloren: alle Bemühungen, ihn zu bessern, bleiben erfolglos, er ist ein Taugenichts.

Daß man auch durch zu viele Prügel Schaden nehmen kann, besagt die Feststellung: *Er hat einen Streich zuviel gekriegt:* er ist nicht ganz normal, ↗Schlag.

Einen Streich in die Luft (ins Wasser) tun: sich vergeblich bemühen, ohne Erfolg bleiben. Die Rda. ist auch mdal. verbreitet: ‚Es ist grad, man tu'n Straich in den Bach' (schwäb.) und ‚Das is a Strach ins Wasser' (wien.). Vgl. auch ndl. ‚Het is een houw in de lucht' und frz. ‚donner un coup d'épée dans l'eau'.

In einigen Rdaa. bedeutet Streich eine

sehr kurze Zeitspanne, die nur so lange dauert wie der Schlag einer Uhr: ,ein Strech fort sein' (rhein.), nur einen Moment abwesend sein; ,alle Straich' (schwäb.), jeden Augenblick, fortlaufend; ,auf dem Straich' (bair.), auf der Stelle, sofort, vgl. auch frz. ,tout à coup'; ,kene Strech halen' (rhein.), keinen Bestand haben.

Zu Streich kommen: eine Sache meistern, gut mit etw. (jem.) zurechtkommen, dagegen: *nicht zu Streich kommen:* nicht vorankommen, mit einer Arbeit nicht fertig werden.

Mit einem gut zu Streich kommen: sich mit jem. gut verstehen, bestens mit ihm auskommen, eine Übereinkunft erzielen. Lexer weist auf den möglichen Zusammenhang dieser Rdaa. mit der Versteigerung: wer einen gewünschten Gegenstand sofort kaufen kann, ist ,zu Streich gekommen', denn es wird nach der Nennung der Kaufsumme mit dem Hammer zum ersten, zweiten und dritten Mal geschlagen, wenn keine weitere Steigerung erfolgt. Die Rda. ist auch mdal. bezeugt, z. B. westf. ,te streke kuemen'; schwäb. ,ordentlich z'Stroich komma'.

Keinen Streich tun: herumtrödeln, nichts arbeiten, nicht das mindeste tun. Die Wndg. ist überaus häufig, auch in den Mdaa.: bair. ,net en straehh tun'; westf. ,hai brenget nicks te sträeche'; tirol. ,kuan stroach nit thun'.

Das kommt mir wie ein kalter Streich: das trifft mich ganz unerwartet. Der Streich ist hier der kalte Schlag, der Blitz, der nicht zündet, vgl. ,wie ein Blitz aus heiterem Himmel'.

Sich großer Streiche rühmen: mit seinen angeblichen Taten prahlen. Bereits 1515 findet sich für diese Rda. ein Beleg in Hauers ,Grammatik': ,gross straich sagen'. In den Mdaa. ist die Wndg. noch lebendig: ,Mach kani solch'n strach!', brüste dich nicht so, spiel dich nicht so auf!, heißt es z. B. in Wien. Im Schwäb. bedeutet die Wndg. ,Streiche sage' Zoten reißen. Der Bedeutungswandel von Streich zu dem heute üblichen Sinn von mutwilliger Handlung, Schabernack ist wahrscheinl. über die Bdtg. Unternehmen, Staatsstreich (1678 als Verfassungssturz bezeugt) erfolgt. Im 18. Jh. trat dann eine Verharmlosung ein, die nun von lustigen, dummen, losen, tollen Streichen sprechen läßt. Am häufigsten wird die Rda. *jem. einen Streich spielen* gebraucht, wobei ,spielen' iron. zu verstehen ist und ,Streich' entweder eine geplante, schändliche Tat sein kann, die einem anderen Schaden oder zumindest Ärger zufügt, oder nur der lustige Einfall, der necken oder verspotten soll. Goethe gebraucht in seinem ,Clavigo' (Ende des II. Aktes) die ähnl. Wndg.: „Da macht wieder jemand einmal einen dummen Streich", und Wilhelm Busch gliedert seine lustige Geschichte von ,Max und Moritz' in 7 Streiche (1865) und kündigt sie im Text immer auf ähnl. Weise an:

Dieses war der erste Streich.
Doch der zweite folgt sogleich.

Auch in den Mdaa. ist die Rda. vorhanden und fest mit dem Verb ,spielen' verbunden, z. B. sagt man in Köln, wenn man sich an jem. rächen möchte: ,Dem spille ich noch ens ne Streich, datte sie levelang dran denke weed'. Vgl. auch ndl. ,Iemand een trek spelen'; engl. ,to play a person a trick' und frz. ,jouer un tour à quelqu'un'. Von einem, der immer lustige Einfälle hat und andere gern neckt, heißt es: *Der steckt voller Streiche* oder *Er hat nichts wie Streiche im Kopf,* mdal. köl. ,Dä hät nix wie domm Streiche em Kopp', anders im Ndl. ,Hij heeft streken onder zijn'staart'. Beliebt sind auch rdal. Vergleiche zur Steigerung: *Er steckt voller Streiche wie ein alter Weiberpelz voller Flöhe;* ,Er ist voller Streiche wie der Bock voller Lorbeeren' (preuß.); ,Hei ös voll Streich wie de Sû voller Farkel', sagt man in Niederdtl.; vgl. auch engl. ,He has as many tricks as a dancing bear'. *Er hat seine Streiche gemacht:* er ist ernster und gesetzter geworden, er hat sich ,die Hörner abgestoßen'. Nichtsnutzige und törichte Handlungen benennt man auch nach Personen oder Orten, die durch sie berühmt geworden sind. Die Wndg. *Das ist ein Eulenspiegelscher Streich* bez. etw. Närrisches und bezieht sich auf Eulenspiegel, der sich als das Abbild des Bauern durch erheuchelte Einfalt und das Wörtlichnehmen seiner Aufträge an den verachteten Städtern im 14. Jh. gerächt hat. Die ihm z. T. nur angedichteten Streiche wurden im 15. Jh. im

,Niederdeutschen Volksbuch vom Eulenspiegel' gedruckt und verbreitet.
Ebenso bekanntgeworden sind die ,Schwabenstreiche', die bereits im 16. Jh. in Dtl. als ,Schwabenstücke' bekannt waren. Die eigentl. Heimat dieser Streiche ist das im Filstal gelegene Dorf Ganslosen. Deshalb sagt man in Württemberg auch: ,Das ist ein Gansloser Streich'. Fast jedes Land, jede Gegend verlegt an einen bestimmten Ort die Quelle des Narrentums. Davon zeugen noch zahlreiche Wndgn., die z.T. nur regionale Geltung besitzen: ,Es ist ein Lalenburger Streich' ↗Schildbürger; ,ein Karauner Streich' (Tirol); ,ein Büsumer Streich' (Holst.); ,'ne Kölnsche Strech' (Rheinl.); ,ein Schöppenstädter Streich' (Braunschweig); ,ein Lichtenauer Streich'. (Ostpr.). Erst aus dem vorigen Jh. stammt die Rda. ,Es ist ein Müllhauser Streich'.

Lit.: *E. Strassner:* Schwank (Stuttgart 1968); *W. Hävernick:* „Schläge" als Strafe (Hamburg [4]1970); *L. Röhrich:* Till Eulenspiegels ,lustige' Streiche?, in: Eulenspiegel-Jahrbuch 21 (1980), S. 17–30.

Streicheleinheiten. *Seine Streicheleinheiten erwarten (erhalten, kriegen):* Freundlichkeit, Lob, Zuwendung erhoffen (bekommen).
Seine Streicheleinheiten vermissen (brauchen): liebevolle Zärtlichkeit wünschen, getröstet werden wollen. Das Wort ,Streicheleinheiten' wurde als fingierte Maßeinheit für die einem offenbar zustehende, nötige Zuwendung um 1970 gebildet. Urspr. wurde es auf Tiere (Hund, Katze) bezogen. Das Streicheln des Felles ist ein Ersatz für das Lecken durch die Tiermutter, die ihr Kind dadurch sanft, liebevoll u. behutsam berührt. Der Begriff wurde von hier auf den Menschen u. den seelischen Bereich übertragen, i.S.v. Bekundung einer freundlichen Gesinnung, einer äußeren Sympathiekundgebung u. innerer Gewogenheit, einer Liebkosung, die einen Niedergeschlagenen aufrichten hilft.

Streit, streiten. *Einen Streit vom Zaune brechen:* andere mutwillig provozieren, ohne eigentl. Grund aus einer plötzlichen Laune heraus, so wie man unvermittelt eine Latte vom fremden Zaun bricht, wenn man nichts Besseres zur Hand hat, um sich gegen Angriffe zu wehren oder um seinen Ärger abzureagieren. Vielleicht beruht das sprachl. Bild auch mit auf der Tatsache, daß unverträgliche Nachbarn oft jahrelange Streitigkeiten wegen geringfügiger Anlässe ausfechten oder kostspielige Prozesse um eine Nichtigkeit führen, z.B. um die Herbstblätter, die der Wind über den Zaun vom Nachbargarten herübergeweht hat, über ein Tier, das durch den schadhaften Zaun eingedrungen ist, oder darüber, wer für die Reparatur eines morschen Zaunes verantwortlich ist. Die Streitenden vermeiden es natürlich, das Grundstück ihres Widersachers zu betreten, und verhandeln nur noch über den Zaun hinweg. Dabei können spöttische Zurufe, Beleidigungen und Unterstellungen den besänftigten oder nur mühsam unterdrückten Zorn aufs neue entflammen und zu Drohungen und sogar zu Prügeleien herausfordern. Vgl. frz. ,chercher à quelqu'un une querelle d'Allemand' (wörtl.: jem. auf deutsche Art provozieren).
Den Streit suchen: sich über Kleinigkeiten erregen, sich überall einmischen, alles besserwissen wollen, Freude an Zwietracht und Auseinandersetzungen haben; vgl. frz. ,chercher querelle'.
Oft wird Streit tatsächlich gesucht, weil man sich nach den vorhandenen Vorzeichen, die auf ihn deuten, bereits darauf eingestellt hat. Nach verbreitetem Volksglauben ist ein Streit nämlich unumgänglich, wenn man z.B. Salz oder gar Pfeffer verschüttet hat, wenn die Messer zufällig gekreuzt auf dem Tisch lagen, wenn spitze Gegenstände, wie Messer, Gabel, Schere, beim Herunterfallen im Boden stecken blieben oder wenn man sie geschenkt erhielt, wenn man sich bei einer Begrüßung mehrerer Personen die Hände über Kreuz gab, wenn man sich gegenseitig die Hände besah oder wenn jem. während des Essens ins Haus kam. Auch eine Verunreinigung sollte zu Streit und Feindschaft führen; sie erfolgte, wenn man mit dem gleichen Löffel aß, ohne ihn abzuwischen, oder dasselbe Waschwasser oder Handtuch benutzte.
Dagegen: *jedem Streit aus dem Wege gehen:* überaus friedfertig sein, nachgeben

(‚bis zur Charakterlosigkeit') und sogar auf sein Recht verzichten.

Keinen Streit auslassen: sich gern unter die streitenden Parteien mischen, sich an einer gewalttätigen Auseinandersetzung beteiligen.

Auf keinen Streit verzichten: jede kleinste Affäre hochspielen und sogar Freude an deren Eskalation empfinden.

Einen Streit hervorrufen (verursachen): aus Böswilligkeit, Eifersucht oder Mißgunst alles tun, um Freunde und Eheleute zu entzweien. Selbst Zaubermittel und magische Handlungen dienten diesem Zweck, so sollten z.B. bestimmte Kräuter, wie Farn, Immergrün, Labkraut, Teufelsabbiß und fünfblättriger Klee, Unfrieden ins Haus bringen oder Streit unter den Gästen bewirken.

In einen Streit verwickelt werden: als Außenstehender eine Auseinandersetzung gütlich beenden wollen, aber durch sein Eingreifen das Gegenteil erreichen, für jem. Partei ergreifen und deshalb, ohne es recht zu wollen, mit in den Ärger, den Prozeß, die Schlägerei gezogen werden; vgl. frz. ‚être mêlé à une querelle'.

Einen Streit schlichten (wollen): ihn beilegen (wollen), jedem zu seinem Recht verhelfen, die Erzürnten besänftigen, durch vernünftige Argumente überzeugen und eine zufriedenstellende Übereinkunft herbeiführen. Das Verb, das mit der Rda. fest verbunden ist, erscheint bereits in mhd. Zeit als ‚slichten' in der Bdtg. von ausgleichen, entscheiden, beruhigen, Recht erteilen. So sprechen wir noch heute von einem ‚Schlichtungsverfahren' vor Gericht oder bei Tarifverhandlungen.

Etw. ist ein Streit um die Geißwolle (um des Kaisers ↗Bart): es ist eine unnötige und zwecklose Auseinandersetzung um eine geringfügige oder niemals mit Sicherheit zu entscheidende Sache.

Die Streitaxt begraben: Frieden schließen, die Feindseligkeiten einstellen. Diese Rda. ist weniger häufig als die Wndgn. ‚das Kriegsbeil begraben' und ‚eine Friedenspfeife rauchen', erinnert aber wie sie an die Bräuche der nordamer. Indianer, ↗Friedenspfeife.

Ein Streithammel sein: unbelehrbar auf seiner Meinung beharren, als unduldsam und leicht erregbar gelten, stets angriffslustig sein und immer Anlaß zu Streitigkeiten geben. Der sprachl. Vergleich beruht auf guter Tierbeobachtung. ↗Neid.

Streiten, wer die Hose anhat: sich in der Ehe auseinandersetzen, wer die Entscheidungen treffen darf, d.h. wer der eigentl. Herr im Hause ist. Dies wird zum Problem, wenn die Frau ihrem Mann überlegen ist und sie seine Unterordnung unter ihren Willen anstrebt. Zahlreiche Abb., Erzählungen und Schwänke haben den Streit um die Männerhose zum Thema, ↗Hose.

Sich um des Esels Schatten streiten: um eine nichtige Sache Prozesse führen, ↗Esel.

Sich streiten, ob man gesottene Eier am dikken oder am dünnen Ende anschlagen müsse: eine sinnlose Auseinandersetzung führen.

‚Wenn zwei sich streiten, freut sich der dritte'

Sie streiten sich um ein Ei und lassen die Henne fliegen: sie beharren kleinlich auf ihrem Recht und bemerken deshalb nicht den Verlust von etwas viel Wertvollerem. Ähnl. Bdtg. hat das bekannte Sprw. ‚Wenn zwei sich streiten, freut sich der dritte', d.h., der Unbeteiligte nimmt seinen Vorteil wahr.

Ferdinand Raimunds ‚Hobellied' aus dem Zaubermärchen ‚Der Verschwender' (1833), das volkstümlich geworden ist, macht die Fruchtlosigkeit des Streites bes. deutlich, denn es heißt darin:

> Da streiten sich die Leut' herum
> Wohl um den Wert des Glücks.
> Der eine heißt den andern dumm,
> Am End' weiß keiner nix!

Scherzhaft-iron. sagt man deshalb auch, wenn man die anderen auf die Lächerlich-

keit ihres Streitens hinweisen will: *Streitet euch nicht, schlagt euch lieber!*
Jem. etw. streitig machen: einem anderen nicht nachgeben wollen in einer strittigen Sache, seinen Anspruch, seinen Besitz (Anrecht) anzweifeln.

Lit.: *W. Müller-Bergström:* Art. ‚Streit', in: HdA. VIII, Sp. 532–540.

Streusand ↗ Punkt.

Strich. *Jem. auf dem Strich haben:* ihn nicht mögen, nicht leiden können, ihm feindlich gesinnt sein, eigentl.: ihn töten (erschießen) wollen. Die Rda. ist auch mdal. verbreitet, z. B. heißt es in Berlin: ‚Den hab' ick uf'n Strich', ich hege Groll gegen ihn. Die Wndg. erinnert an andere Rdaa. wie ‚einen auf dem Korn haben', ‚einen auf dem Zug haben' und läßt sich ähnl. erklären. Sie hatte früher einen weit feindseligeren Sinn als heute, denn der Strich bezeichnete die den Gewehrlauf über das Korn hinaus fortsetzende Schußlinie oder Visierlinie zum Ziel hin, also zum Wild oder zum Feind, dem die Kugel gelten sollte. Man spricht in diesem Sinne noch heute von Gewehren, die ‚den Strich nicht halten', denen also die Treffsicherheit mangelt. Die Rda. kann evtl. auch mit der Vogelstellerei in Verbindung gebracht werden, da in frühnhd. Zeit *Strich halten* aufpassen wie ein Vogelsteller bedeutete. Strich und Zug hatten aber auch urspr. den Sinn von Richtung, Weg, Gebiet oder Bezirk, vgl. ‚Landstrich'. Deshalb läßt sich die Rda. schließlich auch im Munde der obd. Strickreiter (eigentl. Strichreiter) denken. Diese berittenen Polizisten, die einen bestimmten Landstrich überwachten und durchsuchten, konnten gut von einem sagen, nach dem sie fahnden mußten, daß sie ihn ‚auf dem Striche' hatten.
Auf den Strich gehen: auf Männerfang ausgehen, auf der Suche nach Liebesabenteuern umherstreichen, von der Prostitution leben. Die Rda. wird bei uns heute ganz speziell auf Dirnen angewandt und ist so für Berlin seit der Mitte des 19. Jh. bezeugt; vgl. frz. ‚faire le trottoir'.
Man hat die Wndg. ebenfalls mit der Vogelstellerei in Zusammenhang gebracht und gemeint, daß sie eigentl. ‚Finken fangen' bedeutet habe. Dafür spricht eine Stelle bei Hans Sachs (‚Das böse Weib' 264):

Wann e und ich mich umb gesich,
So ist sie auf dem finckenstrich.

‚Strich', das mit ‚streichen' = ziehen verwandt ist, ist die Richtung, die die Vögel bei ihrem Zuge nehmen; so war schon in mhd. Zeit ‚strich' = Richtung, Weg. In übertr. Bdtg. begegnet das Wort in heutigem Sinne in Lindeners ‚Rastbüchlein' (28), wo es von einer Frau, die ihre Anständigkeit und Ehrbarkeit nur vortäuscht, heißt: „Dann sie fromb ist, wann mans sihet und tag ist, aber bey nacht hat sie iren strich".
Die Rda. ist auch mit dem ‚Schnepfenstrich', einer jägersprachl. Bez. in Verbindung gebracht worden. Das Männchen der in Mitteleuropa lebenden Sumpf- oder Waldschnepfe durchstreift auf seinem abendlichen Balzflug den Wald in einer bestimmten Höhe, den der Beobachter den Schnepfenstrich nennt. Da ‚Schnepfe' zur Schelte für die Dirne wurde, ist ein Zusammenhang mit der Rda. denkbar. Strich als Abkürzung von ‚Schnepfenstrich' wäre demnach der Weg, den die Dirnen gehen. Wolf lehnt diese Deutung ab. Er hält den Ausdr. ‚Schnepfenstrich' für eine witzige jüngere Bildung und meint, daß die Rda. aus der Gaunersprache stammt. Das rotw. Strich ist synonym mit ‚Leine', das dem lat. linea entlehnt ist und die Bdtg. von Grenzlinie besitzt. Der Strich ist also der abgegrenzte Bezirk, in dem die Dirnen ihrem Gewerbe nachgehen und in dem sie keine Außenseiterinnen dulden.
Noch auf dem Strich gehen können: nicht sehr betrunken sein, noch gerade gehen können. Angetrunkene wollen diese Fähigkeit oft nachweisen und probieren es manchmal mitten auf der Straße aus, einem gezogenen Strich zu folgen, während der Volltrunkene nur einen Zickzackkurs einschlagen kann.
Er hält den rechten Strich: er schlägt den rechten Weg ein, um zum Ziel zu gelangen. Diese Rda. stammt aus der Seemannssprache. ‚Strich halten' bedeutet in der Schiffahrt: das Schiff nach einem bestimmten Striche des Kompasses gerichtet halten, den rechten Kurs halten.
Er ist von seinem Strich: er ist krank, ei-

gentl.: er ist von seinem normalen Wege abgewichen.

Er ist wieder auf den Strich gekommen: seine Gesundheit ist wiederhergestellt.

Über den Strich kommen: in einer Sache zu weit gehen. Vgl. lat. ,vagari ultra terminum'; ndl. ,over de schreef gaan' und engl. ,to go over the line'.

Etw. ist unter dem Strich: etw. ist schlecht, weniger als vermutet; die Leistung entspricht nicht dem geforderten Mindestmaß, z.B. bei Prüfungen, die Qualität einer Arbeit, eines Produktes reicht nicht aus.

Unter dem Strich herauskommen: als Ergebnis einer Berechnung, was sowohl Gewinn als auch Verlust bei persönlichem oder finanziellem Einsatz oder Aufwand bedeuten kann. Mit ,Strich' wird hier auf die buchhalterische Praxis angespielt: unter alle Posten von Einnahmen und Ausgaben wird am Ende ein Strich gezogen, um die Endsumme ermitteln zu können.

Einen Strich unter etw. machen, auch: *einen Strich darunter (dahinter, dazwischen) ziehen:* etw. endgültig abschließen und vergessen, eine alte, unangenehme Sache begraben, sich für einen Neubeginn von alten Erinnerungen frei machen. Vgl. die ähnl. Rda. ,einen Schlußstrich ziehen', wobei an die Bilanz zu denken ist. Vgl. auch frz. ,tirer un trait sous quelque chose'.

Einem einen Strich durch die (seine) Rechnung machen: seine Absichten durchkreuzen, ihn an der Durchführung seiner Pläne hindern, seinen Erfolg zunichte machen. Durch einen Querstrich wurde eine Rechnung entweder als falsch oder als beglichen gekennzeichnet. Machte nun jem. dem Wirt oder einem Kaufmann einen solchen Strich durch seine Rechnung, erklärte er sie damit für ungültig, die Bezahlung wurde hinfällig und damit die Hoffnung auf die Einnahme zerstört. Auch an einen Zusammenhang dieser Rda. mit der Schule ist gedacht worden. Der Lehrer streicht die mühsam berechnete Aufgabe des Schülers durch, wenn ihr Ergebnis falsch ist, obwohl dieser geglaubt hat, daß er richtig gerechnet habe. Es ist jedoch wahrscheinlicher, daß die Wndg. aus dem Geschäftsleben stammt. Dafür spricht auch ihre fast ausschließliche Verwendung im Bereich der Erwachsenen. Vgl. auch ndl. ,Hij krijgt eene streep door zijne rekening'.

Keinen Strich mehr tun: nichts mehr arbeiten, faul sein und nicht das geringste mehr tun wollen.

Das geht mir gegen den Strich: das paßt mir nicht, es steht mir nicht an, es ist mir unangenehm. Strich ist die Richtung, in der die Haare gewachsen sind. Ähnl. Wndgn., wie *gegen den Strich barbieren* und *wider den Strich bürsten,* verdeutlichen dies. Tiere, bes. Katzen, werden leicht gereizt, wenn man ihnen gegen den Strich über das Fell fährt. Die Beobachtung dieses Unbehagens wurde auf den Menschen übertr., der durch falsche Behandlung mißgestimmt werden kann. So bedeutet z.B. in Südhessen die Feststellung ,Er ist gegen den Strich gebürstet': er ist schlecht gelaunt. Vgl. auch ndl. ,tegen de draad' und ,iemand tegen de borst zijn' und engl. ,It goes against the grain (my stomach)'. Bismarck gebrauchte die Wndg. in seinen ,Reden' (7,394): „Ich habe noch andere Konzessionen gemacht, die mir sehr gegen den Strich gingen".

Etw. nach Strich und Faden tun (untersuchen): etw. gehörig, tüchtig, genau tun (beurteilen). Die Ausdrücke ,Strich' und ,Faden' stammen aus der Fachsprache der Weber. Der Meister mußte die Arbeit eines Gesellen ,nach Strich und Faden' ganz genau prüfen, um feststellen zu können, aus welchem Material das Gewebe bestand und ob es mit aller nötigen Sorgfalt gefertigt worden war. Nur Stoffe, die nach Strich und Faden einwandfrei waren, galten als gute Ware. Von hier aus erfolgte die Übertr. auch auf andere Lebensbereiche, und der Zusammenhang mit der Weberei schwand aus dem allgemeinen Sprachbewußtsein, ↗Faden.

Einen Strich haben: so fehlerhaft, verkehrt sein wie ein Wort, das durchgestrichen werden mußte, nicht ganz richtig (im Kopfe) sein. Zu der jungen Rda. gibt es auch einen Scherzrebus: ɍ und si, d.h., er (r) hat einen Strich und sie (si) ist nicht richtig.

Einen Strich zuviel haben: seine Sinne nicht beisammen haben, sich wie ein Betrunkener verhalten. Wahrscheinl. besteht bei dieser Rda. ein Zusammenhang mit dem Trinken aus Maßkrügen und großen Gläsern, deren Inhalt nach den auf ihnen angebrachten Strichen gemessen wurde. Hatte man einen Strich zuviel getrunken, konnte das bereits sichtbare Folgen haben.

Nur noch ein Strich sein, auch: *der reinste Strich sein, dünn wie ein Strich sein:* sehr schmal geworden sein, elend und abgemagert aussehen. Scherzhaft heißt es im Ndd. auch von einer Überschlanken: ‚Die ist ja'n Strich in der Landschaft, die könnte sich hinterm Laternenpfahl ausziehen'.

Lit.: *S. A. Wolf:* Wb. des Rotw. (Mannheim 1956), S. 321, Nr. 5656.

Strick, stricken. *Sich selbst einen Strick drehen:* seinen Untergang selbst herbeiführen. *Jem. einen Strick (aus etw.) drehen:* eine Sache böswillig gegen ihn benutzen, ihn wegen einer unbedachten Äußerung oder Tat zu Fall bringen. Da diese Rda. im Erzgeb. noch einen Zusatz erhält: ‚daß er darin hängenbleibt', kann an einen Zusammenhang mit Jagd und Vogelstellerei gedacht werden, wo man Tiere durch ‚Fallstricke' zu überlisten sucht. Wahrscheinl. ist aber der Strick zum Hängen gemeint, so daß die Rda. aus der Welt des Rechts stammt (vgl. Bair. Jb. f. Vkde., 1962, S. 54[b]). Der Hinweis auf die Verurteilung zum Galgen ist auch in den folgenden Rdaa. deutlich: *einem zum Strick verhelfen:* ihn der gerechten Strafe zuführen; *an seinem Strick spinnen:* auf dem Wege zum Galgen sein; vgl. ndl. ‚Hij spint zijnen strop'; *den Strick (längst) verdient haben:* genug Verbrechen begangen haben, die mit dem Tode bestraft werden, vgl. lat. ‚Culleo dignus est'; *den Strick (zum Hängen) nicht wert sein:* gar nichts taugen, vgl. ‚Die Kugel ist zu schade für ihn' und frz. ‚Cet homme file sa corde' (veraltet); *einem den Strick um den Hals legen:* ihn an den Galgen bringen. Ähnl. heißt es schon im ‚Eulenspiegel' (LII): „Ein strick an halß wolt ich dir werffen". Vgl. frz. ‚Se mettre la corde au cou' (wörtl.: sich den Strick um den Hals legen), i. S. v. heiraten.

Das Sprw. ‚Im Hause eines Gehängten darf man nicht vom Strick reden', als Warnung vor leichtsinnigen, zweideutigen Anspielungen, hat seine genaue Entsprechung im Frz.: ‚Il ne faut pas parler de corde dans la maison d'un pendu'.

Mit Jungfer Strick kopuliert werden ↗Seiler.

Ein liederlicher Strick sein: ein Mensch, der wenig taugt, ↗Galgenstrick.

Der Strick in neueren Rdaa. kann zur Umschreibung des Selbstmordes dienen: *Es bleibt ihm nur der Strick übrig:* es gibt keinen Ausweg mehr für ihn. Ist jem. sehr verzweifelt oder enttäuscht, wird er zuweilen gefragt: *Du wirst doch deshalb nicht gleich den Strick nehmen (zum Strick greifen)?,* um damit zu sagen, daß es ja so schlimm eigentl. nicht sei, um einen Selbstmord zu begründen, daß es nicht allzu tragisch genommen werden sollte.

Den Strick dem Kessel nachwerfen: alles aufgeben. Vgl. ndl. ‚Hij werpt de koord naar den ketel, het moet al op'.

Den Strick an das Seil binden: in einer Sache zuviel tun.

Einen Strick aus Sand drehen: Dinge tun, die zu nichts führen, ↗Seil.

Einen am Strick haben: ihn auf seiner Seite haben, so daß er tun muß, was man von ihm verlangt; vgl. frz. ‚tirer sur la corde', i. S. v.: einen Vorteil mißbrauchen.

Einem den Strick über die Hörner werfen ↗Seil.

Die Feststellung *Er hat schon an allen Stricken gezogen und keinen zerrissen* meint: er hat schon sehr vieles begonnen und noch nie Erfolg gehabt.

Wenn alle Stricke reißen: im Notfall, wenn alles fehlschlagen sollte, ↗Strang.

‚Wenn alle Stricke reißen'

Sich verstricken: sich selbst fangen, seine Fesseln nicht mehr abstreifen können, ‚ins ↗Netz gehen'; auch: in immer größere Widersprüche oder Lügen hineingeraten. Als ‚selbstgestrickt' wird alles bez., was in

‚Sich verstricken'

Hand- oder Heimarbeit entstanden ist, auch wenn es sich nicht um Gestricktes im wörtl. Sinne handelt; ähnl. die Begriffe ‚Eigenbau' oder engl. ‚home made'.

Lit.: *I. Scheftelowitz:* Das Schlingen- und Netzmotiv im Glauben und Brauch der Völker (= Relig.wiss. Versuche und Vorarbeiten XII, 2) (Gießen 1912); *I. Bolte:* Begnadigung zum Stricktragen ..., in: Zs. f. Vkde. 27 (1917), S. 235–236; *A. Haberlandt:* Art. ‚Strick', in HdA. VIII, Sp. 543–544.

Strippe. *An der Strippe liegen:* gebunden sein, in seiner Bewegungs- und Entwicklungsfreiheit gehemmt sein, nicht sein eigener Herr sein. Die Ende des 19. Jh. in Berlin aufgekommene Rda. bezieht sich auf den Hund, der an der Strippe (Leine) liegt oder geführt wird. Strippe ist das ndd. Wort für Bindfaden. Es stammt aus dem Rom., wurde früh ins Westgerm. entlehnt und geht auf lateinisch ‚stroppus' = Schnur, Riemen zurück und dieses auf griech. ‚στρόφος' = Seil, Band, eigentl. das Gedrehte.

Jem. an der Strippe haben: einen in seiner Gewalt haben, ihn ganz seinem Willen unterworfen haben. Diese ebenfalls aus Berlin stammende Rda. leitet sich vom Puppentheater her, ↗Gängelband, ↗Leine, ↗Schnur.

Die Strippe ist im Berl. auch eine Bez. für den Telefondraht, was sich bei Rdaa. zeigt, die erst im 20. Jh. aufgekommen sind: *sich an die Strippe hängen:* anfangen zu telefonieren, verschiedene Personen nacheinander anzurufen suchen.

Jem. an die Strippe kriegen: mit der gewünschten Person am Telefon sprechen können, den Anschluß erreichen.

Im Zusammenhang damit steht die Wndg. *eine Quasselstrippe sein:* endlose Gespräche führen, sehr redselig sein.

Voll wie eine Sackstrippe sein: betrunken sein, ↗trinken.

Es regnet Strippen: es regnet sehr stark; auch: es regnet Bindfäden.

Lit.: *H. Meyer:* Der richtige Berliner in Wörtern und Rdaa. (München [10]1965).

Stroh. *Leeres Stroh dreschen* sagt man, um die Nutz- und Sinnlosigkeit einer Arbeit auszudrücken; in übertr. Bdtg. meint die Rda. auch: unnütze Reden führen; so steht es schon bei Thomas Murner (‚Lutherischer Narr', 1522, 2056):

Sein (Petri) Wörter luten nit also
Wie dan du (Luther) die für wendest do
Und drischst ein leres haberstro.

Auch Grimmelshausen (‚Simplicissimus II, Kap. 5) erwähnt diese Rda.: „... rede wenig, damit dein Zugeordneten nicht an dir merken, daß sie ein leer Stroh dreschen ..." Vgl. auch Geiler von Kaysersberg (‚Has in pfeffer' Bb. 4a) und Ditfurth 1632 (Nr. 61, Str. 9);

O mine echte Kinder
Thun ji also bi mi!
Sind ji denn Beest und Rinder
Tresch ick so leddig Stroh?

Auch Wieland benutzt dieses Bild (2,262), wenn er von Leuten spricht, „die aus allen Kräften und mit der feierlichsten Ernsthaftigkeit leeres Stroh dreschen". Goethe schreibt in ‚Faust' I (1839):

Was willst du dich das Stroh zu dreschen plagen?
Das Beste, was du wissen kannst,
Darfst du den Buben doch nicht sagen.

Dasselbe Bild hat auch den Ausdr. ‚abgedroschenes Zeug' geschaffen, ebenso das frz. ‚Ce sont des choses cent fois rabattues', ein ähnl. das lat. ‚verba trita'.

Eine ganze Reihe ähnl. Rdaa. für den gleichen Sachverhalt bringt Lehmann S. 784 (‚Vergeblich' 1): „Welcher vergebliche vnnütze Arbeit gethan, von dem sagt man: er hat leer Stroh getroschen, ein leer Nuß aufgebissen, den Esel beschoren, ein Mohren gebadet, den Krebs lernen für sich gehen, den Tauben ein Lied gesungen, den Blinden ein Spiegel geschenckt, den Fröschen ein Fuder Wein zum Bad verehret. Hat den Speck im Hundsstall gesucht, der Flöh gehüt, die Garn vergebens gesteckt, Moses' Grab gesucht. Welche das thun, die verrichten ebenso viel, als die mit dem Hindern ein Nuß wollen aufbeißen".

Ähnliches meint die ndl. Rda. ‚Monnikenwerk verrichten' (Mönchswerk tun) sowie engl. ‚to plough the sands'. *Auf dem Stroh sein:* sich in traurigen Umständen befinden; vgl. frz. ‚être sur la paille'.

Els. ‚ufs Stro lein (bringe)', unter den Boden bringen oder übers Ohr hauen: ‚er lijt ufm Stro', er ist tot. Dieselbe Rda. hat im Besonderen auch den Sinn: in Kindsnöten sein; in Bayern geschah die Geburt oft auf dem Stroh, ehe die Frau ins Kindbett ging. Daher *Ins Stroh fallen:* ins Wochenbett kommen. Vgl. auch ↗Strohwitwe.

Die Wndg. *vom Stroh auf die Federn helfen* findet sich bei Abraham a Sancta Clara (‚Krämer-Laden') und bedeutet: jem. zum Erfolg verhelfen, ihn unterstützen, damit er sich statt des Strohsackes ein Federbett leisten kann.

Stroh zum Feuer tun: eine Angelegenheit durch Reden oder Taten verschlimmern, ein ähnl. Bild wie ‚Öl ins Feuer gießen', wird oft in Beziehung auf das Verhältnis beider Geschlechter gesagt; so schon in alter Zeit, z.B. bei Freidank (121,3), im jüngeren ‚Titurel' (5776,3) usw. Bei Hans Sachs:

Mannsbilder Junge oder alt
In wort vnd wercken euch enthalt
Wo stroh bey fewer nahend leit
Das wird brennend in kurtzer zeit.

Vgl. auch den alten Reim: „Feuer und Stroh, eins des andern froh".

Als *Strohfeuer* bez. man eine flüchtige Neigung oder Begeisterung, die rasch wieder vergeht; in dieser Bdtg. findet sich das Wort bei Ovid: „Flamma de stipula nostra brevisque erit" (= Unsere Liebesglut wird von Stroh und kurz sein). Als Bild des raschen Entbrennens ist es in allen Sprachen des MA. ungemein häufig und wird auch schon in der Bibel erwähnt (Jes. 5,24): „Sicut devorat stipulam lingua ignis". Bei Freidank findet sich der iron. gemeinte Vergleich: „Ez ist staete als im fiure ein strô". Als Bez. für etw. Wertloses, Nichtiges schreibt Hartmann von Aue: „ern gaebe drumbe niht ein strô" (‚Iwein' V. 1440); ↗Deut.

Jeden Strohhalm ergreifen: auch das Geringste zu seiner Rettung nutzen; alles, was sich überhaupt zur Hilfe anbietet. Ähnl. lautet ein rdal. Vergleich, der das Verhalten eines Menschen in Not beschreibt, sich bei jeder kleinsten Begebenheit große Hoffnungen zu machen: ‚sich an etw. (jem.) klammern wie ein Ertrinkender an einen Strohhalm'.

Ein verbr. amer. Sprw. heißt: ‚That was the last straw to break the camel's back': das war der Strohhalm, welcher dem Kamel (oder dem Pferd) den Rücken brach, i.S. v.: das hat das Faß zum Überlaufen gebracht. Man zitiert nur noch ‚the last straw', und jeder weiß, was gemeint ist.

Stroh im Kopf haben, ein Strohkopf sein drückt die Dummheit eines Menschen aus. Christian Schubart schreibt 1790 in der von ihm gegründeten Zeitung ‚Dt. Chronik' (55): „Der Mann, der Weise betrög wie Strohköpfe".

In zusammengesetzten Adj. dient ‚Stroh' auch als Verstärkungswort, wie z.B. in ‚strohdumm' oder ‚strohtrocken'.

‚O du gerechter (auch: allmächtiger, heili-

ger) Strohsack!' ist, bes. mdt., ein Ausruf starker Verwunderung; wohl urspr. eine Hüllform für einen stärkeren Ausruf.
Jem. hat ein Gewissen wie ein Strohsack: jem. hat kein Gewissen.

Lit.: *J. M. M.:* The last straw, in: American Speech 17 (1942), S. 76–77.

Strohmann. *Einen Strohmann vorschieben:* einen anderen vorschicken, um den eigentl. Handelnden, den wahren Interessenten zu verdecken, in dessen Auftrag ein Geschäft gemacht, ein Vertrag geschlossen wird, Aktien erworben oder gar Firmen gegründet werden. Die Bez. ,Strohmann' ist neueren Ursprungs u. wahrscheinl. entlehnt aus dem frz. ,homme du paille'. Man kann aber auch an eine als Strohmann ausgebildete Vogelscheuche denken, die ja ebenfalls einen Menschen vortäuscht.
Rdal. Wndgn. um den ,Strohmann' begegnen am häufigsten in bezug auf Geschäftswelt und Hochfinanz. Auch in der Sprache der Politik ist der Ausdr. geläufig. Er bez. namhafte Persönlichkeiten, die sich leicht ,einspannen' und ,lenken' lassen, oft, ohne es selbst zu merken: *Für jem. (etw.) als Strohmann dienen,* auch: *nur als Strohmann gebraucht werden:* keine eigene Macht u. Kompetenz besitzen, seinen guten Namen mißbrauchen lassen.

,Einen Strohmann vorschieben'

Nicht den Strohmann für andere machen wollen, auch: *sich nicht als Strohmann hergeben wollen:* sich zu schade sein, dunkle Machenschaften anderer zu unterstützen, gegen das falsche Spiel aufbegehren, das mit einem getrieben werden soll.
Die übertr. Bdtg. kann auf den tatsächlichen Gebrauch einer Strohpuppe als einer Art Stellvertreterfigur für einen bestimmten Menschen zurückgehen, wie dies in verschiedenen Bräuchen noch heute üblich ist (Fastnacht, Verbrennung oder Ertränkung von Spottfiguren, Lazarus Strohmanus in Jülich), ↗prellen.
Der ,Strohmann', ein Mensch ohne Macht, Einfluß und Geltung läßt willenlos alles mit sich geschehen, deshalb kann auch ein an Geist und Körper schwächlicher Mensch und ein impotenter Liebhaber so bez. werden.
Goethe gebraucht den Ausdr. lit. in seinem ,Werther' i. S. v. lebensfremder, verknöcherter Mensch: „Collegien und Ämter scheinen ihm (Werther) den Menschen zu vernichten und an seiner Stelle nur Philister und Strohmänner zu bilden".
Auch im Kartenspiel kann ein ,Strohmann' nötig werden. Er fungiert dann als Ersatzmann für einen fehlenden Spieler; beim Whistspiel gilt er als fingierter Partner.

Lit.: *D. R. Moser:* Lazarus Strohmanus Jülich (Jülich [2]1980).

Strohwitwe(r). *Eine Strohwitwe sein:* vorübergehend allein leben, wenn der Ehemann längere Zeit abwesend ist; sich alleingelassen fühlen und Liebe entbehren müssen (eigentl.: das Stroh [Bett] nicht mit dem Mann teilen); andererseits aber auch gewisse Freiheiten genießen, in Gesellschaft gehen und alte Freundschaften pflegen. Der älteste lit. Beleg für den Ausdr. ,Strohwitwe' stammt von 1715 aus Amaranthes' ,Frauenzimmer-Lexicon' (S. 1916): „strohwittben heisset man aus schertz an etlichen orten diejenigen weiber, deren männer verreiset oder abwesend seynd". Vgl. die Worte der Frau Marthe in Goethes ,Faust' I (Der Nachbarin Haus), die nicht weiß, ob sie von ihrem Mann nur zeitweilig verlassen wurde oder ob er gar in der Fremde umgekommen ist:

Gott verzeih's meinem lieben Mann,
Er hat an mir nicht wohlgetan!
Geht da stracks in die Welt hinein
Und läßt mich auf dem Stroh allein.

Ein älterer Ausdr. für Strohwitwe ist ,Graswitwe'. 1598 ist mnd. ,graswedewe' belegt (Schoppe, S. 71); damit verbindet man engl. ,grasswidow', die Bez. für ein Mädchen, das außerehelich ein Kind be-

kommen hat und allein gelassen worden ist.
Als *Strohjungfer* wurde eine Braut bez., die nicht mehr unbescholten war und daher bei der Hochzeit statt eines frischen Kranzes einen Strohkranz tragen mußte.
Strohwitwer sein: scherzhafte Bez. für einen verheirateten Mann, dessen Frau verreist ist, so daß er nachts auf dem Bettstroh so gut wie verwitwet ist.
Die Wndg. dient gleichzeitig zur Entschuldigung für häusliche Unordnung und mangelnde Kochkünste des Mannes, der in dieser Hinsicht seine Frau schmerzlich vermißt, aber mehr als sonst zu Wirtshausbesuchen und Seitensprüngen neigt.

Lit.: *O. Ladendorf:* Strohwitwer, in: Zs. f.d.U. 24 (1910), S. 562; *L. J. Lucas:* Grass widow, in; American Notes and Queries 11,8 (1913), S. 209; *G. Schoppe:* Strohwitwe, in: German.-roman. Monatsschrift 26 (1938), S. 71–73.

Strom. *Gegen den Strom schwimmen* sagt man von jem., der sich bewußt anders verhält als die Masse und dafür unter Umständen auch Nachteile in Kauf nimmt; eigentl.: mit großer Anstrengung und wenig Erfolg der Strömung entgegenstreben. Das Bild geht auf Sir. 4,31 zurück: „Schäme dich nicht, zu bekennen, wo du gefehlt hast, und strebe nicht wider den Strom". Bei Ovid heißt es: „Stultus pugnat in adversas ire natator aquas" (= Der törichte Schwimmer strebt dem Wasser entgegen). In anderer Form lat. „Contra fluminis tractum niti difficile" (= sich wider den Lauf des Stromes zu stemmen ist schwierig). Vgl. auch Erasmus: „Contra torrentem niti". Bei Tunnicius (16. Jh.) heißt es unter Nr. 888: „Tegen den stroem ys gweet swemmen", bei Heinrich Bebel 1507 (Nr. H 93): „Durum est natare contra impetum fluminis; hoc est: periculosum est potentibus adversari". Hier wird zugleich die übertr. Bdtg. angegeben (= Es ist schwer, gegen die Gewalt des Stromes zu schwimmen, das heißt: es ist gefährlich, den Mächtigen zu widerstreben). Luther schreibt 1534: „Und strebe nicht wider den Strom". Auch bei Abraham a Sancta Clara wird die Rda. erwähnt (‚Judas' IV, 249: „Wider den Strohm schwimmen"). Im ‚Herzog Ernst' heißt es um 1180:

Swer swimmet wider wazzers stram
Ergêt ez im ein wîle wol,
Er vert ze jungest doch ze tal.

Auch hier wird die negative Bdtg. dieser Rda. unterstrichen. Die Rda. ist auch im Engl. bekannt: ‚striving against the stream', sowie im Frz.: ‚Il ne faut pas aller contre le courant'. In neuester Zeit kann man die humoristische Abwandlung der Rda. hören: *sich auf den Strom schwingen:* mit der Straßenbahn fahren.

Strumpf. *Sich auf die Strümpfe machen:* einen Weg antreten, sich davonmachen, fortgehen, urspr. wohl: sich heimlich auf den Strümpfen aus dem Hause schleichen, um nicht bemerkt zu werden. Die Rda. ist eine Parallelbildung zu ‚sich auf die Socken machen', ↗Socke. Da ‚Socke' urspr. den niedrigen Schuh bez., setzt die Wndg. eine Bedeutungsveränderung zu ‚kurzer Strumpf' voraus. Sie ist erst seit 1795 stud. bezeugt. Die Rda. *Er hat sich früh auf die Strümpfe gemacht* meint: er will eine günstige Gelegenheit nicht verpassen und beginnt frühzeitig. Holtei gebrauchte diese Wndg. in seinem ‚Eselsfresser' (I, 228). Vgl. auch ndl. ‚Hij is vroeg in de kousen'.
Auf die Strümpfe kommen: Erfolg haben, in seinen wirtschaftlichen Verhältnissen gut vorankommen. Da die Strümpfe erst seit Anfang des 17. Jh. als Bekleidungsstücke in Gebrauch kamen, waren sie zu-

5 mal 10 ist fünfzig,
Die Mädchen stricken Strümpf' sich.

nächst noch Luxusartikel, die sich nicht jeder leisten konnte. Wer Strümpfe trug, galt deshalb als bes. wohlhabend.

Jem. auf die Strümpfe helfen oder *jem. auf den Strumpf bringen:* jem. aus einer Verlegenheit helfen, ihn unterstützen. Vgl. ‚jem. auf die Beine helfen', ↗ Bein.

Gut im (auf dem) Strumpf sein: gesund und munter sein, sich in angenehmer Lage befinden. Heinrich Heine schrieb in einem Brief an Jos. Lehmann (Hamburg, 26. Mai 1826): „Meine Gesundheit verbessert sich allmählig, und komme ich einmal ganz auf den Strumpf, so dürfen Sie viel Erfreuliches von mir erwarten". ‚Er isch (nicht) im Strumpf': er ist gut (übel) gelaunt, sagt man in der Schweiz, allg. verbreitet ist die Wndg. *Die Strümpfe verkehrt angezogen haben:* schon am Morgen übelgelaunt sein.

Dicke Strümpfe anhaben, auch: *zwei Paar Strümpfe anhaben:* schlecht hören oder nicht hören wollen; sehr langsam denken.

Die Strümpfe über einer Regentonne getrocknet haben: scherzhafte Beschreibung eines Menschen mit gekrümmten Beinen. Die Wndg. ist sold. 1914/18 aufgekommen. Im Ndd. heißt es ähnl. von einer O-Beinigen: ‚Die hat ihre Strümpfe über einer Tonne gebügelt'.

Ißt oder trinkt man etw. Saures, sagt man auch gern: ‚Das zieht einem die Strümpfe zusammen' oder ‚Das zieht einem (ja) die Löcher in den Strümpfen zusammen'.

Etw. in den Strumpf stecken: sein Geld nicht auf die Bank tragen, sondern zu Hause in einem Strumpf aufbewahren u. verstecken, heute bes. in der Bdtg. von geizig sein, sich selbst nichts gönnen; vgl. frz. ‚bas le laine' (Wollstrumpf für die Ersparnisse).

In der seit Luther belegten Rda. *mit Strumpf und Stiel ausrotten* hat Strumpf seine urspr. Bdtg. Baumstumpf bewahrt; gleich alt ist ‚mit Stumpf und Stiel'. Erst im 18. Jh. tritt die Form ‚mit Strunk und Stiel' auf.

Lit.: *G. Jungbauer:* Art. ‚Strumpf', ‚Strumpfband', in: HdA. VIII, Sp. 545–559.

Struwwelpeter. *Ein Struwwelpeter sein:* ungepflegt erscheinen, seine Haare nicht schneiden, waschen und kämmen lassen und sie deshalb wirr um seinen Kopf stehen haben. Diese Wndg. wird meist mißbilligend, aber auch scherzhaft zu einem Kind gesagt. ‚Struwwelpeter' ist der sprw. gewordene Name des zu Weihnachten 1845 erstmals erschienenen Kinder- und Bilderbuches von dem Frankfurter Arzt Dr. Heinrich Hoffmann. Die Wndg. bezieht sich auf das von Hoffmann als abschreckendes Beispiel gezeichnete Titelbild und den Titelhelden des in fast alle europ. Sprachen übersetzten Buches, von dem es heißt:

An den Händen beiden
Ließ er sich nicht schneiden
Seine Nägel fast ein Jahr;
Kämmen ließ er nicht sein Haar.

In der Form ‚Strubbelpeter' begegnet das Wort schon früher. Als der junge Goethe 1765–68 in Leipzig studierte, nannte ihn die Frau des Kupferstechers Stock ‚den Frankfurter Strubbelpeter' und zwang ihn, sich das Haar auskämmen zu lassen. Wegen ihrer ungewöhnlichen Haartracht wurden die ‚Beatles' bekannt und bei uns als ‚Pilzköpfe' bez.

Lit.: *H. Müller:* „Struwwelpeter" und Struwwelpetriaden, in: K. Doderer u. H. Müller (Hg.): Das Bilderbuch. Geschichte und Entwicklung des Bilderbuches in Deutschland von den Anfängen bis zur Gegenwart (Weinheim – Basel ²1975), S. 141–182; *M.-L. Könneker:* Dr. Heinrich Hoffmanns Struwwelpeter. Untersuchungen zur Entstehungs- und Funktionsgeschichte eines bürgerlichen Bilderbuches (Stuttgart 1977).

Stube. *Die Stube zum Fenster hinauswerfen wollen:* äußerst ausgelassen und zu allen Streichen aufgelegt sein; in toller Laune zu allem fähig sein und Freude am Tumult haben, eigentl.: in einer solchen Stimmung sein, daß man vor Übermut alles Zimmergerät zum Fenster hinauswerfen könnte. Die Rda. ist im Obersächs. seit dem 17. Jh. bezeugt. Sie erinnert an den Studentenulk, einem anderen ‚die Bude auf den Kopf zu stellen', ihm alles in Unordnung zu bringen und ihm damit einen Streich zu spielen; auch als ‚Budenzauber' bezeichnet. Gelegentlich wurde jedoch bei einem städtischen Aufruhr damit wirklich Ernst gemacht. Einem verhaßten Mann wurde das Haus gestürmt und die Einrichtung zerstört und auf die Straße geworfen. Vgl. auch engl. ‚to throw the house out of the window'.

Die Stube ist nicht gekehrt: es gibt unwillkommene Zuhörer; mit Rücksicht auf anwesende Personen kann man nicht alles sagen, was man möchte.

Immer herein in die gute Stube! Diese Wndg. fordert zum Nähertreten auf und ist wohl von Berlin ausgegangen: ‚Immer rin in die jute Stube' heißt dort die burschikose Aufforderung. Die ‚gute Stube' war ein Raum, der von der Familie nur benutzt wurde, um darin Besuche zu empfangen, ↗Pracht.

Stuben vermieten: geheime Prostitution treiben, eine Umschreibung für die käufliche Liebe selbständiger Frauen.

In der Stube hocken: nicht an die frische Luft gehen, viel arbeiten, menschenscheu sein.

Lit.: *V. v. Geramb:* Art. ‚Stube', in: HdA. IX (Nachtr.) Sp. 782–788; *E. Meyer-Heisig:* Die dt. Bauernstube (Nürnberg 1952); *E. Meier-Oberist:* Kulturgeschichte des Wohnens im abendländ. Raum (Hamburg 1956).

Stüber. *Einen Stüber (Nasenstüber) bekommen:* einen kleinen Stoß (auf die Nase) bekommen. Nach Jacob und Wilhelm Grimm haben ndd. ‚stuiver' und ‚stüver' (Bez. für eine Münze in Norddtl.) mit dem ‚Stüber' nichts gemein, doch werden sie häufig volksetymol. gleichgesetzt: so z. B. bei Abraham a Sancta Clara, wo es im ‚Judas der Ertz-Schelm' heißt: „gib ihr anstatt etlicher stüber geld einige Nasenstüber".

Stück. *Ein schweres Stück liefern:* eine unschöne Handlung, eine grobe Dummheit begehen. Vgl. schwäb. ‚Er tuot mer koa guots Stückle'. Ähnliches meint die heute häufiger benutzte Rda. *sich ein Stück leisten:* einen Streich vollbringen, etw. Törichtes tun und sich selbst dadurch schaden, die Achtung anderer durch sein unbedachtes Handeln verlieren. Mit ‚Stück' ist hierbei die listige Tat, die sittlich bedenkliche Handlungsweise gemeint, vgl. auch ‚Bubenstück', ‚Heldenstück' u. ‚Kunststück'.

Das ist ein starkes Stück!: das ist unglaublich, das ist eine Unverschämtheit. Die Rda. ist eine Verkürzung von ‚das ist ein starkes Stück, das er sich herausgenommen hat' und bezieht sich auf unschickliches Benehmen bei einem Gastmahl, wenn sich jem. rücksichtslos das größte Stück heraussucht; vgl. frz. ‚C'est un peu fort'.

Das beste Stück sein: scherzhafte Bez. für den Ehepartner. Vgl. ‚die bessere Hälfte sein'. ‚Stück' steht in den Rdaa. häufig für Mensch, man spricht deshalb auch von einem ‚guten Stück', einem gutmütigen, hilfsbereiten Menschen, und einem ‚frechen Stück', einer unverschämten Person; ↗Herz.

Große Stücke auf jem. (etw.) halten (setzen): ihm sehr viel vertrauen, ihn wertschätzen und viel von ihm erwarten. Die Wndg. ist seit dem 17. Jh. bezeugt und ist wahrscheinl. vom Wetten hergenommen, wo im Vertrauen und in der Hoffnung auf einen guten Gewinn ein großer ‚Einsatz', d. h. ein hoher Geldbetrag, gewagt wird.

Man wird zwei Stücke aus ihm machen: man wird ihn hinrichten. Die Wndg. gehört zu den verhüllenden Ausdr. der älteren Rechtspr. und meint die Enthauptung mit Schwert oder Beil. Vgl. auch das Sprw. ‚Zwei Stück aus einem machen, daß der Leib das größte und der Kopf der kleinste Teil bleibt'.

Sich von jem. ein Stück abschneiden können: jem. zum Vorbild nehmen, ↗abschneiden.

Er hat ein Stück vom Schulsack gefressen: er besitzt nur eine recht mangelhafte Bildung, ↗Schulsack.

Mehrere Stücke verbrochen haben: mehrere Theaterstücke verfaßt haben, eine scherzhafte, moderne Wndg., die das Schreiben von mittelmäßigen und schlechten Stücken als ein ‚Verbrechen' kennzeichnet.

studieren, Studium. *Etw. (einen Brief, einen Vertrag, eine Zeitung) genau (mühsam) studieren:* etw. zu entziffern suchen, ganz genau den Wortlaut prüfen, um ihn richtig zu verstehen. In übertr. Bdtg.: *Jem. (sein Gesicht, seinen Charakter) aufmerksam studieren:* sich mit jem. intensiv beschäftigen.
Alles Mögliche studiert haben: sich vielseitig gebildet haben, sich auf verschiedenen Wissensgebieten versucht haben, ohne tiefgreifende Spezialkenntnisse erlangt zu haben, an seinem Wissen zweifeln wie Goethes Faust, der sich selbst eingestehen muß (‚Faust' I, Nacht):

Habe nun, ach! Philosophie,
Juristerei und Medizin
Und leider auch Theologie
Durchaus studiert, mit heißem Bemühn.
Da steh ich nun, ich armer Tor!
Und bin so klug als wie zuvor ...

Etw. ist (wirklich) ein Studium für sich: es ist schwierig zu begreifen.

Stuhl. *Einem den Stuhl vor die Türe setzen:* jem. aus dem Hause weisen, einen Dienst, ein Verhältnis aufkündigen. Die Rda. geht auf einen Rechtsbrauch zurück, wobei der Stuhl als Rechtssymbol zur Bez. von Eigentumsrecht und Herrschaft gilt (vgl. ‚be-sitzen'). Umgekehrt verliert man durch Ent-setzung Macht und Eigentumsrecht (vgl. ‚Amtsentsetzung', ‚Thronentsetzung').
So war es in alter Zeit auch Rechtsbrauch, Personen, die sich zum zweiten Male verheirateten, die ‚ihren Witwenstuhl verrückten', von der Gütergemeinschaft mit den Kindern erster Ehe auszuschließen. Es wurde ihnen der Stuhl wirklich vor die Tür gesetzt, was aus dem folgenden Zeugnis hervorgeht: „Ob sich das mensch verändert, möchten die kind ihm oder ir ein stuhl für die thür setzen, alles von altem herkommen und hötte dasselb mensch kein recht mehr in dem haus" (vgl. Jacob Grimm, Rechtsaltertümer I, 259 ff.). Ein Beleg für diese Rda. findet sich auch bei Abraham a Sancta Clara (‚Narren-Nest' II, 23). In übertr. Bdtg. ist die Wndg. seit der 2. H. des 16. Jh. bezeugt; auch mdal. kommt sie vor, z.B. ‚enem den Stool vor de Döre setzen', einem den Contract oder den Dienst aufsagen (‚Bremisch-niedersächs. Wörterbuch' [1767 ff.], 4, 1046).
Sich zwischen zwei Stühle setzen: zwei Dinge (Vorteile) gleichzeitig anstreben, von denen man keines erhält; sich in seinen Hoffnungen betrogen sehen; in Not und Verlegenheit sein; zwischen zwei

1 

 2

1/2 ‚Sich zwischen zwei Stühle setzen'

1

2

3

1–3 ‚Sich zwischen zwei Stühle setzen'

Meinungen oder Parteien hin und her schwanken. Nach den ‚Proverbes au vilain' heißt es ebenso wie in der ‚Fecunda ratis' des Egbert von Lüttich (11. Jh.): „Entre dous seles chiet cus a terre" (= Zwischen zwei Stühlen sitzt der Arsch am Boden). Ähnl. heißt es lat.:

Labitur enitens sellis haerere duabus.
Sedibus in mediis homo saepe resedit in imis,

dann auch mhd., so in einem Lied Walthers von Metze (um 1250):

Ez ist ein wunder an mir
daz ich elliu wîp dur si mîde
sus bin ich an die blôzen stat
zwischen zwein stüelen gesezzen.
An der selben stat hat si mîn vergezzen.

Vgl. noch Bebel Nr. 587: „Inter duo scabella in terram residere". Tunnicius (1515): „De vp beiden stolen will sytten, de sytten dar vake tusschen dale". In einem Streitgedicht von Burkard Waldis gegen den Wolfenbüttler Herzog heißt es: „Auffs letst sitz neben stul darnieder". Auch Abraham a Sancta Clara kennt („Judas' IV, 194): „Zwischen zweyen Stuhlen niedersitzen". Ebenso Thomas Murner: „Zwischen stuelen nider sitzen". Vgl. engl. ‚Between two stools one goes (falls) to the ground'; frz. ‚demeurer entre deux selles le cul par terre", auch: ‚s'asseoir entre deux chaises', i. S. v.: zwei entgegengesetzte Ziele gleichzeitig anstreben.

Vor Schreck vom Stuhl (Stengel) fallen (vgl. 1. Sam. 4,18) sagt man, um die Stärke einer plötzlichen Gemütsbewegung auszudrücken, ↗Sessel.

Einem den Stuhl (unter dem Hintern) wegziehen: bes. frech, auch schadenfroh sein; dem anderen im übertr. Sinne keinen Platz gönnen. Übermütige junge Leute ziehen den Stuhl gern gerade dann weg, wenn sich einer von ihnen setzen will, wobei der Gefoppte übel zu Fall kommen oder lächerlich gemacht werden kann.

Lit.: *C. T. Ramage:* To sit between two stools, in: American Notes and Queries 4,10 (1872), S. 181–182; *J. Broeckaert:* Tusschen twee stoelen in de assche, in: Vkde. 21 (1910), S. 246; *F. Beyschlag:* Zur Geschichte eines ma. polit. Schlagwortes: Die Stüel ston auf den Benken, in: Blätter für bair. Vkde. 11 (1926), S. 16–19; *P. Geiger:* Eigentum und Magie, in: Vkdl. Gaben. ..., Festschrift John Meier (Berlin – Leipzig 1934), S. 36–44; *A. Haberlandt:* Art. ‚Stuhl', in: HdA. IX (Nachtr.), Sp. 788–790; *K. Rumpf:* Hess. Brautstühle, in: Volkswerk (1942), S. 37–53; *L. Schmidt:* Bank und Stuhl und Thron, in: Antaios XII, 1 (1970), S. 85–103; *H.-W. Goetz:* Der ‚rechte Sitz'. Die Symbolik v. Rang und Herrschaft im hohen Mittelalter im Spiegel der Sitzordnung, in: Symbolik des Alltags – Alltag der Symbole, Festschrift für H. Kühnel (Graz 1991).

stumm, Stummer. *Jem. stumm machen:* euphemist. Umschreibung für töten, ermorden. Dies geschieht oft aus Furcht, daß etw. ausgeplaudert, verraten werden könnte, vgl. daher auch die Wndg. ‚jem. für immer zum Schweigen bringen'. Die umg. Feststellung *Er ist ein stummer Mann* kann bedeuten, daß sein Schicksal bereits entschieden, daß er so gut wie tot ist oder daß er bereits nicht mehr lebt.

Von jem., der absolut zuverlässig und verschwiegen ist, heißt es: *Er ist stumm wie ein Fisch.* Dieser rdal. Vergleich ist international verbreitet, z. B. frz. ‚muet comme une carpe' (stumm wie ein Karpfen). ↗Fisch.

Oder man versichert: *Er ist stumm wie das Grab (wie ein Toter); eher würde ein Stummer geredet haben.*

Beliebte Zwillingsformeln sind: *still und stumm, starr und stumm* und *dumm und stumm.*

Etw. auf die Stumme tun: sich wortlos, aber mit vielsagenden Blicken verständigen. Die moderne Wndg. ist als Verkürzung aus ‚etw. auf die stumme Tour machen' (vgl. ‚krumme Tour') entstanden.

Stümper. *Ein (elender) Stümper sein:* ungeübt und ungeschickt, ein Nichtskönner sein, der nichts Rechtes zu schaffen (zu leisten) imstande ist. Der Ausdr. stammt urspr. aus der Handwerkersprache. Der Stümper (frühnhd. ‚stümpler') war ein Handwerker, der nicht zünftig gelernt hatte, der mit angeblich stumpfen, unzulänglichen Werkzeugen herumpfuschte, dessen Arbeit unvollkommen wie ein Baumstumpf blieb, dem das Wichtigste, die Krone, fehlte. In den alten Zunftordnungen wird den „Stümpern, Störern und Pfuschern" mit Geldstrafen, Beschlagnahme der Arbeiten und des Werkzeugs gedroht, vor allem deshalb, weil sie die Preise unterboten, ↗Pfuscher und ↗Stör.

Die verächtliche Bez. ist auch in anderen Lebensbereichen üblich geworden, wenn sich jem. an etw. versucht, das er nicht recht versteht und beherrscht. Vor allem in Malerei und Dichtung wurde zwischen echten Meistern und Stümpern unterschieden, was lit. mehrfach bezeugt ist. Vgl. auch das Sprw. ‚Der Stümper macht die meisten Späne'. Das Subst. bedeutete im Mdt. vom 14. bis zum 17. Jh. auch Schwächling, Verstümmelter (als Ableitung zu ‚Stump'), später allg. einen Menschen in mißlicher Lage, der sich schlecht zu helfen wußte. Daher auch die mitleidige Bez. ‚armer Stümper'.

Lit.: *E. Mummenhoff:* Der Handwerker in der dt. Vergangenheit (Leipzig 1901); *R. Wissell:* Des alten Handwerks Recht und Gewohnheit, 2 Bde. (Berlin 1929); *L. Röhrich* u. *G. Meinel:* Rdaa. aus dem Bereich von Handwerk u. Gewerbe, in: Alem. Jb. (Bühl/Baden 1973).

Stumpf. *Etw. mit Stumpf und Stiel ausrotten* (auch: *wegnehmen, verzehren):* es ganz und gar vernichten, eigentl.: einen Baum mit der Wurzel roden. Die Griechen sagten dafür; ‚etw. wie eine Fichte ausrotten', weil der Wurzelstock der Fichte nicht wie der vieler Laubhölzer neu ausschlagen kann. Die durch einen Stabreim gebundene Rda. hat bereits Seb. Franck in seinen ‚Sprichwörtern' (II, 61[a]) in ähnl. Form verzeichnet: ‚Es ist stumpff vnd stil dahin', es ist nicht das geringste übriggeblieben. Vgl. auch lat. ‚una cum templis et aris' und frz., ebenfalls mit Stabreim, ‚Il n'y a ni fric, ni frac'.

Stunde, Stündlein. *In einer glücklichen (unglücklichen) Stunde geboren sein:* ein Glückskind sein, dem alles zum Guten ausschlägt, was immer es auch beginnt, weil in der Stunde seiner Geburt die Sterne günstig standen (vom Pech verfolgt werden), ↗Stern.

Die rechte Stunde wahrnehmen: die sich bietende günstige Gelegenheit ohne Zögern ergreifen.

Zur rechten Stunde gekommen sein: gerade im richtigen Moment, rechtzeitig.

Warten, bis seine Stunde gekommen ist: sich ruhig Zeit lassen, bis es sicher ist, daß nun der Augenblick der Rache, des Triumphes da ist; vgl. frz. ‚attendre que son heure soit venue'.

Die Rda. ist bibl. Herkunft. Auf der Hochzeit zu Kana (Joh. 2, 4) spricht Jesus zu seiner Mutter, ehe er das erste Wunder vollbringt: „Meine Stunde ist noch nicht gekommen".

Seine Stunde ist gekommen: jetzt ist die rechte Zeit zum Eingreifen; der Erfolg ist ihm sicher, wenn er seine Chancen wahrnimmt; vgl. frz. ‚Son heure est venue'.

Dem Gebot der Stunde gehorchen: das tun, was unbedingt erforderlich und unumgänglich ist. Die Wndg. ist ein etw. abgewandeltes Zitat aus Schillers Drama ‚Maria Stuart' (III,3): „Gehorcht der Zeit und dem Gesetz der Stunde!"

Ein Mann der ersten Stunde sein: von Anfang an bei einer Sache dabeigewesen sein, ↗Mann. Dies wird bes. rühmend von Politikern gesagt, die bei dem schweren Neubeginn nach 1945 richtungweisend waren, den Wiederaufbau förderten und die Demokratie in der Bundesrepublik durchsetzen halfen.

Etw. in zwölfter Stunde tun: so lange zögern, bis es höchste Zeit damit wird, es im letzten Augenblick noch erledigen. Die Rda. beruht auf einer Bibelstelle (Matth. 20,6), wo es im Gleichnis von den Arbeitern im Weinberg jedoch um die „elfte Stunde" geht; vgl. frz. ‚ouvriers de la onzième heure' (die Arbeiter, die erst um die elfte Stunde gekommen sind und keinen Anspruch auf reiche Belohnung erheben dürfen).

Keine gute Stunde bei jem. haben: es schwer haben, ständig angetrieben, schikaniert und unwürdig behandelt werden.

Der schweren Stunde entgegensehen: als Schwangere kurz vor der Entbindung stehen.

Etw. in einer schwachen Stunde tun: etw. tun, was man später bereut, eigentl. schwach werden und dem Drängen nachgeben. Die Wndg. wird gern zur Entschuldigung und Erklärung von falschen Entscheidungen oder unmoralischem Verhalten gebraucht; vgl. frz. ‚son heure de folie' (wörtl.: in der Stunde, in der er nicht ganz bei Sinnen war).

Für jem. schlägt die Stunde, auch: *seine Stunde schlägt:* die günstige Gelegenheit zum Eingreifen, zum Aufstieg in eine höhere Position ist gekommen, aber auch: die Zeit des Abschiedes, des Todes naht. Vgl. den Roman von E. Hemingway: ‚For Whom the Bell Tolls' (‚Wem die Stunde schlägt'), dessen Titel von einem Gedicht von J. Donne (ca. 1600) angeregt wurde.

Wissen, was die Stunde geschlagen hat (auch: ‚wieviel Uhr es ist'): genau Bescheid wissen, das unabänderliche Geschick kennen, das einem bevorsteht, merken, daß sein Leben zu Ende geht.

Seine letzte Stunde (sein letztes Stündlein) hat geschlagen (ist gekommen): er muß sterben. Vgl. ndl. ‚Zijn laatste uurtje heeft geslagen'; frz. ‚en être aux dernières extrémités' (wörtl.: seine letzte Stunde erreicht haben). Die euphemist. Wndgn. ‚Sein letztes Stündlein schlägt ihm' und ‚Seine Uhr ist abgelaufen' sind dichterisch und erst der nhd. Sprache angehörig. Inwieweit die Totentänze (vgl. auch die Sanduhr in der Hand des Todes auf Dürers Kupferstich ‚Ritter, Tod und Teufel') auf die Bildung solcher Phrasen einwirkten, wird sich schwer entscheiden lassen, ↗zeitlich. Früher hat man den Tod auch mit der Wndg. umschrieben: ‚Es ist eine böse Stunde'. Agricola verzeichnet in seiner Sammlung der Sprichwörter (Nr. 444): ‚Es ist vmb eyn böse stund zuthun', und erläutert dies: „Eyn böße stunde heyßt man den todt/der alle ding frißt vnd verzeret".

Lit.: *F. Wilhelm:* Die Euphemismen über Sterben und Totsein, in: Alemannia 27 (1900), S. 73ff., bes. S. 83; *G. Jungbauer:* Art. ‚Stunde', in: HdA. VIII, Sp. 563–570; *S. Metken* (Hg.): Die letzte Reise (München 1984).

Sturm. *Sturm im Wasserglas:* viel Aufhebens um Geringfügiges, Aufregung, die sich nicht lohnt, viel Lärm um nichts, geht auf Montesquieu zurück, der die Wirren in San Marino „une tempête dans un verre d'eau" nannte. Ndl. ‚een storm in een glas water' und engl. ‚a storm in a teacup' und lat. ‚fluctus in simpulo' (Cicero), eine Sturmflut in einem Schöpflöffel.

Seinen Sturm und Drang erleben: eine sehr bewegte, jugendliche Entwicklungsphase durchmachen, die von hochfliegenden Plänen, großer Ungeduld und ungestümem Verhalten charakterisiert wird, unter der der Betreffende selbst, vor allem aber seine Umgebung gelegentlich geradezu leiden; sich einerseits als Individualist und Genie fühlen und andererseits an sich selbst zweifeln, da Wollen und Können noch nicht recht in Einklang zu stehen scheinen; sich von seinen übermächtigen Gefühlen treiben lassen, ohne das Ziel zu kennen oder zu erreichen.

Der Ausdr. ‚Sturm und Drang' war urspr. ein von Ch. Kaufmann (herrnhutischer Arzt u. Apostel der Geniezeit) vorgeschlagener Titel für F. M. Klingers anfänglich ‚Wirrwarr' benanntes Drama von 1776.

Danach wurde dann die ganze Periode der dt. Literaturgeschichte zwischen 1760 und 1785 so bezeichnet.

Lit.: *T. Scott:* Storm in a teacup, in: American Notes and Queries 11,2 (1910), S. 173–174; *Zimmermann:* Art. ‚Wind (Sturm)' in: HdA. IX, Sp. 629–656; *M. Zender:* Meinungen und Rdaa. zu Sturm und Wirbelwind, in: Festschrift für Robert Wildhaber (Basel 1973), S. 722–737.

Suade. *Er hat eine entsetzliche Suade:* er hat ein sehr lebhaftes Mundwerk, das nicht totzukriegen ist. Das lat. Wort ‚suada' = Redegabe wurde im Anfang des 18. Jh. eingedeutscht zu ‚Suade' und mdal. zu Schwade. Die ähnl. Wndg. ‚Er hat eine gute Schwade' meint ebenfalls verächtlich ein allzu gutes Mundwerk, das nie stillsteht. Durch die Klangnähe wurde Suade im Obersächs. sogar zu ↗ Schwarte, so daß die Rda. dort heißt: ‚Der hat ja enne tücht'ge Schwarte'.

suchen. *Etw. suchen wie eine Stecknadel im Heuhaufen:* eine Sache ganz intensiv suchen, obwohl die Aussicht auf Erfolg sehr gering ist. Musäus schreibt in den ‚Volksmärchen der Deutschen' (1,118): „des Fräuleins Abwesenheit konnte nicht lange verborgen bleiben; ihr Frauenzimmer suchte sie, nach dem Sprichwort, wie eine Stecknadel".
Wander (IV, 791) führt die Rda. in der Form: ‚eine Stecknadel in einem Fuder Heu suchen' auf; man verwendet sie auch bei unmöglichen Umständen, die eine Suche von vornherein scheitern lassen.
Irgendwo etw. (nichts) zu suchen (verloren) haben: irgendwo (nicht) hingehören, unerwünscht sein.
Seinesgleichen suchen: einmalig sein.
Zwei haben sich gesucht und gefunden: zwei Menschen passen zueinander.

Sumpfhuhn. *Ein Sumpfhuhn sein:* ein liederlicher, verkommener Mensch sein. Bes. wird damit der Säufer bez., der gesellschaftlich und moralisch immer mehr absinkt, in den Sumpf gerät (vgl. versumpfen). Um 1850 war das Wort ‚sumpfen' bei Studenten aufgekommen, um damit das ausschweifende Leben, das übermäßige Trinken zu umschreiben und treffend zu charakterisieren. Seit Ende des 19. Jh. wurde dem schon lange vorher bekannten Sumpfhuhn durch eine Assoziation mit ‚sumpfen', ‚versumpfen' und ‚Sumpf' die neue, abwertende Bdtg. im Vergleich mit dem Menschen beigelegt. Die Feststellung *Es sind Sumpfhühner* ist eine am Ende des 19. Jh. aufgekommene Schelte für liederliche, unmoralische Weiber. So schreibt Germanicus 1899 (‚Der Sozialismus und die Frau' S. 22): „daß die soliden und gesunden ... (Frauen) eine gesundere Nachkommenschaft haben, als die Sumpfhühner (liederliche Weiber), deren Kinder nicht selten ... die sittlichen Schwächen vererben".

Sünde. *Sünde und Schande* ist eine seit etwa 1200 belegte, aber vermutlich ältere Formel, die sich bis heute erhalten hat, um ein sehr schandbares Benehmen zu kennzeichnen. So heißt es z. B. verurteilend: *Es ist eine Sünde und Schande, wie er sich aufführt.* Im 16. Jh. war diese Formel auch im Volkslied üblich. Bei der Hätzlerin (II, 62, 58) steht: „Es ist sünd vond schand". Bes. die Mdaa. haben die Sprachformel bewahrt, im Schles. z. B. sagt man: ‚'s is ane Sinde und ane Schande'. Daneben besteht die Wndg.: *Es ist Sünde und Jammer.*
Etw. (jem.) wie die Sünde hassen (meiden): sich vor etw. hüten, einem Menschen aus dem Wege gehen, ihn zutiefst verachten und seinen schlechten Einfluß fürchten.
Eine Sünde wider den Heiligen Geist begehen: eine schwere Sünde auf sich laden, die nicht vergeben werden kann.
Die Sünde vergibt dir der Küster: es ist nicht schwerwiegend. Die Rda. wird zur Beruhigung eines Menschen gesagt, der sich zu viele Vorwürfe macht und schon bei Kleinigkeiten große Bedenken und Gewissensbisse hat. In Pommern heißt es mdal. auch: ‚De Sünd' vergivt die de Köster, dâr brukst den Paster nich to'.
Das (die) ist eine Sünde wert: eine Sache ist äußerst begehrenswert, daß man sogar die Sünde in Kauf nimmt, daß eine Sünde von vornherein die natürliche Folge ist und man deshalb vor dem eigenen Gewissen als entschuldigt gilt; eine Frau (ein Mädchen) ist so schön, daß die Sünde der Verführung durch den Genuß und das Vergnügen aufgehoben würde.
Mit seinen Sünden Staat machen: sich seiner bösen Taten noch rühmen, sich damit

vor anderen aufspielen und ihre Bewunderung erregen wollen. Bereits Ovid gebrauchte eine ähnl. Wndg.: „Gloria peccati nulla potenda tui est“.

Eine Sünde mit der andern zudecken: immer neue Schandtaten begehen, um die vorigen in Vergessenheit geraten zu lassen und ihre Aufklärung durch die Beseitigung von Hinweisen und Zeugen zu verhindern. Vgl. lat. ‚Lutum luto purgare‘.

Wieder in seine alten Sünden fallen: alte Fehler wiederholen, schlechte Angewohnheiten wieder annehmen, die eine Zeitlang überwunden schienen; vgl. frz. ‚retomber dans ses vices‘.

Der ist auch nicht bei der ersten Sünde gestorben heißt es von einem, der ungestraft immer wieder Böses tut.

In seinen Sünden umkommen: sehr plötzlich sterben, ohne gebeichtet und seine Sünden bereut zu haben.

Er ist von Sünden frei wie der Hund von Flöhen: er kann genausowenig wie ein Hund seine Peiniger verlieren und nicht von seinen Sünden lassen. Diese iron. Wndg. gebraucht schon Hans Sachs (‚Schwänke‘ [Kiel 1827], S. 215): „Er ward seiner Sünden ledig gar und rund, gleich wie seiner Flöh der Hund“.

Häßlich (schön) wie die Sünde sein: extrem häßlich (schön) sein; vgl. engl. ‚to be ugly as sin‘.

Dumm wie die Sünde sein ↗dumm.

Schlecht wie die Sünde sein ↗schlecht.

Aussehen wie die sieben Todsünden ↗aussehen.

Lit.: *E. Schröder:* Sünde und Schande, in: Sonderausg. Zs. für vergleichende Sprachforschung 56 (1928); *L. R. M. Strachan:* Ugly as sin, in: American Notes and Queries 189 (1945), S. 64; *M. W. Bloomfield:* The seven deadly sins. An Introduction to the History of a Religious Concept (Michigan [State College Press] 1952); Art. ‚Sünde und Schuld‘ (Mehrere Verf.), in: RGG. VI, Sp. 476–505; *E. Kimminich:* Des Teufels Werber. Mittelalterliche Lasterdarstellung u. Gestaltungsformen der Fastnacht (= Artes Populares II) (Frankfurt/M. 1986).

Sündenbock. *Der Sündenbock sein:* selbst ohne Schuld sein, aber die Schuld anderer auf sich nehmen und dafür leiden müssen, derjenige sein, auf den andere alles schieben, der verantwortlich gemacht werden soll. Ähnl. stellt der unschuldig Leidende selbst fest, daß er *immer den Sündenbock für andere machen* müsse.

‚Einen Sündenbock suchen‘

Die Rda. bezieht sich auf einen jüd. Brauch, der bei 3. Mos. 16,21 f. geschildert wird: Am Versöhnungstage wurden dem Hohenpriester zwei Böcke als Sühneopfer für die Sünden des Volkes übergeben. Nach dem Los wurde der eine Bock für den Herrn geopfert, der andere erhielt die Sünden Israels aufgebürdet, indem ihm der Hohepriester symbolisch die Hände auflegte. Danach wurde er in die Wüste gejagt und seinem Schicksal überlassen, um die Schuld der Menschen stellvertretend zu entgelten. In übertr. Bdtg. wurde ‚Sündenbock‘ zur Bez. des zu Unrecht Beschuldigten. Die ersten Bibelübersetzungen kannten das Wort ‚Sündenbock‘ noch nicht, auch in der Lutherbibel fehlte es, nur von dem ‚ausgesandten Bock‘ war die Rede. Die Vulgata bezeichnete ihn als ‚caper emissarius‘. Vgl. auch frz. ‚C'est le bouc émissaire‘, ndl. ‚de zondebok zijn‘ und engl. ‚to be a scapegoat‘.

Bei Ausbruch des Krieges von 1866 erklärte Bismarck, den man dafür verantwortlich machen wollte: „Ueberall macht man mich verantwortlich für eine Situation, die ich nicht geschaffen, sondern die mir aufgedrängt worden; ich bin für die öffentliche Meinung der Sündenbock“.

Der Brauch, anstelle eines Tieres auch einen gefangenen Fremden oder Verbrecher zum Sündenbock zu machen, war weit verbreitet und ist bis heute in harmloseren Formen erhalten geblieben. Nach einem handschriftlichen Manuskript von Fritz Rumpf ist er am ursprünglichsten im Land Owari bewahrt worden, am Kô-nomiya-Schrein von Inazawa Naoe-matsuri ist er dargestellt. Die älteste Nachricht vom Shintô Myômoku stammt von 1699: Am 11.1. ziehen die Priester mit zahlreichem Gefolge, Fahnen tragend, auf die

Landstraße und fangen dort den ersten besten Reisenden, der ihnen in den Weg kommt. Nachdem er eine religiöse Reinigungszeremonie über sich ergehen lassen hat, wird das ‚Opfer' in reine, weiße Kleidung gehüllt, zum Altar gebracht und dort auf ein Manaita (Hackbrett) gelegt. Hôchô (Schlachtmesser) und Haski (Stäbchen) werden daneben niedergelegt. Man formt aus Lehm eine Figur und legt sie auf das Manaita. Der Gefangene muß daneben während der ganzen Nacht sitzen. Am nächsten Morgen wird die Figur entfernt. Dem Gefangenen wird ein Mochi (Opferkuchen) aus Lehm (Lehm der Figur?) mit einem Seil auf den Rücken gebunden, zusammen mit einer Schnur Kupfermünzen. Dann treibt man ihn aus dem Tempel und jagt ihn so lange, bis er vor Erschöpfung niedersinkt. An der Stelle, wo er zu Boden fällt, wird dann der Lehmkuchen vergraben. Dieser Brauch wurde dann (um 1740) dahingehend abgeändert, daß man keine Fremden mehr einfing, sondern durch das Los einen ‚Sündenbock' bestimmte; meist einen Mann, der in dem betreffenden Jahr sein 40. Lebensjahr vollendete. Das Einfangen auf der Landstraße fand nun nur noch symbolisch statt, d. h., man ‚fing' das bestimmte Opfer statt eines Fremden. – Auch aus einem chinesischen Dorf wird ein ähnl. Brauch berichtet: Wenn an diesem Tag ein Fremder ins Dorf kommt, wird er schweigend bewirtet, beim Verlassen des Hauses aber hinterrücks mit einem Stein erschlagen. Wesentlich dabei ist, daß urspr. ein Fremder getötet wurde.

In Tibet wird ein Bettler (für Geld gemietet) durch Verkleidung zum ‚Teufel' gejagt, in ein Fellkleid gehüllt wie ein Tier (Sündenbock). Er symbolisiert alles Übel des kommenden Jahres, Unglück, Krankheit usw. So rennt er zum Tor des Lamatempels hinaus; in diesem Augenblick werden vom Volk Trommeln wie wild geschlagen und Trompeten geblasen. Man wirft nach ihm mit Steinen, schlägt ihn mit Knüppeln. Er rennt durch die Straßen und flüchtet zu einem Platz außerhalb der Stadt. Oft wird er, bevor er das Stadttor erreicht, getötet.

Auch bei den Griechen war der Sündenbock bekannt. Dort Φαρμακός (Attika) oder Φαρμᾶκος (Ionien) genannt, schon 399 vor Chr. erwähnt und noch im 3. Jh. nach Chr. üblich. Man wählte dafür meist Verbrecher, je einen Mann und eine Frau, aus.

Das Opfer geschah gewöhnlich zur Zeit der ϑαργήλια, der Zeit der Erstlingsopfer der Feldfrüchte für Apollo, oder auch wenn Seuchen in der Stadt herrschten. Der Mann trug eine Schnur mit schwarzen Feigen, die Frau eine mit weißen Feigen um den Hals. In den Händen trugen sie Gerstenbrote. So wurden sie durch alle Straßen geführt, um alle Unreinheit anzunehmen. Dann führte man sie zur Stadt hinaus, steinigte und verbrannte sie. Ihre Asche wurde in die See und in den Wind gestreut.

Der Sündenbock erscheint bei diesen Bräuchen also im Zusammenhang mit den Ablösungserscheinungen eines Menschenopfers.

Lit.: *R. Andree:* Ethnographische Parallelen und Vergleiche (Stuttgart 1878), S. 29–34; *R. Sprenger;* Sündenbock, in: Zs. f.d.U. 5 (1891), S. 277; *A. Mühlhausen:* Zu R. Sprengers Sündenbock, in: Zs. f.d.U. 5 (1891), S. 484; *W. Burkert:* Structure and History in Greek Mythology and Ritual (Berkeley 1979), S. 59–72 (Transformations of the scapegoat, S. 59); *J. Frazer:* The golden bough, vol. VI, The scapegoat (^{3}1913); *C. Feinberg:* The scapegoat of Leviticus 16, in: Bibliotheca Sacra 115 (1958), S. 320–333; RGG. Bd. VI (^{3}1961), Sp. 506–507, Art. ‚Sündenbock' von *E. Kutsch; H. M. Kümmel:* Ersatzkönig und Sündenbock, in: Zs. für die alttestamentl. Wissenschaft 80 (1968), S. 289–318; *H. Haag:* Teufelsglaube (Tübingen 1974), S. 170 ff.; *L. Kretzenbacher:* Wortbegründetes Typologie-Denken auf ma. Bildwerken. Zur Ecclesia-Synagoga-Asasel- (Sündenbock)Szenerie unter dem ‚Lebenden Kreuz' des Meisters Thomas von Villach um 1475 (München 1983) (= Abh. der Bair. Akademie der Wissenschaften); *F. J. Oinas:* The Problem of the Scapegoat and Tammsaare's ‚Juudit', in: Journal of Baltic Studies (JBS.), Vol. XVII, No. 1 (1986), S. 12–20.

Sündenregister. *Jem. sein Sündenregister vorhalten:* ihm seine Fehler vorwerfen, die er im Laufe der Zeit gemacht hat. Der Ausdr. ‚Sündenregister' beruht auf der ma. Auffassung, daß der Teufel alle Sünden der Menschen aufschreibe, um nach ihrem Tode dieses Register vorzeigen zu können, wenn über ihre Seele von Gott Gericht gehalten wird. In übertr. Sinne ist die Rda. seit der 2. H. des 18. Jh. bezeugt; urspr. war das ‚Sündenregister' auch eine kirchliche Liste der häufigsten Einzelsünden, bes. für den Beichtgebrauch. Danach sagt man auch: *Dein Sündenregister ist voll.* Wahrscheinl. besteht bei dieser Wndg. auch ein Zusammenhang mit dem Sündenregister auf der ↗ Kuhhaut und der Rda. ‚Das geht auf keine Kuhhaut'.

Jem. Sündenregister aufschlagen: die schlechten Eigenschaften und Untugenden von jem. vor der Öffentlichkeit ausbreiten, seine versteckten Schandtaten bekanntmachen, um sein Ansehen zu untergraben. Vgl. ndl. ‚iemands doopceel lichten', seinen Taufschein untersuchen, um seiner Abstammung nachzuspüren mit dem Versuch, ihn dadurch zu beschämen und in der Gesellschaft unmöglich zu machen.

Lit.: *J. Bolte:* Der Teufel in der Kirche, in: Zs. f. vgl. Litgesch., N. F. 11 (1897), S. 249–266; *R. Wildhaber:* Das Sündenregister auf der Kuhhaut, FFC. 163 (Helsinki 1955); *L. Röhrich:* Sprw. Rdaa. in bildl. Zeugnissen, in: Bayerisches Jb. f. Vkde. (1959), S. 75f.; *ders.:* Sprw. Rdaa. aus Volkserzählungen, in: Volk. Sprache. Dichtung, Festgabe f. Kurt Wagner (Gießen 1960), S. 266f.; *ders.:* Der Teufel in der Kirche und das Sündenregister auf der Kuhhaut, in: Erzählungen des späten MA., Bd. I (Bern – München 1962), S. 113–123 u. S. 267–274.

Sünderstühlchen. *Auf dem Sünderstühlchen sitzen:* einem strengen Verhör unterzogen werden, auf der Anklagebank bei der Gerichtsverhandlung sitzen. Im kirchlichen Bereich war mit dem Sünderstühlchen auch der Beichtstuhl gemeint oder ein bes. Platz, den reuige Sünder während des Gottesdienstes einnehmen mußten, um öffentl. Buße zu tun. Vgl. auch ndl. ‚op het zondaarsbankje zitten', frz. ‚tenir quelqu'un à la sellette' und engl. ‚to be on the stool of repentance'.

Suppe. Die Rdaa. über Suppe sind recht zahlreich. Dies erklärt sich aus der Tatsache, daß die Suppe seit alters her ihren festen Platz in der mehrgängigen Speisenfolge der Mahlzeiten hat und in vielen Gegenden, vor allem bei der Landbevölkerung und bei den Arbeitern, auch heute noch vielfach eine selbständige Mahlzeit bildet (vgl. die ‚Frühstückssuppe'). Auf die synonyme Verwendung von Suppe und Mahlzeit weisen verschiedene Ausdrücke hin, z.B. ‚Brautsuppe' für das Hochzeitsessen, ‚Henkerssuppe' für die Henkersmahlzeit, ‚Totensuppe' für den Leichenschmaus. In den Alpengebieten werden die drei Tagesmahlzeiten Morgen-, Mittag- und Nachtsuppe genannt. Gleichbedeutend mit Mahlzeit wird Suppe daher in folgenden Rdaa. gebraucht: *zur Suppe laden; die Suppe versäumen; jem. in die Suppe (den Suppentopf) fallen:* auf Besuch kommen, wenn gerade gegessen wird; ‚die Uhr jeht nach de Suppe' sagen die Berliner für etw. Verkehrtes und Schlechtes, da richtigerweise das Essen zu festgesetzten Zeiten aufgetragen werden soll.

Zunächst seien die wenigen positiven Rdaa. in Verbindung mit Suppe angeführt: *die Suppe aufschmalzen:* sich verbessern, ebenso *Schmalz auf die Suppe tun* oder *die Suppe schmälzen;* vgl. frz. ‚Beurrer les épinards' (wörtl.: Butter in den Spinat tun), i.S.v. jem. finanzielle Lage verbessern; *in die Suppe zu brocken haben:* vermögend sein; *Petersilie (Schnittlauch, Pfeffer) auf allen Suppen sein:* aus der Umgebung herausstechen, vornedran sein (↗ Petersilie). *Gelbe Suppe* galt früher als Bez. für ein üppiges Leben, so bei Luther (16,25): „also sehen sölche Gesellen auch, das am Hofe gele Suppen gessen werden, viel Fressens und Sauffens dran ist".

Die Rdaa. in Verbindung mit Suppe sind zum größten Teil aus sich heraus verständlich. Sie bedürfen keiner bes. Erklärungen, da sie sich in der Hauptsache auf reale Vorgänge bei der Zubereitung und dem Verzehr dieser Speise beziehen. Daraus resultiert sicher bis zu einem gewissen Grad die große Zahl der Rdaa., vor allem der mit negativer Bdtg. Denn gegenüber den wenigen Möglichkeiten, eine Suppe durch Zutaten zu verbessern, steht die Vielzahl der Beisp., wie man eine Suppe verderben und unappetitlich machen kann. So kann man *jem. in die Suppe spukken.* Man kann *ein Haar in der Suppe finden;* vgl. frz. ‚Il y a un cheveu' und ‚arriver comme un cheveu sur la soupe': unerwartet und ungelegen kommen, ↗ Haar; man kann auch *bei jem. die Suppe verschütten:* es mit jem. verderben. Schon Abraham a Sancta Clara („Judas der Erzschelm' IV) kennt die Rda. „einem die Suppen versaltzen" (auch: verpfeffern, versauern). *Da ist mir die Suppe übergekocht:* da habe ich die Fassung verloren.

Weiter sind zu nennen: *die Hand aus der Suppe ziehen:* sich aus einer Angelegenheit zurückziehen; *seine Suppe dabei kochen (brauen):* sich unredlich Vorteil oder Gewinn verschaffen, ähnl.: *sein Süppchen am Feuer anderer kochen; eine Suppe und ein Mus sein:* eng befreundet sein; *Pfeffer an die Suppe tun:* sich Mut machen; *in die (eine böse) Suppe geraten (kommen):* in Bedrängnis geraten, so schon bei Thomas Murner; entspr. *jem. in die Suppe bringen (führen, ziehen); zwei Suppen in einer Schüssel kochen:* zwei Dinge zugleich tun. In mehreren Beisp. ist eine Überschneidung mit anderen Rdaa. zu beobachten: *in der Suppe (Tinte) sitzen; die Suppe (Zeche) zahlen müssen; die Suppe (das Kraut) fett machen,* heute vor allem in verneinendem Sinne verbreitet.

Klar wie dicke (Kloßbrühe) ↗ klar.

Jem. die Suppe (Petersilie) verhageln; jem. in die Suppe (Karten) sehen, vor allem in bezug auf häusliche Verhältnisse gebräuchlich.

Die zusammengesetzte Rda. *die Suppe auslöffeln (ausessen) müssen, die man sich eingebrockt hat* bezieht sich auf das Einbrocken des Brotes in die Suppe, um diese gehaltvoller zu machen. Sie ist in verschie-

‚Die Suppe auslöffeln müssen'

denen Varianten und auch als Sprw. verbreitet. Beide Teile der Rda. existieren auch für sich: *jem. (sich) eine (schöne, dicke) Suppe einbrocken (anrichten)* und *die Suppe auslöffeln müssen,* ↗ Löffel. Von einer Frau, die sich kurz nach der Hochzeit als schwanger erweist, heißt es im Schwäb.: ‚Die hat auch keine Suppe umsonst angerichtet'.

Als Übers. von ‚Jean Potage', einer Spottbez. für den Franzosen, ist im Dt. der Name ‚Hans Supp' (so schon bei Grimmelshausen im ‚Simplicissimus') zu finden. ‚Suppenschwaben' nennt man Personen, die gerne Suppe essen, und im Gegensatz dazu steht als warnendes Beisp. für Kinder die Gestalt des ‚Suppenkaspars' aus dem ↗ ‚Struwwelpeter' (1845) von Heinrich Hoffmann. An umg. Ausdrücken in Verbindung mit Suppe sind noch zu nennen: ‚Suppenanstalt', Wohltätigkeitsküche, ‚Suppendiener', Schmeichler, Höfling; ‚Suppendemut', Unterwürfigkeit aus Berechnung; ‚Suppenfreund', falscher Freund, Schmarotzer; im gleichen Sinne: ‚Suppenfreundschaft'; ‚Suppenpoet', Lobredner aus Berechnung. In der Gaunersprache heißen junge Mädchen ohne Erfahrung ‚Suppengrünes'. Ein ‚venedisches (welsches, span.) Süpplein (Suppe)' ist ein Gifttrank, vgl. auch *jem. ein Süppchen brauen.* ‚Aus 7 (9, 100 oder mehr) Suppen oder aus der siebenten (neunten usw.) Suppe ein Schnittlein (Tünklein)' ist eine schwäb.-alem. Bez. für weit entfernte Verwandtschaft.

Suppe wird, ähnl. wie Brühe und Soße, seit Ende des 15. Jh. als Bez. für eine schmutzige Flüssigkeit gebraucht und existiert in dieser Bdtg. auch in vielerlei Zusammensetzungen, wie Drecksuppe, Lehmsuppe, Nebelsuppe usw.; ‚rote Suppe' ist eine derbe, euphemist. Umschreibung für Blut. Verschiedene Kinderspiele tragen den Namen Suppe. So nennt man schwäb. das Zusammendrillen und wieder Auseinanderwirbeln der Schaukel ‚die Suppe machen', rhein. das Springenlassen der Steine auf dem Wasser ‚Suppe schlagen'. *Eine Prügelsuppe bekommen* heißt im Kindermund: Prügel bekommen.

Lit.: *E. M. Schranka:* Die Suppe. Ein Stücklein Kulturgesch. (Berlin [2]1890); *F. Eckstein:* Art. ‚Suppe', in: HdA. VIII, Sp. 609–614; *N.-A. Bringéus* u. *G. Wiegelmann* (und andere Autoren): Ethnologische Nahrungsforschung in Europa, in: Ethnologia Europaea 5 (1971); *H. J. Teuteberg* u. *G. Wiegelmann:* Unsere tägliche Kost (Münster 1986); *K. Köstlin:* Der Eintopf der Deutschen. Das Zusammengekochte als Kultessen, in: Tübinger Beiträge zur Volkskultur (Tübingen 1986), S. 220–241.

Suppenhuhn. *Da lachen selbst die ältesten Suppenhühner:* etw. ist nicht lustig, nicht witzig, sondern langweilig. Im Bair. ist ‚Suppenhuhn' ein Schimpfwort.

Suppenschwabe. Ein ‚Suppenschwabe' ist allg. jem., der gerne viel Suppe ißt. Die Bez. war der Name eines der ‚Sieben Schwaben', der am Tag fünfmal Suppe aß; außerdem ist es der Übername für Augsburger Einwohner.

‚D Supp ist 's Best vom Esse' sagt ein schwäb. Sprw., zuweilen auch zum Sagwort erweitert: ‚D Supp ist 's Best, sagt der Schwab, wenn sie aber zuletzt käme, äße niemand mehr davon'. Schon Joh. Fischart verspottete die Vorliebe der Schwaben für Suppen, und ein um 1700 bezeugter Sinnspruch heißt:

Wann der Däne verliert den Grütze,
Der Franzos seinen Wein,
Der Schwab die Suppe
Und der Baier das Bier,
So sind verloren alle vier.

Anekdoten und hist. Sagen setzen diesen Suppenschwaben-Spott fort.

Lit.: *A. Keller:* Die Schwaben in der Geschichte des Volkshumors (Freiburg 1907), S. 168ff.; *H. Moser:* Schwäbischer Volkshumor (Stuttgart ²1981), S. 335.

Susanna. *Eine keusche Susanna sein:* eine zurückhaltende, ehrbare Frau sein. Die Wndg. bezieht sich auf das 13. Kap. im Buche Daniel: Susanna, die schöne Gemahlin von Jojakim, der ein angesehener Bürger Babylons war, wurde von zwei alten Männern beim Baden beobachtet. Da sie deren Werbungen zurückwies, wurde

‚Eine keusche Susanna'

sie von den Erzürnten des Ehebruches beschuldigt und zum Tode verurteilt. Daniel konnte durch seine Fragen die Ankläger als Lügner bloßstellen und Susannas Ehre wiederherstellen.

Neben ihrem urspr. Sinn wird die Rda. auch iron. verwendet, so wie man auch vom ‚keuschen Josef' spricht. So kann ‚Susanne' gleichbedeutend mit ‚Dirne' gebraucht werden und der Ausdr. *liederliche Susannenschwester* als Schimpfwort. In Schwaben nennt man ein bes. aufgeputztes Mädchen ‚Susanna Preisnestel' (lit. bei Mörike im ‚Hutzelmännlein', S. 158).

Die Rda. *eine rechte Suse sein* bez. entweder eine einfältige, langsame Frau oder eine bes. unaufmerksame und ungeschickte. Wahrscheinl. entstand die Wndg. im 19. Jh. als Verkürzung von ähnlichen verächtlichen Bezeichnungen wie Brummsuse, Heulsuse, Transuse.

Ein Susannenbruder (Susannist) sein: ein alter Lüstling sein. Paulini erklärt diese ebenfalls nach der Geschichte von Susanna gebildete Rda. in seiner ‚Zeitkürz. Lust' (3,923): „Wenn die Teutschen einen alten, doch noch geilen Bock etwas verblümt durchhecheln wollen, nennen sie ihn einen alten Susannen-Bruder". Bei Corvinus heißt es im ‚Fons lat.' um 1660: „cuculus, qui alterius uxorem adulterat ein Susannenbruder" (402). B. Schupp erwägt sogar einen Vorteil in seiner ‚Corinna' (49): „ich solte nicht sehen allein nach jungen Gesellen, sondern auch nach alten Susannenbrüdern, dann dieselbe können spendiren"; auch Goethe spricht von den „pharisäischen Susannenbrüdern" (IV, 40,257 W.). P. Winkler nahm 1685 in seine ‚2000 gutte gedancken' ($C\ 8^b$) eine Erklärung für ‚Susannisten' auf: „alte Susannisten seyn dem Knoblauch gleich, der zwar einen weiszen kopff, doch grünen stiel hat".

Lit.: *W. Baumgartner:* Susanna, in: Archiv f. Relig. Wiss. 24 (1926) und 27 (1929); *P. Sartori:* Art. ‚Susanna', in: HdA. VIII, Sp. 614–615; *R. A. F. MacKenzie:* The Meaning of Susanna story, in: The Canadian Journal of Theology 3 (1957), S. 211–218; RGG. Bd. VI (³1961), Sp. 532, Art. ‚Susannabuch' von *M. Weise.*

Süßholz. *Süßholz raspeln:* schöntun, schmeicheln, jem. süßlich umwerben, einem angenehme Dinge, übertriebene

Artigkeiten sagen, einer Dame Komplimente, den Hof machen.
Die noch allg. sehr gebräuchl. Rda. wird bes. von dem ↗Scharwenzen junger Burschen um die Mädchen gesagt. In Leipzig heißt derjenige, der sich darauf versteht, ein ‚Sirupsbengel', in Oberdtl. kennt man auch die Wndg. ‚Lebkuchen austeilen' dafür. Vgl. auch ndl. ‚Zoete broodjes bakken'; engl. ‚to eat humble-pie'.
Die Rda. bezieht die heute weitgehend vergessene Tätigkeit, eine Süßholzwurzel zu schaben, wortspielerisch auf das süßliche Sprechen eines Mannes. Früher wurden aus den zuckerhaltigen Wurzelstökken des glatten span. Süßholzes (Glycyrrhiza glabra) oder des stachl. russ. (Glycyrrhiza echinata) Drogen, Süß- und Genußmittel hergestellt. Bereits seit dem 14. Jh. ist das mhd. Wort ‚süezholz' bezeugt. Konrad von Megenberg z. B. empfiehlt es in seinem ‚Buch der Natur' als Heilmittel für unreine Wunden. Später wurde es bes. bei Husten und Schwindsucht verwendet. Die bildhafte Übertr. auf ‚Schmeichelei' und ‚falsche Freundlichkeit' seit dem 16. Jh. beruht auf dem Gebrauch von Süßholz als Genußmittel, ↗Zucker. Seb. Franck kennt die Wndg. *etw. ist Süßholz für jem.*, denn er schreibt 1538 in seiner ‚Chron. German.' (229):

ich weisz wol, das dir der tod deines mans
nit süszholz ist gewesen, sonder wermuot und gallenn.

Die ältere Rda. *Süßholz in den Mund (ins Maul) nehmen:* mit unterwürfiger Freundlichkeit reden, um einen Gegner zu besänftigen, ist bis ins frühe 17. Jh. bezeugt und zeigt den alten Sinnzusammenhang noch deutlicher. In einem Fastnachtsspiel (Keller 302) heißt es: „wir namen süeszholz in den munt", und Hans Sachs (‚Dreierlei Pritschengesang' 13) empfiehlt es als wirksames Mittel gegen ein zanksüchtiges Weib:

Nem nur sues holcz in den mund
Das ist für die kiffarbis (= Keifen) gesund.

Süßholz kauen galt als besondere Beschäftigung eines Stutzers, den Rabener (Schriften 1,237) wie folgt beschreibt (1777):

Die Hände wusch er sich in Rosenwasser
Und kaute beständig Süßholz.

Man bez. ihn deshalb heute noch als ‚Süßholzraspler'. So sagt man z. B. in Ludwigsburg von einem, der den Leuten nur angenehme Dinge sagt: ‚Dar is e rechter Süssholzraspler'. In Berlin entstand als Liedparodie zu ‚Im Grunewald ist Holzauktion' der Text:

De janze Fuhre Süßholz kost'n Daler,
Un Raspeln jib's umsonst.

Szene. *Jem. eine Szene machen:* einen stürmischen Auftritt herbeiführen, heftige Vorwürfe machen, sich vor jem. übertrieben aufregen; vgl. frz. ‚faire une scène à quelqu'un'.
Das Wort ‚scene' wurde erst spät aus dem Frz. entlehnt und ist im Dt. erst im 18. Jh. nachweisbar. Die Rda. bezieht sich auf das Theater, das in der volkstümlichen Auffassung mit übertriebener und unnatürlicher Steigerung gleichgesetzt wurde, wie ähnl. Rdaa. beweisen: ‚ein Theater aufführen', ‚einen Auftritt machen'.
Die engl. Wndg. ‚to make a scene' ist der dt. so ähnl., daß man diese für eine Übers. aus dem Engl. hielt, was wohl nicht zutrifft. Vgl. auch engl. ‚to blow a person up' und ndl. ‚een scéne maken'.
Etw. in Szene setzen: etw. geschickt vorbereiten, künstlich und planvoll herbeiführen, groß herausstellen; vgl. frz. ‚la mise-en-scène' (Inszenierung) sowie ‚le cinéma' (umg.) und ‚Ne fais pas tant de cinéma' oder ‚... ton cinéma': mach doch kein Theater.
Sich in Szene setzen: sich auffallend benehmen, so daß man beachtet wird, sich in den Vordergrund drängen, seine guten Eigenschaften zur Geltung bringen.
Die Szene beherrschen: dominieren, die führende Rolle spielen. In seinem Gedicht ‚Die Alten und die Jungen' schreibt Th. Fontane über die Jungen: „Sie beherrschen die Szene, sie sind dran!"

T

Tabak. *Das ist starker Tabak* (ndd.: Tobak): das ist eine starke Zumutung, eine große Unverschämtheit, ein derber Witz, ein grobes Wort, etw. Unerhörtes. Die Rda. beruht auf dem Schwank (AaTh. 1157) vom Teufel, der im Wald einem Jäger begegnet und ihn fragt, was er da in der Hand halte und welchen Zweck das habe; darauf gibt der Jäger sein Gewehr für eine Tabaksdose aus, und als der Teufel um eine Prise bittet, schießt ihm der Jäger eine Ladung ins Gesicht, worauf der Teufel sagt: ‚Das ist starker Tabak‘. Im ndd. Raum hat sich der Schwank vom geprellten Teufel zu einem Sagwort verdichtet: ‚Dat 's n starken Toback, säd de Düwel, as de Jäger em in't Mul schäten harr, un spogt de Hagelkürn ut‘; lit. z.B. bei Goethe (Weimarer Ausg., Briefe, I, 217): „Ey! ey! das ist starker Toback!"
August Kopisch hat zu dieser Rda. ein Gedicht geschrieben, worin ein Wilddieb den Teufel hintergeht. Der Teufel, der eine Flinte für eine Tabakspfeife hält, läßt sich von dem Wilddieb in die Nase schießen, im Glauben, er rauche. Die letzte Strophe lautet:

> Dem Teufel der Schrot in die Nase schießt,
> Da schüttelt er, spuckt, rennt, ruft und niest:
> „Ein starker Tabak, ein Teufelstabak!"

Das ist alter Tabak: das ist eine bekannte oder längst abgeschlossene Sache. Von jem., der alles verträgt und ohne Bedenken alles glaubt, heißt es: *Für den ist kein Tabak zu stark.*
Im Schwäb. gilt der Ausdr. ‚Nex Tabacks!‘ als Zeichen der Ablehnung in der Bdtg.: Es wird nichts daraus.
Keine Pfeife Tabak wert sein: nichts wert sein. Diese Umschreibung für ‚nichts‘ begegnet auch im Ndl.: ‚Dat is geene pijp tabak waard‘, und in anderen dt. Rdaa. So heißt es z.B. in Bedburg: ‚Ich gev ken Pîf Tuback nich für se Leaven‘.; ↗Deut.
Etw. war Anno Tobak: eine Begebenheit ist schon ziemlich lange her; zu ‚Urgroßvaters Zeiten‘, ‚anno dazumal‘ (auch pfälz. ‚duwwägl‘) passiert; ↗Anno.

Lit.: *A. Wünsche:* Der Sagenkreis vom geprellten Teufel (Leipzig u. Wien 1905); *E. M. Schranka:* Tabak-Anekdoten (Köln 1914); *R. Cudell:* Das Buch vom Tabak (Köln 1927); *L. Röhrich:* Sprw. Rdaa. aus Volkserzählungen, S. 248; *Cl. Lévi-Strauss:* Mythologica II. Vom Honig zur Asche (Paris 1966), dt. Ausg. (Frankfurt/M. 1972), S. 13ff.: Tabak-Metaphern; *L. Röhrich:* Teufelsmärchen und Teufelssagen, in: Sage und Märchen (Freiburg 1976), S. 252–272. Weitere Lit. ↗rauchen.

Tablett. *Jem. etw. auf einem silbernen Tablett servieren;* jem. eine Sache schmackhaft machen wollen, verlockend anbieten, so angenehm wie möglich darstellen.
Der Begriff ‚Tablett‘ wurde schon im frühen 18. Jh. aus dem Frz. entlehnt. Im 18. u. 19. Jh. gehörte ein ‚silbernes Tablett‘ zur Ausstattung eines gutbürgerlichen Haushalts. Auf ihm nahmen die Dienstboten die Visitenkarten der Besucher entgegen. Auch Getränke, Aperitifs etc. wurden auf silbernen Tabletts serviert. Im Unterschied zum bibl. Originaltext (Matth. 14, 1–2; Mark. 6) wird das abgeschlagene Haupt des Propheten Johannes der Herodiastochter Salomé in Oscar Wildes gleichnamiger Tragödie (1891) auf einer silbernen Schüssel gereicht. Diese Szene ist auch in der bildenden Kunst häufig dargestellt worden (z.B. von Bernardo Luini, Gustave Moreau u.a.).
Nicht aufs Tablett kommen ↗Tapet.

tabu. *Etw. ist tabu:* es ist verboten, gefährlich, unantastbar, heilig. Der Ausdr. ‚tapu‘ oder ‚tabu‘ stammt aus Polynesien und bedeutet urspr. das nach einer geheiligten Sitte für eine bestimmte soziale Gruppe Gefährliche und Verbotene. James Cook hörte ihn zuerst 1777 auf den Tonga-Inseln und führte ihn in den abendländischen Sprachgebrauch ein; vgl. frz. ‚C'est tabou‘ oder ‚C'est un tabou‘.

In der naturvölkischen Religion der Südsee galt alles als tabu, was mit einer besonderen Kraft, einem Orenda oder Mana erfüllt ist: Götter, Dämonen, Könige, Priester und Häuptlinge, aber auch deren Eigentum. Die Wndg. *etw. mit einem Tabu belegen* weist auf die Vorstellung von der Tabuiergewalt. Sie gab Priestern und Häuptlingen große Macht, denn durch das Berühren eines Menschen, des Bodens, eines Gegenstandes und sogar durch ihren Befehl vermochten sie zu tabuieren, d.h. zu verbieten, dem allg. Gebrauch zu entziehen, abzusondern, zu opfern, zu weihen und zu heiligen. Diese Tabukraft, die als erblich galt, erregte bei den Schwächeren und Untergebenen Scheu, Ehrfurcht und Furcht und den festen Glauben, daß eine Übertretung des Tabus, also ein Frevel, zur unausweichlichen Bestrafung durch die Götter und andere übernatürliche Wesen führen müsse, da diese streng auf die Einhaltung der Tabus achten.

Im heutigen Sprachgebrauch ist der Begriff tabu sehr häufig und hat immer mehr negative Bdtg. erlangt. Gemeint sind damit unbewältigte Probleme, Vorurteile, überlebte, aber durch die Tradition geheiligte Anschauungen und Grundsätze, die kritisch betrachtet, diskutiert und schließlich beseitigt werden sollen. Die heutigen Rdaa. beinhalten deshalb fast immer die Einstellung gegen die Tabus, die man nicht mehr als bindend für sich betrachtet. Bei einem Vergleich der Wndgn. ergibt sich eine gewisse Steigerung im sprachl. Ausdr., die der wachsenden Angriffslust gegen Einengendes und Überlebtes entspricht. Die Rda. *etw. ist nicht mehr tabu* meint: es ist nicht mehr unverletzlich, es kann öffentl. darüber diskutiert werden. Die Wndg. *ein Tabu verletzen* hieß urspr. ein Verbot übertreten, die Überlieferung mißachten. Heute ist die Bdtg. eingeengt worden auf das Verletzen der guten Sitte und Moral, es kann aber auch das Aufbegehren gegen überholte politische Meinungen und Grundsätze darunter verstanden werden; vgl. frz. ‚détruire (zerstören) un tabou‘.

Forderungen, die immer häufiger in der Presse begegnen, sind: *ein Tabu mutig in Angriff nehmen, überlebte Tabus abbauen, alte Tabus über Bord werfen*. Hinter ihnen steht das Bewußtsein, daß bei den ständigen Wandlungen wohl neue Tabus entstehen, die alten aber beseitigt werden müssen, weil sie die Entwicklung hemmen oder den modernen Verhältnissen nicht mehr gerecht werden können. Die Rda. *ein Tabu brechen:* es mit Gewalt zerstören, spiegelt etw. von dem Widerstand, den Tradition und konservative Kräfte den Neuerungen entgegensetzen.

Den Wandel in der Einstellung zum Tabu zeigt am besten die heute in verächtlichem Sinne gebrauchte Wndg.: *Er ist tabu für mich*. Sie meint nicht, daß ein Mensch und seine Lebenssphäre einem anderen als heilig und unantastbar erscheint, sondern, daß dieser nichts mehr mit ihm zu tun haben will, daß er ihn aus seinem Gedächtnis verbannt und daß selbst sein Name nicht mehr genannt werden soll.

Lit.: *S. Freud:* Totem und Tabu (1912); *F. R. Lehmann:* Die polynes. Tabusitten (Leipzig 1930); *F. Pfister:* Tabu. Ein Beitrag zu „Wörter und Sachen“, in: Obd. Zs. f. Vkde. 6 (1932); *W. Havers:* Neuere Lit. z. Sprachtabu, in: Sitzungsber. d. Akad. d. Wiss. Wien, Phil.-hist. Klasse, Bd. 223 (1946); HdA. VIII, Sp. 629ff.; *A. Denis:* Taboo (London 1966); *L. Röhrich:* Tabus in Volksbräuchen, Sagen und Märchen, in: Festschrift für Werner Neuse (Berlin 1967), S. 8–23; *N. Sidler:* Zur Universalität des Inzesttabu (Stuttgart 1971); *R. B. Browne* (Ed.): Forbidden Fruits. Taboos and Tabooism in Culture (Bowling Green [Ohio] 1984).

tabula rasa ↗Tisch.

Tabulatur hieß bei den Meistersingern die auf einer Tafel (lat. tabula) aufgezeichnete Satzung, in der die Regeln für Wort und Weise eines Meisterliedes zusammengefaßt waren. *Nach der Tabulatur* bekam in wörtl. und übertr. Sinne die Bdtg.: streng nach der Regel. So wird 1771 im ‚Bremisch-niedersächs. Wörterbuch‘ (V, 3) erklärt: „He singt na'r Tabulatur: er singt richtig und kunstmässig; dat geit na'r Tabulatur: das gehet nach der bestimmten Ordnung“.

Mdal. und volksetymol. zurechtgebogen, wird daraus: ‚nach der Tafeltur‘, in gehöriger Ordnung, und obersächs., mit der Anlehnung an ‚tippeln‘ und ‚Tour‘: ‚nach der Tippeltappeltur‘; z.B. ‚bei dem geht's nach der Tippeltappeltur‘, er tut alles bedächtig, sorgfältig und genau; ‚hier geht

Der Singer singt ins Gemerk (‚Nach der Tabulatur')

alles seine Tippeltappeltur', alles geht in altgewohnter Weise weiter.

Lit.: *B. Nagel:* Der dt. Meistersang (Stuttgart 1967).

Tacheles. *Tacheles miteinander reden:* offen miteinander sprechen; auch: jem. unverblümt die Meinung sagen, ein Geständnis machen. ‚Tacheles' kommt aus jidd. ‚tachles': Ziel, Zweck; wahrscheinl. ist der Ausdr. in Journalistenkreisen entstanden. Lit. belegt ist er schon bei dem Schriftsteller Gustav Freytag (1816–95).

Lit.: *L. Mackensen:* Zitate, Rdaa., Sprww. (Brugg – Stuttgart – Salzburg 1973), S. 701.

Tafel. *Die Tafel aufheben:* das Zeichen zur Beendigung der Mahlzeit geben. Im MA. wurden die Tischplatten erst, wenn gespeist werden sollte, auf Gestelle gelegt und nach dem Essen wieder aufgehoben oder fortgenommen; vgl. auch Tischtuch. Vgl. frz. ‚lever la table'.

Tag. *Verschieden wie Tag und Nacht:* völlig verschieden, diametral entgegengesetzt; der geläufige rdal. Vergleich bez. einen vollkommenen Gegensatz; vgl. frz. ‚comme le jour et la nuit', dagegen amer. ‚as different as chalk from cheese'.

Zu seinen Tagen kommen war eine altdt. Rechtsformel für: mündig werden, ↗Jahr.

Du suchst wohl den gestrigen Tag? fragt man einen, der zerstreut nach etw. herumsucht, ohne es zu finden. Die Frage ist ein bildl. Scherz, der den Eindruck der Vergeblichkeit dieses Suchens charakterisiert. Die Rda. wird meist auf eine hist. Anekdote zurückgeführt, die sich in den ‚627 Historien von Claus Narren' (1572) des Volksschriftstellers W. Büttner findet, wonach der Hofnarr Claus (gest. 1515) den Kurfürsten Johann Friedrich von Sachsen, der klagt: ‚Den Tag haben wir übel verloren', tröstet: „Morgen wollen wir alle fleißig suchen und den Tag, den du verloren hast, wohl wieder finden".

Dem lieben Gott den Tag stehlen: ein Faulenzer sein, ein ‚Tagedieb' sein (schon mnd. ‚dachdêf').

In den Tag hinein leben: unbekümmert um die Zeitrechnung, sorglos, ohne Überlegung leben; schon lat. ‚in diem vivere', was auch der Humanist Erasmus von Rotterdam in seinen ‚Adagia' (I, 8, 62) bucht: „In diem vivere, est praesentibus rebus contentum vivere atque ex parato, minime sollicitum de futuris". Die Wndg. war auch im klassischen Latein geläufig (vgl. z.B. Cicero, De orat. II, 40, 169; Plinius, Ep. V, 54); vgl. frz. ‚vivre au jour le jour'.

In den Tag hineinreden: viel Unüberlegtes reden; schon Lessing schrieb: „Wie kann der Mann nur so in den Tag hineinschreiben, und seine Leser glauben machen, daß er es besser verstehe?"

Ähnl. auch die Rda.: *Viel reden, wenn der Tag lang ist:* nicht sehr vertrauenserweckend reden; jem., der so daherredet und auf dessen Worte man sich nicht verlassen kann: ‚Der redet viel, wenn der Tag lang ist', ↗reden.

Tag werden wird im Scherz oft auf geistige Helle und Klarheit übertr.: *Jetzt wird's Tag,* auch: ‚jetzt dämmerts', von einem, dem die Wahrheit einzuleuchten beginnt. Vgl. ndl. ‚Daarna worde het dag'.

Nun wird's aber Tag!: jetzt reicht es aber, jetzt habe ich genug davon!; ein Ausruf, wenn man geärgert wird und wütend ist.

Ähnl.: *an den Tag (zutage) bringen (*oder *kommen):* ans Licht kommen. vgl. frz. ‚se faire jour'.

KHM. 115 trägt den Titel: ‚Die klare Sonne bringt's an den Tag' (AaTh. 960). Das Grimmsche Märchen ist die Quelle, bildet Titel und Kehrreim des Gedichtes ‚Die Sonne bringt es an den Tag' von Adalbert von Chamisso (1781–1838), ↗Sonne. Vgl. auch KHM. 1, 16 u. 60.

Etw. an den Tag legen: etw. überraschend erkennen lassen, zeigen; z.B. ‚Eifer an den Tag legen'.

Bei Tage besehen ... sieht oft alles ganz anders aus: genauer, besser betrachtet, überlegt, zeigt sich eine Sache von ganz anderer Seite.

Dem Tag die Augen ausbrennen: abends zu zeitig oder morgens zu lange das Licht brennen; schwäb. ‚e Loch in de Tag brenne', ↗Loch; westf. ‚den Dag ansteaken'.

Dem Tag ein Licht anzünden: etw. Unnützes tun, ↗Licht.

Alle Tage, die Gott gibt: immer; *am Jüngsten Tage, eher nicht:* niemals; *dafür ist der kürzeste Tag lang genug* sagt man von einer unangenehmen Beschäftigung, vgl. ndl. ‚De kortste dag is daar lang genoeg voor'; *seinen guten Tag haben:* gut gelaunt sein; *vor Tag und Tau* (stabreimende Zwillingsformel): in aller Herrgottsfrühe; vgl. ndl. ‚voor dag en dauw'.

Es geht mir von Tag zu Tag besser und besser. Zum geflügelten Wort wurde die Lehre des frz. Heilkünstlers Émile Coué (1857–1926), nach der Kranke durch Autosuggestion geheilt werden sollen. In seinem Hauptwerk heißt es: „Er (der Kranke") muß am Morgen, bevor er aufsteht, am Abend, gleich wie er zu Bett geht, die Augen schließen ..., dann muß er ganz eintönig zwanzigmal folgendes Sätzchen wiederholen: Mit jedem Tage geht es mir in jeder Hinsicht immer besser und besser" (‚Tous les jours, à tous points de vue, je vais de mieux en mieux'. Man sagt rdal. auch gleichbedeutend: ‚bei mir Coué'. Der Couéismus wurde in den Jahren 1924–25 in Dtl. fast eine Art Epidemie.

Auf seine alten Tage: in hohem Alter; vgl. frz. ‚sur ses vieux jours'.

Die Rda. *den Tag vor dem Abend loben* ist aus dem längeren Sprw. abgeleitet: ‚Man soll den Tag nicht vor dem Abend loben'. Dieses ist auch lit. mehrfach aufgegriffen worden, so z.B. von Friedrich v. Hagedorn in seiner Fabel ‚Der Zeisig': „Man muß den schönsten Tag nicht vor dem Abend loben"; ebenso bei Schiller in ‚Wallensteins Tod' (V, 4):

Und doch erinnr' ich an den alten Spruch:
Man soll den Tag nicht vor dem Abend loben.

Der vermutlich älteste Beleg, der ins 10. oder 11. Jh. datiert werden darf, findet sich im ‚Hávamál', dem alten Sittengedicht der Edda (81,1): „at kveldi skal dag leyfa ...", d.h. (erst) am Abend soll man den Tag loben, was dann fortgesetzt wird:

Das Weib, wenn es verbrannt ist,
Das Schwert, wenn es versucht ist,
Das Mädchen, wenn es vermählt ist,
Das Eis, wenn man hinübergelangt,
Das Bier, wenn es getrunken ist.

Der allg. Gedanke ‚nichts zu früh loben!' hat an weit entlegenen Stellen zu gleichartigen sprw. Prägungen geführt. Dasselbe Sprw. kommt z.B. auch schon in lat. Epigrammen des MA. vor: „Sed vero laus in fine canitur, et uespere laudatur dies" (12. Jh.), und es begegnet zur selben Zeit auch im ma. Frankr.: „Au vespre loue len le iour". In den ‚Schwabacher Sprüchen' vom Ende des 14. Jh. heißt es: „Ein guten tag sol man auff den obent loben", und um 1550 ist es in der Form geläufig: ‚Guoten tac man zabende loben sol'. Die heute als fest betrachtete Form des Sprw. mit der typischen formelhaften Einkleidung ‚Man soll ...' hat sich erst im Laufe der Zeit herausgebildet und eine feste Tradition begründet.

Die Sentenz ‚Noch ist nicht aller Tage Abend' findet sich schon bei dem röm. Schriftsteller Livius (XXXIX, 26, 9): „Nondum omnium dierum solem occidisse" (= noch sei die Sonne aller Erdentage nicht untergegangen).

Die hundert Tage von jem. nennt man die wichtigsten Tage, in denen er sich zu bewähren hat. Die Wndg. wird meist auf Herrscher oder führende Politiker bezogen, die nur in einem kurzen Zeitraum regieren, sich in einer Wahlperiode durchsetzen müssen. Die Rda. bewahrt die Erinnerung an Napoleons Versuch, nach seiner Absetzung als Kaiser von der Insel Elba aus nochmals die Macht zu ergreifen. Seine Herrschaft der hundert Tage begann mit seiner überraschenden Landung am 1. März 1815 bei Cannes und endete mit seiner Niederlage am 18. Juni 1815 bei Belle-Alliance (auch: Waterloo), nach der er lebenslänglich auf die engl. Insel St. Helena verbannt wurde.

Auch das Zwischenreich von 1815 nennt man ,les cent jours' = die hundert Tage, obwohl es über diese Zeitdauer hinausging. Die Schuld daran trägt der Seinepräfekt Chabrol, der den am 19. März aus Paris verschwundenen Ludwig XVIII. bei seinem Wiedereinzug am 8. Juli als schlechter Rechner in seiner Anrede „hundert Tage" aus Paris abwesend sein ließ.

Die kurze Regierungszeit Kaiser Friedrichs III. vom 9. März bis 15. Juni 1888 bez. man ähnl. als die ,Neunundneunzig Tage'.

Die Tage zählen: etw. sehr sehnsüchtig erwarten.

Sich einen Tag im Kalender rot anstreichen: sich einen Tag wegen einer besonderen Begebenheit gut merken.

Jem. guten Tag und guten Weg sagen: sich nicht länger bei jem. aufhalten als nötig ist, um ihn zu grüßen.

Die folgenden Ausdr. gehen auf lit. Quellen zurück. Vom Sonntag, an welchem ja nicht gearbeitet wird, sagt man: *Das ist der Tag des Herrn.* Ludwig Uhland verfaßte 1805 ,Schäfers Sonntagslied', aus dem dieser Ausdr. stammt. Die lat. Bez. ,dies Dominica' (= Tag des Herrn) für den Sonntag findet sich aber schon seit dem frühen MA.

Den lieben, langen Tag ... hab' ich nur Schmerz und Plag' ist der Anfang eines Gedichts von Philipp Jacob Düringer (1807–70): ,Des Mädchens Plage'.

Seine Tage haben: menstruieren; auch die ,kritischen Tage der Frau' umschreiben dasselbe.

Tag der offenen Tür haben: Tag, an welchem Institute, Behörden oder Verwaltungen von Bürgern besucht und besichtigt werden können; vgl. frz. ,Journée portes ouvertes'.

Seinen Tag von Damaskus erleben: ein anderer Mensch werden. ↗Saulus.

Vor Tag und Tau ↗Tau.

Lit.: *J. Pommer:* Dem Tag die Augen ausbrennen, in: Das deutsche Volkslied 12 (1910). S. 26–27: *A. Heusler:* Sprww. in den eddischen Sittengedichten, in: Zs. f. Vkde. 26 (1916), S. 42f.; *A. Taylor:* ,In the evening praise the day', in: Modern Language Notes 36 (1921), S. 115–118 (s. d. weitere hist. Nachweise und Lit.-Angaben); *W. E. Peuckert:* Art. ,jüngster Tag', in: HdA. IV, Sp. 859–884; *G. Jungbauer:* Art. ,Tag', in: HdA. VIII, Sp. 635–650; *A. Erler:* Art. ,Tag und Nacht', in: HRG. 33. Lief. Sp. 111–122.

Tagesordnung. *An der Tagesordnung sein:* etw., das häufig vorkommt.

Zur Tagesordnung übergehen: zum Wesentlichen kommen. In Schillers ,Wilhelm Tell' (II, 2) heißt es: „Zur Tagesordnung, weiter!"

Das steht nicht auf der Tagesordnung: das ist nicht vorgesehen, wird nicht besprochen, nicht getan.

Tagewählerei. *Tagewählerei betreiben:* abergläubische Praktiken ausführen, um die vorgeblich günstigen oder ungünstigen Tage zu ermitteln, an denen schicksalhafte Entscheidungen gefällt oder vermieden werden sollen.

Eine Warnung vor Zauberei und Wahrsagerei steht im 5. Buch Mose, Kap. 18, wo in Vers 10 auch „Tagewähler" genannt werden.

Unter ,Tagewählerei' versteht man das Auswählen ,guter' oder ,böser' Tage, an denen bestimmte Vorhaben wie Baubeginn, Richtfest, Kauf u. Verkauf, Eheschließung, Reisen, das Pflanzen u. Ernten usw. ausgeführt oder unterlassen werden sollen. Dieser sehr alte u. bei vielen Völkern bekannte Glaube wurde vom Orient über Griechenland u. Rom auch dem Christentum vermittelt, das ihn entweder als Aberglaube bekämpfte oder duldete und anerkannte. Am Ausgang des MA. wurde die Tagewählerei in ein festes System gebracht u. spielte in den Kalenderpraktiken eine große Rolle. Doch bereits J. Fischart verspottete dies in ,Aller Practick Großmutter' 1572.

Lit.: *G. Jungbauer:* Art. ,Tagewählerei', in: HdA. VIII, Sp. 650–657; Atlas der dt. Vkde. (1958/59), Karte 1–9; *L. Röhrich:* Art. ,Tagewählerei', in: RGG. VI (³1962), Sp. 604–605; *A. Hauser:* Bauernregeln (Zürich u. München 1973).

Taillenweite. *Jem. die Taillenweite prüfen:* ihn innig umarmen; *das ist genau meine Taillenweite:* das entspricht genau meinem Geschmack, das ist das Zutreffende; Mitte 20. Jh.

Takt. *Im Takte (intakt) sein:* gesund, in Ordnung sein; eigentl.: wie eine richtig gehende Uhr, ein gleichmäßig-geordnetes Leben führen; vgl. ndl. ,slag houden'; engl. ,to keep time of stroke'. Den Gegen-

satz bedeutet: *nicht taktfest sein:* kränklich sein, auch: unzuverlässig sein.
Keinen Takt halten können: sich nicht in den gemeinsamen Rhythmus einordnen können, störend wirken. Arbeiten, die in einer Gruppe gemeinsam verrichtet werden müssen, wie z. B. das Mähen oder das Dreschen oder auch die Arbeit am Fließband, mißlingen oder werden verzögert, wenn sich einer nicht in den Arbeitstakt finden kann, ,nicht taktfest' ist.
Den Takt angeben: alles bestimmen, vgl. den Ton angeben'. *Einen Takt dreingeben:* dreinreden, sich einmischen, wie wenn bei einer mehrstimmigen Musik einer ab und zu auch einen Takt mitbläst. *Nach Takt und Noten:* gehörig, gründlich, tüchtig, sehr (um 1900).
Jem. aus dem Takt bringen: ihn verwirren, aus der Fassung bringen. Dagegen: *sich nicht aus dem Takt bringen lassen:* größte Ruhe und Sicherheit auch bei unvermuteten Zwischenfällen bewahren.
Den Takt in der Bdtg. von richtigem Verhalten, Zartgefühl meinen die folgenden Rdaa., die einen Tadel beinhalten: *keinen Takt im Leibe haben, den Takt verletzen* und *gegen den Takt verstoßen.* Auch die Adjektive ,taktvoll' und ,taktlos' spiegeln deutlich das Vorhandensein oder Fehlen von Zartgefühl oder Höflichkeit.

Taler *Er tut so, als wenn jedes Wort 'nen Taler kostet* heißt es Nordostdtl. von einem Maulfaulen. Der Taler kann in den Rdaa. zur Umschreibung eines hohen Wertes benutzt werden, z. B. *seinen hübschen Taler (bei einer Sache) verdienen:* einen sehr großen Gewinn erzielen, aber auch zur Bez. von etw. Wertlosem gebraucht werden: *keinen Taler wert sein:* nichts oder nur wenig taugen (vgl. Deut).
Die ersten Taler entstanden 1484, als Erzherzog Sigismund von Tirol bei Swaz ungewöhnlich große Münzen im Wert eines Goldguldens prägen ließ. Zu wirtschaftl. Bdtg. gelangte die Münze aber erst um 1500. Ihr Name geht als Abkürzung auf ,Joachimsthaler' zurück, eine seit 1518 von dem Grafen von Schlick aus den Silberminen von St. Joachimsthal geprägte Silbermünze, von wo aus sich die Bez. rasch im dt. Sprachgebiet verbreitete. Vgl. auch ndl. ,daelder', daaler' u. engl. ,daler', ,daller', um 1600 bereits ,dollar', das im Amerikan.-engl. weiterlebt.
Im Kinderlied hat sich der alte dt. Münzbegriff (1 Taler = 3 Mark) erhalten, obwohl keine rechte Vorstellung mehr vom ehemaligen Wert dieses Silberstücks vorhanden ist:

> Taler, Taler, du mußt wandern,
> von der einen Hand (Stadt) zur anderen.

Vgl. auch das Märchen ,Die Sterntaler' (KHM. 153).

Talfahrt. *Sich auf Talfahrt befinden:* bes. in finanzieller oder wirtschaftlicher Hinsicht eine negative Entwicklung nehmen; kein Wachstum mehr verzeichnen. Die Rda. kommt aus der Binnenschiffahrt: eine Talfahrt geht stromabwärts, ein Schiff kommt deshalb rascher als gegen die Strömung voran, ↗Strom.
In übertr. Sinne kann dies bedeuten: ein Unglück nähert sich früher als erwartet; der Ruin kommt unaufhaltsam.

Lit.: *Fr. Kluge:* Seemannssprache (Kassel 1973; Nachdr. der Ausg. von 1911). *E. Neweklowsky:* Die Schiffahrt und Flößerei im Raume der oberen Donau, 2 Bde. (Linz 1952).

Talsohle. *Die (eine) Talsohle durchwandern:* eine nicht sehr angenehme, weniger erfolgreiche Zeit durchmachen, ↗Durststrecke.

Tampen. *Am Tampen gehen:* in den letzten Zügen liegen, todkrank sein. ,Tampen' kommt von ndl. ,tamp' und bedeutet: Ende, Endstück eines Taus oder einer Leine.

Lit.: *F. Kluge:* Seemannssprache (Kassel 1973; Nachdr. der Ausg. von 1911).

Tamtam. *Tamtam um etw. machen:* viel Aufhebens um eine Sache machen. ,Mach kein Tamtam!' sagt man umg. zu einem, der sich marktschreierisch gebärdet oder der übermäßige Aufregung zeigt.
Tamtam ist die lautmalende Bez. der Eingeborenentrommel in Vorder- und Hinterindien (die Lautmalerei gibt den Doppelschlag auf die Trommel wieder). Das Wort ist durch frz. Vermittlung zu uns gekommen und in bildl. Anwendung auch in die Lit. eingedrungen; z. B. in Immermanns ,Münchhausen' (I, 91): „Wir müs-

sen (im Stil) den Tamtam schlagen, und die Ratschen in Bewegung setzen".

Tandem. *Ein bewährtes Tandem sein:* ein eingespieltes Team sein; zwei Partner, deren Stärke im Zusammenwirken liegt. Sie ziehen sozusagen am selben ↗Strick.
Das sprachl. Bild ist der Technik entnommen: hier bedeutet ein Tandem eine Anordnung, bei der zwei hintereinandergeschaltete Antriebe auf die gleiche Welle wirken und so die Leistung verdoppeln; am bekanntesten ist wohl das Fahrrad für zwei Personen.

Tango. *Zum Tango gehören zwei:* alleine kann man nichts ausrichten, man braucht einen Partner dazu. Dieses Sprachbild ist erst 1982 ins Dt. vorgedrungen, und zwar in der Übers. eines Einwurfs von Ronald Reagan bezüglich der Ost-Westpolitik. ‚It takes two to tango' ist allerdings in den Vereinigten Staaten schon länger als Schlagwort bekannt: 1952 sang die amer. Sängerin Pearl Bailey den Erfolgsschlager: ‚It takes two to tango'. Dieses wiederum ist eine Variation des geläufigen engl. Sprw. ‚It takes two to make a quarrel'. – Bis jetzt hat sich im Dt. der Ausdr. in der Journalistensprache gehalten.
Ein ‚Tangojüngling' ist ein weichlich wirkender, pomadisierter junger Mann.
‚Morgens Fango, abends Tango' heißt es augenzwinkernd oder spöttisch in bezug auf das beliebte Freizeitvergnügen in der Kur. Dabei wird entschuldigend auf die anstrengenden Anwendungen und die zur Entspannung dienende, gesundheitsfördernde Bewegungstherapie des Tanzens hingewiesen, die gemeinsam dem Wohlbefinden der Patienten dienen sollen.
Ein gleichlautender moderner Schlagertext hat bes. zur Verbreitung dieser Wndg. beigetragen.

Lit.: *W. Mieder, G. B. Bryan:* Zum Tango gehören zwei, in: Der Sprachdienst 27 (1983), S. 100–102.

Tantalus. *Tantalusqualen erdulden (müssen):* schreckliche Schmerzen, auch furchtbare Angst ausstehen müssen, von ungestillter Begierde gepeinigt werden. In Homers ‚Odyssee' (XI, 582–592) berichtet Odysseus von Tantalus, er habe den phrygischen König in der Unterwelt zur Buße für seine Frevel bis zum Kinn im Wasser stehend gefunden. Dieses schwand hinweg, sobald er sich zum Trinken neigte, während die Fruchtzweige zu seinen Häupten vom Winde entführt wurden, wenn er sich nach ihnen reckte. Auf solche Weise muß Tantalos für die Frevel leiden, die er an den Göttern begangen hat: Von der Tafel der Götter entwendete er Ambrosia und verteilte es unter seinen sterblichen Freunden; weiterhin plauderte er Geheimnisse der Götter auf der Erde aus und schließlich schlachtete er seinen Sohn Pelops und setzte ihn den Göttern als Speise vor, um ihre Allwissenheit zu testen.
Für die Qualen unstillbaren Durstes und Hungers, dann aber übertr. auf jeden Schmerz, bildete sich das Wort von den ‚Tantalusqualen'.

Lit.: *H. Hunger:* Lexikon der griech. und röm. Mythologie (Wien [6]1969), S. 388–389.

Tante. *Na denn nicht, liebe Tante:* Ausdr. der Enttäuschung mit iron. Unterton; bes. berlin.
Im Gegensatz zu anderen Verwandtschaftsbezeichnungen (Vater, Mutter, Bruder, Schwester u.a.) werden Tante und ↗Onkel im metaphorischen Sprachgebrauch oft (leicht) verspottet oder in abwertendem Sinn verwendet. So wird die Toilette mit ‚Tante Meyer' umschrieben, die Menstruation als ‚Besuch von Tante Rosa', eine unsympathisch erscheinende Frau mit ‚komische Tante' charakterisiert. In dasselbe Bdtgsfeld gehört auch das Adj. ‚tuntig': zimperlich, etepetete, aber auch: als Mann schwule Neigungen haben.
Dabei zeigt sich, daß Tante sowie Onkel ziemlich neutrale Begriffe geworden sind und keine emotionale Beteiligung seitens des Sprechers mehr wecken. ‚Liebe Tante' als Zusatz einer Interjektion steckt einerseits die distanzierte Gefühlslage des Sprechers ab, andererseits aber vermittelt sie Zitateneindruck (Sohn Brutus, lieber Freund usw.). Abschätzige Gleichgültigkeit wird noch verdeutlicht durch Zusätze wie: ‚Na denn nich, liebe Tante, – heirat'ch'n Onkel, der ist auch ganz schön' oder: ‚... heiraten wir'n Onkel, is auch ein ganz schönes Mädchen'.

Leo Spitzers Interpretation, nämlich daß diese Rda. eine sexuelle Abwertung bedeute, überzeugt nicht ganz. Denn oft gebrauchen Mütter diese Wndg. ihren Kindern gegenüber, die einen gutgemeinten Vorschlag ablehnen.
,Tante' in positiverem Sinne erscheint im Ausdr. ,Tante-Emma-Laden': hier meint man ein kleines Lebensmittelgeschäft im Wohngebiet, das, im Gegensatz zu großen Supermärkten, eine intime Einkaufsatmosphäre vermittelt.

Lit.: *J. Seidel-Slotty:* ,Na denn nicht, liebe Tante' und andere mißbrauchte Verwandte, in: Bulletin linguistique 12 (1944), S. 33–44; *L. Spitzer:* ,Na denn nicht, liebe Tante', in: Bulletin linguistique 14 (1946), S. 66–77.

Tanz. *Den Tanz anfangen:* mit einer Sache den Anfang machen.
Einen Tanz hinlegen (oder *aufs Parkett legen*): schwungvoll tanzen, etwa seit 1900 aufgekommen. Der schwäb. rdal. Vergleich ,tanze wie dr Lump am Stecke' meint ebenfalls einen sehr ausdauernden Tänzer.
Das Tanzbein schwingen: tanzen; die etw. umständliche Umschreibung kommt wohl aus der Studentensprache um 1900.
Vom Tanz zum Rosenkranz sagt man bei einer plötzlichen Vertauschung des Weltlichen mit dem Geistlichen.
Der rdal. gewordene *Tanz ums Goldene Kalb* bezieht sich auf 2. Mos. 32,4, wo wörtl. ,gegossenes' Kalb steht. Allerdings hatten sich die Israeliten zur Herstellung des Götzenbildes ihres goldenen Geschmeides entäußert; vgl. dazu die Schlußstrophe von Theodor Storms Gedicht ,Für meine Söhne' (1854):

Wenn der Pöbel aller Sorte
Tanzet um die goldnen Kälber,
Halte fest; du hast vom Leben
Doch am Ende nur dich selber.

Tanz wird bildl. und übertr. auch i. S. v. Zank, Wortkampf, geräuschvolle Auseinandersetzung gebraucht; z. B. *jem. einen Tanz machen:* ihm eine Strafpredigt halten, ihm laut und energisch Vorhaltungen machen; die seit dem späten 19. Jh. belegte Wndg. ist eine Parallelbildung der Rda. ,eine Szene machen'; vgl. frz. ,une contredanse', engl. ,country-dance' (eine Geldstrafe).
Ähnl.: *der Tanz geht los:* die Auseinandersetzung hat begonnen; und *das wird noch ein Tänzchen geben:* die Szene steht noch bevor. *Mach keine Tänze:* Laß die Umstände, die Umschweife! *Mit an den Tanz müssen:* an einem anstrengenden, gefährlichen Unternehmen teilnehmen müssen; vgl. frz. ,entrer dans la danse': sich beteiligen, mitmachen; ↗Affe, ↗Eiertanz.
Den Tanz kennen wir schon: deine Vorspiegelungen sind mir bekannt.
Einen Tanz mit der Jungfer Birke tun: ausgepeitscht werden.
Schweiz. ,Chumm mer z' Tanz' ist eine deutliche Abfertigung.
Berl. ,Danzboden hat'n Loch', die Sache steht schlecht.
Nach jem. Pfeife tanzen ↗Pfeife.
Jem. den Tanz lange machen: jem. sehr lange Zeit warten lassen.
Geschichte gemacht hat der von Robespierre gesagte Satz: „Nous marchons sur des volcans". Er meint: ausgelassen lustig sein in einer gefährlichen Zeit; auch: bedroht sein, ohne es zu bemerken. So sagte Napoleon Bonaparte am 18. Brumaire (9.11.) 1799 zu den sog. Volksvertretern: ,Représentants du peuple, vous n'êtes point dans des circonstances ordinaires; vous êtes sur un volcan' (Mignet II, S. 226). Im Dt. wurde das Zitat durch den 1938 aufgeführten Film ,Tanz auf dem Vulkan' bekannt.

Lit.: *F. Mignet:* Histoire de la révolution française (Bruxelles 1833); *J. Schikowski:* Geschichte des Tanzes (Berlin 1926); *C. Sachs:* Eine Weltgeschichte des Tanzes (Berlin 1933); *R. Wolfram:* Die Volkstänze (Salzburg 1951); *L. Schmidt:* Sprw. dt. Rdaa., in: Österr. Zs. f. Vkde. 77 (1974), S. 91.

Tapet. *Etw. (nicht) aufs Tapet bringen* (früher auch *werfen*): etw. (nicht) zur Sprache bringen, die allg. Aufmerksamkeit auf etw. lenken.
Tapet ist eine Nebenform zu ,Tapete' und bezeichnete früher den meist grünen Bezug der Tische in Sitzungszimmern (daher auch die Wndg. ,am grünen Tisch'). Die Rda. ist eine Lehnübers. von frz. ,mettre une affaire (une question) sur le tapis'; sie ist seit 1697 im Dt. belegt; Schiller gebraucht sie in den ,Räubern' (I, 2): „Wie wär's, wenn wir Juden würden und das Königreich wieder aufs Tapet brächten?" Auch mdal., z. B. rhein., obersächs., ist die

Rda. verbreitet; vgl. auch ndl. ‚iets op het tapijt brengen'; engl. ‚to bring on the tapis'. *Etw. auf dem Tapet haben:* gerade davon sprechen, darüber verhandeln. *Der kommt nicht aufs Tapet:* er tritt nicht in Erscheinung, wird keine Rolle spielen. Seit einiger Zeit hört man häufig, daß ‚etw. auf das Trapez kommt'. Vor nicht allzulanger Zeit war dafür noch üblich ‚aufs Tapet kommen'. So steht es auch noch im Sprachbrockhaus (1944), im Duden (1951) und im Borchardt-Wustmann-Schoppe ([7]1955), ja sogar bei Küpper; auch Lexika wirken sprachkonservierend. Tapet ist aus dem Frz. in der Barockzeit zu uns gekommen, lebt seit langem nur noch in dieser Wndg. und ist nicht mehr recht verständlich. Was ‚Trapez' ist, weiß dagegen jeder; es bietet sich geradezu als Ersatz an. Dabei trifft es sich gut, daß es dasselbe grammatische Geschlecht hat (‚auf's' kann bleiben). – Nun hört man aber nicht selten auch: ‚Das kommt nicht aufs Trapez', in bestimmtem Ton der Ablehnung gesprochen (‚das kommt nicht auf die Platte', ‚den Topf' usw.). Vielleicht wird es wie diese beiden Wndgn. eines Tages nur noch negiert gebraucht; vorläufig kann die Verneinung stehen oder nicht wie bei: etw. ‚kommt (nicht) in Frage'. Zunächst war ‚kommt nicht aufs Trapez' eine sachliche Feststellung: etw. ist nicht auf die Tagesordnung gesetzt worden, wird also nicht zur Beratung gebracht; dann ergab sich als vermeintliche oder tatsächliche böse Absicht dessen, der die Tagesordnung festlegt: ‚Das kommt nicht aufs Trapez', ich lasse das keinesfalls zu, daß diese Frage erörtert wird. Neben dem Formwandel der Rda. findet also auch ein Bedeutungswandel statt.

Tapete. *Die Tapete wechseln:* sich verändern, sowohl von beruflichen wie von Ortswechseln gebraucht (20. Jh.). Die Veränderung heißt dementspr. ‚Tapetenwechsel', z. B. ‚Ich muß mal die Tapete wechseln', ich muß Urlaub machen, in eine andere Umgebung kommen, auch: das Lokal beim Zechen wechseln.

Tarantel. *Wie von der Tarantel gestochen:* wie besessen, urplötzlich (z. B. auffahren, emporfahren, umherrennen). Die Tarantel ist eine südeurop. Wolfsspinnenart, die in Erdhöhlen lebt; sie hat ihren Namen (ital. ‚tarantola') daher, daß sie sich z. B. auch bei Tarent in Apulien, einer Landschaft im südöstlichen Italien, findet. Ihr Biß ruft angeblich eine Krankheit hervor, die sich in heftigen Zuckungen, ähnl. dem Veitstanz, äußert (‚Tarantismus'). Man hat diese im MA. durch einen Tanz zu heilen gesucht, wie auch in Dtl. solche Heiltänze Besessener vorkommen. Vielleicht hängt auch der Name des neapolitanischen Volkstanzes, der ‚Tarantella', eines anfangs langsamen, dann immer rascher werdenden Tanzes, mit dem Namen der Spinne zusammen: die Tänzer springen ‚wie von der Tarantel gestochen'. Die Rda. begegnet in bildl. Anwendung im Dt. seit dem Ausgang des 18. Jh. ↗Veit.

Lit.: *A. Opela:* Tanzwut u. Tarantismus in Spätmittelalter u. früher Neuzeit (Mag. Arb. Wien 1990).

Tasche. *Einen in der Tasche haben:* ihn in seiner Gewalt haben, mit ihm anfangen können, was man will; vgl. frz. ‚avoir quelqu'un dans la poche'; ähnl.: *einen in die Tasche stecken:* seiner Herr werden, mit ihm fertig werden, ihm überlegen sein (vgl. Sack, das in älterer Sprache auch Tasche bedeutet); auch lit., z. B. in Schillers ‚Fiesko' (I, 7): „Mag er Genua in die Tasche stecken ... was kümmert's uns?" Vgl. frz. ‚mettre quelqu'un dans sa poche'. *Etw. noch nicht in der Tasche haben:* etw. noch nicht sicher haben; vgl. frz. ‚Ce n'est pas encore dans la poche'.

‚Nichts in der Tasche haben'

Tief in die Tasche greifen: viel Geld ausgeben müssen; *jem. auf der Tasche liegen:* ihm finanziell zur Last fallen, auf jem. Kosten leben; mit Tasche ist hier die Geldtasche gemeint. *Auf die Tasche klopfen:* Geld von anderen verlangen.

Die Hand auf der Tasche halten: geizig sein. *Sich selbst die Taschen füllen:* sich auf Kosten anderer bereichern. Ähnl.: *in die eigene Tasche wirtschaften:* zu seinem Vorteil in betrügerischer Weise vorgehen, gegen das Geschäftsinteresse handeln.

Jem. in die Tasche arbeiten: ihm zu ungerechtem Vorteil verhelfen.

Der hat's in der Tasche (zu ergänzen eigentl.: das Geld): er ist reich; *er hat keine schwere Tasche:* er ist arm, er hat wenig Geld. „Er hat nichts in den Taschen als seine Hände", sagt Lichtenberg von einem Arbeitslosen. Eine humorvolle berl. Wndg. für den Habenichts ist die paradoxe Aufforderung *Faß mal einem nackten Mann in die Tasche!,* die jetzt allg. verbreitet ist.

‚Einem Nackten in die Tasche greifen'

Etw. kennen wie die eigene Tasche: etw. genau kennen (auch: ‚etw. wie seine eigene Westentasche kennen'); vgl. frz. ‚connaître quelqu'un comme sa poche'.

Aus der Tasche spielen war im 18. Jh. die Umschreibung für die Tricks der Taschenspieler.

Sich selbst in die eigene Tasche lügen: sich etw. vormachen, ↗Hand.

Leck' mich in der Tasche bedeutet eine grobe Abweisung, wobei Tasche euphemist. für ↗Arsch steht; die Wndg. ist vermutl. im Sächs. aufgekommen, weil dort die Aussprache der beiden Wörter eine gewisse Klangähnlichkeit aufweist; auch in der Pfalz ist sie als ‚Leck mi in de Täsch!' geläufig; ähnl.: *Er kann mir in die Tasche steigen.*

Die Hände in die Taschen stecken: untätig zusehen, ↗Hand.

Eine alte Tasche sein, die nichts mehr taugt: ein häßliches, altes Weib sein, ähnl.: *eine einfältige Tasche sein:* eine geistlose weibl. Person sein. Vgl. frz. ‚C'est une hapelourde'. Tasche als abfällige Bez. der Frau stammt aus der Jägersprache. Es ist dort der Ausdr. für das weibl. Geschlechtsorgan des Tieres und wird ‚pars pro toto' auf die Frau übertragen. Der Ausdr. ist weit verbreitet in der Kurzform *eine Plaudertausche sein:* eine geschwätzige Person sein; ↗Schachtel.

Tasse. *Nicht alle Tassen im Schrank (Spind) haben:* nicht ganz bei Verstand, verrückt sein; einer der vielen Ausdrücke, die beschönigend-euphemist. zum Ausdr. bringen, daß einer ‚nicht alle Sinne beisammen' hat; ähnl.: ‚nicht alle beisammen haben', ‚er braucht sie nicht alle der Reihe nach', wobei jeweils das zu ergänzende ‚Sinne' ausgefallen ist. Auch: *Seine Tasse hat einen Sprung:* er ist nicht recht bei Verstand. Tasse kommt ja auch mehrfach als Schimpfwort vor, z. B. ‚müde, alte, dämliche Tasse' etc.

Eine trübe Tasse sein: ein langweiliger, schwungloser Mensch sein; tote ↗Hose. Wie auch die Rda. ‚nicht alle Tassen im Schrank haben', erklärt S. A. Wolf mit Hilfe der jidd. Etymologie des Wortes ‚toschia' auch diesen Ausdr. ‚Toschia' bedeutet Verstand, Klugheit; somit ist ein getrübter Verstand mit ‚trübe Tasse' gemeint. Ebenso fehlt der Verstand bei einem, der ‚nicht alle Tassen im Schrank (= Kopf)' hat.

Hoch die Tassen!: Hoch die Gläser! Prost! (zuweilen mit dem iron. Zusatz: ‚in Afrika ist Muttertag'), moderne, vor allem großstädtische Wndg., in Berlin schon 1925 notiert.

Lit.: *S. A. Wolf:* Erklärung einiger Berliner Rdaa., in: Muttersprache 66 (1956), S. 28: „Der hat ja nich alle Tassen im Schrank."

Taste. *Auf die falsche Taste drücken:* eine falsche Andeutung machen, mit einer

kleinen Andeutung jem. beleidigen. Die Rda. leitet sich her von der Taste entweder des Klaviers oder der Schreibmaschine; *die falsche Taste erwischen:* sich irren.
Mächtig in die Tasten greifen: etw. mit viel Schwung und Elan beginnen.
Etw. auf den Tasten haben: vorzüglich maschineschreiben können, übertr.: überhaupt etw. können, eine Sache beherrschen; *nicht alle Tasten auf dem Klavier haben:* nicht recht bei Verstand sein.

Tat. *Jem. auf frischer Tat ertappen:* jem. dabei erwischen, wenn er etw. Unrechtes, Unmoralisches usw. tut. Auch: ,in flagranti' erwischt werden. Der urspr. juristische Terminus stammt aus dem ,Codex Iustinianeus, einem Teile des ,Corpus iuris', welcher von 529–534 von Gaius Tribonianus u. a. herausgegeben wurde. Dort steht: „in ipsa rapina et adhuc flagrante crimine comprehensi". (Sie sind direkt bei der Ausführung des Raubes und der Verübung des Verbrechens ertappt worden). (Büchmann).

Tatarennachricht. *Eine Tatarennachricht erhalten:* eine nicht sehr glaubhafte Schreckensnachricht erhalten; eine Lügenmeldung.
Diese Rda. bezieht sich auf einen historischen Vorfall während des Krimkrieges: Berittene tatarische Postkuriere überbrachten 1854 nach Bukarest die Meldung, daß Sewastopol gefallen sei. Diese Nachricht beeinflußte in starkem Maße das Geschehen in der Politik und an der Börse, obwohl Sewastopol in Wirklichkeit erst ein volles Jahr später fiel.

Lit.: *H.-J. Schoeps:* Ungeflügelte Worte (Berlin 1971), S. 121.

Tau. *Vor Tau und Tag* ist eine stabreimende Zwillingsformel. Sie bez. die Zeit des frühen Morgens vor dem Taufall und vor Tagesanbruch, meint also: in aller Frühe, ↗Tag.
Clara Viebig nannte ihre Novellensammlung ,Vor Tau und Tag' (1898).

Lit.: *V. Stegemann:* Art. ,Tau', in: HdA. VIII, Sp. 683–693.

Taube. *Tauben im Kopf haben:* sonderbare Einfälle haben; im 16. und 17. Jh. öfters bezeugt (ähnl.: ,Rosinen im Kopf haben', ,Grillen haben'), z. B. im ,Simplicissimus'.
Warten, bis einem die gebratenen Tauben in den Mund fliegen: ohne Anstrengung etw. erreichen wollen; nichts tun und dennoch auf gute Einnahmen warten. Die Rda. bezieht sich auf die Erzählungen vom ↗Schlaraffenland (KHM. 158), wo den Faulen tatsächlich die gebratenen Tauben in den Mund geflogen kommen.

,Warten, bis einem die gebratenen Tauben in den Mund fliegen'

Schon Luther gebraucht die Anspielung auf die Schlaraffenland-Erzählung rdal. (Weimarer Ausg., Bd. XII, S. 635): „Dir wird keine gebratene Taube in den Mund fliegen"; 1532 heißt es in der ,Namenlosen Sammlung' (Nr. 631): „Har biß dir ein gebratne taub ins Maul fliege". In der beigefügten Erklärung steht, daß man dies Sprw. anwendet „gegen denen, die nichts thun woellen, vnd meynen Gott soll jn geben vnd thun was sie begeren, on arbeyt vnd fleiß". Bei Grimmelshausen im ,Simplicissimus': „Keine gebratene Taube kommet auch keinem in das Maul geflogen, er muß danach gehen und sie zuvor fangen". Goethe erweitert die Rda. in ,Sprichwörtlich':

Wer aber recht bequem ist und faul,
Flög dem eine gebratne Taube ins Maul,
Er würde höchlich sich's verbitten,
Wär sie nicht auch geschickt zerschnitten.

Auch andere Vögel kommen in der gleichen Wndg. vor, so bei Luther ein gebratenes Huhn, das dem faulen Glückspilz zufällt; 1639 bei Lehmann S. 407 (,Hoffnung' 32): „Hoffnung ist ein pein: wart biß ein gebraten Lerch ins Maul fleucht". Ebenso heißt es schon in Rabelais' ‚Gargantua und Pantagruel': „Il attend que les alouettes lui tombent toutes rôties" (Er erwartet, daß ihm die Lerchen ganz gebraten herabfallen). Ganz ähnl. lautet die Rda. noch heute im Frz.: ‚attendre que les alouettes vous tombent toutes cuites dans la bouche'.

In der antiken Vorstellung vom Goldenen Zeitalter ist im selben Zusammenhang von gebratenen Krammetsvögeln die Rede. Schon der griech. Komiker Telekleides (5. Jh. v. Chr.) sagt: „Gebratene „Krammetsvögel mit kleinen Kuchen flogen einem in den Schlund hinein", während sie nach Pherekrates voll Sehnsucht, verspeist zu werden, einem „um den Mund herumflogen" (Büchmann).

Sich die gebratenen Tauben in den Mund fliegen lassen: sich untätig nur dem Genuß hingeben, sich verwöhnen lassen.

Turteln wie die Tauben: ganz verliebt sein und es vor aller Welt zeigen; Küssen und Schmusen eines Liebespaares.

Die Taube galt schon bei den Römern als Vogel der Liebe; ihr Name war ein Kosewort („mein Täubchen") wie schon im ‚Hohen Lied' Salomos (2,14; 5,2).

Die (Turtel)taube erscheint als Liebessymbol oft im Volkslied, insbes. in der Formelstrophe:

Saßen einst zwei Turteltauben
noch auf einem dürren Ast,
wo sich zwei Verliebte scheiden,
da verwelket Laub und Gras.

Die Taube symbolisiert in der Bibel außerdem die Aufrichtigkeit (Matth. 10,16) und ist ein sichtbares Zeichen des Heiligen Geistes (Matth. 3,16; Mark. 1,10; Luk. 3,22).

Die Taube gilt auch als Symbol der Unschuld.

Die weiße Taube erscheint bevorzugt als Seelenvogel; vgl. auch das Lied ‚La paloma', in dem die Taube der Geliebten die Todesnachricht des auf See gebliebenen Seemanns überbringt.

Auch als Friedenssymbol ist die Taube bereits seit Jahrhunderten bekannt: Eine der drei Tauben, die Noah aus der Arche fliegen ließ, kehrte zu ihm mit einem Ölzweig zurück (vgl. 1. Mos. 8,11). Sie wurde zum Zeichen des Friedens und später auch der Friedensbewegung in der Welt überhaupt.

In der ma. Bedeutungslehre wurden oftmals Taube und Falke einander gegenübergestellt, um verschiedene Stände und Lebenshaltungen zu kennzeichnen. Die Taube galt als Bild des geistlichen, klösterlichen, friedfertigen Lebens, der Falke hingegen symbolisierte den ritterlichen, kampfbereiten Menschen; so bei Hugo de Folieto, in: ‚De nota verae religionis' (Ohly, S. 49).

Auf ganz ähnliche Weise unterscheidet man noch heute in den USA ‚Falken' und ‚Tauben' bei den Politikern des ‚Weißen Hauses'; oft mit dem Hinweis in den Medien, daß sich wieder einmal die ‚Falken', die weniger Kompromißbereiten, die in militärischer Hinsicht bes. Wachsamen und Unnachgiebigen, auch die Abrüstungsgegner durchgesetzt hätten, ↗ Falke.

Auf den gleichen Sachverhalt bezieht sich ein 1982 veröffentlichter Schlager von Christoph Busse unter dem Titel: ‚Die weißen Tauben sind müde'. Der pessimistisch klingende Text spielt in übertr. Bdtg. auf die Friedfertigen an, die ihre Kräfte verloren haben, sich unterlegen fühlen und resignierend dem Untergang der Welt entgegensehen:

Die weißen Tauben sind müde,
sie fliegen lange schon nicht mehr.
Sie haben viel zu schwere Flügel,
und ihre Schnäbel sind längst leer.
Jedoch die Falken fliegen weiter,
sie sind so stark wie nie vorher,
und ihre Flügel werden breiter,
und täglich kommen immer mehr,
nur weiße Tauben fliegen nicht mehr.

Lit.: *Bolte-Polívka* III, 244–258; *Joh. Bolte:* Bilderbogen des 16. u. 17. Jh., in: Zs. f. Vkde. 20 (1910); *E. Schneeweis:* Art. ‚Taube', in: HdA. VIII, Sp. 693–705; *F. Ohly:* Schriften zur ma. Bedeutungsforschung (Darmstadt 1977), S. 48–86; *W. Danckert:* Symbol, Metapher, Allegorie im Lied der Völker, Teil 4: Tiere. Aus d. Nachlaß hg. v. H. Vogel (Bonn – Bad Godesberg 1978), S. 1394–1404; *K. Sinko:* Die Taube als Unschuldssymbol, in: N. A. Bringéus (Hg.): Man and picture (Lund 1986), S. 237–251; *E.* u. *L. Gattiker:* Die Vögel im Volksglauben. Eine volkskundliche Sammlung aus verschiedenen europäischen Ländern von der Antike bis heute (Wiesbaden 1989), S. 350–384; *B. Chr. Muschiol:* ‚Keine Rose ohne Dornen', zur Funktion u. Tradierung v. Liebesstereotypen (Diss. Freiburg 1991), S. 66–69; weitere Lit. ↗ Schlaraffenland.

Taubenschlag. *Hier geht's zu wie in einem Taubenschlag:* hier herrscht ständiges Kommen und Gehen. In einem Taubenschlag fliegen die Tiere ständig aus und ein. Zelter an Goethe: „Es wohnt niemand bequem bei mir, weil es zu unruhig ist und meine Wohnung wie ein Taubenschlag ist' (Briefe zwischen Zelter und Goethe, hg. v. F. W. Riemer, II, 141). Die Rda. ist auch in den Mdaa. bekannt, vor allem berl. ‚Det jeht immer rin un raus wie in' Daubenschlag'.

‚Es geht zu wie in einem Taubenschlag'

Das Herz ist *wie ein Taubenschlag* (vgl. ‚Bienenhaus'): die Liebe ist unbeständig, die Partner werden häufig gewechselt.

Sich davonstehlen wie die Katze vom Taubenschlag: sich wegen eines bösen Gewissens unbemerkt davonmachen wollen (wie die Katze, die im Taubenschlag geräubert hat und sich mit der Beute entfernt); seit dem 17. Jh. bezeugt.

Lit.: *T. Brooke:* Shakespeare's Dove-House, in: Modern Language Notes, S. 160–161; *O. Swoboda:* Von Tauben, Taubenhäusern und Taubentürmen, in: Die Furche 28 (1968); *B. G. Lumpkin:* ‚Shaking the dovehouse again', in: Proverbium 12 (1969), S. 322–323; Volkskunst. Zs. f. volkstümliche Sachkultur 2 (1978), S. 122–141; *A. Kammermeier:* Taubenhäuser – Taubenschläge (Rosenheim 1978).

Tauchstation. *Sich auf Tauchstation begeben:* verschwinden, nichts mehr von sich hören lassen. Die Rda. stammt aus der Schiffahrt: bevor ein U-Boot taucht, heißt es: ‚Alle Mann auf Tauchstation!'

Taufe, taufen. *Etw. aus der Taufe heben:* etw. begründen, ins Leben rufen. In Berlin ist ein Berliner ‚mit Spreewasser', in München ein Münchner ‚mit Isarwasser' getauft. ↗Geburt.

Verdünnt man Wein mit Wasser, so nennt man dies auch: *einen Wein (mit Wasser) taufen.*

Der Begr. ‚Taufe' ist auch auf andere Initiationsbräuche nichtchristlicher Art übergegangen. So entspricht das ‚Gautschen' der Buchdruckerlehrlinge in etwa einem Taufritual. Beim Stapellauf eines Schiffes wird eine ‚Schiffstaufe' vollzogen. Wer zum erstenmal den Äquator überquert, muß sich einer scherzhaften ‚Äquatortaufe' unterziehen.

Lit.: *A. van Gennep:* Übergangsriten (‚Rites de passage') (Frankfurt/M. 1986); *H. Schauerte:* Volkskundliches zur Taufe, in: Zs. f. Vkde. 53 (1956/57) S. 77–90; *E. Welti:* Taufbräuche im Kanton Zürich (Zürich 1967);

Taufessen. *Man kann bei ihm noch das Taufessen sehen* sagt man niederrhein. von einem, der gähnt, ohne die Hand vor den Mund zu halten.

taufrisch. *Taufrisch sein:* unberührt und voller jugendlicher Anmut und Schönheit sein (wie eine Rose voll kühlenden Taus), bes. von jungen Mädchen gesagt, die Liebe und Leben noch vor sich haben. Im Lied vom ‚Rosenbrechen' (E. B. II, S. 261, Nr. 440) wird die Jungfräulichkeit des Mädchens metaphorisch umschrieben (Str. 4):

> Die Röslein soll man brechen
> Zu halber Mitternacht.
> Denn seind sich alle Blätter
> Mit dem kühlen Thau beladen,
> So ist es Rösleinbrechens Zeit.

Dagegen meint die Feststellung: *nicht mehr ganz taufrisch sein,* oft euphemist. gebraucht, eine alte Jungfer oder eine reife Frau mit sexuellen Erfahrungen.

Sich taufrisch fühlen: munter, gut ausgeschlafen, erholt, voller Lebenslust und Tatendrang sein. *Sich nicht mehr ganz taufrisch fühlen* meint hingegen müde, abgespannt sein, ein großes Arbeitspensum, eine Anstrengung bereits hinter sich haben.

tausend steht als übersteigernder Ausdr. in vielen Wndgn. formelhaft für eine große Zahl: ‚Tausend Dank!', vgl. frz.

,Merci mille fois!'; ,er ist ein Tausendsassa'; berl. ,is ja noch dausend Zeit', ,nich um dausend Taler', obersächs. ,der Tausendste nicht', nur sehr wenige; vgl. auch ,vom Hundertsten ins Tausendste kommen' (↗hundert). Auch in Ausrufen wie *Potztausend!* (↗Potz) und *Ei der Tausend!* liegt eine Steigerung vor. In Wndgn. wie *Der Tausend soll mich holen!. Hol's der Tausend!* ist Tausend ein Ersatzwort für den tabuierten ↗Teufel.

Tauwetter. *Tauwetter (zwischen Kontrahenten) ist eingetreten:* die verhärteten Fronten lösen sich zunehmend auf, das ↗Eis zwischen politischen Gegnern, Parteien schmilzt.
Zur Zeit des ,kalten Krieges' sprach man auch vom ,politischen Tauwetter', bes. in Beziehung auf die beiden Weltmächte USA und UdSSR.

Techtelmechtel. *Ein Techtelmechtel mit jem. haben:* eine geheime, aber nicht zu intensive Liebesbeziehung zu jem. haben; bes. in Österr. und Süddtl. geläufig; ↗Fisternöllchen.
Das is a Techt'lmecht'l: eine Abmachung einer Gruppe, sich durch etw. Vorteile zu verschaffen, während andere dadurch benachteiligt werden.
Wahrscheinlich kommt das eigentümliche Wort ,Techtelmechtel' aus ital. ,teco meco'. Dies bedeutet: unter vier Augen, eigentl. ,(ich) mit dir, (du) mit mir'.

Lit.: *H. Schuchardt,* in: Zs. f. Roman. Philologie 31 (1907), 30f.

Tee. *Im Tee sein:* betrunken sein, närrisch, in ausgelassener Stimmung sein; *einen im Tee haben:* betrunken sein; Tee gilt z.T. verhüllend für ,Schnaps'; doch könnte Tee auch eine Abk. für ↗Tran, ,Torkel' oder eine andere mit T oder D anlautende Bez. der Trunkenheit sein.
Jem. etw. in den Tee getan haben: ihn betrunken, seinen Verstand verwirrt gemacht haben. In Norddtl. ist ,Tee mit Rum' äußerst beliebt. Nimmt man dazu aber mehr als nur ,einen Schuß Rum', wirkt der Alkohol zu stark und berechtigt zu der Frage: ,Dir hab'n se wohl was in'n Tee getan?', ↗Kaffee.
Einen Tee geben bedeutete im 19. Jh.: zu einer (abendlichen) Veranstaltung einladen. Die sog. ästhetischen Tees waren die von Literaten und deren Gönnern eingerichteten literarischen Leseabende mit Teebewirtung. Heinrich Heine schrieb darauf ein Spottgedicht (,Buch der Lieder'):

> Sie aßen und tranken am Theetisch
> und sprachen von Liebe viel,
> Die Herren, die waren ästhetisch,
> die Frauen von zartem Gefühl.

Seinen Tee bekommen: das bekommen, was einem zusteht; ähnl.: *Seinen Tee kriegen:* barsch abgefertigt, zurückgewiesen werden.
Laß dir Tee kochen oder *Du kannst mir mal Tee kochen* sind Ausdrücke der Abweisung. In abgewandelter Form begegnet uns diese Rda. auch in Kleists Lustspiel ,Der zerbrochene Krug', Vers 1679: Die Muhme sieht nachts Eve mit noch jemandem; sie hört Eve schimpfen und fragt daraufhin: „Was hast du! Was auch gibt's?" Doch da ihr Eve unbefriedigend antwortet, denkt sich die Muhme: „So koch dir Tee. Das liebt sich, denk' ich, wie sich andre zanken".
De Leeuwes Deutung dieser Stelle, über welche schon etliche Kleist-Kommentatoren gestolpert sind, ist sehr einleuchtend (S. 64): „Wir haben hier, wie so oft in diesem Lustspiel eine sprw. Rda. vor uns, und zwar eine Berliner Redewndg., die zur Familie des bekannten Götz-Zitates gehört". Nach Wander (IV, 1143) ist dies in Berlin ein „höhnischer Ausdr. der Gleichgültigkeit", quasi mit der Bdtg. ,Tu, was du willst, laß mich in Ruhe'.
Tee reiten: sich einschmeicheln.
Tee nach China tragen: etw. Sinnloses tun.
Abwarten und Tee trinken! ↗abwarten.

Lit.: *H. H. J. de Leeuwe:* ,So koch' dir Tee', in: Neophilologus 30 (1945), S. 63–64; *G. Kaufmann* (Hg.): Tee. Zur Kulturgeschichte eines Getränks. Altonaer Museum in Hamburg, Ausstellungskatalog (Hamburg 1977).

Teer. *Im Teer sein:* betrunken sein (evtl. mißverstanden aus ,im ↗Tee sein'); *im Teer sitzen:* in Not, in Verlegenheit sein; *die Sache ist geteert:* die Sache ist gut ausgeführt, abgemacht; *du mußt den Kragen wieder mal teeren lassen:* du trägst einen schmutzigen Kragen, die Grundfarbe Weiß schimmert durch den Schmutz hindurch; vgl. berl.: ,Männeken, du mußt dein'n Kragen mal frisch teer'n, da kommt det Weiße schon durch!'

Teich. *Über den großen Teich gehen:* nach Amerika reisen, den Atlantik überqueren; überhaupt ist diese Rda. ein untertreibender Euphemismus für eine große Reise; auch für ,sterben'.
Über den großen Teich kommen: aus Übersee anreisen.
Der wird mir keinen Teich anzünden: jemandes Feindschaft wird nicht erwartet oder gefürchtet; Charakterisierung für einen harmlosen Menschen.
Noch im großen Teich sein: noch nicht geboren sein. Der ↗Storch holt die Kinder aus dem großen Teich.

Teil. *Sein Teil (schon noch) bekommen (kriegen):* das zu erwarten haben, was seinem Handeln, seinem Betragen gebührt, getadelt, bestraft, gezüchtigt werden. Die Wndg. kann in Form einer Drohung oder Warnung gebraucht werden, wie z.B. mdal. in der Altmark: ,Du sast dîn Dêl wol krîgen'. Genugtuung und eine gewisse Schadenfreude enthält die Feststellung einer vollzogenen Strafe, einer unangenehmen Auseinandersetzung: *Er hat sein Teil gekriegt,* vgl. ndl. ,Hij heeft zijne portie gekregen'; frz. ,En avoir pour son grade': das bekommen, was seinem Rang entspricht.
Derjenige, der weitere üble Folgen scheut, sagt: *Ich habe mein Teil:* ich bin gestraft genug, der Ärger hat mir den Rest gegeben. Die Wndg. kann aber auch positive Bdtg. besitzen: ich habe genug erhalten, ich besitze bereits, was mir zusteht (an Gewinn, Speisen u.ä.); vgl. frz. ,J'ai eu ma part'.
In Zusammenhang damit steht auch die Wndg. *ich für mein Teil:* soweit es mich betrifft, ich persönlich.
Sich seinen Teil denken ↗ denken.
Das bessere Teil erwählt haben: sich richtig entschieden haben. Die Rda. ist die Umgestaltung eines Bibelwortes, denn bei Luk. 10,42 heißt es: „Maria hat das gute Teil erwählt". Auch Schiller gebraucht die veränderte Wndg. bereits lit. in seiner ,Maria Stuart' (V, 6), indem er Maria feststellen läßt: „Bertha, du hast das bessere Teil erwählt" (Büchmann); vgl. frz. ,avoir choisi la meilleure part'.
Zu etw. gehört ein gut Teil ...: dazu gehört eine große Menge, viel von ...

teilen. *Es wird nichts geteilt:* vor allem in der Form: ,wird nix teilt': Ansprüche oder unberechtigte Forderungen werden abgewiesen; vom Vorhandenen wird nichts ausgeteilt.
Diese österr. Rda. ist schon im 18. Jh. bei Philipp Hafner in seiner ,Förchterlichen Hexe Megära' lit. bezeugt und lebt seitdem in der österr. Sprache weiter.

Lit.: *L. Schmidt:* Sprw. dt. Rdaa., in: Österr. Zs. f. Vkde. 77 (1974), S. 124.

Teilstrecke. *Auf Teilstrecke kaufen:* auf Raten kaufen; berl. seit 1920 gebucht; der Begriff Teilstrecke stammt aus dem Tarifwesen der Straßenbahn.

telefonieren. *Telefonieren müssen* ist ein Euphemismus für den sprachlich tabuierten Gang zur Toilette (↗Kaiser). Auch sonst hat das Telefon eine Menge von Metaphern für zwischenmenschliche Beziehungen geliefert, und zwar im negativen Sinn der ,gestörten Verbindung' (,jem. ist in der Leitung', ,Feind hört mit!', ,auf der Leitung stehen', ,eine lange Leitung haben') ebenso wie im positiven: ,einen direkten (heißen) Draht zu jem. haben'. Das ,rote Telefon' bedeutet eine direkte persönliche Verbindung zwischen höchstrangigen Politikern, z.B. zwischen dem Weißen Haus und dem Kreml.
Ein ,Callgirl' (von engl. ,to call' = anrufen) ist eine Prostituierte, die von ihren Kunden telefonisch aufgefordert wird, sie in ihrem Hotel oder in ihrer Wohnung aufzusuchen.

Lit.: *I. de Sola Pool:* The Social Impact of the Telephone (1977); *ders.:* Forecasting the Telephone (1983); *J. Becker* (Hg.): Telefonieren (= Hess. Bl. f. Volks- und Kulturforschung Bd. 24) (Marburg 1989).

Tellerrand. *Nicht über den Tellerrand hinaussehen:* einen beschränkten Horizont haben; dazu auch das Gegenteil: *Über den Tellerrand sehen:* einen weiten Horizont haben; bei Problemen nicht nur das Naheliegendste, sondern auch Konsequenzen einer Handlung berücksichtigen.

Tellerschlecker. *Ein Tellerschlecker sein:* ein Schmeichler, Schmarotzer sein. Seb. Franck schreibt über die Tellerschlecker: „Die ... kein gewiß Kůchen oder Ort haben, sonder sich behelfen, wo sie zůkommen, wie alle Schmarotzer, Dellerschlekker". Luther gebraucht dieses Schimpfwort auch (6, 112): „des Cardinals zu Mentz tellerlecker, doctor Köte genannt". Ein neuzeitlicher Beleg ist in Grillparzers Werken zu finden (1, 269): „Es ist ein kleiner Schritt vom Teller- bis zum Speichellecker".

Tempel. *Einen zum Tempel hinauswerfen* (oder *hinaustreiben, hinausschmeißen, hinausjagen*): ihn aus dem Haus weisen; die Rda. geht auf die bibl. Erzählung von der Vertreibung der Wechsler und Händler aus dem Tempel zurück; Joh. 2, 15 (vgl. Matth. 21, 12; Mark. 11, 15; Luk. 19, 45) heißt es von Jesus: „Er machte eine Geißel aus Stricken und trieb sie alle zum Tempel hinaus".
Ruhe im Tempel: Aufforderung zu Ruhe und Ordnung, damit eine wichtige Mitteilung erfolgen kann.

Tempelherr. Eine ganze Reihe von Rdaa. spielt auf die sagenhafte Überlieferung von den Tempelherren an, die vor allem im Rheinl. als frevlerische und gottlose Menschen im Andenken der Bevölkerung fortleben. In Lothr. sagt man z. B.: ,Er râcht ewei en Tempelher'; Wander (II, 936) verzeichnet: ,Er hurt wie ein Tempelbruder'. In anderen Landschaften heißt es: ,He zup wie ennen tempeleer' (ndl. Prov. Limburg), in Aachen: ,einen Tempelherren nehmen', eine unpassende Heirat machen. In einer Nacht sollen nach der Sage alle Sitze der Tempelherren mit vielen Reichtümern versunken sein; in Remich sagt man darum: ,Er ist verschwunden wie ein Tempelherr'.

Lit.: *M. Zender:* Die Sage als Spiegelbild von Volksart und Volksleben im westdt. Grenzland (Diss. Bonn 1940), S. 52; *L. Röhrich:* Sprw. Rdaa. aus Volkserzählungen, S. 259.

Teppich. *Auf den (breiten) Teppich treten:* in älterer Zeit gleichbedeutend mit ,heiraten', da vor den Traualtar ein Teppich gelegt wurde. Die Rda. ist lit. bezeugt bei Hippel (,Über die Ehe' 176): ,Wehe dem Mädchen, das darum auf den Teppich tritt, weil es Lust hat, auszuschweifen".
Auf dem Teppich bleiben: sachlich bleiben, sich gesittet benehmen, also sich so verhalten, wie es sich in einem vornehmen Raum mit einem kostbaren Teppich gehört. Vielleicht ist die Rda. aber auch als Entstellung aus ↗Tapet entstanden, da das Wort Teppich im 7. Jh. aus dem Rom. entlehnt wurde und mit lat. ,tapētum' im Zusammenhang steht, wie ndd. und ndl. Lautformen (tapijt, tep(pe)t) beweisen. Dazu würden dann auch die Rdaa. *auf dem Teppich sein:* eine günstige Gelegenheit zu nutzen wissen, und *Das kommt nicht auf den Teppich!:* es kommt nicht in Betracht, nicht in Frage, als Abwandlungen von ,Tapet' in Beziehung stehen.
Eine schülersprachl. bes. in Norddtl. bekannte neue Rda. als Umschreibung für geistige Beschränktheit ist: *geistig (zu weit) unter den Teppich gerutscht sein.*

,Etwas unter den Teppich kehren'

Etw. unter den Teppich kehren: aus der Diskussion ausklammern, von der Tagesordnung absetzen, nicht zu Ende diskutieren, weil man die Problematik scheut u. zu umgehen sucht.
Für jem. den roten Teppich ausrollen: ihn als Gast mit höchsten Ehren empfangen. Zum Protokoll gehört es, daß bei Staatsbesuchen (Präsidenten, Parteichefs etc.) von der Flugzeugtreppe oder vom Eisenbahnabteil ein roter Teppich ausgerollt wird, auf dem der Staatsgast in Empfang genommen wird.

Terrain. *Das Terrain sondieren:* in einer Angelegenheit vorfühlen, vorsichtige Nachforschungen anstellen. ,Terrain' kam im 17. Jh. ins Dt., und zwar zuerst in der Bdtg. ,Gelände, Gebiet', vorwiegend in militärstrategischen Büchern und Anweisungen. Heute gebraucht man dieses Wort i. S. v. Sachgebiet, Interessengebiet. Folgende Rdaa. sind auch aus Schriften wie der ,Soldatenbibel' (1724) oder ,Kriegsdisziplin' (1697) entnommen: *Sich auf unsicherem Terrain bewegen:* unvertraute, neue Bereiche kennenlernen und sich dabei nicht sicher fühlen. *Terrain gewinnen:* Ansehen erreichen, in einer Sache Vorteile für sich erringen.

Testament. *Sein Testament machen können:* sich auf das Schlimmste gefaßt machen können; oft als Drohung gebraucht: ,Dann kannst du dein Testament machen!': dann sieht es schlimm für dich aus, dann bist du in eine ausweglose Situation geraten.

Tête. *Ein Tête-à-tête haben:* ein zärtliches Beisammensein, ein ,Schäferstündchen' haben; auch: ein ,Gespräch unter vier Augen' haben. Ein um 1760 geschriebener Erinnerungsroman von Mannlich belegt den Ausdr. im Dt.: „Diese Fräuleins kommen also zu einem tête-à-tête zu ihm?" Im 18./19. Jh. ist dieser Ausdr. vermehrt für heftiges, frontales Zusammentreffen kriegerischer Einheiten, für ein ,Kopf-an-Kopf-Gefecht' gebraucht worden.
Zedlers Universal-Lexicon von 1744 versteht unter einem Tête-à-tête noch folgendes (S. 1461): „Tete à tete heisset so viel auf Deutsch als Mann zu Mann, und wird sonderlich bey einem scharffen Gefechte gebraucht, da keine Partei der andern den Platz räumen will".

Teufel. Der Teufel kommt in unzähligen sprw. Rdaa. vor, von denen hier nur ein Teil herausgegriffen werden kann.
Den Teufel mit Beelzebub austreiben: ein Übel durch ein noch schlimmeres Übel beseitigen. Die Rda. geht auf das N. T. zurück, ist also eigentl. ein Bibelzitat: „Aber die Pharisäer, da sie es hörten, sprachen sie: Er treibt die Teufel nicht anders aus denn durch Beelzebub, der Teufel Obersten. Jesus kannte aber ihre Gedanken und sprach zu ihnen: ... So ich aber die Teufel durch Beelzebub austreibe, durch wen treiben sie eure Kinder aus?" (Matth. 12,24–27; ebenso Luk. 11,14–19; vgl. Matth. 9,34 und Mark. 3,22); vgl. die kontroverse theologische Lit. zur Interpreta-

Exorzismus (,Den Teufel im Leibe haben')

‚Dem Teufel vom Schubkarren gehüpft'

tion dieser Bibelstellen (H. Haag: Teufelsglaube, Tübingen 1974, S. 293–303).

In Christoph Lehmanns ‚Florilegium politicum' (1639) heißt es (S. 459): „Wenn Gottlose Obristen vnd Soldaten gegen einander streiten, so treibt ein Teuffel den andern auß". S. 713 verzeichnet Lehmann zwei gleichbedeutende Rdaa., die aber nicht allg. umg. Bdtg. erlangt haben: „Einen Donner mit dem andern vertreiben. Man muß Pilatum mit dem Keyser schrecken".

Dahinterhersein wie der Teufel nach einer armen Seele: auf etw. gierig sein; meist: ‚auf's Geld wie der Dübel up de ärm' Seel'. Die Formulierung ist als Rda. erst relativ jung bezeugt (17. Jh.), bezieht sich aber auf das eschatologisch-apokalyptische Motiv vom Kampf der Engel und Teufel um den Besitz der Seele, ein der ma. Apokalyptik und Erzählungslit. vertrautes Thema (vgl. schon das ahd. Muspilli-Gedicht).

Aus der alten Vorstellung, daß der Teufel gebunden in der Hölle liege, erklärt sich der Ausruf: *Der Teufel ist los! da ist der Teufel los:* da herrscht Zank, Unfriede, Ausgelassenheit. Über wen eine Menge Unfälle mit einemmal hereinbrechen, der fragt verzweifelt: ‚Sind denn heute alle Teufel los?' Die Vorstellung beruht auf der bibl.-apokalyptischen Aussage: „Und wenn tausend Jahre vollendet sind, wird der Satanas los werden aus seinem Gefängnis ..." (Offenb. 20,2.3 u. 20,7). Dieser Gedanke ist aber auch sonst in die volkstümlichen Vorstellungen eingegangen und hat sich mit heimischen Sagen vom gefesselten Unhold und vom ‚kalten Schlag der Schmiede' vermischt.

Den Teufel im Leibe haben, vom Teufel besessen sein: unbeherrscht, temperamentvoll sein. Nach alter krankheitsdämonistischer Auffassung fährt der Teufel in den Körper des Menschen und ist dort Urheber jeglicher Krankheit und Absonderlichkeit; vgl. mhd. ‚der tiuvel var im in den balc (in den munt)'; ‚tûsent tiuvel ûz dir bellen!' Verwandte Wndgn. sind: ‚Der Teufel liegt ihm im Magen'; ‚er hat alle Teufeleien im Kopf' (schles.); ‚dear hot da leibhaftiga Teuf'l im Leib'; ‚dui hot da Teuf'l lebendig im Leib' (schwäb.); vgl. frz. ‚avoir le diable au corps'; engl. ‚to have the dog in one's belly'; ndl. ‚den duivel inhebben', ‚de hel inhebben'. Durch den Exorzismus wollte man den Besessenen vom Teufel befreien.

Ihn plagt (reitet) der Teufel: er ist mutwillig, bösartig, unbeherrscht. Nach dem Volksglauben setzt sich der Teufel auf den Menschen und quält ihn vor allem als Aufhocker und Alp (Incubus- und Succubus-Glaube); schon in mhd. Zeit geläufig. „Das euch allda der Teufel reut" (Fischart, Flöhhatz); „Das dich der Valant reiten soll" (Luther; Burkard Waldis); vgl. engl. ‚to have the black dog on one's back'.

Dem Teufel vom Schubkarren (von der Schippe) gesprungen (gehüpft) sein: vgl.

Der Meineidige verschwört sich (‚Der Teufel soll mich holen ...‘)

oberösterr. ‚Der ist dem Teufel aus der Butte gesprungen‘.

Des Teufels sein: unbeherrscht, ausgelassen sein; sich austoben. Die älteste, vollständige Wndg. hieß: ‚Des Teufels Eigen sein‘, und ist schon mhd. bekannt; geläufig etwa seit dem 16. Jh.; vgl. schwäb. ‚Do möcht ma grad's Teuf'ls wera‘. In der Rda. ist in ihrer urspr. Bdtg. das ‚sein‘ aufzufassen wie lat. esse c. Gen., d.h. als ‚besitzen‘. Des Teufels sein ist also: dem Teufel zugehören.

Aus der großen Anzahl von Belegstellen nur zwei: In Hans Sachs' Schwank vom Mönch, Bettler und Landsknecht, welche „Hosen desselben Tuches“ tragen, sagt (V. 54) der Mönch zum Landsknechte, der ihm all seine Schandtaten gebeichtet: „Darumb du gwis des teuffels pist“, und gibt ihn damit dem Teufel in Besitz. Genauso findet sich die Rda. in Hans Sachs' Schwank ‚Kunz Zweifel mit dem Erbsenacker‘ (V. 72, 78) und an vielen anderen Stellen. Noch klarer tritt die Bdtg. dieses ‚sein‘ hervor an Stellen, an denen es sich um Sachen handelt. So im ‚Simplicissimus‘ (II, 20): „weil man sagt, der Wurff, wan er auß der Hand gangen, sey des Teuffels“. Auch ‚des Herrgotts sein‘ findet sich, und zwar ‚Katzipori‘ 71: „Ich bin unsers Herrgotts und ir des teufels“, sagt der Mönch zum Junker. – Heute bedeutet ‚des Teufels sein‘ etwa: besessen, toll sein und wird nicht selten in launiger Weise gebraucht. Heine: „Doktor, sind Sie des Teufels?“

Sich zum Teufel scheren: sich fortmachen (meist imperativisch: ‚Scher dich zum Teufel!‘). Erhalten geblieben ist in dieser Rda. ein altes intrans. Verbum ‚scheren‘, mhd. ‚schern‘ = schnell eilen, entkommen.

Zum Teufel! (‚Zum Teufel noch mal!‘ ‚Zum Teufel noch eins!‘): Fluch, Verwünschung, verkürzt aus ‚Scher dich zum Teufel!‘ *jem. zum Teufel jagen (wünschen):* jem. energisch verabschieden, entlassen; vgl. frz. ‚Que le diable t'emporte!‘

Der Bösewicht, der vom Teufel geholt wird, spielt in vielen Rdaa. eine Rolle: ‚Der Teufel hat ihn am Kragen (Seil)‘, oder z.B. schwäb. ‚Dear ischt am Teuf'l gwiess gnuag‘; ‚dear ischt am Teuf'l naus komma‘; ‚des ischt doch zum Teuf'l hola‘; ‚dear ischt am Teuf'l z'schlecht, soscht hätt'n dear scho lang gholat‘; ‚was hilft mi's, wenn dea dr Teuf'l holt, und i muass 's Fuahrloah zahla‘. Das Zum-Teufel-Wünschen geschieht meist in Form einer imperativischen Fluchformel: *Der Teufel soll dich holen!*, erweitert und verstärkend: ‚Den soll dr Teuf'l lothweis hola!'; ‚meinetweag gang zum Teuf'l oder zum Taud' (schwäb.); ‚dich soll der Teufel frikassieren!' (berl., Ggwt.); reiches Material hierzu enthalten fast alle Mda.-Wbb. Hist. Belege z.B. bei Joh. Fischart: „Der Teuffel hol dich in der Senffte, so zerstoßt kein knie"; „der Teufel soll dich lecken"; „... als dann nemm euch der Teuffel zum Giselpfand"; „der Teuffel hol den letzten"; „der Teuffel zerreiss dir das Fidle". – Auch Verlorenes ist ‚zum Teufel', ‚der Teufel hat es geholt', ‚der Teufel hat es gesehen'. ‚Es geht zum Teufel', es geht verloren, zugrunde, d.h., was beim Teufel ist, kehrt nicht zurück (lit. im 18. Jh. häufig).

Der Teufel soll mich holen! Der Ausruf gilt als Versicherung und Bekräftigung der Wahrheit, da man glaubt, daß der Falschschwörer vom Teufel geholt wurde; vgl. frz. ‚Que le diable m'emporte!'

Auf den gleichen Zusammenhang weist die Wndg. *in aller Teufels Namen schwören*. Nach dem Volksglauben kann man den Teufel als Superlativ alles Bösen und als Fürsten der Hölle durch bloßes Nennen seines Namens herbeizitieren, auch durch Malen seines Bildes herbeiholen, denn das Bild stellt nicht nur den Teufel dar, sondern ist er selber (Bildzwang, Bildzauber). So berichtet auch Johann Heinrich Jung, genannt Stilling, wie er als Knabe nach dem Fluch ‚Hol' mich der Teufel' auf eine entsprechende Manifestation des Spruches gewartet habe.

Die Rda. *den Teufel an die Wand malen*: von etw. reden, etw. als möglich annehmen, was man weit weg wünscht, meinte urspr., man würde durch leichtsinniges Handeln ein Unglück heraufbeschwören.

‚Den Teufel an die Wand malen'

Man fürchtet sich nicht nur, den Teufel zu nennen, sondern auch bloß zu malen, als ob er sich dadurch zitiert fühlen könnte. Die Rda. ist auch bekannt als Sprw.-Vollform: ‚Man darf den Teufel nicht an die Wand malen'; sie hat sich erst im Laufe der Zeit auf diese Formulierung festgelegt. Früher sagte man gewöhnlich: ‚den Teufel über die Tür malen' (statt des Segenszeichens C+M+B). Seb. Franck (1541) schreibt in seinen ‚Sprichwörtern' (2, 104a): „Man braucht den teuffel nit über die thür malen, er kompt von selbs ins hauß". Bei Luther finden sich noch beide Versionen nebeneinander: „Man soll den Teufel nicht an die Wand malen", häufiger aber „den Teufel über die Tür malen", ebenfalls mit dem Nachsatz: „er komt von sich selber". Seit dem 18. Jh. wird nur noch die Wndg. ‚an die Wand malen' gebraucht: „Willst du noch dazu keinen Teufel glauben? O! male ihn nicht an die Wand!" (Lessing im ‚Freigeist', 1749, II, 5).

Bismarck verwandte die Rda. gern, z.B.: „Wo sind denn die Gefahren gewesen, die an die Wand gemalt werden als wahrscheinlich eintretend", oder: „Warten Sie doch ruhig ab, bis der unglückliche Krieg gekommen und geführt ist, und enthalten Sie sich der Sünde, ihn an die Wand zu malen" (‚Reden' XI, 130). Verwandt und sinngleich ist das Sprw. ‚Wenn man vom Teufel spricht, kommt er', engl. ‚talk of the devil and he is sure to appear of'; frz. ‚Quand on parle du loup, on en voit la queue'; ndl. ‚Als je van de duivel spreekt, trap je op zijn staart (rammelen zijn benen)'; lat. ‚lupus in fabula'. Dem Sprw. liegt der alte Volksglaube zugrunde, daß man ein Unheil, einen Dämon durch bloßes Nennen herbeilocken (‚berufen' oder ‚beschreien') könne (Namenzauber).

Auch die verhältnismäßig junge Rda. *auf Teufel komm raus!* (19. Jh.) leitet sich von dem Glauben her, daß der Mensch durch bestimmte Handlungen und Worte das Erscheinen des Teufels hervorrufen könne; sie ist vor allem nordd. bezeugt, z.B. ‚Er schuftet auf Deiwel komm raus', aus Leibeskräften, sehr stark; ‚er lügt auf Teufel komm raus', er lügt dreist. Teufel gilt hier als verstärkendes Wort.

Der besondere Akzent, der in jeder Teufelsnennung liegt, hat dazu geführt, daß der Teufel auch in zahlreichen Negationen vorkommt, z.B. in den Wndgn. *sich den Teufel um etw. kümmern; den Teufel danach fragen;* ‚den Teufel tun', nichts tun; ‚es hält ihn kein Teufel'. Die Wndg. ‚den Teufel', nichts, ist vermutlich entstanden aus Ausdrücken wie ‚Er fürchtet nicht den Teufel', also nicht einmal den Fürchtenswertesten, d.h. eben niemanden und nichts; vgl. A. v. Chamissos Gedicht ‚Der rechte Barbier':

Den Teufel auch!
Das ist des Landes nicht der Brauch!

Die mhd. Negation ‚tiuvels wenig' lebt in neuzeitlich ‚verteufelt wenig' weiter.

Der gefürchtete Teufelsname wird oft durch Hüllworte, wie ‚Gottseibeiuns', ‚der Böse', ‚Leibhaftige!' ‚pfui Spinne!' u.a., ersetzt (Euphemismus, Tabu). Parallele engl. Umschreibungen für den ‚Teufel' sind: ‚God be with us' entspr. dem dt. ‚Gottseibeiuns'. ‚Black Dog' meint ebenfalls den Teufel, vgl. die Rda. ‚He has got the black dog on his back': der Teufel sitzt ihm im Nacken. Eine weitere Umschreibung für den Satan ist ‚deuce': ‚Deuce take you!' (Der Teufel soll dich holen!) Die Verwünschung ‚Der Teufel soll dich holen!' wird vielfach verhüllt, z.B. ‚Dich soll der Deixel (oder: der Kuckuck) holen'; ähnl.: ‚Ich will des Donners sein'; ‚sich zum Kuckuck (zum Henker) scheren'. ‚Kuckuck' als Hüllwort für den Teufel hat dazu geführt, daß umgekehrt auch der Teufel in eine Reihe von Rdaa. Eingang gefunden hat, die sich primär auf den ↗ Kuckuck beziehen: *ein Teufelsei ins Nest legen, der Teufel schmeißt seine Kinder aus dem Nest.*

Jem. hat der Teufel ein Ei ins Haus gelegt: jem. hat ein Kind bekommen; lit. bei Schiller: „Wem der Teufel ein Ey in die Wirthschaft gelegt hat, dem wird eine hübsche Tochter geboren" (‚Kabale und Liebe' II, 4).

Eine Reihe von Rdaa. spielt auf den Teufelspakt der Sage an, etwa *Das müßte mit dem Teufel zugehen!; mit Teufels Gewalt* (z.B. schwäb. ‚Dear will mit's Teuf'ls G'walt reich wera'); *der Teufel hat seine Hand im Spiele* meint das Kartenspiel, das nach dem Volksglauben des Teufels ist (‚Des Teufels Gebetbuch'); vgl. frz. ‚Le diable s'en mêle'.

Man sagt ferner noch heute, wer etw. im

‚Der Teufel ahndet die Übertretung der Zehn Gebote'

‚Der Teufel hat seine Hand im Spiel' – ‚Des Teufels Gebetbuch'

Glase stehen lasse, bringe dem Teufel ein Opfer (s. ‚der Rest ist für die Gottlosen'); vgl. „... Vnd es, wie man sagt, dem Teufel zum neuen Jahr auff opferen" (Joh. Fischart im ‚Ehzuchtbüchlein'). Das schles. Sprw. ‚Der Teufel hilft manchmal, eine Kirche zu bauen' bezieht sich auf die in allen dt. Landschaften bezeugten Sagen vom Teufel als Baumeister.

Der Teufel bringt demjenigen Reichtum, der ihm seine Seele verschreibt. Als ‚Geldteufel' findet er immer wieder Anhänger. Die bair. Rda. *den Teufel im Gläslein haben:* den Teufel als geheimen Helfer, in allem Glück haben, bezieht sich auf die weitverbreitete Sage vom ‚spiritus familiaris', einem Dämon in der Flasche, der seinem Besitzer zunächst Glück, dann ewiges Verderben bringt; vgl. Joh. Fischart: „Die wüßten den Teuffel in kein Glaß zu beschweren". Von derselben Sage abgeleitet ist auch die Rda. *einem den Teufel im Gläslein zeigen:* ihm Angst, ihm die Hölle heiß machen; schon bei Joh. Fischart bezeugt: „Ich will dir den Teuffel im Glas zeigen" (‚Geschichtklitterung').

Etw. fürchten wie der Teufel das Weihwasser: etw. sehr fürchten. Schwäb.: ‚Der fürcht 's Feuer wie der Teufel 's Kreuz'.

Den Teufel Holz machen hören: ein ängstlicher Mensch sein. Gemeint ist, daß man schon hört, wie einem der Teufel das Feuer, in welches man gelangen kann, vorbereitet.

Eine große Anzahl von Rdaa. spielt auf die Schnelligkeit des Teufels an, wie sie z.B. aus der Faustsage (Puppenspiel) lit. bekannt geworden ist: *wie der Teufel* oder *Das geht wie 's Teufelshaschen:* sehr schnell. Von einem flinken und entschlossenen Menschen sagt man: ‚Der fängt den Teufel auf freiem Felde'. Ndd. sagt man auch: ‚Dat geit, as wenn de Düwel Spörken (Sperlinge) frett', bair. ‚glatt wegk wie de Tuifl n' Bauern holt' heißt soviel wie: ohne alle Zeremonien.

Im Schwäb. heißt: etw. schnell tun, sich beeilen: *so schnell, eh' der Deubel die Schuh' anhat.*

Im Schwäb. sagt man vom Teufel: ‚Wer de Teufel g'lade hat, muß ihm au Arbet gebe': Wer ↗A sagt, muß auch B sagen. Die Rda. hat einen Bezug zur Sage: vom ‚Recht des Teufels auf Arbeit'.

In (des) Teufels Küche kommen: in große Verlegenheit oder Gefahr geraten. Nach ma. Volksglauben hatte der Teufel eine Küche, in der die Hexen (daher ‚Hexenküche'; vgl. ‚Faust' I) und Zauberer am Werke waren. Auch die Hölle hieß im 16. Jh. ‚des Teufels Küche'. In Fischarts ‚Brotkorb' (1584) heißt es: „S. Patricius Loch, darin der Teufel ist Koch". Verwandt ist die Rda. ‚in des Teufels Badstube kommen', in die höchste Not geraten; vgl. schon mhd. ‚ze helle baden' (Thomasin). Von der Volkssage werden oft Teufelsbäder und Teufelsküchen genannt.

In der folgenden Gruppe von Rdaa. tritt der Teufel als Widersacher Gottes und als negativer Nachäffer des Göttlichen in Antithese zu Begriffen des Christentums, wie dies auch aus zahlreichen Sagen, Märchen und Sprww. bekannt ist, z.B. ‚Wenn Gott heut' sagt, sagt der Teufel morgen'; ‚wo eine Kirche ist, da baut der Teufel eine Kapelle daneben'.

Luther hat in seinen Predigten und Schriften des öfteren die Redewndg. vom *Teufel als dem Affen Gottes* gebraucht. In den Predigten über das Buch Mose, die 1523/24 gehalten worden sind, erscheint das

1

2

1 ‚Geldteufel‘ 2 ‚In des Teufels Küche kommen‘ – ‚Teufelsbraten‘

Wort wohl zum ersten Male; in der Nachschrift findet sich der Satz ‚Semper simia vult esse dei diabolus‘ (Weimarer Ausg. 14, 434). In der Schrift ‚Von den Konziliis und Kirchen‘ (1539) hat Luther in längeren Ausführungen die verschiedenen Möglichkeiten des Wortes ausgebaut. Nach der Darlegung der sieben Hauptstücke, woran das heilige, christliche Volk äußerlich erkannt werden könne, hat er auf das Gegenteil der Kirche hingewiesen: des Teufels Kapelle, die dieser stets neben die heilige Kirche baue, „wie er denn allezeit Gottes Affe ist und will alle Dinge Gott nachtun und ein Besseres machen". Alles das rechnet Luther zu dem „Affenspiel" des Teufels. In den Vorlesungen über 1. Mos. 37,9 findet sich die zugespitzte Formel: „a Diabolo, qui est Simia Dei" (Weimarer Ausg. 44,247). Die Quelle, aus der Luther den Ausdr. geschöpft hat, ist nicht Agricolas Sprww.-Sammlung gewesen. Zwar ist in ihr das Wort unter Nr. 24 verzeichnet: „Der Teuffel ist unsers Herr Gotts affe", aber schon die viel frühere Verwendung in der Predigt von 1524 zeigt Luthers Unabhängigkeit von Agricola. Doch zeigt Agricolas Sammlung, daß es sich bei diesem Ausdr. um eine sprw. Rda. handelt (vgl. Wander IV, 1076, Nr. 416).

Der Teufel ist (manchmal) ein Eichhörnchen, sagt man und meint damit, daß man sich eigentl. auf nichts oder niemanden verlassen sollte, ↗Eichhörnchen.

Eine Sage aus Tirol berichtet folgendes Erlebnis eines Wildschützen, der sonntags frühmorgens auf die Jagd ging, aber immer noch rechtzeitig zur Messe heimkam. Eines Sonntags jedoch sah er ein Eichhörnchen. Er wollte es schießen, aber es verdoppelte sich; bei jedem Schuß verdoppelten sich die Eichhörnchen, so daß „der Baum davon ganz überfüllt war". Dieses Erlebnis war schuld daran, daß der Wildschütze nicht mehr rechtzeitig in die Kirche kam: „Nun war es klar, daß der böse Feind die Gaukelei auf dem Baume gemacht und den Schützen um die Messe betrogen hatte" (Zingerle, S. 374).

Von abergläubischen Menschen hieß es in Schlesien: ‚Der denkt auch, der Teufel ist ein Eichhörndel' (HdA. II, Sp. 658).

Gerhart Hauptmann gestaltete das Motiv vom Teufel als Eichhörnchen in seiner Geschichte vom ‚Bahnwärter Thiel' um: der kleine Sohn Thiels fragt kurz vor seinem Tod, als er ein Eichhörnchen sieht: „Vater, ist das der liebe Gott?".

Des Teufels Dank; Jörg Wickram bringt in seinem ‚Rollwagenbüchlein' Nr. 37 (S. 148) die Geschichte von dem Spieler mit dem Teufel, die Hans Sachs in einen Meistergesang und ein Spruchgedicht eingekleidet hat.

Dem Teufel ein Licht anzünden (oder: *eine Kerze anzünden, aufstecken;* auch: *dem Teufel zwei Lichter aufstecken*): einer schlechten Sache aus Gewinnsucht huldigen; vgl. frz. ‚se confesser au renard'; engl. ‚to go to the wrong shop'. Das Bild der dt. Rda. zeichnet die teuflische Verkehrung eines Gottesdienstes: In der Kirche zündet man ein Licht an und steckt es vor einem Gnadenbild auf; wer aber den Teufel für sich günstig stimmen möchte, steckt ihm ein bzw. zwei Lichter auf. Hier wird der Teufel zum Gegenstand eines Kultes gemacht. Zur Rda. gehört folgende Erzählung: Beim Kirchenbesuch geschah es einer Frau, daß sie irrtümlicherweise unter dem Bild des Teufels – er versteckte sich hier in einer Darstellung des Erzengels Michael – ein Licht anzündete. Als man sie ihres Irrtums wegen verspottete, verteidigte sie sich mit den Worten: ‚Es ist gut, in allen Lagern Freunde zu haben'.

Den Teufel anbeten: sich einem falschen Idol verschrieben haben, dem Bösen huldigen. Auch beim Hexensabbat bildete die Teufelsanbetung den Höhepunkt des wilden Treibens. Es handelt sich um ein Bild der verkehrten Welt, wie es auch Bruegel neben der verwandten Rda. *beim Teufel zur Beichte gehen* (ndl. ‚bij de duivel te biecht gaan') in seinem Rdaa.-Bild dargestellt hat; vgl. „Das wird e schö Kloster sei, wo der Teufel die Beicht hört" (Zuckmayer, Schinderhannes, 1. Akt).

Das weiß der Teufel!: Das weiß ich nicht! Frag andere! Ebenso: ‚Das mag der Teufel (der Kuckuck) wissen!'; schwäb. ‚Des verschtand dr Teuf'l'; ‚des mag dr Teuf'l leasa'; vgl. frz. ‚Le diable le sait'; ndl. ‚Dat mag de duivel weten'; aber engl. ‚Goodness knows'.

Weil man den Namen Gottes nicht mißbräuchlich verwenden soll, hilft man sich in Flüchen und fluchähnlichen Äußerungen mit dem Umweg über den Teufel, der auf solche Weise ein Stück von Gottes Allwissenheit erbt. Allerdings sind in dämonistischer Auffassung auch die Dämonen Alleswisser, vor allem Wisser des Ungünstigen (vgl. das ‚Alwislied' der Edda).

Der Fluch *In Teufels Namen!* ist eine Parallelbildung zu ‚in Gottes Namen'; die Formel ‚in drei Teufels Namen' eine Gegenphrase zu den heiligen Namen der Dreifaltigkeit. Sie ist lit. im 18. Jh. belegt.

Heute ausgestorben ist die Rda. *dem Teufel auf den Schwanz binden.* Thomas Murner sagt in der ‚Schelmenzunft' von den Selbstmördern, sie seien dem Teufel auf den Schwanz gebunden, der sie darauf mit in die Hölle nimmt. Die Szene ist auch in den Abb. der ‚Schelmenzunft' vertreten. In dem Roman ‚Der Wassermann' des schles. gebürtigen Schriftstellers Friedr. Bischoff findet sich die Wndg. *über den Teufelsschwanz springen:* auf die schiefe Bahn geraten (S. 260).

Dem Teufel auf den Schwanz treten: zu einem Unglück noch einmal Unglück haben; ‚Jetzt habe mr dem Teufel uf de Schwanz tappt': jetzt ist es schon so schlimm, darauf kommt es auch nicht mehr an. Vgl. frz. ‚tirer le diable par la queue': mit wenig Geld auskommen müssen.

Sehr drastisch ist die erst in der jüngsten Zeit (20. Jh.) aufgekommene Rda. *Der Teufel hat (ihm, auf ihn) durchs Sieb geschissen:* er hat Sommersprossen.

In einer großen Zahl von Sprww. und Rdaa. ist der Teufel nur noch ein spre-

1

3

2

4

1/2 ‚Dem Teufel eine Kerze anzünden' 3 ‚Beim Teufel zur Beichte gehen'
4 ‚Dem Teufel auf den Schwanz gebunden'

chender Name. Das Volk sieht in ihm nicht so sehr das geistige Wesen, den Widersacher Gottes, als vielmehr eine recht vermenschlichte Erscheinung mit ganz konkreten menschlichen Eigenschaften und Fehlern, die ihn wohl lächerlich, aber doch im großen und ganzen nicht abstoßend machen. Immer mehr ist also die Furcht vor dem Teufel geschwunden. Die mitleidigen Wndgn. *armer Teufel, dummer Teufel:* armer, bedauernswerter Mensch, stehen jedenfalls auf einer ganz anderen Ebene als die bibl. und Volksglaubens-Auffassungen vom Teufel. Sie beruhen auf dem betrogenen Teufel des spätma. Fastnachtsspieles und Schwankes. Es gibt z.B. einen Schwank von Hans Sachs, wo der Teufel hinter dem Ofen – der Platz heißt im Volksmund Hölle – spielenden und trinkenden Landsknechten zusieht, um sie womöglich zu holen; hinterm Ofen haben die Landsknechte aber auch einen erbeuteten toten Hahn aufgehängt. Einer von ihnen sagt zum Wirt:

Geh hinter den Ofen in die hel
Und pald den armen deuffel nem,
Rupf und lass praten in.

Das bezieht der Teufel auf sich und flieht entsetzt. Jörg Wickram erzählt 1555 in seinem ‚Rollwagenbüchlein' von einem Bauern, der vor Christi Bild eine Kerze aufstecken will und dabei sieht, daß man das Bild des Teufels in einen finsteren Winkel gestellt hat; da beschleicht ihn Mitleid, und mit den Worten ‚Ach, du armer Teufel!' stellt er auch vor den Teufel eine Kerze. Ähnl. volkstümliche Erzählungen über den geprellten und verkannten Teufel sind in der Schwank- und Märchenlit. seit dem 16. Jh. häufig. Teufelserzählungen, meist schwankhafter Art, und Rdaa. stützen sich hier gegenseitig. Eine oberhess. Erzählung der Sammlung Th. Bindewalds vom Typ AaTh. 1130 begründet z.B. ‚Warum man spricht: Der arme Teufel': Aufgrund eines Paktes hat der Teufel einen Sack mit Goldstükken zu füllen. Da ihm jedoch ein durchlöcherter Sack aufgehalten wird, verliert er nicht nur eine Unmenge blanker Taler, sondern auch dazu noch die Seele seines Kontrahenten, weil er den Pakt nicht einhalten kann.

Die rdal. Wndg. ‚der arme Teufel' (frz. ‚un pauvre diable') geht vermutlich auf den bibl. Bericht von der Versuchung Jesu zurück. Die Reiche und Herrlichkeiten der Welt, die der Satan verspricht, sind nur Blendwerk: Jesus weist ihn in einer dramatischen Bearbeitung dieser Episode mit den Worten „verfluchter armer Sathan ..." zurück. Ähnl. sagt auch Berthold von Regensburg: „sô sprechent echt etelîche, man ergebe sich dem tiuvel umbe guot. Daz ist ein gespöte: wan er mac einen helberlinc niht geleisten, er ist reht ein armer wiht, ein dürftiger ... pfî, ir tiuvel, schamt ir iuch des niht, daz ir alsô liegent, daz ir pfeffinge habent? geloubet mir, ir hêrschaft, der tiuvel ist reht ein dürftiger armer: er enmac einen helbelinc niht geleisten". Die urspr. metaphorisch gemeinte Stelle scheint später – etwa in der Zeit der Hexenprozesse – konkret aufgefaßt worden zu sein, wenn in den Hexenprozessen immer wieder zu lesen ist, daß sich den Hexen das vom Teufel empfangene Handgeld andern Tages in wertloses Zeug verwandelte. 1689 bekennt eine Hexe aus Ostrau bei Halle: „ihr Junker ... wäre ein gar armer Teufel, hätte ihr 6 pf. versprochen, aber nicht gehalten". Ähnl. läßt noch Goethe seinen Faust zwar nicht die konkrete Wirklichkeit der Teufelsgaben bezweifeln, doch ihre Beständigkeit in einem höheren Sinne: „Was willst du armer Teufel geben?" (‚Faust' V. 1675). Die Armut des Teufels wird aber auch damit begründet, daß er weder Leib noch Seele habe. Doch ist dies keine spezifisch teuflische Eigenschaft, sondern eine der Engel, ohne daß man diese deshalb ‚arm' nennen würde.

Mitleidig klingt die schwäb. Wndg.: *Jem. isch e armer Teufel, er hat kei eigne Höll:* wenn jem. keine Wohnung hat, kei ‚Häusle'; denn in der Volksmeinung ist „die Hölle ... die Heimat selbst der ärmsten Teufel".

Von einer streitsüchtigen Frau sagt man: *Sie kann selbst den Teufel auf ein Kissen binden;* ndl. ‚de duivel op een kussen binden'. Die Rda. ist abgebildet in Bruegels großem Rdaa.-Bild, scheint jedoch heute ausgestorben. Die Darstellung bei Bruegel ist nicht singulär, sondern hat ihre Parallelen in der älteren fläm. Kirchenkunst.

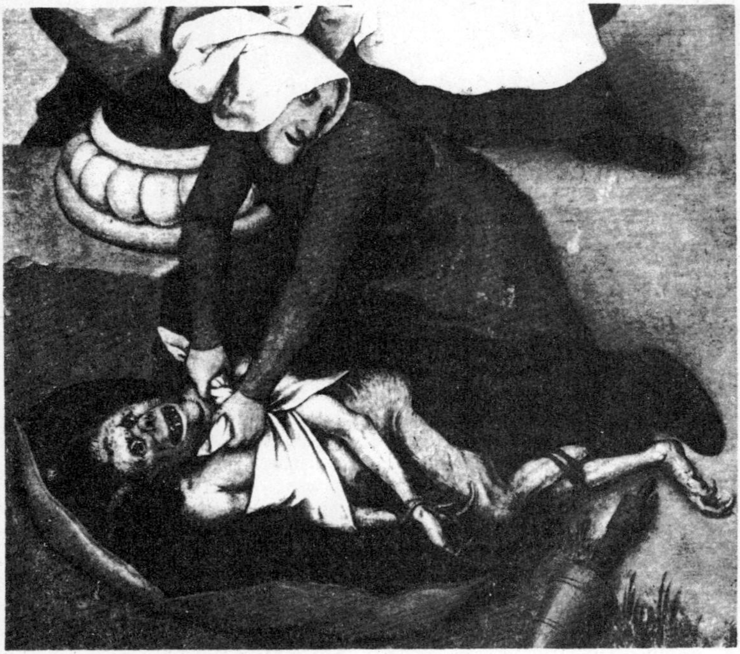

,Den Teufel auf ein Kissen binden'

Frz. heißt es von einer listigen und energischen Frau noch immer: ,Elle lierait le diable sur un coussin avec des rubans', wie es im flandrischen Aershot, im frz. Isle-Adam (Seine-et-Oise) und selbst in Tarragona und zu Saragossa dargestellt ist, durch die fläm. Beeldesnyders importiert. Dieselbe Deutung hat das Sprw. ,Sie sägt dem Teufel ein Ohr ab', dessen Abb. in einer Zeichnung bei Champfleury aus St-Spire in Corbeil (16. Jh.) erhalten ist, ähnl. wie in St-Martin-aux-Bois.

Er schwätzt (geigt, lügt), dem Teufel ein Ohr (Bein) weg (oder *an*); schon in der ,Geschichtklitterung' von Joh. Fischart heißt es: „Er flucht dem Teufel ein Bein aus dem Ars und das linke Ohr vom Kopf", *des Teufels Dank davon haben; ... und wenn der Teufel auf Stelzen kommt;* schwäb. z.B. ,Dear muass Reacht hau, und wenn dr Teuf'l auf Schtelza drhear kommt'; *wie der Teufel noch ein kleiner Bub war ...* (schwäb.).

Wenn der Teufel stirbt und es tut ihm nicht weh: niemals, ↗Pfingsten.

Bei Joh. Fischart finden sich die Wndgn.: „Er trifft das Mittel, wie der Teuffel mit den zweyen alten Weibern" (,Aller Praktik Großmutter', 1572); „So fahr der Teuffel in Hew" (,Geschichtklitterung'); „Hei Teufel, schlag' dem Fass den Boden aus und schlupf' ins Korn" (,Geschichtklitterung'); „Das heißt dem Teuffel in den Höllen ein Stuhl in Himmel stellen wöllen" (,Die Gelehrten').

An die Redewndg. vom ,Teufelsbraten' erinnern die folgenden Rdaa.-Belege, denen aber moderne Entsprechungen fehlen und deren urspr. Bdtg. unklar ist: *Die Seel mit Meien besteckt dem Teufel senden* (Burkard Waldis). Bei Hans Sachs (III, 3) will einer zwei alte Weiber „mit einer Bärenhaut zudecken, mit grünen Rauten bestecken und dem Teufel zum neuen Jahr schenken"; und bei Christian Weise heißt es: „Ja man sollte ihn mit Rosmarin bestecken, die Nase vergülden und ihm einen Borstorfer Apfel zwischen die Zähne drücken, so könnte man den Teufel drauf zu Gaste bitten".

Dem Teufel am Arsch sitzen: ein verworfener Mensch sein. Von Leuten, die noch schlimmer sind als der Teufel, manchmal aber auch bewundernd, sagt man: *Er ist ein Teufelskerl* (mhd. heißen die von ihm in Besitz Genommenen ‚des tiuvels kint'); ‚er ist ein eingefleischter Teufel'; schwäb. ‚bei deam möcht's dr Teuf'l auf d'Läng aushalta'; ‚dear glaubt an koin Herrgott und an koin Teuf'l'; vgl. frz.: ‚ne connaître ni Dieu ni Diable' (wörtl.: weder Gott noch Teufel kennen): vor keiner Untat zurückschrecken; Joh. Fischart (‚Geschichtklitterung'): „Die mit dem Teuffel inn die Schul ist gangen".

Der Teufel kommt schließlich in mehreren rdal. Vergleichen vor, z. B. *schwarz wie der Teufel;* ‚er krümmt sich wie der Teufel, wenn er mit Weihwasser begossen wird'; ‚es geht schluckweise, wie der Teufel 'nen Juden holt'; ‚Abschied nehmen wie der Teufel – mit Gestank' (↗Abschied); „auf meim Dachbode sieht's aus, als hätte tausend Teufel durch die Dachsparrn geschisse" (Zuckmayer, Schinderhannes, 2. Akt).

Weitere Teufels-Rdaa. seien nur aufgezählt: *ein Teufel voll Geld; den hat der Teufel im Galopp verloren;* vgl. Joh. Fischart in ‚Geschichtklitterung': „Da hat der Teuffel ein gleichs geworffen". *Einer ist dem andern sein Teufel:* einer ist des anderen Widersacher. Ein Beleg hierfür findet sich in Hocks ‚Schönem Blumenfelde' (Kap. 17, 1601):

> Es ist kein Freundschafft mehr auff Erdt,
> Ein Mensch deß andern dheufel.

In mehreren Rdaa. spielt des Teufels Großmutter oder (älter) seine Mutter eine Rolle: *mit des Teufels Großmutter verwandt sein; er würde den Teufel und seine Großmutter hineinfressen, wenn sie nicht zappelten;* ‚den Teufel bei seiner Mutter (Großmutter, bei der Hex') verklagen': eine aussichtslose Sache betreiben; z. B. vor Gericht streiten wollen, wenn der Angeklagte und der Richter gut miteinander befreundet sind; ‚du kannst zum Teufel oder seiner Mutter laufen'; ‚der Teufel und seine Großmutter hat's gesagt'; ‚wenn der Teufel nicht schon eine Großmutter hätte, die müßte es werden' (auch bei Jeremias Gotthelf belegt); schwäb. ‚die ist wüster als des Teufels Nahne'; vgl. ndl. ‚Wij hebben daar met den donder en zijne moeder te doen gehad'; ‚hij geeft om den drommel noch zijne moër'; dän. heißt es: ‚at slippe fanden og tage ved hans oldemoder'. Schwed. bedeutet ‚fanen och hans mor': alle Welt. In den Rdaa. bedeutet des Teufels Großmutter meist eine Verstärkung der bloßen Teufelsrdaa., z. B. ‚Versteh' das der Teufel und seine Großmutter' (18. Jh.); „Der Tag wird heiß, der Teufel ist mit seiner Großmutter los" (Chamisso).

Die heute märchenhafte, schwankhaft-komische Figur ist u. a. entstanden aus der häufig zu beobachtenden Tendenz, allen mythischen Gestalten andersgeschlechtige Entsprechungen an die Seite zu stellen. Die Rolle, die des Teufels Großmutter im Grimmschen Märchen vom ‚Teufel mit den drei goldenen Haaren' (KHM. 29) hat, ist dieselbe, die schon in der motivgleichen Erzählung des Saxo Grammaticus Lokis Gattin in Lokis Fahrt zu Utgarthilocus spielt. Während im Volksglauben die Gestalt der Großmutter des Teufels durchaus feststeht, tritt uns in der ma. Lit. durchweg des Teufels Mutter entgegen, und zwar nicht nur als Gegenstück zur Mutter Gottes. Nach kabbalistischer Vorstellung hat Gott mit Adam zugleich die Teufelin Lilith erschaffen. Von ihr stammen die unzähligen bösen Geister ab. Ein Fastnachtsspiel von Hans Folz zeigt, daß sie auf dt. Boden wohl bekannt war, und auch in anderen Fastnachtsspielen vom Ende des 15. Jh. wird Lilith tatsächlich als des Teufels Großmutter eingeführt. Für Liliths Ahnfrauenstellung paßte der Name Groß- oder Ellermutter besser als Mutter.

Im 16. und 17. Jh. gehen beide Ausdrücke (Mutter und Großmutter) nebeneinander her, z. T. sogar bei denselben Schriftstellern. In der 2. H. des 18. Jh. ist des Teufels Mutter gänzlich seiner Großmutter gewichen. Namentlich hat dann Wilh. Hauff (‚Memoiren des Satans', 1826) die Gestalt mit harmlosem Humor zu beleben gewußt, wie sie dann in die komische Lit.

des ganzen 19. Jh. übergegangen ist und noch jetzt gilt.

Der Teufel prügelt sein Weib ↗ Kirmes.

Der Teufel schert ein Schwein ↗ Geschrei.

Wissen, wo der Teufel im Heu sitzt: wissen, woran man ist, ↗ wissen.

Es ist, als habe der Teufel seinen Sack ausgeleert, sagt man, wenn zu viele Menschen auf engstem Raum Platz finden müssen; so z. B. im Bus oder in der Straßenbahn, die überfüllt sind.

Ndd. Rdaa., die sich mit dem Teufel befassen, sind folgende: ,De Düvel schiit jümmers op den gröttsten Hupen!': wer hat, bekommt noch dazu, vgl. schwäb.: ,Bei de Reiche scheißt dr Teufel uf de Misthaufe' und: ,Dr Teufel scheißt bloß auf de dungte Äcker'. Von einem Verschwender sagt man ndd.: ,He hett sien Tasch vun'n Düvel'.

,Wenn de Düvel op Reisen geiht, denn lett he sien Peerfoot to Huus': man erkennt das Böse nicht sogleich; ähnl. auch die Bemerkung: *Der Teufel steckt im Detail:* über das Grundsätzliche ist man sich einig, aber bei den Einzelheiten wird es schwierig; man vermutet den Fehler immer woanders als dort, wo er steckt.

In der Not frißt der Teufel Fliegen (und fängt sie auch noch selber): wenn es denn gar nicht anders geht.

Teufelheilen ↗ Nebelheilen.

Lit.: *J. Grimm:* Dt. Mythologie, II, 822–860, III, 291–303; *H. T. Riley:* ,Deuce take you', in: American Notes and Queries 2 (1856), S. 331; *Dorricks:* Holding a candle to the devil, in: American Notes and Queries 9 (1860), S. 29; *A. Birlinger:* Volksthümliches aus Schwaben. Sagen, Märchen, Volksaberglauben (Freiburg i. Br. 1861), bes. Kap. IV, Nr. 409–414; Der Teufel im dt. Sprw., in: Protestant. Monatsbl. f. innere Zeitgesch. 22 (1863), S. 108–112; *Wander* IV, Sp. 1058–1130; *G. Roskoff:* Geschichte des Teufels, 2 Bde. (Leipzig 1869–73); *F. Körner:* Dt. Götter u. Göttersagen (Leipzig 1877), S. 357–360 (der Teufel im Sprw.); *F. Chance:* Gottseibeiuns, in: American Notes and Queries 8 (1883), S. 385; *R. H. Busk:* God be with us, in: American Notes and Queries 9 (1884), S. 15; *Grimm:* Dt. Wb., Bd. XI, I. Abtlg., 1. Teil, Sp. 265–277; *R. Wossidlo:* Gott und Teufel im Munde des meckl. Volkes, in: Korrespondenzbl. d. Ver. ndd. Sprachforscher 15 (1891), S. 18–32, 44–48; *W. Unseld:* Der Teufel in schwäb. Sprww. und Rdaa., in: Alemannia 20 (1892), S. 203–206; *E. Peacock:* Black Dog = Devil, in: American Notes and Queries 2 (1898), S. 335–336; *J. Pickford:* He has got the black dog on his back, in: American Notes and Queries 2 (1898), S. 336; *A. Wünsche:* Der Sagenkreis vom geprellten Teufel (Leipzig – Wien 1905); *A. Götze:* Teufels Großmutter, in: Zs. f. dt. Wortf., Bd. 7 (1905/06), S. 28–35; *E. Lehmann:* Teufels Großmutter, in: Archiv f. Religionswiss. 8 (1905), S. 411 ff.; *F. v. d. Leyen:* Der gefesselte Unhold, in: Prager Dt. Studien 8 (1908); *R. Eckart:* Der Teufel im Sprw. der Oberlausitzer Wenden, in: Mitt. d. Ver. f. Sächs. Vkde. 4 (1908), S. 311–314; *O. Schell:* Der Teufel in Sprww. und Rdaa. des Bergischen, in: Zs. d. Ver. f. rhein.-westf. Vkde. 14 (1918), S. 215; *W. Michel:* Das Teuflische und Groteske in der Kunst (München [25]1919); *K. Drewes* u. *P. Fischer:* Der Teufel im Sprw., in: Niedersachsen 25 (1920), S. 529, 26, S. 15; *A. Olrik:* Ragnarök (Berlin – Leipzig 1922), S. 287 ff.; HdA. II, Sp. 1575 ff.; *A. Haas:* Der Teufel im pomm. Sprw., in: Heimatleiw und Mudderspr. 12 (1931), Nr. 10–13; *O. A. Erich:* Die Darstellung des Teufels in der christl. Kunst (Berlin 1931); *M. Rudwin:* The Devil in Legend and Literature (Chicago 1931), Ndr. 1959; *R. Cornette:* Quand on parle du loup on voit sa queue, in: Folklore Brabançon 11 (1931/32), S. 171–178; *A. J. Storfer:* Teufelsspuren in der Sprache, in: Atlantis 2 (1935), S. 103; *L. Schmidt* in: Das dt. Volkslied 38 (1936), S. 81 f.; *U. Müller:* Die Gestalt Luzifers in der Dichtung vom Barock bis zur Romantik (Berlin 1940); *H. Colleye:* Histoire du diable (Brüssel 1945); *D. de Rougemont:* La part du Diable (Paris 1946); *L. Röhrich:* Der Dämon u. sein Name, in: PBB. 13 (1951), S. 456–468; *R. Dubal:* La psychoanalyse du diable (Paris 1953): *H. Halpert:* The Devil is beating his wife, in: Kentucky Folklore Record 1 (1955), S. 105–106; *A. H. Blesken:* Gott und Teufel im westf. Sprw., in: Westf. Heimatkalender 9 (1955), S. 69–71; *I. M. Boberg:* Baumeistersagen, FFC. 151 (Helsinki 1955); *R. Wildhaber:* Das Sündenregister auf der Kuhhaut, FFC. 163 (Helsinki 1955); *W. K. Tantsch:* Dt. Teufels- u. Hexennamen (Diss. Heidelberg 1956), S. 8 ff.; *W. Kayser:* Das Groteske. Seine Gestaltung in Malerei und Dichtung (Oldenburg 1957), S. 35 ff.; *W. Hand:* The Devil beating his wife and other folk beliefs about the sun's shining while it rains, in: Kentucky Folklore Record 3 (1957), S. 139–143; *W. Hofmann:* Das rhein. Sagwort (Siegburg 1959), S. 164–170; *C. Seignolle:* Le diable dans la tradition populaire (Paris 1959); *H. Reynolds:* The Devil's tail, in: American Speech 34 (1959), S. 64–65; RGG. VI ([3]1961), Sp. 703–712; *A. Adam:* Der Teufel als Gottes Affe. Vorgesch. eines Lutherwortes, in: Luther-Jb. 28 (1961), S. 104–109; *B. Deneke:* Materialien aus dem Umkreis der Sage vom Überzähligen, in: Zs. f. Vkde 57 (1961), S. 195–229; *R. W. Brednich:* Der Teufel und die Kerze, in: Fabula 6 (Berlin 1963), S. 141 f.; *L. Röhrich:* Teufelsmärchen und Teufelssagen, in: Sagen u. ihre Deutung (Göttingen 1965); *V. Voigt:* Variantenschichten eines ungarischen Proverbiums (One has to light a candle for the devil), in: Proverbium 15 (1970), S. 541–544; *H.-J. Lixfeld:* Gott und Teufel als Weltschöpfer, in: Motive, Freiburger folkloristische Forschungen, Bd. 2 (München 1971). *G. Mahal:* Mephistos Metamorphosen (Diss. Tübingen) (Göppingen 1972); *R. Hammerstein:* Diabolus in Musica (Bern – München 1974); *A. van Acker:* De Duivel in Spreekwoorden en Gezegden (Kortreijk–Heule [2]1977); *H. Haag:* Teufelsglaube (Tübingen [2]1980); *M. Bambeck:* Wenn einen der Teufel reitet, in: Muttersprache 92 (1982), S. 185–195; *G. Bebermeyer:* Teufelliteratur, in: Reallexikon der dt. Literaturgeschichte 4 (Berlin – New York 1984), S. 367–403; hier bes. S. 370 ff.: die Intensität des Teufelsglaubens verschiedener Jhh. und Gesellschaften; *G. Bauer:* In Teufels Küche, in: Essen u. Trinken in Mittelalter und Neuzeit (Sigmaringen 1987), S. 127–142; *Chr. Daxelmüller:* Art. ,Exorzismus', in: EM. IV, Sp. 664–674; *I. Grübel:* Die Hierarchie der Teufel (= Kulturgeschichtliche Forschungen 13 (München 1991).

Text. *Einem den Text lesen:* ihn zur Rede stellen, ihm rücksichtslos die Meinung sagen, ihn gründlich vornehmen, eigentl.: einem eine bestimmte Bibelstelle vorhalten und erklären. Zur Besserung der verwilderten Geistlichkeit stellte Bischof Chrodegang von Metz 760 einen Kanon auf. Nach ihm mußten sich die Geistlichen jeden Tag nach der Morgenandacht versammeln, wobei ihnen der Bischof ein Kap. aus der Bibel (bes. aus 3. Mos.) vorlas, das religiöse Gesetze enthielt, um daran die nötigen Ermahnungen und Rügen zu knüpfen. Verallgemeinernd gelangt die Rda. zum Sinn: eine Strafpredigt halten. Die urspr. Beziehung auf den Bibeltext geriet in Vergessenheit.
Vgl. auch: ,die ↗Leviten lesen'.
Einem den richtigen (scharfen) Text lesen (singen): ihn durchprügeln.
Aus dem Text kommen und *vom Text abkommen* stehen im inneren Zusammenhang mit *jem. aus dem Text bringen:* einen von seinem Thema abbringen, ihn aus der Fassung bringen, das wie alle bildl. Wndgn. mit Text ebenfalls auf die nach dem Bibeltext gehaltene Predigt zurückgeht. *Zu tief in den Text kommen:* zuviel von einer Sache reden. *Beim Text bleiben:* folgerichtig erzählen, handeln. Schlesw.-holst. ,Wedder to'n Text griepen', sich wieder zum Handeln aufraffen.
Nun zum Text: Zur Sache! *Weiter im Text:* vorwärts in unserer Hauptsache, die durch Reden unterbrochen wurde wie die Verlesung oder Behandlung des Textes durch Zusätze. Die Rda. stammt wohl aus dem Munde von Predigern, die den Bibeltext auslegen und, vom Hundertsten ins Tausendste gekommen, mit diesen Worten zu ihm zurückkehren. Vorgebildet ist diese Wndg. in Lutherischen Ausdrücken, wie z.B. (1523) „Das sey davon gnůg gesagt. Folgt nu weytter ynn der Epistel" (Weimarer Ausg. 12, 335), und „Das wollen wir weiter ym Euangelio sehen" (ebd. 519). Aber auch, ,weiter im Text' kommt schon bei Luther vor, z.B. „Folget weiter im Text: Solches habe ich zu euch geredet, daß ihr euch nicht ärgert" (Schriften, hg. v. Walch 11, 1352).
Aus der Theatersprache sind folgende Rdaa. entlehnt: *Bei dem kommt kein Text:* er ist beschränkt, er weiß in einer Unterhaltung nichts zu sagen, nicht einmal Einstudiertes, Auswendiggelerntes kann er vorbringen. *Der Text liegt an der Kasse* heißt es spöttisch bei den Kollegen, wenn ein Schauspieler in seiner Rolle steckenbleibt.

Lit.: *A. Götze:* Alte Rdaa. neu erklärt, in: Zs. f. d. Wortf. 4 (1903), S. 332.

Theater. *Ein Theater machen:* ein unnützes Geschrei, Aufhebens machen, Getue, Gezeter, Effekthascherei; seit dem 20. Jh. umg. verwendet; verstärkend ist der Ausdr. ↗,Affentheater'.
Theater spielen: in der übertr. Bdtg. von: etw. vortäuschen, jem. etw. vormachen, ,vorspielen'. Ein ,Theatercoup' ist eine unerwartete, überraschende Wendung einer Entwicklung.
Demnächst in diesem Theater: bald wieder am selben Ort sich treffen wollen. Diese Wndg. ist eigentl. die formelhafte Ankündigung eines Films im Kinoprogramm.

Theke. *Etw. unter der Theke (ver)kaufen:* eine Sache heimlich (ver)kaufen, die eigentl. verboten ist oder die es nur in geringen Mengen gibt. Etw. illegal (ver-)kaufen.
An der Theke stehen: gern mit anderen zusammen trinken. Der Karnevalsschlager hat dies aufgegriffen, in dem es heißt: „Der schönste Platz ist immer an der Theke".

Thema. *Vom Thema Nr. eins reden:* von einer aktuellen Begebenheit reden; auch: über erotische oder sexuelle Dinge sprechen.
Das ,Thema Nr. eins' kann auch einfach ein Lieblingsthema bezeichnen, eine Sache, über welche ständig und mit Interesse gesprochen wird.
Schnell das Thema wechseln: von etw. anderem reden, wenn ein Hinzukommender nichts von der urspr. Unterhaltung erfahren soll.
Ein anderes Thema bitte! wird dann als Aufforderung gebraucht, wenn man etw. schon nicht mehr hören kann, wenn immer wieder auf das gleiche Problem zu-

rückgekommen wird, wenn man ablenken möchte.

Lit.: *E. Schertel:* 340mal „Thema eins" in Wort und Bild: Sitte und Sünde, eine Sittengeschichte im Querschnitt (Leipzig 1930, Nachdr. Schmiden b. Stuttgart 1967).

Thomas. *Er ist ein ungläubiger Thomas:* er glaubt nur das, wovon er sich selbst überzeugt hat. Die Wndg. bezieht sich auf Joh. 20,24–29, wo der Jünger Thomas nicht eher an die Auferstehung Jesu glauben will, als bis er dessen Wunden betastet hat („Er aber sprach zu ihnen: Es sei denn, daß ich in seinen Händen sehe die Nägelmale und lege meine Hand in seine Seite, will ich's nicht glauben"); ebenso ndl. ‚een ongelovige Thomas'; frz. ‚être incrédule comme Saint Thomas'; engl. ‚an unbelieving Thomas'.

Lit.: *P. Sartori:* Art. ‚Thomas', in: HdA. VIII, Sp. 763–768; RGG. VI, Sp. 856ff.

Thron. *Jemandes Thron wackelt:* seine Position, einflußreiche Stellung ist bedroht, ↗Stuhl.

Jem. vom Thron stoßen: jem. gewaltsam ablösen, etw. energisch an sich reißen.

Seinen Thron verlieren: abdanken müssen, seinen Herrschaftsanspruch aufgeben, ins Exil fliehen (nach einem verlorenen Krieg, nach einer revolutionären Umgestaltung und Verfassungsänderung).

Thron und Altar war bis ins 19. Jh. hinein eine beliebte, politische Schlagwortformel. Sie umfaßt den Kampf und das Bemühen um Ausgleich von Staat und Kirche. Das Schlagwort ist in den siebziger Jahren des 18. Jh.s nach Dtl. gekommen. Zugeschrieben wird es den frz. Enzyklopädisten. Auch Voltaire verwendet „le trône et l'autel" in seinem ‚Mahomet'. Wieland und Herder griffen das Wort auf. Nach 1817 wurde es in den Kreisen des christl. Konservatismus in Preußen zur staatsbejahenden Devise der Katholiken erhoben. Seit 1830 (Heinrich Heine: „das affektierte Interesse für Thron und Altar ist nur ein Possenspiel", in: Werke III [1830], S. 417ff.) schlug es in eine Parole gegen Staat und Kirche und deren Verbindung um: Diffamierend wurde das Schlagwort im Spätliberalismus und Sozialismus gebraucht, seit 1918 nur noch iron. gemeint.

Auf dem Thrönchen sitzen: auf einem Nachttopf sitzen; diese Rda. stammt aus der Kindersprache.

Lit.: *O. Ladendorf:* Hist. Schlagwörterbuch (Nachdr. Hildesheim 1968), S. 312–313; *L. Schmidt:* Bank und Stuhl und Thron. Sitzen als Haltung …, in: Antaios 12 (1970), S. 85–103; *H.-J. Schoeps:* Ungeflügelte Worte (Berlin 1971); *A. Erler:* Art. ‚Thron', in: HRG. 33. Lfg., Sp. 195–202.

Tick. *Einen Tick haben:* eigensinnig, eingebildet sein, wunderliche Einfälle haben; entlehnt aus frz. ‚tic' in der Bdtg. ‚wunderliche Angewohnheit'; im 18. Jh. zuerst lit., danach auch mdal. belegt.

Tier. *Das arme Tier haben:* in gedrückter Stimmung sein, sich Selbstvorwürfe machen, mit sich und allem uneins sein; mdal. ‚Do krisse ja dat arme Dier!'

‚Armes Tier' ist umg. ein bedauernswerter Mensch. Die Umgangssprache, die so viele Tiernamen auf den Menschen überträgt (z.B. Hund, Katze, Esel, Pferd, Ochse usw.), setzt auch das neutrale Tier dem Menschen gleich.

Zum Tier herabsinken: roh, ohne Beherrschung seiner Leidenschaften sein.

‚Zum Tier herabsinken'

Ein gutes Tier sein: gutmütig, aber beschränkt sein; vgl. frz. ‚être une brave bête‘.

Ein hohes Tier geworden sein: zu einer hohen gesellschaftlichen Stellung und zu Ansehen gekommen sein, ohne geringschätzigen Nebensinn. Ein ‚großes Tier‘ nannte man dagegen seit dem 18. Jh. den bloß äußerlich vornehmen Menschen, den ‚Wichtigtuer‘ ohne innere Werte.

Jedes Tierchen hat sein Pläsierchen: jeder hat seinen Vogel. Der sächs. Dialektdichter Edwin Bormann (1851–1912) und Adolf Oberländer betitelten ihre Sammlung humoristischer Gedichte (München 1887) ‚Ein jedes Thierchen hat sein Pläsierchen. Zoologischer Lieder-Garten‘.

Ein Tierfreund sein, ebenso *im Tierschutzverein sein:* auf Gewaltanwendung verzichten, nachsichtig sein; die Anwendung der Rda. setzt stillschweigend voraus, daß man den anderen für einen Ochsen, Esel oder dergleichen, d.h. für ein dummes Tier, hält.

Lit.: *C. Mengis:* Art. ‚Tier‘, in: HdA. VIII, Sp. 778–819; *R. Schmidt:* Tierisches in unserer Muttersprache (Gerabronn – Crailsheim 1972); *H. Schumacher:* Die armen Stiefgeschwister des Menschen. Das Tier in der dt. Literatur (Zürich – München 1977); *V. B. Dröscher:* Mich laust der Affe. ‚Fabelhafte‘ Redensarten aus der Welt der Tiere (Düsseldorf – Wien 1981); *ders.:* ‚Sie turteln wie die Tauben‘ (Hamburg 1988).

Tiger. *Pack' den Tiger in den Tank:* Aufforderung, etw. mit Kraft, Schwung, Elan zu tun. 1965 wurde dieser Spruch bekannt als Werbeslogan der ESSO-AG (Put The Tiger in Your Tank). Zusammen mit dem Schlager der 50er Jahre: ‚Pack' die Badehose ein ...‘ kam es zu witzigen oder iron. Textabwandlungen und Variationen, wie: ‚Pack' den Willy in den Tank‘ u.ä.

Lit.: *J. Stave:* Wo der Büchmann aufhört, in: Muttersprache 77 (1967), S. 223.

Timotheus. *Sieh da, sieh da, Timotheus!:* Ausruf des Erstaunens, der Erheiterung. Der Ausruf ist ein Zitat aus Fr. Schillers Ballade ‚Die Kraniche des Ibykus‘. Bes. in Berlin wird er oft erweitert zu: ‚– 'ne Olle fällt vom Omnibus‘; oder parodistisch verdreht: ‚Sieh da, sieh da, Timotheus: Die Ibiche des Kranikus!‘

Lit.: *L. Röhrich:* Gebärde. Metapher. Parodie (Düsseldorf 1967), S. 173ff.

Tinte. *In die (dicke) Tinte geraten:* in Unglück oder Verlegenheit geraten; *in der Tinte sitzen:* in der Klemme, in der Patsche sitzen. Schon 1520 bei Geiler von Kaysersberg in den Predigten zu Seb. Brants ‚Narrenschiff‘ (130d): „Du bist voller sünd ... du steckst mitten in der tincten“. Vgl. H. Hoffmanns ‚Struwwelpeter‘.

Tief in der Tinte stecken: in großer Verlegenheit sein. Tinte als dunkle, schmutzige Flüssigkeit steht in diesen Rdaa. parallel

‚In der Tinte sitzen‘

mit den gleichbedeutenden Worten ‚Brühe‘, ‚Patsche‘, ‚Sauce‘ usw.; vgl. frz. ‚être dans la panade‘ wörtl.: in der Brotsuppe stecken; entspr. *aus der Tinte kommen, sich* (oder *jem.*) *aus der Tinte helfen.*

Du hast wohl Tinte gesoffen?: Du bist wohl verrückt?; in diesem Sinne Gottfr. Keller in den ‚Mißbrauchten Liebesbriefen‘ (Ges. W., V. 148): „O du Erznarr! Du mußt Tinte gesoffen haben, daß du ein solches Weibchen kannst fahren lassen!“

Da möchte man doch Tinte saufen! sagt man, wenn man über etw. entrüstet ist oder sich verwundert.

Er ist mit Tinte rein gewaschen: er ist vor Gericht freigesprochen worden aus Mangel an Beweisen.

Sich mit Tinte waschen: etw. schöner machen wollen und dadurch verderben.

Darüber ist viel Tinte verspritzt worden: es ist viel Unnötiges darüber geschrieben worden.

Jem. kann die Tinte nicht halten: jem. wird leicht aggressiv und kann mit seiner Meinung nicht zurückhalten; er ist ein Vielschreiber.

Klar wie dicke Tinte ↗ klar.

Lit.: *Anon:* Du hast wohl Tinte getrunken, in: Sprachpflege 10 (1961), S. 122.

tipptopp. *tipptopp sein:* in äußerst sauberem und ordentlichem Zustand sein. Die Rda. hat sich gegen Ende des 19. Jh. wahrscheinl. von Hamburg aus verbreitet; vgl. das gleichbedeutende engl. ‚tip-top' (zu ‚tip' = Spitze, ‚top' = Spitze); also eigentl.: ‚Spitze der Spitze'.

Tisch. *Etw. unter den Tisch fallen lassen:* einen im Gespräch berührten Gegenstand absichtlich nicht wieder erwähnen, weil man davon kein Aufhebens gemacht zu haben wünscht; erst im 19. Jh. belegt, z. B. bei Bismarck (‚Reden' XI, 356): „Die Regierung selbst hat das Monopol unter den Tisch fallen lassen"; ↗Teppich.

Jem. unter den Tisch stecken: ihn überwältigen, ihn zur Ruhe bringen.

Jem. unter den Tisch trinken: im Trinkwettstreit überlegen sein; einen klaren Kopf behalten, während der Gegner schon betrunken ist. *Unter dem Tisch liegen:* betrunken sein; vgl. frz. ‚être sous la table'.

Es geht über Tische und Bänke: es geht lustig, unruhig, unordentlich zu. Schlesw.-holst. ‚He spelt ünner'n Disch', er betrügt, mogelt. Die Wndg. ist vom Kartenspiel abgeleitet. Schwäb. ‚Dem hat man den Tisch vor die Tür gestellt', man hat ihn fortgewiesen. *Die Füße unter anderer Leute Tisch stecken (hängen):* sich von anderen ernähren, freihalten lassen, schmarotzen.

Der Tisch hat mehr Beine: die Sache ist schwieriger, komplizierter, als gedacht.

Jem. an einen Tisch bringen: Parteien zu Verhandlungen zusammenführen; auch *Sich mit jem. an einen Tisch setzen:* verhandlungsbereit sein.

Reinen Tisch mit etw. machen: es erledigen, beseitigen, ‚gründliche Ordnung schaffen', aber auch: alles aufessen, was auf den Tisch gekommen ist. Heutzutage wird die Rda. wohl meist auf den Arbeits- oder Schreibtisch bezogen, auf dem nach Beendigung der Arbeit kein Werkzeug oder keine Aktenstücke mehr liegen. Die Rda. ist aber eine Lehnübers. von ‚tabula rasa'. In seiner ‚Ars amandi' (I, 437) benützt Ovid den wohl schon vor ihm geläufigen Ausdr. „tabellae rasae', was wir meist in der Einzahl als ‚tabula rasa' rdal. gebrauchen; ‚tabula rasa machen' auch i. S. v.: noch einmal ganz von vorne anfangen. Bei der lat. Rda. sind die wächsernen Schreibtäfelchen gemeint, auf denen man die eingeritzten Schriftzeichen wieder ausdrückte oder abschabte, um die Platte neu beschriften zu können.

Etw. vom Tisch wischen (kehren): Eine Sache als unwichtig oder unangenehm betrachten und deshalb nicht bearbeiten oder ausdiskutieren.

Etw. ist vom Tisch: eine Sache ist erledigt, abgeschlossen.

Vom grünen Tisch entscheiden (beurteilen, verordnen). Die Beratungstische der Behörden waren früher mit grünem Tuch bezogen. Die Rda. steht danach geringschätzig für eine von oben ohne wirkliche Sachkenntnisse erlassene Verordnung, des weiteren für jede aus Unkenntnis geäußerte Meinung.

Auf den Tisch hauen: energisch werden.

Ein Gespräch am runden Tisch führen: ein zwangloses Gespräch mit gleichberechtigten Partnern führen.

Tisch und Bett miteinander teilen: eine (wilde) Ehe führen, zusammenleben. Das Motiv vom gemeinsamen Tisch und Bett spielt in dem KHM. 1 vom ‚Froschkönig oder dem eisernen Heinrich' eine große Rolle für den Frosch, der der Prinzessin die Goldkugel aus dem Brunnen holt, allerdings zu der Bedingung: „aber wenn du mich lieb haben willst, und ich soll dein Geselle und Spielkamerad sein, an deinem Tischlein neben dir sitzen, von deinem goldenen Tellerlein essen, aus deinem Becherlein trinken, in deinem Bettlein schlafen: wenn du mir das versprichst, so will ich hinuntersteigen und dir die goldene Kugel wiederheraufholen".

Von Tisch und Bett getrennt sein: geschieden sein, die Ehegemeinschaft aufgehoben haben; Fachausdr. der älteren Rechtssprache für ein faktisch getrennt lebendes Paar; vgl. frz. ‚être séparé de corps et de biens'.

Der ‚Tisch des Herrn' ist der Abendmahlstisch. So umschreibt man: *Zum Tisch des Herrn gehen:* am Abendmahl teilnehmen.

Vor Tische las man's anders: eine Sache hat vor der Verhandlung noch anders ausgesehen; man hat eine andere Abmachung getroffen, als verkündet wird. Das

Zitat stammt aus Friedrich Schillers ‚Wallenstein' (IV, 7).

Ihr dürft mal an der Tischecke riechen: sagt der Vater, wenn die Kinder zu spät zum Essen kommen.

Lit.: *A. Haberlandt:* Art. ‚Tisch', in: HdA. VIII, Sp. 953–965.

Tischtuch. *Das Tischtuch ist zwischen ihnen zerschnitten* wird von zwei Partnern gesagt, die lange in innigem freundschaftlichem oder verwandtschaftlichem Verhältnis gelebt, sich dann aber entzweit haben, so daß eine Wiedervereinigung, eine Versöhnung unmöglich erscheint. Wahrscheinl. geht diese Rda. im letzten Grunde auf einen alten Rechtsbrauch bei Ehescheidungen zurück: Die Ehegatten faßten ein Leinentuch und zerschnitten es so, daß jeder Teil ein Stück behielt (vgl. J. Grimm, Dt. Rechtsaltertümer II, 304f.). In übertr. Sinne begegnet die Wndg. seit dem 16. Jh. Allg. bekannt ist der Auftritt zwischen Graf Eberhard dem Greiner und seinem Sohn Ulrich nach der für Ulrich unglücklichen Schlacht bei Reutlingen 1377, den Uhland folgendermaßen erzählt:

Dem Vater gegenüber sitzt Ulrich an dem Tisch,
Er schlägt die Augen nieder; man bringt ihm Wein und Fisch;
Da faßt der Greis ein Messer und spricht kein Wort dabei
Und schneidet zwischen ihnen das Tafeltuch entzwei.

Die Zs. ‚Kladderadatsch' kommentiert 1874 (Nr. 57) den Kampf Bismarcks mit der Reichstagsfraktion des Zentrums:

Das Tischtuch ist zerschnitten,
Ihr wißt, wie das gemeint,
Nach ritterlichen Sitten
Nun sind wir ewig feind.

Etw. anders lautet die Wndg. im Frz.: ‚Le torchon brûle entre eux' (wörtl.: Das Küchentuch brennt zwischen ihnen).

I. S. v. ‚die ↗Tafel aufheben' sagt Hans Sachs ‚das Tischtuch aufheben':

Als sie nun das mal gessen hatten,
Das gracias sie peten theten.
Das Dischtuch man aufhubb danach.

Lit.: *A. Haberlandt:* Art. ‚Tischtuch', in: HdA. VIII, Sp. 966–969; *Anon.:* Das Tischtuch ist zwischen uns zerschnitten, in: Sprachpflege 10 (1961), S. 122.

Titel. *Einen Titel ohne Mittel haben:* eine ehrenamtliche Beschäftigung haben; bes. österr. Dort nennt man so den Titel eines Hofrats, da damit keine Einkünfte verbunden sind. I. Kant hatte festgestellt: „Deutschland ist ein Titelland". Ein Sprw. fragt: ‚Was ist ein Titel ohne Mittel?'

Titte ist die ndd. Form von hd. Zitze, umg. und geringschätzig für die Frauenbrust verwendet; übertr.: *nichts auf der Titte haben* (auch *schwach auf der Titte sein*): mittellos sein; berl. seit etwa 1910; *wie Titte schmecken* (auch *wie Titte mit Ei schmekken*): sehr gut schmecken. Dazu die moderne Sprw.-Parodie:

Andere Länder – andere Sitten,
Andere Frauen – andere Titten.

Toast. *Einen Toast auf jem. ausbringen:* jem. vor einer Gesellschaft rühmen und

‚Das Tischtuch zwischen sich zerschneiden'

‚Einen Toast ausbringen'

nach abschließendem Trinkspruch das Glas zu seinem Wohle leeren; vgl. frz. ‚porter un toast à quelqu'un'.

Tobias. *Tobias sechs, Vers drei* wird scherzhaft oder rügend zu einem Gähnenden gesagt, der die Hand nicht vor den Mund nimmt. Die Wndg. dient ebenso als Ausdr. der Langeweile, oder man kritisiert damit eine langweilige Gesellschaft. Tob. 6,3 steht u.a.: „O Herr, er will mich fressen!" In seiner Rede zum Shakespeare-Tag am 14. Oktober 1771 wendet Goethe die Worte „Herr, er will uns fressen" als Ausdr. der Furcht vor einer schreckenerregenden, ungewohnten Erscheinung an.

Die Tobiasnächte halten: nach der Vermählung enthaltsam bleiben. Im 8. Kap. des Buches Tobias wird berichtet, daß Tobias in seiner Hochzeitsnacht betete und enthaltsam blieb und dadurch den bösen Geist Asmodeus überwand, der in seine Braut gefahren war und bereits sieben seiner Vorgänger getötet hatte. Die Forderung der Enthaltsamkeit und des keuschen Beilagers spielt auch im älteren Hochzeitsbrauchtum eine Rolle.

Lit.: *P. Geiger:* Zum Kiltgang, in: Schweiz. Archiv f. Vkde 20 (1916), bes. S. 153–154. HdA. II, Sp. 586, Art. ‚Ehe' von *Kummer;* HdA. III, Sp. 739, Art. ‚Geschlechtsverkehr' von *Kummer;* RGG. VI (^{3}1961), 907, *W.-E. Peuckert:* Ehe, Weiberzeit, Männerzeit, Saeterehe, Hofehe, freie Liebe (Hamburg 1955); *H. L. Jansen:* Die Hochzeitsriten im Tobitbuche, in: Temenos, I (Helsinki 1965), S. 142ff.; *L. Röhrich:* Tabus in Volksbräuchen, Sagen und Märchen, in: Festschrift Werner Neuse (Berlin 1967).

Tochter. *Eine große Tochter unserer Stadt (Gemeinde usw.):* eine berühmte Einwohnerin sein.

Eine Tochter der Freude sein: eine Prostituierte sein; aus frz. ‚fille de joie'.

Jem. ist eine echte Tochter Evas: eine sehr weibliche, verführerische Frau.

Sich unter den Töchtern des Landes umsehen: auf Brautschau gehen, sich nach einer Frau umsehen. 1. Mos. 34,1 wird willkürlich auf die Brautschau von Männern bezogen, obwohl an dieser Stelle von Dina, der Tochter Leas, die Rede ist.

Tod. In einer ganzen Reihe von Rdaa. wird der Tod personifiziert: ‚Dem Tod in die Augen sehen'; vgl. frz. ‚regarder la mort les yeux dans les yeux'; ‚der Tod hält reiche Ernte'; ‚den Tod austreiben' bzw. ‚austragen' (von den Lätarebräuchen); ‚den Tod vor Augen sehen'; schwäb. ‚der ist zum Tod in d'Kost gangen'; ‚der Tod guckt ihm aus allen Gliedern heraus'; ‚der Tod hat angepocht'; vgl. frz. ‚La mort a frappé à la porte'.

‚Der Tod hat angepocht'

Mit dem Tode ringen, war ebenso wie der noch heute geläufige Begriff ‚Todeskampf' (frz. ‚le combat de l'agonie'), urspr. wörtl. gemeint, lebt doch der Tod in Volksglaube und Sage noch bis heute als Knochenmann. Vgl. auch amer. ‚to shake

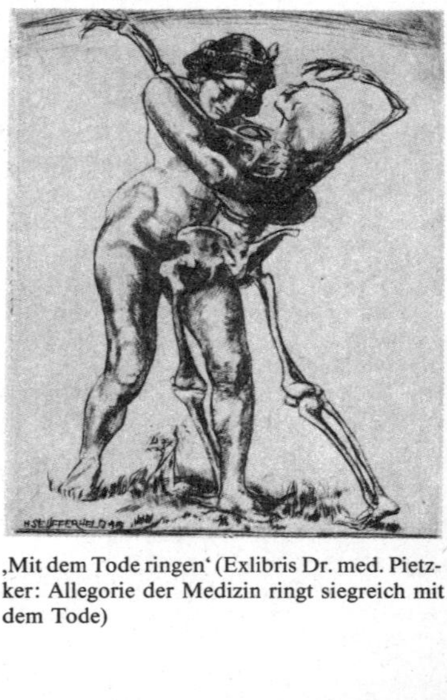

‚Mit dem Tode ringen' (Exlibris Dr. med. Pietzker: Allegorie der Medizin ringt siegreich mit dem Tode)

Klein-Basler Totentanz (‚Aussehen wie der Tod von Basel')

hands with death': sich mit seinem Schicksal abfinden.

Als *Boten des Todes* werden alle Krankheiten angesehen (z. B. auch in KHM. 177).

Der Tod läuft mir übers Grab sagt man beim Empfinden eines plötzlichen Schauers, dessen Ursache nicht erklärbar scheint; niederoesterr. ‚Er hat dem Tod ein paar Schuhe gegeben' (wenn jem. von einer schweren Krankheit genesen ist). So auch pomm. ‚dem Tod ein paar Schlurrtüffeln geben'; ‚dem Dôd he par Schauh schenke'. Die Rda., die von U. Jahn mythologisch gedeutet wurde, ist noch nicht befriedigend erklärt.

Aus dem Grimmschen Märchen von den ‚Bremer Stadtmusikanten' (KHM. 27) stammt ein beliebt gewordener Slogan; der Esel, der Hund und die Katze sind auf dem Weg nach Bremen, um dort Stadtmusikanten zu werden. Sie treffen unterwegs den Hahn, der noch am selben Tag geschlachtet werden soll. Der Esel antwortet dem Betrübten: „Ei was, du Rothkopf ..., zieh lieber mit uns fort, wir gehen nach Bremen, *etwas Besseres als den Tod findest du überall"*.

Er ist gut nach dem Tod schicken sagt man von einem Langsamen und Trägen: er bleibt lange aus. Würde man ihn beauftragen, den Tod zu holen, so bliebe den Zurückbleibenden noch viel Zeit zum Leben. Auch: *Der wäre gut nach dem Tod zu schikken:* er kommt so bald nicht wieder. In Hans Sachs' bekanntem Fastnachtsspiel ‚Der Krämerkorb' wird zu einem säumigen Knecht gesagt:

Du werst gut nach dem tod zu senden,
Du dest (tätest) nit pald dein potschafft enden;

belegt auch bei Eyering: „Man solt dich nach dem tod aussenden".

Das wird einen sanften Tod haben: die Sache wird wieder still einschlafen; vgl. frz. ‚L'affaire mourra de sa belle mort'.

Er wird einen leichten Tod haben: er ist dumm; eine witzige Rda. des 20. Jh., deren Erklärung erst die Pointe bringt; *er hat nicht viel Geist aufzugeben,* wird also unbeschwert sterben.

Einen Tod muß man leiden: bei einer schwierigen, allerdings nicht lebensbedrohenden Entscheidung ein Übel von zwei zur Wahl stehenden bevorzugen.

Tausend Tode sterben müssen: angespannt, voller Angst und Unruhe sein.

Etw. zu Tode reiten: etw. überstrapazieren, bis zum Überdruß wiederholen.

Durch den schwarzen Tod umkommen: an der Pest sterben müssen. Erfrieren oder Sterben durch Lawinen nennt man ‚den weißen Tod.'

Aussehen wie der Tod von Basel: sehr schlecht, totenblaß aussehen. Die Wndg. ‚Tod von Basel' findet sich u. a. in einem Volkslied, das im Almanach von Nicolai abgedruckt ist (E. B. II, 701, Nr. 914):

Als ich ein jung Geselle war,
Nahm ich ein steinalt Weib;
Ich hatt' sie kaum drei Tage,
Da hat's mich schon gereut.

Da ging ich auf den Kirchhof
Und bat den lieben Tod:
Ach lieber Tod zu Basel
Hol mir mein' Alte fort!

...

Das junge Weibel, das ich nahm,
Das schlug mich nach drei Tag'.
Ach lieber Tod von Basel
Hätt' ich mein' alte Plag'!

Der rdal. Vergleich findet sich auch gelegentlich in der Form ‚aussehen wie der Tod im Basler Totentanz', und diese Variante deutet zugleich den Urspr. der Rda. an. Der ‚Basler Totentanz' war urspr. ein Wandbild, das im 15. Jh. auf die Innenseite der Kirchhofsmauer des Predigerklosters gemalt worden war. Die Darstellung bildete einen fortlaufenden Streifen mit 39 lebensgroßen Figurenpaaren. Der Tod begleitete die Vertreter der einzelnen Stände. Der Platz vor der Predigerkirche in Basel heißt noch heute ‚Totentanz'.

Der Tod als ‚Sensenmann'

Totentanz- und Todesdarstellungen vor allem des 16. Jh. haben in anderen Landschaften zu verwandten Rdaa. geführt; bekannt sind vor allem: ndd. ‚He sütt ut as de Dod van Lübeck'; ‚aussehen wie der Dresdner Totentanz'; ‚aussehen wie der Tod von Warschau'; ‚aussehen wie der Tod von Ypern' (ndl. ‚uitzien als de dood van Ieperen', im Anschluß an eine wohl zur Erinnerung an die Pest in der Hauptkirche von Ypern aufgestellte Todesfigur von realistisch-schauerlichem Aussehen). Auch lit. verwendet, z. B. in Gottfr. Kellers ‚Grünem Heinrich' (Teil III, Kap. 9): „da ich am Wege eine große vorjährige Distel, die aussah, wie der Tod von Ypern, ins Büchlein zeichnete". Vgl. auch ‚wie das Leiden Christi aussehen'.

Die rdal. Vergleiche: *Aussehen wie der Tod (wie eine Leiche) auf Urlaub* oder *wie der Tod auf Latschen* entstanden erst in neuerer Zeit und entstammen einer ganz anderen Sprachebene, die Ernstes witzig verfremdet und damit lächerlich macht.

Der ‚Tod' wird gerne in Metaphern für Dinge benutzt, deren Ende gekommen ist: so z. B. in der Rda. ↗‚Kredit ist tot'. Auch der Sarg oder die Beerdigung stehen als Bilder für eine zum Schluß gekommene, untergegangene Sache oder Idee.

Bleibt ein künstlerisches (lit.) Werk ein Fragment, weil der Künstler starb, so sagt man: *Der Tod nahm ihm (ihr) hier die Feder aus der Hand.*

Tod ist schließlich Verstärkung in superlativischen Ausdrücken, wie ‚todmüde', ‚todschick' (sehr elegant), ‚todsicher' (ganz bestimmt, eigentl.: so sicher wie der Tod); vgl. amer. ‚It is cock-sure': etw. ist todsicher; ‚todunglücklich'; ‚zu Tode betrübt' (eigentl.: „zum Tode betrübt") ist ein Zitat aus Klärchens Lied in Goethes ‚Egmont' (III, 2). Goethe entlehnte die sprw. Wndg. Matth. 26,38: „Meine Seele ist betrübt bis an den Tod".

‚Mit allem Dod und Deiwel', mit allem, was dazugehört, mit allen ↗Schikanen, ndd. Rda. Die Zwillingsformel ‚Daut und Düwel!' wird in Norddtl. häufig zur Bekräftigung gebraucht. Das Sprw. ‚Den eenen sien Daut is den ännern sien Braut (Brot)' ist auch in hd. Form bekannt. Vgl. ‚Den eenen sien Uhl ist den ännern sien Nachtigall', ↗Uhl.

Vgl. auch ‚das Zeitliche segnen' (↗zeitlich).

Die an einer Leipziger Uhr angebrachte mahnende lat. Devise ‚Mors certa, hora incerta' (Der Tod ist sicher, die Stunde ungewiß) wird gern übersetzt mit „Todsicher geht die Uhr falsch'.

Lit.: Der Todten-Tanz, wie derselbe in der weitberühmten Stadt Basel, als ein Spiegel menschlicher Beschaffenheit, ganz künstlich mit lebendigen Farben gemahlet, nicht ohne nützliche Verwunderung zu sehen ist. (Basel 1843); *H. F. Massmann:* Die Basler Totentänze in getreuen Abb. nebst geschichtl. Untersuchung (Stuttgart 1847); *Anon.:* De dood van Yperen, in: ,T Daghet in den Oosten 4 (1888), S. 160; *Anon.:* De dood van Ieperen, in: Ons Volksleven 1 (1889), S. 82; *W. Unseld:* Der Tod in schwäb. Sprww. und Rdaa., in: Alemannia 22 (1894), S. 87–89; *Bacher:* Der Tod von Basel, in: Zs. f. Vkde. 10 (1900), S. 326f.; *E. Bensley:* Cock-sure, in: ebd., S. 339; Der Tod in Rätsel und Sprw. des dt. Volkes, in: Unsere Heimat (Köslin 1933), Nr. 16; *H. G. Wackernagel* in: Schweiz. Arch. f. Vkde. 35 (1936), S. 199; *P. Geiger:* ‚Tod', ‚Tod ansagen',

'Todesvorzeichen', in: HdA. VIII, Sp. 970–1010; *A. P. Hudson:* To shake hands with death, in: Modern Language Notes 53 (1938), S. 510–513; *A. Gattlen:* Die Totensagen des alem. Wallis (Diss. Fribourg 1947); *H. Rosenfeld:* Der ma. Totentanz (Münster – Köln 1954), S. 103 ff.; *D. Narr:* Zum Euphemismus in der Volkssprache. Rdaa. und Wndgn. um 'tot', 'Tod' und 'sterben', in: Württemb. Jb. f. Vkde. (1956), S. 112–119; *A. Gühring:* Der Tod in der Volkssage der dt.-sprachigen Gebiete (Diss. Tübingen 1957); Kunstdenkmäler der Schweiz, Kt. Basel Bd. IV (Basel 1961), S. 95 ff.; *Anon.:* Der Tod nahm ihm die Feder aus der Hand, in: Sprachpflege 13 (1964), S. 109; *S. Cohen:* Kiss of death, in: American Notes and Queries 4 (1965/66), S. 151–152; *W. Block:* Der Arzt und der Tod in Bildern aus sechs Jhh. (Stuttgart 1966); *P.-H. Boerlin:* Der Basler Prediger-Totentanz, Gesch. und erste Restaurierungsergebnisse, Sonderdruck aus: 'Unsere Kunstdenkmäler' (Mitteilungsblatt der Ges. für schweiz. Kunstgesch.) 17 (1966), Nr. 4, S. 128–140 (Basel 1967); *L. Röhrich:* Das Verzeichnis der dt. Totensagen, in: Fabula 9 (1967), S. 270–284; *J. Schuchard u. a.* (Hg.): Freund Hein und der Bücherfreund (Ausstellungskatalog) (Kassel 1982); *M. Vovelle:* La Mort et l'Occident. De 1300 à nos jours (Paris 1983); *H.-K. Boehlke* (Hg.): Vom Kirchhof zum Friedhof: Wandlungsprozesse zwischen 1750 und 1850 (= Kasseler Studien zur Sepulkralkultur, Bd. 2) (Kassel 1984); *G. Condrau:* Der Mensch und sein Tod (Zürich 1984); *L. Röhrich:* Tanz und Tod in der Volksliteratur, in: F. Link (Hg.): Tanz und Tod in Kunst und Literatur (= Schriften zur Lit.wiss. 8) (Berlin 1992).

Todesstoß. *Jem. den Todesstoß versetzen:* ihn zutiefst erschüttern, ihn seiner Existenzgrundlage berauben, ihn vernichten. *Etw. den Todesstoß versetzen:* einem langsam sich dahinschleppenden Vorgang (Prozeß) ein rasches Ende bereiten, auch: das treffende Gegenargument einbringen, den entscheidenden Widerspruch einlegen, um ein Vorhaben zu Fall zu bringen.

Todesurteil. *Ein Todesurteil aussprechen:* jem. zur Hinrichtung verurteilen; auch übertr.: jem. politisch, moralisch, ökonomisch ruinieren. *Einem Todesurteil gleichkommen:* das Ende bedeuten, keine Hoffnung mehr lassen. *Sein eigenes Todesurteil unterschreiben:* zu seinem eigenen Schaden beitragen, seiner eigenen Vernichtung zustimmen. In Heinrich v. Kleists Schauspiel 'Der Prinz von Homburg' unterschreibt der Prinz sozusagen sein Todesurteil, indem er seine Schuld zugibt. Gleichzeitig aber rettet ihm diese Haltung das Leben (IV, 4). Volksmärchen enden nicht selten damit, daß der Bösewicht – ohne es zu ahnen – sich selbst das (Todes-)Urteil spricht (Zusammenstellung von Beispielen und lit. Parallelen bei M. Lüthi: Volksliteratur und Hochliteratur, Bern u. München 1970, S. 100–113).

Tohuwabohu. *Es herrscht ein (unbeschreibliches) Tohuwabohu:* es herrscht ein großes Durcheinander, ein Wirrwarr; vgl. frz. 'tohu-bohu', auch in der Bdtg. von 'Spektakel'. In 1. Mos. 1,2 findet sich das von Luther mit „wüst und leer" übersetzte hebr. 'tōhū wa-bōhū. In neueren jüd. Sagen über die Weltschöpfung wird dies z. T. noch näher ätiologisch ausgeführt, wobei 'Tohu' und 'Bohu' als die ersten Elemente dargestellt werden: „Die Erde war zu Anfang 'Tohu' und 'Bohu', und Finsternis lag auf der Tiefe. 'Tohu', das war ein grüner Streifen, der die ganze Welt umgab und von dem die Finsternis ausging; 'Bohu', das waren Abgründe voller schlammiger Steine, durch die das Wasser rieselte".

Lit.: *M. J. bin Gorion:* Die Sagen der Juden. Von der Urzeit Jüd. Sagen u. Mythen (Frankfurt 1913), S. 4.

toi-toi-toi. Die Wndg. *Unberufen, toi-toi-toi!* ist um 1930 durch einen Schlager verbreitet worden; sie steht jedoch mit einem alten Volksglauben in Zusammenhang; Lobende Äußerungen wurden allg. gefürchtet, weil diese die bösen Geister aufmerksam und neidisch machen konnten. Um kommendes Unheil abzuwehren, mußte man deshalb dem Lob sofort ein ↗'unberufen' hinzufügen. Diese Schutzhandlung wurde noch durch dreimaliges Klopfen auf Holz und den Ausruf 'toi-toi-toi!' verstärkt, der lautmalerisch für dreimaliges Ausspucken steht.
Der Speichel galt als unheilbannend. Das Ausspucken vor einem Menschen war also urspr. ein Abwehrzauber, kein Zeichen der Verachtung wie heute. Auch das zuerst eingenommene Geldstück, das noch mehr Reichtum bringen, der Spielwürfel, der Gewinn garantieren sollte, wurden bespuckt.
Auch in Frankreich, wo die Wndg. unbekannt ist, wird dreimal auf Holz geklopft, um kommendes Unheil abzuwehren.
Es kommt als möglicher Ursprung des Ausrufs auch eine dreimalige, verkürzte Nennung des Teufels in Betracht. Das Schwäb. Wb. II, S. 170 führt eine Rda.

auf: ‚No kommt mer in ’s Teu-Teu-Teufelskuchen bey ihm.‘

Die Formel *toi-toi-toi* wird heute unabhängig von ‚unberufen‘ gebraucht, wenn man jem. zu einer schwierigen Aufgabe, z.B. zu einer Prüfung, gutes Gelingen wünschen möchte.

Lit.: *Perkmann:* Art. ‚berufen, beschreien‘, in: HdA. I, Sp. 1096; *H. Küpper:* 99 uralte Regeln, das Glück zu mehren, dem Unglück zu wehren (München [2]1952).

toll. *Toll und voll:* völlig betrunken; eine verstärkende Reimformel; urspr. ‚voll und toll‘, so noch oft bei Luther, z.B. ‚An den christlichen Adel deutscher Nation‘ (Werke I, 298b). „ßo wurdenn sie zu Rom mercken, das, die deutschen nit alletzeit tol und vol sein“. Im ‚Ambraser Liederbuch‘ (164,11) heißt es dagegen: „und solt ich werden taub und toll“ (ganz betrunken). In Umgangssprache und Mdaa. ist die Rda. reich belegt, z.T. auch in erweiterter Form: „Voller Kropf, toller Kopf“; ndd. ‚En full Mann, en dull Mann‘; auch: ‚’n fullen Kiärl is ’n dullen Kiärl!‘

Die ndd. Rda. ‚Dei hätt ’n dullen Kopp‘ meint: Er ist unnachgiebig, ein Dickkopf, ein Trotzkopf.

Im Sinne des Außerordentlichen prägt toll als Modewort eine Anzahl von festen umg. Wndgn., wie *toll vor Freude, jem. ist toll auf etw.:* versessen; *toll essen (trinken, schlafen* u.a.): unmäßig. Etw. *zu toll treiben:* über das Maß des Vernünftigen hinausgehen. *Es kommt noch toller;* es wird noch schlimmer.

Jem. hat Tollbeeren gegessen: er ist nicht bei Verstand. Immermann 1839 (Werke 2,333 Maync): „Ich glaube, der hat Tollbeeren gefressen“. Die Rda. bezieht sich auf die angeblich toll (d.h. wahnsinnig) machende Tollbeere oder Tollkirsche (Atropa belladonna).

Tollhaus. *Ins Tollhaus kommen,* auch: *in ein (wahres) Tollhaus geraten:* in ein Irrenhaus kommen. ‚Tollhaus‘ ist eine alte Bez. für eine Nervenheilanstalt. Auf das unkontrollierte u. närrische Toben u. Treiben in einem Haus voller Geistesgestörter weisen die Wndgn.: *Es geht zu wie in einem Tollhaus* u. *sich in ein Tollhaus verwandeln.*

Lit.: *O.J. Grüsser:* Vom ‚Tollhaus‘ in Ludwigsburg zur königl. Heilanstalt Winnenthal, in: Baden u. Württemberg im Zeitalter Napoleons, Bd. II (Stuttgart 1987), S. 337–410.

Tomate. *Eine treulose Tomate sein:* ein unzuverlässiger Mensch sein, der Verabredungen und Abmachungen nicht einhält, aber auch: ein Freund, ein Bekannter, der nicht schrieb oder sich lange nicht sehen ließ.

Diese Rda. ist seit 1920 verbreitet und bezieht sich entweder auf die ersten Mißerfolge beim Tomatenanbau größeren Stils am Ende des 19. Jh. oder, was wahrscheinlicher ist, als Schelte auf die im 1. Weltkrieg als unzuverlässig und treubrüchig geltenden Italiener. Da sie viel Tomaten anbauten und aßen, wurden sie damit identifiziert; ähnl. bezeichnete man sie in dieser Zeit auch als ‚Treubruchnudeln‘. Alle Rdaa. über die Tomate sind zu Beginn oder in der Mitte des 20. Jh. entstanden, da die Tomate erst seit der Revolution in der frz. Küche beliebt wurde und später als Gemüsepflanze zu uns gelangte. Die aus Mexiko stammende Tomate wurde seit dem 16. Jh. bes. in südd. Gärten nur als Zierpflanze gezogen; weil sie für giftig galt, und sie auch unter den Namen ‚Paradies-‘, ‚Gold-‘ und ‚Liebesapfel‘ bekannt war, kann das Adj. ‚treulos‘ in der Assoziation zu ‚Liebe‘ und ‚Gift‘ der Tomate später beigefügt worden sein.

Eine faule Tomate sein: ein Versager sein, keinen Wert besitzen.

Rot wie eine Tomate werden: vor Scham oder Verlegenheit stark erröten. Der rdal. Vergleich dient der Steigerung; vgl. frz. ‚rouge comme une tomate‘.

Tomaten auf den Augen haben: etw. übersehen, auch: übernächtigt aussehen, noch nicht ganz munter sein. Ähnl.: *Tomaten unter den Augen haben:* Schatten unter den Augen haben, müde oder krank aussehen. Als Umschreibung für ‚dumm sein‘ entstand die schülersprachl. noch junge Rda. *Tomaten auf der Brille haben.*

Ton. *Den Ton angeben:* die Richtung bestimmen, maßgebend sein, regelmäßig den Anfang mit etw. machen, worauf es alle anderen nachahmen; auch: ‚tonangebend (der Tonangeber) sein‘.

Man möchte bei diesen Rdaa. heutzutage an einen Dirigenten denken, der den

Chorsängern oder den Musikanten den Stimmungston angibt, doch stammen die Rdaa. noch aus einer Zeit, in der Ton entspr. der ma. Kunstlehre ,Tonart', ,Singweise', ,Melodie' bedeutet; in übertr. Sinne seit dem 18. Jh. bezeugt (vgl. ital. ,dare il tono', frz. ,donner le ton'; engl. ,to give the tone'). „Daß in einer Residenz sich alles nach dem Ton stimmt, den der Fürst angiebt", schreibt der Freiherr v. Knigge (,Roman meines Lebens' 3,11), der durch sein Buch ,Umgang mit Menschen' wesentlich zur Verbreitung seines Lieblingsausdrucks *der gute Ton* (vgl. frz. ,le bon ton'), d. h. die in einer gesellschaftlichen Schicht übliche Umgangsart, beigetragen hat. Gottfr. Keller (6,236): „Damit er ohne Verletzung des guten Tons alle der Reihe nach ansehen konnte". Entspr. *ein ungezwungener Ton:* ein nicht streng an gesellschaftliche Anstandsregeln gebundenes Verhalten.

Ein oft zitiertes Sprw. unbekannter Herkunft heißt: ,Der Ton macht die Musik'. Es will darauf hinweisen, daß die Art und Weise, wie man etw. ausdrückt oder vermittelt, oft wichtiger ist als der Inhalt des Gesagten selbst; vgl. frz. ,C'est le ton, qui fait la musique'.

Sich einen anderen Ton ausbitten: ein freundlicheres Verhalten; wien. ,I bitt' mir an andern Ton aus'. *In einen anderen Ton verfallen, den Ton wechseln:* sein Verhalten ändern.

Nun gehts aus einem anderen Ton: nun werden strenge Saiten aufgezogen; also urspr.: Jetzt sollt ihr ein anderes Lied, eine andere Melodie singen. So im 16. Jh. in der ,Zimmerischen Chronik' (II, 274): „So Herr Heinrich die zeit erlept haben sollt, wurt er schenk Eberharten auß chraft der acht ain anders liedlein haben singen lernen".

Eine schärfere Tonart anschlagen: energischer, ungeduldiger mit jem. reden; unumwunden sagen, was einem nicht behagt.

Den Ton verloren haben: außer Fassung sein, sich nicht mehr zu raten und zu helfen wissen, auch: *keinen Ton herausbringen.*

Keinen Ton verlauten lassen: nichts andeuten oder verraten.

Eine Anzahl von sprw. Rdaa. weist auf die Gleichsetzung von Ton und gesprochenem Wort hin, die seit mhd. Zeit bezeugt ist. *Rede doch keine Töne:* mach keine Geschichten, Umschweife, ist eine urspr. stud. Rda. Els. ,Du has wider bsundere Tön im Kopf', Gedanken, Späße.

Dicke (oder *große, hohe*) *Töne spucken (reden, kotzen, schwingen):* mit Worten sich großtun, großspurige Reden führen, prahlen, ist eine junge umg. Rda. *Jem. in den höchsten Tönen loben:* ihn überschwenglich loben.

Haste Töne?, oft mit dem scherzhaften Zusatz: ,Ik hab keene', ein aus dem Berl. stammender Ausruf des Staunens; Parallelbildung zu: ,Hast du Worte?'; ähnl.: ,Hat der Mensch (noch) Töne!': Das verschlägt einem die ↗Sprache.

Da haste keine Töne mehr!: da bist du äußerst verblüfft, eine junge Rda., die ebenfalls aus der Berliner Umgangssprache stammt. In diesen Wndgn. bedeutet Ton soviel wie ,Wort'; vgl. ,Er red't keen Ton'; ,Nu sagen Se aber keen Ton mehr, nich mal Anton!'

Red keine Töne: red keinen Unsinn; etwa seit 1900 aufgekommen.

Einen Ton am Leibe haben: ungebührlich sprechen, meist etwa in der Form: ,Hat der aber einen Ton am Leibe!' *Sich im Ton vergreifen:* etw. unpassend formulieren.

Nicht alle Töne auf der Flöte haben, nicht alle Töne auf der Zither haben: nicht recht bei Verstand sein; berl. seit etwa 1920.

Topf. *Der Topf will klüger sein als der Töpfer:* ein Schüler will mehr wissen als sein Lehrer; ↗Ei. Dieses sprachl. Bild ist bibl. Urspr.: Jesaja 29,16 heißt es: „Wie seid ihr so verkehrt! Gleich als wenn des Töpfers Ton gedächte und ein Werk spräche von seinem Meister: ... Er kennt mich nicht" und Jes. 45,9: „Weh dem, der mit seinem Schöpfer hadert, eine Scherbe wie andere irdene Scherben. Spricht auch der Ton zu seinem Töpfer: Was machst du? Du beweisest deine Hände nicht an deinem Werke".

Alles in einen Topf werfen: Verschiedenartiges gleich behandeln, alles vermengen, gleichmäßig behandeln und somit der Eigenart der einzelnen Dinge oder Fälle nicht gerecht werden; in älterer Form 1671 bei Christian Weise in dem Roman

‚Die drei Hauptverderber' (S. 85): „dass man den rechten Gebrauch mit dem Mißbrauch in einem Topffe kochen will". Goethe (Weimarer Ausg. 37,195): „Nachdem die Herren Theorienschmiede alle Bemerkungen in der Dichtkunst, der Mahlerei und Sculptur in einem Topf gerüttelt hatten, so wäre es Zeit, daß man sie wieder herausholte". Bismarck (‚Reden' I, 169): „In Bauerndörfern sollten die Bauernhöfe alle in einen Topf geworfen werden". Im Oberharz heißt ‚Ä Topp un ä Löffel sein', enge Freundschaft halten, vgl. ‚ein Herz und eine Seele sein'.

Wie Topf und Deckel zusammenpassen: sehr gut, so als wären sie von Anfang an füreinander bestimmt. Mit dieser Rda. umschreibt man auch, daß das sexuelle Zusammensein eines Paares gut harmoniert. Deshalb auch in Heiratsannoncen: „Suche passenden Deckel zu Topf". Vgl. dazu das Sprw.: ‚Auf jeden Topf gehört ein Deckel'; mdal. ‚Jeder Pott hat en Dekkel', ↗Pott.

Es ist noch nicht in dem Topfe, wo es kochen soll: es ist noch nicht richtig im Gange; ndd. heißt es dafür: ‚Dat is lange nich in't Fat, wo't suren sal!' (in dem Faß, wo es sauern, pökeln soll).

Der Topf kocht über: Die Sache geht schief, vgl. lat. ‚Olla male fervet' (Petronius) und frz. ‚le pot s'enfuit'.

Den Topf beim Henkel fassen: eine Sache an ihrem besten Anknüpfungspunkt anfassen.

Einen mit dem Topflappen gekriegt haben: nicht ganz bei Verstand sein.

Töpfchengucker oder *Topfgucker* ist die umg. und mdal. Bez. für einen Neugierigen. 1893 bei Gerhart Hauptmann: „Toppgucken is nich!" (‚Biberpelz').

Lit.: *K. Krüger:* Der Topf will klüger sein als der Töpfer, in: Zs. f.d. U. 5 (1891), S. 278–279.

Tor, Torschluß. Das Tor im Fußballspiel ist im bildl. Gebrauch gemeint in den Wndgn. *ein Tor schießen:* als Zeuge (oder als Anwalt) dem Angeklagten einen Vorteil verschaffen; *ins eigene Tor treffen:* sich selber (oder seinen Gesinnungsgenossen) schaden.

Dastehen wie die Kuh vorm Scheunentor (oder *neuen Tor*) ↗Kuh.

Kurz (oder *unmittelbar*) *vor Torschluß:* im letzten Augenblick, gerade noch zur rechten Zeit. An den urspr. Sinn der Wndg. wird heute kaum mehr gedacht. Es zeigt sich aber z. B. in Joh. Peter Hebels Worten „Kann ich vor Torschluß noch in die Stadt kommen?" (Werke, 1843, IV, 183), daß bei dieser Rda. eigentl. die Stadttore gemeint waren. Wo solche heute noch vorhanden sind, schließen sie die Stadt doch nicht mehr ab. Aber noch bis 1824 wurde z. B. in Leipzig von jedem, der nach der Schließung der Tore in die Stadt wollte, eine Einlaßgebühr, der ‚Torgroschen', erhoben. Wer also gerade noch ‚vor Torschluß' hineinschlüpfte, war froh über die Ersparnis.

Noch vor Torschluß in Abrahams Schoß wollen: beichten, wenn der Tod bevorsteht. *Torschlußpanik bekommen (haben)* sagt man von einer Frau, die fürchtet, keinen Mann mehr zu bekommen, und deshalb oft überstürzt und ohne zu überlegen unpassende Bindungen eingehen will.

Tortur. *Etw. wird zu einer Tortur:* eine Sache wird unheimlich anstrengend, quälend. Der Begriff Tortur kommt von mlat. tortura (= Verrenkung). So nannte man einstmals bei Strafprozessen die ‚hochnotpeinliche Befragung', die Folter.

tot, Toter. *Mehr tot als lebendig sein:* ziemlich erschöpft, ausgepumpt sein.

Etw. ist tot und begraben: eine Angelegenheit ist längst vergessen.

Etw. ist zum Totlachen: etw. ist ungeheuer komisch, lustig.

Den Toten vertrinken (oder *versaufen, verzehren*) wird umg. gesagt von einer Leichenfeier, einem Totenmahl. Vgl. schlesw.-holst. ‚den Doden sin Hut verteren'; mhd. ‚die Seele vertrinken'; ital. ‚mangiar i morti'. ‚Einen vertrinken' meint eigentl.: auf dessen Kosten trinken. Der Rda. liegt die alte Vorstellung zugrunde, daß der Tote selbst die Kosten des Mahles tragen muß, also noch Eigentümer der Hinterlassenschaft ist. Das Totenmahl entspricht altdt. Rechtsverhältnis, nach dem der Überlebende sich so lange nicht in den Besitz der Erbschaft setzen durfte, bis der ‚Erbtrunk' zum Gedächtnis des Toten feierlich abgehalten war. ‚Haut und Habe' verbleiben dem Erben und werden zur Bestreitung des Totenmahles herangezogen; vgl. ‚das ↗ Fell versaufen‘. ‚Der tote Punkt‘ ↗ Punkt.

Lit.: *K. Ranke:* Indogerm. Totenverehrung, FFC. 140 (Helsinki 1951), I, S. 192f.; *O. Nüssler:* Und sie trugen einen Toten hinaus, und der war stumm, in: Der Sprachdienst 28 (1984), S. 170. Weitere Lit. ↗ Tod.

Totalschaden. *Einen Totalschaden haben:* völlig verrückt sein; Totalschaden meint eigentl. den nicht mehr zu reparierenden Bombenschaden, die totale Zerstörung eines Hauses; seit dem 2. Weltkrieg (vgl. ‚Dachschaden‘); auch ein Automobil kann einen ‚Totalschaden erleiden‘.

töten. Ausgelöst durch das bibl. Gesetz ‚Du sollst nicht töten‘, wird der Begriff töten durch eine Fülle verhüllender bildl. Wndgn. umschrieben, z.B. ‚um die Ecke bringen‘, ‚einem den Garaus machen‘, ‚jem. kaltmachen‘, ‚killen‘ etc.; ↗ zeitlich.

Lit.: *L. Röhrich:* Tabus in Volksbräuchen, Sagen und Märchen, in: Festschrift für Werner Neuse (Berlin 1967), S. 8–23.

Totengräber. *Dem Totengräber von der Schippe gehopst sein:* knapp dem Tode entgangen sein: sold. seit dem 1. Weltkrieg belegt. Im Ndd. heißt es auch: ‚dem Tod von der Schüppe gesprungen sein‘. *Den Totengräber nicht erwarten können:* durch eigene Schuld vorzeitig sterben. Vgl. engl. ‚He that lives too fast, goes to his grave too soon‘.
Wenn etw. verlorengegangen ist, heißt es: *Der Totengräber hat's geholt.*

Tour. Das frz. Wort ‚tour‘ = Reise, Reiseweg in der übertr. Bdtg. ‚der übliche Verlauf‘ kennen die Wndgn.: *in einer Tour:* ohne Unterbrechung; *seine Tour haben:* seinen üblichen Anfall von Verrücktheit haben (wohl verkürzt aus frz. ‚tour de folie‘). Vgl. frz. ‚Tour de force‘: eine hervorragende Leistung.
Die ‚Tour de France‘ steht rdal. für eine besonders anstrengende sportliche Betätigung. Sie ist seit 1903 das bekannteste und längste Etappenrennen für professionelle Radfahrer.
Auf die krumme (dumme) Tour reisen: etw. auf unehrliche (scheinbar naive) Art versuchen: *Auf diese Tour nicht!:* So geht es nicht! *Die Tour kenne ich!:* Diesen Trick durchschaue ich, ich lasse mich nicht täuschen. *Jem. die Tour vermasseln:* jem. ein Vorhaben vereiteln; *jem. auf Touren bringen:* ihn antreiben, aufregen; diese Rda. bezieht sich wohl auf ‚tour‘ im Sinne der Drehungszahl eines Motors, der erst langsam und allmählich ‚auf Touren‘ kommt. *Auf vollen Touren laufen:* intensiv arbeiten, voll in Betrieb sein.

Trab. *Jem. auf Trab bringen* (oder *auf den Trab helfen*): einen zu regerer Tätigkeit veranlassen, ihm Beine machen, ihn antreiben, zurechtweisen; vgl. frz. ‚faire aller quelqu'un plus vite que le pas‘ (veraltet). Dafür heißt es heute: ‚faire aller quelqu'un au trot‘ (im Trab).
Jem. in Trab halten: ständig dafür sorgen, daß er viel zu arbeiten hat und keine Zeit zum Ausruhen bekommt. *Nun mach aber Trab:* beeile dich; diese Rdaa. sind vom Pferdetrab abgeleitet und haben als Bild der Schnelligkeit auch in den Mdaa. vielfältige Verbreitung gefunden. *Im alten Trab bleiben* (*fortgehen* usw.) wird schon im 15. Jh. von Fischart bildl. angewandt:

aber auf manung er nichts gab,
er blieb in seinem alten trab
und lebet ubel on all scham.

Jem. aus dem gewohnten Trab bringen: ihn von seinen Gepflogenheiten abbringen. Jeremias Gotthelf 1841 in ‚Uli der Knecht‘: „Das gibt Leute, die nicht aus dem Trapp zu bringen sind, die sich nie weder anstrengen können noch anstrengen mögen, die mit der gelassensten Lauheit dem Elend zuwandern“. *Auf (immer auf dem) Trab sein:* unterwegs sein, auch aufs Geistige übertr.: geistig sehr wendig und von rascher Auffassungsgabe sein.

tragen. *Schwer an etw. zu tragen haben:* Kummer u. Leid erfahren haben, einen Unglücks- oder Todesfall kaum verwinden können.
Etw. nicht mehr tragen können: unter der Last seines Geschicks zusammenbrechen. Th. Fontane hat die Wndg. lit. in seiner Ballade ‚Archibald Douglas‘ verwertet und läßt das Gedicht beginnen:

„Ich hab' es getragen sieben Jahr,
Und ich kann es nicht tragen mehr!“

Die Rda. ‚Etw. nicht mehr tragen können‘ besitzt aber noch eine ganz andere Bdtg.,

wenn sie sich auf die Kleidung bezieht: etw. als altmodisch oder ‚abgetragen' ablehnen.
Zum Tragen kommen: wirksam werden, Anwendung finden, z. B. von einem Vorhaben, einem Gesetz gesagt.

Tran. *Im Tran sein:* unaufmerksam, verträumt, schläfrig, langsam sein; eigentl.: etw. betrunken, so vor allem in ndd. Mdaa., z. B. schlesw.-holst. ‚He is ümmer in Traan', er ist immer leicht betrunken; von mnd. ‚trân' = Tropfen; westf. ‚Tran' = Tropfen geistigen Getränks. In dieser eigentl. Bdtg. auch lit., z. B. bei Heinrich Heine (Sämtl. Werke, hg. v. Elster, I, 21): „Hat er einen Groschen in der Tasche, so hat er für zwei Groschen Durst, und wenn er im Tran ist, hält er den Himmel für ein blaues Kamisol und weint wie eine Dachtraufe". Eichendorff (I, 200): „Schon vom nüchternen Morgen seid ihr im romantischen Tran!"
Als *Tranfunzel* (eigentl. eine mit Tran gespeiste, schwach, trübe brennende Lampe) wird eine langweilig-schläfrige Person umg. bez.; ähnl. Ausdrücke auch in den Mdaa., z. B. sächs. ‚Tranfritze', ‚-hanne', ‚-tiegel', ‚-toffel' und vor allem ‚Transuse'.

Träne. *Eine Träne nehmen:* nur einen Schluck trinken, zechen; vgl. frz. ‚prendre une larme'.
In Tränen schwimmen: sehr heftig weinen.
Unter Tränen singen: trotz einer unglücklichen Stimmung singen. Diese Rda. ist keineswegs so volkstümlich wie z. B. ‚mit einem weinenden und einem lachenden ↗Auge', sondern nur in der Dichtung zu finden. Psalm 137 (super flumina babylonis) wird als erster schriftl. Beleg angesehen; dann erscheint die Wndg. wieder in der altprovenzalischen Troubadour-Lyrik und der nordischen Skaldendichtung.
Tränen melken: Mitleid hervorzurufen suchen (z. B. bei einer Leichenpredigt durch Hervorhebung trauriger Lebensumstände des Verstorbenen das Trauergefolge zum Weinen bringen); *auf jem. Tränen Kahn fahren können:* ihn zutiefst rühren.
Mir kommen gleich die Tränen! sagt man iron., wenn man überhaupt kein Mitgefühl für eine Sache aufbringen kann, wenn man kaltgelassen wird; auch eine kitschig-rührselige Szene wird oft mit dieser hyperbolisch-iron. Bemerkung kommentiert.
Danken mit einer Träne im Knopfloch: gerührt danken; verkürzt aus iron.: ‚danken mit einer Träne im Knopfloch und einer Nelke im Auge', wobei das Zusammengehörige absichtlich vertauscht wird.
Wie eine Träne im Ozean: rdal. Vergleich für eine verschwindend kleine Sache. Von Manès Sperber lit. verwandt als Titel seiner Roman-Trilogie (1949–53, zus. Köln 1961).
Tränen trocknen helfen: Not und Leid lindern; vgl. ndl. ‚iemands tranen droogen'.
Jem. (etw.) keine Träne nachweinen: den Abschied (Verlust) nicht bedauern; vgl. frz. ‚ne pas verser de larme pour quelqu'un'.
Ihm laufen die Tränen kreuzweise den Rükken (über den Buckel) runter: er schielt stark.
Auf die Tränendrüsen drücken: das Mitleid wachzurufen suchen, ↗Heulen.

Lit.: *S. Seligmann:* Art. ‚Tränen', in: HdA. VIII, Sp. 1106–1107; *H. Schwarz:* Unter Tränen singen, in: Archiv für das Studium der Neueren Sprachen 196 (1959/60), S. 321; *G. Berkenbusch:* Zum Heulen. Kulturgeschichte unserer Tränen (Berlin 1985).

Trapp ↗Trab.

Trara. *Ein großes Trara um etw. machen:* viel Lärm, langes Gerede um etw. machen. Trara ist ein vom Klang der Trompete oder des Posthorns hergeleitetes Schallwort; lit. bei Christian Weise (‚Komische Opern', 1776, III, 30): „In dem schönen Trarara, das sie um sich hat" = im Kleiderputz; Fontane (Ges. W., 1905, 1. Serie V, 262): „Um die sechste Stunde kam sie wirklich mit Lärm und Trara, weil Leisesein ... nicht ihre Sache war". Heute meist in negativer Anwendung: ‚Mach kein großes Trara', mach nicht viel Umstände; ‚sich jedes Trara verbitten', sich Festreden und Ehrungen verbitten.

Traube. *Die Trauben hängen ihm zu hoch; er macht es wie der Fuchs mit den Trauben; die Trauben sind ihm zu sauer;* oder auch nur einfach: *saure Trauben!* sagt man sprw. von einem, der aus einem äußeren Zwang von einem Begehren hat abstehen müssen und nun so tut, als ob ihn freie Entschließung dazu gebracht hätte. Die Rda. bezieht sich auf die Fabel (Mot. 871) des Äsop (6. Jh. v. Chr.) vom Fuchs mit den Trauben: Der Fuchs, der an schönen, leider für ihn zu hoch hängenden Weintrauben vorüberkommt, tröstet sich mit den Worten: ‚Sie sind mir zu sauer' (vgl. die Abb. aus Steinhöwels ‚Äsop' von 1476).

In übertr. Sinne ist die Wndg. seit dem Ausgang des 16. Jh. bezeugt; 1601 bei Eyering (‚Proverb. cop.' I, 462): „Gleich wie der fuchs auch etwan sprach, dem die drauben hingen zu hoch". Im Ndd. lautet

‚Saure Trauben' – ‚Die Trauben hängen ihm zu hoch'

ein Sagwort: ‚De Beeren (Birnen) sün doch suur, sä de Foß, as he se nich langen kunn'; ‚wenn kên kummt, will'k ôk kên, säd de Voss, un slôg mit'n Stêrt an'n Bêrbôm'. Ähnl.: ‚Se is mi to krumm, sä de Voss, do hung de Wust an'n Balken'; ‚se is mi to krumm, sai de Voss, da satt de Katt met 'ner Worst oppem Bôme'. Die Vielzahl und auch die Abweichungen der volkstümlichen Sagwort-Varianten zeigen, daß die Kenntnis von der Äsopschen Fabel offenbar nicht allein auf lit. Wege in die Rda. gelangt ist. Vgl. ndl. ‚De druiven zijn zuur'; engl. ‚The grapes are sour' und frz. ‚Les raisins sont trop verts' (grün) oder ‚Il trouve les raisins trop verts'.

Lit.: *L. Röhrich:* Sprw. Rdaa. aus Volkserzählungen, S. 271; *S. K. D. Stahl:* Sour Grapes: Fable, Proverb, unripe Fruit, in: Folklore on two Continents; ed. by N. Burlahoff and C. Lindahl (Bloomington 1980), S. 160–168; *J. Köhler-Zülch:* Art. ‚Fuchs u. saure Trauben', AaTh. 59, in: EM. V, Sp. 527 ff.

Trauen. *Trau-schau-wem:* Aufforderung zur Vorsicht, wenn man jem. ins ↗Vertrauen ziehen will; lat.: ‚fide sed cui vide!' Ein Slogan der Jugendbewegung von 1968 war: ‚Trau keinem über dreißig'.

Traufe ↗Regen.

Traum. *Das fällt mir nicht im Traum ein:* daran habe ich gar nicht gedacht; darüber hinaus Ausdr. der Ablehnung: Was nicht einmal als Trauminhalt möglich ist, ist in der wachen Wirklichkeit noch weit unmöglicher; lit. schon bei Joh. Pauli: „Das komt jhm nicht im trawm für".

Religionsgeschichtlich werden Träume oft als Offenbarung der übernatürlichen Welt angesehen. So brachen die Drei Weisen aus dem Morgenland aufgrund eines Traumes auf und fanden ihn unter dem ihnen leuchtenden Stern verwirklicht.

Du kannst einem (ja) im Traum erscheinen: wie eine Schreckgestalt Angst einflößen. Mitunter auch zu einem Sprw. erweitert:

Ich habe dich im Traum gesehn,
da blieb vor Schreck der Wecker stehn.

Dieser Traum ist ausgeträumt: diese Hoffnung ist zerstört. *Aus der Traum!* sagt man, wenn es keine Hoffnung mehr gibt, daß ein Wunsch in Erfüllung geht.

Das ist (du bist) der Traum meiner (schlaflosen) Nächte: der Inbegriff des höchsten Wunsches; oft auch iron. gebraucht in der Anrede: ‚Na, du Traum meiner schlaflosen Nächte!'

Einem aus dem Traume helfen: einem Aufschluß über etw. verschaffen, mit den Realitäten konfrontieren.

Wie im Traum umhergehen: die Wirklichkeit nicht wahrnehmen.

Es ist mir noch so wie im Traum: ich erinnere mich nur dunkel, vgl. lat. ‚per nebulam' (Plautus).

Zum Schlagwort geworden ist der Buchtitel des Erfolgsromans von Johannes Mario Simmel: ‚Der Stoff, aus dem die Träume sind'. Analog: „Der Stoff aus dem die Dummheit ist" von M. Koch-Hillerbach.

Sich (jem.) einen Traum erfüllen: einen (geheimen) großen Wunsch wahr werden lassen. *Ein Traum von einer Frau (einem Wagen) sein:* etw. in allerhöchster Vollendung sein, dem man in der Wirklichkeit kaum zu begegnen hofft. Das Sprw. ‚Träume sind Schäume' versucht, die Abergläubischen zu beruhigen, die ihren Traum als Vorbedeutung ansehen und Unglück befürchten.

In der Sage ‚Der Traum vom Schatz auf der Brücke' wird im Traum ein Schatz auf (unter) einer Brücke verheißen, meist in Versform, wie z. B.

Zu Mainz auf der Brück,
da blüht dir dein Glück!

Der Schatztraum als Sagenmotiv pflegt in der Regel in Erfüllung zu gehen, denn der Traum hat in der Volksmeinung Realitätscharakter.

Lit.: *L. Röhrich:* Der Traum vom Schatz auf der Brücke, in: Erzählungen des späten MA. und ihr Fortleben, Bd. II (München – Bern 1967), S. 122–155, 429–438; *H. Trümpy:* Der Traum in volkskundlicher Sicht, in: Traum und Träumen (Göttingen 1984), S. 150–161; *F. Fuchs:* Zwischen Wissenschaft und Amusement. Eine Studie zur Traumauffassung und Traumdeutung am Beispiel von deutschsprachigen Traumbüchern (Diss. Freiburg 1984), erschienen unter dem Titel: ‚Von der Zukunftsschau zum Seelenspiegel', in: acta culturologica 6 (Aachen 1987); *U. Jeggle:* Träume – Kulturgeschichtliches Material?, in: Urbilder und Geschichte. C. G. Jungs Archetypenlehre und die Kulturwissenschaften, hg. v. Ch. Burckhardt-Seebass (Basel – Frankfurt/M. 1989) S. 57–69.

träumen, Träumer. *Nur von etw. träumen können:* einen Wunsch haben, der sich nicht oder nur sehr schwer verwirklichen läßt, dessen Erfüllung in weite Ferne gerückt scheint.

Sich etw. nicht träumen lassen: ein unerwartetes Glück erfahren, aber auch: eine äußerst schlechte Erfahrung machen, eine große Enttäuschung hinnehmen müssen, unvorstellbares Pech haben.

Das Sprw. ‚Von träumen kommt versäumen' verweist auf die negativen Folgen des Träumens am hellichten Tage. Es wird als bloße Zeitverschwendung betrachtet, obwohl es eine zukunftsweisende Phantasieleistung darstellen und glücklich machen kann.

Ein Träumer sein: seinen Gedanken nachhängen, alles um sich herum vergessen, an Realitätsverlust leiden.

Lit.: ↗Traum.

Traumland. *Jem. ins Traumland schicken:* ihn niederboxen, ihn knockout schlagen; aus dem angloamer. ‚dreamland' der Sportreportersprache etwa seit 1920; entspr.: *im Traumland sein (weilen):* niedergeboxt werden, besinnungslos sein.

Traumtänzer. *Ein Traumtänzer sein:* wie in einer anderen Welt leben, die Tatsachen ignorieren und sich dabei glücklich fühlen, unter Realitätsverlust leiden, was aber nur anderen auffällt, die ihn belächeln.

Trebe. *Auf Trebe sein:* sich als Ausreißer herumtreiben. Nach dem 1. Weltkrieg ist der Ausdr. ‚treben' in der Fachliteratur als Bez. für ein Entweichen aus den ‚Fürsorgeanstalten' nachweisbar. Heute wird der Begriff, der vermutl. aus dem Jidd. stammt, gleichbedeutend für weg- und fortlaufen, streunen, untertauchen oder vagabundieren angewandt. Es handelt sich um Kinder und Jugendliche, die ohne Anschluß an ihre Familie einen Zeitraum obdachlos sind.

Lit.: *M. Dietrich:* Trebegänger, in: Der Sprachdienst 17 (1973), S. 129–130; *H. E. Colla:* Mädchen auf Trebe, in: I. Kerscher (Hg.): Konfliktfeld Sexualität (Darmstadt 1977), bes. S. 231.

Treff. *Da ist Treff Trumpf:* wenn man's gerade gut trifft, gewinnt man; die Bemühung kann aber leicht auch umsonst sein. Die Rda. stammt vom Kartenspiel, wo Treff die Eichel bedeutet. Treff bildete sich, vielleicht mit Anlehnung an ‚Treffer' (‚treffender Schlag'), aus südwestdt. ‚Treffle', das man für eine schwäb. Verkleinerungsform hielt, das aber tatsächlich auf frz. ‚trèfle' = schwarzes Dreiblatt im Kartenspiel (aus lat. ‚trifolium') zurückgeht. In Schwaben kennt man die scherzhafte Verdrehung: ‚Da ist jetzt Dreck Trumpf', da steht es schlecht, da ist nichts mehr zu machen.

Dastehen wie Treff-Sieben: ratlos sein (vgl. Pik-Sieben), ostdt.-mdt. und nordd. Rda., um 1900 aufgekommen. Von Treff = treffender Schlag stammen die Rdaa.: *Jem. kriegt seinen Treff:* kriegt etw. ab und *jem. einen Treff geben:* einen tüchtigen Hieb versetzen.

Trend. *Ein Trend geht in eine bestimmte Richtung:* eine Sache entwickelt sich in einer best. Weise; etw. verläuft langfristig, zähflüssig zu einem Ziel hin. ‚Genosse

Trend' ist die personifizierende Bez. für die öffentliche Meinung; vgl. auch: Genosse ↗Frust.
Im Sinne v. ‚Tendenz' bei Zusammensetzungen wie: Modetrend, Wählertrend, Aufwärtstrend u. v. a.

Treppe. *Die Treppe hinauffallen:* befördert werden, insbes.: nach Amtsenthebung oder Degradierung eine vorteilhaftere Stellung erhalten.
Die Treppe heruntergefallen sein: sich die Haare haben schneiden lassen; *Treppen schneiden:* die Haare in unschönen Abstufungen schneiden; vgl. frz. ‚faire des échelles' (wörtl.: einem Leitersprossen machen).
Einen die Treppenstufen zählen lassen: ihn die Treppe hinabwerfen, so daß er von einer Stufe zur anderen fällt. Vgl. ndl. ‚iemand de trappen laten tellen'.

Lit.: *L. Weiser-Aall:* Art. ‚Treppe', in: HdA. VIII, Sp. 1145–1146; die Lebenstreppe. Bilder menschl. Lebensalter. Ausstellungskatalog (= Schriften des Rhein. Museumsamtes 23) (Köln o.J. [1983]).

Treppenwitz. *Einen Treppenwitz haben (machen):* eine nachträgliche, zu spät eingefallene, treffende Entgegnung, die man im zurückliegenden Gespräch hätte einbringen können: ein guter Gedanke, der einem beim Weggehen, sozusagen ‚auf der Treppe' einfällt; gebildet aus frz. ‚esprit d'escalier', um 1850 in Dtl. bekannt. Danach bildete man die Ausdr. ‚Treppenverstand' und ‚Treppenglück'. Lit. bei Fr. Nietzsche: ‚Menschliches, Allzumenschliches', Bd. II (Leipzig 1900), S. 169: „Treppenglück. – Wie der Witz mancher Menschen nicht mit der Gelegenheit gleichen Schritt hält, so daß die Gelegenheit schon durch die Türe hindurch ist, während der Witz noch auf der Treppe steht: so giebt es bei Anderen eine Art von Treppen-Glück, welches zu langsam läuft, um der schnellfüßigen Zeit immer zur Seite zu sein; das Beste, was sie von einem Erlebnis, einer ganzen Lebensstrecke zu genießen bekommen, fällt ihnen erst lange Zeit hinterher zu, oft nur als schwacher gewürzter Duft, welcher Sehnsucht erweckt und Trauer".
Kuriose und paradoxe Geschehnisse und Überlieferungen der Weltgeschichte berichtete W. L. Hertslet (1839–98) unter dem Titel: ‚Treppenwitz der Weltgeschichte' (1882).

Lit.: *O. Ladendorf:* Historisches Schlagwörterbuch (Nachdr. von 1906: Hildesheim 1968), S. 314–315; *W. L. Hertslet:* Der Treppenwitz der Weltgeschichte (Berlin [12]1967); *L. Röhrich:* Der Witz. Figuren, Formen, Funktionen (Stuttgart 1977), S. 22ff.

treten. *Vor jem. (etw.) treten:* ihn beschützen, auch: in ehrfurchtsvoller Stille vor etw. (einem Altar, einem Denkmal) verharren.
Paul Gerhardt dichtete 1653 das Kirchenlied zur Jahreswende: ‚Nun laßt uns gehn und treten' (Ev. Gesangbuch, Nr. 42), das in dem Sagte-Sprw. parodiert wurde: ‚„Nun laßt uns gehn und treten", sagte der Erpel zur Ente'. Das Verb ‚treten' bez. bei Vögeln den Begattungsakt, so auch in dem Wellerismus: ‚„Einer trete den anderen nicht", sprach der Hahn zum Pferde', d. h.: einer lasse den anderen in Ruhe.
Jem. treten: ihm zusetzen, ihn ermahnen, antreiben, ist auf den Menschen übertr.
Nach unten treten: seine Untergebenen schikanieren. Ähnl.: *treten und getreten werden:* den Druck, den man selbst erfahren muß, auf andere weitergeben.
Nicht treten können: keinen Platz in der Menge, in einem Gedränge finden.

Lit.: *A. Wesselski:* Vergessene Fabeln 3. Einer trete den andern nicht, sprach der Hahn zum Pferde, in: ders.: Erlesenes (Prag 1928), S. 101–102.

Tretmühle. *In die Tretmühle kommen (in einer Tretmühle leben, sein):* in einem ständig gleichförmig sich wiederholenden Arbeitsrhythmus stehen; seit dem 19. Jh. bis heute von einer aufreibenden, rein mechanischen alltäglichen Berufsarbeit gesagt. Lit. z. B. bei Hebbel: „Sie können nach Ihren Neigungen und Wünschen leben. Ich arbeite in einer Tretmühle" (‚Briefe', 1904, V, 142); E. v. Wildenbruch (1894): „Gehalt ergattern, Beamter werden, in der Tretmühle gehen, das war's, woran sie sich ergötzten, wofür sie sich begeisterten". Vgl. ndl. ‚in de tredmolen lopen'.
Die Tretmühle entspricht einer alten Technik; mit einem großen Tretrad, das von innen durch einen oder mehrere Treter gedreht wurde, trieb man Tretmühlen an. Neben von Menschenkraft angetriebenen (wie z. B. die Tretmühle im Bergbau aus Georg Agricola: ‚De re metallica',

1

2

1/2 Tretmühle (‚In die Tretmühle kommen‘)

1556), gab es auch solche, die durch Ochsen, Pferde oder Hunde bewegt wurden. Auch zur Hebung von Lasten mit dem Kran wurde die Tretmühle benutzt.
Im Strafvollzug hat sich die Tretmühle z. T. bis in die Neuzeit erhalten. Noch der engl. Dichter Oscar Wilde mußte sie zur Strafe wegen homosexueller Betätigung besteigen.

Lit.: *F. v. König:* Die Erben des Prometheus. Geschichte der Muskelkraftmaschine (Frankfurt a. M. 1987).

treu, Treue. *Jem. ist treu wie Gold:* man kann sich auf ihn unbedingt verlassen. Vgl. den lat. Ausspruch über einen treuen Freund: ‚Aurum igni probatum est‘ (= Er ist Gold, in Feuer geprüft).
Im Ndd. hört man häufig: ‚Treu wie Gold, nur nicht so echt‘, wobei ein leiser Zweifel iron. ausgedrückt wird, oder man sagt scherzhaft: ‚He is so tru as'n Lus‘. Die iron. Vergleiche bezeichnen den untreuen Diener oder Beamten: *Er ist so treu wie eine Katze bei süßer Milch, wie die Katze im Speisegewölbe, wie ein Kettenhund.*
Treu' und Redlichkeit üben: ein rechtschaffenes, moralisch einwandfreies Leben führen. Die Rda. ist eine Abwandlung einer Gedichtzeile von Ludwig Hölty: ‚Üb immer Treu und Redlichkeit‘, aus: ‚Der alte Landmann und sein Sohn‘ (1775). Heute meist verkürzt ‚Auf Treu und Redlichkeit‘.
Auf Treu und Glauben (handeln): sich auf Anstand, Ehrlichkeit und Recht verlassen, sich nach der alten guten Sitte richten; das Vertrauen eines anderen nicht enttäuschen, eigentl.: nicht von seinem gegebenen Wort, seinem Treuegelöbnis abgehen, auf das sich der andere in gutem Glauben verläßt. Vgl. frz. ‚agir de bonne foi‘. Ähnl. Wndgn. sind: *Treu und Glauben halten* und *einen auf Treu und Glauben hingehen lassen.* Die sprachl. Formel ‚auf Treue und Glauben‘ war bereits im Mhd. üblich und wurde speziell auf das Verhalten des Minnesängers bezogen. Der höchste Lohn für einen dienenden Ritter war eine Liebesnacht, die ihm seine verehrte Dame nach langem Werben und Drängen manchmal gewährte. Diese mußte im 12. und 13. Jh. jedoch unbedingt enthaltsam bleiben, was man ‚beischlafen‘ oder ‚Schlaf auf Treu und Glauben‘ nannte. In der ‚Zimmerischen Chronik‘ (16. Jh.) ist das „beischlafen uff glauben“ als eine „in Sachsen und dann in Niderland an etlichen Orten“ bekannte Sitte bezeugt.
Im bäuerlichen Bereich ist die Sitte des Schlafens auf Treu und Glauben vom 17. bis zum beginnenden 20. Jh. bezeugt. Das Ndl. kennt im 17. Jh. die beiden Rdaa.: ‚op er en deugd queesten‘, auf Ehr und Tugend schlafen, oder: ‚op goed vertrowen‘. Im Ndd. heißt das: ‚uppe truwe und loven bislapen‘, und auch im Berner Oberland übte man das Miteinanderverkehren auf Ehre und Treue.

Bei meiner Treu! gilt als häufiger Ausruf des Erstaunens oder wird als Beteuerungsformel gebraucht, ähnl. schweiz. ,Bi Treu und Säligkeit!'

Lit.: *K. R. V. Wikman:* Die Einleitung der Ehe, Acta Academiae Aboensis, Humaniora XI, 1 (Åbo 1937); *W.-E. Peuckert:* Ehe, Weiberzeit, Männerzeit, Saeterehe, Hofehe, freie Liebe (Hamburg 1955), S. 394f.

Tribut. *Seinen Tribut zollen:* Abgaben entrichten. Die auferlegte Steuerleistung der Tribus, einer der ältesten Stämme des antiken Roms, hieß ,tributum'. Im frühen 20. Jh. war der ,Tribut' abwertende Bez. für die Dtl. nach dem 1. Weltkrieg von den Siegermächten auferlegten Reparationen. Heute hat der Begriff diesen negativen Sinn verloren.
Jem. Tribut zollen: auch: jem. anerkennen; bildl. gebraucht in den Rdaa.: *dem Meer Tribut zollen:* seekrank werden.
Der Natur Tribut zahlen: sterben, ↗zeitlich.

Trichter. *Auf den (richtigen) Trichter kommen:* den richtigen Weg finden, eine Sache richtig erfassen, endlich begreifen; *einen auf den (rechten) Trichter bringen:* ihm den Weg zum Richtigen weisen. Diese Rdaa. sind seit dem 17./18. Jh. bezeugt und gehen auf den Trichter als Gerät zum Einfüllen zurück, vgl. den ,Nürnberger Trichter' (↗Nürnberg); entspr. els. ,Der hat och kein kleinen Trichter', er hat einen großen Kopf. Dazu noch schwäb. ,in den Trichter jagen', in die Enge treiben. Vielleicht bedeutet diese Wndg. eine Parallele zu der Rda. ,ins Bockshorn jagen', falls damit das Hineinjagen in das hohle Horn gemeint ist, das sich ebenfalls wie ein Trichter verengt, ↗Bockshorn.

Trick. *Das ist sein Trick,* auch *Das ist Trick Siebzehn:* ein ihm eigentümlicher Kunstgriff, Kniff, der überraschend angewandt wird und nicht immer ohne Täuschung zu sein braucht. ,List', ,Kniff', ,Täuschung' drückt auch ,trick' im Engl. aus, woher der kartenspieltechnische Ausdr. im vorigen Jh. in die dt. Umgangssprache übernommen wurde. „Jedenfalls ist dieser neue Trick (seines Vaters, ihm die Ausgaben zu kürzen) wieder sehr unangenehm" schreibt Friedrich Engels an Karl Marx (1851). Bismarck: „Sie kompromittieren sich ganz unnütz für ein Spiel, in dem der Trick für Sie gar nicht in den Karten steckt, wo gar nichts zu gewinnen ist" (,Reden' XII,232).
Die Tricks von jem. (allmählich) kennen; vgl. frz. ,connaître les trucs (les tours) de quelqu'un'; und *hinter den Trick von jem. kommen:* hinter seine Schliche kommen.

,Auf einen neuen Trick gekommen sein'

Auf einen neuen Trick gekommen (verfallen) sein: sich ein wirksames Mittel ausgedacht haben; vgl. frz. ,connaître un nouveau truc'.

Triller. *Mit einem Triller über etw. hinweggehen:* etw. leichtfertig abtun. Die Rda. läßt an das Bild des Sängers denken, der über Schwierigkeiten trillernd hinweggeht. Bismarck gebraucht die sonst vor allem in den Mdaa. nicht belegte, nach seinen Worten aber geläufige Rda.: „Das eigentliche Ingrediens im Gesetze fehlt gänzlich. Sie sind darüber, wie man sagt, mit einem Triller hinweggegangen, mit der Hinweisung auf den Bundesrat" (,Reden' XIV,431).
Vom Berl. ausgegangen ist die Wndg. *Du hast einen Triller:* du bist wohl verrückt.

„Entschuldigen Sie, aber Sie haben in dieser Beziehung einfach einen kleinen süßen Triller" (M. Hausmann, Abel mit der Mundharmonika [1933], 204). Vielleicht ist die Wndg. durch Übertr. aus dem gleichbedeutenden ‚Du hast wohl einen Vogel' entstanden, denn die Vögel trillern; vgl. auch: ‚einen Piep haben'.

trinken. Die rdal. Wndgn. für trinken und die Folgen des Trinkens sind unerschöpflich. Kein anderes Rdaa.-Feld zeigt so sehr die metaphorische Kraft der Volkssprache, einen solchen Reichtum von Anschauungsweisen, immer neue Ausdrucksmöglichkeiten und Weiterbildungen. Hier kann nur eine kleine Auswahl vorgeführt werden. Einzelne Mdaa.-Bereiche, für die schon Sammlungen über Ausdrücke des Trinkens und der Trunkenheit vorliegen, seien dazu beispielhaft herausgegriffen.

‚Saufteufel'

Allein für die pomm. Mda. hat H.-F. Rosenfeld weit über tausend verschiedene Wndgn. verzeichnet, wobei er versucht hat, das Material nach den Vorstellungen und den angewandten sprachl. Mitteln zu ordnen. Der einfache Ausdr. ‚betrunken' (besoffen) ist häufig mit Tiervergleichen verbunden: Schwein, Reiher, Hering, wobei teils an das nasse Element, teils an die Folgen der Trunkenheit gedacht ist. Bes. beliebt ist der ↗ Affe, z. B. ‚He hett 'n Apen anbunden', wobei der drollige Affe das Symbol der Heiterkeit ist. Daneben stehen Sachvergleiche, z. B. ‚betrunken wie ein Faß'.

Lieber als das offene Wort ‚besaufen' verwendet man beschönigende Ausdrücke, vor allem die, die das Trinken als ein bloßes Nippen oder Lutschen bezeichnen, auch als ein Naschen, Sich-Genehmigen. Beschönigend sind auch die Ausdrücke, die ein nützliches Tun vorgeben: indem man ‚die Kehle geölt' oder ‚geschmiert' hat. Öfter wird der Kneipe die Schuld gegeben: ‚Hei hett to lang in'n Krog seten'. Im Gegensatz zur Kneipe steht die Kirche. Aber der Ausdr. ‚selig' verbindet beide. Daraus entsteht dann: ‚Hei is beseelt'; ‚he hett de Seel dööpt', und der Trinker ruft bei einem großen Schnaps seiner Seele zu: ‚Duuk di, arm Seel, jetzt waast dööpt' oder ‚Duck di, arm Seel, jetzt kimmt ne Wolkenbruch (Platzreje)'.

Die Flasche als das volkstümlichste Trinkgefäß spielt in mehreren Rdaa. eine Rolle, z. B. ‚Hei hett tau deip in e Buddel keken'. Bes. auf das restlose Austrinken der Flasche wird gern angespielt: ‚Hei het dat Unnerst in'n Buddel hebben wullt'. ‚Zu tief ins Glas sehen' ist eine allg. gebräuchliche Rda. Mit Bezug auf das Faß heißt es: ‚He hett to lang unnat Spundloch legen'. Verschiedene Kleidungsstücke werden pars pro toto in Trinkrdaa. genannt: ‚He hat sich enen unner de Jack goten'; ‚he hat enen in de Mütz'; ‚he hat dei Steewla vull'.

Von Körperteilen werden die nächstliegenden, d. h. Hals und Kehle, am meisten genannt: ‚den Hals bet baben hin vull hebben'; ‚den Kanal vull hebben'; daneben ähnl.: ‚den Leib (den Pansen, den Balg) vull hebben'.

Sehr reich sind die Zusammensetzungen mit voll, ndd. vull: ‚drangen-', ‚knaren-', ‚proppen-', ‚schwibbendig vull'. – ‚Dick' für betrunken gehört in der Hauptsache dem westl. Ndd. an: ‚Er ist dick', ‚himmelhageldick', ‚pudel-', ‚katzen-', ‚sternblinddick'. Das eigentl. ndd. Lieblingswort aber ist ‚duun'. Es bedeutet eigentl. ‚angeschwollen' und beruht also auf sehr ähnl. Bildvorstellungen wie ‚dick' und ‚fett'. ‚Duun' begegnet vor allem in Zusammensetzungen: z.B. ‚kanonenduun', ‚knall-', ‚knüppel-', ‚pitskeduun', ‚proppeduun', ‚sternhagelduun', ‚poppeduun', auch: ‚oltduun' (noch vom Vortag betrunken). Allg. dt. ist ↗blau für betrunken. Daneben steht das steigernde ‚bicksbeernblau', total betrunken, ‚koornbloomblau', ‚sternhagelblau', ‚himmelblau'. Für total betrunken wird gern gebraucht: ‚He is farich' (fertig), ‚fix und fertig'.

Weitere Wndgn. zeigen das Abhandenkommen des Verstandes: ‚He is nich mier bi sich'; ‚hei hetts nich mehe all toop'; ‚he is total bedemelt'; ‚dwatsch in'n Kopp'. Bes. Freude hat die Volksphantasie daran, den Zustand des nicht mehr ganz seiner Sinne Mächtigen durch immer neue Bilder zu kennzeichnen: ‚Em keem all't Kleinjeld dörchenanner'; ‚he hat sien Huusnummer verjeten'; ‚he wett nich meha, wo re tu Huus hòört'; ‚he find 't Schlötelloch nich mier'; ‚hei kinnt siee eijen Wief nich', ‚nich mier Vadder un Mudder', ‚sien'n eigen Vadder nich mier'; ‚he kennt sich sülfst nich meer'; ‚dee kennt sienen Herrgott nich mier'; ‚hei is so besapen, dat hei von sinem Jesum nicks afweit'; ‚he siet den Himmel fere Dudelsack an'; ‚de kennt den Himmel nih vöör de Höll'; ‚he süht den Hiemel füarn Twegroskenstücke an'; ‚dei wett ni, off't Dach ore Nacht is'; ‚he kann den Sünndach nich von Olldach unnerscheiden'; ‚he süht sien Großmudder vör'n Postkasten an'; ‚den Nachtwächter vor'n höltern Pahl an'; ‚he sühd de Katte füärn Lülink (Sperling) an'. Beliebt ist auch die Bezugnahme auf das liebe Vieh: ‚He kann nich Koh noch Kalf unnerscheiden'.

Bes. anschaulich wird das Durcheinander im Kopfe des Bezechten gemalt in Wndgn., die sonst eine Benommenheit bezeichnen: ‚He hett'n Dussel', ‚he is bedusselt'. Zahlreich sind dabei die bildl. Ausdrücke für den Kopf: ‚Dei hett einen in'e Bauwestauw'; ‚he hett watt im Steppsel'. Die beliebteste Metapher für den Kopf ist die ↗Krone. ‚He hett einen inne Krone'; ‚he hat sich gekroont'; ‚de fööert all Karussell'. Wo es so im Kopf bereits im Kreis herumgeht, da sieht man einen Kampf zwischen dem Bezechten und dem mehr oder weniger personifizierten Alkohol: ‚Wer is nu de sterkst, hei oder dei?'

Wer bezecht ist, steht nach volkstümlicher Auffassung in Flammen. Brand bez. vielfach den Durst, der erst gelöscht werden muß: ‚Hei hett'n schönen Brand' (großen Durst; ↗Brand). Er wird dabei gern personifiziert und häufig mit dem Vornamen Johann versehen: ‚He hett mit Johann Brand snaakt'; ‚he hett sinen Fründ Brand drapen'; ‚he hett mit Herrn Brand Brüderschaft maakt'. Dieser Gebrauch ist wohl beeinflußt von der Benennung der Trunkenheit nach bekannten Schnapsfabrikanten; z.B. ‚Sien best Fründ is Carl Saß' (Carl Saß war der Inhaber einer bekannten Kornbrennerei in Stralsund). Vom Feuer ist der Begriff ‚einheizen' genommen. Andere Wndgn. zielen auf das gerötete Gesicht des Bezechten: ‚Hei hett illuminiert'; ‚sien Nees lücht richdig'; ‚hei lücht as 'n Roos'.

Verschiedene Ausdr. sind vom Schwanken des Schiffes genommen: ‚He het hoge Seegang'; ‚er hat Schlagseite'; ‚he hett sine Ladung wech'; ‚schwer geladen'.

Fast unerschöpflich sind die Ausdrücke, die den Betrunkenen von der Art seiner schwankenden Fortbewegung her bezeichnen: ‚He is schreeg'; ‚he kann nich mier grad gan'; ‚he geit, as wenn a Hunnliss von e Hochtied kimmt'; ‚he stölwert öwer sine egen Benen'; ‚he kann nich meh upp de Ritz gan'; ‚denn is 't Straat to smal'; ‚wenn dee de Wenn man nich inlöppt'. Das Torkeln oder Fallen wird gern auf einen Schaden oder eine Krankheit der Beine bzw. Füße zurückgeführt: ‚He is schwach up de Beinen'; ‚demm dreje de Feit nich mee'; ‚dem is dei Brannwien inne Bein schate'; ‚he hett't Spatt in de Kneegeling'; ‚he hett sich dei Bein uuthuukt (ausgehakt)'. Das Fallen selbst wird durch mancherlei Bilder ausgemalt: ‚He het mit de Dele Frindschaft'.

Aus den Sammlungen des südhess. Wb. verzeichnet H. Schudt die folgenden mdal. Rdaa.: ‚Er is bloo', ‚brau', ‚grie', ‚schwarz'; ‚er is so schwarz wie e Krobbe' (eiserner Kochtopf); ‚er hot e Hieb', ‚en schwere Hieb'; ‚er hot en Balle', ‚e Schraub', ‚e Rad'. Ein Andenken an die wüsten Verhältnisse im Dreißigjährigen Krieg dürfte der Ausdr. ‚Er hot en Schwed' (vielfach belegt) sein. ‚Er es net me alla'; ‚er hot an setze'; ‚er hot aner hocke'; ‚er hot aner weg'; ‚er hot sich ane eigewickelt'; ‚er hot zu dief ins Dippche geguckt'; ‚der hot zu dief in Gläsje geguckt'; ‚er hot zu vel gehowe'; ‚der hot viel hinner die Bind gegosse'; ‚er hot ohn geheerig iwwer die Schnur geha'; ‚er hot an iwwern Durscht gedrunke'; ‚er hot e Fässl im Kopp'; ‚in de Kron'; ‚er hot sich die Schnut gedunkt'; ‚er hot aner im Dibbe'; ‚er hot sich die Kutt vollgesoff'; ‚er hot den Stiwel voll'; ‚er hot sei beschte Zug im Hals'. Vom Bild des beladenen Wagens kommt: ‚Er hot gelade'; ‚er hot schebbgelade'; ‚er hot sei Fuhr'. ‚Er is so voll wie e Kanoune'; ‚er is kanonevoll', ‚stechkanonevoll', ‚stechgranatevollgesoff'; ‚so voll wie en Nachtstuhl', ‚wie en Sack', ‚wie en Krobbe', ‚wie e Kuh', ‚wie e Sau', ‚wie 100000 Mann'.

Eine Fülle von lebensnahen sprachl. Bildern und gleichnishaften Rdaa. hat auch das Schwäb. aufzuweisen; W. Unseld hat u.a. zusammengetragen: ‚Komm, m'r teant a bisle Gottg'segnes'; ‚i moi, den häb's'; ‚der mag's Bier au' net!'; ‚der schütt' nex in Stief'l'; ‚der hat au z'tuif ins Gläsle gucket'; ‚der sauft wie a Roigl' (Mitglied einer Tübinger Studentenverbindung); ‚des ischt a wandelnd's Fäßle'; ‚der sauft, bis'm Binsa im Arsch wachset'; ‚der sauft wia a Bürschtabinder'; ‚der hot koin schleachta Zopf'; ‚der hot koin übla Brand'; ‚der hat koin schleachta Balla'; ‚der hat au seine beschte Züg im Hals'; ‚dem ischt dr Wei in Kopf gschtiega'; ‚der hat fescht glade'; ‚der hat a Fäßle gwichst'; ‚der hat scho en Schternhaglrausch'; ‚der hot über d'Schnur ghaue'; ‚der hat en Dapps'; ‚der hot koin schleachta Dampel'; ‚der sauft wia a Loch'; ‚der hat scho a ganz Heuretguat versoffa'; ‚der hot au en Schtich'; ‚der hot sei Debetat'; ‚der hot koin schleachta Dulo'; ‚der hot a bissele z'viel g'lupft'; ‚der haut z'tief in da Kruag g'luaget'; ‚der hat z'viel unterm Dächle'; ‚der hot a bissele z'viel unter d'r Kappa'; ‚der hot schiaf g'lada'; ‚der hot de richte Bettschwere'; ‚der handlat mit Affa'; ‚der hot en scheana Dampes'; ‚der trait en scheana Fahna hoim'; ‚der isch z'lang in der Kircha gwea, wau ma mit de Schoppagläser zämaläutet'.

An weiteren Rdaa. sind noch zu nennen: ‚Der Flasche (dem Glas) einen vors Köpfchen hauen', sie öffnen, zu trinken beginnen (Sauerland); ‚jem. unter den Tisch trinken'; ‚sich die Kuttel vollsaufen' (Pfalz); ‚sich die Hucke vollsaufen' (Westf.); ‚sich die nötige Bettschwere antrinken'; ‚sich einen auf die Lampe gießen'; ‚jem. hat zu tief ins Glas geschaut'; ‚jem. hat sich eklig einen angeduddelt'; ‚sich einen unter die Weste jubeln'; ‚jem. ist voll über beide Ohren', ‚vollgelaufen bis zum Rand'; ‚sich einen ankümmeln' (vor allem das Trinken von Kümmelschnaps); ‚einen zischen'; ‚die Uhr aufziehen', ein Gläschen Alkohol trinken.

Zur Bez. eines Trinkers wird ferner gesagt: ‚Jem. hat eine trockene, durstige Leber', trinkt gerne; ‚jem. mag das Bier (den Schnaps usw.) nicht umkommen lassen'; ‚jem. ist ein Suffkopp' (Mainz); ‚jem. ist ein Saufaus'; ‚ein Hans Immerdurst'; ‚jem. ist ein wandelndes Bierfaß'; jem.

Hans Immerdurst.

säuft wie ein Loch'; vgl. frz. ‚boire comme un trou' (wie ein Loch trinken); ‚ist ein Saufloch'; ‚jem. säuft wie ein Ochs, Kamel, Pferd, wie eine Kuh, Gans, eine Unke' usw.; ‚jem. säuft wie eine Jungfer, ein Deutscher, Bürstenbinder, Zimmermann, Kapuziner, Mühlrad, Loch, Schwamm' usw.; ‚jem. trinkt das Bier (Schnaps usw.) wie Wasser'; ‚jem. tutet gern einen'; ‚jem. hat keinen schlechten Brand'; ‚jem. bläst gerne einen'; ‚jem. trinkt sich den Tod'. Vgl. frz. ‚boire à tire larigot' (wörtl.: mit gezogenem Schalmeiregister, mit Vollregister trinken). Vgl. frz. ‚boire sec' (trocken bechern) oder ‚Boire tout son saoul' (nach Herzenslust trinken). Alle Rdaa. haben den Sinn von: übermäßig trinken.

‚Jem. ist eine Bierleiche, Schnapsleiche', total betrunken.

Ausdrücke für betrunken sein sind weiter: ‚kanonen-', ‚haubitzen-', ‚granatenvoll', ‚sternhagelvoll'; auch ‚besoffen wie eine ↗Strandkanone' (altenburgisch, in student. Kreisen gebräuchl.; vgl. die Stelle in einem hist. Roman von Hans v. Zobeltitz: „Besoffen wie eine Haubitze"); ‚sturzbesoffen', ‚blitzbesoffen'; ‚jem. ist fett wie eine Eule' (Westf.), völlig betrunken; ‚jem. läuft die Suppe (= Alkohol, Bier, Schnaps usw.) aus den Ohren wieder heraus' (Münsterland); ‚unter dem Tisch liegen'; ‚sich einen (ver)löten'; ‚sich einen in'n Kappes rammeln' (Münsterland); ‚Talsperre spielen', sich langsam betrinken (die Talsperre läßt man ‚vollaufen'); ‚zuviel im Tank haben'; ‚im Teer sein'; ‚eine Turmspitze für einen Zahnstocher ansehen'; ‚einen kleinen Aal haben'; ‚einen abbeißen'; ‚einen Zopf heimschleifen'.

Euphemistisch heißt es in Schwaben und in der Pfalz: ‚Dem sei Fraa werd sich freue!' oder ‚Der hat sich ganz schön ein'n angesäuselt'. Rheinpfälz. belegt sind: ‚Er hebt gern enner'; ‚Er sauft wie ein Bürstenbinder'; ‚voll wie ein Brezelbub'.

Viele Umschreibungen für das Trinken sind der Musik-Terminologie entnommen: ‚einen pfeifen', ‚einen blasen', ‚einen schmettern', ‚einen tûten'. Auch Zahlen spielen eine Rolle; z. B. ‚halb sieben sein'. Der Urspr. liegt darin, wie G. Burchardi nachweist, daß man seine fünf ↗Sinne nicht mehr ganz beisammen habe. Denn halb sieben bedeute 3,5. Dies stimmt auch mit einer weiteren, vor allem im Ostfries. belegten Rda. überein, wo es heißt: ‚He hett sîn fîve nicht recht bînander'. Vgl. engl.: ‚One over the eight', auch: ‚Half seas over'. ‚Whipping the Cat' ist ein alter, amer. Ausdr. für betrunken sein; ebenso ‚Head in the Glass'.

Auf der anderen Seite gibt es ungezählte Lieder und Schlager, die das Vergnügen des Trinkens zum Ausdr. bringen und zum Trinken auffordern. Bekannt ist der Refrain des Schlagers ‚Trink, trink, Brüderlein trink, ...'

Und ein in den Weinbaugebieten Badens verbreiteter Spruch lautet:

Trinke, was klar ist,
Liebe, was rar ist,
Rede, was wahr ist.

Trinken ↗Heuwagen, ↗Kanal, ↗Kanne, ↗Kapuziner, ↗Kater, ↗Kehle.

Leikauf trinken ↗Leikauf, ↗saufen.

Lit.: *G. Chr. Lichtenbergs* ‚Patriotischer Beytrag zur Methyologie der Deutschen' (1773); *J. W. Petersen:* Geschichte der deutschen Nationaleignung zum Trunke (Stuttgart 1856; Erstausg. 1782); *Woeste:* Ndd. Ausdrücke für ‚trunken sein', in: Die dt. Mdaa., V (1858), S. 67–74; *W. Körte:* Sprw. Rdaa. der dt. Zech- und Saufbrüder (Leipzig ²1861); *A. Otto:* Essen u. Trinken im Sprw., in: Archiv lat. Lexicogr. 4 (Leipzig 1887), S. 345–357; *H. Schrader:* Das Trinken in mehr als fünfhundert Gleichnissen und Rdaa. Eine sprachwissenschaftl. Untersuchung aus der Methyologie (Berlin 1890); *R. Becker:* Einen pfeifen, in: Zs. f. d. U. 5 (1891), S. 645; *O. Glöde:* Rdaa. für Trunkenheit in Dtl., in: Zs. f. d. U. 6 (1892), S. 576–577; *Fr. Lauchert:* Sprww. und sprw. Rdaa. bei Abraham a Santa Clara (Bonn 1893), S. 81–82; *J. Cornelissen:* De dronkenschap in de volkstaal, in: Ons Volksleven IX (1897), S. 48 f.; *W. Unseld:* Schwäb. Sprww. und Rdaa. Trinken und Verwandtes, in: Zs. f. dt. Mdaa. 1 (1906), S. 177–185; *G. Burchardi:* Halb sieben sein, in: Indogerm. Forschungen 38 (1917), S. 201–206; *Friedli:* Bärndütsch V (1922), S. 455–494; *M. P. Tilley:* Good drink makes good blood, in: Modern Language Notes 39 (1924), S. 153–155; *Anon.:* One over the eight, in: Word-lore 2 (1927), S. 216; *K. Rother:* Die schles. Sprww. und Rdaa. (Breslau 1928), S. 104 ff.; *H. Schudt:* Er ist betrunken (Aus den Sammlungen des Südhess. Wb.), in: Hess. Bl. f. Vkde. 27 (1928), S. 76–89; *A. Haas:* Das Trinken im pomm. Sprw., in: Blinkfür (Stettin 5./6. November 1932); *H. L. Bezven:* Zoo dronken als een Kraai, in: (Onze Taaltuin 3 (1934/35), S. 279–283; *F. Eckstein:* Art. ‚Trinken', in: HdA. VIII, Sp. 1150–1165; *H. F. Rosenfeld:* Ausdrucksfähigkeit und Bildkraft der ndd. Sprache, dargelegt an der Bez. des Bezechten; Sonderschrift des Stader Geschichts- und Heimatvereins 7 (Neumünster 1956); *H. Ritte:* Das Trinklied in Dtl. und Schweden (München 1973), bes. S. 25–49; *G. Monteiro:* Head in the glass, in: Proverbium 24 (1974), S. 955; *W. Schwanholz:* Volksliedhafte Züge im Werk Oswalds v. Wolkenstein. Die Trinklieder (= Germanistische Arbeiten zu Sprache u. Kulturgeschichte 6), (Frankfurt a. M.–Bern–New York 1985); *R. Aßfalg:* Witze für Alkoholiker und solche, die es werden wollen (Hamburg 1985); Alkohol im Volksleben, Sonderheft der Hess. Bl. f. Volks- und Kulturforschung 20 (1986); *L. Röhrich:* Flaschen, in: Volkskultur in der

Moderne, hg. v. U. Jeggle u.a. (Reinbek b. Hamburg 1986); S. 332–346; *E. Abel:* Alcohol Wordlore and Folklore (New York 1987).

Trippstrill. *Nach Trippstrill* ist die rdal. Scherzantwort auf die neugierige Frage ‚Wohin?' Im schwäb. Kindertanzlied heißt es noch heute:

Danz mit der Dorl, Danz mit der Dorl!
Bis nach Trippstrill mit der Dorl.

Die Wndg. ist südd. ähnl. verbreitet wie nordd. ‚nach ↗Buxtehude'. Die ältesten lit. Belege für den erdichteten Namen Trippstrill, der z.T. ebenso wie Schilda zur Kennzeichnung eines Narrenortes dient, reichen bis ins 15. Jh. zurück.

In den heutigen Mdaa. finden sich z.T. noch ergänzende Zusätze, z.B. ‚Er ist von Trippstrill, wo die Gänse Haarbeutel tragen' (thür. und schwäb.); ‚nach Dribsdrill, wo's die alten Weiber jung mahlen' (Oberoesterr.; ↗Weibermühle), und bes. grob im Schwäb.: ‚wo ma de Weiber krumme Arschlöcher bohrt'. Man hat in dem Ortsnamen Trippstrill das württembergische Treffentrill (heute Teil von Brackenheim, Kr. Heilbronn; in der Nähe die ‚Altweibermühle Tripsdrill') oder die thüringische Stadt Triptis finden wollen. Beide Orte werden im Volksmund Trippstrill genannt. Jedoch wird es sich hier wohl um eine nachträgliche Verknüpfung der Rda. mit ähnl. klingenden Ortsnamen handeln. Im Unterschied zum Ortsnamen Trippstrill ist Trippstrill = Dummling, Tölpel auch im ndd. Sprachraum bezeugt. Frischbier verzeichnet für Ostpreußen: ‚Drepsdrell' = langsamer, einfältiger Mensch.

Lit.: *J. Bolte* in: Herrigs Archiv 102, S. 253; *O. Weise:* Firlefanz, Quirlequitsch, Trippstrill, in: Zs. f. d. Wortf. (Straßburg 1902), S. 122ff.

Tritt. *Jem. einen Tritt geben (versetzen):* ihn wie einen Hund davonjagen, ihn schimpflich behandeln.

Nur einen Tritt bekommen: keinen Dank zu erwarten haben, ausgenutzt und dann verächtlich fallengelassen werden. Die Rda. wird oft als Warnung für jem. gebraucht, der sich nicht vorstellen kann, daß er nur Undank erfahren wird.

Die Wndg. *In gleichem Tritt und Schritt:* in völliger Übereinstimmung, in harmonischer Gemeinschaft, stammt aus Ludwig Uhlands bekanntem Lied: ‚Ich hatt' einen Kameraden', das er 1809 dichtete und das zuerst im ‚Poet. Almanach f. d. Jahr 1812', S. 128 gedruckt erschien.

Wieder Tritt fassen: in feste, geregelte Bahnen zurückkommen, sich stabilisieren. Die Rda. stammt aus der Soldatensprache und bedeutet urspr.: den Gleichschritt aufnehmen.

Trittbrettfahrer. *Ein Trittbrettfahrer sein:* jem., der durch die Arbeiten anderer profitiert, ohne daß er Anteil daran hat. Der Ausdr. kommt daher, daß sich bei öffentlichen Verkehrsmitteln oft nicht zahlende Gäste auf das Trittbrett gestellt haben, wo sie während der Fahrt für den kassierenden Schaffner nicht erreichbar waren.

trocken. *Jem. ist noch nicht auf dem trockenen:* die Gefahr ist noch nicht gebannt. Dagegen: *auf dem trockenen sitzen:* hilflos sein, in Geldverlegenheit sein, festsitzen. Der Realbezug der Rda. ist der Fisch, der auf dem Trockenen ersticken muß (vgl. den Gegensatz: ‚wie ein Fisch im Wasser'; ‚in seinem Element sein'), oder das Schiff, das bei Ebbe festliegt. Die Rda. ist in übertr. Anwendung seit der Mitte des 18. Jh. bezeugt. Seit dem 19. Jh. bedeutet ‚auf dem trockenen sitzen' auch: ein leeres Glas vor sich stehen haben, nichts zu trinken bekommen (vgl. ‚trockenes Gedeck'); dazu in der Mitte des 20. Jh. umg.: *trocken leben:* den Alkohol meiden; *trocken reden:* eine Unterhaltung ohne Getränke führen; *hier ist trockene Luft:* hier werden keine Getränke verabreicht; *trocken sitzen:* nichts zu trinken haben.

Jem. ist trocken: hat einen nüchternen, aber treffenden Humor; aber auch: Er trinkt keinen Tropfen Alkohol mehr. Diese neuere Bdtg. stammt aus der Drogenszene und steht in Zusammenhang mit einer Entziehungskur nach Alkoholmißbrauch. Der Alkoholiker muß unbedingt abstinent bleiben, um keinen Rückfall zu erleben. Kann er dies durchhalten, darf er von sich behaupten, ‚absolut trocken' zu sein.

Ein bes. hagerer Mensch wird als ‚vertrocknet' bez. Diese Vorstellung des Zusammengetrocknetseins erfährt eine Stei-

gerung durch rdal. Vergleiche: ,so drüge äs en Stock Holt' (Westf.); ,hei es sau druck es de Forke in 't Heu' (Sauerland); ,so drög as'n Braotbär' (Altmark); ,so draige asse Pulver' (Grafschaft Mark). Vgl. ndl. ,Het is zoo droog als een puimsteen'; ,het is zoo droog als poeder'.
Sein Schäfchen ins trockene bringen ↗Schaf; *noch nicht trocken hinter den Ohren sein* ↗Ohr.

Trommel. *Etw. auf die Trommel bringen:* etw. aufs ↗Tapet bringen, lit. bei Gotthelf (,Käserei' 385).
Der Trommel folgen: in den Kampf (Krieg) ziehen.
Der Trommel ein Loch machen: ein Ende bereiten.
Ein wahres Trommelfeuer: übertr. für alles, was in großen Massen auftritt. *Für jem. die Werbetrommel rühren:* für ihn Reklame machen. Eine gelungene Sache begrüßt man: ,Gott sei's getrommelt und gepfiffen!' *Nicht auf sich herumtrommeln lassen:* sich nichts gefallen lassen.
Alles zusammentrommeln: alle verfügbaren Kräfte, alle Helfer herbeirufen.

Lit.: *E. Seemann:* Art. ,Trommel', in: HdA. VIII, Sp. 1166–1173;

Trompete. *Alles austrompeten:* vorzeitig Geheimnisse verraten; ebenso: *laut in die Trompete stoßen:* prahlen und die Öffentlichkeit auf sich aufmerksam machen. *Er ist seine eigene Trompete:* er macht für sich selbst Reklame.
E. M. Arndt schrieb 1818 das Gedicht ,Gebhard Lebrecht von Blücher', in dem es heißt: „Was blasen die Trompeten? Husaren heraus!"
Er bläst eine gute Trompete: er trinkt viel und kann noch mehr vertragen. *Mit Pauken und Trompeten durchfallen* ↗Pauke.

Lit.: *D. Möller:* Untersuchungen zur Symbolik der Musikinstrumente im Narrenschiff des Sebastian Brant (Regensburg 1982), S. 84.

Tropf. *Ein armer (elender) Tropf sein:* ein einfältiger, geistig beschränkter, bedauernswerter Mensch sein. Wahrscheinl. steht der Ausdr. mit ,Tropfen' i. S. v. ein Nichts, etw. Unbedeutendes in Zusammenhang. Im Mhd. bedeutet ,tropfe' auch Schlagfluß, Lähmung u. Fallsucht, nach dem Volksglauben durch Tropfen hervorgerufen, die ins Gehirn, das Rückenmark, die Nerven oder die Augen fallen. Die Bez. der Krankheit kann davon auch auf den Kranken übertr. worden sein, der für blödsinnig gehalten wird.
Am Tropf hängen: künstlich ernährt u. mit Medikamenten versorgt werden. Die neue Wndg. beruht auf dem Bild vom Patienten, der im Krankenhaus an Schläuchen hängt u. auf diese Weise in der Intensiv-Station versorgt wird. In übertr. Sinne umschreibt die Rda. Formen von Abhängigkeit wie z. B. Subventionen. Eine Schlagzeile in der ,Zeit' v. 3. IV. 1987 lautete: „Der Stahl am Tropf des Staates".

Tropfen. *Ein Tropfen auf einen heißen Stein:* viel zuwenig und daher völlig wirkungslos. Das leicht verständliche Bild ist seit der 1. H. des 19. Jh. belegt; auch in der selteneren Form: ,Das ist ein Tropfen ins Meer'. Tir. im selben Sinn: ,Das is grad, as wenn man a Gbetle i d'Höll wurf'; in der Pfalz: ,einen Bettelbuben in die Hölle werfen'. Bert Brecht verwendete die Rda. in seiner ,Ballade vom Tropfen auf den heißen Stein' (,Gedichte', Bd. III [Frankfurt 1961]), S. 170f.
Wie ein Tropfen am (im) Eimer sein: ohne jegliche Bdtg., beruht auf Jes. 40,15, wo es heißt: „Siehe, die Heiden sind geachtet wie ein Tropfen, so im Eimer bleibt ...".
Ein Tropfen Wermut (ein bitterer Tropfen) war dabei (fiel in den Becher der Freude): die Freude wurde durch etw. getrübt.
Jem. den letzten Tropfen Blut aussaugen: ihn bis aufs äußerste ausnutzen.
Ein guter (edler) Tropfen: ein köstlicher Wein, der sehr alt ist.
Gern einen Tropfen nehmen, auch *einen Tropfen hinter die Binde gießen:* gern Alkohol trinken. Vgl. frz. ,S'en envoyer un derrière la cravate'; ndl. ,Hij houdt veel van den drop'; ↗trinken.
Keinen Tropfen im Becher mehr: nichts mehr zu trinken haben, zitieren wir scherzhaft nach dem Lied ,Die Lindenwirtin' von Rudolf Baumbach, das er zuerst in seinen ,Liedern eines fahrenden Gesellen' (Leipzig 1874) veröffentlichte.
Steter Tropfen höhlt den Stein: Beständigkeit führt schließlich zum Ziel. Die Wndg. beruht auf einem Zitat bei Hiob 14,19, wo es im Text der Vulgata heißt: „Lapides ex-

,Steter Tropfen höhlt den Stein'

cavant aqua". Ovids Formulierung „Gutta cavat lapidem" in seinen ,Epistolae' IV, 10,5 entspricht unserem Sprw. noch besser (Büchmann).

Trost. *Nicht recht (ganz) bei Troste sein:* nicht recht bei Sinnen, bei Verstand sein; bes. häufig in der Frage: *Du bist wohl nicht ganz bei Trost?* Seit der Mitte des 18. Jh. bezeugt: „Trost wird, außer der gemeinen Bedeutung, gantz sonderbar gebraucht, wann wir sagen: He is nich recht by Trost: er ist unrichtig im Kopffe" (Richey, Idioticon Hamburgense [1755], S. 315). Bei Wieland (Sämtl. Werke [1794 ff.], IV, 42):

Denn, wenn der König manchmal
(Was andern Königen wohl zuweilen auch geschehen)
Nicht wohl bei Troste war.

Bei E. T. A. Hoffmann (,Der goldene Topf'): „,Der Herr ist wohl nicht recht bei Troste!' sagte eine ehrbare Bürgersfrau (zum verzückten Studenten Anselmus)". Vielleicht knüpft die Wndg. an die Bdtg. ,Hilfe', ,Schutz' von ,Trost' an, vielleicht auch an die von ,Hoffnung', ,Zuversicht'. Schwäb. ,Des isch äller Hure Trost'; man sagt dies, wenn einer sich damit entschuldigt, daß andere denselben Fehler gemacht haben.

Etw. zum Trost nehmen: zum Ersatz für Verlorenes.

Es ist ihm noch ein süßer Trost geblieben, heißt es scherzhaft, wenn jem. zwar einen Verlust erlitten hat, aber noch genug besitzt. Die Rda. bezieht sich auf eine oft parodierte Stelle aus Schillers ,Lied von der Glocke', wo es nach einer Brandkatastrophe, die allen Besitz vernichtete, heißt:

Ein süßer Trost ist ihm geblieben:
Er zählt die Häupter seiner Lieben.
Und sieh! ihm fehlt kein teures Haupt.

Ein leidiger Trost sein: keine Hoffnung beinhalten. Die Rda. beruht auf Hiob 16, 2: Der von seinen Freunden in seinem Unglück unverstanden gebliebene Hiob antwortet, als diese ihm das Unheil der Gottlosen schildern: „Ich habe solches oft gehört. Ihr seid allzumal leidige Tröster!"

Etw. ist nur ein schwacher (schlechter) Trost: es hilft nicht wirklich weiter, eine günstigere Aussicht für die Zukunft kann nicht gegeben werden.

Jem. ein Trostpflaster auflegen: ihn durch ein Geschenk beruhigen, meist von einem Kind gesagt, das gefallen ist und durch eine Süßigkeit die Tränen und Schmerzen vergißt.

Einen Trostpreis erhalten: auch als Verlierer einen Preis erhalten, um über die Enttäuschung schneller hinwegzukommen; vgl. frz. ,recevoir un prix de consolation'.

Trott. *Im selben Trott weitermachen:* nach alter Methode verfahren, unrentabel, unwirtschaftlich arbeiten, ↗Tretmühle.
,Trott', von frz. ,trot' bedeutet eigentlich ↗Trab.

Trottel. *Jem. als Trottel behandeln:* jem. wie einen Deppen behandeln; Trottel meint eigentl. einen Menschen mit täppischem Gang (von trotten, trotteln); der Ausdr. wird gebraucht für jem., der nicht bemerkt, was um ihn herum passiert und ziemlich willenlos ist. Vgl. auch ,der Dorftrottel sein'.

Trotzkopf. *Einen Trotzkopf aufsetzen:* eine eigensinnige, halsstarrige Haltung zeigen, erscheint zuerst 1679 bei Chr. Weise als ,trotzende Gebärde'; eigentl. ist der Kopf selbst mit seinen widerspenstigen Gedanken gemeint: „Denn es mag darnach vorgehen, was da wil, so haben sie ihren Trotzkopf aufgesetzt und wollen entweder recht behalten oder die Heimligkeit sol gleich an den Tag kommen" (,Polit. Näscher' 67). Die Wndg. scheint nicht in die Mdaa. gelangt zu sein.

trüb. *Im trüben fischen:* aus unklarer Lage Vorteil ziehen, bei dunklen und nicht ganz einwandfreien Geschäften seinen Profit machen; früher gern in Beziehung auf das öffentl. und staatliche Leben gebraucht in der Bdtg.: die gemeine Not oder die Verwirrung der Zeit zu seinen Gunsten wenden und ausnützen. In älterem Nhd. heißt es, ebenso wie z.T. noch in den Mdaa., vollständiger: ,im trüben Wasser fischen'. Die Rda. gehört zu dem über ganz Europa verbreiteten Sprw. ,In trübem Wasser ist gut fischen'; engl. ,it is good fishing in troubled (muddy) waters'; ndl. ,in troebel water is het goed vissen'; frz. ,pècher en eau trouble'; vgl. Wander IV, 1339f. Sprw. und Rda. sind im Dt. seit dem 16. Jh. bezeugt. Der früheste Beleg findet sich in Walter Maps: ,De nugis curalium', einem Werk, das kurz vor 1200 in England verfaßt wurde, dort in der Formulierung: „In aqua turbida piscatur uberius". Zur gleichen Zeit sagt auch Peter of Blois, Erzbischof von Bath: „Vulgo enim dicitur, aqua turbida piscisior". In einer spätma. Sprww.-Sammlung heißt es: ,Flumen confusum reddit piscantibus usum'. Das Sprw. bezieht sich auf eine alte praktische Erfahrung der Fischer, zum Aalfang das Wasser zu trüben, die schon für das alte Griechenland bezeugt wird. Vgl. noch Franz Schuberts Lied ,Die Forelle' (Text von Schubart).

Kein Wässerchen trüben können ↗ Wasser.

Etw. sieht trübe aus: die Aussichten sind schlecht, es gibt wenig Hoffnung auf Besserung. Die Wndg. bezieht sich urspr. auf das schlechte Wetter, das auch auf die Stimmung drückt.

Für den, der in der Liebe enttäuscht wurde, erscheint die ganze Welt trübe, so wie es im Lied heißt:

'S ist Alles dunkel,
's ist Alles trübe,
dieweil mein Schatz
ein' Andern liebt

(E. B. II, S. 496, Nr. 698[a]: Trübsinn).

Lit.: *A. Taylor:* ,It is good fishing in troubled (muddy) waters', in: Proverbium 11 (1968) S. 268–275.

Trübsal. *Trübsal blasen* (seltener: *spinnen*): trüben Gedanken nachhängen, mißmutig sein; auch: traurig dasitzen. Die Wndg. kann vielleicht ebenso wie die schwäb. Variante ,Trauer blasen' auf die einen Trauerfall anzeigende Blasmusik vom Kirchturm zurückgeführt werden. Im Gegensatz hierzu steht schweiz. ,Freud blasen'. Heyne (Dt. Wb. III, 1059) hält die Wndg. für eine Erinnerung an das Volkslied: „Ich schell (lasse erschallen) mein Horn in Jammerton, mein Freud ist mir verschwunden" (Herzog Ulrichs Jagdlied; E. B. II, 51, Nr. 258). Sicher erklärt ist die Rda. jedoch nicht. Seit dem 18. Jh. ist sie lit. bezeugt. 1775 schreibt Eva König an Lessing (Lessings sämtl. Schriften 21,72 Muncker): „Ich Armselige habe so lange in Wien Trübsal geblasen, und nun ich gerne da seyn wollte, sitze ich hier (in Heidelberg)".

In neuerer Zeit ist die Rda. bes. in den obd. Mdaa. mit vielfachen Erweiterungen verbreitet, die ihrerseits wieder Eingang in die Umgangssprache gefunden haben; schwäb. ,Trübsal blasen und Elend geigen (schwitzen)'; auch: ,Langeweile geigen' (Tirol), ,Trübsal blasen und Angst und Not weinen', über seine Verhältnisse viel klagen, ,Trübsal nach Noten blasen' (köl. und fränk.). In Anlehnung an eine bekannte Heilige des Volksglaubens entstand die oberösterr. Erweiterung ,Trübsal blasen und Kummernus geig'n' (↗ Kümmernis).

Truhe. *Etw. in die lange Truhe legen:* ungebührlich lange aufschieben, in Vergessenheit geraten lassen, ist nicht so verbreitet wie das gleichbedeutende ,auf die lange ↗ Bank schieben', jedoch schon 1525 bei Urbanus Regius bezeugt (,Von Leibaygenschaft oder Knechthait', 103[a]): „Laßt der armen leut hendel nit jar und tag in der langen truchen ligen zu irem mercklichen verderben".

Bes. in der Schweiz sind viele Rdaa. mit ,Truhe' bzw. ,Chästli' bekannt: ,wissen, wo's Chuchi-Chästli ist': die guten Sachen kennen; ,nichts i der Trucke chaufe': nichts unbesehen erwerben; ,Etw. blibt natürli nüd imene Trüggli': etw. bleibt nicht geheim.

,Aussehen wie us em Trückli': bes. gut und gepflegt aussehen; ,us der undere Trucke' sein: eine schlechte Gesinnung haben.

Lit.: *Th. Gantner* (Hg.): Truhen und Kästchen. Ausstellungskatalog des Schweiz. Museums f. Vkde. (Basel 1981/82).

Trumpf. *Einen Trumpf darauf setzen:* etw. mit einem derben Zusatz bekräftigen, das Bisherige überbieten. Die Rda. stammt aus dem Kartenspiel, wo Trumpf, eine volkssprachl. Vereinfachung von ‚Triumph', seit der Mitte des 16. Jh. die siegende, stechende Farbe bez. Die übertr. Anwendung des Wortes ist seit dem 18. Jh. belegt.

Zum selben Rdaa.-Feld gehören die Wndgn.: *Einen Trumpf ausspielen* (oder *den letzten Trumpf ausspielen*): mit einer bisher zurückgehaltenen, entscheidenden Angabe den Gegner besiegen, etw. Entscheidendes zum Einsatz bringen; vgl. frz. ‚jouer son dernier atout'. *Trumpf sein:* ausschlaggebend sein; *jem. übertrumpfen:* ihn übertreffen; *jem. abtrumpfen (lassen):* ihn zurückweisen, ihn durch eine derbe Antwort zum Stillschweigen bringen; *einen Trumpf in Händen haben* (oder *behalten*): einen Vorteil besitzen; vgl. frz. ‚avoir un atout en mains'; *alle Trümpfe in der Hand halten:* schlechthin unschlagbar, überlegen sein; vgl. frz. ‚avoir tous les atouts en mains'; *seine besten (alle) Trümpfe aus der Hand geben:* sich seines Vorteils begeben, vgl. ndl. ‚Hij verliest zijne beste troeven'; *jem. die Trümpfe aus der Hand nehmen:* die Vorteile des anderen wirkungslos machen; *Trumpf wider Trumpf:* ‚Wurst wider Wurst', Gleiches mit Gleichem vergelten; *jem. zeigen, was Trumpf ist:* ihm deutlich machen, wie die Dinge wirklich liegen, wer der Mächtigere ist.

Vielfache Varianten kennen auch die Mdaa.: ‚'s Bschisse isch halt wirklig Trumpf' sagt man im Bad., wenn Betrüger gerade Oberwasser haben. Zur Bez. einer schwierigen, ausweglos erscheinenden Situation schwäb. ‚Da ist Dreck Trumpf'. Ebenfalls schwäb. ‚nicht wissen, was Trumpf ist', sich nicht auskennen. Schlesw.-holst. ‚He hett all sien Trümf utspelt', er weiß nichts mehr zu machen. ↗Treff, ↗Karte.

Trunkenheit ↗trinken.

Tube. *Auf die Tube drücken:* der Maschine erhöhte Geschwindigkeit abgewinnen; mit der Tube ist hier die Vergaserdüse des Verbrennungsmotors gemeint; übertr.: Mitleid und Tränen zu erregen suchen (vgl. ‚auf die Tränendrüsen drücken', ↗Träne).

Tuch. *Wie ein rotes Tuch wirken:* aufreizend wirken; eine erst in neuerer Zeit belegte Rda., die vom Stierkampf hergeleitet ist. Bismarck sagte im Reichstag (‚Reden' IX, 425): „Ich wirke gewissermaßen wie das rote Tuch – ich will den Vergleich nicht fortsetzen".

‚Wie ein rotes Tuch wirken'

Kein Tuch von einer Farbe sein: es herrschen widersprechende Ansichten, gleicher Sinn und Charakter fehlen in einer Gemeinschaft. Vgl. ndl. ‚Het is geen laken van eene kleur'.

Zweierlei Tuch nannte man früher die Uniform der Soldaten, an der Kragen und Aufschläge von anderer Farbe waren als der übrige Rock; dann wurde die Bez. auf den Soldatenstand selbst übertr.: ‚Frauen (Mädchen) lieben zweierlei Tuch', d.h. die Soldaten. Die Rda. wurde auch auf uniformierte Beamte, in Schwaben auch auf Jäger und Sträflinge angewandt.

Die obd. Kennzeichnung eines leichtsinnigen Menschen als ‚leichtes Tuch' war früher so geläufig, daß man auch nur sagte: ‚Du bist ein Tuch', auch: ‚ein erzfaules Tuch'; vgl. schwäb. ‚Der hat e leicht's Tuch am Kittel'.

Das Tuch an fünf Zipfeln nehmen wollen: übergenau, sehr knauserig sein, zu viele Vorteile für sich haben wollen. *Ins volle (ganze) Tuch schneiden können:* die ausreichenden Mittel für ein Unternehmen besitzen, nicht rechnen müssen; vgl. frz. ‚Il peut tailler en plein drap' (veraltet).

Gut betucht sein: Finanziell und materiell sehr gut gestellt sein. In alter Zeit galten Tücher quasi als ‚Hausschatz'; so wurde auch eine Aussteuer für ein Mädchen oft nur mit Tuch zusammengestellt. Ein Tuch war auch ein Liebespfand, ↗Taschentuch, ↗Band.

Lit.: *G. Jungbauer:* Art. ‚Tuch', in HdA. VIII, Sp. 1176–1183.

Tuchfühlung. *Tuchfühlung halten:* eng nebeneinander stehen, auch übertr.: eine Verbindung nicht abreißen lassen; geht von der Soldatensprache aus und hat 1909 eine erste Aufzeichnung erfahren. Während urspr. das Berühren mit den Ärmeln der im Glied stehenden Truppe gemeint war, hat die Rda. im 20. Jh. viele übertr. Bdtgn. erhalten: ‚auf Tuchfühlung eingestellt sein', engumschlungen, intime Beziehungen zu einer Person des anderen Geschlechts unterhalten: ‚auf Tuchfühlung gehen', eng an jem. heranrücken, sich anbiedern; ‚in Tuchfühlung gehen', eng aneinandergeschmiegt gehen.

Tücke. *Der Tücke des Objekts erliegen:* wegen einer unvermuteten Schwierigkeit aufgeben müssen; das Problem stellt sich oft erst beim Gebrauch des Gegenstandes heraus. Der Ausdr. ersch. erstmals im Roman ‚Auch einer' von F. Th. Vischer (1807–87).

Nicht jeder vermochte der rasanten Entwicklung des technischen Fortschritts im Zeitalter der Industrialisierung zu folgen. Wenn er sich hilflos überfordert fühlte, suchte er die Schuld bei dem Gerät, nicht bei sich selbst.

tun, Tun: *Etw. ganz tun:* etw. vollenden, seine ganze Kraft dafür einsetzen, sich erfolgreich bemühen. Dagegen: *Etw. nur halb tun:* etw. lustlos bearbeiten, nicht voll davon überzeugt sein, es nicht so wichtig nehmen.

Jem. etw. zulieb (zuleide) tun: jem. eine Freude machen (ärgern, hindern) wollen.

Nur so tun, als ob: sich von etw. den Anschein geben.

Damit ist es nicht getan: es reicht nicht aus, eine Sache ist noch unvollständig. Die Wndg. *Das eine tun und das andere nicht lassen* beruht auf Matth. 23, 23: „Dies sollte man tun und jenes nicht lassen". Ähnl. sagt man: *Ich habe getan, was ich nicht lassen konnte:* ich habe so gehandelt, wie ich es für richtig hielt, ich bin meiner inneren Stimme gefolgt, ich bin mir treugeblieben. Die Wndg. ist mehrfach lit. bezeugt, z. B. in Lessings ‚Emilia Galotti' (II, 3) u. in Schillers ‚Wilhelm Tell' (I, 1); vgl. auch Joh. 13,27: „Was du tust (tun willst), das tue bald", eine rdal. gewordene vielgebrauchte Wndg., die Jesus zu Judas sagte.

Seine Pflicht und Schuldigkeit tun ↗Pflicht.

Zu vorbildlichem Handeln mahnt die Wndg.: *(So) gehe hin und tue desgleichen,* mit der Jesus das Gleichnis vom ‚barmherzigen Samariter' (Luk. 10, 30–37) schließt.

Viel für jem. getan haben: ihn sehr gefördert, ihm in jeder Beziehung beigestanden haben, sich für ihn verwendet (verbürgt) haben. *Ein gutes Werk getan haben* ↗Werk.

In Goethes ‚Faust' (I, Marthens Garten) sagt Gretchen zu Faust:

> Ich habe schon so viel für dich getan,
> Daß mir zu tun fast nichts mehr übrig bleibt.

Aus Schillers Gedicht ‚Die Teilung der Erde' stammt das sprw. viel gebrauchte *Was tun? spricht Zeus,* wenn man sich keinen Rat mehr weiß.

Ein Werbeslogan der ESSO-AG hat eine Reihe von Varianten in der Jugendszene hervorgebracht. Das Original heißt: ‚Es gibt viel zu tun – packen wir's an'. Daraus wurde: ‚Es gibt viel zu tun – warten wir's ab!' – ‚Es gibt viele zu packen – tun wir's ihnen an!' – ‚Es gibt viel zu tun – lassen wir's liegen'.

Jem. Tun und Treiben beobachten: seine Lebensweise überwachen, ähnl.: *jem. Tun und Lassen.* Trinkfreudige zitieren gern Goethe: „Hier sind wir versammelt zu löblichem Tun" nach dem 1. Vers seines Liedes ‚Ergo bibamus', das 1811 als Nr. 44 in den ‚Gesängen der Liedertafel' gedruckt erschien (Büchmann).

Tür. *Mit der Tür ins Haus fallen:* etw. unvorbereitet vorbringen wie einer, der, anstatt erst an die Türe zu klopfen und dann ins Haus zu treten, die Tür einstürmt. So erklärt 1639 Lehmann (S. 826 ‚Vngeschicklichkeit' 1): „Der vngeschickt fält mit der Tür ins Hauß, ist auß der Plumpardey, platzt drein wie ein Saw in Rübenakker, wie ein Pfeiffer ins Wirthshauß". Die Rda. ist seit der 2. H. des 16. Jh. bezeugt.

In den Mdaa. gibt es z.T. abweichende Varianten, z.B. rhein. ‚Dä fällt mit der Schürendür en et Hus'.

‚Mit der Tür ins Haus fallen'

Mit ihm kann man Türen einrennen: er ist sehr dumm, eigentl.: seine Knochendecke ist so dick, daß sie für das Gehirn wenig Platz läßt (in Berlin 1950 gebucht).

Offene Türen mit etw. einrennen: nichts Neues zur Sprache bringen, sich unnötige und damit vergebliche Mühe machen, etw. mühsam klarstellen, worüber ein Zweifel gar nicht besteht; ebenso engl. ‚to force an open door'; ndl. ‚een open deur, open deuren intrappen'; frz. ‚enfoncer des portes ouvertes'.

Jem. eine Tür öffnen: ihm zu wichtigen Bekanntschaften, zu Arbeit verhelfen.

Jem. stehen alle Türen offen: er wird überall gerne gesehen, hat einzigartige Verbindungen.

Sich eine Türe offen halten: sich einen Ausweg sichern; vgl. frz. ‚se réserver une porte de sortie' (Ausweg sichern). Schwäb. ‚alle Türen aufstoßen', alle Mittel versuchen; ‚es geht alleweil wieder e Tür auf', es kommt immer wieder unvorhergesehene Hilfe.

Einer Sache Tür und Tor öffnen: ihr ungehinderten Eingang verschaffen. Die stabreimende Zwillingsformel ‚Tür und Tor' ist scheinbar eine Tautologie, aber etwa bei dem charakteristischen Hofeingang des mdt. Hauses gibt es beides nebeneinander: die Tür für den Menschen und das Tor für das Großvieh und für die Erntewagen; man kann aber auch an die Unterscheidung von Haus-Tür und Hof-Tor denken.

Am 6. September 1899 richtete der Staatssekretär John Hay (1838–1905) ein Rundschreiben an alle amer. Botschafter im Ausland, um die Aufrechterhaltung der *offenen Tür* in China zu sichern. Es wurde darin der Wunsch der Vereinigten Staaten ausgesprochen, daß die Märkte in China dem Handel der ganzen Welt geöffnet würden. Am 27. März 1901 erschien dann zu Washington eine Sammlung aller zwischen den Vereinigten Staaten und anderen Mächten über die ‚Politik der offenen Tür' gewechselten Noten.

Das Wort stammt aus der Bibel. Wörtl. kommt die Wndg. vor in Offenb. 3,8, wo es heißt: „Ich weiß deine Werke. Siehe, ich habe vor dir gegeben eine offene Tür, und niemand kann sie zuschließen". 2. Kor. 2,12 spricht Paulus von einer ihm zur Predigt des Evangeliums aufgetanen Tür. Vielleicht ist durch die bibelkundigen Angelsachsen dieses Wort zu einem Schlagwort der modernen Weltpolitik geworden. Aber im politischen Sinne gebraucht den Ausdr. ‚offene Tür' bereits Bismarck in einem in ‚Gedanken und Erinnerungen' (I, 184) veröffentlichten Brief an Gerlach, wo er sagt: „Ich bin gar nicht für ‚Defensiv-Politik'; ich sage nur, daß wir ohne aggressive Absichten und Verpflichtungen uns auf die Annäherungsversuche Frankreichs einlassen können, daß dieses Verhalten uns gerade den Vorteil bietet, uns jede Tür offen, jede Wendung frei zu erhalten, bis die Lage der Dinge fester und durchsichtiger wird" (Büchmann).

Hinter verschlossenen Türen: geheim, unter Ausschluß der Öffentlichkeit verhandeln; vgl. frz. ‚à huis clos'.

Vor verschlossenen Türen stehen: keine Unterstützung finden.

Robert Musil hat in einer Betrachtung über ‚Die Tür' Rdaa., die die Tür zum Gegenstand haben, gehäuft eingesetzt: „Die vornehmen Leute öffneten oder verschlossen ihre Türen, und der Bürgermeister konnte mit ihnen außerdem ins Haus fallen. Er konnte zwischen Tür und Angel seine Geschäfte erledigen. Konnte vor seiner oder einer fremden Tür kehren. Er konnte jem. die Tür vor der Nase zuschlagen, konnte ihm die Tür weisen, ja konnte ihn sogar bei der Tür hinauswerfen".

Die Türe in der Hand haben: zum Aufbruch bereit sein.

Einer gibt dem anderen die Türe in die Hand: ein Besucherstrom reißt nicht ab.
Hinter der Türe Abschied nehmen: ohne Abschied fortgehen, findet sich ähnl. bei Seb. Franck (‚Zeytbuch' CCXXXV[b]): „Nam hinder der Thueren vrlaub".
Die Tür von außen zumachen: sich entfernen.
Du kriegst die Tür nicht zu!: Ausdr. der Verwunderung der burschikosen Sprache seit 1930. Tür steht für den offenstehenden Mund des sprachlos Staunenden.
Jem. die Tür zeigen (weisen): ihn schimpflich fortgehen heißen. So bei Hans Sachs ‚Der kram der narren kappen' (16):

Wen einer hat nimer gelt herfür,
So weisen wir im die haustür.

Die Rda. ist auch 1580 bei Fischart (‚Bienenkorb' 50[b]) belegt: „Schreiben die Vätter undienliche Sachen für sie (die römische Kirche), so zeigt sie inen die Thür und leßt sie lauffen". Vgl. frz. ‚montrer la porte à quelqu'un'. Die unfreundliche Aufforderung *Vor der Tür ist draußen!* verwendet Abraham a Sancta Clara gerne (z.B. ‚Judas' II,282, III,64; ‚Reim dich' 131.184.248; ‚Gehab dich wohl' 20.258). ‚Jem. mit der Tür schlagen', ihn zum Haus hinausjagen (schwäb., Fischer II,478). ‚Einem die Thür vor den Hintern schlagen', ihn unsanft hinausbefördern (Wander IV,1196).
Jem. die Türe vor der Nase zuschlagen: einen grob, unhöflich abweisen, taucht seit dem 17. Jh. vielfach in der Lit. auf. Der früheste Beleg ist 1615 in ‚Der Landstörzer Gusman von Alfarache' von Ägidius Albertinus (S. 206) gegeben. Vgl. frz. ‚fermer à quelqu'un la porte au nez'.
Von Tür zu Tür gehen: betteln; vgl. frz. ‚aller de porte en porte' oder ‚faire du porte à porte', letzteres auch i.S.v. hausieren; *Türklinken putzen:* betteln gehen, ist aus der Gaunersprache in Umgangssprache und Mdaa. gelangt.
Bekannt sind auch: *Tür an Tür (wohnen):* nebeneinander; vgl. frz. ‚habiter porte à porte' und *vor der Tür stehen:* nahe bevorstehen, das Adelung (IV,596) 1801 aufnimmt (vgl. ‚jem. den Stuhl vor die Tür setzen', ↗Stuhl). Auf einen alten Rechtsgrundsatz weist die Wndg. *Der letzte macht die Tür zu:* der überlebende Gatte erbt unter Ausschluß der Verwandten.
(Erst) vor der eigenen Türe kehren: zunächst einmal die eigenen Angelegenheiten in Ordnung bringen (ehe man sich in anderer Leute Angelegenheiten einmischt). G. Rollenhagen (1542–1609) läßt 1595 in seinem ‚Froschmeuseler' die wohl schon damals sprw. Weisheit vortragen:

Für seiner tür ker jeder fein,
So wirds in der ganzen Stadt rein.

Zwischen Tür und Angel: in einer bedrängten Lage, ‚in der Klemme', in größter Eile, eigentl.: zwischen zwei Möglichkeiten eingekeilt, ohne zu wissen, welche man ergreifen soll. Schon der mhd. österr. Dichter Peter Suchenwirt (2. H. des 14. Jh.) kennt die Rda.:

Ein sprichwort ist lang gesait:
Wer zwischen tüer und angel
stöszt seinen vinger unverzait,
der gewint an frewden mangel.

Luther gebraucht die Rda. in seinen ‚Tischreden' (91[b]): „Wiewol ich zwischen Thür und Angel komme und gedrenget muß werden". Seb. Franck verzeichnet sie 1541 in seiner Sprww.-Sammlung: „Ich stehe zwischen thür vnnd angel, weyss nit, ob ich auss oder ein sol". Die gleiche Bdtg. hat die ndd. Rda. ‚tüschen Bork und Boom stecken'. Vgl. ‚dürängeln', durchprügeln, quälen, plagen.
Komplimentieren sich zwei Personen zu gleicher Zeit in eine Tür hinein, so sagt man dazu scherzhaft: ‚Das ist ja eine Türquälerei!'

Lit.: *R. Köhler:* Dürängeln, in: Kleinere Schriften, Bd. III (Berlin 1900), S. 632f; *L. Weiser-Aall:* Art. ‚Tür', in: HdA. VIII, Sp. 1185–1209.

Türke. *Einen Türken bauen:* eine oft geprobte Übung als spontane Originalleistung vorführen, etw. vorspiegeln, vortäuschen, einen rettenden Einfall haben, in der Not aus dem Stegreif etwas erfinden, etwas so stellen, als ob es echt wäre, etwas dem Original gleichtun, um Eindruck zu machen, auch: Ehrenbezeigungen vollführen.
Die Rda. ist heute bes. in Kreisen des Rundfunks, des Films und der Presse verbreitet mit der Sonderbdtg.: einen gestellten Partner, ein Double statt des echten im Interview befragen, statt echter Dokumentation als Notlösung gestellte Filmszenen bringen.

Urspr. stammt die Wndg. wohl aus dem militärischen Bereich. In der Soldatensprache ist ‚Türke' ein Fachausdr. für eine eingedrillte Gefechtsübung gegen einen angenommenen Feind und für das parademäßige Vorexerzieren bei militärischen Besichtigungen, aber auch für die taktische Erfindungsgabe der Kommandeure bei solchen Übungen gewesen. In der Form *einen Türken stellen* i. S. v. ‚bei Besichtigungen jem. etw. vormachen' ist der Ausdr. in die heutige Umgangssprache gedrungen. Krüger-Lorenzen meint, daß die Rda. auf einem Vorfall bei der kaiserlichen Marine beruht: „Als 1895 Kaiser Wilhelm II. den nach ihm benannten Kaiser-Wilhelm-Kanal (heute Nord-Ostsee-Kanal), eine der wichtigsten Weltseeverkehrsstraßen, einweihte, trafen sich im Kieler Hafen Kriegsschiffe aller seefahrenden Nationen. Der Kaiser hatte aus diesem Anlaß zu einem Galadiner auf dem Flottenflaggschiff SMS ‚Deutschland' eingeladen. Jedes Boot, das den Vertreter eines Staates an Bord der ‚Deutschland' brachte, führte die entspr. Nationalflagge. Sobald ein hoher Würdenträger seinen Fuß auf das oberste Fallreeppodest setzte, präsentierte die Sicherheitswache, und die Marinekapelle spielte die Nationalhymne des betreffenden Landes. Als plötzlich ein Boot mit der roten türkischen Halbmondflagge anrauschte, stellte der Kapellmeister bestürzt fest, daß weder Noten der türkischen Nationalhymne vorhanden waren, noch einer seiner Musiker diese kannte. Als dann die türkischen Seeoffiziere mit Fez und Halsorden das Fallreep heraufstiegen, intonierte die Marinekapelle kurz entschlossen: ‚Guter Mond, du gehst so stille durch die Abendwolken hin'. So wurde der erste Türke gebaut".

Vermutl. ist das Verb ‚bauen' erst als neueres Modewort zu dem Fachausdr. ‚Türke' getreten, vgl. Wndgn. wie ‚das Abitur bauen', ‚einen Unfall bauen' usw.

Möglicherweise bezieht sich die Rda. auf einen sog. Schachspielautomaten, bei dem eine Türkenpuppe die Züge des Spielers erwiderte, während die Partie in Wirklichkeit von einem unsichtbaren Spieler gelenkt wurde. W. Benjamin gebraucht dieses Bild in seinen ‚Geschichtsphilosophischen Thesen': „Bekanntlich soll es einen Automaten gegeben haben, der so konstruiert gewesen sei, daß er jeden Zug eines Schachspielers mit einem Gegenzug erwidert habe, der ihm den Gewinn der Partie sicherte. Eine Puppe in türkischer Tracht, eine Wasserpfeife im Munde, saß vor einem Brett, das auf einem geräumigen Tisch aufruhte. Durch ein System von Spiegeln wurde die Illusion erweckt, dieser Tisch sei von allen Seiten durchsichtig. In Wahrheit saß ein buckliger Zwerg darin, der ein Meister im Schachspiel war und die Hand der Puppe an Schnüren lenkte. Zu dieser Apparatur kann man sich ein Gegenstück in der Philosophie vorstellen. Gewinnen soll immer die Puppe, die man „historischen Materialismus" nennt. Sie kann es ohne weiteres mit jedem aufnehmen, wenn sie die Theologie in ihren Dienst nimmt, die heute bekanntlich klein und häßlich ist und sich ohnehin nicht darf blicken lassen".

Eine ‚Vermutung' (S. 164), wie es zu dieser Rda. gekommen sein könnte, äußerte 1977 W. Seibicke: „Vielleicht haben der Türke und das Türkenstellen … eher etwas mit der Türkengill (= Türkengilde), dem Türkentrecken, Türkenreiten und Türkenführen zu tun, wovon in O. Mensings Schleswig-Holsteinischem Wb. V (1935, Sp. 206 f.) die Rede ist". Da wird von einer Art Karneval berichtet, der in Kappeln bis zu Anfang des 20. Jh. gefeiert wurde. Er sollte an die glückliche Rückkehr des Detlevs von Ruhmor aus türkischer Gefangenschaft erinnern, aus welcher ihn Kappelner Schiffer befreit hatten (Ende 17. Jh.). Bei dem Umzug durch die Stadt wurde ein hölzerner, mannshoher ‚Türke' mitgeführt.

Ein möglicher Zusammenhang besteht mit dem sog. ‚Türkenkopfstechen' und dem Türken als Zielfigur bei turnierartigen Spielen. Dabei kam es darauf an, im vollen Anritt mit einem Degen nach einem Kopf zu stechen. Der Adel bestellte bei Bildhauern und Malern geschnitzte und gefaßte Köpfe als Zielfiguren für das Bravourreiten.

Die Rda. existiert auch im Frz. mit derselben Bdtg.: ‚faire un Turc.'

Etw. ist getürkt: etw. ist vorgetäuscht, eine Sache stimmt nicht.

Lit.: Dt. Wb. XI,I,II, Sp. 1853f.; *P. Horn:* Die dt. Soldatensprache (Gießen 1899), S. 76; *Th. Imme:* Sodatensprache (1917), S. 79; *W. Benjamin:* Gesch.-phil. Thesen 1, in: Schriften, hg. v. Th. W. Adorno u. G. Adorno, Bd. I (Frankfurt a.M. 1955), S. 494; *L. Kretzenbacher:* Ringreiten, Rolandsspiel u. Kufenstechen (Klagenfurt 1966); *Krüger-Lorenzen:* Kuhhaut, S. 246f.; *Küpper* II, S. 290; *H. Dittrich:* Rdaa. auf der Goldwaage (Bonn 1970), S. 252; *S. Özyurt:* Die Türkenlieder und das Türkenbild in der dt. Volksüberlieferung vom 16. bis zum 20. Jh. (Diss. Freiburg 1969), in: Motive. Freiburger folkloristische Forschungen Bd. IV (München 1972); *W. Seibicke:* Einen Türken bauen, in: Der Sprachdienst 21 (1977), S. 163–165; *K. Berisch:* Einen Türken bauen, in: Der Sprachdienst 22 (1978), S. 31; *H. Küpper:* Einen Türken bauen, in: Der Sprachdienst 22 (1978), S. 16; *C. Monßen:* Einen Türken bauen, in: Der Sprachdienst 22 (1978), S. 47; *L. Schmidt:* Einige Türkenmotive in der Volkskunst (Rosenheim 1979), S. 90–93. *H. Walther:* Einen (Kammer-) Türken (dar-)stellen, in: Der Sprachdienst 23 (1979), S. 54–55.

Turm. *Kennst du die Mehrzahl von Turm?:* ein Ausdr. der Abweisung. Die Mehrzahl von Turm lautet ‚Türme' und ist lautgleich mit dem Imperativ ‚türme' von ‚türmen' = fliehen, entweichen. Es handelt sich also um ein witziges Spiel mit Lautgleichheiten, unbeschadet der etymol. Verschiedenheiten; seit dem 1. Weltkrieg belegt (Küpper).
Jem. eintürmen: ihn einsperren, ihn als Untersuchungsgefangenen in den Turm setzen. Bes. die Tortürme einer Stadt dienten als Gefängnisse in früherer Zeit, so z.B. auch das ‚Martinstor' in Freiburg. Da die Stockwärter Gefangene oft entkommen ließen, ist vermutl. daher der Ausdr. ‚türmen': sich schnell davonmachen, entstanden.
Im elfenbeinernen Turm sitzen: abgeschlossen leben, die harten Realitäten nicht kennen, ↗ Elfenbeinturm.

Tuschkasten. *In den Tuschkasten gefallen sein:* Überaus geschminkt sein. Eine solch stark geschminkte u. zurechtgemachte Frau wird auch verächtlich als ‚Tuschkasten auf zwei Beinen' bezeichnet.

Tüte. *Kommt nicht in die Tüte!:* ein in Berlin seit dem Ende des 19. Jh., dann auch allg. verbreiteter Ausdr. der Ablehnung.
Aus der Tüte geraten: aus der Fassung kommen, die Beherrschung verlieren (bezieht sich wohl auf die platzende Tüte).
Du bist aber eine Tüte!: ein Dummkopf.
Tüten drehen (kleben): im Gefängnis sitzen.

tuten. *Von Tuten und Blasen keine Ahnung haben:* völlig unwissend, unfähig sein, geht auf die gleichbedeutende Wndg. ‚weder tuten noch blasen können' zurück, die wohl im Gedenken an die mindergeachteten Berufe des Kuhhirten und Nachtwächters entstanden ist. 1601 bei Eyering (‚Proverb.' 2,385): „Er kan weder thuetten noch blasen". 1771 erklärt das bremische Wb. (5,135): „He weet so veel van tuten, as van blasen: er versteht von dem einen so viel als vom andren: er ist dumm". Die Rda. ist in südd. und nordd. Mdaa. belegt. Sprw. ist auch: *Da hilft kein Tuten und Blasen:* da hilft keine Gegenrede. *Gern einen tuten:* gern trinken. *In dasselbe Horn tuten* ↗ Horn.

TÜV. *Zum TÜV gehen (müssen):* sich einer Untersuchung unterziehen müssen. Autos müssen regelmäßig zum TÜV, d.h. zum ‚Technischen Überwachungsverein'. Auf den Menschen übertr. meint die Wndg.: zum Arzt zu einer Routine-Untersuchung gehen, um seine Gesundheit oder Genesungsfortschritte nach einer Operation prüfen zu lassen. Der Vergleich beruht auf der dabei zum Einsatz kommenden ‚Apparate-Medizin'.

Typ. *Dein Typ wird verlangt:* du wirst gewünscht, gefordert, gerufen. Eigentlich meint Typ: Figur, Summe der psychischen und physischen Merkmale, (Menschen)schlag.
Dein Typ ist hier nicht gefragt: Du bist unerwünscht.
Das ist (nicht) mein Typ: er sagt mir (nicht) zu, er kommt als Partner (nicht) in Frage.
Ein dufter Typ sein: jem. sein, mit dem man gern Freundschaft schließen würde, der unternehmungslustig ist.

tz. *Bis zum tz,* auch *bis aufs tz:* bis zum äußersten, bis zum Ende, ‚durch und durch', z.B. ‚etw. bis zum tz kennen'; ‚er peinigt einen bis aufs tz'. Die Wndg. ist eine Steigerung der Rda. ‚von A bis Z' (↗ Abc), da tz als Verdoppelung des z in alten Fibeln als allerletzter Buchstabe des Alphabets aufgeführt wurde.

U

Übel. *Das kleinere Übel wählen.* Im ‚Protagoras' des Plato sagt Sokrates: „Δυοῖν κακοῖν ... οὐδεὶς τὸ μεῖζον αἱ ρήσεται ἐξὸν τὸ ἔλαττον" (= Von zwei Übeln wird niemand das größere wählen, wenn er das kleinere wählen kann); vgl. auch Aristoteles' ‚Nikom. Ethik' (V, 3, 16). ‚Minima de malis' (= von mehreren Übeln das kleinste) war nach Cicero (‚De officiis' III, 29, 105) im klassischen Altertum sprw. (Büchmann); vgl. engl.: ‚Between two evils choose the least'; frz. ‚choisir le moindre mal'.

‚Das kleinere Übel wählen'

‚Was darüber ist, das ist von Übel' zitiert man nach Matth. 5, 37: „Eure Rede aber sei: Ja, ja, nein, nein. Was darüber ist, das ist von Übel".

Drei Übel, welche einem Mann das Leben schwermachen, sind: ‚La pluye, fumée et femme sans saison (qui chassent souvent l'homme de sa maison)'. Das hier in frz. Form zitierte Sprw. geht – laut Taylor – auf die Sprüche Salomonis zurück. Dort heißt es: „Tecta perstillantia in die figoris et litigiosa mulier comparantur". Luthers Kommentar: „Ein zänkisch Weib und stetiges Triefen, wenn's sehr regnet, werden wohl miteinander verglichen". Das Sprw. spielt in der Lit. des MA. eine große Rolle. So findet man es bei W. Langland, G. Chaucer, in der german. Lehrdichtung, im Schott., Ital., Span. Oft begegnet es in abgewandelter Form, und aus den drei Übeln sind zwei geworden. So im ma. ‚Salomon und Morolf' (vgl. v. d. Hagen, S. 48):

eyn rynnende dach
vnde eyn czornig wypp
die kurczen dem guden
man sin lypp (V. 377 f.).

Bei Sebastian Brant heißt es im ‚Narrenschiff':

Ein rinnend dach zu winters frist,
ist glich ein frow, die zänkisch ist.

Jem. (etw.) als ein notwendiges Übel betrachten: jem. (etw.) in Kauf nehmen müssen. Die Wndg. ist sehr alt, sie wurde wiederholt von griech. Schriftstellern gebraucht, zuerst von dem griech. Komödiendichter Menandros (342–293 v. Chr.). Stobaios hat in seinem ‚Florilegium' (69, 10) folgenden Vers Menanders überliefert: „Τὸ γαμεῖν, ἐάν τις τὴν ἀλήθειαν σκοπῇ, κακὸν μὲν ἔστιν, ἀλλ' ἀναγκαῖον κακόν" (= Heiraten ist, wenn man's bei Licht besieht, ein Übel, aber ein notwendiges Übel).

Die lat. Übers. des Ausdr. ‚malum necessarium' findet sich zuerst bei Lampridius, einem spätröm. Historiker (4. Jh. n. Chr.), in der Lebensbeschreibung des Kaisers ‚Alexander Severus' (Büchmann).

Daß mir's nicht übel (schlecht) wird! sagt man im Ernst oder Scherz, wenn man durch Reden oder Klagen unangenehm berührt wird.

Einem übel mitspielen: ihm heimtückisch Schaden zufügen. *Jem. etw. übel vermer-*

ken (übelnehmen): ihm wegen einer Sache oder Äußerung böse sein.

Lit.: *F. C. Birkbeck:* Between two evils choose the least, in: American Notes and Queries 10 (1896), S. 174; *A. Taylor:* Sunt tria damna domus, in: Hess. Bl. f. Vkde. 24 (1926), S. 130–146; *W. Mieder* (Hg.): Selected Writings on Proverbs by Archer Taylor (= FFC. 216) (Helsinki 1975), S. 133–151.

Ufer. *Das rettende Ufer erreichen:* eine gefahrvolle Situation glücklich überstehen, endlich wieder festen Boden unter den Füßen haben, sich retten, noch einmal davonkommen.
Vom anderen Ufer sein: homosexuell sein.
Zu neuen Ufern aufbrechen: völlig andere Ziele anstreben, vom Unbekannten gelockt werden, auch wenn es Gefahren birgt. Goethe gebraucht die Wndg. lit. in ‚Faust' I, Nacht: Faust selbst verkündet, wohin ihn seine ungestillte Wißbegier treibt, nämlich ins Land des Todes. Als er im Begriff ist, die Giftphiole zu ergreifen und seinem Leben selbst ein Ende zu setzen, ruft er aus: „Zu neuen Ufern lockt ein neuer Tag".
Auch in einem modernen Schlagerlied ‚Hell war der Mond und die Nacht voll Schatten' (gesungen von Juliane Werding) begegnet die ähnl. Wndg. „an den andern Ufern der Nacht" i. S. v. Bereich, in den ein Lebender nicht zu folgen vermag, wo ein tödlicher Kampf stattfindet.
Uferlos sein (ausufern): kein Ende, keine Begrenzung finden, in übertr. Bdtg. oft auf Reden oder Diskussionen bezogen.

Uff. *Uff!* ist eine Interjektion der Erleichterung. In Märchen ist jedoch ‚Uff' wie auch ‚Ach', ‚Och', ‚Ohimé' und ähnliches ein geheimnisvoller Name eines Riesen, Teufels, Negers, Zauberers, welche erscheinen, sobald ein Mensch diesen Laut ausstößt. Sie erweisen sich dann entweder als Helfer oder als Feinde. Das Motiv erscheint bes. in Märchen Italiens, der Türkei, des Balkans überhaupt. Im Türk. bedeutet ‚uff sagen' etw. Negatives, Schlechtes. So muntert man einen Niedergeschlagenen auf mit der Rda.: ‚Sage nicht uff, sage Allah!'
In den Reiseerzählungen Karl Mays ist ‚Uff, Uff!' oft verwendet als Ausdruck des Erstaunens seitens der Indianer. Da diese Silben vor allem Winnetou in den Mund gelegt werden, wird dies gern parodiert: „‚Uff, Uff' sagte Winnetou, legte seinen Bauch in Falten, steckte die Beine in die Futterale und verschwand glucksend in den ewigen Jagdgründen".
Eine andere Version lautet:
„‚Uff, Uff' sagte Winnetou, biß sich ein Loch in den Bauch und verschwand darin".

Lit.: *K. Ranke:* Art. ‚Ach' in: EM. I, Sp. 52–53.

Uhl. *Was dem einen sin Uhl, ist dem anderen sin Nachtigall.* Der Gegenvergleich beider Tiere dient zum rdal. Bild der Verschiedenheit menschlicher Wünsche. Beide Nachtvögel symbolisieren Allergegensätzlichstes: Unglück u. Tod, bzw. Glück u. Liebe.
Die ndd. Form Uhl = Eule ist weit über das eigentl. ndd. Sprachgebiet in der allg. Umgangssprache bekannt. Schlesw.-holst. ‚Dor hett'n Uul seten', daraus ist nichts geworden, es ist nicht geglückt. Die sehr häufige Wndg. bez. Enttäuschung und geht aus vom Glauben, die Eule mache den Platz, an dem sie sich niederlasse, zu einem unglückbringenden. Aus dieser Bdtg. der Eule im Volksglauben sind beide Rdaa. zu verstehen; ↗ Eule, ↗ Uhu.
‚Uhlefotsküken' ist wörtl. das Küken von einem Uhu. Übertr. ist es die Bez. für einen komischen Menschen; niederrhein.: ‚Dat is en Uhlefotsküken', ‚du bist mal ein Uhlefotsküken'. Der Begriff gehört zu einer am Niederrhein bekannten Teufelssage, worin ein ‚gefederter Mensch' als ein Phantasievogel ausgegeben wird, den man noch nie sonst gesehen hat (H. Otto: Sagen und Überlieferungen vom Niederrhein [Moers 1931], S. 115).

Lit.: *E. u. L. Gattiker:* Die Vögel im Volksglauben (Wiesbaden 1989), S. 321–349.

Uhr. *Seine Uhr ist abgelaufen:* er muß bald sterben, er stirbt, er ist gestorben (vgl. frz. ‚Son heure a sonné' ↗ Stunde); lit. in Schillers ‚Tell' (IV, 3): „Mach deine Rechnung mit dem Himmel, Vogt! Fort mußt du, deine Uhr ist abgelaufen". Das bekannte Zitat ist aber keineswegs die einzige Quelle der Rda.; vielmehr ist die Wndg. schon lange vorher rdal. bekannt gewesen und auch lit. verwendet worden; z. B. heißt es in Goethes ‚Leiden des jungen

Werthers' (1774, 2. Buch, 12. Dez.): „Meine Uhr ist noch nicht ausgelaufen, ich fühle es", wobei an eine Sanduhr zu denken ist. Auch schon in Ayrers ‚Tragedia' vom reichen Mann und armen Lazarus:

Die Uhr ist auß: besich sie eben:
Du mußt noch sterben in wenig stundt.

Und einige Verse darauf:

Sich da! Er hat eine kleine Zeitt,
So ist im di Uhr außgeloffen.

Schon auf das frühe 16. Jh. läßt sich die Rda. zurückverfolgen: *wissen, was* (oder *wieviel*) *die Uhr geschlagen hat:* Bescheid wissen (meist: um eine ernste Sache, um das bevorstehende Ende), auch: eine Sache durchschauen. *Wenn die Uhren alle gleich schlagen:* Umschreibung für niemals.

Die gleichmäßig tickende Uhr symbolisiert auch das menschliche Herz, wie etwa in der durch Carl Loewes Vertonung berühmt gewordenen Ballade von Johann Gabriel Seidl:

Ich trage, wo ich gehe, stets eine Uhr bei mir.

Die Uhr rund schlafen: volle 12 Stunden (oder noch länger) schlafen; vgl. engl. ‚to sleep around the clock'; frz. ‚faire le tour du cadran' (wörtl.: wie der Zeiger rund um das Zifferblatt gehen).

‚Rund um die Uhr' hat die Bdtg. pausenlos, ohne Unterbrechung, immer im Einsatz. Den Zeitraum von 12 Stunden umfaßt die Rda.: ‚rund um die Uhr schlafen' (auch engl.: ‚round the clock'). Diese Rda., die man als Ursprung des heutigen ‚rund um die Uhr' ansehen kann, ist schon im 19. Jh. belegt: ‚He schlöpt nett (= genau) met de ganze Klock rond': 12 Stunden lang (J. M. Firmenich, I, S. 406). Eine Wiederbelebung erfuhr die Rda. im Dt. nach dem letzten Krieg und bes. durch Bill Haleys Schlager in den 50er Jahren: ‚Rock around the clock'.

Wenn sich aber heute ein Unternehmen als ‚rund um die Uhr dienstbereit (erreichbar)' bezeichnet, meint dies: ‚Tag und Nacht', also 24 Stunden.

Eine Uhr geht nach dem Mond: sie geht ungenau, falsch; ebenso: ‚eine Uhr geht nach dem ↗Pfandhaus'; in Norddtl. heißt es auch: ‚die Uhr buttert', i.S.v. die Uhr geht ungenau.

Die Uhr steht bei ihm stets auf Mittag: er ist immer hungrig; *seine Uhr geht nach:* er merkt alles zu spät; vgl. frz. ‚Tu retardes!', i.S.v.: Du bist schwer von Begriff und: Du kommst mit der Zeit nicht mit.

Das Gegenteil meint: *Deine Uhr geht vor:* du kommst zu früh, du bist zu eilig (eifrig), zu aufgeregt, verliebt, du kannst die Zeit nicht erwarten.

Die Uhr geht richtig: die Sache nimmt den vorausgesagten Verlauf.

Die Uhren gehen dort (in diesem Land) anders: die Zeit scheint stillgestanden zu haben; die Verhältnisse sind noch sehr rückständig.

Dabei ist keine goldene Uhr zu gewinnen: das verlohnt nicht die Mühe.

Die Uhr aufziehen: Geschlechtsverkehr haben, jem. masturbieren. Heute lebt diese Rda. in der Subkultur fort, dabei ist sie, wie das erste Kapitel von ‚The Life and Opinions of Tristram Shandy' von Laurence Sterne (1759) belegt, recht alt. Seinen Lebensbericht beginnt Tristram Shandy mit dem Anfang, nämlich mit seiner Zeugung. Dabei denkt Tristrams Mutter an die vom Vater aufzuziehende Uhr und gibt mit ihrer Frage den bösartigen Homunculi die Möglichkeit, sich des kleinen Sirs zu bemächtigen.

Ähnliche Sexualmetaphern sind auch in der dt. Umgangssprache durchaus bekannt: *Seine Uhr geht nach:* er ist sexuell zurückgeblieben; *ihre Uhr geht vor:* sie ist frühreif; *wissen, was die Uhr geschlagen hat:* sexuelle Erfahrungen haben (E. Borneman: Sex im Volksmund [Reinbek b. Hamburg 1971]).

Lit.: *W.-E. Peuckert:* Art. ‚Uhr', in: HdA. VIII, Sp. 1265–1287; *P. Wecks:* Polarisierung rund um die Uhr, in: Sprachdienst 15 (1971), S. 182; *J. Heydel:* Rund um die Uhr, in: Sprachdienst 17 (1973), S. 177–179; *B. Carstensen:* Rund um ‚rund um die Uhr', in: Sprachdienst 21 (1977), S. 81–85.

Uhu. *Ein Uhu sein:* als Unglücksbote auftreten. Shakespeare läßt z.B. seinen König Richard in übertr. Sinne zu dem 3. Boten, der schlechte Nachricht bringt, sagen: „Fort mit euch, Uhus! nichts als Todeslieder?"

Das Wort Uhu ist eine schallnachahmende Reduplikationsbildung, auch ‚Buhu' und ‚Schuhu' sind gebräuchl. Bereits im klassischen Altertum galt der Uhu als unheilbringend. Man mied und scheute ihn, denn er war der Vogel der Unterwelt, der Trauer- und Totenvogel, der sich gern in der Nähe von Grabstätten aufhielt. Sein Erscheinen bedeutete Krieg, Hungersnot, Krankheit oder Tod. Noch heute hält man es bei uns für ein böses Vorzeichen, wenn er sich auf einem Haus niederläßt oder in dessen Nähe sein Ruf erklingt. Ein Kranker hält seinen nächtlichen Schrei für seinen Todesruf. Schon Fischart besaß die gleiche Vorstellung, denn er schrieb in seinem ‚Eulenspiegel' (446 H):

ach, leider, es ist nun an diesem,
dasz Eulenspiegel wil beschlieszen, ...
der uhu schüttelt nun die flügel,
das todtenvöglein sitzt aufm hausz.

Der Uhu auf der Krähenhütte sein: sich in exponierter Stellung befinden und von allen Seiten angegriffen werden. Konrad von Megenberg (‚Buch der Natur' 143) berichtet bereits, daß der Uhu der Feind aller Vögel sei und daß diese ihn ebenfalls angreifen und bedrängen, wenn er ihnen nicht entgehen kann. Diese Tatsache nutzte man beim Vogelfang in der Krähenhütte: der Uhu lockte seine Feinde in die Falle, wenn sie ihn wütend angriffen. Bismarck gebrauchte die Rda. von sich selbst, als er sich in einer ähnl. Bedrängnis befand (‚Reden' X, 242, 245). Vgl. hierzu das ndd. Sprw. ‚He was dar als de Ule unner de kreien' (↗Eule). Goethe („Sprüche in Reimen') wendete das Bild vom ‚Uhu unter den Krähen' auf die schlechten Eigenschaften eines Unternehmers an, der von seinen Konkurrenten bedrängt wird, und spottete und mahnte:

Will Vogelfang dir nicht geraten,
So magst du deinen Schuhu braten.

↗Uhl.

Lit.: *O. Keller:* Die antike Tierwelt 2 (Leipzig 1913), S. 36–37; HdA. VIII, Sp. 1287–1293, Art. ‚Uhu' von *W.-E. Peuckert; E. Ingersoll:* Birds in legend, fable and folklore (New York 1923), Ndr. Detroit [Mich.] 1968; *E.u. L. Gattiker:* Die Vögel im Volksglauben (Wiesbaden 1989), S. 329–333.

Ulk. *Einen Ulk ausfressen (machen):* einen losen Streich ausüben, gewollten Unsinn treiben.

Die Wndg. kommt aus der Studentensprache. Wilhelm Raabe schreibt 1859 in ‚Kinder von Finkenrode': „Da stehen wir wieder einmal wie drei Studenten, die einen Ulk ausfressen wollen". Das Wort Ulk entstammt urspr. der ndd. Mda., wo es ‚Unglück' bedeutet. Schlesw.-holst. ‚He hett vel Ulk', er muß viel ausstehen; ‚du mußt ok lehren, was Ulk is', bereite dich auf Unglück vor. Die ndd. Rda. ‚De is mit den Ulks beseten' steht in Zusammenhang mit dem Volksglauben. Man meinte, daß ein Plagegeist, der Ulk genannt wurde, Unglück und Verlust brachte, wenn er von dem Menschen Besitz ergriff, ähnl. wie ein Krankheitsdämon. Im erweiterten Sinn von ‚Lärm' wird Ulk in schles., nassauischen, ostfries., westf. und obersächs. Mdaa. gebucht. Der früheste lit. Beleg als ‚lärmende Bewegung' findet sich 1582 in Fischarts ‚Geschichtklitterung' (Ndr. 231), und 1620 nimmt Helvegius in seine ‚Origines dictionum germ.' (S. 288) auf: „ulck vulgus nostrum usurpat pro afflictione et calamitate". In die Studentensprache gelangt, wird Ulk zuerst 1831 in Leipzig als ‚lärmender Spaß' bezeugt.

Lit.: *F. Kluge:* Studentensprache (Straßburg 1895), S. 131.

Ulm ↗ Schneider, ↗Spatz.

Ulrich. *Den (heiligen) Ulrich anrufen, Sankt Ulrich rufen:* sich erbrechen; ein bes. in süd- und westdt. Mdaa. viel bezeugter und seit dem 16. Jh. auch lit. belegter Wortwitz, der kaum auf den 993 heiliggesprochenen Bischof Ulrich von Augsburg zurückzuführen ist, sondern der einfach auf dem Gleichklang des Wortanfangs ‚Ulr' und den Lauten des sich erbrechenden Magens beruht. Früher gebrauchte man in gleichem Sinne auch den Ortsnamenscherz ‚nach Speyer appellieren' wegen des Wortanklangs an ‚speien' = sich übergeben. Der Wortwitz beruhte außerdem darauf, daß Speyer bis 1689 Sitz des Reichskammergerichts war. Heutzutage sagt man zu einem, der sich übergeben muß, auch: ‚Du wirst alt!', und auf die erstaunte Frage ‚Warum?' erhält er zur Antwort: „Unser Leben währet siebzig Jahr, und wenn's hoch kommt, so sind's achtzig Jahre ..." (Ps. 90, 10).

Ultima. *Zur Ultima ratio greifen:* das letzte Mittel anwenden. Die Rda. wird oft auf den Krieg angewendet. Das kommt daher, daß z.Z. Richelieus auf allen frz. Kanonen „ultima ratio regum“ (das letzte Wort der Könige) zu lesen stand.

umfallen ↗Domino, ↗Kartenhaus.

umgekehrt. *Umgekehrt* (auch *rückwärts-*) *essen* (oder *frühstücken*)*:* sich erbrechen; etwa um 1900 aufgekommen.
Umgekehrt wird ein Schuh daraus sagt man im Scherz, wenn einer etw. gerade auf die entgegengesetzte Weise anfängt, als es richtig wäre. Man hat geglaubt, die Rda. stamme von einem Spiel, bei dem es gelte, die Worte umzudrehen: Aus ‚Husch‘ wird umgekehrt ‚Schuh‘ usw. Doch sind die Worte ‚wird ein Schuh daraus‘ wohl weiter nichts als ein scherzhafter Zusatz zu umgekehrt = verkehrt. Schon Luther sagt (Briefe, hg. v. Seidemann, V, 154): „Kehren aber den schuch umb, und lehren uns das gesetz nach dem evangelio, und den zorn nach der gnade“; in dem ndd. Spiel vom ‚Claws Bur‘ (V. 374) heißt es: „Her Fiscal, keret dat umme, so wert it en got Scho“. In der heutigen Form ist die Rda. seit 1745 bezeugt.
Vielleicht hatte die Rda. urspr. doch einen Realbezug, der in Vergessenheit geriet: beim Nähen der versteckten Nähte im Inneren wurde der Schuh früher tatsächlich gewendet, d.h. nach den ersten Nähten auf der Rückseite des Leders oder Stoffes mußte der Schuh umgekehrt werden, wenn etw. aus ihm werden sollte. Die schlesw.-holst. Rda. ‚He kehrt üm as Gott vör Gammendörp‘ bezieht sich auf eine regionale Ortsneckerei auf den Ort Gammendorf: „De leev Gott güng dar ni rin, dar wahn so’n rog Volk. De leev Gott wull nix mit er to don hebb’n“ (Aufzeichnung von G. Fr. Meyer, ZA. 54073).

umhauen. *Das haut mich um!* (wörtl.: ‚das schlägt mich zu Boden‘) ist eine seit dem 19. Jh. belegte Wndg. der großen Überraschung; vgl. frz. ‚Cela me renverse‘ und ‚C’est renversant‘, auch i.S.v.: das ist empörend. Die heutige Umgangssprache kennt außerdem *sich umhauen:* schlafen legen. In der Soldatensprache dieses Jh. bezeugt ist ‚Umhauer‘ für einen hochprozentigen Schnaps. In Holstein sagt man: ‚Dat haugt anners üm,‘ segt Mês Mûl‘, wenn etw. anders zu verstehen ist oder ausgeht, als man erwartete.

umhergehen ↗Löwe.

Umlauf. *Jem. aus dem Umlauf (Verkehr) ziehen:* ihn zu einer Freiheitsstrafe verurteilen, beschönigend-euphemist. in Anlehnung an die Gewohnheit des staatlichen Münzamtes gebildet, alte Geldscheine und Münzen ‚aus dem Umlauf zu ziehen‘ (etwa seit 1930). *Etw. in Umlauf bringen:* ein Gerücht verbreiten.
Etw. in Umlauf geben: Informationen an alle Betroffenen weitergeben; ein Schriftstück zur Kenntnisnahme von einem Mitarbeiter zum anderen weiterreichen.

Umschweife. *Etw. ohne Umschweife sagen:* etw. direkt, ohne lange Erklärungen, geradeheraus sagen.

umsonst. *Umsonst ist (nur) der Tod (und der kost’ [bloß] das Leben)* ist ein scherzhaft-iron. Zusatz zu dem Wort umsonst i.S.v. ‚kostenlos‘. Man wendet die Rda. an z.B. bei einer kostenlosen Arbeitsleistung, die man aber nicht unbezahlt annehmen möchte; aber auch in gegenteiliger Bdtg., wenn man eine Vergütung erwartet; vgl. ndd. ‚Umsüss is der Dôd un de ôk nich, Prêster un Köster will’n ôk er Dêl‘.
Etw. nicht umsonst gesagt (getan) haben: aus gutem Grund, nicht ohne eine besondere Absicht damit zu verbinden. Die Wndg. kann auch als Drohung gemeint sein; vgl. frz. ‚Ne pas avoir dit quelque chose en l’air‘ (wörtl.: eine nicht aus der Luft gegriffene Behauptung aufstellen).
Etw. auch nicht umsonst bekommen haben: die Wndg. dient zur Rechtfertigung eines Preises, der anderen zu hoch erscheint. ↗Null-Tarif.

Umstand. *Umstände machen:* weitläufig reden, sich förmlich benehmen, seine Dinge schwerfällig erledigen. Man hat diese Rda. auf den alten Rechtsausdr. Umstand (das sind die in der Rechtsversammlung um das Gericht herumstehenden Gemeindemitglieder) zurückführen wollen (mhd. ‚umbestant‘ = das Herumstehen, die Gesamtheit der Umstehenden; frühnhd. ‚Umständer' = Zuschauer bei Gerichtsverhandlungen); doch läßt sich die seit dem 16. Jh. bezeugte Rda. ‚(keine) Umstände machen' nicht unmittelbar auf den Rechtsbrauch zurückführen, sondern beruht wohl nur auf einer Übers. des spätlat. ‚circumstantia', das in abstraktem Sinne für das ‚besondere Verhältnis, wovon etw. umgeben ist', gebraucht wird. Ebenso frz. ‚Ne faites pas de circonstances' = Machen Sie keine Umstände (veraltet). Dafür sagt man heute: ‚Ne faites pas de manières'. Unsere ‚erschwerenden' oder ‚mildernden' Umstände entsprechen frz. den ‚circonstances aggravantes' bzw. ‚atténuantes'. (Vgl. ‚auf die lange ↗Bank schieben').

In der Bdtg. ‚zögern' ist die erstmalig 1493 belegte Rda. zunächst auf die Rede bezogen, wie auch 1561 bei J. Maaler in ‚Teutsch Spraach': „vil umbstend und unnötig geschwätz, ambagibus sermo, einen mit langen umbstenden aufziehen, ambage longa morari aliquem".

Zahlreich sind die umg. und mdal. Bez. für einen langsamen Menschen: ‚Umstandskrämer', ‚-fritze', ‚-peter', ‚-kasten', ‚-meier', ‚-kommissar'.

Unter keinen Umständen!: Unter keiner Bedingung, Steigerung einer Ablehnung.

Ohne Umstände! ist die Kurzform der Aufforderung, sich nicht aufzuhalten, ebenso: *Es braucht keiner Umstände! Sich keine Umstände machen:* keine besonderen Vorbereitungen für einen Gast treffen; oft als Bitte des unangemeldeten Besuches: *Macht euch bitte keine Umstände!* Vgl. frz. ‚Ne vous mettez pas en frais' (Stürzen Sie sich nicht in [unnötige] Unkosten).

Sich in anderen (gesegneten) Umständen befinden, umschreibende Wndg. für: schwanger sein (vgl. ndl. ‚in gezegende omstandigheden verkeren').

Die Umgangssprache kennt neben dieser geläufigsten Umschreibung noch eine Fülle von Schwangerschaftsmetaphern aus unterschiedlichsten sozialen Sprachebenen: ‚guter Hoffnung', ‚gesegneten Leibes', ‚nicht mehr allein sein', ‚etw. unter dem Herzen tragen', ‚es ist etw. unterwegs', ‚der ↗Storch hat sie ins Bein gebissen', ‚der Storch hat sich angesagt' (hat geklingelt), ‚sie trägt was unter der Schürze', ‚die Schürze wird ihr zu kurz', ‚sie ißt und trinkt für zwei', ‚sie hat ein Brot im Ofen', ‚sie hat einen Fußball verschluckt', ‚hops sein', ‚sie sitzt auf der Wartburg', ‚sie hat Hoffmannstropfen getrunken', ‚sie hat ein Hufeisen verloren' (Ernest Borneman: Sex im Volksmund [Reinbek b. Hamburg 1971]).

unbekannt. *Unbekannt – ungenannt:* wer in der Verborgenheit, unauffällig lebt, kommt nicht ins Gerede, muß sich nicht der öffentlichen Kritik aussetzen.

Der große Unbekannte (sein): ein sich nur in seinen Werken offenbarender, sonst aber anonym bleibender, bedeutender Geist sein. Urspr. bezieht sich der Ausdr. auf das Wirken Gottes, von dem es bei Hiob 36,26 heißt: „Siehe, Gott ist groß und unbekannt ..." (Büchmann). In England wurde der anonyme Verfasser des ‚Waverley' zuerst als ‚The great Unknown' bez. Auch Nikolaus Lenau gebraucht den Ausdr. ‚Der große Unbekannte' in seinem Gedicht ‚Der Hagestolz'.

Neuerdings wird bei Untersuchungen von Kriminalfällen eine Klage ‚gegen Unbekannt' erhoben, wenn der Täter noch nicht ermittelt werden konnte. Ebenso wird bei Rechtfertigungsversuchen eines Angeklagten, der die Schuld einem anderen zuschieben möchte, iron. vom ‚großen Unbekannten' gesprochen.

unberufen. ‚Unberufen', ‚unberedet', ‚unbeschrien', ‚unbeschladdert' und ähnl. Wndgn. haben sich als urspr. magische Abwehrformeln des Volksglaubens auch heute noch im gesamten dt. Sprachgebiet erhalten. Sie werden der Erwähnung glückhafter Umstände hintangestellt, um das Gegenteil nicht heraufzubeschwören. Mit ‚beschreien', ‚berufen', ‚bereden' u.a. bez. der Volksglaube die Be- oder Verzauberung von Personen und Sachen durch den magischen Bann des Wortes. Damit hängt zusammen, daß durch unvorsichtige Bewunderung und unzeitiges Lob das gegenteilige Schlechte gleichsam herbeigezogen wird. Das Alter dieser Vorstellung wird kaum zu ermessen sein. Um Unheil zu vermeiden, fügt man deshalb die Abwehrformeln hinzu und übt damit einen apotropäischen Zauber aus. So führt 1715 Johann Christian Ettner in ‚Des Getreuen Eckarths unvorsichtige Hebamme' (937) an, daß man die Kinder nie „ohne zugesetzten Gedeyungs-Wunsch" loben solle. Theodor Fontane (1,113) schreibt: „Übrigens ist sie, unberufen und unbeschrien, recht gut" ↗beschreien.

Oft wird der Glücksruf ↗‚Toi, toi, toi' erweitert zu: ‚unberufen toi, toi, toi'. Man will hier glückliche Lebensumstände wünschen, die man nicht berufen will. Deshalb läßt man einen Ausspruch folgen, der das Geräusch des dreimaligen Ausspuckens o.ä. nachahmt, oft begleitet mit dem dreimaligen Klopfen auf Holz. H. Wilde leitet ‚toi, toi, toi' entsprechend dieser Deutung aus dem jidd. ‚tow, tojw': ‚gut' her, eine Verkürzung von ‚masel tow': gut Glück. So meint ‚unberufen toi, toi, toi': alles Gute!

Lit.: *A. Perkmann:* Art. ‚berufen, beschreien', in: HdA. I, Sp. 1096–1102; *ders.:* Art. ‚besprechen', in: HdA. I, Sp. 1157–1172; *H. Küpper:* 99 uralte Regeln, das Glück zu mehren, dem Unglück zu wehren (München [2]1952); *H. Wilde:* Unberufen toi, toi, toi, in: Sprachdienst 15 (1971), S. 4–7.

unbescholten. *Unbescholten sein:* einen guten Ruf haben. Der Ausdr. rührt von einem ma. Brauch her: wollte man jem. seinen Haß und seine Verachtung ausdrücken, so ließ man einen ‚Scheltbrief' mit Vorwürfen öffentlich anschlagen. Die angegriffene Person galt dann so lange als ‚bescholten', bis sie sich in einem ordentlichen Rechtsverfahren rechtfertigen konnte.

Undank. *Einem alles zu Undank(e) machen:* ihm nichts recht machen können. Heute sagt man statt dessen häufiger: ‚einem nichts zu Danke machen können'. Die Rdaa. *einem Undank wissen* und *den Undank auf sich laden:* sind ebenfalls veraltet. Vgl. lat. ‚Accersere malam gratiam, offendere aliquem'. Luther gebraucht sogar die Wndg. „der undanck wirt uns schlahen" (Werke 17,1,194,16, Weimarer Ausg.). Üblicher sind die Wndgn. *Undank davontragen (empfangen, ernten)* und *jem. mit Undank belohnen,* neben dem allg. bekannten Sprw. ‚Undank ist der Welt Lohn'. Für dieses Sprw. gibt es veranschaulichende Volkserzählungen, z.B. bei Müller, Sagen aus Uri III, Nr. 1274[b], S. 167 (AaTh. 155), wo der geprellte Teufel das Sprw. benutzt. Die Rda. *Undank säen:* selbst kommenden Undank hervorrufen, nutzt Voss lit.: „ward denn Undank wo gesät" (‚Gedichte' 6,68).

Undankbar wie ein Kuckuck sein: sehr undankbar. Der rdal. Vergleich führt zu einer Steigerung der Aussage, da es nichts Schlimmeres zu denken gibt als das Verhalten des jungen Kuckucks im fremden Nest, der die Jungen seiner Pflegeeltern verdrängt, ↗Kuckuck. Vgl. frz. ‚un monstre d'ingratitude' (wörtl.: ein Ausbund an Undank).

Lit.: *Anon.:* Undank ist der Welt Lohn, in: Braunschweiger Anzeigen (1768), Nr. 33; *K. W. Nose:* Einige Lichtseiten des Satzes: Undank ist der Welt Lohn (Frankfurt/M. 1799).

ungeschoren. *Jem. ungeschoren lassen:* einen unangefochten, unangetastet lassen; hängt wohl kaum mit der germ. Strafe des schimpflichen Haarabschneidens zusammen. Auch lassen sich keine Belege aus mhd. Zeit erbringen. Als Erklärung für die Entstehung bietet sich das völlig harmlose, aber doch unangenehme Scheren von Tieren, z.B. des Schafes, an. Ferner kann an die Aufnahmezeremonie der Zünfte und anderer Organisationen gedacht werden (vgl. ‚ungeschliffen', ‚ungehobelt'). Grimmelshausen baut im ‚Simplicissimus' die Rda. zu einem Wortspiel aus: „zu dem siehe ich euch auch vor kein scherergesindel an, darum lasset mich ungeschoren". Goethe schreibt (Weimarer Ausg. 2,276): „Macht, was ihr wollt; nur laßt mich ungeschoren". Die Wndg. ist mdal. und umg. weit verbreitet. Ähnl. ist *ungeschoren davonkommen:* unbeschädigt, unbelästigt davon kommen.

Unglück. *Vom Unglück verfolgt werden:* in immer neue Schwierigkeiten geraten, vom ↗Pech verfolgt werden.

In sein Unglück rennen: keine Warnungen u. Mahnungen beachten, oft in Hinblick auf eine geplante Eheschließung gesagt.

Sich selbst (andere) ins Unglück stürzen: schuld an eigenem (fremdem) Mißgeschick tragen.

Einem Unglück entrinnen (entgehen): noch einmal glücklich davonkommen.

Einen an sein Unglück mahnen: ihm Vorhaltungen machen, die unangenehme Erinnerung wachhalten, um ihn zur Einsicht zu bewegen.
Einem alles Unglück an den Hals wünschen: ihn verfluchen aus Haß. Dahinter steht der Volksglaube an die Wirksamkeit eines Fluches u. die Hoffnung seiner Erfüllung.

Lit.: *W. Boette:* Art. ‚Unglück', in: HdA. VIII, Sp. 1425–1427; *G. Jungbauer:* Art. ‚Unglückstage', in: HdA. VIII, Sp. 1427–1440; *J. Krejčí:* Die erzieherische Weisheit in den Sprichwörtern über das Glück und Unglück im Verhältnis zu den heutigen Glückstheoretikern, in: Pädag. Rundschau, Heft 4 (1991); weitere Lit. ↗Glück.

Unglücksrabe. *Ein Unglücksrabe sein:* ständig von ↗Pech verfolgt werden. Der Rabe galt bereits in der Antike als zukunftswissend u. war als Orakeltier bei vielen Völkern (Germanen, Slaven, Babyloniern, Juden, Arabern, Mongolen) bekannt. Von übler Vorbedeutung war er vor allem in Frankreich, Ostasien u. Afrika. Heute ist sein Erscheinen, sein Krächzen bei uns allg. ein Todesvorzeichen, denn als Aasfresser u. wegen seiner schwarzen Farbe besitzt er im Volksglauben eine Beziehung zum Tod.
Der Titel von Wilhelm Buschs Bildgeschichte ‚Hans Huckebein, der Unglücksrabe' (1867) ist sprw. zur Bez. eines ‚Pechvogels' geworden.

Lit.: *W.-E. Peuckert:* Art. ‚Rabe', in: HdA. VII, Sp. 427–457, bes. 444–447; weitere Lit. ↗Rabe.

ungut. *Etw. nicht für ungut nehmen (halten):* etw. nicht übelnehmen, eine Bemerkung nicht böse oder falsch auffassen. In der verkürzten Form *Nichts für ungut!* wird die Wndg. als Formel der Entschuldigung gebraucht. Bes. bei der Verabschiedung wird der Gesprächspartner damit um Nachsicht für freie und kritische Äußerungen gebeten, die nicht als beleidigend aufgefaßt werden sollten. Der Ausdr. ist schriftsprachl. und mdal. üblich, z. B. schles. ‚Sie war'n's nich (fer) ungittig nahmen' und niederoesterr. ‚Nix fiär unguad!' Vgl. auch ndl. ‚Niet te ondieft!'; engl. ‚No harm!' Oft steht die Formel auch als Einleitung der in Norddtl. beliebten Sagte-Sprww.: ‚Nichts für ungut, sagte die Henne zum Regenwurm, da fraß sie ihn'; ‚Nix för ungut, säd' de Hahn, do trêd he op de Henn' (Holst.); ‚Nix vör ungut, säd' de Voss, un bat 'r Gaus 'n Kopp av' (Lüneburg), und in Hamburg: ‚Nix vör ungôd, säd' de Bûr, dô slög he den Eddelmann an'n Hals'.
Dagegen heißt *etw. für ungut nehmen:* es übel auffassen, sich ärgern. Die Negierung des schon negativen ungut gibt der Rda. heute wieder positiven Sinn.

Unkraut wird schon bei Hans Sachs bildl. für einen nichtsnutzigen Menschen gesetzt. Die Lutherische Übers. von Matth. 13,25 – „Unkraut zwischen den Weizen säen" – wird zur Verbreitung des Vergleichs beigetragen haben. *Unkraut vergeht nicht:* das Schlechte bleibt bestehen, ein nichtsnutziger Mensch läßt sich nicht aus der Welt schaffen, kommt dem Sinne nach schon in Freidanks ‚Bescheidenheit' (120,7, vgl. Singer III, 81) vor: „Unkrût wehset âne sât, so ez schoenem krûte missegât". Nicht selten sind den Pessimismus der Wndg. steigernde Zusätze belegt, so bei Seb. Franck: „es keme eh ein platzregen drauff", im ‚Simplicissimus' von Grimmelshausen (I, 595): „es müste eh ein hund daran pissen", und 1870 in Holstein: ‚so koold is de Winter upstünds nich mehr'. In Umgangssprache und Mda. bagatellisieren Kranke scherzhaft ihr Leiden durch das Sprw.
Auf die Frage: ‚Wie geht's?' erfolgt häufig die tiefstapelnde Antwort: ‚Unkraut vergeht nicht, schlägt gewöhnlich doppelt aus', wobei dessen zähe Lebenskraft mit der eigenen in einer Art Selbstironie durch den witzigen Zusatz verglichen wird (vgl. ndl. ‚Onkruid vergaat niet'; frz. ‚Mauvaise herbe croît toujours'; engl. ‚Ill weeds grow apace').
Die Rdaa. *Unkraut unter den Weizen säen* (vgl. frz. „semer de l'ivraie parmi le bon grain') und *das Unkraut vor dem Weizen abschneiden* sind bibl. Urspr. und beziehen sich auf Matth. 13,25 und 30.

unnötig. *Etw. ist unnötig wie ein Kropf:* eine Sache ist völlig überflüssig. Dieselbe Bdtg. hat auch der ähnl. rdal. Vergleich: ‚etw. ist unnötig (überflüssig) wie eine Schwiegermutter'.

unrein. *Unrein sein:* krank, aussätzig sein. Früher war der Warnruf der Aussätzigen: ‚Unrein, unrein!'. Die Wndg. besitzt noch mehrere Bdtgn., die mit dem Volksglauben an schädliche, dämonische Einflüsse in Zusammenhang stehen. So galt die menstruierende Frau als unrein, auch die Wöchnerin, die nach der Entbindung noch nicht ausgesegnet war. Durch die Berührung mit Tabuiertem wie Blut, bestimmten Speisen, mit für unrein geltenden Personen wie Kranken, Toten, Mördern, Schindern, Henkern u. a. ‚unehrlichen Leuten' konnte man gleichfalls unrein werden u. mußte sich bes. Reinigungszeremonien unterziehen. *Sag's erst ins unreine!* sagt man zu einem Stotterer, der nicht gleich einen ganzen zusammenhängenden Satz herausbringt; auch: *ins unreine reden* (oder *quatschen*): sich seine Worte erst reiflich überlegen, zögernd sprechen.
Ins unreine schreiben: ein Konzept schreiben.

Lit.: *Pfister:* Art. ‚rein, Reinheit', in: HdA. VII, Sp. 630–637, bes. 636.

Unschuld. *Sich in Unschuld baden:* für etw. nicht verantwortlich gemacht werden wollen; übertreibende Abwandlung von: ‚seine Hände in Unschuld waschen' (↗Hand).
Die gekränkte Unschuld spielen: sich harmlos stellen, Unschuld vortäuschen.
Jem. die Unschuld nehmen (rauben): ihm durch Worte oder Taten die Naivität nehmen.
Die Unschuld verlieren: verführt werden, meist von Mädchen gesagt; vgl. frz. ‚perdre son innocence'; dagegen: *seine Unschuld bewahren:* sich nicht verführen lassen, Natürlichkeit und naive Ursprünglichkeit behalten.
Die Unschuld vom Lande sein (spielen): ein einfaches, naives, unerfahrenes Mädchen vom Dorfe sein, das in der Stadt auffällt und durch die Rda. charakterisiert und verspottet wird.
‚Unschuld vom Lande' hießen zwei dt. Spielfilme aus den Jahren 1933 und 1957. Nach einer Figur aus J.-B. Molières ‚Ecole des Femmes' heißt im Engl. ‚die Unschuld vom Lande spielen': ‚to play Agnes'.
Unschuldslamm ↗Lamm; *Unschuldstaube* ↗Taube.

Lit.: *E. Bensley:* Do not play Agnes, in: American Notes and Queries 11 (1910), S. 495; *N. W. Hill:* Do not play Agnes, ebd., S. 495; *W. Müller-Bergström:* Art. ‚Unschuld', in: HdA. VIII, Sp. 1443–1451.

unsicher. *Einen Ort (eine Gegend) unsicher machen:* ihn (sie) aufsuchen, eigentl.: sich unerwünschterweise dort blicken lassen; erst nach der Mitte des 19. Jh. lit. belegt; abgeschwächt aus dem Unsichermachen von Straßen oder Landschaften durch Räuber oder durchziehende Kriegshaufen. Berl. ‚Er macht die Schweiz unsicher', er reist in der Schweiz, ↗Kantonist.
Jem. unsicher machen: ihn verwirren, in Verlegenheit bringen.

Unstern. *Über einer Sache steht ein Unstern:* etw. kann sich nicht recht entwikkeln, wird durch ungünstige, von außen kommende Störungen beträchtlich behindert. Ludwig Uhland schrieb das Gedicht ‚Unstern' (1814), welches beginnt:

> Unstern, diesem guten Jungen
> hat es seltsam sich geschickt.

Von einem Unstern verfolgt werden: immer wieder Unglück erfahren müssen.

Lit.: *F. Boll:* Sternglaube und Sterndeutung (Leipzig [4]1931); *W. Gundel:* Sternglaube, Sternreligion und Sternorakel (Leipzig 1933); *E. Zinner:* Sternglaube und Sternforschung (München 1953); *F. Strunz* u. *C. M. Edsman:* Art. ‚Astrologie', in: RGG. I ([3]1961), Sp. 664–666. Weitere Lit. ↗Stern.

unterbelichtet. *Jem. ist unterbelichtet:* jem. ist dumm. Der Ausdr. kommt aus der Sprache der Fotografen; ist ein Bild unterbelichtet, so ist es zu dunkel; vgl. ↗helle.

Unterhose. *Die starke Unterhose anhaben:* sich stark fühlen, mit seiner Stärke prahlen; schülersprachl. seit 1930; *ich stoße dich aus der Unterhose!:* Drohrede, seit etwa 1930, auch verstärkt: ‚ich schlage dich pfundweise aus der Unterhose'; *jem. bis auf die Unterhosen ausziehen:* sein Ansehen völlig untergraben, seit 1959 gebucht; *auf der Unterhose fahren:* auf abgenutzten Reifen fahren; gemeint ist das Sichtbarwerden der Leinwandunterlage des Fahrzeugreifens (Küpper).

Unterschied. ‚Der kleine Unterschied' sagt man heute verhüllend für weibl. oder männl. Geschlechtsmerkmale im Vergleich. In weiten Kreisen bekannt wurde diese Bez. durch die feministische Autorin Alice Schwarzer mit ihrem Buchtitel: ‚Der kleine Unterschied und seine großen Folgen' (Frankfurt/M. 1975).

unverhofft. ‚Unverhofft kommt oft': dasjenige, was man am wenigsten erwartet hat, passiert; seit dem 17. Jh. belegt.

Lit.: *L. Schmidt:* Sprw. dt. Rdaa., in: Österr. Zs.f.Vkde. 77 (1974), S. 81–130; bes. S. 126.

Uriasbrief. *Einen Uriasbrief überbringen* wird gesagt nach 2. Sam. 11,14.15: David schickte den Uria, dessen Frau er besitzen wollte, an Joab mit einem Brief des Inhalts: „Stellet Uria an den Streit, da er am härtesten ist, und wendet euch hinter ihm ab, daß er erschlagen werde und sterbe". Aus dieser urspr. Bdtg. des Uriasbriefes wird dann allg. ein ‚Unglücksbrief'.
Das Motiv des Briefüberbringers, der unwissend sein eigenes ↗Todesurteil seinen Vollstreckern übergibt, begegnet in zahlreichen Märchen (z. B. KHM. 29).

Lit.: *J. Schick:* Das Glückskind mit dem Todesbrief (Berlin 1912); *A. Aarne:* Der reiche Mann und sein Schwiegersohn. Vergleichende Märchenforschungen (FFC. 23) (Helsinki 1916).

Urne. *Zur Urne gehen, an die Urne treten:* an einer Wahl teilnehmen. Lat. ‚urna' bedeutete urspr. ein Maß für Flüssigkeiten; seit dem 19. Jh. ist es die Bez. für einen geschlossenen, mit einem Schlitz versehenen Behälter, in dem die Stimmzettel bei einer Wahl gesammelt werden.

Urständ. *Fröhliche Urständ feiern:* ein Come-back erleben, nachdem jem. (etw.) schon fast vergessen war; erneut an das Licht der Öffentlichkeit treten. Der Begriff der ‚urstendt' bezog sich in allen älteren Quellen auf die Auferstehung Christi; so z.B. bei Hans Sachs: „die fröliche urstendt Christi".
Luther nimmt in seinen ‚Tischreden' an, daß ‚urstendt' (Auferstehung) und ‚Ostern' seltsam vermengt wurden: „Ich halt, ostern sey ein corruptum vocabulum, ein wort, in welchem die buchstaben versetzt und verkehret sind, als ostern für urstend" (Dt. Wb. 11,2556).
Oft wird die Auferstehung Christi als *fröhliche Urstendt* umschrieben: von dieser urspr. Bdtg. ausgehend, wurde der Ausdr. dann auf alles, was eine Wiederbelebung erfuhr, verallgemeinert und übertragen. So ist bei Kotzebue die Wunschformel „Gott verleih ihm fröhliche Urstend" i.S.v. ‚Wiedergenesung' belegt, und Theodor Storm schreibt: „Wir ... tranken ... tapfer auf seine fröhliche Urständ".

Urteil. *Sich selbst das Urteil sprechen* sagt man rdal., wenn ein gesprächsweise geäußertes abschätziges Urteil durch Zufall auf den Urteilenden selbst zutrifft. Was als bloße Rda. erscheint, konkretisiert sich in zahlreichen Volksmärchen (z.B. KHM.13, 89, 111, 135): Dem Verbrecher, der sich sicher glaubt und nicht an seine Entdeckung denkt, wird sein eigenes Verbrechen erzählt und er um sein Urteil gefragt. Ganz verblendet, spricht er sein eigenes Urteil. So wird der Missetäter im Selbsturteil übertölpelt; das von ihm gefällte Urteil wird dann an ihm selbst vollstreckt: Der Böse geht gewissermaßen an sich selbst zugrunde. Der Hintergrund dieses Motives ist die magisch bindende Kraft gesprochener Worte. Sie wohnt jedem feierlich gesprochenen Wort inne und damit auch dem Rechtswort. Es ist das eine Anschauung, die in mannigfacher Abwandlung bei sehr verschiedenen Rechtsvorgängen, wie beim Gottesurteil, beim Eid u. a. zu beobachten ist. Das Motiv der Selbstverurteilung spielt aber nicht nur in Märchen und Sagen eine Rolle, sondern ebenfalls in geschichtl. Zeugnissen aus ganz verschiedenen Zeitaltern und Kulturen.
Es ist ein alter Rechtsgedanke, daß jeder Richter an sein eigenes Urteil gebunden ist – auch dann, wenn es wider sein Erwarten gegen ihn selber ausschlägt: Ödipus verfolgt und verdammt den Beflecker der heimischen Stadt, ohne zu wissen, daß er sich selber verurteilt. Mit der gleichen Großartigkeit tritt uns der Gedanke der Selbstverurteilung in der Gesch. vom Tode des griech. Gesetzgebers Charondas entgegen. Als Charondas, eben vom Lande zurückkehrend, entgegen seinem eigenen Gesetz bewaffnet in der Volksversammlung erschien und darauf hingewiesen wurde, daß er sein eigenes Gesetz

mißachte, da rief er aus: „Nein, beim Zeus, ich bekräftige es", und stieß sich das Schwert in die Brust. Dieser antike Rechtsgedanke hat im Juristenrecht der Römer einen formulierten Ausdr. gefunden: Die Digesten behandeln unter dem Titel ‚Quod quisque juris in alterum statuerit, ut ipse eodem jure utatur' die Bindung des Rechtsfinders an seine eigene Erkenntnis. Die Vorstellung hat schließlich ihren Niederschlag in einem bes. Rechtssprw. gefunden:

Nicht unbillig man selber leidet,
Was man anderen für Recht bescheidet.

(‚Tu patere legem, quam ipse tuleris'). Dieser Grundsatz wird ebenso in der röm. Rechtsprechung des europ. MA. herangezogen, wobei noch auf den gleichartigen Gedanken im Schluß der Bergpredigt Bezug genommen wird, vor allem wohl auf Matth. 7,2: „Denn mit welchem Gericht ihr richtet, werdet ihr gerichtet werden". Das Motiv ist auch in der Dichtung vielfach verwendet worden (z.B. bei Shakespeare, Heinrich V., II. Akt, 2. Sz.; Kleist, Der zerbrochene Krug; Clemens Brentano, Das Myrthenfräulein).

Damit verbindet sich noch ein anderer Gesichtspunkt, nämlich die Überlegung, daß ein unparteiisches Urteil am besten gewährleistet erscheint, wenn dem Urteilsfinder selbst nicht bekannt ist, gegen wen sich das Urteil richten soll, ein Gedanke, an den sich noch gewisse Anklänge im Kinderspiel der Ggwt. behaupten. Eine ähnliche Situation kennt nämlich auch das Pfänderspiel, dessen rechtshist. Bdtg. anerkannt ist: Die Pfänder werden mit einem Tuch verdeckt, so daß der Urteilsfinder nicht weiß, wen der Urteilsspruch trifft, ja ob die von ihm erdachte lästige Aufgabe nicht ihn selbst trifft.

Natürlich ist es zweierlei, ob der Gesetzgeber sich seinem eigenen Recht beugt oder ob ein Angeklagter sein eigenes Urteil fällen muß. Gegenüber ihrer alten rechtsgeschichtl. Bdtg. und auch gegenüber ihrer Funktion im Märchen ist die Rda. heute völlig sinnentleert, denn an die Vollstreckung eines Urteils wird dabei nicht mehr gedacht (vgl. die verwandten Redewndgn. ‚sich selbst richten', Selbstmord begehen; der Übeltäter ‚schaufelt sich sein eigenes Grab'; ‚wer anderen eine Grube gräbt, fällt selbst hinein', ↗Grube; jem. ‚glaubt zu betrügen und wird selbst betrogen'; ‚es bindet mancher eine Rute für seinen eigenen Hintern').

Das ist ein Salomonisches Urteil: eine weise Entscheidung. Diese Rda. beruht auf dem bibl. Bericht (1. Kön. 3,16–28) von der Schlichtung des Streits zweier Mütter um ein Kind durch König Salomo (Büchmann); vgl. frz. ‚C'est un jugement de Salomon', auch i.S.v. einer mehr oder weniger gültigen Kompromißlösung.

Sich selbst ein Urteil über etw. (jem.) bilden wollen: nicht die Vorurteile anderer übernehmen, sondern selbst prüfen.

Lit.: *O. Ludwig:* Richter und Gericht im dt. Märchen (Bühl [Baden] 1935), bes. S. 42 und Anmerkg. 29; *A. Erler:* Sich selbst das Urteil sprechen, in: Obd. Zs. f. Vkde. 17 (1943), S. 143; *S. Anger:* Das Recht in den Sagen, Legenden und Märchen Schleswig-Holsteins (Diss. Kiel 1947); *K. Simon:* Abendländ. Gerechtigkeitsbilder (Frankfurt/M. 1948), S. 49; *K. Frölich* in: Zs. der Savigny-Stiftung für Rechtsgesch., Germ. Abt. 66 (1948), S. 557 f.; *E. v. Künssberg:* Rechtsbrauch und Kinderspiel (Heidelberg [2]1952), S. 54 f., § 72; *M. Lüthi:* Zum Thema der Selbstbegegnung des Menschen in Volksdichtung und Hochliteratur, in: Volksliteratur und Hochliteratur (Bern – München 1970) S. 100 ff.

Urwald. *Jem. mit etw. aus dem Urwald locken:* mit etw. Anreiz auf einen ausüben, ist eine berl. Prägung des 20. Jh. Für 1920 ist berl. bezeugt: ‚Dir ham se woll mit 'ne Mohrrübe (Banane) aus'n Urwald jelockt'. Das scherzhafte, spöttische Bild ist heute allg. in der städtischen Umgangssprache des nördl. Dtl. bekannt. Es heißt auch manchmal ‚Bananenschalen' oder ‚Brotkrusten' statt Bananen. Zur Veranschaulichung für schlechtes Benehmen sagt man: *Ein Benehmen wie im Urwald haben:* sich also wie ein Wilder verhalten. In neuerer Zeit hört man auch die scherzhafte Aufforderung, die sich bes. an Kinder richtet: ‚Auf die Bäume, ihr Affen, der Urwald wird gefegt!' ↗Affe, ↗Baum.

Usus. *Etw. ist so Usus:* etw. ist so Brauch, Sitte, üblich; aus lat. ‚usus'.

‚Ad usum Delphini': Bez. für Ausgaben lit. Werke, in denen moralisch anstößige Stellen beim Druck für den Schulgebrauch gestrichen wurden; urspr. hießen so die für den frz. Kronprinzen (Dauphin) bestimmten lat. Schriften, die ebenfalls unter dem Aspekt des Moralischen ‚gekürzt' wurden.

V

Vabanque: *Ein Vabanquespiel betreiben:* ein hohes Risiko eingehen, alles auf eine ↗Karte setzen; oft: leichtfertiges Eingehen auf gefährliche Wagnisse in einer verzweifelten Lage. ‚Va banque' oder, wie urspr. ‚valabanque' ist aus dem Frz. ins Dt. eingedrungen und seit dem 18. Jh. nachweisbar als Ausruf beim Glücksspiel in der Bdtg. ‚es geht um den gesamten Einsatz der Bank'. Th. Fontane gebraucht diesen Ausdr. schon in seiner übertr. Bdtg. 1857 (Briefe II 1, S. 193): „Eggers stirbt an der Unfähigkeit eines Entschlusses. Die Götter sind solcher Gefahren entschieden abhold. Sie lieben kein va banque-Spiel, aber sie lieben den noch weniger, der sich ... um den Spieltisch herumdrückt und nicht weiß, ob er setzen soll oder nicht". Wie man sieht, hat die Rda. Fontane zu einem weiteren Vergleich angeregt.

Vademecumsgeschichte. *Eine Vademecumsgeschichte erzählen:* eine abgedroschene, gehaltlose – oft anrüchige – Geschichte erzählen. Das Vademecum (lat. vade mecum: ‚geh' mit mir') ist die bildungssprachl. Bez. für ein Buch kleinen Formats, das man als Ratgeber mit sich herumtragen kann. Das Wort ist im 16. Jh. noch selten, aber ab dem 18. Jh. im Dt. kontinuierlich nachgewiesen. Eine Vademecumsgeschichte ist nun ein ‚Histörchen', das schon jedermann bekannt ist, das so geläufig ist wie die Nachrichten und Inhalte der Vademecum-Büchlein. Ein Funktionsbeleg steht in den Gedichten von Städlin (Bd. I [1788], S. 308): da „entlud sich der leicht beschwipste Pfarrherr zottichter Mährchen und Rätzel und Vademecumsgeschichten".

In der zweiten Hälfte des 18. Jh. wird ‚Vademecum für lustige Leute' ein beliebter Buchtitel für Schwank-Kompilationen.

Lit.: *E. Moser-Rath:* ‚Lustige Gesellschaft'. Schwank und Witz des 17. und 18. Jh. in kultur- und sozialgeschichtlichem Kontext (Stuttgart 1984), S. 35, 474.

Valentin. *Einem alle Sankt Velten wünschen:* jem. verfluchen und ihm alle Übel und Krankheiten wünschen. Dieser Fluch ist in der ‚Limburger Chronik' belegt und neben anderen Verwünschungsformeln, in denen Valentin (Velten) eine Rolle spielt, im späten MA. sehr häufig.

Am 14. Febr. wird unter dem hl. Valentin ein röm. Presbyter verehrt, der zum Märtyrer geworden war, und außerdem der gleichnamige Bischof von Interamna in Umbrien, der 280 n. Chr. als Märtyrer enthauptet worden war und vom Volk als Patron gegen Pest und Epilepsie (Valtinskrankheit) angerufen wurde. Der Name wurde durch den Wortanklang mit ‚fallen' in Zusammenhang gebracht, woraus sich die volkstümliche Verehrung von Valentin als Schutzheiligen gegen ‚Fallsucht' erklärt. Die Verwendung des Namens im Fluch beruht auf einem Wortspiel: ‚Valthin' wurde zu ‚Fallt hin!', und auf dem Volksglauben, daß der Heilige einen bei mangelnder Verehrung mit Fallsucht bestrafe. Lit. Belege für die boshafte Verwünschung zu einer Krankheit finden sich bei Murner (‚Vom großen lutherischen Narren' 216): „Dass dich potz Valtin schendt!", und bei Pauli (‚Schimpff und Ernst' 265). Noch heute üblich ist der böse Wunsch: *Daß dich Sankt Velten ankomme oder schende!* Der Name des Heiligen konnte auch im Fluch euphemist. für die gemeinte Krankheit stehen. So schreibt z. B. J. Ayrer im ‚Fastnachtsspiel vom Beck' (94^b): „ich wolt, dasz er Sanct Veltin het".

St. Velten wird auch oft anstelle des Teufels angerufen. Man will dadurch den Namen des Teufels umgehen und führt Valentin (Velten) dabei auf ‚Valant' zurück, eine im MA. übliche Verhüllungsform für ↗Teufel, die sich von ‚valen (välen)' = irreführen ableitet. Fischart bringt St. Velten und Valten in direkten sprachl. Zusammenhang (‚Sämtl. Dichtungen' I, 67, 2545, hg. v. H. Kurz), wenn er schreibt:

Die lügen haben schier St. Velten
Dasz sie von diesem Valten melden.

In Grimmelshausens ‚Simplicissimus' (1,326) ist ebenfalls der Teufel gemeint: „ich erschrack, da ich diese worte hörete und gedachte: hat dirs dann St. Velten gesagt?" Auch im ‚Eulenspiegel' (XII, 1696) heißt es: „Hat dich Sanct Velten hergebracht": hat dich der Teufel geschickt? In Holstein ist der Fluch ‚Dat di Sant Velten hâl'! bis heute üblich.

Den hat Sankt Velten beschissen: den hat der Teufel betrogen. Philander von Sittewald gebraucht die Wndg. öfter (I,236 u. II,35): „Hat mich S. Velten mit euch Welt-Narren beschissen".

Aus der gedanklichen Verbindung von Valentin und Teufel entstanden die allg. verbreiteten, kurzen und formelhaften Frage- und Ausrufesätze, um Unwillen oder Erstaunen auszudrücken: *Wie, hast du Sankt Velten?:* Bist du verrückt, bist du des Teufels? *Wie (was) zum Velten? Ei zum Velten! Bei Sankt Velten!* Dagegen galt im 16. Jh. der Ausruf *Bei Sankt Veltin zu Rufach!* als beliebter Schwur beim Namen des Heiligen, der bes. in Rufach im Elsaß verehrt wurde. In vielen Fällen wird das ‚Potz' als Verhüllung für Gott vorangestellt: „Potz Velten!" und „Potz tausend felten!" heißt es z. B. bei Gryphius im ‚Peter Squenz'.

Valentin galt und gilt aber auch als Patron der Liebenden. Der 14. Februar wird bes. in Nordfrankreich, Belgien, England und in den USA zum Anlaß genommen, Freunden, Verwandten und vor allem jungen Mädchen die ‚Valentine Greetings' mit aufgemalten Herzen und sinnigen Versen zu senden, oft mit der Unterschrift: ‚Von deinem Valentin'.

Dieser Brauch soll sich auf eine Legende beziehen: Valentin soll vor seinem Tod an die ihm freundlich gesinnte Tochter des Kerkermeisters seine letzten Worte „Von deinem Valentin" gerichtet haben. Der hl. Valentin gilt noch heute in Frankreich als der Schutzpatron der Liebenden und derjenigen jungen Männer, die vor ihrem 24. Lebensjahr noch nicht verheiratet sind.

In Dtl., Österr. und der Schweiz setzt sich seit den 50er Jahren der Brauch immer mehr durch, an Valentin kleine Geschenke zu machen, vor allem aber Blumen zu versenden, unterstützt durch die Werbung von Fleurop, die den 14. Februar als ‚Tag der Freundschaft' propagiert.

Lit.: *O. v. Hovorka* u. *A. Kronfeld:* Vergleichende Volksmedizin, Bd. II (Stuttgart 1909), S. 209ff.; *P. Sartori:* Art ‚Valentin', in: HdA. VIII, Sp. 1501–1503.

Valet. *Valet sagen:* Abschied nehmen. Die Wndg. entstand aus dem urspr. ‚valete!' = lebet wohl!

Als Urspr. von ‚valet sagen' (lat. vale dicere) sind Ovids ‚Metamorphosen' (10,62) angesehen worden: „supremum vale dicere". Hans Sachs gebraucht das Wort in seinem Schwank ‚König Richard mit dem Bauer' (143) sogar als Subst. in der Bdtg. ‚seinen Abschied bekommen':

Darmit das valete entpfing,
Das man sein vurpaß (fernerhin)
müssig ging.

S. Kleemann führt in seiner ‚Nachlese' den ‚Valetschmaus' auf (Beleg von 1744), ein studentischer Ausdr. für Abschiedsessen im 18. Jh.

Lit.: *S. Kleemann:* Nachlese zu Kluges Deutscher Studentensprache, in: Zs. f. dt. Wortforschung, S. 39–50.

Vandalen. *Hausen wie die Vandalen:* mutwillig Schaden anrichten, sich verhalten wie die ↗Barbaren.

Die Vandalen waren ein ostgerm. Volksstamm, der im 4. und 5. Jh. n. Chr. Westeuropa, bes. Gallien und Spanien überfiel. Von Nordafrika aus eroberten sie Rom, wobei sie die Stadt 14 Tage lang verwüstet haben sollen (455). Das Schlagwort vom Vandalismus hat H. Grégoire (1750–1831), Bischof von Blois, für die rohe Zerstörungswut der Jakobiner geprägt, wobei er sich an die Besetzung Roms durch die Vandalen unter Geiserich erinnert fühlte. Jedoch war die Bez. ‚Vandale' für Kirchenräuber schon 50 Jahre vor der Frz. Revolution üblich.

Lit.: *W. L. Hertslet:* Der Treppenwitz der Weltgeschichte (Berlin [12]1967), S. 220ff.

Vater. *Ach du dicker Vater!* (auch *Ach du dicker Vater, hast du dünne Kinder!*): Ausruf der Überraschung und des Erstaunens; berl. seit etwa 1900.
Dagegen heißt *seinem Vater nachschlagen:* ihm auffällig ähnlich sehen, sein Wesen, seine Fähigkeiten, aber auch seine Fehler und schlechten Gewohnheiten besitzen. Dasselbe meint die Feststellung: *Der ist ganz sein Vater!* Ähnl.: *Er ist seinem Vater aus dem Gesicht geschnitten.* Vgl. ndl. ,De vader mag hem niet verloochenen'; frz. ,C'est tout-à-fait son père'.
Der will seinen Vater lehren Kinder machen: er dünkt sich überklug. Seb. Franck (II, 34[a]) schreibt dafür: „Er ist auff seines vatters hochzeit gewesen". Vgl. ,Das Ei will klüger sein als die Henne', und ndl. ,Hij will zijn vader kinderen leeren maken'.
Vor dem Vater in die Schüssel fahren: sich ohne Rücksicht auf das Alter vordrängen, eigentl. beim gemeinsamen Essen aus einer Schüssel nur an sich denken und das Beste für sich beanspruchen.
Auf Vaters Sohlen gehen: scherzhafte preuß. Umschreibung für barfuß gehen. Ebenfalls humoristisch gemeint ist die Frage *Dein Vater war wohl Glaser?,* wenn jem. einem anderen beim Arbeiten im Licht steht oder ihm die Aussicht versperrt.
Die Mdaa. verwenden Umschreibungen für die uneheliche Geburt. Wenn der Vater nicht zu ermitteln ist, heißt es z.B. in Henneberg: ,Dam sei Voatter is off en Nössbâm dersoff'n'. In der Eifel steht statt des ,Nußbaumes', der beim Volksglauben an die Herkunft der Kinder eine bes. Rolle spielt, der ,Kirschbaum'. In Iserlohn sagt man von einem unehelich Geborenen: ,Sin Vâr is im Häcksel verdrunken'. Der Häcksel wurde auch zur Verspottung eines Paares vor die Häuser gestreut, wenn die Braut vor der Hochzeit ein Kind erwartete.
Zu seinen Vätern versammelt werden: eine Umschreibung für sterben, die bereits bibl. Herkunft ist und im Buch der Richter (2, 10) und 2. Kön. (22, 20) verwendet wird, da die Vorstellung besteht, daß sich die Verstorbenen wieder vereinen werden. Vgl. ndl. ,tot zijn vaderen gaan'; frz. ,retourner à ses pères'.
Von dieser bibl. Rda. abgeleitet sind die Wndgn.: *Er wird zu seinen Vätern gehen:* er wird bald sterben, vgl. ndl. ,Hij zal wel tot de vaderen komen', und *Er ist zu den Vätern gegangen:* er ist bereits gestorben, vgl. ndl. ,Hij is al voor lang naar de oudvaderen gereisd'; ↗zeitlich.
Sein Vater würde sich im Grabe umdrehen (umkehren), wenn er es wüßte, heißt es, wenn sein Sohn einen schlechten Lebenswandel führt oder wenn er schlecht behandelt wird und im Elend leben muß. Vgl. frz. ,se retourner dans sa tombe'.
Neuere Wndgn. sind: *der geistige Vater von etw. sein:* der Urheber sein; berl. ,der Vater vons Janze', der eigentl. Mittelpunkt, Antrieb, Anführer und Leiter sein. ,(Alles aus,) dein treuer Vater!': scherzhaft: nun ist Schluß, jetzt gibt es keine Möglichkeit mehr. Die Wndg. fingiert den Schluß eines Briefes. ,Vater' wird auch als Bez. Gottes gebraucht. ↗Vaterunser.
Ebenso üblich, in neuerer Zeit: ,Vater Staat'. *Den Vater Staat bezahlen lassen:* nicht selbst für eine Verpflichtung aufkommen, die Lasten der ,Staatskasse' und somit den anderen Staatsbürgern zuschreiben.
Der ,Vater des Vaterlandes' ist eine Übers. von lat. ,pater patriae' und bez. einen bes. gütigen, wohlmeinenden, weisen Staatslenker. Mit diesem Ehrennamen begrüßte man Cicero nach der Hinrichtung der Catilinarier. Aber auch Petrarca könnte der Schöpfer dieses Ausdrucks sein (Büchmann).
Auch ältere Männer werden ,Vater' genannt: ,Vater Gleim', ,Turnvater Jahn', ,Papa Heuss'; sogar Witterungserscheinungen: ,Väterchen Frost'.
Der Rhein als der ehrwürdigste der dt. Ströme heißt ,Vater Rhein'; so nannte ihn schon im 17. Jh. Martin Opitz.
,Ubi bene, ibi patria': wo (es mir) gut (geht), da (ist mein) Vaterland. Dieses lat. Sprw. hat mehrere lit. Parallelen; zuerst bei Aristophanes, im ,Plutos' (V.1151): „Ein Vaterland ist jedes (Land), wo es einem gut geht". In der dt. Lit. ist es mehrfach belegt; hier zwei Beispiele: Fr. Hückstädts (1781–1823) Liedanfang: „Froh bin ich und überall zu Hause" hatte als Quelle wahrscheinl. Ciceros Übers. des Aristophanes („Patria est, ubicumque est

bene"). Fr. Schiller schreibt in ‚Huldigung der Künste' (1804): „Wo man beglückt, ist man im Vaterlande" (Büchmann).

Lit.: *Anon.:* Über das Sprw. ‚Wo es dir wohl geht, da ist dein Vaterland' in: Genius der Zeit (1794) Nr. 9; (1795) Nr. 6; *M. Beth:* Art. ‚Vater', in HdA. VIII, Sp. 1503–1513.

Vaterunser. *Dem kann man ein Vaterunser durch die Backen blasen* sagt man von einem Menschen mit sehr eingefallenen Backen. Dabei ist wohl kaum an die mageren und hohlwangigen Christusbilder der spätgotischen Kunst zu denken, sondern an die vierte Bitte im Vaterunser „Unser täglich Brot gib uns heute".
Ein Vaterunser lang ist eine sprw. Zeitangabe, die bereits Luther kennt; ähnl.: *alle Vaterunser lang:* in ziemlich kurzen Zeitabständen. *Er ist wie das kath. Vaterunser:* ohne ‚Kraft und Herrlichkeit'. Vgl. ndl.: ‚Het is een Roomsch Onzevader, de kracht en de heerlijkheid is eruit'. Heute ist aber auch in der kath. Messe das ‚lange Vaterunser' üblich.
Einen das Vaterunser lehren: ihn streng zurechtweisen. Im Obersächs. heißt ‚Du werst noch manch Vaterunser bäten lärn': du wirst schon auch noch den Ernst des Lebens kennenlernen. *Etw. wie das Vaterunser können:* es sehr gut können, etw. ganz mechanisch tun, ohne sich anstrengen zu müssen. Die Feststellung aus Schlesw.-Holst. ‚He kann ni mal sien Vadderunser beden' bedeutet: er ist sehr beschränkt. Siebenb.-sächs. sagt man dafür: ‚Det Vôterûser entfäl em'. Aus Schlesw.-Holst. stammt auch die Wndg. ‚He bed ok bald sien letzt Vadderunser', er wird bald sterben (vgl. AaTh. 1199).
Die Rda. *einen mit drei Vaterunsern laufen lassen:* ihm nur einen leichten Verweis, eine geringe Strafe erteilen, bezieht sich auf die Beichte: für geringe Sünden müssen zur Buße nur einige Vaterunser gebetet werden.

Lit.: *A. M. Schneider:* Art. ‚Vaterunser', in: HdA. VIII, Sp. 1513–1515; *J. Jeremias* u. *W. Jannasch:* Art. ‚Vaterunser', in: RGG. VI, Sp. 1235–1238.

Vehikel. *Jem. zu seinem Vehikel machen:* jem. als Vorwand benutzen, auch: *als Vehikel dienen:* als Vorwand benutzt werden. Ein Vehikel (lat. vehiculum) ist urspr. ein Träger, ein Transportmittel; Mitte des 17. Jh. kam das Wort ins Dt.

Veilchen. *Riechen wie ein (März-)Veilchen:* heftig stinken; beschönigend-umschreibender Vergleich; etwa seit den dreißiger Jahren des 20. Jh.
Blau wie ein Veilchen ↗blau.
Jem. ein Veilchen überreichen: ihm ein Auge blau schlagen, als Boxerausdr. um 1900 aufgekommen. Ähnl. *Ein Veilchen am Auge haben.*
Das Veilchen, das sich ins Gras duckt, gilt als Sinnbild der Bescheidenheit u. wird daher gern mit jungen Mädchen verglichen, die diese Eigenschaft besitzen. Ein beliebter Spruch aus dem Poesiealbum lautet:

> Sei wie das Veilchen im Moose,
> sittsam, bescheiden, rein;
> nicht wie die stolze Rose,
> die immer bewundert will sein.

Veit. *Jem. zum Veit haben:* jem. zum ↗Narren halten; die Rda. ist bes. im Salzburger Raum verbr., auch als: ‚oan anveitln'. Veit bedeutet im Obd. ‚Dummkopf', zaghafter Mensch.
Der Name des hl. Veit, Beschützer der vom sog. ‚Veitstanz' befallenen Kranken, ist auch als verhüllender Name des Teufels gebräuchl., so Goethe (8,51): „Ich will Bamberg nicht sehen, und wenn Sanct Veit in person meiner begehrte".
Wie um alle volkstümlich gewordenen Heiligen, so ranken sich auch um St. Veit viele Sprüche. Da zudem ‚sein' Tag als der längste Tag des Jahres angesehen wird (15. Juni), gibt es vielerlei Wetterregeln und Bauernweisheiten, die den St. Veit zum Inhalt haben. In Bamberg sagt man: ‚Veit scheidt die Zeit' (Helm, S. 268). Tatsächlich hat man aufgrund kalendarischer Berechnungen nachweisen können, daß um 1100 bis 1300 der 15. Juni tatsächlich der längste Tag des Jahres war. Infolge von Schaltungen, die der Julianische Kalender vorsah, ergaben sich dann im Lauf der Zeit Verschiebungen.
Die Spruchweisheiten, welche den Veitstag als den längsten Tag des Jahres erklären, sind demnach in der Mitte des 12. Jh.s entstanden, als diese Regeln noch praktische Gültigkeit besitzen konnten.

Mit dem Veitstag (15.6.) wird auch die Wende der Blätter (↗ Blatt) in Verbindung gebracht:

St. Veit,
ändert sich die Zeit,
Und die Blätter
wenden sich auf die andre Seit.

Das Martyrium des hl. Veit bestand darin, daß er in siedendem Öl gesotten wurde. In der bildenden Kunst wird er darum auch oft als ,Veit im Häfele' abgebildet. Aus diesem Grund ist Veit u. a. zum Patron der Bettnässer geworden, die ihn anrufen mit dem Kinderspruch:

Heiliger St. Veit,
wecke mich zur rechten Zeit.

Lit.: *P. Sartori:* Art. ,Veit', in: HdA. VIII, Sp. 1540–1544; *K. Helm:* Das Alter der Sprüche auf Lucia und Veit, in: Schweiz. Archiv. f. Vkde., 44 (1947), S. 268–269; *H. Schauerte:* Die volkstümliche Heiligenverehrung (Münster 1948); *A. Hauser:* Bauernregeln (Zürich – München 1973).

Venedig. *So spielt man in Venedig* (auch mit dem Zusatz: ,und in den umliegenden Dörfern' oder ,Badeorten'). Die Rda. ist ein Ausruf beim Kartenspiel, wenn man in einem fort sticht und den Gegner auf diese Weise besiegt. Eine frühere Form der Rda. ist die obersächs. bezeugte Wndg. ,Er läßt ihm venedische Seifen geben', er zaust ihm die Haare ein wenig.

Veni, vidi, vici (,Ich kam, ich sah, ich siegte') ist eines der bekanntesten geflügelten Worte der römischen Antike, das aber sowohl in seinem lat. Originalwortlaut als auch in seiner Übers. in viele moderne Sprachen längst sprw. geworden und auch häufig parodistisch abgewandelt worden ist. Den prägnanten Spruch prägte Julius Cäsar anläßlich seines Sieges über König Pharnakes II. bei Zela (Portus) am 2. August 47 v. Chr. Die Varianten lassen sich auf die formale Struktur ,Veni, vidi + X') reduzieren. Auf Karl V. (1500–1558) geht die christlich-demütige Umformulierung ,Veni, vidi, Deus vicit' zurück. Im 20. Jh. sind bekannt geworden ,Veni, vidi, Vichy' (Raymond Brugère, Paris 1944), ,Veni, vidi, Spezi' (Wolfgang Siebeck, 1975); ,Veni, vidi, Vivaldi' (Werner Mitsch, 1984). Grafitti der achtziger Jahre formulierten: ,Veni, vidi, graffiti'; ,Veni, vidi, Pipi'; ,Veni, vidi, Wixi', ,Veni, Video, Vici'; ,Er kam, sah und verdiente' (1981) ,Er kam, sah und siechte' (1980). Auch im politischen Slogan fand das Zitat Verwendung: ,Reagan kam, sah und kriegte' (1984); ,Kohl kam, sah und zahlte' (Hamburger Abendblatt 1990); ,Die Westler kamen, sahen und kehrten um' (Weltwoche 1990).

In Shakespeares ,Wie es euch gefällt' (1590) wird das Zitat etwa im Sinne von ,Liebe auf den ersten Blick' verwendet. Ähnlich noch: ,Er kam, sah und liebte' (Gerhard Uhlenbruck, 1977). Doch besteht eine immer wieder praktizierte Abwandlung des Zitats darin, das Bild vom unwiderstehlichen Mann, der auf Anhieb bekommt, was er verlangt, zu demontieren. Der als Sieger Angetretene ist am Schluß der Besiegte, der von der Schönheit der Frau überwältigt wird: ,Veni, vidi, vicisti'; ,Ich kam, sah und verlor' (1984). Oder der Blitzsieg erweist sich im nachhinein als Pyrrhussieg: ,Er kam, sah und wiegte' – nämlich das Kind aus dieser Verbindung (Hans Leopold Davi, 1984).

Lit.: *A. Otto:* Die Sprichwörter und sprichwörtlichen Redensarten der Römer (Leipzig 1890, Ndr. Hildesheim 1971), S. 157; *K. Bartels* und *L. Huber (Hg.):* Veni, vidi, vici. Geflügelte Worte aus dem Griechischen und Lateinischen (Zürich 1966); *Büchmann*; *G.* und *R. Bebermeyer:* Abgewandelte Formeln – sprachlicher Ausdruck unserer Zeit, in: Muttersprache 87 (1977), S. 34f.; *W. Mieder:* ,Veni, vidi, vici'. Zum heutigen Leben eines klassischen Zitats, in: Sprachpflege und Sprachkultur 40 (1991), S. 97–102.

Venusberg. *In den Venusberg fahren:* Geschlechtsverkehr haben.

Als ,mons Veneris' bez. man den weibl. Schamhügel. Dieser Name, der mit der Göttin Venus verknüpft ist, hat eine lange Tradition: „Seit dem Altertum ... besteht die Gewohnheit, Körperteile nach Göttern zu benennen, zu denen diese nach der antiken Theorie des Hippokrates in einem sinnvollen Bezug stehen ... Für die Benennung des Schamberges als mons Veneris dürfte neben der antiken Astromedizin jedoch in erster Linie die traditionelle Funktion der Venus als Liebesgöttin bestimmend gewesen sein" (Moser, S. 107f.). In der Sagentradition, bes. in der Tannhäuser-Legende, bez. der ,Venusberg' auch den konkreten, lokalisierbaren Wohnort der antiken Venusgöttin, einen

Berg, in welchen man fahren könne, um „mit den schönsten Frauen nach Belieben Lust und Vergnügen" genießen zu können. Doch erklärt schon um 1430 der Dominikaner Johannes Nider in seinem ‚Praeceptorium divinae legis', diese Geschichten vom Venusberg seien alle frei erfunden: „Fictitium est totum".
Autoren des 16. und 17. Jh. bedienten sich vielfach des ‚Venusbergs' bei der Darstellung erotischer Szenen. Grimmelshausen läßt im ‚Simplicissimus' den „Beau Alman wider seinen Willen in den Venusberg" führen: das erweist sich als eine sehr profane Liebesszene in einem Bürgerhaus.
Neben der angeführten Rda. kannte das 16. Jh. den Ausdr. ‚den Danhäuser spielen' mit derselben Bdtg.

Lit.: *H. Kornmann:* Mons Veneris. Fraw Veneris Berg (1614, Ndr. Leipzig 1978); *E. Schmidt:* Tannhäuser in Sage und Dichtung, in: Charakteristiken, 2. Reihe (Berlin 1901), S. 24–50; *A. N. Ammann:* Tannhäuser im Venusberg (Zürich 1964); *D.-R. Moser:* Der „Venusberg" – verhüllende Bez. der Umgangssprache und Lokalsage, in: ders., Die Tannhäuser-Legende (Berlin – New York 1977), S. 107–114.

verballhornen ↗ Ballhorn.

Verbandsstoff. *Du weißt wohl nicht, was hundert Meter Verbandsstoff kosten?:* Drohfrage, etwa seit 1920 bekannt (Küpper).

verbeißen. *Sich in etw.* (z.B. in eine Ansicht) *verbissen haben:* sich irrigerweise darauf festgelegt haben. Die Wndg. ist eine Übertr. aus der Weidmannssprache: Der Hund verbeißt sich so leidenschaftlich in das Wild, daß ihn der Jäger von der Beute lösen muß. Die Rda. findet sich lit. z.B. bei Grimmelshausen im ‚Simplicissimus' (II, 128): „Ich war dannoch so hart verbaist, solches zu wissen, daß ich mir dieselbige Gedancken nicht mehr ausschlagen konte". Vgl. frz. ‚se casser les dents à quelque chose', i.S.v.: sich die Zähne an einer Sache ausbeißen, ↗ Zahn.
Den gleichen Urspr. hat wohl auch das adjektivisch gebrauchte Partizip *verbissen:* grimmig, doch spielt heute in Wndgn. wie ‚verbissener Groll', mühsam niedergezwungener Groll, auch ‚verbeißen' in der Bdtg.: durch Beißen (auf die Lippen oder auf die Zähne) seinen Schmerz (sein Lachen) unterdrücken, mit hinein.
Oft etw. verbeißen müssen: sich bei Ärger beherrschen, sich einer heftigen Äußerung enthalten. Ein Leipziger Kindervers dient zur Erheiterung des Zürnenden; mit kunstvollem Reim und mdal. Stabreim in der 1. Zeile lautet er:

Biste beese, beiß in Belz,
Bis de gommst nach Weißenfels;
Bis de gommst nach Halle,
Sin de beesen alle!

verbumfeien. *Eine Sache verbumfeien:* etw. verscherzen, durch Unachtsamkeit etw. verlieren. Das ndd. Wort geht auf ein im Ostfries. erhaltenes Subst. ‚fumfei' zurück, was ‚lustiges Tanzgelage' oder auch ‚Vierfiedelspiel mit Tanz' bedeutet. Von einem, der sein Vermögen in diesen lustigen Bierschenken leichtsinnig verschwendet, sagt man: ‚'t geit all in de fumfei' oder auch: ‚hê ferfumfeid't all'. ‚Verfumfeien' hieß so urspr.: ‚bei Musik und Tanz vertändeln'. Das Wort selbst hat viele Abwandlungen erfahren: so gibt es: verpumfeien, verfumfiedeln, verbombeisen, verpopeizen u.v.m.

Lit.: *R. Sprenger:* Verfumfeit, verdorben, in: Zs.f.d.U 17 (1903), S. 362–363.

verdienen. *Bei dem wird verdienen groß geschrieben* (oder *Der schreibt verdienen mit einem großen V*): er schlägt sehr viel auf seine Waren auf, er verkauft sehr teuer, seine Geschäfte gehen ausgezeichnet. Der erst im 20. Jh. aufgekommene Ausdr. stammt wohl aus Berlin.

Verdikt. *Sein Verdikt über jem. aussprechen:* ein (negatives) Urteil über jem. fällen. Die aus dem juristischen Bereich stammende Rda. (Verdikt hier: meist einen Schuldspruch beinhaltendes Urteil) wurde im frühen 19. Jh. entlehnt aus engl. ‚verdict', welches zurückgeht auf lat. ‚verus': wahr und ‚dictum': Spruch.

verflixt, verflucht. *Verflucht und zugenäht!* ist eine Steigerung des einfachen Fluches ‚verflucht' = verwünscht; die Erweiterung stammt aus dem Schluß eines Studentenliedes: „da hab ich meinen Hosenlatz verflucht und zugenäht", das schon am Ende des letzten Jh. geläufig war. Urspr. soll es ein Zitat aus Fritz Reuters ‚Festungstid' sein: „Als mir mein Liebchen die Folgen unserer Liebe gesteht, da hab' ich meinen Hosenschlag verflucht und zugenäht". Ähnl. Erweiterungen einfacher Flüche sind: ‚Verflixt und zugenäht!', ‚Verdammt und zugenäht!', ‚Verdammt juchhe!'

Seiler (S. 274) meint, daß der Ausruf ‚Verflucht und zugenäht!' dann gebraucht wurde, wenn beim Fechten einer der Paukanten einen schweren Schmiß erhielt, der sofort zugenäht werden mußte. Der Ausruf bedeutet, daß man sich durch ein Unglück oder einen bösen Zufall nicht aus der Fassung bringen läßt, sondern weiter seinem Ziele zustrebt. ‚Au, Backe!' hat wohl ebenfalls auf der Mensur seinen Urspr. gehabt.

Verflucht und vier ist neunzehn! dient zum Ausdruck des Erschreckt- oder Überraschtseins.

Das Adj. verflixt (verflucht) wird zur Steigerung beigefügt, z.B. *verflucht gescheit sein,* enthält sogar ein anerkennendes Lob wie in der Wndg. *ein verflixter Kerl sein.*

Lit.: *K. Beth:* Art. Fluch, in: HdA. II, Sp 1636–1652; *S. Morenz, F. Horst, H. Köster:* Art. ‚Segen und Fluch', in: RGG. V., Sp. 1648–1652; *R. Aman (Ed.):* Maledicta 1 ff. (1977 ff.).

vergeben. *Etw. ist vergeben und vergessen:* eine Missetat, eine Schuld wird verziehen; man tut so, als sei sie nicht geschehen. Diese Zwillingsformel ist schon recht alt. Luther gebraucht sie schon in der Bdtg. von ‚ungeschehen machen, völlig verzeihen' (Werke 7,33): „mein newer bund sol deste mehr darumb kommen, das sie jenen bund nicht gehalten haben, auff das solche sünde durch den neuen bund vergeben und vergessen werde ewiglich".

Einem (in der Speise, im Getränk) etw. vergeben haben: ihm Gift zugeführt haben, ihn unbemerkt ums Leben bringen wollen.

Vergeltsgott. Der Gebrauch der Dankesformel ‚Vergelt's Gott' steht in der ländlichen Umgangssprache des obd. Raumes noch heute in engem Zusammenhang mit den erzählten Arme-Seelen-Geschichten. Wird ein Armer, ein Bettler von einer Bäuerin beschenkt, so hört sie ein städtisch-höfliches ‚Dankeschön' nicht gern. ‚Des isch wie Wasser!', d.h., es hat keinen Wert. Der Beschenkte soll mit einem ‚Vergelt's Gott!' danken, worauf sie mit einem ‚Segen's Gott' oder ‚Zahl's Gott' antwortet. Diese ‚Vergelt's Gott' werden in der Ewigkeit gesammelt, und nach der Zahl der guten Werke wird jedermann gemessen. Eine Erzählerin versicherte, daß man sofort in den Himmel käme, wenn man im Tag drei ‚Vergelt's Gott' empfangen würde. Hat ein Mensch zu wenig dieser Dankesformeln gesammelt, so muß er als Arme Seele gehen und um die fehlenden ‚Vergelt's Gott' betteln.

Die Almosen, die man den Armen gibt, und die ‚Vergelt's Gott', die man dafür erhält, braucht der Spender selbst einmal nach seinem Tod.

Jem. ein Vergeltsgott sagen: ihn nach einer Arbeit nicht mit Geld entlohnen, sondern sich mit dem Ausdr. ‚Vergelt's Gott' bei ihm bedanken; bes. im Schwäb. sind folgende Sprüche beliebt und verbr.: ‚I sag Vergelt's Gott, i will glei zahle!', ‚Vergelt's Gott ist au e Gelt'. Darauf antwortet mancher dann: ‚Vom Vergelt's Gott wird mei Ross nit fett!' oder ‚Vom Vergelt's Gott ka ma it lebe' (Schwäb. Wb. II, Sp. 1140).

Lit.: *L. Röhrich:* Sage und Märchen. Erzählforschung heute (Freiburg 1976), S. 95 f.; *L. Kretzenbacher:* Zur steirischen Soziallegende vom ‚Vergeltsgott' als der ‚Währung des Herrn', in: Festschrift Othmar Pickl (Graz – Wien 1987), S. 349–358.

Vergleich. *Einen gütlichen Vergleich schließen:* eine freundschaftliche Übereinkunft treffen, nachdem zwei Parteien in einem Streitfall vor Gericht erschienen sind. Aus dem 18. Jh. ist das Sprw. belegt: ‚Ein magerer Vergleich ist besser, denn ein faist Endurtheil': besser, man trifft sich mit seinem Gegner in der Mitte in einem Vergleich, als daß man es zu einem kostspieligen Urteil kommen läßt.

Lit.: *J. Chr. Hartung:* De redemtione nexae, vulgo: ‚Ein magerer Vergleich ist besser, denn ein faist Endurtheil' (Jena 1751); *M. Leonidova:* Komparative Phraseologie im Russischen, Bulgarischen und Deutschen, in: H. Burger u. R. Zett (Hg.): Aktuelle Probleme der Phraseologie (Bern– Frankfurt/M. 1987), S. 245–258.

Vergnügen, vergnügen. *Etw. zu seinem Vergnügen tun:* eine Sache aus Freude daran bearbeiten, erledigen.
Ältere Belege dieser Wndg. haben alle die Bdtg., ,etw. zu seinem Genügen', ,etw. zur Genugtuung' tun; auch: ,zu seiner Zufriedenheit'. Als Beleg hierfür eine Stelle aus der ,Persischen Reisebeschreibung' des Olearius (2,1): „in währender Krankheit bin ich in Brugmans Hause wolgehalten und von den Seinigen ,nach Vergnügen' gewartet worden".
Im heutigen Sprachgebrauch gilt eigentl. nur noch die Bdtg., ,Wohlbehagen, Zufriedenheit, angenehmes Gefühl, Heiterkeit'. Das Gegenteil davon, nämlich die Last, die unangenehme Aufgabe, die Sorge haben, wird oft iron. umschrieben mit: *das traurige Vergnügen haben.*
Auch das Schwäb. kennt eine ähnl. Umschreibung: ,vergnügt sei wie die Stuttgarter Jungfere: die hänt 9 Tag kei Brot und faste am 10te': also in einer unglücklichen Situation sein.
Ein Vergnügen im positiven Sinn beschreibt der Schwabe in dem Spruch: ,Wann sie kommet, ist's e Ehr, wann sie net kommet, e Vergnüge' (Schwäb. Wb. II, Sp. 1150).
Matthias Claudius schreibt um 1780 sein Gedicht ,Zufriedenheit', worin es heißt: „Ich bin vergnügt! Im Siegeston verkünd' es mein Gedicht". Ähnl. auch noch in E. Mörikes ,Gebet':

Herr! schicke was du willt,
Ein Liebes oder Leides;
Ich bin vergnügt, daß beides
Aus Deinen Händen quillt.

Lit.: *M. Lever:* Ein trauriges Vergnügen, in: Zepter und Narrenkappe. Geschichte des Hofnarren (München 1983), S. 222–240.

verheiratet. *Mit jem. (etw.) nicht verheiratet sein:* sich jederzeit von einem (etw.) trennen können; z. B. ,Er ist mit dem Sessel nicht verheiratet', er nimmt auch mit einer anderen Sitzgelegenheit vorlieb; vgl. frz. ,ne pas être marié avec quelqu'un'.

verkaufen. *Nichts zu verkaufen haben:* bei einer Geselligkeit still sein; nicht zur Unterhaltung beitragen; hergenommen vom Kaufmann, der mangels Kunden ein stilles Geschäft hat; 20. Jh.
Jem. für dumm verkaufen: ihn für dumm halten; ebenfalls erst 20. Jh.
Sich verkaufen: zum Verräter werden, auch: von der Prostitution leben; vgl. frz. ,se vendre', bes. i. S. v.: sich verraten.
Sich wie verraten und verkauft vorkommen: hilflos, preisgegeben sein.
Jem. verkaufen: einen aushorchen und das durch erheucheltes Mitleid Erfahrene zu dessen Schaden an Vorgesetzte weiterberichten, auch: einen Mithäftling verraten.
Schwäb. heißt es: ,Di verkauf i hundertmol bis du mi oimol', ich werde dich überlisten, denn ich bin schlauer als du. Vgl. frz. ,Cet homme vous vendrait tous à beaux deniers comptants'. Ähnl. meint die Kölner Rda. ,Dô verkäufss mêr kein Aeppel för Zitrone' (,kein Flätte [= Nelke] för Viûle'), dir wird es nicht gelingen, mich zu übervorteilen, mir eine Lüge glaubhaft zu machen.

verkehrt ↗ Welt.

verknusen. *Jem. nicht verknusen können:* jem. nicht ertragen, nicht ausstehen können. ,Verknusen' hat die urspr. Bdtg. ,kauen, zermalmen, verdauen' nur noch im Ndd. bewahrt: ,Dat ēten let sek verknûsen' sagt man in Ostfriesland von einer guten Speise. Von Norden, namentlich von Berlin her, dringt die Rda. in die Umgangssprache. Zuerst wurde sie – immer in negierter Form – auf schwerverdauliches Essen angewandt, dann jedoch auch auf unerträgliche Menschen übertr.

Verlaß, verlassen. *Auf jem. ist Verlaß:* ihm kann man unbedingt vertrauen; er hält sein Wort.
Auf jem. ist kein Verlaß: mit ihm kann man nicht fest rechnen, seinen Beteuerungen kann man nicht glauben.
Sich auf andere verlassen: mit der Hilfe anderer rechnen, häufig in der Erweiterung, die warnen soll: ,Wenn du dich auf den verläßt, dann bist du verlassen'.
Die Unzuverlässigkeit wird gern mit recht unsicheren Dingen umschrieben: *Man kann sich auf ihn verlassen wie auf das Kalenderwetter,* das selten zutrifft; *wie auf das Eis einer Nacht,* das nicht fest genug ist. Nordd. heißt es: ,Man kann sik up em

so vêl verlâten as up en dode Rött' (Ratte), also überhaupt nicht.

Von Gott verlassen sein ↗Gott.

Da verließen sie ihn sagt man, wenn ein Gedanke plötzlich abbricht, auch dann, wenn ein Spieler sich mit seinen guten Karten verausgabt hat und nicht mit weiteren Stichen rechnen kann; hergeleitet aus Matth. 26,56: „da verließen ihn alle seine Jünger"; etwa seit 1900 bekannt.

verlieren. *Nichts mehr zu verlieren haben:* alles investieren können, riskant leben, da die Umstände nicht mehr schlechter werden können.

Verloren sein: sich auf dem falschen Weg befinden, der unaufhaltsam zum Abgrund führt, sich dem Verbrechen (der Prostitution) hingeben, aber auch: auf ewig der Verdammnis anheimfallen, bei Gott keine Gnade zu erwarten haben.

Sich als verlorener Sohn fühlen: nicht mehr aus noch ein wissen, sich schließlich zur Umkehr durchringen, doch ohne Hoffnung auf Verzeihung. Die Wndg. beruht auf Luk. 15,11–32.

Sich verloren geben: seinen gewissen Untergang, seinen Tod vor Augen haben, verzweifeln und eine Rettung in letzter Minute für unmöglich halten.

Eine Sache verloren geben: sich nicht mehr weiter um etw. bemühen, da man keine Chance für die Angelegenheit sieht. *Sich verloren fühlen:* sich in einer neuen Umgebung (einer Gesellschaft) ohne Bekannte oder Freunde alleingelassen fühlen.

Verlust. *Ohne Rücksicht auf Verluste:* um jeden Preis, unbekümmert, großzügig; die Rda. stammt aus den Frontberichten des 2. Weltkriegs (z.B. „ohne Rücksicht auf Verluste wurde die Höhe XY genommen"). *Noch ein Wort, und du stehst morgen auf der Verlustliste* oder *Mensch, sei vorsichtig, sonst kommste auf die Verlustliste:* Drohreden, sold. seit dem 1. Weltkrieg; ähnl.: ‚Du bist wohl lange nicht als Verlust gemeldet worden?'

Der sog. ‚kleine Verlust' ist ein Motiv in vielen Zaubermärchen: nachdem die Proben und Aufgaben, die zur Erlösung des Helden führen sollen, abgeschlossen sind, „bleibt noch ein kleiner Rest ... unerfüllt, der dann auch das darauf folgende Glück nicht restlos vollkommen macht; der eine Arm des in menschliche Gestalt zurückverwandelten jüngsten Bruders bleibt ein Schwanenflügel (KHM. 49)".

In KHM. 25 müssen die Knochen des Getöteten zusammengefügt werden, um die Wiederbelebung erfolgreich zu machen, aber es fehlt der kleine Finger oder die kleine Zehe und sie fehlen dann auch dem Wiederbelebten.

Lit.: *L. Röhrich:* Märchen und Wirklichkeit (Wiesbaden [4]1979), bes. S. 54, 70f., 135, 238f.

vermasseln. *Jem. etw. vermasseln:* jem. eine Sache zerstören, kaputt machen, eine Arbeit durch schädigenden Einfluß nicht zu Ende kommen lassen. ‚Vermasseln' hängt mit dem jidd. ‚Masel': Glück zusammen. Im Rotw. ist ein ‚Vermasselter' ein Gauner, der durch Verrat von der Polizei verhaftet werden konnte; ‚vermasseln' hat hier die Bdtg. (bei der Polizei) verraten, verpfeifen.

Lit.: *S. A. Wolf:* Wb. des Rotw. (Mannheim 1956).

verpatzen. *Etw. verpatzen:* etw. (durch Ungeschick) verderben. Der Ausdr. steht in Zusammenhang mit der verächtl. Bez. ‚Patzbude' für die Kartonagenfabrik u. der Arbeit darin, die von unqualifizierten Kräften, meist von Frauen, ausgeführt wurde. Wer einmal dort beschäftigt gewesen war, hatte kaum Chancen, in einer Luxuspapierfabrik angestellt zu werden, da man glaubte, daß er die dort mit Sorgfalt u. Fingerfertigkeit zu montierenden Teile nur ‚verpatzen' würde. Die Herstellung der Luxuspapier-Artikel benötigte bes. geschickte Hände u. einen gewissen Sinn für Farben u. ihre dekorative Wirkung.

Lit.: *Ch. Pieske:* Das ABC des Luxuspapiers, Ausstellungskatalog 1984 (Berlin 1984).

Verputz, verputzen. Der ‚Verputz' ist die letzte Arbeit beim Hausbau. Daher übertr. ‚Das zeigt sich beim Verputz': Das wird sich erst später zeigen.

Der Verputz bröckelt ab: das Make-up gerät in Unordnung; *jem. den Verputz abkratzen:* den Nimbus eines Menschen zerstören.

Jem. nicht verputzen können: jem. nicht leiden können. *Viel verputzen können:* sehr viel essen können.

verraten. *Verraten und verkauft sein:* auf einer völlig hoffnungslosen und unsicheren Position stehen, die durch Verrat und Bestechlichkeit eines Dritten in Gefahr geraten ist; durch Verrat und Bestechung von anderen betrogen worden sein. Diese stabreimende Zwillingsformel benutzt schon in übertr. Bdtg. i.S.v. ‚preisgegeben sein' Grimmelshausen in seinem ‚Simplicissimus' (Kap. 4): „Ein gebohrner ehrlicher Teutscher weiß alsdann nicht, ob er verrathen oder verkaufft, ob er unter Narren oder Klugen sitze". ↗verkaufen.

verrückt. *Auf jem. verrückt sein:* heftig nach ihm verlangen (im Sinne eines unsinnigen Begehrens); vgl. frz. ‚être fou de quelqu'un' oder ‚être entiché de quelqu'un', auch i.S.v. verliebt sein.
Wie verrückt: sehr; *ich werde verrückt!* ist ein Ausdr. der Verwunderung und Überraschung; bereits vorgebildet etwa in Ausdrücken wie ‚vor Freude aus dem Häuschen geraten' u.a.
Verrückt und fünf (auch *verrückt und drei) ist neune* sagt man berl. und mdt., wenn jem. einen recht gewagten Entschluß äußert; eigentl.: der Verrückte hat außer den fünf gesunden Sinnen noch einen oder mehrere weitere Sinne, wie z.B. den Wahnsinn, Blödsinn usw.

Lit.: *U. H.* u. *J. Peters:* Irre und Psychiater: Struktur und Soziologie des Irrenwitzes (München 1974), bes. S. 68–69.

Vers. *Sich auf etw. keinen Vers machen können:* den Zusammenhang einer Sache nicht verstehen; eine Äußerung oder Maßnahme nicht begreifen; meint dasselbe wie: ‚sich etw. nicht zusammenreimen können'. *Der letzte Vers ist noch nicht gesungen:* etw. ist noch nicht entschieden, noch nicht abgeschlossen.
Einem einige Verse aus Klopstock vorlesen: humoristische Umschreibung durch das Wortspiel für: Prügel verabreichen.

verschissen. *Es bei jem. (bis zur Steinzeit) verschissen haben:* bei ihm jegliche Achtung verloren haben. Die sehr junge und übertreibende Rda. bezieht sich auf das stud. Wort ‚Verschiß' = Verruf. Auch Goethe kennt das derbe Wort aus seiner Straßburger Studentenzeit.

verschossen. *In jem. verschossen sein:* in ihn verliebt sein. Die Grundvorstellung, die vermutl. aus der Studentensprache in die allg. Umgangssprache gekommen ist, bezieht sich auf die Pfeile des Liebesgottes Amor: wer von ihm ‚geschossen' ist, muß in Liebe entbrennen.
Auch in ein Schlagerlied hat diese Wndg. Eingang gefunden, wenn auch in scherzhaft parodistischer Form des Textes:

> Ich bin ja so verschossen
> in deine Sommersprossen;
> die kleinen und die großen
> sind meine Freud'.

Seine Pfeile (sein Pulver) verschossen haben: in einer Diskussion keine Gegenargumente mehr bringen können, sich verausgabt haben; auch in sexuellem Sinn; ↗Pfeil, ↗Pulver.

verschütt. *Verschütt gehen:* verloren gehen, auch: auf die schiefe Bahn geraten, untertauchen. Der Ausdr. entstammt der Gaunersprache: ‚verschütt gehen' bedeutet hier: eingesperrt werden; dieses Wort gehört zu der Wortfamilie von mnd. ‚schutten': einschließen, einfriedigen, hd. ‚schützen', engl. ‚to shut'.

verschüttet. *Es bei jem. verschüttet haben* ↗Öl.

Versenkung. *In der Versenkung verschwinden:* plötzlich und spurlos verschwinden, sich entfernen. Die Wndg. ist durch die Theatersprache in weitere Kreise gedrungen und schließlich allg. umg. bekanntgeworden; sie bezieht sich auf die Versenkungsmaschinerie der Theaterbühne, ähnl. wie einst der ‚Deus ex machina' sprw. geworden war. Wie dieser plötzlich und unerwartet als Retter erschien, so heißt es von manchen Personen, die man plötzlich nicht mehr bemerkt, sie seien in der Versenkung verschwunden, etwa wie Don Giovanni am Schluß der Mozartschen Oper. Bismarck: „Ich weiß wirklich gar nicht, wovon Sie reden werden, wenn ich plötzlich in einer Versenkung verschwinde".
Aus der Versenkung heraufholen (auftauchen): etw., das in Vergessenheit geraten war, wieder als wichtig hinstellen.

versessen. *Auf etw. (jem.) ganz versessen sein,* oft mit dem Zusatz: *wie der ↗Teufel auf die arme Seele:* etw. unbedingt besitzen, erreichen wollen, sein ganzes Streben, alles Interesse auf etw. richten, jem. sehr gern haben.

Verstand. *Nur den Verstand sprechen lassen:* ganz konsequent handeln, ohne auf Gefühle Rücksicht zu nehmen. Dagegen: *wider den Verstand handeln:* gegen besseres Wissen, töricht, ohne Einsicht handeln. *Seinen Verstand zusammennehmen:* sich sehr anstrengen und sich auf eine Aufgabe konzentrieren.
Etw. mit Verstand genießen: etw. wie ein Kenner zu würdigen wissen, sich des Besonderen bewußt werden. Diese Rda. begegnet häufig auch als Aufforderung: ‚Iß es mit Verstand!', vor allem, wenn es der Rest einer extra für jem. aufbewahrten köstlichen Speise ist.
Jem. bleibt der Verstand (vor Ehrfurcht, parodiert auch: *vor Erfurt) stehen:* der Verstand scheint bei etw. Unbegreiflichem nicht mehr zu funktionieren und wird hierbei einem Uhrwerk verglichen; in einer berl. Parodie auf ein bekanntes Kirchenlied heißt es:

Wenn ich dies Wunder fassen will,
So steht mein Jeist vor Erfurt still.
Kein endlicher Verstand ermißt,
Wie jroß die Festung Erfurt ist.

Ähnl. schreibt Schiller in ‚Kabale und Liebe' (III,2): „Mein Verstand steht still".
Sich den Verstand verrenken: angestrengt nach Lösungen oder Auswegen suchen. Die Rda. beruht auf einem Vergleich mit großen körperlichen Anstrengungen der Sportler, die unter Umständen zu Verletzungen und Verrenkungen der Glieder führen können.
Für jem. Verstand fürchten: sich um jem. sorgen, der sich plötzlich unberechenbar wie ein Verrückter verhält.
Den Verstand verlieren: sich zu unsinnigen Taten hinreißen lassen, über einem Unglück verzweifeln, wahnsinnig werden; vgl. frz. ‚perdre la raison'.
Mit seinem Verstand (↗Latein) am Ende sein: etw. nicht begreifen können, weil es das Fassungsvermögen übersteigt, keinen Ausweg, keine Hilfe wissen.
Häufig erscheint der Verstand in den Rdaa. zur Umschreibung der Dummheit. Die Feststellung *Er wächst aus dem Verstande heraus* meint: er wird täglich dümmer, mit zunehmendem Alter nimmt der Verstand ständig ab statt zu. Ähnl. die Sprw.-Parodie: ‚Verstand kommt mit den Jahren: Je öller, je döller'. Scherzhaft heißt es auch: *Er hat zuviel Verstand, um einen Esel Kollege zu nennen.*
Durch Lokalisierung des Verstandes an unpassenden Stellen soll ebenfalls ausgedrückt werden, daß er seine Funktion nicht zu erfüllen vermag. So sagt man z.B.: *Der hat seinen Verstand im Ellenbogen,* oder: *in der Kniescheibe.* Vgl. ndl. ‚Hij heeft een goed verstand, maar het zit wat diep'.
Hält man jem. für plötzlich nicht recht gescheit, fragt man ihn: *Du hast wohl deinen Verstand in der Garderobe abgegeben?,* oder man stellt fest: *Er hat seinen Verstand in der Tasche.* Vgl. ndl. ‚Hij heeft het verstand in den zak'.
Überlegene Klugheit meint dagegen die Rda.: *mehr Verstand im kleinen Finger als ein anderer im Kopfe (im ganzen Leibe) haben.*
Im Engl. gibt es ein Sprw., das mit der letztgenannten Rda. zusammenhängt. Es wird gesagt: ‚The German's wit is in his fingers'. Der sog. ‚gesunde ↗Menschenverstand' heißt da: ‚the horse-sense'.

Lit.: *G. Sarganeck:* Verstand kommt nicht vor den Jahren (Halle 1741/42); *C. P. Hale:* Horse-sense, in: American Notes and Queries 9,2 (1898), S. 131; *E. Bensley:* The German's wit is in his fingers, in: American Notes and Queries 9,10 (1902), S. 113.

verstehen. ‚So to verstahn, dat Kind schall Jochen heten!' heißt es im Dithmarschen, wenn man erst nach vieler Mühe etw. begriffen hat. Zur Entstehung der Rda. wird in Schlesw.-Holst. folgende Geschichte erzählt: En jungen Burn sin Fru leg in Weeken. En Jung weer opstahn. De Bur gung na sin junge Fru an't Bett und segg, he will dat Kind anmelln, wo dat heten schall. „Ja", seggt de Fru, „dat Kind schall Jochen heten". „Oh! worüm denn jüst Jochen", meent de Bur. „Dat Kind schall Jochen heten", seggt de Fru. He kann dat ne begriepen un seggt: „Worüm denn jüst Jochen?" „Dat Kind schall Jochen heten", seggt de Fru. De Bur will dar ne mit aftreken. „Ja", seggt de Fru, „dat Kind schall

Jochen heten". Do seggt de Bur: „Sooo to verstahn! dat Kind schall Jochen! heten!!" De Grotknecht heet Jochen.

Jem. etw. zu verstehen geben: etw. andeuten, einen Wink geben, aber auch: ihm klar die Meinung sagen, vgl. frz. ‚laisser entendre à quelqu'un'.

Etw. versteht sich von selbst (am Rande): es ist natürlich und selbstverständlich, es muß nicht einmal nebenbei bemerkt werden. Vgl. lat. ‚Illud indictum intelligitur'; frz. ‚Cela va de soi'.

Das Preuß. kennt diese Rda. mit einem humorvollen Zusatz: ‚Dat versteit söck am Rand, wenn de Schätel voll öss'. Die Kurzform *Versteht sich!* dient der Bekräftigung.

Etw. falsch verstehen: etw. anders auffassen, als es gemeint ist, etw. übelnehmen.

Die Fragen *Ich verstehe wohl nicht recht?* und *Habe ich (wirklich) recht verstanden?* (vgl. frz. ‚Ai-je bien compris?') dienen zum Ausdr. ungläubigen Staunens und heftiger Entrüstung, ebenso wie der Zweifel am eigenen mangelnden Verständnis, indem man einen anderen fragt: *Verstehst du das?* In Norddtl. kann darauf die scherzhafte Zurechtweisung erfolgen: *Das verstehst du nicht, das verstehe ich kaum.*

Sich zu etw. verstehen: sich überzeugen lassen, sich bereit finden. Häufiger erscheint diese Rda. ins Negative gewendet: *sich nie (nicht) dazu verstehen:* sich niemals zu etw. herbeilassen, nicht zustimmen.

Sich auf etw. verstehen: etw. völlig beherrschen, es gelernt haben, besondere Geschicklichkeit zu etw. besitzen; vgl. frz. ‚S'y entendre en fait de quelque chose'.

Sehr häufig sind rdal. Vergleiche mit Tieren, die zur Steigerung des Nichtverstehens und Nichtkönnens dienen, z. B. ‚Du verstehst soviel davon als eine Kuh Spanisch', oder: ‚Er verstoht so vil dervo as e Chue von ere Muschgetnuss und en Esel von ere Fîge' heißt es in der Schweiz; ‚Er versteht's wie ein Nashorn den Generalbaß'; ‚Er versteht davon soviel wie der tote Hund vom Bellen'; ‚Er versteht davon so viel als meine Katze'; vgl. ndl. ‚Hij heeft er zooveel verstand van als onze kat'; ‚Er versteht sich darauf, wie der Esel aufs Harfenspielen', ‚wie die Ziege auf die Petersilie' (Wander IV, Sp. 1608 f.).

Hat jem. offensichtlich Glück bei seinen Unternehmungen, heißt es anerkennend: *Der versteht's!* oder *Er versteht quid juris:* er weiß sich in die Welt zu schicken, vgl. frz. ‚Cet homme sait aller et parler' (veraltet).

Das Gegenteil besagt die Wndg. *die Welt nicht mehr verstehen.* Sie beruht auf Friedr. Hebbels Trauerspiel ‚Maria Magdalena' (1843/44), in dem Meister Anton am Schluß sagt: „Ich verstehe die Welt nicht mehr".

Verstandez vous? Verstehen Sie? ist eine scherzhafte Fragebildung neuerer Zeit nach frz. Konjugationsmuster.

Verwandtschaft ↗ bucklig.

verzagen. *Verzage nicht, du Häuflein klein,* sprw. angewendetes Zitat, Anfangszeile eines protestantischen Kirchenliedes, das dem Schwedenkönig Gustav Adolf (gefallen in der Schlacht bei Lützen 1632) zugeschrieben wird. Der König soll das Lied in der Morgenandacht vor Lützen seinem Hofprediger Dr. Fabricius diktiert haben. Der erste Druck findet sich in dem ‚Epicedion Lamentabile juxta ac gratulabundum (d. h. Leichenlied, kläglich und zugleich Ehre darbringend) Manibus piissimis Gustavi Adolphi ... Klag- und Ehrenlied vber den tödtlichen Hintritt des Königs Gustaff Adolphen ... Gedruckt zu Leipzig bey Abraham Lambergs sel. Erben 1632'. Der volle Wortlaut der ersten Strophe lautet:

> Verzage nicht, du Häuflein klein,
> obschon die Feinde willens sein,
> dich gänzlich zu verstören,
> und suchen deinen Untergang,
> davon dir wird recht angst und bang;
> es wird nicht lange währen.

Das barocke Lied gehört noch heute zum Kanon der evangelischen Kirchenlieder.

Lit.: *B. Kitzig:* Gustav Adolf, Jacobus Fabricius und Michael Altenburg, die drei Urheber des Liedes: Verzage nicht, du Häuflein klein (Göttingen 1935).

Verzeihung ↗ Entschuldigung.

Verzierung. *Sich keine Verzierung abbrechen:* sich nichts vergeben, ↗ abbrechen.

Veto. *Sein Veto gegen etw. einlegen:* Widerspruch einlegen, etw. widersprechen.

Die Rda. ist Mitte des 18. Jh. aufgekommen und geht zurück auf lat. ‚veto', 1. Pers. Sing. von ‚vetare': verbieten, untersagen.

Von seinem Vetorecht Gebrauch machen: eine Entscheidung des Parlaments in letzter Minute zu Fall bringen. In seltenen, polit. oder wirtschaftlich bes. brisanten Situationen nützt der Präsident der USA sein ‚Vetorecht', um seine Ansicht durchzusetzen, wenn ihm sonst die Mehrheit dafür fehlt.

Im staatlichen Raum bedeutet ‚Veto' das Recht z. B. eines Staatsoberhauptes, einen Beschluß des Parlamentes entweder aufzuheben oder dessen Inkrafttreten hinauszuschieben, bis eine qualifizierte Mehrheit das Veto zunichte macht.

Vetter. *Die Vetternstraße ziehen:* auf Reisen Verwandte besuchen, um billig zu leben. Die Wndg. kann erst seit der 2. H. des 19. Jh. umg. nachgewiesen werden. Fontane schreibt in ähnl. Sinne (Gesammelte Romane und Novellen, 1. Serie von 1890, V. 233): „Nachdem beide der Verlockung einer neumärkischen Vetternreise glücklich widerstanden hatten".

Es herrscht eine (üble) Vetternwirtschaft; häufig auch allg. umg. in schwäb. mdal. Form: ‚Vetterleswirtschaft' oder in imper. Form: ‚Schluß mit der Vetternwirtschaft (Vetterleswirtschaft)!': Machenschaften zugunsten von Verwandten und Freunden, denen ohne persönliches Verdienst zu Ansehen und hohen Ämtern verholfen wird.

Im Badischen sagt man über jem., der von einer unbekannten Person begünstigt wird: ‚Irgendwo hat er e Vetterle'.

Die Rda. *den Papst zum Vetter haben* hat ähnl. Bdtg. und bezieht sich auf den Nepotismus der Renaissancepäpste.

Das Vetterlein mit jem. spielen: jem. zum Narren haben. ‚Vetter' war in früherer Zeit nicht nur eine Verwandtschaftsbez., sondern auch der Name für Bauern, zuerst als übliche Anrede, dann auch als Schimpfwort: „daher man sie (die Bauern) Spots halben pflegt Vettern zu nennen" (Schwäb. Wb. II, Sp. 1448).

Vielliebchen. Finden junge Leute verschiedenen Geschlechts bei einem Zusammensein in einer Nuß oder einer Mandel zwei Kerne, so nennen sie diese ‚Vielliebchen'; jedes ißt einen davon, und wer bei der nächsten Begegnung dem andern zuerst ‚Vielliebchen' zuruft, bekommt von ihm ein Geschenk. In Frankr. redet man statt von ‚Vielliebchen' von ‚Philippe' und ‚Philippine'. Die schweiz. Belege lauten dahin, daß zwei Personen, die gleichzeitig dasselbe Wort aussprechen, zusammen ‚eine Philippine machen'. Haben zwei Personen gleichzeitig denselben Gedanken, so haben sie ‚eine arme Seele erlöst', ‚en Schnider in Himmel ufe glupft', ‚eine Pfaffechöchin us em Fegfür erlöst' (schweiz.). Wenn im Allgäu zwei Personen in Gesellschaft im nämlichen Augenblick denselben Einfall haben und das gleiche sagen wollen, so sagt man: ‚Jetzt ist eine Pfarrersköchin erlöst worden'. Die beiden können sich auch schnell etw. wünschen; das soll dann in Erfüllung gehen. Eine rein rationale, aus der Bildungsschicht stammende Deutung der Gleichzeitigkeit desselben Wortes finden wir schließlich in der frz. Rda. ‚Les beaux esprits se rencontrent' (auch: ‚les grands esprits se rencontrent', i. S. v. großen Geistern, die gleichzeitig auf denselben Gedanken verfallen), die ihr ital. Gegenstück hat: ‚I geni si incontrano'.

Gleichzeitigkeit als ‚zufälliges' zeitliches Zusammentreffen ist – ebenso wie das räumliche Zusammentreffen besonderer Art – eine der fundamentalen Erfahrungen, auf welche sich die sogenannte sympathetische Magie aufbaut. Aus auffallendem zeitlichem oder räumlichem Kontakt werden Schlüsse auf Wesenszusammenhänge gezogen. Wenn zwei Personen gleichzeitig dasselbe Wort aussprechen oder auch nur denselben Gedanken haben oder nach derselben Sache greifen, so folgert die magische Logik eine sympathetische Beziehung zwischen den beiden Personen: sie werden zusammen auf eine Hochzeit gehen, sie werden zusammen Paten sein, sie seien für eine bestimmte Zeit Cousins oder Geschwister, sie sterben zusammen, oder sie haben Glück zusammen, kurz: sie sind irgendwie in Glück oder in Unglück verbunden. Andere Folgerungen magischen Denkens, die aus der Feststellung der Gleichzeitigkeit desselben Wortes gezogen werden, führen über die Verbindung der unmittelbar beteiligten zwei Personen hinaus: Es kommt eine Nachricht, es geht ein Wunsch in Erfüllung, man erlöst eine Arme Seele. Die nichtrationale Logik kennt keinen Satz des Widerspruchs. Also kann man die genannten Folgerungen, die aus der Gleichzeitigkeit desselben Wortes gezogen werden, auch umkehren: Entweder heißt es, die zwei Personen leben noch lange zusammen, oder es heißt, sie sterben beide binnen einem Jahr.

An Wunscherfüllung glaubt man nicht nur bei Gleichzeitigkeit des Wortes, sondern auch wenn Sterne fallen. Wie in der antiken Mantik die Zukunft, je nachdem, ob es sich um divinatio artificiosa oder divinatio naturalis handelte, von natürlichen Ereignissen oder von künstlichen Veranstaltungen abhängig gemacht wurde, so kann die Wunscherfüllung aus entspr. selbstgeschaffenen oder vorgefundenen Bedingungen gefolgert werden. Auch in der spielerischen ‚Kindermagie' wird die erwünschte Gleichzeitigkeit – nach dem Vorbild traditioneller magischer Praxis – provoziert oder bestätigt: Zwei Kinder geben sich schnell die Hand, indem sie sich gleichzeitig im stillen etw. wünschen; dann zählen sie zusammen auf drei und sagen gleichzeitig ‚Schiller' oder ‚Goethe'; wenn sie das gleiche sagen, geht der Wunsch in Erfüllung; und dementspr. im Welschland, nur daß anstelle von Schiller oder Goethe ‚chien' oder ‚chat', auch ‚rose' oder ‚bleuciel' gesagt werden muß.

Der Schweiz. Volkskunde-Atlas (Teil II, Karte 245) hat die Rdaa. bei zufälliger Gleichzeitigkeit kartenmäßig dargestellt, und zwar aufgrund einer Umfrage: ‚Was sagt man, wenn zwei Personen gleichzeitig dasselbe Wort aussprechen?' Dem Kommentar-Teil sind die vorstehenden Belege entnommen.

Lit.: *H. L. A. Visser:* Zum Problem der nicht-rationalen Logik, in: Kant-Studien, 32 (1927), S. 242ff.; HdA. III, Sp. 863, Art. ‚Gleichzeitigkeit' von *H. Bächtold-Stäubli;* HdA. VIII, Sp. 1661f., Art. ‚Vielliebchen' von *P. Sartori.*

vier(e). *Er ist auf allen vieren beschlagen und hat noch ein Hufeisen in der Tasche:* er ist sehr listig und geschäftstüchtig, er hat immer noch etw. im Hintergrund, einen Ausweg, er weiß stets eine treffende Antwort, eigentl.: es mangelt ihm wie einem gutbeschlagenen Pferd an nichts, ein Verlust hält ihn nicht lange auf, denn er besitzt Reserven. Die in Norddtl. verbreitete Rda. begegnet auch in mdal. Form, z.B. siebenbürg.-sächs. ‚Dî äs af alle vären beschlôen'.

Mit allen vieren danach greifen: so begierig sein, daß die Hände zum Zufassen nicht reichen und am liebsten noch die Füße zu Hilfe genommen würden.

Alle viere grade sein lassen: sich nicht im geringsten bemühen, faulenzen, sich nicht mehr um seine eigenen Angelegenheiten und die anderer kümmern, ↗fünf.

Alle viere von sich strecken: Umschreibung für schlafen, sich faul ausstrecken, aber auch für sterben.

Auf allen vieren gehen (kriechen): auf Händen und Füßen gehen, sich nur mühsam fortbewegen können, schwach und krank oder betrunken sein und sich deshalb nicht aufrichten können, aber auch: einen gefahrvollen Weg (glatt, steil, beobachtet) zu bewältigen suchen.

Auf alle viere fallen: bei einem Unglück zu keinem größeren Schaden kommen. Die Rda. bezieht sich auf die Katze, die bei jedem Sturz sicher auf den Füßen landet und sich nicht verletzt.

Ein Vierer sein: ein dummer Mensch sein, dem ein Sinn fehlt.

Unter vier Augen ↗Auge.

Auf seinen vier Buchstaben ↗Buchstabe.

In seinen vier Wänden ↗Wand.

In alle vier Winde ↗Wind.

Viertel. *Das akademische Viertel einhalten* meint, mit einer Veranstaltung nicht pünktlich zur angesetzten Zeit beginnen, sondern erst 15 Minuten, also eine Viertelstunde später. Grundsätzlich dauern akademische Vorlesungen nur 45 Minuten und beginnen ‚c. t.' (Abkürzung für ‚cum tempore', mit einem Zeitzuschlag) 15 Minuten nach der vollen Stunde. Ironisch spricht man auch gelegentlich von ‚c. t. b.' (‚cum tempore balcanico'), was bedeutet: erst eine halbe Stunde später, d.h. unpünktlich, mit nicht vorhergesehener Verspätung, wie sie allenfalls auf dem Balkan vorkommen mag.

violine. *Das spielt keine Violine:* das spielt keine Rolle. Scherzhafte Zurückführung des Spielens auf seine eigentl. musikalische Bdtg.; etwa seit 1920 bezeugt.
Zur Umschreibung von Empfängnis und Geburt sagt man in Westf.: ,Es geht mit der Violine hinein und mit dem Basse heraus'. *Die erste Violine spielen* ↗Geige.

Lit.: *M. Willberg:* Die Musik im Sprachgebrauch, in: Muttersprache (1963), S. 201 ff.

vis-à-vis. Frz.: gegenüber. *Dem stehst du machtlos vis-à-vis:* in dieser Sache bist du machtlos; etwa seit 1900 bezeugt. Die Rda. wurde auch parodiert: ,Da stehst du machtlos vorm Service!'

Visier. *Mit offenem Visier kämpfen:* offen, anständig kämpfen, eigentl.: ohne das das Gesicht abschirmende Helmgitter; in übertr. Sinne seit Herder belegt; *das Visier lüften:* sich zu erkennen geben, z. B. bei Ludwig Börne bezeugt. Beide Wndgn. knüpfen an das Kampfleben und an das Turnierwesen des MA. an, ohne doch unmittelbar darauf zurückzugehen.
,Visier' heißt das bewegliche Schutzgitter am Helm einer mal. Rüstung, das heruntergeklappt das Gesicht schützend bedeckt, aber die Sicht noch ermöglicht.
Er naht ihm mit geschlossenem Visier: er gibt sich beim Kampf nicht zu erkennen, er führt versteckte Angriffe. Vgl. ndl. ,Hij nadert hem met gesloten vizier'.
Seit dem 16. Jh. erscheint ,Visier' auch in der Bdtg. ,Sucher' (bes. an einer Schußwaffe). Folgende Rdaa. beziehen sich auf ein ,Visier' in dieser Bdtg.: *Im Visier bleiben:* in der Schußlinie bleiben, weiterhin Gegenstand der Kritik sein. *Aus dem Visier geraten:* sich außerhalb des Kontrollierbaren befinden, verschwinden. *Etw. ins Visier fassen:* seinen Blick, seine Aufmerksamkeit auf etw. richten, sorgfältig betrachten, beobachten. *Einen im Visier haben:* jem. genau beobachten, ihn im Auge behalten, um ihn erfolgreich bekämpfen zu können, aber auch: ihn für eine bes. Aufgabe oder höhere Stellung vorsehen.

Visitenkarte. *Seine Visitenkarte hinterlassen:* spöttisch; Flecken oder Spuren als Gast irgendwo hinterlassen.
Eine Visitenkarte von etw. sein: ein Aushängeschild, eine Reklame von einer Sache sein; die Rda. ist bes. im journalistischen und politischen Jargon belegt; z. B. sagte Konrad Adenauer 1951: „Die Visitenkarte Deutschlands nach innen und außen" sei die Internationale Automobilausstellung in Frankfurt/Main (Süddeutsche Zeitung 27.4.1951).

Vitamin. *Vitamin B haben:* gute Beziehungen zu einflußreichen Leuten besitzen. Eigentl. ist die Gruppe der B-Vitamine medizinisch gesehen unerläßlich für die Gesundheit des Menschen, sie nimmt so seit der Entdeckung der Vitamine um 1911 eine bes. Rolle in der Diskussion um Vitaminbehandlung ein. In der Umschreibung für ,gute Beziehungen' bedeutet das B: Beziehung.

Vogel. *Einen Vogel haben* (z. T. noch scherzhaft ergänzt: ,einen Vogel mit Freilauf haben'): nicht ganz bei Verstand sein, eine fixe Idee haben, närrisch sein; umg. und mdal. vielfach bezeugt. Nach altem Volksglauben wird die Geistesgestörtheit durch Nisten von Tieren im Kopf verur-

,Einen Vogel haben'

sacht. Die zugrunde liegende Vorstellung zeigt sich auch in parallelen Wndgn., wie ,Bei dir piepts wohl?' (↗Pfeife), auch: ,Dich pickt wohl der Vogel?' *Sein Vogel braucht Wasser* (oder *Futter); sein Vogel ist Amok gelaufen:* er ist nicht recht bei Verstand.
Viele Redewndgn. und bildl. Ausdrücke

für Geistesgestörtheit und der Gebrauch von Tiernamen für abnormale Geisteszustände beruhen auf den volkstümlichen Anschauungen vom Wesen der Krankheit als Dämonenbesessenheit, etwa auch: ‚Mäuse im Kopf haben'; ‚Grillen im Kopf haben'; ‚ihm steckt der Kopf voll Mäusenester'; ‚es läuft ihm eine Ratte durch den Kopf'; ‚er hat einen Hirnwurm', ‚einen Spatz im Dach', ‚einen Engerling', ‚einen Käfer', ‚eine Motte', ‚Fliege im Kopf', ‚eine Mücke', ‚Schnake', ‚einen Regenwurm', ‚Egel'.

Jem. einen Vogel zeigen, sich einen Vogel in die Stirn bohren: gegen jem. die Dummheitsgebärde machen (auch als ‚Autofahrersprache' oder ‚Autofahrergruß' bez.).

Vögel (öfter: *Spatzen) unter dem Hut haben:* den Hut zum Gruß nicht abnehmen.

Einen toten Vogel in der Tasche haben: einen Darmwind entweichen lassen, nach Darmgasen riechen (seit 1900 belegt).

's Vöglein zur Ader lassen: natürliche Bedürfnisse befriedigen; bes. schwäb.: ‚'s Vögele zur Ader laun'.

Den Vogel abgeschossen haben: die beste Leistung erzielt haben; vom volkstümlichen Brauch des Vogelschießens hergenommen (vgl. die Darstellung auf dem ndl. Bilderbogen der Bauernkirmes), wo derjenige Schützenkönig wird, der den Vogel herunterschießt; vgl. engl.: ‚to take the cake'.

‚Den Vogel abschießen'

Einem die Vögel auf dem Dache weisen: ihn nicht bezahlen, eigentl. auf einen sehr unsicheren Besitz verweisen, der wie die Vögel auf dem Dach plötzlich verschwunden sein kann. Von einem Menschen in unsicherer Position sagt man ähnl. z.B. in Bedburg: ‚Dä ess jetzt wie 'ne Voggel op de Heck'.

Dem Vogel noch Flügel ansetzen: den Eiligen noch anspornen.

Den Vogel fliegen (pfeifen, singen) lehren: etw. Überflüssiges tun.

Friß Vogel oder stirb!: wer das vorgesetzte Futter nicht mag, wird verhungern müssen; übertr.: es gibt nur diese eine, unangenehme Möglichkeit. Um einen Vogel kirre zu machen, wird ihm bestimmtes Futter vorgesetzt und kein anderes. Luther schreibt: „Wie du wilt, Vögelin, wiltu nicht essen, so stirb"; in der ‚Zimmerischen Chronik' (I, 271): „es hieß ‚compelle intrare, vogel iß oder sterb!'" Auch in Grimmelshausens ‚Simplicissimus' (II, 203) heißt es: „Ich dachte, jetzt heißts: Friß Vogel oder sterb". Der Straßburger Pfarrer Johann Nikolaus Weislinger (1691–1755) verfaßte 1722 eine Schmähschrift auf Luther ‚Friß, Vogel, oder stirb!'

‚Friß Vogel oder stirb!'

Wie ein Vögelchen essen: sehr wenig zu sich nehmen, häufig von Kindern und Kranken gesagt; vgl. frz. ‚manger comme un petit oiseau'.

Sich die gebratenen Vögel (Tauben) in den Mund fliegen lassen: es sich wie im ↗Schlaraffenland ohne Arbeit wohl sein lassen. Abraham a Sancta Clara gebraucht diese Wndg. öfters, z.B. schreibt er in seinem ‚Judas' (III, 155): „Ihnen fliegen die gebratenen Vögel ins Maul"; ↗Taube.

Ein Vögelchen davon haben singen hören: auf geheimnisvolle Weise Kunde von etw. erhalten haben, die für andere unerwartet und überraschend ist; vgl. ndl. ‚'t Vogelken heeft het mij verteld' u. engl. ‚A little bird told me' ↗Finger.

Diese Rdaa. gehen wohl auf alten Volksglauben zurück, nach dem die Vögel den Menschen geheime Mitteilungen machen oder sie warnen, wie dies in vielen Märchen, Sagen, Volksliedern als Motiv vorkommt. Sigurd versteht in der ‚Edda' die Sprache der Vögel, die ihn warnen, und Odin hatte die Raben Hugin und Munin zur Seite, die ihm über alles berichten, was sie sehen und hören.

Die Vorstellung, daß die Vögel Nachrichten verbreiten, ist bereits in bibl. Zeit vorhanden. Beim Prediger Salomo 10,20 heißt es warnend: „Fluche dem König nicht in deinem Herzen und fluche dem Reichen nicht in deiner Schlafkammer; denn die Vögel des Himmels führen die Stimme fort, und die Fittiche haben, sagen's weiter".

Er hat den Vogel pfeifen hören: er hat die Sache gemerkt; was verborgen bleiben sollte, ist ihm auf geheimnisvolle Weise zu Gehör gekommen. Die entgegengesetzte Bdtg. hat die Rda. ‚Die Spatzen pfeifen es von den (allen) Dächern', das angebliche Geheimnis ist in aller Munde, die ganze Stadt spricht schon davon; westf. ‚Dat wietet de Vüegel upm Dake'.

Seinen Vogel auslassen: sein eigentl. Anliegen vorbringen. *Der Vogel ist ausgeflogen:* der Gesuchte ist nicht daheim (vgl. Nest), der Gefangene ist entflohen. Dagegen heißt *Der Vogel sitzt:* der Dieb ist im Gefängnis.

Der Vogel ist ins Garn (auf den Leim) gegangen: er hat sich überlisten lassen. Die Rda. kommt aus dem Bereich der Vogelstellerei, bei der die Vögel mit Netzen oder Leimruten gefangen wurden, die von ihnen nicht als gefährlich erkannt werden konnten.

Häufig wird der Mensch mit einem Vogel verglichen, der durch verschiedene Adj. noch näher charakterisiert wird. Bereits Wickram bez. im 16. Jh. einen ausgelassenen oder liederlichen Menschen als *losen Vogel.* Ein Mensch mit sonderbaren Ansichten und merkwürdigen Gewohnheiten wird ein *seltener (rarer, komischer) Vogel* genannt. Vgl. ndl. ‚Dat is ook een rare vogel'. In den ‚Satirae' (I, 46) des Aulus Persius Flaccus (34–62 n. Chr.) findet sich wie bei Juvenal (60–140 n. Chr.) der Ausdr. „Rara avis" = ein seltener (rarer) Vogel.

Die älteste dt. Benutzung der Wndg. i. S. v. äußerst seltener Erscheinung findet sich bei Luther. In seiner Schrift ‚Von weltlicher Obrigkeit' (Weimar. Ausg. 11, 267) steht: „Und solt wissen, das von anbegynn der wellt gar eyn seltzam vogel ist umb eyn klugen fursten, noch viel seltzamer umb eyn frumen fursten". Vgl. auch: ‚ein weißer Rabe sein', ein Ausdr., der von Juvenal (‚Sat.' VII, 202) überliefert ist. Ein Leichtsinniger ist ein *leichter (lockerer, lustiger) Vogel.* Im ‚Rollwagenbüchlein' (XVI u. XXXII) wird ein Taugenichts als *nasser Vogel* treffend charakterisiert, denn er ist sowenig nütze wie ein naßgewordener Vogel, der nicht mehr fliegen kann.

Es sind Vögel von einerlei Federn: es sind Menschen von gleichem Schlage, einer ist nicht besser als der andere. Vgl. ndl. ‚Het zijn vogels van eender veren'.

Die Rda. *Ich bin ein gesprenkelter Vogel:* ich werde von allen Seiten angegriffen, ist bibl. Herkunft. Jer. 12,9 heißt es:

> Mein Erbe ist wie der sprenklige Vogel,
> Um welchen sich die Vögel sammeln.

Vgl. ndl. ‚Het is een gesprenkelte vogel'.

Vogel-Strauß-Politik treiben ↗ Strauß.

‚Vogel Selbsterkenntnis' ↗ Nase.

Vogel (Vogelschnabel) ist vulgärsprachl. der Name für den Penis; ähnl. ‚den Vogel zwitschern lassen': koitieren; ‚Vogelhäusel': Hosenschlitz; ‚loser Vogel': Frauenheld; ‚Vogelbauer': Vulva, aber auch: Bordell; ‚Vogelscheuche': Frau, die einen am Geschlechtsverkehr hindert.

Vogel und Nest ist ein häufiges Sprw.-Bild für die sexuelle Verbindung von Mann und Frau: z. B. ‚Jeder Vogel hat sein Nest'; ‚Komm Vögelchen, wir gehn ins Nest!' u. a. (E. Borneman: Sex im Volksmund [Reinbek b. Hamburg 1971]).

‚Vögeln' bedeutet in der Umgangssprache koitieren. Urspr. hieß der Geschlechtsakt bei Vögeln ↗ treten. Zwei alte Belege bietet das Schwäb. Wb. (II, Sp. 1608): ‚Es ist gar ain boese Henn, Die ... wonen wil bi ainem Han, und sich nit wil füglen lan'. Bei Seb. Franck heißt es: ‚Mali corvi malum ovum: Wie es vogelt, also legt es Ayer'.

Lit.: *A. de Cock:* 't Vogelken heeft het mij verteld, in: Vkde. 22 (1911), S. 96–100; *K. Knortz:* Die Vögel in Geschichte, Sage, Brauch und Literatur (München 1913); bes. Kap. IX: Gemischte Gesellschaft, S. 244–296; *R. Riegler:* Tiernamen zur Bez. von Geistesstörungen, in: Wörter u. Sachen 7 (1921), S. 129 ff.; *E. Ingersoll:* Birds in Legend, Fable and Folklore

(New York 1923); *A. Taylor:* Art. ,Vogel', in: HdA. VIII, Sp. 1673–1679; *E. Hollerbach:* Vom Ursprung und von den Anfängen des Vogelschießens (1938); *H. Rausch:* Den Vogel abschießen, in: Sprachfreund 4, Nr. 6 (1955), o.P.; *S. A. Wolf:* Hast wohl 'n Vogel?, in: Muttersprache 65 (1955), S. 23–24; *L. Honko:* Krankheitsprojektile. FFC. 178, (Helsinki 1959); *R. Pipping:* Den gaspande fageln (Der gähnende Vogel in einem Sprw.), in: Syn og Segn (1959), S. 114–117; *J. Hasspacher:* Die Geschichte der Dresdner Vogelwiese, in: Zs.f. Vkde., 56 (1960), S. 55–73; *J. Jaenecke-Nickel:* Abschußvogel und Abwurftaube, in: Festschrift 75 Jahre Museum für Volkskunde (Berlin 1964), S. 191–194; *L. Röhrich:* Krankheitsdämonen, in: Volksmedizin (Darmstadt 1967), S. 283ff.; *L. Röhrich* u. *G. Meinel:* Rdaa. aus dem Bereich der Jagd u. der Vogelstellerei, S. 316f.; *Th. Reintges:* Das Vogelschießen der Schützen, in: Miscellanea für Prof. Dr. K.C. Peeters (Antwerpen 1975), S. 582–586; *B. Garbe:* Vogel und Schlange. Variation eines Motivs in Rda., Fabel, Märchen und Mythos, in: Zs.f. Vkde. 75 (1979), S. 52–56; *E.* u. *L. Gattiker:* Die Vögel im Volksglauben. Eine volkskundliche Sammlung aus verschiedenen europäischen Ländern von der Antike bis heute (Wiesbaden 1989).

vogelfrei. *Jem. für vogelfrei erklären:* ihn für schutzlos erklären. Der seit der 1. H. des 16. Jh. bezeugte Ausdr. stammt nicht unmittelbar aus der alten Rechtssprache, gehört aber doch in den Bereich des Rechts: „aqua et igni interdictus" seit Seb. Franck (1538, ,Chron. Germ.'); auch bei N. Frischlin (Nomenkl. 577): „igni et aqua interdicere, vogelfrei machen". Die Wndg. geht darauf zurück, daß dem Körper des Geächteten das Grab versagt, daß er vielmehr ,den Vögeln erlaubt' (avibus permissus), d.h. den Raubvögeln anheimgegeben wurde. Vgl. auch ndl. ,Hij is vogelfrij verklaard'; engl. ,shot-free' u. frz. ,un hors-la-loi' (wörtl.: einer, der durch kein Gesetz mehr geschützt ist).

Die Wndg. wird später in freierer und übertr. Verwendung nicht nur von Personen, sondern auch von Sachen gebraucht: „So wäre denn mein Buch in Deutschland vogelfrei erklärt" (Börne, Ges. Schriften, Bd. XI, S. 183). Jac. Grimms Erklärung ,frei wie ein Vogel in der Luft, den jeder schiessen darf' trifft nicht zu, weil die Jagd auf Vögel zum Wildbann gehörte. Dagegen ist ein anderes vogelfrei, das zuerst 1490 (,Tirol. Weistümer' III, 171) auftritt und ,völlig frei von Herrschaftsdiensten' bedeutete, zunächst ,frei wie der Vogel in der Luft'.

Lit.: *J. T. Page:* Shot free, in: American Notes and Queries 9,6 (1900), S. 417; *E. v. Künßberg:* Vogelfrei, in: Zs. der Savigny-Stiftung für Rechtsgeschichte (germanistische Abteilung) 58 (1938), S. 525–533; *H. Siuts:* Bann und Acht und ihre Grundlagen im Totenglauben, in: Schriften zur Volksforschung, Bd. I (Berlin 1959).

Vogelherd ↗Lockvogel

Vokativ. *Ein rechter Vokativus* wird in zahlreichen Mdaa. jem. genannt, dem nicht zu trauen ist, der es ,hinter den Ohren' hat. So schon bei Grimmelshausen im ,Vogelnest' (2,6): „Der Apotheker, welcher gar ein arger Vocativus ist". ,Vocativus' ist in der lat. Deklination der Anredefall; da man diesen oft in mißbilligendem oder strafendem Sinne anwendet, hat der aus dem Lateinunterricht geläufige Ausdr. seinen sprw. Sinn angenommen.

Volksfest. *Es ist mir ein Volksfest,* iron. Verstärkung der Wndg. ,Es ist mir ein Vergnügen', ,es ist mir angenehm', ,es freut mich sehr'; ebenso: ,es ist mir ein innerer Reichsparteitag' oder ,es ist mir ein innerer Vorbeimarsch', mit parodistischer Beziehung auf die bombastischen Reichsparteitage der Nationalsozialisten in den dreißiger Jahren aufgekommen.

voll. *Jem. nicht für (ganz) voll nehmen:* ihn nicht ernst nehmen, nicht für vernünftig genug halten, seine Zurechnungsfähigkeit bezweifeln. Vielleicht stammt dieser Ausdr. aus der Münzkunde: eine Münze war dann nicht vollgültig, wenn sie den gesetzlichen Bestimmungen hinsichtlich Gewicht und Metall nicht entsprach. Da diese Rda. umg. häufig unter Jugendlichen zu hören ist, die sich beklagen, daß ,man sie nicht für voll nimmt', ist es wahrscheinlicher, daß ein Zusammenhang mit der Erreichung der Volljährigkeit besteht, nach der man erst für seine Taten voll verantwortlich gemacht werden kann.

In die vollen gehen: mit ganzer Kraft vorgehen und dabei alle Chancen offen haben, die jedoch verspielt werden können; vgl. frz. (umg.) ,Y aller à plein'. Die Wndg. stammt vom Kegelspielen her, wo mit dem ersten Treffer alle Kegel fallen können, doch diese Gelegenheit auch durch Ungeschick verpaßt werden kann.

Aus dem vollen leben (schöpfen, wirtschaften): ein uneingeschränktes Luxusleben

führen, aus einem Überfluß (eigentl. aus gefüllten Vorratsspeichern) wählen können, in übertr. Bdtg.: reiche Kenntnisse und Erfahrungen souverän nutzen.
Ins volle greifen: sich alles leisten können, sich keinen Wunsch versagen müssen.
Bis obenhin (bis zum Eichstrich) voll sein: sehr satt oder betrunken sein. Rdal. Vergleiche dienen zur Schilderung hochgradiger Trunkenheit: *voll wie ein Sack sein;* vgl. frz. ‚bourré' (umg.): vollgestopft oder ‚plein comme une outre' (wörtl.: voll wie ein Schlauch) oder ‚plein comme une lanterne' (voll wie eine Laterne); *voll wie ein Schwamm sein,* der sehr saugfähig ist und viel aufnehmen kann; *so voll wie eine Strandhaubitze (Strandkanone) sein,* vgl. ndl. ‚zoo vol (geladen) als een kanon' oder ‚kanon zijn'.
Auch Tiervergleiche sind äußerst beliebt: *so voll wie eine Sau, wie eine Zecke sein;* in Köln heißt es: ‚Hä ass esu voll we'n Krât' (Kröte); ↗ trinken.
Sich vollaufen lassen: viel Alkohol trinken.
Sich vollmachen: sich beschmutzen, aber auch: großes Getue, unnötiges Theater machen. Die häufige Zurechtweisung ‚Mach dich nicht voll!' heißt demnach: rege dich nicht künstlich auf, spiele dich nicht zu sehr auf!
Bedrängnis und Enge werden anschaulich und wirkungsvoll durch Vergleiche geschildert: *Es ist so voll wie ein Ei:* es ist überhaupt kein Platz in einem Raum mehr vorhanden, vgl. frz. ‚C'est plein comme un œuf'; ein Saal (ein Verkehrsmittel) *ist zum Brechen voll; es ist so voll, daß kein Apfel zur Erde kann* (↗ Apfel), *daß man keinen Hundeschwanz mehr hindurchziehen kann; es ist proppen- (pfropfen-)voll,* vgl. ndl. ‚zoo vol als mud'. In Moers heißt es: ‚Et es so voll wie en Pöttche met Pieren', vgl. auch ndl. ‚Het was er zoo vol als gepakte haring'.
Voll und toll sein: ganz besoffen sein, ↗ toll. ‚Voll und ganz' als Verstärkung von ‚gänzlich', ‚total' fand in L. Tiecks ‚Antonius und Kleopatra' die früheste Anwendung.

Lit.: *Wülfing:* Voll und ganz, in: Zs. f. dt. Wortf. 2 (1901), S. 343.

Volldampf. *Mit Volldampf voraus:* mit größtmöglichem Tempo, also mit voller Maschinenkraft. Das urspr. seemännische Kommando von der Dampfschiffahrt wurde auf andere Lebensbereiche (Eisenbahn, Maschinen) u. den Menschen übertr., um zu höchster Anstrengung u. vollem Einsatz zu ermuntern.

Volte. *Eine Volte schlagen:* eine rasche Wndg. vollführen. Die Rda. entstammt als Fachausdr. der Reit- und Fechtkunst und gelangte im 17. Jh. zu uns. Volte gehört zu lat. ‚volvere', ital. ‚volta' und frz. ‚volte'.
Beim Stoßfechten gehört die Volte zu den Bewegungen der Füße, wenn man dem feindlichen Stoß entweder ausweichen oder den Gegner mit Vorteil treffen will. Diese Bewegung wird ausgeführt, indem man den linken Fuß nach rechts hinter den rechten setzt.

Lit.: *J. Schmied-Kowarzik* u. *H. Kufahl:* Fechtbüchlein, 2. Aufl. (Leipzig o. J. [1894]), S. 195.

vorbei. ‚Es geht alles vorüber, es geht alles vorbei' ist ein Schlagertitel eines Hits von 1940 von Peter Kreuder. Dieser Spruch, der in Dtl. häufig parodiert wurde, hat eine lange lit. Tradition. Eine Parodie aus der NS-Zeit lautet:

Es geht alles vorüber,
es geht alles vorbei.
Erst geht Adolf Hitler
und dann die Partei.

Die auch sonst sehr geläufige Wndg., die einen Trost beinhaltet, geht auf eine israelische Volkserzählung über König Salomo zurück, die mehrere Variationen erfahren hat. Eine davon sei hier genannt: König Salomo litt unter einer Depression und suchte Hilfe. Seine Weisen rieten ihm zu einem Ring, auf welchem stand: ‚Auch das geht vorbei'. Salomo ließ sich einen solchen Ring anfertigen und trug ihn ständig. Sobald ihn Traurigkeit befallen wollte, schaute er auf den Ring und gewann seine gute Stimmung zurück.

Lit.: *A. Taylor:* „This Too Will Pass", in: Volksüberlieferung. Festschrift f. K. Ranke zur Vollendung des 60. Lebensjahres, hg. v. F. Harkort, K. C. Peeters u. R. Wildhaber (Göttingen 1968), S. 345–350.

Vordermann. *Auf Vordermann bringen:* eine Gruppe von Menschen zur gleichen Ansicht bewegen. Die Rda. stammt aus dem militärischen Exerzierreglement: die Soldaten werden so ausgerichtet, daß Kopf hinter Kopf steht und der Vordermann die Richtung des Hintermanns bestimmt. Da es dabei erfahrungsgemäß nicht sanft zugeht, hat die Rda. auch den Nebensinn des Rügens und Zurechtweisens erhalten (Küpper).

Vorläufer ↗Läufer.

Vormund. *Keinen Vormund brauchen:* selbst für sich einstehen, alle Entscheidungen allein treffen wollen, keine Einmischung und Gängelei mehr vertragen, ‚mündig (volljährig) sein'. Ähnl.: *sich nicht mehr bevormunden lassen.*
Der Vormund ist ein amtlich bestellter Rechtsvertreter u. Fürsorger für Minderjährige (bes. für Waisen), Entmündigte, Geisteskranke u. a.
Das als Simplex untergegangene Subst. ‚munt' bedeutete im Ahd. Hand u. Schutz u. im Mhd. zusätzlich Erlaubnis u. Bevormundung. Das Rechtswort in der Bdtg. ‚Beschützer' begegnet als ‚foramundo' zuerst in einer Emmeraner Glosse des 10. Jh. Durch den ‚Sachsenspiegel' wurde das Wort ‚Vormund' fast über das ganze dt. Sprachgebiet verbreitet u. verdrängte mdal. Bez. wie Vogt, Träger, Pfleger u. a.

Lit.: *H. Müller-Tochtermann:* Struktur der dt. Rechtssprache, in: Muttersprache (1959), S. 84–91.

Vorschuß. *Er hat Vorschuß genommen:* er hat Gattenrechte bereits vor der Heirat verlangt. Die Rda. bezieht sich eigentl. auf eine Regelung bei der Lohnzahlung: in bedrängter finanzieller Lage kann der Arbeitnehmer um die Vorausbezahlung eines Teillohnes bitten.
Vorschußlorbeeren erhalten: ein Lob schon vor vollendeter Tat erhalten. Die Wndg. wurde durch Heinrich Heines Gedicht ‚Plateniden' im ‚Romanzero' bekannt, in dem Heine auf die öffentl. Dichterehrung mit einem Lorbeerkranz anspielt. In Str. 5 rühmt er das Verhalten großer Dichter (Schiller, Goethe, Lessing, Wieland):

Wollten keine Ovationen
Von dem Publico auf Pump,
Keine Vorschuß-Lorbeerkronen,
Rühmten sich nicht keck und plump.

Vorsicht. *Vorsicht ist die Mutter der Porzellankiste:* große Sicherheitsvorkehrungen, die übertrieben und unnütz erscheinen, sind einem späteren Schaden vorzuziehen. Gern gebraucht der Überängstliche diese Wndg., wenn man seine Maßnahmen und Vorschriften belächelt. Diese scherzhafte Umformung der älteren Wndg. ‚Vorsicht ist die Mutter der Weisheit' stammt wahrscheinl. aus Berlin und ist wohl im Hinblick auf das häufig warnende Schild beim Transport: „Vorsicht, Porzellan!" (Glas, zerbrechlich) entstanden. E. Ströbele weist nach, daß die zugrunde liegende Bildformel „X ist die Mutter von Y" auf dem griech. Sprw. ‚Die Erde ist die Mutter des Reichtums' beruht und dem Mythos der Erdgöttin (Demeter) nahesteht. Nach diesem Formmodell verlaufen zahlreiche Sprww. aus vielen Sprachbereichen; ↗Mutter. Vgl. frz. ‚La prudence est la mère de la sureté'.
Jem. ist nur mit Vorsicht zu genießen: er ist launisch und unberechenbar.

Lit.: *E. Ströbele:* „X ist die Mutter von Y" – Zum Lebenslauf einer Bildformel, Archer Taylor octogenario in honorem, in: Proverbium 15 (Helsinki 1970), S. 120–121.

vorstellen. ‚Stell' dir vor, es ist Krieg und keiner geht hin': ein innerhalb der Friedensbewegung bekannt gewordener Spruch aus dem amer. ‚Suppose they gave a war and nobody came' (zuerst belegt bei R. Reisner). Reisners Buch war in den 70er Jahren in Dtld. erhältlich und wahrscheinl. Quelle weiterer Sprüche der Sponti-Szene (‚We are the people our parents warned us about' u. a.).
In Amerika ist dieser Graffitispruch schon seit 1960 belegt. Harpo Marx, einer der berühmten Marx Brothers, gab 1961 seine Autobiographie ‚Harpo speaks' heraus, die eine Anekdote über den Schriftsteller Thornton Wilder enthält:
Wilder wird einmal von einem kleinen Mädchen gefragt, was Krieg ist. „Wilder antwortete: ‚Eine Million Männer mit Gewehren und eine andere Million Männer mit Gewehren treffen sich, und alle schießen und versuchen sich zu töten'. Das Mädchen dachte einen Moment nach und sagte dann: ‚Und wenn keiner kommt?'" (Bülow, S. 99).

Nach diesem Muster werden seitdem immer neue Sprüche gebildet: ‚Stell dir vor, es gibt Freibier, und keiner weiß wo'. – ‚Stell' dir vor, es ist Sonntag und keiner kauft Bild'. – ‚Stell' dir vor, es ist Dienstag und keiner guckt Dallas'.

Lit.: *R. Reisner:* Graffiti (New York 1971), S. 190; *R. Bülow:* Stell' dir vor, es gibt einen Spruch ..., in: Der Sprachdienst 27 (1983), S. 97–100.

Vortritt ↗Gruß.

Vox. *Vox Populi – Vox Dei:* die Stimme des Volkes – die Stimme Gottes.
Dieses Schlagwort ist belegt von Alkuins Zeit (804 n. Chr.) bis heute. Es entstand vermutlich in klerikalen Kreisen des MA. Allerdings gewann es erst seit dem 17. Jh. die Bdtg. eines demokratischen Symbols. Man verstand darunter jedoch nicht, daß die Stimme des Volkes Gottes Stimme sei, sondern daß der Wille des Volkes ebenso unumstößlich sei wie der Wille Gottes. Moderne Parodien auf das Schlagwort, dessen Herkunftserklärungen nichts mit Hesiod, Homer oder anderen antiken Schriftstellern zu tun haben, wie Gallacher einleuchtend nachweist, bezeichnen die ‚Stimme des Volkes' als absolut wandelbar, ohne eigene Qualität und Wert: ‚Vox populi – vox Rindvieh' heißt es im Dt.; im Engl. ‚Vox populi – vox Halfpenny'.

Lit.: *E. S. Taylor:* Voce Populi Halfpenny, in: American Notes and Queries 4 (1851), S. 138–139; *E. F. Sutcliffe:* Vox populi, vox dei, in: American Notes and Queries 161 (1931), S. 297; *S. A. Gallacher:* Vox Populi, Vox Dei, in: Philological Quarterly 24 (1945), S. 12–19; *G. Boas:* Vox Populi; Essays in the History of an Idea (Baltimore [Md.] 1969).

W

Waage. *Einem die Waage halten:* ihm an Stärke (eigentl.: an Gewicht) gleich sein, es mit ihm aufnehmen können; seit dem 17. Jh. häufig bezeugt, daneben früher auch: ‚gleiche Waage halten'. Die Rda. verweist auch auf ein Kinderspiel, das ‚Waagetreten'. Die Kinder setzen sich an beide Enden eines Balkens, der quer über einem anderen liegt, ein Kind in der Mitte hält das Gleichgewicht; vgl. frz. ‚faire le poids' (wörtl.: einem ein Gegengewicht sein, i.S.v. ‚es mit ihm aufnehmen können'). Ähnl. Wndgn. sind: *Sie können einander die Waage halten:* sie sind sich gleich.

Das Zünglein an der Waage sein: der entscheidende Faktor sein, den Ausschlag geben; vgl. frz. ‚faire pencher la balance' (wörtl.: ‚den Ausschlag geben').

Etw. auf dieselbe Waage legen: mit gleichem Maß messen. Vgl. lat. ‚eadem pensari trutina'; ‚hanc veniam damus petimusque vicissim'; ‚patere legem, quam ipse tuleris'.

Die Waage verlieren: das Gleichgewicht verlieren.

Bair. bedeutet ‚auf der Waage sein': noch ungewiß sein, nach welcher Seite sich etw. entscheiden soll; vgl. frz. ‚être sur la balance'; dafür sonst: ‚auf der Kippe stehen'; ↗Goldwaage. In der mhd. Lit. findet sich ein Beleg bei ‚Herzog Ernst': „ûf eine wâge setzen den lîp". Zahlreiche Ausdrücke und Wndgn., bei denen wir heute im allg. nicht mehr an die Waage denken, stammen doch von ihr her und bezeugen so ihre Wichtigkeit für das öffentl. Leben. ‚Wichtigkeit' selbst gehört dazu, samt ‚wichtig' und ‚gewichtig'; ferner Rdaa. wie *Gewicht auf etw. legen; sein ganzes Gewicht in die Waagschale werfen;* sein Ansehen, seine Autorität als Mittel einsetzen; vgl. frz. ‚mettre tout son poids dans la balance'; *schwer in die Waagschale fallen:* ins Gewicht fallen, entscheidend sein, (nahezu) den Ausschlag geben; vgl. frz. ‚peser lourd dans la balance'. *Das Schwert in die Waagschale werfen* ↗Schwert.

‚Sein ganzes Gewicht in die Waagschale werfen'

Lit.: *G. Snyder:* Wägen und Waagen (Ingelheim 1957); *L. Kretzenbacher:* Die Seelenwaage (Klagenfurt 1958).

Wache. *Wache schieben:* als Wachtposten Dienst tun, ↗Kohldampf. Ebenso: *auf Wache stehen.* Bei Schiller heißt es „Wache tun" (‚Wallensteins Lager' 11; ‚Wallensteins Tod' 5,1).

Wachs. *Jem. ist Wachs in den Händen eines anderen:* jem. ist sehr gefügig, läßt sich beeinflussen, ist nachgiebig, so daß der andere mit ihm machen kann, was er will. Der rdal. Vergleich ‚weich wie Wachs' wurde zuerst nur von Dingen gesagt, so z.B. bei Konrad von Würzburg in seinem ‚Pantaleon', V. 1992: „lind und weich reht als ein wahs wart daz vil guote harte swert". In Schillers ‚Jungfrau von Orleans' heißt es: „O, sie kann mit mir schalten wie sie will, mein Herz ist weiches Wachs in ihrer Hand" (III,4).

Eier werden ‚wachsweich' gekocht, doch der Ausdr. wird auch auf das Verhalten von Personen bezogen.

Jem. etw. ins Wachs drücken: sich eine Beleidigung oder ähnliches merken, um sich dann bei passender Gelegenheit an dem Beleidiger zu rächen. Diese Rda. geht auf den Gebrauch von Wachstafeln (auch ‚Wachs' genannt) zurück, welche man zu vorläufigen oder gelegentlichen Aufzeichnungen benutzte. Z. B. steht in Strikkers ‚Pfaffe Âmîs', V. 1263:

so er die namen gar bevant
der jungen und der alten
(daz der got müeze walten!)
er schreib si alle an ein wachs.

Vgl. Schwäb. ‚einem etwas ins Wächsle drucke' (Schwäb. Wb. VI., Sp. 317).

Lit.: *Th. Gantner:* Geformtes Wachs. Schweiz. Museum für Volkskunde. Ausstellungskatalog (Basel 1980).

Wachtmeister nennt man scherzhaft einen dicken Tabaksqualm im geschlossenen Raum: *Hier ist aber ein Wachtmeister im Zimmer;* auch mdal., z. B. obersächs.: ‚Hier is ja e scheener Wachmeester hinne, da kammer ja glei mit'n Säbel durchhaun!' Die Rda. geht darauf zurück, daß in Wachtstuben meist stark geraucht wurde und daß der Wachtmeister einen fürchterlichen Qualm erzeugte, so daß man ihn nur noch vermuten, aber nicht mehr selbst sehen konnte. 1881 ist aus Leipzig bezeugt: ‚'s is e Damp wie in enner Wachstube, wie uf der Hauptwache'.

Waffen. *Jem. zu den Waffen rufen:* jem. zum Militärdienst einziehen.
Zu den Waffen greifen: den Kampf beginnen, eine kriegerische Auseinandersetzung nicht länger vermeiden.
Die Waffen sprechen lassen: die Entscheidung, den Sieg mit militärischen Mitteln erzwingen wollen.
Die Waffen strecken: sich geschlagen geben in einer Kontroverse, einem Streit, einem Konflikt. Vgl. engl.: ‚to show the white feather'.
Die Waffen niederlegen: einen Waffenstillstand, Frieden schließen.
Mit den Waffen einer Frau kämpfen (siegen): weibl. Vorzüge nützen.
Im Mhd. ist ‚wâfen!' (‚wâfenâ!') ein Not-, Hilfs-, Wehe- und Drohruf. Den Ausdr. ‚wâfen rufen' gab es im Mhd. in der Bdtg., ‚um Hilfe rufen'; so in der ‚Kudrun' (V. 1360, 3ff.):

Ludewîgs wahtaere krefteclîchen rief
‚wol ûf, ir stolzen recken!
wâfen, herre, wâfen!
ir künec von Ormenîe, ja waene ich
ir ze lange habet geslâfen'.

Dann auch als Notruf, Klage in der Verbindung ‚waffen schreien', wie bei Wolfram von Eschenbach: ‚Parzival', V. 675, 18–21:

nu solt ich schrîen wâfen
umb ir scheiden daz si tuont:
ez wirt grôz schade in beiden kuont.

Wagen. *Einem an den Wagen fahren* (mdal., z. B. schwäb. auch: ‚einem an den Karren kommen'): ihm zu nahe treten, ihn beleidigen; *jem. nicht an den Wagen fahren können:* keine Möglichkeit haben, ihn ins Unrecht zu setzen; lit. seit dem Ausgang des 18. Jh. bezeugt; so 1779 in Johann Gottwerth Müllers Roman ‚Siegfried von Lindenberg' (IV, 368): „Herr Fix ... wußte, daß er nicht viel Federlesens zu machen pflegte, wenn man ihm mutwilligerweise an den Wagen fuhr"; ndd. ‚Laat di ni an'n Wagen föhrn!'; pomm. ‚He lett sik nich an Wagen kamen', er läßt sich nicht zu nahe kommen. Moderne Varianten der Rda. sind: ‚jem. an den Wagen pissen', ihm in die Quere kommen; ‚sich nicht an den Wagen pinkeln lassen', sich keiner Unredlichkeit schuldig machen; ‚jem. nicht an den Wagen pinkeln können', ihm nichts Unredliches vorwerfen können (Küpper). Vgl. frz. ‚Il faut faire venir la croix et l'eau bénite pour l'avoir' (nur noch regional).
Altmärk. ‚Dat is min Waog'n un Plôg', das ist mein tägliches Handwerkszeug, das ist mein Stand und Beruf. So schon ähnl. bei Seb. Franck (‚Weltbuch' 134): „es ist der guten herren wagen und pflug"; vgl. ndl. ‚Dat is mijn wagen en mijn ploeg'; ↗ Pflug.
Das fünfte Rad am Wagen ↗ Rad.
Sehen, wie der Wagen läuft: abwarten, wie sich eine Sache entwickelt.
Sich nicht vor jem. Wagen spannen lassen: sich nicht vor jem. Karren spannen lassen, sich nicht für ihn abplagen wollen, ihm keinen Vorschub leisten. Dagegen: *am Wagen geschoben haben:* bei einer Sache beteiligt gewesen sein, Hilfe und Unterstützung geboten haben.
Er kann den Wagen nicht im Gleise halten:

er kommt vom rechten Wege ab, steuert selbst seinem Unglück entgegen; vgl. ndl. ‚Hij weet den wagen niet regt te houden‘.

Der Wagen ist aus den Geleisen: die ↗ Karre ist in den Dreck gefahren worden; vgl. ndl. ‚De wagen is uit het spoor‘ und den lit. Beleg in Fischers ‚Psalter‘ (121,1): „den wagen in kot füren“.

Der Wagen wird für (vor) die Rinder gespannt: etw. wird verkehrt begonnen; vgl. lat. ‚Plaustrum bovem trahit‘; frz. ‚On met la charrue (Pflug) avant les bœufs‘. Gleiche Bdtg. hat die Wndg. *das Pferd hinter den Wagen spannen.* Von einem, der am unpassenden Ort oder vorzeitig redet, sagt man in Rottenburg: ‚Dear lädt au ällaweil da Waga voar der Schur a‘.

Vom Wagen auf die Karre kommen: in schlechtere Verhältnisse geraten; vgl. ‚vom ↗ Pferd auf den Esel kommen‘.

Einem den hinteren Wagen schmieren: ihm Beine machen, meist drohend gesagt.

Moderne Wndgn. beziehen sich auf die allg. übliche Motorisierung und den Stolz auf das eigene Auto: *Einen (schicken, schnellen) Wagen fahren:* ein großes (modernes) Auto besitzen; *mit dem eigenen Wagen kommen:* unabhängig von öffentl. Verkehrsmitteln sein, jeden Ort zur gewünschten Zeit erreichen können.

Lit.: *L. Weiser-Aall:* Art. ‚Wagen‘, in: HdA. IX, Sp. 24–48; *L. Tarr:* Karren, Kutsche, Karosse. Eine Geschichte des Wagens (München – Basel – Wien 1970).

wagen, wägen. *Wer wagt, gewinnt:* wer einen Einsatz bringt, hat auch schon einen Vorteil davon. Im Schwäb. existiert der Ausdr. oft in der doppelten Negation: ‚Wer nie nix waget, der nie nix hat‘. Auch:

‚Wer wagt, gewinnt‘

‚Frisch gewagt ist halb g'wonne‘, oft mit dem Zusatz: ‚und weidlich g'loffe ist halbe g'sprunge‘; vgl. engl. ‚nothing venture – nothing win‘. Das Sprw. ist schon in früher Zeit bekannt gewesen, bes. in der heute ungebräuchl. erweiterten Form: ‚wagen gewinnt und wagen verleust‘ (= verliert). So bei Hans Sachs (11,228). Ein weiteres Sprw. lautet: ‚Erst wägen – dann wagen‘. Es bedeutet soviel wie: zuerst eine Sache überlegen, prüfen, erwägen, dann danach handeln. ‚Wägen‘ hieß im Alt- u. Mhd. ‚wegen‘ und bedeutete ‚sich bewegen‘. Im Laufe der Sprachentwicklung verengte sich diese Grundbdtg. zu ‚auf die Waage legen‘, das Gewicht einer Sache bestimmen; das Bewegen wurde also nur noch auf das Auf- und Niedergehen der Waagschalen bezogen. Zwei Ausdrücke spiegeln noch die alte Bdtg. des Wortes ‚wiegen‘: *jem. gewogen sein:* jem. zugetan sein (von ‚wiegen‘ i. S. v. schaukelnd sich bewegen) und: *jem. ist gewiegt:* er ist schlau, erfahren.

Über eine (gewagte) anzügliche Bemerkung sagt man: *sie ist reichlich gewagt;* vgl. engl. ‚to be very near the knuckle‘. Zum vielgebrauchten Zitat wurde die Anfangszeile von Schillers ‚Taucher‘ (1797): „Wer wagt es, Rittersmann oder Knapp“.

Im Schwäb. gibt es den Wellerismus: ‚„I wag's“, hat d' Geiß-Anna g'sait un isch u'bichtet g'storbe‘.

Lit.: Erst wägen – dann wagen, in: Der Sprachdienst 2 (1958), S. 12–13.

Wahl. *Noch in der Wahl stehen:* sich noch nicht endgültig schlüssig sein.

Etw. ist um die Wahl besser: eine Sache ist kaum etwas besser als die andere.

Nicht gerade erste Wahl sein: nicht von Spitzenqualität sein, auch in Bezug auf einen Bewerber, Kandidaten, Politiker. Ähnl.: *nur zweite Wahl sein,* wobei von Waren, die auf diese Weise kenntlich gemacht sind, die Übertr. auf die menschl. Qualifikation und ihre Mängel erfolgt.

Die Wahl haben zwischen Kugel und Strick (Hängen und Würgen): zwischen zwei gleich großen Übeln entscheiden müssen. Die Rda. kommt daher, daß manche zum Tode Verurteilte sich ‚ihre‘ Todesart ‚aussuchen‘ durften; denn es gab einen schmachvollen und einen ‚ehrenhafteren‘

Tod. Die Kugel galt dabei als Gnade und Vorzug.
,Wer die Wahl hat, hat die Qual': in diesem Sprw. wird die Freiheit der Entscheidung als eine Last empfunden; schon im 14. Jh. hieß es: ,der do hat dy wal, der hat auch den qual' (Dt. Wb. 13, Sp. 515–516); ↗Qual.

,Wer die Wahl hat, hat die Qual'

Im Schwäb. sagt man: ,Da hat ma die Wahl, wie die Mäus' in de Hutzle'.

wahr. *Schon gar nicht (bald nicht) mehr wahr sein:* es ist schon so lange her, daß man es kaum noch glauben kann. Die Rda. wird bereits von Hans Sachs in seinem Fastnachtsspiel ,Der Teufel nahm ein altes Weib' (6) verwendet, wo er schreibt: Es ist so lange her, „das schier ist nimer war".
Etw. nicht wahrhaben wollen: etw. nicht als Tatsache anerkennen wollen, bewußt seine Augen vor der Wirklichkeit verschließen.
Das darf doch nicht wahr sein! Ausruf der Verwunderung, Enttäuschung oder Empörung.
Das ist zu schön, um wahr zu sein! Die Wndg. war urspr. eine Schlagerzeile aus dem Film ,Der Kongreß tanzt' (1931). Vgl. frz. ,C'est trop beau pour être vrai'.
Häufig erscheint das Wort wahr in Beteuerungsformeln wie *So wahr ich hier sitze; so wahr ich Hans heiße* und in Vergleichen: *Es ist so wahr wie das Amen in der Kirche; wie das Evangelium; es ist so wahr, als wenn's Gott selber sagte,* vgl. lat. ,Non Apollinis responsum magis verum, atque hoc dictum est'; *es ist so wahr wie zweimal zwei vier ist,* vgl. ndl. ,Het is zoo waar, als dat twee maal twee vier is'; *es ist so wahr wie das Einmaleins; wie das Gesetz und die Propheten; es ist wahrer als wahr.*
Bei Zweifeln an der Richtigkeit einer Mitteilung und bei einer offensichtlichen Lüge sagt man: *Wer weiß, ob's wahr ist,* oder ostpreuß. ,Ist's wahr? Waar' hat der Jud' im Sack'. *Es muß wahr sein, denn es ist gedruckt; denn ich höre den Hahn auf seinem Miste krähen.* Im scherzhaften Vergleich heißt es: *Es ist so wahr, als daß der Frosch Haare hat,* vgl. ndl. ,Het is zoo waar, als dat de hond de bijl opät en den steel voor staart achter uit stak'. *Wenn das wahr ist, will ich ein Schelm sein,* vgl. lat. ,Locusta prius bovem pariet'.
Beteuerungsformeln waren auch in der Lit. beliebt. Fischart (,Geschichtklitterung', in Kloster VIII, S. 264) schrieb: „Wo es nicht war, wolt ich mein Lebenlang ein Mechelburgischer Schunckenmadenfresser vnd Speckhencker aus Engern bleiben".
Von der Formel *Wenn es nicht wahr ist, so schneuze mich der Teufel* berichtete Harsdörffer in seinen ,Gesprächspielen', daß der Teufel einen, der diese Versicherung oft gebrauchte, mit einer glühenden Zange geschneuzt habe, und Abraham a Sancta Clara bemerkte dazu: „Wann dieser Höllegast allezeit sollte denjenigen die Nasen schnäuzen: welche anders reden als sie im Herzen haben, so werde man mehr gestutzte Nasen als gestutzte Hund finden".
Zur Bekräftigung eines Eides, wurde auch gesagt: *Wenn es nicht wahr ist, soll mich der Teufel holen!*

Wahrheit. *An der Wahrheit sein:* gestorben sein. Die euphemist. Umschreibung meint eigentl., daß der Verstorbene das irdische Leben voller Lüge verlassen habe und sich nun im Reich der göttlichen Vollkommenheit und Wahrheit aufhalte. Auch Agricola (I, S. 518) erklärt, daß die Wndg. ,Er ist an der warheyt, wir sind an der lugen' dann gebraucht wurde, wenn von einem Verstorbenen die Rede war.

Vgl. ndl. ‚Hij is aan de waarheid, wij zijn aan de leugen'; ↗zeitlich.

Der Wahrheit die Ehre geben: nicht zu eigenem Vorteil eine Notlüge machen, sondern die reine Wahrheit sagen, auch wenn es schwerfällt.

Der Wahrheit ein Mäntelchen umhängen (ein Hemdlein anziehen, einen Deckel machen): die Wahrheit vertuschen; vgl. ndl. ‚hij heeft de waarheid een mantelje omgehangen'.

Der Wahrheit eine Nase drehen, auch: *die Wahrheit bei der Nase ziehen:* die Wahrheit listig vertuschen, Ausflüchte gebrauchen, ↗Nase.

Mit der Wahrheit herausrücken oder *Die Wahrheit kommt aus dem Winkel hervor* heißt es, wenn jem. einzugestehen beginnt.

Die Wahrheit hinter der Tür schmücken: sich nicht offen aussprechen, vgl. ndl. ‚Hij spaart de waarheed'.

Hinter die Wahrheit kommen: etw. bisher Verborgenes erfahren, die eigentl. Ursachen erkennen.

Einem die Wahrheit unter die Nase reiben: ihm unverblümt, derb die Meinung sagen; vgl. frz. ‚mettre à quelqu'un la vérité sous le nez'.

Ähnl.: *einem die Wahrheit geigen,* ↗geigen.

Lit.: *W. Boette:* Art. ‚Wahrheit' u. *W. Müller-Bergström:* Art. ‚Wahrzeichen', in: HdA. IX, Sp. 48–53.

Waidmannsheil ↗Gruß.

Waisenknabe. *Ein Waisenknabe in etw. sein:* sehr wenig davon verstehen; eigentl.: der Sache so beraubt sein wie das Waisenkind seiner Eltern. *Gegen den bin ich ein* (oder *der reine) Waisenknabe:* an ihn reiche ich bei weitem nicht heran. Die Wndg. ist zwar erst aus dem 19. Jh. belegt, doch geht der übertr. Gebrauch von ‚Waise' bis ins Mhd. zurück. So rühmt Heinrich von Freiberg von seinem Helden Tristan (V. 1349f.):

Herr Tristan, der kurteise (der Feine),
der valscheit ein weise
(d.h.: ganz ohne Falsch).

Kein Waisenknabe sein: (geistig) nicht unbedarft sein, sich kompetent fühlen, sich in der Lage sehen, eine schwierige Aufgabe zu lösen.

Wald. *Den Wald vor lauter Bäumen nicht sehen* nennt man es, wenn einer unmittelbar vor dem Ding steht, das er sucht, und es trotzdem nicht sieht; ähnl. spottet man in Norddtl.: ‚He sitt up't Perd un söcht derna'. In der vorliegenden rdal. gewordenen Form geht die Wndg. auf Christoph Martin Wieland (1733–1813) zurück, der im ‚Musarion' (Buch 2, V. 142 [1768]) sagt:

‚Schilderwald' – ‚Den Wald vor lauter Bäumen nicht sehen'

Die Herren dieser Art blend't oft
zu vieles Licht;
Sie sehn den Wald vor lauter Bäumen
nicht.

Wieland hat die glücklich geprägte Wndg. in seiner ‚Geschichte der Abderiten' ([1774], V. 2), in der Schrift ‚Über die vorgebliche Abnahme des menschlichen Geschlechtes' (1777) und in Horazens Briefen, aus dem Lat. übers. (1782), wiederholt. Blumenauer bestätigt diese Autorschaft durch ‚Aeneis' (II, Str. 9):

Er sieht oft, wie Herr Wieland spricht,
Den Wald vor lauter Bäumen nicht.

Aber Wieland hat nur die Form und nicht den Gedanken geprägt. Dieser findet sich schon bei Ovid (‚Tristia' V. 4, 9f.):

Nec frondem in silvis nec aperto
mollia prato
Gramina nec pleno flumine cernit
aquas.

(= Weder die Blätter im Walde noch auf sonniger Wiese das zarte Gras noch im strömenden Fluß weiß er das Wasser zu sehn); vgl. auch Properz (I, 9, 61): „Medio flumine quaerere aquam" (mitten im Fluß das Wasser suchen). Auf Ovid beruht wohl auch der Vers von Hagedorn in dem moralischen Gedicht ‚Horaz' (Hamburg 1751):

Wie Democrit vertieft er sich in
Träume,
Sitzt in dem Wald und sucht im
Walde Bäume.

(Vgl. Büchmann). Goethe schreibt in den ‚Materialien zur Geschichte der Farbenlehre': „Man sieht lauter Licht, keinen Schatten, vor lauter Hellung keinen Körper, den Wald nicht vor Bäumen; die Menschheit nicht vor Menschen". Vgl. frz. ‚Les arbres lui cachent la forêt' (wörtl.: Die Bäume verbergen ihm den Wald).

Jem. in den Wald wünschen: jem. verwünschen. Die Rda. ist nur noch im Mhd. belegt, so z.B. bei Walther von der Vogelweide. Ein politischer Spruch Walthers (75) ist an Leopold von Österreich gerichtet: „Herzoge ûz ôsterrîche, lâ mich bî den liuten, wünsche mir ze velde und niht ze walde: ichn kan niht riuten". Der Herzog hatte Walther „in den Wald gewünscht", also verwünscht in eine unwirtliche, gefährliche Gegend, ↗Pfeffer. Der Dichter entgegnet, indem er mit Scherz und Wortspiel den „Wunsch" zurückgibt.

Im Walde aufgewachsen sein: kein gesittetes Benehmen haben; *sind wir im Wald?* ist dementspr. eine zurechtweisende Frage an einen, der sich ungesittet benimmt; *im Wald wohnen:* dumm sein, sich

‚Das Feld hat Augen – der Wald hat Ohren'

dumm stellen. *Nicht für einen Wald voll Affen:* durchaus nicht, um keinen Preis; scherzhaft übertreibende Wndg., urspr. wohl berl.

Einen ganzen Wald absägen: scherzhaft: sehr laut schnarchen, ↗sägen.

Im ‚Jägerlied' von Wilhelm Bornemann heißt es: „Im Wald und auf der Haide, da such' ich meine Freude ..." (1816); ebenso ‚geflügelt' ist der Anfang des Gedichts ‚Knecht Ruprecht' von Theodor Storm geworden: „Von drauß' vom Walde komm' ich her" (1853); dies sagt man manchmal, wenn man von weit herkommt oder auch auf die Frage: ‚Woher kommst Du?' nicht antworten will.

Marke deutscher Wald; Wald und Wiese; Wald, Wiese und Bahndamm: minderwertiger Tabak, selbstangebauter Tabak mit Tee vermischt; 1914/18 aufgekommen; wiederaufgelebt in und während des

‚Wie man in den Wald hineinruft, so schallt es heraus'

2. Weltkriegs (Küpper). Das bekannte Sprw. ‚Wie man in den Wald hineinruft, so schallt es heraus' ist auch bildl. dargestellt und dabei ganz wörtl. genommen worden.

Lit.: *W. Wackernagel:* In den Wald wünschen, in: Zs. f. dt. Altertum 2 (1842), S. 537–540; *Anon.:* Die dt. Rda.: Den Wald vor (lauter) Bäumen nicht sehen, in: Zs. f. dt. Sprache, Hamburg (1890), S. 193–194; *W. Baumgart:* Der Wald in der dt. Dichtung, in: Stoff- und Motivgesch. der dt. Lit. 15 (Berlin 1936); *D. Rebholz:* Der Wald im dt. Märchen (Diss. Heidelberg 1944); *L. Schmidt:* Sprw. dt. Rdaa., in: Österr. Zs. f. Vkde. 77 (1974), S. 128; *Ch. Wehr:* Der Wald in der dt. Dichtung und im Märchen (Dipl.-Arbeit, Freiburg 1983).

walten. *Das walte Gott!:* eine höhere Schicksalsmacht soll sich der Sache annehmen. Oft in der parodierenden Form: *Das walte Hugo und die sieben Zwerge.*
Jem. läßt den lieben Herrgott walten: ein Mensch verhält sich sehr gleichgültig und desinteressiert. Diese ihrem heutigen Sinn nach ins Negative gewendete Rda. spielt auf den Anfangsvers „Wer nur den lieben Gott läßt walten" eines bekannten und vielgesungenen Kirchenliedes an, das 1641 von Georg Neumark gedichtet wurde (Ev. Kirchengesangbuch Nr. 298). Ein schwäb. Spruch lautet: ‚I lass de liebe Gott walte, Er hat scho länger hausgehalte' (Schwäb. Wb. VI, Sp. 393).
Unter den mit ‚walten' gebildeten Segensformeln überwiegen diejenigen mit ‚Gott'. Phraseologische Wndgn. dieser Art sind schon im Mhd. belegt:

hie wil ich mîne reise sparn.
got waldes, welt ihr fürbaz varn.

(Wolfram von Eschenbach: ‚Parzival', Verse 602, 2–3).
In Heinrich Wittenweilers ‚Ring' heißt es (V. 1549 ff.):

des müss ein fist (= Furz) walten!
sprach do Triefnas an der stund,
do im die mär so wurden kunt;

↗ schalten.

Lit.: *R. Ris:* Gott walt's. Zur Geschichte der mit dem Verbum ‚walten' gebildeten Segens- und Verwünschungsformeln, in: Festschrift für Paul Zinsli (Bern 1971), S. 114–131.

Walze. *Auf der Walze sein, auf die Walz' gehen:* auf der Wanderschaft sein, bes. von Handwerksburschen gesagt. Walze geht auf ahd. ‚walzan' = sich drehen, fortbewegen zurück, das zur germ. Wurzel ‚walt' gehört (vgl. Walzer = Dreher). Ein Lied aus L. Jessels Operette ‚Schwarzwaldmädel' hat den bekannten Refrain: „Wir sind auf der Walz ..."
Etw. auf der Walze haben: etw. in Bereitschaft haben; *es ist nicht auf der Walze:* Ausdr. der Ablehnung; die Rdaa. beziehen sich auf die Walze der Drehorgeln und Spieluhren, mit denen man stets dieselbe Melodie hervorbringt; *immer die gleiche Walze:* immer die gleichen Worte gebrauchen, geläufiger ist heute: *immer dieselbe Platte* (Schallplatte).

Lit.: *R. Wissell:* Des alten Handwerks Recht und Gewohnheit, 2 Bde. (Berlin 1929); *A. Burkhardt:* Kirschenpflücker im Winter und Schneeschipper im Sommer. Zeitgenössische Darstellungen des Vagabundenlebens um die Jahrhundertwende (Mag.-Arbeit) (Freiburg i. Br. 1989).

Wams. *Etw. aufs Wams kriegen:* Prügel beziehen; *einem das Wams ausklopfen:* ihn verprügeln; dazu: *(durch-)wamsen, verwamsen:* verprügeln. In diesen und ähnl. Wndgn., die vor allem mdal. weit verbreitet sind, steht Wams (ähnl. wie ↗ Jacke) für den betroffenen, in der Jacke bzw. im Wams steckenden Körperteil. Im Ndd. erscheint das Verb auch mit Umlaut als ‚verwämsen', wie in der folgenden Rda.: ‚De hätt woll lange nix upt Jack kriägn, wi möt't em mol gehörig verwämsen!' Auch lit. sind diese Ausdrücke seit dem 17. Jh. bezeugt.
Dagegen: *Es geht ihm unters Wams, nicht ins Herz:* die Sache geht bei ihm nicht tief; es hat ihn nur oberflächlich berührt.
Niederrhein. ‚Langsam kommt ↗ Hannes in et Wammes', allmählich geht es den Leuten wirtschaftlich besser. Der Ostfriese sagt: ‚He hett wat in't Wams', er ist kräftig vom guten Essen.

Wand. *Die vier Wände:* Haus, Wohnung; stammt aus der ma. Rechtssprache und wurde bes. seit dem 18. Jh. üblich; vgl. frz. ‚entre ses quatre murs'.
Es ist, um an der Wand (oder *die Wände) in die Höhe zu laufen* (oder *hinaufzuklettern):* es ist nicht mehr auszuhalten, es ist empörend. Die Rda. ist schon im 16. Jh. lit. bezeugt: „Lauff die wend auff weil du so fuchswild bist" (Scheit, Grobianus [1551], V. 3890). Doch heißt es auch gegensätzlich: *die Wände hochspringen vor Freude.*
Jem. an die Wand drücken: ihn ausschalten. Schon 1605 sagten die bair. Landstände zu ihrem Herzog: „Würde uns Gott behütten und verwahren, das wir Ew. Fürstl. Durchlaucht gleichsamb an die Wandt trukhen oder zu einer Ungebürlichkeit Bewegnus geben wolten". Bismarck wird der Ausspruch zugeschoben, er werde die Nationalliberalen „an die Wand drücken, daß sie quietschen". Er soll ihn 1878 gebraucht haben, als sich die Verhandlungen mit Bennigsen über dessen und seiner Parteigenossen Stauffenberg und Forckenbeck Eintritt in das

Ministerium zerschlagen hatten. Bismarck hat es allerdings auf das entschiedenste abgelehnt, den Ausspruch getan zu haben. So äußerte er sich am 11. Juli 1890 in Friedrichsruh gegenüber dem Herausgeber des ‚Frankfurter Journals', Julius Rittershaus: „Mit den Nationalliberalen habe ich mich meist gut vertragen. Es ist mir das Wort in den Mund gelegt worden: ich hätte sie einmal an die Wand gedrückt, bis sie quietschten. Dieser Satz ist mir niemals in den Mund gekommen; nie habe ich einen derartigen Ausdruck gebraucht. Er ist mir gar nicht geläufig; entspricht so wenig meinem Fühlen und Denken, daß er mir unsympathisch, ja geradezu ekelhaft ist. Dem Sinne nach aber haben die Nationalliberalen seinerzeit mit mir so verfahren wollen: mich wollten sie an die Wand drücken, mir wollten sie die Macht aus den Händen winden" (Büchmann).

Einen an die Wand werfen: ihn in grober Weise ausschalten. Die Wndg. kommt in mancherlei rdal. Drohungen und auch in mannigfachen modernen Variationen vor, z. B. ‚Du fliegst gleich an die Wand, daß du hängenbleibst; dann kann dich deine Alte mit dem Spachtel abkratzen!'; ‚er bleibt an der Wand kleben', er ist gleichgültig, interesselos; ‚wenn man ihn an die Wand wirft (haut), bleibt er kleben', er ist überaus unreinlich. Im Ndd. bez. man damit auch einen kriecherischen Menschen und verweist damit voller Abscheu bes. treffend auf sein aalglattes, schleimiges Wesen.

Wie an die Wand gepißt: völlig unbrauchbar, elend.

Scheiß (Pfeif) die Wand an!: Ausdr. der Verzweiflung, der Gleichgültigkeit.

Mit dem Rücken an die Wand kommen: zusehen, daß man im Vorteil ist; die Rda. stammt aus der Fechtersprache: der Angegriffene sucht an der Wand Deckung. Aber auch in umgekehrtem Sinne: *mit dem Rücken zur Wand kämpfen:* in aussichtsloser Lage sein und: *jem. an die Wand spielen:* seinen Einfluß geschickt ausschalten.

Weiß werden wie eine (gekalkte oder *frischgekalkte) Wand:* kreidebleich werden; obersächs. ‚weiß wie 'ne Kalchwand'.

Die Wand mitnehmen: sich die Kleidung an getünchter Wand weiß machen.

Mit dem kann man Wände einrennen (oder *einstoßen):* er begreift schwer, er nimmt keine Belehrung an, solch einen harten Kopf hat er; der harte Schädel meint sinnbildlich die schwere Auffassungsgabe. Die Rda. erscheint vorgebildet in Hans Sachs' Fastnachtsspiel vom ‚Eulenspiegel mit dem Pelzwaschen' (22): „man sties mit im ain thür auf wol". *Mit dem Kopf durch die Wand wollen:* starrköpfig sein, ↗ Kopf.

Für (gegen) die Wände reden: umsonst reden, keine Aufmerksamkeit finden; vgl. frz. ‚parler aux murs'.

Singen, daß die Wände wackeln: laut singen, schreien. Das Bild der wackelnden Wand veranschaulicht den Begriff der kräftigen Wirkung; wird in Anlehnung an den bibl. Bericht vom Fall der Mauern Jerichos durch Posaunenklang genommen. Eine junge Rda. ist: *Da wackelt die Wand!* (oft mit dem Zusatz: ‚da muß was los sein'): da ist etw. Außerordentliches los, das ist sehr erstaunlich; berl. ‚I, da muß doch jleich 'ne olle Wand wackeln!' als Ausdr. entrüsteten Erstaunens.

Die Wände begießen: den Einzug in die neue Wohnung fröhlich feiern.

Den Teufel an die Wand malen ↗ Teufel.

Von der Wand in den Mund leben: Bilder für den Lebensunterhalt veräußern; nach der Inflationszeit aufgekommen als parodistische Abwandlung der Wndg. ‚von der Hand in den Mund leben'; angeblich nach einer Äußerung des Malers Max Liebermann oder auch in der Bdtg.: den an einer Leine im Zimmer getrockneten Tabak rauchen (Küpper).

Nicht von hier bis an die Wand denken: sehr unüberlegt handeln.

Eine Wand zwischen jem. errichten: etw. Trennendes schaffen, die Beziehungen stören.

Jem. an die Wand stellen: ihn (ohne größere Gerichtsverhandlung) sofort erschießen; vgl. frz. ‚mettre quelqu'un au pied du mur' (wörtl.: jem. an den unteren Teil der Wand stellen) i. S. v. jem. jede Ausflucht verstellen.

Die Wände haben Ohren: man kann nicht ohne Gefahr frei seine Gedanken äußern, man wird belauscht. Die Wndg. stammt aus der Zeit der Bartholomäusnacht. Katharina von Medici ließ damals unsichtbare Horchkanäle in die Wände des

,Die Wände haben Ohren'

Louvre einbauen, damit sie aus verschiedenen Zimmern hören konnte, was man über sie sprach. Mehreren Mordplänen soll sie dadurch zuvorgekommen sein; vgl. frz. ,Les murs ont des oreilles'.

Etw. an die Wand schreiben ↗ Menetekel.

Man greift etw. an der Wand: eine Sache ist einleuchtend, sehr naheliegend; versteht sich von selbst. So bei Luther: (Weim. Ausg. 16, 443, 18): „drumb greifft mans an der wand, das nicht alle bilder verbotten sind".

An den Wänden gehen: ganz und gar irren, im Irrtum sein; „,Er geht an der Wand': er ist auf dem Holzweg". Die Rda. kommt daher, daß sich Blinde beim Gehen an den Wänden zur Orientierung entlangtasten. Seb. Brant schreibt im ,Narrenschiff': „die doch des rechten nit verston und blintlich an den Wenden gon" (2,4). Im Refrain eines älteren Schlagerliedes erklärt der Zechbruder, wie er am besten heimfinden wird:

Und dann schleich' ich still und leise
immer an der Wand lang,
immer an der Wand lang,
immer an der Wand,
an der Wand entlang.

Wanderstab. *Zum Wanderstab greifen (müssen):* eine Reise antreten, Erfahrungen in der Fremde sammeln wollen, aber auch: seine Heimat, seine Lieben verlassen müssen, sein Brot woanders zu verdienen suchen.

Der Wanderstab gehörte zur Ausrüstung der wandernden Handwerksgesellen, die nach der Gesellenprüfung die Pflicht hatten, mehrere Jahre auf Wanderschaft zu gehen und bei fremden Meistern zu arbeiten, um Wissen und Können zu erweitern. Die sog. ,Hamburger Zimmerleute' wandern noch heute in ihrer Arbeitstracht und besitzen immer einen Wanderstab, der nicht selten gedrechselt oder mit Schnitzereien verziert ist.

Seinen Wanderstab weitersetzen müssen: einen Ort (Meister), ein geliebtes Mädchen verlassen müssen, oft ohne die Hoffnung einer Wiederkehr, ↗ Stab.

Lit.: *Th. Gantner:* Mit Gunst und Erlaubnis. Wandergesellen des Bauhandwerks im 20. Jh. Ausstellungskatalog Schweiz. Museum für Volkskunde (Basel 1985); Wanderstab und Meisterbrief. Rieser Handwerk im Wandel der Zeit. Ausstellung auf Schloß Harburg (Schwaben) (1986); *A. Burkhardt:* Kirschenpflücker im Winter und Schneeschipper im Sommer. Zeitgenössische Darstellungen des Vagabundenlebens um die Jahrhundertwende (Mag.-Arbeit) (Freiburg i. Br. 1989).

wann ↗ wenn.

Wanze. *Sie sind wie die Wanzen,* sagt man von Leuten, die man nicht los wird, denn ,Wanze' war früher eine Beschimpfung und bez. jem., der einem sehr unangenehm war und der zudringlich wurde – in Anlehnung an das Tier Wanze.

Belegt sind aus älterer Zeit auch Komposita wie: ,Redaktionswanze': störender Besuch bei einer Zeitungsredaktion, ,Universitätswanze': Berichterstatter von Universitätsereignissen. Es ist auffallend, daß schon im vorigen Jh. das Wort ,Wanze' in Zusammenhang mit ,Nachrichten ausspionieren', ,Nachrichten weitergeben' gebraucht wurde.

Jem. eine Wanze in die Wohnung setzen: in jem. Wohnung heimlich einen kleinen, nicht sichtbaren Minispion anbringen, um Gespräche (manchmal unerlaubt) (nachrichten-)dienstlich abhören zu können. Diese Abhörvorrichtung wird deshalb scherzhaft und verharmlosend als ,Wanze' bez., weil sie wie diese unerwartet auftauchen kann und so klein ist, daß sie längere Zeit unbemerkt bleibt – zum

Schrecken und Ärger des Belauschten und Abgehörten.

Lit.: *Anon.:* Redaktionswanze, in: Zs. f. dt. Wortforschung 13 (1911/12), S. 295.

warm. *Mit etw. warm werden:* Gefallen an etw. finden. *Nicht warm werden:* erst kurze Zeit an einem Ort wohnen und sich noch nicht heimisch fühlen.
Mit jem. nicht warm werden (können): mit ihm nicht harmonieren, keine nähere Bekanntschaft oder Freundschaft schließen (wollen), keine Vertrautheit aufkommen lassen.
In der Metaphorik des Sprw. bedeutet ,warm' auch: reich. ,Wenn dir warm ist, denk' an den, der arm ist'. Vgl. Oldenburg. ,He sitt warm un wêk': Er lebt in Wohlstand.
Im Oberösterr. bedeutet die Feststellung: ,Da geht's warm her': Dort gibt es etw. zu gewinnen.
Einem warm werden: sich unbehaglich fühlen, in Bedrängnis geraten, aus Verlegenheit (Scham) rot werden, ins Schwitzen kommen.
Es wird einem warm und kalt: man bekommt Angst, hat gemischte Gefühle oder ist plötzlich heftig erregt worden. Die Rda. spiegelt die Empfindungen eines Fiebernden. So sagt man im Pfälz.: ,'s lafd em kalt un warm de buggel enuf', ↗kalt.
Weder warm noch kalt sein: nicht entschieden sein, gleichgültig, auch: doppelzüngig sein. Die Rda. geht auf die Offenb. Joh. 3,15–16 zurück: „Ich weiß deine Werke, daß du weder kalt noch warm bist. Ach, daß du kalt oder warm wärest! Weil du aber lau bist und weder kalt noch warm, werde ich dich ausspeien aus meinem Munde".
Sich jem. warmhalten: eine Beziehung bewußt pflegen, sich um anhaltende Zuneigung bemühen.
Ein warmer Bruder sein: homosexuell veranlagt sein, ↗Bruder.

Wärme. *Wärme suchen:* sich nach Liebe und Geborgenheit sehnen. Das sprachl. Bild bezieht sich urspr. wohl auf das Verhalten Neugeborener und junger Tiere, die die Körperwärme der Mutter suchen, ihren Schutz und ihre Zuneigung.
Wärme vermissen: sich abweisend behandelt, zurückgesetzt fühlen, auf Unverständnis und Gefühlskälte stoßen.
Jem. fehlt die Wärme, auch: *Jem. läßt Wärme vermissen:* er ist abweisend und unzugänglich, er vermag seine Gefühle nicht zu zeigen. Dagegen meint die Rda. *Wärme geben können:* anderen Menschen liebevoll begegnen, sie so umsorgen, daß sie sich wohlfühlen, echte Zuneigung spüren lassen.
Jem. mit Wärme entgegenkommen (begrüßen, behandeln): ihm herzlich und aufgeschlossen begegnen.
Mit Wärme für jem. eintreten: sich für jem. verwenden (einsetzen) aus ehrlicher Überzeugung, daß er dies auch verdient.

Wartburg. *Auf der Wartburg sitzen:* lange warten, und zwar in den verschiedensten Situationen: auf den Freier, auf den Tänzer, als Schwangere auf die Entbindung, als Prostituierte auf den Kunden; mit Ausnahme Oberdtls. etwa seit 1900 bezeugt (Küpper).

warten. *Auf dich haben wir gerade (noch) gewartet:* dich können wir nicht brauchen. Die Rda. ist ebenso wie die Wndg. ,Du hast gerade noch gefehlt' iron. zu verstehen; vgl. frz. ,Il ne manquait plus que toi'.
Das kann warten!: das hat noch Zeit; vgl. frz. ,Cela peut attendre'.
Der kann warten!: er kann sehr lange oder vergeblich warten. Oft erfährt diese Rda. noch eine Steigerung durch den Zusatz: ,bis er schwarz wird', eigentl.: bis er stirbt und verwest, ↗schwarz; vgl. frz. ,Il peut (toujours) attendre' (wörtl.: Er kann immer warten).
Als scherzhafte Drohungen werden bes. gegenüber Kindern die Ausdrücke *Warte nur! Na warte!* und *Warte, dir werde ich helfen!* oft gebraucht; vgl. frz. ,Attends un peu, je vai t'aider'.
Warten mit Schmerzen, ein Ausdr., bei dem wir heute an eigentl. Schmerzen kaum noch denken, sondern der lediglich ein sehnsüchtiges Warten bedeutet, ist bereits alt. „Ich warte nur mit Schmerzen, wie es ablaufen wird" heißt es in ,Frau Schlampampes Tod' (S. 136).
Wenn jem. in geselliger Runde den Kuchen oder die Butter anschneidet, sagt

man in Norddtl. am häufigsten, er müsse *sieben Jahre warten,* d.h. so lange dauere es noch bis zur Hochzeit. Die anderen bei dieser Gelegenheit üblichen Rdaa. sind: ‚keinen Mann bekommen'; ‚im selben Jahr einen Mann'; ‚den schönsten (besten) Mann bekommen' und vor allem in Süddtl. ‚für jem. freien gehen'. Die Karte

über das Verbreitungsgebiet bezieht sich auf Frage 233[a] des ADV (=Dt. Volkskunde-Atlas). Daß man *7 Jahre warten müsse,* heißt es in Norddtl. aber auch, wenn man an die Tischecke zu sitzen kommt, während es dabei sonst vor allem heißt, daß man ‚eine böse Schwiegermutter' bekomme, ↗Schwiegermutter.

waschen, Wäsche. *Das hat sich gewaschen:* es ist vortrefflich, rein von Mängeln und Fehlern. Ein Kerl, der ‚sich gewaschen hat', ist ein tüchtiger Mensch; aber auch: ‚eine Ohrfeige, die sich gewaschen hat', eine tüchtige, kräftige Ohrfeige. Im Gegensatz dazu steht ‚ungewaschen' in dem Ausdr. *ein ungewaschenes Maul haben:* ein Lästermaul sein.

Zwei schwäb. Sprüche sollen für die vielen stehen, die der Volksmund mit ‚waschen' oder ‚Wäsche' gebildet hat: Eine Weisheit lautet: ‚Wer sauber ist, braucht sich net z'wasche' und ‚I wäsch meine Füß halt all Johr amol', hot der Bauer g'sait, ‚ob's braucht oder it'.

Mit allen Wassern gewaschen sein: durchtrieben sein, ↗Wasser.

Einem den Kopf waschen ↗Kopf.

Sich rein (weiß) waschen wollen: die Schuld von sich abzuwälzen suchen, ↗weiß.

Seine Hände in Unschuld waschen, ↗Hand.

‚Seine Hände in Unschuld waschen'

Schmutzige Wäsche waschen: über die Fehler und Schwächen anderer sich unterhalten. Lit. 1870 bei Wilhelm Raabe in ‚Schüdderump'. Bismarck sagte (‚Reden' XI, 115): „Wir wollen lieber mal unsere schmutzige Wäsche unter vier Augen waschen"; vgl. frz. ‚laver son linge sale en famille' (wörtl.: seine schmutzige Wäsche mit seinen Verwandten waschen) i.S.v. Streitigkeiten unter vier Augen beilegen.

Dumm aus der Wäsche gucken: einfältig dreinblicken; sold. aus dem 2. Weltkrieg.

Jem. aus der Wäsche hauen: ihn verprügeln (ähnl. wie ‚Jacke' und ‚Wams').

Etw. ist wie in einer Waschküche: verschwommen, nebulös, undurchsichtig.

Lit.: *I. Barleben:* Kleine Kulturgeschichte der Wäschepflege (Düsseldorf 1951); *F. Bertrich:* Kulturgeschichte des Waschens (Düsseldorf – Wien 1966); *H. Grünn:* Wäsche waschen (Wien 1978).

Waschweib: *Schwatzen wie ein Waschweib.* Waschen ist in dieser Rda. gleichbedeutend mit schwatzen, wie es z.B. in Hayneccius' Komödie ‚Hans Pfriem' (1582) erscheint, worin der verschlagene Pfriem sagt: „Du wolst denn waschen aus dem Rath" (d.h. aus der Schule schwatzen).

Menschen tauschen bei gemeinsamen Arbeiten gerne Nachrichten aus. Das gilt und galt im besonderen Maße für die sog. Waschhäuser oder Wäschebrücken aus der vorindustriellen Zeit des Wäschewaschens. In vielen Ländern war es üblich, die fertige Wäsche im fließenden Wasser des Baches oder Flusses nachzuspülen. Dort trafen sich die Frauen zu einem ‚Plausch'. Männer aber, die für solch Gerede nicht viel übrig haben, nannten solche Nachrichten dann ein ‚übles Gewäsch' oder auch ‚dummes Gewäsch'. Die Geringschätzung der sozial nicht sehr angesehenen Waschweiber gehört zu den Vorurteilen einer frauenfeindlichen Männerwelt. Weit über Wien hinaus bekannt

‚Schwatzen wie ein Waschweib'

waren die Wiener Waschweiber. Sie sind auch Inhalt eines verbreiteten Schnellsprechverses (Zungenbrechers): ‚Wir Wiener Waschweiber wollen weiße Wäsche waschen, wenn wir wüßten, wo warmes Wasser wäre'.

Lit.: ↗waschen.

Wasser. *Bis dahin läuft noch viel Wasser den Berg (Bach) hinunter* (auch: *den Rhein, Main, die Elbe* u.a. hinunter – je nach der Landschaft wechselt in der Rda. der Fluß): es wird noch viel Zeit vergehen, bis das Erwartete eintritt; ndd. ‚Bet dahen kann noch viel water bargdal fleiten'; vgl. frz. ‚Avant que cela arrive, il passera bien de l'eau sous les ponts' (= Bis das geschieht, wird viel Wasser unter den Brükken durchfließen). Der Tübinger Dichterhumanist Heinrich Bebel verzeichnet 1507 die Rda. in lat. Sprache (Nr. 574): „Interea multum aquae in Neccaro vel Rheno praeterfluit" (= Inzwischen ist viel Wasser im Neckar oder Rhein vorübergeflossen); Burkard Waldis gebraucht sie in der 1. H. des 16. Jh.: „Eh man ym die globten (Gelübde) gab, leufft viel wasser den Rhein herab". In Luthers Briefen (V, 249) heißt es: „Indesz wird viel Wassers verlaufen und wird aus Nachtsfrist Jahrfrist werden". Das umgekehrte Bild verwendet die schwäb. Mda. von einem Großsprecher; bei ihm ‚läuft's Wasser de Berg nauf'.

‚Alle Wasser fließen ins Meer'

Dem Wasser seinen Lauf lassen: etw., das nicht zu ändern ist, ruhig geschehen lassen. Die in vielen Sprachen bekannte Wndg. ‚Alle Wasser fließen ins Meer' ist bibl. Ursprungs. Bei Pred. Salomo (1,7) heißt es: „Alle Wasser laufen ins Meer".

Das kann alles Wasser im Meer nicht abwaschen: der Schimpf, die Schande ist zu groß, wird nicht vergessen; vgl. ndl. ‚Dat kan al het water van de zee niet afwaschen'.

Wasser ins Meer (in die See, die Elbe, Werra, Reuß, Limmat, Donau, in den Rhein) tragen, auch: *Wasser in den Brunnen (Bach) schütten:* etw. ganz Überflüssiges, Vergebliches tun (↗Eule). Ovid gebrauchte die lat. Wndg. ‚aquas in mare fundere' sprw. im gleichen Sinne. Die Rda. kommt schon 1512 in Murners ‚Schelmenzunft' (17,15ff.) vor:

Die iunge welt ist so verkert,
Mich dunckt, wer sy ietzt boßheit lert,
Der dreit (trägt) das wasser in den Ryn.

,Wasser in den Brunnen schütten'

In Seb. Brants ,Narrenschiff' findet sich auch schon eine frühe Ill. der Rda.

Wasser in ein Sieb schöpfen (auch: *in einem Sieb tragen, holen; mit einem Siebe Wasser schöpfen):* sich vergebliche Mühe machen. 1639 verzeichnet Chr. Lehmann (S. 380, ,Haushaltung' 97): „Wer dasjenige, was er gewonnen, nicht kan erhalten, der schöpft Wasser in Sack". Die Rda. mag letztlich humanistisch gebildetes

,Wasser in ein Sieb schöpfen'

Wortgut sein und mit der griech. Sage vom Faß der ↗Danaiden zusammenhängen. Die Töchter des Königs Danaos, die ihre Männer ermordet hatten, mußten zur Strafe in der Unterwelt Wasser in ein durchlöchertes Faß schöpfen. Allerdings ist in unserer Rda. nie vom Wasser in einem bodenlosen ,Faß', sondern immer vom Wasser in einem ,Sieb' die Rede. Näher liegt deshalb der Zusammenhang mit dem Volksschwank AaTh. 1180, bei dem man sich den Teufel mit derartigen unmöglich zu leistenden Aufgaben vom Leibe hält (vgl. Bolte-Polívka III, S. 16, zu KHM. 125).

Einem Wasser und Feuer verweigern: ihn ächten, des Landes verweisen. Die Rda. spiegelt einen alten Rechtsbrauch. Vgl. lat. ,aqua et igni interdicere' und ndl. ,iemand water en vuur ontzeggen'.

Einem das Wasser abgraben: ihm durch Verleumdung schaden, seinen guten Ruf verletzen, jem. die Existenz vernichten, das Geschäft verderben. Die Rda. findet sich erst in neuerer Zeit; ihre Bildhaftigkeit scheint entweder aus dem Belagerungskrieg oder (wahrscheinlicher) aus dem Vorstellungskreis der Wassermühle genommen zu sein: Wird der Bach, der die Mühle treibt, abgeleitet, so ist das der Ruin der Mühle. Das Gegenteil: *Das ist Wasser auf seine Mühle:* das kommt ihm gelegen, das ist von Vorteil für ihn, paßt in seine Pläne; vgl. frz. ,apporter de l'eau à son moulin' (wörtl.: Wasser auf jem. Mühle bringen); ferner: *alle Wasser auf seine Mühle leiten:* sich (auf unredliche Weise) Vorteile verschaffen; ↗Mühle.

Ablaufen wie das Wasser am Entenflügel (am Pudel): ohne Wirkung sein, keinen Einfluß haben. Bismarck hat die Rda. in seinen Reden gerne gebraucht, z. B. (,Reden' XI, 25): „Gewärtigen zu müssen, daß all Ihre Agitation und selbst die berühmte Wahlmache, wie sie jetzt üblich ist, an der Masse der ländlichen Besitzer ablaufen werde, wie das Wasser am Entenflügel". Vgl. frz. ,C'est comme la pluie sur le dos d'un canard' (wörtl.: Es wirkt wie Wasser auf dem Rücken einer Ente).

Nahe ans Wasser gebaut haben: bei geringfügigem Anlaß weinen, bes. von Kindern gesagt.

Wasser auf beiden Schultern tragen: unaufrichtig, doppelzüngig sein, zwei Parteien nach dem Munde reden, zwei Herren dienen. ↗Achsel.

Ein stilles Wasser sein: seine Gefühle und Ansichten nicht zeigen, ruhig, verschlossen, auch: undurchsichtig sein; vgl. das Sprw. ,Stille Wasser gründen tief'. Vgl.

das frz. Sprw. ,Il n'est pire eau que l'eau qui dort' (wörtl.: Kein Wasser ist schlimmer als das schlafende) i.S.v. Den Schweigsamen ist manchmal nicht gut trauen.

,Stille Wasser gründen tief'

Kein Wässerchen trüben können: niemand etw. zuleide tun, harmlos, ungefährlich, unschuldig sein (oft allerdings mit dem Nebensinn der eben nur scheinbaren Harmlosigkeit); obersächs.-erzgeb. ,Mancher kann kee Wässerchen trüben', er ist gutmütig, dumm. In der Altmark sagt man in gleichem Sinn: ,He hat keen Minschen dat waoter gelömert' (zu ,lumig' = trübe). Die Rda. geht offenbar auf die Äsopische Fabel vom Wolf und Lamm zurück. Ein Wolf trinkt aus einem Bach und bemerkt weiter unten an demselben Bach ein Lamm; er fährt darauflos und frißt es, weil es ihm das Wasser getrübt habe, trotz des demütigen Einwandes des Schafes, daß das ja gar nicht möglich sei, weil das Wasser nicht bergauf fließe. Auch Phaedrus berichtet um 40 n. Chr. diese Begebenheit in seinen ,Fabulae' (I, 1). In völliger Verkehrung der Tatsachen ruft bei ihm der Wolf dem Lamm zu: „Cur (inquit) turbulentam fecisti mihi aquam bibenti?" (= Warum machst du mir das Wasser trüb, wenn ich hier trinke?) Vgl. Büchmann. Die Rda. kommt in übertr. Bdtg. schon bei dem Prediger Berthold

,Kein Wässerchen trüben können'

von Regensburg im 13. Jh. vor, dann in Seb. Brants ,Narrenschiff' und bei Luther; bei Hans Sachs in der Formulierung: „und hat kein wasser nie betrübet". Die Form ,kein Wässerchen *be*trüben' hält sich bis ins 18. Jh.

Der Rda. liegt wohl außer der antiken Fabel auch die alte Vorstellung zugrunde, daß der klare Spiegel des Wassers sich trübe, wenn ein böser Mensch hineinschaut. Wer also nicht böse ist, trübt es nicht. Eine andere Färbung gewinnt der Ausdr. aufgrund einer Stelle des ,Venus-Gärtleins', in welcher von dem Turteltäubchen, dem das Weibchen gestorben ist und das infolgedessen auf dürrem Aste sitzt, gesagt wird:

Wanns sich dann wil laben,
Thut es sich dann baden,
Und macht das wasser trüb,
Das kompt von großer lieb.

Die Taube trübt also das Wasser, indem sie ihm gleichsam ihre eigene seelische Trübung (Betrübnis) mitteilt. Dieses Wassertrüben würde nicht eintreten, wenn sie nicht in Betrübnis und Schmerz sich befände. Verallgemeinert: Wer nicht in Kümmernis und Harm befangen, vielmehr harmlos (in altem Sinne) ist, trübt das Wasser nicht, nicht einmal ein Wässerchen. Daher die Rda. von völlig harmlosen oder, in Weiterentwicklung, von harmlos scheinenden Menschen gebraucht. In letzterer Anwendung in Hans Sachs' ,Heiß Eisen' (232): Die durchaus nicht harmlose Frau stellt sich, „sams nie kein wasser trübet het" (F. Söhns, S. 640f.).

Einem das Wasser nicht reichen (können): tief unter ihm stehen. Der urspr. Sinn der Rda. ist: nicht einmal wert sein, ihm den niedrigen Dienst des Wasserreichens nach Tisch zu tun. Die Rda. erklärt sich aus der allg. ma.-höfischen Sitte des Wasserherumreichens bei Tische. Nachdem der Truchseß dem Herrn des Hauses die Meldung gemacht hatte, daß das Mahl angerichtet sei, ließ dieser durch Hornblasen oder durch Zuruf den Herrschaften das Zeichen geben, sich an ihren Platz zu bemühen. Unter der Leitung des Kämmerers wurde dann den Tischgästen von den Edelknaben kniend eine Schüssel gehalten und ihnen Wasser über die Hände gegossen. Ein Tuch zum Trocknen hing um den Hals des Knappen. Damen mußte das Wasser zuerst gereicht werden. Deshalb fehlt in keinem höfischen Epos, sobald der Dichter seine Helden sich zu Tische setzen läßt, ein Hinweis auf ‚das wazzer nemen', der Ausdr. ‚wazzer reichen' fehlt in mhd. Zeit noch.

1

2

1/2 ‚Einem das Wasser reichen'

Dieses Waschen der Hände, das nach aufgehobener Tafel wiederholt wurde, erklärt sich daraus, daß Gabeln und Mundtücher damals noch zu den Seltenheiten gehörten: man führte den Bissen mit der bloßen Hand zum Mund (↗Gabel). Die Gabel als Tischgerät ist erst im 16. Jh. bei uns in Gebrauch gekommen und von der Fleischgabel in der Küche ausgegangen. Auch die Messer waren spärlich vorhanden und wurden von Hand zu Hand weitergereicht. Auf einem Bild im ‚Hortus deliciarum' der Äbtissin Herrad von Landsberg sieht man vier Personen an einem gedeckten Tisch sitzen, auf dem nur zwei Messer und zwei Gabeln liegen.

Auch das Altertum kannte die Sitte des Wasserreichens bei Tisch; vgl. lat. ‚dare aquam manibus' (Plautus). Das A.T. bezeugt ebenfalls den Brauch; vgl. 2. Kön. 3,11: „Hier ist Elisa, der Sohn Saphats, der Elia Wasser auf die Hände goß", d.h. der ihm diente; dazu 1. Kön. 19,21. Bei der Messe gießt der Ministrant dem Priester das Wasser auf die Hände. Luther knüpft an das Reichen des Wassers zum Waschen der Füße an (Weimarer Ausg. 28,104): „Was du für heiliges leben preissen ... kannst, so reicht es dem gemeinen christenleben das wasser nicht, ja es ist nicht wert, des Herrn Christi fustuch zu sein". In übertr. Bdtg. begegnet die Wndg. seit dem 16. Jh. häufig; bekannt ist das Wort Valentins in Goethes ‚Faust' (I, V. 3631ff.):

Aber ist eine im ganzen Land,
Die meiner trauten Gretel gleicht,
Die meiner Schwester das Wasser reicht?

Da wird auch (oder *Es wird überall) nur mit Wasser gekocht:* eine Sache sieht schlimmer aus, als sie in Wirklichkeit ist; oder: dort hat man auch keine feinere Arbeitsweise als bei uns; auch hier geht es natürlich zu; vgl. wien. ‚Arme Leud' koch'n mit

‚Es wird überall nur mit Wasser gekocht'

Wasser', haben kaum das Notdürftigste. Die Rda. ist gebräuchl. als scherzhafte Entschuldigung bei einer Einladung zu einfachem Mittagsbrot.

Wasser predigen und Wein trinken: von anderen Enthaltsamkeit fordern und sie selbst nicht üben.

Wasser in den Wein (der Begeisterung) schütten (gießen): die Begeisterung für eine Sache abschwächen, mäßigen, die Freude verderben. Goethe wandelt in ‚Sprichwörtlich' die geläufige Rda. ab:

In des Weinstocks herrliche Gaben
Gießt ihr mir schlechtes Gewässer!
Ich soll immer unrecht haben
Und weiß es besser.

Dagegen verwendet Bismarck in einem Brief an seine Braut die Rda. in der gewöhnlichen Form: „Aber wir sind ebenso schnell berauscht wie verzagt, und ich habe die undankbare Aufgabe, Wasser in den brausenden Wein zu gießen". In seinen ‚Gedanken und Erinnerungen' (Bd. II, S. 75) schreibt er: „hielt ich aber für wahrscheinlich, daß Rußland es nicht ungern sähe... wenn eine numerisch überlegene Coalition einiges Wasser in unseren Wein von 1866 gegossen hätte". Vgl. frz. ‚mettre de l'eau dans son vin'.

Wie mit kaltem Wasser begossen sein: plötzlich sehr erschreckt, enttäuscht sein, wie erstarrt dastehen, ernüchtert sein.

Ins Wasser fallen: mißlingen, nicht verwirklicht, vereitelt werden, verlorengehen – wie ein Gegenstand, der unwiederbringlich ins Wasser fällt. Die Wndg. (umgeformt aus älterem ‚in den Brunnen fallen') wird übertr. auch von Geistigem gebraucht (z. B. ‚eine Hoffnung ist ins Wasser gefallen'). Scherzhaft heißt es auch von einer Veranstaltung, die wegen zu schlechter Witterung nicht stattfinden konnte, daß sie ‚ins Wasser gefallen sei' wobei auf den Regen angespielt wird. Vgl. frz. ‚tomber à l'eau'.

Zu Wasser werden (auch *machen):* zunichte werden, vergehen (vereiteln), in der Sprache der Bibel noch: den Mut verlieren; z. B. Josua 7,5: „Da ward dem Volk das Herz verzagt und ward zu Wasser". In Lessings ‚Minna von Barnhelm' (5,3) heißt es: „Können es (das Vermögen) ihr die Vormünder völlig zu Wasser machen".

Ins Wasser gehen: Selbstmord verüben, sich aus Verzweiflung ertränken; vgl. frz. ‚se jeter à l'eau'.

Einen (sich) über Wasser halten: ihn (sich) vor dem Untergang retten, nur mühsam existieren, einem in der Not helfen, daß er nicht untergeht. Das Bild der Rda., die erst seit dem 18. Jh. belegt ist, kommt vom Schwimmer, der den Ertrinkenden über Wasser hält. *Sich kaum noch über Wasser halten können:* kurz vor dem völligen Ruin stehen.

Das Wasser steht (geht) ihm bis zum Hals (an die Kehle, den Kragen): er befindet sich in höchster Not, in bedrängter Lage. Die Wndg. ist seit dem 17. Jh. belegt. ‚Das Wasser läuft einem in den Mund (ins Maul)' ist heute noch zur anschaulichen Bez. der größten Zwangslage in der Volkssprache gebräuchl. Sie ist lit. z. B. in Lohensteins ‚Arminius' (I, 23 b) belegt: „Das Wasser gienge der deutschen Freyheit in mund".

‚Das Wasser steht ihm bis zum Hals'

Das Wasser schlägt einem über dem Kopf zusammen: er (man) kann seine Not nicht mehr wenden, er (man) ist verloren. Bes. von nordd. Schriftstellern gebraucht, findet sich auch mit gleicher Bdtg.: ‚Das

Wasser geht über die Körbe' (gemeint ist dann das Flechtwerk, Faschinen zum Uferschutz am Meer).
Übers große Wasser fahren: nach Amerika gehen.
Bei Wasser und Brot sitzen: im Zuchthaus sein, ↗Brot; vgl. frz. ,être au pain sec et à l'eau'. (In Frankreich müssen aufsässige Kinder auch manchmal als Strafe bei Wasser und Brot sitzen.)
Vom reinsten Wasser sein: ganz echt und unverfälscht. Das Bild ist von dem wasserhellen Glanz von Edelsteinen hergenommen. Wasser ist geradezu ein Fachausdr. in der Edelsteinschleiferei: Man unterscheidet z.B. Diamanten ,vom ersten Wasser, vom zweiten, vom dritten Wasser' usw. Die Übertr. auf den Menschen findet sich seit dem 16. Jh. belegt. Dennoch ist auch in relativ späten lit. Zeugnissen der Bezug zum primären Bild des Edelsteins erhalten geblieben. In Schillers ,Kabale und Liebe' (I,4) heißt es z.B.: „Ich schaue durch deine Seele, wie durch das klare Wasser dieses Brillanten". Jean Paul sagt in ,Leben Fibels' 1812: „Wir besitzen Dichter vom ersten Wasser, vom zweiten, vom dritten", oder (ebenfalls bei Jean Paul): „Die Träne des Grams ist eine Perle vom zweiten Wasser, die Freude vom ersten". Seit 1848 dient die Wndg. häufig zur Hervorhebung der politischen Richtung (z.B. ,ein Demokrat reinsten Wassers'); vgl. frz. ,de la plus belle eau'.
Der rdal. Vergleich *wie Wasser und Feuer* kennzeichnet einen scharfen, eigentl. unvereinbaren Gegensatz. Luther sagt z.B.: „Das dise zwen sprüche so ehnlich sind alls wasser und fewr" (Weimarer Ausg. 18,210). *Wasser und Feuer zugleich tragen:* doppelzüngig sein, ↗Feuer.
Neuere Wndgn. aus dem Anfang des 20. Jh. sind: *Wasser in den Ohren haben:* etw. absichtlich überhören; *Wasser im Vergaser haben:* nicht recht bei Verstande sein; denselben Sinn hat die etw. ältere Rda. *mit kaltem Wasser verbrüht sein.*
Das Wasser läuft einem im Munde zusammen: man hat großen Appetit auf etw., und der Speichel bildet sich, in übertr. Bdtg.: ein verlockendes Angebot bekommen, ↗Mund; vgl. frz. ,L'eau vous monte à la bouche'.
Ein Schlag ins Wasser ↗Schlag.
Mit allen Wassern gewaschen: verschlagen, durchtrieben, welterfahren sein, urspr. von den weitgereisten Seeleuten gesagt.

Lit.: *E. Marshall:* Still waters run deep, in: American Notes and Queries 6,4 (1881), S. 266; *R. Guy:* Still waters run deep, in: American Notes and Queries 6,4 (1881), S. 414–415; *E. Schröder:* Walther in Tegernsee. Ein Exkurs über altdt. Tischsitten, in: Zs. f. Vkde. 27 (1917), S. 121–129; *A. Risse* in: Zs. f. d. U. 31 (Leipzig 1917), S. 297; *R. Hünnerkopf:* Art. ,Wasser', in: HdA. IX, Sp. 107–122; Rechtssymbolik des ,Wassers', in: Strafjustiz in alter Zeit (Rothenburg o.d. Tauber 1980), S. 319.

Wasserglas ↗Sturm.

Wasserkopf. *Einen Wasserkopf haben:* völlig dumm sein; ähnl.: *es plätschert in seinem Wasserkopf:* er ist nicht recht bei Verstand; ,laß deinen Wasserkopf nicht plätschern!', rede keinen Unsinn. *Leih mir mal deinen Wasserkopf, mein Holzbein brennt!* sagt man zu einem Dummen; seit den dreißiger Jahren des 20. Jh. (Küpper). Modern ndd. sagt man iron. beschönigend über ein häßliches Kind: ,Das Kind hat 'n Wasserkopp, steht ihm aber ganz gut'.

Waterloo. *Sein Waterloo erleben:* eine böse, die entscheidende Niederlage einstecken müssen. Waterloo, eine Gemeinde in der belgischen Provinz Brabant, ist am 18.6.1815 in die europäische Geschichte eingegangen. Die Schlacht bei Belle-Alliance (so das Gehöft, welches in Waterloo liegt) entschied den letzten Feldzug der sog. Freiheitskriege und führte zum endgültigen Sturz Napoleons I. Der britische Feldherr Wellington benannte die Schlacht nach dem Dorf Waterloo, wo er sein Hauptquartier hatte, Blücher nach dem Gehöft Belle-Alliance, in dessen Nähe sich beide Heerführer nach dem Sieg trafen. Im Dt. hat sich die Bez. Wellingtons durchgesetzt.

Lit.: *H. Lachouque:* Napoléon à Waterloo (Paris 1965).

Webfehler. *Einen Webfehler haben:* nicht ganz bei Verstand sein, auch: einen Charakterfehler besitzen. Der Webfehler mindert die Güte eines Stoffes; um 1900 für Berlin bezeugt (Küpper). Nach dem 2. Weltkrieg spricht man auch von ,einem politischen Webfehler', worunter man die frühere Zugehörigkeit zur NS-Partei versteht, die für die weitere Karriere eines Menschen zum Hindernis werden kann.

Wechselbalg. *So unruhig sein wie ein Wechselbalg:* sehr laut schreien (bes. von Kindern). Als ,Wechselbalg' bez. man ein häßliches, mißgestaltetes Kind, das – nach dem Volksglauben – von Zwergen oder dem Teufel einer Wöchnerin untergeschoben worden ist. In den ,Oberpfälzischen Sagen' heißt es: „Das schreit, wie wenn es ausgewechselt wäre" (F. X. v. Schönwerth, K. Winkler: Oberpfälz. Sagen, Legenden, Märchen u. Schwänke [Kallmünz o. J.], S. 75).

Fressen wie ein Wechselbalg: ständig Hunger haben, nicht satt zu bekommen sein. Nach den Volkssagen entwickelt das ausgewechselte Kind einen ungeheuren Appetit, ohne sich erkennbar geistig weiter zu entwickeln oder sprechen zu lernen.

Lit.: *G. Piaschewski:* Der Wechselbalg (Breslau 1935); *dies.:* Art. ,Wechselbalg' in: HdA. IX, Nachträge, Sp. 835–864; *L. Röhrich:* Die Wechselbalg-Ballade, in: Europ. Kulturverflechtungen im Bereich der volkstümlichen Überlieferung. Festschrift Bruno Schier (Göttingen 1967), S. 177–185.

,Wechselbalg'

Wecker. *Jem. auf den Wecker fallen:* ihn nervös machen, ihm lästig werden, eine moderne humoristisch-übertreibende Abänderung der gleichbedeutenden Wndg. ,einem auf die Nerven fallen (gehen)'; fußt auf der Vorstellung vom Verstand als Uhrwerk.

Eine andere Deutung der Rda. schlägt S. A. Wolf vor: „In ,Wecker' haben wir wieder eine volkssprachliche Eindeutschung vor uns. Jidd. ,weochar': er regt mich sehr auf; daraus wurde der Wecker, der wörtl. genommen gar keinen Sinn ergibt und sich durch die Verbindung mit ,du fällst mir uff de Nerven' in die aus der Sprachmischung hervorgegangenen Redewndgn. einreiht".

Nicht alle auf dem Wecker haben: nicht recht bei Verstand sein. *Da bleibt der Wekker stehen!:* Ausruf des Erstaunens, nach dem Muster von ,da bleibt mir der Verstand stehen'; etwa seit den zwanziger Jahren des 20. Jh. (Küpper).

Lit.: *S. A. Wolf:* Erklärung einiger Berliner Rdaa., in: Muttersprache 66 (1956), S. 28.

Weg. *Einem nicht über den Weg trauen:* ihm mißtrauen, ist seit dem Ausgang des 18. Jh. bezeugt; eigentl.: ,Einem nur so weit trauen, als man ihn vor Augen hat' (oder: ,nicht trauen, einem über den Weg zu gehen').

Einen Weg einschlagen: in einer bestimmten Richtung gehen. Die Wndg. spiegelt frühere Verhältnisse wider, als erst noch Bäume und Sträucher niedergeschlagen werden mußten, um sich einen Weg zu bahnen. *Neue Wege einschlagen:* neue Methoden anwenden, selbst die Initiative ergreifen und Hindernisse überwinden.

Jem. den Weg ebnen: ihn in seinem Vorhaben unterstützen, ihm ein leichtes Vorankommen ermöglichen; vgl. frz. ,aplanir les sentiers ...' oder ,... les chemins de quelqu'un'; ähnl. *jem. den Weg bereiten.* Die Wndgn. stehen wahrscheinl. im Zusammenhang mit der bibl. Vorstellung von Johannes als Wegbereiter Christi (vgl. Mark. 1,2). Das Gegenteil meinen die Rdaa. *jem. den Weg verlegen, einem etw. in den Weg legen* und: *einem den Weg abschneiden:* ihn hindern, ihn in eine ausweglose Lage bringen. *Jem. im Wege stehen:* für jem. ein Hindernis sein, ihn

Den Weg müssen wir Alle!
sagte die Bäuerin, als der Wasenmeister die Kuh holte.

stören. *Sich selbst im Wege stehen:* sich durch negative Eigenschaften schaden.

Etw. oder jem. aus dem Wege räumen: etw. Hemmendes beseitigen, einen unliebsamen oder gefährlichen Menschen umbringen.

Den Weg allen Fleisches (alles Irdischen) gehen. Die Rda. als bildl. Umschreibung der Vergänglichkeit ist bibl. Urspr. (1. Mos. 6,12–13; vgl. auch 1. Kön. 2,2 und Hiob 16,22); ↗zeitlich.

Jem. (einer Sache) aus dem Weg gehen: jem. nicht begegnen wollen, etw. nicht tun, eine Frage nicht beantworten, eine Entscheidung nicht treffen wollen.

Jem. etw. mit auf den Weg geben: gute Lehren für das weitere Leben mitgeben.

Auf halbem Wege stehenbleiben: nicht bis zum Erfolg (Ziel) gelangen; vgl. frz. ‚rester en chemin' oder ‚s'arrêter en chemin'.

Jem. (sich) auf halbem Wege entgegenkommen: Kompromisse schließen.

Etw. auf kaltem Wege tun: etw. ohne Umstände erledigen, nicht erst den Dienstweg einhalten; ohne sich Mühe zu machen, hintenherum, illegal etw. zu erreichen suchen. *Krumme (schiefe) Wege gehen:* unehrlich, unaufrichtig handeln; schon bei Richter 5,6 (vgl. ‚krumme Touren drehen'); vgl. frz. ‚par des voies détournées' (wörtl.: über Umwege), auch i. S. v. indirekt.

Den dornigen Weg gehen müssen: viel Leid u. Hindernisse auf seinem Lebensweg erfahren müssen.

Den steinigen Weg wählen: es sich nicht leicht machen, viel erdulden, um am Ende den himmlischen Lohn zu erhalten. Vgl. das Zweiwegebild mit der Möglichkeit,

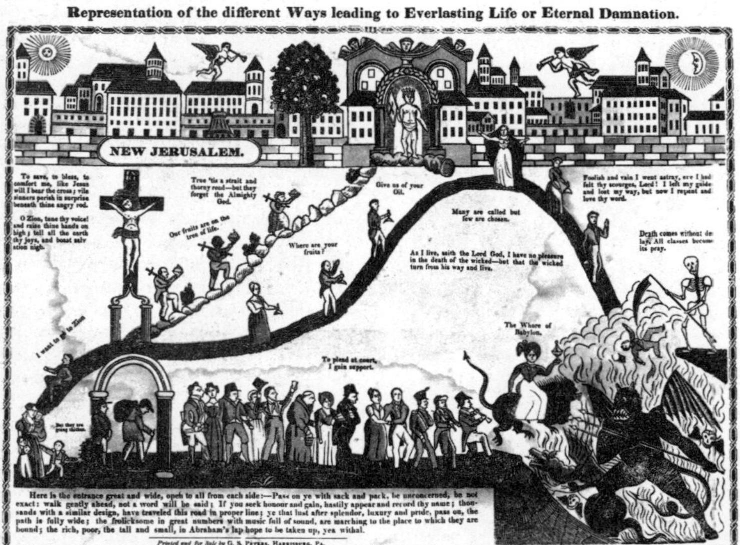

Der ‚Weg zum ewigen Leben' und der ‚Weg zur Verdammnis'

den schmalen, rechten Weg zum Aufstieg zu dem himmlischen Jerusalem zu wählen, oder den breiten, bequemen Weg, der zur Hölle u. ewigen Verdammnis führt.

Den bequemsten Weg gehen (zur Hölle): keine Mühe auf sich nehmen, sondern der Bequemlichkeit und dem Laster und damit der ewigen Verdammnis verfallen.

Den goldenen Mittelweg gehen; vgl. frz. ‚le juste milieu', ↗Mittelweg.

Den unteren Weg gehen: nachgiebig sein; nicht auf seinem Recht beharren.

Auf dem besten Wege zu etw. sein: bald sein Ziel erreicht haben, aber auch iron. gemeint: die falsche Richtung eingeschlagen haben, seinem Untergang, einem bösen Ende entgegengehen, wenn es so weitergeht.

Das hat gute Wege: darum braucht man nicht bange sein; das wird ohne besondere Sorge und Zutun gut erledigt werden; auch: *Das hat noch gute Wege:* das liegt noch in weiter Ferne. Gute Wege = sichere Wege, figürlich: es besteht keine Gefahr.

Seinen Weg machen: im Leben vorankommen, Erfolge haben, höher aufsteigen; vgl. ‚faire son chemin'.

Seinen Weg gehen, auch: *seine eigenen Wege gehen:* sich nicht beirren lassen, entspr. seinem Charakter und Talent das tun, was man allein für richtig hält, sich nicht der Masse anschließen; vgl. frz. ‚suivre son chemin' oder ‚... son petit bonhomme de chemin' (wörtl.: wie ein kleiner Wicht seinen Weg gemütlich und unbeirrt gehen).

Sich einen Weg offenhalten: eigentl. sich seinen Fluchtweg bei einer Belagerung von Feinden frei halten, in übertr. Bdtg.: ein Mittel zur Rettung haben, einen Ausweg kennen; vgl. frz. ‚se ménager une issue' oder ‚... une porte de sortie'.

Jem. stehen alle Wege offen: er kann sich für verschiedene Möglichkeiten entscheiden, er besitzt die besten Voraussetzungen.

Die Wege trennen sich: Menschen, die bisher gemeinsam gehandelt haben, trennen sich wegen verschiedener Ansichten in einer wichtigen Angelegenheit. Die Wndg. bezieht sich auf das Bild des ‚Scheideweges': eine spätere Begegnung erscheint unmöglich.

Etw. auf den (oder *in einen) Weg richten:* einer Sache eine bestimmte Richtung geben. Die Rda. ist heute selten. Häufiger ist dafür die modernere Wndg. *etw. in die Wege leiten:* etw. unternehmen, anordnen, den Anstoß zum Beginn geben.

Um die Wege sein: in der Nähe, vorhanden sein. Die ähnl. Wndg. *bei Wege:* im Vorbeigehen, nebenher, beiläufig, wird von einigen nordd. Schriftstellern gebraucht. Thür. ‚nicht bei Wege', nicht im geringsten.

Etw. zuwege bringen (bei Luther noch ‚zu Wegen bringen'): sich etw. verschaffen, etw. fertigbringen, eigentl. zu dem Wege, auf dem (für den) es gebraucht werden soll. Bei Hans Sachs' ‚Maler und Domherr' (9) heißt es:

> der maler det mit ir ratschlagen,
> wie sie das gelt zu wegen precht.

Die Rda. wird mit dem älteren Sinn ‚sich verschaffen' nur noch im obd. Raum gebraucht, sonst überall im neueren Sinne von ‚zustande bringen, fertigbringen'.

Nichts zuwege bringen: nichts erreichen, keinen Erfolg haben, nicht vorwärtskommen.

Gut zuwege sein: in bester geistiger und körperlicher Verfassung sein; häufiger: *Schlecht zuwege sein:* krank sein, auch: Mißerfolg haben, nichts Rechtes leisten.

Lit.: *J. Alpers:* Hercules in bivio (Diss. Göttingen 1912); *M. B. Ogle:* The Way of all Flesh, in: Harvard Theological Review 31 (1938), S. 41–51; *R. Schmekel:* Art. ‚Weg', in: HdA. IX, Sp. 214–218; *W. Harms:* Homo viator in bivio. Studien zur Bildlichkeit des Weges (München 1970).

wegwerfen. *Ein wegwerfendes Urteil über einen* (oder *etw.) fällen; wegwerfend urteilen; jem. wegwerfend behandeln.* Die Wndgn. haben nichts zu tun mit dem Brechen und Wegwerfen des ↗Stabes über dem Verurteilten, sondern wegwerfen bedeutet hier einfach: von sich wegstoßen, dann: verächtlich behandeln, geringschätzen. So bei Luther: „Also sol er (der falsche Prediger) auch verachtet und weggeworfen werden" (Weimarer Ausg. 32,358). Daher auch: *sich wegwerfen:* sich gemein machen, sich erniedrigen.

Diese Wndg. wurde gern gebraucht, wenn ein Mädchen ‚unter seinem Stande' heiratete, oft im Tone der Entrüstung: ‚Wie konnte die sich (nur) so wegwerfen!' Die

Rda. meint eigentl.: sein eigenes Ich wie einen verächtlichen Plunder behandeln, den man in die Ecke wirft; seit dem 18. Jh. (vgl. lat. ‚se abicere' = sich hoffnungslos zu Boden werfen, allen moralischen Halt verlieren). Im 11. Auftr. von ‚Wallensteins Lager' fragt der erste Kürassier den Schützen, der sich mit dem Bauern in ein Spiel eingelassen hat und dabei von ihm betrogen wurde:

Kannst dich so wegwerfen und blamieren,
Mit einem Bauer dein Glück probieren?

weh, Weh. *Einem wehtun:* jem. Schmerz, Unrecht zufügen, aber auch: selbst Schmerz, Trauer empfinden, Herzeleid tragen. In diesem Sinne sagt Gretchen zu Faust, die Unheil für den Geliebten fürchtet, da sie das Teuflische seines Begleiters spürt:

Es tut mir lang schon weh,
Daß ich dich in der Gesellschaft seh'.

(‚Faust' I, Marthens Garten).

Tut dir was weh? fragt man dagegen oft scherzhaft, wenn jem. eine geistige Fehlleistung von sich gegeben hat. In der Erweiterung: *Tut dir sonst noch etw. weh?* meint die Frage iron.: Sonst hast du wohl keine Sorgen?

Jem. ist es weh: es geht ihm schlecht; bes. häufig im Schwäb. heißt es: ,'s ist mir so wind und weh': es geht mir miserabel.

Die Zwillingsformel *Weh und Ach* umfaßt das Leid und die Klage darüber. Goethe verwendet sie sogar mehrfach lit., so in seinem Lied vom ‚Heideröslein':

Half ihm doch kein Weh und Ach,

aber auch in seinem ‚Faust' (I, Schülerszene) läßt er Mephisto geringschätzig und ‚belehrend' über das weibl. Geschlecht sagen:

Besonders lernt die Weiber führen;
Es ist ihr ewig Weh und Ach
So tausendfach
Aus einem Punkte zu kurieren.

‚Wehe den Besiegten!' wird vor gewaltsamen Entscheidungen zitiert, wenn ein grausames Vorgehen der Sieger als Rache zu erwarten ist. Der Ausruf bezieht sich auf das ‚Vae victis!' bei Plautus (‚Pseudolus' V, 2, 19).

‚Wehe, wenn sie losgelassen!' meint urspr. die zerstörerische Macht des Feuers in Schillers ‚Lied von der Glocke'. Das volkstümlich gewordene Zitat wird gern parodiert und scherzhaft auf Übermut und Überschwang junger Menschen bezogen, die leicht ausarten können und sie alle moralischen Bedenken hinwegfegen läßt.

Jem. läuft in den Wehen um: jem. weiß sich nicht zu helfen; schwäb.: ‚Der lauft in de Wehe um'. ‚Weh' ist im Volksmund auch die Bez. für eine Epidemie oder Seuche. ‚Das böse Weh' ist die Syphilis, ‚Das fallende Weh' die Fallsucht.

Wehr. *Mit Wehr und Waffen etw. verteidigen:* für eine Sache kämpfen, sie mit allen Kräften in Schutz nehmen. Die alliterierende Formel ‚mit Wehr und Waffen' ist bes. verbr. worden durch die Verse Martin Luthers:

Ein feste Burg ist unser Gott,
ein gute Wehr und Waffen.

(Ev. Kirchenlied Nr. 201).

Während uns das Wort ‚Waffen' i. S. v. Bewaffnung klar ist, bekommt der Begriff ‚Wehr' erst durch die Rückverfolgung ins Fries. einen Sinn. (Mit ‚Gewehr' hat er nichts zu tun.) Zu seiner Bildung ist das Mask. ahd. ‚wer', altisländisch ‚verr', got. ‚wair': Mann verwendet worden. Im Ahd. ist ‚wer': Mann (lat. vir) nur noch einmal in dem im 8. Jh. entstandenen ‚Vocabularius Sancti Galli' belegt. Lebendig ist das Wort dagegen noch im Altsächs., Alteng. und Altisländischen. Nur als „sprachl. Versteinerung" hat sich ahd. ‚wer': ‚Mann' in der alten Rechtsformel „mit Wehr und Waffen" erhalten. Da das Wort längst untergegangen war, hatte man ihm oft einen anderen Sinn unterlegt.

Lit.: *W. Krogmann:* Mit Wehr und Waffen, in: Zs. der Savigny-Stiftung für Rechtsgeschichte (Germanist. Abt.) 83 (1966), S. 280–295.

Weib. *Weiber hüten:* etw. Unnützes und Sinnloses tun. Die mhd. Zeit wandte diesen Gedanken mit entspr. verwandeltem Sinne an, um die Nutzlosigkeit der offiziellen ‚huote' zu kennzeichnen, da allein der gute Wille der Frau eine Garantie für ihre Tugend bieten könne. ‚Weiber hüten' wurde so einer von den vielen rdal. Ausdrücken für verlorene, unsinnige und vertane Arbeit. Vgl. ‚Eulen nach Athen tragen'; ‚Wasser in den Rhein tragen'; ‚Gänse beschlagen' u.a.

Das zänkische Weib

Das zänkische Weib ist oft Gegenstand bildl. Darstellung geworden, ↗Frau, ↗Hose.

Lit.: *A. Taylor:* „Sunt tria damna domus", in: Hess. Bl. f. Vkde. 24 (1926), S. 130–146; *A. Risse:* Sprww. u. Rdaa. bei Th. Murner, in: Zs. f. d. U. 31 (1917), S. 300.

Weibermühle. *Auf die Weibermühle (nach ↗Trippstrill) gehen, wo man alte Weiber jung macht:* etw. völlig Aussichtsloses unternehmen, eigentl.: sich vergeblich bemühen, vergangene Jugend, Schönheit und Lebenskraft oder auch die verlorene Unschuld durch Zaubermittel zurückzugewinnen, sich der trügerischen Hoffnung auf die Möglichkeit der Verjüngung und grundlegenden Verwandlung hingeben. Ähnl.: *Jem. auf die Weibermühle bringen, wo die bösen Weiber umgemahlen werden:* sein altersschwaches, häßliches und zanksüchtiges Weib in der Wundermühle gegen ein junges eintauschen wollen.

Die Rdaa. bewahren die Vorstellungen von der Weibermühle, die im 19. Jh. noch sehr verbreitet waren, wie die populäre Druckgraphik bezeugt. Dieser Glaube an die Verjüngung durch Zaubermittel begegnet bereits in der Antike: aus den Verjüngungskräutern der Medea wurden Zaubertränke und -salben hergestellt. Im MA. hoffte man auf die Kraft des Jungbrunnens und später auf den Verjüngungszauber der Mühle. In einem Bilderbogen aus Neu-Ruppin werden die Frauen aufgefordert, zur Weiber-Mühle zu kommen:

Weiber, die euch Runzeln drücken,
Die ihr gehen müßt an Krücken,
Die das Alter drückt so schwer,
Kommt in diese Mühle her!

Die ihr Männern nicht gefallet,
Deren Zunge nur noch lallet,
Und die launenhaft ihr seid,
Euch steht Hülfe hier bereit.

Altweibermühle (‚Auf die Weibermühle gehen')

Die Weiber-Mühle.

Falten werden hier geglättet,
Und verlorne Liebe, wettet,
Wird euch wieder hier zu Theil.
Hier ist für Geld die Jugend feil.

Zank und Hader wird vertrieben,
Und aus jeder bösen Sieben
Wird ein sanfter Engel gleich,
Liebevoll und tugendreich.

Die Darstellung der Altweibermühle ist noch immer ein beliebtes Thema von heutigen Fastnachtsspielen und -umzügen geblieben wegen der kontrastreichen und grotesken Szenen, vor allem aber wohl wegen des allgemein menschlichen und immer wiederkehrenden Wunsches nach Überwindung des Alters und Rückkehr der Jugend. In diesen Zusammenhang gehört auch die Altweibermühle Trippsdrill bei Brackenheim (Kr. Heilbronn).

Lit.: *J. Bolte:* Die Altweibermühle, in: Archiv f. d. Studium d. neueren Sprachen u. Lit. 102 (1899); *M. de Meyer:* Verjüngung im Glutofen – Altweiber- und Altmännermühle, in: Zs. f. Vkde. 60 (1964), S. 161–167; *L. Röhrich:* Art. ‚Jungbrunnen', in: RGG III (³1959), Sp. 1064f.; *N. A. Bringéus:* Volkstümliche Bilderkunde (München 1982); *A. A. Jacob:* Menschen als Mahlgut (masch. Zulassungsarbeit) (Heidelberg 1982); *W. Mezger:* Narrenidee u. Fastnachtsbrauch. Studien zum Fortleben des Mittelalters in der europ. Festkultur (= Konstanzer Bibliothek 15) (Konstanz 1991).

Weihnachten. *Ein Gefühl wie Weihnachten haben:* ein Gefühl von Behaglichkeit, Herzlichkeit, Feierlichkeit, Friedlichkeit. Der sold. rdal. Vergleich stammt aus dem 2. Weltkrieg.

Etw. ist so, als ob Weihnachten und Ostern auf einen Tag fallen: etw. ist höchst überraschend, ein bes. Geschenk, eine übergroße Freude, Beglückung, aber auch: eine anstrengende Vorbereitungszeit für intensives, mehrtägiges Feiern. Die Rda. dient der Verstärkung, sie ist keine Niemalsformel.

Lieber nichts (oder *lieber zehn Jahre nichts) zu Weihnachten:* Ausdr. der Ablehnung einer Zumutung (etwa seit 1930); *sich freuen wie ein Kind auf Weihnachten:* sich sehr freuen; der rdal. Vergleich ist schon dem 19. Jh. bekannt (Küpper).

‚Nach Weihnachten wird getauscht' ist eine sarkastische Bemerkung, die das Mißfallen an einem Geschenk ausdrückt. Urspr. wohl nur ein Hinweis auf die – zahlreich genutzte – Umtauschmöglichkeit von Weihnachtsgeschenken nach den Feiertagen.

„Es weihnachtet sehr" heißt eine Zeile im Gedicht ‚Knecht Ruprecht' von Theodor Storm. Man zitiert sie heute, um die vorweihnachtliche Stimmung auszudrücken.

Lit.: *I. Weber-Kellermann:* Das Weihnachtsfest. Eine Kultur- und Sozialgeschichte der Weihnachtszeit. (Luzern – Frankfurt/M. 1978).

Weihnachtsmann. *Noch an den Weihnachtsmann glauben:* noch nicht aufgeklärt sein, unerfahren, einfältig, weltunerfahren sein; etwa seit 1920 aufgekommen; vgl. frz. ‚croire encore au Père Noël'. Deutlicher: ‚noch an den Klapperstorch glauben'.

Obwohl der Weihnachtsmann vor allem in der Kinderfolklore eine Rolle spielt, kann man auch den scherzhaft gemeinten Dialog unter Erwachsenen hören: ‚Glaubst du an den Weihnachtsmann?' – ‚O ja – es lohnt sich!'

Ein (richtiger) Weihnachtsmann sein: ein wunderlicher, einfältiger Mensch sein. Die Wndg. kam um 1920 auf, als man bes.

die Vollbartträger verächtlich machen wollte.

Lit.: *K. Meisen:* Nikolauskult und Nikolausbrauch im Abendlande (1931, Ndr. Düsseldorf 1981); *R. v. d. Linden:* Ikonografie van Sint-Niklaas in Vlaanderen (Lederberg – Gent 1972); *U. Nagel:* Zur Neuschöpfung volkstümlicher Phantasiefiguren (Mag. Arbeit) (Freiburg i. Br. 1974); *Ch. W. Jones:* Saint Nicholas of Myra. Biography of a Legend (Bari – New York – Chicago 1978); *C. Méchin:* Sankt Nikolaus (Saarbrücken 1982).

Weihrauch. *Jem. Weihrauch streuen:* ihm schöne Worte sagen, ihm schmeicheln und huldigen, ihm übertriebenes Lob spenden (und ihm dabei doch blauen Dunst vormachen); seit dem Anfang des 18. Jh. bezeugt; in neuerer Zeit auch: *jem. beweihräuchern:* ihn über Verdienst feiern (vgl. Bismarck, Reden IV, 281); vgl. frz. ‚encenser quelqu'un'.

Die Rda. knüpft urspr. an die altröm. Sitte an, daß jeder Senator beim Eintritt in den Senat auf den Altar, der neben dem Standbild der Göttin stand, Weihrauch streute. In abschätzigem Sinne begegnet eine ähnl. Rda. schon 1649 bei Gerlingius (Nr. 79): „Dare verba. Glatte Worte schleiffen. Hoffweirauch verkauffen. Die sieben wort geben. Se solden juw gern brillen verkoopen".

Der Weihrauch ist ihm zu Kopfe gestiegen: Glück und Huldigungen haben ihm den Kopf verdreht.

Siebenb.-sächs.: ‚Er recht (riecht) nô Weirûch', er ist Katholik.

Wein. *Jem. reinen (klaren) Wein einschenken:* ihm unumwunden, unverblümt die volle Wahrheit sagen. Schwäb. ‚eim pure Wei eischenke'. In schles. Mda. heißt es abweichend: ‚A hot em rechten Wein eigeschankt'. Während das Verbum der Rda. fest ist, wechseln Adj. und Subst. Im 16. Jh. ist wiederholt bezeugt: ‚lauteren Wein einschenken'. 1593 sagt Heinrich Julius von Braunschweig im gleichen Sinn: „Damit ich dir rein Bier einschenke" (‚Susanna' II, 1). Seit der Mitte des 18. Jh. setzt sich die heutige Form durch. Goethe: „Mag der alte Wieland ... in diesen Hefen des 18. Jh. sich betrüben ... so viel klaren Wein, als wir brauchen, wird uns die Muse schon einschenken" (Weimarer Ausg. IV, 12, 372). Gottsched: „Denn ich habe ihr reinen Wein eingeschenkt" (‚Deutsche Schaubühne' [1741], Bd. I, S. 533). Bemerkenswert häufig findet sich die Rda. in der politischen Rhetorik, bei Bismarck: „... daß der Finanzminister Ihnen den reinsten Wein einschenke". Selten einmal wird der urspr. Sinn durchgeistigt: „Aus dem tiefsten Herzen kann ich dir immer nur den reinen Wein einschenken, in dem dein Bild sich spiegelt" (Bettina v. Arnim, Tagebuch 42).

‚Jemand reinen Wein einschenken'

‚Neuer Wein in alten Schläuchen'

Jungen (neuen) Wein (Most) in alte Schläuche fassen (füllen). Die Rda. ist bibl. Ursprungs und beruht auf Matth. 9, 17.

Wasser in den Wein schütten (gießen) ↗ Wasser.

Jem. den Wein ausrufen: zunächst nur:

eine Neuigkeit verkünden, dann bes.: jem. schmähen, verleumden. Die alte Rda. (lit. z. B. bei Murner u. Fischart) ist heute ungebräuchl. geworden. Sie knüpft an das Weinausrufen und -anpreisen, eine feste Einrichtung ma. Städte, bes. in Süddtl. an (vgl. die Abb. in Murners ‚Schelmenzunft').

Vgl. *jem. das Bier verrufen* ↗ Bier.

Das (dt.) Sprw. ‚Wer nicht liebt Wein, Weib und Gesang, der bleibt ein Narr sein Leben lang' wird oft als eine Schöpfung Luthers angesehen, obwohl es sich in seinen Schriften nirgends findet. Allerdings kannte und übersetzte er ein ähnl. lat. Sprw.: ‚Vinum et mulieres apostatare faciunt sapientes' mit: ‚Wein und Weiber bethören die Weisen'.

‚Wer nicht liebt Wein, Weib und Gesang ...'

Ältere Quellen sprechen freilich dafür, daß das Sprw. zu Luthers Zeiten schon bekannt war. In der dt. Lit. stammt der früheste Beleg aus dem ‚Priester Leben' des Heinrich von Melk (12. Jh.), wo es heißt: „wîn unt wîp machent unwîsen man". In Johannes Roths ‚Ritterspiegel' (1415) steht: „Gud win und schone frowin han manchin wisin man zu torin gemacht". In der nachfolgenden Zeit häufen sich die Belege. Als Beispiel ein Neujahrswunsch von Goethes Mutter an dessen Freund Jakob Michael Lenz (1777):

Ich wünsche Euch Wein und Mädchenkuß
Und Eurem Klepper Pegasus
Die Krippe stets voll Futter.
Wer nicht liebt Wein, Weib und Gesang,
Der bleibt ein Narr sein Leben lang,
Sagt Doktor Martin Luther.

Daraus ergibt sich, daß man damals glaubte, Luther sei der Urheber dieser Zeilen.

Wie zu fast allen bekannten Sprww. gibt es auch hierzu zahlreiche Parodien. Eine sei genannt: ‚Wer nicht liebt Wein, Weib und Gesang, der spart viel Geld sein Leben lang'. Ein engl. Sprw. heißt: ‚When wine is in, wit is out'. Auch von Benjamin Franklin ist ein ähnl. Ausspruch belegt: „When the Wine enters, out goes the Truth".

Lit.: *F. Schnorr von Carolsfeld:* Wer nicht liebt Wein, Weib und Gesang, in: Quartalblätter des hist. Vereins für das Großherzogtum Hessen, 3 (1887), S. 143–144; *A. Risse:* Sprww. und Rdaa. bei Th. Murner, in: Zs. f. d. U. 31 (1917), S. 291; *H. Mathes:* Mdal. Wörter und Rdaa. bei der Traubenlese und Weinbereitung, in: Muttersprache 53 (1938), S. 342–346; *F. Eckstein:* Art. ‚Wein', in: HdA. IX, Sp. 289–317; *H. Gerke-Siefart:* Sprww. u. Rdaa. bei Johann Fischart (Diss. München 1953), S. 313; *A. Taylor:* When wine is in, wit is out, in: Nordica et Anglica: Studies in Honor of Stefán Einarsson (Den Haag – Paris 1968), S. 53–56; *F. v. Bassermann-Jordan:* Geschichte des Weinbaus, 3 Bde. (Frankfurt/M. 1923, Repr. 1975); *G. Schreiber:* Deutsche Weingeschichte. Der Wein in Volksleben, Kult und Wirtschaft (Köln 1980); *W. Mieder:* Wer nicht liebt Wein, Weib und Gesang, der bleibt ein Narr sein Leben lang. Zur Herkunft, Überlieferung und Verwendung eines angeblichen Luther-Spruches, in: Muttersprache 94 (1983/84), S. 68–103; *A. C. Bimmer* u. *S. Becker* (Hg.): Alkohol im Volksleben (= Hess. Bl. f. Volks- u. Kulturforschung 20) (Marburg 1987).

weinen ↗ lachen, ↗ heulen.

Weinkauf. *Weinkauf trinken (halten)* ist als Rda. fest geworden in der Bdtg.: Trunk oder Schmaus zur Bestätigung oder Feier eines Kauf- oder Tauschgeschäftes. Mhd. ‚wînkouf' ist seit 1218 nachgewiesen. Weinkauf ist ein Wort des Südwestens, Westens und Nordens, während der gleichbedeutende ‚Lei(t)kauf' als bair.-österr. und ostmdt. gilt. Es geht zurück auf mhd. ‚lît' = Obstwein. 1562 heißt es bei Erasmus Alberus (‚Praec. mor.' D. 2b):

die bawern kommen auch zuhauff
und halten gern ein weinkauff
eins ochsen halben, der zeucht wol,
bisz das sie werden vol und tol.

Im 18. Jh. bezeugt J. Möser: „Die Deutschen nahmen bei allen Vorfällen gern Weinkäufe oder, wie es in den Registern heißt, etw. ad vinalia". Wesentlich für den Weinkauf ist, daß dabei die Zeugen unentgeltlich mittrinken. Darum halten ländliche Kreise namentlich beim Viehhandel daran fest. Schwäb. ‚Die trinke Wei, wenn's nur e Hu (Huhn) verkaufe'.

Lit.: *M. Matter:* ‚Im Wein liegt Wahrheit'. Zur symbolischen Bedeutung gemeinsamen Trinkens, in: Hess. Bl. f. Volks- u. Kulturforschung 20 (1987), S. 37–54. Weitere Lit.: ↗ Wein.

weisen. *Jem. etw. (anderes) weisen:* ihm die Meinung sagen, auch: *Ich will dir weisen, wo die Katze im Heu liegt.* Ähnl. mdal. im Ndd.: ‚Ik wel di dat wîsen', oft mit verschiedenen Zusätzen: ‚Ik will di wîsen, wâr Abram de Ton (Zaun) uphangt', ich will dich züchtigen, oder: ‚Ik will di wîsen, wo de Timmermann 't Gatt (Loch) laten hett', ich werde dir die Tür zeigen, dich hinauswerfen.

Jem. den (blanken) Hintern weisen: ihn kräftig verhöhnen, ihm seine Verachtung deutlich zeigen. Urspr. galt das Zeigen des entblößten Hinterns als wirksamer Abwehrzauber, vor allem gegen den bösen Blick, gegen Unwetter und böse Geister, ↗ Arsch.

Etw. weit von sich weisen: etw. entschieden ablehnen, nichts damit zu schaffen haben wollen, einen geäußerten Verdacht entrüstet abtun.

Etw. ist nicht (ganz) von der Hand zu weisen: etw. (bes. ein Plan, ein Gedanke, ein Gerücht, ein Vorschlag) enthält etw. Richtiges (einen wahren Kern), es sollte deshalb gründlich darüber nachgedacht werden, es ist nicht grundsätzlich und von vornherein abzulehnen.

Mit Fingern auf jem. weisen ↗ Finger.

Jem. in die (seine) Schranken zurückweisen ↗ Schranke.

Jem. die Tür weisen ↗ Tür.

Weisheit. *Seine Weisheit für sich behalten:* sich nicht einmischen, seine Meinung selbst bei größerer Erfahrung nicht äußern. Die Wndg. wird häufig in imperativer Form gebraucht: ‚Behalte deine Weisheit für dich!'

Mit seiner Weisheit (seinem ↗ Latein) zu Ende sein: sich keinen Rat mehr wissen, keinen Ausweg sehen.

Die Weisheit auch nicht mit Löffeln (Schöpflöffeln) gegessen haben: beschränkt sein, aber sich für bes. klug halten, ↗ Löffel.

Einem die Weisheit eintrichtern: ihn mit Gewalt weise machen wollen, obwohl er beschränkt ist, vgl. ndl. ‚Hij zal hem de wijsheid door de Neurenburger trechter in den kop gieten'; ↗ Trichter.

Die Weisheit gepachtet haben: sich allein für überklug halten.

Etw. ist der Weisheit letzter Schluß: es ist eine endgültige Lösung, selbst wenn oder obwohl sie schlecht ist. Goethe gebrauchte die Wndg. zuerst in seinem ‚Faust' (II. Teil, V. Akt, ‚Großer Vorhof des Palastes') und läßt Faust am Ende seines Lebens bekennen:

Das ist der Weisheit letzter Schluß:
Nur der verdient sich Freiheit wie das Leben,
Der täglich sie erobern muß!

weismachen. *Einem etw. weismachen:* ihm etw. vormachen, aufbinden, einreden, was nicht so ist (vgl. ndl. ‚iemand iets wijsmaken'). Die bis ins 19. Jh. vorkommende Schreibung mit ß (‚weißmachen') ist irrig. Die Rda. ist durch Konstruktionsänderung entstanden aus mhd. ‚einen eines dinges wîs (d. h. weise, wissend) machen'. Bis zum 16. Jh. hat die Wndg. nur bedeutet: ihn in Kenntnis setzen. Durch häufigen iron. Gebrauch nahm sie dann ihren heutigen Sinn an: ihm Unwahres sagen. So 1594 bei Heinrich Julius von Braunschweig (‚Von einer Ehebrecherin' II, 3): „So wil ich meiner Frawen weis machen, ich wil verreisen". Jean Paul spottet über seine Leser: „Damit ich aber nach dem bisherigen Weismachen der Gesellschaft glaubhaft werde, so will ichs ihr ... beschwören" (Werke 26, 48). Goethe spielt in einem Distichon auf den engl. Physiker Newton mit ‚weiß machen' und ‚weismachen' an:

Weiß hat Newton gemacht aus allen Farben. Gar manches
Hat er euch weisgemacht, das ihr ein Säkulum glaubt.

Vgl. auch das schwäb. Wortspiel: ‚Du machst mr nix weis – was schwarz ist'. Im Ndd. wird das Wort mdal. auch substantiviert gebraucht: ‚Regnet's?' – ‚Nö, is man son Wiesmaken', d. h.: Es scheint nur so, denn es fallen nur vereinzelte Tropfen.

weiß. *Sich weiß (rein) waschen (wollen):* sich für unschuldig ausgeben, sich von einem Vorwurf, von einem Verdacht reinigen. Die Rda. gebraucht schon Luther in seinen ‚Tischreden'.

Sich weißbrennen ↗brennen.

Die Rda. von der ‚Mohrenwäsche' *(einen Mohren weiß waschen:* etw. Unmögliches oder Vergebliches tun) geht zurück auf Jer. 13,23. Die Griechen sagten: ‚einen Äthiopier abreiben' (‚Αἰθίοπα σμήχειν', vgl. Aesop, rec. Halm, Fab. 13). So noch engl. ‚to wash an Ethiop white', ↗Mohr.

Eine weiße Weste haben ↗Weste.

Ein weißer Rabe sein ↗Rabe.

Weiß werden: plötzlich erbleichen, ‚weiß wie eine Kalkwand (Kreide, Leiche) werden', aber auch: weißes Haar bekommen.

Weiß und schwarz aus einem Tiegel malen: bald so, bald anders reden, doppelzüngig sein, ↗blasen.

Weiß machen, was schwarz ist: die Tatsachen entstellen, lügen. Die Wndg. kennt bereits Luther. Vgl. lat. ‚Adversus solemne loquitur'.

Er sieht weder auf weiß noch schwarz: heißt es von einem Unparteiischen, der sich nicht zu einem Vorurteil verleiten läßt. Vgl. ndl. ‚Hij ziet wit noch zwaart aan'.

Einem nicht das Weiße im Auge gönnen: ihm nicht das geringste lassen wollen. Der Bedrängte, dem sein letzter Besitz genommen werden soll, zieht manchmal das untere Augenlid herunter, so daß das Weiße in seinem Auge sichtbar wird, und fragt: ‚Wollt ihr vielleicht auch das noch?'

Lit.: *C. Mengis:* Art. ‚weiß', in HdA. IX, Sp. 337–358; *O. Lauffer:* Farbsymbolik im dt. Volksbrauch (Hamburg 1948).

weit. *Nicht weit her sein:* unbedeutend, geringwertig sein, nichts gelten; urspr. vom sittlich-gesellschaftlichen Gebiet, später auch auf andere Verhältnisse übertr. Die Wndg. bezieht sich auf die verbreitete Ansicht, daß die beste Erfahrung nicht in der Heimat, sondern in der Fremde erworben wird. Deshalb machte auch die Zunftordnung den Gesellen die Wanderjahre zur Pflicht. Vgl. auch die scherzhaft oder iron. gemeinte schwäb. Weisheit: ‚Der isch net weit her, na hat er au net weit hoim'.

Schon Grimmelshausen spottet 1673 im ‚Teutschen Michel' (S. 21) über den Fehler der Deutschen, das Einheimische zu mißachten und das Fremde zu überschätzen: „Es ist aber schon vorlängst eine allgemaine Sucht eingerissen derart, daß diejenige, so daran kranck ligen, weit von ihrem Vatterland gebürtig zu seyn wünschen; diese wurde so hefftig, daß auch aus selbiger ungereimten Thorheit ein Sprichwort entsprungen, welches man zu denen gesagt, die man verachten wollen, nemblich: Du bist nit weit her". Friedrich Leopold Graf zu Stolberg klagt zu Anfang des 19. Jh. bitter: „Statt mit der Billigkeit, die der deutschen Gemütsart eigen ist, das Fremde zu würdigen, überschätzt der Deutsche es mit jener Schwäche, die ihm auch sehr eigen ist und die er zu oft naiv genug ausdrückt, wenn er, Geringschätzung anzudeuten, sagt: Das ist nicht weit her!" Vgl. auch frz. ‚Cela ne va pas chercher bien loin' (wörtl.: Das ist nicht weit hergeholt). Vgl. auch das auf Matth. 13,57 und Mark. 6,4 zurückgehende Sprw. ‚Der Prophet gilt nichts in seinem Vaterlande'.

Dagegen: *Etw. ist zu weit hergeholt:* eine Sache gehört eigentl. nicht mehr in einen bestimmten Zusammenhang.

Die Wndg. *weit (in der Welt) herumgekommen sein:* viel gesehen und erlebt haben, große Erfahrung besitzen, enthält dagegen hohe Anerkennung; vgl. frz. ‚avoir roulé sa bosse' (wörtl.: seinen Buckel herumgewälzt haben).

Mit etw. (jem.) ist es weit gekommen: es hat sich sehr zum Nachteil, ins Negative verändert, jem. ist tief gesunken; iron. gebraucht. *In etwas zu weit gehen:* etw. übertreiben, den Anstand verletzen.

Es einmal (im Leben, im Beruf) weit bringen: große Erfolge haben.

Das Weite suchen (gewinnen): davonlaufen (entkommen).

Weizen. *Sein Weizen blüht:* seine Sache geht gut, er kommt vorwärts, er hat Erfolg, viel Glück in seiner Tätigkeit. Die Rda. stammt aus der bäuerlichen Erlebniswelt und meint eigentl. einen, dessen Weizenfeld vor anderen blüht. In übertr. Sinne findet sich die Rda. schon in einem Volkslied des 15. Jh. (Uhland, Alte hoch- und ndd. Volkslieder [1844], S. 660):

> An solichem zank und hader
> verdirbt die herrschaft nit,
> der ambtman noch der bader,
> ir waiz der blüt damit.

Neben ihrer Verbreitung in den Mdaa. und in der Umgangssprache wird die Rda. auch lit. gebraucht: „Sein Weizen blüht, und eh das Jahr um ist, erleb ich eine Hochzeit“ (Mörike). Vgl. lat. ‚Adhuc tua messis in herba est‘.

Der Weizen steht auch in anderen Wndgn. pars pro toto für die materielle Habe wie für die geistig-seelische Einstellung des bäuerlichen Menschen. Von einem Bauern, der die Mütze stolz auf der Seite trägt, sagt man: *Er hat Weizen feil.* Aventin: „seinen Waitz darunter scharen“, seinen Nutzen aus einer Sache zu ziehen suchen. Elsäss. ‚Was gilt dr Waize?‘,Wie steht die Sache? Im erzgeb. Volkslied heißt es bildl.:

Böhmischer Wind, ich bitt dich schön,
Wollst mir mei Waizen nit verwehn.

Oder:

Lass mr mei Waaz aufm Bergle stehn.

Die Spreu vom Weizen sondern (scheiden): Gut und Böse, Nützliches und Unnützes, Echtes und Falsches trennen. Die Rda. ist bibl. Ursprungs und beruht auf Matth. 3,12: „Er wird seine Tenne fegen und den Weizen in seine Scheune sammeln; aber die Spreu wird er verbrennen mit ewigem Feuer“. 1639 führt Lehmann S. 447 (‚Krieg‘ 37) an: „Ein Capitän (‚Hauptmann‘), da sein Vortrab vom Feind ward geschlagen, sagte er, es sey gut, daß die Sprewer vom Kern abgedroschen werden“. Bei Moltke heißt es (‚Schriften und Denkwürdigkeiten‘ I,240): „Die Schärfe seines Verstandes schied sofort die Spreu vom Weizen“. Vgl. auch frz. ‚séparer le bon grain de l'ivraie‘.

Auch der bildl. Gebrauch der Wndg. *Unkraut unter dem Weizen* geht auf eine Stelle des N.T., das Gleichnis vom Unkraut im Weizen (Matth. 13,25 ff.), zurück.

Den Weizen mit dem Unkraute ausjäten: das Gute mit dem Bösen vernichten, keine Unterschiede machen.

Welle. *Etw. wird (hohe) Wellen schlagen:* es wird spürbare Auswirkungen haben.

Die Wellen gehen hoch: Empörung (Erregung, Begeisterung) werden groß. Der Vergleich bezieht sich auf das unruhige sturmgepeitschte Wasser; vgl. frz. ‚Il y a ...‘ oder ‚Cela fait du remous‘ (wörtl.: Daraus entsteht Wirbel) i. S. v. Das erregt Aufsehen.

Die Wellen glätten sich: man beruhigt sich wieder, die Erregung klingt langsam ab; vgl. frz. ‚La tempête s'apaise‘ (wörtl.: Der Sturm legt sich), ↗Sturm.

Keine Wellen machen: kühl und ruhig bleiben, sich nicht aufregen, sich nicht übertrieben gebärden; berl., 20. Jh.; vgl. ndd. ‚Mach kein Wellen in'n Teppich!‘: Mach keinen Ärger!

Eine dicke (mächtige) Welle angeben: stark prahlen. ‚Quatsch keine Wellen!‘, prahle nicht!; ‚eine Welle mehr, und du kannst schwimmen!‘ sagt man zu einem Prahler.

Eine Welle haben: betrunken sein; in der Eifel meint die Rda. ‚mit der Welle fortschwimmen‘ sich anpassen, der allg. Entwicklung folgen.

Die folgenden Wndgn. sind der Rundfunktechnik entlehnt: *auf der falschen Welle liegen:* sich geirrt haben; vgl. frz. ‚ne pas être sur la bonne longueur d'ondes‘; *auf eine falsche Welle eingestellt haben:* nicht verstehen wollen.

Lit.: *R. Hünnerkopf:* Art. ‚Welle‘, in: HdA. IX, Sp. 470–471; *O. G. Sverrisdóttir:* Land in Sicht (Frankfurt/M. 1987), S. 178–180.

Wellenlänge. *Auf derselben Wellenlänge liegen:* sich überaus gut verstehen, sich sympathisch finden. Die Rda. stammt aus dem Bereich der Funktechnik. Im Sender werden elektrische Wellen einer ganz bestimmten hohen Frequenz moduliert. Nur wer sein Gerät exakt auf diese Wellenlänge einstellt, kann den Sender und damit die Sendung optimal empfangen bzw. bei einer Funkverbindung mit der Gegenstelle verkehren.

Nicht die gleiche Wellenlänge haben: sich nicht mögen, gegensätzliche Meinungen und Auffassungen vertreten, ↗Kragenweite.

Welt. *Von alter Welt sein:* altmodisch sein, einer vergangenen Zeit angehören (auch von lebenden Zeitgenossen gesagt). Oft wird diese Wndg. auch im positiven Sinne gebraucht: ‚Das ist noch einer von der alten Welt‘, er ist ohne Falsch; auf ihn kann man sich verlassen; er ist bieder und treu; er lebt noch nach den alten moralischen Grundsätzen.

Sich in die Welt zu schicken wissen und *in die Welt passen:* im Leben zurechtkommen, sich gut anpassen können; ähnl.: *sich durch die Welt schlagen:* Hindernisse überwinden, auch: mühsam seinen Weg suchen, ihn bahnen müssen. ‚Man muß sich krümmen, wenn man durch die Welt kommen will‘, man muß sich redlich abmühen, auch: man muß sich untertänig, devot und unauffällig verhalten. Dagegen heißt *weder für diese noch jene Welt passen:* lebensuntüchtig, weltfremd sein; ähnl.: *zu gut für diese Welt sein:* verkannt, verspottet und ausgenutzt werden.

Nicht von dieser Welt sein: dem Jenseits (Paradies) angehören; überirdisch schön sein. Die Wndg. bezieht sich auf Joh. 8,23, wo es heißt: „Ihr seid von dieser Welt, ich bin nicht von dieser Welt“.

In einer anderen Welt leben: im Reich des Geistes, der Kunst leben, sich über das Alltägliche erheben; aber auch in mehr tadelndem Sinne: in einer Traumwelt leben und die Wirklichkeit nicht wahrnehmen oder wahrhaben wollen, im Irrealen beheimatet sein, ‚über den Wolken schweben‘ ↗ Wolke; vgl. frz. ‚vivre dans un autre monde‘.

Wie in einer anderen Welt sein: sich wie verzaubert vorkommen.

Die Welt nicht mehr verstehen: die Ereignisse, die bestehenden Zustände nicht mit seinen alten Vorstellungen in Zusammenhang und Einklang bringen können. Friedrich Hebbel läßt am Schluß seines bürgerlichen Trauerspiels ‚Maria Magdalena‘ (1843/44) den Meister Anton sagen: „Ich verstehe die Welt nicht mehr“.

Die Welt hat sich umgedreht sagt man, wenn man sich darüber wundert, daß jem. gegen sein gewohntes früheres Betragen handelt. Ähnl. wird die Wndg. *Die Welt ist rund (und muß sich drehn)* oft als sprw. Erklärung für allerlei Wechsel gebraucht. Sie ist eigentl. ein Zitat aus der Oper ‚Der Templer und die Jüdin‘ von Wilh. August Wohlbrück, zu der Heinrich Marschner die Musik schrieb (1829).

Die Sorgen der Welt auf sich nehmen: sich mit Problemen belasten, die außerhalb des eigenen Lebensbereiches liegen.

Die Welt aus den Angeln heben wollen: sich sehr stark fühlen, das Leben vieler Menschen grundlegend verändern wollen, noch nie Dagewesenes vollbringen. Die Rda. bezieht sich auf einen Ausspruch des Mathematikers und Physikers Archimedes (285–212 v. Chr.): „Δός μοι ποῦ στῶ καὶ κινῶ τὴν γῆν“ (= Gib mir einen Punkt, wo ich hintreten kann, und ich bewege die Erde!). Vgl. Büchmann.

Die ganze Welt mit Blindheit strafen: sich

‚Wer durch die Welt kommen will, muß sich krümmen‘

einbilden, gescheiter als alle übrigen Menschen zu sein. Vgl. lat. ‚cornicum oculos configere‘.

Etw. aus der Welt schaffen: es endgültig beseitigen.

Etw. ist (nicht) aus der Welt: es ist (nicht) unwiederbringlich verloren, es ist (nicht) allzu weit entfernt.

Es ist ja nicht die Welt! sagt man tröstend, wenn etw. nicht so bedeutend ist, wenn sein Verlust leicht zu verschmerzen ist, auch: wenn es keine übermäßige Zumutung ist; vgl. frz. ‚Ce n'est pas un monde (pas le diable)‘.

Das wird die Welt nicht kosten: es wird nicht zu teuer sein. *Die Welt auf seinem Daumen tanzen lassen:* sich selbst als Mittelpunkt der Welt verstehen, alles leicht nehmen und die Sorgen anderen überlassen, verantwortungslos handeln.

Der Ausdr. übermütigen Glücksgefühls *Was kost' die Welt?* und die Beteuerungsformel *um alles in der Welt* sind seit 1749 häufig in der Studentensprache bezeugt. Dagegen: *Um nichts in der Welt:* unter keinen Umständen; vgl. frz. ‚Pour rien au monde‘.

‚Das ist der Lauf der Welt‘: sagt man resigniert, wenn man sich mit etw. abgefunden hat.

Ebenso sagt man: ‚Das ist der Welt Lohn‘ und macht damit seiner Enttäuschung Luft, daß man einen Dank erwartet hat, aber nichts bekommen hat. Einer mhd. Dichtung von Konrad von Würzburg wurde der Titel ‚Der Welt Lohn‘ gegeben.

Die *verkehrte Welt* wurde vor allem in früheren Jhh. sinnbildhaft für die Narrheiten und Dummheiten der Menschen gebraucht. Pieter Bruegel d. Ä. hat die ‚ver-

‚Die Sorgen der Welt auf sich laden‘

‚Die Welt auf dem Daumen tanzen lassen‘

1

2

1/2 ‚Die verkehrte Welt‘

1

2

kehrte Welt' auf seinem großen Redensartenbild von 1559 an ein Narrenwirtshaus als Aushängeschild gemalt. In die letzten Schaffensjahre Grimmelshausens fällt seine Dichtung: ,Die verkehrte Welt'. Vgl. auch frz. ,Le monde à l'envers'.
Die Welt geht auf Stelzen ↗Stelze.
Die Welt ist mit Brettern vernagelt ↗Brett.
Moderne Wndgn. sind: *Für einen bricht die Welt zusammen:* alles, was er bisher für wert und teuer hielt, woran er geglaubt hatte, zerbricht; er verliert seine Freunde, jeden Halt, jede Hoffnung und Orientierungsmöglichkeit; vgl. frz. ,Son monde s'effondre' oder ,Son univers s'effondre'.
Es liegen Welten zwischen ihnen: sie sind durch größte Unterschiede (Lebensauffassung, Charakter, geistiges Niveau) getrennt; vgl. frz. ,Des mondes les séparent'.
Nur in einer heilen Welt leben wollen: die Augen vor Unangenehmem, Belastendem, vor Problemen und Konflikten verschließen und so tun, als sei alles in bester Ordnung. Diese negative Besetzung des Begriffes ,heile Welt' hat sich erst in neuester Zeit herausgebildet. 1755 ist ,heile Welt' (,de heele Welt') noch positiv belegt i.S.v. integer, richtig. (So in Michael Richeys ,Idioticon Hambvrgense'). Der Schwabe findet sich mit den Gegebenheiten dank seiner ihm eigenen Logik problemlos ab: ,D' Welt is scho recht, wenn nur d'Leut net wäret'.

3

1–3 ,Verkehrte Welt'

Sich in der Weltgeschichte herumtreiben: unstet von Ort zu Ort reisen, seinen Arbeitsplatz oft wechseln; die Rda. ist erst in unserem Jh. aufgekommen. Ebenso der Ausruf des Erstaunens oder Unwillens: *Da hört (ja) die Weltgeschichte auf;* seit etwa 1900 belegt; auch: *Da hört sich doch die Weltgeschichte auf!*

Lit.: *J. Belkin:* Zur Wortgeschichte von ,Welt', in: Zs. f. dt. Sprache 24 (1968), Heft 1/2, S. 16–59; *H. Kenner:* Das Phänomen der verkehrten Welt in der klass. Antike (Bonn 1970); *H. F. Grant:* El mundo al revès, in: Hispanic Studies in Honour of Joseph Manson (Oxford 1972), S. 119–137; *Anon.:* Die heile Welt, in: Der Sprachdienst 23 (1979), Heft 2, S. 26–27; *G. Cocchiara:* Il mondo alla revescia (Torino 1981); *N. A. Bringéus:* Volkstümliche Bilderkunde (München 1982); *ders.:* Der Durchgang durch die Welt. Ein Beitrag zur Ikonographie der Lebensalter, in: R. W. Brednich u. A. Hartmann (Hg.): Populäre Bildmedien (Göttingen 1989), S. 91–104.

Wendehals. *Ein Wendehals sein,* auch: *zu den Wendehälsen gehören:* ein Politiker aus dem ehemaligen Ostblock sein, der seine Meinung um 180° gedreht hat. Der Wendehals, eine Spechtart (Jynx torquilla), ist ein vom Aussterben bedrohter Vogel, der in Höhlen von Obstbäumen nistet. Er wurde 1988 zum Vogel des Jahres erklärt, um ihn bes. zu schützen. Sein Name (mhd. ,winthalsen': über die Achsel sehen) beruht auf seiner Fähigkeit, seinen Hals schlangenförmig drehen zu können, um Feinde abzuschrecken. Seit der Wende 1989 in der ehemaligen DDR dient ,Wendehals' zur spottenden Bez. ehemaliger Machthaber u. Mitläufer, die sich in Einstellung u. Politik dem Wandel angepaßt haben.

Lit.: *E. u. L. Gattiker:* Die Vögel im Volksglauben (Wiesbaden 1989), S. 262–263.

wenig, Wenigkeit. ‚Meine Wenigkeit' ist eine scherzhafte Umschr. von ‚ich'. Im Dt. ist diese eigentl. Demutsfloskel, verbunden mit dem Pluralis majestatis, schon bei Notker im frühen MA. belegt. Allerdings fehlt hier generell die scherzhafte Note; diese Nuance ist erst in der Neuzeit hinzugekommen. Notker 3,2,630: „sie fluhen fone minero uuênegheite". Zurückzuführen ist dieser Ausdr. auf das Lat. ‚mea parvitas'. Dieses ist als Gegenprägung zu ‚maiestas tua' schon 30 n. Chr. nachgewiesen in einer Widmung des Valerius Maximus an Kaiser Tiberius (E. R. Curtius: Europ. Lit. und lat. MA. [Bern 1948], S. 92 u. 414).

‚Etw. weniger wäre mehr gewesen': die Qualität einer Sache hätte sich bei Verringerung der Quantität verbessert. Dieser Spruch ist belegt bei Hoffmann von Fallersleben (1868): „Leider läßt sich auch von seiner Schriftstellerei sagen: ‚etwas weniger wäre mehr gewesen'".

wenn. *Das viele (ewige) Wenn und Aber!:* Immer diese Einwände und Zweifel! Gottfr. Aug. Bürger gebrauchte diese Wndg. in seiner Ballade ‚Kaiser und Abt' mehrmals (Str. 30):

> „Ha", lachte der Kaiser, „vortrefflicher Haber!
> Ihr futtert die Pferde mit Wenn und mit Aber.
> Der Mann, der das Wenn und das Aber erdacht,
> Hat sicher aus Häckerling Gold schon gemacht".

In Str. 31 warnt der Kaiser:

> „Was denk' ich, das falsch ist? Das bringe heraus!
> Nur bleib' mir mit Wenn und mit Aber zu Haus!"

Etw. ohne Wenn und Aber tun: keine Bedingungen stellen, keine Hindernisse und Verzögerungen zulassen; vgl. amer. ‚But me no buts'; ebenso: ‚No Ifs and Ands'.

Wenn das Wörtchen wenn nicht wär! gilt als Einwand, wenn man am Gelingen eines Vorhabens berechtigte Zweifel hat. Oft erfährt diese Wndg. noch scherzhafte Zusätze, wie z. B.: *dann wär' mein Vater Millionär (ein Herr),* oder im Obersächs.: ‚dann gäb's dafür ein andres', ein Hindernis wäre bestimmt vorhanden.

In Österr. sagt man: ‚Ja wånn der Wånn net war'.

Das Wenn erscheint oft in der Form eines irrealen Bedingungssatzes: *wenn meine Tante Räder hätte (dann wäre sie ein Omnibus); wenn Dummsein weh täte (da müßte er ununterbrochen schreien); wenn der Hund nicht gemußt hätte (dann hätte er den Hasen gekriegt).*

Und wenn du dich auf den Kopf stellst!: Ich tue es auf keinen Fall! Diese Rda. erhält im Obersächs. noch einen Zusatz zur Steigerung: ‚und mit den Beinen wackelst'.

Wennschon – dennschon!: wenn überhaupt, dann richtig, dann mit der größten Sorgfalt und Gewissenhaftigkeit, dann kommt nur das Beste (Teuerste) in Frage.

Lit.: *B. F. C. Terry:* Ifs and Ands, in: American Notes and Queries 7,1 (1886), S. 5; *C. B. Cooper:* But me no buts, in: Modern Language Notes 31 (1916), S. 314; *L. Schmidt:* Sprw. dt. Rdaa., in: Österr. Zs. f. Vkde., 77 (1974), S. 81–130, bes. S. 128.

Werbetrommel. *Die Werbetrommel rühren:* für etw. (jem.) stark Reklame machen. Eigentl. war eine Werbetrommel die „Trommel des Werbers, mit der er seine Werbung ankündigt".

‚Die Werbetrommel rühren'

Die Rda. ist vom 17. Jh. bis in die heutige Zeit belegt. Über die Vorbereitung eines Krieges schreibt E. Francisci: ‚Letzte Rechenschaft' 1681 (S. 620): „es werden die wercke an den festungen eilends verbessert, pulver, bley, lebens-mittel und mehr voelcker hineingeschafft, die werb-trummeln starck geruehret, die paesse ueberall besetzt, handel und wandel gesperrt ... schwere steuren aufgelegt". Wie hier bezieht sich die Rda. oft auf das Anwerben von Freiwilligen zum Kriegsdienst, gelegentlich heißt es auch: *die Werbetrommel schwingen.*

Werg. Als Werg werden im Gegensatz zum feineren Flachs die beim Schwingen und Hecheln des Flachses abfallenden kürzeren und minderwertigeren Fasern bez. Rdaa. mit Werg gehören also zum Umkreis des alten Spinnrades.

Werg am Rocken haben: etw. auf dem Kerbholz, Strafe zu erwarten haben, eine noch ungebüßte Schuld mit sich herumtragen; im wörtl. Sinne: wirre Fasern, Abfallfäden am Spinnrocken haben. Lux. ‚Wierek um Raecken hoin', in der Klemme sein; westerwäld. ‚He hot Werk am Racke', er hat etw. verbrochen; Basel ‚Er hett Wärch a der Chunkle', er hat etw. Unangenehmes auszufechten; schwäb. ‚Der hat's letzt Werg an der Kunkel', er ist am Rande seines Könnens.

Werg spinnen: Unsinn, tolles Zeug reden:

Do die fursten das erfuren und horten,
Ir deichseln von der stat sie kerten
Und zugen naher auf einen Perg
Und spunnen aber ungehechelts werg,
Wie sie den feinden wolten nahen.

(Hist. Volkslieder, hg. v. Liliencron, I, 335). Die Rda. kommt heute noch in der thür. Mda. vor. Vereinzelt findet sich auch: *sein eigenes Werg spinnen:* nur seine eigenen Interessen verfolgen. Gotthelf (Ges. Schriften [1855], 15, 193): „So fiel das fürstliche Grafenhaus, und Oesterreich hatte keinen Schwerdtstreich zu dessen Rettung geschlagen. Es spann damals sein eigen Werg".

Jem. etw. am Werg zupfen: ihm etw. am Zeug flicken. Werg kommt auch vor i. S. v. Geld, z. B. schles. ‚Se hat Werg ums Been' viel Vermögen.

Werk. Der Begr. der ‚guten Werke' spielt eine zentrale Rolle in der christl. Moraltheologie und Ethik. Matth. 26, 10 sagt Jesus von der Frau, die köstliches Wasser auf sein Haupt goß: „Sie hat ein gutes Werk an mir getan". An vielen Stellen fordert das N. T. zu ‚guten Werken' auf. „Also laßt euer Licht leuchten vor den Leuten, daß sie eure guten Werke sehen und euren Vater im Himmel preisen" (Matth. 5, 16; vgl. 1. Petr. 2, 12), und „nach seinen guten Werken wird ein Mensch vor dem Richtstuhl Christi gerichtet" (2. Kor. 5, 10).

Nach den Lehren des Tridentinums verdient der Gerechte durch seine guten Werke Vermehrung der Gnade, ewiges Leben und Vermehrung der Herrlichkeit. Der Blick auf eine jenseitige Vergeltung wird hier leicht zum Motiv des menschlichen Handelns.

Die Reformation hat leidenschaftlich gegen eine Doktrin und gegen eine Frömmigkeit gestritten, die offen oder versteckt die guten Werke als eine Leistung ansah, die zum Erwerb des Heiles notwendig ist. Luther selbst hat einen ‚Sermon von den guten Werken' geschrieben (1520), ↗Vergeltsgott.

In der heutigen Umgangssprache wird die Wndg. *Ein gutes Werk tun:* oft nur noch iron. gebraucht. Ist man z. B. jem. irgendwie behilflich, obwohl man diesen Menschen nicht leiden kann, so sagt man sich: „Naja, habe ich wenigstens ein gutes Werk getan"; oder es wird auch die Geringfügigkeit einer Gabe mit dem Begriff des guten Werks beschönigt.

Die Zwillingsformel ‚in Worten und Werken' ist ebenfalls bibl. Herkunft.

Offenb. 14, 13 heißt es: „Selig sind die Toten, die in dem Herrn sterben ... denn ihre Werke folgen ihnen nach". Im rdal. Gebrauch wird dies eher von den bösen Werken gesagt. In Hugo von Hofmannsthals ‚Jedermann' folgen Jedermanns ‚Werke' ihm bei seinem Tod mit ins Grab.

Sir. 9, 24 steht: „Das Werk lobt den Meister". Geläufiger ist dieses Zitat aus Schillers ‚Lied von der Glocke':

Von der Stirne heiß
Rinnen muß der Schweiß,
Soll das Werk den Meister loben,
Doch der Segen kommt von oben.

Sich ins Werk legen: sich anstrengen; ndd. ‚ênem werk dôn': jem. zu schaffen machen.

Zu Werke gehen: vorgehen, lit. belegt z. B. bei Heinrich Mann (‚Professor Unrat', S. 24): „Bei der Entlarvung seines Schülers Lohmann mußte Unrat geheim und geschickt zu Werke gehen".

Lit.: *F. Lau:* Art. ‚Gute Werke', in: RGG. II ([3]1958), Sp. 1915 f.

Wermutsbrüder. *Zu den Wermutsbrüdern gehören:* ein Tippelbruder, Vagabund sein, nachts im Freien kampieren und sich deshalb mit alkoholischen Getränken aufwärmen müssen. Der ‚Wermut' spielt dabei eine bevorzugte Rolle, weil er diesen Zweck bes. gut erfüllt und relativ preiswert zu erhalten ist. Die gesundheitlichen Gefahren werden dabei nicht bedacht, vor allem dann nicht, wenn die Flasche unter den Gefährten die Runde macht und so das Zusammengehörigkeitsgefühl der Nichtseßhaften gestärkt wird.

Wermutstropfen. *Es ist ein Wermutstropfen in seinen Wein gefallen:* er hat eine bittere Erfahrung machen müssen; es ist ein Unglücksfall innerhalb einer Reihe von glücklichen Ereignissen eingetreten, seiner Freude ist Leid beigemengt worden. *Jem. einen Wermutstropfen in den Wein gießen:* ihm seine Freude verderben (‚vergällen'), seine Begeisterung dämpfen. Die Rdaa. gründen sich auf die Erfahrung, daß ein Tropfen Wermutsaft, der aus dem Kraut einer Beifußart (Artemisia absynthium) zu Heilzwecken gewonnen wird, genügt, um jede wohlschmeckende Flüssigkeit (bes. Wein und Honig) in einen bitteren Trank zu verwandeln.
Das Gegenteil meint die Wndg. *in seinen Wermut etw. Honig tun:* sein Leid, seine Trauer etw. zu mildern suchen. Vgl. lat. ‚amaro dulce miscere'.

Lit.: *H. Marzell:* Art. ‚Wermut', in: HdA. IX, Sp. 497–503.

Werwolf. *Es ist ein Werwolf:* er ist unheimlich und gefährlich, er benimmt sich unmenschlich roh und frevelhaft.
Der Werwolf ist eigentl. ein ‚Mannwolf', vgl. ahd. ‚wër' und lat. ‚vir'. Bes. aus dem germ. Norden ist der Werwolfglaube überliefert: Ein ‚alter ego' verläßt den Körper des Schlafenden und nimmt die Gestalt eines Wolfes (Bären) an und verhält sich entsprechend.
In älterer Zeit hat man das Treiben von Werwölfen („Der Menschen in Wölff-Verwandlung"; Theophil Lauben 1686) tatsächlich angenommen. So berichtet Th. Lauben in seinen ‚Dialogi und Gespräch Von der LYCANTHROPIA ...': In Rutzendorf bei Ansbach habe der Wolf ein „Knäblein von 11 Jahren auf dem veld und bey dem pferdhüten erwürget vnd grausam zerfleischet", dann „ein weibsbild von 30 Jahren, so deß Maurers zu Hofstetten Tochter auf dem feld bey dem samblen (Sammeln) vumbracht".
Später glaubte man jedoch, daß eine solche Tierverwandlung nur durch einen Zauber herbeigeführt werden könne, wie Prozeßakten aus dem 18. Jh. erweisen: durch das Überstreifen eines Wolfsfelles oder Wolfsgürtels kann jeder Mensch zeitweilig zu einem Wolf werden, der jedoch noch reißender und gefährlicher als ein gewöhnlicher Wolf ist und wegen seiner zauberischen Kräfte kaum besiegt werden kann. Vgl. auch ndl. ‚hij is een weerwolf'.
Einen wie einen Werwolf fürchten: ihn wie ein dämonisches Wesen fliehen. Sagen vom Werwolf sind bes. in Norddtl. noch sehr lebendig. Auf diese volkstümlichen

Werwolf

,Einen wie einen Werwolf fürchten'

Vorstellungen beziehen sich auch die vor allem im Hess. belegten rdal. Vergleiche für einen starken Esser, z. B. ,Er frißt wie ein Werwolf'. ,Ha wiehlt wie en Warwolf' sagt man von einem unüberlegt und hastig arbeitenden Menschen; wenn die Pferde den Wagen nicht von der Stelle bringen können, heißt es: ,Es steckt ein Werwolf im Rad'.

Lit.: *W. Hertz:* Der Werwolf (Stuttgart 1862); *K. Müller:* Die Werwolfsage. Studien zum Begriff der Volkssage (Phil. Diss. Marburg) (Karlsruhe 1937), S. 14; *E. Odstedt:* Varulven i svensk folktradition (Skriftner utgivna genom Landsmåls – och Folkminne-arkivet i Uppsla, Ser. B 1) (Uppsala 1943); *A. Roeck:* De weerwolf in de Nederlandse Volkssage van de negentiende en twintigste eeuw (Diss. Leuven 1967); *K. Völker:* Von Werwölfen und anderen Tiermenschen (München 1972); *B. Schemmel:* Der „Werwolf" von Ansbach, in: Jb. für Fränk. Landesforschung 33 (1973), S. 167–200; *C. Ginzburg:* Freud, der Wolfsmann und die Werwölfe (mit Diskussionsbeiträgen von R. Schenda, Ch. Daxelmüller, H. Gerndt, F. W. Eickhoff, A. Niederer, U. Jeggle u. D. Harmening), in: Zs. f. Vkde. 82 (1986), S. 189–226.

Wespennest. *In ein Wespennest greifen (stechen):* eine heikle, gefährliche Sache anfassen, aufgreifen, die Leute gegen sich aufbringen, sie herausfordern. In der Wormser Ausg. von 1538 des um 1230 entstandenen Lehrgedichts ,Bescheidenheit' von Freidank steht vor dem Kapitel ,Von neid vnd haß' ein Teufel, der sich mit einem Wespenschwarm herumschlägt; dazu heißt es 146,1ff.:

Fliegen, floehe, des tuivels nît,
die müent die liute z'aller zît.

Adelung bucht: ,in ein Wespennest stören' (IV, 1509); so noch bei Goethe (Weimarer Ausg. I, 15, 1, 12):

Verbiete wer, was alle wollten,
Der hat ins Wespennest gestört.

Aber auch schon im Lat. war sprw. ,irritare crabrones' = die Hornissen reizen (Plautus, Amphitruo II, 2). Unserer Rda. kommt nahe 1561: „In ein hurnussen näst stächen, das ist, ein vnrüwigen menschen reitzen, crabrones irritare" (Maaler, Die Teutsch Spraach). Die Rda. scheint also zunächst tatsächlich eine Lehnübers. aus dem Lat. zu sein, bis sie 1586 bei Mathesius in der heutigen Form erscheint. Auch in den Mdaa. ist sie reich bezeugt. Im ,Wandsbecker Bothen' des Matthias Claudius (Bd. VII [Hamburg 1803]) heißt es:

Greif nicht leicht in ein Wespen-Nest;
Doch, wenn Du greifst, so stehe fest.

Das Zitat ist in leicht abgewandelter Form zu einem volkstümlichen Spruch geworden:

Greif nicht in ein Wespennest,
Doch, wenn du greifst, so greife fest.

Vgl. ndl. ,Hij heeft het wespennest verstoord' u. frz. ,tomber dans un guêpier' (wörtl.: in ein Wespennest geraten) i. S. v.: durch Leichtsinn in eine heikle Situation geraten.

Lit.: *R. Riegler:* Art. ,Wespe', in: HdA. IX, Sp. 503–507.

Wespentaille. *Eine Wespentaille besitzen:* überaus schlank sein. Die Wespentaille gehört seit Jahrtausenden zu einem immer wiederkehrenden Ideal der Körperform in der Damenmode, das für Kreta bereits 2600 v. Chr. bezeugt ist. Um es zu erreichen, muß die Taille fest eingeschnürt werden. Da der Ober- vom Unterkörper fast getrennt erscheint, bietet sich der Vergleich mit der Wespe an. Grandville hat dies in seiner Zeichnung wieder ganz wörtlich genommen; vgl. frz. ,avoir une taille de guêpe'.

Jem. um seine Wespentaille beneiden: seinen schlanken Wuchs bewundern und

1

2

1/2 ‚Eine Wespentaille haben‘

sich heimlich ärgern, dieses Ziel nicht ebenfalls erreichen zu können.

Weste. *Eine weiße (reine, saubere) Weste haben:* untadelig, anständig, gut beleumundet sein; ohne Vorwürfe dastehen. Die Vorstellung, daß eine weiße Brustbekleidung Kennzeichen eines reinen Gewissens ist (Weiß als Sinnbildfarbe der Unbescholtenheit und Unschuld), ist schon alt. Bei Abraham a Sancta Clara, ‚Etwas für alle‘ ([1711], 2,10): „(dass sie russig aussehen) wird ihnen (den Schmieden) aber zu grössern ruhm gesagt, da sie stets bey der russigen arbeit doch einen weissen brustfleck oder weisses gewissen haben können“. Die ‚reine Weste‘ im Sinne einer sauberen Handlungsweise, eines reinen Gewissens (bes. in politischer Beziehung) ist jedoch erst seit dem Ende des 19. Jh. bekannt. Nach seinen Erinnerungen hat Bismarck die Wndg. schon 1866 gebraucht: „Ich fragte Moltke, ob er unser Unternehmen bei Preßburg für ge-

‚Eine weiße (reine) Weste haben‘

fährlich oder für unbedenklich halte. Bis jetzt hätten wir keinen Flecken auf der weißen Weste" (‚Gedanken und Erinnerungen' [1911], II, S. 41).
Im Frz. wird ein anderes sprachl. Bild, doch mit gleicher Bdtg. bevorzugt: ‚avoir les mains pures' (wörtl.: reine Hände haben), ↗Hand.
Das ist eine alte Weste: eine längst bekannte Geschichte. *Immer feste uff de Weste!* ist (zunächst in Berlin, dann auch anderwärts) ein Hetzruf bei einer beginnenden Prügelei oder allg. eine Aufforderung zu energischem Vorgehen. Vgl. auch frz.: ‚tomber sur le paletot de quelqu'un' (wörtl.: einen beim Jackett fassen) i. S. v.: einen überfallen und einen unerwartet aufsuchen.
Einem unter die Weste wollen: sein Herz erforschen, seine geheimsten Gedanken erfahren wollen.
Jem. etw. unter die Weste schieben (drükken, jubeln, deuen): ihn einer nicht begangenen Tat bezichtigen, rügen; jem. etw. vorhalten. Was man unter die Weste schiebt, soll nahegehen. Aus dem körperlichen Nahegehen wird im 20. Jh. ein seelisches.
Seine Weste ist mit Hasenfell gefüttert: er ist furchtsam und feige, ähnl.: *Die Weste ist jem. zu eng geworden:* er ist von Besorgnis und Furcht vor einer Bedrohung erfüllt. Vgl. frz. ‚Il est gêné dans les entournures' (wörtl.: Die Ärmel sind ihm zu eng geworden) i. S. v.: Er ist in Bedrängnis oder in finanzielle Not geraten.
Schlesw.-holst. ‚Ik heff er'n paarmal an de West drückt', mit ihr getanzt. Obersächs.-erzgeb. ‚Das is eene Weste', das ist einerlei.
Etw. (jem.) kennen wie die eigene Westentasche: die Sache (einen Menschen) genau, gründlich kennen; vgl. frz. ‚connaître quelqu'un comme sa poche'.
Etw. aus der Westentasche bezahlen können: ohne Schwierigkeiten; das Geld mit Leichtigkeit aufbringen; eine solche Summe immer bei sich tragen; vgl. frz. ‚pouvoir payer de sa poche'.
Eine grotesk übertreibende Rda. der Umgangssprache und der Mdaa. aus dem späten 19. Jh. veranschaulicht bildhaft den Begriff schielen: ‚mit dem linken Auge in die rechte Westentasche sehen'.

Lit.: *H. Nixdorff:* Weiße Westen, rote Roben: von den Farbordnungen des Mittelalters zum individuellen Farbgeschmack. (Staatliche Museen Preußischer Kulturbesitz. Museum für Völkerkunde und Museum für Deutsche Volkskunde) (Berlin 1983).

wetten. *So haben wir nicht gewettet:* das war nicht vorgesehen; meist als Ausdr. einer Weigerung, eine Zumutung hinzunehmen. Der urspr. Sinn ist: ‚so haben wir es nicht abgemacht'. Die Rda. bezieht sich also eigentl. auf den Inhalt einer Wette, dann auf jegliche Vereinbarung ohne Wette, schließlich auf jede unbefugte Handlung. 1620 heißt es in Stapelius' ‚Tragico-Comoedia' (B 7 a): „O nein, so haben wir nicht gewettet, gehe du mir hierher"; 1812 in den KHM. der Brüder Grimm (Nr. 10): „Du kommst mir recht, sagte das Hähnchen, lieber geh ich zu Fuß nach Haus, als daß ich mich vorspannen lasse; nein, so haben wir nicht gewettet". Obersächs.-erzgeb. ‚So ham mer ni(ch) gewett', mit dieser Auffassung bin ich nicht einverstanden. – Vgl. auch lat. ‚Nihil ad fides'.

Wetter. *Um gut (schönes) Wetter bitten (anhalten, flehen):* um Nachsicht, Verzeihung, Milde bitten. Christian Weise (1642–1708) gebraucht die Wndg. ‚um schön Wetter bitten': „Das ist meine Meinung nicht, daß ich's bei den Leuten auf einmal verschütten will, ich werde wieder um schön Wetter bitten". Wetter meint im übertr. Sinn die Stimmung des Menschen. Deshalb spricht man kurz auch von ‚schlecht Wetter' und ‚gut Wetter', zorniger und friedlicher Stimmung (schon im 17. Jh. lit. bei Grimmelshausen).
Wie ein Wetter sein: sehr veränderlich, unstet sein. Ähnl.: *das Wetter vorbeigehen lassen:* sich abwartend verhalten; ebenso: *auf gut (besseres) Wetter warten.* „Die erste Lieferung der neuen Ausg. meiner Werke ist schon abgedruckt, Cotta secretiert sie aber und wartet mit der Subscriptionsanzeige auf besseres Wetter" (Goethe im Briefwechsel mit Zelter II, 202). Vgl. frz. ‚attendre des temps meilleurs'.
Gut Wetter machen: geneigte Stimmung hervorrufen; daneben aber auch umg. und dem Volksglauben entsprechend: alles aufessen, was vorgesetzt wird. Dieser Volksglaube beruht auf einem sprachl.

Mißverständnis. Im Ndd. wurde gesagt, wenn alles aufgegessen würde, gäbe es am nächsten Tag wieder etw. Gutes: ‚Goods wedder', was im Hd. als ‚gutes Wetter' gedeutet wurde. In älterer Sprache begegnet: *gut Wetter sein lassen:* unbeschwerten Mutes, gleichgültig sein.

Er kann sich das Wetter machen, wie er will: er ist Herr der Situation. Vgl. frz. ‚faire la pluie et le beau temps'. Ähnl.: *Wetter und Wind dienen ihm:* alle Umstände sind ihm günstig. Vgl. ndl. ‚Weer en wind dienen hem'. Dagegen: *Es ist kein Wetter für ihn:* es ist ungünstig.

Wie ein (Donner-)Wetter dazwischenfahren: andere auseinandertreiben wie ein plötzliches Unwetter.

Ein Wetter sieden: Zank und Unfrieden mutwillig heraufbeschwören. Die Rda. bezieht sich auf die Vorstellung, daß die Wind- und Wetterhexen schlechtes Wetter machen konnten, indem sie einen Topf mit Urin ans Feuer setzten.

Vor dem Wetter läuten: sehr voreilig sein. Gemeint ist das früher im Bergland geübte ‚Wetterläuten' zwecks Abwehr heranziehender Ungewitter. Die Rda. meint also: Läuten, bevor wirklich Gefahr besteht.

Für schlechtes Wetter gibt es viele scherzhafte Umschreibungen, z.B. *Das Wetter ist gut genug zum Kuchen backen,* vgl. ndl. ‚Het is beter weer om koeken te bakken, dan om meel te halen'; *es ist schön Wetter zum Zuhause bleiben; es ist ein Wetter drauß', man jagt nicht gern einen alten Hund hinaus,* vgl. holst. ‚en Wedder, dat man kên Hund utjagen much'; ndl. ‚Het is geen weer, om kat of hond uit te jagen' u. frz. ‚Il fait un temps à ne pas mettre un chien dehors'.

Es ist ein Wetter, als wenn der Jüngste Tag (der Weltuntergang) kommen wollte. Dagegen heißt es von bes. schönem und warmem Wetter: *Das ist ein Wetter zum Eierlegen!* In Ulm sagt man: ‚'s durstig Wetter', um starkes Trinken zu entschuldigen.

Das Wetter geht durcheinander: die Meinungen sind sehr geteilt.

Ein Wettermädchen sein: ein kluges, erfahrenes Mädchen sein, eigentl. ein Mädchen, das wie die Wetterkröte das kommende Wetter vorhersehen kann.

Ähnl. anerkennend ist auch der Ausdr. ‚Blitzmädel'. Er wurde im 2. Weltkrieg auf die Nachrichtenhelferinnen übertragen, die auf dem Uniformärmel einen stilisierten Blitz (Abzeichen der Nachrichtentruppen) trugen.

Lit.: *W. Winthrop:* Weather Rules, in: American Notes and Queries 1,8 (1853), S. 535; *O. v. Reinsberg-Düringsfeld:* Das Wetter im Sprw. (Leipzig 1864); *H. O.* u. *Z. Ct.:* Over lot- en weervoorspellingen in de spreekwoordentaal, in: Vkde 5 (1892), S. 159–165; *A. Yermoloff:* Die landwirtschaftliche Volksweisheit in Sprww., Rdaa. und Wetterregeln, Bd. I (Leipzig 1905); *J. Grossenaerts:* Volkswijsheid over het Weer, in: Vkde 22 (1911), S. 121–130; *A. Hauser:* Bauernregeln (Zürich–München 1973); *A. Dundes:* On whether Weather ‚Proverbs' are Proverbs, in: Proverbium 1 (1984), S. 39–46.

Wetterfahne, Wetterhahn. *Sich nach der Wetterfahne richten:* sich nach dem günstigen Wind, der politischen Windrichtung einstellen.

Sich drehen wie eine Wetterfahne; unbeständig (auch iron. *beständig) wie ein Wetterhahn:* von wankelmütiger Gesinnung, unstet sein; bes. in polit. Beziehung. Auch in den Mdaa. belegt, z.B. schwäb. ‚Der ist de reinst Wetterfa'. Vgl. frz. ‚Il change d'avis comme une girouette' (wörtl.: Er ändert die Meinung wie eine Wetterfahne).

Luther schreibt 1539: „Ich befürchte aber, daß leider unter uns viel Wetterhanen, falsche Brüder und dergleichen Unkraut seyn werden" (Werke 47,777).

Von einer Frau oder einem Mädchen, die man nur selten trifft, heißt es in einer scherzhaften Anspielung: *Sie ist wie das Frauchen im Wetterhäuschen:* sie läßt sich nur bei gutem Wetter blicken, sie geht offenbar nur bei Sonnenschein aus.

Wettlauf ↗ Hase.

Wichs. *Sich in Wichs werfen (schmeißen, setzen* etc.): sich fein anziehen, die Gesellschaftskleidung anlegen, *in Wichs sein:* gut, gesellschaftsfähig gekleidet sein.

Die Rda. stammt aus der Studentensprache (seit dem Ende des 18. Jh.), ist aber dann auch in außerstudent. Kreisen teilweise gebräuchl. geworden. „En Wix heißt bey den Studenten so viel als en Galla, sehr geputzt" (Kindleben, Studenten-Lexicon, S. 217). Mhd. ‚wihsen' bedeutet eigentl.: mit Wachs bestreichen, d.h. glänzend machen. Zunächst bezog sich der Ausdr. Wichs auf die glänzend gewichsten Stulpenstiefel, „den grössten Teil des Studenten-Staates" (1795). Dagegen führt Campe 1807 im ‚Wörterbuch der dt. Sprache' (Bd. I, S. 275) ‚aufwichsen' in der Bdtg. ‚herausputzen' auf das Aufwichsen des Schnurrbartes durch heißes Wachs zurück.

Wichs für Festgewand, bester Anzug ist in Mdaa. und Umgangssprache weit verbreitet und hat auch Eingang in die Lit. gefunden: „Kommen Sie, wenn Sie in Wichs sind, man ... wartet ... auf uns, wir sind gemeldet" (Wilh. Raabe, Hungerpastor [1864]).

Es ist alles eine Wichse: es ist alles dasselbe. *Das ist Wichse, die auf alle Schuhe paßt* heißt es von Leuten, die sich für alle Zwecke verwenden lassen.

Die Vorstellung vom kräftigen, schnellen, wiederholten Reiben und Streichen beim Stiefel blank machen hat zur Umdeutung von Wichse = Prügel geführt. Dazu gehört auch ‚verwichsen' (oder: durchwichsen), verprügeln. Jer. Gotthelf schreibt 1855: „Ob nun ein Schaden oder keiner entstanden, so erhielt ich Wix von der Frau" (Ges. Schr. I, 70).

Geld verwichsen: Geld durchbringen, vorzeitig oder unsinnig ausgeben; etw. vergeuden (eigentl. für bloße Kleiderpracht ausgeben); auch mdal. seit dem 19. Jh. verbreitet.

In der sexuellen Umgangssprache ist ‚wichsen' = masturbieren.

Lit.: *C. W. Kindleben:* Studenten-Lexicon (Halle 1780), S. 217.

Wichsbürste. *Einen Schlag mit der Wichsbürste bekommen haben:* nicht ganz bei Verstand sein; beruht auf der auch in vielen anderen Rdaa. enthaltenen Grundvorstellung einer durch einen Schlag gegen den Kopf hervorgerufenen Geistesgestörtheit; seit dem 1. Weltkrieg zunächst in der Soldatensprache bezeugt.

Dagegen sächs.: ‚vigilant wie eine Wichsbürste' sein: aufgeweckt, hell sein, der Betreffende denkt und reagiert schnell.

Wicke. *In die Wicken gehen:* verlorengehen; auch: entzweigehen (↗Binse). Mdal. ist die Rda. vielfach bezeugt: westf. ‚wickn gan', sich aus dem Staube machen; ndd. ‚glîks in de Wicken gan', leicht aufgeregt werden.

Schon mhd. bedeutet ‚wicke' etw. Wertloses, Geringes, ein Nichts, wobei wohl an den den Erbsen gleichen, aber nicht verwertbaren Samen der Wickenschote gedacht wird: mhd. ‚niht eine wicke', nichts (ebenso und gleichbedeutend: ‚niht eine bône', niht eine nuz', ‚niht ein riet', ‚niht ein swam'). „Böse ungezogene pauren ... geben weder umb gebott noch verbott nit ein wicken" (Wickram, Werke 3, 66 Lit.-Ver.). Im Liederbuch der Hätzlerin (II, 56, 260) heißt es auch im abschätzigen Sinn: „Nit dreyer wicken wert".

Seit frühnhd. Zeit steht Wicke häufig in abwertendem Vergleich und bildl. als Gegenbegriff zu Weizen. Der Ansicht, die Rda. leite sich aus der Jägersprache, vom Untertauchen des Niederwildes in einem Wickenfeld, her, so daß es sich dem Auge des Jägers und dem Zugriff des Hundes entzieht, steht entgegen, daß die Wicken zur Jagdzeit gewöhnlich bereits abgeerntet sind. Vgl. ähnl. Rdaa., wie ‚in die Binsen, Erbsen, Rüben, Pilze, Nüsse, Fichten gehen'.

Lit.: *O. Weise:* In die Wicken gehen, flöten gehen und Verwandtes, in: Zs. f. hd. Mdaa. 3 (1902), S. 211–217.

Wickel. *Jem. beim (am) Wickel (haben) kriegen:* ihn zu fassen bekommen, ihn festhalten, auch: einen zur Verantwortung ziehen. Eigentl. kann man nur ein Kind beim Wickel kriegen, und auch dieses urspr. nur als Wickelkind (= Säugling). Das Wort hat im Laufe seines Bestehens sein Geschlecht gewechselt und außerdem die Färbung von etw. unsanfter Behandlung angenommen. In alter Lit. findet sich kein Beleg für die Rda., in neuester hat sie Heyse in seinem ‚Kolberg' (II, 3):

Da ist kein Wunder, wenn alles fliegt
Und die Viktoria beim Wickel kriegt.

Indessen besteht daneben die Wickel bekanntlich auch weiter. Heyses ‚Kolberg' (III, 5): ‚als er noch in der Wickel lag'. Küpper meint, daß unter Wickel die zusammengedrehten Haare im Nacken zu verstehen seien, an denen man einen Menschen packen und halten kann.

Nicht recht beim Wickel sein: nicht ganz gescheit sein.
Jem. ist schief gewickelt ↗ schief.

Widerstand. *Passiven Widerstand leisten:* gewaltlos gegen etw. protestieren. Der Ausdr. wurde von Hans Viktor von Unruh geprägt, als im November 1848 die Bürgerwehren der Nationalversammlung bewaffneten Schutz anboten.
Berühmt wurde der Begriff durch Gandhi, der ihn schon als Führer der indischen Einwanderer in Südafrika gegen entrechtende Gesetze politisch verfocht. Später setzte er den gewaltlosen Kampf gegen die britische Herrschaft in Indien fort. 1923 wurde von der dt. Reichsregierung in den besetzten linksrheinischen Gebieten und im Ruhrgebiet der passive Widerstand gegen die frz. Besatzungsmacht proklamiert. Im Zusammenhang mit der Anti-Atom-Bewegung erprobten insbes. jugendliche Demonstrationsgruppen neue Formen des passiven Widerstands, auch als ‚ziviler Ungehorsam' definiert.

wie. Urspr. war ‚wie' mit ‚so' verbunden (ahd. ‚so wio') und ist seit der Verselbständigung in mhd. Zeit die Vergleichspartikel im verkürzten und stehenden rdal. Vergleich – bei Gleichheit und Ungleichheit –, welche allmählich das ältere ‚als' ersetzte. Bei Luther werden beide noch gleicherweise verwendet: „seyn angesicht gluehete wie die Sonne vnnd seyne kleyder worden weysß als ein liecht" (Weimarer Ausg. 6,78).
Vergleichendes ‚als' behauptet sich noch länger in Verbindung mit Adjektiven (Adverbien) und vorausgehendem korrelativem ‚so' (seit dem 16. Jh.), etwa bei Grimmelshausen: (ich) „schweig so still als ein mauß" (‚Simplicissimus', 1669). Als Mischform im verkürzten Vergleich steht ‚wie' in der Verbindung mit ‚als': „als wie ein lamb" (Paul Gerhart).
‚Wie' kann eine persönliche oder sachliche substantivische Größe nach Art und Beschaffenheit vieler bestimmen: „reichthumb wie der sand am meer" (Hans Sachs, Keller-Goetze 1,112), oder z. B. an ein Adj. oder Adv. eine Vergleichsgröße anknüpfen: (der Tod überfällt uns) „gantz ungestuem wie ein sturme wind" (Hans Sachs, 1530, Keller-Goetze 1,434). Die sprw. Fügung gebraucht gern ‚wie' mit korrelativem ‚so' (seit dem 15. Jh.): ‚Wie der Herr – so der Knecht'. Diese wenigen Angaben zum Gebrauch des vergleichenden ‚wie' nach dem Grimmschen Wörterbuch geben zugleich Anhaltspunkte für die zeitliche Einordnung mancher unserer rdal. Vergleiche und Wndgn. und ihre sprachl. Form.
Im sprw. Vergleich – den wir ja auch in anderen Sprachen seit alter Zeit finden – bemüht sich der Sprecher um die anschauliche und bedeutungsverdichtende und – im Gegensatz zu Gleichnis und Parabel – möglichst knapp gefaßte Darstellung von Zuständen, Eigenschaften (‚hell wie die Sonne'), Vorgängen und Handlungen (‚Er brüllt wie ein Löwe'). Dabei steht der sprw. Vergleich in seiner verkürzten, formelhaften Prägung in einem festen Sinnzusammenhang und besteht nicht für sich wie das Sprw., wird aber wie dieses, solange Sinn und Satzzusammenhang klar sind, oft über Jahrhunderte hinweg unverändert überliefert. Solche sprw. Vergleiche gehen nicht nur auf volkssprachl. Prägungen und allgemeine Beobachtungen zurück, sondern haben oft ihre Quelle in lit. Vergleichen aus der Bibel, den Klassikern, der volkstümlichen Lit., aus Naturgesch. und Technik. Umgekehrt sind aber auch sprw. Rdaa. und Vergleiche aus der Umgangssprache in die Lit. eingegangen. Eine eindeutige Unterscheidung von populären rdal. Vergleichen von solchen einer lit. gebildeten Schicht scheint auch der Forschung äußerst fragwürdig (Taylor). Die meisten sind aber – bei aller möglichen Stilisierung – in ihrer Treffsicherheit und Bildlichkeit, ihrem Humor und ihrer Ironie feste Bestandteile unserer alltäglichen Umgangssprache, und zwar so sehr, daß sich über ihre Herkunft und ihr Alter meist nichts Genaues mehr sagen läßt; man weiß höchstens, daß ein Vergleich wie ‚Bitter wie Galle' bei den verschiedensten Völkern seit der Antike zu belegen ist.
Neben freien Fügungen (‚So gelb wie Schwefel' und ‚Wie ein Elefant im Porzellanladen') stehen solche, die fest mit einem Subst. oder Verb verbunden sind:

,Augen wie Mühlräder' (sprw. Übertreibung); (Er kann) ,schwimmen wie ein Fisch' oder, witzig das Gegenteil behauptend, ,wie eine bleierne Ente'.
Adverbielle und adjektivische Vergleiche sind: ,Frech wie Oskar' oder ,Er ist so dumm wie (er) lang (ist)'.
Bes. die iron. rdal. Vergleiche in ihrer prägnanten Kürze (d.h. Vergleiche vom Typ ,arm wie eine Kirchenmaus', ,frech wie Oskar') eignen sich vornehmlich zu einem komischen Kontrast. Durch eine Art Verfremdungseffekt wird hierbei die komische Wirkung bewerkstelligt, insofern die gewohnte Rda. in eine fremde, schockierend neue Umgebung verpflanzt wird, denn der Vergleich paßt nicht, und der Witz liegt dann in dem Unsinn: ,Klar wie Wurstsuppe (Kloßbrühe, dicke Tinte, Torf)'; ,schlank wie eine Tonne'; ,gespannt wie ein alter Regenschirm'; ,ausreißen wie Schafleder' (wobei ,ausreißen' doppelsinnig in den beiden Bdtgn. ,zerreißen' und ,flüchten' gebraucht wird); ,Einfälle haben wie ein altes Haus'; ,gerührt wie Apfelmus'; ,frech wie Rotz am Ärmel'; ,passen wie die Faust aufs Auge' (,wie der Igel als Arschwisch'); ,verschwiegen wie eine Plakatsäule'; ,er hat's im Griff wie der Bettelmann die Laus'; ,er sieht aus wie eine Hundehütte – in jeder Ecke ein Knochen'; ,er ist zu dumm, um einen Eimer Wasser anzuzünden'.
Der iron. rdal. Vergleich wird oft bewußt gebraucht, der witzige Kurzschluß zwischen zwei heterogenen Dingen, der Vergleich zwischen Unvergleichbarem oder Gegensätzlichem absichtlich hergestellt.
Die Urheber solch geistreicher oder iron. Vergleiche sind meist nicht feststellbar; vieles Zeitbedingte (etwa der Wortwitz im Vergleich) verschwindet wieder als nicht mehr verständlich, anderes wird Bestandteil der Umgangssprache und oft erweitert oder umgeformt:
,Dumm wie die Sünde' –
,Häßlich wie die Sünde'
,Rund wie ein Apfel' –
,Rund wie ein Fußball'.
Doch sind die Bedeutungsträger in solchen Vergleichen nicht beliebig austauschbar: ,Rund wie die Sünde' wäre Unsinn.
Während ,Galle' und ,bitter' in vielen Sprachen zusammengehören, können die Vorstellungen bei anderen Vergleichen in den verschiedenen Sprachen und Sprachlandschaften durchaus auseinandergehen, obwohl von demselben ,Vergleichsträger' ausgegangen wird: Im Engl. heißt es etwa: ,crazy like a fox', während bei uns der Fuchs schlau ist.
Rdal. Vergleiche mit ,wie' können schließlich auch Elemente der Wortkomposition sein, wie sie stilistisch vor allem der Lyriker (im Volkslied) und die Volkssprache gern bildhaft verwendet. Sie führen, den Vergleich sozusagen nochmals formal verkürzend, zu jenen Adjektivkomposita (mit einem Subst. oder Adj. als Determinativ oder einem selbständigen Adj. als zweitem Kompositionsglied) wie in: apfelrund, grasgrün, himmelblau, lilienweiß, messerscharf, rosenrot.
Die Lit. über solche rdal. Vergleiche ist bislang spärlich. Bes. für den dt. Sprachbereich fehlt eine entspr. Untersuchung zu den rdal. Vergleichen, obwohl gerade hier die Beispiele bes. zahlreich sind, so daß sie auch in diesem Lexikon nicht vollständig erfaßt werden konnten. In alphabetischer Reihenfolge sei noch auf die Stichworte verwiesen, unter denen einzelne sprachl. Vergleiche gesammelt worden sind und behandelt werden: aussehen – dasitzen – dumm – falsch – Faßbinder – faul – frech – fressen – (sich) freuen – Galgen – Gans – gehen – Geiß – gern – Gesicht – gleich – Heftelmacher – Hering – Hunger – Kaktus – kaputt – Kater – Kirchenmaus – Kesselflicker – klar – Klee – krümmen – Kuh – Luchs – lügen – Maulwurf – Pfau – Pudel – pünktlich – Quark – rar – rauchen – reden – Regenschirm – Reiher – reimen – Rock – Röhrwasser – Rom – Rose – rot – Rotz – Sack – Salbe – Salomo – Sand – Sau – sauer – saufen – Schaf – scharf – schaukeln – Schaum – Scheunendrescher – schielen – Schießhund – schimpfen – schlafen – Schlag – Schlange – Schlaraffenland – schlecht – Schlitten – Schnabel – schnappen – schnarchen – stolz – Tag – Tarantel – Taubenschlag – Tempelherr – Teufel – Tod – Topf – Traum – treu – trinken – trocken – umkehren – Veilchen – verlassen – versessen – verstehen – Vogel – voll – Wachtmeister – wahr – Waschweib – Wasser –

Weihnachten – Werwolf – Wiesel – Wilde – Wind – Windsbraut – Wolf – Wolke – Wort – Wurm – Zachäus – Zahnbrecher – Ziege – Zieten – Zinshahn – zittern – zureden – Zustände.

Lit.: Dt. Wb., Bd. 14, I, 2 Sp. 1448 ff.; *O. Weise:* Die volkstümlichen Vergleiche in den dt. Mdaa., in: Zs. f. Mdaforsch. 1921; *H. Schlappinger:* Er schafft wie e Brunnebutzer, in: Pfälz. Museum 41 (1924), S. 70–71; *M. Vignon:* Parler français comme une vache Espagnol, in: American Notes and Queries 157 (1929), S. 159; *W. Widmer:* Volkstümliche Vergleiche im Frz. nach dem Typus ‚Rouge comme un Coq' (Diss. Basel 1929); *J. Morawski:* Ce qui vient de la flûte s'en retourne au tambour (wie gewonnen, so zerronnen), in: Revue du seizième siècle 17 (1930), S. 143–145; *H. W. Klein:* Die volkstümlichen sprw. Vergleiche in lat. und rom. Sprachen (Diss. Tübingen) (Würzburg 1936); *W. S. J.:* Dead as door nail (mausetot), in: American Notes and Queries 171 (1936), S. 370; *W. Fischer:* ‚And how!' – ‚Und wie', in: Anglia – Beiblatt 49 (1936), S. 28; *A. Taylor:* Proverbial Comparisons and Similes from California (Berkeley – Los Angeles 1954); *S. L. Aronda:* Proverbial Comparisons in Ricardo Palma's ‚Tradiciones peruanas', in: Folklore Studies 16 (Berkeley – Los Angeles 1966); *L. Röhrich:* Gebärde – Metapher – Parodie, S. 197 f.; *A. Taylor:* Innocent as a bird, in: American Notes and Queries 10 (1971), S. 40; *H. Schick:* Synchron – Diachrone Untersuchungen zu volkstümlichen Vergleichen des Deutschen, Französischen und Spanischen (Magisterarbeit Freiburg 1978).

Wiedehopf ↗Nest, ↗stinken.

wieder, Wiedersehen. ‚Es wird schon wieder werden!' Mit diesem Spruch tröstet man vor allem kleine Kinder, wenn sie sich sorgen und traurig sind. In Ostdtl. lautet ein Kinderspruch:

Es wird schon wieder wer'n
mit der Mutter Behr'n.
Die Mutter Horn
is ja auch wieder wor'n.
Nur die Mutter Schmidten,
die hat so gelitten.

‚Wiederseh'n macht Freude' ist eine rdal. Formel, die man häufig iron. gebraucht, wenn man etw. verleiht, das man nach einiger Zeit wieder zurückhaben möchte und dabei befürchtet, den verliehenen Gegenstand nicht wieder zu bekommen, ↗Gruß.

Wiege. *Das ist ihm nicht an der Wiege gesungen worden:* das hat er nicht erwartet; davon hat er sich nichts träumen lassen; diese bittere Erfahrung hätte er früher nicht für möglich gehalten; seine Lebensumstände haben sich sehr verschlechtert. Die Rda. spielt wohl auf die optimistischen Texte der Wiegenlieder an. Die treffende Kürze der Wndg. hat zu ihrer häufigen lit. Verwendung geführt. So sagt Daja in Lessings ‚Nathan' (I, 6):

Auch mir ward's vor der Wiege nicht gesungen,
Daß ich nur darum meinem Ehgemahl
Nach Palästina folgen würd', um da
Ein Judenmädchen zu erziehn.

1852 schreibt Berthold Auerbach (‚Neues Leben', Bd. II, S. 250): „Das war oder ward mir nicht an der Wiege gesungen". Aus dem Holst. ist 1840 die ähnl. Rda. bezeugt: ‚Dat is em bi de Döpe (Taufe) nich vörseggt'.

Es ist ihm in die Wiege gelegt (gebunden): es eignet ihm von Hause aus (↗Angebinde, ↗Grazien). 1897 schreibt H. v. Treitschke in seiner ‚Dt. Geschichte im 19. Jh.' (I, 271): „Der Gedanke der deutschen Einheit ... war diesem stolzen reichsfreien Herrn in die Wiege gebunden".

‚Es ist ihm in die Wiege gelegt'

Berl. Mda.: ‚Mit die Wieje bin ik schon jewiejt', damit betrügt man mich nicht mehr.

Jem. aus der Wiege werfen: ihn brüskieren; wurde im 16. Jh. viel gebraucht. So von Hans Sachs (22, 69 Lit. Ver.): „Ich hab in (den andersgläubigen Schwäher), yetzt am freytag acht tag, gar ausz der wiegen geworffen". 1689 findet sich die Rda. in Lohensteins ‚Arminius' (1, 71 b): „Den Römern einen Dienst zu thun oder zum minsten selbte nicht gar aus der Wiege zu werffen".

In der Wiege erdrücken (ersticken); gewöhnlich transitiv, steht im 17. und 18. Jh.

für das jüngere ‚im Keim ersticken'. „Im Anfang der Unruhen, ... wo ein rascher Entschluß und männliche Stetigkeit die Rebellion noch in der Wiege erdrücken konnten" (Schiller, VII,18).

Für die Wiege sorgen, ehe das Kind geboren ist: sehr voreilig sein. Diese Rda. ist bereits bei Seb. Franck (II,50[a]) bezeugt: „Für die wiegen sorgen, eh' das kindt gemacht ist". Vgl. ndd. ‚He sorgt fär de Wêg êer he 't Kind het' und ndl. Hij zorgt voor de wieg, eer het kind geboren is'.

Von der Wiege an: von Anfang an, vom Ausgangspunkt an. Vgl. lat. ‚ab incunabulis' u. frz. ‚depuis le berceau'.

Von der Wiege bis zum Grabe (zur Krücke): das ganze Leben lang, von der Geburt bis zum Tode. Auf die übertriebene Bürokratie bezieht sich der Reim:

Von der Wiege bis zur Bahre –
Formulare, Formulare!

Wie man in die Wiege gelegt wird, so kommt man ins Grab: einerseits: wer arm geboren ist, bleibt arm (Milieutheorie); andererseits: das Wesen des Menschen ist bei der Geburt festgelegt. ↗Menetekel.

Lit.: *L. Kretzenbacher:* Die Seelenwaage (Klagenfurt 1958); *F. v. Zglinicki:* Die Wiege (Regensburg 1979).

Wiese. *Etw. auf der grünen Wiese errichten:* etw. neu schaffen. Diese seit dem 16. Jh. bezeugte Rda. hat sich noch bis in die Gegenwartssprache erhalten. 1955 stand z.B. in der ‚Frankfurter Allgemeinen Zeitung' (Nr. 146, S. 9): „Rossenray ist seit 15 Jahren die einzige Schachtanlage im Ruhrgebiet, die auf der grünen Wiese errichtet wird". Und heute liest man allenthalben von ‚Supermärkten, die auf der grünen Wiese errichtet wurden' (wo der Boden billig und reichlich Platz zum Parken vorhanden ist).

Wasser auf seine Wiese leiten: seinen eigenen Vorteil suchen. Adelung (IV,1540) bucht 1801: „Das ist Wasser auf seine Wiese", das ist von Vorteil für ihn (↗Mühle, ↗Wasser). Dagegen: *fremde Wiesen wässern:* unberufen Geschäfte für andere besorgen und davon weder Lohn noch Dank haben.

Das ist (mir) eine gemähte Wiese: eine erwünschte Gelegenheit; vor allem im bair. und oesterr. Mda.-Gebiet. Schriftsprachl. griff die Rda. seit dem 16. Jh. über das Bair. hinaus: „Das war nun eine gemähete Wiese vor ihn" (Grimmelshausen II,544). Bei Ignatius Ertl (‚Sonn- und Feyer-Tägliches' Tolle Lege [München [3]1715], S. 224) heißt es auch: „Das ware dem Weib eine gemaehte Wiesen / wer war froeher / als sie?", als ihr Mann erblindete und sie nun Aussicht hatte, sich mit ihrem Liebhaber unbeobachtet vergnügen zu können.

Auf neuer (fremder) Wiese grasen (mähen) sind verhüllende, für das 15. und 16. Jh. bezeugte Rdaa., die sich auf das Sexualleben beziehen.

Frau, habt ihr uns verstanden recht,
so gebt eur tochter ainn jungen knecht,
der wol auf neuer wisen kan meen.

(Fastnachtsspiele 2, 749, Lit. Ver.)

Seine Wiese pflastern lassen: etw. Unsinniges, Absurdes tun. 1641 Harsdörffer (‚Gesprächsp.' 3,74): „Desgleichen ist die That oder Rath dessen, der seine Wiesen hat wollen pflastern lassen". Vgl. engl. ‚He paves the meadow'.

‚Auf die Wiesn gehn': auf das größte Volksfest zum Feiern gehen (‚Heut gehn ma auf die Wiesn'). Gemeint ist die Theresien-Wiese, seit 1810 Schauplatz des berühmten Münchner Oktoberfestes. Der Titel eines Gedichtes des Komikers Weiß Ferdl entspricht der rdal. Wndg.

Lit.: *R. Bauer* u. *F. Fenzl:* 175 Jahre Oktoberfest (München 1985).

Wiesel. *Wie ein Wiesel sein (arbeiten, laufen):* rasch in seinen Bewegungen, überaus flink bei allen Arbeiten und Vorhaben sein, schnell reagieren können. Die Rda. steht als Verkürzung neben dem häufigen Vergleich *flink wie ein Wiesel sein.*

Der Name des Wiesels selbst kann als Sinnbild seiner munteren Beweglichkeit verstanden werden. H. Meier weist darauf hin, daß die verschiedenen Bez. des Wiesels in den rom. Sprachen keine schmeichelhaften Tabunamen sind, wie vielfach angenommen, sondern Merkmalsbez., die das Adj. flink umschreiben und von dem lat. Verb ‚pendicare' (= sich schnell hin und her bewegen) abzuleiten sind. Nach Kluge gehört das hd. ‚Wiesel' als Verkleinerungsform zu germ. ‚wis(j)o' = Iltis, das mit spätlat. ‚vissio' = Gestank urverwandt ist. Demnach bezieht sich die dt. Bez. ebenfalls auf ein wichtiges Merkmal des Tieres, die Verbreitung eines unangenehmen Geruches, das es wie der größere Iltis besitzt.

Seit der Antike bestehen mythische Vorstellungen vom Wiesel, das z.B. als dämon. Wesen Krankheiten bringen und den Menschen seiner Stimme berauben kann. Darauf deutet bereits die altgriech. Rda. ‚γαλῆν κατεπεπώκει' = er hat ein Wiesel verschluckt, d.h. er hat seine Stimme verloren. Vgl. frz. ‚avoir un chat dans la gorge' und das dt. ‚einen Frosch verschluckt haben'.

Die vor allem in Kärnten übliche rdal. Umschreibung ‚Sie ist von einem Wiesel gebissen worden' für eine bestehende Schwangerschaft weist auf die allg. erotische Bdtg., die das Wiesel im Volksglauben besitzt. Diese beruht vor allem auf der antiken Vorstellung, daß das Wiesel durch das Ohr empfange und durch den Mund gebäre, was aber im Physiologus als umgekehrt angegeben wird. Im 16. Jh. wurde deshalb auch der Wieselfuß im Liebeszauber benutzt.

Lit.: *R. Riegler:* Art. ‚Wiesel', in: HdA. IX, Sp. 578 bis 600; *M. Hako:* Das Wiesel in der europ. Volksüberlieferung (= FFC.167) (Helsinki 1956); *H. Meier:* „Flink wie ein Wiesel". Ein Beitrag zur Entdämonisierung eines onomasiologischen Feldes, in: Lebende Antike, Symposium für Rudolf Sühnel, hg. v. H. Meller u. H.-J. Zimmermann (Berlin 1967), S. 34–54.

wild. Der am Ende des 19. Jh. aufgekommene rdal. Vergleich *toben wie die Wilden:* ausgelassen sein; auch: heftig schimpfen, ist im 20. Jh. noch grotesk gesteigert worden zu: *toben wie zehn nackte Wilde im Schnee. Angeben wie zehn nackte Wilde (Neger):* mehr scheinen als sein.

Vgl. frz. ‚Ce sont de vrais sauvages' (wörtl.: Das sind echte wilde Menschen) i.S.v.: Das sind echte Tölpel. Oder: ‚Il est parti comme un sauvage' (wörtl.: Er ist wie ein wilder Mensch weggegangen) i.S.v.: Er ist, ohne zu grüßen, gegangen.

Den wilden Mann markieren ↗ Mann.

Das ist (nur) halb so wild: es ist nicht so schlimm. Die Wndg. scheint mit einem Male im Volk aufgetaucht zu sein und sich nun immer mehr und mehr einzubürgern. Sie hat indessen nur geschlafen, geboren ist sie schon vor Jhh. Schon Fischart sagt, und zwar bereits genauso bildl. wie wir heute (‚Gargantua' S. 459): „Aber nicht halb so wild, es mags einer versuchen" (Söhns, S. 694).

Wild erscheint häufig in rdal. Vergleichen, z.B. *wie wild arbeiten (lachen, schreien, toben, um sich schlagen); sich wie wild gebärden.* Die Rda. *wild wie ein Holzbock sein,* die heute veraltet ist, erscheint bereits im Liederbuch der Hätzlerin:

> Bis gütig allzeit, schönes pild,
> vnd tu nit als ain Holtzpock wild.

Neuere Wndgn. sind: *jem. wild machen:* ihn aufregen, in Wut bringen, und *wild nach etw. (auf jem.) sein:* begierig auf etw. sein, an jem. stark interessiert sein. Geläufiger ist heute dafür: ‚scharf auf etw. (jem.) sein' ↗ scharf.

Lit.: *Schwarz:* Art. ‚Wilde, Wilde Frau, Wilder Mann etc.', in: HdA. IX (Nachträge), Sp. 968–986; *R. Bernheimer:* Wild Men in the Middle Ages (Cambridge [Mass.] 1952); Die Wilden Leute des MA. Ausstellungskatalog des Museums für Kunst und Gewerbe (Hamburg 1963); *A. Monteil:* Wilde Leute in Literatur, Sage und Brauch vom Mittelalter bis zur Gegenwart (Staatsex. Arbeit Freiburg 1982).

Wildbret. *Ein seltenes (seltsames) Wildbret sein:* ein ungewöhnlich feiner, vortrefflicher und hochgeschätzter Mensch sein, aber auch: etw. Ungewöhnliches, das unklar ist und nur schwer bestimmt werden kann. Schon Luther kennt die Rda. in dieser übertr. Bdtg.: „Er ist gar ein selten Wildbret, dem die großen Herren viel Gutes tun" (Dt. Wb. XIV, 52 f.). Vgl. lat. ‚lac gallinaceum' (Plinius) und ‚Phoenice rarior' und ndl. ‚Het is een zeldzaam wildbrood'.

Das ist kein Wildbret für ihn: das ist nichts für ihn; das ist ihm zu hoch; dazu hat er kein Geschick; es gehört nicht in sein Fach. Die Wndg. bezieht sich auf den Grundsatz, daß das Wildbret nur vornehmen Herren als Speise vorbehalten bleibt; vgl. den oberbair. Spruch:

> Wildpret und Fisch
> Gehören auf der Herren Tisch.

Wildfang. *Ein Wildfang sein:* ein ungebärdiges Kind, ein ausgelassener junger Mensch sein, der seine Freiheit liebt und sich nur schwer den Regeln fügt. Vgl. ndl. ‚Het is een wildvang'.

In dem seit spätmhd. Zeit bezeugten Ausdr. ‚wiltvanc' mischen sich zwei

Bdtgn.: das Jagdrecht, der Wildbann und die Sachbez. für lebendig gefangene Tiere. Seit der Steinzeit ist der Wildfang die nachweisbare Jagdmethode, Großwild in Gruben zu fangen oder an Steilhängen zum Absturz zu zwingen. Der Wildfang, der in der Rda. übertr. Bdtg. erhielt, war urspr. der im ausgewachsenen Zustand gefangene Falke, der sein Element, die Luft, bereits kennengelernt hatte. Er wurde zwar gezähmt, doch erhielt er für kurze Zeit die Freiheit wieder, wenn er zum Jagen benutzt wurde.
In mhd. Zeit gewann das Bild des Falken symbolische Bdtg. und diente in der Lit. und im Volkslied zur Umschreibung des in die Ferne strebenden Mannes, der sich nicht halten ließ. Vermutlich sind hier die Wurzeln für die Übertr. des Wortes Wildfang in den menschlichen Bereich zu suchen.

Lit.: *H. Schulz* in: Zs. f. dt. Wortf. Nr. 11 (1909), S. 241 ff.; *W. Lehnemann:* Standessprache und Gemeinschaftssprache, in: Deutschunterricht 15 (Febr. 1963) H. 1, S. 51 ff.; *L. Röhrich* u. *G. Meinel:* Rdaa. aus dem Bereich der Jagd u. der Vogelstellerei, S. 322 f.

Wilhelm. *Den feinen Wilhelm markieren:* vornehm tun; ähnl.: *den dicken, großen Wilhelm machen* (oder *markieren, spielen):* prahlen, großsprecherisch auftreten. Bezieht sich entweder auf Kaiser Wilhelm II. wegen seiner Vorliebe für Prunk, prächtige Uniformen und markige Reden oder auch auf Willem, die Verkörperung des Holländertums; in volkstümlicher Vorstellung ist der Holländer wohlgenährt; sold. seit dem 1. Weltkrieg (Küpper). Vgl. frz. ‚faire le Jacques': ausgelassen sein.
Einen falschen Wilhelm tragen: einen falschen Zopf tragen. Die vor 1900 entstandene Rda. enthält entweder eine Erinnerung an das verhaßte ‚Zopfregiment' des Kurfürsten Wilhelm von Hessen oder eine Anspielung auf Kaiser Wilhelms II. Vorliebe für unechten Prunk (Küpper).
Seinen Friedrich Wilhelm druntersetzen: etw. unterschreiben.

Wille. ‚Des Menschen Wille ist sein Himmelreich'. Dieses Sprw. besagt, daß der Mensch oft nur dann zufrieden ist, wenn er seinen Willen anderen gegenüber durchgesetzt hat, ungeachtet, ob dies zum Guten oder Schlechten führt. Es ist schon in Lipperheides Sprw.buch belegt (S. 1019) und wird oft erweitert zu: ‚Des Menschen Wille ist sein Himmelreich und wird oft seine Hölle'. Weckherlin schrieb (‚Gr. Ungeheuer' X, 287): „Des Menschen Wille ist sein Himmelreich, ob er sich gleich oft des Teufels Reich daraus schafft". Bei Ovid ist belegt: „Curae est sua cuique voluptas". In Schillers ‚Wallenstein' heißt es: „Des Menschen Wille, das ist sein Glück" (7. Auftritt). Vgl. engl. ‚My mind to me a Kingdom is'; holl. ‚es menschen zin is zijn hemelrijk'; schwed. ‚Hwars och ens willie ärens himelrike'.
Das Sprw. ‚Wo ein Wille, ist auch ein Weg' wird in der Ggwt. oft parodiert, z. B. ‚Wo eine Pille, ist auch ein Bett'; ‚Wo ein Wille, da ist auch ein Gebüsch'; ‚Wo ein Wille ist, da ist ein Weg, und wo kein Wille ist, da ist auch einer'; ‚Wo ein Wille ist, ist auch ein Holzweg'; ‚Wo ein Wille ist, ist auch ein Unwille'. (W. Mieder: Antisprichwörter [Heidelberg – Wiesbaden 1989], III, S. 140 f.)

Willkommen ↗ Gruß.

Wimper. *Mir kann keiner an den Wimpern klimpern:* mich kann niemand übervorteilen, täuschen; mir kann keiner etw. anhaben, etw. vorwerfen; wahrscheinl. berl. Herkunft.

‚An den Wimpern klimpern'

Auszugehen ist wohl von ‚klimpern', insbes. vom Klimpern mit Geld, etwa in dem Sinne: mich kann keiner mit Geld verlokken. Zu ‚klimpern' stellt sich aus Reimlust auch ‚Wimpern' ein, im wesentlichen also eine entstellende Verschnörkelung; seit dem 19. Jh. bekannt (Küpper). Auf einem Neu-Ruppiner Bilderbogen (Nr. 8329) steht unter der Darstellung von ‚Vier gleichen Seelen' folgendes Couplet:

Vier gleiche Seelen zogen aus,
Drei Männer und ein Weib,
Sie thäten lustig singen
Zum Zeitvertreib:
„Uns kann keiner, keiner, keiner
An die Wimpern klimpern, klimpern!"

Wahrscheinl. ist der Refrain des nach der Melodie ‚Drei Lilien, drei Lilien' gesungenen Liedes sprw. geworden.

Ohne mit der Wimper zu zucken und *mit keiner Wimper zucken:* sich seine Gefühle nicht anmerken lassen, Schmerzen standhaft ertragen; kein Zeichen von Angst, Erregung, Anteilnahme geben; vgl. frz. ‚sans sourciller', auch i. S. v. ‚ohne zu mucken'.

Die scherzhafte Drohrede *Ich reiße mir eine Wimper aus und steche dich damit tot!* beruht auf einem Schlagertext aus der Mitte der zwanziger Jahre des 20. Jh. und wurde über die Studenten- und Schülersprache volkstümlich (Küpper).

Wind. *Wind von etw. bekommen (kriegen):* heimlich davon erfahren, eine Ahnung von etw. haben.

Die Rda. stammt aus der Jägersprache. Das Wild bekommt vom Jäger Wind, d. h. ‚Witterung'; der Wind bringt seiner feinen Nase den Geruch des Jägers zu, und so wird es gewarnt. In Hakes ‚Bergchronik' (1583) heißt es: „Aber sie hatten den nasenwind davon bekommen und gerochen, kamen nicht zu ihnen, sondern haben sich stracks nach ihrer gewahrsam gemacht".

Die Rda. ‚Wind bekommen' ist seit dem 17. Jh. häufig belegt. Lessing schreibt in ‚Emilia Galotti' (III, 2): „Aber er muß Wind gehabt haben. Denn er war nicht so ganz unbereitet". Bekannt ist die Stelle aus dem Anfang von Schillers ‚Kabale und Liebe' (I, 1): „Meine Tochter kommt mit dem Baron ins Geschrei. Mein Haus wird verrufen. Der Präsident bekommt Wind". „Man kann nicht wissen, wie's verschwätzt wird, wie er Wind kriegt" (Goethe, Weimarer Ausg. XI, 107). Vgl. frz. ‚avoir vent de quelque chose'. Früher hieß es auch ‚Wind vernehmen': „Da sie nu vernahmen den Wind von des Tilly Crabaten" (Opel-Cohn, 30jähriger Krieg 248, 8).

Veraltet ist die Wndg. ‚Wind geben', geheime Nachricht geben; so z. B. bei Lohenstein (‚Arminius'): „Diesem nach bestellte sie den Lepidus ... in den Servilschen Garten; gab dem Antonius aber Wind und Schlüssel". Die pfälz. Rda. ‚Ich bin hinner Wind', außer Gefahr, ist übertr. vom Tier, das hinter dem Wind steht und dessen Geruch die Spürhunde nicht wahrnehmen können. Dagegen iron. übertreibend: ‚etw. riecht zehn Meter (Meilen) gegen den Wind', stinkt sehr stark; die Wndg. ist erst im 20. Jh. aufgekommen.

Etw. in den Wind schlagen: es unbeachtet lassen, sich nichts daraus machen, geringschätzig von sich weisen; z. B. Bedenken, Warnungen, einen guten Rat. Die Rda. gibt in Worten die bekannte abweisende Handgebärde wieder; sie kann aber auch auf eine ältere Rechtsgebärde zurückgehen: Das Sachsenspiegelrecht sagt uns, daß sie beim gerichtlichen Zweikampf tatsächlich gebräuchl. war, wenn der Beklagte nicht erschien. Der Kläger sollte dann dreimal in den Wind schlagen und hatte damit formal den Zweikampf gewonnen. Im Sachsenspiegel heißt es dazu: „unde slâ tzwêne slege unde eynen stek weder den Wind". Der Stabreim weist auf das hohe Alter dieser symbolischen Handlung hin.

Wind kommt in vielen älteren Wndgn. für ‚nichts' vor (↗ Bohne), z. B. mhd. ‚niht ein wint', gar nichts. Die Verwendung solcher Ausdrücke bei den einzelnen Dichtern ist ganz verschieden häufig. Das Nibelungenlied kennt z. B. keine solche volkstümliche Verneinung und braucht als Bez. des Unbedeutenden und Nichtigen nur das übliche ‚wind':

das ist gar ein wint
das was wider in ein wint.

Im Sinne von ‚wie ein Blatt im Wind', ↗ Blatt, heißt es von Christus im ‚Tristan' Gottfrieds von Straßburg (Verse 15733–36):

'Etwas in den Wind schlagen'

da wart wol goffenbaeret
und al der werlt bewaeret,
daz der vil tugenthafte Crist
wintschaffen alse ein ermel ist.

So sagt noch Hiob (7,7) in Luthers Übers.: „Gedenke, daß mein Leben ein Wind ist". Das Lat. kennt die ähnl. Wndg. ,ventis tradere' (= ,den Winden übergeben'), die sich bei Horaz und ebenso bei dem Humanisten Erasmus von Rotterdam in den ,Adagia' (III, 4) findet. Mnd. findet sich die Rda. im Bremer Gebetbuch vom Ende des 16. Jh.: „Lat my dyt exempel nicht vorgeten unde in den wind slân". In der ,Zimmerischen Chronik' (Bd. II, S. 435) heißt es: „Solchs gab grad Wilhelmen wenig zu schaffen, nams uf die leicht achsel und schluegs in wind". Die plötzliche Häufigkeit der Rda. im 16. Jh. hat zur Annahme geführt, Luther habe sie durch seine Übers. des ,exsufflare' des Vulgata-Textes erst geschaffen (Mal. 1,13: „Und ihr sprecht: Siehe, es ist nur Mühe! und schlaget's in den Wind"), doch ist die Rda. sicher vorher mdl. gebräuchl. gewesen.

Im Sinne von ,preisgeben', ,drangeben' erscheint sie bei Grimmelshausen (,Simplicissimus' 37 Ndr.): „Die ... Reuter warfen ... Sach und Pack von sich, schlugen also ihre ganze Beute in den Wind"; bei Opitz (,Poem.' 25 Ndr.) für ,geringachten': „Die (teutsche) Sprache, für der vor viel Feind erschrocken sind, vergaßen wir mit Fleiß und schlugen sie in Wind". Die Rda. ist auch in den Mdaa. reich belegt und hat bis heute ihren Sinn nicht geändert. Vgl. engl. ,to throw something to the winds'; ndl. ,iets in de wind slaan'.

In den Wind (oder *die Luft) reden (sprechen):* vergeblich reden. Der Wind trägt die Worte dahin, ohne daß sie fruchtbar werden. Luther hat die Rda. in seiner Bibelübers. benutzt (1. Kor. 14,9): „So ihr nicht eine deutliche Rede gebet, wie kann man wissen, was geredet ist? Denn ihr werdet in den Wind reden". Die lat. Entsprechungen sind: ,ventis loqui' (Ammian), ,dare verba in ventos' (Ovid), ,profundere verba ventis' (Lukrez). Vgl. frz. ,parler en l'air'.

Von der Flüchtigkeit und Ungebundenheit des Windes abgeleitet sind auch andere Bilder für vergebliches Tun: *in den Wind blasen (hauchen, streuen, schießen).*

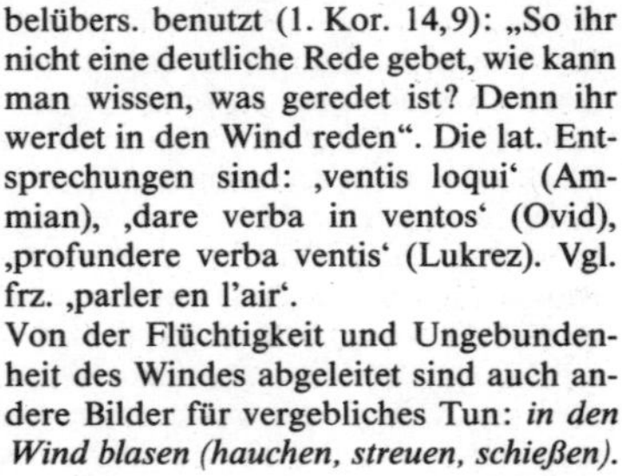

'In den Wind blasen'

Schiller (‚Räuber' II,3): „Der Graf schoß aus dem Wagen in den Wind". Vgl. ndd. ‚Dei mott en scharp Mess (Messer) hewwen, wei (wer) Wind snîen will'.

Wind machen (einem Wind vormachen): prahlen, sich brüsten, leere Worte schwatzen, Unwahrheiten erzählen. Schon im Mhd. bedeutet Wind leeres Gerede, wobei wohl die Flüchtigkeit der Luftbewegung den Anlaß zum Vergleich gegeben hat. So findet sich in Mones ‚Schauspielen des MA.' (II, S. 336) die Wndg.: „Dîne wort sind luft und wind". So ist die Rda. noch in der Neuzeit bezeugt. Schiller an Goethe: „Krüger, der ehemals in Weimar (als Schauspieler) engagiert war, ist mit ihm associiert; sie machen erschrecklichen Wind, scheinen aber doch viel Geld einzunehmen". Bismarck (‚Briefe an seine Braut' Nr. 492): „Wie wird es denn mit dem Enkel? War es Wind?" Bismarck gegen Virchow: „Die Kritik des Herrn Vorredners über den Wechsel unseres Verfahrens kritisiere ich lediglich mit einer einzigen Phrase, die er selbst gebraucht hat. Er hat uns vorgeworfen, wir hätten, je nachdem der Wind gewechselt hätte, auch das Steuerruder gedreht. Nun frage ich, was soll man denn, wenn man zu Schiffe fährt, anderes tun, als das Ruder nach dem Winde drehn, wenn man nicht etwa selbst Wind machen will? Das überlassen wir andern" (‚Reden' II,373). Vgl. frz. ‚faire du vent'.

Mit Wind in der Bdtg. ‚leeres Gerede', ‚Lüge' hängen auch Bez. zusammen wie ‚Windbeutel' und ‚Windmacher', ‚windiger Patron' für einen Schwätzer, Flunkerer, auch ‚Windhund' für einen leichtsinnigen Menschen dürfte dadurch beeinflußt sein. Vgl. auch frz. ‚Du vent, ce n'est que du vent': Das ist nur leeres Gerede, oder das sind nur leere Versprechungen.

Die Rda. *nicht vom Wind leben* findet sich schon bei Wernher dem Gartenaere im ‚Meier Helmbrecht' aus der 2. H. des 13. Jh.: „Si lebten niht des windes" (V. 1482). Der Wind wird hier anschaulich festen Speisen entgegengesetzt. „Jetzt aber brauch' ich Geld, denn niemand lebt vom Winde" (Goethe, Weimarer Ausg. IV,314). Hess. ‚Dä läbt ach net vom Wend', er ist ein starker Esser und daher wohlgenährt. Vgl. frz. ‚vivre d'amour et d'eau fraiche' (wörtl.: von Liebe und frischem Wasser leben) i.S.v. ein sorgloses, z.T. liederliches Leben führen, manchmal hungern.

Wie der Wind: schnell und unvermutet. „Er ritt wie der Wind das Treppengeländer hinab" (Storm, Werke III,14).

Einem den Wind abgewinnen: ihm zuvorkommen. *Jem. den (allen) Wind aus den Segeln nehmen:* seine Bestrebungen lahmlegen. Dagegen: *Das ist Wind auf jem. Segel:* das gereicht ihm zum Vorteil, das unterstützt sein Vorhaben. Vgl. ‚Das ist Wasser auf seine Mühle', ↗Wasser.

Vor dem Winde segeln (fahren) erscheint im übertr. Sinn schon um 1500 in Thomas Murners ‚Schelmenzunft' (53,8):

wer eins hie lügt, das ander dört
der selb mit allen winden fört.

Im Ndd. sagt man auch zur Beruhigung und zum Trost bei Widerwärtigkeiten: ‚'t geit neet altied vöör de Wind', es geht nicht immer nach Wunsch.

Wind in den Segeln haben: mit gutem Erfolg rasch vorankommen. Vgl. ndd. ‚Dat geit mit vullem Wind', das geht flott vonstatten; frz. ‚avoir du vent dans les voiles' oder ‚avoir le vent en poupe' (wörtl.: ‚Wind im Schiffsheck haben'.

Wind von vorn bekommen: einen Verweis bekommen; ndd. ‚he krigt de Wind von vörn', ein Hindernis entsteht; *den Wind im Gesicht haben* und *dem Wind ausgesetzt sein:* viel aushalten müssen; mit Hindernissen und Schwierigkeiten kämpfen müssen. Vgl. lat. ‚ventum a facie habere'.

Beliebte und verbreitete stabreimende Zwillingsformeln sind: *Wind und Wasser, Wind und Wellen, Wind und Wetter, Wind und Wogen;* vgl. frz. ‚Contre vent et marées' (wörtl.: gegen Winde und Gezeiten): ‚auf Biegen und Brechen'.

Ndd. ‚De stan sik as Wind und Sandberg', sie sind Feinde. *Wissen, woher der Wind weht:* sich auskennen; *aha, daher weht der Wind:* das ist gemeint, das liegt zugrunde.

Wo hat dich der Wind (welcher Wind hat dich) hergeweht? fragt man, wenn man durch das unverhoffte Erscheinen eines anderen überrascht wird. Ähnl. in Aug. W. Schlegels Shakespeare-Übersetzung (‚Heinrich IV.'): „Welch ein Wind hat dich hergeblasen, Pistol?" (II, 5, 3). Vgl. frz. ‚Quel bon vent t'amène?'

Die Wndg. *in alle Winde zerstreut werden* ist eine bibl. Rda. nach Hes. 17,21, ebenso: *in alle vier Winde zerstreut werden,* die auf Sacharja 2,10 beruht; vgl. frz. ‚disperser aux quatre vents'.

Wie vom Winde verweht sein: zerstreut, verschwunden, plötzlich nicht mehr vorhanden sein. Die Rda. entspricht dem Romantitel ‚Vom Winde verweht' (Gone with the wind) der Amerikanerin Margaret Mitchell. Vgl. frz. ‚Autant en emporte le vent', als Rda. und als Übers. des amer. Romans ‚Gone with the wind'.

Wie der Wind in der Laterne sagt man von einem aufgeregten, bald da, bald dort auftauchenden Menschen.

Sich (noch viel) den Wind um die Nase (um die Ohren) wehen (gehen) lassen (müssen): in der Fremde Erfahrungen sammeln, weit reisen. Wind steht hier für die verschiedensten Einflüsse und Widerwärtigkeiten, denen der Weltreisende ausgesetzt ist; seit dem frühen 19. Jh. belegt; vgl. frz. ‚prendre le vent' (wörtl.: den Wind wittern) i.S.v.: sich orientieren. In der ‚Ehrlichen Frau Schlampampe' (34) heißt es ähnl.: „sich den rauhen Wind unter die Nase gehen lassen".

Der Wind hat sich gedreht: die Stimmung ist umgeschlagen; vgl. frz. ‚Le vent a tourné': Das Schicksal ist nicht mehr so günstig.

Es weht kein guter Wind: es herrscht schlechte Stimmung vor.

Der Wind pfeift aus einem anderen Loch (Ton) und *Hier weht ein anderer (scharfer, frischer) Wind:* es herrscht mehr Ordnung, ein anderer, strengerer Ton.

Auf günstigen Wind warten: abwarten, bis sich die Lage verbessert. Vgl. auch frz. ‚Bon vent!' (wörtl.: Was für ein günstiger Wind!) i.S.v.: Gott sei Dank, er ist weg!

Mit dem Wind segeln: die günstige Gelegenheit nutzen; sich anpassen, vgl. ‚mit dem Strom schwimmen' u. frz. ‚être dans le vent' (wörtl.: im Winde sein) i.S.v. ‚up to date' oder ‚in sein'.

Mit allen Winden segeln: wetterwendisch sein; vgl. engl. ‚to turn with every wind'; ndl. ‚met alle winden waaien'.

Sich nach dem (jedem) Wind drehen (wie eine Kirchturmfahne): seine Gesinnung bedenkenlos verändern, wenn es Vorteile verspricht; vgl. frz. ‚tourner à tous les vents' oder ‚... au moindre vent': beim geringsten Wind! Ähnl. Bdtg. hat die aus einem anderen Bereich stammende Rda. *durch den Wind gehen:* von seinem anfänglichen Standpunkt abweichen, zur anderen Partei übergehen. Die Rda., zu der keine alten Belegstellen bekannt sind, kommt aus der Seemannssprache und meint urspr.: sein Segelschiff so drehen, daß man den Wind, der anfänglich von einer Seite einfiel, zuerst von vorn und dann von der anderen Seite in die Segel bekommt.

‚Sich nach jedem Wind drehen'

Die Fahne (den Mantel) nach dem Winde (hängen) kehren ↗ Fahne, ↗ Mantel.

Lit.: *Zimmermann:* Art. ‚Wind', in: HdA. IX, Sp. 629–656; *R. Wildhaber:* Volkstümliche Auffassungen über den Wirbelwind in Europa, in: Mitteilungen der Anthropologischen Gesellschaft in Wien, C. (1970), S. 397–415; *M. Zender:* Meinungen u. Rdaa. zu Sturm und Wirbelwind, in: Festschrift f. R. Wildhaber, hg. v. W. Escher, Th. Gantner u. H. Trümpy (Basel 1973), S. 722–737.

Windei. *Windeier legen (ausbrüten):* nutzlose Arbeit verrichten. Die Rda. beruht auf der Übertr. des Windeis in der seit dem 16. Jh. belegten Bdtg. als ‚zum Brüten untaugliches Ei' auf eine auf Täuschung durch den Schein berechnete wertlose Sache.

Das Windei ist zwar möglicherweise ein befruchtetes, jedoch kein bebrütbares Ei, da es nur von der zähen Innenhaut umgeben und zusammengehalten wird. Die äußere harte Kalkschale fehlt, so daß es nur bedingten Wert besitzt. Es ist nicht haltbar, läßt sich aber in der Küche verwenden. Solche Eier werden vor allem dann von Hühnern gelegt, wenn sie kalkarm gefüttert werden. Die Rda. ‚ein Windei aus-

brüten‘ meint also den Versuch an einem untauglichen Objekt.
Das Wort Windei ist eine Lehnübers. von lat. ‚ova zephiria‘. Es heißt nach Varro so, weil es vom Wind empfangen sein soll. Die Wndg. wird namentlich bei hohlen Geisteserzeugnissen, aussichtslosen Plänen und lügnerischen Behauptungen angewandt. „Das deutsche Publikum, ein ägyptischer Brutofen, (brütet) über solchen Windeiern am liebsten“ (Goethe, Weimarer Ausg. IV, 23,153).
Dagegen meint die Wndg. *Das wird (soll) ihm keine Windeier legen:* es wird ihm keinen unbedeutenden Vorteil bringen.

Lit.: *F. Eckstein:* Art. ‚Windei‘, in: HdA. IX, Sp. 658–660.

Windmühle. *Gegen (mit) Windmühlen kämpfen:* gegen bloß eingebildete Gegner kämpfen, einen sinnlosen, von vornherein aussichtslosen Kampf führen. Die Rda. ist seit Lessing belegt und geht auf Don

‚Gegen Windmühlen kämpfen‘

Quijotes Kampf mit den Windmühlen zurück, die er für Riesen hält (Cervantes, Don Quijote I,8: „acometer molinos de viento“). Vgl. ndl. ‚Hij vecht tegen de windmolen‘ und frz. ‚combattre contre des moulins à vent‘.

Lit.: *J. Hartau:* Don Quijote in der Kunst. Wandlungen einer Symbolfigur (Berlin 1987).

Windsbraut. *Wie eine Windsbraut durchs Land fahren:* schnell und mit ungestümer Kraft, wie ein Wirbelwind alles mitreißend.
Dieser sprachl. Vergleich gehört zu den Rdaa. mit beweglichem Hintergrund. Das Wort ist bereits im 8. Jh. als ‚wintes prut‘ und im Mhd. als ‚windes brût‘ bezeugt. Der Wirbelwind wird ohne bisher nachweisbare mythologische Grundlage als weibl. Wesen gefaßt, das vom männl. verkörperten Wind gejagt wird. Vgl. die gleichbedeutenden Ausdrücke im Ndl. ‚vaerende wijf (moeder, vrouwe)‘ und im Pfälz. ‚Windhexe‘. Lit. Belege für die Rda. finden sich z.B. bei Grimmelshausen: „ich fuhr herum wie eine Windsbraut“ („Simplicissimus‘ 206, Kögel), und bei Schiller: „Das riß uns wie die Windsbraut fort“ (Werke 1, S. 346).
Sagen von der Windsbraut sind erst sekundär entstanden. Meist jagt sie mit dem ‚Wilden Heer‘ vereint durch die Lüfte und wird mit Frau Holle gleichgesetzt, oder sie erscheint als Arme Seele, die gejagt wird und so ihr Vergehen büßen muß. Häufiger wird sie jedoch als Wetterhexe gedacht, die das Unwetter als Schadenzauber erzeugt und selbst im Wirbelwind als nacktes Weib durch die Sturmwolken fährt. Sie straft den Spötter, indem sie ihn durch die Luft entführt, und kann durch einen Messerwurf abgewehrt und verletzt werden. Thompsons Motif-Index hat für die Wirbelwindhexe die bes. Nummer G 242.2 „Witch flies as whirlwind“.
In moderner Deutung ist eine Windsbraut eine Motorradbeifahrerin bzw. -sozia und seit 1945 eine Flugzeug-Stewardeß.

Lit.: HdA. IX, Sp. 636ff., Art. ‚Wind‘ von *Zimmermann; R. Loewein:* Idg. Forsch. 47 (1929), S. 272; *ders.* in: Zs. f. d. Ph. 55 (1930), S. 84; *L. Röhrich:* Die Frauenjagd, in: Erzählungen des späten MA., Bd. II (Bern 1967), S. 5–52 u. S. 393–407; *R. Wildhaber:* Volkstümliche Auffassungen über den Wirbelwind in Europa, in: Mitteilungen der Anthropologischen Gesellschaft in Wien, C. (1970), S. 397–415; *M. Zender:* Meinungen u. Rdaa. zu Sturm und Wirbelwind, in: Festschrift f. Robert Wildhaber, hg. v. W. Escher, Th. Gantner u. H. Trümpy (Basel 1973), S. 722–737.

Wink, winken. *Jem. einen Wink geben:* einen Hinweis geben. *Einem Wink folgen:* gehorsam sein, eine Andeutung richtig verstehen und sich danach richten.
Winken müssen: im Verkehr die freigegebene Richtung anzeigen. Vor dem 2. Weltkrieg wurde an verkehrsreichen Plätzen

der Verkehr durch einen Polizisten geregelt, indem er durch Winken die Kreuzung freigab. Heute wird die automatische Ampelregelung allg. bevorzugt. In einem Evergreen wird auf diese Arbeit des Verkehrspolizisten angespielt, dessen Refrain lautet:

Winke, winke, winke, winke,
einmal die Rechte, einmal die Linke.

Heimliches Winken als Zeichen des Einverständnisses, der Vertrautheit ist im Volkslied ,Wenn alle Brünnlein fließen' gemeint, in dem es heißt:

Wenn ich mein' Schatz nicht rufen darf,
tu ich ihm winken.
Ja, winken mit den Äugelein ...

Und aus dem Film ,Die Dritte von rechts' (1950) stammt ein Schlager (Text: B. Balz, Musik: M. Jary) mit dem Refrain:

Winke-winke, winke-winke,
mit den Händen, mit den Augen, mit dem Mund!
Winke-winke, winke-winke,
denn zum Winken gibt es immer einen Grund.

Mit dem Zaunpfahl winken ↗Zaunpfahl.

Winkelzug, Winkelholz. *Winkelzüge machen:* Ausflüchte suchen, nicht geradeheraus reden, ausweichend antworten, Vorwände machen. Die Rda. tritt lit. seit dem 16. Jh. auf. Burkard Waldis schreibt:

mit schel, schief sehen vnd mit mawlen,
mit winckelzügen, heymlich schawlen,
mit vbelwünschen, schelten, fluchen ...

(,Streitgedichte gegen Herzog Heinrich d. J.' 37, Ndr.). 1663 findet sich bei Schottel (,Teutsche Hauptsprach' 439): „wenn ihr ... anstatt rechtzusprechen, tausend winkelzüge macht". Seltener erscheinen die Winkelzüge ohne abschätzigen Beiklang i. S. v. gewitztem, schlauem Vorgehen: „Durch Winkelzüge und Fragen kriegt ichs aus dem Lehrer heraus, daß weiter nichts passiert war" (Bettina v. Arnim, Die Günderode [1840], I, 186).
Die Rda. ist mdal. bes. im Ndd. beliebt. Anhänger Bismarcks, die ,Getreuen von Jever' in Oldenburg, sandten dem Kanzler jedes Jahr zu seinem Geburtstag am 1. April die von ihm hochgeschätzten Kiebitzeier. Als die Kiebitze eines Jahres erst Mitte April legten, schickten die Getreuen die Eier mit dem plattdeutschen Vers:

De Kiewitt lewt de Winkeltög just
wie de Diplomaten,
Drum hett he uns in diesem Johr
allwedder luern laten.

Adelung erklärt 1786 in dem ,Versuch eines grammatisch-kritischen Wörterbuches' (Bd. V, Sp. 242) Winkelzüge als „Züge, welche im Winkel, d. i. im Verborgenen gemacht werden". Es ist aber damit die Wegabkürzung gemeint, die man an einem Winkel vornehmen kann, indem man kurz vor dem Scheitel des Winkels auf den andern Schenkel überspringt, also nicht in den eigentl. Winkel vordringt. So heißen auch schräg in einem Winkel stehende Hölzer ,Winkelhölzer', und daher kommt die ebenfalls seit dem 16. Jh. bezeugte und noch heute mdal. verbreitete Rda. *Winkelhölzer suchen* (später auch *machen):* Ausflüchte suchen. Luther sagt in den ,Tischreden': „Der Satan sucht immerdar Winkelhölzer und Beirede wider Gottes Ordnung". Diese ursprüngl. Vorstellung ist freilich schon früh verkannt worden; in der mndl. ,Hövelschen Chronik' heißt es z. B. im gleichen Sinne: „De Deutschen hebben des winkelholtes so vele gehouwen", wobei der Verfasser ganz offensichtlich an das Schlagen von Holz in einem Waldwinkel gedacht hat.

Winter. *Jem. ist gut über den Winter gekommen:* er hat einer Gefahr gut ausweichen können; auch: jem. ist dick.
Einen weißen und einen grünen Winter haben: immer kaltes Wetter haben. So sagt man auch: *Ein dreiviertel Jahr Winter und ein Vierteljahr lang kalt haben.* In Amerika heißt es: ,We have two seasons: winter and the 4th of July'.
Ein sprw. gewordener Slogan für die Heizöl-Werbung lautet: ,Der nächste Winter kommt bestimmt!'

Lit.: *G. Jungbauer:* Art. ,Winter', in: HdA. IX, Sp. 662–668: *A. Hauser:* Bauernregeln (Zürich u. München 1973).

Wippchen. *Wippchen machen:* Ausflüchte suchen, Flausen machen; *jem. Wippchen vormachen:* jem. veralbern, jem. etw. vorlügen; *mach mir keine Wippchen vor:* flunkere nicht, mache keine Ausflüchte.
Die Rda. ist bes. in den mdt. und ndd. Mdaa. sehr verbreitet und geht auf ndd.

Wippken zurück; Wippchen gehört zu ‚wippen' in der Bdtg. ‚schaukeln', ‚schnellen' und meint eigentl. die kleine Schaukel, dann auch kleine akrobatische Kunststücke und Sprünge, schließlich Possen und Lügen (↗Kapriolen). Zur weiteren Verbreitung der Rda. hat wohl die von Julius Stettenheim in dem von ihm gegründeten satir. Witzblatt ‚Die Wespen' erfundene Person des flunkernden Kriegsberichterstatters Wippchen beigetragen (‚Wippchens sämtliche Berichte' von J. Stettenheim, 1878 ff.).

Wirt. *Ohne den Wirt rechnen:* sich täuschen. Die veraltete Wndg., die schon bei Seb. Franck (II, 139[b]) als „on den wirt rechnen" belegt ist, wird heute meist durch die Rda. *die Rechnung ohne den Wirt machen* ersetzt (↗Rechnung). Grimmelshausen gebrauchte im ‚Simplicissimus' (III, Kap. 14, S. 259) die ähnl. Wndg.: „Ich machte aber die Zech ohne den wirt", und ausführlicher an anderer Stelle (Kap. 19, S. 567): „also machte ich die Zech ohne den Wirt, weil ich nicht wußte, was der liebe Gott mit mir zu verschaffen vorhatte".

Er ist in des Wirtes Kreide: er steht in seiner Schuld, ↗Kreide.

Er will seinem Wirt nichts schenken heißt es scherzhaft, wenn einer tüchtig ißt und trinkt und keine Reste stehenläßt. Vgl. ndl. ‚Hij wil zijnen waard niet schenken'. Vgl. auch den Spruch:

Lieber den Magen verrenkt,
Als dem Wirt was geschenkt.

Von einem Wirt, der seinen Gast übervorteilt und prellt, sagt man: *Es ist ein Wirt, der den Barbieren ins Handwerk greift,* hat er den Wein arg verdünnt, gebraucht man die Wndg. *Der Wirt hat den Wein mit zuviel Wasser Hochzeit machen lassen.*

Er soll den Wirt zu Hause finden: er wird an den Rechten kommen. Die Wndg. dient zur Erklärung, daß man sich nicht fürchte, daß man auf irgendeinen Angriff gefaßt und gerüstet ist. Vgl. lat. ‚Cauponi inest mens, ut quidem visum est mihi' und ndl. ‚Kom, waar gij wilt, gij zult er altijd den waard t' huis vinden'.

Dagegen meint die Wndg. *Der Wirt war nicht zu Hause:* er eignet sich dazu nicht, er versteht davon nichts. Vgl. die Rdaa. ‚nicht vom Bau sein' und ‚in einer Sache nicht zu Hause sein'.

Mit einem Wortspiel arbeitet das Sprw. ‚Wer nix wird, wird Wirt'. Es drückt zugleich auch die Geringschätzung vor dem Stand der Wirte aus.

Wisch. *Unterm Wische kaufen,* häufiger: *etw. unter dem Wisch tun:* etw. rasch und heimlich tun, um nicht bemerkt, ‚erwischt' zu werden; betrügerisch handeln.

Die Rdaa. bewahren die Erinnerung an den ‚Marktwisch', der aus Stroh bestand. Er wurde früher auf dem Marktplatz zum Zeichen dafür aufgesteckt, daß der Einkauf nur Stadtbewohnern gestattet sei. Fremde und Wiederverkäufer durften nichts einhandeln, solange der Wisch zu sehen war. Wer es trotzdem tun wollte, mußte schnell und heimlich verfahren.

Die niederrhein. Wndg. ‚'ne Kölsche Wisch' bez. eine unordentliche Frau, die nur oberflächlich sauber macht. Vgl. das schwäb. Lied, in dem es in bezug auf Unzuverlässigkeit und Treulosigkeit heißt:

Lieber will i gar koi Schätzle
als en sotte Fledrewisch.

Lit.: *O. Weise:* Etw. unter dem Wische tun, in: Zs. f. hochdt. Mdaa. 7 (1906), S. 12–13; *R. Schmidt-Wiegand:* Der ‚Wisch' als Bann- und Verbotszeichen. Hist. Rechtssprachgeographie und volkskundliche Karte, in: Zs. f. Vkde. 64 (1968), S. 203–222.

Wischer. *Einem einen Wischer geben (jem. eines auswischen):* ihm einen Verweis, eine Rüge, einen Tadel erteilen; vgl. frz. ‚donner une gifle à quelqu'un' (wörtl.: einem eins auswischen) auch i. S. v.: den Hochmütigen zur Vernunft bringen.

Die Rda. ist in den Mdaa. überall verbreitet und lit. seit der 2. H. des 17. Jh. belegt. Christian Weise: „Wie ofte hab ich ein Wischer kriegt, wenn ich wegen der lieben Obrigkeit was versäumt habe" (Kürschner, Nat. Lit., Bd. 39, S. 205). Schiller schreibt (‚Kabale und Liebe' I, 1): „Der junge Baron bringt's mit einem Wischer hinaus". Wischer bedeutet ursprüngl. einen Schlag über etw. hin; doch könnte auch an eine säubernde Bewegung über einen Gegenstand hin gedacht werden (vgl. ‚einen herunterputzen').

‚Ich habe eine(n) gewischt bekommen', sagt der Elektriker, der versehentlich stromführende Drähte berührt (aber sonst keinen Schaden erlitten) hat.

wissen. *Das wissen die Götter!:* das ist völlig ungewiß, das liegt noch im Dunkel der Zukunft, das kann niemand voraussagen. Der gebräuchl. Ausruf geht auf Homers ‚Ilias' (XVII, 514) zurück: „ϑεῶν ἐν γούνασι κεῖται" (= Das liegt [ruht] im Schoße der Götter). Heinrich v. Kleist hat den Ausdr. ähnl. im ‚Prinz Friedrich von Homburg' (I, 1) wiederverwendet: „Das mögen die gerechten Götter wissen". Vgl. frz. ‚Dieu seul le sait' (Gott allein weiß es). Umg. hört man häufig dafür auch: *Weiß Gott!*; vgl. frz. ‚Dieu le sait' oder ‚Dieu sait si ...' (Gott weiß es, bzw. Gott weiß, ob ...); *Weiß der Himmel!*, aber auch: *Weiß der Teufel (Kuckuck, Henker)!*

Das weiß doch alle Welt!: das ist kein Geheimnis, das ist allg. bekannt. Derjenige, dem eine altbekannte Tatsache mitgeteilt wird, der von einem Jüngeren belehrt werden soll, sagt scherzhaft oder abweisend: *Das habe ich gewußt, ehe an dich gedacht worden ist* oder *Das habe ich seit Menschengedenken gewußt; das habe ich schon gewußt, als du noch die ersten Hosen trugst.* Vgl. lat. ‚Hoc noveram, priusquam Theognis natus est'. Luther gebraucht die Wndg. in seinen ‚Tischreden' (302b): „Das wußte er schon, eh' er auf den Strohwisch gethan hat". Mdal. heißt es in Hamburg: ‚Dat heff ik all wêten, as min Scho nog drê Sösling kosten', das wußte ich schon als kleines Kind, als ich noch billige Schuhe tragen konnte.

Selbst am besten wissen, wo einen der Schuh drückt: seine eigenen Probleme am besten beurteilen können. Die Rda. erscheint auch in negativer Form als: *nicht wissen können, wo einen anderen der Schuh drückt.* Sie beruht auf einer Erzählung Plutarchs; ↗Schuh.

Wer sich nicht von seiner vorgefaßten Meinung abbringen lassen möchte, sagt: *Ich weiß, was ich weiß!* In Norddtl. hört man dazu noch den scherzhaften Zusatz: ‚kalte Erbsen sind nicht heiß'. Vgl. frz. „Je sais ce que je sais'.

Wissen wollen, was die Semmeln kosten: erfahren wollen, wie die Sachen wirklich stehen, sich genau informieren.

Von einem Lebenstüchtigen, von einem, der Bescheid weiß, sagt man: *Er weiß, was die Elle kostet:* Er ist durch Schaden klug geworden, er weiß, was dabei herauskommt; *er weiß die Seide zu spinnen; er weiß die Feder nach der Schrift zu schneiden:* er findet geeignete Mittel und Werkzeuge; *er weiß, woher der Wind weht (kommt),* vgl. ndl. ‚Hij weet wol, van welchen kant de wind waait'; vgl. frz. ‚Il sait d'où vient le vent'; *er weiß, wie der Hase läuft, wo der Hund begraben liegt, was die Uhr geschlagen hat.* Viele mdal. Wndgn. umschreiben den gleichen Sachverhalt, z. B. heißt es in Bedburg: ‚Dä wêss, wo Has höpp', und im Siebenb.-Sächs.: ‚Er wasst, äm wevel et wôr'.

Der Überkluge dagegen *weiß* sogar, *wieviel Sprossen Jakobs Himmelsleiter hatte, wo das Gold im Rhein liegt,* oder es heißt von ihm: *Er weiß alles, er hört's Gras wachsen und die Flöhe husten;* vgl. frz. ‚Il entend péter le loup' (wörtl.: Er hört den Wolf furzen).

Die Wndg. *Er weiß wohl, was er für Fleisch in der Tonne hat,* die sich auf das Pökelfleisch bezieht, wird meist von Älteren in bezug auf die Kinder gebraucht, deren Charakter und Temperament ihren Eltern nur allzu gut bekannt sind.

Wissen, was man will: seine Ziele genau kennen und konsequent verfolgen; vgl. frz. ‚savoir ce que l'on veut'.

Jem. etw. wissen lassen: ihm etw. mitteilen. Oft heißt es auch im nachgeahmten Kanzleideutsch: *jem. etw. kund und zu wissen tun.*

Weder aus noch ein wissen: in einer verzweifelten Lage sein, sich selbst nicht mehr helfen können. Diese Wndg. ist bibl. Herkunft und beruht auf einem Ausspruch Salomos (1. Kön. 3, 7): „So bin ich ein junger Knabe, weiß nicht weder meinen Ausgang noch Eingang". Auch im Liederbuch der Clara Hätzlerin (I, 112, 10) ist diese sprw. gewordene Wndg. bezeugt: „Ich waiss weder ein noch ûss".

Nicht mehr wissen, wo man her ist: vornehm tun, seine frühere Armut und niedere Abstammung vergessen haben und nichts mehr mit den ehemaligen Freunden zu tun haben wollen. Die Wndg. gilt als Tadel für die Neureichen.

Nichts mehr von jem. (etw.) wissen wollen:

jem. ablehnen, seinen Umgang meiden, von einer Sache nichts mehr hören wollen; vgl. frz. ‚ne plus vouloir entendre parler de quelqu'un (quelque chose)'.
Von einem, den man noch für sehr unerfahren, unschuldig oder einfältig hält, heißt es: *Er weiß noch nicht, daß es zweierlei Menschen gibt,* und von einem, der keine Ahnung von der aufgewendeten Mühe hat: *Er weiß nicht, was der Elefant gefressen hat, bis er so groß geworden ist.*
Er soll nicht wissen, ob er ein Bub oder ein Mädel (Männchen oder Weibchen) ist: gilt als Drohung vor einer beabsichtigten derben Züchtigung. Bereits Joh. Fischart kennt diese Wndg. und schreibt in der ‚Geschichtklitterung': „Der Mönch versatzt jhm mit dem Creutzstock ein, dass er nichts vmb sich selbst wust, ob er ein Knäblein oder ein Meydlin wer". Von Betrunkenen und Menschen mit verworrenen Ansichten sagt man ähnl. in Oberösterr.: ‚A weiss nöt, ob er en Mandl oder en Weibel ist'.
Einer, der nicht recht weiß, was er will, der unentschlossen ist, *weiß nicht, ob er's will gebraten oder gesotten haben, ob's gehauen oder gestochen ist.* Im Siebenb.-Sächs. sagt der Unschlüssige von sich selbst: ‚Ch wîss net, bän ich gekôcht âwer gebrôden' oder ‚äs et der Pêter âwer der Pâl'.
Ist jem. über die Mittel in Verlegenheit, umschreibt man dies mit folgenden Wndgn.: *Er weiß nicht, wie er der Hacke einen Stiel, der Flasche einen Zapfen, dem Hafen einen Deckel finden soll.*
Nicht wissen, wo einem der Kopf steht: mit Arbeit überlastet, mit Geschäften überhäuft sein; vgl. frz. ‚ne plus savoir où donner de la tête'.
Mitleidig oder iron. heißt es von einem sehr dummen Menschen: *Er weiß weder Gix noch Gax,* ndl. ‚Hij weet van Feeuwes noch Meeuwes', oder: *Er weiß soviel davon wie der Blinde von der Farbe, wie die Kuh von der Muskatnuß, wie eine Katze vom Siebengestirn,* vgl. ndl. ‚Hij weet er zooveel van als het kalf van de hoogmis', und scherzhaft: *Er weiß auch nicht, warum die Frösche keine Schwänze haben;* vgl. schweiz. ‚Er weiss au nid, worum d' Chrotte keini Schwänz händ'.
Sehr häufig zu hören ist die sprw. Wndg.

‚Was ich nicht weiß, macht mich nicht heiß'

Was ich nicht weiß, macht mich nicht heiß. Seb. Franck (I, 67^{b}) verzeichnet einen ähnl. Wortlaut: ‚Was einer nit weyss, das thut jm nit wee'. Vgl. lat. ‚Dimissum quod nescitur, non amittitur' und frz. ‚Ce qu'on ignore ne fait pas de mal'.
Auch in Grimmelshausens ‚Simplicissimus' (VI, 531) findet sich ein lit. Beleg: „Wer ein Ding nicht weiss, dem macht's auch nicht heiss".
‚Nichts Gewisses weiß man nicht', sagt man und meint, daß über eine Sache oder über eine Person viel geredet wird, man den wirklichen Sachverhalt aber nicht kennt; schwäb. ‚Nix G'wisses weiß mr net'.
‚Gewußt, wo!', ‚gewußt, wie!': anerkennender Ausruf für einen Fachmann, der schnell das Richtige zur Hand hat. Ein Mechaniker, der einen Fehler mit einem Handgriff behob und dafür 21 Mark verlangte, sagte, als ihm vorgeworfen wurde, der eine Handgriff sei doch arg teuer: „Die Reparatur kostet eine Mark, das ‚gewußt, wo' zwanzig!"
Wissen, wo's langgeht: sich auskennen, Bescheid wissen.

Lit.: *I. Abrahams:* Knowledge is Power, in: American Notes and Queries 6,8 (1883), S. 364; *Anon.:* He who knows not, in: National Educational Association Journal 35 (1946), S. 145; *R. Pinon:* Et cetera, que sais-je encore, in: Proverbium 15 (1970), S. 514–515; *F. Schalk:* Nochmals zum ‚Je ne sais quoi', in: Romanische Forschungen 86 (1974), S. 131–138.

Witwe. *Grüß mir meine Witwe!* sagt man scherzhaft vor einem gefährlichen Unternehmen. Die Rda. entstammt offensichtlich der Soldatensprache. In Berlin gebraucht man als Drohrede: ‚Sonst hinterläßt du eine Witwe!'

Eine politische Witwe sein: die Frau eines überbeanspruchten Politikers sein, der fast nie zu Hause ist und für die Familie keine Zeit hat. Ähnl. die sprw. Definition der Arztfrau: ‚Eine Arztfrau ist eine Witwe, deren Mann noch lebt'. Dagegen frz. ‚des veuves abusives' (wörtl.: auf ungebührlichen Vorteil bedachte Witwen), d.i. Witwen, die aus dem Ruhm ihres verstorbenen Mannes Vorteil ziehen möchten.

Eine grüne Witwe sein: außerhalb der Stadt wohnen, zwar in sehr schöner und gesunder Umgebung leben, aber viel allein sein. Die Wndg. ist erst nach dem 2. Weltkrieg entstanden.

Den Witwenstuhl besitzen: Witwe sein.

Den Witwenstuhl verkehren: sich wieder verheiraten. ↗Brautstuhl.

Lit.: *M. Beth:* Art. ‚Witwe', in: HdA. IX, Sp. 668–680.

Witz. *Sich Witz kaufen:* aus (bitterer) Erfahrung lernen, die richtigen Schlüsse ziehen und entsprechend handeln, auch: ‚Aus Schaden klug werden'.

Das ist der ganze Witz: darauf kommt es an bei einer Sache, das steckt dahinter. Diese Rdaa. haben beide noch die alte Bdtg. von ‚Witz' i.S.v. Verstand haben, klug oder geistreich sein – zu Beginn des 19. Jh. aufgekommen ist dann unsere heutige Bdtg.

Lit.: *L. Röhrich:* Der Witz. Figuren, Formen, Funktionen (Stuttgart 1977; Taschenbuchausg. München 1980); *E. Moser-Rath:* Lustige Gesellschaft (Stuttgart 1984).

wohl. *Wohl oder übel* ↗nolens.

Wolf. *Sich bessern wie ein junger Wolf:* iron. für immer schlimmer werden. 1514 heißt es bei Tunnicius (Nr. 585): ‚He sal sik beteren als ein junk wulf'. Schon 1646 wird die Rda. bei Corvinus (‚Fons lat.' 578) als deutungsbedürftig empfunden: „alle tag ärger werden". Auch eine ndd. Redensart der Gegenwart besitzt einen erklärenden Zusatz: ‚Hei betert sek as en jung wulf, dei werd alle dâge rîtender (reißender)'.

Dem Wolf die Schafe (an)befehlen; den Wolf zum Hirten (Gänsehirten) machen: ‚den Bock zum Gärtner machen'. Vgl. frz. ‚mettre le loup dans la bergerie' (wörtl.: den Wolf in den Schafstall hereinlassen). Beide Rdaa. verbindet Aug. Herm. Francke 1746 in seinen ‚Sonn-, Fest- und Aposteltagspredigten' (1,614): „was kan man ... hoffen, wenn ... der Bock ... zum Gärtner und der Wolf zum Hirten ... bestellet wird?" Die Redensart wird heute zum Beispiel von einem schlechten Vormund gesagt, dem Kinder anvertraut werden.

‚Dem Wolf die Schafe befehlen'

Das Gleichnis vom Wolf als Hirten ist alt. Schon um 1230 wird in Freidanks Lehrgedicht ‚Bescheidenheit' (137,11 ff.) gesagt:

Swâ der wolf ze hirte wirt,
dâ mite sint diu schâf verirt
(d.h. in die Irre geführt).
swer den wolf nimt ze râtgeben,
daz gât den schâfen an daz leben.

Walther von der Vogelweide hat das Bild auf den Papst angewendet: „Sîn hirte ist zeinem wolve im worden under sînen schâfen" (33,30). Auch Luther ist die Rda. geläufig: „Es were eben als so man den wolfen ein herde schaff bevelhen wölt" (Briefe, Weimarer Ausg., Bd. 9, S. 29). Der Gedanke ist bereits in der Antike sprw. geformt: „O praeclarum custodem ovium, ut aiunt, lupum!" (Cicero, Philippica III, 11, 27); „Mavelis lupos apud oves linquere, quam hos domi, custodes" (Plautus, Pseudolus 140).

Ein Wolf in Schafskleidern (im Schafspelz) wird nach Matth. 7,15 ein Scheinheiliger genannt: „Sehet euch vor vor den falschen Propheten, die in Schafskleidern zu euch kommen, inwendig aber sind sie reißende Wölfe". Das Bild ist schon früh in Dtl. bekanntgeworden. Um 830 heißt die Übers. der lat. Fassung einer ‚Evangelienharmonie' des Syrers Tatian (41, 1): „uuartet iu fon lugen uuizagon, sie quement zi iu in giuuatin scafo, inuuertes sind sie razeuuolua". Um 817 schreibt Otfrid von Weißenburg: „sie sint iu in anaratin, in scafinen giwatin, thar buent inne in ware wolva filu suare" (II, 23, 10).

Im 16. Jh. reimt Burkard Waldis im ‚Verlorenen Sohn' (V. 1993f.):

Wan der wulf wil roven gan,
So tuet he schapes kleder an.

Noch anders gereimt bei Wegeler (‚Philosophia Patrum' Nr. 2115):

Oft aus Lammeshaut
Wolfes Tücke schaut.

Bei Lessing (‚Nathan' 4, 4, 402) heißt es: „Ich werde hinter diesen jüdschen Wolf im philosophschen Schafpelz Hunde schon zu bringen wissen, die ihn zausen". Der Volksmund kennt das Sprw.: ‚Der Wolf ändert das Haar, sonst bleibt er als er

2

war'. Ebenso sagt der Lateiner von Wolf und Fuchs: „Lupus (vulpes) pilum mutat, non mores" (Sueton). Dem bibl. Hintergrund der Rda. entspr. findet sie sich auch in anderen Sprachen, z. B. engl. ‚a wolf in sheep's clothing'; ndl. ‚een wolf in schaapskleren' (oder: ‚in een schapevacht').

Jeder ist des anderen Wolf: jeder denkt nur an sich, an seinen eigenen Vorteil; lat. ‚homo homini lupus'.

Den Wolf bei den Ohren halten sagt man von einem mißlichen Unternehmen, das man weder abbrechen noch zu Ende führen kann. Wer den Wolf einmal bei den Ohren hält, kann ihn nicht wieder loslassen, ohne sich selbst zu gefährden, er ist

1

3

1–3 ‚Ein Wolf im Schafpelz'

also in Verlegenheit, weiß sich keinen Rat. 1592 heißt es bei Nigrinus: „Wann sichs begibt, dasz eines ... edelmanns weib schlechter dinge beschreyet wird ... und (es) sind nicht genugsame beweissthumb fürhanden ..., warlich da hat der richter den wolff bey den ohren und weisz nicht was er thun soll" (Grimm, Dt. Wb. 14,2). Schon dem lat. Sprw. war dieser Gedanke geläufig: ‚Auriculis tenuisse lupum nimis horrida res est' (Tunnicius 273). Die Rda. belegt H. Schrader (S. 401 f.) als Lieblingswort des Tiberius; dieser sagte es öfters, als er heuchlerisch zögerte, die Herrschaft über das Reich zu übernehmen (Suet. Tib. 25: ‚Lupum se auribus tenere').

Den Wolf sehen; vom Wolf angesehen werden: sehr erschrecken. Diese beiden Rdaa. zeigen noch den sprachlosen Schrecken und das Verstummen des Menschen früherer Zeiten vor einem Wolfsblick. 1531 heißt es in Seb. Francks ‚Chronica' (104a): „Socrates hat mit jedermans gespöt wider heim müssen ziehen und erstumpt gleich als hab ihn ein wolf gesehen". Die Rda. findet sich heute nur noch in der Seemannssprache: ‚He het de wulf (die stürmische See) seen, do is he al bang worden'.

‚Wer vom Wolf spricht, findet ihn an seiner Tür', wer das Übel nennt, wird von ihm ereilt, ↗Teufel.

Man muß mit den Wölfen heulen ist ein schon seit spätmhd. Zeit bezeugtes Sprw., mit dem man sich entschuldigt, wenn man sich in seinen Äußerungen und Handlungen nach einer schlechten Gesellschaft richtet. Das Sprw. hat sich aber auch als Rda. verselbständigt: *mit den Wölfen heulen:* sich jeder Umgebung anpassen; auch lit. häufig belegt. Bei Agricola steht: „Wer unter Wölfen ist, muß mitheulen"; Geiler von Kaysersberg sagt: „Mit den Wölfen muoß man hülen". In Lohensteins ‚Arminius' (1,451[a]) heißt es 1689: „Wenn man mit den Wölffen heulet ..., wird man allenthalben beliebt". Wilh. Raabe schreibt im ‚Hungerpastor' von 1864 (Bd. I, S. 63): „Hans Unwirsch hatte ... mit den Wölfen geheult und was die andern taten, hatte er ... ebenfalls getan". Ludwig Körner, Präsident des Dt. Bühnenklubs, Berlin, reimt:

‚Mit den Wölfen heulen'

Mit den Wölfen muß man heulen,
Eine alte Weisheit spricht,
Aber mit dem Schwein zu grunzen,
Braucht man drum noch lange nicht!

Vgl. auch frz. ‚Il faut hurler avec les loups'; engl. ‚Who keeps company with wolves, will learn to howl' und ‚One must howl with the wolves'; ndl. ‚huilen met de wolven in het bos'.

J. P. Hebel führt dieses Sprw. in seinem ‚Schatzkästlein des rhein. Hausfreundes' ad absurdum: „‚Man muß mit den Wölfen heulen', d.h.: wenn man zu unvernünftigen Leuten kommt, muß man auch unvernünftig tun wie sie? Merke: Nein! Sondern erstlich, du sollst dich nicht unter die Wölfe mischen, sondern ihnen aus dem Weg gehen. Zweitens, wenn du ihnen nicht entweichen kannst, so sollst du sagen: ‚Ich bin ein Mensch und kein Wolf. Ich kann nicht so schön heulen wie ihr'. Drittens: Wenn du meinst, es sei nimmer anders von ihnen loszukommen, so will dir der Hausfreund erlauben, ein- oder zweimal mitzubellen, aber du sollst nicht mit ihnen beißen und anderer Leute Schafe fressen. Sonst kommt zuletzt der Jäger, und du wirst mit ihnen erschossen".

Versuchen, dem Wolf etw. aus dem Rachen zu reißen: sich viel zumuten, ein zu großes, unmögliches Vorhaben beginnen. „Ihr sucht dem Wolf ein Lamm zu reissen aus

dem Rachen" (Gryphius, Trauerspiele 157). Die Wndg. ist schon lat. bezeugt: ‚lupo agnum eripere' (Plautus).
Eine Gegend, *wo die Wölfe einander gute Nacht sagen,* ist eine unsichere, wilde Gegend. „Spessert ..., allwo die wölff einander gute Nacht geben" (Grimmelshausen, Simplicissimus 11, Scholte); ↗Fuchs.
Einen Wolfshunger haben. Der unersättliche Wolfsmagen ist früh sprw. geworden; schon das griech. Sprw. kannte ihn, und im Lat. heißt es (Plautus, Stich. 605): „Hereditatem inhiat quasi esuriens lupus" = wie ein hungriger Wolf. Hebbel (Sämtl. Werke 9,101) schreibt: „Hungrig bin ich auch wie der Wolf, wenn er ein Schaf blöken hört". ‚Gier' ist der Name des Wolfes im ‚Reineke Fuchs', der der Wölfin ‚Frau Gieremund'. Vgl. frz. ‚avoir une faim de loup'.

Lit.: *Bibliothecar Chetham:* Wolf in Shepard's Clothes, in: American Notes and Queries 2,7 (1859), S. 178; *H. Schrader:* Das Ohr in sprachl. Bildern und Gleichnissen, in: Zs. f. dt. Sprache (Hamburg 1893/94), S. 401–450; *O. Keller:* Die antike Tierwelt, 1 (Leipzig 1909), S. 87–88; *W.-E. Peuckert:* Art. ‚Wolf', in: HdA. IX, Sp. 716–794; *S. Singer:* Sprww. des MA., I,75f., III,96f.; *V. B. Dröscher:* Mit den Wölfen heulen (Düsseldorf – Wien 1978); *D. Ward:* The Wolf: Proverbial Ambivalence, in: Proverbium 4 (1987), S. 211–224; *J. Leibbrand:* Speculum Bestialitatis (München 1989), S. 154ff.

Wolke. *Wie aus den (allen) Wolken gefallen sein:* höchst überrascht sein, ernüchtert werden, einer Sache verständnislos gegenüberstehen, als wäre man eben aus einer anderen Welt in diese ‚hereingeschneit', wie auch 1793 Hippel im Roman ‚Kreuz- und Querzüge des Ritters A- bis Z-' (Bd. I, S. 128) sagt: „Dies brachte ihn aus den Wolken auf die Erde".
Die Rda. ist seit dem 18. Jh. häufig bezeugt. Goethe (Weimarer Ausg. I, 51, 67): „Und wenn sie nun gar wieder allein war, und aus den Wolken, in denen seine Leidenschaft sie emportrug, herab in die Erkenntnis ihres Zustandes fiel, dann war sie zu bedauern". Auch im Frz. ist in gleichem Sinne üblich: ‚tomber des nues'.
Zum gleichen Bildbereich gehören: *auf Wolken schreiten:* in einem Zustand der freudigen Entrücktheit sich befinden; *in den (über) Wolken leben (schweben):* entrückt, weltfremd, zerstreut sein. Diese Rda. wurde zuerst aber als Bild der Überheblichkeit gebraucht; Seb. Franck sagt 1511 in seinen ‚Sprichwörtern' (2,163b): „Die hochtrabenden gelerten ... schweben in wolcken". Vgl. frz. ‚vivre dans les nuages'. Ähnl.: *in einem Wolkenkuckucksheim leben:* phantastische, völlig welt- und wirklichkeitsfremde Vorstellungen haben. ‚Wolkenkuckucksheim' ist der Name des in den ‚Vögeln' von Aristophanes gegründeten Vogelstaates in den Lüften (‚νεφελοκοκκυγία). Das dt. Wort findet sich erstmals 1814 bei Schopenhauer (Sämtl. Werke, hg. v. Deussen und Hochstetter, Bd. XI, S. 153). Andere Übersetzer sprachen von ‚Wolkengukguksburg' (Wieland 1805), ‚Kukukswolkenheim' (Voss 1821).

‚In einem Wolkenkuckucksheim leben'

Die Vorstellung, daß Engel und Selige auf Wolken sitzen und Gottes Herrlichkeit preisen, wurde parodiert in Ludwig Thomas ‚Ein Münchner im Himmel'.
Von keinem Wölkchen getrübt sein: ganz heiter sein, gut abgelaufen; vgl. das Lied von Reinhard Mey:

Über den Wolken
muß die Freiheit
wohl grenzenlos sein ...

Dagegen: *Dunkle Wolken ziehen herauf:* Gefahr, Krieg, Not und Trübsal deuten sich an. Im dt. Volkslied wird dieses sprachl. Bild ebenfalls verwendet mit dem urspr. Bezug auf das Scheiden der Liebenden, das Kummer bringen muß:

Es geht ein dunkle Wolken 'rein,
mich deuchts, es werd ein Regen sein,
ein Regen aus den Wolken,
wol in das grüne Gras.

(E. B. II, Nr. 769b: ‚Dunkle Wolken', 1646).

Für jem. ein bißchen Wolken schieben: auf gutes Wetter hoffen, es ihm wünschen. ‚Es heitert (klärt sich) auf zum Wolkenbruch' sagt man bei einer Schlechtwetterperiode, wenn es den Anschein hat, daß das Wetter sich noch verschlimmert.

Das ist eine Wolke: das ist toll, großartig, geht auf die berl. Rda. ‚Det is 'ne Wolke' als Ausdr. für Bewunderung und Anerkennung zurück.

Lit.: *F. E. Hirsch:* ‚Aristophanische' Wortfügungen in der Sprache des 19. Jh., in: Zs. f. d. Wortf. 12 (1910), S. 241–248; *V. Stegemann:* Art. ‚Wolke', in: HdA. IX, Sp. 803–814; *K. Badt:* Wolkenbilder und Wolkengedichte der Romantik (Berlin 1960).

Wolle. *(Warm und weich) in der Wolle sitzen (sein, stecken):* ein sorgloses Leben führen, wohlhabend sein, es gut haben, ‚warm sitzen'; eigentl. vom Schaf gesagt, das ein dickes, warmes Wollfell trägt. Die Schafwolle stellt einen großen Wert dar und wird deshalb sinnbildl. für großen menschlichen Reichtum gebraucht. Vgl. frz. ‚être élevé dans la laine' (wörtl.: in der Wolle erzogen werden) i. S. v.: eine zu weiche Erziehung bekommen.

Auch *in die Wolle kommen* (eigentl.: ‚bald geschoren werden können') wird übertr. gebraucht in der Bdtg.: zu Vermögen kommen. *Keine Wolle gewinnen:* keinen Vorteil dabei haben. *Von guter Wolle sein:* tüchtig, wertvoll sein. „Dieser Mönch ... war nicht von der besten Wollen", d.h. taugte wenig (Grunau, Preuß. Chronik I, 433).

Sich in die Wolle geraten (kriegen): zu streiten beginnen, aufeinander zornig werden, untereinander handgreiflich werden. Wolle steht hier scherzhaft für das menschliche Kopfhaar. Die Rda. ist eine erst unserem Jh. angehörende Parallelbildung zu ‚sich in die Haare geraten', ‚sich in den Haaren liegen'. Entspr. *einen in der Wolle haben:* sich mit ihm streiten; *Wolle lassen* (wie: ‚Haare lassen'): Verlust erleiden; vgl. frz. ‚Y laisser des plumes' (wörtl.: Federn dabei verlieren) ↗ Feder, sowie ‚se laisser manger la laine sur le dos' (wörtl.: sich die Wolle vom Rücken fressen lassen) i. S. v.: sich das Fell über die Ohren ziehen lassen, ↗ Fell; *einen in die Wolle bringen:* ihn erbosen. Älter ist *einem in die Wolle greifen:* ihm scharf zusetzen; urspr. auf das Schaf angewandt, das man an der Wolle packt und festhält. In übertr. Sinne schon bei Luther: „Das heyst dem bapste yn die wolle gegriffen" (Weimarer Ausg. Bd. 34, 2, S. 312). Auch ‚einem in den Beutel greifen' kann die Rda. bedeuten, z. B. in der ‚Zimmerischen Chronik' (Bd. II, S. 169): „Als nun junker Heinrich vil verthon, derhalben in grosse schulden kommen, hat er angefangen, dem alten herrn mehr und gröber in die wollen zu greifen". 1639 findet sich bei Lehmann S. 679 (‚Regenten' 201): „Alexander der Gross alß er vermahnt worden, er solt seinen Vnterthanen besser in Woll greiffen, hat er geantwortet: Er möge keinen Gärtner haben, der fruchtbare Kräuter mit der Wurtzel außruppft".

In der Wolle gefärbt: echt, treu, zuverlässig, unverfälscht; gilt urspr. von einem farbigen Stoff, der nicht erst als Tuch, sondern schon als unverarbeitete Wolle gefärbt worden ist und, da er völlig von ihr durchdrungen ist, die Farbe besser hält. Das Wortspiel wird gelegentlich sogar noch weitergeführt, z. B. bei Ina Seidel (‚Lennacker' [1938], S. 449): „Heut aber sind ganze Völker, ja ganz Europa in der Wolle gefärbt durch das teure Blut unseres Herrn und Heilands Jesu Christi ... da durch die Taufe viele Christen wirklich nur eben in der Wolle – nicht aber bis in die Seele hinein christlich gefärbt sind".

Viel Geschrei und wenig Wolle ↗ Geschrei.

Lit.: *Zepf:* Art. ‚Wolle', in: HdA. IX, Sp. 814–817.

Wolpertinger. *Wolpertinger fangen (wollen):* einem imaginären Fabelwesen (Mischwesen) nachjagen. Die Wndg. gilt bes. im Bayr. als Verspottung von Leichtgläubigkeit und vorgeblichem Heldentum.

Wolpertinger schießen gehen: etw. Unsinniges vorhaben, Unmögliches versuchen, ↗ Elbetritschen, ↗ Jägerlatein.

Wort. *Es in Worten haben* (auch mit dem Zusatz: *wie das Eichhörnchen im Schwanz)* sagt man von einem, der mit hoher Gönnermiene in beredten, schönen Worten etw. verspricht, worauf nicht zu bauen ist, dessen ganze Stärke also die Worte sind, wie die Stärke des Eichhörnchens der Schwanz. 1529 bucht Joh. Agricola (Nr. 43): „Es ist dir in worten, wie manchem im synne“, mit der Erklärung: „Im synne hats mancher, er wolle gros ding thun, aber er feylet darnach weyt, wens zur that kompt vnd zum treffen gehen soll“.

Thomas Murner behandelt in zwei Kapiteln seiner ‚Schelmenzunft‘ (1512) die beiden heute ausgestorbenen Rdaa. ‚dieffe Wort geben‘ und ‚glatte Wort schleifen‘, die beide auch durch eine Ill. ausgezeichnet sind; ↗schleifen.

‚Tiefe Worte geben‘

Seine Worte auf die Goldwaage legen: seine Worte genau überlegen und abwägen. Die Rda. ist bibl. Urspr. und beruht auf Sir. 21,27 („die Weisen aber wägen ihre Worte mit der Goldwaage“; ähnl. Sir. 28,29); vgl. frz. ‚peser ses mots‘ (wörtl.: seine Worte abwiegen).

Zur Beliebtheit der Wndg. *(nicht) viele Worte machen* hat sicherlich ebenfalls die Übers. der Lutherbibel von Sir. 7,15 und Matth. 6,7 beigetragen („die Heiden … meinen, sie werden erhört, wenn sie viel Worte machen“).

Einem das Wort gönnen: ihn anreden, begrüßen, ihn um etw. bitten. Die Rda. ist bes. in den ndd. Mdaa. verbreitet, z.B. ‚Ik will em dat woort darum gunnen‘, ihn darum bitten.

Einem das Wort im Mund herumdrehen: seine Äußerungen verfälscht wiedergeben, jem. absichtlich mißverstehen. Die Rda. ist schon seit dem 16. Jh. bezeugt. Vgl. frz. ‚faire dire à quelqu'un ce qu'il ne veut pas dire‘ (wörtl.: jem. absichtlich mißverstehen).

Ich strafe mein Weib nur mit guten Worten!
sagte der Hanswurst und warf seiner Frau das Gebetbuch an den Kopf.

Ein großes Wort gelassen aussprechen: etw. Wichtiges bescheiden äußern; vielfach iron. verstanden: eine dumme Bemerkung unbedacht machen. Die Wndg. beruht auf einem Zitat aus Goethes ‚Iphigenie‘ (I,3); dort sagt Thoas: „Du sprichst ein großes Wort gelassen aus“.

Haste Worte? (auch mit dem Zusatz: ‚for sonne Sorte‘): Was soll man dazu sagen? Der rdal. Ausdr. des Erstaunens ist berl. Ursprungs und seit dem 19. Jh. belegt (vgl. Ton). Vgl. frz. ‚Il n'y a pas de mot pour le décrire‘ (wörtl.: Das läßt sich mit keinem Wort beschreiben) als Ausdr. der Empörung.

Folgende bildhafte Wndgn. bedürfen keiner Erklärung: ‚das letzte Wort haben (behalten)‘; vgl. frz. ‚avoir le dernier mot‘; ‚das große Wort führen‘, ‚mit leeren Worten abspeisen‘; vgl. frz. ‚nourrir de belles paroles‘ (mit schönen Worten). Vgl. auch: ‚se nourrir de belles paroles‘ (wörtl.: sich mit schönen Worten abspeisen lassen) i.S.v. auf leeres Gewäsch hereinfallen; ‚ein Wort mitzureden haben‘; vgl. frz. ‚avoir droit à la parole‘ oder ‚au chapitre‘; ‚ins Wort fallen‘, ‚für jem. ein gutes Wort einlegen‘, ‚jem. ein gutes Wort geben‘, ‚mit jem. ein ernstes (offenes) Wort reden (müssen)‘; vgl. frz. ‚dire deux mots à quelqu'un‘ (wörtl.: mit einem zwei Worte reden); ‚ein Wort fallen lassen‘; vgl. frz. ‚prononcer un mot‘; ‚sein Wort verpfänden (einlösen)‘, ‚beim Wort nehmen‘; vgl. frz. ‚prendre au mot‘; ‚das Wort bleibt einem in der Kehle stecken‘; vgl. frz. ‚Les mots vous restent dans la gorge‘; ‚jem. die Wörter einzeln aus der Nase ziehen‘, ‚jem. das Wort im Munde abschneiden‘; vgl. frz. ‚couper la parole à quelqu'un‘.

Ein Wörtchen mitzureden haben: mitzuentscheiden haben. Wörtchen nimmt sich wegen der Diminutivform bescheiden aus, meint aber iron. das sehr gewichtige Wort, fast die Hauptentscheidung; seit 1811 lexikographisch.

Einer Sache (jem.) das Wort reden: sich dafür einsetzen.

,Dein Wort in Gottes Ohr': dein Wunsch möge Gehör an höherer Stelle finden, in Erfüllung gehen.

Lit.: *W. Mieder:* „A Picture Is Worth a Thousand Words": From Advertising Slogan to American Proverb, in: Southern Folklore 47 (1990), S. 207–225.

Wunder. *Sein blaues Wunder erleben:* peinlich überrascht sein, eine unangenehme Erfahrung machen (↗blau).

Es geschehen noch Zeichen und Wunder sagt man rdal., wenn nach langem Stillstand wieder eine Neuigkeit zu verzeichnen ist. Die Rda. beruht auf einem abgewandelten Zitat aus Schillers ,Wallensteins Lager' (8. Auftr.): „Am Himmel geschehen Zeichen und Wunder"; vgl. 2. Mos. 7,3.

Wupper. *Über die Wupper gehen:* sterben, ↗zeitlich; auch: bankrott machen.

Wurf. Wndgn. mit Wurf sind bis auf wenige Ausnahmen nur noch in den Mdaa. zu finden.

Einem in den Wurf kommen: ihm unversehens begegnen, in den Weg laufen, ihm gerade recht kommen, seit dem 16. Jh. nachweisbar; eigentl.: dem, der es auf einen abgesehen hat, der gleichsam mit dem Speer oder dem Stein in der Hand schon zum Wurf lauernd ausgeholt hat, als Beute in die Schußlinie laufen, in die Quere kommen; z.B. 1771 in Christian Felix Weißes ,Komischen Opern' (Bd. III, S. 7): „Und wer weiß, hätt' ihm der König nicht hier in Wurf kommen können". Dementspr.: *in den Wurf laufen:* ins Schußfeld kommen, in die Quere kommen.

Eine Verdeutlichung wird durch die Wndg. entgegengesetzten Sinnes erreicht: *aus dem Wurf gehen:* ausweichen (vgl. ,aus dem Schußfeld gehen'). „Im entweych Ettun auss dem wurff ynd der stab sprang an die gezelt stang" (Hertzog Aymont [1535] r4[a]).

Die artikellose Fügung ,in Wurf kommen' hat im Sprachgebrauch des 16. und 17. Jh. das Übergewicht und tritt noch in den Quellen des 18. Jh. vielfach auf. Im 19. Jh. ist sie bis auf wenige Restfälle aus der Schriftsprache gewichen, lebt aber in den Mdaa. fort. Schwäb. ,Wenn mir der in (de) Wurf kommt, na –!', wenn ich den geschickt erwische. Ndd. „Ok teiken un malen ded hei in olle Wis' allens, wat em in den Worp kam" (Fr. Reuter, P. Warncke, [3]1910).

Es im Wurfe haben: geschickt sein. ,Es im Worff habe', vom Glück begünstigt sein (Tobler, Appenzell [1837], 451). Adelung (IV, 1627) bucht: *jem. in den Wurf bekommen:* ihn irgendwo antreffen. Meist mdal. auf den schwäb.-alem. Raum beschränkt sind die Wndgn. ,im Wurfe sein', ,im Wurf liegen', vorgeschlagen sein (als Kandidat für ein Amt), geplant sein, und ,in Wurf bringen', vorschlagen. Zschokke schreibt 1824 (Ausgew. Schriften 2,75): „Anfangs war nichts Geringeres im Wurfe, als gänzliche Abschaffung der neuen Staatsverfassung". Gottfr. Keller (1889, Ges. W. 7,92): „Ich hörte zu, wie sie die Regine bereden wollten, auf dem im Wurfe liegenden Wohlthätigkeitsbazar eine Verkaufsstelle zu übernehmen". ,Einen Wurf tun', einen Anschlag versuchen, ausführen, mit der Grundvorstellung des Wurfes auf ein Ziel, das getroffen werden muß, ist bei Luther (Weimarer Ausg. 9,376) bezeugt, heute aber ungebräuchlich.

Einen großen (guten) Wurf machen: Glück haben, mit leichter Mühe zu großem Gewinn kommen. Die Rda. stammt vom Würfel- oder Kegelspiel, ↗Würfel. Auch das bekannte Zitat aus Schillers Lied ,An die Freude' von 1785 („Wem der große Wurf gelungen, eines Freundes Freund zu sein") hat zur Beliebtheit des Bildes beigetragen. Dementspr. auch: *alles auf einen Wurf setzen:* alles auf eine Karte setzen. M. Herbert schreibt 1922 (,Liebesirrtum' 19): „Alles Glück des Lebens auf einen Wurf zu setzen".

Um den ersten Wurf spielen (werfen): den Anstoß erteilen, der die Entscheidung einleitet; eigentl.: darum spielen, wer das Spiel beginnen soll. In erweiterter Bdtg.

vom Mhd. bis zur Reformationszeit gebräuchl. Mdal. treten auf: ‚De worff habe‘, den Vorteil haben, und: ‚de worff os de henda loh‘, das Glück aus den Händen lassen (Tobler, Appenzell 451).

Zwei Würfe mit einem Stein tun (wollen): mehr erreichen (wollen), als eigentl. zu erwarten ist, mehrere Ziele verfolgen; vgl. ‚zwei Fliegen mit einer Klappe‘. Diese Wndg. gebrauchte auch Lessing (Sämtl. Schriften, hg. von K. Lachmann u. F. Muncker, II, 80): „Es war mir sehr lieb, auf diese Art, wie man sagt, zwey Würfe mit einem Steine zu thun“. Vgl. frz. ‚faire d'une pierre deux coups‘.

Würfel. *Die Würfel sind gefallen* (seltener *Der Würfel ist gefallen):* Der Entschluß ist gefaßt, die Entscheidung ist endgültig. Diese umg. oft gebrauchte Wndg., die aber in den Mdaa. durchweg fehlt, geht auf ein Zitat zurück: Als Caesar nach längerem Schwanken im Jahre 49 v. Chr. den Entschluß gefaßt hatte, über den Rubicon

‚Der Würfel ist gefallen‘

zu gehen, zitierte er Menanders Wort „'Ανεῤῥίφθω κύβος“ (= der Würfel falle). Sueton (‚Caesar‘, 32) gibt die nicht ganz wörtl. Übers.: „Iacta alea est!“, häufig zitiert: ‚Alea iacta est!‘ (= Der Würfel ist gefallen). Mit dem Humanismus ist die Wndg. in die Sprache der Gebildeten eingedrungen und hat sich dort bis zum heutigen Tage erhalten. Auch Schiller (Werke 1,232) gebrauchte dieses Zitat, jedoch etw. abgewandelt:

Eisern im wolkigten Pulverdampf,
Eisern fallen die Würfel.

Thomas Mann schrieb 1956 (‚Felix Krull‘ S. 127): „Ich begab mich ziemlich gelassenen Geistes dorthin (zur Musterung); denn ich war mir bewußt, daß heute der Würfel kaum fallen werde“. Vgl. frz. ‚Les dés sont joués‘.

Lit.: *E. Marshall:* Jacta est alea, in: American Notes and Queries 6,11 (1885), S. 196–197; *Büchmann; W. Tauber:* Das Würfelspiel im MA. und in der frühen Neuzeit. Eine kultur- und sprachgeschichtliche Darstellung (Europ. Hochschulschriften: Reihe 1, Dt. Sprache und Literatur, Bd. 959) (Frankfurt/M. 1987).

Wurm. *Sich winden (krümmen) wie ein Wurm:* sich hilflos sträuben, unterwürfig sich fügen; etw. nicht zugeben wollen, mit der Sprache nicht herauswollen.

Der geläufige rdal. Vergleich ist schon dem Mhd. bekannt. Um 1300 schreibt Heinrich von Neustadt (‚Apollonius‘ 4219, hg. v. S. Singer):

Du leydest manigen sturm,
das du dich pewgest als ain wurm.

Zahlreiche Belege finden sich in der neueren Lit., aber auch die Mdaa. kennen den Vergleich, z. B. pomm. ‚He wund sikk as een worm‘, er wollte nicht daran. Vgl. auch frz. ‚se tordre comme un ver‘.

Einem die Würmer aus der Nase ziehen: ihm langsam, aber durch geschickte Fragen seine Geheimnisse entlocken, ihn aushorchen; ebenso frz. ‚tirer les vers du nez à quelqu'un‘. Die Rda. geht auf die alte Vorstellung von wurmgestaltigen Krankheitsdämonen zurück, die nach volksmedizinischer Auffassung im menschlichen Leib bzw. in dem betroffenen Glied liegen. Einzelne Krankheiten wurden auf das Vorhandensein von Spezialwürmern (wie Magen-, Leber-, Ohr-, Zahn-, Hirn-, Herzwurm) zurückgeführt.

Der Beschwörung von Krankheitsdämonen in Wurmgestalt dienen die von ahd. Zeit bis zur Ggwt. bezeugten Wurmsegen. 1350 vermerkt Konrad von Megenberg in seinem ‚Buch der Natur‘ (hg. v. Pfeiffer, S. 130 f.): „In des hirzs haupt ist ain wurm, der in oft müet; aber ain iegleich tier und auch der mensch hât ainen wurm under der zungen, und an der stat, dâ diu runstâdern gesellet werdent des rucks dorn, dâ er sich veraint mit dem haupt, sein zwanzig würm“. Diesen Glauben machten sich Kurpfuscher des 17. und 18. Jh. zunutze, indem sie auf den Jahrmärkten behaupteten, Schwermütige dadurch heilen zu können, daß sie ihnen die Würmer durch die Nase aus dem Gehirn zögen. In derselben Weise prahlt Frosch in Auerbachs Keller (Goethe, Faust I, V. 2174ff.):

Laßt mich nur gehn! Bei einem vollen Glase
Zieh' ich, wie einen Kinderzahn,
Den Burschen leicht die Würmer aus der Nase.

(Im Urfaust: „Ich will'en die Würme schon aus der Nase ziehn, wo sie herkommen").

Zur selben Grundvorstellung gehören zahlreiche weitere Rdaa. und Wndgn.: *einen Wurm (im Kopf) haben:* eine fixe Idee, eine Marotte haben, töricht und unverständig handeln; vgl. engl. ,He has worms (maggots) in his brain'. Goethe (,Sprüche in Reimen'):

Noch spukt der babylonische Turm,
Sie sind nicht zu vereinen!
Ein jeder Mann hat seinen Wurm,
Kopernikus den seinen.

Im Schwäb. hat ein geisteskranker, aber ebenso auch ein launischer oder hochmütiger Mensch ,Würmer im Hirn'. Auch in anderen Mdaa. sind ähnl. Wndgn. reich belegt. In Süddtl. ist beim Steigen der Wassersucht heute noch der Ausdr. bekannt: ,Der Herzwurm b'seicht mi'; bair. ,den Wurm töten', den Beinfraß (eine eiternde Sehnenentzündung) heilen; schwäb. ,Wer hat dir de Wurm tötet?', wer hat dich aus der Not erlöst?; ,Daß dir der Wurm dreinfahr!' ist eine gängige Fluchformel in Kurhessen.

Es ist wie der Wurm unter dem Fuß: es ist zum Kotzen.

Es wurmt einen: es ärgert, quält, beunruhigt ihn (wie der Wurm im Leibe). In weiterer Übertr. ist der ,nagende Wurm' auch das schlechte Gewissen, die Sorge, die Angst.

Du hast den Drehwurm sagt man zu unruhigen Kindern, die sich dauernd im Kreise herumbewegen oder sich um sich selbst drehen.

Jem. den Wurm schneiden (nehmen). Die seit dem 17. Jh. bezeugte Rda. bezieht sich auf die oft betrügerischen Praktiken der ,Wurmschneider' auf den Jahrmärkten. Dementspr. ist der Sinn der Rda. zunächst: betrügen, übervorteilen. „O ho,

Wurmschneider
(„Jemand den Wurm schneiden')

sagte der Wurmschneider ... sag an mein liebes Baewerlein, hastu niemals zuvor deiner eigenen Obrigkeit den Wurmb geschnitten. Hastu nicht deinen Juncker im Zehenden betrogen ...?" (Moscherosch, 1646, in ,Gesichte' 3,316). Die gleiche Bdtg. hat die Rda. bei Christian Weise (,Erznarren', 1673, Ndr., S. 30). Im 18. Jh. kommt die Rda. zur Bdtg.: einen von einer Torheit heilen. Dabei spielt die Vorstellung eine Rolle, daß jungen Hunden der angeblich die Tollwut verursachende Wurm (die wurmförmige Sehne unter der Zunge) entfernt werden müsse. Vorgang und Deutung der Rda. sind von Adelung (IV,1630) für seine Zeit bezeugt. Gleichzeitig bürgert sich seit der 1. H. des 17. Jh. für Wurm die Bdtg. ,Marotte', ,Schrulle' ein, die eine Entmythologisierung der urspr. volksmedizinischen Vorstellung bedeutet. Diese Auslegung dringt auch in die Lit.; z.B. schreibt Goethe in ,Hans Sachsens poetische Sendung':

(Der Narr) bespöttet eines jeden Fürm,
Treibt sie ins Bad, schneid't ihnen die Würm'
Und führt gar bitter viel Beschwerden,
Daß ihrer doch nicht wollen wen'ger werden.

Mdal. hält sich die Rda. bis zur Ggwt.;

z. B. wien. ‚an in (den) Wurm nehma', seinen Übermut dämpfen.

Einem ein Würmchen aus dem Kreuze leiern: ihn drillen, eine neuere, sold. Wndg.

Jem. den Wurm segnen: ihm gehörig die Meinung sagen, ihn kräftig zurechtweisen. Die Rda. bezieht sich auf die volkstümlichen Wurmsegen, die die Würmer als Krankheitsdämonen heftig beschworen, von ihrem Opfer zu lassen und sich an einen anderen Ort zu begeben, wo sie unschädlich waren.

Auf den Wurm im Obst bezieht sich die Wndg. *Da ist der Wurm drin:* es sieht verlockend aus, birgt aber Nachteile. Eine sehr bekannte Formelstrophe des volkstüml. Liebesliedes lautet:

Der Apfel scheint so rosenrot,
ist doch ein Würmlein drin,
es ist kein Knabe so hübsch und fein,
er trägt einen falschen Sinn.

Vgl. frz. ‚Le ver est dans le fruit'. Vielleicht ist aber auch an den Holzwurm zu denken, der heimlich das Holz des Gebälkes und der Möbel durchnagt und seine Festigkeit zerstört, weil die Rda. auch oft in bezug auf eine gestörte Gesundheit, ein zurückgehendes Geschäft und eine zerrüttete Ehe gebraucht wird.

Lit.: *M. Höfler:* Dt. Krankheitsnamen-Buch (München 1899), S. 820–835; *O. v. Hovorka* u. *A. Kronfeld:* Vergleichende Volksmedizin, 2 Bde. (Stuttgart 1908–09), I, S. 452ff.; HdA. IX, Sp. 841–863, Art. ‚Wurm' und ‚Wurmsegen', v. *Riegler* u. *Ohrt; I. Hampp:* Beschwörung, Segen, Gebet (Stuttgart 1961), S. 62ff.; *G. Eis:* Altdt. Zaubersprüche (Berlin 1964); *L. Röhrich:* Krankheitsdämonen, in: Volksmedizin (Darmstadt 1967), S. 283ff.

Wurst. *Wurst wider Wurst!:* Gleiches mit Gleichem vergelten. Der Realbereich der Rda. ist die Sitte, sich beim Schweineschlachten gegenseitig mit Wurst oder Fleisch zu beschenken. Schon Erasmus Alberus führt 1540 in seinem ‚Dictionarium' die Rda. auf diesen Brauch zurück: „sicut fecerunt mihi, sic feci eis, würst vmb wieder würst dicunt nostrates enim vincini tempore, quo mactantus sues, farcimina invicem mittere. Si quis primus mactarit, vicino nihil mittit, si postea a vicino mactante nihil mittitur". In einem Volkslied aus dem Dreißigjährigen Krieg (1631, bei F. W. v. Ditfurth, Historische Volkslieder [1882], Nr. 86) heißt es:

Gleich wie wir sie vor kauzten
(prügelten),
Wenn sie uns jetzt auch dauzten
(schmähten),
Das wäre Wurst um Wurst.

Der Rda. stehen zahlreiche Sprww. zur Seite, die ebenfalls eine solche Gegenseitigkeit ausdrücken: ‚Wie du mir, so ich dir' (vgl. Sprüche Salomonis 24,29); ‚Brätst du mir eine Wurst, so lösche ich dir den Durst' (Sebastian Brants ‚Narrenschiff' Kap. 81); ‚Ein Eisen macht das andere scharf'; ‚Eine Hand wäscht die andere'.

Mit der Wurst nach der Speckseite werfen: mit Kleinem Großes erreichen wollen; durch ein kleines Geschenk ein größeres, durch eine kleine Gefälligkeit einen großen Vorteil zu erhalten suchen. Schon der röm. Dichter Martial sagt: „Quisquis magna dedit, voluit sibi magna remitti" (= Wer Großes schenkte, wollte, daß ihm Großes wieder geschenkt würde).

Das heute noch gebräuchl. Bild unserer Rda. ist schon mhd. bei Konrad von Würzburg bezeugt, und zwar noch in durchaus wörtl. Anwendung:

Wer wâget, der gewinnet vil:
wirf die wurst an bachen (Schinken),
vil lîht so wirt er krachen,
daz in diu wurst erschellet
(klingen macht)
und daz er mit ir vellet.

1529 findet sich bei Joh. Agricola das Sprw. ‚Schenken heißt angeln' mit der Erklärung: „Wer einem andern etwas schenket, der wirft ihn mit einer Bratwurst um ein Seiten Speck. Man schenkt gar selten aus lauter Lieb, ohn ein Schalksaug, sondern man handelt, angelt, jagt und fischt mit den Gaben, daß man mehr sehe und mit Gewinn wieder nehme ... Man schickt keinem keine Wurst, man verhoffe

‚Jemand mit einer Wurst fangen'

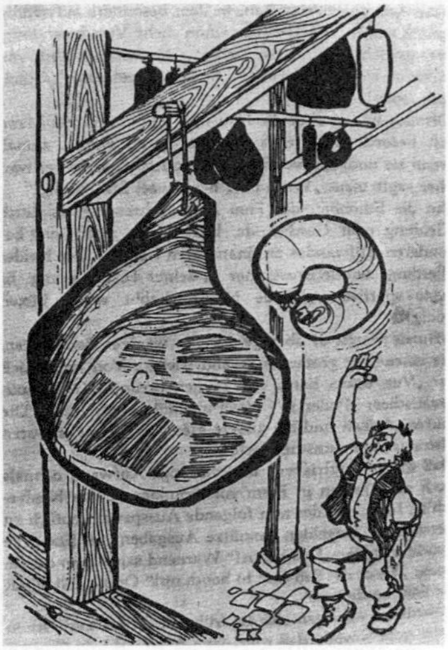

‚Mit der Wurst nach der Speckseite werfen'

dann, er werde auch ein Sau schlachten und des Sprichworts gedenken: Wurst wider Wurst, Korn umb Salz!" 1649 bei Gerlingius (Nr. 233): „Tribus minis insumptis duodecim imputat. Er wirfft wurst nach einer Seiten speck". Jeremias Gotthelf sagt 1837 im ‚Bauernspiegel' von einem pfiffigen Bauern: „Er wußte wie keiner Würste nach Speckseiten zu werfen, und selten mißlang ihm ein Wurf"; kurz darauf: „Das war auch so eine Wurst, die er nach der Speckseite bengelte". Auch im Ndd., z. B. bei Fritz Reuter: „He smitt mit de Wust na'n Schinken"; sogar gereimt: „He smitt mit de Pink (kleinen Wurst) na de Schink". Schwäb. ‚die Wurst nach einer Blunze (‚Speckseite') werfen'; ↗Speck.

Heute wird diese Rda. meist mit umgekehrter Bdtg. gebraucht, wobei auch noch die Wurst als das Wertvollere gesehen wird: ‚Das heißt ja mit der Wurst nach der Speckseite werfen': einen Verlust durch erhöhten Einsatz wiederzugewinnen suchen, wobei am Ende alles verloren ist.

Er will immer eine besondere Wurst (oder *eine Extrawurst) gebraten haben:* er beansprucht eine besondere, ihn bevorzugende Behandlung. Ähnl. schon bei Abra-

‚Er will eine Extrawurst gebraten haben'

ham a Sancta Clara (‚Lauber-Hütt' I, 314): „Man bratet keinem eine Wurst, man macht keinem etwas besonders".

Es geht um die Wurst: es geht um die Entscheidung. Die Rda. leitet sich wahrscheinl. von volkstümlichen Wettkämpfen her, bei denen der Sieger eine Wurst erhielt oder, wie beim Wurstklettern, Wurstschnappen, Wurstangeln usw., sich eine Wurst erringen mußte (1881 für Leipzig belegt).

Vom Dorfschullehrer, der bei keiner Festlichkeit fehlte, wo er sich einmal sattessen konnte, hieß es im Spottlied:

Die größte Wurst ist immer sein,
Dem armen Dorfschulmeisterlein.

‚Es geht um die Wurst'

‚Es geht um die Wurst'

Das kannst du in die Wurst hacken: das taugt nichts.

Schwäb. ‚jem. eine hölzerne Wurst aufs Kraut legen', ihn prügeln.

Das ist mir Wurs(ch)t: das ist mir gleichgültig; die Rda. ist wohl nicht als verkürzte Form aus der Wndg. ‚Das ist Wurst wie Schale' entstanden (vgl. ‚Jacke wie Hose'); vielleicht ist nur an die Gleichartigkeit gedacht, die sich bei der Wurst an beiden Enden zeigt (vgl. die Sprw.-Parodie: ‚Alles hat ein Ende, nur die Wurst hat zwei'). Es ist gleichgültig, an welchem Ende die Wurst angeschnitten wird. Möglicherweise ist auch an Wurst als Werktagsessen in geringschätzigem Sinne gedacht, im Gegensatz zum Sonntagsbraten. Bismarck schrieb am 22. Dezember 1853 seiner Schwester vom Frankfurter Bundestag: „Ich gewöhne mich daran im Gefühle gähnender Unschuld alle Symptome von Kälte zu ertragen und die Stimmung gänzlicher Wurschtigkeit in mir vorherrschend werden zu lassen ..." M. Busch (‚Graf Bismarck und seine Leute' [Leipzig 1878], I, 255) berichtet unter dem 21. Jan. 1871 bei Gelegenheit einer Erörterung über die Titulaturen ‚deutscher Kaiser', ‚Kaiser von Deutschland', ‚Kaiser der Deutschen': „Als ein Weilchen darüber verhandelt worden war, fragte der Chef, der bisher zu der Debatte geschwiegen: Weiß einer der Herren, was auf lat. ‚Wurscht' heißt? – ‚Farcimentum' erwiderte Abeken. – ‚Farcimen', sagte ich. – Chef, lächelnd: ‚Farcimentum' oder ‚farcimen', einerlei: Nescio quid mihi magis farcimentum esset, d.h. ich weiß nicht, was mir mehr Wurst wäre" (Büchmann). Vgl. frz. ‚Je m'en fiche ...' oder ‚Je m'en fous (comme de l'an quarante)' (wörtl.: Es ist mir so egal wie das Jahr vierzig).

In der Ggwt. findet sich die Rda. auch pleonastisch verstärkt: ‚Das ist mir piepwurst' oder ‚Das ist mir wurstepiep' und ‚Das ist mir schnurzwurstpiepe', ‚wurstegal', ↗Pfeife.

Die gekränkte Leberwurst spielen ↗Leberwurst.

Lit.: *Anon.:* Men werpe eenen Schelvis uit, om eenen Kabeljaauw te vangen (Die Wurst nach der Speckseite werfen), in: Allgemeene Konst- en Letterkunde (1816), S. 409–410; *R. Spreyer:* Mit der Wurst nach der Speckseite werfen, in: Zs. f. d. U. 7 (1893), S. 143; *O. Glöde:* Mit der Wurst nach dem Schinken werfen, in: Zs. f. d. U. 7 (1893), S. 633; *O. Behagel:* Das ist mir wurst, das ist mir pipe, in: Zs. f. dt. Wortf. 1 (1900), S. 279–280; *O. D. Potthoff:* Illustrierte Geschichte des dt. Fleischerhandwerks vom 12. Jh. bis zur Gegenwart (Berlin 1927); *R. Wissell:* Des alten Handwerks Recht und Gewohnheit (Berlin 1929), S. 584; *F. Eckstein:* Art. ‚Wurst', in: HdA. IX, Sp. 865–874; *E. Johann:* Das Jahr des Metzgers. Der Lissnerschen Wurstologia anderer Band (Frankfurt a.M. 1957).

Wüste. *Jem. in die Wüste schicken:* jem., mit dem man unzufrieden ist, entlassen; vgl. frz. ‚limousiner': jem. in die tiefste Provinz Limousin versetzen, ↗Sündenbock.

Wut. *Seine Wut hinunterschlucken (unterdrücken) müssen:* seine angestauten Affekte verschweigen, seine Gefühle nicht frei äußern dürfen, Rücksichten nehmen müssen.

Eine Wut im Bauche haben: hochgradig erregt sein. Im Badischen heißt es sogar: ‚Eine Wut im Arsch haben'. Die Wndgn. dienen der Verstärkung und Veranschaulichung des Gemütszustandes. Sie beziehen sich auf die Beobachtung, daß sich unterdrückte Gefühle sehr negativ auf die inneren Organe auswirken können und sogar zu psycho-somatischen Erkrankungen (Magengeschwüre, Darmstörungen) führen.

Die (kalte) Wut kommt einem hoch: die Erregung läßt sich nicht länger zurückhalten, ein ähnl. Vorgang wie das Erbrechen.

Seine Wut herauslassen: sich direkt äußern, sich keinen Zwang auferlegen, frei heraus seinen Mißmut äußern.

XY

X. *Einem ein X für ein U vormachen:* ihn täuschen, ihn belügen, irreleiten, ihm etw. vorspiegeln, ihn betrügen, übervorteilen. Bekanntlich wurden im MA. die Zahlen mit röm. Zahlzeichen ausgedrückt, wobei das V, das damals zugleich für U stand, fünf (5) bedeutete. Zwei V, das eine verkehrt an das andere gesetzt (X), bedeuten aber zehn (10); zum selben Ergebnis kommt man, wenn man die beiden Schenkel des V über den Fußpunkt hinaus schreibt, das Zeichen dann als X gelesen werden kann. Demnach ist der urspr. Sinn der Rda.: jem. zehn statt fünf (d.i. ‚mit doppelter Kreide', ↗ Kreide) anschreiben. Schon in dem 1435 verfaßten Namenbuch von Konrad Dangkrotzheim heißt es: „do mache ein ickis für ein V"; und in einer Dichtung von Nikodemus Frischlin:

Schreibs alles seinem Herren zu
Oft zwei X für ein einigs V.

Aus dem 16. Jh. wird berichtet (‚Germania' 13,270):

Der wierte war ein gschwinder man,
Die kreid in seine hand bald nam.
Dieselb, wie es dann pflegt zu gen,
Für einen strich recht kreidet zwen,
Er macht ein X wol für ein V,
Damit kam er der rechnung zu.

Diese Deutung wird auch bestätigt durch eine Stelle in Johann Wilhelm Lauremberg's ‚Veer Schertzgedichten' (1653; 1. Gedicht, V.136ff.):

(Ik) laet mi nicht verleiden,
Voer L (50) to schriven C (100) und voer V schriven X,
Kan ik den nicht veel mehr, so bin ich darup fix.

Der Wirt Schrepffeisen sagt zu Simplicius: „Und doch wollen meine Gäste meine Rechnung bisweilen nicht allerdings recht verstehen/sondern je zuweilen aus einem X ein V machen/das mir aber zu tun nicht gelegen" (Grimmelshausen, Kalender, S. 503). Vgl. auch frz. ‚faire

‚Einem ein X für ein U vormachen'

prendre à quelqu'un des vessies pour des lanternes' (wörtl.: einem eine Schweineblase für eine Laterne vormachen).

Auf eine andere Erklärungsmöglichkeit weist Alb. Höfer (‚Germania' XIII,270, XIV,215 und IV,216) hin. Bis ins 15. Jh. war eine Geheimschrift üblich, in der tatsächlich ein ‚X' für ein ‚V' gemacht wurde, weil in ihr jeder Vokal durch den folgenden Konsonanten ersetzt wurde. Es kam also urspr. mehr auf das Verbergen und Täuschen als auf das Betrügen und Fälschen an, was eigentl. auch noch heute dem Sinn der Rda. besser entspricht. Die Zahlzeichen X und V mögen dann später eingewirkt und zur Bedeutungsänderung der Wndg. beigetragen haben.

Er kann kein X von einem U unterscheiden: so sagt man auch von einem dummen Menschen; vgl. engl. ‚He does not know B. from a Bull's foot' und: ‚He doesn't know a hawk from a handsaw'.

Einem etw. xmal sagen: es ihm unzählige Male sagen; x ist in der Algebra die Bez. für die unbekannte Größe.

Ein x-beliebiger Mensch: irgendeine Person aus der Menge.

Lit.: *A. W. Strobel:* Beiträge zur dt. Lit. und Lit.-Geschichte (Paris u. Straßburg 1827), S. 124; *J. M. Wagner:* X für U, in: Germania 13 (1868), S. 270; *J. Addis:* I know a hawk from a handsaw, in: American Notes and Queries 4, 10 (1872), S. 375–376; *F. Latendorf:* X für U, in: Germania 20 (1875), S. 8; *Floto:* X für U, in: Germania 21 (1876), S. 255–256; *R. Köhler:* X für U, in: Kleinere Schriften, Bd. III (Berlin 1900), S. 541 f.; *C. Paschall:* Ein X für ein U, in: Western Folklore 7 (1948), S. 392.

Xanthippe. *Eine wahre Xanthippe sein,* auch: *einer Xanthippe gleichen:* eine bösartige Frau sein, die ihren Ehemann durch ihr Gezänk ständig plagt, für bes. streitsüchtig gelten. Der fremde, unverständliche Name erfuhr auch eine volkstümlich-scherzhaft erklärende Umformung in der Wndg. *Sie ist eine Zanktippe.*

‚Einer Xanthippe gleichen'

Xanthippe, die Gattin des griech. Philosophen Sokrates (470–399 v. Chr.), gilt zu Unrecht als das Urbild des unverträglichen Weibes. Die Schuld am häuslichen Unfrieden lag wohl nicht nur an ihr. Doch die parteiischen Schriften der zahlreichen Anhänger ihres Mannes brachten Xanthippe in ihren sprw. Ruf, z. B. hat sie Xenophon in seinem ‚Gastmahl' als bes. zanksüchtig geschildert. Lessing unternahm 1747 für sie einen Rechtfertigungsversuch, und E. Zeller brachte in seinem Buche ‚Vorträge und Abhandlungen geschichtlichen Inhalts' (Leipzig 1875) noch einen Beitrag ‚Zur Ehrenrettung der Xantippe', in dem er schrieb: „Hätte Xantippe keinen Sokrates zum Manne gehabt, so wäre uns ihr Name wol kaum überliefert; und finge dieser Name nicht mit dem leidigen X an, so läsen wir schwerlich in den Fibeln:

Xantippe war ein böses Weib,
Der Zank war ihr ein Zeitvertreib.

Bis heute jedoch hat sich die öffentl. Meinung über die Xanthippe deshalb nicht im geringsten geändert. In einem Bilderbogen des 19. Jh. werden die Mädchen vor den bösen Folgen gewarnt, falls sie ihr ähnl. sind:

Die Jungfrau, die ist übel d'ran,
Die der Xanthippe gleicht,
Vor ihr scheut sich ein jeder Mann,
Es nimmt sie Keiner leicht.

Die Sprww. enthalten widersprechende Feststellungen: ‚Xanthippen werden nicht geboren', sie entwickeln sich erst durch die schlechten Verhältnisse, in die sie geraten, und: ‚Xanthippen werden noch immer geboren', die bösen Weiber sterben niemals aus. Vgl. ndl. ‚Xantippes worden nog wel geboren'.

Ypsilon. Mit Ypsilon wird u. a. eine unbekannte Größe in der Mathematik bez. Weiterhin gilt das pythagoreische Y-Signum wegen seiner Ähnlichkeit mit einer Weggabelung als Emblem der Wegscheide des Lebens. ↗Scheideweg.

Y als Emblem der Wegscheide

Wann zuerst das Y als Signum für die Wahl zwischen zwei Wegen angesehen wurde, ist nicht sicher zu bestimmen. In der Nachfolge pythagoreischer Vorstellungen steht das Y-Signum als Zeichen einer vorwiegend moralisch bestimmten Entscheidung über den Lebensweg, als Zeichen der Entscheidung zwischen ‚vita contemplativa' und ‚vita activa'.

Lit.: *W. Harms:* Geschichte eines pythagoreischen Weg-Signums. Der Buchstabe Y als ‚res significans', in: ders.: Homo viator in bivio. Studien zur Bildlichkeit des Weges (München 1970), Kap. II, S. 29–199; weitere Lit. ↗ Weg.

Z

Z ↗ Abc.

Zachäus. *Zachäus auf allen Kirchweihen (in allen Schenken) sein:* überall anzutreffen sein, insbes. dort, wo es lustig hergeht und es etw. Gutes zu schmausen gibt. Schwäb. ‚Der isch auf älle Kirwe wie (der) Zachäus'. Die Rda. bezieht sich auf den herkömmlichen Text der Kirchweihpredigt über Jesu Einkehr im Hause des Zöllners Zachäus (Luk. 19,1–10). Ein Frühbeleg für die Rda. findet sich in Wickrams ‚Rollwagenbüchlein' von 1555 (XLIX): „wenig aber wirt dass leiden Christi bedacht. Also predigt man vom Zacheo auff allen Kirchweihen, niemandt aber volget jm inn den wercken nach".
Vgl. ‚Petersilie auf allen Suppen' ↗ Petersilie; ‚Hans Dampf in allen Gassen' ↗ Hans.

Zack, Zacken. *Auf Zack sein:* schlagfertig, tüchtig, ‚auf ↗ Draht' sein; seinen Vorteil rasch erkennen und nutzen. Zack steht sinnbildl. für die sehr schnelle Bewegung, wohl hergenommen von der Zickzackbewegung des Blitzes. Zack sagt man, wenn man z. B. einen Nagel auf den ersten Anhieb richtig in die gewünschte Stelle schlägt. Die Rdaa. entstammen der Soldatensprache des 2. Weltkrieges, ebenso wie ‚zackig' und ‚Zackigkeit'.
Einen Zacken (in der Krone) haben: einen leichten Rausch haben.
Sich einen Zacken (aus der Krone brechen) abbrechen: sich etw. vergeben (↗ abbrechen, ↗ Krone).
Neuere Wndgn. sind: *einen Zacken weghaben:* bezecht sein (↗ trinken) und *einen Zacken draufhaben:* sehr schnell fahren.

Zahl. *In die roten Zahlen kommen:* sich verschulden, Schulden machen. *Wieder schwarze Zahlen schreiben:* nach einem drohenden Konkurs wieder eine positive Bilanz aufweisen, ein in den Medien der Gegenwart recht häufig gebrauchter Ausdruck.
‚Zahlen entscheiden' heißt es an vielen Stellen in den Schriften des rhein. Physikers und Publizisten Joh. Friedr. Benzenberg (1777–1846). Daraus entstand die geflügelte Wndg. ‚Zahlen beweisen, sagt Benzenberg' oder auch, negativ gebraucht: ‚Zahlen beweisen gar nichts' (Büchmann).

Zahn. *Das reicht (kaum) für (auf) einen hohlen Zahn:* das ist sehr wenig (zu essen); seit dem Ende des 18. Jh. (Zs. ‚Olla Potrida', Nr. 188, S. 2) belegt: „Sie hat fast nicht mehr so viel, daß sie es könnte in einem hohlen Zahn verbergen". Ähnl. heißt es schlesw.-holst. von einer guten Speise: ‚Dat mutt man achter een Tähn eten', sparsam essen. Vgl. ndl. ‚Dat kan ik wel in mijne holle kies douwen'. Dagegen: *Das bleibt nicht im hohlen Zahn:* das geht einem seelisch nach und nahe.
Seine Zähne (sein Gebiß) ins Holz hangen: nichts zu beißen haben; vgl. frz. ‚n'avoir rien à se mettre sous la dent' (wörtl.: nichts haben, was man sich zwischen die Zähne stecken könnte).
Die Zähne (hoch) heben; mit langen Zähnen essen: mit Widerwillen, ohne Appetit essen; vgl. frz. ‚du bout des dents' (wörtl.: mit den Zahnspitzen), i. S. v. mit Widerwillen; auch: ‚avoir les dents longues' oder ‚avoir la dent'; doch bedeutet stellenweise ‚mit langen Zähnen essen' auch: gierig essen (so 1786 von Adelung gebucht); *einem lange Zähne* (oder *die Zähne lang) machen:* ihn begierig, lüstern machen (so z. B. bei Grimmelshausen); im letzteren Sinne meist: *einem die Zähne wässerig machen;* seit dem 17. Jh. belegt: „Aber ich wuste wol, daß die (prächtigen) Kleider ... ihm nur angethan waren, mir die Zähne wässerig zu machen" (Grimmelshausen, Simplicissimus, 5. Buch, 21. Kap.).

,Einem eilige Zähne machen' heißt in der Niederlausitz scherzhaft: ihn zur Eile antreiben.

Sich an etw. die Zähne ausbeißen: eine Niederlage erleben müssen trotz größter Anstrengung, sich mit etw. Schwierigem abmühen; vgl. frz. ,se casser les dents sur quelque chose'.

Auf die Zähne beißen: sich bezwingen; vgl. frz. ,serrer les dents'. Ähnl.: *Die Zähne zusammenbeißen (müssen):* eine Arbeit mit äußerster Kraftanstrengung beenden, seine Schmerzen besiegen wollen, auch: *Vor Wut oder Zorn die Zähne zusammenbeißen.* Diese Rdaa. beruhen auf der Beobachtung, daß man vor Zorn und Verbitterung, auch vor körperlicher Anstrengung die Zähne zusammenbeißt; in dieser Form seit dem 16. Jh. bezeugt. Vgl. Luthers Übers. von Ps. 37,12 zur Umschreibung körperlicher oder geistiger Anspannung; ähnl. Apostelg. 7,54, wo die Mitglieder des Hohen Rates über die anklagende Rede des Stephanus ,mit den Zähnen knirschen'; ,mit den Zähnen klappern' ist ein entstelltes Zitat aus Matth. 8,12, wo es heißt, daß in der Hölle „wird sein Heulen und Zähneklappen" (nicht: -klappern).

„Ich beiße die Zähne aufeinander und spotte über mein Elend" heißt es bei Goethe (Weim. Ausg. 19,60). Lux. heißt es: ,sech op d'Zänn beißen': sich zurückhalten, beherrschen, um nicht vor Lachen herausplatzen zu müssen.

Jem. den Zahn weisen: jem. drohen. Hunde z. B. entblößen zur Warnung einen Eckzahn, selbst vor Kindern und ihnen sonst wohl vertrauten Personen, von denen sie sich geärgert oder gar drangsaliert fühlen.

J. Grimm zitiert eine Stelle aus der mhd. Literatur: „Si zeiget mir den wolves zant".

Die Zähne zeigen (älter: *blecken*): sich kraftvoll widersetzen, drohend entgegentreten: hergeleitet von den zähnefletschenden Hunden. 1650 schreibt Moscherosch in den ,Gesichten Philanders' (Bd. II, S. 99): „So zeigen sie (die Hunde) ihm die Zähne anstatt des Wadels (d. h. Schwanzes)". In übertr., nur noch bildl. Anwendung findet sich die Rda. schon 1517 bei dem Prediger Geiler von Kaysersberg (,Evangelia' 50a): „Die zehen

,Die Zähne zeigen'

(Jünger) bleckten die zen gegen Jacobum und Johannem"; vgl. frz. ,montrer les dents'.

Jem. auf dem Zahn haben: ihn nicht leiden können; vgl. frz. ,avoir une dent contre quelqu'un' oder ,avoir la dent dure' (wörtl.: einen harten Zahn haben), i. S. v. rachsüchtig sein.

Jem. in die Zähne lachen: jem. offen, spöttisch anlachen, auslachen; vgl. ndd. ,in de tän utlachen'.

Über einen Zahn lachen: heimlich, schalkhaft lachen; *über den linken Zahn lachen:* heuchlerisch lächeln. Holst. antwortet man auf die Frage: ,Woröver lachst du?' abweisend mit: ,Över de tän!'

Einen durch die Zähne ziehen (,einen zwischen den Zähnen haben'): ihn verklatschen, durchhecheln, kritisch über ihn sprechen. Die Rda. bezieht sich wahrscheinl. nicht auf die menschlichen Zähne, sondern auf die Zähne der ↗Hechel, des kammartigen Werkzeugs, mit dem die Flachsfasern gereinigt wurden. Martin Walser gebraucht die Rda. in der Bdtg. ,jem. an der ↗Angel haben' in seinem Roman: ,Das Einhorn': „Hat man endlich (als Verkäufer) einen Kunden zwischen den Zähnen, dann kommt so eine verrückte Hausfrau" (S. 57).

Schweiz. ist die Rda. ,ais uffe Zan ne': etw. genießen, gut trinken und essen.

Einem etw. aus den Zähnen rücken: es ihm entziehen; vgl. Hiob 29,17 („Ich zerbrach die Backenzähne des Ungerechten und riß den Raub aus seinen Zähnen"). Das Gegenteil ist: *einem etw. auf die Zähne binden (streichen):* ihm unklugerweise etw. anvertrauen.

Bis auf die Zähne bewaffnet setzt bildl. den Gebrauch der Zähne als letztverfügbarer Waffe. Die Rda. ist schon im Mhd. geläufig: „des reit er (Mars) dô mit sînen scharn gewâpent sêre unz ûf de zene" (Konrad von Würzburg, Trojanerkrieg, V.3495). Vgl. frz. ‚être armé jusqu'aux dents' und ndl. ‚Hij is tot de tanden toe gewapend'.

Einem auf den Zahn fühlen: ihn gründlich auf seine Kenntnisse und Fähigkeiten prüfen. Die übertr. Anwendung der Rda. ist seit etwa 1700 gebräuchl. Das Bild ist vom Zahnarzt genommen, der durch Befühlen und Beklopfen den schmerzenden Zahn ermittelt. Weniger wahrscheinl. ist die Herleitung von der Praxis des Pferde-

Er fühlt einem auf den Zahn

kaufs, bei dem man noch heute aus der Beschaffenheit der Zähne das Alter und den Wert der Tiere festzustellen sucht (daher auch das Sprw. ‚Einem geschenkten Gaul sieht man nicht ins Maul').

Jem. die Zähne ziehen: ihm übel mitspielen.

Einem einen Zahn ziehen: von ihm einen Sachverhalt erfahren; auch: ihn von einer Last befreien. *Diesen Zahn laß dir ziehen:* diesen törichten Gedanken mußt du aufgeben. Die Torheit eines Gedankens oder Plans wird mit dem schmerzenden Zahn verglichen, der den Menschen ähnl. plagt wie ein wirklichkeitsfremder Gedanke. Schlesw.-holst. ‚Se hebbt em'n düchtigen Tähn uttrocken', ihm viel Geld abgenommen; obersächs.-erzgeb. ‚einer (Frau) 'n Giftzahn ausreißen', ihr das Lästermaul stopfen. Zu einem Säufer sagt man: ‚Nun muß der Bierzahn raus!', das Trinken muß aufhören.

Dem tut kein Zahn mehr weh: Er ist tot. Vgl. ndl. ‚Zijne tanden doen hem niet meer zeer' und frz. ‚Il y a longtemps, qu'il n'a plus mal aux dents'.

Zum drittenmal Zähne kriegen: scherzhafte Umschreibung für: ein Gebiß bekommen.

Wissen, durch welchen Zahn gepfiffen wird: genau Bescheid wissen; ‚wissen, wohin der ↗Hase läuft'.

Einen tollen Zahn drauf haben: eine sehr hohe Geschwindigkeit entwickeln; sehr schnell fahren. Bezieht sich auf das Zahnradgetriebe des Automotors, vor allem auf den großen Gang. Eine andere Erklärung führt die Rda. auf die stufenweise Regelung der Drehzahl von Maschinen und Motoren zurück, bei der der Reglerhebel in ein gezähntes Maschinenteil einrastete. Ebenso: *einen Zahn zulegen,* sowie übertr.: *einen Zahn schneller essen.*

Die Metapher vom *Zahn der Zeit,* der alles zernagt, stammt aus Shakespeares ‚Maß für Maß' (V, 1): „Tooth of time". Die Wndg. ist aber schon in der Antike bekannt gewesen (z. B. bei Simonides von Keos).

Zahn bedeutet in der Teenagersprache der Ggwt. soviel wie Mädchen, Freundin, Braut usw. (‚blonder Zahn', ‚flotter Zahn', ‚steiler Zahn' usw.); dem entsprechen die Rdaa.: *jem. einen Zahn abschrauben:* ihm die Freundin abspenstig machen; *sich einen Zahn aufreißen:* die Bekanntschaft eines Mädchens machen.

Haare auf den Zähnen haben ↗Haar.

Lit.: *O. Ladendorf:* Büchmanniana, in: Zs. f. d. U. 17 (1903), S. 694ff.; *M. Baldinger:* Aberglaube und Volksmedizin in der Zahnheilkunde (Basel 1936), wieder abgedruckt in: E. Grabner (Hg.): Volksmedizin (Darmstadt 1967), S. 116–199; *F. Gruttmann:* Ein Beitrag zur Kenntnis der Volksmedizin in Sprww., Rdaa., mit bes. Berücksichtigung der Zahnheilkunde (Greifswald 1939); *H. Kobusch:* Der Zahnwurmglaube in der dt. Volksmedizin (Diss. Frankfurt 1955); *U. Volz-Kienzler:* Zähne als Amulett, Fetisch u. Talisman (Med. Diss. Düsseldorf 1969); *M. Walser:* Das Einhorn (Frankfurt/M. 1970); *R. Bodens:* Volkstümliche Zahnheilkunde u. ihre Spuren im Selfkant (Med. Diss. Bonn) (Niederkassel-Mondorf 1971).

Zahnbrecher. *Schreien wie ein Zahnbrecher:* laut und aufdringlich schreien, eigentl.: seine Geschicklichkeit selbst lobend bekanntgeben, sich laut rühmen.

Die Rda. bezieht sich auf das früher übliche marktschreierische Anpreisen der ärztlichen Kunstfertigkeiten durch die wandernden Quacksalber und Kurpfuscher nach Art des Wunderdoktors Eisenbart. In einem Lied, das ihn und diese Art der Selbstanpreisung verspotten will, da die geschilderten Wunderkuren meist zum Tod des Patienten führen, heißt es in einer Strophe:

Zu Wien kuriert ich einen Mann,
Der hatte einen hohlen Zahn.
Ich schoß ihn raus mit der Pistol,
Ach Gott, wie ist dem Mann so wohl!

Um möglichst viele ‚Kunden' zu bekommen, ließ der ‚Wunderdoktor' oder Zahnbrecher auf dem Markt ein Gerüst aufschlagen und stellte darauf sich selbst und seine bisher erzielten, weitbekannten Erfolge in schwungvollen Reden dar. Davon zeugen auch die Wndg. ‚schreien, wie eyn hauffen Zanbrecher auff eym Marckt' (Fischart, ‚Binenkorb' 84[b]) und das Sprw. ‚Wer am besten schreien kann, das ist der beste Mann'. Der rdal. Vergleich ist im 16. Jh., z. B. bei Caspar Scheit, Hans Sachs u. a., sehr beliebt gewesen; in den Mdaa. ist er heute sehr geläufig, z. B. schlesw.-holst. ‚He schrêt as en Tänbrêker'.

Ähnl.: *wie ein Zahnbrecher lügen:* mit seiner Geschicklichkeit und Kunst prahlen,

‚Zahnbrecher'

die selten wirklich vorhanden ist. Vgl. frz. ‚Il ment comme un arracheur de dents'. Als bekanntestes Beispiel eines vagierenden Zahnarztes gilt der große österr. Schauspieler Joseph Anton Stranitzky, gleichzeitig Erfinder des Hanswursts. Auf der Bühne zeigte er seine Späße und zog anschließend faule Zähne.

In der Schweiz zogen noch in der ersten Hälfte des 19. Jh. solche Zahnbrecher herum, wie es z. B. der ‚Haus- und Wirthschafts-Kalender des Schweizerischen Republikaners' 1835 abwertend beschreibt.

Lit.: *U. Brunold-Bigler:* Das Bild des Nichtseßhaften in schweizerischen Volkskalendern des 18. und 19. Jh.s aus: St. Galler Kultur u. Geschichte 18 (1988), S. 338.

Zahnbrecher (‚Schreien wie ein Zahnbrecher')

Zahnfleisch. *Etw. bis aufs Zahnfleisch auskosten:* etw. bis zur Neige betreiben (seit 1960); *auf dem rohen Zahnfleisch gehen (kriechen):* sich die Füße wundgelaufen haben, völlig erschöpft sein, auch: die Schuhsohlen durchgelaufen haben. Vgl. ndl. ‚Hij loopt op zijn tandvleesch'; aber frz. ‚rouler sur la jante' (wörtl.: auf der Felge fahren).
Ihm kräuselt sich das Zahnfleisch: er wird wütend, er verliert die Beherrschung wie der wütende Hund, der die Lefzen hochzieht (Küpper).

Zange. *Jem. in die Zange nehmen; jem. in der Zange haben:* jem. unter Druck setzen (halten); ihn von zwei Seiten bedrängen; ihn fest anpacken, keine Ausflüchte zulassen; ihm ins Gewissen reden. Die Wndg. bezieht sich auf den Schmied, der das glühende Eisen in der Zange festhält, um es zu bearbeiten.

‚Jemand in der Zange haben'

Auf die Zange als Folterinstrument weisen die Rda. *Man kann es mit keiner Zange (von ihm) herauskriegen:* er verrät nichts, und die oesterr. Wndg. ‚Aus dem zwickst mit Zang'n nichts aus', er plaudert nichts aus, läßt sich nicht zum Reden zwingen, aber auch: er gibt nichts gern her. Vgl. ndl. ‚Men kan het met geene tang uit krijgen'.
Etw. (jem.) nicht mit einer Zange anfassen mögen: sich ekeln vor Schmutz oder Häßlichkeit. Vgl. engl. ‚I would not touch him with a pair of tongs'; dagegen frz. ‚Il n'est pas à prendre avec des pincettes': mit ihm ist nicht zu spaßen.

Zankapfel. *Der Zankapfel sein:* der Anlaß des Streites sein, den Gegenstand der Auseinandersetzung bilden; vgl. frz. ‚la pomme de discorde'.
Die Rda. geht auf die griech. Sage vom Urteil des Paris zurück, der im Streit der drei Göttinnen Hera, Athene und Aphrodite zum Schiedsrichter über ihre Schönheit erwählt wurde. Indem er den als Preis für die Schönste bestimmten Apfel der Aphrodite reichte, wurde dieser zum ‚Zankapfel' und führte zum Trojanischen Krieg; im Dt. zuerst 1570 belegt.
Dementspr.: *einen Zankapfel werfen:* einen Anlaß des Streites geben. „Gott bewahre mich aber, einen solchen Zankapfel nach Weimar zu werfen" (Goethe, Weimarer Ausg. IV, 26,16).

Lit.: *O. Weise:* Unsere Muttersprache, ihr Werden und ihr Wesen (Leipzig [8]1912); *Büchmann.*

Zapfen. *Der Zapfen ist gut für die Flasche (das Loch),* auch: *Er ist ein rechter Zapf auf diesen Essigkrug:* es eignet sich gut, paßt vortrefflich zusammen, oft iron. gebraucht, um zu sagen, daß etw. in üblem Sinne zusammengehört, daß sich Menschen in ihren negativen Eigenschaften entsprechen, daß sie gleiche Interessen verfolgen. Joh. Fischart verwendet die Rda. bereits in dieser übertr. Bdtg., denn er schreibt in der ‚Geschichtklitterung': „Es war eben ein zapff für diese Flasch, denn faul Eyer vnd stinkend Butter gehören zusammen". Auch Seb. Franck verzeichnet in seiner Sammlung die Rdaa. ‚Es ist ein rechter zapff für das loch' (II, 107^{b}) und ‚Es ist zapff für die flaschen' (II, 10).
Jem. ist der Zapfen gesprungen: er ist verrückt; rhein.: ‚Dem es der Zapfen gesprungen'.
Ist in der Schweiz jem. außer sich vor Zorn, so ‚jagt's em der Zapfen ab': es platzt ihm der ↗Kragen.
Über den Zapfen hauen: den Urlaub überschreiten, ↗Zapfenstreich.

Eins zapfen gehen: Wein holen gehen. An der Mosel heißt es: ‚Gei äs zapen!' Das ‚Zapegon' ist hier ein Stück überlieferter Gastfreundschaft.

Lit.: *L. Röhrich:* Flaschen, in: *U. Jeggle* u.a. (Hg.): Volkskultur in der Moderne (Reinbek 1986), S. 332–346.

Zapfenstreich. *Den Zapfenstreich schlagen (blasen):* Schluß machen, ein Ende setzen. Der Zapfenstreich ist urspr. der Schlag auf den Zapfen des Bier- oder Weinfasses, wenn man zu schenken aufhörte; dadurch wollte man den Zapfen fest eintreiben. So noch in westf. Mda. ‚den Tappen inslan', einem Zustand ein Ende machen. Der Ausdr. ist dann im 17. Jh. von den Soldaten auf den Trommelwirbel übertr. worden, durch den die Soldaten am Abend von der Straße in ihr Quartier gerufen wurden. Wallenstein ließ, um den Zechgelagen seiner Soldaten Einhalt zu tun, jeden Abend ein Signal blasen, das den Marketendern befahl, den Zapfen in die Tonne zu schlagen. Daher steht 1669 bereits in Grimmelshausens ‚Simplicissimus': „Trommelschlager, die den Zapfenstreich getan". Hieran anknüpfend, aber sold. verkürzt: ‚Zapfen einhalten' bzw. ‚über den Zapfen streichen'.

Den Zapfen(streich) wichsen, sold.: die Zeit des abendlichen Ausgangs, dessen Ende mit dem Zapfenstreich signalisiert wird, überziehen.

Aus dem Zwecksignal des Zapfenstreiches entwickelten sich regelrechte Musikstücke. „Abends beim Zapfenstreich ging ich neben der Menge der Trommeln her, deren gewaltsame Wirbel und Schläge das Herz im Busen hätten zersprengen mögen" (Goethe, Dichtung und Wahrheit).

zappeln. *Einen zappeln lassen:* ihn in Ungewißheit halten, in peinlicher Lage hinhalten, ihn warten lassen; schon bei Luther und Hans Sachs belegt. Gleich alt ist ‚vor Ungeduld zappeln'; hergeleitet vom Fisch, der an der Angelrute zappelt oder von einem Käfer, der auf den Rükken gefallen ist. Der Käfer zappelt mit allen sechs Beinen, bis er einen Halt findet, um sich umdrehen zu können.

Christian Weise 1771 (Komische Opern, 1,165): „Er mag ein Weilchen zappeln". Bismarck an Gerlach: „Oesterreich läßt uns ganz anders zappeln, wenn wir von ihm etwas verlangen". Vgl. frz. ‚laisser moisir quelqu'un' (wörtl.: einen faulen lassen).

zappenduster. *Es (etw.) ist zappenduster:* es ist völlig dunkel, es gibt keine Hoffnung mehr, es ist um etw. äußerst schlecht bestellt, das Maß ist voll. Die umg. Wndg. ist von Berlin ausgegangen u. hat sich in dieser Form allg. durchgesetzt. Für ihre etymol. Herkunft gibt es verschiedene Deutungen: es ist so dunkle Nacht wie nach dem Zapfenstreich, wenn alle Lichter gelöscht waren, wenn es keine Hoffnung auf einen weiteren Alkoholausschank gab, oder: das Wort stammt möglicherweise auch aus dem Rotwelschen, da rotw. ‚zofon' und westjiddisch ‚zophon' Mitternacht bedeutet, es also hieße: so dunkel wie um Mitternacht.

In übertr. Bdtg. kann die Wndg. auch auf Personen bezogen werden, deren Lage oder Gemütszustand sie spiegelt: *Bei jem. ist es zappenduster (sieht es zappenduster aus):* er besitzt keinerlei finanzielle Mittel mehr, er hat keine Hoffnung auf Erfolg, aber auch: er ist nicht mehr willens nachzugeben oder weiterhin zu helfen.

Zauber. *Das ist (ein) fauler Zauber:* eine Sache ohne Wert, ein Schwindel. Die Rda. verbreitete sich in der 2. H. des 19. Jh. von Berlin aus. Wahrscheinl. wurde mit ihr zunächst die Gaukelei eines Scharlatans als ‚faul', d.h. unwirksam, verspottet; vgl. Fontanes iron. Gedicht ‚Neueste Väterweisheit':

> Werde kein gelehrter Klauber,
> Wissenschaft ist fauler Zauber.

Einem Zauber erliegen: sich (von Kunst, Schönheit, Liebe) begeistern, auch: verführen lassen. Schiller läßt in seinem ‚Tell' (II,1) Attinghausen in Hinblick auf seinen in des Kaisers Diensten gefesselten Neffen Ulrich von Rudenz feststellen:

> Der fremde Zauber reißt die Jugend fort,
> Gewaltsam strebend über unsre Berge.

Hermann Hesse sieht im Zauber eines Neubeginns etw. überaus Positives, wenn er in seinem Gedicht ‚Stufen' schreibt:

Und jedem Anfang
wohnt ein Zauber inne,
der uns beschützt und
der uns hilft zu leben.

Zaum. *Einen im Zaum halten:* ihn bändigen, in Schranken halten; vgl. frz. ‚tenir la bride à quelqu'un'; häufig der Stabreim: *die Zunge im Zaume halten,* beides seit dem 16. Jh. oft belegt; von der Lenkung des Pferdes hergeleitet (vgl. Zügel).

Verwandt sind Rdaa. wie *einem in den Zaum greifen (fallen):* ihn zurückhalten, hemmen; *den Zaum zu lang lassen:* zu nachgiebig sein. So heißt es in dem Fastnachtsspiel ‚Der böß Rauch' von Hans Sachs (V.23 f.):

Wenn du hast deim weyb aller maßen
Erstlich den zaumb zu lang gelassen;

oder bei Joh. Fischart (‚Lob der Lauten', hg. v. A. Hauffen, S. 368): „Dass sie der bgird den zaum nicht häng". Vgl. frz. ‚lâcher la bride à quelqu'un'.

Etw. tun auf eigenen Zaum: auf eigene Kosten arbeiten; die Rda., die in neuerer Zeit bei Theodor Körner belegt ist, kommt aus dem MA. Zog dort ein Ritter ‚auf selbs zawm' (Meisterlin: Chronik dt. Städte 3,44) los, so hieß das, daß er sich und sein Pferd selbst verpflegte.

Wissen, wo die Zäume hängen: wissen, wie man eine Sache angreift; sich auf seinen Nutzen verstehen; seit dem 18. Jh. belegt, auch mehrfach bei Goethe, z. B. „Ob ich gleich selbst wissen muß, wo in meinem Stall die Zäume hängen" (Weimarer Ausg., 4. Abt., Bd. XX, S. 91). Goethe an Zelter am 19. Mai 1812: „Und die lieben Wiener, die gar nicht wissen, wo die Zäume hängen, setzen einen Preis von hundert Ducaten auf die beste Oper, die irgend Jemand in Deutschland hervorbringen soll". H. v. Kleist (‚Der zerbrochene Krug'): „Die Jungfer weiß, wo unsere Zäume hängen. Wenn sie den Eid hier vor Gericht will schwören, so fällt der Mutter Klage weg".

Mdal. ist die Rda. bis zur Ggwt. geläufig, z. B. obersächs. ‚Der war net äsu dumm un woßt, wu de Zaam hinge'.

Das Pferd am Schwanz aufzäumen: eine Sache verkehrt anfangen, ↗Pferd.

Lit.: *O. Glöde:* Noch einmal: Auf eignen(m) Zaum, in: Zs. f. d. U. 6 (1892), S. 207–208.

Zaun. *Etw. vom Zaune brechen:* verdeutlichend hieß es früher öfters: ‚vom alten Zaun brechen' und hatte dann den Sinn: ohne Umstände beschaffen. Goethe: „Bräch ich mir nicht gar manche Lust vom Zaun" (Weimarer Ausg. V,60).

Heutzutage wird die Rda., mit Betonung des Mutwilligen und einengend, meist im Zusammenhang mit Streit u. ä. gebraucht. ‚Einen Streit (Krieg) vom Zaune brechen', ihn mutwillig, leichtsinnig herbeiführen; eigentl.: so unvermittelt damit beginnen, wie man die erste beste Rute, den ersten besten Stock vom Zaun an der Straße abbricht. Gemeint ist also, daß man sich aus dem nächst erreichbaren Gegenstand eine Waffe macht. Schon um 1500 bei dem Prediger Geiler von Kaysersberg bezeugt: „Sie brechen etwan ein Ursach ab eim zaun"; 1534 schreibt Seb. Franck im ‚Weltbuch' vom Rittertum: „Vil brechen etwan eine vähe (Fehde) ab einem zaun". 1639 heißt es bei Lehmann S. 863 (‚Vrsach' 3): „Man bricht offt ein Vrsach vom Zaun oder biegt sie herbey"; ebd. S. 864 (‚Vrsach' 24): „Wenn man einem wil schaden thun, so find man vrsachen auff Hecken vnd Zäunen"; in der ‚Zimmerischen Chronik' (Bd. II, S. 498): „dann sie (große Herren) imer drachten, ursach ab aim zaun zu reißen". Für das Wesentliche des Begriffs ist auch die folgende Stelle in Oldecops ‚Hildesheimer Chronik' (S. 181) lehrreich: „Meine gi (Meint ihr), dat de ingelechte (gefangengesetzten) borgere von dem tune gebroken sein oder mit der kipen int lant gedragen?" Bismarck gebrauchte die Wndg. (‚Reden' Bd. VI, S. 22): „Konfessionelle Streitigkeiten vom Zaune brechen".

Einem über den Zaun helfen: ihm über Schwierigkeiten forthelfen; göttingisch: ‚Du bist erk noch nich awere Tune nower', über alle Schwierigkeiten hinweg; ostpreuß. ‚He is bi de Har övers de Tun kamen', mit knapper Not.

Wir werden den Zaun schon pinseln: wir werden diese Sache schon erledigen, in Ordnung bringen. Diese erst dem 20. Jh. angehörige Rda. gilt als beruhigende Äußerung.

Einen durch einen Zaun nicht ansehen: ihn geringschätzen.

Über den Zaun schauen: seinen Gesichtskreis erweitern, sich auch bei den Nachbarn umsehen.

Den Zaun wegen des Gartens lieben (mögen, auch *gießen):* jem. nur aus geheimen Nebenabsichten schöntun, z. B. der Mutter um der Tochter willen; vor allem mdal. verbreitet. Auch andere Rdaa. haben nur in den Mdaa. ihre Geltung, z. B. sächs. ‚Er hat auch hinterm Zaun gesteckt', er ist schlau; westf. ‚döer de Tuine grasen', stehlen; schwäb. ‚'s bricht ällemal wieder e Loch in Zaun', es ergibt sich immer wieder eine Gelegenheit; sächs. ‚ein Zaunbillet (gelöst) haben', eine Darbietung ohne Entgelt miterleben; vgl. auch ‚Zaungäste haben', unerwartete Zuschauer haben.

Hinter dem Zaune aufgelesen worden sein: wird ähnl. wie ‚auf der Straße gefunden' als verächtliche Bez. niedriger Herkunft, unehelicher Abstammung gebraucht.

Lit.: *L. Weiser-Aall:* Art. ‚Zaun', in: HdA. IX, Nachtrag, Sp. 991–1003.

Zaunpfahl. *Mit dem Zaun(s)pfahl winken:* allzu deutlich auf etw. anspielen, etw. grob und plump zu verstehen geben. Ein Zaunpfahl ist groß genug, daß ein Wink mit ihm nicht übersehen oder mißverstanden werden kann. Die Rda. ist in dieser Form erst aus dem 19. Jh. belegt. Gröber und zugleich für den Städter faßlicher ist: ‚mit dem ↗Laternenpfahl winken'. Gleichbedeutend sind: ‚mit dem ↗Scheunentor winken', bair. ‚mit dem Holzschlegel deuten'.

Sächs. ‚Der hot mer mit'n Zaunstecken gewunken' bedeutet: er hat mir mit Schlägen gedroht. ‚Winken' scheint urspr. iron. gemeint gewesen zu sein, so daß die Wndgn. eigentl. den Sinn gehabt hätten: es einem gehörig zu fühlen geben. So heißt es in Wolframs von Eschenbach ‚Willehalm' (90, 8): „Mit eime steine sol iu gewinket werden", und in Ulrichs von Türheim ‚Willehalm' (244 d): „Im wirt gewinket mit der stangen".

Lit.: *Anon.:* Wink mit dem Zaunpfahl, in: Sprachpflege 10 (1961), S. 254.

Zebedäus. Zebedäus ist einerseits ein seltener männl. Vorname, andererseits eine Umschr. für ‚Penis', die aus der Studentensprache kommt. Das Wb. ‚Basler Studentensprache' von 1910 kennzeichnet den Ausdr. schon als veraltet, weist aber eine Belegstelle aus dem ‚Pedantischen Schulfuchs' von schon 1673 nach (S. 343). R.-W. Brednich zitiert:

Der Pfarrer, der Pfarrer, wie heilig er auch ist,
wenn er den kleinen Mädchen die heil'ge Schrift verliest;
und kommt er zum Matthäus, steigt ihm der Zebedäus
nach der zi-azi-a-ha, nach der Ziehharmonika.

Der Name ‚Zebedäus' ersch. in der Bibel, Matth. 4, 21, ↗Schwanz.

Lit.: Basler Studentensprache. Eine Jubiläumsausgabe für die Universität Basel dargebracht vom Dt. Seminar in Basel (1910), in: Bibliothek zur hist. dt. Studenten- und Schülersprache, hrsg. v. H. Henne u. G. Objartel, Bd. 5 (Berlin – New York 1984, S. 261–344; *R.-W. Brednich:* Erotische Lieder (Frankfurt/M. 1979), S. 27, Nr. 8, Str. 3.

Zeche. *Die Zeche bezahlen müssen:* für anderer Taten oder Schuld allein büßen müssen. Die Rda. meint nicht: die Zeche, die man selbst schuldig ist, zahlen müssen – das wäre nur in Ordnung –, sondern die Zeche, die bei gemeinsamem Essen und

‚Die Zeche bezahlen müssen'

Trinken oder durch andere aufgelaufen ist. Zeche bedeutet urspr.: Reihenfolge, Anordnung, dann: Gesellschaft zu gemeinschaftlichen Zwecken, bes. zu gemeinsamem Essen und Trinken, erst seit dem 15. Jh. den dafür an den Wirt zu zahlenden Geldbetrag. In übertr. Bdtg. ist die Rda. zum erstenmal 1541 in Seb. Francks ‚Sprichwörtern' (1, 128 b) bezeugt. In einem Lied aus dem Dreißigjährigen Krieg (Opel-Cohn 63) heißt es:

Ob du (der Winterkönig) schon hast ein guten Muth
Mit deinen Ketzern werth,
Die Zech mußt du bezahlen theuer.

Goethe schreibt (‚Reinecke Fuchs' 8):
Grimmig sah der König auf ihn,
Er mußte die Zeche bezahlen.
Anders verwendet hat Goethe die Rda. in ‚Sprichwörtlich':
Du treibst mir's gar zu toll,
Ich fürcht', es breche!
Nicht jeden Wochenschluß
Macht Gott die Zeche.
Vgl. frz. ‚payer les pots cassés' (wörtl.: die zerbrochenen Töpfe bezahlen müssen), für den Schaden aufkommen müssen.
Die Zeche ohne den Wirt machen: sich verrechnen, sich in der Durchführung von Absichten entscheidend gehindert sehen, so schon in Joh. Fischarts ‚Geschichtklitterung' (S. 199,25): „macht die zech ohn seinen Wirt" (↗Rechnung, ↗Wirt).
Der letzte muß die Zeche bezahlen: vor allem mdal. mit gleichem Sinn gebraucht wie: ‚Den letzten beißen die Hunde'.

Zeh. *Einem auf die Zehen treten:* ihn beleidigen; vergröbernd veranschaulichende Parallelbildung zu hd. ‚jem. zu nahe treten'. Im Barock hatte sich die bildl. Bdtg. der Rda. noch nicht voll ausgeprägt; so heißt es in Lohensteins ‚Arminius' (2,251b): „Der Tod tritt keinem beherzten Mann auf die Zehen", ein Mann empfindet den Tod nicht als unangenehm. Vgl. frz. ‚monter sur les pieds de quelqu'un' (wörtl.: einem auf die Füße treten), i.S.v.: einem auf dem Kopf herumtrampeln. *Jem. drückt der Zeh:* er wird von einer Sorge gedrängt. *Er hat Schmerzen in der kleinen (großen) Zehe* (ndd. ‚Liefweh in'n groten Tehn') sagt man von einem bloß eingebildeten Kranken. Ähnl.: *Man darf ihn nicht an die kleine Zehe stoßen:* er ist überempfindlich. *Es im kleinen Zeh spüren:* es ahnen; hergenommen vom Auftreten rheumatischer Schmerzen bei Witterungswechsel, auch von Frost in den Zehen; 20. Jh.
Jem. geht über die große Zehe, d.h. mit einwärts gekehrten Fußspitzen; er ist betrunken; schlesw.-holst. ‚He löppt öwer'n Tehn', vgl. Onkel. Schwäb. zur Bez. einer gesuchten Lüge: ‚Der holts vom großen Zehen herauf'; westf. ‚up elw Teiwen gahn', eitel, geckenhaft sein.
Aus der Fülle der mdal. Rdaa. seien noch genannt: schlesw.-holst. ‚Pedd di man ni op'n Tehn', mach keine Dummheiten; schwäb. ‚Dem ist's Herz in große Zeh gfalle', er hat den Mut verloren; ‚O weh, mei Zeh!', weit gefehlt.

Zehntausend. *Zu den oberen Zehntausend gehören:* zu der begütertsten Gesellschaft, zu den Prominentesten oder zu denen, die sich dafür halten, gezählt werden. Die Rda. geht zurück auf einen Leitartikel des Journalisten Nathaniel Parker Willis (1807–67) im ‚Evening Mirror', New York, vom 11.11.1844. Da heißt es: „At present there is no distinction among the upper tenthousand of the city".
Während man in Amerika heute die Reichsten der Reichen zu den ‚Four hundred' rechnet, sagt man in Großbritannien ‚The upper Ten'.

Lit.: *C. K. Le Poer:* The upper ten thousand, in: American Notes and Queries 2,9 (1860), S. 355; *W. Freelove:* Upper ten thousand, in: American Notes and Queries 6,12 (1885), S. 528.

Zehnte. ‚Der Zehnte' wird sprw. für ‚mancher', ‚viele' gebraucht, z.B. *Das weiß der Zehnte nicht; das kann der Zehnte nicht vertragen.* Ähnl. schon bei Luther: „Solchen glauben haben wir nicht alle, o wolt Got, das in der zehente mensch hätte" (Weimarer Ausg., 10. Bd., 3. Teil, S. 52). In den Mdaa. hat sich die Rda. bis heute erhalten, z.B. schwäb. ‚der Zehnt net', kaum einer, fast keiner; thür. ‚Der nönt wuaß niet, wo de zähnt dr Schu dröckt'. Möglicherweise besteht ein Zusammenhang mit der schon im römischen Heer üblichen Pauschalstrafe des ‚Dezimierens' bei Feigheit oder Meuterei, wobei jeweils jeder Zehnte (lat. decimus) der angetretenen Truppe hingerichtet wurde.

Zeichen. *Er ist seines Zeichens ein Schmied* (u.a.): er ist Schmied von Beruf; so auch mdal., z.B. schlesw.-holst. ‚He is seines Tekens en Smid'.
Die Wndg. geht aus von den ‚Haus- und Hofmarken', die seit alter Zeit als Personen- und Besitzzeichen dienten. Auch die Handwerker zeichneten ihre Ware auf ähnl. Weise. Im 16. Jh. war die weiteste Verbreitung der Haus- und Handwerkszeichen erreicht. Noch nach dem Wegfall des Brauches blieb der sprachl. Ausdr. für die Berufsbez.

Das ist ein Zeichen der Zeit: die Zeichen der Zeit richtig verstehen. Beide Rdaa. gehen zurück auf Matth. 16,3 („Könnt ihr dann nicht auch über die Zeichen dieser Zeit urteilen?“). Dem gemeinsamen bibl. Urspr. entspr. findet sich die Wndg. auch in vielen anderen Sprachen, z. B. engl. ‚a sign of the times‘, frz. ‚les signes du temps, de l'époque‘, ndl. ‚de tekenen des tijds‘. Die schwäb. Rda. ‚Heut ist er im böse Zeiche‘, er hat Unglück, findet ihre Erklärung im Volksglauben an Vorzeichen und Sternbilder, ↗ Stern.

Es geschehen noch Zeichen und Wunder: etw., das nie erwartet wurde, ist eingetreten. Aus 2. Mos. 7,3 und weiteren Bibelstellen zitierte Schiller (‚Wallensteins Lager‘ 1798, 8. Auftritt): „Am Himmel geschehen noch Zeichen und Wunder“.

Lit.: *E. G. Homeyer:* Haus- und Hofmarken (1870); *E. Grohne:* Die Hausnamen und Hauszeichen (1912); *T. E. Karsten:* Finn. taika ‚Vorzeichen, Wahrsagung‘ und die Etymologie des Wortes Zeichen, in: Festschrift F. Kluge (Tübingen 1926), S. 65–69; *A. M. Frank:* Hausmarken und Hauszeichen (1944); HdA. VIII, Sp. 1730–1760, Art. ‚Vorzeichen, Prodigia‘ von *W. E. Peuckert;* Wander V, Sp. 521; RGG. IV (^{3}1960), Sp. 1628 f. Art. ‚Omen‘ von *L. Röhrich.*

Zeigefinger. *Auf etw. mit erhobenem Zeigefinger zeigen:* mit allzu deutlicher pädagogischer Absicht auf etw. hinweisen.

‚Mit erhobenem Zeigefinger‘

Die die Körpersprache beschreibende Rda. ist schon 1709 belegt, allerdings noch in der Bdtg. des einfachen Hinweisens, ohne drohende Absichten:

> die (Göttin) mit aufgehobnem Zeigefinger
> in der Fern uns Lustgefilde weist

(S. H. Bürde: Verm. Gedichte, S. 106).

In der bildenden Kunst wird vor allem Johannes der Täufer immer wieder mit einer auf Christus hinweisenden Gebärde dargestellt (z. B. im Isenheimer Altar in Colmar).

Lit.: *L. Röhrich:* Gebärdensprache und Sprachgebärde, in: Gebärde. Metapher. Parodie (Düsseldorf 1967).

zeigen. *Es einem zeigen:* ihn zurechtweisen, scharf mit ihm reden, auch: sich Respekt verschaffen. Lit. bei Ina Seidel (‚Lennakker‘, 1938, S. 464): „Denen wer'n wir's schon zeigen, denen Leisetretern, den Heimlichtuern (raunt es in der erregten Menge gegen die Jesuiten)“. Die Rda. ist seit der 2. H. des 17. Jh. belegt und noch heute mdal. geläufig, z. B. schwäb. ‚Dem will i's scho zeige‘, bei dem will ich meine Absicht schon durchsetzen. Die Rda. stellt wohl eine Verkürzung ähnl. Ausdrücke mit gleichfalls ablehnender Tendenz dar, wie ‚den Rücken, die kalte Schulter, die Zähne, die Faust zeigen‘, ‚es einem zeigen, wie stark man ist‘, ‚zeigen, was eine ↗ Harke ist‘, ‚zeigen, wo der Zimmermann das ↗ Loch gelassen hat‘; oberoesterr.: ‚Ich will ihm zeigen, wo ihm der Arsch steht‘.

Mit dem Finger auf jem. zeigen ↗ Finger.

Zeile. *Zwischen den Zeilen lesen:* etw. herauslesen, was die Worte des Textes nicht ausdrücklich sagen, was aber doch in ihnen liegt; Ungeschriebenes, Ungesagtes aus Andeutungen oder kennzeichnenden Lücken begreifen. Wirklich zwischen die Zeilen schrieb man im MA. die Interlinearversionen, d. h. Übersetzungen der Art, daß über jedes einzelne fremdsprachl. (lat.) Wort das entsprechende dt. geschrieben wurde. Aber mit diesem Brauch der Klosterschreiber hat die Rda. nichts zu tun; sie ist vielmehr erst im 19. Jh. aufgekommen. „Daß es Euch gut und behaglich geht, hat mir ja der Brief von Euch in und zwischen den Zeilen gesagt“ (Wilh. Raabe [1876], Sämtl. Werke 2, 5, 100). Vgl. frz. ‚lire entre les lignes‘.

Zeit. *Die Zeit totschlagen:* drastisch übertreibendes Bild für: ein Mittel gegen die Langeweile suchen; vgl. frz. ‚tuer le temps‘.

‚Einem die Zeit stehlen'

Einem die Zeit stehlen: ihn unnötig aufhalten, ihn mit lästigen oder überflüssigen Fragen quälen.

Zeit für jem. (etw.) opfern: sich um jem. kümmern, sich eingehend mit etw. beschäftigen.

Nur alle heilige Zeit etw. tun: sehr selten (eigentl.: nur zu den kirchlichen Feiertagen).

Einem nicht einmal die Zeit bieten (gönnen): ihn völlig ignorieren, nicht grüßen, ↗Gruß. Schwäb. ‚die Zeit abnehmen', für einen Gruß danken (eigentlich: für das Entbieten eines Tageszeitgrußes, wie beispielsweise ‚guten Morgen', ‚guten Abend').

Das wurde aber (auch) Zeit!: na endlich! Dagegen: Schlesw.-holst. ‚Dat wer ok Tied', das fehlte gerade noch.

Die Zeichen der Zeit verstehen ↗Zeichen.

Zu Zeit oder Unzeit reden: immer, ob es nun günstig oder ungünstig ist, auch wenn es manchen nicht gelegen kommt und sie nicht zuhören wollen. Die Wndg. ist bibl. Ursprungs. Bei 2. Timotheus 4,2 heißt es: „Predige das Wort, halte an, es sei zu rechter Zeit oder zur Unzeit". Vgl. frz. ‚à temps et à contre-temps'.

Seiner Zeit (weit) voraus sein: sehr fortschrittlich, zukunftsgerichtet sein; oft von Künstlern und Wissenschaftlern gesagt, die zu ihren Lebzeiten bei der Mehrheit ihrer ‚Zeitgenossen' unverstanden blieben und trotzdem zu den geistigen Wegbereitern gehören.

Nicht mehr in der Zeit sein: unmodern, hoffnungslos veraltet sein, nicht mehr ‚zeitgemäß'.

Gern spricht man heute – aber nicht erst seit heute – im Zuge der Nostalgie von der ‚guten alten Zeit', die aber nur in der Erinnerung verklärt erscheint; Armut, Sorgen und Mühen von damals werden dabei erfolgreich verdrängt.

Im Märchen erhält die Vergangenheit einen eigenen Zauber, bes. in der Formel: „In den alten Zeiten, als das Wünschen noch geholfen hat ..."

Die Metaphern vom ‚Verfließen der Zeit' und vom ‚Verrinnen der Zeit' für das schnelle, lautlose Dahinfliegen des Moments, sind von den altägyptischen Wasseruhren und den Sanduhren, einem Attribut des Todes, genommen.

Lit.: *J. Bolte:* Hin geht die Zeit, her kommt der Tod, in: Zs. d. Ver. f. Vkde. 16 (1906), S. 194–195; *G. Jungbauer:* Art. ‚Zeit', in: HdA. IX, Sp. 889–897; *U. Heindrichs* (Hg.): Die Zeit im Märchen (Kassel 1990); *H. Maier:* Die christl. Zeitrechnung (Freiburg i. Br. 1991).

zeitlich. *Das Zeitliche segnen:* sterben; eine seit der 2. H. des 17. Jh. belegte rdal. Umschreibung, die von der alten Sitte ausgeht, daß der Sterbende sich auf den Tod vorbereitete und von der irdischen Welt, der ‚Zeitlichkeit', Abschied nahm, indem er Gottes Segen auf sie herabwünschte. Der eigentlich Segnende ist also Gott, der dabei den für besonders wirksam gehaltenen letzten Wunsch des Sterbenden erfüllt. So heißt es etwa in Jakob Ayrers (gest. 1625) Drama ‚Melusine' (S. 25ff. Keller):

Nun sieht mich kein Mensch nimmermehr,
Gott gesegn euch alle, wo ihr seyt!
Gott gesegn mir alle Wollustbarkeit!
Gott gesegn mein Herren und Gemahl!
Gott gesegn euch, Berg und tiefe Thal!

Ähnl. Segensformeln der Sterbenden sind mehrfach in frühen Volksballaden und Abschiedsliedern bezeugt. In der Ballade von ‚Peter Unverdorben' (E. B. I, Nr. 60), die in einer Hs. des 15. Jh. aus dem Kloster St. Georgen zu Villingen überliefert ist, spricht der Gefangene vor seiner Hinrichtung:

Gott gseg'n dich Laub,
Gott gseg'n dich Gras,
Gott gsegen alles, das da was!
Ich muß von hinnen scheiden.
(Str. 10)

Gott gsegn dich Sonn,
Gott gsegn dich Mond!
Gott gsegn dich schöns Lieb, wo ich dich han,
Ich muß mich von dir scheiden.
(Str. 12)

Auch in der ndd. Fassung des ‚Tannhäuserliedes' (E. B. I, Nr. 17[c]), das auf einem fliegenden Blatt um 1550 Verbreitung fand, steht die bekannte Abschiedsformel von der Welt, als Tannhäuser in den Venusberg zurückkehrt:

Got gesegen di, Sünne unde Maen,
Darto mine leven Fründe! (Str. 24)

Durch die Zusammenfügung der Segensstrophen aus der Ballade ‚Peter Unverdorben' zu einem selbständigen Lied sind die Verse in Dtl. bis zur Ggwt. in der Erinnerung bewahrt geblieben. Ähnl. Wndgn. wie ‚das Zeitliche segnen' sind: *das Zeitliche verlassen, den Weg alles Zeitlichen gehen;* vgl. frz. (lit.) ‚suivre le chemin de toute chair'; und *das Zeitliche mit dem Ewigen verwechseln.*

Außerdem kennt die dt. Sprache für ‚Tod' und ‚Sterben' eine Fülle von verhüllenden oder umschreibenden Ausdrücken (Euphemismen). Man vermeidet das Wort ‚sterben' urspr. aus derselben Furcht, aus der man es vermied, den Namen des Toten auszusprechen, außer mit dem Zusatz ‚selig' (‚de mortuis nil nisi bene').

Eine Gliederung des großen sprachl. Materials ergibt sich bei dem Versuch, die interessante Frage zu beantworten, welche kulturhist. Vorstellung jeweils hinter den einzelnen Ausdrücken steht. Antike Ausdrücke leben fort in den Wndgn.: ‚entschlafen', ‚den Geist aufgeben', ‚das Feuer der Augen verbleicht (erlischt)', ‚die Augen schließen', ‚den Lebensfaden abschneiden', ‚sein Leben aushauchen' (‚animam efflare') und ‚die Asche ruht'. Die Euphemismen, die Lessing anführt: ‚Er hat gelebt', ‚er ist gewesen', sind nur in der Art ihrer Rhetorik und Stimmung den antiken Schriftstellern nachgeahmt, aber in der Umgangssprache nicht gebräuchl. (Wilhelm, S. 80). Dichterisch und erst der nhd. Sprache zugehörig sind Wndgn. wie ‚sein letztes Stündlein hat geschlagen' und ‚seine Uhr ist abgelaufen'. Inwieweit die Totentänze (vgl. auch die Sanduhr in der Hand des Todes auf Dürers Kupferstich ‚Ritter, Tod und Teufel') einwirkten, wird sich schwer entscheiden lassen.

Viele der Ausdrücke entstammen der christl.-kirchlichen Sprache. Da die Kirche dem Menschen den ersten und den letzten Gruß gibt und die Trauernden am Grabe mit Trost und Hoffnung zu erfüllen versucht, gehen gerade von ihr viele Euphemismen und bildl. Ausdrücke über Sterben und Totsein aus, wobei die sprachl. Bilder den jeweiligen theologischen Anschauungen der Zeit entsprechen, in der sie entstanden. Verhältnismäßig früh haben sich Euphemismen in unserer Sprache eingebürgert, die auf scholastischen Anschauungen beruhen. Eine bes. fruchtbare Zeit dafür war die Mystik. Die Wndg. ‚jem. ist abgeschieden' stammt zweifellos daher, denn sie besagt, daß sich die Trennung zwischen Körper und Seele vollzogen habe. Der Idealzustand, den alle Mystiker erstrebten, war die ‚Abgeschiedenheit', die sich erst nach dem Tod ganz erfüllen konnte (Wilhelm, S. 75f.).

Scholastisch-mystische Wendungen wie ‚seine Seele fliegt zum Himmel', ‚zur Engelschar' leben z.T. in der Volkssprache weiter; ‚es spielt mit dem Englein' (beim Tode eines Kindes) ‚himmeln', ‚einhimmeln', ‚zum Jesulein schappern' (schles.); ‚der liebe Gott ist bei uns eingekehrt' (Schwaben, 18. Jh.). Auf die lat. Kirchensprache geht zurück der köl. Ausdr. ‚Er ist ripsch' (von R.i.p., eine oft auf Grabinschriften zu findende Abkürzung von ‚Requiescat in pace').

Verschiedene Wndgn. sind aus der Übers. des ‚Vocare in vitam aeternam (in coelum)' u.ä. entstanden, wie ‚Gott ruft jem. in die Ewigkeit', ‚zu seinen Engeln', ‚in ein besseres Jenseits', ‚in die ewige Heimat', ‚unter die Engel aufgenommen werden', ‚ein Engel sein', ‚zum Herrn eingehen' und ‚Gott hat ihn zu sich genommen'.

Im MA. sind die Euphemismen, die die Bibel in großer Zahl aufweist, kaum verwendet worden, sie werden erst durch philologische Bibelstudien und die Einwirkung von Luthers Bibelübers. in die dt. Sprache aufgenommen. Auch die Blüte des ev. Kirchenliedes hat dazu beigetragen, daß viele Wndgn. aus dem A.T. und N. T. umg. geläufig geworden sind. Auf 1. Mos. 3,19 bezieht sich die Wndg. ‚zu Staub, zu Erde werden'. Die Rda. ‚in den Himmel eingehen' läßt sich wohl auf ‚intrare in regnum coelorum' zurückführen. ‚Den Kampf der Leiden auskämpfen', ‚den Geist aufgeben' beziehen sich auf die Leidensgeschichte Christi. ‚Sein Stündlein ist nahe' ist aus Matth. 26,18 genommen: ‚tempus meum prope est'. Die Wndg. ‚in das Reich seiner Väter' oder auch bloß ‚zu seinen Vätern versammelt werden' findet sich im Buch der Richter 2,10: „omnisque illa generatio congregata est ad patres suos"; ‚zu seinem Volke versammelt werden' steht 1. Mos. 25,8; 49,29.

Genannt seien noch: ‚in die Grube fahren', ‚in Abrahams Schoß eingehen', ‚den Weg alles Irdischen, allen Fleisches gehen'.

In mehreren Rdaa. für ‚sterben' wird auf Petrus als Himmelspförtner angespielt: ‚bei Petrussan eis Ausgedinge gegangn' (schles.); ‚de möt bi Petrus ankloppen'; ‚de geiht na Petrussen'; ‚de möt nu ok Petrus de Piep stoppen'; ‚de ward ok Petrus sin Handlanger' (meckl.).

Die oft phrasenhaften Wndgn. in Todesanzeigen, auf Grabmälern und Gedenktafeln stehen z.T. in bewußtem Gegensatz zur Volkssprache. Man sucht sich dabei möglichst gewählt, vornehm und feierlich auszudrücken. Insbes. die älteren Formeln dieser Art sind uns heute kaum mehr verständlich: ‚das Ableben', ‚seine Ableibung erfolgte' (18. Jh.), ‚zur großen Armee abberufen werden', ‚das Zeitliche mit dem Ewigen verwechseln' (häufig im 18. Jh.); ‚im Lande der Vollendung wandeln', ‚seinen Lauf vollenden', ‚in die Gruft steigen'. Heute noch kann man häufig lesen: ‚Er ist für immer von uns gegangen', ‚aus unserer Mitte geschieden', ‚er ist uns (in eine bessere Welt) vorangegangen'.

Eine Reihe älterer und heute völlig vergessener Wndgn. für ‚sterben' hat Joh. Agricola in seiner Sammlung dt. Sprww. (1534) zusammengetragen: ‚mit der hawt bezalen', ‚er ist zum Fuchß worden' (mit Bezug auf die unterirdische Wohnung), ‚er hat sich verkrochen', ‚er lest sich nymmer sehen', ‚er ist auff dem rucken zur kirchen gangen', ‚es ist vmb eyn böse stund zu thun'.

Das Mhd. ist reich an solchen Wndgn.; sie sind oft aus der Kriegs- oder Rechtssprache genommen: ‚in wârn diu strîtes muoder mit swerten alze wît gesniten' (Wolfram, ‚Willehalm' 52,6f.); aber auch außer solchen ganzen euphemistischen Sätzen wird ‚sterben' im Mhd. meist umschrieben: ‚den lîp lân, verliesen', ‚daz leben verliesen', ‚hinnen varn', ‚dô schiet er und die sêle sich', ‚daz du wort nimmer mê gesprichest', ‚ze suone geben das leben', ‚ein phant lazen', ‚dannoch sol er mir sîn leben vür mîn guot ze gelte geben' etc.

Gegenüber den oberschichtlichen Formulierungen kennt die heutige Volkssprache (Umgangssprache und Mundarten) u.a. die folgenden rdal. Umschreibungen für ‚sterben': ‚den letzten Tag sehen', ‚den letzten Seufzer tun', ‚ein stiller Mann werden', ‚mit dem ist's vorbei', ‚er hat's Brotessen vergessen', ‚er hat's Atemholen vergessen' (schles.), ‚de het sik utlacht', ‚de het sik up't Uhr leggt', ‚de hürt den Kuckuck ok nich weder rupen' (meckl.), ‚ihm ist die Pfeife ausgegangen', ‚er hat den Eimer umgestoßen', ‚sich zur Ruhe begeben', ‚de slöppt den langen Slap', ‚de is sin Last los', ‚seine Rechnung abschließen', ‚de brukt nix mihr', ‚die Finger werden gleich lang', ‚er hat sich fortgemacht', ‚er geht den Weg, den schon viele gegangen sind', ‚um die Ecke gehen', ‚he is'n Barg oawer', ‚ein paar Schuh tiefer steigen' („Jetzt gehts Erden zu! Jetzt steig i a paar Schuh tiefer", Karl Schönherr, Erde), ‚einen hinaustragen, die Beine voraus', ‚auf'n Schragn kumma' (bair.), ‚den grasigen Weg gehen', ‚der grüne Rasen deckt ihn', ‚er hat ein grünes Kleid angezogen', ‚in die Nüsse gehen' (‚Hä es ii de Nesse gegange'), ‚der Welt Lebewohl sagen'. In Schlesien sagte man: ‚Die schwarze ↗Kuh hat ihn getreten', ‚die Schuhe drücken ihn nicht mehr', schon bei Fischart, Luther, Agricola, Seb. Franck und Grimmelshausen.

In einigen Rdaa. wird auf den Gedanken der Jenseitsreise angespielt: ‚die große Reise antreten', ‚den Reiserock anhaben',

‚die Reisegamaschen anhaben', ‚die Reisestiefel anziehen'. Wenn einem Kranken die Füße schwellen, sagt man: ‚Er hat schon die Reisestiefel an'. Auffallend ist der meckl. Ausdr. für einen moribundus: ‚De schickt sin Seel ok bald na Kopenhagen'.

Vor allem aus der Seemannssprache stammen solche Ausdrücke für ‚sterben', wie z. B. ‚über Bord gehen', ‚die letzte Fahrt antreten', ‚absegeln', ‚abrudern', ‚sich einschiffen', ‚in den Hafen einlaufen'. Altertümlicher als diese allg. Bilder sind einige rdal. Umschreibungen, die an den Gedanken der Seelenüberfahrt erinnern, wie z. B. ‚über die Wupper gehen', ‚an den Rhein gehen'. Diese Ausdrücke sind alt; schon Caesarius von Heisterbach (um 1250) bezeichnet in seinen Dialogen (XI, 33) das Sterben mit dieser Wndg. Andererseits ist im Ndl. ‚over de Rijn gevaren zijn' ein Ausdr. der erotischen Bildersprache für ein Mädchen, das Geschlechtsverkehr gehabt hat, doch ist der Übergang von einem Tabu-Bereich in den anderen durchaus denkbar.

Aus der alem. Rda. ‚in die Holzbirnen gehen', sterben, will Rochholz auf den Wald als Aufenthaltsort des Todes schließen; doch werden die Holzbirnen lediglich auf den frostigen Spätherbst hinweisen, eine kritische Zeit für die Greise, auf die bereits im ‚Renner' (V. 24344) des Hugo von Trimberg hingewiesen wird:

> seht als müzzen wir von hinnen alle
> scheiden nach der birn valle.

Die Strelitzer Rda. ‚De is up Nobelskrog (Nowerskrog), sett Kegel up' bezieht sich auf den ↗ Nobiskrug, das sagenhafte Totenwirtshaus.

Eine Reihe von Rdaa. bezieht sich auf ältere Totenbräuche: ‚Et gäit met em bald tor Niendür herut' sagt man in Westfalen von einem Todeskandidaten, weil der Sarg stets zur Niendür hinausgetragen wird. An die ‚Doodenkringel', die es beim Leichenschmaus gab, erinnert noch die Rda. ‚De günnt uns woll'n Kringel'. Früher wurden die Toten auf Stroh aufgebahrt. Die Erinnerung an diesen Brauch lebt noch in rhein. Rdaa. wie ‚et laid Schoof', ‚op et Schoof läute' (= das Glokkenzeichen, das von einem Todesfall Kenntnis gibt). In Hessen sagt man von einem Sterbenden: ‚Der läuft auch auf de Kirchhofschlappe'. Die Rda. bezieht sich vielleicht auf die besonderen Totenschuhe, die dem Toten mitgegeben wurden. Die bair. Wndgn. ‚Brettl rutschen', ‚aufs Brett kommen', sterben, spielen an auf die alte, sarglose Begräbnisart, wobei die Leiche auf dem Totenbrett zum Grab getragen und vom Brett hinuntergelassen wurde. Auch das Wort Sarg bleibt in den Rdaa. unausgesprochen, obwohl er der Sache nach zu zahlreichen rdal. Paraphrasen des Sterbens gehört, z. B. ‚nach Holzhausen kommen', ‚sich den Holzrock machen lassen', ‚er hat einen hölzernen Rock angezogen', ‚er riecht nach Tannenholz' (Mainz), schwäb.: ‚er dannelet scho' (im Gedanken an die Tannenbretter des Sarges).

Vielfach spielen die Rdaa. auf den Kirchhof an. Der Verstorbene ‚muß dem Pfarrer die Hühner hüten', ‚er ist dem Mesner sei Hennehirt' (schwäb.; der Mesner als Anwohner des Kirchhofes). ‚Willst du St. Michaels Hennen hüten?' sagt man zu einem Kind, das sich leichtsinnig in Lebensgefahr begibt. ‚He mutt na Kösters Kamp' (Schleswig). Meist wird der Friedhof irgendwie umschrieben, bes. durch die Richtung seiner Lage, oder der traditionelle Weg des Leichenzuges bildet den Grundstoff zu lokal verschiedenen, aber strukturell gleichen Rdaa., in denen oft nur der Name ausgewechselt wird: ‚nach Melaten tragen' (Köln), ‚auf den Schellenberg kommen' (Erbach/Ehingen), ‚do geht's bald de Herschbrunn nuff' (Künzelsau), ‚mit dem goht's de Krommschenkel na' (Tübingen), ‚uff dr Pitterschwäldr Seite lieja' (schles., der Friedhof liegt in Richtung Peterswalde), ‚dai giit hurdich am Hänjer vorbei' (am Hansjörg vorbei; Ulfa/Wetterau), ‚er muß in die Pappelallee' (sächs.), ‚unter der Trauerweide liegen', ‚de is bi'n leiwen Gott in 'n Ellerbrock' (meckl.), ‚de kümmt achter'n Tun', ‚achter de Muer', ‚na de lang Reihg' (meckl.), ‚er muß nach Philippsgrün' (Pommern; der Teufel stellt sich als ‚Jan Kräuger aus Philippsgrün' vor). In Stuttgart kannte man beispielsweise die Rda. ‚Er sitzt auf dem Törle', weil sich über dem Neuen Tor seit dem Jahr 1547 ein Gemach befand, in welches zum Tod verdammte Verbrecher nach der Urteilssprechung gebracht wurden; gleichbedeutend wurde mit Hilfe einer Flurbezeichnung gesagt: ‚Mit dem geht's bald dem Krauchen zu'. In Augsburg ging es entspr. zum ‚Hennadone', anscheinend nach einem viele Hühner haltenden Friedhofsküster namens Anton. In München geht's ‚zum St. Steffej'.

Im Gegensatz zu all diesen umschreibenden Wndgn. stehen einige Ausdrücke, die keine Milderung, sondern eine drastische Realistik zeigen, die sich bis zur Frivolität steigern kann. Sie sind nicht Zeichen einer Gemütsroheit, sondern der kräftige Ausdr. enthält sozusagen eine Gegenkraft zu dem Begriffsinhalt ‚sterben'. Auch hier wird das Wort selbst vermieden, aber durch naturalistische Derbheit übertrumpft oder durch Humor bewältigt. Hierher gehören die Wndgn. ‚abflattern', ‚abzwitschern', ‚abschnappen', ‚abkratzen', ‚verrecken', ‚krepieren', ‚hops gehen', ‚flöten gehen', ‚vor die Hunde gehen', ‚abnibbeln' (sächs.), ‚aufamseln' (schwäb.), ‚de is afschrammt, afschurrt', ‚de het sik dorvon afmakt' (meckl.), ‚jetzt hat er a ausgschnauft', ‚es hat ihn verschnellt' (student. in den zwanziger Jahren), ‚s macht Feirobd mid m', ‚er hat sich den Rest geholt', ‚er hat die Hosen heruntergemacht', ‚nen Deckel auf die Nas kriegen' (rhein.), ‚den halt de Deuwel ok uppe Schinnerkarr', ‚eine Schaufel Erde auf den Kopf bekommen', ‚Erde kauen', ‚Sand äten', ‚unter die Mehlwürmer gehen', ‚den hebben se henbröcht, wo de Mullworms em uppe Näs danzen', ‚de kümmt na Madnhof', ‚sich die Radieschen von unten bekieken' (berl.), ‚de is de Juden los', ‚dem tut der Kopf nicht mehr weh', ‚ihm tut kein Zahn mehr weh', ‚er hat's letzte Brötche gefresse', ‚die Augen auf Null gestellt', ‚den letzten Dreck geschissen', ‚den letzten Kringel gekackt', ‚de het sin mihrsten Gesäng sungen', ‚jetzt hat der Arsch Feierabend', ‚den Arsch zukneifen', ‚dem ist der Arsch zugschnappt', ‚er hat einen kalten Arsch', ‚jetzt schlägt ma ihm d'Schaufel aufs Loch'. Eine ganze Reihe dieser schnodderigen Rdaa. stammt aus der Soldatensprache; ihr grimmiger Humor ist gerade in dieser Sphäre psychologisch leicht erklärbar aus dem Bestreben, sich in widrigen Lagen nichts anmerken zu lassen. Hierzu gehört auch: ‚ins Gras beißen' (to bite the dust), ‚auf die Verlustliste kommen', ‚Grüß mir meine Witwe!' (vor einem gefährlichen Unternehmen), ‚sich beim alten Fritzen im großen Hauptquartier melden', ‚sich von der Verpflegung abmelden'.

Vgl. ferner: ‚zur großen ↗Armee abberufen werden', ‚das ↗Fell versaufen', ‚daran ↗glauben müssen', ‚sich im ↗Grab umdrehen', ‚Freund ↗Hein', ‚in die ewigen ↗Jagdgründe eingehen', ‚die schwarze ↗Kuh hat ihn getreten', ‚einen auf die ↗Lampe gießen', ‚das ↗Leben kosten', ‚das ↗Lebenslicht ausblasen', ‚den ↗Löffel aufstecken (wegwerfen)', ‚Matthäi am letzten' ↗Matthäus, ‚mit des ↗Seilers Tochter Hochzeit machen'; ↗Seele, ↗Tod.

Von den vielen frz. Umschreibungen seien nur die folgenden erwähnt: ‚rendre l'âme' (die Seele aushauchen); ‚fermer les yeux' (die Augen schließen); ‚Sa cendre repose' (seine Asche ruht); ‚Son heure a sonné' (seine Stunde hat geschlagen); ‚Son âme est (montée) au ciel' (seine Seele ist im Himmel bzw. zum Himmel aufgefahren); ‚Il a été appelé à l'éternité' (Er ist zur Ewigkeit gerufen worden); ‚Dieu l'a rappelé à lui' (Gott hat ihn zu sich gerufen); ‚Dieu l'a rappelé au séjour éternel' (Gott hat ihn zum ewigen Aufenthalt gerufen); ‚Dieu l'a rappelé dans son paradis' (Gott hat ihn in sein Paradies aufgenommen); ‚envoyer ad patres' (zu seinen Vätern schicken); ‚entrer dans le sein d'Abraham' (in Abrahams Schoß eingehen); ‚Il nous a quitté pour l'éternité' (Er hat uns für die Ewigkeit verlassen); ‚dire adieu au monde' (der Welt Lebewohl sagen).

Lit.: *N. Beckmann:* Über gewisse geringer oder schwächer gemachte Ausdrücke und Vorstellungen im gemeinen Leben, in: Dt. Museum 2 (1783), S. 519ff.; *J. Grimm:* Dt. Mythologie, Nachdruck der 4. Ausg. (Tübingen 1953), II, 700–713; *E. L. Rochholz:* Dt. Unsterblichkeitsglaube (Berlin 1867), S. 140–143; *Frischbier:* Nach Nobiskrug reisen = sterben, in: Preußisches Wb. 2 (1883), S. 101; *R. Wossidlo:* Der Tod im Munde des meckl. Volkes, in: Zs. f. Vkde. 4 (1894), S. 184–195; *F. Wilhelm:* Die Euphemismen ... über Sterben und Totsein, in: Alemannia 27 (1900), S. 73ff.; *R. Neubauer:* „Er ist zur großen Armee abgegangen", in: Zs. des Vereins f. Vkde. 14 (1904), S. 313–316; *J. Ford:* To bite the dust and synbolic lay communion, in: Publications of the Modern Language Association of America 20 (1905), S. 197–230;

H. Schulz: Frühnhd. Euphemismen (Diss. Straßburg 1908); *H. Höhn:* Sitte und Brauch bei Tod und Begräbnis (Mitteilungen über volkstüml. Überlieferungen in Württ., Nr. 7) (Stuttgart 1913), S. 326; *F. Seiler:* Dt. Sprichwortkunde (München 1922), S. 171 und S. 409–413; *E. Bensley:* To go the way of all Flesh, in: American Notes and Queries 12, 12 (1923); *K. Rother:* Die schles. Sprww. und Rdaa. (Breslau 1928), S. 117–123; *L. Pound:* American Euphemisms for Dying, Death and Burial, in: American Speech 11 (1936), S. 190–202; repr. in: Dies.: Nebrasca Folklore: Selected Writings of Louise Pound (Lincoln 1959), S. 139–147; HdA. VIII, Sp. 439 f.; *M. B. Ogle:* The way of all flesh, in: Harvard Theological Review (1938), S. 41–51; *A. Schmidt:* He es rips gohn, in: Korrespondenzblatt des Vereins für ndd. Sprachforschung 55 (1942), S. 116; *Anon.:* Karel es naar Meskoé (gestorben), in: Biekorf 47 (1946), S. 81; *F. Dornseiff:* Der dt. Wortschatz nach Sachgruppen (Berlin [4]1954), S. 147 ff.; *D. Narr:* Zum Euphemismus in der Volkssprache. Rdaa. und Wndgn. um ‚tot', ‚Tod' und ‚sterben', in: Württ. Jb. f. Vkde. 2 (1956), S. 112–119; *C. T. Onions:* Die and Live, in: Review of English Studies 7 (1956), S. 174–176; *G. Cross:* The way of all flesh, in: American Notes and Queries 203 (1958), S. 257; *L. Röhrich:* Gebärde – Metapher – Parodie (Düsseldorf 1967), S. 43 ff.; *H. L. Cox:* Die Bezeichnung des Sarges im Kontinental-Westgermanischen. Eine wortgeographisch-volkskundliche Untersuchung (Atlas der Dt. Vkde., NF., Beiheft 2) (Marburg 1967); *M. Willberg:* Es geht ums Sterben. Eine Wortbetrachtung, in: Muttersprache 78 (1968), S. 44–50; *W. Fuchs:* Todesbilder in der modernen Gesellschaft (Frankfurt/M. 1969); *Y. Rudolph:* Grabinschriften (Staatsexamensarbeit Freiburg 1972); *P. Löffler:* Studien zum Totenbrauchtum (Münster 1975); *S. Baum:* Plötzlich und unerwartet. Todesanzeigen (Düsseldorf 1980); *M. Vovelle:* La Mort et l'Occident. De 1300 à nos jours (Paris 1983); *E. Oinas:* To bite the dust, in: Proverbium 1 (1984), S. 191–194; *S. Metgen* (Hg.): Die letzte Reise. Sterben, Tod und Trauersitten in Oberbayern. Katalog zur Ausstellung des Münchener Stadtmuseums (München 1984); Vom Kirchhof zum Friedhof: Wandlungsprozesse zwischen 1750 und 1850 (Kassel 1984).

Zelt. *Seine Zelte aufschlagen:* sich niederlassen, bleiben; vgl. frz. ‚planter sa tente'.
Seine Zelte abbrechen: abreisen; erst seit dem 20. Jh.; vielleicht eine Weiterbildung zu ‚Hütten bauen', ↗ Hütte.

Zenit. *Im Zenit seines Lebens (seiner Laufbahn* o. ä.) stehen: auf dem Gipfelpunkt, der Höhe des je zu Erreichenden stehen. Die Rda. ist seit Anfang des 19. Jh. belegt, bes. seit Wieland.
Mit ‚Zenit' bez. man urspr. einen angenommenen, senkrecht über dem Beobachter liegenden, höchsten Punkt der oberen Himmelshalbkugel. Mit ihm wird der Lauf der Sonne oder der Sterne in Beziehung gesetzt: *Die Sonne steht im Zenit:* es ist Mittag. Das Wort ‚Zenit' beruht auf arab. ‚as-samt': Richtung der Köpfe. Das ‚m' wurde zu ‚ni' verschrieben, so daß über span. ‚zemt' ital. ‚zenit' entstand und ins Dt. gelangte.
Die Übertr. auf das menschl. Alter, auf Schaffenskraft, Wirksamkeit, Bedeutung und Ruhm des Menschen spiegeln die folgenden Rdaa.: *Den Zenit noch nicht erreicht haben:* noch große Entfaltungsmöglichkeiten besitzen, viel erwarten lassen, den größten Teil seines Lebens noch vor sich haben, dagegen: *Den Zenit bereits überschritten haben:* das Nachlassen der Kräfte spüren, sich dem Lebensende zubewegen, auch: sich (in seiner Leistung) nicht mehr steigern können, Erfolg und Ruhm zunehmend schwinden sehen.

Zepter. *Das Zepter schwingen:* die Herrschaft, das Kommando haben; bestimmen, was getan wird.
Das Zepter (aufgekommen nach 1150 über gleichbedeutend griech. σκῆπτρον = Stütze) war immer schon ein Symbol (himmlischer) Macht und Herrschaft und Schutzmittel gegen die Macht des Teufels.

Lit.: Rechtssymbolik des Zepters, in: Strafjustiz in alter Zeit (Rothenburg 1980), S. 320.

Zetermordio. *Zetermordio (Zeter und Mordio, Zeter und Mord) schreien:* laut, jammernd, gellend um Hilfe schreien. ‚Zeter' ist vermutlich zusammengezogen aus ‚ze aehte her', d. h. zur Verfolgung. Wer in Not ‚Zeter' rief, verpflichtete die Mitbürger zu sofortiger Hilfeleistung. ‚Mordio' ist ein aus Mord abgeleiteter Notschrei. Im heutigen verblaßten Sinne etwa seit dem 19. Jh. geläufig. Während ‚zetermordio' im alem.-rhein. Gebiet belegt ist, hat das ndd. ‚to jodute', das hess. ‚heila', ‚heilalle' und das fränk.-obd. ‚wapen', ‚waffen' als Varianten.
Im Rechtsleben des MA. war ‚Zetermordio' ein förmlicher Ruf des Anklägers zu Beginn einer Gerichtsverhandlung über Mord, Notzucht, Raub oder Diebstahl. Im ‚Sachsenspiegel' wird dies beschrieben (2, 64): „so fure en vor den richter und schry obir den Schuldigen zcether obir mynen morder und ober des landes morder, ader wy der bruch geschen ist". Vgl. frz. ‚crier comme un chat qu'on écorche'

(wörtl.: wie eine geschundene Katze schreien).

Lit.: *J. Stosch:* Nachträge und Berichtigungen: Notschreie, in: Zs. f. dt. Wortf. 3 (1902), S. 361; *L. L. Hammerich:* Hochdeutsch ‚Zeter' niederdeutsch ‚Jodute', in: Zs. f. dt. Ph. 56 (1931), S. 274–281; *Kluge; Küpper; N. Törnquist:* in: Studia neophil. 11 (1938), S. 318ff.

Zeug. *Einem (etw.) am Zeuge flicken:* ihn kleinlich tadeln, schulmeistern; wörtl. genommen: an seinem Zeuge, seiner Kleidung, etw. flicken, d.h. in Ordnung

‚Einem etwas am Zeuge flicken'

bringen. In bildl. Übertr. findet sich die Rda. seit der 2. H. des 18. Jh., so z.B. in G. A. Bürgers Gedicht ‚Der Kaiser und der Abt' von 1785:

Der Kaiser will gern mir am Zeuge was flicken
Und hat mir drei Nüss' auf die Zähne gepackt.

Auch mdal. ist die Rda., vor allem mit Betonung des gesuchten Tadels, geläufig; z.B. ndd. ‚enem wat an dem Tüge flicken', einem Ungelegenheiten machen, Verdruß und Händel erwecken, sich an einem reiben. Auch lit. bei Reuter: „(sie klagten) dat en jeder ehr (der Judenschaft) an't Tüg wat flickt" (Läuschen und Rimels, ‚Dat kümmt mal anders'). Ebenfalls zu Zeug = Kleidung gehört: *gut im Zeug sein:* anständig, gut gekleidet sein, über einen ausreichenden Kleidervorrat verfügen.

Sich ins Zeug legen; tüchtig ins Zeug gehen: sich anstrengen, sich kräftig bemühen, sich für etw. einsetzen; ähnl.: ‚ins ↗Geschirr gehen', ‚sich in die Stränge legen'. Zeug bedeutet hier das Geschirr der Zugtiere (die gleiche Vorstellung liegt dem gegensätzlichen Ausdr. ‚ausspannen' = ausruhen, sich erholen zugrunde). Auch in den Mdaa. reich belegt, z.B. in Basel ‚ins Züg haue'; obersächs.-erzgeb. ‚sich ins Zeug werfen', tüchtig an die Arbeit gehen. Vgl. frz. ‚s'atteler à quelque chose'.

Scharf ins Zeug gehen: scharf vorgehen, rücksichtslos sein. In etw. anderer Form lit. bei Goethe: „nun fuhren sie ... mit einem leidenschaftlichen Monolog ins Zeug" (Weimarer Ausg. 24, 168). Auch die sehr geläufige Rda. *Was das Zeug hält* (oder *halten will*): mit äußerster Anspannung, aus Leibeskräften (z.B. arbeiten, rennen), bezieht sich urspr. wohl auf das Geschirr der Zugtiere, vor allem der Pferde (vgl. obersächs. ‚Er arbeitet drauflos, was das Leder hält', ↗Leder), kaum auf das Gerät des Landwirts oder das Werkzeug des Handwerkers. Lit. belegt ist die Rda. z.B. 1778 bei Lessing (‚Eine Parabel'): „Schreiben Sie, Herr Pastor, und lassen Sie schreiben, so viel das Zeug halten will: ich schreibe auch". Auch in den Mdaa. sehr häufig belegt, z.B. ndd. ‚lopen, wat dat Tüg holen well'; vgl. in der Gegenwart: ‚was der Motor hergibt'.

Das Werkzeug dagegen ist urspr. gemeint in Wndgn. wie *das Zeug zu etw. haben:* zu etw. befähigt, begabt sein; lit. z.B. bei Gottfr. Keller (‚Nachgelassene Schriften und Dichtungen', 1893, S. 136): „Ein dem Herrn gefälliges Kunstwerk zu schaffen ..., da er das Zeug dazu empfangen hat". Vgl. frz. ‚avoir l'étoffe de quelque chose' (wörtl.: dazu hat er das richtige Tuch, das richtige Gewebe).

Beim (im) Zeug sein; auf dem Zeuge sein: leistungsfähig, tüchtig, energisch sein. Lit z.B. bei Brentano (Ges. Schriften 8, 26): „Beständig im Zeug und voll Begeisterung". Verwandte Rdaa. sind in den Mdaa. noch vielfach verbreitet, z.B. bair. ‚bam Zuig sein', einer Sache gewachsen sein; ‚nit recht bam Zuig sein', nicht recht bei Troste sein; ‚etw. zem Zeug bringen', zustande bringen; schwäb. ‚er isch nit im Zeug', er geht nicht seinem Geschäft nach; ‚im Zeug sein', etw. besitzen, reich sein; sächs. ‚auf dem Zeuge sein', sich wohlbefinden, gesund sein; ‚aus dem Zeuge gehen', flott arbeiten; ostfries. ‚sük fast upt Tüg setten', sich gut vorbereiten, auf alles gefaßt machen.

Lit.: *K. Krüger:* ‚Einem etw. am Zeuge flicken', in: Zs. f. d. U. 5 (1891), S. 278; *H. D.:* Etw. am Zeuge flicken, in: Zs. des allg. dt. Sprachvereins 24 (1909), Sp. 89–90; *E. Meyer:* Jem. etw. am Zeuge flicken, in: Zs. f. d. U. 25 (1911), S. 572.

Zeuge. ‚Ein Zeuge, kein Zeuge' ist ein altes Rechtssprw. In Goethes ‚Faust' sagt Mephisto zu Frau Marthe: „... durch zweier Zeugen Mund wird allerwegs die Wahrheit kund". In dieser Form ist das Zitat dann auch geläufig geworden und hat sprw. Charakter angenommen. Doch sind generell viele Ausdr. desselben Inhalts nachweisbar: negativ formulierte, verbr. Sprww. sind folgende: ‚Ein Mann – kein Mann'; ‚ein Zeuge ist einäuge' (sieht soviel wie ein Auge); ‚eines Mannes Rede ist eine halbe Rede'; ‚eines Mannes Zeugnis taugt nicht und wäre es ein Bischof'. Positiv formuliert: ‚In zweier oder dreier Zeugnis liegt alle Wahrheit'; ‚zwei sind besser als einer'; ‚zwei sehen mehr als einer'.

In der Regel des Zweizeugenerfordernisses laufen mehrere Texttraditionen zusammen, von denen auf das ma. Recht die stärksten Anstöße ausgegangen sind. Einmal ist die rechtliche Ausgangslage im Grundsatz die Zeugenmehrheit, die es nach unten zu begrenzen gilt. Mit der Zweizahl ist diese Grenze dann erreicht. Ein anderes Mal wird das Genügen eines einzigen Zeugen prinzipiell in Frage gestellt und eine Heraufsetzung auf die Zweizahl vorgenommen.

Älteste Textzeugnisse finden sich im A. T., wo die Aussage eines einzigen Zeugen als untauglich angesehen wird: „Non stabit testis unus contra aliquem, quidquid illud peccati et facinoris fuerit: sed in ore duorum aut trium testium stabit omne verbum" (Deuteron. 19,15; Vulgata).

Etliche Belege finden sich auch im N. T. (Joh. 8,17; 2. Kor. 13,1; Matth. 18,16). Die Zweizeugenregel wurde im röm. Recht übernommen und kam so in die Lit. des 12. und 13. Jh.

Lit.: *C. Schott:* Ein Zeuge, kein Zeuge. Zu Entstehung und Inhalt eines Rechtssprw., in: Festschrift für F. Elsener (Sigmaringen 1977), S. 222–232.

Zicke. *Zicken machen:* dumme Streiche machen; närrische Einfälle, seltsame Anwandlungen haben; unüberlegt handeln. Die Rda. ist vorwiegend mdt. und bes. berl.; vgl. aber auch oberoesterr. ‚bei dem zickts', der hat seine Launen. Die Wndg. ist entweder vom unberechenbaren Gebaren einer ↗Ziege hergenommen, wofür die Parallelität zu ‚Kapriolen machen' (Bocksprünge vollführen) spricht, oder sie kann auch vom Gehen im Zickzack hergeleitet sein, denn berl. heißt ‚'ne Zicke machen' einen Bummel machen, und bei Gerhart Hauptmann steht in ‚Rose Bernd' (I): „Ich mecht bloß wissen, was du fer Fahrten und Zicken machst". An anderer Stelle (‚Mignon', 1947, S. 84) schreibt er: „Solche Zicken hast du schon als Student gemacht". Vgl. frz. ‚faire des frasques'. Adjektivischen Gebrauch zeigt der Ausruf: *Sei nicht so zickig!* Diese Warnung gilt meist jungen Teenagern, die sich albern benehmen, d. h. übermütig wie ein junges Zicklein.

Im Kartenspiel ist Zicke zu der Bdtg. ‚Zehn' gekommen; dazu gehört die obersächs. Skatrda. ‚Raus mit der Zicke uf'n Deichdamm!'; schles. ‚Raus mit dr Zicke uff a Markt!'

Ziege. *Die Ziege beim Schwanz haben (halten):* bei einem Unternehmen keinen Erfolg haben. Schles. ‚die Ziege in den Garten lassen', ‚den ↗Bock zum Gärtner machen'. Schlesw.-holst. ‚He geit davun as de Seg vun'n Schet', er läuft von der Arbeit weg, läßt alles stehen und liegen.

Er hat es in sich wie die Ziegen das Fett: er läßt sich seine Schlauheit, seine Vorzüge äußerlich nicht anmerken; die Rda. findet sich in mehreren Mdaa.

Auf die faule Ziege kommen: sich herumtreiben. Obersächs.-erzgeb. ‚Du kannst mir nicht die Ziege fuchsen', kannst mir nichts anhaben.

Vielleicht die längste und sonderbarste Entwicklungsgesch. eines Sprw., entstanden aus einer Erzählung, hat Αἶξ τὴν μάχαιραν = the goat (Var. the sheep) the knife = Die Ziege das Messer: Als eine Ziege geopfert werden sollte, konnte man kein Messer finden. Aber die Pfote des Tieres zeigte auf ein Messer im Boden, und das Opfer wurde vollzogen. Die Geschichte hat arabische und sogar Hindu-Parallelen. In einer merkwürdigen ital. Fassung des Sprw. ist eine Henne an die Stelle der Ziege oder des Schafes getreten. Wir könnten das als eine bloß zufällige Substitution ansehen, aber Wesselski, der die Gesch. der Erzählung und des Sprw. ausgiebig untersucht hat, zeigt, daß es entstanden ist aus einem mißverstandenen span. Wort. Ein dt. Sprw. hat in seiner längeren Fassung die Erinnerung an diese Erzählung deutlich bewahrt, denn es heißt: ‚Es hat wohl eher eine Ziege ein Messer für die eigene Kehle aufgescharrt'.

Lit.: *A. Wesselski:* Erlesenes, Gesellschaft dt. Bücherfreunde in Böhmen VIII (Prag 1928), S. 98; *L. Herold:* Art. ‚Ziege', ‚Ziegenbock' etc., in: HdA. IX, Sp. 898–933.

Ziel. *(Weit) übers Ziel hinausschießen:* zu weit gehen. Die Rda. stammt aus der Schützensprache; ähnl. 1649 bei Gerlingius (Nr. 81): „De gradu dejicere. Vber das ziel werffen". Früher auch: ‚weit über den Zweck (den Pflock inmitten der Zielscheibe) schießen'. Vgl. frz. ‚dépasser les bornes' (wörtl.: über die Marksteine hinausschießen).

Einem das Ziel verrücken: ihm die Erreichung seines Zweckes erschweren, seine Absichten vereiteln.

Zielwasser. *Zielwasser getrunken haben:* beim Gewehrschießen gut treffen.

In einer Harzland-Sage heißt es: „Relativ selten erhält ein Jäger für eine gute Tat die Fähigkeit, alles zu treffen. So bekommt er etwa als Dank für ein Almosen ein Fläschchen mit ‚Zielwasser' geschenkt". Die Wndg. in Form einer iron. Frage: *Du hast wohl Zielwasser getrunken?* gilt auch einem, der sich vor einer schwierigen Aufgabe ‚Mut angetrunken hat' – eine Art euphemist. Verhüllung des festgestellten Tatbestandes des Alkoholkonsums.

Geht einem aber etw. daneben, erhält er den freundschaftlichen Rat: *Du hättest eben vorher Zielwasser trinken sollen!*

Lit.: *F. Seiler:* Harzland-Sagen (Jena 1926), S. 258; *L. Röhrich:* Art. ‚Freischütz', in: EM. V, Sp. 246–252.

Zieten. *Wie Zieten aus dem Busch:* plötzlich und unerwartet auftauchen, so rasch und entscheidend wie Friedrichs des Großen berühmter Reitergeneral Hans Joachim von Zieten (1699–1786) auf den Schlachtfeldern des Siebenjährigen Krieges. Schon 1774 erwarb dieser sich den Namen ‚Zieten aus dem Busch', und dieser Name erhielt die Prägekraft eines Zitats durch das hist. Gedicht Theodor Fontanes ‚Der alte Zieten', wo die Wndg. in der ersten und letzten Str. vorkommt:

Wie selber er genommen,
Die Feinde stets im Husch,
So war der Tod gekommen
Wie Zieten aus dem Busch.

Lit.: *Zieten,* Gedenkblätter zum 8. Oktober 1880, S. 23; *Büchmann.*

Zigarre. *Eine (dicke) Zigarre (verpaßt) kriegen:* einen Verweis, eine Rüge erhalten. Diese junge, erst seit dem 1. Weltkrieg in der Soldatensprache aufgekommene Rda. wird in der Regel aus in Offizierskreisen üblichen Bräuchen hergeleitet, wo der rügende Vorgesetzte, wenn er seine Strenge wenigstens äußerlich mildern wollte, dem Untergebenen vorher eine Zigarre anbot.

Zimmermann. Die Verspottung der Handwerker bezieht sich auch auf die Zimmerleute und das bekanntlich langsame Voranschreiten der Arbeiten auf einem Bau. In einem Sprw. heißt es:

Der Zimmermann und Maurer
Sind beide rechte Laurer;
Ehe sie essen, messen und sich besinnen,
So ist die Zeit und der Tag von hinnen.

Vgl. dazu die Darstellung auf einem Bilderbogen des 19. Jh.

Einem zeigen, wo der Zimmermann das Loch gelassen hat: ihm die Tür weisen, ↗Loch.

Das hast du wohl mit dem Zimmermannsbleistift gemacht?: das hast du sehr ungenau gemacht; mit Bezug auf den dicken Bleistift, mit dem der Zimmermann keine feinen Striche ziehen kann (seit etwa 1910 belegt).

Es stimmt auf ein Zimmermannshaar: es stimmt nur sehr ungenau; ähnl.: *Auf ein Zimmermannshaar kommt es nicht an:* auf Genauigkeit wird kein Wert gelegt; seit der Mitte des 19. Jh. bezeugt. Als ‚Zimmermannshaar' bez. man die Entfernung,

Zimmermann (Handwerkerspott)

die der Zimmermann mit seiner Axt erreichen kann (Küpper).

Lit.: *P. Rowald:* Brauch, Spruch und Lied der Bauleute (Hannover 1892); *E. Weiß:* Die Entdeckung des Volks der Zimmerleute (Jena 1923).

Zimt als wegwerfender Ausdr. für wertloses Zeug, Plunder, Krempel, minderwertige Sache stammt aus dem Rotw., wo es urspr. ‚Goldwaren', ‚Geld' bedeutete. Mit der Übernahme des Ausdr. durch die Mdaa. ist dann eine Bedeutungsverschlechterung eingetreten. Hierher gehören Rdaa. wie: *Was kostet der ganze Zimt?:* der ganze Kram; vgl. frz. ‚Combien coute toute cette camelote?'

Mit ‚Zimt' sinnverwandt ist auch das frz. Wort ‚bibine' (schlechtes Bier).

Obersächs. ‚Mach keen Zimt!', Rede nicht so dumm und ungereimt!, berl. ‚fauler Zimt', Unsinn. In mdt. Mdaa. bedeutet *Zimt machen, zimtig tun:* Umstände, Schwierigkeiten machen, dann auch: auf das Äußere halten, sich zieren, wobei vielleicht eine Kreuzung mit ‚zimperlich' vorliegt. „Käthel, nicht so zimmtig tun! Ich freß dich nicht auf" (Gerhart Hauptmann, Einsame Menschen [1891], 1). Vgl. auch die Wndg. ‚eine (alte) Zimtziege sein', sich gespreizt benehmen, sich über Geringfügigkeiten erregen, eine unangenehme Aufsichtsperson, Vorgesetzte sein; häufig von älteren Lehrerinnen gesagt.

Zinken (sprachverwandt mit ‚Zinne') als scherzhafte Bez. des ‚Gesichtserkers', der Nase, ist schon im 16. Jh. geläufig und hat sich in den Mdaa. z.T. erhalten, z.B. schwäb. ‚Nimm deinen Zinken in die Hand!', faß dich an deine eigene ↗ Nase.

Einem den Zinken stechen (auch *stecken):* ihm derb die Meinung sagen, ihm eine empfindliche Belehrung erteilen. In einigen Landschaften (z.B. obersächs.) bedeutet ‚Zinke' nicht nur eine (stark gerötete Trinker-)Nase, sondern auch eine Schwäre.

Mit der Bdtg. Zinken = Nase vermischen sich die aus dem Rotw. stammenden ‚Gaunerzinken': Zinken (nach frz. ‚signe', lat. ‚signum' = Zeichen) nennen die Gauner die von ihnen an Häusern und Wegen angebrachten geheimen Verständigungszeichen. In diesen Beziehungsbereich gehört auch die Redensart *einen Zinken stecken:* heimlich etw. zu verstehen geben, ein Zeichen durch Husten, Räuspern u.ä. geben; pfeifen, rufen, wenn man verjagt wird.

Lit.: *S. A. Wolf:* Wb. des Rotwelschen (Mannheim 1956), S. 349f.; *ders.:* Einem einen Zinken stecken, in: Muttersprache 66 (1956), S. 240–242.

Zinshahn. Leibeigene und Hörige hatten als jährliche Abgabe an ihren Herrn zu bestimmten Zeiten und Gelegenheiten Hühner (‚Zinshühner') zu entrichten. Wie diese Abgaben aussahen, lehren die rdal. Vergleiche: schweiz. ‚alt wie ein Zinshahn', sehr alt, oder schwäb. ‚fett wie ein Zinshahn', spindeldürr.

Um sich zu sichern, gaben die Herren genaue Vorschriften: Alter und Stärke der Hühner wurden im einzelnen bestimmt, damit keine minderwertigen Tiere abgegeben wurden. Bei Hähnen sollte der Kamm rot durchblutet sein. Um dieses zu erreichen, lieferten die Bauern die Hähne bisweilen im Zustand künstlicher Erregung ab. Daher der mdal. Vergleich *rot wie ein Zinshahn* (von ungewöhnlicher Gesichtsröte gesagt); ähnl. obersächs. ‚Da leeft'n der Kopp auf wie e Zinshahn'; sächs. ‚Er wird gleich wie ein Zinshahn', jähzornig, leicht erregbar. Lit. in Lessings ‚Jungem Gelehrten' (III, 12): „Du bist erhitzt, erhitzt wie ein Zinshahn".

Lit.: *J. Grimm:* Rechtsaltertümer I, S. 251 u. 521.

Zipfel. *Etw. an (bei) allen (vier) Zipfeln haben (nehmen):* fest und sicher haben; oft iron. gesagt von einem, der etw. ganz und gar in seiner Gewalt oder völlig verstanden zu haben glaubt. Dabei ist ursprünglich an ein Bettuch, an ein Kissen oder an einen Sack gedacht, wie die folgenden Beispiele zeigen. In Thomas Murners ‚Mühle von Schwyndelßheim' (V. 765 ff.) heißt es:

> Dry zypffel handt wir zuo vns bracht,
> yetz handt wir vff den fierdten acht
> vnd flyssendt (befleißigen) vns, das er vns werd;
> dann lygt ir dann vff bloßer erd.

Schwäb. ‚Der nimmt's Tuch an fünf Zipfeln', er verlangt mehr, als ihm gebührt.

Etw. beim rechten Zipfel anfassen (anpakken): etw. richtig beginnen. Dagegen lit. bei Goethe (‚Begeisterung'): „Fassest du die Muse nur beim Zipfel, hast du wenig nur getan".

Sich nach dem Bettzipfel sehnen ↗Bett.

Zipperlein. *Das Zipperlein haben:* an der Gicht leiden, auch allgem. kränkeln, sich irgendwie nicht wohl fühlen.

Im 17. Jh. war das Podagra eine der weitverbreitetsten Krankheiten überhaupt. Daß dies bes. eine Krankheit der Reichen war, wird unter Berufung auf Camillo Scaliger folgendermaßen erklärt: Das Zipperlein, bestehend aus einer großen Zahl erhitzter Geisterlein, habe zunächst die Bauern angefallen, sich dort aber bei harter Arbeit und schlechter Kost nicht wohl gefühlt. Darauf seien die Geisterlein in der Stadt bei einem reichen Mann eingekehrt, dem der Arzt daraufhin „gute Speiß und Tranck, ein sanfftes Bett, alle Bequemlichkeit und Ehrerbietung, daß ihn ein jeder nieder sitzen ließ, wo er hinkam, verordnet". Das habe dem Zipperlein so gut gefallen, daß es die Bauern verließ und fortan „bei den wollüstigen Reichen blieb" (AaTh 282 A*). (Aus: Der Zeitvertreiber, 1685, S. 215).

‚Gicht' ist in der Tat auch heute noch eine verbreitete Wohlstandskrankheit, die vor allem mit übermäßigem Fleischgenuß (Schweinefleisch) in Zusammenhang gebracht wird.

Lit.: *E. Moser-Rath:* Lustige Gesellschaft (Stuttgart 1984), S. 197.

Zirkus. *Um etw. einen Zirkus veranstalten:* einen unnötigen Trubel, Aufwand, ein Aufhebens machen.

Seit Mitte des. 19. Jh. ist ‚Zirkus' (von lat. Circus Maximus: die Rennbahn im alten Rom) die Bez. für ein von Ort zu Ort ziehendes Unternehmen, das in einem großen runden Zelt akrobatische und artistische Darbietungen vorführt. Von daher kommt die obige Bdtg. von Durcheinander, Getue, Theater, Rummel. Vgl. auch die Ausrufe: *So ein Zirkus!* u. *Jetzt geht der Zirkus wieder los!*

Aufgezäumt sein wie ein Zirkuspferd: über und über mit (falschem) Schmuck behangen sein, aufgedonnert und überladen geschmückt sein; auch: ‚Der Christbaum ist geschmückt'.

Zitrone. *Mit Zitronen handeln* (rhein.): falsch kalkulieren, ein anderes Ergebnis erwartet haben. Vielleicht hängt diese rhein. Rda. mit einem Volksbrauch im Bergischen zusammen, wo man bis etwa 1860 jedem Sargträger bei einer Beerdigung eine Zitrone gab.

So sauer wie eine Zitrone sein i. S. v.: beleidigt sein, heißt im Amer. ‚as the devil looks over Lincoln' (veraltet).

Lit.: *Stamfordiensis:* Devil on the Witch's Back looking over Lincoln, in: American Notes and Queries 7, 12 (1891), S. 340; *H. Marzell:* Art. ‚Zitrone', in: HdA. IX, Sp. 940–943; *A. Schwammberger:* Vom Brauchtum mit der Zitrone (Fürther Beiträge zur Geschichts- u. Heimatkunde, H. 2) (Nürnberg 1965); *W. Danckert:* Symbol, Metapher, Allegorie im Lied der Völker, Teil 3: Pflanzen. Aus d. Nachlaß hg. v. H. Vogel (Bonn – Bad Godesberg 1978), S. 1043–1044.

zittern. *Vor etw. (jem.) zittern:* große Furcht haben. *Um jem. zittern:* Um das Leben eines Menschen bangen.

Häufig werden die formelhaften Wndgn. *zittern und beben* und *zittern und zagen* gebraucht (vgl. KHM. 163). In Schlesw.-Holst. sagt man mdal. auch: ‚He zittert und flüggt vor Angst'. Der Ausdr. *mit Zittern und Zagen* geht auf die Antwort des Saulus im alten Luthertext auf den Anruf des Herrn zurück (Apostelg. 9,6). Sehr oft begegnet im bibl. Text auch die Wndg. *mit Furcht und Zittern* (Tob. 13,5; Eph. 6,5; Phil. 2,12; Hiob 4,14; Ps. 55,6; 1. Kor. 2,3), die auf Ps. 2,11 beruht, in dem es heißt: „Dienet dem Herrn mit Furcht, und freuet euch mit Zittern".

Zittern wie Espenlaub: vor Angst oder Kälte zittern, ↗Espenlaub; vgl. frz. ‚trembler comme une feuille' (wörtl.: wie ein Blatt zittern). Auf das Zittern vor Kälte beziehen sich die neueren Rdaa. *Ich kann nicht so schnell zittern, wie ich friere; nicht nachkommen mit Zittern* und *sich warmzittern.*

Zittre mal los! gilt als Aufforderung zum Gehen, Aufbrechen, Anfangen, bes. im Obersächs. häufig zu hören.

Da hilft kein Zittern vorm Frost: da gibt es kein Zögern und Weigern. Die Wndg. wird auch scherzhaft bei der Annahme einer Einladung gebraucht.

Den Zitterpfennig geben: Angst haben.

Lit.: *A. Webinger:* Art. ‚Zittern' in: HdA. IX, Sp. 943–944; *E. Moser-Rath:* Lustige Gesellschaft (Stuttgart 1984), S. 227.

Zopf wird in mehreren Rdaa. bildl. für überaltertes Herkommen und Rückständigkeit gebraucht. Die im 18. Jh. aufgekommene männliche Haartracht des Zopfes, die als Musketierzopf unter Friedrich Wilhelm I. auch im Heer eingeführt wurde, verfiel unter dem Einfluß der Frz. Revolution nach 1790 der Lächerlichkeit. Jean Paul erregte zunächst noch Ärgernis, als er 1782 seinen Zopf als Leipziger Student wegwarf und ohne Perücke ging, denn noch bis ins 19. Jh. wurde der Zopf von den Konservativen getragen. Für die von den Gedanken der Frz. Revolution beeinflußte Generation, die inDtl. zu Beginn des neuen Jh. hervortrat, stellte sich der Zopf als verhaßtes Sinnbild der politischen und sozialen Mißstände des unumschränkt herrschenden feudalen Staates dar und als Sinnbild des Absolutismus, trockener Aufklärung und Unnatur.

Die Rda. *Das ist so ein alter Zopf* und die Scheltausdrücke ‚zopfig' und ‚Zopfgelehrsamkeit' in der Bdtg. veraltet, pedantisch, lächerlich dürften während der Freiheitskriege unter den Studenten entstanden sein, als der Zopf neben anderem der Scharnhorstschen Reform der preuß. Armee zum Opfer fiel. Wie sehr der Zopf als bekämpftes Symbol der Restauration galt, beweist seine feierliche Verbrennung durch die Studenten auf dem Wartburgfest von 1817.

Den (einen) Zopf abschneiden: einen altmodischen Brauch, eine überlebte Tradition abschaffen, mit überaltertem Herkommen brechen.

Einem den (einen) Zopf anhängen: ihn zum besten haben, hintergehen; schließlich: Vorwürfe machen, schelten. Beliebt ist die Rda. in der vormärzlichen Lit., z. B. bei Grabbe (I, 425): „Bis daß ihm der Bube von hinten einen großen, papiernen Zopf angesteckt hat". Vgl. A. v. Chamissos Gedicht ‚Tragische Geschichte' (1822) mit dem Kehrreim „Der Zopf, der hängt ihm hinten". Zum Teil ist die Rda. noch in den Mdaa. erhalten, z. B. ostmdt. ‚einem einen Zopf machen'; wienerisch ‚A Zopferl anhäng'n'.

Einem auf den Zopf kommen: jem. tadeln, scharf zurechtweisen, strafen. Diese Rda. ist älter als die männliche Haartracht im 18. Jh. Sie bezieht sich auf die Zöpfe der Frauen. Diese gingen sich gegenseitig schon im MA. im Zorn gern an die Zöpfe und zogen und rissen sich bei einer tätlichen Auseinandersetzung daran. Vgl. die Rda. ‚sich in die Haare geraten'. Dafür gibt auch Hans Sachs (‚Hausmagd und Wochenwärterin' 140) Belege:

> Die magd erwischt sie bey eim zopff
> Und ir den zornigklich außrieß.

Und ebd. (145) heißt es: „(sie) thetten die zöpff einander dehnen". Ähnl. Sinn haben die neueren Wndgn. *einem auf den Zopf spucken:* ihn schelten, und *einen beim Zopf nehmen:* ihn zur Rechenschaft ziehen; ↗Haar.

Die Rda. *sich am eigenen Zopf aus dem*

‚Ein alter Zopf'

Sumpf ziehen: sich durch eigene Kraft zu erheben, aus dem Unglück zu befreien suchen, beruht auf einer Lügenerzählung Münchhausens: „Ein andres Mal wollte ich über einen Morast setzen, der mir anfänglich nicht so breit vorkam, als ich ihn fand, da ich mitten im Sprunge war. Schwebend in der Luft wendete ich daher wieder um, wo ich hergekommen war, um einen größeren Anlauf zu nehmen. Gleichwohl sprang ich auch zum zwey-

‚Sich am eigenen Zopf aus dem Sumpf ziehen'

tenmale noch zu kurz und fiel nicht weit vom andern Ufer bis an den Hals in den Morast. Hier hätte ich unfehlbar umkommen müssen, wenn nicht die Stärke meines eigenen Armes mich an meinem eigenen Haarzopfe, samt dem Pferde, welches ich fest zwischen meine Kniee schloß, wieder herausgezogen hätte" (Gottfried August Bürger, Wunderbare Reisen zu Wasser und Lande des Freyherrn von Münchhausen [Darmstadt 1959], S. 43).

Als der Zopf vom Haarbeutel verdrängt wurde, verblieb ihm die übertr. Bdtg. von Rausch, z.B. in den folgenden Rdaa.: *einen Zopf heimschleifen:* betrunken sein, und *sich einen Zopf trinken:* sich einen Rausch antrinken (↗trinken); lit. verwendet von Nestroy (6,197):

So bleiben freisinnig die Köpfe,
Bekommen vom Wein sie auch Zöpfe.

Mdal. heißt es im Mansfeldischen: ‚Dir rappelts wul ungern Zoppe?', du bist wohl verrückt, du spinnst.

Lit.: *W. R. Schweizer:* Münchhausen und Münchhausiaden (Bern – München 1969); *M. Jedding-Gesterling* u. *G. Brutscher* (Hg.): Die Frisur. Eine Kulturgeschichte der Haarmode von der Antike bis zur Gegenwart (München 1988).

Zucker. *Einfach Zucker!:* hervorragend, ausgezeichnet; vgl. frz. ‚C'est du gâteau' (wörtl.: Das ist Kuchen), auch i.S.v.: das ist kinderleicht.

Jem. Zucker in den Arsch blasen: sich bei jem. einzuschmeicheln suchen, etwa seit 1920 bezeugt, auch i.S.v. jem. antreiben, vor allem sold.

Zucker klopfen: sich bei jem. einschmeicheln. In Köln sagt man: ‚Dä hät dem Zucker geklopp': der hat ihm geschmeichelt; auch in Bedburg sagt man mdal. für Schmeicheleien, die einen bestimmten Zweck verfolgen: ‚Hä hât im Zocker geklopp'. Ähnl. *Zucker im Munde haben:* sich einschmeicheln, seine wahre Gesinnung verhüllen.

Mit solchem Zucker schluckt man solche Pillen: man nimmt Unangenehmes leichter hin, wenn es in netter Form mitgeteilt wird. Diese Tatsache umschreibt auch ein Lied aus dem Musical ‚Mary Poppins' (1969), in dem es heißt:

Mit 'nem Teelöffel Zucker
Nimmt man jede Medizin.

Soll das Zucker heißen? ist die iron. Frage in bezug auf unangenehme Mitteilungen oder eine Beleidigung. Vgl. frz. ‚Appellez-vous cela du sucre?' (veraltet).

Als grobe Abweisung gilt die euphemist. Aufforderung: *Sie können mir den Zucker vom Kuchen lecken,* ↗Arsch.

Seinem Affen Zucker geben ↗Affe.

Etw. wie Zucker sparen: mit Wertvollem vorsichtig umgehen, vgl. schwäb. ‚Dös muaß ma spara wia Zucker'.

Nicht von Zucker sein: Regen nicht scheuen, seit dem Ende des 19. Jh. bekannt, auch in allg. Sinne: nicht empfindlich sein, viel aushalten können (Küpper).

Mit Zuckerbrot und Peitsche regieren: je nach Bedarf Milde walten lassen oder unnachgiebige Härte zeigen, Versprechungen machen und Drohungen ankündigen.

'Mit Zuckerbrot und Peitsche regieren'

Diese Devise befolgten bereits die röm. Imperatoren. ↗Knute.

Etw. ist kein Zuckerschlecken: etw. ist nicht leicht, nicht angenehm, sehr anstrengend; vgl. 'Seefahre ös nich Zockerlöcke' (W. Lüpkes: Seemannssprüche [1900, Nachdr. Hamburg 1986], S. 18). ↗Honig.

Lit.: *K. Laufs:* Zucker klopfen, in: Muttersprache 42 (1927), S. 175–176; *J. Baxa* u. *G. Bruhns:* Zucker im Leben der Völker. Eine Kultur- und Wirtschaftsgesch. (Berlin 1967); *S. W. Mintz:* Die süße Macht. Kulturgeschichte des Zuckers (Frankfurt/M. – New York 1987); *H. Olbrich (Hg.):* Zuckermuseum. Katalog (Berlin 1989); Süßhunger. Zur Kulturgeschichte des Süßens. Ausstellungskatalog (Bremen 1990).

zuerst. Die Wndg. *Wer zuerst kommt, mahlt zuerst* stammt als Rechtssprw. aus Eike von Repgows 'Sachsenspiegel' (um 1230), in dem es heißt (II, 59,4): „Der ouch êrst zu der mül kömt, der sal erst malen". Auch in der 'Bayerischen Chronik' (I,305) von Aventin steht dieser Rechtsgrundsatz: „wer ee kumpt, der melt ee". Vgl. auch ndl. 'Die het eerst komt, het eerst maalt'. Die Mühlen gehörten urspr. den Grundherrschaften, die Bauern und Bäcker konnten ihr Getreide dort selbst mahlen. Keiner erhielt dabei einen Vorrang, wie dieses Recht ausdrücklich betont; ↗mahlen.

'Zuerst kommt das Fressen, dann kommt die Moral' ist ein Zitat aus Bertold Brechts 'Dreigroschenoper' (1928).

Lit.: *H. Bänziger:* Zuerst kommt das Fressen, dann kommt die Moral: zu einem Motiv Bert Brechts, in: Reformatio 11 (1962), S. 496–503; *Sven B. Ek:* Den Som Kommer Först Till Kvarns. Ett Ordspråk och dess Bakgrund (Scripta Minora. 1963–64; 1) (Lund 1964).

Zug. *In den letzten Zügen liegen:* im Sterben liegen. Zug meint hier Atemzug. Die Wndg. findet sich mehrfach in Luthers Bibelübers., z. B. in der Erzählung von der Tochter des Jairus, Mark. 5,23; Luk. 8,42 („er hatte eine einzige Tochter bei zwölf Jahren, die lag in den letzten Zügen"). In anderen älteren Belegen steht Zug oder 'ziehen' ohne weiteren Zusatz und meint offenbar das Hinwegziehen ins Jenseits. In den von Keller (1854) herausgegebenen 'Altdt. Erzählungen' heißt es von einem Sterbenden: „Wan er laeg am tot und züg". Lehmann (S. 443, 'Krankheit' 6) bucht 1639: „Viel liegen in Zügen, vnd ziehen doch nicht". Albr. Dürer schreibt in seiner Familienchronik: „hätt er von Stund an die Züg gegriffen" (wäre er in den Todeskampf verfallen). Abraham a Sancta Clara redet im 'Huy und Pfuy der Welt' von denen, die erst schlafen gehen, „wenn die Nacht in Zügen liegt", zu Ende geht. Die Rda. erscheint auch gelegentlich in übertr. Bdtg., so z. B. bei Gottsched in den 'Beiträgen zur critischen Historie' (Bd. I, S. 310): „Das Plattdeutsche ist ganz herunter gekommen und liegt in den letzten Zügen".

In anderen Wndgn. ist der Zug beim Trinken gemeint, z. B. *(mit) einem Zug:* auf einmal; *einen guten Zug (am Leibe) haben:* in großen Schlucken, tüchtig trinken können; vgl. frz. 'avoir une bonne descente' (wörtl.: eine schiefe Kehle haben, so daß Getränke leicht herunterfließen können) und 'savoir bien lever le coude' (wörtl.: den Ellenbogen richtig heben können); westf. 'einen Zug durch die Gemeinde machen', nacheinander viele Wirtshäuser im Ort aufsuchen; schlesw.-holst. 'wir wern good in Tog', wir waren sehr vergnügt; 'mit'n Tog', in diesem Augenblick; *das Leben in vollen Zügen genießen.*

Gut im Zuge; so recht im Zuge; im besten Zuge sein: eifrig bei der Arbeit, bei der Durchführung eines Planes sein. Diese Wndgn. beziehen sich wohl urspr. auf das Ziehen von Zugtieren; vgl. das 'Dictionarium' von Frisius von 1541 (1350 a): „gůte und gschickte zierosz, die gůt im zug sind"; vgl. sächs. 's 'is Zug drhinter', 'da is Zug drinne', es geht kräftig vorwärts.

Einen guten Zug tun: bei einem Unternehmen Erfolg haben; könnte vom Ziehen des Netzes beim Fischfang hergeleitet sein, auch vom Schachspiel, wie mhd.

Versionen vermuten lassen; ebenso: *zum Zuge kommen.*

Zug um Zug (zurückgeben, handeln) meist in der Kaufmannssprache das Nehmen und Geben. Ein weiterer Sinn ist: eins ums andere, schrittweise, auf Gegenseitigkeit. Goethe (Weimarer Ausg. IV,33, S. 130): „Zwischen Freunden muß nicht alles Zug um Zug gehen"; vgl. schlesw.-holst. ‚Tuur för Tuur un Tog för Tog'.

Im falschen Zug sitzen: sich in seiner Meinung irren; quasi: mit den Gedanken in eine falsche Richtung geraten; vgl. ↗Boot, ↗Dampfer.

‚Noch auf den fahrenden Zug aufspringen'

Noch auf den (fahrenden) Zug aufspringen: sich mit Verspätung an einer bereits laufenden Sache noch beteiligen.

Der Zug ist abgefahren: es ist bereits zu spät.

Lit.: Zug der Zeit – Zeit der Züge. Dt. Eisenbahn 1835–1985, 2 Bde. (Berlin 1985).

Zügel. *Die Zügel schießen lassen* (vgl. frz. ‚laisser à quelqu'un la bride sur le cou' [wörtl.: einem die Zügel am Hals liegen lassen]), auch *die Zügel lang (locker, schleifen) lassen:* freien Lauf lassen; als Rda. nicht mehr vom Reiter gesagt, sondern in bildl. Übertr. gemeint, z.B. ‚einer Leidenschaft, seinem Eigenwillen die Zügel schießen lassen' (↗locker).

Seit dem Ende des 17. Jh. ist die Rda. in dieser übertr. Anwendung häufig bezeugt, z.B. in A. v. Knigges ‚Reise nach Braunschweig' (1797, S. 111): „Dann ließ sie ihrer Neugier die Zügel schießen". Aus derselben Bildwelt von Roß und Reiter stammen noch zahlreiche andere Rdaa.: ‚ein zügelloses (ungezügeltes, ausschweifendes) Leben führen'; ‚mit verhängtem Zügel reiten' (zu mhd. verhengen = hängen, schießen lassen, nachgeben), in übertr. Bdtg. z.B. in Grimmelshausens ‚Simplicissimus' (Bd. II, S. 215): „verhängte derowegen meinen Begierden den Zügel".

Übertr. erscheint der Zügel, mit dem man die Tiere regiert, als ein Sinnbild der Herrschaft: *in die Zügel greifen (fallen):* jem. hemmen. „Dem Schicksal in die Zügel greifen, steht nicht in meiner Macht" (H. Clauren, Sylvesterabend [1825]); *die Zügel führen:* herrschen, befehlen; vgl. frz. ‚tenir la bride' oder ‚tenir les rênes'; *die Zügel ergreifen (in die Hand nehmen):* die Führung übernehmen; *die Zügel kurz halten:* einem Beaufsichtigten jede Entscheidung abnehmen, jem. gängeln; *einem Zügel anlegen:* ihn mäßigen, seine Freiheit einschränken. Goethe (‚Wilhelm Meister'): „Werner tat sich etwas darauf zu gute, daß er dem vortrefflichen, obgleich gelegentlich ausschweifenden Geist Wilhelms mitunter Zügel und Gebiß anzulegen schien".

Zukunftsmusik ↗Musik

Zunder. *Einem Zunder geben:* ihn zu größerer Aktivität antreiben. Zunder diente als leicht brennbares Material zur Entfachung eines Feuers. Wie der Funke plötzlich zur Flamme wird, kann man einen Trägen durch einen zwingenden Anlaß zum Handeln bringen.

Im 1. Weltkrieg wurde ‚Zunder' sold. Synonym für Artilleriefeuer. ‚Wir haben schwer Zunder bekommen': waren schwerem Artilleriefeuer ausgesetzt; ‚da gab es Tag und Nacht Zunder': wurde Tag und Nacht geschossen. Später ging es i.S.v. Prügel in die allg. Umgangssprache ein: ‚Wenn ihr euch nochmals sehen laßt, kriegt ihr Zunder!'

Lit.: *O. Basler:* Art. ‚Zunder', in: HdA. IX, Sp. 955–956.

Zunge. *Mit gespaltener Zunge (mit zwei Zungen) reden:* zum eigenen Vorteil gegenüber mehreren Personen verschiedene Meinungen äußern, ohne Bedenken lügen, ähnl.: *glatt (leicht) von der Zunge gehen:* ohne Hemmungen Unwahrheiten sagen, gegen seine innere Überzeugung jem. schmeicheln. Dagegen meint die Wndg. *etw. nicht über die Zunge bringen:*

sich scheuen, eine Lüge zu machen, eine schlechte Nachricht zu überbringen. Eine Steigerung davon bedeutet die Rda. *sich eher die Zunge abbeißen:* nichts verraten, standhaft bleiben, trotz persönlicher Gefahr keine Andeutungen machen, aber auch: aus Scham oder falscher Rücksichtnahme keine Beschwerden oder Forderungen in eigener Sache vorbringen.
Der dem hl. Johannes von Nepomuk (um 1350–1393) zugeschriebene Schwur, sich ‚lieber die Zunge abzubeißen', als aus der Beichte zu plaudern, hat in Bayern und Österreich einen Handel mit ‚Nepomuk-Zungen' zu Heilzwecken bewirkt. Noch Anfang des 20. Jh. gab es Nepomuk-Zungen, zungenförmige Körper aus Stein, in Silber gefaßt, die gegen Zungenleiden sowie auch gegen üble Nachrede helfen sollten. 1765 wurde Johannes von Nepomuk bei den Linzer Jesuiten als „heiliger Rächer der Verleumdung" bezeichnet.
Jem. etw. auf die Zunge legen: ihm Hinweise geben, damit er im gewünschten Sinne aussagt, damit er die richtige Antwort finden kann, vgl. ‚jem. etw. in den Mund legen', ↗Mund.
Jem. die Zunge lösen: seine Hemmungen beseitigen, ihn z.B. durch geheuchelte Anteilnahme oder durch Weingenuß redselig machen, aber auch: ihn durch Gewalt zu einer Auskunft zwingen. Diese Rda. erinnert an den alten Brauch, neugeborenen Kindern das Häutchen unter der Zunge zu lösen, damit sie (schneller) sprechen lernen sollten. Gab ein Kind nach der Geburt nicht gleich Laut von sich, öffnete ihm die Hebamme alsbald den Mund und löste ihm auch mitunter die Zunge. Diese sofortige Lösung des Zungenbändchens durch die Schere oder gar den Fingernagel der Hebamme war um 1900 allgemein verbreitet, obwohl sie schon von der Nürnberger Hebammenordnung von 1755 als abergläubisch bekämpft wurde. In Gutach (Kr. Offenburg) spricht die Hebamme dabei sogar einen Spruch, den ihr die Wöchnerin dreimal nachzusprechen hat: „Ich löse meinem Kinde die Zunge zu alle gute Stunde, zur gerechten, aber nicht zur ungerechten. Die himmlische Ehr, die nimmermehr vergeht, im Namen Gottes des Vaters, des Sohnes und des Heiligen Geistes" (E. H. Meyer, Badisches Volksleben im 19. Jh. [Straßburg 1900], S. 17f.); vgl. frz. ‚délier la langue à quelqu'un'.
Seiner Zunge freien Lauf lassen: unbedacht, ohne bes. Vorsicht und Rücksichtnahme ganz frei und offen reden; ähnl.: *sein Herz auf der Zunge haben (tragen):* seine Gefühle zeigen, ungehemmt seinen Einfällen folgen und seine geheimsten Gedanken offenbaren. Diese Rdaa. dienen einer durchaus positiven Charakterisierung eines ehrlichen, unkomplizierten und impulsiven Menschen. Trotzdem warnen andere Wndgn. vor den Nachteilen dieses Verhaltens, das oft sehr undiplomatisch ist, wobei man *sich leicht die Zunge verbrennen kann,* ↗Mund.

Abschneiden der Zunge als Strafe

Seine Zunge hüten (im Zaum halten): vorsichtig sein, damit nicht unbedachte Äußerungen Ärger und Anstoß erregen, nur das sagen, was nicht falsch ausgelegt werden kann; vgl. frz. ‚tenier ...' oder ‚retenir sa langue'.
Sich auf die Zunge beißen: sich mühsam beherrschen, seine wahre Meinung verschweigen; vgl. frz. ‚s'en mordre la langue' (wörtl.: sich deswegen in die Zunge beißen) i.S.v.: unbedachte Äußerungen bereuen.
Etw. auf der Zunge haben: etw. sagen wollen, es aber zum Glück im letzten Moment

noch unterdrücken können, aber auch: nach einem Ausdr. suchen, der einem trotz heftigen Nachdenkens im Augenblick nicht einfällt, z. B. ein Name, an den man sich nicht erinnern kann, obwohl man ihn häufig gehört hat, so daß er einem *auf der Zunge schwebt;* vgl. frz. ‚avoir quelque chose sur le bout de la langue' (auf der Zungenspitze).

Jem. das Wort von der Zunge nehmen: seinen Gedanken vorwegnehmen, die gleichen Vorstellungen und Ideen wie der andere haben und ihm in seiner Äußerung zuvorkommen; ähnl. frz. ‚prendre à quelqu'un les mots de la bouche' (wörtl.: einem die Worte aus dem Munde nehmen).

Mit der Zunge ausrutschen: etw. Unpassendes, Unbedachtes sagen, das man später bedauern muß.

Jem. die Zunge herausstrecken (zeigen): ihn verächtlich behandeln. Das Herausstrecken der Zunge ist eine Spottgebärde, die möglicherweise auch auf ältere Abwehrgebärden zurückgeht. Als schimpfliche Abweisung ist sie auch an Brücken und Stadttoren angebracht worden. Bekannt ist der Basler sog. ‚Lällekönig', der nach Kleinbasel hinüber diese Gebärde machte, ↗Gähnmaul. Vgl. frz. ‚tirer la langue à quelqu'un'.

‚Lällekönig' – ‚Die Zunge herausstrecken'

Sich die Zunge ausrenken: pausenlos für etw. werben oder schwärmen, durch einen Wortschwall zu überzeugen suchen, einen unversieglichen Redestrom entwickeln; gleichen Sinn hat die moderne Wndg. *eine elektrische Zunge haben.*

Sich (beinahe) die Zunge abbrechen: ein schwieriges Wort (Fremdwort), auch: ‚Zungenbrecher' genannt, nicht oder nur schwer aussprechen können.

Jem. die Zunge lähmen: jem. zum Erschrecken oder Erstaunen bringen und ihn zunächst einmal sprachlos werden lassen, vgl. die ähnl. Wndg. *etw. (die Angst) bindet einem die Zunge.*

Die Zunge klebt jem. am Gaumen (schon bei Hiob 29,10), *hängt einem zum Halse heraus:* ihm fehlt der Speichel vor großem Durst, wegen der Hitze oder: er ist völlig erschöpft vom schnellen Laufen. Dieses sprachl. Bild bezieht sich auf den hechelnden Hund. Vgl. frz. ‚Il a la gorge séche' (wörtl.: Er hat eine trockene Kehle).

Etw. auf der Zunge zergehen lassen: ein Feinschmecker sein, etw. genießerisch auskosten, ähnl. *eine feine Zunge haben;* vgl. frz. ‚être un gourmet' (ein Feinschmecker sein) oder ‚avoir le bec fin' (wörtl.: einen feinen Schnabel haben).

Die vielen Adj., die der Zunge zugeordnet werden, ermöglichen sprachl. Differenzierungen, z. B. *eine glatte Zunge haben:* geschickt lügen, schmeicheln und heucheln; *eine scharfe (spitze) Zunge besitzen:* verletzende Kritik üben. In volkstümlichen Darstellungen wird dem Spitzzüngigen die Zunge abgeschliffen, ↗schleifen; vgl. frz. ‚avoir la langue bien pendue' (wörtl.: eine weit herunterhängende Zunge haben) oder ‚avoir le caquet bien affilé' (wörtl.: ein geschliffenes Mundwerk haben). *Eine böse (falsche, giftige) Zunge haben:* verleumden, bösartig sticheln; *eine beredte (feurige) Zunge besitzen:* redegewandt, ‚zungenfertig' sein. *Eine lose Zunge besitzen:* alles ausplaudern; vgl. engl.: ‚Your tongue is hung on an swivel and is loose at both ends'.

Zunge wird auch im Sinne von Sprache gebraucht: *in fremder Zunge reden* und *mit tausend Zungen predigen:* es wiederholt und nachdrücklich sagen.

Moderne Wndgn. sind: *sich nicht an der Zunge ziehen lassen:* sich nicht übertöl-

Das Schleifen der bösen Zunge

peln lassen, und *über die Zunge scheißen:* sich erbrechen.

Einen falschen Zungenschlag haben: wegen Betrunkenheit die Wörter nicht mehr richtig artikulieren können; auch: Falschheiten verbreiten, nicht aufrichtig sein.

Lit.: *E. S. Dodge:* Your tongue is hung on a swivel and is loose at both ends, in: Journal of American Folklore 62 (1949), S. 427; *L. Röhrich:* Gebärde – Metapher – Parodie (Düsseldorf 1967), S. 26f.; *D.-R. Moser:* Verkündigung durch Volksgesang (Berlin 1981), S. 243; *A. Spycher:* Der Basler Lällenkönig, seine Nachbarn, Freunde und Verwandten (Basel 1987).

Zungendrescher. *Ein Zungendrescher sein:* seine Zunge skrupellos, zu seinem eigenen Vorteil gebrauchen.

Der Ausdr. ‚Zungendrescher' ist z. Zt. der Einführung des Römischen Rechts im Deutschen Reich wahrscheinl. in Mitteldeutschland aufgekommen. Lit. schon bei Carlstadt 1520 belegt und seit Alberus (1540) in den Wbb. verzeichnet, zeigt sich die Bez. bereits damals als fest eingeführt. Zungendrescher bedeutete zunächst einen skrupellosen Advokaten, der seine Rechtskenntnisse und seine Zungenfertigkeit dazu mißbrauchte, um gegen Gewinn Unrecht in Recht zu verwandeln, der sich also gleichsam mit der Zunge sein Korn, seinen Lohn ausdrosch (↗dreschen): „kam dann golt, so stach es das silber ab, ye besser tagwerck, ye fertiger traschen sie mit der zungen" (Seb. Franck: Sprichwörter [1541]). „... böse advokaten und andere rechtsgelehrten ... das ist, welche zungentrescher seynd und von gelts wegen allerley lugen ersinnen und fürbringen" (Äg. Albertinus: Luzifers Königreich [1617]). Zschokke († 1848) spricht dann sogar von „rechtsmörderischer List gewandter Zungendrescher". In weiterem Sinne bedeutete der Ausdr. einen böswilligen Schwätzer, später auch bloß einen leeren Schwätzer. Noch Heinrich Heine kannte das heute nicht mehr gebrauchte Wort ‚Zungendrescherei'.

zureden. Die Rda. *jem. zureden wie einem kranken Gaul* kommt aus dem Rotw. Gemeint ist nämlich urspr. nicht ein Gaul, sondern ein ‚chaúle' (hebr. cholé), das ist ‚der Kranke'. Dann aber wurde chaúle als ‚Gaul' mißverstanden, und um den alten Sinn wieder einigermaßen herzustellen, wurde das dt. Wort ‚krank' beigefügt, so daß dadurch eine Tautologie entsteht. Der Satz bedeutet jetzt also genaugenommen: jem. zureden wie einem kranken Kranken (Landmann, S. 86f.).

zusammen. *So jung kommen wir nicht mehr zusammen:* Laßt uns jetzt die Gelegenheit nutzen. Die Wndg. wird insbes. bei feucht-fröhlichen Zusammenkünften benutzt, wenn einzelne Teilnehmer der geselligen Runde sich allzu früh verabschieden wollen. Es handelt sich um ein Zitat aus dem Weinlied ‚Gesundheit, Herr Nachbar! Mein Gläschen ist leer!' von Chr. A. Vulpius, in dem die 4. Str. lautet:

So lasset uns freuen, denn Salomo spricht,
nachdem er's genossen: nun kümmerts mich nicht!
Wir kommen doch morgen so jung nicht zusammen;
nur schade, wir müssen doch endlich von dannen!

Das Lied wurde zuerst 1793 bekannt durch die Oper ‚Hokus Pokus', Text von Vulpius, Musik von Dittersdorf. Das Trinklied in der Oper beginnt: ‚Dem Gotte der Reben vertrau ich mein Glück' (F. M. Böhme: Volksthümliche Lieder der Deutschen im 18. und 19. Jh. [Leipzig 1895], Nr. 340, S. 259), abgedruckt auch in Rudolph Zacharias Beckers ‚Mildheimischem Liederbuch' (Ausgabe von 1815, Nr. 473, S. 297). Aber auch sonst ist diese Liedzeile vielfältig in Trinklieder und Schlager eingegangen. Noch im 20. Jh. bildete die Wndg. eine beliebte Schlagerzeile, wie zum Beispiel in dem Schunkelwalzer:

Ich trinke auf dein Wohl
ein Gläschen Alkohol!
Sooo jung komm' wir nicht mehr zusammen!

(Text: Günther Schwenn, Musik: Will Meisel), oder in dem rhein. Karnevalslied:

Kinder, kommt, vergeßt des Daseins Jammertal,
Heut' ist mal Karneval.
Sperrt die Sorgen in den leeren Geldschrank ein,
Und versetzt das Bett, heut woll'n wir lustig sein ...
So jung komm'n wir nicht mehr zusammen.
So schön wird es nie wieder sein.
So lang wir noch jung und in Flammen,
Gehört uns die Welt ganz allein.
So jung komm'n wir nicht mehr zusammen,
Was nachkommt, das ist ganz egal.
So jung komm'n wir nicht mehr zusammen.
Drum Mädel, komm, küß mich noch mal.

(Haller-Revue, Musik v. Walter Kollo).

Zustand. *Zustände wie im alten Rom:* unhaltbare, verkommene, unkontrollierte Zustände, Mißstände. Der rdal. Vergleich gehört der Studentenspr. des 20. Jh. an.
Zustände bekommen (kriegen): Anfälle von Wahnsinn bekommen, außer sich geraten vor Entrüstung oder Angst; vgl. frz. ‚être dans tous ses états'.

Zweig. *Auf keinen grünen Zweig (Ast) kommen:* keinen Erfolg, kein Glück haben; es zu nichts bringen; ebenso in den Mdaa., z. B. rhein. ‚op keine jröne Zwich kumme'; schlesw.-holst. ‚he kümmt ni op'n grönen Twieg'; ndd. sogar mit einem drastischen Vorsatz: ‚Mancher kann sich einen Tannenbaum in den Hintern stecken, er kommt doch auf keinen grünen Zweig'. Die Rda. ist seit Ende des 15. Jh. belegt, z. B. in Seb. Brants ‚Narrenschiff' (80):

Erberkeyt muosz verr hynden (ganz hinten) stan
und kumbt gar kum (kaum) uff grünen zwig.

Bei dem Prediger Geiler von Kaysersberg heißt es: „Sie mögent niemer begrünen oder vff grienen zweig komen"; bei Abraham a Sancta Clara („Judas' IV, 375): „Auf kein grünes Zweig kommen können". Auch in der neueren Lit. finden sich zahlreiche Belege, z. B. bei Goethe (‚Maximen und Reflexionen'): „Es ist traurig anzusehen, wie ein außerordentlicher Mensch sich gar oft mit sich, seinen Umständen, seiner Zeit herumwürgt, ohne auf einen grünen Zweig zu kommen, Trauriges Beispiel Bürger".

Man hat zur Erklärung der Rda. an einen alten Rechtsbrauch erinnert, wonach der Verkäufer eines Grundstücks dem Käufer eine Rasenscholle mit einem hineingesteckten Zweig von einem Baum des Gutes übergab; man hat die Rda. gar gedeutet als gegensätzliche Bildung zu der Wndg. ‚den dürren Baum reiten', gehängt werden. Auch an den grünen Zweig als Siegeszeichen und Kampfpreis beim Turnier ist gedacht worden (dann müßte es aber vom Erfolglosen heißen: ‚er kommt zu keinem grünen Zweig'). Aber der ‚grüne Zweig' ist wohl nur das Sinnbild des Wachsens und Gedeihens überhaupt, wie ↗grün ja auch sonst in bildl. Rdaa. auftritt; vgl. auch Grimmelshausen im ‚Simplicissimus' (Bd. IV, S. 22): „Nach diesem bedachte ich, was ich thun und wie ich meine Händel anstellen wollte, damit ich wieder recht grüne würde". Noch wahrscheinlicher ist ein Bezug zu Hiob 15,32, wo es – ebenfalls negativ gewendet wie in unserer Rda. – heißt: „Er wird ein Ende nehmen vor der Zeit; und sein Zweig wird nicht grünen".

zweiundsiebzig. Die 72 ist eine volkstümliche Rundzahl für: unzählig, viel, alles. Sie ist in vielen Rdaa., Summenbez. und Volksglaubensäußerungen zu finden. In einer mdal. Rda. aus der Steiermark heißt es z.B.: ,G'scheida oa schwari Sau wie zwoarasiebzg Brühling', besser eine schwere Sau als 72 Jungferkel. Von einem allzu sentimentalen, langen Lied sagt man, es habe *72 Strophen*. Hans Bärenknab schwingt im steir. Märchen einen Hebebaum, der ,72 Pfund' wiegt, wie ein Stäbchen (Geramb, KHM., S. 70). Durch *72 Hände* geht der Flachs, ehe er als Hemd getragen wird, weil Säen und Ernten, Brechen und Hecheln, Spinnen und Weben so unendlich viel Arbeit erfordern. Die Belege lassen sich auch in hist. Tiefe durch viele Jhh. zurückverfolgen. Im 13. Jh. waren sehr häufig ,72 Pfennig' die runde Summe einer Gerichtsbuße. Der gleiche Betrag galt noch bis in die Bauernkriege hinein als ,der kleine Wandel', als Strafsatz bei verschuldeter Nichtbestellung der Fronfelder.

Auch in der mhd. Lit. begegnet diese Zahl: Orendel, der Held des rhein. Spielmannsepos vom Heiligen Rock zu Trier, fährt auf 72 Schiffen aus, um in das Heilige Land zu kommen. Im mhd. Spielmannseops von der Brautfahrt des hl. Oswald kehrt das Motiv übersteigert wieder: er zieht mit 72000 Mann auf 72 Schiffen aus, nachdem er 72 goldene Kreuze für die Führer seines Heeres hatte fertigen lassen.

Die Zahl 72 erfuhr schon früh magische Verwendung. Zwei Spottstrophen (nidvisur) des nordischen Skalden Egill Skallagrimssons sind nach Magnus Olsen so gebaut, daß jede der vier Helminge (syntaktische Stropheneinheiten), in Runen geschrieben, genau 72 Zeilen enthalten soll, also dreimal die Gesamtzahl der Runenbuchstaben, und deshalb mit starker magischer Kraft geladen ist. Auch auf einer schwed. Inschrift zu Fyrby enthält eine bestimmte Strophe genau 72 Runen (vgl. de Vries, Lit.gesch. I, 1941, S. 39).

Im Traugemundslied wird in altertümlicher Weise gesagt, daß der Gefragte alle Länder kenne:

> Nu saget mir Meister Trougemunt,
> 72 Land die sind dir kunt.

Vermutlich besteht ein Zusammenhang dieser Rundzahl, die dem Dezimalsystem fremd ist, mit einer Bibelstelle des Lukasevangeliums (10,1–5), nach der sich Christus 12 Apostel und 72 Jünger erwählte („Designavit Dominus et alios septuaginta duos"). Die 72 wurde zur geheiligten Zahl als Ordnungsbegriff.

Das Bewußtsein von der Heiligkeit dieser Zahl blieb ungebrochen bis in die religiöse Vorstellungswelt der nachmittelalterlichen Jahrunderte und bis zur Gegenwart.

Die Zahl 72 gehört in den weiten orientalischen Kulturkreis der heiligen Zahl 7 (↗sieben), die auch zu 77 vervielfältigt und verstärkt erscheint. Daneben erscheint aber die 72 als gleichwertiger Begriff der Vielheit und der Unzählbarkeit. Diese Gruppe der hl. Siebenzahl tritt dem idg. System der hl. Neunzahl gegenüber (3 × 3). Die Auseinandersetzung zwischen den Zahlbereichen ging zugunsten der Siebenzahl aus. Im 17. Jh. wurden aus den 9 Schwaben die berühmten 7 Schwaben, aus den 99 Krankheiten in zahllosen Zaubersprüchen wurden 77 oder 72 Fieber oder Gichten.

Lit.: *L. Kretzenbacher:* Die hl. Rundzahl 72. Zur Zahlenmystik in Legende und Sakralbau, in Volksglaube und Rda., in: Blätter für Heimatkunde, hg. v. Hist. Verein für Steiermark 26 (Graz 1952), S. 11–18.

Zwickmühle. *In der Zwickmühle stecken:* in einer schwierigen, ausweglos erscheinenden ,verzwickten' Lage sein; auch mdal., z.B. schlesw.-holst. ,He war di kniepen in'n Zwickmöhl', in die Enge treiben; ,he hett dat mit'e Zwickmöhl', er kann es nach seinem Willen leiten.

Zwickmühle, seit dem 15. Jh. in übertr. Bdtg. gebraucht (z.B. auch bei Luther), geht auf einen Fachausdr. des Brettspiels ,Mühle' zurück, der die für den Angreifer günstigste Stellung der Steine in diesem Spiel bez. Der Angegriffene befindet sich in einer schwierigen Lage (,in der Zwickmühle'), deren Besonderheit es ist, daß man, wie man sich auch dreht und wendet, ihr kaum entkommen kann. Vgl. frz. ,être entre le marteau et l'enclume' (wörtl.: zwischen Hammer und Amboß stecken), ↗Hammer.

Lit.: *E. Lasker:* Brettspiele der Völker (Berlin 1931).

Zwiebel. *Er sucht Zwiebeln:* er möchte gern weinen, um Trauer und Anteilnahme zu heucheln, er zwingt sich zu Tränen. Vgl. lat. ‚Bulbos quaerit'.

Wenn jem. die Augen tränen, sagt man scherzhaft: *Er hat Zwiebeln geschält oder gegessen.* Bereits Seb. Franck (II, 111[a]) kannte diese Wndg.: „Er hat zwibel geschelet oder gessen".

Er hat sich die Zwiebel selbst gezogen, die ihm in den Augen beißt: er ist selbst an seinem Ärger (Ungemach) schuld, er hat sich sein Mißgeschick selbst zuzuschreiben.

Zu den ägyptischen Zwiebeln zurückwollen: sich nach den guten alten Zeiten zurücksehnen. Die Rda. hängt mit der Bibelstelle 4. Mos. 11,5 zusammen: „Wir gedenken der Fische, die wir in Ägypten umsonst aßen und der Kürbisse, des Lauchs, der Zwiebeln und des Knoblauchs". Im Schwäb. sagt man i. S. v. ‚Nix für ↗ungut' auch: ‚Nix für Zwiebla was Knobla send!'

Einen zwiebeln: ihn quälen, plagen. Gemeint ist wohl, daß dem Gequälten die Augen wie von Zwiebelsaft dabei tränen, seit dem 17. Jh. belegt.

Lit.: *H. Marzell:* Art. ‚Zwiebel', in: HdA. IX, Sp. 964–971; *O. Holzapfel:* Die Zwiebel im Volkslied, in: Rund um die Zwiebel (Bobenheim – Roxheim 1983).

Zwirn. *Der Zwirn geht ihm aus:* er ist fertig, hat keinen Redestoff mehr; mdal. auch: sein Geld geht zur Neige; vgl. ‚den ↗Faden verlieren'. Lit. schon in den Versen aus Joh. Val. Andreas ‚Geistlicher Kurtzweil' von 1619 (S. 170):

> Bis du (Kritiker) … zwickst,
> strickst im Hirn,
> Ist mir schon abgehaspt die Zwirn.

Zwirn spinnen (abwinden, abhaspeln): erzählen, reden. Auch ‚Zwirn spinnen', Gedankenarbeit leisten; in diesem Sinne z. B. bei Goethe (Weimarer Ausg. IV, 3,46): „Habe die Nacht durch manches Knäulgen Gedancken Zwirn auf- und abgewikkelt".

Zwirn kann auch ‚Gedanken' überhaupt umschreiben; KHM. 34 (‚Die kluge Else'): „O, sprach der Vater, die hat Zwirn im Kopf", sie ist gescheit. Campe (5,972[b]) verzeichnet, ‚blauen Zwirn', lustige Einfälle. Außerdem wurde Zwirn früher als Tabuwort für Sexuelles und in obszönem Sinne gebraucht. Im 57. Fastnachtsspiel (Keller) heißt es:

> Si ist sicher ain guote Dirn
> Und spint dar zu gar guoten zwirn;

im 58.:

> Die Adelheid ist furwar ein schöne Dirn
> Die spint auß der maßen guten zwirn;

und im 34. Fastnachtsspiel findet sich die Rda. ‚vil zwirns mit Einer abwinden'. Solange die beiden miteinander Zwirnenden einig sind, sind sie eben ‚verzwirnt', entzweien sie sich, so tritt eine ‚Verunzwirnung' (= Streit, Hader) ein. So erklärt sich die Rda. *sich mit jem. verunzwirnen:* sich entzweien, in Uneinigkeit geraten (Söhns, 695 f.).

Mdal. sind die Rdaa. mit Zwirn schier unerschöpflich: thür. ‚Zwirn machen', böse Streiche ausführen; ‚schlimmen Zwirn haben', Verdacht schöpfen, Argwohn haben; ‚Zwirn wickeln', auf einem Ball sitzenbleiben; schlesw.-holst. ‚he spinnt Twern', er schnarcht; ‚die Katze spinnt Zwirn (zwirnt)', sie schnurrt; ‚er spinnt blauen Twern', er redet Gewäsch; obersächs. ‚Schulmeisterzwirn', langes Orgelvorspiel. ‚Blauer Zwirn' ist auch eine Umschreibung für Alkohol, bes. Schnaps, Grabbe (3,155): „Schlesier, da hast du zwei Münzgroschen. Hole mich von jene Marketenderin einen blauen Zwirn und vor dir einen halben".

Über einen Zwirnsfaden stolpern: wegen einer Kleinigkeit zu Fall kommen. So sagt in Schillers ‚Verschwörung des Fiesko' 1783 (II,5) Fiesko vom Volke: „Der blinde, unbeholfene Koloß, der … Hohes und Niederes, Nahes und Fernes mit gähnendem Rachen zu verschlingen droht und zuletzt über Zwirnsfäden stolpert".

zwitschern. *Einen zwitschern:* ein Gläschen trinken; bezieht sich entweder auf das Trinken von Zwetschgenschnaps oder (wahrscheinlicher) auf die heitere Stimmung des Zechers, der lustig und frohgelaunt wie ein Vogel drauflos zwitschert. Sold. 1914–18, aber schon 1880 für Berlin bezeugt und heute allg. umgangssprachlich; ↗trinken.

zwölf. *Das hält von zwölf bis Mittag:* das hält nur ganz kurze Zeit. ‚Zwölf Uhr' und

‚Mittag' sind heute identische Begriffe, die dazwischenliegende Zeit ist also gleich Null.

Zwölf solche geben auch ein Dutzend ↗Dutzend.

Einen Zwölfmännerkaffee trinken: einen extra starken Kaffee trinken. In ma. Historienbüchern, Sagen und Legenden verleihen Zaubergegenstände oft die ‚Kraft von zwölf Männern', d.h. eine außergewöhnliche Stärke.

Unter den ‚Zwölften' versteht man die weihnachtliche Festzeit vom 25. Dezember bis zum 6. Januar, das sog. Dodekahemeron der Griechen. Die Kirche verband damit den alten und den neuen Geburtstag Christi, das alte und das neue Neujahrsfest. Kalendermäßig stellen die Zwölften die 12 Zuschlagstage dar, die den Unterschied zwischen dem alten Mondjahr von 354 Tagen und dem Sonnenjahr von 366 Tagen ausgleichen. Daher auch die Rda. ‚Zwischen den Jahren'. In manchen Landschaften spricht man von den ‚zwölf Nächten' oder von den ‚zwölf heiligen Tagen'. Häufig wird die Zeit auch ‚Lostage' genannt, wegen der in diesen Tagen üblichen Erforschung der Zukunft. Die Zwölften gelten als Spukzeit. In dieser Zeit sind nach dem Volksglauben Verbote zu beachten (nicht flikken, nähen, waschen etc.), ebenso auch bestimmte Speisevorschriften.

Lit.: *P. Sartori:* Art. ‚Zwölften', in: HdA. IX, Sp. 979–992; *W. Mieder:* ‚It's Five Minutes to Twelfe', Folklore and Saving Life on Earth, in: International Folklore Review 8 (1990), p. 10–21.

Zylinder. *Einen Zylinder haben:* wütend sein. Diese Rda. war um 1920 in der Schüler- und Studentensprache sehr beliebt. Heute wird sie ersetzt durch: ‚vor ↗Wut rauchen'. Beide Rdaa. haben einen gemeinsamen Ursprung: hier wurde an den Zylinder des Autos gedacht. „Das lärmende, zischende Auspuffen des Benzingases aus dem Zylinder hat den Ausgangspunkt für das Aufkommen der Wndg. gebildet" (Streitberg S. 76).

Das Dt. Fremdwb. (6 [1983], S. 436–439) weist die Bez. ‚Zylinder' für den speziellen Herrenhut erst für das 19. Jh. nach. ‚Zylinder' war urspr. seit dem 16. Jh. der Name für eine Walze, Rundsäule.

Etw. aus dem Zylinder holen (zaubern) ↗Kaninchen.

Lit.: *W. Streitberg:* Eine Rda.: ‚Er hat 'nen Zylinder', in: German.-roman. Monatsschrift 13 (1925), S. 75–76; *H. Henne* u. *G. Objartel:* Bibliothek zur histor. dt. Studenten- und Schülersprache (Berlin – New York 1984).

‚Etwas aus dem Zylinder holen'

1

4

5

3

1–5 ‚Etwas aus dem Zylinder holen‘

LITERATURVERZEICHNIS

Zusammengestellt von Wolfgang Mieder

Diese Bibliographie ist einmal ein Geschenk an meinen Mentor, Kollegen und Freund Lutz Röhrich, dessen parömiologische und volkskundliche Werke meine eigenen Arbeiten inspiriert und geprägt haben. Zum anderen bietet diese Bibliographie eine Zusammenstellung der bedeutendsten Arbeiten zur deutschen und internationalen Sprichwörter- und Redensartenforschung, die das kaum noch überschaubare Schrifttum wenigstens in Auswahl zugänglich machen soll. Der Übersichtlichkeit halber wurden die rund 1500 aufgenommenen Titel in Untergruppen eingeteilt:

1. Bibliographien
2. Zeitschriften
3. Deutsche Sprichwörter- und Redensartensammlungen
4. Europäische Sprichwörter- und Redensartensammlungen
5. Mehrsprachige Sprichwörter- und Redensartensammlungen
6. Größere parömiologische Studien
7. Aufsätze zur Parömiologie
8. Sprach- und kulturgeschichtliche Studien
9. Spezielle Lexika
10. Literarische und kulturhistorische Quellen

Das Hauptaugenmerk ist selbstverständlich der deutschsprachigen Forschung gewidmet, aber auch die wichtigste internationale Literatur wurde aufgenommen. Das gilt vor allem für Westeuropa sowie die bedeutenden osteuropäischen und nordamerikanischen Forschungsergebnisse. Allerdings konnten die vielen afrikanischen und asiatischen Sammlungen und Studien mit wenigen Ausnahmen nicht angegeben werden. Diese und auch jene Schriften, die sich mit Sprachen und Völkern befassen, deren Einfluß auf die deutschsprachigen Sprichwörter und Redensarten nur sehr gering oder gar nicht vorhanden ist, können an Hand der zitierten Bibliographien relativ leicht aufgefunden werden. Auch auf die Aufnahme der fast zahllosen kleineren und auch größeren Arbeiten zu einzelnen Sprichwörtern und Redensarten konnte verzichtet werden, da diese ohnehin am Ende der Stichwortartikel angegeben sind. Von den vielen Arbeiten über Sprichwörter und Redensarten in der deutschen Literatur brauchten nur die größeren Monographien und Dissertationen aufgezeichnet zu werden, da kürzere Arbeiten in meiner Spezialbibliographie *Proverbs in Literature: An International Bibliography* (Bern 1978) zu finden sind. Schließlich wurden in der Rubrik „Sprach- und kulturgeschichtliche Studien" nur solche Arbeiten aufgenommen, die in der Tat etwas mit dem volkstümlichen Sprachgebrauch zu tun haben. So ist dieses Literaturverzeichnis als Ergänzung zu den spezifischen bibliographischen Angaben in den drei Bänden dieses großen *Lexikons der sprichwörtlichen Redensarten* zu verstehen. Es soll die faszinierende deutsche und internationale Forschung in bezug auf Sprichwörter- und Redensartensammlungen sowie parömiologische Studien nachweisen.

1. Bibliographien:

Bartlett, John: Catalogue of a Choice and Valuable Collection of Rare Books of Proverbs and Emblems etc., Boston 1888

Bernstein, Ignace: Catalogue des livres parémiologiques, 2 Bde., Warschau 1900

Besso, Henry V.: Judeo-Spanish Proverbs: An Analysis and Bibliography, in: Studies in Sephardic Culture: The David N. Barocas Memorial Volume, hg. v. Marc D. Angel, New York 1980, S. 21–55

Bonser, Wilfrid: Proverb Literature: A Bibliography of Works Relating to Proverbs, London 1930 (Ndr. Nendeln/Liechtenstein 1967)

Bratu, Ion: Contributii la bibliografia paremiologiei românesti, in: Proverbium Dacoromania 2 (1987), S. 47–52; 3 (1988), S. 28–32

Bushui, Anatolii et al.: Paremiologiia Uzbekistana, 5 Bde., Samarkand 1978–1983

Bushui, Anatolii: Bibliograficheskii ukazatel' po paremiologii: Paremiologiia Ukrainy, 2 Bde., Samarkand 1982 u. 1983

Chauvin, Victor: Bibliographie des ouvrages arabes ou relatifs aux Arabes publiés dans l'Europe chrétienne de 1810 à 1885, Bd. 1: Les Proverbes, Liège 1892

Daniels, Karlheinz: Neue Aspekte zum Thema Phraseologie in der gegenwärtigen Sprachforschung, in: Muttersprache 86 (1976), S. 257–293; 89 (1979), S. 71–96; 93 (1983), S. 142–170; 95 (1984–1985), S. 49–68 u. S. 151–173

De Caro, Francis A. und *William K. McNeil:* American Proverb Literature: A Bibliography, Bloomington/Indiana 1971

Ferguson, Charles A. und *John M. Echols:* Critical Bibliography of Spoken Arabic Proverb Literature, in: Journal of American Folklore 65 (1952), S. 67–84

Friesland, Carl: Französische Sprichwörter-Bibliographie. Verzeichnis der seit 1847 erschienenen Sammlungen französischer Sprichwörter, in: Zs. für frz. Sprache und Lit. 18 (1896), S. 221–237; 19 (1897), S. 122–123; 28 (1905), S. 260–287

Fumagalli, Giuseppe: Bibliografia paremiologica italiana, in: Archivio per lo studio delle tradizione popolari 5 (1886), S. 317–350 u. S. 482–509; 6 (1887), S. 25–42 u. S. 153–167; 10 (1891), S. 210–227 u. S. 332–342

Garcia Moreno, Melchor: Catalogo Paremiologico, Madrid 1918

–: Apendice al Catalogo Paremiologico, Madrid 1948

Gratet-Duplessis, Pierre-Alexandre: Bibliographie parémiologique, Paris 1847 (Ndr. Nieuwkoop 1969)

Gutiérrez Ballesteros, José Maria: Paremiologia flamenca con una extensa introduccion historico-bibliografica sobre los refranes glosados en España (siglos XV-XX), Madrid 1957

Haller, Joseph: Altspanische Sprichwörter und sprichwörtliche Redensarten aus den Zeiten von Cervantes, 2 Bde., Regensburg 1883 (Bd. 2 ist eine internationale Bibliographie mit rund 2000 Titeln)

Hanus, Ignač Jan: Literatura přislovnictvi slovanskeho a nemeckeho, Prag 1853 (Ndr. Leipzig 1970)

Jente, Richard: A Review of Proverb Literature Since 1920, in: Corona. Studies in Celebration of the Eightieth Birthday of Samuel Singer, hg. v. A. Schirokauer und W. Paulsen, Durham/North Carolina 1941, S. 23–44

Klančar, Anthony J.: A Tentative Bibliography on the Slovene Proverb, in: Journal of American Proverbs 61 (1948), S. 194–200

Krzyżanowski, Julian (Hg): Nowa Ksiega przyslow i wyrazeri przyslowiowych polskich, 4 Bde., Warschau 1969, 1970, 1972 u. 1978 (Der von Stanislaw Swirko hg. Bd. 4, S. 25–163, enthält eine internationale Sprichwörterbibliographie)

Luomala, Katharine: A Bibliographical Survey of Collections of Hawaiian Sayings, in: Proverbium 2 (1985), S. 279–306

Meier, John: Sprichwörter, in: Grundriss der germ. Philologie, hg. v. H. Paul, Straßburg 1893, Bd. 2, S. 808–827; 2. Aufl. (1901–1909), Bd. 2, S. 1258–1281

Mieder, Wolfgang: Bibliographischer Abriss zur bildl. Darstellung von Sprichwörtern und Redensarten, in: Forschungen und Berichte zur Vkde. in Baden-Württemberg 1974–1977, hg. v. I. Hampp u. P. Assion, Stuttgart 1977, Bd. 3, S. 229–239

–: International Bibliography of Explanatory Essays on Individual Proverbs and Proverbial Expressions, Bern 1977

–: Proverbs in Literature: An International Bibliography, Bern 1978

–: International Proverb Scholarship: An Annotated Bibliography, New York 1982

–: Investigations of Proverbs, Proverbial Expressions, Quotations and Clichés. A Bibliography of Explanatory Essays Which Appeared in „Notes and Queries" (1849–1983), Bern 1984

–: International Bibliography of New and Reprinted Proverb Collections, in: Proverbium 1ff. (1984ff.)

–: International Proverb Scholarship: An Updated Bibliography, in: Proverbium 1ff. (1984ff.)

–: International Proverb Scholarship: An Annotated Bibliography. Supplement I (1800–1981), New York 1990

Moll, Otto: Sprichwörterbibliographie, Frankfurt a.M. 1958

Nopitsch, Christian Conrad: Literatur der Sprichwörter. Ein Handbuch für Literaturhistoriker, Bibliographen und Bibliothekare, Nürnberg 1822 (2. Aufl. 1833); Ndr. Leipzig 1974

Paczolay, Gyula: Proverbs in Hungarian Literature: A Bibliography, in: Proverbium 5 (1988), S. 207–211

Pitrè, Giuseppe: Bibliografia delle tradizione popolari d'Italia, Torino 1894, S. 177–257 u. S. 464–475

Predota, Stanislaw: Ergänzungen zur Bibliographie der polnischen Parömiologie des 19. und 20. Jahrhunderts, in: Proverbium 4 (1987), S. 345–360

Sbarbi, José Maria: Monografia sobre los refranes, adagios y proverbios castellanos, Madrid 1891

Segre, Cesare: I Proverbi, in: Grundriss der romanischen Literaturen des Mittelalters, hg. v. H. R. Jauss und E. Köhler, Bd. 1, Heidelberg 1968, S. 102–108; Bd. 2, Heidelberg 1970, S. 151–161

Taylor, Archer: An Introductory Bibliography for the Study of Proverbs, in: Modern Philology 30 (1932), S. 195–210. Auch in: Selected Writings on Proverbs by Archer Taylor, hg. v. W. Mieder, Helsinki 1975, S. 180–194

–: Investigations of English Proverbs, Proverbial and Conventional Phrases, Oaths and Clichés, in: Journal of American Folklore 65 (1952), S. 255–265

Urdang, Laurence und *Frank R. Abate:* Idioms and Phrases Index, 3 Bde., Detroit 1983

Wall, Edward C. und *Edward Przebienda:* Words and Phrases Index, 4 Bde., Ann Arbor/Michigan 1969–1970

Werner, Jürgen: Sprichwortliteratur, in: Zs. f. Vkde. 57 (1961), S. 118–132 u. 58 (1962), S. 114–129

Zacher, Julius: Die dt. Sprichwörtersammlungen. Eine bibliographische Skizze, Leipzig 1852

2. Zeitschriften:

Alemannia: Zeitschrift für alemannische und fränkische Geschichte, Volkskunde, Kunst und Sprache, hg. v. A. Birlinger (Bonn 1873ff., Freiburg 1892ff.)

Beiträge zur Geschichte der deutschen Sprache und Literatur, begr. v. H. Paul u. W. Braune (Halle) 1874ff.

Niederdeutsche Zs. f. Vkde., 1922ff.

Proverbium: Bulletin d'information sur les recherches parémiologiques 1–25 (1965–1975), S. 1–1008. Hg. v. M. Kuusi et al. (Helsinki). Ndr.in 2 Bdn., hg. v. W. Mieder, Bern 1987

Proverbium Paratum: Bulletin d'information sur les recherches parémiologiques 1–4 (1980–1989), S. 1–460. Hg. v. Vilmos Voigt et al. (Budapest)

Proverbium: Yearbook of International Proverb Scholarship 1ff. (1984ff.), hg. v. Wolfgang Mieder et al. (Burlington/Vermont)

Zeitschrift des Allgemeinen Deutschen Sprachvereins, Berlin 1866ff. Seit 1925 unter dem Titel: *Muttersprache.* Seit 1949: *Muttersprache, Zeitschrift zur Pflege und Erforschung der deutschen Sprache* (Lüneburg)

Zeitschrift für den deutschen Unterricht, begr. v. R. Hildebrand u. O. Lyon, Leipzig 1897ff. Später unter dem Titel: *Zeitschrift für Deutschkunde*

Zeitschrift für deutsche Philologie, 1869ff. (Stuttgart)

Zeitschrift für deutsches Altertum und deutsche Literatur, 1841ff. Begr. v. M. Haupt (Leipzig 1844ff., dann Berlin 1875ff.)

Zeitschrift für deutsche Mundarten, Bd. 1–19, 1906–1924 (Berlin)

Zeitschrift für Mundartforschung, begr. als *Teuthonista,* Bd. 1–10, 1924–1934, Bd. 11ff., 1935ff. (Wiesbaden)

Zeitschrift für deutsche Wortforschung, Bd. 1–15, mit Beiheft 1–5, 1901–1914 (Straßburg)

Zeitschrift für Volkskunde (zuerst: Zeitschrift des Vereins für Volkskunde), Berlin/Stuttgart 1891ff.

3. Deutsche Sprichwörter- und Redensartensammlungen:

Agricola, Erhard: Wörter und Wendungen. Wörterbuch zum deutschen Sprachgebrauch, Leipzig 1962 (Ndr. München 1970)

Agricola, Johann: Sybenhundert und fünfftzig Teütscher Sprichwörter, Hagenau 1534 (Ndr. hg. v. M. Hain, Hildesheim 1970; Ndr. hg. v. S. L. Gilman, Berlin 1971)

–: Fünfhundert Gemainer Newer Teütscher Sprüchwörter, Eisleben 1548 (Ndr. hg. v. S. L. Gilman, Berlin 1971)

Appel, Andrea: Die Katze im Sack kommt mir spanisch vor. Redensarten auf den Grund gegangen, Berlin 1987

Bätschi, Josias: Der Davoser im Lichte seiner Sprichwörter und Redensarten, Davos 1937

Baumgartner, Ueli: Wenn der Hahn kräht auf dem Mist ... Wetterregeln für 100% sichere Prognosen, Bern 1986
Bebel, Heinrich: Proverbia Germanica, 1508 (Ndr. Hildesheim 1969)
Betz, Werner: Deutsche Sprichwörter, Wiesbaden 1972
Beyer, Horst und *Annelies:* Sprichwörterlexikon. Sprichwörter und sprichwörtliche Ausdrücke aus deutschen Sammlungen vom 16. Jahrhundert bis zur Gegenwart, Leipzig 1984; München 1985
Binder, Wilhelm: Sprichwörterschatz der deutschen Nation, Stuttgart 1873
Birlinger, Anton: So sprechen die Schwaben. Sprichwörter, Redensarten, Reime, Berlin 1868 (Ndr. Stuttgart 1982)
Blum, Joachim Christian: Deutsches Sprichwörterbuch, 2 Bde., Leipzig 1780 und 1782 (Ndr. hg. v. W. Mieder, Hildesheim 1990)
Borchardt, Wilhelm Gustav: Die sprichwörtlichen Redensarten im deutschen Volksmund. Nach Sinn und Ursprung erläutert, Leipzig 1888 (2.–5. Aufl. [1894ff.] hg. v. G. Wustmann; 6. Aufl. [1925] hg. v. G. Schoppe; 7. Aufl. [1955] hg. v. A. Schirmer)
Böttcher, Kurt, Karl Heinz Berger, Kurt Krolop und *Christa Zimmermann:* Geflügelte Worte. Zitate, Sentenzen und Begriffe in ihrem geschichtlichen Zusammenhang, Leipzig 1981
Braun, J.M.: Sechs Tausend Deutsche Sprüchwörter und Redensarten, Stuttgart 1840
Bremer, Friedrich: Sprüche (ab)klopfen. Redensarten und ihre Bedeutung, Wiesbaden 1986
Büchmann, Georg: Geflügelte Worte. Der Zitatenschatz des deutschen Volkes, Berlin 1864 (33. Aufl. hg. v. W. Hofmann, Frankfurt a.M. 1986)
Bücking, Johann Jacob Heinrich: Versuch einer medicinischen und physikalischen Erklärung deutscher Sprichwörter und sprichwörtlicher Redensarten, Stendal 1797 (Ndr. Leipzig 1976)
Büld, Heinrich: Niederdeutsche Schwanksprüche [Sagwörter] zwischen Ems und Issel, Münster 1981
–: Niederdeutsche Sprichwörter zwischen Ems und Issel, Münster 1983
Cramer-Klett, Elisabeth von: Alte Bauernregeln, München 1982
Dirksen, Carl: Ostfriesische Sprichwörter und sprichwörtliche Redensarten mit historischen und sprachlichen Anmerkungen, 2 Bde., Ruhrort 1889 und 1891 (Ndr. Walluf bei Wiesbaden 1973)
Dittrich, Hans: Redensarten auf der Goldwaage. Herkunft und Bedeutung in einem munteren ABC erklärt, Bonn 1970
Dobel, Richard: Dtv-Lexikon der Goethe-Zitate, 2 Bde., München 1972
Dove, N.R. (eigentl. *Karl Friedrich Wilhelm Wander):* Politisches Sprichwörterbrevier, Leipzig 1872 (Ndr. hg. v. W. Mieder, Bern 1990)
Dröscher, Vitus B.: Mit den Wölfen heulen. „Fabelhafte" Spruchweisheiten aus dem Tierreich, Düsseldorf 1978
–: Mich laust der Affe. „Fabelhafte" Redensarten aus der Welt der Tiere, Düsseldorf 1981
–: Sie turteln wie die Tauben, Hamburg 1988 (erweiterte Neuausgabe der beiden vorhergehenden Titel)
Eckart, Rudolf: Niederdeutsche Sprichwörter und volkstümliche Redensarten, Braunschweig 1893 (Ndr. Hildesheim 1975)
–: Stand und Beruf im Volksmund. Eine Sammlung von Sprichwörtern, Göttingen 1900
Egenolff, Christian: Sprichwörter / Schöne / Weise Klugreden, Frankfurt a.M. 1548 (Ndr. Darmstadt 1972; die Ausgabe von 1552 ist mit einem Nachwort von H. Henning als Ndr. erschienen, München-Pullach 1968)
Eichelberger, Ursula: Zitatenlexikon, Leipzig 1981; Wiesbaden 1981
Eichwald, Karl: Niederdeutsche Sprichwörter und Redensarten, Leipzig 1860 (5. Aufl. Bremen 1881)
Eiselein, Josua: Die Sprichwörter und Sinnreden des deutschen Volkes in alter und neuer Zeit, Freiburg 1840 (Ndr. Leipzig 1980)
–: Die reimhaften, anklingenden und ablautartigen Formeln der hochdeutschen Sprache in alter und neuer Zeit, Leipzig 1841
Eisenhart, Johann Friedrich: Grundsätze der deutschen Rechte in Sprüchwörtern mit Anmerkungen erläutert, Helmstedt 1759
Eppert, Franz: Sprichwörter und Zitate, München 1990
Eyering, Eucharius: Proverbiorum Copia. Etlich viel Hundert / Lateinischer und Teutscher schöner vnd lieblicher Sprichwörter, 3 Bde., Eisleben 1601–1604
Fink-Henseler, Roland W.: Hausbuch deutscher Sprichwörter. 5000 Redensarten

und Sprichwörter für alle Lebenszeiten, Bayreuth 1983
Flechsig, Werner: Ostfälische Sprichwörter. Volksweisheit und Volkshumor aus fünf Jahrhunderten, Braunschweig 1974
Fogel, Edwin Miller: Proverbs of the Pennsylvania Germans, Lancaster/Pennsylvania 1929
[Franck, Sebastian]: Sibenthalbhundert Sprichwörter, Frankfurt a.M. 1532 (Fälschlich Franck zugeschriebene anonyme Sammlung, die von F. Latendorf neu hg. worden ist: Sebastian Franck. Erste namenlose Sprichwörtersammlung vom Jahre 1532, Poesneck 1876; Ndr. Hildesheim 1970)
Franck, Sebastian: Sprichwörter / Schöne / Weise / Herrliche Clugreden/ vnnd Hoffsprüch, Frankfurt a.M. 1541 (Ndr. hg. v. W. Mieder, Hildesheim 1987)
Frey, Christa, Annelies Herzog, Arthur Michel und *Ruth Schütze:* Deutsche Sprichwörter für Ausländer, Leipzig 1970
Friebertshäuser, Hans: Sprichwörter aus Hessen, Husum 1989
–: Redensarten aus Hessen, Husum 1990
Friederich, Wolf: Moderne deutsche Idiomatik, München 1966 (erweiterte 2. Aufl. 1976)
Frischbier, Hermann: Preußische Sprichwörter und volksthümliche Redensarten, 2 Bde., Berlin 1864 und 1876 (Der erste Band erschien als Ndr. Hannover-Döhren 1971)
Garmann, Bernhard und *Hans Taubken:* Plattdeutsche Sprichwörter, Redensarten und Bauernregeln aus dem Emsland, Lingen (Ems) 1978
Genthe, Arnold: Deutscher Slang. Eine Sammlung familiärer Ausdrücke und Redensarten, Straßburg 1982
Göhring, Ludwig: Volkstümliche Redensarten und Ausdrücke, München 1937
Gööck, Alexandra: Das sagt man so ... Kleines Lexikon der Redensarten, Gütersloh 1974
Gorbracht, Wernher: Wer Glück hat, dem fohlt sogar der Wallach. Sprichwörter und Redensarten vom Pferd, Bad Homburg 1978
Görner, Herbert: Redensarten. Kleine Idiomatik der deutschen Sprache, Leipzig 1979
Gossel, J.: Sprichwörtliche Redensarten mit ihren Erklärungen, Berlin 1880
Graf, Eduard und *Mathias Dietherr:* Deutsche Rechtssprichwörter, Nördlingen 1869 (Ndr. Aalen 1975)
Große, R. (Hg.): Martin Luthers Sprichwörtersammlung, Leipzig 1983
Gruhle, Uwe und *Dö Van Volxem:* Das andere Sprichwörter-Lexikon: derb – aufmüpfig – unverblümt, Frankfurt a.M. 1983
Grundmann, Günter, Michael Strich und *Werner Richey:* Rechtssprichwörter, Leipzig 1980
Guggenbühl, Adolf: Schweizerdeutsche Sprichwörter, Zürich 1950
Hamacher, Gustav: Kölsche Redensarten und Sprichwörter, Köln 1986
Hauser, Albert: Bauernregeln. Eine schweizerische Sammlung mit Erläuterungen, Zürich 1973
Hellwig, Gerhard: Zitate und Sprichwörter von A-Z, Gütersloh 1974
Henisch, Georg: Teütsche Sprach vnd Weißheit, Augsburg 1616 (Ndr. Hildesheim 1973)
Hermann, Leonard: Das Bier im Volksmund. Alte Sprichwörter und Redensarten, Berlin 1930
Herzog, Annelies, Arthur Michel und *Herbert Riedel:* Deutsche idiomatische Wendungen für Ausländer, Leipzig 1972
Hetzel, S.: Wie der Deutsche spricht. Phraseologie der volkstümlichen Sprache, Ausdrücke, Redensarten, Sprichwörter und Citate, Leipzig 1896
Heuseler, J.A.: Luthers Sprichwörter aus seinen Schriften gesammelt, Leipzig 1824 (Ndr. Walluf bei Wiesbaden 1973)
Heyd, Werner P.: Bauernweistümer, 2 Bde., Memmingen 1971 und 1973
Hoefer, Edmund Franz Andreas: Wie das Volk spricht. Sprichwörtliche Redensarten [Sagwörter], Stuttgart 1855 (10. Aufl. 1898)
Holm, Hans Henning: Da bist Du platt! Unterhaltsames Sammelsurium niederdeutscher Wörter und Redensarten, Neumünster 1972
Hörmann, Ludwig von: Volkstümliche Sprichwörter und Redensarten aus den Alpenlanden, Leipzig 1891 (2. Aufl. Stuttgart 1913)
Horstmann, Rudolf: Wat so seggt ward. Niederdeutsche Sprichwörter und Redensarten aus Schleswig-Holstein, Neumünster 1980
Hucke, Helene: Was ein Häkchen werden will. Die bekanntesten Sprichwörter, Zürich 1983
–: Bauernweisheiten, Bauernregeln rund ums Jahr, Köln 1986
Kirchhofer, Melchior: Wahrheit und Dich-

tung. Sammlung schweizerischer Sprüchwörter, Zürich 1824
Köhler, Claus, Annelies Herzog und Waltraud Kursitza: Deutsche verbale Wendungen für Ausländer. Eine Auswahl mit Beispielen und Übungen, Leipzig 1989
Körte, Wilhelm: Die Sprichwörter und sprichwörtlichen Redensarten der Deutschen, Leipzig 1837 (Ndr. Hildesheim 1974)
Koster, Monika: Großes Handbuch der Zitate, Sprichwörter und Redensarten, Köln 1983
Krack, Karl Erich: 1000 Redensarten unter die Lupe genommen, Stuttgart 1965; Frankfurt a.M. 1969
Krebs, Gotthold: Militärische Redensarten und Kunst-Ausdrücke, Wien 1892
–: Militärische Sprichwörter und Redensarten, Wien 1895
Krüger-Lorenzen, Kurt: Deutsche Redensarten und was dahinter steckt, München 1983
Küffner, Georg M.: Die Deutschen im Sprichwort. Ein Beitrag zur Kulturgeschichte [Sammlung], Heidelberg 1899
Kunze, Horst: Spaß muß sein! Eine Blütenlese von alten und neuen Beispielsprichwörtern, Berlin 1972 (2. Aufl. mit dem Titel: Irren ist menschlich, sagte der Igel ... Alte und neue Beispielsprichwörter, Berlin 1976)
Küpper, Heinz: Deutsch zum Anfassen. Moderne Redewendungen von „Abseilen" bis „Zoff", Wiesbaden 1987
Kürz-Luder, Barbara: Schwiizertütschi Sprichwörter, Küsnacht/Zürich 1982
Lautenbach, Ernst: Goethe. Zitate, Redensarten, Sprichwörter, Hanau 1986
Lehmann, Christoph: Florilegium Politicum oder politischer Blumengarten, darin auserlesene politische Sentenz', Lehren, Regulä und Sprichwörter, Frankfurt a.M. 1630 (Ndr. hg. v. W. Mieder, Bern 1986)
Leineweber, Heinrich: Die Weisheit auf der Gasse. Zusammenstellung und Erklärung von Sprichwörtern und sprichwörtlichen Redensarten, Paderborn 1897 (3. Aufl. 1922)
Leistner, Ernst: Witz und Spott, Scherz und Laune in Sprüchwörtern und Volksredensarten, Lahr 1879
Lemke, Luise: Lieber'n bißken mehr, aber dafür wat Jutet. Berliner Sprüche, Berlin 1981
Leon, Bernd: Mit schönen Worten kocht man keinen Brei. Reichlich 600 kulinarische Sprüche, Berlin 1989; Rosenheim 1989
Linden, Benedikt: Kölsche Sprichwörter, Köln 1984
Lipperheide, Franz Freiherr von: Spruchwörterbuch, Berlin 1907 (6. Aufl. 1969)
Lippl, Alois Johannes: Ein Sprichwort im Mund wiegt 100 Pfund. Weisheit des gemeinen Mannes in Sprüchen und Reimen, München 1958
Lössi, Henri: Der Sprichwortschatz des Engadins, Zürich 1943; Winterthur 1944
Mackensen, Lutz: Zitate, Redensarten, Sprichwörter, Stuttgart 1973
Madaus, Christian: Sprichwörter und Redensarten aus Mecklenburg, Husum 1984
Marbach, Gotthard Oswald: Sprichwörter und Spruchreden der Deutschen, Leipzig 1847 (Ndr. Wiesbaden 1977)
Matzek, Robert: Schwäbisches à la carte. Sprichwörter, Reime und Texte über Essen und Trinken, Stuttgart 1982
Meier-Pfaller, Hans-Josef: Das große Buch der Sprichwörter, Esslingen 1970 (2. Aufl. 1979)
Meisner, Daniel und *Eberhard Kieser:* Thesaurus Philopoliticus oder politisches Schatzkästlein, Frankfurt a.M. 1623–1631 (Ndr. in 2 Bden. hg. v. K. Eymann, Unterschneidheim 1979)
Meitsch, Rudolf: Lorbas, nimm noch e Schlubberche. Sprichwörter, Redensarten und Schwänke [Sagwörter] aus Ostpreußen, Leer 1989
Mejsner, Ernst: Ein Hundert Drey-undreyßig Gotteslästerliche / gottlose / schändliche und schädliche / auch unanständige / und theils falsche teutsche Sprüch-Wörter, Eisenberg 1705 (Ndr. Leipzig 1976)
Meyer, Hans Georg: Der richtige Berliner in Wörtern und Redensarten, Berlin 1878 (Fortgeführt von S. Mauermann und für die 10. Aufl. bearbeitet und ergänzt von W. Kiaulehn, München 1965)
Michael, Roland: Schönes Wetter heute? Kalendersprüche und Bauernregeln aus fünf Jahrhunderten, Gütersloh 1987
Mieder, Wolfgang: Antisprichwörter, 3 Bde., Wiesbaden 1982, 1985, 1989
Müller-Hegemann und *Luise Otto:* Das kleine Sprichwörterbuch, Leipzig 1965 (5. Aufl. 1972)
Neumann, Gisela und *Siegfried:* Geduld, Vernunft un Hawergrütt. Volksweisheit im Sprichwort, Rostock 1971

Pastor, Eilert: Deutsche Volksweisheit in Wetterregeln und Bauernsprüchen, Berlin 1934
Petri (Peters), Friedrich: Der Teutschen Weissheit / Das ist: Außerlesen kurtze / sinnreiche / lehrhaffte vnd sittige Sprüche vnd Sprichwörter, Hamburg 1604/05 (Ndr. hg. v. W. Mieder, Bern 1983)
Petschel, Günter: Plattdeutsche Sprichwörter aus Niedersachsen, Husum 1986
Portmann, Paul F.: Di letschti Chue tuet s Törli zue. Schweizerdeutsche Sprichwörter, Frauenfeld 1983
Prenzel, Eberhard: Wetter und Wind ändern sich geschwind. Wettersprüche aus alter Zeit, Leipzig 1988
Puchner, Günter: Sprechen Sie Rotwelsch? 2448 Wörter und Redewendungen der deutschen Gaunersprache, München 1975
Puetzfeld, Carl: Jetzt schlägt's dreizehn. Tausend Redensarten und ihre Bedeutung, Berlin 1937
Raab, Heinrich: Deutsche Redewendungen. Von Abblitzen bis Zügel schießen lassen, Wien 1964
Raub, Julius: Plattdeutsche Sprichwörter und Redensarten zwischen Ruhr und Lippe, Münster 1976 (7. Aufl. 1988)
Reinsberg-Düringsfeld, Ida von: Das Sprichwort als Philosoph, Leipzig 1863
–: Das Sprichwort als Praktikus, Leipzig 1863
–: Das Sprichwort als Humorist, Leipzig 1863
–: Das Sprichwort als Kosmopolit, Leipzig 1863 (enthält die drei vorhergehenden Sammlungen in einem Band)
Reinsberg-Düringsfeld, Otto von: Die Frau im Sprichwort, Leipzig 1862
–: Das Kind im Sprichwort, Leipzig 1864
–: Das Wetter im Sprichwort, Leipzig 1864 (Ndr. Leipzig 1976)
Richey, Werner: Seefahren ist kein Zuckerlecken. Sprichwörter und Redensarten über Seefahrt, Seemann, Schiff und Meer, Rostock 1990
Richey, Werner und *Michael Strich:* Der Honig ist nicht weit vom Stachel. Sprichwörter, Redensarten, Wetterregeln und Rätsel aus dem Bauernleben, Leipzig 1984; Wiesbaden 1985
Richter, Albert: Deutsche Redensarten. Sprachlich und kulturgeschichtlich erläutert, Leipzig 1889 (5. Aufl. 1930)
Riege, Rudolf: Plattdeutsche Sprichwörter in Holzschnitten, Wolfenbüttel 1942
Röhrich, Lutz: Lexikon der sprichwörtlichen Redensarten, 2 Bde., Freiburg 1973, 5. Aufl. 1978; Taschenbuchausgabe in 4 Bden., Freiburg 1977, 5. Aufl. 1988
Rother, Karl: Die schlesischen Sprichwörter und Redensarten, Breslau 1928 (Ndr. Osnabrück 1984)
Rottgardt, Hans-Heinrich: Läver'n Dickkopp as'n Dööskopp. Niederdeutsche Redewendungen aufgeschlüsselt, Neumünster 1976
Rottmann, Johannes: Plattdeutsche Sprichwörter und Redensarten aus Kirchhellen, Gelsenkirchen 1978
Ruelius, Hermann: Auf der Palme. Bilder in der Sprache, Frankfurt a.M. 1961
Sanders, Daniel: Citatenlexikon. Sammlung von Citaten, Sprichwörtern, sprichwörtlichen Redensarten und Sentenzen, Leipzig 1899
Sandtner, Hilda: Schwäbische Sprüch', Rosenheim 1981
Sandvoss, Franz: So spricht das Volk. Volksthümliche Redensarten, Berlin 1860
–: Gute alte deutsche Sprüche, Berlin 1897
Schaible, Karl Heinrich: Deutsche Stich- und Hieb-Worte, Straßburg 1879 (2. Aufl. 1885)
Schambach, Georg: Die plattdeutschen Sprichwörter der Fürstentümer Göttingen und Grubenhagen, Göttingen 1851 (Ndr. Hannover-Döhren 1974)
Scheffel, Fritz: Der gepfefferte Spruchbeutel. Alte deutsche Spruchweisheit, München 1951
Scheffler, Heinrich: Wörter auf Wanderschaft. Schicksale von Wörtern und Redensarten, Pfullingen 1986
Schellhorn, Andreas: Teutsche Sprichwörter, sprichwörtliche Redensarten und Denksprüche, Nürnberg 1797
Schemann, Hans: Synonymwörterbuch der deutschen Redensarten, Straelen 1989
Schindlmayr, Hans: Mittelschwäbischer Volksspiegel. 2000 Sprichwörter und Redensarten in schwäbischer Mundart, Augsburg 1936
Schmidkunz, Walter: Waschechte Weisheiten. Bairisch-bäurische Sprichwörter und Redensarten – 700 Stück, Rosenheim 1977
Schmitt, Christa: Die Katze in Sprichwort und Redensart, Aarau/Schweiz 1988
Schmitt, Richard: Deutsche Redensarten. Quiz- und Übungsbuch, Stuttgart 1975
Schoeps, Hans Joachim: Ungeflügelte Worte. Was nicht im Büchmann stehen kann, Berlin 1971

Schomburg, Eberhard: 176 gebräuchliche Redensarten und ihre Bedeutung, Kassel 1979

Schrader, Hermann: Der Bilderschmuck der deutschen Sprache in Tausenden volkstümlicher Redensarten, Berlin 1886 (7. Aufl. Berlin 1912)

Schulz, Dora und *Heinz Griesbach:* 1000 idiomatische Redensarten (Deutsch). Mit Erklärungen und Beispielen, Berlin 1961 (5. Aufl. 1966)

Schulze, Carl: Die biblischen Sprichwörter der deutschen Sprache, Göttingen 1860 (Ndr. hg. v. W. Mieder, Bern 1987)

Schuster, Mauriz: Alt-Wienerisch. Ein Wörterbuch veraltender und veralteter Ausdrücke und Redensarten, Wien 1984

Seiler, Friedrich: Das deutsche Lehnsprichwort, 4 Bde., Halle 1921–1924

Selk, Paul: Sprichwörter und Redensarten aus Schleswig-Holstein, Husum 1980

Senti, Alois: Reime und Sprüche aus dem Sarganserland, Basel 1979

Serz, M. Georg Thomas: Teutsche Idiotismen, Provinzialismen, Volksausdrücke, sprichwörtliche und andere im täglichen Leben vorkommende Redensarten, Nürnberg 1797

Seybold, Johann Georg: Viridarium selectissimis paroemiarum et sententiarum Latino-Germanicarum flosculis adornatum. Lustgarten von auserlesenen Sprichwörtern, auch schönen und denkwürdigen Sitten- und Lehrsprüchen, Nürnberg 1677

Siebenkees, J.C.: Teutsche Sprichwörter mit Erläuterungen, Nürnberg 1790

Sillner, Leo: Gewußt woher. Ursprungshandbuch deutschsprachiger Wörter und Redensarten, Frankfurt a.M. 1973

Simon, Irmgard: Sagwörter. Plattdeutsche Sprichwörter aus Westfalen, Münster 1988

Simrock, Karl: Die deutschen Sprichwörter, Frankfurt a.M. 1846 (Ndr. hg. v. H. Bausinger, Dortmund 1978; Ndr. hg. v. W. Mieder, Stuttgart 1988; Ndr. der 1892er Ausgabe, Hildesheim 1974)

Singer, Samuel: Sprichwörter des Mittelalters, 3 Bde., Bern 1944–1947

Spalding, Keith: An Historical Dictionary of German Figurative Usage, Lieferung 1–49, Oxford 1952–1991

Stauffer, Charles: „...wie eim de Schnawel gewachse isch“. Sprichwörter und Redensarten aus dem Elsass, Schirmeck 1986

Stoltze, Friedrich: Frankfurt in seinen Sprichwörtern und Redensarten, Frankfurt a.M. 1939 (Ndr. Frankfurt a.M. 1980)

Strich, Michael und *Werner Richey:* Berufe im Sprichwort, Leipzig 1983

Sutermeister, Otto: Die schweizerischen Sprichwörter der Gegenwart, Aarau 1869

Tappe (Tappius), Eberhard: Germanicorum adagiorum cum latinis ac graecis collatorum centuriae septem, Straßburg 1539

Tendlau, Abraham Moses: Sprichwörter und Redensarten deutsch-jüdischer Vorzeit, Frankfurt a.M. 1860 (Ndr. Hildesheim 1980)

Tenzler, Gisela: Katzen-, Hund- und Pferde-Sprüch, Berlin 1987

Tenzler, Wolfgang: Eß- und Trink-, Rauch- und Medizin- Sprüch, Berlin 1987; Köln 1987

Trenckler, Robert: 6275 deutsche Sprichwörter und Redensarten, München 1884

Troxler, H.J.: Proverbes d'Alsace. Elsässische Sprichwörter, Griesbach 1977

Tunnicius, Antonius: In Germanorum paroemias studiosae iuventuti perutiles Monosticha, cum germanica interpretatione, Köln 1514 (Ndr. hg. v. H. Hoffmann von Fallersleben mit dem Titel: Tunnicius. Die älteste niederdeutsche Sprichwörtersammlung, von Antonius Tunnicius gesammelt und in lateinische Verse übersetzt, Berlin 1870 [Ndr. Amsterdam 1967])

Wächter, Oskar: Sprichwörter und Sinnsprüche der Deutschen in neuer Auswahl, Gütersloh 1888

Waeger, Gerhart: Die Katze hat neun Leben. Katzennärrische Ausdrücke, Redewendungen und Sprichwörter, Bern 1976

Wagener, Samuel Christoph: Sprichwörter-Lexicon mit kurzen Erläuterungen, Quedlinburg 1813

Wagenfeld, Karl: Volksmund. Plattdeutsche Sprichwörter und Redensarten des Münsterlandes in ihrer Anwendung, Essen 1911 (Ndr. hg. v. H. Demming mit dem Titel: Ick will di maol wat seggen. Sprichwörter und Redensarten, Kinderreime und Lieder, Glauben und Aberglauben, Namen und Begriffe, der „Allerwerteste“ im Volksmund des Münsterlandes, Münster 1983)

Wander, Karl Friedrich Wilhelm: Abrahamisches Parömiakon. Die Sprichwörter, sprichwörtlichen Redensarten etc, des Pater Abraham a Santa Clara, Breslau 1838

–: Deutsches Sprichwörter-Lexikon. Ein Hausschatz für das deutsche Volk, 5 Bde., Leipzig, 1867–1880 (Ndr. Darmstadt 1964; Ndr. Kettwig 1987)
Weber, Paul: Woher der Ausdruck? Deutsche Redensarten und ihre Erklärung, Heidelberg 1961
Wettig, Knut-Hannes: Vorm Wind ist gut segeln. Seemannssprüche, Berlin 1985
Wick, W.: Geographische Ortsnamen, Beinamen und Sprichwörter, Leipzig 1896
Widmann, Gerhard: Schwäbisch vom Blatt für Schwaben und andere. Wörter und Sprüch', Stuttgart 1983
Wiese, Joachim: Berliner Wörter & Wendungen, Berlin 1987
Wigand, Paul: Der menschliche Körper im Munde des deutschen Volkes, Frankfurt a.M. 1899 (Ndr. hg. v. H. Eichberg, Münster 1987)
Winkler, Leonhard: Deutsches Recht im Spiegel deutscher Sprichwörter, Leipzig 1927 (Ndr. Leipzig 1977)
Wolle, Helmut: Von der Weisheit der Sprüche. Aphorismen, Zitate, Sprichwörter, Berlin 1981
Wotjak, Barbara und *Manfred Richter:* Deutsche Phraseologismen. Ein Übungsbuch für Ausländer, Leipzig 1988
Wunderlich, Gottlob: Deutsche Sprichwörter mustergültig erklärt und gruppiert, Langensalza 1877
–: Sprichwörtliche und bildliche Redensarten. Langensalza 1882
Wurzbach, Constant von: Historische Wörter, Sprichwörter und Redensarten, Leipzig 1862 (2. Aufl. 1866)
Yermoloff, Alexis: Die landwirtschaftliche Volksweisheit in Sprichwörtern, Redensarten und Wetterregeln, Leipzig 1905
Zarnack, August: Deutsche Sprichwörter zu Verstandesübungen für die Schulen bearbeitet, Berlin 1820
Zerlett-Olfenius, Walter: Aus dem Stegreif. Plaudereien über Redensarten, Berlin 1943
Zincgref, Julius Wilhelm: Der Teutschen scharpfsinnige kluge Sprüch Apophthegmata genant, Straßburg 1538 (Auswahl im Ndr. hg. v. K.-H. Klingenberg mit dem Titel: Der Teutschen scharfsinnige kluge Sprüch, Leipzig 1982)
Zingerle, Ignaz: Die deutschen Sprichwörter im Mittelalter, Wien 1864 (Ndr. Walluf bei Wiesbaden 1972)
Zoozmann, Richard: Zitatenschatz der Weltliteratur, Leipzig 1910 (Ndr. Königstein/Ts. 1980; Ndr. hg. v. O. Kielmeyer, Reinbek 1984)
–: Unsere Klassiker im Volksmund. Ein kleiner Zitatenschatz, Leipzig 1911

4. Europäische Sprichwörter- und Redensartensammlungen:

Acker, Achille van: De duivel in spreekwoord en gezegde, Kortrijk 1977
–: Het verleden in spreekwoord en gezegde, Kortrijk 1977
Ammer, Christine: It's Raining Cats and Dogs ... And Other Beastly Expressions, New York 1989
Anderson, M.L. (Hg.): The James Carmichaell Collection of Proverbs in Scots, Edinburgh 1957
Anikin, V.P.: Russkie poslovitsy i pogovorki, Moskau 1988
Apperson, G.L.: English Proverbs and Proverbial Phrases. A Historical Dictionary, London 1929 (Ndr. Detroit 1969)
Arora, Shirley L.: Proverbial Comparisons and Related Expressions in Spanish, Berkeley/California 1977
Artmann, H.C.: Je länger ein Blinder lebt, desto mehr sieht er. Jiddische Sprichwörter, Frankfurt a.M. 1965 (3. Aufl. 1986)
Atsiz, Bedriye und *Hans-Joachim Kissling:* Sammlung türkischer Redensarten, Wiesbaden 1974
Ayalti, Hanan J.: Yiddish Proverbs, New York 1963 (5. Aufl. 1975)
Bartels, Klaus und *Ludwig Huber:* Veni, Vidi, Vici. Geflügelte Worte aus dem Griechischen und Lateinischen, Zürich 1966 (3. Aufl. 1976)
Bartlett, John: Familiar Quotations, Cambridge/Massachusetts, 1855 (15. Aufl. hg. v. E. M. Beck, Boston 1980)
Bartlett, John Russell: The Dictionary of Americanisms, New York 1849 (Ndr. New York 1989)
Baz, Petros D.: A Dictionary of Proverbs, New York 1963
Becker, Sven, Adnan Jelali und *Cheri Booth:* Idioms. Lexikon der englischen Redewendungen, Eltville am Rhein 1988
Beem, H.: Jiddische spreekwoorden en zegswijzen uit het nederlandse taalgebied, Assen 1959 (2. Aufl. 1970)
Beinhauer, Werner: 1000 idiomatische Redensarten Spanisch, Berlin 1939 (16. Aufl. 1978)

Bernstein, Ignaz: Jüdische Sprichwörter und Redensarten, Warschau 1908 (Ndr. Hildesheim 1969; Ndr. Wiesbaden 1988)
Besso, Marco: Roma e il Papa nei proverbi e nei modi di dire, Rom 1971
Bianchi, Giovanni: Proverbi e modi proverbiali veneti raccolti ed illustrati con massime e sentenze di vari autori, Milano 1901 (Ndr. Bologna 1977)
Bianchini, Giuseppe: Modi proverbiali e motti popolari specialmente toscani, Livorno 1900 (Ndr. Bologna 1975)
Blass, Armin: Französische Redewendungen und Sprichwörter, Bamberg 1956 (2. Aufl. 1959)
Boatner, Maxine Tull und *John E. Gates:* A Dictionary of American Idioms, Woodbury/New York 1975
Boggs, Ralph S. und *Joseph Dixson:* Everyday Spanish Idioms, New York 1978
Bohn, Henry G: A Hand-Book of Proverbs Comprising an Entire Republication of Ray's Collection of English Proverbs [1670], London 1855
Bojc, Etbin: Pregovori in reki na Slovenskem, Ljubljana 1980
Booth, Cheri und *Christian Gerritzen:* Slang: Lexikon der englischen Umgangssprache. Englisch-Deutsch, Eltville 1989
Brandenberger, Erna: Refranero Español – Spanische Sprichwörter, München 1975
Brewer, Ebenezer Cobham: Dictionary of Phrase and Fable, New York 1870 (Neuausgabe hg. v. I. H. Evans, New York 1970)
Bucuvalas, Elaine: Treasured Greek Proverbs, New York 1980
Cassani, Angelo: Saggio di proverbi triestini raccolti e illustrati, Triest 1860 (Ndr. Bologna 1977)
Čelakovsky, František Ladislav: Mudroslovi narodu slovanskeho ve přislovich, Prag 1852 (Ndr. Prag 1978)
Celorio, Marta und *Annette Barlow:* Handbook of Spanish Idioms, New York 1973
Cheales, Alan B.: Proverbial Folk-Lore, London 1874 (Ndr. Folcroft/Pennsylvania 1976)
Cheviot, Andrew: Proverbs, Proverbial Expressions, and Popular Rhymes of Scotland, London 1896 (Ndr. Detroit 1969)
Cibotto, Gian Antonio: Proverbi del Veneto, Firenze 1977
Cock, Alfons de: Spreekwoorden en zegswijzen, afkomstig van oude gebruiken en volkszeden, Gent 1902 (2. Aufl. 1908)
–: Spreekwoorden en zegswijzen over de vrouwen, de liefde en het huwelijk, Gent 1911
–: Spreekwoorden, zegswijzen en uitdrukkingen op volksgeloof berustend, 2 Bde., Antwerpen 1920 und 1922
Collins, John: A Dictionary of Spanish Proverbs, London 1823 (Ndr. Darnby/Pennsylvania 1977)
Craig, Doris: Catch Phrases, Clichés and Idioms. A Dictionary of Familiar Expressions, Jefferson/N.C. 1990
Cunsolo, Felice: Proverbi siciliani commentati, Palermo 1977
Dal', V.I.: Poslovitsy russkago naroda, Moskau 1862 (Ndr. Leipzig 1977; Ndr. in 2 Bden., Moskau 1984)
Dent, Robert William: Shakespeare's Proverbial Language. An Index, Berkeley/California 1981
–: Proverbial Language in English Drama Exclusive of Shakespeare, 1495–1616. An Index, Berkeley/California 1984
DesRuisseaux, Pierre: Le livre des proverbes québécois, Montréal 1974 (Ndr. Montréal 1978)
–: Le livre des expressions québécoises, Montréal 1979
Dietzel, Volker: Die ganze Welt steht auf der spitzen Zunge. Jüdische Sprichwörter, Leipzig 1987
Dobrovsky, Josef: Českych přislovi sbirka, Praha 1963
Dournon, Jean-Yves: Le dictionnaire des proverbes et dictons de France, Paris 1986
Duneton, Claude: La puce à l'oreille: Anthologie des expressions populaires avec leur origine, Paris 1978
Ehegötz, Erika et al: Phraseologisches Wörterbuch Polnisch-Deutsch, Leipzig 1990
Engeroff, Karl und *Cicely Lovelace-Käufer:* An English-German Dictionary of Idioms, München 1959 (5. Aufl. 1975)
Erasmus von Rotterdam: Adagiorum collectanea, Paris 1500 (mehrere erweiterte Auflagen zu Lebzeiten von Erasmus und zahllose neuere Ausgaben im Original und in Übersetzungen)
Eyke, Wera von: Russkie poslovitsy. Russische Sprichwörter, Zürich 1947
Falassi, Alessandro: Proverbi toscani commentati, Palermo 1979
Feliks, Priredio Milorad: Srpske narodne poslovice, Bukarest 1978
Felitsyna, Vera P. und *Iurii E. Prokhorov:* Russkie poslovitsy, pogovorki i krylatye vyrazheniia, Moskau 1979 (2. Aufl. 1988)

Fergusson, David: Scottish Proverbs, Edinburgh 1641 (Ndr. hg. v. E. Beveridge, Edinburgh 1924)
Ferrando, Nelio: I proverbi dei genovesi, Genua 1977
Florian, Ulrich und *Fernando Martinez:* Spanische idiomatische Redewendungen, Leipzig 1988
Foschi, Umberto: Modi di dire romagnoli, Ravenna 1975
Frenzel, Herbert: 1000 idiomatische Redensarten Italienisch, Berlin 1939 (Neuausgabe von H. Willers, Berlin 1974)
Fumagalli, Giuseppe: Dizionarietto di 2948 sentenze, proverbi, motti, divise, frasi e locuzioni latine, Milano 1936
Funk, Charles Earle: A Hog on Ice and Other Curious Expressions, New York 1948 (Ndr. New York 1985)
–: Heavens to Betsy! and Other Curious Sayings, New York 1955 (Ndr. New York 1986)
–: Horse Feathers and Other Curious Words, New York 1958 (Ndr. New York 1986)
Furnari, Mario: Li ditti antichi de lo popolo napolitano, Napoli 1977
Gaffney, Sean und *Seamus Cashman:* Proverbs & Sayings of Ireland, Portmarnock/Dublin 1974
Gaidoz, Henri und *Paul Sébillot:* Blason Populaire de la France, Paris 1884
Gail, Anton J. (Hg.): Erasmus von Rotterdam. Adagia. Lateinisch/Deutsch, Stuttgart 1983
Gardoš, Isolde: Serbske přislowa / Sorbische Sprichwörter, Bautzen 1978
Giusti, Giuseppe: Proverbi toscani, Pisa 1976
Giusti, Giuseppe und *Gino Capponi:* Dizionario dei proverbi italiani, Milano 1956
Glazer, Mark: A Dictionary of Mexican American Proverbs, Westport/Connecticut 1987
Gleijes, Vittorio: I proverbi di Napoli, Napoli 1978
Gottschalk, Walter: Die sprichwörtlichen Redensarten der französischen Sprache, 2 Bde., Heidelberg 1930
Graf, Adolf Eduard: 6000 deutsche und russische Sprichwörter, Halle 1956 (3. Aufl. 1960)
–: Russische und deutsche idiomatische Redewendungen, Leipzig 1965 (Ndr. München 1976)
Gruber, Jona: 750 rumänische Sprichwörter / 750 proverbe romanesti, Bukarest 1973
Guerlac, Othon: Les citations françaises, Paris 1961
Guiter, Henri: Proverbes et dictons catalans, Paris 1969
Gulland, Daphne und *David Hinds-Howell:* The Penguin Dictionary of English Idioms, Harmondsworth/Middlesex 1986
Günther, Erika und *Waldtraut Förster:* Wörterbuch verbaler Wendungen. Deutsch-Russisch. Eine Sammlung verbal- nominaler Fügungen, Leipzig 1987
Halldorsson, Halldor: Islenzk Ordtök, Reykjavik 1954
–: Örlög Ordanna, Akureyri 1958
–: Islenskt ordtakasafn, Reykjavik 1980
Haller, Joseph: Spanische Sprichwörter und sprichwörtliche Redensarten aus den Zeiten vor Cervantes, Regensburg 1883
Hargrave, Basil: Origins and Meanings of Popular Phrases and Names, London 1925 (Ndr. Detroit 1968)
Harrebomée, Pieter Jacob: Spreekwoordenboek der nederlandsche taal, 3 Bde., Utrecht 1858–1870 (Ndr. Amsterdam 1980)
Hassell, James Woodrow: Middle French Proverbs, Sentences, and Proverbial Phrases, Toronto 1982
Häussler, Reinhard (Hg.): Nachträge zu A. Otto, Sprichwörter und sprichwörtliche Redensarten der Römer, Hildesheim 1968
Hazlitt, William Carew: English Proverbs and Proverbial Phrases, London 1869 (3. Aufl. 1907; Ndr. Detroit 1969)
Henderson, Alfred: Latin Proverbs and Quotations with Translations and Parallel Passages, London 1869
Henderson, Andrew: Scottish Proverbs, Glasgow 1881 (Ndr. Detroit 1969)
Hessky, Regina: Deutsch-Ungarische phraseologische Sammlung, Budapest 1982
Heuber, Hans-Georg: Talk one's head off. Ein Loch in den Bauch reden. Englische Redewendungen und ihre deutschen „opposite numbers", Reinbek 1982
Heywood, John: A Dialogue of Proverbs [1546], hg. v. R.E. Habenicht, Berkeley/California 1963
Hintescu, I.C.: Proverbele Românilor, Sibiu 1877 (Ndr. hg. v. C. Negreanu und I. Bratu, Timisoara 1985)
Hislop, Alexander: The Proverbs of Scotland, Edinburgh 1868 (Ndr. Detroit 1968)
Holm, Pelle: Ordspråk och talesätt, Stockholm 1965 (2. Aufl. 1975)

–: „Ett ord i rättan tid". 3530 Ordspråk och talesätt, Stockholm 1984

Holt, Alfred H.: Phrase and Word Origins. A Study of Familiar Expressions, New York 1961

Hussar, A., Arvo Krikmann und *Ingrid Sarv:* Vanasõnaraamat, Tallinn 1984

Hyamson, Albert M.: A Dictionary of English Phrases, New York 1922 (Ndr. Detroit 1970)

Inwards, Richard: Weather Lore. A Collection of Proverbs, Sayings, and Rules Concerning the Weather, London 1898

Irving, Gordon: The Wit of the Scots, London 1969

Jente, Richard (Hg.): Proverbia communia. A Fifteenth Century Collection of Dutch Proverbs Together with the Low German Version, Bloomington/Indiana 1947

Kastner, Georges: Parémiologie musicale de la langue française ou explication des proverbes, locutions proverbiales, mots figurés qui tirent leur origine de la musique, Paris 1885

Kelly, James: A Complete Collection of Scotish [sic] Proverbs, London 1721 (Ndr. Darby/Pennsylvania 1976)

Kjaer, Iver et *al.:* Danmarks Gamle Ordsprog, 8 Bde., Kopenhagen 1979–1987

Kjaer, Iver und *Bengt Holbek:* Ordsprog i Danmark. 4000 ordsprog fra skrift og tale gennen 600 ar, Kopenhagen 1973

Klein, Hans Wilhelm: 1000 idiomatische Redensarten Französisch, Berlin 1937 (21. Aufl. 1976)

Knecht, Theodor (Hg.): Erasmus von Rotterdam. Adagia. Vom Sinn und vom Leben der Sprichwörter, Zürich 1984

Kogos, Fred: 1001 Yiddish Proverbs, Secaucus/New Jersey 1970

Köhler, Carl Sylvio: Das Tierleben im Sprichwort der Griechen und Römer, Leipzig 1881 (Ndr. Hildesheim 1967)

Kokhtev, N.N. und *D.E. Rozental':* Russkaia frazeologiia, Moskau 1986

Kolbe, Wilhelm: Redensarten in der spanischen Sprache, Frankfurt a.M. 1967

Kolberg, Oskar: Przyslowia, Warschau 1977

Kösters-Roth, Ursula: Locutions: Lexikon der französischen Redewendungen. Französisch-Deutsch, Eltville 1990

Krauss, Werner: Die Welt im spanischen Sprichwort – spanisch und deutsch, Wiesbaden 1946 (Ndr. Leipzig 1988)

Kremer, Edmund Philipp: German Proverbs and Proverbial Phrases with Their English Counterparts, Stanford/California 1955

Krikmann, Arvo und *Ingrid Sarv:* Eesti vanasõnad, 5 Bde., Tallinn 1980–1986

Kruyskamp, Cornelis Helenus Adrianus: Allemal Mensen ... Apologische Spreekwoorden, ,s-Gravenhage 1947 (3. Aufl. 1965)

Krzyżanowski, Julian: Madrej glowie dosc dwie slowie. Trzy centurie przyslow polskich, 2 Bde., Warschau 1960

–: Madrej glowie dosc dwie slowie. Piec centuryj przyslow polskich i diabelski tuzin, 3 Bde., Warschau 1975

–: Nowa ksiega przyslow i wyrazen przyslowiowych polskich, 4 Bde., Warschau 1969–1978

Küffner, Georg M.: Die Engländer im Sprichwort, Ludwigshafen 1916

Kumove, Shirley: Words Like Arrows: A Treasury of Yiddish Folk Sayings, Toronto 1984 (Ndr. New York 1986)

Kuusi, Matti: Vanhan kansan sananlaskuviisaus. Suomalaisia elämänobjeita, kansanaforismeja, lentäviä lauseita ja kokkapuheita vuosilta 1544–1826, Porvoo 1953

–: Suomen kansan vertauksia, Vaasa 1960 (3. Aufl. 1982)

Kuz'min, S.S. und *N.L. Shadrin:* Russkoangliiskii slovar' poslovits i pogovorok / Russian-English Dictionary of Proverbs and Sayings, Moskau 1989

Laan, K. ter: Nederlandse spreekwoorden, spreuken en zegswijzen, Amsterdam 1979 (4. Aufl. 1983)

Labadi, Karoly: Ahogy rakod tüzed. Draszögi magyar proverbiumok, Eszek 1986

Lafleur, Bruno: Dictionnaire des locutions idiomatiques françaises, Bern/Frankfurt a.M./Las Vegas 1979

Landgren, G.A.: Ordspråk, sanna språk. 6500 bevingade ord ur folkets mun, Karlshamn 1889 (Ndr. Stockholm 1979)

Landmann, Salcia: Jüdische Anekdoten und Sprichwörter. Jiddisch und Deutsch, München 1965 (7. Aufl. 1974)

Lapucci, Carlo: Come disse ... dizionario delle facezie proverbiali della lingua italiana, Firenze 1978

Laukkanen, Kari und *Pekka Hakamies:* Sananlaskut, Vaasa 1978 (2. Aufl. 1984)

Lean, Vincent Stuckey: Lean's Collectanea. Collections of Proverbs (English & Foreign), Folk Lore, and Superstitions, also Compilations towards Dictionaries of Proverbial Phrases and Words, Old and Disused, hg. v. T.W. Williams, 4 Bde., Bristol 1902–1904 (Ndr. Detroit 1969)

Leonhardt, Wolfram und *Susan Rambow:* Amerikanisch im Alltag. Floskeln, Formeln, Phrasen, Redewendungen, Sprichwörter, Zitate, Wiesbaden 1989
Le Roux de Lincy, Adrien Jean Victor: Le livre des proverbes français, 2 Bde., Paris 1842 (2. Aufl. 1859; Ndr. Genf 1968)
Leutsch, Ernst Ludwig und *Friedrich Wilhelm Schneidewin:* Corpus Paroemiographorum Graecorum, 2 Bde., Göttingen 1839 und 1851 (Ndr. Hildesheim 1965)
[Leutsch – Schneidewin]: Corpus Paroemiographorum Graecorum Supplementum, Hildesheim 1961
Liebs, Detlef: Lateinische Rechtsregeln und Rechtssprichwörter, München 1982 (4. Aufl. 1986)
Lönnrot, Elias: Suomen kansan sananlaskuja, Helsingissä 1842 (Ndr. Tampere 1981)
Loubens, Didier: Les proverbes et locutions de la language française, Paris 1889
Lurie, Charles N.: Everyday Sayings. Their Meanings Explained, Their Origins Given, New York 1928 (Ndr. Detroit 1968)
Lyman, Darryl: The Animal Things We Say, Middle Village/New York 1983
MacDonald, T.D.: Gaelic Proverbs and Proverbial Sayings with English Translations, Stirling 1926
Macintosh, Donald: A Collection of Gaelic Proverbs and Familiar Phrases, Edinburgh 1785 (Ndr. Edinburgh 1881; Ndr. Glasgow 1951)
Mäder, Fritz: Proverbes français. Französische Sprichwörter, Zürich 1948
Maloux, Maurice: Dictionnaire des proverbes, sentences et maximes, Paris 1960
Mandos, Hein und *Miep Mandos-van de Pol:* De Brabantse spreekwoorden: uitdrukkingen in Brabant gebruikt en opgetekend, Waalre 1988
Marchand, Charles M.: Five Thousand French Idioms, Gallicisms and Proverbs, Paris 1905
Margalits, Ede: Magyar közmondasok es közmondasszerü szolasok, Budapest 1896 (Ndr. Budapest 1990)
Marketos, B.J.: Proverb for it. 1510 Greek Sayings, New York 1945
Martynova, A.N. und *V.V. Mitrofanova:* Poslovitsy, pogovorki, zagadki, Moskau 1986
Massari, Mario: Proverbi veneti commentati, Palermo 1979
Mathews, Mitford M.: A Dictionary of Americanisms on Historical Principles, Chicago 1951 (4. Aufl. 1966)
Mau, Jens Christian Eduard: Dansk ordsprogsskat, 2 Bde., Kopenhagen 1879
Meek, Donald E. (Hg.): The Campbell Collection of Gaelic Proverbs and Proverbial Sayings, Inverness 1978
Melicherčik, Andrej und *Eugen Pauliny:* Slovenske ludove prislovia, Bratislava 1953
Mesters, G.A.: Wat het volk zegt. Een nieuwe verzameling spreekwoorden, zegswijzen en gezegden, Utrecht 1977
Mieder, Wolfgang: English Proverbs, Stuttgart 1988
–: English Expressions, Stuttgart 1992
–: Yankee Wisdom: New England Proverbs, Shelburne/Vermont 1989
Mieder, Wolfgang, Stewart Kingsbury und *Kelsie Harder:* A Dictionary of American Proverbs, New York 1992
Miettinen, Liisa und *Pentti Leino:* Karjalaisia sananpolvia, Helsinki 1971
Mishanich, S.V. und *M.M. Paziak:* Ukrains'ki prysliv'ia ta prykazky, Kiew 1984
Möller, Ferdinand: Proverbi italiani. Italienische Sprichwörter, München 1978
–: Proverbes français. Französische Sprichwörter, München 1979
Montreynaud, Florence, Agnès Pierron und *François Suzzoni:* Dictionnaire de proverbes et dictons, Paris 1989
Munro, Angus: Englisch im Alltag. Alphabetisch geordnetes Nachschlagewerk von englischen Sentenzen, Sprichwörtern, Phrasen, Floskeln, Redewendungen, Zitaten und Formeln, Wiesbaden 1988
Muntean, George: Proverbe românesti, Bukarest 1967 (2. Aufl. 1984)
Nagy, Gabor O.: Mi fan terem? Magyar szolasmondasok eredete, Budapest 1957 (3. Aufl. 1979; Ndr. Budapest 1988)
–: Magyar szolasok es közmondasok, Budapest 1966 (2. Aufl. 1976)
Neumann, Manfred: Italienische idiomatische Redewendungen und Sprichwörter, Leipzig 1977 (3. Aufl. 1986)
Nicolson, Alexander: A Collection of Gaelic Proverbs and Familiar Phrases based on Macintosh's Collection, Edinburgh 1881
Nirvi, Ruben Erik und *Lauri Hakulinen:* Suomen Kansan Sananparsikirja, 2 Bde., Helsinki 1953
O'Farrell, Padraic: Gems of Irish Wisdom. Irish Proverbs and Sayings, Dublin 1980
Olivier, René und Hans-Manfred Militz: Französische idiomatische Redewendungen – Locutions françaises, Leipzig 1969 (3. Aufl. 1984)

O'Rahilly, Thomas Francis: A Miscellany of Irish Proverbs, Dublin 1922 (Ndr. Darby/Pennsylvania 1976)

Otto, August: Die Sprichwörter und sprichwörtlichen Redensarten der Römer, Leipzig 1890 (Ndr. Hildesheim 1971)

Paczolay, Gyula: Magyar közmondasok es szolasok. 700 ungarische Sprichwörter und Redewendungen, Veszprém 1990

Partridge, Eric: A Dictionary of Clichés, London 1940 (5. Aufl. 1978)

–: A Dictionary of Catch Phrases, New York 1977

Payen-Payne, James Bertrand: French Idioms and Proverbs, London 1893 (Ndr. Oxford 1924)

Paziak, Mikhail Mikhailovich: Ukrajins'ki pryslivia ta prykazky, Kiew 1976

–: Pryslivia ta prykazky: Pryroda, hospodars'ka diial'nist' liudyny, Kiew 1989

–: Pryslivia ta prykazky. Vzajemyny mizh liud'my, Kiew 1991

Permiakov, Grigorii L'vovich: 300 allgemeingebräuchliche russische Sprichwörter und sprichwörtliche Redensarten. Ein illustriertes Nachschlagewerk für Deutschsprechende, Moskau 1985; Leipzig 1985

Peteh, Mira und *Marija Dus:* Poslovice i zagonetke za najmlade, Zagreb 1987

Petroselli, Francesco: Blasoni Popolari della Provincia di Viterbo, 2 Bde., Viterbo 1978 und 1986

Pignolo, Marie-Thérèse und *Hans-Goerg Heuber:* Ne mâche pas tes mots! Nimm kein Blatt vor den Mund! Französische Redewendungen und ihre deutschen Pendants, Reinbek 1982

Pitrè, Giuseppe: Proverbi siciliani raccolti e confrontati con quelli degli dialetti d'Italia, 4 Bde., Palermo 1880

–: Proverbi, motti e songiuri del popolo siciliano, Torino 1910

Predota, Stanislaw: Maly niderlandzko-polski slownik przyslow – Klein nederlands-pools spreekwoordenboek, Wroclaw 1986

Quitard, Pierre-Marie: Dictionnaire étymologique, historique et anecdotique des proverbes et locutions proverbiales de la langue française, Paris 1842 (Ndr. Genf 1968)

Raimondi, Piero: Proverbi genovesi, Milano 1975

Ramsay, Allan: A Collection of Scots Proverbs, Edinburgh 1737 (2. Aufl. 1750; Ndr. Edinburgh 1979)

Rat, Maurice: Dictionnaire des locutions françaises, Paris 1957 (2. Aufl. 1982)

Rees, Nigel: Sayings of the Century. The Stories Behind the Twentieth Century's Quotable Sayings, London 1984

–: Why Do We Say ...? Words and Sayings and Where They Come From, Poole/Dorset 1987

–: The Phrase that Launched 1000 Ships, New York 1991

Rehbein, Detlev: Tür zu, die Heiden kommen. Sprichwörter aus den Niederlanden, Berlin 1984 (2. Aufl. mit dem Titel: Das Glück kommt im Schlaf. Sprichwörter aus den Niederlanden, Berlin 1985; Hanau 1985)

Reichert, Heinrich G.: Urban und human. Gedanken über lateinische Sprichwörter, Hamburg 1957 (Ndr. mit dem Titel: Urban und human. Unvergängliche lateinische Spruchweisheit, Wiesbaden 1987)

Reller, Gisela: Aus Tränen baut man keinen Turm. Ein kaukasischer Spruchbeutel, Berlin 1983

Restelli, Eugenio: I proverbi milanesi, Milano 1885 (Ndr. Bologna 1977)

Richelmy, Agostino: Proverbi piemontesi, Milano 1975

Ridout, Ronald und *Clifford Witting:* English Proverbs Explained, London 1967

Roberts, T.R.: The Proverbs of Wales. A Collection of Welsh Proverbs with English Translations, Penmaenmawr 1885 (Ndr. London 1909)

Rogers, James: The Dictionary of Clichés, New York 1985

Rohlfs, Gerhard: Italogriechische Sprichwörter in linguistischer Konfrontation mit neugriechischen Dialekten, München 1971

Rohweder, Jürgen: Sprüche der Lappen, Wiesbaden 1971

Rosenthal, Peggy und *George Dardess:* Every Cliché in the Book, New York 1987

Rovira, Luis: Spanish Proverbs. A Survey of Spanish Culture and Civilization, Lanham/Maryland 1984

Sauvé, L.-F.: Proverbes et dictons de la Basse- Bretagne, Paris 1878 (Ndr. Genf 1980)

Sbarbi, José Maria: Diccionario de refranes, adagios, proverbios, modismos, locuciones y frases proverbiales de la lengua española, 2 Bde., Madrid 1922

Schellbach-Kopra, Ingrid: Finnisch-Deutsches Sprichwörterbuch. Suomalais-saksalainen sananlaskukirja, Helsinki 1980

–: Suomi-saksa fraasi-sanankirja. Finnisch-deutsche Idiomatik, Helsinki 1985

Schmidt-Hidding, Wolfgang und *H. Robert Dodd:* 1000 idiomatische Redensarten Englisch, Berlin 1936 (13. Aufl. 1975)
Schuhmann, Elisabeth: Lebensweisheiten der Griechen und Römer, Leipzig 1985
Schulze-Busacker, Elisabeth: Proverbes et expressions proverbiales dans la littérature narrative du moyen âge français. Recueil et analyse, Paris 1985
Schweer, Walter: Zwei Seelen und ein Gedanke. Volksweisheit in deutschen und englischen Sprichwörtern, Hamburg 1948
Sciortino, Andrea: La vita di oggi nei proverbi di ieri, Palermo 1978
Segal, Louis: Russian Proverbs and Their English Equivalents, London 1917
Sellner, Alfred: Latein im Alltag. Alphabetisch geordnetes Nachschlagewerk von lateinischen Sentenzen, Sprichwörtern, Phrasen, Redewendungen, Zitaten und Formeln, Wiesbaden 1980
–: Französisch im Alltag. Alphabetisch geordnetes Nachschlagewerk von französischen Sentenzen, Sprichwörtern, Phrasen, Floskeln, Redewendungen, Zitaten und Formeln, Wiesbaden 1986
–: Italienisch im Alltag. Alphabetisch geordnetes Nachschlagewerk von italienischen Sentenzen, Sprichwörtern, Phrasen, Floskeln, Redewendungen, Zitaten und Formeln, Wiesbaden 1988
Shanskii, N.M., E.A. Bystrova und *V.I. Zimin:* Frazeologicheskie oboroty russkogo iazyka, Moskau 1988
Simpson, John A: The Concise Oxford Dictionary of Proverbs, Oxford 1982
Skeat, Walter W.: Early English Proverbs. Chiefly of the Thirteenth and Fourteenth Centuries, Oxford 1910 (Ndr. Darby/Pennsylvania 1974)
Smith, William George: The Oxford Dictionary of English Proverbs, Oxford 1935 (2. Aufl. 1948; 3. Aufl. 1970)
Sommer, Elyse und *Mike:* Similes Dictionary, Detroit 1988
Spallicci, Aldo: Proverbi romagnoli, Milano 1975
Spears, Richard A.: Slang and Euphemism, Middle Village/N.Y. 1981
–: NTC's [National Textbook Company's] American Idioms Dictionary, Lincolnwood/Ill. 1987
Speroni, Charles: The Italian Wellerism to the End of the Seventeenth Century, Berkeley/Cal. 1953
Stern, Henry R. und *Richey Novak:* A Handbook of English-German Idioms and Useful Expressions, New York 1973
Stevenson, Burton: The Home Book of Quotations. Classical and Modern, New York 1934 (5. Aufl. 1947)
–: The Home Book of Proverbs, Maxims, and Familiar Phrases, New York 1948 (7. Aufl. 1968)
–: The Home Book of Bible Quotations, New York 1949
Stoett, F.A.: Nederlandse spreekwoorden en gezegden, Zutphen 1901 (2. Aufl. in 2 Bden., 1924 und 1925; gekürzter Neudruck hg. v. C. Kruyskamp, Zutphen 1974)
Ström, Fredrik: Svenskarna i sina ordspråk, Stockholm 1926
Strömberg, Reinhold: Greek Proverbs. A Collection of Proverbs and Proverbial Phrases which are not Listed by the Ancient and Byzantine Paremiographers, Göteborg 1954
–: Griechische Sprichwörter. Eine neue Sammlung, Göteborg 1961
Stypula, Ryszard: Slownik przyslow rosyjsko-polski i polsko-rosyjski, Warszawa 1974
Sutphen, Morris Crater: A Collection of Latin Proverbs Supplementing Otto's „Sprichwörter und sprichwörtliche Redensarten der Römer“, Baltimore/Maryland 1902
Swainson, Charles: A Handbook of Weather Folk-Lore, Being a Collection of Proverbial Sayings, London 1873 (Ndr. Detroit 1974)
Swirko, Stanislaw: Na wszystko jest przyslowie, Poznan 1985
Taylor, Archer: Proverbial Comparisons and Similes from California, Berkeley/Cal. 1954
Taylor, Archer und Bartlett Jere Whiting: A Dictionary of American Proverbs and Proverbial Phrases, 1820–1880, Cambridge/Mass. 1958
Taylor, Ronald und *Walter Gottschalk:* A German- English Dictionary of Idioms, München 1960 (4. Aufl. 1973)
Tekinay, Alev: Pons-Wörterbuch der idiomatischen Redensarten: deutsch-türkisch, türkisch-deutsch, Stuttgart 1984
Tilley, Morris Palmer: A Dictionary of the Proverbs in England in the Sixteenth and Seventeenth Centuries, Ann Arbor/Mich. 1950
Tillhagen, Carl-Herman: Folklig ordakonst, Stockholm 1980
Tratsaert, Jan: National Proverbs: Belgium, London 1915
Trusler, John: Proverbs Exemplified, and

Illustrated by Pictures from Real Life, London 1790 (Ndr. New York 1970)

Tswilling, M. Ia.: Russko-nemetskii slovar'-poslovits i pogovorok. Russisch-deutsches Wörterbuch – Sprichwörter und sprichwörtliche Redensarten, Moskau 1984

Tuleja, Tad: The Cat's Pajamas. A Fabulous Dictionary of Familiar Phrases, New York 1987

Turner, K. Amy: National Proverbs: Serbia, London 1915

Urdang, Laurence: „The Whole Ball of Wax" and other Colloquial Phrases. What They Mean & How They Started, New York 1988

Urdang, Laurence, Walter W. Hunsinger und Nancy LaRoche: Picturesque Expressions. A Thematic Dictionary, Detroit 1980 (stark erweiterte 2. Aufl. 1985)

Urdang, Laurence und *Ceila Dame Robbins:* Slogans, Detroit 1984

Urdang, Laurence, Ceila Dame Robbins und *Frank R. Abate:* Mottoes, Detroit 1986

Uthe-Spencker, Angela: English Proverbs / Englische Sprichwörter, München 1977

Vanoni, Marvin: Great Expressions. How Our Favorite Words and Phrases Have Come to Mean What They Mean, New York 1989

Vaughan, Henry Halford: Welsh Proverbs with English Translations, London 1889; Detroit 1969

Vibraye, Henri de: Trésor des proverbes français, Paris 1934

Vilhjalmsson, Bjarni: Islenskir malch aettir, Reykjavik 1979

Vöö, Gabriella: Igaz ember igazat szol. Közmondasok a romaniai magyar folklorbol, Bukarest 1989

Voss, Karl: Redensarten der französischen Sprache, Frankfurt a.M. 1966 (3. Aufl. 1975)

–: Redensarten der englischen Sprache, Frankfurt a.M. 1967 (2. Aufl. 1975)

Voss, Karl, Domenico Longo und *Gisela Pasetti-Bombardella:* Redensarten der italienischen Sprache, Frankfurt a.M. 1968

Vuorela, Toivo: Maassa maan tavalla. 2000 suomalaista kansanviisautta, Helsinki 1979

Wahlund, Per Erik: Osed och Ordsed. Det är 1234 oemotsägliga ordspråk och kärnfulla talesätt, Stockholm 1988

Walther, Hans: Proverbia Sententiaeque Latinitatis Medii Aevi / Lateinische Sprichwörter und Sentenzen des Mittelalter, 9 Bde., Göttingen 1963–1986

Wathelet, Jean-Marc: Dictons des bêtes, des plantes et des saisons, Paris 1985

Werner, Jakob: Lateinische Sprichwörter und Sinnsprüche des Mittelalters, Heidelberg 1912 (2. Aufl. 1966)

Werner, Jürgen: Altgriechische Sprichwörter nach Sachgruppen geordnet, Diss. Leipzig, 1957

Whiting, Bartlett Jere: Proverbs in the Earlier English Drama, Cambridge/Mass. 1938 (Ndr. New York 1969)

–: Proverbs, Sentences, and Proverbial Phrases from English Writings Mainly Before 1500, Cambridge/Mass. 1968

–: Early American Proverbs and Proverbial Phrases, Cambridge/Mass. 1977

–: Modern Proverbs and Proverbial Sayings, Cambridge/Mass. 1989

Widmer, Walter: Volkstümliche Vergleiche im Französischen nach dem Typus „Rouge comme un coq", Diss. Basel, 1929

Wilson, F.P.: The Oxford Dictionary of English Proverbs, 3. Aufl. (vgl. unter William Smith für die 1. und 2. Aufl.), Oxford 1970

Wiznitzer, Manuel: Etes-vous à la page? Aktuelle Redewendungen französisch-deutsch, München 1972 (2. Aufl. 1980)

Wood, Nicola: Scottish Proverbs, Edinburgh 1989

Wurzbach, Constant: Die Sprichwörter der Polen historisch erläutert, Wien 1852 (Ndr. Osnabrück 1983; Ndr. Leipzig 1985)

Yurchak, Peter P.: Slovak Proverbs and Sayings, Scranton/Penn. 1947

Zamenhof, L.L.: Proverbaro Esperanta, Paris 1925

Zaoralek, Jaroslav: Lidova rčeni, Praze 1947 (2. Aufl. 1963)

Zanne, Iuliu A.: Proverbele românilor, 9 Bde., Bukarest 1895–1903 (Gekürzte Ausgabe in einem Band hg. v. C. Ciuchindel. Bukarest 1959)

Zaturecky, Adolf Peter: Slovenske prislovia, porekadla a uslovia, Praze 1894 (Ndr. Bratislava 1975)

Zubiri, Fernando und *Ramon:* Refranero aragonés, Zaragoza 1980

5. Mehrsprachige Sprichwörter- und Redensartensammlungen:

Andersen, Adi: Deutsche Sprichwörter und Redensarten mit ihren englischen und französischen Gegenstücken, Hamburg 1968

Balling, Adalbert Ludwig: Weisheit der Völker. Sprichwörter und Aphorismen aus aller Welt, Würzburg 1981

Barber, John W.: The Hand Book of Illustrated Proverbs: Comprising also a Selection of Proverbs of Various Nations and Languages, New York 1856

Bartsch, Ernst: Wie das Land, so das Sprichwort. Sprichwörter aus aller Welt, Leipzig 1989

Bechtel, John H.: Proverbs. Maxims and Phrases Drawn from All Lands and Times, London 1906

Bilgrav, Jens Aage Stabell: 20.000 Proverbs, Sprichwörter, Proverbes, Ordspråk, Ordsprog, Kopenhagen 1985

Boecklen, Adolf: Sprichwörter, Proverbs, Proverbes, Proverbi, Proverbios, Stuttgart 1924

Böhm, Richard et *al.:* Die Weisheit der Völker. Ausgewählte Sprichwörter, Wiesbaden 1976

Bohn, Henry G.: A Polyglot of Foreign Proverbs, Comprising French, Italian, German, Dutch, Spanish, Portuguese, and Danish, with English Translations & a General Index, London 1857 (Ndr. Detroit 1968)

Brock, Suzanne: Idiom's Delight. Fascinating Phrases and Linguistic Eccentricities. Spanish, French, Italian, Latin, New York 1988

Bush, William: 1800 Selected Proverbs of the World – Ancient, Medieval and Modern, Boston 1838

Cahier, Charles: Quelque six mille proverbes et aphorismes usuels empruntés à notre âge et aux siècles derniers, Paris 1856

Champion, Selwyn Gurney: Racial Proverbs. A Selection of the World's Proverbs Arranged Linguistically with Authoritative Introductions to the Proverbs of 27 Countries and Races, London 1938 (Ndr. London 1963)

–: The Eleven Religions and Their Proverbial Lore, New York 1945

–: War Proverbs and Maxims from East and West, London 1945

Christy, Robert: Proverbs, Maxims and Phrases of All Ages, 2 Bde., New York 1887 (Ndr. Detroit 1974; Ndr. Norwood/Penn. 1977)

Codrington, Robert: A Collection of Many Select and Excellent Proverbs out of Several Languages, London 1664 (2. Aufl. 1672)

Cohen, Israel: Dictionary of Parallel Proverbs in English, German and Hebrew, Tel Aviv 1961

Conklin, George W: The World's Best Proverbs, Philadelphia 1906

Cox, H.L. et *al.:* Spreekwoordenboek in vier talen. Nederlands, Franz, Duits, Engels, Utrecht 1988

Davidoff, Henry: A World-Treasury of Proverbs from Twenty-Five Languages, New York 1946

Dennys, F.M.: Proverbs and Quotations of Many Nations, London 1890

Erichsen, Gerda Moter: 400 uttrykk og vendinger pa norsk, engelsk, tysk og fransk, Bergen 1982

Fergusson, Rosalind: The Facts on File Dictionary of Proverbs, New York 1983 (Auch erschienen mit dem Titel: The Penguin Dictionary of Proverbs, New York 1983)

Fuller, Thomas: Gnomologia; Adagies and Proverbs; Wise Sentences and Witty Sayings, Ancient and Modern, Foreign and British, London 1732

Gheorghe, Gabriel: Proverbele românesti si proverbele lumii romanice. Studiu comparativ, Bukarest 1986

Gluski, Jerzy: Proverbs. A Comparative Book of English, French, German, Italian, Spanish and Russian Proverbs with a Latin Appendix, New York 1971

Goodchild, N.M. und *C. Michael-Titus:* Miroir de sagesse populaire européenne / Oglinda de intelepciune populara / Mirror of European Popular Wisdom, London 1981

Gottschalk, Walter: Die bildhaften Sprichwörter der Romanen, 3 Bde., Heidelberg 1935–1938

Grigas, Kazys: Patarliu paralelés. Lietuviu patarlés su latviu, baltarusiu, rusu, lenku, vokieciu, anglu, lotynu, prancuzu, ispanu atitikmenimis, Vilnius 1987

Grunow, Alfred: Weisheiten der Welt. Europa und Neue Welt, Augsburg 1987

Herg, Emmi: Deutsche Sprichwörter im Spiegel fremder Sprachen unter Berücksichtigung des Englischen, Französischen, Italienischen, Lateinischen und Spanischen, Berlin 1933

Houghton, Patricia: A World of Proverbs, Poole/Dorset 1981

Howell, James: Lexicon Tetraglotton. An English-French-Italian-Spanish Dictionary, London 1660

Hunt, Cecil: Hand-Picked Proverbs, Selected from the Store-House of the World's Wisdom, London 1940

Hürlimann, Martin: Stimmen der Völker im Sprichwort, Zürich 1945 (2. Aufl. 1952)
Ilg, Gérard: Proverbes français. Suivis des équivalents en allemand, anglais, espagnol, italien, néerlandais, Amsterdam 1960
Kelen, Emery: Proverbs of Many Nations, New York 1966
Kelly, Walter K.: A Collection of the Proverbs of all Nations. Compared, Explained, and Illustrated, Andover/Mass. 1859 (Ndr. Darby/Penn. 1972; Ndr. Philadelphia 1978)
Kokare, Elza: Latviešu un lietuviešu sakamvardu paraleles, Riga 1980
Kokare, Elza und *V. Hausmanis:* Latviešu un vacu sakamvardu paraleles, Riga 1988
Konstandt, Oscar: One Hundred Proverbs with Their Equivalents in German, French, Italian and Spanish, Great Malvern/Worcestershire 1958
Kragh, Ole: Alverdens ordsprog og talemader: 9000 ordsprog fra 200 sprogomrader og fem artusinder, Kopenhagen 1979
Kuusi, Matti et *al.:* Proverbia septentrionalia. 900 Balto-Finnic Proverb Types with Russian, Baltic, German and Scandinavian Parallels, Helsinki 1985
Lawson, James Gilchrist: The World's Best Proverbs and Maxims, New York 1926
Lüpkes, Wiard: Seemannssprüche. Sprichwörter und sprichwörtliche Redensarten über Seewesen, Schiffer- und Fischerleben in den germanischen und romanischen Sprachen, Berlin 1900 (Ndr. Leipzig 1987)
Mair, James Allan: A Handbook of Proverbs: English, Scottish, Irish, American, Shakespearean and Scriptural, London 1873
Mälk, Vaina: Vadja vanosõnad eesti – soome, karjala ja vene vastetega, Tallinn 1976
Mälk, Vaina et *al.:* Liivi vanasõnad – eesti, vadja ja läti vastetega, 2 Bde., Tallinn 1981
Mapletoft, John: Select Proverbs. Italian, Spanish, French, English, Scottish, British, etc., London 1707
Marvin, Dwight Edwards: Curiosities in Proverbs. A Collection of Unusual Adages, Maxims, Aphorisms, Phrases and other Popular Dicta from Many Lands, 2 Bde., London 1916 (Ndr. Darby/Penn. 1980)
–: The Antiquity of Proverbs. Fifty Familiar Proverbs and Folk Sayings with Annotations and Lists of Connected Forms, Found in All Parts of the World, New York 1922
Matras, Daniel: Proverbes. Frantsoske, Danske, Italianiske oc Tydske Ordsprock oc Sentenzer, Kopenhagen 1633 (Ndr. hg. v. I. Kjaer, Kopenhagen 1981)
Mawr, E.B.: Analogous Proverbs in Ten Languages, London 1885
Middlemore, James: Proverbs, Sayings and Comparisons in Various Languages, London 1889
Mieder, Wolfgang: The Prentice-Hall Encyclopedia of World Proverbs, Englewood Cliffs/N.J. 1986
–: Love: Proverbs of the Heart, Shelburne/Vermont 1989
Montreynaud, Florence, Agnès Pierron und *François Suzzoni:* Dictionnaire de proverbes et dictons, Paris 1989
Opdyke, George Howard: The World's Best Proverbs and Short Quotations, Chicago 1920
Orton, James: Proverbs Illustrated by Parallel, or Relative Passages, to which are Added Latin, French, Spanish, and Italian Proverbs, with Translations, Philadelphia 1852
Paczolay, Gyula: Magyar-észt közmondasok és szolasok német, angol és latin megfelelöikkel / Dictionary of Hungarian-Estonian Proverbs with Their German, English and Latin Equivalents and Cheremis Appendix, Veszprém 1985 (Erweiterte 2. Aufl. Veszprém 1987)
Pavlica, Josip: Frazeološki slovar v petih jezikih. Rječnik slovenačkih, hrvatskosrpskih, latinskih, njemačkih, francuskih i engelskih fraza, Ljubljana 1960
Permiakov, Grigorii L'vovich: Poslovitsy i pogovorki narodov vostoka. Sistematizirovannoe sobranie izrechenii dvukhsot narodov, Moskau 1979
Popovich, R.I.: Frantsuzko-moldavsko-russkie poslovitsy i pogovorki / Proverbes et dictons français-moldaves-russes, Kishinev 1986
Radić, Tomislav: Vox Populi: Zlatna knjiga poslovica svijeta, Zagreb 1989
Rauch, Karl: Sprichwörter der Völker, Düsseldorf 1963 (Ndr. München 1975)
Ray, John et *al.:* Proverbial Sayings, or a Collection of the Best English Proverbs by John Ray, Scots Proverbs by Allan Ramsay, Italian Proverbs by Orlando Pescetti, Spanish Proverbs by Ferdinand Nunez. With the Wise Sayings and Maxims of the Ancients, London 1800

Reinsberg-Düringsfeld, Ida und *Otto von:* Sprichwörter der germanischen und romanischen Sprachen vergleichend zusammengestellt, 2 Bde., Leipzig 1872 und 1875 (Ndr. Hildesheim 1973)

Reinsberg-Düringsfeld, Otto von: Internationale Titulaturen, 2 Bde., Leipzig 1863 (Ndr. hg. v. W. Mieder, Hildesheim 1991)

Roback, Abraham Aaron: A Dictionary of International Slurs, Cambridge/Mass. 1944 (Ndr. Waukesha/Wisc. 1979)

Rosenzweig, Paul: The Book of Proverbs. Maxims from East and West, New York 1965

Sadashew, Wishwanath: Select Proverbs of All Nations, Bombay 1858

Schmelz, Richard: Sprichwörter, Proverbs, Poslovitsy, Przyslowia, Prislovi, Proverbes, Proverbios, Proverbia, Berlin 1989

Shearer, William John: Wisdom of the World, in Proverbs of All Nations, New York 1904

Strafforello, Gustavo: La sapienza del mondo oversso dizzionario universale dei proverbi di tutti popoli, 3 Bde., Torino 1883

Swenson, Ann H.: Proverbs and Proverbial Expressions in English, in French, and in Italian, Florenz 1931

Tonn, Maryjane Hooper: Proverbs to Live By. A Treasury of Timely Thoughts from Around the World, Milwaukee/Wis. 1977

Wade, John: Select Proverbs of all Nations with an Analysis of the Wisdom of the Ancients, London 1824

Ward, Caroline: National Proverbs in the Principal Languages of Europe, London 1842

Weingarten, Joseph A.: Yiddish Proverbs and Proverbial Expressions; Compared with Proverbs of other Nations, New York 1944

Weingarten, Joseph A. und *Naomi Vinogradoff:* Russian Proverbs; Compared with Proverbs of other Nations, New York 1945

Wildner, Ödön: Lelekűditö azaz szellemi kincsestar gondolatok és elmés idézetek gyüjteménye, Budapest 1989

Wiznitzer, Manuel: Bildliche Redensarten. Deutsch, Englisch, Französisch, Stuttgart 1975

6. Größere parömiologische Studien:

Ade, Walter Frank Charles: Das Sprichwort in den deutschen Werken des Andreas Gryphius (1616–1664), Diss. Northwestern University 1949

Alster, Bendt: Studies in Sumerian Proverbs, Kopenhagen 1975

Altieri, Marcelle B.: Les romans de Chrétien de Troyes: Leur perspective proverbiale et gnomique, Paris 1976

Anido, Naiade (Hg.): Des proverbes ... a l'affût, Paris 1983

Anstensen, Ansten: The Proverb in Ibsen. Proverbial Sayings and Citations as Elements in His Style, New York 1936

Appelt, Theodore Charles: Studies in the Contents and Sources of Erasmus' „Adagia" with Particular Reference to the First Edition, 1500, and the Edition of 1526, Chicago 1942

Arora, Shirley L.: Proverbial Comparisons in Ricardo Palma's „Tradiciones Peruanas", Berkeley/Cal. 1966

Axnick, Margarete: Probleme der deutschen Sprichwortübersetzungen aus Miguel de Cervantes' „Don Quijote" – eine vergleichende sprachliche und literarische Untersuchung, Magisterarbeit Universität Bonn, 1984

Bambeck, Manfred: Das Sprichwort im Bild. „Der Wald hat Ohren, das Feld hat Augen". Zu einer Zeichnung von Hieronymus Bosch, Wiesbaden 1987

Barakat, Robert A.: A Contextual Study of Arabic Proverbs, Helsinki 1980

Barras, Christine: Les proverbes dans les patois de la suisse romande, Sierre 1984

Billier, Pascal et *al.:* Dem Volk aufs Maul geschaut. Echte „Sprich"-Wörter, Saarbrücken 1986

Binotto, Armin: Sprichwörter und Redensarten im Unterricht, Hitzkirch 1983

Bîrlea, Ovidiu: Proverbes et dictons roumains – Proverbe si zicatori românesti, Bukarest 1966

Bohmer-Wood, Christine: Flexibility in Language Comprehension. Paraphrasing Metaphors, Proverbs, and Vague Sentences, Diss. Kent State University 1978

Bregenzer, Josef Georg: Lateinische und deutschlateinische proverbia aus der St. Galler Handschrift 841. Text und Kommentar, Zürich 1972

Bronner, Clarence D.: Le développement du proverbe dramatique en France et sa vogue au XVIIIe siècle, Berkeley/Cal. 1937

Brewer, Patricia J.: Age, Language, Culture, Previous Knowledge and the Proverb as Social Metaphor, Diss. University of Pennsylvania 1973

Bryant, Margaret M.: Proverbs and How to Collect Them, Greensboro/N.C. 1945

Buhofer, Annelies: Der Spracherwerb von phraseologischen Wortverbindungen. Eine psycholinguistische Untersuchung an schweizerdeutschem Material, Frauenfeld 1980

Burger, Harald: Idiomatik des Deutschen, Tübingen 1973

Burger, Harald, Annelies Buhofer und *Ambros Sialm:* Handbuch der Phraseologie, Berlin 1982

Burger, Harald und *Robert Zett* (Hg.): Aktuelle Probleme der Phraseologie. Symposium 27.–29.9.1984 in Zürich, Bern 1987

Burgos, Luis Antonio: Inter-Rater Reliability and the Use of Proverb Interpretation in the Detection of Disordered Thinking, Diss. United States International University 1985

Burk, Gertrud: Das Sprichwort in einer oberhessischen Bauernfamilie. Eine volkskundlich-soziologische Untersuchung, Diss. Frankfurt 1953

Burton, John D.: An Information Processing Analysis of the Interpretation of Proverbs by Grade Nine Students, Diss. University of Ottawa 1989

Bushui, Anatolii Mikhailovich: Osnovnye voprosy teorii frazeologii, Samarkand 1987

Bystron, Jan Stanislaw: Przyslowia Polskie, Krakowie 1933

Calvez, Daniel Jean: Le langage proverbial de Voltaire dans sa correspondance (1704–1769), New York 1989

Carey, Claude: Les proverbes érotiques russes. Etudes de proverbes recueillis et non-publiés par Dal' et Simoni, Den Haag 1972

Carnes, Pack (Hg.): Proverbia in Fabula. Essays on the Relationship of the Fable and the Proverb, Bern 1988

Carridi, Caterina: Attualita die Dante attraverso massime, proverbi essentenze della „Divina Commedia", Bari 1969

Cauvin, Jean: Comprendre: Les Proverbes, Issy les Moulineaux 1981

Cavanaugh, Rev. John Richard: The Use of Proverbs and Sentences for Rhetorical Amplification in the Writings of Saint Thomas More, Diss. St. Louis University 1969

Chaisemartin, A.: Proverbes et maximes du droit germanique étudiés en eux-mêmes et dans leurs rapports avec le droit français, Paris 1891

Chambers, John Wayne: Proverb Comprehension in Children, Diss. University of Cincinnati 1977

Cherry, Mary Jane: A Classification and Analysis of Selected „Sayings" in Shakespeare's Plays, Diss. The Catholic University of America 1981

Cirese, Alberto Mario: Prime annotazioni per una analisi strutturale dei proverbi, Cagliari 1968

Claeys, Patricia F.: Theoretical and Translational Aspects of Phraseology, Magisterthese University of New Brunswick 1989

Cnyrim, Eugen: Sprichwörter, sprichwörtliche Redensarten und Sentenzen bei den provenzalischen Lyrikern, Marburg 1888

Cohen, Gerald Leonard: Studies in Slang, 2 Bde., Bern 1985 und 1989

Colombi, Maria Cecilia: Los refranes en el Quijote: texto y contexto, Potomac/Maryland 1989

Combet, Louis: Recherches sur le „refranero" castillan, Paris 1971

Cometa, Michael Stephen: Logical Operations in Semantic Development: A Piagetian Model of Metaphor and Proverb Comprehension, Diss. State University of New York at Albany 1976

Conca, Maria: Paremiologia, Valencia 1987

Cook, Emmett Wayne: Shakespeare's Use of Proverbs for Characterization, Dramatic Action, and Tone in Representative Comedy, Diss. Texas Tech University 1974

Cornette, James C.: Proverbs and Proverbial Expressions in the German Works of Luther, Diss. University of North Carolina 1942

Coulmas, Florian: Routine im Gespräch. Zur paragmatischen Fundierung der Idiomatik, Wiesbaden 1981

Cowie, Nurray Aiken: Proverbs and Proverbial Phrases in the German Works of Albrecht von Eyb, Diss. University of Chicago 1942

Crane, Mary Thomas: Proverbial and Aphoristic Sayings: Sources of Authority in the English Renaissance, Diss. Harvard University 1986

Curat, Hervé: La locution verbale en français moderne. Essai d'explication psycho-systématique, Québéc 1982

Dalitz, Günter: Lateinische Sprichwörter

und sprichwörtliche Redensarten nach Sachgruppen geordnet, Diss. Leipzig 1966

Diaferia, Michèle G.: Li Proverbes au conte de Bretaigne. Critical Edition and Study, New York 1990

Dilcher, Gerhard: Paarformeln in der Rechtssprache des frühen Mittelalters, Darmstadt 1961

Di Stefano, Giuseppe und *Russell McGillivray*(Hg.): La locution. Actes du colloque international Université McGill, Montréal, 1984

Dittgen, Andrea Maria: Regeln für Abweichungen. Funktionale sprachspielerische Abweichungen in Zeitungsüberschriften, Werbeschlagzeilen, Werbeslogans, Wandsprüchen und Titeln, Frankfurt a.M. 1989

Djap, Djam Dung: Proverbial Understanding and the Development of Part-Whole Reasoning Skills, Diss. University of Toronto 1984

Dobesch, Gerhard: Die Sprichwörter der griechischen Sagengeschichte, Diss. Wien 1962

Dobrovol'skij, Dmitrij: Phraseologie als Objekt der Universalienlinguistik, Leipzig 1988

Dopheide, Maria: Sprichwörter in der Rede des Isländers, dargestellt an ihrem Gebrauch in der Njals saga, Diss. Freiburg 1973

Doulaveras, Aristides: I emmetri ekfora tou neoellinikou paremiakou logou, Athen 1989

Dreismann, Hildegard: „Die Stimme des Blutes". Sprichwortrezeption im Dritten Reich, Magisterarbeit Universität Freiburg 1988

Dundes, Alan und *Claudia A. Stibbe:* The Art of Mixing Metaphors. A Folkloristic Interpretation of the „Netherlandish Proverbs" by Pieter Bruegel the Elder, Helsinki 1981

Ebert, Emil: Die Sprichwörter der Altfranzösischen Karlsepen, Marburg 1884

Eberth, Hans H.: Die Sprichwörter in Sebastian Brants „Narrenschiff". Ein Beitrag zur deutschen Sprichwortgeschichte, Greifswald 1933

Eckert, Rainer(Hg.): Grundlagen der russischen Phraseologie, Leipzig 1970

–: Untersuchungen zur slawischen Phraseologie, 2 Bde., Berlin 1982 und 1984

Eckert, Rainer, Ulrich Böhme und *Astrid Maaß* (Hg.): Aktuelle Probleme der Phraseologie, Leipzig 1976

Elmslie, William Alexander: Studies in Life from Jewish Proverbs, London 1917

Ernouf, Anita B.: Proverbs and Proverbial Phrases in the „Celestina", Diss. Columbia University 1970

Ewbank, Joseph B.: Fable and Proverb in Aristophanes, Diss. University of North Carolina 1980

Fabian, Johannes: Power and Performance. Ethnographic Explorations through Proverbial Wisdom and Theater in Shaba, Zaire, Madison/Wis. 1990

Faustmann, Karl: Aus tiefem Brunnen. Das deutsche Sprichwort, Freiburg 1920

Feichtl, Nancy G.: Using Proverbs to Facilitate Metaphorical Language Comprehension: A Curriculum Study, Diss. University of Maryland 1988

Felixberger, Josef: Untersuchungen zur Sprache des spanischen Sprichwortes, München 1974

Fisher, Judith Tougas: Adolescent Proverb Comprehension: Racial Similarities and Differences, Diss. Florida State University 1981

Fleckenstein, Sister Mary Thecla: Das Sprichwort, sprichwörtliche und eigenartige Redensarten und Wortspiele in den Predigten „Auf, auf ihr Christen" von Abraham a Sancta Clara, Diss. University of Pittsburgh 1942

Fleischer, Wolfgang: Phraseologie der deutschen Gegenwartssprache, Leipzig 1982

Földes, Csaba und *Helmut Kühnert:* Hand- und Übungsbuch zur deutschen Phraseologie, Budapest 1990

Fontaine, Carole R.: Traditional Sayings in the Old Testament. A Contextual Study, Sheffield 1982

Foth, Albrecht: Gelehrtes römisch-kanonisches Recht in deutschen Rechtssprichwörtern, Tübingen 1971

Frackiewicz, Iwona: Analoge Sprichwörter im Deutschen, Niederländischen und Polnischen, Diss. Uniwersytet Wroclawski 1987

Fraenger, Wilhelm: Der Bauern-Bruegel und das deutsche Sprichwort, Erlenbach-Zürich 1923

Frank, Grace und *Dorothy Miner:* Proverbes en Rimes. Text and Illustrations of the Fifteenth Century from a French Manuscript in the Walters Art Gallery, Baltimore, Baltimore 1937

Fricke, Harald: Aphorismus, Stuttgart 1984

Friese, Heinz-Gerhard: Zeiterfahrung im Alltagsbewußtsein. Am Beispiel des deutschen Sprichworts der Neuzeit, Frankfurt a.M. 1984

Frieser, Walter: Das Sprichwort in den dramatischen Werken John Lyly's. Zugleich ein Beitrag zur Geschichte des englischen Sprichworts, Diss. Leipzig 1920

Fuchs, Hardy: Die Funktion des Sprichwortes bei Theodor Fontane, Diss. Michigan State University 1970

Gardoš, Isolde: Wobsah a tematika serbskich prislowow, Diss. Leipzig 1965

Garrigues, Albert: Essais parémiologiques, Paris 1936

Gautschi, Theres: Bildhafte Phraseologismen in der Nationalratswahlpropaganda, Bern 1982

Gerke-Siefert, Hilde: Sprichwörter und Redensarten bei Johann Fischart, Diss. München 1953

Geyr, Heinz: Sprichwörter und sprichwortnahe Bildungen im dreisprachigen Petersburger Lexikon von 1731, Bern 1981

Girvin, William H.: The Medieval German Proverb as Reflected in the „Gesammtabenteuer", Diss. Michigan State University 1972

Gläser, Rosemarie: Phraseologie der englischen Sprache, Leipzig 1986

Gordon, Edmund I.: Sumerian Proverbs. Glimpses of Everyday Life in Ancient Mesopotamia, Philadelphia 1959

Götz, Dieter: Stilistik und Idiomatik im Englischunterricht, Dortmund 1976

Goy, Eva-Maria S.: „Erst kommt das Fressen, dann kommt die Moral": A Proverbial Analysis of Bertolt Brecht's „Mutter Courage und ihre Kinder", Magisterthese University of Vermont 1990

Grau, Heinz-Dieter: Die Leistung Johannes Agricolas als Sprichwortsammler, Diss. Tübingen 1968

Grauls, Jan: De spreekwoorden van Pieter Bruegel den Oude (1527 [sic]–1569) verklaard, Antwerpen 1937)

–: Volkstaal en Volksleven in het werk van Pieter Bruegel, Antwerpen 1957

Gréciano, Gertrud: Signification et dénotation en allemand. La sémantique des expressions idiomatiques, Paris 1983

Gréciano, Gertrud (Hg.): Europhras 88. Phraséologie contrastive. Actes du colloque international Klingenthal-Strasbourg, 12–26 mai 1988, Strasbourg 1989

Grigas, Kazys: Lietuviu patarles. Lyginamasis tyrinejimas, Vilnius 1976

Grober-Glück, Gerda: Motive und Motivationen in Redensarten und Meinungen, 2 Bde., Marburg 1974

Grünberg, Paul: Biblische Redensarten. Eine Studie über den Gebrauch und Missbrauch der Bibel in der deutschen Volks- und Umgangssprache, Heilbronn 1888

Gruttmann, Felicitas: Ein Beitrag zur Volksmedizin in Sprichwörtern, Redensarten und Heilsegen des englischen Volkes, mit besonderer Berücksichtigung der Zahnheilkunde, Greifswald 1939

Grylack, Bevin Ratner: The Function of Proverbs in the Dramatic Works of Aleksandr Nikolaevic Ostrovskij, Diss. New York University 1975

Grzybek, Peter und *Wolfgang Eismann* (Hg.): Semiotische Studien zum Sprichwort. Simple Forms Reconsidered I, Tübingen 1984

Guershoon, Andrew: Certain Aspects of Russian Proverbs, London 1941

Guiraud, Pierre: Les locutions françaises, Paris 1961 (4. Aufl. 1973)

Günther, Kurt: Wörterbuch phraseologischer Termini, Berlin 1990

Hackmann, Bärbel: Diätetik und Physiologie im Spiegel des Sprichwortes, Diss. Münster 1964

Haeckel, Willibald: Das Sprichwort bei Chaucer. Zugleich ein Beitrag zur vergleichenden Sprichwörterkunde, Erlangen 1890

Haefeli, Leo: Sprichwörter und Redensarten aus der Zeit Christi, Luzern 1934

Hain, Mathilde: Sprichwort und Volkssprache. Eine volkskundlich-soziologische Dorfuntersuchung, Gießen 1951

Handschin, Charles H.: Das Sprichwort bei Hans Sachs, Diss. Madison/Wisc. 1904

Hasan-Rokem, Galit: Proverbs in Israeli Folk Narratives: A Structural Semantic Analysis, Helsinki 1982

Hattemer, K. und *E.K. Scheuch:* Sprichwörter. Einstellung und Verwendung, Düsseldorf 1983

Häusermann, Jürg: Phraseologie, Tübingen 1977

Hayes, Francis Clement: The Use of Proverbs in the „Siglo de Oro" Drama, Diss. University of North Carolina 1936

Heft, David: Proverbs and Sentences in Fifteenth-Century French Poetry, Diss. New York University 1941

Hendrickson, Rhoda M.: Chaucer's Proverbs: Of Medicyne and of Compleynte, Diss. Emory University 1980

Henke, Käthe: Formale Aspekte des englischen Sprichworts, Diss. Kiel 1966

Herman, Miroslav: Josef Dobrovsky a české přislovnictvi, Praha 1968

Herzenstiel, Werner R.: Erziehungserfahrung im deutschen Sprichwort, Saarbrücken 1973

Herzog, Annelies: Karl Friedrich Wilhelm Wander als Sammler und Bearbeiter des deutschen Sprichwortschatzes, Diss. Dresden 1957

Hess, Peter: Epigramm, Stuttgart 1989

Hessky, Regina: Phraseologie. Linguistische Grundfragen und kontrastives Modell deutsch-ungarisch, Tübingen 1987

Hessky, Regina (Hg.): Beiträge zur Phraseologie des Ungarischen und des Deutschen, Budapest 1988

Hidiroglu, Pavlos: Ethnologikoi problematismoi apo ten tourkike kai ten Hellenike paroimiologia, Athen 1987

Higi-Wydler, Melanie: Zur Übersetzung von Idiomen. Eine Beschreibung und Klassifizierung deutscher Idiome und ihrer französischen Übersetzungen, Bern 1989

Hoffmann, Hellmut: Die Metaphern in Predigten und Schriften Abrahams a Santa Clara, Diss. Köln 1933

Hofmann, Winfried: Das rheinische Sagwort. Ein Beitrag zur Sprichwörterkunde, Siegburg 1959

Hofmeister, Wernfried: Sprichwortartige Mikrotexte. Analysen am Beispiel Oswalds von Wolkenstein, Göppingen 1990

Hogan, Rebecca S.: The Wisdom of Many, the Wit of One: The Narrative Function of the Proverb in Tolstoy's „Anna Karenina" and Trollope's „Orley Farm", Diss. University of Colorado 1984

Hohenadel, Ingrid: Gesundheit im Sprichwort, Diss. Heidelberg 1984

Hood, Edwin Paxton: The World of Proverb and Parable. With Illustrations from History, Biography, and the Anecdotal Table-Talk of All Ages, London 1885

Hose, Susanne: Zur Überlieferung und Systematisierung der obersorbischen Sprichwörter, Diss. Akademie der Wissenschaften der DDR, Berlin 1990

Huanyou, Huang: The Proverb: Message, Image and Translation, Magisterthese University of Sheffield 1986

Hulme, F. Edward: Proverb Lore: Being a Historical Study of the Similarities, Contrasts, Topics, Meanings, and Other Facets of Proverbs, Truisms, and Pithy Sayings, as Expressed by the Peoples of Many Lands and Times, London 1902; Ndr. Detroit 1968

Hülsemann, Kurt: Die niederdeutschen Sprichwörter in den Werken von Nicolaus Gryse, Diss. Hamburg 1930

Humphreys, William Jackson: Weather Proverbs and Paradoxes, Baltimore/Maryland 1923

Huth, Mari [sic] Luise: Das Sprichwort bei [Johann Michael] Moscherosch, Diss. University of North Carolina 1940

Jäger, Dietrich: Der Gebrauch formelhafter zweigliedriger Ausdrücke in der vor-, früh- und hochhöfischen Epik, Diss. Kiel 1960

Jaksche, Harald, Ambros Sialm und *Harald Burger* (Hg.): Reader zur sowjetischen Phraseologie, Berlin 1981

Janz, Brigitte: Rechtssprichwörter im Sachsenspiegel. Eine Untersuchung zur Text-Bild-Relation in den Codices picturati, Frankfurt a.M. 1989

Järviö-Nieminen, Iris: Suomalaiset sanomukset, Helsinki 1959

Johnson, James Henry: The Proverb in the Medieval Spanish „Exempla", Diss. University of North Carolina 1958

Jolles, André: Einfache Formen. Legende, Sage, Mythe, Rätsel, Spruch, Kasus, Memorabile, Märchen, Witz, Halle 1930 (Ndr. Tübingen 1958 und 1965)

Jones, Kirkland Charles: Proverbs, Proverbial Wisdom, and Medieval Topoi in the „Paston Letters", Diss. University of Wisconsin 1971

Kadler, Alfred: Sprichwörter und Sentenzen der altfranzösischen Artus- und Abenteuerromane, Marburg 1886

Kammerer, Edmund: Sprichwort und Politik. Sprachliche Schematismen in Politikerreden, politischem Journalismus und Graffiti, Magisterarbeit Freiburg 1983

Kanyo, Zoltan: Sprichwörter – Analyse einer Einfachen Form, Budapest 1981; Den Haag 1981

Kasjan, Jan Miroslaw: Przyslowia i metaforyka potoczna w tworczosci Slowackiego, Torun 1966

Kelley, Edmond Morgan: Fischart's Use of the Proverb as a Stylistic Device in His „Geschichtsklitterung", Diss. Michigan State University 1968

Kemper, Susan Jane: Comprehension and the Interpretation of Proverbs, Diss. Cornell University 1978

Kidner, Frank Derek: The Proverbs [of the Bible]. An Introduction and Commentary, London 1964

Kirchner, Oswald: Parömiologische Studien, 2 Teile, Zwickau 1879 und 1880 (Ndr. hg. v. W. Mieder, Bern 1984)

Klapper, Joseph: Die Sprichwörter der Freidankpredigten, Breslau 1927

Klimenko, Iwan: Das russische Sprichwort. Formen und konstruktive Eigentümlichkeiten, Bern 1946

Koehne, Karl: Gewerberechtliches in deutschen Rechtssprichwörtern, Zürich 1915

Koller, Werner: Redensarten. Linguistische Aspekte, Vorkommensanalysen, Sprachspiel, Tübingen 1977

Kordas, Bronislawa: Le proverbe en chinois moderne, Taipeh/Taiwan 1987

Korhonen, Jarmo (Hg.): Beiträge zur allgemeinen und germanistischen Phraseologieforschung. Internationales Symposium in Oulu 13.–15. Juni 1986, Oulu 1987

Koskenjaakko, Aksel Anshelm: Koira suomalaisissa ynnä virolaisissa sananlaskuissa, Helsinki 1909

Kostov, Marta und *Veselin Vapordziev:* Die Phraseologie der bulgarischen Sprache, Leipzig 1990

Kradolfer, J: Der Volksglaube im Spiegel des deutschen Sprichworts, Bremen 1880

Krawczyk-Tyrpa, Anna: Frazeologia somatyczna w gwarach polskich, Wroclaw 1987

Krikmann, Arvo: On Denotative Indefiniteness of Proverbs, Tallinn 1974 (auch in: Proverbium 1 [1984], S. 47–91)

–: Some Additional Aspects of Semantic Indefiniteness of Proverbs, Tallinn 1974 (auch in: Proverbium 2 [1985], S. 58–85)

–: Some Statistics on Baltic-Finnic Proverbs, Tallinn 1985

Kuusi, Matti: Sananlaskut ja puheenparret, Helsinki 1954

–: Regen bei Sonnenschein. Zur Weltgeschichte einer Redensart, Helsinki 1957

–: Parömiologische Betrachtungen, Helsinki 1957

–: Towards an International Type-System of Proverbs, Helsinki 1972

–: Suomalaista, karjalaista vai savokarjalaista? Vienan ja Pohjois-Aunuksen sananlaskut ja Kalevalan runojen alkuperäkiista, Helsinki 1978

Lansverk, Marvin Duane: The Wisdom of Many, the Vision of One: The Proverbs of William Blake, Diss. University of Washington 1988

LaRosa, Ralph Charles: Emerson's Proverbial Rhetoric 1818–1838, Diss. University of Wisconsin 1969

Larsen, Judith Clark: Proverbial Materials in the „Roman de la Rose", Diss. University of Georgia 1978

Lassen, Regine: Das katalanische Sprichwort, Tübingen 1988

Latendorf, Friedrich: Agricola's Sprichwörter, ihr hochdeutscher Ursprung und ihr Einfluß auf die deutschen und niederländischen Sammler, Schwerin 1862

Laurillard, E.: Opgave en toelichting van spreuken of gezegden in de volkstaal, aan den Bijbel ontleend, Amsterdam 1875

Laval, Ramon A.: Paremiologia chilena, Santiago de Chile 1923 (2. Aufl. 1928)

Lee, Davis Lin-Chuan: Chinese Proverbs: A Pragmatic and Sociolinguistic Approach, Diss. Georgetown University 1979

Leino, Pentti: Strukturaalinen alkusointu suomessa. Folklorepohjainen tilastoanalyysi, Helsinki 1970

Lenschau, Martha: Grimmelshausens Sprichwörter und Redensarten, Frankfurt a.M. 1924 (Ndr. Hildesheim 1973)

Levin, Maurice Irwin: Repetition as a Structural Device in the Russian Proverb, Diss. Harvard University 1964

Levy, Isaac Jack: Prolegomena to the Study of the Refranero Sefardi, New York 1968 (2. Aufl. 1969)

Linder, Gisela: Zahnheilkundliches in deutschen Sprichwörtern und Redensarten, Diss. Köln 1938

Lindow, Wolfgang: Volkstümliches Sprachgut in der neuniederdeutschen Dialektdichtung, Diss. Kiel 1960

Loukatos, Démétrios: La Bible dans le parler proverbial du peuple grec, Diss. Paris 1950

–: Neoellenikoi Paroimiomythoi, Athen 1972 (2. Aufl. 1978)

Loux, Françoise und *Philippe Richard:* Sagesse du corps. La santé et la maladie dans les proverbes français, Paris 1978

Malberg, Horst: Bauernregeln: Ihre Deutung aus meteorologischer Sicht, Berlin 1989

Mandala, James: The Interpretation of Proverbs. A Cognitive Perspective, Diss. California [Berkeley/Cal.] School of Professional Psychology 1987

Martin, Paul: Studien auf dem Gebiete des griechischen Sprichwortes, Plauen 1889

Matešić, Josip (Hg.): Phraseologie und ihre Aufgaben. Beiträge zum 1. Internationalen Phraseologie-Symposium 1981 in Mannheim, Heidelberg 1983

Matta, Hilda: Semasiologische und onomasiologische Untersuchung der Sprichwörter im Deutschen und Ägyptisch-Arabischen, Diss. Universität Kairo 1986

Mauch, Thomas Karl: The Role of the Proverb in Early Tudor Literature, Diss. University of California at Los Angeles 1963

McKane, William: Proverbs [of the Bible]. A New Approach, London 1970
McKenna, Steven R.: Orality, Literacy, and Chaucer. A Study of Performance, Textual Authority, and Proverbs in the Major Poetry, Diss. University of Rhode Island 1988
McNeal, Doris Schuckler: The Proverbs in the French Works of Henri Estienne, Diss. University of Georgia 1972
Meichsner, Irene: Die Logik von Gemeinplätzen. Vorgeführt an Steuermannstopos und Schiffsmetapher, Bonn 1983
Meisser, Ulrich: Die Sprichwörtersammlung Sebastian Francks von 1541, Amsterdam 1974
Mieder, Wolfgang: Das Sprichwort im Werke Jeremias Gotthelfs, Diss. Michigan State University 1970; Bern 1972
–: Das Sprichwort in unserer Zeit, Frauenfeld 1975
–: Das Sprichwort in der deutschen Prosaliteratur des neunzehnten Jahrhunderts, München 1976
– (Hg.): Ergebnisse der Sprichwörterforschung, Bern 1978
– (Hg.): Deutsche Sprichwörter und Redensarten, Stuttgart 1979
–: Deutsche Sprichwörter in Literatur, Politik, Presse und Werbung, Hamburg 1983
– (Hg.): Deutsche Sprichwörterforschung des 19. Jahrhunderts, Bern 1984
–: Sprichwort, Redensart, Zitat. Tradierte Formelsprache in der Moderne, Bern 1985
–: „Findet, so werdet ihr suchen!“ Die Brüder Grimm und das Sprichwort, Bern 1986
–: Tradition and Innovation in Folk Literature, Hanover/New Hampshire 1987
–: American Proverbs: A Study of Texts and Contexts, Bern 1989
– (Hg.): „Kommt Zeit – kommt Rat!?“ Moderne Sprichwortgedichte von Erich Fried bis Ulla Hahn, Frankfurt a.M. 1990
–: „Deutsch reden“: Moderne Redensartengedichte von Rose Ausländer bis Yaak Karsunke, Frankfurt a.M. 1991
Mieder, Wolfgang und *Alan Dundes* (Hg.): The Wisdom of Many. Essays on the Proverb, New York 1981
Mokienko, Valerii M.: Slavianskaia frazeologiia, Moskau 1980 (2. Aufl. 1989)
Monye, Ambrose: Proverbial Lore in Aniocha Oral Literature, Diss. University of Nigeria at Nsukka 1988
Müller-Thurau, Claus Peter: Laß uns mal ‚ne Schnecke angraben. Sprache und Sprüche der Jugendszene, Düsseldorf 1983
–: Über die Köpfe hinweg. Sprache und Sprüche der Etablierten, Düsseldorf 1984
Negreanu, Constantin: Structura Proverbelor Românesti, Bukarest 1983
Nelson, Timothy C.: „O du armer Luther ...“ Sprichwörtliches in der antilutherischen Polemik des Johannes Nas (1534–1590), Diss. Uppsala Universitat 1990; Bern 1991
Neumann, Renate: Das wilde Schreiben. Graffiti, Sprüche und Zeichen am Rand der Straßen, Essen 1986
Newcomb, Robert: The Sources of Benjamin Franklin's Sayings of Poor Richard, Diss. University of Maryland 1957
Norrick, Neal R.: How Proverbs Mean. Semantic Studies in English Proverbs, Amsterdam 1985
Okezie, Joyce Ann: The Role of Quoting Behavior as Manifested in the Use of Proverbs in Igbo Society, Diss. State University of New York at Buffalo 1977
Osenbrüggen, Eduard: Die deutschen Rechtssprichwörter, Basel 1876
Parker, Carolyn Ann: Aspects of a Theory of Proverbs: Contexts and Massages of Proverbs in Swahili, Diss. University of Washington 1974
Pasamanick, Judith R: The Proverb Moves the Mind. Abstraction and Metaphor in Children Six-Nine, Diss. Yeshiva University 1982
Paziak, Mikhail Mikhailovich: Ukrains'ki prisliv'ia ta prikazki. Problemi paremiologii ta paremiografii, Kiew 1984
Penfield, Joyce: Communicating with Quotes: The Igbo Case, Westport/Conn. 1983
Peretz, Bernhard: Altprovenzalische Sprichwörter mit einem kurzen Hinblick auf den mittelhochdeutschen Freidank, Erlangen 1887
Permiakov, Grigorii L.: Izbrannye poslovitsy i pogovorki narodov vostoka, Moskau 1968
–: Ot pogovorki do skazki (Zametki po obschei teorii klishe), Moskau 1970 (Engl. Übers. von Y.N. Filippov mit dem Titel: From Proverb to Folk-Tale. Notes on the General Theory of Cliché, Moskau 1979)
–: Paremiologicheskii eksperiment. Materialy dlia paremiologicheskogo minimuma, Moskau 1971

– (Hg.): Paremiologicheskii sbornik, Moskau 1978
– (Hg.): Paremiologicheskie issledovaniia. Sbornik statei, Moskau 1984 (Frz. Übers. mit dem Titel: Tel grain tel pain. Poétique de la sagesse populaire, Moskau 1988)
–: Osnovy strukturnoi paremiologii, hg. v. G.L. Kapchits, Moskau 1988
Perry, Theodore A. (Hg.): Santob de Carrion. „Proverbios Morales“, Madison/Wisc. 1986
–: The „Moral Proverbs“ of Santob de Carrion. Jewish Wisdom in Christian Spain, Princeton/N.J. 1987
Petsch, Robert: Spruchdichtung des Volkes. Vor- und Frühformen der Volksdichtung, Halle 1938
Peukes, Gerhard: Untersuchungen zum Sprichwort im Deutschen. Semantik, Syntax, Typen, Berlin 1977
Pfeffer, J. Alan: The Proverb in Goethe, New York 1948
Pfeffer, Karl: Das Elisabethanische Sprichwort in seiner Verwendung bei Ben Jonson, Gießen 1933
Phillips, Margaret Mann: The „Adages“ of Erasmus. A Study with Translations, Cambridge 1964
Pilz, Klaus Dieter: Phraseologie. Versuch einer interdisziplinären Abgrenzung, Begriffsbestimmung und Systematisierung unter besonderer Berücksichtigung der deutschen Gegenwartssprache, 2 Bde., Göppingen 1978
Pilz, Klaus: Phraseologie. Redensartenforschung, Stuttgart 1981
Pineaux, Jacques: Proverbes et dictions français, Paris 1955 (6. Aufl. 1973)
Pitts, Arthur William: John Donne's Use of Proverbs in His Poetry, Diss. Louisiana State University 1966
Plopper, Clifford Henry: Chinese Religion Seen Through the Proverb, Shanghai 1926 (Ndr. New York 1969)
Prittwitz-Gaffron, Erich von: Das Sprichwort im griechischen Epigramm, Gießen 1912
Raben, Joseph: Proverbs in the Waverly Novels of Sir Walter Scott, Diss. Indiana University 1954
Rattray, R. Sutherland: Ashanti Proverbs. The Primitive Ethics of a Savage People, Oxford 1916 (Ndr. Oxford 1981)
Rattunde, Eckard: Li Proverbes au Vilain. Untersuchungen zur romanischen Spruchdichtung des Mittelalters, Heidelberg 1966
Raudnitz, Gustav: Die Sprichwörtersammlung Sebastian Francks von Donauwörth, Diss. Prag 1925
Raymond, Joseph: Attitudes and Cultural Patterns in Spanish Proverbs, Diss. Columbia University 1951
Reger, Harald: Metaphern und Idiome in szenischen Texten, in der Werbe- und Pressesprache, Hamburg 1980
Rein, Theodor: Sprichwörter und sprichwörtliche Redensarten bei Lucian, Tübingen 1894
Resnick, David A.: The Development of Children's Comprehension of Proverbs, Diss. Columbia University 1977
Reuter, O.R.: Proverbs, Proverbial Sentences and Phrases in Thomas Deloney's Works, Helsinki 1986
Reveal, Robert: The Development and Validation of a Proverbs Test for the Selection of Supervisors, Diss. University of Southern California 1960
Richter, Roland: Georg Rollenhagens „Froschmeuseler“. Struktur, Rhetorik und die Funktion von Sprichwort und Fabel, Diss. Univ. of Cal. at Los Angeles 1970 (Gedruckt erschienen mit dem Titel: Georg Rollenhagens „Froschmeuseler“. Ein rhetorisches Meisterstück, Bern 1975)
Roers, Hermann: Ärztliches in Sprichwörtern und Redensarten der Holländer und Flamen unter besonderer Berücksichtigung der Zahnheilkunde, Greifswald 1938
Roh, Franz: Pieter Bruegel d. Ä. „Die niederländischen Sprichwörter“, Stuttgart 1960 (2. Aufl. 1967)
Röhrich, Lutz: Gebärde-Metapher-Parodie. Studien zur Sprache und Volksdichtung, Düsseldorf 1967
Röhrich, Lutz und *Wolfgang Mieder:* Sprichwort, Stuttgart 1977
Rölleke, Heinz (Hg.): „Redensarten des Volks, auf die ich immer horche“. Das Sprichwort in den Kinder- und Hausmärchen der Brüder Grimm, Bern 1988
Roos, Paolo: Sentenza e proverbio nell'antichita e i „Disticha di Catone“, Brescia 1984
Rosen, Heinrich: Die sprichwörtlichen Redensarten in den Werken von Hans Sachs, Diss. Bonn 1922
Rosenberger, Eva: Das Pferd in deutschen Sprichwörtern und Redensarten, Lizentiatsarbeit Universität Basel 1989
Rundell, Richard Jason: Aphoristic Formulations in the Works of Bertolt Brecht, Diss. University of Colorado 1971

Sailer, Johann Michael: Die Weisheit auf der Gasse, oder Sinn und Geist deutscher Sprichwörter, Augsburg 1810 (Ndr. Nördlingen 1987)

Salzmann, Ernst: Sprichwörter und sprichwörtliche Redensarten bei Libanios, Tübingen 1910

Scherer, Thomas: Phraseologie im Schulalter. Untersuchung zur Phraseologie deutsch-schweizerischer Schüler und ihrer Sprachbücher, Bern 1982

Schick, Hubert: Synchron-diachrone Untersuchungen zu volkstümlichen Vergleichen des Deutschen, Französischen und Spanischen, Magisterarbeit Freiburg 1978

Schmarje, Susanne: Das sprichwörtliche Material in den Essais von Montaigne, 2 Bde., Berlin 1973

Schmidt-Clausen, Uta: Michel-Théodore Leclerq und das Proverbe dramatique der Restauration, Braunschweig 1971

Schmidt-Hidding, Wolfgang: Englische Idiomatik in Stillehre und Literatur, München 1962

Schulze-Busacker, Elisabeth: Proverbes et expressions proverbiales dans la littérature narrative du moyen âge français. Recueil et analyse, Paris 1985

Schweizer, Blanche-Marie: Sprachspiel mit Idiomen. Eine Untersuchung am Prosawerk von Günter Grass, Zürich 1978

Seidl, Helmut A.: Medizinische Sprichwörter im Englischen und Deutschen. Eine diachrone Untersuchung zur vergleichenden Parömiologie, Bern 1982

Seiler, Friedrich: Das deutsche Sprichwort, Straßburg 1918

–: Deutsche Sprichwörterkunde, München 1922 (Ndr. München 1967)

Seitel, Peter: Proverbs and the Structure of Metaphor Among the Haya of Tanzania, Diss. University of Pennsylvania 1972

Sellheim, Rudolf: Die klassisch-arabischen Sprichwörtersammlungen, ,s-Gravenhage 1954

Senaltan, Semahat: Studien zur sprachlichen Gestalt der deutschen und türkischen Sprichwörter, Marburg 1968

Sialm, Ambros: Semiotik und Phraseologie. Zur Theorie fester Wortverbindungen im Russischen, Bern 1987

Smith, Charles G: Shakespeare's Proverb Lore, Cambridge/Massachusetts 1963 (2. Aufl. 1968)

–: Spenser's Proverb Lore, Cambridge/Mass. 1970

Smith, Charlotte Ann: A Study of the Relationship Between the Use of Proverbs and Ego Development Levels, Diss. University of Arkansas 1982

Snegirev, Ivan Mikhailovich: Russkie v svoikh poslovitsakh. Razsuzhdeniia i izsledovannia o russkikh poslovitsakh i pogovorkakh, 4 Bde., Moskau 1831–1834 (Ndr. Leipzig 1971)

Soler, Maria-Lourdes: Locuciones idiomaticas en „Buddenbrooks“, Diss. Universidad de Barcelona 1969

Sontheim, Kurt: Sprichwort, sprichwörtliche und metaphorische Redewendung. Synchronische und diachronische Studien zu semantisch-idiomatischen Konstruktionen im Englischen, Diss. Erlangen-Nürnberg 1972

Speroni, Charles: Proverbs and Proverbial Phrases in Basile's „Pentameron“, Berkeley/Cal. 1941

Stambaugh, Ria: Proverbs and Proverbial Phrases in the Jestbooks of Lindener, Montanus and Schumann, Diss. University of North Carolina 1963

Stanciu, Dumitru: Proverbul, izvor de cunoastere a gindirii si expresiei folclorice a poporului român. Comparatie cu paremiologia popoarelor balcanice, Bukarest 1983

Stechow, Walter: Sprichwörter, Redensarten und moralische Betrachtungen in den Werken Konrads von Würzburg, Greifswald 1921.

Strafforello, Gustavo: La sapienza del popolo. Spiegata al popolo ossia i proverbi di tutte le nazioni, Milano 1868

Straubinger, Otto Paul: Given Names in German Proverbs, Diss. Univ. of Cal. at Los Angeles 1946

Strömberg, Reinhold: On Some Greek Proverbial Phrases, Göteborg 1947

Sturm, Harlan: The „Libro de los buenos proverbios“. A Critical Edition, Lexington/Kentucky 1970

Suard, François und *Claude Buridant* (Hg.): Richesse du proverbe, 2 Bde., Lille 1984

Sudau, Günter: Die religiöse Gedankenwelt der Japaner im Spiegel ihres Sprichworts, Leipzig 1932

Suringar, Willem H. D.: Over de Proverbia Communia, ook Proverbia Seriosa geheeten, de oudste verzameling van nederlandsche spreekwoorden, Leyden 1864

–: Erasmus over nederlandsche spreekwoorden en spreekwoordelijke uitdrukkingen van zijnen tid, Utrecht 1873

Sverrisdóttir, Oddny Gudrun: Land in Sicht.

Eine kontrastive Untersuchung deutscher und isländischer Redensarten aus der Seemannssprache, Frankfurt a.M. 1987

Tabercea, Cezar: Poetica proverbului, Bukarest 1982

Tarlanov, Z.K.: Ocherki po sintaksisu russkich poslovits, Leningrad 1982

Taylor, Archer: The Proverb, Cambridge/Mass. 1931 (Ndr. Hatboro/Penns. 1962; Ndr. hg. v. W. Mieder, Bern 1985)

–: Comparative Studies in Folklore. Asia-Europe-America, Taipeh/Taiwan 1972

–: Selected Writings on Proverbs, hg. v. W. Mieder, Helsinki 1975

Tê', Huynh Dinh: Vietnamese Cultural Patterns and Values as Expressed in Proverbs, Diss. Columbia University 1962

Teodorescu, G. Dem.: Cercetari asupra proverbeloru române, Bukarest 1877

Terner, Emil: Die Wortbildung im deutschen Sprichwort, Gelsenkirchen 1908

Thiele, Ernst (Hg.): Luthers Sprichwörtersammlung, Weimar 1900 (Neue Ausg. von Brenner und Thiele in Luthers Werken. Weimarer Ausgabe, Bd. 51, S. 634ff.)

Thompson, John Mark: The Form and Function of Proverbs in Ancient Israel, Den Haag 1974

Thun, Harald: Probleme der Phraseologie, Tübingen 1978

Tilley, Morris Palmer: Elizabethan Proverb Lore in Lyly's „Euphues" and in Pettie's „Petite Pallace" with Parallels from Shakespeare, New York 1926

Tobler, Adolf (Hg.): Li Proverbe au Vilain. Die Sprichwörter des gemeinen Mannes, Leipzig 1895

Tothné Litovkina, Anna: Analiz iazyka vengerskikh poslovits / Russkie ekvivalenty vengerskii poslovitsam, Diss. Budapest 1989

Trench, Richard Chenevix: On the Lessons in Proverbs, New York 1853 (Spätere Ausgaben auch mit dem Titel: Proverbs and Their Lessons, London 1905)

Tucci, Giovanni: Dicette Pulicenella ... Inchiesta di Antropologia culturale sulla Campania, Milano 1966

Van Leeuwen, Raymond C.: Context and Meaning in Proverbs, Atlanta/Georgia 1988

Ven, Caspar van de: Beknopte geschiedenis van de paroemiologie en enige aspecten van de lexicografie van het (dialect)-spreekwoord, Diss. Nijmegen 1988

Venedey, Jacob: Die Deutschen und Franzosen nach dem Geiste ihrer Sprachen und Sprüchwörter, Heidelberg 1842

Wagner, Eva: Sprichwort und Sprichworthaftes als Gestaltungselement im „Renner" Hugos von Trimberg, Diss. Würzburg 1962

Wahl, Moritz Callman: Das Sprichwort der hebräisch-aramäischen Literatur, Leipzig 1871

–: Das Sprichwort der neueren Sprachen. Ein vergleichend phraseologischer Beitrag zur deutschen Literatur, Erfurt 1877

Walcher, Christiane: Die Frau im deutschen und französischen Sprichwort (ein Vergleich), Diplomarbeit Universität Wien 1983

Walsh, Mary-Elizabeth: The Role of Imagery and Abstraction in Proverb Comprehension: A Dual-Coding Analysis of Figurative Language, Diss. University of Western Ontario 1988

Walton, George William: The Function of Proverbs in Certain Works by John Bunyan, Diss. Texas Tech University 1976

Wandelt, Oswin: Sprichwörter und Sentenzen des altfranzösischen Dramas (1100–1400), Marburg 1887

Wander, Karl Friedrich Wilhelm: Das Sprichwort, betrachtet nach Form und Wesen, Hirschberg 1836 (Ndr. hg. v. W. Mieder, Bern 1983)

Webster, Sheila K.: The Shadow of a Noble Man. Honor and Shame in Arabic Proverbs, Diss. Indiana University 1984

Weidenbrück, Adolf W.: Chaucers Sprichwortpraxis. Eine Form- und Funktionsanalyse, Diss. Bonn 1970

Weinstock, Horst: Die Funktion elisabethanischer Sprichwörter und Pseudosprichwörter bei Shakespeare, Heidelberg 1966

Welte, W.: (Hg.). Englische Phraseologie und Idiomatik. Ein Arbeitsbuch mit umfassender Bibliographie, Frankfurt a.M. 1990

Weng, Jianhua: Der Mensch und sein Körper in deutschen Phraseologismen, Magisterarbeit Universität Würzburg 1990

Wenzel, Angelika: Stereotype in gesprochener Sprache. Form, Vorkommen und Funktion in Dialogen, München 1978

Whiting, Bartlett Jere: Studies in the Middle English Proverb, Diss. Harvard University 1932

–: Chaucer's Use of Proverbs, Cambridge/Mass. 1934 (Ndr. New York 1973)

Whybray, R.N.: The Book of Proverbs [Bible], Cambridge 1972
Winton, Alan P.: The Proverbs of Jesus. Issues of History and Rhetoric, Sheffield 1990
Wittstock, Albert: Die Erziehung im Sprichwort oder Die deutsche Volks-Pädagogik, Leipzig 1889
Woodburn, Roland Rickey: Proverbs in Health Books of the English Renaissance, Diss. Texas Tech University 1975
Wulff, Michal: Das Sprichwort im Kontext der Erziehungstradition. Dargestellt am Beispiel deutsch-jüdischer Sprichwörter, Frankfurt a.M. 1990
Wunderer, Carl: Sprichwörter und sprichwörtliche Redensarten bei Polybios, Leipzig 1898
Wyss, Wilhelm von: Die Sprüchwörter bei den Römischen Komikern, Zürich 1889
Yankah, Kwesi: The Proverb in the Context of Akan Rhetoric. A Theory of Proverb Praxis, Bern 1989
Young, Blamire: The Proverbs of Goya. Being an Account of „Los Proverbios", Examined and for the First Time Explained, New York 1923
Zahlten, Emil: Sprichwort und Redensart in den Fastnachtspielen des Hans Sachs, Diss. Hamburg 1921
Zarnack, August: Deutsche Sprichwörter zu Verstandesübungen für die Schulen bearbeitet. Ein Handbuch für Lehrer und Erzieher, Berlin 1820
Zemke, John Max: Critical Approaches to the „Proverbios morales" of Shem Tov de Carrion, Diss. University of California at Davis 1988
Zey, René: Abwandlung feststehender Formeln, Magisterarbeit Universität Essen 1981
Zich, Otokar: Lidova prislovi s logickeho hlediska, Praha 1956

7. Aufsätze zur Parömiologie:

Abrahams, Roger D.: On Proverb Collecting and Proverb Collections, in: Proverbium 8 (1967), S. 181–184
Abrahams, Roger D. und *Barbara A. Babcock:* The Literary Use of Proverbs, in: Journal of American Folklore 90 (1977), S. 414–429
Ageno, Franca: Premessa a un repertorio di frasi proverbiali, in: Romance Philology 13 (1959–1960), S. 242–264
Arewa, E. Ojo und *Alan Dundes:* Proverbs and the Ethnography of Speaking Folklore, in: American Anthropologist 66 (1964), S. 70–85
Arora, Shirley L.: The Perception of Proverbiality, in: Proverbium 1 (1984), S. 1–38
–: Weather Proverbs: Some ‚Folk' Views, in: Proverbium 8 (1991), S. 1–17
Barley, Nigel: A Structural Approach to the Proverb and Maxim, in: Proverbium 20 (1972), S. 737–750
Basgöz, Ilhan: Proverbs about Proverbs or Folk Definitions of Proverb, in: Proverbium 7 (1990), S. 7–17
Bausinger, Hermann: Redensart und Sprichwort, in: ders.: Formen der „Volkspoesie", 2. Aufl. Berlin 1980, S. 95–112
Bebermeyer, Gustav: Sprichwort, in: Reallexikon der deutschen Literaturgeschichte, hg. v. P. Merker und W. Stammler, Berlin 1928–1929, Bd. 3, S. 281–287 (2. Aufl. 1979, Bd. 4, S. 132–151)
Bebermeyer, Gustav und *Renate:* Abgewandelte Formeln – sprachlicher Ausdruck unserer Zeit, in: Muttersprache 87 (1977), S. 1– 42
Bebermeyer, Renate: Das gegenwärtige Comeback des Sprichworts, in: Sprachspiegel 45 (1989), S. 105–110
Berthold, Luise: Mittelalterliche Sprichwörter und das moderne Mundartwörterbuch, in: Hessische Blätter für Volkskunde 39 (1940), S. 64–67
Bieler, Ludwig: Die Namen des Sprichworts in den klassischen Sprachen, in: Rheinisches Museum für Philologie 85 (1936), S. 240–253
Blehr, Otto: What is a Proverb?, in: Fabula 14 (1973), S. 243–246
Bock, J. Kathryn und *William F. Brewer:* Comprehension and Memory of the Literal and Figurative Meaning of Proverbs, in: Journal of Psycholinguistic Research 9 (1980), S. 59–72
Braun, Peter: Sprichwörter-Redensarten-Zitate-Titel: Oder die Tendenz zur Abwandlung von Formeln, in: P. Braun: Tendenzen in der deutschen Gegenwartssprache, Stuttgart 1979, S. 159–164
Brednich, Rolf Wilhelm: Die holländisch-flämischen Sprichwortbilderbogen vom Typus ‚De Blauwe Huyck', in: Miscellanea. Prof. Em. Dr. K.C. Peeters, hg. v. W. van Nespen, Antwerpen 1975, S. 120–131
Breitkreuz, Hartmut: The Study of Proverbs: A Case- Model of an Integrated

Approach, in: Fabula 14 (1973), S. 247–252
Briggs, Charles L.: Proverbs, in: C. Briggs: Competence in Performance, Philadelphia 1988, S. 101–135 und S. 380 (Anm.)
Broek, Marinus A. van den: Sprichwörtliche Redensarten in Flugschriften der frühen Reformationsbewegung, in: Zeitschrift für Germanistik 10 (1989), S. 192–206
–: ‚lieb reden macht guot freund'. Zum Sprichwortgebrauch in der frühreformatorischen Flugschriftenliteratur, in: Wirkendes Wort 40 (1990), S. 164–178
–: Sprachliche Vergleiche in der frühreformatorischen Flugschriftenliteratur, in: Proverbium 8 (1991), S. 29–53
Bronzini, Giovanni B.: Nota sulla ‚popularia' del proverbi della ‚Divina Commedia', in: Lares 38 (1972), S. 9–18
Buhofer, Annelies, Jürg Häusermann und *M. Humm:* Redensarten in der Schülersprache, in: Sprachspiegel 34 (1978), S. 37–46
Burger, Harald: Redensarten ‚auf der Goldwaage', in: Deutsche Sprache: Geschichte und Gegenwart. Festschrift für F. Maurer, hg. v. H. Rupp und H. Steger, Bern 1978, S. 55–68
–: Phraseologie in den Wörterbüchern des heutigen Deutsch, in: Studien zur neuhochdeutschen Lexikographie, hg. v. H. E. Wiegand, Hildesheim 1983, Bd. 3, S. 13–66
–: ‚Bildhaft, übertragen, metaphorisch ...'. Zur Konfusion um die semantischen Merkmale von Phraseologismen, in: Europhras 88. Phraséologie Contrastive, hg. v. G. Gréciano, Strasbourg 1989, S. 17–29
Burger, Harald und *Angelika Linke:* Historische Phraseologie, in: Sprachgeschichte. Ein Handbuch zur Geschichte der deutschen Sprache und ihrer Erforschung, hg. v. W. Besch, O. Reichmann und S. Sonderegger, Berlin 1985, Bd. 2, S. 2018–2026
Burkhart, Dagmar: Die semiotischen Dimensionen des russischen Sprichworts, in: Beiträge zur russischen Volksdichtung, hg. v. K-D. Seemann, Wiesbaden 1987, S. 13–37
Carl, Helmut: Unsere Haustiere in sprichwörtlichen Redensarten, in: Muttersprache 72 (1962), S. 333–339
Carnes, Pack: The Fable and the Proverb: Intertexts and Reception, in: Proverbium 8 (1991), S. 55–76
Casares, Julio: La locuccion, la frase proverbial, el refran, el modismo, in: J. Casares, Introduccion a la lexicografia moderna, Madrid 1950 (2. Aufl. 1969), S. 165–242
Chitimia, I.C.: Paremiologie, in: Studii si cercetari de istorie literara si folclor 9, Nr. 3 (1960), S. 461–484
Cirese, Alberto Mario: I proverbi: note sulla definizioni, in: Atti del III. Convegno die Studi sul Folklore Padono, Firenze 1972, S. 75–95
Conenna, Mirella: Sur un lexique-grammaire comparé de proverbes, in: Langages 23, Nr. 90 (1988), S. 99–116
Coppens d'Eckenbrugge, Monique: Petits proverbes, grands effets ... De l'usage des proverbes dans la publicité contemporaine, in: Europhras 88. Phraséologie Contrastive, hg. v. G. Gréciano,Strasbourg 1989, S. 51–63
Cöster, Oskar: Maulschellen für den ‚Volksmund' – Epigramme zur Dialektik des Sprichworts, in: Projekt Deutschunterricht 12, hg. v. B. Lecke, Stuttgart, 1977, S. 131–147
Cram, David: The Linguistic Status of the Proverb, in: Cahiers de lexicologie 43 (1983), S. 53–71
–: Argumentum as lunam: On the Folk Fallacy and the Nature of the Proverb, in: Proverbium 3 (1986), S. 9–31
Crépeau, Pierre: La définition du proverbe, in: Fabula 16 (1975), S. 285–304
Crusius, Otto: Märchenreminiscenzen im antiken Sprichwort, in: Verhandlungen der deutschen Philologen und Schulmänner 40 (1889), S. 31–47
Daniels, Karlheinz: Redensarten, Sprichwörter, Slogans, Parolen, in: Linguistik und Sprachunterricht, hg. v. G. Henrici und R. Meyer-Hermann, Paderborn 1976, S. 174–191
–: Geschlechtsspezifische Stereotypen im Sprichwort, in: Sprache und Literatur in Wissenschaft und Unterricht 56 (1985), S. 18–25
–: Aktuelles Verstehen und historisches Verständnis von Redensarten. Ergebnisse einer Befragung, in: Beiträge zur Phraseologie des Ungarischen und des Deutschen hg. v. R. Hessky, Budapest 1988, S. 98–121
–: Das Sprichwort als Erziehungsmittel – historische Aspekte, in: Europhras 88. Phraseologie Contrastive, hg. v. G. Gréciano, Strasbourg 1989, S. 65–73
Davis, Natalie Zemon: Spruchweisheiten und populäre Irrlehren, in: Volkskultur.

Zur Wiederentdeckung des vergessenen Alltags (16.–20. Jahrhundert), hg. v. R. van Dülmann und N. Schindler, Frankfurt a.M. 1984, S. 78–116

Dölker, Helmut: Sprichwörter – Vergleichbares verschieden gesagt, in: Dona Ethnologica. Beiträge zur vergleichenden Volkskunde. Leopold Kretzenbacher zum 60. Geburtstag, hg. v. H. Gerndt und G. Schroubek, München 1973, S. 330–339

Dundes, Alan: On the Structure of the Proverb, in: Proverbium 25 (1975), S. 961–973 (Auch in: The Wisdom of Many. Essays on the Proverb, hg. v. W. Mieder und A. Dundes, New York 1981, S. 43–64)

–: Slurs International: Folk Comparisons of Ethnicity and National Character, in: Southern Folklore Quarterly 39 (1975), S. 15–38

–: On Whether Weather ‚Proverbs' are Proverbs, in: Proverbium 1 (1984), S. 39–46

Ebel, Wilhelm: Über Redensarten und Recht, in: Moderna Språk 56 (1962), S. 21–32

Eckert, Rainer: Phraseologie, in: Die russische Sprache der Gegenwart, Bd. 4: Lexikologie, hg. v. K. Gabka, Leipzig 1984, S. 203–228

–: Die Bedeutung der Sprichwörter für die historische Erforschung und Etymologisierung der Phraseme (am Material des Russischen), in: Proverbium 6 (1989), S. 9–24

Eismann, Wolfgang: Zum Problem der Äquivalenz von Phraseologismen, in: Europhras 88. Phraséologie Contrastive, hg. v. G. Gréciano, Strasbourg 1989, S. 83–93

Esser, Wilhelm: Zu einigen Sprichwörtern und volkstümlichen Redensarten, in: Zeitschrift für rheinisch- westfälische Volkskunde 10 (1913), S. 29–37 und S. 272–279

–: Deutsch-französische Parallelen in Redewendung, Sprachbild und Sprichwort. Beobachtungen zu den Schwierigkeiten einer nationalen Charakteristik, in: Muttersprache 79 (1969), S. 204–217

Euler, Hans: Die spanische Sprache und das Deutsche. Leben und Wesen der spanischen und deutschen Sprache, dargestellt an ihren Redensarten, in: Lebende Fremdsprachen, 2 (1950), S. 289–297

Faulseit, Dieter: Wortverbindungen und Redewendungen, in: ders.: Gutes und schlechtes Deutsch. Einige Kapitel praktischer Sprachpflege, Leipzig 1965, S. 45–57

Fehr, Karl: Sprichwörter, Denksprüche und Redensarten im Spiegel des Rechts, in: Schweizerische Beiträge zum vierten internationalen Kongress für Rechtsvergleichung, hg. v. E.-H. Kaden, Genf 1954, S. 49–71

Finnegan, Ruth: Proverbs. The Significance and Concept of the Proverb. Form and Style, in: R. Finnegan: Oral Literature in Africa, Oxford 1970, S. 389–425

Firth, Raymond: Proverbs in Native Life, with Special Reference to those of the Maori, in: Folklore (London) 38 (1927), S. 134–153 und S. 245–270

Földes, Csaba: Eigennamen in deutschen phraseologischen Redewendungen. Eine etymologische und semantisch-stilistische Analyse, in: Muttersprache 95 (1984–1985), S. 174–180

–: Biblische Phraseologismen im Deutschen und Ungarischen, in: Germanistisches Jahrbuch DDR-UVR 5 (1985), S. 176–191

–: Geographische Namen im phraseologischen deutschen Sprachgebrauch, in: Germanistisches Jahrbuch DDR-UVR 7 (1988), S. 240–255

–: Die Bibel als Quelle phraseologischer Wendungen: Dargestellt am Deutschen, Russischen und Ungarischen, in: Proverbium 7 (1990), S. 57–75

–: Zur Äquivalenz ungarischer und deutscher Phraseologismen, in: Finnisch-Ugrische Forschungen 49 (1990), S. 169–187

Foulon, Jordanka: Quand le proverbe se fait mémoire, in: Cahiers de littérature orale 13 (1983), S. 67–90

Frackiewicz, Iwona: Zu allgemeinen Kriterien für eine konfrontative Sprichwörteranalyse: Am Beispiel der Sprichwörter im Deutschen, Niederländischen und Polnischen, in: Proverbium 5 (1988), S. 23–37

Franck, Jakob F.: Zur Quellenkunde des deutschen Sprichworts, in: Archiv für das Studium der neueren Sprachen und Literaturen 40 (1867), S. 45–142; 41 (1868), S. 125–148

Freidhof, Gerd: Paronomasie und Sprichwort, in: Gattungen in den slavischen Literaturen. Beiträge zu ihren Formen in der Geschichte. Festschrift für Alfred Rammelmeyer, hg. v. H-B. Harder und H. Rothe, Köln 1988, S. 211–242

Fuchs, Eduard: Thomas Murners Sprich-

wörter und ihre Quellen, in: Beiträge zur Deutschkunde. Festschrift für Theodor Siebs, hg. v. H. de Boer et al., Emden 1925, S. 76–84
Furnham, Adrian: The Proverbial Truth: Contextually Reconciling and the Truthfulness of Antonymous Proverbs, in: Journal of Language and Social Psychology 6 (1987), S. 49–55
Gorham, Donald R.: A Proverbs Test for Clinical and Experimental Use, in: Psychological Reports 2 (1956), S. 1–12
Grambo, Ronald: Paremiological Aspects, in: Folklore Forum 5 (1972), S. 100–105
Grassegger, Hans: Redensarten in der Fernsehwerbung. Zur Struktur und Modifikation von Idiomen in multimedialer Kommunikation, in: Europhras 88. Phraséologie Contrastive, hg. v. G. Gréciano, Strasbourg 1989, S. 141–154
Gréciano, Gertrud: Zur Semantik der deutschen Idiomatik, in: Zeitschrift für Germanistische Linguistik 10 (1982), S. 295–316
–: Forschungen zur Phraseologie, in: Zeitschrift für Germanistische Linguistik 11 (1983), S. 232–243
Green, Thomas und William Pepicello: The Proverb and Riddle as Folk Enthymemes, in: Proverbium 3 (1986), S. 33–45
Greimas, Algirdas-Julien: Idiotismes, proverbes, dictons, in: Cahiers de lexicologie 2 (1960), S. 41–61
Grésillon, Almuth und *Dominique Maingueneau:* Polyphonie, proverbe et détournement, ou un proverbe peut en cacher un autre, in: Langages 19, Nr. 73 (1984), S. 112–125
Grober-Glück, Gerda: Zur Verbreitung von Redensarten und Vorstellungen des Volksglaubens nach den Sammlungen des Atlas der deutschen Volkskunde, in: Zs. f. Vkde. 58 (1962), S. 41–71 (Auch in: Ergebnisse der Sprichwörterforschung, hg. v. W. Mieder, Bern 1978, S. 143–169)
–: Berlin als Innovationszentrum von metaphorischen Wendungen der Umgangssprache, in: Zeitschrift für deutsche Philologie 94 (1975), S. 321–367
Grzybek, Peter: Zur Psychosemiotik des Sprichworts, in: Semiotische Studien zum Sprichwort. Simple Forms Reconsidered I, hg. v. P. Grzybek und W. Eismann, Tübingen 1984, S. 409–432
–: Zur Entwicklung semiotischer Sprichwortforschung in der UdSSR, in: Geschichte und Geschichtsschreibung der Semiotik – Fallstudien, hg. v. K. Dutz und P. Schmitter, Münster 1986, S. 383–409
–: Foundations of Semiotic Proverb Study, in: Proverbium 4 (1987), S. 39–85
–: Sprichwort und Fabel: Überlegungen zur Beschreibung von Sinnstrukturen in Texten, in: Proverbium 5 (1988), S. 39–67
Hain, Mathilde: Sprichwort und Rätsel, in: Deutsche Philologie im Aufriss, hg. v. W. Stammler, 2. Aufl. Berlin 1962, Bd. 3, Sp. 2727–2754
–: Das Sprichwort, in: Deutschunterricht 15, Nr. 2 (1963), S. 36–50 (Auch in: Ergebnisse der Sprichwörterforschung, hg. v. W. Mieder, Bern 1978, S. 13–25)
Hand, Wayland D.: Folk Beliefs in Proverbial Form, in: Proverbium 15 (1970), S. 464–466
Hasan-Rokem, Galit: Proverbs in Folk Tales: A Structural Semantic Model for Folklore in Context, in: Proverbium Paratum 1 (1980), S. 36–45
–: The Pragmatics of Proverbs: How the Proverb Gets Its Meaning, in: Exceptional Language and Linguistics, hg. v. L. Obler und L. Menn, New York 1982, S. 169–173
–: The Aesthetics of the Proverb: Dialogue of Discourses from Genesis to Glasnost, in: Proverbium 7 (1990), S. 105–116
Häusermann, Jürg: Phraseologismen und Sprichwörter als Formulierungshilfe in der argumentativen Rede, in: Aktuelle Probleme der Phraseologie, hg. v. H. Burger und R. Zett, Bern 1987, S. 79–95
Hayes, Francis Clement: The Collecting of Proverbs in Spain before 1650, in: Hispania 20 (1937), S. 85–94
Hedemann, Justus Wilhelm: Aus der Welt der Rechtssprichwörter, in: Das deutsche Privatrecht in der Mitte des 20. Jahrhunderts. Festschrift für Heinrich Lehmann, hg. v. H. Nipperdey, Berlin 1956, Bd. 1, S. 131–142
Hellmann, Gustav: Über den Ursprung der volkstümlichen Wetterregeln (Bauernregeln), in: Sitzungsberichte der Preussischen Akademie der Wissenschaften 1923, S. 148–170
Helm, Karl: Bauernregeln, in: Hessische Blätter für Volkskunde 38 (1939), S. 114–132
Henkel, Hermann: Sprichwörtliches bei Goethe, in: Goethe-Jahrbuch 11 (1890), S. 179–183
Herles, Helmut: Sprichwort und Märchenmotiv in der Werbung, in: Zs. f. Vkde. 62 (1966), S. 67–80

Hessky, Regina: Gleichartige idiomatische Wendungen im Ungarischen und Deutschen, in: Sprache und Literatur in Wissenschaft und Unterricht 16, Nr. 56 (1985), S. 81–87

Hess-Lüttich, Ernest W.B.: Sprichwörter und Redensarten als Übersetzungsproblem, in: Mehrsprachigkeit und Gesellschaft, hg. v. R. Jongen et al., Tübingen 1983, S. 222–236

Heusler, Andreas: Sprichwörter in den eddischen Sittengedichten, in: Zeitschrift des Vereins für Volkskunde 25 (1915), S. 108–115; 26 (1916), S. 42–57

Hiss, Albert: Volksweisheit in den Sprichwörtern und Redensarten des ‚Simplicissimus' von Johann Jakob Christoph von Grimmelshausen, in: Um Renchen und Grimmelshausen (= Grimmelshausen Archiv) 1 (1976), S. 1–89

Hoefer, Albert: Über Apologische oder Beispiels-Sprichwörter im Niederdeutschen, in: Germania 6 (1844), S. 95–106

Holbek, Bengt: Proverb Style, in: Proverbium 15 (1970), S. 470–472

Holm-Hadulla, R.-M. und *F. Haug:* Die Interpretation von Sprichwörtern als klinische Methode zur Erfassung schizophrener Denk-, Sprach- und Symbolisationsstörungen, in: Nervenarzt 55, Nr. 9 (1984), S. 496–503

Holzapfel, Otto: Stereotype Redensarten über ‚den Deutschen' in der neueren dänischen Literatur, in: Proverbium 4 (1987), S. 87–110

Honeck, Richard P. und *Clare T. Kibler:* The Role of Imagery, Analogy, and Instantiation in Proverb Comprehension, in: Journal of Psycholinguistic Research 13 (1984), S. 393–414

Horn, Katalin: Grimmsche Märchen als Quellen für Metaphern und Vergleiche in der Sprache der Werbung, des Journalismus und der Literatur, in: Muttersprache 91 (1981), S. 106–115

Imme, Theodor: Humoristische Redewendungen in unserer Muttersprache, in: Zeitschrift des allgemeinen deutschen Sprachvereins 26 (1911), Sp. 215–220

Januschek, Franz: Redensarten und Sprüche der ‚Jugendsprache': Was besagen sie wirklich?, in: Sprachwissenschaft und Volkskunde, hg. v. H. Brekle und U. Maas, Opladen 1986, S. 90–102

Jason, Heda: Proverbs in Society: The Problem of Meaning and Function, in: Proverbium 17 (1971), S. 617–623

Jente, Richard: The Proverbs of Shakespeare with Early and Contemporary Parallels, in: Washington University Studies, Humanistic Series 13, Nr. 2 (1926), S. 391–444

–: The Untilled Field of Proverbs, in: Studies in Language and Literature, hg. v. G. R. Coffman, Chapel Hill/N.C. 1945, S. 112–119

Jiga, Caius T.: Sur la typologie sémantique de quelques proverbes dans les langues romanes, in: Actele celui de-al XII- lea Congres internacional de linguistica si filologie romanica, hg. v. A. Rosetti und S. Reinkeimer-Ripeanu, Bukarest 1970, Bd. 1, S. 169–177

Jones, Malcolm: Folklore Motifs in Late Medieval Art: Proverbial Follies and Impossibilities, in: Folklore (London) 100 (1989), S. 201–217

Kahn, Charlotte: Proverbs of Love and Marriage, in: Psychoanalytic Review 70 (1983), S. 359–371

Kaiser, Dietlind und *Stephan:* Redensarten unter der Lupe, in: Gut gesagt und formuliert. Ein unterhaltsamer Ratgeber für deutsche Sprache, hg. v. I. Weng-Goeckel et al., Stuttgart 1988, S. 81–168

Kalén, Joh.: Umgängesformler och andra fixerade talesätt, in: Folkminnen och Folktankar 16 (1929), S. 19–45

Kanyo, Zoltan: Sprachlich-gedankliche Bedingungen der Abbildung der Sprichwortstruktur, in: Studia Poetica 3 (1980), S. 149- 182

Kemper, Susan: Comprehension and the Interpretation of Proverbs, in: Journal of Psycholinguistic Research 10 (1981), S. 179- 198

Kindstrand, Jan Fredrik: The Greek Concept of Proverbs, in: Eranos 76 (1978), S. 71–85 (Auch in: Proverbia in Fabula, hg. v. Pack Carnes, Bern 1988, S. 233–253)

Kirshenblatt-Gimblett, Barbara: Toward a Theory of Proverb Meaning, in: Proverbium 22 (1973), S. 821–827 (Auch in: The Wisdom of Many. Essays on the Proverb, hg. v. W. Mieder und A. Dundes, New York 1981, S. 111–121)

Kjaer, Iver: Ordsprog og salmer og ordsprogssalmen, in: Hvad Fatter gjör ... Boghistoriske, litterare og musikalske essays tilegnet Erik Dal, hg. v. H. Glahn et al., Herning 1982, S. 221–252

Klappenbach, Ruth: Probleme der Phraseologie, in: Zeitschrift der Karl-Marx-Univ. Leipzig 17, Nr. 2–3 (1968), S. 221–227

Kleiber, Georges: Sur la définition du

proverbe, in: Europhras 88. Phraséologie Contrastive, hg. v. G. Gréciano, Strasbourg 1989, S. 233–252

Klein, Hans Wilhelm: Scheinentsprechungen bei französischen und deutschen Idiomatismen, in: Der fremdsprachliche Unterricht 23 (1972), S. 44–51

Klotz, Volker: Slogans, in: Sprache im technischen Zeitalter 7 (1963), S. 538–546

Kokare, Elsa: Das Nationale und Internationale in lettischen Sprichwörtern, in: Proverbium 22 (1973), S. 827–834

Koller, Werner: Intra- und interlinguale Aspekte idiomatischer Redensarten, in: Skandinavistik 4 (1974), S. 1–24

–: Redensarten in Schlagzeilen, in: Muttersprache 85 (1975), S. 400–408

–: Die einfachen Wahrheiten der Redensarten, in: Sprache und Literatur in Wissenschaft und Unterricht 16, Nr. 56 (1985), S. 26–36

Korhonen, Jarmo: Valenz und kontrastive Phraseologie. Am Beispiel deutscher und finnischer Verbidiome, in: Valenzen im Kontrast. Ulrich Engel zum 60. Geburtstag, hg. v. P. Mrazovic und W. Teubert, Heidelberg 1988, S. 200–217

–: Zur syntaktischen Negationskomponente in deutschen und finnischen Verbidiomen, in: Europhras 88. Phraséologie Contrastive, hg. v. G. Gréciano, Strasbourg 1989, S. 253–264

Krzyżanowski, Julian: Sprichwort und Märchen in der polnischen Volkserzählung, in: Volksüberlieferung. Festschrift für Kurt Ranke, hg. v. F. Harkort, K.C. Peeters und R. Wildhaber, Göttingen 1968, S. 151–158

Kühn, Peter: Pragmatische und lexikographische Beschreibung phraseologischer Einheiten: Phraseologismen und Routineformeln, in: Studien zur neuhochdeutschen Lexikographie, hg. v. H. E. Wiegand, Hildesheim 1984, Bd. 4, S. 175–235

Kunzle, David: Bruegel's Proverb Painting and the World Upside Down, in: The Art Bulletin 59 (1977), S. 197–202

Kuusi, Matti: Ein Vorschlag für die Terminologie der parömiologischen Strukturanalyse, in: Proverbium 5 (1966), S. 97–104 (Auch in: Ergebnisse der Sprichwörterforschung, hg. v. W. Mieder, Bern 1978, S. 171–176)

–: Fatalistic Traits in Finnish Proverbs, in: Fatalistic Beliefs in Religion, Folklore and Literature, hg. v. H. Ringgren, Stockholm 1967, S. 89–96 (Auch in: The Wisdom of Many. Essays on the Proverb, hg. v. W. Mieder und A. Dundes, New York 1981, S. 275–283)

–: Tiefenstruktur und Oberflächenstruktur in der Parömiologie, in: Proverbium 23 (1974), S. 920–924

Lautenbach, Jakob: Zur Parömiologie, in: Studien zur vergleichenden Literaturgeschichte 7 (1907), S. 336–351 (Auch in: Deutsche Sprichwörterforschung des 19. Jahrhunderts, hg. v. W. Mieder, Bern 1984, S. 287–307)

Lebeer, Louis: De blauwe huyck, in: Gentsche Bijdragen tot de Kunstgeschiedenis 6 (1939–1940), S. 161–229

Levin, Isidor: Überlegungen zur demoskopischen Parömiologie, in: Proverbium 11 (1968), S. 289–293; 13 (1969), S. 361–366

Lieber, Michael D.: Analogic Ambiguity: A Paradox of Proverb Usage, in: Journal of American Folklore 97 (1984), S. 423–441

Lipskaja, L.: Die Bestimmung des Kernwortes in deutschen Redensarten, in: Sprachpflege 16 (1967), S. 207–210

Liver, Ricarda: Moderne Definitionsversuche des Sprichworts und Sprichwortbezeichnungen im Altfanzösischen, in: Beiträge zum romanischen Mittelalter, hg. v. K. Baldinger, Tübingen 1977, S. 339–357

–: Humanistisches Interesse an antiken und mittelalterlichen Sprichwörtern, in: Wolfenbütteler Renaissance-Mitteilungen 3 (1979), S. 69–74

–: Aspekte des Sprichworts: Zu einer neuen Sammlung von schweizerdeutschen Sprichwörtern, in: Proverbium 1 (1984), S. 93–117

Loukatos, Démétrios: L'emploi du proverbe aux différents âges, in: Proverbium 2 (1965), S. 17–26

–: Le proverbe dans le conte, in: IV. International Congress for Folk-Narrative Research in Athens 1964, Lectures and Reports, hg. v. G. A. Megas, Athens 1965, S. 229–233

–: L'Evangile de Saint Luc dans le parler proverbial du peuple grec, in: Benetia (1974), S. 41–57

–: Proverbes et commentaires politiques: Le public devant les télé-communications actuelles, in: Proverbium 1 (1984), S. 119–126

Lüthi, Max: Das Sprichwort in der Zeitung, in: Proverbium 15 (1970), S. 495–497 (Auch in: M. Lüthi: Volksliteratur und Hochliteratur, Bern 1970, S. 22–25)

Matta, Hilda: Deutsche und ägyptische

Sprichwörter. Ein Vergleich ihrer Strukturen, ihrer Bedeutungen sowie ihrer kulturellen, geschichtlichen und gesellschaftlichen Motivierung, in: Kairoer Germanistische Studien 1 (1986), S. 100–106

–: Das Sprichwort: Versuch einer Definition, in: Proverbium 5 (1988), S. 69–84

McKelvie, Donald: Proverbial Elements in the Oral Tradition of an English Urban Industrial Region, in: Journal of the Folklore Institute 2 (1965), S. 244–261

Meid, Volker: Sprichwort und Predigt im Barock. Zu einem Erbauungsbuch Valerius Herbergers, in: Zs. f. Vkde. 62 (1966), S. 209–234

Meisser, Ulrich M.: Tiersprichwörter und Verhaltensforschung. Zur gegenseitigen Erhellung von didaktischer Literatur und Naturwissenschaft, in: Studium Generale 22 (1969), S. 861–889

Mellbourn, Gert: Redensarten unter die Lupe genommen, in: Moderna Språk 58 (1964), S. 12–17

Mensing, Otto: Zur Geschichte der volkstümlichen Verneinung, in: Zeitschrift für deutsche Philologie 61 (1936), S. 343–380

Mettmann, Walter: Spruchweisheit und Spruchdichtung in der spanischen und katalanischen Literatur des Mittelalters, in: Zeitschrift für romanische Philologie 76 (1960), S. 94–117

Meyer, Maurits de: Sources iconographiques inexplorées de proverbes et dictons des siècles passés, in: Proverbium 14 (1969), S. 396–398

Mieder, Barbara und *Wolfgang:* Tradition and Innovation: Proverbs in Advertising, in: Journal of Popular Culture 11 (1977), S. 308–319 (Auch in: The Wisdom of Many. Essays on the Proverb, hg. v. W. Mieder und A. Dundes, New York 1981, S. 309–322)

Mieder, Wolfgang: Das Sprichwort und die deutsche Literatur, in: Fabula 13 (1972), S. 135–149 (Erweitert auch in: Ergebnisse der Sprichwörterforschung, hg. v. W. Mieder, Bern 1978, S. 179–200)

–: Verwendungsmöglichkeiten und Funktionswerte des Sprichwortes in der Wochenzeitung (Untersuchung der ZEIT für das Jahr 1971), in: Muttersprache 83 (1973), S. 89–119 (Auch in: W. Mieder: Deutsche Sprichwörter in Literatur, Politik, Presse und Werbung, Hamburg 1983, S. 11–41)

–: Sprichwörter im modernen Sprachgebrauch, in: Muttersprache 85 (1975), S. 65–88 (Auch in: Ergebnisse der Sprichwörterforschung, hg. v. W. Mieder, Bern 1978, S. 213–238)

–: Sprichwort und Volkslied. Eine Untersuchung des ‚Ambraser Liederbuches' vom Jahre 1582, in: Jahrbuch für Volksliedforschung 22 (1977), S. 23–35

–: Das Sprichwort im Volkslied. Eine Untersuchung des ‚Deutschen Liederhortes' von Erk/Böhme, in: Jahrbuch des Österr. Volksliedwerkes 27 (1978), S. 44–71

–: The Use of Proverbs in Psychological Testing, in: Journal of the Folklore Institute 15 (1978), S. 45–55

–: Moderne deutsche Sprichwortgedichte, in: Fabula 21 (1980), S. 247–260 (Auch in: W. Mieder: Sprichwort, Redensart, Zitat, Bern 1985, S. 73–90)

–: Proverbs in Nazi Germany. The Promulgation of Anti- Semitism and Stereotypes through Folklore, in: Journal of American Folklore 95 (1982), S. 435–464 (Erweiterte dt. Fassung mit dem Titel „Sprichwörter unterm Hakenkreuz", in: Muttersprache 93 [1983], S. 1–30)

–: Sexual Content of German Wellerisms, in: Maledicta 6 (1982), S. 215–223

–: Geschichte und Probleme der neuhochdeutschen Sprichwörterlexikographie, in: Studien zur nhd. Lexikographie, hg. v. H. E. Wiegand, Hildesheim 1984, Bd. 5, S. 307–358

–: Neues zur demoskopischen Sprichwörterkunde, in: Proverbium 2 (1985), S. 307–328

–: Popular Views of the Proverb, in: Proverbium 2 (1985), S. 109–143

–: Sprichwörtliche Schwundstufen des Märchens, in: Proverbium 3 (1986), S. 257–271

–: Lutz Röhrich: Master Folklorist and Paremiologist, in: Proverbium 4 (1987), S. 1–16

–: Das Sprichwörterbuch, in: Wörterbücher. Ein internationales Handbuch zur Lexikographie, hg. v. F. J. Hausmann et al., Berlin 1989, Bd. 1, S. 1033–1044

–: ‚Eulenspiegel macht seine Mitbürger durch Schaden klug'. Sprichwörtliches im ‚Dil Ulenspiegel' von 1515, in: Eulenspiegel-Jahrbuch 29 (1989), S. 27–50

–: Moderne Sprichwörterforschung zwischen Mündlichkeit und Schriftlichkeit, in: Volksdichtung zwischen Mündlichkeit und Schriftlichkeit, hg. v. L. Röhrich und E. Lindig, Tübingen 1989, S. 187–208

–: Prolegomena to Prospective Paremiography, in: Proverbium 7 (1990), S. 133–144
–: ,An Apple a Day Keeps the Doctor away': Traditional and Modern Aspects of English Medical Proverbs, in: Proverbium 8 (1991), S. 77–106
Mikić, Pavao und *Danica Škara:* Sprichwort im Kontrast: Zur Übertragbarkeit von Sprichwörtern, in: Proverbium 5 (1988), S. 103–115
Militz, Hans-Manfred: Zur gegenwärtigen Problematik der Phraseologie, in: Beiträge zur romanischen Philologie 11 (1972), S. 95–117
–: Zur Äquivalenz phraseologischer Wendungen in der Konfrontation Französisch-Deutsch, in: Beiträge zur Romanischen Philologie 21 (1982), S. 305–315
–: Les proverbes québécois, in: Proverbium 7 (1990), S. 145– 151
–: Das Antisprichwort als semantische Variante eines sprichwörtlichen Textes, in: Proverbium 8 (1991), S. 107–111
Milner, George: What is a Proverb?, in: New Society 332 (February 6, 1969), S. 199–202
–: The Quartered Shield: Outline of a Semantic Taxonomy [of Proverbs], in: Social Anthropology and Language, hg. v. E. Ardener, London 1971, S. 243–269
Moll, Otto: Über die ältesten Sprichwörtersammlungen, in: Proverbium 6 (1966), S. 113–120
–: Parömiologische Fachausdrücke und Definitionen, in: Proverbium 10 (1968), S. 249–250
Mone, Franz Joseph: Zur Literatur und Geschichte der Sprichwörter, in: Quellen und Forschungen zur Geschichte der deutschen Literatur und Sprache 1 (1830), S. 186–214
Moser, Dietz-Rüdiger: ,Die wellt wil meister klueglin bleiben ...' Martin Luther und das deutsche Sprichwort, in: Muttersprache 90 (1980), S. 151–166
Müller, Carl: Die Verwertung der Redensarten im Unterricht, in: Zeitschrift für den deutschen Unterricht 5 (1891), S. 88–119 und S. 145–173
Müller-Schwefe, Gerhard: Sprichwörter als Übersetzungsproblem. Zum Beispiel in Shakespeares ,Romeo und Julia', in: Die Neueren Sprachen 71 (1972), S. 341–351 (Auch in: Ergebnisse der Sprichwörterforschung, hg. v. W. Mieder, Bern 1978, S. 201–211)
Narr, Dieter: Johann Michael Sailer und das deutsche Sprichwort, in: Bayerisches Jahrbuch für Volkskunde 1956, S. 139–147
–: Zum Euphemismus in der Volkssprache. Redensarten und Wendungen um ,tot', ,Tod' und ,sterben', in: Württembergisches Jahrbuch für Volkskunde 2 (1956), S. 112–119
Negreanu, Constantin: Some Aspects of Comparative Paremiological Research, in: Proverbium 5 (1988), S. 159–165
Nelson, Timothy C.: Sprichwörtliche Polemik in der Gegenreformation: Zu Johannes Nas' ,GAsinus Nasi BattimontAnus' (1571), in: Proverbium 7 (1990), S. 163–183
Neumann, Siegfried: Aspekte der Wellerismen-Forschung, in: Proverbium 6 (1966), S. 131–137
–: Sagwörter im Schwank – Schwankstoffe im Sagwort, in: Volksüberlieferung. Festschrift für Kurt Ranke, hg. v. F. Harkort, K.C. Peeters und R. Wildhaber, Göttingen 1968, S. 249– 266
–: Sagwort und Schwank, in: Letopis. Jahresschrift des Instituts für sorbische Volksforschung, Reihe C, Nr. 11–12 (1968–1969), S. 147–158
Nierenberg, Jess: Proverbs in Graffiti. Taunting Traditional Wisdom, in: Maledicta 7 (1983), S. 41–48
Norrick, Neal R.: Proverbial Perlocutions: How to Do Things with Proverbs, in: Grazer Linguistische Studien 17–18 (1982), S. 169–183
–: Zur Semantik des englischen Sprichworts, in: Arbeiten aus Anglistik und Amerikanistik 8 (1983), S. 183–196
–: Humorous Proverbial Comparisons, in: Proverbium 4 (1987), S. 173–186
–: Proverbial Paradox, in: Proverbium 6 (1989), S. 67–73
Nyéki, Lajos: Proverbes et opérations logiques, in: Cahiers de littérature orale 13 (1982), S. 19–32
Obelkevich, James: Proverbs and Social History, in: The Social History of Language, hg. v. P. Burke und R. Porter, Cambridge 1987, S. 43–72
Odlin, Terence: Language Universals and Constraints on Proverbial Form, in: Proverbium 3 (1986), S. 125–151
Ohly, Friedrich: Vom Sprichwort im Leben eines Dorfes, in: Volk, Sprache, Dichtung. Festgabe für Kurt Wagner, hg. v. K. Bischoff und L. Röhrich, Gießen 1960, S. 276–293 (Auch in: Ergebnisse der Sprichwörterforschung, hg. v. W. Mieder, Bern 1978, S. 109–120)

O'Kane, Eleanor S.: On the Names of the ‚Refran', in: Hispanic Review 18 (1950), S. 1–14
–: The Proverb: Rabelais and Cervantes, in: Comparative Literature 2 (1950), S. 360–369
Paredes, Américo: Proverbs and Ethnic Stereotypes, in: Proverbium 15 (1970), S. 511–513
Paulhan, Jean: L'expérience du proverbe, in: ders.: Oeuvres complètes, Paris 1966, Bd. 2, S. 101–124
Peil, Dietmar: Beziehungen zwischen Fabel und Sprichwort, in: Germanica Wratislaviensia, 85 (1989), S. 74–87
–: Karl Friedrich Wilhelm Wander und sein ‚Deutsches Sprichwörter-Lexikon', in: Proverbium 8 (1991), S. 129–145
Pereira, Adelino: O refrano e os seus problemas, in: Junta Distrital de Lisboa Boletin Cultural 50–60 (1963), S. 179–200
Permiakov, Grigorii L.: On Paremiological Homonymy and Synonymy, in: Proverbium 24 (1974), S. 941–943
–: Die Grammatik der Sprichwörterweisheit, in: Semiotische Studien zum Sprichwort, hg. v. P. Grzybek und W. Eismann. Tübingen 1984, S. 295–344
–: On the Question of a Russian Paremiological Minimum, in: Proverbium 6 (1989), S. 91–102
Perrin-Naffakh, Anne-Marie: Locutions et proverbes dans les fables de La Fontaine, in: Proverbia in Fabula, hg. v. P. Carnes, Bern 1988, S. 285–294
Perry, Theodore A.: Quadripartite Wisdom Sayings and the Structure of Proverbs, in: Proverbium 4 (1987), S. 187–210
Pfeffer, J. Alan: Das biblische Zitat im Volksmund der Germanen und Romanen, in: Teilnahme und Spiegelung. Festschrift für Horst Rüdiger, hg. v. B. Allemann und E. Koppen, Berlin 1975, S. 99–111
Pfeifer, Wolfgang: Volkstümliche Metaphorik, in: Zur Literatursprache im Zeitalter der frühbürgerlichen Revolution, hg. v. G. Kettmann und J. Schmidt, Berlin 1978, S. 87–217
Pilorz, Alfons: Le proverbe et la locution considérés dans leur structure syntaxique, in: Roczniki Humanistyczne 12 (1964), S. 69–80
Pilz, Klaus Dieter: Wer ist der Begründer der wissenschaftlichen Sprichwortforschung? Versuch einer Richtigstellung. In memoriam Karl Friedrich Wilhelm Wander (1803–1879), in: Muttersprache 89 (1979), S. 201–207
–: Zur Terminologie der Phraseologie, in: Muttersprache 93 (1983), S. 336–350
–: Graffiti-Dialoge. Kommunikation im Intimbereich einer Universität, in: Dialog. Festschrift für Siegfried Grosse, hg. v. G. Rickheit und S. Wichter, Tübingen 1990, S. 439–452
Predota, Stanislaw: Zur niederländischen Sprichwörterlexikographie im 20. Jahrhundert, in: Acta Universitatis Wratislaviensis 942 (1986), S. 103–119
–: Zur konfronatativen Analyse deutscher und niederländischer Sprichwörter, in: Zur jüngeren Geschichte der deutschen Sprache, hg. v. R. Große, Leipzig 1987, S. 96–104
Priebe, Richard: The Horses of Speech: A Structural Analysis of the Proverb, in: Folklore Annual of the University [of Texas] Folklore Association 3 (1971), S. 26–32
Quasthoff, Uta: The Uses of Stereotype in Everyday Argument, in: Journal of Pragmatics 2 (1978), S. 1–48
Rahn, Fritz: Die Redensart – ein Kapitel Sprachkunde, in: Deutschunterricht 1, Nr. 4 (1948–1949), S. 22–38
Raymond, Joseph: Tensions in Proverbs: More Light on International Understanding, in: Western Folklore 15 (1956), S. 153–158 (Auch in: The Wisdom of Many. Essays on the Proverb, hg. v. W. Mieder und A. Dundes, New York 1981, S. 300–308)
Redlich, Friedrich: Sprichwort, in: Deutsche Volksdichtung. Eine Einführung, hg. v. H. Strobach, Leipzig 1979, S. 221–240
Richter, Roland: Proverbs in Context: A Structural Approach, in: Fabula 15 (1974), S. 212–221
Risse, Anna: Sprichwörter und Redensarten bei Thomas Murner, in: Zs. f. dt. Unterr. 31 (1917), S. 215–227, S. 289–303, S. 359–369 und S.450–458
Roback, Abraham Aaron: The Yiddish Proverb – A Study in Folk Psychology, in: The Jewish Forum 1 (1918), S. 331–338 und 418–426
Roche, Reinhard: Demosprüche und Wandgesprühtes. Versuch einer linguistischen Beschreibung und didaktischen Auswertung, in: Muttersprache 93 (1983), S. 181–196
Rodegem, F.: Un problème de terminologie: Les locutions sentencieuses, in:

Cahiers de l'institut de linguistique 1, Nr. 5 (1972), S. 677–703

Rodegem, Francis M.: Proverbes et pseudoproverbes. La logique des parémies, in: Europhras 88. Phraséologie Contrastive, hg. v. G. Gréciano, Strasbourg 1989, S. 349–356

Rogers, Tim B.: The Use of Slogans, Colloquialisms, and Proverbs in the Treatment of Substance Addiction: A Psychological Application of Proverbs, in: Proverbium 6 (1989), S. 103–112

–: Proverbs as Psychological Theories, in: Canadian Psychology 31 (1990), S. 195–207

Röhrich, Lutz: Sprichwörtliche Redensarten in bildlichen Zeugnissen, in: Bayerisches Jahrbuch für Volkskunde 1959, S. 67–79 (Auch in: Ergebnisse der Sprichwörterforschung, hg. v. W. Mieder, Bern 1978, S. 87–107)

–: Gebärdensprache und Sprachgebärde, in: Humaniora. Essays honoring Archer Taylor on His Seventieth Birthday, hg. v. W.D. Hand und G. Arlt, Locust Valley/N.Y. 1960, S. 121–149

–: Sprichwörtliche Redensarten aus Volkserzählungen, in: Volk, Sprache, Dichtung. Festgabe für Kurt Wagner, hg. v. K. Bischoff und L. Röhrich, Gießen 1960, S. 247–275 (Auch in: Ergebnisse der Sprichwörterforschung, hg. v. W. Mieder, Bern 1978, S. 121– 141)

–: Die Bildwelt von Sprichwort und Redensart in der Sprache der politischen Karikatur, in: Kontakte und Grenzen. Probleme der Volks-, Kultur- und Sozialforschung. Festschrift für Gerhard Heilfurth, hg. v. H.F. Foltin, Göttingen 1969, S. 175–207

–: Sprichwörtliche Redensarten – die Rhetorik des einfachen Mannes, in: Lebendiges Rheinland-Pfalz 12, Nr. 5 (1975), S. 117– 120

–: Anti-Sprichwörter. Zu einem neuen Buch von Wolfgang Mieder, in: Muttersprache 93 (1983), S. 351–354

–: Die Welt der alemannischen Sprichwörter, in: Einheit in der Vielfalt. Festschrift f. Peter Lang, hg. v. G. Quast, Bern 1988, S. 434–457

Röhrich, Lutz und *Gertraud Meinel:* Reste mittelalterlicher Gottesurteile in sprichwörtlichen Redensarten, in: Alemannisches Jahrbuch 1970, S. 341–346

–: Redensarten aus dem Bereich der Jagd und der Vogelstellerei, in: Et multum et multa. Beiträge zur Literatur, Geschichte und Kultur der Jagd. Festgabe für Kurt Lindner, hg. v. S. Schwenk, G. Tilander und C. Willemsen, Berlin 1971, S. 313–323

–: Redensarten aus dem Bereich von Handwerk und Gewerbe, in: Alemannisches Jahrbuch 1971–1972, S. 163–198

Roos, Eckhard: Kontrastive Überlegungen zur deutschen, englischen und französischen Idiomatik, in: Sprache und Literatur in Wissenschaft und Unterricht 16, Nr. 56 (1985), S. 74–80

Rooth, Anna Birgitta: Den epigrammatiska formen, in: dies.: Folklig diktning. Form och teknik, Uppsala 1965, S. 87–101

–: Domestic Animals and Wild Animals as Symbols and Referents in the Proverb, in: Proverbium 11 (1968), S. 286–288

Rothstein, Robert A.: The Poetics of Proverbs, in: Studies Presented to Professor Roman Jakobson by His Students, hg. v. C. Gribble, Cambridge/Mass. 1969, S. 265–274

Ruef, Hans: Understanding Proverbs: Scene Development as a Process of Motivation, in: Linguistic Agency University of Trier, Reihe A, Nr. 111 (1983), S. 1–14

–: Zusatzsprichwörter und das Problem des Parömischen Minimums, in: Europhras 88. Phraséologie Contrastive, hg. v. G. Gréciano, Strasbourg 1989, S. 379–385

Rupprecht, Karl: Paroimia und Paroimiographoi, in: August Friedrich Pauly und Georg Wissowa: Realencyclopädie der classischen Altertumswissenschaft, hg. v. K. Ziegler, Stuttgart 1949, Bd. 18, Teil 4, Sp. 1707–1778

Russo, Joseph: The Poetics of the Ancient Greek Proverb, in: Journal of Folklore Research 20 (1983), S. 121–130

Ruxandoiu, Pavel: Proverbele ca gen folcloric, in: Folclor literar 1 (1967), S. 183–198

Sainéan, L.: Proverbes et dictons, in: ders.: La langue de Rabelais, Paris 1922, Bd. 1, S. 343–448

Saulnier, Verdun L.: Proverbe et paradoxe du XVe et XVIe siècle. Un aspect majeur de l'antithèse: Moyen Age – Renaissance, in: Pensée humaniste et tradition chrétienne aux XVe et XVIe siècles, hg. v. H. Bédarida, Paris 1950, S. 87–104

Schellbach-Kopra, Ingrid: Parömisches Minimum und Phraseodidaktik im finnisch-deutschen Bereich, in: Beiträge zur allgemeinen und germanistischen Phraseologieforschung, hg. v. J. Korhonen, Oulu 1987, S. 245–255

Schmidt, Leopold: Zur Wiener Redensartenforschung, in: Volk und Heimat. Festschrift für Viktor von Geramb, hg. v. H. Koren und L. Kretzenbacher, Wien 1949, S. 209–220
–: Sprichwörtliche deutsche Redensarten. Lesefrüchte und Randbemerkungen zu Lutz Röhrichs ‚Lexikon der sprichwörtlichen Redensarten', in: Österreichische Zs. f. Vkde. 77 (1974), S. 81–130
Schmidt-Hidding, Wolfgang: Sprichwörtliche Redensarten. Abgrenzungen – Aufgaben der Forschung, in: Rhein. Jb. f. Vkde. 7 (1956), S. 95–144 (Auch in: Ergebnisse der Sprichwörterforschung, hg. v. W. Mieder, Bern 1978, S. 27–65)
–: Deutsche Sprichwörter und Redewendungen. Vom Gebrauch der bildhaften Redewendungen im Deutschen, in: Deutschunterricht für Ausländer 13 (1963), S. 13–26
Schmidt-Radefeldt, Jürgen: Structure argumentative, reference et contextualité du proverbe, in: Stylistique, rhétorique et poétique dans les langues romanes, hg. v. J.-C. Bouvier, Aix-en-Provence 1986, S. 87–102
Schoeps, Hans-Joachim: Völkerpsychologie im Sprichwort, in: ders.: Ungeflügelte Worte. Was nicht im Büchmann stehen kann, Berlin 1971, S. 162–171
Schoppe, Georg: Sprichwörtliche Redensarten, in: Mitteilungen der Schles. Ges. f. Vkde. 29 (1928), S. 296–302
Schulze, Carl: Ausdrücke für Sprichwort, in: Zeitschrift für dt. Altertum und dt. Literatur 8 (1851), S. 376–384
–: Deutsche Sprichwörter auf biblischem Grunde, in: Archiv f. d. Studium der neueren Sprachen und Lit. 28 (1860), S. 129–148
–: Die sprichwörtlichen Formeln der deutschen Sprache, in: Archiv f. d. Studium der neueren Sprachen und Lit. 48 (1871), S. 435–450; 49 (1872), S. 139–162; 50 (1873), S. 83–122; 51 (1874), S. 195–212; 52 (1874), S. 61–80 und S. 375–392; 54 (1875), S. 55–74 und S. 303–316
Schulze-Busacker, Elisabeth: Proverbes et expressions proverbiales dans les fabliaux, in: Marche romane 28 (1978), S. 163–174
–: Proverbe ou sentence: essai de définition, in: La locution, hg. v. G. Di Stefano und R. McGillivray, Montréal 1984, S. 134–167
Schweitzer, Charles: Sprichwörter und sprichwörtliche Redensarten bei Hans Sachs, in: Hans Sachs Forschungen, hg. v. A.L. Stiefel, Nürnberg 1894, S. 353–381
Seiler, Friedrich: Die kleineren deutschen Sprichwörtersammlungen der vorreformatorischen Zeit und ihre Quellen, in: Zeitschrift für deutsche Philologie 47 (1918), S. 241–256 und S. 380–390; 48 (1920), S. 81–95
–: Goethe und das deutsche Sprichwort, in: Germanisch-romanische Monatsschrift 10 (1922), S. 328–340
Seitel, Peter: Proverbs: A Social Use of Metaphor, in: Genre 2 (1969), S. 143–161 (Auch in: The Wisdom of Many. Essays on the Proverb, hg. v. W. Mieder und A. Dundes, New York 1981, S. 122–139)
Silverman-Weinreich, Beatrice: Towards a Structural Analysis of Yiddish Proverbs, in: Yivo Annual of Jewish Social Science 17 (1978), S. 1–20 (Auch in: The Wisdom of Many. Essays on the Proverb, hg. v. W. Mieder und A. Dundes, New York 1981, S. 65–85)
Singer, Samuel: Sprichwortstudien, in: Schweiz. Arch. für Volkskunde 37 (1939), S. 129–150
–: Schweizerische Sagsprichwörter, in: Schweiz. Arch. für Volkskunde 38 (1941), S. 129–139; 39 (1941–1942), S. 137–139
Siple, Ella S.: A ‚Flemish Proverb' Tapestry in Boston, in: Burlington Magazine 63 (1933), S. 29–35
Söhns, Franz: Erweiterungen und Ergänzungen zu Wustmanns ‚Sprichwörtlichen Redensarten', in: Zeitschrift für den deutschen Unterricht 21 (1907), S. 483–499, 564–574, 635–649 und 692–700
Spieß, Gisela: Die Stellung der Frau in den Sprichwörtern isländischer Sprichwörtersammlungen und in isländischen Sagas, in: Proverbium 8 (1991), S. 159–178
Stahl, Sandra K.D.: Sour Grapes: Fable, Proverb, Unripe Fruit, in: Folklore on Two Continents: A Festschrift for Linda Dégh, hg. v. N. Burlakoff und C. Lindahl, Bloomington/Indiana 1980, S. 160–168
Stambaugh, Ria: Proverbial and Human Corruption and other Distortions of Popular Sayings, in: Proverbium 15 (1970), S. 531–535
Stanciu, Dumitru: Points de vue sur la parémiologie structurale, in: Proverbium 2 (1985), S. 185–232
–: The Proverb and the Problems of Education, in: Proverbium 3 (1986), S. 153–178

–: Patterns of Emergence and Selection with the Proverb, in: Proverbium 6 (1989), S. 139–163

Stangel, Wolfgang: Redensarten im Dorfleben. Feldstudien in Niederselters/Ts., in: Hessische Blätter für Volkskunde 57 (1966), S. 31–82

Steiner, Arpad: The Vernacular Proverb in Mediaeval Latin Prose, in: American Journal of Philology 65 (1944), S. 36–68

Straubinger, Otto Paul: Names in Popular Sayings, in: Names 3 (1955), S. 157–164

Sweterlitsch, Richard: Reexamining the Proverb in the Child Ballad, in: Proverbium 2 (1985), S. 233–256

Szemerkényi, Agnes: A Semiotic Approach to the Study of Proverbs, in: Proverbium 24 (1974), S. 934–936

–: The Use of Proverbs in Hungarian Folktales, in: Proverbium 7 (1990), S. 233–239

Szemerkényi, Agnes und *Vilmos Voigt:* The Connection of Theme and Language in Proverb Transformations, in: Acta Ethnographica Academiae Scientiarum Hungaricae 21 (1972), S. 95–108

Tabarcea, Cezar: Definirea proverbului o abordare lingvistica, in: Analele Universitatii Bucuresti, Limba si literatura romana 26 (1977), S. 91–99

Tallgren-Tuulio, O.J.: Locutions figurées calquées et non calquées. Essai de classification pour une série de langues littéraires, in: Mémoires de la société néophilologique de Helsingfors 9 (1932), S. 279–324

Taylor, Archer: Locutions for ‚Never', in: Romance Philology 2 (1949), S. 103–134

–: The Wisdom of Many and the Wit of One, in: Swarthmore College Bulletin 59 (1962), S. 4–7 (Auch in: The Wisdom of Many. Essays on the Proverb, hg. v. W. Mieder und A. Dundes, New York 1981, S. 3–9)

–: The Collection and Study of Tales and Proverbs, in: Béaloideas 39–41 (1971–1973), gedruckt 1975, S. 320–328

Tekinay, Alev: Sprichwörter im Deutschen und Türkischen. Eine syntaktisch-semantische Analyse, in: Muttersprache 94 (1983–1984), S. 194–202

Thiel, Helmut van: Sprichwörter in Fabeln, in: Antike und Abendland 17 (1971), S. 105–118

Tothné Litovkina, Anna: Hungarian and Russian Proverbs: A Comparative Analysis, in: Proverbium 7 (1990), S. 241–254

Trencsényi-Waldapfel, I.: Sprichwort oder geflügeltes Wort?, in: Acta Antiqua Academiae Scientiarum Hungaricae 12 (1964), S. 365–371

Tschitscherow, Wladimir: Sprichwörter und sprichwörtliche Redensarten, in: ders.: Russische Volksdichtung, Berlin 1968, S. 167–176

Tucci, Giovanni: Saggio sul wellerismo. Storia, nome e definizione, forma e classificazione, in: Revista de Etnografia 11 (1968), S. 293–316

Voigt, Vilmos: Les niveaux des variantes de proverbes, in: Acta linguistica Academiae Scientiarum Hungaricae 20 (1970), S. 357–364 (Gekürzte deutsche Fassung mit dem Titel: Variantenschichtung eines ungarischen Proverbiums, in: Proverbium 15 [1970], S. 541–544)

Ward, Donald: The Wolf: Proverbial Ambivalence, in: Proverbium 4 (1987), S. 211–224

Weckmann, Berthold: Sprichwort und Redensart in der Lutherbibel, in: Archiv für das Studium der neueren Sprachen und Literaturen 221 (1984), S. 19–42

Wein, Günter: Die Rolle der Sprichwörter und Redensarten in der Agitation und Propaganda, in: Sprachpflege 12 (1963), S. 51– 52

Weinitz, Franz und *Johannes Bolte:* Die ‚Niederländischen Sprichwörter' des Pieter Bruegel des Älteren im Kaiser-Friedrich-Museum zu Berlin, in: Zeitschrift des Vereins für Volkskunde 25 (1915), S. 292–305

Weise, Oskar: Die volkstümlichen Vergleiche in den deutschen Mundarten, in: Zeitschrift für deutsche Mundarten 16 (1921), S. 169–179

Weizsäcker, Wilhelm: Volk und Staat im deutschen Rechtssprichwort, in: Aus Verfassungs- und Landesgeschichte. Festschrift zum 70. Geburtstag von Theodor Mayer, hg. v. H. Büttner, Konstanz 1954, Bd. 1, S. 305–329

Wenliang, Yang: Chinesische und deutsche idiomatische Redewendungen. Kontrastive Betrachtungen, in: Muttersprache 101 (1991), S. 106–115

Whiting, Bartlett Jere: The Origin of the Proverb, in: Harvard Studies and Notes in Philology and Literature 13 (1931), S. 47–80

–: The Nature of the Proverb, in: Harvard Studies and Notes in Philology and Literature 14 (1932), S. 273–307

–: Proverbial Material in the Popular Ballad, in: Journal of American Folklore 47 (1934), S. 22–44

–: Some Current Meanings of ‚Proverbial', in: Harvard Studies and Notes in Philology and Literature 16 (1934), S. 229–252
Wienker-Piepho, Sabine: Sozialisation durch Sprichwörter: Am Beispiel eines anglo-amerikanischen Bestsellers, in: Proverbium 8 (1991) S. 179–189
Wilcke, Karin und *Lothar Bluhm:* Wilhelm Grimms Sammlung mittelhochdeutscher Sprichwörter, in: Brüder Grimm Gedenken, hg. v. L. Denecke, Marburg Bd. 8, S. 81–122
Wilke, Georg: Über die Entstehung einiger Sprichwörter und Redensarten, in: Mitteldeutsche Blätter für Volkskunde 2 (1927), S. 125–130
Willberg, Max: Die Musik im Sprachgebrauch, in Sprichwörtern, in Redensarten, im Schrifttum, in: Muttersprache 73 (1963), S. 201–221
–: Wort- und Spruchgut um Liebe und Ehe, in: Muttersprache 74 (1964), S. 110–119 und S. 140–149
Wilson, F.P.: English Proverbs and Dictionaries of Proverbs, in: The Library 26 (1945), S. 51–71
–: The Proverbial Wisdom of Shakespeare, in: Modern Humanities Research Association 1 (1961), S. 1–24 (Auch in: The Wisdom of Many. Essays on the Proverb, hg. v. W. Mieder und A. Dundes, New York 1981, S. 174–189)
Wollenweber, Bernd: Märchen und Sprichwort, in: Projekt Deutschunterricht 6. Kritischer Literaturunterricht. Dichtung und Politik, hg. v. H. Ide und B. Lecke, Stuttgart 1974, S. 12– 92
Wotjak, Barbara: ‚Der Gag heiligt die Mittel?' Modifikationen und Vernetzungen von Sprichwörtern im Text, in: Sprachpflege 38 (1989), S. 125–129
Wotjak, Gerd: Zur Bedeutung ausgewählter verbaler Phraseologismen des Deutschen, in: Zeitschrift für Germanistik 2 (1986), S. 183–199
Yankah, Kwesi: Toward a Performance-Centered Theory of the Proverb, in: Critical Arts 3 (1983), S. 29–43
–: Do Proverbs Contradict?, in: Folklore Forum 17 (1984), S. 2–19
–: Proverbs: Problems and Strategies in Field Research, in: Proverbium 6 (1989), S. 165–176
Zholkovskii, Aleksandr K.: At the Intersection of Linguistics, Paremiology and Poetics: On the Literary Structure of Proverbs, in: Poetics 7 (1978), S. 309–332
Ziltener, Werner: Parömiologie und provenzalische Philologie, in: Proverbium 15 (1970), S. 548–550
Zumthor, Paul: L'épiphonème proverbial, in: Revue des sciences humaines 41 (1975), S. 313–328

8. Sprach- und kulturgeschichtliche Studien:

Andresen, K. G.: Über deutsche Volksetymologie, Heilbronn 1876 (7. Aufl. 1919)
Appel, Heinz: Skatsprache. Humorvolle bebilderte Redensarten beim Skat, Minden/Westfalen 1950
Arndt, Erwin und *Gisela Brandt:* Luther und die deutsche Sprache, Leipzig 1983
Balzer, H.: Buschs Wesen und Werk im Spiegel seiner Spruchweisheit, Leipzig 1941
Baur, Otto: Bestiarium Humanum. Mensch-Tier-Vergleich in Kunst und Literatur, München 1974
Bausinger, Hermann: Formen der „Volkspoesie", Berlin 1968 (2. Aufl. 1980)
Behaghel, Otto: Humor und Spieltrieb in der deutschen Sprache, in: Neophilologus 8, (1922), S. 180–193
Beinhauer, Werner: Das Tier in der spanischen Bildsprache, Hamburg 1949
Berning, Cornelia: Vom „Abstammungsnachweis" zum „Zuchtwart". Vokabular des Nationalsozialismus, Berlin 1964
Betz, Werner: Sprachkritik: Das Wort zwischen Kommunikation und Manipulation, Zürich 1975
Bischoff, Erich: Wörterbuch der wichtigsten Geheim- und Berufssprachen. Jüdisch-Deutsch, Rotwelsch, Kundensprache; Soldaten-, Seemanns-, Weidmanns-, Bergmanns- und Komödiantensprache, Leipzig 1916
Blümmer, Hugo: Der bildliche Ausdruck in den Reden des Fürsten Bismarck, Leipzig 1891
Bolte, Johannes und *Georg Polívka:* Anmerkungen zu den Kinder- und Hausmärchen der Brüder Grimm, 5 Bde., Leipzig 1913–1932 (Ndr. Hildesheim 1963)
Bork, Siegfried: Mißbrauch der Sprache. Tendenzen nationalsozialistischer Sprachlenkung, Bern 1970
Borneman, Ernest: Sex im Volksmund. Die sexuelle Umgangssprache des deutschen Volkes, Reinbek 1971
Braun, Peter: Tendenzen in der deutschen Gegenwartssprache, Stuttgart 1979
Brekle, Herbert E. und *Utz Maas* (Hg.):

Sprachwissenschaft und Volkskunde, Opladen 1986
Bringéus, Nils-Arvid: Volkstümliche Bilderkunde: Formale Kennzeichen von Bildinhalten, München 1982
Brückner, Wolfgang, Peter Blickle und *Dieter Breuer* (Hg.): Literatur und Volk im 17. Jahrhundert: Probleme populärer Kultur in Deutschland, 2 Bde., Wiesbaden 1985
Bues, Manfred: Die Versportung der deutschen Sprache im 20. Jahrh., Diss. Greifswald 1937
Carstensen, Broder: Englische Einflüsse auf die deutsche Sprache nach 1945, Heidelberg 1965
–: Beim Wort genommen. Bemerkenswertes in der deutschen Gegenwartssprache, Tübingen 1986
Carstensen, Broder und *Hans Galinsky:* Amerikanismen der deutschen Gegenwartssprache. Entlehnungsvorgänge und ihre stilistischen Aspekte, Heidelberg 1963 (3. Aufl. 1975)
Dankert, Harald: Sportsprache und Kommunikation, Tübingen 1969
Demandt, Alexander: Metaphern für Geschichte. Sprachbilder und Gleichnisse im historisch-politischen Denken, München 1978
Dittmar, Norbert, Peter Schlobinski und *Inge Wachs:* Berlinisch. Studien zum Lexikon, zur Spracheinstellung und zum Stilrepertoire, Berlin 1986
Dundes, Alan: Life is Like a Chicken Coop Ladder. A Portrait of German Culture Through Folklore, New York 1984 (In dt. Übersetzung mit dem Titel: Sie mich auch! Das Hinter- Gründige in der deutschen Psyche, Weinheim 1985)
Eggers, Hans: Deutsche Sprache im 20. Jahrhundert, München 1973
Eilenberger, Rudolf: Pennälersprache. Entwicklung, Wortschatz und Wörterbuch, Straßburg 1910 (Ndr. Münster 1981)
Enzyklopädie des Märchens. Handwörterbuch zur historischen und vergleichenden Erzählforschung, hg. v. K. Ranke in Zusammenarbeit mit H. Bausinger, R.W. Brednich, W. Brückner, M. Lüthi, L. Röhrich und R. Schenda, bisher 7 Bde., Berlin 1977ff.
Frei, Luise: Die Frau. Scherz-, Schimpf- und Spottnamen, Frauenfeld 1981
Frenzel, Elisabeth: Stoffe der Weltliteratur, Stuttgart 1962 (4. Aufl. 1976)
–: Motive der Weltliteratur, Stuttgart 1976
Fuchs, Eduard: Illustrierte Sittengeschichte, 6 Bde., München 1909–1912 (Ndr. hg. v. T. Huonker, Frankfurt a.M. 1985)
Ganz, Peter: Der Einfluß des Englischen auf den deutschen Wortschatz 1640–1815, Berlin 1957
Glück, Helmut und *Wolfgang W. Sauer:* Gegenwartsdeutsch, Stuttgart 1990
Grimm, Jacob und *Wilhelm:* Deutsches Wörterbuch, 33 Bde., Leipzig 1854–1971 (Ndr. München 1984)
Grimm, Jacob: Deutsche Rechtsaltertümer, Göttingen 1828 (4. Ausg. v. A. Hübner u. A. Heusler, Bde. 1–2, Göttingen 1899)
Grümmer, Gerhard: Spielformen der Poesie, Hanau 1985
Grzybek, Peter: Kulturelle Stereotype und stereotype Texte, in: Natürlichkeit der Sprache und der Kultur, hg. v. W. A. Koch, Bochum 1990, S. 300–327
–: Einfache Formen der Literatur als Paradigma der Kultursemiotik, in: ders. (Hg.): Cultural Semiotics. Facts and Facets / Fakten und Facetten der Kultursemiotik, Bochum 1991, S. 45–61
Günther, Georg Ludwig: Das Rotwelsch des deutschen Gauners, Leipzig 1905
–: Die deutsche Gaunersprache und verwandte Geheim- und Berufssprachen, Leipzig 1919
Guthke, Karl S.: Letzte Worte. Variationen über ein Thema der Kulturgeschichte des Westens, München 1990
Hahn, Walther von (Hg.): Fachsprachen, Darmstadt 1981
Haitzinger, Horst: Archetypen, München 1980
–: Politische Karikaturen, München 1989
Handwörterbuch des deutschen Aberglaubens, hg. von E. Hoffmann-Krayer und H. Bächtold-Stäubli, 10 Bde., Berlin 1927–1942 (Ndr. Berlin 1987)
Handwörterbuch zur deutschen Rechtsgeschichte, hg. von A. Erler und E. Kaufmann, bisher 4 Bde., Berlin 1971ff.
Harms, Wolfgang (Hg.): Deutsche illustrierte Flugblätter des 16. und 17. Jahrhunderts, 2 Bde., Nendeln/Liechtenstein 1980
– (Hg.): Illustrierte Flugblätter aus den Jahrhunderten der Reformation und der Glaubenskämpfe, Coburg 1983
Harms, Wolfgang et *al.:* Illustrierte Flugblätter des Barock, Tübingen 1983
Haubich, Werner: Die Metaphorik des Sports in der deutschen Gegenwartssprache, Diss. Köln 1963
Henkel, Arthur und *Albrecht Schöne* (Hg.): Emblemata. Handbuch zur Sinnbild-

kunst des XVI. und XVII. Jahrhunderts, Stuttgart 1967
Henne, Helmut: Jugend und ihre Sprache. Darstellung, Materialien, Kritik, Berlin 1986
Henne, Helmut und *Georg Objartel* (Hg.): Bibliothek zur historischen deutschen Studenten- und Schülersprache, 6 Bde., Berlin 1984
Hoffmann von Fallersleben, August Heinrich: Volkswörter. Aus der deutschen Scherz-, Spott- und Gleichnis-Sprache, 1874 (Ndr. Amsterdam 1968)
Horn, Paul: Die deutsche Soldatensprache, Gießen 1899 (2. Aufl. 1905)
Hülsemanns, Dieter und *Friedolin Reske* (Hg.): Aller Lüste Anfang. Das 7. Buch der Werbung, Reinbek 1971
Hundhausen, Carl: Wesen und Form der Werbung, Essen 1954
Imme, Theodor: Die deutsche Soldatensprache der Gegenwart und ihr Humor, Dortmund 1917 (2. Aufl. 1918)
Jeromin, Rolf: Zitatenschatz der Werbung. Slogans erobern Märkte, Gütersloh 1969
Kapeller, Ludwig: Das Schimpfbuch. Von Amtsschimmel bis Zimtziege, Herrenalb 1962 (3. Aufl. 1964)
Kiener, Franz: Das Wort als Waffe. Zur Psychologie der verbalen Aggression, Göttingen 1983
Kleinpaul, Rudolf: Volkspsychologie. Das Seelenleben im Spiegel der Sprache, Berlin 1914
Kluge, Friedrich: Deutsche Studentensprache, Straßburg 1895
Knortz, Karl: Der menschliche Körper in Sage, Brauch und Sprichwort, Würzburg 1909
Kron, Richard: Alltagsdeutsch, Freiburg 1916
Küpper, Heinz: ABC-Komiker bis Zwitschergemüse. Das Bundessoldatendeutsch, Wiesbaden 1978
–: Illustriertes Lexikon der deutschen Umgangssprache, 8 Bde., Stuttgart 1982–1984
Küpper, Marianne und *Heinz:* Schülerdeutsch, Hamburg 1972
Ladendorf, Otto: Historisches Schlagwörterbuch, Straßburg 1906
Landmann, Salcia: Jiddisch: Das Abenteuer einer Sprache, Freiburg 1962 (Ndr. Berlin 1988)
Langemeyer, Gerhard et *al.:* Bild als Waffe. Mittel und Motive der Karikatur in fünf Jahrhunderten, München 1984
Lauffer, Otto: Farbensymbolik im deutschen Volksbrauch, Hamburg 1948
Leonhardt, Rudolf Walter: Auf gut deutsch gesagt, Berlin 1983
Lepp, Friedrich: Schlagwörter des Reformationszeitalters, Diss. Freiburg 1908
Lessmann, Heinrich: Der deutsche Volksmund im Lichte der Sage, Berlin 1922 (2. Aufl. 1937)
Liede, Alfred: Dichtung als Spiel. Studien zur Unsinnspoesie an den Grenzen der Sprache, 2 Bde., Berlin 1963
Lindow, Wolfgang: Volkstümliches Sprachgut in der neuniederdeutschen Dialektdichtung, Diss. Kiel 1960
Luchtenberg, Sigrid: Euphemismen im heutigen Deutsch, Frankfurt a.M. 1985
Mackensen, Lutz: Die deutsche Sprache unserer Zeit, Heidelberg 1956 (2. Aufl. 1971)
–: Verführung durch Sprache, München 1973
Maess, Thomas (Hg.): Dem Luther aufs Maul geschaut: Kostproben seiner sprachlichen Kunst, Leipzig 1982 (Ndr. Wiesbaden 1983)
Maier, Annette: Tiermetaphern in der deutschen und spanischen Umgangssprache, mit den Schwerpunkten: Schwein, Hund, Esel, Magisterarbeit Freiburg 1987
Mausser, Otto: Deutsche Soldatensprache, ihr Aufbau und ihre Probleme, Straßburg 1917
Möckelmann, Jochen und *Sönke Zander:* Form und Funktion der Werbeslogans. Untersuchung der Sprache und werbepsychologischen Methoden in den Slogans, Göppingen 1970
Morris, Desmond et *al.:* Gestures. Their Origins and Distribution, New York 1979
Nunn, A. David: Politische Schlagwörter in Deutschland seit 1945, Gießen 1974
Palm, Christine (Hg.): Europhras 90. Akten der internat. Tagung zur germanist. Phraseologieforschung, Uppsala 1991
Piltz, Georg: Geschichte der europäischen Karikatur, Berlin 1980
Pusch, Luise F.: Das Deutsche als Männersprache: Aufsätze und Glossen zur feministischen Linguistik, Frankfurt a.M. 1989
Ranke, Kurt: Die Welt der einfachen Formen, Berlin 1978
Reimann, Hans: Vergnügliches Handbuch der deutschen Sprache, Düsseldorf u. Wien 1964
Riesel, Elise: Der Stil der dt. Alltagsrede, Leipzig 1970

Roche, Reinhard: Floskeln im Gegenwartsdeutsch. Im Deutschen lügt man, wenn man höflich ist (Faust V, 6771), in: Wirkendes Wort 15 (1965), S. 385–405

Rohr, Ursula: Der Theaterjargon, Berlin 1952

Röhrich, Lutz: Erzählungen des späten Mittelalters und ihr Weiterleben in Literatur und Volksdichtung bis zur Gegenwart, 2 Bde., Bern 1962 und 1967

–: Sage und Märchen. Erzählforschung heute, Freiburg 1976

–: Der Witz. Figuren, Formen, Funktionen, Stuttgart 1977

Röhrich, Lutz und *Erika Lindig* (Hg.): Volksdichtung zwischen Mündlichkeit und Schriftlichkeit, Tübingen 1989

Römer, Ruth: Die Sprache der Anzeigenwerbung, Düsseldorf 1968 (2. Aufl. 1971)

Rosenfeld, Hans Friedrich: Ausdrucksfähigkeit und Bildkraft der niederdeutschen Sprache, Neumünster 1956

Rothkegel, Annely: Feste Syntagmen. Grundlagen, Strukturbeschreibung und automatische Analyse, Tübingen 1973

Rühmkorf, Peter: Über das Volksvermögen. Exkurse in den literarischen Untergrund, Reinbek 1967

Sailer, Anton: Die Karikatur in der Werbung, München 1969

Schaible, Karl Heinrich: Deutsche Stich- und Hieb-Worte. Eine Abhandlung über deutsche Schelt-, Spott- und Schimpfwörter, altdeutsche Verfluchungen und Flüche, Straßburg 1879 (2. Aufl. 1885)

Scheffler, Heinrich: Wörter auf Wanderschaft. Schicksale von Wörtern und Redensarten, Pfullingen 1986

Schirmer, Alfred: Wörterbuch der dt. Kaufmannssprache, Straßburg 1911 (Ndr. Berlin 1991)

Schmidt, Leopold: Die volkstümlichen Grundlagen der Gebärdensprache, in: Beiträge zur sprachlichen Volksüberlieferung. Festschr. Adolf Spamer, hg. v. I. Weber-Kellermann und W. Steinitz, Berlin 1953, S. 233–249

–: Volksbrauch in der Karikatur, Wien 1977

Schmidt, Rudolf: Tierisches in unserer Muttersprache, Gerabronn-Crailsheim 1972

–: Der Mensch im Spiegel der dt. Sprache, Gerabronn- Crailsheim 1974

Schrader, Monika: Epische Kurzformen. Theorie und Didaktik, Königstein/Ts. 1980

Simon, Bettina: Jiddische Sprachgeschichte, Frankfurt a.M. 1988

Sommer, Hans: Kulturgeschichtliche Sprachbilder, Bern 1943

–: Wort und Wert. Ernstes und Heiteres aus dem Leben der Sprache, Bern 1967

Spitzer, Leo: Amerikanische Werbung als Volkskunst verstanden, in: Sprache im technischen Zeitalter 12 (1964), S. 951–973

Stammler, Wolfgang: Seemanns Brauch und Glaube, in: Dt. Phil. im Aufriß, Bd. 3 (1956), Sp. 1815–1880

Stave, Joachim: Wörter und Leute. Glossen und Betrachtungen über das Deutsch in der Bundesrepublik, Mannheim 1968

Storfer, A.J.: Wörter und ihre Schicksale, Berlin 1935

Strauss, Gerhard, Ulrike Hass und *Gisela Harras:* Brisante Wörter. Von Agitation bis Zeitgeist. Ein Lexikon zum öffentlichen Sprachgebrauch, Berlin 1989

Suter, Beat: Graffiti. Rebellion der Zeichen, Frankfurt a.M. 1988

Timmermann, Gustav: Deutsche Seemannsausdrücke, Hamburg 1953

Transfeldt, Walter: Wort und Brauchtum des Soldaten, Hamburg 1942 (5. Aufl. 1959)

Trömel-Plötz, Senta: Frauensprache – Sprache der Veränderung, Frankfurt a.M. 1982

Trümpy, Hans: Schweizerdeutsche Sprache und Literatur im 17. und 18. Jh., in: Schriften d. Schweiz. Ges. f. Vkde., Bd. 36, Basel 1955

Verweyen, Theodor und *Gunther Witting:* Die Parodie in der neueren dt. Lit., Darmstadt 1979

Weber, Heinz: Studentensprache, Weinheim 1980

Weber-Kellermann, Ingeborg: Die Bedeutung des Formelhaften im volkstümlichen Denken, in: Völkerforschung, hg. v. W. Steinitz, Berlin 1954, S. 187–199

Weinberg, Werner: Die Reste des Jüdischdeutschen, Stuttgart 1969

Weinrich, Harald: Wege der Sprachkultur, Stuttgart 1985

Wissell, Rudolf: Des alten Handwerks Recht und Gewohnheit, 2 Bde., Berlin 1929

Wolf, Siegmund A: Wörterbuch des Rotwelschen. Deutsche Gaunersprache, Mannheim 1956

Wolff, Gerhart (Hg.): Metaphorischer Sprachgebrauch, Stuttgart 1982

Wurzbach, Constant von: Glimpf und Schimpf in Spruch und Wort, Wien 1864 (2. Aufl. 1866)

Wustmann, Georg: Allerhand Sprachdummheiten, Leipzig 1891 (13. Aufl. Berlin 1955)

Zeidler, Johannes: Die deutsche Turnsprache bis 1819, Halle 1942

Zimmer, Dieter E.: Redens Arten. Über Trends und Tollheiten im neudeutschen Sprachgebrauch, Zürich 1986

Zwanzger, Hans: Sonderbare Sprachfrüchte. Streifzüge durch unsere Umgangssprache, Wien 1949

9. Spezielle Lexika:

Adelung, Johann Christoph: Versuch eines vollständigen grammatisch-kritischen Wörterbuches der Hochdeutschen Mundart, 5 Bde., Leipzig 1774–86

–: Grammatisch-kritisches Wörterbuch der Hochdeutschen Mundart, 4 Bde., Leipzig 1793–1801

Alsaticus, J. R.: Elsässischer Sprichwörterschatz. Achthundert Sprichwörter und sprw. Redensarten aus dem Elsaß, 2. Aufl. Straßburg 1883

Amaranthes (d.i. Gottlieb Siegmund Corvinus): Nutzbares, galantes und curiöses Frauenzimmer-Lexicon, Leipzig 1715

Bauer, Karl: Waldeckisches Wörterbuch, hg. v. H. Collitz, Norden u. Leipzig 1902

Benecke, Georg Friedrich: Mhd. Wörterbuch. Ausgearbeitet von W. Müller und F. Zarncke, 3 Bde., Leipzig1854–61

Bernecker, Erich: Slawisches etymologisches Wörterbuch, Heidelberg 1908ff.

Bieri, Walter: Läbigs Berndütsch. E Sammlig vo bärndütsche Wörtere u Redensarte (= Hochwächter-Bücherei 27), Bern 1958

Bischoff, Erich: Wörterbuch der wichtigsten Geheim- und Berufssprachen. Jüdisch-Deutsch, Rotwelsch, Kundensprache; Soldaten-, Seemanns-, Weidmanns-, Bergmanns- und Komödiantensprache, Leipzig 1916

Braun, Maximilian: Deutsch-russisches phraseologisches Wörterbuch, Göttingen 1958

Bremisches Wörterbuch. Versuch eines bremisch-niedersächsischen Wörterbuchs, hg. v. d. bremischen deutschen Gesellschaft, 6 Bde., Bremen 1767–71 und 1869

Brunvand, Jan H.: Dictionary of Proverbs and Proverbial Phrases from Books, Published by Indiana Authors before 1890, Bloomington 1961

Buchdrucker, Bruno: Wörterbuch der Elberfelder Mundart, Elberfeld 1910

Collins, J.: Dictionary of Spanish Proverbs, London 1938

Crecelius, Wilhelm: Oberhessisches Wörterbuch, 2 Bde., Darmstadt 1897 und 1899

Dähnert, Johann Karl: Platt-Deutsches Wörter-Buch nach der alten und neuen Pommerschen und Rügischen Mundart, Stralsund 1781

Dang, J. S.: Darmstädter Wörterbuch, Darmstadt 1936

Deutscher Sprachatlas. Begr. v. G. Wenker, Marburg 1927–56

Doornkaat-Koolmann, J. ten: Wörterbuch der ostfriesischen Sprache, 3 Bde., Norden 1879–84

Dornseiff, Franz: Der deutsche Wortschatz nach Sachgruppen, 5. Aufl. Berlin 1959

Der Große Duden: Bd. 2, Stilwörterbuch der deutschen Sprache, 5. Aufl. Mannheim 1963

–: Bd. 7, Herkunftswörterbuch. Etymologie, Mannheim 1963

Fischer, Hermann und *Wilhelm Pfleiderer:* Schwäbisches Wörterbuch, 6 Bde., Tübingen 1904–1936

Follmann, Michael Ferdinand: Wörterbuch der deutsch-lothringischen Mundarten, Leipzig 1909

Friederich, Wolf: Moderne deutsche Idiomatik. Systematisches Wörterbuch mit Definitionen und Beispielen, München 1966

Frischbier, Hermann: Preußisches Wörterbuch. Ost- und Westpreußische Provinzialismen in alphabetischer Folge, Berlin 1882/83

Hentrich, Konrad: Wörterbuch der nordwestthüring. Mundart des Eichsfeldes, Göttingen 1912

Hönig, Fritz: Wörterbuch der Kölner Mundart, Köln 1905

Hunziker, Johann: Aargauer Wörterbuch, Aarau 1877

Jakob, Julius: Wörterbuch des Wiener Dialektes, Wien und Leipzig o.J. (1929)

Jungandreas, Wolfgang und *Heinrich Wesche:* Niedersächsisches Wörterbuch, Neumünster 1953ff.

Kapeller, Ludwig: Das Schimpfbuch. Von Amtsschimmel bis Zimtziege, 3. Aufl. Herrenalb 1964

Kehrein, Joseph und *Franz:* Wörterbuch der Weidmannssprache, Wiesbaden 1871 (Neuausg. Wiesbaden 1898)

Kindleben, Christian Wilhelm: Studenten-Lexikon, Halle 1781

Klappenbach, Ruth und *Wolfgang Steinitz:* Wörterbuch der deutschen Gegenwartssprache, Berlin 1961ff.

Klenz, Heinrich: Schelten-Wörterbuch. Die Berufs-, bes. Handwerkerschelten und Verwandtes, Straßburg 1910
Kluge, Friedrich: Deutsche Studentensprache, Straßburg 1895
–: Wörterbuch der Seemannssprache, Halle 1911
Kluge, Friedrich und *Alfred Götze:* Etymologisches Wörterbuch der deutschen Sprache, 16. Aufl. Berlin 1953
Krogmann, Willy (Hg.): Helgoländer Wörterbuch, Wiesbaden 1957ff.
Kück, Eduard: Lüneburger Wörterbuch, Neumünster 1942
Lasch, Agathe und *Conrad Borchling:* Mittelniederdeutsches Handwörterbuch, Bd. 1ff., Hamburg 1928ff.
Lexer, Matthias: Mittelhochdeutsches Handwörterbuch, 3 Bde., Leipzig 1872–78 (Ndr. Stuttgart 1970)
Luxemburger Wörterbuch i.A. hg. v. d. Wörterbuchkommission, Bd. 1ff., Luxemburg 1955ff.
Mackensen, Lutz: Deutsches Wörterbuch, 4. Aufl. Baden- Baden 1962
Martin, Ernst und *Hans Lienhart:* Wörterbuch der elsässischen Mundarten, 2 Bde., Straßburg 1899 u. 1907
Marzell, Heinrich: Wörterbuch der deutschen Pflanzennamen (unter Mitwirkung v. W. Wissmann), Leipzig 1937ff.
Maurer, Friedrich und *Friedrich Stroh* (Hg.): Deutsche Wortgeschichte, 3 Bde., 2. Aufl. Berlin 1959–60
Mensing, Otto: Schleswig-holsteinisches Wörterbuch, 5 Bde., Neumünster 1927–35
Meyer, Hans: Der richtige Berliner in Wörtern und Redensarten, fortgef. v. S. Mauermann u. f. d. 10. Aufl. bearb. u. erg. v. W. Kiaulehn, München 1965
Mitzka, Walther: Deutscher Wortatlas, Gießen 1952ff.
Müller, Anton: Freiburger ABC, 2. Aufl. Freiburg 1967
Müller, Josef: Rheinisches Wörterbuch, Bd. 1ff., Bonn und Leipzig 1928ff.
Müller, Maria: Verhüllende Metaphorik in der Saga, Würzburg-Aumühle 1939
Müller-Fraureuth, Karl: Wörterbuch der obersächsischen und erzgebirgischen Mundarten, 2 Bde., Dresden 1911, 1914
Müller-Schlösser, Hans: Wie der Düsseldorfer denkt und spricht, Düsseldorf 1952
Muntean, George: Proverbe românești, Bukarest 1967
Ochs, Ernst: Badisches Wörterbuch, Bd. 1ff., Lahr i. B. 1925ff.
Schambach, Georg: Wörterbuch der niederdt. Mundart der Fürstentümer Göttingen und Grubenhagen, Hannover 1858
Schatz, Josef: Wörterbuch der Tiroler Mundarten, Innsbruck 1955f.
Schiller, Karl u. *August Lübben:* Mittelniederdeutsches Wörterbuch, 6 Bde., Bremen 1875–81 (Ndr. 1931)
Schirmer, Alfred: Wörterbuch der deutschen Kaufmannssprache, Straßburg 1911 (Ndr. Berlin 1991)
Schmeller, Johann Andreas: Die Mundarten Bayerns grammatisch dargestellt, München 1821 (Ndr. München 1929/30)
–: Bayerisches Wörterbuch, 4 Bde., Stuttgart 1827–36 (2. Aufl. hg. v. K. Frommann, 2 Bde., München 1872–77; Ndr. d. 2. Aufl. mit Vorwort von Otto Basler, Aalen 1961)
Schmid, Johann Christoph von: Schwäbisches Wörterbuch, Stuttgart 1831
Schmidt, Charles: Wörterbuch der Straßburger Mundart, Straßburg 1896
–: Historisches Wörterbuch der Elsässischen Mundart, Straßburg 1901
Schöpf, Johann Baptist: Tirolisches Idiotikon, hg. v. A. J. Hofer, 2. Aufl. Innsbruck 1883
Schottelius, Justus Georgius: Ausführliche Arbeit von der Teutschen HaubtSprache, Braunschweig 1663
Schramm, Karl: Mainzer Wörterbuch, 3. verm. u. völlig neu bearb. Aufl. Mainz 1966
Schröder, Richard und *Eberhard Frh. v. Künßberg:* Dt. Rechtswörterbuch (Wörterbuch der älteren dt. Rechtssprache), bearb. v. ..., Weimar 1914ff.
Schullerus, Adolf, Georg Keintzel u.a.: Siebenbürgisch-Sächsisches Wörterbuch, Bd. 1ff., Straßburg u. Berlin 1908ff.
Schulz, Hans und *Otto Basler:* Deutsches Fremdwörterbuch, Bd. 1, Straßburg und Berlin 1913, Bd. 2 ebd. 1942, Bd. 3 in Lieferungen, zuletzt 1972
Schütze, Johann Friedrich: Holsteinisches Idiotikon. Ein Beitrag zur Volkssittengeschichte, oder Sammlung plattdt. ... Worte ... Sprichwörter ..., 4 Bde., Hamburg 1800–02, 1806
Schützeichel, Rudolf: Althochdeutsches Wörterbuch, Tübingen 1969
Schuster, Friedrich Wilhelm: Siebenbürgisch-sächsische Volkslieder, Sprichwörter ..., Hermannstadt 1865 (2. Ausg. 1931)
Siebs, Theodor und *Wolfgang Jungandreas:* Schlesisches Wörterbuch, Breslau 1935ff.

Smith, William George: The Oxford dictionary of English proverbs, with an introduction by J. E. Heseltine, 2nd Ed. revised throughout by Sir P. Harvey, Oxford 1952

Staub, Friedrich und *Ludwig Tobler:* Schweizerisches Idiotikon. Wörterbuch der schweizerdeutschen Sprache, Bd. 1ff., Frauenfeld 1881ff.

Tobler, Titus: Appenzellischer Sprachschatz. Sammlung appenzellischer Wörter, Redensarten, Sprichwörter, ..., Zürich 1837

Trübner, Karl, Alfred Götze und *Walther Mitzka:* Deutsches Wörterbuch, 8 Bde., Berlin 1939–57

Vilmar, August Friedrich Christian: Idiotikon von Kurhessen, Marburg 1868

Wahrig, Gerhard: Deutsches Wörterbuch, Jubiläumsausgabe Gütersloh-München 1991

Walther, Hans: Proverbia Sententiaeque Latinitatis medii aevi, 5 Bde., Göttingen 1963–67

Wasserzieher, Ernst: Woher? Ableitendes Wörterbuch der deutschen Sprache, 14., neubearb. Aufl. bes. v. W. Betz, Bonn 1959

Wehrle, Hugo und *Hans Eggers:* Deutscher Wortschatz. Ein Wegweiser zum treffenden Ausdruck, 12. Aufl. Stuttgart 1961

Wolf, Siegmund A.: Wörterbuch des Rotwelschen. Deutsche Gaunersprache, Mannheim 1956

–: Großes Wörterbuch der Zigeuner-Sprache, Mannheim 1960

Wörterbuch der Gegenwartssprache, hg. v. R. Klappenbach u. W. Steinitz, Lieferung 1ff., Berlin 1961ff.

Wörterbuch der luxemburgischen Mundart, Luxemburg 1926

Woeste, Friedrich: Wörterbuch der westfälischen Mundart, neu bearb. v. E. Nörrenberg, Norden und Leipzig 1930

Wossidlo, Richard und *Hermann Teuchert:* Mecklenburgisches Wörterbuch, Bd. 1ff., Neumünster 1937ff.

Wrede, Adam: Altkölnischer Sprachschatz, Bd. 1ff., Bonn 1928ff.

Ziesemer, Walter: Preußisches Wörterbuch. Sprache und Volkstum Nordostdeutschlands, Königsberg 1935f.

Zivy, Arthur: Elsässer Jiddisch. Jüdischdeutsche Sprichwörter und Redensarten, Basel o.J. (1966)

10. Literarische und kulturhistorische Quellen:

Abraham a Santa Clara: Sämtliche Werke, 21 Bde., Passau (Lindau) 1834ff.; Werke, hg. v. d. Wien. Akad. der Wiss., 1943ff.

Alberus, Erasmus: Novum dictionarii genus, Frankfurt a.M. 1540

Aesopi Fabulae, ex recogn. Caroli Halmii, Lipsiae 1911

Avé-Lallemant, Friedrich Christian Benedict: Das dt. Gaunerthum, 4 Bde., Leipzig 1856–62

Brant, Sebastian: Narrenschiff, Faksimile der Erstausgabe von 1494, mit einem Nachwort v. F. Schultz, Straßburg 1913

–: Das Narrenschiff. Nach der Erstausgabe (Basel 1494) mit den Zusätzen der Ausg. v. 1495 und 1499 sowie den Holzschnitten der dt. Originalausg. hg. v. M. Lemmer, 2., erw. Aufl., Tübingen 1968 (= Ndr. dt. Literaturwerke. Neue Folge, Bd. 5)

Egbert v. Lüttich: Fecunda ratis. Ed. v. Voigt, Halle 1889

Erasmus v. Rotterdam: Adagiorum Opus, Basel 1528

Erk, Ludwig und *Franz Magnus Böhme:* Deutscher Liederhort, 3 Bde., Leipzig 1893–94 (Ndr. Hildesheim und Wiesbaden 1963)

Fischart, Johann: Geschichtklitterung 1575; Aller Praktik Großmutter 1572; Flöhhatz, Straßburg 1573; Das philosophische Ehezuchtbüchlein, Straßburg 1607; Weibertratz. Sämtliche Dichtungen, hg. v. H. Kurtz 1866/1867 (= Ndr. dt. Literaturwerke 65–71), hg. v. A. Alsleben, Halle 1891

–: Werke, hg. v. A. Hauffen, 3 Bde., Stuttgart o.J. (1895f.)

Freidank: Bescheidenheit, hg. v. E. Bezzenberger, Halle 1872

Kirchhoff, Hans Wilhelm: Wendunmuth, hg. v. H. Oesterley, 5 Bde., Stuttgart 1869

Luther, Martin: Werke, Kritische Gesamtausgabe, Weimar 1834f.

–: Fabeln, neu bearb. v. E. Thiele, 2. Aufl. Halle 1911

Maaler, Josua: Die Teütsch Spraach, Zürich 1561

Minnesangs Frühling, 30. Aufl. hg. v. C. von Krauss, 35. Aufl. Stuttgart 1970

Müllenhoff, Karl u. *Wilhelm Scherer:* Denkmäler deutscher Poesie und Prosa aus dem 8.–12. Jh., 3. Aufl. Berlin 1892

Murner, Thomas: Narrenbeschwörung, hg. v. M. Spanier, Halle 1894

Röhrich, Lutz und *Rolf W. Brednich:* Dt. Volkslieder, Texte und Melodien, 2 Bde., Düsseldorf 1965–67

Sachs, Hans: Sämtliche Fastnachtsspiele, hg. v. E. Goetze, 7 Bde., Halle 1880–87

Stieler, Kaspar (= Spate): Der Teutschen Sprache Stammbaum und Fortwachs, oder Teutscher Sprachschatz ..., Nürnberg 1691 (Ndr. 1968)

Waldis, Burkard: Esopus in hochdeutsch. 1548, Frankfurt 1565, ed. Gödicke Hannover 1882

Walther von der Vogelweide, hg. v. K. Lachmann. 7. Aufl. besorgt v. C. v. Krauss, Berlin 1907; 13. Aufl. neu hg. v. H. Kuhn 1965

Wernher der Gartenaere: Meier Helmbrecht, hg. v. Panzer, Halle 1902

Zimmerische Chronik, hg. v. K. A. Barack. Bibl. d. lit. Vereins zu Stuttgart, Bd. 91–94 (2. verb. Aufl. Freiburg i. Br. u. Tübingen 1881–82; Neuausg. hg. v. H. Decker-Hauff, Bd. 1 u. 2, Darmstadt 1964 [rev. Ndr. 1966]–1967)

ABBILDUNGSNACHWEIS

Für die freundliche Überlassung und den Nachweis von Abbildungen danke ich herzlich:

Prof. Dr. Rolf W. Brednich, Göttingen; Prof. Dr. Wolfgang Brückner, Würzburg; Hauptkonservator Dr. Bernward Deneke, Nürnberg; Frau Monika Eidel-Hase, Freiburg i. Br.; Dr. Paul Engelmeier, Telgte; Dr. Theo Gantner, Basel; Dr. Gerda Grober, Bonn; Peter Groß, Freiburg i. Br.; Prof. Dr. Walter Hävernick †, Hamburg; Frau Heinke Hempel-Binder, Holzkirchen; Dr. Maria Kosová †, Bratislava; Prof. Dr. Leopold Kretzenbacher, München; Konservator F. K. Mathys, Basel; Gertraud Meinel, Freiburg i. Br.; Prof. Dr. Dietz-Rüdiger Moser, München; Prof. Dr. Bruno Schier †, Münster i. Westf.; Hofrat Prof. Dr. Leopold Schmidt †, Wien; Prof. Dr. K. Spyridakis, Athen; A. Paul Weber †, Frankfurt a. M.; Dr. Robert Wildhaber †, Basel; Prof. Dr. Matthias Zender, Bonn.

Herzlicher Dank gilt weiter für freundliche Auskünfte und Hinweise sowie für die Reproduktionserlaubnis und die Herstellung von Originalfotos folgenden Museen, Bibliotheken, Archiven und Institutionen:

Staatliche Museen Preußischer Kulturbesitz, Gemäldegalerie, Berlin
Staatliche Gemäldegalerie Kassel
Universitätsbibliothek Heidelberg
Württembergisches Landesmuseum, Stuttgart
Fürstlich Fürstenbergische Bibliothek, Donaueschingen
Universitätsbibliothek Göttingen
Germanisches Nationalmuseum Nürnberg
Stadtbibliothek Nürnberg
Städtische Kupferstichsammlung Nürnberg
Bayerisches Nationalmuseum, München
Kupferstichkabinett München
Bayerische Staatsbibliothek München
Walters Art Gallery, Baltimore/Maryland/USA
Museum of Art, Philadelphia (Pennsylvania)
Uffizien, Florenz
Museo del Prado, Madrid
Rijksmuseum, Amsterdam
Königliche Bibliothek Den Haag
Mauritshuis, Den Haag
Stadtmuseum Brugge
Bibliothek Albert Ter, Brüssel
Bibliothèque Nationale, Paris
Musée Alsacien, Strasbourg
Schweizerisches Museum für Volkskunde, Basel
Historisches Museum, Basel
Schweizerisches Turn- und Sportmuseum, Basel
K. und K. Kupferstichsammlung, Wien
Albertina, Wien
Österreichisches Museum für Volkskunde, Wien
Tiroler Volkskunst-Museum, Innsbruck
Oberösterreichisches Landesmuseum, Linz
Slovenského národného múzea Martine, Martin (Slowakei)
Ethnographisches Museum, Ljubljana
Augustinermuseum, Freiburg i. Br.
Herder-Bildarchiv, Freiburg i. Br.
Hamburger Kunsthalle, Kupferstichkabinett
Schiller-Nationalmuseum, Marbach
Städtisches Museum Gotha
Niedersächsische Landesgalerie, Hannover
Ikonenmuseum, Recklinghausen
Landesmuseum Wiesbaden
Niederrheinisches Museum, Wesel
Heimathaus Münsterland, Telgte
Heimatmuseum Neuruppin
Märkisches Museum, Berlin
Heimatmuseum Wolfach
Bally-Ausstellung Felsgarten, Schuhmuseum Schönenwerd

Jeweils mehrere Abbildungen sind mit freundlicher Genehmigung der Verfasser, Herausgeber und des Verlags den folgenden Werken entnommen, die der Einfachheit halber im Bildverzeichnis nur abgekürzt zitiert werden:

Ammann, Jost: Eygentliche Beschreibung aller Stände, Frankfurt 1568, Neudruck

Insel-Verlag Leipzig 1960 (abgekürzt: Ständebuch)
Bismarck-Album des Kladderadatsch. Mit dreihundert Zeichnungen von Wilhelm Scholz, 9. Aufl. Berlin 1890 (abgek.: Bismarck-Album)
Brant, Sebastian: Das Narrenschiff. Nach der Erstausgabe (Basel 1494) mit den Zusätzen der Ausgaben von 1495 und 1499 sowie den Holzschnitten der deutschen Originalausgaben hg. v. Manfred Lemmer, Verlag Niemeyer, 2., erweiterte Aufl. Tübingen 1968 (abgek.: Brant: Narrenschiff)
Brisolla, Thyrso A.: Das Ei des Kolumbus u. andere dt. Redensarten, Buch a. Ammersee 1983
Brückner, Wolfgang: Populäre Druckgraphik Europas. Deutschland vom 15. bis zum 20. Jh., Callwey-Verlag, München 1969 (abgek.: Brückner: Druckgraphik)
Bry, Jo. Theodor et Jo. Israel de: Emblemata Secularia mira et jucunda varietate, Francofurti MDXCVI (1596) (abgek.: de Bry: Emblemata)
Cats, Jacob and Robert Farlie: Moral Emblems, New York 1860
Daumier, Honoré: Das lithographische Werk, hg. v. Klaus Schrenk, Bd. I u. II, München 1977
Doré, Gustave: Das graphische Werk, Bd. I u. II, München 1975
Frank, Grace and Dorothy Miner: Proverbes en Rimes. Text and Illustrations of the Fifteenth Century from a French Manuscript in the Walters Art Gallery Baltimore, The John Hopkins Press, Baltimore 1937 (abgek.: P.e.R.)
Glaßbrenner, Adolf: Unsterblicher Volkswitz, 2 Bde., Verlag Neues Berlin, Berlin 1954 (abgek.: Glaßbrenner)
Grandville (d.i. Jean-Ignace Isidore Gérard): Das gesamte Werk. Einleitung v. Gottfried Sello, 2 Bde., Rogner u. Bernhard, München 1969 (abgek.: Grandville: G. W.)
Grober, Gerda: Zur Verbreitung von Redensarten und Vorstellungen des Volksglaubens nach den Sammlungen des Atlas der dt. Volkskunde, in: Zs. f. Vkde. 58 (1962) S. 41–71 (abgek.: Grober)
Henkel, Arthur und Albrecht Schöne (Hrsg.): Emblemata. Handbuch zur Sinnbildkunst des XVI. und XVII. Jahrhunderts, J. B. Metzlersche Verlagsbuchhandlung, Stuttgart 1967 (abgek.: Henkel u. Schöne)
Das Herz – Im Umkreis des Glaubens – Im Umkreis der Kunst – Im Umkreis des Denkens, Dr. Karl Thomae G.m.b.H., Biberach a.d. Riss, 3 Bde., Biberach 1965–69 (abgek.: Herz)
Heurck, Em. van et G. J. Boekenoogen: L'imagerie populaire des Pays-Bas, Belgique–Hollande, Paris 1930 (abgek.: L'imagerie populaire des Pays-Bas)
Meisner, Daniel u. Eberhard Kieser: Politisches Schatzkästlein, Bd. I: 1625–1626 u. Bd. II: 1627–1631, Unterschneidheim 1979
Murner, Thomas: Schelmenzunft, 1512, hg. von M. Spanier 1925 (abgek.: Murner: Schelmenzunft)
Schöne, Albrecht: Emblematik und Drama im Zeitalter des Barock, C. H. Beck'sche Verlagsbuchhandlung, München 1964 (abgek.: Schöne: Emblematik)
Die Schwiegermutter und das Krokodil, 111 bunte Bilderbogen für alle Land- und Stadtbewohner, so weit der Himmel blau ist, hg. v. Werner Hirte, Rogner u. Bernhard, München MCMLXIX (1969) (abgek.: S. u. K.)
Steinhöwel, Heinrich: Esopus, gedruckt von Günther Zainer in Augsburg um 1477/78. Die Incunabel in ihren Hauptwerken, Müller u. Co. Verlag, Potsdam (1921) (abgek.: Steinhöwel: Esopus)
Veit, Ludwig: Das liebe Geld, Prestel-Verlag Dr. Paul Capellmann, München 1969 (abgek.: Veit: Geld)
Wäscher, Hermann: Das deutsche illustrierte Flugblatt, VEB Verlag der Kunst, Dresden 1955 (abgek.: Wäscher: Flugblatt)

In die Neuausgabe sind vermehrt zeitgenössische Karikaturen aufgenommen worden, die zeigen, wie lebendig Redensarten noch heute sind.

Wie künstlerisch anregend sie sein können, zeigen die Zeichnungen von Paul Flora, Peter Gaymann, Hans Geisen, Horst Haitzinger, Hanel, Luis Murschetz, Pepsch, Tomi Ungerer, A. Paul Weber, Wolter u.a.

Für das Einverständnis zum Abdruck danke ich allen genannten Künstlern.

Abbildungsnachweis

Bei mehreren Abb. auf einer Seite erfolgt die Numerierung grundsätzlich für das Verzeichnis von links oben nach links unten und danach von rechts oben nach rechts unten.

34/35: Sprichwörter-Bild von Pieter Bruegel d. Ä., 1559, Staatliche Museen Preußischer Kulturbesitz, Gemäldegalerie Berlin–Dahlem
51: Werbung der Stadtsparkasse Mainz zum Weltspartag (30. X.)
52: Detail aus dem Sprichwörter-Bild von P. Bruegel, 1559
54: Frz. Lithographie, aus: Jos. Kürschner (Hg.): Der große Krieg 1870/71 in Zeitberichten, Berlin 1895
55: Holzschnitt aus Bilder-Abc, Stralsund 1788
59: Pfeilerkapitell im Chorumgang des Basler Münsters, 12. Jh.
67: Holzschnitt aus: Günther Zainer: Speculum humanae salvationis (ill. Ausg. v. 1476)
68 (1): Kupferstich, aus: Die Fliegenden Blätter des XVI. u. XVII. Jh., hg. v. J. Scheible, Ndr. Hildesheim/New York 1972, S. 172f., Abb. 45
– (2): Aderlaß des Robin Hood, durch den er getötet wurde, aus: A true Tale of Robin Hood, in: John Ashton: Chap-Books of the eighteenth Century, New York 1970, S. 359
70 (1): Kupferstich von 1556/57, Bibliothek Albert Ter, Brüssel
– (2): Gemälde von Annibale Carracci, 16. Jh. Uffizien, Florenz
– (3): Grandville: G. W., Bd. 2, S. 1055
71 (1): Steinhöwel: Esopus, Die XI. Fabel ‚von dem affen vnd seynem kinde‘
– (2): William Hogarth: Wirtshausschild, um 1740
– (3): Detail aus einem Festumzug, Sonderausstellung von Theo Gantner: Der Festumzug, Schweizerisches Museum für Volkskunde, Basel, 1970
– (4): Zeichnung von Albrecht Dürer, 1523
73: Emblemat. Kupferstich aus: Meisner u. Kieser, Bd. I, Teil 5, Abb. 4
75: Lithographie v. H. Daumier, in: ‚Le Charivari‘, v. 16. 1. 1851
76: ‚Frau Alraune‘, Hortus sanitatis, 1485
77: Heidelberger Sachsenspiegelhandschrift, 13. Jh.
80: Bronzeplastik v. Johann Baptist Lenz vor dem Gebäude der Kreisverwaltung Ahrweiler
82 (1): Talhoffer's Fechtbuch, Bilderhandschrift von 1467, Herzogliche Bibliothek Gotha
– (2) Zeichnung v. Brisolla, Abb. 18
– (3): Zeichnung v. Tomi Ungerer, aus: ders.: Adam & Eva, Zürich 1974, S. 42
85 (1): ‚Prangersteine‘ in Spangenberg/Hessen
– (2): Stundenbuch der Katharina von Kleve, Anfang 15. Jh. (um 1440)
– (3): ‚Klapperstein‘ vom Rathaus in Mulhouse (Elsaß)
86: Emblem aus: Cats and Farlie, S. 29
89: Lithographie v. Ch. Vessier, 19. Jh.
92: Zeichnung zu Rätselfrage
93 (1): Kupferstich aus der ‚Todtenkapelle‘ v. Abraham a Sancta Clara
– (2): Gemälde von Nicolaes Maes: Junge Frau, Äpfel schälend, New York, Metropolitan-Museum. Aus: W. R. Valentiner: Nicolaes Maes, Berlin u. Leipzig 1924, S. 28
95 (1): Detail aus ‚Bauernregeln‘, ill. v. E. Ille, Münchener Bilderbogen, Nr. 196,
– (2): Detail: April, aus: Die zwölf Monate, Holzschnitte, Barcelona, 16. Jh.
98: Gemälde von Peter Paul Rubens: ‚Juno und Argus‘, Wallraf-Richartz-Museum, Köln
99: Heidelberger Sachsenspiegelhandschrift, 13. Jh.
102 (1): Karikatur, aus: UNI-Journal 2/1984
– (2): Holzschnitt von Albrecht Dürer zum ‚Ritter vom Turn‘. ‚Von den Exempeln der Gotsfurcht un Erberkeit‘. Gedruckt bei Michael Furter, Basel 1493
103: Holzschnitzwerk im Friedenssaal, Münster/Westf.
104: „Dem die andere ins Loch kriechen“, de Bry: Emblemata, Nr. 41
105 (1): Miséricorde de Stalle: La Correction, Bourg-en-Bresse (Ain), Eglise de Brou, 16. Jh.
– (2): Pardon-Nationalpreis, Karikatur aus PARDON
107: Karikatur v. Geisen, Bad. Ztg., Nr. 74, v. 31. 3. 1978, S. 4
110: Kupferstich eines allegorischen Reimspottblattes auf die Großmannssucht der Zeit, um 1610/20, aus: Brückner: Druckgraphik, S. 72, Abb. 63
111: Scherzhaftes Flugblatt mit Kupfer, 17. Jh., gedruckt von Johann Klockher, München, Kupferstichkabinett
112: Zeichnung v. Tomi Ungerer, aus: ders.: Adam & Eva, Zürich 1974, S. 70
113 (1): Gemälde von Jakob Jordaens (1593

bis 1678), Staatliche Gemäldegalerie Kassel
– (2): Nach dem Ölgemälde v. Carl Kronberger, aus: Die Gartenlaube, Jg. 1884, S. 324
114: ‚Disharmonie', Neuruppiner Bilderbogen, Nr. 8565, aus: S. u. K., S. 88
115 (1): Kupferstich von Matthäus Merian zu: Julius Wilhelm Zincgreff: Emblematvm/Ethico-Politicorvm/Centvria, Heidelberg 1619, Nr. 1, aus: Henkel u. Schöne, Sp. 400
– (2): Joachim Camerarius, jun.: Symbolorvm/et/Emblematvm ex/Animalibvs Qvadrvpedibvs/Desvmtorvm/Centvria Altera/Collecta, Nürnberg 1595, Nr. 73, aus: Henkel u. Schöne, Sp. 482
123 (1): Karikatur auf das Waldsterben v. Haitzinger v. 29. V. 85 aus: SPIEGEL, Nr. 27/1985
– (2): ‚Rolandslied' des Pfaffen Konrad, 12. Jh., Universitätsbibliothek Heidelberg, Codex palatinus Germanicus 112
125: Steinhöwel: Esopus, Die XIIII. Fabel ‚von dem man vnd der agxst'
126: Holzplastik, Musée Alsacien, Strasbourg
128: James Gillray: Karikatur auf die Ereignisse des Jahres 1806: Nach der Schlacht von Austerlitz macht Napoleon die Herrscher von Bayern, Württemberg und Baden zu Satelliten-Monarchen
129: Misericordiendarstellung, Amsterdam, 16. Jh.
130: Holzschnitt aus der Schweizer Geschichte des Zürichers Johannes Stumpf, 1548, Bern, Historisches Museum
132: Spätmittelalterl. Ill. zu ‚Wolfdietrich', Aus: Nacktheit u. Scham, Frankfurt a. M. 1988, S. 25
133: Holzschnitt, Murner: Schelmenzunft, 1512
135 (1): Initiale aus der Parzival-Handschrift der Fürstlich Fürstenbergischen Bibliothek in Donaueschingen
– (2): A. Paul Weber: Karikatur ‚Splitter kontra Balken' (Lithographie)
142 (1): Detail aus einem Votivbild, 1. Hälfte 19. Jh.
– (2): Spottblatt auf die Jahrmarktsänger: „Jean Pompesac, privilegirter Marckt- und Zeitungs Sänger mit seinem musikalischen Weibe", anonymer Kupferstich aus der 1. Hälfte des 18. Jh.
143 (1): Karikatur v. Haitzinger v. 79, aus: SPIEGEL, Nr. 10, 1982
– (2): Karikatur v. Wolter, aus: Bad. Ztg., Nr. 95, v. 26. IV. 1977
145 (1): Holzschnitt, aus: From Thronus Cupidinis sive Emblemata Amatoria P. T. L. Excudit Crispyn de Passe, 1596 Aus: Mario Praz: Studies in Seventeenth-Century Imagery, 2. E. Roma 1964, S. 118, Abb. 38
– (2): T. Severyn: Staropolska, Grafika ludowa, Warszawa 1956, S. 112
– (3) Ill. v. Gustave Doré zu Hippolyte Taine: ‚Voyage aux Pyrénées', Paris 1860, aus: G. Doré, Bd. I, S. 360
– (4): Grandville: G. W., Bd. 1, S. 141
– (5): Detail aus: ‚Die zehen Wirthshaus-Gebote', Neuruppiner Bilderbogen, Nr. 1030, aus: S. u. K., S. 117
– (6): Karikatur v. Haitzinger, 77: DER SPIEGEL, Nr. 46, 1977, S. 160
149 (1): Hans Jakob Christoffel von Grimmelshausen: Der erste Beernhaeuter – nicht ohne sonderbare darunter verborgene lehrreiche Geheimniß ..., Nürnberg 1670, Universitätsbibliothek Göttingen, aus: Felix Karlinger: Märchen des Barock, München 1965, S. 145
– (2): Steinhöwel: Esopus, Die VIII. Fabel ‚von zweyen gesellen'
151: Zeitgenöss. Ill. zur 48er Revolution aus: ZEITmagazin, Febr. 1988
152 (1): Kapitell in Anzy-le-Duc (Saône-et-Loire)
– (2): Kolor. Holzschnitt, 1. Viertel 18. Jh., aus: Claudon-Adhémar, Nr. 13
153: Relief eines Richters in der Vorhalle der Münsterkirche zu Kastl (Oberpfalz), aus: Bayerischer Heimatschutz, 29. Jg., 1933, Abb. 8
154 (1): Holzschnitt, Murner: Schelmenzunft, 1512
– (2): Detail aus dem Sprichwörterbild von P. Bruegel, 1559
159: Ill. v. Stauber in: Münchener Bilderbogen, Nr. 190
161: vgl. S. 200
162: Holzschnitt des Formschneiders u. Briefmalers Albrecht Schmid, 1694
167: Relief eines sitzenden Richters, St.-Stephans-Dom, Wien, aus: Leopold Schmidt: Der Richter über dem Riesentor von St. Stephan, in: Jb. d. Ver. f. Gesch. d. Stadt Wien 8, 1949/50
174: Ill. v. Gustave Doré zu: Jean de la Fontaine: ‚Les Fables', Paris 1868: Buch 5, Fabel 10: ‚Der kreißende Berg', aus: G. Doré, Bd. 1, S. 443
177: „Noli me tangere", span. Elfenbein-Relief, spätes 11. Jh., Metropolitan Museum of Art, New York,

178: Heidelberger Sachsenspiegelhandschrift, 13. Jh.
179: Detail aus dem Sprichwörterbild von P. Bruegel, 1559
180: Detail aus einem Bilderbogen aus Ostflandern, um 1700, Sammlung Röhrich, Freiburg i. Br.
181 (1): Karikatur v. Haitzinger v. 3. VII. 85
– (2): Lenin-Plakat aus der Revolutionszeit, aus: DER SPIEGEL, v. 2. IV. 1990
– (3): Karikatur v. Peter Brookes, aus: DER SPIEGEL, v. 23. IV. 1990
– (4): Karikatur v. Hond, 83, aus: DER SPIEGEL, v. 11. VII. 1983
182: Titelholzschnitt mit Exorzismus zu: ‚Warhafft: vnd gründtlicher Bericht ...', München, Adam Berg, 1589
183: Heidelberger Sachsenspiegelhandschrift, 13. Jh.
185: Gerda Grober: Karte zu Frage 233 d der Umfrage zum Atlas der deutschen Volkskunde
186: Münchener Bilderbogen Nr. 404: ‚Seltsame Vorstellungen des Blitztoni'
188: Rundbild von Pieter Bruegel d. Ä. aus der Serie: ‚Zwoelf vlaemische Sprichwörter', gestochen von Jan Wierix und Pieter van der Heijden
189 (1): Misericordie in Presle (Flandern)
– (2): Rundbild von Pieter Bruegel d. Ä. aus der Serie: ‚Zwoelf vlaemische Sprichwörter
191: „Die Bienen" aus dem englischen ‚Bestiarium Ashmole', ca. 1210. MS. Ashmole 1511. fol. 75v (Ausschnitt)
193: Holzschnitt, Murner: Schelmenzunft, 1512
195: Steinhöwel, Esopus, Die XIIII. Fabel ‚von dem bild vnd dem wolff'
197: Verbreitungs-Karte nach L. Mackensen, in: HdA. I, Sp. 1315–1316
200 (1): Kupferstich, aus: Cats and Farlie: S. 113
– (2): Holzschnitt, um 1850 aus: Chansons Populaires, Rosheim 1984, S. 48
201: Gottesurteil mit Probebissen, 1562, aus: ‚Die Wickiana', 16. Jh., hg. v. M. Senn, Küsnacht–Zürich 1975, S. 100
206: Bauer und Mohr von 1485 vom Schembartlaufen in Nürnberg, aus: Fritz Brüggemann: Vom Schembartlaufen, Leipzig 1936
209: Detail aus dem Sprichwörterbild von P. Bruegel, 1559
216: Fortuna mit Augenbinde v. J. Muczkowski, Kraków 1849, aus: J. Krzyżanowsky: Madrej głowie dośċ dwie słowie, Bd. 1, Warszawa 1960, Abb. 8
217 (1): Zeichnung von Conrad Meyer (1618 bis 1680), aus: Conrad Meyer: Die Kinderspiele, hg. v. C. Ulrich, Zürich 1970, S. 10
– (2) Galantes Gesellschaftsspiel, Frz. Kupferstich, aus: E. Fuchs: Geschichte d. erot. Kunst, Bd. II: Berlin 1977, S. 167, Abb. 141
218 (1): Kupfer aus: de Bry: Emblemata, Nr. 46
– (2): Gemälde von Pieter Bruegel d. Ä., Herder-Bildarchiv
– (3): ‚Au royaume des Aveugles les Borgnes sont rois', Kolorierte Graphik nach J. J. Grandville, Sammlung Röhrich
222 (1): Nach einem Originalaquarell von Geißler (1770–1844)
– (2) Cats and Farlie, S. 65
227 (1): Ill. aus: Bruno Mariacher: Das Glück ist kugelrund, Zürich u. München 1972
– (2): Politische Karikatur auf Napoleon, Blatt aus dem Historischen Museum der Stadt Prag
230: Botanische Darstellung des Bockshornklees
241 (1): Karikatur v. Luis Murschetz, aus: Muttersprache, Bd. 100, Wiesbaden 1990, S. 30
– (2): Karikatur v. Pepsch, aus: DER SPIEGEL, Nr. 3, v. 12. I. 1987
– (3) Karikatur v. John Tenniel: Das Enfant terrible (Wilhelm II.), 1890, aus: Georg Piltz: Geschichte der europ. Karikatur, Berlin 1976, S. 197, Abb. 182
– (4): Karikatur v. Haitzinger, 80, aus: DER SPIEGEL, Nr. 40, 1986
246: Titelblatt des Lahrer Kalenders von 1969
248: Brenneisen mit Rad und Galgen, Germanisches Nationalmuseum, Nürnberg
249: Holzschnitt v. Jörg Breu: ‚Der Bratenriecher', aus: M. Geisberg: Der dt. Einblattholzschnitt in der ersten Hälfte d. XVI. Jh., München o. J., Nr. 235
251: Detail aus der ‚Bauernhochzeit' von Pieter Bruegel
255: Zeichnung
257: Heidelberger Sachsenspiegelhandschrift, 13. Jh.
258 (1): Zeitungskarikatur
– (2): Zeitungskarikatur v. BAS.
– (3): Karikatur v. Hanel, 83, aus: DER SPIEGEL, Nr. 30, 1983, S. 74
– (4): Zauberbrille, Zeichnung v. E.T.A. Hoffmann zum ‚Sandmann'

259 (1): Misericordiendarstellung in Hoogstraeten, 16. Jh.
– (2): Rundbild von P. Bruegel d. Ä. aus der Serie: ‚Zwoelf vlaemische Sprichwörter'
– (3): de Bry: Emblemata, Nr. 29
266: Karte für Redensarten-Belege aus der Westeifel und der Nahegegend nach M. Zender, aus: A. Bach: Deutsche Volkskunde, 3. Aufl. Heidelberg 1960, S. 394, Karte Nr. 46
268: Detail aus Münchener Bilderbogen Nr. 274: Militärische Redensarten
269: ‚Die feindlichen Brüder'. Burg Sternberg u. Liebenstein mit Kloster Bornhofen am Rhein
272: Rundbild von Pieter Bruegel
273: Karikatur von Pepsch, aus: DER SPIEGEL, v. 25. VI. 1990
275: Zeichnung von Grandville, zu: Scènes de la Vie Privée et Publique des Animaux, 1842. Aus: Die Phantasien des Grandville: Druckgraphik 1829–1847, ausgewählt u. eingeleitet v. Hans-Burkhard Schlichting, Darmstadt 1976, S. 34
277: Illustration von Moritz v. Schwind für G. Scherer: Alte und neue Kinderlieder, 1848/49
279: Zeichnung v. Wilhelm Busch, zu ‚Max und Moritz'
280: Bündel eines wandernden Zimmergesellen, aus: Mit Gunst und Erlaubnis! Ausstellungskatalog, Basel 1987, S. 24
282: Frz. Karikatur ‚L'Epicurien' v. Debucourt (1755–1832) ill. die ‚Schwierigkeit der Wahl'
283: Zeichnung v. Franz Burchard Dörbeck
284: P. e. R., Plate CII
288: Zeichnung v. Brisolla, Abb. 8
289: Kupferstich v. 1545: Herkules fängt Cerberus
290: Grandville: G. W., Bd. 2, S. 810
291: Holzschnitt v. F. W. Fairholt ‚A Mediaeval Charivari' aus: Thomas Wright: A History of Caricature and Grotesque in Literature and Art, New York 1968 (Reprint d. Ausg. London 1865), S. 86, Nr. 52
296: Hauswüstung als Rügerecht, aus: H. Bausinger: Volkskunde, Berlin o. J., S. 128f.
297: Hauswüstung in Irland 1848, aus: K. Meuli, in: Schweiz. Volkskunde 41 (1951)
300: Ill. aus: H. G. Griep. Das Dach in Volkskunst und Volksbrauch, Köln 1983
302: Guillaume de la Perrière: La Morosophie/de Guillaume de la/Perriere To-/losain,/Contenant Cent Emblemes/moraux, illustrez de Cent/Tetrastiques Latins, re-/duitz en autant de Qua-/trains Françoys, Lyon 1553 (Landesbibliothek Hannover), Nr. 30, aus: Henkel u. Schöne, Sp. 1155
303: Holzschnitt von Paradin, 1562: „Hac illac perfluo", aus: Shakespeare and The Emblem Writers by Henry Green, M. A., London 1870, S. 332
306: Zeichnung v. Brisolla, Abb. 15
308: Die Folter. Holzschnitt aus dem 18. Jh., Bayerisches Nationalmuseum, München
310: Einsegnung des Ehebettes, Deutscher Holzschnitt aus dem 15. Jh., aus: E. Fuchs: Illustrierte Sittengeschichte. Renaissance, München 1909, S. 189
319: Charles H. Bennett: Proverbs, London 1859
328: Zeichnung von Wilhelm Scholz: „ Der Dorn im Auge der Schwarzen', 1872, aus: Bismarck-Album, S. 68
330: Graphik v. Max Ernst, aus: Une Semaine de bonté, 1963. Aus: Francis Huxley: The dragon, London 1979, S. 93
331: Halbautomatische Drahtmühle Nürnberger Art, 1540, aus: Handwerk u. Sachkultur im Spätmittelalter, Wien 1988, Abb. 18a
333: P. e. R., Plate XXXVI
336: Dreier auf die Grundsteinlegung des neuen Rathauses in Nürnberg 1616, aus: Veit: Geld, S. 101
338: Titelblatt von ‚Der wahre Jacob', Nr. 733 18, Stuttgart, d. 28. August 1914, S. 8441
342 (1): Detail aus: ‚Bilder mit Versen', Neuruppiner Bilderbogen, Nr. 2816, aus: S. u. K., S. 107
– (2): Cats and Farlie, S. 165
347: Detail aus: „Lebens-Bilder', Münchener Bilderbogen, Nr. 736, aus: S. u. K., S. 74
350: Holzschnitt aus Thomas Murners ‚Geuchmatt', 1519: Der treue Eckart als Wächter vor dem Venusberg
357 (1): Holzschnitt nach einem Stich von Hogarth, aus: Das Pfennig-Magazin, Bd. I, S. 308
– (2): Michael Meier: Scrutinium Chymicum, Frankfurt 1687: „Accipe ovum igneo percute gladio", aus: Venetia Newall: An Egg at Easter, London 1971
358: Misericordiendarstellung aus Kleve, Foto: Getlinger, Kleve
361: Detail aus einem Kupferstich von J. B. Vrints nach de Vos
363: Karikatur auf Bismarck
373 (1): Gottesurteil des glühenden Eisens

(12. Jh.), Lambacher Codex (Gemunden/ Österreich, Kloster Lambach)
– (2): Holzschnitt, Murner: Schelmenzunft, 1512
375: Münchener Bilderbogen Nr. 186: Doctor Eisenbart
380: Rumänisches Hinterglasbild, Mitte 19. Jh., Museum Braşov, aus: Cornel Irimie und Marcela Fosça: Rumänische Hinterglasikonen, Bukarest 1969, Abb. 101
381: Holzschnitt aus den „Acht Schalkheiten', 1470
388: Karikatur, aus: ZEITmagazin, v. 2. III. 1984
392: Lithographie, A. Guckenberger, Stuttgart: Standrechtliche Erschießung Robert Blums am 9. Nov. 1848. Württemberg. Landesmuseum, Vk 1973/145
394: Der Esel als Schandbild für faule Schüler, Motiv des 16. Jh., Detail aus einem Holzschnitt mit Typensatz eines Textes aus dem 18. Jahrhundert, aus: Brückner: Druckgraphik, Abb. 49
395 (1): Kapitell mit polychromem Relief, 12. Jh., Saint-Nectaire
– (2): Steinhöwel: Esopus, die IIII. Fabel ‚von dem esel vnd der loewen haut'
– (3): Detail aus: ‚Till Eulenspiegel', 2. Bogen, Münchener Bilderbogen, Nr. 576, aus: S. u. K., S. 35
– (4): Grandville: G. W., Bd. 1, S. 515
396: Bishop and ass, astride: Yale MS., f. 104v, New Haven, Yale University Library: Lancelot del Lac, Pt. 3, Picard, late thirteenth century
397 (1): Kupferstich v. J. Mettenleiter (1750 bis 1825), München, Kupferstichkabinett
– (2): Schulunterricht im 18. Jh., Kupferstich von 1751
398: Holzschnitt von Hans Weiditz
405: Holzschnitt v. Albrecht Dürer (1471 bis 1528)
406 (1): Kolorierter Einblattholzschnitt mit typograph. Text, v. Erhard Schön, um 1540. Aus: Flugblätter der Reformation u. des Bauernkrieges. 50 Blätter aus der Sammlung des Schloßmuseums Gotha. Hg. v. Hermann Meuche, Katalog von Ingeburg Neumeister, Leipzig 1976, Blatt 22
– (2): Detail aus: ‚Till Eulenspiegel', 1. Bogen, Nr. VI, Münchener Bilderbogen, Nr. 575, aus: S. u. K., S. 34
410: Detail aus dem Sprichwörterbild von P. Bruegel, 1559
418 (1): Gilles Corrozet: Hecaton-Graphie. C'est à dire les descriptions de cent/figures et hystoires, contenants/plusieurs apophthegmes, prouer-/bes. sentences et dictztant des/anciens, que des modernes. Le tout/reueu par son autheur. Paris 1543, N. vii b, aus: Henkel u. Schöne, Sp. 1663
– (2): Karikatur v. Haitzinger, aus: DER SPIEGEL, v. 30. VII. 1990
424: Detail aus dem Sprichwörterbild von P. Bruegel, 1559
425: Holzschnitt des Petrarca-Meisters, Augsburg 1532, aus: Walter Scheidig: Die Holzschnitte des Petrarca-Meisters, Berlin 1955
426: Detail aus einem Bilderbogen aus Antwerpen, aus: L'imagerie populaire des Pays-Bas
428: Handstudie von Albrecht Dürer, Federzeichnung 1494, Albertina, Wien
438: Karikatur v. Haitzinger: „Bonner Tausendfüßler", Nov. 1980: Schmidts Regierungserklärung stößt auf allseitige Kritik. Aus: Politische Karikaturen von Horst Haitzinger, München 1981
439: P. e. R., Plate CXXXII
440: Zeichnung aus dem ‚Struwwelpeter' v. Dr. Heinrich Hoffmann
443: Lavierte Federzeichnung v. Lucas Cranach d. Ä.: Sitzendes nacktes Paar, musizierend, um 1527/30, Erlangen, Universitätsbibliothek
444: Holzschnitt, Brant: Narrenschiff, zum Kap. ‚Von eebruch'
450 (1): Kupferstich nach Pieter Bruegel d. Ä., 1556/57, Bibliothek Ter, Brüssel
– (2): Killer- u. Antikillersatelliten in der Karikatur. Aus: DER SPIEGEL, v. 9. IV. 1984
– (3): Schweizer Cartoon. Aus: W. Mieder: Big Fish Eat Little Fish, S. 227
452: Holzschnitt v. Ludwig Richter, aus: Sprichwörter u. Spruchreden der Deutschen, hg. v. G. O. Marbach, Leipzig o. J., S. 22
456: Zeichnung v. 1695 (Detail): Flasche u. Pfeife als Symbole weibl. u. männl. Genitalien, Hist. Museum Basel
462: Holzschnitt, Brant: Narrenschiff, zum Kap. ‚Von frowen huetten'
467: Detail aus ‚Fabeln', Münchener Bilderbogen, Nr. 603, aus: S. u. K., S. 64
468: Holzschnitt: Folterung durch Strecken, aus: Damhoudere: Praxis rerum criminalium, Antwerpen 1554. Aus: Franz Heinemann: Der Richter u. die Rechtspflege in der dt. Vergangenheit (= Monographien zur dt. Kulturgesch., Bd. IV) S. 66, Abb. 63

478 (1): Holzschnitt aus: Jugendblätter. Zur Unterhaltung und Belehrung. Hg. v. Isabella Braun, 22. Jg., München 1876
– (2): Ill. v. Gustave Doré zu Buch 1, Fabel 3: ‚Vom Frosch, der so groß sein wollte wie ein Ochs' von Jean de la Fontaine: Les Fables. Avec les dessins de Gustave Doré, Paris 1868 Aus: G. Doré, Bd. I, S. 411
– (3): Karikatur, aus: Das Parlament 21/22, v. 20./27. V. 1988
480 (1): Tonmodel, Landesmuseum Wiesbaden
– (2): Karikatur auf die Leichtgläubigkeit der Frauen, aus: ‚Deutsche Reichsbremse', 1850. Aus: Eduard Fuchs: Die Frau in der Karikatur, München 1906, S. 23
482: Radierung von Moritz v. Schwind, um 1844
484: de Bry: Emblemata, Nr. 40
486 (1): Personifikation des Nachrichtenwesens im 17. Jh. (SUB Hamburg, Sign. Scrin. C/22, fol. 247). Aus: Pressen und Geschichte II. Neue Beiträge zur histor. Kommunikationsforschung, München, London, New York, Oxford, Paris 1987, S. 95
– (2): Karikatur v. Haitzinger, v. 29. VII. 81, aus: DER SPIEGEL, Nr. 32, 1981, S. 23
– (3): Karikatur v. Mesten, aus: DER SPIEGEL, v. 6. XI. 1989
488 (1): Illustration aus der Handschrift der Carmina Burana, Bayer. Staatsbibliothek München. Codex latinus 4660, 91 v
– (2): Ill. aus dem ‚Zimmerischen Totentanz', Hs. in Donaueschingen, Fürstl. Fürstenbergische Sammlung
492: Karikatur, aus: ‚L'Express', Paris. Aus: DER SPIEGEL, v. 5. III. 1990
494: Karikatur auf die Bequemlichkeit des Mannes
497: Misericordiendarstellung in der St.-Peters-Kirche zu Löwen, 15. Jh.
499: Ill. v. Gustave Doré zu François Rabelais: Oevres de François Rabelais contenant la vie de Gargantua et celle de Pantagruel, Paris 1854, Buch 3, Kap. 51. Aus: G. Doré, Bd. I, S. 62
502: Carl Fürst von Liechtenstein mit Gemahlin u. Sohn, Schabblatt v. Nik. Rhein, nach dem Gemälde v. H. Füger, 1792. Aus: Hilde Spiel: Fanny von Arnstein oder Die Emanzipation. Ein Frauenleben an der Zeitenwende 1758–1818, Frankfurt a. M. 1962, Abb. S. 216f.
504 (1): Oxford, Manuskr. Bodley 264
– (2): P. e. R., Plate CLXXIX
– (3): Misericordiendarstellung, Beverley Monster, 15. Jh.
508: Holzschnitt, Murner: Schelmenzunft, 1512
509: Holzschnitt, Brant: Narrenschiff, 1494, zum Kap. ‚Von offlichē anschlag'
512: P. e. R., Plate XXXIV
522: Grandville: G. W., Bd. 2, S. 821
523: Die Folter- u. Marterwerkzeuge des Nationalmuseums zu München in ihrer Anwendung. Aus: B. Emil König: Ausgeburten des Menschenwahns im Spiegel der Hexenprozesse und der Auto da fé's, Berlin–Schöneberg 1930, S. 16f.
526: Kupferstich, aus: Emblemata Horatiana, Antwerpiae 1607, Page 91
529 (1): Konsolfigur an einem mittelalterlichen Bürgerhaus in Goslar/Harz
– (2): Detail aus einem flämischen Bilderbogen, 18. Jh., aus: L'imagerie populaire des Pays-Bas, S. 39
– (3): de Bry: Emblemata, Nr. 43
531 (1): Kairos,aus: Andrea Alciati: Emblemata, 1621
– (2): Detail aus einem Bilderbogen aus Ost-Flandern, um 1700
540 (1): Flämische Misericordiendarstellung
– (2): J. Cats and R. Farlie:, S. 201
– (3): Ill. by John Bewick, aus: John Trusler: Proverbs Exemplified, London 1790, Percival Collection, T 77 pr., Page 53
– (4): Detail aus dem Sprichwörterbild von P. Bruegel, 1559
555: Holzschnitt aus Thomas Murners ‚Die Mühle von Schwindelsheim und Gredt Müllerin Jahrzeit', 1515
560: Emblemat. Kupferstich v. S. Funck mit Ansicht v. Bern Castel v. 1623, aus: Meisner u. Kieser, Bd. I, Teil 7, Abb. 4
561: Titelblatt des Festprogramms für das Freiberger Gregoriusfest 1674
562 (1): Holzschnitt, 1534, Erlangen, Georg Pencz Geisberg III, S. 966
– (2): Kupferstich v. Martino Rota (1520–1583), Bibliothèque Nationale, Paris. Aus: Michel Vovelle: La Mort et l'Occident. De 1300 à nos jours, Paris 1983, S. 199, Abb. 25
568: Detail aus dem Gemälde ‚Der Geldwechsler und seine Frau' von M. van Reymeswaele, 1537, Museo del Prado, Madrid
573: Ritter Götz von Berlichingen mit der eisernen Hand (1480–1562) nach dem Originalglasbild im Schloßmuseum in Jagsthausen/Württ.
575: Polit. Karikatur v. Hans Geisen, 1983,

Cosmopress. Aus: Bad. Ztg., Nr. 8, v. 12. I. 1983, S. 4
577: Nach einem handkolorierten Druck von Geißler (1770–1844)
580: Fresko von Garofalo, Palazzo Costabili, Ferrara Aus: Roberto Longhi: Officina Ferrarese, Firenze 1980, Abb. 245
582: Steinhöwel: Esopus, Fabel von der Grille
583: Der Narrenschneider, Herausdestillieren der Grillen aus dem Kopf sowie Abzapfen derselben aus dem Bauch, Kupferstich aus: de Bry: Emblemata
587 (1): Holzschnitt, Brant: Narrenschiff, 1494, zum Kap. ‚Von alten narren'
– (2): Kupferstich, Detail aus: ‚Des Pfalzgrafen Scharwerk bei den Staaten ...' Aus: Die Fliegenden Blätter des XVI. u. XVII. Jh., hg. v. J. Scheible, Hildesheim/New York 1972, S. 278f., Abb. 73
588: Neuruppiner Bilderbogen, Farblithographie, Oehmigke & Riemschneider, Nr. 9990, um 1903 Aus: Theodor Kohlmann: Neuruppiner Bilderbogen, Katalog (Schriften des Museums f. Dt. Vkde. Berlin, Bd. 7), Berlin 1981, S. 119, Abb. 152
596: Zeitgenössische Karikatur des Komponisten Anton Bruckner
598: Kupferstich: Hinrichtung Ludwig XVI. Aus: ‚O Freyheit! Silberton dem Ohre ...' Französische Revolution u. dt. Literatur 1789–1799. Eine Ausstellung des Dt. Literaturarchivs auf dem Salon du Livre in Paris u. im Schiller-Nationalmuseum Marbach am Neckar, Abb. S. 333
600 (1): Karikatur v. Murschetz, aus: DIE ZEIT, Nr. 13, v. 21. 3. 1980
– (2): Karikatur v. Murschetz aus: DIE ZEIT, Nr. 19, v. 4. 5. 1979
604 (1): Zeichnung v. Brisolla, Abb. 12
– (2): Amerikan. polit. Karikatur (Chicago Tribune). Aus: DER SPIEGEL, Nr. 9, 1981, S. 131
– (3): Antike Gebärden bei der Totenklage. Schwarzfiguriges Vasenbild, Louvre, Paris (nach: Karl Sittl: Die Gebärden der Griechen und Römer, Leipzig 1890)
605: Slowenisches Bienenstockbrettchen von 1886
607: Zeichnungen v. Wilhelm Busch zu: ‚Die Brille'
615: Holzschnitt, Murner: Schelmenzunft, 1512
620: Graphik von U. Koch, Ausstellung im Brunnenburg-Museum, Dorf Tirol bei Meran
621: Detail aus ‚Bilder mit Versen', Neuruppiner Bilderbogen, Nr. 2816, aus: S. u. K., S. 106
623 (1): Grandville: G. W., Bd. 2, S. 825
– (2): Illustration v. William Hogarth (1697 bis 1764)
– (3): Detail aus einem Gemälde von J.-L. Gérôme: The Cock Fight, 1847. Aus: Geraldine Norman: Nineteenth-Century Painters and Painting: a Dictionary, London 1977, Umschlagfoto
– (4): Miniatur: Hähne ohne verstärkte Sporen, Chantilly, Musée Condé/Giraudon, Paris. Aus: Robert Delort: Le Moyen Age, Lausanne 1972, S. 164
– (5): Grandville: G. W., Bd. 1, S. 398
– (6): Holzschnitt aus der Jobsiade
624 (1): ‚The Cock crows in the morn' from Harris's ‚Little Rhymes for Little Folks', ca. 1812, Opie collection. Aus: Iona and Peter Opie (edd.): The Oxford Dictionary of Nursery Rhymes, Repr. Oxford 1952, Plate VI, b
– (2): Der Hahnentanz in der Baar 1825, Kupferstich von Nilson nach einer Zeichnung von J. G. Vollmar
625: Mörikes Turmhahn von Cleversulzbach, Original im Schiller-Nationalmuseum, Marbach a. N.
627: Kupferstich um 1640, Satirisches Blatt auf die Untreue der Frauen. Der betrogene Ehemann muß auf einem Hahn reiten. Seine Kennzeichen sind die Brille, durch die er nichts sieht bzw. nichts sehen will, die Eselsohren und die Hörner. Sein Weib tröstet ihn und er sich selbst, daß er nicht der einzige Mann ist, dem es so geht, und reiht sich willig in das Regiment der Hahnreye ein, dessen Fahnen die obengenannten Attribute tragen. Aus: Wäscher: Flugblatt, S. 88
634: Holzschnitt von 1535: Ein Gläubiger faßt einen Bürgen am Hals und reißt ihm den Mantel herunter, zum Zeichen der Pfändung. Aus: Hans Fehr: Das Recht im Bilde, Erlenbach-Zürich, München u. Leipzig 1923, S. 120, Abb. 203
637: Zeichnung v. Brisolla, Abb. 3
640/41: Teutsche Sprichwörter, 1. Hälfte 17. Jh., Germanisches Nationalmuseum Nürnberg, Kaps. 1293, H. B. 14925
643: Die Braut an der Hand in die Ehe führen (In matrimonium ducere), antike Darstellung, nach: K. Sittl, a. a. O.)
646: Handkuß beim Kaiser. Römisches Relief (nach: K. Sittl, a.a.O.)
647: Karikatur v. Murschetz Aus: DIE ZEIT o. A.

648: Holzschnitt aus Thomas Murners ‚Narrenbeschwörung', 1512

651 (1): ‚Januar', aus: Die zwölf Monatsdarstellungen des Wiener Filocalus, Feder, grau laviert, Wien, Österreichische Nationalbibliothek (Von Rosenberg zur Diskussion gestellte Zeichnung von Lucas Cranach d.Ä.). Aus: 1472–1553, Lucas Cranach d.Ä.: Das gesamte graphische Werk, 2. Aufl. München 1972, S. 172

– (2): Detail aus dem Bordesholmer Altar von Hans Brüggemann (um 1480 – um 1540), Schnitzwerk um 1515–21, jetzt im Dom zu Schleswig (Herder-Bildarchiv)

– (3): Karikatur v. Haitzinger, v. 26. VII. 85

652: Karikatur v. Murschetz, o. A.

654 (1): Holzschnitt, aus: Franciscus Petrarcha: Von der Artzney, bayder Glück/des guten vnd widerwertigen ..., XLIX. Capitel

– (2): Bauer vor seinem brennenden Hause. Holzscnitt aus: Cicero officia, deutsch von Schwarzenberg, Augsburg, Steyner, 1537

656 (1 u. 2): Heimatmuseum Wolfach (Schwarzwald)

657: Kupferstich (Detail) aus: ‚Taschenbuch für Damen auf das Jahr 1807', Tübingen 1806, Nr. 19

659: Karikatur v. Murschetz, aus: DIE ZEIT, v. 29. 10. 1982

661: ‚Rechts-Hans auf allen Gassen'. Das Herkommen. Titelblatt einer Spottschrift 1720. Aus: Franz Heinemann: Der Richter u. die Rechtspflege in der dt. Vergangenheit (= Monographien zur dt. Kulturgeschichte, IV. Bd.), S. 136, Abb. 139

662 (1): Hanswurst mit Wickelkindern. Satirischer Kupferstich auf das ‚Glück' des Kinderreichtums, Ende 18. Jh. (?), Historisches Museum Wien. Aus: Helmut G. Asper: Hanswurst. Studien zum Lustigmacher auf der Berufsschauspielerbühne in Deutschland im 17. u. 18. Jh., Emsdetten 1980, Abb. 195

– (2): Johannes Lind als Hanswurst. Unbez. Holzschnitt, 18. Jh., ÖNB. Theatersammlung Aus: Asper; Abb. 84

– (3): Vera effigies rustici comici dich Hans Wurst, alias IND, 17. Jh. (nach Holl: Dt. Lustspiel)

664: Kupferstich: ‚Von dem Bauch-aufschneiden', Bl. 116

665: Kolorierte Graphik: ‚Die blinde Harfenjule'. Aus: ‚Harfenjule' von Franz Burchard Dörbeck, hg. v. Hans Ludwig, Berlin 1978, S. 70

667: Kupferstich von Matthäus Merian zu: Julius Wilhelm Zincgreff: Emblematum ethico-politicorum Centuria, Frankfurt 1614

669 (1): Grandville: G. W., Bd. 2, S. 822

– (2): Emblematischer Kupferstich, aus: Meisner/Kieser, Bd. II, Teil 2, Abb. 31

– (3): Grandville: G. W., Bd. 2, S. 823

670: Emblematischer Kupferstich, aus: Philip Ayres: Cupids addresse to the Ladies, Emblemata Amatoria, London 1683, Page 4

671: Zeichnung v. Brisolla, Abb. 19

675: Neuruppiner Bilderbogen, um 1885. Aus: Lukas Richter: Der Berliner Gassenhauer (um 1969), Abb. neben S. 321, Nr. 26

678: Titelblatt einer Haupt- und Staatsaktion, Grätz 1722

679 (1): Detail aus einem Bilderbogen aus Ost-Flandern, um 1700

– (2): Karikatur v. M. Marcks, aus: DIE ZEIT, Nr. 43, v. 19. Oktober 1984

681: Heidelberger Sachenspiegelhandschrift, 13. Jh.

682: Joachim Camerarius: Symbolorum Et Emblematvm Ex Aqvatilibvs Et Reptilibvs Desumptorum Centuria Quarta, Nürnberg 1604, aus: Schöne: Emblematik, S. 84

684 (1): Hechel, nach W. Bomann: Bäuerliches Hauswesen und Tagewerk im alten Niedersachsen, Weimar o.J., (1926), S. 230

– (2): Guillaume de la Perrière: La Morosophie, Lyon 1533, Nr. 58

685 (1): Karikatur v. Haitzinger, v. 4. V. 87, Aus: DER SPIEGEL, v. 27. 6. 88, S. 30

– (2): Zeichnung von Wilhelm Scholz: ‚Luxemburger Frage', 1867, Bismarck-Album, S. 42

688: Holzschnitt von Jost Ammann, Ständebuch, S. 102

689 (1): Kupferstich von C. J. Delff, 1608, Nürnberg, Germanisches Nationalmuseum

– (2): Brehms Tierleben, Vögel IV, Leipzig und Wien 1913

691: Lucas van Leyden: ‚Der Fackelträger', Rijksmuseum Amsterdam

693 (1): Illustration von Moritz v. Schwind zu Dullers ‚Freund Hein', 1833/34: Freund Hein öffnet einem Gefangenen die Tür

– (2): Illustration von Moritz v. Schwind zu Dullers ‚Freund Hein', 1833/34: Freund Hein als Freier im Kirchhof

696: Heller aus dem Hellerschatz Meilenhofen bei Eichstädt, vergraben um 1270 (enthielt ca. 6000 Haller Pfennige aus der Zeit um 1190–1270), nach: Veit: Geld, S. 35

697 (1): Wer aus Not spielt, verliert notwendigerweise, ital. Kupferstich v. Mitelli, 1678, Milano, Racc. Bertarelli, Vol. A.A. 180, aus: Paolo Toschi: Populäre Druckgraphik Europas. Italien, vom 15. bis zum 20. Jh., München 1967, Abb. 112

– (2): Federzeichnung des am Ende des 15. Jh. am Mittelrhein tätigen Zeichners und Kupferstechers (Hausbuchmeister) zum ‚Hausbuch' (Schloß Wolfegg)

– (3): Karikatur v. Wolter, o. A.

699: Zeichnung v. George Cruikshank

700: Niederländ. Kupferstich, 17. Jh., Monogrammist JSD, aus: Gentsche Beiträge zur Kunstgeschichte, S. 193

701: Zeichnung v. Gisela Mehren; „Germanistik, und Du?", Mehren 8/89 Aus: Bad. Ztg., v. 4. X. 1989

704: ‚Die Demütigung des Herzens', Emblem aus: Benedict van Haeften: Schola cordis, Antwerpen 1629, in: Herz, Bd. 2, S. 72

705 (1): Hl. Gertrud, die das Christuskind im Herzen trägt, Kupferstich von Paul Seel. um 1700, in: Herz, Bd. 1, Tafel VIII

– (2): Amerikanische Karikatur v. E. D. Gibson, ‚Life' 1900. Aus: Eduard Fuchs: Die Frau in der Karikatur, München 1906, S. 44

– (3): Emblem aus: Benedict van Haeften: Schola cordis, Antwerpen 1629: Die Menschenseele opfert ihr Herz, in: Herz, Bd. 2, S. 82

– (4): Backmodel, 1. Hälfte 18. Jh., Privatbesitz, in: Herz, Bd. 2, S. 158

706: Emblem aus: Benedict van Haeften: Schola cordis, Antwerpen 1929, in: Herz, Bd. 2, S. 72

707 (1): Kupferstich v. Anton Wierix: ‚Jesus cor expurgans'. Aus: Mario Praz: Studies in Seventeenth-Century Imagery, 2. Ed. Roma 1964, S. 153, Abb. 61

– (2): Alte Bildpostkarte, Reprint 1977

709: Rundbild von Pieter Bruegel d. Ä. aus der Serie: ‚Zwoelf vlaemische Sprichwörter'

713 (1): Hexeneinmaleins

– (2): Holzschnitt aus: ‚Tractatus von den bösen weibern, die man nennet die hexen', Ulm um 1490, Druck von Johann Zainer

– (3): Werbung von IHC für Gerät zur Selbstbehandlung, aus: Bad. Ztg., v. 22./23. VII. 1989

715: Ill. v. Gustave Doré zu: Hippolyte Taine: Voyage aux Pyrénées, Paris 1860. Aus: G. Doré: Bd. I, S. 366

717: Ill. aus: Bruno Mariacher: Das Glück ist kugelrund, Zürich u. München 1972

720: Öffentliche Züchtigung 1789: Eine Frau wird geschlagen, weil sie auf das Porträt des Finanzministers Necker gespuckt hat. Aus: DER SPIEGEL, Nr. 5, v. 30. I. 89

724 (1): Depositionsszene: Das Abschleifen u. Hobeln des Beanus. Holzschnitt aus Friedericus Widebrandus: Carmen heroicum de typo depositionis, Erfurt u. Wittenberg 1578, Aus: Peter Krause: O alte Burschenherrlichkeit, Graz, Wien, Köln ³1980, S. 23, Abb. 4

– (2): Karikatur v. Murschetz, aus: DIE ZEIT, v. 15. VII. 83

725: Holzschnitt v. John Bewick, aus: John Trusler: Proverbs Exemplified, London 1790, Percival Collection, T 77 pr., Page 21

726: Nach einem Gemälde von Ernst Müller, aus: Karl Schöning: Mit viel Gefühl. Bayern im Spiegel der Gartenlauben-Zeit, München 1965, S. 37

728: Holzschnitt von Hans Weiditz

729: Karikatur, aus: DIE ZEIT, v. 13. V. 1984

731: Ill. v. Gustave Doré zu: Dante Alighieri: L'Enfer, Paris 1861: Inferno, 19. Gesang, Verse 49–50. Aus: G. Doré, Bd. I, S. 380

733: Gemälde v. Karl Plückebaum: ‚Der Kellergeist'. Aus: Jörg Ritzel: Der lachende Rhein. Tausend Jahre rheinischen Humors in Wort u. Bild. Gesammelt u. hg. von –, Köln 1930, Tafel 8

734 (1): Karikatur v. Haitzinger, v. 13. VIII. 87. Aus: Bad. Ztg., Nr. 185, v. 14. VIII. 1987

– (2): Karikatur v. Haitzinger: ‚Bonner Feinmechaniker', v. 7. I. 87, aus: DER SPIEGEL, v. 12. I. 1987

– (3): Karikatur v. Kolfhaus, aus: Bayernkurier, v. 19. III. 1977

736 (1): ‚Honigschlecker', Putto von Feuchtmayer (ca. 1750), Wallfahrtskirche Basilika Birnau (Bodensee)

– (2): Karikatur v. Haitzinger: ‚Bitterer Honig', v. 21. VI. 91. Aus: Bad. Ztg. v. 22./23. VI. 1991, S. 4

739 (1): Rötelzeichnung von Georg Hoefnaghel, 1569

– (2): ‚Hörndl-Verkäufer', ein Spottbild auf betrogene Ehemänner. Kolorierte Radierung nach einem franz. Kupferstich (18. Jh.). Aus: Ludwig Knoll: Kulturge-

schichte der Erotik, Bd. IV. Rastatt o.J., S. 986
- (3): Zeichnung v. Tomi Ungerer, aus: ders.: Adam & Eva, Zürich 1974, S. 103
- (4): Mittelalterl. Miniatur, aus: Ms.lat. 3898f. 397, Paris, Bibliothèque nationale
- (5): Französische Karikatur, 1830: ‚Sieht er so nicht niedlich aus?' Aus: Eduard Fuchs: Die Frau in der Karikatur. Sozialgeschichte der Frau, 3. Aufl. Frankfurt 1973, S. 103, Abb. 89

740: Far le Corna, Wandmalerei aus Pompeji, nach: Grete Grossmann: Über die Handamulette der von Portheim-Stiftung in Heidelberg, in: Oberdt, Zs. f. Vkde. 5, 1931

743: Radierung von Goya (1804?): Blinder auf den Hörnern eines Stieres

744: Wegweiser nach Hornberg (Schwarzwald)

745: Ansichtskarte vom Luftkurort Hornberg (Schwarzwald). Die Sage dient der Fremdenverkehrswerbung

746 (1): Karikatur v. Haitzinger, v. 19.II.81. Aus: Bad. Ztg., Nr. 42, v. 20.II.1981
- (2): Detail aus einem Bilderbogen aus Ost-Flandern, um 1700
- (3): Engl. Karikatur v. Richard Newton, 1796: ‚Des Bruders Hosen' (‚Trying on my Brothers Breeches'). Aus: Eduard Fuchs: Die Frau in der Karikatur, München 1906, S. 464

747 (1): Kupferstich des Israel von Meckenem, Vlämische Karikatur, 15. Jh. Aus: Eduard Fuchs: Die Frau in der Karikatur. Sozialgeschichte der Frau, 3. Aufl. Frankfurt 1979, S. 53, Abb. 47
- (2): Misericordie aus Hoogstraeten, 16. Jh.
- (3): Französische Karikatur, um 1700. Aus: Eduard Fuchs: Die Frau in der Karikatur, München 1906, S. 68
- (4): Niederländischer Kupferstich, 17. Jh., aus: Gentsche Beiträge zur Kunstgeschichte, S. 177
- (5): Bilderbogen, Nürnberg, um 1845. Feder- u. Kreidelithographie mit Typensatz, Nürnberg bei C. N. Renner u. Co., Nr. 681. Aus: Bilderbogen. Dt. populäre Druckgraphik d. 19. Jh. – Ausstellung im Karlsruher Schloß, 1973, Abb. 12, Kat. Nr. 87

749: Detail aus ‚Sprichwörter', Münchener Bilderbogen, Nr. 33, Ill. v. K. Braun u. J. Rehle.

750: Rückentragkorb als einfachstes Transportmittel. Stik i Danckwerth: Landesbeschreibung Schleswig–Holsteins, Slesvig 1652. Aus: Dagligliv i Danmark i de syttende og attende Århundrede, 1620–1720, København 1969, Abb. S. 666

751: Grandville: G. W., Bd. 1, S. 510

754: Lithographie, gez. v. Christian Förster, die den Wasserverkäufer Hummel, das Hamburger Original, zeigt. Museum für Hamburgische Geschichte

757: Reklame für Gurken-Einmachgewürz von Alba

758 (1): Karikatur v. Haitzinger, v. 16.VII.87. Aus: Bad. Ztg., Nr. 161, v. 17. VII.1987
- (2): Misericordiendarstellung in Kempen (Niederrhein)
- (3): P. e. R., Plate LIX
- (4): Detail aus einem Antwerpener Bilderbogen, aus: L'imagerie populaire des Pays-Bas

759 (1): Posch-Missale 1526, Stiftsbibliothek Neustift Brixen
- (2): Detail aus einem Bilderbogen aus Ost-Flandern, um 1700

761: Carl Schultze als ‚Deubel', 28. Juni 1862 – Geering: Klassisches Theater in der volkstümlichen Parodie, in: Beiträge der dt. Volks- und Altertumskunde, hg. v. W. Hävernick und H. Freudenthal, Hamburg 1970, H. 14, Tafel I

764 (1): Relief vom großen Brunnen in Perugia von Niccolo von Pisa und seinem Sohne Giovanni, 1277–80
- (2): Skizzenbuch des frz. Baumeisters Villard (Album de Villard de Honnecourt, architecte du XIIIe siècle. Paris 1906, Blatt 24)
- (3): P. e. R., Plate CLVII

769: Hungertuch aus Telgte von 1623, Heimathaus Münsterland

770: Zeichnung v. Olaf Gulbransson, aus: O. Gulbransson: Sprüche u. Wahrheiten, München/Wien ^{2}1975

771: Karikatur v. Behrendt, aus: FAZ, Nr. 258, v. 6.XI.1982

772: Innocente Migliavacca (1856): Tells Grußverweigerung. Aus: Lilly Stunzi: Tell. Werden und Wandern eines Mythos, Bern 1973, Abb. S. 258

773: Ill. aus: Bruno Mariacher: Das Glück ist kugelrund, Zürich u. München 1972

774: Holzschnitt aus Thomas Murners ‚Narrenbeschwörung', 1512

775: Lied-Kolporteur, Gemälde, Öl auf Holz, o.J. (ca. spätes 17. Jh.), Anonym, Karlsruhe, Staatl. Kunsthalle

776: Karikatur v. Bubec, aus: HANDELSBLATT, v. 7./8.XII.1979

779: Kupferstich aus: Emblemata Horatiana, Antwerpiae 1607, Page 29
781: Polit. Karikatur o. A.
785 (1): Kupferstich aus: Octavio van Veen: Amoris Divini Emblemata, Antwerpiae 1660 (PN 6357 L 3 V 51, 1660), Page 87
– (2): Holzschnitt v. Ludwig Richter, aus: G. O. Marbach (Hg.): Sprichwörter u. Spruchreden der Deutschen, Leipzig o. J., S. 50
788: Holzschnitt v. Erhard Schön, Nürnberg um 1520. Aus: Anna Rapp: Der Jungbrunnen in Literatur u. bildender Kunst des Mittelalters, Zürich 1976, S. 151, Kat. 19, Abb. 13
791 (1): Neuruppiner Bilderbogen, aus: S. u. K., S. 21
– (2): Kupferstich v. C. W. Sharpe nach einem Gemälde v. N. J. Crowley, London 1842. Dublin, National Library of Ireland. Aus: Liebe u. Hochzeit. Aspekte des Volkslebens in Europa, Antwerpen 1975, S. 74, Kat. Nr. IRL 13
792 (1): ‚Kainszeichen', Aufnahme: Süddt. Verlag, aus: DIE ZEIT, v. 21. XII. 1984
– (2): Heidelberger Sachsenspiegelhandschrift, 13. Jh.
794 (1): Holzschnitt, Brant: Narrenschiff, 1494, zum Kap. ‚Von dantzen'
– (2): J. J. Grandville: Der Triumph des Goldenen Kalbes, Holzstich in der dt. Ausg. von „Un autre monde", Leipzig 1847. Hamburg, Sammlung Horst Mischke. Aus: Ries, Hans: Zwischen Hausse und Baisse. Börse und Geld in der Karikatur, hg. v. Herwig Guratzsch, Stuttgart 1987, Katalog zur Ausstellung im Wilhelm-Busch-Museum Hannover, 1. November – 20. Dezember 1987, S. 229, Abb. 156
799: Polit. Karikatur aus der ehemaligen Sowjetunion
800: Karikaturen v. Haitzinger, 1973 u. 1983. Aus: Bad. Ztg, v. 18. III. 1983
801 (1): Karikatur v. Haitzinger, 1976: ‚Jagdszene aus Niederbayern'
– (2): Karikatur o. A. Aus: Zeitmagazin o. A.
805 (1): Karikatur v. Murschetz, aus: DIE ZEIT, v. 25. XI. 1988
– (2): Karfreitagsratsche, Zs. f. Vkde. 20, 1910, S. 260
806: Doppelratsche aus der Kirche zu Mittel-Darching bei Holzkirchen (Oberbayern)
807 (1): Kolorierte Lithographie von Franz Krüger, aus: O. Pniower: Das Karnickel hat angefangen, in: Mitt. d. Ver. f. d. Gesch. Berlins 42, 1925, S. 111
– (2): Kolorierte Lithographie von Lami, aus: O. Pniower, S. 111
808: Karikatur v. Haitzinger, 78. Aus: Bad. Ztg., v. 5. VII. 1978, S. 4
809: Gerichtliche Karrenfahrt, Basel 1795, aus: Schweizerische Volkskunde 42. Jg., Basel 1952
810: Bilderrätsel, Neuruppiner Bilderbogen, Nr. 7088, aus: S. u. K., S. 110
812: Zeichnung v. Wolfgang Sischke, aus: DIE ZEIT, v. 4. I. 1991
814: Aegidius Sadeler: Theatrum morum, Prag 1609: Vom Affen und der Katz
817: P. e. R., Plate II
818: Deutsches symbolisch-satirisches Sprichwortflugblatt auf das Heiraten, Kupfer von G. Altzenbach 1648, München, Kupferstichkabinett
820: Polit. Karikatur, aus: DIE WELT o. A.
821 (1): Engl. Karikatur, aus THE SUN. Aus: DER SPIEGEL, v. 26. XI. 1988
– (2): Tuschfederzeichnung v. Alfred Kubin, 1945, Privatbesitz
822 (1): Misericordiendarstellung in Kempen (Niedrrhein)
– (2): Detail aus dem Sprichwörterbild von P. Bruegel, 1559
– (3): Polit. Karikatur aus: HANDELSBLATT o. A.
826: Grandville: G. W., Bd. 2, S. 1004
827: Pinselzeichnung: ‚Die Katzensymphonie' v. Moritz v. Schwind, 1868, dem Geiger Joseph Joachim gewidmet. Staatliche Kunsthalle Karlsruhe
828: Pinselzeichnung des japan. Künstlers Hiroshige, Anf. d. 18. Jh. Aus: The illustrated Cat. A Poster Book by Jean-Claude Suares and Seymour Chwast, ed. by William E. Maloney, New York 1976, Abb. S. 35
830: Grandville: G. W., Bd. 2, S. 987
832 (1): Walliser Tesseln, Sammlung Groß, Freiburg i. Br.
– (2): Holzschnitt, Murner: Schelmenzunft, 1512
833: ‚Auction bei brennender Kerze in Bremen'. Nach einer Originalskizze von C. C. Junghans. Aus: DIE GARTENLAUBE, Jg. 1884, Leipzig 1884, S. 440
834: Vorderseite eines Keuschheitsgürtels mit Sündenfall-Darstellung, dt., 16. Jh., Eisen geschmiedet, gepunzt u. ziseliert. Aus: D. M. Klinger: Erotische Kunst in Europa, 1500 bis ca. 1935, Bd. I: 1500–1800, Nürnberg 1982, S. 58, Abb. 17
838: Kolorierter Kupferstich aus Bieder-

meier-Album ‚Bilder-Lust' für kleine Kinder, Nürnberg: C. H. Zeh'sche Buchhandlung (1835)

840 (1): Satirisches Flugblatt aus der ersten Kipperzeit 1620–22, Kupferstich, Augsburg, bei Daniel Manasser, aus: Veit: Geld, S. 72

– (2): Karikatur v. Haitzinger, v. 27.V.83, aus: tz, München

841: Grandville: G. W., Bd. 2, S. 882

845 (1): Kupferstich aus: K. ter Laan: Nederlandse spreekwoorden/spreuken en zegswijzen, Amsterdam/Brussel 1979, Abb. 24

– (2): Robert Högfeldt: Also geht es auf der Welt, Wien 1950

846: Lepra-Kranker mit Klapper vor dem Stadttor, Bibl. Nat., Paris. Aus: Robert Delort: Le Moyen Age, Lausanne 1972, S. 52

847 (1): Der Storch als Kinderbringer, Tegning af Lorenz Frølich til H. C. Andersens historie ‚Pejter, Peter og Per'. Aus: Jørn Piø: Den lille overtro, København 1973, S. 135

– (2): Illustration v. Lothar Meggendorfer zu: ‚Das Buch vom Klapperstorch für Jung und Alt', Stuttgart ^{2}1881. Aus: Vater, Mutter, Kind, Katalog des Münchner Stadtmuseums, München 1987, Abb. S. 204

854: Karikatur v. Stauber, aus: NEBELSPALTER, Schweiz

856: Holzschnitt des Petrarca-Meisters, Augsburg 1532, aus: Walther Scheidig: Die Holzschnitte des Petrarca-Meisters (zu Petrarcas Werk, von der Artzney bayder Glück des guten und widerwärtigen', Augsburg 1532), Berlin 1955

860: Mit einem Schwertstreich löste Alexander der Große den gordischen Knoten – Hinweis, daß sich jedes Problem lösen läßt, in einer Anzeige einer amer. Computerfirma im SPIEGEL

865: Detail aus dem Sprichwörterbild von P. Bruegel, 1559

866: ‚Kakelorum', ein oberösterr. Glücksspiel, aus: Helmut Nemèc: Alpenländische Volkskunst, Wien 1980, S. 216

869: Holzschnitt aus: Thomas Murner. Elsässischer Theologe und Humanist 1475–1537, Ausstellungskatalog, hg. von der Badischen Landesbibliothek Karlsruhe in Zusammenarbeit mit der Bibliothèque nationale et universitaire de Strasbourg, 1988, S. 47

870 (1): Detail aus dem Sprichwörterbild von P. Bruegel, 1559

– (2): Karikatur, aus: DER SPIEGEL, Nr. 46, 1983

– (3): Misericordiendarstellung in Hoogstraeten, 16. Jh.

– (4): Zeichnung v. Brisolla, Abb. 25

871 (1): Statue des Hl. Dionysius, 1506, Holzplatik von Niclaus Hagenower, Straßburg

– (2): Emblematischer Kupferstich mit Ansicht von Raab in Ungarn, aus: Meisner/Kieser, Bd. I, Teil 4, Abb. 41

872: Zeichnung v. Wilhelm Busch: ‚Das gestörte Rendezvous'. Aus: Mechtild Fuchs, Freia Hoffmann u. Barbara James: Dt. Volkslied. Das allzubekannte Unbekannte. Arbeitsbuch für die Sekundarstufe II, Stuttgart 1983, S. 46

873 (1): Detail aus dem Sprichwörterbild von P. Bruegel, 1559

– (2): Holzschnitt von Lucas van Leyden, ca. 1520

– (3): Detail aus dem Maltererteppich ‚Weiberlisten', 1310/20: ‚Virgil im Korb', Freiburg i. Br., Augustinermuseum

874: Holzschnitt v. Ludwig Richter zu: Alte u. Neue Volkslieder mit Bildern u. Singweisen, hg. v. L. Richter u. A. E. Marschner, Leipzig (1846). Aus: Das Ludwig Richter Hausbuch, München 1976, S. 224

877: Vignette von Moritz v. Schwind. Aus: J. Grand-Carteret: Les mœurs et la caricature en Allemagne en Autriche en Suisse, Paris 1885, S. 492

878 (1): La sortie des Krähwinklois – Caricature de Wunder. Types des estampes sur les Krähwinkler (1820–1830). Aus: L. Grand-Carteret: Les mœurs et la caricature en Allemagne en Autriche en Suisse, Paris 1885, S. 99, Fig. 27

– (2): ‚Wie die Krähwinkler die Brunnen klystieren', aus: Neuer Züricher Kalender, 1831. Aus: Kalender-Geschichten. Aus Volkskalendern der dt. Schweiz, ausgewählt u. hg. v. Katharina Eder, Stuttgart 1982, S. 55

879: Steinhöwel: Esopus, Die XIII. Fabel ‚von dem fuchs vnd dem storcken'

881: Illustration aus der Manessischen Lieder-Handschrift

886 (1): Holzschnitt, Brant: Narrenschiff, 1494, zum Kap. ‚Furwiisenheyt gottes'

– (2): Kolorierter Holzschnitt, um 1810, Nancy, Desfeuilles, Paris, Bibliothèque Nationale. Aus: Jean Adhémar u.a. (Hg.): Populäre Druckgraphik Europas. Frankreich vom 15. bis zum 20. Jh., München 1968, Abb. 115

– (3): Grabtragung des Kredits, kolorierte

Tuschzeichnung auf Karton in einer Dresdener Wirtschaft, um 1925
887: Der schlechte Zahler tötet die Credenza, Ital. Bilderbogen des 16. Jh., Nürnberg, Germanisches Nationalmuseum
888: Diego de Saavedra Fajardo: Idea/De Un Principe Politico/Christiano, Amsterdam 1659, Nr. 65
892 (1): Emblemat. Kupferstich mit Ansicht von Laun in Böhmen, aus: Meisner/Kieser Bd. II, Teil 2, Abb. 26
– (2): Karikatur v. Haitzinger, 1975, aus: Bad. Ztg. o. A.
894: Karikatur v. Haitzinger, 1975, aus: Bad. Ztg. o. A.
895 (1): P. e. R., Plate XXXVII
– (2): Kolorierter Holzschnitt, frz., 19. Jh.: ,Un pot fêlé dure plus qu'un neuf' (Ein geflickter Topf hält manchmal länger als ein neuer)
– (3): Emblemat. Kupferstich, aus: Cats and Farlie (PT 5626 E 5 P 6 1860), Page 41
896: Detail aus einem Bilderbogen aus Ost-Flandern, um 1700
897 (1): Kupferstich nach einem Gemälde von Rob. Ernesti
– (2): Karikatur von James Gillray auf die Ereignisse des Jahres 1805: Pitt und Napoleon sichern sich ihre Einflußgebiete
899 (1): Holzschnitt aus Thomas Murners ,Geuchmatt', 1519: ,den gouch vßbrieten'
– (2): Kuckuck in einem Grasmückennest, Zeichnung, aus: Das Pfenning-Magazin, H. 345, v. 9. November 1839, S. 356
– (3): Jusos als Kuckucksei im Nest der SPD – Polit. Karikatur
900: Holzschnitt aus Thomas Murners ,Geuchmatt', 1519: ,den gouch lernen singen'
903 (1): Martin Heemskerk (1498–1574): Triumphzug des Todes
– (2): Trionfo della morte. Ital. Elfenbeinarbeit, XV. Jh., Collection Malcolm
904: Missale aus Amiens von 1323. Der Tod auf der schwarzen Kuh, Den Haag, Kgl. Bibliothek
905 (1): Karikatur v. Haitzinger, v. 17. V. 84, aus: Bad. Ztg. v. 18. V. 1984
– (2): Karikatur v. Haitzinger, v. 30. V. 90, aus: Bad. Ztg. v. 31. V. 1990
– (3): Karikatur v. Haitzinger, v. 3. VIII. 81: Das Sparprogramm der Regierung bleibt Stückwerk, au'. Politische Karikaturen v. Horst Haitzinger, München 1981
901 (1): Holzschnitt v. Hans Weiditz, um 1509
– (2): Holzschnitt von Albrecht Dürer zum ,Ritter vom Turn'. Von den Exempeln der Gotsfurcht un Erberkeit'. Gedruckt bei Michael Furter, Basel 1493: ,Martins-Messe'
907 (1): Fresko des 14. Jh. in St. Georg, Reichenau-Oberzell
– (2): Bauernprotest in Niedersachsen gegen die EG-Politik
910: Holzschnitt des H. Springinklee, Nürnberg 1513
912: Zeichnung von Wilhelm Scholz: ,Prognosticon', 1882, aus: Bismarck-Album, S. 135
913: Gerda Grober: Karte zu Frage 234a der Umfrage zum Atlas der deutschen Volkskunde
915: Zeichnung v. Paul Flora: ,L wie Lynchjustiz', aus: ,Das üble Alphabet', in: P. Flora: Vergebliche Worte. Von Dichtern und Denkern, Zürich 1981, Abb. S. 26
923: M. Grünewald: Detail der Kreuzigung aus dem ,Isenheimer Altar' (1510–1515). Unterlindenmuseum, Colmar
928: Jagdlappen von 1700: Leindwandtuch, Hanfseil, Modeldruck mit Ölfarbe, bez.: JRCDHL/1700; 1989/1992. Aus: Kalender 1991 des Dt. Historischen Museums Berlin
931: Gemälde von Friedrich Prölß
934: Karikatur v. Haitzinger, v. 16. VIII. 89. Aus: Bad. Ztg., v. 3. X. 1990
935: Karikatur v. Haitzinger, v. 3. X. 88. Aus: Bad. Ztg., v. 5. X. 1988
936: Holzschnitt, Murner: Schelmenzunft. 1512
939: Karikatur v. Haitzinger, v. 16. I. 87. Aus: Bad. Ztg. v. 22. I. 1987
943: Titelkupfer v. Francis Quarles: Hieroglyphikes of the Life of Man, 1638. Aus: Rosemary Freeman: English Emblem Books (Octagon Books), 2. Aufl. London 1967
944: Kalchas liest aus einer Leber die Zukunft, Etruskischer Spiegel, 5. Jh. v. Chr.
945 (I):Lithographie von A. Paul Weber, aus: Das Jahr des Metzgers. Der Lissnerschen Wurstologia anderer Band, hg. von Ernst Johann aus Frankfurt am Main, Frankfurt 1957, S. 229
– (2): Holztafeldruck um 1500, aus: Brückner: Druckgraphik, Abb. 32
946: Holzschnitt des Petrarca-Meisters, Augsburg 1532, aus: Walther Scheidig: Die Holzschnitte des Petrarca-Meisters, Berlin 1955
949: Emblemat. Kupferstich v. Boetius à

Bolswert, aus: H. Hugo: Pia desideria, Antwerpen 1628
951 (1): Holzschnitt, Wien Bestattungsmuseum
– (2): Wasserfarbenmalerei von Matheus de Sallieth, letztes Viertel des 18. Jh., aus: J. J. Fahrenfort und C. C. van de Graft: Dodenbezorging en Cultuur, I, Amsterdam 1947
953: Vogelfangender Eros mit Leimstange nach Abraham Gorlaeus, Leiden 1695. Aus: Kurt Lindner: Beiträge zu Vogelfang und Falknerei im Altertum, Berlin/New York 1973, S. 59, Abb. 20
954: de Bry: Emblemata, Nr. 61
955: Karikatur v. Haitzinger, v. 6.XI.86. Aus: Bad. Ztg., v. 7.11.1986
956: Gemälde von David Rychaert, 1684
960 (1): Illustration von Moritz von Schwind (1804–71)
– (2): Miniatur auf Pergament, um 1750
961 (1): Holzschnitt des Petrarca-Meisters, Augsburg 1532, aus: Walther Scheidig: Die Holzschnitte des Petrarca-Meisters, Berlin 1955
– (2): Emblemat. Kupferstich, aus: Cats and Farlie (PT 5626 E 5 P 6 1860), Page 53
964: Emblemat. Kupferstich, aus: Cats and Farlie, Page 137
965 (1): Emblemat. Kupferstich, aus: Octavio van Veen: Amoris Divini Emblemata, Antwerpiae 1660
– (2): Emblemat. Kupferstich (Hase als Symbol der Furcht u. Ängstlichkeit), aus: Octavio van Veen: Amoris Divini Emblemata, Antwerpiae 1660, Page 107
966: Karikatur v. Olaf Gulbransson. Aus: Sprüche und Wahrheiten, gezeichnet von Olaf Gulbransson, München 1974
967: Carlo Dolci: Die hl. Jungfrau mit dem Jesuskind. München, Pinakothek (Herder-Bildarchiv)
970: Holzschnitt, Murner: Schelmenzunft, 1512
972 (1): Grandville : G. W., Bd. 2, S. 1076
– (2): Holzschnitt v. Hans Sebald Beham: ‚Der Teufel als Vogelfänger'. Aus: Max Geisberg (Hg.): Die dt. Buchill. in der 1. H. d. 16. Jh., München 1930, Nr. 429
– (3): John Blair: Wildentenmännchen, Decoy, Holz, bemalt, 45 cm lang, 1868, Philadelphia oder Elkton, Md. Zur Verwendung in der Delaware Bay bestimmt. Aus: Jean Lipman u. Alice Winchester: Die Volkskunst in Amerika. Ausstrahlung, Vorlagen, Quellen, München 1974, S. 177, Abb. 225
975 (1): Moritz v. Schwind: Krähwinkeliaden, 1826
– (2): Emblemat. Kupferstich, aus: Octavio van Veen: Amoris Divini Emblemata, Antwerpiae 1660, Page 15
976 (1): Zeichnung v. John Tenniel, die am 29. März 1890 in der engl. Satirezeitschrift PUNCH veröffentlicht wurde u. Bismarck als grimmigen Lotsen zeigt, den Kaiser Wilhelm II. von Bord weist. Diese Karikatur erfuhr unzählige Variationen in der Folgezeit
– (2): Polit. Karikatur v. Hanel. Aus: DER SPIEGEL 50, v. 10.XII.1990, S. 21
977 (1): Steinhöwel: Esopus, Die XII. Fabel ‚von dem alten loewē vñ den fuchssen'
– (2): Frz. Federlithographie v. Honoré Daumier, in: LE CHARIVARI, v. 21.IX.1834. Aus: H. Daumier; Bd. I, S. 95 (D 207)
980: Kupferstich, 17./18. Jh.: ‚Sic transit gloria mundi'
982 (1): Zeichnung von M. de Haenen: ‚Le jeu de la mailloche' (Kraftmesser vor der Fassade des Stadthotels in Antwerpen), Schweizerisches Turn- und Sportmuseum, Basel
– (2): Zeichnung von Gustav Broling: Auf dem Marsfelde in St. Petersburg während des Osterfestes, Nr. 8: Der Kraftmesser, Schweizerisches Turn- und Sportmuseum, Basel
983: Holzschnitt, aus: John Ashton: Chap-Books of the eighteenth Century, New York 1970, S. 298
990: P.e.R., Plate CLXXVII
995: Engl. Holzschnitt: ‚A Wodehouse'. Aus: The Sports and Pastimes of the People of England by Joseph Strutt, London 1855, S. 378, Abb. 115
996: Holzschnitt ‚Der Narrenkäfig' von Erhard Schoen, um 1530. Aus: Stefanie Poley: Unter der Maske des Narren, Stuttgart 1981, S. 90, Abb. 103
997 (1): Detail aus einem Bilderbogen aus Ost-Flandern, um 1700
– (2): Kupfer von Israel van Meckenem, 15. Jh., Wien, K. u. K. Kupferstichsammlung, B 222
999: Schutzmantelmadonna, 15. Jh. Dom in Fulda
1000: Karikatur von M.S.: ‚Führen und geführt werden'
1002: Narr mit Marotte. Randzeichnung v. Hans Holbein d.J. (1515/16) zum ‚Lob der Torheit' des Erasmus von Rotterdam. Aus: Werner Mezger: Narretei u. Tradi-

tion. Die Rottweiler Fasnet, Stuttgart 1984, S. 25, Abb. 16
1003: Originalzeichnung v. C. Offterdinger: Geschenke der Kinder für den Lehrer. Aus: ‚Die Gartenlaube‘, Leipzig 1868, S. 693
1005: Detail aus Münchener Bilderbogen, Nr. 189: Redensarten, ill. v. Stauber. Aus: Eine lustige Gesellschaft, Zürich 1978
1008: Detail eines Altargemäldes: ‚Verspottung Christi‘
1009: Holzschnitt, Murner: Schelmenzunft, 1512
1011 (1): Olaus Magnus: Historia de gentibus septentrionalibus, dt. Ausg. Basel 1567, Kap. 16
– (2): Eiserne Kienspanklemme, im südlichen Böhmerwald ‚Mäulåff‘ genannt
– (3): Fußwärmevorrichtung. Töpferware aus Lübeck, sog. ‚Mulåpen‘
– (4): Spanhalter aus Ton, Oberoesterreich, sog. ‚Geanmaul‘
1012: Karikatur v. Haitzinger, v. 13. XI. 90. Aus: Bad. Ztg., v. 14. XI. 1990
1013: Die hl. Gertrud von Nivelles, Einblattdruck um 1420/40
1014: Steinhöwel: Esopus. Die XVIII. Fabel ‚von dem leuwen vnd der maus‘
1015: Steinhöwel: Esopus. Die XII. Fabel ‚Von zweyen meusen‘
1017: Emblemat. Kupferstich, aus: Cats and Farlie, Page 149
1018: Mecklenburger Wappen
1021: Miniatur aus: Heilsspiegel (Hs. um 1360). Die Bilder des mittelalterlichen Erbauungsbuches ‚Speculum humanae salvationis‘, Dortmund 1981 (Die bibliophilen Taschenbücher Nr. 267, Kap. 34 (40), d, S. 75)
1025: Karikatur von Murschetz, aus: DIE ZEIT, Nr. 51, v. 11. XII. 1981
1027: Karikatur v. Pepsch, Süddt. Ztg. Aus: DER SPIEGEL, v. 25. I. 1988
1028: Illustration von Glaßbrenner, Bd. I. S. 317
1029: Illustriertes Liedflugblatt, Kupferstich von 1641, aus: Wäscher: Flugblatt, S. 53
1030: Flugblatt von 1625 auf Hans Micheln von Obentraut auß der Chur Pfaltz, Einblattdruck, Kurpfälzisches Museum Heidelberg
1032: Titelblatt eines Almanachs, Leipzig 1819
1034 (1): Lavierte Federzeichnung v. Nicolaes Maes: ‚Milchverkäuferin an der Haustür‘, Kupferstichkabinett Dresden. Aus: Wilhelm R. Valentiner: Nicolaes Maes, Berlin u. Leipzig 1924
– (2): Kolorierte Radierung v. Georg Melchior Kraus: ‚Mlle Neuhaus als ‚Milchmädchen‘, 1778. Aus: Gisela Zick: Der zerbrochene Krug als Bildmotiv d. 18. Jh., in: Wallraf-Richartz-Jahrbuch, Bd. XXXI, Köln 1969, S. 188, Abb. 137
1039: Zeichnung von Eduard Mörike, Schiller-Nationalmuseum Marbach
1040: Kleidung à la mode – Kartell stutzerischen Aufzugs, Druck in Ostende 1628. Aus: Die Fliegenden Blätter d. XVI. u. XVII. Jh., hg. v. J. Scheible, Hildesheim/New York 1972, S. 18f. (Reprograph. Nachdr. d. Ausg. Stuttgart 1850)
1041: Detail aus: Proverbes en Images, Bilderbogen aus Epinal, Imagerie Pellerin, Nr. 827
1042: Menschl. Halbfigur mit gehörntem Tierkopf, Holzschnitt aus: Athanasius Kircher: Oedipus Aegyptiacus, Rom 1652. Aus: Heinz Mode: Fabeltiere u. Dämonen in der Kunst, Stuttgart, Berlin, Köln, Mainz 1974, S. 259
1043 (1): Andreas Alciatus: Emblemata, Rovilium 1550: Dt. Übertragung von Jeremias Held: Liber Emblematum D. Andreae Alciati, Frankfurt a. M. 1566, aus: Schöne: Emblematik, S. 81
– (2): Jean Bungartz: Spitz und Mond, Leipzig 1885.
1044: Detail aus einem Bilderbogen aus Ost-Flandern, um 1700
1045: Illustration zu Hebels Text, aus: Neuer Einsiedler Kalender, 1893
1050: Liedflugblatt des 19. Jh. aus dem Hamburger Verlag I. E. Maier
1051: Fleißkärtchen, aus: ‚Puppe, Fibel, Schießgewehr‘. Das Kind im kaiserlichen Deutschland, Ausstellungskatalog (Akademie d. Künste v. 5. Dez. 1976 bis zum 30. Jan. 1977), S. 115
1052: Zeichnung von Adolf Oberländer (1845–1923): ‚Examen‘, aus dem ‚Schreibheft des kleinen Moritz‘
1053: Gilles Corrozet: Hecatongraphie, Paris 1543, aus: Schöne: Emblematik, S. 99
1054 (1): Karikatur v. Haitzinger, 79. Aus: Bad. Ztg., v. 4. X. 1979, S. 4
– (2): Karikatur v. Haitzinger, v. 27. IV. 88. Aus: Bad. Ztg., v. 28. IV. 1988, S. 4
1056 (1): Holzschnitt aus Thomas Murners ‚Mühle von Schwindelsheim und Gredt Müllerin Jahrzeit‘. 1515
– (2): Karikatur v. Haitzinger, 83. Aus: Bad. Ztg., 1983
1057: Pekinger Angeklagten-Karikatur:

„Auf den Müllhaufen der Geschichte". Aus: Volkszeitung, Peking

1059: Detail aus einem Bilderbogen aus Ost-Flandern, um 1700

1060: Gemälde v. Lukas Cranach d. Ä.: ‚Der Mund der Wahrheit' (Reinigung gegen den Vorwurf der Untreue), um 1525/27

1061: Inneres einer Münzwerkstatt. Hinten rechts Kaiser Maximilian, Holzschnitt dem Hans Schäuflein zugeschrieben. Aus dem ‚Weißkunig'.

1062: Zeichnung v. Paul Flora: ‚Musenkuß', aus: ders.: Vergebliche Worte. Von Dichtern u. Denkern, Zürich 1981, Abb. S. 63

1064: Kolorierte Lithographie, Neuruppiner Bilderbogen, Nr. 8306, um 1885. Aus: Theodor Kohlmann: Neuruppiner Bilderbogen, Katalog d. Ausstellung im Museum f. Dt. Vkde. Berlin v. 23. Aug. 1981 bis 31. Jan. 1982 (Schriften d. Museums f. Dt. Vkde. Berlin, Bd. VII), Berlin 1981, S. 107, Abb. 131

1067: Kolorierter Kupferstich, aus: Georg Daniel Heumann: ‚Der Göttingische Ausruff' von 1744. Neu hg. u. kommentiert v. R. W. Brednich, Göttingen 1987

1070: Karikatur v. Haitzinger, 76. Aus: Bad. Ztg., v. 18. II. 1976

1072: Illustration von Glaßbrenner, Bd. 2, S. 238

1075 (1): Holzschnitt aus Murners ‚Narrenbeschwörung', 1512: Narrensamen

– (2): Holzschnitt aus Sebastian Brants ‚Narrenschiff', 1494: Der Hofnarr vor Kaiser u. Papst

1076: Holzschnitt aus Thomas Murners ‚Mühle von Schwindelsheim und Gredt Müllerin Jahrzeit', 1515: ‚Ein rohen narren fressen'

1077 (1): Zeitgenössischer Holzschnitt (Mitte 16. Jh.) zu dem Fastnachtsspiel ‚Das Narrenschneiden' v. Hans Sachs, aus: Drei Fastnachtsspiele von Hans Sachs, Insel-Bücherei Nr. 46, Leipzig o. J. S. 5

– (2): Holzschnitt, Brant: Narrenschiff von 1494, zum Kapitel ‚Von buolschafft'

1079: Witzige Zeichnung v. Tomi Ungerer in Dankbrief an Prof. Röhrich, 1978

1080 (1): Detail aus dem Sprichwörter-Bild von P. Bruegel, 1559

– (2): Karikatur v. Haitzinger, aus: HANDELSBLATT, v. 12. III. 1980

1081 (1): Detail aus ‚Das Narrenfest' von Pieter Bruegel, 1559, Bibliothek Alb. Ter, Brüssel

– (2) Detail aus: ‚Das Bad am Samstagabend' von Wilhelm Busch

– (3): Verlorener Sohn, Radierung von Charles de Mallery (1571 – ca. 1635)

– (4): Detail aus dem ‚Struwwelpeter' von H. Hoffmann, 1845

1083: Vogel Selbsterkenntnis, Tiroler Volkskunstmuseum, Innsbruck

1086: Buben bei Klosters (Prätigau) heilen an einer Stalltür den Teufel („schi tüend der Tüfel häilä"). Nach einer Photographie v. A. Schorta. Aus: Richard Weiss: Nebelheilen. Teufelheilen. Notfeuerbereitung u. Wetterzauber als Hirtenbrauch, in: Archives suisses des traditions populaires, Bd. XLV, Basel 1948, S. 227, Abb. 2

1089: Emblemat. Kupferstich mit Ansicht von Clauß im Solothurner Gebiet, aus: Meisner u. Kieser, Bd. I, Teil 4, Abb. 11

1090: Holzschnitt, Murner: Schelmenzunft, 1512: ‚Der vnnutz vogel'

1091 (1): Kupferstich von Collaert und Galle nach Jon. Stradanus aus ‚Venationes ferarum, avium, piscium, pugnae bestiarum …', Antwerpen, um 1580

– (2): Kolorierter Kupferstich: ‚Mägdlen Fanger'. Augsburg, um 1710/20. Aus: Wolfgang Brückner: Populäre Druckgraphik Europas. Deutschland vom 15.–20. Jh., München 1969, S. 116, Abb. Nr. 110

– (3): Kolorierter Kupferstich: ‚Buben Fangerin' Augsburg, um 1710/20. Aus: W. Brückner, S. 116, Abb. Nr. 111

1092: Vogelfang mit dem Schlagnetz. Holzschnitt aus: Sebastian Brant: Mythologia Aesopi, Basel, Jacob von Pfortzheim, 1501

1096: Einblattholzschnitt mit xylographischem u. typographischem Text, um 1533: ‚Der wohlredendt Niemant', unbekannter Straßburger Meister. Aus: Flugblätter der Reformation u. des Bauernkrieges. 50 Blätter aus der Sammlung des Schloßmuseums Gotha, hg. v. Hermann Meuche, Katalog v. Ingeburg Neumeister, Leipzig 1976, Blatt 40

1098: Holzschnitt von 1485. Aus: Willy Krogmann: Beiträge zur niederdt. Wortforschung: 1. Nobiskrug, in: Jb. d. Vereins f. niederdt. Sprachforschung 55/56 (1941), Abb. S. 65

1100: Holzschnitt, Brant: Narrenschiff von 1494, Kapitel ‚Ere vatter vnd mutter'

1104 (1): Illustriertes Flugblatt, Kupferstich von David Mannasser, Augsburg o. J., Stadtbibliothek Nürnberg

- (2): Principium Aritmeticum, Kupferstich von Hans Jerg Mannasser, Stadtbibliothek Nürnberg
1106: Holzschnitt, Murner: Schelmenzunft, 1512: ‚Nus durch eyn sack beyssẽ'
1109 (1): Detail aus einem Bilderbogen aus Ost-Flandern, um 1700
- (2): Aquarellierte Zeichnung, 1861: ‚Königlich Württembergische Ochsenpost nach Waldstetten'. Aus: ‚Ochsentour'. Die Post in ihrer Zeit. Eine Kulturgeschichte menschlicher Kommunikation, Heidelberg 1990
1112: Francisco de Goya: ‚Die vorgetäuschte Ohnmacht'. Spanische Karikatur auf den raffinierten Flirt. Aus: Eduard Fuchs: Die Frau in der Karikatur, München 1906, S. 207
1113: Illustration aus: Josef Schmied-Kowarzik und Hans Kufahl: Fechtbüchlein. 2. Aufl. Leipzig 1894, S. 171, Tafel IX
1114: Zeichnung v. Brisolla, Abb. 10
1115: Karikatur v. Murschetz. Aus: DIE ZEIT, Nr. 17, v. 16. IV. 1976
1116 (1): Holzschnitt, Murner: Schelmenzunft, 1512: ‚Die oren lassen melkẽ'
- (2): Holzschnitt, Brant: Narrenschiff, 1494 Kap. ‚von oren blosen'
1117: Holzschnitt des Petrarca-Meisters, Augsburg 1532, aus: Walther Scheidig: Die Holzschnitte des Petrarca-Meisters, Berlin 1955
1119: Roemer Visschers Zinne-Poppen, Amsterdam, ca. 1620, Nr. 57, aus: Henkel u. Schöne. Sp. 1380
1124: Ill. aus: Einsiedler-Kalender 1852, Kal. Inv. 1508. Aus: Kalender-Bilder: Ill. aus schweizer. Volkskalendern d. 19. Jh. (= Führer durch das Museum f. Völkerkunde u. Schweiz. Museum f. Vkde., Basel), Basel 1978, S. 61, Abb. 102
1125 (1): Ill. v. Wilhelm Wohlgemut
- (2): Zeichnung v. Wilhelm Busch
1129 (1): Zeichnung von Wilhelm Scholz (Der bewaffnete Friede, 1869), Bismarck-Album, S. 55
- (2): Christus auf der Eselin reitend. Holzplastik, alpenländisch, frühes 16. Jh., Österreichisches Museum für Volkskunde. Wien.
1130: ‚Palmprocessie te Amsterdam'. Aus: C. Cath. van de Graft: Palmzondag (Folkloristische Studies), Utrecht 1938. Abb. 8
1131: Pan mit Bock, Figuren im Park des Nymphenburger Schlosses (Herder-Bildarchiv)
1133 (1): ‚Une femme bat son mari'. Détail d'un bas-relief en plâtre, Grate Hall de Montecute House, Somerset, Angleterre, vers 1600. Aus: Jacques Le Goff et Jean-Claude Schmitt (edts.): Le Charivari, Paris/New York 1981, Phot. 1
- (2): Abb. aus dem Bally-Schuhmuseum in Schönenwerd. Aus: Das Pantoffelregiment ..., hg. von einer Hausregentin, Meissen 1829, 6., mit der 1. identische Aufl., Zürich 1979. Abb. S. 46/47
1134: Titelblatt einer Farce über die Pantoffel-Herrschaft, 1796
1137 (1): Illustration: ‚Die Straßburger Mädchen'. Aus: Jörg Ritzel: Der lachende Rhein. Tausend Jahre rheinischen Humors in Wort und Bild. Gesammelt u. hg. von –, Köln 1930, S. 25
- (2): J. M. Molenar: Ehestreit, Mauritshuis, Den Haag
1139: Karikatur v. Haitzinger, v. 3. II. 84. Aus: Bad. Ztg., v. 4./5. II. 1984
1141: Illustration aus einem Fechtbuch, Gotha 1467, aus: Jos. Schmied-Kowarzik und Hans Kufahl: Fechtbüchlein, 2. Aufl. Leipzig o. J. (1894)
1146: Illustration von Reusner, 1581: „Ad Diuum Rudolphum Secundum, Caesarem Romanum, Non absque Theseo". Aus: Shakespeare and The Emblem Writers by Henry Green, M. A., London 1870, S. 143
1148: Detail aus einem Bilderbogen aus Ost-Flandern, um 1700
1149 (1): Misericordiendarstellung in Hoogstraezen / Niederrhein
- (2): Misericordiendarstellung in Hoogstraeten, 16. Jh.
- (3): Misericordiendarstellung in Aarschot
1151: Holzschnitt, Nürnberg 1482: Arzt beim Aufschneiden einer Pestbeule
1153: Hl. Petrus, Hinterglasbild aus dem Kanton Schwyz, 1. Viertel des 19. Jh.
1155: Detail aus: Münchener Bilderbogen, Nr. 274: Militärische Redensarten
1157: ‚Svperbia', aus der Folge der Todsünden, 1556/57, Bibliothek Alb. Ter. Brüssel
1158 (1): Steinhöwel: Esopus, Fabel vom Pfau und Kranich
- (2): Zeichnung von Wilhelm Scholz (Unser Stolz, 1884), Bismarck-Album, S. 162
1161: Totentanz, Holzschnitt aus einem Heidelberger Druck von 1485
1163: Rundbild von Pieter Bruegel d. Ä. aus der Serie: „Zwoelf vlaemische Sprichwörter", Rijksmuseum Amsterdam
1164: ‚Der Schöffer von der Newenstat'. Einblattdruck o. J., Schloßmuseum Go-

tha. Schloß Friedenstein (Inv.-Nr. 40, 55 – XLI/62/50)
1165: Misericordiendarstellung in Bristol/ England
1168 (1): Detail aus Münchener Bilderbogen, Nr. 205: Die Folgen des Vorwitzes
– (2): Holzschnitt, aus: Frank: Lob des königlichen Spiels
1173: ‚Preisträgerin', zeitgenössischer Holzstich um 1850
1176: Flugblatt-Ill. zu „Hie werde im Pflug getrieben, die Maydt vor Faßnacht sindt vberblieben" (Aschermittwoch in Regensburg). Aus: Die Welt des Hans Sachs. 400 Holzschnitte des 16. Jh., hg. v. den Stadtgeschichtlichen Museen, Nürnberg 1976, Kat. 10, S. 148, Kat. Nr. 130
1180: Holzschnitt aus der ‚Schedel'schen Weltchronik', 1493 (UB. Freiburg i. Br., fol. 104) (Originalausg. mit Holzschnitten v. Michael Wolgemut und Hans Pleydenwurff) (Herder-Bildarchiv)
1182: Kupferstich aus einem Flugblatt, 1621. Der Pickelhering, die komische Person bei den engl. Komödianten, wurde 1618 von dem Schauspieler R. Reynold geschaffen
1184: Pilgerpaar. Ausschnitt aus einem Tafelgemälde, Nürnberger Schule, um 1520/30. München, Bayer. Nationalmuseum
1189: Karikartoon v. P. Gaymann, aus: ELEFANTEN PRESS, v. 15. VIII. 1986
1193 (1): Der Nürnberger Possenreißer Hans Ammann, genannt Leberwurst, in: Karl Friedrich Flögel: Geschichte des Grotesk-Komischen, München 1914, S. 262f.
– (2): Holzschnitt zu Jörg Wickrams ‚Rollwagenbüchlein', Straßburg 1555
1194: Detail aus Münchener Bilderbogen Nr. 274: Militärische Redensarten
1195: ‚Der Muentzmeister', Holzschnitt von Jost Ammann, Ständebuch, S. 31
1196 (1): Schandsäulen und Schandbühne
– (2): Heidelberger Sachsenspiegelhandschrift, 13. Jh.
– (3): Ankarström wird in Stockholm öffentlich ausgestellt als ‚Mörder des Königs'. Aus: Das Pfennig-Magazin, Nr. 346, v. 6. XI. 1839, Abb. S. 365
1198 (1): ‚Fuchsprellen'. 1724, in: Fleming: Des Vollkommenen Teutschen Jägers Anderer Haupt Theil, Leipzig 1724, Taf. XXVIII
– (2): ‚Wolfsjagd'. Kupfer von Adrian Collaert (ca. 1520–67)
– (3): Hinrichtung am Wippgalgen, von Jacques Callot, 1633
1200: Boccaccio: Historien von widerwärtigem Glück, ed. Ziegler, 1545 (Detail), 6. Buch, 1. Kap.: ‚Von einem gesprech des Glücks mit dem Boccatio'
– (2): Detail aus dem Festschießen von Zwickau, 1573
– (3): Francisco de Goya: ‚El Pelele' (Die Strohpuppe), Museo del Prado, Madrid
– (4): Jackelschutzen in Garmisch-Partenkirchen, 1971
1203: Holzschnitt von Hans Frank, aus: Geiler von Kaisersperg, Sünden des Mundes, Straßburg 1518
1207: Detail aus ‚Der lustige Pudel', Neuruppiner Bilderbogen, S. u. K., S. 38
1208: Relief am Denkmal des Berthold Schwarz, Freiburg i. Br.
1209: Wie ein Student in Krähwinkel einen Philister ‚anpumpt'. Nach einem Kupferdruck um 1820.
1211: Miniatur aus dem ‚Hortus deliciarum' der Äbtissin Herrad von Landsperg, 12. Jh.
1213 (1): Kupfer von de Bry: Emblemata, Nr. 25
– (2): Einzelblatt aus ABC-Buch für kleine und große Kinder, gezeichnet von Dresdner Künstlern. Mit Erzählungen u, Liedern v. R. Reinick u. Singweisen v. Ferdinand Hiller, Georg Wigand's Verlag, 1845.
1216: „Qui vive?" – Darstellung aus der Napoleonischen Besatzungszeit von Johann Gottfried Schadow um 1810
1220 (1): Der Geräderte, sog. Tübinger Wahrzeichen, Stiftskirche Tübingen
– (2): Holzschnitt: Rädern u. Radflechten, 16. Jh. Aus: Johannes Stumpff: Schweizer Chronik, Druck von 1548 (nach Schuhmann 1964, 337). Aus: Das Rad in der Schweiz vom 3. Jt. v. Chr. bis um 1850. Katalog zur Sonderausstellung des Schweiz. Landesmuseums, 22. Aug. bis 26. Nov. 1989, hg. v. Bernard A. Schüle, Daniel Studer, Christa Oechslin, Zürich 1989, S. 123
– (3): Holzschnitt: Die Höllenstrafe des Răderns, 1. H. d. 15. Jh. Aus: Richard Wrede: Die Körperstrafen bei allen Völkern von den ältesten Zeiten bis Ende des neunzehnten Jahrhunderts. Kulturgeschichtliche Studien, Dresden-A. o. J.; S. 108
1221: Holzschnitt, Brant: Narrenschiff von 1494, Kap. ‚Von gluckes fall'
1227: Holzschnitt von 1553, in: Guillaume

de la Perrière: La Morosophie, Lyon 1553, Nr. 95, aus: Henkel u. Schöne, Sp. 599
1228 (1): Karikatur v. Haitzinger, 88. Aus: STERN, Nov. 1988
– (2): Karikatur v. Haitzinger, v. 26. X. 87. Aus: DER SPIEGEL, v. 2. XI. 1987
1229 (1): Karikatur: Der Rattenfänger von Moskau. Aus: Wolfgang Mieder: Die Sage vom ‚Rattenfänger von Hameln' in der modernen Literatur, Karikatur und Werbung, Abb. 14a, in: Geschichten und Geschichte. Erzählforschertagung in Hameln Oktober 1984, hg. im Auftrag d. Stadt Hameln v. Norbert Humburg, Hildesheim 1985, S. 113–128
– (2): Rattenbeschwörung aus dem Weimarer Wunderbuch von 1430, aus: Heinrich Spanuth: Der Rattenfänger von Hameln, Hameln 1951, Tafel 2
– (3): Karikatur: ‚The crazy piper'. Aus: W. Mieder: Die Sage vom Rattenfänger von Hameln ..., Abb. 14b
1230: Titelblatt u. Titelbild einer 1682 erschienenen Satire
1236: Wilhelm Busch: ‚Aus dem Regen in die Traufe', 1861
1238: Amazonen-Bataillon, 1793, Bilderbogen aus Orléans, Nachdruck 19. Jh., handschriftlich bezeichnet: ‚les Dames d'Orléans en 1793', Paris, Bibliothèque Nationale
1239: Holzschnitt, Murner: Schelmenzunft, 1512
1245: Titelbild des Rechenbuches von Adam Riese, 1550
1246: Wasserfarbenminiaturbild auf Pergament, wahrscheinl. v. Klosterfrau ausgeführt, östl. Schweiz, um 1750, Zürich, Privatsammlung. Aus: Aspekte des Volkslebens in Europa 1975: Liebe und Heirat, Musée de la Vie Wallone Liège, 1975, Abb. 1
1250: Röhrle zu Napoleon: „Brauch keine Gnad, hab blos meine Schuldigkeit gethan", Württemberg. Landesmuseum, Vk 1972/4
1251: Brehms Tierleben, Vögel IV, Leipzig und Wien 1913, S. 83
1253: Radierung v. Chodowiecki: ‚Die auf Rosen sanft schlummernde Unschuld', 1790. Aus: Jens-Heiner Bauer: Daniel Nikolaus Chodowiecki (Danzig 1726–1801 Berlin): Das druckgraphische Werk. Die Sammlung Wilhelm Burggraf zu Dohna-Schlobitten, Hannover 1982, S. 218, Abb. 1510
1254: Ill. v. Hans Burgkmair, Buchholzschnitt aus Thomas Murners ‚Schelmenzunft', 1512
1256: Karikatur v. Haitzinger, 78. Aus: DER SPIEGEL, Nr. 2, 1979
1258: Holzschnitt aus Lindners ‚Historien', Nr. 2: Rübezahl begegnet im Riesengebirge Bergleuten. Aus: Gerhard Heilfurth. Zur Kultur des Bergbaus. Eine Bibliographie, zu seinem 65. Geburtstag zusammengestellt von Gerhard Seib, Wien 1974, S. 28, Abb. 16
1269: Holzschnitt von Franz Graf von Pocci zu: Pocci's lustiges Bilderbuch, München (1852), P. 288: Knecht Ruprecht steckt böse Buben in den Sack. Aus: Franz Graf von Pocci. Die Gesamte Druckgraphik, hg. v. Marianne Bernhard, München 1974, S. 353
1272: Karikatur v. Haitzinger, v. 6. IX. 91. Aus: Bad. Ztg., Nr. 208, v. 7./8. IX. 1991
1276: Grandville: G. W., Bd. 2. S. 930
1279: Karikatur v. Haitzinger, v. 5. VI. 86. Aus: Bad. Ztg., Nr. 127, v. 6. Juni 1986
1280: Karikatur v. Haitzinger, v. 4. X. 82. Aus: Bad. Ztg., Nr. 231, v. 7. Oktober 1982
1281: Duell um 1870, Ill. v. G. Durand. Aus: ‚DER SPIEGEL, v. 1. IV. 91
1282: Ill. aus dem Codex Manesse, fol. 61 v.: „her heinrich von frowenberg beim Tjostieren"
1283: Polit. Karikatur v. Murschetz. Aus: DER SPIEGEL, Nr. 24/1984
1284 (1): Detail aus einem Bilderbogen aus Ost-Flandern, um 1700
– (2): Detail aus ‚Wie es wär', wenn's anders wär', Münchener Bilderbogen, Nr. 656, aus: S. u. K., S. 104
– (3): Holzschnitt von Hans Weiditz.
– (4): Holzschnitt, Murner: Schelmenzunft, 1512
1285: Holzschnitt, Brant: Narrenschiff von 1494, Kap., ‚Von guten reten'
1287: Holzschnitt, Brant: Narrenschiff von 1494, Kap. ‚Von groben narren'
1288 (1): Bekehrung Pauli, Hildesheimer Meister, 15. Jh. Niedersächsische Landesgalerie Hannover
– (2): Titelkupfer zu ‚Principis christiani archetypon', Amsterdam 1672. Aus: Universale Bildung im Barock. Der Gelehrte Athanasius Kircher, Ausstellungskatalog Rastatt u. Karlsruhe 1981, S. 27
1291: Urban Görtschacher: Ecce homo, Tafel von Heiligenkreuz, Niederösterreich, 1508, Detail
1295: A. Paul Weber: Er bringt sein ‚Schäfchen' ins trockene, aus: Mit allen Was-

sern ... 1960 (Handzeichnung: Feder, getönt)
1296: Mosaik in S. Apollinare Nuovo, Ravenna
1297 (1): „Ich kenne da ein Sprichwort: Es ist keine Herde so klein, es stecken räudige Schafe darein". Polit. Karikatur von Hanel, 77. Aus: ZEITmagazin
– (2): Holzschnitt zu: Giambattista della Porta: „Physiognomischer Vergleich", ‚De Humana Physiognomia', 1586. Aus: G. Langemeyer, u.a. (Hg.): Mittel und Motive der Karikatur in fünf Jahrhunderten. Bild als Waffe, München 1984, S. 391, Abb. 17
1304 (1): Zeichnung von George Cruikshank (1792–1878)
– (2): Karikatur v. Haitzinger, 77. Aus: Bad. Ztg., Nr. 266, v. 18. Nov. 1977
1305 (1): Farblithographie von Grandville: G. W., Bd. 1, S. 62
– (2): Karikatur v. Haitzinger, v. 18.XII.90. Aus: Bad. Ztg., v. 20. Dez. 1990
1306 (1): Steinhöwel: Esopus, Fabel Von dem hund vnd stück fleisch
– (2): Gotische Buchmalerei, schwäbisch, um 1480
1308 (1): Kol. Einblattholzschnitt mit typograph. Text, v. Niclas Stör, um 1530. Aus: Flugblätter der Reformation u. des Bauernkrieges. 50 Blätter aus der Sammlung des Schloßmuseums Gotha. Hg. v. Hermann Meuche, Katalog v. Ingeburg Neumeister, Leipzig 1976, Blatt 25
– (2): Karikatur v. Haitzinger, v. 24.IX.86. Aus: Bad. Ztg. , Nr. 221, v. 25. Sept. 1986
1312: Detail aus einem Bilderbogen aus Ost-Flandern, um 1700
1313: Detail aus dem Sprichwörter-Bild von P. Bruegel, 1559
1314: Letzter Scheiterhaufen in Deutschland, Berlin, 15. August 1786, gleichzeitiger Kupferstich, Berlin, Königl. Bibliothek, aus: Franz Heinemann: Der Richter u. die Rechtspflege in der dt. Vergangenheit, Leipzig o.J., Abb. 145
1315: Schellen-Unter, Schweiz. Spielkarte aus Basel, 15. Jh., Histor. Museum Basel
1317: Titelblatt der ‚Schelmenzunft' von Thomas Murner, 1512
1319: Holzschnitt von Jost Ammann: Ständebuch, S. 60
1320: Spielkarte: ‚Parbirer', Wien, um 1440 am Oberrhein entstanden
1321 (1): Detail aus dem Sprichwörter-Bild von P. Bruegel, 1559
– (2): Detail aus einem Bilderbogen aus Ost-Flandern, um 1700
1322: Holzschnitt von Jost Ammann: Ständebuch, S. 84
1323 (1): Kupferstich von F. Poledner: ‚Wien im Schnee', aus dem Jahresband der Zeitschrift ‚Über Land und Meer' 1894/95, S. 427
– (2): Karikatur: ‚Scheuklappen'. Aus: DIE ZEIT, Nr. 45, v. 30. Okt. 1981
1325: Emblematischer Kupferstich: ‚Das unerbittliche Schicksal' – ‚inexorabile fatum', aus: Emblemata Horatiana, Antwerpiae 1607, Page 211
1328: Sokrates nimmt den Schierlingsbecher. Aus: Alexander Demandt: „Macht und Recht. Große Prozesse in der Geschichte", München 1991
1332: Holzschnitt zum Kap. 109: „Verachtung vngfelles" aus Sebastian Brants ‚Narrenschiff', 1494
1333: Karikatur v. Haitzinger, v. 9.II.82. Aus: Bad. Ztg., Nr. 33, v. 10. Februar 1982
1334: Illustration aus der Minnesänger-Handschrift: ‚Her Dietmar der Sezzer'
1336: Tietelblatt des ‚Lalen-Buches', 1597
1337 (1): Holzschnitt, 17. Jh.: Gelassenheit als Schildkrötentugend. Aus: Rudolf Süss u. Margarete Malter: Vom Mythos der Schildkröte. Das Urtier als Glücksbringer, Dortmund 1991, S. 51
– (2): Holzschnitt, 17. Jh.: Die Enten und die Schildkröte. Aus: R. Süss u. M. Malter, S. 120
1339: Holzschnitt v. Lucas Cranach d. Ä.: Der heilige Bartholomäus, um 1512. Aus: 1472–1553, Lucas Cranach d. Ä.: Das gesamte graphische Werk, 2. Aufl. München 1972, S. 254
1340 (1): Holzschnitt, Brant: Narrenschiff von 1494, zum Kapitel ‚Nit wellen eyn Narr syn'
– (2): Gemälde v. Geeraard David (1450 bis 1523): Folterung des meineidigen Richters, Stadsmuseum Brugge
1343: Kupfer über den Abtransport des gefangenen Schinderhannes und seiner Gesellen zur Hinrichtung nach Mainz, 16. Juni 1802, Frankfurt am Mayn, 1802.
1344: Johannes Bükler (Schinderhannes) mit Frau und Kind; zeitgenössischer Kupferstich
1345: Karikatur v. Haitzinger, v. 4.VII.85. Aus: Bad. Ztg., v. 5. Juli 1985
1346: Englischer Holzschnitt um 1700, aus: H. F. Döbler: Kultur- und Sittengeschichte der Welt, Gütersloh 1971, S. 167
1347 (1): William Hogarth, ‚Der Schlaf des Gerechten', 1736, aus: James Laver: Po-

puläre Druckgraphik Europas. England vom 15. bis zum 20. Jh., München 1972, Abb. 93.
– (2): Grandville, G. W., Bd. 2, S. 974
1348 (1): Zeichnung von Wilhelm Busch: ‚Die fromme Helene', 2. Kap. ‚Der Geburtstag'
– (2): Moritz von Schwind: ‚Krähwinkeliaden', 1826
1349: Holzschnitt v. Hans Sebald Beham, 1526, Geisberg Nr. 239.
1353: Fliegende Blätter, Bd. 45: 1866, S. 71, Nr. 1103, aus: W. Hävernick: ‚Schläge als Strafe', Hamburg ^{4}1970, Abb. 12
1358: Kapitell am Kloster St. Trophime zu Arles, 12. Jh. (nach R. Kohl: Das Melusinenmotiv, 1934)
1359: Emblemat. Kupferstich: Zeichen der ewigen Liebe, aus: Octavio van Veen: Amoris Divini Emblemata, Antwerpiae 1660 (PN 6357, L 3, V 51, 1660, Page 17)
1360: ‚Schlaraffenland' von Pieter Bruegel d. Ä. (Alte Pinakothek, München)
1361: Holzschnitt, Brant: Narrenschiff von 1494, zum Kapitel ‚Das schluraffen schiff'
1363: Holzschnitt, Murner: Schelmenzunft, 1512
1364 (1): ‚Wir, Macrobio Riesenarsch (Der Nasenschleifer), Rom, Museo N. A. T. P. IV, 1, a, Nr. 5823, aus: Paolo Toschi: Populäre Druckgraphik Europas. Italien vom 15. bis zum 20. Jh., München 1967, Abb. 97
– (2): Illustration aus der ‚Weltchronik' des Rudolf von Ems, S. 104 v, Fürstlich-Fürstenbergische Hofbibliothek Donaueschingen. Aufnahme: Georg Goerlipp, Donaueschingen
– (3): Kupfer, aus ‚De origine causis, typo, et cerem oniis illius ritus, qui vulgo in Scholis Depositio appelatur'. Oratio M. Joh. Dinckelij, Erfurt 1578. Aus: Karl Friedrich Flögel: Geschichte des Grotesk-Komischen, München 1914 (nach S. 186)
1365: Miniatur aus dem Giltbuch der Passauer Schiffszieher, Anf. 15. Jh., aus: Karl Gröber: Alte deutsche Zunftherrlichkeit. München 1936, S. 76.
1368 (1): Holzschnitt, Detail von Fliegendem Blatt, gedruckt durch Hans Guldenmund, 1547. Aus: Georg Pencz, Geisberg XII.969
– (2): Grabfund, Museum in Martin. Fotoarchiv, Slovenského národného múzea Martine, Nr. 62811/1
1371: Detail aus dem Gemälde von Diego Velázquez: ‚Die Übergabe von Breda', 1635, Museo del Prado, Madrid
1372: Dt. Karikatur aus d. 16. Jh.: ‚Die ungleichen Liebhaber'. Aus: Eduard Fuchs: Die Frau in der Karikatur, München 1906, S. 56
1375: Titelill. zu: J. W. O. Richter (Hg.): Bilder aus dem westl. Mitteldeutschland, Leipzig (1882)
1382 (1): Karikatur v. Haitzinger, v. 21. X. 85. Aus: DER SPIEGEL, Nr. 45, v. 4. November 1985
– (2): Grandville: G. W., Bd. II. S. 845
– (3): ‚Schneckenpost zwischen Bern und Luzern' – L'escargot-poste entre Berne et Lausanne, Henri de la Poste, Soleure, 1844–1875, 1866. Aus: J. Grand-Carteret: Les mœurs et la caricature en Allemagne en Autriche en Suisse, Paris 1885, S. 399, Fig. 240
1385: Deutsche Bilderbogen aus Stuttgart: ‚Allerlei Lieder und Reime', mit Zeichnungen von Vinc. St. Lerche (Detail), aus: S. u. K., S. 108
1387 (1): Bauernmajolika ca. 1790, Oberösterreichisches Landesmuseum Linz
– (2): Spottbild: Der Schneider auf der Geiss. Bemalte Kaffeekanne aus Heimberg, Kt. Bern, Glasierte Irdenware, 1817, Schweiz. Landesmuseum Zürich
– (3): Die Abstammung des Schneiders von der Geiß. Slowenisches Bienenstockbrettchen, 2. Hälfte 18. Jh., Slovenski etnografski muzej, Ljubljana, Nr. 4469
– (4): Flugblatt, Moldorff, um 1700, Germanisches Nationalmuseum Nürnberg, Sign. K. 1296, 24467
– (5): Kupferstich von Jost Ammann 1588: Rangstreit zwischen Schneider und Kürschner, Dresden, Kupferstichkabinett A 123
1388: ‚D'r Schneider von Ulm im Jahre 1811', Detail aus Bildpostkarte
1390: Detail aus: ‚1 Fräulein und 2 Dutzend Männer kauft man hier für 6 Pf.'. Neuruppiner Bilderbogen, Nr. 2269, aus: S. u. K. S. 77.
1392: Zimmerleute bei der Arbeit, im Hintergrund Kaiser Maximilian, Holzschnitt von Hans Schäuflein (?), ca. 1492–1540, aus dem ‚Weißkunig'
1399: Reproduction des Holzschnittes Nr. CXX aus der Schultes'schen Ausg. v. J. 1679, welcher in der 1. Ausg. des Theuerdank v. J. 1517 nicht vorkommt. Aus: DER THEUERDANK, hg. v. Simon Laschitzer, Facsimile Reproduktion, nach der 1. Aufl. v. 1517 (= Jb. d. Kunst-

hist. Sammlungen des Allterhöchsten Kaiserhauses, Bd. VIII), Wien 1888, S. 77
1401: Polit. Karikatur v. Murschetz. Aus: DIE ZEIT, Nr. 51, v. 10. Dez. 1976
1405: Holzschnitt von Jost Ammann, Ständebuch, S. 53
1407: Rötelstich, Blatt aus einem Eroticon, 18. Jh., Bally-Schuhmuseum
1408: Der verliebte Schuhmacher. Kupfer von Jacob von der Heiden (ca. 1570–1640), Nürnberg, Städtische Kupferstichsammlung
1409: P. e. R., Plate CLXXVIII
1412: Sebastian Franck: Sprüchwoerter, Gemeiner Tütscher nation/ erstlich durch Sebastian Francken gesam̃let/ nüwlich aber in kom̃liche ordnung gestellt vñ gebessert. Getruckt zuo Zürich by Eustachin Froschouer, 1545 (Artikel: Schuld, schuldig)
1415: Holzschnitt, Murner: Schelmenzunft, 1512
1420: A. van Ostade: Bauernfamilie vor gemeinsamer Schüssel beim Tischgebet, 1653, Staatl. Kunstsammlungen Dresden, Kupferstichkabinett. Aus: Sigrid u. Wolfgang Jacobeit: Illustrierte Alltagsgeschichte des deutsch. Volkes 1550–1810, Köln 1986, Abb. 218
1422 (1): Kolorierter Kupferstich, um 1820, nicht signiert
– (2): Dt. Farblithographie, Privatbesitz Prof. Bringéus. Aus: Nils-Arvid Bringéus: Volkstümliche Bilderkunde, München 1982, S. 26
1424: Radierung um 1640, in: Wäscher: Flugblatt I, S. 85
1427 (1): Brauchgerät beim Frühlings-Umzug mit der Schwalbe, Sammlungen der griech. Volkskunde-Gesellschaft. Athen, Foto: G. K. Spyridakis
– (2–4): Frühlingsumzug der Kinder mit der Schwalbe aus verschiedenen griech. Landschaften 1940 und 1967
1428: Frühgriech. Amphore, 6. Jh. v. Chr., Leningrad, Eremitage, aus: Jb. d. dt. Archäologischen Instituts XLII (1927), Arch. Anz. I/II, 70, Beil. 1
1435: Zeichnung von Wilhelm Scholz (Das schwarze Gespenst, 1869), Bismarck-Album, S. 57
1438: Holzschnitt von Jost Ammann: Ständebuch, S. 47
1440: Gemälde von Arnold Böcklin (1827–1901)
1448: Zeichnung von Wilhelm Scholz (Brennus pacificus, 1886), Bismarck-Album, S. 172
1449 (1): Denkmal vor dem Gebäude der Vereinten Nationen (Uno) in New York von dem sowjetischen Bildhauer Jewgenij Wutschetitsch (nach Jes 2,4). Geschenk der ehemaligen Sowjetunion
– (2) Gerda Grober: Karte zu Frage 234c der Umfrage zum Atlas der deutschen Volkskunde
1452 (1): Stadtrichterbild im Stadthause zu Graz, österreichischer Meister, 1478
– (2): Holzschnitt aus ‚Der Seele Trost', Druck v. A. Sorg, Augsburg 1478
1455: Verbrennung des Johannes Hus zu Konstanz 1415. Seine Seele steigt zu Gott auf. Holzschnitt aus dem 16. Jh.
1458 (1): Karikatur über Erörterung geeigneter Maßnahmen gegen AIDS: ‚Nichts sehen …'. Aus: DAS PARLAMENT, Nr. 42, v. 17. Okt. 1987, S. 2
– (2): Karikatur von BEN: ‚Die Stellungnahme der Funktionäre' zum Doping im Sport, Süddt. Ztg. Aus: DER SPIEGEL, v. 24. Dezember 1990
1459 (1): Kupferstich v. Hendrik Goltzius: Putto mit Totenschädel und Seifenblase als Vanitaszeichen, 1594, Berlin, Staatl. Museen, Kupferstichkabinett, HG 1594
– (2): Holzschnitt aus Weigels Ständebuch von 1698. Aus: Fred Bertrich: Kulturgeschichte des Waschens, Düsseldorf/ Wien 1966, S. 45
1460: „Seiltanz" nach Van de Venne. Aus: J. Ter Gouw: De Volksvermaken, Haarlem 1871, S. 448
1461: Gemälde von Ilja Repin (1844–1930)
1465 (1): P. e. R. Plate XC.
– (2): Zeichnung von Moritz v. Schwind: ‚Krähwinkeliaden', 1826: Der Bürgermeister von Krähwinkel kommt zu sich selbst
1468: Tod als Sensenmann, Detail aus Totentanz. Aus: Thomas Larsen Borup: Det menneskelige Livs Flugt, Eller Dode-Dands, København 1762, S. 14
1471: Radierung, Amsterdam, ca. 1618, IH 267: Verclaringhe van IVSTITIA. Das Blatt warnt vor der drohenden Einflußnahme der Arminianer, die durch ein „Rechtveerdighe Sifte" (gerechtes Sieb) geschüttelt werden. Aus: Wolfgang Harms (Hg.): Dt. Ill. Flugblätter d. 16. u. 17. Jhs.: Die Sammlung der Herzog August Bibliothek in Wolfenbüttel, Bd. 2, München 1980, S. 239
1474: Ital. Holzschnitt, Florenz, Biblioteca Riccardiana, misc. Malfatti, 689, No. 36. Aus: Paolo Toschi: Populäre Druckgraphik Europas. Italien vom 15. bis zum 20. Jh., München 1967, Abb. 16

1477 (1): Titelblatt des ersten Buches über den Simandl, Franckfurt am Mayn 1565
– (2): Dt. Spielkarte, Kupfer, Ende 16. Jh. Wien, K. K. Kupferstichsammlung
– (3): Simandl-Brunnen in Krems an der Donau
1483: Ill. v. Gustave Doré zu: Dante Alighieri: L'Enfer, Paris 1861: Inferno, 7. Gesang, V. 64–68. Aus: G. Doré: Das graphische Werk, Bd. I, München 1975, S. 373
1488 (1): Karikatur v. Haitzinger, VIII, 83. Aus: DER SPIEGEL, Nr. 37, 1983
– (2): Detail aus einem Bilderbogen aus Ost-Flandern, um 1700
1496: Detail aus einem Bilderbogen aus Ost-Flandern, um 1700
1498: Bilderrätsel, Postkarte v. F. Hoffmann-La Roche & Co. AG., Basel
1502: Humoristisches Originalblatt: ‚Napoléon jouant à la balle avec le monde', aus: PUNSCH (München 1847–1870), 1865. Aus: J. Grand-Carteret: Les mœurs et la caricature en Allemagne en Autriche – en Suisse, Paris 1885, S. 149, Fig. 55
1504: Radierung von Daniel Chodowiecki (1726–1801)
1505 (1): Holzschnitt von Jost Ammann: ‚Recht der langen Spieße' aus Frundsbergers Kriegsbuch vom Jahre 1565
– (2): Detail aus Magie-Plakat, 1922, Druckerei Friedländer, Hamburg. Puppentheatermuseum im Münchner Stadtmuseum
1508: Detail aus dem Bildteppich von Bayeux, letztes Drittel des 11. Jh.
1509 (1): Karikatur v. Hanel, 85. Aus: DER SPIEGEL, Nr. 38, v. 16. September 1985
– (2): Barocker fläm. Kupferstich, Detail
1520 (1): Flugblatt auf den versoffenen Bettler, 18. Jh. (‚Gedruckt im Jahr/Da kein Geld bey Bettlern war'), Hamburg, Stadtbibliothek
– (2): Holzschnitt aus: Bambergische Halsgerichtsordnung, Mainz 1508, aus: Fr. Heinemann: Der Richter und die Rechtspflege in der dt. Vergangenheit, Leipzig o. J. Abb. 8.
1521 (1): Holzschnitt aus ‚Reinicke Fuchs', 1662: Der Löwe als Richter bricht den Stab über den Fuchs. Aus: Strafjustiz in alter Zeit, Katalog d. Kriminalmuseums Rothenburg ob der Tauber, Rothenburg 1980, S. 188
– (2): Raffaello Sanzio: Lo Sposalizio della Vergine part., 1504, Pinacateca di Brera, Milano
1528: Emblemat. Kupferstich, aus: Emblemata Horatiana, Antwerpiae 1607, Page 55
1531 (1): Streitende Geistliche, Misericordiendarstellung aus Hoogstraeten
– (2): Konrad Meyer: Die Kinderspiele, Zürich o. J., S. 15
– (3): Holzschnitt aus Thomas Murners ‚Narrenbeschwörung', 1512
1539: Illustration aus der Chronik des Ulrich Richental: ‚Das Konzil zu Konstanz MCDXIV bis MCDXVIII'
1541: Martyrium der hl. Christina, Florenz, Biblioteca Nazionale, Rari 179, misc. 975, No. 2. Aus: Paolo Toschi: Populäre Druckgraphik Europas. Italien vom 15. bis zum 20. Jh., München 1967, Abb. 13
1542: Holzschnitt, Brant: Narrenschiff von 1494, zum Kapitel: ‚von zwytracht machen'
1543: Heidelberger Sachsenspiegelhandschrift, 13. Jh.
1546 (1): Konrad Meyer: Die Kinderspiele, Zürich o. J.
– (2): Hammerprägung, Fresko in der St. Barbarakirche von Kuttenberg, um 1500, aus: Veit: Geld, S. 34
– (3): Prägestempel (Obereisen und 2 Untereisen), um 1500, aus: Veit: Geld, S. 34
1550: Zeichnung von Wilhelm Scholz (Am Steuer, 1879), aus dem Bismarck-Album, S. 117
1554: Holzschnitt: Folterung durch Beinschraube, aus: Milaeus, praxis criminalis, Paris, Colinaeus, 1541. Aus: Franz Heinemann: Der Richter u. die Rechtspflege in der dt. Vergangenheit (Monographien zur dt. Kulturgeschichte, Bd. IV), Leipzig o. J., S. 65, Abb. 62
1556: Zeichnung v. H. G. Jentzsch, Titelbild zu ‚Der wahre Jakob', Nr. 442 14, Stuttgart, d. 30. Juni 1903, S. 4073: Der Kampf mit der Reaktion
1558 (1): Holzschnitt, Murner: Schelmenzunft, 1512
– (2): Misericordiendarstellung aus Hoogstraeten, 16. Jh.
1561 (1): Steinhöwel, Esopus, Esopus im Gefängnis des Xanthus
– (2): Holzschnitt aus dem ‚Layenspiegel', Augsburg 1512
– (3): P. e. R., Plate XXIV
1562 (1): Englische Karikatur auf den stolzen Spanier, aus: W. Flemming: Deutsche Kultur im Zeitalter des Barock, Potsdam 1937, S. 65
– (2): Detail aus: ‚1 Fräulein und 2 Dutzend Männer kauft man hier für 6 Pf.'.

Neuruppiner Bilderbogen, Nr. 2269 (S. u. K., S. 77)
1566: Karikatur v. Wolter, 85. Aus: Bad. Ztg., Nr. 138, v. 19. Juni 1985
1568: Polit. Karikatur v. Murschetz. Aus: DIE ZEIT, Nr. 23, v. 27. Mai 1977
1571: Hernando de Soto: Emblemas – Moralizadas, Madrid 1599
1574: Karikatur v. Haitzinger, v. 9. VII. 84. Aus: Bad. Ztg., Nr. 158. v. 11. Juli 1984
1575: Holzschnitt von Hans Weiditz aus: Cicero, officia, Augsburg, Steyner 1535
1577: Karikatur v. Haitzinger, v. 11. II. 82. Aus: DER SPIEGEL, Nr. 7, 1982
1578: Detail aus Münchener Bilderbogen Nr. 117: Das Einmaleins in Reimen und Bildern. Dritter Bogen
1579: Titelblatt des Struwwelpeter von Heinrich Hoffmann, 1844
1581 (1): Misericordiendarstellung in Amsterdam, 16. Jh.
– (2): P. e. R., Plate CXXXIV
1582 (1): Holzschnitt, Murner: Schelmenzunft, 1512
– (2): Detail aus einem Bilderbogen aus Ost-Flandern, um 1700
– (3): Misericordiendarstellung in Rouen, 15. Jh.
1586: Karikatur v. Haitzinger, 80
1589: Karikatur v. Haitzinger, v. 6. VI. 84. Aus: DER SPIEGEL, Nr. 25, 1984, S. 20
1590: Rembrandt Harmensz van Rijn (1606–69): Susanna und die beiden Alten, Berlin-Dahlem
1594: Der Singer singt ins Gemerk, aus: Georg Hagers ‚Dreizehntem Liederbuch‘ (Hs. Dresden M 6), in: B. Nagel: Meistersang, Stuttgart 1962.
1600: Lithographie v. Honoré Daumier: ‚Vue prise de la première semaine de janvier‘, in: LE CHARIVARI v. 9. 1. 1869. Aus: H. Daumier: Das lithograph. Werk, hg. v. Klaus Schrenk, Bd. II, München 1977, S. 1188, D 3686
1601: Polit. Karikatur v. Murschetz. Aus: DIE ZEIT, Nr. 40, v. 4. März 1988
1602: Detail aus einem flämischen Bilderbogen, 18. Jh.
1604: Kupfer von J. de Bry: Emblemata, Nr. 30
1607: Karikatur v. Haitzinger, 77. Aus: DER SPIEGEL, Nr. 2, 1978
1608: Majolika Votivbild mit Darstellung eines Exorzismus; Madonna dei Bagni von Deruta/Ital., aus: R. Kriss: Wallfahrtsorte Europas, München 1950, S. 237
1609: Slowenisches Bienenstockbrettchen, 19. Jh., Museum Ljubljana
1610: Baegert, um 1500: Die Eidesleistung (Detail), Niederrhein. Museum Wesel
1611: Zeichnung von Wilhelm Scholz (Guter Rath an gewisse Französische Heißsporne, 1882), Bismarck-Album, S. 141
1612: Spielkarten mit den 10. Geboten, Holzschnitt, 15. Jh.
1613: „Advokaten und Soldaten sind des Teufels Spielcameraden‘, frz. Graphik, 17. Jh.
1614 (1): Bilderbogen über den Geldteufel, Ed. Pellerin in Épinal, 1. Hälfte 19. Jh. (Imagerie d'Épinal, Nr. 9)
– (2): ‚Des Teuffels Garkuchen‘, Kupferstich von F. Hildenberg, 1580, Graph. Sammlung der Staatlichen Galerie Moritzburg in Halle
1616 (1): Detail aus dem Sprichwörter-Bild von P. Bruegel, 1559
– (2): Detail aus einem Bilderbogen aus Ost-Flandern, um 1700
– (3): Detail aus dem Sprichwörter-Bild von P. Bruegel, 1559
– (4): Holzschnitt aus Thomas Murners ‚Schelmenzunft‘, 1512
1618: Detail aus dem Sprichwörter-Bild von P. Bruegel, 1559
1622: Grandville: G. W., Bd. I, S. 304
1623: Handkolorierter Kupferstich aus: Sprichwörter, deutsche, eine Auswahl vorzügl. alter Denk- und Weisheitssprüche zur Veredlung des Geistes und Herzens. Ein Bilderbuch für die Jugend, Nürnberg um 1836 (Renner u. Comp.)
1625 (1): Zeichnung von Wilhelm Scholz (Frei nach Uhland, 1864), Bismarck-Album, S. 25
– (2): Glaßbrenner, Bd. 2, S. 231
1626 (1): Zimmerischer Totentanz, Hs. Donaueschingen, Fürstl. Fürstenberg. Hofbibl.
– (2): Radierung v. Heinrich Seufferheld (1866–1940): Die Medizin ringt mit dem Tode, Exlibris Dr. med. A. W. Pietzcker. Aus: Werner Block: Der Arzt u. der Tod in Bildern aus sechs Jahrhunderten, Stuttgart 1966, S. 72
1627: Klein-Baseler (Klingentaler) Totentanz, 1440
1628: Emblemat, Kupferstich, aus: Otto van Veen: Emblemata Horatiana, Amsterdam 1684
1635: Steinhöwel: Esopus, ‚Die erste fabel von dem fuchs vnd den trauben‘
1638 (1): Tretmühle im Bergbau, aus: Georg Agricola; De re metallica, 1556

– (2): Ill. aus: Schatzkammer Mechanischer Künste, 1620, Ndr. Hannover 1976
1639: Kupferstich aus: Les nouveaux savans de société ou recueil complet de tous les jeux familiers ..., Bd. 2, 3., vermehrte Ausg. Paris 1810. Aus: P. Hackhofer: Hokus-Pokus-Fidibus. Kulturgeschichte der Zauberei. Ausstellungskatalog, Bergisch-Gladbach 1981, S. 13, Kat. Nr. 22
1640: Holzschnitt d. Augsburgers Hans L. Schäufelein, 1517
1642: Neuruppiner Bilderbogen, aus: S. u. K. S. 20
1646: Barptolemaeus Anulus: Picta Poesis. Ut Picturia Poesis Erit, Lugduni 1552 (Staats- u. Univ.-Bibl. Göttingen), aus: Henkel u. Schöne, Sp. 110
1648: Polit. Karikatur v. Wolter, 831. Aus: Bad. Ztg., Nr. 56, v. 8. März 1988
1650: Handkolorierter Kupferstich aus: Sprichwörter, deutsche, eine Auswahl vorzügl. alter Denk- und Weisheitssprüche zur Veredlung des Geistes und Herzens. Ein Bilderbuch für die Jugend, Nürnberg um 1836
1654: Illustration von Charles H. Bennett zu seinen ‚Proverbs', London 1859
1679: Zeichnung v. Brisolla, Abb. 2
1680 (1): Detail aus einem flämischen Bilderbogen: Vogelschießen als Volksbelustigung
– (2): Zeichnung von Wilhelm Scholz (Reichstags-Prognostikon, 1878), Bismarck-Album, S. 105
1686: Kupfer von de Bry: Emblemata, Nr. 24
1688: Münchner Bilderbogen Nr. 1036: ‚Aus der Tierwelt.' Sprichwörter (Detail).
1689: Münchner Bilderbogen Nr. 1036: ‚Aus der Tierwelt.' Sprichwörter (Detail).
1690: Karikatur v. Haitzinger, v. 24. I. 83. Aus: DER SPIEGEL, Nr. 6, 1983
1691 (1): Federzeichnung v. Hieronymus Bosch (um 1450–1516). Aus: Kupferstichkabinett, Staatl. Museen, Preußischer Kulturbesitz, Stuttgart u. Zürich 1980, S. 27, Abb. 7
– (2): Jacob-Cats: Proteus, 3,1 Rotterdam 1627, aus: Henkel u. Schöne, Sp. 69
1694: Holzschnitt v. John Bewick. Aus: Trusler, John: Proverbs Exemplified, London 1790, Percival Collection, T 77 pr., Page 65
1696 (1): Gerda Grober: Karte zu Frage 233 a der Umfrage zum Atlas der deutschen Volkskunde
– (2): Karikatur v. Haitzinger, v. 8. VII. 86. Aus: DER SPIEGEL, Nr. 29, 1986
1697 (1): Ill. v. Gustave Doré zu: Adolphe Malte-Brun: Géographie Universelle, Paris 1857–1859. Aus: G. Doré: Das graph. Werk, Bd. I, S. 201
– (2): P. e. R., Plate CVII
1698 (1): Holzschnitt, Murner: Schelmenzunft, 1512
– (2): Holzschnitt v. Perriere, 1539. Aus: Henry Green: Shakespeare and the Emblem Writers, London 1870, S. 329
1699 (1): P. e. R., Plate XLV
– (2): Steinhöwel: Esopus, ‚Die ander fabel Von dem wolff vnd dem lamp'
1700 (1): P. e. R., Plate XI
– (2): Gemälde von Ev. de Meer, Mauritshuis, Den Haag, Foto von A. Dingjan, Den Haag
1701 (1): Polit. Karikatur v. Wolter. Aus: Bad. Ztg., Nr. 25, v. 31. Jan./1. Febr. 1981
– (2): Karikatur v. Haitzinger, v. 21. VII. 88. Aus: Bad. Ztg., Nr. 170, v. 26. Juli 1988
1703: Wechselbalg von einem Fahrenden gezeigt. Nach einer Miniatur einer Handschrift d. 12. Jh. Kgl. Bibliothek Brüssel. Aus: W. G. Soldan u. H. Heppe: Geschichte der Hexenprozesse, neu bearbeitet u. hg. v. M. Bauer, Bd. I, München (1911), S. 160
1704 (1): Populäre Druckgraphik: Weg zur Hölle, 19. Jh., Philadelphia/Pennsylvania, Museum of Art
– (2): Ill. v. Stauber zu: Münchener Bilderbogen, Nr. 190.
1707 (1): Pieter Bruegel d. Ä.: Zänkisches Weib, aus der Serie der 12 flämischen Sprichwörter
– (2): Holzschnitt um 1600, Kupferstichkabinett Amsterdam
1708: Neuruppiner Bilderbogen, Nr. 5772, aus: S. u. K., S. 25
1709 (1): Karikatur v. Haitzinger, v. 27. IX. 90. Aus: Bad. Ztg., Nr. 225, v. 28. Sept. 1990
– (2): Red-figured Wine-cooler: Satyrs revelling. From Cerveteri. Painted and signed by Douris. Attic 490–480 BC., The Trustees of the British Museum, 1977, Cat. of Vases E 768
1710: Holzschnitt, aus: G. O. Marbach (Hg.): Sprichwörter u. Spruchreden der Deutschen, Leipzig o. J., S. 118
1714: Niederländische Redensartenmalerei, 16. Jh.
1715 (1): Holzschnitt, Brant: Narrenschiff von 1494, zum Kapitel ‚Von zu vil sorg'.

– (2): Detail aus dem Sprichwörter-Bild von P. Bruegel, 1559
– (3 u. 4): Details aus Bilderbogen. Image de chez Leloup. Au Mans, Ende des 18. Jh. aus: Pierre Louis Duchartre et René Saulnier: L'imagerie populaire, Paris 1925, S. 299
1716 (1 u. 2): Details aus Bilderbogen. Image de chez Leloup. Au Mans, Ende des 18. Jh., aus: Pierre Louis Duchartre et René Saulnier: L'imagerie populaire, Paris 1925, S. 299
– (3): Holzschnitt, aus: John Ashton: Chap-Books of the eighteenth Century, New York 1970, S. 266
1717: Polit. Karikatur v. Hanel, 88: ‚Oskar, der Blechtrommler'. Aus: DER SPIEGEL v. 7. März 1988
1719: Kupfer von Georg Jacob Schneider in Nürnberg, Nürnberg, Germanisches Museum
1720: Holzschnitt v. Lucas Cranach d. Ä.: Der Werwolf, um 1512. Aus: 1472–1553, Lucas Cranach d. Ä.: Das gesamte graph. Werk, 2. Aufl. München 1972, S. 375
1721 (1): Grandville: G. W., Bd. 2, S. 988
– (2): Zeichnung von Wilhelm Scholz (Avis au Public diplomatique de l'Europe, 1874), Bismarck-Album, S. 82
– (3): Darstellung aus: Züricher Kalender 1814, Kal. Inv. 391. Aus: Kalender-Bilder: Ill. aus schweiz. Volkskalendern des 19. Jh. (= Führer durch das Museum für Völkerkunde u. Schweizer Museum für Volkskunde, Basel), Basel 1978, S. 67
1727: Polit. Karikatur v. Murschetz. Aus: DIE ZEIT, Nr. 6, v. 3. Februar 1978
1730: Neuruppiner Bilderbogen, Nr. 8329, aus: S. u. K., S. 91
1732 (1): Heidelberger Sachsenspiegelhandschrift. 13. Jh.
– (2): Dionysii Lebei-Batillii Regii Mediomatricum Praesidis Emblemata, Frankfurt 1596
1734: Detail aus einem Bilderbogen aus Ost-Flandern, um 1700
1735: J. Lagniet u. H. David: La Periglieuse avanture des Moulins a vent, um 1640. Aus: Hartau, Johannes: Don Quijote in der Kunst, Berlin 1987, S. 20, Abb. 6
1739: P. e. R., Plate XIX
1740: Steinhöwel: Esopus, Die XIII. fabel võ den wolffen schaffen vñ hundẽ
1741 (1): Titelholzschnitt zu Urbanus Rhegius: Wie man die falschen Propheten erkennen ia greiffen mag …, Braunschweig 1539
– (2): Karikatur v. Haitzinger, v. 9. I. 90. Aus: Bad. Ztg., Nr. 7, v. 10. Januar 1990
– (3): Holzplastik, Bienenstock, 19. Jh., Fotoarchiv, Museum in Martin/Slowakei, Foto: Ián Dérer
1742: P. e. R., Plate XLVIII
1743: Polit. Karikatur v. Hanel. Aus: DER SPIEGEL, v. 23. April 1984
1745 (1): Holzschnitt, Murner: Schelmenzunft, 1512
– (2): Ill. von Stauber: Münchener Bilderbogen, Nr. 189
1747: Zeichnung v. Brisolla, Abb. 22
1748: Nicolo Cantabella: ‚Savoyardischer Wurmschneider'
1749: Karikatur v. Haitzinger, v. 7. II. 83. Aus: DER SPIEGEL, Nr. 7, 1983
1750 (1): Ill. von Gert Köppe, Neumünster, zu: Hans-Heinrich Rottgardt: Läver'n Dickkopp as'n Dööskopp, Neumünster [3]1979, S. 59
– (2): Polit. Karikatur v. Chris. Aus: DIE ZEIT, Nr. 45, v. 30. Oktober 1981
– (3): Lithographie von 1848: ‚Die größte Wurst ist immer sein, dem armen Dorfschulmeisterlein', aus: Ernst Johann: Das Jahr des Metzgers. Der Lissnerschen Wurstologia anderer Band, Frankfurt 1957
1751: Karikatur von Haitzinger, v. 22. X. 82. Aus: DER SPIEGEL, Nr. 49, 1982
1752: „Buchmesse", ein Zeit-Zeichen von Hans-Georg Rauch. Aus: DIE ZEIT, Nr. 42, v. 10. 10. 1986, S. 59
1753 (1): Detail aus ‚Goldenes A. B. C. für Jungfrauen', II. Blatt, Neuruppiner Bilderbogen, Nr. 2332, aus: S. u. K., S. 9
– (2): Jacob Locher: Herakles am Zweiweg, in: Stultifera navis, Basel 1497. Aus: W. Harms: Homo viator in bivio, München 1970, Abb. 16
1755: Karikatur v. Haitzinger. Aus: Bad. Zeitung v. 13./14. Dezember 1975
1756: Zeichnung von Moritz von Schwind (1804–71)
1757 (1): Jan Steen: Zahnbrecher, Mauritshuis, Den Haag, Foto: A. Dingjan, Den Haag
– (2): Kupferstich, HWK 1835, aus: St. Galler Kultur u. Geschichte 18 (1988). Aus: Ursula Brunold-Bigler: Das Bild des Nichtsesshaften in schweiz. Volkskalendern d. 18. u. 19. Jhs.
1758: Zeichnung in: Kladderadatsch, Berlin 1862. Aus: Grand-Carteret, J.: Les mœurs et la caricature en Allemagne en Autriche en Suisse, Paris 1885, S. 153, Fig. 59

1761: Zeichnung v. G. Mester, aus: Dt. Allg. Sonntagsblatt, Nr. 29, v. 19. VII. 1991
1763: Karikatur v. Haitzinger, v. 22. VII. 87. Aus: Bad. Ztg., Nr. 166, v. 23. Juli 1987
1764: Emblemat. Kupferstich: ,Volat irrevocabile tempus' (Horaz). Aus: Emblemata Horatiana, Antwerpiae 1607, S. 207
1770: Schneiderspottbild: ,Der Flickschneider', kol. Lith., um 1830. Aus: Kohlmann, Theodor: Neuruppiner Bilderbogen, Katalog (Schriften des Museums für Dt. Vkde. Berlin, Bd. 7), Berlin 1981, S. 100, Abb. 121
1773: Neuruppiner Bilderbogen, Nr. 8974, aus: S. u. K., S. 87
1775: Ill. ,Un zopftrager', aus: Arsène Alexandre: L'art du rire et de la Caricature, Paris o.J., S. 152
1776: Münchhausen-Illustration von Gustave Doré (1832–83)
1777: Karikatur v. Haitzinger, 79. Aus: Badische Zeitung, Nr. 266, v. 16. Nov. 1979
1778: Karikatur v. Haitzinger, v. 28. VIII. 91. Aus: Bad. Ztg., v. 29. VIII. 1991
1779: Detail aus einem Holzschnitt von 1539, aus: Hans Fehr: Das Recht im Bilde, Erlenbach-Zürich, München und Leipzig 1923, Abb. 136
1780: Basler Lällekönig, bewegliche Maske vom ehemaligen Rheintor an der Rheinbrücke, 16. Jh., Histor. Museum Basel
1781: Slowenisches Bienenstockbrettchen von 1882.
1785: Karikatur v. Haitzinger, v. 20. VI. 90. Aus: DER SPIEGEL, v. 25. Juni 1990
1786 (1): Polit. Karikatur v. L., Süddt. Ztg.
– (2): Polit. Karikatur, v. BEN. Aus: DER SPIEGEL, v. 22. Januar 1988
– (3): Karikatur v. Haitzinger, v. 24. VII. 87. Aus: Bad. Ztg., Nr. 170, v. 28. Juni 1987
– (4): Karikatur v. Haitzinger, v. 25. VIII. 87. Aus: Bad. Ztg., Nr. 195, v. 26. August 1987
– (5): Polit. Karikatur v. Hanel, 90. Aus: DER SPIEGEL, v. 6. August 1990

REGISTER

Das Register enthält Sprichwörter- und Redensarten-Stichwörter nach denselben Prinzipien, aus denen sonst die Stichwörter ausgewählt wurden; es ist kein Namen- oder Sachregister (keine Autorennamen und Werke). Seitenzahlen mit dem Zeichen * verweisen auf einen Hauptartikel, der Pfeil ↗ zeigt an, daß die gewünschte oder zusätzliche Information unter dem genannten anderen Stichwort gefunden werden kann.
Fremdsprachliche und mundartliche Stichwörter erscheinen nicht im Register, man findet sie unter dem entsprechenden hochdeutschen Stichwort.
Für die Auffindung einer sprichwörtlichen Redensart ist grundsätzlich deren erster Begriff maßgebend. Bei festgeprägten Zwillingsformeln wie z.B. ‚Acht und Bann' oder ‚Hängen und Würgen' erscheint im Register jeweils nur der erste Begriff, in diesen Fällen: ‚Acht' und ‚Hängen'.
Zusammengesetzte Wörter sind mitunter nicht eigens aufgeführt, wenn das erste Kompositionsglied einen eigenen Artikel besitzt. Grundsätzlich aufgeführt werden zusammengesetzte Stichwörter, die einen eigenen Lexikonartikel haben, z.B. ‚Bärenhaut' oder ‚Drachensaat'. In der Regel erscheint nur ein Wort im Register, und zwar in der Grundform, d.h. der Infinitiv bei Verben und der Nominativ bei Substantiven, die grundsätzlich im Singular stehen. Ausnahmen bilden diejenigen Partizipien von Verben, die metaphorisch gebraucht werden (z.B. ‚gespreizt' sprechen nicht unter dem Infinitiv ‚spreizen'), sowie Pluraletanten (z.B. ‚Leute').

A

B

C

E

G

H

M

N

O

P

Q

S

X

Y

Z